LES DISTINCTIONS 2007

POUR EN SAVOIR PLUS

VILLES *de A à Z* 97

CARTES RÉGIONALES DES LOCALITÉS 2062

Mode d'emploi

INFORMATIONS TOURISTIQUES

Distances depuis les villes principales, offices de tourisme, sites touristiques locaux, moyens de transports, golfs et loisirs...

L'HÉBERGEMENT

De 🏨 à 🏠, ⌂ : catégories de confort.
En rouge 🏨 ... 🏠, ⌂ : les plus agréables.

LES MEILLEURES ADRESSES À PETITS PRIX

- Bib Gourmand.
- Bib Hôtel.

LES RESTAURANTS

De XXXXX à X : catégories de confort. En rouge XXXXX... X : les plus agréables.

LES TABLES ÉTOILÉES

- ✿✿✿ Vaut le voyage.
- ✿✿ Mérite un détour.
- ✿ Très bonne cuisine.

ABBAYE DE FONTFROIDE - 03 Aude - 344 I4 - ratta
ABBAYE DE SAINT-WANDRILLE – 18 Cher – 32
Montrond
ABBEVILLE - 80 Somme - 24 567 h. - alt. 8 - ✉ 8010
Picardie Flandres Artois
Paris 186 - Amiens 51 - Boulogne-sur-Mer 7
d'Avignon - ☎ 04 90 81 51 51, par N3 et N7
Office de tourisme, 1 place de l'Amiral C
risme.abbeville@wanadoo.fr - Fax 03 22
d'Abbeville, Route du Val par rte St-Val
- Fax 03 22 24 49 61 - ✉ 80132
Vitraux contemporains★★ de l'église d
légiale St-Vulfran AE D - Musée Bouch
Vallée de la Somme★ - Château de B
Les Jardins du Château
rte du Port – ☎ 04 79 00 00 46
- welcome@hotelmandjaro.com – Fax
15 ch (1/2 P seult) – 17 suites 250/440
Rest Le Cœur d'Or – ☎ 04 79 01 46
Rest Terrasses du Cœur d'Or – (fe
♦ Lauze, pierre et bois "vieilli" comp
Superbes chambres savoyardes, é
Décor tout bois et coins "cosy" au
Terrasses.
Le Relais de la Poste
rte de Lion, D 541 : 1 km – ☎ 04 7
– Fermé 31 oct.-18 nov., 19-3
42 ch – 🚹 40/60 € 🚹🚹 60/65 € –
♦ Sur la route de la grotte de M
cadre actuel ou sous les fron
Atelier des Saveurs
10 bd Croisette – ☎ 04 92 9
– Fax 04 93 38 97 90 – Ferm
Rest – (dîner seult) 75/19
Spéc. Bocal de foie gra
Mad" tiède à la vanille.
♦ Élégante verrière ou
III. Un joli cadre pour u

AUTRES PUBLICATIONS MICHELIN

Références de la carte Michelin et du Guide Vert où vous retrouverez la localité.

LOCALISER LA VILLE

Repérage de la localité sur la carte régionale en fin de guide (n° de la carte et coordonnées).

LOCALISER L'ÉTABLISSEMENT

Localisation sur le plan de ville (coordonnées et indice).

DESCRIPTION DE L'ÉTABLISSEMENT

Atmosphère, style, caractère et spécialités.

LES HÔTELS TRANQUILLES

hôtel tranquille.
hôtel très tranquille.

ÉQUIPEMENTS ET SERVICES

PRIX

Engagements

« Ce Guide est né avec le siècle et il durera autant que lui. »

Cet avant-propos de la première édition du Guide MICHELIN 1900 est devenu célèbre au fil des années et s'est révélé prémonitoire. Si le Guide est aujourd'hui autant lu à travers le monde, c'est notamment grâce à la constance de son engagement vis-à-vis de ses lecteurs. Nous voulons ici le réaffirmer.

Les engagements du Guide Michelin :

La visite anonyme : les inspecteurs testent de façon anonyme et régulière les tables et les chambres afin d'apprécier le niveau des prestations offertes à tout client. Ils paient leurs additions et peuvent se présenter pour obtenir des renseignements supplémentaires sur les établissements. Le courrier des lecteurs nous fournit par ailleurs une information précieuse pour orienter nos visites.

L'indépendance : la sélection des établissements s'effectue en toute indépendance, dans le seul intérêt du lecteur. Les décisions sont discutées collégialement par les inspecteurs et le rédacteur en chef. Les plus hautes distinctions sont décidées à un niveau européen. L'inscription des établissements dans le Guide est totalement gratuite.

La sélection : le Guide offre une sélection des meilleurs hôtels et restaurants dans toutes les catégories de confort et de prix. Celle-ci résulte de l'application rigoureuse d'une même méthode par tous les inspecteurs.

La mise à jour annuelle : chaque année toutes les informations pratiques, les classements et les distinctions sont revus et mis à jour afin d'offrir l'information la plus fiable.

L'homogénéité de la sélection : les critères de classification sont identiques pour tous les pays couverts par le Guide Michelin.

... et un seul objectif : tout mettre en œuvre pour aider le lecteur à faire de chaque déplacement et de chaque sortie un moment de plaisir, conformément à la mission que s'est donnée Michelin : contribuer à une meilleure mobilité.

Édito

Cher lecteur,

Nous avons le plaisir de vous proposer notre 98e édition du Guide Michelin France. Cette sélection des meilleurs hôtels et restaurants dans chaque catégorie de prix est effectuée par une équipe d'inspecteurs professionnels, de formation hôtelière. Tous les ans, ils sillonnent le pays pour visiter de nouveaux établissements et vérifier le niveau des prestations de ceux déjà cités dans le Guide. Au sein de la sélection, nous reconnaissons également chaque année les meilleures tables en leur décernant de ✿ à ✿✿✿. Les étoiles distinguent les établissements qui proposent la meilleure qualité de cuisine, dans tous les styles, en tenant compte du choix des produits, de la créativité, de la maîtrise des cuissons et des saveurs, du rapport qualité/prix ainsi que de la régularité. Cette année encore, de nombreuses tables ont été remarquées pour l'évolution de leur cuisine. Un « **N** » accompagne les nouveaux promus de ce millésime 2007, annonçant leur arrivée parmi les établissements ayant une, deux ou trois étoiles.

De plus, nous souhaitons indiquer les établissements « *espoirs* » pour la catégorie supérieure. Ces établissements, repérés en rouge dans notre liste et dans nos pages, sont les meilleurs de leur catégorie. Ils pourront accéder à la distinction supérieure dès lors que la régularité de leurs prestations, dans le temps et sur l'ensemble de la carte, aura progressé. Par cette mention spéciale, nous entendons vous faire connaître les tables qui constituent, à nos yeux, les espoirs de la gastronomie de demain.

Votre avis nous intéresse, en particulier sur ces « *espoirs* » ; n'hésitez pas à nous écrire. Votre participation est importante pour orienter nos visites et améliorer sans cesse votre Guide.

Merci encore de votre fidélité. Nous vous souhaitons de bons voyages avec le Guide Michelin 2007.

Consultez le Guide Michelin sur **www.ViaMichelin.com**
et écrivez-nous à : **leguidemichelin-france@fr.michelin.com**

Classement & distinctions

LES CATÉGORIES DE CONFORT

Le Guide Michelin retient dans sa sélection les meilleures adresses dans chaque catégorie de confort et de prix. Les établissements sélectionnés sont classés selon leur confort et cités par ordre de préférence dans chaque catégorie.

Grand luxe et tradition

Grand confort

Très confortable

De bon confort

Assez confortable

Maison d'hôte

sans rest **L'hôtel n'a pas de restaurant**

avec ch **Le restaurant possède des chambres**

LES DISTINCTIONS

Pour vous aider à faire le meilleur choix, certaines adresses particulièrement remarquables ont reçu cette année une distinction.

Pour les adresses distinguées par une étoile ou un Bib Gourmand, la mention « **Rest** » apparaît en rouge dans le descriptif de l'établissement.

Pour les adresses distinguées par un Bib Hôtel, la mention « **ch** » apparaît en bleu dans le descriptif de l'établissement.

LES ÉTOILES : LES MEILLEURES TABLES

Les étoiles distinguent les établissements, tous styles de cuisine confondus, qui proposent la meilleure qualité de cuisine. Les critères retenus sont : le choix des produits, la créativité, la maîtrise des cuissons et des saveurs, le rapport qualité/prix ainsi que la régularité.

Cuisine remarquable, cette table vaut le voyage

26 On y mange toujours très bien, parfois merveilleusement.

Cuisine excellente, cette table mérite un détour

65

Une très bonne cuisine dans sa catégorie

436

LES BIBS : LES MEILLEURES ADRESSES À PETIT PRIX

Bib Gourmand

489 Établissement proposant une cuisine de qualité au prix maximum de 28 € en province et 35 € à Paris (prix d'un repas hors boisson). En province, il s'agit le plus souvent d'une cuisine de type régional.

280 **Bib Hôtel**
Établissement offrant une prestation de qualité avec une majorité de chambres au prix maximum de 72 € en province et 88 € dans les grandes villes et stations touristiques importantes (prix pour 2 personnes, hors petit-déjeuner).

LES ADRESSES LES PLUS AGRÉABLES

Le rouge signale les établissements particulièrement agréables. Cela peut tenir au caractère de l'édifice, à l'originalité du décor, au site, à l'accueil ou aux services proposés.

- à **Hôtels agréables**
- **Maisons d'hôte agréables**
- à **Restaurants agréables**

LES MENTIONS PARTICULIÈRES

En dehors des distinctions décernées aux établissements, les inspecteurs Michelin apprécient d'autres critères souvent importants dans le choix d'un établissement.

SITUATION

Vous cherchez un établissement tranquille ou offrant une vue attractive ?
Suivez les symboles suivants :

- **Hôtel tranquille**
- **Hôtel très tranquille**
- **Vue intéressante**
- **Vue exceptionnelle**

CARTE DES VINS

Vous cherchez un restaurant dont la carte des vins offre un choix particulièrement intéressant ?
Suivez le symbole suivant :

Carte des vins particulièrement attractive
Toutefois, ne comparez pas la carte présentée par le sommelier d'un grand restaurant avec celle d'une auberge dont le patron se passionne pour les vins de sa région.

Équipements & services

30 ch	Nombre de chambres
	Jardin de repos – Parc – Plage aménagée
	Repas servi au jardin ou en terrasse
	Piscine de plein air / couverte
Spa	Bel espace de bien-être et de relaxation
	Salle de remise en forme – Court de tennis
	Ascenseur – Aménagements pour personnes à mobilité réduite
A/C	Air conditionné
	Établissement disposant d'espaces non-fumeurs
	Connexion internet haut débit
4/40	Salons pour repas privés : capacité mini / maxi
25/150	Salles de conférences : capacité mini / maxi
	Restaurant proposant un service voiturier (pourboire d'usage)
P P	Parking / parking clos réservé à la clientèle
	Garage (généralement payant)
	Accès interdit aux chiens
M	Station de métro la plus proche (à Paris)
Ouvert / Fermé mai-oct	Période d'ouverture ou de fermeture, communiquée par l'hôtelier

Prix

Les prix indiqués dans ce guide ont été établis à l'automne 2006. Ils sont susceptibles de modifications, notamment en cas de variation des prix des biens et des services. Ils s'entendent taxes et service compris. Aucune majoration ne doit figurer sur votre note sauf éventuellement la taxe de séjour. Les hôteliers et restaurateurs se sont engagés, sous leur propre responsabilité, à appliquer ces prix aux clients. À l'occasion de certaines manifestations : congrès, foires, salons, festivals, événements sportifs..., les prix demandés par les hôteliers peuvent être sensiblement majorés. Par ailleurs, renseignez-vous pour connaître les éventuelles conditions avantageuses accordées par les hôteliers.

RÉSERVATION ET ARRHES

Pour la confirmation de la réservation certains établissements demandent le numéro de carte de paiement ou un versement d'arrhes. Il s'agit d'un dépôt-garantie qui engage l'établissement comme le client. Bien demander à l'hôtelier de vous fournir dans sa lettre d'accord toutes précisions utiles sur la réservation et les conditions de séjour.

CARTES DE PAIEMENT

	Cartes de paiement acceptées :
VISA MC AE D	Visa – MasterCard – American Express – Diners Club

CHAMBRES

ch – 🚹 50/80 €	Prix des chambres minimum / maximum pour 1 personne
ch – 🚹🚹 60/100 €	Prix des chambres minimum / maximum pour 2 personnes
ch ☕ –	Petit-déjeuner compris
☕ 9 €	Petit-déjeuner en sus

DEMI-PENSION

½ P 50/70 €	Prix de la demi-pension mini / maxi (chambre, petit-déjeuner et un repas) par personne. Ces prix s'entendent pour une chambre double occupée par deux personnes pour un séjour de trois jours minimum. Une personne seule occupant une chambre double se voit souvent appliquer une majoration. La plupart des hôtels de séjour pratiquent également la pension complète.

RESTAURANT

(13 €)	Formule entrée-plat ou plat-dessert au déjeuner en semaine
(pièces)	Menu à moins de 18 €
Menu 15 € (déj.)	Menu uniquement servi au déjeuner
Menu 17 € (sem.)	Menu uniquement servi en semaine
Menu 16/38 €	Menu le moins cher / le plus cher
Carte 24/48 €	**Repas à la carte hors boisson** Le premier prix correspond à un repas simple comprenant une entrée, un plat et un dessert. Le deuxième prix concerne un repas plus complet (avec spécialité) comprenant deux plats, fromage et dessert.
bc	Boisson comprise
🍷	Vin servi au verre

Villes

GÉNÉRALITÉS

63300	Numéro de code postal de la localité *les deux premiers chiffres correspondent au numéro de département*
✉ 57130 Ars	Numéro de code postal et nom de la commune de destination
P SP	Préfecture – Sous-préfecture
337 E5	Numéro de la carte « LOCAL » Michelin et coordonnées permettant de se repérer sur la carte
Jura	Voir le Guide Vert Michelin Jura
1057 h.	Nombre d'habitants (source : www.insee.fr)
alt. 75	Altitude de la localité
Sta. therm.	Station thermale
1200/1900	Altitude de la station et altitude maximum atteinte par les remontées mécaniques
2	Nombre de téléphériques ou télécabines
14	Nombre de remonte-pentes et télésièges
	Ski de fond
BY **b**	Lettres repérant un emplacement sur le plan de ville
9	Golf et nombre de trous
	Panorama, point de vue
	Aéroport – Localité desservie par train-auto *Renseignements au numéro de téléphone indiqué*
	Transports maritimes
	Transports maritimes pour passagers seulement
i	Information touristique *Le numéro de téléphone nationale du portail « Tourisme en France » vous met en relation avec l'office de tourisme de votre choix : composez le 3265 (0,34 €/mn) et laissez-vous guider (disponible en français uniquement)*

INFORMATIONS TOURISTIQUES

INTÉRÊT TOURISTIQUE

★★★	Vaut le voyage
★★	Mérite un détour
★	Intéressant

Les musées sont généralement fermés le mardi

SITUATION DU SITE

	A voir dans la ville
	A voir aux environs de la ville
N, S, E, O	La curiosité est située : au Nord, au Sud, à l'Est, à l'Ouest
② ④	On s'y rend par la sortie ② ou ④ repérée par le même signe sur le plan du Guide
6 km	Distance en kilomètres

Hôtels
Restaurants

CURIOSITÉS

Bâtiment intéressant
Édifice religieux intéressant :
- Catholique – Protestant

VOIRIE

Autoroute, double chaussée de type autoroutier
Échangeurs numérotés : complet, partiels
Grande voie de circulation
Sens unique – Rue réglementée ou impraticable
Rue piétonne – Tramway
R. Pasteur Rue commerçante – Parking – Parking Relais
Porte – Passage sous voûte – Tunnel
Gare et voie ferrée – Auto-Train
Funiculaire – Téléphérique, télécabine
Pont mobile – Bac pour autos

SIGNES DIVERS

Information touristique
Mosquée – Synagogue
Tour – Ruines – Moulin à vent – Château d'eau
Jardin, parc, bois – Cimetière – Calvaire
Stade – Golf – Hippodrome – Patinoire
Piscine de plein air, couverte
Vue – Panorama – Table d'orientation
Monument – Fontaine – Usine
Centre commercial – Cinéma Multiplex
Port de plaisance – Phare – Tour de télécommunications
Aéroport – Station de métro – Gare routière
Transport par bateau : passagers et voitures, passagers seulement
Pastille de sortie de ville
Bureau principal de poste restante et Téléphone
Hôpital – Marché couvert – Caserne
Bâtiment public repéré par une lettre :
A C - Chambre d'agriculture – Chambre de commerce
G H J - Gendarmerie – Hôtel de ville – Palais de justice
M P T - Musée – Préfecture, sous-préfecture – Théâtre
U - Université, grande école
POL. - Police (commissariat central)
Passage bas (inf. à 4 m 50) – Charge limitée (inf. à 19 t)

Attention : en France, nouvelle numérotation en cours des routes nationales et départementales.

How to use this guide

TOURIST INFORMATION

Distances from the main towns, tourist offices, local tourist attractions, means of transport, golf courses and leisure activities...

ABBAYE DE FONTFROIDE - 03 Aude - 344 I4 - rattaché à

ABBAYE DE SAINT-WANDRILLE – 18 Cher – 323 K6
Montrond

ABBEVILLE - 80 Somme - 24 567 h. - alt.8 - ✉ 80100 - 3
Picardie Flandres Artois
Paris 186 - Amiens 51 - Boulogne-sur-Mer 79 - P
d'Avignon - ☎ 04 90 81 51 51, par N3 et N7 : 8 k
Office de tourisme, 1 place de l'Amiral Courb
risme.abbeville@wanadoo.fr - Fax 03 22 31 0
d'Abbeville, Route du Val par rte St-Valéry-
- Fax 03 22 24 49 61 - ✉ 80132
Vitraux contemporains★★ de l'église du S
légiale St-Vulfran AE D - Musée Boucher
Vallée de la Somme★ - Château de Bag

Les Jardins du Château
rte du Port – ☎ 04 79 00 00 46
- welcome@hotelmandjaro.com – Fax C
15 ch (1/2 P seult) – 17 suites 250/440 €
Rest Le Cœur d'Or – ☎ 04 79 01 46 4
Rest Terrasses du Cœur d'Or – (fer
◆ Lauze, pierre et bois "vieilli" compo
Superbes chambres savoyardes, éc
Décor tout bois et coins "cosy" au
Terrasses.

Le Relais de la Poste
rte de Lion, D 541 : 1 km – ☎ 04 7
– Fermé 31 oct.-18 nov., 19-
42 ch – 🚹 40/60 € 🚹🚹 60/65 €
◆ Sur la route de la grotte de
cadre actuel ou sous les fro

Atelier des Saveurs
10 bd Croisette – ☎ 04 92
– Fax 04 93 38 97 90 – F
Rest – (dîner seult) 75
Spéc. Bocal de foie
Mad" tiède à la vani
◆ Élégante verrière
Un joli cadre po

LODGING

From [symbols] to [symbols]: categories of comfort.
In red [symbols] ... [symbols]: the most pleasant.

GOOD FOOD AND ACCOMMODATION AT MODERATE PRICES

Bib Gourmand.
Bib Hotel.

RESTAURANTS

From XXXXX to X: categories of comfort.
In red XXXXX ... X: the most pleasant.

STARS

✿✿✿ Worth a special journey.
✿✿ Worth a detour.
✿ A very good restaurant.

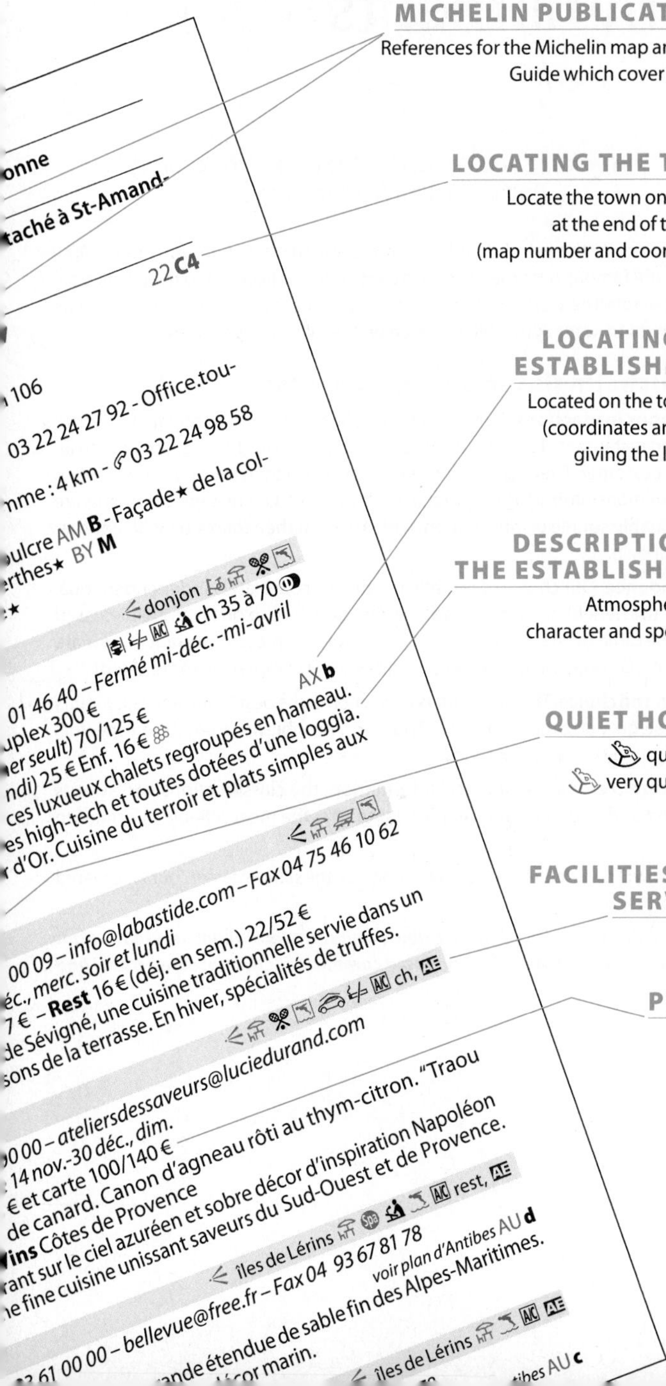

OTHER MICHELIN PUBLICATIONS

References for the Michelin map and Green Guide which cover the area.

LOCATING THE TOWN

Locate the town on the map at the end of the guide (map number and coordinates).

LOCATING THE ESTABLISHMENT

Located on the town plan (coordinates and letters giving the location).

DESCRIPTION OF THE ESTABLISHMENT

Atmosphere, style, character and specialities.

QUIET HOTELS

quiet hotel.
very quiet hotel.

FACILITIES AND SERVICES

PRICES

Commitments

"This volume was created at the turn of the century and will last at least as long".

This foreword to the very first edition of the MICHELIN Guide, written in 1900, has become famous over the years and the Guide has lived up to the prediction. It is read across the world and the key to its popularity is the consistency of its commitment to its readers, which is based on the following promises.

The Michelin Guide's commitments:

Anonymous inspections: our inspectors make regular and anonymous visits to hotels and restaurants to gauge the quality of products and services offered to an ordinary customer. They settle their own bill and may then introduce themselves and ask for more information about the establishment. Our readers' comments are also a valuable source of information, which we can then follow up with another visit of our own.

Independence: Our choice of establishments is a completely independent one, made for the benefit of our readers alone. The decisions to be taken are discussed around the table by the inspectors and the editor. The most important awards are decided at a European level. Inclusion in the Guide is completely free of charge.

Selection and choice: The Guide offers a selection of the best hotels and restaurants in every category of comfort and price. This is only possible because all the inspectors rigorously apply the same methods.

Annual updates: All the practical information, the classifications and awards are revised and updated every single year to give the most reliable information possible.

Consistency: The criteria for the classifications are the same in every country covered by the Michelin Guide.

... and our aim: to do everything possible to make travel, holidays and eating out a pleasure, as part of Michelin's ongoing commitment to improving travel and mobility.

Dear reader

Dear reader,

We are delighted to introduce the 98th edition of The Michelin Guide France. This selection of the best hotels and restaurants in every price category is chosen by a team of full-time inspectors with a professional background in the industry. They cover every corner of the country, visiting new establishments and testing the quality and consistency of the hotels and restaurants already listed in the Guide. Every year we pick out the best restaurants by awarding them from ✵ to ✵✵✵. Stars are awarded for cuisine of the highest standards and reflect the quality of the ingredients, the skill in their preparation, the combination of flavours, the levels of creativity and value for money, and the ability to combine all these qualities not just once, but time and time again. This year sees two important additions. One highlights those restaurants which, over the last year, have raised the quality of their cooking to a new level. Whether they have gained a first star, risen from one to two stars, or moved from two to three, these newly promoted restaurants are marked with an '**N**' next to their entry to signal their new status in 2007.

We have also picked out a selection of "*Rising Stars*". These establishments, listed in red, are the best in their present category. They have the potential to rise further, and already have an element of superior quality; as soon as they produce this quality consistently, and in all aspects of their cuisine, they will be hot tips for a higher award. We've highlighted these promising restaurants so you can try them for yourselves; we think they offer a foretaste of the gastronomy of the future.

We're very interested to hear what you think of our selection, particularly the "*Rising Stars*", so please continue to send us your comments. Your opinions and suggestions help to shape your Guide, and help us to keep improving it, year after year.

Thank you for your support. We hope you enjoy travelling with the Michelin Guide 2007.

Consult the Michelin Guide at **www.ViaMichelin.com**
and write to us at: **leguidemichelin-france@fr.michelin.com**

Classification & awards

CATEGORIES OF COMFORT

The Michelin Guide selection lists the best hotels and restaurants in each category of comfort and price. The establishments we choose are classified according to their levels of comfort and, within each category, are listed in order of preference.

Luxury in the traditional style

Top class comfort

Very comfortable

Comfortable

Quite comfortable

Guesthouse

sans rest **This hotel has no restaurant**

avec ch **This restaurant also offers accommodation**

THE AWARDS

To help you make the best choice, some exceptional establishments have been given an award in this year's Guide.

For those awarded a star or a Bib Gourmand, the mention "**Rest**" appears in red in the description of the establishment.

For those awarded a Bib Hotel, the mention "**ch**" appears in blue in the description of the establishment.

THE STARS: THE BEST CUISINE

Michelin stars are awarded to establishments serving cuisine, of whatever style, which is of the highest quality. The cuisine is judged on the quality of ingredients, the skill in their preparation, the combination of flavours, the levels of creativity, the value for money and the consistency of culinary standards.

Exceptional cuisine, worth a special journey

26 One always eats extremely well here, sometimes superbly.

Excellent cooking, worth a detour

65

A very good restaurant in its category

436

THE BIB : GOOD FOOD AND ACCOMMODATION AT MODERATE PRICES

489	**Bib Gourmand** Establishment offering good quality cuisine at a maximum price of 28 € or 35 € in the Paris region (price of a meal not including drinks). Outside the Paris region, these establishments generally specialise in regional cooking.
280	**Bib Hotel** Establishment offering good levels of comfort and service, with most rooms priced at a maximum price of 72 € or under 88 € in the main cities and popular tourist resorts (price of a room for 2 people not including breakfast).

PLEASANT HOTELS AND RESTAURANTS

Symbols shown in red indicate particularly pleasant or restful establishments: the character of the building, its décor, the setting, the welcome and services offered may all contribute to this special appeal.

to **Pleasant hotels**

Pleasant guesthouses

to **Pleasant restaurants**

OTHER SPECIAL FEATURES

As well as the categories and awards given to the establishment, Michelin inspectors also make special note of other criteria which can be important when choosing an establishment.

LOCATION

If you are looking for a particularly restful establishment, or one with a special view, look out for the following symbols:

Quiet hotel

Very quiet hotel

Interesting view

Exceptional view

WINE LIST

If you are looking for an establishment with a particularly interesting wine list, look out for the following symbol:

Particularly interesting wine list

This symbol might cover the list presented by a sommelier in a luxury restaurant or that of a simple inn where the owner has a passion for wine. The two lists will offer something exceptional but very different, so beware of comparing them by each other's standards.

Facilities & services

30 ch	Number of rooms
	Garden – Park – Beach with bathing facilities
	Meals served in garden or on terrace
	Swimming pool: outdoor or indoor
Spa	An extensive facility for relaxation and well-being
	Exercise room – Tennis court
	Lift – Establishment at least partly accessible to those of restricted mobility
A/C	Air conditioning
	Establishment with areas reserved for non-smokers
	High speed Internet access
4/40	Private dining rooms : minimum / maximum capacity
25/150	Equipped conference room: minimum / maximum capacity
	Restaurant offering valet parking (tipping customary)
P P	Car park / Enclosed car park for customers only
	Garage (additional charge in most cases)
	No dogs allowed
M	Nearest metro station (in Paris)
Ouvert / Fermé mai-oct	Dates when open or closed, as indicated by the hotelier.

Prices

Prices quoted in this Guide are for autumn 2006. They are subject to alteration if goods and service costs are revised.
By supplying the information, hotels and restaurants have undertaken to maintain these rates for our readers.
In some towns, when commercial, cultural or sporting events are taking place the hotel rates are likely to be considerably higher.
Out of season, certain establishments offer special rates. Ask when booking.

RESERVATION AND DEPOSITS

Some establishments will ask you to confirm your reservation by giving your credit card number or require a deposit which confirms the commitment of both the customer and the establishment. Ask the hotelier to provide you with all the terms and conditions applicable to your reservation in their written confirmation.

CREDIT CARDS

	Credit cards accepted by the establishment:
VISA MC AE D	Visa – MasterCard – American Express – Diners Club

ROOMS

ch – 🚹 50/80 €	Lowest price / highest price for a single room
ch – 🚹🚹 60/100 €	Lowest price / highest price for a double or a twin room
ch ☕ –	Breakfast included
☕ 9 €	Breakfast supplement

HALF BOARD

½ P 50/70 €	Lowest and highest prices for half board (room, breakfast and a meal) per person. These prices are valid for a double room occupied by two people for a minimum stay of three nights. If a single person occupies a double room a supplement may apply. Most of the hotels also offer full board terms on request.

RESTAURANT

(13 €)	2 course meal, on weekday lunchtimes
ⓒⓒ	Menu for less than 18 €
Menu 15 € (déj.)	Set menu served only at lunchtime
Menu 17 € (sem.)	Set menu served only on weekdays
Menu 16/38 €	Cheapest set meal / Highest set menu
Carte 24/48 €	**A la carte meal**, drinks not included. The first figure is for a plain meal and includes first course, main dish of the day and dessert. The second price is for a fuller meal (with speciality) including starter, main course, cheese and dessert.
bc	House wine included
🍷	Wine served by the glass

Towns

GENERAL INFORMATION

63300	Local postal number *the first two numbers are the same as the département number*
✉ 57130 Ars	Postal number and the name of the postal area
P SP	Prefecture – Sub-prefecture
337 E5	Number of the appropriate sheet and grid square reference of the Michelin road map in the 'LOCAL' series
Jura	See the Michelin Green Guide Jura
1057 h.	Population (source: www.insee.fr)
alt. 75	Altitude (in metres)
Sta. therm.	Spa
1200/1900	Altitude of resort and highest point reached by lifts
2	Number of cable-cars
14	Number of ski and chair-lifts
	Cross-country skiing
BY **b**	Letters giving the location of a place on a town plan
9	Golf course and number of holes
	Panoramic view, viewpoint
	Airport – Places with motorail pick-up point. *Further information from phone number listed*
	Shipping line – Passenger transport only
	Tourist information centre: *Tourisme en France's nationwide automated switchboard puts you in touch with the tourist information centre of your choice: dial 3265 (0,34 €/min) and follow the instructions (only available in French).*

TOURIST INFORMATION

STAR-RATING

★★★	Highly recommended
★★	Recommended
★	Interesting *Museums and art galleries are generally closed on Tuesday*

LOCATION

	Sights in town
	On the outskirts
N, S, E, O	The sight lies north, south, east or west of the town
② ④	Signs ② or ④ on the town plan show the road leading to a place of interest and correspond to the same signs on Michelin road maps.
6 km	Distance in kilometres

Town plans

Hotels
Restaurants

SIGHTS

Place of interest
Interesting place of worship:
- Catholic – Protestant

ROAD

Motorway, dual carriageway
Numbered junctions: complete, limited
Major thoroughfare
One-way street – Unsuitable for traffic or street subject to restrictions
Pedestrian street – Tramway
R. Pasteur — Shopping street – Car park – Park and Ride
Gateway – Street passing under arch – Tunnel
Station and railway – Motorail
Funicular – Cable-car
Lever bridge – Car ferry

VARIOUS SIGNS

Tourist Information Centre
Mosque – Synagogue
Tower – Ruins – Windmill – Water tower
Garden, park, wood – Cemetery – Cross
Stadium – Golf course – Racecourse – Skating rink
Outdoor or indoor swimming pool
View – Panorama – Viewing table
Monument – Fountain – Factory
Shopping centre – Multiplex Cinema
Pleasure boat harbour – Lighthouse – Communications tower
S.N.C.F. — Airport – Underground station – Coach station
Ferry services: passengers and cars, passengers only
(3) Reference number common to town plans
Main post office with poste restante and telephone
Hospital – Covered market – Barracks
Public buildings located by letter:
A C - Chamber of Agriculture – Chamber of Commerce
G H J - Gendarmerie – Town Hall – Law Courts
M P T - Museum – Prefecture or sub-prefecture – Theatre
U - University, College
POL. - Police (in large towns police headquarters)
18T (18) Low headroom (15 ft. max.) – Load limit (under 19 t)

Please note: the *route nationale* and *route départementale* road numbers ar currently being changed in France.

Come leggere la guida

INFORMAZIONI TURISTICHE

Distanza dalle città di riferimento, uffici turismo, siti turistici locali, mezzi di trasporto, golfs e tempo libero...

L'ALLOGGIO

Da 🏨🏨🏨🏨🏨 a 🏨, ⌂: categorie di confort.
In rosso 🏨🏨🏨🏨🏨 ... 🏨, ⌂: I più ameni.

I MIGLIORI ESERCIZI A PREZZI CONTENUTI

- Bib Gourmand.
- Bib Hotel.

I RISTORANTI

Da XXXXX a X: categorie di confort.
In rosso XXXXX... X: i più ameni.

LE TAVOLE STELLATE

- ✿✿✿ Vale il viaggio.
- ✿✿ Merita una deviazione.
- ✿ Ottima cucina.

ABBAYE DE FONTFROIDE - 03 Aude - 344 I4 - rattaché à N

ABBAYE DE SAINT-WANDRILLE – 18 Cher – 323 K6 -
Montrond

ABBEVILLE - 80 Somme - 24 567 h. - alt.8 - ✉ 80100 - 30
Picardie Flandres Artois
Paris 186 - Amiens 51 - Boulogne-sur-Mer 79 - Ro
d'Avignon - ✆ 04 90 81 51 51, par N3 et N7 : 8 km
Office de tourisme, 1 place de l'Amiral Courb
risme.abbeville@wanadoo.fr - Fax 03 22 31 0
d'Abbeville, Route du Val par rte St-Valéry-s
- Fax 03 22 24 49 61 - ✉ 80132
Vitraux contemporains★★ de l'église du St
légiale St-Vulfran AE **D** - Musée Boucher d
Vallée de la Somme★ - Château de Bagat

Les Jardins du Château
rte du Port – ✆ 04 79 00 00 46
- welcome@hotelmandjaro.com – Fax 04
15 ch (1/2 P seult) – 17 suites 250/440 €
Rest Le Cœur d'Or – ✆ 04 79 01 46 46
Rest Terrasses du Cœur d'Or – (ferm
◆ Lauze, pierre et bois "vieilli" compos
Superbes chambres savoyardes, équ
Décor tout bois et coins "cosy" au C
Terrasses.

Le Relais de la Poste
rte de Lion, D 541 : 1 km – ✆ 04 7
– Fermé 31 oct.-18 nov., 19-3
42 ch – 40/60 € 60/65 € -
◆ Sur la route de la grotte de M
cadre actuel ou sous les fron

Atelier des Saveurs
10 bd Croisette – ✆ 04 92
– Fax 04 93 38 97 90 – Fe
Rest – (dîner seult) 75/
Spéc. Bocal de foie g
Mad" tiède à la vanil
◆ Élégante verrière c
Un joli cadre pou

ALTRE PUBBLICAZIONI MICHELIN

Riferimento alla carta Michelin ed alla Guida Verde in cui figura la località.

LOCALIZZARE LA CITTÀ

Posizione della località sulla carta regionale alla fine della guida (n° della carta e coordinate).

LOCALIZZARE L'ESERCIZIO

Localizzazione sulla pianta di città (coordinate ed indice).

DESCRIZIONE DELL'ESERCIZIO

Atmosfera, stile, carattere e spécialità.

GLI ALBERGHI TRANQUILLI

Albergo tranquillo.

Albergo molto tranquillo.

PREZZI

INSTALLAZIONI E SERVIZI

Principi

« Quest'opera nasce col secolo e durerà quanto esso. »

La prefazione della prima Edizione della Guida MICHELIN 1900, divenuta famosa nel corso degli anni, si è rivelata profetica. Se la Guida viene oggi consultata in tutto il mondo è grazie al suo costante impegno nei confronti dei lettori. Desideriamo qui ribadirlo.

I principi della Guida Michelin:

La visita anonima: per poter apprezzare il livello delle prestazioni offerte ad ogni cliente, gli ispettori verificano regolarmente ristoranti ed alberghi mantenendo l'anonimato. Questi pagano il conto e possono presentarsi per ottenere ulteriori informazioni sugli esercizi. La posta dei lettori fornisce peraltro preziosi suggerimenti che permettono di orientare le nostre visite.

L'indipendenza: la selezione degli esercizi viene effettuata in totale indipendenza, nel solo interesse del lettore. Gli ispettori e il caporedattore discutono collegialmente le scelte. Le massime decisioni vengono prese a livello europeo. La segnalazione degli esercizi all'interno della Guida è interamente gratuita.

La selezione: la Guida offre una selezione dei migliori alberghi e ristoranti per ogni categoria di confort e di prezzo. Tale selezione è il frutto di uno stesso metodo, applicato con rigorosità da tutti gli ispettori.

L'aggiornamento annuale: ogni anno viene riveduto e aggiornato l'insieme dei consigli pratici, delle classifiche e della simbologia al fine di garantire le informazioni più attendibili.

L'omogeneità della selezione: i criteri di valutazione sono gli stessi per tutti i paesi presi in considerazione dalla Guida Michelin.

... e un unico obiettivo: prodigarsi per aiutare il lettore a fare di ogni spostamento e di ogni uscita un momento di piacere, conformemente alla missione che la Michelin si è prefissata: contribuire ad una miglior mobilità.

Editoriale

Caro lettore,

Abbiamo il piacere di presentarle la nostra 98a edizione della Guida Michelin Francia. Questa selezione, che comprende i migliori alberghi e ristoranti per ogni categoria di prezzo, viene effettuata da un'équipe di ispettori professionisti del settore. Ogni anno, percorrono l'intero paese per visitare nuovi esercizi e verificare il livello delle prestazioni di quelli già inseriti nella Guida. All'interno della selezione, vengono inoltre assegnate ogni anno da ✿ a ✿✿✿ alle migliori tavole. Le stelle contraddistinguono gli esercizi che propongono la miglior cucina, in tutti gli stili, tenendo conto della scelta dei prodotti, della creatività, dell'abilità nel raggiungimento della giusta cottura e nell'abbinamento dei sapori, del rapporto qualità/prezzo, ma anche della continuità. Anche quest'anno, numerose tavole sono state notate per l'evoluzione della loro cucina. Una « **N** » accanto ad ogni esercizio prescelto dell'annata 2007, ne indica l'inserimento fra gli esercizi con una, due o tre stelle.

Desideriamo inoltre segnalare le « ***promesse*** » per la categoria superiore. Questi esercizi, evidenziati in rosso nella nostra lista e nelle nostre pagine, sono i migliori della loro categoria e potranno accedere alla categoria superiore non appena le loro prestazioni avranno raggiunto un livello costante nel tempo, e nelle proposte della carta. Con questa segnalazione speciale, è nostra intenzione farvi conoscere le tavole che costituiscono, dal nostro punto di vista, le principali promesse della gastronomia di domani.

Il vostro parere ci interessa, specialmente riguardo a queste « *promesse* ». Non esitate quindi a scriverci, la vostra partecipazione è importante per orientare le nostre visite e migliorare costantemente la vostra Guida.

Grazie ancora per la vostra fedeltà e vi auguriamo buon viaggio con la Guida Michelin 2007.

Consultate la Guida Michelin su **www. ViaMichelin.com**
e scriveteci a : **leguidemichelin-france@fr.michelin.com**

Categorie & simboli distintivi

LE CATEGORIE DI CONFORT

Nella selezione della Guida Michelin vengono segnalati i migliori indirizzi per ogni categoria di confort e di prezzo.Gli esercizi selezionati sono classificati in base al confort che offrono e vengono citati in ordine di preferenza per ogni categoria.

🏨🏨🏨🏨🏨	XXXXX	**Gran lusso e tradizione**
🏨🏨🏨🏨	XXXX	**Gran confort**
🏨🏨🏨	XXX	**Molto confortevole**
🏨🏨	XX	**Di buon confort**
🏨	X	**Abbastanza confortevole**
	⌂	**Locande, affittacamere**
	sans rest	**L'albergo non ha ristorante**
	avec ch	**Il ristorante dispone di camere**

I SIMBOLI DISTINTIVI

Per aiutarvi ad effettuare la scelta migliore, segnaliamo gli esercizi che si distinguono in modo particolare.

Per gli indirizzi che si distinguono con una stella o un Bib Gourmand, la menzione "**Rest**" appare in rosso nella descrizione dell'esercizio

Per gli indirizzi che si distinguono con il Bib Hotel, la menzione "**ch**" appare in blu nella descrizione dell'esercizio.

LE MIGLIORI TAVOLE

Le stelle distinguono gli esercizi che propongono la miglior qualità in campo gastronomico, indipendentemente dagli stili di cucina. I criteri presi in considerazione sono : la scelta dei prodotti, l'abilità nel raggiungimento della giusta cottura e nell'abbinamento dei sapori, il rapporto qualità/prezzo nonché la costanza.

✿✿✿	**Una delle migliori cucine, questa tavola vale il viaggio**
26	Vi si mangia sempre molto bene, a volte meravigliosamente.
✿✿	**Cucina eccellente, questa tavola merita una devia zione**
65	
✿	**Un'ottima cucina nella sua categoria**
436	

I MIGLIORI ESERCIZI A PREZZI CONTENUTI

Bib Gourmand

489 Esercizio che offre una cucina di qualità, spesso a carattere tipicamente regionale, al prezzo massimo di 28 € (35 € nelle città capoluogo e turistiche importanti).
Prezzo di un pasto, bevanda esclusa.

Bib Hotel

280 Esercizio che offre un soggiorno di qualità al prezzo massimo di 72 € (88 € nelle città e località turistiche importanti) per la maggior parte delle camere. Prezzi per 2 persone, prima colazione esclusa.

GLI ESERCIZI AMENI

Il rosso indica gli esercizi particolarmente ameni. Questo per le caratteristiche dell'edificio, le decorazioni non comuni, la sua posizione ed il servizio offerto.

a **Alberghi ameni**

Locande e affittacamere ameni

X a XXXXX **Ristoranti ameni**

LE SEGNALAZIONI PARTICOLARI

Oltre alle distinzioni conferite agli esercizi, gli ispettori Michelin apprezzano altri criteri spesso importanti nella scelta di un esericizio.

POSIZIONE

Cercate un esercizio tranquillo o che offre una vista piacevole?
Seguite i simboli seguenti :

Albergo tranquillo

Albergo molto tranquillo

< **Vista interessante**

< **Vista eccezionale**

CARTA DEI VINI

Cercate un ristorante la cui carta dei vini offra una scelta particolarmente interessante? Seguite il simbolo seguente:

Carta dei vini particolarmente interessante

Attenzione a non confrontare la carta presentata da un sommelier in un grande ristorante con quella di una trattoria dove il proprietario ha una grande passione per i vini della regione.

Installazioni & servizi

30 ch	Numero di camere
	Giardino – Parco – Spiaggia attrezzata
	Pasti serviti in giardino o in terrazza
	Piscina: all'aperto, coperta
Spa	Centro attrezzato per il benessere ed il relax
	Palestra – Campo di tennis
	Ascensore – Esercizio accessibile in parte alle persone con difficoltà motorie
A/C	Aria condizionata
	Esercizio riservato in parte ai non fumatori
	Connessione internet ad alta definizione
4/40	Saloni particolari: capienza minima e massima
25/150	Sale per conferenze: capienza minima e massima
	Ristorante con servizio di posteggiatore (è consuetudine lasciare una mancia)
P P	Parcheggio / Parcheggio chiuso riservato alla clientela
	Garage nell'albergo (generalmente a pagamento)
	Accesso vietato ai cani
M	Stazione della metropolitana più vicina (a Parigi)
Ouvert / Fermé mai-oct	Periodo di apertura o chiusura, comunicato dal proprietario

Prezzi

I prezzi che indichiamo in questa guida sono stati stabiliti nell'autunno 2006. Potranno subire delle variazioni in relazione ai cambiamenti dei prezzi di beni e servizi. Essi s'intendono comprensivi di tasse e servizio. Sul conto da pagare non deve figurare alcuna maggiorazione, ad eccezione dell'eventuale tassa di soggiorno. Gli albergatori e i ristoratori si sono impegnati, sotto la propria responsabilità, a praticare questi prezzi ai clienti. In occasione di alcune manifestazioni (congressi, fiere, saloni, festival, eventi sportivi...) i prezzi richiesti dagli albergatori potrebbero subire un sensibile aumento. Per eventuali promozioni offerte, non esitate a chiederle direttamente all'albergatore.

PRENOTAZIONE E CAPARRA

Come conferma della prenotazione alcuni esercizi chiedono il numero di una carta di credito o il versamento di una caparra. Si tratta di un deposito-garanzia che impegna sia l'albergatore che il cliente. Chiedete una lettera di conferma su ogni dettaglio della prenotazione e sulle condizioni di soggiorno.

CARTE DI CREDITO

	Carte di credito accettate :
VISA MC AE D	Visa – MasterCard –American Express –Diners Club

CAMERE

ch – 🚹 50/80 €	Prezzo minimo / massimo per camera singola
ch – 🚹🚹 60/100 €	Prezzo minimo / massimo per camera doppia.
ch ☕ –	Prima colazione compresa
☕ 9 €	Supplemento per la prima colazione.

MEZZA PENSIONE

½ P 50/70 €	Prezzo minimo/massimo della mezza pensione (camera, prima colazione ed un pasto) per persona. Questi prezzi sono validi per la camera doppia occupata da due persone, per un soggiorno minimo di tre giorni; la persona singola potrà talvolta vedersi applicata una maggiorazione. La maggior parte degli alberghi pratica anche la pensione completa.

RISTORANTE

(13 €)	Pasto composto dal piatto del giorno, da un antipasto o dessert, a mezzogiorno in settimana
🪙	Pasto per meno di 18 €
Menu 15 € (déj.)	Menu servito solo a mezzogiorno
Menu 17 € (sem.)	Menu servito solo nei giorni feriali
Menu 16/38 €	Menu: il meno caro / il più caro
Carte 24/48	Pasto alla carta bevanda esclusa. Il primo prezzo corrisponde ad un pasto semplice comprendente: antipasto, piatto del giorno e dessert. Il secondo prezzo corrisponde ad un pasto più completo (con specialità) comprendente: due piatti, formaggio e dessert.
bc	Bevanda compresa
🍷	Vino servito al bicchiere

Città

GENERALITÀ

63300	Codice di avviamento postale *le prime due cifre corrispondono al numero del dipartimento*
✉ 57130 Ars	Numero di codice e sede dell'Uffico Postale
P SP	Prefettura – Sottoprefettura
337 E5	Numero della carta "LOCAL" Michelin e coordinate riferite alla quadrettatura
Jura	Vedere la Guida Verde Michelin Jura
1057 h.	Popolazione residente (funte: www.insee.fr)
alt. 75	Altitudine
Sta. therm.	Stazione termale
1200/1900	Altitudine della località e altitudine massima raggiungibile con gli impianti di risalita
2	Numero di funivie o cabinovie
14	Numero di sciovie e seggiovie
	Sci di fondo
BY **b**	Lettere indicanti l'ubicazione sulla pianta
9	Golf e numero di buche
	Panorama, vista
	Aeroporto
	Località con servizio auto su treno *Informarsi al numero di telefono indicato*
	Trasporti marittimi
	Trasporti marittimi (solo passeggeri)
	Informazioni turistiche: *Chiamate il portale "Tourisme en France" per comunicare con l'ufficio del turismo di vostra scelta: componete il 3265 (0,34 €/min) e seguite la voce (solo in Francia ed in francese).*

INFORMAZIONI TURISTICHE

INTERESSE TURISTICO

★★★	Vale il viaggio
★★	Merita una deviazione
★	Interessante

I musei sono generalmente chiusi il martedì

UBICAZIONE

	Nella città
	Nei dintorni della città
N, S, E, O	Il luogo si trova a Nord, a Sud, a Est, a Ovest della località
② ④	Ci si va dalla uscita ② o ④ indicata con lo stesso segno sulla pianta
6 km	Distanza chilometrica

Piante

Alberghi
Ristoranti

CURIOSITÀ

Edificio interessante
Costruzione religiosa interessante:
- Cattolica – Protestante

VIABILITÀ

Autostrada, doppia carreggiata tipo autostrada
Svincoli numerati: completo, parziale
Grande via di circolazione
Senso unico – Via regolamentata o impraticabile
Via pedonale – Tranvia
R. Pasteur P Via commerciale – Parcheggio – Parcheggio Ristoro
Porta – Sottopassaggio – Galleria
Stazione e ferrovia – Auto/Treno
Funicolare – Funivia, Cabinovia
B Ponte mobile – Traghetto per auto

SIMBOLI VARI

Ufficio informazioni turistiche
Moschea – Sinagoga
Torre – Ruderi – Mulino a vento – Torre idrica
Giardino, parco, bosco – Cimitero – Via Crucis
Stadio – Golf – Ippodromo – Pista di pattinaggio
Piscina: all'aperto, coperta
Vista – Panorama – Tavola d'orientamento
Monumento – Fontana – Fabbrica
Centro commerciale – Cinema Multisala
Porto turistico – Faro – Torre per telecomunicazioni
S.N.C.F. Aeroporto – Stazione della Metropolitana – Autostazione
Trasporto con traghetto:
- passeggeri ed autovetture, solo passeggeri
③ Simbolo di riferimento comune alle piante particolareggiate
Ufficio centrale di fermo posta e telefono
Ospedale – Mercato coperto – Caserma
Edificio pubblico indicato con lettera:
A C Camera di Agricoltura – Camera di Commercio
G H J - Gendarmeria – Municipio – Palazzo di Giustizia
M P T - Museo – Prefettura, Sottoprefettura – Teatro
U - Università, grande scuola
POL. - Polizia (Questura, nelle grandi città)
4m4 18T ⑱ Sottopassaggio (altezza inferiore a m 4,50) – Portata limitata (inf. a 19 t)

Attenzione: in Francia, nuova numerazione per le strade nazionali regionali in corso.

Hinweise zur Benutzung

TOURISTISCHE INFORMATIONEN

Entfernungen zu größeren Städten, Informationsstellen, Sehenswürdigkeiten, Verkehrsmittel, Golfplätze und lokale Veranstaltungen...

DIE UNTERBRINGUNG

Von 🏨🏨🏨🏨🏨 bis 🏨, ⌂: Komfortkategorien.
In rot 🏨🏨🏨🏨🏨 ... 🏨, ⌂: Besonders angenehme Häuser.

DIE BESTEN PREISWERTEN ADRESSEN

Bib Gourmand.
Bib Hotel.

DIE RESTAURANTS

Von XXXXX bis X: Komfortkategorien.
In rot XXXXX ... X: Besonders angenehme Häuser.

DIE STERNE-RESTAURANTS

✿✿✿ Eine Reise wert.
✿✿ Verdient einen Umweg.
✿ Eine sehr gute Küche.

ABBAYE DE FONTFROIDE - 03 Aude - 344 I4 - ratta

ABBAYE DE SAINT-WANDRILLE - 18 Cher – 32
Montrond

ABBEVILLE - 80 Somme - 24 567 h. - alt. 8 - ✉ 8010
Picardie Flandres Artois
Paris 186 - Amiens 51 - Boulogne-sur-Mer 7
d'Avignon - ✆ 04 90 81 51 51, par N3 et N7
Office de tourisme, 1 place de l'Amiral C
risme.abbeville@wanadoo.fr - Fax 03 22
d'Abbeville, Route du Val par rte St-Val
- Fax 03 22 24 49 61 - ✉ 80132
Vitraux contemporains★★ de l'église
légiale St-Vulfran AE **D** - Musée Bouc
Vallée de la Somme★ - Château de B

Les Jardins du Château
rte du Port – ✆ 04 79 00 00 46
- welcome@hotelmandjaro.com – Fa
15 ch (1/2 P seult) – 17 suites 250/44
Rest Le Cœur d'Or – ✆ 04 79 01 46
Rest Terrasses du Cœur d'Or – (f
◆ Lauze, pierre et bois "vieilli" com
Superbes chambres savoyardes, é
Décor tout bois et coins "cosy" a
Terrasses.

Le Relais de la Poste
rte de Lion, D 541 : 1 km – ✆ 04
– Fermé 31 oct.-18 nov., 19
42 ch – 40/60 € 60/65 €
◆ Sur la route de la grotte de
cadre actuel ou sous les fro

Atelier des Saveurs
10 bd Croisette – ✆ 04 92
– Fax 04 93 38 97 90 – Fe
Rest – (dîner seult) 75/
Spéc. Bocal de foie g
Mad" tiède à la vanill
◆ Élégante verrière c
III. Un joli cadre pou

ANDERE MICHELIN-PUBLIKATIONEN

Angabe der Michelin-Karte und des Grünen Michelin-Reiseführers, wo der Ort zu finden ist.

LAGE DER STADT

Markierung des Ortes auf der Regionalkarte am Ende des Buchs (Nr. der Karte und Koordinaten).

LAGE DES HAUSES

Markierung auf dem Stadtplan (Planquadrat und Koordinate).

BESCHREIBUNG DES HAUSES

Atmosphäre, Stil, Charakter und Spezialitäten.

RUHIGE HOTELS

ruhiges Hotel.
sehr ruhiges Hotel.

EINRICHTUNG UND SERVICE

PREISE

Grundsätze

„Dieses Werk hat zugleich mit dem Jahrhundert das Licht der Welt erblickt, und es wird ihm ein ebenso langes Leben beschieden sein."

Das Vorwort der ersten Ausgabe des MICHELIN-Führers von 1900 wurde im Laufe der Jahre berühmt und hat sich inzwischen durch den Erfolg dieses Ratgebers bestätigt. Der MICHELIN-Führer wird heute auf der ganzen Welt gelesen. Den Erfolg verdankt er seiner konstanten Qualität, die einzig den Lesern verpflichtet ist und auf festen Grundsätzen beruht.

Die Grundsätze des Michelin-Führers:

Anonymer Besuch: Die Inspektoren testen regelmäßig und anonym die Restaurants und Hotels, um deren Leistungsniveau zu beurteilen. Sie bezahlen alle in Anspruch genommenen Leistungen und geben sich nur zu erkennen, um ergänzende Auskünfte zu den Häusern zu erhalten. Für die Reiseplanung der Inspektoren sind die Briefe der Leser im Übrigen eine wertvolle Hilfe.

Unabhängigkeit: Die Auswahl der Häuser erfolgt völlig unabhängig und ist einzig am Nutzen für den Leser orientiert. Die Entscheidungen werden von den Inspektoren und dem Chefredakteur gemeinsam getroffen. Über die höchsten Auszeichnungen wird sogar auf europäischer Ebene entschieden. Die Empfehlung der Häuser im Michelin-Führer ist völlig kostenlos.

Objektivität der Auswahl: Der Michelin-Führer bietet eine Auswahl der besten Hotels und Restaurants in allen Komfort- und Preiskategorien. Diese Auswahl erfolgt unter strikter Anwendung eines an objektiven Maßstäben ausgerichteten Bewertungssystems durch alle Inspektoren.

Einheitlichkeit der Auswahl: Die Klassifizierungskriterien sind für alle vom Michelin-Führer abgedeckten Länder identisch.

Jährliche Aktualisierung: Jedes Jahr werden alle praktischen Hinweise, Klassifizierungen und Auszeichnungen überprüft und aktualisiert, um ein Höchstmaß an Zuverlässigkeit zu gewährleisten.

... und sein einziges Ziel – dem Leser bestmöglich behilflich zu sein, damit jede Reise und jeder Restaurantbesuch zu einem Vergnügen werden, entsprechend der Aufgabe, die sich Michelin gesetzt hat: die Mobilität in den Vordergrund zu stellen.

Lieber Leser

Lieber Leser,

Wir freuen uns, Ihnen die 98. Ausgabe des Michelin-Führers Frankreich vorstellen zu dürfen. Diese Auswahl der besten Hotels und Restaurants in allen Preiskategorien wird von einem Team von Inspektoren mit Ausbildung in der Hotellerie erstellt. Sie bereisen das ganze Jahr hindurch das Land. Ihre Aufgabe ist es, die Qualität und Leistung der bereits empfohlenen und der neu hinzu kommenden Hotels und Restaurants kritisch zu prüfen. In unserer Auswahl weisen wir jedes Jahr auf die besten Restaurants hin, die wir mit ✿ bis ✿✿✿ kennzeichnen. Die Sterne zeichnen die Häuser mit der besten Küche aus, wobei unterschiedliche Küchenstilrichtungen vertreten sind. Als Kriterien dienen die Qualität der Produkte, die fachgerechte Zubereitung, der Geschmack der Gerichte, die Kreativität und das Preis-Leistungs-Verhältnis, sowie die Beständigkeit der Küchenleistung. Dieses Jahr werden ferner zahlreiche Restaurants für die Weiterentwicklung ihrer Küche hervorgehoben. Um die neu hinzugekommenen Häuser des Jahrgangs 2007 mit einem, zwei oder drei Sternen zu präsentieren, haben wir diese mit einem „**N**" gekennzeichnet.

Außerdem möchten wir die "*Hoffnungsträger*" für die nächsthöheren Kategorien hervorheben. Diese Häuser, sind in der Liste und auf unseren Seiten in Rot aufgeführt. Sie sind die besten ihrer Kategorie und könnten in Zukunft aufsteigen, wenn sich die Qualität ihrer Leistungen dauerhaft und auf die gesamte Karte bezogen bestätigt hat. Mit dieser besonderen Kennzeichnung möchten wir Ihnen die Restaurants aufzeigen, die in unseren Augen die Hoffnung für die Gastronomie von morgen sind. Ihre Meinung interessiert uns!

Bitte teilen Sie uns diese mit, insbesondere hinsichtlich dieser "*Hoffnungs-träger*".

Ihre Mitarbeit ist für die Planung unserer Besuche und für die ständige Verbesserung des Michelin-Führers von großer Bedeutung.

Wir danken Ihnen für Ihre Treue und wünschen Ihnen angenehme Reisen mit dem Michelin-Führer 2007.

Den Michelin-Führer finden Sie auch im Internet unter
www.ViaMichelin.com
oder schreiben Sie uns eine E-mail:
leguidemichelin-france@fr.michelin.com

Kategorien & Auszeichnungen

KOMFORTKATEGORIEN

Der Michelin-Führer bietet in seiner Auswahl die besten Adressen jeder Komfort- und Preiskategorie. Die ausgewählten Häuser sind nach dem gebotenen Komfort geordnet; die Reihenfolge innerhalb jeder Kategorie drückt eine weitere Rangordnung aus.

Großer Luxus und Tradition

Großer Komfort

Sehr komfortabel

Mit gutem Komfort

Mit Standard-Komfort

Privatzimmer

sans rest **Hotel ohne Restaurant**

avec ch **Restaurant vermietet auch Zimmer**

AUSZEICHNUNGEN

Um ihnen behilflich zu sein, die bestmögliche Wahl zu treffen, haben einige besonders bemerkenswerte Adressen dieses Jahr eine Auszeichnung erhalten. Die Sterne bzw. „Bib Gourmand" sind durch das entsprechende Symbol bzw. und **Rest** gekennzeichnet.
Ist ein Haus mit einem Bib Hotel ausgezeichnet, wird die Bezeichnung **„ch"** (für die Angabe der Zimmerzahl) in blau gedruckt.

DIE STERNE: DIE BESTEN RESTAURANTS

Die Häuser, die eine überdurchschnittlich gute Küche bieten, wobei alle Stilrichtungen vertreten sind, wurden mit einem Stern ausgezeichnet. Die Kriterien sind: die Qualität der Produkte, die Kreativität, die fachgerechte Zubereitung und der Geschmack, sowie das Preis-Leistungs-Verhältnis und die immer gleich bleibende Qualität.

Eine der besten Küchen: eine Reise wert
26 Man isst hier immer sehr gut, öfters auch exzellent.

Eine hervorragende Küche: verdient einen Umweg
65

Ein sehr gutes Restaurant in seiner Kategorie
436

DIE BIB: DIE BESTEN PREISWERTEN HÄUSER

Bib Gourmand
489 Häuser, die eine gute Küche bis 28 € bieten – in Paris : bis 35 € (Preis für eine dreigängige Mahlzeit ohne Getränke).
Außerhalb von Paris handelt es sich meist um eine regional geprägte Küche.

Bib Hotel

280 Häuser, die eine Mehrzahl ihrer komfortablen Zimmer bis 72 € anbieten – bzw. weniger als 88 € in größeren Städten und Urlaubsorten (Preis für 2 Personen ohne Frühstück).

DIE ANGENEHMSTEN ADRESSEN

Die rote Kennzeichnung weist auf besonders angenehme Häuser hin. Dies kann sich auf den besonderen Charakter des Gebäudes, die nicht alltägliche Einrichtung, die Lage, den Empfang oder den gebotenen Service beziehen.

bis **Angenehme Hotels**

Angenehme Privatzimmer

bis **Angenehme Restaurants**

BESONDERE ANGABEN

Neben den Auszeichnungen, die den Häusern verliehen werden, legen die Michelin-Inspektoren auch Wert auf andere Kriterien, die bei der Wahl einer Adresse oft von Bedeutung sind.

LAGE

Wenn Sie eine ruhige Adresse oder ein Haus mit einer schönen Aussicht suchen, achten Sie auf diese Symbole:

Ruhiges Hotel

Sehr ruhiges Hotel

Interessante Sicht

Besonders schöne Aussicht

WEINKARTE

Wenn Sie ein Restaurant mit einer besonders interessanten Weinauswahl suchen, achten Sie auf dieses Symbol:

Weinkarte mit besonders attraktivem Angebot

Aber vergleichen Sie bitte nicht die Weinkarte, die Ihnen vom Sommelier eines großen Hauses präsentiert wird, mit der Auswahl eines Gasthauses, dessen Besitzer die Weine der Region mit Sorgfalt zusammenstellt.

Einrichtung & Service

30 ch	Anzahl der Zimmer
	Garten, Liegewiese – Park – Strandbad
	Garten-, Terrassenrestaurant
	Freibad oder Hallenbad
Spa	Wellnessbereich
	Fitnessraum – Tennisplatz
	Fahrstuhl
	Für Körperbehinderte leicht zugängliches Haus
A/C	Klimaanlage
	Haus teilweise reserviert für Nichtraucher
	High-Speed Internet Anschluss in den Zimmern
4/40	Veranstaltungsraum mit Kapazität mini / maxi
25/150	Konferenzraum mit Kapazität mini / maxi
	Restaurant mit Wagenmeister-Service (Trinkgeld üblich)
P P	Parkplatz / gesicherter Parkplatz für Gäste
	Garage (wird gewöhnlich berechnet)
	Hunde sind unerwünscht
M	Nächstgelegene U-Bahnstation (in Paris)
Ouvert / Fermé mai-oct	Öffnungszeit / Schließungszeit, vom Hotelier mitgeteilt

Preise

Die in diesem Führer genannten Preise wurden uns im Herbst 2006 angegeben. Sie können sich mit den Preisen von Waren und Dienstleistungen ändern. Sie enthalten Bedienung und MwSt. Es sind Inklusivpreise, die sich nur noch durch die evtl. zu zahlende Kurtaxe erhöhen können. Die Häuser haben sich verpflichtet, die von den Hoteliers selbst angegebenen Preise den Kunden zu berechnen. Anlässlich größerer Veranstaltungen, Messen und Ausstellungen werden von den Hotels in manchen Städten und deren Umgebung erhöhte Preise verlangt. Erkundigen Sie sich bei den Hoteliers nach eventuellen Sonder- bedingungen.

RESERVATION UND ANZAHLUNG

Einige Häuser verlangen zur Bestätigung der Reservierung eine Anzahlung oder die Kreditkartennummer. Diese ist als Garantie sowohl für die Häuser als auch für den Gast anzusehen. Bitten Sie den Hotelier, dass er Ihnen in seinem Bestätigungsschreiben die genauen Bedingungen mitteilt.

KREDITKARTEN

	Akzeptierte Kreditkarten:
VISA MC AE DC	Visa – MasterCard – American Express – Diners Club

ZIMMER

ch – 🚹 50/80 €	Mindest- und Höchstpreis für ein Einzelzimmer
ch – 🚹🚹 60/100 €	Mindest- und Höchstpreis für ein Doppelzimmer
ch ☕ –	Zimmerpreis inkl. Frühstück
☕ 9 €	Preis für Frühstück

HALBPENSION

½ P 50/70 €	Mindest- und Höchstpreis für Halbpension (Zimmerpreis inkl. Frühstück und einer Mahlzeit) pro Person, bei einem von zwei Personen belegten Doppelzimmer für einen Aufenthalt von mindestens 3 Tagen. Falls eine Einzelperson ein Doppelzimmer belegt, kann ein Preisaufschlag verlangt werden. In den meisten Hotels wird auch Vollpension angeboten.

RESTAURANT

(13 €)	Preis für ein Menu, bestehend aus Vorspeise/Hauptgericht oder Hauptgericht/Dessert, das unter der Woche mittags serviert wird
⚭	Menu unter 18 €
Menu 15 € (déj.)	Menu wird nur mittags angeboten
Menu 17 € (sem.)	Menu wird nur unter der Woche angeboten
Menu 16/38 €	Mindest- und Höchstpreis der Menus
Carte 24/48 €	Der erste Preis entspricht einer einfachen Mahlzeit und umfasst Vorspeise, Hauptgericht, Dessert. Der zweite Preis entspricht einer reichlicheren Mahlzeit (mit Spezialität) bestehend aus Vorspeise, Hauptgang, Käse und Dessert.
bc	Getränke inklusiv
🍷	Wein wird glasweise ausgeschenkt

Städte

ALLGEMEINES

63300	Postleitzahl *die beiden ersten Ziffern sind gleichzeitig die Departements-Nummer*
✉ 57130 Ars	Postleitzahl und Name des Verteilerpostamtes
P SP	Präfektur – Unterpräfektur
337 E5	Nummer der Michelin-Karte « LOCAL » und Koordinatenangabe
Jura	Siehe den Grünen Michelin-Reiseführer Jura
1057 h. alt. 75	Einwohnerzahl (Quelle: www.insee.fr) – Höhe
Sta. therm.	Thermalbad
1200/1900	Höhe des Wintersportortes und Maximalhöhe, die mit Kabinenbahn oder Lift erreicht werden kann
2	Anzahl der Kabinenbahnen
14	Anzahl der Schlepp- oder Sessellifte
	Langlaufloipen
BY **b**	Markierung auf dem Stadtplan
9	Golfplatz und Anzahl der Löcher
	Rundblick, Aussichtspunkt
	Flughafen
	Ladestelle für Autoreisezüge *Auskunft unter der angegebenen Telefonnummer*
	Autofähre – Personenfähre
i	Informationsstelle: *Über die landesweite Telefonnummer der ,,Französischen Tourismuszentrale" werden Sie mit der von Ihnen gewünschten Informationsstelle verbunden. Wählen Sie die 3265 (0,34 €/Min.) und Sie werden weitergeleitet (nur innerhalb Frankreichs und in französischer Sprache)*

SEHENSWÜRDIGKEITEN

BEWERTUNG

★★★	Eine Reise wert
★★	Verdient einen Umweg
★	Sehenswert

Museen sind im allgemeinen dienstags geschlossen

LAGE

	In der Stadt
	In der Umgebung der Stadt
N, S, E, O	Die Sehenswürdigkeit befindet sich: im Norden, Süden, Osten, Westen der Stadt
② ④	Zu erreichen über die Ausfallstraße ② bzw. ④, die auf dem Stadtplan identisch gekennzeichnet sind.
6 km	Entfernung in Kilometern

Stadtpläne

- Hotels
- Restaurants

SEHENSWÜRDIGKEITEN

Sehenswertes Gebäude
Sehenswerte katholische bzw. evangelische Kirche

STRAßEN

Autobahn, Schnellstraße
Numerierte Anschlußstelle: Autobahneinfahrt – und/oder -ausfahrt
Hauptverkehrsstraße
Einbahnstraße – Gesperrte Straße oder mit Verkehrsbeschränkungen
Fußgängerzone – Straßenbahn
R. Pasteur P — Einkaufsstraße – Parkplatz, Parkhaus – Park-and-Ride-Plätze
Tor – Passage – Tunnel
Bahnhof und Bahnlinie – Autoreisezug
Standseilbahn – Seilschwebebahn
B — Bewegliche Brücke – Autofähre

SONSTIGE ZEICHEN

Informationsstelle
Moschee – Synagoge
Turm – Ruine – Windmühle – Wasserturm
Garten, Park, Wäldchen – Friedhof – Bildstock
Stadion – Golfplatz – Pferderennbahn – Eisbahn
- Freibad – Hallenbad
Aussicht – Rundblick – Orientierungstafel
Denkmal – Brunnen – Fabrik
Einkaufszentrum – Multiplex-Kino
Jachthafen – Leuchtturm – Funk-, Fernsehturm
S.N.C.F. — Flughafen – U-Bahnstation – Autobusbahnhof
Schiffsverbindungen: Autofähre – Personenfähre
③ — Straßenkennzeichnung (identisch auf Michelin-Stadtplänen und Abschnittskarten)
Hauptpostamt (postlagernde Sendungen) u. Telefon
Krankenhaus – Markthalle – Kaserne
Öffentliches Gebäude, durch einen Buchstaben gekennzeichnet:
A C — - Landwirtschaftskammer – Handelskammer
G H J — - Gendarmerie – Rathaus – Gerichtsgebäude
M P T — - Museum – Präfektur, Unterpräfektur – Theater
U — - Universität, Hochschule
POL. — - Polizei (in größeren Städten Polizeipräsidium)
4^m4 18T ⑱ — Unterführung (Höhe bis 4,50 m) – Höchstbelastung (unter 19 t)

Achtung: Die Nummerierung der National-und der Landstraßen in Frankreich wird z. Zt. Geändert.

Modo de empleo

INFORMACIÓN TURÍSTICA

Distancias desde las poblaciones principales, oficinas de turismo, puntos de interés turístico locales, medios de transporte, campos de golf y ocio...

EL ALOJAMIENTO

De 🏨🏨 a 🏠, ⌂: categorías de confort.
En rojo 🏨🏨... 🏠, ⌂: los más agradables.

LAS MEJORES DIRECCIONES A PRECIOS MODERADOS

Bib Gourmand.
Bib Hotel.

RESTAURANTES

De XXXXX a X: categorías de confort.
En rojo XXXXX... X: los más agradables.

ESTRELLAS

✿✿✿ Justifica el viaje.
✿✿ Vale la pena desviarse.
✿ Muy buena cocina.

ABBAYE DE FONTFROIDE - 03 Aude - 344 I4 - ratta

ABBAYE DE SAINT-WANDRILLE - 18 Cher - 32
Montrond

ABBEVILLE - 80 Somme - 24 567 h. - alt. 8 - ✉ 8010
Picardie Flandres Artois
Paris 186 - Amiens 51 - Boulogne-sur-Mer 7
d'Avignon - ✆ 04 90 81 51 51, par N3 et N7
Office de tourisme, 1 place de l'Amiral C
risme.abbeville@wanadoo.fr - Fax 03 22
d'Abbeville, Route du Val par rte St-Valé
- Fax 03 22 24 49 61 - ✉ 80132
Vitraux contemporains★★ de l'église d
légiale St-Vulfran AE **D** - Musée Bouch
Vallée de la Somme★ - Château de B

Les Jardins du Château
rte du Port – ✆ 04 79 00 00 46 – Fax
- welcome@hotelmandjaro.com – Fax
15 ch (1/2 P seult) – 17 suites 250/440
Rest Le Cœur d'Or – ✆ 04 79 01 46
Rest Terrasses du Cœur d'Or – (fe
◆ Lauze, pierre et bois "vieilli" comp
Superbes chambres savoyardes, é
Décor tout bois et coins "cosy" au
Terrasses.

Le Relais de la Poste
rte de Lion, D 541 : 1 km – ✆ 04 7
– Fermé 31 oct.-18 nov., 19-
42 ch – 40/60 € 60/65 € –
◆ Sur la route de la grotte de M
cadre actuel ou sous les fron

Atelier des Saveurs
10 bd Croisette – ✆ 04 92 9
– Fax 04 93 38 97 90 – Ferm
Rest – (dîner seult) 75/19
Spéc. Bocal de foie gra
Mad" tiède à la vanille.
◆ Élégante verrière ou
III. Un joli cadre pour u

OTRAS PUBLICACIONES MICHELIN

Referencia del mapa Michelin y de la Guía Verde en los que se encuentra la localidad.

LOCALIZAR LA CIUDAD

Emplazamiento de la localidad en el mapa regional situado al final de la guía (n° del mapa y coordenadas).

LOCALIZAR EL ESTABLECIMIENTO

Localización en el plano de la ciudad (coordenadas e índice).

DESCRIPCIÓN DEL ESTABLECIMIENTO

Ambiente, estilo, carácter y especialidades.

HOTELES TRANQUILOS

Hotel tranquilo.
Hotel muy tranquilo.

PRECIOS

INSTALACIONES Y SERVICIOS

Compromisos

"Esta obra aparece con el siglo y durará tanto como él".

Esta frase incluida en el prólogo de la primera Edición de la Guía MICHELIN 1900 se hizo célebre a lo largo de los años y llegó a ser premonitoria. Si actualmente la guía cuenta con tantos lectores en todo el mundo, se debe en gran parte a su constante compromiso con todos ellos; compromiso que queremos reafirmar año tras año.

Compromisos de la Guía Michelin

La visita anónima: los inspectores visitan anónima y periódicamente hoteles y restaurantes para valorar el nivel de las prestaciones que ofrecen a sus clientes. Pagan todas las facturas y sólo se dan a conocer cuando necesitan obtener datos complementarios. Por otra parte, las cartas de los lectores constituyen una valiosa fuente de información para organizar nuestras visitas.

La independencia: la selección de establecimientos se efectúa con total independencia y pensando exclusivamente en los lectores. Los inspectores y el redactor jefe adoptan las decisiones de manera colegiada. Las distinciones más destacadas se deciden a nivel europeo. La inserción de establecimientos en la Guía es totalmente gratuita.

La selección: la Guía ofrece una selección de los mejores hoteles y restaurantes de todas las categorías de confort y precio. Constituye el resultado de la rigurosa aplicación del mismo método por parte de todos los inspectores.

La actualización anual: al objeto de ofrecer los datos más fiables, anualmente se revisan y actualizan todas las informaciones prácticas, las clasificaciones y las distinciones.

La homogeneidad de la selección: los criterios de clasificación son idénticos en todos los países que abarca la Guía Michelin.

... y un solo objetivo: hacer cuanto esté en nuestra mano para ayudar al lector con el fin de que cada viaje o cada salida se conviertan en un momento de placer conforme a la misión que se ha fijado Michelin : contribuir a una mejor movilidad.

Editorial

Estimado lector,

Tenemos el placer de presentarle la 98ª edición de la Guía Michelin Francia. Esta Guía contiene una selección de los mejores hoteles y restaurantes en cada categoría de precios, efectuada por un equipo de inspectores profesionales y formados en el sector de la hostelería. Como todos los años, han recorrido el país visitando nuevos establecimientos y comprobando el nivel de las prestaciones de los que ya figuraban en anteriores ediciones.

También anualmente, entre los establecimientos seleccionados distinguimos las mejores mesas con ✿ a ✿✿✿. Las estrellas identifican los establecimientos que ofrecen la mejor calidad de cocina en todos los estilos, teniendo en cuenta la selección y el dominio de los sabores, la relación calidad/precio y la regularidad.

Una vez más hemos detectado muchos restaurantes cuya cocina ha evolucionado muy favorablemente. Para destacar los que han mejorado su clasificación en la edición 2007, sumándose a los establecimientos con una, dos o tres estrellas, hemos añadido frente a cada uno de ellos la letra « **N** ».

Asimismo, resaltamos los establecimientos « *con posibilidades* » de ascender al nivel superior. Estos establecimientos, que figuran en rojo en dicha relación, y en nuestras páginas son los más destacados en su categoría. Podrán mejorar su calificación si, a lo largo del tiempo y en la mayoría de las preparaciones de la carta, progresa la regularidad de sus prestaciones. Mediante esta mención especial pretendemos dar a conocer los restaurantes que constituyen, a nuestro parecer, los valores de la gastronomía del futuro. Su opinión nos interesa y en particular en lo referente a los establecimientos « con posibilidades ». Escríbanos porque su participación es importante para orientar nuestras visitas y mejorar permanentemente su Guía.

Una vez más, gracias por su fidelidad y buenos viajes con la Guía Michelin 2007.

Consulte la Guía Michelin en **www.ViaMichelin.com**
y escríbanos a :
leguidemichelin-france@fr.michelin.com

Categorías y distinciones

CATEGORÍAS DE CONFORT

La Guía Michelin incluye en su selección los mejores establecimientos en cada categoría de confort y de precio. Los establecimientos están clasificados según su confort y se citan por orden de preferencia dentro de cada categoría.

🏨🏨🏨🏨🏨	XXXXX	**Gran lujo y tradición**
🏨🏨🏨🏨	XXXX	**Gran confort**
🏨🏨🏨	XXX	**Muy confortable**
🏨🏨	XX	**Confortable**
🏨	X	**Sencillo pero confortable**
⌂		**Turismo rural**
sans rest		**El hotel no dispone de restaurante**
avec ch		**El restaurante tiene habitaciones**

DISTINCIONES

Para ayudarle a hacer la mejor selección, algunos establecimientos especialmente interesantes han recibido este año una distinción.

Para los establecimientos distinguidos por una estrella o un Bib Gourmand, la mención " **Rest** " aparece en color rojo en la descripción del establecimiento.

Para los establecimientos ditinguidos por un Bib Hotel, la mención " **ch** " aparece en color azul en la descripción del establecimiento.

LAS ESTRELLAS: LAS MEJORES MESAS

Las estrellas distinguen a los establecimientos, cualquiera que sea el tipo de cocina, que ofrecen la mejor calidad culinaria de acuerdo con los siguientes criterios: selección de los productos, creatividad, dominio del punto de cocción y de los sabores, relación calidad/precio y regularidad.

✿✿✿ 26	**Cocina de nivel excepcional, esta mesa justifica el viaje** Establecimiento donde siempre se come bien y, en ocasiones, maravillosamente.
✿✿ 65	**Excelente cocina, vale la pena desviarse**
✿ 436	**Muy buena cocina en su categoría**

LOS BIB:
LAS MEJORES DIRECCIONES A PRECIOS MODERADOS

Bib Gourmand

489 Establecimiento que ofrece una cocina de calidad, generalmente de tipo regional, a un máximo de 28 € (35 € en París). Precio de una comida sin la bebida.

Bib Hotel

280 Establecimiento que ofrece un cierto nivel de calidad con habitaciones a un máximo de 72 € (88 € en grandes ciudades y zonas turisticas). Precio para 2 personas sin el desayuno.

LAS DIRECCIONES MÁS AGRADABLES

El rojo indica los establecimientos especialmente agradables tanto por las características del edificio, la decoración original, el emplazamiento, el trato y los servicios que ofrece.

a **Hoteles agradables**

Turismos rurales agradables

a **Restaurantes agradables**

MENCIONES PARTICULARES

Además de las distinciones concedidas a los establecimientos, los inspectores de Michelin también tienen en cuenta otros criterios con frecuencia importantes cuando se elige un establecimiento.

SITUACIÓN

Los establecimientos tranquilos o con vistas aparecen señalados con los símbolos:

Hotel tranquilo

Hotel muy tranquilo

Vista interesante

Vista excepcional

CARTA DE VINOS

Los restaurantes con una carta de vinos especialmente interesante aparecen señalados con el símbolo:

Carta de vinos particularmente atractiva

Pero no compare la carta que presenta el sumiller de un restaurante de lujo y tradición con la de un establecimiento más sencillo cuyo propietario sienta predilección por los vinos de la zona.

Instalaciones y servicios

30 ch	Número de habitaciones
	Jardín – Parque – Playa equipada
	Comidas servidas en el jardín o en la terraza
	Piscina al aire libre o cubierta
Spa	Espacio dedicado al bienestar y la relajación
	Gimnasio – Cancha de tenis
	Ascensor – Instalaciones adaptadas para discapacitados
A/C	Aire acondicionado
	Establecimiento con zonas reservadas para no fumadores
	Conexión a Internet con sistema de alta velocidad
4/40	Salones privados en los restaurantes : capacidad mínima / máxima
25/150	Salas de reuniones: capacidad mínima / máxima
	Restaurante con servicio de aparcacoches (es costumbre dejar propina)
P P	Aparcamiento / Aparcamiento cerrado reservado a los clientes
	Garaje (generalmente de pago)
	No se admiten perros
M	Estación de metro más próxima (en París)
Ouvert / Fermé mai-oct	Período de apertura comunicado por el hotelero

Precios

Los precios que indicamos en esta guía nos fueron facilitados en el otoño de 2006. Pueden sufrir modificaciones debido a las variaciones de los precios de bienes y servicios. El servicio y los impuestos están incluidos. En la factura no debe figurar ningún recargo excepto una eventual tasa de alojamiento. Los hoteles y restaurantes se han comprometido, bajo su responsabilidad, a aplicar estos precios al cliente. Durante la celebración de determinados eventos (congresos, ferias, salones, festivales, pruebas deportivas...) los precios indicados por los hoteleros pueden sufrir importantes aumentos. Por otra parte, infórmese con antelación porque muchos establecimientos aplican tarifas muy ventajosas.

RESERVAS Y ARRAS

Para confirmar la reserva, algunos establecimientos piden el número de la tarjeta de crédito o el abono de arras. Se trata de un depósito-garantía que compromete tanto al establecimiento como al cliente. Pida al hotelero confirmación escrita de las condiciones de estancia así como de todos los detalles útiles.

TARJETAS DE CRÉDITO

	Tarjetas de crédito aceptadas:
VISA MC AE DC	Visa – MasterCard – American Express – Diners Club

HABITACIONES

ch – 🚹 50/80 €	Precio de las habitaciones mínimo/máximo para 1 persona
ch – 🚹🚹 60/100 €	Precio de las habitaciones mínimo/máximo para 2 personas
ch ☕ –	Desayuno incluido
☕ 9 €	Desayuno en suplemento

MEDIA PENSIÓN

½ P 50/70 €	Precio mínimo/máximo de la media pensión (habitación, desayuno y una comida) por persona. Precio de la habitación doble ocupada por dos personas y durante una estancia mínima de tres días. Si una persona sola ocupa una habitación doble se le suele aplicar un suplemento. La mayoría de estos hoteles ofrecen también la pensión completa.

RESTAURANTE

(13 €)	Comida compuesta por un plato fuerte del día y una entrada o un postre, servida generalmente a mediodía los días de semana
🪙	Menú a menos de 18 €
Menu 15 € (déj.)	Menú servido sólo a mediodía
Menu 17 € (sem.)	Menú servido sólo los días de semana
Menu 16/38 €	Menú más económico / más caro
Carte 24/48 €	**Comida a la carta sin bebida.** El primer precio corresponde a una comida normal que incluye: entrada, plato fuerte del día y postre. El segundo precio se refiere a una comida más completa (con especialidad) que incluye: dos platos, queso y postre.
bc	Bebida incluida
🍷	Copa de vino

Localidades

GENERALIDADES

63300	Código postal de la localidad *los dos primeros dígitos corresponden al número del departamento o provincia*
✉ 57130 Ars	Código postal y lugar de destino
P SP	Prefectura – Subprefectura
337 E5	Mapa Michelin "LOCAL" y coordenadas en los mapas
Jura	Ver La Guía Verde Michelin Jura
1057 h.	Población (según datos: www.insee.fr)
alt. 75	Altitud de la localidad
Sta. therm.	Balneario
1200/1900	Altitud de la estación y altitud máxima alcanzada por los remontes mecánicos
2	Número de teleféricos o telecabinas
14	Número de telesquíes o telesillas
	Esquí de fondo
BY **b**	Letras para localizar un emplazamiento en el plano
9	Golf y número de hoyos
	Panorama, vista
	Aeropuerto – Localidad con servicio Auto-Tren *Información en el número indicado*
	Transportes marítimos
	Transportes marítimos sólo para pasajeros
i	Información turística: *El número de teléfono del portal "Tourisme en France" le pone en contacto con la oficina de turismo de su elección: marque el 3265 (0,34 €/min) y siga las instrucciones (sólo disponible en francés)*

INFORMACIONES TURÍSTICAS

INTERÉS TURÍSTICO

★★★	Justifica el viaje
★★	Vale la pena desviarse
★	Interesante

Los museos cierran generalmente los martes

SITUACIÓN

	En la población
	En los alrededores de la población El lugar de interés está situado: al norte, al sur, al este, al oeste
② ④	Salga por la salida ② o ④ identificada por el mismo signo en el plano de la Guía y en el mapa Michelin
6 km	Distancia en kilómetros

Planos

● □ Hoteles
● ■ Restaurantes

CURIOSIDADES

Edificio interesante
Edificio religioso interesante:
- Católico – Protestante

VÍAS DE CIRCULACIÓN

Autopista, autovía
4 4 número del acceso : completo-parcial
Vía importante de circulación
Sentido único – Calle impracticable, de uso restringido
Calle peatonal – Tranvía
R. Pasteur P P Calle comercial – Aparcamiento – Aparcamientos "P + R"
Puerta – Pasaje cubierto – Túnel
Estación y línea férrea – Auto-tren
Funicular – Teleférico, telecabina
B Puente móvil – Barcaza para coches

SIGNOS DIVERSOS

Oficina de Información de Turismo
Mezquita – Sinagoga
Torre – Ruinas – Molino de viento – Depósito de agua
Jardín, parque, bosque – Cementerio – Crucero
9 Estadio – Golf – Hipódromo – Pista de patinaje
Piscina al aire libre, cubierta
Vista – Panorama – Mesa de Orientación
Monumento – Fuente – Fábrica
Centro comercial – Multicines
Puerto deportivo – Faro – Torreta de telecomunicación
S.N.C.F. Aeropuerto – Boca de metro – Estación de autobuses
Transporte por barco : pasajeros y vehículos, pasajeros solamente
3 Referencia común a los planos y a los mapas detallados Michelin
Oficina central de lista de correos – Teléfonos
Hospital – Mercado cubierto – Cuartel
Edificio público localizado con letra :
A C - Cámara de Agricultura – Cámara de Comercio
G H J -Guardia civil – Ayuntamiento – Palacio de Justicia
M P T -Museo – Gobierno civil –Teatro
U -Universidad, Escuela superior
POL. - Policía (en las grandes ciudades: Jefatura)
4'4 18T 18 Pasaje bajo (inf. a 4m 50) – Carga limitada (inf. a 19 t)

¡Cuidado! En Francia, nueva numeración de carreteras naciaonales y regionales en curso.

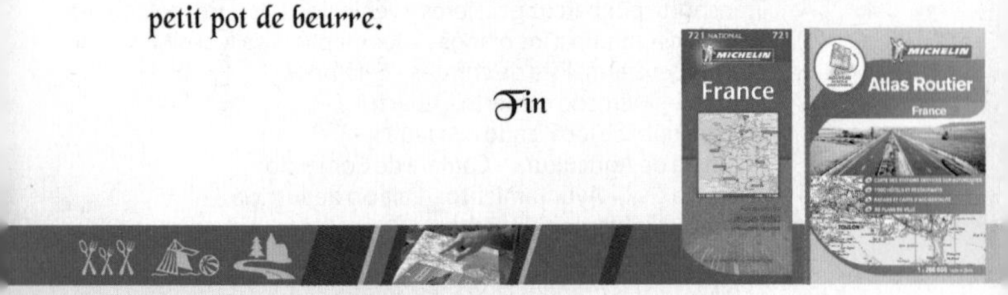

Distinctions 2007

Awards 2007
Distinzioni 2007
Auszeichnungen 2007
Distinciones 2007

Les Tables étoilées 2007

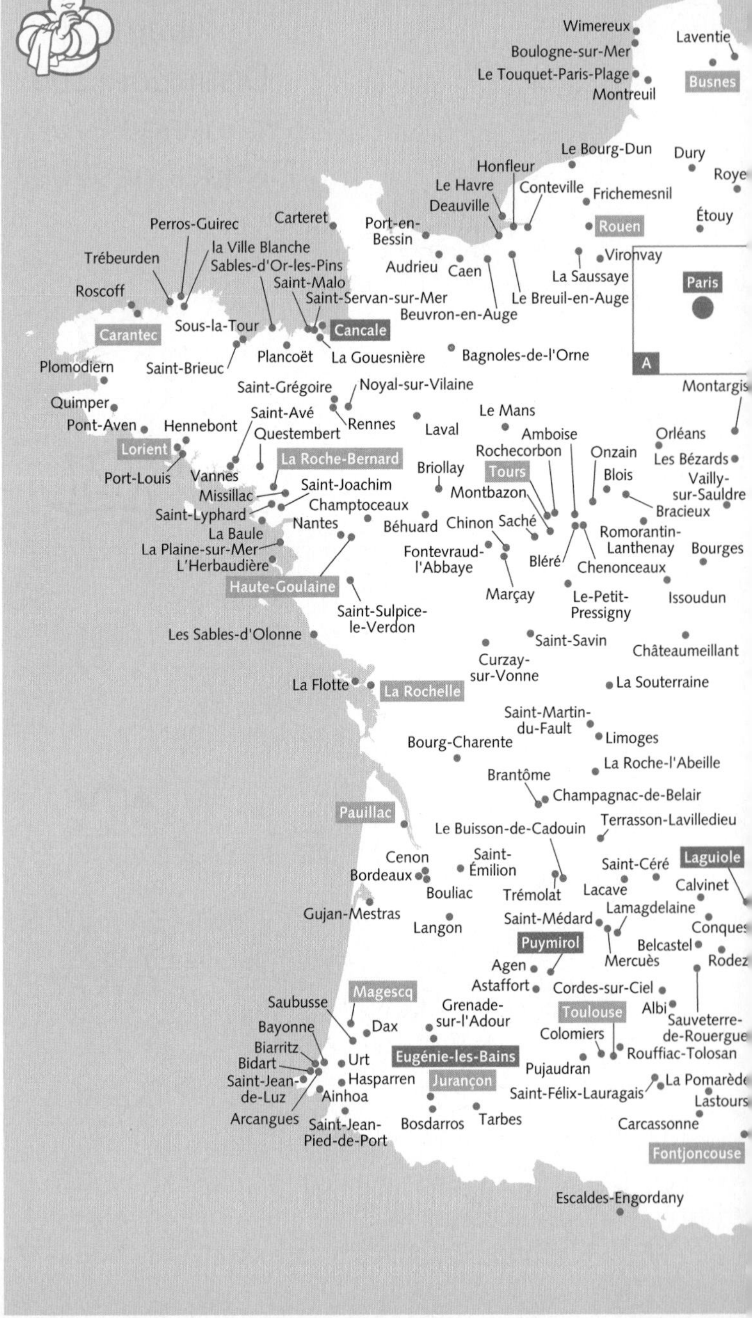

La couleur correspond à l'établissement le plus étoilé de la localité.

Paris	La localité possède au moins un restaurant 3 étoiles	✻✻✻
Marseille	La localité possède au moins un restaurant 2 étoiles	✻✻
Rennes	La localité possède au moins un restaurant 1 étoile	✻

Les Tables étoilées 2007

La couleur correspond à l'établissement le plus étoilé de la localité.

Ile-de-France

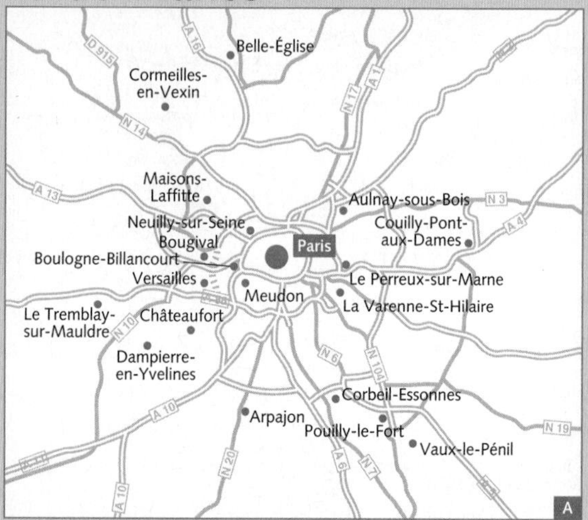

Provence

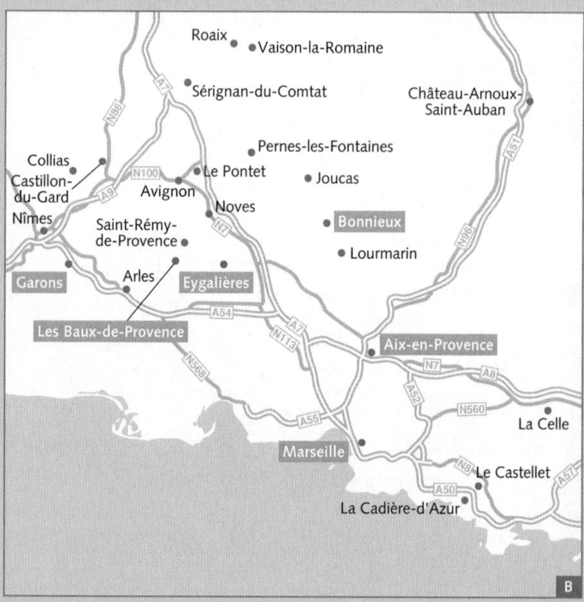

Alsace

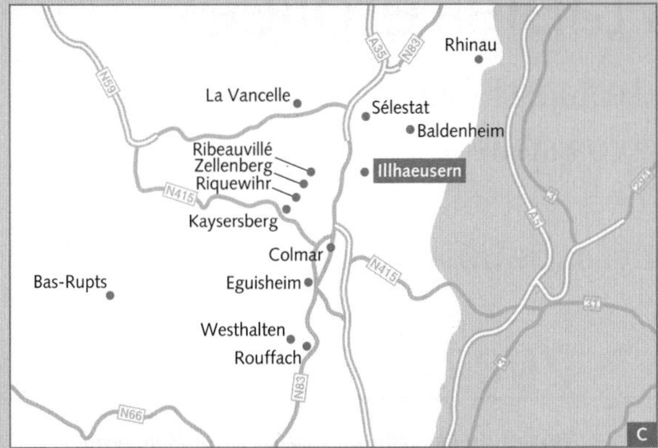

Rhône-Alpes

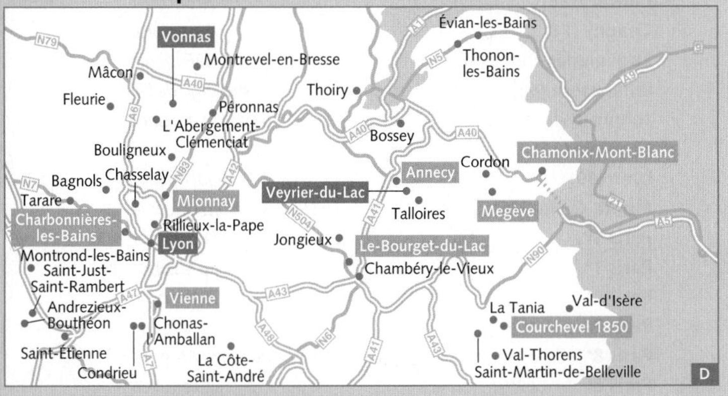

Côte-d'Azur

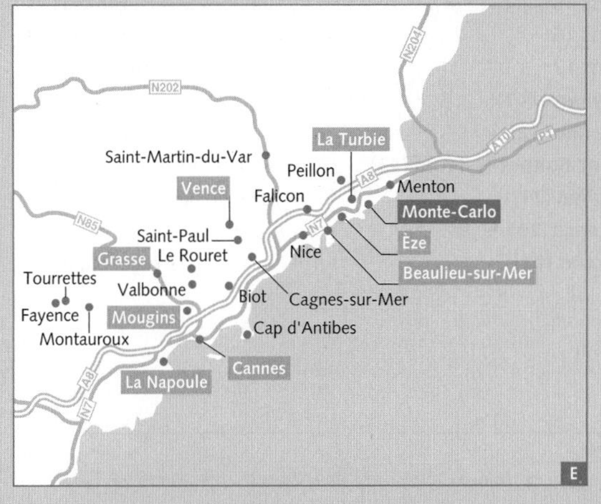

Les tables étoilées

Starred establishments
Esercizi con stelle
Die Sterne-Restaurants
Las estrellas de buena mesa

✿✿✿ 2007

Annecy / Veyrier-du-Lac (74)	*La Maison de Marc Veyrat*	
Baerenthal / Untermuhlthal (57)	*L'Arnsbourg*	
Cancale (35)	*Maisons de Bricourt*	
Chagny (71)	*Lameloise*	**N**
Eugénie-les-Bains (40)	*Les Prés d'Eugénie*	
Illhaeusern (68)	*Auberge de l'Ill*	
Joigny (89)	*La Côte St-Jacques*	
Laguiole (12)	*Bras*	
Lyon (69)	*Paul Bocuse*	
Monte-Carlo (MC)	*Le Louis XV-Alain Ducasse*	
Paris 1er	*Le Grand Véfour*	
Paris 1er	*le Meurice*	**N**
Paris 4e	*L'Ambroisie*	
Paris 7e	*Arpège*	
Paris 8e	*Alain Ducasse au Plaza Athénée*	
Paris 8e	*Ledoyen*	
Paris 8e	*Pierre Gagnaire*	
Paris 16e	*Astrance*	**N**
Paris 16e	*Pré Catelan*	**N**
Paris 17e	*Guy Savoy*	
Puymirol (47)	*Michel Trama*	
Roanne (42)	*Troisgros*	
Saint-Bonnet-le-Froid (43)	*Régis et Jacques Marcon*	
Saulieu (21)	*Le Relais Bernard Loiseau*	
Valence (26)	*Pic*	**N**
Vonnas (01)	*Georges Blanc*	

→ **N** *Nouveau* ✿✿✿

→ *New* ✿✿✿ → *Nuovo* ✿✿✿ → *Neu* ✿✿✿ → *Nuevo* ✿✿✿

✿✿ 2007

→ **En rouge** *les espoirs 2006 pour* ✿✿✿
→ **In red** *the 2006 Rising Stars for* ✿✿✿
→ **In rosso** *le promesse 2006 per* ✿✿✿
→ **In rote** *die Hoffnungsträger 2006 fur* ✿✿✿
→ **In rojo** *las mesas 2006 con posibilidades para* ✿✿✿

Aix-en-Provence (13) *Le Clos de la Violette*
Annecy (74) *Le Clos des Sens* **N**
Arbois (39) *Jean-Paul Jeunet*
Les Baux-de-Provence (13) *L' Oustaù de Baumanière*
Beaulieu-sur-Mer (06) *La Réserve de Beaulieu*
Béthune / Busnes (62) *Le Château de Beaulieu*
Bonnieux (84) *La Bastide de Capelongue*
Le-Bourget-du-Lac (73) *Le Bateau Ivre*
Calvi (2B) *La Villa* **N**
Cannes (06) *La Palme d'Or*
Cannes (06) *Villa des Lys*
Carantec (29) *L'Hôtel de Carantec-Patrick Jeffroy*
Chamonix-Mont-Blanc (74) *Le Hameau Albert 1er*
Courchevel / Courchevel 1850 (73) *Le Bateau Ivre*
Courchevel / Courchevel 1850 (73) *Le Chabichou*
Eygalières (13) *Bistrot d'Eygalières "Chez Bru"*
Èze (06) *Château de la Chèvre d'Or*
Fontjoncouse (11) *Auberge du Vieux Puits*
Grasse (06) *La Bastide St-Antoine*
Gundershoffen (67) *Au Cygne*
Lorient (56) *L'Amphitryon*
Lyon (69) *Auberge de l'Île*
Lyon (69) *Léon de Lyon*
Lyon (69) *Nicolas Le Bec* **N**
Lyon / Charbonnières-les-Bains (69) *La Rotonde*
Magescq (40) *Relais de la Poste*
Mandelieu / La Napoule (06) *L'Oasis*
Marseille (13) *Le Petit Nice*
Megève (74) *Flocons de Sel*
Mionnay (01) *Alain Chapel*
Monte-Carlo (MC) *Joël Robuchon Monte-Carlo* **N**
Montpellier (34) *Le Jardin des Sens*
Mougins (06) *Alain Llorca Le Moulin de Mougins*
Nantes / Haute-Goulaine (44) *Manoir de la Boulaie*
Nîmes / Garons (30) *Alexandre* **N**
Obernai (67) *La Fourchette des Ducs*
Paris 1er *Carré des Feuillants*
Paris 6e *Hélène Darroze-La Salle à Manger*
Paris 6e *Relais Louis XIII*
Paris 8e *Les Ambassadeurs*
Paris 8e *Apicius*
Paris 8e *Le Bristol*
Paris 8e *Le "Cinq"*
Paris 8e *Les Elysées* **N**
Paris 8e *Lasserre*
Paris 8e *Senderens*
Paris 8e *Taillevent*
Paris 16e *La Table de Joël Robuchon*
Paris 17e *Michel Rostang*
Pau / Jurançon (64) *Chez Ruffet*
Pauillac (33) *Château Cordeillan Bages*
Reims (51) *L'Assiette Champenoise*
Reims (51) *Château les Crayères*
La Roche-Bernard (56) *L'Auberge Bretonne*
La Rochelle (17) *Richard Coutanceau*
Romans-sur-Isère / Granges-les-Beaumont (26) *Les Cèdres* **N**
Rouen (76) *Gill*
Sens (89) *La Madeleine*
Strasbourg (67) *Au Crocodile*
Toulouse (31) *Michel Sarran*
Tours (37) *Jean Bardet*
La Turbie (06) *Hostellerie Jérôme*
Uriage-les-Bains (38) *Grand Hôtel*
Vence (06) *Jacques Maximin "Table d'Amis"*
Vienne (38) *La Pyramide*

→ **N** *Nouveau* ✿✿
→ *New* ✿✿ → *Nuovo* ✿✿ → *Neu* ✿✿ → *Nuevo* ✿✿

✿ 2007

→ **En rouge** *les espoirs 2006 pour* ✿✿
→ **In red** *the 2006 Rising Stars for* ✿✿
→ **In rosso** *le promesse 2006 per* ✿✿
→ **In rote** *die Hoffnungsträger 2006 fur* ✿✿
→ **In rojo** *las mesas 2006 con posibilidades para* ✿✿

Agen (47) *Mariottat*
Ainhoa (64) *Ithurria*
Albi (81) *L'Esprit du Vin*
Alleyras (43) *Le Haut-Allier*
Amboise (37) *Le Choiseul*
Amiens / Dury (80) *L'Aubergade*
Ampus (83) *La Fontaine d'Ampus*
Andrézieux-Bouthéon (42) *Les Iris* N
Anduze / Tornac (30) *Les Demeures du Ranquet*
Annecy (74) *Le Belvédère* N
Annecy (74) *La Ciboulette* N
Antibes / Cap d'Antibes (06) *Bacon*
Antibes / Cap d'Antibes (06) *Les Pêcheurs*
Arles (13) *L 'Atelier de Jean Luc Rabanel* N
Arles (13) *Le Cilantro* N
Arpajon (91) *Le Saint Clément*
Astaffort (47) *Le Square "Michel Latrille"*
Aulnay-sous-Bois (93) *Auberge des Saints Pères*
Aumont-Aubrac (48) *Chez Camillou* N
Aumont-Aubrac (48) *Grand Hôtel Prouhèze*
Auxerre (89) *Barnabet*
Avignon (84) *Christian Étienne*
Avignon (84) *D'Europe*
Avignon (84) *La Mirande*
Avignon / Le Pontet (84) *Auberge de Cassagne*
Azay-le-Rideau / Saché (37) *Auberge du XIIe Siècle*
Bagnoles-de-l'Orne (61) *Le Manoir du Lys*
Bagnols (69) *Château de Bagnols*
Barcelonnette / Jausiers (04) *Villa Morelia*
Barneville-Carteret / Carteret (50) *De la Marine*
La Baule (44) *Castel Marie-Louise*
Les Baux-de-Provence (13) *La Cabro d'Or*
Bayeux / Audrieu (14) *Château d'Audrieu*
Bayonne (64) *Auberge du Cheval Blanc*
Beaune (21) *Le Bénaton*
Beaune (21) *Le Jardin des Remparts*
Beaune / Levernois (21) *Hostellerie de Levernois*
Beaune / Pernand-Vergelesses (21) *Charlemagne*
Béhuard (49) *Les Tonnelles*
Belcastel (12) *Vieux Pont*
Belfort / Danjoutin (90) *Le Pot d'Étain*
Belle-Église (60) *La Grange de Belle-Eglise*
Belleville (54) *Le Bistroquet*
Beuvron-en-Auge (14) *Le Pavé d'Auge*
Les Bézards (45) *Auberge des Templiers*
Béziers (34) *L'Ambassade* N
Biarritz (64) *Du Palais*
Biarritz (64) *Les Platanes*
Biarritz (64) *Sissinou* N
Biarritz / Arcangues (64) *Le Moulin d'Alotz*
Bidart (64) *Table et Hostellerie des Frères Ibarboure*
Biot (06) *Les Terraillers*
Bléré (37) *Cheval Blanc*
Blois (41) *L'Orangerie du Château*
Blois (41) *Au Rendez-vous des Pêcheurs*
Bonnétage (25) *L'Etang du Moulin*
Bordeaux (33) *Le Chapon Fin*
Bordeaux (33) *Le Pavillon des Boulevards*
Bordeaux / Bouliac (33) *Hauterive et rest. St-James*
Bordeaux / Cenon (33) *La Cape*
Bosdarros (64) *Auberge Labarthe* N
Bougival (78) *Le Camélia*
Bouilland (21) *Hostellerie du Vieux Moulin*
Boulogne-Billancourt (92) *Au Comte de Gascogne*
Boulogne-sur-Mer (62) *La Matelote*
Le Bourg-Dun (76) *Auberge du Dun*
Bourg-en-Bresse / Péronnas (01) *La Marelle*
Bourges (18) *L' Abbaye St-Ambroix*
Le-Bourget-du-Lac (73) *Auberge Lamartine*
Le-Bourget-du-Lac (73) *La Grange à Sel*
Bracieux (41) *Bernard Robin - Relais de Bracieux*

Brantôme (24) *Le Moulin de l'Abbaye*
Brantôme / Champagnac-de-Belair (24) *Le Moulin du Roc*
Le Breuil-en-Auge (14) *Le Dauphin*
Briollay (49) *Château de noirieux*
Le Buisson-de-Cadouin (24) *Le Manoir de Bellerive*
La Bussière-sur-Ouche (21) *Abbaye de la Bussière* N
La Cadière-d'Azur (83) *Hostellerie Bérard*
Caen (14) *Le Pressoir*
Cagnes-sur-Mer (06) *Le Cagnard*
Cagnes-sur-Mer (06) *Josy-Jo*
Cagnes-sur-Mer (06) *Réserve "Loulou"*
Cahors / Lamagdelaine (46) *Claude Marco*
Cahors / Mercuès (46) *Château de Mercuès*
Callas (83) *Hostellerie Les Gorges de Pennafort*
Calvinet (15) *Beauséjour*
Carcassonne (11) *De La Cité*
Carcassonne (11) *Domaine d'Auriac*
Carcassonne (11) *Le Parc Franck Putelat* N
Le Castellet (83) *Du Castellet* N
La Celle (83) *Hostellerie de l'Abbaye de la Celle*
Cergy-Pontoise / Cormeilles-en-Vexin (95) *Maison Cagna*
Chablis (89) *Hostellerie des Clos*
Châlons-en-Champagne (51) *D'Angleterre*
Châlons-en-Champagne / L'Épine (51) *Aux Armes de Champagne*
Chalon-sur-Saône / Saint-Rémy (71) *Moulin de Martorey*
Chambéry / Chambéry-le-Vieux (73) *Château de Candie*
Chamesol (25) *Mon Plaisir*
Chamonix-Mont-Blanc (74) *Le Bistrot* N
Champtoceaux (49) *Les Jardins de la Forge*
Chasselay (69) *Guy Lassausaie*
Château-Arnoux-Saint-Auban (04) *La Bonne Étape*
Châteaufort (78) *La Belle Époque*
Châteaumeillant (18) *Le Piet à Terre*
Châtillon-sur-Chalaronne / L'Abergement-Clémenciat (01) *St-Lazare*
Chenonceaux (37) *Auberge du Bon Laboureur*
Chinon (37) *Au Plaisir Gourmand*
Chinon / Marçay (37) *Château de Marçay*
Clères / Frichemesnil (76) *Au Souper Fin*
Clermont / Étouy (60) *L'Orée de la Forêt*
Clermont-Ferrand (63) *Bernard Andrieux*
Clermont-Ferrand (63) *Emmanuel Hodencq*
Clermont-Ferrand (63) *Jean-Claude Leclerc*
Collioure (66) *Le neptune*
Colmar (68) *JY'S*
Colmar (68) *Rendez-vous de Chasse*
Colombey-les-Deux-Églises (52) *Natali et Hostellerie la Montagne*
Compiègne / Rethondes (60) *Alain Blot*
Condrieu (69) *Hôtellerie Beau Rivage*
Conques (12) *Le Moulin de Cambelong* N
Conteville (27) *Auberge du Vieux Logis*
Corbeil-Essonnes (91) *Aux Armes de France*
Cordes-sur-Ciel (81) *Le Grand Écuyer*
Cordon (74) *Les Roches Fleuries*
La Côte-Saint-André (38) *France*
Couilly-Pont-aux-Dames (77) *Auberge de la Brie*
Courcelles-sur-Vesle (02) *Château de Courcelles*
Courchevel / La Tania (73) *Le Farçon*
Curzay-sur-Vonne (86) *Château de Curzay*
Dampierre-en-Yvelines (78) *Auberge du Château "Table des Blot"*
Dax (40) *Une Cuisine en Ville*
Deauville (14) *Royal-Barrière*
Les Deux-Alpes (38) *Chalet Mounier*
Dijon (21) *Hostellerie du Chapeau Rouge*
Dijon (21) *Le Pré aux Clercs*
Dijon (21) *Stéphane Derbord*
Dijon / Marsannay-la-Côte (21) *Les Gourmets*
Dijon / Prenois (21) *Auberge de la Charme*
Dole (39) *Bec Fin*
Eguisheim (68) *Caveau d'Eguisheim*
Épernay / Champillon (51) *Royal Champagne*

→ **N** *Nouveau* ✿
→ *New* ✿ → *Nuovo* ✿ → *Neu* ✿ → *Nuevo* ✿

Épernay / Vinay (51) *Hostellerie La Briqueterie* N
Épinal (88) *Ducs de Lorraine*
Erbalunga (2B) *Le Pirate*
Escaldes-Engordany (An) *Aquarius*
Évian-les-Bains (74) *Fresques Royales*
Èze (06) *Château Eza* N
Falicon (06) *Parcours*
Fayence (83) *Le Castellaras*
Fleurie (69) *Le Cep*
Fontevraud-l'Abbaye (49) *La Licorne*
Forbach / Stiring-Wendel (57) *La Bonne Auberge*
Gérardmer / Bas-Rupts (88) *Les Bas-Rupts*
La Gouesnière (35) *Maison Tirel-Guérin*
Le Grau-du-Roi / Port-Camargue (30) *Spinaker*
Grenade-sur-l'Adour (40) *Pain Adour et Fantaisie*
Grimaud (83) *Les Santons*
Gujan-Mestras (33) *La Guérinière*
Hasparren (64) *Ferme Hégia* N
Le Havre (76) *Villa du Havre*
Hennebont (56) *Château de Locguénolé*
Honfleur (14) *La Ferme St-Siméon*
Honfleur (14) *La Terrasse et l'Assiette*
Honfleur (14) *Sa. Qua. Na* N
Île de noirmoutier / L'Herbaudière (85) *La Marine* N
Île de Porquerolles (83) *Mas du Langoustier*
Île de Ré / La Flotte (17) *Richelieu*
L'Isle-Jourdain / Pujaudran (32) *Le Puits St-Jacques*
Issoudun (36) *Rest. La Cognette*
Jarnac / Bourg-Charente (16) *La Ribaudière*
Jongieux (73) *Auberge Les Morainières* N
Joucas (84) *Hostellerie Le Phébus*
Joucas (84) *Le Mas des Herbes Blanches*
Kaysersberg (68) *Chambard*
Lacave (46) *Château de la Treyne*
Lacave (46) *Pont de l'Ouysse*
Laguiole (12) *Grand Hôtel Auguy*
Lamastre (07) *Midi*
Langon (33) *Claude Darroze*
Lannion / la Ville Blanche (22) *La Ville Blanche*
Lastours (11) *Le Puits du Trésor* N
Laval (53) *Bistro de Paris*
Le Lavandou / Aiguebelle (83) *Mathias Dandine* N
Le Lavandou / Aiguebelle (83) *Le Sud*
Laventie (62) *Le Cerisier*
Lembach (67) *Auberge du Cheval Blanc*
Lezoux / Bort-l'Étang (63) *Château de Codignat*
Lièpvre / La Vancelle (67) *Auberge Frankenbourg*
Ligny-en-Cambrésis (59) *Château de Ligny*
Lille (59) *A L'Huîtrière*
Lille (59) *La Laiterie*
Lille (59) *Le Sébastopol*
Lille / Bondues (59) *Val d'Auge* N
Limoges (87) *Amphitryon* N
Limoges / Saint-Martin-du-Fault (87) *La Chapelle St-Martin* N
Lorgues (83) *Bruno*
Lorient (56) *Henri et Joseph* N
Lourmarin (84) *Auberge La Fenière*
Louviers / Vironvay (27) *Les Saisons*
Lunéville (54) *Château d'Adoménil*
Lyon (69) *L' Alexandrin*
Lyon (69) *Auberge de Fond Rose*
Lyon (69) *Christian Têtedoie*
Lyon (69) *Le Gourmet de Sèze*
Lyon (69) *Mathieu Viannay*
Lyon (69) *Pierre Orsi*
Lyon (69) *Les Terrasses de Lyon*
Lyon (69) *Les Trois Dômes*
Lyon / Rillieux-la-Pape (69) *Larivoire*
Mâcon (71) *Pierre*
Maisons-Laffitte (78) *Tastevin*
Malbuisson (25) *Le Bon Accueil*
Le Mans (72) *Beaulieu*
Marlenheim (67) *Le Cerf*
Marseille (13) *L'Épuisette*
Marseille (13) *Michel-Brasserie des Catalans*
Marseille (13) *Une Table au Sud*
Melun / Vaux-le-Pénil (77) *La Table St-Just* N
Menton (06) *Mirazur* N
Menton (06) *Paris Rome* N
Mercurey (71) *Hôtellerie du Val d'Or*
Metz (57) *Au Pampre d'Or*
Metz (57) *L'Écluse*
Metz (57) *La Citadelle*
Mendon (92) *L'Escarbille* N
Missillac (44) *La Bretesche*

Montargis (45) *La Gloire*
Montauroux (83) *Auberge des Fontaines d'Aragon*
Montbazon (37) *Chancelière "Jeu de Cartes"*
Montceau-les-Mines (71) *Le France*
Monte-Carlo (MC) *Bar et Bœuf*
Monte-Carlo (MC) *Grill de l'Hôtel de Paris*
Monte-Carlo (MC) *Vistamar*
Montpellier (34) *L'Olivier*
Montreuil (62) *Château de Montreuil*
Montrevel-en-Bresse (01) *Léa*
Montrond-les-Bains (42) *Hostellerie La Poularde*
Morteau (25) *Auberge de la Roche*
Mougins (06) *Le Mas Candille*
Moustiers-Sainte-Marie (04) *Bastide de Moustiers*
Mulhouse (68) *Il Cortile* N
Mulhouse / Landser (68) *Hostellerie Paulus*
Mulhouse / à Riedisheim (68) *La Poste*
Mulhouse / Rixheim (68) *Le Manoir*
Nancy (54) *Le Grenier à Sel*
Nancy / Flavigny-sur-Moselle (54) *Le Prieuré*
Nantes (44) *L'Atlantide*
Narbonne (11) *La Table St-Crescent*
Neuilly-sur-Seine (92) *La Truffe Noire*
Nevers (58) *Jean-Michel Couron*
Nice (06) *Chantecler*
Nice (06) *Keisuke Matsushima*
Nice (06) *L'Univers-Christian Plumail*
Nîmes (30) *Le Lisita*
Noves (13) *Auberge de Noves*
Obernai (67) *Le Bistro des Saveurs*
Onzain (41) *Domaine des Hauts de Loire*
Orange / Sérignan-du-Comtat (84) *Le Pré du Moulin*
Orléans (45) *Les Antiquaires*
Paris 1er *L'Espadon*
Paris 1er *Gérard Besson*
Paris 1er *Goumard*
Paris 2e *Le Céladon*
Paris 4e *Benoît*
Paris 5e *Tour d'Argent*
Paris 6e *Jacques Cagna*
Paris 6e *Paris*
Paris 7e *L'Atelier de Joël Robuchon*
Paris 7e *Auguste* N
Paris 7e *Le Chamarré*
Paris 7e *Le Divellec*
Paris 7e *Les Fables de La Fontaine* N
Paris 7e *Gaya Rive Gauche par Pierre Gagnaire*
Paris 7e *Les Ormes*
Paris 7e *Vin sur Vin*
Paris 7e *Violon d'Ingres*
Paris 8e *L'Angle du Faubourg*
Paris 8e *Le Carpaccio*
Paris 8e *Le Chiberta*
Paris 8e *Copenhague*
Paris 8e *Dominique Bouchet* N
Paris 8e *Le Jardin*
Paris 8e *Laurent*
Paris 8e *Stella Maris*
Paris 8e *La Table du Lancaster*
Paris 9e *Jean*
Paris 9e *Les Muses* N
Paris 12e *Au Trou Gascon*
Paris 14e *Le Duc*
Paris 14e *Maison Courtine*
Paris 14e *Montparnasse'25*
Paris 16e *Grande Cascade*
Paris 16e *Hiramatsu*
Paris 16e *Passiflore*
Paris 16e *Le Pergolèse*
Paris 16e *Le Relais du Parc*
Paris 16e *Relais d'Auteuil*
Paris 16e *La Table du Baltimore*
Paris 17e *Bath's* N
Paris 17e *La Braisière*
Peillon (06) *Auberge de la Madone*
Pernes-les-Fontaines (84) *Au Fil du Temps*
Perpignan (66) *La Galinette* N
Le Perreux-sur-Marne (94) *Les Magnolias*
Perros-Guirec (22) *La Clarté*
Le-Petit-Pressigny (37) *La Promenade*
Phalsbourg (57) *Au Soldat de l'An II*
La Plaine-sur-Mer (44) *Anne de Bretagne*
Plancoët (22) *Crouzil et Hôtel L'Ecrin*
Plomodiern (29) *Auberge des Glazicks*

→ **N** *Nouveau* ✿
→ *New* ✿ → *Nuovo* ✿ → *Neu* ✿ → *Nuevo* ✿

La Pomarède (11) *Hostellerie du Château de la Pomarède*
Pont-Aven (29) *La Taupinière*
Pont-Aven (29) *Moulin de Rosmadec*
Pont-du-Gard / Castillon-du-Gard (30) *Le Vieux Castillon*
Pont-du-Gard / Collias (30) *Hostellerie Le Castellas*
Port-en-Bessin (14) *L' Écailler*
Port-Lesney (39) *Château de Germigney*
Port-Louis (56) *Avel Vor* N
Porto-Vecchio (2A) *Belvédère*
Porto-Vecchio (2A) *Casadelmar*
Porto-Vecchio (2A) *Grand Hôtel de Cala Rossa*
Port-sur-Saône / Vauchoux (70) *Château de Vauchoux*
Le Puy-en-Velay (43) *François Gagnaire*
Quarré-les-Tombes / Les Lavaults (89) *Auberge de l'Âtre*
Questembert (56) *Le Bretagne et sa Résidence* N
Quimper (29) *La Roseraie de Bel Air*
Reims (51) *Foch*
Reims (51) *Le Millénaire*
Reims / Montchenot (51) *Grand Cerf*
Rennes (35) *La Fontaine aux Perles*
Rennes / Noyal-sur-Vilaine (35) *Auberge du Pont d'Acigné*
Rennes / Saint-Grégoire (35) *Le Saison*
Reuilly-Sauvigny (02) *Auberge Le Relais*
Rhinau (67) *Au Vieux Couvent*
Ribeauvillé (68) *Au Valet de Cœur*
Riquewihr (68) *Table du Gourmet*
Riquewihr / Zellenberg (68) *Maximilien*
Roanne / Le Coteau (42) *L'Auberge Costelloise*
Rodez (12) *Goûts et Couleurs*
Romorantin-Lanthenay (41) *Grand Hôtel du Lion d'Or*
Roscoff (29) *Le Brittany* N
Roscoff (29) *Le Temps de Vivre*
Rosheim (67) *Hostellerie du Rosenmeer*
Rouen (76) *L'Écaille*
Rouen (76) *Les Nymphéas*
Rouffach (68) *Philippe Bohrer*
Le Rouret (06) *Le Clos St-Pierre*
Roye (80) *La Flamiche*
Les Sables-d'Olonne (85) *Cayola* N
Les Sables-d'Olonne (85) *Villa Dilecta*
Sables-d'Or-les-Pins (22) *La Voile d'Or - La Lagune*
Saint-Agrève (07) *Domaine de Rilhac*
Saint-Brieuc (22) *Aux Pesked*
Saint-Brieuc (22) *Youpala Bistrot* N
Saint-Brieuc / Sous-la-Tour (22) *La Vieille Tour*
Saint-Céré (46) *Les Trois Soleils de Montal*
Saint-Cyprien (66) *L'Île de la Lagune*
Saint-Émilion (33) *Hostellerie de Plaisance*
Saint-Étienne (42) *Nouvelle*
Saint-Félix-Lauragais (31) *Auberge du Poids Public*
Saint-Jean-de-Luz (64) *Grand Hôtel* N
Saint-Jean-Pied-de-Port (64) *Les Pyrénées*
Saint-Joachim (44) *Mare aux Oiseaux*
Saint-Julien-en-Genevois / Bossey (74) *La Ferme de l'Hospital*
Saint-Just-Saint-Rambert (42) *Le Neuvième Art*
Saint-Lyphard (44) *Auberge de Kerbourg*
Saint-Malo (35) *Le Chalut*
Saint-Malo (35) *A la Duchesse Anne*
Saint-Malo / Saint-Servan-sur-Mer (35) *Le St-Placide* N
Saint-Martin-de-Belleville (73) *La Bouitte*
Saint-Martin-du-Var (06) *Jean-François Issautier*
Saint-Maur-des-Fossés / La Varenne-Saint-Hilaire (94) *La Bretèche* N
Saint-Médard (46) *Gindreau*
Saint-Paul (06) *Le Saint-Paul*
Saint-Priest-Bramefant (63) *Château de Maulmont*
Saint-Rémy-de-Provence (13) *La Maison*
Saint-Rémy-de-Provence (13) *La Maison Jaune*
Saint-Rémy-de-Provence (13) *Pierre Reboul* N
Saint-Savin (86) *Christophe Cadieu* N
Saint-Sulpice-le-Verdon (85) *Thierry Drapeau Logis de la Chabotterie*
Saint-Tropez (83) *Résidence de la Pinède*
Saint-Tropez (83) *Villa Belrose*
Saint-Yrieix-la-Perche / La Roche-l'Abeille (87) *Le Moulin de la Gorce*
Sarrebourg (57) *Mathis*
Sarreguemines (57) *Auberge St-Walfrid*
Sarreguemines (57) *Thierry Breininger-Le Vieux Moulin*

Saubusse (40) *Villa Stings*
La Saussaye (27) *Manoir des Saules*
Sauveterre-de-Rouergue (12) *Le Sénéchal*
Sélestat (67) *Hostellerie de l'Abbaye la Pommeraie*
Sélestat / Baldenheim (67) *Couronne*
Sénart / Pouilly-le-Fort (77) *Le Pouilly*
Serre-Chevalier / Le Monêtier-les-Bains (05) *L'Antidote*
Sierentz (68) *Auberge St-Laurent*
La Souterraine (23) *Château de la Cazine* N
Strasbourg (67) *Serge and Co*
Strasbourg / La Wantzenau (67) *Relais de la Poste*
Talloires (74) *L'Auberge du Père Bise*
Tarare (69) *Jean Brouilly*
Tarbes (65) *L'Ambroisie*
Terrasson-Lavilledieu (24) *L'Imaginaire*
Thoiry (01) *Les Cépages*
Thonon-les-Bains (74) *Le Prieuré*
Toul (54) *Le Dauphin*
Toulouse / Colomiers (31) *L'Amphitryon*
Toulouse / Rouffiac-Tolosan (31) *Ô Saveurs*
Le Touquet-Paris-Plage (62) *Westminster* N
Tournus (71) *Rest. Greuze*
Tournus (71) *Aux Terrasses*
Tourrettes (83) *Faventia*
Tours (37) *Charles Barrier*
Tours (37) *La Roche Le Roy*
Tours / Rochecorbon (37) *Les Hautes Roches*
Tourtour (83) *Les Chênes Verts*
Trébeurden (22) *Manoir de Lan-Kerellec*
Le Tremblay-sur-Mauldre (78) *Laurent Trochain*
Trémolat (24) *Vieux Logis*
Troyes / Pont-Sainte-Marie (10) *Hostellerie de Pont Ste-Marie* N
Urt (64) *Auberge de la Galupe*
Vailly-sur-Sauldre (18) *Le Lièvre Gourmand*
Vaison-la-Romaine (84) *Le Moulin à Huile*
Vaison-la-Romaine / Roaix (84) *Le Grand Pré*
Valbonne (06) *Lou Cigalon*
Val-d'Isère (73) *Les Barmes de l'Ours*
Valence / Pont-de-l'Isère (26) *Michel Chabran*
Val-Thorens (73) *L'Oxalys*
Vannes (56) *Régis*
Vannes / Saint-Avé (56) *Le Pressoir*
Versailles (78) *Les Trois Marches*
Vichy (03) *Jacques Decoret*
Vienne / Chonas-l'Amballan (38) *Domaine de Clairefontaine*
Villars-les-Dombes / Bouligneux (01) *Auberge des Chasseurs*
Villemoyenne (10) *La Parentèle*
Westhalten (68) *Auberge du Cheval Blanc*
Wimereux (62) *Epicure*
Zoufftgen (57) *La Lorraine*

→ N *Nouveau* ✿
→ *New* ✿ → *Nuovo* ✿ → *Neu* ✿ → *Nuevo* ✿

Les espoirs 2007 pour ✿
The 2007 Rising Stars for ✿
Le promesse 2007 per ✿
Die Hoffnungsträger fur ✿
Las mesas 2007 con posibilidades para ✿

Dole (39) *La Chaumière*
Jumièges (76) *L' Auberge des Ruines*
Limoux (11) *Grand Hôtel Moderne et Pigeon*
La Malène (48) *Château de la Caze*
Montauban (82) *Crowne Plaza*
Strasbourg (67) *Le Pont aux Chats*
Tourrettes-sur-Loup (06) *Les Bacchanales*
Valence (26) *La Ciboulette*

Mouvements d'étoiles...

Stars on the move

Le novità dei locali stellati

Es tut sich was am Sternenhimmel

Movimientos de estrellas

Étoilés dans le guide France 2006, plusieurs établissements ont changé de main ou simplement déménagé. Pour vous éclairer ou les retrouver sur votre route, voici quelques informations les concernant d'après les renseignements qui nous ont été fournis...

➜ Several establishments, star-rated in the 2006 France guide, have changed hands or simply moved. To help you locate them on your travels, here are a few details based on information we have received...

➜ Vari locali, stellati nell'edizione 2006 della guida Francia, hanno cambiato gestione o sede. Per permettervi di ritrovarli facilmente, ecco alcune informazioni in proposito che ci sono state fornite dagli interessati.

➜ Mehrere Häuser, die im Michelin-Führer France 2006 ausgezeichnet wurden, haben zwischenzeitlich die Führung gewechselt oder sind umgezogen. Damit Sie diese auf Ihren Reisen lokalisieren können, geben wir Ihnen im Folgenden einige Informationen, die wir erhalten haben.

➜ Varios establecimientos distinguidos con estrellas en la guía Francia de 2006 han cambiado de manos o simplemente de dirección. Para que no le quede ninguna duda o poder encontrarlos fácilmente, le indicamos los datos que nos han sido facilitados...

CASSIS (13)

Jean-Marc Banzo (Clos de la Violette à Aix-en-Provence) et **Enrico Bernardo** (Meilleur Sommelier du monde) s'installent à la **Villa Madie**, chemin du Revestel, Anse de Corton.

➜ **Jean-Marc Banzo** (Clos de la Violette in Aix-en-Provence) and **Enrico Bernardo** (the world's best wine waiter) have moved to la **Villa Madie**, chemin du Revestel, Anse de Corton.

➜ **Jean-Marc Banzo** (Clos de la Violette a Aix-en-Provence) e **Enrico Bernardo** (miglior sommelier del mondo) aprono il ristorante **Villa Madie**, chemin du Revestel, Anse de Corton.

➜ **Jean-Marc Banzo** (Clos de la Violette in Aix-en-Provence) und **Enrico Bernardo** (weltweit bester Sommelier) lassen sich in der **Villa Madie**, chemin du Revestel, Anse de Corton, nieder.

➜ **Jean-Marc Banzo** (Clos de la Violette en Aix-en-Provence) y **Enrico Bernardo** (mejor sumiller del mundo) se instalan en la **Villa Madie**, chemin du Revestel, Anse de Corton.

LIMOGES (86)

Philippe Redon prend ses quartiers allée de Faugeras au **Domaine du Faugeras**, un hôtel-restaurant à la périphérie de la ville.

➜ **Philippe Redon** is now at allée de Faugeras in the **Domaine du Faugeras**, a hotel-restaurant on the outskirts of the town.

➜ **Philippe Redon** si trasferisce al **Domaine du Faugeras**, un albergo ristorante situato allée de Faugeras, a Limoges.

➜ **Philippe Redon** übernimmt die in der Allée de Faugeras gelegene **Domaine du Faugeras**, ein Hotel mit Restaurant am Rande der Stadt.

➜ **Philippe Redon** se establece en la allée de Faugeras, en el **Domaine du Faugeras**, un hotel-restaurante en las afueras de la ciudad.

NICE (06)

Jouni Tormanen a quitté son petit Atelier du Goût et pris ses aises sur la **Corniche** à l'ex-Réserve de Nice, 60 boulevard Franck-Pilatte.

→ **Jouni Tormanen** has left his modest Atelier du Goût and is now comfortably installed on the **Corniche** at the former Réserve de Nice, 60 boulevard Franck-Pilatte.

→ **Jouni Tormanen** è passato dal piccolo Atelier du Goût all'ex Réserve de Nice, 60 boulevard Franck-Pilatte, sulla **Corniche**.

→ **Jouni Tormanen** hat sein kleines Atelier du Goût verlassen und sich an der **Corniche** in der ehemaligen Réserve de Nice, Boulevard Franck-Pilatte Nr. 60, niedergelassen.

→ **Jouni Tormanen** ha dejado su pequeño Atelier du Goût para acomodarse en la **Corniche**, en lo que fuera La Réserve de Nice, boulevard Franck-Pilatte n° 60.

PARIS (75)

Le **groupe Alain Ducasse** a pris, en 2007 et pour neuf ans, la concession des restaurants de la Tour Eiffel dont le **Jules Verne** au deuxième étage.

→ In 2007 and for nine years the **Alain Ducasse group** took over the Tour Eiffel restaurant concession, including the **Jules Verne** on the second floor.

→ Dal 2007, per nove anni, il **gruppo Alain Ducasse** gestirà i ristoranti della Torre Eiffel, tra cui il **Jules Verne**, al secondo piano.

→ Die **Alain-Ducasse-Gruppe** hat 2007 für neun Jahre die Konzession der Restaurants im Eiffelturm übernommen, darunter auch das **Jules Verne** im zweiten Stock.

→ El **grupo Alain Ducasse** se ha hecho cargo en 2007, y por nueve años, de la gestión de los restaurantes de la Torre Eiffel, entre los que destaca el **Jules Verne** situado en la 2ª planta.

STRASBOURG (67)

Triplement étoilé au **Buerehiesel** dans le parc de l'Orangerie, **Antoine Westerman** a abandonné le piano à son fils Eric et quitté le restaurant le 1er février 2007 pour se consacrer à ses établissements parisiens.

→ Three stars at the **Buerehiesel** in the parc de l'Orangerie, **Antoine Westerman** handed over to his son Eric and left the restaurant on February 1 2007 in order to devote himself to his Parisian establishments.

→ **Antoine Westerman**, tre stelle al **Buerehiesel**, nel parco dell'Orangerie, lascia la guida del ristorante al figlio Eric e dal primo febbraio 2007 si dedica interamente ai suoi locali parigini.

→ **Antoine Westerman**, der im **Buerehiesel** im Parc de l'Orangerie mit drei Sternen ausgezeichnet wurde, hat das Haus zum 1. Februar 2007 an seinen Sohn Éric übergeben, um sich in Zukunft ganz seinen Pariser Restaurants zu widmen.

→ Galardonado con tres estrellas por el **Buerehiesel** situado en el parque de la Orangerie, **Antoine Westerman** ha cedido su puesto en los fogones a su hijo Eric y dejado el restaurante el 1 de enero de 2007 para dedicarse exclusivamente a sus locales parisinos.

VILLENEUVE LES AVIGNON (84)

Le Prieuré, 7 place du Chapitre a été repris en gestion par **Jean-André Charial** (Oustau de Baumanière). Réouverture après rénovation des 36 chambres annoncée printemps/été 2007.

→ The management of **Le Prieuré**, 7 place du Chapitre, has been taken over by **Jean-André Charial** (Oustau de Baumanière). It is expected to re-open spring/summer 2007 after renovation work on the 36 rooms.

→ **Le Prieuré**, 7 place du Chapitre, è ora gestito da **Jean-André Charial** (Oustau de Baumanière). In primavera/estate 2007 saranno nuovamente disponibili 36 camere ristrutturate.

→ **Le Prieuré**, Place du Chapitre Nr. 7, wurde von **Jean-André Charial** (Oustau de Baumanière) übernommen. Die Wiedereröffnung nach der Renovierung der 36 Zimmer ist für Frühling/Sommer 2007 vorgesehen.

→ **Jean-André Charial** (Oustau de Baumanière) ha tomado las riendas de **Le Prieuré**, place du Chapitre n° 7. Reapertura tras reforma de las 36 habitaciones prevista para primavera/verano de 2007.

Bib Gourmand

Repas soignés à prix modérés
Good food at moderate prices
Pasti accurati a prezzi continuti
Sorgfältig zubereitete, preiswerte mahlzeiten
Buenas comidas a precios moderados

Abbeville (80) *L'Escale en Picardie*
Agde / Le Grau-d'Agde (34) *L'Adagio*
Agen (47) *L'Atelier*
Aiguebelette-le-Lac / Novalaise (73) *Novalaise-Plage*
Aire-sur-la-Lys / Isbergues (62) *Le Buffet*
Aix-en-Provence / Le Canet (13) *L'Auberge Provençale*
Ajaccio (2A) *U Licettu*
Alès (30) *Le Riche*
Altwiller (67) *L 'Ecluse 16*
Ambert (63) *Les Copains*
Ambierle (42) *Le Prieuré*
Amboise (37) *L'Épicerie*
Ambronay (01) *Auberge de l'Abbaye* N
Amiens (80) *Au Relais des Orfèvres*
Amiens / Dury (80) *La Bonne Auberge*
Ammerschwihr (68) *Aux Armes de France*
Ancenis (44) *La Toile à Beurre*
Angers (49) *Le Petit Comptoir*
Angers (49) *Le Relais*
Angoulême (16) *L'Aromate*
Angoulême (16) *Le Terminus*
Annecy (74) *Contresens* N
Antibes (06) *Oscar's*
Antraigues-sur-Volane (07) *La Remise*
Argoules (80) *Auberge du Coq-en-Pâte*
Asnières-sur-Seine (92) *La Petite Auberge*
Aube (61) *Auberge St-James*
Aubenas (07) *Fournil*
Audincourt / Seloncourt (25) *Monarque*
Aumale (76) *Villa des Houx*
Aumont-Aubrac (48) *Le Compostelle*
Aurillac (15) *Quatre Saisons*
Auxerre / Vincelottes (89) *Auberge Les Tilleuls*
Avallon / Valloux (89) *Auberge des Chenêts*
Avignon (84) *L'Isle Sonnante*
Ax-les-Thermes (09) *Le Chalet* N
Azay-le-Rideau (37) *L'Aigle d'Or*
Baden (56) *Le Gavrinis*
Bâgé-le-Châtel (01) *La Table Bâgésienne*
Ban-de-Laveline (88) *Auberge Lorraine*
Bandol (83) *Le Clocher*
Banyuls-sur-Mer (66) *Al Fanal et H. El Llagut*
Bar-sur-Aube (10) *La Toque Baralbine*
Bastia (2B) *La Corniche*
La Bâtie-Divisin (38) *L'Olivier* N
Bayeux (14) *Le Bistrot de Paris*
Bayonne (64) *Bayonnais*
Bayonne (64) *François Miura*
Beaugency (45) *Le Petit Bateau*
Beaune (21) *La Ciboulette*
Beaune / Ladoix-Serrigny (21) *Les Terrasses de Corton*
Beaune / Levernois (21) *La Garaudière*
Beauzac (43) *L'Air du Temps*
Beauzac / Bransac (43) *La Table du Barret*
Bédarieux / Villemagne-l'Argentière (34) *Auberge de l'Abbaye*
Belle-Île / Sauzon (56) *Roz Avel*
Bellême / Nocé (61) *Auberge des 3 J.*
Belleville (69) *Le Beaujolais*
Bergerac / Moulin de Malfourat (24) *Tour des Vents*
Bergheim (68) *Wistub du Sommelier*

Bernières-sur-Mer (14) *L'As de Trèfle*
Le Bessat (42) *La Fondue "Chez l'Père Charles"*
Beuzeville (27) *Auberge du Cochon d'Or*
Biarritz (64) *Clos Basque*
Bidarray (64) *Auberge Iparla*
Blangy-sur-Bresle (76) *Les Pieds dans le Plat*
Blois / Molineuf (41) *Poste*
Bois-Colombes (92) *Le Chefson*
Bonifacio (2A) *Stella d'Oro*
Bonlieu (39) *La Poutre* N
Bonneuil-Matours (86) *Le Pavillon Bleu*
Bonneville / Vougy (74) *Le Bistro du Capucin* N
Bonny-sur-Loire (45) *Voyageurs*
Bordeaux (33) *Gravelier*
Bourg-en-Bresse (01) *Chalet de Brou*
Bourg-en-Bresse (01) *Les Mangettes*
Bourg-Saint-Maurice (73) *L'Arssiban*
Bourth (27) *Auberge Chantecler*
Bouzel (63) *L'Auberge du Ver Luisant*
Bozouls (12) *A la Route d'Argent*
La Bresse (88) *Le Clos des Hortensias*
Brest (29) *Ma Petite Folie*
Bretenoux / Port-de-Gagnac (46) *Hostellerie Belle Rive*
Brévonnes (10) *Au Vieux Logis* N
Briançon (05) *Le Péché Gourmand*
Brioude (43) *Poste et Champanne*
Brive-la-Gaillarde (19) *La Toupine* N
Brou (28) *L'Ascalier*
Le Bugue / Campagne (24) *Du Château*
Buxy (71) *Aux Années Vins*
Buzançais (36) *L'Hermitage*
Cabourg / Dives-sur-Mer (14) *Chez le Bougnat*
Caen (14) *Café Mancel*
Caen (14) *Le P'tit B*
Cahors (46) *L'Ô à la Bouche*
Cahors (46) *La Garenne*
Calais (62) *Au Côte d'Argent*
Cambrai (59) *Auberge Fontenoise* N
Cannes (06) *Comme Chez Soi* N
Cannes (06) *Il Rigoletto* N
Carhaix-Plouguer / Port-de-Carhaix (29) *Auberge du Poher* N
Carignan (08) *La Gourmandière*
Carmaux (81) *Au Chapon Tarnais*
Castellane / La Garde (04) *Auberge du Teillon*
Castéra-Verduzan (32) *Le Florida*
Castillon-en-Couserans / Audressein (09) *L'Auberge d'Audressein*
Challans / La Garnache (85) *Le Petit St-Thomas*
Challans / Le Perrier (85) *Les Tendelles*
Chalon-sur-Saône (71) *L'Air du Temps*
Chalon-sur-Saône (71) *L'Auberge des Alouettes*
Chamonix-Mont-Blanc (74) *Atmosphère*
Chamonix-Mont-Blanc (74) *La Maison Carrier*
Chandolas (07) *Auberge Les Murets*
La Chapelle-d'Abondance (74) *L'Ensoleillé*
La Chapelle-d'Abondance (74) *Les Gentianettes*
Charette (38) *Auberge du Vernay*
Charroux (03) *Ferme St-Sébastien*
Château-Arnoux-Saint-Auban (04) *Au Goût du Jour*
Château-Gontier / Coudray (53) *L'Amphitryon*
Châtelaillon-Plage (17) *Les Flots*
Châtelguyon (63) *La Papillote*
Châtellerault (86) *Bernard Gautier* N
Chauffailles / Châteauneuf (71) *La Fontaine*
Chénérailles (23) *Coq d'Or* N
Cherbourg (50) *Café de Paris* N
Cherbourg (50) *Le Vauban*
Chisseaux (37) *Auberge du Cheval Rouge*
Cholet (49) *La Grange*
Cholet (49) *Au Passé Simple*
Clères (76) *Auberge du Moulin*
Clermont-Ferrand (63) *Amphitryon Capucine*
Clermont-Ferrand (63) *Le Comptoir des Saveurs*
Clermont-Ferrand / Puy de Dôme (63) *Mont Fraternité*
Clisson / Gétigné (44) *La Gétignière*
Col de la Schlucht (88) *Le Collet*
Coligny (01) *Au Petit Relais*
Colmar (68) *Chez Hansi*
Colmar (68) *Aux Trois Poissons*
Colmar / Ingersheim (68) *La Taverne Alsacienne*
Combeaufontaine (70) *Le Balcon*
Compiègne (60) *Bistrot des Arts*
Conches-en-Ouche (27) *La Grand'Mare*
Conilhac-Corbières (11) *Auberge Coté Jardin* N

→ **N** *Nouveau* → *New* → *Nuovo* → *Neu* → *Nuevo*

Conques (12)	*Auberge St-Jacques*	
Contamine-sur-Arve (74)	*Tourne Bride*	
Cordon (74)	*Le Cordonant*	
Coulon (79)	*Le Central*	
Le Creusot / Montcenis (71)	*Le Montcenis*	N
Crozon (29)	*Le Mutin Gourmand*	
Cucugnan (11)	*Auberge de Cucugnan*	
Daglan (24)	*Le Petit Paris*	
Dax (40)	*L'Amphitryon*	
Descartes (37)	*Auberge de Lilette*	
Dijon / Chenôve (21)	*Le Clos du Roy*	
Douarnenez (29)	*Le Clos de Vallombreuse*	
Doué-la-Fontaine (49)	*Auberge Bienvenue*	
Dourgne (81)	*Les Saveurs de St-Avit*	
Draguignan / Flayosc (83)	*L'Oustaou*	
Dunes (82)	*Les Templiers*	
Dunières (43)	*La Tour*	
Dunkerque / Coudekerque-Branche (59)	*Le Soubise*	
Enghien-les-Bains (95)	*L'Auberge d'Enghien*	
Ernée (53)	*Le Grand Cerf*	
Espalion (12)	*Le Méjane*	
Estaing (12)	*L' Auberge St-Fleuret*	
Évreux (27)	*La Gazette*	
Évron (53)	*La Toque des Coëvrons*	
Les Eyzies-de-Tayac (24)	*La Métairie*	
Faverges (74)	*Florimont*	N
Fléré-la-Rivière (36)	*Le Relais du Berry*	
Florac (48)	*Des Gorges du Tarn*	
Florac / Cocurès (48)	*La Lozerette*	N
Fondamente (12)	*Baldy*	N
Fontvieille (13)	*La Table du Meunier*	
Fouday (67)	*Julien*	
Fouesnant / Cap-Coz (29)	*De la Pointe du Cap Coz*	
Fréjus (83)	*L'Amandier*	N
Fréjus (83)	*Les Potiers*	
Fresnicourt (62)	*Auberge du Donjon*	N
Froncles-Buxières (52)	*Au Château*	
Fuissé (71)	*Au Pouilly Fuissé*	
Gagny (93)	*Le Vilgacy*	
Gasny (27)	*Auberge du Prieuré Normand*	
Gassin (83)	*Auberge la Verdoyante*	
Geneston (44)	*Le Pélican*	
Gigondas (84)	*Les Florets*	
Gilette / Vescous (06)	*La Capeline*	
Gourdon (46)	*Hostellerie de la Bouriane*	
Grandcamp-Maisy (14)	*La Marée*	
Grenoble (38)	*Le Coup de Torchon*	
Gresse-en-Vercors (38)	*Le Chalet*	

Grignan (26)	*Le Probus*	
Guérande (44)	*Les Remparts*	
La Guerche-de-Bretagne (35)	*Calèche*	
Guilliers (56)	*Au Relais du Porhoët*	
Hasparren (64)	*Les Tilleuls*	
Hinsingen (67)	*Grange du Paysan*	
Honfleur (14)	*Entre Terre et Mer*	
Honfleur (14)	*Le Bréard*	
Houlgate (14)	*L'Eden*	
Île de Noirmoutier / Noirmoutier-en-l'Île (85)	*Le Grand Four*	
L'Isle-sur-Serein (89)	*Auberge du Pot d'Étain*	
Les Issambres (83)	*Chante-Mer*	
Kaysersberg (68)	*A l'Arbre Vert*	
Lacapelle-Marival (46)	*La Terrasse*	
Langeac / Reilhac (43)	*Val d'Allier*	
Langon / Saint-Macaire (33)	*Abricotier*	
Languimberg (57)	*Chez Michèle*	
Lantosque (06)	*La Source*	N
Lapalisse (03)	*Galland*	
Lapoutroie (68)	*Les Alisiers*	
Larrau (64)	*Etchemaïté*	
Laval (53)	*Hostellerie à la Bonne Auberge*	
Lavelanet / Nalzen (09)	*Les Sapins*	N
Lencloître (86)	*Champ de Foire*	
Leutenheim (67)	*Auberge Au Vieux Couvent*	
Lièpvre / La Vancelle (67)	*Elisabeth*	N
Liessies (59)	*Le Carillon*	N
Lille (59)	*La Coquille*	N
Lille / Capinghem (59)	*La Marmite de Pierrot*	N
Lille / Marcq-en-Barœul (59)	*La Table de Marcq*	N
Limoges (87)	*Le Vanteaux*	N
Loiré (49)	*Auberge de la Diligence*	
Longueville-sur-Scie (76)	*Le Cheval Blanc*	
Lons-le-Saunier (39)	*La Comédie*	N
Lorris (45)	*Guillaume de Lorris*	
Le Luc (83)	*Le Gourmandin*	
Luçon (85)	*La Mirabelle*	N
Lyon (69)	*Le Bistrot de St-Paul*	N
Lyon (69)	*Daniel et Denise*	
Lyon (69)	*L'Est*	
Lyon (69)	*Le Garet*	
Lyon (69)	*Magali et Martin*	N
Lyon (69)	*Le Verre et l'Assiette*	N
Malbuisson / Granges-Sainte-Marie (25)	*Auberge du Coude*	
Mancey (71)	*Auberge du Col des Chèvres*	N
Mansle / Luxé (16)	*Auberge du Cheval Blanc*	

Manzac-sur-Vern (24) *Lion d'Or*
Margaux / Arcins (33) *Lion d'Or*
Marly-le-Roi (78) *Le Village*
Marseillan (34) *Chez Philippe*
Marseille (13) *Cyprien*
Maussane-les-Alpilles / Paradou (13) *Bistrot de la Petite France*
Mazaye (63) *Auberge de Mazayes*
Mélisey (70) *La Bergeraine*
Mende (48) *Le Mazel*
Mende (48) *La Safranière*
Messery (74) *Atelier des Saveurs*
Metz (57) *Thierry "Saveurs et Cuisine"*
Meyronne (46) *Terrasse*
Meyrueis (48) *Du Mont Aigoual*
Miélan (32) *Le Chemin des Saveurs*
Minerve (34) *Relais Chantovent*
Mittelbergheim (67) *Am Lindeplatzel*
Les Molunes (39) *Le Pré Fillet*
Monestier-de-Clermont (38) *Au Sans Souci*
Montbrison / Savigneux (42) *Yves Thollot*
Montech (82) *La Maison de l'Éclusier*
Montmorillon (86) *Hôtel de France et Lucullus*
Montreuil / Inxent (62) *Auberge d'Inxent*
Montsalvy (15) *L'Auberge Fleurie* N
Montsoreau (49) *Diane de Méridor*
Mouzon (08) *Les Échevins*
Mur-de-Barrez (12) *Auberge du Barrez*
Najac (12) *Le Belle Rive*
Najac (12) *L' Oustal del Barry*
Nancy (54) *V Four*
Nantes (44) *La Divate*
Nantes / Couëron (44) *François II*
Nantes / Saint-Herblain (44) *Les Caudalies*
Narbonne / Bages (11) *Le Portanel* N
Natzwiller (67) *Auberge Metzger*
Neufchâtel-sur-Aisne (02) *Le Jardin*
Neuillé-le-Lierre (37) *Auberge de la Brenne*
Nevers / Sauvigny-les-Bois (58) *Moulin de l'Étang* N
Neyrac-les-Bains (07) *Du Levant*
Nice (06) *Au Rendez-vous des Amis*
Niedersteinbach (67) *Cheval Blanc*
Nîmes (30) *Le Bouchon et L'Assiette*
Nîmes (30) *Aux Plaisirs des Halles*
Nogent-le-Roi (28) *Relais des Remparts*
Nogent-sur-Seine (10) *Beau Rivage*
Notre-Dame-de-Bellecombe (73) *Ferme de Victorine*
Nuits-Saint-Georges (21) *La Cabotte*
Nyons (26) *Le Petit Caveau* N
Obernai / Ottrott (67) *A l'Ami Fritz*
Orléans (45) *La Dariole*
Orléans (45) *Eugène*
Orléans / Olivet (45) *Laurendière*
Orléans / La Source (45) *La Terrasse du Parc*
Ornans (25) *Courbet*
Oucques (41) *Du Commerce*
Pailherols (15) *Auberge des Montagnes*
Paimpol (22) *La Cotriade*
Paimpol (22) *De la Marne*
Pamiers (09) *De France* N
Paris 2e *Aux Lyonnais*
Paris 2e *Mellifère*
Paris 3e *Ambassade d'Auvergne*
Paris 5e *Buisson Ardent*
Paris 5e *Ribouldingue* N
Paris 6e *Azabu* N
Paris 6e *L'Épi Dupin*
Paris 6e *Fish La Boissonnerie* N
Paris 6e *La Rotonde*
Paris 7e *L'Affriolé* N
Paris 7e *Chez l'Ami Jean*
Paris 7e *Chez les Anges* N
Paris 7e *Au Bon Accueil*
Paris 7e *Clos des Gourmets*
Paris 7e *Florimond*
Paris 7e *P'tit Troquet*
Paris 8e *Bistro de l'Olivier* N
Paris 8e *Chez Cécile la Ferme des Mathurins* N
Paris 9e *Carte Blanche* N
Paris 9e *La Petite Sirène de Copenhague*
Paris 9e *Le Pré Cadet*
Paris 9e *Spring* N
Paris 11e *Auberge Pyrénées Cévennes* N
Paris 11e *Le Temps au Temps*
Paris 11e *Mansouria*
Paris 12e *Jean-Pierre Frelet*
Paris 14e *La Cerisaie*
Paris 14e *Les Petites Sorcières*
Paris 14e *La Régalade*
Paris 14e *Severo*
Paris 15e *Le Bélisaire* N
Paris 15e *Beurre Noisette*
Paris 15e *Caroubier*
Paris 15e *Stéphane Martin*
Paris 15e *Thierry Burlot* N

Paris 15ᵉ	*Le Troquet*	
Paris 16ᵉ	*Chez Géraud*	
Paris 16ᵉ	*Oscar*	
Paris 17ᵉ	*Caves Petrissans*	
Paris 17ᵉ	*L'Entredgeu*	
Paris 17ᵉ	*Graindorge*	
Paris 17ᵉ	*Chez Léon*	
Paris 17ᵉ	*Paris XVII*	N
Paris 17ᵉ	*La Soupière*	N
Paris 19ᵉ	*La Cave Gourmande*	
Paris 20ᵉ	*Les Allobroges*	
Pau / Lescar (64)	*La Terrasse*	
Péron (01)	*Auberge Communale La Fruitière*	
Perpignan (66)	*Les Antiquaires*	
Phalsbourg (57)	*Erckmann-Chatrian*	
Plaisians (26)	*Auberge de la Clue*	
Pléneuf-Val-André / Le-Val-André (22)	*Au Biniou*	
Ploemeur / Lomener (56)	*Le Vivier*	
Ploubalay (22)	*De la Gare*	
Polliat (01)	*De la Place*	
Pons (17)	*De Bordeaux*	
Pont-de-Vaux (01)	*Le Raisin*	
Pontlevoy (41)	*De l'École*	
Les-Ponts-neufs (22)	*La Cascade*	
Porto (2A)	*Bella Vista*	
Pouillon (40)	*L'Auberge du Pas de Vent*	
Pouzauges (85)	*La Gare des Gourmets*	N
Puteaux (92)	*La Table d'Alexandre*	
Le Puy-en-Velay (43)	*Lapierre*	
Le Puy-en-Velay (43)	*Tournayre*	
Le Puy-en-Velay / Espaly-Saint-Marcel (43)	*L'Ermitage*	N
Quarré-les-Tombes (89)	*Le Morvan*	
Les Quatre-Routes-du-Lot (46)	*Au Vieux Four*	
Quédillac (35)	*Le Relais de la Rance*	
Quiberon (56)	*La Chaumine*	
Quimper / Ty-Sanquer (29)	*Auberge de Ti-Coz*	
Réalmont (81)	*Les Secrets Gourmands*	
Rennes (35)	*Le Four à Ban*	
Rennes (35)	*Le Quatre B*	N
Rennes (35)	*Le Sarment de Vigne*	
Rennes / Le Rheu (35)	*La Muse Bouche et Relais Fleuri*	
Rians (83)	*La Roquette*	
Riom (63)	*Le Flamboyant*	
Riquewihr (68)	*Le Sarment d'Or*	N
Rodez (12)	*Le St-Amans*	N
Rodez (12)	*Les Jardins de l'Acropolis*	
Romorantin-Lanthenay (41)	*Lanthenay*	
La Roque-Gageac (24)	*La Belle Étoile*	
La Roquette-sur-Siagne (06)	*La Terrasse*	N
Roscoff (29)	*L'Écume des Jours*	
Rostrenen (22)	*L'Eventail des Saveurs*	
Rouvres-en-Xaintois (88)	*Burnel*	
Rueil-Malmaison (92)	*Le Bonheur de Chine*	
Les Sables-d'Olonne (85)	*La Pilotine*	
Saint-Benoît-sur-Loire (45)	*Grand St-Benoît*	
Saint-Bonnet-le-Froid (43)	*André Chatelard*	
Saint-Bonnet-le-Froid (43)	*Bistrot la Coulemelle*	N
Saint-Bonnet-le-Froid (43)	*Le Fort du Pré*	N
Saint-Brieuc / Cesson (22)	*La Croix Blanche*	
Saint-Chamond (42)	*Les Ambassadeurs*	
Saint-Cirq-Lapopie (46)	*Le Gourmet Quercynois*	
Saint-Disdier (05)	*La Neyrette*	
Saint-Flour (15)	*Grand Hôtel de l'Étape*	
Saint-Germain-du-Bois (71)	*Hostellerie Bressane*	
Saint-Hilaire-des-Loges (85)	*Le Pantagruelion*	N
Saint-Hippolyte (68)	*Winstub Rabseppi-Stebel*	N
Saint-Jean-du-Bruel (12)	*Du Midi-Papillon*	
Saint-Jean-Pied-de-Port / Aincille (64)	*Pecoïtz*	
Saint-Josse (62)	*Le Relais de St Josse*	N
Saint-Julien-Chapteuil (43)	*Vidal*	
Saint-Justin (40)	*France*	
Saint-Malo (35)	*Gilles*	
Saint-Malo (35)	*La Grassinais*	
Saint-Martin-de-Londres (34)	*Auberge de Saugras*	
Saint-Martin-en-Bresse (71)	*Au Puits Enchanté*	
Saint-Michel-en-l'Herm (85)	*La Rose Trémière*	N
Saint-Michel-Mont-Mercure (85)	*Auberge du Mont Mercure*	N
Saint-Palais-sur-Mer (17)	*Les Agapes*	
Saint-Pierre-sur-Dives (14)	*Auberge de la Dives*	
Saint-Quirin (57)	*Hostellerie du Prieuré*	
Saint-Rémy-de-Provence (13)	*Alain Assaud*	
Saint-Sulpice-sur-Lèze (31)	*La Commanderie*	N

Saint-Thégonnec (29) *Auberge St-Thégonnec*
Saint-Vaast-la-Hougue (50) *France et Fuchsias*
Saint-Valery-en-Caux (76) *Port* N
Saint-Vallier (26) *Le Bistrot d'Albert et Hôtel Terminus*
Sainte-Euphémie (01) *Au Petit Moulin*
Saintes-Maries-de-la-Mer (13) *Hostellerie du Pont de Gau*
Salies-de-Béarn / Castagnède (64) *La Belle Auberge*
Salignac-Eyvigues (24) *La Meynardie*
Sancerre (18) *La Pomme d'Or*
Sancerre / Chavignol (18) *La Côte des Monts Damnés*
Santenay (21) *Le Terroir*
Sassetot-le-Mauconduit (76) *Le Relais des Dalles*
Saugues (43) *La Terrasse* N
Saumur (49) *Gambetta* N
Sauternes (33) *Saprien*
Sauxillanges (63) *Restaurant de la Mairie*
Savonnière (37) *La Maison Tourangelle* N
Semblançay (37) *La Mère Hamard*
Semur-en-Auxois (21) *Hostellerie d'Aussois*
Senones (88) *Au Bon Gîte*
Sens (89) *Au Crieur de Vin*
Sérignan (34) *L 'Harmonie*
Servon (50) *Auberge du Terroir* N
Sète (34) *Paris Méditerranée*
Sillé-le-Guillaume (72) *Le Bretagne*
Sochaux / Étupes (25) *Au Fil des Saisons*
Solenzara (2A) *A Mandria*
Sorges (24) *Auberge de la Truffe*
Sospel (06) *Des Étrangers*
Sousceyrac (46) *Au Déjeuner de Sousceyrac*
La Souterraine / Saint-Étienne-de-Fursac (23) *Nougier* N
Strasbourg / Fegersheim (67) *Auberge du Bruchrhein*
Tamniès (24) *Laborderie*
Tarnac (19) *Des Voyageurs*
Tharon-Plage (44) *Le Belem*
Thiais (94) *Ophélie la Cigale Gourmande*
Thonon-les-Bains / Port-de-Séchex (74) *Le Clos du Lac* N
Toulouse / Castanet-Tolosan (31) *La Table des Merville* N
Tourcoing (59) *La Baratte*
Tournon-sur-Rhône (07) *Le Chaudron*
Tournus (71) *Le Terminus*
Tours (37) *L'Arche de Meslay*
Tours / Vallières (37) *Auberge de Port Vallières*
Trémolat (24) *Bistrot d'en Face*
Triel-sur-Seine (78) *St-Martin*
Troyes (10) *Le Céladon* N
Troyes / Pont-Sainte-Marie (10) *Bistrot DuPont*
Tulle (19) *La Toque Blanche*
La Turbie (06) *Café de la Fontaine* N
Uchaux (84) *Côté Sud*
Uzerche / Saint-Ybard (19) *Auberge St-Roch*
Valbonne (06) *L'Auberge Fleurie*
Valence (26) *L'Épicerie*
Valence-sur-Baïse (32) *La Ferme de Flaran*
Valloire (73) *Relais du Galibier*
Le-Valtin (88) *Auberge du Val Joli*
Vannes (56) *La Table Alsacienne*
Vannes (56) *Roscanvec* N
Varades (44) *La Closerie des Roses*
Vaudevant (07) *La Récré* N
Vaux-sous-Aubigny (52) *Auberge des Trois Provinces*
Venarey-les-Laumes / Alise-Sainte-Reine (21) *Cheval Blanc*
Vence (06) *Le Vieux Couvent* N
Vernon (27) *Les Fleurs*
Versailles (78) *Le Potager du Roy*
Vic-sur-Cère / Col-de-Curebourse (15) *Hostellerie St-Clément*
Vienne (38) *L'Estancot*
Villard-de-Lans (38) *Les Trente Pas*
Villedieu-les-Poêles (50) *Manoir de l'Acherie*
Villefranche-de-Rouergue (12) *L'Épicurien* N
Villié-Morgon (69) *Le Morgon*
Villiers-sur-Marne (52) *La Source Bleue*
Viré (71) *Relais de Montmartre*
Viviers (07) *Le Relais du Vivarais*
Wissembourg (67) *Le Carrousel Bleu*
Yerville (76) *Hostellerie des Voyageurs*

→ N *Nouveau* → *New* → *Nuovo* → *Neu* → *Nuevo*

Bib Hôtel

Bonnes nuits à petits prix en province
Good accomodation at moderate prices outside the Paris region
Buona sistemazione a prezzi continuti in provencia
Hier übernachten Sie gut und preiswert in der Provinz
Grato descanso a precios moderados en provincias

Aguessac (12)	*Auberge le Rascalat*	N
Aix-les-Bains (73)	*Auberge St-Simond*	
Allevard (38)	*Les Alpes*	
Ambonnay (51)	*Auberge St-Vincent*	
Angers (49)	*Mail*	
Angers (49)	*Le Progrès*	
Annecy (74)	*Nord*	
Annot (04)	*L'Avenue*	
Aoste (38)	*Au Coq en Velours*	
Argentat (19)	*Fouillade*	N
Aubeterre-sur-Dronne (16)	*Hostellerie du Périgord*	
Aubrac (12)	*La Dômerie*	
Aubusson (23)	*Villa Adonis*	N
Audincourt (25)	*Les Tilleuls*	
Aulnay (17)	*Du Donjon*	
Auray (56)	*Du Loch*	
Aurec-sur-Loire (43)	*Les Cèdres Bleus*	N
Autun (71)	*La Tête Noire*	
Auxerre (89)	*Normandie*	
Availles-Limouzine (86)	*La Chatellenie*	
Avignon / Île de la Barthelasse (84)	*La Ferme*	
Ax-les-Thermes (09)	*Le Chalet*	
Azay-le-Rideau (37)	*De Biencourt*	
Baerenthal (57)	*Le Kirchberg*	
Bagnères-de-Bigorre / Beaudéan (65)	*Le Catala*	
Balot (21)	*Auberge de la Baume*	
Ban-de-Laveline (88)	*Auberge Lorraine*	N
Baratier (05)	*Les Peupliers*	
Barbotan-les-Thermes (32)	*De la Paix*	
Barfleur (50)	*Le Conquérant*	
Beaugency (45)	*De la Sologne*	
Beaune (21)	*Grillon*	
Beaune / Levernois (21)	*Le Parc*	
Beauzac (43)	*L'Air du Temps*	N
Beauzac / Bransac (43)	*La Table du Barret*	
Bénodet (29)	*Domaine de Kereven*	N
Berck-sur-Mer / Berck-Plage (62)	*L'Impératrice*	
Besançon (25)	*Du Nord*	
Besançon / Chalezeule (25)	*Des Trois Îles*	
Biarritz (64)	*Maïtagaria*	
Blienschwiller (67)	*Winzenberg*	
Bois-le-Roi (77)	*Le Pavillon Royal*	
Bollezeele (59)	*Hostellerie St-Louis*	
Bonnétage (25)	*L'Etang du Moulin*	
Bonneval-sur-Arc (73)	*A la Pastourelle*	
Bourbon-l'Archambault (03)	*Grand Hôtel Montespan-Talleyrand*	

→ **N** *Nouveau*
→ *New* → *Nuovo* → *Neu* → *Nuevo*

Bourges (18)	*Le Berry*	
Bourges (18)	*Le Christina*	
Bourg-et-Comin (02)	*De la Vallée*	
Bourg-Saint-Andéol (07)	*Le Clos des Oliviers*	
Bourg-Saint-Maurice (73)	*L'Autantic*	
Bozouls (12)	*A la Route d'Argent*	
Bracieux (41)	*De la Bonnheure*	
La Breille-les-Pins (49)	*L'Orée des Bois*	
Le Bugue / Campagne (24)	*Du Château*	
Buis-les-Baronnies (26)	*Les Arcades-Le Lion d'Or*	
Burnhaupt-le-Haut (68)	*De l'Aigle d'Or*	
Caen (14)	*Des Quatrans*	
Cagnes-sur-Mer (06)	*Le Chantilly*	
Calais (62)	*Métropol Hôtel*	
Calvinet (15)	*Beauséjour*	
Camaret-sur-Mer (29)	*Vauban*	
Camiers (62)	*Les Cèdres*	
Cancale (35)	*Le Chatellier*	
Cannes (06)	*Florian*	**N**
Carhaix-Plouguer (29)	*Noz Vad*	
Casteljaloux (47)	*Les Cordeliers*	
Castelnaudary (11)	*Du Canal*	
Castres (81)	*Renaissance*	
Cauterets (65)	*Du Lion d'Or*	
Céret (66)	*Les Arcades*	
Chagny (71)	*De la Poste*	
Challans (85)	*De l'Antiquité*	
Chamonix-Mont-Blanc / Les Bossons (74)	*Aiguille du Midi*	**N**
Champtoceaux (49)	*Le Champalud*	
Chandolas (07)	*Auberge Les Murets*	
La Charité-sur-Loire (58)	*Le Bon Laboureur*	
Charleville-Mézières (08)	*De Paris*	
Charlieu (42)	*Relais de l'Abbaye*	
Charmes / Vincey (88)	*Relais de Vincey*	
Château-Arnoux-Saint-Auban / Saint-Auban (04)	*Villiard*	
Chaudes-Aigues (15)	*Beauséjour*	
Chauvigny (86)	*Lion d'Or*	
Cherbourg (50)	*La Renaissance*	
Chézery-Forens (01)	*Commerce*	
Chinon (37)	*Diderot*	
Comps-sur-Artuby (83)	*Grand Hôtel Bain*	
Cordon (74)	*Le Cordonant*	
Corps (38)	*Le Napoléon*	
Coti-Chiavari (2A)	*Le Belvédère*	
La Courtine (23)	*Au Petit Breuil*	
Coutras (33)	*Henri IV*	**N**
Crozon (29)	*La Presqu'île*	**N**
Cruis (04)	*Auberge de l'Abbaye*	
Dambach-la-Ville (67)	*Le Vignoble*	
Damgan (56)	*Albatros*	
Donzenac (19)	*Relais du Bas Limousin*	
Donzy (58)	*Le Grand Monarque*	
Doué-la-Fontaine (49)	*Auberge Bienvenue*	
Dreux (28)	*Le Beffroi*	
Dunkerque / Malo-les-Bains (59)	*L'Hirondelle*	**N**
Entraygues-sur-Truyère / Le Fel (12)	*Auberge du Fel*	
Épaignes (27)	*L'Auberge du Beau Carré*	
Erquy (22)	*Beauséjour*	
Espalion (12)	*De France*	
Estaing (12)	*L' Auberge St-Fleuret*	
Eymet (24)	*Les Vieilles Pierres*	
Le Falgoux (15)	*Des Voyageurs*	
Florac / Cocurès (48)	*La Lozerette*	
Fouesnant / Cap-Coz (29)	*Belle-Vue*	**N**
Fougères (35)	*Les Voyageurs*	
Gaillac (81)	*La Verrerie*	
Gennes (49)	*Les Naulets d'Anjou*	
Gensac (33)	*Remparts*	
Gérardmer (88)	*Gérard d'Alsace*	
La Giettaz (73)	*Flor'Alpes*	
Gimel-les-Cascades (19)	*Hostellerie de la Vallée*	**N**
Gordes (84)	*Auberge de Carcarille*	
Goumois (25)	*Le Moulin du Plain*	
Gresse-en-Vercors (38)	*Le Chalet*	
Guilliers (56)	*Au Relais du Porhoët*	
Hagetmau (40)	*Le Jambon*	
Hesdin (62)	*Trois Fontaines*	
Le Hohwald (67)	*Hôtel Petite Auberge*	
Les Houches (74)	*Auberge Le Montagny*	
Île-de-Sein (29)	*Ar Men*	
Île d'Yeu / Port-Joinville (85)	*Atlantic Hôtel*	
Illhaeusern (68)	*Les Hirondelles*	
L'Isle-d'Abeau (38)	*Le Relais du Çatey*	
Issoire (63)	*Le Pariou*	
Itxassou (64)	*Le Chêne*	

→ **N** *Nouveau*

→ *New* → *Nuovo* → *Neu* → *Nuevo*

Jonzac / Clam (17) *Le Vieux Logis*
Juliénas (69) *Chez la Rose* **N**
Juvigny-sous-Andaine (61) *Au Bon Accueil*
Kaysersberg (68) *Constantin*
Labaroche (68) *La Rochette*
Lacapelle-Viescamp (15) *Du Lac* **N**
Lalouvesc (07) *Le Relais du Monarque*
Lanarce (07) *Le Provence*
Langeac / Reilhac (43) *Val d'Allier* **N**
Larrau (64) *Etchemaïté*
Lascelle (15) *Lac des Graves*
Lestelle-Bétharram (64) *Vieux Logis*
Locmariaquer (56) *Neptune*
Locronan (29) *Le Prieuré*
Lons-le-Saunier (39) *Nouvel Hôtel*
Loudéac (22) *Voyageurs*
Luz-Saint-Sauveur / Esquièze-Sère (65) *Terminus*
Lyon (69) *Célestins*
Mâcon / Charnay-lès-Mâcon (71) *Moulin du Gastronome*
Mandelieu / La Napoule (06) *Villa Parisiana*
Margès (26) *Auberge Le Pont du Chalon*
Masseret (19) *De la Tour* **N**
Mauriac (15) *Serre*
Mazaye (63) *Auberge de Mazayes*
Meyrueis (48) *Family Hôtel*
Meyrueis (48) *Du Mont Aigoual* **N**
Millau (12) *Château de Creissels* **N**
Mittelhausen (67) *A l'Étoile*
Molsheim (67) *Le Bugatti*
Les Molunes (39) *Le Pré Fillet* **N**
Monestier-de-Clermont (38) *Au Sans Souci*
Monflanquin (47) *Monform*
Montargis / Amilly (45) *Le Belvédère*
Montauban (82) *Du Commerce*
Montélier (26) *La Martinière*
Montfort-en-Chalosse (40) *Aux Tauzins*
Montigny-la-Resle (89) *Le Soleil d'Or*
Montigny-sur-Avre (28) *Moulin des Planches*
Montluel (01) *Petit Casset*
Montmelard (71) *Le St-Cyr*
Montpellier (34) *Du Parc*
Montsalvy (15) *L'Auberge Fleurie*
Mulhouse / Frœningen (68) *Auberge de Froeningen*
Nevers (58) *Molière*
Nogent-le-Rotrou (28) *Brit Hôtel du Perche* **N**
Nogent-le-Rotrou (28) *Sully*
Nogent-sur-Seine (10) *Beau Rivage*
Le nouvion-en-Thiérache (02) *Paix*
Orthez (64) *Au Temps de la Reine Jeanne*
Ouistreham (14) *Du Phare*
Pailherols (15) *Auberge des Montagnes*
Paray-le-Monial / Poisson (71) *La Poste et Hôtel La Reconce*
Pau (64) *Le Bourbon*
Pégomas (06) *Le Bosquet*
Péron (01) *Auberge Communale La Fruitière*
Pierre-Buffière (87) *La Providence* **N**
Pierrefort (15) *Du Midi*
Ploubazlanec (22) *Les Agapanthes* **N**
Pont-Aven (29) *Les Ajoncs d'Or* **N**
Pont-de-l'Arche (27) *De la Tour*
Pontivy / Quelven (56) *Auberge de Quelven*
Pouldreuzic (29) *Ker Ansquer* **N**
Le Pouldu (29) *Le Panoramique* **N**
Prats-de-Mollo-la-Preste / La Preste (66) *Ribes*
Le Puy-en-Velay / Espaly-Saint-Marcel (43) *L'Ermitage*
Quarré-les-Tombes (89) *Le Morvan*
Quédillac (35) *Le Relais de la Rance*
Rânes (61) *St-Pierre*
Reipertswiller (67) *La Couronne*
Rennes (35) *Britannia*
Rennes (35) *Des Lices*
Réville (50) *Au Moyne de Saire* **N**
Les Riceys (10) *Le Magny*
Rieumes (31) *Auberge les Palmiers*
Riom-Ès-Montagnes (15) *St-Georges*
Rochefort (17) *Roca Fortis*
La Rochette (73) *Du Parc*
Romagnieu (38) *Auberge les Forges de la Massotte*
Romorantin-Lanthenay (41) *Lanthenay*
Ronchamp / Champagney **(70)** *Le Pré Serroux*
Roussillon (84) *Les Sables d'Ocre*

➜ **N** *Nouveau*
➜ *New* ➜ *Nuovo* ➜ *Neu* ➜ *Nuevo*

Roye (80)	*Le Florentin Hôtel Central*	
Rue / Saint-Firmin (80)	*Auberge de la Dune*	
Les Sables-d'Olonne (85)	*Antoine*	
Les Sables-d'Olonne (85)	*Les Embruns*	N
Saillagouse (66)	*Planes (La Vieille Maison Cerdane)*	
Saint-Agnan (58)	*La Vieille Auberge*	
Saint-Ambroix / Larnac (30)	*Le Clos des Arts*	
Saint-Bonnet-en-Champsaur (05)	*la Crémaillère*	
Saint-Bonnet-le-Château (42)	*Le Béfranc*	
Saint-Disdier (05)	*La Neyrette*	
Saint-Flour (15)	*Auberge de La Providence*	
Saint-Jean-de-Maurienne (73)	*St-Georges*	
Saint-Jean-du-Bruel (12)	*Du Midi-Papillon*	
Saint-Jean-en-Royans / Col de la Machine (26)	*Du Col de la Machine*	
Saint-Lary (09)	*Auberge de l'Isard*	
Saint-Malo (35)	*Quic en Groigne*	
Saint-Malo (35)	*San Pedro*	
Saint-Rémy-de-Provence (13)	*L'Amandière*	
Saint-Sernin-sur-Rance (12)	*Carayon*	
Saint-Sorlin-d'Arves (73)	*Beausoleil*	
Saint-Vaast-la-Hougue (50)	*La Granitière*	N
Saint-Valery-en-Caux (76)	*Les Remparts*	
Sainte-Menéhould (51)	*Le Cheval Rouge*	
Saintes (17)	*L'Avenue*	
Saintes-Maries-de-la-Mer (13)	*Pont Blanc*	
Salers (15)	*Le Bailliage*	
Salies-de-Béarn / Castagnède (64)	*La Belle Auberge*	
Sallanches (74)	*Auberge de l'Orangerie*	
Sare (64)	*Pikassaria*	
Sarlat-la-Canéda (24)	*Le Mas de Castel*	
Sarlat-la-Canéda (24)	*Mas del Pechs*	
Sarrebourg (57)	*Les Cèdres*	
Sarreguemines (57)	*Amadeus*	
Sars-Poteries (59)	*Marquais*	
Saugues (43)	*La Terrasse*	
Sées / Macé (61)	*Île de Sées*	
Semblançay (37)	*Mère Hamard*	
Semur-en-Auxois (21)	*Les Cymaises*	
Senones (88)	*Au Bon Gîte*	
Servon (50)	*Auberge du Terroir*	
Sommières (30)	*De l'Estelou*	N
Sondernach (68)	*A l'Orée du Bois*	
Souillac (46)	*Le Quercy*	
Stenay (55)	*Du Commerce*	
Tarnac (19)	*Des Voyageurs*	
Thann (68)	*Aux Sapins*	
Le Thillot / Le Ménil (88)	*Les Sapins*	
Thizy (69)	*La Terrasse*	
Thonon-les-Bains / Anthy-sur-Léman (74)	*L'Auberge d'Anthy*	
Le Touquet-Paris-Plage (62)	*Les Embruns*	
Le Touquet-Paris-Plage / Trépied (62)	*Relais de l'Espérance*	
Tournon-sur-Rhône (07)	*Les Amandiers*	
Tournus (71)	*Le Terminus*	
Turckheim (68)	*Le Berceau du Vigneron*	
Uriage-les-Bains (38)	*Les Mésanges*	
Valenciennes (59)	*Baudouin*	
Valleraugue (30)	*Auberge Cévenole*	
Verneuil-sur-Avre (27)	*Du Saumon*	
Vézelay / Saint-Père (89)	*Renommée*	
Viaduc-de-Garabit (15)	*Beau Site*	
Vichy (03)	*Arverna Hôtel*	
Villé (67)	*La Bonne Franquette*	
Villersexel (70)	*La Terrasse*	
Volvic / Luzet (63)	*La Rose des Vents*	
Vougeot / Gilly-lès-Cîteaux (21)	*L'Orée des Vignes*	
Wimereux (62)	*Du Centre*	
Wissembourg (67)	*Au Moulin de la Walk*	
Yzeures-sur-Creuse (37)	*Promenade*	

Hébergements agréables

Pleasant Lodging
Allogio ameno
Angenehme Unterbringung
Alojamientos agradables

Antibes / Cap d'Antibes (06)	*Du Cap*
La Baule (44)	*Hermitage Barrière*
Beaulieu-sur-Mer (06)	*La Réserve de Beaulieu*
Biarritz (64)	*Du Palais*
Cannes (06)	*Carlton Inter Continental*
Cannes (06)	*Majestic Barrière*
Cannes (06)	*Martinez*
Courchevel / Courchevel 1850 (73)	*Byblos*
Courchevel / Courchevel 1850 (73)	*Les Airelles*
Deauville (14)	*Normandy-Barrière*
Deauville (14)	*Royal-Barrière*
Évian-les-Bains (74)	*Royal*
Montbazon (37)	*Château d'Artigny*
Monte-Carlo (MC)	*Paris*
Nice (06)	*Negresco*
Paris 1er	*Le Meurice*
Paris 1er	*Ritz*
Paris 8e	*Crillon*
Paris 8e	*Four Seasons George V*
Paris 8e	*Le Bristol*
Paris 8e	*Plaza Athénée*
Paris 9e	*Intercontinental Le Grand Hôtel*
Paris 16e	*Raphael*
Saint-Jean-Cap-Ferrat (06)	*Grand Hôtel du Cap Ferrat*
Saint-Tropez (83)	*Byblos*
Saint-Tropez (83)	*Château de la Messardière*
Tourrettes (83)	*Four Seasons Resort Provence at Terre Blanche*

Ablis (78)	*Château d'Esclimont*
Aix-en-Provence (13)	*Villa Gallici*
Antibes / Cap d'Antibes (06)	*Impérial Garoupe*
Avallon / Vault-de-Lugny (89)	*Château de Vault de Lugny*
Avignon (84)	*D'Europe*
Avignon (84)	*La Mirande*
Bagnols (69)	*Château de Bagnols*
Barbizon (77)	*Hôtellerie du Bas-Bréau*
Beaune (21)	*Le Cep*
Belle-Île / Port-Goulphar (56)	*Castel Clara*
Les Bézards (45)	*Auberge des Templiers*
Bidarray (64)	*Ostapé*
Billiers (56)	*Domaine de Rochevilaine*
Bordeaux (33)	*Burdigala*
Bordeaux / Martillac (33)	*Les Sources de Caudalie*
Briollay (49)	*Château de Noirieux*
Brive-la-Gaillarde / Varetz (19)	*Château de Castel Novel*
Cahors / Mercuès (46)	*Château de Mercuès*
Calvi (2B)	*La Villa*
Cannes (06)	*3.14 Hôtel*
Carcassonne (11)	*De La Cité*
Le Castellet (83)	*Du Castellet*
Cavalière (83)	*Le Club*
Chamonix-Mont-Blanc (74)	*Hameau Albert 1er*

Colroy-la-Roche (67) *Hostellerie La Cheneaudière*
Courcelles-sur-Vesle (02) *Château de Courcelles*
Courchevel / Courchevel 1850 (73) *Annapurna*
Courchevel / Courchevel 1850 (73) *Le Kilimandjaro*
Courchevel / Courchevel 1850 (73) *Le Mélézin*
Curzay-sur-Vonne (86) *Château de Curzay*
Divonne-les-Bains (01) *Le Grand Hôtel*
Eugénie-les-Bains (40) *Les Prés d'Eugénie*
Èze (06) *Château de la Chèvre d'Or*
Èze-Bord-de-Mer (06) *Cap Estel*
Figeac (46) *Château du Viguier du Roy*
Gordes (84) *La Bastide de Gordes et Spa*
Grasse (06) *La Bastide St-Antoine*
Grenoble (38) *Park Hôtel*
Honfleur (14) *La Ferme St-Siméon*
Île de Ré / La Flotte (17) *Richelieu*
Joigny (89) *La Côte St-Jacques*
Juan-les-Pins (06) *Belles Rives*
Juan-les-Pins (06) *Juana*
Lacave (46) *Château de la Treyne*
Le Lavandou / Aiguebelle (83) *Les Roches*
Ligny-en-Cambrésis (59) *Château de Ligny*
Lille (59) *L'Hermitage Gantois*
Luynes (37) *Domaine de Beauvois*
Lyon (69) *Cour des Loges*
Lyon (69) *Villa Florentine*
Lyon / Charbonnières-les-Bains (69) *Le Pavillon de la Rotonde*
Margaux (33) *Relais de Margaux*
Megève (74) *Les Fermes de Marie*
Megève (74) *Lodge Park*
Mirambeau (17) *Château de Mirambeau*
Monte-Carlo (MC) *Hermitage*
Monte-Carlo (MC) *Monte Carlo Bay Hôtel and Resort*
Monte-Carlo (MC) *Métropole*
Monte-Carlo (MC) *Port Palace*
Monte-Carlo / Monte-Carlo-Beach (06) *Monte-Carlo Beach Hôtel*
Mougins (06) *Le Mas Candille*
Nice (06) *Palais Maeterlinck*
Onzain (41) *Domaine des Hauts de Loire*
Paris 1er *Costes*
Paris 1er *De Vendôme*
Paris 3e *Murano*
Paris 3e *Pavillon de la Reine*
Paris 8e *Napoléon*
Paris 16e *Sofitel Le Parc*
Paris 16e *St-James Paris*
Pont-du-Gard / Castillon-du-Gard (30) *Le Vieux Castillon*
Porticcio (2A) *Le Maquis*
Porto-Vecchio (2A) *Casadelmar*
Porto-Vecchio (2A) *Grand Hôtel de Cala Rossa*
Pouilly-en-Auxois / Chailly-sur-Armançon (21) *Château de Chailly*
Ramatuelle (83) *Villa Marie*
Reims (51) *Château les Crayères*
Roanne (42) *Troisgros*
Roquebrune (06) *Vista Palace*
Rouffach (68) *Château d'Isenbourg*
Saint-Jean-Cap-Ferrat (06) *Royal Riviera*
Saint-Jean-Cap-Ferrat (06) *Voile d'Or*
Saint-Tropez (83) *La Bastide de St-Tropez*
Saint-Tropez (83) *Résidence de la Pinède*
Saint-Tropez (83) *Villa Belrose*
Sainte-Foy-la-Grande (33) *Château des Vigiers*
Sainte-Maxime (83) *Le Beauvallon*
Saulieu (21) *Le Relais Bernard Loiseau*
Strasbourg (67) *Régent Petite France*
Strasbourg / Ostwald (67) *Château de l'Île*
Talloires (74) *L'Auberge du Père Bise*
Tours (37) *Jean Bardet*
Val-d'Isère (73) *Christiania*
Valence (26) *Pic*
Versailles (78) *Trianon Palace*
Vienne (38) *La Pyramide*
Vonnas (01) *Georges Blanc*
Vougeot / Gilly-lès-Cîteaux (21) *Château de Gilly*

Aillant-sur-Tholon (89) *Domaine du Roncemay*
Aix-en-Provence (13) *Le Pigonnet*
Aix-en-Provence / Celony (13) *Le Mas d'Entremont*
Albi (81) *La Réserve*
Alpe-d'Huez (38) *Au Chamois d'Or*
Amboise (37) *Le Choiseul*
Amboise (37) *Le Manoir Les Minimes*
Arles (13) *L'Hôtel Particulier*
Avallon (89) *Hostellerie de la Poste*
Avignon / Montfavet (84) *Hostellerie Les Frênes*
Avignon / Le Pontet (84) *Auberge de Cassagne*
Bagnoles-de-l'Orne (61) *Le Manoir du Lys*
Bagnols-sur-Cèze (30) *Château de Montcaud*
La Baule (44) *Castel Marie-Louise*
Les Baux-de-Provence (13) *La Cabro d'Or*
Bayeux (14) *Château de Sully*
Bayeux / Audrieu (14) *Château d'Audrieu*
Beaune (21) *Ermitage de Corton*
Beaune (21) *L'Hôtel*
Beaune / Levernois (21) *Hostellerie de Levernois*
Beblenheim (68) *Ringhotel Kanzel*
Bénodet / Sainte-Marine (29) *Villa Tri Men*
Béthune / Busnes (62) *Le Château de Beaulieu*
Biarritz / Lac de Brindos (64) *Château de Brindos*
Bordeaux / Bouliac (33) *Hauterive et rest. St-James*
Boulogne-sur-Mer (62) *La Matelote*
Le-Bourget-du-Lac (73) *Ombremont*
Boutigny-sur-Essonne (91) *Domaine de Bélesbat*
Brantôme (24) *Le Moulin de l'Abbaye*
Brantôme / Champagnac-de-Belair (24) *Le Moulin du Roc*
Le Buisson-de-Cadouin (24) *Le Manoir de Bellerive*
La Bussière-sur-Ouche (21) *Abbaye de la Bussière*
La Cadière-d'Azur (83) *Hostellerie Bérard*
Cagnes-sur-Mer (06) *Le Cagnard*
Callas (83) *Hostellerie Les Gorges de Pennafort*
Calvi (2B) *La Signoria*
Cancale (35) *De Bricourt-Richeux*
Carantec (29) *L'Hôtel de Carantec-Patrick Jeffroy*
Carcassonne (11) *Domaine d'Auriac*
Carcassonne / Cavanac (11) *Château de Cavanac*
Carpentras / Mazan (84) *Château de Mazan*
Les Carroz-d'Arâches (74) *Les Servages d'Armelle*
Cassel (59) *Châtellerie de Schoebeque*
La Celle (83) *Hostellerie de l'Abbaye de la Celle*
Chagny (71) *Lameloise*
Chambéry / Chambéry-le-Vieux (73) *Château de Candie*
Chambolle-Musigny (21) *Château André Ziltener*
Chamonix-Mont-Blanc (74) *Grand Hôtel des Alpes*
Château-Arnoux-Saint-Auban (04) *La Bonne Étape*
Cognac (16) *Château de l'Yeuse*
Coise-Saint-Jean-Pied-Gauthier (73) *Château de la Tour du Puits*
La Colle-sur-Loup (06) *Le Clos des Arts*
Colmar (68) *Les Têtes*
Condrieu (69) *Hôtellerie Beau Rivage*
Connelles (27) *Le Moulin de Connelles*
Cordes-sur-Ciel (81) *Le Grand Écuyer*
Cordon (74) *Le Cerf Amoureux*
Cordon (74) *Les Roches Fleuries*
Courchevel / Courchevel 1850 (73) *La Sivolière*
Courchevel / Courchevel 1850 (73) *Le Chabichou*
Courchevel / Courchevel 1850 (73) *Le St-Joseph*
Crillon-le-Brave (84) *Hostellerie de Crillon le Brave*
Le Croisic (44) *Le Fort de l'Océan*
La Croix-Valmer / Gigaro (83) *Château de Valmer*
Cruseilles (74) *Château des Avenières*
Deauville (14) *Hostellerie de Tourgéville*
Dinard (35) *Villa Reine Hortense*
Enghien-les-Bains (95) *Grand Hôtel Barrière*
Épernay / Champillon (51) *Royal Champagne*
Épernay / Vinay (51) *Hostellerie La Briqueterie*
Les Eyzies-de-Tayac (24) *Du Centenaire*
Èze (06) *Château Eza*
Fère-en-Tardenois (02) *Château de Fère*
Fontvieille (13) *La Regalido*
Gémenos (13) *Relais de la Magdeleine*
Gérardmer (88) *Le Manoir au Lac*
Gérardmer / Bas-Rupts (88) *Les Bas-Rupts*
Gordes (84) *Les Bories*
Gramat (46) *Château de Roumégouse*
Grasse (06) *Bastide Saint Mathieu*
Le Grau-du-Roi / Port-Camargue (30) *Spinaker*

Gressy (77) *Le Manoir de Gressy*
Grignan (26) *Manoir de la Roseraie*
Hennebont (56) *Château de Locguénolé*
Honfleur (14) *Le Manoir du Butin*
Igé (71) *Château d'Igé*
Île de Porquerolles (83) *Mas du Langoustier*
Île de Ré / Saint-Martin-de-Ré (17) *De Toiras*
Les Issambres (83) *Hodéo*
Joucas (84) *Hostellerie Le Phébus*
Joucas (84) *Le Mas des Herbes Blanches*
Lacave (46) *Pont de l'Ouysse*
Laguiole (12) *Bras*
Langeais / Saint-Patrice (37) *Château de Rochecotte*
Lencloître / à Savigny-sous-Faye (86) *Château Hôtel de Savigny*
Lezoux / Bort-l'Étang (63) *Château de Codignat*
Lille / Emmerin (59) *La Howarderie*
Limoges / Saint-Martin-du-Fault (87) *Chapelle St-Martin*
Locquirec (29) *Le Grand Hôtel des Bains*
Lorgues (83) *Château de Berne*
Lourmarin (84) *Le Moulin de Lourmarin*
Lunéville (54) *Château d'Adoménil*
Lyon (69) *Sofitel Royal*
Magescq (40) *Relais de la Poste*
La Malène (48) *Château de la Caze*
Manosque / La Fuste (04) *Hostellerie de la Fuste*
Marseille (13) *Le Petit Nice*
Massignac (16) *Le Domaine des Étangs*
Maussane-les-Alpilles / Paradou (13) *Le Hameau des Baux*
Megève (74) *Chalet du Mont d'Arbois*
Megève (74) *Chalet St-Georges*
Megève (74) *Le Fer à Cheval*
Megève (74) *Mont-Blanc*
Menton (06) *Grand Hôtel des Ambassadeurs*
Méribel (73) *Allodis*
Méribel (73) *Le Grand Cœur*
Méribel (73) *Le Yéti*
Missillac (44) *La Bretesche*
Moëlan-sur-Mer (29) *Manoir de Kertalg*
Molitg-les-Bains (66) *Château de Riell*
Monaco (MC) *Columbus*
Montbazon (37) *Domaine de la Tortinière*
Montélimar (26) *Domaine du Colombier*
Montreuil (62) *Château de Montreuil*
Montrichard / Chissay-en-Touraine (41) *Château de Chissay*
Mougins (06) *De Mougins*
Moustiers-Sainte-Marie (04) *Bastide de Moustiers*
Najac (12) *Les Demeures de Longcol*
Nancy (54) *Grand Hôtel de la Reine*
Nans-les-Pins (83) *Domaine de Châteauneuf*
Nice (06) *La Pérouse*
Nieuil (16) *Château de Nieuil*
Obernai (67) *A la Cour d'Alsace*
Obernai (67) *Le Parc*
Paris 6e *Esprit Saint-Germain*
Paris 6e *L'Hôtel*
Paris 6e *Relais St-Germain*
Paris 7e *Duc de Saint-Simon*
Paris 7e *Pont Royal*
Paris 8e *Daniel*
Paris 8e *François 1er*
Paris 8e *De Sers*
Paris 11e *Les Jardins du Marais*
Paris 16e *Sezz*
Paris 16e *Square*
Paris 16e *Trocadero Dokhan's*
Pau (64) *Villa navarre*
Pauillac (33) *Château Cordeillan Bages*
Pérouges (01) *Ostellerie du Vieux Pérouges*
Perros-Guirec (22) *L' Agapa*
Poligny / Monts-de-Vaux (39) *Hostellerie des Monts de Vaux*
Pons / Mosnac (17) *Moulin du Val de Seugne*
Pont-du-Gard / Collias (30) *Hostellerie Le Castellas*
Pornichet (44) *Sud Bretagne*
Port-en-Bessin (14) *La Chenevière*
Port-Lesney (39) *Château de Germigney*
Porto-Vecchio (2A) *Belvédère*
Propriano (2A) *Grand Hôtel Miramar*
Puymirol (47) *Michel Trama*
Rayol-Canadel-sur-Mer (83) *Le Bailli de Suffren*
Reims (51) *L'Assiette Champenoise*
Ribeauvillé (68) *Le Clos St-Vincent*
Roscoff (29) *Le Brittany*
Saint-Arcons-d'Allier (43) *Les Deux Abbesses*
Saint-Bonnet-le-Froid (43) *Le Clos des Cimes*
Saint-Émilion (33) *Château Grand Barrail*
Saint-Émilion (33) *Hostellerie de Plaisance*
Saint-Germain-en-Laye (78) *La Forestière*
Saint-Jean-de-Luz (64) *Grand Hôtel*
Saint-Jean-de-Luz (64) *Parc Victoria*
Saint-Jean-Pied-de-Port (64) *Les Pyrénées*
Saint-Paul (06) *La Colombe d'Or*
Saint-Paul (06) *Le Mas de Pierre*
Saint-Paul (06) *Le Saint-Paul*
Saint-Paul-Trois-Châteaux (26) *Villa Augusta*
Saint-Rémy-de-Provence (13) *Hostellerie du Vallon de Valrugues*
Saint-Rémy-de-Provence (13) *Le Château des Alpilles*
Saint-Rémy-de-Provence (13) *Les Ateliers de l'Image*
Saint-Tropez (83) *Le Yaca*
Sainte-Anne-la-Palud (29) *De La Plage*
Sainte-Maure-de-Touraine / Noyant-de-Touraine (37) *Château de Brou*

Sainte-Maxime (83) *Villa Grimaldi*
Saintes (17) *Relais du Bois St-Georges*
Salon-de-Provence (13) *Abbaye de Sainte-Croix*
Le Sambuc (13) *Le Mas de Peint*
Sarlat-la-Canéda (24) *Clos La Boëtie*
Sault (84) *Hostellerie du Val de Sault*
Saumur (49) *Château de Verrières*
Saumur / Chênehutte-les-Tuffeaux (49) *Prieuré*
La Saussaye (27) *Manoir des Saules*
Strasbourg (67) *Beaucour*
Strasbourg (67) *Régent Contades*
Théoule-sur-Mer / Miramar (06) *Miramar Beach*
Tignes (73) *Les Campanules*
Tournus (71) *Hôtel de Greuze*
Tours / Joué-lès-Tours (37) *Château de Beaulieu*
Tours / Rochecorbon (37) *Les Hautes Roches*
Tourtour (83) *La Bastide de Tourtour*
Trébeurden (22) *Manoir de Lan-Kerellec*
Trébeurden (22) *Ti al Lannec*
Trégunc (29) *Auberge Les Grandes Roches*
Trémolat (24) *Vieux Logis*
Trigance (83) *Château de Trigance*
Troyes (10) *Champ des Oiseaux*
Troyes (10) *La Maison de Rhodes*
Uriage-les-Bains (38) *Grand Hôtel*
Val-Thorens (73) *Fitz Roy*
Verdun / Les Monthairons (55) *Hostellerie du Château des Monthairons*
Verneuil-sur-Avre (27) *Hostellerie Le Clos*
Vervins (02) *Tour du Roy*
Vézelay / Saint-Père (89) *L'Espérance*
Ville-d'Avray (92) *Les Étangs de Corot*
Villeneuve-lès-Avignon (30) *La Magnaneraie*
Villeneuve-sur-Lot / Saint-Sylvestre-sur-Lot (47) *Château Lalande*
Villiers-le-Mahieu (78) *Château de Villiers le Mahieu*
Vitrac (24) *Domaine de Rochebois*

Agen (47) *Château des Jacobins*
Alleyras (43) *Le Haut-Allier*
Amboise (37) *Château de Pray*
Anduze / Tornac (30) *Les Demeures du Ranquet*
Argelès-sur-Mer (66) *Le Cottage*
Argenton-sur-Creuse / Bouesse (36) *Château de Bouesse*
Astaffort (47) *Le Square "Michel Latrille"*
Auribeau-sur-Siagne (06) *Auberge de la Vignette Haute*
Aurillac / Vézac (15) *Château de Salles*
Auxerre (89) *Le Parc des Maréchaux*
Bagnoles-de-l'Orne (61) *Bois Joli*
Les Baux-de-Provence (13) *La Riboto de Taven*
Les Baux-de-Provence (13) *Mas de l'Oulivié*
Beaune / Montagny-lès-Beaune (21) *Le Clos*
Belle-Île / Bangor (56) *La Désirade*
Bergerac (24) *Château Rauly-Saulieut*
Bermicourt (62) *La Cour de Rémi*
Besançon (25) *Castan*
Biarritz (64) *Le Château du Clair de Lune*
Bidart (64) *L'Hacienda*
Bidart (64) *Villa L'Arche*
Bize-Minervois (11) *La Bastide Cabezac*
Bonnat (23) *L'Orangerie*
Bonnieux (84) *Auberge de l'Aiguebrun*
Bourbon-l'Archambault (03) *Château d'Ygrande*
Cannes (06) *Cavendish*
Carpentras / Monteux (84) *Domaine de Bournereau*
Carsac-Aillac (24) *La Villa Romaine*
Céret (66) *Le Mas Trilles*
Chablis (89) *Hostellerie des Clos*
Le Châtelet / Notre-Dame d'Orsan (18) *La Maison d'Orsan*
La Châtre / Saint-Chartier (36) *Château de la Vallée Bleue*
Cogolin (83) *La Maison du Monde*
La Colle-sur-Loup (06) *L'Abbaye*
Colmar (68) *Hostellerie Le Maréchal*
Condom (32) *Les Trois Lys*
Conques (12) *Le Moulin de Cambelong*
Crépon (14) *Ferme de la Rançonnière*
Les Deux-Alpes (38) *Chalet Mounier*
Épernay (51) *Clos Raymi*
Erbalunga (2B) *Castel'Brando*
Ermenonville (60) *Le Prieuré*
Eugénie-les-Bains (40) *La Maison Rose*
Les Eyzies-de-Tayac (24) *Ferme Lamy*
Fayence (83) *Moulin de la Camandoule*
Fontaine-de-Vaucluse (84) *Du Poète*
Fréjus (83) *L'Aréna*
Gensac (33) *Le Château de Sanse*
Gex / Échenevex (01) *Auberge des Chasseurs*
Goumois (25) *Taillard*

Graveson (13) *Moulin d'Aure*
Grignan (26) *Le Clair de la Plume*
Guéthary (64) *Villa Catarie*
Gundershoffen (67) *Le Moulin*
Hauteluce (73) *La Ferme du Chozal*
Le Havre (76) *Vent d'Ouest*
Honfleur (14) *L'Écrin*
Honfleur (14) *La Chaumière*
Honfleur (14) *Les Maisons de Léa*
Hossegor (40) *Les Hortensias du Lac*
Île de Noirmoutier / Noirmoutier-en-l'Île (85) *Fleur de Sel*
Île de Port-Cros (83) *Le Manoir*
L'Isle-sur-la-Sorgue (84) *Hostellerie La Grangette*
Juan-les-Pins (06) *Ste-Valérie*
Jungholtz (68) *Les Violettes*
Lacabarède (81) *Demeure de Flore*
Lavaur (81) *Château des Cambards*
Lille (59) *Art Déco Romarin*
Lourmarin (84) *La Bastide de Lourmarin*
Lussac-les-Châteaux (86) *Les Orangeries*
Lyon (69) *Grand Hôtel des Terreaux*
Madières (34) *Château de Madières*
La Malène (48) *Manoir de Montesquiou*
Manigod (74) *Chalet Hôtel Croix-Fry*
Margaux (33) *Pavillon de Margaux*
Marlenheim (67) *Le Cerf*
Martel (46) *Relais Ste-Anne*
Maussane-les-Alpilles / Paradou (13) *Du Côté des Olivades*
Megève (74) *Au Coin du Feu*
Ménerbes (84) *La Bastide de Marie*
Monpazier (24) *Edward 1er*
Moudeyres (43) *Le Pré Bossu*
Mougins (06) *Le Manoir de l'Étang*
Mougins (06) *Les Muscadins*
Mussidan / Sourzac (24) *Le Chaufourg en Périgord*
Nancy (54) *D' Haussonville*
Neauphle-le-Château (78) *Domaine du Verbois*
Nice (06) *Le Grimaldi*
Nîmes (30) *La Maison de Sophie*
Nitry (89) *Auberge la Beursaudière*
Nyons (26) *La Bastide des Monges*
Oradour-sur-Vayres (87) *La Bergerie des Chapelles*
Orgeval (78) *Moulin d'Orgeval*
Osthouse (67) *A La Ferme*
Paris 2e *Noailles*
Paris 3e *Du Petit Moulin*
Paris 4e *Bourg Tibourg*
Paris 4e *Caron de Beaumarchais*
Paris 8e *Le 123*
Paris 8e *Chambiges Élysées*
Paris 8e *Le A*
Paris 8e *Pershing Hall*
Paris 16e *Kléber*
Paris 16e *La Résidence Bassano*
Paris 17e *Banville*
Paris 17e *Waldorf Arc de Triomphe*
Peillon (06) *Auberge de la Madone*
Perros-Guirec (22) *Le Manoir du Sphinx*
Le Pradet / Les Oursinières (83) *L'Escapade*
Puy-l'Évêque (46) *Bellevue*
Rennes (35) *Le Coq-Gadby*
Rocamadour (46) *Domaine de la Rhue*
Rodez (12) *La Ferme de Bourran*
Romans-sur-Isère (26) *L'Orée du Parc*
La Roque-sur-Pernes (84) *Château la Roque*
Saillagouse / Llo (66) *L'Atalaya*
Saint-Affrique-les-Montagnes (81) *Domaine de Rasigous*
Saint-Émilion (33) *Au Logis des Remparts*
Saint-Étienne-de-Baïgorry (64) *Arcé*
Saint-Flour / Saint-Georges (15) *Le Château de Varillettes*
Saint-Jean-de-Luz (64) *La Devinière*
Saint-Jean-de-Luz (64) *Zazpi Hôtel*
Saint-Martin-de-Belleville (73) *St-Martin*
Saint-Maximin (30) *Château de St-Maximin*
Saint-Paul (06) *La Grande Bastide*
Saint-Paul (06) *Le Hameau*
Saint-Rémy-de-Provence (13) *La Maison*
Saint-Tropez (83) *Benkiraï*
Saint-Tropez (83) *La Maison Blanche*
Saint-Tropez (83) *La Mistralée*
Saint-Tropez (83) *Pastis*
Saint-Vallier (26) *Domaine des Buis*
Salers / Le Theil (15) *Hostellerie de la Maronne*
Sare (64) *Arraya*
Saulxures (67) *La Belle Vue*
Sauternes (33) *Relais du Château d'Arche*
Sauveterre (30) *Château de Varenne*
Sélestat (67) *Les Prés d'Ondine*
Toulouse (31) *Garonne*
Tournus / Brancion (71) *La Montagne de Brancion*
La Trinité-sur-Mer (56) *Le Lodge Kerisper*
La Trinité-sur-Mer (56) *Petit Hôtel des Hortensias*
Turquant (49) *Demeure de la Vignole*
Uchaux (84) *Château de Massillan*
Valaurie (26) *Le Moulin de Valaurie*
Vannes (56) *Villa Kerasy*
Vannes / Arradon (56) *Le Logis de Parc er Gréo*
Vézelay / Fontette (89) *Crispol*

Argenton-sur-Creuse (36) *Manoir de Boisvillers*
Avensan (33) *Le Clos de Meyre*
Barcelonnette / Pra-Loup (04) *Auberge du Clos Sorel*
Beaulieu (07) *La Santoline*
Beaune / Puligny-Montrachet (21) *La Chouette*
Biarritz (64) *Maison Garnier*
Bormes-les-Mimosas (83) *Hostellerie du Cigalou*
Cancale (35) *Auberge de la Motte Jean*
Cangey (37) *Le Fleuray*
Clermont-l'Hérault / Saint-Saturnin-de-Lucian (34) *Du Mimosa*
Cliousclat (26) *La Treille Muscate*
Cour-Saint-Maurice (25) *Le Moulin*
Crest-Voland (73) *Caprice des neiges*
Cuq-Toulza (81) *Cuq en Terrasses*
Eygalières (13) *Mas dou Pastré*
Florac / Cocurès (48) *La Lozerette*
Forcalquier (04) *Auberge Charembeau*
La Garde-Guérin (48) *Auberge Régordane*
Gordes (84) *La Ferme de la Huppe*
Le Grand-Bornand / Le Chinaillon (74) *Les Cimes*
Graveson (13) *Le Cadran Solaire*
Île de Ré / Ars-en-Ré (17) *Le Sénéchal*
Île de Ré / Saint-Martin-de-Ré (17) *La Maison Douce*
L'Isle-sur-la-Sorgue (84) *Le Mas des Grès*
Le Mans / Saint-Saturnin (72) *Domaine de Chatenay*
Montauban-sur-l'Ouvèze (26) *La Badiane*
Montclus (30) *La Magnanerie de Bernas*
Moustiers-Sainte-Marie (04) *La Ferme Rose*
Noyal-Muzillac (56) *Manoir de Bodrevan*
Paris 13ᵉ *La Manufacture*
Paris 16ᵉ *Windsor Home*
Rocamadour (46) *Troubadour*
Saint-Alban-sur-Limagnole (48) *Relais St-Roch*
Saint-Disdier (05) *La Neyrette*
Saint-Laurent-du-Verdon (04) *Le Moulin du Château*
Saint-Malo / Saint-Servan-sur-Mer **(35)** *L'Ascott*
Salers (15) *Saluces*
Sancerre / Saint-Thibault (18) *de la Loire*
Seignosse (40) *Villa de l'Etang Blanc*
Serre-Chevalier / Le Monêtier-les-Bains (05) *L'Alliey*
Vaison-la-Romaine / Crestet (84) *Mas de Magali*
Valberg (06) *Blanche neige*
Val-d'Isère (73) *La Becca*

Alès / Saint-Hilaire-de-Brethmas (30) *Comptoir St Hilaire*
Amboise (37) *Vieux Manoir*
Andelot-lès-Saint-Amour (39) *Château Andelot*
Apt / Saignon (84) *Chambre de séjour avec vue*
Argelès-sur-Mer (66) *Château Valmy*
Aubrac (12) *Catherine Painvin*
Aureille (13) *Le Balcon des Alpilles*
Auxerre / Appoigny (89) *Le Puits d'Athie*
Auxerre / Villefargeau (89) *Le Petit Manoir des Bruyères*
Avignon (84) *Lumani*
Ayguesvives (31) *La Pradasse*
Barcelonnette / Saint-Pons (04) *Domaine de Lara*
Bastia (2B) *Château Cagninacci*
La Bastide-Clairence (64) *Maison Maxana*
Bazouges-la-Pérouse (35) *Le Château de la Ballue*
Beaulieu-sur-Dordogne / Brivezac (19) *Château de la Grèze*
Belle-Île / Le Palais (56) *Château de Bordenéo*
Béziers / Villeneuve-lès-Béziers (34) *La Chamberte*
Biarritz (64) *Nere-Chocoa*
Biarritz (64) *Villa Le Goëland*
Blois / Saint-Denis-sur-Loire (41) *La Malouinière*
Bormes-les-Mimosas (83) *La Bastide des Vignes*
Bourg-en-Bresse / Lalleyriat (01) *Le Nid à Bibi*
Bras (83) *Une Campagne en Provence*
Le Bugue (24) *Maison Oléa*
Cabrières-d'Aigues (84) *Le Mas des Câpriers*
Cambrai (59) *Le Clos St Jacques*
Carcassonne (11) *La Maison Coste*
Carlux (24) *La Vigerie*
Cascastel-des-Corbières (11) *Domaine Grand Guilhem*
Cervione (2B) *Casa Corsa*

Chamonix-Mont-Blanc / Le Lavancher (74) *Les Chalets de Philippe*
Chénérailles / Montignat (23) *La Maison Bleue*
Collonges-la-Rouge (19) *Jeanne Maison d'Hôtes*
Colonzelle (26) *La Maison de Soize*
Corvol-d'Embernard (58) *Le Colombier de Corvol*
Coux-et-Bigaroque (24) *Le Manoir de la Brunie*
Crazannes (17) *Château de Crazannes*
Cucugnan (11) *La Tourette*
Cult (70) *Les Egrignes*
Derchigny (76) *Manoir de Graincourt*
Dournazac (87) *Château de Montbrun*
Les Échelles / Saint-Christophe-la-Grotte (73) *La Ferme Bonne de la Grotte*
Escatalens (82) *Maison des Chevaliers*
Eu (76) *Manoir de Beaumont*
Les Eyzies-de-Tayac (24) *La Bélie*
Fontenay-le-Comte (85) *Le Logis de la Clef de Bois*
Gérardmer / Xonrupt-Longemer (88) *La Devinière*
Gramat (46) *Moulin de Fresquet*
Le Grand-Bornand / Le Bouchet (74) *Le Chalet des Troncs*
Grasse (06) *Moulin St-François*
Guebwiller / Murbach (68) *Le Schaeferhof*
Hasparren (64) *Ferme Hégia*
Île de Noirmoutier / Noirmoutier-en-l'Île (85) *La Maison de Marine*
Île de Ré / Saint-Martin-de-Ré (17) *Domaine de la Baronnie*
Île de Ré / Saint-Martin-de-Ré (17) *La Maison du Port*
Jarnac (16) *Château Saint Martial*
Jullié (69) *Domaine de la Chapelle de Vâtre*
Landudec (29) *Château du Guilguiffin*
Lascabanes (46) *Le Domaine de Saint-Géry*
Lavannes (51) *La Closerie des Sacres*
Lestiac-sur-Garonne (33) *Les Logis de Lestiac*
Libourne / La Rivière (33) *Château de La Rivière*
Lodève (34) *Domaine du Canalet*
Lorgues (83) *La Bastide du Pin*
Mâcon / Hurigny (71) *Château des Poccards*
Martainville-Épreville (76) *Sweet Home*
Meaux / Trilbardou (77) *Chambres d'hôtes de M. et Mme Cantin*
Monhoudou (72) *Château de Monhoudou*
Montbenoît / La Longeville (25) *Le Crêt l'Agneau*
Moustiers-Sainte-Marie (04) *La Bouscatière*
Mutigny (51) *Manoir de Montflambert*
Nantes / Pont-Saint-Martin (44) *Château du Plessis-Atlantique*
Neauphle-le-Château (78) *Le Clos Saint-nicolas*
Notre-Dame-du-Guildo (22) *Château du Val d' Arguenon*
Notre-Dame-du-Pé (72) *La Reboursière*
Oinville-sous-Auneau (28) *Chambres d'Hôte Caroline Lethuillier*
Pau / Lescar (64) *La Grange du Moulin*
Plélo (22) *Au Char à Bancs*
Poitiers / Lavoux (86) *Logis du Château du Bois Dousset*
Poligny (05) *Le Chalet des Alpages*
Portel-des-Corbières (11) *Domaine de la Pierre Chaude*
Privas / Rochessauve (07) *Château de Rochessauve*
Quimperlé (29) *Château de Kerlarec*
Riquewihr (68) *Le B. Espace Suites*
Robion (84) *Mas la Fausseranne*
Rochefort (17) *Palmier sur Cour*
Rodez (12) *Château de Labro*
Roquebrune (06) *Le Roquebrune*
Rustrel (84) *La Forge*
Saint-André-de-Roquelongue (11) *Demeure de Roquelongue*
Saint-Calais (72) *Château de la Barre*
Saint-Front (43) *La Vidalle d'Eyglet*
Saint-Mathurin (85) *Le Château de la Millière*
Saint-Michel-Escalus (40) *La Bergerie-St-Michel*
Saint-Michel-Mont-Mercure (85) *Château de la Flocellière*
Saint-Palais-sur-Mer (17) *Ma Maison de Mer*
Saint-Porquier (82) *Les Hortensias*
Saint-Rémy-de-Provence (13) *La Maison du Village*
Saint-Silvain-Bellegarde (23) *Les Trois Ponts*
Saint-Sornin (17) *La Caussolière*
Saint-Valery-en-Caux (76) *Château du Mesnil Geoffroy*
Sainte-Mère-Église (50) *Château de L'Isle Marie*
Segonzac (19) *Pré Laminon*
Soustons (40) *Domaine de Bellegarde*
Toulon-la-Montagne (51) *Les Corettes*
Tourrettes-sur-Loup (06) *Histoires de Bastide*
Tourrettes-sur-Loup (06) *La Demeure de Jeanne*
Troyes / Moussey (10) *Domaine de la Creuse*
Vence (06) *La Colline de Vence*
Vergoncey (50) *Château de Boucéel*
Verteuil-sur-Charente (16) *Le Couvent des Cordeliers*
Villemontais (42) *Domaine de Fontenay*
Villiers-sous-Grez (77) *La Cerisaie*
Vollore-Ville (63) *Château de Vollore*
Vouvray (37) *Domaine des Bidaudières*
Vregny (02) *Les Terrasses de la Vallée*

Restaurants agréables

Pleasant restaurants

Ristoranti ameni

Angenehme Restaurants

Restaurantes agradables

Annecy / Veyrier-du-Lac (74) *La Maison de Marc Veyrat*
Les Baux-de-Provence (13) *L' Oustaù de Baumanière*
Évian-les-Bains (74) *Fresques Royales*
Illhaeusern (68) *Auberge de l'Ill*
Lyon (69) *Paul Bocuse*
Monte-Carlo (MC) *Le Louis XV-Alain Ducasse*
Paris 1er *L'Espadon*
Paris 1er *le Meurice*
Paris 5e *Tour d'Argent*
Paris 8e *Alain Ducasse au Plaza Athénée*
Paris 8e *Apicius*
Paris 8e *Le "Cinq"*
Paris 8e *Lasserre*
Paris 8e *Le Bristol*
Paris 8e *Ledoyen*
Paris 8e *Les Ambassadeurs*
Paris 8e *Taillevent*

Antibes / Cap d'Antibes (06) *Eden Roc*
Baerenthal / Untermuhlthal (57) *L'Arnsbourg*
Le-Bourget-du-Lac (73) *Le Bateau Ivre*
Cannes (06) *La Palme d'Or*
Cannes (06) *Villa des Lys*
Grenoble / Bresson (38) *Chavant*
Lille (59) *A L'Huîtrière*
Lyon (69) *Léon de Lyon*
Lyon (69) *Pierre Orsi*
Lyon / Charbonnières-les-Bains (69) *La Rotonde*
Mandelieu / La Napoule (06) *L'Oasis*
Mionnay (01) *Alain Chapel*
Monte-Carlo (MC) *Grill de l'Hôtel de Paris*
Monte-Carlo (MC) *Joël Robuchon Monte-Carlo*
Montpellier (34) *Le Jardin des Sens*
Mougins (06) *Alain Llorca Le Moulin de Mougins*
Nice (06) *Chantecler*
Paris 1er *Le Grand Véfour*
Paris 4e *L'Ambroisie*
Paris 8e *Laurent*
Paris 16e *Grande Cascade*
Paris 16e *Pré Catelan*
La Rochelle (17) *Richard Coutanceau*
Romans-sur-Isère / Granges-les-Beaumont (26) *Les Cèdres*
Saint-Bonnet-le-Froid (43) *Régis et Jacques Marcon*
Strasbourg (67) *Buerehiesel*
Tourrettes (83) *Faventia*
Versailles (78) *Les Trois Marches*

Aix-en-Provence (13) *Le Clos de la Violette*
Antibes / Cap d'Antibes (06) *Bacon*
Antibes / Cap d'Antibes (06) *Les Pêcheurs*
Avignon (84) *Christian Étienne*
Balleroy (14) *Manoir de la Drôme*
Belle-Église (60) *La Grange de Belle-Eglise*
Bidart (64) *Table et Hostellerie des Frères Ibarboure*
Bonnieux (84) *La Bastide de Capelongue*
Bourges (18) *L'Abbaye St-Ambroix*
Cancale (35) *Maisons de Bricourt*
Chalon-sur-Saône / Saint-Rémy (71) *Moulin de Martorey*
Champtoceaux (49) *Les Jardins de la Forge*
Chasselay (69) *Guy Lassausaie*
Châteaumeillant (18) *Le Piet à Terre*
Clisson (44) *La Bonne Auberge*
Colombey-les-Deux-Églises (52) *Natali et Hostellerie la Montagne*
Compiègne / Rethondes (60) *Alain Blot*
Courchevel / Courchevel 1850 (73) *Le Bateau Ivre*
Dunkerque / Coudekerque-Branche (59) *Le Soubise*
Fayence (83) *Le Castellaras*
Fontevraud-l'Abbaye (49) *La Licorne*
Fontjoncouse (11) *Auberge du Vieux Puits*
Forbach / Stiring-Wendel (57) *La Bonne Auberge*
Grenade-sur-l'Adour (40) *Pain Adour et Fantaisie*
Gundershoffen (67) *Au Cygne*
Le Havre (76) *Villa du Havre*
Le Lavandou / Aiguebelle (83) *Mathias Dandine*
Lourmarin (84) *Auberge La Fenière*
Louviers / Vironvay (27) *Les Saisons*
Lyon (69) *Les Terrasses de Lyon*
Maisons-Laffitte (78) *Tastevin*
Monte-Carlo (MC) *Vistamar*
Montpellier / Lattes (34) *Domaine de Soriech*
Mougins (06) *La Terrasse*
Mulhouse / Rixheim (68) *Le Manoir*
(44) *Manoir de la Boulaie*
Nîmes / Garons (30) *Alexandre*
Obernai (67) *La Fourchette des Ducs*
Orléans / Olivet (45) *Le Rivage*
Ozoir-la-Ferrière (77) *La Gueulardière*
Pacy-sur-Eure / Cocherel (27) *La Ferme de Cocherel*
Pau (64) *Au Fin Gourmet*
Pont-Aven (29) *Moulin de Rosmadec*
Le Puy-en-Velay (43) *François Gagnaire*
Questembert (56) *Le Bretagne et sa Résidence*
Reims / Montchenot (51) *Grand Cerf*
Riquewihr (68) *Table du Gourmet*
La Roche-Bernard (56) *L'Auberge Bretonne*
Les Sables-d'Olonne (85) *Beau Rivage*
Saint-Florentin (89) *La Grande Chaumière*
Saint-Germain-en-Laye (78) *Cazaudehore*
Saint-Joachim (44) *Mare aux Oiseaux*
Saint-Saturnin-lès-Apt (84) *Domaine des Andéols*
Saint-Valery-en-Caux (76) *Les Hêtres*
Saint-Yrieix-la-Perche / La Roche-l'Abeille (87) *Le Moulin de la Gorce*
Sénart / Pouilly-le-Fort (77) *Le Pouilly*
Sierentz (68) *Auberge St-Laurent*
Toulon (83) *Les Pins Penchés*
Tournus (71) *Rest. Greuze*
Urt (64) *Auberge de la Galupe*
Vannes / Saint-Avé (56) *Le Pressoir*
Vence (06) *Jacques Maximin «Table d'Amis»*

Aire-sur-la-Lys / Isbergues (62) *Le Buffet*
Ajaccio (2A) *Palm Beach*
Antibes (06) *Oscar's*
Auxerre / Vincelottes (89) *Auberge Les Tilleuls*
Ay (51) *Vieux Puits*
Azay-le-Rideau / Saché (37) *Auberge du XIIe Siècle*
Barcelonnette / Jausiers (04) *Villa Morelia*
Le Bar-sur-Loup (06) *La Jarrerie*
Beaune (21) *Caveau des Arches*
Béhuard (49) *Les Tonnelles*

Belcastel (12) *Vieux Pont*
Biarritz (64) *Campagne et Gourmandise*
Le-Bourget-du-Lac (73) *La Grange à Sel*
Bray-et-Lû (95) *Les Jardins d'Epicure*
Chamonix-Mont-Blanc (74) *La Maison Carrier*
Charroux (03) *Ferme St-Sébastien*
Clermont-l'Hérault / Saint-Guiraud (34) *Le Mimosa*
Couilly-Pont-aux-Dames (77) *Auberge de la Brie*
Eygalières (13) *Bistrot d'Eygalières "Chez Bru"*
Falicon (06) *Parcours*
Ferrières-les-Verreries (34) *La Cour-Mas de Baumes*
Gordes (84) *L'Estellan*
Gordes (84) *Le Mas Tourteron*
Heugueville-sur-Sienne (50) *Le Mascaret*
L'Isle-sur-Serein (89) *Auberge du Pot d'Étain*
Labaroche (68) *Blanche Neige*
Lapoutroie (68) *Les Alisiers*
Le Lavandou / Aiguebelle (83) *Le Sud*
Loiré (49) *Auberge de la Diligence*
Lyon (69) *Auberge de l'Île*
Megève / Leutaz (74) *La Sauvageonne-Chez Nano*
Montauroux (83) *Auberge des Fontaines d'Aragon*
Morteau (25) *Auberge de la Roche*
Nans-les-Pins (83) *Château de nans*
Nantes (44) *L'Océanide*
Nieuil (16) *La Grange aux Oies*
Nouan-le-Fuzelier (41) *Le Dahu*
Le Pradet / Les Oursinières (83) *La Chanterelle*
Le Puy-en-Velay / Espaly-Saint-Marcel (43) *L'Ermitage*
La Rivière-Thibouville (27) *Le Manoir du Soleil d'Or*
Le Rouret (06) *Le Clos St-Pierre*
Saint-Agrève (07) *Domaine de Rilhac*
Saint-Ambroix / Saint-Victor-de-Malcap (30) *La Bastide des Senteurs*
Saint-Céré (46) *Villa Ric*
Saint-Georges-d'Espéranche (38) *Castel d'Espéranche*
Saint-Lyphard (44) *Auberge de Kerbourg*
Saint-Martin-de-Belleville (73) *La Bouitte*
Sassetot-le-Mauconduit (76) *Le Relais des Dalles*
Sessenheim (67) *Au Boeuf*
Souvigny-en-Sologne (41) *Auberge de la Grange aux Oies*
La Turbie (06) *Hostellerie Jérôme*
Vaison-la-Romaine (84) *Le Moulin à Huile*
Vaison-la-Romaine / Roaix (84) *Le Grand Pré*
Valbonne (06) *Daniel Desavie*
Valbonne (06) *Lou Cigalon*
Vence (06) *Le Vieux Couvent*
Verdun-sur-le-Doubs (71) *Hostellerie Bourguignonne*
Villefranche-sur-Mer (06) *L'Oursin Bleu*

Arles (13) *Chassagnette*
Auvers-sur-Oise (95) *Auberge Ravoux*
Bairols (06) *Auberge du Moulin*
Bédarieux / Villemagne-l'Argentière (34) *Auberge de l'Abbaye*
Blois (41) *Au Rendez-vous des Pêcheurs*
Bonnieux (84) *Le Fournil*
Brantôme (24) *Au Fil du Temps*
Cagnes-sur-Mer (06) *Le Grimaldi*
Chalon-sur-Saône (71) *Le Bistrot*
Cherbourg (50) *Le Pommier*
Cormeilles (27) *Gourmandises*
Dax (40) *Une Cuisine en Ville*
Erquy / Saint-Aubin (22) *Relais St-Aubin*
Eugénie-les-Bains (40) *La Ferme aux Grives*
Flumet (73) *La Ferme du Rocher*
Gevrey-Chambertin (21) *Chez Guy*
Langon (33) *Cyril*
Merkwiller-Pechelbronn (67) *Auberge du Puits VI*
Murato (2B) *La Ferme de Campo di Monte*
Notre-Dame-de-Bellecombe (73) *Ferme de Victorine*
Paris 7e *L'Atelier de Joël Robuchon*
Le Puy-en-Velay (43) *Le Poivrier*
Saint-Alban-sur-Limagnole (48) *La Petite Maison*
Saint-Marc-À-Loubaud (23) *Les Mille Sources*
Saint-Vaast-la-Hougue (50) *Le Chasse Marée*
Sare (64) *Olhabidea*
Serre-Chevalier / Le Monêtier-les-Bains (05) *L'Antidote*
Tourrettes-sur-Loup (06) *Les Bacchanales*
Turenne (19) *Maison des Chanoines*
Vichy (03) *Brasserie du Casino*
Yvetot (76) *Auberge du Val au Cesne*

Pour en savoir plus

Further information

Per saperne di piú

Gut zu wissen

Para saber más

Vignobles & Spécialités régionales

Vineyards & Regional Specialities
Vini e Specialità regionali
Weinberge & regionale Spezialitäten
Viñedos y Especialidades regionales

① NORMANDIE

Demoiselles de Cherbourg à la nage,
Andouille de Vire,
Sole dieppoise,
Poulet Vallée d'Auge,
Tripes à la mode de Caen,
Canard à la rouennaise,
Agneau de pré-salé,
Camembert, Livarot, Pont-l'Évêque,
Neufchâtel,
Tarte aux pommes au calvados,
Crêpes à la normande, Douillons

② BRETAGNE

Fruits de mer, Crustacés, Huîtres de Belon,
Galettes au sarrazin/blé noir, Charcuteries,
Andouille de Guémené, St-Jacques à la bretonne,
Homard à l'armoricaine,
Poissons : bar, turbot, lieu jaune,
maquereau, etc.,
Cotriade, Kig Ha Farz,
Légumes : artichaut, chou-fleur, etc.,
Crêpes, Gâteau breton, Far, Kouing-aman

③ VAL DE LOIRE

Rillettes de Tours, Andouillette au vouvray,
Poissons de rivière : brochet, sandre, etc.,
Saumon beurre blanc, Gibier de Sologne,
Fromages de chèvre : Ste-Maure, Valençay,
Crémet d'Angers, Macarons, Nougat glacé,
Pithiviers, Tarte tatin

④ SUD-OUEST

Garbure, Ttoro, Jambon de Bayonne,
Foie gras, Omelette aux truffes,
Pipérade, Lamproie à la bordelaise,
Poulet basquaise, Cassoulet,
Confit de canard ou d'oie,
Cèpes à la bordelaise,
Tomme de brebis, Roquefort,
Gâteau basque, Pruneaux à l'armagnac

⑤ CENTRE-AUVERGNE

Cochonnailles, Tripous,
Champignons : cèpes, girolles, etc.,
Pâté bourbonnais, Aligot, Potée auvergnate,
Chou farci, Pounti, Lentilles du Puy,
Cantal, St-Nectaire, Fourme d'Ambert,
Flognarde, Gâteau à la broche

⑬ NORD-PICARDIE

Moules, Ficelle picarde,
Flamiche aux poireaux,
Poissons : sole, turbot, etc.,
Potjevlesch, Waterzoï,
Gibier d'eau,
Lapin à la bière, Hochepot,
Boulette d'Avesnes,
Maroilles, Gaufres

⑫ BOURGOGNE

Jambon persillé,
Gougère,
Escargots de Bourgogne,
Œufs en meurette,
Pochouse, Coq au vin,
Jambon chaud à la crème,
Viande de charolais,
Bœuf bourguignon,
Époisses, Poire dijonnaise,
Desserts au pain d'épice

⑪ ALSACE-LORRAINE

Charcuterie, Presskopf,
Quiche lorraine, Tarte à l'oignon,
Grenouilles, Asperges,
Poissons : sandre, carpe, anguille,
Coq au riesling, Spaetzle,
Choucroute, Baeckeoffe,
Gibiers : biche, chevreuil, sanglier,
Munster, Kougelhopf,
Tarte aux mirabelles ou aux quetsches, Vacherin glacé

⑩ FRANCHE-COMTÉ/JURA

Jésus de Morteau, Saucisse de Montbéliard,
Croûte aux morilles, Soufflé au fromage,
Poissons de lac et rivières : brochet, truite,
Grenouilles, Coq au vin jaune, Comté, vacherin,
Morbier, Cancoillotte, Gaudes au maïs

⑨ LYONNAIS-PAYS BRESSAN

Rosette de Lyon, Grenouilles de la Dombes,
Gâteau de foies blonds, Quenelles de brochet,
Saucisson truffé pistaché, Poularde demi-deuil,
Tablier de sapeur, Cardons à la mœlle,
Volailles de Bresse à la crème,
Cervelle de canut, Bugnes

⑧ SAVOIE-DAUPHINÉ

Gratin de queues d'écrevisses,
Poissons de lac : omble chevalier, perche, féra,
Ravioles du Royans, Fondue, Raclette, Tartiflette,
Diots au vin blanc, Fricassée de caïon, Potée savoyarde,
Farçon, Farcement, Gratin dauphinois,
Beaufort, Reblochon, Tomme de Savoie,
St-Marcellin, Gâteau de Savoie, Gâteau aux noix,
Tarte aux myrtilles

⑦ PROVENCE-MÉDITERRANÉE

Aïoli, Pissaladière, Salade niçoise, Bouillabaisse,
Anchois de Collioure, Loup grillé au fenouil,
Brandade nîmoise, Bourride sétoise,
Pieds paquets à la marseillaise, Petits farcis niçois,
Daube provençale,
Agneau de Sisteron,
Picodon, Crème catalane,
Calissons, Fruits confits

⑥ CORSE

Jambon, Figatelli,
lonzo, Coppa,
Langouste,
Omelette au brocciu,
Civet de sanglier,
Chevreau,
Fromages de brebis (Niolu),
Flan de châtaignes,
Fiadone

BORDEAUX → Vignobles
Pomerol → Vineyards
Tursan → Vini
→ Viñedos
→ Weinberge

⑦ **CORSE**

Jambon

→ Spécialités régionales
→ Regional specialities
→ Vini e Specialità regionali
→ Viñedos y Especialidades regionales
→ Weinberge und regionale Spezialitäten

Choisir le bon vin

Choosing a good wine

Scegliere un buon vino

Der richtige Wein

Escoger el vino

	1994	1995	1996	1997	1998	1999	2000	2001	2002	2003	2004	2005
Alsace	Bonne	Bonne	Bonne	Grande	Bonne	Bonne	Grande	Grande	Bonne	Bonne	Bonne	Grande
Bordeaux blanc	Bonne	Bonne	Grande	Bonne	Bonne	Moyenne	Grande	Bonne	Moyenne	Bonne	Bonne	Grande
Bordeaux rouge	Bonne	Grande	Grande	Moyenne	Bonne	Bonne	Grande	Bonne	Bonne	Bonne	Bonne	Grande
Bourgogne blanc	Bonne	Grande	Grande	Grande	Bonne	Bonne	Bonne	Moyenne	Grande	Bonne	Bonne	Grande
Bourgogne rouge	Bonne	Grande	Grande	Bonne	Bonne	Grande	Bonne	Moyenne	Grande	Bonne	Bonne	Grande
Beaujolais	Bonne	Grande	Moyenne	Grande	Bonne	Grande	Grande	Bonne	Bonne	Grande	Bonne	Grande
Champagne	Bonne	Bonne	Grande	Bonne	Bonne	Grande	Moyenne	Moyenne	Bonne	Grande	Bonne	Bonne
Côtes du Rhône Septentrionales	Bonne	Bonne	Grande	Bonne	Bonne	Grande	Bonne	Bonne	Bonne	Bonne	Bonne	Grande
Côtes du Rhône Méridionales	Bonne	Bonne	Grande	Bonne	Grande	Bonne	Grande	Grande	Moyenne	Bonne	Bonne	Grande
Provence	Bonne	Bonne	Bonne	Bonne	Moyenne	Bonne	Bonne	Grande	Moyenne	Bonne	Bonne	Bonne
Languedoc *Roussillon*	Grande	Bonne	Grande	Bonne	Grande	Bonne	Bonne	Bonne	Moyenne	Bonne	Bonne	Bonne
Val de Loire *Muscadet*	Moyenne	Grande	Grande	Bonne	Bonne	Bonne	Bonne	Bonne	Bonne	Grande	Bonne	Grande
Val de Loire *Anjou-Touraine*	Moyenne	Grande	Grande	Bonne	Bonne	Bonne	Bonne	Bonne	Bonne	Grande	Bonne	Grande
Val de Loire *Pouilly-Sancerre*	Bonne	Bonne	Grande	Grande	Bonne	Bonne	Grande	Bonne	Bonne	Grande	Bonne	Grande

Grandes années
→ Great years
→ Grandi annate
→ Großen Jahrgänge
→ Añadas excelentes

Bonnes années
→ Good years
→ Buone annate
→ Gute Jahrgänge
→ Buenas añadas

Années moyennes
→ Average years
→ Annate corrette
→ Mittlere Jahrgänge
→ Añadas correcias

Les grandes années depuis 1970 : 1970 - 1975 - 1979 - 1982 - 1985 - 1989 - 1990 - 1996
→ The greatest vintages since 1970
→ Le grandi annate dal 1970
→ Dis größten Jahrgänge seit 1970
→ Las grandes añadas desde 1970

ASSOCIER LES METS & LES VINS

- **Suggestions for complementary dishes and wines**
- **Suggerimento per l'abbinamento tra cibo e vini**
- **Empfehlungen welcher Wein zum welchem Gericht**
- **Sugerencias para combinar platos y vinos**

CRUSTACÉS & COQUILLAGES Blancs secs SHELLFISH : Dry whites CROSTACEI : Bianchi secchi SCHALENTIERE : Trockene Weiße CRUSTÁCEOS : Blancos seccos	Alsace Bordeaux Bourgogne Côtes du Rhône Provence Languedoc-Roussillon Val de Loire	Sylvaner/Riesling Entre-deux-Mers Chablis/Mâcon Villages St Joseph Cassis/Palette Picpoul de Pinet Muscadet/Montlouis
POISSONS Blancs secs FISH : Dry whites PESCI : Bianchi secchi FISCHE : Trockene Weiße PESCADOS : Blancos seccos	Alsace Bordeaux Bourgogne Côtes du Rhône Provence Corse Languedoc-Roussillon Val de Loire	Riesling Pessac-Léognan/Graves Meursault/Chassagne-Montrachet Hermitage/Condrieu Bellet/Bandol Patrimonio Coteaux du Languedoc Sancerre/Menetou-Salon
VOLAILLES & CHARCUTERIES Blancs et rouges légers POULTRIES : Whites and lights reds POLLAME : Bianchi e rossi leggeri GEFLÜGEL : Weiße und leichte Rote AVES : Blancos y tintos suaves	Alsace Champagne Bordeaux Bourgogne Beaujolais Côtes du Rhône Provence Corse Languedoc-Roussillon Val de Loire	Tokay-Pinot gris/Pinot noir Coteaux Champenois blanc et rouge Côtes de Bourg/Blaye/Castillon Mâcon/St Romain Beaujolais Villages Tavel (rosé)/Côtes du Ventoux Coteaux d'Aix-en-Provence Coteaux d'Ajaccio/Porto-Vecchio Faugères Anjou/Vouvray
VIANDES Rouges MEATS : Reds CARNI : Rossi FLEISCH : Rote CARNES : Tintos	Bordeaux/Sud-Ouest Bourgogne Beaujolais Côtes du Rhône Provence Languedoc-Roussillon Val de Loire	Médoc/St Émilion/Buzet Volnay/Hautes Côtes de Beaune Moulin à Vent/Morgon Vacqueyras/Gigondas Bandol/Côtes de Provence Fitou/Minervois Bourgueil/Saumur
GIBIER Rouges corsés GAME : Hearty reds SELVAGGINA : Rossi di corpo WILD : Kräftige Rote CAZAS : Tintos con cuerpo	Bordeaux/Sud-Ouest Bourgogne Côtes du Rhône Languedoc-Roussillon Val de Loire	Pauillac/St Estèphe/Madiran/Cahors Pommard/Gevrey-Chambertin Côte-Rotie/Cornas Corbières/Collioure Chinon
FROMAGES Blancs et rouges CHEESES : Whites and reds FORMAGGI : Bianchi e rossi KÄSESORTEN : Weiße und Rote QUESOS : Blancos y tintos	Alsace Bordeaux Bourgogne Beaujolais Côtes du Rhône Languedoc-Roussillon Jura/Savoie Val de Loire	Gewurztraminer St Julien/Pomerol/Margaux Pouilly-Fuissé/Santenay St Amour/Fleurie Hermitage/Châteauneuf-du-Pape St Chinian Vin Jaune/Chignin Pouilly-Fumé/Valençay
DESSERTS Vins de desserts DESSERTS : Dessert wines DESSERT : Vini da dessert NACHTISCHE : Dessert-Weine POSTRES : Vinos dulces	Alsace Champagne Bordeaux/Sud-Ouest Bourgogne Jura/Bugey Côtes du Rhône Languedoc-Roussillon Val de Loire	Muscat d'Alsace/Crémant d'Alsace Champagne blanc et rosé Sauternes/Monbazillac/Jurançon Crémant de Bourgogne Vin de Paille/Cerdon Muscat de Beaumes-de-Venise Banyuls/Maury/Muscats/Limoux Coteaux du Layon/Bonnezeaux

Région vinicole — Region of production — Regione vinicola — Wein gegend — Regiõn vinicola

Appellation — Appellation — Denominazione — Appellation — Denominaciõn

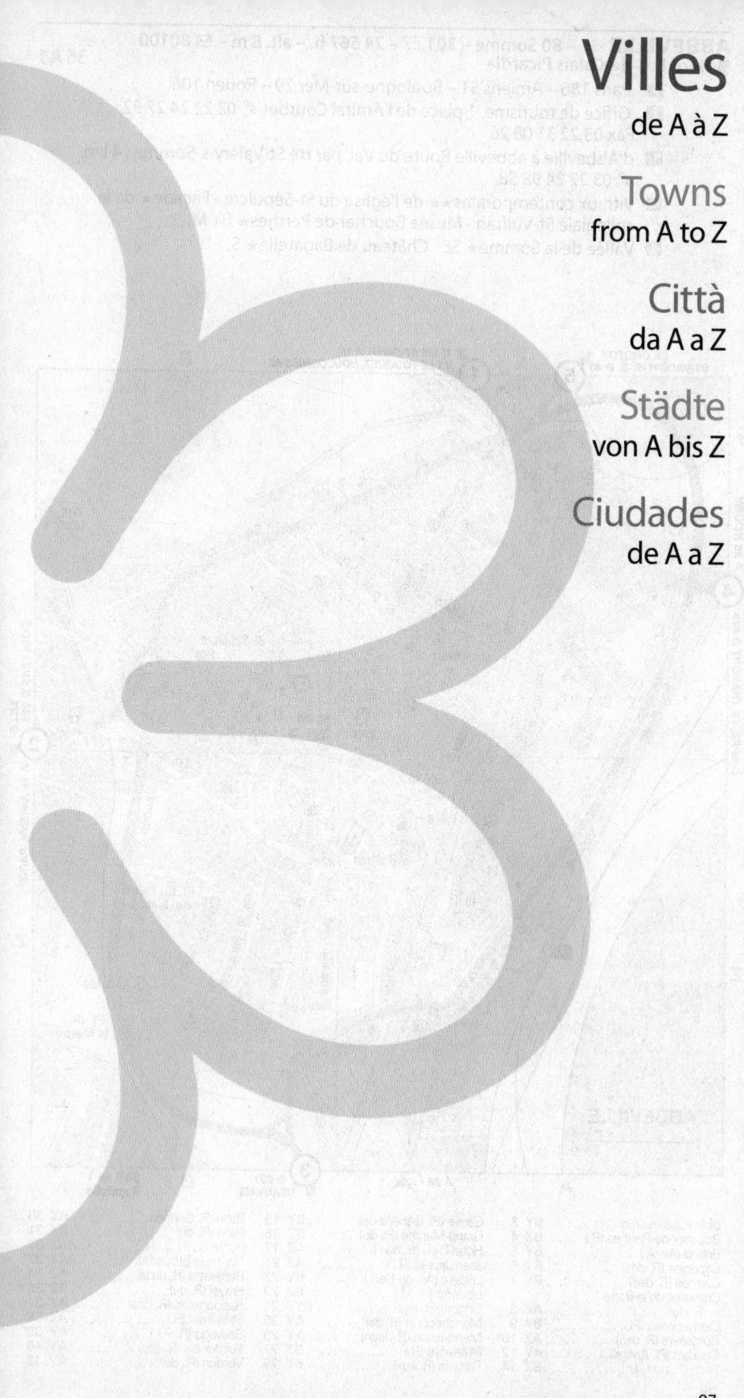

Villes
de A à Z

Towns
from A to Z

Città
da A a Z

Städte
von A bis Z

Ciudades
de A a Z

ABBEVILLE ⟨SP⟩ – 80 Somme – 301 E7 – 24 567 h. – alt. 8 m – ✉ 80100

Nord Pas-de-Calais Picardie 36 **A1**

- Paris 186 – Amiens 51 – Boulogne-sur-Mer 79 – Rouen 106
- Office de tourisme, 1 place de l'Amiral Courbet ✆ 03 22 24 27 92, Fax 03 22 31 08 26
- d'Abbeville à abbeville Route du Val, par rte St-Valéry-s-Somme : 4 km, ✆ 03 22 24 98 58.
- Vitraux contemporains★★ de l'église du St-Sépulcre - Façade★ de la collégiale St-Vulfran - Musée Boucher de Perthes★ BY **M.**
- Vallée de la Somme★ SE - Château de Bagatelle★ S.

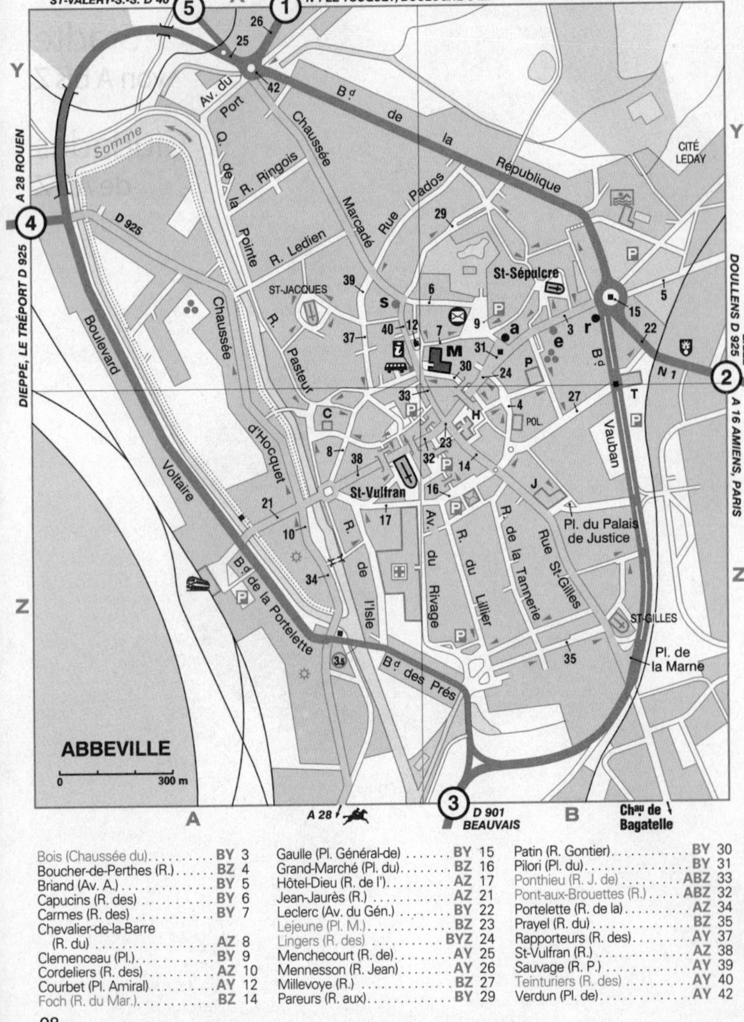

Bois (Chaussée du) .... BY 3	Gaulle (Pl. Général-de) .... BY 15	Patin (R. Gontier) .... BY 30
Boucher-de-Perthes (R.) ...... BZ 4	Grand-Marché (Pl. du) .... BZ 16	Pilori (Pl. du) .... BY 31
Briand (Av. A.) .... BY 5	Hôtel-Dieu (R. de l') .... AZ 17	Ponthieu (R. J. de) .... ABZ 33
Capucins (R. des) .... BY 6	Jean-Jaurès (R.) .... AZ 21	Pont-aux-Brouettes (R.) ..... ABZ 32
Carmes (R. des) .... BY 7	Leclerc (Av. du Gén.) .... BY 22	Portelette (R. de la) .... AZ 34
Chevalier-de-la-Barre (R. du) ...... AZ 8	Lejeune (Pl. M.) .... BZ 23	Prayel (R. du) .... BZ 35
Clemenceau (Pl.) .... BY 9	Lingers (R. des) .... BYZ 24	Rapporteurs (R. des) .... AY 37
Cordeliers (R. des) .... AZ 10	Menchecourt (R. de) .... AY 25	St-Vulfran (R.) .... AZ 38
Courbet (Pl. Amiral) .... AY 12	Mennesson (R. Jean) .... AY 26	Sauvage (R. P.) .... AY 39
Foch (R. du Mar.) .... BZ 14	Millevoye (R.) .... BZ 27	Teinturiers (R. des) .... AY 40
	Pareurs (R. aux) .... BY 29	Verdun (Pl. de) .... AY 42

Mercure Hôtel de France rest,
19 pl. Pilori – ✆ 03 22 24 00 42 – h5440@accor.com – Fax 03 22 24 26 15 35/70, VISA MC AE DC
BY a
71 ch – 94/98 € 107/112 €, ☕ 11 € – **Rest** – Menu (16 €), 20 € – Carte 25/38 €
◆ Ce grand établissement du centre-ville à façade en briques abrite des chambres fraîches et bien équipées, ainsi qu'une suite avec baignoire "balnéo". Bar feutré. Lumineuse salle à manger-véranda et coin rôtisserie ; grillades et cuisine traditionnelle.

Relais Vauban sans rest VISA MC AE
4 bd Vauban – ✆ 03 22 25 38 00 – relaisvauban@wanadoo.fr – Fax 03 22 31 75 97 – Fermé 25 déc.-2 janv.
BY r
22 ch – 47/50 € 47/50 €, ☕ 6,50 €
◆ Sur un boulevard passant, non loin du centre-ville, petit hôtel disposant de chambres lumineuses et fonctionnelles. Accueil aimable et tenue impeccable.

L'Escale en Picardie VISA MC AE
15 r. Teinturiers – ✆ 03 22 24 21 51 – Fax 03 22 24 21 51 – Fermé 17 août-5 sept., vacances de fév., jeudi soir, dim. soir, lundi et les soirs fériés
AY s
Rest – Menu 21/70 € – Carte 50/70 €
◆ Goûteuse cuisine de la mer à déguster sous les poutres d'une salle rustique où trône une cheminée en pierre : une escale picarde gourmande et un accueil charmant.

La Corne VISA MC AE DC
32 chaussée du Bois – ✆ 03 22 24 06 34 – mlematelot@aol.com – Fax 03 22 24 03 65 – Fermé 22 déc.-3 janv., sam. et dim.
BY e
Rest – Menu (17 € bc) – Carte 24/45 €
◆ Riante façade peinte en bleu pour cette vieille maison abbevilloise hébergeant un bistrot convivial. Chaleureux intérieur lambrissé. Ardoise de suggestions du jour.

à St-Riquier 9 km par ②, D 925 – 1 186 h. – alt. 29 m – ✉ 80135

Syndicat d'initiative, rue de l'Hôpital ✆ 03 22 28 91 72, Fax 03 22 28 02 73

Jean de Bruges sans rest VISA MC AE
18 pl. de l'Église – ✆ 03 22 28 30 30 – jeandebruges@wanadoo.fr – Fax 03 22 28 00 69 – Fermé 1er janv.-8 fév.
11 ch – 95 € 105/205 €, ☕ 14 €
◆ Sur le parvis de l'abbatiale, élégante demeure du 17e s. en pierres blanches. Chambres de caractère, dotées d'un mobilier ancien. Salle des petits-déjeuners sous verrière.

à Mareuil-Caubert 4 km au Sud par D 928 (direction hippodrome puis route de Rouen) – 890 h. – alt. 12 m – ✉ 80132

Auberge du Colvert P VISA MC AE
4 rte Rouen – ✆ 03 22 31 32 32 – Fax 03 22 31 32 32 – Fermé 19 juil.-8 août, 15-27 fév., dim. soir, mardi soir et merc.
Rest – Menu 13 € (déj. en sem.), 19/28 € – Carte 24/30 €
◆ Des boiseries habillent la salle de cette auberge champêtre éclairée par de larges baies et réchauffée par une cheminée suspendue. Plats traditionnels rythmés par les saisons.

L'ABERGEMENT-CLÉMENCIAT – 01 Ain – 328 C4 – rattaché à Châtillon-sur-Chalaronne

---

L'ABER-WRAC'H – 29 Finistère – 308 D3 – ✉ 29870 Landeda

Bretagne 9 A1

Paris 605 – Brest 28 – Landerneau 34 – Morlaix 69 – Quimper 94

Les Abers★★.

La Baie des Anges sans rest P VISA MC AE
350 rte des Anges – ✆ 02 98 04 90 04 – contact@lesanges.fr – Fax 02 98 04 92 27 – Fermé 3 janv.-1er fév.
20 ch – 75/95 € 105/210 €, ☕ 13 € – 2 suites
◆ Face au site sauvage de l'Aber Wrac'h, plaisant hôtel offrant la sérénité de ses chambres lumineuses et actuelles, à choisir côté mer.

La Villa Les Anges sans rest — l'Aber, cuisinette VISA AE
– Fermé janv.
11 ch – 104/124 € 104/175 €, 15 €
◆ Hébergement contemporain tourné vers les flots, à une encablure de la maison-mère, dans une villa "les pieds dans l'eau".

ABLIS – 78 Yvelines – 311 G4 – 2 705 h. – alt. 151 m – ✉ 78660 — 18 A2

Paris 62 – Chartres 31 – Mantes-la-Jolie 64 – Orléans 79 – Rambouillet 14 – Versailles 49

Syndicat d'initiative, Hôtel de Ville 01 30 46 06 06, Fax 01 30 46 06 07

à l'Ouest 6 km par D 168 – ✉28700 St-Symphorien-le-Château

Château d'Esclimont — rest, 20/120, VISA AE
à l'Ouest, 6 km par D 168 – 02 37 31 15 15
– esclimont@grandesetapes.fr – Fax 02 37 31 57 91
50 ch – 160/590 € 160/590 €, 22 € – 3 suites – **Rest** – Menu 39 € (déj. en sem.), 52/89 € – Carte 53/80 €
◆ Goûtez à la vie de château en cette demeure des 15e et 16e s., ancienne résidence des La Rochefoucauld. Magnifique parc avec étang, rivière et jardin à la française. Une salle à manger de style 18e s. et une autre réputée pour ses superbes cuirs de Cordoue.

ABRESCHVILLER – 57 Moselle – 307 N7 – 1 285 h. – alt. 340 m – ✉ 57560 — 27 D2
Alsace Lorraine

Paris 433 – Baccarat 46 – Lunéville 62 – Phalsbourg 23 – Sarrebourg 17 – Strasbourg 79

Office de tourisme, 78 rue Jordy 03 87 03 77 26

XX **Auberge de la Forêt** — VISA
à Lettenbach : 0,5 km – 03 87 03 71 78 – Fax 03 87 03 79 96
– Fermé 31 déc.-18 janv., mardi soir et lundi
Rest – Menu 23/38 € – Carte 32/51 €
◆ Pimpante auberge de village abritant de coquettes salles à manger ; la plus récente présente un radieux cadre contemporain. Cuisine traditionnelle et spécialités régionales.

ABREST – 03 Allier – 326 H6 – rattaché à Vichy

ACCOLAY – 89 Yonne – 319 F6 – 433 h. – alt. 125 m – ✉ 89460 — 7 B2
Bourgogne

Paris 188 – Avallon 31 – Auxerre 23 – Tonnerre 40

XX **Hostellerie de la Fontaine** avec ch — 25, VISA AE
16 r. Reigny – 03 86 81 54 02 – hostellerie.fontaine@wanadoo.fr
– Fax 03 86 81 52 78 – Fermé 19 nov.-12 fév., dim. soir hors saison, mardi midi et lundi
11 ch – 50 € 50 €, 8,50 € – ½ P 58 € – **Rest** – Menu 25/49 € – Carte 29/46 €
◆ Maison bourguignonne au coeur d'un paisible village de la vallée de la Cure. On sert les repas dans une cave voûtée ou, si le temps le permet, dans l'agréable jardin fleuri.

ACQUIGNY – 27 Eure – 304 H6 – 1 438 h. – alt. 19 m – ✉ 27400 — 33 D2

Paris 105 – Évreux 22 – Mantes-la-Jolie 54 – Rouen 38

XX **L' Hostellerie** — VISA
1 r. d'Evreux – 02 32 50 20 05 – Fax 02 32 50 56 04 – Fermé 16 juil.-1er août, 26 fév.-14 mars, lundi et mardi
Rest – Menu (18 €), 26/65 € bc – Carte 36/73 €
◆ Soigneuse cuisine du moment à apprécier dans l'ambiance douillette et feutrée d'une salle aux tons chauds et aux détails décoratifs discrètement contemporains. Accueil charmant.

La Table du Béarnais

40 r. A. Briand – ✆ 02 32 40 37 73 – Fax 02 32 25 94 69 – Fermé jeudi soir, dim. soir et lundi
Rest – Menu 16 € (sem.)/49 € – Carte 40/69 €
◆ Cette avenante maison vous accueille dans deux salles à manger à l'ambiance rustique (poutres apparentes, chandeliers sur les tables). Le Béarn et les Landes s'invitent dans les goûteuses assiettes.

LES ADRETS-DE-L'ESTÉREL – 83 Var – 340 P4 – 2 063 h. – alt. 295 m – ✉ 83600

42 **E2**

Paris 881 – Cannes 26 – Draguignan 44 – Fréjus 17 – Grasse 30 – Mandelieu-la-Napoule 15
Office de tourisme, place de la Mairie ✆ 04 94 40 93 57
Massif de l'Estérel★★★, Côte d'Azur

La Verrerie sans rest

– ✆ 04 94 40 93 51 – reservations@laverrerie.com – Fax 04 94 44 10 35
7 ch – †50/60 € ††60/75 €, ☕ 8 €
◆ Bâtisse azuréenne située aux confins du village, appréciable pour la douceur de son environnement. Vous serez hébergé dans des chambres fraîches et spacieuses.

au Sud-Est 3 km par D 237 et N 7 – ✉ 83600 Les Adrets-de-l'Esterel

Auberge des Adrets

– ✆ 04 94 82 11 82 – info@auberge-adrets.com – Fax 04 94 82 11 80 – Ouvert 30 mars-15 oct.
10 ch – †112/230 € ††125/256 €, ☕ 16 € – **Rest** – *(ouvert 30 mars-30 sept. et fermé le midi du lundi au jeudi en juil. août, dim. soir et lundi hors saison)* Menu (38 € bc), 45/68 € – Carte 73/88 €
◆ Demeure de caractère où chaque chambre est personnalisée par un beau mobilier. Salon chaleureux, agréable petite piscine et joli jardin verdoyant avec hamacs. Restaurant élégant et "cosy". La terrasse offre une vue splendide sur le massif de l'Esterel.

AFA – 2A Corse-du-Sud – 345 B8 – voir à Corse (Ajaccio)

AFFIEUX – 19 Corrèze – 329 L2 – 349 h. – alt. 480 m – ✉ 19260

25 **C2**

Paris 472 – Limoges 83 – Tulle 39 – Brive-la-Gaillarde 64 – Ussel 66

Le Cantou

Le Bourg – ✆ 05 55 98 13 67 – Fax 05 55 98 13 67 – Fermé 24-31 oct., dim. soir et merc.
Rest – Menu 20/36 € – Carte 31/51 €
◆ L'hiver, on apprécie la petite salle romantique et son cantou ; l'été, on préfère la véranda. Et en toute saison, on se régale de goûteux plats mi-traditionnels, mi-régionaux.

AGAY – 83 Var – 340 Q5 – ✉ 83530 Côte d'Azur

42 **E2**

Paris 880 – Cannes 34 – Draguignan 43 – Fréjus 12 – Nice 65 – St-Raphaël 9
Syndicat d'initiative, boulevard de la Plage ✆ 04 94 82 74 20
Massif de L'Estérel★★★.

France-Soleil sans rest

206 av. Pléiades – ✆ 04 94 82 01 93 – Fax 04 94 82 73 95 – Ouvert Pâques à oct.
18 ch – †82/140 € ††82/140 €, ☕ 10 €
◆ En léger retrait du rivage, hôtel modeste, familial. Les chambres, simples, réparties dans trois petits bâtiments, donnent majoritairement sur la mer.

Première distinction : l'étoile ✿.
Elle couronne les tables pour lesquelles on ferait des kilomètres !

AGDE – 34 Hérault – 339 F9 – 19 988 h. – alt. 5 m – Casino : au Cap d'Agde BY – ✉ 34300 Languedoc Roussillon 23 C2

Paris 754 – Béziers 24 – Lodève 60 – Millau 118 – Montpellier 56 – Sète 25

Office de tourisme, 1 place Molière ✆ 04 67 94 29 68, Fax 04 67 94 03 50

du Cap-d'Agde à Le Cap-d'Agde 4 avenue des Alizés, S : 4 km par D 32, ✆ 04 67 26 54 40.

Ancienne cathédrale St-Étienne★.

Athéna sans rest

av. F. Mitterrand, rte Cap d'Agde, D 32[E10] – ✆ 04 67 94 21 90 – hotel.athena@free.fr – Fax 04 67 94 80 80

32 ch – 45/75 € 45/75 €, 6 €

◆ Hôtel récent aux portes de la ville. Chambres bien équipées et décorées dans un style provençal sobre (certaines avec terrasse ou loggia), plus tranquilles sur l'arrière.

La Table de Stéphane

2 r. Des Moulins à Huile, (Zone des septs fonts) – ✆ 04 67 26 45 22 – caroline@latabledestephane.com – Fax 04 67 26 45 22 – Fermé 2-30 janv., dim. soir du 15 sept. au 15 juin, sam. midi et lundi

Rest – *(prévenir) (Dîner seult en août sauf dim.)* Menu (20 €), 25/59 € – Carte 40/80 €

◆ Mets au goût du jour et beau choix de vins du Languedoc-Roussillon à apprécier dans un cadre actuel égayé de teintes pastel à l'ancienne ou dehors. Apéritif et café au salon.

Larcen

41 r. Brescou – ✆ 04 67 00 01 01 – flgrison@wanadoo.fr – Fermé dim. et lundi sauf le soir en août

Rest – Carte 24/38 €

◆ Une baie vitrée permet de voir les cuisines depuis la salle à manger, spacieuse et contemporaine. Belle terrasse avec bassin, palmiers et bougainvilliers. Carte au goût du jour.

à La Tamarissière 4 km au Sud-Ouest par D 32[E12] – ✉ 34300

Le Calamar

33 quai Th. Cornu – ✆ 04 67 94 05 06 – therestocalamar@wanadoo.fr – Ouvert de mi-fév. à mi-nov. et fermé lundi et mardi d'oct. à juin, lundi midi, mardi midi et sam. midi de juil. à sept.

Rest – Menu 23 € (déj. en sem.), 26/35 € – Carte 34/47 €

◆ Dans un environnement préservé, une ancienne guinguette joliment rénovée et sa terrasse au bord de l'Hérault. Suggestions du jour en fonction du marché et de la pêche locale.

au Grau d'Agde 4 km au Sud-Ouest par D 32[E] – ✉ 34300

L'Adagio

3 quai Cdt Méric – ✆ 04 67 21 13 00 – contact@ladagio.com – Fax 04 67 21 13 00 – Fermé 3 déc.-31 janv., dim. soir hors saison, lundi midi en saison et merc. sauf le soir de juil. à sept.

Rest – Menu 15 € (déj. en sem.), 26/52 €

◆ Belle cuisine actuelle servie dans une salle à manger d'allure contemporaine. En terrasse, face à l'Hérault, le va-et-vient des bateaux animera votre repas.

au Cap d'Agde 5 km au Sud-Est par D 32[E10] – ✉ 34300

Office de tourisme, ✆ 04 67 01 04 04, Fax 04 67 26 22 99

Ephèbe d'Agde★★ au musée de l'Ephèbe.

Plans pages suivantes

Du Golfe 10/70,

Île des Loisirs – ✆ 04 67 26 87 03 – hotel.golf@tahoe.fr – Fax 04 67 26 26 89 – Fermé 1er janv.-28 fév. BY **m**

50 ch – 95/155 € 95/155 €, 15 € – 3 suites

Rest ***Caladoc*** – voir ci-après

◆ La façade ocre de cet hôtel situé sur la fameuse île vouée aux loisirs dissimule d'élégantes chambres contemporaines (côté station ou piscine) et un beau fitness.

Palmyra Golf Hôtel sans rest 50,
av. des Alizés – 04 67 01 50 15 – palmyragolf@wanadoo.fr – Fax 04 67 01 50 14 – Ouvert 15 mars-15 nov. et 25 déc.-2 janv. AX **p**
30 ch – 90/280 € 90/280 €, 15 € – 1 suite
◆ Spacieuses, élégantes, contemporaines, avec balcon ou terrasse tournés sur le parcours de golf : les chambres du Palmyra, réparties autour d'un patio, cumulent les atouts.

Capaô rest, ch, 15/40,
r. Corsaires – 04 67 26 99 44 – contact@capao.com – Fax 04 67 26 55 41 – Ouvert 1er avril-14 oct. AY **b**
55 ch – 70/125 € 76/135 €, 10 € – ½ P 70/105 €
Rest *Le Manhattan* – *04 67 26 21 54 (dîner seult)* Menu 28/59 € – Carte 43/91 €
Rest *Capaô Beach* – *(ouvert 1er mai-30 sept.) (déj. seult)* Carte 28/45 €
◆ Ce complexe hôtelier proche de la plage Richelieu propose de nombreuses activités sportives. Spacieuses chambres dotées de balcons. Au Manhattan, grande salle à manger moderne, terrasses et cuisine de la mer. Le Capaô Beach sert buffets et grillades au bord de l'eau.

La Grande Conque sans rest
La Grande Conque – 04 67 26 11 42 – information@hotelgrandeconque.com – Fax 04 67 26 24 15 – Ouvert avril-oct. CY **a**
20 ch – 78/160 € 99/160 €, 13 €
◆ Belle situation face à la mer et à une plage de sable noir pour cet hôtel juché sur une falaise de basalte. Les chambres, de bonnes dimensions, ont toutes une loggia.

Les Grenadines sans rest
6 impasse Marie Céleste – 04 67 26 27 40 – hotelgrenadines@hotelgrenadines.com – Fax 04 67 26 10 80 – Ouvert 2 fév.-12 nov. AY **k**
20 ch – 57/96 € 57/96 €, 9,50 € – 1 suite
◆ Adresse plaisante pour son ambiance familiale et ses chambres pratiques. La proximité des plages, de l'Aqualand et de l'Île des Loisirs séduira petits et grands.

Azur sans rest 20,
18 av. Iles d'Amérique – 04 67 26 98 22 – contact@hotelazur.com – Fax 04 67 26 48 14 – Fermé 1er janv.-1er fév. AX **f**
34 ch – 48/95 € 48/95 €, 7 €
◆ Un emplacement privilégié au centre de la station, des chambres bien équipées - certaines avec mezzanine - et une agréable piscine : tels sont les atouts de cet hôtel.

Le Caladoc – Hôtel du Golfe
île des Loisirs – 04 67 26 87 18 – hotel.golf@tahoe.fr – Fax 04 67 26 26 89 – Ouvert 1er avril-31 déc. BY **m**
Rest – *(dîner seult)* Carte 35/71 €
◆ Mobilier design et boiseries (wengé, palétuvier) : un décor "zen" pour une cuisine au goût du jour. Au milieu de la salle, une cave en verre honore les vins du Languedoc.

La Pléiade
3 av. des Alizés – 04 67 01 56 12 – Fax 04 67 31 33 86 – Fermé le soir d'oct. à juin AX **p**
Rest – Menu 18/28 € – Carte 19/40 €
◆ Restaurant installé au sein de l'hôtel Palmyra Golf. La salle à manger, chaleureuse et raffinée, profite d'une agréable vue sur les greens. Registre culinaire traditionnel.

Les bonnes adresses à petit prix ?
Suivez les Bibs : Bib Gourmand rouge pour les tables
et Bib Hôtel bleu pour les chambres.

LE CAP D'AGDE

Acadiens (Allée des) .... CX 3
Alfonse (Av. du Chevalier d') . AX 4
Alizés (Av. des) .... AXY
Antilles (Rd-Pt des) .... AY 6
Beaupré (Quai du) .... CX 7
Belle Isle (Av. de)......... ABX
Bon Accueil (Rd-Pt du)...... BX 9
Bouteillou (Rd-Pt du) .... CX 10
Cantinières (Av. des) CX
Capelet (Quai du) .... AX 12
Challiès (Av. du Passeur).... ABY
Chandelles (R. des) .... BX 15
Contrebandiers (Av. des)... BCX
Corsaires (R. des) .... AY
Courette (R. de la) .... CX 17
Dominico (Quai Di).......... BX 18
Estacade (R. de l')......... BY 19
Falaise (R. de la) .... CY 21
Flânerie (Allée de la)........ CX 23
Fouquet (Rd-Pt Nicolas) ..... BX 24
Gabelle (R. de la) .... BX 26
Galères (Av. des) CX
Gallo-Romains (R. des) .... AX
Garnison (R. de la) .... CXY
Gentilshommes (Cours des) CXY
Gouverneur (R. du).......... CX
Grenadiers (R. des) .... CX 31
Hallebardes (Av. des) .... CX 32
Hune (R. de la) .... BX 34
Iles-d'Amérique (Av. des).... AY 36
Ile (Av. de l') .... BCY
Jetée (Av. de la) .... CY
Joutes (Quai des) .... BX 39
Labech (R. du) .... BX
Louisiane (Allée de la) ..... CX 40
Miquel (Quai Jean) .... BCX
Outre-Mer (Av. d')........... AY
Pacifique (R. du) .... AY
Phocéens (Quai des) .... CY 42
Radoub (Rd-Pt du) .... CY 43
St-Martin-des-Vignes (R.).... AX
St-Martin (Quai) .... BX 48
Sarret-de-Coussergue (R.) . ABX
Sergents (Av. des).......... BCX
Soldats (Av. des)............ CX
Surintendant (Av. du)........ BX
Tambour (R. du)............ BX 51
Tirème (Quai de la)........ CXY 56
Tours-de-St-Martin
(Rd-Pt des) .... AX 53
Trinquette (Quai de la) ...... CX 54
Vaisseaux (R. des) CX
Vent-des-Dames (R. du)..... BX
Vieux Cap (Quai du) .... BY
Volvire-de-Brassac (R.)....... AX
2-Frères (R. des) .... CY
4-Cantons (Allée des) .... CX 60

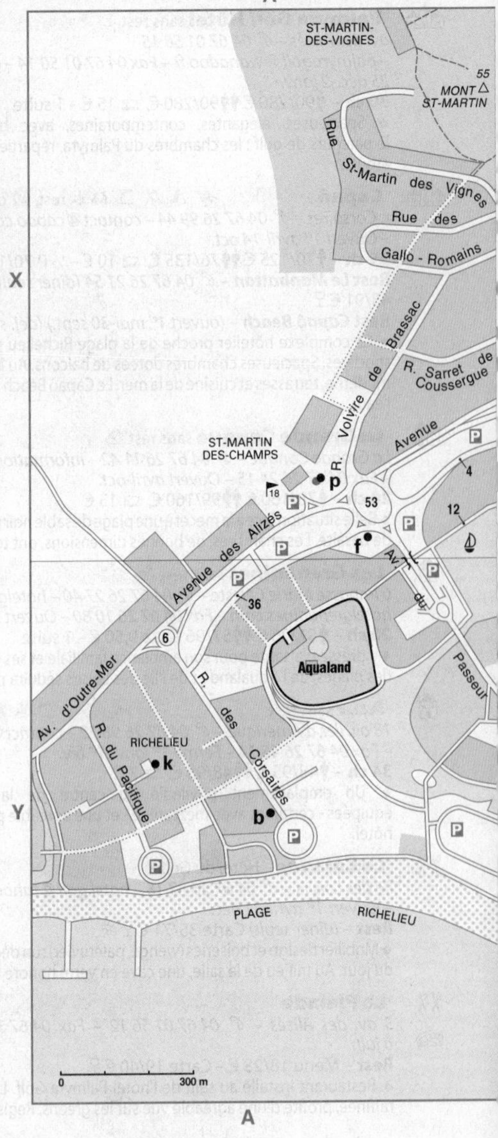

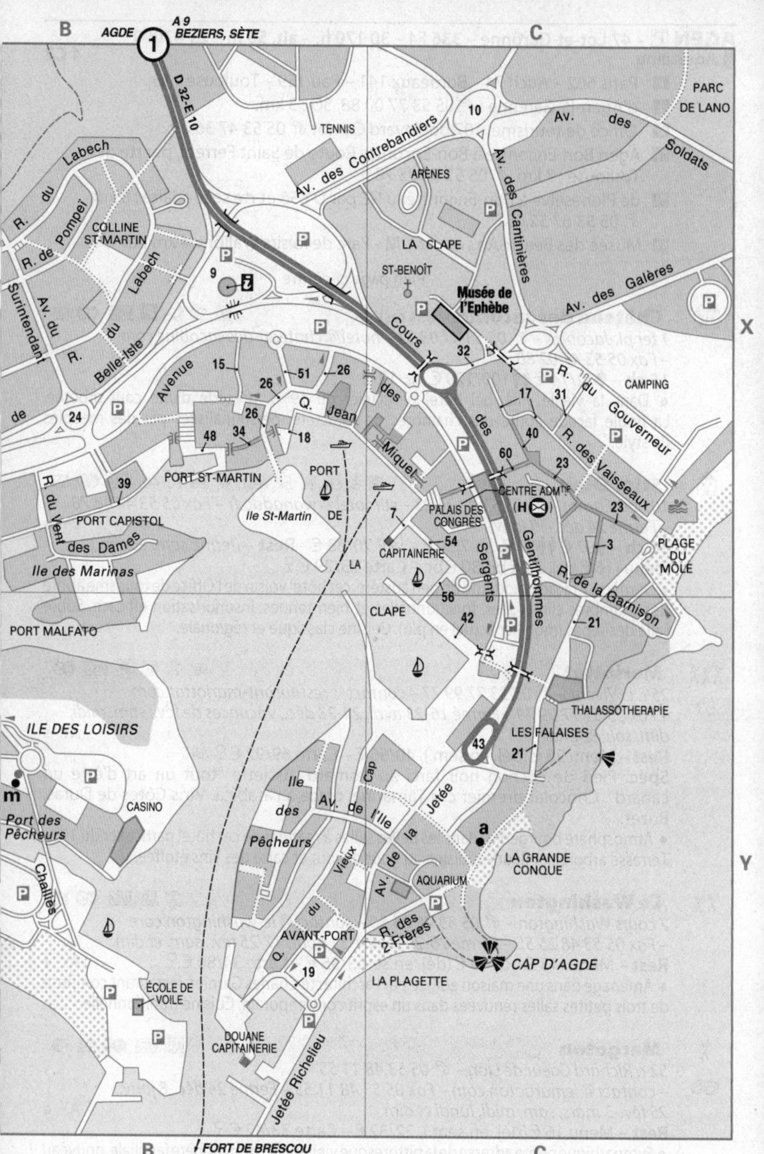
B
C
AGDE
A 9
BEZIERS, SÈTE
1
D 32-E 10
PARC
DE LANO
10
TENNIS
Av. des Contrebandiers
Av. des Soldats
ARÈNES
Av. des Cantinières
R. du Labech
R. de Pompeï
COLLINE
ST-MARTIN
R. de Labech
LA CLAPE
ST-BENOÎT
9
Musée de
l'Ephèbe
Av. des Galères
Surintendant
Av. du
R. du Belle-Isle
Avenue de
Cours des Gentilshommes
X
32
15
51
26
26
Q. Jean Miquel
R. du Gouverneur
CAMPING
17
31
24
26
34
18
48
40
R. des Vaisseaux
60
23
PORT ST-MARTIN
PORT DE LA CLAPE
39
R. du Vent des Dames
PORT CAPISTOL
Ile St-Martin
7
PALAIS DES
CONGRÈS
CENTRE ADMTIF
23
Ile des Marinas
CAPITAINERIE
54
Sergents
3
PLAGE
DU
MÔLE
R. de la Garnison
56
PORT MALFATO
42
21
THALASSOTHERAPIE
ILE DES LOISIRS
LES FALAISES
43
21
m
Port des
Pêcheurs
CASINO
Ile des Pêcheurs
Av. de l'Ile
Cap
Av. de la Jetée
a
Y
Challies
Q. du Vieux
LA GRANDE
CONQUE
AQUARIUM
AVANT-PORT
R. des 2 Frères
CAP D'AGDE
19
LA PLAGETTE
ÉCOLE DE
VOILE
DOUANE
CAPITAINERIE
Jetée Richelieu
FORT DE BRESCOU

AGEN P – 47 Lot-et-Garonne – 336 F4 – 30 170 h. – alt. 50 m – ✉ 47000

Aquitaine 4 **C2**

- Paris 662 – Auch 74 – Bordeaux 141 – Pau 159 – Toulouse 116
- d'Agen-la-Garenne : ✆ 05 53 77 00 88, SO : 3 km.
- Office de tourisme, 107 boulevard Carnot ✆ 05 53 47 36 09
- Agen Bon-Encontre à Bon-Encontre Route de Saint Ferréol, par rte de Toulouse : 7 km, ✆ 05 53 96 95 78 ;
- de Pleneselve à Bon-Encontreau NE par D 656 et rte secondaire : 8 km, ✆ 05 53 67 52 65.
- Musée des Beaux-Arts★★ AXY **M** - Parc de loisirs Walibi★ 4 km par ⑤.

Plan page ci-contre

Château des Jacobins sans rest

1 ter pl. Jacobins – ✆ 05 53 47 03 31 – hotel@chateau-des-jacobins.com – Fax 05 53 47 02 80 AY **f**

15 ch – †72/74 € ††100/120 €, ☕ 12 €

◆ Dans la vieille ville, bel hôtel particulier du 19e s. précédé d'une cour arborée. La noble façade abrite des chambres de caractère, personnalisées par des meubles de style.

Stim'Otel

ch, rest, 10/40, VISA MC AE

105 bd Carnot – ✆ 05 53 47 31 23 – stimotel@wanadoo.fr – Fax 05 53 47 48 70 – Fermé 24 déc.-1er janv. BY **a**

58 ch – †57 € ††57 €, ☕ 7,50 € – ½ P 70/88 € – **Rest** – *(fermé sam. et dim.)* Menu (16 € bc), 20 € bc/30 € bc – Carte 23/29 € ♀

◆ Derrière sa façade moderne un peu austère, cet hôtel voisin de l'Office de tourisme abrite des chambres climatisées, fonctionnelles et bien tenues. Insonorisation efficace. Sobre salle des repas (mobilier actuel en pin). Cuisine classique et régionale.

Mariottat

25 r. L. Vivent – ✆ 05 53 77 99 77 – contact@restaurant-mariottat.com – Fax 05 53 77 99 79 – Fermé 16-23 avril, 24-28 déc., vacances de fév., sam. midi, dim. soir et lundi AY **s**

Rest – Menu 26 € (déj. en sem.), 40/66 € – Carte 69/92 € ♀

Spéc. Pied de cochon noir farci au homard. Assiette "tout un art d'être un canard". Chocolat premier cru Tamarina, glace à l'arabica. **Vins** Côtes de Duras, Buzet.

◆ Atmosphère bourgeoise dans les belles salles à manger de cet hôtel particulier du 19e s. Terrasse arborée et fleurie. Cuisine au goût du jour et carte des vins étoffée.

Le Washington

7 cours Washington – ✆ 05 53 48 25 50 – contact@le-washington.com – Fax 05 53 48 25 55 – Fermé 26-29 mai, 4-31 août, 17-25 fév., sam. et dim.

Rest – Menu (13 € bc), 19 € (déj. en sem.)/35 € – Carte 34/80 € ♀ AY **r**

◆ Aménagé dans une maison édifiée par l'architecte Charles Garnier, restaurant composé de trois petites salles rénovées dans un esprit contemporain. Cuisine traditionnelle.

Margoton

52 r. Richard Coeur de Lion – ✆ 05 53 48 11 55 – contact@lemargoton.com – Fax 05 53 48 11 55 – Fermé 24 déc.-8 janv., 25 fév.-3 mars, sam. midi, lundi et dim. AY **e**

Rest – Menu 16 € (déj. en sem.), 22/32 € – Carte 33/42 € ♀

◆ Sympathique petite adresse de la pittoresque vieille ville : atmosphère familiale, nouveau décor rustique et élégant, cuisine dans l'air du temps à prix doux.

L'Atelier

14 r. Jeu de Paume – ✆ 05 53 87 89 22 – restaurant.latelier@wanadoo.fr – Fax 05 53 87 89 22 – Fermé 1er-15 mai, 1er-6 janv., sam., dim. et fériés AY **v**

Rest – Menu 20 € (déj. en sem.), 28/30 € – Carte 30/36 € ♀

◆ À midi, formules rapides et mise en place simple ; le soir, nappage et attrayante carte régionale métamorphosent ce restaurant aménagé dans un ancien atelier de menuiserie.

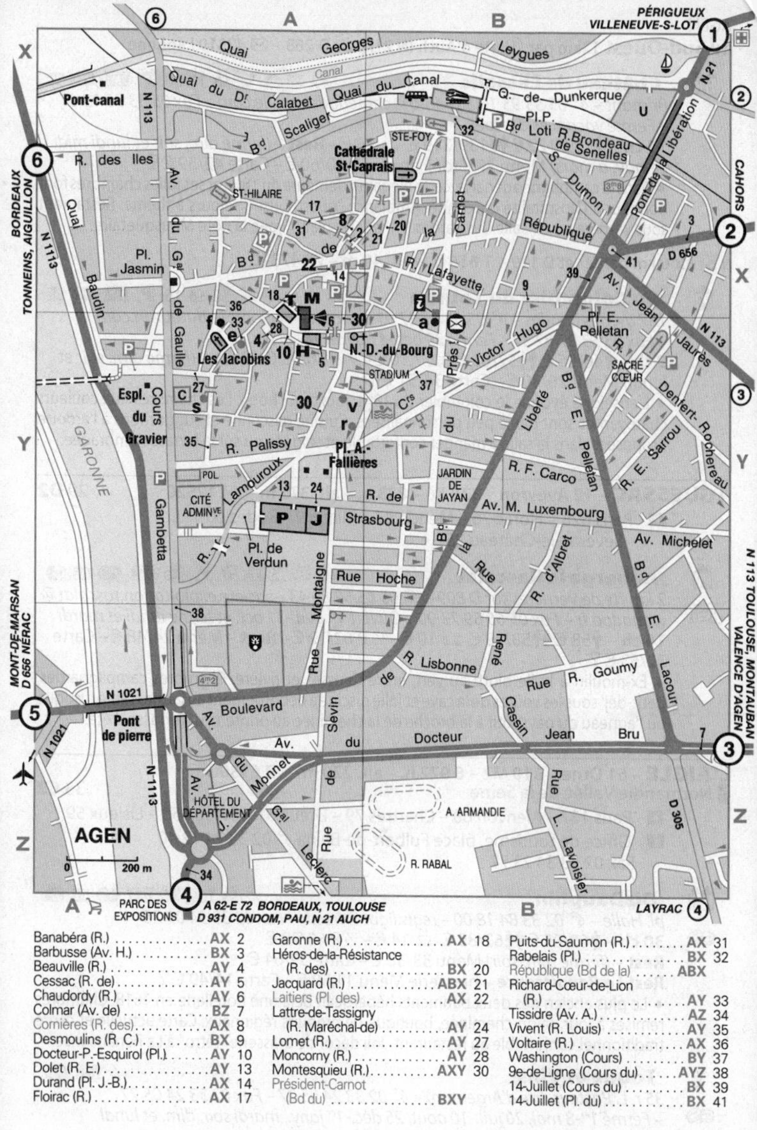

Banabéra (R.)	AX	2
Barbusse (Av. H.)	BX	3
Beauville (R.)	AY	4
Cessac (R. de)	AY	5
Chaudordy (R.)	AY	6
Colmar (Av. de)	BZ	7
Cornières (R. des)	AX	8
Desmoulins (R. C.)	BX	9
Docteur-P.-Esquirol (Pl.)	AY	10
Dolet (R. E.)	AY	13
Durand (Pl. J.-B.)	AX	14
Florac (R.)	AX	17
Garonne (R.)	AX	18
Héros-de-la-Résistance (R. des)	BX	20
Jacquard (R.)	ABX	21
Laitiers (Pl. des)	AX	22
Lattre-de-Tassigny (R. Maréchal-de)	AY	24
Lomet (R.)	AY	27
Moncorny (R.)	AY	28
Montesquieu (R.)	AXY	30
Président-Carnot (Bd du)	BXY	
Puits-du-Saumon (R.)	AX	31
Rabelais (Pl.)	BX	32
République (Bd de la)	ABX	
Richard-Cœur-de-Lion (R.)	AY	33
Tissidre (Av. A.)	AZ	34
Vivent (R. Louis)	AY	35
Voltaire (R.)	AX	36
Washington (Cours)	BY	37
9e-de-Ligne (Cours du)	AYZ	38
14-Juillet (Cours du)	BX	39
14-Juillet (Pl. du)	BX	41

à Pont-du-Casse 6 km par ② et D 656 – ✉47480 – 4 259 h. – alt. 67 m

Château de Cambes rest, P VISA MC AE
– ✆ 05 53 87 46 37 – ChateaudeCambes@aol.com – Fax 05 53 87 46 37
5 ch – †135/225 € ††135/225 € – **Rest** – table d'hôte Carte environ 40 €
◆ Un chemin pierreux conduit à cette gentilhommière entourée d'une campagne vallonnée. Les chambres possèdent de beaux volumes et de surprenantes salles de bains. Agréables fumoir et bibliothèque. Salle à manger réchauffée par une cheminée.

au Sud-Ouest 12km par ④, rte d'Auch (N 21) puis D 268 – ✉ 47310 Laplume

Château de Lassalle 10/50, VISA AE

Brimont – ☏ 05 53 95 10 58 – info@chateaudelassalle.com – Fax 05 53 95 13 01 – Fermé vacances de Noël

17 ch – 119/129 € 139/219 €, 15 € – **Rest** – *(fermé dim. soir et lundi midi de nov. à mars)* Menu 20 € (déj. en sem.), 30/60 € – Carte 42/59 €

◆ Dans la campagne agenaise, cette élégante demeure du 18e s. et ses jolies chambres font honneur à l'hospitalité gasconne. Ambiance "guesthouse", séjours à thème. Restaurant sous verrière ou ex-salle des gardes (11e s.) ; le "piano" joue la note Mousquetaire.

à Brax 6 km par ⑤ et D 119 – **1 615 h.** – **alt. 49 m** – ✉ **47310**

Au Colombier du Touron 15, VISA AE

187 av. des Landes – ☏ 05 53 87 87 91 – contact@colombierdutouron.com – Fax 05 53 87 82 37 – Fermé 29 oct.-4 nov. et 18-24 fév.

9 ch – 46/55 € 52/63 €, 7,50 € – ½ P 50/58 € – **Rest** – *(fermé dim. soir et lundi)* Menu 26/39 € – Carte 34/51 €

◆ L'enseigne évoque le colombier du 18e s. jouxtant l'hôtel. Les chambres aux couleurs chatoyantes sont peu à peu personnalisées. Cuisine gasconne et suggestions à l'ardoise proposées dans la salle à manger confortable et soignée ou sur la terrasse ombragée.

AGUESSAC – 12 Aveyron – **338** K6 – **833 h.** – **alt. 375 m** – ✉ **12520** 29 **D2**

Paris 628 – Florac 76 – Mende 87 – Millau 9 – Rodez 60 – Sévérac-le-Château 25

Auberge le Rascalat VISA AE

2 km rte de Verrières sur D 809 – ☏ 05 65 59 80 43 – societe.exploitation.rascalat@wanadoo.fr – Fax 05 65 59 73 90 – Ouvert 1er avril-31 oct. et fermé lundi et mardi

14 ch – 58 € 58/78 €, 10 € – ½ P 62/72 € – **Rest** – Menu 24/48 € – Carte 32/53 €

◆ Ex-moulin à huile blotti au vert, entre Causses et rivière. Chambres campagnardes, petit-déj' sous les voûtes de la cave et jolie piscine à débordement au jardin. Table rustique où l'agneau du pays rôtit à la broche de la cheminée au printemps. Terrasse d'été.

L'AIGLE – 61 Orne – **310** M2 – **8 972 h.** – **alt. 220 m** – ✉ **61300**

Normandie Vallée de la Seine 33 **C2**

Paris 137 – Alençon 68 – Chartres 79 – Dreux 61 – Évreux 56 – Lisieux 59

Office de tourisme, place Fulbert-de-Beina ☏ 02 33 24 12 40, Fax 02 33 34 23 77

Du Dauphin 100, VISA AE

pl. Halle – ☏ 02 33 84 18 00 – regis.ligot@free.fr – Fax 02 33 34 09 28

30 ch – 62/85 € 62/85 €, 14 € – ½ P 68/79 €

Rest – *(fermé dim. soir)* Menu 33/38 € – Carte 39/64 €

Rest *La Renaissance* – brasserie Menu 11,50 € – Carte 14/49 €

◆ Le plus ancien des deux bâtiments hébergeait déjà une hôtellerie en 1618. Chambres remises à jour, salon-cheminée, boutique de produits régionaux. Carte actuelle et cadre traditionnel confortable au restaurant. Joli décor de brasserie "rétro" à La Renaissance.

Toque et Vins VISA

35 r. L. Pasteur, (rte d'Argentan) – ☏ 02 33 24 05 27 – Fax 02 33 24 05 27 – Fermé 1er-8 mai, 20 juil.-10 août, 25 déc.-1er janv., mardi soir, dim. et lundi

Rest – Menu 16/30 € – Carte 19/31 €

◆ L'enseigne dit l'essentiel : une belle sélection de vins, en bouteille et au verre, escorte la cuisine, traditionnelle. Cadre bistrot tout simple. Soirées dégustations.

rte de Dreux 3,5 km à l'Est sur N 26 – ✉ 61300 St-Michel-Tubœuf

Auberge St-Michel VISA AE

– ☏ 02 33 24 20 12 – auberge.saint-michel@wanadoo.fr – Fax 02 33 34 96 62 – Fermé 5-28 sept., 3-13 janv., mardi soir, merc. soir et jeudi sauf midi fériés

Rest – Menu 17 € bc/34 € – Carte 23/40 €

◆ La jolie façade normande où grimpe la vigne vierge abrite une enfilade de petites salles rustiques et chaleureuses, garnies d'un mobilier de style bistrot. Cuisine du terroir.

AIGUEBELETTE-LE-LAC – 73 Savoie – 333 H4 – 191 h. – alt. 410 m – ✉ 73610
Alpes du Nord 46 **F2**

Paris 552 – Belley 34 – Chambéry 22 – Grenoble 76 – Voiron 35

Lac★ - Panorama★★ sur la route du col de l'Épine N.

à la Combe (rive Est) 4 km par D 41 – ✉ 73610

La Combe "chez Michelon" avec ch ⋖ lac,
– ✆ *04 79 36 05 02 – chezmichelon@aol.com* ch, VISA
– Fax 04 79 44 11 93 – Fermé 2 nov. au 8 déc., lundi sauf le midi de mai à sept. et mardi
5 ch – †70 € ††70 €, ☕ 8,50 € – ½ P 75 €
Rest – Menu 24/46 € – Carte 34/56 €
◆ Étape pour amoureux de la nature : maison nichée entre lac, montagne et forêt. Salle à manger actuelle et terrasse sous les marronniers. Belle sélection de vins savoyards.

à Novalaise-Lac (rive Ouest) 7 km par D 921 – 1 432 h. – alt. 427 m – ✉ 73470

Novalaise-Plage ⋖ lac, VISA
– ✆ *04 79 36 02 19 – novalaiseplage@wanadoo.fr – Fax 04 79 36 04 22 – Fermé 3-9 déc., 2 janv.-3 fév., mardi et merc. du 1er oct. au 25 mars*
14 ch – †52/82 € ††52/82 €, ☕ 8 € – ½ P 55/68 € – **Rest** – Menu 25/68 € – Carte 49/67 €
◆ Chalet dont la silhouette blanche se mire dans le lac. Chambres toutes refaites dans le style contemporain. Cuisine inventive et goûteuse proposée sur une terrasse ombragée tournée vers les montagnes et le plan d'eau ou dans une salle non-fumeurs.

à St-Alban-de-Montbel (rive Ouest) 7 km par D 921 – 447 h. – alt. 400 m – ✉ 73610

Les Lodges du Lac ch, 30, VISA
La Curiaz, D 921 – ✆ *04 79 36 00 10 – bienvenue@leslodgesdulac.com*
– Fax 04 79 44 10 57 – Fermé lundi (sauf hôtel) et dim. soir du 30 sept. au 1er juin
10 ch – †46/66 € ††46/66 €, ☕ 9 €, 3 duplex – **Rest** – Menu 12 € (déj. en sem.), 19/38 € – Carte 20/41 €
◆ Hôtel situé en retrait du lac. Les chambres de l'annexe donnent de plain-pied sur le jardin ; les duplex conviennent particulièrement aux familles. Barques sur place. Au restaurant, cuisine traditionnelle et menus diététiques sur demande.

à Attignat-Oncin 7 km au Sud par D 921 – 418 h. – alt. 570 m – ✉ 73610

Mont-Grêle avec ch ⋖ ch, VISA
– ✆ *04 79 36 07 06 – le-mont-grele@wanadoo.fr – Fax 04 79 36 09 54 – Ouvert 8 fév.-16 déc. et fermé dim. soir.*
10 ch – †45/49 € ††49/55 €, ☕ 9 € – ½ P 55/59 € – **Rest** – *(fermé mardi soir et merc. sauf juil.-août.)* Menu (20 €), 25 € (sem.), 28/33 € – Carte 40/53 €
◆ Pleine vue sur un parc arboré de 7000 m², traversé par un joli ruisseau, depuis ce restaurant panoramique, inondé de lumière. Au menu, recettes traditionnelles - parfois créatives - et poissons du lac. Chambres toutes simples, mais spacieuses et bien tenues.

AIGUEBELLE – 83 Var – 340 N7 – rattaché au Lavandou

AIGUES-MORTES – 30 Gard – 339 K7 – 6 012 h. – alt. 3 m – ✉ 30220
Provence 23 **C2**

Paris 745 – Arles 49 – Montpellier 38 – Nîmes 42 – Sète 56

Office de tourisme, place Saint-Louis ✆ 04 66 53 73 00, Fax 04 66 53 65 94

Remparts★★ et tour de Constance★★ : ✻★★ - Eglise Notre-Dame des Sablons★.

St-Louis VISA
10 r. Amiral Courbet – ✆ *04 66 53 72 68 – hotel.saint-louis@wanadoo.fr*
– Fax 04 66 53 75 92 – Ouvert 1er avril-5 nov.
22 ch – †62/94 € ††79/102 €, ☕ 10 € – ½ P 65/77 € – **Rest** – *(fermé sam. midi, mardi et merc.)* Menu (15 €), 19/26 €
◆ Intra-muros, à deux pas de la tour de Constance, élégante bâtisse du 18e s. dont les chambres, confortables et colorées, sont plus spacieuses au 2e étage. En hiver, une cheminée réchauffe la salle à manger sagement provençale ; joli patio ombragé pour l'été.

Canal sans rest

440 rte de Nîmes – ✆ 04 66 80 50 04 – contact@hotelcanal.fr – Fax 04 66 80 50 32 – Fermé 8 nov.-7 déc. et 8 janv.-8 fév.

25 ch – †63/148 € ††63/148 €, ☕ 11 €

◆ À l'entrée de la ville, face au canal, hôtel rénové dans un esprit contemporain. Les chambres, fonctionnelles et climatisées, bénéficient d'une bonne insonorisation. Piscine et solarium.

Les Arcades avec ch

23 bd Gambetta – ✆ 04 66 53 81 13 – info@les-arcades.fr – Fax 04 66 53 75 46

9 ch ☕ – †95 € ††104/134 € – **Rest** – *(fermé 1er-22 mars, 10-25 oct., mardi midi, jeudi midi et lundi sauf le soir en juil.-août)* Menu (22 €), 35/45 € – Carte 44/64 €

◆ Cadre provençal raffiné (pierres apparentes), terrasse dressée sous les arcades, cuisine du terroir et chambres plaisantes dans cette belle maison du 16e s. Petite piscine.

La Salicorne

9 r. Alsace-Lorraine – ✆ 04 66 53 62 67 – Fermé janv. et mardi

Rest – *(dîner seult)* Carte 36/55 €

◆ Pierres et poutres apparentes, cheminée, fer forgé, jolie terrasse d'été et cuisine aux accents du Sud : un concentré de Provence à découvrir derrière l'église des Sablons.

AIGUILLON – 47 Lot-et-Garonne – 336 E4 – 4 219 h. – alt. 35 m – ✉ 47190

4 **C2**

▶ Paris 687 – Agen 31 – Houeillès 31 – Marmande 29 – Nérac 26 – Villeneuve-sur-Lot 35

ℹ Office de tourisme, place du 14 juillet ✆ 05 53 79 62 58, Fax 05 53 84 41 17

La Terrasse de l'Étoile rest, rest, 20,

cours A.-Lorraine – ✆ 05 53 79 64 64 – jeanroygerard@aol.com – Fax 05 53 79 46 48

17 ch – †39 € ††53 €, ☕ 6 € – ½ P 44 € – **Rest** – Menu 13 € (sem.)/28 € – Carte 21/38 €

◆ Au cœur du bourg, maison gasconne à la jolie façade en pierre. Optez pour les chambres rénovées et garnies d'un mobilier chiné dans les brocantes. Restaurant sans prétention ; une salle est réservée aux non-fumeurs. Petite terrasse au bord de la piscine.

AILEFROIDE – 05 Hautes-Alpes – 334 G3 – rattaché à Pelvoux (Commune de)

AILLANT-SUR-THOLON – 89 Yonne – 319 D4 – 1 454 h. – alt. 112 m – ✉ 89110

7 **B1**

▶ Paris 144 – Auxerre 20 – Briare 70 – Clamecy 61 – Gien 80 – Montargis 59

ℹ Office de tourisme, 1 cour de la Halle aux Grains ✆ 03 86 63 54 17

au Sud-Ouest 7 km par D 955, D 57 et rte secondaire – ✉ 89110 Chassy

Domaine du Roncemay ch, ch, 30,

– ✆ 03 86 73 50 50 – reservation@roncemay.com – Fax 03 86 73 69 46 – Fermé 7 janv.-3 mars, dim., lundi et mardi du 15 nov. au 30 mars

16 ch – †100/150 € ††100/250 €, ☕ 22 € – 2 suites – ½ P 156/215 € – **Rest** – *(fermé mardi sauf le soir du 1er avril au 15 nov., dim. soir et merc. midi du 15 nov. au 1er avril et lundi)* Menu 42/80 € – Carte 72/87 €

◆ Ce bel hôtel construit dans la pure tradition régionale est associé à un vaste golf. Séduisantes chambres rustiques. Fitness doté d'un superbe hammam. Cuisine actuelle aux accents bourguignons servie dans une agréable salle ouverte sur le parc.

Ce guide vit avec vous : vos découvertes nous intéressent.
Faites-nous part de vos satisfactions comme de vos déceptions.
Coup de colère ou coup de cœur : écrivez-nous !

AIMARGUES – 30 Gard – 339 K6 – 3 442 h. – alt. 6 m – ✉ 30470 23 C2

Paris 740 – Montpellier 40 – Aigues-Mortes 16 – Alès 62 – Arles 41 – Nîmes 25

Le Mazet VISA

3 bd St-Louis – ✆ 04 66 51 73 03 – lemazetsouslesplatanes@wanadoo.fr – Fax 04 66 51 73 03 – Fermé 23-30 déc., sam. midi, dim. soir et lundi

Rest – Menu 29 € – Carte 31/48 €

◆ Jolie maison dotée d'une cour-terrasse offrant la vue sur les cuisines. Coquettes salles à manger panachant, à l'instar de la carte, influences provençales et orientales.

AIME – 73 Savoie – 333 M4 – 3 229 h. – alt. 690 m – ✉ 73210

Alpes du Nord 45 D2

Paris 622 – Albertville 41 – Bourg-St-Maurice 13 – Chambéry 90 – Moûtiers 15

Syndicat d'initiative, avenue de la Tarentaise ✆ 04 79 55 67 00, Fax 04 79 55 60 01

Ancienne basilique St-Martin★★.

Vallée de la Tarentaise★★.

Le Cormet sans rest P VISA

9 chemin du Replat – ✆ 04 79 09 71 14 – Fax 04 79 09 96 72 – Fermé 1er-20 mai et dim.

14 ch – 40/46 € 56/60 €, ☕ 6 €

◆ Petit hôtel à l'ambiance familiale dont le nom savoyard signifie "col". Chambres simples et bien tenues, plus calmes à l'arrière. Bar convivial attenant, fréquenté par des habitués.

Comment choisir entre deux adresses équivalentes ?
Dans chaque catégorie, les établissements sont classés par ordre de préférence : nos coups de cœur d'abord.

AINCILLE – 64 Pyrénées-Atlantiques – 342 E6 – rattaché à St-Jean-Pied-de-Port

AINHOA – 64 Pyrénées-Atlantiques – 342 C5 – 599 h. – alt. 130 m – ✉ 64250

Pays Basque 3 A3

Paris 791 – Bayonne 28 – Biarritz 29 – Cambo-les-Bains 11 – Pau 125 – St-Jean-de-Luz 26

Village basque caractéristique★.

Ithurria (Isabal) 20, P VISA

pl. du Fronton – ✆ 05 59 29 92 11 – hotel@ithurria.com – Fax 05 59 29 81 28 – Ouvert 6 avril-4 nov.

28 ch – 95/105 € 130/145 €, ☕ 11 € – ½ P 105/115 € – **Rest** – *(fermé jeudi midi sauf juil.-août et merc.) (prévenir le week-end)* Menu 36/55 € – Carte 48/69 €

Spéc. Piperade d'Aïnhoa et son jambon de Bayonne poêlé. Ragoût de queues de langoustines aux pâtes fraîches. Tournedos de lapin au basilic. **Vins** Jurançon sec, Irouléguy.

◆ Belle maison basque du 17e s. face au fronton de pelote de ce pimpant village labourdin. Confortables chambres garnies de meubles chinés. La salle à manger a fière allure : vieux fourneaux, poutres, tomettes, cheminée et collection de bibelots en cuivre. Subtile cuisine de tradition.

Argi Eder ch, rest, rest, 30, P VISA

rte Chapelle – ✆ 05 59 93 72 00 – argi.eder@wanadoo.fr – Fax 05 59 93 72 13 – Ouvert 1er avril-11 nov.

18 ch – 90/110 € 90/110 €, ☕ 12 € – 8 suites – ½ P 88/118 € – **Rest** – *(fermé dim. soir sauf juil.-août, lundi midi et merc.)* Menu 25 € (sem.)/37 € – Carte 38/55 €

◆ À flanc de colline, grande bâtisse régionale et sa piscine dans un parc tourné vers la campagne. Vastes chambres refaites et joli salon-bar (belle collection d'armagnacs). Salle à manger mi-rustique, mi-basque ; plats du terroir et superbe carte de bordeaux.

AIRAINES – 80 Somme – 301 E8 – 2 099 h. – alt. 30 m – ✉ 80270

Nord Pas-de-Calais Picardie 36 **A1**

- Paris 172 – Abbeville 22 – Amiens 30 – Beauvais 69 – Le Tréport 51
- Syndicat d'initiative, place du 53ème RICMS ✆ 03 22 29 34 07, Fax 03 22 29 47 50

à Allery 5 km à l'Ouest par D 936 – 752 h. – alt. 50 m – ✉ 80270

Relais Forestier du Pont d'Hure

– ✆ 03 22 29 42 10 – lepontdhure@wanadoo.fr – Fax 03 22 29 27 91 – Fermé 30 juil.-18 août, 2-18 janv., mardi et le soir sauf sam.

Rest – Menu 17 € (sem.)/37 € – Carte 19/40 €

◆ Se restaurer après une promenade en forêt : rôtisserie et grillades au feu de bois préparées dans la cheminée de l'agreste salle à manger décorée de trophées de chasse.

AIRE-SUR-L'ADOUR – 40 Landes – 335 J12 – 6 003 h. – alt. 80 m – ✉ 40800

Aquitaine 3 **B3**

- Paris 722 – Auch 84 – Condom 68 – Dax 77 – Mont-de-Marsan 33 – Orthez 59 – Pau 51
- Office de tourisme, place Général-de-Gaulle ✆ 05 58 71 64 70
- Sarcophage de Ste-Quitterie★ dans l'église St-Pierre-du-Mas.

AIRE-SUR-L'ADOUR

Adour (Allée de l') 2
Arènes (R. des) 3
Carnot (R.) 5
Commerce (Pl. du) 6
Despagnet (R. F.) 7
Duprat (R. P.) 9
Duthil (R. P.) 12
Gambetta (R.) 13
Gaulle (Pl. Gén.-de) 15
Labeyrie (R. H.) 16
Verdun (Av. de) 18

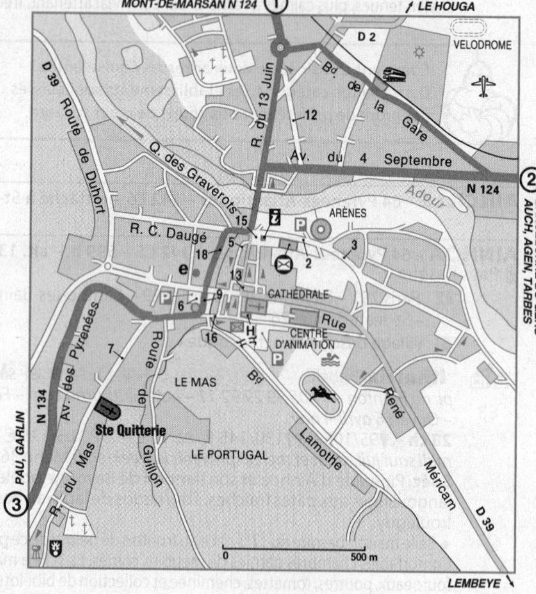

Chez l'Ahumat avec ch

2 r. Mendès-France – ✆ 05 58 71 82 61 – Fermé 19 mars-1er avril et 3-16 sept. e

12 ch – †27/30 € ††33/39 €, ☕ 5 € – ½ P 30/37 € – **Rest** – *(fermé mardi soir et merc.)* Menu 10,50/28 € – Carte 16/29 €

◆ Restaurant tenu par la même famille depuis trois générations. Deux salles de style rustique, agrémentées d'une collection d'assiettes anciennes. Cuisine régionale.

rte de Bordeaux par ① et N 124 – ✉ 40270 Cazères-sur-l'Adour

Aliotel ch, rest, 20, VISA

– ✆ *05 58 71 72 72 – aliotel@free.fr – Fax 05 58 71 81 94*

34 ch – †38 € ††43/45 €, ☐ 6 € – **Rest** – Menu 11 € bc/13 € bc

◆ Établissement fonctionnel offrant de petites chambres standardisées, pratiques et bien insonorisées. Équipements sportifs bien conçus, ouverts sur la nature. Repas sans prétention servis dans une vaste salle à manger aux allures de cafétéria.

à Ségos (32 Gers) 9 km par ③, N 134 et D 260 – **234 h.** – **alt. 111 m** – ✉ 32400

Domaine de Bassibé VISA AE

– ✆ *05 62 09 46 71 – bassibe@relaischateaux.com – Fax 05 62 08 40 15*
– Ouvert 5 avril-1er janv. et fermé mardi et merc. sauf juil.-août

10 ch – †130 € ††130 €, ☐ 15 € – 7 suites – ½ P 124/154 € – **Rest** – *(dîner seult sauf sam. et dim.)* Menu 46 € – Carte 46/58 €

◆ Cette propriété isolée dans la campagne était autrefois un domaine agricole. Chambres douillettes. Le restaurant, aménagé dans l'ancien pressoir, offre un décor rustique de caractère (poutres apparentes) ; paisible terrasse à l'ombre des platanes.

Minvielle et les Oliviers ch, rest, VISA AE

– ✆ *05 62 09 40 90 – lminvielle@wanadoo.fr – Fax 05 62 08 48 62*

18 ch – †43/52 € ††48/57 €, ☐ 6 € – ½ P 49/54 € – **Rest** – *(fermé dim. soir d'oct. à mars)* Menu 13 € bc (déj. en sem.)/18 € – Carte 17/39 €

◆ Dans un petit village du Tursan, construction moderne d'esprit régional. Les chambres de l'annexe, plus récentes, proposent un coquet décor provençal et un grand balcon. Vaste salle à manger rustique où l'on sert une cuisine traditionnelle.

AIRE-SUR-LA-LYS – 62 Pas-de-Calais – 301 H4 – 9 661 h. – alt. 30 m – ✉ 62120

Nord Pas-de-Calais Picardie 30 **B2**

Paris 236 – Arras 56 – Boulogne-sur-Mer 68 – Calais 60 – Lille 62

Office de tourisme, Grand-Place ✆ 03 21 39 65 66, Fax 03 21 39 65 66

Bailliage★ - Tour★ de la Collégiale St-Pierre★.

Hostellerie des 3 Mousquetaires rest, 35, VISA AE

Château de la Redoute, rte de Béthune (N 43)
– ✆ 03 21 39 01 11 – phvenet@wanadoo.fr
– Fax 03 21 39 50 10 – Fermé 20 déc.-20 janv.

33 ch – †53 € ††100/140 €, ☐ 13 € – 2 suites – ½ P 110/120 € – **Rest** – Menu 22 € (sem.)/44 € – Carte 60/70 €

◆ Charme bucolique d'une demeure du 19e s. dans un parc agrémenté d'une pièce d'eau et d'arbres centenaires. Chambres personnalisées. Cuisines visibles de tous ou baies tournées sur la vallée de la Lys : le restaurant laisse le choix du spectacle.

à Isbergues 6 km au Sud-Est par D 187 – **9 836 h.** – **alt. 25 m** – ✉ 62330

Le Buffet avec ch rest, VISA

22 r. de la Gare – ✆ 03 21 25 82 40 – Fax 03 21 27 86 42 – Fermé 30 juil.-23 août, 11-18 fév., lundi (sauf midis fériés) et dim. soir

5 ch – †60 € ††64 €, ☐ 10 € – **Rest** – Menu 20 € (sem.)/55 € – Carte 54/60 €

◆ L'ancien buffet de la gare a aujourd'hui fière allure : deux élégantes salles à manger, mise en place soignée et goûteuse cuisine régionale concoctée selon le marché.

AISEY-SUR-SEINE – 21 Côte-d'Or – 320 H3 – 196 h. – alt. 255 m – ✉ 21400

8 **C1**

Paris 248 – Châtillon-sur-Seine 15 – Chaumont 75 – Dijon 68 – Montbard 26

Roy avec ch rest, rest, VISA AE

– ✆ *03 80 93 21 63 – hotelduroy@wanadoo.fr – Fax 03 80 93 25 74 – Fermé 1er-7 janv., dim. soir d'oct. à mars*

8 ch – †32 € ††48 €, ☐ 6,50 € – ½ P 52 € – **Rest** – Menu 16 € (déj. en sem.), 18/44 € – Carte 29/57 €

◆ Poutres apparentes, vaste cheminée et mobilier rustique composent le décor champêtre un peu sombre du restaurant. Plaisantes petites chambres aménagées dans deux maisons bourguignonnes accolées et entourées d'un jardin arboré. Salon-bar campagnard.

AITON – 73 Savoie – **333** K4 – **1 163 h.** – **alt. 405 m** – ✉ **73220** 46 **F2**

Paris 604 – Annecy 64 – Chambéry 38 – Lyon 138

Du Fort

Rte du Fort – ✆ 04 79 36 90 27 – restofort@wanadoo.fr – Fax 04 79 36 89 61

Rest – Menu 14 € bc (déj. en sem.), 20/40 € – Carte 25/53 €

◆ Ce restaurant jouit d'une situation imprenable puisque bâti sur les structures d'un ancien fort militaire ! Larges baies vitrées ouvrant sur la montagne et plats traditionnels.

AIX (ÎLE-D') – 17 Charente-Maritime – **324** C3 – **voir à Île-d'Aix**

Le rouge est la couleur de la distinction : nos valeurs sûres !

AIX-EN-PROVENCE – 13 Bouches-du-Rhône – **340** H4 – **134 222 h.** – **alt. 206 m** – **Casino** AY – ✉ **13100** Provence 40 **B3**

Paris 752 – Avignon 82 – Marseille 30 – Nice 177 – Sisteron 102 – Toulon 84

Office de tourisme, 2 place du Général-de-Gaulle ✆ 04 42 16 11 61, Fax 04 42 16 11 62

Set Golf 1335 chemin de Granet, O : 6 km par D 17, ✆ 04 42 29 63 69 ;

d'Aix-Marseille à Les Milles Domaine de Riquetti, par rte de Marignane et D 9 : 8 km, ✆ 04 42 24 20 41 ;

Sainte-Victoire Golf Club à Fuveau "Lieu dit ""Château l'Arc", par rte d'Aubagne et D 6 : 14 km, ✆ 04 42 29 83 43.

Le Vieil Aix★★ - Cours Mirabeau★★ - Cathédrale St-Sauveur★ : triptyque du Buisson Ardent★★ - Cloître★ BX **B**[8] - Place Albertas★ BY **3** - Place★ de l'hôtel de ville BY **37** - Cour★ de l'hôtel de ville BY **H** - Quartier Mazarin★ : fontaine des Quatre-Dauphins★ BY **D** - Musée Granet★ CY **M**[6] - Musée des Tapisseries★ BX **M**[2] - Fondation Vasarely★ AV **M**[5].

AIX-EN-PROVENCE

Berger (Av. G.)	**BV**	7
Brossolette (Av.)	**AV**	13
Club Hippique (Av.)	**AV**	18
Dalmas (Av. J.)	**AV**	23
Ferrini (Av. F.)	**AV**	30
Fourane (Av. de la)	**AV**	32
Galice (Rte de)	**AV**	33
Isaac (Av. J.)	**BV**	41
Malacrida (Av. H.)	**BV**	48
Minimes (Crs des)	**AV**	52
Moulin (Av. J.)	**BV**	56
Pigonnet (Av. du)	**AV**	62
Poilus (Bd des)	**BV**	67
Prados (Av. E.)	**AV**	68
Solari (Av. Ph.)	**AV**	76

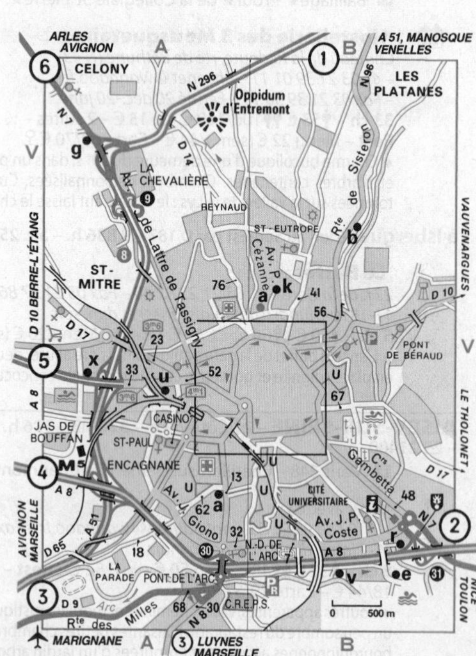

Villa Gallici ch, VISA

18 bis av. Violette – ✆ 04 42 23 29 23 – reservation@villagallici.com
– Fax 04 42 96 30 45 – Fermé janv. BV **k**
18 ch – †220/740 € ††220/740 €, ☕ 22 € – 4 suites
– **Rest** – *(fermé merc. d'oct. à mai et mardi sauf juil.)*
Carte 71/84 €
◆ Platanes, cyprès, fontaine, cigales, tissus choisis et fer forgé : cette délicieuse bastide est un mémorable concentré de Provence. Chambres raffinées. Cuisine classique gorgée de soleil servie dans un cadre élégant ou sur la ravissante terrasse ombragée.

AIX-EN-PROVENCE

Rue	Carré	N°
Agard (Passage)	CY	2
Albertas (Pl.)	BY	3
Aude (R.)	BY	4
Bagniers (R. des)	BY	5
Bellegarde (Pl.)	CX	7
Bon Pasteur (R.)	BX	9
Boulégon (R.)	BX	12
Brossolette (Av.)	AZ	13
Cardeurs (Pl. des)	BY	16
Clemenceau (R.)	BY	18
Cordeliers (R. des)	BY	20
Couronne (R. de la)	BY	21
Curie (R. Pierre-et-Marie)	BX	22
Espariat (R.)	BY	26
Fabrot (R.)	BY	28
Foch (R. du Maréchal)	BY	30
Hôtel de Ville (Pl.)	BY	37
Italie (R. d')	CY	42
Lattre-de-Tassigny (Av. de)	AY	46
De-la-Roque (R. J.)	BX	25
Matheron (R.)	BY	49
Méjanes (R.)	BY	51
Minimes (Crs des)	AY	52
Mirabeau (Cours)	BCY	
Montigny (R. de)	BY	55
Napoléon-Bonaparte (Av.)	AY	57
Nazareth (R.)	BY	58
Opéra (R. de l')	CY	62
Pasteur (Av.)	BX	64
Paul-Bert (R.)	BX	66
Prêcheurs (Pl. des)	CY	70
Richelme (Pl.)	BY	72
Saporta (R. G.-de)	BX	75
Thiers (R.)	CY	80
Verdun (Pl. de)	CY	85
4-Septembre (R.)	BZ	87

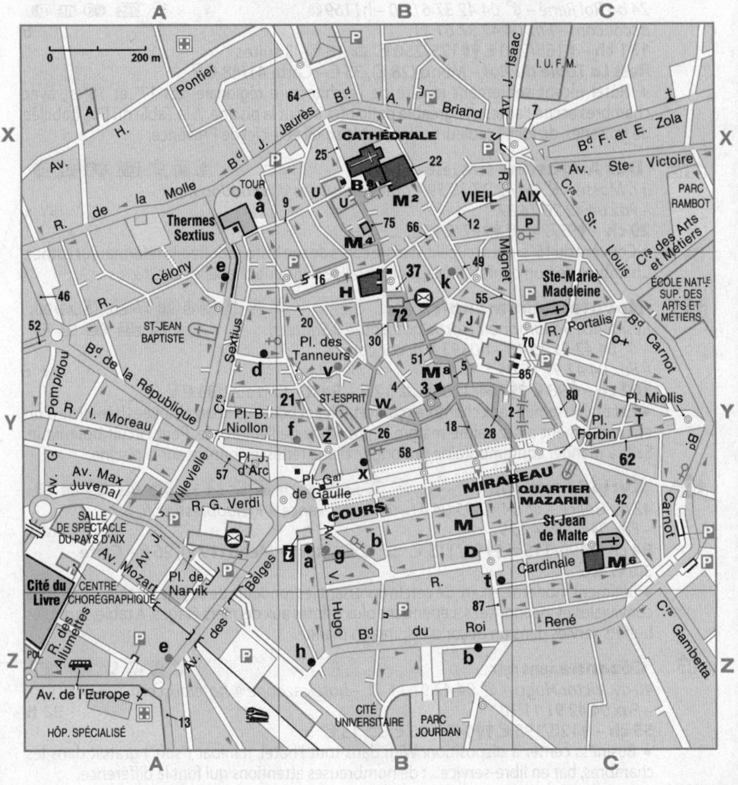

Le Pigonnet 60, VISA AE
5 av. Pigonnet ✉ 13090 – ☎ 04 42 59 02 90 – reservation@hotelpigonnet.com – Fax 04 42 59 47 77 AV **a**
51 ch – 120/240 € 160/570 €, ☐ 25 € – **Rest** – *(fermé 19-30 déc., sam. midi et dim. soir du 1er nov. au 1er avril)* Menu 45 € – Carte environ 76 €
◆ Dans cette gracieuse demeure au parc ombragé et fleuri, Paul Cézanne s'imprégna des parfums et couleurs de la Provence. Mobilier régional ancien et vue sur la Sainte-Victoire. Élégantes salles à manger et terrasse sont tournées sur la verdure ; carte classique.

Aquabella ch, ch, 60, VISA AE
2 r. Étuves – ☎ 04 42 99 15 00 – info@aquabella.fr – Fax 04 42 99 15 01 AX **a**
110 ch – 145/169 € 165/189 €, ☐ 17 € – ½ P 107/119 €
Rest ***L'Orangerie*** – Menu (20 €), 24/39 € – Carte 36/60 €
◆ Hôtel accolé aux Thermes Sextius. Chambres modernes aux tonalités provençales ; aux derniers étages, elles possèdent une terrasse et ont vue sur la vieille ville. Le restaurant occupe une structure "verre et acier" ; terrasse orientée vers la piscine.

Le Galice ch, ch, rest, 100, VISA AE
5 rte Galice – ☎ 04 42 52 75 27 – hotelgalice@bestwestern-aix.com – Fax 04 42 52 75 28 AV **u**
90 ch – 70/160 € 70/160 €, ☐ 12 € – ½ P 108/198 € – **Rest** – *(fermé sam. midi et dim.)* Carte 24/34 €
◆ Les chambres de cette construction moderne sont spacieuses, confortables et bien insonorisées ; les plus agréables s'ouvrent côté piscine. Le restaurant propose un décor et une carte inspirés par l'Italie ; plaisante terrasse au bord de la piscine.

Grand Hôtel Mercure Roi René ch, 150, VISA AE
24 bd Roi René – ☎ 04 42 37 61 00 – h1169@accor.com – Fax 04 42 37 61 11 BZ **b**
131 ch – 165/240 € 175/250 €, ☐ 18 € – 3 suites
Rest ***La Table du Roi*** – Menu (28 €), 35 € – Carte 41/48 €
◆ Hôtel récent sobrement inspiré de l'architecture régionale des 17e et 18e s., avec chambres accueillantes et agréable patio où s'inscrit la piscine. À la Table du Roi, habillée de boiseries, de jolies couleurs célèbrent le soleil et le ciel de Provence.

Des Augustins sans rest VISA AE
3 r. Masse – ☎ 04 42 27 28 59 – hotel.augustins@wanadoo.fr – Fax 04 42 26 74 87 BY **x**
29 ch – 97/240 € 97/240 €, ☐ 10 €
◆ Couvent du 15e s. qui accueillit, dans le cours de son histoire agitée, le réformateur Luther. Chambres de bon confort. Réception installée dans une chapelle du 12e s.

Novotel Beaumanoir ch, 20/90, P VISA AE
Résidence Beaumanoir (sortie autoroute 3 Sautets) – ☎ 04 42 91 15 15 – h0393@accor.com – Fax 04 42 91 15 05 BV **r**
102 ch – 98 € 104/125 €, ☐ 12 € – **Rest** – Carte 22/33 €
◆ Cet établissement aux chambres confortables et pour la plupart rénovées bénéficie d'un environnement assez calme malgré la proximité de l'autoroute. Petit circuit botanique. Salle à manger contemporaine prolongée d'une terrasse donnant sur la piscine.

Kyriad Prestige ch, 50, VISA AE
42 rte Galice – ☎ 04 42 95 04 41 – aixenprovence@kyriadprestige.fr – Fax 04 42 59 47 29 AV **x**
84 ch – 96/115 € 96/115 €, ☐ 12 € – **Rest** – Menu (19 €), 26 € – Carte 30/47 €
◆ Bâtiment moderne en arc de cercle épousant les rondeurs de sa jolie piscine. Chambres conviviales et insonorisées, cependant plus calmes aux derniers étages. À table, formules buffets servies dans un décor d'inspiration marine.

Cézanne sans rest VISA
40 av. Victor Hugo – ☎ 04 42 91 11 11 – hotelcezanne@hotelaix.com – Fax 04 42 91 11 10 BZ **h**
55 ch – 120/195 € 145/195 €, ☐ 15 €
◆ Business center à disposition, Wi-fi dans tout l'hôtel, minibar ("soft") gratuit dans les chambres, bar en libre-service... : de nombreuses attentions qui font la différence.

St-Christophe ch, rest, rest, 25, VISA AE
2 av. V. Hugo – ☎ 04 42 26 01 24 – saintchristophe@francemarket.com – Fax 04 42 38 53 17 BY **a**
60 ch – 76/102 € 82/110 €, 10 € – 7 suites
Rest *Brasserie Léopold* – Menu 24 € (déj.)/29 € – Carte 26/47 €
♦ Nostalgiques des années 1930 ou "accros" du charme provençal, choisissez une chambre à votre convenance, avec ou sans terrasse. Cuisine régionale et plats de brasserie proposés dans un joli cadre Art déco ou sur la terrasse-trottoir les jours d'été.

Novotel Pont de l'Arc ch, 80, VISA AE
av. Arc de Meyran, sortie autoroute Aix Pont de l'Arc – ☎ 04 42 16 09 09 – h0394-@accor.com – Fax 04 42 26 00 09 BV **v**
80 ch – 90/115 € 90/130 €, 12,50 € – **Rest** – Carte 20/33 €
♦ Novotel calé entre l'autoroute et l'Arc. Chambres fonctionnelles, toutes rénovées et insonorisées ; les plus agréables ouvrent côté jardin et piscine. Parcours de santé au bord la rivière. Confortable salle à manger et terrasses ombragées dont une égayée par une charmante fontaine.

Quatre Dauphins sans rest VISA
54 r. Roux Alpheran – ☎ 04 42 38 16 39 – lesquatredauphins@wanadoo.fr – Fax 04 42 38 60 19 BY **t**
13 ch – 55/60 € 65/85 €, 9 €
♦ Tout près de la célèbre place du même nom, une maison du 19e s. joliment décorée, qui ne manque pas de personnalité : meubles peints, sol en tomettes, tissus fleuris...

Le Globe sans rest VISA AE
74 cours Sextius – ☎ 04 42 26 03 58 – hotel-du-globe@wanadoo.fr – Fax 04 42 26 13 68 – Fermé 20 déc.-20 janv. AY **e**
46 ch – 36/59 € 65/75 €, 8 €
♦ Cette bâtisse égayée d'une façade jaune fraîchement repeinte abrite des chambres sans luxe, mais bien rénovées, insonorisées, rigoureusement tenues et pas trop chères.

Le Manoir sans rest VISA AE
8 r. Entrecasteaux – ☎ 04 42 26 27 20 – msg@hotelmanoir.com – Fax 04 42 27 17 97 – Fermé 4-28 janv. AY **d**
40 ch – 60/90 € 73/90 €, 9 €
♦ Belle construction ancienne, naguère fabrique de chapeaux. Un élément de cloître du 14e s. est aménagé en terrasse d'été. Préférez les chambres rénovées.

Le Clos de la Violette VISA AE
10 av. Violette – ☎ 04 42 23 30 71 – restaurant@closdelaviolette.fr – Fax 04 42 21 93 03 – Fermé 1er-21 août, vacances de fév., dim. et lundi sauf le soir en juil. BV **a**
Rest – *(nombre de couverts limité, prévenir)* Menu 45/90 € – Carte 31/65 €
Spéc. "Boucanade" de lapereau au foie gras (juin à sept.). Eclaté de pigeon en sanguette paysanne. Gibier (saison). **Vins** Coteaux d'Aix en Provence.
♦ Nouvelle ambiance et prix plus doux : le Clos de la Violette, niché dans un jardin à l'écart de l'animation, a fait peau neuve. Belle terrasse d'été dressée sous les arbres.

L'Aixquis VISA AE
22 r. Leydet – ☎ 04 42 27 76 16 – aixquis@aixquis.com – Fax 04 42 93 10 61 – Fermé en août, lundi midi et dim. BY **f**
Rest – Carte 36/70 €
♦ Dans une ruelle du centre, agréable salle à manger actuelle proposant une cuisine élaborée en fonction du marché, à découvrir chaque jour sur l'ardoise des suggestions.

Les Bacchanales VISA AE
10 r. Couronne – ☎ 04 42 27 21 06 – Fax 04 42 27 21 06 – Fermé 3-10 sept., 11 fév.-2 mars, merc. midi, sam. midi et mardi BY **z**
Rest – Menu (15 €), 20 € (sem.)/63 € – Carte 42/71 €
♦ Restaurant aménagé sous les belles poutres anciennes d'une salle à manger tout en longueur, que fréquentent les amateurs de cuisine ensoleillée.

XX **Les 2 Frères**
4 av. Reine Astrid – ☎ 04 42 27 90 32 – les-deuxfreres@wanadoo.fr – Fermé 3-27 nov. AZ **s**
Rest – Menu 23 € – Carte 38/50 €
◆ L'aîné mitonne à vue une appétissante cuisine contemporaine (son travail est retransmis à l'écran en salle) tandis que le cadet soigne les hôtes. Ambiance de bistrot "trendy".

XX **Brasserie Les Deux Garçons**
53 Cours Mirabeau – ☎ 04 42 26 00 51 – lesdeuxgarcons@wanadoo.fr – Fax 04 42 26 74 22 BY
Rest – Menu (20 €), 28 € – Carte 31/68 €
◆ Cézanne et Zola fréquentèrent cette brasserie mythique, fondée en 1792 et classée monument historique. Outre de superbes salles, elle possède la plus belle terrasse du cours.

XX **Amphitryon**
2 r. P. Doumer – ☎ 04 42 26 54 10 – amphitryon22@wanadoo.fr – Fax 04 42 38 36 15 – Fermé 15 août-3 sept., dim. et lundi BY **s**
Rest – Menu (17 €), 21 € (déj. en sem.), 35/40 € – Carte 43/48 €
◆ Près du cours Mirabeau, dans un décor mi-classique, mi-actuel, en salle ou au comptoir (plus informel), goûtez une cuisine régionale servie avec enthousiasme. Calme patio.

X **Le Passage**
10 rue Villars – ☎ 04 42 37 09 00 – contact@le-passage.fr – Fax 04 42 37 09 09
Rest – Menu 23/35 € – Carte 36/55 € BY **b**
◆ Métal, passerelles et mobilier contemporain rajeunissent cette confiserie du 19e s. aménagée sur trois niveaux et faisant bistrot, oenothèque, bar à tapas et salon de thé.

X **Chez Féraud**
8 r. Puits Juif – ☎ 04 42 63 07 27 – marcferaud@cegetel.net – Fermé août, dim. et lundi BY **k**
Rest – Menu (23 €), 27 € – Carte 30/42 €
◆ Dissimulée dans une ruelle du vieil Aix, sympathique adresse familiale recelant un puits du 12e s. Cuisine provençale (pistou, daube) et grillades préparées en salle.

X **Le Formal**
32 r. Espariat – ☎ 04 42 27 08 31 – Fax 04 42 27 08 31 – Fermé 27 août-9 sept., sam. midi, dim. et lundi BY **w**
Rest – Menu 18 € (déj.), 21/47 €
◆ Restaurant non-fumeurs situé dans de belles caves voûtées du 15e s., accueillant des expositions de tableaux. Autre objet de spectacle, la cuisine, inventive et bien tournée.

X **Yôji**
7 av. V. Hugo – ☎ 04 42 38 48 76 – Fax 04 42 38 47 01 – Fermé lundi midi et dim.
Rest – Menu 16 € (déj.), 22/29 € – Carte 22/45 € BY **g**
◆ On peut se trouver au cœur de "l'empire du soleil" et vouloir s'évader au pays du Soleil Levant : cuisine japonaise, barbecue coréen et bar à sushis dans un décor "zen".

X **Yamato**
21 av. des Belges – ☎ 04 42 38 00 20 – Fax 04 42 38 52 65 AZ **e**
Rest – *(fermé lundi sauf le soir en juil. et mardi midi)* Menu 28 € (déj. en sem.), 48/63 € – Carte 41/71 €
◆ Madame Yuriko, propriétaire de ce restaurant dédié à la cuisine japonaise, vous accueille en costume traditionnel. Salon nippon, véranda, terrasse, jardin. Menus "découvertes".

X **Saïgon**
2 bis r. Aumône Vieille – ☎ 04 42 26 05 48 – Fermé 11-22 juin et lundi BY **v**
Rest – Menu (9 €), 14 € (déj.)/25 € – Carte 17/28 €
◆ Plaisant décor asiatique : boiseries acajou, sièges en rotin clair, panneaux laqués représentant les quatre saisons, bel aquarium (poissons exotiques). Cuisine vietnamienne.

rte de St-Canadet 9 km par ①, N 96 et D 13 – ✉ 13100 Aix-en-Provence

Domaine De La Brillane sans rest
195 route de Couteron, par D 13 et rte secondaire – ☎ 06 74 77 01 20 – rupert.birch@labrillane.com – Fax 04 42 54 31 25 – Fermé 20 déc.-3 janv.
5 ch – †120/150 € ††120/150 €
◆ Les propriétaires de cette récente maison, située au cœur d'un domaine viticole, font partager leur passion pour le vin. Dégustation et chambres au calme avec vue sur les vignes.

XX **Puyfond**

3220 rte de St Canadet – ✆ 04 42 92 13 77 – Fax 04 42 92 03 29 – Fermé 1er-13 mars, 13 août-9 sept., 2-9 janv., 25 fév.-1er mars, mardi midi, dim. soir et lundi

Rest – Menu 26 € – Carte 29/36 €

◆ Cette ferme fut bâtie au temps de Louis XIV en pleine garrigue. Plats classiques (spécialités : daube, pieds et paquets) servis en salle ou sur l'agréable terrasse ombragée.

à Le Canet 8 km par ② sur N 7 – ✉ 13100 Beaurecueil

XX **L'Auberge Provençale**

Route nationale 7, Le Canet de Meyreuil – ✆ 04 42 58 68 54 – aubergiste@aol.com – Fax 04 42 58 68 05 – Fermé 10-27 juil., 24-28 déc., mardi sauf le midi de sept. à juin et merc.

Rest – Menu 23/46 € – Carte 52/58 €

◆ Jolie auberge de bord de route disposant de plaisantes salles à manger méridionales. Cuisine traditionnelle, généreuse et soignée ; belle carte de vins régionaux.

à Beaurecueil 10 km par ②, N 7 et D 58 – 568 h. – alt. 254 m – ✉ 13100

XXX **Relais Ste-Victoire** avec ch

20,

D 46 – ✆ 04 42 66 94 98 – relais-ste-victoire@wanadoo.fr – Fax 04 42 66 85 96 – Fermé 29 oct.-5 nov., 2-7 janv., vend. sauf le soir en saison, dim. soir et lundi

15 ch – †65/100 € ††65/122 €, ☕ 14 € – ½ P 130/160 € – **Rest** – *(prévenir le week-end)* Menu 25/70 €

◆ Ce mas au pied de la Ste-Victoire propose une cuisine actuelle inspirée des saveurs authentiques de la Provence. Depuis la véranda, jolie vue sur la campagne aixoise.

par ③ 5 km D9 ou A 51, sortie Les Milles – ✉13546 Aix-en-Provence

Château de la Pioline

ch, rest, 50,

260 r. Guillaume du Vair – ✆ 04 42 52 27 27 – info@chateaudelapioline.fr – Fax 04 42 52 27 28

30 ch – †160/190 € ††160/190 €, ☕ 20 € – 3 suites – **Rest** – *(fermé le week-end de nov. à mars)* Menu 32 € (déj. en sem.), 45/64 € – Carte 62/101 €

◆ Belle demeure, classée monument historique, abritant de vastes chambres joliment meublées ; celles de l'aile récente sont moins grandes. Jardin à la française. Restaurant de style Louis XVI décoré d'esquisses au fusain. Cuisine classique ; dîners-concerts.

à Celony 3 km sur N 7 – ✉ 13090 Aix-en-Provence

Le Mas d'Entremont

ch, rest, 30,

315 rte nationale 7 – ✆ 04 42 17 42 42 – entremont@wanadoo.fr – Fax 04 42 21 15 83 – Ouvert 16 mars-31 oct. AV **g**

14 ch – †135/145 € ††135/180 €, ☕ 17 € – 6 suites – ½ P 124/170 € – **Rest** – *(fermé dim. soir et lundi midi)* Menu 38/44 € – Carte 56/66 €

◆ Sur les hauteurs d'Aix, belle bastide ocre nichée dans un parc avec bassin, jeux d'eau et colonnes antiques. Chambres spacieuses et personnalisées ; suites. Chaleureux restaurant d'hiver et divine terrasse ombragée l'été. Cuisine classique de saison.

AIX-LES-BAINS – **73 Savoie – 333 I3 – 25 732 h. – alt. 200 m – Stat. therm. : mi janv.-mi déc. – Casinos : Grand Cercle CZ, Nouveau Casino BZ – ✉ 73100**

Alpes du Nord 46 **F2**

- Paris 539 – Annecy 34 – Bourg-en-Bresse 115 – Chambéry 18 – Lyon 107
- de Chambéry-Savoie : ✆ 04 79 54 49 54, à Viviers-du-Lac par ③ : 8 km.
- Office de tourisme, place Maurice Mollard ✆ 04 79 88 68 00, Fax 04 79 88 68 01
- d'Aix-les-Bains Avenue du Golf, par rte de Chambéry : 3 km, ✆ 04 79 61 23 35.
- Esplanade du Lac★ - Escalier★ de l'Hôtel de Ville CZ **H** - Musée Faure★ - Vestiges Romains★ - Casino Grand Cercle★.
- Lac du Bourget★★ - Abbaye de Hautecombe★★ - Les Bauges★.

AIX-LES-BAINS

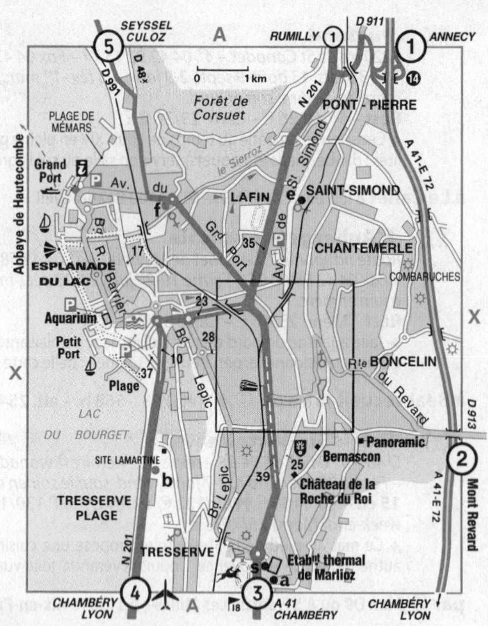

Carrefour des Hôpitaux
Carrefour des Prés-Riants
Av. du Grand Port
Av. d'Alsace-Lorraine
Av. de St-Simond
Av. d'Annecy
Rue de Paris
Boulevard des Anglais
Bd de Chantemerle
Av. d'Italie
Av. R. de Genève
Rue Vaugelas
MUSÉE FAURE
Bd des Côtes
Notre-Dame
Av. du Petit Port
Bd Prés! Wilson
St-Swithun
NOUVEAU CASINO
Avenue de la Liberté
Rue E. Colonne
Rue Jacotot
LIBERTÉ
Av. M. de Solms
CASINO GRAND CERCLE
Thermes nationaux
THERMES CHEVALLEY
Royal
Splendide
Beauregard
R. V. Hugo
THÉATRE DE VERDURE
CENTRE DES CONGRÈS
LE BOIS VIDAL
Bd Lepic
Tresserve
D 50 Av. de

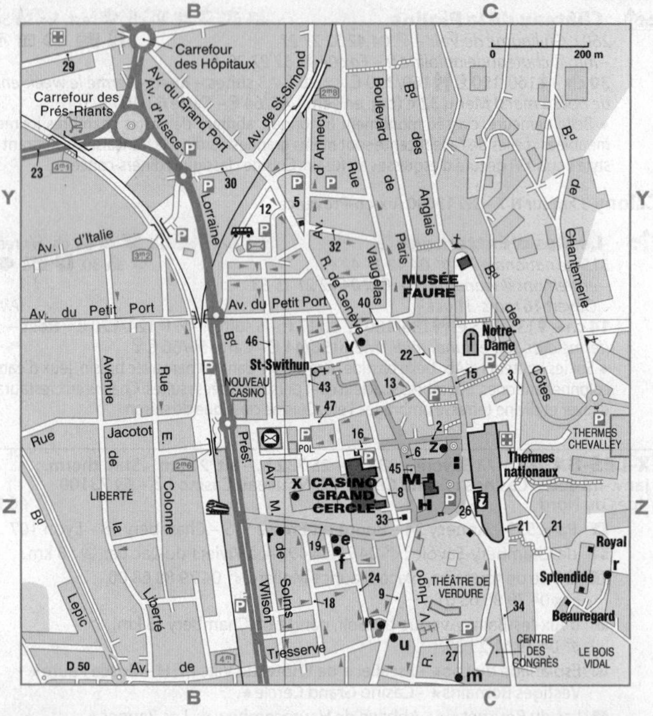

Radisson SAS ch, rest, ch, rest,
av. Ch. de Gaulle 15/400,
– ☎ 04 79 34 19 19 – info.aixlesbains@radissonsas.com
– Fax 04 79 88 11 49 CZ **x**
92 ch – 100/130 € 110/140 €, 17 € – 10 suites – ½ P 141/170 € –
Rest – brasserie Menu (19 €), 22/29 € – Carte 25/45 €
◆ Au cœur du parc du casino nanti d'un plaisant jardin japonais, imposant hôtel dont les chambres, d'une sobre élégance, bénéficient d'équipements modernes et complets. Petite carte d'inspiration brasserie servie dans un décor actuel ou sur l'agréable terrasse.

Mercure Ariana ch, ch, 150,
111 av. de Marlioz à Marlioz : 1,5 km
– ☎ 04 79 61 79 79 – h2945@accor.com – Fax 04 79 61 79 00 AX **a**
60 ch – 88/132 € 98/142 €, 14 € – ½ P 77/98 € – **Rest** – Menu (21 €), 26 € – Carte 39/46 €
◆ Accueillant établissement intégré dans le complexe thermal de Marlioz. Chambres spacieuses, parfois dotées de balcons. Centre de balnéothérapie. Lumineuse salle à manger et plaisante terrasse tournée vers un parc ombragé d'arbres centenaires.

Astoria ch, rest, 20,
pl. Thermes – ☎ 04 79 35 12 28 – hotel.astoria-savoie@wanadoo.fr
– Fax 04 79 35 11 05 – Fermé 29 nov.-7 janv. CZ **z**
135 ch – 59/76 € 81/99 €, 10 € – ½ P 66/76 € – **Rest** – Menu 24 € (déj.)/22 € (dîner) – Carte 24/42 €
◆ Cet ancien palace (1905) situé face aux thermes témoigne du passé fastueux d'Aix-les-Bains. Décor Belle Époque habilement rénové, confort moderne et chambres spacieuses. Le style Art nouveau a été préservé dans cette grande et élégante salle à manger.

Le Manoir 15/130,
37 r. Georges-1er – ☎ 04 79 61 44 00 – Hotel-le-Manoir@wanadoo.fr
– Fax 04 79 35 67 67 – Fermé 17 déc.-7 janv. CZ **r**
73 ch – 79/129 € 99/169 €, 13 € – ½ P 79/109 € – **Rest** – Menu (25 €), 29/59 € – Carte 31/76 €
◆ Hôtel aménagé dans les dépendances des anciens palaces Splendide et Royal. Paisible jardin généreusement fleuri, espace "wellness" et chambres rajeunies et personnalisées. Salle à manger prolongée d'une véranda ouverte sur la verdure. Agréable terrasse.

Mercure Acquaviva cuisinette 250,
111 av. Marlioz à Marlioz : 1,5 km – ☎ 04 79 61 77 77 – h2944@accor.com
– Fax 04 79 61 77 00 – Fermé 16 déc.-11 janv. AX **s**
100 ch – 72/98 € 80/106 €, 12 € – ½ P 66/79 € – **Rest** – *(ouvert de mai à sept.)* Menu (16 €), 24 € – Carte environ 27 €
◆ Hôtel récent abritant des chambres fonctionnelles ; celles tournées vers le parc ombragé du domaine d'Aix-Marlioz sont plus calmes. Nombreux équipements pour les séminaires. Salle à manger conçue comme un jardin d'hiver, terrasse-patio et carte traditionnelle.

Agora ch, rest, 50,
1 av. Marlioz – ☎ 04 79 34 20 20 – reception@hotel-agora.com
– Fax 04 79 34 20 30 – Fermé 21 déc.-6 janv. CZ **u**
61 ch – 59/79 € 69/92 €, 11 € – ½ P 62/73 € – **Rest** – *(fermé lundi midi, sam. midi et dim. d'oct. à avril)* Menu (17 €), 25/38 € – Carte 24/43 €
◆ Adoptez cet hôtel pour sa situation centrale et la bonne qualité de ses aménagements. Au sous-sol, piscine, sauna et hammam ont été pensés pour votre bien-être. Salle à manger de style contemporain et atmosphère "cosy". Cuisine traditionnelle.

Palais des Fleurs ch, rest, rest,
17 r. Isaline rest, cuisinette 30,
– ☎ 04 79 88 35 08 – palais.des.fleurs@wanadoo.fr – Fax 04 79 35 42 79
– Fermé 9 nov.-31 janv. CZ **m**
42 ch – 50/64 € 60/77 €, 9 € – ½ P 45/66 € – **Rest** – *(fermé 9 nov.-29 fév.)* Menu 19 € (sem.)/22 € – Carte 23/40 €
◆ Établissement familial situé dans un quartier résidentiel calme. Les chambres sont grandes, sobres et plaisantes. Piscine et centre de remise en forme attrayants. Cuisine classique sensible à la diététique proposée en mezzanine ou au bord de la piscine.

Grand Hôtel du Parc ch, rest, VISA
28 r. Chambéry – ✆ 04 79 61 29 11 – info@grand-hotel-du-parc.com – Fax 04 79 88 33 49 – Fermé 20 déc.-10 fév. CZ **n**
37 ch – 47/55 € 57/65 €, 10 € – ½ P 65/70 €
Rest *La Bonne Fourchette* – *✆ 04 79 34 00 31 (fermé merc. midi du 15 sept. au 15 juin, dim. soir et mardi)* Menu 29/60 € – Carte 41/69 €
◆ Immeuble bâti en 1817 près du théâtre de verdure. Chambres simples et spacieuses. Le salon a conservé son joli décor d'origine. À La Bonne Fourchette, salle à manger agréablement "rétro" et cuisine traditionnelle.

Auberge St-Simond ch, rest, 25, VISA AE
130 av. St-Simond – ✆ 04 79 88 35 02 – auberge@saintsimond.com – Fax 04 79 88 38 45 – Fermé 29 oct.-7 nov., 20 déc.-26 janv., lundi midi du 1er oct. au 30 avril et dim. soir AX **e**
26 ch – 55/70 € 55/75 €, 10 € – ½ P 48/65 € – **Rest** – Menu 22 € (déj. en sem.), 26/35 € – Carte 31/44 €
◆ Auberge estimée pour son ambiance conviviale, ses chambres personnalisées aussi bien tenues qu'entretenues et l'agrément de son jardin doté d'une jolie piscine d'été. Cuisine de tradition proposée à l'intérieur ou en plein air, selon la saison et la météo.

Beaulieu rest, 25, VISA
29 av. Ch. de Gaulle – ✆ 04 79 35 01 02 – info@hotel-beaulieu.fr – Fax 04 79 34 04 82 – Fermé de début nov. à fin mars BCZ **r**
29 ch – 38 € 42 €, 6 € – ½ P 49/62 € – **Rest** – *(fermé dim. soir et lundi)* Menu 15/18 €
◆ Façade centenaire abritant des chambres souvent anciennes, mais bien tenues et équipées d'un mobilier coloré ; certaines ont bénéficié d'un rafraîchissement. Agréable terrasse d'été dressée dans un jardin arboré ou salle de restaurant sous une verrière.

La Croix du Sud sans rest
3 r. Dr Duvernay – ✆ 04 79 35 05 87 – ecrire@hotel-lacroixdusud.com – Fax 04 79 35 72 71 – Ouvert 6 avril-5 nov. CZ **f**
16 ch – 27/39 € 30/42 €, 6 €
◆ Un charme "rétro" émane de cette hospitalière maison centenaire. Chambres simples, tournées sur une cour-jardin ou sur une rue calme. Amusante collection de chapeaux.

Savoy sans rest VISA
21 av. Ch. de Gaulle – ✆ 04 79 35 13 33 – hotelsavoy.perrault@wanadoo.fr – Fax 04 79 88 40 10 – Ouvert 1er avril-31 oct. CZ **e**
19 ch – 32/37 € 35/42 €, 6 €
◆ La décoration et l'atmosphère de cet hôtel nous rappellent les maisons de nos grands-mères. Les chambres, régulièrement entretenues, sont plus calmes sur l'arrière.

Revotel sans rest VISA AE
198 r. Genève – ✆ 04 79 35 03 37 – revotel@wanadoo.fr – Fax 04 79 88 82 99 – Fermé 1er déc.-5 fév. CZ **v**
18 ch – 32/39 € 32/39 €, 6 €
◆ Adresse pour petits budgets à proximité des quartiers animés. Mobilier "seventies" et aménagements fonctionnels dans les chambres. Nuits plus tranquilles sur l'arrière.

L'Annexe VISA AE
205 Bord du Lac ✉ 73100 Tresserve – ✆ 04 79 35 25 64 – Fax 04 79 35 20 45 – Fermé vacances de la Toussaint, de fév. et lundi AX **b**
Rest – Menu (12 €), 16 € (déj. en sem.), 23/29 € – Carte 26/50 €
◆ Ce pavillon moderne dominant le lac vous attable dans un cadre contemporain épuré ou sur les planches de sa jolie terrasse panoramique meublée en teck. Carte au goût du jour.

Auberge du Pont Rouge VISA
151 av. Grand Port – ✆ 04 79 63 43 90 – Fax 04 79 63 43 90 – Fermé 1er-15 janv., 25 juin-1er juil., merc. soir, dim. soir et lundi AX **f**
Rest – Menu 18 € (déj. en sem.), 26/31 € – Carte 35/43 €
◆ Délaissez le cœur de la station pour cette discrète maison bénéficiant d'une véranda et d'une terrasse. Spécialités du Sud-Ouest et poissons du lac. Ambiance conviviale.

AIZENAY – 85 Vendée – 316 G7 – 6 095 h. – alt. 62 m – ✉ 85190 34 B3

Paris 435 – Challans 26 – Nantes 60 – La Roche-sur-Yon 18 – Les Sables-d'Olonne 33

Office de tourisme, rond-point de la Gare ✆ 02 51 94 62 72, Fax 02 51 94 62 72

La Sittelle

12, VISA MC AE

33 r. Mar. Leclerc – ✆ 02 51 34 79 90 – Fax 02 51 94 81 77 – Fermé août, 1er-7 janv., lundi et le soir sauf sam.

Rest – *(nombre de couverts limité, prévenir)* Menu 20 € (déj. en sem.)/35 € (week-end)

◆ Discrète maison bourgeoise du début du 20e s. bordant l'axe principal du village. Tables plaisamment dressées dans une salle à manger sobrement contemporaine.

AJACCIO – 2A Corse-du-Sud – 345 B8 – voir à Corse

ALBAN – 81 Tarn – 338 G7 – 848 h. – alt. 600 m – ✉ 81250 29 C2

Paris 723 – Albi 29 – Castres 54 – Toulouse 106

Syndicat d'initiative, 21 place des Tilleuls ✆ 05 63 55 93 90, Fax 05 63 55 93 90

Au Bon Accueil

VISA MC AE

49 av. de Millau – ✆ 05 63 55 81 03 – Bardyj@wanadoo.fr – Fax 05 63 55 82 97

11 ch – 38/62 € 38/62 €, 7 € – ½ P 42/45 € – **Rest** – *(fermé le soir et le week-end en janv., vend. soir, dim. soir et lundi sauf juil.-août)* Menu (13 €), 16/48 € – Carte 31/58 €

◆ Pratique pour l'étape entre Albi et Millau, petit hôtel à la façade engageante abritant des chambres rénovées. Ambiance familiale et conviviale. Généreuse cuisine traditionnelle à déguster sous les poutres rustiques de la salle à manger.

ALBERT – 80 Somme – 301 I8 – 10 065 h. – alt. 65 m – ✉ 80300

Nord Pas-de-Calais Picardie 36 B1

Paris 156 – Amiens 30 – Arras 50 – St-Quentin 53

Office de tourisme, 9 rue Gambetta ✆ 03 22 75 16 42, Fax 03 22 75 11 72

Paix

ch, VISA MC

43 r. V. Hugo – ✆ 03 22 75 01 64 – Fax 03 22 75 44 17 – Fermé 17 fév.-10 mars

12 ch – 51 € 68 €, 6,50 € – ½ P 65 € – **Rest** – *(fermé sam.)* Menu 16 € (sem.)/34 € – Carte 20/46 €

◆ Construction des années 1920 (la cité fut détruite lors de la Première Guerre mondiale) abritant des chambres simples, mais récemment refaites. Sympathique accueil familial. Petite salle à manger rustique où l'on sert une cuisine traditionnelle à prix sages.

ALBERTVILLE – 73 Savoie – 333 L3 – 17 340 h. – alt. 344 m – ✉ 73200

Alpes du Nord 46 F2

Paris 581 – Annecy 46 – Chambéry 51 – Chamonix-Mont-Blanc 64

Office de tourisme, place de l'Europe ✆ 04 79 32 04 22, Fax 04 79 32 87 09

Bourg de Conflans★, porte de Savoie ≤★★ B, Grande Place★ - Route du fort du Mont★★ E.

Million

rest, 25, VISA MC AE

8 pl. Liberté – ✆ 04 79 32 25 15 – hotel.million@wanadoo.fr – Fax 04 79 32 25 36 – Fermé 1er-7 mai et 1er-7 nov.

26 ch – 70/99 € 105/143 €, 11 € – ½ P 85 € – **Rest** – *(fermé sam. midi, dim. soir et lundi)* Menu (19 €), 26/70 € – Carte 67/75 €

◆ Fière demeure du 18e s. voisinant avec la Maison des J.O. Espaces communs de style composite et chambres personnalisées. Repas au goût du jour dans une élégante salle non-fumeurs, mariant des éléments décoratifs anciens et modernes ou sur la terrasse verte.

Albert 1er rest, VISA

38 av. V. Hugo – 04 79 37 77 33 – contact@albert1er.fr – Fax 04 79 37 89 01

16 ch – 52/69 € 62/70 €, 6,50 € – ½ P 68/91 € – **Rest** – brasserie *(fermé dim. soir du 1er mai au 15 déc.)* Menu 12,50 € (déj. en sem.), 18/30 € – Carte 24/40 €

◆ À côté de la gare, petit immeuble (19e s.) rénové vous logeant dans des chambres douillettes. Les meilleures sont les plus récentes. Davantage de calme à l'arrière. Bistrot moderne avec véranda et terrasse-trottoir ; cuisine de brasserie à séquences savoyardes.

au Sud-Ouest 4 km par rte Chambéry (sortie 28) – ✉ 73200 Albertville

Le Roma ch, rest, 450, VISA

85 chemin pont Albertin – 04 79 37 15 56 – hotelleroma@aol.com – Fax 04 79 37 01 31

137 ch – 65/105 € 80/130 €, 13,50 €, 6 duplex – ½ P 69 € – **Rest** – *(fermé sam. midi)* Menu (18 €), 22/47 € – Carte 26/52 €

◆ Près de la rocade, vaste complexe hôtelier résolument voué à la détente et aux loisirs. Chambres calmes et spacieuses ; de préférence, réservez-en une récemment rénovée. Table traditionnelle au cadre classique et pizzéria dotées chacune d'une terrasse abritée.

Nous essayons d'être le plus exact possible dans les prix que nous indiquons. Mais tout bouge ! Lors de votre réservation, pensez à vous faire préciser le prix du moment.

ALBI – 81 Tarn – **338** E7 – **46 274 h.** – **alt. 174 m** – ✉ **81000**

Midi-Pyrénées 29 **C2**

Paris 694 – Béziers 150 – Clermont-Ferrand 286 – Toulouse 76

Office de tourisme, place Sainte-Cécile 05 63 49 48 80

Albi Lasbordes Château de Lasbordes, O : 4 km par r. de la Berchère, 05 63 54 98 07 ;

de Florentin-Gaillac à Marssac-sur-Tarn Al Bosc, par rte de Toulouse : 11 km, 05 63 55 20 50.

Circuit automobile *05 63 43 23 00, 2 km par ⑤.*

Cathédrale Ste-Cécile★★★ : Jubé★★★ - Palais de la Berbie★ : musée Toulouse-Lautrec★★ - Le Vieil Albi★★ : hôtel Reynès★ Z **C** - Pont Vieux★ - Pharmacie des Pénitents★ - ≤★ depuis les moulins albigeois.

Plan page ci-contre

La Réserve ≤ ch, 20, VISA

rte Cordes, par ⑥ : 3 km – 05 63 60 80 80 – reservealbi@relaischateaux.com – Fax 05 63 47 63 60 – Ouvert 1er mai-31 oct.

23 ch – 150/295 € 150/295 €, 18 € – **Rest** – *(fermé le midi sauf sam., dim. et fériés)* Menu 38/58 € – Carte 64/91 €

◆ Dans un parc au bord du Tarn, grande villa accueillante dont les chambres (mobilier de style et contemporain) ont vue sur la piscine et la reposante rivière. Lumineuse salle à manger à la décoration "tendance" et vaste terrasse surplombant le cours d'eau.

Hostellerie St-Antoine sans rest 25, VISA

17 r. St Antoine – 05 63 54 04 04 – hotel@saint-antoine-albi.com – Fax 05 63 47 10 47 Z **d**

42 ch – 72/145 € 84/185 €, 15 € – 2 suites

◆ Au calme, hôtel fondé en 1734 et transformé dans les années 1970. Jardin et meubles anciens recréent l'atmosphère douillette des maisons d'antan, le confort moderne en plus.

ALBI

Alsace-Lorraine (Bd) V
Andrieu (Bd Ed.) . . . . X 2
Archevêché (Pl. de l') . . . . . . Y 3
Berchère (R. de la) . . . . Z
Bodin (Bd P.) . . . . X 5
Cantepau (R. de) V
Carnot (Bd). X
Castelviel (R. du) . . . . Y 7
Choiseul (Quai) . . . . Y 8
Croix-Blanche (R. de la) . . . Z 9
Croix-Verte (R.) . . . . V, YZ 12
Dembourg (Av.). . . . . V 13
Dr-Camboulives (R. du) . . . . Z 14
Empeyralots (R. d') . . . . Z 15
Foch (Av. Mar.) X
Gambetta (Av.). X
Gaulle (Av. Gén.-de) X
Genève (R. de). . . . . Z 17
Gorsse (Pl. H. de) . . . . Y 18
Grand (R. E.). . . . . Y
Hôtel-de-Ville (R. de l') . . . . . Z 19
Jean-Jaurès (Pl.) . . . . Z
Joffre (Av. Mar.). . . . . X 22
Lacombe (Bd) . . . . X 23
Lamothe (R. de) . . . . V, Y
Lapérouse (Pl.). . . . . Z
Lattre-de-Tassigny (Av. Mar.-de). . . . . V 24
Loirat (Av. du). V
Lude (Bd du) X
Malroux (R. A.) . . . . V 25
Maquis (Pl. du) . . . . X 26
Mariès (R.) . . . . Y
Montebello (Bd) . . . . X 27
Moulin (Lices J.) . . . . Z
Nobles (R. des) . . . . Z 28
Oulmet (R. de l') . . . . Z 29
Palais (Pl. du) . . . . Z 30
Palais (R. du) . . . . Z 31
Partisans (Espl. des) . . . . . . Y
Pénitents (R. des) . . . . Z 33
Peyrolière (R.) . . . . YZ 34
Pompidou (Lices G.) . . . . . . YZ
Porta (R.) . . . . Y
Porte-Neuve (R. de la) . . . . . Z 35
Puech-Bérenguier (R.) . . . . . Z 37
République (R. de la) . . . . V, Y
Rinaldi (R.) . . . . Y
Rivière (R. de la). . . . . Y 40
Roquelaure (R.) . . . . Z 41
Ste-Cécile (Pl.) . . . . Y 46
Ste-Cécile (R.) . . . . Z 47
Ste-Claire (R.). . . . . Y 48
St-Afric (R.). . . . . Y 42
St-Amarand (Pl.) . . . . V 69
St-Antoine (R.) . . . . Z 43
St-Clair (R.) . . . . Z 44
St-Julien (R.). . . . . Y 45
Saunal (R. de). . . . . Z 49
Savary (R. H.) . . . . Z 51
Sel (R. du). . . . . Z 52
Séré-de-Rivière (R.) . . . . Z 53
Sibille (Bd Gén.) . . . . Z
Soult (Bd) VX
Strasbourg (Bd de) . . . . . . V, Y 54
Teyssier (Av. Col.) X
Thomas (Av. A.). . . . . V 57
Timbal (R.) . . . . Z 58
Toulouse-Lautrec (R. H.-de) Z 60
Valmy (Bd). VX
Verdier (Av. F.). . . . . X 62
Verdun (Pl. de). . . . . X 63
Verdusse (R. de) . . . . Z 64
Vigan (Pl. du) . . . . Z 65
Visitation (R. de la). . . . . Y 67
8-Mai-1945 (Pl. du) X

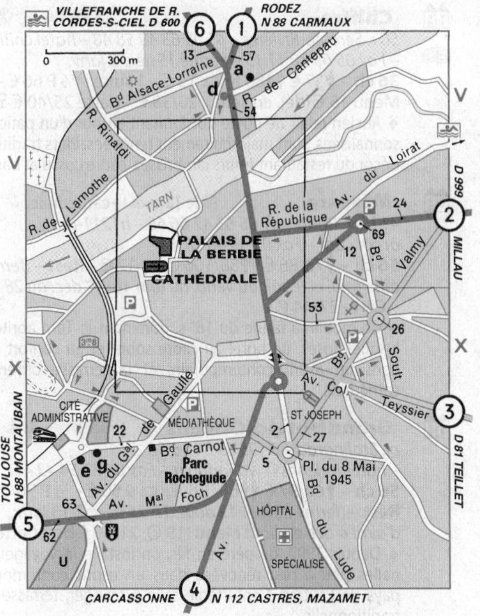

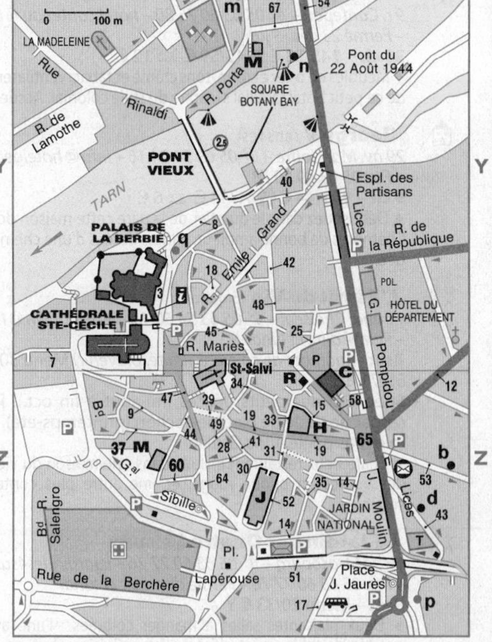

Chiffre ch, 10/50, VISA AE

50 r. Séré-de-Rivières – ☎ 05 63 48 58 48 – hotel.chiffre@wanadoo.fr – Fax 05 63 38 11 15 – Fermé 15 déc.-7 janv. Z **b**

36 ch – 57 € 86 €, 15 € – 1 suite – ½ P 66 € – **Rest** – *(fermé dim.)* Menu 15 € (déj. en sem.), 20/38 € – Carte 25/40 €

◆ Ancien relais de poste s'ordonnant autour d'un patio. Les chambres, raffinées et personnalisées, sont majoritairement rénovées. Plats traditionnels servis dans le chaleureux décor du restaurant (murs lambrissés, cadre cossu et bar marin).

Mercure le Tarn et la cathédrale, ch, rest, VISA AE

41 bis r. Porta – ☎ 05 63 47 66 66 – h1211-gm@accor.com – Fax 05 63 46 18 40 Y **n**

56 ch – 78/86 € 88/100 €, 12 € – **Rest** – *(fermé 20 déc.-3 janv., sam. midi, dim. midi et le soir du vend. au dim. du 1er déc. au 28 fév.)* Menu (16 €), 20/35 € – Carte 27/44 €

◆ Ce moulin à farine du 18e s. dominant le Tarn abrite, derrière sa typique façade en briques roses, un hôtel au cadre sobre et au confort moderne. Le restaurant, rénové dans un esprit contemporain, et la terrasse offrent une vue imprenable sur la cathédrale.

Grand Hôtel d'Orléans rest, ch, 20/60, VISA AE

pl. Stalingrad – ☎ 05 63 54 16 56 – hoteldorleans@wanadoo.fr – Fax 05 63 54 43 41 X **e**

56 ch – 60/97 € 68/132 €, 9,50 € – ½ P 70/85 € – **Rest** – *(fermé 30 juil.-12 août, 17-25 déc., 2-13 janv., 18-24 fév., sam. sauf le soir d'avril à oct. et dim.)* Menu (15 €), 21/50 € bc – Carte 31/52 €

◆ Depuis 1902, de père en fils, on installe le voyageur dans des chambres fonctionnelles peu à peu rénovées dans un esprit contemporain, pour un quiet séjour au pays de Lautrec. Confortable salle à manger, terrasse autour de la piscine et cuisine traditionnelle.

Cantepau sans rest VISA AE

9 r. Cantepau – ☎ 05 63 60 75 80 – hotel.cantepau@tiscali.fr – Fax 05 63 60 01 61 – Fermé 23 déc.-5 janv. V **a**

33 ch – 45/53 € 45/59 €, 12 €

◆ Meubles en osier et rotin, tons crème et tabac, ventilateurs, etc. : la rénovation complète de ce petit hôtel familial s'inspire du style colonial. Accueil aimable.

George V sans rest VISA

29 av. Mar. Joffre – ☎ 05 63 54 24 16 – info@hotelgeorgev.com – Fax 05 63 49 90 78 X **g**

9 ch – 41/44 € 41/44 €, 6 €

◆ Débusquez dans le quartier de la gare cette maison douillette au cachet authentique. Chambres de bonne ampleur, parfois dotées d'une cheminée. Agréable courette ombragée.

L'Esprit du Vin (Enjalran) VISA AE

11 quai Choiseul – ☎ 05 63 54 60 44 – lespritduvin@free.fr – Fax 05 63 54 54 79 – Fermé dim. et lundi Y **q**

Rest – *(nombre de couverts limité, prévenir)* Menu 30 € (déj. en sem.) – Carte 55/71 €

Spéc. Bol des petits délices (mi-août à fin oct.). Pavé de turbot sauvage sur carpaccio tiède de pied de cochon (printemps-été). "Burger" de filet de bœuf au foie gras poêlé. **Vins** Gaillac.

◆ Chaleureux restaurant installé dans une maison du vieil Albi. Grande salle logée sous des voûtes en brique rouge, et une autre plus contemporaine et colorée. Cuisine créative.

Le Jardin des Quatre Saisons VISA AE

19 bd Strasbourg – ☎ 05 63 60 77 76 – lejardindes4saisons@tiscali.fr – Fax 05 63 60 77 76 – Fermé dim. soir et lundi V **d**

Rest – Menu 20/33 €

◆ Deux plaisantes salles à manger colorées : l'une avec cheminée et l'autre agrémentée de tableaux et plantes vertes. Cuisine classique, belle carte de vins, alcools et cigares.

X **La Table du Sommelier**

20 r. Porta – ✆ 05 63 46 20 10 – Fax 05 63 46 20 10 – Fermé dim. et lundi

Rest – Menu 13 € (déj.), 20/30 € bc Y m

◆ Les caisses de vins empilées dans l'entrée annoncent la couleur : ici, on célèbre la divine boisson. Nombreuses références décoratives à Bacchus, cuisine de bistrot.

X **L'Epicurien**

42 place Jean Jaurès – ✆ 05 63 53 10 70 – Fax 05 63 43 16 90 – Fermé 30 juil.-12 août, dim. et lundi Z p

Rest – Menu (15 €), 18 € (déj. en sem.), 27 € (dîner)/60 € – Carte 42/53 €

◆ C'est l'adresse "branchée" de la ville. Cadre épuré mais néanmoins chaleureux avec ses banquettes, ses baies vitrées et sa vue en direct sur les cuisines. Carte au goût du jour.

à Castelnau-de-Lévis 7 km par ⑥, D 600 et D 1 – 1 403 h. – alt. 221 m – ✉ 81150

XX **La Taverne** avec ch

rest, ch,

r. Aubijoux – ✆ 05 63 60 90 16 – contact@tavernebesson.com – Fax 05 63 60 96 73 – Fermé vacances de la Toussaint, de fév., lundi et mardi

8 ch – †68/78 € ††78/88 €, ☕ 9 € – ½ P 61/71 € – **Rest** – Menu 23/61 € – Carte 46/57 €

◆ Ancienne coopérative boulangère, dont les fours en briques agrémentent une des deux confortables salles à manger. Cuisine raffinée s'inspirant du terroir et de la tradition.

Ne confondez pas les couverts X et les étoiles ✿ !
Les couverts définissent une catégorie de standing, tandis que l'étoile couronne les meilleures tables, dans chacune de ces catégories.

ALENÇON P – 61 Orne – 310 J4 – 28 935 h. – alt. 135 m – ✉ 61000

Normandie Cotentin 33 **C3**

Paris 190 – Chartres 119 – Évreux 119 – Laval 90 – Le Mans 54 – Rouen 150

Office de tourisme, place de la Magdeleine ✆ 02 33 80 66 31, Fax 02 33 80 66 32

d'Alençon-en-Arçonnay à Arçonnay Le Petit Maleffre, par rte du Mans : 3 km, ✆ 02 33 28 56 67.

Église Notre-Dame★ - Musée des Beaux-Arts et de la Dentelle★ : collection de dentelles★★ BZ **M²**.

Plan page suivante

Mercure sans rest

50,

187 av. Gén. Leclerc par ④ : 2 km – ✆ 02 33 28 64 64 – h1359@accor.com – Fax 02 33 28 64 72 – Fermé 24-31 déc.

55 ch – †58 € ††62 €, ☕ 8,50 €

◆ Construction assez récente située dans une petite zone commerciale. Chambres pratiques et bien insonorisées, rénovées et actuelles au 1er étage. Formule buffet au petit-déjeuner.

XX **Au Petit Vatel**

72 pl. Cdt Desmeulles – ✆ 02 33 26 23 78 – Fax 02 33 82 64 57 – Fermé 25 juil.-8 août, 20 fév.-6 mars, dim. soir et merc. BZ s

Rest – Menu (16 € bc), 19/69 € – Carte 30/56 €

◆ Sur une placette, belle maison en pierres du pays égayée de balcons fleuris. Tons pastel et chaises de style rustique agrémentent l'intérieur de l'élégante salle à manger.

X **Le Chapeau Rouge**

117 r. Bretagne – ✆ 02 33 26 57 53 – Fermé 1er-15 sept., sam. midi et dim.

Rest – Menu (12,50 €), 16/24 € – Carte 20/31 € AY v

◆ Le chapeau de l'enseigne est rouge, mais la salle à manger, toute jaune, s'inspire du style méridional. En cuisine : quelques mariages audacieux sur des bases traditionnelles.

ALENÇON

Argentan (R. d')	AY	2
Basingstoke (Av. de)	AY	3
Bercail (R. du)	BZ	4
Capucins (R. des)	CZ	6
Clemenceau (Cours)	BCZ	
Duchamp (Bd)	AY	8
Écusson (R. de l')	AY	9
Fresnay (R. de)	BZ	13
Grandes-Poteries (R. des)	BZ	14
Grande-Rue	BZ	15
Halle-au-Blé (Pl. de la)	BZ	17
Lattre-de-Tassigny (R. du Mar.-de)	BCZ	19
Leclerc (Av. du Gén.)	AY	20
La Magdelaine (Pl.)	CZ	18
Mans (R. du)	AY	24
Marguerite-de-Lorraine (Pl.)	BZ	25
Porte-de-la-Barre (R.)	BZ	30
Poterne (R. de la)	CZ	33
Quakenbruck (Av. de)	AY	34
Rhin-et-Danube (Av.)	AY	35
Sieurs (R. aux)	BZ	
Tisons (R. des)	AY	39
1er Chasseurs (Bd)	AY	40
14e Hussards (R. du)	AY	42

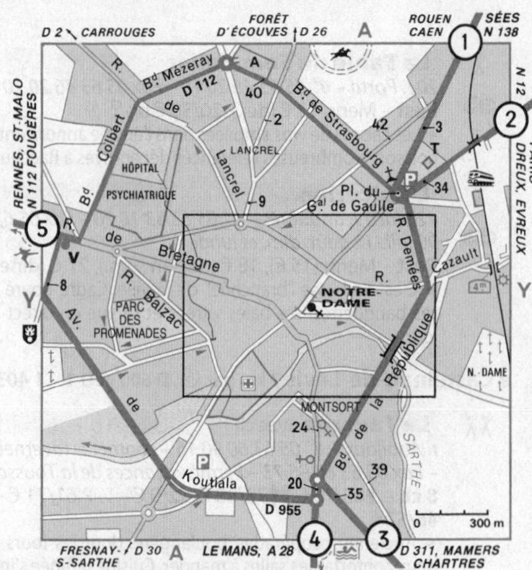

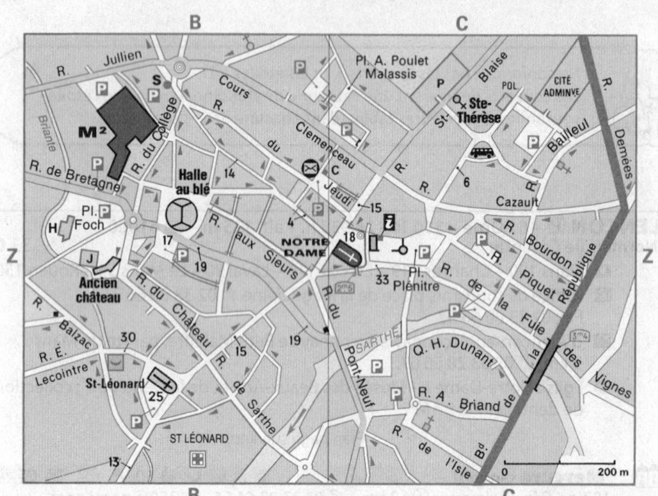

par ① N 138 et rte secondaire - ✉ 61250 Valframbert

Château de Sarceaux

– ✆ 02 33 28 85 11 – chateaudesarceaux@yahoo.fr – Fax 02 33 28 85 11 – Fermé *15 janv.-15 fév.*

5 ch – †100/145 € ††100/145 € – **Rest** – table d'hôte *(dîner seult) (résidents seult)* Menu 46 € bc

◆ Un parc de 12 ha avec étang entoure ce château des 17e et 19e s. dont les chambres raffinées, décorées d'authentiques meubles et tableaux de famille, sont toutes orientées au Sud. Dîner aux chandelles à la table d'hôte ; registre culinaire traditionnel.

ALÉRIA – **2B Haute-Corse** – **345** G7 – **voir à Corse**

Le rouge est la couleur de la distinction : nos valeurs sûres !

ALÈS – 30 Gard – **339** J4 – **39 346 h.** – **alt. 136 m** – ✉ **30100**
Languedoc Roussillon 23 **C1**

Paris 706 – Albi 226 – Avignon 72 – Montpellier 70 – Nîmes 46

Office de tourisme, place de la Mairie ☎ 04 66 52 32 15, Fax 04 66 52 57 09

Musée minéralogique de l'Ecole des Mines★ N - Musée-bibliothèque Pierre-André-Benoit★ O : 2 km - Mine-témoin★ O : 3 km.

ALÈS

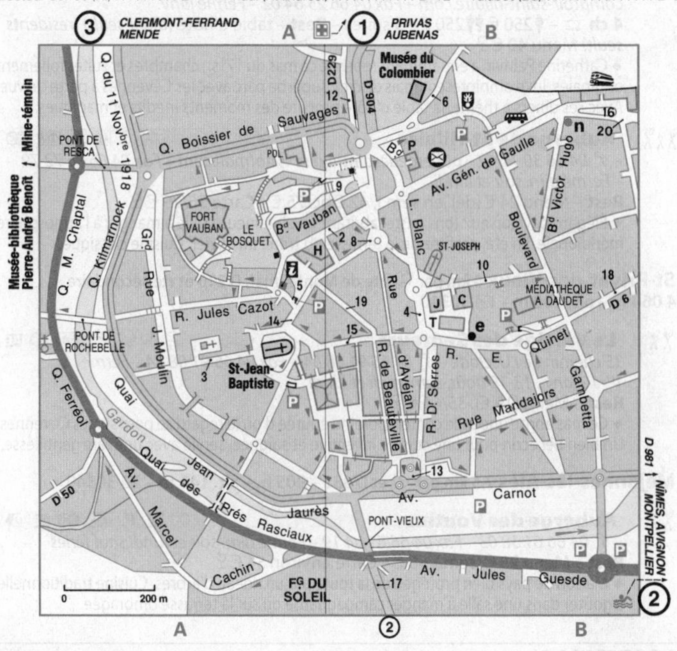

Ibis sans rest
18 r. E. Quinet – ☎ 04 66 52 27 07 – h0338@accor.com – Fax 04 66 52 36 33 B **e**
75 ch – †51/65 € ††65 €, ☐ 7 €
♦ Bâtiment des années 1970 situé au coeur d'Alès. Les chambres, spacieuses et bien insonorisées, sont toutes rénovées. Bar-salon. Local à vélos.

Le Riche avec ch ch, 25, VISA
42 pl. Sémard – ☎ 04 66 86 00 33 – reception@leriche.fr – Fax 04 66 30 02 63 – Fermé août B **n**
19 ch – †43 € ††55 €, ☐ 7,50 € – ½ P 48 € – **Rest** – Menu 19/48 € – Carte 27/42 €
♦ Bel immeuble datant du début du 20e s. Sous un haut plafond, salle à manger Art nouveau aux lambris restaurés dans des couleurs vives. Cuisine classique. Chambres sobres.

à St-Martin-de-Valgalgues 2 km par ① – 4 283 h. – alt. 148 m – ✉ 30520

Le Mas de la Filoselle rest,
344 r. du 19 mars 1962 – ✆ 04 66 24 74 60 – filoselle@wanadoo.fr – Fax 04 66 25 64 96
4 ch – 65 € 76 € – ½ P 61 € – **Rest** – table d'hôte *(dîner seult) (résidents seult)* Menu 23 € bc
◆ On se sent très vite chez soi dans cette ex-magnanerie perchée sur les hauteurs du village. Ravissantes chambres thématiques (Lavande, Olivier, etc.) et beau jardin en terrasses. Table d'hôte, le soir et sur réservation uniquement.

à St-Hilaire-de-Brethmas 3 km par ② et N 2106 – 3 619 h. – alt. 125 m – ✉ 30560

Comptoir St Hilaire VISA AE
Mas de la Rouquette, 2 km à l'Est – ✆ 04 66 30 82 65 – contact@comptoir-saint-hilaire.com – Fax 04 66 25 64 02 – Fermé janv.
4 ch – 250 € 250 € – 3 suites – **Rest** – table d'hôte *(dîner seult) (résidents seult)* Menu 40 €
◆ Catherine Painvin a entièrement repensé ce mas du 17e s. : chambres et suites follement originales, luxe omniprésent mais discret, superbe parc avec les Cévennes à perte de vue. Avec ses dîners à thème, la table d'hôte procure des moments inédits et magiques.

Auberge de St-Hilaire VISA
– ✆ 04 66 30 11 42 – aubergedesainthilaire@hotmail.com – Fax 04 66 86 72 79 – Fermé dim. soir et lundi
Rest – Menu 24 € (déj. en sem.), 42 € bc/75 € – Carte 56/79 €
◆ Élégant pavillon aux tons pastel abritant une lumineuse salle à manger à l'atmosphère méridionale. En été, profitez de la terrasse où trône un olivier. Cuisine classique.

à St-Privat-des-Vieux 4 km par ②, rte de Montélimar, D 216 et rte secondaire – 4 064 h. – alt. 180 m – ✉ 30340

Le Vertige des Senteurs VISA AE
35 chemin de l'Usclade – ✆ 04 66 91 08 84 – Fax 04 66 91 08 84 – Fermé 1er-10 janv., 13-19 août, sam. midi et lundi
Rest – Menu (19 €), 35/65 €
◆ Ce mas abrite une salle contemporaine épurée d'où le regard se perd sur les Cévennes. Un bien bel écrin pour une cuisine inventive et soignée, servie avec une rare gentillesse.

à Méjannes-lès-Alès 7,5 km par ② et D 981 – 905 h. – alt. 141 m – ✉ 30340

Auberge des Voutins VISA AE
– ✆ 04 66 61 38 03 – Fax 04 66 61 04 19 – Fermé dim. soir et lundi sauf fériés
Rest – Menu 28 € (sem.)/58 € – Carte environ 54 €
◆ Maison de pays bien protégée de la route par un rideau d'arbres. Cuisine traditionnelle à goûter dans une salle à manger campagnarde ou sur la terrasse ombragée.

ALFORTVILLE – 94 Val-de-Marne – 312 D3 – 101 27 – voir à Paris, Environs

---

ALGAJOLA – 2B Haute-Corse – 345 C4 – voir à Corse

ALISE-STE-REINE – 21 Côte-d'Or – 320 G4 – rattaché à Venarey-les-Laumes

---

ALIX – 69 Rhône – 327 G4 – 690 h. – alt. 287 m – ✉ 69380 43 E1

Paris 442 – L'Arbresle 12 – Lyon 28 – Villefranche-sur-Saône 12

Le Vieux Moulin VISA
Chemin du Vieux Moulin – ✆ 04 78 43 91 66 – lemoulindalix@wanadoo.fr – Fax 04 78 47 98 46 – Fermé 16 août-8 sept., lundi et mardi
Rest – Menu 24/48 € – Carte 27/51 €
◆ Moulin rhodanien en pierre converti en auberge villageoise. Intérieur champêtre et paisible terrasse ombragée, très prisée en été. Carte traditionnelle et suggestions du moment.

ALLAIN – 54 Meurthe-et-Moselle – 307 G7 – 387 h. – alt. 306 m – ✉ 54170 26 B2

Paris 305 – Nancy 34 – Neufchâteau 28 – Toul 16 – Vittel 49

La Haie des Vignes sans rest 50/130, VISA

0,5 km à l'échangeur A 31, rte Neufchâteau – ☎ 03 83 52 81 82 – hotel.haiedesvignes@free.fr – Fax 03 83 52 04 27

39 ch – 41/56 € 41/56 €, 6 €

◆ Construction de style motel proche de l'autoroute, mais au calme de la campagne lorraine. Chambres fonctionnelles, sobres et bien tenues, de plain-pied avec le jardin.

ALLAS-LES-MINES – 24 Dordogne – 329 H6 – rattaché à St-Cyprien

ALLEMONT – 38 Isère – 333 J7 – 765 h. – alt. 830 m – ✉ 38114 45 C2

Paris 611 – Le Bourg-d'Oisans 11 – Grenoble 49 – St-Jean-de-Maurienne 60 – Vizille 29

Office de tourisme, la Fonderie ☎ 04 76 80 71 60, Fax 04 76 80 79 48

Giniès ch, VISA

– ☎ 04 76 80 70 03 – hotel-ginies@wanadoo.fr – Fax 04 76 80 73 13 – Fermé avril, déc., janv., dim. soir et lundi sauf juil.-août et fév.-mars

12 ch – 42 € 55 €, 6,50 € – ½ P 55 € – **Rest** – *(fermé le midi en juil.-août)* Menu (14 €), 21 €

◆ Cette accueillante auberge vous invite à une halte reposante au coeur de la vallée de l'Eau d'Olle. Chambres bien tenues. Pimpante salle à manger au cachet champêtre. Véranda, terrasse ombragée et minigolf dans le jardin.

Grand luxe ou sans prétention ?
Les ✗ et les notent le confort.

ALLERY – 80 Somme – 301 E8 – rattaché à Airaines

ALLEVARD – 38 Isère – 333 J5 – 3 081 h. – alt. 470 m – Sports d'hiver : au Collet d'Allevard 1 450/2 100 m 13 – Stat. therm. : début mars-mi-oct. – Casino – ✉ 38580 Alpes du Nord 46 F2

Paris 593 – Albertville 50 – Chambéry 33 – Grenoble 40

Office de tourisme, place de la Résistance ☎ 04 76 45 10 11, Fax 04 76 97 59 32

Route du Collet★★ par D525A - Route de Brame-Farine★ NO.

Plan page suivante

Les Alpes rest, VISA

pl. Temple – ☎ 04 76 45 94 10 – hotel@lesalpesallevard.com – Fax 04 76 45 80 81 – Fermé 9-15 avril, 2-7 nov. et dim. soir en hiver d

18 ch – 52/54 € 59/61 €, 9 € – ½ P 56/64 € – **Rest** – *(fermé dim. soir)* Menu 16 € (déj. en sem.), 26/49 € – Carte 25/58 €

◆ Cet hôtel familial, repérable à sa façade jaune et verte, se trouve au cœur de la station thermale. Chambres assez vastes, rénovées et personnalisées. Le patron - artiste à ses heures - expose ses œuvres au restaurant (non-fumeurs) ; recettes classiques.

Les Terrasses VISA

29 av. Savoie – ☎ 04 76 45 84 42 – responsable@hotellesterrasses.com – Fax 04 76 13 57 65 – Fermé 1er-16 avril et 27 oct.-11 nov. a

16 ch – 42/54 € 42/54 €, 6 € – ½ P 46/52 € – **Rest** – *(fermé dim. soir, mardi soir et merc.)* Menu (13 €), 22/32 € – Carte environ 27 €

◆ Tout près du Bréda (rivière), maison de style 1930 vous réservant un bon accueil. Chambres pratiques à choisir de préférence sur l'arrière, côté jardin, pour plus de quiétude. Repas traditionnel servi dans une salle au décor provençal simple et sobre.

ALLEVARD

Baroz (R. Emma) 2
Bir-Hakeim (R. de) 3
Charamil (R.) 5
Chataing (R. Laurent) 6
Chenal (R.) 7
Davallet (Av.) 8
Docteur-Mansord (R.) 9
Gerin (Av. Louis) 15
Grand Pont (R. du) 19
Libération (R. de la) 21
Louaraz (Av.) 22
Niepce (R. Bernard) 23
Ponsard (R.) 24
Rambaud (Pl. P.) 25
Résistance (Pl. de la) 27
Savoie (Av. de) 28
Thermes (R. des) 29
Verdun (Pl. de) 32
8-Mai-1945 (R. du) 34

Rues piétonnes en saison thermale

D 525 ① ALBERTVILLE CHAMBÉRY ①
BRAME - FARINE
D 109, LE COLLET - D'ALLEVARD FOND - DE - FRANCE
D 525A
Jules Ferry
ST-MARCEL
R. du Clos
Bréda
R. E. Tallard
THERMES
Bd des Bains
Av. des
CASINO
0 200 m
② D 525 GRENOBLE

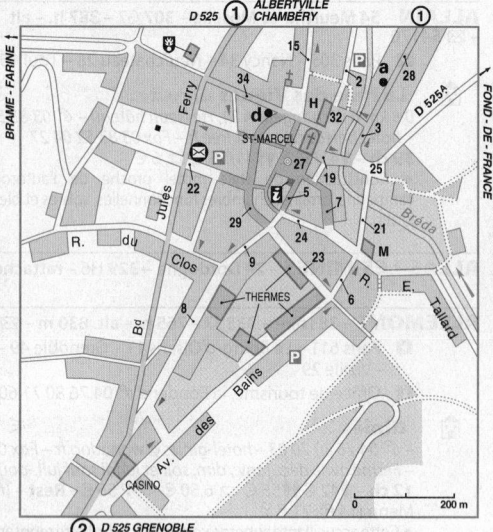

à Pinsot 7 km au Sud par D 525 A – 139 h. – alt. 730 m – ✉ 38580

Pic de la Belle Étoile – 60, VISA AE
– ✆ *04 76 45 89 45 – hotel@pbetoile.com – Fax 04 76 45 89 46 – Ouvert 12 mai-20 oct., 22 déc.-15 avril et fermé vend. soir, sam. et dim. sauf du 9 juil. au 17 août, du 22 déc. au 4 janv. et du 8 fév. au 8 mars*
40 ch – †60/91 € ††75/112 €, ☕ 10,50 € – ½ P 70/94 € –
Rest – Menu 23/45 €
◆ À l'entrée du village, imposante maison régionale récemment agrandie dont le jardin dégringole jusqu'à un torrent. Optez pour les chambres situées dans l'aile neuve. Recettes traditionnelles et régionales servies dans une salle à manger moderne ou en terrasse.

ALLEYRAS – 43 Haute-Loire – 331 E4 – 231 h. – alt. 779 m – ✉ 43580 6 **C3**

Paris 549 – Brioude 71 – Langogne 43 – Le Puy-en-Velay 32 – St-Chély-d'Apcher 59

Le Haut-Allier (Brun) – rest, ch, rest, 15, VISA AE
2 km au Pont d'Alleyras, au Nord par D 40
– ✆ *04 71 57 57 63 – hot.rest.hautallier@wanadoo.fr – Fax 04 71 57 57 99 – Ouvert de mi-mars à mi-nov. et fermé lundi et mardi sauf juil.-août*
12 ch – †85/95 € ††85/120 €, ☕ 11 € – ½ P 85/88 € – **Rest** – *(fermé lundi et mardi sauf le soir en juil.-août)* Menu 28 € (sem.)/88 € – Carte 52/60 €
Spéc. Queues d'écrevisses et mousserons façon thaï. Filet d'omble chevalier en cuisson douce sur peau. Fruits rouges des monts du Velay (été). **Vins** Saint-Joseph, Boudes.
◆ Il est un peu perdu au fond d'une vallée, mais cet hôtel longeant les gorges de l'Allier mérite le détour. Belles chambres traditionnelles ou "zen", fitness et accueil charmant. Au restaurant, luxe discret et délicieuse cuisine inventive puisant dans le terroir.

ALLOS – 04 Alpes-de-Haute-Provence – 334 H7 – 637 h. – alt. 1 425 m – Sports d'hiver : 1 400/2 000 m 4 29 – ✉ 04260 Alpes du Sud 41 **C2**

Paris 763 – Barcelonnette 36 – Colmars 8 – Digne-les-Bains 78

Office de tourisme, place du Presbytère ✆ 04 92 83 02 81, Fax 04 92 83 06 66

★★ du col d'Allos NO : 15 km.

à la Foux d'Allos 9 km au Nord-Ouest par D 908 – ✉ 04260 Allos

ℹ Office de tourisme, Maison de la Foux ✆ 04 92 83 80 70, Fax 04 92 83 86 27

Du Hameau – rest, 25, P, VISA MC AE
– ✆ 04 92 83 82 26 – *info@hotel-du-hameau.fr* – *Fax 04 92 83 87 50* – *Ouvert 10 juin-15 sept. et 2 déc.-17 avril*
36 ch – †64/102 € ††88/140 €, ☕ 11,50 € – ½ P 66/88 € – **Rest** – Menu 13/50 € – Carte 21/48 €
◆ Hôtel de type chalet abritant des chambres confortables et lambrissées ; celles avec mezzanine accueillent les familles. Bons équipements de détente. Jolie vue sur les montagnes depuis le restaurant et la terrasse. Plats traditionnels, fondues, raclettes.

LES ALLUES – 73 Savoie – 333 M5 – rattaché à Méribel

ALOXE-CORTON – 21 Côte-d'Or – 320 J7 – rattaché à Beaune

ALPE D'HUEZ – 38 Isère – 333 J7 – 1 479 h. – alt. 1 860 m – Sports d'hiver : 1 250/3 330 m 15 69 – ✉ 38750 Alpes du Nord 45 C2

Paris 625 – Le Bourg-d'Oisans 12 – Briançon 71 – Grenoble 63

Altiport ✆ 04 76 11 21 73, SE.

ℹ Office de tourisme, place Paganon ✆ 04 76 11 44 44

Pic du Lac Blanc ❄★★ par téléphérique - Route de Villars-Reculas★ 4 km par D 211^{B}.

ALPE D'HUEZ

Bergers (Chemin des) . . . . B 2	Cognet (Pl. du) . . . . B 4	Pic Bayle (R. du) . . . . B 8
	Fontbelle (R. de) . . . . B 5	Poste (Rte de la) . . . . A 9
	Meije (R. de la) . . . . B 6	Poutat (R. du) . . . . B 10
	Paganon (Pl. Joseph) . . . . A 7	Siou Coulet (Rte du) . . . . A 12

Au Chamois d'Or ≤ pistes et montagnes,
rond point des pistes – ☎ 04 76 80 31 32 20, VISA
– resa@chamoisdor-alpedhuez.com – Fax 04 76 80 34 90
– Ouvert 15 déc.-20 avril B **e**
43 ch – †240 € ††315 €, ☐ 16 € – 4 suites – ½ P 210/260 € – **Rest** – Menu 33 € (déj.), 51/62 € – Carte 52/81 €
♦ Au pied des pistes, imposant chalet et sa vaste terrasse exposée plein Sud. Chambres tout bois ou contemporaines, souvent avec vue sur le massif de l'Oisans. Joli restaurant dans le style "montagnard chic" et salon décoré de vieux bois d'alpage.

Le Pic Blanc ≤ rest, rest, 20/70, VISA AE
quartier des Bergers – ☎ 04 76 11 42 42 – hotel.pic.blanc@hmc-hotel.com
– Fax 04 76 11 42 43 – Ouvert 1er juil.-31 août et 2 déc.-22 avril
94 ch – †79/133 € ††121/175 €, ☐ 12 € – ½ P 89/143 € – **Rest** – *(dîner seult) (résidents seult)* Menu 26 €
♦ Grande construction moderne d'esprit chalet campée sur les hauteurs de la station. Chambres spacieuses, de style anglais, disposant toutes d'un balcon. Solarium, piscine et sauna. Restaurant (non-fumeurs) où l'on propose une cuisine traditionnelle.

Le Dôme ≤ massif de l'Oisans, rest, VISA
pl. du Cognet – ☎ 04 76 80 32 11 – info@dome-alpedhuez.com
– Fax 04 76 80 66 48 – Ouvert juil.-août et déc.-avril B **q**
23 ch – †76/167 € ††89/179 €, ☐ 12 € – ½ P 95/140 € –
Rest – *(ouvert janv.-avril)* Menu (17 €), 29 € – Carte 25/47 €
♦ L'hôtel occupe deux étages d'un immeuble résidentiel jouxtant le stade de slalom. Chambres fonctionnelles, progressivement redécorées à la mode locale. Galerie marchande. Petite salle à manger à l'atmosphère montagnarde ; carte traditionnelle et régionale.

Au P'tit Creux VISA AE
chemin des Bergers – ☎ 04 76 80 62 80 – Fax 04 76 80 39 37
– Fermé 8 mai-25 juin, 8 oct.-10 nov., lundi midi et mardi midi de déc. à mai et dim. soir de sept. à nov. A **t**
Rest – *(prévenir)* Menu 45 € – Carte 26/50 €
♦ Coquette salle rustique où les collections de boîtes en ferblanterie et de fioles anciennes créent un cadre original et distrayant. Cuisine traditionnelle.

La Cabane du Poutat ≤ massif de l'Oisans, VISA AE
secteur des Bergers, accès piétons (40 mn) depuis gare départ télécabine des Marmottes – ☎ 04 76 80 42 88 – Fax 04 76 80 42 88 – Ouvert 15 déc.-15 avril
Rest – *(réservation indispensable le soir)* Carte 30/45 €
♦ Au milieu des pistes, chaleureux restaurant d'altitude que l'on rejoint à skis, à pied ou, le soir, en chenillette. Superbe vue et plats régionaux récompenseront vos efforts.

à Huez **3,5 km au Sud-Ouest par D 211 – 202 h. – alt. 1 495 m – ✉ 38750**

L'Ancolie ch, ch, VISA
av. de l'Eglise – ☎ 04 76 11 13 13 – forestieryves@aol.com – Fax 04 76 11 13 11
– Ouvert 1er déc.-22 avril, 2 juin-26 août et 4-30 sept.
16 ch – †50/94 € ††54/98 €, ☐ 11 € – ½ P 59/81 € – **Rest** – *(dîner seult de déc. à avril sauf vend., sam. et dim.)* Menu 14 € (déj.)/34 € – Carte 22/45 €
♦ Belle maison de pays située dans un vieux village préservé. Intérieur rénové dans un esprit montagnard (décor "pierre et bois"), chambres coquettes et environnement paisible. Cuisine traditionnelle, spécialités locales et jolie vue sur l'Oisans au restaurant.

ALPUECH – 12 Aveyron – 338 J2 – 79 h. – alt. 1 082 m – ✉ 12210 29 **D1**

Paris 566 – Toulouse 213 – Rodez 66 – Aurillac 81 – Onet-le-Château 64

Air Aubrac ch, ch,
La Violette, au Sud 5 km par rte de Laguiole – ☎ 05 65 44 33 64 – airaubrac@wanadoo.fr – Fax 05 65 44 33 64 – Ouvert 14 avril -30 sept. et 27 oct.-4 nov.
4 ch – †53 € ††56 €, ☐ 3 € – 1 suite – ½ P 49 € – **Rest** – table d'hôte *(dîner seult) (résidents seult)* Menu 18 € bc
♦ Un pilote de montgolfières (vol possible) vous accueille dans cette ancienne ferme typique alanguie au milieu des pâturages de l'Aubrac. Chambres coquettes et confortables. La patronne prépare une cuisine simple avec les produits du potager et de la région.

ALTENSTADT – 67 Bas-Rhin – 315 L2 – rattaché à Wissembourg

ALTHEN-DES-PALUDS – 84 Vaucluse – 332 C9 – 1 988 h. – alt. 34 m – ✉ 84210 42 **E1**

▶ Paris 676 – Avignon 18 – Carpentras 12 – Cavaillon 24 – Orange 22

Hostellerie du Moulin de la Roque ch,
rte de la Roque – ☏ 04 90 62 14 62 30, VISA
– hotel@moulin-de-la-roque.com – Fax 04 90 62 18 50
28 ch – 72/140 € 72/140 €, ☕ 10 € – ½ P 70/105 € – **Rest** – *(fermé lundi sauf le soir en saison, dim. soir hors saison et sam. midi)* Menu 25/55 €
◆ Une allée bordée de platanes conduit à ce moulin du 17e s. Chambres personnalisées, ouvertes sur le parc traversé par la Sorgue (pêche). Savourez les produits du verger et du potager dans la plaisante salle à manger bourgeoise ou sur la terrasse ombragée.

ALTKIRCH – 68 Haut-Rhin – 315 H11 – 5 386 h. – alt. 312 m – ✉ 68130

Alsace Lorraine 1 **A3**

▶ Paris 457 – Basel 33 – Belfort 35 – Montbéliard 52 – Mulhouse 19 – Thann 27

i Office de tourisme, place Xavier Jourdain ☏ 03 89 40 02 90

de la Largue à Seppois-le-Bas Rue du Golf, S : 23 km par D 432, ☏ 03 89 07 67 67.

à Wahlbach 10 km à l'Est par D 419 et D 19B – 323 h. – alt. 320 m – ✉ 68130

Auberge de la Gloriette avec ch rest,
9 r. Principale – ☏ 03 89 07 81 49 15, VISA
– la-gloriette2@wanadoo.fr – Fax 03 89 07 40 56 – Fermé 1er-15 août, 22 janv.-7 fév.
5 ch – 60/80 € 60/80 €, ☕ 14 € – **Rest** – *(fermé lundi et mardi)* Menu 15 € (déj. en sem.), 27/62 € – Carte 36/64 €
◆ Plaisant décor mêlant l'ancien et le moderne dans cette ferme proposant une cuisine classique soignée. Chambres plus confortables (mobilier chiné) dans le bâtiment principal.

ALTWILLER – 67 Bas-Rhin – 315 F3 – 399 h. – alt. 220 m – ✉ 67260 1 **A1**

▶ Paris 412 – Metz 86 – Nancy 73 – Le Haras 10 – Strasbourg 94

L'Ecluse 16 VISA
3,5 km rte de Bonnefontaine au Sud-Est – ☏ 03 88 00 90 42 – Fax 03 88 00 91 94 – Fermé 2-15 sept., 25 fév.-10 mars, lundi et mardi
Rest – Menu 17 € (sem.)/42 €
◆ Ancien relais de hallage blotti avec son jardinet au bord du canal des Houillères de la Sarre. Décor simple dans la lumineuse salle où l'on sert une goûteuse cuisine actuelle.

ALVIGNAC – 46 Lot – 337 G3 – 573 h. – alt. 400 m – ✉ 46500 29 **C1**

▶ Paris 529 – Brive-la-Gaillarde 52 – Cahors 65 – Figeac 43 – Rocamadour 8 – Tulle 65

i Syndicat d'initiative, le bourg ☏ 05 65 33 66 42

Du Château VISA
– ☏ 05 65 33 60 14 – hotel-du-chateau@wanadoo.fr – Fax 05 65 33 69 28 – Ouvert 1er avril-31 oct.
28 ch – 38/42 € 38/42 €, ☕ 6,50 € – ½ P 42/47 € – **Rest** – *(fermé merc. soir et dim. soir sauf juil.-août)* Menu 12/30 € – Carte 15/31 €
◆ Adossée à l'église, bâtisse séculaire à la façade en pierre tapissée de vigne vierge. Chambres fonctionnelles et bien tenues, progressivement rajeunies. Agréable jardin. Salle à manger simple et chaleureuse en accord avec la cuisine du terroir.

AMBÉRIEU-EN-BUGEY – 01 Ain – 328 F5 – 11 436 h. – alt. 300 m – ✉ 01500

Franche-Comté Jura 44 **B1**

▶ Paris 468 – Bourg-en-Bresse 31 – Lyon 55 – Nantua 44

Ambotel ch, rest, ch, 35, VISA

par N75 dir.Bourg-en-Bresse – 04 74 46 42 22 – Fax 04 74 46 87 92

35 ch – 49/64 € 55/74 €, 6,50 € – **Rest** – *(fermé 26-30 déc., sam. midi et dim. sauf fériés)* Menu 15 € (déj. en sem.), 18/30 € – Carte 25/36 €

♦ Cette construction neuve se signale par son architecture contemporaine et sa pimpante façade ocre. Chambres actuelles meublées en bois clair. Agréable salon-bar. La salle à manger joliment colorée propose une cuisine traditionnelle sans fioriture.

AMBÉRIEUX-EN-DOMBES – 01 Ain – 328 C5 – 1 408 h. – alt. 296 m – 01330

43 **E1**

Paris 437 – Bourg-en-Bresse 40 – Lyon 35 – Mâcon 43 – Villefranche-sur-Saône 18

Syndicat d'initiative, Mairie 04 74 00 84 15, Fax 04 74 00 84 04

Auberge des Bichonnières VISA

545 rte du 3 Septembre 1944 – 04 74 00 82 07 – bichonnier@wanadoo.fr – Fax 04 74 00 89 61 – Fermé 15 déc.-15 janv., dim. soir et lundi sauf juil.-août

9 ch – 48 € 53 €, 8 € – ½ P 57/70 € – **Rest** – *(nombre de couverts limité, prévenir)* Menu (18 € bc), 24/32 €

♦ Cette ancienne ferme typique de la Dombes abrite des chambres sagement campagnardes, agrémentées par des fresques inspirées de la région. Cuisine classique aux accents du terroir servie dans un cadre rustique ou sur la terrasse dressée dans la jolie cour.

AMBERT – 63 Puy-de-Dôme – 326 J9 – 7 309 h. – alt. 535 m – 63600

Auvergne

6 **C2**

Paris 438 – Brioude 63 – Clermont-Ferrand 77 – Thiers 53

Office de tourisme, 4 place de Hôtel de Ville 04 73 82 61 90, Fax 04 73 82 48 36

Église St-Jean★ - Vallée de la Dore★ N et S - Moulin Richard-de-Bas★ 5,5 km à l'Est par D 996 - Musée de la Fourme et du fromage - Train panoramique★ (juil.-août).

Les Copains avec ch ch, VISA

42 bd Henri IV – 04 73 82 01 02 – hotel.rest.les.copains@wanadoo.fr – Fax 04 73 82 67 34 – Fermé 8 sept.-8 oct., 16-25 fév., dim. soir et sam.

10 ch – 46/48 € 46/58 €, 6,50 € – ½ P 48/65 € – **Rest** – Menu 12 € (déj. en sem.), 23/48 € – Carte 30/36 €

♦ Face à la pittoresque rotonde (mairie) célébrée par Jules Romains dans Les Copains. Plats régionaux et fameuse fourme à déguster dans une salle aux couleurs ensoleillées.

AMBIALET – 81 Tarn – 338 G7 – 381 h. – alt. 220 m – 81430

Midi-Pyrénées

29 **C2**

Paris 718 – Albi 23 – Castres 55 – Lacaune 52 – Rodez 71 – St-Affrique 60

Syndicat d'initiative, le bourg 05 63 55 39 14

Site★.

Du Pont rest, 25, VISA

– 05 63 55 32 07 – hotel-restaurant.pont@wanadoo.fr – Fax 05 63 55 37 21 – Ouvert 15 mars-15 nov.

20 ch – 52/54 € 58/60 €, 7,50 € – ½ P 55/58 € – **Rest** – Menu 22/50 € – Carte 40/58 €

♦ Au bord du Tarn, maison régionale ayant vue sur Ambialet et son prieuré. Chambres fraîches, ouvertes sur la campagne ou sur la rivière. Attablez-vous dans la salle à manger rustique ou sur la terrasse panoramique autour de petits plats traditionnels.

AMBIERLE – 42 Loire – 327 C3 – 1 728 h. – alt. 467 m – 42820

Lyon et la vallée du Rhône

44 **A1**

Paris 379 – Lapalisse 33 – Roanne 18 – Thiers 81 – Vichy 58

Église★.

Le Prieuré

r. de la Mairie – ✆ 04 77 65 63 24 – leprieureambierle@wanadoo.fr
– Fax 04 77 65 69 90 – Fermé mardi, merc. et dim. soir

Rest – Menu 25/63 € – Carte 45/61 € ♀

◆ Face à un ancien prieuré de Cluny, restaurant clair et confortable, décoré dans un style moderne d'esprit "zen" et complété par une cour-terrasse. Cuisine actuelle ambitieuse.

L'AMBITION – 28 Eure-et-Loir – 311 B6 – rattaché à Nogent-le-Rotrou

---

AMBOISE – 37 Indre-et-Loire – 317 O4 – 11 457 h. – alt. 60 m – ✉ 37400

Châteaux de la Loire 11 **A1**

Paris 223 – Blois 36 – Loches 37 – Tours 27 – Vierzon 96

Office de tourisme, quai Gal de Gaulle ✆ 02 47 57 01 37, Fax 02 47 57 14 35

Château★★ : ≤★★ de la terrasse, ≤★★ de la tour des Minimes - Clos-Lucé★ - Pagode de Chanteloup★ 3 km par ④.

Lussault-sur-Loire : aquarium de Touraine★ O : 8 km par ⑤.

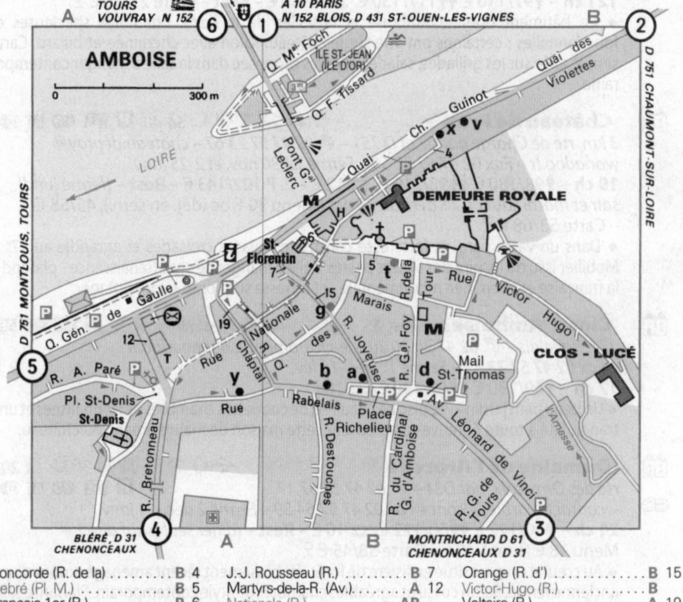

Concorde (R. de la) . . . . B 4
Debré (Pl. M.) . . . . B 5
François-1er (R.) . . . . B 6
J.-J. Rousseau (R.) . . . . B 7
Martyrs-de-la-R. (Av.) . . . . A 12
Nationale (R.) . . . . AB
Orange (R. d') . . . . B 15
Victor-Hugo (R.) . . . . B
Voltaire (R.) . . . . A 19

Le Choiseul

≤ rest, 60,

36 quai Ch. Guinot – ✆ 02 47 30 45 45 – choiseul@grandesetapes.fr
– Fax 02 47 30 46 10 B **v**

28 ch – †100/275 € ††100/335 €, ☕ 21 € – 4 suites – ½ P 145/205 €

Rest – *(fermé le midi sauf dim. et fériés)* Menu 59/90 € – Carte 63/78 €

Rest ***Le 36*** – *(fermé dim. et fériés) (déj. seult)* Menu (23 €), 29 € ♀

Spéc. Pressé mi-cuit de foie gras, pomme et anguille fumée. Pigeonneau aux griottes, pastilla d'herbes aux légumes. Petit suisse, crémeux fraises des bois, sorbet lait d'amande (saison). **Vins** Montlouis, Touraine-Amboise.

◆ Un ravissant jardin fleuri agrémenté d'une belle piscine entoure cette élégante propriété du 18e s. érigée face à la Loire. Chambres bourgeoises. Cuisine inventive servie dans une salle (non-fumeurs) tournée sur l'île d'Or. Ambiance de "jardin d'hiver" au 36.

Le Manoir Les Minimes sans rest
34 quai Ch. Guinot – ✆ 02 47 30 40 40 – reservation@manoirlesminimes.com – Fax 02 47 30 40 77 – Ouvert 12 mars-10 nov. B **x**
13 ch – 115/185 € 115/185 €, 12 € – 2 suites
◆ Belle demeure du 18e s. surplombant la Loire. Les chambres, raffinées et garnies de superbes meubles de divers styles, accueillent les non-fumeurs. Élégants salons.

Le Manoir St Thomas sans rest
1 Mail Saint Thomas – ✆ 02 47 23 21 82 – info@manoir-saint-thomas.com – Fax 02 47 23 24 96 – Fermé 1er-15 déc., merc. d'oct. à mars B **d**
8 ch – 90/135 € 110/160 €, 15 € – 2 suites
◆ Ce joli manoir Renaissance niché dans un jardin reposant abrite d'agréables salons et des chambres de caractère, diversement meublées et dotées de salles de bains modernes.

Novotel ch, 20/150,
2 km au Sud par ③ rte de Chenonceaux – ✆ 02 47 57 42 07 – novotel.amboise@wanadoo.fr – Fax 02 47 30 40 76
121 ch – 97/110 € 117/130 €, 12,50 € – **Rest** – Carte 23/35 €
◆ Ce bâtiment domine Amboise et la vallée de la Loire. Chambres spacieuses et fonctionnelles ; certaines ont vue sur le château. Salon avec cheminée et billard. Carte simple axée sur les grillades, salades et pâtes proposée dans la salle à manger contemporaine.

Château de Pray 40,
3 km, rte de Chargé par ② et D 751 – ✆ 02 47 57 23 67 – chateau.depray@wanadoo.fr – Fax 02 47 57 32 50 – Fermé 12-30 nov. et 2-25 janv.
19 ch – 98/180 € 98/210 €, 12 € – ½ P 102/143 € – **Rest** – *(fermé lundi soir et mardi sauf du 1er avril au 30 oct.)* Menu 30 € bc (déj. en sem.), 45/58 € – Carte 53/68 €
◆ Dans un vaste parc, ex-forteresse construite sous les croisades et agrandie au 17e s. Mobilier issu ou inspiré des siècles passés. Salle à manger de style Renaissance - plafond à la française et cheminée monumentale - et terrasse surplombant un potager.

Clos d' Amboise sans rest
27 r. Rabelais – ✆ 02 47 30 10 20 – le-clos-amboise@wanadoo.fr – Fax 02 47 57 33 43 – Fermé 1er déc.-10 fév. B **b**
17 ch – 69/130 € 69/130 €, 10 €
◆ Un beau petit jardin avec piscine chauffée, de coquettes chambres personnalisées et une tranquillité à toute épreuve caractérisent cette maison de maître proche du château.

Domaine de l'Arbrelle 20,
rte des Ormeaux, par D31 – ✆ 02 47 57 57 17 – contact@arbrelle.com – Fax 02 47 57 64 89 – Fermé 2 déc.-14 janv.
21 ch – 60/122 € 60/122 €, 10 € – **Rest** – *(dîner seult sauf dim.)* Menu 18 € (sem.)/40 € – Carte 38/45 €
◆ Au cœur d'un parc situé en lisière de forêt, établissement récent aménagé autour d'une ancienne ferme. Salon cossu et agréables chambres de style contemporain. Plaisante salle à manger rustique, véranda et terrasse tournées sur le jardin.

Le Blason sans rest
11 pl. Richelieu – ✆ 02 47 23 22 41 – hotel@leblason.fr – Fax 02 47 57 56 18 – Fermé 13 janv.-13 fév. B **a**
25 ch – 44/45 € 49/58 €, 6,50 €
◆ Le respect de la façade et du pittoresque intérieur de cette maison du 15e s. fait tout le charme de l'hôtel. Plafonds à solives et tons pastel dans les chambres rénovées.

Vieux Manoir sans rest cuisinette
13 r. Rabelais – ✆ 02 47 30 41 27 – info@le-vieux-manoir.com – Fax 02 47 30 41 27 – Fermé 15 nov.-1er fév. A **y**
6 ch – 125/140 € 160/235 €
◆ Une fontaine rafraîchit le joli jardin à la française de ce manoir. Chambres bourgeoises, décorées de tableaux anciens, tissus tendus et lourds rideaux. Également, un appartement avec salon.

XX **Le Pavillon des Lys** avec ch rest, ch, VISA

9 r. Orange – ✆ 02 47 30 01 01 – pavillondeslys@wanadoo.fr – Fax 02 47 30 01 90 – Fermé 15 nov.-5 déc. et 15-30 janv. B g

7 ch – 90/210 € 90/210 €, 12 € – ½ P 137/257 € – **Rest** – *(fermé mardi et le midi sauf dim.)* Menu 26/38 €

◆ Cette bâtisse du 18e s. abrite deux petites salles à manger cossues et soignées ainsi qu'un salon-fumoir. En été, on dresse la terrasse dans la cour close. Cuisine du marché.

X **L'Épicerie** VISA

46 pl. M. Debré – ✆ 02 47 57 08 94 – Fermé 15 oct.-15 déc., lundi et mardi sauf de juil. à sept. B t

Rest – Menu 11 € (déj. en sem.), 20/38 € – Carte 30/46 €

◆ Ce restaurant et sa sympathique terrasse profitent d'une situation privilégiée face au château. Intérieur rustique où l'on mange au coude à coude. Cuisine régionale.

à St-Ouen-les-Vignes 6,5 km par ① et D 431 – 941 h. – alt. 80 m – ✉ 37530

XXX **L'Aubinière** avec ch rest, 20, VISA

29 r. Jules Gautier – ✆ 02 47 30 15 29 – restaurant.laubiniere@wanadoo.fr – Fax 02 47 30 02 44 – Fermé 15 fév.-15 mars

6 ch – 85/100 € 90/135 €, 12 € – ½ P 95/135 € – **Rest** – *(fermé dim. soir et merc. soir hors saison, mardi midi de juin à sept. et lundi)* Menu 24 € (déj. en sem.), 32/60 €

◆ Belle salle à manger, terrasse tournée sur un joli jardin, cuisine actuelle, cave riche en vins régionaux et chambres douillettes en sus : cette auberge a tout pour plaire.

à Limeray 7 km par ① et N 152 – 945 h. – alt. 70 m – ✉ 37530

XX **Auberge de Launay** avec ch VISA

9 r. Rivière – ✆ 02 47 30 16 82 – info@aubergedelaunay.com – Fax 02 47 30 15 16 – Fermé 15 déc.-15 janv.

15 ch – 55/73 € 55/73 €, 14 € – ½ P 50/62 € – **Rest** – *(fermé sam. midi et dim. soir)* Menu 19 € (déj. en sem.), 23/35 €

◆ Cette ancienne ferme (18e s.) abrite une jolie salle campagnarde, une véranda et une agréable terrasse. Herbes et légumes du potager. Chambres rénovées dans des tons chauds.

AMBONNAY – 51 Marne – 306 H8 – 934 h. – alt. 95 m – ✉ 51150 13 B2

Paris 169 – Châlons-en-Champagne 24 – Épernay 19 – Reims 28 – Vouziers 65

XX **Auberge St-Vincent** avec ch rest, ch, VISA

1 r. St-Vincent – ✆ 03 26 57 01 98 – info@auberge-st-vincent.com – Fax 03 26 57 81 48 – Fermé 15-30 août, fév., mardi midi, dim. soir et lundi

10 ch – 53 € 56/66 €, 10 € – **Rest** – Menu 30/72 € – Carte 65/82 €

◆ La carte fait la part belle au terroir dans cette pimpante auberge champenoise. De vieux ustensiles de cuisine ornent la cheminée de la salle à manger. Chambres rénovées.

AMBRONAY – 01 Ain – 328 F4 – 2 146 h. – alt. 250 m – ✉ 01500

Franche-Comté Jura 44 B1

Paris 463 – Belley 53 – Bourg-en-Bresse 28 – Lyon 59 – Nantua 39

X **Auberge de l'Abbaye** VISA

pl. des Anciens Combattants – ✆ 04 74 46 42 54 – lavaux.ivan@wanadoo.fr – Fax 04 74 38 82 68 – Fermé 10-17 avril, 30 juin-12 juil., 27 août-3 sept., 15-29 oct., sam. midi, dim. soir et lundi

Rest – Menu 27 € – Carte environ 31 €

◆ Une sympathique auberge de village où l'on déguste d'authentiques recettes du terroir. Belle cave où le client peut choisir sa bouteille. Salle rustique entièrement non-fumeurs.

Le rouge est la couleur de la distinction : nos valeurs sûres !

AMÉLIE-LES-BAINS-PALALDA – 66 Pyrénées-Orientales – 344 H8 – 3 475 h. – alt. 230 m – Stat. therm. : fin janv.-fin déc. – Casino – ✉ 66110
Languedoc Roussillon 22 **B3**

Paris 882 – Céret 9 – Perpignan 41 – Prats-de-Mollo-la-Preste 24

Office de tourisme, 22 avenue du Vallespir ✆ 04 68 39 01 98, Fax 04 68 39 20 20

de Falgos à Saint-Laurent-de-Cerdans Domaine de Falgos, S : 4 km par D 3 et D 3A, ✆ 04 68 39 51 42.

Bourg médiéval de Palalda★.

Palmarium Hôtel
rest, ch, VISA

av. Vallespir – ✆ 04 68 39 19 38 – hppalmarium@aol.com – Fax 04 68 39 04 23 – Fermé 3 déc.-28 janv.

65 ch – 35 € 50/53 €, 7 € – ½ P 40/52 € – **Rest** – Menu 18/30 € – Carte 22/38 €

◆ Dans la rue principale, cet immeuble moderne où règne une ambiance "pension de famille" constitue une halte commode sans prétention. Restaurant néo-rustique avec poutres apparentes ; cuisine régionale et traditionnelle, buffets lors des soirées à thème.

Des Bains et des Gorges
rest, VISA AE

pl. Arago – ✆ 04 68 39 29 02 – hotel-bains-gorges@wanadoo.fr – Fax 04 68 39 82 52 – Fermé 15 déc.-15 fév.

44 ch – 30/34 € 34/41 €, 5,50 € – ½ P 32/37 € – **Rest** – Menu 14/18 €

◆ L'intérêt de cet hôtel tient avant tout à sa proximité avec les thermes. Chambres sobres et propres, disposant parfois d'un balcon. Cuisine catalane dans une spacieuse salle à manger associant meubles rustiques et décor "seventies".

Le Carré d'As
VISA

4 av. Dr. Bouix – ✆ 04 68 39 20 00 – casino.amelie@moliflor.com – Fax 04 68 39 01 02

Rest – Menu 15 € (sem.)/26 € – Carte 29/48 €

◆ Cuisine régionale actualisée au restaurant, pâtes et pizzas à la brasserie : laissez la roue de la fortune décider laquelle de ces deux adresses du casino vous fréquenterez !

L'AMÉLIE-SUR-MER – 33 Gironde – 335 E2 – rattaché à Soulac-sur-Mer

AMIENS P – 80 Somme – 301 G8 – 135 501 h. – Agglo. 160 815 h. – alt. 34 m – ✉ 80000
Nord Pas-de-Calais Picardie 36 **B2**

Paris 142 – Lille 123 – Reims 173 – Rouen 122 – St-Quentin 81

Office de tourisme, 6 bis rue Dusevel ✆ 03 22 71 60 50, Fax 03 22 71 60 51

d'Amiens à Querrieu D 929, par rte d'Albert : 7 km, ✆ 03 22 93 04 26 ;

de Salouel à Salouel Rue Robert Mallet, SO : 5 km, ✆ 03 22 95 40 49.

Cathédrale Notre-Dame★★★ (stalles★★★) - Hortillonnages★ - Hôtel de Berny★ CY **M³** - Quartier St-Leu★ - Musée de Picardie★★ - Théâtre de marionnettes "ché cabotans d'Amiens" CY **T²**.

Plans pages suivantes

Carlton
rest, rest, 15/50, VISA AE

42 r. Noyon – ✆ 03 22 97 72 22 – reservation@lecarlton.eu – Fax 03 22 97 72 00 CZ **s**

23 ch – 71 € 71/130 €, 10 € – **Rest** – grill Menu (13 € bc), 18 € (sem.)/21 € bc – Carte 23/37 €

◆ Cet immeuble du 19e s. proche de la gare abrite des chambres feutrées - mobilier en bois foncé, fresque murale - et très bien insonorisées. Au restaurant, ambiance conviviale, esprit brasserie (banquettes, boxes...) et formules buffets à portée de tous.

Grand Hôtel de l'Univers sans rest
30, VISA AE

2 r. Noyon – ✆ 03 22 91 52 51 – hotelunivers.amiens@wanadoo.fr – Fax 03 22 92 81 66 CZ **a**

41 ch – 65 € 110 €, 12 €

◆ Au bord d'un axe passant, maison ancienne à la façade ravalée. Hall bourgeois et belle cage d'escalier coiffée d'une verrière desservant des chambres confortables.

Mercure Cathédrale sans rest — 15, VISA MC AE D
17 pl. au Feurre – ✆ 03 22 22 00 20 – mercure.amiens@escalotel.com – Fax 03 22 91 86 57 BY **r**
47 ch – †73/96 € ††92/106 €, ☕ 11,50 €
◆ Cette belle façade du 18e s. abritait jadis un relais de poste. Désormais, cet hôtel offre des chambres joliment meublées en bois clair, insonorisées et bien équipées.

Victor Hugo sans rest — VISA MC
2 r. Oratoire – ✆ 03 22 91 57 91 – hotelvictorhugo@wanadoo.fr – Fax 03 22 92 74 02 CY **v**
10 ch – †41 € ††41 €, ☕ 6 €
◆ Petit hôtel familial à deux pas de la cathédrale gothique et de son célèbre Ange pleureur. Un vénérable escalier en bois mène à des chambres simples et bien tenues.

XXX **Les Marissons** — AC VISA MC AE D
pont Dodane – ✆ 03 22 92 96 66 – les-marissons@les-marissons.fr – Fax 03 22 91 50 50 – Fermé vacances de la Toussaint, de Noël, merc. midi, sam. midi et dim. CY **n**
Rest – Menu 19 € (sem.)/49 € – Carte 50/60 € ♀
◆ Atelier de bateaux du 15e s. sur un bras de la Somme du quartier St-Leu. Salle à manger cossue sous une belle charpente. Plaisant jardin-terrasse. Plats classiques.

XX **Le Vivier** — P VISA MC AE
593 rte Rouen – ✆ 03 22 89 12 21 – vivier.le@wanadoo.fr – Fax 03 22 45 27 36 – Fermé 29 juil.-28 août, 24 déc.-1er janv., dim. et lundi AZ **d**
Rest – Menu 26 € (sem.)/78 € ♀
◆ Un vivier à crustacés trône au centre de cette salle de restaurant ; cadre célébrant le monde de la mer, où vous serez convié à déguster poissons et coquillages.

XX **Au Relais des Orfèvres** — VISA MC AE
14 r. Orfèvres – ✆ 03 22 92 36 01 – Fax 03 22 91 83 30 – Fermé 6-26 août, vacances de fév., sam. midi, dim. et lundi CY **m**
Rest – Menu 27/48 € ♀
◆ Après avoir visité la superbe cathédrale, prenez place dans cette jolie salle à manger contemporaine de couleur bleue pour savourer une cuisine au goût du jour à prix doux.

XX **Le Bouchon** — AC VISA MC AE D
10 r. A. Fatton – ✆ 03 22 92 14 32 – Fax 03 22 91 12 58 – Fermé dim. soir
Rest – Menu 14 € (déj. en sem.), 24/38 € – Carte 29/59 € ♀ CY **t**
◆ Hormis ses délicieuses spécialités lyonnaises, cette petite adresse n'a plus vraiment le goût du bouchon : nouveau mobilier, "look" actuel et expositions de tableaux.

X **Le Bistrot des Chefs** — VISA MC
12 r. Flatters – ✆ 03 22 92 75 46 – bistrotdeschefs@orange.fr – Fax 03 22 92 83 68 – Fermé 5-20 août, 23 déc.-7 janv., dim. et lundi CY **w**
Rest – Menu (17 €), 27 € ♀
◆ Vestes de chefs, ustensiles et menus accrochés aux murs : la plaisante décoration de ce bistrot contemporain rend hommage à l'univers de la cuisine. Ardoises de suggestions.

rte de Roye 7 km par ③, N 29 et D 934 – ✉ 80440 Boves

Novotel — ch, AC ch, 100, P VISA MC AE D
Bld Michel Strogoff – ✆ 03 22 50 42 42 – H0396@accor-hotels.com – Fax 03 22 50 42 49
94 ch – †97 € ††107 €, ☕ 12 € – **Rest** – Carte 22/28 € ♀
◆ Rénovation réussie pour cet hôtel des années 1970 : chambres répondant aux derniers critères de confort Novotel et salles de bains façon "cabine de bateau". Salle à manger actuelle ouverte sur la terrasse dressée au bord de la piscine ; carte traditionnelle.

à Dury 6 km par ④ – 1 141 h. – alt. 115 m – ✉ 80480

Petit Château sans rest — P
2 r. Grimaux – ✆ 03 22 95 29 52 – a.saguez@wanadoo.fr – Fax 03 22 95 29 52
5 ch ☕ – †52 € ††75 €
◆ Un accueil charmant vous attend dans cette ancienne ferme, jadis dépendance du château local. Si vous aimez les voitures anciennes, le patron vous ouvrira les portes de son atelier.

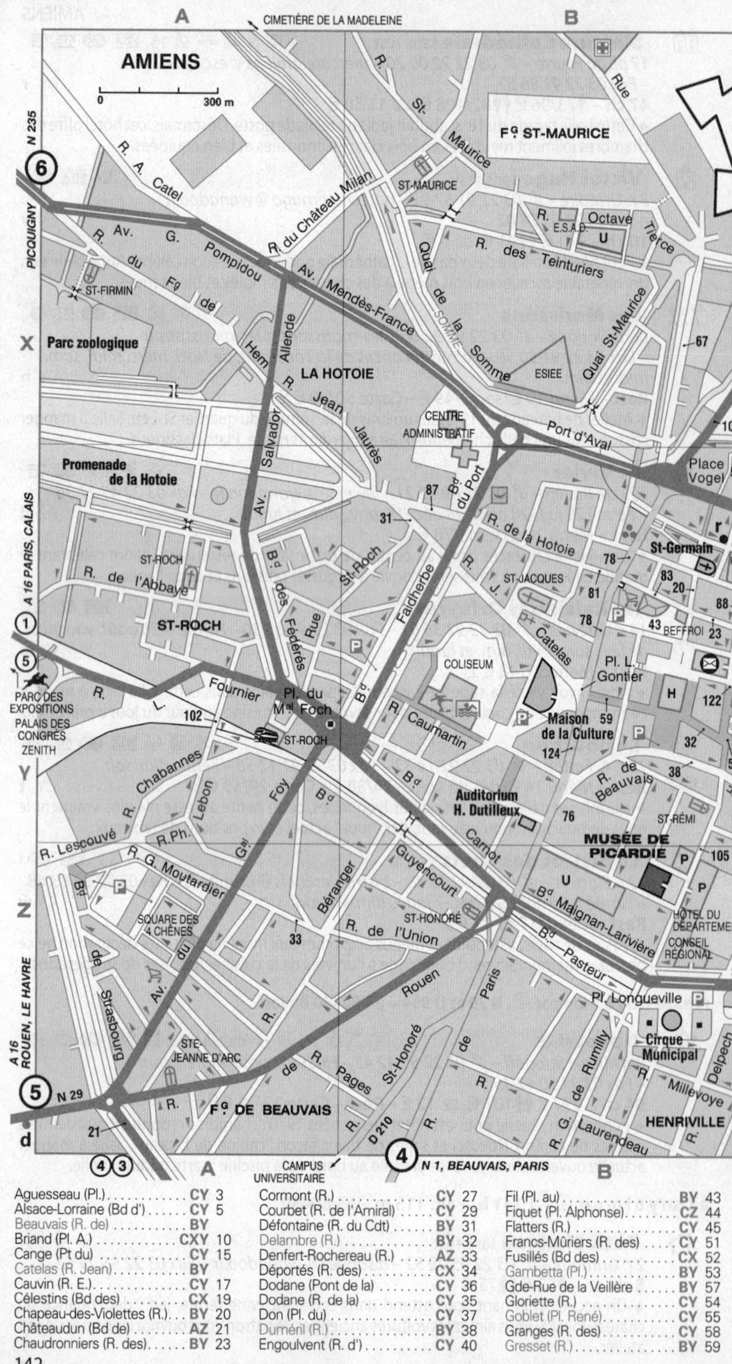
AMIENS
0
300 m
A
B
X
Y
Z
CIMETIÈRE DE LA MADELEINE
N 235
PICQUIGNY
6
A 16 PARIS, CALAIS
1
5
PARC DES EXPOSITIONS
PALAIS DES CONGRÈS
ZENITH
A 16
ROUEN, LE HAVRE
5
N 29
4
3
CAMPUS UNIVERSITAIRE
4
N 1, BEAUVAIS, PARIS
D 210
Fg ST-MAURICE
ST-MAURICE
R. St-Maurice
Rue Tierce
R. Octave
E.S.A.D.
R. des Teinturiers
Quai de la Somme
SOMME
Quai St-Maurice
ESIEE
Port d'Aval
Place Vogel
R. A. Catel
R. du Château Milan
Av. G. Pompidou
Av. Mendès-France
R. du Fg de Hem
ST-FIRMIN
Parc zoologique
Allende
LA HOTOIE
R. Jean Jaurès
CENTRE ADMINISTRATIF
Av. Salvador
Promenade de la Hotoie
Bd du Port
R. de la Hotoie
St-Germain
ST-JACQUES
R. J. Catelas
ST-ROCH
R. de l'Abbaye
ST-ROCH
Bd des Fédérés
Rue St-Roch
Bd Faidherbe
COLISEUM
Pl. L. Gontier
Maison de la Culture
BEFFROI
R. L. Fournier
Pl. du Mal Foch
ST-ROCH
R. Caumartin
R. Chabannes
R. Lebon
Bd Gal Foy
Bd Carnot
Auditorium H. Dutilleux
R. de Beauvais
ST-RÉMI
MUSÉE DE PICARDIE
R. Lescouvé
R.Ph.
R. G. Moutardier
Bd Béranger
R. Guyencourt
ST-HONORÉ
R. de l'Union
Bd Maignan-Larivière
Bd Pasteur
HÔTEL DU DÉPARTEMENT
CONSEIL RÉGIONAL
SQUARE DES 4 CHÊNES
Bd de Strasbourg
Av. du
R. de Rouen
R. St-Honoré
R. de Paris
R. de Rumilly
Pl. Longueville
Cirque Municipal
R. Millevoye
Delpech
STE-JEANNE D'ARC
R. Pages
Fg DE BEAUVAIS
R. G. Laurendeau
HENRIVILLE
H
U
P
POL
67
106
57
87
31
78
81
83
20
88
43
23
122
59
124
32
53
38
76
105
102
33
21
r
d

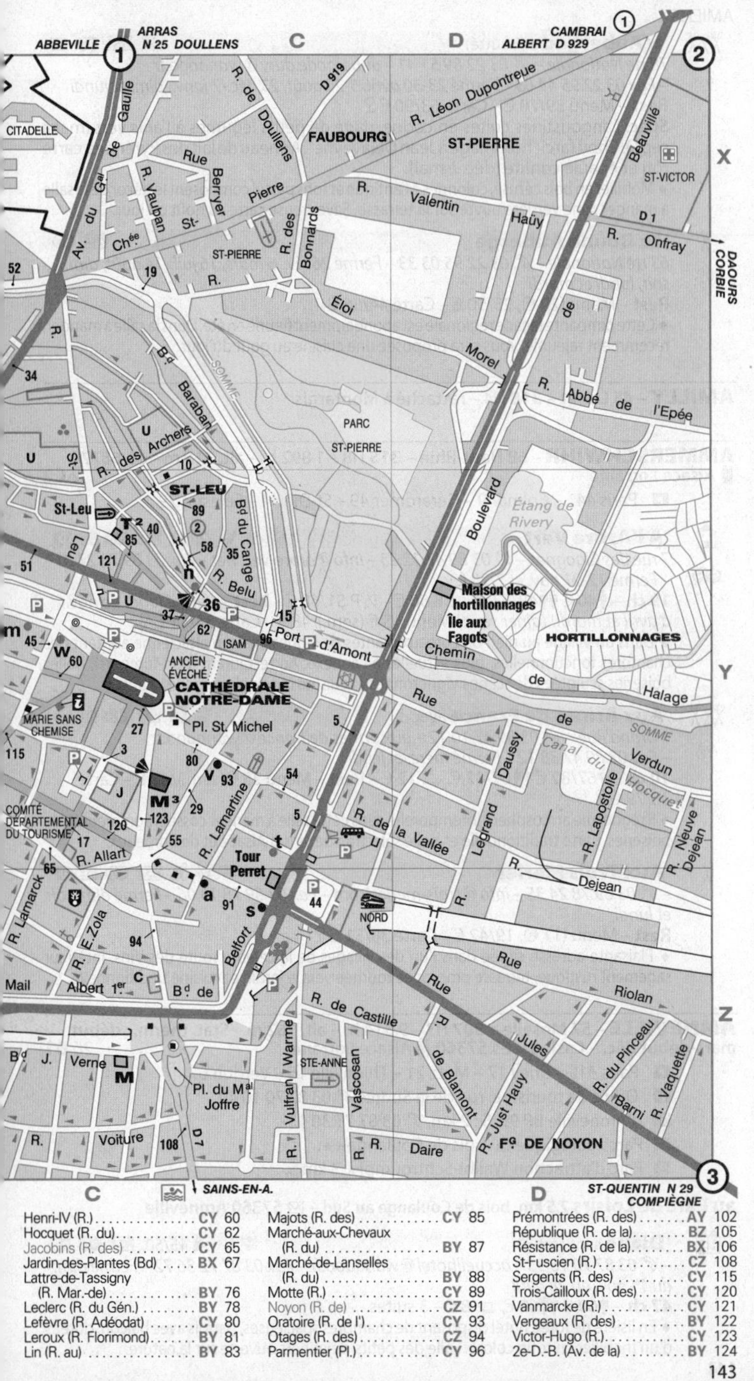

Henri-IV (R.) . . . . **CY** 60
Hocquet (R. du) . . . . **CY** 62
Jacobins (R. des) . . . . **CY** 65
Jardin-des-Plantes (Bd) . . . . . **BX** 67
Lattre-de-Tassigny
(R. Mar.-de) . . . . **BY** 76
Leclerc (R. du Gén.) . . . . **BY** 78
Lefèvre (R. Adéodat) . . . . **CY** 80
Leroux (R. Florimond) . . . . . . **BY** 81
Lin (R. au) . . . . **BY** 83

Majots (R. des) . . . . **CY** 85
Marché-aux-Chevaux
(R. du) . . . . **BY** 87
Marché-de-Lanselles
(R. du) . . . . **BY** 88
Motte (R.) . . . . **CY** 89
Noyon (R. de) . . . . **CZ** 91
Oratoire (R. de l') . . . . **CY** 93
Otages (R. des) . . . . **CZ** 94
Parmentier (Pl.) . . . . **CY** 96

Prémontrées (R. des) . . . . **AY** 102
République (R. de la) . . . . **BZ** 105
Résistance (R. de la) . . . . **BX** 106
St-Fuscien (R.) . . . . **CZ** 108
Sergents (R. des) . . . . **CY** 115
Trois-Cailloux (R. des) . . . . . . **CY** 120
Vanmarcke (R.) . . . . **CY** 121
Vergeaux (R. des) . . . . **BY** 122
Victor-Hugo (R.) . . . . **CY** 123
2e-D.-B. (Av. de la) . . . . **BY** 124

L'Aubergade (Boutté)
78 rte Nationale – ✆ 03 22 89 51 41 – aubergade.dury@wanadoo.fr – Fax 03 22 95 44 05 – Fermé 23-30 avril, 5-20 août, 23 déc.-7 janv., dim. et lundi
Rest – Menu 39/70 € – Carte 63/90 €
Spéc. Langoustines cuites en coque, nage de petits légumes à l'anis vert (mai à sept.). Chou farci "hommage à Jean Delaveyne". Agneau de lait des Pyrénées, carré rôti et épaule confite (déc. à mai).
◆ Mobilier en bois cérusé, colonnes à l'antique et tons pastel composent le décor de la salle à manger ; une verrière ouvre sur la terrasse. Savoureuse carte au goût du jour.

La Bonne Auberge
63 rte Nationale – ✆ 03 22 95 03 33 – Fermé 26 fév.-6 mars, 16 juil.-14 août, dim. soir, lundi et mardi
Rest – Menu (20 €), 25/50 € – Carte 44/56 €
◆ Cette pimpante façade régionale est abondamment fleurie en été. Dans la salle à manger, récemment rajeunie, vous sera proposée une cuisine au goût du jour.

AMILLY – 45 Loiret – 318 N4 – rattaché à Montargis

AMMERSCHWIHR – 68 Haut-Rhin – 315 H8 – 1 892 h. – alt. 215 m – ✉ 68770

Alsace Lorraine 2 **C2**

Paris 441 – Colmar 9 – Gérardmer 49 – St-Dié 44 – Sélestat 29

A l'Arbre Vert ch, 20,
7 rue des Cigognes – ✆ 03 89 47 12 23 – info@arbre-vert.net – Fax 03 89 78 27 21 – Fermé 12-21 nov. et 7-28 fév.
19 ch – 40 € 49/63 €, 8,50 € – ½ P 51/68 € – **Rest** – *(fermé lundi de nov. à avril et mardi) (dîner seult)* Menu 15 € (sem.)/48 € – Carte 34/51 €
◆ Dans un village au pied de coteaux plantés de vignes, maison alsacienne abritant des chambres fonctionnelles, plus actuelles à l'annexe. Au restaurant (non-fumeurs), belles boiseries sculptées de scènes vigneronnes et cuisine régionale soignée ; fumoir.

Aux Armes de France avec ch
1 Grand'Rue – ✆ 03 89 47 10 12 – aux.armes.de.france@wanadoo.fr – Fax 03 89 47 38 12 – Fermé merc. et jeudi
10 ch – 67/82 € 67/82 €, 12 € – **Rest** – Menu 25 € (sem.)/42 € – Carte 36/79 €
◆ Il règne une atmosphère intemporelle dans cette salle à manger cossue, agrémentée de boiseries. Carte traditionnelle et belle sélection de vins d'Alsace et de Bordeaux.

Aux Trois Merles
– ✆ 03 89 78 24 35 – info@trois-merles.com – Fax 03 89 78 13 06 – Fermé dim. soir et lundi
Rest – Menu (11 €), 19/42 € – Carte 30/51 €
◆ Plaisante adresse située dans l'un des villages de la célèbre route des Vins. Intérieur sagement rustique, terrasse ombragée tournée vers le jardin et cuisine traditionnelle.

AMNÉVILLE – 57 Moselle – 307 H3 – 9 314 h. – alt. 162 m – Stat. therm. : début mars-début déc. – Casino – ✉ 57360 Alsace Lorraine 26 **B1**

Paris 319 – Briey 17 – Metz 21 – Thionville 16 – Verdun 67
Office de tourisme, rue de la Source ✆ 03 87 70 10 40
d'Amneville BP 99, S : 2 km, ✆ 03 87 71 30 13.
Parc zoologique du bois de Coulange★★.
Parc d'attraction Walibi-Schtroumpf★ 3 km S.

au Parc de Loisirs 2,5 km, bois de Coulange au Sud – ✉ 57360 Amnéville

Diane sans rest 15/50,
– ✆ 03 87 70 16 33 – accueilhotel@wanadoo.fr – Fax 03 87 72 36 72 – Fermé dim. du 1er nov. au 28 avril
47 ch – 60 € 69 €, 8 € – 3 suites
◆ En lisière de forêt, hôtel disposant de chambres spacieuses, parfois avec balcon, dotées d'un mobilier en rotin coloré. Salle des petits-déjeuners ouverte sur la nature.

La Forêt

– ✆ 03 87 70 34 34 – resto.laforet@wanadoo.fr – Fax 03 87 70 34 25
– Fermé 30 juil.-12 août, 24 déc.-7 janv., dim. soir et lundi

Rest – Menu 19 € (sem.)/42 € – Carte 32/51 €

◆ Grande et lumineuse salle de restaurant abondamment fleurie. En été, la terrasse dressée face à la forêt est très prisée. Cuisine traditionnelle.

AMOU – **40 Landes** – **335** G13 – **1 452 h.** – **alt. 44 m** – ✉ **40330** 3 **B3**

Paris 760 – Aire-sur-l'Adour 51 – Dax 31 – Mont-de-Marsan 47 – Orthez 14 – Pau 50

Office de tourisme, 90 place de la Técouère ✆ 05 58 89 02 25, Fax 05 58 89 02 25

Le Commerce 20, VISA MC AE

près Église – ✆ 05 58 89 02 28 – hotel-darracq-le-commerce-amou@wanadoo.fr – Fax 05 58 89 24 45 – Fermé 12-30 nov., 18-29 fév., dim. soir et lundi hors saison

15 ch – 47 € 58 €, 7 € – ½ P 45 € – **Rest** – Menu 14 € (sem.), 24/41 € – Carte 21/45 €

◆ Cette grande maison couverte de vigne vierge a été refaite dans un style actuel et "cosy". Chambres mansardées au 2e étage. Bar au rez-de-chaussée. Spécialités maison (pâté, terrine et confit) servies dans la salle à manger rustique ou sous la tonnelle.

AMPHION-LES-BAINS – **74 Haute-Savoie** – **328** M2 – ✉ **74500**
Alpes du Nord 46 **F1**

Paris 573 – Annecy 81 – Évian-les-Bains 4 – Genève 40 – Thonon-les-Bains 6

Office de tourisme, 215 rue de la Plage ✆ 04 50 70 00 63, Fax 04 50 70 03 03

Princes VISA MC

– ✆ 04 50 75 02 94 – hotel.des.princes@wanadoo.fr – Fax 04 50 75 59 93 – Ouvert 1er mai-fin sept.

32 ch – 57/82 € 62/120 €, 10 € – 2 suites – ½ P 62/100 € – **Rest** – *(fermé merc. sauf du 11 juil. au 22 août)* Menu 19 € (sem.), 28/35 € – Carte 29/53 €

◆ Cet hôtel du 19e s. posé sur une rive du Léman dispose d'un atout indéniable : son petit port privé. Les chambres côté lac sont à choisir en priorité, pour la vue et le calme. Salles à manger panoramiques dont une à fleur d'eau ; cuisine axée sur le poisson.

Le Tilleul avec ch VISA MC AE

252 RN 5 – ✆ 04 50 70 00 39 – letilleul@aol.com – Fax 04 50 70 05 57 – Fermé 22 juin-10 juil., 23 déc.-2 janv., dim. soir et lundi

19 ch – 61 € 65/70 €, 9 € – ½ P 68/78 € – **Rest** – Menu 18 € (sem.)/42 € – Carte 32/53 €

◆ Poutres, meubles régionaux et cuivres font le cachet "rétro" de ce restaurant proposant des spécialités locales (perches et féras du lac Léman). Service dans le jardin en été.

AMPUS – **83 Var** – **340** N4 – **707 h.** – **alt. 600 m** – ✉ **83111** Côte d'Azur 41 **C3**

Paris 876 – Castellane 58 – Draguignan 15 – Toulon 93

La Fontaine d'Ampus (Haye) VISA MC

– ✆ 04 94 70 98 08 – Fermé lundi, mardi et merc.

Rest – *(nombre de couverts limité, prévenir)* Menu 40 € (Menu unique)

Spéc. Sablé de pois chiches au parmesan et tomates confites (juil.-août). Aile de canard en cocotte aux asperges sauvages (mai-juin). Soupe d'agrumes au muscat de Provence (fév.-mars). **Vins** Côtes de Provence, Coteaux Varois.

◆ Petite maison ancienne au cadre intime et régional, qui s'attache à faire découvrir la Provence à travers ses produits et ses recettes. Menu unique sur ardoise. Restaurant non-fumeurs.

ANCENIS – **44 Loire-Atlantique** – **316** I3 – **7 010 h.** – **alt. 13 m** – ✉ **44150**
Châteaux de la Loire 34 **B2**

Paris 347 – Angers 55 – Châteaubriant 48 – Cholet 49 – Laval 100 – Nantes 41

Office de tourisme, 27 rue du Château ✆ 02 40 83 07 44

Akwaba rest, 30, P VISA AE
bd Dr Moutel – ✆ 02 40 83 30 30 – hotelakwaba@yahoo.fr – Fax 02 40 83 25 10
56 ch – †54 € ††58 €, ☐ 8 € – ½ P 51 € – **Rest** – *(fermé 30 juil.-26 août, 24 déc.-6 janv., vend. soir, sam., dim. et fériés)* Menu 18/22 € – Carte 17/31 € ♀
◆ "Bienvenue" ivoirien dans cet hôtel situé au cœur d'un petit centre commercial. Chambres fonctionnelles. Tissus colorés, peintures et beaux objets d'art évoquant l'Afrique égayent salon et salle à manger ; cuisine traditionnelle française.

La Charbonnière ≤ la Loire, P VISA AE
au bord de la Loire par bd Joubert – ✆ 02 40 83 25 17 – contact@restaurant-la-charbonniere.com – Fax 02 40 98 85 00 – Fermé sam. midi d'oct. à avril, dim. soir et merc. soir
Rest – Menu 16 € bc (sem.), 29/44 € – Carte 34/63 € ♀
◆ Spacieuse salle à manger prolongée d'une véranda offrant une jolie vue sur la Loire et le pont suspendu. Plaisante terrasse dressée dans un jardin au bord du fleuve.

Les Terrasses de Bel Air P VISA AE
1 km à l'Est rte d'Angers – ✆ 02 40 83 02 87 – terrassebelair.jpg@wanadoo.fr – Fax 02 40 83 33 46 – Fermé 3-15 juil., sam. midi, dim. soir et lundi
Rest – Menu 15 € (déj. en sem.), 26/48 € ♀
◆ En bordure de route passante, mais face à la Loire, deux salles à manger aménagées dans l'esprit d'une maison particulière avec cheminée, parquet et mobilier de style.

La Toile à Beurre VISA AE
82 r. St-Pierre (près église) – ✆ 02 40 98 89 64 – latoileabeurre@wanadoo.fr – Fax 02 40 96 01 49 – Fermé dim. soir, merc. soir et lundi
Rest – Menu 16 € (déj. en sem.), 25/52 € – Carte 31/40 € ♀
◆ Pierres, poutres, tomettes et belle cheminée composent l'authentique cadre rustique de cette maison bâtie en 1753. Jolie terrasse. Plats traditionnels et poissons de la Loire.

ANCY-LE-FRANC – 89 Yonne – 319 H5 – 1 108 h. – alt. 180 m – ✉ 89160
Bourgogne 7 **B1**

Paris 215 – Auxerre 54 – Châtillon-sur-Seine 38 – Montbard 27 – Tonnerre 18

Syndicat d'initiative, 59 Grande Rue ✆ 03 86 75 03 15

Château★★.

Hostellerie du Centre ch, 25, P VISA AE
34 Grande Rue – ✆ 03 86 75 15 11 – hostellerieducentre@diaphora.com – Fax 03 86 75 14 13 – Fermé 18 déc.-31 janv., dim. soir et lundi du 15 nov. au 15 mars
22 ch – †44 € ††52 €, ☐ 7 € – ½ P 48 € – **Rest** – Menu 15 € (sem.)/45 € – Carte 22/58 € ♀
◆ Petit immeuble ancien disposant de chambres pratiques et fraîches, plus spacieuses à l'annexe. La piscine couverte permet de se détendre toute l'année. Sobre salle à manger où l'on propose une cuisine traditionnelle et quelques spécialités bourguignonnes.

Au Moulin d'Ancy-le-Franc sans rest P
Chemin de Halage – ✆ 03 86 75 02 65 – info@moulin-ancy.com – Ouvert avril-oct.
5 ch ☐ – †61 € ††76/130 €
◆ Sauvé de la ruine, cet ancien moulin accueille désormais des chambres de qualité dont un petit bijou : la suite Primatis, en duplex, décorée d'un splendide œil de bœuf ouvragé. Accueil attentionné.

ANCY-SUR-MOSELLE – 57 Moselle – 307 H4 – rattaché à Metz

Petit-déjeuner compris ?
La tasse ☐ suit directement le nombre de chambres.

ANDELOT-LÈS-ST-AMOUR – 39 Jura – 321 C8 – 80 h. – alt. 420 m – ✉ 39320 16 B3

Paris 413 – Besançon 130 – Bourg-en-Bresse 34 – Mâcon 70

Château Andelot ← monts du Jura,
r. Église – ✆ *03 84 85 41 49 – info@ chateauandelot.com – Fax 03 84 85 46 74 – Ouvert 1er avril-30 nov.* VISA
6 ch – 🛉100/200 € 🛉🛉100/200 € – **Rest** – table d'hôte *(dîner seult) (résidents seult)* Menu 20/40 € ♀
◆ Château fort du 12e s. entouré de jardins à la française. Le donjon abrite une suite et deux chambres ; les autres donnent sur la cour intérieure. De la terrasse, vue panoramique sur les monts du Jura. Plats du terroir servis dans un cadre médiéval.

LES ANDELYS – 27 Eure – 304 I6 – 9 047 h. – alt. 28 m – ✉ 27700
Normandie Vallée de la Seine 33 D2

Paris 93 – Évreux 38 – Gisors 30 – Mantes-la-Jolie 54 – Rouen 40
Syndicat d'initiative, rue Philippe Auguste ✆ 02 32 54 41 93
Ruines du Château Gaillard★★ ←★★ - Église Notre-Dame★.

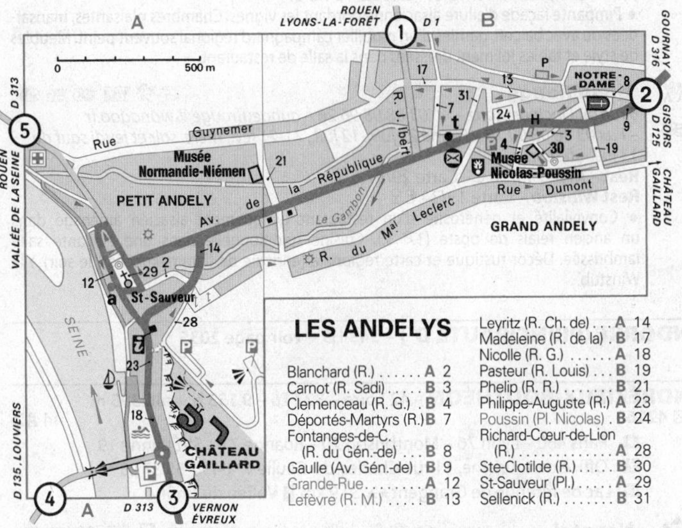

La Chaîne d'Or avec ch ← VISA
25 r. Grande – ✆ 02 32 54 00 31 – chaineor@wanadoo.fr – Fax 02 32 54 05 68 – Fermé 22-28 déc., 2-23 janv., dim. soir et lundi soir de nov. à mars A a
12 ch – 🛉76/130 € 🛉🛉76/130 €, ☕ 12 € – **Rest** – *(fermé lundi midi et mardi midi)* Menu 29 € (déj. en sem.), 45/86 € – Carte 63/91 € ♀
◆ Ce relais de poste du 18e s. faisait aussi office d'octroi : une chaîne barrait alors la Seine. Élégante salle à manger tournée vers le fleuve et cuisine au goût du jour.

De Paris avec ch 25, VISA
10 av. République – ✆ 02 32 54 00 33 – h.paristhierry@wanadoo.fr – Fax 02 32 54 65 92 B t
11 ch – 🛉53/64 € 🛉🛉53/64 €, ☕ 7,50 € – ½ P 80 € – **Rest** – *(fermé 1er-8 janv., dim. soir et merc.)* Menu (15 €), 23 € – Carte 28/43 € ♀
◆ Cette avenante maison de maître (1880) héberge une petite salle de restaurant au cadre mi-bourgeois, mi-rustique. Agréable cour-terrasse. Chambres sobremement aménagées, dont trois plus récentes dans l'annexe abritant aussi une salle de réunion.

ANDLAU – 67 Bas-Rhin – 315 I6 – 1 654 h. – alt. 215 m – ✉ 67140

Alsace Lorraine 2 **C1**

Paris 501 – Erstein 25 – Le Hohwald 8 – Molsheim 25 – Sélestat 18 – Strasbourg 43

Syndicat d'initiative, 5 rue du Gal-de-Gaulle ✆ 03 88 08 22 57, Fax 03 88 08 42 22

Église St-Pierre-et-St-Paul★ : portail★★, crypte★.

Zinckhotel sans rest 20, VISA

13 r. Marne – ✆ 03 88 08 27 30 – zinck.hotel@wanadoo.fr – Fax 03 88 08 42 50

18 ch – †59 € ††68/95 €, ☐ 11 €

◆ Ancien moulin originalement décoré : chambres personnalisées (zen, pop, jazzy), couloirs semblables à des ponts de bateau, etc. L'annexe contemporaine donne sur le vignoble.

Kastelberg 20, VISA

10 r. Gén. Koenig – ✆ 03 88 08 97 83 – kastelberg@wanadoo.fr – Fax 03 88 08 48 34

29 ch – †56 € ††58/66 €, ☐ 9,50 € – ½ P 57/64 € – **Rest** – *(ouvert avril-déc.) (dîner seult)* Menu 19/43 € – Carte 24/54 €

◆ Pimpante façade d'allure alsacienne bordant les vignes. Chambres plaisantes, mansardées ou avec balcon, garnies d'un mobilier campagnard régional souvent peint. Meubles de style et tables joliment dressées dans la salle de restaurant.

Bœuf Rouge VISA

6 rue du Docteur Stoltz – ✆ 03 88 08 96 26 – auboeufrouge@wanadoo.fr – Fax 03 88 08 99 29 – Fermé 21 juin-12 juil., 11-21 fév., merc. soir et jeudi sauf du 13 juil.-30 sept.

Rest – Menu 15/30 € – Carte 29/57 €

Rest *Winstub* – Carte 19/34 €

◆ Convivialité et générosité d'un restaurant typiquement alsacien aménagé dans un ancien relais de poste (17e s.). Cuisine traditionnelle dans une élégante salle lambrissée. Décor rustique et carte régionale (enrichie de flammekueches, le soir) à la Winstub.

ANDORRE (PRINCIPAUTE D') – 343 H9 – voir page 2035

ANDRÉZIEUX-BOUTHÉON – 42 Loire – 327 E6 – 9 153 h. – alt. 395 m – ✉ 42160

44 **A2**

Paris 460 – Lyon 76 – Montbrison 20 – Roanne 71 – St-Étienne 19

Office de tourisme, 11 rue Charles-de-Gaulle ✆ 04 77 55 37 03

Lac de retenue de Grangent★★ S : 9 km Vallée du Rhône.

Novotel ch, ch, 15/175, VISA

1 r.18-Juin-1827 – ✆ 04 77 36 10 50 – h0435@accor-hotels.com – Fax 04 77 36 10 57

98 ch – †76/90 € ††76/101 €, ☐ 12 € – **Rest** – Menu 16/19 € – Carte 18/32 €

◆ L'hôtel, construit en 1974, vient de subir une cure de jouvence. Hall, salon et bar refaits ; la moitié des chambres a été également relookée. Le restaurant bénéficie d'un cadre contemporain simple et gai. Terrasse face à la piscine.

Les Iris (Githenay) 20, VISA

32 av. J. Martouret (dir. gare) – ✆ 04 77 36 09 09 – Fax 04 77 36 09 00 – Fermé 20-30 août, 1er-22 janv. et dim. soir

10 ch – †75 € ††85 €, ☐ 11 € – ½ P 90 € – **Rest** – *(fermé dim. soir, lundi et mardi)* Menu 26 € (sem.)/72 € – Carte 51/62 €

Spéc. Saint-Jacques cuite en coquille (automne-hiver). Dos de sandre rôti, jus de persil et chantilly gingembre. Tarte moelleuse au chocolat et pâte d'amande.

◆ Jolie maison 1900 à façade rose complétée par un pavillon vous logeant en toutes commodités face à la piscine du jardin. Cuisine de saison alliant finesse, inventivité et générosité, servie en plein air ou dans deux jolies salles ornées de portraits d'enfants.

ANDUZE – 30 Gard – 339 I4 – 3 004 h. – alt. 135 m – ✉ 30140
Languedoc Roussillon 23 **C2**

- Paris 718 – Montpellier 60 – Alès 15 – Florac 68 – Lodève 84 – Nîmes 46 – Le Vigan 52
- Office de tourisme, plan de Brie ✆ 04 66 61 98 17, Fax 04 66 61 79 77
- Bambouseraie de Prafrance★★ N : 3 km par D 129.
- Grottes de Trabuc★★ NO : 11 km - Le Mas soubeyran : musée du Désert★ (souvenirs protestants 17e-18e s.) NO : 7 km.

La Tourelle
9 r. Basse – ✆ 04 66 60 52 47 – Fermé 20 déc.-4 janv., dim. soir et lundi
Rest – *(prévenir)* Menu 14,50/30 € – Carte 28/38 €
◆ Sobre cadre rustique (non-fumeurs) pour ce restaurant de la "Genève des Cévennes", fortifiée en 1622 par le duc de Rohan. Cuisine régionale et spécialités alsaciennes.

au Nord-Ouest par rte de St-Jean-du-Gard – ✉ 30140 Anduze

Porte des Cévennes
rest, 20, VISA
à 3 km – ✆ 04 66 61 99 44 – reception@porte-cevennes.com – Fax 04 66 61 73 65 – Ouvert 1er avril-15 oct.
38 ch – †70/77 € ††70/77 €, ☐ 8,50 € – ½ P 63/68 € – **Rest** – *(dîner seult)* Menu 19/30 € – Carte 27/44 €
◆ Construction des années 1980 proche de la bambouseraie où fut tourné Le Salaire de la peur. Chambres vieillissantes mais vastes et parfois tournées sur la vallée du Gardon. Le restaurant (non-fumeurs) possède un cachet champêtre. Agréable terrasse panoramique.

à Générargues 5,5 km au Nord-Ouest par D 129 et D 50 – 639 h. – alt. 160 m – ✉ 30140

Auberge des Trois Barbus
vallée des Camisards, 25, VISA
rte Mialet – ✆ 04 66 61 72 12 – les3barbus@free.fr – Fax 04 66 61 72 74 – Ouvert 1er avril-1er janv. et fermé mardi en nov. et déc., dim. soir et lundi d'oct. à avril sauf fériés
32 ch – †61/118 € ††61/118 €, ☐ 10 € – ½ P 63/92 € – **Rest** – *(fermé lundi midi et mardi midi du 1er mai au 30 sept. sauf fériés)* Menu (17 €), 27/49 € – Carte 45/61 €
◆ Cet hôtel bâti à flanc de coteau aux confins du "Désert" cévenol dispose de grandes chambres garnies de meubles régionaux et orientées sur la vallée des Camisards. La salle à manger, sobrement décorée, est prolongée par une véranda.

à Tornac 6 km au Sud-Est par D 982 – 718 h. – alt. 140 m – ✉ 30140

Les Demeures du Ranquet (Anne Majourel)
ch, 30, VISA
rte St-Hippolyte-du-Fort : 2 km – ✆ 04 66 77 51 63 – contact@ranquet.com – Fax 04 66 77 55 62 – Ouvert 20 mars-11 nov. et fermé mardi et merc. du 15 sept. au 30 mai
10 ch – †130/215 € ††130/215 €, ☐ 16 € – ½ P 120/160 € – **Rest** – *(fermé mardi et merc. sauf le soir du 1er juin au 15 sept. et lundi midi en été)* Menu (20 €), 35 € (sem.)/80 € – Carte 62/76 €
Spéc. Bonbon de brandade de morue, courgettes et calmars à la plancha. Baudroie en "aïgo bulido", lard rôti à la sauge. Agneau de lait de l'Aveyron dans tous ses états (printemps). **Vins** Vin de pays du Gard.
◆ Séduisant mas cévenol niché dans un parc au milieu du maquis. Pavillons (jolies chambres) immergés dans la végétation, expositions d'art, practice de golf, élevage d'animaux. Belle cuisine inventive à base de produits du potager et du jardin aromatique.

ANET – 28 Eure-et-Loir – 311 E2 – 2 651 h. – alt. 73 m – ✉ 28260 11 **B1**

- Paris 76 – Chartres 51 – Dreux 16 – Évreux 37 – Mantes-la-Jolie 28 – Versailles 58
- Syndicat d'initiative, 8 rue Delacroix ✆ 02 37 41 49 09
- Château★ Normandie Vallée de la Seine.

XX **Auberge de la Rose** avec ch — 20, VISA MC

6 r. Ch. Lechevrel – ✆ 02 37 41 90 64 – Fax 02 37 41 47 88 – Fermé 12 déc.-3 janv., dim. soir et lundi

7 ch – †29/38 € ††29/38 €, ☕ 6 € – **Rest** – Menu 25 € – Carte 40/57 € 🍷

◆ Restaurant pérenne : il était déjà recommandé par le Guide Michelin 1900 ! Confortable salle à manger agrémentée de solives et d'un mobilier de style Louis XIII.

XX **Manoir d'Anet** — VISA MC AE

3 pl. Château – ✆ 02 37 41 91 05 – Fax 02 37 41 91 04 – Fermé mardi et merc.

Rest – Menu 25 € (sem.)/45 € – Carte 49/56 € 🍷

◆ Restaurant idéalement situé face au château de Diane de Poitiers. Une imposante cheminée en pierre trône au milieu de la salle à manger rustique et fleurie. Bar-salon de thé.

ANGERS P – 49 Maine-et-Loire – 317 F4 – 151 279 h. – Agglo. 226 843 h. – alt. 41 m – ✉ 49000 Châteaux de la Loire

35 **C2**

Paris 294 – Laval 79 – Le Mans 97 – Nantes 88 – Rennes 129 – Tours 108

Aéroport d'Angers-Marcé, ✆ 02 41 33 50 20, par ① : 24 km.

Office de tourisme, 7 place Kennedy ✆ 02 41 23 50 00, Fax 02 41 23 50 09

Angers Capucins Route de Cantenay, N : 4 km, ✆ 02 41 73 91 81 ;

d'Avrille à Avrillé Château de la Perrière, NO : 5 km par N 162, ✆ 02 41 69 22 50 ;

d'Angers à Brissac-Quincé Moulin de Pistrait, par rte de Cholet et D 751 : 8 km, ✆ 02 41 91 96 56 ;

Anjou Golf & Country Club à Champigné Route de Cheffes, N : 24 km par N 162 et D 768, ✆ 02 41 42 01 01.

Château★★★ : tenture de l'Apocalypse★★★, tenture de la Passion et Tapisseries mille-fleurs★★, ⩤★ de la tour du Moulin - Vieille ville★ : cathédrale★, galerie romane★★ de la préfecture★ BZ **P**, galerie David d'Angers★ BZ **B**, - Maison d'Adam★ BYZ **K** - Hôtel Pincé★ - Chœur★★ de l'église St-Serge★ - Musée Jean Lurçat et de la Tapisserie contemporaine★★ dans l'ancien hôpital St-Jean★ - La Doutre★ AY - Musée régional de l'Air★.

Château de Pignerolle★ : musée européen de la Communication★★ E : 8 km par D 61.

Plans pages suivantes

Anjou — ch, 30, VISA MC AE

1 bd Mar. Foch – ✆ 02 41 21 12 11 – info@hoteldanjou.fr – Fax 02 41 87 22 21

53 ch – †105/159 € ††115/169 €, ☕ 14 € — CZ **h**

Rest *La Salamandre* – *✆ 02 41 88 99 55* – Menu 26 € (sem.)/75 € – Carte 43/63 € 🍷

◆ Cet immeuble bâti en 1845 offre une belle décoration intérieure : salons ornés de mosaïques Art déco et chambres meublées dans des styles très variés. Au restaurant, séduisante atmosphère Renaissance : fresques, plafond à la française et salamandres...

Mercure Centre — rest, ch, 20, VISA MC AE

pl. Mendès-France (Centre des Congrès) – ✆ 02 41 60 34 81 – h0540@accor.com – Fax 02 41 60 57 84 — CY **a**

84 ch – †120 € ††135 €, ☕ 14 €

Rest *Le Grand Jardin* – *(fermé 22 déc.-7 janv.)* Menu (14,50 €), 20 € (déj.) – Carte 23/29 € 🍷

◆ Adossé à un centre de congrès, hôtel moderne dont les chambres, fonctionnelles, profitent parfois de la vue sur le Jardin des Plantes. Plaisant bar à vins. Les baies vitrées du restaurant s'ouvrent sur la végétation. Carte au goût du jour ; décor de même.

France — ch, ch, 30, VISA MC AE

8 pl. Gare – ✆ 02 41 88 49 42 – hdf.angers@wanadoo.fr – Fax 02 41 86 76 70 — AZ **t**

55 ch – †77/133 € ††77/133 €, ☕ 13 € – 1 suite – ½ P 72/100 €

Rest *Les Plantagenêts* – *(fermé août, sam. midi, dim. soir et merc.)* Menu 20/40 € – Carte 38/52 € 🍷

◆ Noble architecture de la fin du 19e s. dont les chambres, d'ampleur variée, sont garnies de meubles contemporains ou de style. Ambiance feutrée, cuisine au goût du jour et bon choix de vins locaux au restaurant Les Plantagenêts.

Mail sans rest — VISA AE
8 r. Ursules ✉ 49100 – ✆ 02 41 25 05 25 – contact@hotel-du-mail.com – Fax 02 41 86 91 20 – Fermé dim. et feriés — CY **b**
29 ch – 39/65 € 55/70 €, 10 €
♦ Hôtel de caractère établi dans une discrète demeure du 17e s. (ancien couvent). Les chambres, personnalisées et décorées avec goût, possèdent le charme d'un nid douillet.

Le Progrès sans rest — VISA AE
26 av. D. Papin ✉ 49100 – ✆ 02 41 88 10 14 – hotel.leprogres@wanadoo.fr – Fax 02 41 87 82 93 – Fermé 10-19 août, 21 déc.-1er janv. — AZ **f**
41 ch – 40/55 € 52/60 €, 8 €
♦ Face à la gare, adresse accueillante mettant à votre disposition ses chambres actuelles, claires et pratiques. Petits-déjeuners proposés sous forme de buffet.

Ibis sans rest — 30, VISA
r. Poissonnerie – ✆ 02 41 86 15 15 – h0848-gm@accor.com – Fax 02 41 87 10 41 — BY **b**
95 ch – 61/76 € 61/76 €, 7 €
♦ Entre centre-ville et voies rapides, hôtel entièrement rafraîchi, disposant de plaisantes chambres contemporaines.

Continental sans rest — VISA AE
14 r. L. de Romain ✉ 49100 – ✆ 02 41 86 94 94 – reservation@hotellecontinental.com – Fax 02 41 86 96 60 — BYZ **n**
25 ch – 54/62 € 67 €, 8,50 €
♦ Une situation centrale, des chambres lumineuses et régulièrement entretenues, et une bonne insonorisation font l'estime de cet hôtel aménagé dans un immeuble ancien.

ANGERS

Rue	Carré	N°
Alsace (R. d')	CZ	
Aragon (Av. Yolande d')	AY	2
Baudrière (R.)	BY	5
Beaurepaire (R.)	AY	
Bichat (R.)	AY	8
Bon-Pasteur (Bd du)	AY	9
Bout-du-Monde (Prom. du)	AY	12
Bressigny (R.)	CZ	
Chaperonnière (R.)	BYZ	15
Commerce (R. du)	CY	19
David-d'Angers (R.)	CY	21
Denis-Papin (R.)	BZ	22
Droits-de-l'Homme (Av. des)	CY	25
Espine (R. de l')	BY	27
Estoile (Sq. J. de l')	AY	28
Foch (Bd du Mar.)	BCZ	
Freppel (Pl.)	BY	31
Gare (R. de la)	BZ	32
Laiterie (Pl.)	AY	
Lenepveu (R.)	CY	40
Lices (R. des)	BZ	
Lionnaise (R.)	AY	
Lise (R. P.)	CY	43
Marceau (R.)	AZ	45
Mirault (Bd)	BY	49
Mondain-Chanlouineau (Sq.)	BY	51
Oisellerie (R.)	BY	53
Parcheminerie (R.)	BY	54
Pasteur (Av.)	CY	55
Pilori (Pl. du)	CY	56
Plantagenêt (R.)	BY	57
Pocquet-de-Livonnières (R.)	CY	58
Poëliers (R. des)	CY	59
Pompidou (Allées)	CY	60
Prés.-Kennedy (Place du)	AZ	62
Ralliement (Pl. du)	BY	66
Résistance-et-de-la-Déport. (Bd)	CY	68
Robert (Bd)	BY	69
La Rochefoucauld Liancourt (Pl.)	ABY	38
Roë (R. de la)	BY	70
Ronceray (Bd du)	AY	71
Ste-Croix (Pl.)	BZ	86
St-Aignan (R.)	AY	72
St-Aubin (R.)	BZ	73
St-Étienne (R.)	CY	75
St-Julien (R.)	BCZ	
St-Laud (R.)	BY	77
St-Lazare (R.)	AY	79
St-Martin (R.)	BZ	80
St-Maurice (Mtée)	BY	82
St-Maurille (R.)	CY	83
St-Michel (Bd)	CY	84
St-Samson (R.)	CY	85
Talot (R.)	BZ	89
Tonneliers (R. des)	AY	90
Ursules (R. des)	CY	91
Voltaire (R.)	BZ	93
8-Mai-1945 (Av. du)	CZ	94

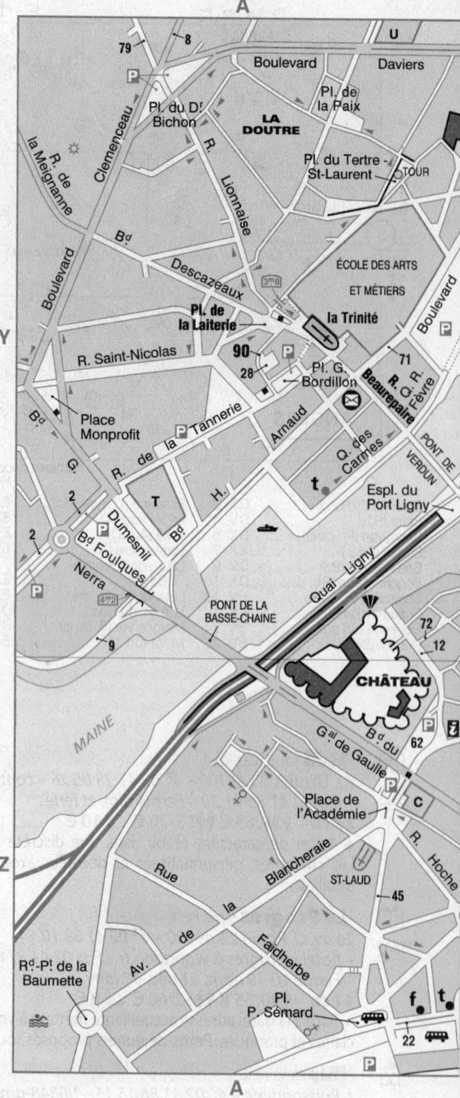

Europe sans rest
3 r. Château-Gontier ✉ 49100 – ✆ 02 41 88 67 45 – hoteldeleurope-angers@wanadoo.fr – Fax 02 41 86 17 42 CZ **a**
29 ch – †48 € ††58 €, ☕ 8,50 €
◆ Sympathique ambiance familiale en cet hôtel situé dans un quartier commerçant. Chambres sans ampleur mais égayées de chaleureuses couleurs. Salle des petits-déjeuners refaite.

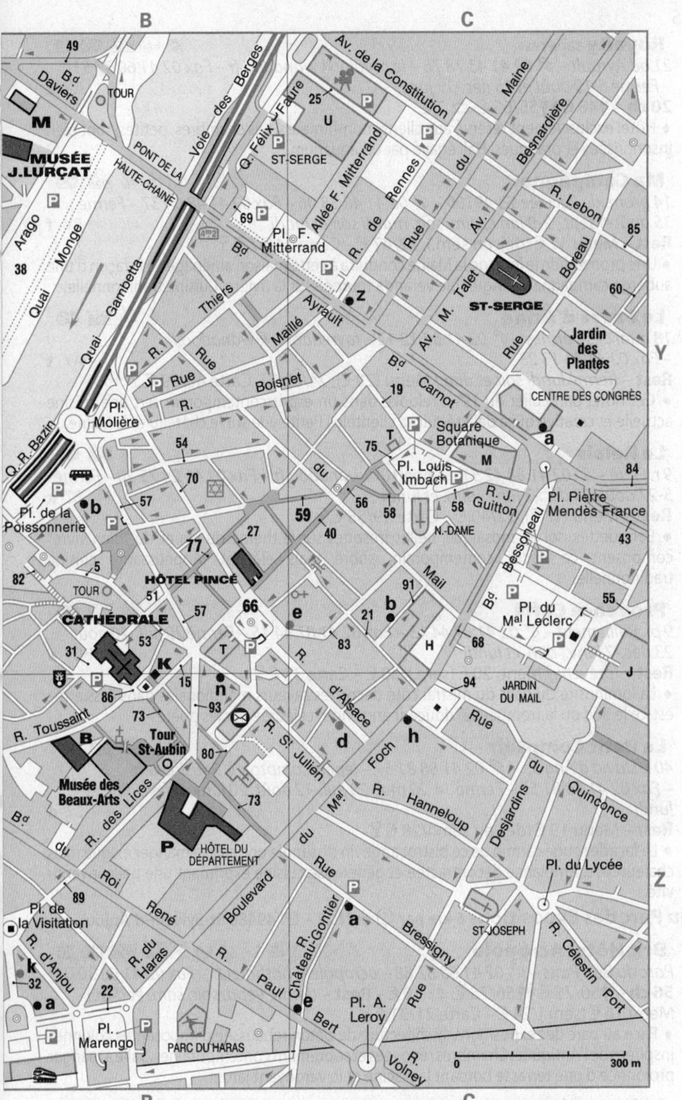

Grand Hôtel de la Gare sans rest

5 pl. Gare – ✆ 02 41 88 40 69
– grandhoteldelagare@wanadoo.fr – Fax 02 41 88 45 41
– Fermé 29 juil.-20 août et 24 déc.-3 janv. BZ **a**

52 ch – 42/47 € 52/56 €, ☕ 7,50 €

◆ Des teintes chaudes habillent les jolies chambres, fraîchement refaites dans le style contemporain et tournées vers le jet d'eau qui trône sur la place de la gare.

Royalty sans rest
21 bd Ayrault – ✆ 02 41 43 78 76 – le.royalty@wanadoo.fr – Fax 02 41 60 37 51 – Fermé 6-19 août et 25 déc.-1er janv. CY **z**
20 ch – 48 € 55/65 €, 7 €
◆ Hôtel exclusivement réservé aux clients non-fumeurs. Les chambres, petites, sont bien insonorisées et pratiques. Hall égayé par un aquarium.

Ma Campagne
14 prom. de Reculée ✉ 49100 – ✆ 02 41 48 38 06 – Fax 02 41 48 04 37 – Fermé 15 août-4 sept., 2-9 janv., dim. soir, mardi soir et lundi EV **f**
Rest – Menu 17 € (déj. en sem.), 22/47 € – Carte 24/37 €
◆ Une promenade le long de la Maine conduira à cette maison aménagée à la façon d'une auberge campagnarde. Agréable véranda tournée sur la rivière. Cuisine traditionnelle.

Le Favre d'Anne
18 quai des Carmes – ✆ 02 41 36 12 12 – favredanne@wanadoo.fr – Fax 02 41 36 13 23 AY **t**
Rest – *(fermé lundi soir et dim.)* Menu (20 €), 24/80 € – Carte 40/59 €
◆ Cet hôtel particulier du 19e s. relooké dans un esprit contemporain sert une cuisine actuelle et créative qui a déjà séduit sa clientèle ! Petite vue sur le château et la Maine.

Le Relais
9 r. Gare – ✆ 02 41 88 42 51 – c.noel10@wanadoo.fr – Fax 02 41 24 75 20 – Fermé 5-27 août, 23 déc.-7 janv., dim. et lundi BZ **k**
Rest – Menu (18 €), 22/40 € – Carte 39/55 €
◆ Banquettes, sol en mosaïque, belles fresques sur le thème du vin et du "bien vivre" composent ce décor contemporain, sobre mais élégant. Appétissante cuisine traditionnelle.

Provence Caffé
9 pl. Ralliement – ✆ 02 41 87 44 15 – Fax 02 41 87 44 15 – Fermé 29 juil.-20 août, 23 déc.-7 janv., dim. et lundi BCY **e**
Rest – *(prévenir)* Menu 20 € (sem.)/30 € – Carte 32 €
◆ La luminosité du pays du mistral côté décor, les saveurs méridionales dans l'assiette : est-ce le Sud ou la trompeuse "douceur angevine" célébrée par les poètes ?

Le Petit Comptoir
40 r. David d'Angers – ✆ 02 41 88 81 57 – lepetitcomptoir@9business.fr – Fax 02 41 88 81 57 – Fermé 14-20 mai, 23 juil.-12 août, 20 janv.-3 fév., dim. et lundi CZ **d**
Rest – Menu 19 € (déj. en sem.)/28 €
◆ La façade rouge carmin de ce bistrot angevin dissimule une salle à manger exiguë mais chaleureuse. Ambiance décontractée et généreuse cuisine exprimant une belle inventivité.

près du Parc des Expositions 6 km par ① et N 23 – ✉ 49480 St-Sylvain-d'Anjou

Brit Hôtel Acropole 50,
Parc du Bon Puits – ✆ 02 41 60 87 88 – acropole@brithotel.fr – Fax 02 41 60 30 03
56 ch – 50/75 € 56/75 €, 10 € – **Rest** – *(fermé vend. soir, sam. et dim.)* Menu 16 € (sem.)/24 € – Carte 21/31 €
◆ Face au parc des expositions, architecture de béton rehaussée d'imposantes colonnes inspirées de l'Antiquité. Chambres rénovées et sobrement contemporaines. Salle à manger prolongée d'une terrasse bordant la piscine et le verdoyant jardin.

Auberge d'Éventard
– ✆ 02 41 43 74 25 – contact@auberge-eventard.com – Fax 02 41 34 89 20 – Fermé 30 avril-12 mai, 2-12 janv., sam. midi, dim. soir et lundi
Rest – Menu 23 € (sem.)/78 € – Carte 59/75 €
◆ Bibelots, tableaux, cheminée et collection de carafes composent l'élégant décor de cette chaleureuse salle à manger réservée aux non-fumeurs ; fumoir. Cuisine au goût du jour.

Auberge de la Lieue
rte Paris – ✆ 02 41 43 84 71 – Fax 02 41 34 74 80 – Fermé 29 juil.-20 août, dim. et lundi
Rest – Menu (15 €), 20/48 € – Carte 34/48 €
◆ Discrète maison abritant une confortable salle à manger rénovée, prolongée d'une véranda. La cuisine traditionnelle valorise les produits frais.

à Foudon 11 km à l'Est (dir. Plessis-Grammoire) par D 116 et D 113 – ✉ 49124 Le Plessis-Grammoire

Le Bœuf Plessis
10 rue St Jacques – ☎ 02 41 76 72 12 – leboeufplessis@wanadoo.fr – Fax 02 41 76 80 85 – Fermé dim. soir, lundi et mardi
Rest – Menu 20 € (déj. en sem.), 26/48 € – Carte 39/49 €
◆ Un repas à la campagne à moins de 15 mn de la ville ? Optez pour cette plaisante salle à manger rustique ou, l'été, pour l'agréable jardin-terrasse. Plats traditionnels.

à Trélazé par ③ – 11 025 h. – alt. 20 m – ✉ 49800

De Loire
ch,
328 r. Jean-Jaurès – ☎ 02 41 81 89 18 – bateliers@hoteldeloire.com – Fax 02 41 81 89 20
49 ch – 61/64 € 68/71 €, 8 € – ½ P 60/73 € – **Rest** – Menu (11 €), 13,50 € (déj. en sem.), 22/39 € – Carte 18/42 €
◆ Cet hôtel tout neuf qui borde un axe fréquenté abrite des chambres non-fumeurs, aménagées avec une séduisante simplicité (mobilier épuré façon acajou, tons chocolat...). Au restaurant, décor contemporain agrémenté de références à la Loire et carte de type brasserie.

à l'Ouest – ✉ 49000 Angers

Mercure Lac de Maine
ch, 110,
2 allée du Grand Launay – ☎ 02 41 48 02 12 – h1212@accor.com – Fax 02 41 48 57 51 DX **n**
75 ch – 77/105 € 87/115 €, 11 €
Rest ***Diffen*** – *(fermé le midi du 14 juil. au 15 août, vend. soir, sam. et dim.)* Menu 17 € (sem.)/31 € bc – Carte 35/46 €
◆ Près d'une zone commerciale, construction à la façade un peu austère dissimulant des chambres fonctionnelles récemment rénovées. Confortable salon-bar. La plaisante salle à manger se démarque du décor habituel de la chaîne ; carte attrayante et menu du marché.

à Beaucouzé 7 km par ⑤ – 4 851 h. – alt. 54 m – ✉ 49070

L'Hoirie
10/25,
r. Henri Faris (zone commerciale N 23) – ☎ 02 41 72 06 09 – lhoirie@wanadoo.fr – Fax 02 41 36 35 48 – Fermé dim. soir et lundi
Rest – Menu 22 € (sem.)/50 € – Carte 44/56 €
◆ Malgré une situation peu avantageuse en bordure de rocade, cette table mérite le détour. On y goûte une appétissante cuisine actuelle dans une salle sobrement moderne bien isolée de la rue.

au Nord-Ouest 8 km rte de Laval par N 162 - DV – ✉ 49240 Avrillé

Le Cavier
ch, rest, 30,
La Croix-Cadeau – ☎ 02 41 42 30 45 – lecavier@lacroixcadeau.fr – Fax 02 41 42 40 32 – Fermé 23 déc.-6 janv. et dim.
43 ch – 55 € 55/71 €, 10 € – ½ P 55/58 € – **Rest** – Menu 21/37 € – Carte 34/53 €
◆ Un moulin à vent de 1730 permet de repérer facilement cette construction récente de type motel, aux chambres pratiques et diversement meublées. L'insolite restaurant, aménagé dans les anciennes caves de stockage de la farine, offre un plaisant cadre rustique.

ANGERVILLE – 91 Essonne – **312** A6 – 3 265 h. – alt. 141 m – ✉ 91670 18 **B3**
Paris 70 – Ablis 29 – Chartres 46 – Étampes 21 – Évry 54 – Orléans 56 – Pithiviers 29

France
rest, 40/75,
2 pl. du Marché – ☎ 01 69 95 11 30 – hotel-de-france3@wanadoo.fr – Fax 01 64 95 39 59 – Fermé dim. soir et lundi midi
20 ch – 68 € 98/130 €, 11 € – **Rest** – Menu 30 € (sem.)/38 € (week-end) – Carte 42/55 €
◆ Relais de poste du 18e s. dont le cadre rustique est bien mis en valeur par un mobilier ancien et une décoration colorée. Coquettes chambres personnalisées. La ravissante cour intérieure donne accès au restaurant (poutres, pierres, cheminée et tomettes).

ANGLARDS-DE-ST-FLOUR – 15 Cantal – 330 G5 – rattaché à Viaduc de Garabit

ANGLARS-JUILLAC – 46 Lot – 337 D5 – rattaché à Puy-l'Évêque

LES ANGLES – 30 Gard – 339 N5 – rattaché à Villeneuve-lès-Avignon

ANGLES-SUR-L'ANGLIN – 86 Vienne – 322 L4 – 365 h. – alt. 100 m – ✉ 86260

Poitou Vendée Charentes 39 **D1**

Paris 336 – Châteauroux 78 – Châtellerault 34 – Montmorillon 34 – Poitiers 51

Office de tourisme, 1 rue de l'Église ☎ 05 49 48 86 87, Fax 05 49 48 27 55

Site★ - Ruines du château★.

Le Relais du Lyon d'Or ch, VISA MC

rte de Vicq – ☎ 05 49 48 32 53 – contact@lyondor.com – Fax 05 49 84 02 28 – Ouvert mi-mars-mi-nov.

10 ch – 75/135 € 75/135 €, 12 € – ½ P 78/108 € – **Rest** – *(fermé lundi soir) (dîner seult)* Menu (25 €), 30/37 € – Carte 30/37 €

◆ Cette maison du 14e s. propose de jolies chambres garnies d'un mobilier chiné et un délicieux jardin de repos. Repas servis auprès de l'âtre ou dans la cour si le temps le permet. Beau livre de cave élaboré par le propriétaire, ex-négociant en vins.

ANGLET – 64 Pyrénées-Atlantiques – 342 C4 – 35 263 h. – alt. 20 m – ✉ 64600

Pays Basque 3 **A3**

Paris 769 – Bayonne 5 – Biarritz 4 – Cambo-les-Bains 18 – Pau 114 – St-Jean-de-Luz 21

de Biarritz-Anglet-Bayonne ☎ 05 59 43 83 83, SO : 2 km.

Office de tourisme, 1 avenue de la Chambre d'Amour ☎ 05 59 03 77 01, Fax 05 59 03 55 91

de Chiberta 104 boulevard des Plages, N : 5 km par D 5, ☎ 05 59 52 51 10.

Plan : voir Biarritz-Anglet-Bayonne

De Chiberta et du Golf ch, ch, rest, 20/90, VISA MC AE

104 bd Plages - ABX – ☎ 05 59 58 48 48 – hotelchiberta@hmc-hotels.com – Fax 05 59 63 57 84

89 ch – 89/240 € 89/240 €, 10 €, 3 duplex – ½ P 75/150 € – **Rest** – Menu 25 € – Carte 28/41 €

◆ Cette demeure des années 1920 située le long du prestigieux golf de Chiberta dispose de chambres confortables offrant une vue sur les greens et le lac. Salle à manger-véranda et jolie terrasse ombragée ; carte traditionnelle.

Atlanthal ch, rest, 20/80, VISA MC AE

153 bd Plages - ABX – ☎ 05 59 52 75 75 – info@atlanthal.com – Fax 05 59 52 75 13

99 ch – 106/252 € 158/376 € – ½ P 106/215 € – **Rest** – Menu 27/39 € – Carte 40/50 €

◆ Complexe moderne érigé en temple du bien-être avec ses centre de thalassothérapie et fitness très complets. Vue idéale sur l'Atlantique. Chambres spacieuses. Cuisine traditionnelle au restaurant-véranda tourné vers le large. Plats basques et bar à tapas en appoint.

Novotel Biarritz Aéroport ch, rest, 25/120, VISA MC AE

68 av. Espagne, N 10 – ☎ 05 59 58 50 50 – h0994@accor.com – Fax 05 59 03 33 55 BX **m**

109 ch – 85/140 € 90/140 €, 13 € – **Rest** – Carte 21/43 €

◆ Vaste établissement bâti en lisière d'un parc. Les chambres, standardisées, sont grandes et bien équipées ; celles donnant sur la verdure garantissent plus de calme. Agréable salle à manger où dominent bois, brique et coloris ensoleillés.

ANGOULÊME – 16 Charente – 324 K6 – 43 171 h. – Agglo. 103 746 h. – alt. 98 m – ✉ 16000 Poitou Vendée Charentes 39 C3

Paris 447 – Bordeaux 119 – Limoges 105 – Niort 116 – Périgueux 85

d'Angoulême-Brie Champniers : ✆ 05 45 69 88 09, 15 km au NE

Office de tourisme, place des Halles ✆ 05 45 95 16 84, Fax 05 45 95 91 76

de l'Hirondelle Chemin de l'Hirondelle, S : 2 km, ✆ 05 45 61 16 94.

Site★ - La Ville haute★★ - Cathédrale St-Pierre★ : façade★★ Y F - C.N.B.D.I. (Centre national de la bande dessinée et de l'image)★ Y.

Plan page suivante

Mercure Hôtel de France
ch, ch, 20/200, VISA

1 pl. Halles Centrales – ✆ 05 45 95 47 95 – h1213@accor.com – Fax 05 45 92 02 70 Y **e**

89 ch – 103/105 € 113/115 €, 13 € – **Rest** – *(fermé sam. midi, dim. midi et fériés le midi)* Menu 26 € – Carte 25/38 €

◆ L'hôtel occupe la maison natale de Guez de Balzac agrandie d'une aile moderne. Agréables chambres de style actuel et joli jardin avec échappée sur la Charente. Petite salle à manger contemporaine ouverte sur une paisible terrasse d'été.

Européen sans rest
VISA

1 pl. G. Perot – ✆ 05 45 92 06 42 – europeenhotel@wanadoo.fr – Fax 05 45 94 88 29 – Fermé 22 déc.-2 janv. Y **a**

31 ch – 49/68 € 49/68 €, 8,50 €

◆ À deux pas des remparts, établissement familial abritant des chambres fonctionnelles en cours de rénovation, bien insonorisées, un peu plus personnalisées au 3e étage.

L'Épi d'Or sans rest
20, VISA

66 bd René Chabasse – ✆ 05 45 95 67 64 – epidor@wanadoo.fr – Fax 05 45 92 97 23 X **v**

33 ch – 47/49 € 52/54 €, 7 €

◆ Adresse utile à faible distance de la place Victor-Hugo où se tient un marché animé. Les chambres, de bonne ampleur et avant tout pratiques, sont plus calmes sur l'arrière.

Le Palma
VISA

4 rampe d'Aguesseau – ✆ 05 45 95 22 89 – lepalma@tiscali.fr – Fax 05 45 94 26 66 – Fermé 23 déc.-6 janv., sam. midi et dim. Y **u**

9 ch – 54 € 60 €, 7 € – ½ P 68 € – **Rest** – Menu 14,50/32 € – Carte 35/41 €

◆ Confortables chambres non-fumeurs, soigneusement décorées et garnies d'un mobilier en bois massif brut ou peint. Restaurant sobre et lumineux (carte traditionnelle) comprenant une salle spécialement dédiée aux plats du jour et à quelques spécialités espagnoles.

Champ Fleuri sans rest

2 km, Chemin de l'Hirondelle, au golf, au Sud du plan – ✆ 06 23 59 76 30 – entreprise2010@wanadoo.fr – Fax 05 45 23 82 02

5 ch – 75 € 80 €

◆ Belle maison ancienne dans un jardin clos, attenante au golf. Jolies chambres personnalisées, vue panoramique sur Angoulême, terrasse et piscine : la ville à la campagne.

XXX La Ruelle
20, VISA

6 r. Trois Notre-Dame – ✆ 05 45 95 15 19 – laruelle16@wanadoo.fr – Fax 05 45 92 94 64 – Fermé 1er-15 août, dim. et lundi sauf fériés Y **x**

Rest – Menu 22 € (déj. en sem.), 31/53 € – Carte 49/58 €

◆ Autrefois séparées par une ruelle, deux maisons au cadre original et chaleureux (pierres, poutres, cheminée) où l'on déguste des recettes qui prennent parfois l'accent du Sud.

XX Le Terminus
VISA

3 pl. Gare – ✆ 05 45 95 27 13 – Fax 05 45 94 04 09 – Fermé dim. Y **n**

Rest – Menu (16 €), 24/30 € – Carte 46/61 €

◆ Brasserie contemporaine chic, tout en noir et blanc. La cuisine, au goût du jour, prend les couleurs du terroir et s'enrichit des arrivages de la côte Atlantique. Belle terrasse.

XX Les Gourmandines
20, VISA

25 r. Genève – ✆ 05 45 92 58 98 – Fax 05 45 92 58 98 – Fermé 19 août-3 sept., 23 déc.-7 janv., dim. et lundi Y **t**

Rest – Menu 25 € (sem.)/39 € – Carte 39/54 €

◆ Plaisante petite adresse aménagée dans une vieille maison tout près des halles. La cuisine, traditionnelle, s'autorise quelques touches au goût du jour.

ANGOULÊME

Rue	Carré	N°
Aguesseau (Rampe d')	Y	2
Arsenal (R. de l')	Z	4
Basseau (R. de)	X	6
Beaulieu (Rempart de)	Y	8
Belat (R. de)	Z	10
Bouillaud (Pl.)	Z	12
Briand (Bd A.)	Y	14
Chabasse (Bd R.)	X	17
Champs-de-Mars (Pl.)	Y	18
Churchill (Bd W.)	Z	20
Corderie (R. de la)	Y	24
Desaix (Rempart)	Z	26
Dr-E.-Roux (Bd du)	Z	28
Fontaine-du-Lizier (R.)	Y	30
Frères-Lumière (R. des)	Y	32
Gambetta (Av.)	Y	34
Gaulle (Av. du Gén.-de)	Y	36
Guérin (R. J.)	Y	37
Guillon (Pl. G.)	Y	38
Iéna (R. d')	Z	40
Lattre-de-Tassigny (Av. du Mar. de)	X, Y	42
Liedot (Bd)	X	44
Louvel (Pl. F.)	Y	46
Marengo (Pl. et R.)	YZ	47
Midi (Rempart du)	Y	48
Monlogis (R.)	X	50
Papin (R. D.)	X	52
Paris (R. de)	Y	
Pasteur (Bd)	Y	53
Périgueux (R. de)	X, YZ	55
Postes (R. des)	Y	57
Renoleau (R. A.)	Z	58
République (Bd de la)	X, Y	59
La Rochefoucauld (R. de la)	Y	41
Saintes (R. de)	X	
St-André (R.)	Y	60
St-Antoine (R.)	X	61
St-Martial (Pl. et R.)	Z	65
St-Roch (R.)	X, Y	67
Soleil (R. du)	Y	70
Tharaud (Bd J. et J.)	Z	72
Turenne (R. de)	Y	73
3-Fours (R. des)	Y	75
8-Mai-1945 (Bd du)	X	80

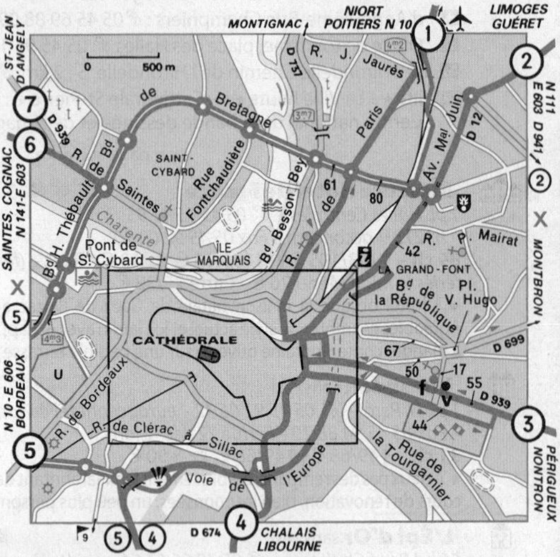

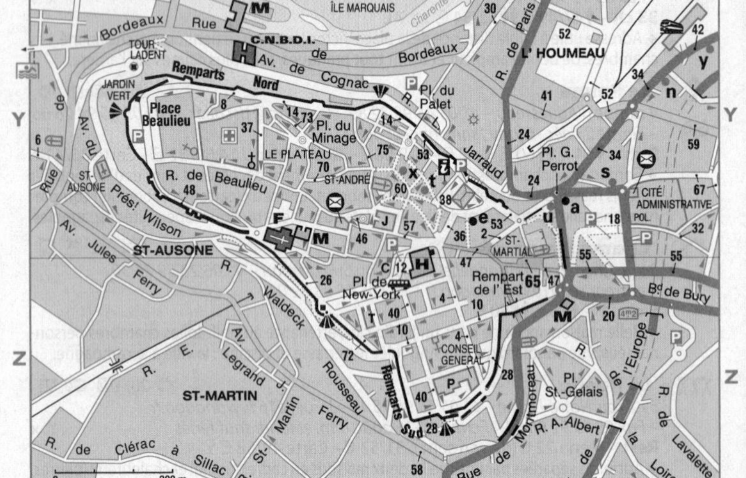

L'Aromate

41 bd René Chabasse – ✆ 05 45 92 62 18 – Fermé 1er-8 mai, août, 24 déc.-5 janv., mardi soir, merc. soir, dim. soir et lundi — X f

🍽 10, VISA MC

Rest – *(nombre de couverts limité, prévenir)* Menu 14,50 € (sem.)/32 € 🍷

◆ Accueil charmant, convivialité d'un cadre rustique sans chichi, belle cuisine traditionnelle un brin actualisée : ce petit bistrot de quartier ne désemplit pas. Non-fumeurs.

X **Côté Gourmet** A/C VISA MC

23 pl. Gare – ✆ 05 45 95 00 27 – salzat.fabrice@business.fr – Fax 05 45 95 00 27 – Fermé 6-26 août, 5-9 fév., mardi soir, sam. midi et dim. Y **y**

Rest – Menu (14,50 € bc), 22/32 € ♀

◆ Décor de bistrot moderne à l'étage, tables hautes au rez-de-chaussée, confort simple et cuisine dans l'air du temps : une adresse bienvenue pour les gourmets angoumois.

X **La Cité** VISA MC AE

28 r. St-Roch – ✆ 05 45 92 42 69 – gicebet@aol.com – Fax 05 45 93 24 35 – Fermé 24 fév.-12 mars, 29 juil.-20 août, dim. et lundi Y **s**

Rest – Menu 13,50 € (déj. en sem.), 18/28 € – Carte 19/39 € ♀

◆ Mobilier d'esprit rustique et tons frais et lumineux composent le cadre de cet établissement familial proposant une cuisine traditionnelle axée sur le poisson.

à Soyaux 4 km par ③ – 10 177 h. – alt. 133 m – ✉ 16800

X **La Cigogne** P VISA MC AE

(à la Mairie, prendre r. A.-Briand et 1,5 km) – ✆ 05 45 95 89 23 – lacigogne16@wanadoo.fr – Fax 05 45 93 23 57 – Fermé 1er-15 mars, 22 oct.-13 nov., 24 déc.-2 janv., merc. soir, dim. soir et lundi

Rest – Menu 24/46 € – Carte 50/79 € ♀

◆ Accolée à une ancienne champignonnière, cette maison offre un cadre lumineux et une belle terrasse ombragée face à la campagne. La carte vagabonde entre tradition et modernité.

à Roullet 14 km par ⑤ et N 10, dir. Bordeaux – 3 525 h. – alt. 50 m – ✉ 16440

La Vieille Étable 20/50, P VISA MC AE

rte Mouthiers : 1,5 km – ✆ 05 45 66 31 75 – vieille.etable@wanadoo.fr – Fax 05 45 66 47 45 – Fermé dim. soir d'oct. à mi-mai

29 ch – 60 € 120 €, 11 € – ½ P 85 € – **Rest** – Menu 15 € (sem.)/52 € – Carte 38/53 € ♀

◆ Dans un parc avec étang, cette ferme restaurée abrite des chambres de style néo-rustique ; les trois nouvelles sont personnalisées avec soin. Carte traditionnelle servie auprès de l'âtre ou sur la terrasse ombragée ; un menu "gastronomique" spécial enfant.

ANNECY P – 74 Haute-Savoie – **328** J5 – **50 348 h.** – **Agglo. 136 815 h.** – **alt. 448 m** – **Casino : l'Impérial** – ✉ **74000** Alpes du Nord 46 **F1**

- Paris 536 – Aix-les-Bains 34 – Genève 42 – Lyon 138 – St-Étienne 187
- d'Annecy-Haute-Savoie ✆ 04 50 27 30 06, par N 508 BU et D 14 : 4 km.
- Office de tourisme, 1 rue Jean Jaurès Bonlieu ✆ 04 50 45 00 33, Fax 04 50 51 87 20
- du Belvédère à Saint-Martin-Bellevue Chef Lieu, par rte de la Roche-sur-Foron : 6 km, ✆ 04 50 60 31 78 ;
- du Lac d'Annecy à Veyrier-du-Lac Route du Golf, par rte de Talloires : 10 km, ✆ 04 50 60 12 89 ;
- de Giez-Lac-d'Annecy à Giezpar rte d'Albertville : 24 km, ✆ 04 50 44 48 41.
- Le Vieil Annecy★★ : Descente de Croix★ dans l'église St-Maurice EY **E**, Palais de l'Isle★★ EY **M²**, rue Ste-Claire★ - pont sur le Thiou ←★ EY **N** - Musée-château d'Annecy★ - Les Jardins de l'Europe★ - Les bords du lac★★ ←★*.
- Tour du lac★★★ - Gorges du Fier★★ : 11 km par ⑥ - Col de la Forclaz★★ - Forêt du crêt du Maure★ : ←★★ 3 km par D 41 CV.

Plans pages suivantes

L'Impérial Palace ← lac, ch, A/C ch, rest, 25/600, VISA MC AE

Allée de l'Impérial – ✆ 04 50 09 30 00 – reservation@hotel-imperial-palace.com – Fax 04 50 09 33 33 CV **s**

91 ch – 300/450 € 300/450 €, 25 € – 8 suites

Rest *La Voile* – Carte 40/80 € ♀

◆ Ce palace de 1913 se dresse fièrement dans un parc situé juste au bord du lac. Chambres contemporaines bien équipées, centre de congrès, casino, fitness et institut de beauté. Belle salle à manger et sa superbe terrasse ouverte sur les flots et les jardins.

ANNECY

Aléry (Av. d') . . . . **BV** 4
Aléry (Gde-R. d') . . . . **BV** 7
Balmettes (Fg des) . . . . **CV** 10
Beauregard (Av. de) . . . . **BV** 13
Bel-Air (R. du) . . . . **CU** 15
Bordeaux (R. Henry) . . . . **CU** 18
Boschetti (Av. Lucien) . . . . **BCV** 21
Chambéry (Av. de) . . . . **BV** 23
Chevêne (Av. de) . . . . **BV** 29
Corniche (Bd de la) . . . . **CV** 32
Crête (R. de la) . . . . **BU** 38
Crêt-de-Maure (Av. du) . . . . . **CV** 35
Fins Nord (Ch. des) . . . . . . **BCU** 45
Hirondelles (Av. des) . . . . . . **BV** 52
Leclerc (R. du Mar.) . . . . **BU** 59
Loverchy (Av. de) . . . . **BV** 63
Martyrs-de-la-Déportation (R. des) . . . . **CU** 64
Mendès-France (Av. Pierre) . **BV** 65
Mermoz (R. Jean) . . . . **CU** 66
Novel (Av. de) . . . . **CU** 69
Perréard (Av. Germain) . . . . **BU** 73
Pont-Neuf (Av. du) . . . . **BV** 77
Prélevet (Av. de) . . . . **BV** 79
Prés-Riants (R. des) . . . . **CU** 81
Saint-Exupéry (R. A.-de) . . . . **CU** 86
Stade (Av. du) . . . . **BCU** 92
Theuriet (R. André) . . . . **CV** 93
Thônes (Av. de) . . . . **CU** 94
Trésum (Av. de) . . . . **CV** 97
Trois-Fontaines (Av. des) . . . . **BV** 98
Val-Vert (R. du) . . . . **BV** 99

 **Les Trésoms** rest, 25,
3 bd Corniche – ✆ 04 50 51 43 84 – info@lestresoms.com – Fax 04 50 45 56 49 VISA CV **f**

50 ch – †99/209 € ††119/259 €, ☕ 16 € – ½ P 103/169 €

Rest – *(fermé sam. midi, dim. soir, lundi et le midi en juil.-août)* Menu 49/87 € – Carte 68/97 €

Rest *La Coupole* – *(fermé mardi soir, merc. soir, jeudi soir et le midi sauf juil.-août)* Menu (25 €), 33 € – Carte environ 52 €

◆ Dans un calme jardin, demeure des années 1930 rénovée mais gardant son cachet Art déco. Chambres aux tons chauds, pour moitié tournées vers le lac. Spa. Cuisine dans l'air du temps à la Rotonde (panorama splendide en terrasse). Repas plus simples à la Coupole.

ANNECY

Chambéry (Av. de) . . . . DY 23
Chappuis (Q. Eustache) . . . . EY 26
Filaterie (R.) . . . . EY 43
Grenette (R.) . . . . EY 51
Hôtel-de-Ville (Pl. de l') . . . . . EY 53
Jean-Jacques-Rousseau (R.) DY 55
Lac (R. du) . . . . EY 57
Libération (Pl. de la) . . . . EY 61
Pâquier (R. du). . . . . EY 71
Perrière (R.) . . . . EY 75
Pont-Morens (R. du) . . . . EY 76
Poste (R. de la) . . . . DY 78
République (R.). . . . . DY 83
Royale (R.). . . . . DY 85
Ste-Claire (Fg et R.) . . . . DY 91
St-François-de-Sales (Pl.) . . . EY 87
St-François-de-Sales (R.) . . . DY 89
Tour-la-Reine (Ch.). . . . . EY 95

Le Pré Carré sans rest — cuisinette — 15/30, VISA
27 r. Sommeiller – ✆ 04 50 52 14 14 – precarre@hotel-annecy.net – Fax 04 50 63 26 19 — EX **b**
27 ch – 🛉125/185 € 🛉🛉155/215 €, ☕ 14 € – 2 suites
◆ Hôtel récent proche de la vieille ville et du lac. Chambres très contemporaines, traitées dans un camaïeu de teintes douces. Petit-déjeuner sous une verrière. Jacuzzi, sauna.

Novotel Atria — ch, 25/200, VISA
1 av. Berthollet – ✆ 04 50 33 54 54 – h1357@accor.com – Fax 04 50 45 50 68
95 ch – 🛉88/145 € 🛉🛉88/145 €, ☕ 13 € – **Rest** – Carte 19/36 € 🍷 — DX **h**
◆ Derrière la gare, bâtiment en verre attenant à un centre de congrès bien équipé. Les chambres sont confortables et insonorisées. Accueil tout sourire. Restaurant fonctionnel, petite terrasse côté rue et prestations culinaires "Novotel".

Splendid sans rest — 15/40, VISA
4 quai E. Chappuis – ✆ 04 50 45 20 00 – info@splendidhotel.fr – Fax 04 50 45 52 23 – Fermé 20 déc.-17 janv. — EY **d**
50 ch – 🛉99/110 € 🛉🛉121/143 €, ☕ 14 €
◆ Hôtel d'esprit Art déco situé entre le centre historique et le lac. Grandes chambres fonctionnelles et bien insonorisées, parfaitement conçues pour la clientèle d'affaires.

Carlton sans rest — 30, VISA
5 r. Glières – ✆ 04 50 10 09 09 – contact@bw-carlton.com – Fax 04 50 10 09 60
55 ch – 🛉78/109 € 🛉🛉105/130 €, ☕ 13 € — DY **g**
◆ Voisin de la gare et du château, cet immeuble du début du 20e s. dispose de chambres fonctionnelles, vastes et confortables, au décor ancré dans les années 1980.

Le Flamboyant sans rest — cuisinette, VISA

52 r. Mouettes CU à Annecy-le-Vieux – 04 50 23 61 69 – leflamboyant74@wanadoo.fr – Fax 04 50 23 05 03

31 ch – 55/90 € 65/113 €, 11,50 €

◆ Grandes chambres refaites - avec cuisinette, balcon ou terrasse -, aménagées dans trois bâtiments de type chalet. Bar au décor de pub anglais. Petit-déjeuner sous la véranda.

Des Marquisats sans rest — VISA

6 chemin Colmyr – 04 50 51 52 34 – reservations@marquisats.com – Fax 04 50 51 89 42 CV **n**

23 ch – 67/115 € 67/115 €, 10 €

◆ À flanc de colline, près d'une plage, maison en pierre progressivement rénovée. Décoration et styles variés dans les chambres, confortables et orientées vers le lac ou une forêt.

Hôtel International — 25/80, VISA

19 av. du Rhône – 04 50 52 35 35 – reservation@bestwestern-hotelinternational.com – Fax 04 50 52 35 00 BV **n**

134 ch – 81/105 € 81/105 €, 13 € – **Rest** – *(fermé vend. soir, dim. midi et sam. de nov. à fév.)* Menu (11 €), 15 € – Carte 29/49 €

◆ Chambres récentes et fonctionnelles (certaines avec balcon), à choisir de préférence de l'autre côté de la rocade. Bons espaces séminaires et bar d'esprit anglais. Le bois domine au restaurant (carte traditionnelle sans prétention).

Mercure sans rest — VISA

26 r. Vaugelas – 04 50 45 59 80 – h2812-gm@accor-hotels.com – Fax 04 50 45 21 99 DY **a**

39 ch – 90/140 € 100/140 €, 12 €

◆ Les chambres fonctionnelles, calmes et colorées en bleu et jaune (clin d'œil à la Provence), rendent cet hôtel central bien pratique. Formule buffet au petit-déjeuner.

Allobroges Park Hôtel sans rest — 10/15, VISA

11 r. Sommeiller – 04 50 45 03 11 – info@allobroges.com – Fax 04 50 51 88 32 DY **n**

47 ch – 68/88 € 78/98 €, 8,50 € – 3 suites

◆ L'enseigne de cet hôtel du centre-ville rend hommage à la tribu celte qui peuplait jadis la région. Les chambres, refaites et contemporaines, baignent dans un camaïeu de beige.

Amiral — ch, 35, VISA

61 r. Centrale, à Annecy-le-Vieux par ② 74940 – 04 50 23 29 26 – contact@amiral-hotel.com – Fax 04 50 23 74 18

36 ch – 55/60 € 65/78 €, 12 € – 1 suite – ½ P 50/65 € – **Rest** – Menu (21 €), 29/45 € – Carte 23/50 €

◆ Non loin du lac et de ses plages, bâtisse d'esprit colonial abritant de petites chambres refaites à neuf. Tons jaunes, banquettes rouges et bar en zinc dans la salle à manger. Terrasse ombragée et carte traditionnelle gentiment actualisée.

Nord sans rest — VISA

24 r. Sommeiller – 04 50 45 08 78 – contact@annecy-hotel-du-nord.com – Fax 04 50 51 22 04 DY **f**

30 ch – 49/58 € 51/63 €, 6,50 €

◆ Idéalement situé en plein centre-ville, ce petit hôtel sans prétention se révèle fort commode pour un séjour de découverte. Décoration des chambres actuelle, gaie et colorée.

de Bonlieu sans rest — 25, VISA

5 r. Bonlieu – 04 50 45 17 16 – info@annecybonlieuhotel.fr – Fax 04 50 45 11 48 – Fermé 27 oct.-13 nov. EX **a**

35 ch – 70/94 € 78/102 €, 10 €

◆ Dans une rue calme du centre-ville, petit hôtel moderne proposant des chambres un peu exiguës, mais pratiques et agencées de façon contemporaine et reposante.

Kyriad Centre sans rest — VISA

1 fg Balmettes – 04 50 45 04 12 – annecy.hotel.kyriad@wanadoo.fr – Fax 04 50 45 90 92 DY **t**

24 ch – 61/65 € 69/76 €, 7 €

◆ Coincée dans le vieil Annecy, cette bâtisse du 16e s. refait progressivement peau neuve. Chambres de tailles diverses, sobrement meublées et égayées de tissus jaunes et bleus.

Les Terrasses

15 r. L. Chaumontel – ✆ 04 50 57 08 98 – lesterrasses@wanadoo.fr – Fax 04 50 57 05 28 BV **a**

20 ch – †60/75 € ††65/79 €, ☕ 7 € – ½ P 50/60 € – **Rest** – *(fermé 15 déc.-31 janv., sam. et dim. sauf juil.-août et le midi)* Menu 14/25 € ♀

♦ Dans un quartier résidentiel proche de la gare, sympathique adresse aux chambres pimpantes meublées dans un esprit campagnard. Chaleureux accueil familial. Restaurant en partie lambrissé, simple mais coquet, et terrasses côté jardin.

Le Clos des Sens (Petit) avec ch

13, r J. Mermoz ✉ 74940 – ✆ 04 50 23 07 90 – artisanculinaire@closdessens.com – Fax 04 50 66 56 54 – Fermé 29 avril-9 mai, 1er-21 sept., 1er-12 janv., dim. soir sauf juil.-août, lundi (sauf hotel en juil.-août) et mardi midi CU **u**

3 ch – †160/180 € ††160/180 €, ☕ 15 €, 1 duplex – **Rest** – Menu 29 € (déj. en sem.), 45/90 € – Carte 75/94 € ♀

Spéc. Tarte fine de légumes "sans pâte" (mars à oct.). Ecrevisses du Léman, tuile dentelle et gelée chaude. Truite du lac, basse température, huile d'olive cryogénisée. **Vins** Roussette de Marestel, Mondeuse.

♦ Une cuisine inventive bien maîtrisée et joliment présentée, mise en valeur par un cadre contemporain, élégamment épuré. Terrasse dominant Annecy. Chambres originales et raffinées.

La Ciboulette (Paccard)

10 r. Vaugelas - cour du Pré Carré – ✆ 04 50 45 74 57 – georges.paccard@wanadoo.fr – Fax 04 50 45 76 75 – Fermé 2-27 juil., 29 oct.-6 nov., 18-27 fév., dim. et lundi EY **v**

Rest – Menu 29 € (sauf samedi soir)/50 € – Carte 56/75 €

Spéc. Féra du lac au beurre de fruitière. Ris de veau et lard paysan à l'amertume de gentiane. Chariot des gourmandises.

♦ Un restaurant au décor étudié et de bon goût, mi-classique, mi-contemporain. Sur des bases classiques, belle cuisine dans l'air du temps.

Le Belvédère (Lugrin) avec ch — Annecy et lac

2 km, rte Semnoz au Sud-Est par r. Marquisat – ✆ 04 50 45 04 90 – reception@belvedere-annecy.com – Fax 04 50 45 67 25 – Fermé 3-15 déc., 2-31 janv., dim. soir, mardi soir et merc. CV **t**

5 ch – †75/100 € ††75/100 €, ☕ 10 € – ½ P 78/104 € – **Rest** – Menu 25 € (déj. en sem.), 32/65 € – Carte 48/91 € ♀

Spéc. Omble chevalier meunière, parfum de noisette. Foie gras de canard poêlé en sucré-salé. Cigare en chocolat noir fourré d'une mousse café.

♦ Appétissante cuisine actuelle à déguster dans ce restaurant surplombant le lac d'Annecy. Agréable terrasse d'été et chambres au calme, où l'on profite du panorama.

Le Bilboquet

14 fg Ste-Claire – ✆ 04 50 45 21 68 – eric.besson@neuf.fr – Fax 04 50 45 21 68 – Fermé 1er-15 juil., dim. sauf le soir en juil.-août et lundi DY **m**

Rest – Menu 19 € (déj. en sem.), 25/42 € – Carte 39/56 € ♀

♦ Les vieux murs épais garantissent une certaine fraîcheur dans cet agréable restaurant qui jouxte la porte Ste-Claire. La table, alléchante, oscille entre tradition et modernité.

L'Atelier Gourmand

2 r. St-Maurice – ✆ 04 50 51 19 71 – Fax 04 50 51 36 48 – Fermé 5-18 nov. et 2-14 avril EY **z**

Rest – Menu 19 € – Carte 27/52 € ♀

♦ Pâtes, risottos et pizzas insufflent un esprit italien à cette cuisine française au goût du jour, désormais simplifiée. Les peintures du patron rehaussent le décor contemporain.

Auberge du Lyonnais avec ch

9 r. République – ✆ 04 50 51 26 10 – aubergedulyonnais@wanadoo.fr – Fax 04 50 51 05 04 – Fermé 22 oct.-9 nov. DY **p**

10 ch – †45/65 € ††45/70 €, ☕ 8 € – **Rest** – Menu 22 € (sem.)/56 € – Carte 39/71 € ♀

♦ Vieille maison du centre historique coincée entre deux bras du canal du Thiou. Belle carte façon brasserie dans un cadre marin ou mieux, sur la belle terrasse au fil de l'eau. Chambres simples, de style montagnard.

XX **La Brasserie St-Maurice**

7 r. Collège Chapuisien – ✆ 04 50 51 24 49 – stmau@stmau.com – Fax 04 50 51 24 49 – Fermé dim. et lundi EY **r**

Rest – Menu 18 € (déj. en sem.), 24/39 € – Carte 30/53 €

◆ Discret restaurant aménagé dans une magnifique maison de 1675. Les belles colonnes en bois visibles dans la salle à manger sont d'origine. Terrasse d'été et carte traditionnelle.

X **Contresens**

10 r. Poste – ✆ 04 50 51 22 10 – Fax 04 50 51 34 26 – Fermé 30 avril-9 mai, 18 juin-1er juil., dim. et lundi DY **b**

Rest – Menu (20 €), 26 € – Carte environ 35 €

◆ On mange un peu au coude à coude et le "Tout-Annecy" se presse dans ce restaurant proposant une séduisante cuisine actuelle et ludique, façon bistrot moderne. Terrasse-trottoir.

X **Nature et Saveur**

Pl. Cordeliers – ✆ 04 50 45 82 29 – nature-saveur@wanadoo.fr – Fermé juil., 20-30 oct., 24 déc.-2 janv., dim. et lundi DY **r**

Rest – *(déjeuner seult sauf sam.)* Menu 31/42 € – Carte environ 31 €

◆ Une adresse insolite qui sert une cuisine inspirée par la naturopathie, riche en découvertes et pauvre en calories ! Carte de vins "bio" ; vente de thés et plats à emporter.

à Chavoires 4,5 km par ② – ✉ 74290 Veyrier-du-Lac

Demeure de Chavoire sans rest

71 rte Annecy – ✆ 04 50 60 04 38 – demeure.chavoire@wanadoo.fr – Fax 04 50 60 05 36

10 ch – 126/275 € 145/275 €, 16 € – 3 suites

◆ La façade est discrète, mais voici un hôtel de caractère, romantique à souhait : chambres "cosy", meubles d'antiquaires, tons pastel et agréable terrasse-jardin face au lac.

à Veyrier-du-Lac 5,5 km par ② – 2 063 h. – alt. 504 m – ✉ 74290

Office de tourisme, 31 rue de la Tournette ✆ 04 50 60 22 71, Fax 04 50 60 00 90

XXXXX **La Maison de Marc Veyrat** avec ch ← lac,

13 vieille rte des Pensières – ✆ 04 50 60 24 00 – reservation@marcveyrat.fr – Fax 04 50 60 23 63 – Ouvert de mi-mai à mi-nov. et fermé mardi sauf juil.-août, lundi et le midi sauf sam. et dim.

9 ch – 300 € 300/670 €, 60 € – 2 suites – **Rest** – Menu 295/385 € – Carte 228/375 €

Spéc. Spaghetti magique, ni œuf, ni farine, coulis de poivron, parmesan. Saumon en bulle plastique, berce des champs, arôme de clémentine sauvage. Boîte de conserve, petits pois déstructurés et reconstitués, souffle de cannelle. **Vins** Chignin-Bergeron, Mondeuse.

◆ Brillante cuisine magnifiant herbes et fleurs des alpages, superbe décor savoyard et divine terrasse face au lac : une fée gourmande veille sur cette envoûtante maison bleue.

à Sévrier 6 km au Sud par ③ – 3 421 h. – alt. 456 m – ✉ 74320

Office de tourisme, 2000 route d'Albertville ✆ 04 50 52 40 56, Fax 04 50 52 48 66

Musée de la Cloche★.

Auberge de Létraz ← rest,

921 rte d'Albertville – ✆ 04 50 52 40 36 – accueil@auberge-de-letraz.com – Fax 04 50 52 63 36

23 ch – 68/105 € 126/205 €, 16 € – ½ P 89/142 € – **Rest** – *(fermé 12 nov.-12 déc., dim. soir et lundi d'oct. à mai)* Menu 38/68 € – Carte 56/80 €

◆ Le jardin de cet hôtel occupe une situation de choix face au lac. Les chambres, refaites dans un style actuel, sont plus calmes côté flots. Carte traditionnelle et soirées à thème (accord produits et vins) au restaurant tourné vers le joyau d'Annecy.

Beauregard ← rest, rest, 20/70, P VISA
– ✆ 04 50 52 40 59 – *info@hotel-beauregard.com – Fax 04 50 52 44 71 – Fermé 16 nov.-16 janv.*
45 ch – 49/60 € 52/97 €, 9,50 € – ½ P 51/71 € – **Rest** – *(fermé dim. d'oct. à avril)* Menu (13,50 €), 20/41 € – Carte 27/42 €
◆ Imposante maison d'allure savoyarde posée entre la route et le lac. Chambres fonctionnelles bien tenues ; espace séminaire de bonne ampleur. Vue plongeante sur l'eau depuis le restaurant en rotonde et les terrasses sous tonnelle. Carte traditionnelle simple.

L' Auberge de Chuguet ← ch, ch, rest, cuisinette 20, P VISA AE
823 rte d'Albertville – ✆ *04 50 19 03 69*
– achuguet@aol.com – Fax 04 50 52 49 42
14 ch – 54/76 € 54/98 €, 8 €, 7 studios, 4 duplex – ½ P 52/75 €
Rest *L'Arpège* – ✆ *04 50 19 07 35 (fermé 1er-21 janv., sam. midi, dim. soir et lundi)* Menu 22 € bc (déj. en sem.), 25/48 € – Carte 33/46 €
◆ La bâtisse est anodine mais l'intérieur, où domine le bleu, possède plus de cachet. Chambres au confort très simple ; duplex et studios plus récents. À L'Arpège, cadre marin contemporain et belle terrasse ombragée de platanes, grande ouverte sur le lac.

à Pringy **8 km au nord par ① et rte secondaire – 2 616 h. – alt. 483 m – ✉ 74370**

Le Clos du Château P VISA AE
70 rte Cuvat, dir. Promery – ✆ 04 50 66 82 23 – leclosduchateau@wanadoo.fr – Fax 04 50 66 87 18 – Fermé sam. midi, dim. soir et lundi
Rest – Menu (15 €), 19 € (déj. en sem.), 27/59 € – Carte 36/51 €
◆ Trois cuisiniers de formation tiennent cette nouvelle adresse jouxtant le château communal. Tendance au contemporain et à l'épure dans le décor et les assiettes. Salon-fumoir.

Une nuit douillette sans se ruiner ?
Repérez les Bibs Hôtel .

ANNEMASSE – **74 Haute-Savoie** – **328** K3 – **27 253 h.** – **Agglo. 106 673 h.** – **alt. 432 m** – **Casino : Grand Casino** – **✉ 74100** 46 **F1**

Paris 538 – Annecy 46 – Bonneville 22 – Genève 8 – Thonon-les-Bains 31

Office de tourisme, place de la Gare ✆ 04 50 95 07 10, Fax 04 50 37 11 71

Plan page suivante

Mercure ch, 70, P VISA AE
par ③ et rte Gaillard ✉ 74240 – ✆ 04 50 92 05 25 – h0343@accor.com – Fax 04 50 87 14 57
78 ch – 100/138 € 110/148 €, 13 € – **Rest** – *(fermé sam. et dim. hors saison)* Menu 23 € – Carte 27/45 €
◆ Près de l'autoroute, hôtel inscrit dans un cadre de verdure, au bord d'une rivière. Chambres assez spacieuses, confortables et insonorisées. Sobre salle à manger et sa terrasse au bord de la piscine ; petits plats traditionnels.

La Place sans rest P VISA AE
10 pl. J. Deffaugt – ✆ 04 50 92 06 44 – hotel.la.place@wanadoo.fr – Fax 04 50 87 07 45 Y **n**
43 ch – 51/56 € 64/73 €, 8 €
◆ Beau salon design, jolies chambres contemporaines épurées (bois, toile épaisse) et accueil des plus sympathiques : une étape centrale et agréable sur la route de la Suisse.

St-André sans rest VISA AE
20 r. M. Courriard – ✆ 04 50 84 07 00 – resa@hotel-st-andre.com – Fax 04 50 84 36 22 Z **v**
40 ch – 58 € 68/90 €, 8 €
◆ Hôtel récent installé dans un quartier de bureaux. Grandes chambres lumineuses, idéalement pensées pour les séjours d'affaires (mobilier pratique et équipement complet).

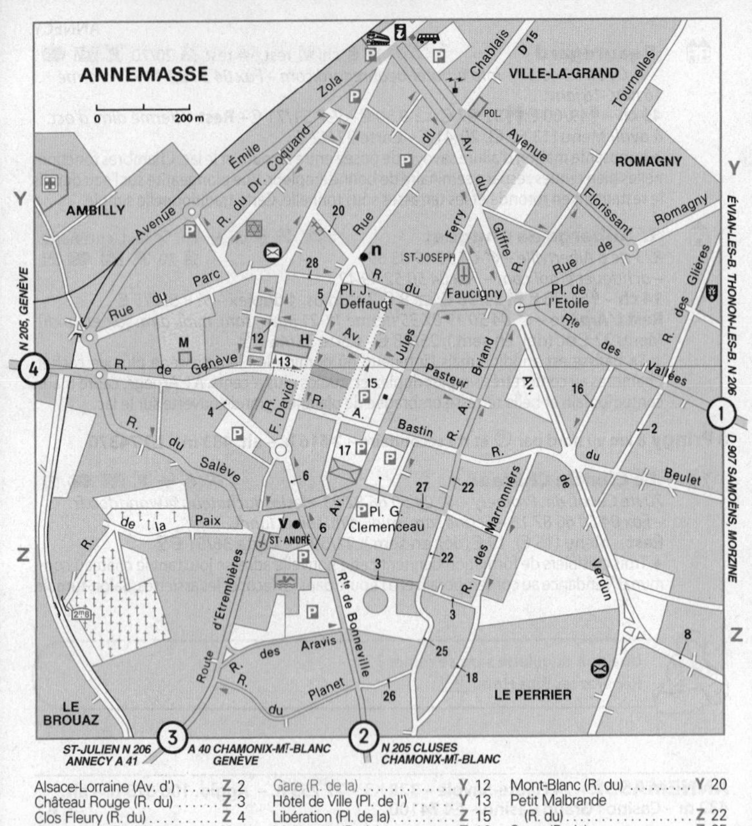

Alsace-Lorraine (Av. d') . . . . . . Z 2	Gare (R. de la) . . . . Y 12	Mont-Blanc (R. du) . . . . Y 20
Château Rouge (R. du) . . . . . . Z 3	Hôtel de Ville (Pl. de l') . . . . . Y 13	Petit Malbrande (R. du) . . . . Z 22
Clos Fleury (R. du) . . . . Z 4	Libération (Pl. de la) . . . . Z 15	Saget (R. du) . . . . Z 25
Commerce (R. du) . . . . Y 5	Malbrande (R. de) . . . . Z 16	Vaillat (R. L.) . . . . Z 27
Courriard (R. M.) . . . . Z 6	Marché de Gros (Pl. du) . . . . . Z 17	Voirons (R. des) . . . . Y 28
Dusonchet (R. Cl.-Ph.) . . . . . . Z 8	Massenet (R.) . . . . Z 18	

à Juvigny 5 km à l'Est par ①, N 206 et rte secondaire – **539 h. – alt. 499 m** – ✉ **74100**

XX **Auberge des Groulines** VISA AE

Les Curtines – ✆ 04 50 37 03 96 – Fax 04 50 37 03 96 – Fermé 10-24 juil., 2-15 janv., dim. soir et lundi

Rest – Menu 23 € (sem.)/60 € – Carte 41/53 €

◆ Villa blottie au cœur d'un paisible quartier survolé par les groulines (mésanges). Au programme : cuisine traditionnelle, cadre sobrement rustique, véranda et terrasse d'été.

ANNONAY – 07 Ardèche – 331 K2 – 17 522 h. – alt. 350 m – ✉ 07100

Lyon et la vallée du Rhône 44 **B2**

- Paris 529 – St-Étienne 44 – Valence 56 – Yssingeaux 57
- Office de tourisme, place des Cordeliers ✆ 04 75 33 24 51, Fax 04 75 32 47 79
- Annonay Gourdan Le Pelou, par rte de Serrières et N 82 : 6 km, ✆ 04 75 67 03 84 ; d'Albon à Saint-Rambert-d'Albon Château de Senaud, E : 19 km par D 82, ✆ 04 75 03 03 90.

Plan page ci-contre

XX Marc et Christine VISA MC

29 av. Marc Seguin – ✆ 04 75 33 46 97 – Fermé 13-27 août, 18 fév.-3 mars, dim. soir et lundi **e**

Rest – Menu 18/53 € ♀

Rest ***Le Patio*** – *✆ 04 75 32 33 34 (fermé 28 août-12 sept., mardi soir et merc.)* Menu 14/24 € ♀

◆ Ce restaurant bâti à flanc de coteau abrite deux salles : l'une bourgeoise, l'autre lumineuse, tournée sur le jardin. Terrasses verdoyantes et cuisine classique. Au Patio, formule buffets et originale "criqzza" (mi-crique ardéchoise, mi-pizza).

XX Halle VISA MC AE

17 pl. des Cordeliers – ✆ 04 75 32 04 62 – Fax 04 75 32 04 62 – Fermé 20 août-6 sept., 2-8 janv., 18 fév.-4 mars, merc. soir, dim. soir et lundi **a**

Rest – Menu 15 € (sem.)/45 € – Carte 23/45 € ♀

◆ Mobilier actuel, tons jaune-orangé et quelques bibelots anciens participent au cadre plaisant et convivial de ce restaurant. Terrasse d'été dressée dans une courette.

à St-Julien-Molin-Molette **10,5 km par ④, D206 et N82 – 1 132 h. – alt. 589 m – ✉ 42220**

La Rivoire

– ✆ 04 77 39 65 44 – info@larivoire.net – Fax 04 77 39 67 86

5 ch – †52 € ††62 € – ½ P 48 € – **Rest** – table d'hôte *(dîner seult) (résidents seult)* Menu 19 € bc

◆ Noble demeure à tour ronde, datant probablement du 15e s. Chambres fraîches aux noms de couleurs ; jolie vue sur la vallée de la Déome et les premières collines ardéchoises. À table, on se régale de charcuteries paysannes et de légumes du potager familial.

Alsace-Lorraine (Pl.)	2
Boissy-d'Anglas (R.)	3
Cordeliers (Pl. des)	4
Libération (Pl. de la)	6
Marc-Seguin (Av.)	7
Meyzonnier (R.)	8
Montgolfier (R.)	9

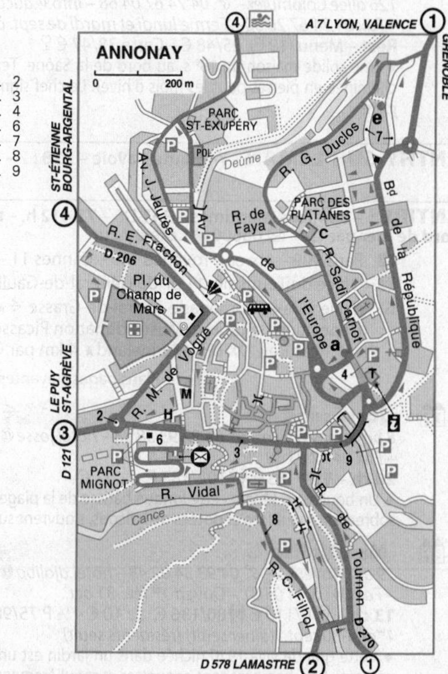

ANNOT – 04 Alpes-de-Haute-Provence – 334 I9 – 988 h. – alt. 708 m – ✉ 04240
Alpes du Sud 41 **C2**

Paris 812 – Castellane 31 – Digne-les-Bains 69 – Manosque 112

Office de tourisme, boulevard Saint-Pierre ✆ 04 92 83 23 03

Vieille ville★ - Clue de Rouaine★ S : 4 km.

L'Avenue rest, rest, VISA MC

av. Gare – ✆ 04 92 83 22 07 – contact@hotet-avenue.com – Fax 04 92 83 33 13 – Ouvert 1er avril-30 oct.

11 ch – †52 € ††57/62 €, ☐ 8 € – ½ P 50/53 € – **Rest** – *(fermé lundi midi, merc. midi et vend. midi)* Menu 17 € (dîner)/26 €

◆ Posez votre valise dans l'une des chambres aux tons provençaux de ce sympathique établissement familial bordant une avenue ombragée. Tenue scrupuleuse. Restaurant au plaisant cadre contemporain, miniterrasse-trottoir et cuisine à l'accent régional.

ANSE – 69 Rhône – 327 H4 – 4 744 h. – alt. 170 m – ✉ 69480 43 **E1**

Paris 436 – Bourg-en-Bresse 57 – Lyon 27 – Mâcon 51 – Villefranche-sur-Saône 7

Office de tourisme, place du 8 mai 1945 ✆ 04 74 60 26 16, Fax 04 74 67 29 74

St-Romain 20, P VISA MC AE

rte Graves – ✆ 04 74 60 24 46 – hotel-saint-romain@wanadoo.fr – Fax 04 74 67 12 85 – Fermé dim. soir et lundi midi de nov. à avril

24 ch – †46 € ††49/54 €, ☐ 7 € – ½ P 51 € – **Rest** – Menu 21 € (sem.)/46 € – Carte 41/49 €

◆ Cette vieille ferme beaujolaise rénovée dispose de chambres sobrement rustiques, mais bien tenues. Une charrette garnie de fleurs artificielles trône dans la salle campagnarde éclairée par des lustres en fer forgé. Plats traditionnels, vins du cru.

Au Colombier P VISA MC

126 allée Colombier – ✆ 04 74 67 04 68 – info@aucolombier.com – Fax 04 74 67 20 30 – Fermé lundi et mardi de sept. à mai

Rest – Menu (19 €), 25/48 € – Carte 38/47 €

◆ Une solide maison du 18e s. au bord de la Saône. Terrasse pour les repas estivaux et cheminée en pierres pour les mois d'hiver. Le chef signe une cuisine dynamique et très juste.

ANTHY-SUR-LÉMAN – 74 Haute-Savoie – 328 L2 – rattaché à Thonon-les-Bains

ANTIBES – 06 Alpes-Maritimes – 341 D6 – 72 412 h. – alt. 2 m – Casino : "la Siesta" bord de mer par ① – ✉ 06600 Côte d'Azur 42 **E2**

Paris 909 – Aix-en-Provence 160 – Cannes 11 – Nice 21

Office du Tourisme, 11 pl. du Général-de-Gaulle ✆ 0492905300

Vieille ville★: Promenade Amiral-de-Grasse ←★ DXY - Château Grimaldi (Déposition de Croix★, Musée donation Picasso★) DX - Musée Peynet et de la Caricature★ DX M² - Marineland★ 4 km par ①.

Plans pages suivantes

Josse sans rest ← AC P VISA MC AE

8 bd James Wyllie – ✆ 04 92 93 38 38 – hotel.josse@wanadoo.fr – Fax 04 92 93 38 39 BU **s**

26 ch – †91/183 € ††102/183 €, ☐ 11 €

◆ Un boulevard sépare cette longue bâtisse de la plage de la Salis. Toutes les chambres, sobrement meublées et dotées de balcons, s'ouvrent sur la "grande bleue".

Mas Djoliba AC P VISA MC

29 av. Provence – ✆ 04 93 34 02 48 – hotel.djoliba@wanadoo.fr – Fax 04 93 34 05 81 – Ouvert 1er fév.-31 oct. CY **d**

13 ch – †70/110 € ††80/136 €, ☐ 10 € – ½ P 75/98 € – **Rest** – *(ouvert 1er mai-30 sept.) (dîner seult) (résidents seult)*

◆ Cette grande villa 1920 nichée dans un jardin est un oasis de quiétude où il fait bon paresser. Les chambres sont coquettes et régulièrement rafraîchies.

Petit Castel sans rest
22 chemin des Sables
– ✆ 04 93 61 59 37
– info@hotel-petitcastel.com
– Fax 04 93 67 51 28

BU **b**

16 ch – 🚹66/116 € 🚹🚹72/132 €, ☕ 9 €

◆ Bon accueil en ce pavillon rénové bâti au bord d'une voie passante, en secteur résidentiel. Chambres insonorisées et climatisées, solarium-jacuzzi perché, vélos à disposition.

ANTIBES

Rue	Carré	N°
Châtaignier (Av. du)	**AU**	13
Contrebandiers (Ch. des)	**BV**	16
Ferrié (Av. Gén.)	**AU**	26
Gardiole-Bacon (Bd)	**BUV**	31
Garoupe (Bd de la)	**BV**	33
Garoupe (Ch. de la)	**BV**	34
Grec (Av. Jules)	**ABU**	38
Malespine (Av.)	**BV**	50
Phare (Rte du)	**BV**	62
Raymond (Ch.)	**BV**	64
Reibaud (Av.)	**AU**	65
Salis (Av. de la)	**BV**	77
Sella (Av. André)	**BV**	78
Tamisier (Ch. du)	**BV**	79
Tour-Gandolphe (Av. de la)	**BV**	82
Vautrin (Bd. du Gén.)	**BU**	84
11-Novembre (Av. du)	**BU**	91

Flèche noire Sens unique en saison

ANTIBES

Albert 1er (Bd) .... CDY
Alger (R. d') .... CX 3
Arazy (R.) .... DXY 4
Barnaud (Pl. Amiral) .... DY 6
Barquier (Av.) .... DY 8
Bas-Castelet (R. du) .... DY 9
Bateau (R. du) .... DX 10
Clemenceau (R. G.) .... DX 14
Dames-Blanches (Av. des) .. CY 19
Directeur Chaudon (R.) .... CY 20
Docteur Rostan (R. du) .... DX 24
Gambetta (Av.) .... CX 30
Gaulle (Pl. du Gén.-de) .... CXY
Grand-Cavalier (Av. du) ..... CX 37
Guynemer (Pl.) .... CX 40
Haut-Castelet (R. du) ...... DY 42
Horloge (R. de l') .... DX 43
Martyrs-de-la-Résistance (Pl. des) .... CDX 51
Masséna (Cours) .... DX 52
Meissonnier (Av.) .... CDY 54
Nationale (Pl.) .... DX 55
Orme (R. de l') .... DX 57
République (R. de la) ..... CDX 67
Revely (R. du) .... DX 68
Revennes (R. des) .... DY 69
St-Roch (Av.) .... CX 72
Saleurs (Rampe des) .... DX 75
Tourraque (R. de la) .... DY 83
Vautrin (Bd. du Gén.) ...... CX 84
8-Mai 1945 (Square du) .... DX 90
24-Août (Av. du) .... CY 92

Modern Hôtel sans rest

1 r. Fourmilière – ✆ 04 92 90 59 05 – modernhotel@wanadoo.fr – Fax 04 92 90 59 06 – Fermé 15 déc.-15 janv. CX **a**

17 ch – 56/68 € 67/82 €, 5,50 €

◆ Cet hôtel situé à l'entrée de la zone piétonne a bénéficié d'une rénovation. Les chambres offrent une sobre décoration, une literie neuve et un mobilier fonctionnel.

Les Vieux Murs 15/30, VISA MC AE

25 promenade Amiral de Grasse – ✆ 04 93 34 06 73 – lesvieuxmurs@wanadoo.fr – Fax 04 93 34 81 08 – Fermé 12 nov.-3 déc., mardi midi et lundi de sept. à mi-juin et le midi de mi-juin à fin août DY **f**

Rest – Menu (29 €), 34 € (déj.)/60 € – Carte 67/85 €

◆ Un chaleureux décor aux tons orangés et une belle terrasse vous attendent dans cette maison située sur les remparts, face à la mer. Cuisine actuelle. Bar lounge (expositions).

La Jarre VISA MC AE

14 r. St-Esprit – ✆ 04 93 34 50 12 – info@lajarre.com – Fax 04 93 34 94 25 – Fermé merc. de sept. au 15 juin DX **a**

Rest – Menu 32 € bc (déj. en sem.), 40/45 € bc – Carte 36/70 €

◆ Restaurant aménagé dans un ancien monastère de la vieille ville. Appréciez sa cuisine régionale sous le magnifique figuier du patio ou dans la salle à manger provençale.

Oscar's AC VISA MC AE

8 r. Rostan – ✆ 04 93 34 90 14 – Fax 04 93 34 90 14 – Fermé 1er-15 juin, 20 déc.-5 janv., dim. et lundi DX **s**

Rest – *(nombre de couverts limité, prévenir)* Menu 26/56 € – Carte 54/74 €

◆ Laissez-vous surprendre par ce décor original de niches agrémentées de sculptures et paysages antiquisants. La goûteuse cuisine italo-provençale assure le succès de la maison.

Le Sucrier AC VISA MC AE

6 r. Bains – ✆ 04 93 34 85 40 – info@lesucrier.com – Fax 04 93 34 85 40 – Fermé 12-19 nov., 7 janv.-4 fév. et lundi DY **a**

Rest – Menu 20/39 € – Carte 37/51 €

◆ Cuisine italienne (pâtes fraîches, poissons, etc.) complétée d'une sélection de plats traditionnels. Côté décor : plusieurs salles coquettes, dont une voûtée, et une terrasse.

Le Romantic AC VISA MC AE

5 r. Dr Rostan – ✆ 04 93 34 59 39 – brigittebocquet@yahoo.fr – Fax 04 93 34 59 39 – Fermé 12-18 mars, 25 juin-1er juil., 19 nov.-3 déc., dim. et lundi d'oct. à avril DX **v**

Rest – *(nombre de couverts limité, prévenir)* Menu (23 €), 28/48 € – Carte 38/54 €

◆ L'établissement est situé dans une ruelle proche du musée Peynet. Sous les poutres anciennes de la coquette salle à manger, on sert une cuisine aux accents du Sud.

rte de Nice par ① et N 7 – ✉ 06600 Antibes

Baie des Anges-Thalazur ch, AC ch, rest, 15/60, P VISA MC AE

770 chemin Moyennes Breguières, près hôpital – ✆ 04 92 91 82 00 – antibes@thalazur.fr – Fax 04 93 65 94 14 – Fermé 1er-16 déc.

164 ch – 82/180 € 121/324 €, 15 € – ½ P 86/162 € – **Rest** – Menu 31 € – Carte 30/70 €

◆ L'hôtel et le centre de thalassothérapie sortent d'une rénovation complète. Grandes chambres bien équipées (certaines ont vue sur la baie) ; belles piscines panoramiques. Plats traditionnels ou diététiques servis dans la salle à manger-véranda au décor marin.

Bleu Marine sans rest AC P VISA MC AE

2,5 km chemin des 4 Chemins (près hôpital) – ✆ 04 93 74 84 84 – hotel-bleu-marine@wanadoo.fr – Fax 04 93 95 90 26

18 ch – 53/61 € 63/75 €, 6,50 €

◆ Construction récente à proximité de l'hôpital. Chambres pratiques et bien entretenues. Celles des étages supérieurs profitent d'une échappée sur la mer.

Chrys Hôtel sans rest AC 20, P VISA MC AE

50 chemin de la Parouquine, route nationale 7 – ✆ 04 92 91 70 20 – chrys-hotel@wanadoo.fr – Fax 04 92 91 70 21 – Fermé 20 déc.-7 janv.

31 ch – 63/90 € 78/130 €, 9 €

◆ Bâtisse blanche de style régional abritant de petites chambres fonctionnelles et insonorisées. Coquette salle des petits-déjeuners dressée face à la piscine.

CAP D'ANTIBES – 06 Alpes-Maritimes – ✉ 06160 Juan-Les-Pins 42 **E2**

Paris 922 – Marseille 174 – Nice 35 – Antibes 6 – Cannes 14

Plateau de la Garoupe ★★ - Jardin Thuret★ Z F - ★ Pointe Bacon - ★ de la plate-forme du bastion (musée naval) Z **M.**

Du Cap littoral et massif de l'Esterel, rest,
bd JF Kennedy – *04 93 61 39 01* 200,
– reservation@hdcer.com – Fax 04 93 67 76 04 – Ouvert 7 avril-17 oct. BV **x**
110 ch – 320/1300 € 450/1300 €, 33 € – 10 suites
Rest *Eden Roc* – voir ci-après
◆ Passage obligé de la jet-set, ce majestueux palace du 19e s. est niché dans un grand parc fleuri face à la mer. Luxe, raffinement, espace et calme en font un lieu magique.

Impérial Garoupe rest, 25,
770 chemin Garoupe – 04 92 93 31 61
– cap@imperial-garoupe.com – Fax 04 92 93 31 62
– Ouvert 22 avril-24 oct. BV **r**
30 ch – 270/575 € 320/610 €, 23 € – 4 suites
Rest *L'Anse* – *04 92 93 31 64 (fermé merc. sauf août)* Carte 68/88 €
◆ Belle demeure méditerranéenne entourée d'une végétation luxuriante. Chambres personnalisées, ultra-raffinées, ouvertes sur un balcon, une terrasse ou un minijardin privé. Cuisine aux saveurs du Sud, en harmonie avec le décor plutôt chic de la salle à manger.

Don César ch, rest,
46 bd Garoupe – 04 93 67 15 30 – hotel.don.cesar@wanadoo.fr
– Fax 04 93 67 18 25 – Ouvert 1er avril-5 nov. BV **s**
18 ch – 165/315 € 165/315 €, 16 € – **Rest** – *(ouvert 1er mai-30 sept. et fermé mardi midi et lundi) (nombre de couverts limité, prévenir)* Menu 35/45 € – Carte 57/79 €
◆ Grande villa moderne à la silhouette discrètement antiquisante. Les terrasses privées des chambres cossues donnent toutes sur la mer. Piscine à débordement. Salle à manger intime ; cuisine inventive où s'illustrent les produits régionaux.

La Baie Dorée mer, 25,
579 bd Garoupe – 04 93 67 30 67 – baiedoree@wanadoo.fr
– Fax 04 92 93 76 39 BV **v**
18 ch – 225/650 € 225/650 €, 20 € – **Rest** – *(ouvert de mi-avril à mi-sept.)* Menu 45/120 €
◆ Cette lumineuse villa méridionale a les "pieds dans l'eau". Les chambres, accueillantes et soignées, avec terrasse ou balcon, donnent toutes sur la baie. Ponton privé. Aux beaux jours, on dresse les tables du restaurant face à la mer (cuisine aux saveurs iodées).

Beau Site sans rest
141 bd Kennedy – 04 93 61 53 43 – hbeausit@club-internet.fr
– Fax 04 93 67 78 16 – Ouvert 1er mars-30 oct. BV **t**
28 ch – 70/118 € 79/132 €, 11,50 €
◆ Façade proprette, chambres au mobilier peint dans le style régional du 18e s., terrasse ombragée et piscine font l'attrait de cet hôtel convivial de la délicieuse presqu'île.

La Garoupe et Gardiole sans rest
60 chemin Garoupe – 04 92 93 33 33 – info@hotel-lagaroupe-gardiole.com
– Fax 04 93 67 61 87 – Ouvert 6 avril-21 oct. BV **k**
37 ch – 75/95 € 95/138 €, 12 €
◆ Piscine, jardin et belle terrasse-pergola participent au charme de ces jolies maisons décorées à la provençale. Chambres fraîches à la Garoupe et rustiques à la Gardiole.

Castel Garoupe sans rest cuisinette
959 bd la Garoupe – 04 93 61 36 51 – castel-garoupe@wanadoo.fr
– Fax 04 93 67 74 88 – Ouvert 11 mars-2 nov. BV **a**
25 ch – 92/139 € 123/160 €, 10 € – 3 suites
◆ Intérieur mêlant mobilier ancien, objets chinés et décoration actuelle. Chambres confortables avec balcons. Piscine protégée par un jardin luxuriant et tennis refait.

XXXX **Eden Roc** – Hôtel du Cap ← littoral et les îles, 🏠 AC ✂ P VISA MC AE

bd JF Kennedy – ☎ 04 93 61 39 01 – reservation@hdcer.com – Fax 04 93 67 76 04 – Ouvert 7 avril-17 oct. BV **z**

Rest – Carte 87/188 € 🍷

◆ Superbe villa isolée sur un roc en bordure de mer : difficile de trouver meilleure situation pour goûter au luxe d'un lieu mythique où s'attabler sur la terrasse est un "must".

XXX ✿ **Bacon** ← Antibes et baie des Anges, 🏠 AC ✂ (soir) P VISA MC

bd Bacon – ☎ 04 93 61 50 02 – contact@restaurantdebacon.com – Fax 04 93 61 65 19 – Ouvert 1er mars-31 oct. et fermé mardi midi et lundi

Rest – Menu 49 € (déj.)/79 € (sauf dîner en juillet-août) – Carte 86/220 € 🍷 BU **m**

Spéc. Bouillabaisse. Poissons crus au citron et aux herbes. Chapon Grand-Mère aux petits oignons blancs (mai à sept.). **Vins** Bellet, Côtes de Provence.

◆ L'institution locale en matière de cuisine de la mer. Salle et terrasse panoramiques où se marient élégance et sobriété ; tables décorées de poissons en verrerie de Biot.

XXX ✿ **Les Pêcheurs** ← la mer et l'Esterel, 🏠 ♿ AC P VISA MC AE

– ☎ 04 92 93 71 55 – reservation@lespecheurs-juan.com – Fax 04 92 93 15 04 – Fermé 12 nov.-20 déc., 15 fév.-1er mars, le midi de mi-juin à mi-sept., mardi et merc. de mi-sept. à mi-juin BV **u**

Rest – Menu 40 € (déj.), 70/95 € – Carte 65/117 € 🍷

Rest *La Plage* – *☎ 04 92 93 13 30 (ouvert avril-sept. et fermé le soir sauf en juil.-août)* Carte 39/68 € 🍷

Spéc. Homard bleu au risotto noir et asperges violettes (15 mars au 15 juin). Petite marmite des pêcheurs en jus de bouillabaisse. Poissons de Méditerranée et des pêcheurs du port du Crouton. **Vins** Côtes de Provence.

◆ Joli décor contemporain, ravissante terrasse panoramique et subtile cuisine aux saveurs marines en ce restaurant superbement ancré au bord des flots. Côté Plage, on propose une carte plus simple servie sous les pins maritimes.

ANTONY – 92 Hauts-de-Seine – 311 J3 – 101 25 – Voir à Paris, Environs

---

ANTRAIGUES-SUR-VOLANE – 07 Ardèche – 331 I5 – 498 h. – alt. 470 m – ✉ 07530 ▮ Lyon et la vallée du Rhône 44 **A3**

▶ Paris 637 – Aubenas 15 – Lamastre 58 – Langogne 67 – Privas 42 – Le Puy-en-Velay 75

ℹ Syndicat d'initiative, le village ☎ 04 75 88 23 06, Fax 04 75 88 23 06

X 😋 **La Remise** ✂ P VISA MC AE

au pont de l'Huile – ☎ 04 75 38 70 74 – Fermé 18-27 juin, 3-11 sept., 17 déc.-7 janv., jeudi soir, dim. soir et vend. sauf juil.-août

Rest – Menu 20/33 €

◆ Ici, le patron propose oralement ses recettes du terroir choisies en fonction du marché. "Bonne franquette" et nappes à carreaux dans une vieille grange ardéchoise.

ANZIN-ST-AUBIN – 62 Pas-de-Calais – 301 J6 – rattaché à Arras

---

AOSTE – 38 Isère – 333 G4 – 1 715 h. – alt. 221 m – ✉ 38490 ▮ Alpes du Nord 45 **C2**

▶ Paris 512 – Belley 25 – Chambéry 37 – Grenoble 55 – Lyon 71

à la Gare de l'Est 2 km au Nord-Est sur N 516 – ✉ 38490 Aoste

🏠 **La Vieille Maison** 🏠 ☎ 12, P VISA MC AE

– ☎ 04 76 31 60 15 – lavieillemaison@cegetel.net – Fax 04 76 31 69 75

17 ch – †65/74 € ††68/77 €, ☕ 9 € – ½ P 58/62 € – **Rest** – *(fermé jeudi soir, dim. soir et merc.)* Menu (18 €), 24 € (sem.)/40 € – Carte 44/56 € 🍷

◆ Cet ex-relais de diligence a été restauré et agrandi d'une aile récente. Chambres d'inspiration rustique, jardin verdoyant, piscine couverte et sauna. Cadre campagnard au restaurant et terrasse dressée par beau temps dans la cour plantée de marronniers.

XXX **Au Coq en Velours** avec ch — 20, VISA

1800 rte de St Genix – ☎ 04 76 31 60 04 – contact@au-coq-en-velours.com – Fax 04 76 31 77 55 – Fermé 1er-27 janv., jeudi soir (sauf hôtel), dim. soir et lundi

7 ch – †65/72 € ††65/72 €, ☕ 9 € – **Rest** – Menu (19 €), 29/58 € – Carte 32/53 € ♀

◆ Pimpante auberge de village tenue par la même famille depuis 1900. Chaleureuse salle à manger contemporaine et terrasse ombragée dressée dans un jardin fleuri.

APPOIGNY – 89 Yonne – 319 E4 – rattaché à Auxerre

APREMONT – 73 Savoie – 333 I4 – 890 h. – alt. 330 m – ✉ 73190 46 F2

▶ Paris 569 – Grenoble 50 – Albertville 48 – Chambéry 9 – St-Jean-de-Maurienne 71

▣ du Granier Apremont Chemin de Fontaine Rouge, N : 1 km par D 201, ☎ 04 79 28 21 26.

◎ Col de Granier : ≤★★ des terrasses du chalet-hôtel, SO : 14 km, ▮ Alpes du Nord.

XX **Auberge St-Vincent** VISA

– ☎ 04 79 28 21 85 – Fax 04 79 71 62 06 – Fermé 1er-7 juil., vacances de la Toussaint, de fév., dim. soir, mardi soir et merc.

Rest – Menu 15 € (déj. en sem.), 26/42 € – Carte 39/45 € ♀

◆ Accueillante ambiance rustique dans cet ancien relais de poste du petit village célèbre pour son vin : coquette salle voûtée et jolie terrasse donnant sur les vignes.

Un hôtel charmant pour un séjour très agréable ?
Réservez dans un hôtel avec pavillon rouge : ... .

APT – 84 Vaucluse – 332 F10 – 11 172 h. – alt. 250 m – ✉ 84400

▮ Provence 42 E1

▶ Paris 728 – Aix-en-Provence 56 – Avignon 54 – Digne-les-Bains 91

ℹ Office de tourisme, 20 avenue Ph. de Girard ☎ 04 90 74 03 18, Fax 04 90 04 64 30

Plan page ci-contre

Le Couvent sans rest VISA

36 r. Louis Rousset – ☎ 04 90 04 55 36 – loucouvent@wanadoo.fr – Fax 04 90 04 55 36 – Fermé 11-23 fév. B **d**

5 ch ☕ – †75/90 € ††90/120 €

◆ Dans les murs de cet ancien couvent (17e s.), vous oublierez que vous êtes en plein centre-ville. Chambres pleines de cachet, ouvrant sur le jardin. Petit-déjeuner sous les voûtes du réfectoire.

XX **Auberge du Luberon** VISA

17 quai Léon Sagy – ☎ 04 90 74 12 50 – serge.peuzin@free.fr – Fax 04 90 04 79 49 – Fermé 12 nov.-10 déc., 23-27 déc., 2-15 janv. A **a**

Rest – *(fermé dim. soir de nov. à mars, dim. midi en août, lundi sauf le soir d'avril à oct. et mardi midi)* Menu 29/80 € – Carte 51/67 € ♀

◆ Bien situées sur le quai du Calavon, salle à manger en véranda et terrasse dressée à l'ombre d'un platane. Les fruits confits, spécialité d'Apt, sont volontiers utilisés dans la préparation des plats.

X **La Manade** VISA

8 rue René Cassin – ☎ 04 90 04 79 06 – christinjf@tele2.fr – Fermé 20 déc.-20 janv., sam. midi, mardi soir et merc. B **b**

Rest – Menu 23/33 € – Carte 32/42 € ♀

◆ Ce restaurant récemment repris par des jeunes gens aussi accueillants que dynamiques comporte deux salles rustiques et une petite terrasse où est proposé un choix de recettes régionales renouvelées au fil des saisons.

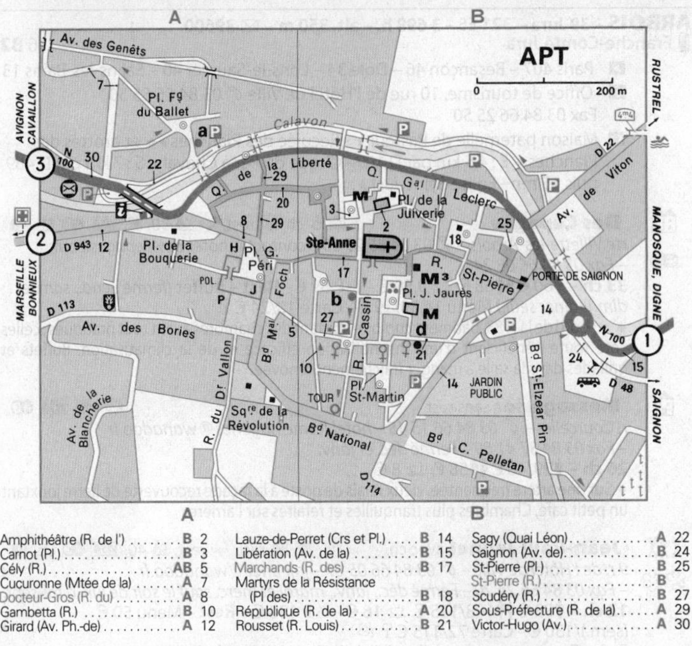

à Saignon **4 km au Sud-Est par D 48 – 994 h. – alt. 450 m – ✉ 84400**

Auberge du Presbytère 🐟 ⋖ 🏠 ♿ ch, VISA MC
place de la fontaine – ☎ 04 90 74 11 50 – auberge.presbytere@wanadoo.fr – Fax 04 90 04 68 51 – Fermé de mi-nov. à mi-déc. et de mi-janv. à mi-fév.
16 ch – 🛉58/145 € 🛉🛉58/145 €, ☕ 10 € – **Rest** – *(fermé merc.) (prévenir)* Menu 26/40 € 🍷
◆ Mobilier ancien, tomettes, poutres apparentes et cheminée préservent l'âme de cette vénérable maison. Chambres plaisantes, dont deux avec terrasse offrant une vue unique. Jolie salle à manger-véranda, patio et terrasse dressée le midi sur la place du village.

Chambre de séjour avec vue sans rest cuisinette
– ☎ 04 90 04 85 01 – info@chambreavecvue.com – Fax 04 90 04 85 01 – Ouvert d'avril à oct.
5 ch ☕ – 🛉80 € 🛉🛉80/100 €
◆ Cette belle maison accueille de nombreux artistes (atelier et galerie à disposition). Chambres colorées et bien tenues. Originale salle de petit-déjeuner, joli jardin.

par ③ **: 4,5 km par N 100 et rte de Murs – ✉ 84400 Apt**

Bernard Mathys 🏠 P VISA MC
Le Chêne – ☎ 04 90 04 84 64 – Fax 04 90 74 69 78 – Fermé mi-janv. à fin fév., mardi et merc.
Rest – *(dîner seult)* Menu 48/85 € – Carte 61/113 € 🍷
◆ Au bout d'un chemin un peu accidenté, demeure bourgeoise entourée d'un parc soigneusement entretenu. Deux élégantes salles à manger au mobilier d'inspiration Empire.

ARAGON **– 11 Aude – 344 E3 – rattaché à Carcassonne**

ARBOIS – 39 Jura – 321 E5 – 3 698 h. – alt. 350 m – ✉ 39600
Franche-Comté Jura 16 **B2**

Paris 407 – Besançon 46 – Dole 34 – Lons-le-Saunier 40 – Salins-les-Bains 13

Office de tourisme, 10 rue de l'Hôtel de Ville ☎ 03 84 66 55 50, Fax 03 84 66 25 50

Maison paternelle de Pasteur★ - Reculée des Planches★★ et grottes des Planches★ E : 4,5 km par D 107 - Cirque du Fer à Cheval★ S : 7 km par D 469 puis 15 mn - Église Saint-Just★.

Des Cépages
ch, rest, 30, VISA

rte Villette-les-Arbois – ☎ 03 84 66 25 25 – contact@hotel-des-cepages.com – Fax 03 84 66 08 24

33 ch – †60 € ††68 €, ☕ 9,50 € – ½ P 59 € – **Rest** – buffet *(fermé vend., sam. et dim.) (dîner seul.)* Menu 14,50/19 € – Carte 18/24 €

◆ Au bord de la N 83, bâtiment cubique abritant des chambres avant tout pratiques ; celles côté route bénéficient d'une insonorisation efficace et de la climatisation. Buffets et grillades dans la salle à manger fraîchement rénovée.

Messageries sans rest
VISA

r. Courcelles – ☎ 03 84 66 15 45 – hotel.lesmessageries@wanadoo.fr – Fax 03 84 37 41 09 – Fermé déc. et janv.

26 ch – †29/48 € ††58 €, ☕ 8 €

◆ Sur une artère fréquentée, vieux relais de poste à la façade recouverte de lierre jouxtant un petit café. Chambres plus tranquilles et refaites sur l'arrière.

Jean-Paul Jeunet avec ch
rest, rest, 40, VISA

9 r. de l'Hôtel de Ville – ☎ 03 84 66 05 67 – jpjeunet@wanadoo.fr – Fax 03 84 66 24 20 – Fermé déc., janv., mardi et merc. sauf le soir de juil. à mi-sept.

12 ch – †88 € ††108/135 €, ☕ 16 € – ½ P 130 € – **Rest** – Menu 50 € (sem.)/130 € – Carte 72/115 €

Spéc. Escargots au fenouil et à l'absinthe. Volaille de Bresse aux morilles et vin jaune servie de deux façons. Variation sur la morille et les racines (dessert). **Vins** Arbois-Pupillin, Château-Chalon.

◆ Élégante salle rustique (non-fumeurs), patio verdoyant, cuisine du terroir saupoudrée d'inventivité et superbe carte des vins : la recette gagnante de cette halte gourmande.

Le Prieuré
VISA

– Fermé déc., janv., mardi et merc. de mi-sept. à juin

7 ch – †72/87 € ††87/130 €, ☕ 16 €

◆ À 200 m de la maison mère, bâtisse du 17e s. au confort bourgeois où l'on chouchoute le client. Les chambres sont garnies d'un mobilier de style. Reposant jardin fleuri.

La Balance Mets et Vins
20, VISA

47 r. de Courcelles – ☎ 03 84 37 45 00 – Fax 03 84 66 14 55 – Fermé 25 juin-4 juil., 18 nov.-31 janv., mardi soir de sept. à juin et merc. sauf fériés

Rest – Menu (18 €), 23/55 € – Carte 33/54 €

◆ Le chef de ce restaurant, passionné de vins, concocte ses plats en s'inspirant d'un cépage du Jura. Décor intérieur épuré, agréable terrasse et beau choix de crus régionaux.

Le Caveau d'Arbois
VISA

3 rte Besançon – ☎ 03 84 66 10 70 – contact@caveau-arbois.com – Fax 03 84 37 49 62

Rest – Menu 19/42 € – Carte 28/36 €

◆ À l'orée d'Arbois, maison de pays où la cuisine traditionnelle, agrémentée de recettes régionales, se déguste dans une salle à manger lumineuse et sobrement aménagée.

ARBONNE – 64 Pyrénées-Atlantiques – 342 C4 – rattaché à Biarritz

Ce symbole en rouge ?
La tranquillité même, juste le chant des oiseaux au petit matin…

L'ARBRESLE – 69 Rhône – 327 G4 – 5 777 h. – alt. 230 m – ✉ 69210 43 E1

Paris 453 – Lyon 28 – Mâcon 68 – Roanne 58 – Villefranche-sur-Saône 23

Office de tourisme, 18 place Sapéon ✆ 04 74 01 48 87

Capucin

27 r. P. Brossolette – ✆ 04 37 58 02 47 – Fax 04 37 58 02 48 – Fermé août, vacances de fév., dim. et lundi

Rest – Menu 13 € bc (déj. en sem.), 17/29 € – Carte 24/35 €

◆ Cette maison du 17e s. borde une rue piétonne où l'on dresse quelques tables en été. Pierres apparentes et chaises rustiques dans la salle où l'on sert une cuisine traditionnelle.

ARCACHON – 33 Gironde – 335 D7 – 11 454 h. – alt. 5 m – Casino BZ – ✉ 33120

Aquitaine 3 B2

Paris 650 – Agen 196 – Bayonne 181 – Bordeaux 67 – Dax 145 – Royan 192

Office de tourisme, esplanade Georges Pompidou ✆ 0557529797, Fax 0557529777

18 d'Arcachon à La Teste-de-Buch 35 boulevard d'Arcachon, ✆ 05 56 54 44 00.

Front de mer★ : ≤★ de la jetée - Boulevard de la Mer★ - La Ville d'Hiver★ - Musée de la maquette marine : port★ BZ **M.**

Plan page suivante

Park Inn sans rest

4 r. Prof. Jolyet – ✆ 05 56 83 99 91 – info.arcachon@rezidorparkinn.com – Fax 05 56 83 87 92 BZ **r**

57 ch – 🛉87/199 € 🛉🛉97/220 €, ☕ 14 €

◆ Face à la mer, hôtel contemporain au confort moderne. Réserver en priorité les chambres avec balcon donnant sur le bassin d'Arcachon. Salles de conférence (palais des congrès).

Point France sans rest

1 r. Grenier – ✆ 05 56 83 46 74 – hotel-point-france@hotel-point-france.com – Fax 05 56 22 53 24 – Ouvert de mars à début nov. BZ **q**

34 ch – 🛉82/182 € 🛉🛉92/182 €, ☕ 12 €

◆ Plaisant hôtel des années 1970 dont les chambres, refaites, sont décorées selon des styles différents, allant du moderne au plus ethnique. Certaines ont une terrasse côté mer.

Les Vagues ≤ ch, rest, 10/25,

9 bd Océan – ✆ 05 56 83 03 75 – info@lesvagues.fr – Fax 05 56 83 77 16 AZ **b**

33 ch – 🛉69/178 € 🛉🛉69/178 €, ☕ 12 € – ½ P 79/129 € – **Rest** – *(ouvert 7 avril-30 sept.)* Menu 23/30 € – Carte 21/42 €

◆ Posé au bord de l'eau, cet établissement offre un accès direct à la plage ! Chambres pimpantes et bien équipées, agrandies d'un bow-window au dernier étage. Vue panoramique depuis l'agréable salle à manger au décor marin. Produits de l'océan et plats traditionnels.

Grand Hôtel Richelieu sans rest ≤

185 bd Plage – ✆ 05 56 83 16 50 – grand-hotel-richelieu@wanadoo.fr – Fax 05 56 83 47 78 – Ouvert 15 mars-4 nov. BZ **n**

43 ch – 🛉66/180 € 🛉🛉66/180 €, ☕ 11,50 €

◆ Ce bâtiment du 19e s. se trouve sur une place arborée faisant face aux flots. Atmosphère rustique et soignée, mobilier de style dans les chambres et la salle des petits-déjeuners.

Les Mimosas sans rest

77bis av. République – ✆ 05 56 83 45 86 – contact.hotel@wanadoo.fr – Fax 05 56 22 53 40 – Ouvert 15 fév.-15 nov. BZ **f**

21 ch – 🛉40/60 € 🛉🛉45/80 €, ☕ 6,50 €

◆ Dans un quartier résidentiel calme, deux maisons régionales proposant de modestes chambres rustiques, mais bien tenues. Les plus : une agréable terrasse d'été et des prix sages.

Le Patio

10 bd Plage – ✆ 05 56 83 02 72 – Fax 05 56 54 89 98 – Fermé 15-30 nov., 15-28 fév. et mardi BX **t**

Rest – Menu 30 € bc – Carte 31/58 €

◆ Fresques de naïades et rideaux colorés apportent une note romantique à cette élégante salle à manger ouverte sur un patio-terrasse abondamment fleuri. Cuisine axée sur l'océan.

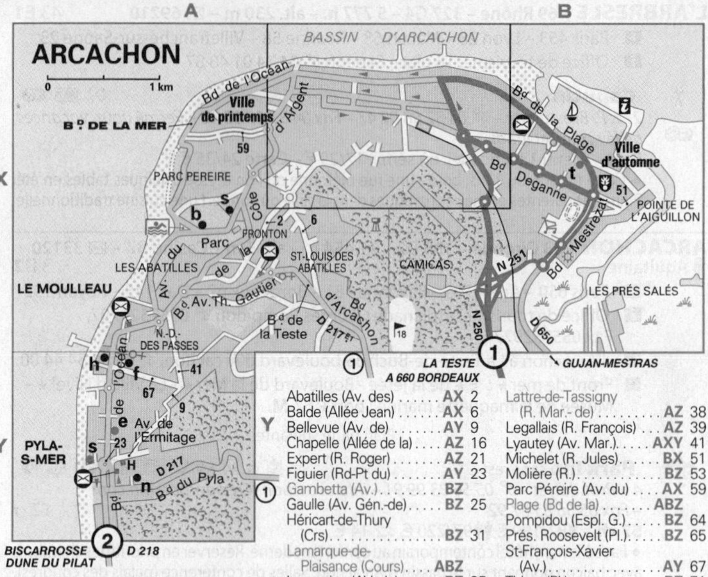

ARCACHON

Rue	Plan	N°
Abatilles (Av. des)	AX	2
Balde (Allée Jean)	AX	6
Bellevue (Av. de)	AY	9
Chapelle (Allée de la)	AZ	16
Expert (R. Roger)	AZ	21
Figuier (Rd-Pt du)	AY	23
Gambetta (Av.)	BZ	
Gaulle (Av. Gén.-de)	BZ	25
Héricart-de-Thury (Crs)	BZ	31
Lamarque-de-Plaisance (Cours)	ABZ	
Lamartine (AV. de)	BZ	35
Lattre-de-Tassigny (R. Mar.- de)	AZ	38
Legallais (R. François)	AZ	39
Lyautey (Av. Mar.)	AXY	41
Michelet (R. Jules)	BX	51
Molière (R.)	BZ	53
Parc Péreire (Av. du)	AX	59
Plage (Bd de la)	ABZ	
Pompidou (Espl. G.)	BZ	64
Prés. Roosevelt (Pl.)	BZ	65
St-François-Xavier (Av.)	AY	67
Thiers (Pl.)	BZ	71

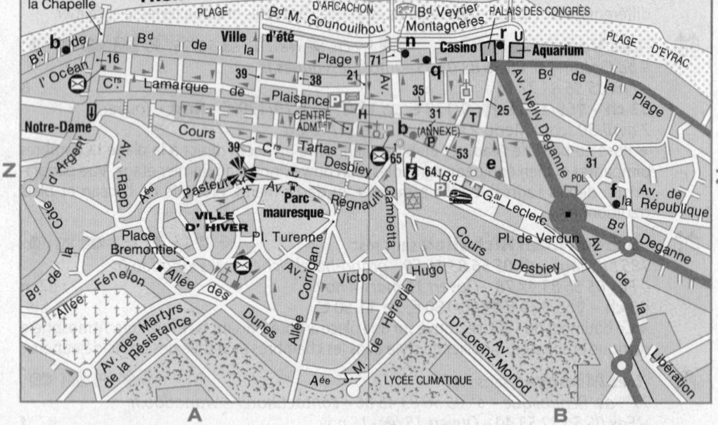

Aux Mille Saveurs

25 bd Gén. Leclerc – ✆ 05 56 83 40 28 – auxmillesaveurs@wanadoo.fr – Fax 05 56 83 12 14 – Fermé 29 oct.-7 nov., 25 fév.-2 mars, mardi soir sauf juil.-août et merc. BZ **e**

Rest – Menu 16 € (déj. en sem.), 26/41 € – Carte 40/60 € 🍷

◆ Mille saveurs vous attendent dans l'assiette, flirtant avec l'air du temps et subtilement relevée d'épices. Grande salle à manger entièrement redécorée et agrandie d'une véranda.

Chez Yvette
59 bd Gén. Leclerc – ✆ 05 56 83 05 11 – Fax 05 56 22 51 62 BZ **b**
Rest – Menu 19 € – Carte 33/73 € ♀
◆ Une vraie institution locale, gérée par une famille d'ostréiculteurs depuis plus de 30 ans et réputée pour ses produits de la mer. Le cadre est nautique, et l'ambiance animée.

aux Abatilles **2 km au Sud-Ouest – ✉ 33120 Arcachon**

Novotel ch, 20/150, VISA
av. Parc – ✆ 05 57 72 06 72 – h3382@accor.com – Fax 05 57 72 06 82
94 ch – 115/180 € 145/180 €, 14 € AX **b**
Rest *Côté d'Arguin* – Menu (15 € bc), 27/29 € – Carte 42/59 € ♀
◆ Dans une pinède, à 100 m de la plage, Novotel récent associé à un centre de thalassothérapie. Les chambres sont modernes et confortables. Solarium. Attrayante carte aux saveurs iodées, menus minceur et bon choix de bordeaux du Côté d'Arguin.

Parc sans rest VISA
5 av. Parc – ✆ 05 56 83 10 58 – b.dronne@wanadoo.fr – Fax 05 56 54 05 30 – Ouvert 1er mai-30 sept. AX **s**
30 ch – 57/78 € 57/89 €, 8,50 €
◆ Cet immeuble des années 1970, ceint d'une forêt de pins, rénove progressivement ses chambres : spacieuses et dotées de balcons, elles présentent un décor sobre plus actuel.

au Moulleau **5 km au Sud-Ouest – ✉ 33120 Arcachon**

Yatt sans rest VISA
253 bd Côte d'Argent – ✆ 05 57 72 03 72 – information@yatt-hotel.com – Fax 05 56 22 51 34 – Ouvert 1er avril-1er nov. AY **h**
28 ch – 45/100 € 45/100 €, 13 €
◆ Derrière une façade d'un blanc éclatant, vous trouverez des chambres simples et bien tenues, un peu moins grandes au 1er étage. Petit-déjeuner sous forme de buffet. Terrasse.

Les Buissonnets sans rest VISA
12 r. L. Garros – ✆ 05 56 54 00 83 – hotellesbuissonnets@wanadoo.fr – Fax 05 56 22 55 13 – Fermé oct. et janv. AY **f**
13 ch – 95 € 95 €, 9 €
◆ Jolie villa (1895) tapissée de vigne vierge. La plupart des chambres, pratiques et discrètement personnalisées, donnent sur le jardin fleuri. Boutique de produits régionaux.

ARCANGUES – 64 Pyrénées-Atlantiques – 342 C4 – rattaché à Biarritz

---

ARC-EN-BARROIS – 52 Haute-Marne – 313 K6 – 898 h. – alt. 270 m – ✉ 52210

Champagne Ardenne 14 **C3**

- Paris 263 – Bar-sur-Aube 55 – Châtillon-sur-Seine 44 – Chaumont 24 – Langres 30
- Office de tourisme, place Moreau ✆ 03 25 02 52 17
- d'Arc-en-Barrois Club House, S : 1 km par D 6, ✆ 03 25 01 54 54.

Château d'Arc 50, VISA
16 pl. Moreau – ✆ 03 25 02 29 20 – reception@chateau-champagne.com – Fax 03 25 02 73 00 – Ouvert 2 avril-30 oct.
49 ch – 70 € 90 € – 2 suites – ½ P 110/150 € – **Rest** – *(dîner seult)* Menu 25/45 € – Carte 28/52 € ♀
◆ Beau château situé à proximité d'un golf. Un grand escalier en pierre dessert les chambres ; réservez en priorité celles récemment rénovées. Atmosphère châtelaine dans la salle à manger : boiseries, fresques et lustres à pendeloques.

Du Parc avec ch 20, VISA
1 pl. Moreau – ✆ 03 25 02 53 07 – hotel.duparc@wanadoo.fr – Fax 03 25 02 42 84 – Fermé 1er mars-4 avril, dim. soir et lundi du 5 avril au 15 juin, mardi soir et merc. du 1er sept. au 28 fév.
14 ch – 55/61 € 55/61 €, 7,50 € – ½ P 59 € – **Rest** – Menu (11 €), 17/40 € – Carte 28/47 € ♀
◆ Cet ancien relais de poste daterait en partie du 17e s. Dans la salle à manger, couleurs ensoleillées, parquet et mobilier de style ; cuisine classique. Chambres sobres.

ARC-ET-SENANS – 25 Doubs – 321 E4 – 1 364 h. – alt. 231 m – ✉ 25610
Franche-Comté Jura 16 **B2**

- Paris 396 – Besançon 37 – Pontarlier 62 – Salins-les-Bains 16
- Office de tourisme, Saline Royale ☎ 03 81 57 43 21
- Saline Royale★★.
- Port-Lesney★.

Le Relais avec ch — rest, VISA

pl. Église – ☎ 03 81 57 40 60 – relais.hotel.restaurant@wanadoo.fr – Fax 03 81 57 46 17 – Fermé 15 déc.-15 janv. et dim. soir

10 ch – †28 € ††47 €, ☕ 7 € – ½ P 38 € – **Rest** – Menu 12 € (sem.)/31 € – Carte 24/46 €

◆ À proximité des célèbres Salines de Ledoux, auberge précédée d'une petite terrasse d'été. Trois salles à manger en enfilade, résolument rustiques et fort sympathiques.

ARCHAMPS – 74 Haute-Savoie – 328 J4 – rattaché à St-Julien-en-Genevois

ARCHINGEAY – 17 Charente-Maritime – 324 F4 – 519 h. – alt. 22 m – ✉ 17380
38 **B2**

- Paris 462 – La Rochelle 55 – Niort 64 – Poitiers 128

Les Hortensias — ch, ch,

16 r. des Sablières – ☎ 05 46 97 85 70 – jpmt.jacques@wanadoo.fr – Fax 05 46 97 61 89 – Fermé 20 déc.-15 janv.

3 ch ☕ – †49 € ††52/58 € – **Rest** – table d'hôte *(dîner seult) (résidents seult)* Menu 22 € bc

◆ Cette ancienne ferme viticole respire la tranquillité. Les chambres et la suite abritent de beaux meubles charentais en merisier. Vous prendrez votre copieux petit-déjeuner tout en admirant le jardin fleuri, le potager et le petit verger. Cuisine familiale.

ARCINS – 33 Gironde – 335 G4 – rattaché à Margaux

ARCIZANS-AVANT – 65 Hautes-Pyrénées – 342 L7 – rattaché à Argelès-Gazost

LES ARCS – 73 Savoie – 333 N4 – Sports d'hiver : 1 600/3 226 m 7 54
– ✉ 73700 Bourg-St-Maurice Alpes du Nord 45 **D2**

- Paris 644 – Albertville 64 – Bourg-St-Maurice 11 – Chambéry 113 – Val-d'Isère 41
- Office de tourisme, ☎ 04 79 07 12 57, Fax 04 79 07 45 96
- Arc 1800 ✻★ - Arc 1600 ≤★ - Arc 2000 ≤★ - Télécabine le Transac ✻★★ - Télésiège de la Cachette★.

Grand Hôtel Paradiso — ≤ ch, ch, 20/80, VISA

Les Arcs 1800, village Charmettoger – ☎ 04 79 07 65 00 – reservation@grandhotelparadiso.com – Fax 04 79 07 64 08 – Ouvert juil.-août et 15 déc.-20 avril

81 ch – †142/203 € ††204/300 €, ☕ 12 € – ½ P 128/175 € – **Rest** – Menu 26 € (dîner) – Carte 32/41 €

◆ Union réussie d'un décor savoyard et du confort moderne dans ce chalet situé au pied des pistes. Chambres familiales bien équipées. Grand choix d'activités et de loisirs. La terrasse panoramique du restaurant surplombe la vallée et invite à lézarder.

LES ARCS – 83 Var – 340 N5 – 5 334 h. – alt. 80 m – ✉ 83460 Côte d'Azur 41 **C3**

- Paris 848 – Cannes 59 – Draguignan 11 – Fréjus 25 – St-Raphaël 29
- Polyptyque★ dans l'église - Chapelle Ste-Roseline★ NE : 4 km.

Le Relais des Moines — P VISA

1,5 km à l'Est par rte Ste-Roseline – ☎ 04 94 47 40 93 – contact@lerelaisdesmoines.com – Fax 04 94 47 40 93 – Fermé 19 nov.-19 déc., dim. soir, mardi midi sauf juil.-août et lundi

Rest – Menu (29 € bc), 43/83 € – Carte 60/90 €

◆ Cette ancienne bergerie bâtie à flanc de colline abritait jadis une cantine de moines. Belles arcades en pierre du 16e s. à l'intérieur et charmante terrasse ombragée dans le parc.

Logis du Guetteur avec ch
au village médiéval – 04 94 99 51 10 – le.logis.du.guetteur@orange.fr – Fax 04 94 99 51 29 – Fermé fév.
13 ch – 108/130 € 108/195 €, 15 € – **Rest** – Menu (26 €), 37/76 € – Carte 63/109 €
◆ Pittoresque établissement installé dans un fort du 11e s. Salles à manger rustiques logées dans les superbes caves médiévales et terrasse abritée. Cuisine au goût du jour. Chambres simples et de bon confort.

ARC-SUR-TILLE – 21 Côte-d'Or – 320 L5 – 2 332 h. – alt. 219 m – ✉ 21560

8 **D1**

Paris 323 – Avallon 119 – Besançon 97 – Dijon 13 – Langres 73

Auberge Les Marronniers ch, ch,
16 r. de Dijon – 03 80 37 09 62 – Fax 03 80 37 24 94
19 ch – 55 € 75 €, 8,50 € – ½ P 75 € – **Rest** – Menu 22 € (déj. en sem.), 32/60 € – Carte 36/45 €
◆ Grandes chambres joliment décorées (fer forgé, bois peint, tissus colorés) et dotées de salles de bains particulièrement bien conçues. Au restaurant, décor champêtre et vivier à crustacés ; jolie terrasse dressée l'été sous les marronniers.

ARDENTES – 36 Indre – 323 H6 – 3 323 h. – alt. 172 m – ✉ 36120

Limousin Berry

12 **C3**

Paris 275 – Argenton-sur-Creuse 43 – Bourges 66 – Châteauroux 14 – La Châtre 23

Gare
2 r. Gare – 02 54 36 20 24 – Fax 02 54 36 92 07 – Fermé 23 juil.-13 août, 18 fév.-3 mars, dim. soir, merc. soir, lundi et soirs fériés
Rest – Menu 22 € (sem.)/29 € (dimanche)
◆ Dans un quartier calme proche de l'ancienne gare, façade assez anodine abritant une salle de restaurant rustique et soignée, coiffée de poutres apparentes. Cuisine traditionnelle copieuse.

ARDRES – 62 Pas-de-Calais – 301 E2 – 4 154 h. – alt. 11 m – ✉ 62610

Nord Pas-de-Calais Picardie

30 **A1**

Paris 273 – Calais 18 – Arras 93 – Boulogne-sur-Mer 38 – Lille 90
Office de tourisme, place d'Armes 03 21 35 28 51

Le François 1er
pl. Armes – 03 21 85 94 00 – lewandowski@lefrancois1er.com – Fax 03 21 85 87 53 – Fermé 29 mars-2 avril, 28 août-12 sept., 26 déc.-3 janv. et lundi
Rest – Menu 22 € (déj. en sem.), 39/49 € – Carte 45/71 €
◆ Belle demeure sur la pittoresque Grand'Place. La blancheur des murs met en valeur le parquet et les belles poutres de la salle à manger sobrement élégante. Cuisine actuelle.

ARÊCHES – 73 Savoie – 333 M3 – alt. 1 080 m – Sports d'hiver : 1 050/2 300 m 15 – ✉ 73270 Beaufort-sur-Doron

Alpes du Nord

45 **D1**

Paris 606 – Albertville 26 – Chambéry 77 – Megève 42
Office de tourisme, route Grand Mont 04 79 38 15 33, Fax 04 79 38 16 70
Hameau de Boudin★ E : 2 km.

Auberge du Poncellamont ch,
– 04 79 38 10 23 – Fax 04 79 38 13 98 – Ouvert 15 juin-15 sept. et 20 déc.-15 avril et fermé dim. soir, lundi midi et merc. sauf vacances scolaires
14 ch – 50 € 52/57 €, 8,50 € – ½ P 57/61 € – **Rest** – *(dîner seult en hiver)* Menu 18/24 €
◆ Dans le village, chalet savoyard (entièrement non-fumeurs) abondamment fleuri en été. Chambres simples et pratiques ; certaines sont mansardées, d'autres pourvues de balcons. Modeste mais plaisante salle à manger campagnarde et terrasse bercée par le murmure d'une fontaine.

ARÈS – 33 Gironde – 335 E6 – 4 680 h. – alt. 6 m – ✉ 33740 ▮ Pays Basque 3 **B1**

Paris 627 – Arcachon 47 – Bordeaux 48

Office de tourisme, esplanade G. Dartiquelongue ✆ 05 56 60 18 07, Fax 05 56 60 39 41

des Aiguilles Vertes à Lanton Route de Bordeaux, SE : 12 km, ✆ 05 56 82 95 71.

XX **St-Éloi** avec ch — ch, VISA MC AE

11 bd Aérium – ✆ 05 56 60 20 46 – nlatour2@wanadoo.fr – Fax 05 56 60 10 37 – Fermé 3 janv.-10 fév., merc. soir, dim. soir et lundi

8 ch – †58/85 € ††60/85 €, ☕ 8 € – ½ P 75/97 € – **Rest** – Menu (18 €), 30/58 € – Carte 37/60 €

◆ Agréable salle à manger contemporaine, terrasse, cuisine traditionnelle et chambres "ethniques" vous attendent en cette maison balnéaire blanche proche du bassin d'Arcachon.

ARGELÈS-GAZOST – 65 Hautes-Pyrénées – 342 L6 – 3 241 h. – alt. 462 m – Stat. therm. : mi avril-fin oct. – Casino Y – ✉ 65400 ▮ Midi-Pyrénées 28 **A3**

Paris 863 – Lourdes 13 – Pau 58 – Tarbes 32

Office de tourisme, 15 pl. République ✆ 05 62 97 00 25

Plan ci-contre

Le Miramont — ch, AC rest, ✆ P VISA MC AE

44 av. Pyrénées – ✆ 05 62 97 01 26 – hotel-miramont@sudfr.com – Fax 05 62 97 56 67 Z **n**

19 ch – †45/65 € ††55/125 €, ☕ 9 € – ½ P 60/90 € – **Rest** – *(fermé merc. sauf juil.-août) (prévenir le week-end)* Menu (14 €), 20/36 € bc – Carte environ 31 €

◆ Cette belle villa blanche au "look paquebot" (années 1930) s'entoure d'un jardin bichonné. Chambres de bon confort ; plus anciennes et de mise un peu plus simple à l'annexe. Lumineux restaurant-véranda non-fumeurs aux abords verdoyants. Table actuelle soignée.

Les Cimes — AC rest, cuisinette P VISA MC

pl. Ourout – ✆ 05 62 97 00 10 – contact@hotel-lescimes.com – Fax 05 62 97 10 19 – Fermé 3 nov.-20 déc. et 4 janv.-4 fév. Z **a**

20 ch – †48/50 € ††69/76 €, ☕ 9,50 €, 6 studios – ½ P 56/68 € – **Rest** – Menu 20/44 € – Carte 18/42 €

◆ Bâtisse des années 1950 et son extension moderne en verre et bois. Chambres diversement agencées ; quelques balcons donnent sur un jardin paisible. Agréable patio-véranda fleuri pour le petit-déjeuner. Restaurant clair et ample proposant une carte traditionnelle.

Soleil Levant — AC rest, rest, P VISA MC AE

17 av. Pyrénées – ✆ 05 62 97 08 68 – hsoleillevant@aol.com – Fax 05 62 97 04 60 – Fermé 26 nov.-23 déc. et 2 janv.-1er fév. Y **t**

35 ch – †39/48 € ††39/48 €, ☕ 7 € – ½ P 40/46 € – **Rest** – Menu 13 € (sem.)/43 €

◆ Engageant hôtel de la ville basse doté de chambres pratiques bien tenues ; certaines ont vue sur les sommets alentour. Bar, salon, terrasse et jardin bichonné. Salles à manger communicantes affichant un petit air de pension de famille. Choix traditionnel.

à St-Savin 3 km au Sud par D 101 - Z – 353 h. – alt. 580 m – ✉ 65400

Site★ de la chapelle de Piétat S : 1 km.

XXX **Le Viscos** avec ch — rest, AC P VISA MC AE

1 r. Lamarque – ✆ 05 62 97 02 28 – leviscos.jpsaint-martin@wanadoo.fr – Fax 05 62 97 04 95 – Fermé dim. soir et lundi soir sauf vacances scolaires

9 ch – †60/79 € ††60/105 €, ☕ 9 € – ½ P 59/83 € – **Rest** – Menu (22 €), 26/76 € – Carte 48/73 €

◆ Auberge familiale cultivant la tradition du bon accueil depuis 1840. Salle ouvrant sur la terrasse avec vue sur les cimes. Copieuse cuisine du terroir. Chambres douillettes.

à Arcizans-Avant 4,5 km au Sud par D 101 et D 13 – 298 h. – alt. 640 m – ✉ 65400

X **Auberge Le Cabaliros** avec ch — ✆ P VISA MC

16 rue de l'Eglise – ✆ 05 62 97 04 31 – auberge.cabaliros@wanadoo.fr – Fax 05 62 97 91 48 – Fermé 7 nov.-7 fév., mardi et merc. sauf juil.-août

8 ch – †43/55 € ††55/62 €, ☕ 8 € – ½ P 51/55 € – **Rest** – Menu (15 €), 18 € (déj. en sem.), 22/50 € – Carte 29/47 €

◆ Auberge villageoise d'aspect traditionnel tournée vers les cimes pyrénéennes. La vue est splendide de la terrasse prolongeant la salle à manger rustique où un feu de bûches réconfortant crépite en hiver. Petits plats du terroir ; chambres proprettes.

ARGELÈS-GAZOST

Alicot (R. Michel) . . . . Y 3
Bourdette (R. Jean) . . . . Z 18
Bourg Neuf (R. du) . . . . Y 19
Coubertin (Av. P. de) . . . . Z 29
Dambé (Av. Jules) . . . . Y 30
Digoy (R. Capitaine) . . . . . . YZ 33
Edouard-VII (Pl.) . . . . Z 36
Foch (R. du Mar.) . . . . Y 39
Gassan (Av. Emile) . . . . Y 42
Joffre (Pl.) . . . . YZ 53
Nansouty (Av. du Gén.) . . . . . Y 69
Pasteur (R.) . . . . Z 75
Pérus (Pl.) . . . . Y 77
Poilus (R. des) . . . . Y 80
Reine Nathalie (Av.) . . . . Y 84
République (Pl. de la) . . . . . . Z 85
Sainte-Castere (R.) . . . . Z 91
Saint-Orens (R.) . . . . Z 88
Sassere (Av. Hector) . . . . Y 92
Sorbe (R.) . . . . Y 93
Sylvestre (Av. Armand) . . . . . Z 96
Victoire (Pl. de la) . . . . Y 100
Vieuzac (R. de) . . . . Y 101
8-Mai (R. du) . . . . Y 106

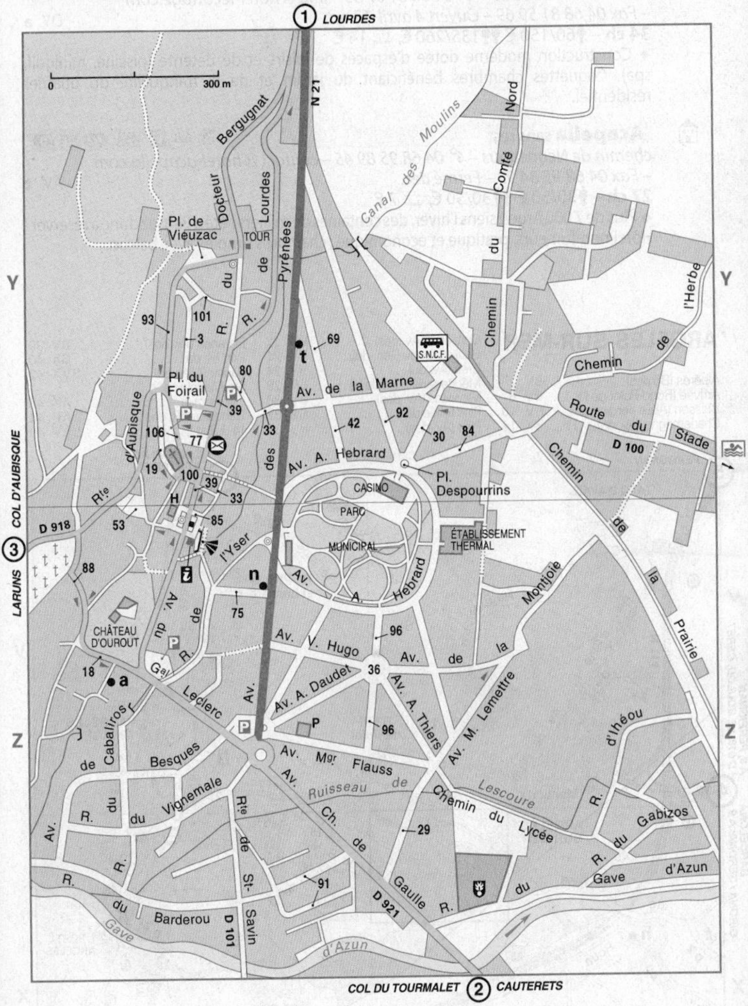

① LOURDES

③ LARUNS COL D'AUBISQUE

COL DU TOURMALET ② CAUTERETS

ARGELÈS-SUR-MER – 66 Pyrénées-Orientales – 344 J7 – 9 069 h. – alt. 19 m – Casino : à Argelès-Plage BV – ✉ 66700 Languedoc Roussillon 22 B3

Paris 872 – Céret 28 – Perpignan 22 – Port-Vendres 9 – Prades 66

Office de tourisme, place de l'Europe ✆ 04 68 81 10 15

Le Cottage sans rest 15, VISA

21 r. Arthur Rimbaud – ✆ 04 68 81 07 33 – info@hotel-lecottage.com
– Fax 04 68 81 59 69 – Ouvert 4 avril-13 oct. DY **a**

34 ch – †60/150 € ††135/260 €, ☕ 14 €

◆ Construction moderne dotée d'espaces de loisirs et de détente (piscine, minigolf, spa). Coquettes chambres bénéficiant du jardin et de la tranquillité du quartier résidentiel.

Acapella sans rest VISA

chemin de Neguebous – ✆ 04 68 95 89 45 – contact@hotel-acapella.com
– Fax 04 68 95 84 93 – Fermé déc. AV **t**

27 ch – †30/50 € ††30/50 €, ☕ 7 €

◆ Plus de 7 000 Argelésiens l'hiver, des centaines de milliers l'été... Pensez donc à réserver ! Hôtel non-fumeurs, pratique et économique ; chambres simples avec balcon.

ARGELÈS-SUR-MER

Albères (Bd des) . . . . . BV 2
Arrivée (Rond-Point de l') . . . . . BV 6
Buisson (Allée Ferdinand) . . . . AV 10
Charlemagne (Av. de) . . . . . BX 16
Corbières (Av. des) . . . . . BV 17
Gaulle (Av. du Gén.-de) . . . . . BV 21
Grau (Av. du) . . . . . BX 24
Méditerranée (Bd de la) . . . . . BV 29
Mimosas (Av. des) . . . . . BV 30
Pins (Allée des) . . . . . BV 37
Pins (Av. des) . . . . . BV 38
Platanes (Av. des) . . . . . BV 39
Port (R. du) . . . . . BX 40
Racou (Allée du) . . . . . BVX 42
Ste-Madeleine (Chemin) . . . . . AX 43
Trabucaire (R. des) . . . . . AV 44
14-Juillet (R. du) . . . . . AV 49

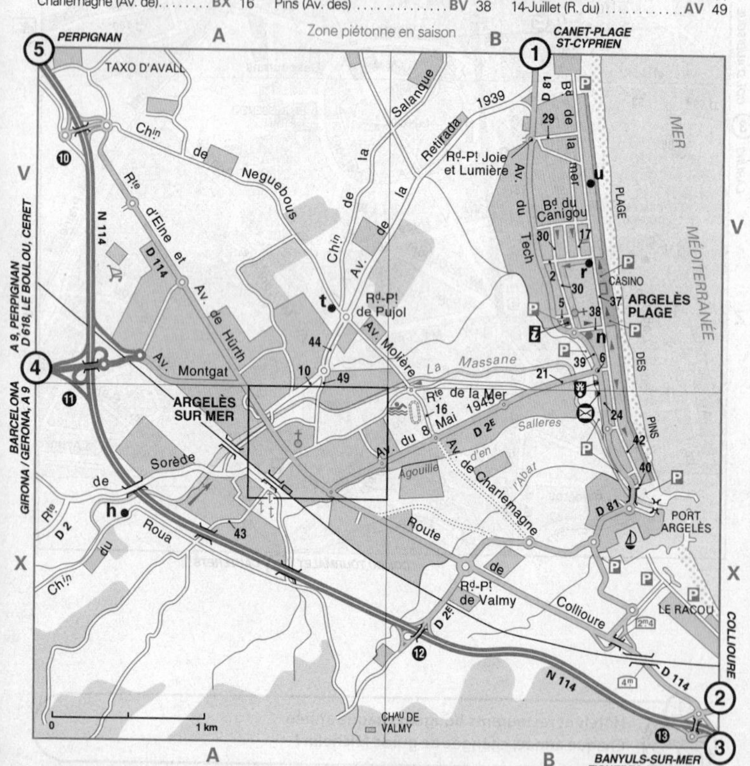

ARGELÈS-SUR-MER

Albert (R. Marcelin) .... CY 3
Bel Air (R. de) .... CY 7
Blanqui (R.) .... CY 9
Castellans (Pl. des) .... CY 13
Castellans (R.) .... CY 14
Desclot (R.) .... CY 18
Gambetta (R.) .... CDZ 20
Gendarmerie (R. de la) .... CDZ 22
Jean-Jaurès (R.) .... CY 26
Libération (Av. de la) .... CDYZ
Majorque (R. de) .... CY 27
Morata (R. Juan) .... CY 32
Nationale (Rte) .... CYZ
Notre-Dame-de-Vie (Rte) .... CZ 33
Paix (R. de la) .... CY 35
Remparts (R. des) .... CY 41
République (Pl. de la) .... CY 42
République (R. de la) .... CY
Travail (R. du) .... CY 45
Wilson (R.) .... CZ 47
11-Novembre (Av. du) .... CY 48

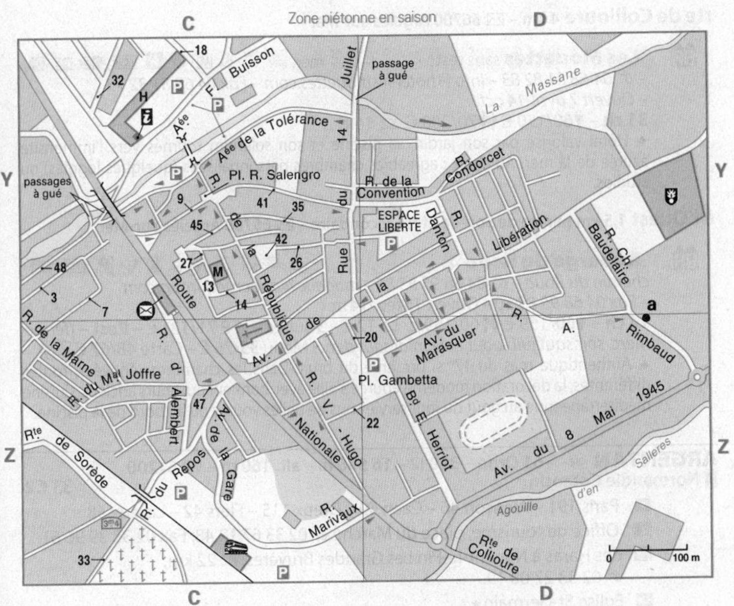

Château Valmy sans rest ⟵ mer et vignoble,
Chemin de Valmy – ☎ 04 68 95 95 25 – chateau.valmy@tiscali.fr – Fax 04 68 81 15 18 – Ouvert 1er avril-30 nov. AX
5 ch – 180/350 € 180/350 €, 15 €
◆ Ce château érigé en 1900 par un architecte danois se dresse majestueusement au cœur du vignoble. Chambres haut de gamme, splendide vue sur mer et dégustations de vins au chai.

à Argelès-Plage 2,5 km à l'Est – ✉ 66700 Argelès-sur-Mer **Languedoc Roussillon**

SE : Côte Vermeille★★.

Grand Hôtel du Lido ch,
bd Mer – ☎ 04 68 81 10 32 – contact@hotel-le-lido.com – Fax 04 68 81 10 98 – Ouvert 5 mai-30 sept. BV **u**
66 ch – 73/99 € 85/180 €, 11 € – ½ P 80/130 € – **Rest** – buffet Menu (24€), 28 € (déj.), 30/40 € – Carte 34/52 €
◆ Agréablement posé en bord de plage, le Lido abrite des chambres bien équipées et pourvues de balcons ; la plupart d'entre elles donnent sur la mer. Salle à manger-véranda, terrasse au bord de la piscine et repas sous forme de buffets.

De la Plage des Pins sans rest
Allée des Pins – ☎ 04 68 81 09 05 – contact@plage-des-pins.com – Fax 04 68 81 12 10 – Ouvert 17 mai-29 sept. BV **r**
50 ch – 80/110 € 110/144 €
◆ Grande bâtisse située face à la Méditerranée. Les chambres, sobrement fonctionnelles, sont toutes dotées de balcons, mais offrent plus d'ampleur côté mer. Belle piscine.

XX **L'Amadeus**

av. Platanes – ✆ 04 68 81 12 38 – contact@lamadeus.com – Fax 04 68 81 30 00 – Fermé 12 nov.-18 déc., 3 janv.-10 fév. et merc. d'oct. à mai BV **n**

Rest – Menu 25 € (sem.)/39 € – Carte 31/60 € ♀

◆ Spécialités régionales dans une salle à manger contemporaine avec cheminée et plantes vertes, ou sur un agréable pont-terrasse en teck ; calme patio sur l'arrière.

rte de Collioure **4 km – ✉ 66700 Argelès-sur-Mer**

Les Mouettes sans rest — mer,

– ✆ 04 68 81 82 83 – info@hotel-lesmouettes.com – Fax 04 68 81 32 73 – Ouvert 7 avril-14 oct.

31 ch – 60/150 € 70/200 €, ☕ 14 €

◆ Hôtel valorisé par son jardin, sa piscine et son solarium tournés vers l'immensité azurée de la mer. Au choix : agréables chambres personnalisées (quelques loggias) ou studios.

à l'Ouest **1,5 km par rte de Sorède et rte secondaire – ✉ 66700 Argelès-sur-Mer**

Auberge du Roua

chemin du Roua – ✆ 04 68 95 85 85 – magalie@aubergeduroua.com – Fax 04 68 95 83 50 – Ouvert 16 fév.-14 nov. AX **h**

14 ch – 60/159 € 60/159 €, ☕ 12 € – 3 suites – ½ P 71/121 € – **Rest** – *(fermé merc. soir sauf juil.-août et le midi sauf dim.)* Menu 35/75 € – Carte 48/67 € ♀

◆ Authentique mas du 17e s. préservé du bruit. Dans les chambres rénovées, toutes différentes, la décoration moderne épurée s'allie avec bonheur aux murs anciens. Cuisine méditerranéenne au goût du jour servie sous de belles voûtes ou au bord de la piscine.

ARGENTAN – 61 Orne – 310 I2 – 16 596 h. – alt. 160 m – ✉ 61200

Normandie Cotentin 33 **C2**

- Paris 191 – Alençon 46 – Caen 59 – Dreux 115 – Flers 42 – Lisieux 58
- Office de tourisme, place du Marché ✆ 02 33 67 12 48, Fax 02 33 39 96 61
- des Haras à Nonant-le-Pin Les Grandes Bruyères, E : 22 km, ✆ 02 33 27 00 19.
- Église St-Germain★.

Plan page ci-contre

De France

8 bd Carnot – ✆ 02 33 67 03 65 – contact@lapucealoreile-61.com – Fax 02 33 36 62 24 – Fermé 2-16 juil., 21-28 déc., 20-28 fév., vend. soir, dim. soir, lundi (sauf hôtel) et soirs fériés **r**

10 ch – 42 € 44 €, ☕ 7 € – ½ P 44/47 € – **Rest** – Menu (16 €), 13 € (sem.)/34 € ♀

◆ Accueil chaleureux et tenue impeccable sont les points forts de cet établissement familial situé à proximité de la gare. Les instruments de musique mécanique décorant la salle à manger servent à un petit spectacle imaginé par le patron. Cuisine traditionnelle.

Ariès — ch, 30,

Z.A. Beurrerie, 1 km par ④ – ✆ 02 33 39 13 13 – arieshotel@wanadoo.fr – Fax 02 33 39 34 71

43 ch – 46 € 46 €, ☕ 6,50 € – ½ P 39 € – **Rest** – *(fermé vend. soir, sam. et dim.)* Menu (10 €), 16/20 € – Carte 20/26 € ♀

◆ La proximité d'un axe à forte circulation est compensée par la bonne insonorisation de l'hôtel. Hébergement simple et fonctionnel. Mobilier de bistrot et tables simplement dressées au restaurant proposant carte classique, formules buffets et plats du jour.

XXX **La Renaissance** avec ch

20 av. 2e Division Blindée – ✆ 02 33 36 14 20 – larenaissance.viel@wanadoo.fr – Fax 02 33 36 65 50 – Fermé 23 juil.-13 août, 24 fév.-3 mars et dim. soir **n**

14 ch – 62 € 67/74 €, ☕ 8 € – **Rest** – *(fermé dim. soir et lundi)* Menu (16 €), 23/60 € – Carte 43/52 € ♀

◆ De grandes baies vitrées donnant sur le jardin éclairent cette salle à manger rustico-bourgeoise (refaite) à la belle cheminée d'inspiration Renaissance. Cuisine inventive.

ARGENTAN

Beigle (R. du) 2
Boschet (R. P.) 3
Carnot (Bd) 7
Chaussée (R. de la) 8
Collège (R. du) 9
Forêt-Normande (Av. de la) . . 13
Gaulle (Bd Général-de) 14
Griffon (R. du) 15
Henri-IV (Pl.) 18
Marché (Pl. du) 20
Panthou (R. E.) 21
St-Germain (R.) 28
St-Martin (R.) 29
Semard (Pl. Pierre) 30
Trois-Croix (Pl. des) 31
Victor-Hugo (Bd) 32
Vimal-du-Bouchet (Pl.) 33
Wolf (R. J.) 34
2e-Division-Blindée (Av. de la) . . 35
104e-Régiment-d'Infanterie . . .
(R. du) 38

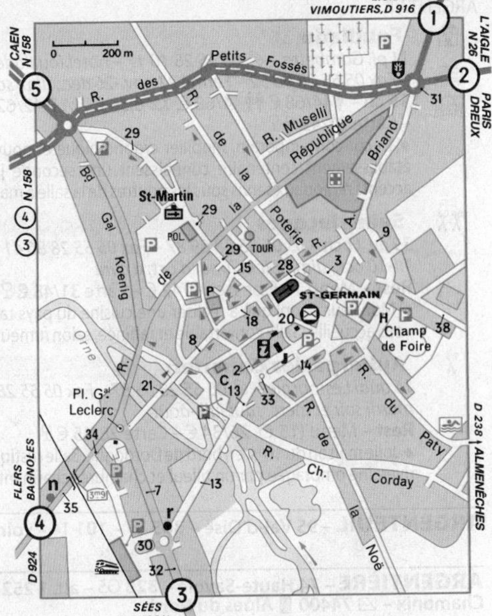

par ② 11 km par N 26 et D 729 – ✉ 61310 Silly-en-Gouffern

Pavillon de Gouffern
rest, 50, VISA
– ☎ 02 33 36 64 26 – *pavillondegouffern@wanadoo.fr – Fax 02 33 36 53 81*
20 ch – †45/48 € ††75/160 €, ☕ 12 € – **Rest** – Menu (25 €), 38/55 € bc
◆ Dans un parc entouré de bois, pavillon de chasse du 19e s. avec façade à colombages. Chambres joliment rénovées dans un esprit contemporain. Les deux salles à manger, relookées au goût du jour, profitent d'une belle vue sur le domaine. Cuisine traditionnelle.

à Fontenai-sur-Orne 4,5 km par ④ – **277 h. – alt. 65 m** – ✉ **61200**

Faisan Doré avec ch
100, VISA
– ☎ *02 33 67 18 11 – lefaisandore@wanadoo.fr – Fax 02 33 35 82 15*
– Fermé 5-19 août, sam. midi et dim. soir
14 ch – †51/67 € ††51/67 €, ☕ 10 € – 1 suite – ½ P 66 € – **Rest** – Menu (19 €), 28/45 € – Carte 33/54 €
◆ Auberge normande située au bord d'une route fréquentée. La salle à manger, précédée d'un bar-salon "cosy", bénéficie d'une nouveau décor à thème floral. Accueil aimable.

ARGENTAT – 19 Corrèze – 329 M5 – 3 125 h. – alt. 183 m – ✉ 19400
Limousin Berry 25 C3

Paris 503 – Aurillac 54 – Brive-la-Gaillarde 45 – Mauriac 49 – St-Céré 40 – Tulle 29

Office de tourisme, place da Maïa ☎ 05 55 28 16 05, Fax 05 55 28 45 16

Le Sablier du Temps
rest, VISA
13 r. J. Vachal – ☎ 05 55 28 94 90 – lesablierdutemps@wanadoo.fr
– Fax 05 55 28 94 99 – Fermé 21 janv.-18 fév.
24 ch – †43/52 € ††50/66 €, ☕ 7 € – ½ P 44/49 € – **Rest** – *(fermé vend. d'oct. à Pâques et vend. midi en mai, juin et sept.)* Menu 14 € (déj. en sem.), 19/40 € – Carte 27/60 €
◆ Un jardin arboré agrémenté d'une piscine entoure cet hôtel proche du centre-ville. Les chambres bénéficient d'un décor actuel et d'aménagements fonctionnels. Cuisine du terroir servie dans une salle rustique, sous la véranda ou sur une verdoyante terrasse.

Fouillade rest, ch, VISA

11 pl. Gambetta – ✆ 05 55 28 10 17 – hotel.fouillade.argentat@wanadoo.fr – Fax 05 55 28 90 52 – Fermé 27 nov.-26 déc., dim. soir et lundi d'oct. à mai

15 ch – 44/68 € 44/68 €, 6,50 € – ½ P 42/62 € – **Rest** – Menu 14/32 € – Carte 21/42 €

♦ Décor contemporain, mobilier ergonomique et nouvelle literie : les chambres de cet établissement centenaire connaissent une seconde jeunesse. Plats traditionnels aux accents régionaux servis sous les poutres de la salle à manger rustique ; terrasse en façade.

XX **Saint-Jacques** VISA

39 av. Foch – ✆ 05 55 28 89 87 – Fax 05 55 28 86 41 – Fermé 5-26 mars, 1er-10 oct., dim. soir et lundi d'oct. à avril

Rest – Menu 19 € bc (sem.)/42 € – Carte 31/48 €

♦ Monsieur s'applique à réaliser une cuisine du pays tandis que Madame prend soin de vous accueillir. Salle confortable et raffinée, salon fumeur, véranda et verdoyante terrasse.

X **Auberge des Gabariers** VISA

15 quai Lestourgie – ✆ 05 55 28 05 87 – Fax 05 55 28 69 63 – Fermé déc., janv., fév., mardi soir et merc. sauf juil.-août

Rest – Menu (15 €), 26/34 € – Carte 28/45 €

♦ Jolie maison du 16e s. en bord de Dordogne. Salle rustique, mets rôtis à la broche, terrasse riveraine ombragée par un tilleul et chambres charmantes tournées vers les flots.

ARGENTEUIL – 95 Val-d'Oise – 305 E7 – 101 14 – voir à Paris, Environs

ARGENTIÈRE – 74 Haute-Savoie – 328 O5 – alt. 1 252 m – Sports d'hiver : voir Chamonix – ✉ 74400 Alpes du Nord

45 **D1**

Paris 619 – Annecy 106 – Chamonix-Mont-Blanc 10 – Vallorcine 10

Office de tourisme, 24 route du village ✆ 04 50 54 02 14, Fax 04 50 54 06 39

Aiguille des Grands Montets★★★ : ❄★★★ - Réserve naturelle des Aiguilles Rouges★★★ N : 3 km - Col de la Balme★★ : ❄★★.

Grands Montets sans rest VISA

près téléphérique de Lognan – ✆ 04 50 54 06 66 – info@hotel-grands-montets.com – Fax 04 50 54 05 42 – Ouvert 29 juin-26 août et 22 déc.-7 mai

45 ch – 100/140 € 100/180 €, 10 € – 3 suites

♦ Cet hôtel a de séduisants atouts : calme, proximité du téléphérique, décor régional au bar-salon, belle piscine et chambres avec vue (certaines très joliment refaites).

Montana ch, VISA

24 clos du Montana – ✆ 04 50 54 14 99 – info@hotel-montana.fr – Fax 04 50 54 03 40 – Ouvert 16 juin-30 sept. et 8 déc.-8 mai

23 ch – 90/130 € 90/150 €, 15 € – ½ P 86/114 € – **Rest** – *(ouvert 1er juil.-30 sept. et 8 déc.-1er mai) (dîner seult) (résidents seult)* Menu 24/34 €

♦ Une adresse recherchée pour son ambiance familiale, particulièrement chaleureuse et amicale. Chambres sobrement meublées, dotées de balcons tournés vers les Grands Montets. Restaurant au décor alpin, terrasse face aux montagnes et plats traditionnels simples.

ARGENTON-SUR-CREUSE – 36 Indre – 323 F7 – 5 146 h. – alt. 100 m – ✉ 36200 Limousin Berry

11 **B3**

Paris 297 – Châteauroux 32 – Limoges 93 – Montluçon 103 – Poitiers 100

Office de tourisme, 13 place de la République ✆ 02 54 24 05 30, Fax 02 54 24 28 13

Vieux pont ≤★ - ≤★ de la terrasse de la chapelle N.-D.-des-Bancs.

Plan page ci-contre

Manoir de Boisvillers sans rest VISA

11r. Moulin de Bord – ✆ 02 54 24 13 88 – manoir.de.boisvillers@wanadoo.fr – Fax 02 54 24 27 83 – Fermé 7 janv.-4 fév. e

16 ch – 54/107 € 58/107 €, 10 €

♦ Belle demeure bourgeoise du 18e s. s'élevant au cœur du vieil Argenton. Coquettes chambres personnalisées, salon contemporain et agréable jardin arboré autour de la piscine.

ARGENTON-SUR-CREUSE

Acacias (Allée des) 2
Barbès (R.) 5
Brillaud (R. Charles) 6
Chapelle-N.-D. (R. de la) 7
Châteauneuf (R.) 8
Chauvigny (R. A. de) 10
Coursière (R. de la) 12
Gare (R. de la) 14
Grande (R.) 15
Merle-Blanc (R. du) 18
Point-du-Jour (R. du) 20
Pont-Neuf (R. du) 23
Raspail (R.) 24
République (Pl. de la) 25
Rochers-St-Jean (R. des) 27
Rosette (R.) 28
Rousseau (R. Jean-J.) 29
Tanneurs (R. des) 31
Victor-Hugo (R.) 33
Villers (Impasse de) 35

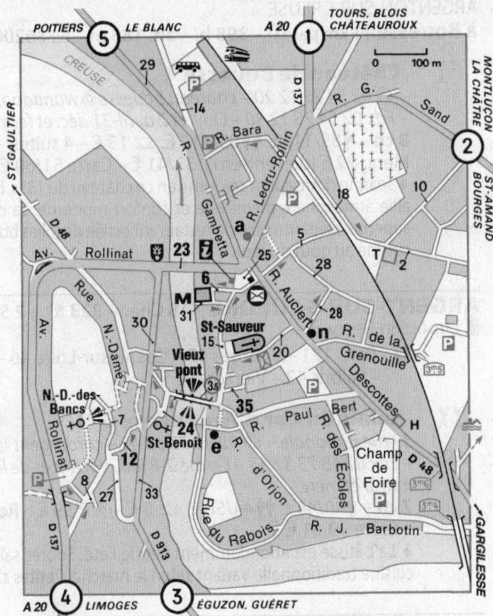

Le Cheval Noir

rest, VISA

27 r. Auclert-Descottes – ✆ 02 54 24 00 06 – Fax 02 54 24 11 22 – Fermé dim. soir hors saison **n**

20 ch – 🛉46 € 🛉🛉58 €, ☕ 7 € – ½ P 54 € – **Rest** – Menu 20 € (sem.)/35 € – Carte 26/36 € 🍷

◆ Ancien relais de poste tenu par la même famille depuis plus d'un siècle. Les parties communes ont été actualisées, au même titre que les chambres, fraîches et douillettes, variant ampleur et décor. Repas traditionnel dans une salle claire et moderne ou, l'été, dans la cour fleurie.

La Source

VISA AE

9 r. Ledru-rollin – ✆ 02 54 24 30 21 – Fax 02 54 24 30 21 – Fermé vacances de la Toussaint, de fév., mardi soir et merc. **a**

Rest – Menu 15 € (déj. en sem.), 20/36 € – Carte 31/42 € 🍷

◆ Table traditionnelle accueillante occupant un ex-relais postal. Deux salles : la première est rustique (poutres, râtelier, vieux billard en bois), l'autre classique et feutrée.

à St-Marcel 2 Km par ① – 1 641 h. – alt. 146 m – ✉ 36200

Église★ - Musée archéologique d'Argentomagus★ - Théâtre du Virou★.

Le Prieuré

30, P VISA AE

– ✆ 02 54 24 05 19 – contact@restaurant-leprieure.com
– Fax 02 54 24 32 28 – Fermé fin oct.-fin nov., vacances de fév., lundi (sauf hotel) et dim. soir hors saison

15 ch – 🛉40/45 € 🛉🛉48/50 €, ☕ 8 € – ½ P 48/55 € – **Rest** – Menu 15 € (sem.), 18/32 € – Carte 24/39 € 🍷

◆ Deux bâtiments des années 1970 dominant la route. L'un d'eux abrite des chambres simples, progressivement rajeunies et redécorées. Vaste salle de restaurant panoramique prolongée d'un jardin-terrasse ombragé par un marronnier ; cuisine familiale à prix doux.

à Bouësse 11 km par ② – **398 h.** – **alt. 185 m** – ✉ **36200**

Château de Bouesse rest, VISA AE

– ☎ 02 54 25 12 20 – chateau.bouesse@wanadoo.fr 20/40, P, VISA
– Fax 02 54 25 12 30 – Ouvert 2 avril-31 déc. et fermé lundi et mardi d'oct. à avril
8 ch – 85/110 € 85/110 €, 13 € – 4 suites – ½ P 83/98 € – **Rest** – Menu 22 € (déj. en sem.), 33/41 € – Carte 51/60 €
♦ Jeanne d'Arc aurait séjourné en ce château du 13ᵉ s. blotti au cœur d'un parc. L'intérieur allie atmosphère médiévale et confort moderne. La chambre logée dans le donjon est superbe. Élégante salle de restaurant ornée de jolies boiseries peintes où l'on déguste une cuisine au goût du jour.

ARGENT-SUR-SAULDRE – 18 Cher – 323 K1 – 2 502 h. – alt. 171 m – ✉ 18410

Limousin Berry 12 **C2**

Paris 171 – Bourges 57 – Cosne-sur-Loire 46 – Gien 22 – Orléans 62 – Salbris 42 – Vierzon 54

Relais du Cor d'Argent avec ch VISA

39 rue nationale – ☎ 02 48 73 63 49 – cordargent@wanadoo.fr
– Fax 02 48 73 37 55 – Fermé 2-8 juil., vacances de la Toussaint, 16 fév.-16 mars, mardi et merc.
7 ch – 40/44 € 44/50 €, 8 € – ½ P 39 € – **Rest** – Menu 16 € (sem.)/54 € – Carte 39/61 €
♦ La bâtisse est abondamment fleurie l'été. Sobres salles à manger où l'on propose une cuisine traditionnelle variant selon le marché. Petites chambres simples.

ARGOULES – 80 Somme – 301 E5 – 335 h. – alt. 18 m – ✉ 80120

Nord Pas-de-Calais Picardie 36 **A1**

Paris 217 – Abbeville 34 – Amiens 82 – Calais 93 – Hesdin 17 – Montreuil 21

Abbaye★★ et jardins★★ de Valloires NO : 2 km.

Auberge du Coq-en-Pâte VISA

– ☎ 03 22 29 92 09 – Fax 03 22 29 92 09 – Fermé 4-19 sept., 8 janv.-1ᵉʳ fév., dim. soir, merc. soir et lundi
Rest – *(nombre de couverts limité, prévenir)* Menu 20 € – Carte 28/39 €
♦ Coquette maisonnette proche de l'abbaye de Valloires. Salle à manger égayée de gravures et peintures à thème animalier. Goûteux petits plats mi-traditionnels, mi-actuels.

ARLEMPDES – 43 Haute-Loire – 331 F4 – 114 h. – alt. 840 m – ✉ 43490

Lyon et la vallée du Rhône 6 **C3**

Paris 559 – Aubenas 67 – Langogne 27 – Le Puy-en-Velay 29

Site★★.

Le Manoir ch, VISA

– ☎ 04 71 57 17 14 – Fax 04 71 57 19 68 – Ouvert 12 mars-31 oct. et fermé dim. soir hors saison
15 ch – 33 € 43 €, 6,50 € – ½ P 42 € – **Rest** – Menu 16 € (sem.), 20/37 €
♦ Maison de pays blottie au coeur d'un village pittoresque baigné par la Loire et dominé par un curieux piton volcanique et les ruines d'un château. Chambres modestes. Carte traditionnelle à séquences régionales ; parements de pierre et jolie cheminée en salle.

ARLES – 13 Bouches-du-Rhône – 340 C3 – 50 513 h. – alt. 13 m – ✉ 13200

Provence 40 **A3**

Paris 719 – Aix-en-Provence 77 – Avignon 37 – Marseille 94 – Nîmes 32

Office de tourisme, esplanade Charles-de-Gaulle ☎ 04 90 18 41 20, Fax 04 90 18 41 29

Arènes★★ - Théâtre antique★★ - Cloître St-Trophime★★ et église★ : portail★★ - Les Alyscamps★ - Palais Constantin★ Y **S** - Hôtel de ville : voûte★ du vestibule Z **H** - Cryptoportiques★ Z **E** - Musée de l'Arles antique★★ (sarcophages★★) - Museon Arlaten★ Z **M⁶** - Musée Réattu★ Y **M⁴** - Ruines de l'abbaye de Montmajour★ 5 km par ①.

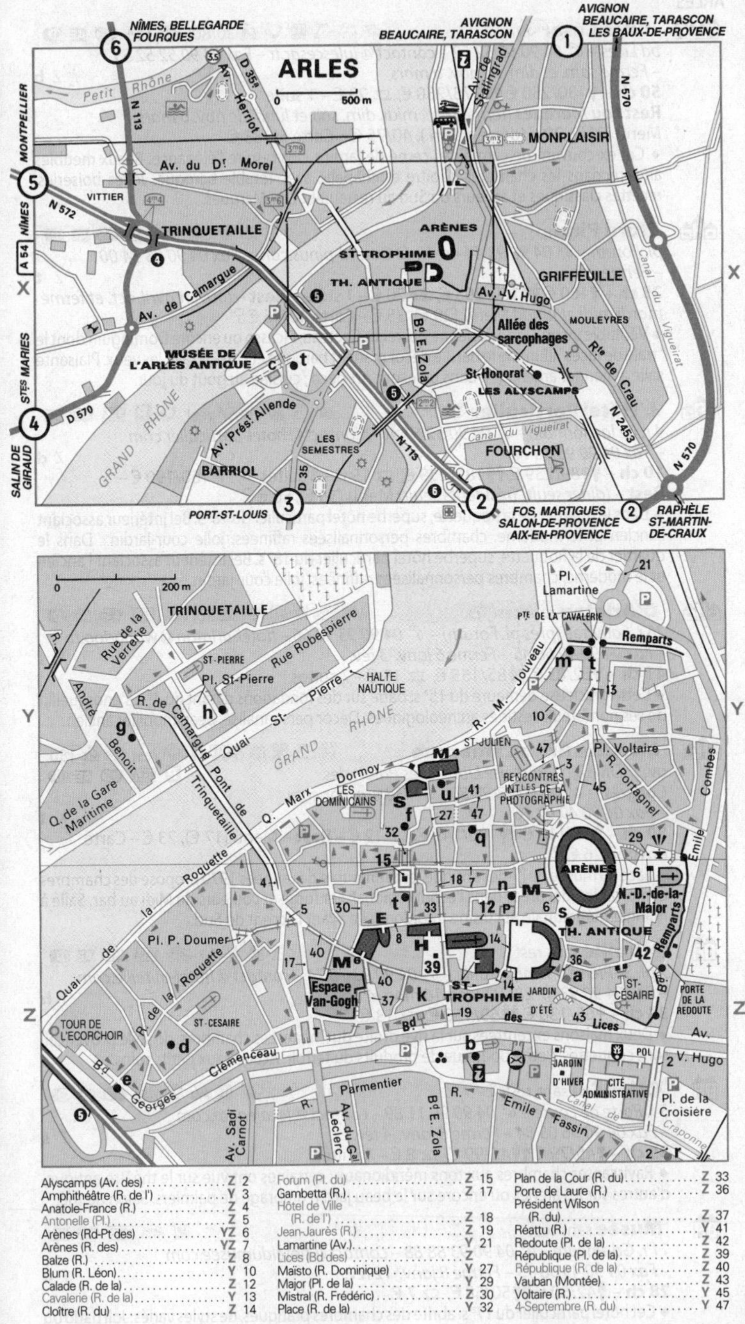

ARLES
0
500 m
AVIGNON
BEAUCAIRE, TARASCON
AVIGNON
BEAUCAIRE, TARASCON
LES BAUX-DE-PROVENCE
NÎMES, BELLEGARDE
FOURQUES
MONTPELLIER
NÎMES
A 54
STES MARIES
SALIN DE GIRAUD
Petit Rhône
N 113
D 35a
Av. Herriot
Av. de Stalingrad
N 570
MONPLAISIR
Av. du Dr Morel
VITTIER
N 572
TRINQUETAILLE
ARÈNES
ST-TROPHIME
TH. ANTIQUE
GRIFFEUILLE
Av. de Camargue
Av. V. Hugo
Allée des sarcophages
MOULEYRES
Rte de Crau
Canal du Vigueirat
MUSÉE DE L'ARLES ANTIQUE
Bd E. Zola
St-Honorat
LES ALYSCAMPS
D 570
Av. Prés. Allende
GRAND RHÔNE
LES SEMESTRES
N 113
Canal du Vigueirat
FOURCHON
N 2453
N 570
BARRIOL
D 35
PORT-ST-LOUIS
FOS, MARTIGUES
SALON-DE-PROVENCE
AIX-EN-PROVENCE
RAPHÈLE
ST-MARTIN-DE-CRAUX
0
200 m
TRINQUETAILLE
Rue de la Verrerie
ST-PIERRE
Pl. St-Pierre
Rue Robespierre
HALTE NAUTIQUE
R. de Camargue
Quai St-Pierre
R. André Benoit
Pl. Lamartine
Pte DE LA CAVALERIE
Remparts
R. M. Jouveau
ST-JULIEN
Pl. Voltaire
R. Portagnel
Combes
GRAND RHÔNE
Q. de la Gare Maritime
Pont de Trinquetaille
Q. Marx Dormoy
LES DOMINICAINS
RENCONTRES INTLES DE LA PHOTOGRAPHIE
ARÈNES
N.-D.-de-la-Major
Émile
Quai de la Roquette
Pl. P. Doumer
R. de la Roquette
TH. ANTIQUE
Remparts
Espace Van-Gogh
ST-TROPHIME
JARDIN D'ÉTÉ
ST-CÉSAIRE
PORTE DE LA REDOUTE
TOUR DE L'ECORCHOIR
ST-CESAIRE
R. de la
Bd des Lices
Av. V. Hugo
Bd Georges Clémenceau
JARDIN D'HIVER
CITÉ ADMINISTRATIVE
POL
Pl. de la Croisière
R. Parmentier
Av. Sadi Carnot
Av. du Gal Leclerc
Bd E. Zola
R. Emile Fassin
Canal de Craponne

Jules César 🙛 — A/C 30/80, VISA MC AE

bd Lices – ✆ 04 90 52 52 52 – contact@julescesar.fr – Fax 04 90 52 52 53 – Fermé sam. et dim. de nov. à mars Z **b**

50 ch – †130/250 € ††175/250 €, ☕ 23 € – 1 suite

Rest *Lou Marquès* *(fermé sam. midi, dim. soir et lundi de nov. à mars)*
Menu (21€), 28 € (déj. en sem.), 40/75 € – Carte 53/83 €

♦ Cet ex-couvent de carmélites cerné de jardins clos respire l'élégance. Beaux meubles anciens dans les chambres. Cloître et chapelle avec retable baroque. Jolies boiseries, recettes classiques et saveurs du Sud au restaurant Lou Marquès.

Nord Pinus — A/C ch, VISA MC AE

pl. Forum – ✆ 04 90 93 44 44 – info@nord-pinus.com – Fax 04 90 93 34 00 – Fermé janv. Z **t**

25 ch – †160 € ††160/295 €, ☕ 20 € – 1 suite – **Rest** – *(ouvert avril-oct. et fermé mardi midi et lundi)* Menu (29 €), 35 € – Carte 40/46 € ♀

♦ Véritable institution arlésienne qui reçut Cocteau, Picasso ou encore Dominguin dont le "traje de luces" illumine le bar. Le décor mariant baroque et corrida ravit les yeux. Plaisante salle à manger aménagée dans un esprit Art déco ; cuisine au goût du jour.

L'Hôtel Particulier 🙛 — A/C ch, rest, P VISA MC AE

4 r. de la Monnaie – ✆ 04 90 52 51 40 – contact@hotel-particulier.com – Fax 04 90 96 16 70 Z **d**

10 ch – †189/239 € ††189/239 €, ☕ 19 € – 3 suites – ½ P 160/190 € –
Rest – *(dîner seult) (résidents seult)* Menu (35 €), 50 € ♀

♦ Dans le quartier de la Roquette, superbe hôtel particulier du 18e s. Bel intérieur associant l'ancien et le moderne, chambres personnalisées raffinées, jolie cour-jardin... Dans le quartier de la Roquette, superbe hôtel particulier du 18e s. Bel intérieur associant l'ancien et le moderne, chambres personnalisées raffinées, jolie cour-jardin...

D'Arlatan sans rest 🙛 — A/C 50, VISA MC AE

26 r. Sauvage (près pl. Forum) – ✆ 04 90 93 56 66 – hotel-arlatan@wanadoo.fr – Fax 04 90 49 68 45 – Fermé 6 janv.-3 fév. Y **f**

41 ch – †52/85 € ††85/155 €, ☕ 13 € – 7 suites

♦ Cette gracieuse demeure du 15e s. bâtie sur des fondations datant du 4e s. s'enorgueillit de ses nombreux vestiges archéologiques. Décor personnalisé, beau mobilier ancien.

Mercure Arles Camargue — A/C rest, 150, P VISA MC AE

av. 1e Division Française Libre (près Palais des Congrès) – ✆ 04 90 93 98 80 – h2738@accor.com – Fax 04 90 49 92 76 X **t**

80 ch – †85/110 € ††100/145 €, ☕ 12 € – **Rest** – Menu (17 €), 23 € – Carte environ 26 € ♀

♦ Face au musée de l'Arles antique, cet immeuble des années 1970 propose des chambres confortables, décorées dans l'esprit régional. Fer forgé et couleurs du Midi au bar. Salle à manger méridionale et cuisine traditionnelle ayant l'accent du Sud.

Mireille sans rest — A/C VISA MC AE

2 pl. St-Pierre à Trinquetaille – ✆ 04 90 93 70 74 – contact@hotel-mireille.com – Fax 04 90 93 87 28 – Ouvert 16 mars-4 nov. Y **h**

34 ch – †65/130 € ††69/150 €, ☕ 13 €

♦ Deux maisons excentrées sur la rive droite du Rhône. Les chambres, de style provençal, sont coquettes. Petite boutique de produits du terroir. Accueil aux petits soins.

Calendal sans rest 🙛 — A/C VISA MC AE

5 r. Porte de Laure – ✆ 04 90 96 11 89 – contact@lecalendal.com – Fax 04 90 96 05 84 – Fermé 6 janv.-4 fév. Z **s**

35 ch – †45/79 € ††45/99 €, ☕ 8 € – 3 suites

♦ Ravissantes chambres aux tons méridionaux ; certaines ont vue sur le théâtre antique, d'autres sur les arènes ou encore sur le beau jardin ombragé de palmiers. Salon de thé.

Musée sans rest — A/C VISA MC AE

11 r. Gd-Prieuré – ✆ 04 90 93 88 88 – contact@hoteldumusee.com – Fax 04 90 49 98 15 – Fermé 8 janv.-12 fév. Y **u**

28 ch – †42/50 € ††50/68 €, ☕ 7 €

♦ Cet hôtel particulier du 17e s. abrite des chambres pratiques, de styles variés. Joli patio où l'on petit-déjeune l'été ; expositions de photos d'art. Accueil charmant.

Amphithéâtre sans rest
5 r. Diderot – ✆ 04 90 96 10 30 – contact@hotelamphitheatre.fr – Fax 04 90 93 98 69 Z **n**
25 ch – 🚹45/49 € 🚹🚹49/90 €, ☕ 7 € – 3 suites
◆ Ce bel immeuble du 17e s. abrite des chambres lumineuses et soignées (bois peint, fer forgé, tissus colorés), une jolie salle des petits-déjeuners et un "salon Internet".

Acacias sans rest
2 r. de la Cavalerie – ✆ 04 90 96 37 88 – contact@hotel-acacias.com – Fax 04 90 96 32 51 – Ouvert 1er avril-28 oct. Y **t**
33 ch – 🚹46/73 € 🚹🚹46/73 €, ☕ 6 €
◆ Pimpante façade rose au pied de la porte de la Cavalerie. Chambres colorées et meublées avec simplicité. Salle des petits-déjeuners agrémentée d'une fresque.

Le Cheval Blanc sans rest
35 bd Georges Clemenceau – ✆ 04 90 18 34 10 – hotellechevalblanc@wanadoo.fr – Fax 04 90 96 29 54 – Ouvert 2 mars-31 oct. Z **e**
24 ch – 🚹65/90 € 🚹🚹75/95 €, ☕ 10 €
◆ L'hôtel a été entièrement rénové. Chambres dotées de meubles de style rustique et rehaussées de couleurs du Sud ; toutes sont décorées de photos de chevaux camarguais.

Muette sans rest
15 r. Suisses – ✆ 04 90 96 15 39 – hotel.muette@wanadoo.fr – Fax 04 90 49 73 16 – Fermé 11-24 fév. Y **q**
18 ch – 🚹45/54 € 🚹🚹48/54 €, ☕ 8 €
◆ Belle façade du 12e s. donnant sur une placette. Pierres apparentes dans les chambres, sagement provençales. Salle des petits-déjeuners égayée de photos tauromachiques.

Porte de Camargue sans rest
15 r. Noguier à Trinquetaille – ✆ 04 90 96 17 32 – porte.camargue@libertysurf.fr – Fax 04 90 18 97 92 – Ouvert 1er avril-25 oct. Y **g**
25 ch – 🚹41/58 € 🚹🚹49/58 €, ☕ 6,50 €
◆ Sur la rive droite du Grand Rhône, maison de style camarguais aménagée dans un discret esprit campagnard. Chambres insonorisées et bien tenues. Solarium sur le toit-terrasse.

Régence sans rest
5 r. Marius Jouveau – ✆ 04 90 96 39 85 – contact@hotel-regence.com – Fax 04 90 96 67 64 – Ouvert 15 mars-15 nov. Y **m**
16 ch – 🚹40/50 € 🚹🚹45/50 €, ☕ 5,50 €
◆ Les petits budgets trouveront ici un hébergement simple, rajeuni et fonctionnel, profitant d'une belle situation face au Rhône et aux anciens remparts d'Arles.

Le Cilantro (Laurent)
31 r. Porte de Laure – ✆ 04 90 18 25 05 – infocilantro@aol.com – Fax 04 90 18 25 10 – Fermé 4-18 mars, 5-18 nov., 1er-6 janv., lundi midi, sam. midi et dim. Z **a**
Rest – Menu (20 €), 25 € (déj. en sem.), 45/70 € – Carte 49/58 €
Spéc. Encornets au citron confit. Poisson de pêche à la plancha. Tarte au chocolat, glace au riz.
◆ Dans une rue jalonnée de restaurants, optez pour cette adresse servant une belle cuisine inventive dans un cadre contemporain élégant. Terrasse ombragée adossée au théâtre antique.

L'Atelier de Jean Luc Rabanel
7 r. des Carmes – ✆ 04 90 91 07 69 – jlr@cuisinetc.com – Fermé lundi et mardi
Rest – Menu 37 € (déj.)/55 € (dîner) Z **k**
Spéc. Menu "Tapas".
◆ Produits "bio", légumes du potager maison et du marché composent une cuisine personnalisée (déclinée façon tapas), originale et subtile. Décor de bistrot contemporain.

Le Jardin de Manon
14 av. Alyscamps – ✆ 04 90 93 38 68 – Fax 04 90 49 62 03 – Fermé 3-30 nov., 9-24 fév., dim. soir d'oct. à mars et merc. Z **r**
Rest – Menu 17 € bc (déj. en sem.), 21/46 € – Carte 36/52 €
◆ Carte dans la note régionale, composée selon le marché, et salles à manger adoptant une allure actuelle. Agréable terrasse ombragée située à l'arrière de la maison, au calme.

au Nord **3 km par ①, D 35 et rte secondaire – ✉ 13200 Arles**

Mas de la Chapelle sans rest
petite rte Tarascon – ✆ 04 90 93 00 45 – info@masdelachapelle.fr – Fax 04 90 18 86 11
19 ch – †75/135 € ††95/195 €, ☕ 14 €
◆ Cette maison construite autour d'une chapelle du 17e s. (abritant aujourd'hui un salon) a du cachet. Jolies chambres personnalisées ; piscine avec bassin pour les enfants.

rte du Sambuc **17 km par ④, D 570 et D 36 – ✉ 13200 Arles**

Chassagnette
– ✆ 04 90 97 26 96 – Fax 04 90 97 26 95 – Fermé janv., fév. et merc. sauf juil.-août
Rest – Menu 34 € (déj. en sem.), 64/80 € – Carte 34/64 €
◆ Ce mas camarguais, joliment aménagé, propose une belle cuisine au goût du jour réalisée en partie avec les produits du superbe potager "bio" cultivé à côté de la terrasse.

ARMBOUTS-CAPPEL – 59 Nord – 302 C2 – rattaché à Dunkerque

ARMOY – 74 Haute-Savoie – 328 M2 – rattaché à Thonon-les-Bains

ARNAGE – 72 Sarthe – 310 K7 – rattaché au Mans

ARNAS – 69 Rhône – 327 H3 – rattaché à Villefranche-sur-Saône

ARNAY-LE-DUC – 21 Côte-d'Or – 320 G7 – 1 829 h. – alt. 375 m – ✉ 21230

Bourgogne 8 **C2**

Paris 285 – Autun 28 – Beaune 36 – Chagny 38 – Dijon 59 – Montbard 74 – Saulieu 29

Office de tourisme, 15 rue Saint-Jacques ✆ 03 80 90 07 55

Chez Camille
1 pl. Edouard Herriot – ✆ 03 80 90 01 38 – chez-camille@wanadoo.fr – Fax 03 80 90 04 64
11 ch – †79 € ††79 €, ☕ 9 € – ½ P 80 € – Rest – Menu 20/78 € – Carte 48/60 €
◆ Chambres personnalisées, plutôt "cosy". Certaines jouissent du privilège d'un petit salon ; d'autres, au second étage, font admirer leur charpente apparente. Plats aux accents bourguignons à déguster dans une salle de style jardin d'hiver avec verrière.

ARPAILLARGUES-ET-AUREILLAC – 30 Gard – 339 L4 – rattaché à Uzès

ARPAJON – 91 Essonne – 312 C4 – 9 053 h. – alt. 51 m – ✉ 91290 18 **B2**

Paris 32 – Chartres 71 – Évry 18 – Fontainebleau 49 – Melun 45 – Orléans 94 – Versailles 39

Office de tourisme, 70 Grande Rue ✆ 01 60 83 36 51, Fax 01 60 83 80 00

de Marivaux à Janvry Bois de Marivaux, NO : 17 km par D 97, ✆ 01 64 90 85 85.

Arpège sans rest 20,
23 av. J. Jaurès – ✆ 01 69 17 10 22 – hotel.arpege@wanadoo.fr – Fax 01 60 83 94 20 – Fermé 27 juil.-27 août
48 ch – †64/71 € ††71/75 €, ☕ 10 €
◆ Cette construction récente du centre-ville héberge de petites chambres fonctionnelles, insonorisées et correctement équipées. Nombreuses photos de Doisneau en guise de décor.

Le Saint Clément (Delrieu) 10/15,
16 av. Hoche (D152) – ✆ 01 64 90 21 01 – le-saint-clement@wanadoo.fr – Fax 01 60 83 32 67 – Fermé 14-21 mai, 6-27 août, 24 déc.-2 janv., sam. midi, dim. soir et lundi
Rest – Menu 35 € (sem.)/55 € – Carte 72/85 €
Spéc. Bourride du "Père Brun" (oct. à mars). Saint-Jacques saisies, riz sauvage, jus à l'huile de noisette (oct. à mars). Tarte fine aux figues fraîches.
◆ Bâtisse de style néoclassique abritant une salle à manger sobre et confortable ; terrasse d'été ombragée. Belle cuisine classique valorisant les produits de l'Hexagone.

ARPAJON-SUR-CÈRE – 15 Cantal – 330 C5 – rattaché à Aurillac

LES ARQUES – 46 Lot – 337 D4 – 158 h. – alt. 254 m – ✉ 46250
Périgord 28 **B1**

Paris 569 – Cahors 28 – Gourdon 27 – Villefranche-du-Périgord 19 – Villeneuve-sur-Lot 58

Église St-Laurent★ : Christ★ et Pietà★ - Fresques murales★ de l'église St-André-des-Arques.

La Récréation VISA MC

– ✆ 05 65 22 88 08 – Ouvert 2 mars-14 nov. et fermé merc. et jeudi

Rest – Menu 19 € bc (déj. en sem.)/30 €

◆ Sympathique adresse aménagée dans l'ex-école du village : classe-salle à manger, terrasse-préau, totem-marronnier sculpté dans la cour de "récré" et plats au goût du jour.

ARRADON – 56 Morbihan – 308 O9 – rattaché à Vannes

ARRAS Ⓟ – 62 Pas-de-Calais – 301 J6 – 40 590 h. – Agglo. 124 206 h. – alt. 72 m – ✉ 62000 Nord Pas-de-Calais Picardie
30 **B2**

Paris 179 – Amiens 69 – Calais 110 – Charleville-Mézières 159 – Lille 54

Office de tourisme, place des Héros ✆ 03 21 51 26 95, Fax 03 21 71 07 34

d'Arras à Anzin-Saint-Aubin Rue Briquet Taillandier, NO : 5 km par D 341, ✆ 03 21 50 24 24.

Grand'Place★★★ et Place des Héros★★★ - Hôtel de Ville et beffroi★ BY **H** - Ancienne abbaye St-Vaast★★ : musée des Beaux-Arts★.

Plans pages suivantes

De l'Univers ch, ch, rest, 40/200, P VISA MC AE

3 pl. Croix Rouge – ✆ 03 21 71 34 01 – univers.hotel@najeti.com – Fax 03 21 71 41 42 BZ **v**

38 ch – †79/119 € ††93/139 €, ☕ 12 € – **Rest** – Menu (19 €), 26 € (déj. en sem.), 37/53 € – Carte 34/45 € 🍷

◆ Monastère, puis hôpital et enfin hôtel : cette élégante et paisible demeure du 16ᵉ s. abrite de belles chambres personnalisées ; certaines affichent une influence provençale. Plaisant décor et appétissante cuisine au goût du jour au restaurant.

D'Angleterre ch, AC rest, 25, VISA MC AE

7 pl. Foch – ✆ 03 21 51 51 16 – info@hotelangleterre.net – Fax 03 21 71 38 20 – Fermé 23 déc.-2 janv. CZ **r**

20 ch – †80 € ††97/125 €, ☕ 9 € – **Rest** – *(fermé sam. midi, dim. soir et lundi soir)* Menu (14 €), 17 € (sem.)/26 € bc – Carte 24/33 € 🍷

◆ Près de la gare TGV, bâtisse régionale en brique datant de 1929. Chambres spacieuses, feutrées et bien équipées. Salon-bar "british". Le restaurant, habillé de boiseries blondes, est doté d'une lumineuse véranda ; plats de brasserie, salades, pizzas.

Mercure Atria ch, ch, rest, 30/300, VISA MC AE

58 bd Carnot – ✆ 03 21 23 88 88 – h1560-gm@accor-hotels.com – Fax 03 21 23 88 89 CZ **b**

80 ch – †74/105 € ††84/115 €, ☕ 13 € – **Rest** – *(fermé sam. midi et dim. midi)* Menu 15/25 € – Carte 24/30 € 🍷

◆ Vaste complexe en brique et verre hébergeant un centre d'affaires. Chambres avant tout pratiques et bien insonorisées. Bar pour une pause entre deux contrats ! Restaurant au cadre très sobre agrémenté de plantes vertes et de compositions florales.

Moderne AC rest, rest, 25/40, VISA MC AE

1 bd Faidherbe – ✆ 03 21 23 39 57 – contact@hotel-moderne-arras.com – Fax 03 21 71 55 42 – Fermé 24 déc.-1ᵉʳ janv. CZ **m**

50 ch – †75/78 € ††80/83 €, ☕ 8 € – ½ P 120/130 € – **Rest** – *(fermé 30 juil.-19 août, 24 déc.-1ᵉʳ janv., sam. midi et dim.)* Menu (15 €), 19/25 € – Carte 21/33 € 🍷

◆ Ce bel immeuble (1920) proche de la gare a fait peau neuve pour entrer dans le 21ᵉ s. Les chambres, garnies d'un mobilier sobre et fonctionnel, s'égayent de tissus colorés. Cuisine traditionnelle sans chichi servie dans la salle à manger-véranda.

ARRAS

Adam (R. Paul) .... AY 2
Agaches (R. des) .... BY 3
Albert-Ier-de-Belgique (R.) BY 4
Ancien-Rivage (Pl. de l') .. BY 5
Barbot (R. du Gén.) ...... BY 6
Baudimont (Rd-Pt) ...... AY 7
Carabiniers-d'Artois (R. des) .... AY 8
Cardinal (R. du) .... CZ 9
Delansorne (R. D.) .... BZ 10
Doumer (R. P.) .... BY 12
Ernestale (R.) .... BZ 13
Ferry (R. J.) .... AY 15
Foch (R. Maréchal) ...... CZ 16
Gambetta (R.) .... BCZ
Gouvernance (R. de la) ... BY 18
Guy Mollet (Pl.) .... CY 19
Kennedy (Av. J.) .... AZ 24
Legrelle (R. E.) .... BCZ 25
Madeleine (Pl. de la) ..... BY 28
Marché-au-Filé (R. du) ... BY 30
Marseille (Pl. de) .... BZ 31
Robespierre (R.) .... BZ 34
Ronville (R.) .... CZ 35
Ste-Claire (R.) .... AZ 37
Ste-Croix (R.) .... CY 39
St-Aubert (R.) .... BY
Strasbourg (Bd de) .... CZ 42
Taillerie (R. de la) .... CY 43
Teinturiers (R. des) ...... BY 45
Théâtre (Pl. et R.) .... BZ 47
Verdun (Cours de) .... AZ 49
Victor-Hugo (Pl.) .... AZ 51
Wacquez-Glasson (R.) ... CZ 52
Wetz-d'Amain (Pl. du) .... BY 53
29-Juillet (R. du) .... BY 54
33e (Pl. du) .... BY 55

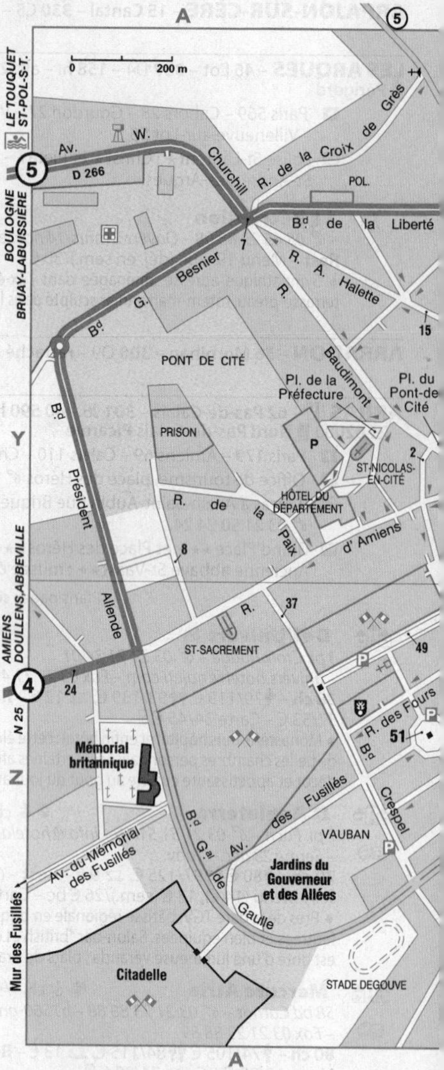

Express By Holiday Inn sans rest — 20/50,
3 r.du Docteur Brassart – ☏ 03 21 60 88 88 — P VISA AE
– reservations@hiexpress-arras.com
– Fax 03 21 60 89 00 — CZ
98 ch – 80/92 € 80/92 €

◆ Architecture contemporaine située à proximité immédiate de la gare. Chambres modernes dotées d'équipements parfaitement adaptés aux besoins d'une clientèle d'affaires.

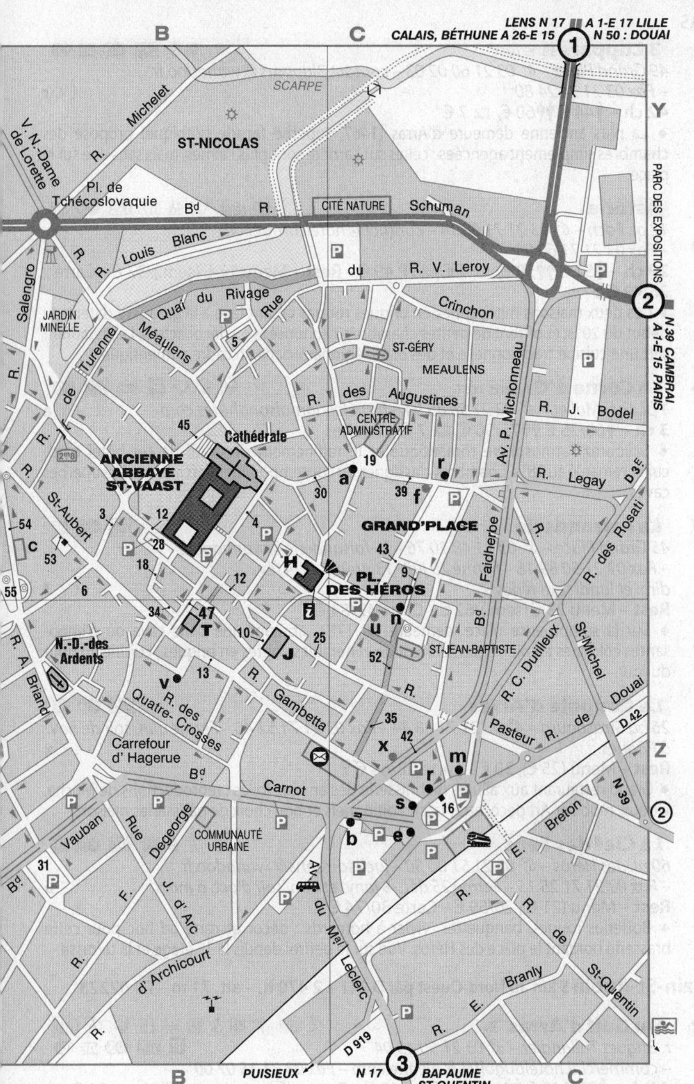

Ibis sans rest

11 r. Justice – ☎ 03 21 23 61 61
– h1567@accor.com
– Fax 03 21 71 31 31 CZ **n**

63 ch – †55/71 € ††55/71 €, ☐ 7 €

◆ Adresse idéalement postée entre les deux magnifiques places arrageoises. Les chambres offrent peu d'ampleur mais elles sont fonctionnelles et insonorisées.

3 Luppars sans rest

49 Grand'Place – ✆ 03 21 60 02 03 – contact.3luppars@wanadoo.fr – Fax 03 21 24 24 80 CY **r**

42 ch – 44 € 60 €, 7 €

◆ La plus ancienne demeure d'Arras (1467, superbe façade gothique) propose des chambres simplement agencées ; celles sur l'arrière sont plus calmes, mais sans vue sur la place.

Astoria rest, 30, VISA MC AE

12 pl. Foch – ✆ 03 21 71 08 14 – contact@hotelcarnot.com – Fax 03 21 71 60 95 CZ **s**

29 ch – 51 € 58 €, 7 € – ½ P 49 € – **Rest** – Menu 17 € (sem.)/32 € – Carte 26/42 €

◆ Ces deux maisons mitoyennes en briques rouges faisant face à la gare TGV datent du début du 20e s. et offrent de petites chambres insonorisées au décor actuel. Le restaurant sert une cuisine traditionnelle et des plats régionaux dans un cadre authentique.

La Corne d'Or sans rest VISA MC

1 pl. Guy Mollet – ✆ 03 21 58 85 94 – franck@lamaisondhotes.com CY **a**

3 ch – 60/75 € 75/90 €, 7 € – 2 suites

◆ Savourez l'atmosphère romantique et le raffinement décoratif de cet hôtel particulier remanié au 18e s. Chambres classiques ou contemporaines, loft mansardé, superbes caves.

La Faisanderie VISA MC AE

45 Grand'Place – ✆ 03 21 48 20 76 – la-faisanderie@wanadoo.fr – Fax 03 21 50 89 18 – Fermé 29 juil.-13 août, 11-24 fév., dim. et lundi sauf fériés CY **f**

Rest – Menu 23 € (sem.)/62 € – Carte 42/83 €

◆ Sur la somptueuse place, demeure du 17e s. abritant une belle cave où d'imposantes colonnes en pierre soutiennent de vénérables voûtes en briques ; cuisine au goût du jour.

La Coupole d'Arras VISA MC AE

26 bd Strasbourg – ✆ 03 21 71 88 44 – Fax 03 21 71 52 46 – Fermé dim. soir de nov. à Pâques CZ **x**

Rest – Menu (25 €), 30 € – Carte 28/64 €

◆ Grand restaurant aux allures de brasserie des années folles : reproductions de Mucha, vitraux, mobilier Art déco, etc. Plats traditionnels et bon choix de pâtisseries maison.

La Clef des Sens VISA MC AE

60 pl. des Héros – ✆ 03 21 51 00 50 – laclefdessens@wanadoo.fr – Fax 03 21 71 25 15 – Fermé 25 déc.-8 janv. et dim. soir d'oct. à mars CZ **u**

Rest – Menu (21 €), 26/59 € – Carte 30/74 €

◆ Boiseries rouges, banquettes, vivier à homards : décor et carte ad hoc pour cette brasserie bordant la place des Héros. Vue sur le beffroi depuis le 1er étage et la terrasse.

à Anzin-St-Aubin 5 km au Nord-Ouest par D 341 – 2 470 h. – alt. 71 m – ✉ 62223

Du Golf d'Arras ch, 130, VISA MC AE

r. Briquet Tallandier – ✆ 03 21 50 45 04 – commercial.hoteldugolf@fr.oleane.com – Fax 03 21 15 07 00

42 ch – 89/145 € 99/155 €, 12 € – **Rest** – *(fermé sam. midi)* Menu 24 € (semaine)/30 € (week-end) – Carte 29/44 €

◆ À l'entrée d'un golf 18 trous, imposante construction en bois dont l'architecture s'inspire de la Louisiane. Chambres neuves donnant pour la plupart sur les greens. Répertoire culinaire au goût du jour et cadre lumineux pour une pause entre deux swings.

à Mercatel 8 km par ③, N 17 et D 34 – 572 h. – alt. 88 m – ✉ 62217

Mercator VISA MC AE

24 r.de la Mairie – ✆ 03 21 73 48 33 – Fax 03 21 22 09 39 – Fermé 4-19 août, 11-27 fév., sam. et le soir sauf vend.

Rest – Menu 23/35 € – Carte 33/60 €

◆ Ambiance familiale, sobre salle à manger néo-rustique et plats traditionnels escortés de vins soigneusement choisis : à deux pas d'Arras, projetez donc un repas au Mercator.

ARREAU – 65 Hautes-Pyrénées – 342 O7 – 823 h. – alt. 705 m – ✉ 65240

Midi-Pyrénées 28 **A3**

Paris 818 – Auch 91 – Bagnères-de-Luchon 34 – Lourdes 81 – St-Gaudens 55 – Tarbes 62

Office de tourisme, Château des Nestes ☎ 05 62 98 63 15, Fax 05 62 40 12 32

Vallée d'Aure★ S - ❋★★★ du col d'Aspin NO : 13 km.

Angleterre ch, ch, 10/20, P VISA MC AE

rte Luchon – ☎ 05 62 98 63 30 – contact@hotel-angleterre-arreau.com – Fax 05 62 98 69 66 – Ouvert de mi-mai à mi-oct., week-ends et vacances scolaires du 26 déc. au 31 mars et fermé lundi en mai-juin et sept.

17 ch – †54/75 € ††64/105 €, ☕ 9 € – ½ P 67/90 € – **Rest** – *(dîner seult sauf dim.)* Menu 19/36 € – Carte 42/47 € ♀

◆ Dans un petit village typique de la vallée, ancien relais de poste transformé au fil des ans en hôtel de caractère. Un bel escalier dessert les chambres coquettement rénovées. Cuisine traditionnelle et cadre campagnard "revu et corrigé" au restaurant. Salon-bar "cosy".

ARROMANCHES-LES-BAINS – 14 Calvados – 303 I3 – 552 h. – ✉ 14117

Normandie Cotentin 32 **B2**

Paris 266 – Bayeux 11 – Caen 34 – St-Lô 46

Office de tourisme, 2 rue du Maréchal Joffre ☎ 02 31 22 36 45, Fax 02 31 22 92 06

Musée du débarquement - La Côte du Bessin★ O.

La Marine ≤ Port artificiel du Débarquement, rest, P VISA MC AE

1 quai du Canada – ☎ 02 31 22 34 19 – hotel.de.la.marine@wanadoo.fr – Fax 02 31 22 98 80 – Ouvert 14 fév.-18 nov.

28 ch – †61 € ††86 €, ☕ 10 € – ½ P 68/90 € – **Rest** – Menu 22/49 € – Carte 35/63 € ♀

◆ Forte de sa situation littorale, cette accueillante maison dispose de chambres confortables donnant pour la plupart sur la Manche. Au restaurant, joli décor contemporain et baies vitrées tournées vers les flots.

à La Rosière 3 km au Sud-Ouest par rte de Bayeux – ✉14117 Tracy-sur-Mer

La Rosière sans rest P VISA MC

14 rte de Bayeux – ☎ 02 31 22 36 17 – hotel.larosiere@wanadoo.fr – Fax 02 31 22 19 33 – Ouvert 15 mars-10 nov.

24 ch – †47/88 € ††47/88 €, ☕ 8 €

◆ En léger retrait de la route, hôtel accueillant des chambres fonctionnelles et protégées du bruit. L'annexe propose un hébergement de plain-pied avec le jardin.

ARS-EN-RÉ – 17 Charente-Maritime – 324 A2 – voir Île de Ré

ARTRES – 59 Nord – 302 J6 – rattaché à Valenciennes

ARVIEU – 12 Aveyron – 338 H5 – 880 h. – alt. 730 m – ✉ 12120 29 **D2**

Paris 663 – Albi 66 – Millau 59 – Rodez 31 – St-Affrique 47 – Villefranche-de-Rouergue 77

Syndicat d'initiative, Mairie ☎ 05 65 46 71 06, Fax 05 65 63 19 16

Au Bon Accueil rest, 15, VISA MC AE

pl. du Centre – ☎ 05 65 46 72 13 – jean-pierre.pachins@wanadoo.fr – Fax 05 65 74 28 95 – Fermé 15 déc.-15 janv.

10 ch – †41 € ††41/100 €, ☕ 6,50 € – ½ P 41 € – **Rest** – Menu 11,50 € (déj. en sem.), 19/32 €

◆ Les villageois se retrouvent au bar de cette charmante auberge installée sur la place centrale du bourg. Les chambres, refaites, sont sobres, confortables et bien tenues. Restaurant rustique, carte traditionnelle simple complétée par quelques plats du pays.

ARVIEUX – 05 Hautes-Alpes – 334 I4 – 355 h. – alt. 1 550 m – ✉ 05350

Alpes-du-Sud 41 **C1**

Paris 782 – Briançon 55 – Gap 80 – Marseille 254

Office de tourisme, la ville ☎ 04 92 46 75 76, Fax 04 92 46 83 03

La Ferme de l'Izoard

La Chalp, rte du Col – ☎ 04 92 46 89 00 – info@laferme.fr – Fax 04 92 46 82 37 – Fermé 31 mars-27 avril, 28 sept.-25 oct., 4 nov.-21 déc.

cuisinette P VISA MC

23 ch – 59/158 € 59/158 €, 11 € – 2 suites – ½ P 59/108 € – **Rest** – *(fermé mardi midi et jeudi midi hors vacances scolaires)* Menu (17 €), 19 € (dîner), 23 € (déj.)/51 € – Carte 26/47 €

◆ Bâtiment aux allures de ferme traditionnelle. Chambres spacieuses, dotées de balcon ou de terrasse plein Sud. Chaleureux salon décoré de meubles queyrassins. Le restaurant propose une carte traditionnelle enrichie de spécialités du terroir et de grillades.

ARZ (ÎLE-D') – 56 Morbihan – 308 O9 – voir à Île-d'Arz

ARZON – 56 Morbihan – 308 N9 – 2 056 h. – alt. 9 m – ✉ 56640

Bretagne 9 **A3**

Paris 487 – Auray 52 – Lorient 94 – Quiberon 81 – La Trinité-sur-Mer 66 – Vannes 33

Office de tourisme, place des Huniers ☎ 02 97 53 69 69, Fax 02 97 53 76 10

Tumulus de Tumiac ou butte de César ★ E : 2 km puis 30 mn.

au Port du Crouesty 2 km au Sud-Ouest – ✉ 56640 Arzon

Miramar

Spa, ch, AC, rest, rest, 80, P, VISA MC AE

– ☎ 02 97 53 49 00 – reservation@miramarcrouesty.com – Fax 02 97 53 49 99 – Fermé 26 nov.-28 déc.

112 ch – 220/560 € 270/605 €, 19 € – 12 suites

Rest *Salle à Manger* – Menu 49 € – Carte 56/91 €

Rest *Ruban Bleu* – Menu 49 € – Carte 43/72 €

◆ Bienvenue à bord de cette architecture originale évoquant un navire de croisière. Chambres modernes et institut de thalassothérapie. Belle vue sur l'océan et décor de paquebot à La Salle à Manger. Plats diététiques au Ruban Bleu, réservé aux non-fumeurs.

Le Crouesty sans rest

P VISA MC

r. du Croisty – ☎ 02 97 53 87 91 – hotellecrouesty@wanadoo.fr – Fax 02 97 53 66 76 – Ouvert vacances de fév.-15 nov.

26 ch – 69/90 € 69/90 €, 7 €

◆ Cette construction récente proche du port de plaisance abrite de petites chambres fonctionnelles, sagement décorées, et un salon agrémenté d'une cheminée et d'un piano.

à Port Navalo 3 km à l'Ouest – ✉ 56640 Arzon

Grand Largue

golfe du Morbihan, VISA MC

à l'embarcadère – ☎ 02 97 53 71 58 – larguedam@wanadoo.fr – Fax 02 97 53 92 20 – Fermé 12 nov.-26 déc., début janv.-10 fév., mardi sauf juil.-août et lundi

Rest – Menu 35/85 €

◆ Cette villa fièrement dressée à l'entrée du golfe du Morbihan vous convie à savourer une cuisine de la mer dans sa jolie salle à manger panoramique tournée vers le large.

Nous essayons d'être le plus exact possible dans les prix que nous indiquons. Mais tout bouge ! Lors de votre réservation, pensez à vous faire préciser le prix du moment.

ASCAIN – 64 Pyrénées-Atlantiques – 342 C4 – 3 097 h. – alt. 24 m – ✉ 64310
Pays Basque 3 **A3**

Paris 791 – Biarritz 23 – Cambo-les-Bains 26 – Hendaye 18 – Pau 135 – St-Jean-de-Luz 7

Office de tourisme, rue Ernest Fourneau ✆ 05 59 54 00 84

Parc Trinquet-Larralde

– ✆ 05 59 54 00 10 – parcascain@aol.com – Fax 05 59 54 01 23 – Fermé 2 janv.-8 mars, dim. soir et lundi de nov. à avril

22 ch – 46/58 € 52/80 €, 8,50 € – ½ P 52/65 € – **Rest** – *(fermé dim. soir et lundi soir sauf en juil.-août, lundi midi et mardi midi)* Menu 15 € (déj. en sem.), 19/35 € – Carte 29/50 €

◆ Trois bâtisses de style régional dans un charmant village basque. Chambres progressivement rajeunies. Fronton de pelote privé dans le jardin. Salles à manger rustiques avec pierres et poutres apparentes, cuivres rutilants et cheminée ornée d'une croix du pays.

ASNIÈRES-SUR-SEINE – 92 Hauts-de-Seine – 311 J2 – 101 15 – voir à Paris, Environs

ASPRES-LES-CORPS – 05 Hautes-Alpes – 334 D4 – rattaché à Corps

Le rouge est la couleur de la distinction : nos valeurs sûres !

ASTAFFORT – 47 Lot-et-Garonne – 336 F5 – 1 880 h. – alt. 65 m – ✉ 47220
4 **C2**

Paris 674 – Agen 19 – Auvillar 29 – Condom 31 – Lectoure 20

Syndicat d'initiative, place de la Nation ✆ 05 53 67 13 33

Le Square "Michel Latrille"

ch, 20,

5 pl. Craste – ✆ 05 53 47 20 40 – latrille.michel@wanadoo.fr – Fax 05 53 47 10 38 – Fermé 1er-6 mai, 24 déc.-27 janv. et dim. sauf juil.-août

14 ch – 52/130 € 62/140 €, 11 € – **Rest** – *(fermé dim. soir, mardi midi et lundi)* Menu 38/58 € – Carte 58/91 €

Spéc. Emincé de homard, vinaigrette de truffe. Pigeonneau rôti, cuisses confites, risotto aux cèpes. Moelleux au café, glace café, sauce arabica. **Vins** Côtes du Brulhois, Buzet.

◆ Meubles contemporains et anciens, couleurs vives, détails raffinés... font le charme des chambres (deux refaites) de ces charmantes maisons. Salles à manger cossues dont les ouvertures en arcades dévoilent un frais patio. Terrasse panoramique. Riche carte des vins.

Une Auberge en Gascogne

N 21 (face Poste) – ✆ 05 53 67 10 27 – une-auberge-en-gascogne@wanadoo.fr – Fax 05 53 67 10 22 – Fermé vacances de la Toussaint, de fév., de printemps, dim. soir et lundi midi d'oct. à mai, jeudi midi et merc.

Rest – Menu (25 €), 43/130 € bc – Carte 53/67 €

◆ Le nouveau décor contemporain épuré sied à la dégustation d'une cuisine créative honorant le terroir. Salon original et agréable terrasse d'été au calme de la cour intérieure.

ATTENSCHWILLER – 68 Haut-Rhin – 315 I11 – 836 h. – alt. 360 m – ✉ 68220
1 **A3**

Paris 486 – Altkirch 21 – Basel 14 – Colmar 71 – Mulhouse 36

A la Couronne

13 r. Wilson – ✆ 03 89 68 76 96 – couronne-att@wanadoo.fr – Fax 03 89 68 73 77 – Fermé 3-24 sept., 1er-15 janv., lundi et mardi

Rest – Menu 10 € (déj. en sem.), 25/50 € – Carte 24/54 €

◆ Près de l'église du village, discrète façade du Sundgau abritant deux salles à manger sagement rustiques. Cuisine du terroir, tartes flambées et gibier en saison.

ATTICHY – 60 Oise – 305 J4 – 1 852 h. – alt. 73 m – ✉ 60350 37 C2

Paris 101 – Compiègne 18 – Laon 62 – Noyon 26 – Soissons 24

La Croix d'Or avec ch

13 rue Tondu de Metz – ✆ 03 44 42 15 37 – lacroixdor60@aol.com – Fax 03 44 42 15 37 – Fermé 1er-11 mars

5 ch – 35 € 42 € – **Rest** – *(fermé dim. soir, mardi soir et lundi)* Menu 16 € (déj. en sem.), 30/44 € – Carte 44/66 €

◆ Ces deux maisons régionales encadrant une cour font face à la mairie. Dans l'une, fraîche salle de restaurant contemporaine ; dans l'autre, chambres simples et pratiques.

ATTIGNAT – 01 Ain – 328 D3 – 1 924 h. – alt. 227 m – ✉ 01340 44 B1

Paris 420 – Bourg-en-Bresse 13 – Lons-le-Saunier 76 – Louhans 46 – Mâcon 35 – Tournus 42

Dominique Marcepoil avec ch rest, ch, 25,

D 975 – ✆ 04 74 30 92 24 – marcepoil@libertysurf.fr – Fax 04 74 25 93 48 – Fermé 1er-14 oct., 17 fév.-2 mars, lundi midi et dim.

11 ch – 50/60 € 55/66 €, 9 € – ½ P 70 € – **Rest** – Menu (15 €), 20 € (sem.)/62 € bc – Carte 45/73 €

◆ Maison bressane en pierres et briques. La salle à manger est séparée de la cave à vins par une baie vitrée. Cuisine régionale et au goût du jour. Chambres confortables.

ATTIGNAT-ONCIN – 73 Savoie – 333 H4 – rattaché à Aiguebelette-le-Lac

AUBAGNE – 13 Bouches-du-Rhône – 340 I6 – 42 638 h. – alt. 102 m – ✉ 13400

Provence 40 B3

Paris 788 – Aix-en-Provence 39 – Brignoles 48 – Marseille 18 – Toulon 48

Office de tourisme, avenue Antide Boyer ✆ 04 42 03 49 98, Fax 04 42 03 83 62

Souléia ch,

4 cours Voltaire – ✆ 04 42 18 64 40 – contact@hotel-souleia.com – Fax 04 42 08 13 21

72 ch – 68/78 € 68/78 €, 8 € – ½ P 57 € – **Rest** – Menu 20 € – Carte 15/51 €

◆ Dans la capitale du santon, bâtiment moderne avec des chambres au confort fonctionnel (TV par satellite), certaines munies de terrasse privée. Au rez-de-chaussée, brasserie ouverte sur la place. Restaurant panoramique sur le toit (solarium) aux menus traditionnels.

à St-Pierre-lès-Aubagne 5 km au Nord par N 96 ou D 43 – ✉ 13400

Hostellerie de la Source sans rest 40,

– ✆ 04 42 04 09 19 – hoteldelasource@aol.com – Fax 04 42 04 58 72

26 ch – 72/83 € 89/170 €, 12 €

◆ Dans un parc arboré d'où jaillit la source de l'hôtel, demeure du 17e s. complétée d'une annexe récente. Chambres récemment repeintes et belle piscine coiffée d'une verrière.

au Nord 4 km par D44 et rte secondaire – ✉ 13400 Aubagne

La Ferme

La Font de Mai, Chemin Ruissatel – ✆ 04 42 03 29 67 – auberge-la-ferme@wanadoo.fr – Fermé août, 11-17 fév., les soirs sauf vend. et sam. et lundi

Rest – Menu 60 € bc

◆ Maison de pays postée face au mont Garlaban, cher à Marcel Pagnol. On y sert une copieuse cuisine du marché, à l'ombre du chêne vert ou entre les murs ornés d'assiettes.

AUBAZINES – 19 Corrèze – 329 L4 – 732 h. – alt. 345 m – ✉ 19190

Périgord 25 **C3**

Paris 480 – Aurillac 86 – Brive-la-Gaillarde 14 – St-Céré 50 – Tulle 17

Office de tourisme, le bourg ✆ 05 55 25 79 93

d'Aubazine à Beynat Complexe Touristique Coiroux, E : 4 km, ✆ 05 55 27 25 66.

Abbaye★ : clocher★, mobilier★, tombeau de St-Étienne★★, armoire liturgique★.

De la Tour VISA

pl. de l'église – ✆ 05 55 25 71 17 – hoteldelatour19@orange.fr – Fax 05 55 84 61 83 – Fermé 1er-20 janv., dim. soir et lundi midi

18 ch – 48/50 € 48/50 €, 7 € – ½ P 55/60 € – **Rest** – Menu 21 € (sem.)/38 € – Carte 30/64 €

◆ Face à l'abbaye, vieille maison de caractère flanquée d'une tour. Chambres anciennes égayées de papiers peints colorés. Cuisine régionale servie dans des salles rustiques agrémentées de cuivres et d'étains.

AUBE – 61 Orne – 310 M2 – 1 540 h. – alt. 230 m – ✉ 61270

Normandie Vallée de la Seine 33 **C3**

Paris 144 – L'Aigle 7 – Alençon 55 – Argentan 47 – Mortagne-au-Perche 32

Auberge St-James VISA

62 rte Paris – ✆ 02 33 24 01 40 – Fax 02 33 24 01 40 – Fermé 13-30 août, dim. soir, mardi soir et merc.

Rest – Menu 16/30 € – Carte 30/37 €

◆ Une adresse simple et sympathique à dénicher dans le village où vécut la comtesse de Ségur. La carte est composée de goûteux petits plats issus de diverses régions françaises.

Une bonne table sans se ruiner ?
Repérez les Bibs Gourmands.

AUBENAS – 07 Ardèche – 331 I6 – 11 018 h. – alt. 330 m – ✉ 07200

Lyon et la vallée du Rhône 44 **A3**

Paris 627 – Alès 76 – Montélimar 41 – Privas 32 – Le Puy-en-Velay 91

Office de tourisme, 4 boulevard Gambetta ✆ 04 75 89 02 03, Fax 04 75 89 02 04

Site★ - Façade★ du château.

Plan page suivante

Cévenol sans rest VISA

77 bd Gambetta – ✆ 04 75 35 00 10 – Fax 04 75 35 03 29 – Fermé 25 déc.-1er janv. Z **r**

44 ch – 50/55 € 56/59 €, 7 €

◆ Hôtel des années 1970 abritant des chambres meublées dans le goût de l'époque, plus tout à fait à la mode, mais fort bien tenues. Bonne insonorisation côté rue.

Ibis sans rest 50, VISA

rte Montélimar – ✆ 04 75 35 44 45 – Fax 04 75 93 01 01

43 ch – 65/72 € 65/72 €, 7 €

◆ À la sortie Sud de la ville, un hôtel Ibis sans surprise disposant de chambres conformes aux normes de la chaîne.

Fournil VISA

34 r. 4-Septembre – ✆ 04 75 93 58 68 – Fax 04 75 93 58 68 – Fermé 24 juin-10 juil., vacances de la Toussaint, de Noël, de fév., dim. et lundi Y **s**

Rest – Menu 20/49 € – Carte 23/48 €

◆ Dans une ruelle de la vieille ville, maison séculaire abritant une coquette salle à manger voûtée. Goûteuse cuisine classique et jolie cour-terrasse.

AUBENAS

Béranger de la Tour (R.) . . . . Y 2
Bernardy (R. de) . . . . YZ 3
Bouchet (R. Auguste) . . . . Y 4
Champalbert (R.) . . . . Y 5
Cordeliers (R. des) . . . . Y 6
Couderc (R. G.) . . . . Z 7
Delichères (R.) . . . . Y 8
Gambetta (Bd) . . . . Z
Gaulle (Pl. Gén.-de) . . . . Z 9
Grand'Rue . . . . Y 10
Hoche (R.) . . . . Z 12
Hôtel de Ville (Pl.) . . . . Y 13
Jeanne d'Arc (Pl.) . . . . YZ 16
Jean-Jaurès (R.) . . . . Y 15
Jourdan (R.) . . . . Y 17
Laprade (Bd C.) . . . . Z 18
Lésin-Lacoste (R.) . . . . Y 19
Montlaur (R.) . . . . Y 21
Nationale (R.) . . . . Y 22
Parmentier (Pl.) . . . . Y 24
Radal (R.) . . . . Z 25
République (R. de la) . . . . Y 26
Réservoirs (R. des) . . . . Y 27
Roure (Pl. Jacques) . . . . Y 29
St-Benoît (Rampe) . . . . Y 30
Silhol (R. Henri) . . . . Y 32
Vernon (Bd de) . . . . Z 33
4-Septembre (R.) . . . . Y 35

AUBETERRE-SUR-DRONNE – 16 Charente – 324 L8 – 365 h. – alt. 72 m – ✉ 16390 Poitou Vendée Charentes

39 **C3**

Paris 494 – Angoulême 48 – Bordeaux 90 – Périgueux 54

Office de tourisme, place du Château ✆ 05 45 98 57 18, Fax 05 45 98 54 13

d'Aubeterre à Saint-Séverin Le Manoir de Longeveau, NE : 7 km par D 17 et D 78, ✆ 05 45 98 55 13.

Église monolithe★★.

Hostellerie du Périgord

ch, P VISA MC

– ✆ 05 45 98 50 46 – hpmorel@aol.com – Fax 05 45 98 50 46

12 ch – 46 € 54 €, 7 € – ½ P 55 € – **Rest** – *(fermé 7-28 janv., dim. soir et lundi)* Menu 17 € (déj. en sem.), 28/40 €

◆ Cure de jouvence réussie pour ce petit hôtel familial situé au pied du célèbre village. Chambres discrètement contemporaines, insonorisées et bien tenues. Le restaurant propose une carte mi-traditionnelle, mi-actuelle. Plaisante véranda côté jardin-piscine.

AUBIGNY-SUR-NÈRE – 18 Cher – 323 K2 – 5 907 h. – alt. 180 m – ✉ 18700 Limousin Berry

12 **C2**

Paris 180 – Orléans 67 – Bourges 48 – Cosne-sur-Loire 41 – Gien 30 – Salbris 32 – Vierzon 44

Office de tourisme, 1 rue de l'Église ✆ 02 48 58 40 20

La Chaumière avec ch

AC rest, P VISA MC

2 r. Paul Lasnier – ✆ 02 48 58 04 01 – lachaumiere.hotel@wanadoo.fr – Fax 02 48 58 10 31 – Fermé 6-20 août, 10 fév.-10 mars et dim. soir sauf juil.-août et fériés

11 ch – 53 € 65/95 €, 7 € – ½ P 58/75 € – **Rest** – *(fermé dim. soir et lundi sauf le soir en juil.-août et fériés)* Menu 18 € (sem.)/54 € – Carte 34/46 €

◆ Rénovation soignée pour cette bâtisse ancienne qui abrite deux belles salles à manger rustiques où l'on propose une cuisine traditionnelle. Chambres également relookées.

Annexe VISA MC
8 ch – 53/75 € 65/120 €, 7 €
◆ Briques, poutres, plâtres teintés : les toutes nouvelles chambres de l'annexe, grandes et plaisantes, utilisent les matériaux traditionnels.

Le Bien Aller AC VISA MC AE
3 r. des Dames – 02 48 58 03 92 – jeanachard2@aol.com – Fax 02 48 58 00 34 – Fermé mardi soir et merc. soir
Rest – Menu 17 € (sem.)/24 €
◆ Chaleureux intérieur de style bistrot, bar à vins et cuisine axée sur le terroir. Vous composerez votre menu à partir des suggestions inscrites chaque jour sur l'ardoise.

AUBRAC – 12 Aveyron – 338 J3 – alt. 1 300 m – ✉ 12470

Languedoc Roussillon 29 **D1**

Paris 581 – Aurillac 97 – Mende 66 – Rodez 56 – St-Flour 62

La Dômerie rest, P VISA MC AE
– 05 65 44 28 42 – david.mc@wanadoo.fr – Fax 05 65 44 21 47 – Ouvert 10 fév.-11 nov.
26 ch – 51/83 € 61/83 €, 15 € – ½ P 61/72 € – **Rest** – *(fermé le midi du lundi au vend. et merc. soir sauf du 16 juil. au 10 sept.)* Menu 21/40 € – Carte 27/47 €
◆ Belle demeure ancienne en basalte et granit située au coeur du village. Deux générations de chambres confortables : rustiques ou plus "cosy". Accueillante salle à manger campagnarde où vous goûterez une cuisine familiale mettant en vedette la viande d'Aubrac.

Catherine Painvin VISA MC
au Bourg – 05 65 48 78 84 – comptoir.aubrac@tiscali.fr – Fax 05 65 48 78 92 – Fermé 15 nov.-15 déc.
5 ch – 150/200 € 150/350 € – **Rest** – table d'hôte Menu 25 €
◆ Cette adresse inattendue au cœur de l'Aubrac abrite de superbes chambres ornées de meubles, d'objets et de tissus rapportés d'Inde ou de Mongolie. Également, boutique de décoration et bar à vins pour déguster les produits du terroir.

AUBUSSON – 23 Creuse – 325 K5 – 4 662 h. – alt. 440 m – ✉ 23200

Limousin Berry 25 **C2**

Paris 387 – Clermont-Ferrand 91 – Guéret 41 – Limoges 89 – Montluçon 64

Office de tourisme, rue Vieille 05 55 66 32 12

Musée départemental de la Tapisserie★ (Centre Culturel Jean-Lurçat).

AUBUSSON

Chapitre (R. du) 2
Chateaufavier (R.) 4
Dayras (Pl. M.) 5
Déportés (R. des) 7
Espagne (Pl. Gén.) 8
Fusillés (R. des) 10
Iles (Quai des) 12
Libération (Pl. de la) 15
Lissiers (Av. des) 16
Lurçat (Pl. J.) 18
Marché (Pl. du) 20
République (Av.) 23
St-Jean (R.) 24
Terrade (Pont de la) 27
Vaveix (R.) 29
Vieille (R.) 30

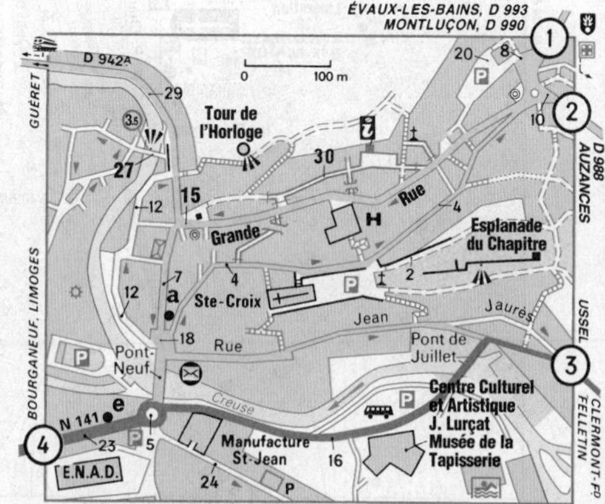

Villa Adonis sans rest

14 av. République – ✆ 05 55 66 46 00 – villaadonis@wanadoo.fr – Fax 05 55 66 17 90 – Fermé 30 déc.-2 janv. **e**

10 ch – ♀52 € ♀♀52 €, ☕ 6 €

◆ Un beau hall d'accueil donne le ton de cette nouvelle adresse où de jolies chambres marient confort actuel, décoration contemporaine "cosy" et superbe jardin aux premières loges.

Le France 30/50, VISA AE

6 r. Déportés – ✆ 05 55 66 10 22 – hotel.lefranceaubusson@wanadoo.fr – Fax 05 55 66 88 64 **a**

23 ch – ♀49/92 € ♀♀59/95 €, ☕ 10 € – Rest – Menu 18 € (sem.)/65 € bc

◆ Entre la Creuse et le centre ancien, belle demeure du 18e s. dont les chambres, confortables et aménagées avec goût (meubles chinés, tissus choisis), sont peu à peu rénovées. Élégante salle de restaurant et jolie terrasse d'été dressée dans la cour intérieure.

AUCH 🅿 – 32 Gers – 336 F8 – 21 838 h. – alt. 169 m – ✉ 32000

Midi-Pyrénées 28 **B2**

- Paris 713 – Agen 74 – Bordeaux 205 – Tarbes 74 – Toulouse 79
- Office de tourisme, 1 rue Dessoles ✆ 05 62 05 22 89, Fax 05 62 05 92 04
- d'Auch-EmbatsO : 5 km par D 924, ✆ 05 62 61 10 11 ;
- de Gascogne à Masseube Les Stournes, S : 25 km, ✆ 05 62 66 03 10.
- Cathédrale Ste-Marie★★ : stalles★★★, vitraux★★.

AUCH

Rue	Carreau	N°
Alsace (Av. d')	BY	2
Caillou (Pl. du)	AZ	4
Caumont (R.)	AZ	5
Convention (R. de la)	AZ	7
Daumesnil (R.)	BY	9
David (Pl. J.)	AY	8
Dessoles (R.)	AY	12
Espagne (R.)	AZ	13
Fabre d'Églantine (R.)	AZ	14
Gambetta (R.)	AY	
Lagarrasic (Allées)	ABZ	17
Lamartine (R.)	AY	15
Lartet (R. Ed.)	AZ	16
Lissagaray (Q.)	BYZ	18
Marceau (R.)	BY	19
Marne (Av. de la)	BY	22
Montebello (R.)	BZ	23
Pasteur (R.)	BZ	25
Pont-National (R. du)	AZ	27
Pouy (R. du)	BY	28
Prieuré (Pt du)	AZ	29
Rabelais (R.)	BZ	31
République (Pl. de la)	AZ	33
Rousseau (R. A.)	AZ	35
Salleneuve (R.)	AY	38
Somme (R. de la)	BY	40

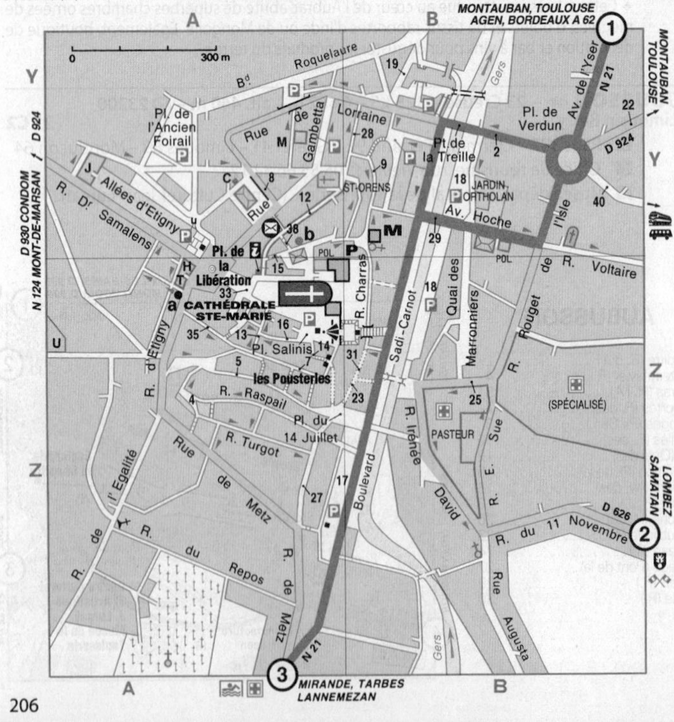

De France rest, 15/60, VISA

pl. Libération – ☎ 05 62 61 71 71 – roland.garreau@wanadoo.fr – Fax 05 62 61 71 81 – Fermé 2-14 janv. et dim. soir sauf hotel de juin à sept. AZ **a**

29 ch – 69 € 84 €, 16 € – ½ P 105/140 € – **Rest** – Menu (20 € bc), 27/52 € – Carte 64/79 €

◆ Ex-relais de poste abritant de spacieuses chambres personnalisées. L'une d'elles, de style rococo, servit de décor lors du tournage du film Le Bonheur est dans le pré. Avec ses moulures, boiseries et vitraux, le restaurant conserve sa belle âme d'antan.

La Table d'Oste VISA

7 r. Lamartine – ☎ 05 62 05 55 62 – latabledoste@hotmail.fr – Fermé 11-26 mars, 24 juin-2 juil., 4-12 nov., dim. et lundi AY **b**

Rest – *(nombre de couverts limité, prévenir)* Menu 16 € (déj.), 24/35 € – Carte 23/41 €

◆ Recettes du terroir à savourer dans la jolie petite salle à manger rustique (poutres apparentes, bibelots anciens...) ou sur la terrasse d'été dressée côté rue.

rte d'Agen 7 km par ① – ✉ 32810 Montaux-les-Créneaux

Le Papillon VISA

N 21 – ☎ 05 62 65 51 29 – lepapillon@wanadoo.fr – Fax 05 62 65 54 33 – Fermé 26 août-9 sept., 25 fév.-9 mars, dim. soir et lundi

Rest – Menu (14 €), 17/41 € – Carte 35/48 €

◆ Pavillon récent en retrait de la nationale. La salle de restaurant, lumineuse et agrémentée de tableaux, ouvre sur une jolie terrasse ombragée. Registre culinaire classique.

AUDERVILLE – 50 Manche – 303 A1 – 283 h. – alt. 55 m – ✉ 50440

Normandie Cotentin 32 **A1**

Paris 382 – Caen 149 – Saint-Lô 113 – Cherbourg 29 – Équeurdreville-Hainneville 25

Office de tourisme, gare Maritime ☎ 02 33 04 50 26

Auberge de Goury VISA

Port de Goury – ☎ 02 33 52 77 01 – Fax 02 33 08 14 37 – Fermé janv.

Rest – Menu 16/60 €

◆ Les produits de la mer sont chez eux dans cette maison rustique en granit qui servit de repaire de contrebande entre le continent et les îles anglo-normandes. Terrasse avant.

AUDIERNE – 29 Finistère – 308 D6 – 2 471 h. – alt. 5 m – ✉ 29770

Bretagne 9 **A2**

Paris 599 – Douarnenez 21 – Pointe du Raz 16 – Pont-l'Abbé 32 – Quimper 37

Office de tourisme, 8 rue Victor Hugo ☎ 02 98 70 12 20, Fax 02 98 70 20 20

Site★ - Planète Aquarium★★.

Le Goyen 35, VISA

sur le port – ☎ 02 98 70 08 88 – hotel.le.goyen@wanadoo.fr – Fax 02 98 70 18 77 – Ouvert 29 mars-11 nov., 29 déc.-3 janv.

26 ch – 77/98 € 84/158 €, 11,50 € – ½ P 93/133 € – **Rest** – Menu (19 €), 25/52 € – Carte 45/65 €

◆ Dans une grande bâtisse, chambres "cosy" où se côtoient meubles anciens et actuels ; les plus agréables donnent sur le port et l'estuaire du Goyen. Cuisine au goût du jour et produits de la mer à déguster tout en contemplant le ballet des bateaux.

Au Roi Gradlon rest, VISA

sur la plage – ☎ 02 98 70 04 51 – accueil@auroigradlon.com – Fax 02 98 70 14 73 – Fermé 15 déc.-5 fév.

19 ch – 46/75 € 46/75 €, 8,50 € – ½ P 57/78 € – **Rest** – *(fermé merc. d'oct. à mars)* Menu 17 € (déj. en sem.)/52 € – Carte 35/65 €

◆ Confortable établissement dont la plupart des chambres sont tournées vers l'Atlantique. L'accès direct à la plage offre des perspectives de balades iodées. Sobre salle à manger ouverte sur la baie d'Audierne. La table met à l'honneur les produits de l'océan.

De la Plage 30,
à la plage – ☎ 02 98 70 01 07 – hotel.laplage@wanadoo.fr – Fax 02 98 75 04 69 – Ouvert 2 avril-14 nov.
22 ch – 45/62 € 45/70 €, 8 € – ½ P 55/68 € – **Rest** – *(fermé 15 oct.-30 mars) (dîner seult)* Menu 20/38 € – Carte 28/39 €
◆ Des chambres claires et colorées (certaines avec loggia) et une salle à manger panoramique sont les atouts de cette maison qui a presque "les pieds dans l'eau".

Manoir de Suguensou sans rest
rte de Pont-Croix – ☎ 02 98 70 07 23 – suguensou@wanadoo.fr – Fax 02 98 70 07 23 – Fermé 1er nov.-1er janv.
4 ch – 55/65 € 55/65 €
◆ Une belle allée et un perron en pierre donnent accès à ce petit manoir (19e s.) agrémenté d'un jardin un peu sauvage. Salons "sympa", grandes chambres et ambiance familiale.

L'Iroise
8 quai Camille Pelletan – ☎ 02 98 70 15 80 – restaurant.liroise@wanadoo.fr – Fax 02 98 70 20 82 – Fermé 28 janv.-10 fév. et mardi hors saison
Rest – Menu 15 € (déj. en sem.), 24/38 € – Carte 46/63 €
◆ Une terrasse d'été tournée sur les quais et le port devance cette salle à manger égayée de tons pastel et dotée de murs de pierres apparentes. Plats actuels et saveurs iodées.

AUDINCOURT – 25 Doubs – 321 L2 – 15 539 h. – alt. 323 m – ✉ 25400
Franche-Comté Jura 17 **C1**

Paris 476 – Basel 96 – Belfort 21 – Besançon 75 – Montbéliard 6 – Mulhouse 59

Église du Sacré-Cœur : baptistère★ AY **B**.

Voir plan de Montbéliard agglomération.

Les Tilleuls sans rest
51 r. Foch – ☎ 03 81 30 77 00 – hotel.tilleuls@wanadoo.fr – Fax 03 81 30 57 20
47 ch – 48/58 € 64/72 €, 7,50 € Y **s**
◆ Hôtel composé d'une maison ancienne rénovée et de bungalows où sont aménagées des chambres lambrissées ; jardin agrémenté d'une pergola. Confort et ambiance sympathique.

à Taillecourt 1,5 km au Nord, rte de Sochaux – 743 h. – alt. 330 m – ✉ 25400

Auberge La Gogoline
23 r. Croisée – ☎ 03 81 94 54 82 – Fax 03 81 95 20 42 – Fermé 27 août-17 sept., 24 fév.-12 mars, sam. midi, dim. soir et lundi Y **k**
Rest – Menu 28 € (sem.)/56 € – Carte 42/59 €
◆ En zone commerciale mais isolée par son agréable jardin, cette moderne chaumière possède une accueillante salle à manger rustique. Cuisine classique et bon choix de vins.

à Séloncourt 4 km au Sud-Est – 5 746 h. – alt. 365 m – ✉ 25230

Monarque
23 r. Berne, sur D34, rte Porrentruy – ☎ 03 81 37 12 39 – Fax 03 81 35 45 85 – Fermé 28 juil.-21 août, 24 déc.-2 janv., sam. midi, dim. et lundi
Rest – Menu 19 € (sem.)/35 € – Carte 30/51 €
◆ Offrez-vous une étape gourmande dans une pimpante maison de pays. Cuisine traditionnelle dans le cadre chaleureux d'une salle à manger colorée de rouge et de jaune.

AUDRESSEIN – 09 Ariège – 343 E7 – rattaché à Castillon-en-Couserans

AUDRIEU – 14 Calvados – 303 I4 – rattaché à Bayeux

AUGEROLLES – 63 Puy-de-Dôme – 326 I8 – 889 h. – alt. 540 m – ✉ 63930 6 **C2**

Paris 411 – Clermont-Ferrand 61 – Montluçon 149 – Roanne 65 – Vichy 55

Les Chênes
Ouest 1 km sur D 42 – ☎ 04 73 53 50 34 – Fax 04 73 53 52 20 – Fermé 2-14 juil., 24 déc.-2 janv., 25 fév.-2 mars, mardi soir sauf juil.-août, dim. soir, lundi soir et sam.
Rest – Menu (11,50 € bc), 17 € (sem.)/31 €
◆ Auberge familiale abritant une coquette salle à manger qui panache styles rustique et contemporain. L'appétissante cuisine traditionnelle valorise les produits locaux.

AULLÈNE – **2A Corse-du-Sud** – **345** D9 – **voir à Corse**

AULNAY – **17 Charente-Maritime** – **324** H3 – **1 507 h.** – **alt. 63 m** – ✉ **17470**
Poitou Vendée Charentes 38 **B2**

Paris 424 – Angoulême 66 – Niort 41 – Poitiers 87 – La Rochelle 72
Office de tourisme, 290 avenue de l'Église ✆ 05 46 33 14 44, Fax 05 46 33 15 46
Église St-Pierre★★.

Du Donjon sans rest
4 r. des Hivers – ✆ 05 46 33 67 67 – hoteldudonjon@wanadoo.fr – Fax 05 46 33 67 64 – Fermé 21 janv.-10 fév.
10 ch – †54/75 € ††54/75 €, ☕ 6,50 €
◆ Charmante maison saintongeaise voisine de l'église St-Pierre. Intérieur décoré avec goût : pierres et poutres anciennes, mobilier rustique et confort moderne. Joli jardin.

AULNAY-SOUS-BOIS – **93 Seine-Saint-Denis** – **305** F7 – **101** 18 – **voir à Paris, Environs**

AULON – **65 Hautes-Pyrénées** – **342** N7 – **84 h.** – **alt. 1 213 m** – ✉ **65240** 28 **A3**

Paris 830 – Bagnères-de-Luchon 44 – Col d'Aspin 24 – Lannemezan 38 – St-Lary-Soulan 13

Auberge des Aryelets
– ✆ 05 62 39 95 59 – raffie@tele2.fr – Fax 05 62 39 95 59 – Fermé 1er-15 juin, 15 nov.-20 déc., dim. soir, lundi soir et mardi hors vacances scolaires et lundi midi
Rest – Menu 21/35 € – Carte 41/48 €
◆ Cette maison en pierres de taille qui abrite aussi la mairie a su préserver sa rusticité et son authenticité. Cuisine régionale servie dans une ambiance conviviale. Terrasse fleurie.

AULUS-LES-BAINS – **09 Ariège** – **343** G8 – **189 h.** – **alt. 750 m** – **Stat. therm. : fin avril-fin oct.** – ✉ **09140** Midi-Pyrénées 28 **B3**

Paris 807 – Foix 76 – Oust 17 – St-Girons 34
Office de tourisme, résidence Ars ✆ 05 61 96 01 79
Vallée du Garbet★ N.

Hostellerie de la Terrasse rest, rest,
– ✆ 05 61 96 00 98 – jeanfrançois.maurette@wanadoo.fr – Fax 05 61 96 01 42 – Ouvert 2 mai-30 oct.
13 ch – †45 € ††65/90 €, ☕ 8 € – ½ P 60 € – **Rest** – *(ouvert 2 juin-30 oct.)* Menu 19/40 €
◆ Au-delà de la rivière que l'on franchit par une passerelle, une maison presque centenaire à l'atmosphère familiale. Chambres simples, parfois dotées d'une terrasse. Restaurant mi-rustique, mi-bourgeois et terrasse ombragée bercée par le murmure du Garbet.

Les Oussaillès
– ✆ 05 61 96 03 68 – jcharrue@free.fr – Fax 05 61 96 03 70 – Fermé 15 nov.-15 déc.
11 ch – †32/37 € ††44/54 €, ☕ 7 € – ½ P 43/48 € – **Rest** – *(dîner seult) (résidents seult)* Menu 14 €
◆ Vieille demeure ariégeoise en pierre accostée d'une gracieuse tourelle, au cœur de la petite station thermale. Certaines chambres donnent sur le jardin. Lumineux restaurant, terrasse regardant la montagne, cuisine familiale et accueil aimable.

Les bonnes adresses à petit prix ?
Suivez les Bibs : Bib Gourmand rouge pour les tables
et Bib Hôtel bleu pour les chambres.

AUMALE – 76 Seine-Maritime – 304 K3 – 2 577 h. – alt. 130 m – ✉ 76390
Normandie Vallée de la Seine 33 **D1**

Paris 136 – Amiens 48 – Beauvais 49 – Dieppe 69 – Rouen 74

Syndicat d'initiative, rue de l'Hôtel de Ville ✆ 02 35 93 41 68

Villa des Houx
ch, 50, VISA

6 av. Gén. de Gaulle – ✆ 02 35 93 93 30 – villa.des.houx@wanadoo.fr – Fax 02 35 93 03 94 – Fermé 1er janv.-8 fév. et dim. soir du 30 sept. au 15 avril

22 ch – 65/68 € 68/82 €, 9 € – ½ P 70/75 € – **Rest** – Menu 23/42 € – Carte 40/53 €

◆ Cette hostellerie familiale arbore une jolie façade à colombages. Vous y dormirez la conscience tranquille dans des chambres tout confort. Salle à manger, véranda et terrasse d'été ouvrent sur le paisible jardin. Cuisine classique inspirée du terroir.

AUMONT-AUBRAC – 48 Lozère – 330 H6 – 1 031 h. – alt. 1 040 m – ✉ 48130
23 **C1**

Paris 549 – Aurillac 115 – Espalion 57 – Marvejols 25 – Mende 40 – Le Puy-en-Velay 90

Office de tourisme, rue de l'Église ✆ 04 66 42 88 70

Grand Hôtel Prouhèze (Roudgé)
VISA AE

2 rte du Languedoc – ✆ 04 66 42 80 07 – prouheze@prouheze.com – Fax 04 66 42 87 78 – Fermé 2-30 nov. et 15-31 janv., lundi et mardi de déc. à mars

24 ch – 50 € 50/90 €, 13 € – ½ P 88 €

Rest ***Le Compostelle*** – voir ci-après

Rest – *(ouvert 15 mars-31 oct. et fermé le midi sauf sam., dim. et fériés)* Menu 48/62 €

Spéc. Papillote de Saint-Jacques et foie gras de canard (oct. à mars). Ris de veau caramélisé au sauternes. Millefeuille au pralin.

◆ L'association de meubles anciens ou actuels et de tissus colorés égaie cette demeure lozérienne bordant la place centrale de la gare. La goûteuse cuisine du terroir et les beaux vins du Languedoc, servis dans un cadre chaleureux, ajoutent au charme de l'étape.

Chez Camillou (Attrazic)
25/50, VISA AE

10 rte Languedoc – ✆ 04 66 42 80 22 – camillou@club-internet.fr – Fax 04 66 42 93 70 – Ouvert 1er avril-31 oct.

39 ch – 47/130 € 48/150 €, 8,50 € – ½ P 48/94 €

Rest ***Cyril Attrazic*** – *✆ 04 66 42 86 14 (fermé 15 nov.-15 déc., 10 janv.-14 fév., dim. soir et lundi sauf juil.-août)* Menu 17 € (sem.)/70 € – Carte 41/54 €

Spéc. Bouchées de bœuf en tartare. Pièce de veau en cocotte lutée, légumes de saison. Chocolat lacté, crème brûlée aux "rice crispies".

◆ En léger retrait de la nationale, deux bâtiments récents dans un environnement boisé. Chambres de bonne ampleur, meublées dans le style rustique. Belle salle à manger contemporaine dans les tons beiges ; savoureuse cuisine au goût du jour où entre le terroir.

Le Compostelle – Grand Hôtel Prouhèze
VISA AE

– ✆ 04 66 42 80 07 – prouheze@prouheze.com – Fax 04 66 42 87 78 – Fermé nov., 15-31 janv., lundi soir, merc. midi et mardi de déc. à mars

Rest – Menu 18/27 €

◆ Aligot, choux farcis, tripoux... tout l'Aubrac dans votre assiette ! Les recettes du terroir sont mises à l'honneur dans ce petit bistrot au charme très campagnard.

AUNAY-SUR-ODON – 14 Calvados – 303 I5 – 2 902 h. – alt. 188 m – ✉ 14260
Normandie Cotentin 32 **B2**

Paris 269 – Caen 36 – Falaise 42 – Flers 37 – St-Lô 53 – Vire 34

Office de tourisme, rue de Verdun ✆ 02 31 77 60 32, Fax 02 31 77 94 97

St-Michel avec ch
VISA AE

r. Caen – ✆ 02 31 77 63 16 – saint-michel-aunay@wanadoo.fr – Fax 02 31 77 05 83 – Fermé 5-26 nov., 6-27 janv., dim. soir et lundi sauf juil.-août et fériés

6 ch – 42 € 42 €, 7 € – ½ P 45 € – **Rest** – Menu 14 € (sem.)/40 € – Carte 32/44 €

◆ Sobre petite auberge familiale où l'on prépare une cuisine traditionnelle dans la note régionale. Salle à manger confortable et lumineuse. Chambres simples et pratiques.

AUPS – 83 Var – **340** M4 – **1 903 h.** – **alt. 496 m** – ✉ **83630** ▌Côte d'Azur 41 **C3**

▶ Paris 818 – Aix-en-Provence 90 – Digne-les-Bains 78 – Draguignan 29 – Manosque 59

ℹ Syndicat d'initiative, place Frédéric Mistral ✆ 04 94 84 00 69

Des Gourmets

5 r. Voltaire – ✆ 04 94 70 14 97 – lesgourmetsaups@aol.com – Fermé 25 juin-9 juil., 3-17 déc., dim. soir sauf juil.-août et lundi

Rest – Menu 15 € (sem.)/33 € – Carte environ 44 €

◆ Dans le village où se tient le plus important marché aux truffes du Var. Cadre rustique tout simple. Dans l'assiette, on apprécie les saveurs de la région.

à Moissac-Bellevue 7 km à l'Ouest par D9 – 151 h. – alt. 599 m – ✉ 83630

Bastide du Calalou

rte d'Aups – ✆ 04 94 70 17 91 – info@bastide-du-calalou.com – Fax 04 94 70 50 11

32 ch – 🛉77/205 € 🛉🛉77/257 €, ☕ 13,50 € – 1 suite – ½ P 79/141 € –

Rest – Menu (22 €), 26 € (sem.)/59 € – Carte 27/43 €

◆ Goûtez à la douceur de vivre en Haute-Provence : trois salons pour l'agrément (piano, vidéo ou bibliothèque) et des chambres meublées avec soin pour le repos. Plaisante salle à manger provençale, terrasse fleurie et ombragée et cuisine du terroir.

AURAY – 56 Morbihan – **308** N9 – **10 911 h.** – **alt. 35 m** – ✉ **56400** ▌Bretagne 9 **A3**

▶ Paris 477 – Lorient 41 – Pontivy 54 – Quimper 102 – Vannes 20

🚉 ✆ 3635 (0,34 €/mn)

ℹ Office de tourisme, 20 rue du Lait ✆ 02 97 24 09 75, Fax 02 97 50 80 75

👁 Quartier St-Goustan★ - Promenade du Loch★ - Église St-Gildas★ - Ste-Avoye : Jubé★ et charpente★ de l'église 4 km par ①.

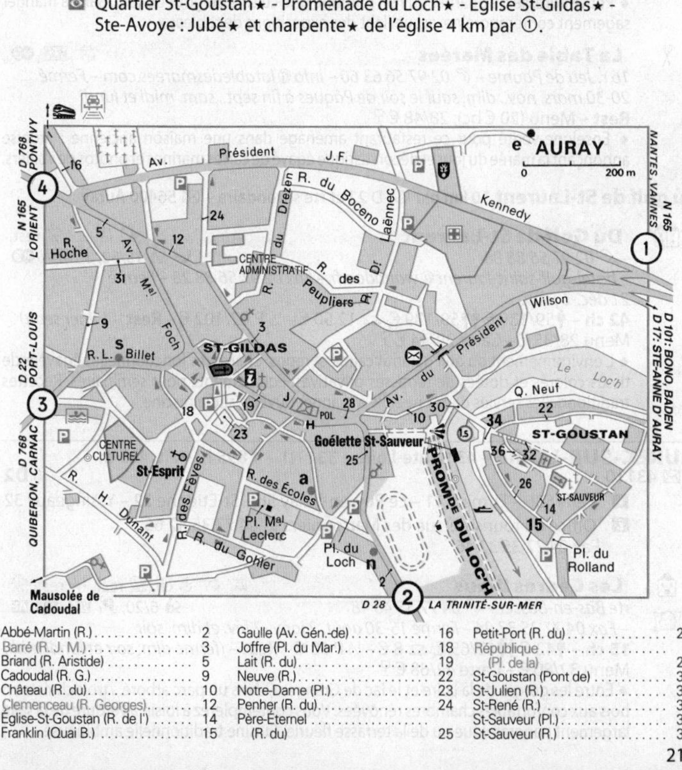

Abbé-Martin (R.)	2	Gaulle (Av. Gén.-de)	16	Petit-Port (R. du)	26
Barré (R. J. M.)	3	Joffre (Pl. du Mar.)	18	République (Pl. de la)	28
Briand (R. Aristide)	5	Lait (R. du)	19	St-Goustan (Pont de)	30
Cadoudal (R. G.)	9	Neuve (R.)	22	St-Julien (R.)	31
Château (R. du)	10	Notre-Dame (Pl.)	23	St-René (R.)	32
Clemenceau (R. Georges)	12	Penher (R. du)	24	St-Sauveur (Pl.)	34
Église-St-Goustan (R. de l')	14	Père-Éternel (R. du)	25	St-Sauveur (R.)	36
Franklin (Quai B.)	15				

Du Loch 30, VISA

2 r. Guhur, La Forêt – ✆ 02 97 56 48 33 – contact@hotel-du-loch.com – Fax 02 97 56 63 55 – Fermé 19 déc.-9 janv. e

30 ch – 55/69 € 55/69 €, 8 € – ½ P 60/63 €

Rest ***La Sterne*** – *(fermé dim. soir d'oct. à Pâques et sam. midi)* Menu 15/45 € – Carte 25/42 €

◆ Insolite architecture moderne aux abords boisés, dans un quartier résidentiel calme. Communs rajeunis et grandes chambres fonctionnelles dotées de quelques meubles de style. Menus multi-choix proposés dans une salle à manger-véranda tournée vers la végétation.

Branhoc sans rest 25, VISA

à 1,5 km rte du Bono – ✆ 02 97 56 41 55 – le.branhoc@wanadoo.fr – Fax 02 97 56 41 35 – Ouvert 1er avril-25 juin et 30 juin-30 sept.

29 ch – 49/53 € 53/63 €, 7 €

◆ La plupart des chambres, sobrement meublées, regardent le jardin ; l'une d'elles est décorée comme une cabine de bateau. Au bar, sélection de bières belges et de whiskies.

Closerie de Kerdrain VISA

20 r. L. Billet – ✆ 02 97 56 61 27 – closerie.kerdrain@wanadoo.fr – Fax 02 97 24 15 79 – Fermé 3-31 mars, dim. soir sauf juil.-août et lundi s

Rest – Menu (25 €), 35/92 € – Carte 63/86 €

◆ Charmant petit manoir breton niché dans un jardin. Élégantes salles habillées de boiseries et agréable terrasse ajoutent à l'attrait d'une appétissante cuisine actuelle.

Chebaudière VISA

6 r. Abbé J. Martin – ✆ 02 97 24 09 84 – Fax 02 97 24 09 84 – Fermé 25 oct.-7 nov., mardi soir, dim. soir et merc. n

Rest – Menu 16 € (sem.), 24/34 € – Carte 27/38 €

◆ Petite adresse de quartier où l'on mitonne une cuisine au goût du jour. Salle à manger sagement contemporaine, accueillant des expositions de tableaux.

La Table des Marées VISA

16 r. Jeu de Paume – ✆ 02 97 56 63 60 – info@latabledesmarees.com – Fermé 20-30 mars, nov., dim. sauf le soir de Pâques à fin sept., sam. midi et lundi

Rest – Menu (20 € bc), 28/48 €

◆ Enseigne-vérité pour ce restaurant aménagé dans une maison ancienne : ardoise annonçant la marée du jour et décor rustique égayé de cartes marines et photos de voiliers.

au golf de St-Laurent **10 km par ③, D 22 et rte secondaire – ✉ 56400 Auray**

Du Golf de St-Laurent rest, 15/50, VISA

– ✆ 02 97 56 88 88 – hotel-golf-saint-laurent@wanadoo.fr – Fax 02 97 56 88 28 – Fermé 21 déc.-6 janv.

42 ch – 59/139 € 59/139 €, 12,50 € – ½ P 62/102 € – **Rest** – *(dîner seult)* Menu 28/35 € – Carte 29/44 €

◆ L'environnement du golf garantit calme et repos. Chambres fonctionnelles égayées de tissus colorés et dotées de terrasses privatives. Équipements pour séminaires. Recettes traditionnelles servies dans une salle à manger ouverte sur la piscine.

AUREC-SUR-LOIRE – 43 Haute-Loire – 331 H1 – 4 895 h. – alt. 435 m – ✉ 43110

6 **D2**

Paris 536 – Firminy 11 – Le Puy-en-Velay 56 – St-Étienne 22 – Yssingeaux 32

Office de tourisme, rue des Marronniers ✆ 04 77 35 42 65, Fax 04 77 35 32 46

Les Cèdres Bleus ch, rest, rest, 6/20, VISA

rte Bas-en-Basset – ✆ 04 77 35 48 48 – Fax 04 77 35 37 04 – Fermé 15-30 août, 2 janv.-2 fév. et dim. soir

15 ch – 42 € 62/65 €, 8 € – ½ P 60 € – **Rest** – *(fermé dim. soir et lundi midi)* Menu 32/80 € – Carte 42/68 €

◆ Entre les gorges de la Loire et le lac de Grangent, dans un parc arboré... trois chalets en bois aux confortables chambres rénovées. Vous contemplerez à loisir la verdure de la salle largement panoramique ou de la terrasse fleurie. Cuisine traditionnelle ambitieuse.

à Semène **3 km au Nord-Est par D 46 – ✉ 43110 Aurec-sur-Loire**

Coste

6 allée Amis – ✆ 04 77 35 40 15 – lelogisdesamis@aol.com – Fax 04 77 35 39 05 – Fermé 5-25 août, 15-29 fév., dim. soir, mardi soir, merc. soir, jeudi soir et lundi
Rest – *(prévenir)* Menu 20 € (sem.)/49 € – Carte 26/42 €
◆ Une grande maison blottie dans un hameau abrite ce restaurant rustique (mobilier en bois brut, cheminée en briques). Cuisine traditionnelle simple et accueil sympathique.

AUREILLE – 13 Bouches-du-Rhône – 340 E3 – 1 357 h. – alt. 134 m – ✉ 13930

42 **E1**

Paris 719 – Aix-en-Provence 59 – Avignon 38 – Marseille 73

Le Balcon des Alpilles sans rest

par D24^A – ✆ 04 90 59 94 24 – lebalcondesalpilles@wanadoo.fr – Fax 04 90 59 94 24
5 ch – 80/110 € 120/130 €
◆ Oliviers, pins et lavandins parfument le jardin de cette paisible maison. Coquettes chambres au mobilier de style. Délicieuse table et fraîche terrasse. Piscine chauffée.

AURIBEAU-SUR-SIAGNE – 06 Alpes-Maritimes – 341 C6 – 2 612 h. – alt. 85 m – ✉ 06810 Côte d'Azur

42 **E2**

Paris 900 – Cannes 15 – Draguignan 62 – Grasse 9 – Nice 42 – St-Raphaël 41
Syndicat d'initiative, 5 place de la Poste ✆ 04 93 40 79 56

Auberge de la Vignette Haute

ch, VISA AE

rte village – ✆ 04 93 42 20 01 – info@vignettehaute.com – Fax 04 93 42 31 16
18 ch – 130/190 € 190/310 €, 15 € – 1 suite – ½ P 160/200 € –
Rest – *(fermé mardi midi, merc. midi de nov. à avril et lundi)* Menu 45 € bc (déj.), 90 € bc/120 € bc – Carte 44/97 €
◆ Le décor de cette étonnante demeure azuréenne s'inspire de l'époque médiévale. Chambres confortables, agrémentées de belles pièces d'antiquités. Au restaurant, vieilles pierres, bois brut, vaisselle en étain, lampes à huile au dîner... et petite bergerie.

AURILLAC P – 15 Cantal – 330 C5 – 30 551 h. – alt. 610 m – ✉ 15000 Auvergne

5 **B3**

Paris 557 – Brive-la-Gaillarde 98 – Clermont-Ferrand 158 – Montauban 174
Aurillac ✆ 04 71 64 50 00 par ③ : 2 km.
Office de tourisme, place du square ✆ 04 71 48 46 58, Fax 04 71 48 99 39
de Haute-Auvergne à Arpajon-sur-Cère La Bladade, SO par N 122 et D 153 : 7 km, ✆ 04 71 47 73 75 ;
de Vézac Aurillac à Vézac Mairie, SE par D 990 : 8 km, ✆ 04 71 62 44 11.
Château St-Étienne : muséum des Volcans★.

Plan page suivante

Grand Hôtel de Bordeaux sans rest

15/30, VISA AE

2 av. République – ✆ 04 71 48 01 84 – bestwestern@hotel-de-bordeaux.fr – Fax 04 71 48 49 93 BY **r**
33 ch – 56/62 € 77/135 €, 10 €
◆ La plupart des chambres de ce bel immeuble du début 20e s. ont été refaites dans un plaisant style actuel ; les autres demeurent agréables (mobilier de style ou rotin).

Delcher

30, P VISA AE

20 r. Carmes – ✆ 04 71 48 01 69 – hotel.delcher@wanadoo.fr – Fax 04 71 48 86 66 – Fermé 30 mars-6 avril, 14 juil.-2 août et 23 déc.-7 janv. BZ **q**
23 ch – 40 € 45 €, 7 € – ½ P 43 € – **Rest** – *(fermé dim. soir)* Menu (12 €), 15/25 € – Carte 21/28 €
◆ Chambres simples, parfois agrémentées de poutres apparentes. Dans l'une d'elles et au salon, fresques de l'artiste danois Gorm Hansen, peintes en guise de loyer ! Cuisine traditionnelle sans chichi servie, en été, dans la cour-terrasse.

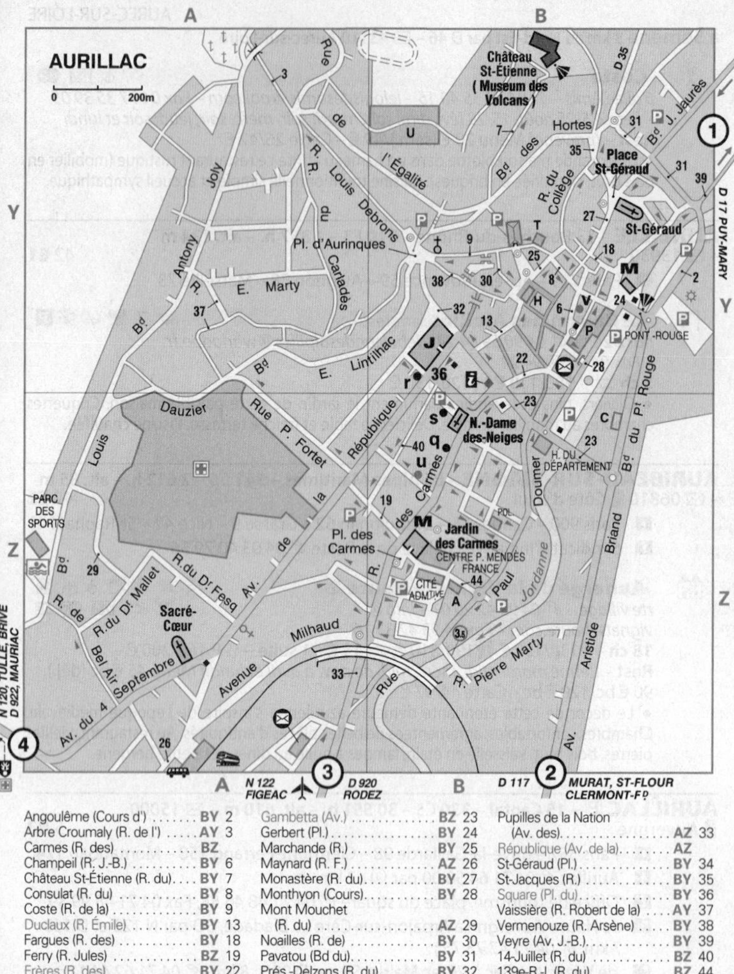

Angoulême (Cours d') . . . . BY 2
Arbre Croumaly (R. de l') . . . . . AY 3
Carmes (R. des) . . . . BZ
Champeil (R. J.-B.) . . . . BY 6
Château St-Étienne (R. du). . . . BY 7
Consulat (R. du) . . . . BY 8
Coste (R. de la) . . . . BY 9
Duclaux (R. Émile) . . . . BY 13
Fargues (R. des) . . . . BY 18
Ferry (R. Jules) . . . . BZ 19
Frères (R. des). . . . . BY 22
Gambetta (Av.) . . . . BZ 23
Gerbert (Pl.) . . . . BY 24
Marchande (R.) . . . . BY 25
Maynard (R. F.) . . . . AZ 26
Monastère (R. du). . . . . BY 27
Monthyon (Cours). . . . . BY 28
Mont Mouchet (R. du) . . . . AZ 29
Noailles (R. de) . . . . BY 30
Pavatou (Bd du). . . . . BY 31
Prés.-Delzons (R. du) . . . . BY 32
Pupilles de la Nation (Av. des). . . . . AZ 33
République (Av. de la). . . . . . . AZ
St-Géraud (Pl.) . . . . BY 34
St-Jacques (R.) . . . . BY 35
Square (Pl. du) . . . . BY 36
Vaissière (R. Robert de la) . . . . AY 37
Vermenouze (R. Arsène) . . . . . . BY 38
Veyre (Av. J.-B.). . . . . BY 39
14-Juillet (R. du) . . . . BZ 40
139e-R.-I. (R. du) . . . . BZ 44

Le Square — ch, ch, VISA

15 pl. Square – ✆ 04 71 48 24 72 – hotel.le.square@cantal-hotel.com – Fax 04 71 48 47 57 – Fermé 1er-20 juil. et dim. soir d'oct. à Pâques — BZ **s**

18 ch – †45 € ††50 €, ☕ 7 € – ½ P 52 € –

Rest – Menu 14 € (sem.)/38 € – Carte 17/63 € 🍷

◆ Immeuble moderne voisin de l'ancienne chapelle d'un couvent de cordeliers. Les chambres, avant tout pratiques, sont plus calmes sur l'arrière. Le restaurant propose une cuisine traditionnelle et des plats régionaux.

Quatre Saisons — AC P VISA

10 r. Champeil – ✆ 04 71 64 85 38 – restaurant-les-4-saisons@wanadoo.fr – Fermé 14-20 août, dim. soir et lundi — BY **v**

Rest – Menu 20/37 € – Carte 37/40 €

◆ Un bel aquarium et des plantes vertes ornent cet agréable restaurant installé au rez-de-chaussée d'une maison ancienne. Appétissante cuisine traditionnelle.

XX **Reine Margot** AC VISA MC AE
19 r. G. de Veyre – ✆ 04 71 48 26 46 – alexandre.cayron@wanadoo.fr – Fax 04 71 48 92 39 – Fermé 4-11 mars, 8-29 juil., 5-11 nov., 2-8 janv., lundi soir, sam. midi et dim. BZ **u**
Rest – Menu (16 €), 22/38 € ♀
◆ Salles à manger agrémentées de boiseries sombres égayées de saynètes peintes relatant les "galanteries" de la reine Margot. Carte traditionnelle ; brasserie au rez-de-chaussée.

à Arpajon-sur-Cère 2 km par ③ rte de Rodez (D 920) – **5 545 h. – alt. 613 m – ✉ 15130**

Les Provinciales sans rest P VISA MC AE
pl. Foirail – ✆ 04 71 64 29 50 – provinciales@ac-hotel.com – Fax 04 71 64 67 87 – Fermé 23 déc.-8 janv., sam. et dim. du 15 sept. au 15 mai
20 ch – †45/53 € ††53/60 €, ☕ 7 € – ½ P 44 €
◆ Bordant une placette, bâtisse aux façades entièrement revêtues d'ardoises. Chambres calmes et fonctionnelles. Espace bar proposant des plats de type brasserie.

à Vézac par ③, D 920 et D 990 : 10 km – **952 h. – alt. 650 m – ✉ 15130**

Château de Salles ch, 30, P VISA MC AE
– ✆ 04 71 62 41 41 – chateaudesalles@wanadoo.fr – Fax 04 71 62 44 14 – Ouvert Pâques-1er nov.
26 ch – †95/161 € ††95/161 €, ☕ 17 € – 4 suites – ½ P 74/138 € –
Rest – Menu 19 € (déj. en sem.), 23/42 € – Carte environ 43 € ♀
◆ Ce château du 15e s. et son parc bénéficient d'une vue étendue sur les monts du Cantal. Jolies chambres personnalisées et deux duplex originaux ; équipements de loisirs. Salle à manger-véranda (non-fumeurs) face à la campagne et terrasse dominant le golf de Vézac.

AURON – 06 Alpes-Maritimes – **341** C2 – ✉ **06660 St-Etienne-de-Tinée**
Alpes du Sud 41 **C-D2**

Paris 914 – Marseille 263 – Nice 93 – Borgo San Dalmazzo 206 – Dronero 228

Office de tourisme, Grange Cossa ✆ 04 93 23 02 66

Le Chalet d'Auron ch, rest, P VISA MC
– ✆ 04 93 23 00 21 – mail@chaletdauron.com – Fax 04 93 23 09 19 – Ouvert 1er juil.-31 août et 7 déc.-31 mars
15 ch – †80/130 € ††124/306 €, ☕ 15 € – 2 suites – ½ P 95/315 € –
Rest – Carte 42/57 € ♀
◆ Totalement rénové, ce chalet offre une atmosphère montagnarde raffinée avec son salon "cosy" et ses chambres personnalisées. Terrasse face aux monts. Piscine, hammam. Dans la salle à manger "tout bois", le chef propose une généreuse cuisine de la mer.

AURONS – 13 Bouches-du-Rhône – **340** F4 – **515 h. – alt. 243 m – ✉ 13121** 40 **B3**

Paris 722 – Marseille 59 – Aix-en-Provence 34 – Cavaillon 30 – Salon-de-Provence 9

Domaine de la Reynaude ch, AC ch, 15/40, P VISA MC
6 km au Nord-Ouest par D 68, D 16 et rte secondaire – ✆ 04 90 59 30 24 – domaine.reynaude@wanadoo.fr – Fax 04 90 59 36 06 – Fermé 18-31 déc.
32 ch – †52/57 € ††59/67 €, ☕ 9 € – ½ P 81/85 € – **Rest** – *(fermé dim. soir)* Menu (18 €), 30/39 €
◆ Profitez pleinement du calme de la campagne dans ce complexe hôtelier aux chambres fonctionnelles. Nombreux équipements de loisirs. Le restaurant est aménagé dans une ancienne bergerie du 16e s. Décor campagnard et cour-terrasse où murmure une fontaine.

AUSSOIS – 73 Savoie – **333** N6 – **628 h. – alt. 1 489 m – Sports d'hiver : 1 500/2 750 m** 11 – ✉ **73500** Alpes du Nord 45 **D2**

Paris 670 – Albertville 97 – Chambéry 110 – Lanslebourg-Mont-Cenis 17 – Modane 7

Office de tourisme, route des Barrages ✆ 04 79 20 30 80, Fax 04 79 20 37 00

Monolithe de Sardières★ NE : 3 km - Ensemble fortifié de l'Esseillon★ S : 4 km.

Du Soleil ch, ch, VISA

15 r. Eglise – 04 79 20 32 42 – hotel-du-soleil@wanadoo.fr – Fax 04 79 20 37 78 – Ouvert 16 juin-15 sept. et 17 déc.-21 avril

22 ch – 46/53 € 65/75 €, 9 € – ½ P 60/74 € – **Rest** – *(dîner seult) (prévenir)* Menu 22/27 €

◆ Hôtel offrant l'agrément de ses chambres ouvertes sur la montagne et de ses équipements de détente : sauna, hammam, jacuzzi de plein air et petite salle de cinéma. Pour les résidents, repas savoyard servi dans une salle à manger colorée.

Les Mottets VISA

6 r. Mottets – 04 79 20 30 86 – infos@hotel-lesmottets.com – Fax 04 79 20 34 22 – Fermé mai et 1er nov.-15 déc.

25 ch – 38/45 € 56/72 €, 8,50 € – ½ P 52/62 € – **Rest** – Menu 18/33 € – Carte 24/44 €

◆ À 200 m des pistes, chalet jouissant d'un beau point de vue sur les sommets environnants. Chambres simples et fonctionnelles. Salle des repas au cadre rustique et menus mettant à l'honneur les spécialités régionales.

AUTRANS – **38 Isère** – **333** G6 – **1 541 h.** – **alt. 1 050 m** – **Sports d'hiver : 1 050/ 1 710 m** 13 – 38880 **Alpes du Nord** 45 **C2**

Paris 586 – Grenoble 36 – Romans-sur-Isère 58 – St-Marcellin 47 – Villard-de-Lans 16

Office du Tourisme, rue du Cinéma 04 76 95 30 70, Fax 04 76 95 38 63

La Poste rest, 60, VISA

– 04 76 95 31 03 – gerard.barnier@wanadoo.fr – Fax 04 76 95 30 17 – Fermé 15 avril-5 mai et 22 oct.-3 déc.

29 ch – 56/66 € 64/72 €, 9 € – ½ P 64/74 € – **Rest** – *(fermé mardi midi, dim. soir et lundi hors saison)* Menu 20/37 € – Carte 29/48 €

◆ Au cœur du village, avenante maison tenue par la même famille depuis 1937. Chambres rustiques peu à peu rénovées. Ici et là, huiles sur bois anciennes. Chaleureuse salle lambrissée (non-fumeurs), tables joliment dressées, plats traditionnels et régionaux.

Les Tilleuls rest, VISA

la Côte – 04 76 95 32 34 – tilleuls.hotel@wanadoo.fr – Fax 04 76 95 31 58 – Fermé 17 avril-9 mai, 23 oct.-14 nov., mardi soir et merc. hors saison et vacances scolaires

18 ch – 42/54 € 54/72 €, 8 € – ½ P 53/62 € – **Rest** – Menu 15 € (déj. en sem.), 22/38 € – Carte 29/42 €

◆ Près du centre de cette station incluse dans le Parc naturel régional du Vercors, bâtisse accueillante abritant des chambres fonctionnelles et bien tenues. Salle à manger lambrissée ; cuisine classique, gibier en saison et une spécialité maison : la caillette.

Vernay 15, VISA

– 04 76 95 31 24 – info@le-vernay.com – Fax 04 76 95 73 88 – Fermé 26 mars-6 avril et 8-29 nov.

17 ch – 59/69 € 59/69 €, 8,50 € – ½ P 56/61 € – **Rest** – *(fermé lundi hors saison)* Menu 18/32 € – Carte 23/40 €

◆ Hôtel familial placé au départ des pistes de ski de fond, en lisière de forêt. Toutes les chambres ont été rénovées et la plupart ouvre sur la nature préservée du Vercors. Table traditionnelle valorisant les produits du terroir. L'été, repas au jardin.

à Méaudre 5,5 km au Sud par D 106[c] – **1 039 h.** – **alt. 1 012 m** – **Sports d'hiver : 1000/ 1600 m** *10* – 38112

Office de tourisme, le Village 04 76 95 20 68

Auberge du Furon avec ch rest, VISA

– 04 76 95 21 47 – gaultier.rg@orange.fr – Fax 04 76 95 24 71 – Fermé 13 nov.-8 déc.

9 ch – 48/50 € 48/52 €, 7,50 € – ½ P 48/60 € – **Rest** – *(fermé merc. soir, dim. soir et lundi)* Menu 15 € (sem.)/23 € – Carte 26/36 €

◆ Ce petit chalet bâti au pied des remontées mécaniques abrite une salle sobrement montagnarde où l'on sert une cuisine à l'accent du pays. Chambres pour dépanner et coin snack.

AUTREVILLE – 88 Vosges – **314** D2 – **124 h.** – **alt. 310 m** – ✉ **88300** 26 **B2**

Paris 313 – Nancy 45 – Neufchâteau 20 – Toul 24

Le Relais Rose rest, VISA AE

24 r. Neufchâteau – ✆ 03 83 52 04 98 – Fax 03 83 52 06 03

16 ch – 42/70 € 48/80 €, 8 € – ½ P 48/78 € – **Rest** – Menu 12 € (déj. en sem.), 29/39 € – Carte 27/48 €

◆ Hôtel familial au confort douillet. Chaque chambre, étonnant patchwork de meubles aussi variés en âge qu'en style, a son originalité. Laquelle choisir ? Cuisine classique et spécialités du Sud-Ouest ; belle carte des vins. Jolie terrasse donnant sur le jardin.

Un hôtel charmant pour un séjour très agréable ?
Réservez dans un hôtel avec pavillon rouge : ... .

AUTUN – 71 Saône-et-Loire – **320** F8 – **16 419 h.** – **alt. 326 m** – ✉ **71400**
Bourgogne 8 **C2**

Paris 287 – Avallon 78 – Chalon-sur-Saône 51 – Dijon 85 – Mâcon 111

Office de tourisme, 2 avenue Charles de Gaulle ✆ 03 85 86 80 38, Fax 03 85 86 80 49

d'Autun Le Plan d'Eau du Vallon, par rte de Chalon-s-Saône : 3 km, ✆ 03 85 52 09 28.

Cathédrale St-Lazare★★ (tympan★★★, chapiteau★★) - Musée Rolin★ (la Tentation d'Eve★★, Nativité au cardinal Rolin★★, vierge d'Autun★★) BZ **M²** - Porte St-André★ - Grilles★ du lycée Bonaparte AZ **B** - Manuscrits★ (bibliothèque de l'Hôtel de Ville) BZ **H.**

Plan page suivante

Les Ursulines ch, 12/60, VISA AE

14 r. Rivault – ✆ 03 85 86 58 58 – welcome@hotelursulines.fr – Fax 03 85 86 23 07 AZ **e**

36 ch – 59/144 € 69/144 €, 12 € – 7 suites – ½ P 80/117 € – **Rest** – *(fermé fév.)* Menu 20 € bc (déj. en sem.), 29/87 € – Carte 34/68 €

◆ Ex-couvent de l'ordre des Ursulines, situé en haut de la vieille ville. Quiètes chambres aux tons pastel. La chapelle est aménagée en salle de banquet. Le restaurant (non-fumeurs) donne sur la cour intérieure où l'on dresse la terrasse l'été. Cuisine traditionnelle et bon choix de vins de Bourgogne.

La Tête Noire rest, ch, 40, VISA AE

3 r. Arquebuse – ✆ 03 85 86 59 99 – welcome@hoteltetenoire.fr – Fax 03 85 86 33 90 – Fermé 20 déc.-31 janv. BZ **n**

31 ch – 59/70 € 69/85 €, 10 € – ½ P 83/94 € – **Rest** – Menu 14 € (déj. en sem.), 18/46 € – Carte 24/47 €

◆ On rénove cette adresse progressivement : les chambres, pimpantes et garnies d'un mobilier rustique en bois peint, sont bien insonorisées. À table, carte classique et menu "terroir" servis dans une plaisante salle à manger.

Ibis ch, cuisinette 20/40, VISA AE

2 km rte Chalon par ③ – ✆ 03 85 52 00 00 – h3232@accor.com – Fax 03 85 52 20 20

42 ch – 50/60 € 50/66 €, 7,50 € – **Rest** – *(dîner seult)* Menu (11,50 €), 14,50/17 €

◆ Cet Ibis, installé au bord d'un plan d'eau (base de loisirs), regarde la cité gallo-romaine. Les chambres, fonctionnelles, sont aux dernières normes de la chaîne. Lambris, tableaux et tons ensoleillés : la salle de restaurant est accueillante et gaie.

Maison Sainte-Barbe sans rest

7 pl. Sainte Barbe – ✆ 03 85 86 24 77 – maison.sainte.barbe.autun@wanadoo.fr – Fax 03 85 86 19 28 BZ **t**

3 ch – 55 € 59 €

◆ Ancien logis de chanoines (15ᵉ-18ᵉ s.) au pied de la cathédrale. Grandes chambres personnalisées, jolie salle des petits-déjeuners agrémentée de meubles anciens, jardin clos.

AUTUN

Arbalète (R. de l') . . . . BZ 2
Arquebuse (R. de l') . . . . BZ 3
Cascade (R. de la) . . . . BZ 4
Chauchien (Gde-Rue) . . . . BZ 6
Cocand (R.) . . . . AZ 7
Cordeliers (R. des) . . . . BZ 9
Cordiers (R. aux) . . . . BZ 12
Dijon (R. de) . . . . BY 13
Dr-Renaud (R.) . . . . AZ 15
Eumène (R.) . . . . AY 16
Gaillon (R. de) . . . . BY 18
Gaulle (Av. Ch.-de) . . . . AYZ 19
Grange-Vertu (Rue de la) . . . . . AY 21
Guérin (R.) . . . . BY 23
Jeannin (R.) . . . . BZ 26
Lattre-de-Tassigny (R. de) . . . . . BZ 27
Laureau (Bd) . . . . BY 28
Marbres (R. des) . . . . BZ 29
Martin (R. Maître G.) . . . . BY 43
Notre-Dame (R.) . . . . AZ 31
Paris (R. de) . . . . ABY 32
Passage couvert . . . . BZ 33
Pernette (R.) . . . . AZ 35
Raquette (R.) . . . . BZ 37
St-Saulge (R.) . . . . AZ 40
Vieux-Colombier (R. du) . . . . BZ 42

XX Le Chalet Bleu

3 r. Jeannin – ✆ 03 85 86 27 30
– contact@lechaletbleu.com – Fax 03 85 52 74 56
– Fermé 1er-13 mars, 1er-9 janv., 4-26 fév., dim. soir du 15 nov. au 31 mars, lundi soir et mardi

BYZ **s**

Rest – Menu 17 € (sem.)/55 € – Carte 32/51 € 🍷

◆ Derrière une devanture vitrée, salle à manger aux murs ornés de fresques représentant des paysages et jardins imaginaires. Carte mariant tradition et terroir ; menus thématiques les vendredis soirs.

AUVERS – 77 Seine-et-Marne – 312 D5 – rattaché à Milly-la-Forêt (Essonne)

AUVERS-SUR-OISE – 95 Val-d'Oise – 305 E6 – 106 6 – 101 3 – voir à Paris, Environs

AUVILLAR – 82 Tarn-et-Garonne – 337 B7 – 876 h. – alt. 141 m – ✉ 82340

28 **B2**

Paris 652 – Agen 28 – Montauban 42 – Auch 62 – Castelsarrasin 22

Office de tourisme, place de la Halle ✆ 05 63 39 89 82

L'Horloge avec ch — rest, 15, VISA MC

Pl.Horloge – ✆ 05 63 39 91 61 – hoteldelhorloge@wanadoo.fr – Fax 05 63 39 75 20 – Fermé 6 déc.-5 janv. et vend. du 15 oct. au 15 avril

10 ch – 40 € 65 €, ☕ 10 € – ½ P 51/66 € – **Rest** – *(fermé sam. midi et vend.)* Menu 27/75 € – Carte 48/86 €

Rest *Le Bouchon* – *(fermé sam. et vend.) (déjeuner seult)* Carte 21/33 €

◆ Jouxtant l'élégante tour de l'Horloge, ravissante maison aux volets vert tendre et sa terrasse sous les platanes. Cadre actuel de bon ton. Recettes et vins de la région. À l'heure du déjeuner, le Bouchon propose des petits plats "bistrot" orientés terroir.

à Bardigues 4 km au Sud par D 11 – 219 h. – alt. 160 m – ✉ 82340

Auberge de Bardigues — AC VISA MC

Le Bourg – ✆ 05 63 39 05 58 – info@aubergedebardigues.com – Fax 05 69 39 06 58 – Fermé 14 janv.-2 fév. et lundi

Rest – Menu 15 € bc (déj. en sem.), 25/31 € – Carte 28/35 €

◆ Engageante bâtisse rurale en pierre : au rez-de-chaussée, un bar où l'on sert, à midi, le menu du jour ; à l'étage, une salle flambant neuf. Terrasse face à la campagne.

AUVILLARS-SUR-SAÔNE – 21 Côte-d'Or – 320 K7 – 212 h. – alt. 212 m – ✉ 21250

7 **B3**

Paris 335 – Beaune 30 – Chalon-sur-Saône 55 – Dijon 31 – Dole 48

Auberge de l'Abbaye — P VISA MC AE

1 km au Sud sur D 996 – ✆ 03 80 26 97 37 – auberge.abbaye@wanadoo.fr – Fax 03 80 26 97 37 – Fermé lundi soir, mardi soir, merc. soir et dim. soir

Rest – *(prévenir)* Menu 12 € (déj. en sem.), 17/31 € – Carte 21/38 €

◆ Discrète auberge de bord de route. Deux salles à manger rustiques : la grande de style bistrot pour les plats du jour, et la petite plus intime pour les repas traditionnels.

AUXERRE P – 89 Yonne – 319 E5 – 37 790 h. – alt. 130 m – ✉ 89000

Bourgogne

7 **B1**

Paris 166 – Bourges 144 – Chalon-sur-Saône 176 – Dijon 152 – Sens 59

Office de tourisme, 1-2 quai de la République ✆ 03 86 52 06 19, Fax 03 86 51 23 27

Cathédrale St-Étienne★★ (vitraux★★, crypte★, trésor★) - Ancienne abbaye St-Germain★★ (crypte★★).

Gy-l'Évêque : Christ aux Orties★ de la chapelle 9,5 km par ③.

Plan page suivante

Le Parc des Maréchaux sans rest — AC 15, P VISA MC AE

6 av. Foch – ✆ 03 86 51 43 77 – contact@hotel-parcmarechaux.com – Fax 03 86 51 31 72 — AZ **u**

25 ch – 73/99 € 84/120 €, ☕ 12 €

◆ Cette demeure Napoléon III offre de jolies chambres "cosy" entièrement rénovées, meublées dans le style Empire et presque toutes orientées vers le parc aux arbres centenaires.

Normandie sans rest — AC 25, VISA MC AE

41 bd Vauban – ✆ 03 86 52 57 80 – reception@hotelnormandie.fr – Fax 03 86 51 54 33 — AY **b**

47 ch – 59/66 € 66/90 €, ☕ 8,50 €

◆ Belle maison bourgeoise (19e s.) séparée de la rue par une cour-terrasse. Confortables chambres diversement meublées ; l'aile récente est plus tranquille. Billard.

Maxime sans rest — AC 15, P VISA MC AE

2 quai Marine – ✆ 03 86 52 14 19 – contact@lemaxime.com – Fax 03 86 52 21 70

26 ch – 67/108 € 72/135 €, ☕ 10 € — BY **f**

◆ Sur les bords de l'Yonne, ex-grenier à sel reconverti en hôtel familial au 19e s. Les chambres, agencées simplement, profitent de la vue sur le fleuve ou du calme de la cour.

AUXERRE

Boucheries (R. des) . . . . BZ 3
Bourbotte (Av.) . . . . BY 4
Chesnez (R. M. des) . . . . AZ 5
Coche-d'Eau (Pl. du) . . . . BY 8
Cochois (R.) . . . . BY 9
Diderot (R.) . . . . AZ 10
Dr-Labosse (R. du) . . . . BY 11
Draperie (R. de la) . . . . AZ 12
Eckmühl (R. d') . . . . AZ 14
Fécauderie (R.) . . . . AZ 16
Foch (Av.) . . . . AZ 18
Grand-Caire (R. du) . . . . AY 20
Horloge (R. de l') . . . . AZ 22
Hôtel-de-Ville (Pl. de l') . . . . AZ 23
Jean-Jaurès (Av.) . . . . BY 26
Jean-Jaurès (Pl.) . . . . BZ 27
Leclerc (Pl. du Mar.) . . . . AZ 34
Lepère (Pl. Ch.) . . . . AZ 35
Maison-Fort (R.) . . . . BY 36
Marine (R. de la) . . . . BY 37
Mont-Brenn (R. du) . . . . BY 38
Paris (R. de) . . . . AY
Puits-des-Dames (R. du) . . . . . . BZ 40
St-Germain (R.) . . . . ABY 44
St-Nicolas (Pl.) . . . . BY 45
Schaeffer (R. René) . . . . AZ 46
Surugue (Pl. Ch.) . . . . AZ 47
Temple (R. du) . . . . AZ
Tournelle (Av. de la) . . . . BY 48
Yonne (R. de l') . . . . BY 52
24-Août (R. du) . . . . AZ 54

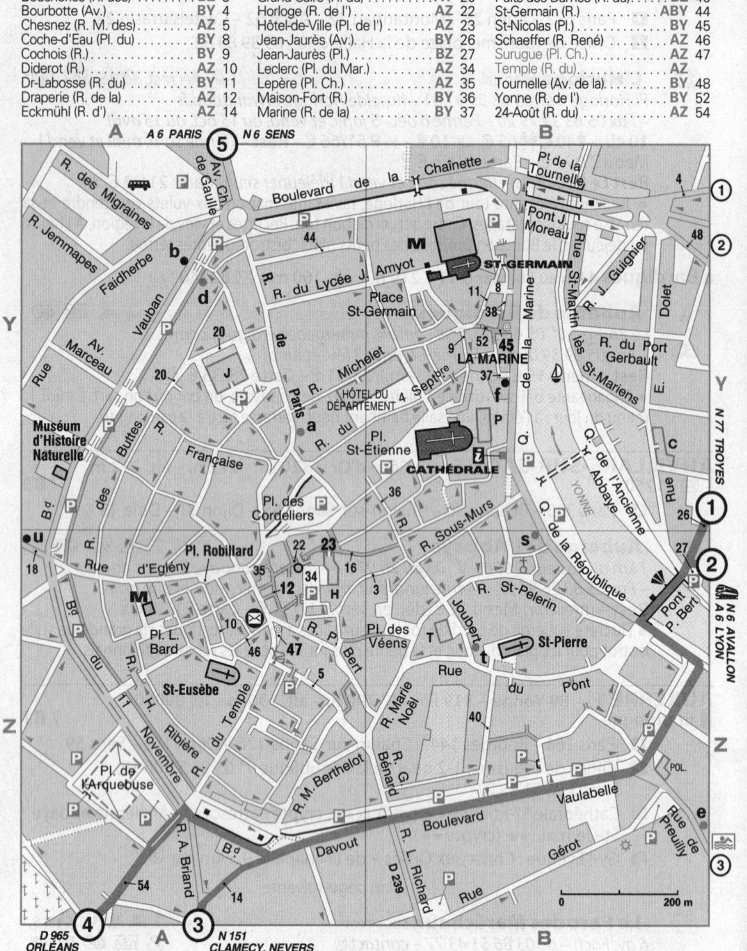

Barnabet

14 quai République – ✆ 03 86 51 68 88 – Fax 03 86 52 96 85 – Fermé 24 déc.-11 janv., mardi midi, dim. soir et lundi BYZ **s**

Rest – Menu (32 € bc), 46 € (sem.)/73 € bc – Carte 69/84 €

Spéc. Fricassée d'escargots aux courgettes grillées. Bar vapeur à l'émulsion d'huîtres crues. Ris de veau doré au four aux pommes de terre sautées. **Vins** Bourgogne blanc, Irancy.

◆ Ancien hôtel particulier ouvert sur une cour-terrasse fleurie. Salle à manger élégante et feutrée. Cuisine inventive ; belle sélection de chablis et de vins au verre.

Le Jardin Gourmand

56 bd Vauban – ✆ 03 86 51 53 52 – le.jardin.gourmand.auxerre@wanadoo.fr – Fax 03 86 52 33 82 – Fermé 12-28 mars, 18 juin-4 juil., 5-21 nov., mardi et merc.

Rest – Menu (45 €), 55/90 € – Carte 79/106 € AY **d**

◆ Maison bourgeoise (1870) et sa jolie terrasse côté jardin. Bel intérieur agrémenté de meubles, tableaux et sculptures modernes. Cuisine au goût du jour ; bon choix de chablis.

XX **La Salamandre** AC VISA MC AE

84 r. Paris – ✆ 03 86 52 87 87 – la-salamandre@wanadoo.fr – Fax 03 86 52 05 85 – Fermé merc. soir, sam. midi, dim. et fériés AY **a**

Rest – Menu 35/59 € – Carte 44/59 €

◆ Recherché pour sa cuisine de la mer, ce restaurant du vieil Auxerre vous accueille dans une salle à manger au décor actuel égayé de tableaux et de plantes vertes.

X **Le Bourgogne** AC P VISA MC

15 r. Preuilly – ✆ 03 86 51 57 50 – Fax 03 86 51 57 50 – Fermé août, 22 déc.-2 janv., jeudi soir, dim., lundi et fériés BZ **e**

Rest – Menu 28 € 🍷

◆ Ex-garage abritant désormais un sympathique restaurant au cadre rustique. L'ardoise du jour annonce des recettes du terroir concoctées au gré du marché. Belle terrasse d'été.

X **La P'tite Beursaude** AC VISA MC

55 r. Joubert – ✆ 03 86 51 10 21 – auberge.beursaudiere@wanadoo.fr – Fax 03 86 51 10 21 – Fermé 25 déc.-10 janv., mardi et merc. BZ **t**

Rest – Menu (18 €), 23/50 € – Carte 30/62 € 🍷

◆ Chaleureux intérieur rustique, service en costume régional et cuisine bourguignonne réalisée sous vos yeux : une adresse simple et charmante, à dénicher près du théâtre.

rte de Chablis **8 km par ② près échangeur A 6 Auxerre-Sud – ✉ 89290 Venoy**

XX **Le Moulin de la Coudre** avec ch ch, 40, P VISA MC

– ✆ 03 86 40 23 79 – moulin@moulindelacoudre.com – Fax 03 86 40 23 55 – Fermé 10-31 janv., mardi midi, merc. midi, lundi (sauf hôtel) et dim. soir

14 ch – †60/85 € ††60/85 €, ☕ 9 € – ½ P 74 € – **Rest** – Menu 21 € (sem.)/62 € – Carte 35/43 € 🍷

◆ Au fond d'un vallon, vieux moulin bordant une rivière, où vous prendrez vos repas dans un cadre assez sobre ou en terrasse, à l'ombre des grands arbres. Plats traditionnels.

à Champs-sur-Yonne **10 Km par ② et N 6 – 1 382 h. – alt. 110 m – ✉ 89290**

Mas des Lilas sans rest AC P VISA MC

Hameau de la La Cour Barrée – ✆ 03 86 53 60 55 – hotel@lemasdeslilas.com – Fax 03 86 53 30 81 – Fermé 28 oct.-7 nov.

17 ch – †55 € ††55 €, ☕ 7 €

◆ Ces pavillons nichés dans un plaisant jardin fleuri abritent de petites chambres bien tenues ; toutes sont de plain-pied et bénéficient d'une terrasse ouverte sur la verdure.

à Vincelottes **16 km par ② N 6 et D 38 – 290 h. – alt. 110 m – ✉ 89290**

XX **Auberge Les Tilleuls** avec ch 25, VISA MC

12 quai Yonne – ✆ 03 86 42 22 13 – lestilleulsvincelottes@wanadoo.fr – Fax 03 86 42 23 51 – Fermé 17 déc.-21 fév., mardi et merc.

5 ch – †53/64 € ††53/76 €, ☕ 10 € – ½ P 59 € – **Rest** – Menu 24/55 € – Carte 35/87 € 🍷

◆ Étape bucolique au bord de l'Yonne. Jolies salles ornées de tableaux d'artistes du pays et belle terrasse à fleur d'eau. Carte traditionnelle ; bon choix de bourgognes.

à Chevannes **8 km par ③ et D1 – 1 958 h. – alt. 170 m – ✉ 89240**

XX **La Chamaille** avec ch rest, ch, 30, P VISA MC AE

4 rte Boiloup – ✆ 03 86 41 24 80 – lachamaille@wanadoo.fr – Fax 03 86 41 34 80 – Fermé 15 fév.-3 mars, dim. soir et lundi d'oct. à mars

3 ch – †40/50 € ††50/60 €, ☕ 10 € – ½ P 55/60 € – **Rest** – *(nombre de couverts limité, prévenir)* Menu 37/70 € – Carte 52/67 € 🍷

◆ Atmosphère agreste d'une ferme d'autrefois nichée dans la verdure. Salle rustique et véranda ouverte sur le parc traversé par un ruisseau. Cuisine dans l'air du temps.

à Villefargeau **5,5 km par ④ – 908 h. – alt. 130 m – ✉ 89240**

Le Petit Manoir des Bruyères P VISA MC AE

Les Bruyères, 4 km à l'Ouest – ✆ 03 86 41 32 82 – jchambord@aol.com – Fax 03 86 41 28 57

5 ch ☕ – †130/220 € ††130/220 € – **Rest** – table d'hôte *(dîner seult) (résidents seult)* Menu 40 € 🍷

◆ Ce manoir au toit de tuiles vernissées est un véritable havre de paix à l'orée d'une forêt. Chambres raffinées (18e s.) et suite royale "Montespan". Cueillette des champignons en saison. Table d'hôte richement dressée devant la cheminée Louis XIII. Plats bourguignons.

près échangeur Auxerre-Nord 7 km par ⑤

Mercure ch, 20/150, VISA

N 6 ✉ 89380 Appoigny – ☎ 03 86 53 25 00 – h0348@accor-hotels.com – Fax 03 86 53 07 47

77 ch – 79/109 € 89/119 €, 12,50 € – **Rest** – Menu (14,50 € bc), 23/25 € – Carte 18/44 €

◆ Bâtiments de style régional disposés autour de la piscine. Chambres spacieuses, rénovées avec soin, de plain-pied avec le jardin planté de quelques ceps de vignes. Plaisante salle à manger moderne ; belle terrasse. Plats traditionnels et recettes du terroir.

à Appoigny 8 km par ⑤ et N 6 – 2 991 h. – alt. 110 m – ✉ 89380

Syndicat d'initiative, 4 rue du Fer à Cheval ☎ 03 86 53 20 90

Le Puits d'Athie ch,

1 r. de l'Abreuvoir – ☎ 03 86 53 10 59 – bnbpuitsdathie@wanadoo.fr – Fax 03 86 53 10 59

4 ch – 69 € 69/160 € – **Rest** – table d'hôte *(dîner seult) (prévenir) (résidents seult)* Menu 45 € bc

◆ Les chambres personnalisées de cette demeure bourguignonne ravissent les yeux, en particulier Mykonos, habillée de bleu et blanc, et Porte d'Orient, décorée d'une authentique porte du Rajasthan.

AUXONNE – 21 Côte-d'Or – 320 M6 – 7 154 h. – alt. 184 m – ✉ 21130

Bourgogne 8 D2

Paris 343 – Dijon 32 – Dole 17 – Gray 38 – Vesoul 81

Office de tourisme, rue des Remparts de la Côte d'or ☎ 03 80 31 18 44

Des Halles et Hôtel du Corbeau avec ch

– ☎ 03 80 27 05 30 – sarldeshalles@wanadoo.fr – Fax 03 80 27 05 40 rest, VISA

9 ch – 50/60 € 60/70 €, 6 € – ½ P 76 € – **Rest** – bistrot *(fermé dim. soir et mardi hors saison)* Menu (13 €), 16 € (déj. en sem.), 20/35 € – Carte 22/44 €

◆ Bois, béton, décoration et mobilier design composent le cadre contemporain de ce bistrot où l'on sert une cuisine traditionnelle et du marché assortie de suggestions du jour. Petites chambres coquettes pour l'étape.

à Lamarche-sur-Saône 11,5 km au Nord-Ouest par N 5 et D 976 – 1 201 h. – alt. 190 m – ✉ 21760

Hostellerie St-Antoine avec ch ch, ch,

– ☎ 03 80 47 11 33 – lesaintantoine@wanadoo.fr – Fax 03 80 47 13 56 – Fermé dim. soir et lundi midi du 1er nov. au 31 mars VISA

10 ch – 60 € 60/130 €, 8 € – ½ P 65 € – **Rest** – Menu 26/60 € – Carte 31/52 €

◆ Grande demeure bourguignonne aux abords du village. Deux salles à manger confortables dont une sous véranda, tournée vers un agréable jardin. Chambres fonctionnelles.

AVAILLES-LIMOUZINE – 86 Vienne – 322 J8 – 1 309 h. – alt. 142 m – ✉ 86460

39 C2

Paris 413 – Chauvigny 61 – Poitiers 66 – Saint-Junien 40

Office de tourisme, 6 rue Principale ☎ 05 49 48 63 05

La Chatellenie VISA

1 r. du Commerce – ☎ 05 49 84 31 31 – lachatellenie@aol.com – Fax 05 49 84 31 32 – Fermé 23 déc.-3 janv., vacances de fév., dim. soir et lundi

9 ch – 40 € 40/50 €, 7 € – ½ P 40/44 € – **Rest** – Menu 12 € (sem.)/28 € – Carte 28/42 €

◆ Il règne une douce ambiance d'auberge familiale dans cet ex-relais de poste (1830) plaisamment restauré. Chambres de bonne taille, avec meubles en bois peint et parquets anciens. Cuisine traditionnelle proposée dans la cour fermée aux beaux jours.

AVALLON – 89 Yonne – 319 G7 – 8 217 h. – alt. 250 m – ✉ 89200 Bourgogne 7 B2

Paris 222 – Auxerre 51 – Beaune 103 – Chaumont 134 – Nevers 98

Syndicat d'initiative, 6 rue Bocquillot ✆ 0386341419, Fax 0386342829

Site★ - Ville fortifiée★ : Portails★ de l'église St-Lazare - Miserere★ du musée de l'Avallonnais M[1] - Vallée du Cousin★ S par D 427.

Hostellerie de la Poste

ch, 15/30, VISA MC AE

13 pl. Vauban – ✆ 03 86 34 16 16 – info@hostelleriedelaposte.com – Fax 03 86 34 19 19 – Fermé 2 janv.-21 fév. **b**

27 ch – †87/200 € ††101/200 €, ☕ 13,50 €, 4 duplex – ½ P 70/144 €

Rest – *(ouvert 13 mars-10 nov. et fermé dim. et lundi) (Dîner seult)* Menu 36 € (sem.)/61 € – **Rest *Bistrot*** – *(ouvert 13 mars-10 nov. et fermé dim. et lundi)* Menu 15 € – Carte environ 41 €

◆ Ce beau relais de poste bourguignon bâti en 1707 hébergea, entre autres, Napoléon Ier et... Kennedy ! Jolies chambres personnalisées.

Avallon Vauban sans rest

cuisinette 15, VISA MC AE

53 r. Paris – ✆ 03 86 34 36 99 – hotelavallonvauban@wanadoo.fr – Fax 03 86 31 66 31 **r**

26 ch – †51/53 € ††57/80 €, ☕ 8 €, 4 studios

◆ Bordant un carrefour animé, demeure régionale ouverte sur un vaste parc ombragé. Les chambres, confortables et diversement meublées, sont plus tranquilles sur l'arrière.

Dak'Hôtel sans rest

60, VISA MC AE

119 rue de Lyon, rte Saulieu par ② – ✆ 03 86 31 63 20 – dakhotel@voila.fr – Fax 03 86 34 25 28

26 ch – †51/53 € ††56/58 €, ☕ 8,50 €

◆ Bâtiment cubique proche de la route nationale. Chambres fonctionnelles, bien entretenues et insonorisées. Salle des petits-déjeuners donnant sur le jardin.

AVALLON

Belgrand (R.)	2
Bocquillot (R.)	3
Capucins (Prom. des)	5
Collège (R. du)	6
Fontaine-Neuve (R.)	8
Fort-Mahon (R.)	9
Gaulle (Pl. Gén.-de)	12
Gde-Rue A. Briand	13
Odebert (R. des)	14
Paris (R. de)	
Porte-Auxerroise (R.)	16
Terreaux Vauban (Prom. des)	18
Vauban (Pl.)	

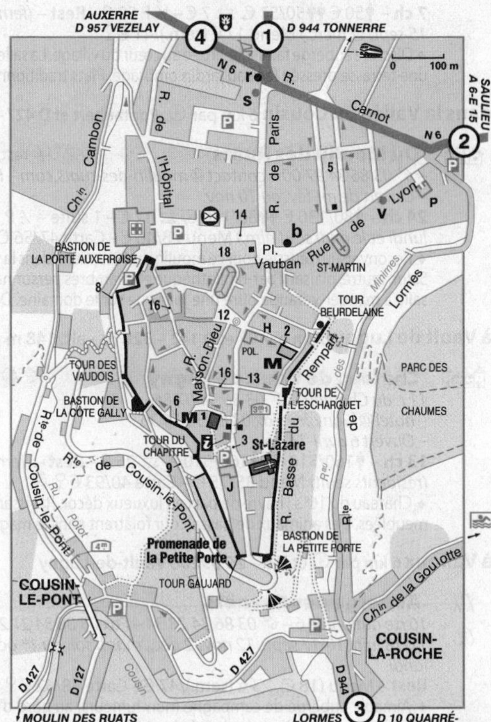

XX **Relais des Gourmets**

47 r. Paris – ✆ 03 86 34 18 90 – relaisdesgourmets@orange.fr – Fax 03 86 31 60 21 – Fermé 25 juin-1er juil., 19-25 nov., 8 janv.-6 fév., lundi et mardi sauf fériés
Rest – Menu 19/39 € – Carte 33/65 € s

◆ Derrière une façade fleurie, surprenante salle à manger-véranda d'inspiration provençale : couleurs chaudes et oliviers centenaires. Généreuse cuisine régionale.

X **Le Gourmillon**

8 r. Lyon – ✆ 03 86 31 62 01 – Fax 03 86 31 62 01 – Fermé 7-27 janv., jeudi soir hors saison et dim. soir v
Rest – Menu 15 € (sem.)/38 € – Carte 25/36 €

◆ Petite adresse du centre-ville où simplicité rime avec générosité. Fraîche salle à manger sagement champêtre. Les menus font la part belle au terroir.

rte de Saulieu 6 km par ② – ✉ 89200 Avallon

Le Relais Fleuri ch, rest, 15/50,

– ✆ 03 86 34 02 85 – relais-fleuri@wanadoo.fr – Fax 03 86 34 09 98
48 ch – 77/86 € 77/86 €, 12 € – ½ P 78 € – **Rest** – Menu 20/60 € bc – Carte 33/53 €

◆ Cet hôtel situé sur la route de Saulieu abrite des chambres vastes et confortables, de plain-pied avec un parc de 4 ha doté de tennis et d'une piscine. Lumineuse salle à manger rustique et appétissante carte régionale ; cave riche en bourgognes.

à Pontaubert 5 km par ④ et D 957 – 377 h. – alt. 160 m – ✉ 89200

XX **Les Fleurs** avec ch rest,

69 rte de Vezelay – ✆ 03 86 34 13 81 – info@hotel-lesfleurs.com – Fax 03 86 34 23 32 – Fermé 20-28 juin et 21 déc.-25 janv.
7 ch – 50 € 50/57 €, 7 € – ½ P 50 € – **Rest** – *(fermé jeudi sauf du 1er juil. au 15 sept. et merc.)* Menu 17 € (sem.)/41 €

◆ Discrète auberge familiale située au cœur du village. La salle à manger rustique ouvre sur une terrasse dressée face au jardin ombragé. Plats traditionnels et régionaux.

dans la Vallée du Cousin 6 km par ④, Pontaubert et D 427 – ✉ 89200 Avallon

Du Moulin des Ruats rest, 15,

– ✆ 03 86 34 97 00 – contact@moulin-des-ruats.com – Fax 03 86 31 65 47 – Ouvert de mi-fév. au 10 nov.
24 ch – 80/130 € 80/130 €, 12 € – 1 suite – ½ P 95/130 € – **Rest** – *(fermé lundi et le midi sauf dim.)* Menu 28/46 € – Carte 47/56 €

◆ Reconversion réussie pour ce moulin du 18e s. niché dans la verdoyante vallée du Cousin. Salon feutré, plaisant bar-bibliothèque et chambres personnalisées au charme d'antan. La salle à manger-véranda offre une jolie vue sur le domaine. Délicieuse terrasse.

à Vault de Lugny 6 km par ④ et D 142 – 328 h. – alt. 148 m – ✉ 89200

Château de Vault de Lugny rest, rest,

11 r. du Château – ✆ 03 86 34 07 86 – hotel@lugny.fr – Fax 03 86 34 16 36 – Ouvert 6 avril-11 nov.
13 ch – 160/510 € 160/510 €, 25 € – **Rest** – *(fermé mardi) (dîner seult) (résidents seult)* Menu 35/75 € – Carte 40/93 €

◆ Château du 16e s., havre de paix au luxueux décor. Ravissantes chambres superbement meublées. Des animaux de basse-cour folâtrent dans le magnifique parc. Table d'hôte.

à Valloux 6 km par ④ et N 6 – ✉ 89200 Vault-de-Lugny

XX **Auberge des Chenêts**

10 rte nationale 6 – ✆ 03 86 34 23 34 – Fax 03 86 34 21 24 – Fermé 5-19 mars, 11-18 juin, 10-17 sept., 12 nov.-2 déc., mardi soir du 1er oct. au 31 mars, dim. soir et lundi
Rest – Menu (18 €), 23 € (sem.)/47 € – Carte 48/62 €

◆ Aimable auberge de campagne (non-fumeurs) au bord d'une route assez fréquentée. Attablez-vous auprès de la cheminée et goûtez aux plats bourguignons traditionnels.

AVÈNE – 34 Hérault – 339 D6 – 275 h. – alt. 350 m – Stat. therm. : début avril-fin oct. – ✉ 34260 22 **B2**

Paris 705 – Bédarieux 25 – Clermont-l'Hérault 51 – Montpellier 83

Office de tourisme, chemin départemental 138 e ✆ 04 67 23 43 38

Val d'Orb ch, rest, 15/80, VISA MC AE

Les Bains d'Avène, aux Thermes – ✆ 04 67 23 44 45 – Fax 04 67 23 39 07 – Ouvert avril-oct.

58 ch – †87/92 € ††92/98 €, ☕ 8 € – ½ P 67/83 € – **Rest** – Menu 18/25 € – Carte 25/43 €

◆ Cette construction récente blottie dans un vallon à l'abri des regards est intégrée au centre thermal. Hébergement moderne et spacieux. Sobre salle à manger actuelle et terrasse donnant sur le jardin ; cuisine traditionnelle et plats diététiques.

AVENSAN – 33 Gironde – 335 G4 – 1 753 h. – alt. 25 m – ✉ 33480 3 **B1**

Paris 589 – Bordeaux 30 – Mérignac 28 – Pessac 34 – Talence 41

Le Clos de Meyre sans rest P VISA MC AE

16 rte de Castelnau – ✆ 05 56 58 22 84 – closdemeyre@wanadoo.fr – Fax 05 57 71 23 35 – Ouvert 1er mars-31 oct.

8 ch ☕ – †95/100 € ††140/220 € – 1 suite

◆ Entre vignobles de Margaux et de Haut Médoc, ce château est une propriété viticole depuis trois siècles. Chambres de caractère, classiques ou actuelles. Piscine d'été, tennis.

Déjeunez dehors, il fait si beau !
Optez pour une terrasse :

AVESSAC – 44 Loire-Atlantique – 316 E2 – 2 154 h. – alt. 55 m – ✉ 44460 34 **A2**

Paris 406 – Nantes 78 – Rennes 63 – St-Nazaire 54 – Vannes 64

au Sud-Est : 3 km par D 131 (direction Plessé) – ✉ 44460 Avessac

Restaurant d'Edouard P VISA MC

– ✆ 02 99 91 08 89 – edouardset@wanadoo.fr – Fax 02 99 91 02 44 – Fermé 23 juil.-26 août et du lundi au jeudi

Rest – Menu 27 € (déj. en sem.), 31/65 € – Carte 40/56 €

◆ Extérieur discret et intérieur soigné (décor actuel, cheminée, luminosité) caractérisent ce restaurant situé en pleine campagne. Cuisine au goût du jour rythmée par le marché.

AVIGNON P – 84 Vaucluse – 332 B10 – 85 935 h. – Agglo. 253 580 h. – alt. 21 m – ✉ 84000 Provence 42 **E1**

Paris 682 – Aix-en-Provence 82 – Arles 37 – Marseille 98 – Nîmes 46

d'Avignon : ✆ 04 90 81 51 51, par ③ et N 7 : 8 km.

✆ 3635 (0,34 €/mn)

Office de tourisme, 41 cours Jean Jaurès ✆ 04 32 74 32 74, Fax 04 90 82 95 03

de Châteaublanc à Morières-lès-Avignon Les Plans, E : 8 km par D 58, ✆ 04 90 33 39 08 ;

du Grand Avignon à Vedène Les Chênes Verts, E : 9 km par D 28, ✆ 04 90 31 49 94.

Palais des Papes★★★ : ≤★★ de la terrasse des Dignitaires - Rocher des Doms ≤★★ - Pont St-Bénézet★★ - Remparts★ - Vieux hôtels★ (rue Roi-René) EZ F2 - Coupole★ de la cathédrale Notre-Dame-des-Doms - Façade★ de l'hôtel des Monnaies EY K - Vantaux★ de l'église St-Pierre EY - Retable★ de l'église St-Didier EZ - Musées : Petit Palais★★ EY, Calvet★ EZ M2, Lapidaire★ EZ M4, Louis Vouland (faïences★) DYZ M5 - Fondation Angladon-Dubrujeaud★★ EZ M1.

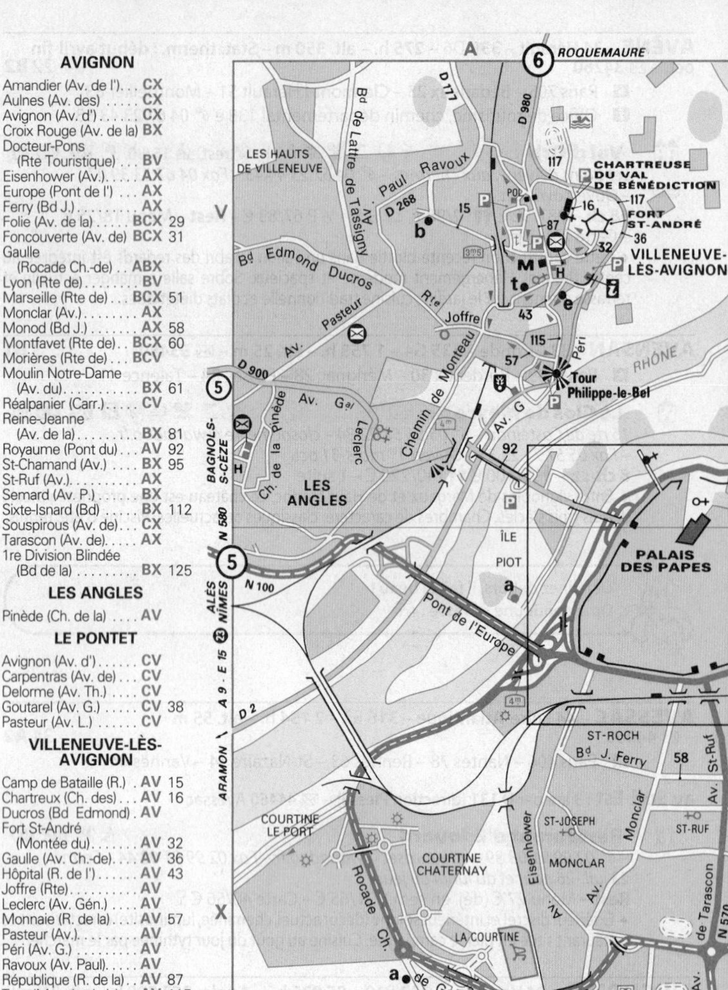

La Mirande — 4 pl. Amirande – ✆ 04 90 85 93 93 – mirande@la-mirande.fr – Fax 04 90 86 26 85 — EY **g**

19 ch – 🛉295/380 € 🛉🛉410/520 €, ☕ 29 € – 2 suites –

Rest – *(fermé 2 janv.-2 fév., mardi et merc.)* Menu 33 € (déj. en sem.)/105 € – Carte 85/127 €

Spéc. Anchois frais en fine tarte, petite salade niçoise. Loup doré, pommes de terre, haricots verts, tomates, jus truffé. Crêpes suzette (oct. à mars). **Vins** Vacqueyras.

◆ Découvrez la douce atmosphère de cet ancien palais cardinalice totalement rénové dans le goût d'une maison provençale du 18e s. Superbe salle à manger et jolie terrasse sur jardin (carte inventive) ; table d'hôte le soir dans les ex-cuisines (menu unique).

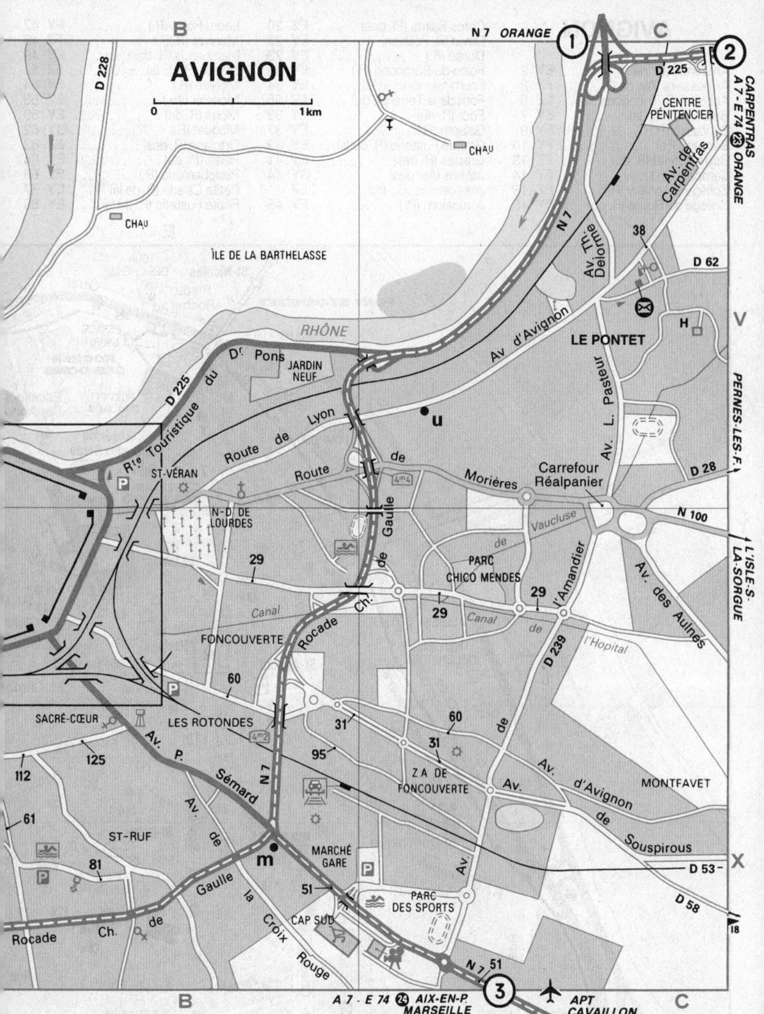

D'Europe rest, 40/80, VISA

12 pl. Crillon – 04 90 14 76 76 – reservations@heurope.com – Fax 04 90 14 76 71 – Fermé 14-29 janv., 19 août-3 sept., 25 nov.-3 déc., dim. et lundi EY **d**

42 ch – 163/467 € 163/467 €, 14,50 € – 2 suites – **Rest** – Menu 34 € (déj. en sem.), 48/110 € – Carte 78/116 €

Spéc. Ravioles de champignons, jus crémeux en infusion de truffes de Provence (nov. à mars). Loup de ligne au bâton de réglisse, cocos au safran du Ventoux (juil. à sept.). Fine tarte aux tomates anciennes (été). **Vins** Lirac, Côtes du Ventoux.

◆ Élégant hôtel particulier du 16e s. au décor raffiné. Les suites du dernier étage offrent des échappées sur le palais des Papes. Belles salles à manger classiques subtilement remises à la page, terrasse exquise où murmure une fontaine et joli bar modernisé.

AVIGNON

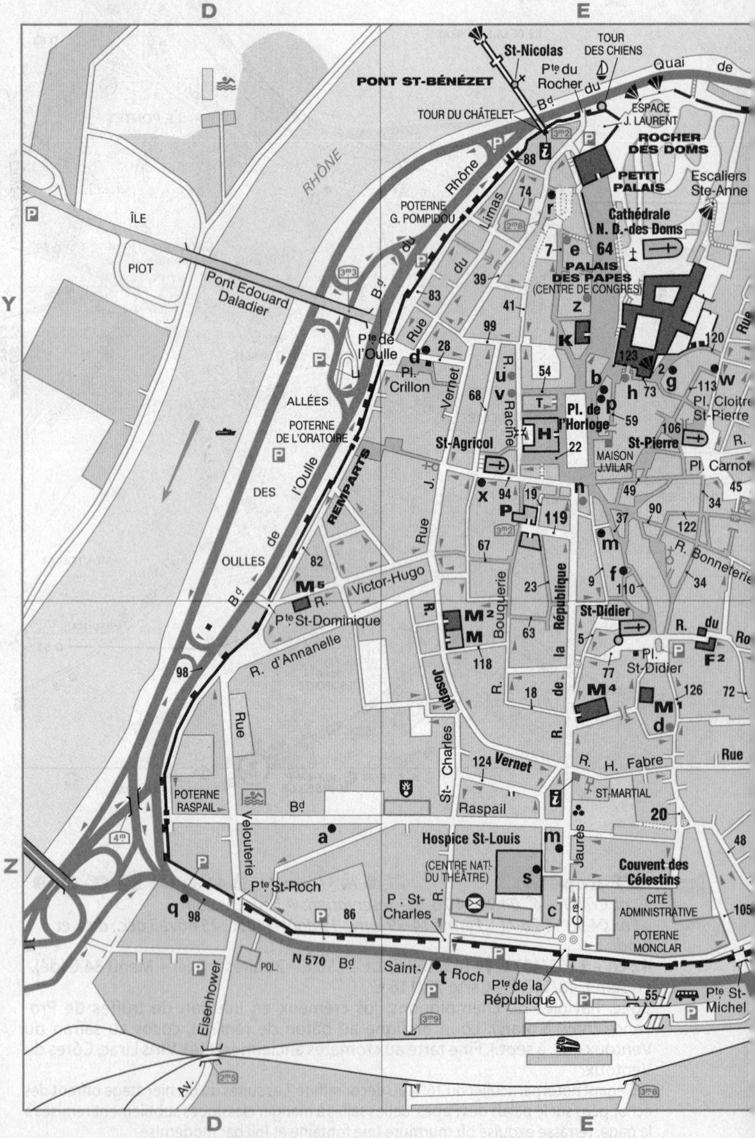

Petite Saunerie (R. de la) .... FY 70
Pétramale (R.) .... EZ 72
Peyrollerie (R.) .... EY 73
Pont (R. du) .... EY 74
Président-Kennedy (Cours) .. EZ 76
Prévot (R.) .... EZ 77
Rascas (R. de)............. GY 79
Rempart de l'Oulle (R. du) ... DY 82
Rempart du Rhône (R. du) ... EY 83
Rempart St-Michel (R. du) ... FZ 84
Rempart St-Roch (R. du) ... DEZ 86
République (R. de la) .... EYZ
Rhône (Pte du) .... EY 88
Rouge (R.) .... EY 90
Ste-Catherine (R.) .... FY 109
St-Agricol (R.) .... EY 94
St-Christophe (R.) .... FZ 97
St-Dominique (Bd) .... DZ 98
St-Étienne (R.) .... EY 99
St-Jean le Vieux (Pl.) .... FY 101
St-Jean le Vieux (R.) .... FY 102
St-Joseph (R.) .... FY 104
St-Michel (R.) .... EZ 105
St-Pierre (Pl.) .... EY 106
St-Ruf (Av.) .... FZ 108
Saraillerie (R. de la) .... EYZ 110
Taulignan (R. de) .... EY 113
Tour (R. de la) .... GY 116
Vernet (R. Horace)........... EZ 118
Vernet (R. Joseph) .... EYZ
Viala (R. Jean) .... EY 119
Vice-Légat (R.) .... EY 120
Vieux Sextier (R. du) .... EFY 122
Vilar (R. Jean)............... EY 123
Violette (R.) .... EZ 124
3 Pilats (R. des) .... FY 127
3 Faucons (R. des) .... EZ 126

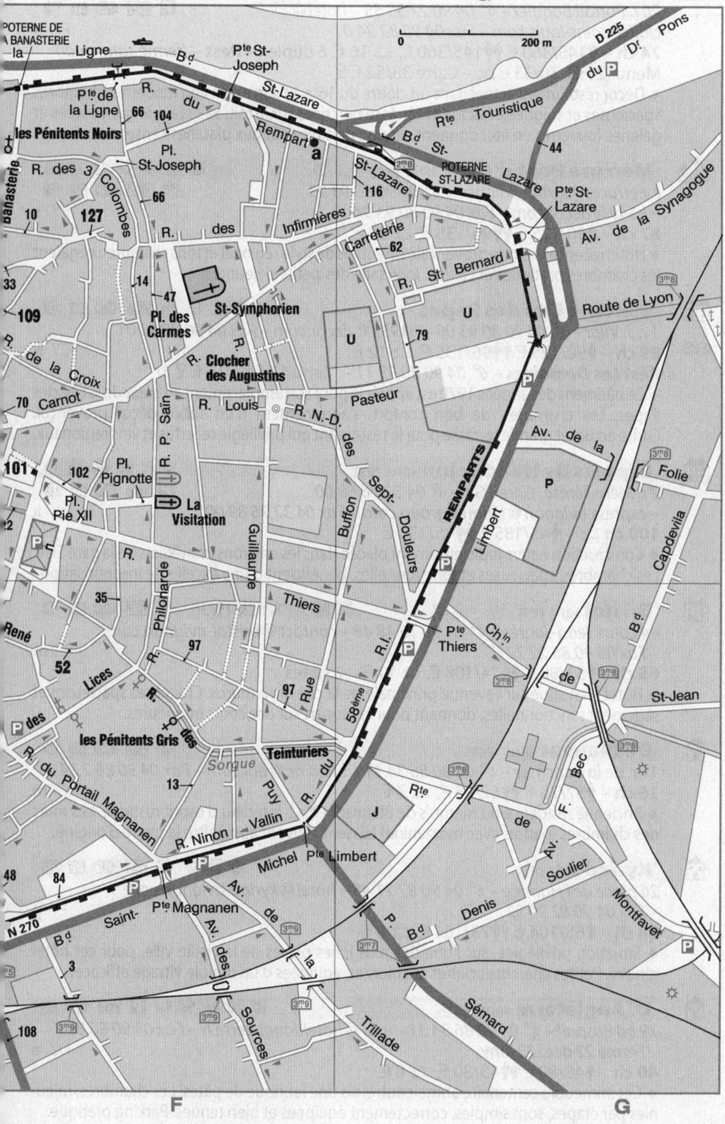

Avignon Grand Hôtel ch, ch, ch,cuisinette 50,
34 bd St-Roch, (à la Gare) – 04 90 80 98 09
– reservation@avignongrandhotel.com – Fax 04 90 80 98 10 EZ **t**
11 ch – 150/270 € 150/270 €, 16 € – 98 suites – 350/450 €, 11 duplex
– **Rest** – *(fermé sam. et dim.)* Carte 38/52 €
◆ Inspirations médiévale et provençale pour le décor de cet hôtel situé au pied des remparts. Chambres actuelles et spacieux appartements. Piscine ronde perchée sur le toit. Plaisante salle de restaurant aux couleurs du Midi. Cuisine simple, de style brasserie.

Cloître St-Louis ch, ch, 20/60,
20 r. Portail Boquier – 04 90 27 55 55 – hotel@cloitre-saint-louis.com – Fax 04 90 82 24 01 EZ **s**
74 ch – 145/360 € 145/360 €, 16 €, 6 duplex – **Rest** – *(fermé sam. midi)*
Menu (25 €), 30/35 € bc – Carte 38/52 €
◆ Décor résolument actuel dans un cloître du 16ᵉ s. et son extension moderne. Chambres spacieuses et soignées. Piscine et terrasse perchées sur le toit. Salles à manger voûtées et galeries (ouvertes en été) donnent sur une paisible cour aux platanes centenaires.

Mercure Pont d'Avignon sans rest 25/80,
r. Ferruce, quartier Balance – 04 90 80 93 93
– h549@accor.com – Fax 04 90 80 93 94 EY **r**
87 ch – 90/125 € 96/135 €, 12 €
◆ Hôtel récent à la mode provençale : meubles de style régional et tons chaleureux égaient les chambres pratiques et claires. Jolie salle des petits-déjeuners.

Mercure Cité des Papes ch,
1 r. J. Vilar – 04 90 80 93 00 – h1952@accor.com – Fax 04 90 80 93 01
89 ch – 90/125 € 96/135 €, 12 € EY **b**
Rest ***Les Domaines*** – *04 90 80 93 11* – Menu 11 € bc/16 €
◆ Ce bâtiment des années 1970 est apprécié pour son emplacement au cœur de la cité des Papes. Les chambres, de bon confort, s'agrémentent d'un sobre décor provençal. Cadre actuel et grande terrasse pour le restaurant qui privilégie recettes et vins régionaux.

Express By Holiday Inn sans rest 30,
2 r. Mère Térésa, Gare TGV – 04 32 76 88 00
– express.avignon@ichotelsgroup.com – Fax 04 32 76 89 00 AX **a**
100 ch – 45/135 € 45/135 €
◆ Construction neuve judicieusement placée dans les environs immédiats de la gare TGV. Les chambres, spacieuses et fonctionnelles, bénéficient d'une excellente insonorisation.

Bristol sans rest 15/30,
44 cours Jean-Jaurès – 04 90 16 48 48 – contact@bristol-avignon.com
– Fax 04 90 86 22 72 EZ **m**
65 ch – 53/88 € 74/108 €, 11 € – 2 suites
◆ Hôtel bien situé sur l'avenue principale de la cité intra-muros. Chambres spacieuses et sagement fonctionnelles, donnant pour la plupart sur des cours intérieures.

De Blauvac sans rest
11 r. de la Bancasse – 04 90 86 34 11 – blauvac@aol.com – Fax 04 90 86 27 41
16 ch – 57/75 € 62/85 €, 7 € EY **m**
◆ Ancienne résidence du marquis de Blauvac (17ᵉ s.). Intérieur d'esprit rustique. Les murs des chambres (parfois avec mezzanine) laissent souvent apparaître la pierre d'origine.

Kyriad sans rest
26 place de l'Horloge – 04 90 82 21 45 – hotel@kyriad-avignon.com
– Fax 04 90 82 90 92 EY **p**
38 ch – 65/104 € 73/104 €, 8 €
◆ Situation privilégiée, sur l'une des plus jolies places de la vieille ville, pour cet hôtel rénové. Petites chambres claires et colorées, équipées d'un double vitrage efficace.

D' Angleterre sans rest
29 bd Raspail – 04 90 86 34 31 – info@hoteldangleterre.fr – Fax 04 90 86 86 74
– Fermé 22 déc.-22 janv. DZ **a**
40 ch – 45/80 € 45/80 €, 8 €
◆ Cet immeuble centenaire abritait autrefois une fabrique de pâtes. Les chambres, rajeunies par étapes, sont simples, correctement équipées et bien tenues. Parking pratique.

De Garlande sans rest
20 r. Galante – ✆ 04 90 80 08 85 – hotel-de-garlande@wanadoo.fr – Fax 04 90 27 16 58 – Fermé 15 janv.-15 fév. et dim. soir de nov. à mars
10 ch – †70/118 € ††70/118 €, ☕ 7 € EY **f**
◆ Accueil familial, pittoresque dédale de couloirs et escaliers, chambres sagement provençales, meubles et bibelots chinés : ce petit hôtel ne manque pas de cachet.

Ibis Centre Pont de l'Europe sans rest
12 bd St-Dominique – ✆ 04 90 82 00 00 – ibis.avignon.centre.europe@wanadoo.fr – Fax 04 90 85 67 16 DZ **q**
74 ch – †48/78 € ††48/78 €, ☕ 7 €
◆ Au pied des remparts, structure récente offrant des chambres un peu exiguës, mais rénovées et bien tenues. Petit-déjeuner servi sous forme de buffet.

La Banasterie sans rest
11 r. de la Banasterie – ✆ 04 32 76 30 78 – labanasterie@labanasterie.com – Fax 04 32 76 30 78 EY **w**
5 ch ☕ – †100/160 € ††100/160 €
◆ Cette demeure de pierre blonde (16e s.) abrite de ravissantes chambres dont les noms évoquent le chocolat, passion des propriétaires. Terrasse et patios fleuris.

Lumani
37 Rempart St-Lazare – ✆ 04 90 82 94 11 – lux@avignon-lumani.com – Fermé 15 nov.-15 déc. et 5 janv.-28 fév. FY **a**
5 ch ☕ – †90/160 € ††90/160 € – **Rest** – table d'hôte *(dîner seult) (résidents seult)* Menu 28 €
◆ Cette belle maison de maître (19e s.) reçoit artistes et hôtes de passage à l'ombre de deux platanes centenaires. Chambres et suites personnalisées avec goût. Accueil chaleureux.

Villa Agapè sans rest
13 r. St-Agricol – ✆ 04 90 85 21 92 – michele@villa-agape.com – Fax 04 90 85 21 92 – Fermé 1er-15 mai, juil. et fév. EY **x**
3 ch ☕ – †80/120 € ††90/150 €
◆ La terrasse verdoyante et la piscine de cette villa de caractère, à cheval sur deux immeubles (17e s.), font oublier le centre-ville alentour. Décor raffiné, salon-bibliothèque.

Christian Étienne
10 r. Mons – ✆ 04 90 86 16 50 – contact@christian-etienne.fr – Fax 04 90 86 67 09 – Fermé dim. et lundi sauf en juil. EY **h**
Rest – Menu 30 € (déj.), 60/105 € – Carte 62/88 €
Spéc. Menu "légumes de printemps" (saison). Menu tomates (juin à sept.). Filets de rougets et légumes de saison. **Vins** Vacqueyras, Coteaux du Lubéron.
◆ Demeures des 13e et 14e s. accolées au palais des Papes : décor chargé d'histoire et vue plongeante sur la place. Cuisine régionale créative et bon choix de côtes-du-rhône.

Hiély-Lucullus 20,
5 r. République (1er étage) – ✆ 04 90 86 17 07 – contact@hiely.net – Fax 04 90 86 32 38 EY **n**
Rest – Menu 25 € (déj. en sem.), 35/80 € bc – Carte 40/66 €
◆ À l'étage d'un immeuble ancien. Ambiance feutrée dans la salle des repas redécorée dans un esprit "Belle-Époque" (vitraux, boiseries de style Majorelle). Carte classique.

La Fourchette
17 r. Racine – ✆ 04 90 85 20 93 – restaurant.la.fourchette@wanadoo.fr – Fax 04 90 85 57 60 – Fermé 9-16 mars, 4-26 août, sam. et dim. EY **u**
Rest – *(nombre de couverts limité, prévenir)* Menu (25 €), 31 €
◆ Collections de fourchettes, de cigales et de cartes de voeux évoquant le festival : ce coquet bistrot est apprécié des Avignonnais. Menus traditionnels aux accents du Sud.

Auberge de la Treille avec ch rest, rest, 60,
à l'Île Piot par pont Éd. Daladier ou Pont de l'Europe – ✆ 04 90 16 46 20 – la-treille@wanadoo.fr – Fax 04 90 16 46 21 AX **a**
5 ch – †77/138 € ††77/138 €, ☕ 10 € – **Rest** – Menu 22 € (sem.)/52 €
◆ Bastide du 19e s. ancrée sur une île du Rhône. Salles à manger agrémentées de dessins de Sem, terrasse ombragée de platanes et chambres élégantes : l'adresse a du charme.

Piedoie
26 r. 3 Faucons – ✆ 04 90 86 51 53 – piedoie@club-internet.fr – Fax 04 90 85 17 32 – Fermé 22-31 août, 1er-10 nov., vacances de fév., lundi et merc. EZ **d**
Rest – Menu 18 € (déj. en sem.), 24/52 € – Carte environ 44 €
◆ Poutres, parquets et murs blancs agrémentés de tableaux contemporains côté décor, plats du marché volontiers créatifs côté cuisine. Ambiance familiale.

Brunel
46 r. Balance – ✆ 04 90 85 24 83 – restaurantbrunel@wanadoo.fr – Fax 04 90 86 26 67 – Fermé lundi sauf juil. et dim. EY **e**
Rest – Menu 20 € bc/30 €
◆ Décor contemporain "minimaliste" pour ce bistrot dans le vent proposant, le soir, une carte aux accents provençaux et, au déjeuner, une formule plus resserrée (plat du jour).

L'Isle Sonnante
7 r. Racine – ✆ 04 90 82 56 01 – Fax 04 90 82 56 01 – Fermé 29 oct.-7 nov., 15-25 fév., le midi en aôut, dim. et lundi EY **v**
Rest – *(nombre de couverts limité, prévenir)* Menu 24/36 € – Carte environ 50 €
◆ Ce restaurant (non-fumeurs) proche de la mairie porte fièrement son enseigne rabelaisienne. Intérieur "cosy" mariant style rustique et tons chauds. Plats actuels inspirés par la région.

Le Moutardier
15 pl. Palais des Papes – ✆ 04 90 85 34 76 – moutardier@numericable.fr – Fax 04 90 86 42 18 – Fermé 10-26 janv. EY **z**
Rest – Menu (25 €), 27/39 € – Carte 44/65 €
◆ Des fresques évoquant le moutardier du pape ornent les murs de ce restaurant aménagé dans une maison du 18e s. voisine du palais. Les vins de la carte sont servis au verre.

dans l'île de la Barthelasse 5 km au Nord par D 228 et rte secondaire – ✉ 84000 Avignon

La Ferme — ch, ch, ch, P
110 chemin des Bois – ✆ 04 90 82 57 53 – info@hotel-laferme.com – Fax 04 90 27 15 47 – Ouvert 15 mars-31 oct.
20 ch – †62/69 € ††72/90 €, ☕ 10 € – ½ P 63/74 € – **Rest** – *(fermé lundi midi et merc. midi)* Menu 24/39 € – Carte 42/49 €
◆ Un havre de paix proche du centre-ville. Belle ferme restaurée offrant des chambres spacieuses et fraîches garnies d'un mobilier rustique simple. Salle à manger campagnarde avec poutres apparentes, cheminée et vieilles pierres. Terrasse ombragée.

La Bastide des Papes sans rest — P
352 chemin des Poiriers – ✆ 04 90 86 09 42 – bastidedespapes@free.fr – Fax 04 90 82 38 30
5 ch – †85/114 € ††90/120 €, ☕ 6 €
◆ Séjour presque champêtre dans cette bastide ancienne superbement rénovée. Douillettes chambres à la mode provençale, petit-déjeuner dans la ravissante cuisine et grand jardin.

au Pontet 6 km vers ② par rte de Lyon – 15 594 h. – alt. 40 m – ✉ 84130

Auberge de Cassagne — rest, 20/60, P
450 allée de Cassagne – ✆ 04 90 31 04 18 – cassagne@wanadoo.fr – Fax 04 90 32 25 09 – Fermé 6 janv.-1er fév.
38 ch – †110/387 € ††110/387 €, ☕ 24 € – 2 suites – ½ P 145/284 € –
Rest – Menu 37 € (déj. en sem.), 59/98 € – Carte 78/98 €
Spéc. Foie gras de canard mariné et cuit à la lie de vin. Croustillant de légumes poêlés à cru. Ragoût de homard aux petits légumes et coulis de bouillabaisse. **Vins** Côtes du Rhône, Vin de pays de la principauté d'Orange.
◆ Bastide datant de 1850 ; chambres provençales aménagées dans les pavillons ouverts sur les jardins. Restaurant non-fumeurs aménagé dans une ancienne grange. Décor méridional sous une belle charpente, terrasse à l'ombre d'un vieux platane, cuisine actuelle et bonne sélection de vins.

Les Agassins ch, 30,
52 av. Ch. de Gaulle – ☎ 04 90 32 42 91
– avignon@agassins.com – Fax 04 90 32 08 29 – Fermé janv. et fév. CV **u**
26 ch – †90/140 € ††100/300 €, ☐ 19 € – ½ P 100/155 € – **Rest** – Menu (15 €), 19 € (déj. en sem.), 40/68 € – Carte 53/66 €
◆ Bâtisse d'inspiration régionale isolée dans un jardin fleuri. Meubles en rotin et couleurs du Midi caractérisent les confortables chambres. Salle à manger ensoleillée et terrasse dressée dans une cour arborée ; mets et vins honorent la Provence.

au Golf Grand Avignon 9 km à l'Est par D 28 et rte secondaire – ✉ 84270 Vedène

Golf Grand Avignon ch, ch, 20,
Les Chênes Verts – ☎ 04 90 02 09 09 –
avignon@residhotel.com – Fax 04 90 02 09 08
30 suites – ††135/175 €, ☐ 15 € – ½ P 113/133 €
Rest ***La Cuisine d'Olivier*** – ☎ *04 90 31 96 11* – Menu 18 € (déj. en sem.), 27/35 € – Carte environ 35 €
◆ Calme et espace pour cet hôtel flambant neuf situé au coeur du golf Grand Avignon. Appartements bien équipés, avec vue sur les greens. La salle à manger panoramique et la terrasse offrent une jolie vue sur un plan d'eau et le parcours ; plats au goût du jour.

à Montfavet - CX – ✉ **84140**

Hostellerie Les Frênes rest,
645 av. Vertes Rives – ☎ 04 90 31 17 93
– contact@lesfrenes.com – Fax 04 90 23 95 03
12 ch – †160/385 € ††160/385 €, ☐ 19 € – 6 suites – **Rest** – *(fermé sam. midi, mardi midi et lundi de nov. à fév.)* Menu 30 € (déj.), 50/70 € – Carte 58/82 €
◆ Dans un parc, gracieuse demeure bourgeoise (1800) et ses dépendances plus récentes enfouies sous la végétation. Chambres de style, contemporaines ou méridionales. Élégante salle à manger (boiseries peintes, tableaux, tapisseries) et plaisante terrasse sur la verdure.

rte de Marseille – ✉ **84000 Avignon**

Mercure Avignon Sud ch, 25/150,
– ☎ 04 90 89 26 26 – h0346@accor.com
– Fax 04 90 89 26 27 BX**m**
105 ch – †70/135 € ††75/135 €, ☐ 12 € – **Rest** – Menu (18 €), 23 € – Carte 21/40 €
◆ Une haie d'arbres isole opportunément l'hôtel de son environnement un peu austère. Les chambres sont grandes, pratiques et colorées. Insonorisation efficace. Cuisine traditionnelle fleurant bon la Provence ; la terrasse est dressée l'été au bord de la piscine.

à l'aéroport 8 km par ③ – ✉ **84140**

Paradou ch, ch, 20/50,
– ☎ 04 90 84 18 30 – contact@hotel-paradou.fr – Fax 04 90 84 19 16
60 ch – †85/95 € ††95/150 €, ☐ 11 € – ½ P 59/67 € – **Rest** – *(fermé dim. sauf le soir du 1er avril au 31 déc.)* Menu 19 € (sem.)/38 € – Carte 18/38 €
◆ Hôtel d'esprit provençal où vous préférerez les vastes chambres récemment créées ; toutes bénéficient d'une miniterrasse de plain-pied avec le jardin ou d'un grand balcon. Cuisine à l'accent méridional et grillades ; carte des vins axée sur les crus régionaux.

Voir aussi ressources hôtelières de **Villeneuve-lès-Avignon**

AVIGNON (Aéroport d') – **84 Vaucluse** – **332** C10 – **rattaché à Avignon**

AVOINE – **37 Indre-et-Loire** – **317** K5 – **1 778 h.** – **alt. 35 m** – ✉ **37420** 11 **A2**
Paris 291 – Azay-le-Rideau 28 – Chinon 7 – Langeais 27 – Saumur 23 – Tours 53

L'Atlantide
17 r. Nationale – ☎ 02 47 58 81 85 – Fax 02 47 58 81 85 – Fermé 3-16 sept., dim. et lundi
Rest – Menu 32/42 €
Rest ***Le Casse-Croûte du Vigneron*** – *(fermé dim. soir et lundi)* Menu 12 € (sem.)/16 €
◆ Dans un village situé à proximité de Chinon, cuisine du terroir servie dans une salle de restaurant contemporaine agrémentée d'un trophée de chasse. Au Casse-Croûte du Vigneron, recettes locales et plats à l'ancienne : tête de veau, coq au vin, etc.

AVORIAZ – 74 Haute-Savoie – **328** N3 – **rattaché à Morzine**

AVRANCHES – 50 Manche – **303** D7 – **8 500 h. – alt. 108 m** – ✉ 50300

Normandie Cotentin 32 **A3**

Paris 337 – Caen 105 – Rennes 85 – St-Lô 58 – St-Malo 68

Office de tourisme, 2 rue Général-de-Gaulle ✆ 02 33 58 00 22, Fax 02 33 68 13 29

Manuscrits★★ du Mont-St-Michel (musée) - Jardin des Plantes : ✳★ - La "plate-forme" ✳★.

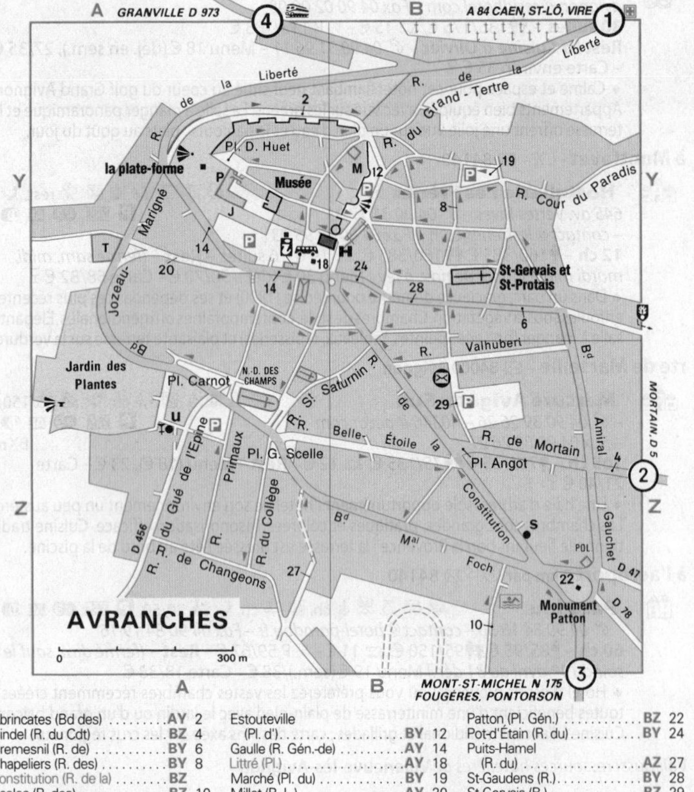

Abrincates (Bd des)	AY 2	Estouteville (Pl. d')	BY 12	Patton (Pl. Gén.)	BZ 22
Bindel (R. du Cdt)	BZ 4	Gaulle (R. Gén.-de)	AY 14	Pot-d'Étain (R. du)	BY 24
Bremesnil (R. de)	BY 6	Littré (Pl.)	AY 18	Puits-Hamel (R. du)	AZ 27
Chapeliers (R. des)	BY 8	Marché (Pl. du)	BY 19	St-Gaudens (R.)	BY 28
Constitution (R. de la)	BZ	Millet (R. L.)	AY 20	St-Gervais (R.)	BZ 29
Écoles (R. des)	BZ 10				

La Croix d'Or ch, 30, VISA

83 r. Constitution – ✆ 02 33 58 04 88 – hotelcroixdor@wanadoo.fr – Fax 02 33 58 06 95 – Fermé 31 déc.-27 janv. et dimanche soir du 15 oct. au 1er avril BZ **s**

27 ch – 55/58 € 60/95 €, 8,50 € – ½ P 68/84 € – **Rest** – Menu 17 € (déj. en sem.), 25/55 € – Carte 31/63 €

◆ Jolie façade à colombages, beau hall-salon (mobilier régional) et jardin fleuri que regardent la plupart des agréables chambres dans cet ancien relais de poste du 17e s. Authentique cachet normand dans la salle à manger ; carte classique et régionale.

La Ramade sans rest
2 r. de la Côte, 1 km par ④ à Marcey les Grèves – ✆ 02 33 58 27 40 – hotel@laramade.fr – Fax 02 33 58 29 30 – Fermé 18-28 nov. et 28 déc.-4 fév.
11 ch – ♦62/82 € ♦♦68/115 €, ☕ 9 €
◆ Demeure bourgeoise des années 1950 vous logeant dans des chambres douillettes personnalisées sur le thème floral. Cheminée au salon et gloriette au jardin. Hôtel non-fumeurs.

Jardin des Plantes ch, ch,
10 pl. Carnot – ✆ 02 33 58 03 68 – contact@le-jardin-des-plantes.fr – Fax 02 33 60 01 72 AZ **u**
25 ch – ♦50/88 € ♦♦50/88 €, ☕ 8,50 € – **Rest** – *(fermé déc., vend. soir, dim. soir et sam. hors saison)* Menu 16/42 € – Carte 33/60 € ♀
◆ Cet hôtel familial se trouve à l'entrée du jardin des plantes. Accueil au bar, fréquenté par la clientèle locale. Chambres rustiques, plus spacieuses dans le bâtiment arrière. Salle à manger aux allures de brasserie et terrasse couverte. Registre culinaire traditionnel.

Altos sans rest
37 bd Luxembourg par ③ : 0,5 km – ✆ 02 33 58 66 64 – info@hotel-altos.com – Fax 02 33 58 40 11 – Fermé 24 déc.-2 janv.
29 ch – ♦49/66 € ♦♦52/69 €, ☕ 7 €
◆ En bordure d'une route passante, établissement des années 1980 dont les chambres, plutôt pratiques, se dotent peu à peu d'une décoration dans l'air du temps.

à St-Quentin-sur-le-Homme **5 km au Sud-Est par D 78** BZ – **1 090 h. – alt. 55 m – ✉ 50220**

Le Gué du Holme avec ch ch, ch,
14 r. des Estuaires – ✆ 02 33 60 63 76 – gue.holme@wanadoo.fr – Fax 02 33 60 06 77 – Fermé 4-18 nov., 18-29 fév., sam. midi, dim. soir et lundi
10 ch – ♦58/65 € ♦♦65/95 €, ☕ 11 € – ½ P 85/100 € – **Rest** – Menu 27/60 € – Carte 38/63 € ♀
◆ Maison en pierre du pays agrémentée d'une façade moderne en bois. Deux élégantes salles à manger dont la plus petite s'ouvre sur la terrasse d'été. Cuisine au gré des saisons.

AX-LES-THERMES – **09 Ariège** – **343** J8 – **1 441 h. – alt. 720 m – Sports d'hiver : au Saquet par route du plateau de Bonascre★ (8km) et télécabine 1 400/2 400 m 1 15 – Stat. therm. : toute l'année – Casino – ✉ 09110**
Midi-Pyrénées 29 **C3**

Paris 803 – Andorra-la-Vella 59 – Carcassonne 106 – Foix 44 – Prades 99 – Quillan 55

Tunnel de Puymorens : Péage en 2006, aller simple : autos 5,50, auto et caravane 11,10, P.L 16,80 à 27,90, deux-roues 3,30. Tarifs spéciaux A.R : renseignements ✆ 04 68 04 97 20.

Office de tourisme, av.Théophile Delcassé ✆ 05 61 64 60 60

Vallée d'Orlu★ au SE.

Le Chalet ch, rest,
4 av. Turrel – ✆ 05 61 64 24 31 – lechalet@club-internet.fr – Fax 05 61 03 55 50 – Fermé 15 nov.-15 déc.
19 ch – ♦44/52 € ♦♦44/52 €, ☕ 9 € – ½ P 44/51 € – **Rest** – *(fermé 15 nov.-15 déc., 12-18 mars, dim. soir et lundi soir hors vacances scolaires et lundi midi)* Menu 21/44 € – Carte 31/47 € ♀
◆ Hôtel-chalet entièrement rénové. Les chambres, contemporaines et reposantes, disposent d'équipements modernes (literie neuve) et sont pourvues d'un balcon. Lumineuse salle à manger aux tons beiges et terrasse dominant une rivière. Savoureuse cuisine actuelle.

L'Orry Le Saquet avec ch rest, 15,
au Sud sur N 20 : 1 km – ✆ 05 61 64 31 30 – Fax 05 61 64 00 31 – Fermé vacances de Pâques, de Toussaint, mardi et merc.
15 ch – ♦60/110 € ♦♦60/110 €, ☕ 8 € – ½ P 55/75 € – **Rest** – *(dîner seult)* Menu 32 € (sem.)/45 € ♀
◆ Bâtisses aux allures de chalet situées sur la route de l'Andorre. Restaurant aménagé dans l'esprit des auberges de campagne. Cours de cuisine deux samedis par mois.

AY – 51 Marne – 306 F8 – 4 315 h. – alt. 76 m – ✉ 51160 13 B2

Paris 146 – Reims 29 – Château-Thierry 60 – Épernay 4 – Châlons-en-Champagne 34

Castel Jeanson sans rest
24 r. Jeanson – ☎ 03 26 54 21 75 – 20/60,
info@casteljeanson.fr – Fax 03 26 54 32 19 – Fermé vacances de Noël et 26 janv.-10 fév.
11 ch – 110/150 € 110/150 €, 9 € – 3 suites
◆ Élégant hôtel particulier du 19e s. dans une rue tranquille de la cité viticole. Chambres "cosy" et colorées. Salon-bibliothèque pour lire... ou déguster une flûte de champagne.

Vieux Puits
18 r. Roger Sondag – ☎ 03 26 56 96 53 – Fax 03 26 56 96 54 – Fermé 15-30 août, 24 déc.-6 janv., vacances de fév., merc. et jeudi
Rest – Menu 30/58 € – Carte 55/65 €
◆ Cette maison champenoise restaurée dispose d'une belle cour fleurie où trône un vieux puits et où l'on dresse la terrasse en été. Trois salles à manger rustiques très soignées.

AYGUESVIVES – 31 Haute-Garonne – 343 H4 – 1 815 h. – alt. 164 m – ✉ 31450
Midi-Pyrénées 29 C2

Paris 704 – Colomiers 36 – Toulouse 25 – Tournefeuille 38

La Pradasse ch, ch, ch,
39 chemin de Toulouse, D16 – ☎ 05 61 81 55 96 – contact@lapradasse.com – Fax 05 61 81 89 76
5 ch – 65 € 80/92 € – **Rest** – table d'hôte *(fermé dim.) (dîner seult) (résidents seult)* Menu 25 €
◆ Cette grange superbement restaurée abrite des chambres qui rivalisent de charme dans leur décor en brique, bois et fer forgé conçu par les propriétaires. Délicieux parc avec étang. Très belle salle à manger et cuisine de saison (légumes du jardin).

AY-SUR-MOSELLE – 57 Moselle – 307 I3 – 1 525 h. – alt. 160 m – ✉ 57300 26 B1

Paris 327 – Briey 31 – Metz 17 – Saarlouis 56 – Thionville 16

Le Martin Pêcheur
1 rte d'Hagondange – ☎ 03 87 71 42 31 – Fax 03 87 71 42 31 – Fermé 23 avril-2 mai, 16 août-3 sept., 29 oct.-7 nov., 18-25 fév., sam. midi, dim. soir, merc. soir et lundi
Rest – Menu 30 € (déj. en sem.), 58 € bc/90 € bc – Carte 52/71 €
◆ Entre canal et Moselle, ex-maison de pêcheurs (1928) agrémentée d'un beau jardin où l'on s'attable en été. Accueil avenant, salles colorées, cuisine actuelle et cave bien fournie.

AYTRÉ – 17 Charente-Maritime – 324 D3 – rattaché à La Rochelle

AZAY-LE-RIDEAU – 37 Indre-et-Loire – 317 L5 – 3 100 h. – alt. 51 m – ✉ 37190
Châteaux de la Loire 11 A2

Paris 265 – Châtellerault 61 – Chinon 21 – Loches 58 – Saumur 47 – Tours 26

Office de tourisme, 4 rue du Château ☎ 02 47 45 44 40, Fax 02 47 45 31 46

Château★★★ - Façade★ de l'église St-Symphorien.

Le Grand Monarque ch,
3 pl. République – ☎ 02 47 45 40 08 – monarq@club-internet.fr – Fax 02 47 45 46 25 – Fermé 1er déc.-10 fév., dim. soir et lundi du 14 oct. au 15 mars
24 ch – 46/62 € 60/185 €, 10 € – ½ P 69/140 € – **Rest** – *(fermé mardi midi du 14 oct. au 15 mars)* Menu 29/59 € – Carte 38/65 €
◆ Cette demeure tourangelle composée de deux bâtiments séparés par une cour arborée abrite de belles chambres de caractère mariant poutres, pierres et mobilier ancien. Élégante salle à manger rustique réchauffée par une imposante cheminée ; ravissante terrasse.

De Biencourt sans rest

7 r. Balzac – ✆ 02 47 45 20 75 – biencourt@infonie.fr – Fax 02 47 45 91 73 – Ouvert 1er mars-15 nov.

15 ch – †47 € ††47/53 €, ☐ 7 €

◆ Près du château, maison du 18e s. ayant abrité une école dont le décor porte la trace. Meubles de style rustique ou Directoire. Petit-déjeuner dans la salle refaite ou au patio.

Des Châteaux ch, ch, VISA AE

2 rte Villandry – ✆ 02 47 45 68 00 – info@hoteldeschateaux.com – Fax 02 47 45 68 29 – Ouvert 15 fév.-15 nov.

27 ch – †53 € ††57/72 €, ☐ 8 € – ½ P 52/59 € – **Rest** – *(fermé le midi du mardi au vend.)* Menu 18/33 € – Carte 24/39 €

◆ De prestigieux châteaux jalonnent encore votre itinéraire touristique : prenez donc le temps de vous reposer dans l'une de ces petites chambres simples mais gaies. Coquet restaurant agrémenté de casseroles en guise... d'appliques ! Cuisine sans prétention.

L'Aigle d'Or 40, VISA

10 av. A. Riché – ✆ 02 47 45 24 58 – aigle-dor@wanadoo.fr – Fax 02 47 45 90 18 – Fermé 3-7 sept., 15-30 nov., fév., lundi soir de déc. à Pâques, mardi soir sauf juil.-août, dim. soir et merc.

Rest – *(prévenir)* Menu (19 €), 25/60 € bc – Carte 31/52 €

◆ Goûteuse cuisine traditionnelle servie dans une salle à manger entièrement redécorée ou sur l'agréable terrasse ombragée, lorsque le temps s'y prête. Accueil aimable.

à Saché 6,5 km à l'Est par D 17 – 1 004 h. – alt. 78 m – ✉ 37190

Auberge du XIIe Siècle (Aubrun et Jimenez) VISA

– ✆ 02 47 26 88 77 – Fax 02 47 26 88 21 – Fermé 27 mai-6 juin, 2-12 sept., 11-21 nov., 2-18 janv., mardi midi, dim. soir et lundi sauf fériés

Rest – *(prévenir le week-end)* Menu 30/67 € – Carte 58/73 €

Spéc. Oeufs brouillés à la crème de morilles. Sandre à la rhubarbe (juin à sept.). Marbré au chocolat fondant. **Vins** Touraine-Azay le Rideau, Chinon.

◆ Vénérable auberge à colombages où Balzac avait ses habitudes à deux pas du château qui l'accueillit si souvent. Cadre rustique bien conservé. Recettes classiques.

AZINCOURT – 62 Pas-de-Calais – 301 F5 – 273 h. – alt. 115 m – ✉ 62310

30 **A2**

Paris 225 – Arras 56 – Boulogne-sur-Mer 62 – Calais 78 – Hesdin 16 – St-Omer 40

Office de tourisme, 22 rue Charles VI ✆ 03 21 47 27 53, Fax 03 21 47 13 12

Charles VI VISA AE

12 r. Charles VI – ✆ 03 21 41 53 00 – restaurantcharles6@wanadoo.fr – Fax 03 21 41 53 11 – Fermé vacances fév., lundi soir et merc.

Rest – Menu 11 € bc (déj. en sem.), 22/32 € – Carte environ 30 €

◆ 25 octobre 1415... "Boutez" la bataille, Henri V et Shakespeare hors de vos pensées et prenez paisiblement votre repas dans cette salle sous haut plafond lambrissé.

BACCARAT – 54 Meurthe-et-Moselle – 307 L8 – 4 746 h. – alt. 260 m – ✉ 54120

Alsace Lorraine

27 **C2**

Paris 369 – Épinal 43 – Lunéville 27 – Nancy 58 – St-Dié 29 – Sarrebourg 45

Office de tourisme, 2 rue Adrien Michaut ✆ 03 83 75 13 37, Fax 03 83 75 36 76

Vitraux★ de l'église St-Rémy - Musée du cristal.

La Renaissance ch, VISA AE

31 r. Cristalleries – ✆ 03 83 75 11 31 – renaissance.la@wanadoo.fr – Fax 03 83 75 21 09

16 ch – †51 € ††51 €, ☐ 10 € – ½ P 62 € – **Rest** – *(fermé dim. soir et vend.)* Menu 18/37 € – Carte 26/51 €

◆ Au pays des verriers, tout près du musée du Cristal, petite adresse pratique pour poser ses valises. Chambres fonctionnelles et bien insonorisées. Cuisine traditionnelle sans prétention servie dans une salle à manger rustique ou sur la miniterrasse fleurie.

BADEN – 56 Morbihan – 308 N9 – 3 360 h. – alt. 28 m – ✉ 56870 9 A3

Paris 473 – Auray 9 – Lorient 52 – Quiberon 40 – Vannes 15

Le Gavrinis ch, VISA

2 km à Toulbroch par rte Vannes – ☎ 02 97 57 00 82 – gavrinis@wanadoo.fr – Fax 02 97 57 09 47 – Fermé 26-30 nov. et 14 janv.-12 fév.

18 ch – 60/90 € 60/98 €, 10,50 € – ½ P 65/78 € – **Rest** – *(fermé dim. soir hors saison, lundi sauf le soir en saison, mardi midi et sam. midi)* Menu (18 €), 22/74 € – Carte 40/61 €

◆ Cette maison néo-bretonne entourée par un beau jardin abrite des chambres confortables et sobres ; certaines ont été rénovées avec goût. Tons pastel et lustres en bois flotté dans la salle de restaurant (non-fumeurs) ; belle terrasse fleurie.

BAERENTHAL – 57 Moselle – 307 Q5 – 702 h. – alt. 220 m – ✉ 57230 27 D1

Paris 449 – Bitche 15 – Haguenau 33 – Strasbourg 62 – Wissembourg 45

Office de tourisme, 1 rue du Printemps d'Alsace ☎ 03 87 06 50 26, Fax 03 87 06 62 33

Le Kirchberg sans rest cuisinette VISA

8 imp. de la Forêt – ☎ 03 87 98 97 70 – resid.hotel.kirchberg@wanadoo.fr – Fax 03 87 98 97 91 – Fermé 1er janv.-8 fév.

20 ch – 40/51 € 60/64 €, 7 €

◆ Hôtel de notre temps établi au cœur du parc régional. Chambres actuelles fraîches et nettes (dix avec cuisinette) à choisir sur l'arrière pour la vue vosgienne. Air pur garanti !

à Untermuhlthal 4 km au Sud-Est par D 87 – ✉ 57230 Baerenthal

L'Arnsbourg (Klein) VISA

– ☎ 03 87 06 50 85 – l.arnsbourg@wanadoo.fr – Fax 03 87 06 57 67 – Fermé 4-19 sept., 1er-30 janv., mardi et merc.

Rest – *(prévenir le week-end)* Menu 52 € (déj. en sem.), 105/130 € – Carte 91/117 €

Spéc. Emulsion de pomme de terre et truffe. Saint-Pierre infusé au laurier en croûte de sel. Pomme de ris de veau au foin, infusion à la citronnelle. **Vins** Gewurztraminer, Muscat.

◆ En pleine campagne vosgienne, maison à fière allure vous conviant aux plaisirs d'un repas délicieusement inventif dans une élégante salle (non-fumeurs) classique-moderne surplombant la Zinsel.

K VISA

– ☎ 03 87 27 05 60 – hotelk@orange.fr – Fax 03 87 06 88 65 – Fermé 4-19 sept., 1er-30 janv., mardi et merc.

6 ch – 195/350 € 195/350 €, 26 € – 6 suites – 350 €

◆ Une belle architecture moderne qui se fond bien dans le paysage. Ambiance "zen", matériaux nobles et naturels dans les chambres contemporaines et haut de gamme... Un havre de paix.

BAFFIE – 63 Puy-de-Dôme – 326 J10 – 101 h. – alt. 850 m – ✉ 63600 6 C2

Paris 457 – Clermont-Ferrand 90 – Issoire 69 – Montbrison 44 – Thiers 71

Le Relais du Vermont VISA

au Col de Chemintrand – ☎ 04 73 95 34 75 – auberge-vermont@wanadoo.fr – Fax 04 73 95 93 81 – Fermé 1er janv.-7 fév., dim. soir hors saison et lundi

Rest – Menu 14,50/26 €

◆ Ancien relais de diligences (1870) érigé sur un col d'où l'on profite d'une belle vue. Plats du terroir et séduisants desserts servis dans un agréable cadre rustique.

Nous essayons d'être le plus exact possible dans les prix que nous indiquons. Mais tout bouge ! Lors de votre réservation, pensez à vous faire préciser le prix du moment.

BÂGÉ-LE-CHÂTEL – 01 Ain – 328 C3 – 762 h. – alt. 209 m – ✉ 01380 44 B1

Paris 396 – Bourg-en-Bresse 35 – Mâcon 11 – Pont-de-Veyle 7 – St-Amour 39 – Tournus 41

Syndicat d'initiative, 2 rue Marsale ✆ 03 85 30 56 66, Fax 03 85 30 56 66

La Table Bâgésienne

Gde Rue – ✆ 03 85 30 54 22 – latablebagesienne@wanadoo.fr – Fax 03 85 30 58 33 – Fermé 25 juil.-8 août, 24-30 déc., 15 fév.-1er mars, lundi soir, mardi soir et merc.

Rest – Menu 16 € (déj. en sem.), 24/45 € – Carte 32/49 €

◆ Cheminée, boiseries, vieux meubles bressans : deux salles rustiques, dont une réservée aux non-fumeurs. Terrasse ombragée par un tilleul. Cuisine régionale actualisée.

BAGES – 11 Aude – 344 I4 – rattaché à Narbonne

BAGNÈRES-DE-BIGORRE – 65 Hautes-Pyrénées – 342 M4 – 8 048 h. – alt. 551 m – Stat. therm. : mi mars-fin nov. – Casino – ✉ 65200

Midi-Pyrénées 28 A3

Paris 829 – Lourdes 24 – Pau 66 – St-Gaudens 65 – Tarbes 23

Office de tourisme, 3 allées Tournefort ✆ 05 62 95 50 71, Fax 05 62 95 33 13

de la Bigorre à Pouzac Quartier Serre Devant, NE par D 938 : 3 km, ✆ 05 62 91 06 20.

Parc thermal de Salut★ par Av. Pierre-Noguès - Grotte de Médous★★ SE : 2,5 km par D 935.

La Résidence

rest, VISA

Parc Thermal de Salut – ✆ 05 62 91 19 19 – Fax 05 62 95 29 88 – Ouvert 2 mai-30 sept.

26 ch – 85/90 € 85/90 €, 9 € – 3 suites – ½ P 70/75 € – **Rest** – *(dîner seult) (résidents seult)* Menu 24 €

◆ Au calme, dans le cadre champêtre du parc de la station thermale. Chambres spacieuses et rénovées, ouvertes sur le vallon de Salut. Salon-vidéothèque. Belle salle à manger cossue prolongée d'une agréable terrasse. Bar "cosy" et raffiné.

Hostellerie d'Asté

10/25, VISA

3,5 km rte de Campan (D 935) – ✆ 05 62 91 74 27 – contacts@hotel-aste.com – Fax 05 62 91 76 74 – Fermé 11 nov.-12 déc.

19 ch – 49/58 € 49/58 €, 7 € – 1 suite – ½ P 47/53 € – **Rest** – *(fermé dim. soir hors vacances scolaires)* Menu (10 €), 14/34 € – Carte 18/48 €

◆ Imposante construction entre la route et l'Adour. Petites chambres refaites par étapes ; sur l'arrière, elles sont bercées par le murmure de la rivière. Salle à manger lumineuse et terrasse dressée dans le jardin, au bord de l'eau. Cuisine traditionnelle orientée produits de la mer.

Les Petites Vosges sans rest

17 bd Carnot – ✆ 05 62 91 55 30 – lpv@lespetitesvosges.com – Fax 05 62 91 55 30 – Fermé nov.

4 ch – 60 € 70/85 €

◆ À côté des thermes et du casino, cette charmante maison renferme un fragment des remparts de la vieille ville. Décor contemporain "cosy", chambres douillettes et salon de thé raffiné. La propriétaire saura vous conseiller de belles randonnées dans les environs.

Le Jardin des Brouches

VISA

22 bd Carnot – ✆ 05 62 91 07 95 – Fermé 27 août-3 sept., vacances de Noël, dim., lundi et mardi

Rest – *(nombre de couverts limité, prévenir)* Menu 30 € (déj.), 35/60 €

◆ Cette maison de maître mérite le détour : intérieur chaleureux, belle terrasse dressée dans le jardin clos et cuisine au goût du jour proposée sous la forme de "menus surprise"...

L' Auberge Gourmande

VISA

1 bd Lyperon – ✆ 05 62 95 52 01 – Fermé 12 nov.-4 déc., lundi et mardi

Rest – Menu 18 € bc (déj. en sem.), 25/50 € – Carte 36/54 €

◆ Pas loin des thermes, face au casino, restaurant familial (non-fumeurs) valorisant autant que possible le terroir. Tons jaunes et lustres de cuivre en salle ; bar sur le côté.

à Beaudéan 4,5 km au Sud par rte de Campan (D 935) – 378 h. – alt. 625 m – ✉ 65710

Office de tourisme, place de la Mairie ✆ 05 62 91 79 92

Vallée de Lesponne★ SO.

Le Catala 10/20, VISA

– ✆ 05 62 91 75 20 – le.catala@wanadoo.fr – Fax 05 62 91 79 72
– Fermé vacances de la Toussaint, 23-30 déc. et dim. soir sauf vacances scolaires
21 ch – †45/50 € ††50/55 €, ☕ 7,50 € – 3 suites – ½ P 48 € – **Rest** – *(dîner seult) (résidents seult)* Menu 23 €

◆ La façade discrète de cet hôtel bigourdan dissimule un intérieur original : le décor des chambres s'accorde avec les fresques peintes sur les portes (sport, histoire, etc.).

à Lesponne 8 km au Sud par D 935 et D 29 – ✉ 65710 Campan

Domaine de Ramonjuan 10/25, VISA

– ✆ 05 62 91 75 75 – ramonjuan@wanadoo.fr
– Fax 05 62 91 74 54
22 ch – †40/50 € ††45/100 €, ☕ 7 € – ½ P 45/60 € – **Rest** – *(Fermé mardi midi, dim. soir et lundi)* Menu (16 €), 20/24 €

◆ Ce petit complexe comprend un centre équestre et de bons équipements de loisirs. Chambres rustiques dans la ferme ou la bergerie et studios modernes. Salle à manger-véranda, terrasse d'été, cuisine régionale et spécialité de paëlla.

BAGNÈRES-DE-LUCHON – 31 Haute-Garonne – 343 B8 – 2 900 h. – alt. 630 m

– Sports d'hiver : à Superbagnères, 1 440/2 260 m 1 14 – Stat. therm. : début mars-fin oct. – Casino Y – ✉ **31110** **Midi-Pyrénées** 28 **B3**

Paris 814 – St-Gaudens 48 – Tarbes 98 – Toulouse 141

Office de tourisme, 18 allée d'Étigny ✆ 05 61 79 21 21, Fax 05 61 79 11 23

de Luchon Route de Montauban, ✆ 05 61 79 03 27.

Plan page ci-contre

D'Étigny rest, rest, VISA

face établ. thermal – ✆ 05 61 79 01 42 – etigny@aol.com – Fax 05 61 79 80 64
– Ouvert 1er mai-21 oct. Z **k**
58 ch – †48/75 € ††48/125 €, ☕ 9 € – 5 suites – ½ P 50/85 € –
Rest – Menu 17/43 € – Carte 23/45 €

◆ En face des thermes, chambres de niveau standard, diversement aménagées. Trois d'entre elles, plus confortables, ont été rénovées. Restaurant sobrement bourgeois et terrasse ombragée pour une carte proposant des recettes ancrées dans la tradition.

Corneille ch, rest, 6/20, VISA

5 av. A. Dumas – ✆ 05 61 79 36 22 – hotel-corneille@wanadoo.fr
– Fax 05 61 79 81 11 – Fermé 20 oct.-22 déc. Y **u**
51 ch – †60/100 € ††75/130 €, ☕ 10 € – 1 suite – ½ P 70/102 € –
Rest – Menu (25 €), 37/50 € bc

◆ Construction du 19e s. qui fut le premier casino de Luchon (vitraux d'époque). Si les chambres méritent un rajeunissement, elles offrent une belle vue sur les Pyrénées. Deux salles à manger dont une ouverte sur le jardin ; cuisine traditionnelle.

Apsis sans rest 6/15, VISA

19 allées d'Etigny – ✆ 05 61 79 56 97 – reception.luchon@apsishotels.com
– Fax 05 61 95 43 96 Y **z**
47 ch – †69/96 € ††75/120 €, ☕ 15 €

◆ Hommes d'affaires et skieurs apprécient cet hôtel flambant neuf pour sa situation centrale, ses jolies chambres contemporaines parfaitement équipées et son "business corner".

Royal Hôtel rest, rest, VISA

1 cours Quinconces – ✆ 05 61 79 00 62 – Fax 05 61 79 38 35 – Ouvert 25 mai-10 oct. Z **v**
48 ch – †39 € ††43 €, ☕ 6 € – ½ P 42/50 € – **Rest** – Menu 15 €

◆ Hôtel prisé des curistes pour sa proximité immédiate des thermes. Chambres diversement meublées (rustique ou classique), plus petites au dernier étage. Hauts plafonds et moulures donnent un cachet "vieille France" à la salle à manger par ailleurs plutôt simple.

BAGNÈRES-DE-LUCHON

D 125 ① TOULOUSE, TARBES

③ D 618 COL DE PEYRESOURDE

AÉRO-CLUB — ASSOMPTION — CASINO — FRONTON — ÉTABt THERMAL — PARC DES QUINCONCES — ST-MAMET — POL

► Sens unique en saison

SUPERBAGNÈRES — SUPERBAGNÈRES, VALLÉE DU LYS, VALLÉE DE LA PIQUE — COL DU PORTILLON ②

Première distinction : l'étoile ✿.
Elle couronne les tables pour lesquelles on ferait des kilomètres !

Panoramic sans rest VISA

6 av. Carnot – ✆ 05 61 79 30 90 – hotel.panoramic@wanadoo.fr – Fax 05 61 79 32 84 – Fermé 5 nov.-2 déc. X **a**

28 ch – 40/59 € 49/72 €, 8,50 €

◆ Immeuble centenaire dont plus de la moitié des chambres est désormais rénovée avec soin et insonorisée. Copieux petit-déjeuner servi sous forme de buffet.

Deux Nations 12/36, VISA

5 r. Victor-Hugo – ✆ 05 61 79 01 71 – hotel2nations@aol.com – Fax 05 61 79 27 89 Y **g**

28 ch – 28/55 € 28/55 €, 6 € – ½ P 30/42 € – **Rest** – *(fermé dim. soir et lundi hors saison)* Menu (10 €), 14/33 € – Carte 19/46 €

◆ Deux bâtiments composent cet hôtel où la même famille reçoit les clients depuis 1917 ! Optez sans hésitation pour les chambres les plus récentes. Le restaurant dispose d'une entrée indépendante et ouvre sur une plaisante terrasse dressée dans un joli patio fleuri.

La Rencluse rest, VISA

à St-Mamet ✉ 31110 – ✆ 05 61 79 02 81 – resa@hotel-larencluse.com – Fax 05 61 79 82 99 – Ouvert 1er mai-10 oct., vacances de Noël et de fév. Z **y**

24 ch – 44 € 44/52 €, 6,50 € – ½ P 53/55 € – **Rest** – Menu 12 € (sem.)/25 € – Carte 21/34 €

◆ Étape sympathique sur la route de l'Espagne : chambres de bon confort, plus calmes à l'annexe, et ambiance "maison de campagne familiale". Murs lambrissés, mobilier rustique et nappes à carreaux décorent la salle à manger ; cuisine traditionnelle simple.

Pavillon Sévigné

2 av. Jacques Barrau – ✆ 05 61 79 31 50 – seiter@pavillonsevigne.com Z **z**

5 ch – 80 € 90 € – ½ P 60 € – **Rest** – table d'hôte *(dîner seult) (résidents seult)* Menu 23 € bc

◆ Fresques murales, escalier en bois, meubles anciens, etc. : au cachet de ce paisible manoir du 19e s. s'ajoutent des équipements modernes (écrans plats) et un accueil délicieux. Agréable salle à manger ouverte sur le jardin et menu unique à la table d'hôte.

à Juzet-de-Luchon 3 km par ① – 379 h. – alt. 625 m – ✉ 31110

Le Poujastou ch,

r. du Sabotier – ✆ 05 61 94 32 88 – info@lepoujastou.com – Fax 05 61 94 32 88 – Fermé nov.

5 ch – 38 € 48 € – ½ P 41 € – **Rest** – table d'hôte *(dîner seult) (prévenir) (résidents seult)* Menu 17 € bc

◆ L'ancien café du village (18e s.) accueille aujourd'hui de petites chambres simples et soignées : murs ocre peints à la chaux, sol en jonc tressé, meubles rustiques ou en pin. Repas servi dans la jolie salle à manger de style pyrénéen ou dans le jardin.

à St-Paul-d'Oueil 8 km par ③, D618 et D51 – 49 h. – alt. 1 000 m – ✉ 31110

Maison Jeanne sans rest

– ✆ 05 61 79 81 63 – Fax 05 61 79 81 63

4 ch – 62 € 73/128 €

◆ Cette belle maison de pays ouvre sur un jardin et sur la montagne. Chambres décorées de meubles de famille et de pochoirs réalisés par la propriétaire. Accueil vraiment charmant.

BAGNEUX – 49 Maine-et-Loire – 317 I5 – rattaché à Saumur

BAGNOLES-DE-L'ORNE – 61 Orne – 310 G3 – 893 h. – alt. 140 m – Stat. therm. : mi mars-fin oct. – Casino A – ✉ 61140 Normandie Cotentin 32 B3

Paris 236 – Alençon 48 – Argentan 39 – Domfront 19 – Falaise 48 – Flers 28

Office de tourisme, place du Marché ✆ 02 33 37 85 66, Fax 02 33 30 06 75

de Bagnoles-de-l'Orne Route de Domfront, ✆ 02 33 37 81 42.

Site★ - Lac★ - Parc de l'établissement thermal★.

BAGNOLES-DE-L'ORNE

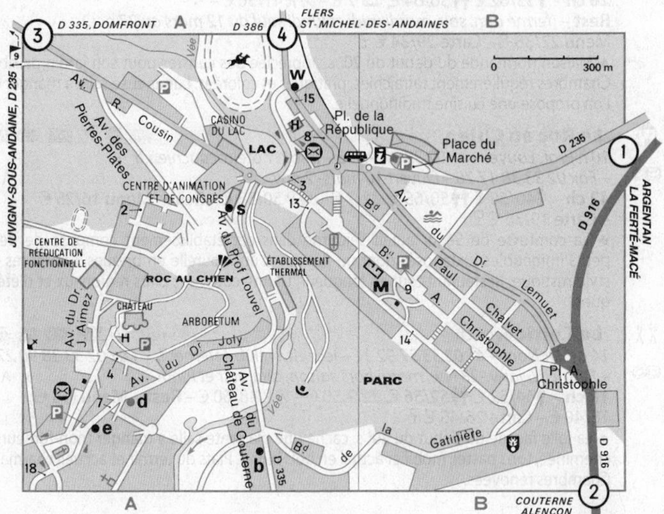

Le Manoir du Lys (Quinton)

2 km rte Juvigny-sous-Andaine par ③
– ✆ 02 33 37 80 69 – manoir-du-lys@wanadoo.fr
– Fax 02 33 30 05 80 – Fermé 3 janv.-14 fév., dim. soir et lundi du 1er nov. au 30 mars

40, P, VISA, MC, AE

23 ch – †67/130 € ††67/195 €, ☕ 14 € – 7 suites – ½ P 91/187 € –
Rest – Menu 30/80 € – Carte 56/97 €

Spéc. Homard bleu à la plancha. Menu "champignons" (printemps et automne). Pigeonneau rôti entier, jus clair au "sydre".

◆ Belle demeure normande au milieu des bois et dans un parc. Chambres personnalisées logées dans le manoir ou, pour les plus récentes et les plus spacieuses, dans un original pavillon. Cuisine régionale servie dans une superbe salle à manger d'esprit contemporain ou sur une exquise terrasse.

Nouvel Hôtel

rest, rest, P, VISA, MC, AE

8 av. Dr P. Noal – ✆ 02 33 30 75 00 – contact@nouvel-hotel-bagnoles.fr
– Fax 02 33 30 75 13 – Ouvert 1er avril-30 oct. A e

30 ch – †46/57 € ††52/73 €, ☕ 7,50 € – ½ P 48/58 € – **Rest** – Menu 17/30 € – Carte 24/35 €

◆ Cette jolie villa du début du 20e s. offre des chambres fonctionnelles, plaisantes et bien insonorisées. Salon doté d'un piano et paisible jardin fleuri. Trois salles dont une aménagée sous une agréable véranda ; menus traditionnels, diététiques et végétariens.

Bois Joli

rest, P, VISA, MC, AE

av. Ph. du Rozier – ✆ 02 33 37 92 77 – boisjoli@wanadoo.fr
– Fax 02 33 37 07 56 A w

20 ch – †68/148 € ††94/148 €, ☕ 11 € – ½ P 74/103 € – **Rest** – Menu 20/53 € – Carte 37/63 €

◆ Élégante façade à colombages d'une villa anglo-normande du 19e s. Intérieur feutré, meubles anciens de divers styles, coquettes chambres récemment rénovées et parc arboré. Chaleureuse salle à manger avec beaux lambris d'origine et cheminée en bois sculpté.

Les Camélias

av. Château de Couterne – ✆ 02 33 37 93 11 – cameliashotel@wanadoo.fr – Fax 02 33 37 48 32 – Ouvert 12 fév.-20 déc. A **b**

26 ch – †35/62 € ††36/64 €, ☕ 7 € – ½ P 41/56 € – **Rest** – *(fermé dim. soir, mardi midi et lundi sauf du 12 mars au 27 oct.)* Menu 22/38 € – Carte 29/34 €

◆ Maison normande du début du 20e s. appréciée des curistes pour son jardin paisible. Chambres régulièrement rafraîchies, pratiques et colorées. Lumineuse salle à manger où l'on propose une cuisine traditionnelle.

Le Roc au Chien

10 r. Prof. Louvel – ✆ 02 33 37 97 33 – info@hotelrocauchien.fr – Fax 02 33 38 17 76 – Ouvert 10 mars- 2 nov. A **s**

42 ch – †40/58 € ††50/65 €, ☕ 7 € – ½ P 50/58 € – **Rest** – Menu 16/25 € – Carte 19/36 €

◆ La comtesse de Ségur aurait séjourné dans cet établissement composé de deux petits immeubles juxtaposés dont un flanqué d'une tourelle en briques. Chambres de style rustique. Restaurant tout en longueur, tourné côté rue ; plats régionaux et diététiques.

Le Celtic avec ch — rest,

14 av. Dr Noal – ✆ 02 33 37 92 11 – leceltic@club-internet.fr – Fax 02 33 38 90 27 – Fermé 15 janv.-28 fév., mardi hors saison, dim. soir et lundi A **d**

10 ch – †44/52 € ††52/56 €, ☕ 7,50 € – ½ P 48/60 € – **Rest** – Menu (16 €), 18/40 € – Carte 26/45 €

◆ La jolie façade du début du 20e s. cache une plaisante salle à manger (non-fumeurs) : cheminée, tons pastel, mobilier actuel en bois blond. Plats du terroir et accueil charmant. Chambres rénovées.

BAGNOLET – **93 Seine-Saint-Denis** – **305** F7 – **101** 17 – **voir à Paris, Environs**

BAGNOLS – **69 Rhône** – **327** G4 – **701 h.** – **alt. 400 m** – ✉ **69620**

Lyon et la vallée du Rhône 43 **E1**

Paris 444 – Lyon 30 – Tarare 20 – Villefranche-sur-Saône 14

Château de Bagnols — ch, ch, rest,

– ✆ 04 74 71 40 00 – info@bagnols.com – Fax 04 74 71 40 49 – Fermé 2 janv.-18 mars

16 ch – †475/670 € ††475/670 €, ☕ 30 € – 5 suites – **Rest** – Menu 45 € (déj. en sem.), 78/120 € – Carte 90/123 €

Spéc. Coquillages et caviar osciètre (printemps). Féra fondante et croustillante (été). Poularde de Bresse et parmentier truffé (été-automne). **Vins** Beaujolais, Côtes de Brouilly.

◆ Jardins ouverts sur la campagne beaujolaise, accès par pont-levis, fresques Renaissance restaurées et superbes chambres personnalisées : c'est la vie de château ! Tables dressées dans la majestueuse salle des gardes (cheminée gothique et meubles ancestraux).

BAGNOLS – **63 Puy-de-Dôme** – **326** C9 – **532 h.** – **alt. 862 m** – ✉ **63810** 5 **B2**

Paris 483 – La Bourboule 23 – Clermont-Ferrand 64 – Issoire 63 – Le Mont-Dore 29

Voyageurs — ch,

Le Bourg – ✆ 04 73 22 20 12 – legouffet@aol.com – Fax 04 73 22 21 18 – Fermé 13-30 janv., dim. soir et lundi sauf vacances scolaires

18 ch ☕ – †35 € ††55 € – ½ P 40/45 € – **Rest** – Menu 18 € (sem.)/50 € – Carte 33/48 €

◆ Dans un village auvergnat, construction des années 1960 de style local. Chambres progressivement refaites, simples et pratiques. Le restaurant est modeste mais connaît un franc succès : la table au goût du jour et régionale y est sûrement pour quelque chose !

BAGNOLS-SUR-CÈZE – 30 Gard – 339 M4 – 18 103 h. – alt. 51 m – ✉ 30200

Provence 23 **D1**

Paris 653 – Alès 54 – Avignon 34 – Nîmes 56 – Orange 25 – Pont-St-Esprit 12

Office de tourisme, Espace Saint-Gilles ☎ 04 66 89 54 61, Fax 04 66 89 83 38

Musée d'Art moderne Albert-André★.

Site★ de Roques-sur-Cèze.

Château du Val de Cèze sans rest

1 km rte d'Avignon – ☎ 04 66 89 61 26 15/90,

– hotelvaldeceze@sud-provence.com – Fax 04 66 89 97 37 – Ouvert 1er avril-31 oct.

22 ch – 85/100 € 100/110 €, 10 € – 1 suite

◆ Le château du 17e s. abrite réception et salons. Les chambres, provençales (fer forgé, tomettes, tissus colorés), sont dans des pavillons disséminés dans le parc de 8 ha.

rte d'Alès 5 km Ouest par D 6 et D 143 – ✉ 30200 Bagnols-sur-Cèze

Château de Montcaud ch, 15/50,

– ☎ 04 66 89 60 60 – montcaud@relaischateaux.com – Fax 04 66 89 45 04 – Ouvert 4 avril-21 oct.

26 ch – 165/330 € 180/480 €, 22 € – 2 suites – ½ P 170/320 €

Rest *Les Jardins de Montcaud* – *(fermé le midi sauf dim. en saison)* Menu 46 € (dîner)/68 € – Carte 45/70 €

Rest *Bistrot de Montcaud* – *(fermé sam. et dim.) (déj. seul.)* Carte 22/38 €

◆ Noble demeure du 19e s. entourée d'un parc soigné. Meubles de style et tons chauds personnalisent les chambres de ce havre de paix. Table à l'accent méridional et beau patio aux Jardins de Montcaud. Choix simplifié au Bistrot ; brunch donimical "jazzy" en été.

à Connaux 8,5 km au Sud sur N 86 – 1 623 h. – alt. 86 m – ✉ 30330

Paul Itier

– ☎ 04 66 82 00 24 – imbert30@aol.com – Fax 04 66 82 43 23 – Fermé 18-24 fév.

Rest – Menu 14,50 € (déj. en sem.), 19/29 €

◆ Ce petit restaurant situé au bord de la route nationale abrite une sobre salle à manger campagnarde où l'on apprécie une cuisine classique à prix doux.

BAIE DES TRÉPASSÉS – 29 Finistère – 308 C6 – rattaché à Pointe du Raz

BAILLARGUES – 34 Hérault – 339 J7 – rattaché à Montpellier

BAILLEUL – 59 Nord – 302 E3 – 14 146 h. – alt. 44 m – ✉ 59270

Nord Pas-de-Calais Picardie 30 **B2**

Paris 244 – Armentières 13 – Béthune 31 – Dunkerque 44 – Ieper 20 – Lille 30 – St-Omer 37

Office de tourisme, 3 place BP 95 ☎ 03 28 43 81 00, Fax 03 28 43 81 01

✻★ du beffroi.

Belle Hôtel sans rest

19 r. Lille – ☎ 03 28 49 19 00 – belle.hotel@wanadoo.fr – Fax 03 28 49 22 11 – Fermé 6-19 août et 24 déc.-1er janv.

31 ch – 81/89 € 81/150 €, 12 €

◆ Deux jolies maisons typiquement flamandes : les chambres sont spacieuses et raffinées (meubles de style) dans l'une, plus actuelles et tout aussi bien tenues dans l'autre.

Ne confondez pas les couverts et les étoiles ! Les couverts définissent une catégorie de standing, tandis que l'étoile couronne les meilleures tables, dans chacune de ces catégories.

BAINS-LES-BAINS – 88 Vosges – **314** F4 – **1 415 h.** – **alt. 315 m** – **Stat. therm. : début avril-début nov.** – ✉ **88240** Alsace Lorraine 27 **C3**

Paris 364 – Épinal 27 – Luxeuil-les-Bains 31 – Vesoul 51 – Vittel 42

Syndicat d'initiative, 3 avenue André Damazure ✆ 03 29 36 31 75, Fax 03 29 36 23 24

Poste

11 r. de Verdun – ✆ 03 29 36 31 01 – thbourgon.pacoutellier@wanadoo.fr – Fax 03 29 30 44 22 – Fermé 15 nov.-15 déc.

14 ch – 32/40 € 32/43 €, 7,50 € – ½ P 49/55 € – **Rest** – *(fermé dim. soir et lundi)* Menu 12 € (sem.)/35 € – Carte 26/52 €

◆ La façade de cet ancien relais de poste est un peu austère, mais l'intérieur s'avère accueillant et confortable. Chambres simples et bien tenues. Salle de restaurant au décor soigné où l'on sert une cuisine au goût du jour.

De la Promenade ch,

8 av.du colonel Chavane – ✆ 03 29 36 30 06 – Fax 03 29 30 44 28 – Ouvert 26 mars-10 nov.

19 ch – 33 € 42 €, 6 € – ½ P 55 € – **Rest** – Menu (12 € bc), 15 € (dîner)/38 € – Carte 17/34 €

◆ Bâtiment des années 1960 précédé d'un jardinet abondamment fleuri. Les chambres, qui ont conservé leur décor d'origine, sont progressivement rafraîchies. Cuisine traditionnelle à prix sages servie dans une salle à manger rénovée. Accueil charmant.

BAIROLS – 06 Alpes-Maritimes – **341** D4 – **114 h.** – **alt. 850 m** – ✉ **06420** 41 **D2**

Paris 836 – Digne-les-Bains 120 – Grasse 74 – Nice 53 – St Martin-Vésubie 40

Auberge du Moulin

4 r. Lou Coulet – ✆ 04 93 02 92 93 – Fermé 15-30 nov. et lundi

Rest – *(nombre de couverts limité, prévenir)* Menu 25/35 €

◆ Ancien moulin situé au cœur d'un village médiéval perché. Menu (unique) italien et joli cadre rustique décontracté : aphorismes du patron et vieux rouages animent la salle.

BAIX – 07 Ardèche – **331** K5 – **822 h.** – **alt. 80 m** – ✉ **07210** 44 **B3**

Paris 588 – Crest 30 – Montélimar 22 – Privas 18 – Valence 33

Les Quatre Vents sans rest

rte Chomérac, 2 km au Nord-Ouest – ✆ 04 75 85 80 64 – Fax 04 75 85 05 30 – Fermé 23 déc.-3 janv.

23 ch – 33/45 € 36/48 €, 6 €

◆ Façade ocre et volets bleus pour ces deux bâtiments situés en léger retrait d'une route passante. Chambres modestes mais pratiques.

Les Quatre Vents

rte Chomérac, 2 km au Nord-Ouest – ✆ 04 75 85 84 49 – Fax 04 75 85 84 49 – Fermé 26 déc.-12 janv., sam. midi et dim. soir

Rest – Menu 20 € (sem.)/45 € – Carte 33/46 €

◆ Au restaurant : charpente apparente, décor revu et coloré agrémenté de tableaux et d'un trompe-l'œil, cuisine actuelle.

BALAN – 01 Ain – **328** D6 – **1 534 h.** – **alt. 194 m** – ✉ **01360** 43 **E1**

Paris 475 – Lyon 29 – Bourg-en-Bresse 57 – Bourgoin-Jallieu 44 – Villefranche-sur-Saône 51

Les Alizés

à la Valbonne 3 km au Nord-Est, N 84 – ✆ 04 72 25 95 95 – Fax 04 78 06 17 82 – Fermé 30 juil.-26 août, sam. et dim.

Rest – Menu 17 € (sem.)/41 € – Carte 37/43 €

◆ Coincée entre route et voie ferrée, petite adresse familiale à l'accueil tout sourire. Sobre salle à manger gentiment dressée et cuisine traditionnelle.

BALARUC-LES-BAINS – 34 Hérault – 339 H8 – 5 688 h. – alt. 3 m – Stat. therm. : début mars.-mi déc. – Casino – ✉ 34540 Languedoc Roussillon 23 **C2**

Paris 781 – Agde 32 – Béziers 52 – Frontignan 8 – Lodève 54 – Montpellier 33 – Sète 9

Syndicat d'initiative, square du Docteur Bordes ✆ 04 67 46 81 46

Le St-Clair

Quai du Port – ✆ 04 67 48 48 91 – sjlsaintclair@aol.com – Fax 04 67 18 86 96 – Fermé 2-31 janv.

Rest – Menu 19 € (déj. en sem.), 29/55 € – Carte 50/78 €

◆ Coquette salle à manger-véranda donnant sur le quai et terrasse agrémentée de palmiers, face au bassin de Thau. Incontournable pour les amateurs de poissons et coquillages !

BALDENHEIM – 67 Bas-Rhin – 315 J7 – rattaché à Sélestat

BALDERSHEIM – 68 Haut-Rhin – 315 I10 – rattaché à Mulhouse

BALLEROY – 14 Calvados – 303 G4 – 787 h. – alt. 70 m – ✉ 14490 Normandie Cotentin 32 **B2**

Paris 276 – Bayeux 16 – Caen 42 – St-Lô 23 – Vire 47

Château★.

Manoir de la Drôme

– ✆ 02 31 21 60 94 – denisleclerc@wanadoo.fr – Fax 02 31 21 88 67 – Fermé 29 oct.-8 nov., 15 fév.-12 mars, dim. soir, mardi midi, lundi et merc.

Rest – Menu 48/68 € – Carte 67/75 €

◆ Ce joli manoir du 17e s. où grimpe la vigne vierge vous invite à déguster une cuisine classique dans une élégante salle à manger ouverte sur le jardin baigné par la Drôme.

LA BALME-DE-SILLINGY – 74 Haute-Savoie – 328 J5 – 3 729 h. – alt. 480 m – ✉ 74330 46 **F1**

Paris 524 – Annecy 13 – Bellegarde-sur-Valserine 30 – Belley 59 – Frangy 14 – Genève 48

Syndicat d'initiative, route de Choisy ✆ 04 50 68 78 70, Fax 04 50 68 88 21

Les Rochers rest,

N 508 – ✆ 04 50 68 70 07 – hotel.restaurant.les-rochers@wanadoo.fr – Fax 04 50 68 82 74 – Fermé 1er-15 nov., janv., dim. soir et lundi sauf du 15 juin au 15 sept.

5 ch – 47/52 € 51/57 €, 10 € – ½ P 51/58 € – **Rest** – Menu 20 € (sauf déj. dim.)/85 € – Carte 27/57 €

◆ Hôtel situé dans un bourg adossé à la montagne de Mandallaz. Les chambres, plus calmes sur l'arrière, sont toutes rénovées. Ambiance "pension de famille" dans la vaste salle à manger meublée dans le style Louis XIII. À table, plats traditionnels.

La Chrissandière

à 400 m.

10 ch – 64 € 64 €, 10 € – ½ P 69 €

◆ Chaumière entourée d'un parc de 3 ha. Chambres refaites et joliment colorées. Parc et piscine : deux atouts indéniables pour cette annexe. L'accueil se fait aux Rochers.

LA BALME DE THUY – 74 Haute-Savoie – 328 K5 – rattaché à Thônes

BALOT – 21 Côte-d'Or – 320 G3 – 93 h. – alt. 272 m – ✉ 21330 8 **C1**

Paris 235 – Auxerre 74 – Chaumont 74 – Dijon 82 – Montbard 28 – Troyes 72

Auberge de la Baume ch, ch, ch,

– ✆ 03 80 81 40 15 – la.baume@tiscali.fr – Fax 03 80 81 62 87 – Fermé 21 déc.-6 janv.

10 ch – 45/52 € 45/52 €, 7 € – ½ P 47/52 € – **Rest** – Menu 15 € (sem.)/32 € – Carte 17/34 €

◆ En face de l'église, accueil attentionné et chambres rénovées, pratiques et bien tenues. Goûtez à l'ambiance locale en faisant un crochet par le bar de l'établissement. La salle à manger, dotée d'une mezzanine, est coiffée d'une belle charpente apparente.

BAMBECQUE – 59 Nord – 302 D2 – 655 h. – alt. 8 m – ✉ 59470 30 **B1**

Paris 271 – Calais 65 – Dunkerque 24 – Hazebrouck 26 – Lille 57 – St-Omer 36

La Vieille Forge

38 r. Principale – ☎ 03 28 27 60 67 – lavieilleforge@voila.fr – Fax 03 28 27 60 67 – Fermé 1er-15 sept., vacances de Noël, vacances de fév., sam. midi et le soir en hiver sauf vend. et sam., dim. soir et lundi

Rest – Menu (29 €), 38/60 € bc – Carte 50/67 €

◆ Une superbe cheminée (vestige de l'ancienne forge) trône dans la belle salle à manger rustique. La carte se décline en formules que le convive compose au gré de ses envies.

BANASSAC – 48 Lozère – 330 H8 – 813 h. – alt. 525 m – ✉ 48500 22 **B1**

Paris 588 – Florac 55 – Mende 47 – Millau 52

du Sabot à La Canourgue Route des Gorges du Tarn, SE : 4 km par D 998, ☎ 04 66 32 84 00.

Le Calice du Gévaudan rest, 20,

– ☎ 04 66 32 94 18 – calice@wanadoo.fr – Fax 04 66 32 98 62 – Fermé 22-31 août, vacances de Noël, dim. et fériés

21 ch – 47/49 € 50/52 €, 7 € – ½ P 45 € – **Rest** – Menu (12 €), 17 € (sem.)/30 € – Carte 31/45 €

◆ Pour une halte sur la route des vacances, misez sur cet hôtel récent et fonctionnel qui propose des chambres assez simplement meublées, mais correctement insonorisées. Le restaurant dispose d'une paisible terrasse donnant sur un jardin avec jeux d'enfants.

BAN-DE-LAVELINE – 88 Vosges – 314 K3 – 1 216 h. – alt. 427 m – ✉ 88520 27 **D3**

Paris 411 – Colmar 59 – Épinal 67 – St-Dié 14 – Ste-Marie-aux-Mines 15 – Sélestat 39

Auberge Lorraine avec ch

– ☎ 03 29 51 78 17 – auberge-lorraine.sarl@wanadoo.fr – Fax 03 29 51 71 72 – Fermé 12-23 mars, 25 juin-6 juil., 15-26 oct., dim. soir et lundi

7 ch – 38/47 € 52/62 €, 10 € – ½ P 55 € – **Rest** – Menu (13 €), 16 € (déj. en sem.), 23/38 € – Carte 25/53 €

◆ Étape plaisante en pays vosgien : repas traditionnels et régionaux dans une élégante salle à manger, et nuitées dans des chambres spacieuses et confortables. Sauna, jacuzzi.

BANDOL – 83 Var – 340 J7 – 7 905 h. – alt. 1 m – Casino Y – ✉ 83150

Côte d'Azur 40 **B3**

Paris 818 – Aix-en-Provence 68 – Marseille 48 – Toulon 18

Accès à l'Île de Bendor par vedette (traversée 7mn) ☎ 04 94 29 44 34.

Office de tourisme, allées Vivien ☎ 04 94 29 41 35, Fax 04 94 32 50 39

de Frégate à Saint-Cyr-sur-Mer Route de Bandol, par rte de Marseille : 4 km, ☎ 04 94 29 38 00.

Allées Jean-Moulin★.

Plan page ci-contre

De la Baie sans rest

62 r. Dr L. Marçon – ☎ 04 94 29 40 82 – hotel.de.la.baie@wanadoo.fr – Fax 04 94 29 95 24 – Fermé 15 déc.-30 janv. Y **r**

14 ch – 60/87 € 70/95 €, 8,50 €

◆ Après une soirée au casino, deux pas suffisent pour gagner cet hôtel proche du port. Chambres plutôt grandes, simples, mais bien insonorisées en façade.

Golf Hôtel ch, ch,

sur plage Renécros par bd L. Lumière - Z – ☎ 04 94 29 45 83 – golfhotel.surplage@wanadoo.fr – Fax 04 94 32 42 47 – Ouvert du 15 mars à mi-nov. et 29 déc.-3 janv.

24 ch – 60/72 € 60/72 €, 8,50 € – ½ P 64/80 € – **Rest** – rest. de plage *(ouvert de Pâques au 30 sept. sauf le soir de Pâques au 15 juin et 15-30 sept.)* Menu 22 € (déj.)/24 € – Carte 24/40 €

◆ Ancrée dans le sable fin, charmante villa abritant de petites chambres au mobilier diversifié ; certaines bénéficient de loggias ou de balcons. Repas servis en terrasse, presque les pieds dans l'eau, face à la baie.

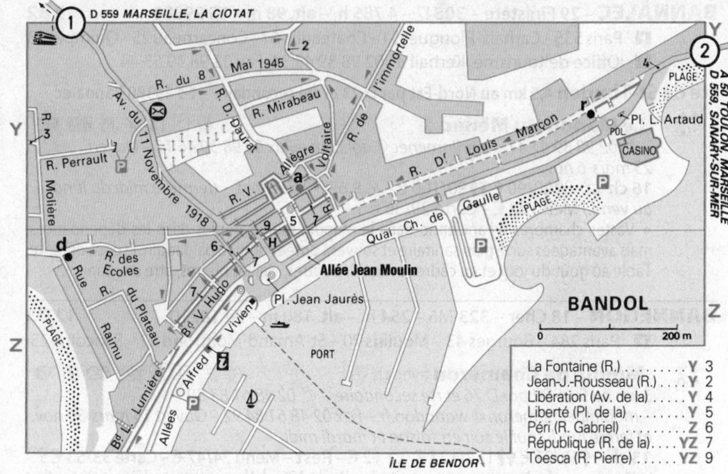

Bel Ombra — rest, VISA

r. La Fontaine - Y – ☎ 04 94 29 40 90 – hotel.bel.ombra@wanadoo.fr – Fax 04 94 25 01 11 – Ouvert 1er avril-15 oct.

20 ch – †54/79 € ††54/79 €, ☐ 7,50 € – ½ P 61/68 € – **Rest** – *(ouvert 15 juin-24 sept.) (dîner seult) (résidents seult)* Menu 21 €

◆ En retrait de la foule des estivants, villa disposant de petites chambres fonctionnelles bien tenues. Pour un séjour en famille, choisir celles dotées d'une mezzanine.

Les Galets — rest, P VISA

49 montée Voisin – ☎ 04 94 29 43 46 – infoslesgalets-bandol@wanadoo.com – Fax 04 94 32 44 36 – Ouvert 15 janv.-7 nov.

20 ch – †55/60 € ††75/80 €, ☐ 7,50 € – ½ P 61/74 € – **Rest** – *(ouvert 1er mai-30 sept.)* Menu 26 € – Carte 28/35 €

◆ Bâti à flanc de colline, hôtel offrant une splendide vue sur la mer. Les chambres, plutôt simples, disposent en majorité d'un balcon invitant à la contemplation maritime. Salle à manger rustique (poutres et cuivres) et terrasse panoramique ; cuisine traditionnelle.

Le Clocher — VISA

1 r. Paroisse – ☎ 04 94 32 47 65 – le.clocher@wanadoo.fr – Fermé 11-25 nov., 15-28 janv., lundi soir, mardi soir, dim. soir en hiver, sauf vacances scolaires et merc. Y **a**

Rest – *(nombre de couverts limité, prévenir)* Menu (10 € bc), 24/31 € – Carte 31/44 €

◆ Accueil charmant, décor contemporain épuré assez "tendance", terrasse dans la ruelle et belle cuisine au goût du jour : ce petit restaurant du vieux Bandol a le vent en poupe.

par ② 1,5 km et rte de Sanary – ✉ 83110 Sanary-sur-Mer

Le Castel avec ch — P VISA

925 route de la Canolle – ☎ 04 94 29 82 98 – Fax 04 94 32 53 32 – Fermé 12 janv.-6 fév. et dim. soir du 15 nov. au 30 mars

9 ch – †58 € ††67 €, ☐ 7,50 € – ½ P 67 € – **Rest** – *(prévenir)* Menu 31/40 €

◆ Petite auberge familiale nichée dans un cadre fleuri. Coquette salle à manger, cuisine traditionnelle et quelques chambres simples, pour la plupart en rez-de-jardin.

BANGOR – **56 Morbihan** – **063** 11 – **voir à Belle-Ile-en-Mer**

BANNALEC – 29 Finistère – **308** I7 – **4 785 h.** – **alt. 98 m** – ✉ **29380** 9 **B2**

Paris 535 – Carhaix-Plouguer 51 – Châteaulin 67 – Concarneau 25 – Quimper 33

Office de tourisme, Kerbail ✆ 02 98 39 43 34, Fax 02 98 39 53 44

rte de St-Thurien 4,5 km au Nord-Est par D 23 et rte secondaire – ✉ 29380 Bannalec

Le Manoir du Ménec

– ✆ 02 98 39 47 47 – merlinmenec@aol.com – Fax 02 98 39 46 17 – Ouvert 23 mars-6 nov.

16 ch – 80/90 € 90/100 € – ½ P 67/72 € – **Rest** – *(fermé le midi du lundi au vend.)* Menu 22 € – Carte 29/36 €

◆ Vastes chambres à l'ancienne dans le manoir, moins amples dans les dépendances, mais avantagées sur le plan sanitaire et souvent dotées de lits à baldaquin. Espace détente. Table au goût du jour et au cadre rustique : poutres, vieilles pierres, âtre en granit.

BANNEGON – 18 Cher – **323** M6 – **254 h.** – **alt. 180 m** – ✉ **18210** 12 **D3**

Paris 284 – Bourges 43 – Moulins 70 – St-Amand-Montrond 22 – Sancoins 23

Moulin de Chaméron avec ch

3 km au Sud-Est par D 76 et rte secondaire – ✆ 02 48 61 83 80 – moulindechameron@wanadoo.fr – Fax 02 48 61 84 92 – Ouvert 15 mars-30 nov. et fermé lundi sauf le soir en saison et mardi midi

13 ch – 68/91 € 112/127 €, 12 € – **Rest** – Menu 24/47 € – Carte 33/53 €

◆ Dans un cadre bucolique à souhait, moulin du 18e s. hébergeant un plaisant restaurant et un musée de la meunerie. La partie hôtel, plus récente, abrite des chambres sobres.

BANYULS-SUR-MER – 66 Pyrénées-Orientales – **344** J8 – **4 532 h.** – **alt. 1 m** – ✉ **66650** Languedoc Roussillon 22 **B3**

Paris 887 – Cerbère 11 – Perpignan 37 – Port-Vendres 7

Office de tourisme, avenue de la République ✆ 04 68 88 31 58, Fax 04 68 88 36 84

★★ du cap Réderis E : 2 km.

Les Elmes ch, 25,

plage des Elmes – ✆ 04 68 88 03 12 – hotel.des.elmes@wanadoo.fr – Fax 04 68 88 53 03

31 ch – 46/115 € 46/115 €, 9 € – ½ P 60/92 €

Rest ***Littorine*** – *(fermé 15 nov.-15 déc., dim. soir, mardi midi et lundi de fin sept. à fin mars)* Menu 29/62 € – Carte 41/64 €

◆ Accueillant hôtel situé en bord de plage. Les chambres se partagent entre styles traditionnel, moderne et marin au 2e étage (où elles viennent d'être refaites). Poissons et coquillages jouent les vedettes dans ce restaurant avec terrasse ouvert sur la Méditerranée.

Al Fanal et H. El Llagut avec ch

av. Fontaulé – ✆ 04 68 88 00 81 – al.fanal@wanadoo.fr – Fax 04 68 88 13 37 – Fermé 1er-20 déc. et 5-25 fév.

13 ch – 55/70 € 55/70 €, 8,50 € – ½ P 57/65 € – **Rest** – *(fermé merc. et jeudi du 1er nov. au 31 mars)* Menu (19 € bc), 25/38 € – Carte 45/61 €

◆ Savoureuse cuisine catalane axée sur le poisson et très belle carte de vins régionaux à déguster dans un agréable cadre nautique ou en terrasse face à la mer. Chambres rénovées.

LA BARAQUE – 63 Puy-de-Dôme – **326** F8 – **rattaché à Clermont-Ferrand**

BARAQUEVILLE – 12 Aveyron – **338** G5 – **2 569 h.** – **alt. 792 m** – ✉ **12160** 29 **C1**

Paris 639 – Albi 58 – Millau 75 – Rodez 17 – Villefranche-de-Rouergue 43

Syndicat d'initiative, place du Marché ✆ 05 65 69 10 78

Segala Plein Ciel vallée, ch, rest, ch, 20/120,

rte Albi – ✆ 05 65 69 03 45 – infos@hotel-pleinciel.com – Fax 05 65 70 14 54 – Fermé 24 déc.-6 janv., vend. soir et dim. soir hors saison

43 ch – 45/60 € 60/75 €, 8 € – **Rest** – Menu 20/45 €

◆ Sur les hauteurs du bourg, bâtisse des années 1970 et son parc. Grandes chambres tournées vers la vallée, majoritairement rénovées dans un esprit japonais ou canadien. Longue salle à manger panoramique au décor marin, terrasse et cuisine dans la note régionale.

BARATIER – 05 Hautes-Alpes – **334** G5 – **461 h.** – **alt. 855 m** – ✉ **05200** 41 **C1**

Paris 705 – Gap 40 – Grenoble 143 – Marseille 215 – Valence 124

Les Peupliers

Chemin de Lesdier – ✆ *04 92 43 03 47* – *info@hotel-les-peupliers.com* – *Fax 04 92 43 41 49* – *Fermé 18 mars-6 avril et 23 sept.-26 oct.*

24 ch – †42 € ††50/60 €, ☕ 7 € – ½ P 48/53 € – **Rest** – *(fermé mardi midi et vend. midi sauf juil.-août)* Menu (12,50 € bc), 16/37 € – Carte 26/40 €

◆ Dans un village tranquille, avenant chalet aux abords verdoyants. Coquettes chambres mi-montagnardes, mi-provençales ; certaines avec balcon et vue sur le lac de Serre-Ponçon. Plaisante salle à manger alpine réchauffée par une cheminée et terrasse ombragée.

BARBASTE – 47 Lot-et-Garonne – **336** D4 – **1 416 h.** – **alt. 45 m** – ✉ **47230**
Aquitaine 4 **C2**

Paris 703 – Agen 34 – Bordeaux 125 – Villeneuve-sur-Lot 50

Syndicat d'initiative, place de la Mairie ✆ 05 53 65 84 85

La Cascade aux Fées

r. Riberotte – ✆ *05 53 97 05 96* – *gmazurier@aol.com* – *Ouvert de fin mars à mi-oct.*

4 ch – †52/65 € ††64/99 €, ☕ 7 € – **Rest** – table d'hôte *(ouvert merc. et sam.) (dîner seult) (résidents seult)* Menu 25 € bc/35 € bc

◆ Cette demeure du 18e s. en partie adossée à la roche s'ouvre sur un magnifique parc fleuri et ombragé que borde la rivière Gélise. Chambres et salons, garnis de meubles anciens, arborent une décoration simple mais soignée. Accueil chaleureux. Cuisine du marché à la table d'hôte.

BARBAZAN – 31 Haute-Garonne – **343** B6 – **378 h.** – **alt. 464 m** – ✉ **31510** 28 **B3**

Paris 779 – Bagnères-de-Luchon 32 – Lannemezan 27 – St-Gaudens 14 – Tarbes 67

Syndicat d'initiative, le village ✆ 05 61 88 35 64

Hostellerie de l'Aristou avec ch

rte Sauveterre – ✆ *05 61 88 30 67* – *Fax 05 61 95 55 66* – *Fermé 1er déc.-13 fév.*

6 ch – †54/60 € ††95 €, ☕ 8 € – ½ P 58 € – **Rest** – *(fermé lundi midi, jeudi midi et merc. midi du 1er juil. au 9 août, mardi midi sauf de fin mars à juin et du 9 août au 30 sept.)* Menu 20/45 € – Carte 33/47 €

◆ Cette ferme du 19e s. convertie en auberge champêtre offre deux accueillantes salles à manger et une petite terrasse couverte. Chambres garnies de meubles rustiques ou de style.

LA BARBEN – 13 Bouches-du-Rhône – **340** G4 – **rattaché à Salon-de-Provence**

BARBENTANE – 13 Bouches-du-Rhône – **340** D2 – **3 645 h.** – **alt. 40 m** – ✉ **13570**
Provence 42 **E1**

Paris 692 – Avignon 10 – Arles 33 – Marseille 103 – Nîmes 38 – Tarascon 16

Office de tourisme, 4 le Cours ✆ 04 90 90 85 86, Fax 04 90 95 60 02

Château★★.

Castel Mouisson sans rest

1,5 km quartier Castel-Mouisson, par rte Rognonas – ✆ *04 90 95 51 17* – *contact@hotel-castelmouisson.com* – *Fax 04 90 95 67 63* – *Ouvert 15 mars-15 oct.*

17 ch – †48 € ††48/64 €, ☕ 8 €

◆ Cette agréable maison provençale au pied de la Montagnette propose des chambres simples et rustiques, ouvertes sur le beau et vaste jardin arboré. Chaleureux accueil familial.

BARBEZIEUX-ST-HILAIRE – 16 Charente – **324** J7 – **4 819 h.** – **alt. 100 m** – ✉ **16300** Poitou Vendée Charentes 38 **B3**

Paris 480 – Bordeaux 84 – Angoulême 36 – Cognac 36 – Jonzac 24 – Libourne 70

Office de tourisme, place de Verdun ✆ 05 45 78 91 04

La Boule d'Or

9 bd Gambetta – ✆ 05 45 78 64 13 – laboule.dor@wanadoo.fr – Fax 05 45 78 63 83 – Fermé 22 déc.-4 janv., vend. soir et sam. midi d'oct. à avril

18 ch – 46 € 46 €, 5,50 € – ½ P 46 € – **Rest** – Menu 13/35 € – Carte 24/38 €

◆ Au centre de la "capitale" de la Petite Champagne cognaçaise, patrie de l'écrivain Jacques Chardonne. Construction ancienne disposant de grandes chambres fonctionnelles. Restaurant sobrement contemporain et paisible terrasse ombragée d'un vieux marronnier.

BARBIZON – 77 Seine-et-Marne – 312 E5 – 1 490 h. – alt. 80 m – ✉ 77630

Île de France 19 **C3**

Paris 56 – Étampes 41 – Fontainebleau 10 – Melun 13 – Pithiviers 45

Office de tourisme, 55 Grande Rue ✆ 01 60 66 41 87

Cély Golf Club à Cély Route de Saint Germain, O : 9 km par D64 et D11, ✆ 01 64 38 03 07.

Auberge du Père Ganne★.

Hôtellerie du Bas-Bréau

ch, 20,

22 r. Grande – ✆ 01 60 66 40 05 – basbreau@relaischateaux.com – Fax 01 60 69 22 89

16 ch – 150 € 250/390 €, 26 € – 3 suites – **Rest** – Menu 54 € (déj. en sem.)/76 € – Carte 92/129 €

◆ Les séjours de R. L. Stevenson, hôte célèbre parmi d'autres, ont fait la réputation de l'établissement. Belles chambres personnalisées donnant sur le parc aux mille fleurs. Décor rustico-bourgeois dans la salle à manger et terrasse ombragée ; gibier en saison.

Hostellerie La Clé d'Or

rest, 6/40,

73 Grande Rue – ✆ 01 60 66 40 96 – cle.dor@wanadoo.fr – Fax 01 60 66 42 71

16 ch – 56/93 € 56/133 €, 11 € – ½ P 78 € – **Rest** – *(fermé dim. soir de nov. à mars)* Menu 29/39 € – Carte 41/65 €

◆ Chacune des chambres de cet ancien relais de poste cultive sa différence mais elles se répartissent toutes autour d'un jardin intérieur. Cuisine au goût du jour à déguster selon la saison dans une salle à manger cossue ou sur la plaisante terrasse.

L'Angélus

31 r. Grande – ✆ 01 60 66 40 30 – restaurant.angelus@wanadoo.fr – Fax 01 60 66 42 12 – Fermé 12-20 nov., 14 janv.-5 fév., lundi et mardi

Rest – Menu 29 € (sem.)/40 € – Carte 39/51 €

◆ Dans la rue principale, pimpante auberge rustique dont l'enseigne rend hommage à l'une des plus fameuses œuvres de Millet, peinte à Barbizon. Carte traditionnelle.

BARBOTAN-LES-THERMES – 32 Gers – 336 B6 – Stat. therm. : fin fév.-fin nov. – Casino – ✉ 32150 Cazaubon

Midi-Pyrénées 28 **A2**

Paris 703 – Aire-sur-l'Adour 37 – Auch 75 – Condom 37 – Mont-de-Marsan 43

Office de tourisme, rue d'Albret ✆ 05 62 69 52 13

De la Paix

rest,

24 av. Thermes – ✆ 05 62 69 52 06 – contact@hotel-paix.fr – Fax 05 62 09 55 73 – Ouvert 1er mars-14 nov.

32 ch – 45/49 € 50/60 €, 7 € – ½ P 70 € – **Rest** – Menu 18/25 € – Carte 28/34 €

◆ Bâtiment récent proche de l'église et du centre thermal. Les chambres, spacieuses et bien tenues, sont équipées d'un mobilier fonctionnel. Cadre très sobre et ambiance "pension de famille" au restaurant ; plats traditionnels et menus diététiques sur commande.

Les Fleurs de Lees

ch,

rte Agen – ✆ 05 62 08 36 36 – contact@fleursdelees.com – Fax 05 62 08 36 37 – Ouvert avril-oct.

16 ch – 65/120 € 65/120 €, 8 € – ½ P 58/145 € – **Rest** – Menu (20 €), 38 € bc (sem.)/99 € bc – Carte 37/61 €

◆ Pimpante maison située au cœur de l'Armagnac. Chambres feutrées, parfois avec terrasse, et belles suites à thème ("Afrique", "Asie", "Inde", etc.). Meubles et objets de Dubaï décorent le restaurant ; la cuisine panache parfums du monde et saveurs régionales.

Cante Grit

51 av. Thermes – ✆ 05 62 69 52 12 – post@cantegrit.com – Fax 05 62 69 53 98 – Ouvert 16 mars-14 nov.

20 ch – †35/55 € ††39/59 €, ☕ 7 € – ½ P 40/45 € – **Rest** – Menu 16/38 € – Carte 24/40 € ♀

◆ Cette jolie villa des années 1930 tapissée de vigne vierge propose des chambres assez grandes, fraîches et pratiques. Accueillant salon évoquant une demeure familiale. Chaleureuse salle à manger avec cheminée et poutres apparentes, et agréable terrasse d'été.

Beauséjour

6 av. Thermes – ✆ 05 62 08 30 30 – bernard.urrutia@wanadoo.fr – Fax 05 62 09 50 78 – Ouvert 14 mars-24 nov.

28 ch – †31/65 € ††31/65 €, ☕ 7,50 € – ½ P 36/50 € – **Rest** – *(déjeuner seult sauf résidents)* Menu 18 € (sem.)/37 €

◆ Grande maison de style régional renfermant des chambres coquettement rénovées et un accueillant petit salon d'esprit "british". Joli jardin arboré. Restaurant aux tons ensoleillés et terrasse tournée vers la campagne gersoise ; repas diététiques à la demande.

Aubergade

rest, rest,

– ✆ 05 62 69 55 43 – aubergade2@wanadoo.fr – Fax 05 62 69 52 09 – Fermé début déc.-fin fév.

18 ch – †39/46 € ††46/54 €, ☕ 7 € – ½ P 46/59 € – **Rest** – Menu 16/24 € ♀

◆ À l'entrée de cette station thermale où prospèrent les espèces exotiques, coquette maison régionale offrant des chambres fonctionnelles, correctement insonorisées. Agréable salle à manger-véranda et carte traditionnelle ou diététique (pour les curistes).

Passée en rouge, la mention « Rest » repère l'établissement auquel est attribué notre distinction, ✿ (étoile) ou ☺ (Bib Gourmand).

BARCELONNETTE – 04 Alpes-de-Haute-Provence – 334 H6 – 2 819 h. – alt. 1 135 m – Sports d'hiver : Le Sauze/Super Sauze 1 400/2 000 m 23 et Pra-Loup 1 500/2 600 m 3 29 – ✉ 04400 ▌Alpes du Sud

41 **C2**

▶ Paris 733 – Briançon 86 – Cannes 161 – Digne-les-Bains 88 – Gap 68 – Nice 145

ℹ Office de tourisme, place Frédéric Mistral ✆ 04 92 81 04 71, Fax 04 92 81 22 67

◉ Église de St-Pons★ NO : 2 km.

Azteca sans rest

70,

3 r. François Arnaud – ✆ 04 92 81 46 36 – hotelazteca@wanadoo.fr – Fax 04 92 81 43 92 – Fermé 12 nov.-2 déc.

27 ch – †59/107 € ††59/107 €, ☕ 11 €

◆ Jolie villa où meubles et objets artisanaux mexicains composent un décor original évoquant l'épopée des "Barcelonnettes" au Mexique. Trois chambres déclinent ce thème.

Le Passe-Montagne

à 3 km, rte Col de la Cayolle – ✆ 04 92 81 08 58 – Fax 04 92 81 08 58 – Fermé juin, 1er oct.-20 déc., le midi en hiver, mardi et merc. sauf vacances scolaires

Rest – *(prévenir)* Menu 19/27 € – Carte 28/39 € ♀

◆ Ambiance conviviale et cadre rustique alpin en ce petit chalet implanté à l'orée d'une pinède. Cuisine régionale : montagnarde l'hiver et provençale l'été.

à St-Pons 2 km au Nord-Ouest par D 900 et D 9 – ✉ 04400

Domaine de Lara sans rest

– ✆ 04 92 81 52 81 – arlette.signoret@wanadoo.fr – Fax 04 92 81 07 76 – Fermé 25 juin-4 juil. et 12 nov.-22 déc.

5 ch ☕ – †64/73 € ††70/79 €

◆ Dans un parc reposant, avec le Pain de Sucre pour toile de fond, jolie bastide provençale convertie en maison d'hôte de caractère (poutres, tomettes, vieilles pierres, mobilier familial). Petit-déjeuner soigné.

au Sauze **4 km au Sud-Est par D 900 et D 209 – ✉ 04400 Enchastrayes – Sports d'hiver : 1 400/2 000 m ⛷23 ⛷**

Office de tourisme, Immeuble Perce-Neige ✆ 04 92 81 05 61

L' Alp'Hôtel rest, VISA

– ✆ *04 92 81 05 04 – info@alp-hotel.com – Fax 04 92 81 45 84 – Ouvert 15 juin-15 sept. et 23 déc.-15 avril*

24 ch – †62/79 € ††69/130 €, ☕ 10 € – ½ P 60/94 € – **Rest** – *(ouvert 15 juin-15 sept., 23 déc.-30 mars et fermé le midi en basse saison)* Menu 19/30 € – Carte 29/44 €

◆ L'hôtel jouxte un télésiège de la petite station dominée par son "Chapeau de Gendarme" (2 685 m). Salons voûtés et chambres fonctionnelles progressivement rénovées, souvent pourvues de balcons. Fitness. La salle à manger, égayée de couleurs provençales, est tournée vers les pistes de ski.

à Jausiers **8 km au Nord-Est par D 900 – 896 h. – alt. 1 240 m – ✉ 04850**

Office de tourisme, Grande Rue ✆ 04 92 81 21 45, Fax 04 92 81 59 35

Villa Morelia avec ch rest, VISA AE

– ✆ *04 92 84 67 78 – inforesa@villa-morelia.com – Fax 04 92 84 65 47 – Fermé 1er mars-30 avril, 12 nov.-26 déc., dim. soir, lundi et mardi de sept. à mai*

10 ch – †110 € ††140/280 €, ☕ 16 € – **Rest** – *(dîner seult d'oct. à mai) (prévenir) (menu unique)* Menu 35 € (déj. en sem.), 60/85 €

Spéc. Foie gras séché comme un jambon. Déclinaison autour du clams, fleur de courgette au syphon. Pistou de fruits et légumes, pommes grenailles confites à la vanille.

◆ Cette fière villa "mexicaine" (1900) vous convie aux plaisirs d'une table inventive dans de belles salles à manger. Terrasse face au jardin et sa piscine ; chambres raffinées.

à Pra-Loup **8,5 km au Sud-Ouest par D 902, D 908 et D 109 – ✉ 04400 Uvernet Fours – Sports d'hiver : 1 500/2 600 m 3 ⛷29 ⛷**

Office de tourisme, Maison de Pra-Loup ✆ 04 92 84 10 04, Fax 04 92 84 02 93

Auberge du Clos Sorel rest, VISA

à Molanès – ✆ *04 92 84 10 74 – domidom@clos-sorel.com – Fax 04 92 84 09 14 – Ouvert 15 juin-10 sept. et 15 déc.-15 avril*

11 ch – †64 € ††145 €, ☕ 8 € – ½ P 62/100 € – **Rest** – Menu 28 €

◆ Ancienne ferme (17e s.) restaurée avec soin. Attachante ambiance montagnarde, vue alpine, calmes chambres personnalisées par du mobilier régional, belle piscine et produits locaux au petit-déjeuner. Mignonne salle à manger rustique au coin du feu ; terrasse tournée vers la nature.

Le Prieuré de Molanès ch, VISA

à Molanès – ✆ *04 92 84 11 43 – info@prieure.eu – Fax 04 92 84 01 88 – Ouvert 10 juin-15 sept. et 15 déc.-20 avril*

13 ch – †55/65 € ††65/82 €, ☕ 9 € – ½ P 60/74 € – **Rest** – Menu 19 €, 26 € – Carte 23/37 €

◆ Près du télésiège, ex-prieuré converti en hôtellerie familiale estimée pour son atmosphère montagnarde et ses chambres non-fumeurs rénovées dans l'esprit alpin. Repas régional axé terroir, dans un cadre agreste et chaleureux (poutres, cheminée, outils paysans).

BARCUS – 64 Pyrénées-Atlantiques – 342 H5 – 774 h. – alt. 230 m – ✉ 64130

3 **B3**

Paris 813 – Mauléon-Licharre 14 – Oloron-Ste-Marie 18 – Pau 52 – St-Jean-Pied-de-Port 53

Chilo avec ch rest, VISA AE

– ✆ *05 59 28 90 79 – martine.chilo@wanadoo.fr – Fax 05 59 28 93 10 – Fermé 7-24 janv., lundi sauf le midi du 15 juil. au 30 août, mardi midi du 1er oct. au 15 juin et dim. soir*

11 ch – †46/75 € ††60/95 €, ☕ 12 € – **Rest** – Menu 20 € bc (sem.), 28/62 € – Carte 43/68 €

◆ Belle maison de pays située au cœur d'un paisible village. Cuisine régionale servie dans une chaleureuse salle à manger (non-fumeurs). Agréable jardin et piscine face à la montagne.

BARDIGUES – 82 Tarn-et-Garonne – 337 B7 – rattaché à Auvillar

BARFLEUR – 50 Manche – 303 E1 – 642 h. – alt. 5 m – ✉ 50760
Normandie Cotentin 32 **A1**

Paris 355 – Carentan 48 – Cherbourg 29 – St-Lô 75 – Valognes 26

Office de tourisme, 2 rond-point le Conquérant ✆ 02 33 54 02 48, Fax 02 33 54 02 48

Phare de la Pointe de Barfleur : ✵★★ N : 4 km - Intérieur★ de l'église de Montfarville 2 km S.

Le Conquérant
ch, P VISA MC

18 r. St Thomas – ✆ 02 33 54 00 82 – Fax 02 33 54 65 25 – Ouvert 15 mars-15 nov.
10 ch – †62/83 € ††62/103 €, ☕ 9,50 € – **Rest** – crêperie *(Dîner seult)* Menu 15/31 € ♀

◆ À deux pas du port, belle demeure du 17e s. en granit et son jardin clos à la française. Les six plus grandes chambres on été redécorées et leurs salles de bains modernisées. Crêpes et galettes préparées à l'ancienne, proposées sur réservation.

XX Moderne
P VISA MC AE

1 pl. Général de Gaulle – ✆ 02 33 23 12 44 – cauchenez@wanadoo.fr – Fax 02 33 23 91 58 – Fermé 15-31 janv., mardi soir et merc. du 15 sept. au 14 juil.
Rest – Menu 19 € (sem.)/60 € – Carte 31/53 € ♀

◆ Recettes traditionnelles revisitées et incontournables produits de la pêche locale vous attendent dans ce restaurant qui déborde, en été, sur une plaisante terrasse.

LES BARILS – 27 Eure – 304 E9 – rattaché à Verneuil-sur-Avre

BARJAC – 30 Gard – 339 L3 – 1 379 h. – alt. 171 m – ✉ 30430 23 **D1**

Paris 666 – Alès 34 – Aubenas 45 – Mende 114

Office de tourisme, place du 8 mai 1945 ✆ 04 66 24 53 44

Le Mas du Terme
ch, AC ch, P VISA MC

4 km au Sud-Est par D 901 et rte secondaire – ✆ 04 66 24 56 31 – info@masduterme.com – Fax 04 66 24 58 54 – Ouvert mars-nov.
23 ch – †70/96 € ††140/180 €, ☕ 12 € – ½ P 76/134 € – **Rest** – *(fermé le midi sauf juil.-août, dim. et fériés)* Menu 32 €

◆ Cette ex-magnanerie entourée de vignobles est située à deux tours de roue du féerique aven d'Orgnac. Chambres provençales, appartements ou "gîtes" très prisés des familles. Au restaurant, belles voûtes du 18e s., terrasse-patio et menu du jour (sans choix).

XX La Chaise Longue
VISA MC

– ✆ 04 66 24 57 01 – la-chaise-longue@wanadoo.fr – Fax 04 66 24 57 01 – Ouvert 26 avril-30 oct. et fermé jeudi en oct. et merc. sauf juil.-août
Rest – *(dîner seult sauf vend. et dim.)* Menu (21 €), 28/48 € ♀

◆ Cet ancien couvent (17e s.) invite à goûter au plaisir des nourritures terrestres - plats actuels - dans trois jolies petites salles voûtées ou sur une terrasse ombragée.

BAR-LE-DUC P – 55 Meuse – 307 B6 – 16 944 h. – alt. 188 m – ✉ 55000
Alsace Lorraine 26 **A2**

Paris 255 – Metz 97 – Nancy 84 – Reims 113 – St-Dizier 26 – Verdun 56

Office de tourisme, 5 rue Jeanne-d'Arc ✆ 03 29 79 11 13, Fax 03 29 79 21 95

18 de Combles-en-Barrois à Combles-en-Barrois 38 rue Basse, par rte de St-Dizier : 5 km, ✆ 03 29 45 16 03.

"le Transi" (statue)★★ dans l'église St-Étienne AZ.

Plan page suivante

X Bistro St-Jean
AC VISA MC

132 bd de La Rochelle – ✆ 03 29 45 40 40 – Fax 03 29 45 40 45 – Fermé 15 juil.-15 août, 28 janv.-3 fév., lundi soir, sam. midi et dim. BZ **s**
Rest – Carte 33/51 € ♀

◆ Ce sympathique petit établissement du centre-ville, dont le décor de bistrot a été "revu et corrigé", propose une carte typique du genre et des produits de la mer.

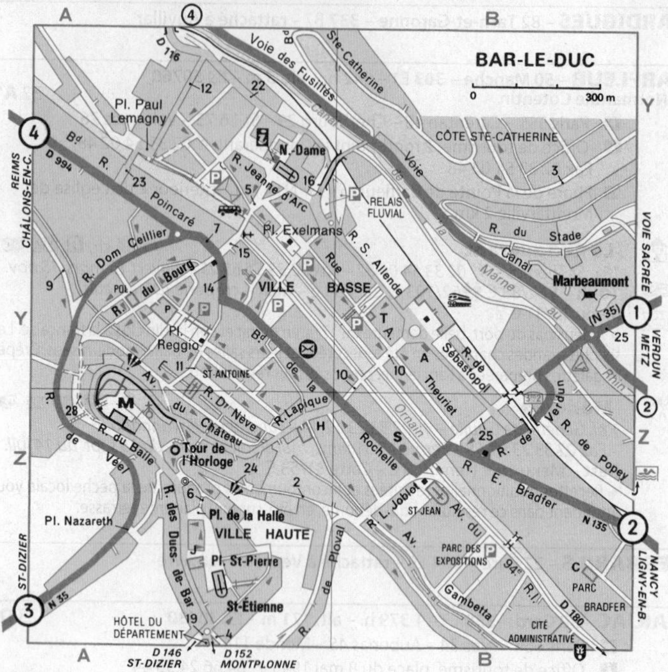

BAR-LE-DUC

0 — 300 m

Aimond (R. Mgr.) . . . . AZ 2
Alsace (R. d') . . . . BY 3
Aulnois (R. d') . . . . AZ 4
Bar-la-Ville (R.) . . . . AY 5
Chavée (R.) . . . . AZ 6
Cygne (R. du) . . . . AY 7
Foulans (R. des) . . . . AY 9
Gaulle (R. du Gén.-de) . . . . . BY 10
J.-J.-Rousseau (R.) . . . . AY 11
Landry-Gillon (R.) . . . . AY 12
Maginot (R. André) . . . . AY 14
Notre-Dame (R.) . . . . AY 15
Pont Triby (R. du) . . . . ABY 16
Reggio (Pl.) . . . . AY
Résistance (R. de la) . . . . . . AZ 19
Rochelle (Bd de la) . . . . AYBZ
Romains (R. des) . . . . AY 22
Saincère (R.) . . . . AY 23
St-Jean (R.) . . . . AZ 24
St-Mihiel (R. de) . . . . BYZ 25
Trèves (R. Gilles de) . . . . AZ 28

à Trémont-sur-Saulx 9,5 km par ③ et D 3 – 610 h. – alt. 166 m – ✉ 55000

La Source – ch, rest, rest, 25, VISA
– ✆ *03 29 75 45 22 – hotel-restaurant-lasource@wanadoo.fr*
– Fax 03 29 75 48 55 – Fermé 7-12 mai, 30 juil.-20 août, 2-14 janv., dim. soir et lundi midi
26 ch – 63 € 72 €, 10 € – ½ P 74 € – **Rest** – Menu 29/54 € – Carte 30/60 €

◆ Ce motel des années 1980 largement ouvert sur la campagne offre aux voyageurs des chambres calmes, rénovées avec soin et égayées de tons pastel. Une rôtissoire est installée dans la grande salle à manger, récemment redécorée dans un style plus actuel.

Rouge = agréable. Repérez les symboles et passés en rouge.

BARNEVILLE-CARTERET – 50 Manche – 303 B3 – 2 429 h. – alt. 47 m – ✉ 50270 Normandie Cotentin 32 **A2**

Paris 356 – Carentan 43 – Cherbourg 39 – Coutances 47 – St-Lô 62

Office de tourisme, 10 rue des Ecoles ✆ 02 33 04 90 58, Fax 02 33 04 93 24

de la Côte-des-Isles à Saint-Jean-de-la-Rivière Chemin des Mielles, SE : 5 km par D 90, ✆ 02 33 93 44 85.

à Carteret – ✉ **50270**

Office de tourisme, place des Flandres-Dunkerque ✆ 02 33 04 94 54

Table d'orientation ≤★.

De la Marine (Cesne) ≤ rest, rest, 20, VISA AE

11 r. de Paris – ✆ 02 33 53 83 31 – infos@hotelmarine.com – Fax 02 33 53 39 60 – Ouvert début avril-mi-nov.

25 ch – 92/250 € 92/250 €, 14 € – 2 suites – ½ P 98/162 € – **Rest** – *(fermé dim. soir, jeudi midi et lundi d'oct. à mars, lundi midi et jeudi midi d'avril à sept. sauf juil.-août)* Menu 32 € (sem.)/85 € – Carte 60/90 €

Spéc. Langoustine "comme une pizza" (été). Rouget barbet en filet sur tarte sablée, sauce satay (printemps-été). Chocolat noir en cromesquis (été).

◆ Cette maison, qui a quasiment "les pieds dans l'eau", est tenue par la même famille depuis 1876. Belles chambres lumineuses, avec balcon côté port. La salle de restaurant et la terrasse jouissent de la vue sur la mer ; goûteuse cuisine inventive.

Des Ormes ≤ ch, ch, VISA AE

quai Barbey d'Aurevilly – ✆ 02 33 52 23 50 – hoteldesormes@wanadoo.fr – Fax 02 33 52 91 65 – Fermé 3 janv.-5 fév.

12 ch – 75/155 € 75/155 €, 11 € – ½ P 75/110 € – **Rest** – *(fermé dim. soir, lundi soir, mardi midi d'oct. à mars et lundi midi)* Menu 35/45 € – Carte 38/97 €

◆ Face au port de plaisance, demeure du 19e s. renovée avec raffinement. Chambres délicieuses, salon "cosy" et beau jardin fleuri en saison. Élégante salle à manger contemporaine d'esprit romantique où l'on déguste une cuisine "terre et mer".

BARON – 60 Oise – **305** H5 – **777 h.** – **alt. 80 m** – ✉ **60300** Île de France 36 **B3**

Paris 65 – Amiens 110 – Argenteuil 63 – Montreuil 55

Le Domaine de Cyclone sans rest ≤

2 r. de la Gonesse – ✆ 06 08 98 05 50 – domainedecyclone@wanadoo.fr – Fax 03 44 54 26 10 – Fermé 2-11 mars

5 ch – 70 € 95 €

◆ Jeanne d'Arc aurait dormi dans la tour de ce château. Les hôtes d'aujourd'hui pour leur part occupent des chambres au décor très recherché qui donnent presque toutes sur le parc. Promenades à cheval.

BARR – 67 Bas-Rhin – **315** I6 – **5 892 h.** – **alt. 200 m** – ✉ **67140** Alsace Lorraine 2 **C1**

Paris 495 – Colmar 43 – Le Hohwald 12 – Saverne 46 – Sélestat 20 – Strasbourg 37

Office de tourisme, place de l'Hôtel de Ville ✆ 03 88 08 66 65, Fax 03 88 08 66 51

rte du Mont Ste-Odile par D 854 – ✉ **67140 Barr**

Château d'Andlau VISA AE

à 2 km – ✆ 03 88 08 96 78 – hotel.chateau-andlau@wanadoo.fr – Fax 03 88 08 00 93 – Fermé 12-26 nov. et 2-25 janv.

22 ch – 44/50 € 50/65 €, 9 € – ½ P 57/65 € – **Rest** – *(ouvert le soir du mardi au sam., dim. midi et fériés)* Menu 25/36 €

◆ La forêt en toile de fond, la rivière au premier plan : ambiance bucolique pour des nuits sereines dans des chambres de style rustique. Le chef propose ses recettes traditionnelles et une carte des vins particulièrement étoffée.

LE BARROUX – 84 Vaucluse – **332** D9 – **569 h.** – **alt. 325 m** – ✉ **84330** Provence 42 **E1**

Paris 684 – Avignon 38 – Carpentras 12 – Vaison-la-Romaine 16

Hostellerie François-Joseph sans rest cuisinette VISA

à 2 km, chemin Rabassières et rte de l'Abbaye Ste-Madeleine – ✆ 04 90 62 52 78 – hotel.f.joseph@wanadoo.fr – Fax 04 90 62 33 54 – Ouvert 1er avril-31 oct.

12 ch – 80/115 € 80/115 €, 12 € – 6 suites

◆ Nichée dans un jardin ombragé, coquette résidence composée de plusieurs mas provençaux offrant une belle perspective sur la campagne environnante et le mont Ventoux.

Les Géraniums — rest, VISA MC AE
pl. de la Croix – ☎ 04 90 62 41 08 – les.geraniums@wanadoo.fr – Fax 04 90 62 56 48 – Fermé 1er-15 mars, 1er-15 nov. et janv.
20 ch – †55/60 € ††55/60 €, ☕ 10 € – ½ P 55/60 € – **Rest** – Menu (18 €), 20 € (déj. en sem.), 28/38 € – Carte 36/49 €
◆ Maison ancienne de ce village perché dominant, avec son château-place forte du 12e s., la plaine du Comtat. Sobres chambres d'esprit rustique. Plaisante salle à manger coiffée d'une charpente apparente et agréable terrasse d'été.

BAR-SUR-AUBE – 10 Aube – 313 I4 – 6 261 h. – alt. 190 m – ✉ 10200
Champagne Ardenne 14 **C3**

Paris 230 – Châtillon-sur-Seine 60 – Chaumont 41 – Troyes 53 – Vitry-le-François 65

Office de tourisme, 3 rue du Théatre ☎ 03 25 27 24 25, Fax 03 25 27 40 02

Église St-Pierre★.

Le Saint Nicolas sans rest — 25, VISA MC
2 r.du Général de Gaulle – ☎ 03 25 27 08 65 – le-saintnicolas@tiscali.fr – Fax 03 25 27 60 31
27 ch – †59/62 € ††62/65 €, ☕ 8 €
◆ Les chambres de ces jolies maisons en pierre, assez simples mais agréables, s'articulent autour de la piscine. Établissement calme, un peu à l'écart du centre-ville.

La Toque Baralbine — VISA MC AE
18 r. Nationale – ☎ 03 25 27 20 34 – toquebaralbine@wanadoo.fr – Fax 03 25 27 20 34 – Fermé dim. soir sauf juil.-août et lundi
Rest – Menu 20/55 € – Carte 41/52 €
◆ Optez pour la salle à manger du fond, rustique et plus chaleureuse, ou pour la terrasse fleurie afin de déguster une cuisine actuelle bien faite, où pointe l'accent du terroir.

LE BAR-SUR-LOUP – 06 Alpes-Maritimes – 341 C5 – 2 543 h. – alt. 320 m – ✉ 06620
Côte d'Azur 42 **E2**

Paris 916 – Grasse 10 – Nice 31 – Vence 15

Office de tourisme, place de la Tour ☎ 04 93 42 72 21

Site★ - Danse macabre★ (peintures sur bois) dans l'église St-Jacques - ★ de la place de l'église.

Hostellerie du Château — rest,
6 pl. Francis Paulet – ☎ 04 93 42 41 10 – infos@lhostellerieduchateau.com – Fax 04 93 42 69 32
6 ch – †130 € ††130 €, ☕ 12 €
Rest *Bigaradier* – *(ouvert mars-oct. et fermé lundi)* Menu 39/63 € – Carte 31/47 €
◆ Des chambres provençales raffinées (meubles anciens, bois précieux, tomettes) caractérisent ce château ayant appartenu aux comtes de Grasse. Certaines surplombent la vallée. Accueil et service soignés, élégant cadre contemporain et savoureuse cuisine actuelle.

La Jarrerie — VISA MC AE
– ☎ 04 93 42 92 92 – Fax 04 93 42 91 22 – Fermé 2-31 janv., merc. midi et mardi
Rest – Menu 27/49 € – Carte 44/48 €
◆ Autrefois monastère, puis conserverie et parfumerie, cette bâtisse régionale du 17e s. abrite une grande salle à manger rustique avec cheminée, pierres et poutres apparentes.

BAR-SUR-SEINE – 10 Aube – 313 G5 – 3 510 h. – alt. 157 m – ✉ 10110
Champagne Ardenne 13 **B3**

Paris 197 – Bar-sur-Aube 37 – Châtillon-sur-Seine 36 – St-Florentin 57 – Troyes 33

Office de tourisme, 33 rue Gambetta ☎ 03 25 29 94 43, Fax 03 25 29 70 21

Intérieur★ de l'église St-Étienne.

Du Commerce avec ch — AC rest, ch, 20/60, P VISA MC

30 r. République – ☎ 03 25 29 86 36 – hotelducommerce.bar-sur-seine@wanadoo.fr – Fax 03 25 29 64 87 – Fermé 27 août-2 sept., 11-17 fév., vend. soir et dim.

13 ch – 40 € 42 €, 6 € – ½ P 60 € – **Rest** – Menu 10 € (sem.)/36 € – Carte 21/40 €

◆ Cet établissement tout simple se trouve au cœur du bourg. Salle à manger d'esprit rustique, égayée d'une cheminée. Cuisine traditionnelle sans prétention et chambres modestes.

près échangeur **9 km autoroute A5, Nord-Est par D 443 – ✉ 10110 Magnant**

Le Val Moret — ch, AC rest, 10/40, P VISA MC AE

– ☎ 03 25 29 85 12 – contact@le-val-moret.com – Fax 03 25 29 70 81

42 ch – 48 € 78 €, 9,50 € – **Rest** – Menu 16 € (sem.)/52 € – Carte 22/51 €

◆ Les chambres, fonctionnelles et assez spacieuses, occupent quatre bâtiments de plain-pied, de type motel. Espace gazonné avec aire de jeux pour les enfants. Salles à manger actuelles dont une en véranda ; carte traditionnelle et plats régionaux.

BAS-RUPTS – 88 Vosges – 314 J4 – rattaché à Gérardmer

BASSAC – 16 Charente – 324 I6 – rattaché à Jarnac

BASSE-GOULAINE – 44 Loire-Atlantique – 316 H4 – rattaché à Nantes

BASTELICA – 2A Corse-du-Sud – 345 D7 – voir à Corse

BASTIA – 2B Haute-Corse – 345 F3 – voir à Corse

LA BASTIDE – 83 Var – 340 O3 – 122 h. – alt. 1 000 m – ✉ 83840 41 C2

Paris 813 – Castellane 25 – Digne-les-Bains 78 – Draguignan 43 – Grasse 48

Du Lachens — ch, P VISA MC

– ☎ 04 94 76 80 01 – Fax 04 94 84 21 88 – Ouvert 15 avril-31 oct. et fermé mardi et merc.

13 ch – 45 € 51 €, 6,50 € – ½ P 44 € – **Rest** – *(résidents seult)*

◆ Dans un hameau perdu du haut Var, maison provençale traditionnelle disposant de chambres pratiques et bien tenues. Salle à manger campagnarde et menu unique privilégiant les viandes : la boucherie familiale est juste en face !

LA BASTIDE-CLAIRENCE – 64 Pyrénées-Atlantiques – 342 – 881 h. – alt. 50 m – ✉ 64240 3 B3

Paris 771 – Bayonne 27 – Irun 59 – Bordeaux 185

Office de tourisme, maison Darrieux ☎ 05 59 29 65 05

Maison Maxana

r. Notre-Dame – ☎ 05 59 70 10 10 – ab@maison-maxana.com

5 ch – 80/100 € 90/110 € – **Rest** – table d'hôte *(dîner seult) (résidents seult)* Menu 30 € bc

◆ Rêveries, Romances, Voyages... Les noms des chambres de cette maison basque donnent le ton : mariage très réussi de meubles anciens et d'éléments tantôt africains, asiatiques ou contemporains. Table d'hôte sur réservation.

LA BASTIDE-DES-JOURDANS – 84 Vaucluse – 332 G11 – 964 h. – alt. 412 m – ✉ 84240 40 B2

Paris 762 – Aix-en-Provence 39 – Apt 40 – Digne-les-Bains 77 – Manosque 17

Auberge du Cheval Blanc avec ch — AC P VISA MC

– ☎ 04 90 77 81 08 – provence.luberon@wanadoo.fr – Fax 04 90 77 86 51 – Fermé fév. et jeudi sauf juil.-août

4 ch – 70/90 € 70/90 €, 10 € – ½ P 70/90 € – **Rest** – Menu 27/37 € – Carte 41/53 €

◆ Demeure provençale située au cœur du village. Salle à manger bourgeoise aux couleurs du Midi et plats aux accents du terroir. Coquettes chambres personnalisées.

LA BÂTIE-DIVISIN – 38 Isère – 333 G4 – 802 h. – alt. 521 m – ✉ 38490
45 **C2**

Paris 539 – Lyon 82 – Grenoble 45 – Chambéry 41 – Saint-Martin-d'Hères 53

L'Olivier 10/20, VISA MC AE
– ✆ *04 76 31 00 60 – Fax 04 76 31 00 60 – Fermé 29 oct.-7 nov., dim. soir et lundi*
Rest – Menu 12,50 € (déj. en sem.), 16/32 € – Carte 23/43 €
◆ L'enseigne évoque l'un des produits préférés du chef, qui mitonne des plats fins et actuels... essentiellement à l'huile d'olive. Lumineuse salle à manger et son jardin-terrasse.

LA BÂTIE-NEUVE – 05 Hautes-Alpes – 334 F5 – rattaché à Gap

BATZ (ÎLE-DE-) – 29 Finistère – 308 G2 – voir à Île-de-Batz

Grand luxe ou sans prétention ?
Les ✗ et les 🏠 notent le confort.

BATZ-SUR-MER – 44 Loire-Atlantique – 316 B4 – 3 049 h. – alt. 12 m – ✉ 44740
Bretagne
34 **A2**

Paris 457 – La Baule 7 – Nantes 84 – Redon 64 – Vannes 79
Syndicat d'initiative, 25 rue de la Plage ✆ 02 40 23 74 10
☼★★ de l'église St-Guenolé★ - Chapelle N.-D. du Mûrier★ - Excursions guidées★ dans les marais (musée des Marais salants) - La Côte Sauvage★.

Lichen sans rest VISA MC AE
Baie du Manerick - Cote sauvage – ✆ 02 40 23 91 92 – alain.paroux@wanadoo.fr – Fax 02 40 23 84 88
17 ch – 60/70 € 100/200 €, ☕ 10 €
◆ Sur la Côte sauvage, vaste villa néo-bretonne (1956) jouissant du spectacle unique de l'océan. La moitié des chambres, fraîches et assez grandes, donne sur les flots.

BAULE – 45 Loiret – 318 H5 – rattaché à Beaugency

LA BAULE – 44 Loire-Atlantique – 316 B4 – 15 831 h. – alt. 31 m – Casino : Grand Casino BZ – ✉ 44500 Bretagne
34 **A2**

Paris 450 – Nantes 76 – Rennes 120 – St-Nazaire 19 – Vannes 74
Office de tourisme, 8 place de la Victoire ✆ 02 40 24 34 44, Fax 02 40 11 08 10
de Guérande à Guérande Ville Blanche, par rte de Nantes : 6 km, ✆ 02 40 60 24 97 ; de La Baule à Saint-André-des-Eaux Domaine de Saint Denac, NE : 9 km, ✆ 02 40 60 46 18.
Front de mer★ - Parc des Dryades★ DZ.

Plan page ci-contre

Hermitage Barrière ch, ch, rest, 15/200, VISA MC AE
5 espl. Lucien Barrière – ✆ 02 40 11 46 46 – hermitage@lucienbarriere.com – Fax 02 40 11 46 45 – Ouvert 23 mars-7 nov. et 22 déc.-2 janv.
BZ **h**
202 ch – 187/315 € 312/560 €, ☕ 20 € – 5 suites
Rest *La Terrasse* – *(ouvert vacances de Pâques, de la Toussaint, de Noël, fériés et juil.-août)* Carte 31/86 €
Rest *L'Eden Beach* – *✆ 02 40 11 46 16 (fermé du lundi soir au vend. midi du 11 nov. au 20 déc. et du 7 janv. au 6 mars)* Menu 33 € – Carte 39/86 €
◆ Palace des années 1920 dressant son imposante architecture anglo-normande face à l'océan. Spacieuses chambres personnalisées ouvertes sur les flots ou le jardin. Décor fastueux et cuisine classique à La Terrasse. Poissons et fruits de mer à l'Eden Beach.

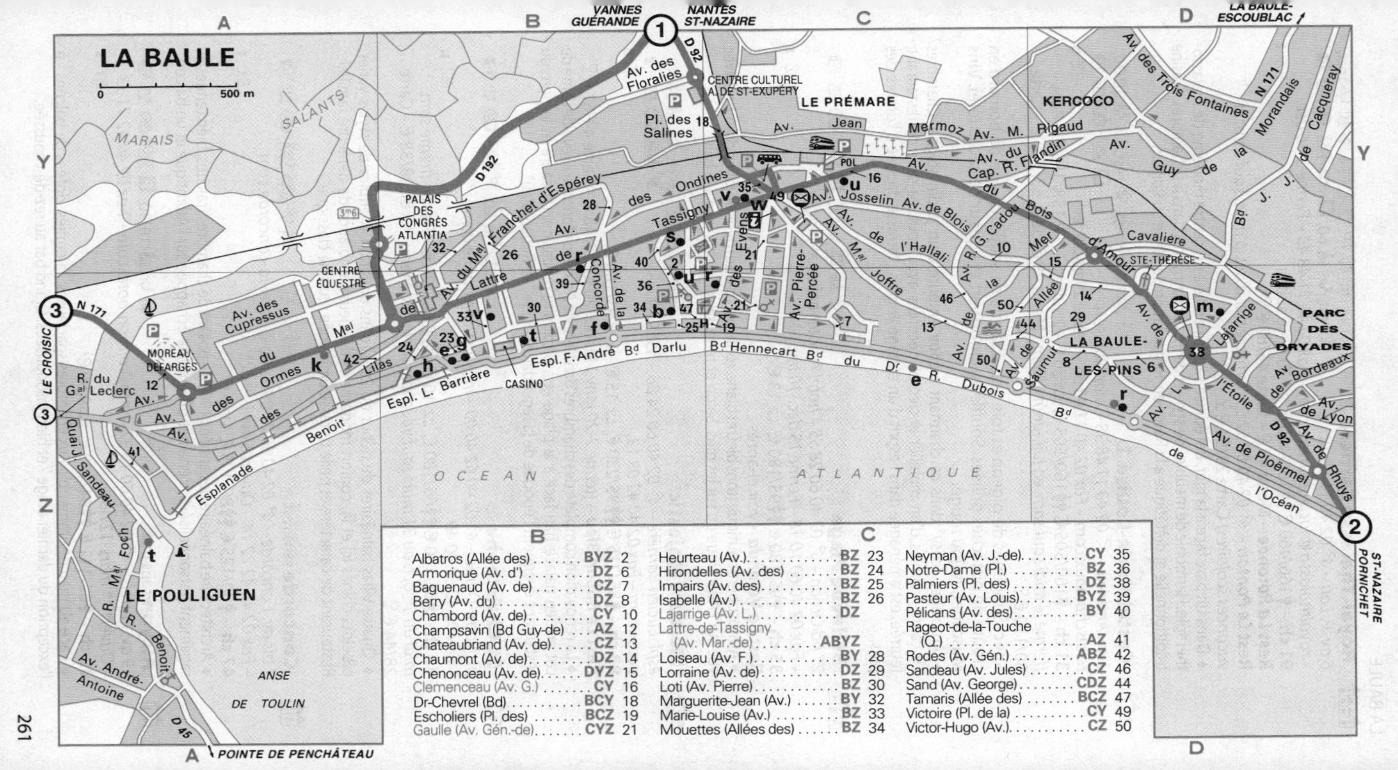
LA BAULE
0
500 m
VANNES GUÉRANDE
NANTES ST-NAZAIRE
LA BAULE-ESCOUBLAC
ST-NAZAIRE PORNICHET
LE CROISIC
POINTE DE PENCHÂTEAU
LE PRÉMARE
KERCOCO
LA BAULE-LES-PINS
LE POULIGUEN
PARC DES DRYADES
PALAIS DES CONGRÈS ATLANTIA
CENTRE CULTUREL A. DE ST-EXUPÉRY
CENTRE ÉQUESTRE
CASINO
STE-THÉRÈSE
MOREAU-DEFARGES
MARAIS
SALANTS
OCEAN ATLANTIQUE
ANSE DE TOULIN
Albatros (Allée des) BYZ 2
Armorique (Av. d') DZ 6
Baguenaud (Av. de) CZ 7
Berry (Av. du) DZ 8
Chambord (Av. de) CY 10
Champsavin (Bd Guy-de) AZ 12
Chateaubriand (Av. de) CZ 13
Chaumont (Av. de) DZ 14
Chenonceau (Av. de) DYZ 15
Clemenceau (Av. G.) CY 16
Dr-Chevrel (Bd) BCY 18
Escholiers (Pl. des) BCZ 19
Gaulle (Av. Gén.-de) CYZ 21
Heurteau (Av.) BZ 23
Hirondelles (Av. des) BZ 24
Impairs (Av. des) BZ 25
Isabelle (Av.) BZ 26
Lajarrige (Av. L.) DZ
Lattre-de-Tassigny (Av. Mar.-de) ABYZ
Loiseau (Av. F.) BY 28
Lorraine (Av. de) DZ 29
Loti (Av. Pierre) BZ 30
Marguerite-Jean (Av.) BY 32
Marie-Louise (Av.) BZ 33
Mouettes (Allées des) BZ 34
Neyman (Av. J.-de) CY 35
Notre-Dame (Pl.) BZ 36
Palmiers (Pl. des) DZ 38
Pasteur (Av. Louis) BYZ 39
Pélicans (Av. des) BY 40
Rageot-de-la-Touche (Q.) AZ 41
Rodes (Av. Gén.) ABZ 42
Sandeau (Av. Jules) CZ 46
Sand (Av. George) CDZ 44
Tamaris (Allée des) BCZ 47
Victoire (Pl. de la) CY 49
Victor-Hugo (Av.) CZ 50

Royal-Thalasso Barrière rest, rest, 60,
6 av. P. Loti – ✆ 02 40 11 48 48 – royalthalasso@lucienbarriere.com – Fax 02 40 11 48 45 – Fermé 3-16 déc. BZ **t**
91 ch – 166/460 € 166/460 €, 20 € – 6 suites
Rest *La Rotonde* – Menu 43 € – Carte 46/67 €
Rest *Le Ponton* – *✆ 02 40 60 52 05 (fermé le soir d'oct. à mars sauf sam. et vacances scolaires)* Carte 29/54 €
◆ Dans un parc face à la mer, bel édifice séculaire relié à un centre moderne de thalassothérapie. Harmonie de meubles de style et de tissus chatoyants dans les chambres. Cuisine traditionnelle et diététique à la Rotonde. Restauration de plage au Ponton.

Castel Marie-Louise rest, rest, 10/30,
1 av. Andrieu – ✆ 02 40 11 48 38 – marielouise@relaischateaux.com – Fax 02 40 11 48 35 – Fermé 2 janv.-9 fév. BZ **g**
31 ch – 160/505 € 160/505 €, 20 € – 2 suites – ½ P 158/358 € – **Rest** – *(fermé le midi sauf sam. en juil.-août et dim.)* Menu 45 € (déj.), 65/110 € – Carte 80/110 €
Spéc. Suprêmes de pigeon et foie gras à la mie de seigle. Queue de homard en croûte de pistaches grillées. Soufflé au citron vert et liqueur de cacao (été). **Vins** Muscadet, Anjou rouge.
◆ Ambiance "cosy" dans ce charmant manoir entouré d'un jardin soigné. Chambres au calme, garnies d'un mobilier ancien et décorées avec goût. La salle de restaurant, feutrée, est aménagée dans l'esprit d'un cottage anglais ; terrasse dressée à l'ombre des pins.

Bellevue Plage
27 bd Océan – ✆ 02 40 60 28 55 – hotel@hotel-bellevue-plage.fr – Fax 02 40 60 10 18 – Fermé 15 déc.-10 fév. DZ **r**
35 ch – 95/180 € 95/180 €, 13 €
Rest *La Véranda* – voir ci-après
◆ Atmosphère nautique (tons bleu et blanc, rotin, bois blond) dans de jolies chambres avec vue sur l'Atlantique ou sur les pins. Salon et terrasse sur le toit, face à la baie.

Mercure Majestic ch, ch, 20/40,
espl. Lucien Barrière – ✆ 02 40 60 24 86 – h5692@accor.com – Fax 02 40 42 03 13 BZ **e**
83 ch – 85/215 € 95/230 €, 15 € – ½ P 93/160 €
Rest *Le Ruban Bleu* – *(fermé 2-20 janv.)* Menu (20 €), 27/48 € – Carte 44/67 €
◆ La rénovation complète des chambres dans le style Art déco d'origine a réveillé l'âme de cet ancien palace bâti face à la plage et à proximité du casino. Le cadre et le nom du restaurant évoquent l'époque de la légendaire course "au Ruban bleu".

St-Christophe 20,
pl. Notre-Dame – ✆ 02 40 62 40 00 – info@st-christophe.com – Fax 02 40 62 40 40 BZ **u**
45 ch – 65/180 € 65/180 €, 10 € – ½ P 65/128 € – **Rest** – *(fermé sam. midi du 1er oct. au 31 mars sauf vacances scolaires)* Menu (17 €), 28/38 € – Carte 28/44 €
◆ Quatre villas balnéaires du début du 20e s. dans un jardin. Meubles de styles variés, bibelots chinés ici et là, confort moderne et délicieuse ambiance de demeure familiale. Restaurant de caractère et belle terrasse ombragée ; cuisine classique.

Concorde sans rest
1 bis av. Concorde – ✆ 02 40 60 23 09 – info@hotel-la-concorde.com – Fax 02 40 42 72 14 – Ouvert 6 avril-1er oct. BZ **f**
47 ch – 80/125 € 80/125 €, 9 €
◆ Architecture balnéaire des années 1960 disposant de chambres fraîches, bien tenues et sagement personnalisées ; certaines offrent une échappée sur l'Atlantique et un balcon.

Alcyon sans rest 10/30,
19 av. Pétrels – ✆ 02 40 60 19 37 – info@alcyon-hotel.com – Fax 02 40 42 71 33 – Ouvert 1er mars-12 nov. BY **s**
32 ch – 64/111 € 64/133 €, 9,50 €
◆ Face au marché, immeuble aux chambres spacieuses, rajeunies, dotées de balcons - à l'exception du dernier étage - et bien insonorisées. Grand bar au rez-de-chaussée.

La Mascotte — AC rest, rest, VISA MC AE
26 av. Marie Louise – ✆ 02 40 60 26 55 – hotel.la.mascotte@wanadoo.fr – Fax 02 40 60 15 67 – Ouvert 1er mars-5 nov. BZ **v**
23 ch (½ P seult en été) – †64 € ††91 €, ☕ 9,50 € – ½ P 86 € – **Rest** – *(résidents seult.)* 🍷
♦ Accueillant hôtel avec jardin arboré (pins et palmiers), à 50 m de la plage. Chambres fonctionnelles et bien insonorisées ; les plus grandes sont dans l'aile récente.

Brittany sans rest — AC VISA MC AE
7 av. des Impairs – ✆ 02 40 60 30 25 – info@hotelbrittany.com – Fax 02 40 24 37 30 BZ **b**
19 ch – †100/160 € ††100/160 €, ☕ 13 €
♦ Chambres personnalisées et bien équipées (mobilier moderne, TV écran plat, douche à jet), toit-solarium et salon-cheminée "cosy" : une maison des années 1930 joliment rénovée.

Lutetia et rest. le Rossini — ch, AC ch, ch, P VISA MC AE
13 av. Olivier Guichard – ✆ 02 40 60 25 81 – contact@lutetia-rossini.com – Fax 02 40 42 73 52 CZ **r**
26 ch – †48/53 € ††69/155 €, ☕ 9 € – **Rest** – *(fermé janv., dim. soir, mardi midi et lundi hors saison)* Menu (41 €), 49/65 € – Carte 49/57 € 🍷
♦ Établissement réparti dans deux maisons. La première abrite le restaurant et des chambres au charme suranné ; la seconde propose un hébergement neuf et plaisant. La carte, plutôt traditionnelle, fait la part belle aux produits de la mer.

Le Marini — rest, 15, P VISA MC AE
22 av. G. Clemenceau – ✆ 02 40 60 23 29 – interhotelmarini@wanadoo.fr – Fax 02 40 11 16 98 CY **u**
33 ch – †50/58 € ††53/63 €, ☕ 8 € – ½ P 55/65 € – **Rest** – *(dîner seult) (résidents seult)* Menu 21 € 🍷
♦ Dans une grande maison régionale, chambres de bon confort à la décoration soignée (quelques meubles anciens) et bar à l'esprit "british". Agréable piscine couverte et chauffée.

Hostellerie du Bois — VISA MC AE
65 av Lajarrige – ✆ 02 40 60 24 78 – hostellerie-du-bois@wanadoo.fr – Fax 02 40 42 05 88 – Ouvert 15 mars-15 nov. DZ **m**
15 ch – †60/70 € ††60/70 €, ☕ 7 € – ½ P 59/67 € – **Rest** – *(fermé sam.) (dîner seult.)* Menu 24/27 € – Carte 29/39 €
♦ Villégiature des années 1920 dont on a préservé le caractère. Nuits paisibles dans des chambres classiquement aménagées, à l'image des parties communes. Agréable jardinet. Ambiance feutrée sous les poutres de la salle à manger habillée de boiseries anciennes.

St-Pierre sans rest — VISA MC AE
124 av. de Lattre de Tassigny – ✆ 02 40 24 05 41 – contact@hotel-saint-pierre.com – Fax 02 40 11 03 41 BYZ **r**
19 ch – †55/65 € ††70/80 €, ☕ 8,50 €
♦ Jolie maison habillée de colombages peints en bleu. Chambres refaites dans un esprit marin discret. Petit-déjeuner servi sous une véranda lumineuse. Accueil aimable.

Les Dunes sans rest — P VISA MC AE
277 av. de Lattre de Tassigny – ✆ 02 51 75 07 10 – info@hotel-des-dunes.com – Fax 02 51 75 07 11 CY **w**
32 ch – †45/71 € ††45/71 €, ☕ 7 €
♦ Chambres fonctionnelles bien tenues, plus calmes sur l'arrière. Accueil familial et prix doux rendent l'adresse attrayante pour un séjour dans cette station balnéaire prisée.

XX **La Véranda** – Hôtel Bellevue Plage — AC VISA MC AE
27 bd de l'Océan – ✆ 02 40 60 57 77 – courriel@restaurant-laveranda.com – Fax 02 40 24 00 22 – Fermé 9 déc.-5 fév., merc. sauf juil.-août et lundi DZ **r**
Rest – Menu 38/80 € – Carte 56/113 € 🍷
♦ Lumineuse et sobre salle à manger contemporaine où l'on déguste, sur deux niveaux et sous une véranda, une savoureuse cuisine au goût du jour. La plupart des tables ont vue sur la plage.

La Barbade
bd R. Dubois – ✆ 02 40 42 01 01 – labarbadelabaule@wanadoo.fr – Fax 02 40 42 09 83 – Ouvert 25 mars-15 déc. et fermé lundi à jeudi hors saison, mardi et merc. sauf vacances scolaires CZ **e**
Rest – Menu 32 € – Carte 34/52 €
◆ À la belle saison, ce restaurant posé directement sur le sable fera rêver de vacances tropicales. Ambiance décontractée, avec l'océan à perte de vue ! Poissons et crustacés.

La Ferme du Grand Clos
52 av. de Lattre de Tassigny – ✆ 02 40 60 03 30 – contact@lafermedugrandclos.com – Fax 02 40 60 03 30 – Fermé mi-nov. à mi-déc., lundi, mardi et merc. hors saison
Rest – Carte 17/35 € AZ **k**
◆ Nichée avec sa terrasse au fond d'un jardin ombragé et fleuri, cette ferme plus que centenaire abrite une salle rustique ouverte sur les fourneaux où cuisent les galettes.

au Golf **7 km au Nord par N 171 – ✉ 44117 St-André-des-Eaux**

Du Golf International ch, cuisinette 80,
– ✆ 02 40 17 57 57 – hoteldugolflabaule@lucienbarriere.com – Fax 02 40 17 57 58 – Ouvert avril-oct.
57 ch – 89/247 € 89/247 €, 17 € – 66 suites – 110/312 €
Rest *Le Green* – *(fermé le midi sauf en juil.-août)* Carte 29/45 €
◆ Complexe hôtelier et son parc au cœur d'un immense golf. Belles chambres spacieuses et pratiques, et plusieurs villas indépendantes disponibles à la location. Club pour enfants. Le Green vous reçoit face à la piscine et vous propose une carte traditionnelle.

BAUME-LES-DAMES – 25 Doubs – 321 I2 – 5 384 h. – alt. 280 m – ✉ 25110

Franche-Comté Jura 17 **C2**

Paris 440 – Belfort 62 – Besançon 30 – Lure 45 – Montbéliard 45 – Pontarlier 65 – Vesoul 45

Office de tourisme, 6 rue de Provence ✆ 03 81 84 27 98, Fax 03 81 84 15 61

du Château de Bournel à Cubry N : 20 km par D 50, ✆ 03 81 86 00 10.

Hostellerie du Château d'As avec ch
24 r. Château-Gaillard – ✆ 03 81 84 00 66 – chateau.das@wanadoo.fr – Fax 03 81 84 39 67 – Fermé 22 oct.-13 nov., 28 janv.-5 fév., dim. soir, mardi midi et lundi
6 ch – 59/76 € 59/76 €, 10 € – ½ P 61/68 € – **Rest** – Menu 19 € (déj. en sem.), 29/69 € – Carte 39/64 €
◆ Bâtie sur les hauteurs, grande villa des années 1930 gardant son atmosphère d'antan. Salle à manger agréablement provinciale et cuisine classique. Chambres rénovées avec goût.

à Pont-les-Moulins **6 km au Sud par D 50 – 170 h. – alt. 275 m – ✉ 25110**

L' Auberge des Moulins rest, 25,
rte Pontarlier – ✆ 03 81 84 09 99 – auberge.desmoulins@wanadoo.fr – Fax 03 81 84 04 44 – Fermé 22 déc.-28 janv., vend. soir, dim. soir sauf juil.-août
14 ch – 43 € 53 €, 7 € – ½ P 53 € – **Rest** – *(fermé dim. soir de sept. à juin, vend. sauf le soir en juil. août et sam. midi)* Menu (17 €), 21/25 € – Carte 22/51 €
◆ Dans la vallée du Cusancin, auberge campagnarde offrant des chambres à la fois rustiques et raffinées. Accueil sympathique. Restaurant confortable et soigné où l'on sert des plats du terroir et des spécialités de truites.

BAUME-LES-MESSIEURS – 39 Jura – 321 D6 – 194 h. – alt. 333 m – ✉ 39210

Franche-Comté Jura 16 **B3**

Paris 406 – Champagnole 27 – Dole 54 – Lons-le-Saunier 12 – Poligny 21

Abbaye★ (retable à volet★ dans l'église) - Belvédère des Roches de Baume★★★ sur cirque★★★ et grottes★ de Baume S : 3,5 km.

Des Grottes
aux Grottes, 3 km au Sud – ✆ 03 84 48 23 15 – restaurantdesgrottes@wanadoo.fr – Fax 03 84 48 23 15 – Ouvert 1er avril-11 nov. et fermé lundi sauf juil.-août
Rest – *(déjeuner seult sauf vend. et sam.) (prévenir)* Carte 23/40 €
◆ Pavillon champêtre 1900 face à une superbe cascade. Charme Belle Époque au restaurant (non-fumeurs) doublé d'un café plus informel. Plats régionaux ; vente de truites fraîches.

BAUVIN – 59 Nord – **302** F4 – **5 338 h.** – **alt. 25 m** – ✉ **59221** 30 **B2**

Paris 208 – Arras 33 – Béthune 22 – Lens 15 – Lille 26

XXX **Les Salons du Manoir**

53 r. J. Guesde – ☎ 03 20 85 64 77 – pmortreux@nordnet.fr – Fax 03 20 86 72 22 – Fermé août, 1er-15 fév., lundi et mardi

Rest – Menu (30 €), 50/60 € bc

◆ Au cœur d'un superbe domaine de 3 ha, dépendances d'une maison de maître converties en restaurant. Lumineuse salle à manger avec cheminée et cuisine traditionnelle soignée.

LES BAUX-DE-PROVENCE – 13 Bouches-du-Rhône – **340** D3 – **434 h.** – **alt. 185 m** – ✉ **13520** Provence 42 **E1**

Paris 712 – Arles 20 – Avignon 30 – Marseille 86 – Nîmes 44 – St-Rémy-de-Provence 10

Office de tourisme, rue Porte Mage ☎ 04 90 54 34 39, Fax 04 90 54 51 15

des Baux-de-Provence Domaine de Manville, S : 2 km, ☎ 04 90 54 40 20.

Site★★★ - Village★★★ : Place★ et église St-Vincent★ - Château★ : ✻★★ - Monument Charloun Rieu ≤★ - Tour Paravelle ≤★ - Musée Yves-Brayer★ - Cathédrale d'Images★ N : 1 km par D 27 - ✻★★★ sur le village N : 2,5 km par D 27.

dans le Vallon

La Riboto de Taven ch, ch, ch,

– ☎ 04 90 54 34 23 – contact@riboto-de-taven.fr – Fax 04 90 54 38 88 – Fermé 3 janv.-3 mars

3 ch – 160/280 € 160/280 €, 18 € – 3 suites – ½ P 137/191 € –
Rest – *(fermé merc.) (dîner seult) (résidents seult)* Menu 54 €

◆ Cet insolite mas ravit les yeux : vue imprenable sur les Baux, jardin fleuri, agréable piscine et chambres décorées avec goût (deux d'entre elles sont troglodytiques). Salle à manger d'inspiration médiévale, jolie terrasse ombragée et cuisine du marché.

XXXXX ✿✿ **L' Oustaù de Baumanière** avec ch

– ☎ 04 90 54 33 07 – oustau@relaischateaux.com – Fax 04 90 54 40 46 – Fermé début janv.-début fév., jeudi midi et merc. de nov. à mars

12 ch – 235/325 € 235/325 €, 20 € – 4 suites – ½ P 390/480 € –
Rest – Menu 110 € (menu tout légume)/150 € – Carte 140/192 €

Spéc. Oeuf de poule, eau de tomate en consommé clair, jus condiment d'un aïoli. Rouget barbet, basilic et fleur de thym. Soufflé aux chocolat. **Vins** Les Baux de Provence, Vin de pays des Bouches du Rhône.

◆ Demeure du 16e s. aux voûtes séculaires, superbe terrasse avec les Alpilles en toile de fond : un lieu magique pour une belle cuisine gorgée de soleil. Superbe livre de cave.

Le Manoir

à 1 km rte d'Arles par D 27 – ☎ *04 90 54 33 07*

7 ch – 235/325 € 235/325 €, 20 € – 7 suites – 375/515 € – ½ P 390/480 €

◆ Les chambres de cette élégante bastide conjuguent confort, raffinement et charme provençal d'antan. Parc arboré (dont un splendide platane séculaire) et jardin à la française.

rte d'Arles Sud-Ouest par D 27

✿ **La Cabro d'Or** ch,

à 1 km – ☎ 04 90 54 33 21 – cabro@relaischateaux.com – Fax 04 90 54 45 98 – Fermé 5 nov.-21 déc., dim. soir et lundi du 2 nov. au 31 mars et mardi midi

22 ch – 150/255 € 150/255 €, 17 € – 9 suites – ½ P 222/327 € –
Rest – Menu 45 € bc (déj. en sem.), 65 € bc/98 € – Carte 89/95 €

Spéc. Dégustation de saveurs marines. Filet de loup grillé à la fleur de sel de Camargue. Carré d'agneau rôti à la broche. **Vins** Coteaux d'Aix-en-Provence-les Baux.

◆ Chambres élégantes, ravissant jardin fleuri, nombreux loisirs dont un centre d'équitation : une étape "champêtre chic" des plus agréables. Restaurant campagnard, terrasse sous les tilleuls et belle cuisine au goût du jour... L'art de vivre à la provençale !

Mas de l'Oulivié sans rest 20,
à 2,5 km – ✆ 04 90 54 35 78 – contact@masdeloulivie.com – Fax 04 90 54 44 31 – Ouvert 23 mars-11 nov.
25 ch – 105/260 € 105/260 €, 13 € – 2 suites
◆ Accueil personnalisé, décor méridional, meubles patinés, magnifique jardin : tout est "déstressant" en ce mas niché dans une oliveraie. Étonnante piscine à débordements.

Auberge de la Benvengudo
à 2 km – ✆ 04 90 54 32 54 – contact@benvengudo.com – Fax 04 90 54 42 58 – Ouvert 1er avril-15 nov.
25 ch – 110/140 € 110/168 €, 11 € – 3 suites – ½ P 161/219 € –
Rest – *(ouvert 1er avril-1er nov. et fermé dim.) (dîner seult)* Menu 40 € (sem.)/45 €
◆ Cette charmante bastide tapissée de vigne vierge et entourée d'un joli jardin fleuri est située au pied de la citadelle. Lors de la réservation, demandez une chambre rénovée. Au restaurant, décoration d'esprit provençal et menu unique composé selon le marché.

BAVAY – 59 Nord – 302 K6 – 3 581 h. – alt. 148 m – ✉ 59570

Nord Pas-de-Calais Picardie 31 **D2**

Paris 229 – Avesnes-sur-Helpe 24 – Lille 79 – Maubeuge 15 – Mons 25

Office de tourisme, rue Saint-Maur ✆ 03 27 39 81 65, Fax 03 27 39 81 65

Le Bagacum
r. Audignies (rte Avesnes-sur-Helpe) – ✆ 03 27 66 87 00 – contact@bagacum.com – Fax 03 27 66 86 44 – Fermé dim. soir et lundi
Rest – Menu 27 € bc (déj. en sem.), 32/48 € bc
◆ Murs en briques rouges, charpente apparente, bibelots et tableaux font le cachet de cette vieille grange convertie en restaurant. Terrasse fleurie. Cuisine traditionnelle.

Le Bourgogne
porte Gommeries – ✆ 03 27 63 12 58 – Fax 03 27 66 99 74 – Fermé 1er-21 août, 2-17 janv., lundi sauf fériés et le soir sauf vend. et sam.
Rest – Menu 20 € (déj. en sem.), 35/85 € bc – Carte 33/58 €
◆ Bordant un axe animé, accueillante maison typique du Nord. Agréable terrasse d'été. La cuisine oscille entre tradition et invention, et la cave fait la part belle aux bourgognes.

BAVELLA (COL DE) – 2A Corse-du-Sud – 345 E9 – voir à Corse

BAYARD (COL) – 05 Hautes-Alpes – 334 E5 – voir à Col Bayard

BAYEUX – 14 Calvados – 303 H4 – 14 961 h. – alt. 50 m – ✉ 14400

Normandie Cotentin 32 **B2**

Paris 265 – Caen 31 – Cherbourg 95 – Flers 69 – St-Lô 36 – Vire 60

Office de tourisme, pont Saint-Jean ✆ 02 31 51 28 28, Fax 02 31 51 28 29

AS Bayeux Omaha Beach Golf à Port-en-Bessin Ferme Saint Sauveur, par rte de Port-en-Bessin et D 514 : 11 km, ✆ 02 31 22 12 12.

Tapisserie dite "de la reine Mathilde" ★★★ - Cathédrale Notre-Dame★★ - Musée-mémorial de la bataille de Normandie★ Y **M**[1] - Maison à colombage★ (rue St-Martin) Z**N**.

Plan page ci-contre

Le Lion d'Or
71 r. St Jean – ✆ 02 31 92 06 90 – lion.d-or.bayeux@wanadoo.fr – Fax 02 31 22 15 64 – Fermé 23 déc.-19 janv. Z **e**
27 ch – 75/145 € 75/165 €, 12 € – 1 suite – ½ P 76/118 € – **Rest** – *(fermé lundi midi et sam. midi)* Menu (15 €), 20 € (déj.), 26/46 € – Carte 47/55 €
◆ Cet ancien relais de poste, qui daterait en partie du 18e s., est devancé par une jolie cour pavée. Confortables chambres, diversement meublées. Cuisine traditionnelle servie dans un cadre chaleureux : poutres, vieux bibelots et tables soigneusement dressées.

BAYEUX

Aure (Q. de l') .... Z 2
Bienvenu (R. du) .... Z 3
Bois (Pl. au) .... Z 4
Bouchers (R. des) .... Z 5
Bourbesneur (R.) .... Z 6
Bretagne (R. de la) .... Z
Chanoines (R. des) .... Z 7
Chartier (R. A.) .... Z 8
Churchill (Bd W.) .... Y
Clemenceau (Av. G.) .... Z
Conseil (Av.) .... Y
Courseulles (R. de) .... Y 9
Cuisiniers (R. des) .... Z 12
Dais (R. Gén.-de) .... Z
Dr-Michel (R.) .... Y 13
Eindhoven (Bd) .... Y
Eisenhower (Rond-Point) .... Y 14
Foch (R. Mar.) .... Z 15
Franche (R.) .... Z
Gaulle (Pl. Ch.-de) .... Z
Laitière (R.) .... Z 16
Larcher (R.) .... Z
Leclerc (Bd Mar.) .... Z 17
Leforestier (R. Lambert) .... Z 18
Liberté (Pl. de la) .... Z 19
Maîtrise (R. de la) .... Z 20
Marché (R. du) .... Z 21
Montgomery (Bd Mar.) .... Y 23
Nesmond (R. de) .... Z
Pigache (R. de la) .... Y 24
Pont-Trubert (R. du) .... Y 25
Poterie (R. de la) .... Z 28
Royale (R.) .... Z
Sadi-Carnot (Bd) .... Y 29
St-Jean (R.) .... Y, Z
St-Laurent (R.) .... Y, Z
St-Loup (R.) .... Y, Z 30
St-Malo (R.) .... Z
St-Martin (R.) .... Z
St-Patrice (R. et Pl.) .... Z 31
Tardif (R.) .... Z
Teinturiers (R. des) .... Z 32
Terres (R. des) .... Z 33
Vaucelles (Rond-Point de) .... Y 35
Verdun (R. de) .... Y 37
Ware (Bd F.) .... Y 38
6-Juin (Bd du) .... Y

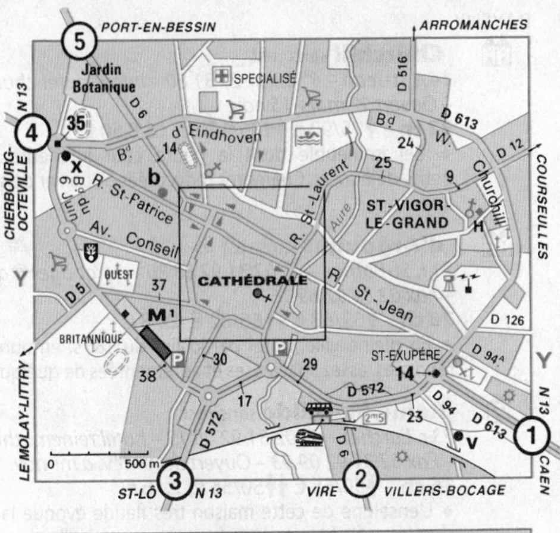

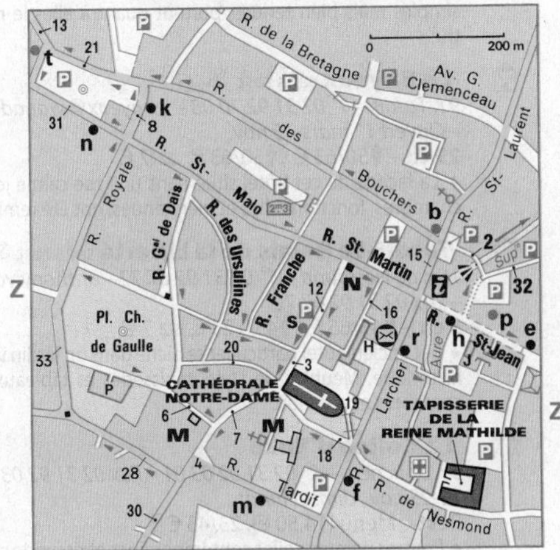

Novotel
ch, ch, 20/120, VISA

117 r. St-Patrice – ✆ 02 31 92 16 11 – h0964@accor.com – Fax 02 31 21 88 76 Y x

77 ch – †83/145 € ††95/145 €, ☕ 11 € – **Rest** – *(fermé 22 déc.-1er janv., sam. midi et dim. midi)* Menu 25 € – Carte 23/35 €

◆ Établissement entièrement relooké selon les dernières normes de la chaîne : bar et salons modernes, chambres pratiques garnies d'un mobilier contemporain. Murs beiges, chaises violettes et chaleureux parquet composent le cadre plaisant du restaurant.

Château de Bellefontaine sans rest
30, VISA

49 rue Bellefontaine – ✆ 02 31 22 00 10 – info@hotel-bellefontaine.com – Fax 02 31 22 19 09 – Fermé 2 janv.-2 fév. Y v

14 ch – †80/115 € ††92/180 €, ☕ 12 €

◆ Un joli parc aux arbres majestueux et agrémenté d'un plan d'eau sépare ce château (18e s.) de la route. Salon avec belle cheminée. Confortables chambres diversement meublées.

Churchill sans rest VISA MC
14 r. St-Jean – ✆ 02 31 21 31 80 – info@hotel-churchill.fr – Fax 02 31 21 41 66 – Ouvert 1er mars-15 nov. Z **h**
32 ch – †75/90 € ††85/120 €, ☕ 8,50 €
◆ Bel immeuble dont la petite cour intérieure accueille une véranda pour les petits-déjeuners. Chambres redécorées (mobilier de style, tons ivoire, bordeau). Épicerie fine.

d'Argouges sans rest VISA MC AE
21 r. St-Patrice – ✆ 02 31 92 88 86 – dargouges@aol.com – Fax 02 31 92 69 16 Z **n**
28 ch – †52/68 € ††66/82 €, ☕ 8 €
◆ En pleine ville, hôtel particulier du 18e s. entouré d'un reposant jardin. Chambres rénovées, assez spacieuses et agrémentées de quelques meubles anciens.

Reine Mathilde sans rest VISA MC AE
23 r. Larcher – ✆ 02 31 92 08 13 – hotel.reinemathilde@wanadoo.fr – Fax 02 31 92 09 93 – Ouvert de mi-fév. à mi-nov. Z **r**
16 ch – †50/55 € ††50/55 €, ☕ 6 €
◆ L'enseigne de cette maison très fleurie évoque la célèbre tapisserie. Les chambres, simples mais bien tenues, portent quant à elles le nom d'un saint normand. Salon de thé.

Le Bayeux sans rest P VISA MC
9 r. Tardif – ✆ 02 31 92 70 08 – lebayeux@wanadoo.fr – Fax 02 31 21 15 74 – Ouvert 1er mars-15 nov. Z **m**
29 ch – †50/63 € ††50/63 €, ☕ 7 €
◆ La façade de cet hôtel situé dans une rue calme joue la carte de la sobriété, mais les chambres, fonctionnelles et bien tenues, ont été remises au goût du jour.

Tardif-Le Relais de la Liberté sans rest P VISA MC
16 r. de Nesmond – ✆ 02 31 92 67 72 – anthony.voidie@wanadoo.fr – Fax 02 31 92 67 72 Z **f**
5 ch – †45/65 € ††45/125 €, ☕ 7 €
◆ Cet ancien hôtel particulier se niche dans un jardin verdoyant à deux minutes du centre historique. Meubles de style, tapisseries et tableaux confèrent un cachet certain aux chambres et au salon.

La Coline d'Enzo VISA MC
2 r. Bouchers – ✆ 02 31 92 03 01 – Fax 02 31 92 03 01 – Fermé 5-18 mars, 12-25 nov., dim. et lundi Z **b**
Rest – Menu (14,50 €), 23/43 € 𝕐
◆ Poutres peintes, toiles contemporaines et tissus de couleurs vives égaient les murs de ce restaurant du centre-ville où l'on apprécie de bons petits plats au goût du jour.

La Rapière VISA MC AE
53 r. St-Jean – ✆ 02 31 21 05 45 – larapierebayeux@aol.com – Fax 02 31 21 11 81 – Fermé 21 déc.-21 janv., jeudi sauf le soir de mai à sept. et merc. Z **p**
Rest – Menu 15 € (déj. en sem.), 26/32 € – Carte 32/52 € 𝕐
◆ Maison du 15e s. située dans une rue pittoresque du vieux Bayeux. Bel intérieur rustique et goûteuse cuisine du terroir normand.

Le Bistrot de Paris VISA MC
pl. St-Patrice – ✆ 02 31 92 00 82 – Fax 02 31 92 00 82 – Fermé 18-31 août, 24 fév.-9 mars, lundi soir, sam. midi et dim. Z **t**
Rest – Menu 17/29 € – Carte 24/43 € 𝕐
◆ Mobilier, miroirs et cuivres reconstituent le décor et l'atmosphère d'un bistrot à l'ancienne. Cuisine rythmée par les saisons ; plats du jour inscrits sur ardoise.

L'Amaryllis VISA MC
32 r. St-Patrice – ✆ 02 31 22 47 94 – Fax 02 31 22 50 03 – Fermé 20 déc.-31 janv., dim. soir et lundi Y **b**
Rest – Menu 16/42 € – Carte 30/42 € 𝕐
◆ Discrète devanture abritant une salle à manger aux allures de jardin d'hiver garnie d'un mobilier de style bistrot. Cuisine traditionnelle influencée par le terroir.

Le Pommier

40 r. Cuisiniers – ✆ 02 31 21 52 10 – info@restaurantlepommier.com – Fax 02 31 21 06 01 – Fermé 15 déc.-15 janv., mardi et merc. de nov. à mars
Rest – Menu (13,50 €), 16 € (déj.), 23/30 € – Carte 29/43 € Z **s**
◆ La façade vert pomme annonce la couleur : ici, on revendique une carte "cent pour cent" normande ! Ambiance décontractée et joli décor mi-rustique, mi-contemporain.

rte de Port-en-Bessin 3 km par ⑤ – ✉ 14400 Bayeux

Château de Sully ch, rest, 35/20,

rte de Port en Bessin – ✆ 02 31 22 29 48 – chsully@club-internet.fr – Fax 02 31 22 64 77 – Ouvert 8 mars-10 déc.
22 ch – 130/170 € 150/250 €, 15 € – ½ P 192/232 € – **Rest** – *(fermé le midi sauf dim.) (nombre de couverts limité, prévenir diner seult) (menu unique)* Menu 45/59 €
◆ Ce château du 18e s., avec son parc en façade, a fière allure. On y cultive un luxe discret dans des chambres délicatement personnalisées. Deux salles de restaurant complétées par une véranda tournée sur le jardin. Cuisine panachant tradition et modernité.

à Audrieu 13 km par ① et D 158 – **839 h.** – **alt. 71 m** – ✉ **14250**

Château d'Audrieu rest, rest,

– ✆ 02 31 80 21 52 – audrieu@relaischateaux.com – Fax 02 31 80 24 73 – Fermé 9 déc.-1er fév.
25 ch – 130/420 € 130/420 €, 23 € – 4 suites – ½ P 142/273 € –
Rest – *(fermé lundi et le midi sauf sam., dim. et fériés)* Menu 38 € (déj.), 52/95 € – Carte 73/104 €
Spéc. Rémoulade de tourteau, fraises et truffe blanche d'été (juin à sept). Pigeonneau rôti en cocotte, pomme pralinée à la cazette. Café-whisky et sablé chaud chocolat noir.
◆ Ce château du 18e s. (monument historique) isolé au sein d'un immense parc abrite de belles chambres garnies de meubles anciens. Élégante salle à manger, cuisine au goût du jour personnalisée et carte des vins étoffée pour mener une vie de châtelain-gourmet !

BAYONNE – 64 Pyrénées-Atlantiques – 342 D2 – 40 078 h. – Agglo. 178 965 h. – alt. 3 m – ✉ 64100 Pays Basque 3 A3

Paris 765 – Bordeaux 183 – Biarritz 9 – Pamplona 109 – San Sebastián 53
de Biarritz-Anglet-Bayonne : ✆ 05 59 43 83 83, SO : 5 km par N 10 AZ.
Office de tourisme, place des Basques ✆ 05 59 46 01 46, Fax 05 59 59 37 55
Makila Golf Club à Biarritz Route de Cambo, S : 6 km par D 932, ✆ 05 59 58 42 42.
Cathédrale Ste-Marie★ et Cloître★ B - Fêtes★ (début août) - Musée Bonnat★★ BY M² - Musée basque★★★.

Plan page suivante

Accès et sorties : voir à Biarritz.

Adour Hôtel ch,

13 pl. Ste Ursule – ✆ 05 59 55 11 31 – resa@adourhotel.net – Fax 05 59 55 86 40
12 ch – 60/80 € 65/90 €, 7 € – ½ P 55/77 € – **Rest** – table d'hôte BY **f**
(dîner seult) (résidents seult) Menu 18 €
◆ Hôtel rénové, situé à deux pas de la gare. Le décor de chacune des chambres s'inspire d'un thème local (piment d'Espelette, surf, pelote basque, tauromachie, chocolat...). Bonne insonorisation. Cuisine régionale servie en table d'hôte.

Auberge du Cheval Blanc (Tellechea)

68 r. Bourgneuf – ✆ 05 59 59 01 33 – Fax 05 59 59 52 26 – Fermé 2-12 juil., 1er-6 août, 18 fév.-19 mars, sam. midi et dim. soir sauf août et lundi
Rest – Menu 30 € (sem.)/80 € – Carte 52/85 € BZ **b**
Spéc. Merlu rôti aux oignons, jus de volaille et piments doux. Saint-Jacques poêlées, piperade et tuile à l'Ibaïona (oct. à mars). Parmentier de xamango au jus de veau truffé. **Vins** Jurançon, Irouléguy.
◆ Cuisine du terroir revisitée, bon choix d'irouléguys, tableaux d'un artiste régional, compositions florales et tons pastel font le charme de cet ancien relais de poste (1715).

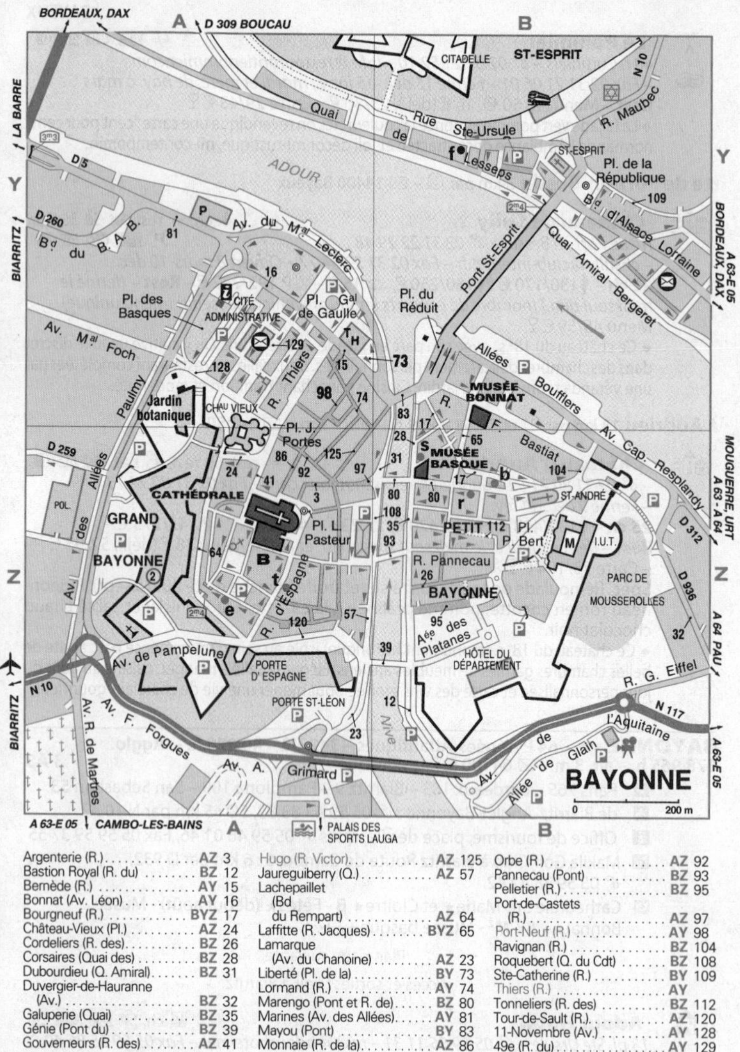

Argenterie (R.) .... AZ 3
Bastion Royal (R. du) .... BZ 12
Bernède (R.) .... AY 15
Bonnat (Av. Léon) .... AY 16
Bourgneuf (R.) .... BYZ 17
Château-Vieux (Pl.) .... AZ 24
Cordeliers (R. des) .... BZ 26
Corsaires (Quai des) .... BZ 28
Dubourdieu (Q. Amiral) .... BZ 31
Duvergier-de-Hauranne (Av.) .... BZ 32
Galuperie (Quai) .... BZ 35
Génie (Pont du) .... BZ 39
Gouverneurs (R. des) .... AZ 41
Hugo (R. Victor) .... AZ 125
Jaureguiberry (Q.) .... AZ 57
Lachepaillet (Bd du Rempart) .... AZ 64
Laffitte (R. Jacques) .... BYZ 65
Lamarque (Av. du Chanoine) .... AZ 23
Liberté (Pl. de la) .... BY 73
Lormand (R.) .... AY 74
Marengo (Pont et R. de) .... BZ 80
Marines (Av. des Allées) .... AY 81
Mayou (Pont) .... BY 83
Monnaie (R. de la) .... AZ 86
Orbe (R.) .... AZ 92
Pannecau (Pont) .... BZ 93
Pelletier (R.) .... BZ 95
Port-de-Castets (R.) .... AZ 97
Port-Neuf (R.) .... AY 98
Ravignan (R.) .... BZ 104
Roquebert (Q. du Cdt) .... BZ 108
Ste-Catherine (R.) .... BY 109
Thiers (R.) .... AY
Tonneliers (R. des) .... BZ 112
Tour-de-Sault (R.) .... AZ 120
11-Novembre (Av.) .... AY 128
49e (R. du) .... AY 129

François Miura

AE VISA MC AE

24 r. Marengo – ✆ 05 59 59 49 89 – Fermé 5-25 mars, dim. soir et merc. BZ **r**

Rest – Menu 20/31 € – Carte 40/50 €

◆ Dans le vieux Bayonne, salle de restaurant voûtée agrémentée de tableaux et meubles modernes. Cuisine au goût du jour et suggestions du marché.

El Asador

AE VISA MC

pl. Montaut – ✆ 05 59 59 08 57 – Fermé 11 juin-2 juil., 17 déc.-7 janv., dim. soir et lundi sauf fériés AZ **e**

Rest – *(nombre de couverts limité, prévenir)* Menu 20 € – Carte 27/42 €

◆ Poutres, affiches tauromachiques des années 1950, cuisine hispano-basque et ambiance conviviale : les aficionados apprécient ce petit restaurant.

Bayonnais

38 quai Corsaires – ✆ 05 59 25 61 19 – Fax 05 59 59 00 64 – Fermé 18-30 juin, 1er-7 août, 24 déc.-5 janv., lundi de sept. à juin et dim. BZ **s**

Rest – Menu 15 € – Carte 28/45 €

◆ Voisin du musée basque, sympathique adresse proposant une copieuse cuisine du terroir. Salle à manger de style régional complétée par une terrasse dressée au bord de la Nive.

La Garburada Rose

34 r. d'Espagne – ✆ 05 59 59 39 50 – Fax 05 59 59 39 50 – Fermé 25 juin-14 juil., 25 août-10 sept., dim. et lundi AZ **t**

Rest – *(déjeuner seult)* Menu (12 €), 28 €

◆ La garbure tient la vedette sur la carte de ce restaurant simple et convivial, installé dans le vieux Bayonne. Cadre rustique égayé de tableaux colorés.

au Nord **2,5 km par rte de Bordeaux et D308 (voir plan de Biarritz) – ✉ 64100 Bayonne**

Le Mamelon Vert

< l'Adour,

1 Chemin de Laborde – ✆ 05 59 74 59 70 – info@mamelonvert.com – Fermé vacances de Noël BCX **t**

5 ch – 70/120 € 70/120 € – **Rest** – *(dîner seult) (résidents seult)* Menu 40 € bc/60 € bc

◆ Cette maison de style régional qui surplombe l'Adour propose de confortables chambres décorées de gravures et meubles anciens ; la "Rouge" et la "Bleue" ont beaucoup de cachet. Selon son envie, la propriétaire prépare des plats tout simples, traditionnels ou... thaïlandais.

BAZAS – 33 Gironde – 335 J8 – 4 357 h. – alt. 70 m – ✉ 33430 Aquitaine 3 B2

Paris 637 – Agen 84 – Bergerac 105 – Bordeaux 62 – Langon 17 – Mont-de-Marsan 70

Office de tourisme, 1 place de la Cathédrale ✆ 05 56 25 25 84

Cathédrale St-Jean★ - Château de Cazeneuve★★ SO : 11 km par D 9 - Château de Roquetaillade★★ NO : 2 km - Collégiale d'Uzeste★.

Domaine de Fompeyre

rest, 15/55,

rte Mont-de-Marsan – ✆ 05 56 25 98 00 – resa-bazas@monalisahotels.com – Fax 05 56 25 16 25

50 ch – 78 € 152/161 €, 12 € – ½ P 85/110 € – **Rest** – *(fermé dim. soir du 15 avril au 15 oct.)* Menu 35/45 € – Carte 34/65 €

◆ Parc arboré et équipements de loisirs complets (plaisant centre aquatique) valorisent ce complexe hôtelier. Chambres coquettes ; celles du Manoir sont plus vastes. Restaurant cossu et véranda façon jardin d'hiver. On y déguste, entre autres, le bœuf de Bazas.

à Bernos-Beaulac **6 km au Sud par D932 – 1 071 h. – alt. 66 m – ✉ 33430**

Dousud

ch, cuisinette

– ✆ 05 56 25 43 23 – info@dousud.fr – Fax 05 56 25 42 75

6 ch – 50/65 € 65/80 € – **Rest** – *(dîner seult) (résidents seult)* Menu 20 € bc

◆ Cette jolie ferme landaise profite de la tranquillité d'un parc de 9 ha où sont élevés des chevaux. Les chambres, personnalisées, se trouvent dans les dépendances ; deux d'entres elles possèdent une terrasse. Le soir, repas mitonnés par la propriétaire, ancienne restauratrice.

BAZEILLES – 08 Ardennes – 306 L4 – rattaché à Sedan

BAZINCOURT-SUR-EPTE – 27 Eure – 304 K6 – rattaché à Gisors

BAZOUGES-LA-PÉROUSE – 35 Ille-et-Vilaine – 309 M4 – 1 854 h. – alt. 106 m – ✉ 35560 Bretagne 10 D2

Paris 376 – Fougères 34 – Rennes 45 – Saint-Malo 53

Office de tourisme, 2 place de l'Hôtel de Ville ✆ 02 99 97 40 94

Le Château de la Ballue sans rest

4 km au Nord-Est – ✆ 02 99 97 47 86 – chateau@la-ballue.com – Fax 02 99 97 47 70

5 ch – 140/175 € 160/290 €, 15 €

◆ De superbes jardins d'esprit baroque et à la française entourent ce château du 17e s. Grandes chambres raffinées : hauteur sous plafond, boiseries d'époque, mobilier ancien.

BEAUCAIRE – 30 Gard – 339 M6 – 13 748 h. – alt. 18 m – ✉ 30300
Provence 23 **D2**

Paris 703 – Arles 18 – Avignon 27 – Nîmes 24

Office de tourisme, 24 cours Gambetta ✆ 04 66 59 26 57, Fax 04 66 59 68 51

Château★.

Les Vignes Blanches
67 rte de Nîmes – ✆ 04 66 59 13 12 – contact@lesvignesblanches.com – Fax 04 66 58 08 11 – Fermé 2-31 janv.

57 ch – †65/89 € ††65/89 €, ☕ 9 € – ½ P 45/55 € – **Rest** – *(fermé dim. soir, mardi midi et lundi d'oct. à janv.)* Menu 13 € (déj. en sem.), 18/39 € – Carte 27/49 €

◆ Cet hôtel bordant un axe passant a bénéficié d'une rénovation complète : hall original, chambres (plus calmes sur l'arrière) joliment colorées et dotées d'une literie neuve. Espace bistrot ou salle à manger traditionnelle ; cuisine du marché.

L'Oliveraie
rte de Nimes – ✆ 04 66 59 16 87 – fvalota@club-internet.fr – Fax 04 66 59 08 91

39 ch – †60 € ††60/62 €, ☕ 10 € – ½ P 65/68 € – **Rest** – *(fermé dim. soir sauf en juil.-août et sam. midi)* Menu (16 €), 18/24 € – Carte 29/41 €

◆ Atmosphère familiale dans cet établissement composé de deux bâtiments. Chambres confortables, avec balcon ou terrasse ; celles de l'aile récente sont plus modernes. Plaisante salle à manger agrémentée par de nombreux bibelots ; véranda coiffée d'une charpente.

au Sud -Ouest 6 km (Rte de St Gilles) puis à gauche, écluse de Nouriguier – ✉ 30300 Beaucaire

Mas de Lafont sans rest
– ✆ 04 66 59 29 59 – Fax 04 66 59 29 59 – Ouvert 1er mai-1er oct.

3 ch ☕ – †72/80 € ††80/90 €

◆ Entre vignes et abricotiers, mas du 17e s. dont les chambres, spacieuses et dotées d'un superbe mobilier provençal, donnent toutes côté jardin. Cuisine équipée à disposition.

BEAUCENS – 65 Hautes-Pyrénées – 342 L5 – 350 h. – alt. 450 m – ✉ 65400
Midi-Pyrénées 28 **A3**

Paris 866 – Pau 59 – Tarbes 38 – Toulouse 191

Eth Béryè Petit
15 rte Vielle – ✆ 05 62 97 90 02 – contact@beryepetit.com – Fax 05 62 97 90 02

3 ch ☕ – †53/62 € ††53/62 € – **Rest** – table d'hôte *(Ouvert vend. soir et sam. soir de nov. à avril) (résident seult)* Menu 18 € bc

◆ Entre prés et bois, accueillante maison bigourdane (1790) restaurée avec soin, et dont l'enseigne signifie le petit verger. Les chambres, calmes et "cosy", ont une vue splendide sur la vallée. Dîner et petit-déjeuner dans un joli salon au coin du feu ou en terrasse.

LE BEAUCET – 84 Vaucluse – 332 D10 – rattaché à Carpentras

BEAUCOUZÉ – 49 Maine-et-Loire – 317 F4 – rattaché à Angers

BEAUDÉAN – 65 Hautes-Pyrénées – 342 M5 – rattaché à Bagnères-de-Bigorre

BEAUFORT – 73 Savoie – 333 M3 – 1 985 h. – alt. 750 m – ✉ 73270
Alpes du Nord 45 **D1**

Paris 601 – Albertville 21 – Chambéry 72 – Megève 37

Office de tourisme, Grande Rue ✆ 04 79 38 37 57, Fax 04 79 38 16 70

Beaufortain★★.

N.-D.de Bellecombe ❄★★.

Le Grand Mont

pl. église – ✆ 04 79 38 33 36 – Fax 04 79 38 39 07 – Fermé 22 avril-6 mai, 1er oct.-5 nov., merc. soir et dim. soir sauf vacances scolaires et fériés
15 ch – †45/47 € ††55/57 €, ☕ 8 € – ½ P 55/57 € – **Rest** – Menu (11,50 €), 20/22 € – Carte 19/31 € 🍷
◆ Ambiance sympathique à l'intérieur de cette maison de pays d'un village réputé pour son bon lait d'alpage et son célèbre fromage. Chambres bien tenues. Le restaurant offre un cadre rustique tout simple rehaussé de photographies de paysages beaufortains.

La Table du Berger

Grande Rue – ✆ 04 79 38 37 91 – Fermé janv., dim. soir sauf juil.-août et lundi
Rest – Spécialités Savoyardes Menu 14 € (déj. en sem.), 17/43 € – Carte 28/40 € 🍷
◆ Une fresque représentant Gargantua apporte une touche de fantaisie au sobre décor montagnard de ce restaurant logé dans une bâtisse régionale typique. Recettes du terroir.

BEAUGENCY – 45 Loiret – 318 G5 – 7 106 h. – alt. 99 m – ✉ 45190

Châteaux de la Loire — 12 **C2**

Paris 152 – Blois 35 – Châteaudun 42 – Orléans 31 – Vendôme 65

Office de tourisme, 3 place Dr Hyvernaud ✆ 02 38 44 15 57

de Ganay à Saint-Laurent-Nouan Prieuré de Ganay, S : 7 km par D 925, ✆ 02 54 87 26 24 ; Les Bordes Golf International à Saint-Laurent-Nouan Les Petits Rondis, S : 9 km par D 925, ✆ 02 54 87 72 13.

Église Notre-Dame★ - Donjon★ - Tentures★ dans l'hôtel de ville **H** - Musée régional de l'Orléanais★ dans le château.

De la Sologne sans rest

6 pl. St Firmin – ✆ 02 38 44 50 27 – hotel-de-la-sologne.beaugency@wanadoo.fr – Fax 02 38 44 90 19 – Fermé 23 déc.-7 janv. **e**
16 ch – †45/60 € ††45/65 €, ☕ 8 €
◆ Un perron joliment fleuri en été donne accès à cet édifice solognot situé à deux pas de la tour St-Firmin. Petites chambres personnalisées, rénovées par étapes.

BEAUGENCY

Abbaye (R. de l') 2
Bretonnerie (R. de la) . . . 3
Change (R. du) 4
Châteaudun (R. de) . . . 5
Cordonnerie (R. de la) . . 6
Dr-Hyvernaud (Pl.) . . . 8
Dunois (Pl.) 9
Maille-d'Or (R. de la) . . . 10
Martroi (Pl. du) . . . . .
Pellieux (Passage) 12
Pont (R. du) . . . . .
Puits-de-l'Ange (R. du) . . . 14
Sirène (R. de la) . . . 15
Traîneau (R. du) 17
Trois-Marchands (R. des) . . . 18

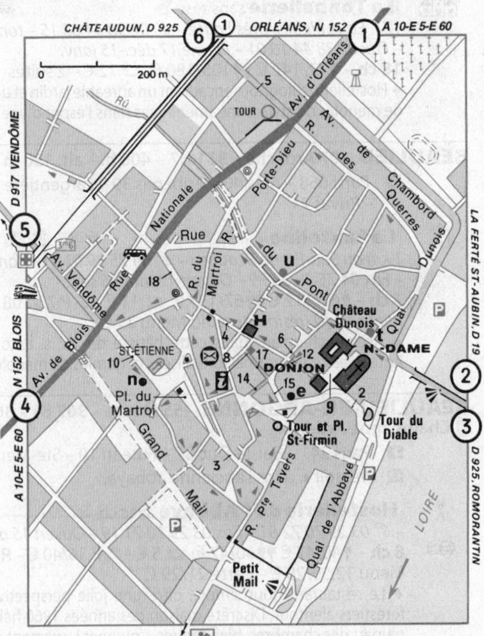

Hostellerie de l'Écu de Bretagne 50, VISA
pl. Martroi – 02 38 44 67 60 – ecu-de-bretagne@wanadoo.fr – Fax 02 38 44 68 07 – Fermé dim. soir du 15 oct. au 15 avril n
34 ch – 50/147 € 60/160 € – ½ P 65/150 € – **Rest** – Menu 21/34 € – Carte 32/57 €
◆ Au cœur de la cité ligérienne, ce relais de poste - qui daterait de 1607 - et son annexe abritent des chambres personnalisées (certaines climatisées). Salle à manger conviviale où l'on propose une cuisine au goût du jour et une sélection de vins locaux.

Le Petit Bateau VISA
54 r. Pont – 02 38 44 56 38 – lepetitbateau@wanadoo.fr – Fax 02 38 46 44 37 – Fermé 15-30 janv. et lundi u
Rest – Menu 15 € (déj. en sem.), 26/36 € – Carte 41/67 €
◆ Deux salles à manger : l'une au cadre rustique soigné avec poutres apparentes et cheminée ; l'autre plus petite, ouverte sur une cour-terrasse. Cuisine traditionnelle.

Le Relais du Château VISA
8 r. Pont – 02 38 44 55 10 – carre-philippe45@orange.fr – Fax 02 38 44 11 02 – Fermé jeudi midi de juil. à sept., mardi soir et jeudi soir d'oct. à juin et merc.
Rest – Menu 14,50/33 € – Carte 26/42 € t
◆ Coquet petit restaurant situé dans une rue commerçante à proximité du donjon (11e s.). Expositions de peintures d'artistes régionaux à titre de décor. Plats traditionnels.

à Baule 5 km par ① – **1 657 h.** – **alt. 103 m** – ✉ **45130**

Meung-sur-Loire : église St-Liphard★ NE : 2 km.

Auberge Gourmande 26, VISA
route nationale 152 – 02 38 45 01 02 – auberge-gourmande@cegetel.net – Fax 02 38 45 03 08 – Fermé 20 août-3 sept., dim. soir, lundi soir et merc.
Rest – Menu 15/45 € – Carte 28/50 €
◆ Cette ancienne maison de vignerons sert une cuisine classique et généreuse dans l'agreste salle à manger ou, l'été, sur la plaisante terrasse ombragée d'un tilleul.

à Tavers 3 km par ④ et rte secondaire – **1 215 h.** – **alt. 100 m** – ✉ **45190**

La Tonnellerie sans rest 14, VISA
12 r. Eaux Bleues, près Église – 02 38 44 68 15 – tonelri@club-internet.fr – Fax 02 38 44 10 01 – Fermé 17 déc.-15 janv.
18 ch – 72/142 € 105/180 €, 12 € – 2 suites
◆ Hostellerie solognote encadrant un agréable jardin et une piscine. Les chambres, dotées de meubles de style, sont aménagées dans l'esprit d'une maison particulière.

BEAULIEU – 07 Ardèche – 331 H7 – 400 h. – alt. 130 m – ✉ 07460 44 A3

Paris 668 – Alès 40 – Aubenas 39 – Largentière 29 – Pont-St-Esprit 50 – Privas 71

La Santoline ch, rest, VISA
1 km au Sud-Est de Beaulieu – 04 75 39 01 91 – contacts@lasantoline.com – Fax 04 75 39 38 79 – Ouvert 1er mai-15 sept.
7 ch – 67/112 € 67/137 €, 11 € – ½ P 73/108 € – **Rest** – *(fermé jeudi) (dîner seult) (résidents seult)* Menu 25 €
◆ Accueil charmant dans cette bâtisse du 16e s. entourée par la garrigue cévenole. Agréables chambres personnalisées et garnies de meubles rustiques ou contemporains.

BEAULIEU-EN-ARGONNE – 55 Meuse – 307 B4 – 30 h. – alt. 275 m – ✉ 55250
Champagne Ardenne 26 A2

Paris 241 – Bar-le-Duc 37 – Futeau 10 – Ste-Menehould 23 – Verdun 38

Pressoir★ dans l'ancienne abbaye.

Hostellerie de l'Abbaye avec ch ch, VISA
– 03 29 70 72 81 – Fax 03 29 70 71 19 – Ouvert 15 avril-11 nov. et fermé merc.
8 ch – 40/47 € 40/47 €, 5 € – ½ P 36/40 € – **Rest** – *(ouvert 15 avril-31 oct.)* Menu 12,50/29 € – Carte 21/29 €
◆ Le restaurant, tout simple, offre une jolie perspective sur l'Argonne et les massifs forestiers alentour. Discrète maison des années 1960 hébergeant aussi un bar-tabac. La plupart des chambres, bien tenues, s'ouvrent largement sur la campagne environnante.

BEAULIEU-SUR-DORDOGNE – 19 Corrèze – 329 M6 – 1 286 h. – alt. 142 m – ✉ 19120 Limousin Berry 25 C3

Paris 513 – Aurillac 65 – Brive-la-Gaillarde 44 – Figeac 56 – Sarlat-la-Canéda 69 – Tulle 38

Office de tourisme, place Marbot ✆ 05 55 91 09 94, Fax 05 55 91 10 97

Église St-Pierre★★ : portail méridional★★ - Vieille Ville★.

Manoir de Beaulieu

rest, 5/15, VISA

4 pl. Champ de Mars – ✆ 05 55 91 01 34 – reservation@manoirdebeaulieu.com – Fax 05 55 91 23 57 – Fermé 1er janv.-mi-fév.

25 ch – †50/110 € ††50/110 €, ☕ 8 € – ½ P 55/87 € – **Rest** – *(fermé mardi et merc. hors saison)* Menu 25/65 € – Carte 46/62 €

◆ Cette hôtellerie de caractère fondée en 1912 vient de retrouver l'éclat du neuf. Chambres douillettes personnalisées par du mobilier ancien et dotées de salles d'eau modernes. Cuisine d'aujourd'hui servie dans un décor rustique actualisé.

Le Relais de Vellinus

VISA

17 pl. du Champ de Mars – ✆ 05 55 91 11 04 – contact@vellinus.com – Fax 05 55 91 26 16 – Fermé 23-29 avril, 27 oct.-4 nov., 22 déc.-7 janv., 24 fév.-4 mars et dim.

20 ch – †52/85 € ††52/85 €, ☕ 8,50 € – ½ P 57/70 € – **Rest** – *(fermé sam. midi, dim. et vend.)* Menu (14 €), 18 € (déj. en sem.), 26/34 €

◆ Joliment reprise en main, cette maison s'est métamorphosée en profondeur. Confort contemporain. Chaque chambre invite à un voyage différent (mauresque, "zen", mer, Afrique...). La sérénité règne dans la salle à manger et en terrasse. Cuisine traditionnelle.

La Maison sans rest

11 r. Gendarmerie – ✆ 05 55 91 24 97 – lamaison19@wanadoo.fr – Fax 05 55 91 51 27 – Ouvert 1er avril-30 sept.

6 ch ☕ – †46/53 € ††57/68 €

◆ Surprenante maison bâtie à la façon d'une hacienda pour un général d'Empire. Chambres originalement personnalisées, donnant sur un patio ou un jardin suspendu et sa piscine.

Les Charmilles avec ch

VISA

20 bd St-Rodolphe-de-Turenne – ✆ 05 55 91 29 29 – charme@club-internet.fr – Fax 05 55 91 29 30 – Fermé de mi-oct. à mi-nov.

8 ch – †58/62 € ††58/62 €, ☕ 8 € – ½ P 49/54 € – **Rest** – *(fermé jeudi midi et merc.)* Menu 20/45 € – Carte 34/63 €

◆ Cette maison régionale a été joliment rénovée : plaisante salle à manger, charmante terrasse dressée au bord de la Dordogne, carte classique et coquettes chambres.

à Brivezac 8 km rte d' Argentat par D940 et D12 – 199 h. – alt. 140 m – ✉ 19120

Château de la Grèze

ch,

– ✆ 05 55 91 08 68 – anne-odile-france@wanadoo.fr

5 ch ☕ – †50/98 € ††56/104 € – **Rest** – table d'hôte *(dîner seult) (prévenir) (résidents seult)* Menu 25 € bc

◆ Cette demeure élégante (18e s.) entourée d'un parc vous loge dans de belles grandes chambres personnalisées, avec vue imprenable sur la vallée. Piscine et promenades équestres.

BEAULIEU-SUR-LOIRE – 45 Loiret – 318 N6 – 1 693 h. – alt. 156 m – ✉ 45630 12 D2

Paris 170 – Auxerre 68 – Cosne-sur-Loire 21 – Gien 27 – Sancerre 29

Office de tourisme, place d'Armes ✆ 02 38 35 87 24, Fax 02 38 35 30 10

Le Relais des Sources

VISA

au bord du canal – ✆ 02 38 37 17 77 – Fax 02 38 37 17 77 – Fermé 11-22 fév., lundi, mardi, merc. et le soir sauf le sam.

Rest – Menu 16/28 €

◆ Restaurant apprécié pour sa terrasse dressée sur une berge du canal latéral à la Loire. La salle est sobrement aménagée. Cuisine traditionnelle variant au gré des saisons.

BEAULIEU-SUR-MER – 06 Alpes-Maritimes – **341** F5 – **3 675 h.** – Casino – ✉ 06310 Côte d'Azur 42 **E2**

- Paris 935 – Menton 20 – Nice 8
- Office de tourisme, place Georges Clemenceau ☎ 04 93 01 02 21, Fax 04 93 01 44 04
- Site★ de la Villa Kerylos★ - Baie des Fourmis★.

BEAULIEU-SUR-MER

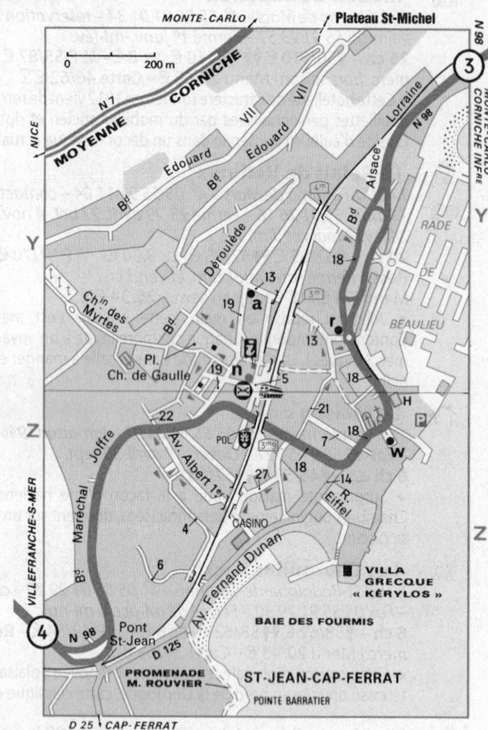

La Réserve de Beaulieu ≤ mer, [amenity icons] ch,
5 bd Mar. Leclerc – ☎ *04 93 01 00 01* VISA MC AE
– reservation@reservebeaulieu.com – Fax 04 93 01 28 99
– Fermé 28 oct.-21 déc. Z w
28 ch – †180/885 € ††340/1155 €, ☕ 30 € – 11 suites – **Rest** – *(fermé le midi de juin à oct. et lundi)* Menu 65 € (déj. en sem.), 95/210 € – Carte 146/184 €
Spéc. Nage de langoustines en écume potagère (printemps-été). Pavé épais de Saint-Pierre grillé, risotto noir à l'encre (printemps-été). Fondant au chocolat guanaja et caramel (printemps-été). **Vins** Côtes de Provence.
◆ Luxueux palace de bord de mer (1880) alliant la superbe d'un palais florentin de style Renaissance au confort d'aujourd'hui. Fastueuses suites-villa et centre de beauté. Salle à manger raffinée, terrasse avec vue sur la baie et belle cuisine provençale revisitée : magique !

 **Frisia** sans rest ≤ [amenity icons] VISA MC AE
2 bd E. Gauthier – ☎ *04 93 01 01 04 – info@frisia-beaulieu.com*
– Fax 04 93 01 31 92 – Fermé 11 nov.-19 déc. Y r
33 ch – †50/130 € ††57/130 €, ☕ 9 € – 1 suite
◆ La moitié des chambres et le toit-solarium regardent le port de plaisance et le rivage. Dans la cour-jardin, annexe accueillant une grande chambre et une suite avec terrasse.

Comté de Nice sans rest 15, VISA MC AE
bd Marinoni – ✆ 04 93 01 19 70 – contact@hotel-comtedenice.com – Fax 04 93 01 23 09 Y a
32 ch – †60/95 € ††70/105 €, ☕ 15 €
◆ Dans un immeuble discret du centre-ville, chambres de bonne ampleur et bien équipées, à choisir côté "mer" pour plus de tranquillité. Salons et bar confortables.

Les Agaves VISA MC
4 av. Mar. Foch – ✆ 04 93 01 13 12 – Fax 04 93 01 13 12 – Fermé déc. Y **n**
Rest – *(dîner seult)* Menu 36 € – Carte 51/69 €
◆ Boiseries, moulures d'origine, parquet et petite touche provençale dans le décor : ce discret restaurant berlugan propose une cuisine au goût du jour d'inspiration régionale.

Autres ressources hôtelières voir à : **St-Jean-Cap-Ferrat**

BEAUMARCHÉS – 32 Gers – 336 C8 – 588 h. – alt. 175 m – ✉ 32160 — 28 A2

Paris 755 – Agen 108 – Pau 64 – Mont-de-Marsan 65 – Auch 54

à Cayron 5 km à l'Est par D 946 – ✉ 32230

Relais du Bastidou VISA MC AE
2 km au Sud par rte secondaire – ✆ 05 62 69 19 94 – lerelaisdubastidou@libertysurf.fr – Fax 05 62 69 19 94 – Fermé nov. et 10-20 fév.
8 ch – †45/65 € ††45/65 €, ☕ 8 € – ½ P 38/50 € – **Rest** – *(fermé dim. soir et lundi sauf juil.-août et fériés)* Menu 18 € (sem.)/32 € – Carte 19/41 €
◆ Cette ancienne ferme isolée en pleine nature vous garantit le plus grand calme. Les chambres, installées dans la grange, affichent un joli décor rustique chic. Sauna et jacuzzi. Salle à manger campagnarde réchauffée par une belle cheminée en briques.

BEAUMONT-DE-LOMAGNE – 82 Tarn-et-Garonne – 337 B8 – 3 690 h. – alt. 400 m – ✉ 82500 Midi-Pyrénées — 28 B2

Paris 662 – Toulouse 58 – Agen 60 – Auch 51 – Condom 64 – Montauban 35

Office de tourisme, 3 rue Pierre Fermat ✆ 05 63 02 42 32, Fax 05 63 65 61 17

Le Commerce rest, ch, VISA MC AE
58 r. Mar. Foch – ✆ 05 63 02 31 02 – hotelrest.lecommerce@wanadoo.fr – Fax 05 63 65 26 22 – Fermé 24 déc.-7 janv. et dim. soir
12 ch – †41 € ††47 €, ☕ 7 € – ½ P 45 € – **Rest** – *(fermé vend. soir sauf juil.-août, dim. soir et lundi)* Menu (9 €), 18 € (sem.)/33 € – Carte 24/42 €
◆ Maison de pays bordant la traversée du village. Les chambres, rajeunies et soigneusement entretenues, offrent tout le confort désiré. La salle de restaurant a préservé son charme campagnard ; cuisine traditionnelle.

BEAUMONT-EN-AUGE – 14 Calvados – 303 M4 – 496 h. – alt. 90 m – ✉ 14950 Normandie Vallée de la Seine — 32 A3

Paris 199 – Caen 42 – Deauville 12 – Le Havre 49 – Lisieux 21 – Pont-l'Évêque 7

Auberge de l'Abbaye VISA MC AE
– ✆ 02 31 64 82 31 – chevroletchantal@wanadoo.fr – Fermé 1er-10 oct., 7-30 janv., mardi sauf juil.-août, lundi soir de nov. à mars et merc.
Rest – Menu 30/54 € – Carte 45/123 €
◆ Belle façade régionale du 18e s. où grimpe la vigne vierge. Plats du terroir servis dans trois petites salles à manger typiquement normandes, décorées de bibelots anciens.

BEAUMONT-EN-VERON – 37 Indre-et-Loire – 317 K5 – rattaché à Chinon

BEAUNE – 21 Côte-d'Or – 320 I7 – 21 923 h. – alt. 220 m – ✉ 21200

Bourgogne 7 A3

Paris 308 – Autun 49 – Chalon-sur-Saône 29 – Dijon 45 – Dole 65

Office de tourisme, 1 rue de l'Hôtel Dieu ✆ 03 80 26 21 30, Fax 03 80 26 21 39

de Beaune Levernois à Levernois, SE : 4 km par D 970, ✆ 03 80 24 10 29.

Hôtel-Dieu★★★ : polyptyque du Jugement dernier★★★, Grand'salle salle ou chambre des pauvres★★★ - Collégiale Notre-Dame★ : tapisseries★★ - Hôtel de la Rochepot★ AY B - Remparts★ - Musée du vin de Bourgogne★ AYZ M[1].

Archéodrome de Bourgogne★ S : 7 km.

Plan page ci-contre

Le Cep sans rest 10/90, VISA MC AE

27 r. Maufoux – ✆ 03 80 22 35 48 – resa@hotel-cep-beaune.com – Fax 03 80 22 76 80 AZ z

49 ch – 125/200 € 160/240 €, 20 € – 13 suites

◆ Hôtels particuliers (16e et 18e s.) abritant des chambres personnalisées et de superbes suites. L'été, petit-déj' dans la cour Renaissance ombragée par un vénérable saule pleureur.

Hostellerie Le Cèdre ch, 10/50, VISA MC AE

12 bd Mar. Foch – ✆ 03 80 24 01 01 – info@lecedre-beaune.com – Fax 03 80 24 09 90 AY t

34 ch – 146/198 € 146/198 €, 17 €, 6 duplex – ½ P 185/237 € –

Rest – *(fermé 24-30 déc., dim. sauf le soir d'avril à oct. et sam. midi)* Menu 20 € (déj. en sem.), 39/65 € – Carte 55/75 €

◆ Belle demeure du début du 20e s. et son jardin planté d'arbres séculaires. Chambres spacieuses, élégantes et bien isolées. Salle de remise en forme, sauna. Restaurant bourgeois installé dans un pavillon du 19e s. et terrasse à l'ombre du vieux cèdre. Carte actuelle.

De la Poste ch, ch, 10/30, VISA MC AE

5 bd Clemenceau – ✆ 03 80 22 08 11 – poste.hotel@najeti.com – Fax 03 80 24 19 71 – Fermé 6 janv.-1er fév. AZ f

33 ch – 130/255 € 130/255 €, 16 € – 3 suites

Rest – *(fermé le midi sauf dim. et fériés)* Menu 35/56 € – Carte 44/60 €

Rest *Le Bistro* – *(déj. seult.)* Menu 25/30 €

◆ Ancien relais de poste (19e s.) rajeuni. Chambres dotées de meubles rustiques, anciens ou de style Empire. Salon-bar rénové en préservant son cachet Art déco. Élégante table classique. Au bistrot, peinture murale vigneronne, affiches "rétro" et terrasse verte.

L'Hôtel sans rest VISA MC AE

5 r. Samuel Legay – ✆ 03 80 25 94 14 – info@lhoteldebeaune.com – Fax 03 80 25 94 13 – Fermé déc. AZ p

7 ch – 180/335 € 180/335 €, 18 €

◆ Luxueuses chambres de style Empire, équipements high-tech et salles de bains design : une nouvelle vie pour cette demeure bourgeoise qui abrita naguère la Maison Louis Jadot.

Mercure ch, ch, 30/100, VISA MC AE

av. Ch. de Gaulle – ✆ 03 80 22 22 00 – h1217@accor.com – Fax 03 80 22 91 74

107 ch – 87/115 € 105/158 €, 13 € – **Rest** – Menu (18 €), 24 € – Carte 23/44 € AZ m

◆ Cet établissement de la périphérie conviendra à l'étape d'affaires : chambres fonctionnelles bien rénovées pour le travail et le repos, bar et piscine pour la détente. Repas traditionnel dans une salle au cadre actuel tournée vers la terrasse et la piscine.

Henry II sans rest VISA MC AE

12 r. Fg St-Nicolas – ✆ 03 80 22 83 84 – henryII@wanadoo.fr – Fax 03 80 24 15 13

58 ch – 76/83 € 89/141 €, 8 € AY q

◆ L'extension récente a été conçue en harmonie avec la partie classée : un relais de poste du 16e s. Chambres à géométrie variable et de divers styles, du Louis XV à l'Art déco.

La Closerie sans rest 15, VISA MC AE

par ④ rte Autun N 74 – ✆ 03 80 22 15 07 – closeriehotelbeaune@wanadoo.fr – Fax 03 80 24 16 22 – Fermé 24 déc.-15 janv.

47 ch – 52/82 € 58/134 €, 12 €

◆ Hôtel entouré de verdure, établi entre centre-ville et voies rapides. Les chambres, fraîches et actuelles, ont été remises à neuf. Certaines donnent sur la piscine du jardin.

BEAUNE

Alsace (R. d') . . . . AZ 2
Belin (R.) . . . . AZ 4
Bourgelat (R.) . . . . AZ 5
Carnot (Petite-Pl.) . . . . AZ 6
Carnot (Pl.) . . . . AZ 7
Carnot (R.) . . . . AZ 9
Château (R. du) . . . . BY 10
Dames (Rempart des) . . . . . AZ 13
Dr-Jorrot (Pl. du) . . . . BY 15
Enfant (R. de l') . . . . AY 16
Enfert (R. d') . . . . AZ 17
Favart (R.) . . . . AY 18
Fleury (Pl.) . . . . AZ 19
Fraysse (R. E.) . . . . AZ 21
Halle (Pl. de la) . . . . AZ 23
Lorraine (R. de) . . . . AY
Maufoux (R.) . . . . AZ 25
Monge (Pl.) . . . . AY 26
Monge (R.) . . . . AZ 28
Perpreuil (Bd.) . . . . AZ 29
Poterne (R.) . . . . AZ 30
Rolin (R.) . . . . AZ 31
Rousseau-Deslandes (R.) . . . BY 32
Ste-Marguerite (R.) . . . . AY 35
St-Nicolas (R. du Fg) . . . . AY 34
Tonneliers (R. des) . . . . AY 37
Ziem (Pl.) . . . . AZ 40

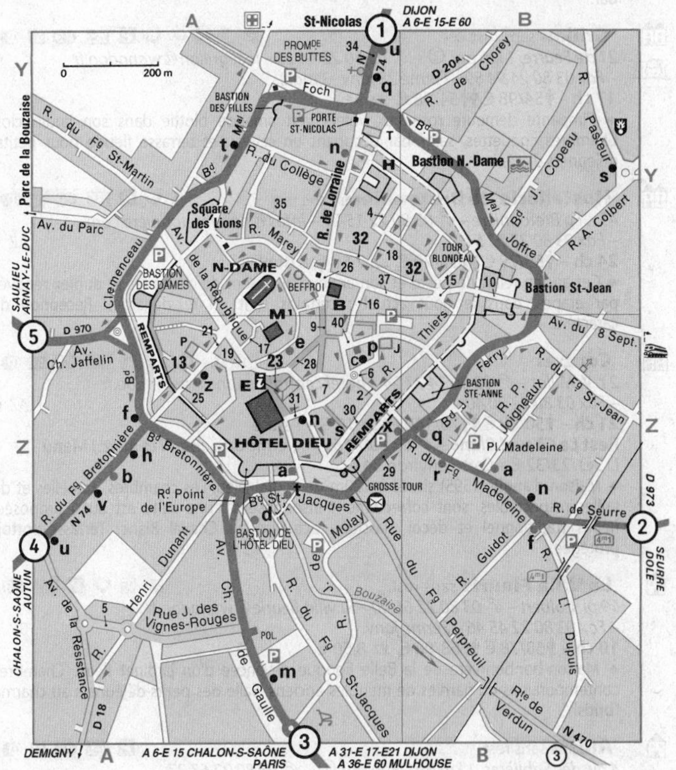

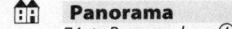

Panorama ch, rest, 10/50, VISA

74 rte Pommard par ④ – ☏ 03 80 26 22 17 – hotel@le-panorama.com – Fax 03 80 26 22 18 – Fermé 20 déc.-5 janv.

65 ch – 75/97 € 75/97 €, 11 € – ½ P 70/85 € – **Rest** – *(Ouvert 1er mars-30 nov. et fermé dim. en nov. et mars) (dîner seult)* Menu 32 € – Carte environ 35 €

◆ Cet établissement de type motel a été récemment rénové. Chambres fonctionnelles et calmes, réparties dans deux pavillons modernes au milieu des vignes. Cuisine traditionnelle à composantes régionales servie dans une rotonde au cadre classico-contemporain élégant.

Belle Époque sans rest VISA

15 r. Fg Bretonnière – ☏ 03 80 24 66 15 – infos@hotel-belleepoque-beaune.com – Fax 03 80 24 17 49 AZ **h**

20 ch – 80 € 88/160 €, 8,50 €

◆ Cette vieille maison a du cachet : verrière 1900, chambres rustiques dotées parfois de poutres ou de cheminées et donnant sur la cour intérieure, bar chic au charme "rétro".

De la Paix sans rest — 30, VISA MC AE
45 r. Fg Madeleine – 03 80 24 78 08 – contact@hotelpaix.com – Fax 03 80 24 10 18 — BZ **n**
14 ch – 56/75 € 72/130 €, 9,50 €
◆ Accueillante étape familiale bordant une route passante. Chambres bien calibrées, remises à neuf et meublées en style contemporain ou en bois peint. Salon-billard et joli bar.

Grillon sans rest — P VISA MC AE
21 rte Seurre, 1 km par ② – 03 80 22 44 25 – joel.grillon@wanadoo.fr – Fax 03 80 24 94 89 – Fermé 28 janv.-3 mars
17 ch – 54/98 € 54/98 €, 9 €
◆ Pimpante demeure rose aux volets vert amande blottie dans son jardin clos. Chambres coquettes, salon-bar occupant un caveau et terrasse fleurie pour petits-déjeuners d'été.

Hostellerie de Bretonnière sans rest — P VISA MC AE
43 r. Fg Bretonnière – 03 80 22 15 77 – infos@hotelbretonniere.com – Fax 03 80 22 72 54 — AZ **v**
24 ch – 55/79 € 55/79 €, 7,50 €, 8 duplex
◆ Cet ancien relais de poste et son annexe disposent de chambres et duplex rénovés par étapes, dans le goût actuel ; certains sont en rez-de-jardin. Réception de caractère.

Central — 20, VISA MC AE
2 r. V. Millot – 03 80 24 77 24 – hotel.central.beaune@wanadoo.fr – Fax 03 80 22 30 40 — AZ **n**
21 ch – 50/80 € 70/140 €, 10 € – 1 suite
Rest *Le Cheval Blanc* – *03 80 24 69 70 (fermé déc., mardi et merc.)* Menu (15€), 23/32 € – Carte environ 34 €
◆ Maison d'angle (1595) située à 100m de l'hôtel-Dieu. Les chambres, actuelles et de tailles respectables, sont correctement insonorisées ; une suite est aussi proposée. Repas traditionnel et décor classique actualisé au Cheval Blanc. Terrasse-trottoir protégée.

La Villa Fleurie sans rest — P VISA MC
19 pl. Colbert – 03 80 22 66 00 – la.villa.fleurie@wanadoo.fr – Fax 03 80 22 45 46 – Fermé janv. — BY **s**
10 ch – 68/78 € 68/98 €, 8,50 €
◆ Maison-bonbonnière de la Belle Époque devancée d'un jardinet fleuri. Chambres contemporaines ou garnies de meubles anciens. Salle des petits-déjeuners au charme "british".

Alésia sans rest — P VISA MC AE
4 av. des Sablières, 1 km rte Dijon par ① – 03 80 22 63 27 – hotel.alesia@wanadoo.fr – Fax 03 80 24 95 28 – Fermé 29 déc.-25 janv.
15 ch – 32 € 47 €, 7 €
◆ Aux portes de Beaune, sympathique adresse pour petits budgets. Les chambres, simples et fraîches, sont bien tenues. Accueil attentionné.

Beaune Hôtel sans rest — 10, VISA MC AE
55 bis r. Fg Bretonnière – 03 80 22 11 01 – beaunehotel@aol.com – Fax 03 80 22 46 66 – Fermé 23 déc.-6 janv. et 11 fév.-6 mars — AZ **u**
21 ch – 56/88 € 59/125 €, 7,50 €
◆ Discrète bâtisse proche d'un carrefour. Les chambres, un peu petites mais fonctionnelles et scrupuleusement tenues, profitent presque toutes du calme de la cour intérieure.

Bernard Morillon — VISA MC AE
31 r. Maufoux – 03 80 24 12 06 – restaurant-morillon@wanadoo.fr – Fax 03 80 22 66 22 – Fermé fév., mardi midi, sam. midi et lundi — AZ **z**
Rest – Menu 20 € (déj. en sem.), 55/80 € – Carte 72/89 €
◆ Ambiance raffinée en cette belle demeure du 18e s. Salle à manger sous haut plafond à la française, cossue et chaleureuse, et terrasse encadrée de bâtiments Renaissance.

Le Jardin des Remparts (Chanliaud)

10 r. Hôtel-Dieu – ☎ 03 80 24 79 41 – info@le-jardin-des-remparts.com – Fax 03 80 24 92 79 – Fermé 1er-5 mars, 29 juil.-2 août, 2 déc.-14 janv., dim. et lundi sauf fêtes AZ **a**

Rest – Menu 30 € (déj. en sem.), 55/85 € – Carte 59/73 €

Spéc. Tartare de charolais aux huîtres, écume de mer. Pièce de charolais, béarnaise en cubes, caramel de vin. Fraises à l'huile d'olive, gelée de concombre et yaourt glacé (printemps-été). **Vins** Meursault, Volnay.

◆ Ravissante maison des années 1930 et son délicieux jardin-terrasse longeant les remparts. Cadre actuel, mets innovants et superbes vins ; piano à queue et objets viticoles au salon.

L'Écusson

pl. Malmédy – ☎ 03 80 24 03 82 – contact@ecusson.fr – Fax 03 80 24 74 02 – Fermé 4 fév.-3 mars, merc. et dim. sauf fériés BZ **f**

Rest – Menu 27/60 € – Carte 55/76 €

◆ Repas au goût du jour, selon le marché et l'inspiration du chef-patron, dans un cadre classico-rustique raffiné ou sur l'invitante terrasse. Ambiance conviviale. Beaux bourgognes.

Le Bénaton (Monnoir)

25 r. Fg Bretonnière – ☎ 03 80 22 00 26 – lebenaton@club-internet.fr – Fax 03 80 22 51 95 – Fermé 1er-7 juil., 1er-10 déc., jeudi sauf le soir d'avril à nov. et merc. AZ **b**

Rest – Menu (22 €), 38/68 € – Carte 60/73 €

Spéc. Fondue de tomate, pistou d'écrevisses et cocos frais (juin à sept.). Tête de veau rôtie, langoustines frites, bouillon gribiche. Demi-pigeon du Louhanais, filet rôti en croûte de chorizo, cuisse farcie (mai à sept.). **Vins** Pernand-Vergelesses, Savigny-les-Beaune.

◆ Belle cuisine inventive à apprécier dans une salle relookée en style contemporain, élégante et feutrée, ou, dès les premiers beaux jours, sur la terrasse meublée en teck.

Caveau des Arches

10 bd Perpreuil – ☎ 03 80 22 10 37 – info@caveau-des-arches.com – Fax 03 80 22 76 44 – Fermé 29 juil.-27 août, 22 déc.-21 janv., dim. et lundi ABZ **x**

Rest – Menu 15 € (déj. en sem.), 20/40 € – Carte 27/47 €

◆ Repas traditionnel servi sous une voûte souterraine en pierres (18e s.) intégrant des soubassements d'un pont (15e s.) qui desservait la cité. Décor moderne ; bon choix de bourgognes.

Sushikai

50 fg St-Nicolas – ☎ 03 80 24 02 87 – Fax 03 80 24 79 85 – Fermé janv., merc. midi, jeudi midi et dim. midi de Pâques à nov., merc. et jeudi de déc. à Pâques AY **u**

Rest – Menu (19 €), 25 € (déj. en sem.), 32/52 € – Carte 37/54 €

◆ Bois sombre, galets, bambou et jardin sur l'arrière agrémenté d'un petit pont : ce restaurant au décor zen et épuré propose une authentique cuisine japonaise assortie d'une carte des vins régionale.

Le Verger

21 rte de Seurre, 1 km par ② – ☎ 03 80 24 28 05 – Fax 03 80 22 78 89 – Fermé 1er fév.-10 mars, lundi midi, jeudi midi et merc.

Rest – Menu 19 € bc (déj. en sem.), 25/60 € – Carte 40/61 €

◆ Tournée vers le joli jardin fleuri, salle à manger actuelle prolongée d'une agréable terrasse. Cuisine au goût du jour à tendance régionale et vins de petits propriétaires.

L' Auberge Bourguignonne avec ch

rest, rest,

4 pl. Madeleine – ☎ 03 80 22 23 53 – Fax 03 80 22 51 64 – Fermé 24 nov.-18 déc., 9-25 fév. et lundi sauf fériés BZ **a**

10 ch – 57 € 57/72 €, 7,50 € – **Rest** – Menu 19/40 € – Carte 33/53 €

◆ Ancien relais de poste en pierres (18e s.) abritant deux salles à manger d'esprit campagnard, pour des repas traditionnels orientés terroir. Terrasse ombragée par des tilleuls. Chambres fraîches et nettes dotées d'un mobilier rustique de série.

XX **Auberge du Cheval Noir** VISA MC

17 bd St-Jacques – ✆ 03 80 22 07 37 – lechevalnoir@wanadoo.fr – Fax 03 80 24 06 92 – Fermé 1er-11 mars, 11-29 fév., dim. soir sauf juil.-août, mardi soir et merc. AZ **t**

Rest – Menu 20/56 € bc – Carte 27/50 € ♀

◆ Pas loin de l'hôtel-Dieu, au bord du boulevard qui ceinture le centre, table misant sur une carte au goût du jour dans un cadre classico-moderne. Belle terrasse en teck.

X **La Ciboulette** A/C VISA MC AE

69 r. Lorraine – ✆ 03 80 24 70 72 – Fax 03 80 22 79 71 – Fermé 8-22 août, 31 janv.-21 fév., lundi et mardi AY **n**

Rest – Menu 20/26 € – Carte 28/39 € ♀

◆ Deux salles à manger un peu menues, égayées d'un mobilier en rotin vert et de boiseries. Appétissante petite carte traditionnelle effleurée d'une touche bourguignonne.

X **Ma Cuisine** A/C VISA MC

passage Ste-Hélène – ✆ 03 80 22 30 22 – macuisine@wanadoo.fr – Fax 03 80 24 99 79 – Fermé août, merc., sam. et dim. AZ **s**

Rest – *(nombre de couverts limité, prévenir)* Menu 20 € – Carte 31/53 € ♀

◆ Dans une ruelle calme, petite salle de restaurant voûtée aux couleurs de la Provence. Cuisine du marché détaillée à l'ardoise ; livre de cave riche de quelque 800 appellations.

X **Le P'tit Paradis** VISA MC

25 r. Paradis – ✆ 03 80 24 91 00 – Fermé 1er-12 mars, 13-26 août, 29 nov.-11 déc., dim. et lundi AZ **e**

Rest – *(prévenir)* Menu 20 € (déj.)/32 € – Carte 36/41 €

◆ Un "P'tit coin de paradis" niché dans une vieille rue pavée du centre. Salle un peu menue mais joliment décorée dans les tons beige et chocolat, terrasse et cuisine de saison.

X **Le Comptoir des Tontons** VISA MC

22 r. Fg Madeleine – ✆ 03 80 24 19 64 – lestontons@wanadoo.fr – Fax 03 80 22 34 07 – Fermé 29 juil.-20 août, 23 déc.-7 janv., dim. et lundi

Rest – Menu 26 € BZ **r**

◆ Une atmosphère sympathique flotte dans ce petit bistrot où l'on déguste, dans un décor dédié au film Les Tontons Flingueurs, un menu du marché qui fleure bon la Bourgogne.

X **Bissoh** VISA MC

1a rue du Faubourg St Jacques – ✆ 03 80 24 99 50 – bis@bissoh.com – Fax 03 80 24 99 50 – Fermé 1er-13 fév., mardi et merc. AZ **d**

Rest – Menu 13 € (déj. en sem.), 25/57 € – Carte 21/34 € ♀

◆ Le chef, d'origine nipponne, réalise des plats traditionnels de son pays en utilisant les produits du terroir français. Intérieur mêlant cadre rustique et détails japonisants.

X **Aux Vignes rouges** VISA MC

4 bd. Jules Ferry – ✆ 03 80 24 71 28 – Fax 03 80 24 68 05 – Fermé 15 juil.-15 août, mardi et merc. BZ **q**

Rest – Menu (14,50 €), 17/45 € – Carte 24/47 € ♀

◆ Le chef de ce restaurant réalise une cuisine traditionnelle utilisant les produits du terroir. Avenante salle à manger, tables bien dressées et accueil aimable.

à Savigny-lès-Beaune 7 km par ①, D 18 et D 2 – 1 422 h. – alt. 237 m – ✉ 21420

Syndicat d'initiative, rue Vauchey Very ✆ 03 80 26 12 56, Fax 03 80 21 56 63

Château★.

Le Hameau de Barboron sans rest

– ✆ 03 80 21 58 35 – lehameaudebarboron@wanadoo.fr – Fax 03 80 26 10 59 10/25, P VISA MC AE

9 ch – †100/135 € ††100/200 €, ☕ 15 €, 3 duplex

◆ Au milieu d'une vaste réserve de chasse, bel ensemble de fermes fortifiées (16e s.) restaurées où vous logerez dans des chambres personnalisées, au charme champêtre préservé.

La Cuverie

5 r. Chanoine Donin – ☎ 03 80 21 50 03 – Fax 03 80 21 50 03 – Fermé 20 déc.-20 janv., mardi et merc.

Rest – Menu 16/39 € – Carte 25/40 €

◆ Mobilier rustique bourguignon, vieilles pierres et belle collection de cafetières dans cette ancienne cuverie (18e s.) vous conviant à un repas traditionnel orienté terroir.

à Pernand-Vergelesses 7 km au Nord par D18 – 310 h. – alt. 275 m – ✉ 21420

Charlemagne (Peugeot)

route des Vergelesses – ☎ 03 80 21 51 45 – laurentpeugeot@wanadoo.fr – Fax 03 80 21 58 52 – Fermé 31 juil.-9 août, 29 janv.-28 fév., merc. sauf le soir de juin à août et mardi

Rest – Menu 24 € (déj. en sem.), 39/77 € – Carte 67/75 €

Spéc. Langoustines et nori en risotto. Saint-Jacques en croque monsieur shiso (oct. à mars). Barre de marron, caramel réglisse et gelée de menthe (sept. à mars).

Vins Pernand-Vergelesses, Savigny-les-Beaune.

◆ Un couple franco-nippon tient cette table tournée vers les vignes de Corton Charlemagne. Repas inventif semé de touches régionales et japonaises ; décor moderne tendance "zen".

rte de Dijon 4 km par ① – ✉ 21200 Chorey-lès-Beaune

Ermitage de Corton

– ☎ 03 80 22 05 28 – ermitage.corton@wanadoo.fr – Fax 03 80 24 64 51 – Fermé 24-30 déc. et fév.

4 ch – 120/160 € 120/160 €, 20 € – 8 suites – 140/250 € – ½ P 105/135 € –

Rest – *(fermé merc. et le midi sauf dim.)* Menu 42/70 € – Carte 60/74 €

◆ Cette imposante auberge située entre la nationale et le vignoble abrite des chambres "bonbonnières" très spacieuses donnant, pour certaines, sur le jardin et la piscine. Cuisine au goût du jour servie dans une grande salle classique tirée à quatre épingles. Beau choix de vins régionaux.

à Aloxe-Corton 6 km par ① – 172 h. – alt. 255 m – ✉ 21420

Villa Louise sans rest

– ☎ 03 80 26 46 70 – hotel-villa-louise@wanadoo.fr – Fax 03 80 26 47 16 – Fermé 15 janv.-20 fév.

12 ch – 95/106 € 95/106 €, 15 €

◆ Belle demeure vigneronne du 17e s. et son jardin (tilleul vénérable) se perdant dans les parcelles de Corton Charlemagne. Chambres et salon douillets ; ambiance "cosy guesthouse".

à Ladoix-Serrigny 7 km par ① et N 74 – 1 618 h. – alt. 200 m – ✉ 21550

La Buissonnière

à Buisson – ☎ 03 80 26 43 58 – restaurantlabuissonniere@wanadoo.fr – Fax 03 80 26 43 58 – Fermé 21 déc.-3 janv., mardi et merc.

Rest – Menu 27/60 € – Carte 44/69 €

◆ Adresse accueillante où l'on choisit le cadre de son repas : contemporain sage dans la salle sous verrière, champêtre dans l'ancien cellier où trône un vieux pressoir.

Les Terrasses de Corton avec ch

– ☎ 03 80 26 42 37 – patrice.sanchez3@wanadoo.fr – Fax 03 80 26 42 13 – Fermé 1er-11 mars, 19-28 déc., 14 janv.-29 fév., mardi soir et dim. soir de nov. à mars, jeudi midi de mars à oct. et merc.

10 ch – 40 € 50/55 €, 8 € – ½ P 45 € – **Rest** – Menu 22/40 € – Carte 24/46 €

◆ Dans ce petit village de vignerons, auberge familiale proposant une carte d'inspiration régionale. Salle à manger claire, prolongée d'une terrasse ombragée sur l'arrière.

à Challanges 4 km par ② puis D 111 – ✉ 21200

Château de Challanges sans rest

r. Templiers – ☎ 03 80 26 32 62 – chateau.challanges@wanadoo.fr – Fax 03 80 26 32 52

15 ch – 80/135 € 80/135 €, 12 € – 5 suites

◆ Belle gentilhommière de 1870 nichée dans un parc aux multiples essences. Chambres et suites marient avec art charme d'antan et confort moderne. L'été, envols de montgolfières.

au Sud-Est près de l'échangeur A 6 2 km par ③ – ✉ 21200 Beaune

Novotel ch, ch, 10/150, VISA
av. Ch. de Gaulle – ☎ 03 80 24 59 00 – h1177@accor.com – Fax 03 80 24 59 29
127 ch – 110/125 € 110/125 €, 13 € – **Rest** – Menu 19/32 € – Carte 24/30 €
◆ Rénovation complète en 2006 pour cet hôtel sobre (années 1990) coiffé de tuiles rouges. Hall-salon moderne côtoyant la piscine, chambres pimpantes, bon outil conférencier. Salle à manger contemporaine et terrasse en teck au bord de l'eau. Table traditionnelle.

à Levernois 5 km au Sud-Est par rte de Verdun-sur-le-Doubs, D 970 et D 111[L] - BZ – 260 h. – alt. 198 m – ✉ 21200

Hostellerie de Levernois rest, rest,
r. du Golf – ☎ 03 80 24 73 58 15/60, VISA
– levernois@relaischateaux.com – Fax 03 80 22 78 00 – Fermé 27 janv.-7 mars
15 ch – 130/305 € 130/305 €, 20 € – 3 suites – ½ P 150/238 €
Rest – *(fermé le midi sauf sam. et dim.)* Menu 65/98 € – Carte 83/110 €
Rest *Le Bistrot du Bord de l'Eau* – *☎ 03 80 24 89 58 (fermé dim. et fériés) (déj. seult)* Menu 28/32 €
Spéc. Tronçon de turbot, jus et garniture meurette, pieds et oreilles de cochon (automne-hiver). Déclinaison de boeuf à l'échalote et à la moelle, jus à l'estragon. Variation autour du pain d'épice. **Vins** Vougeot blanc, Beaune.
◆ Fringante gentilhommière (19e s.) et ses dépendances entourées d'un parc où se faufile un ruisseau. Belles chambres de caractère. Élégante table au goût du jour ouvrant sur le jardin à la française. Ex-grange au bord de l'eau convertie en joli bistrot néo-rustique.

Golf Hôtel sans rest VISA
rte de Combertault – ☎ 03 80 24 78 20 – hotelcolvert@wanadoo.fr – Fax 03 80 24 77 70
24 ch – 65/75 € 70/85 €, 10 €
◆ Construction moderne ouverte sur le golf. Meubles en bois cérusé, carte du vignoble déployée au mur et balcon côté "green" agrémentent les chambres. Cheminée et clarté au salon.

Le Parc sans rest VISA
13 rue du Golf – ☎ 03 80 24 63 00 – hotel.le.parc@wanadoo.fr – Fax 03 80 24 21 19 – Fermé 25 nov.-27 janv.
25 ch – 44/91 € 44/94 €, 8 €
◆ Une cour fleurie et un joli parc donnant sur la campagne font de cette ancienne ferme (18e s.) une étape propice au ressourcement. Douillettes chambres classiquement aménagées.

La Garaudière VISA
10 Grand Rue – ☎ 03 80 22 47 70 – Fax 03 80 22 64 01 – Fermé 1er déc.-15 janv., sam. midi d'avril à nov., dim. de mi-janv. au 31 mars et lundi
Rest – grill Menu 15 € (sem.)/27 €
◆ Ex-grange convertie en auberge sympathique : plats régionaux, grillades saisies à la braise de la cheminée, intérieur rustique chaleureux et restaurant d'été sous tonnelle.

à Montagny-lès-Beaune 3 km par ③ et D 113 – 715 h. – alt. 206 m – ✉ 21200

Le Clos sans rest 20, VISA
22 r. Gravières – ☎ 03 80 25 97 98 – hotelleclos@wanadoo.fr – Fax 03 80 25 94 70 – Fermé 25 nov.-18 janv.
19 ch – 70/110 € 70/110 €, 10 €, 5 duplex
◆ Propriété (1779) au cachet vigneron vous hébergeant dans des chambres et duplex personnalisés par du mobilier d'antiquaire. Vieux pressoir et four à pain dans la cour. Jardin soigné.

Adélie sans rest VISA
1 rte Bligny – ☎ 03 80 22 37 74 – reservation@hotel-adelie-beaune.com – Fax 03 80 24 23 18 – Fermé 23-27 déc., dim. soir du 2 déc. au 30 mars
19 ch – 52 € 56 €, 7 €
◆ Cet hôtel familial situé au cœur d'un paisible village du pays beaunois propose de petites chambres rénovées, égayées de tons pastel et garnies de meubles en pin.

à Meursault 8 km par ④ – 1 598 h. – alt. 243 m – ✉ 21190

Office de tourisme, place de l'Hôtel de Ville ✆ 03 80 21 25 90

Les Charmes sans rest

10 pl. Murger – ✆ 03 80 21 63 53 – contact@hotellescharmes.com – Fax 03 80 21 62 89

14 ch – 85/100 € 95/115 €, 10 €

◆ Ex-propriété de viticulteur du 18e s. abritant des chambres (non-fumeurs) spacieuses et garnies de meubles anciens, ou plus contemporaines et colorées. Joli jardin arboré.

Le Relais de la Diligence

à la gare, 2,5 km au Sud-Est par D 23 – ✆ 03 80 21 21 32 – diligence.la@wanadoo.fr – Fax 03 80 21 64 69 – Fermé 16 déc.-23 janv., mardi soir et merc. hors saison

Rest – Menu 11 € (déj. en sem.), 16/37 € – Carte 25/43 €

◆ Ancien relais de diligences en pierres du pays voisinant avec la gare. Deux salles sont largement ouvertes sur les vignes, au même titre que la terrasse. Choix traditionnel.

Le Bouchon

pl. Hôtel-de-Ville – ✆ 03 80 21 29 56 – Fax 03 80 21 29 56 – Fermé 22 nov.-28 déc., dim. soir et lundi

Rest – Menu 14/33 € – Carte 23/36 €

◆ Proche de l'hôtel de ville aux tuiles vernissées, petit bistrot à l'esprit "bouchon". Menus traditionnels et plats du terroir dans une salle rénovée (bois clair, miroirs).

à Puligny-Montrachet 12 km par ④ et N 74 – 464 h. – alt. 227 m – ✉ 21190

Le Montrachet

– ✆ 03 80 21 30 06 – info@le-montrachet.com – Fax 03 80 21 39 06 – Fermé 2 déc.-11 janv.

28 ch – 110/140 € 110/180 €, 15 € – ½ P 125/130 € – **Rest** – Menu 30 € (déj.), 57/78 € – Carte 54/78 €

◆ Jolie maison de village (1824) et ses ex-écuries abritant des chambres et des suites de bon confort, sagement rustiques ou plus actuelles. Vente de vins au caveau. À table, ambiance feutrée, carte au goût du jour et belle sélection de bourgognes blancs.

La Chouette sans rest

– ✆ 03 80 21 95 60 – info@la-chouette.fr – Fax 03 80 21 95 61 – Fermé 24 déc.-3 janv.

6 ch – 125 € 140 €

◆ Maison bourguignonne paisible où de grandes chambres personnalisées dans un esprit "cosy" vous logent en toutes commodités. Confortable salon classico-moderne et jardin soigné.

à Volnay par ④ et N 74 – 323 h. – alt. 290 m – ✉ 21190

Auberge des Vignes

RN 74 – ✆ 03 80 22 24 48 – elisabeth.leneuf@free.fr – Fermé 28 juin-5 juil., fév., merc. soir, dim. soir et lundi sauf fériés

Rest – Menu 15 € (sem.)/39 € – Carte 28/39 €

◆ Ancienne ferme où mets traditionnels et suaves volnays se dégustent dans un cadre agreste. Flambées réconfortantes en hiver ; véranda et terrasses tournées vers les vignes.

à La Montagne 3 km par ⑤ et D 970, rte secondaire – ✉ 21200 Beaune

La Terre d'Or sans rest

r. Izembart – ✆ 03 80 25 90 90 – jlmartin@laterredor.com – Fermé fév.

6 ch – 110/150 € 150/360 €, 15 €

◆ Vaste maison contemporaine abritant des chambres chaleureuses et soignées. Une belle cheminée en pierre de Bourgogne sépare le salon de la salle à manger. Jardin agrémenté d'une piscine.

à Bouze-lès-Beaune 6,5 km par ⑤ et D 970 – 261 h. – alt. 400 m – ✉ 21200

La Bouzerotte

– ✆ 03 80 26 01 37 – contact@labouzerotte.com – Fax 03 80 26 09 37 – Fermé 27 août-4 sept., 24 déc.-15 janv., 18-24 fév., lundi et mardi

Rest – *(prévenir le week-end)* Menu 16 € (sem.)/39 € – Carte 24/55 €

◆ Aux portes d'un village de la montagne de Beaune, table sympathique servant de la cuisine actuelle de saison dans un cadre néo-rustique ou sur sa verdoyante terrasse en teck.

Voir aussi ressource hôtelière de **Bouilland**

BEAURECUEIL – 13 Bouches-du-Rhône – 340 I4 – rattaché à Aix-en-Provence

BEAUREGARD-VENDON – 63 Puy-de-Dôme – 326 F7 – rattaché à Riom

BEAUREPAIRE-EN-BRESSE – 71 Saône-et-Loire – 320 M9 – 515 h. – alt. 147 m – ✉ 71580

8 **D3**

Paris 383 – Châlon-sur-Saône 49 – Bourg-en-Bresse 65 – Lons-le-Saunier 13 – Tournus 45

Auberge de la Croix Blanche rest, VISA MC AE

– *03 85 74 13 22 – aubergedelacroixblanche@libertysurf.fr – Fax 03 85 74 13 25 – Fermé 11-17 juin, 12 nov.-4 déc., 8-15 janv., dim. soir et lundi sauf juil.-août*

14 ch – 39 € 45 €, 6,50 € – ½ P 45 € – **Rest** – *(fermé dim. soir et lundi sauf juil.-août)* Menu 15 € (sem.)/50 € – Carte 35/47 €

◆ Au bord d'un axe fréquenté, auberge repérable à la croix blanche de sa toiture et aux épis de maïs séchant sous l'appentis de sa façade. Chambres proprettes côté jardin. Table au décor bressan ; produits régionaux préparés dans un registre actuel.

BEAUSOLEIL – 06 Alpes-Maritimes – 341 F5 – 12 775 h. – alt. 89 m – ✉ 06240

42 **E2**

Paris 947 – Monaco 4 – Menton 11 – Monte-Carlo 2 – Nice 21

Office de tourisme, 32 boulevard de la République 04 93 78 01 55, Fax 04 93 78 85 85

Voir plan de Monaco (Principauté de).

Olympia sans rest VISA MC AE

17 bis bd Gén. Leclerc – 04 93 78 12 70 – olympiahotel@hotmail.com – Fax 04 93 41 85 04 DX **t**

31 ch – 85/120 € 85/160 €, 10 € – 1 suite

◆ Sur la frontière franco-monégasque, belle façade en pierres de taille égayée de balcons et d'une corniche ouvragés. Chambres sobres, insonorisées et de bon goût.

LE BEAUSSET – 83 Var – 340 J6 – 7 723 h. – alt. 167 m – ✉ 83330

40 **B3**

Paris 817 – Aix-en-Provence 67 – Marseille 47 – Toulon 18

Office de tourisme, place Charles-de-Gaulle 04 94 90 55 10, Fax 04 94 98 51 83

Mas Lei Bancau sans rest P VISA MC AE

2 km au Sud par N 8 et rte secondaire – 04 94 90 27 78 – leibancau@wanadoo.fr – Fax 04 94 90 29 00 – Ouvert 1er mars-31 oct.

7 ch – 84/109 € 84/109 €, 10 €

◆ Un chemin pentu mène à ce petit mas dominant les coteaux du vignoble de Bandol. Salle des petits-déjeuners et chambres aux couleurs de la Provence. Joli parc méridional.

La Cigalière sans rest cuisinette 25, P VISA MC AE

1,5 km au Nord par N 8 et rte secondaire – 04 94 98 64 63 – hotellacigaliere@wanadoo.fr – Fax 04 94 98 66 04

14 ch – 75/95 € 75/110 €, 9 € – 5 suites

◆ Dans un quartier résidentiel, deux maisons de style régional à l'ombre des pins. Les studios avec cuisinette et terrasse privée sont très prisés des familles.

BEAUVAIS P – 60 Oise – 305 D4 – 55 392 h. – Agglo. 100 733 h. – alt. 67 m – ✉ 60000 Nord Pas-de-Calais Picardie

36 **B2**

Paris 87 – Amiens 63 – Boulogne-sur-Mer 182 – Compiègne 60 – Rouen 82

de Beauvais-Tillé 03 44 11 46 66, 3,5 km au NE

Office de tourisme, 1 rue Beauregard 03 44 15 30 30, Fax 03 44 15 30 31

du Vivier à Ons-en-Bray RN 31, par rte de Gournay-en-Bray : 15 km, 03 44 84 24 11.

Cathédrale St-Pierre★★★ : horloge astronomique★ - Église St-Étienne★ : vitraux★★ et arbre de Jessé★★★ - Musée départemental de l'Oise★ dans l'ancien palais épiscopal M².

BEAUVAIS

Beauregard (R.) 2
Brière (Bd J.) 3
Carnot (R.) ....
Clemenceau (Pl.) 4
Dr-Gérard (R.) 5
Dr-Lamotte (Bd du) 6
Dreux (R. Ph. de) 7
Gambetta ....
Grenier-à-Sel (R.) 8
Guéhengnies (R. de) 9
Hachette (Pl. J.) 10
Halles (Pl. des) 12
Leclerc (R. Mar.) 13
Lignières (R. J. de) 15
Loisel (Bd A.) 16
Malherbe (R. de) 18
Nully-d'Hécourt (R.) 19
République (Av. de la) 20
St-André (Bd) 22
St-Laurent (R.) 23
St-Pierre (R.) 24
Scellier (Cours) 27
Taillerie (R. de la) 29
Tapisserie (R. de la) 30
Villiers-de-l'Isle-Adam (R.) 35
Vincent-de-Beauvais (R.) 26
Watrin (R. du Gén.) 36
27-Juin (R. du) 38

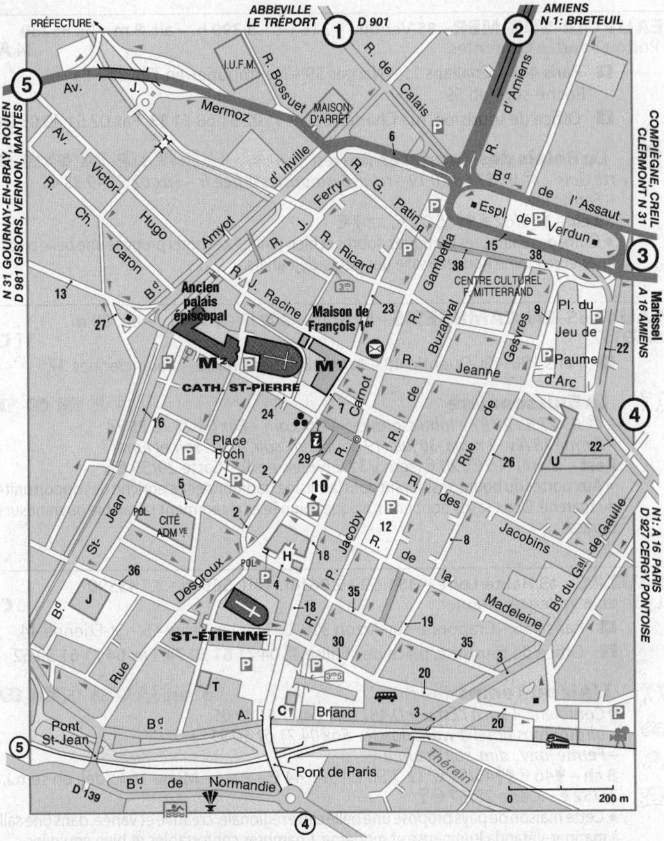

Hostellerie St-Vincent ch, 70, VISA AE

3 km par ③ (Espace St-Germain), r. de Clermont – ☎ 03 44 05 49 99 – h.st.vincent@wanadoo.fr – Fax 03 44 05 52 94

48 ch – 66/76 € 66/76 €, 8,50 € – ½ P 50 € – **Rest** – Menu 17 € (sem.)/36 € – Carte 25/36 €

◆ Près d'axes routiers et de la bretelle de l'autoroute, bâtiment récent offrant des chambres rajeunies, fonctionnelles et insonorisées. Accès Internet à disposition. Salle à manger spacieuse et claire ; menus traditionnels complétés de suggestions sur ardoise.

par ④ 5 km, N 1 (direction Paris) – ✉ 60000 Beauvais

Mercure ch, rest, ch, 40/60, VISA AE

1 av. Montaigne – ☎ 03 44 02 80 80 – h0350@accor.com – Fax 03 44 02 12 50

60 ch – 89 € 95 €, 11,50 € – **Rest** – Menu 25 € – Carte 28/34 €

◆ Construction des années 1970 hébergeant des chambres de bonne ampleur, rénovées et dotées d'une insonorisation efficace. Salle à manger agrémentée d'une cheminée, terrasse dressée l'été au bord de la piscine et attrayante carte traditionnelle.

XX **Le Bellevue**

3 av. Rhin et Danube – ✆ 03 44 02 17 11 – restaurantlebellevue@wanadoo.fr – Fax 03 44 02 54 44 – Fermé 5-20 août, sam. et dim.

Rest – Carte 23/48 € ♀

◆ En périphérie, au cœur d'une zone commerciale, sobre restaurant contemporain égayé d'expositions de tableaux. Cuisine classique assortie de suggestions du marché.

BEAUVOIR-SUR-MER – 85 Vendée – 316 D6 – 3 399 h. – alt. 8 m – ✉ 85230

Poitou Vendée Charentes 34 **A3**

Paris 443 – Challans 15 – Nantes 59 – Noirmoutier-en-l'Ile 22 – La Roche-sur-Yon 59

Office de tourisme, rue Charles Gallet ✆ 02 51 68 71 13, Fax 02 51 49 05 04

Le Relais des Touristes sans rest

rte Gois – ✆ 02 51 68 70 19 – relaisdestouristes@free.fr – Fax 02 51 49 33 45 – Fermé fév.

39 ch – 59/62 € 65/72 €, 7 €

◆ Outre des chambres pratiques, sobres et bien tenues, cet hôtel propose une belle piscine intérieure et une nouvelle salle des petits-déjeuners.

BEAUVOIS-EN-CAMBRÉSIS – 59 Nord – 302 I7 – 1 994 h. – alt. 89 m – ✉ 59157

31 **C3**

Paris 190 – St-Quentin 40 – Arras 48 – Cambrai 12 – Valenciennes 37

XX **La Buissonnière**

– ✆ 03 27 85 29 97 – labuissonniere@aol.com – Fax 03 27 76 25 74 – Fermé 18 fév.-2 mars, 30 juil.-19 août, dim. soir, merc. soir et lundi

Rest – Menu (16 €), 20 € (sem.)/32 € (week-end) – Carte 29/55 € ♀

◆ Aux portes du bourg, restaurant dont la cuisine traditionnelle s'enrichit des opportunités du marché. Deux salles dont une rustique soignée et récemment rafraîchie ouvrant sur la terrasse.

BEAUZAC – 43 Haute-Loire – 331 G2 – 2 061 h. – alt. 565 m – ✉ 43590

Lyon et la vallée du Rhône 6 **C3**

Paris 556 – Craponne-sur-Arzon 31 – Le Puy-en-Velay 45 – St-Étienne 44

Office de tourisme, place de l'Église ✆ 04 71 61 50 74, Fax 04 71 61 50 62

XX **L'Air du Temps** avec ch — rest, 15

à Confolent, 4 km à l'Est par D 461 – ✆ 04 71 61 49 05 – airdutemps.hotel@wanadoo.fr – Fax 04 71 61 50 91 – Fermé janv., dim. soir et lundi

8 ch – 46 € 46/51 €, 7,50 € – ½ P 44 € – **Rest** – Menu 16 € (déj. en sem.), 21/52 € – Carte 28/57 € ♀

◆ Cette maison de pays propose une belle carte régionale, créative et variée, dans une salle à manger-véranda lumineuse et moderne. Chambres confortables et bien équipées.

à Bransac 3 km au Sud par D 42 – ✉ 43590

XX **La Table du Barret** avec ch — ch,

– ✆ 04 71 61 47 74 – sandy.caire@wanadoo.fr – Fax 04 71 61 52 73 – Fermé 12-22 nov., fév., dim. soir, mardi et merc.

8 ch – 53 € 58 €, 9,50 € – **Rest** – Menu 19 € (déj. en sem.), 26/88 € bc – Carte 51/64 € ♀

◆ Table accueillante au cadre actuel sobre abritée derrière un écran végétal (tilleuls et cyprès). Carte revisitant le terroir avec finesse et générosité. Chambres fraîches.

Comment choisir entre deux adresses équivalentes ? Dans chaque catégorie, les établissements sont classés par ordre de préférence : nos coups de cœur d'abord.

BEBLENHEIM – 68 Haut-Rhin – 315 H8 – 943 h. – alt. 212 m – ✉ 68980
Alsace Lorraine 2 C2

Paris 444 – Colmar 11 – Gérardmer 55 – Ribeauvillé 5 – St-Dié 48 – Sélestat 19

Ringhotel Kanzel sans rest — Vosges et vignoble, cuisinette, 25, P, VISA, MC, AE
chemin des Amandiers – 03 89 49 08 00 – contact@kanzel.com – Fax 03 89 47 99 10 – Fermé 23 déc.-3 fév.
10 ch – 132 € 181/209 € – 14 suites
◆ Complexe hôtelier et résidentiel conçu comme un hameau alsacien bâti autour d'une placette. Hébergement haut de gamme. Le "plus" : chaque chambre possède sa cave à vin privée !

Auberge Le Bouc Bleu — VISA, MC
2 r. 5 Décembre – 03 89 47 88 21 – Fax 03 89 86 01 04 – Fermé vacances de fév., merc. et jeudi
Rest – *(nombre de couverts limité, prévenir) (menu unique)* Menu (25 €), 32 €
◆ Livres, vieux objets, collection de menus anciens, etc. donnent un air de brocante à ce sympathique restaurant rustique (non-fumeurs). Cour-terrasse pavée et cuisine du marché.

LE BEC-HELLOUIN – 27 Eure – 304 E6 – 406 h. – alt. 101 m – ✉ 27800
Normandie Vallée de la Seine 33 C2

Paris 153 – Bernay 22 – Évreux 46 – Lisieux 46 – Pont-Audemer 23 – Rouen 41

Abbaye★★.

Auberge de l'Abbaye — ch, P, VISA, MC, AE
12 pl. Guillaume le Conquérant – 02 32 44 86 02 – catherine-fabrice.c@wanadoo.fr – Fax 02 32 46 32 23 – Fermé 13 nov.-12 déc., 15-31 janv., mardi et merc.
8 ch – 65 € 75 €, 10 € – 1 suite – ½ P 70 € – **Rest** – Menu 19 € (sem.)/28 €
◆ Accueillant les voyageurs depuis le 18e s., cette pimpante demeure à pans de bois abrite des chambres rénovées, joliment personnalisées. Cuisine traditionnelle, enrichie de produits du terroir, servie dans des salles à manger campagnardes.

Le Canterbury — VISA, MC
r de Canterbury – 02 32 44 14 59 – Fax 02 32 44 14 59 – Fermé dim. soir, mardi soir et merc.
Rest – Menu 18 € (déj. en sem.), 23/38 € – Carte 32/45 €
◆ Dans une rue assez tranquille, façade à colombages où grimpe la vigne vierge. Poutres apparentes et murs blanchis donnent un cachet rustique à la salle à manger.

BÉDARIEUX – 34 Hérault – 339 D7 – 5 962 h. – alt. 196 m – ✉ 34600 22 B2

Paris 723 – Béziers 34 – Lodève 29 – Montpellier 70

Office de tourisme, 19 avenue Abbé Darroux 04 67 95 08 79, Fax 04 67 95 39 69

De l'Orb sans rest — AC, P, VISA, MC
D 908, rte Hérépian – 04 67 23 35 90 – contact@hotel-orb.com – Fax 04 67 23 98 46
28 ch – 40/85 € 40/85 €, 7 €
◆ Cet hôtel tout neuf et accueillant se trouve aux portes de la ville. Ses petites chambres, fonctionnelles et climatisées, jouissent d'un calme appréciable.

La Forge — P, VISA, MC
22 av. Abbé Tarroux (face à l'Office de Tourisme) – 04 67 95 13 13 – Fax 04 67 95 10 81 – Fermé 12-26 nov., 7-28 janv., dim. soir, merc. soir hors saison et lundi
Rest – Menu 15/35 € – Carte 38/52 €
◆ Ces voûtes du 17e s. abritaient jadis une forge et une écurie. Architecture intérieure peu commune, cheminée monumentale et grande terrasse fleurie et ombragée. Cuisine traditionnelle.

à Villemagne-l'Argentière 8 km à l'Ouest par D 908 et D 922 – 429 h. – alt. 193 m – ✉ 34600

Auberge de l'Abbaye avec ch — ch, VISA MC AE
– ✆ 04 67 95 34 84 – auberge.abbaye@free.fr – Fax 04 67 95 34 84
3 ch – †145 € ††145 € – 1 suite – **Rest** – *(fermé 12 nov.-8 fév. et fermé lundi, mardi et merc. sauf le soir en été)* Menu 27/59 € – Carte 39/44 €
◆ Ambiance monacale mais non ascétique dans la salle à manger voûtée de cet ancien bâtiment conventuel. Recettes mariant terroir, épices et saveurs salées-sucrées. Nouvelles chambres thématiques.

BÉDOIN – 84 Vaucluse – 332 E9 – 2 609 h. – alt. 295 m – ✉ 84410
Provence — 42 **E1**

Paris 692 – Avignon 43 – Carpentras 16 – Nyons 36 – Sault 35 – Vaison-la-Romaine 21
Office de tourisme, rue Portail Olivier ✆ 04 90 65 63 95
Le Paty ≤★ NO : 4,5 km.

Des Pins — ch, rest, rest, rest, P VISA MC AE
chemin des Crans, 1 km à l'Est par rte secondaire – ✆ 04 90 65 92 92 – hoteldespins@wanadoo.fr – Fax 04 90 65 60 66 – Hôtel : ouvert 1er mars-15 nov. ; rest. : ouvert 1er avril-31 oct.
25 ch – †60/100 € ††60/100 €, ☕ 9,50 € – ½ P 60/80 € – **Rest** – *(fermé le midi en sem.)* Menu 25/37 € – Carte 29/53 €
◆ Dans une pinède, bâtisse d'aspect régional où descend volontiers la clientèle cycliste. Chambres à touches provençales, rénovées et ouvrant parfois sur une terrasse en rez-de-jardin. Salon rustique. Repas au goût du jour dans un intérieur typé ou en plein air.

à Ste-Colombe 4 km à l'Est par rte du Mont-Ventoux – ✉ 84410

La Garance sans rest — ≤ P VISA MC
Sainte-Colombe – ✆ 04 90 12 81 00 – info@lagarance.fr – Fax 04 90 65 93 05 – Ouvert 1er avril-11 nov.
13 ch – †48/68 € ††48/68 €, ☕ 7,50 €
◆ Un hameau parmi les vignes et vergers, avec le Ventoux pour toile de fond, sert d'écrin à cette ancienne ferme prisée des randonneurs. Des chambres en rez-de-jardin ont une terrasse.

rte du Mont-Ventoux 6 km à l'Est – ✉ 84410 Bédoin

Le Mas des Vignes ≤ Dentelles de Montmirail et le Comtat, P
au virage de St-Estève – ✆ 04 90 65 63 91 – decoetlogon@aol.com – Fax 04 90 65 63 91 – Ouvert avril-nov. et fermé mardi midi et lundi sauf juil.-août et le midi en juil.-août sauf dim. et fériés
Rest – Menu 35/48 € – Carte 31/45 €
◆ Une chapelle sur la route du Ventoux est à l'origine de ce mas vénérable devancé par une vaste terrasse largement panoramique. Élégante salle couleur saumon ; table régionale.

BEG-MEIL – 29 Finistère – 308 H7 – ✉ 29170 Bretagne — 9 **B2**

Paris 560 – Concarneau 16 – Pont-l'Abbé 23 – Quimper 20 – Quimperlé 44
Site★.

Thalamot — rest, 30, VISA MC AE
4-6 Le Chemin Creux – ✆ 02 98 94 97 38 – resa@hotel-thalamot.com – Fax 02 98 94 49 92 – Ouvert 5 avril-29 sept.
30 ch – †55/73 € ††57/79 €, ☕ 8,50 € – ½ P 56/76 € – **Rest** – Menu 24/47 € – Carte 26/72 €
◆ Dans un quartier calme proche des plages, petites chambres simples et actuelles. Collection de tableaux du début du 20e s. représentant des scènes bretonnes. Repas aux saveurs iodées servis dans un restaurant ouvert sur un jardin-terrasse arboré.

LA BÉGUDE-DE-MAZENC – 26 Drôme – 332 C6 – 1 205 h. – alt. 215 m – ✉ 26160
44 **B3**

Paris 621 – Lyon 160 – Montélimar 16 – Valence 56

Office de tourisme, avenue du Président Loubet ✆ 04 75 46 24 42, Fax 04 75 46 24 42

Le Jabron ⇸ ch, 20/100, VISA MC

5 av. Mme de Sévigné – ✆ 04 75 46 28 85 – hotel-lejabron@wanadoo.fr – Fax 04 75 46 24 31 – Fermé janv.

12 ch – 49/52 € 49/52 €, ☕ 7 € – ½ P 50 € – **Rest** – Menu 12 € (déj. en sem.), 16/35 € – Carte 20/44 €

◆ Dans le village, petit hôtel soigneusement rénové par ses nouveaux propriétaires. Les chambres, gaies et colorées, bénéficient du double vitrage. Cuisine traditionnelle servie en terrasse ou en salle. Espace pour séminaires.

BÉHUARD – 49 Maine-et-Loire – 317 F4 – 110 h. – alt. 17 m – ✉ 49170
35 **C2**

Paris 310 – Angers 18 – Laval 88 – Nantes 88 – La Roche-sur-Yon 118 – Tours 124

Syndicat d'initiative, Mairie ✆ 02 41 72 84 11, Fax 02 41 72 84 11

Les Tonnelles (Bossé) VISA MC

– ✆ 02 41 72 21 50 – lestonnelles49@free.fr – Fax 02 41 72 81 10 – Fermé 20-26 mars, 16-22 oct., 30 déc.-25 janv., merc. soir de sept. à mai, dim. soir et lundi

Rest – *(prévenir)* Menu (25 €), 41/85 € bc – Carte 53/62 €

Spéc. Poissons de Loire au beurre blanc (juin à déc.). Anguille de Loire rôtie (oct. à avril). Pigeonneau à l'anjou rouge. **Vins** Anjou blanc, Savennières.

◆ Séduisant restaurant sis sur la pittoresque île de Béhuard. Élégant décor contemporain, agréable terrasse, belle cuisine revisitant le terroir et carte de vins locaux étoffée.

BEINHEIM – 67 Bas-Rhin – 315 M3 – 1 790 h. – alt. 115 m – ✉ 67930
1 **B1**

Paris 504 – Haguenau 25 – Karlsruhe 37 – Strasbourg 48 – Wissembourg 27

François sans rest P VISA MC AE

58 r. Principale – ✆ 03 88 86 41 26 – Fax 03 88 86 27 00 – Fermé 30 juil.-12 août et 23 déc.-2 janv.

13 ch – 34 € 48/60 €, ☕ 6 €

◆ Hôtel discret aménagé dans une vaste villa de style régional entourée d'un jardin. Les chambres, douillettes et bien tenues, sont parfois dotées de balcons.

BELCAIRE – 11 Aude – 344 C6 – 392 h. – alt. 1 002 m – ✉ 11340
22 **A3**

Paris 810 – Ax-les-Thermes 26 – Carcassonne 81 – Foix 54 – Quillan 29

Office de tourisme, avenue d'Ax les Thermes ✆ 04 68 20 75 89

Forêts★★ de la Plaine et Comus NO.

Belvédère du Pas de l'Ours★★ E : 13 km puis 15 mn, **Languedoc Roussillon.**

Bayle avec ch P VISA MC AE

38 av. Thermes – ✆ 04 68 20 31 05 – hotel-bayle@wanadoo.fr – Fax 04 68 20 35 24 – Fermé 11 nov.-5 déc.

12 ch – 40 € 43 €, ☕ 8 € – ½ P 38 € – **Rest** – Menu 11 € (déj. en sem.), 15/30 € – Carte 22/38 €

◆ Restaurant familial au cœur d'un village du pays cathare. Salle à manger rustique prolongée d'une terrasse face à la campagne. Plats inspirés du terroir. Chambres bien tenues.

BELCASTEL – 12 Aveyron – 338 G4 – 251 h. – alt. 406 m – ✉ 12390
Midi-Pyrénées
29 **C1**

Paris 623 – Decazeville 28 – Rodez 25 – Villefranche-de-Rouergue 36

Syndicat d'initiative, le bourg ✆ 05 65 64 46 11

Vieux Pont (Nicole Fagegaltier) avec ch
– ✆ 05 65 64 52 29 – hotel-du-vieux-pont@wanadoo.fr – Fax 05 65 64 44 32 – Fermé 1er janv.-9 mars, dim. soir et mardi midi sauf juil.-août et lundi
rest, P VISA MC

7 ch – ♦77/92 € ♦♦77/92 €, ☕ 12 € – ½ P 93/100 € – **Rest** – *(nombre de couverts limité, prévenir)* Menu 27 € (déj. en sem.), 42/80 € – Carte 49/67 €
Spéc. Foie de canard grillé. Pigeon du Mont Royal croûté de cèpes secs et d'ail. "Tout chocolat noir". **Vins** Marcillac, Vins d'Entraygues et du Fel.
◆ Un vieux pont de pierre du 15e s. sépare ces deux maisons de pays. Belle cuisine régionale actualisée servie dans un cadre moderne élégant. Chambres calmes et "cosy" dans l'ex-grange, de l'autre côté de la rivière, au bord de laquelle on petit-déjeune en été.

BELFORT P – 90 Territoire de Belfort – 315 F11 – 50 417 h. – Agglo. 104 962 h. – alt. 360 m – ✉ 90000 Franche-Comté Jura 17 C1

Paris 422 – Basel 78 – Besançon 93 – Épinal 95 – Mulhouse 41
Office de tourisme, 2 bis rue Clemenceau ✆ 03 84 55 90 90, Fax 03 84 55 90 70
de Rougemont-le-Château à Rougemont-le-Château Route de Masevaux, NE : 16 km par N 83 et D 25, ✆ 03 84 23 74 74.
Le Lion★★ - Le camp retranché★★ : ✻★★ de la terrasse du fort - Vieille ville★ : porte de Brisach★ - Orgues★ de la cathédrale St-Christophe Y **B** - Fresque★ (parking rue de l'As-de-Carreau Z 6) - Cabinet d'un amateur★ : Donation Maurice Jardot **M**1.

Plan page ci-contre

Boréal sans rest
30, VISA MC AE
2 r. Comte de la Suze – ✆ 03 84 22 32 32 – hotel.boreal@wanadoo.fr – Fax 03 84 28 15 01 – Fermé 21 déc.-6 janv. Z **r**
52 ch – ♦88 € ♦♦95 €, ☕ 10 € – 2 suites
◆ Dans une rue calme des quartiers de la rive droite, hôtel récent dont les chambres fonctionnelles et fraîches ont su fidéliser une clientèle d'affaires. Bar feutré.

Grand Hôtel du Tonneau d'Or
ch, rest, ch, 60, P VISA MC AE
1 r. Reiset – ✆ 03 84 58 57 56 – tonneaudor@tonneaudor.fr – Fax 03 84 58 57 50 Y **e**
52 ch – ♦104 € ♦♦114 €, ☕ 11 € – **Rest** – *(fermé août, 1er-7 janv., sam. et dim.)* Menu (14 € bc), 24/31 € – Carte 28/44 €
◆ L'impressionnant hall au cadre Belle Époque préservé de cet immeuble 1900 mène à des chambres modernisées, garnies d'un mobilier pratique. Le restaurant offre un séduisant décor inspiré des brasseries parisiennes du début du 20e s.

Novotel Atria
ch, 100/400, VISA MC AE
av. Espérance (au centre des congrès) – ✆ 03 84 58 85 00 – h1742@accor.com – Fax 03 84 58 85 01 Y **u**
79 ch – ♦68/124 € ♦♦68/195 €, ☕ 12,50 € – **Rest** – Carte 18/35 €
◆ Élégante architecture futuriste pour cet hôtel intégré à un centre de congrès. Chambres confortables ; préférez celles avec vue sur les fortifications de Vauban. Salle à manger moderne et conviviale et Novotel Café.

Les Capucins
ch, VISA MC AE
20 fg Montbéliard – ✆ 03 84 28 04 60 – hotel-des-capucins@wanadoo.fr – Fax 03 84 55 00 92 Z **n**
35 ch – ♦53 € ♦♦59 €, ☕ 7,50 € – ½ P 45 € – **Rest** – *(fermé 22 juil.-12 août, 22 déc.-7 janv., sam. sauf le soir du 13 mai au 14 oct. et dim.)* Menu 14,50/32 € – Carte 27/45 €
◆ Façade de caractère et petites chambres accueillantes, mansardées au dernier étage, font de cet hôtel (non-fumeurs) une étape plaisante. Carte traditionnelle, calme et confort côté restaurant principal ; plats du jour et ambiance animée côté brasserie.

Vauban sans rest
VISA MC AE
4 r. Magasin – ✆ 03 84 21 59 37 – hotel.vauban@wanadoo.fr – Fax 03 84 21 41 67 – Fermé vacances de Noël, vacances de fév. et dim. soir Y **h**
14 ch – ♦69 € ♦♦80 €, ☕ 8,50 €
◆ Charme discret d'une maison familiale, où les chambres, aménagées comme pour recevoir des amis, sont égayées d'œuvres d'artistes locaux. Joli jardin au bord de la Savoureuse.

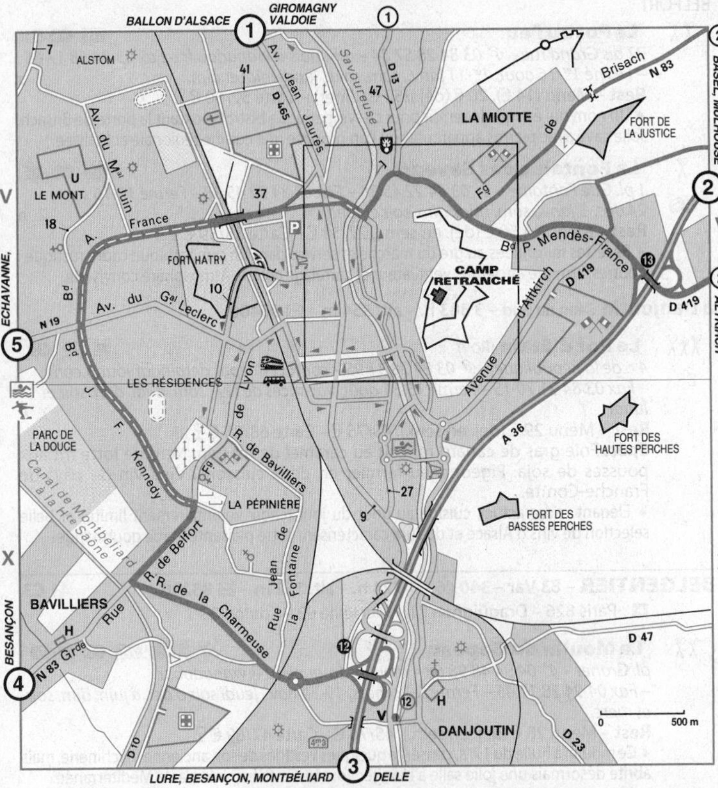

GIROMAGNY
VALDOIE
BALLON D'ALSACE
BASEL, MULHOUSE
ALTKIRCH
RONCHAMP ECHAVANNE,
BESANÇON
LURE, BESANÇON, MONTBÉLIARD
DELLE
ALSTOM
LE MONT
LA MIOTTE
FORT DE LA JUSTICE
FORT HATRY
CAMP RETRANCHÉ
LES RÉSIDENCES
PARC DE LA DOUCE
LA PÉPINIÈRE
FORT DES HAUTES PERCHES
FORT DES BASSES PERCHES
BAVILLIERS
DANJOUTIN
Av. Jean Jaurès
Savoureuse
Av. du Mal Juin
Bd A. France
Av. du Gal Leclerc
Bd J. F. Kennedy
R. de Lyon
R. de Bavilliers
Fg de Lyon
Canal de Montbéliard à la Hte Saône
R. de Belfort
R. de la Charmeuse
Rue Jean de la Fontaine
Rue Grde
Bd P. Mendès-France
Avenue d'Altkirch
Fg de Brisach
N 83
N 19
D 419
D 465
D 13
D 47
D 23
D 10
A 36
0
500 m
V
X

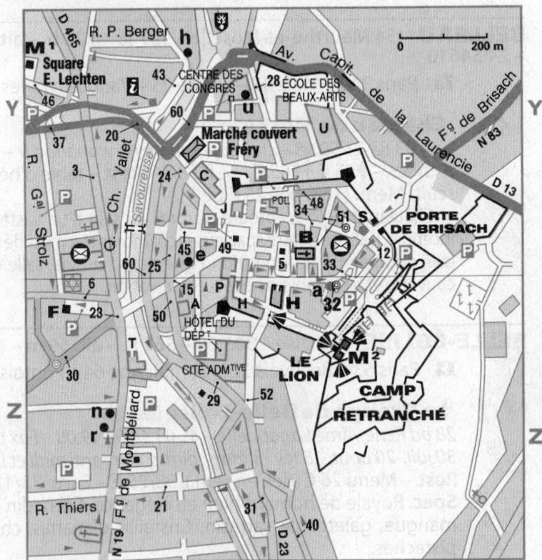

R. P. Berger
Square E. Lechten
CENTRE DES CONGRÈS
ÉCOLE DES BEAUX-ARTS
Av. Capit. de la Laurencie
Fg de Brisach
Marché couvert Fréry
PORTE DE BRISACH
HÔTEL DU DÉPT
CITÉ ADMTIVE
LE LION
CAMP RETRANCHÉ
R. Gal Stroiz
Q. Vallet
Ch. Vallet
Savoureuse
Fg de Montbéliard
R. Thiers
N 83
N 19
D 13
D 23
D 465
0
200 m
Y
Z

BELFORT

Ancêtres (Fg des) .... Y 3
Armes (Pl. d') .... Y 5
As-de-Carreau (R. de l') ...... Z 6
Auxelles (Via d') .... V 7
Besançon (R. de) .... X 9
Boulloche (Pt A.) .... V 10
Bourgeois (Pl. des) .... Y 12
Carnot (Bd) .... Z 15
Château-d'Eau (Av. du) .... V 18
Clemenceau (R. G.) .... Y 20
Denfert-Rochereau (R.) .... Z 21
Dr-Corbis (Pl. du) .... Z 23
Dr-Fréry (R. du) .... Y 24
Dreyfus-Schmidt (R.) .... Y 25
Dunant (Bd H.) .... X 27
Espérance (Av. de l') .... Y 28
Foch (Av. Mar.) .... Z 29
France (Fg de) .... Z 30
Gaulard (R. du Gén.) .... Z 31
Grande-Fontaine (Pl. de la) .... Z 32
Grande-Fontaine (R.) .... Y 33
Grand'Rue .... Y 34
Joffre (Bd du Mar.) .... VY 37
Lebleu (R. F.) .... Z 40
Lille (R. de) .... V 41
Magasin (Q. du) .... Y 43
Metz-Juteau (R.) .... Y 45
Moulin (Av. J.) .... V 47
Mulhouse (R. de) .... Y 46
Pompidou (R. G.) .... Y 48
République (Pl. de la) .... Y 49
République (R. de la) .... Z 50
Roussel (R. du Gén.) .... Y 51
Sarrail (Av. du Gén.) .... Z 52
Vauban (Q.) .... Y 60

XX **Le Pot au Feu** VISA MC AE

27 bis Grand'rue – ✆ 03 84 28 57 84 – mflunois@wanadoo.fr – Fax 03 84 58 17 65 – Fermé 1er-16 août, 1er-11 janv., sam. midi, lundi midi et dim. Y **s**

Rest – Menu (14 €), 20 € (déj.)/52 € (dîner) – Carte 32/60 € ♀

◆ Un nom qui évoque le terroir pour ce sympathique bistrot jouxtant la porte de Brisach. Jolie cave avec pierres apparentes où l'on propose une cuisine régionale actualisée.

X **La Fontaine des Saveurs** VISA MC AE

1 pl. Gde Fontaine – ✆ 03 84 22 45 38 – Fax 03 84 22 45 38 – Fermé 1er-16 sept., 24 déc.-3 janv., sam. midi, dim. soir et lundi Z **a**

Rest – Menu 14,50 € (déj. en sem.), 27/39 € – Carte 35/59 € ♀

◆ Recettes mitonnées au gré du marché et servies dans un sympathique cadre rustique : poutres, armoire ancienne, ventilateur et carrelage coloré. Atmosphère conviviale.

à Danjoutin **3 km au Sud – 3 383 h. – alt. 354 m – ✉ 90400**

XXX **Le Pot d'Étain** (Roy) P VISA MC

✿ *4 r. de la République – ✆ 03 84 28 31 95 – contact@lepot.detaindanjoutin.com – Fax 03 84 21 70 15 – Fermé 15-31 août, vacances de fév., sam. midi, dim. soir et lundi* X **v**

Rest – Menu 29 € (déj. en sem.), 48/75 € – Carte 68/85 € ♀

Spéc. Foie gras de canard mi-cuit au caramel de macvin. Nem de lotte frit aux pousses de soja. Pigeonneau fermier en deux cuissons. **Vins** Vin de pays de Franche-Comté.

◆ Élégant cadre actuel, cuisine au goût du jour (choix volontairement limité) et belle sélection de vins d'Alsace et du Jura caractérisent cette plaisante étape gourmande.

BELGENTIER – 83 Var – 340 L6 – 1 724 h. – alt. 152 m – ✉ 83210 41 C3

Paris 826 – Draguignan 71 – Marseille 62 – Toulon 23

XX **Le Moulin du Gapeau** AC VISA MC AE D

pl. Granet – ✆ 04 94 48 98 68 – moulin-du-gapeau@wanadoo.fr – Fax 04 94 28 11 45 – Fermé 5-23 mars, 19-30 nov., jeudi soir d'oct. à juin, dim. soir et merc.

Rest – Menu 28 € (déj. en sem.), 45/76 € – Carte 47/69 € ♀

◆ Ce moulin à huile du 17e s. conserve quelques vestiges de son ancienne machinerie, mais abrite désormais une jolie salle à manger voutée. Carte inspirée par la Méditerranée.

BELLEAU – 54 Meurthe-et-Moselle – 307 I6 – 722 h. – alt. 172 m – ✉ 54610 26 B2

Paris 340 – Metz 47 – Nancy 25 – Vandœuvre-lès-Nancy 35

Château de Morey ch, P VISA MC

– ✆ 03 83 31 50 98 – chateaudemorey@wanadoo.fr – Fax 03 83 31 51 94

5 ch – †55 € ††65 € – ½ P 58 € – **Rest** – table d'hôte *(dîner seult) (résidents seult)* Menu (16 € bc), 25 € bc

◆ Château du 16e s. entouré d'arbres au sein d'un vaste parc. Bien restauré après un incendie, il abrite quatre spacieuses chambres aux murs de pierres apparentes, possédant coin salon et TV. À disposition également : cuisine, salle de jeux, bibliothèque, piscine couverte et VTT. Table d'hôte sur réservation.

BELLE-ÉGLISE – 60 Oise – 305 E5 – 561 h. – alt. 69 m – ✉ 60540 36 B3

Paris 53 – Beauvais 32 – Compiègne 64 – Pontoise 29

XXX **La Grange de Belle-Eglise** (Duval) AC P VISA MC

✿ *28 bd René-Aimé Lagabrielle – ✆ 03 44 08 49 00 – Fax 03 44 08 45 97 – Fermé 30 juil.-20 août, 18 fév.-3 mars, dim. soir, mardi midi et lundi*

Rest – Menu 26 € (déj. en sem.), 58/85 € – Carte 73/127 €

Spéc. Royale de homard bleu en élégance. Grenadin de veau de lait, chutney de mangue, galette de sarrasin. Cristallin d'ananas, chiboust coco, son fruit aux pistaches.

◆ Salle coiffée de poutres, agréable véranda ouverte sur un ravissant jardin et belles vitrines (argenterie) composent le cadre de cet élégant restaurant ; plats classiques.

BELLEGARDE – 45 Loiret – 318 L4 – 1 558 h. – alt. 113 m – ✉ 45270
Châteaux de la Loire 12 **C2**

- Paris 110 – Gien 41 – Montargis 24 – Nemours 41 – Orléans 50 – Pithiviers 30
- Syndicat d'initiative, 12 bis place Charles Desvergnes ✆ 02 38 90 25 37, Fax 02 38 90 28 32
- Château★.

L' Agriculture ch, VISA
5 pl. Charles Desvergnes – ✆ 02 38 90 10 48 – hotel-restaurant.lagriculture@wanadoo.fr – Fax 02 38 90 18 13 – Fermé janv.
18 ch – †23/50 € ††23/50 €, ☕ 8 € – ½ P 35/62 € – **Rest** – *(fermé oct., dim. soir et lundi sauf de juin à août)* Menu (12 €), 14/30 € – Carte 16/44 €
◆ Cette maison de pays située face à la mairie accueille de nombreux habitués dans ses trois salles rustiques ; cuisine classique sans fioriture. Préférez les chambres rénovées.

à Montliard 7 km au Nord-Ouest par D 44 – 175 h. – alt. 126 m – ✉ 45340

Château de Montliard ch,
3 rte de Nesploy – ✆ 02 38 33 71 40 – a.galizia@infonie.fr – Fax 02 38 33 86 41
4 ch ☕ – †56/80 € ††65/88 € – ½ P 54/76 € – **Rest** – table d'hôte *(dîner seult) (prévenir) (résidents seult)* Menu 21 € bc/32 € bc
◆ Dans la même famille depuis 1384, ce château entouré de douves en eau conserve un bel intérieur médiéval avec escalier à vis, murs épais et vitraux. Les chambres possèdent toutes un plafond peint et une cheminée. La table d'hôte sert un menu unique dans un cadre d'une belle rusticité.

BELLEGARDE-SUR-VALSERINE – 01 Ain – 328 H4 – 10 846 h. – alt. 350 m – ✉ 01200 Franche-Comté Jura
45 **C1**

- Paris 497 – Annecy 43 – Bourg-en-Bresse 73 – Genève 43 – Lyon 113
- Office de tourisme, 24 place Victor Bérard ✆ 04 50 48 48 68, Fax 04 50 48 65 08
- Berges de la Valserine N : 2 km par N84.

La Belle Époque-Maison Watami rest, VISA
10 pl. Gambetta – ✆ 04 50 48 14 46 – contact@hotel-labelleepoque.com – Fax 04 50 56 01 71
20 ch – †50/60 € ††67 €, ☕ 9 € – ½ P 70/80 € – **Rest** – Menu 10 € (déj. en sem.), 23/25 € – Carte 19/31 €
◆ Avenante demeure bâtie au début du 20e s. Un bel escalier d'époque en bois sculpté (1907) donne accès aux chambres, rajeunies. Spécialités de l'Empire du Soleil Levant proposées à la carte, en menus ou sous la forme de buffets à volonté.

à Lancrans 3 km au Nord par N84 et D991 – 935 h. – alt. 500 m – ✉ 01200

Le Sorgia VISA AE
39 Gde Rue – ✆ 04 50 48 15 81 – Fax 04 50 48 44 72 – Fermé 24 août-18 sept., 22 déc.-7 janv., dim. et lundi
17 ch – †53 € ††53 €, ☕ 7,50 € – ½ P 42 € – **Rest** – *(fermé sam. midi, dim. soir et lundi)* Menu 15 € (déj. en sem.), 25/45 € – Carte 24/45 €
◆ Au cœur du village, la même famille reçoit les visiteurs dans son auberge depuis plus d'un siècle. Hébergement simple mais propre ; rénovations progressives. Sobre salle à manger champêtre et terrasse dressée au bord d'un jardin ; plats traditionnels.

à Eloise (74 H.-Savoie) 5 km au Sud-Est par N 508 et rte secondaire – 715 h. – alt. 511 m – ✉ 01200

Le Fartoret 50, VISA AE
– ✆ 04 50 48 07 18 – lefartoret@wanadoo.fr – Fax 04 50 48 23 85 – Fermé 23 déc.-4 janv. et dim. soir hors saison
40 ch – †40/87 € ††55/87 €, ☕ 10 € – ½ P 61/78 € – **Rest** – Menu 20 € (sem.)/46 € – Carte 42/51 €
◆ Dans un village situé sur les hauteurs de Bellegarde, plusieurs bâtiments ouverts sur un parc. Les chambres, au calme, sont un peu anciennes mais bien tenues. Échappée sur la vallée depuis la salle à manger campagnarde ornée d'une insolite collection de coqs.

BELLE-ÎLE-EN-MER ★★ – 56 Morbihan – 308 L10 Bretagne 9 B3

Accès par transports maritimes pour **Le Palais** (en été **réservation indispensable** pour le passage des véhicules).

depuis **Quiberon** (Port-Maria) - Traversée 45 mn - Renseignements et tarifs : S.M.N. ✆ 0 820 056 000 (Le Palais), Fax 02 97 31 56 81, www.smn-navigation.fr.

depuis **Port-Navalo** - (avril-oct.) - Traversée 1 h - Renseignements et tarifs ; Navix S.A. à Port-Navalo ✆ 0 825 162 120 (0,15 €/mn) - depuis **Vannes** - (avril-oct.) - Traversée 2 h - Renseignements et tarifs : Navix S.A., Gare Maritime ✆ 0 825 162 100 ou 0 825 132 100 (0,15 €/mn), Fax 02 97 46 60 29, www.navix.fr - depuis **Lorient** - Service saisonnier - Traversée 50 mn (passagers uniquement, réservation obligatoire) - Renseignements et Tarifs S.M.N. ✆ 0 820 056 000 (0,12 €/mn) - Pour **Le Palais** et pour **Sauzon** : depuis **Quiberon** - Service saisonnier - Traversée 25 mn - Renseignements et tarifs : S.M.N. ✆ 0 820 056 000 (0,12 €/mn) (Quiberon) - Renseignements et tarifs : Navix S.A. depuis **Locmariaquer** - ✆ 0 825 162 130 (0,15 €/mn) - **Auray Le Bono** - ✆ *0 825 162 140 (0,15 €/mn)* - **La Trinité-sur-Mer** (juil.-août) - ✆ 0 825 162 150 (0,15 €/mn), Fax 02 97 46 60 29.

Office de tourisme, quai Bonnelle Le Palais ✆ 02 97 31 81 93, Fax 02 97 31 56 17

Côte sauvage ★★★.

BANGOR – 56 Morbihan – 738 h. – alt. 45 m – ✉ 56360 9 B3

Paris 513 – Rennes 162 – Vannes 53 – Auray 34 – Larmor-Plage 12

Le Palais : citadelle Vauban ★ NE : 3,5 km.

La Désirade

ch, rest, 15, P, VISA

Le Petit Cosquet – ✆ 02 97 31 70 70 – hotel-la-desirade@wanadoo.fr – Fax 02 97 31 89 63 – Ouvert 1er avril-11 nov. et 29 déc.-5 janv.

30 ch – 99/145 € 118/165 €, 15 € – 2 suites – ½ P 92/118 €

Rest *La Table* – Menu 28/33 € – Carte 47/56 €

♦ Ces maisons néo-bretonnes encadrent une piscine. Salon "cosy" et belles chambres personnalisées, en partie rénovées (deux suites créées). Espace bien-être. Menu du jour composé au gré du marché et de la marée, servi dans un cadre rustique plaisant.

LE PALAIS – 56 Morbihan – 2 457 h. – alt. 7 m – ✉ 56360 9 B3

Paris 508 – Rennes 157 – Vannes 48 – Lorient 3 – Ploemeur 9

Citadelle Vauban ★.

Vauban

ch, ch, VISA

1 r. Remparts – ✆ 02 97 31 45 42 – contact@hotelvauban.com – Fax 02 97 31 42 82 – Ouvert 12 fév.-7 nov.

16 ch – 35/40 € 62/74 €, 8,50 € – ½ P 71 € – **Rest** – (*dîner seult.*) (*Résidents seult*) Menu 25 €

♦ Hôtel simple et fonctionnel situé sur les hauteurs du Palais. Petites chambres sobrement aménagées ; la plupart offrent une vue sur le port, la citadelle Vauban et l'océan. Salle à manger fonctionnelle ; cuisine traditionnelle et produits de la mer.

Château de Bordenéo sans rest

P VISA

2 km rte de Sauzon Bordenéo au Nord Ouest – ✆ 02 97 31 80 77 – info@chateau-bordeneo.com – Fax 02 97 31 50 17 – Fermé 3-31 janv.

5 ch – 110/160 € 110/160 €, 12 €

♦ Tout à sa tranquillité, cette élégante gentilhommière du 19e s. profite de son parc planté d'arbres centenaires. Ses chambres douillettes, habillées de tons pastel, ont chacune leur ambiance propre.

L' Annexe

VISA

3 q. Yser – ✆ 02 97 31 81 53 – Fax 02 97 31 81 53 – Fermé mars, lundi et mardi du 15 nov. à fin fév. sauf vacances de Noël et merc.

Rest – (*dîner seult*) Carte 26/43 €

♦ Atmosphère conviviale dans ce petit restaurant proposant poissons et viandes grillés au feu de bois, devant les clients. Sympathique décor de bistrot marin.

PORT-GOULPHAR – 56 Morbihan – ✉ 56360 Bangor 9 **B3**

Paris 517 – Rennes 166 – Vannes 57 – Auray 38 – Larmor-Plage 16

Site★ : ≤★.

Castel Clara ≤ crique et falaises, rest,
– ✆ 02 97 31 84 21 – contact@ rest, 25, VISA MC AE
castel-clara.com – Fax 02 97 31 51 69 – Fermé 2 janv.-13 fév.
59 ch – 155/310 € 155/310 €, 25 € – 4 suites
Rest – *(fermé merc. et jeudi) (dîner seult)* Menu 85/130 € – Carte 63/111 €
Rest ***Le Buffet*** – Menu 50 €

◆ Emplacement idyllique sur la Côte sauvage, institut de thalassothérapie, chambres raffinées avec vue panoramique : le luxe discret... au bout du monde ! Élégant restaurant tourné vers les falaises ; carte actuelle. Le Buffet est dressé au bord de la nouvelle piscine.

SAUZON – 56 Morbihan – 835 h. – alt. 35 m – ✉ 56360 9 **B3**

Paris 515 – Rennes 164 – Vannes 55 – Lorient 9 – Lanester 13

Site★ - Pointe des Poulains★★ : ✳★ NO : 3 km puis 30 mn - Port-Donnant : site★★ S : 6 km puis 30 mn.

Hostellerie La Touline sans rest VISA MC
r. du Port Vihan – ✆ 02 97 31 69 69 – la-touline@libertysurf.fr – Fax 02 97 31 66 00 – Ouvert 24 mars-15 oct.
5 ch – 98 € 98 €, 11 €

◆ Le cadre de cette imposante maison de 1723, juchée sur les hauteurs du petit port, décline divers thèmes : Bretagne, Zanzibar, etc. Jardin propice au repos (bain bouillonnnant).

Roz Avel VISA MC AE
derrière l'église – ✆ 02 97 31 61 48 – Ouvert 20 mars-15 nov., 15-31 déc. et fermé merc.
Rest – *(nombre de couverts limité, prévenir)* Menu 26/40 €

◆ Maison de pays possédant une salle à manger garnie de meubles bretons et une terrasse prolongée d'un jardinet. Beaux produits de l'océan préparés avec soin.

Le Contre Quai VISA MC
r. St-Nicolas – ✆ 02 97 31 60 60 – Fax 02 97 31 01 87 – Ouvert 7 avril-20 sept. et fermé dim. sauf juil. et août.
Rest – *(Dîner seult)* Menu 32 € – Carte 55/74 €

◆ Restaurant surplombant le pittoresque port de Sauzon. Appétissante cuisine " terre et mer " servie (le soir uniquement) dans une plaisante salle à manger au coquet décor marin.

Café de la Cale VISA MC
– ✆ 02 97 31 65 74 – Ouvert avril-fin sept., vacances de la Toussaint, de Noël et de fév.
Rest – *(prévenir)* Menu 19 € (déj. en sem.) – Carte environ 45 €

◆ Ancienne sardinerie transformée en bistrot chic à la mode. Navigateurs de renom et touristes y jouent des coudes pour apprécier poissons, coquillages et cuisine régionale.

BELLÊME – 61 Orne – 310 M4 – 1 774 h. – alt. 241 m – ✉ 61130
Normandie Vallée de la Seine 33 **C3**

Paris 168 – Alençon 42 – La Ferté-Bernard 23 – Le Mans 55 – Mortagne-au-Perche 18

Office de tourisme, boulevard Bansard des Bois ✆ 02 33 73 09 69, Fax 02 33 83 95 17

De Bellême Saint-Martin Les Sablons, SO : 2 km, ✆ 02 33 73 12 79.

Forêt★.

à Nocé 8 km à l'Est par D 203 – 760 h. – alt. 120 m – ✉ 61340

Auberge des 3 J. VISA MC
– ✆ 02 33 73 41 03 – Fax 02 33 83 33 66 – Fermé 15 sept.-3 oct., 1er-15 janv., mardi de sept. à juin, dim. soir et lundi
Rest – Menu 25/35 € – Carte 31/36 €

◆ Tables joliment dressées et tableaux agrémentent la salle rustique de cette auberge familiale où dominent la pierre et le bois. Cuisine soignée, mi-traditionnelle, mi-terroir.

BELLEVAUX – 74 Haute-Savoie – **328** M3 – **1 158 h.** – **alt. 913 m** – **Sports d'hiver : 1 100/1 800 m** 23 – ✉ **74470** Alpes du Nord 46 **F1**

Paris 572 – Annecy 70 – Bonneville 29 – Genève 44 – Thonon-les-Bains 23

Office de tourisme, les Contamines ☎ 04 50 73 71 53

Site★.

La Cascade ch, VISA

– ☎ *04 50 73 70 22 – hotelacascade@wanadoo.fr – Fax 04 50 73 77 46 – Fermé 25 mars-8 avril et oct.*

11 ch – †37 € ††47 €, ☕ 6 € – ½ P 48 € – **Rest** – Menu 18 € (sem.), 22/26 € – Carte 22/30 €

◆ Bâtisse récente au cœur de la petite station. Chambres spacieuses et claires, toutes avec balcon et vue sur les montagnes alentour. Tenue impeccable. Confortable salle à manger en rotonde, surmontée d'une terrasse jouissant d'un beau panorama.

Les Moineaux VISA

– ☎ *04 50 73 71 11 – info@hotel-les-moineaux.com – Fax 04 50 73 75 79 – Ouvert 16 juin-9 sept. et 21 déc.-9 avril*

14 ch – †43 € ††56 €, ☕ 6 € – ½ P 47/50 € – **Rest** – Menu 18/28 €

◆ Deux bâtiments de type chalet en contrebas du village. Les chambres, fonctionnelles, sont dotées de balcons tournés vers les montagnes. Sobre décor régional et tenue irréprochable. Restaurant au cadre actuel simple ; cuisine familiale à l'accent savoyard et menu végétarien.

à Hirmentaz 7 km au Sud-Ouest par D 26 et D 32 – ✉ 74470 Bellevaux

Le Christania rest, VISA

– ☎ *04 50 73 70 77 – info@hotel-christania.com – Fax 04 50 73 76 08 – Ouvert 1er juin-15 sept. et 20 déc.-1er avril*

35 ch – †50/54 € ††54/57 €, ☕ 8 € – ½ P 54/62 € – **Rest** – Menu (17 €), 20 € (sem.)/30 € – Carte 25/36 €

◆ Au pied des pistes, cet hôtel familial des années 1970 a gardé son style d'origine. Chambres rustiques, majoritairement équipées de balcons et mansardées au dernier étage. Restaurant tourné vers la piscine et la terrasse. Cuisine régionale et carte snack.

BELLEVILLE – 54 Meurthe-et-Moselle – **307** H6 – **1 280 h.** – **alt. 190 m** – ✉ **54940** 26 **B2**

Paris 359 – Metz 42 – Nancy 19 – Pont-à-Mousson 14 – Toul 36

XXX **Le Bistroquet** (Marie-France Ponsard) VISA

97 rte Nationale – ☎ 03 83 24 90 12 – le-bistroquet@wanadoo.fr – Fax 03 83 24 04 01 – Fermé 16 août-4 sept., sam. midi, dim. soir, lundi et mardi

Rest – *(nombre de couverts limité, prévenir)* Menu 31 € (sem.)/59 € – Carte 54/80 €

Spéc. Foie gras de canard lorrain poêlé. Pigeon fermier de Meuse au jus de truffe. Soufflé à la liqueur de mirabelle de Lucey. **Vins** Gris de Toul, Pinot noir des Côtes de Toul.

◆ La discrète façade dissimule une salle à manger au cadre d'inspiration 1900 (miroirs, affiches et lustres). Terrasse fleurie et cuisine classique préparée avec art.

XX **La Moselle** VISA

1 r. Prosper Cabirol, face gare – ☎ 03 83 24 91 44 – lamoselle@wanadoo.fr – Fax 03 83 24 99 38 – Fermé 23 juil.-10 août, 18 fév.-1er mars, dim. soir, mardi soir et merc.

Rest – Menu 22 € (sem.)/57 € – Carte 40/65 €

◆ Établissement familial réparti en deux salles accueillantes, séparées par des panneaux ornés de vitraux exécutés dans le style de l'école de Nancy. Agréable terrasse ombragée.

BELLEVILLE – 69 Rhône – **327** H3 – **5 840 h.** – **alt. 192 m** – ✉ **69220** Lyon et la vallée du Rhône 43 **E1**

Paris 416 – Bourg-en-Bresse 43 – Lyon 45 – Mâcon 31 – Villefranche-sur-Saône 15

Office de tourisme, 68 rue de la République ☎ 04 74 66 44 67, Fax 04 74 06 43 56

L'Ange Couronné VISA

18 r. République – ✆ 04 74 66 42 00 – angecouronne@wanadoo.fr – Fax 04 74 66 49 20 – Fermé 1er-9 oct., 7-29 janv., mardi midi, dim. soir et lundi
15 ch – 🚹40 € 🚹🚹44 €, ☕ 6,50 € – **Rest** – Menu (11,50 €), 17 € (sem.)/33 € – Carte 29/39 € 𝕐
◆ Ancien relais de poste bordant la rue principale de Belleville. Un atrium conçu comme un jardin d'hiver dessert les chambres, sobres et fonctionnelles. Salle à manger au décor gentiment contemporain et cuisine traditionnelle.

Le Beaujolais AC P VISA AE

40 r. Mar. Foch (près gare) – ✆ 04 74 66 05 31 – Fax 04 74 07 90 46 – Fermé 30 juil.-19 août, dim. soir, mardi soir et merc.
Rest – Menu (13 €), 17 € (déj. en sem.), 25/42 € – Carte 31/39 € 𝕐
◆ Une belle armoire bressane trône dans la salle à manger de cette auberge régionale. Plats traditionnels et carte des vins sont ancrés dans le Beaujolais. Accueil aimable.

à Pizay 5 km au Nord-Ouest par D 18 et D 69 – ✉ 69220 St-Jean-d'Ardières

Château de Pizay ch, AC ch, ch, 10/200, P VISA AE

– ✆ 04 74 66 51 41 – info@chateau-pizay.com – Fax 04 74 69 65 63 – Fermé 21 déc.-6 janv.
62 ch – 🚹97/167 € 🚹🚹112/261 €, ☕ 13 € – ½ P 135/152 € – **Rest** – Menu 37/59 € – Carte 49/70 € 𝕐
◆ Beau château séculaire érigé au milieu des vignes. Chambres de style dans les anciennes écuries, actuelles et spacieuses dans les pavillons neufs. Jardin à la française. Salle à manger seigneuriale, terrasse dressée dans la cour d'honneur et carte classique.

BELLEY – 01 Ain – 328 H6 – 8 004 h. – alt. 279 m – ✉ 01300

Franche-Comté Jura

45 C1

Paris 507 – Aix-les-Bains 31 – Bourg-en-Bresse 83 – Chambéry 36 – Lyon 96
Office de tourisme, 34 Grande Rue ✆ 04 79 81 29 06, Fax 04 79 81 08 80
Chœur★ de la cathédrale St-Jean - Charpente★ du château des Allymes.

Ibis VISA AE

bd Mail – ✆ 04 79 81 01 20 – Fax 04 79 81 53 83
35 ch – 🚹47/55 € 🚹🚹47/55 €, ☕ 7 € – **Rest** – *(Fermé sam. midi et dim.)* Menu 13,50/17 €
◆ Adresse utile pour l'étape au centre-ville. Chambres rénovées selon les dernières normes de la chaîne. Petit-déjeuner servi sous forme de buffet.

au Sud-Est 3 km sur rte Chambéry – ✉ 01300 Belley

Auberge La Fine Fourchette P VISA AE

N504 Virignin – ✆ 04 79 81 59 33 – Fax 04 79 81 55 43 – Fermé 19 août-1er sept., 24 déc.-2 janv., dim. soir et lundi
Rest – Menu 24/54 € – Carte 10/52 € 𝕐
◆ En surplomb de la route, charmant pavillon tourné vers la campagne et le canal du Rhône. Les larges baies de la salle à manger, redécorée, s'ouvrent sur la terrasse. Cuisine classique.

à Contrevoz 9 km au Nord-Ouest sur D 32 – 430 h. – alt. 320 m – ✉ 01300

Auberge de Contrevoz P VISA

– ✆ 04 79 81 82 54 – auberge.de.contrevoz@wanadoo.fr – Fax 04 79 81 80 17 – Fermé 24 déc.-31 janv., dim. soir et lundi
Rest – Menu 16 € (déj. en sem.), 24/42 € – Carte 30/45 € 𝕐
◆ Avenante maison régionale agrémentée d'un joli jardin fleuri et d'une terrasse. Intérieur rustique. Cuisine au goût du jour et plats du terroir. Accueil charmant.

à Pugieu 9 km au Nord-Ouest sur N 504 – 126 h. – alt. 247 m – ✉ 01510

Le Moulin du Martinet P VISA AE

– ✆ 04 79 87 82 03 – Fax 04 79 87 87 83 – Fermé 10-20 mars, 10-20 oct., 10-20 janv., mardi soir et merc.
Rest – Menu 13 € (déj. en sem.), 17/46 € – Carte 29/50 € 𝕐
◆ Jardin face à la montagne, canards en liberté, bassin à truites, agréable terrasse, repas au coin du feu en hiver et cuisine actuelle : un vieux moulin (1825) bien séduisant.

BELVES – 24 Dordogne – 329 H7 – 1 431 h. – alt. 175 m – ✉ 24170 4 D1

Paris 552 – Bordeaux 197 – Périgueux 66 – Bergerac 56 – Villeneuve-sur-Lot 66

Office de tourisme, 1 rue des Filhols ✆ 05 53 29 10 20

Clément V sans rest

15 r. J. Manchotte – ✆ 05 53 28 68 80 – contact@clement5.com – Fax 05 53 28 14 21

10 ch – 95/200 € 95/200 €, 10 €

◆ Haut perchée et isolée, cette coquette maison de village mérite le détour pour ses chambres personnalisées de caractère, ses caves voûtées du 11e s. et son beau jardin d'hiver.

BÉNÉVENT-L'ABBAYE – 23 Creuse – 325 G4 – 824 h. – alt. 480 m – ✉ 23210

Limousin Berry 25 C1

Paris 369 – Bellac 64 – Châteauroux 104 – Guéret 26 – Limoges 54

Office de tourisme, 2 rue du Marché ✆ 05 55 62 68 35

Puy de Goth ⩽★ 30 mn.

Du Cèdre 20,

r. de l'Oiseau – ✆ 05 55 81 59 99 – Fax 05 55 81 59 98 – Fermé de fin janv. à début mars, sam. midi, dim. soir et vend. sauf de juin à sept.

16 ch – 50 € 50/98 €, 9 € – ½ P 66 € – **Rest** – Menu 20 € bc/40 € – Carte 28/63 €

◆ Un cèdre centenaire veille sur cette noble demeure creusoise du 18e s. où vous attendent de grandes chambres personnalisées au "look" contemporain épuré. Le décor moderne du restaurant évoque un peu l'intérieur d'un paquebot. Plats traditionnels bien faits.

BENFELD – 67 Bas-Rhin – 315 J6 – 4 878 h. – alt. 160 m – ✉ 67230

Alsace Lorraine 1 B2

Paris 502 – Colmar 41 – Obernai 17 – Sélestat 19 – Strasbourg 36

Office de tourisme, 3 rue de l'Église ✆ 03 88 74 04 02, Fax 03 88 58 10 45

Au Petit Rempart

1 r. Petit Rempart – ✆ 03 88 74 42 26 – Fax 03 88 74 18 58 – Fermé 15 juil.-15 août, 15 fév.-15 mars, lundi soir, mardi soir, jeudi soir et merc.

Rest – Menu 9,50 € (déj. en sem.), 24/42 € – Carte 29/49 €

◆ Boiseries, plafonds à caissons et chaises de style Louis XIII concourent au cadre raffiné de la salle à manger principale ; l'autre abrite une winstub. Carte traditionnelle.

BÉNODET – 29 Finistère – 308 G7 – 2 750 h. – Casino – ✉ 29950

Bretagne 9 A2

Paris 563 – Concarneau 19 – Fouesnant 8 – Pont-l'Abbé 13 – Quimper 17 – Quimperlé 47

Office de tourisme, 29 avenue de la Mer ✆ 02 98 57 00 14, Fax 02 98 57 23 00

de l'Odet Clohars Fouesnant, N : 4 km par D 34, ✆ 02 98 54 87 88.

Pont de Cornouaille ⩽★ - L'Odet★★ en bateau : 1h30.

Ker Moor rest, 25/70,

corniche de la Plage – ✆ 02 98 57 04 48 – kermoor.hotel@wanadoo.fr – Fax 02 98 57 17 96 – Fermé 18 déc.-28 fév.

69 ch – 65/100 € 75/130 €, 9 € – 12 suites – ½ P 64/93 € – **Rest** – *(ouvert 1er mars-31 oct.)* Menu 30/75 € – Carte 30/69 €

◆ Imposant édifice 1930 et son annexe (salles de séminaires, bar) au cœur d'un parc arboré. Chambres actuelles d'ampleurs diverses et appartements pour longs séjours. Restaurant agrémenté de toiles du peintre Pierre de Belay ; chaises en skaï des années 1960.

Kastel ⩽ rest,

corniche de la Plage – ✆ 02 98 57 05 01 – hotel.kastel@wanadoo.fr – Fax 02 98 57 29 99 – Fermé 9-25 déc.

22 ch – 65/108 € 73/124 €, 9 € – ½ P 70/95 € – **Rest** – Menu (20 €), 27 € (sem.)/35 € – Carte 35/53 €

◆ Il suffit de traverser la rue pour rejoindre la plage ! Joli hall et chambres spacieuses meublées en rotin, tournées vers le parc (loisirs sportifs) ou l'océan. Le restaurant offre un décor gai et lumineux ; cuisine utilisant herbes aromatiques et épices.

Le Grand Hôtel Abbatiale ch, 15/25,
4 av. Odet – ✆ 02 98 66 21 66 – abbatiale.benodet@wanadoo.fr – Fax 02 98 66 21 50 – Fermé 23-26 déc.
50 ch – †65/82 € ††74/96 €, ☕ 9,50 € – ½ P 67/80 € – **Rest** – *(fermé 22-29 déc. et sam. midi)* Menu 21/42 € – Carte 29/42 €
◆ Atout majeur de cet hôtel : son emplacement face au port de la station balnéaire bretonne. Chambres fonctionnelles ; certaines ménagent une belle échappée sur l'océan. Cuisine traditionnelle et produits de la mer.

Domaine de Kereven sans rest
2 km rte Quimper – ✆ 02 98 57 02 46 – bienvenue@kereven.com – Fax 02 98 66 22 61 – Ouvert 6 avril-30 sept.
12 ch – †48/58 € ††54/72 €, ☕ 8,50 €
◆ Dans un parc agreste, hameau récent et paisible, plagiant le style régional. Chambres douillettes et cottages (gîtes). Crêpes chaudes au petit-déj' ; mobilier breton en salle.

Les Bains de Mer rest,
11 r. Kerguelen – ✆ 02 98 57 03 41 – bainsdemer@portdebenodet.com – Fax 02 98 57 11 07 – Fermé janv.
32 ch – †44/59 € ††52/75 €, ☕ 8 € – ½ P 50/67 € – **Rest** – *(fermé sam. midi, mardi midi et vend. du 1er oct. au 15 avril)* Menu (10,50 €), 12,50 € (déj. en sem.), 18/55 € – Carte 23/41 €
◆ Après un bain de mer, installez-vous dans l'une des chambres sobrement décorées de cet accueillant hôtel situé au centre de la cité d'adoption d'Éric Tabarly. Table traditionnelle aux tons contrastés : murs verts et tentures prune, comme les sièges.

à Clohars-Fouesnant **3 km au Nord-Est par D 34 et rte secondaire – 1 417 h. – alt. 30 m – ✉ 29950**

La Forge d'Antan
– ✆ 02 98 54 84 00 – Fax 02 98 54 89 11 – Fermé mardi midi et merc. midi en juil.-août, dim. soir et mardi de sept. à juin et lundi
Rest – Menu 30 € (sem.)/58 € – Carte 46/65 €
◆ Plaisante auberge de campagne disposant de deux salles à manger : l'une rustique chaleureuse et l'autre plus claire, côté jardin. Choix traditionnel ; poissons et coquillages.

à Ste-Marine **5 km à l'Ouest par pont de Cornouaille – ✉ 29120 Combrit**

Villa Tri Men ch, rest, rest,
16 r. Phare – ✆ 02 98 51 94 94 – contact@trimen.fr – Fax 02 98 51 95 50 – Fermé 13 nov.-14 déc. et 2-31 janv.
20 ch – †102/235 € ††102/235 €, ☕ 12 € –
Rest – *(fermé dim. et lundi sauf du 15 juin au 15 sept.) (dîner seult)* Menu 33 € – Carte 38/68 €
◆ Belle villa 1900 nichée dans un jardin arboré en bordure de mer. Les chambres, élégantes et sobres, sont garnies de meubles modernes. Repas au goût du jour dans une salle contemporaine agréable ou sur la séduisante terrasse dressée face à l'estuaire.

BÉNOUVILLE – 14 Clvados – 303 K4 – rattaché à Caen

BERCK-SUR-MER – 62 Pas-de-Calais – 301 C5 – 14 378 h. – alt. 5 m – Casino – ✉ 62600 Nord Pas-de-Calais Picardie

30 **A2**

- Paris 232 – Abbeville 48 – Arras 93 – Boulogne-sur-Mer 40 – Calais 83 – Montreuil 16
- Office de tourisme, 5 avenue Francis Tattegrain ✆ 03 21 09 50 00, Fax 03 21 09 15 60
- de Nampont Saint-Martin à Nampont-Saint-Martin Maison Forte, par D 940 et N 1 : 15 km, ✆ 03 22 29 92 90.
- Parc d'attractions de Bagatelle★ 5 km par ①.

à Berck-Plage – ✉ 62600

L'Impératrice rest, VISA

43 r. Division Leclerc – ✆ 03 21 09 01 09 – hotel-imperatrice@wanadoo.fr – Fax 03 21 09 72 80 – Fermé nov. et mars

12 ch – †60/65 € ††60/65 €, ☕ 8 € – ½ P 95/100 € – **Rest** – *(fermé dim. soir et lundi)* Menu (12,50 €), 18/36 € – Carte environ 54 € ♀

◆ L'impératrice Eugénie inaugura à Berck le premier hôpital maritime. Agréables petites chambres fonctionnelles. La salle à manger colorée offre un cadre accueillant où l'on savoure indifféremment plateaux de fruits de mer et attrayants plats régionaux.

Neptune ≤ rest, rest, 25/80, P VISA AE

Esplanade Parmentier – ✆ 03 21 09 21 21 – reservations@hotelneptuneberck.com – Fax 03 21 09 29 29 – Fermé 2-29 janv.

63 ch – †41/62 € ††46/67 €, ☕ 8 € – ½ P 47/58 € – **Rest** – Menu 19/25 € – Carte 24/46 € ♀

◆ Cet établissement actuel bordant le front de mer dispose de chambres claires et pratiques, dont la moitié donne sur la plage. En plus d'une carte traditionnelle, le restaurant posté en vigie au 5e étage offre un panorama dégagé sur le large.

La Verrière VISA AE

pl. 18 Juin – ✆ 03 21 84 27 25 – nvincent@g-partouche.fr – Fax 03 21 84 14 65 – Fermé 5-11 mars, 19-25 nov., dim. soir et lundi

Rest – Menu (12,50 € bc), 20 € (déj. en sem.), 27/50 € – Carte environ 58 € ♀

◆ Dans l'ancienne gare routière convertie en casino, grande salle de restaurant moderne, lumineuse et soignée où l'on déguste des petits plats mitonnés au goût du jour.

à Groffliers 4 km au Sud -Est par D 940 – 1 422 h. – alt. 4 m – ✉ 62600

L' Auberge de la Madelon Fleurie ≤ P VISA

2 km au Port de la Madelon au Sud – ✆ 03 21 94 05 05 – auberge.madelon@wanadoo.fr – Fax 03 21 94 40 36 – Fermé 1er janv.-5 fév., jeudi midi et merc.

Rest – Menu 18 € (déj. en sem.), 29/60 € – Carte 37/60 € ♀

◆ L'ex-guinguette des pêcheurs a fait place à une construction moderne et cossue bénéficiant d'une jolie vue sur le port. Terrasse et appétissante cuisine traditionnelle.

BERGERAC – 24 Dordogne – 329 D6 – 26 053 h. – alt. 37 m – ✉ 24100

Périgord 4 **C1**

Paris 534 – Agen 91 – Angoulême 110 – Bordeaux 94 – Périgueux 48

Bergerac-Roumanières : ✆ 05 53 22 25 25, par ③ : 5 km.

Office de tourisme, 97 rue Neuve d'Argenson ✆ 05 53 57 03 11, Fax 05 53 61 11 04

Château les Merles à Mouleydier D 660, par rte de Sarlat : 15 km, ✆ 05 53 63 13 42.

Le Vieux Bergerac★★ : musée du Tabac★★ (maison Peyrarède★) - Musée du Vin, de la Batellerie et de la Tonnellerie★M³.

Plan ci-contre

La Flambée 40/100, P VISA AE

3 km rte Périgueux par ① – ✆ 05 53 57 52 33 – la.flambee2@wanadoo.fr – Fax 05 53 61 07 57

20 ch – †53/62 € ††65/74 €, ☕ 8 € – ½ P 64/68 € – **Rest** – Menu 18 € bc (déj. en sem.), 26/37 € – Carte 23/48 € ♀

◆ Demeure ancienne nichée dans un parc très fleuri en saison. Les chambres, spacieuses et personnalisées, possèdent des terrasses privatives dans la dépendance. Élégant restaurant (pierres, poutres, cheminée monumentale, décor "tendance") et carte régionale.

De France sans rest VISA AE

18 pl. Gambetta – ✆ 05 53 57 11 61 – hoteldefrance15@wanadoo.fr – Fax 05 53 61 25 70 – Fermé fév. AY **b**

20 ch – †59/66 € ††59/66 €, ☕ 10 €

◆ Les chambres de cet hôtel central, simples et pas très grandes, ont bénéficié d'une bonne rénovation. Elles ont une loggia côté place ombragée et sont plus calmes côté piscine.

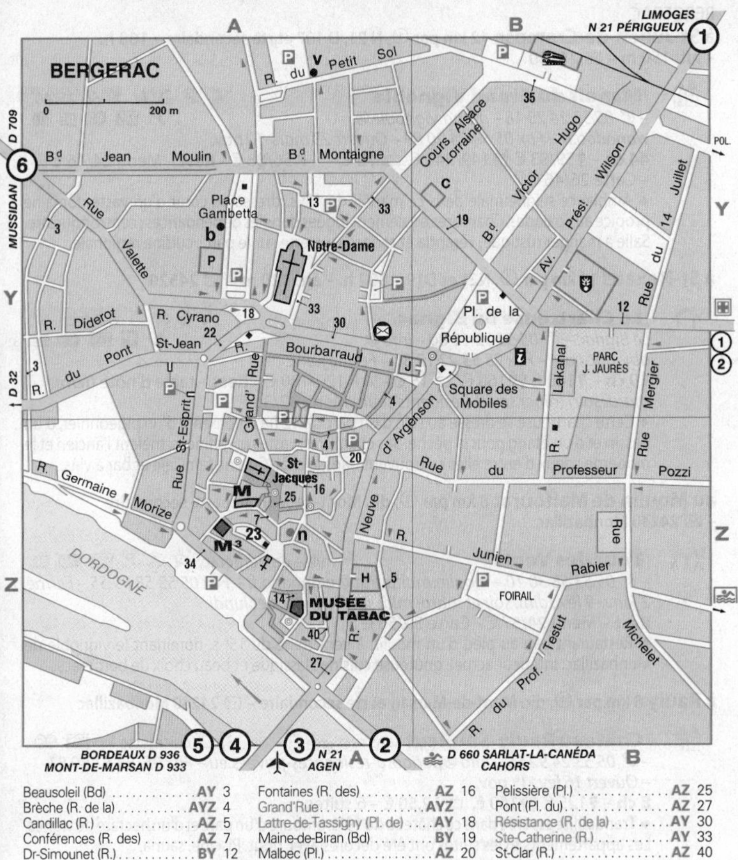

Beausoleil (Bd) . . . . **AY** 3	Fontaines (R. des) . . . . **AZ** 16	Pelissière (Pl.) . . . . **AZ** 25
Brèche (R. de la) . . . . **AYZ** 4	Grand'Rue . . . . **AYZ**	Pont (Pl. du) . . . . **AZ** 27
Candillac (R.) . . . . **AZ** 5	Lattre-de-Tassigny (Pl. de) . . . **AY** 18	Résistance (R. de la) . . . . **AY** 30
Conférences (R. des) . . . . **AZ** 7	Maine-de-Biran (Bd) . . . . **BY** 19	Ste-Catherine (R.) . . . . **AY** 33
Dr-Simounet (R.) . . . . **BY** 12	Malbec (Pl.) . . . . **AZ** 20	St-Clar (R.) . . . . **AZ** 40
Ferry (Pl. J.) . . . . **AY** 13	Mounet-Sully (R.) . . . . **AY** 22	Salvette (Quai) . . . . **AZ** 34
Feu (Pl. du) . . . . **AZ** 14	Myrpe (Pl. de la) . . . . **AZ** 23	108e-R.-I. (Av. du) . . . . **BY** 35

Europ Hôtel sans rest — VISA

20 r. Petit Sol – ✆ 05 53 57 06 54 – europ.hotel.bergerac@wanadoo.fr – Fax 05 53 58 67 60 — AY **v**

22 ch – 41 € 45/55 €, 7 €

◆ Le jardin auprès de la piscine est l'atout maître de cet hôtel situé dans le quartier de la gare. Les chambres, rénovées dans un esprit contemporain, sont bien tenues. Accueil familial.

L'Imparfait — VISA

8 r. Fontaines – ✆ 05 53 57 47 92 – mfernandezp@wanadoo.fr – Fax 05 53 57 89 13 – Fermé 20 déc.-6 fév., dim. sauf le midi de juil. à sept. et lundi — AZ **n**

Rest – Menu 26 € (déj. en sem.), 30/50 € – Carte 52/76 €

◆ Cette maison médiévale du centre historique vous accueille dans sa grande salle à manger où pierres et poutres apparentes se donnent la réplique. Cuisine traditionnelle.

à St-Julien-de-Crempse 12 km par ①, N 21, D 107 et rte secondaire – 168 h. – alt. 150 m – ✉ 24140

Manoir du Grand Vignoble 15/40,
– ✆ 05 53 24 23 18 – grand.vignoble@wanadoo.fr – Fax 05 53 24 20 89 – Ouvert 23 mars-10 nov.
44 ch – 59/83 € 149/240 €, 10 € – ½ P 56/88 € – **Rest** – Menu 24/46 € – Carte 26/46 €
◆ Ambiance seigneuriale dans ce manoir du 17e s. dressé au cœur d'un vaste domaine propice aux balades. Chambres également logées dans les dépendances ; centre équestre. Salle à manger rustique, véranda et terrasse ouverte sur le parc ; cuisine régionale.

à St-Nexans 10 km par ③, N21 et D19 – 802 h. – alt. 120 m – ✉ 24520

La Chartreuse du Bignac ch,
Le Bignac – ✆ 05 53 22 12 80 – info@abignac.com – Fax 05 53 22 12 81 – Fermé janv.
10 ch – 140 € 160 €, 15 € – ½ P 120/130 € – **Rest** – table d'hôte *(fermé mardi soir) (dîner seult) (résidents seult)* Menu 32/35 €
◆ Cette chartreuse se dresse au sein d'un parc de 12 ha agrémenté d'un pigeonnier, d'un bassin et d'un étang pour la pêche. Ses chambres, vastes et raffinées, mêlent l'ancien et le moderne ; deux d'entre elles se trouvent dans le chai. Cuisine familiale et bar à vins.

au Moulin de Malfourat 8 km par ④, dir. Mont-de-Marsan et rte secondaire – ✉ 24240 Monbazillac

Tour des Vents vallée de Bergerac,
– ✆ 05 53 58 30 10 – moulin.malfourat@wanadoo.fr – Fax 05 53 58 89 55 – Fermé 2 janv.-9 fév., dim. soir et mardi midi sauf juil.-août et lundi
Rest – Menu 24/57 € – Carte 39/58 €
◆ Restaurant bâti au pied d'un moulin à vent ruiné du 15e s. dominant le vignoble de Monbazillac. Intérieur actuel, goûteuse cuisine classique et beau choix de bergeracs.

à Rauly 8 km par ④, dir. Mont-de-Marsan et rte secondaire – ✉ 24240 Monbazillac

Château Rauly-Saulieut sans rest cuisinette
– ✆ 05 53 24 92 55 – info@perigord-residences-privees.eu – Fax 05 53 57 80 87 – Ouvert 16 fév.-1er nov.
8 ch – 125 € 160 €, 12,50 € – 6 suites
◆ Tranquillité assurée dans ce château du 19e s. entouré d'un parc et d'un hectare de vignes. Les appartements et les suites ont été décorés avec goût. Piscine, sauna.

BERGÈRES-LÈS-VERTUS – 51 Marne – 306 F9 – rattaché à Vertus

BERGHEIM – 68 Haut-Rhin – 315 I7 – 1 830 h. – alt. 235 m – ✉ 68750

Alsace Lorraine 2 **C2**

Paris 449 – Colmar 18 – Ribeauvillé 4 – Sélestat 11

La Bacchante avec ch
– ✆ 03 89 73 31 15 – labacchante@wanadoo.fr – Fax 03 89 73 60 65 – Fermé 5-30 mars, 28 juin-5 juil., 12-23 nov. et 10-17 janv.
12 ch – 58 € 75/110 €, 15 € – ½ P 70 € – **Rest** – *(fermé merc. midi, vend. midi et jeudi)* Menu 22 € (déj. en sem.)/48 € – Carte 29/41 €
◆ Cette ancienne ferme viticole arbore un décor rustique plein de caractère. Jolie terrasse dans une cour intérieure pavée et cuisine du terroir assortie de suggestions du jour.

Wistub du Sommelier
– ✆ 03 89 73 69 99 – info@wistub-du-sommelier.com – Fax 03 89 73 36 58 – Fermé 17-30 juil., 1er-15 fév., mardi soir et merc.
Rest – Menu 20 € (sem.)/29 € – Carte 26/47 €
◆ Parquet et comptoir du 19e s., boiseries, poêle en faïence : un sympathique décor de wistub modernisé se cache derrière cette jolie façade alsacienne. Goûteux plats du terroir.

BERGUES – 59 Nord – 302 C2 – 4 209 h. – alt. 4 m – ✉ 59380
Nord Pas-de-Calais Picardie 30 **B1**

Paris 279 – Calais 52 – Dunkerque 9 – Hazebrouck 34 – Lille 65 – St-Omer 31

Office de tourisme, place de la République ☎ 03 28 68 71 06, Fax 03 28 68 71 06

Couronne d'Hondschoote★.

Au Tonnelier

4 r. Mont de Piété (près église) – ☎ 03 28 68 70 05 – contact@autonnelier.com – Fax 03 28 68 21 87

25 ch – 39/44 € 47/71 €, 9 € – ½ P 45/49 € – **Rest** – *(Fermé 27 août-2 sept., 24 déc.-2 janv., lundi midi, vend. midi et dim. soir)* Menu 17 € (sem.)/30 € – Carte 28/39 €

◆ Cette petite adresse familiale, qui occupe une maison en briques abondamment fleurie de la cité en partie fortifiée par Vauban, abrite des chambres fonctionnelles. Accueillante salle à manger (boiseries, mobilier de style bistrot) et cuisine traditionnelle.

Cornet d'Or

4/14, VISA

26 r. Espagnole – ☎ 03 28 68 66 27 – Fax 03 28 68 66 27 – Fermé dim. soir et lundi

Rest – Menu 25/53 € – Carte 51/68 €

◆ Ce restaurant a fière allure avec sa jolie façade flamande et son intérieur résolument bourgeois. La généreuse carte, traditionnelle, sait valoriser des produits simples et bons.

BERMICOURT – 62 Pas-de-Calais – 301 G5 – 128 h. – alt. 118 m – ✉ 62130
30 **B2**

Paris 234 – Lille 100 – Arras 50 – Lens 61 – Liévin 58

La Cour de Rémi

ch, 10/15, VISA

1 r. Baillet – ☎ 03 21 03 33 33 – balthazar@lacourderemi.com

7 ch – 80 € 80/130 €, 10 € – **Rest** – *(fermé sam. midi, dim. soir et lundi)* Menu 17 € (déj. en sem.)/28 € – Carte environ 33 €

◆ Hôtel de charme mettant à profit les dépendances d'un château de campagne. Accueil soigné et chambres "cosy" personnalisées. Repas au goût du jour dans une salle de style contemporain lumineux et dépouillé, ou en plein air. Propositions notées à l'ardoise.

BERNAY – 27 Eure – 304 D7 – 11 024 h. – alt. 105 m – ✉ 27300
Normandie Vallée de la Seine 33 **C2**

Paris 155 – Argentan 69 – Évreux 49 – Le Havre 72 – Louviers 52 – Rouen 60

Syndicat d'initiative, 29 rue Thiers ☎ 02 32 43 32 08, Fax 02 32 45 82 68

Boulevard des Monts★.

Acropole Hôtel sans rest

45, VISA

3 km au Sud-Ouest sur rte de Broglie (N 138) – ☎ 02 32 46 06 06 – acropolehotel@wanadoo.fr – Fax 02 32 44 01 04

51 ch – 52/66 € 52/66 €, 10 €

◆ Excentré dans une zone commerciale, établissement proposant un hébergement avant tout pratique. Insonorisation et équipements propices à l'étape de repos ou d'affaires.

Hostellerie du Moulin Fouret avec ch

VISA

3,5 km au Sud par rte St-Quentin-des-Isles – ☎ 02 32 43 19 95 – lemoulinfouret@wanadoo.fr – Fax 02 32 45 55 50 – Fermé dim. soir et lundi d'oct. à mai

8 ch – 55 € 55 €, 10 € – **Rest** – Menu 28 € (déj. en sem.), 39/55 € – Carte 57/87 €

◆ Élégante salle à manger ouverte sur le bar où se trouvent les rouages de ce moulin reconverti. La paisible terrasse est prolongée par un parc fleuri bordant la rivière. Carte actuelle.

BERNEUIL-SUR-AISNE – 60 Oise – 305 J4 – 922 h. – alt. 45 m – ✉ 60350 37 C2

Paris 107 – Amiens 97 – Compiègne 17 – Creil 55

Le Manoir de Rochefort sans rest

– ☎ 03 44 85 81 78 – Fax 03 44 85 81 78 – Fermé janv. et fév.

4 ch – 70 € 80 €

◆ L'ancienne chapelle (17e s.) de ce manoir abrite des chambres sobres et élégantes, toutes prolongées d'un salon de jardin installé sur la terrasse. Petits "plus" : la forêt voisine et le calme.

BERNEX – 74 Haute-Savoie – 328 N2 – 854 h. – alt. 955 m – Sports d'hiver : 1 000/2 000 m 13 – ✉ 74500 Alpes du Nord 46 **F1**

Paris 590 – Annecy 97 – Évian-les-Bains 10 – Morzine 32 – Thonon-les-Bains 20

Office de tourisme, le Clos du Moulin ✆ 04 50 73 60 72, Fax 04 50 73 16 17

Chez Tante Marie ch, P VISA

– ✆ 04 50 73 60 35 – chez-tante-marie@wanadoo.fr – Fax 04 50 73 61 73 – Fermé 23 mars-5 avril et 15 oct.-20 déc.

27 ch – 63/73 € 76/82 €, 10 €, 3 duplex – ½ P 68/82 € – **Rest** – *(fermé dim. soir hors saison)* Menu 21 € (sem.)/54 € – Carte 22/43 €

◆ Accueil familial dans cet hôtel blotti au cœur des Alpes. Décor un brin "rétro", mobilier rustique de grand-mère, chambres avec vue sur les montagnes et beau jardin-prairie. Restaurant très champêtre et terrasse panoramique (plats traditionnels et du terroir).

à La Beunaz 1,5 km au Nord-Ouest par D 52 – ✉74500 Bernex – alt. 1 000 m

Bois Joli rest, P VISA

– ✆ 04 50 73 60 11 – hboisjoli@wanadoo.fr – Fax 04 50 73 65 28 – Ouvert 28 avril-mi-oct. et 21 déc.-17 mars

29 ch – 55/70 € 68/85 €, 9,50 € – ½ P 58/68 € – **Rest** – *(fermé dim. soir et merc.)* Menu 20 € (sem.)/46 € – Carte 28/45 €

◆ Pimpant chalet noyé dans la verdure. Chambres au calme et décorées à la mode savoyarde, avec balcon tourné vers la Dent d'Oche ou le mont Billiat. Salle de jeux pour les enfants. La salle à manger lambrissée et la terrasse d'été offrent de beaux panoramas.

BERNIÈRES-SUR-MER – 14 Calvados – 303 J4 – 1 882 h. – ✉ 14990 Normandie Cotentin 32 **B2**

Paris 252 – Caen 20 – Hérouville-Saint-Clair 21 – Le Havre 107

Syndicat d'initiative, 159 rue Victor Tesnières ✆ 02 31 96 44 02, Fax 02 31 96 98 96

L'As de Trèfle P VISA

420 r. L. Hettier – ✆ 02 31 97 22 60 – asdetrefle3@wanadoo.fr – Fax 02 31 97 22 60 – Fermé 8 janv.-12 fév., lundi sauf juil.-août et mardi

Rest – Menu 20 € (sem.)/37 € – Carte 31/57 €

◆ En retrait du rivage, dans un quartier résidentiel calme, coquet restaurant aux tables espacées et soigneusement dressées où l'on déguste une savoureuse cuisine traditionnelle.

BERNOS-BEAULAC – 33 Gironde – 335 J8 – rattaché à Bazas

BERRWILLER – 68 Haut-Rhin – 315 H9 – 1 058 h. – alt. 260 m – ✉ 68500 1 **A3**

Paris 467 – Belfort 45 – Colmar 31 – Épinal 99 – Guebwiller 9 – Mulhouse 20

L'Arbre Vert AC VISA

96 r. Principale – ✆ 03 89 76 73 19 – rest.koenig.arbrevert@wanadoo.fr – Fax 03 89 76 73 68 – Fermé 9-30 juil., dim. soir et lundi

Rest – Menu 12 € (déj. en sem.), 21/48 € – Carte 27/53 €

◆ Cette charmante auberge fleurie vous offre le choix : goûteuse cuisine du terroir dans une élégante salle actuelle ou menu du jour dans un cadre d'esprit bistrot marin.

BERRY-AU-BAC – 02 Aisne – 306 F6 – 528 h. – alt. 62 m – ✉ 02190 37 **D2**

Paris 161 – Laon 30 – Reims 21 – Rethel 46 – Soissons 48 – Vouziers 66

La Cote 108 20, P VISA

– ✆ 03 23 79 95 04 – Fax 03 23 79 83 50 – Fermé 23 juil.-5 août, 26 déc.-15 janv., dim. soir, lundi et mardi

Rest – *(prévenir le week-end)* Menu 23 € (sem.)/71 € – Carte 48/65 €

◆ Pause gourmande face à la cote 108 : cette maison en bord de route vous invite à goûter une cuisine d'aujourd'hui dans un cadre contemporain raffiné. Jardin fleuri.

BERZE LA VILLE – 71 Saône-et-Loire – 320 I11 – 530 h. – alt. 350 m – ✉ 71960
Bourgogne 8 **C3**

▶ Paris 408 – Mâcon 13 – Charolles 47 – Cluny 13 – Roanne 85

à la Croix-Blanche 2 km à l'Ouest – ✉ 71960

XX **Le Relais du Mâconnais** avec ch

D 17 – ✆ 03 85 36 60 72 – resa@lannuel.com – Fax 03 85 36 65 47 – Fermé 6 janv.-6 fév., dim. soir et lundi

10 ch – †64/70 € ††64/90 €, ☕ 10 € – ½ P 69/109 € – **Rest** – Menu 24 € (déj. en sem.), 27/80 € – Carte 29/63 € ♀

◆ Belle maison régionale au centre du bourg. La cuisine, au goût du jour, a pour décor une salle contemporaine mariant les tons chaud-froid (brun, vert d'eau). Chambres pratiques.

BESANÇON Ⓟ – 25 Doubs – 321 G3 – 117 733 h. – Agglo. 134 376 h. – alt. 250 m – Casino BY – ✉ 25000 Franche-Comté Jura 16 **B2**

▶ Paris 405 – Basel 167 – Bern 180 – Dijon 91 – Lyon 225 – Nancy 204

ℹ Office de tourisme, 2 place de la 1ère Armée Française ✆ 03 81 80 92 55

⛳ de Besançon à Mamirolle La Chevillotte, E : 13 km par N57, D 464 et D 104, ✆ 03 81 55 73 54.

👁 Site★★★ - Citadelle★★ : musée d'Histoire naturelle★ **M³**, musée comtois★ **M²**, musée de la Résistance et de la Déportation★ **M⁴** - Vieille ville★★ ABYZ : Palais Granvelle★, cathédrale★ (Vierges aux Saints★), horloge astronomique★, façades des maisons du 17ᵉ s.★ - Préfecture★ AZ **P** - Bibliothèque municipale★ BZ **B** - Grille★ de l'Hôpital St-Jacques AZ - Musée des Beaux-Arts et d'Archéologie★★.

BESANÇON

Allende (Bd S.) .... **AX** 2
Belfort (R. de) .... **BX**
Brulard (R. Gén.) .... **AX** 5
Carnot (Av.) .... **BX** 7
Chaillot (R. de) .... **BX** 12
Clemenceau (Av. Georges) . **AX** 15
Clerc (R. F.) .... **BX** 16
Fontaine-Argent (Av.) .... **BX** 19
Jouchoux (R. A.) .... **AX** 25
Lagrange (Av. Léo) .... **AX** 27
Montrapon (Av. de) .... **AX** 34
Observatoire (Av. de l') .... **AX** 35
Ouest (Bd) .... **AX** 37
Paix (Av. de la) .... **BX** 38
Vaite (R. de la) .... **BX** 55
Voirin (R.) .... **BX** 57

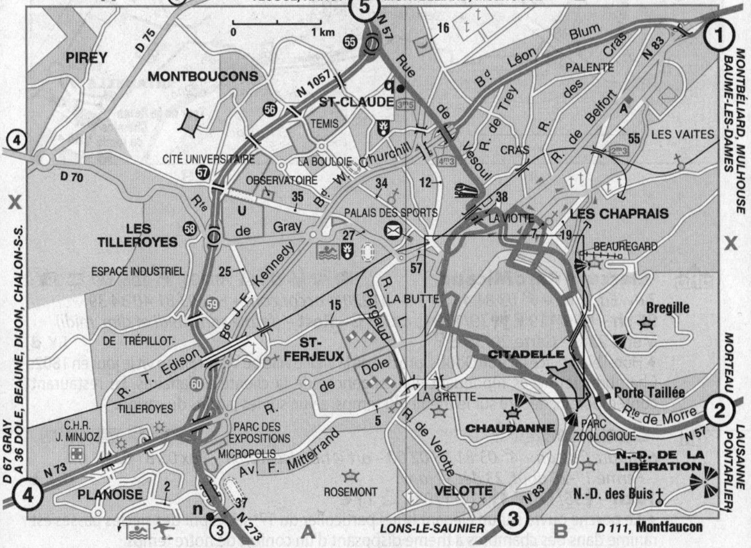

BESANÇON

Battant (Pont) . . . . AY 3
Battant (R.) . . . . AY
Bersot (R.) . . . . BY
Carnot (Av.) . . . . BYX 7
Castan (Sq.) . . . . BZ 8
Chapitre (R. du) . . . . BZ 14
Convention (R. de la) . . . . BZ 4
Denfert-Rochereau (Av.) . . . . BY 17
Denfert-Rochereau (Pont) . . . . BY 18
Fusillés-de-la-Résistance (R. des) . . . . BZ 20
Gambetta (R.) . . . . ABY 21
Gare-d'eau (Av. de la) . . . . . . AZ 22
Gaulle (Bd Ch.de) . . . . AZ 23
Girod-de-Chantrans (R.) . . . AYZ 24
Grande-Rue . . . . ABYZ
Granges (R. des) . . . . ABY
Krug (R. Ch.) . . . . BY 26
Lycée (R. du) . . . . AY 28
Madeleine (R. de la) . . . . AY 29
Martelots (Pl. des) . . . . BZ 30
Mégevand (R.) . . . . ABZ 32
Moncey (R.) . . . . BY 33
Orme-de-Chamars (R. de l') . AZ 36
Pouillet (R. C.) . . . . AY 39
République (R. de la) . . . . . ABY 40
Révolution (Pl. de la) . . . . AY 41
Rivotte (Faubourg) . . . . BZ 42
Ronchaux (R.) . . . . BZ 43
Rousseau (R. J. J.) . . . . AY 45
Saint-Amour (Sq.) . . . . BY 48
Sarrail (R. Gén.) . . . . ABY 52
Vauban (Q.) . . . . AY 56
1ère-Armée-Française (Pl. de la) . . . . BY 58

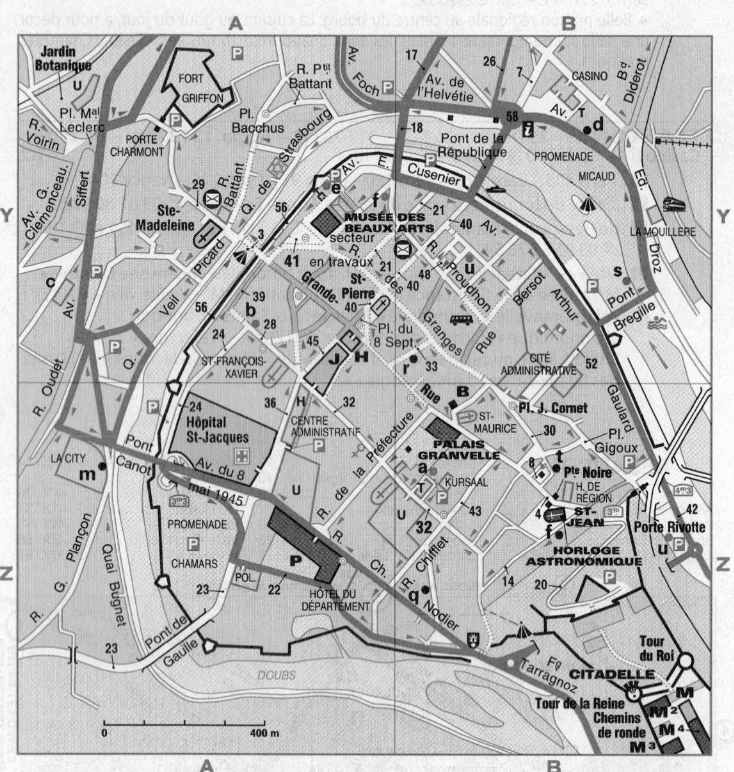

Mercure Parc Micaud ch, 20/100, VISA

3 av. Ed. Droz – ✆ 03 81 40 34 34 – h1220@accor.com – Fax 03 81 40 34 39

95 ch – †69/119 € ††79/129 €, ☕ 13 € – **Rest** – *(fermé sam. midi et dim. midi)*
Menu 25 € – Carte 20/38 € BY **d**

◆ Hôtel bien placé face au Doubs, proche de la vieille ville où Victor Hugo vit le jour en 1802. Chambres rénovées répondant aux exigences de la clientèle d'affaires. Le restaurant contemporain, décoré sur le thème du temps, a vue sur les jardins du casino.

Castan sans rest VISA

6 square Castan – ✆ 03 81 65 02 00 – art@hotelcastan.fr – Fax 03 81 83 01 02 – Fermé 1er-20 août, 23 déc.-4 janv. BZ **t**

10 ch – †95/170 € ††110/170 €, ☕ 11 €

◆ Le porche ouvre sur un élégant hôtel particulier du 17e s. L'esprit des siècles passés est ranimé dans des chambres à thème disposant d'un confort de notre temps.

Charles Quint sans rest

3 r. Châpitre – ☎ 03 81 82 05 49 – hotel-charlesquint@wanadoo.fr – Fax 03 81 82 61 45 – Fermé 25 fév.-5 mars BZ **f**

9 ch – †85 € ††103/135 €, ☕ 11 €

◆ Une rénovation réussie a redonné tout son lustre à cette demeure nobiliaire du 18e s. Les chambres ornées de boiseries et de moulures donnent sur la cathédrale ou le jardin.

Du Nord sans rest

8 r. Moncey – ☎ 03 81 81 34 56 – hoteldunord3@wanadoo.fr – Fax 03 81 81 85 96 BY **r**

44 ch – †36/42 € ††49/56 €, ☕ 5,50 €

◆ Laissez votre voiture au garage et découvrez la vieille ville à pied à partir de cet immeuble du 19e s. très central. Chambres pratiques et insonorisées. Accueil attentionné.

Ibis La City

ch,

av. Louise Michel – ☎ 03 81 85 11 70 – h3297@accor.com – Fax 03 81 85 11 77 AZ **m**

119 ch – †52/69 € ††52/69 €, ☕ 7,50 € – **Rest** – Menu 16 € (sem.)/21 € ♀

◆ Immeuble flambant neuf au cœur de la "City" bisontine. On apprécie les spacieuses chambres contemporaines agencées selon le dernier concept Ibis. Cuisine de brasserie (fruits de mer et choucroute) servie sous une verrière d'esprit 1900 ou en terrasse.

Siatel

ch, rest, 25,

3 chemin des Founottes, 3 km par N 57 – ☎ 03 81 80 41 41 – Fax 03 81 80 41 41 AX **q**

37 ch – †52 € ††54/68 €, ☕ 6,50 € – ½ P 42 € – **Rest** – *(fermé dim.)* Menu 12 € (sem.)/18 € (week-end) – Carte 24/30 €

◆ Hôtel d'étape proche d'un axe routier animé, mais bien protégé contre le bruit. Toutes semblables, les chambres offrent un confort pratique. Salle à manger fonctionnelle rehaussée d'objets orientaux. Repas simples : buffets, plats traditionnels et grillades.

Granvelle sans rest

13 r. Gén. Lecourbe – ☎ 03 81 81 33 92 – info@hotel-granvelle.fr – Fax 03 81 81 31 77 – Fermé 28 déc.-2 janv. BZ **q**

28 ch – †48 € ††52/64 €, ☕ 7,50 €

◆ Cet immeuble bâti en 1875 à proximité de la citadelle a profité d'une solide cure de jouvence. Chambres confortables où l'on a parfois conservé le mobilier d'origine.

Relais des Vallières

ch, ch, 15,

3 r. P. Rubens, 4 km par bd de l'Ouest – ☎ 03 81 52 02 02 – relaisvallieres@wanadoo.fr – Fax 03 81 51 18 26 AX **n**

49 ch – †42 € ††47 €, ☕ 7,50 € – **Rest** – *(fermé 22 déc.-1er janv., sam. et dim. de nov. à fév.)* Menu 18 € (sem.)/30 €

◆ Cette adresse, voisine de Micropolis (parc des expositions), dispose de chambres fonctionnelles et fraîches, plus calmes sur l'arrière et parfois agrandies d'une mezzanine. Charpente apparente, mobilier de style bistrot et formules buffets au restaurant.

Le Manège

2 Fg Rivotte – ☎ 03 81 48 01 48 – restaurant-le-manege@wanadoo.fr – Fax 03 81 82 74 50 – Fermé 31 juil.-13 août, sam. midi, dim. soir et lundi BZ **u**

Rest – Menu (19 €), 25 € (déj. en sem.), 29/69 € – Carte 51/74 € ♀

◆ Décor contemporain, photos et gravures équestres, plats traditionnels bien tournés : une seconde vie pour l'ancien bureau des écuries militaires posté au pied de la citadelle.

Le Poker d'As

14 square St-Amour – ☎ 03 81 81 42 49 – Fax 03 81 81 05 59 – Fermé 14 juil.-10 août, 25 déc.-1er janv., dim. soir et lundi BY **u**

Rest – Menu 17/44 € – Carte 36/68 € ♀

◆ Un amusant bric-à-brac de cuivres et bois sculptés, œuvres familiales, couvre les murs de l'agreste salle à manger. Cuisine traditionnelle et spécialités régionales.

XX **Le Chaland**

promenade Micaud, près Pont Brégille – ✆ 03 81 80 61 61 – chaland@chaland.com – Fax 03 81 88 67 42 – Fermé dim. soir BY **s**

Rest – Menu 19 € (déj. en sem.), 30/60 € – Carte 38/54 € ♀

◆ Péniche construite en 1904 puis transformée en bateau-restaurant dans les années 1960. Le cabotage des barques sur le Doubs anime les repas. Cuisine classique et régionale.

XX **Christophe Menozzi**

11 r. Jean Petit – ✆ 03 81 81 28 01 – Fax 03 81 83 36 97 – Fermé 25 juil.-16 août, dim. et lundi AY **e**

Rest – Menu (16 €), 20/56 € bc – Carte 36/46 € ♀

◆ Désormais aux commandes de ce restaurant installé dans les murs d'une vieille maison de pays, Christophe Menozzi propose des plats du terroir escortés d'une belle carte des vins.

X **La Table des Halles**

22 r.Gustave Courbet – ✆ 03 81 50 62 74 – la.table.des.halles@wanadoo.fr – Fax 03 81 50 66 42 – Fermé 25 fév.-12 mars, 4-20 août, dim. et lundi AY **f**

Rest – Menu 16 € (déj.)/20 € – Carte 28/35 € ♀

◆ Cet ex-couvent accueille un séduisant restaurant au cadre moderne où l'on propose une cuisine actuelle mariant avec bonheur influences locales et bourguignonnes.

X **L'Ô à la Bouche**

9 r. Lycée – ✆ 03 81 82 09 08 – Fax 03 81 82 16 38 – Fermé sam. midi, lundi soir, dim. et fériés AY **b**

Rest – Menu 19 € (déj. en sem.), 25/42 € – Carte 27/39 € ♀

◆ Sympathique salle à manger agrémentée de poutres ou cave voûtée : dans les deux cas, la lecture des menus vous mettra l'eau à la bouche ! À midi, choix plus limité.

à Chalezeule 5,5 km par ① et D 217 – 952 h. – alt. 252 m – ✉ 25220

Des Trois Iles ch, rest, 15,

1, r. Vergers – ✆ 03 81 61 00 66 – hotel.3iles@wanadoo.fr – Fax 03 81 61 73 09 – Fermé 26 déc.-3 janv.

17 ch – 52/80 € 52/80 €, 12 € – ½ P 54/75 € – **Rest** – *(dîner seult)* Menu 20/30 € ♀

◆ Adresse familiale estimée pour son environnement calme et verdoyant. Chambres sobrement décorées, au mobilier d'inspiration rustique. Menu unique journalier servi dans une salle à manger-véranda avec cheminée, poutres en pin naturel et lustres en fer forgé.

à Roche-lez-Beaupré 8 km par ① – 2 062 h. – alt. 242 m – ✉ 25220

X **Auberge des Rosiers**

6, r. des Rosiers – ✆ 03 81 57 05 85 – Fax 03 81 60 51 54 – Fermé 3-17 oct., lundi soir, dim. soir et mardi

Rest – Menu (9,50 €), 12 € (sem.), 25/38 € – Carte 25/46 € ♀

◆ Aux portes de la localité, établissement dont la cuisine, traditionnelle, se déguste dans une salle fraîche et claire, ou sur la terrasse ombragée.

à Montfaucon 9 km par ②, D 464 et D 146 – 1 372 h. – alt. 491 m – ✉ 25660

XX **La Cheminée**

rte Belvédère – ✆ 03 81 81 17 48 – restaurantlacheminee@wanadoo.fr – Fax 03 81 82 86 45 – Fermé 18 fév.-12 mars, dim. soir et merc.

Rest – Menu 22/46 € – Carte 35/65 € ♀

◆ Dans un pittoresque village surplombant l'agglomération bisontine. Deux salles à manger, dont une offrant une échappée sur les reliefs alentour. Spécialités régionales.

à Champvans-les-Moulins 8 km par ④ sur D 70 – 232 h. – alt. 252 m – ✉ 25170

X **La Source**

4 r. Sources – ✆ 03 81 59 90 57 – lasource.ch@wanadoo.fr – Fax 03 81 59 09 39 – Fermé 27 août-10 sept., 26 déc.-15 janv., merc. soir sauf de juin à août, dim. soir et lundi

Rest – Menu (16 €), 22/32 € – Carte 32/48 € ♀

◆ Architecture récente entourée par un jardin doté d'un étang. Charpente apparente, mezzanine et éclairage design en salle. Plats traditionnels et du terroir ; terrasse d'été.

à Geneuille 13 km par ⑤, N 57 et D 1 – **890 h.** – **alt. 220 m** – ✉ **25870**

Château de la Dame Blanche

1 chemin de la Goulotte – ✆ 03 81 57 64 64 — 15/60, P, VISA

– contact@chateau-de-la-dame-blanche.fr – Fax 03 81 57 65 70 – Fermé dim. soir et lundi

21 ch – †75 € ††139 €, ☕ 10 € – 5 suites – ½ P 125 € – **Rest** – Menu 25 € (déj. en sem.), 35/84 € – Carte 72/85 €

◆ Grande demeure bourgeoise au cœur d'un parc à l'anglaise. Élégantes chambres personnalisées, exclusivement non-fumeurs, et trois suites. Cuisine traditionnelle à déguster sous les plafonds moulurés et les lustres en cristal des plaisantes salles à manger.

BESSANS – **73 Savoie** – **333** O6 – **311 h.** – **alt. 1 730 m** – **Sports d'hiver : 1 750/ 2 050 m** 4 – ✉ **73480** **Alpes du Nord** — 45 **D2**

Paris 698 – Albertville 125 – Chambéry 138 – Lanslebourg-Mont-Cenis 13 – Val-d'Isère 41

Office de tourisme, rue Maison Morte ✆ 04 79 05 96 52, Fax 04 79 05 83 11

Peintures★ de la chapelle St-Antoine.

Vallée d'Avérole★★.

Le Mont-Iseran — rest, VISA

pl. Mairie – ✆ 04 79 05 95 97 – Fax 04 79 05 84 67 – Ouvert 20 juin-30 sept. et 20 déc.-10 avril

19 ch – †37/62 € ††62/64 €, ☕ 7 € – ½ P 51/57 € – **Rest** – Menu (12 €), 19 € (sem.)/43 € – Carte 14/34 €

◆ Au centre du village et près des pistes, chalet aux chambres régulièrement rénovées, souvent équipées de balcons. Bar-salon de thé. Salle à manger agrémentée de boiseries peintes et d'une statuette du légendaire diable de Bessans ; cuisine classique.

LE BESSAT – **42 Loire** – **327** G7 – **414 h.** – **alt. 1 170 m** – **Sports d'hiver : 1 170/ 1 427 m** – ✉ **42660** — 44 **B2**

Paris 530 – Annonay 29 – St-Chamond 19 – St-Étienne 19 – Yssingeaux 65

Syndicat d'initiative, Maison Communale ✆ 04 77 20 43 76

La Fondue "Chez l'Père Charles" avec ch — VISA

Gde rue – ✆ 04 77 20 40 09 – Fax 04 77 20 45 20 – Ouvert 16 mars-14 nov. et fermé dim. soir et lundi midi sauf vacances scolaires

8 ch – †45 € ††48 €, ☕ 6,50 € – **Rest** – Menu (11 €), 15 € (sem.)/48 € – Carte 33/47 €

◆ Les salles à manger à l'esprit champêtre sont logées dans une auberge située au centre du village. Goûteuse cuisine traditionnelle aux accents régionaux. Chambres simples.

BESSE-ET-ST-ANASTAISE – **63 Puy-de-Dôme** – **326** E9 – **1 672 h.** – **alt. 1 050 m** – **Sports d'hiver : à Super Besse** – ✉ **63610** **Auvergne** — 5 **B2**

Paris 462 – Clermont-Ferrand 46 – Condat 28 – Issoire 30 – Le Mont-Dore 25

Office de tourisme, place du Dr Pipet ✆ 04 73 79 52 84, Fax 04 73 79 52 08

Église St-André★ - Rue de la Boucherie★ - Porte de ville★ - Lac Pavin★★ ★ et Puy de Montchal★★ ★★ SO : 4 km par D 978.

Les Mouflons — 20, P, VISA

av. du Sancy – ✆ 04 73 79 56 93 – info@hotel-mouflons-besse.com – Fax 04 73 79 51 18 – Fermé 7 nov.-15 déc.

50 ch – †60/70 € ††60/70 €, ☕ 14 € – ½ P 50/60 € – **Rest** – Menu 17/26 € – Carte 25/36 €

◆ Imposant bâtiment des années 1970 aux allures de chalet. Préférez l'une des chambres rénovées ; les autres, plus simples, sont également un peu désuètes. Spacieux restaurant compartimenté par des éléments en pierre de lave ; cuisine dans l'air du temps.

La Gazelle

rte Compains – ✆ 04 73 79 50 26 – reservation@lagazelle.fr – Fax 04 73 79 89 03 – Fermé 16 oct.-19 déc.

35 ch – †55/69 € ††55/69 €, ☕ 8 € – ½ P 52/62 € – **Rest** – *(dîner seult)* Menu 19 €

◆ Fort de sa position dominante, cet hôtel offre une belle vue sur Besse la médiévale. Chambres refaites dans le style montagnard. Petits-déjeuners servis dans la véranda. Panorama sur la vallée depuis la salle à manger au sobre décor ; cuisine du terroir.

Hostellerie du Beffroy avec ch — rest, VISA AE

26 r. Abbé Blot – ✆ 04 73 79 50 08 – Fax 04 73 79 57 87 – Fermé 12 nov.-15 déc., lundi et mardi sauf le soir en juil.-août et fév., merc. midi en juil.-août et fév.

13 ch – †50/55 € ††55/61 €, ☕ 11 € – ½ P 65/75 € – **Rest** – *(prévenir le week-end)* Menu 24 € (déj. en sem.), 26/60 € – Carte 51/57 € ♀

◆ Autrefois logis des gardes du beffroi, cette maison du 15e s. abrite deux salles à manger rustiques garnies de meubles patinés par les ans. Cuisine au goût du jour.

BESSINES-SUR-GARTEMPE – 87 Haute-Vienne – 325 F4 – 2 743 h. – alt. 335 m – ✉ 87250

24 **B1**

▶ Paris 355 – Argenton-sur-Creuse 58 – Bellac 29 – Guéret 55 – Limoges 38

ℹ Office de tourisme, 6 avenue du 11 novembre ✆ 05 55 76 09 28, Fax 05 55 76 68 45

Bellevue

2 av. de Limoges – ✆ 05 55 76 01 99 – hotel.bellevue@netcourrier.com – Fax 05 55 76 68 81 – Fermé 17-21 sept., 12 janv.-12 fév., sam. midi et vend. d'oct. à mai

12 ch – †45 € ††45 €, ☕ 6,50 € – ½ P 55 € – **Rest** – Menu 12,50 € (déj. en sem.), 19/45 € – Carte 24/32 € ♀

◆ Cette auberge familiale œuvrant dans la traversée du village met à votre disposition des chambres fonctionnelles de mise simple mais bien pratiques pour l'étape. Table traditionnelle dont l'unique prétention consiste à combler votre appétit.

à La Croix-du-Breuil 3 km au Nord sur D 220 – ✉ 87250 Bessines-sur-Gartempe

Manoir Henri IV

– ✆ 05 55 76 00 56 – manoirhenriIV@free.fr – Fax 05 55 76 14 14 – Fermé 24 déc.-8 janv., lundi d'oct. à mai et dim. soir

11 ch – †46/60 € ††46/60 €, ☕ 8 € – **Rest** – Menu 23/56 € – Carte 37/63 € ♀

◆ Henri IV aurait été l'hôte de cette ferme fortifiée du 16e s. aujourd'hui agrandie d'une aile récente. Vous serez logés dans des chambres rustiques. Plats traditionnels à déguster dans les salles à manger du manoir au cachet campagnard jalousement préservé.

BÉTHUNE – 62 Pas-de-Calais – 301 I4 – 27 808 h. – Agglo. 259 198 h. – alt. 34 m – ✉ 62400 ▌Nord Pas-de-Calais Picardie

30 **B2**

▶ Paris 214 – Arras 34 – Calais 83 – Boulogne-sur-Mer 90 – Lille 39

ℹ Office de tourisme, Grand-Place ✆ 03 21 57 25 47, Fax 03 21 57 01 60

⛳18 du Vert-Parc à Illies 3 route d'Ecuelles, par rte de Lille : 18 km, ✆ 03 20 29 37 87.

Plan page ci-contre

L'Éden sans rest — VISA AE

pl. République – ✆ 03 21 68 83 83 – hotel-eden@tiscali.fr – Fax 03 21 68 83 84

32 ch – †58/110 € ††58/110 €, ☕ 7,50 € Y **e**

◆ Maison en briques au cœur de la ville. Intérieur rénové dans un esprit contemporain : chambres d'ampleur variable, équipées pour certaines de baignoires "balnéo".

Au Départ — VISA

face gare SNCF – ✆ 03 21 57 18 04 – jfrancois.buche@wanadoo.fr – Fax 03 21 01 18 20 – Fermé 30 juil.-19 août, mardi midi, sam. midi, dim. soir et lundi

Rest – Menu 20 € (déj. en sem.), 30/60 € ♀

◆ Face à la gare, une maison de pays modernisée par son audacieuse façade tricolore (murs blancs et noirs, bow-window plaqué en bois). Cadre chaleureux. Cuisine actuelle soignée.

BÉTHUNE

Rue	Plan	N°
Albert-1er (R.)	YZ	2
Arras (R. d')	Z	3
Bruay (R. de)	Z	6
Buridan (R.)	Z	7
Clemenceau (Pl. G.)	Z	
Egalité (R. de l')	Y	8
Gambetta (R.)	YZ	10
Grand'Place	Z	
Haynaut (R. Eugène)	Z	12
Juin (Av. du Mar.)	Z	14
Kennedy (Av. du Prés.)	Y	15
Lamartine (Pl.)	Y	17
Lattre-de-Tassigny (Av. de)	Z	18
Pont de Pierre (R. du)	Y	20
Quai du Rivage (R. du)	Y	21
République (Pl. de la)	Y	22
Sadi-Carnot (R.)	Y	
Treilles (R. des)	Z	25
Vauban (Bd)	Z	26
Zola (R. Emile)	Z	27

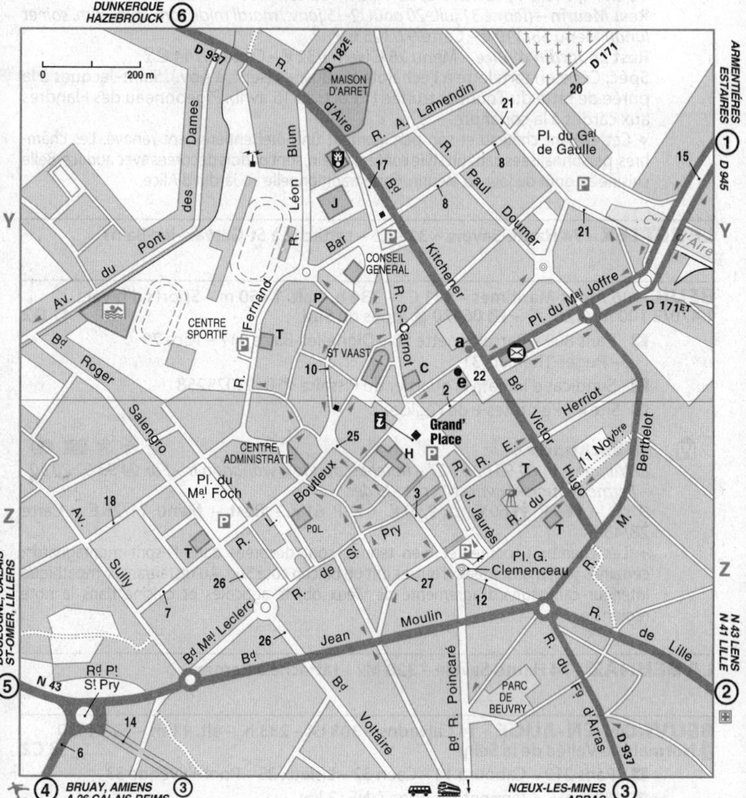

à Labourse 4 km par ②, N 43 et D 65 – 2 028 h. – alt. 25 m – ✉ 62113

XX Terre et Mer

16 r. A. Larue – ☎ 03 21 64 03 57 – Fermé 16-22 avril, 30 juil.-19 août, sam. midi, dim. soir, lundi et soirs fériés

Rest – Menu (12 €), 15 € (déj. en sem.), 27/50 € – Carte 40/55 € ♀

◆ Mur parementé de brique, cheminée en marbre et tapisserie rayée composent le cadre de ce restaurant familial de la périphérie béthunoise. Cuisine de tradition bien maîtrisée.

à Gosnay 5 km par ④, N 41 et D 181 – 1 195 h. – alt. 29 m – ✉ 62199

Chartreuse du Val St-Esprit

1 r. Fouquières – ☎ 03 21 62 80 00 15/100, P VISA

– levalsaintesprit@lachartreuse.com – Fax 03 21 62 42 50

66 ch – †120/250 € ††120/250 €, ☕ 16 € – 4 suites

Rest *Robert II* – Menu 34 € (déj. en sem.), 56/72 € – Carte 54/91 € ♀

◆ Bâti sur les ruines d'une ancienne chartreuse, cet élégant château (1762) abrite des chambres spacieuses et personnalisées, tournées vers le grand parc arboré. Cuisine au goût du jour et belle carte des vins servies dans la salle à manger cossue du Robert II.

à Busnes 14 km par ⑤, N 43 et D 187 – ✉ 62350

Le Château de Beaulieu (Meurin)
1098 rte de Lillers – ✆ 03 21 68 88 88 – Fax 03 21 68 88 89 30, VISA
16 ch – 140 € 180/260 €, 16 € – 4 suites – ½ P 160/220 €
Rest ***Meurin*** – *(fermé 31 juil.-20 août, 2-15 janv., mardi midi, sam. midi, dim. soir et lundi)* Menu 55/110 € – Carte 97/125 €
Rest ***Le Jardin d'Alice*** – Menu 25 € (sem.)/32 € – Carte 27/44 €
Spéc. Cèpe en tartelette à l'échalote de Busnes (sept. à nov.). Saint-Jacques à la purée de ratte du Touquet truffée (15 oct. au 15 avril). Pigeonneau des Flandres aux cardes à la coriandre.
◆ Cet élégant château et son parc abritent un hôtel entièrement rénové. Les chambres, personnalisées dans un style contemporain, sont parfois décorées avec audace. Belle cuisine au goût du jour au Meurin. Carte traditionnelle au Jardin d'Alice.

LE BETTEX – 74 Haute-Savoie – 328 N5 – rattaché à St-Gervais-les-Bains

BEUIL – 06 Alpes-Maritimes – 341 C3 – 334 h. – alt. 1 450 m – Sports d'hiver : 1 470/2 100 m 26 – ✉ 06470 Alpes du Sud 41 D2

Paris 809 – Barcelonnette 80 – Digne-les-Bains 117 – Nice 79 – Puget-Théniers 31
Syndicat d'initiative, quartier du Pissaïre ✆ 0493023258
Site★ - Peintures★ de l'église.

L'Escapade VISA
Le Village – ✆ 04 93 02 31 27 – hotel-escapade@wanadoo.fr – Fax 04 93 02 20 50 – Fermé 26 mars-7 avril et 1er oct.-25 déc.
9 ch – 60 € 60 €, 9,50 € – ½ P 61 € – **Rest** – Menu 21/26 € – Carte 28/43 €
◆ Les chambres, petites et bien tenues, sont décorées dans l'esprit montagnard ; certaines sont mansardées, d'autres ont un balcon côté Sud. Au restaurant, sympathique intérieur campagnard agrémenté de vieux objets agricoles et cuisine dans la note régionale.

LA BEUNAZ – 74 Haute-Savoie – 328 M2 – rattaché à Bernex

BEUVRON-EN-AUGE – 14 Calvados – 303 L4 – 233 h. – alt. 11 m – ✉ 14430 Normandie Vallée de la Seine 33 C2

Paris 219 – Cabourg 14 – Caen 32 – Lisieux 25 – Pont-l'Évêque 33
Village★ - Clermont-en-Auge★ NE : 3 km.

Le Pavé d'Auge (Bansard) VISA
– ✆ 02 31 79 26 71 – Fax 02 31 39 04 45 – Fermé 26 nov.-26 déc., 18-26 fév., mardi sauf le soir en juil.-août et lundi
Rest – Menu 34/56 €
Spéc. Saint-Jacques mi-cuites à l'écume de persil et ail (oct. à mars). Onglet de bœuf cuit saignant aux escargots (avril à sept.). Tarte au chocolat coulant.
◆ Au centre du joli village, anciennes halles restaurées offrant les plaisirs d'un repas influencé par le terroir et d'une bonne cave. Salle intime et chaleureuse, haute sous plafond, dotée de belles poutres, colombages et chaises de style tendues de velours rouge.

Auberge de la Boule d'Or VISA
– ✆ 02 31 79 78 78 – Fax 02 31 39 61 50 – Fermé janv., mardi soir et merc. sauf juil.-août
Rest – Menu 21/34 € – Carte 29/57 €
◆ Sur la place, typique façade à colombages en épis abritant deux coquette salles à manger rustiques. Tomettes et murs jaune vif dans celle du rez-de-chaussée, réchauffée par une cheminée à la braise de laquelle on saisit les grillades. Choix traditionnel axé terroir.

BEUZEVILLE – 27 Eure – 304 C5 – 3 097 h. – alt. 129 m – ✉ 27210

Normandie Vallée de la Seine 32 **A3**

Paris 179 – Bernay 38 – Deauville 26 – Évreux 76 – Honfleur 16 – Le Havre 34

Office de tourisme, 52 rue Constant Fouché ✆ 02 32 57 72 10

Le Petit Castel sans rest

32 r. Constant Fouché – ✆ 02 32 57 76 08 – auberge-du-cochon-dor@wanadoo.fr – Fax 02 32 42 25 70 – Fermé 2 janv.-5 fév.

16 ch – †65/76 € ††65/76 €, ☕ 11 € – ½ P 65/84 €

◆ L'hôtel propose des chambres pratiques et habillées d'étoffes colorées ; celles côté jardin sont plus calmes. L'accueil est parfois assuré à l'auberge du Cochon d'Or.

Le Relais de Poste ch, VISA AE

– ✆ 02 32 20 32 32 – lerelaisdeposte@wanadoo.fr – Fax 02 32 42 11 01 – Ouvert 1er avril-5 nov.

15 ch – †48/50 € ††52/68 €, ☕ 9 € – ½ P 63/73 € – **Rest** – *(fermé dim. soir sauf juil.-août, mardi midi et jeudi)* Menu 20 € (sem.)/40 € – Carte 37/45 €

◆ À l'écart de la fièvre touristique de la Corniche normande, ce joli relais de poste du 19e s. en brique et pierre abrite des chambres simples et pimpantes (une "junior suite"). Jardin arboré. Un vénérable comptoir en bois trône dans la salle à manger de style bistrot.

XXX **Auberge du Cochon d'Or** avec ch ch, VISA AE

pl. Gén. de Gaulle – ✆ 02 32 57 70 46 – auberge-du-cochon-dor@wanadoo.fr – Fax 02 32 42 25 70 – Fermé 2 janv.-5 fév. et lundi

4 ch – †65/76 € ††65/76 €, ☕ 11 € – ½ P 65/84 € – **Rest** – Menu 18 € (déj. en sem.), 25/48 € – Carte 31/39 €

◆ Aménagé dans une maison normande du début du 20e s., ce restaurant vous invite à découvrir ses deux élégantes salles à manger et sa cuisine traditionnelle à l'accent régional.

à l'Ouest 3 km par N 175 – ✉ 14130 Quetteville

Hostellerie de la Hauquerie-Chevotel ch, rest, 24, VISA AE

– ✆ 02 31 65 62 40 – info@chevotel.com – Fax 02 31 64 24 52 – Ouvert 1er mars-30 nov.

19 ch – †110/200 € ††110/200 €, ☕ 13 € – 2 suites – ½ P 95/135 € – **Rest** – *(fermé dim. soir et lundi)* Menu 29 € (déj. en sem.), 37/49 € – Carte 31/65 €

◆ Atmosphère "cottage" en cet hôtel-haras dédié aux amis des pur-sang. Les chambres, dont le décor évoque des étalons renommés, s'ouvrent sur la verdure. Sobriété et élégance caractérisent la petite salle à manger où l'on sert une cuisine au goût du jour.

Ce guide vit avec vous : vos découvertes nous intéressent.
Faites-nous part de vos satisfactions comme de vos déceptions.
Coup de colère ou coup de cœur : écrivez-nous !

BEYNAC ET CAZENAC – 24 Dordogne – 329 H6 – 506 h. – alt. 75 m – ✉ 24220

Périgord 4 **D3**

Paris 537 – Brive-la-Gaillarde 63 – Gourdon 28 – Périgueux 66 – Sarlat-la-Canéda 12

Office de tourisme, La Balme ✆ 05 53 29 43 08

Site★★ - Village★ - Calvaire ❋★★ - Château★★ : ❋★★.

à Vézac 2 km au Sud-Est : sur rte de Sarlat – 594 h. – alt. 90 m – ✉ 24220

XX **Le Relais des Cinq Châteaux** avec ch rest, VISA

– ✆ 05 53 30 30 72 – 5chateaux@perigord.com – Fax 05 53 30 30 08

14 ch – †52/64 € ††52/64 €, ☕ 7 € – ½ P 73/110 € – **Rest** – Menu 23/48 € – Carte 30/50 €

◆ Cette maison régionale récente abrite deux salles dont une en véranda. La terrasse offre une belle vue sur la campagne et trois châteaux fortifiés. Goûteux plats classiques.

LES BÉZARDS – 45 Loiret – 318 N5 – ✉ 45290 12 D2

▶ Paris 136 – Auxerre 79 – Gien 17 – Joigny 58 – Montargis 23 – Orléans 75

Auberge des Templiers ch, 20, P

à 4 km de l'autoroute A 77, sortie 19 – ✆ 02 38 31 80 01 – templiers@relaischateaux.fr – Fax 02 38 31 84 51 – Fermé fév.

20 ch – 175/275 € 195/275 €, ☕ 25 € – 10 suites – ½ P 170/210 € –
Rest – Menu 55 € (déj.), 75/120 € – Carte 67/142 €
Spéc. Ravioles de champignons des bois, velouté au jus de truffe. Pigeon laqué aux pralines de Montargis. Gibier de Sologne (sept. à janv.). **Vins** Pouilly-Fumé, Sancerre.

◆ Hôtellerie de caractère au décor personnalisé et raffiné. Des cottages disséminés dans le parc abritent de luxueux appartements. Organisation de séjours de chasse. Cadre très chic au restaurant et terrasse entourée de rosiers ; table classique actualisée.

BÈZE – 21 Côte-d'Or – 320 L5 – rattaché à Mirebeau-sur-Bèze

BÉZIERS – 34 Hérault – 339 E8 – 69 153 h. – Agglo. 124 967 h. – alt. 17 m – ✉ 34500 Languedoc Roussillon 22 B2

▶ Paris 758 – Marseille 234 – Montpellier 71 – Perpignan 93

✈ de Béziers-Vias : ✆ 04 67 80 99 09, par ③ : 12 km.

ℹ Office de tourisme, 29 avenue Saint-Saëns ✆ 04 67 76 84 00, Fax 04 67 76 50 80

de Saint-Thomas Route de Pezenas, NE : 12 km, ✆ 04 67 39 03 09.

◉ Anc. cathédrale St-Nazaire★ : terrasse ≤★ - Musée du Biterois★ BZ M[3] - Jardin St Jacques ≤★.

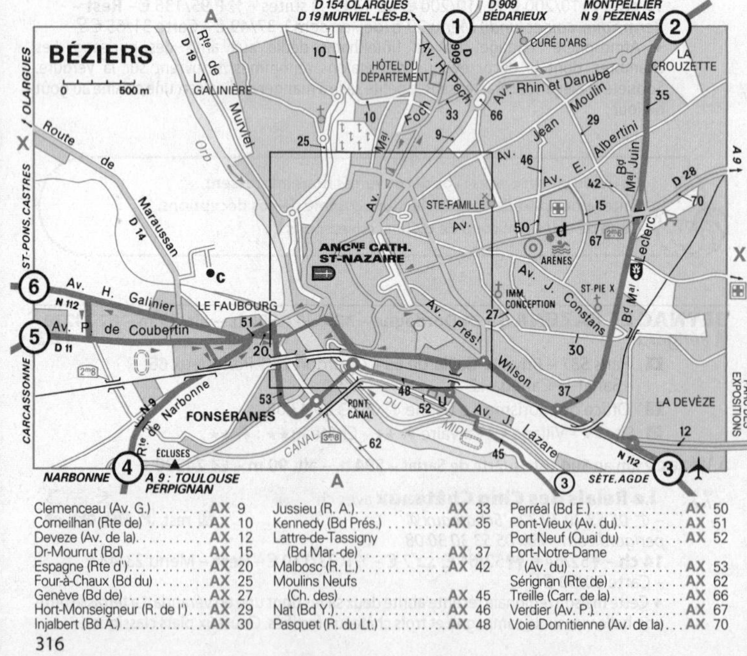

Clemenceau (Av. G.) . . . AX 9	Jussieu (R. A.) . . . AX 33	Perréal (Bd E.) . . . AX 50
Corneilhan (Rte de) . . . AX 10	Kennedy (Bd Prés.) . . . AX 35	Pont-Vieux (Av. du) . . . AX 51
Deveze (Av. de la) . . . AX 12	Lattre-de-Tassigny (Bd Mar.-de) . . . AX 37	Port Neuf (Quai du) . . . AX 52
Dr-Mourrut (Bd) . . . AX 15	Malbosc (R. L.) . . . AX 42	Port-Notre-Dame (Av. du) . . . AX 53
Espagne (Rte d') . . . AX 20	Moulins Neufs (Ch. des) . . . AX 45	Sérignan (Rte de) . . . AX 62
Four-à-Chaux (Bd du) . . . AX 25	Nat (Bd Y.) . . . AX 46	Treille (Carr. de la) . . . AX 66
Genève (Bd de) . . . AX 27	Pasquet (R. du Lt.) . . . AX 48	Verdier (Av. P.) . . . AX 67
Hort-Monseigneur (R. de l') . . . AX 29		Voie Domitienne (Av. de la) . . . AX 70
Injalbert (Bd A.) . . . AX 30		

BÉZIERS

Abreuvoir (R. de l') .... **BZ** 2
Albert-1er (Av.) .... **CY** 3
Bonsi (R. de) .... **BZ** 4
Brousse (Av. Pierre) .... **BZ** 5
Canterelles (R.) .... **BZ** 6
Capus (R. du) .... **BZ** 7
Citadelle (R. de la) .... **BZ** 9
Drs-Bourguet (R. des) ...... **BZ** 13
Estienne-d'Orves (Av. d') ... **BZ** 22
Flourens (R.) .... **BY** 23
Garibaldi (Pl.) .... **CZ** 26
Joffre (Av. Mar.) .... **CZ** 32
Massol (R.) .... **BZ** 43
Moulins (Rampe des) .... **BY** 44
Orb (R. de l') .... **BZ** 47
Péri (Pl. G.) .... **BYZ** 49
Puits-des-Arènes (R. du) ... **BZ** 54
République (R. de la) ...... **BY** 55
Révolution (Pl. de la) ..... **BZ** 57
Riquet (R. P.) .... **BY** 58
St-Jacques (R.) .... **BZ** 60
Strasbourg (Bd de) .... **CY** 64
Tourventouse (Bd) .... **BZ** 65
Victoire (Pl. de la) .... **BCY** 68
Viennet (R.) .... **BZ** 69
4-Septembre (R. du) .... **BY** 72
11-Novembre (Pl. du) .... **CY** 74

Mercure sans rest
33 av. Camille St-Saëns – ✆ 04 67 00 19 96 – h5639@accor.com – Fax 04 67 00 19 98 CY **f**
58 ch – 96/120 € 110/135 €, 13 €
◆ Hôtel récent construit entre l'office de tourisme et le palais des congrès. Chambres décorées dans le style "cabine de bateau" : boiseries, hublots et formes arrondies.

Champ de Mars sans rest
17 r. Metz – ✆ 04 67 28 35 53 – hotel-champdemars@wanadoo.fr – Fax 04 67 28 61 42 CY **v**
10 ch – 32/50 € 36/50 €, 6 €
◆ Petit hôtel familial dans une ruelle tranquille, à l'écart du centre-ville. Les chambres, d'ampleur moyenne, bénéficient d'un équipement complet et sont progressivement refaites.

Les Jardins du Rebaut sans rest
Chemin rural 103, rte de Maraussan – ✆ 04 67 28 71 03 – lesjardinsdurebaut@wanadoo.fr – Fax 04 67 28 71 03 – Ouvert 1er mars-30 oct. AX **c**
5 ch – 70 € 70 €
◆ Cet ancien chai profite d'un jardin agrémenté d'un magnifique figuier. Ses chambres, neuves et personnalisées, offrent une vue imprenable sur la cathédrale (sauf celle baptisée Syrah).

XXX **L'Ambassade** (Olry) AE VISA MC AE

22 bd Verdun (face gare) – ✆ 04 67 76 06 24 – lambassade-beziers@wanadoo.fr – Fax 04 67 76 74 05 – Fermé 15 juil.-6 août, dim. et lundi CZ **n**

Rest – Menu 28 € (sem.)/85 € – Carte 49/99 €

Spéc. Carpaccio de thon de Méditerranée, huile de picholine. Bar de pêche à la peau croustillante. Canon d'agneau rôti, ris en brochette.

◆ Une décoration résolument contemporaine (boiseries blondes, verre sablé), des plats savoureux et une carte des vins exceptionnelle : le "Tout-Béziers" s'y précipite !

XX **Le Val d'Héry** AC VISA MC

67 av. Prés. Wilson – ✆ 04 67 76 56 73 – val-dhery@wanadoo.fr – Fermé 15 juin-15 juil., dim. et lundi CZ **b**

Rest – Menu 21/42 € – Carte 40/66 €

◆ Près du Plateau des Poètes, un joli parc aménagé au 19e s. Sobre décor actuel rehaussé de toiles du chef et cuisine au goût du jour évoluant au gré des saisons.

XX **Octopus** AC VISA MC

12 r. Boieldieu – ✆ 04 67 49 90 00 – Fax 04 67 28 06 73 – Fermé 1er-8 mai, 16 août-5 sept., 24 déc.-4 janv., dim. et lundi CY **t**

Rest – Menu 21 € bc (déj. en sem.), 29/70 € – Carte 44/62 €

◆ Vous aurez le choix entre deux salles à manger de style contemporain et une terrasse installée dans la cour intérieure pour déguster des recettes au goût du jour bien tournées.

X **La Table de Marthe** AC VISA MC AE

74 av. St-Saëns – ✆ 04 67 62 68 35 – Fax 04 67 62 68 35 – Fermé dim. et lundi CY **a**

Rest – Menu 14 € (déj. en sem.), 20/25 € – Carte 26/55 €

◆ Des maillots de rugby et des photographies décorent ce restaurant apprécié d'une clientèle fidèle pour son atmosphère conviviale. La cuisine, traditionnelle, suit le marché.

par ③ 6 km près échangeur A9-Béziers-Est – ✉ 34420 Villeneuve-lès-Béziers

Le Pavillon ch, AC 10/80, P VISA MC AE

Z.A La Montagnette, rte Valras 1 km – ✆ 04 67 39 40 00 – Fax 04 67 39 39 61 – Fermé 25 déc.-2 janv.

78 ch – †60/90 € ††60/90 €, ☐ 7 € – ½ P 68/74 € – **Rest** – Menu (14,50 €), 19/25 € – Carte 16/38 €

◆ À la périphérie de la ville, étape utile sur la route de l'Espagne. Chambres rénovées, fonctionnelles et climatisées. Bons équipements sportifs et aire de jeux pour enfants. Grande salle à manger où l'on propose cuisine traditionnelle et formules buffets.

à Villeneuve-lès-Béziers 7 km par ③, N 112 et D 37 – 3 434 h. – alt. 6 m – ✉ 34420

La Chamberte AC ch,

r. de la Source – ✆ 04 67 39 84 83 – contact@la-chamberte.com – Fermé 1er-15 mars et 1er-21 nov.

5 ch – †70/78 € ††90/98 €, ☐ 15 € – ½ P 75/78 € – **Rest** – table d'hôte *(fermé lundi) (prévenir) (dîner seult)* Menu 35/40 €

◆ Un jardin méditerranéen annonce cette ancienne cave à vins. La décoration intérieure, mélange d'influences mauresque, andalouse et exotique, est des plus séduisante. La table d'hôte, dressée sous une belle charpente, sert des plats du marché.

à Maraussan 6 km à l'Ouest par D 14 – 2 782 h. – alt. 38 m – ✉ 34370

XX **Parfums de Garrigues** AC P VISA MC

37 r. de l'Ancienne Poste – ✆ 04 67 90 33 76 – Fax 04 67 90 33 76 – Fermé 2-11 avril, 25 juin-4 juil., 27 août-5 sept., 18-27 fév., mardi et merc.

Rest – Menu 23/55 € – Carte 29/54 €

◆ Confortable salle à manger aux tons d'oc et terrasse ombragée installée dans la cour intérieure de cette bâtisse joliment restaurée. Cuisine aux parfums de la garrigue.

X **Le Vieux Puits** AC VISA MC

207 av. de Cazouls – ✆ 04 67 90 05 59 – Fax 04 67 26 60 45 – Fermé 1er-15 janv., sam. midi, dim. soir et lundi

Rest – Menu 19/35 € – Carte 22/42 €

◆ Le "vieux puits" se trouve à l'entrée de la salle à manger décorée de fresques fruitières. Agréable terrasse d'été dressée dans une cour intérieure et carte traditionnelle.

BIARRITZ – 64 Pyrénées-Atlantiques – **342** C4 – **30 055 h.** – **alt. 19 m** – **Casino** – ✉ **64200** Pays Basque 3 **A3**

Paris 772 – Bayonne 9 – Bordeaux 190 – Pau 122 – San Sebastián 47

de Biarritz-Anglet-Bayonne : ✆ 05 59 43 83 83, 2 km ABX.

✆ 3635 (0,34 €/mn)

Office de tourisme, square d'Ixelles - Javalquinto ✆ 05 59 22 37 00, Fax 05 59 24 14 19

de Biarritz 2 avenue Edith Cavell, NE : 1 km, ✆ 05 59 03 71 80 ; d'Ilbarritz à Bidart Avenue du Château, S : 3 km par D 911, ✆ 05 59 43 81 30 ; d'Arcangues à Arcangues Jaureguiborde, SE : 8 km, ✆ 05 59 43 10 56.

≤★★ de la Perspective - ≤★ du phare et de la Pointe St-Martin AX - Rocher de la Vierge★ - Musée de la mer★.

Plans pages suivantes

Du Palais

rest, 25/150, VISA

1 av. Impératrice – ✆ 05 59 41 64 00 – reception@hotel-du-palais.com – Fax 05 59 41 67 99 EY **k**

124 ch – 260/475 € 370/550 €, 40 € – 30 suites – ½ P 260/350 €

Rest *La Villa Eugénie* – *(fermé 1er fév.-14 mars et le midi en juil.-août)* Menu 110 € – Carte 90/110 €

Rest *La Rotonde* – Menu 60 € – Carte 60/81 €

Rest *L'Hippocampe* – rest. de piscine *(ouvert mi-avril-fin oct. et fermé le soir sauf juil.-août)* Carte 61/81 €

Spéc. Rouget en filets poêlés, chipirons, riz crémeux, sauce à l'encre. Blanc de bar, fine crème au vin blanc d'Irouléguy, caviar d'Aquitaine (oct. à janv.). Agneau de lait des Pyrénées cuit au sautoir (nov. à mai). **Vins** Irouléguy, Jurançon.

◆ L'élégante villégiature offerte par Napoléon III à l'impératrice est devenue un palace luxueux. Chambres au mobilier Empire. Salon feutré et cuisine actuelle à la Villa Eugénie. De la Rotonde, belle vue sur la Grande Plage. Spa au cadre antique (colonnades, dôme-verrière).

Sofitel Thalassa Miramar

rest, 20/170, VISA

13 r. L. Bobet – ✆ 05 59 41 30 00 – h2049@accor.com – Fax 05 59 24 77 20 AX **k**

126 ch – 193/483 € 272/544 €, 28 € – ½ P 186/332 €

Rest *Le Relais* – Menu 55 € – Carte 65/83 €

Rest *Les Piballes* – rest. diététique Menu 55 € – Carte 59/69 €

◆ Santé et luxe vivent en harmonie dans cet hôtel abritant un centre de thalassothérapie. Chambres modernes dotées de terrasses donnant sur l'océan. Au Relais, cadre élégant, vue sur les récifs et cuisine au goût du jour. Recettes diététiques aux Piballes.

Radisson SAS

ch, ch, 15/70, VISA

1 carr. Hélianthe – ✆ 05 59 01 13 13 – reservations.biarritz@radissonsas.com – Fax 05 59 01 13 14 DZ **t**

150 ch – 150/390 € 150/390 €, 21 € – **Rest** – Menu 29 € bc – Carte 35/49 €

◆ Affiches et tableaux taurins décorent les chambres spacieuses et colorées de cet hôtel résolument contemporain. Piscine sur le toit et bel espace de remise en forme. Restaurant aménagé dans l'esprit des brasseries chics. Cuisine ensoleillée.

Mercure Thalassa Regina et du Golf

ch, rest, rest, 20, VISA

52 av. Impératrice – ✆ 05 59 41 33 00 – H2050@accor.com – Fax 05 59 41 33 99 AX **r**

58 ch – 125/367 € 136/388 €, 19 € – 8 suites – ½ P 102/230 € – **Rest** – Menu 25 € (dîner), 40/50 €

◆ Élégante résidence de style Second Empire. Confortables chambres, côté golf ou face à l'océan, desservies par des coursives plongeant sur le bel atrium coiffé d'une verrière. Le restaurant séduit par son joli décor marin et son aménagement sous vélum.

Mercure Plaza Centre sans rest

VISA

avenue Édouard VII – ✆ 05 59 24 74 00 – h5681@accor.com – Fax 05 59 22 22 01 EY **p**

69 ch – 115/185 € 125/205 €, 15 €

◆ Belle façade de style Art déco tournée vers la plage et le casino pour cet hôtel préservant également l'esprit des années 1930 dans ses agréables chambres.

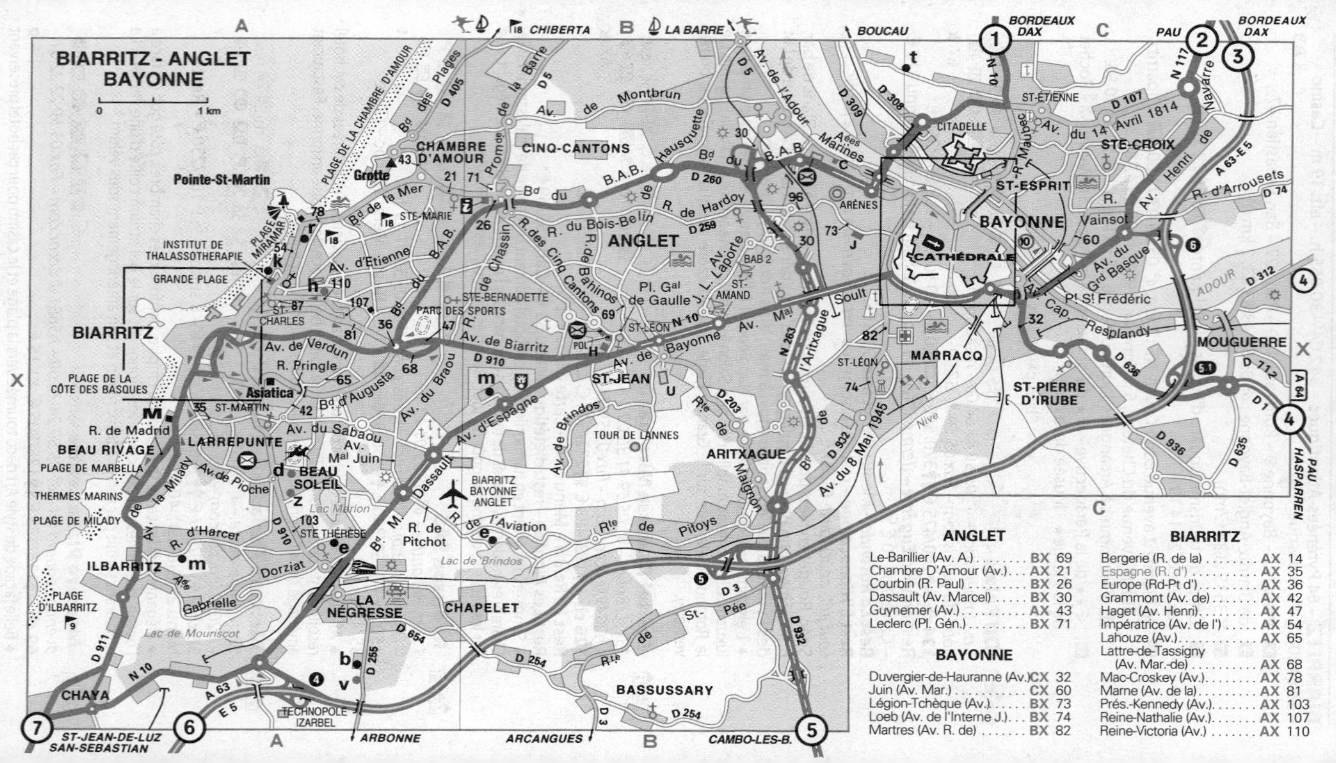

ANGLET

Le-Barillier (Av. A.)	BX	69
Chambre D'Amour (Av.)	AX	21
Courbin (R. Paul)	BX	26
Dassault (Av. Marcel)	BX	30
Guynemer (Av.)	AX	43
Leclerc (Pl. Gén.)	BX	71

BAYONNE

Duvergier-de-Hauranne (Av.)	CX	32
Juin (Av. Mar.)	CX	60
Légion-Tchèque (Av.)	BX	73
Loeb (Av. de l'Interne J.)	BX	74
Martres (Av. R. de)	BX	82

BIARRITZ

Bergerie (R. de la)	AX	14
Espagne (R. d')	AX	35
Europe (Rd-Pt d')	AX	36
Grammont (Av. de)	AX	42
Haget (Av. Henri)	AX	47
Impératrice (Av. de l')	AX	54
Lahouze (Av.)	AX	65
Lattre-de-Tassigny (Av. Mar.-de)	AX	68
Mac-Croskey (Av.)	AX	78
Marne (Av. de la)	AX	81
Prés.-Kennedy (Av.)	AX	103
Reine-Nathalie (Av.)	AX	107
Reine-Victoria (Av.)	AX	110

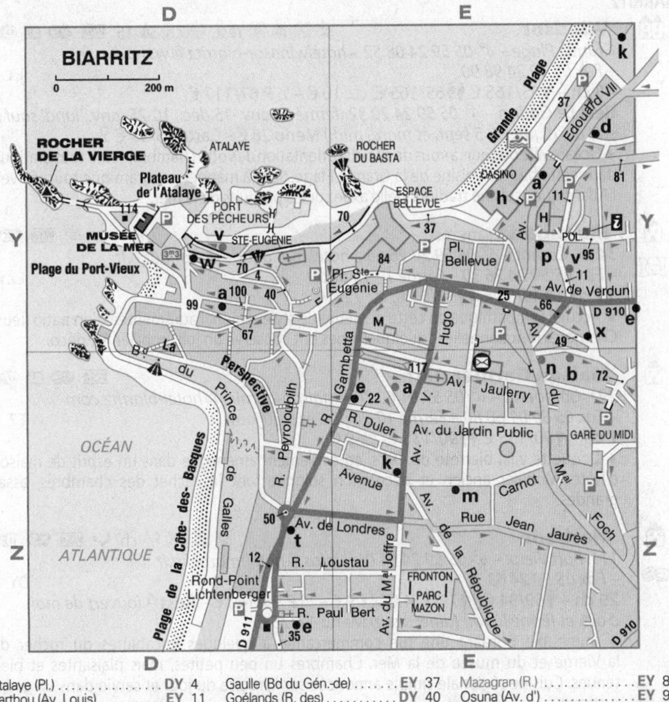

Rue	Carreau	N°
Atalaye (Pl.)	DY	4
Barthou (Av. Louis)	EY	11
Beaurivage (Av.)	DZ	12
Champ-Lacombe (R.)	EZ	22
Clemenceau (Pl.)	EY	25
Édouard-VII (Av.)	EY	
Espagne (R. d')	DZ	35
Foch (Av. du Mar.)	EZ	
Gambetta (R.)	DEZ	
Gaulle (Bd du Gén.-de)	EY	37
Goélands (R. des)	DY	40
Helder (R. du)	EY	49
Hélianthe (Rd-Pt)	DZ	50
Larralde (R.)	EY	66
Larre (R. Gaston)	DY	67
Leclerc (Bd Mar.)	DEY	70
Libération (Pl. de la)	EZ	72
Marne (Av. de la)	EY	81
Mazagran (R.)	EY	84
Osuna (Av. d')	EY	95
Port-Vieux (Pl. du)	DY	99
Port-Vieux (R. du)	DY	100
Rocher de la Vierge (Espl. du)	DY	114
Sobradiel (Pl.)	EZ	117
Verdun (Av. de)	EY	
Victor-Hugo (Av.)	EYZ	

Tonic 70, P VISA

58 av. Édouard VII – ✆ 05 59 24 58 58 – reservation-biarritz@tonichotel.com – Fax 05 59 24 86 14 EY **d**

63 ch – 🚹132/205 € 🚹🚹163/315 €, ☕ 18 € – ½ P 139/215 €

Rest *La Maison Blanche* – *(fermé dim. soir et lundi de nov. à mars)* Menu 23 € (déj. en sem.), 25/69 € – Carte 53/69 € 🍷

◆ À deux pas de la Grande Plage, chambres élégantes et modernes, toutes équipées de baignoires hydromassantes pour réveils toniques ! Camaïeus de beige et de brun dans l'agréable salle à manger contemporaine. Cuisine actuelle en harmonie avec le cadre.

Édouard VII sans rest VISA AE

21 av. Carnot – ✆ 05 59 22 39 80 – contact@hotel-edouardvii.com – Fax 05 59 22 39 71 – Fermé 15 déc.-15 janv. EZ **k**

18 ch – 🚹75/85 € 🚹🚹75/120 €, ☕ 9 €

◆ Cette jolie villa biarrote datant de la fin du 18e s. vous réserve un accueil sympathique et propose des chambres soignées, agréablement personnalisées.

Alcyon sans rest VISA

8 r. Maison-Suisse – ✆ 05 59 22 64 60 – hotelalcyonbiarritz@hotmail.com – Fax 05 59 22 64 64 EY **x**

15 ch – 🚹70/115 € 🚹🚹70/115 €, ☕ 8 €

◆ Cet hôtel marie le charme des maisons anciennes aux équipements modernes : salon "cosy", chambres rénovées avec élégance, literie de qualité et salles de bains actuelles.

Windsor rest, ch, 15, VISA MC AE

Grande Plage – 05 59 24 08 52 – hotelwindsor-biarritz@wanadoo.fr – Fax 05 59 24 98 90 EY **a**

48 ch – 65/165 € 65/165 €, 10 € – ½ P 67/117 €

Rest *Le Galion* – *05 59 24 20 32 (fermé 20 nov.-15 déc., 10-25 janv., lundi sauf le soir du 10 juil. au 5 sept. et mardi midi)* Menu 28 € – Carte 35/53 €

◆ Océan, ville ou cour : à vous de choisir l'orientation de votre chambre, avant tout pratique, dans cette bâtisse voisine de la Grande Plage. Salle à manger panoramique tournée vers l'Atlantique ; cuisine traditionnelle axée sur les produits de la mer.

Maïtagaria sans rest VISA MC

34 av. Carnot – 05 59 24 26 65 – hotel.maitagaria@wanadoo.fr – Fax 05 59 24 26 30 – Fermé 1er-15 déc. EZ **m**

15 ch – 49/54 € 57/69 €, 7,50 €

◆ Accueil sympathique en cette demeure de style régional agrémentée d'un patio fleuri. Chambres fonctionnelles ; quelques-unes ont conservé un joli mobilier Art déco.

Maison Garnier sans rest VISA MC AE

29 r. Gambetta – 05 59 01 60 70 – maison-garnier@hotel-biarritz.com – Fax 05 59 01 60 80 – Fermé 10-20 déc. et 5-20 janv. EZ **e**

7 ch – 90/135 € 90/135 €, 9 €

◆ Coquette villa biarrote du 19e s. agréablement aménagée dans un esprit de maison d'hôte. Mobilier ancien et décoration soignée font le cachet des chambres, assez grandes.

Marbella ch, ch, VISA MC

11 r. Port Vieux – 05 59 24 04 06 – infos@hotel-marbella.fr – Fax 05 59 24 63 26 DY **a**

29 ch – 69/94 € 79/114 €, 9 € – ½ P 95/140 € – **Rest** – *(ouvert de mai à oct. et fermé lundi) (dîner seult)* Menu 17/25 €

◆ Immeuble bordant une rue commerçante, à quelques encablures du rocher de la Vierge et du musée de la Mer. Chambres un peu petites, mais plaisantes et bien tenues. Cuisine régionale simple annoncée sur l'ardoise du jour et servie dans un cadre rustique.

Christina sans rest VISA MC

38 av. Verdun – 05 59 24 26 17 – christina@biarritz-hotel.com – Fax 05 59 24 66 08 EY **e**

18 ch – 50/70 € 55/80 €, 7,50 €

◆ Hôtel familial situé sur une avenue passante, à proximité de la nouvelle médiathèque. Chambres un peu exiguës, simples et pratiques.

Villa Le Goëland sans rest côte, P VISA MC

12 plateau de l'Atalaye – 05 59 24 25 76 – info@villagoeland.com – Fax 05 59 22 36 83 DY **w**

4 ch – 130/250 € 130/250 €, 10 €

◆ Cette majestueuse villa occupant l'un des sites les plus agréables de Biarritz offre une vue époustouflante sur la côte landaise. Chambres d'une élégance rare, parfois dotées d'une terrasse.

Nere-Chocoa sans rest P

28 r. Larreguy – 06 08 33 84 35 – maryse.cadou@wanadoo.fr – Fax 05 59 41 07 95 AX **e**

5 ch – 65/70 € 65/70 €, 9 €

◆ Cette maison blanche entourée de chênes centenaires a hébergé des hôtes illustres telle l'impératrice Eugénie. Elle abrite aujourd'hui de vastes chambres et une collection de très beaux tableaux.

La Ferme de Biarritz sans rest P

15 r. Harcet – 05 59 23 40 27 – info@fermedebiarritz.com – Fermé 1er-16 déc. AX **m**

5 ch – 50/80 € 50/80 €, 8 € – 1 suite

◆ Près de la plage, ferme basque du 17e s. joliment restaurée. Les coquettes chambres mansardées s'agrémentent de meubles anciens. Petit-déjeuner dans le jardin ou devant la cheminée.

Villa Vauréal sans rest cuisinette VISA
14 r. Vauréal – 06 10 11 64 21 – info@villavaureal.com – Fax 05 59 22 64 19 – Fermé 5-31 janv. DZ **e**
5 ch – 80/120 € 80/160 €, 8 €
◆ Dans cette confortable villa, le bien-être des clients est un souci constant. Les chambres, distinguées chacune par le nom et la couleur d'un fruit, sont toutes équipées d'une cuisinette.

Sissinou (Cassou-Debat) AC VISA AE
5 av. Mar. Foch – 05 59 22 51 50 – restaurant.sissinou@wanadoo.fr – Fax 05 59 22 50 58 – Fermé 18 fév.-5 mars, 3-11 juin, 28 oct.-12 nov., dim. et lundi hors saison et le midi en août EZ **n**
Rest – Menu 38 € (déj. en sem.)/44 €
Spéc. Millefeuille de lapin. Côte de veau en cocotte. Russe d'Oloron.
◆ Décor contemporain (banquettes aubergine, murs verts, luminaires design), service décontracté, recettes actuelles et plats classiques caractérisent ce restaurant en vogue.

Les Platanes (Locatelli) VISA
32 av. Beau Soleil – 05 59 23 13 68 – restaurant-lesplatanes@wanadoo.fr – Fermé sam. midi et lundi de sept. à juin, le midi en juil.-août et dim. AX **z**
Rest – *(nombre de couverts limité, prévenir)* Menu 35 € (déj. en sem.)/63 € – Carte 57/75 €
Spéc. Fricassée d'escargots, chips d'ail et jus d'andouille. Ris de veau poêlé en attelet de romarin. Crème de jurançon et fruits de la passion façon "œuf coque". **Vins** Jurançon moelleux, Côtes du Marmandais.
◆ Cette belle maison basque abrite une salle à manger coquette et chaleureuse, exclusivement non-fumeurs. On y déguste une savoureuse cuisine traditionnelle.

Café de la Grande Plage océan, AC VISA AE
1 av. Edouard VII (casino) – 05 59 22 77 88 – casinobiarritz@lucienbarriere.com – Fax 05 59 22 77 83 EY **h**
Rest – Menu (18,50 €), 27 € – Carte 27/43 €
◆ Un petit creux entre deux parties de black-jack ? Au rez-de-chaussée du casino, brasserie de style Art déco ornée de mosaïques. Vue idéale sur la plage et les surfeurs.

Plaisir des Mets AC VISA
5 r. Centre – 05 59 24 34 66 – Fermé 25 juin-12 juil., 19 nov.-6 déc., lundi midi, mardi midi et jeudi midi en juil.-août, mardi soir et merc. EZ **a**
Rest – Menu 24 € – Carte 33/52 €
◆ Dans cet accueillant restaurant (sobre décor marin et exposition de peintures modernes) proche des halles, dégustez une cuisine au goût du jour sensible au rythme des saisons.

Clos Basque VISA
12 r. L. Barthou – 05 59 24 24 96 – Fax 05 59 22 34 46 – Fermé 25 juin-5 juil., 15 oct.-1er nov., 18 fév.-6 mars, dim. soir sauf juil.-août et lundi EY **V**
Rest – *(nombre de couverts limité, prévenir)* Menu 24/28 € – Carte 24/28 €
◆ Pierres apparentes et azulejos donnent un air ibérique à la petite salle à manger où règne une ambiance conviviale. Terrasse d'été très courue. Spécialités régionales.

Philippe VISA
30 av. du Lac Marion – 05 59 23 13 12 – lafargue.philippe@hotmail.com – Fermé 19 mars-1er avril, 25 juin-1er juil., 19 nov.-2 déc., lundi de sept. à juil., et mardi sauf juil.-août AX **d**
Rest – *(dîner seult)* Menu 50/75 €
◆ Cuisines ouvertes sur la salle, cheminée où l'on prépare agneau et cochon de lait au feu de bois : ce chaleureux restaurant a séduit les Biarrots. Dépôt-vente d'art contemporain.

Bistrot Aroma AC VISA AE
18 r. Bergerie – 05 59 22 09 37 – natachateissier@hotmail.com – Fax 05 59 41 23 59 – Fermé 27 mai-12 juin, 6-24 janv., sam. midi en saison, dim. et lundi sauf le soir en saison AX **h**
Rest – Carte 27/38 €
◆ Arômes et saveurs à la mode italienne (beau choix de pâtes) proposés dans un bistrot agréablement convivial. Joli décor actuel empreint de sobriété ; petit patio d'été.

Chez Albert
au Port des Pêcheurs – ✆ 05 59 24 43 84 – Fax 05 59 24 20 13 – Fermé 25 nov.-15 déc., 7 janv.-10 fév., mardi et merc. sauf juil.-août DY **v**
Rest – Menu 38 € – Carte 33/59 €
◆ Les produits de la mer sont à l'honneur dans ce restaurant animé et décontracté qui offre une vue imprenable sur le petit port de pêche. Terrasse très prisée en été.

au lac de Brindos 4 km au Sud-Est – ✉ 64600 Anglet

Château de Brindos
1 allée du Château – ✆ 05 59 23 89 80 – brindos@relaischateaux.com – Fax 05 59 23 89 81 – Fermé 15 fév.-5 mars ch, ch, 15/50, BX **e**
24 ch – 160/270 € 200/315 €, 25 € – 5 suites – **Rest** – *(fermé dim. soir et lundi sauf du 7 avril au 4 nov.)* Menu 25 € (déj. en sem.)/50 € – Carte 57/77 €
◆ Face à un lac de 10 ha, élégante bâtisse invitant au repos et disposant de salons ornés de belles boiseries, de chambres très spacieuses et de luxueuses salles de bains. Salle à manger en rotonde et terrasse ombragrée ouvrent sur le plan d'eau.

rte d'Arbonne 4 km au Sud par La Négresse et D 255 – ✉ 64200 Biarritz

Le Château du Clair de Lune sans rest
48 av. Alan-Seeger – ✆ 05 59 41 53 20 – hotel-clair-de-lune@wanadoo.fr – Fax 05 59 41 53 29 AX **b**
17 ch – 70/85 € 130/155 €, 10 €
◆ Dans un joli parc, charmante demeure bourgeoise (1902) abritant des chambres raffinées ; décor plus actuel dans la dépendance. Pour contempler le clair de lune... à Biarritz !

Campagne et Gourmandise
52 av. Alan-Seeger – ✆ 05 59 41 10 11 – Fax 05 59 43 96 16 – Fermé dim. soir sauf 16 juil.-31 août, lundi midi et merc. AX **v**
Rest – Menu 45/69 €
◆ Enseigne-vérité pour cette ancienne ferme nichée dans un vaste jardin, face aux Pyrénées. Intérieur campagnard chic (belle cheminée), jolie terrasse et cuisine du terroir.

à Arbonne 7 km au Sud par La Négresse et D 255 – 1 375 h. – alt. 37 m – ✉ 64210

Laminak sans rest
rte de St Pée – ✆ 05 59 41 95 40 – info@hotel-laminak.com – Fax 05 59 41 87 65 – Fermé 15 nov.-4 déc.
12 ch – 69 € 83/98 €, 10 €
◆ Ferme du 18e s. située à la sortie de ce joli village labourdin. Chambres agréablement personnalisées ; petits-déjeuners servis sous la véranda, face au ravissant jardin.

à Arcangues 8 km par La Négresse, D 254 et D 3 – 2 733 h. – alt. 80 m – ✉ 64200

Office de tourisme, le bourg ✆ 05 59 43 08 55, Fax 05 59 43 39 16

Le Moulin d'Alotz (Sarthou)
au Sud : 3 km par rte Arbonne – ✆ 05 59 43 04 54 – Fax 05 59 43 04 54 – Fermé 25 juin-4 juil., 12-28 nov., janv., mardi et merc.
Rest – *(nombre de couverts limité, prévenir)* Menu 51 €
Spéc. Langoustines saisies, andouille grillée, crème de maïs. Filet de bar à la plancha, compotée poire-miel-thym. Confit de tomate aux épices, gâteau frangipane, crème glacée verveine. **Vins** Irouléguy, Madiran.
◆ Cette maison basque typique daterait de 1694. Élégant cadre mariant poutres patinées et touches actuelles, plaisante terrasse, joli jardin et cuisine au goût du jour soignée.

Auberge d'Achtal
pl. Fronton (accès piétonnier) – ✆ 05 59 43 05 56 – achtal@wanadoo.fr – Fax 05 59 43 16 98 – Fermé 5 janv. -3 avril, mardi et merc. sauf de juil. à mi-sept.
Rest – Menu 28 €
◆ Luis Mariano, prince de l'opérette, repose dans ce pittoresque village basque. Intérieur rustique de caractère et terrasse ombragée face au fronton. Plats régionaux.

Voir aussi ressources à **Anglet**

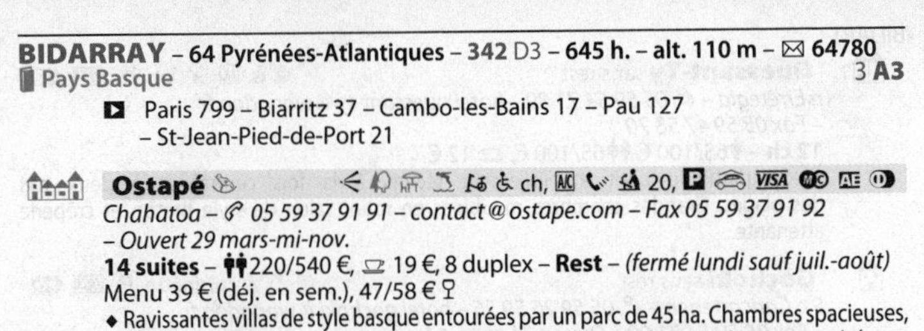

BIDARRAY – 64 Pyrénées-Atlantiques – 342 D3 – 645 h. – alt. 110 m – ✉ 64780
Pays Basque 3 **A3**

Paris 799 – Biarritz 37 – Cambo-les-Bains 17 – Pau 127 – St-Jean-Pied-de-Port 21

Ostapé ch, 20,
Chahatoa – ✆ 05 59 37 91 91 – contact@ostape.com – Fax 05 59 37 91 92 – Ouvert 29 mars-mi-nov.
14 suites – ††220/540 €, ☕ 19 €, 8 duplex – **Rest** – *(fermé lundi sauf juil.-août)* Menu 39 € (déj. en sem.), 47/58 €
◆ Ravissantes villas de style basque entourées par un parc de 45 ha. Chambres spacieuses, raffinées et dotées d'équipements dernier cri. Cuisine régionale revisitée - et supervisée par Alain Ducasse - à découvrir dans l'élégante maison de maître du 18e s.

Barberaenea ch, rest,
pl. Église – ✆ 05 59 37 74 86 – hotel-restaurant-barberaenea@wanadoo.fr – Fax 05 59 37 77 55 – Fermé 15 nov. au 15 déc.
9 ch – †47/60 € ††47/60 €, ☕ 6,50 € – ½ P 46/52 € – **Rest** – Menu 18/25 € – Carte 19/25 €
◆ Hôtellerie basque simple, authentique et chaleureuse située près du fronton. Chambres rustiques jouissant d'une belle vue sur monts et vallées environnants. Au restaurant, meubles campagnards, nappes régionales, agréable terrasse et cuisine du terroir.

Du Pont d'Enfer sans rest
– ✆ 05 59 37 70 88 – pontenfer@wanadoo.fr – Fax 05 59 37 76 60 – Ouvert 9 mars-31 oct.
14 ch – †40/55 € ††40/55 €, ☕ 8 €
◆ Chambres rénovées dans une vieille bâtisse et son annexe adossées à la falaise, face au pont d'Enfer. Le soir, laissez-vous bercer par les eaux frémissantes de la Nive.

Erramundeya sans rest
rte St-Jean-Pied-de-Port (D 918) – ✆ 05 59 37 71 21 – hotel.erramundeya@wanadoo.fr – Fax 05 59 37 71 21 – Ouvert 15 mars-2 nov. et fermé mardi sauf juil.-août
10 ch – †32/49 € ††32/49 €, ☕ 5,50 €
◆ Maison régionale colorée en grès rouge dans la campagne de Basse-Navarre. Chambres modestes et désuètes mais bien tenues. Préférez celles avec terrasse ou balcon.

Auberge Iparla
Chemin de l'Eglise-Bordaberria – ✆ 05 59 37 77 21 – iparla2@wanadoo.fr – Fax 05 59 37 78 84 – Ouvert d'avril à oct. et fermé merc.
Rest – Menu 22 € – Carte 29/40 €
◆ Café-restaurant au joli cadre rustique situé sur la place d'un village typé. Mets du terroir basque, grillades à la cheminée-rôtissoire, vases crétois et parasols en terrasse.

BIDART – 64 Pyrénées-Atlantiques – 342 C4 – 4 670 h. – alt. 40 m – ✉ 64210
Pays Basque 3 **A3**

Paris 778 – Bayonne 17 – Biarritz 7 – Pau 122 – St-Jean-de-Luz 9

Office de tourisme, rue d'Erretegia ✆ 05 59 54 93 85, Fax 05 59 54 70 51

d'Ilbarritz Avenue du Château, N : 3 km par N 10 et D 911, ✆ 05 59 43 81 30.

Chapelle Ste-Madeleine ✻★.

Villa L'Arche sans rest Océan,
chemin Camboénéa – ✆ 05 59 51 65 95 – villalarche@wanadoo.fr – Fax 05 59 51 65 99 – Ouvert 16 fév.-14 nov.
8 ch – †100/265 € ††100/265 €, ☕ 14 €
◆ Entre un quartier résidentiel de la station et les rivages de l'océan se dresse cette charmante villa. Les jolies chambres personnalisées et le beau jardin dominent les flots.

L'Hacienda sans rest
50 r. Bassilour, Sud par N10, rte Ahetze et rte secondaire : 3 km – ✆ 05 59 54 92 82 – contact@hotel-hacienda.fr – Fax 05 59 26 52 73 – Ouvert mars-nov.
14 ch – †125/180 € ††125/180 €, ☕ 15 €
◆ Romantisme et raffinement se sont donné rendez-vous dans cette élégante demeure de style espagnol. Chambres à thème délicieusement colorées et décorées. Grand jardin fleuri.

Ouessant-Ty sans rest

r. Erretegia – ✆ 05 59 54 71 89 – hotel.ouessant-ty@wanadoo.fr – Fax 05 59 47 58 70

12 ch – †65/100 € ††65/100 €, ☕ 12 €

◆ Sympathique petit établissement récent, à la fois central et à deux pas des plages. Grandes chambres meublées en rotin. Salon de style breton et crêperie attenante.

Gochoki sans rest

cuisinette

5 r. Caricartenea – ✆ 05 59 26 59 55 – hotel.gochoki@wanadoo.fr – Fax 05 59 54 71 00 – Ouvert 31 mars-14 oct.

10 ch – †42/70 € ††42/70 €, ☕ 6 €, 14 studios 50/80 €

◆ Cet hôtel devancé par un jardin constitue un pied-à-terre idéal pour sillonner la région. Les familles apprécieront les aménagements en duplex et les studios.

Ypua

r. Chapelle – ✆ 05 59 54 93 11 – info@hotel-restaurant-ypua.com – Fax 05 59 54 95 14

12 ch – †53/90 € ††64/150 €, ☕ 9 € – ½ P 57/75 € – **Rest** – *(fermé dim. soir, vend. soir et sam. du 9 nov. au 10 fév.) (uniquement 1/2 pension en haute saison)* Menu (12 € bc), 16 € bc (déj. en sem.), 25/40 € – Carte 25/41 € ♀

◆ Cette maison basque à la façade blanche et aux volets bleus dispose de petites chambres sans luxe, mais bien tenues et plus agréables côté jardin. Piscine et jacuzzi. Plaisante salle à manger-véranda ; terrasse au bord de l'Ouhabia.

Irigoian sans rest

av. de Biarritz – ✆ 05 59 43 83 00 – irigoian@wanadoo.fr – Fax 05 59 41 19 07

5 ch – †80/110 € ††80/110 €, ☕ 8 €

◆ Cette ancienne ferme du 17e s. se trouve à proximité de l'océan, en lisière d'un golf. Chambres du meilleur goût et spacieuses salles de bains. Exposition de tableaux sur la tauromachie.

Table et Hostellerie des Frères Ibarboure avec ch

chemin de Ttalienea, ch, ch, ch, 15,

Sud par N 10, rte Ahetze et rte secondaire : 4 km – ✆ 05 59 54 81 64 – contact@freresibarboure.com – Fax 05 59 54 75 65 – Fermé 15 nov.-7 déc. et 5-20 janv.

12 ch – †115/150 € ††130/230 €, ☕ 14 € – **Rest** – *(fermé merc. du 7 sept. au 30 juin, dim. soir sauf août et lundi midi de juil. à début sept.)* Menu 35 € (déj. en sem.), 45/68 € – Carte 59/77 € ♀

Spéc. Raviole de morue à la biscayenne. Bar rôti à la fleur de sel, risotto aux cèpes. Foie frais de canard aux mangues. **Vins** Jurançon, Irouléguy.

◆ Belle demeure basque au cœur d'un agréable parc. Plusieurs salles coquettes invitent à savourer les recettes du Sud-Ouest. Chambres personnalisées tournées vers la piscine.

BIEF – 25 Doubs – 321 K3 – rattaché à Villars-sous-Dampjoux

BIELLE – 64 Pyrénées-Atlantiques – 342 J6 – 436 h. – alt. 448 m – ✉ 64260

Aquitaine — 3 **B3**

Paris 803 – Laruns 9 – Lourdes 43 – Oloron-Ste-Marie 26 – Pau 31

L'Ayguelade

rest,

rte Pau : 1 km – ✆ 05 59 82 60 06 – hotel.ayguelade@wanadoo.fr – Fax 05 59 82 61 17 – Fermé janv., mardi et merc. sauf juil.-août

9 ch – †45/55 € ††45/55 €, ☕ 7 € – 1 suite – ½ P 42/47 € – **Rest** – Menu 15 € (déj. en sem.), 18/38 € ♀

◆ Maison béarnaise et son annexe situées le long d'un affluent du gave d'Ossau (pêche). La plupart des petites chambres sont rénovées, actuelles et colorées. Cuisine du terroir servie sous une véranda récente ou, hors saison, dans une salle à manger rustique.

BIENVILLE – 60 Oise – 305 H4 – 480 h. – alt. 46 m – ✉ 60280 36 B2

Paris 94 – Amiens 79 – Compiègne 6 – Creil 45

L'Auberge du Mont Ganelon
VISA

1 r. de Coudun – ☎ 03 44 23 22 49 – Fax 03 44 42 51 15 – Fermé 26-31 déc., 11-24 fév., lundi soir, mardi soir, dim. soir et merc.

Rest – Menu 16 € (sem.)/30 € – Carte 20/33 €

♦ Cette adresse installée dans un quartier résidentiel s'est récemment refait une beauté dans des teintes lumineuses. Le chef vous propose son registre de recettes traditionnelles.

BIESHEIM – 68 Haut-Rhin – 315 J8 – rattaché à Neuf-Brisach

BIGNAN – 56 Morbihan – 308 O7 – rattaché à Locminé

BILLÈRE – 64 Pyrénées-Atlantiques – 342 J5 – rattaché à Pau

BILLIERS – 56 Morbihan – 308 Q9 – 705 h. – alt. 20 m – ✉ 56190 10 C3

Paris 461 – La Baule 42 – Nantes 87 – Redon 39 – La Roche-Bernard 17 – Vannes 28

Domaine de Rochevilaine
littoral, rest, 50, VISA

à la Pointe de Pen Lan, Sud : 2 km par D 5 – ☎ 02 97 41 61 61 – rochevilaine@relaischateaux.com – Fax 02 97 41 44 85

31 ch – 136/234 € 182/385 €, 18 € – 4 suites – ½ P 135/252 € –
Rest – Menu 38 € (déj. en sem.), 66/96 € – Carte 61/80 €

♦ Hameau de belles demeures bretonnes et centre de balnéothérapie ancrés sur une pointe rocheuse face à l'océan. Chambres spacieuses et personnalisées. Restaurant contemporain (boiseries, miroirs, tissus rouges), surplombant les flots. Carte classique actualisée.

BIOT – 06 Alpes-Maritimes – 341 D6 – 7 395 h. – alt. 80 m – ✉ 06410
Côte d'Azur 42 E2

Paris 910 – Antibes 6 – Cagnes-sur-Mer 9 – Cannes 17 – Grasse 20 – Nice 21 – Vence 18

Office de tourisme, 46 rue Saint-Sébastien ☎ 04 93 65 78 00, Fax 04 93 65 78 04

de Biot Avenue Michard Pelissier, S : 1 km, ☎ 04 93 65 08 48.

Musée national Fernand Léger★★ - Retable du Rosaire★ dans l'église.

Domaine du Jas sans rest
VISA

625 rte Mer (D 4) – ☎ 04 93 65 50 50 – domaine-du-jas@wanadoo.fr – Fax 04 93 65 02 01 – Ouvert 16 mars-4 janv.

19 ch – 100/130 € 110/235 €, 15 €

♦ Plusieurs villas récentes de style régional, agencées autour de la piscine. Jolies chambres provençales dotées de balcons ou de terrasses ; certaines ont vue sur Biot.

Les Terraillers (Fulci)
4/10, VISA

11 rte Chemin Neuf (D 4), au pied du village – ☎ 04 93 65 01 59 – lesterraillers@tiscali.fr – Fax 04 93 65 13 78 – Fermé 25 oct.-30 nov., merc. et jeudi

Rest – Menu 39 € (déj.), 59/75 € – Carte 78/102 €

Spéc. Saint-Jacques rôties et en tartare à la coriandre et gingembre (oct. à mars). Duo d'agneau rôti au jus à la truffe. Délice glacé au thé en millefeuille de nougatine. **Vins** Côtes de Provence.

♦ Poterie du 16e s. dont l'ancien four a été transformé en salon. Belle salle à manger avec voûtes, pierres, poutres apparentes et fleurs fraîches. Carte aux accents du Sud.

Le Jarrier
10/15, VISA

au village, 30 passage Bourgade – ☎ 04 93 65 11 68 – info@lejarrier.com – Fax 04 93 65 50 03

Rest – Menu 23 € (déj. en sem.), 30/59 € – Carte 53/68 €

♦ Nul ne pourrait soupçonner que cette discrète maison de pays cache un restaurant chic et "branché" : ambiance lounge, décor contemporain, cuisine raffinée et riche en saveurs.

X **Chez Odile**

au village – ✆ 04 93 65 15 63 – Fermé 30 nov.-31 janv., le midi en juil.-août, merc. soir et jeudi hors saison

Rest – Menu 30 € ♀

◆ Peynet avait son rond de serviette dans cette auberge rustique élevée au rang d'institution locale. Odile, joviale et passionnée, annonce le menu oralement (recettes du pays).

BIRIATOU – **64 Pyrénées-Atlantiques** – **342** B4 – **rattaché à Hendaye**

BIRKENWALD – **67 Bas-Rhin** – **315** I5 – **253 h.** – **alt. 295 m** – ✉ **67440** 1 **A1**

▶ Paris 461 – Molsheim 23 – Saverne 12 – Strasbourg 34

Au Chasseur rest, ch, 25, P VISA MC AE

7 r. église – ✆ 03 88 70 61 32 – contact@chasseurbirkenwald.com – Fax 03 88 70 66 02 – Fermé janv.

24 ch – 60 € 83 €, 12 € – 3 suites – ½ P 78 € – **Rest** – *(fermé mardi midi, jeudi midi et lundi)* Menu (12 €), 15 € (déj. en sem.), 28/65 € – Carte 31/52 € ♀

◆ Coquette auberge d'aspect typé, où l'on s'endort dans des chambres toutes rénovées, aussi confortables que soignées. Certaines ont vue sur le massif des Vosges. Élégante table classico-régionale agrémentée de belles boiseries en mélèze et bois de ronce.

BISCARROSSE – **40 Landes** – **335** E8 – **9 281 h.** – **alt. 22 m** – **Casino** – ✉ **40600**
Aquitaine 3 **B2**

▶ Paris 656 – Arcachon 40 – Bayonne 128 – Bordeaux 74 – Dax 91 – Mont-de-Marsan 84

ℹ Office de tourisme, 55 place Georges Dufau ✆ 05 58 78 20 96, Fax 05 58 78 23 65

de Biscarrosse Route d'Ispe, E : 9 km par D 83 et D 305, ✆ 05 58 09 84 93.

X **La Fontaine Marsan** VISA MC AE

pl. Marsan – ✆ 05 58 82 81 29 – fontaine.marsan@wanadoo.fr – Fermé 1er-15 mars, 1er-14 oct. et dim. soir

Rest – Menu 14,50 € (sem.)/38 € – Carte 34/42 € ♀

◆ Lumineuse salle agrémentée d'une petite collection de triporteurs en miniature. Restauration traditionnelle ou formule bistrot, dans un répertoire aux accents régionaux.

à Ispe **6 km au Nord par D 652 et D 305** – ✉ **40600 Biscarosse**

La Caravelle ch, ch, P VISA MC

– ✆ 05 58 09 82 67 – lacaravelle.40@wanadoo.fr – Fax 05 58 09 82 18 – Ouvert 14 fév.-11 nov.

15 ch (½ P seult en saison) – 46 € 65 €, 7 € – ½ P 55/70 € – **Rest** – *(ouvert 14 fév.-30 oct. et fermé lundi midi et mardi midi)* Menu 15/38 € – Carte 20/53 € ♀

◆ Toutes les chambres de cet hôtel - certaines viennent d'être refaites à neuf - s'ouvrent sur le lac. Celles de l'annexe, de plain-pied, bénéficient d'abords verdoyants. Ambiance "vacances" dans la salle à manger-véranda et agréable terrasse ombragée.

Au Golf **7 km au Nord-Ouest par D 652 et D 305**

XX **Le Parcours Gourmand** VISA MC AE

av. du Golf – ✆ 05 58 09 84 84 – golfdebiscarrosse@wanadoo.fr – Fax 05 58 09 84 50 – Fermé 1er janv.-10 fév., dim. soir et lundi sauf juil.-août

Rest – Menu 35 € (sem.)/65 € bc – Carte 46/61 € ♀

◆ Carte classique valorisant les produits locaux servie dans ce restaurant posé sur le golf, au milieu d'une pinède. Élégant intérieur épuré et terrasse avec vue sur les greens.

BITCHE – **57 Moselle** – **307** P4 – **5 752 h.** – **alt. 300 m** – ✉ **57230**
Alsace Lorraine 27 **D1**

▶ Paris 438 – Haguenau 43 – Sarrebourg 62 – Sarreguemines 33 – Saverne 51 – Strasbourg 72

ℹ Office de tourisme, 4 rue du glacis du Château ✆ 03 87 06 16 16, Fax 03 87 06 16 17

Holigest Golf de Bitche 2 rue des Prés, E : 1 km par N 62, ✆ 03 87 96 15 30.

Citadelle★ - Ligne Maginot : Gros ouvrage du Simserhof★ O : 4 km.

XXX **Le Strasbourg** avec ch 20, VISA MC AE

24 r. Col Teyssier – ✆ 03 87 96 00 44 – le-strasbourg@wanadoo.fr – Fax 03 87 96 11 57 – Fermé 12-27 fév.

10 ch – †45 € ††65/85 €, ☕ 8 € – **Rest** – *(fermé dim. soir, mardi midi et lundi)* Menu 22 € (sem.), 29/53 € – Carte 36/52 € ♀

◆ En centre-ville, établissement d'aspect traditionnel où l'on vient faire des repas au goût du jour dans une spacieuse salle ayant adopté un nouveau "look" d'esprit Art déco. Fringantes chambres discrètement personnalisées : Afrique, Asie, Provence, etc.

XX **La Tour** P VISA MC

3 r. Gare – ✆ 03 87 96 29 25 – restaurant.la.tour@wanadoo.fr – Fax 03 87 96 02 61 – Fermé 26 fév.-12 mars, mardi soir et lundi

Rest – Menu 16 € (sem.)/52 € – Carte 34/56 € ♀

◆ Entre gare et centre-ville, grande bâtisse flanquée d'une tourelle. Une décoration d'inspiration Belle Époque rend attrayantes les trois salles à manger.

BIZE-MINERVOIS – 11 Aude – 344 I3 – 872 h. – alt. 58 m – ✉ 11120 22 B2

▶ Paris 792 – Béziers 33 – Carcassonne 49 – Narbonne 22 – St-Pons-de-Thomières 33

La Bastide Cabezac 15/20, P VISA MC

au Hameau de Cabezac, Sud : 3 km sur D 5 – ✆ 04 68 46 66 10 – contact@labastidecabezac.com – Fax 04 68 46 66 29 – Fermé fin nov. à mi-déc., vacances de fév. et dim. soir de mi-sept. à mi-avril

12 ch – †75/90 € ††95/130 €, ☕ 12 € – ½ P 85/100 € – **Rest** – *(fermé sam. midi, dim. soir et lundi de mi-sept. à mi-avril et le midi du lundi au merc. de mi-avril à mi-sept.)* Menu (16 €), 25/69 € – Carte 52/72 € ♀

◆ Relais de poste du 18e s. au cœur d'un hameau. Aménagements raffinés, meubles de style régional et couleurs chaleureuses en font un plaisant lieu de séjour. Élégant restaurant proposant des vins locaux et sa cuisine actuelle inspirée par les saveurs du Sud.

BLAESHEIM – 67 Bas-Rhin – 315 J5 – rattaché à Strasbourg

BLAGNAC – 31 Haute-Garonne – 343 G3 – rattaché à Toulouse

LE BLANC – 36 Indre – 323 C7 – 6 998 h. – alt. 85 m – ✉ 36300

Limousin Berry 11 B3

▶ Paris 326 – Bellac 62 – Châteauroux 61 – Châtellerault 52 – Poitiers 62

ℹ Office de tourisme, place de la Libération ✆ 02 54 37 05 13, Fax 02 54 37 31 93

XX **Le Cygne** AC VISA MC

8 av. Gambetta – ✆ 02 54 28 71 63 – Fermé 16 juin-8 juil., 25 août-3 sept., 1er-20 janv., dim. soir sauf juil.-août, lundi et mardi

Rest – *(nombre de couverts limité, prévenir)* Menu 18/50 € – Carte 28/51 € ♀

◆ Non loin de l'église réputée pour ses guérisons miraculeuses, agréable restaurant aux tables soigneusement dressées. La cuisine, au goût du jour, évolue au gré du marché.

LE BLANC-MESNIL – 93 Seine-Saint-Denis – 305 F7 – 101 17 – voir à Paris, Environs

BLANGY-SUR-BRESLE – 76 Seine-Maritime – 304 J2 – 3 405 h. – alt. 70 m – ✉ 76340 33 D1

▶ Paris 156 – Abbeville 29 – Amiens 56 – Dieppe 55 – Neufchâtel-en-Bray 31 – Le Tréport 26

ℹ Syndicat d'initiative, 1 rue Duquesne ✆ 02 35 93 52 48

X **Les Pieds dans le Plat** AC VISA MC AE

27 r. St-Denis – ✆ 02 35 93 38 36 – Fax 02 35 93 43 64 – Fermé 15 fév.-10 mars, jeudi soir et dim. soir de sept. à mai et lundi

Rest – Menu (12,50 €), 16/30 € – Carte 24/52 € ♀

◆ Pimpante et lumineuse salle à manger égayée de tableaux d'un artiste local et d'originales fleurs en verre. Ambiance conviviale et cuisine du terroir, généreuse et soignée.

BLANQUEFORT – 33 Gironde – 335 H5 – rattaché à Bordeaux

BLENDECQUES – 62 Pas-de-Calais – 301 G3 – rattaché à St-Omer

BLÉNEAU – 89 Yonne – 319 A5 – 1 459 h. – alt. 200 m – ✉ 89220 7 A1

Paris 156 – Auxerre 56 – Clamecy 59 – Gien 30 – Montargis 42

Syndicat d'initiative, 2 rue Aristide Briand ✆ 03 86 74 82 28

Château de St Fargeau★★ **Bourgogne.**

Blanche de Castille 20, VISA

17 r. d'Orléans – ✆ 03 86 74 92 63 – daniel.gaspard@free.fr – Fax 03 86 74 94 43 – Fermé dim. soir

12 ch – †40 € ††48/62 €, ☐ 8,50 € – 1 suite – ½ P 55 € – **Rest** – *(fermé 1er-20 sept., 1er-25 janv. et jeudi)* Menu 13 € (sem.)/29 € – Carte 20/34 €

◆ Ancien relais de poste abritant des chambres peu à peu refaites et portant de doux prénoms féminins ; celles du dernier étage sont mansardées. Salon de lecture. Restaurant feutré (tons pastel) et terrasse dressée dans la cour intérieure. Carte traditionnelle.

Auberge du Point du Jour VISA

pl. Mairie – ✆ 03 86 74 94 38 – Fax 03 86 74 85 92 – Fermé 2-14 janv., dim. soir et lundi

Rest – Menu 17 € (déj. en sem.), 24/43 € – Carte 45/56 €

◆ Poutres apparentes, boiseries égayées de tableaux et lumière diffuse ajoutent à l'ambiance chaleureuse de cette salle à manger rustique. Registre culinaire traditionnel.

BLÉNOD-LÈS-PONT-A-MOUSSON – 54 Meurthe-et-Moselle – 307 H5 – rattaché à Pont-à-Mousson

BLÉRÉ – 37 Indre-et-Loire – 317 O5 – 4 576 h. – alt. 59 m – ✉ 37150

Châteaux de la Loire 11 A1

Paris 234 – Blois 48 – Château-Renault 36 – Loches 25 – Montrichard 16 – Tours 27

Office de tourisme, 8 rue Jean-Jacques Rousseau ✆ 02 47 57 93 00

Cheval Blanc (Blériot) rest, VISA

pl. Église – ✆ 02 47 30 30 14 – le.cheval.blanc.blere@wanadoo.fr – Fax 02 47 23 52 80 – Fermé début janv.-14 fév.

12 ch – †59 € ††78 €, ☐ 10 € – ½ P 78/86 € – **Rest** – *(fermé dim. soir sauf juil.-août, vend. midi et lundi) (prévenir)* Menu 22 € (sem.)/60 €

Spéc. Poêlée de queues de langoustines beurre blanc. Goujonnettes de sole, gratin de crabe sauce suprême (juin à oct.). Filet de pigeon et foie gras poêlé. **Vins** Montlouis, Chinon.

◆ Demeure du 17e s. abritant des chambres qui donnent pour la plupart sur une agréable et paisible cour fleurie. Élégantes salles à manger où contemporain et ancien se conjuguent avec goût ; savoureuse cuisine classique et belle carte des vins du Val de Loire.

BLÉRIOT-PLAGE – 62 Pas-de-Calais – 301 E2 – rattaché à Calais

BLESLE – 43 Haute-Loire – 331 B2 – 660 h. – alt. 520 m – ✉ 43450

Auvergne 5 B3

Paris 484 – Aurillac 92 – Brioude 23 – Issoire 39 – Murat 45 – St-Flour 39

Office de tourisme, place de l'Église ✆ 04 71 76 26 90, Fax 04 71 76 28 17

Église St-Pierre★.

La Bougnate ch, VISA

pl. Vallat – ✆ 04 71 76 29 30 – contact@labougnate.com – Fax 04 71 76 29 39 – Fermé de fin déc. à début mars

8 ch – †55/85 € ††55/85 €, ☐ 8 € – ½ P 65 € – **Rest** – Menu (21 €), 25/35 €

◆ Paisible et charmante auberge installée dans une vraie maison de village. Chambres simples et coquettes ; celles de la petite tour sont assez pittoresques. Boutique d'artisanat. À table, joli décor rustique, spécialités de viandes d'Aubrac et vins choisis.

BLIENSCHWILLER – 67 Bas-Rhin – 315 I6 – 288 h. – alt. 230 m – ✉ 67650 2 C1

Paris 504 – Barr 51 – Erstein 26 – Obernai 19 – Sélestat 11 – Strasbourg 47

Syndicat d'initiative, Mairie ✆ 03 88 92 40 16, Fax 03 88 92 40 16

Winzenberg sans rest

58 rte des Vins – ✆ 03 88 92 62 77 – winzenberg@wanadoo.fr – Fax 03 88 92 45 22 – Fermé 24 déc.-3 janv. et 11 fév.-9 mars

13 ch – 39/42 € 42/50 €, 6,50 €

◆ Façade rose très fleurie, jolie cour intérieure, chambres coquettes (mobilier en bois peint) : cet hôtel familial aménagé dans une maison de viticulteur a du cachet.

Le Pressoir de Bacchus

50 rte des Vins – ✆ 03 88 92 43 01 – lepressoirdebacchus@wanadoo.fr – Fax 03 88 92 43 01 – Fermé 2-18 juil., 26 fév.-14 mars, merc. sauf le soir d'avril à déc. et mardi

Rest – Menu (15 €), 24/45 € – Carte 26/43 €

◆ Cadre à la fois simple et soigné combinant style alsacien et ambiance de bistrot. Cuisine régionale et carte de vins exclusivement issus du village. Accueil souriant.

BLOIS P – 41 Loir-et-Cher – 318 E6 – 49 171 h. – Agglo. 116 544 h. – alt. 73 m – ✉ 41000 Châteaux de la Loire 11 A1

Paris 182 – Le Mans 111 – Orléans 61 – Tours 66

Office de tourisme, 3 place du Château ✆ 02 54 90 41 41, Fax 02 54 90 41 49

du Château de Cheverny à Cheverny La Rousselière, par rte de Cheverny : 15 km, ✆ 02 54 79 24 70.

Château★★★ : musée des Beaux-Arts★ - Le Vieux Blois★ : Église St-Nicolas★ - Cour avec galeries★ de l'hôtel d'Alluye YZ E - Jardins de l'Evêché ≤★ - Jardin des simples et des fleurs royales ≤★ L - Maison de la Magie Robert-Houdin★.

Plan page suivante

Mercure Centre

ch, ch, 30/200, VISA

28 quai St-Jean – ✆ 02 54 56 66 66 – H1621@accor.com – Fax 02 54 56 67 00 Y f

84 ch – 94/101 € 112/119 €, 11,50 €, 12 duplex – **Rest** – Menu 23/27 € bc – Carte 27/37 €

◆ Belles chambres contemporaines desservies par une coursive (équipement wi-fi pour celles qui ont vue sur le fleuve). Bar-salon sous verrière ; expositions d'art dans le hall. Salle à manger ouverte sur la Loire. Intéressante sélection de vins au verre.

Holiday Inn Garden Court

ch, ch, 25/40, VISA

26 av. Maunoury – ✆ 02 54 55 44 88 – holiblois@wanadoo.fr – Fax 02 54 74 57 97 Y t

78 ch – 75/96 € 75/96 €, 9 € – **Rest** – *(fermé sam. midi, dim. midi et midi fériés)* Menu 17/25 € – Carte 28/36 €

◆ Cet hôtel légèrement excentré, mais tout proche de la halle aux grains (salles de spectacle et de congrès), vous invite à séjourner dans des chambres au confort moderne. Salle à manger façon jardin d'hiver ; cuisine classique et grillades en terrasse l'été.

Anne de Bretagne sans rest

31 av. J. Laigret – ✆ 02 54 78 05 38 – annedebretagne@free.fr – Fax 02 54 74 37 79 – Fermé 7 janv.-10 fév. Z k

27 ch – 46/50 € 53/59 €, 7 €

◆ Cette adresse voisine du château rénove peu à peu ses chambres ; mobilier rustique, fonctionnel ou en rotin et couleurs pimpantes. Le petit-déjeuner se prend dehors en saison.

Monarque

61 r. Porte Chartraine – ✆ 02 54 78 02 35 – lemonarque@free.fr – Fax 02 54 74 82 76 – Fermé 3 déc.-7 janv. Y a

22 ch – 38 € 54/56 €, 6 € – ½ P 48 € – **Rest** – Menu 11 € (déj. en sem.), 25/28 € – Carte 16/29 €

◆ Une cure de jouvence a transformé cette bâtisse du 19e s. en un accueillant hôtel. Petites chambres gaies et colorées, toutes climatisées. Parquet, murs beiges, mobilier moderne, puits de lumière central et recettes actuelles caractérisent le restaurant.

BLOIS

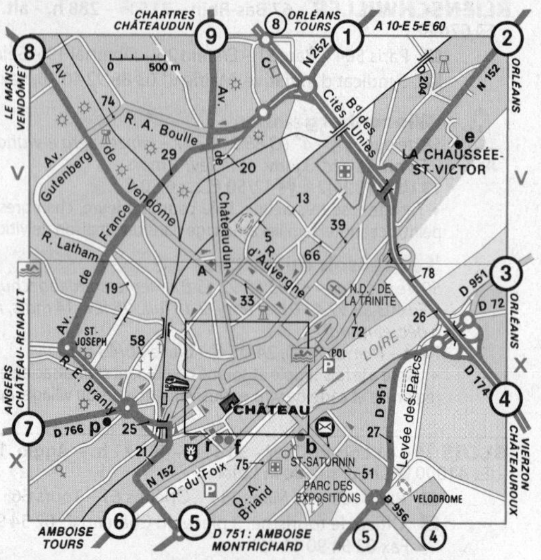

CHARTRES
CHÂTEAUDUN
ORLÉANS
TOURS
A 10-E 5-E 60
LE MANS
VENDÔME
ORLÉANS
CHÂTEAU-RENAULT
ANGERS
LA CHAUSSÉE-ST-VICTOR
N.D.-DE LA TRINITÉ
LOIRE
CHÂTEAU
ST-SATURNIN
PARC DES EXPOSITIONS
VELODROME
VIERZON
CHÂTEAUROUX
AMBOISE
TOURS
D 751 : AMBOISE
MONTRICHARD

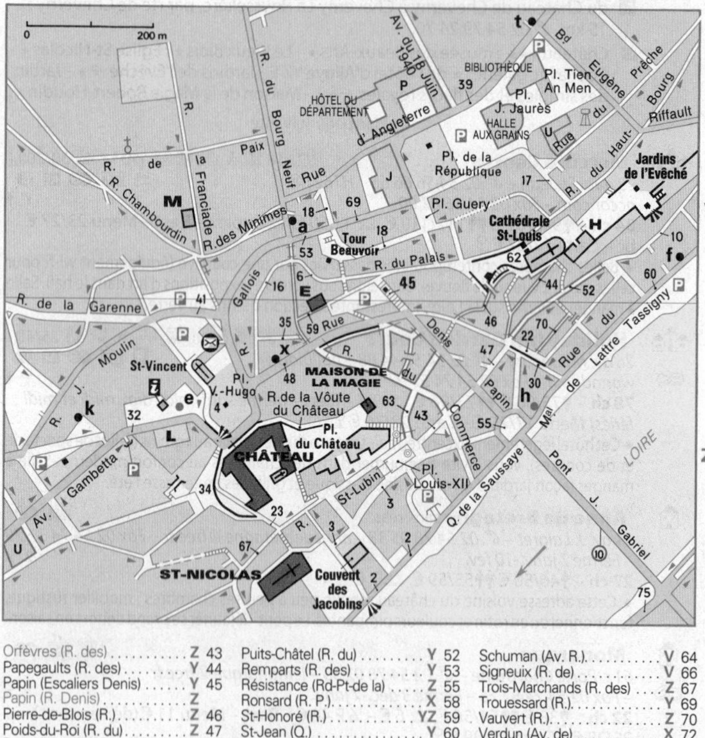

Ibis sans rest
3 r. Porte Côté – ✆ 02 54 74 01 17 – H0920@accor.com – Fax 02 54 74 85 69 Z x
56 ch – 🚹45/69 € 🚹🚹45/69 €, ☕ 7 €
◆ Adresse centrale alliant le cachet d'un ancien hôtel particulier (mosaïque d'entrée, stucs, moulures) et la fonctionnalité de chambres rajeunies et bien insonorisées.

L'Orangerie du Château (Molveaux) 20, VISA
1 av. J. Laigret – ✆ 02 54 78 05 36 – contact@orangerie-du-chateau.fr – Fax 02 54 78 22 78 – Fermé 20-26 août, 1er-7 nov., 15 fév.-15 mars, lundi midi de mai à oct., mardi soir de nov. à avril, dim. soir et merc. Z e
Rest – Menu 32 € (sauf samedi soir)/70 € – Carte 70/101 €
Spéc. Raviole ouverte de langoustines. Pomme de ris de veau au poêlon. Cannelé moelleux au guayaquil. **Vins** Cour-Cheverny, Touraine-Mesland.
◆ Dans une dépendance du château (15e s.), longue salle lumineuse et raffinée. En terrasse, vue imprenable sur le noble logis de François Ier. Cuisine au goût du jour.

Le Médicis avec ch VISA
2 allée François 1er – ✆ 02 54 43 94 04 – le.medicis@wanadoo.fr – Fax 02 54 42 04 05 – Fermé 12-19 nov., 8-25 janv., dim. soir de Toussaint à Pâques X p
10 ch – 🚹87 € 🚹🚹120/150 €, ☕ 12 € – ½ P 87/120 € – **Rest** – Menu 29 € (sem.)/68 € – Carte 50/74 €
◆ Cette maison 1900 abrite une salle à manger-véranda cossue (plafonds moulurés, mobilier Second Empire) et propose sa cuisine traditionnelle revisitée. Chambres coquettes.

Au Rendez-vous des Pêcheurs (Cosme) VISA
27 r. Foix – ✆ 02 54 74 67 48 – christophe.cosme@wanadoo.fr – Fax 02 54 74 47 67 – Fermé 5-20 août, lundi midi et dim. sauf fériés X r
Rest – *(nombre de couverts limité, prévenir)* Menu 28 € (sem.)/74 € – Carte 61/82 €
Spéc. Fleur de courgette "Vallée de la Loire" (juin à sept.). Sandre à l'huile de noisette. Assiette gourmande du pâtissier. **Vins** Jasnières, Touraine.
◆ Sympathique repaire gourmand dont la cuisine, classico-créative, utilise aussi bien les produits de la pêche que ceux de la terre ferme. Accueil et service avenants ; cadre "rétro".

Côté Loire avec ch VISA
2 pl. Gréve – ✆ 02 54 78 07 86 – info@coteloire.com – Fax 02 54 56 87 33 – Fermé 1er-8 sept., 11-26 nov., janv., dim. et lundi X f
7 ch – 🚹39/49 € 🚹🚹48/72 €, ☕ 8 € – ½ P 55/67 € – **Rest** – Menu 26 € – Carte environ 37 €
◆ Des poutres d'origine (16e s.), un vaisselier ancien, des tables en bois verni et un menu unique qui change au gré du marché font tout le charme de cette auberge blésoise.

Bistrot du Cuisinier VISA
20 q. Villebois-Mareuil – ✆ 02 54 78 06 70 – Fax 02 54 78 00 98 – Fermé 1er-10 janv. X b
Rest – Menu (23 €), 29 €
◆ Cette maison de style régional située sur la rive gauche de la Loire abrite une salle à manger d'inspiration rustique où l'on régale d'une cuisine traditionnelle soignée.

Le Bistrot de Léonard VISA
8 r. Mar. de Lattre de Tassigny – ✆ 02 54 74 83 04 – lebistrotdeleonard@orange.fr – Fax 02 54 74 85 87 – Fermé sam. midi et dim. Z h
Rest – Carte 25/37 €
◆ Ambiance bistrot parisien restituée derrière une jolie façade en bois donnant sur les quais. Plats canailles notés à l'ardoise, mise de table design, clins d'oeil à da Vinci.

à La Chaussée-St-Victor par ② : 4 km – 4 069 h. – alt. 105 m – ✉ 41260

Novotel ch, ch, rest, 15/100, VISA
1 r. Almandin – ✆ 02 54 57 50 50 – h0401@accor.com – Fax 02 54 57 50 40 V e
116 ch – 🚹83 € 🚹🚹99/102 €, ☕ 12 € – **Rest** – Carte 21/33 €
◆ Dans un quartier résidentiel assez calme, hôtel proposant des chambres spacieuses et de bon confort. Cuisine simple et grillades servies dans une salle à manger-véranda ou sous la tonnelle de la terrasse d'été bordant jardin et piscine.

à St-Denis-sur-Loire 6 km par ② – **884 h.** – **alt. 92 m** – ✉ **41000**

La Malouinière sans rest
– ✆ 02 54 74 62 56 – infos@la-malouiniere.com – Fax 02 54 74 62 56 – Ouvert 1er avril-28 oct.
4 ch – 80 € 130 €
◆ Cette demeure conserve maints tableaux de son premier propriétaire le peintre Bernard Lorjou. Chambres pétries de charme, méticuleusement tenues. Grand jardin et belle roseraie.

Le Grand Atelier avec ch — ch, VISA MC AE
r. 8 Mai 1945 – ✆ 02 54 74 10 64 – contact@hotel-restaurant-atelier.com – Fax 02 54 58 86 37 – Fermé dim. soir et lundi
5 ch – 100/115 € 100/115 €, 12 € – **Rest** – Menu 32 € (sem.)/42 €
◆ Cette jolie maison, qui fut l'atelier du peintre Bernard Lorjou, a gardé son âme d'artiste : de belles toiles décorent l'élégante salle à manger. Terrasse. Cuisine actuelle.

à Molineuf 9 km par ⑦ – **801 h.** – **alt. 115 m** – ✉ **41190**

Poste — AC VISA MC AE
11 av. Blois – ✆ 02 54 70 03 25 – contact@restaurant-poidras.com – Fax 02 54 70 12 46 – Fermé 12 nov.-3 déc., 15 fév.-7 mars, mardi d'oct. à avril, dim. soir de sept. à juin et merc.
Rest – Menu 17/33 € – Carte 33/57 €
◆ En lisière de la forêt de Blois, auberge de pays abritant une salle à manger actuelle aux couleurs vives prolongée par une lumineuse véranda. Cuisine au goût du jour soignée.

BLONVILLE-SUR-MER – 14 Calvados – 303 M3 – 1 341 h. – alt. 10 m – ✉ 14910 — 32 A3

Paris 205 – Caen 46 – Deauville 5 – Le Havre 50 – Lisieux 34 – Pont-l'Évêque 18

Office de tourisme, 26 avenue Michel d'Ornano ✆ 02 31 87 91 14, Fax 02 31 87 11 38

L'Épi d'Or — rest, 15/45, P VISA MC AE
23 av. Michel d'Ornano – ✆ 02 31 87 90 48 – epidor@hotel-normand.com – Fax 02 31 87 08 98 – Fermé 17-29 déc. et 21 fév.-28 fév.
40 ch – 55/60 € 55/155 €, 8 € – ½ P 60/95 € – **Rest** – *(fermé merc. et jeudi de sept. à juin)* Menu 18/45 € – Carte 29/75 €
◆ Avenante maison de style normand bien rénovée. Les chambres, toutes semblables, sont avant tout pratiques. Sobre salle à manger actuelle et carte traditionnelle ; repas rapides à la brasserie dans un décor rustique.

BOERSCH – 67 Bas-Rhin – 315 I6 – rattaché à Obernai

BOIS-COLOMBES – 92 Hauts-de-Seine – 311 J2 – 101 15 – voir à Paris, Environs

---

BOIS DE BOULOGNE – 75 Ville-de-Paris – voir à Paris (Paris 16e)

BOIS DE LA CHAIZE – 85 Vendée – 316 C5 – voir à Île de Noirmoutier

---

BOIS-DU-FOUR – 12 Aveyron – 338 J5 – ✉ 12780 — 29 D1

Paris 627 – Aguessac 16 – Millau 23 – Pont-de-Salars 25 – Rodez 45 – Sévérac-le-Château 18

Relais du Bois du Four — rest, P VISA MC
– ✆ 05 65 61 86 17 – contact@bois-du-four.com – Fax 05 65 58 81 37 – Ouvert 1er avril-15 nov. et fermé 2-8 juil., dim. soir et merc.
26 ch – 50 € 50 €, 7 € – ½ P 50/55 € – **Rest** – Menu (11,50 € bc), 15 € (sem.)/30 € – Carte 20/42 €
◆ On titille le goujon dans l'étang situé juste en face de cet ancien relais de poste. Les chambres du 1er étage, sobres et fonctionnelles, ont été refaites. Tenue sans reproche. Vaste salle de restaurant campagnarde et cuisine à l'accent aveyronnais.

BOIS-LE-ROI – 77 Seine-et-Marne – 312 F5 – 5 292 h. – alt. 80 m – ✉ 77590 19 C2

Paris 58 – Fontainebleau 10 – Melun 10 – Montereau-Fault-Yonne 26

U.C.P.A. Bois-le-Roi Base de loisirs, NO : 2 km, ☎ 01 64 81 33 31.

Le Pavillon Royal sans rest

40 av. Gallieni – ☎ 01 64 10 41 00 – hotel-le-pavillon-royal@wanadoo.fr – Fax 01 64 10 41 10

33 ch – †65 € ††65 €, ☕ 6,50 €

◆ Un peu à l'écart du centre-ville, cet hôtel propose des chambres pratiques et actuelles, parfois meublées en rotin. Bonne isolation phonique et tenue impeccable.

La Marine

52 quai O. Metra (à l'écluse) – ☎ 01 60 69 61 38 – Fax 01 60 66 38 59 – Fermé 12 oct.-7 nov., 6-28 fév., lundi et mardi

Rest – Menu 27/32 € – Carte 46/62 €

◆ Cette aimable auberge jouit d'une situation attractive au bord de la Seine. Salle à manger sagement rustique et paisible terrasse d'été. Cuisine traditionnelle.

BOIS-PLAGE-EN-RÉ – 17 Charente-Maritime – 324 B2 – voir à Île de Ré

BOISSERON – 34 Hérault – 339 J6 – rattaché à Sommières

BOISSET – 15 Cantal – 330 B6 – 653 h. – alt. 426 m – ✉ 15600 5 A3

Paris 559 – Aurillac 31 – Calvinet 18 – Entraygues-sur-Truyère 48 – Figeac 36 – Maurs 14

Auberge de Concasty

Nord-Est : 3 km par D 64 – ☎ 04 71 62 21 16 – info@auberge-concasty.com – Fax 04 71 62 22 22 – Ouvert 1er avril-30 nov.

14 ch – †60/70 € ††66/138 €, ☕ 16 € – 2 suites – ½ P 69/108 € – **Rest** – *(fermé le midi sauf dim.) (prévenir)* Menu 31/42 €

◆ Air pur et repos garantis en ce domaine ouvert sur la campagne cantalienne. Coquettes chambres actuelles, plus spacieuses dans la dépendance. Brunch auvergnat sur demande. Menu unique mariant tradition et terroir, servi dans une plaisante salle à manger rustique.

LA BOISSIÈRE-ÉCOLE – 78 Yvelines – 311 F3 – 725 h. – alt. 163 m – ✉ 78125 18 A2

Paris 71 – Clamart 61 – Rueil-Malmaison 59 – Versailles 51

La Gâtine

15 rte de Faverolles – ☎ 01 34 94 32 79 – marion.gatine@wanadoo.fr – Fax 01 34 94 32 79

5 ch ☕ – †75 € ††75 € – **Rest** – table d'hôte *(dîner seult) (résidents seult)* Menu 23 € bc

◆ Chaque pièce de cette longère à toit de chaume invite au voyage, passion du propriétaire. Les chambres qui se nomment Bali, Mexique, Coimbra, Orient et Cabourg sont décorées dans le style du pays évoqué. La table d'hôte sert des plats du monde et du gibier en saison.

BOLLENBERG – 68 Haut-Rhin – 315 H9 – rattaché à Rouffach

BOLLEZEELE – 59 Nord – 302 B2 – 1 382 h. – alt. 40 m – ✉ 59470 30 B1

Paris 274 – Calais 45 – Dunkerque 24 – Lille 68 – St-Omer 18

Hostellerie St-Louis

40/200

47 r. église – ☎ 03 28 68 81 83 – contact@hostelleriesaintlouis.com – Fax 03 28 68 01 17 – Fermé 30 juil.-10 août et dim. soir

27 ch – †42/50 € ††55/65 €, ☕ 9 € – ½ P 57/62 € – **Rest** – *(fermé le midi du lundi au sam. et dim. soir)* Menu 23 € (sem.)/40 € – Carte environ 45 €

◆ Cette belle maison du début du 19e s. possède un plaisant jardin d'agrément avec bassin. Les chambres, récentes, sont spacieuses et bien agencées. Généreuse cuisine traditionnelle servie avec le sourire dans un cadre bourgeois (mobilier de style et tons pastel).

BONDUES – 59 Nord – 302 G3 – rattaché à Lille

BONIFACIO – 2A Corse-du-Sud – 345 D11 – voir à Corse

BONLIEU – 39 Jura – 321 F7 – 225 h. – alt. 785 m – ✉ 39130
Franche-Comté Jura 16 **B3**

Paris 439 – Champagnole 23 – Lons-le-Saunier 32 – Morez 24 – St-Claude 42

XX **La Poutre** avec ch

– ✆ *03 84 25 57 77 – Fax 03 84 25 51 61 – Ouvert 4 mai-1er nov. et fermé lundi sauf le soir en juil.-août et mardi de sept. à juin*

8 ch – 45 € 56 €, 8 € – ½ P 60 € – **Rest** – Menu 20/68 € – Carte 45/69 €

♦ Ferme familiale de 1740 située au centre du bourg. Dans la salle à manger rustique (poutres et vieilles pierres), on se régale d'une cuisine "maison", régionale et soignée.

BONNAT – 23 Creuse – 325 I3 – 1 348 h. – alt. 330 m – ✉ 23220 25 **C1**

Paris 329 – Châtre 37 – Guéret 20 – Montluçon 72 – Souterraine 53

L'Orangerie 20,

3bis r. Paix – ✆ 05 55 62 86 86 – reception@hotel-lorangerie.fr – Fax 05 55 62 86 87 – Ouvert 1er avril-31 oct.

30 ch – 80/110 € 80/110 €, 12 € – ½ P 72/87 € – **Rest** – Menu 17 € (déj. en sem.), 26/45 € – Carte 49/57 €

♦ Agréables salons, belles chambres très confortables (joli mobilier de style Louis XV) et petit-déjeuner en terrasse : cette avenante demeure bourgeoise tient ses promesses. Cuisine traditionnelle gourmande servie en été face au jardin (potager à la française).

BONNATRAIT – 74 Haute-Savoie – 328 L2 – rattaché à Thonon-les-Bains

BONNE – 74 Haute-Savoie – 328 K3 – 2 098 h. – alt. 457 m – ✉ 74380 46 **F1**

Paris 545 – Annecy 45 – Bonneville 16 – Genève 18 – Morzine 40 – Thonon-les-Bains 31

XXX **Baud** avec ch rest,

– ✆ 04 50 39 20 15 – info@hotel-baud.com – Fax 04 50 36 28 96

16 ch – 160 € 160 €, 13 € – **Rest** – *(fermé dim. soir)* Menu (22 €), 25 € (déj. en sem.), 39/65 € – Carte 46/64 €

♦ Élégant restaurant contemporain et "cosy", cuisine de bistrot actualisée, séduisante carte des vins, salons cossus et insoupçonné jardin bordant la Ménoge : c'est Baud !

au Pont-de-Fillinges 2,5 km à l'Est – ✉ 74250

XX **Le Pré d'Antoine**

rte Boëge – ✆ 04 50 36 45 06 – lepredantoine@aol.com – Fax 04 50 31 12 28 – Fermé 1er au 8 janv., mardi soir et merc.

Rest – Menu 21 € (déj. en sem.), 33/47 € – Carte 37/56 €

♦ Construction moderne de type chalet abritant une grande salle à manger habillée de boiseries, complétée d'une terrasse bien exposée. Cuisine oscillant entre terroir et tradition.

BONNE-FONTAINE – 57 Moselle – 307 O6 – rattaché à Phalsbourg

Ne confondez pas les couverts X et les étoiles ✿ !
Les couverts définissent une catégorie de standing, tandis que l'étoile couronne les meilleures tables, dans chacune de ces catégories.

BONNÉTAGE – 25 Doubs – 321 K3 – 674 h. – alt. 960 m – ✉ 25210 17 C2

Paris 468 – Belfort 69 – Besançon 65 – Biel/Bienne 62 – La Chaux-de-Fonds 29

XXX **L'Etang du Moulin** (Barnachon) avec ch

1,5 km par D 236 et chemin privé – ♿ rest, P VISA MC AE

– ✆ 03 81 68 92 78 – etang.du.moulin@wanadoo.fr – Fax 03 81 68 94 42 – Fermé 18-26 déc., 2 janv.-9 fév., mardi sauf le soir en juil.-août et merc. sauf le soir du 15 mars au 1er nov.

19 ch – †50/55 € ††58/75 €, ☕ 8,50 € – ½ P 51/55 € – **Rest** – Menu 22 € (sem.)/90 € – Carte 32/65 €

Spéc. Palette de foies gras. Ragoût de morilles au vin jaune à la crème de Bonnétage. Ris de veau caramélisé au miel et vinaigre balsamique. **Vins** Arbois-Savagnin, Charcennes.

◆ Grand chalet posé au bord d'un étang, en pleine nature. Confortable salle à manger contemporaine, délicieuse cuisine du terroir (carte de foies gras) et beau choix de vins.

X **Les Perce-Neige** avec ch – AC rest, 20, P VISA MC

D 437 – ✆ 03 81 68 91 51 – Fax 03 81 68 95 25 – Fermé 15-30 janv.

12 ch – †40 € ††47 €, ☕ 7 € – ½ P 47 € – **Rest** – *(fermé dim. soir)* Menu 13,50 € (sem.)/42 € – Carte 24/46 €

◆ Salles à manger actuelles où l'on sert une cuisine traditionnelle. Un autre bâtiment, bordé par une route fréquentée mais assez calme la nuit, abrite des chambres refaites.

BONNEUIL-MATOURS – 86 Vienne – 322 J4 – 1 708 h. – alt. 60 m – ✉ 86210 39 C1

Paris 322 – Bellac 79 – Le Blanc 51 – Châtellerault 17 – Montmorillon 42 – Poitiers 25

Office de tourisme, 1 rue du 8 Mai 1945 ✆ 05 49 85 08 62

XX **Le Pavillon Bleu** – VISA MC

sur D 749 (face pont) – ✆ 05 49 85 28 05 – c.ribardiere@wanadoo.fr – Fax 05 49 21 61 94 – Fermé 24 sept.-16 oct., 21-27 janv., merc. soir d'oct. à mai, dim. soir et lundi

Rest – Menu (13 €), 18/35 € – Carte environ 32 €

◆ Passez la Vienne par le pont suspendu pour rejoindre cette coquette auberge familiale que l'on apprécie pour son atmosphère reposante et ses goûteuses recettes traditionnelles.

BONNEVAL – 28 Eure-et-Loir – 311 E6 – 4 285 h. – alt. 128 m – ✉ 28800 Châteaux de la Loire 11 B1

Paris 121 – Chartres 31 – Lucé 34 – Orléans 66

Office de tourisme, 2 square Westerham ✆ 02 37 47 55 89, Fax 02 37 96 28 62

XX **Hostellerie du Bois Guibert** avec ch – ch, 12,

à Guibert Sud-Ouest : 2 km – ✆ 02 37 47 22 33 – P VISA MC AE

– bois-guibert@wanadoo.fr – Fax 02 37 47 50 69 – Fermé 5-11 mars, 29 oct.-7 nov. et 26 déc.-3 janv.

14 ch – †69/160 € ††69/160 €, ☕ 11,50 € – ½ P 85/120 € – **Rest** – Menu 28 € (sem.)/64 € – Carte 46/75 €

◆ Cette gentilhommière du 18e s. abrite un élégant restaurant et une agréable terrasse ouverte sur le jardin. Cuisine traditionnelle et menu végétarien. Chambres personnalisées.

BONNEVAL-SUR-ARC – 73 Savoie – 333 P5 – 242 h. – alt. 1 800 m – Sports d'hiver : 1 800/3 000 m 10 – ✉ 73480 Alpes du Nord 45 D2

Paris 706 – Albertville 133 – Chambéry 146 – Lanslebourg 21 – Val-d'Isère 30

Syndicat d'initiative, la Ciamarella ✆ 04 79 05 95 95, Fax 04 79 05 86 87

Vieux village★★.

A la Pastourelle

– 04 79 05 81 56 – Fax 04 79 05 85 44 – *Fermé vacances de la Toussaint*
12 ch – 52/56 € 58/62 €, 7 € – ½ P 55 € – **Rest** – *(ouvert 20 déc.-20 avril)*
Menu 11,50 € (sem.)/21 € – Carte 10/33 €

◆ Calme et confort douillet dans cette maison familiale typique du charmant vieux village. Restaurant-crêperie de caractère avec poutres, cheminée, voûte en pierre et photos d'ancêtres. Au menu, raclettes, fondues, crêpes et la spécialité régionale, le diot.

La Bergerie

– 04 79 05 94 97 – Fax 04 79 05 93 24 – *Ouvert 15 juin-23 sept. et 23 déc.-25 avril*
22 ch – 40/50 € 54/60 €, 10 € – ½ P 55/60 € – **Rest** – Menu 14,50/26 € – Carte 21/35 €

◆ Entrez dans la Bergerie et repaissez vous de sa douce quiétude dans des chambres lumineuses offrant une belle perspective sur le massif des Évettes. Les nombreux cuivres et objets paysans accrochés aux murs donnent l'ambiance rustique de la salle à manger.

BONNEVILLE – 74 Haute-Savoie – 328 L4 – 10 463 h. – alt. 450 m – ✉ 74130

Alpes du Nord 46 **F1**

Paris 556 – Annecy 42 – Chamonix-Mont-Blanc 54 – Nantua 87 – Thonon-les-Bains 45

Office de tourisme, 154 place de l'Hôtel de Ville 04 50 97 38 37

Bellevue

à Ayze, Est : 2,5 km par D 6 – 04 50 97 20 83 – Fax 04 50 25 28 38 – *Ouvert 8 mai-30 sept., 9 fév.-9 mars et fermé dim. soir et lundi sauf juil.-août*
20 ch – 42/45 € 46/54 €, 6,50 € – ½ P 44/48 € – **Rest** – *(ouvert 12 juin-2 sept. et fermé dim. soir et le midi en juin)* Menu 16 € (sem.)/32 €

◆ Cet établissement familial construit dans les années 1960 dispose de chambres simples ; certaines s'ouvrent sur les vignes d'Ayze. En rez-de-jardin, salle à manger panoramique et terrasse ménagent une vue sur la plaine de l'Arve ; cuisine traditionnelle.

à Vougy 5 km à l'Est par N 205 – 958 h. – alt. 471 m – ✉ 74130

Le Capucin Gourmand

1520 rte de Genève RN 205 – 04 50 34 03 50 – lecapucingourmand@wanadoo.fr – Fax 04 50 34 57 57 – *Fermé 5-27 août, 1er-7 janv., sam. midi, dim. et lundi*
Rest – Menu 33/55 € – Carte 44/72 €
Rest ***Le Bistro du Capucin*** – Menu (21 € bc), 27 € – Carte 28/40 €

◆ Murs agrémentés de dessins au pochoir, meubles de style et bibelots président au cadre du restaurant où l'on propose une cuisine au goût du jour et une belle carte des vins. Côté Bistro : ambiance décontractée, décor assez sobre et plats typiques du genre.

BONNIEUX – 84 Vaucluse – 332 E11 – 1 417 h. – alt. 400 m – ✉ 84480

Provence 42 **E1**

Paris 721 – Aix-en-Provence 49 – Apt 12 – Carpentras 42 – Cavaillon 27

Office de tourisme, 7 place Carnot 04 90 75 91 90, Fax 04 90 75 92 94

Terrasse ≤★.

La Bastide de Capelongue (Loubet) avec ch

rte de Lourmarin, puis D 232 et voie secondaire : 1,5 km – 04 90 75 89 78 – contact@capelongue.com – Fax 04 90 75 93 03 – *Ouvert 15 mars-15 nov.*
16 ch – 160 € 380 €, 15 €, 1 duplex – ½ P 185/215 € – **Rest** – Menu 58 € (déj. en sem.), 91/162 € – Carte 105/140 €
Spéc. Complicité de foie gras, confiture de tomate verte. Homard fumé au pèbre d'ail, sauce citronelle. Carré d'agneau au serpolet.

◆ Grand mas d'allure traditionnelle niché dans la garrigue. Élégante salle à manger (camaïeu de beige) et plaisante terrasse dotée d'un mobilier en fer forgé. Cuisine inventive. Chambres provençales, jouissant pour certaines d'une jolie vue sur le village.

La Ferme de Capelongue cuisinette 50,
rte de Lourmarin, puis D 232 et voie secondaire : 1,5 km VISA AE
– 04 90 75 89 78 – contact@fermedecapelongue.com – Fax 04 90 75 93 03
8 suites – 320/750 €, 6 studios
◆ Face à la Bastide, dans un petit hameau rénové, appartements et studios à la décoration épurée mettant en valeur les vieux murs de pierre. Vaste jardin agrémenté d'une piscine.

Le Fournil VISA
pl. Carnot – 04 90 75 83 62 – Fax 04 90 75 96 19
– Fermé 18 nov.-20 déc., 6 janv.-22 fév., sam. midi et mardi sauf le soir du 1er avril-30 sept. et lundi
Rest – *(nombre de couverts limité, prévenir)* Menu (20 €), 28 € (déj.)/55 € bc (dîner) – Carte 30/42 €
◆ Cette maison adossée à la colline propose sa terrasse, installée sur la placette, ou son originale et fraîche salle à manger troglodytique décorée dans un esprit contemporain.

au Sud-Est 6 km par D 36 et D 943 – ✉ 84480 Bonnieux

Auberge de l'Aiguebrun VISA AE
– 04 90 04 47 00 – Fax 04 90 04 47 01 – Fermé 1er janv.-15 mars
8 ch – 135/170 € 135/240 €, 17 € – 3 suites – ½ P 118/170 € –
Rest – *(fermé mardi et merc. sauf le soir en juil.-août)* Menu 55 € – Carte 59/66 €
◆ Blottie au creux d'un vallon du Luberon, bastide provençale disposant de chambres soignées dont trois occupent des "cabanons". Jolie salle à manger campagnarde ouverte sur le jardin en terrasses, près de la rivière.

BONNY-SUR-LOIRE – 45 Loiret – 318 O6 – 1 924 h. – alt. 190 m – ✉ 45420 12 D2

Paris 167 – Auxerre 64 – Cosne-sur-Loire 25 – Gien 24 – Montargis 57

Office de tourisme, 29 Grande Rue 02 38 31 57 71

Voyageurs avec ch rest, rest, VISA
10 Grande rue – 02 38 27 01 45 – hotel-des-voyageurs9@wanadoo.fr
– Fax 02 38 27 01 46 – Fermé 27 août-11 sept., 2-10 janv., 11-28 fév., dim. soir
6 ch – 35 € 35/40 €, 6 € – ½ P 45 € – **Rest** – *(fermé dim. soir, mardi midi et lundi)* Menu 18 € (sem.)/44 € – Carte 24/41 €
◆ Établissement entièrement rénové. Le restaurant expose les tableaux d'un artiste de la famille et propose une cuisine au goût du jour soignée. Chambres fonctionnelles.

BONO – 56 Morbihan – 308 N9 – 1 859 h. – alt. 10 m – ✉ 56400 9 A3

Paris 475 – Auray 6 – Lorient 49 – Quiberon 37 – Vannes 17

Hostellerie Abbatiale ch, 25/100,
par rte Baden et rte secondaire : 1,5 km VISA AE
– 02 97 57 84 00 – contact@abbatiales.com
– Fax 02 97 57 83 00
67 ch – 68/129 € 68/129 €, 14 € – 1 suite – ½ P 87/97 € – **Rest** – *(fermé dim. soir et lundi midi de nov. à mars)* Menu 25/45 € – Carte 26/45 €
◆ Manoir breton entouré d'un parc arboré et ses annexes récentes disposées autour de la piscine. Les chambres, de tailles diverses, sont rajeunies mais assez sobres. Salle à manger campagnarde avec poutres, pierres apparentes, vieux dallage et belle cheminée.

BONS-EN-CHABLAIS – 74 Haute-Savoie – 328 L3 – 3 980 h. – alt. 565 m – ✉ 74890 46 F1

Paris 552 – Annecy 60 – Bonneville 30 – Genève 25 – Thonon-les-Bains 16

Progrès ch, VISA
r. Annexion – 04 50 36 11 09 – Fax 04 50 39 44 16 – Fermé 15 juin-4 juil., 1er-18 janv., dim. soir et lundi
10 ch – 49 € 58 €, 8,50 € – ½ P 56 € – **Rest** – Menu 18 € (sem.)/47 € – Carte 29/47 €
◆ Deux maisons de village dont une abritant de confortables chambres actuelles. Une base de randonnées pratique vers le Grand Signal des Voirons. Restaurant mi-rustique, mi-bourgeois décoré avec soin et registre culinaire classique.

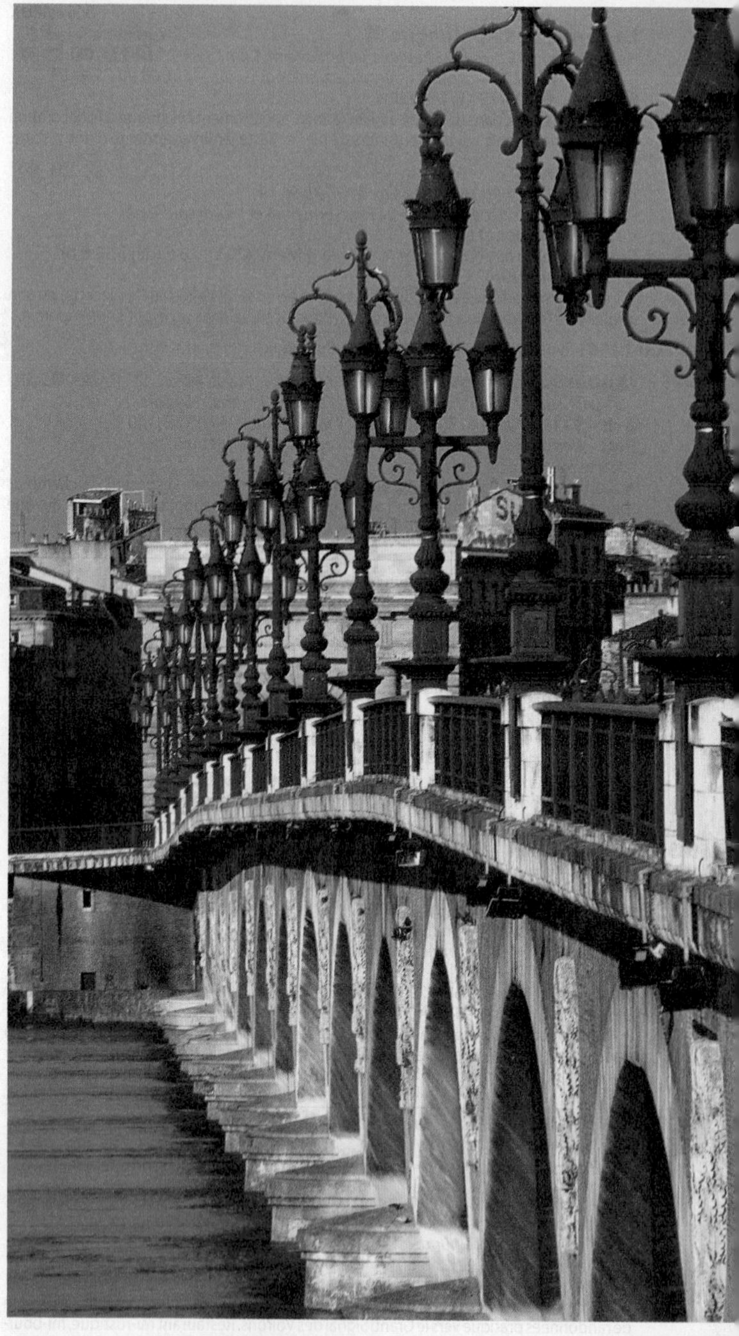

Guittot/Diaf/PHOTONONSTOP

Le pont de Pierre

BORDEAUX

🅿 **Département :** 33 Gironde 3 **B1**
Carte Michelin LOCAL : n° **335** H5
▶ Paris 579 – Lyon 537 – Nantes 323 – Strasbourg 970 – Toulouse 244
Population : 215 363 h
Pop. agglomération : 753 931 h
Altitude : 4 m – **Code Postal :** ✉ 33000
Aquitaine

RENSEIGNEMENTS PRATIQUES

Office de tourisme

12, cours du 30 Juillet ✆ 05 56 00 66 00, Fax 05 56 00 66 01
à la gare St-Jean ✆ 05 56 91 64 70

Maison du vin de Bordeaux

(informations, dégustations)
(fermé week-ends et j. fériés)
1, cours 30 Juillet ✆ 05 56 00 22 88
bar à vin ouvert tlj de 11 h à 22 h.

Transports

Auto-train ✆ 3635 (0,34 €/mn)

Aéroport

Bordeaux-Mérignac : ✆ 05 56 34 50 50, **AU** : 11 km

LOISIRS

Casino

de Bordeaux-Lac, r. Cardinal Richaud ✆ 05 56 69 49 00 **BT**

Quelques golfs

36 de Bordeaux-Lac, Avenue de Pernon N : 5 km par D 209, ✆ 05 56 50 92 72
36 du Médoc à Le Pian-Médoc Chemin de Courmateau par rte de Castelnau : 16 km, ✆ 05 56 70 11 90
27 de Pessac à Pessac Rue de la Princesse SO : 16 km par N 250, ✆ 05 57 26 03 33.

À VOIR

BORDEAUX DU 18e S.

Grand théâtre★★ - Place de la Comédie - Place Gambetta - Cours de l'intendance - Église Notre-Dame★ **DX** - Place de la Bourse★★ - Place du Parlement★ - Basilique St-Michel★ Porte de la Grosse Cloche★ **EY** - Fontaines★ du monument aux Girondins, Esplanade des Quinconces.

QUARTIER DES CHARTRONS

Entrepôts de vins - Balcons★ du cours Xavier-Arnozan - Entrepôt Lainé★ : musée d'Art contemporain★ **BU** M2 - Musée des Chartrons **BU** M5 - Croiseur Colbert★★

QUARTIER PEY BERLAND

Cathédrale St-André★ - Hôtel de Ville **DY** H - ≤★★ de la tour Pey Berland★ **DY** Q
Musée : Beaux-Arts★ **DY** M4 - Aquitaine★★ **DY** M1 - Arts décoratifs★ **DY** M3

BORDEAUX CONTEMPORAIN

Quartier Mériadeck **CY** : espaces verts, immeuble en verre et béton (Caisse d'Épargne, Bibliothèque, Hôtel de Région, Hôtel des Impôts).

Burdigala ch, ch, 10/100,
115 r. G. Bonnac – ✆ 05 56 90 16 16 – burdigala@burdigala.com
– Fax 05 56 93 15 06 p. 6 CX **r**
70 ch – 190/290 € 190/290 €, 19 € – 6 suites, 7 duplex
Rest ***Le Jardin de Burdigala*** – Menu (29 €), 38 € – Carte 50/66 €
◆ Meubles de style ou contemporains, matériaux nobles, équipements dernier cri... Les chambres de ce luxueux hôtel parfaitement insonorisé respirent l'élégance et la sérénité. Au Jardin de Burdigala, salle en rotonde raffinée avec sculpture centrale et puits de lumière.

Mercure Cité Mondiale ch, ch,
18 parvis des Chartrons – ✆ 05 56 01 79 79 10/800,
– h2877@accor.com – Fax 05 56 01 79 00 p. 5 BU **k**
96 ch – 100/210 € 110/220 €, 14 €
Rest ***Le 20*** – *✆ 05 56 01 78 78 (fermé 30 juil.-15 août, vend. soir, sam. et dim.)*
Menu (13 €) – Carte 21/31 €
◆ Chambres contemporaines, toit-terrasse dominant tout Bordeaux (où l'on sert le petit-déjeuner en été) et centre de congrès vous attendent dans l'enceinte de la Cité mondiale. Au "20", des dégustations de crus accompagnent des plats "bistrotiers" ; décor chic tout juste refait.

Mercure Mériadeck ch, ch,
5 r. R. Lateulade – ✆ 05 56 56 43 43 10/150,
– h1281@accor.com – Fax 05 56 96 50 59 p. 6 CY **v**
194 ch – 101/180 € 111/200 €, 14 € – 2 suites –
Rest – *(fermé 14 juil.-26 août, sam. et dim.)* Menu 23 €
◆ Décoration sur le thème du 7e art : affiches, photos et objets cinématographiques omniprésents. Chambres, à l'image de la chaîne, fonctionnelles ; salles de séminaires bien équipées. Le restaurant célèbre le festival de Cannes et ses stars ; carte traditionnelle.

Bayonne Etche-Ona sans rest
4 r. Martignac – ✆ 05 56 48 00 88 – bayetche 10/30,
@bordeaux-hotel.com – Fax 05 56 48 41 60 – Fermé 22 déc.-6 janv. p. 6 DX **f**
62 ch – 132/149 € 152/174 €, 12 € – 1 suite
◆ Dans le "Triangle d'Or", cet hôtel occupant deux immeubles du 18e s. cultive tradition et élégance dans ses chambres personnalisées, soignées et équipées de façon moderne.

Novotel Bordeaux-Centre ch, rest, ch,
45 cours Mar. Juin – ✆ 05 56 51 46 46 10/60,
– h1023@accor.com – Fax 05 56 98 25 56 p. 6 CY **m**
137 ch – 92/113 € 92/145 €, 13 € – **Rest** – Carte 16/33 €
◆ Une architecture bien intégrée au quartier Mériadeck, des chambres spacieuses régulièrement rafraîchies et une bonne insonorisation caractérisent ce Novotel. Sobre salle de restaurant et terrasse d'où l'on aperçoit la ville. Nouvel espace café.

De Normandie sans rest 10/20,
7 cours 30-Juillet – ✆ 05 56 52 16 80 – info@hotel-de-normandie-bordeaux.com
– Fax 05 56 51 68 91 p. 6 DX **z**
100 ch – 57/105 € 89/280 €, 13,50 €
◆ À l'entrée de ce bel hôtel, un vaste hall raffiné dessert des chambres fonctionnelles aux tons pastel, refaites au dernier étage (contemporaines, confortables et avec balcons).

Majestic sans rest
2 r. Condé – ✆ 05 56 52 60 44 – mail-majestic@hotel-majestic.com
– Fax 05 56 79 26 70 p. 6 DX **a**
48 ch – 65 € 200 €, 9 € – 1 suite
◆ Chambres variées, bien entretenues, salon bourgeois "cosy" et coquette salle des petits-déjeuners ; le tout dans un élégant immeuble du 18e s. typiquement bordelais.

Grand Hôtel Français sans rest
12 r. Temple – ✆ 05 56 48 10 35 – infos@grand-hotel-francais.com
– Fax 05 56 81 76 18 p. 6 DX **v**
35 ch – 101/139 € 125/169 €
◆ Demeure du 18e s. à la façade ornée de balcons en ferronnerie. Salons et escalier ont gardé leur cachet d'origine, tandis que les chambres, confortables, sont plus actuelles.

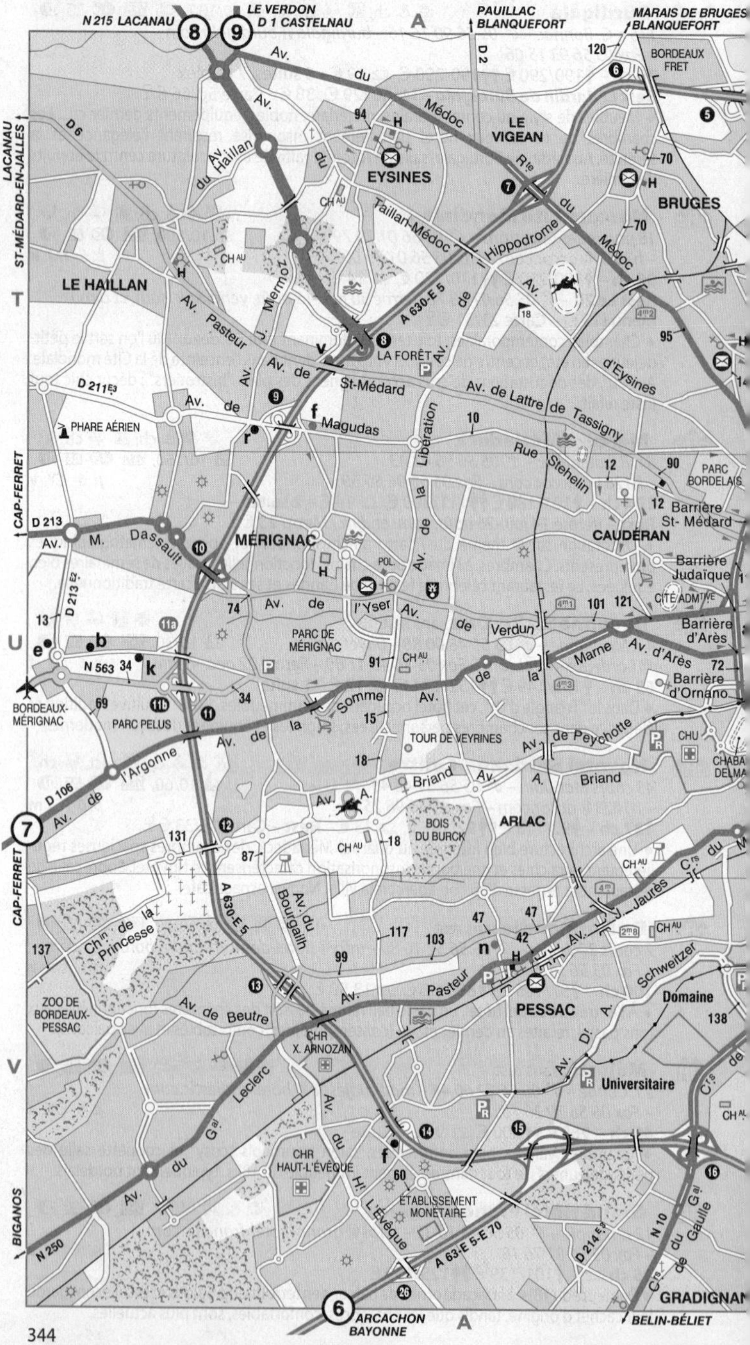

LE VERDON
D 1 CASTELNAU
N 215 LACANAU
PAUILLAC
BLANQUEFORT
MARAIS DE BRUGES
BLANQUEFORT
BORDEAUX FRET
LACANAU
ST-MÉDARD-EN-JALLES
EYSINES
LE VIGEAN
BRUGES
LE HAILLAN
Av. du Médoc
Av. du Haillan
Av. du Taillan-Médoc
Rte du Médoc
Av. de l'Hippodrome
A 630-E 5
Av. J. Mermoz
Av. Pasteur
LA FORÊT
Av. de St-Médard
Av. de la Libération
Av. de Lattre de Tassigny
Av. d'Eysines
D 211E3
PHARE AÉRIEN
Magudas
Rue Stehelin
PARC BORDELAIS
Barrière St-Médard
CAUDÉRAN
Barrière Judaïque
CITÉ ADMTIVE
CAP-FERRET
D 213
Av. M. Dassault
MÉRIGNAC
D 213E2
Av. de l'Yser
Av. de Verdun
PARC DE MÉRIGNAC
Barrière d'Arès
Av. d'Arès
Av. de la Marne
Barrière d'Ornano
N 563
BORDEAUX-MÉRIGNAC
PARC PELUS
Av. de la Somme
TOUR DE VEYRINES
Av. de Peychotte
CHU
CHABAN DELMAS
Av. de l'Argonne
D 106
Av. A. Briand
BOIS DU BURCK
ARLAC
Av. du Bourgailh
Chin de la Princesse
Av. J. Jaurès
Crs du M
Av. Pasteur
PESSAC
Av. Schweitzer
Domaine Universitaire
Av. Dr A.
ZOO DE BORDEAUX-PESSAC
Av. de Beutre
CHR X. ARNOZAN
Av. du Gal Leclerc
Av. du Ht L'Évêque
CHR HAUT-L'ÉVÊQUE
ÉTABLISSEMENT MONÉTAIRE
A 63-E 5-E 70
D 214E3
N 10
Crs du Gal de Gaulle
BIGANOS
N 250
ARCACHON
BAYONNE
BELIN-BÉLIET
GRADIGNAN

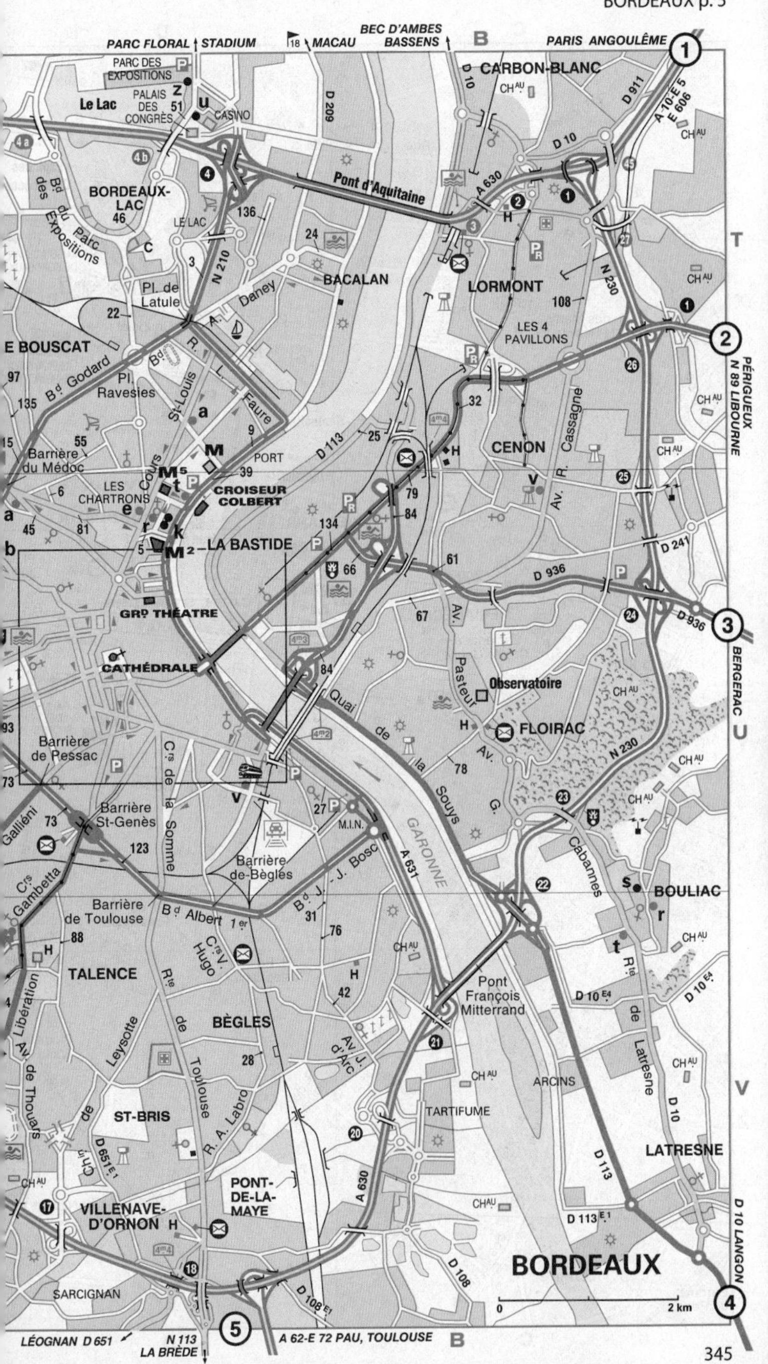
PARC FLORAL STADIUM
18 MACAU
BEC D'AMBES
BASSENS
PARIS ANGOULÊME
CARBON-BLANC
PARC DES EXPOSITIONS
PALAIS DES CONGRÈS
Le Lac
CASINO
Pont d'Aquitaine
BORDEAUX-LAC
Bd des Expositions
Bd du Parc
LE LAC
Pl. de Latule
BACALAN
LORMONT
LES 4 PAVILLONS
E BOUSCAT
Bd Godard
Pl. Ravesies
R. L. Faure
PORT
CENON
Av. R. Cassagne
Barrière du Médoc
LES CHARTRONS
CROISEUR COLBERT
LA BASTIDE
GRD THÉATRE
CATHÉDRALE
Observatoire
FLOIRAC
Quai de la Souys
GARONNE
Barrière de Pessac
Barrière St-Genès
Crs de la Somme
Barrière de-Bègles
Bd J. J. Bosc
Barrière de Toulouse
Bd Albert 1er
M.I.N.
Cabannes
BOULIAC
TALENCE
Crs V. Hugo
Pont François Mitterrand
BÈGLES
Av. J. d'Arc
ARCINS
TARTIFUME
ST-BRIS
R. A. Labro
LATRESNE
PONT-DE-LA-MAYE
VILLENAVE-D'ORNON
SARCIGNAN
BORDEAUX
2 km
LÉOGNAN D 651
N 113 LA BRÈDE
A 62-E 72 PAU, TOULOUSE
D 10 LANGON
BERGERAC
PÉRIGUEUX N 89 LIBOURNE
A 10-E 5 E 606
N 230
A 630
A 631
D 936
D 113

C
D
X
Y
Z
Turenne
Barraud
R. Allo
R. R.
Dr. A.
R.
Rue Turenne
R. du Palais Gallien
R. Abbé de l'Épée
R. Fondaudège
139
Pl. de Tourny
Espl. des Quinconces
37
64
L
30
Lachassaigne
St-Seurin
R. Thiac
POL.
R. s Huguerie
Cs G. Clemenceau
Allées de Tourny
z
MAISON DU VIN DE BORDEAUX
a
n
75
p
Pl. du Chapelet
43
Pl. des Martyrs de la Résistance
N.-DAME
133
f
100
GRAND THÉATRE
b
Rue Judaïque
e
Pl. Gambetta
Crs de l'Intendance
R. de Grassi
v
21
40
Pte Dijeaux
k
r
Bonnac
Pte Dijeaux
R. des Remparts
V. Carles
VIEUX BORDEAUX
Rue
G.
48
PEY BERLAND
t
40
M3
Centre Jean Moulin
3 Conils
Pl. C Jullia
Rue
v
M
Bonnier
130
R. C.
CATH. ST-ANDRÉ
H
M4
ST-BRUNO
HÔTEL DU DÉPT
MÉRIADECK
Crs
Q
Esplanade Ch. de Gaulle
Crs d'Alsace
Ste
Hôtel de Région
57
ST-PAUL
Rue
m
R. Mal Joffre
U
Rue d'Albret
J
ÉCOLE NATle DE LA MAGISTRATURE
M1
PALAIS DES SPORTS
Juin
Mal
POL
63
Pl. de la République
R. de Cursol
Lande
Catherine
Crs François de Sourdis
Rue
R. J. Burguet
Crs de la Libération
STE-EULALIE
P. L.
Pasteur
Mouneyra
Belleville
Rue de Belfort
Crs
R. Pl. de Pressensé
A. Briand
Porte d'Aquitaine
R. Ed. Costedoat
R. Villedieu
Tondu
R. L. Mie
Rue
ST-VICTOR
Pessac
R. de Lamourous
St-Genès
Pl. de la Victoire
R. F. Audeguil
Mazarin
Leberthon
l'Argonne
Somme
Rue
de
R. P. Duhen
R. Cadroin
R.
Rue
de
R. St-Nicolas
de la
R. des
ST-NICOLAS
Crs
Rue
N.-D. DES ANGES
R. A. Bayssélance
R. G. Rioux
Barrière de Pessac
Treuils
Rue
Crs

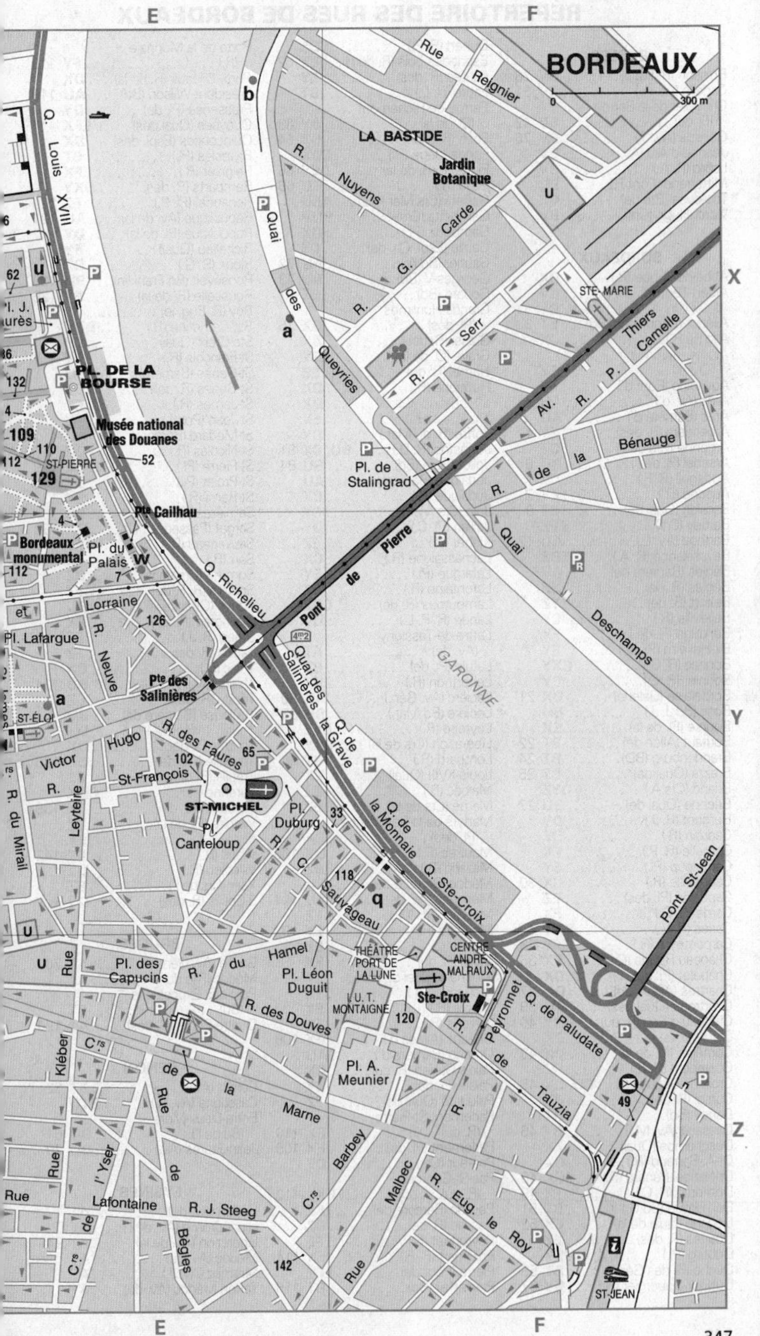
BORDEAUX
0
300 m
LA BASTIDE
Jardin Botanique
PL. DE LA BOURSE
Musée national des Douanes
Pte Cailhau
Bordeaux monumental
Pl. du Palais
Pont de Pierre
Pl. de Stalingrad
Q. Richelieu
Quai des Queyries
Quai Deschamps
GARONNE
Pte des Salinières
Quai des Salinières
Q. de la Grave
Q. de la Monnaie
Q. Ste-Croix
Q. de Paludate
Pont St-Jean
ST-MICHEL
Pl. Canteloup
Pl. Duburg
Pl. des Capucins
Pl. Léon Duguit
THÉÂTRE PORT DE LA LUNE
CENTRE ANDRÉ MALRAUX
Ste-Croix
I.U.T. MONTAIGNE
Pl. A. Meunier
ST-JEAN
ST-MARIE
ST-PIERRE
ST-ÉLOI
Pl. Lafargue
Q. Louis XVIII
Rue Reignier
R. Nuyens
R. G. Carde
R. Serr
Av. Thiers
R. P. Camelle
R. de la Bénauge
R. Neuve
Lorraine
R. des Faures
R. Victor Hugo
R. St-François
R. Leyteire
R. du Mirail
R. C. Sauvageau
R. du Hamel
R. des Douves
Crs de la Marne
Rue Kléber
Rue de Bègles
Rue de l'Yser
Rue Lafontaine
R. J. Steeg
Crs Barbey
Rue Malbec
R. Eug. le Roy
R. Peyronnet
R. de Tauzia
Crs de
E
F
X
Y
Z

RÉPERTOIRE DES RUES DE BORDEAUX

BÈGLES

Buisson (R. F.) **BV** 28
Capelle (Av. A.) **BV** 31
Chevalier-de-la-Barre (R. du) **BV** 42
Guesde (Av. J.) **BV** 76
Jeanne-d'Arc (Av.) **BV**
Labro (R. A.) **BV**
Mitterrand (Pont F.) **BV**
Toulouse (Rte de) **BV**
Victor-Hugo (Crs) **BV**

BORDEAUX

Abbé-de-l'Épée (R.) **CX**
Albert-1er (Bd) **BV**
Albret (Crs d') **CY**
Aliénor-d'Aquitaine (Bd) **BT** 3
Allo (R. R.) **CX**
Alsace-et-Lorraine (Crs d') **DEY**
Aquitaine (Pont d') **BT**
Arès (Av. d') **AU**
Arès (Barrière d') **AU**
Argentiers (R. des) **EY** 4
Argonne (Crs de l') **DZ**
Arsenal (R. de l') **BU** 6
Audeguil (R. F.) **CZ**
Ausone (R.) **EY** 7
Bacalan (Quai de) **BT** 9
Barbey (Crs) **EFZ**
Barthou (Av. L.) **AU** 12
Baysselance (R. A.) **DZ**
Bègles (Barrière de) **BV**
Bègles (R. de) **EZ**
Belfort (R. de) **CYZ**
Belleville (R.) **CY**
Bénauge (R. de la) **FX**
Bir-Hakeim (Pl. de) **EY**
Bonnac (R. G.) **CXY**
Bonnier (R. C.) **CY**
Bordelaise (Galerie) **DX** 21
Bosc (Bd J. J.) **BU**
Bourse (Pl. de la) **EX**
Boutaut (Allée de) **BT** 22
Brandenburg (BD) **BT** 24
Brazza (Quai de) **BT** 25
Briand (Crs A.) **DYZ**
Brienne (Quai de) **BU** 27
Burguet (R. J.) **DY**
Cadroin (R.) **DZ**
Camelle (R. P.) **FX**
Canteloup (Pl.) **EY**
Capdeville (R.) **CX** 30
Capucins (Pl. des) **EZ**
Carde (R. G.) **FX**
Carles (R. V.) **DXY**
Carpenteyre (R.) **EFY** 33
Chapeau-Rouge (Crs) **EX** 36
Chapelet (Pl. du) **DX**
Chartres (Allées de) **DX** 37
Chartrons (Quai des) **BTU** 39
Château-d'Eau (R. du) **CXY** 40
Clemenceau (Crs G.) **DX**
Comédie (Pl. de la) **DX** 43
Costedoat (R. E.) **DZ**
Croix-de-Seguey (R.) **BU, CX** 45
Cursol (R. de) **DY**
Daney (Bd) **BT**
Dassault (Av. M.) **BT** 46
Deschamps (Quai) **FX**
Dr-A.-Barraud (R.) **CX**
Dr-Nancel-Pénard (R.) **CX** 48
Domercq (R. C.) **FZ** 49
Domergue (Bd G.) **BT** 51
Douane (Quai de la) **EX** 52
Douves (R. des) **EZ**
Duburg (Pl.) **EY**
Duché (R. des Gén.) **BT** 55
Duffour-Dubergier (R.) **DY** 57
Duhen (R. P.) **CDZ**
Esprit-des-Lois (R. de l') **EX** 62
Faures (R. des) **EY**
Faure (R. L.) **BT**
Ferme-de-Richemont (Pl. de la) **DY** 63
Foch (R. Mar.) **DX** 64
Fondaudège (R.) **CDX**
Fusterie (R. de la) **EY** 65
Galin (R.) **BU** 66
Gallieni (Crs Mar.) **ABU**
Gambetta (Crs) **BUV**
Gambetta (Pl.) **DX**
Gaulle (Espl. Ch.-de) **CY**
Gautier (Bd A.) **AU** 72
Georges-V (Bd) **BU** 73
Godard (Bd) **BT**
Grands-Hommes (Pl. des) **DX** 75
Grassi (R. de) **DX**
Grave (Q. de la) **EFY**
Hamel (R. du) **EZ**
Huguerie (R.) **DX**
Intendance (Crs de l') **DX**
Jean-Jaurès (Pl.) **EX**
Joffre (R. du Mar.) **DY**
Johnston (R. D.) **BU, CX** 81
Joliot-Curie (Bd) **BU** 84
Judaïque (Barrière) **AU**
Judaïque (R.) **CX**
Juin (Crs Mar.) **CY**
Jullian (Pl. C.) **DY**
Kléber (R.) **EZ**
Lachassaigne (R.) **CX**
Lafargue (Pl.) **EY**
Lafontaine (R.) **EZ**
Lamourous (R. de) **CDZ**
Lande (R. P.-L.) **DY**
Lattre-de-Tassigny (Av. de) **AT**
Latule (Pl. de) **BT**
Leberthon (R.) **DZ**
Leclerc (Av. Gén.) **AU** 90
Leclerc (Bd Mar.) **BU** 93
Leyteire (R.) **EYZ**
Libération (Crs de la) **CDY**
Lombard (R.) **BT** 96
Louis-XVIII (Quai) **EX**
Malbec (R.) **FZ**
Marne (Crs de la) **EZ**
Martyrs-de-la-Résistance (Pl. des) **CX**
Mautrec (R.) **DX** 100
Mazarin (R.) **DZ**
Médoc (Barrière du) **BU**
Mérignac (Av. de) **AU** 101
Meunier (Pl. A.) **FZ**
Meynard (Pl.) **EY** 102
Mie (R. L.) **CZ**
Mirail (R. du) **EY**
Monnaie (Quai de la) **FY**
Mouneyra (R.) **CYZ**
Neuve (R.) **EY**
Nuyens (R.) **FX**
Orléans (Allées d') **EX** 106
Ornano (Barrière d') **AU**
Palais Gallien (R. du) **CX**
Palais (Pl. du) **EY**
Paludate (Quai de) **FZ**
Parlement St-Pierre (R. du) **EX** 110
Parlement (Pl. du) **EX** 109
Pasteur (Crs) **DY**
Pas-St-Georges (R. du) **EXY** 112
Pessac (Barrière de) **CZ**
Pessac (R. de) **CZ**
Peyronnet (R.) **FZ**
Philippart (R. F.) **EX** 114
Pierre (Pont de) **EFY**
Pierre-1er (Bd) **BT** 115
Porte de la Monnaie (R.) **FY** 118
Porte Dijeaux (R. de la) **DX**
Président-Wilson (Bd) **AU** 119
Pressensé (Pl. de) **DY**
Queyries (Quai des) **EFX**
Quinconces (Espl. des) **DX**
Ravesies (Pl.) **BT**
Reignier (R.) **FX**
Remparts (R. des) **DXY**
Renaudel (Pl. P.) **FZ** 120
République (Av. de la) **AU** 121
République (Pl. de la) **DY**
Richelieu (Quai) **EY**
Rioux (R. G.) **DZ**
Roosevelt (Bd Franklin) **BU** 123
Rousselle (R. de la) **EY** 126
Roy (R. Eug. le) **FZ**
Ste-Catherine (R.) **DXY**
Ste-Croix (Quai) **FY**
St-François (R.) **EY**
St-Genès (Barrière) **BU**
St-Genès (R. de) **CDZ**
St-James (R.) **EY**
St-Jean (Pont) **FY**
St-Médard (Barrière) **AU**
St-Nicolas (R.) **DZ**
St-Pierre (Pl.) **EX** 129
St-Projet (Pl.) **DY** 130
St-Rémi (R.) **EX** 132
Salinières (Q. des) **EY**
Sarget (Passage) **DX** 133
Sauvageau (R. C.) **EFY**
Serr (R.) **FX**
Somme (Crs de la) **DZ**
Sourdis (R. F. de) **CYZ**
Souys (Quai de la) **BU**
Stalingrad (Pl. de) **FX**
Steeg (R. J.) **EZ**
Tauzia (R. de) **FZ**
Thiac (R.) **CX**
Thiers (Av.) **FX, BU** 134
Tondu (R. du) **CZ**
Toulouse (Barrière de) **BU**
Tourny (Allées de) **DX**
Tourny (Pl. de) **DX**
Tourville (Av. de) **BT** 136
Treuils (R. des) **CZ**
Turenne (R.) **CDX**
Verdun (Crs de) **DX** 139
Victoire (Pl. de la) **DZ**
Victor-Hugo (Crs) **EY**
Vilaris (R.) **EZ** 142
Villedieu (R.) **DZ**
Yser (Crs de l') **EZ**
3-Conils (R. des) **DY**

BRUGES

Gaulle (Av. Gén.-de) **AT** 70
Médoc (Rte du) **AT**
Parc des Expositions (Bd) **BT**
Quatre-Ponts (R. des) **AT** 120

CENON

Carnot (Av.) **BT** 32
Cassagne (Av. R.) **BTU**
Entre-Deux-Mers (Bd de l') **BU** 61
Jean-Jaurès (Av.) **BU** 79

EYSINES

Haillon (Av. du) **AT**
Hippodrome (Av. de l') **AT**
Libération (Av. de la) **AT** 94
Médoc (Av. du) **AT**
Mermoz (Av. J.) **AT**
Taillon-Médoc (Av. du) **AT**

FLOIRAC

Cabannes (Av. G.) . . . . **BU**
Gambetta (Crs) . . . . **BU** 67
Guesde (R. J.) . . . . **BU** 78
Pasteur (Av.) . . . . **BU**

GRADIGNAN

Gaulle (Crs Gén.-de) . . . . **AV**

LATRESNE

Latresne (Rte de) . . . . **BV**

LE BOUSCAT

Ezsines (Av. d') . . . . **AT**
Libération (Av. de la) . . . . . . **AT** 95
Louis-Blanc (Cours) . . . . **BT** 97
Tivoli (Av. de) . . . . **BT** 135
Zola (R. Émile) . . . . **AT** 145

LE HAILLAN

Pasteur (Av.) . . . . **AT**

LORMONT

Paris (Rte de) . . . . **BT** 108

MÉRIGNAC

Argonne (Av. de l') . . . . **AU**
Arlac (R. d') . . . . **AU**
Barbusse (Av. H.) . . . . **AT** 10
Beaudésert (Av. de) . . . . **AU** 13
Belfort (Av. de) . . . . **AU** 15
Bon-Air (Av.) . . . . **AU** 18
Briand (Av. A.) . . . . **AU**
Cassin (Av. R.) . . . . **AU** 34
Dassault (Av. M.) . . . . **AU**
Garros (Av. Rolland) . . . . **AU** 69
Gouraud (Pl. du Gén.) . . . . **AU** 74
Kaolack (Av. de) . . . . **AU** 87
Leclerc (Av. M.) . . . . **AU** 91
Libération (Av. de la) . . . . **AU**
Magudas (Av. de) . . . . **AT**
Marne (Av. de la) . . . . **AU**
Princesse (Chemin de la) . . **AV**
St-Médard (Av. de) . . . . **AT**
Somme (Av. de la) . . . . **AU**
Souvenir (Av. du) . . . . **AU** 131
Verdun (Av. de) . . . . **AU**
Yser (Av. de l') . . . . **AU**

PESSAC

Beutre (Av. de) . . . . **AV**
Bougailh (Av. du) . . . . **AV**
Dr-A.-Schweitzer (Av.) . . . . **AV**
Dr-Nancel-Pénard (Av.) . . . . **AV** 47
Eiffel (Av. Gustave) . . . . **AV** 60
Haut-l'Evêque (Av. du) . . . . **AV**
Jean-Jaurès (Av.) . . . . **AV**
Leclerc (Av. du Gén.) . . . . **AV**
Madran (R. de) . . . . **AV** 99
Montagne (R. P.) . . . . **AV** 103
Pasteur (Av.) . . . . **AV**
Pont-d'Orient (Av. du) . . . . **AV** 117
Transvaal (Av. du) . . . . **AV** 137

TALENCE

Gambetta (Crs) . . . . **BV**
Lamartine (R.) . . . . **BV** 88
Libération (Crs de la) . . . . **BV**
Roul (Av.) . . . . **BV** 124
Thouars (Av. de) . . . . **BV**
Université (Av. de l') . . . . **AV** 138

VILLENAVE D'ORNON

Leysotte (Chemin de) . . . . **BV**
Toulouse (Rte de) . . . . **BV**

De la Presse sans rest VISA AE
6 r. Porte Dijeaux – ✆ 05 56 48 53 88 – info@hoteldelapresse.com
– Fax 05 56 01 05 82 – Fermé 24 déc.-2 janv. *p. 6* DX **k**
27 ch – 🚹64/81 € 🚹🚹72/91 €, ☕ 9 €
◆ Au cœur du secteur piétonnier, façade en pierres de taille abritant un hôtel récemment rénové et bien tenu. Chambres fonctionnelles. Accès automobile réglementé.

Continental sans rest VISA AE
10 r. Montesquieu – ✆ 05 56 52 66 00 – continental@hotel-le-continental.com
– Fax 05 56 52 77 97 *p. 6* DX **b**
50 ch – 🚹66/84 € 🚹🚹73/99 €, ☕ 8,50 € – 1 suite
◆ Ancien hôtel particulier du 18e s. situé à proximité de la galerie des Grands Hommes. Plaisantes chambres, de tailles variées, aux tons lumineux. Salon "cosy" joliment meublé.

De l'Opéra sans rest VISA
35 r. Esprit des Lois – ✆ 05 56 81 41 27 – hotel.opera.bx@wanadoo.fr
– Fax 05 56 51 78 80 *p. 6* DX **n**
28 ch – 🚹40/55 € 🚹🚹45/60 €, ☕ 6 €
◆ L'atout de cet hôtel familial loti dans un immeuble du 18e s. : sa proximité avec le quartier historique. Chambres simples et bien tenues, mansardées au dernier étage. Non-fumeurs.

Notre-Dame sans rest VISA AE
36 r. Notre-Dame – ✆ 05 56 52 88 24 – contact@hotelnotredame33.com
– Fax 05 56 79 12 67 *p. 5* BU **k**
21 ch – 🚹40 € 🚹🚹50 €, ☕ 6 €
◆ Les amateurs d'antiquités choisiront cette petite adresse établie dans le quartier où fourmillent les boutiques d'objets et meubles anciens. Chambres pratiques à prix doux.

Une Chambre en Ville sans rest VISA AE
35 r. Bouffard – ✆ 05 56 81 34 53 – ucev@bandb-bx.com
– Fax 05 56 81 34 54 *p. 6* DXY **t**
5 ch – 🚹79/89 € 🚹🚹79/89 €, ☕ 8 €
◆ En plein centre historique, chambres impeccables décorées sur des thèmes variés et baptisées Bordelaise, Nautique, Orientale... Petit-déjeuner servi dans un salon contemporain.

XXXX **Le Chapon Fin**

5 r. Montesquieu – ✆ 05 56 79 10 10 – contact@chapon-fin.com – Fax 05 56 79 09 10 – Fermé 22 juil.-20 août, 24 fév.-10 mars, dim., lundi et fériés p. 6 DX **p**

Rest – Menu 30 € (déj.), 50/78 € – Carte 76/105 €

Spéc. Longuets toastés aux huîtres et farce crépinette, jus lie de vin. Foie gras chaud poêlé, dattes et citrons confits. Ris de veau piqué de clous de girofle (hiver). **Vins** Premières Côtes de Blaye, Haut-Médoc.

◆ Une vraie institution bordelaise que les gourmets fréquentent pour sa belle cuisine au goût du jour, sa riche carte des vins, et aussi pour son original décor de rocaille 1900.

XXX **Le Pavillon des Boulevards** (Franc)

120 r. Croix de Seguey – ✆ 05 56 81 51 02 – pavillon.des.boulevards@wanadoo.fr – Fax 05 56 51 14 58 – Fermé 6-27 août, 2-9 janv., sam. midi, lundi midi et dim. p. 5 BU **a**

Rest – Menu 40 € (déj.), 65/100 € – Carte 70/96 €

Spéc. Caviar d'Aquitaine avec liégeois de homard et huître à l'écume de morue. Homard en fricassée, purée de pomme de terre. Ris de veau braisé, pommes soufflées. **Vins** Côtes de Blaye, Graves.

◆ Des ustensiles de cuisine fixés aux murs font l'originalité de cette salle à manger contemporaine ouverte sur une verdoyante terrasse. Carte inventive et soignée.

XXX **Jean Ramet**

7 pl. J. Jaurès – ✆ 05 56 44 12 51 – Fax 05 56 52 19 80 – Fermé 8-16 avril, 4-27 août, 30 déc.-7 janv., dim. et lundi p. 7 EX **u**

Rest – Menu 32 € (déj.), 55/65 € – Carte 61/73 €

◆ Les Bordelais se retrouvent autour d'une cuisine classique actualisée dans ce restaurant des bords de la Garonne égayé de tons ensoleillés assortis aux tentures et au mobilier.

XXX **Le Vieux Bordeaux**

27 r. Buhan – ✆ 05 56 52 94 36 – Fax 05 56 44 25 11 – Fermé 11 août-1er sept., 25 fév.-10 mars, dim. et lundi p. 7 EY **a**

Rest – Menu 19 € bc (déj. en sem.), 28/50 € – Carte 42/70 €

◆ Deux salles à manger redécorées avec goût (tons gris, mobilier de style et contemporain) dont une ouverte sur un agréable patio-terrasse. Généreuse cuisine classique.

XXX **L'Alhambra**

111bis r. Judaïque – ✆ 05 56 96 06 91 – Fax 05 56 98 00 52 – Fermé 20 juil.-20 août, sam. midi, lundi midi et dim. p. 6 CX **e**

Rest – Menu 19 € (déj. en sem.), 29/39 € – Carte 38/60 €

◆ Adresse plaisamment agencée à la façon d'un jardin d'hiver : coloris verts et confortable mobilier en rotin. Les plats suivent le rythme des saisons et les opportunités du marché.

XX **La Table Calvet**

81 cours Médoc – ✆ 05 56 39 62 80 – tablecalvet@calvet.com – Fax 05 56 39 62 80 – Fermé 1er-28 août, 24 déc.-2 janv., dim. et lundi p.5 BT **a**

Rest – Menu 20 € (déj. en sem.), 26/52 € – Carte 44/51 €

◆ Un restaurant ouvert par la maison Calvet (négoce de vin). La cuisine, inspirée et évoluant au gré des saisons, est servie dans le joli cadre d'un chai datant du 19e s.

XX **Le Jardin d'Ausone**

12 r. Ausone – ✆ 05 56 79 30 30 – jardin-ausone@orange.fr – Fax 05 56 44 75 02 – Fermé 1er-25 août, le midi sauf sam. du 16 sept. au 15 nov., lundi midi, et dim. p. 7 EY **w**

Rest – Menu 35 € (sem.)/125 € – Carte 54/68 €

◆ Cuisine du marché et superbe livre de cave (1500 appellations dont vieux millésimes et nombreux vins étrangers) à découvrir sous les croisées d'ogive de ces écuries du 17e s.

XX **La Table de Didier Gélineau**

34 r. Huguerie – ✆ 05 56 51 32 83 – Fax 05 56 52 69 72 – Fermé 13-26 août, 7-20 janv., dim. et lundi p. 6 DX **s**

Rest – Menu 24 € bc (déj. en sem.), 41/52 € – Carte 39/68 €

◆ Salle à manger moderne - épurée et confortable - précédée d'un comptoir où l'on peut également s'attabler autour d'une belle cuisine classique. Service efficace et souriant.

Le Clos d'Augusta

339 r. Georges Bonnac – ☎ 05 56 96 32 51 – leclosdaugusta@wanadoo.fr – Fax 05 56 51 80 46 – Fermé 29 juil.-22 août, 22-30 déc., sam. midi et dim. p. 4 AU **a**

Rest – Menu 20 € (déj. en sem.), 43/60 € – Carte 47/105 €

◆ L'enseigne emprunte son nom à un célèbre golf américain : le chef a en effet deux passions, la cuisine et les greens. Beau jardin-terrasse sur l'arrière. Recettes actuelles.

La Tupina

6 r. Porte de la Monnaie – ☎ 05 56 91 56 37 – latupina@latupina.com – Fax 05 56 31 92 11 p. 7 FY **q**

Rest – Menu (16 €), 32 € bc (déj. en sem.)/55 € – Carte 33/100 €

◆ Ambiance décontractée dans cette maison à l'atmosphère champêtre. Plats du Sud-Ouest rôtis dans la cheminée ou mijotés sur le fourneau, comme autrefois. Belle carte des vins.

Gravelier

114 cours Verdun – ☎ 05 56 48 17 15 – restogravelier@yahoo.fr – Fax 05 56 51 96 07 – Fermé 28 juil.-27 août, vacances de fév., sam. et dim. p. 5 BU **r**

Rest – Menu 20 € (déj. en sem.), 26/50 € – Carte 49/56 €

◆ Teck, zinc, couleurs vitaminées et vue sur les cuisines vitrées. Table inventive influencée par l'Asie dont le menu "carte blanche" où s'exprime toute la créativité du chef.

L'Oiseau Bleu

65 cours Verdun, (transfert prévu au 127 av. Thiers) – ☎ 05 56 81 09 39 – sophielafon@aol.com – Fax 05 56 81 09 39 – Fermé 8-22 avril, 29 juil.-12 août, 23-30 déc., sam. midi, lundi midi et dim. p. 5 BU **e**

Rest – Menu 19 € (déj. en sem.), 34/45 €

◆ Petit bistrot estimé pour sa coquette salle à manger un brin "rétro" : miroirs, banquettes, étagères en cuivre et exposition de tableaux. Cuisine qui évolue au gré des saisons.

L'Estaquade — vieux Bordeaux,

q. Queyries – ☎ 05 57 54 02 50 – jm@lestacade.com – Fax 05 57 54 02 51 p. 7 EX **a**

Rest – *(prévenir)* Carte 42/51 €

◆ Posée sur la Garonne, cette insolite construction sur pilotis contemple le vieux Bordeaux. Décor épuré, menu du jour et carte recomposée chaque saison : un lieu très prisé !

Auberge ' Inn

245 r. Turenne – ☎ 05 56 81 97 86 – Fax 05 56 81 97 86 – Fermé 30 juil.-19 août, 22 déc.-2 janv., 23 fév.-3 mars, sam., dim. et fériés p. 5 BU **b**

Rest – Menu 17 € (déj.)/27 € – Carte 40/55 €

◆ Murs couleurs aubergine et vert anis, décor contemporain épuré, mobilier moderne, agréable petite terrasse et cuisine dans l'air du temps : une auberge vraiment "in" !

L'Olivier du Clavel

44 r. C. Domercq (face gare St-Jean) – ☎ 05 57 95 09 50 – fgclavel@wanadoo.fr – Fax 05 56 92 15 28 – Fermé 23 juil.-20 août, 1er-8 janv., sam. midi, dim. et lundi p. 5 BU **v**

Rest – Menu 29/40 € – Carte 45/69 €

◆ La carte de ce bistrot propose des recettes du marché, toutes préparées à base de différents crus d'huiles d'olive. Propret décor ensoleillé et tables simplement dressées.

La Petite Gironde

75 quai. Queyries – ☎ 05 57 80 33 33 – Fax 05 57 80 33 31 – Fermé sam. midi et dim. soir p. 7 EX **b**

Rest – Menu 16/32 € – Carte 28/42 €

◆ Ce restaurant posé sur la rive droite de la Garonne arbore un joli décor, parfaitement dans l'air du temps. Terrasse "les pieds dans l'eau" très prisée et plats traditionnels.

Quaizaco

80 Quai des Chartrons – ☎ 05 57 87 67 72 – Fax 05 57 87 34 42 – Fermé 7-20 août, sam. midi et dim. p. 5 BU **t**

Rest – Menu 13 € (déj.) – Carte 30/36 €

◆ Face au croiseur Colbert, des entrepôts du 18e s. où les pierres de taille côtoient harmonieusement meubles et tableaux contemporains (expositions temporaires). Carte actuelle.

à Bordeaux-Lac (près parc des expositions) – ✉ 33300 Bordeaux

Sofitel Aquitania ch, ch, 10/200,
av. J. G. Domergue – ✆ 05 56 69 66 66 – h0669@accor.com – Fax 05 56 69 66 00 p. 5 BT **u**
166 ch – 180/220 € 200/240 €, 20 € – 16 suites
Rest *l'Aquitania* – Menu (25 € bc), 30 € bc – Carte 28/58 €
◆ Accès direct au Palais des Congrès, salles de réunion sur 2000 m², confortables chambres design : rénovation réussie pour cet hôtel très apprécié de la clientèle d'affaires. Décor contemporain et terrasse d'été ouverte sur le lac à l'Aquitania.

Novotel-Bordeaux Lac ch, ch, 10/120,
av. J. G. Domergue – ✆ 05 56 43 65 00 – h0403@accor.com – Fax 05 56 43 65 01 p. 5 BT **z**
175 ch – 93/111 € 101/119 €, 13 € – **Rest** – *(fermé vend. soir, dim. midi et sam. d'oct. à mars)* Menu 21/33 €
◆ Près du parc des expositions, chambres - à choisir côté lac - en partie rénovées dans le dernier style de la chaîne, actuel et plaisant. Jardin avec jeux pour enfants. Restauration dans un agréable cadre très contemporain ou en terrasse, au bord de la piscine.

par la rocade A 630 :

à Blanquefort 3 km au Nord par sortie n° 6 – 13 901 h. – alt. 17 m – ✉ 33290

Les Criquets ch, ch, 10/30,
130 av. 11-Novembre (D 210) – ✆ 05 56 35 09 24 – hotel@lescriquets.com – Fax 05 56 57 13 83
21 ch – 60 € 82/125 €, 12 € – ½ P 79 € – **Rest** – *(fermé sam. midi, dim. soir et lundi)* Menu 40/65 € – Carte 47/72 €
◆ Il règne une atmosphère de maison de campagne familiale dans cette ancienne ferme et ses coquettes chambres actuelles (bois, fer forgé, tissus colorés). Agréable salle à manger, terrasse face au jardin et savoureuses recettes dans l'air du temps.

à Cenon Est, sortie n° 25 – 21 283 h. – alt. 50 m – ✉ 33150

La Cape (Magie)
allée Morlette – ✆ 05 57 80 24 25 – Fax 05 56 32 37 46 – Fermé vacances de Pâques, 1er-21 août, vacances de Noël, sam., dim. et fériés p. 5 BU **v**
Rest – Menu (22 €), 35/70 € bc
◆ On se "bouscule" au portillon de ce pavillon pour savourer une belle cuisine inventive dans un cadre très original, abondamment coloré, ou sur l'agréable jardin-terrasse.

à Bouliac Sud-Est, sortie n° 23 – 3 248 h. – alt. 74 m – ✉ 33270

Hauterive et rest. St-James ← Bordeaux, ch,
pl. C. Hostein, près église – ✆ 05 57 97 06 00 – reception@saint-james-bouliac.com – Fax 05 56 20 92 58 rest, 25, p. 5 BU **s**
15 ch – 155/175 € 170/190 €, 23 € – 3 suites
Rest – *(fermé 9-24 avril, 29 oct.-7 nov., 1er-14 janv., dim. et lundi)* Menu (30 €), 59 € bc/120 € – Carte 88/154 €
Rest *Le Bistroy* – *✆ 05 57 97 06 06 (fermé 1er-22 août, 14-27 janv., merc. et dim.)* Menu 26 € (déj.)/34 € – Carte 35/42 €
Spéc. Huîtres grillées au feu de bois. Carré d'agneau de l'Aveyron, potatoes en chapelure de cèpe (automne). Ressorts croustillants et sabayon coco-ananas rôti en cube (hiver). **Vins** Haut-Médoc, Pessac-Léognan.
◆ Vue grandiose sur Bordeaux depuis cette maison vigneronne et ses bâtiments façon séchoirs à tabac conçus par J. Nouvel. Chambres design, dont une ornée d'une... Harley Davidson ! Belle cuisine créative au St-James. Plats du terroir et décor épuré au Bistroy.

Auberge du Marais
22 rte de Latresne – ✆ 05 56 20 52 17 – Fax 05 56 20 98 06 – Fermé 30 juil.-20 août, merc. soir, dim. soir et lundi p. 5 BV **t**
Rest – Menu 14 € (déj. en sem.), 20/46 € – Carte 29/58 €
◆ Aux beaux jours, vous trouverez la fraîcheur sur la terrasse ombragée ou dans la salle à manger de style rustico-bourgeois désormais climatisée. Carte traditionnelle.

Café de l'Espérance
derrière l'Église – 05 56 20 52 16 – reception@saintjames-bouliac.com – Fax 05 56 20 92 58 p. 5 BV **r**
Rest – Carte 28/43 €
◆ Les nostalgiques du "troquet" de village aimeront ce petit bistrot où l'on s'attarde sous la treille, autour d'un verre. Plats traditionnels et grillades proposés à l'ardoise.

à Martillac 9 km au Sud, sortie n° 18, N 113 et rte secondaire – 2 020 h. – alt. 40 m – 33650

Les Sources de Caudalie ch, rest, rest, 15/40,
chemin de Smith Haut-Lafitte – 05 57 83 83 83 – sources@sources-caudalie.com – Fax 05 57 83 83 84 – Fermé 1er-15 janv.
43 ch – 190/390 € 190/390 €, 22 € – 7 suites
Rest ***La Grand'Vigne*** – *(fermé lundi et mardi)* Menu 62/85 € – Carte 60/74 €
Rest ***La Table du Lavoir*** – Menu (26 €), 35 €
◆ Ce domaine incluant un institut de vinothérapie offre luxe, détente et remise en forme au milieu des vignobles. Carte actuelle et beau choix de vins au Grand'Vigne, une orangerie du 18e s. La Table, c'est le lavoir des vendangeuses reconstitué dans un chai.

Château de Lantic sans rest cuisinette
10 rte de Lartigue – 05 56 72 58 68 – mginebre@wanadoo.fr – Fax 05 56 72 58 67
8 ch – 72/150 € 79/165 €, 8 €
◆ Cet adorable château propose des chambres meublées d'ancien, souvent décorées dans un esprit romantique ; certaines ont une cuisinette. Une dépendance accueille des expositions.

au Sud-Ouest sortie n° ⑭ - 33600 Pessac

Holiday Inn rest, 10/50,
10 av. Becquerel – 05 56 07 59 59 – contact@hi-pessac.com – Fax 05 56 07 59 69 AV **f**
90 ch – 70/145 € 70/145 €, 14,50 € – **Rest** – *(fermé sam., dim. et fériés)* Menu (15,50 €), 20/28 € – Carte 23/35 €
◆ Proche d'une rocade autoroutière, cet hôtel restauré propose de confortables chambres contemporaines (lits "king size"). Salles de réunions aux équipements "dernier cri". Chaleureuse salle à manger de type bistrot et cuisine traditionnelle.

à Pessac Sud-Ouest, sortie n° 13 – 56 143 h. – alt. 35 m – 33600

Le Cohé
8 av. R. Cohé – 05 56 45 73 72 – lecohe@9business.fr – Fax 05 56 45 96 39 – Fermé 10-25 août, dim. soir et lundi p. 4 AV **n**
Rest – Menu (14,50 € bc), 25/54 € – Carte 36/65 €
◆ Belle maison ancienne de la ville où l'État fait frapper depuis 1973 les pièces de monnaie. Salle à manger sobrement contemporaine et cuisine traditionnelle actualisée.

à Mérignac Ouest, sortie n° 9 – 61 992 h. – alt. 35 m – 33700

Kyriad Prestige ch, ch, 20/50,
116 av. Magudas – 05 57 92 00 00 – kprestige@bordeaux-hotels.net – Fax 05 57 92 00 60 p. 4 AT **r**
77 ch – 98 € 115 €, 12 € – **Rest** – *(fermé dim. sauf juil.-août)* Menu (19 €), 26 € – Carte 32/42 €
◆ Chambres spacieuses et insonorisées, de différents types : standard assez sobres, "executive" plus contemporaines (mobilier en teck) ou familiales agrandies d'une mezzanine. Buffets froids ou chauds dressés dans une salle avec cheminée et charpente apparente.

à Eysines Ouest, sortie n° 9 – 18 407 h. – alt. 15 m – 33320

Les Tilleuls
205 av. St-Médard à La Forêt – 05 56 28 04 56 – Fax 05 56 28 93 22 – Fermé 19-27 fév., sam. midi, dim. soir et lundi p. 4 AT **v**
Rest – Menu 19 € (déj. en sem.), 29/45 € – Carte 42/67 €
◆ Sympathique adresse où l'on mitonne plats traditionnels et spécialités régionales. Salle à manger campagnarde égayée de tons vifs et chaleureux. Jolie terrasse d'été.

à l'aéroport de Bordeaux-Mérignac Ouest, sortie n° 11 en venant du Sud, sortie n° 11b en venant du Nord – ✉ 33700 Mérignac

Quality Suites Aéroport sans rest — cuisinette — 25/60, VISA MC AE
83 av. J.F. Kennedy – ✆ 05 57 53 21 22 – reservation@qualitybordeaux.com – Fax 05 57 53 21 23 — AU **b**
154 ch – †91/140 € ††91/280 €, ☐ 16 €
◆ Immeuble neuf aux lignes épurées. Équipements home-cinéma et wi-fi dans les vastes chambres contemporaines et insonorisées. Petite restauration proposée au bar.

Mercure Aéroport — ch, ch, 15/120, P VISA MC AE
1 av. Ch. Lindbergh – ✆ 05 56 34 74 74 – h1508@accor.com – Fax 05 56 34 30 84 — *p. 4* AU **e**
149 ch – †95/115 € ††105/125 €, ☐ 14 € – **Rest** – *(fermé week-ends et fériés)* Menu 21/33 € – Carte 23/54 € ♀
◆ Adresse parfaite pour se reposer entre deux vols. Bar de style anglais, salles de réunion et chambres bien refaites (leur décor décline le thème des cinq continents). Cuisine traditionnelle servie dans une élégante salle à manger tournée vers la terrasse.

Novotel Aéroport — ch, ch, 10/50, P VISA MC AE
av. J. F. Kennedy – ✆ 05 57 53 13 30 – h0402@accor-hotels.com – Fax 05 56 55 99 64 — *p. 4* AU **k**
137 ch – †95/115 € ††95/123 €, ☐ 13 € – **Rest** – Carte 22/33 € ♀
◆ Plus "tendance" et feutré : l'hôtel renouvelle son image avec des chambres rénovées et un café répondant au dernier concept du groupe. Pinède et aire de jeux pour les enfants. À table, cuisine simple axée sur les grillades et agréable vue sur le jardin.

L' Iguane — VISA MC AE
83 av. J. F. Kennedy – ✆ 05 56 34 07 39 – iguane.rest@wanadoo.fr – Fax 05 56 34 41 37 — AU **b**
Rest – *(fermé 30 juil.-2 sept., sam. midi et dim. sauf fériés)* Menu (21 €), 30/65 € – Carte 34/61 € ♀
Rest *L'Olive de Mer* – *✆ 05 56 12 99 99 (fermé le vend. soir, dim. midi et sam.)* Menu (16 €), 22 € (déj.) – Carte 21/39 € ♀
◆ Lumineuse salle tout en longueur, contemporaine et raffinée (parquet et stores en bois exotique). Service soigné, nappes blanches et carte renouvelée au gré des saisons. Un vent iodé souffle sur la carte de l'Olive de Mer (mobilier design et décor très "in").

LES BORDES – **45 Loiret** – **318** L5 – **rattaché à Sully-sur-Loire**

BORMES-LES-MIMOSAS – **83 Var** – **340** N7 – **6 324 h.** – **alt. 180 m** – **✉ 83230**
Côte d'Azur — 41 **C3**

- Paris 871 – Fréjus 57 – Hyères 21 – Le Lavandou 4 – St-Tropez 35 – Toulon 39
- Office de tourisme, 1 place Gambetta ✆ 04 94 01 38 38, Fax 04 94 01 38 39
- de Valcros à La Londe-les-Maures NO : 12 km, ✆ 04 94 66 81 02.
- Site★ - Les vieilles rues★ - ≤★ du château.

Hostellerie du Cigalou sans rest — VISA MC AE
pl. Gambetta, au vieux village – ✆ 04 94 41 51 27 – resas@hostellerieducigalou.com – Fax 04 94 46 20 73 – Fermé 19 nov.-20 déc. et 7-24 janv.
17 ch – †78/190 € ††78/190 €, ☐ 12 € – 3 suites
◆ La propriétaire de cette jolie maison a décoré ses chambres avec raffinement, mêlant différents styles et ambiances. Restauration possible au café d'en bas, provençal et charmant.

La Bastide des Vignes — ch, P
464 chemin Patelin – ✆ 04 94 71 20 29 – bastidedesvignes@wanadoo.fr – Fax 04 94 15 12 71
5 ch ☐ – †100/127 € ††100/127 € – **Rest** – table d'hôte *(dîner seult.) (résidents seult.)* Menu 36 € bc
◆ Séduisante bastide posée au milieu des vignes. Les chambres "cosy", très provençales (tomettes, teintes ocre), sont dépourvues de TV et jouissent d'un calme rare. Belle piscine. Dégustation de vins régionaux à la table d'hôte, proposée tous les deux jours sur réservation.

Les Plumbagos sans rest — mer

88 Impasse du Pin., Quartier du pin, le Mont Roses – 06 09 82 42 86 – plumbagos@wanadoo.fr – Ouvert mars-oct.

3 ch – 90/125 € 90/125 €

◆ Parmi les atouts de cette belle bâtisse des années 1920 : une situation calme et privilégiée en surplomb de la baie, de coquettes chambres provençales et un plaisant jardin.

Lou Portaou — VISA

r. Cubert des Poètes – 04 94 64 86 37 – lou.portaou@wanadoo.fr – Fax 04 94 64 81 43 – Fermé 20 nov.-20 déc., le midi en saison et mardi hors saison

Rest – *(prévenir)* Menu 39 € bc/60 € bc – Carte environ 38 €

◆ Étonnant "restaurant-musée" qui a su préserver l'âme de cette demeure médiévale : objets et meubles évoquant cette époque sont réunis dans les deux petites salles voûtées.

La Tonnelle de Gil Renard — VISA

pl. Gambetta – 04 94 71 34 84 – restau.la.tonnelle@free.fr – Fermé 15 nov.-15 déc., jeudi sauf le soir d'avril à sept. et merc.

Rest – *(dîner seult en juil.-août)* Menu (27 €), 38/42 € – Carte 42/49 €

◆ Maison ancienne située à côté de l'Office de tourisme. Salle à manger et véranda portent haut les couleurs du Sud ; une cheminée réchauffe les repas d'hiver.

La Rastègue — VISA

48 bd Levant, au Sud, quartier Le Pin : 2km – 04 94 15 19 41 – Fermé 2-30 janv., le midi en juil.-août, merc. midi hors saison, lundi et mardi

Rest – Menu 39/46 €

◆ Cette table accueillante se distingue par son agréable terrasse et ses rutilantes cuisines ouvertes sur la salle. Menu unique annoncé oralement (cuisine d'inspiration régionale).

au Sud 1 km – ✉ 83230 Bormes-les-Mimosas

Le Domaine du Mirage — ch, ch, rest, VISA AE

38 r. Vue-des-Iles – 04 94 05 32 60 – resas@domainedumirage.com – Fax 04 94 64 93 03 – Ouvert 30 mars-4 nov.

67 ch – 123/250 € 185/250 €, 13 € – 4 suites – ½ P 104/168 € – **Rest** – Menu 33 € (dîner) – Carte 34/42 €

◆ Sur les hauteurs de Bormes, plaisant hôtel entouré d'une végétation luxuriante. Jolies chambres meublées à la mode provençale, avec balcon ou terrasse. Fer forgé, couleurs du Midi et fresque murale composent l'agréable décor de la salle de restaurant.

à la Favière 4 km au Sud – ✉ 83230 Bormes-Les-Mimosas

Plage — rest, VISA AE

– 04 94 71 02 74 – hoteldelaplage.bormes@wanadoo.fr – Fax 04 94 71 77 22 – Ouvert 1er avril-30 sept.

45 ch – 52/72 € 52/72 €, 8 € – ½ P 52/63 € – **Rest** – Menu 22/29 € – Carte 27/42 €

◆ Cet hôtel est situé à quelques encablures du cap Bénat et du fort de Brégançon. Les chambres, simplement aménagées, sont égayées de tableaux et bibelots anciens. Restaurant à l'ambiance "pension de famille" et terrasse ombragée avec fontaine provençale.

à Cabasson 8 km au Sud – ✉ 83230 Bormes-Les-Mimosas

Les Palmiers — VISA AE

chemin du Petit Fort – 04 94 64 81 94 – les.palmiers@wanadoo.fr – Fax 04 94 64 93 61 – Fermé 10 nov.-1er fév.

17 ch – 60/100 € 160/220 €, 14 € – ½ P 80/120 € – **Rest** – Menu 33/50 € – Carte 37/65 €

◆ L'établissement est proche du fort de Brégançon et de la plage. Les balcons des chambres donnent en majorité sur le jardin. Lumineuse salle à manger et terrasse dressée au bord de la piscine ; bouillabaisse sur commande.

BORNY – 57 Moselle – **307** I4 – rattaché à Metz

BORT-L'ÉTANG – 63 Puy-de-Dôme – **326** H8 – rattaché à Lezoux

BOSDARROS – 64 Pyrénées-Atlantiques – **342** J5 – **937 h.** – **alt. 370 m** – ✉ 64290 3 **B3**

Paris 790 – Pau 14 – Lourdes 36 – Oloron-Ste-Marie 29 – Tarbes 50

Auberge Labarthe (Dequin) VISA AE

derrière l'église – ☎ 05 59 21 50 13 – auberge-labarthe@wanadoo.fr – Fax 05 59 21 68 55 – Fermé 25 juin-8 juil., 21 janv.-3 fév., mardi sauf juil.-août, dim. soir et lundi

Rest – *(prévenir le week-end)* Menu 23 € (sem.)/58 € – Carte 49/60 €

Spéc. Petites ravioles de cèpes et jambon (automne). Pot au feu de foie gras aux légumes du marché. Baba au vieux rhum.

◆ Derrière l'église, pimpante maison joliment fleurie. Cuisine régionale généreuse servie dans un cadre rustico-bourgeois mariant les tons lie-de-vin, rose et vert tilleul.

BOSSEY – 74 Haute-Savoie – **328** J4 – **rattaché à St-Julien-en-Genevois**

LES BOSSONS – 74 Haute-Savoie – **328** O5 – **rattaché à Chamonix**

BOUAYE – 44 Loire-Atlantique – **316** F5 – **rattaché à Nantes**

BOUC-BEL-AIR – 13 Bouches-du-Rhône – **340** H5 – **12 297 h.** – **alt. 259 m** – ✉ 13320 40 **B3**

Paris 758 – Aix-en-Provence 10 – Aubagne 41 – Marseille 22 – Salon-de-Provence 43

L'Étape Lani ch, ch, ch, 30, VISA AE

au Sud sur D 6 rte Gardane-Marseille – ☎ 04 42 22 61 90 – etapelani@worldonline.fr – Fax 04 42 22 68 67 – Fermé dim.

31 ch – 62/70 € 68/78 €, 15 € – ½ P 56/87 € – **Rest** – *(fermé le midi du 23 au 31 déc., lundi midi en juil.-août, sam. midi et dim.)* Menu 16 € (déj. en sem.), 24/50 €

◆ L'accueil, les chambres bien insonorisées du bâtiment principal et le plaisant décor provençal de l'annexe font vite oublier la proximité de la route passante. Coquet restaurant aux tons ensoleillés où l'on sert une cuisine qui fleure bon le Sud.

BOUCÉ – 03 Allier – **326** H5 – **rattaché à Varennes-sur-Allier**

BOUDES – 63 Puy-de-Dôme – **326** G10 – **252 h.** – **alt. 466 m** – ✉ 63340 5 **B2**

Paris 462 – Brioude 29 – Clermont-Fd 52 – Issoire 16 – St-Flour 62

Le Boudes La Vigne avec ch rest, VISA AE

– ☎ 04 73 96 55 66 – Fax 04 73 96 55 55 – Fermé 27 août-2 sept., 1er-13 janv., dim. soir et lundi sauf fériés

9 ch – 32 € 32/80 €, 5 € – ½ P 40 € – **Rest** – Menu 20/40 €

◆ Maison aménagée sur les anciennes fortifications d'une bourgade de vignerons. Une salle, campagnarde, est agrémentée d'un vivier à homards, l'autre occupe un caveau voûté.

BOUËSSE – 36 Indre – **323** G7 – **rattaché à Argenton-sur-Creuse**

BOUGIVAL – 78 Yvelines – **311** I2 – **101** 13 – **voir à Paris, Environs**

Hôtels et restaurants bougent chaque année.
Chaque année, changez de guide Michelin !

LA BOUILLADISSE – 13 Bouches-du-Rhône – 340 I5 – 4 904 h. – alt. 220 m – ✉ 13720

40 **B3**

Paris 776 – Aix-en-Provence 27 – Brignoles 43 – Marseille 31 – Toulon 60

Syndicat d'initiative, place de la Libération ✆ 04 42 62 97 08, Fax 04 42 62 98 65

La Fenière

– ✆ 04 42 72 38 38 – la.feniere@wanadoo.fr – Fax 04 42 62 30 54 – Fermé dim.

11 ch – †50/65 € ††55/65 €, ☕ 7 €, 1 studio – ½ P 48/51 € – **Rest** – ✆ 04 42 72 56 32 *(fermé 11-24 fév., sam. sauf le soir en juil.-août et dim.)* Menu 15 € (sem.)/23 € – Carte 26/39 €

♦ Établissement composé de deux bâtiments. Côté jardin-piscine, découvrez des petites chambres rénovées, fonctionnelles et méticuleusement tenues. Restaurant de style provençal agrandi d'une terrasse, où vous dégusterez une cuisine régionale.

BOUILLAND – 21 Côte-d'Or – 320 I7 – 168 h. – alt. 400 m – ✉ 21420

Bourgogne

8 **C2**

Paris 295 – Autun 54 – Beaune 17 – Bligny-sur-Ouche 13 – Dijon 41 – Saulieu 57

Hostellerie du Vieux Moulin

1 r. de la Forge – ✆ 03 80 21 51 16 – le-moulin@le-moulin-de-bouilland.com – Fax 03 80 21 59 90 – Ouvert 14 mars-30 nov. et 15 déc.-2 janv.

23 ch – †83/155 € ††83/155 €, ☕ 16 € – 3 suites – ½ P 102/170 € – **Rest** – *(fermé le midi du lundi au jeudi)* Menu 39/80 € – Carte 76/94 €

Spéc. Cassolette d'écrevisses aux truffes (juil. à déc.). Homard rôti au beurre d'algues. Filet de bœuf charolais, jus de quintessence. **Vins** Chorey-les-Beaune, Pernand-Vergelesses.

♦ Chambres anciennes au moulin ou plus modernes dans les dépendances : une étape "nature" à deux pas de l'A 6 et des grands vignobles bourguignons ! Fitness, piscine. Fine cuisine de saison faisant la part belle au terroir. Salle à manger contemporaine.

Auberge Saint-Martin

17 rte de Beaune – ✆ 03 80 21 53 01 – Fax 03 80 21 53 01 – Fermé 4 déc.-7 fév., mardi et merc.

Rest – Menu 19/27 € – Carte 24/31 €

♦ La petite salle campagnarde de cette accueillante auberge (18e s.) donne sur une jolie terrasse en bois. Appétissante cuisine traditionnelle et spécialités bourguignonnes.

LA BOUILLE – 76 Seine-Maritime – 304 F5 – 791 h. – alt. 5 m – ✉ 76530

Normandie Vallée de la Seine

33 **D2**

Paris 132 – Bernay 44 – Elbeuf 12 – Louviers 32 – Pont-Audemer 35 – Rouen 21

Le Bellevue

13 quai Hector Malot – ✆ 02 35 18 05 05 – bellevue@hotel.wanadoo.fr – Fax 02 35 18 00 92 – Fermé 23 déc.-5 janv. et 1er-13 août

20 ch – †50/63 € ††50/63 €, ☕ 8 € – ½ P 51/63 € – **Rest** – *(fermé dim. soir du 15 oct. à fin avril)* Menu 18 € (sem.)/40 € – Carte 38/65 €

♦ Sur une rive de la Seine. Chambres diversement meublées (rotin coloré ou style "seventies") ; certaines bénéficient d'une belle vue sur le fleuve. La salle de restaurant, plaisante, a conservé son âme normande avec ses poutres et ses colombages.

St-Pierre

4 pl. du Bateau – ✆ 02 35 68 02 01 – Fax 02 35 68 04 26 – Fermé 25 fév.-11 mars, 20 août-5 sept., 12-20 nov., lundi et mardi sauf fériés

Rest – Menu 27 € (sem.)/65 € – Carte 53/72 €

♦ Cuisine d'aujourd'hui servie dans une salle claire et actuelle ou en plein air, avec la Seine et le va-et-vient des bateaux pour toile de fond. Accueil et service avenants.

De la Poste

6 pl.du Bateau – ✆ 02 35 18 03 90 – Fax 02 35 18 18 91 – Fermé déc., dim. soir, lundi soir et mardi

Rest – Menu 24 € (sem.)/42 € – Carte 48/58 €

◆ Jolie façade à colombages d'un relais de poste du 18e s. ancré sur les quais. Salle à manger rustique ou, à l'étage, cadre plus récent et plus clair avec vue sur la Seine.

Les Gastronomes

1 pl. du Bateau – ✆ 02 35 18 02 07 – Fax 02 35 18 14 49 – Fermé 22 oct.-15 nov., 20 fév.-6 mars, merc. et jeudi sauf fériés

Rest – Menu 19 € (sem.)/39 € – Carte 40/50 €

◆ À côté de l'église, restaurant familial traditionnel abritant deux salles : ambiance bistrot Belle Époque dans celle du bas ; touches rustiques et coup d'œil batelier à l'étage.

BOUIN – 85 Vendée – 316 E6 – 2 242 h. – alt. 5 m – ✉ 85230 34 A3

Paris 435 – Challans 22 – Nantes 51 – Noirmoutier-en-l'Ile 29 – La Roche-sur-Yon 66

Office de tourisme, boulevard Sébastien Luneau ✆ 02 51 68 88 85

Du Martinet

ch, rest, 40,

pl. du Général Charette – ✆ 02 51 49 08 94 – hotel.martinet@wanadoo.fr – Fax 02 51 49 83 08

24 ch – 47/54 € 54/70 €, 7 €, 6 duplex – ½ P 55/65 € – **Rest** – *(fermé lundi midi et mardi midi)* Menu 23 € (sem.)/37 € – Carte 21/42 €

◆ Demeure ancienne à l'ambiance familiale dans un bourg tranquille du marais breton-vendéen. Les chambres en rez-de-jardin sont plus agréables et coquettes. Salle à manger de caractère (meubles et objets chinés) et jolie véranda. Produits de la pêche locale.

BOULIAC – 33 Gironde – 335 H6 – rattaché à Bordeaux

BOULIGNEUX – 01 Ain – 328 C4 – rattaché à Villars-les-Dombes

BOULOGNE-BILLANCOURT – 92 Hauts-de-Seine – 311 J2 – 101 24 – voir à Paris, Environs

BOULOGNE-SUR-MER – 62 Pas-de-Calais – 301 C3 – 44 859 h. – Agglo. 135 116 h. – alt. 58 m – Casino (privé) Z – ✉ 62200

Nord Pas-de-Calais Picardie 30 A2

Paris 265 – Amiens 130 – Arras 122 – Calais 35 – Lille 118 – Rouen 185

Office de tourisme, 24 quai Gambetta ✆ 03 21 10 88 10, Fax 03 21 10 88 11

de Wimereux à Wimereux Avenue François Mitterrand, par rte de Wimereux : 8 km, ✆ 03 21 32 43 20.

Nausicaa★★★ - Ville haute★★ : crypte et trésor★ de la basilique ★ du Beffroi Y **H** - Perspectives★ des remparts - Calvaire des marins ★ Y - Château-Musée★ : vases grecs★★, masques inuits et aléoutes★★ - Colonne de la Grande Armée★ : ★★ 5 km par ① - Côte d'Opale★ par ①.

Plan page ci-contre

La Matelote

15,

70 bd Ste-Beuve – ✆ 03 21 30 33 33 – tony.lestienne@la-matelote.com – Fax 03 21 30 87 40 Y **q**

29 ch – 80/115 € 95/165 €, 15 €

Rest ***La Matelote*** – voir ci-après

◆ Élégante construction des années 1930 postée sur le front de mer. Les chambres, spacieuses et rénovées, sont bien insonorisées. Ambiance chaleureuse, service aux petits soins.

Métropole sans rest

51 r. Thiers – ✆ 03 21 31 54 30 – hotel.metropol@wanadoo.fr – Fax 03 21 30 45 72 – Fermé 21 déc.-13 janv. Z **e**

25 ch – 68/73 € 85/92 €, 9 €

◆ Hôtel familial dans le centre-ville. Les chambres offrent espace et équipements actuels (literie neuve). Jolie salle des petits-déjeuners ouverte sur le jardin.

BOULOGNE-SUR-MER

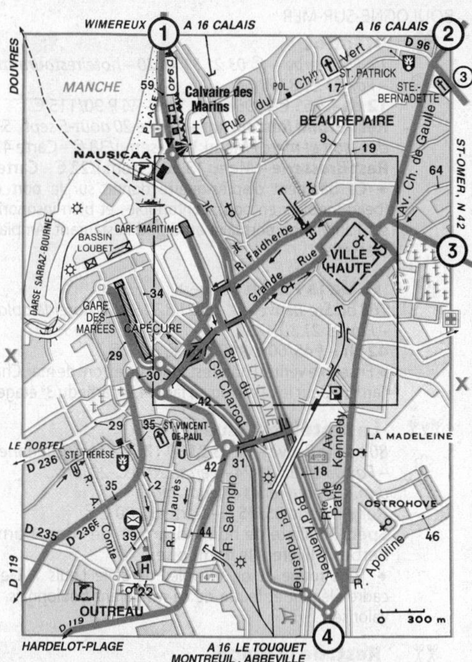

NAUSICAÄ
Bd Ste-Beuve
Quai Gambetta
GARE MARITIME
PORT
BASSIN
NAPOLÉON
Q. Chanzy
R. de la Tour d'Ordre
Folkestone
ST-PIERRE
Camp de Droite
R. du Camp de Droite
R. de Bomarsund
ST-MICHEL
Pl. Navarin
Bd de Clocheville
Rue de la Paix
Av. Ch. de Gaulle
R. du Vivier
Faidherbe
Bd Auguste Mariette
Basilique
Bd Eurvin
CHÂTEAU MUSÉE
Musée San Martin
CASINO
Grande Rue
VILLE HAUTE
Pl. F. Sauvage
St-Nicolas
V. Hugo
R. des Pipots
Bd du Prince
R. de la Porte Gayole
R. Albert
R. de Perthes
R. Boucher
R. Nationale
R. Cazin
R. E. Branly
R. Farjon
CAPÉCURE
R. d'Alsace
VIADUC J.-JAURÈS
Bd du Cdt Charcot
Bd de l'Espérance
R. du Cel Chanzy
Bd LA LIANE
Bd Diderot
Boulevard Daunou
R. Hédouin
Bd A. Comte
Bd Voltaire
R. de Brequerecque
ST-FRANÇOIS DE-SALES
CENTRALE
LE TOUQUET MONTREUIL
0 200 m

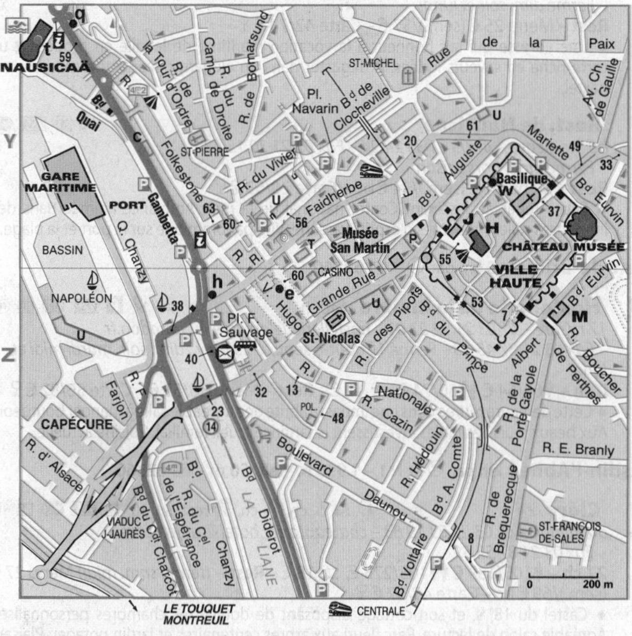

Hamiot

1 r. Faidherbe – ☎ 03 21 31 44 20 – hotelrestauranthamiot@wanadoo.fr – Fax 03 21 83 71 56 Z **h**

12 ch – 65 € 95 €, ☕ 12 € – ½ P 90/115 €

Rest *Grand Restaurant* – *(fermé 20 août-5 sept., 5-25 janv., le midi en juil.-août, dim. soir et merc.)* Menu 17 € (sem.)/38 € – Carte 42/56 €

Rest *Brasserie* – Menu 13,50 € (sem.)/22 € – Carte 18/31 €

◆ Ce bâtiment d'après-guerre donne sur le port et abrite des chambres refaites (beau mobilier en bois), confortables et bien insonorisées. Atmosphère feutrée et vue sur l'animation portuaire au Grand Restaurant. Ambiance animée et terrasse d'été à la Brasserie.

H. de la Plage sans rest

168 bd Ste-Beuve – ☎ 03 21 32 15 15 – hoteldelaplage4@wanadoo.fr – Fax 03 21 30 47 97 X **u**

42 ch – 45/60 € 60/65 €, ☕ 7 €

◆ Enseigne vérité : l'hôtel est situé sur le front de mer. Chambres fonctionnelles à choisir sur l'arrière pour le calme ou en façade, à partir du 3e étage, pour la vue.

La Matelote (Lestienne)

80 bd Ste Beuve – ☎ 03 21 30 17 97 – tony.lestienne@la-matelote.com – Fax 03 21 83 29 24 – Fermé 20 déc.-20 janv., dim. soir sauf fériés et jeudi midi Y **q**

Rest – Menu 35/75 € – Carte 60/80 €

Spéc. Feuilleté de homard, arôme de curry. Darne de turbot, sabayon de fines herbes. Millefeuille framboise.

◆ Tons rouge et or, meubles de style Louis XVI et bibelots marins composent le cadre élégant et feutré de ce restaurant boulonnais. Produits de la mer superbement valorisés.

Rest. de la Plage

124 bd Ste-Beuve – ☎ 03 21 99 90 90 – la-plage@wanadoo.fr – Fax 03 21 87 23 14 – Fermé dim. soir et lundi X **v**

Rest – Menu 25 € (sem.)/57 € – Carte 42/74 €

◆ Une adresse qui fait honneur à la vocation maritime de la ville en proposant une carte riche en saveurs iodées. À déguster dans un élégant décor actuel aux jolis tons pastel.

Rest. de Nausicaa

bd Ste-Beuve – ☎ 03 21 33 24 24 – Fax 03 21 30 15 63 – Fermé lundi hors saison Y **t**

Rest – Menu 21 € (sem.)/34 € bc – Carte 26/53 €

◆ Pause repas au fascinant Centre national de la mer. Ambiance animée dans deux immenses salles modernes d'esprit brasserie. Vue panoramique sur le port et la plage.

à Pont-de-Briques 5 km par ④ – ✉ 62360

Hostellerie de la Rivière avec ch

17 r. Gare – ☎ 03 21 32 22 81 – hostelleriedelariviere@wanadoo.fr – Fax 03 21 87 45 48 – Fermé 19 août-6 sept., 7-25 janv., dim. soir, mardi midi et lundi

8 ch – 60/64 € 60/74 €, ☕ 12 € – **Rest** – Menu 36/55 € – Carte 56/82 €

◆ Cette demeure retirée dans une impasse abrite une agréable salle à manger bourgeoise. Aux beaux jours, les tables investissent le jardin. Accueil familial. Cuisine actuelle.

à Hesdin-l'Abbé 9 km par ④ et N 1 – 1 998 h. – alt. 50 m – ✉ 62360

Cléry

ch, ch, rest, 30,

au Village – ☎ 03 21 83 19 83 – chateau-clery.hotel@najeti.com – Fax 03 21 87 52 59

27 ch – 105/139 € 105/225 €, ☕ 18 € – **Rest** – *(fermé sam. midi)* Menu 27 € (sem.)/69 € bc – Carte 45/57 €

◆ Castel du 18e s. et son cottage disposant de douillettes chambres personnalisées. Agréable salon de lecture. Parc fleuri aux arbres centenaires et jardin potager. Plaisante salle de restaurant et belle véranda grande ouverte sur le domaine boisé.

LE BOULOU – 66 Pyrénées-Orientales – 344 I7 – 4 428 h. – alt. 90 m – Stat. therm. : mi fév.-fin nov. – Casino – ✉ 66160 Languedoc Roussillon 22 B3

Paris 869 – Argelès-sur-Mer 20 – Barcelona 169 – Céret 10 – Perpignan 22

Office de tourisme, place de la Mairie ☎ 04 68 87 50 95, Fax 04 68 87 50 96

au village catalan 7 km au Nord par N 9 – ✉ 66300 Banyuls-dels-Aspres

Village Catalan sans rest 50, VISA MC

accès par N 9 et A 9 – ☎ 04 68 21 66 66 – hotel-catalan@wanadoo.fr – Fax 04 68 21 70 95

77 ch – 58/68 € 68/78 €, 10 €

◆ Sur une aire d'autoroute, hôtel d'étape doté de chambres fonctionnelles insonorisées, donnant parfois sur le jardin et la piscine. Garage privatif pour huit d'entre elles.

au Sud-Est 4,5 km par N 9, D 618 et rte secondaire – ✉ 66160 Le Boulou

Relais des Chartreuses ch, VISA MC

106 av. d'En Carbouner – ☎ 04 68 83 15 88 – relais.des.chartreuses@wanadoo.fr – Fax 04 68 83 26 62 – Fermé 4 nov.-15 fév.

9 ch – 55/79 € 73/150 €, 10 € – **Rest** – *(fermé merc.) (dîner seult)* Menu 12/18 €

◆ Édifié à flanc de colline, mas en pierre, sans doute du 17e s., entièrement restauré. Spacieuses chambres personnalisées. Sauna, jacuzzi et terrasse sous les tilleuls.

à Vivès 5 km à l'Ouest par D 115 et D 73 – 128 h. – alt. 228 m – ✉ 66490

L'Hostalet de Vivès avec ch rest, ch,cuisinette VISA MC

r. Mairie – ☎ 04 68 83 05 52 – Fax 04 68 83 51 91 – Fermé 14 fév.-3 mars, mardi hors saison et merc.

1 ch – 55/70 € 55/70 €, 9 €, 2 studios 65/90 € – **Rest** – Menu 20 € (déj. en sem.)/29 € – Carte 29/45 €

◆ Ravissante maison en pierre du 12e s. ayant conservé son cachet d'antan. Service en costume traditionnel et "gargantuesques" plats catalans. Quelques chambres fonctionnelles.

BOUNIAGUES – 24 Dordogne – 329 E7 – 476 h. – alt. 170 m – ✉ 24560 4 C2

Paris 547 – Bergerac 13 – Périgueux 60 – Villeneuve-sur-Lot 47

Les Voyageurs avec ch VISA MC

– ☎ 05 53 58 32 26 – lavaudp@wanadoo.fr – Fax 05 53 58 32 26 – Fermé 28 août-8 sept., 19 fév.-2 mars, lundi hors saison (sauf rest) et dim. soir

7 ch – 39 € 42 €, 7 € – ½ P 50/52 € – **Rest** – Menu 13,50/33 € – Carte 17/39 €

◆ Auberge toute simple à l'ambiance familiale où vous dégusterez une saine cuisine du terroir à prix doux. Terrasse ombragée sur l'arrière pour l'été. Chambres modestes.

BOURBACH-LE-BAS – 68 Haut-Rhin – 315 G10 – 563 h. – alt. 340 m – ✉ 68290 1 A3

Paris 451 – Altkirch 27 – Belfort 26 – Mulhouse 25 – Thann 10

A la Couronne d'Or avec ch VISA MC AE

9 r. Principale – ☎ 03 89 82 51 77 – Fax 03 89 82 58 03 – Fermé 18 fév.-2 mars

7 ch – 40 € 56 €, 7 € – ½ P 50 € – **Rest** – *(fermé lundi et mardi)* Menu 19/50 € – Carte 25/49 €

◆ Dans un village de la vallée de la Doller, longue maison abritant une salle rustique modulable et une autre plus intime avec poêle en faïence. Chambres simples et insonorisées.

BOURBON-LANCY – 71 Saône-et-Loire – 320 C10 – 5 634 h. – alt. 240 m – Stat. therm. : début avril-fin oct. – Casino – ✉ 71140 Bourgogne 7 B3

Paris 308 – Autun 62 – Mâcon 110 – Montceau-les-Mines 55 – Moulins 36

Office de tourisme, place d'Aligre ☎ 03 85 89 18 27

de Givalois Givallois, E : 3 km, ☎ 03 85 89 05 48.

Maison de bois et tour de l'horloge★ B.

BOURBON-LANCY

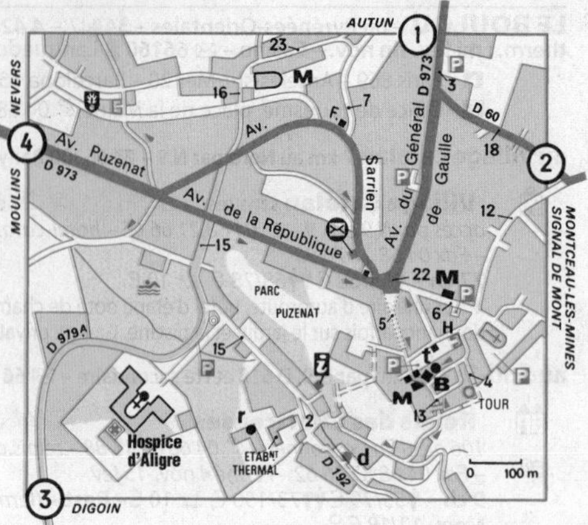

Le Manoir de Sornat rest, VISA
allée Sornat, 2 km rte Moulins par ④ – ☎ 03 85 89 17 39 – manoir-de-sornat@wanadoo.fr – Fax 03 85 89 29 47 – Fermé 2 janv.-5 fév., dim. soir sauf juil.-août et fêtes, lundi midi et mardi midi
13 ch – †60 € ††130 €, ☐ 12 € – ½ P 80/110 € – **Rest** – Menu (18 €), 24 € (déj. en sem.), 28/85 € – Carte 48/89 €
◆ Joli manoir de style normand niché dans un plaisant parc arboré. Belles boiseries dans le hall et le salon. Chambres spacieuses, garnies de meubles contemporains. Le décor de la salle à manger bourgeoise évoque le peintre Monet ; cuisine classique actualisée.

Le Grand Hôtel cuisinette 30, VISA
1 parc Thermal – ☎ 03 85 89 08 87 – ghthermal@stbl.fr – Fax 03 85 89 32 23 – Ouvert 1er avril-26 oct. r
28 ch – †53 € ††67 €, ☐ 8 € – ½ P 75/98 € – **Rest** – Menu 12 € (sem.)/32 € – Carte 25/45 €
◆ Ancien couvent bordant le parc de l'établissement thermal. Chambres spacieuses et dotées d'un mobilier moderne ou de style. Restaurant assez sobre - un peu "pension de famille" - et jolie terrasse dans l'ex-cloître ; repas diététiques sur commande.

La Tourelle du Beffroi sans rest VISA
pl. Mairie – ☎ 03 85 89 39 20 – hotellatourelle@aol.com – Fax 03 85 89 39 29 t
8 ch – †55/73 € ††55/73 €, ☐ 9 €
◆ Bel emplacement à l'ombre du beffroi pour cette jolie maison 1900 à tourelle et sa terrasse à balustres. Chambres décorées avec soin. Ambiance "guesthouse".

Villa du Vieux Puits avec ch rest, VISA
7 r. Bel Air – ☎ 03 85 89 04 04 – Fax 03 85 89 13 87 – Fermé 1er-15 mars, 23 déc.-3 janv., 20-29 fév., dim. soir et lundi d
7 ch – †48/50 € ††50/58 €, ☐ 10 € – ½ P 62/72 € – **Rest** – *(dîner seult)* Menu 20/50 € – Carte 31/41 €
◆ Coquette auberge familiale aménagée dans les murs d'une tannerie nichée dans un jardin en contrebas de la route. Salle à manger campagnarde et chambres douillettes.

Déjeunez dehors, il fait si beau !
Optez pour une terrasse :

BOURBON-L'ARCHAMBAULT – 03 Allier – 326 F3 – 2 564 h. – alt. 367 m – Stat. therm. : début mars-début nov. – Casino – ✉ 03160 Auvergne 5 B1

Paris 292 – Montluçon 53 – Moulins 24 – Nevers 54

Office de tourisme, 1 place de l'Hotel de Ville ☎ 04 70 67 09 79

Nouveau parc ≤★ - Château ≤★.

Grand Hôtel Montespan-Talleyrand

rest, ch, cuisinette 14, VISA

pl. Thermes – ☎ 04 70 67 00 24 – hotelmontespan@wanadoo.fr – Fax 04 70 67 12 00 – Ouvert 7 avril-20 oct.

42 ch – †57 € ††60/115 €, ☕ 11 € – 2 suites – ½ P 61/81 € – **Rest** – Menu (11 €), 21/50 €

◆ Ces trois maisons anciennes ont hébergé Mme de Montespan, Mme de Sévigné et Talleyrand. Chambres spacieuses et personnalisées. Solarium, jardin intérieur à la française. Au restaurant, poutres et pierres d'origine côtoient une décoration actuelle de bon goût.

rte de Montluçon 10 km au Sud-Ouest par D933, D18 et rte secondaire – ✉ 03160 Ygrande

Château d'Ygrande

≤ paysage, ch, 40, VISA

Le Mont – ☎ 04 70 66 33 11 – reservation@chateauygrande.fr – Fax 04 70 66 33 63 – Fermé janv., fév., dim. et lundi d'oct. à avril

16 ch – †110/200 € ††110/200 €, ☕ 18 € – ½ P 112/157 € – **Rest** – *(fermé dim. soir et lundi sauf juil.-août)* Menu 26/62 € – Carte 48/67 €

◆ Belle maison du 19e s. au charme romantique, dont le parc de 40 ha se fond dans la paisible campagne bourbonnaise. À l'intérieur, tout respire l'élégance et le bon goût. Salle à manger de style Directoire et carte actuelle utilisant les produits du potager.

BOURBONNE-LES-BAINS – 52 Haute-Marne – 313 O6 – 2 495 h. – alt. 290 m – Stat. therm. : début mars-fin nov. – Casino – ✉ 52400 Champagne Ardenne 14 D3

Paris 313 – Chaumont 55 – Dijon 124 – Langres 39 – Neufchâteau 53

Office de tourisme, place des Bains ☎ 03 25 90 01 71, Fax 03 25 90 14 12

Orfeuil

rest, cuisinette VISA

29 r. Orfeuil – ☎ 03 25 90 05 71 – hotel-orfeuil@wanadoo.fr – Fax 03 25 84 46 25 – Ouvert 2 avril-31 oct. a

45 ch – †48 € ††55 €, ☕ 7 € – ½ P 38/43 € – **Rest** – *(fermé dim. soir et lundi)* Menu 12/22 € – Carte 17/30 €

◆ Dans la maison principale, salon bourgeois et chambres de bon confort régulièrement rénovées. À l'annexe, hébergement assez sobre, récent et spacieux. Mobilier "sixties" et plantes vertes dans une salle à manger lumineuse et miniterrasse bien fleurie en été.

BOURBONNE-LES-BAINS

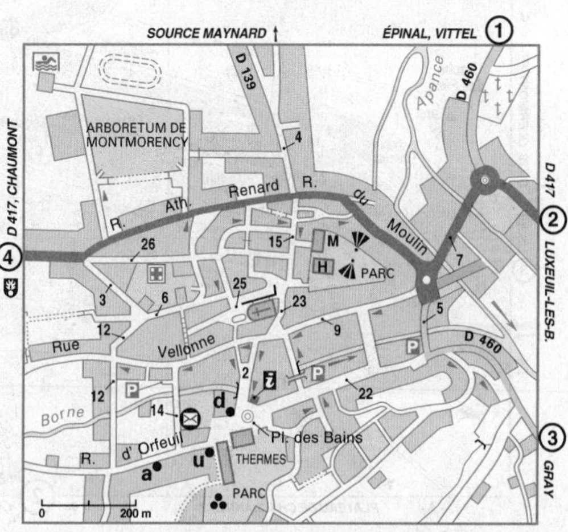

Des Sources ch, rest,cuisinette VISA MC AE
pl. Bains – ☎ 03 25 87 86 00 – hotel-des-sources@wanadoo.fr – Fax 03 25 87 86 33
– Ouvert 2 avril-24 nov. **u**
23 ch – †45 € ††53 €, ☕ 7 € – ½ P 40/43 € – **Rest** – *(fermé merc. soir)*
Menu 13/30 € – Carte 21/39 €
◆ Juste à côté des thermes, façade colorée abritant des chambres simples et fonctionnelles, mansardées au dernier étage. La salle à manger ouvre sur un joli et verdoyant patio agrémenté d'un petit bassin où l'on dresse des tables à la belle saison.

Lauriers Roses ch, P VISA MC
pl. Bains – ☎ 03 25 90 00 97 – lauriers.roses@wanadoo.fr – Fax 03 25 88 78 02
– Ouvert 8 avril-27 oct. **d**
68 ch – †32/38 € ††40/45 €, ☕ 5 € – ½ P 35/37 € – **Rest** – Menu 15 € (sem.)/26 € – Carte 23/32 €
◆ Pour rejoindre les thermes, il suffit de traverser la place. Chambres pratiques, réparties dans deux bâtiments ; certaines donnent côté jardin. Salon-bibliothèque. Vaste restaurant rustique fréquenté par une clientèle de curistes ; cuisine traditionnelle.

Un hôtel charmant pour un séjour très agréable ?
Réservez dans un hôtel avec pavillon rouge : … .

LA BOURBOULE – **63 Puy-de-Dôme – 326** D9 – **2 043 h. – alt. 880 m – Stat. therm. : début février-début oct. – Casino** AZ – ✉ **63150** Auvergne 5 **B2**

Paris 469 – Aubusson 82 – Clermont-Ferrand 50 – Mauriac 71 – Ussel 51

Office de tourisme, place de la République ☎ 04 73 65 57 71

Parc Fenêstre★ - Murat-le-Quaire : musée de la Toinette★ N : 2 km.

LA BOURBOULE

Alsace-Lorraine (Av.) . . . . BY 2
Clemenceau (Bd G.) . . . . . ABY
États-Unis (Av. des) . . . . . . BY 3
Féron (Quai) . . . . BY
Foch (Av. Mar.) . . . . AY 6
Gambetta (Quai) . . . . AZ 7
Guéneau-de-Mussy (Av.) . . . . AY 8
Hôtel de Ville (Quai) . . . . . . AY 10
Jeanne-d'Arc (Quai) . . . . BY 12
Jet-d'eau (Square du) . . . . . . AY 13
Joffre (Sq. du Mar.) . . . . BY 15
Lacoste (Pl. G.) . . . . AY 16
Libération (Q. de la) . . . . AZ 17
Mangin (Av. du Général) . . . . AZ 19
République (Pl. de la) . . . . . . AZ 21
Souvenir (Pl. du) . . . . BY 22
Victoire (Pl. de la) . . . . AY 23

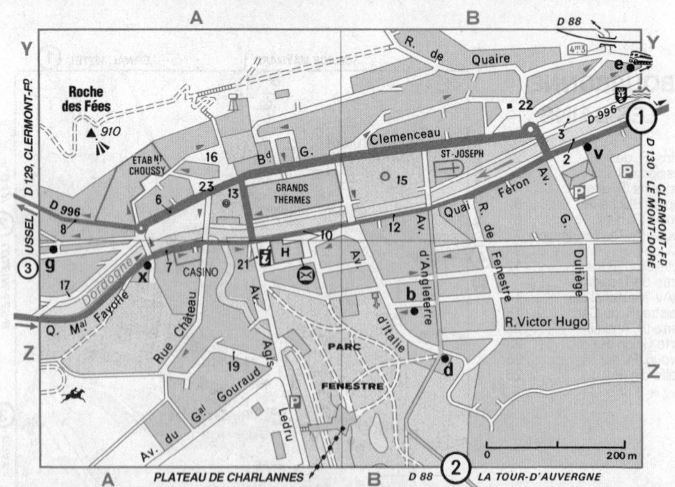

Régina

av. Alsace-Lorraine – ☎ 04 73 81 09 22 – reservation@hotelregina-labourboule.com – Fax 04 73 81 08 55 – Fermé 1er-20 déc. et 7-28 janv. BY **v**

24 ch – 58/100 € 65/120 €, ☕ 7,50 € – ½ P 55/150 € – **Rest** – Menu 13 € (sem.)/30 € – Carte 23/39 €

◆ Demeure du 19e s. bordant la Dordogne. Chambres actuelles et bien équipées ; quatre sont entièrement anallergiques. Agréable piscine couverte. Deux salles à manger : l'une de style Art déco (moulures et parquet anciens), l'autre moderne, lumineuse et colorée.

Le Charlet

bd L. Choussy – ☎ 04 73 81 33 00 – contact@lecharlet.fr – Fax 04 73 65 50 82 – Fermé 15 nov.-20 déc. AZ **g**

36 ch – 50/70 € 55/75 €, ☕ 8 € – ½ P 48/58 € – **Rest** – Menu 17/29 € – Carte 19/37 €

◆ Dans un quartier assez calme, hôtel où vous disposerez de chambres pratiques, progressivement remises à neuf. Équipements de détente et de sport très complets. Au restaurant : mobilier de type bistrot, plantes vertes et claustras ; longue carte traditionnelle.

Le Parc des Fées

rest, 15,

107 q. Mar. Fayolle – ☎ 04 73 81 01 77 – info@parcdesfees.com – Fax 04 73 81 30 40 – Fermé fin oct.-24 déc. et 1er janv.-17 fév. AZ **x**

42 ch – 47/54 € 59/65 €, ☕ 8 € – **Rest** – Menu (10 €), 20/30 €

◆ La moitié des chambres de cette bâtisse centenaire donne sur la Dordogne. Ampleur, décoration actuelle et confort sont au rendez-vous. Salle de jeux pour les enfants. Chaleureux restaurant où dominent les tons pastel et les miroirs. Carte traditionnelle.

Aviation

ch, rest,

r. Metz – ☎ 04 73 81 32 32 – aviation@nat.fr – Fax 04 73 81 02 85 – Fermé 1er oct.-22 déc. BZ **b**

44 ch – 49/62 € 49/62 €, ☕ 7 € – ½ P 46/53 € – **Rest** – Menu 15/19 € – Carte 15/31 €

◆ Plusieurs beaux bâtiments du début du 20e s. composent cet hôtel apprécié pour ses chambres fonctionnelles (peu à peu refaites) et pour sa gamme étendue de loisirs. Repas traditionnels servis dans une sobre salle à manger aux tables biens espacées.

Le Pavillon

ch,

av. Angleterre – ☎ 04 73 65 50 18 – hotel.lepavillon@wanadoo.fr – Fax 04 73 81 00 93 – Fermé 1er nov.-15 déc. BZ **d**

24 ch – 38/49 € 49/58 €, ☕ 7 € – ½ P 42/46 € – **Rest** – Menu 15 € (sem.)/18 € – Carte 20/29 €

◆ Immeuble de 1926 à l'orée du parc Fenestre, agréable lieu de promenade. Chambres petites mais fraîches ; certaines sont complètement anallergiques. Bonne insonorisation. Vaste restaurant de style "pension de famille" ; carte traditionnelle et menu auvergnat.

Au Val Doré

ch,

r. Belgique – ☎ 04 73 81 06 14 – valdore@wanadoo.fr – Fax 04 73 65 58 79 – Fermé 11 nov.-25 déc. BY **e**

29 ch – 39/54 € 41/63 €, ☕ 6,50 € – ½ P 43/50 € – **Rest** – Menu 12/21 € – Carte 19/30 €

◆ Adresse familiale située à deux pas de la gare. Chambres rajeunies, sobrement agencées dans un esprit actuel. Minipiscine couverte. Apéritifs servis au salon (cheminée) et recettes simples à déguster dans une spacieuse salle à manger ensoleillée et fleurie.

à St-Sauves-d'Auvergne **5 km par ③ – 1 052 h. – alt. 791 m – ✉ 63950**

Office de tourisme, le bourg ☎ 04 73 65 50 40

De la Poste

pl. du Portique – ☎ 04 73 81 10 33 – hoteldelaposte63@aol.com – Fax 04 73 81 02 27

15 ch – 38/40 € 40/45 €, ☕ 5,50 € – ½ P 40/42 € – **Rest** – *(fermé 3-28 janv.)* Menu (12 € bc), 15 € (sem.)/34 € – Carte 20/39 €

◆ Cet ancien relais de poste fait aussi office de bar et de dépôt de presse. Chambres rustiques au charme un tantinet désuet, mais bien tenues. Deux salles à manger d'esprit campagnard avec poutres apparentes. Carte traditionnelle et plats auvergnats.

BOURDEILLES – **24 Dordogne** – **329** E4 – **rattaché à Brantôme**

BOURG-ACHARD – 27 Eure – 304 E5 – 2 517 h. – alt. 124 m – ✉ 27310
Normandie Vallée de la Seine 33 C2

Paris 141 – Bernay 39 – Évreux 62 – Le Havre 62 – Rouen 30

XXX **L'Amandier** VISA MC AE

581 rte Rouen – ✆ 02 32 57 11 49 – Fax 02 32 57 11 49 – Fermé 30 juil.-10 août, 24-29 fév., dim. soir, lundi soir, merc. soir et mardi

Rest – Menu 19 € (déj. en sem.), 27/33 € – Carte 53/70 €

◆ Sur une route fréquentée, coquette salle à manger agrémentée d'une cheminée et d'une véranda donnant sur le jardin. Accueil aimable et généreuse cuisine au goût du jour.

BOURG-CHARENTE – 16 Charente – 324 I5 – rattaché à Jarnac

LE BOURG-DUN – 76 Seine-Maritime – 304 F2 – 440 h. – alt. 17 m – ✉ 76740
Normandie Vallée de la Seine 33 C1

Paris 188 – Dieppe 20 – Fontaine-le-Dun 7 – Rouen 56 – St-Valery-en-Caux 15

Office de tourisme, le bourg ✆ 02 35 06 09 39

Tour★ de l'église.

XX **Auberge du Dun** (Chrétien) VISA MC

✿ *face Église – ✆ 02 35 83 05 84 – Fax 02 35 83 05 84 – Fermé 24 sept.-10 oct., 22 janv.-10 fév., merc. soir, dim. soir et lundi*

Rest – *(prévenir le week-end)* Menu 28 € (sem.)/73 € – Carte 75/106 €

Spéc. Foie gras de canard poêlé aux pommes et pain d'épice. Ris de veau en croûte de noix (mars à juin). Crêpes soufflées au calvados.

◆ Coquette auberge disposant de deux jolies salles à manger rustiques (non-fumeurs), séparées du spectacle des cuisines par une baie vitrée. Recettes au goût du jour soignées.

BOURG-EN-BRESSE P – 01 Ain – 328 E3 – 40 666 h. – Agglo. 101 016 h. – alt. 251 m – ✉ 01000 Bourgogne 44 B1

Paris 424 – Annecy 113 – Genève 112 – Lyon 82 – Mâcon 38

Office de tourisme, 6 avenue Alsace Lorraine ✆ 04 74 22 49 40, Fax 04 74 23 06 28

de Bourg-en-Bresse Parc de Loisirs de Bouvent, par rte de Nantua : 2 km, ✆ 04 74 24 65 17.

Église de Brou★★ (tombeaux★★★, stalles★★, jubé★★, vitraux★★, chapelle et oratoires★★★, portail★) X B - Stalles★ de l'église Notre-Dame Y - Musée du monastère★ X E.

Plan ci-contre

Mercure ch, ch, ch, rest, 50, P VISA MC AE

10 av. Bad-Kreuznach – ✆ 04 74 22 44 88 – h1187@accor.com – Fax 04 74 23 43 57 X e

60 ch – 84/89 € 92/99 €, 12 € – **Rest** – *(fermé sam. midi)* Menu (16 €), 22 € (déj. en sem.), 25/45 € – Carte 28/47 €

◆ Ce Mercure propose plusieurs types de chambres ; toutes sont confortables, mais réservez en priorité celles qui ont été rénovées. Le décor du restaurant a adopté un style contemporain sans perdre son charme feutré ; cuisine traditionnelle et régionale.

Du Prieuré sans rest P VISA MC AE

49 bd Brou – ✆ 04 74 22 44 60 – hotel-du-prieure@wanadoo.fr – Fax 04 74 22 71 07 X a

14 ch – 75/87 € 78/90 €, 9,50 €

◆ Les chambres (non-fumeurs), meublées en style Louis XV, Louis XVI ou bressan, ont un charme gentiment suranné ; certaines profitent d'un balcon tourné vers l'église de Brou.

De France sans rest 25, VISA MC AE

19 pl. Bernard – ✆ 04 74 23 30 24 – infos@grand-hoteldefrance.com – Fax 04 74 23 69 90 Y r

44 ch – 75/83 € 84/150 €, 10 €

◆ Cure de jouvence réussie pour cet hôtel proche de l'église Notre-Dame : jolies chambres actuelles, salles de bains modernes et hall restauré dans son style 1900 d'origine.

BOURG-EN-BRESSE

Anciens Combattants (Av. des) . . . . Z 3
Arsonval (Av. A. d') . . . . . X 4
Bad-Kreuznach (Av. de). . X 5
Basch (R. Victor) . . . . Z 6
Baudin (Av. A.) . . . . Z 7
Belges (Av. des). . . . . Y 9
Bernard (Pl.) . . . . Y 10
Bons Enfants (R. des) . . YZ 12
Bouveret (R.) . . . . Y 13
Champ-de-Foire (Av. du) . Y 14
Citadelle (R. de la) . . . . . . X 15
Crêts (R. des). . . . . X 16
Debeney (R. Général) . . . . Y 17
Europe (Car. de l') . . . . . . X 19
Foch (R. Maréchal) . . . . . . Y 20
Gambetta (R.). . . . . Z 21
Huchet (Bd E.) . . . . X 22
Jean-Jaurès (Av.) . . . . X, Z 23
Joliot-Curie (Bd Irène) . . . X 24
Juin (Av. Maréchal) . . . . . . X 26
Lévrier (Bd A.) . . . . X 27
Lyon (Pont de) . . . . X 28
Mail (Av. du). . . . . X 30
Migonney (R. J.) . . . . Z 31
Morgon (R. J.) . . . . X 32
Muscat (Av. A.). . . . . Z 33
Neuve (Pl.) . . . . Y 34
Notre-Dame (R.) . . . . Y 35
Palais (R. du) . . . . Y 36
St-Nicolas (Bd) . . . . X 37
Samaritaine (R.) . . . . Z 38
Semard (Av. P.) . . . . X 40
Teynière (R.) . . . . Z 42
Valéry (Bd P.) . . . . Z 43
Verdun (Cours de) . . . . . . Y 44
Victoire (Av. de la). . . . . . . Z 45
4-Septembre (R. du) . . . . Y 48
23e-R.I. (R. du). . . . . X 50

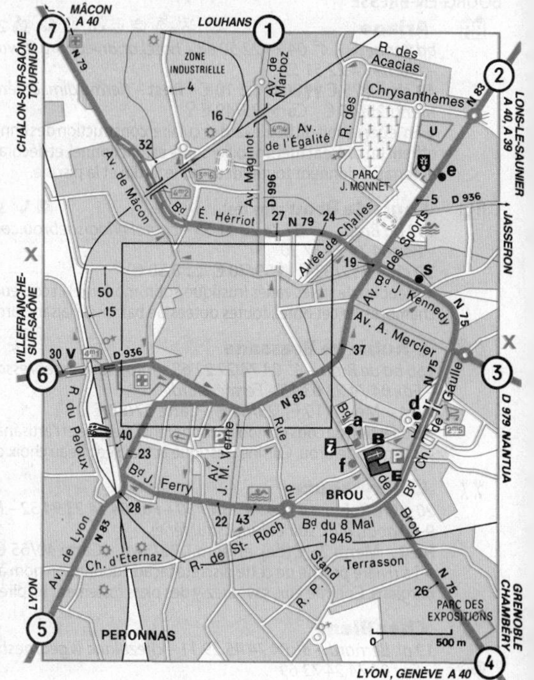

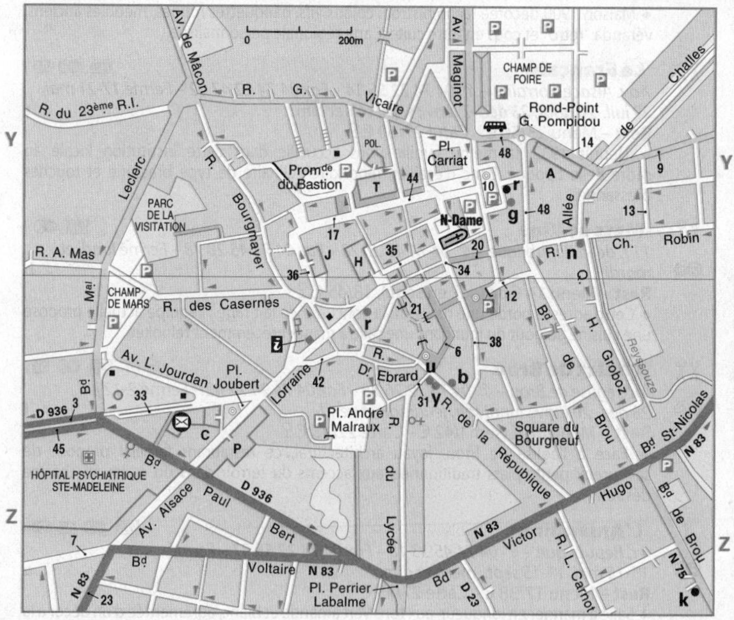

Ariane ch, 25/50,
bd Kennedy – ✆ 04 74 22 50 88 – hotel.ariane.bourg@wanadoo.fr – Fax 04 74 22 51 57 X **s**
40 ch – †75 € ††80 €, ☕ 10 € – **Rest** – *(fermé dim. et fériés) (dîner seult)*
Menu 25/45 € – Carte 25/49 €
◆ En léger retrait du boulevard circulaire, construction des années 1980 dont les chambres offrent un cadre actuel : mobilier sobre et fonctionnel, et décoration colorée. Salle à manger et terrasse donnent toutes deux sur le jardin et la piscine.

Logis de Brou sans rest 15,
132 bd Brou – ✆ 04 74 22 11 55 – citotel@logisdebrou.com – Fax 04 74 22 37 30 Z **k**
30 ch – †52/63 € ††59/70 €, ☕ 8,50 €
◆ Meubles de styles variés (rustique, rotin, moderne) et couleurs pimpantes définissent les chambres de cet hôtel, toutes dotées de balcons. Plaisant jardin fleuri.

L'Auberge Bressane
166 bd de Brou – ✆ 04 74 22 22 68 – info@aubergebressane.fr – Fax 04 74 23 03 15 – Fermé mardi X **f**
Rest – Menu (19 €), 25/68 € – Carte 57/88 €
◆ Collection de coqs et mobilier honorent l'élevage et l'artisanat bressans. La terrasse a vue sur l'église de Brou. Cuisine classique actualisée ; beau choix de bourgognes.

La Reyssouze
20 r. Ch. Robin – ✆ 04 74 23 11 50 – Fax 04 74 23 94 32 – Fermé 16-27 mars, 9-30 août, dim. soir et lundi sauf fériés Y **n**
Rest – Menu 25 € (déj. en sem.), 32/54 € – Carte 40/65 €
◆ La rivière proche de cette discrète façade donne son nom à ce restaurant apprécié des Burgiens. Comme eux, savourez-y des plats fortement inspirés par la région.

Chez Blanc
19 pl. Bernard – ✆ 04 74 45 29 11 – chezblanc@georgesblanc.com – Fax 04 74 24 73 69 Y **g**
Rest – Menu 18 € (déj. en sem.), 27/45 € – Carte 34/61 €
◆ Maison 1900 décorée façon bistrot : coloris vifs, banquettes rouges, meubles anciens, véranda "rétro" et coqs en terre cuite. Carte régionale personnalisée.

Le Français
7 av. Alsace-Lorraine – ✆ 04 74 22 55 14 – Fax 04 74 22 47 02 – Fermé 17-21 mai, 29 juil.-20 août, 23 déc.-7 janv., sam. soir et dim. Z **r**
Rest – Menu 23/50 € – Carte 27/60 €
◆ Depuis 1932, la même famille vous accueille dans cette institution locale au cadre Belle Époque. Banc d'écailler, répertoire culinaire de type brasserie et touches bressannes.

Mets et Vins
11 r. de la République – ✆ 04 74 45 20 78 – Fax 04 74 45 20 78 – Fermé lundi et mardi Z **b**
Rest – Menu 14 € bc (déj. en sem.), 18/45 €
◆ Cette adresse borde une ruelle où la concurrence fait rage ; l'équipe actuelle propose une cuisine au goût du jour dans une salle à manger récemment relookée.

Chalet de Brou
face église de Brou – ✆ 04 74 22 26 28 – Fax 04 74 24 72 42 – Fermé 2-12 juil., 23 déc.-20 janv., lundi soir, jeudi soir et vend. X **f**
Rest – Menu 16 € (sem.)/42 € – Carte 22/45 €
◆ Face à l'église de Brou, joyau architectural, ce restaurant familial propose de savoureux petits plats traditionnels aux accents du terroir dans un cadre au charme désuet.

L'Amandine
4 r. République – ✆ 04 74 45 33 18 – Fax 04 74 22 55 87 – Fermé 1er-15 mai, 1er-15 sept., merc. et dim. Z **u**
Rest – Menu 17/38 € – Carte 27/45 €
◆ Salle à manger en longueur, aux tons vert amande et blanc, agrémentée d'un décor à la gloire de la volaille bressane. Cuisine familiale, d'inspiration régionale.

X **Les Quatre Saisons** VISA MC

6 r. République – ✆ 04 74 22 01 86 – Fax 04 74 21 10 35
– Fermé 1er-9 mai, 15 août-4 sept., 2-10 janv., sam. midi, dim. et lundi Z **y**

Rest – Menu 19 € (sem.)/50 € – Carte 29/50 € ♀

◆ Dans une rue jalonnée de restaurants, cette salle à manger joue la carte de la couleur : jaune, bleu et tableaux d'artistes locaux. Cuisine inventive et vins choisis.

rte de Lons-le-Saunier 6,5 km par ② N 83 – ✉ 01370 St-Étienne-du-Bois

X **Les Mangettes** P VISA MC AE

– ✆ 04 74 22 70 66 – Fax 04 74 22 70 66 – Fermé 19-27 juin, 2-11 oct., 8-23 janv., dim. soir, lundi soir et mardi

Rest – *(nombre de couverts limité, prévenir)* Menu 18 € (déj. en sem.), 22/35 € – Carte 23/35 € ♀

◆ Pavillon situé à la campagne, près de l'autoroute. Goûteuse cuisine régionale servie dans un cadre agreste simple : animaux empaillés, cartes postales anciennes et cheminée.

à Péronnas 3 km par ⑤, N 83 – 5 534 h. – alt. 281 m – ✉ 01960

XX **La Marelle** (Goiffon) P VISA MC AE

1593 av. Lyon – ✆ 04 74 21 75 21 – contact@lamarelle.fr – Fax 04 74 21 06 81
– Fermé 30 avril-8 mai, 19 août-10 sept., 2-14 janv., dim. soir, mardi et merc.

Rest – Menu 28 € (déj. en sem.), 39/69 € – Carte 45/75 € ♀

Spéc. Menu "Délicate Vénus" autour de la Saint-Jacques (oct. à avril). Pigeon traîté "comme au barbecue" (avril à sept.). Poire tapée aux morilles et vin jaune. **Vins** Manicle, Saint-Véran.

◆ De la terre jusqu'au ciel, retrouvez à la Marelle les saveurs méditerranéennes dans le menu du marché ou la séduisante carte au goût du jour. Deux décors : rustique ou actuel.

à Lalleyriat 7 km par ⑤, N83 et D22 – ✉ 01960

Le Nid à Bibi VISA MC

– ✆ 04 74 21 11 47 – lenidabibi@wanadoo.fr – Fax 04 74 21 02 83

5 ch ☕ – 🚹82/110 € 🚹🚹98/130 € – ½ P 70/90 € – **Rest** – table d'hôte *(dîner seult) (résidents seult)* Menu 20 € (sem.)/40 € (week-end)

◆ Ce nid douillet propose des chambres calmes et superbement équipées ainsi qu'une pléiade d'activités (bibliothèque, tennis, fitness, VTC, ping-pong, piscine à contre-courant). Petits plats mitonnés avec de délicieux produits du terroir.

BOURGES P – 18 Cher – 323 K4 – 72 480 h. – Agglo. 123 584 h. – alt. 153 m – ✉ 18000 Limousin Berry 12 **C3**

Paris 244 – Châteauroux 65 – Dijon 254 – Nevers 69 – Orléans 121

Office de tourisme, 21 rue Victor Hugo ✆ 02 48 23 02 60

Bourges Golf Club Route de Lazenay, S : 5 km par D 106, ✆ 02 48 20 11 08.

Cathédrale St-Étienne★★★ : tour Nord ≤★★ Z - Jardins de l'Archevêché★ - Palais Jacques-Cœur★★ - Jardins des Prés-Fichaux★ - Maisons à colombage★ - Hôtel des Échevins★ : musée Estève★ Y **M²** - Hôtel Lallemant★ Y **M³** - Hôtel Cujas★ : Musée du Berry★ Y **M¹** - Muséum d'histoire naturelle★ Z - Les marais★ V - Promenade des remparts★.

Plan page suivante

De Bourbon 30/50, P VISA MC AE

bd République – ✆ 02 48 70 70 00 – contact@hoteldebourbon.fr
– Fax 02 48 70 21 22 Y **b**

58 ch – 🚹80/155 € 🚹🚹99/175 €, ☕ 14 €

Rest ***L'Abbaye St-Ambroix*** – voir ci-après

◆ Cet hôtel installé à l'entrée du centre-ville met à profit une ancienne abbaye du 17e s. Toutes les chambres ont récemment retrouvé l'éclat du neuf. Salon-bar raffiné.

BOURGES

Baffier (R. J.) ... X 3	Foch (Bd du Mar.) ... X 23	Orléans (Av. d') ... V 48
Bérégovoy (Av. P.) ... X 6	Frères-Voisin (Av. des) ... X 25	Pignoux (R. de) ... V 51
Deux-Ponts (R. des) ... V 16	Industrie (Bd de l') ... X 30	Prés-le-Roi (Av. des) ... V 53
Dormoy (Av. M.) ... V 19	Joffre (Bd du Mar.) ... X 34	Prospective (Av. de la) ... V 56
Farman (Rd-Pt H.) ... X 21	J.-J.-Rousseau (R.) ... X 33	Pyrotechnie (Pl. de la) ... X 57
	Laudier (Av. H.) ... V 38	Santos-Dumont (Bd) ... X 65
	Liberté (Bd de la) ... X 41	Sellier (R. H.) ... X 66
	Mitterrand (Av. F.) ... X 47	Semard (Av. P.) ... V 68

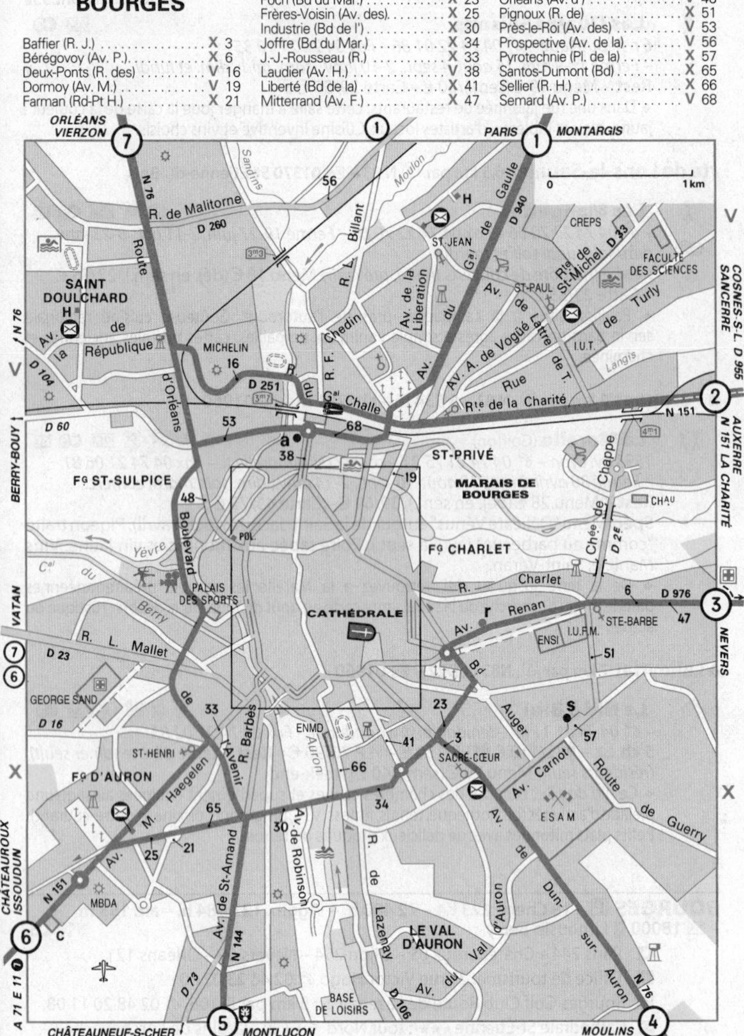

Le Berry

3 pl. Gén. Leclerc – ☎ 02 48 65 99 30
– leberry.bourges@wanadoo.fr
– Fax 02 48 24 29 17 V a

64 ch – †49 € ††64 €, ☕ 8,50 € –
Rest – *(fermé sam. midi et dim.)* Menu 16 € (sem.)/22 € – Carte 20/42 € 🍷

◆ Cette grande bâtisse à l'aspect un brin austère qui fait face à la gare dissimule des chambres entièrement rénovées : couleurs vives, boiseries peintes et tableaux africains. Décor exotique et tour du monde des saveurs au restaurant.

BOURGES

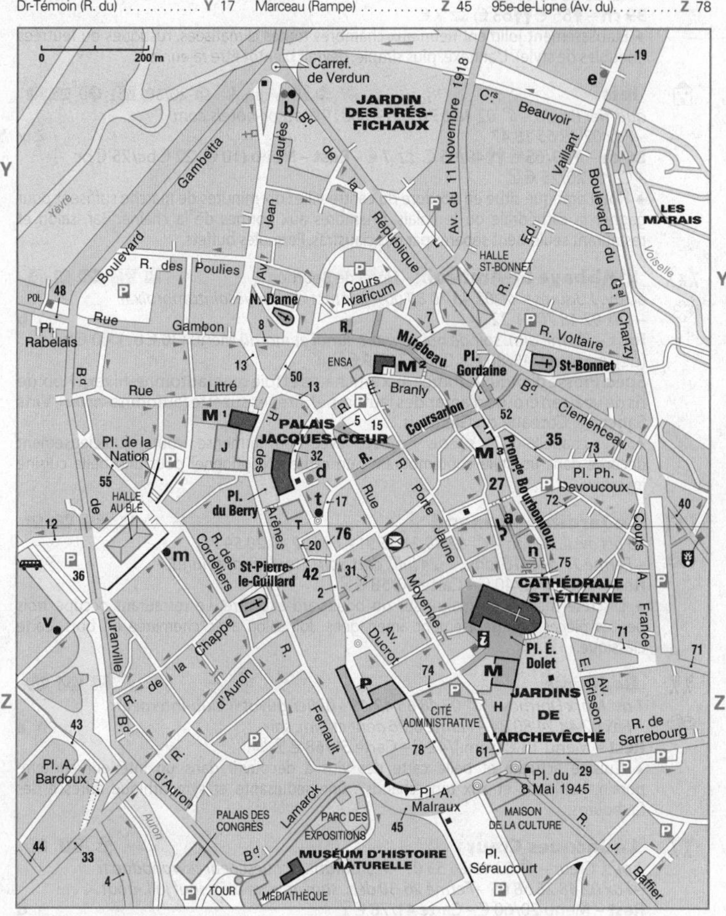

D'Angleterre sans rest 25/40,

1 pl. Quatre Piliers – ☎ 02 48 24 68 51
– hotel@bestwestern-angleterre-bourges.com – Fax 02 48 65 21 41
– Fermé 26 déc.-2 janv. Y t

31 ch – †79/91 € ††89/101 €, ☐ 9,50 €

◆ Cet hôtel bénéficie non seulement d'un bel emplacement près du palais Jacques Cœur, mais aussi d'une complète cure de jouvence qui rend l'adresse agréable et confortable.

Le Christina sans rest 25, VISA MC AE

5 r. Halle – ✆ 02 48 70 56 50 – info@le-christina.com – Fax 02 48 70 58 13

71 ch – †45/80 € ††50/80 €, ☕ 8 € p. 4 Z **m**

♦ Cet immeuble des années 1960 situé face à la jolie halle au blé érigée au 19e s. abrite des chambres rénovées, très plaisantes avec leurs tons chauds.

Les Tilleuls sans rest 30, P VISA MC AE

7 pl. Pyrotechnie – ✆ 02 48 20 49 04 – lestilleuls.bourges@wanadoo.fr – Fax 02 48 50 61 73 X **s**

39 ch – †55 € ††63 €, ☕ 7 €

♦ Établissement joliment fleuri aux chambres toutes climatisées, rustiques ou feutrées (meubles de style). L'annexe, plus simple, devrait bientôt être rajeunie.

Ibis ch, 20/30, VISA MC AE

quartier Prado – ✆ 02 48 65 89 99 – h0819@accor-hotels.com – Fax 02 48 65 18 47 Z **v**

86 ch – †49/65 € ††49/65 €, ☕ 7 € – **Rest** – Menu (10 €), 22 € bc/25 € bc – Carte 20/25 € ♀

♦ Hôtel pratique situé en bordure du centre-ville : dix minutes de marche suffisent pour gagner la cathédrale ou le palais. Chambres aux normes de la chaîne. Bar, salon et restaurant seulement séparés par des claustras. Formules buffets.

L' Abbaye St-Ambroix – Hôtel de Bourbon VISA MC AE

60 av. J. Jaurès – ✆ 02 48 70 80 00 – contact@abbayesaintambroix.fr – Fax 02 48 70 21 22 Y **b**

Rest – *(fermé dim. soir de nov. à mars, lundi et mardi)* Menu (30 € bc), 40 € bc (déj. en sem.), 45/80 € – Carte 72/79 € ♀

Spéc. Pressé d'anguille fumée aux artichauts et foie gras (automne-hiver). Noix de ris de veau en croûte d'amandes (automne). Crêpes suzette (automne-hiver). **Vins** Sancerre, Coteaux du Giennois.

♦ L'ex-chapelle (17e s.) de l'abbaye avec son immense voûte, judicieusement décorée dans un style contemporain : un cadre exceptionnel pour une belle cuisine inventive.

Le Jardin Gourmand 15, VISA MC AE

15 bis av. E. Renan – ✆ 02 48 21 35 91 – Fax 02 48 20 59 75 – Fermé 17 déc.-16 janv., 7-24 juil., dim. soir, mardi midi et lundi X **r**

Rest – Menu 15/40 € – Carte 30/58 € ♀

♦ Discrète maison de maître sur un boulevard excentré. Le restaurant occupe trois petites pièces bourgeoisement aménagées. Joli salon avec cheminée en bois. Carte classique.

Beauvoir VISA MC

1 av. Marx Dormoy – ✆ 02 48 65 42 44 – didier-guyot@club-internet.fr – Fax 02 48 24 80 84 – Fermé 6-26 août et dim. soir Y **e**

Rest – Menu 18 € (sem.)/42 € – Carte 50/68 € ♀

♦ Cuisine actuelle et belle carte des vins à découvrir dans un intérieur contemporain, lumineux et aux tons chauds : une séduisante et sympathique adresse des faubourgs.

Le Jacques Cœur VISA MC

3 pl. J. Cœur – ✆ 02 48 26 53 01 – restaurant.jacquescoeur@wanadoo.fr – Fax 02 48 26 58 05 – Fermé 26-30 déc., sam. midi et dim. sauf juil.-août

Rest – Menu 20/60 € – Carte 41/78 € ♀ Y **d**

♦ Vieille demeure berruryère face au palais Jacques Cœur. Le décor des élégantes salles à manger évoque discrètement le Moyen-Âge (vitraux, fleurs de lys). Cuisine actuelle.

Le Bourbonnoux VISA MC AE

44 r. Bourbonnoux – ✆ 02 48 24 14 76 – restaurant.bourbonnoux@wanadoo.fr – Fax 02 48 24 77 67 – Fermé 14-23 avril, 15 août-4 sept., 16-25 fév., sam. midi, dim. soir et vend. Y **a**

Rest – Menu 13 € (sem.)/30 € – Carte 26/38 € ♀

♦ Coloris vifs et colombages composent le plaisant intérieur de ce restaurant situé dans une rue jalonnée de boutiques d'artisans. Accueil aimable. Cuisine classique actualisée.

Le d'Antan Sancerrois
– ✆ 02 48 65 96 26 – dantan.sancerrois@wanadoo.fr – Fax 02 48 70 50 82 – Fermé 6-28 août, 24 déc.-2 janv., dim. et lundi Z n
Rest – Carte 31/43 €
◆ Une ruelle pavée proche de la cathédrale dessert cette maison ancienne vous conviant à un repas au goût du jour dans un cadre mi-"rétro", mi-contemporain. Ambiance cordiale.

rte de Châteauroux 7 km par ⑥, près échangeur A 71 – ✉ 18570 Le Subdray

Novotel ch, 30/150,
– ✆ 02 48 26 53 33 – h1302@accor.com – Fax 02 48 26 52 22
93 ch – 96/99 € 130/140 €, 12 € – **Rest** – Menu (17 €), 22/24 € – Carte 25/32 €
◆ Près du péage autoroutier, ce novotel s'est relooké à la dernière mode de la chaîne (chambres "Novation"). Petits-déjeuners sous forme de buffet. Simple et contemporaine, la salle à manger s'ouvre sur le jardin et la terrasse bordant la piscine.

à St-Doulchard - V - **vers ⑦ – 9 018 h. – alt. 158 m – ✉ 18230**

Logitel sans rest 25,
r. de Malitorne – ✆ 02 48 70 07 26 – hotel.logitel@wanadoo.fr
– Fax 02 48 24 59 94
30 ch – 46 € 46 €, 6 €
◆ Chambres fonctionnelles meublées dans le style des années 1980, entretien suivi et prix raisonnables : une étape simple de la périphérie berruyère. Accueil familial.

Le rouge est la couleur de la distinction : nos valeurs sûres !

LE BOURGET – 93 Seine-Saint-Denis – 305 F7 – 101 17 – voir à Paris, Environs

BOURG-ET-COMIN – 02 Aisne – 306 D6 – 678 h. – alt. 55 m – ✉ 02160

37 **D2**

Paris 141 – Reims 40 – Château-Thierry 54 – Laon 25 – Soissons 27

De la Vallée
6 r. d'Oeuilly – ✆ 03 23 25 81 58 – lavallee02@aol.com – Fax 03 23 25 38 10 – Fermé 8-14 mars, 20-26 sept., janv., mardi soir et merc.
9 ch – 48 € 48 €, 8 € – ½ P 52 € – **Rest** – Menu (13 € bc), 17/38 € – Carte 22/48 €
◆ Sympathique étape sur le circuit-mémoire du "Chemin des Dames". Les chambres, fonctionnelles et bien tenues, ont subi une récente cure de jouvence. Accueil chaleureux. Cuisine traditionnelle servie dans une lumineuse salle à manger-véranda.

LE BOURGET-DU-LAC – 73 Savoie – 333 I4 – 3 945 h. – alt. 240 m – ✉ 73370
Alpes du Nord

46 **F2**

Paris 531 – Aix-les-Bains 10 – Annecy 44 – Belley 23 – Chambéry 13 – La Tour-du-Pin 52

Office de tourisme, place Général Sevez ✆ 04 79 25 01 99, Fax 04 79 26 10 76

Lac★★ - Église : frise sculptée★ du choeur.

Ombremont lac et montagnes, 50,
2 km au Nord par N 504 – ✆ 04 79 25 00 23
– ombremontbateauivre@wanadoo.fr – Fax 04 79 25 25 77 – Fermé nov., 16-30 avril, lundi et mardi de déc. à avril
17 ch – 140/255 € 140/255 €, 22 € – ½ P 155/208 €
Rest ***Le Bateau Ivre*** – voir ci-après
◆ Dans un parc arboré et fleuri, vaste demeure 1930 dont les jolies chambres personnalisées jouissent presque toutes d'une remarquable vue sur le lac. Belle piscine ; sauna.

XXXX **Le Bateau Ivre** (Jacob) – Hôtel Ombremont ⩤ lac et montagnes, P VISA AE
2 km au Nord par N 504 – ✆ 04 79 25 00 23 – ombremontbateauivre@wanadoo.fr – Fax 04 79 25 25 77 – Fermé nov., 16-30 avril, lundi sauf le soir de mi-juin à mi-sept., mardi sauf le soir de mai à oct. et jeudi midi de mai à oct.
Rest – Menu 55 € (déj.), 80/150 € – Carte 112/142 €
Spéc. Brochet en quenelles, émulsion d'écrevisses (mai à oct.). Cuisses de grenouilles rôties et désossées, mousseline à l'ail doux (mai à oct.). Ris de veau braisé, jus aux pamplemousses confits (mai à oct.). **Vins** Chignin-Bergeron, Roussette de Monterminod.
◆ Le superbe panorama offert sur le lac et le mont Revard se découvre tant de l'élégante et sobre salle à manger que de la plaisante terrasse. Cuisine ivre d'inventivité.

XXX **Auberge Lamartine** (Marin) ⩤ lac et montagnes, P VISA AE
3,5 km au Nord par N 504 – ✆ 04 79 25 01 03 – aubergelamartine@wanadoo.fr – Fax 04 79 25 20 66 – Fermé 23 déc.-15 janv., dim. soir et lundi sauf fériés
Rest – Menu 26 € (déj. en sem.), 36/80 € – Carte 64/94 €
Spéc. Salade de caille (été). Omble chevalier ou lavaret du lac meunière. Ris de veau cuit au sautoir. **Vins** Roussette de Marestel, Mondeuse d'Arbin.
◆ Cuisine délicate, chaleureuse salle à manger (cave à vins vitrée, tableaux, cheminée, etc.) et terrasse tournée vers le "lac de Lamartine" : ô temps, suspends ton vol !

XX **La Grange à Sel** P VISA AE
– ✆ 04 79 25 02 66 – info@lagrangeasel.com – Fax 04 79 25 25 03 – Fermé 2 janv.-10 fév., dim. soir et merc.
Rest – Menu 27 € (déj. en sem.), 37/76 € – Carte 56/70 €
Spéc. Langoustines rôties. Carré d'agneau cuit à l'os. Biscuit coulant au chocolat. **Vins** Chignin, Mondeuse.
◆ Cette ancienne grange à sel a conservé ses pierres et poutres apparentes d'origine. Aux beaux jours, attablez-vous dans le joli jardin pour déguster une belle cuisine personnalisée.

XX **Beaurivage** avec ch ⩤ ch, P VISA AE
– ✆ 04 79 25 00 38 – webmaster@beaurivage-bourget-du-lac.com – Fax 04 79 25 06 49 – Fermé 22 oct.-23 nov., 18-25 fév., merc. soir sauf juil.-août, dim. soir et lundi
7 ch – †62/65 € ††62/65 €, ☕ 8 € – **Rest** – Menu 24 € (déj. en sem.), 30/50 € – Carte 39/55 €
◆ La salle à manger s'ouvre sur une agréable terrasse ombragée de platanes d'où le regard s'évade sur le romantique lac. Cuisine classique. Chambres refaites et bien aménagées.

aux Catons 2,5 km au Nord-Ouest par D 42 – ✉ 73370

XX **Atmosphères** avec ch ⩤ lac et montagnes, P VISA
618 rte des Tournelles – ✆ 04 79 25 01 29 – info@atmospheres-hotel.com – Fax 04 79 25 26 19 – Fermé vacances de la Toussaint, de fév., merc. sauf le soir en juil.-août et mardi, d'oct. à mars
4 ch – †85/110 € ††85/110 €, ☕ 12 € – **Rest** – Menu 18 € (déj. en sem.), 35/60 €
◆ Chalet bâti à flanc de colline et agrémenté d'un jardin. Menus au goût du jour selon le marché, servis dans un cadre contemporain élégant ou sur la superbe terrasse-belvédère. Belles chambres modernes : décor épuré, couleurs "mode" et équipements dernier cri.

BOURG-LA-REINE – 92 Hauts-de-Seine – 311 J3 – 101 25 – voir à Paris, Environs

BOURGOIN-JALLIEU – 38 Isère – 333 E4 – 22 947 h. – alt. 235 m – ✉ 38300

Lyon et la vallée du Rhône 44 **B2**

- Paris 503 – Bourg-en-Bresse 81 – Grenoble 66 – Lyon 43 – La Tour-du-Pin 16
- Syndicat d'initiative, 1 place Carnot ✆ 04 74 93 47 50
- de L'isle-d'Abeau à L'Isle-d'Abeau Le Rival, par rte de Lyon (N 6) : 5 km, ✆ 04 74 43 28 84.

BOURGOIN-JALLIEU

Rue	Plan	N°
Alpes (Av. des)	A	2
Belmont (R. Robert)	B	4
Carnot (Pl.)	B	5
Champ de Mars (Pl. du)	B	6
Clemenceau (R. Georges)	A	9
Diéderichs (Pl. Ch.)	B	10
Dos de l'Âne (R. du)	B	12
Gambetta (Av.)	A	13
Génin (Av. Ambroise)	A	15
Halle (Pl. de la)	B	16
Libération (R. de la)	B	
Liberté (R. de la)	B	19
Moulins (R. des)	B	22
Moulin (R. J.)	B	21
Nations-Unies (Av. des)	B	23
Paix (R. de la)	A	25
Pontcottier (R.)	B	
Pouchelon (R. de)	B	26
République (Pl. de la)	A	29
République (R. de la)	AB	31
St-Michel (Pl.)	B	32
Seigner (R. Joseph)	A	35
Victor-Hugo (R.)	B	36
1er Atelier (R. du)	A	37
19-Mars-1962 (R. du)	AB	39
23-Août-1944 (Pl. du)	B	41

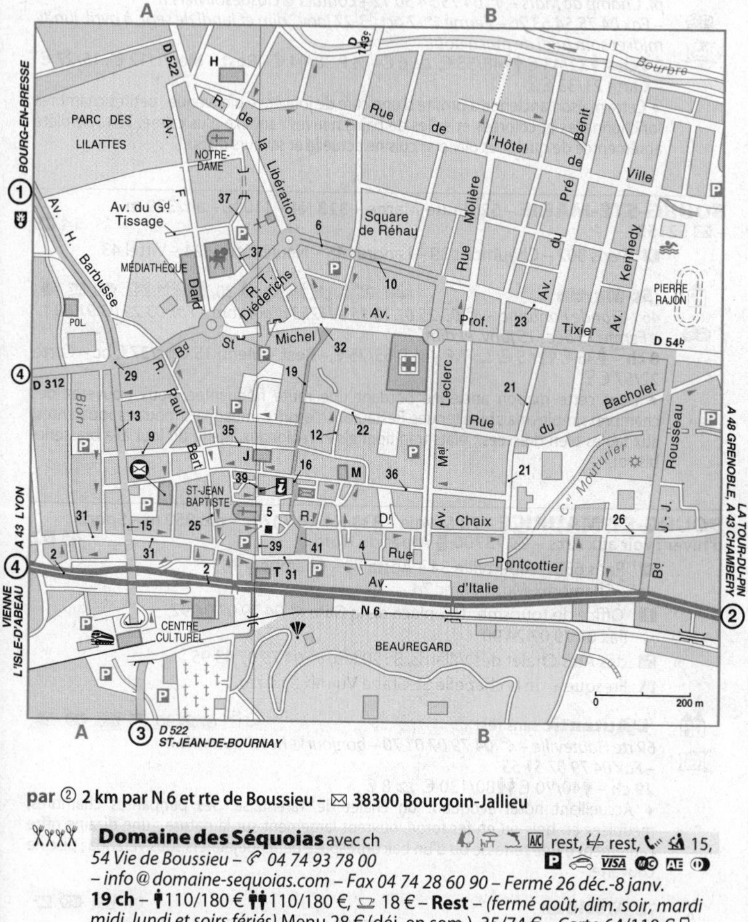

par ② **2 km par N 6 et rte de Boussieu – ✉ 38300 Bourgoin-Jallieu**

XXXX **Domaine des Séquoias** avec ch — rest, rest, 15, P VISA MC AE D

54 Vie de Boussieu – ✆ 04 74 93 78 00 – info@domaine-sequoias.com – Fax 04 74 28 60 90 – Fermé 26 déc.-8 janv.

19 ch – †110/180 € ††110/180 €, ☕ 18 € – **Rest** – *(fermé août, dim. soir, mardi midi, lundi et soirs fériés)* Menu 28 € (déj. en sem.), 35/74 € – Carte 64/110 € ♀

◆ Belle maison de maître du 18e s. au cadre raffiné. Dans la ferme attenante, chambres contemporaines et deux suites de plain-pied, "zen" ou "high-tech". Somptueux parc et piscine. Noble salle à manger, cuisine traditionnelle et attrayante sélection de côtes du rhône.

à La Grive **4,5 km par** ④ **– ✉ 38300 Bourgoin-Jallieu**

XX **Bernard Lantelme** — AC P VISA MC

D 312 – ✆ 04 74 28 19 12 – b.lantelme@free.fr – Fax 04 74 93 78 88 – Fermé 28 juil.-28 août, sam. et dim.

Rest – Menu 22 € (sem.)/52 € – Carte 35/44 € ♀

◆ Ferme du 19e s. transformée en restaurant. Les tableaux modernes qui égaient la coquette salle à manger rustique forment un heureux contraste avec la cuisine traditionnelle.

BOURG-SAINT-ANDÉOL – 07 Ardèche – 331 J7 – 7 768 h. – alt. 36 m – ✉ 07700 Lyon et la vallée du Rhône

44 **B3**

Paris 640 – Aubenas 57 – Montélimar 26 – Orange 34 – Pont-Saint-Esprit 16

Office de tourisme, place du champs de Mars ☎ 04 75 54 54 20

Le Clos des Oliviers

ch, 40, VISA MC

pl. Champ de Mars – ☎ 04 75 54 50 12 – contact@closdesoliviers.fr – Fax 04 75 54 63 26 – Fermé 1er-7 oct., 3-27 janv., dim et lundi de sept. à avril, lundi midi et sam midi de mai à août

24 ch – 32/43 € 48/55 €, 6 € – ½ P 38/44 € – **Rest** – Menu (12 €), 15/27 € – Carte 21/33 €

◆ Cette maison ancienne a profité d'une cure de jouvence bienvenue : petites chambres fonctionnelles et colorées et salles de bains neuves ; annexe plus calme. Terrasse d'été agrémentée de quelques oliviers ; cuisine actuelle et saveurs du Sud.

BOURG-STE-MARIE – 52 Haute-Marne – 313 N4 – 110 h. – alt. 329 m – ✉ 52150

14 **C3**

Paris 302 – Chaumont 39 – Langres 45 – Neufchâteau 24 – Vittel 43

St-Martin

ch, AC 30, P VISA MC AE

46 r Grande Fontaine – ☎ 03 25 01 10 15 – f1253@aol.com – Fax 03 25 03 91 68 – Fermé 15 déc.-15 janv. et dim.

8 ch – 35 € 45 €, 7 € – ½ P 65/75 € – **Rest** – Menu 15 € bc/37 € bc – Carte 22/57 €

◆ Dans cette maison ancienne bordant une route fréquentée, vous trouverez des chambres simples mais bien tenues. Restaurant d'esprit campagnard (poutres apparentes) aux tables bien dressées ; plats traditionnels et régionaux. Menu du jour à la brasserie-bistrot.

BOURG-ST-MAURICE – 73 Savoie – 333 N4 – 6 747 h. – alt. 850 m – Sports d'hiver : voir aux Arcs – ✉ 73700 Alpes du Nord

45 **D2**

Paris 635 – Albertville 54 – Aosta 79 – Chambéry 103 – Chamonix-Mont-Blanc 74

Office de tourisme, 105 place de la Gare ☎ 04 79 07 04 92, Fax 04 79 07 24 90

18 des Arcs Chalet des Villards, S : 20 km, ☎ 04 79 07 43 95.

Fresque★ de la chapelle St-Gras à Vulmix S : 4 km.

L'Autantic sans rest

30, P VISA MC

69 rte Hauteville – ☎ 04 79 07 01 70 – bonjour@hotel-autantic.fr – Fax 04 79 07 51 55

29 ch – 40/70 € 80/130 €, 8 €

◆ Accueillant hôtel évoquant un chalet de Tarentaise. Ses pimpantes chambres, meublées en bois ou en fer forgé, ouvrent largement sur la nature ; une dizaine offre l'agrément d'une terrasse ou d'un balcon. Espace petits-déjeuners sous véranda ; piscine couverte.

L'Arssiban

VISA MC AE

253 av. Antoine Borrel – ☎ 04 79 07 77 35 – Fax 04 79 07 77 35 – Fermé 20 juin-14 juil., 28 oct.-10 nov., 2-5 janv., dim. soir sauf fériés et merc. de sept. à juin

Rest – Menu 24 € – Carte 35/54 €

◆ Voûtes en pierre, carrelage ancien, tables en bois soigneusement cirées : un décor authentique qui s'accorde bien avec la généreuse cuisine au goût du jour.

Le Montagnole

VISA MC

26 av. Stade – ☎ 04 79 07 11 52 – Fax 04 79 07 11 52 – Fermé 18 juin-6 juil., 18 nov.-14 déc., lundi soir hors saison et mardi

Rest – Menu (15 €), 17/45 € – Carte 24/47 €

◆ Les accueillants patron-peintre et patronne-poétesse tapissent amoureusement murs et cartes de leurs œuvres les plus réussies. Tout aussi artistes aux fourneaux, ils relèvent leurs mets traditionnels d'un zeste d'originalité. Menu savoyard.

BOURGUEIL – 37 Indre-et-Loire – 317 J5 – 4 109 h. – alt. 42 m – ✉ 37140
Châteaux de la Loire 11 **A2**

Paris 281 – Angers 81 – Chinon 16 – Saumur 23 – Tours 45

Syndicat d'initiative, 16 place de l'église ✆ 02 47 97 91 39

XX **La Rose de Pindare** VISA

4 pl. Hublin – ✆ 02 47 97 70 50 – Fax 02 47 97 70 50 – Fermé 26 juin-6 juil., 20-30 nov., 8-16 janv., 26 fév.-5 mars, mardi et merc.

Rest – Menu (20 €), 24/27 € – Carte 30/44 €

◆ Dans le décor sagement contemporain de ce restaurant (non-fumeurs), dégustez une cuisine classique arrosée de bourgueils en déclamant un poème de Ronsard. Agréable terrasse avec jardin (le soir uniquement).

X **Le Moulin Bleu** VISA AE

7 rte du Moulin Bleu, 2 km au Nord par rte de Courléon – ✆ 02 47 97 73 13 – Fax 02 47 97 79 66 – Ouvert mi-mars à mi-nov. et fermé 25-30 juin, dim. soir, mardi soir et merc.

Rest – Menu (16 € bc), 20 € (sem.)/39 € – Carte 21/49 €

◆ Ces deux pittoresques moulins - dont l'un est peint en bleu - disposent de salles à manger voûtées et d'une terrasse dominant le vignoble. Plats traditionnels et vins locaux.

BOURNEVILLE – 27 Eure – 304 D5 – 736 h. – alt. 124 m – ✉ 27500 32 **B3**

Paris 155 – Le Havre 45 – Rouen 43 – Brionne 25 – Caudebec-en-Caux 25

Office de tourisme, le Bourg ✆ 02 32 57 32 23, Fax 02 32 57 15 48

X **Risle Seine** VISA AE

– ✆ 02 32 42 30 22 – Fermé vacances de fév., mardi soir et merc.

Rest – Menu 18/29 € – Carte 17/27 €

◆ Cette petite auberge située au centre du village abrite une salle à manger rustique et une véranda tournée sur la verdure. Cuisine traditionnelle mitonnée avec soin.

BOURRON-MARLOTTE – 77 Seine-et-Marne – 312 F5 – 2 737 h. – alt. 71 m – ✉ 77780
19 **C3**

Paris 72 – Fontainebleau 9 – Melun 26 – Montereau-Fault-Yonne 26 – Nemours 11

Office de tourisme 37 rue Murger ✆ 01 64 45 88 86

XXX **Les Prémices** VISA AE

Château de Bourron – ✆ 01 64 78 33 00 – lespremices@aol.com – Fax 01 64 78 36 00 – Fermé 8-22 août, 1er-7 nov., 24 déc.-2 janv., 27 fév.-5 mars, dim. soir, lundi et mardi

Rest – Menu 35/75 € – Carte 71/117 €

◆ Étoffes unies et mobilier design décorent avec élégance ce restaurant aménagé dans les dépendances du château de Bourron (16e s.). Cuisine inventive utilisant de nombreux produits exotiques.

BOURTH – 27 Eure – 304 E9 – 1 124 h. – alt. 182 m – ✉ 27580 33 **C2**

Paris 125 – L'Aigle 16 – Alençon 78 – Évreux 46 – Verneuil-sur-Avre 11

XX **Auberge Chantecler** VISA AE

face église – ✆ 02 32 32 61 45 – Fax 02 32 32 61 45 – Fermé août, jeudi soir, dim. soir et lundi sauf fériés

Rest – Menu 16 € (déj. en sem.), 26/44 € – Carte 34/47 €

◆ Cette façade en briques chaulées se couvre de fleurs en été. Une collection de coqs, régulièrement enrichie par les habitués, est exposée dans les deux salles à manger. Cuisine du terroir.

Petit-déjeuner compris ?
La tasse ☕ suit directement le nombre de chambres.

BOUSSAC – 23 Creuse – 325 K2 – 1 602 h. – alt. 376 m – ✉ 23600
Limousin Berry 25 **C1**

Paris 333 – Aubusson 50 – La Châtre 37 – Guéret 41 – Montluçon 38

Office de tourisme, place de l'Hôtel de Ville ✆ 05 55 65 05 95, Fax 05 55 65 00 94

Site★.

à Nouzerines 10 km au Nord-Ouest par D97 – 261 h. – alt. 407 m – ✉ 23600

La Bonne Auberge avec ch VISA MC AE
1 r. Lilas – ✆ 05 55 82 01 18 – aubergenouzerine@aol.com – Fermé 24 sept.-8 oct., 19 fév.-12 mars, dim. soir et lundi
5 ch – †30 € ††38 €, ☕ 6 € – ½ P 43/48 € – **Rest** – Menu (13 €), 16 € (sem.)/40 € – Carte 31/53 €
◆ Restaurant campagnard proposant une cuisine traditionnelle aux accents du terroir, bar (plat du jour) et "point poste" : cette discrète maison est le poumon du petit village creusois.

BOUT-DU-PONT-DE-LARN – 81 Tarn – 338 G9 – rattaché à Mazamet

BOUTIGNY-SUR-ESSONNE – 91 Essonne – 312 D5 – 3 002 h. – alt. 61 m – ✉ 91820
18 **B3**

Paris 58 – Corbeil-Essonnes 29 – Étampes 19 – Fontainebleau 29 – Melun 33

Domaine de Bélesbat ch, 120, P VISA MC AE
– ✆ 01 69 23 19 00 – cnaudin@belesbat.com – Fax 01 69 23 19 01 – Fermé déc., janv. et fév.
58 ch – †400 € ††400 €, ☕ 20 € – 2 suites
Rest ***L'Orangerie*** *– ✆ 01 69 23 19 30 –* Menu 100 € bc/165 € bc (dîner) – Carte 25/30 € le midi
◆ Henri IV et Voltaire séjournèrent dans ce château des 15e et 18e s. Luxueuses chambres contemporaines ou classiques. Superbe parc traversé par un bras de l'Essonne et golf 18 trous. Courte carte traditionnelle à déguster à l'Orangerie, une magnifique serre horticole.

BOUZEL – 63 Puy-de-Dôme – 326 G8 – 507 h. – alt. 320 m – ✉ 63910
6 **C2**

Paris 432 – Ambert 57 – Clermont-Ferrand 23 – Issoire 38 – Thiers 25 – Vichy 47

L'Auberge du Ver Luisant 15, VISA MC
2 r. Breuil – ✆ 04 73 62 93 83 – Fax 04 73 62 93 83 – Fermé 9-16 avril, 20 août-6 sept., 1er-7 janv., dim. soir, merc. soir et lundi
Rest – Menu 15 € (déj. en sem.), 24/48 € – Carte 32/42 €
◆ Discrète maison de village au cadre rustique rajeuni. Gouteuse cuisine traditionnelle variant au rythme des saisons, servie dans une vaisselle réalisée par Elisabeth Monroy.

BOUZE-LÈS-BEAUNE – 21 Côte-d'Or – 320 I7 – rattaché à Beaune

BOUZIGUES – 34 Hérault – 339 G8 – rattaché à Mèze

BOUZON-GELLENAVE – 32 Gers – 336 C7 – 167 h. – alt. 124 m – ✉ 32290
28 **A2**

Paris 745 – Auch 60 – Mont-de-Marsan 53 – Toulouse 135

Château du Bascou ch, P VISA MC
Lieu dit Saint Go – ✆ 05 62 69 04 12 – chateau.du.bascou@free.fr – Fax 05 62 69 06 09 – Fermé 24 août-3 sept., 23-30 déc., 17-24 fév.
3 ch ☕ – †74 € ††74 € – ½ P 57 € – **Rest** – table d'hôte *(fermé merc.) (dîner seult) (résidents seult)* Menu 20 € bc/28 € bc
◆ Cette belle demeure du 19e s., blottie dans un parc, est entourée de 5 ha de vignes. Les chambres, de style rustique chic, portent des noms de cépages. Piscine à l'eau de mer. Cuisine soignée à la table d'hôte. Possibilité de déguster le vin du domaine (caveau).

BOUZY – 51 Marne – 306 G8 – 997 h. – alt. 111 m – ✉ 51150 13 B2

Paris 168 – Châlons-en-Champagne 29 – Épernay 21 – Reims 27

Les Barbotines sans rest — 30, VISA

1 pl. A. Tritant – ✆ 03 26 57 07 31 – contact@lesbarbotines.com – Fax 03 26 58 26 36 – Fermé 5- 14 août et 15 déc.-15 janv.

5 ch – †70 € ††90 €

◆ La prestigieuse route du Champagne s'offre à votre curiosité depuis cette belle maison de vigneron du 19e s. Coquettes chambres personnalisées garnies de meubles chinés chez les antiquaires.

BOYARDVILLE – 17 Charente-Maritime – 324 C4 – voir à Île d'Oléron

BOZOULS – 12 Aveyron – 338 I4 – 2 329 h. – alt. 530 m – ✉ 12340

Midi-Pyrénées 29 D1

Paris 603 – Espalion 11 – Mende 94 – Rodez 22 – Sévérac-le-Château 41

Office de tourisme, place de la Mairie ✆ 05 65 48 50 52, Fax 05 65 51 28 01

Trou de Bozouls★.

A la Route d'Argent — ch, rest, VISA

rte d' Espalion – ✆ 05 65 44 92 27 – Fax 05 65 48 81 40 – Fermé janv., fév., dim. soir et lundi hors saison

21 ch – †42/60 € ††42/60 €, 6 € – ½ P 55/70 € – **Rest** – Menu 17 € (déj. en sem.), 26/39 €

◆ Cet hôtel propose des chambres fonctionnelles, bien tenues et insonorisées (plus fraîches dans l'annexe récente). Piscine entourée de verdure. Repas traditionnel selon le marché, dans un cadre actuel : panneaux en verre sablé, lumière tamisée, toiles modernes.

Les Brunes sans rest

5 km au Sud par D 920 et rte secondaire – ✆ 05 65 48 50 11 – lesbrunes@wanadoo.fr

5 ch – †85/115 € ††92/122 €

◆ Hébergement calme et "cosy" en cette belle demeure (18e s.) à tourelle. Décor intérieur soigné, petit-déj' près de la cheminée, jardin-verger et campagne pour toile de fond.

Le Belvédère avec ch — VISA

rte de St Julien – ✆ 05 65 44 92 66 – belvedere.bozouls@wanadoo.fr – Fax 05 65 44 46 26 – Fermé 5-24 mars, 1er-27 oct., dim. soir et lundi midi

12 ch – †39/59 € ††39/59 €, 7 € – ½ P 79 € – **Rest** – Menu 12 € (déj. en sem.), 25/34 € – Carte 29/47 €

◆ Demeure de caractère perchée au-dessus du "Trou" (gorge du Dourdou). Cadre rustique et viande de l'Aubrac grillées à la braise de la cheminée. Deux générations de chambres.

BRACIEUX – 41 Loir-et-Cher – 318 G6 – 1 158 h. – alt. 70 m – ✉ 41250

Châteaux de la Loire 11 B1

Paris 185 – Blois 19 – Montrichard 39 – Orléans 64 – Romorantin-Lanthenay 30

Syndicat d'initiative, rue Roger Brun ✆ 02 54 46 09 15

De la Bonnheure sans rest — cuisinette VISA

– ✆ 02 54 46 41 57 – Fax 02 54 46 05 90 – Ouvert mi-mars-début déc.

11 ch – †50 € ††50/75 €, 8,50 € – 2 suites

◆ Chambres rustiques, jardin exposant des outils agricoles, petit-déjeuner soigné et services destinés aux cyclistes et randonneurs : cet hôtel est un vrai "bonnheure" !

Du Cygne — ch, VISA

20 r. Roger-Brun – ✆ 02 54 46 41 07 – autebert@wanadoo.fr – Fax 02 54 46 04 87 – Fermé 20 déc.-10 fév., dim. et lundi hors saison

19 ch – †50/58 € ††58/68 €, 7,50 € – ½ P 53/63 €

Rest *Autebert* – *(fermé 20 déc.-10 fév., dim. et lundi sauf fériés)* Menu 17/34 € – Carte 27/40 €

◆ Cet établissement composé de bâtiments solognots abrite des chambres simples et fonctionnelles ; six d'entre elles, neuves, sont plus agréables. Poutres, cheminée, lambris et mobilier rustique président au cadre agreste de l'Autebert ; cuisine du terroir.

XXXX **Bernard Robin - Relais de Bracieux** VISA

1 av. de Chambord – ✆ 02 54 46 41 22 – robin@relaischateaux.com – Fax 02 54 46 03 69 – Fermé de mi-déc. à fin janv., merc. sauf juil.-août et mardi

Rest – *(nombre de couverts limité, prévenir)* Menu 39 € (sem.)/142 € – Carte 67/147 €

Spéc. "Noir et blanc-manger" de sole au caviar. Lièvre à la royale (saison). Géline de Touraine rôtie à la broche, truffée sous la peau. **Vins** Touraine, Cheverny.

◆ Tableaux et tapisseries anciennes président au décor provincial cossu de cette salle à manger tournée vers le jardin. Cuisine classique et très belle carte des vins.

BRANCION – 71 Saône-et-Loire – 320 I10 – rattaché à Tournus

LA BRANDE – 36 Indre – 323 H7 – rattaché à Montipouret

BRANSAC – 43 Haute-Loire – 331 G2 – rattaché à Beauzac

BRANTÔME – 24 Dordogne – 329 E3 – 2 043 h. – alt. 104 m – ✉ 24310

Périgord 4 **C1**

Paris 470 – Angoulême 58 – Limoges 83 – Nontron 23 – Périgueux 27 – Thiviers 26

Syndicat d'initiative, boulevard Charlemagne ✆ 05 53 05 80 52

Clocher★★ de l'église abbatiale - Bords de la Dronne★★.

Le Moulin de l'Abbaye ch, ch, VISA

– ✆ 05 53 05 80 22 – moulin@relaischateaux.com – Fax 05 53 05 75 27 – Ouvert 27 avril-5 nov.

16 ch – 195 € 270 €, 20 € – 3 suites – ½ P 188/225 € – **Rest** – *(fermé lundi sauf juil.-août et le midi sauf week-ends et fériés)* Menu 55/75 € – Carte 75/90 €

Spéc. Lobe de foie gras de canard froid, poché au vin de noix. Dodine de pigeonneau au foie gras, salade aux truffes. Gratin de fraises du Périgord. **Vins** Bergerac, Pécharmant.

◆ Un ravissant moulin, la maison du meunier et celle de l'abbé : une trilogie romantique pour un séjour reposant dans la "Venise du Périgord". Sur la terrasse à fleur d'eau ou dans l'élégante salle de restaurant, la vue sur la Dronne est bucolique à souhait !

Chabrol VISA

– ✆ 05 53 05 70 15 – charbonnel.freres@wanadoo.fr – Fax 05 53 05 71 85 – Fermé 1er fév.-9 mars, 15 nov.-15 déc., dim. soir et lundi d'oct. à juin

20 ch – 55/60 € 65/90 €, 12 € – ½ P 68/95 € – **Rest** – Menu 28 € (sem.)/65 € – Carte 36/98 €

◆ L'expression "maison de tradition" s'applique parfaitement à l'hôtel Chabrol. Les chambres, peu à peu revues, bénéficient d'une amélioration de leur confort. Salle à manger à l'atmosphère provinciale et terrasse panoramique dominent le cours de la Dronne.

X **Au Fil du Temps** VISA

– ✆ 05 53 05 24 12 – fildutemps@fildutemps.fr – Fax 05 53 05 18 01 – Fermé 23 déc.-12 mars, lundi hors saison, merc. en saison et mardi

Rest – Menu (12 €), 23/35 € – Carte 26/38 €

◆ Une salle avec rôtissoire, une autre plus cossue et "cosy", une terrasse ombragée par un tilleul : trois espaces exquis pour déguster plats du terroir et viandes à la broche.

X **Au Fil de l'Eau** VISA

– ✆ 05 53 05 73 65 – fildeleau@fildeleau.fr – Fax 05 53 35 04 81 – Ouvert 28 avril-15 oct. et fermé dim. soir et lundi sauf de juil. à sept.

Rest – Menu 24/31 €

◆ Coquette guinguette décorée sur le thème de la pêche. Suivez le fil de l'eau sous les saules pleureurs de la terrasse bordant la Dronne. Fritures et spécialités périgourdines.

à Champagnac de Belair **6 km au Nord-Est par D 78 et D 83 – 685 h. – alt. 135 m – ✉ 24530**

Le Moulin du Roc (Gardillou) ch,

– ✆ 05 53 02 86 00 – info@moulinduroc.com – Fax 05 53 54 21 31 – Ouvert 11 mai-15 oct.

13 ch – 159/222 € 159/282 €, 16 € – ½ P 150/182 € – **Rest** – *(fermé merc. midi et mardi)* Menu 35 € bc (déj. en sem.) – Carte 50/97 €

Spéc. Tarte fine croustillante à l'artichaut et foie gras. Pâtes fraîches aux truffes. Tarte soufflée aux fruits de saison. **Vins** Vin de pays du Périgord, Pécharmant.

◆ Le lieu est magique : ancien moulin à huile sur la Dronne cerné par la nature. Intérieur de caractère, chambres personnalisées et jardin au fil de l'eau. Les terrasses du restaurant, sises dans une oasis de verdure bordant la rivière, sont paradisiaques.

à Bourdeilles **10 km au Sud-Ouest par D 78 – 777 h. – alt. 103 m – ✉ 24310**

Syndicat d'initiative, place des Tilleuls ✆ 05 53 03 42 96

Château★ : mobilier★★, cheminée★★ de la salle à manger.

Hostellerie Les Griffons ch,

Le Pont – ✆ 05 53 45 45 35 – griffons@griffons.fr – Fax 05 53 45 45 20 – Ouvert 1er avril-1er nov.

10 ch – 90/100 € 100/110 €, 11 € – **Rest** – *(fermé le midi sauf dim. et fériés)* Menu (27 €), 35/41 €

◆ Au pied du château, maison bourgeoise du 16e s. dominant la Dronne. Côté chambres : meubles anciens, pierres, poutres et belles charpentes au dernier étage. La salle à manger a du cachet et ouvre sur une agréable terrasse installée au-dessus de la rivière.

BRAS – 83 Var – **340** K5 – **1 298 h. – alt. 280 m – ✉ 83149** 41 **C3**

Paris 814 – Aix-en-Provence 55 – Marseille 62 – Toulon 61

Syndicat d'initiative, place du 14 juillet ✆ 04 94 69 98 26

Une Campagne en Provence ch, cuisinette

Domaine Le Peyrourier, 3 km au Sud-Ouest par D 28 et rte secondaire – ✆ 04 98 05 10 20 – info@provence4u.com – Fax 04 98 05 10 21 – Fermé 6 janv.-29 fév.

6 ch – 80/110 € 85/115 € – **Rest** – table d'hôte *(dîner seult) (résidents seult)* Menu 24 € bc/30 € bc

◆ Vaste domaine entouré de prairies et de vignes. Les chambres, aménagées avec beaucoup de goût dans d'anciens bâtiments dont les origines remontent aux Templiers, ont chacune leur personnalité et profitent du jardin ou de la vue sur les collines. À la table d'hôte, cuisine provençale et vins de la propriété.

BRASSAC-LES-MINES – 63 Puy-de-Dôme – **326** G10 – **3 249 h. – alt. 430 m – ✉ 63570** Auvergne 6 **C2**

Paris 466 – Brioude 16 – Clermont-Ferrand 56 – Issoire 21 – Murat 60 – St-Flour 53

Galerie★ du musée de la mine, NO : 2,5 km.

Auzon★, statue de N.-D.-du-Portail★★ dans l'église.

Le Limanais avec ch

11 av. Ste-Florine – ✆ 04 73 54 13 98 – Fax 04 73 54 39 63 – Fermé 21 sept.-5 oct., fév., sam. midi et vend. de sept. à juin, lundi midi en juil.-août et dim. soir (sauf hôtel)

12 ch – 45 € 49 €, 7,50 € – ½ P 48 € – **Rest** – Menu 25/50 € – Carte environ 37 €

◆ Après la visite du romantique musée Peynet, pause repas dans cette salle à manger dotée d'une cheminée ; on y sert une cuisine traditionnelle. Aire de jeux pour enfants.

BRAX – 47 Lot-et-Garonne – **336** F4 – **rattaché à Agen**

BRAY ET LU – 95 Val-d'Oise – **305** A6 – **106** – **753 h.** – **alt. 28 m** – ✉ **95710** 18 **A1**

▶ Paris 70 – Rouen 61 – Gisors 26 – Pontoise 36 – Vernon 18

XX **Les Jardins d'Epicure** avec ch
16 Grande Rue – ☎ 01 34 67 75 87 – info@lesjardinsdepicure.com – Fax 01 34 67 90 22 – Fermé janv., lundi et mardi sauf le soir de juin à sept. et merc.
13 ch – †100/225 € ††100/225 €, ☕ 15 € – ½ P 90/157 € – **Rest** – Menu 39/105 € – Carte 67/74 €

◆ Belle maison de maître (1852) nichée dans un joli parc traversé par une rivière. Salle à manger bourgeoise ouverte sur une véranda dotée d'une piscine. Chambres de caractère.

Une nuit douillette sans se ruiner ?
Repérez les Bibs Hôtel .

BREBIÈRES – 62 Pas-de-Calais – **301** L5 – **rattaché à Douai**

BRÉDANNAZ – 74 Haute-Savoie – **328** K6 – **alt. 450 m** – ✉ **74210** 46 **F1**

▶ Paris 550 – Albertville 31 – Annecy 15 – Megève 46

à Chaparon 1,5 km au Sud par rte secondaire – ✉ **74210 Doussard**

XX **La Châtaigneraie**
325 chemin des Fontaines – ☎ 04 50 44 30 67 – info@hotelchataigneraie.com – Fax 04 50 44 83 71 – Ouvert 1er avril-1er oct. et fermé dim. soir et lundi sauf de mai à sept.
Rest – Menu 21 € (sem.)/49 € – Carte 31/58 €

◆ Cuisine du terroir à déguster au choix dans un vaste salle à manger campagnarde dotée d'une cheminée ou en terrasse sur l'arrière, au calme d'un jardin fleuri et ombragé.

BRÉHAT (ÎLE-DE-) – 22 Côtes-d'Armor – **309** D1 – **voir à Île-de-Bréhat**

LA BREILLE-LES-PINS – 49 Maine-et-Loire – **317** J4 – **444 h.** – **alt. 105 m** – ✉ 49390 35 **C2**

▶ Paris 283 – Angers 70 – Baugé 31 – Chinon 29 – Saumur 18

XX **L'Orée des Bois** avec ch rest, ch,
Le Bourg – ☎ 02 41 38 85 45 – restaurant.loreedesbois@wanadoo.fr – Fax 02 41 38 86 07 – Fermé 1er-19 oct., 2-26 janv., lundi et mardi
7 ch – †45 € ††60 €, ☕ 7 € – ½ P 57 € – **Rest** – Menu 22/49 € – Carte 26/47 €

◆ Au cœur du village, petit bâtiment actuel abritant une accueillante salle de restaurant (meubles de styles Louis XIII et rustique) et des chambres nettes et bien équipées.

BRELES – 29 Finistère – **308** C4 – **749 h.** – **alt. 52 m** – ✉ **29810** 9 **A1**

▶ Paris 616 – Rennes 264 – Quimper 99 – Brest 25 – Landerneau 47

Auberge de Bel Air ch,
rte de Lanildut – ☎ 02 98 04 36 01 – info.belair@aumoulindebelair.com – Fax 02 98 04 36 01
3 ch ☕ – †50/55 € ††60/75 € – ½ P 60/68 € – **Rest** – *(fermé janv., dim. soir, lundi, mardi et merc.) (réservation indispensable)* Menu (18 €), 25 € (sem.)/46 €

◆ Au bord de l'aber Ildut, dans un site verdoyant, vieille ferme en granit donnant sur un grand jardin et son étang. Coquettes chambres de bon confort ; terrasse côté rivière. Menus du marché servis dans un cadre rustique. Le patron donne des cours de cuisine.

LA BRESSE – 88 Vosges – 314 J4 – 4 928 h. – alt. 636 m – Sports d'hiver : 650/1 350 m 31 – ✉ 88250 Alsace Lorraine 27 C3

Paris 437 – Colmar 52 – Épinal 52 – Gérardmer 13 – Thann 39 – Le Thillot 20

Office de tourisme, 2a rue des Proyes ✆ 03 29 25 41 29, Fax 03 29 25 64 61

Les Vallées 100, P VISA AE

31 r. P. Claudel – ✆ 03 29 25 41 39 – hotel.lesvallees@remy-loisirs.com – Fax 03 29 25 64 38

54 ch – 50/62 € 58/90 €, 10 € – ½ P 60/72 € – **Rest** – *(fermé 8-29 oct.)* Menu 17 € (déj. en sem.), 22/43 € – Carte 20/38 €

◆ Imposant complexe hôtelier disposant de chambres spacieuses et d'équipements très complets pour séminaires et loisirs. Haute charpente en bois blond, grandes baies vitrées et sobre mobilier moderne au restaurant.

Ibis AC ch, 40, P VISA AE

7c r. Clairie – ✆ 03 29 28 68 68 – h5039@accor.com – Fax 03 29 28 60 60

45 ch – 55/76 € 55/76 €, 7 € – **Rest** – Menu (10 €) – Carte 20/25 €

◆ Au centre de la plus grande station vosgienne de sports d'hiver, Ibis récent convenant aux skieurs en quête d'un hébergement moderne et fonctionnel. Les formules buffets et la carte de restaurant sont conformes à l'esprit de la chaîne.

au Sud 3 km, rte de Cornimont par D 486 – ✉ 88250 La Bresse

Le Clos des Hortensias 8, P VISA

51 rte de Cornimont – ✆ 03 29 25 41 08 – Fax 03 29 25 65 34 – Fermé 12-26 nov., dim. soir et lundi

Rest – *(prévenir)* Menu 15 € (sem.)/42 €

◆ Une fresque représentant des hortensias agrémente la façade de ce restaurant familial (non-fumeurs). Cuisine traditionnelle soignée servie dans un intérieur aussi charmant que l'accueil.

Ce symbole en rouge ?
La tranquillité même, juste le chant des oiseaux au petit matin...

BRESSIEUX – 38 Isère – 333 E6 – 89 h. – alt. 510 m – ✉ 38870 43 E2

Paris 533 – Grenoble 50 – Lyon 76 – Valence 73 – Vienne 45 – Voiron 30

Auberge du Château P VISA AE

– ✆ 04 74 20 91 01 – Fax 04 74 20 54 69 – Fermé 15 oct.-8 nov., 15 fév.-6 mars, mardi, merc. et dim. soir hors saison

Rest – Menu (21 €), 30/49 € – Carte 35/46 €

◆ Au faîte d'un vieux village perché, accueillante maison ancienne bien restaurée. La terrasse ombragée offre un beau point de vue sur la vallée et les monts du Lyonnais.

BRESSON – 38 Isère – 333 H7 – rattaché à Grenoble

BRESSUIRE – 79 Deux-Sèvres – 322 D3 – 17 799 h. – alt. 186 m – ✉ 79300 Poitou Vendée Charentes 38 B1

Paris 364 – Angers 84 – Cholet 45 – Niort 64 – Poitiers 82 – La Roche-sur-Yon 87

Office de tourisme, place de l'Hotel de Ville ✆ 05 49 65 10 27

La Boule d'Or 30, P VISA AE

15 pl. E. Zola – ✆ 05 49 65 02 18 – hotel-labouledor@wanadoo.fr – Fax 05 49 74 11 19 – Fermé 28 juil.-20 août et 24 fév.-12 mars

20 ch – 43/52 € 43/52 €, 6,50 € – ½ P 42 € – **Rest** – *(fermé dim. soir, lundi midi et soir fériés)* Menu 12 € (sem.)/34 € – Carte 32/43 €

◆ Bâtisse régionale proche de la gare. Chambres d'ampleur variée, correctement équipées ; les plus récentes offrent une meilleure insonorisation et un décor plus gai. Restaurant entièrement refait et cuisine classique.

BREST – 29 Finistère – 308 E4 – 149 634 h. – Agglo. 210 055 h. – alt. 35 m – ✉ 29200 Bretagne 9 **A2**

- Paris 596 – Lorient 133 – Quimper 72 – Rennes 246 – St-Brieuc 145
- de Brest-Bretagne ✆ 02 98 32 01 00, 10 km au NE
- Office de tourisme, 8 avenue Georges Clemenceau ✆ 02 98 44 24 96, Fax 02 98 44 53 73
- de Brest les Abers à Plouarzel Kerhoaden, NE : 24 km par D 5, ✆ 02 98 89 68 33.
- Océanopolis★★★ - Cours Dajot ≤★★ - Traversée de la rade★ - Arsenal et base navale ★ DZ - Musée des Beaux-Arts★ EZ M¹ - Musée de la Marine★ DZ M² - Conservatoire botanique du vallon du Stang-Alar★.
- Les Abers ★★

BREST

Aiguillon (R. d') .... EZ
Albert-1er (Pl.) .... BZ
Algésiras (R. d') .... EY 2
Anatole-France (R.) .... AX
Beaumanoir (R.) .... AX 3
Blum (Bd Léon) .... BV
Botrel (R. Th.) .... BV
Bot (R. du) CV
Le Bris (R. J.-M.) .... EZ
Brossolette (R. Pierre) .... DZ
Bruat (R.) .... BX
Caffarelli (Porte) .... AX
Château (R. du) .... EYZ
Clemenceau (Av. G.) .... EY
Colbert (R.) .... EY 5
Collet (R. Yves) .... BX
Corniche (Rte de la) .... AX
Dajot (Cours) .... EZ
Denvers (R.) .... EZ

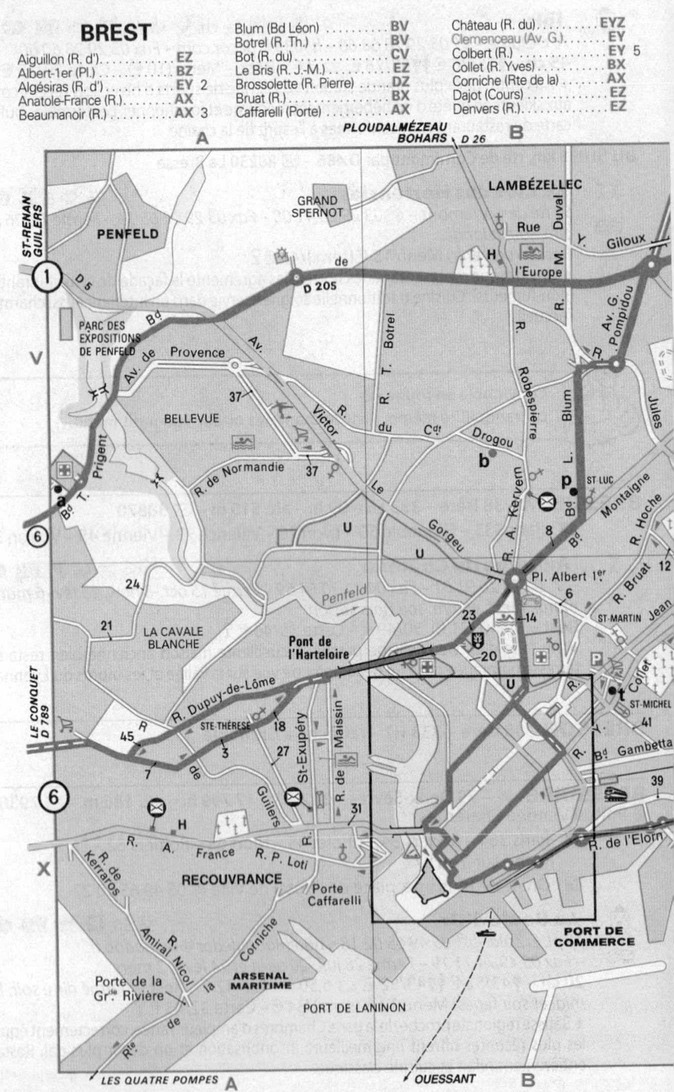

Le Continental sans rest 15/150,

41 r. E. Zola – ✆ 02 98 80 50 40
– continental.brest@oceaniahotels.com
– Fax 02 98 43 17 47 EY **f**

73 ch – †125 € ††125/165 €, ☕ 12 €

◆ C'est dans cet hôtel que séjournent les personnalités de passage à Brest. Intérieur décoré de reproductions de Bernard Buffet et grandes chambres cossues, modernes ou Art déco.

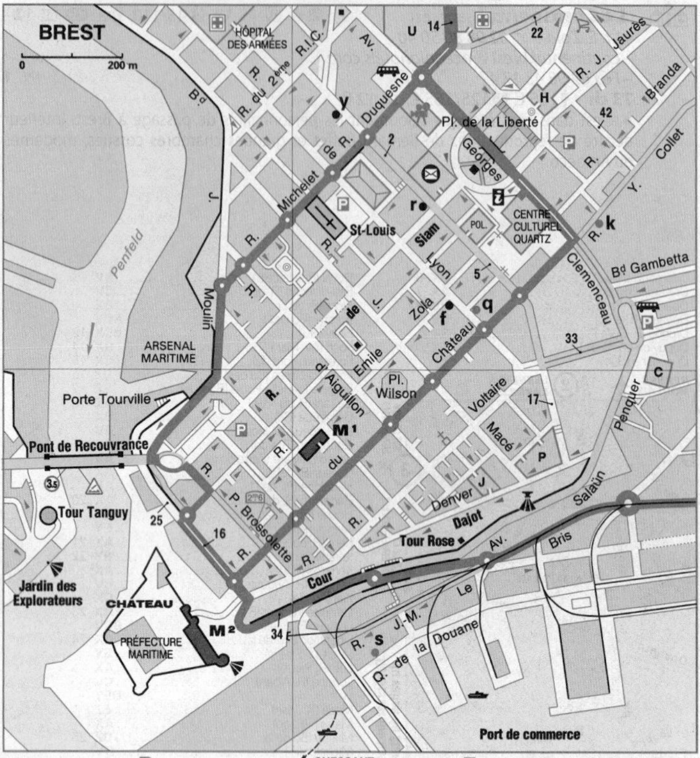

Algésiras (R. d') . . . . EY 2
Clemenceau (Av. G.) . . . . EY
Colbert (R.) . . . . EY 5
Foch (Av. Mar.) . . . . EY 14
Français-Libres (Bd des) . . . . DZ 16
Frégate-La-Belle-Poule (R. de la) . . . . EZ 17
Jean-Jaurès (R.) . . . . EY
Kérabécam (R. de) . . . . EY 22
Liberté (Pl. de la) . . . . EY
Lyon (R. de) . . . . DEY
Marine (Bd de la) . . . . DZ 25
Réveillère (Av. Amiral) . . . . . . EY 33
Roosevelt (Av. Fr.) . . . . DZ 34
Siam (R. de) . . . . EY
11-Martyrs (R. des) . . . . EY 42

L'Amirauté ch, rest, 15/50, VISA

41 r. Branda – ✆ 02 98 80 84 00 – amirautebrest@oceaniahotels.com – Fax 02 98 80 84 84 BX **t**

84 ch – 102 € 102/122 €, 12 € – **Rest** – *(fermé 15 juil.-20 août, 24 déc.-7 janv., sam., dim. et fériés)* Menu (20 € bc), 28/50 €

◆ Architecture récente aux lignes élégantes, disposant de chambres bien insonorisées et garnies d'un mobilier contemporain de bon ton. Restaurant agencé à la façon d'une brasserie où l'on sert une cuisine au goût du jour utilisant les produits du terroir.

La Paix sans rest VISA

32 r. Algésiras – ✆ 02 98 80 12 97 – hoteldelapaixbrest@wanadoo.fr – Fax 02 98 43 30 95 – Fermé 22 déc.-1er janv. EY **y**

29 ch – 65/68 € 74/105 €, 10 €

◆ Petit hôtel du centre-ville entièrement redécoré dans un style moderne épuré. Belles chambres neuves, bien équipées et insonorisées. Copieux buffet au petit-déjeuner.

Océania ch, rest, 15/90, VISA MC AE
82 r. Siam – ☎ 02 98 80 66 66 – oceania.brest@oceaniahotels.com – Fax 02 98 80 65 50 EY **r**
82 ch – †95 € ††95 €, ☐ 12 € – **Rest** – *(fermé 14 juil.-26 août, sam. et dim.)* Menu 20 € (déj. en sem.)/33 € – Carte 30/70 €
◆ Dans la rue de Siam, évoquée dans un célèbre poème de J. Prévert, chambres "seventies" quelque peu désuètes, mais spacieuses et bien tenues. Vaste restaurant à l'ambiance marine ; cuisine au goût du jour orientée poissons et coquillages.

Center ch, rest, ch, rest,cuisinette 10/75, P VISA MC AE
4 bd. Léon Blum – ☎ 02 98 80 78 07 – info@hotelcenter.com – Fax 02 98 80 78 78 BV **p**
146 ch – †57/80 € ††60/100 €, ☐ 9,50 € – ½ P 105/125 € – **Rest** – *(fermé 22 déc.-1er janv., sam. et dim. sauf juil.-août)* Menu (12 €), 16/32 € – Carte 24/37 €
◆ Bien agencé pour recevoir la clientèle d'affaires, cet établissement récent propose des chambres de bonne ampleur, pratiques et parfois agrandies d'une mezzanine (lit enfant). Cuisine traditionnelle sans prétention et décor nautique au restaurant.

Du Questel sans rest P VISA MC AE
120 r. F. Thomas – ☎ 02 98 45 99 20 – hotel-du-questel@wanadoo.fr – Fax 02 98 45 94 02 AV **a**
30 ch – †39/44 € ††44/47 €, ☐ 6,50 €
◆ Un hôtel flambant neuf très pratique : proximité de la rocade Nord (mais au calme), chambres fonctionnelles bien tenues, prix tout doux et, sur demande, petit service snack.

La Fleur de Sel 15, VISA MC AE
15bis r. Lyon – ☎ 02 98 44 38 65 – lafleurdesel@wanadoo.fr – Fax 02 98 44 38 53 – Fermé 1er-24 août, 1er-10 janv., sam. midi, lundi midi et dim. EY **q**
Rest – Menu 27/40 € – Carte 41/66 €
◆ Le chef de cet établissement prépare une savoureuse cuisine inventive sublimant les produits du terroir, les herbes et les saveurs... Intérieur moderne épuré et accueil charmant.

Le Nouveau Rossini 15, P VISA MC AE
22 r. Cdt Drogou – ☎ 02 98 47 90 00 – Fax 02 98 47 90 00 – Fermé 1er-7 mars, 27 août-8 sept., dim. soir et lundi BV **b**
Rest – Menu (25 €), 42/68 € – Carte 44/79 €
◆ Adorable maison bretonne centenaire dotée d'un joli jardin fleuri et d'une cave aménagée pour la dégustation de vins. La carte privilégie les plats de poissons et coquillages.

Le Ruffé 15/30, VISA MC AE
1 bis r. Y. Collet – ☎ 02 98 46 07 70 – le-ruffe@wanadoo.fr – Fax 02 98 44 31 46 – Fermé dim. sauf le midi du 1er sept. au 30 juin et lundi EY **k**
Rest – Menu (13 €), 19/35 € – Carte 24/61 €
◆ Dans une salle de restaurant mariant décor de bateau et ambiance brasserie, vous goûterez une cuisine traditionnelle réalisée avec les produits du terroir et de la mer.

La Maison de l'Océan VISA MC AE
2 q. Douane (port de Commerce) – ☎ 02 98 80 44 84 – Fax 02 98 46 19 83 EZ **s**
Rest – Menu 15/27 € – Carte 27/63 €
◆ "L'Océan" célébré dans le décor - banc d'écailler, mobilier et bibelots - et dans l'assiette (produits de la mer) : cette adresse du port compte bon nombre de fidèles.

au Nord 5 km par D 788 CV – ✉ 29200 Brest

Oceania Brest Aéroport ch, ch, rest, 100, P VISA MC AE
Z.A. Kergaradec – ☎ 02 98 02 32 83 – oceania.brestaeroport@oceaniahotels.com – Fax 02 98 41 69 27
82 ch – †95/125 € ††95/125 €, ☐ 12 € – **Rest** – *(fermé 30 juil.-19 août, sam. midi et dim. midi)* Menu (16 €), 20/25 € – Carte 20/28 €
◆ Construction des années 1970 bénéficiant de l'agrément d'un petit cadre de verdure. Chambres totalement rénovées, fonctionnelles et spacieuses ; certaines donnent sur la piscine. Lumineux restaurant contemporain où l'on propose des recettes traditionnelles.

au Port du Moulin Blanc 7 km par ⑤ – ✉ 29200 Brest

Ma Petite Folie
– ✆ 02 98 42 44 42 – Fax 02 98 41 43 68
Rest – Menu 22/27 € – Carte 31/56 €
◆ Ponts inférieur et supérieur aménagés en salles à manger, original décor nautique et belle cuisine de la mer : un second souffle pour ce langoustier (1952) échoué sur le sable.

BRETENOUX – 46 Lot – 337 H2 – 1 231 h. – alt. 136 m – ✉ 46130
Périgord 29 C1

Paris 521 – Brive-la-Gaillarde 44 – Cahors 83 – Figeac 48 – Sarlat-la-Canéda 65 – Tulle 47

Office de tourisme, avenue de la Libération ✆ 05 65 38 59 53

Château de Castelnau-Bretenoux★★ : ≤★ SO : 3,5 km.

Domaine de Granval avec ch
rte de St-Céré – ✆ 05 65 38 63 99 – domainedegranval@wanadoo.fr – Fax 05 65 39 77 06 – Fermé 28 oct.-11 nov.
7 ch – †54/61 € ††54/61 €, ☐ 9 € – ½ P 57/61 € – **Rest** – *(fermé lundi midi, sam. midi et dim.)* Menu 20 € (déj. en sem.)/24 € – Carte 36/52 €
◆ Le chef de ce restaurant renouvelle chaque jour ses recettes en fonction du marché. Chaleureux cadre rustique avec cheminée, murs en pierre, poutres et vue sur la campagne.

au Port de Gagnac 6 km au Nord-Est par D 940 et D 14 – ✉ 46130 Gagnac-sur-Cère

Hostellerie Belle Rive ch, ch,
Port de Gagnac – ✆ 05 65 38 50 04 – hostelleriebellerive@yahoo.fr – Fax 05 65 38 47 72 – Fermé 22 déc.-6 janv.
12 ch – †43 € ††56/65 €, ☐ 7 € – 1 suite – ½ P 54/56 € – **Rest** – *(fermé vend. soir, sam. midi et dim. soir du 1er sept. au 15 oct. et du 8 avril au 8 juil., sam. et dim. de mi-oct. à Pâques)* Menu 16 € (sem.)/41 € – Carte 38/59 €
◆ Dans un hameau au bord de la Cère, vieille maison lotoise disposant de chambres rajeunies, chaleureuses et bien tenues. Salle à manger agréablement rénovée dans un style actuel ; cheminée originale et pressoir en bois du 19e s. Plats traditionnels.

BRETEUIL – 60 Oise – 305 E3 – 4 131 h. – alt. 80 m – ✉ 60120
36 B2

Paris 116 – Compiègne 55 – Amiens 30 – Beauvais 35 – Creil 53 – Pontoise 82

Globe
12 r. République (près poste) – ✆ 03 44 07 01 78 – machu.thierry@wanadoo.fr – Fax 03 44 80 18 63 – Fermé 1er-15 août, dim. soir, mardi soir et lundi
Rest – Menu (11,50 €), 16 € (sem.)/36 € – Carte 26/53 €
◆ La même famille vous accueille depuis cinq générations dans cette salle à manger de style rustique. Cuisine traditionnelle et produits de la mer.

BRETEUIL – 27 Eure – 304 F8 – 3 473 h. – alt. 168 m – ✉ 27160
Normandie Vallée de la Seine 33 C2

Paris 117 – L'Aigle 25 – Alençon 88 – Évreux 31 – Verneuil-sur-Avre 12

Syndicat d'initiative, 60 place Lafitte ✆ 02 32 67 88 18, Fax 02 32 67 88 18

Grain de Sel
76 pl. Laffitte – ✆ 02 32 29 70 61 – Fax 02 32 29 70 61 – Fermé 1er-15 août, dim. soir, mardi soir et lundi
Rest – Menu 16/27 €
◆ Carte au registre traditionnel proposée dans un petit restaurant situé sur la place du marché. Une exposition de tableaux égaie les coquettes salles à manger.

BRÉTIGNOLLES-SUR-MER – 85 Vendée – 316 E8 – 2 686 h. – alt. 14 m – ✉ 85470 34 A3

Paris 465 – Challans 30 – La Roche-sur-Yon 44 – Nantes 86

Office de tourisme, 1 boulevard du Nord ☎ 02 51 90 12 78, Fax 02 51 22 40 72

J.-M. Pérochon et Hôtellerie des Brisants avec ch ≤ A/C rest, VISA MC

63 av. de la Grand'Roche – ☎ 02 51 33 65 53 – perochonjeanmarc@wanadoo.fr – Fax 02 51 33 89 10 – Fermé 12 nov.-4 déc., 17 fév.-4 mars

15 ch – †50/75 € ††58/80 €, ☐ 9 € – ½ P 66/75 € – **Rest** – *(fermé mardi midi en saison, mardi soir hors saison, dim. soir et lundi)* Menu 31/68 € bc – Carte 51/72 € ♀

◆ Jolie vue sur l'Atlantique depuis la grande salle à manger relookée dans un style contemporain épuré et reposant. Carte au goût du jour dictée par la marée. Chambres refaites.

BRETTEVILLE-SUR-LAIZE – 14 Calvados – 303 C2 – 1 504 h. – alt. 54 m – ✉ 14680 32 B2

Paris 245 – Caen 18 – Hérouville-Saint-Clair 23 – Lisieux 52

Château des Riffets ch, P

– ☎ 02 31 23 53 21 – chateau.riffets@wanadoo.fr – Fax 02 31 23 75 14

4 ch ☐ – †110 € ††110/160 € – **Rest** – *(dîner seult) (résidents seult)* Menu 45 € bc

◆ Dominant un vaste parc boisé, ce joli manoir abrite des chambres spacieuses et élégantes. Mobilier d'époque et équipements modernes contribuent au confort des lieux. Cuisine familiale d'inspiration régionale, préparée au gré du marché, et servie dans une salle à manger de caractère.

LE BREUIL – 71 Saône-et-Loire – 320 G9 – rattaché au Creusot

LE BREUIL-EN-AUGE – 14 Calvados – 303 N4 – 846 h. – alt. 38 m – ✉ 14130 33 C2

Paris 196 – Caen 55 – Deauville 21 – Lisieux 10

Le Dauphin (Lecomte) VISA MC AE

2 r. Eglise – ☎ 02 31 65 08 11 – dauphin.le@wanadoo.fr – Fax 02 31 65 12 08 – Fermé 12 nov.-4 déc., dim. soir et lundi

Rest – Menu 35/42 € (carte le samedi soir) – Carte 56/69 € ♀

Spéc. Fricassée d'ormeaux puces aux girolles (juin à nov.). Duo de ris et rognon de veau. Pigeonneau grillé boucané, pailles de légumes.

◆ Maison normande estimée aussi bien pour sa cuisine personnalisée que pour son cadre rustique chaleureux et coquet : cheminée à blason, cuisinière chromée et aquarelles.

BREUILLET – 17 Charente-Maritime – 324 D5 – 2 178 h. – alt. 28 m – ✉ 17920 38 A3

Paris 509 – Poitiers 176 – La Rochelle 69 – Rochefort 39 – Saintes 38

L'Aquarelle VISA MC

22 rte du Candé – ☎ 05 46 22 11 38 – Fermé 2-10 janv., 18-26 juin, mardi midi et lundi

Rest – Menu 22/35 € ♀

◆ Discret intérieur contemporain aux teintes naturelles et carte au goût du jour laissant s'exprimer la créativité - parfois audacieuse - du chef : une vraie bonne petite adresse !

BRÉVONNES – 10 Aube – 313 G3 – 584 h. – alt. 120 m – ✉ 10220 13 B3

Paris 198 – Bar-sur-Aube 30 – St-Dizier 59 – Troyes 28 – Vitry-le-François 51

Au Vieux Logis avec ch & rest, P VISA MC

1 r. Piney – ☎ 03 25 46 30 17 – logisbrevonnes@wanadoo.fr – Fax 03 25 46 37 20 – Fermé 5-30 mars, lundi sauf le soir en saison et dim. soir

5 ch – †41/51 € ††43/53 €, ☐ 7,50 € – ½ P 55/60 € – **Rest** – Menu 17 € (sem.)/41 € – Carte 29/46 € ♀

◆ Décor rustique à souhait, douce ambiance familiale et savoureuse carte traditionnelle : tout ce qui faisait le charme des logis de nos grands-mères a été ici jalousement préservé.

BRIANÇON – 05 Hautes-Alpes – 334 H3 – 10 737 h. – alt. 1 321 m
– Sports d'hiver : 1 200/2 800 m 9 67 – Casino – ✉ 05100
Alpes du Sud 41 **C1**

- Paris 681 – Digne-les-Bains 145 – Gap 89 – Grenoble 119 – Torino 109
- ✆ 3635 (0,34 €/mn)
- Office de tourisme, 1 place du Temple ✆ 04 92 21 08 50, Fax 04 92 20 56 45
- de Montgenèvre à Montgenèvre Route d'Italie, NE : 12 km, ✆ 04 92 21 94 23.
- Ville haute★★ : Grande Gargouille★, Statue "La France"★**B** - Chemin de ronde supérieur★, ≤★ de la porte de la Durance - Puy St-Pierre ✻★★ de l'église SO : 3 km par Rte de Puy St-Pierre.
- Croix de Toulouse ≤★★ par Av. de Toulouse et D232[T] : 8,5 km.

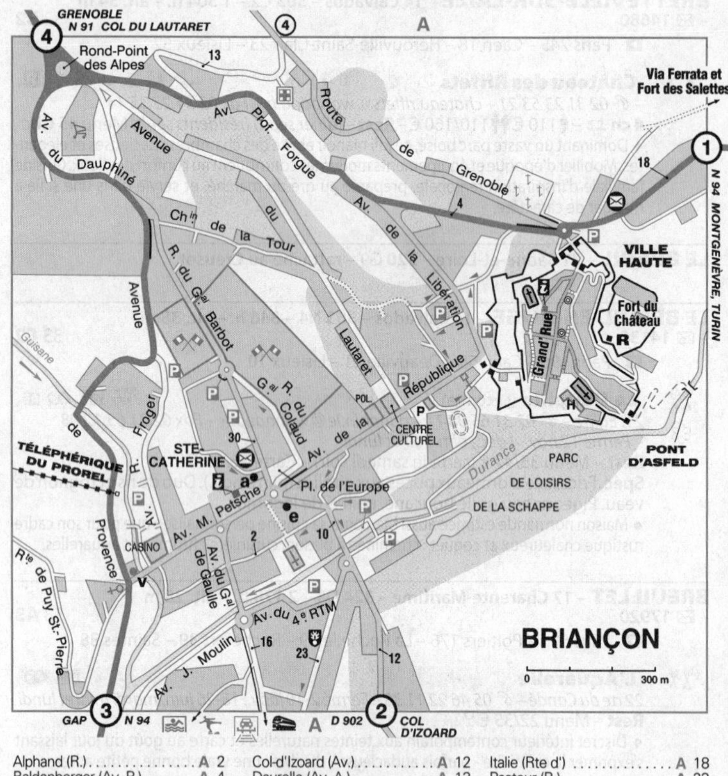

Alphand (R.)	A 2	Col-d'Izoard (Av.)	A 12	Italie (Rte d')	A 18
Baldenberger (Av. P.)	A 4	Daurelle (Av. A.)	A 13	Pasteur (R.)	A 23
Centrale (R.)	A 10	Gaulle (Av. Gén.-de)	A 16	159e-R.-I.-A. (Av.)	A 30

Parc Hôtel sans rest 20, P VISA MO AE
Central Parc – ✆ 04 92 20 37 47
– resa-serre-che1@monalisahotels.com
– Fax 04 92 20 53 74 A **a**
60 ch – †79/109 € ††79/109 €, ☕ 10 €
◆ Située au centre-ville, cette construction récente propose des chambres refaites, confortables et égayées de tissus aux couleurs provençales.

La Chaussée rest, VISA MC AE

4 r. Centrale – 04 92 21 10 37 – hotel.de.la.chaussee@wanadoo.fr – Fax 04 92 20 03 94 – Fermé 23 avril-30 mai et 1er-30 oct. A **e**

13 ch – 50/65 € 55/70 €, 7,50 € – ½ P 54/60 € – **Rest** – *(fermé lundi midi, mardi midi et merc. midi)* Menu 19/35 € – Carte 21/36 €

◆ Depuis cinq générations, la même famille vous reçoit dans cet hôtel de la ville basse. Chambres simples et spacieuses ; certaines avec balcon ou terrasse côté Sud. Le décor du restaurant évoque un intérieur de chalet et la table privilégie les plats du pays.

Le Péché Gourmand P VISA MC

2 rte Gap – 04 92 21 33 21 – Fax 04 92 21 33 21 – Fermé 15-30 avril, 1er-14 oct., mardi midi, dim. soir et lundi A **v**

Rest – Menu 19 € (déj. en sem.), 24/46 € – Carte 39/52 €

◆ Le restaurant occupe les caves d'une ancienne fabrique de pâtes située au bord de la Guisane. Décor chaleureux, exposition de tableaux et cuisine au goût du jour soignée.

à La Vachette 3 km par ① – ✉ 05100

Le Vach' tin P VISA MC

rte d'Italie – 04 92 46 93 13 – Fax 04 92 20 13 61 – Fermé nov., dim. sauf juil.-août et lundi

Rest – *(prévenir)* Menu 20 € – Carte 22/42 €

◆ La façade ne paie pas de mine, mais la salle à manger voûtée de cette ex-bergerie ne manque pas de charme avec son décor mi-rustique, mi-montagnard. Carte au goût du jour.

à Puy-St-Pierre 3 km à l'Ouest par D 135 – ✉ 05100

La Maison de Catherine ch, P VISA MC AE

– 04 92 20 40 89 – aubergecatherine@wanadoo.fr – Fax 04 92 21 98 07 – Fermé 16-30 avril et 29 oct.-12 nov.

11 ch – 50 € 57 € – ½ P 44 € – **Rest** – *(fermé dim. soir, merc. midi et lundi)* Menu 21/28 €

◆ Une adresse idéale pour les sportifs de montagne. Cette sympathique maison familiale (réservée aux non-fumeurs) abrite des chambres meublées en pin, simples et très propres. Les plats traditionnels sont servis dans une salle à manger décorée d'objets paysans.

BRIDES-LES-BAINS – 73 Savoie – 333 M5 – 593 h. – alt. 580 m – Stat. therm. : début mars-fin oct. – Casino – ✉ 73570 Alpes du Nord 46 F2

Paris 612 – Albertville 32 – Annecy 77 – Chambéry 81 – Courchevel 18 – Moûtiers 7

Office de tourisme, place du Centenaire 04 79 55 20 64, Fax 04 79 55 20 40

Grand Hôtel des Thermes ch, rest, 80, P VISA MC AE

– 04 79 55 38 38 – info@gdhotel-brides.com – Fax 04 79 55 28 29 – Fermé 1er nov.-25 déc.

100 ch – 90/100 € 140/200 €, 12 € – ½ P 90/124 € – **Rest** – rest. diététique Menu 24 € (sem.)/36 € – Carte 30/38 €

◆ Immeuble du 19e s. directement relié aux thermes par une passerelle. Chambres amples et actuelles, salons et fitness complet coiffé d'une verrière. Salle à manger un peu "rétro" (haut plafond préservé) avec tableaux et plantes vertes. Carte actuelle et menus pensés pour les curistes.

Golf-Hôtel rest, P VISA MC AE

– 04 79 55 28 12 – golfhotel-brides@wanadoo.fr – Fax 04 79 55 24 78 – Fermé 30 oct.-25 déc.

53 ch – 74/126 € 74/223 €, 9 € – ½ P 64/139 € – **Rest** – *(fermé le midi du 25 déc. au 1er mars)* Menu 18 € (dîner en hiver)/25 € – Carte 20/41 €

◆ Cet élégant hôtel des années 1920 a retrouvé une nouvelle jeunesse. Superbe hall d'accueil, chambres spacieuses et contemporaines offrant, pour certaines, une jolie vue sur la Vanoise. Une fontaine ornée d'une statue trône au centre du restaurant mi-bourgeois, mi-actuel.

Amélie ch, rest, VISA

rue Emile Machet – ✆ 04 79 55 30 15 – info@hotel-amelie.com – Fax 04 79 55 28 08 – Fermé 4 nov.-21 déc.

40 ch – 75/90 € 110/120 €, 10 € – ½ P 78/104 €

Rest ***Les Cerisiers*** – Menu 23/40 € – Carte 45/62 €

◆ Bâtiment moderne proche de la gare des télécabines et de l'établissement thermal. Chambres fonctionnelles bien insonorisées et dotées de salles de bains en marbre. Spécialités savoyardes et menus diététiques proposés dans une salle à manger contemporaine.

Altis Val Vert VISA

– ✆ 04 79 55 22 62 – altisvalvert@wanadoo.fr – Fax 04 79 55 29 12 – Fermé fin oct. à mi-déc.

28 ch – 49/61 € 67/73 €, 9,50 € – ½ P 63 € – **Rest** – *(fermé le midi de mi-déc. à début avril)* Menu (17 €), 21 € (sem.)/26 €

◆ Au cœur de la station, deux jolis chalets séparés par un ravissant jardin abondamment fleuri en saison. Les chambres sont confortables et colorées. Restaurant néo-rustique et charmante terrasse dressée dans le jardin qui prend tout son éclat aux beaux jours.

Des Sources 25, VISA

– ✆ 04 79 55 29 22 – les.sources.1@wanadoo.fr – Fax 04 79 55 27 06 – Fermé 29 oct.-24 déc.

70 ch – 52 € 52 €, 6 € – ½ P 60/68 € – **Rest** – Menu 18 €

◆ Imposants bâtiments disposés autour d'un corps central. Les chambres, peu à peu refaites, sont dotées de balcons bénéficiant d'une vue sur le parc thermal. Poutres, mobilier paysan et fresque donnent un petit air champêtre à la spacieuse salle à manger.

Le Belvédère sans rest VISA

r. Emile Machet Quartier des Sources – ✆ 04 79 55 23 41 – hotel.belvedere@wanadoo.fr – Fax 04 79 55 24 96 – Fermé 1er nov.-23 déc.

28 ch – 40/54 € 70/81 €, 5 €

◆ Petit "castel" savoyard où vous passerez un agréable séjour face au massif de la Vanoise. Sobre décor et mobilier d'inspiration montagnarde dans les chambres.

BRIE-COMTE-ROBERT – 77 Seine-et-Marne – 312 E3 – 101 39 – voir à Paris, Environs

---

BRIGNOGAN-PLAGES – 29 Finistère – 308 F3 – 849 h. – alt. 17 m – ✉ 29890

9 **A1**

Paris 585 – Brest 41 – Landerneau 27 – Morlaix 49 – Quimper 89

Office de tourisme, 7 avenue du Général-de-Gaulle ✆ 02 98 83 41 08

Castel Régis ch, ch, VISA

Prom. du Garo – ✆ 02 98 83 40 22 – castel-regis@wanadoo.fr – Fax 02 98 83 44 71 – Ouvert 28 avril-30 sept.

22 ch – 75/112 € 75/112 €, 10 € – ½ P 80/98 € – **Rest** – *(ouvert 15 juin-15 sept. et fermé lundi) (dîner seult) (résidents seult)*

◆ L'emplacement enchanteur dans un grand jardin bordant l'anse de Pontusva est l'atout majeur de cet hôtel composé de plusieurs pavillons. Chambres au sobre décor marin.

LA BRIGUE – 06 Alpes-Maritimes – 341 G3 – rattaché à Tende

BRINON-SUR-SAULDRE – 18 Cher – 323 J1 – 1 089 h. – alt. 147 m – ✉ 18410

12 **C2**

Paris 190 – Bourges 66 – Cosne-sur-Loire 59 – Gien 37 – Orléans 53 – Salbris 25

La Solognote rest, 1/25, VISA

34 Grande Rue – ✆ 02 48 58 50 29 – lasolognote@wanadoo.fr – Fax 02 48 58 56 00 – Fermé 6-23 mars, mardi, merc. sauf le soir du 1er avril au 11 nov. et jeudi midi

13 ch – 58 € 58/92 €, 10 € – ½ P 78/85 € – **Rest** – Menu (22 €), 26/68 € – Carte 40/70 €

◆ Hôtel familial composé de maisonnettes où se répartissent des chambres rustiques ou actuelles, aménagées avec goût et donnant sur la jolie cour-terrasse. Restaurant élégant et "cosy" (meubles anciens et bibelots, bar refait) pour un repas au pays de Raboliot.

BRIOLLAY – 49 Maine-et-Loire – 317 F3 – 2 282 h. – alt. 20 m – ✉ 49125

35 **C2**

Paris 288 – Angers 15 – Château-Gontier 44 – La Flèche 45

Syndicat d'initiative, place O'Kelly ✆ 02 41 42 50 28, Fax 02 41 37 92 89

Plafond★★★ de la salle des Gardes du château de Plessis-Bourré NO : 10 km

Châteaux de la Loire.

par rte de Soucelles 3 km (D 109) – ✉ 49125 Briollay

Château de Noirieux ch, rest, 60,

26 rte du Moulin – ✆ 02 41 42 50 05 – noirieux@relaischateaux.com – Fax 02 41 37 91 00 – Fermé de mi-fév. à mi-mars et nov., dim. et lundi de nov. à avril

19 ch – †175/360 € ††175/360 €, ☕ 20 € – ½ P 155/236 €

Rest – *(fermé dim. soir de nov. à avril, mardi sauf le soir de nov. à avril et lundi)* Menu 45 € (déj. en sem.), 57/105 € – Carte 95/129 €

Rest *Côté Véranda* – *(fermé mardi de nov. à avril, sam., dim. et lundi) (déj. seult)* Menu 30/50 €

Spéc. Lasagne d'araignée de mer à la truffe. Homard bleu en soupière aux petits légumes (avril à oct.). Tournedos de ris de veau poêlé aux dés de homard. **Vins** Anjou, Anjou-Villages.

◆ Cette superbe propriété réunit un château du 17ᵉ s., un manoir du 15ᵉ s. et une chapelle dans un parc dominant le Loir. Chambres raffinées. Élégante salle à manger et terrasse ombragée ; belle cuisine au goût du jour. Le Côté Véranda n'ouvre qu'au déjeuner.

BRION – 01 Ain – 328 G3 – rattaché à Nantua

BRIONNE – 27 Eure – 304 E6 – 4 449 h. – alt. 56 m – ✉ 27800

Normandie Vallée de la Seine

33 **C2**

Paris 156 – Bernay 16 – Évreux 40 – Lisieux 40 – Pont-Audemer 27 – Rouen 44

Office de tourisme, 1 rue du Général-de-Gaulle ✆ 02 32 45 70 51

du Champ de Bataille à Le Neubourg Château du Champ de Bataille, O : 18 km par D 137 et D 39, ✆ 02 32 35 03 72.

Abbaye du Bec-Hellouin★★ N : 6 km - Harcourt : château★ et arboretum★ SE : 7 km.

Le Logis avec ch

pl. St Denis – ✆ 02 32 44 81 73 – lelogisdebrionne@free.fr – Fax 02 32 45 10 92 – Fermé vend. soir de nov. à fév., sam. midi, dim. soir et lundi soir

12 ch – †73 € ††83/87 €, ☕ 11 € – **Rest** – Menu 20 € (déj. en sem.), 27/58 € – Carte environ 59 €

◆ Salle à manger contemporaine agrémentée de nombreuses plantes vertes. On y déguste une cuisine au goût du jour et des spécialités du pays. Chambres garnies de meubles anciens.

Auberge du Vieux Donjon avec ch

19 r. Soie – ✆ 02 32 44 80 62 – information@auberge-vieux-donjon.com – Fax 02 32 45 83 23 – Fermé 16-27 mars, 16-24 août, 31 oct.-21 nov., dim. soir d'oct. à juin, jeudi soir et lundi

7 ch – †50 € ††55 €, ☕ 7,50 € – **Rest** – Menu 16 € (sem.)/45 € – Carte 28/55 €

◆ Belle maison normande du 18ᵉ s. à colombages près des ruines du donjon brionnais (11ᵉ s.). Intérieur campagnard avec assiettes et cuivres anciens. Patio-terrasse ombragé.

BRIOUDE – 43 Haute-Loire – 331 C2 – 6 820 h. – alt. 427 m – ✉ 43100

Auvergne

6 **C3**

Paris 479 – Clermont-Ferrand 69 – Le Puy-en-Velay 62 – St-Flour 52

Office de tourisme, place Lafayette ✆ 04 71 74 97 49, Fax 04 71 74 97 87

Basilique St-Julien★★ (chevet★★, chapiteaux★★).

Lavaudieu : fresques★ de l'église et cloître★★ de l'ancienne abbaye 9,5 km par ①.

BRIOUDE

Assas (R. d') 2
Blum (Av. Léon) 3
Briand (Bd Aristide) 4
Chambriard (Av. P.). 5
Chapitre (R. du) 6
Chèvrerie (R. de la) 7
Commerce (R. du) 8
La-Fayette (Pl.) 12
Gilbert (Pl. Eugène) 9
Grégoire-de-Tours (Pl.). 10
Lamothe (Av. de) 13
Liberté (Pl. de la) 14
Maigne (R. J.). 15
Mendès-France (Av. P.). 16
Michel-de-l'Hospital (R.). 17
Pascal (R.) 18
République (R. de la) 19
Résistance (Pl. de la) 20
St-Jean (Pl.) 21
Sébastopol (R.). 22
Séguret (R.) 23
Talairat (R.) 24
Vercingétorix (Bd). 25
Victor-Hugo (Av.). 26
4-Septembre (R. du) 27
14-Juillet (R. du) 28
21-Juin-1944 (R. du). 29

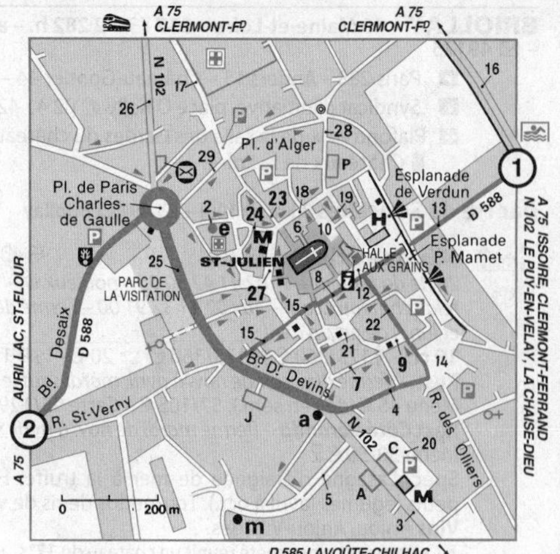

La Sapinière — rest, ch, 25, VISA

av. P. Chambriard – ☎ 04 71 50 87 30 – hotel.la.sapiniere@wanadoo.fr – Fax 04 71 50 87 39 – Fermé fév., vacances de la Toussaint et dim. soir sauf juil.-août m

11 ch – †79/96 € ††79/96 €, ☕ 9,50 € – ½ P 72 € – **Rest** – *(ouvert de Pâques au 31 déc. et fermé vacances de la Toussaint, dim. soir, lundi et le midi sauf dim.)* Menu (19 €), 24/41 € – Carte 28/44 €

◆ Au cœur de la cité mais au calme d'un joli jardin, plaisante maison récente abritant d'amples chambres décorées dans un esprit champêtre. Belle piscine couverte ; jacuzzi. Charpente apparente, bois blond et agréable luminosité au restaurant.

Artemis — ch, ch, 10/30, VISA

Parc des Conchettes, Rocade N 102 : 2 km au Nord-Ouest – ☎ 04 71 50 45 04 – info@artemis-hotel.com – Fax 04 71 50 45 05

40 ch – †58/72 € ††58/72 €, ☕ 9 € – ½ P 55/57 € – **Rest** – Menu (13 €), 17/39 € – Carte 25/55 €

◆ Au bord de la nationale contournant Brioude, cet hôtel propose chambres, jardin, piscine et salle de séminaires. Agencements contemporains et pratiques ; bonne insonorisation. Cuisine traditionnelle dans une salle à manger actuelle aux tons crème.

Poste et Champanne — rest, VISA

1 bd Dr Devins – ☎ 04 71 50 14 62 – hpbrioude@wanadoo.fr – Fax 04 71 50 10 55 – Fermé 2-10 nov., 28 janv.-3 mars, dim. soir et lundi midi a

20 ch – †31/46 € ††46/53 €, ☕ 6,50 € – ½ P 46 € – **Rest** – Menu 15 € (sem.)/40 €

◆ Établissement familial du centre-ville. Chambres rénovées, fonctionnelles dans l'aile principale, plus calmes et confortables à l'annexe. Le restaurant rustique et "rétro" respire l'authenticité, tout comme la cuisine "cent pour cent" auvergnate, copieuse et savoureuse.

BRIOUZE – 61 Orne – 310 G2 – 1 620 h. – alt. 210 m – ✉ 61220 32 B3

Paris 218 – Alençon 58 – Argentan 26 – La Ferté-Macé 13 – Flers 17

Sophie avec ch — ch, VISA

5 pl. Albert 1er – ☎ 02 33 62 82 82 – Fax 02 33 62 82 83 – Fermé 15 août-4 sept., 20 déc.-4 janv., dim. soir, vend. soir et sam.

9 ch – †40 € ††40 €, ☕ 6 € – ½ P 50 € – **Rest** – Menu 12 € (sem.)/25 € – Carte 18/24 €

◆ Sur la place du village, très animée les jours de marché aux bestiaux, petite adresse familiale disposant de deux salles à manger sobrement rustiques. Chambres pratiques.

BRISSAC – 34 Hérault – **339** H5 – **442 h.** – **alt. 145 m** – ✉ **34190** 23 **C2**

▶ Paris 732 – Alès 55 – Montpellier 41 – Le Vigan 25

Jardin aux Sources avec ch ch, VISA MC AE

30 av. du Parc – ✆ 04 67 73 31 16 – isaje@club-internet.fr – Fax 04 67 73 31 16 – Fermé 29 oct.-16 nov., 7-27 janv., merc. midi et dim. soir hors saison et lundi

3 ch – 100/135 € 100/135 € – **Rest** – *(nombre de couverts limité, prévenir)* Menu (19 €), 26 € (déj. en sem.), 29/64 € – Carte 49/55 €

◆ Maison en pierre au cœur d'un pittoresque village de la vallée de l'Hérault. Restaurant voûté garni de meubles contemporains et paisible terrasse. Cuisine au goût du jour. Chambres pour prolonger l'étape.

BRISSAC-QUINCÉ – 49 Maine-et-Loire – **317** G4 – **2 296 h.** – **alt. 65 m** – ✉ **49320**
Châteaux de la Loire 35 **C2**

▶ Paris 307 – Angers 18 – Cholet 62 – Saumur 39

Office de tourisme, 8 place de la République ✆ 02 41 91 21 50, Fax 02 41 91 28 12

Château★★.

Le Castel sans rest VISA MC

1 r. L. Moron (face château) – ✆ 02 41 91 24 74 – le.castel.brissac@wanadoo.fr – Fax 02 41 91 71 55

11 ch – 45 € 55 €, 8 €

◆ Hôtel familial rénové offrant des chambres confortables et pimpantes ; la plus luxueuse dispose d'un lit à baldaquin. Salle des petits-déjeuners orientée vers le château.

BRIVE-LA-GAILLARDE – 19 Corrèze – **329** K5 – **49 141 h.** – **alt. 142 m** – ✉ **19100** Périgord 24 **B3**

▶ Paris 480 – Albi 218 – Clermont-Ferrand 170 – Limoges 92 – Toulouse 201

✆ 3635 (0,34 €/mn)

Office de tourisme, place du 14 Juillet ✆ 05 55 24 08 80, Fax 05 55 24 58 24

de Brive Vallée de Planchetorte, SO : 5 km, ✆ 05 55 87 57 57.

Musée de Labenche★.

BRIVE-LA-GAILLARDE

Blum (Av. L.) .... AX 4
Clemenceau (Bd) ...... AX 6
Dalton (R. Gén.) .... AX 7
Dellessert (R. B.) ...... AX 9
Dr-Marbeau (Bd) .... AX 10
Dormoy (Bd M.) .... AX 13
Dubois (Bd Cardinal).... AX 15
Foch (Av. du Mar.) ..... AX 17
Germain (Bd Colonel)... AX 20
Grivel (Bd Amiral) ...... AX 22
Hériot (Av. E.) .... AX 24
Leclerc (Av. Mar.) ...... AX 31
Michelet (Bd) .... AX 33
Paris (Av. de) .... AX 34
Pasteur (Av.) .... AX 35
Pompidou (Av. G.) ..... AX 37

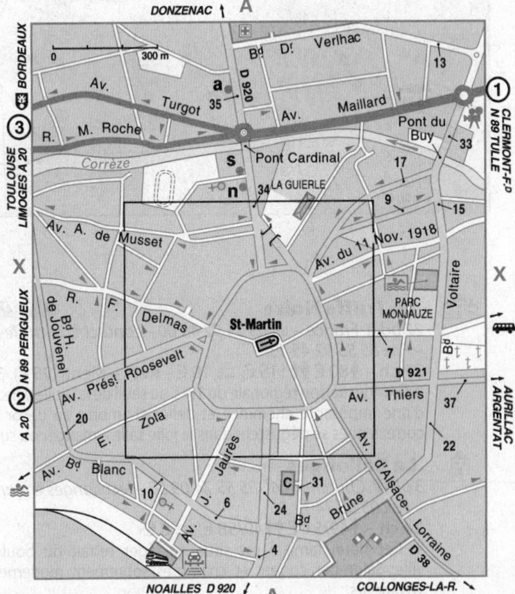

BRIVE-LA-GAILLARDE

Alsace-Lorraine (Av. d') . . . . **CZ** 2
Anatole-France (Bd) . . . . . . **CY** 3
Dalton (R. Gén.) . . . . **CY** 7
Dauzier (Pl. J.-M.) . . . . **CY** 8
Dellessert (R. B.) . . . . **CY** 9
Dr-Massénat (R.) . . . . **CY** 12
Échevins (R. des) . . . . **CZ** 14
Faro (R. du Lt-Colonel) . . . . . **CZ** 16
Gambetta (R.) . . . . **CZ**
Gaulle (Pl. Ch. de) . . . . **CZ** 18
Halle (Pl. de la) . . . . **CY** 23
Herriot (Av. E.) . . . . **CZ** 24
Hôtel-de-Ville (Pl. de l') . . . . . **CY** 26
Hôtel-de-Ville (R. de l') . . . . . . **BZ** 27
Latreille (Pl.) . . . . **CZ** 30
Lattre-de-Tassigny (Pl. de) . . . . **CZ** 29
Leclerc (Av. Mar.) . . . . **CZ** 31
Lyautey (Bd Mar.) . . . . **BZ** 32
Majour (R.) . . . . **BYZ** 36
Paris (Av. de) . . . . **BY**
Puyblanc (Bd de) . . . . **CZ** 19
Raynal (R. B.) . . . . **CZ** 40
République (Pl. de la) . . . . . . **BZ** 42
République (R. de la) . . . . **BZ** 43
Salan (R. du) . . . . **CZ** 45
Ségéral-Verninac (R.) . . . . **BY** 46
Teyssier (R.) . . . . **CY** 47
Toulzac (R.) . . . . **CY** 48
14 Juillet (Av. du) . . . . **CY** 21

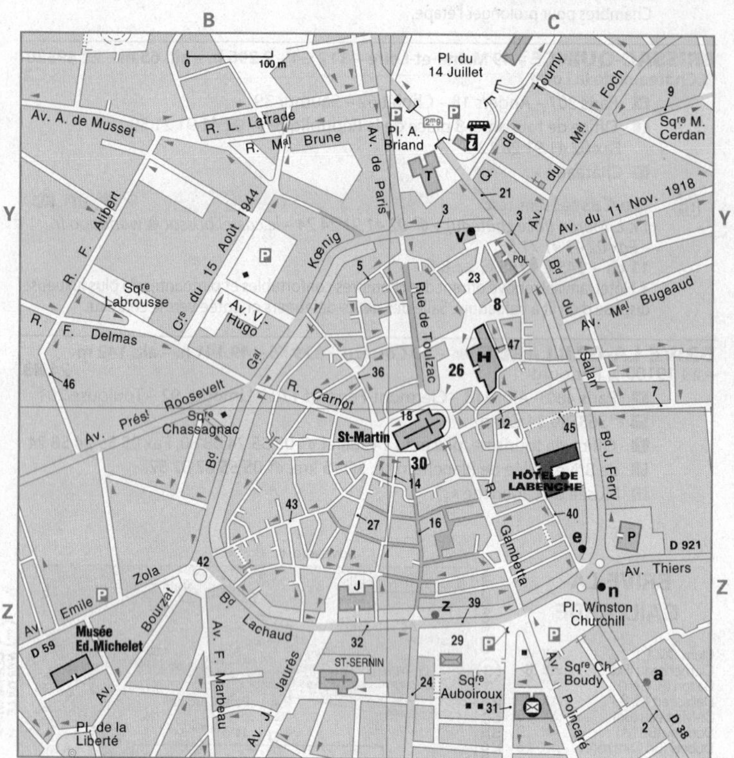

La Truffe Noire
🛊 ⫴ AC 🎓 20/40, P VISA MC AE D

22 bd A. France – ✆ 05 55 92 45 00 – contact@la-truffe-noire.com – Fax 05 55 92 45 13

CY **v**

27 ch – †80 € ††115 €, ☕ 10 € – **Rest** – Menu (25 €), 35/70 € – Carte 50/66 € ♀

♦ Grande maison régionale du 19e s. au seuil de la vieille ville. Accueillant salon agrémenté d'une imposante cheminée et belles chambres au décor actuel. Truffes et spécialités corréziennes se dégustent dans la jolie salle à manger ou sur la terrasse ombragée.

Le Collonges sans rest
⫴ ✆ VISA MC AE D

3 pl. W. Churchill – ✆ 05 55 74 09 58 – lecollonges@wanadoo.fr – Fax 05 55 74 11 25

CZ **n**

24 ch – †49/51 € ††49/58 €, ☕ 8 €

♦ Cet hôtel familial est situé en léger retrait du boulevard ceinturant le centre-ville. Salon-bar coquet et chambres sobrement modernes assurent le bien-être des voyageurs.

Le Coq d' Or sans rest
16 bd Jules Ferry – ✆ 05 55 17 12 92 – marc.belacel@wanadoo.fr – Fax 05 55 88 39 90 – Fermé 26 déc.-2 janv. CZ **e**
8 ch – †48 € ††53 €, ☕ 7 €
◆ Hôtel rénové établi sur le boulevard périphérique, à deux pas du centre. Petites chambres dotées de meubles anciens, bar-tabac et terrasse-trottoir à l'ombre d'un platane.

Les Arums
15 av. Alsace-Lorraine – ✆ 05 55 24 26 55 – Fax 05 55 17 13 22 – Fermé 27 août-2 sept., sam. midi, dim. soir et lundi sauf fériés CZ **a**
Rest – Menu 27 € (déj. en sem.), 37/80 € – Carte 45/68 €
◆ Restaurant au décor contemporain très épuré, rehaussé de toiles modernes colorées. Vous y dégusterez, ainsi que sur la verdoyante terrasse, une cuisine assez créative.

La Potinière
6 bd Puyblanc – ✆ 05 55 24 06 22 – restaurantlapotiniere@wanadoo.fr – Fax 05 55 24 06 22 – Fermé 4-10 mars, 15-21 fév. et dim. soir sauf août CZ **z**
Rest – Menu (12,50 €), 19 € (déj. en sem.), 24/37 € – Carte 40/48 €
◆ Maison centenaire et sa terrasse ombragée bordant le boulevard de ceinture. Tons chauds et tables dressées autour d'un joli comptoir de bar. Carte classique et rôtisserie.

La Toupine
4/14,
27 av. Pasteur – ✆ 05 55 23 71 58 – Fax 05 55 23 71 58 – Fermé 1er-20 août, vacances de fév., dim. et lundi AX **a**
Rest – *(prévenir)* Menu (12 €), 24/28 € – Carte 30/39 €
◆ Pour manger en toute quiétude, ce restaurant au décor contemporain, mariant avec goût l'inox et le bois de rose, régale d'une savoureuse cuisine au goût du jour.

La Crémaillère avec ch
15,
53 av. Paris – ✆ 05 55 74 32 47 – hotel.restaurant-la.cremaillere@wanadoo.fr – Fax 05 55 74 00 15 – Fermé 1-8 juil., 24-30 déc., sam. midi et dim. AX **n**
8 ch – †44 € ††47 €, ☕ 7 € – ½ P 54 € – **Rest** – Menu (20 € bc), 27/50 € – Carte 54/68 €
◆ Sur une artère fréquentée, contraste d'un cadre rustique avec des œuvres contemporaines peintes ou sculptées par un artiste local. Un tilleul centenaire ombrage la terrasse.

Chez Francis
61 av. Paris – ✆ 05 55 74 41 72 – chezfrancis@wanadoo.fr – Fax 05 55 17 20 54 – Fermé 29 juil.-12 août, vacances de fév., dim. et lundi AX **s**
Rest – *(nombre de couverts limité, prévenir)* Menu 15/23 € – Carte 35/58 €
◆ Pubs "rétro" et dédicaces laissées par les clients décorent ce sympathique restaurant aux allures de bistrot parisien. Cuisine traditionnelle revisitée ; vins du Languedoc.

à Ussac **5 km au Nord-Ouest par D 920** AX **et D 57 – 3 260 h. – alt. 350 m – ✉ 19270**

Auberge St-Jean
à Ussac – ✆ 05 55 88 30 20 – Fax 05 55 87 28 50
26 ch – †36/38 € ††42/48 €, ☕ 6,50 € – ½ P 42/50 € – **Rest** – *(fermé vend. soir, sam. midi et dim. soir de Toussaint à Pâques)* Menu 12 € (sem.)/29 €
◆ Accueillante auberge villageoise sur fond de collines et de vallons périgourdins. Chambres fonctionnelles. Pierres, poutres, cheminée et cuivres rutilants font le cachet champêtre du restaurant ; la terrasse offre une vue sur la campagne.

rte d'Aurillac **Est par D 921** CZ **– ✉ 19360 Malemort**

Auberge des Vieux Chênes
30,
31 av. Honoré de Balzac, à 2,5km – ✆ 05 55 24 13 55 – aubergedesvieuxchenes@wanadoo.fr – Fax 05 55 24 56 82 – Fermé dim. et fériés
16 ch – †42/50 € ††45/60 €, ☕ 6,50 € – ½ P 45/60 € – **Rest** – Menu (23 €), 35 € – Carte 38/61 €
◆ Aux portes de Brive, grande bâtisse abritant café, commerce de tabacs et de journaux et hôtel. Chambres pratiques dont quatre nouvelles, plus spacieuses et modernes. Restaurant au sobre cadre actuel ; cuisine traditionnelle à l'accent du pays.

Auberge du Château
Le Peyroux, à 5 km – ✆ 05 55 92 07 59 – Fax 05 59 87 05 73 – Fermé 20 août-10 sept., 14-28 janv., sam. midi, dim. soir et lundi
Rest – *(nombre de couverts limité, prévenir)* Menu 22/43 € – Carte 39/65 €
◆ Coquette maisonnette fleurie jouxtant une demeure bourgeoise (discothèque). Chaleureuse salle rustique avec vue sur les cuisines, agréable terrasse et plats au goût du jour.

rte de Périgueux **3 km par ② – ✉ 19100 Brive-la-Gaillarde**

Le Teinchurier ch, rest, 30,
7 av. du Teinchurier – ✆ 05 55 86 45 00 – leteinchurier@wanadoo.fr – Fax 05 55 86 45 45
40 ch – 54 € 57 €, 9,50 € – ½ P 49 € – **Rest** – *(fermé 25 déc.-2 janv., sam. et dim.)* Menu 12 € (déj.), 18/25 € – Carte 18/49 €
◆ Dans une zone industrielle à vocation commerciale, hôtel composé de plusieurs bâtiments abritant des chambres fonctionnelles, simples et de bonne ampleur. Salle à manger traditionnelle égayée de nombreux tableaux ou espace bistrot plus animé.

à Varetz **10 km par ③, D 901 et D 152 – 1 918 h. – alt. 109 m – ✉ 19240**

Château de Castel Novel ch, 40/100,
à Varetz – ✆ 05 55 85 00 01 – novel@relaischateaux.com – Fax 05 55 85 09 03 – Fermé dim. soir et lundi soir sauf juil.-août
35 ch – 90/295 € 110/310 €, 15 € – 2 suites – ½ P 109/224 € –
Rest – *(fermé dim. soir de sept. à juin, lundi sauf le soir en juil.-août et sam. midi)* Menu 31 € (déj. en sem.), 39/68 € – Carte 65/86 €
◆ Colette aimait le calme presque olympien de ce château du 13e s. en grès rouge et de son vaste parc. Chambres de caractère où vous jouerez les châtelains d'une nuit. L'une des salles à manger occupe l'ancienne bibliothèque de l'auteur du Blé en Herbe.

BRIVEZAC – **19 Corrèze** – **329** M5 – **rattaché à Beaulieu-sur-Dordogne**

BRON – **69 Rhône** – **327** I5 – **rattaché à Lyon**

BROU – **28 Eure-et-Loir** – **311** C6 – **3 713 h.** – **alt. 150 m** – **✉ 28160** 11 **B1**

Paris 142 – Chartres 38 – Châteaudun 22 – Le Mans 86 – Nogent-le-Rotrou 33

Office de tourisme, rue de la Chevalerie ✆ 02 37 47 01 12

L'Ascalier
9 pl. Dauphin – ✆ 02 37 96 05 52 – Fax 02 37 47 02 41 – Fermé dim. soir, lundi soir et mardi
Rest – *(prévenir)* Menu (13,50 €), 18/31 €
◆ Le bel "ascalier" du 16e s. dessert la salle à manger de l'étage. Intérieur rustique, terrasse fleurie et cuisine traditionnelle soignée : l'adresse est très courue.

BROUAINS – **50 Manche** – **303** G7 – **rattaché à Sourdeval**

BROUCKERQUE – **59 Nord** – **302** B2 – **1 165 h.** – **alt. 2 m** – **✉ 59630** 30 **B1**

Paris 283 – Calais 37 – Cassel 26 – Dunkerque 14 – Lille 74 – St-Omer 28

Middel Houck 15/20,
pl. du village – ✆ 03 28 27 13 46 – middelhouck@wanadoo.fr – Fax 03 28 27 15 10 – Fermé 23 juil.-5 août et le soir de dim. à merc.
Rest – Menu 17 € (déj. en sem.), 25/55 € bc – Carte 34/50 €
◆ Murs en briques, superbes poutres apparentes et fleurs fraîches : une atmosphère sympathique se dégage de cet ex-relais de poste. Carte traditionnelle aux accents de la région.

BROUILLAMNON – **18 Cher** – **323** I4 – **rattaché à Charost**

BROUSSE-LE-CHÂTEAU – 12 Aveyron – 338 H7 – 163 h. – alt. 239 m – ✉ 12480 Languedoc Roussillon 29 D2

Paris 696 – Albi 54 – Cassagnes-Bégonhès 35 – Lacaune 50 – Rodez 61 – St-Affrique 29

Village perché★.

Le Relays du Chasteau rest, VISA AE

– ✆ 05 65 99 40 15 – lerelaysduchasteau@wanadoo.fr – Fax 05 65 99 21 25 – Fermé 20 déc.-20 fév., vend. soir et sam. d'oct. à mai

12 ch – 36/46 € 36/46 €, 6,50 € – ½ P 40/43 € – **Rest** – Menu 16/32 € – Carte 16/32 €

◆ Jolie maison aveyronnaise disposant d'un salon TV et de chambres sobres et fonctionnelles, toutes tournées vers le château médiéval. Une cheminée réchauffe le restaurant d'esprit campagnard (cuivres, bois brut) où l'on apprécie des plats fleurant bon le terroir.

LES BROUZILS – 85 Vendée – 316 I6 – 2 031 h. – alt. 64 m – ✉ 85260 34 B3

Paris 427 – Nantes 46 – La Roche-sur-Yon 37 – Cholet 77 – Saint-Herblain 53

Manoir de la Thébline sans rest

rte de l'Herbergement – ✆ 02 51 42 99 98 – contact@manoirthebline.com

3 ch – 90 € 90 €

◆ De beaux meubles anciens donnent un cachet aux douillettes chambres de cette jolie demeure du 19e s. Plaisant parc fleuri, salon-billard, bibliothèque. Tenue exemplaire.

BRUÈRE-ALLICHAMPS – 18 Cher – 323 K6 – rattaché à St-Amand-Montrond

BRUMATH – 67 Bas-Rhin – 315 K4 – 8 930 h. – alt. 145 m – ✉ 67170 1 B1

Paris 472 – Haguenau 14 – Molsheim 45 – Saverne 35 – Strasbourg 19

A L'Écrevisse avec ch rest, 30, VISA AE

4 av. Strasbourg – ✆ 03 88 51 11 08 – ecrevisse@wanadoo.fr – Fax 03 88 51 89 02 – Fermé 23 juil.-14 août

19 ch – 48 € 85 €, 10 € – 2 suites – ½ P 65 € – **Rest** – *(fermé lundi soir et mardi)* Menu 49/70 € – Carte environ 62 €

Rest *Krebs'Stuebel* – *(fermé lundi soir et mardi)* Menu 12,50 € (sem.)/31 € – Carte 27/39 €

◆ Maison alsacienne dirigée par la même famille depuis sept générations. Salle de restaurant cossue où l'on sert une cuisine classique. Chambres anciennes mais nettes. Au Krebs'Stuebel, atmosphère et décor de type winstub ; cuisine ad hoc et tapas.

LE BRUSC – 83 Var – 340 J7 – rattaché à Six-Fours-les-Plages

BRY-SUR-MARNE – 94 Val-de-Marne – 312 E2 – 101 18 – voir à Paris, Environs

BUELLAS – 01 Ain – 328 D3 – 1 288 h. – alt. 225 m – ✉ 01310 43 E1

Paris 424 – Annecy 120 – Bourg-en-Bresse 9 – Lyon 69 – Mâcon 32

L'Auberge Bressane VISA AE

– ✆ 04 74 24 20 20 – Fax 04 74 24 20 20 – Fermé 18 fév.-5 mars, dim. soir en hiver, mardi et merc.

Rest – Menu 11,50 € (déj. en sem.), 20/40 € – Carte 30/37 €

◆ Accueillante maison familiale d'un village de la Bresse savoyarde. Intérieur d'esprit méridional, aux tons jaune et bleu. Cuisine du terroir et quelques plats provençaux.

Une bonne table sans se ruiner ?
Repérez les Bibs Gourmands.

LE BUGUE – 24 Dordogne – 329 G6 – 2 778 h. – alt. 62 m – ✉ 24260

Périgord

4 **C3**

Paris 522 – Bergerac 47 – Brive-la-Gaillarde 72 – Périgueux 42 – Sarlat-la-Canéda 32

Office de tourisme, rue du Jardin Public ✆ 05 53 07 20 48, Fax 05 53 54 92 30

de La Marterie à Saint-Félix-de-Reillac-et-Mortemart Domaine de la Marterie, N : 13 km par D 710, ✆ 05 53 05 61 00.

Gouffre de Proumeyssac★★ S : 3 km.

Domaine de la Barde ch, ch, 20,

rte Périgueux – ✆ 05 53 07 16 54 – hotel@domainedelabarde.com – Fax 05 53 54 76 19 – Fermé 3 janv.-15 mars

18 ch – †90/230 € ††90/230 €, ☕ 15 € – ½ P 139/279 € – **Rest** – *(fermé le midi du mardi au jeudi et lundi)* Menu 26 € (sem.)/39 € – Carte 47/51 €

♦ Belle propriété périgourdine (18e s.) s'ouvrant sur un jardin à la française et ses annexes : un moulin restauré et une ancienne forge. Spacieuses chambres de caractère.

rte de Sarlat 3 km à l'Est par D 703 et rte secondaire ✉ 24260

Maison Oléa sans rest < vallée de la Vézère,

La Combe de Leygue – ✆ 05 53 08 48 93 – info@olea-dordogne.com – Fax 05 53 08 48 93 – Fermé 22 déc.-6 janv. et 23 fév.-7 mars

5 ch ☕ – †55/80 € ††60/85 €

♦ Les chambres de cette maison d'hôte possèdent des balcons avec vue sur la vallée de la Vézère. Au rez-de-chaussée, salon feutré. À l'extérieur : piscine d'été et jardin potager.

à Campagne 4 km au Sud-Est par D 703 – 310 h. – alt. 60 m – ✉ 24260

Du Château ch,

– ✆ 05 53 07 23 50 – hotduchateau@aol.com – Fax 05 53 03 93 69 – Ouvert 1er avril-15 oct.

12 ch – †50/60 € ††50/60 €, ☕ 8 € – ½ P 55/60 € – **Rest** – Menu 20/50 € – Carte 29/78 €

♦ Au cœur du Périgord Noir, maison de caractère dont les murs très épais maintiennent la fraîcheur en été. Ambiance champêtre dans les chambres, simplement meublées. Décor rustique dans la salle à manger et la véranda d'où l'on aperçoit le château de Campagne.

BUIS-LES-BARONNIES – 26 Drôme – 332 E8 – 2 226 h. – alt. 365 m – ✉ 26170

Alpes du Sud

44 **B3**

Paris 685 – Carpentras 39 – Nyons 29 – Orange 50 – Sault 38 – Sisteron 72 – Valence 130

Office de tourisme, boulevard Eysserie ✆ 04 75 28 04 59, Fax 04 75 28 13 63

Vieille ville★.

Les Arcades-Le Lion d'Or sans rest

pl. Marché – ✆ 04 75 28 11 31 – info@hotelarcades.fr – Fax 04 75 28 12 07 – Ouvert 1er mars-30 nov.

15 ch – †39/64 € ††46/67 €, ☕ 7 € – 1 suite

♦ L'entrée de l'hôtel se fait sous les belles arcades (15e s.) de la place centrale. Chambres rénovées, joliment personnalisées. Le charmant jardin intérieur vaut le coup d'œil.

LE BUISSON-CORBLIN – 61 Orne – 310 F2 – rattaché à Flers

LE BUISSON-DE-CADOUIN – 24 Dordogne – 329 G6 – 2 075 h. – alt. 63 m – ✉ 24480 4 C3

Paris 532 – Bergerac 38 – Brive-la-Gaillarde 81 – Périgueux 52 – Sarlat-la-Canéda 36

Syndicat d'initiative, place du Général-de-Gaulle ✆ 05 53 22 06 09

Le Manoir de Bellerive ch, ch, ch, rest, 20, VISA

rte Siorac : 1,5 km – ✆ 05 53 22 16 16 – manoir.bellerive@wanadoo.fr – Fax 05 53 22 09 05 – Ouvert 15 mars-15 nov.

19 ch – 110/155 € 190/240 €, 18 € – 2 suites

Rest ***Les Délices d'Hortense*** – *(fermé lundi et le midi du mardi au jeudi)* Menu 45/90 € – Carte 72/92 €

Spéc. Timbale de langoustines aux macaroni. Charlotte de foie gras d'oie mi-cuit et artichauts. Canette rôtie en deux façons. **Vins** Bergerac, Pécharmant.

◆ Cette noble demeure Napoléon III aurait abrité une favorite de l'empereur. Les chambres ont beaucoup de cachet et donnent sur le vaste parc à l'anglaise ou sur la Dordogne. Élégantes salles à manger et cuisine du terroir personnalisée aux Délices d'Hortense.

BULGNEVILLE – 88 Vosges – 314 D3 – 1 286 h. – alt. 350 m – ✉ 88140

Alsace Lorraine 26 B3

Paris 342 – Belfort 133 – Épinal 55 – Langres 71 – Vesoul 92

Syndicat d'initiative, rue Gustave Deleris ✆ 03 29 09 14 67

Benoit Breton sans rest

74 r. des Récollets – ✆ 03 29 09 21 72 – benoitbreton.chambresdhotes@wanadoo.fr – Fax 03 29 09 21 72 – Fermé janv.

4 ch – 63 € 68 €

◆ Le propriétaire de cette belle maison, un antiquaire, accueille ses hôtes dans sa boutique et leur propose des chambres meublées avec goût. Jardin où s'ébattent des poules, en compagnie de la chèvre... de M. Breton !

La Marmite Beaujolaise VISA

34 r. Hôtel de Ville – ✆ 03 29 09 16 58 – Fax 03 29 07 83 99 – Fermé dim. soir et lundi

Rest – Menu 15 € (sem.)/42 € – Carte 28/54 €

◆ Auberge du 17e s. au cœur du village. Goûteuse cuisine traditionnelle et vins de propriétaires à déguster dans un cadre rustique ou sur une terrasse fleurie.

BURLATS – 81 Tarn – 338 F9 – rattaché à Castres

BURNHAUPT-LE-HAUT – 68 Haut-Rhin – 315 G10 – 1 505 h. – alt. 300 m – ✉ 68520 1 A3

Paris 454 – Altkirch 16 – Belfort 32 – Mulhouse 17 – Thann 12

De l'Aigle d'Or ch, rest, 25, VISA

au Pont d'Aspach, 1 km au Nord – ✆ 03 89 83 10 10 – info@aigleor.com – Fax 03 89 83 10 33

26 ch – 66 € 66/84 €, 10,50 € – ½ P 59/67 €

Rest ***Le Coquelicot*** – *✆ 03 89 83 10 00 (fermé 30 juil.-16 août, 27 déc.-7 janv., sam. midi et dim. soir)* Menu 11,50 € (déj. en sem.), 24/55 € – Carte 29/44 €

◆ Le village est aux portes de la pittoresque région du Sundgau. Hôtel proche d'axes routiers fréquentés, disposant de chambres confortables et fonctionnelles. Tons pastel et tissus fleuris créent l'ambiance printanière de la salle à manger du Coquelicot.

BUSNES – 62 Pas-de-Calais – 301 I4 – rattaché à Béthune

BUSSEAU-SUR-CREUSE – 23 Creuse – 325 J4 – ✉ 23150 Ahun 25 C1

Paris 368 – Aubusson 27 – Guéret 17

Moutier d'Ahun : boiseries★★ de l'église SE : 5,5 km - Ahun : boiseries★ de l'église SE : 6 km, Berry Limousin.

Le Viaduc avec ch

– ✆ 05 55 62 57 20 – ch-cl-lemestre@wanadoo.fr – Fax 05 55 62 55 80 – *Fermé 1er-21 janv., dim. soir et lundi*

7 ch – 40 € 55 €, 6 € – ½ P 54 € – **Rest** – Menu 15 € (déj. en sem.), 23/44 € – Carte environ 43 €

◆ Cette auberge tire profit de sa situation dominante : la salle à manger rustique et la terrasse offrent une belle vue sur un viaduc de 1863 qui enjambe la Creuse. Chambres bien tenues.

LA BUSSIÈRE – 45 Loiret – 318 N5 – 749 h. – alt. 160 m – ✉ 45230

Bourgogne 12 D2

Paris 142 – Auxerre 74 – Cosne-sur-Loire 46 – Gien 14 – Montargis 29 – Orléans 79

Château des pêcheurs★.

Le Nuage ch, rest, 25,

r. Briare – ✆ 02 38 35 90 73 – contact@lenuage.com – Fax 02 38 35 90 62 – *Fermé 23 déc.-2 janv.*

15 ch – 46/48 € 50/52 €, 8,50 € – 1 suite – ½ P 43/45 € – **Rest** – Menu (12 € bc), 15 € (sem.), 24/32 € – Carte 19/27 €

◆ Établissement récent de type motel situé aux portes du village. Chambres pratiques et joliment aménagées. Détente assurée par la salle de fitness. Plats classiques et grillades servis dans une salle à manger toute rose surmontée d'un salon en mezzanine.

LA BUSSIÈRE-SUR-OUCHE – 21 Côte-d'Or – 320 I6 – 190 h. – alt. 320 m – ✉ 21360 Bourgogne 8 C2

Paris 297 – Dijon 34 – Chalon-sur-Saône 63 – Beaune 34 – Autun 59

Abbaye de la Bussière

– ✆ 03 80 49 02 29 – info@abbayedelabussiere.fr – Fax 03 80 49 05 23 – *Fermé 3 janv.-8 fév.*

10 ch – 160/350 € 160/350 €, 25 €

Rest – *(fermé lundi, mardi et le midi sauf dim.)* Menu 55 € (déj.), 70/95 € – Carte 65/88 €

Rest *Le Bistrot* – *(fermé dim., lundi et mardi) (déj. seult)* Menu 27/31 €

Spéc. Escargots frais en cromesquis de pain et raifort. Carré d'agneau, jus à la menthe. Soufflé chaud au pain d'épice.

◆ Cette ancienne abbaye cistercienne (12e s.) restaurée avec soin et agrémentée d'un superbe parc abrite de fastueuses chambres tout confort et des salons cossus. Fine cuisine actuelle servie dans une atmosphère aristocratique. Choix simplifié à midi au bistrot.

BUSSY-ST-GEORGES – 77 Seine-et-Marne – 312 F2 – 101 20 – voir à Paris, Environs (Marne-la-Vallée)

BUXY – 71 Saône-et-Loire – 320 I9 – 2 098 h. – alt. 263 m – ✉ 71390 8 C3

Paris 351 – Chagny 25 – Chalon-sur-Saône 17 – Montceau-les-Mines 33

Office de tourisme, place de la gare ✆ 03 85 92 00 16

Fontaine de Baranges sans rest 30,

r. Fontaine de Baranges – ✆ 03 85 94 10 70 – hotel.fontaine.de.baranges@wanadoo.fr – Fax 03 85 94 10 79 – *Fermé janv.*

18 ch – 67/107 € 67/107 €, 9 € – 3 suites

◆ Un maître vigneron occupait cette élégante demeure conservant son cachet du 19e s. Chambres spacieuses et personnalisées, dont un tiers offrent l'agrément d'une terrasse privative tournée vers le jardin romantique. Belle cave voûtée pour les petits-déjeuners.

Relais du Montagny sans rest 30, VISA AE
– ✆ 03 85 94 94 94 – *le.relais.du.montagny@wanadoo.fr* – *Fax 03 85 92 07 19*
– *Fermé 16-26 déc., 2-14 janv. et 11-25 fév. et dim. soir du 5 nov. au 2 avril*
30 ch – †50/58 € ††51/64 €, ☕ 10 €
◆ Cet établissement en attente d'une rénovation abrite des chambres fonctionnelles toutes identiques, un bar et un billard. Idée d'excursion à proximité : la Voie Verte, ex-chemin de fer converti en promenade.

Aux Années Vins VISA AE
2 Grande Rue – ✆ *03 85 92 15 76* – *aux.annees.vins@wanadoo.fr*
– *Fax 03 85 92 12 20* – *Fermé 17-27 sept., 15 janv.-15 fév., merc. sauf le soir d'avril à nov. et mardi*
Rest – Menu (15 €), 20/59 € – Carte 35/52 €
◆ Bien située au centre du village, grande salle de restaurant ornée d'une cheminée en pierre. Terrasse intérieure agrémentée de barriques. Cuisine traditionnelle soignée.

BUZANÇAIS – 36 Indre – 323 E5 – 4 581 h. – alt. 111 m – ✉ 36500 11 B3

Paris 286 – Le Blanc 47 – Châteauroux 25 – Chatellerault 78 – Tours 91

Syndicat d'initiative, 11 passage du Marché ✆ 02 54 84 22 00

L'Hermitage rest, ch, VISA
1 chemin de Vilaine – ✆ *02 54 84 03 90* – *logis-hermitage@wanadoo.fr*
– *Fax 02 54 02 13 19* – *Fermé 2-20 janv., dim. et lundi sauf juil.-août*
12 ch – †59/64 € ††64/71 €, ☕ 7,50 € – ½ P 62/80 € – **Rest** – *(fermé lundi sauf le soir en juil.-août et dim. soir) (prévenir le week-end)* Menu 16 € (déj. en sem.), 26/51 € – Carte 42/56 €
◆ Propriété accueillante agrémentée d'un jardin arboré où se glisse l'Indre ; les chambres profitent presque toutes de ce cadre apaisant et retrouvent peu à peu l'éclat du neuf. Repas au goût du jour dans une salle confortable ou sous la véranda aux abords verdoyants.

au Nord-Est 3 km par D 926 (rte de Levroux) ✉ 36500 Buzançais

Le Boisrenault sans rest cuisinette VISA
– ✆ *02 54 84 03 01* – *boisrenault@wanadoo.fr* – *Fax 02 54 84 10 57*
7 ch ☕ – †73/94 € ††79/150 €
◆ Château du 19e s. entouré d'un parc. Salons feutrés pourvus de meubles familiaux anciens, au même titre que les confortables chambres (deux avec cuisinette) décorées avec éclectisme.

CABANAC-SÉGUENVILLE – 31 Haute-Garonne – 343 E2 – 128 h. – alt. 200 m – ✉ 31480 28 B2

Paris 668 – Colomiers 39 – Montauban 46 – Toulouse 51

Château de Séguenville ch,
par D1 et D 89A – ✆ *05 62 13 42 67* – *info@chateau-de-seguenville.com*
– *Fax 05 62 13 42 68* – *Fermé 15 déc.-15 janv., sam. en juil.-août et dim.*
5 ch ☕ – †90/105 € ††95/115 € – ½ P 73 € – **Rest** – table d'hôte *(dîner seult) (résidents seult)* Menu 25 €
◆ Joli château gascon du 19e s. entouré d'arbres centenaires. Vastes chambres meublées avec goût ; l'une d'elles ouvre sur une immense terrasse dominant la campagne. Cuisine régionale.

CABASSON – 83 Var – 340 M7 – rattaché à Bormes-les-Mimosas

CABESTANY – 66 Pyrénées-Orientales – 344 I6 – rattaché à Perpignan

CABOURG – 14 Calvados – 303 L4 – 3 520 h. – alt. 3 m – Casino – ✉ 14390
Normandie Vallée de la Seine 32 B2

Paris 220 – Caen 24 – Deauville 23 – Lisieux 35 – Pont-l'Évêque 34

Office de tourisme, jardins du Casino ✆ 02 31 91 20 00

Public de Cabourg Avenue de l'Hippodrome, 1 km par av. de l'Hippodrome, ✆ 02 31 91 70 53 ; de Cabourg Le Home à Varaville 38 avenue du Pdt René Coty, par rte de Caen : 3 km, ✆ 02 31 91 25 56.

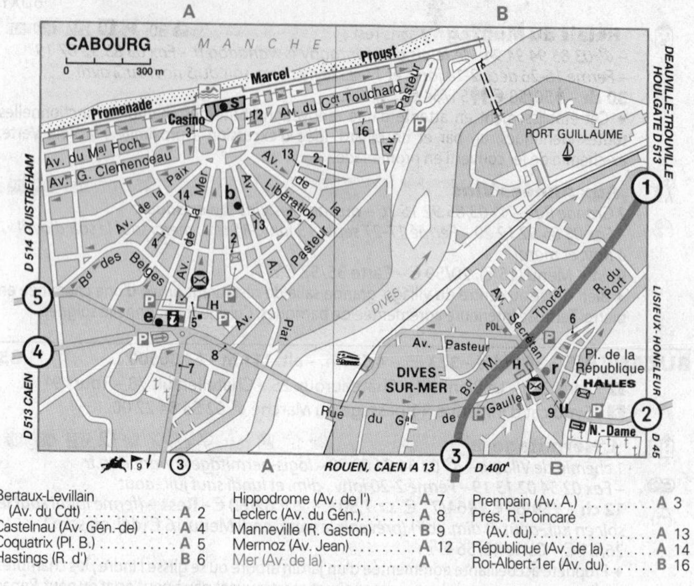

Bertaux-Levillain (Av. du Cdt) . . . . . A 2
Castelnau (Av. Gén.-de) . . . . . A 4
Coquatrix (Pl. B.) . . . . . A 5
Hastings (R. d') . . . . . B 6
Hippodrome (Av. de l') . . . . . A 7
Leclerc (Av. du Gén.) . . . . . A 8
Manneville (R. Gaston) . . . . . B 9
Mermoz (Av. Jean) . . . . . A 12
Mer (Av. de la) . . . . . A
Prempain (Av. A.) . . . . . A 3
Prés. R.-Poincaré (Av. du) . . . . . A 13
République (Av. de la) . . . . . A 14
Roi-Albert-1er (Av. du) . . . . . B 16

Grand Hôtel — Mer, 20/100, VISA
prom. M. Proust – ☎ 02 31 91 01 79 – h1282@accor.com – Fax 02 31 24 03 20 — A s
68 ch – 160/330 € 160/330 €, 19 € – 2 suites – **Rest** – *(fermé janv., lundi et mardi de sept. à avril)* Menu 43/53 € – Carte environ 54 €
◆ Palace du front de mer hanté par le souvenir de Marcel Proust : sa chambre attitrée est reconstituée à l'identique. Les autres restent personnalisées et confortables. Cuisine traditionnelle et ambiance raffinée dans l'élégante salle à manger ouvrant côté plage.

Mercure Hippodrome — ch, ch, 6/100, VISA
av. M. d'Ornano par av. Hippodrome A – ☎ 02 31 24 04 04 – h1223@accor.com – Fax 02 31 91 03 99
77 ch – 95/125 € 95/125 €, 11 € – ½ P 112 € – **Rest** – *(fermé 7-21 janv. et dim. hors saison)* Menu 14/17 € – Carte 21/40 €
◆ Deux bâtiments récents d'allure normande jouxtant l'hippodrome. Chambres aménagées dans un style contemporain et pratique. Chaleureuse et agréable salle à manger profitant d'une belle vue sur le champ de courses.

Du Golf — ch, 10/70, VISA
av. M. d'Ornano, par av. Hippodrome A – ☎ 02 31 24 12 34 – hoteldugolfcabourg@yahoo.fr – Fax 02 31 24 18 51 – Ouvert 2 mars-14 nov.
39 ch – 55/75 € 55/75 €, 8 € – ½ P 49/59 € – **Rest** – *(fermé le midi du 15 oct. au 14 nov.)* Menu 15 € (déj.), 22/32 € – Carte 19/39 €
◆ Cet établissement de type motel, situé en bordure du golf, abrite des chambres simples et fonctionnelles, de plain-pied avec le jardin ou la terrasse. La salle à manger, confortable et sobrement contemporaine, est tournée vers les greens.

Castel Fleuri sans rest — VISA
4 av. Alfred Piat – ☎ 02 31 91 27 57 – info@castel-fleuri.com – Fax 02 31 24 03 48 – Fermé 7-24 janv. — A b
22 ch – 73 € 83/155 €
◆ Charmante maison précédée d'un joli jardin où l'on sert le petit-déjeuner dès les premiers beaux jours. Chambres coquettes et fraîches ; salon à la fois simple et "cosy".

Le Cottage sans rest
24 av. Gén. Leclerc – ✆ 02 31 91 65 61 – r.dany@wanadoo.fr – Fax 02 31 28 78 82 – Fermé janv. A **e**
14 ch – 48/59 € 60/90 €, 8 €
◆ Atmosphère de maison d'hôte en ce cottage des années 1900 devancé par un jardinet. Les chambres, simples mais régulièrement rafraîchies, offrent toutes un décor différent.

à Dives-sur-Mer Sud du plan – **5 812 h. – alt. 3 m – ✉ 14160**

Office de tourisme, rue du Général-de-Gaulle ✆ 02 31 91 24 66, Fax 02 31 24 42 28

Halles★.

Guillaume le Conquérant
2 r. Hastings – ✆ 02 31 91 07 26 – Fax 02 31 91 07 26 – Fermé 24 juin-2 juil., 25 nov.-26 déc., merc. soir d'oct. à avril, dim. soir et lundi sauf juil.-août et fériés B **r**
Rest – Menu 18 € (sem.), 28/54 € – Carte 31/63 €
◆ Relais de poste du 16ᵉ s. au cœur d'un quartier typique réhabilité en village d'art. Bel intérieur rustique et jolie cour pavée aménagée en terrasse d'été. Carte traditionnelle.

Chez le Bougnat
27 r. G. Manneville – ✆ 02 31 91 06 13 – chezlebougnat@aol.com – Fermé 17 déc.-6 janv., 11-17 fév. et le soir du dim. au merc. hors vacances scolaires B **u**
Rest – Menu 16 € (sem.)/25 € – Carte 21/43 €
◆ Ancienne quincaillerie transformée en bistrot convivial. Murs tapissés de vieilles affiches et étonnant bric-à-brac d'objets chinés en guise de décor. Carte selon le marché.

au Hôme 2 km par ⑤ – ✉ **14390 Cabourg**

Syndicat d'initiative, Mairie ✆ 02 31 24 73 83, Fax 02 31 24 72 41

Manoir de la Marjolaine sans rest
5 av. du Prés. Coty – ✆ 02 31 91 70 25 – eric.faye@orange.fr – Fax 02 31 91 77 10
4 ch – 70/110 € 80/120 €
◆ Après être tombé sous le charme du petit parc arboré, vous découvrirez le manoir et ses spacieuses chambres personnalisées, décorées de tableaux originaux. Accueil sympathique.

Au Pied des Marais
26 av. Président Coty – ✆ 02 31 91 27 55 – Fax 02 31 91 86 13 – Fermé 19-27 juin, 11-26 déc., 29 janv.-12 fév., mardi et merc. sauf le soir en saison
Rest – Menu 20 € bc (déj. en sem.), 23/50 € – Carte 36/59 €
◆ Cuisine au goût du jour réalisée avec des produits régionaux et grillades préparées sous vos yeux dans la cheminée de la salle à manger. Atmosphère rustique, véranda.

CABRERETS – 46 Lot – 337 F4 – 203 h. – alt. 130 m – ✉ 46330

Périgord 29 **C1**

Paris 565 – Cahors 26 – Figeac 44 – Gourdon 42 – St-Céré 58 – Villefranche-de-Rouergue 44

Office de tourisme, le bourg ✆ 05 65 31 27 12

Château de Gontaut-Biron★ - ≤★ de la rive gauche du Célé.

Grotte du Pech Merle★★★ NO : 3 km.

Auberge de la Sagne
rte grotte de Pech Merle – ✆ 05 65 31 26 62 – contact@hotel-auberge-cabrerets.com – Fax 05 65 30 27 43 – Ouvert 15 mai-15 sept.
8 ch – 48/54 € 48/54 €, 7 € – ½ P 46/49 € – **Rest** – *(dîner seult) (nombre de couverts limité, prévenir)* Menu 16/23 € – Carte 23/33 €
◆ Maison d'inspiration régionale aux chambres simples, mais accueillantes dans leur style campagnard ; celles du dernier étage sont mansardées. Joli jardin ombragé. Le Lot se met à la table du restaurant, sobrement rustique et réchauffé par une cheminée.

CABRIÈRES – 30 Gard – 339 L5 – 1 117 h. – alt. 120 m – ✉ 30210 23 D2

Paris 695 – Avignon 33 – Alès 64 – Arles 40 – Nîmes 15 – Orange 45 – Pont-St-Esprit 52

L'Enclos des Lauriers Roses ch,
71 r. 14-Juillet – ✆ 04 66 75 25 42 – hotel-lauriersroses@wanadoo.fr – Fax 04 66 75 25 21 – Ouvert 16 mars-5 nov.
16 ch – 🛉80/110 € 🛉🛉80/110 €, ☕ 12 € – 2 suites – ½ P 61/95 € –
Rest – Menu 23/42 € – Carte 32/50 €
◆ Dans le village, bâtisses gardoises ouvertes sur un joli jardin planté de cinq variétés de lauriers roses. Coquettes chambres provençales ; la plupart possèdent une terrasse. Restaurant dont le joli décor évoque le Midi. Cuisine classique. Bon choix de vins.

CABRIÈRES-D'AIGUES – 84 Vaucluse – 332 F11 – 651 h. – alt. 425 m – ✉ 84240 40 B2

Paris 755 – Marseille 63 – Avignon 82 – Aix-en-Provence 35 – Salon-de-Provence 75

Le Mas des Câpriers sans rest
chemin Raouk – ✆ 04 90 77 69 68 – masdescapriers@wanadoo.fr – Fax 04 90 77 69 68
2 ch ☕ – 🛉95/140 € 🛉🛉95/140 €, 2 duplex
◆ Ravissant mas du 18e s. au milieu des vignes et de la nature. Les chambres rivalisent de charme et celle logée dans une roulotte (1897) est superbe... Un petit coin de paradis !

CABRIÈRES-D'AVIGNON – 84 Vaucluse – 332 D10 – 1 422 h. – alt. 167 m – ✉ 84220 Provence 42 E1

Paris 715 – Aix-en-Provence 74 – Avignon 34 – Marseille 88

La Bastide de Voulonne 10,
D 148 – ✆ 04 90 76 77 55 – contact@bastide-voulonne.com – Fax 04 90 76 77 56 – Ouvert de mi-fév. à mi-nov.
13 ch – 🛉90/145 € 🛉🛉90/145 €, ☕ 11 € – ½ P 78/105 € – **Rest** – *(dîner seult) (résidents seult)* Menu 30 €
◆ En pleine campagne, au milieu des vignes et des arbres fruitiers, une bastide de 1764 joliment restaurée. Chambres coquettes et soignées, accueil charmant et séjours à thèmes. Le soir, menu unique (orienté terroir) à la table d'hôte ou sur la terrasse ombragée.

Le Vieux Bistrot avec ch
grande rue – ✆ 04 90 76 82 08 – levieuxbistrot@wanadoo.fr – Fax 04 90 76 98 98 – Fermé dim. sauf le soir en saison et lundi
6 ch – 🛉60/70 € 🛉🛉70/90 €, ☕ 8 € – ½ P 84 € – **Rest** – Menu 16 € (déj.), 35/42 € – Carte 38/46 €
◆ Une belle maison de village abrite cet authentique bistrot au cachet préservé (décor à la gloire du vin). Le menu qui n'offre que le choix du plat chaud (le reste étant une surprise) est à découvrir. Coquettes chambres personnalisées, avec terrasses au dernier étage.

CABRIS – 06 Alpes-Maritimes – 341 C6 – rattaché à Grasse

rattaché à Grasse

CADENET – 84 Vaucluse – 332 F11 – 3 883 h. – alt. 170 m – ✉ 84160 Provence 42 E1

Paris 742 – Apt 24 – Cavaillon 34 – Manosque 48 – Salon-de-Provence 36
Office de tourisme, 11 place du Tambour d'Arcole ✆ 04 90 68 38 21

La Tuilière cuisinette
chemin de la Tuilière – ✆ 04 90 68 24 45 – clo@latuiliere.com – Fax 04 90 68 24 45
5 ch ☕ – 🛉52/65 € 🛉🛉52/83 € – **Rest** – table d'hôte *(dîner seult) (résidents seult)* Menu 21 € bc
◆ Cette bastide du 18e s. ceinte d'un domaine viticole dissimule cinq chambres d'inspiration provençale où l'on goûte les parfums et le calme du parc naturel du Luberon. Cuisine régionale et produits du jardin à la table d'hôte (sur réservation). Jolie terrasse dominant le village.

La Cour

3 r. Hoche – 04 90 08 57 66 – sylvieperignon@free.fr – Fax 04 90 08 57 66 – Fermé 14-30 nov., 16 janv.-8 fév., jeudi sauf le soir d'avril à nov., le midi en juil.-août et merc.

Rest – Menu 25/55 € – Carte 49/53 €

◆ Cuisine au goût du jour servie dans cet ancien atelier de vannier (vieux lavoir à osier) converti en un plaisant restaurant. Coquette salle rustique et agréable terrasse.

LA CADIÈRE-D'AZUR – 83 Var – 340 J6 – 4 239 h. – alt. 144 m – ✉ 83740

Côte d'Azur 40 **B3**

Paris 815 – Aix-en-Provence 66 – Brignoles 53 – Marseille 45 – Toulon 22

Syndicat d'initiative, place Général-de-Gaulle 04 94 90 12 56, Fax 04 94 98 30 13

≤★ - Le Castelet : Village★ NE : 4 km.

Hostellerie Bérard rest, 30,

av. Gabriel Péri – 04 94 90 11 43 – berard@hotel-berard.com – Fax 04 94 90 01 94 – Fermé 4 janv.-12 fév.

32 ch – 88/119 € 123/172 €, 19 € – 5 suites – ½ P 129/152 €

Rest – *(fermé lundi sauf le soir du 9 avril au 14 oct., mardi du 15 oct. au 8 avril et sam. midi du 9 avril au 14 oct.)* Menu 30 € (déj. en sem.), 49/140 € – Carte 56/127 €

Rest *Le Petit Jardin* – *(fermé merc. du 15 sept. au 15 juin et mardi)* Menu (21 €) – Carte 28/48 €

Spéc. Morillles et asperges en petit ragoût (printemps). Rouget juste saisi, risotto à l'encre de seiche et petits calamars (été). Filet de bœuf façon hamburger au foie gras poêlé. **Vins** Bandol, Coteaux Varois.

◆ Hôtel formé de plusieurs maisons de caractère dont un couvent du 11e s. où sont aménagées de belles chambres provençales. Élegante salle à manger tournée vers le vignoble de Bandol, jolie terrasse et séduisante cuisine au goût du jour. Le Petit Jardin est un bistrot méridional, idéal pour "manger sur le pouce".

CADILLAC – 33 Gironde – 335 J7 – 2 365 h. – alt. 16 m – ✉ 33410

Aquitaine 3 **B2**

Paris 607 – Bordeaux 41 – Langon 12 – Libourne 40

Office de tourisme, 9 place de la Libération 05 56 62 12 92, Fax 05 56 76 99 72

Du Château de la Tour ch, 20/50,

D 10 – 05 56 76 92 00 – contact@hotel-restaurant-chateaudelatour.com – Fax 05 56 62 11 59

32 ch – 75/105 € 90/145 €, 10 € – ½ P 80/90 € – **Rest** – *(fermé dim. soir de nov. à fév.)* Menu 15 € (déj. en sem.), 27/55 € – Carte 33/57 €

◆ Bâti dans l'ancien potager du château des ducs d'Épernon, l'hôtel, refait par étapes, abrite des chambres actuelles, un sauna et un jacuzzi. Parc bordé d'une rivière. Restaurant sous charpente, terrasse d'été, carte traditionnelle et spécialités régionales.

CAEN P – 14 Calvados – 303 J4 – 113 987 h. – Agglo. 199 490 h. – alt. 25 m – ✉ 14000

Normandie Cotentin 32 **B2**

Paris 236 – Alençon 105 – Cherbourg 125 – Le Havre 91 – Rennes 189

de Caen-Carpiquet : 02 31 71 20 10, par D 9 : 7 km.

Office de tourisme, 12 place Saint-Pierre 02 31 27 14 10, Fax 02 31 27 14 18

de Caen à Biéville-Beuville Le Vallon, N : 5 km par D 60, 02 31 94 72 09 ;

de Garcelles à Garcelles-Secqueville Route de Lorguichon, par rte de Falaise : 15 km, 02 31 39 09 09.

Abbaye aux Hommes★★ : église St-Etienne★★ - Abbaye aux Dames★ : église de la Trinité★★ - Chevet★★, frise★★ et voûtes★★ de l'église St-Pierre★ - Église et cimetière St-Nicolas★ - Tour-lanterne★ de l'église St-Jean EZ - Hôtel d'Escoville★ DY **B** - Vieilles maisons★ (nº 52 et 54 rue St-Pierre) DY **K** - Musée des Beaux-Arts★★ dans le château★ DX **M**[1] - Mémorial★★★ AV - Musée de Normandie★ DX **M**[2].

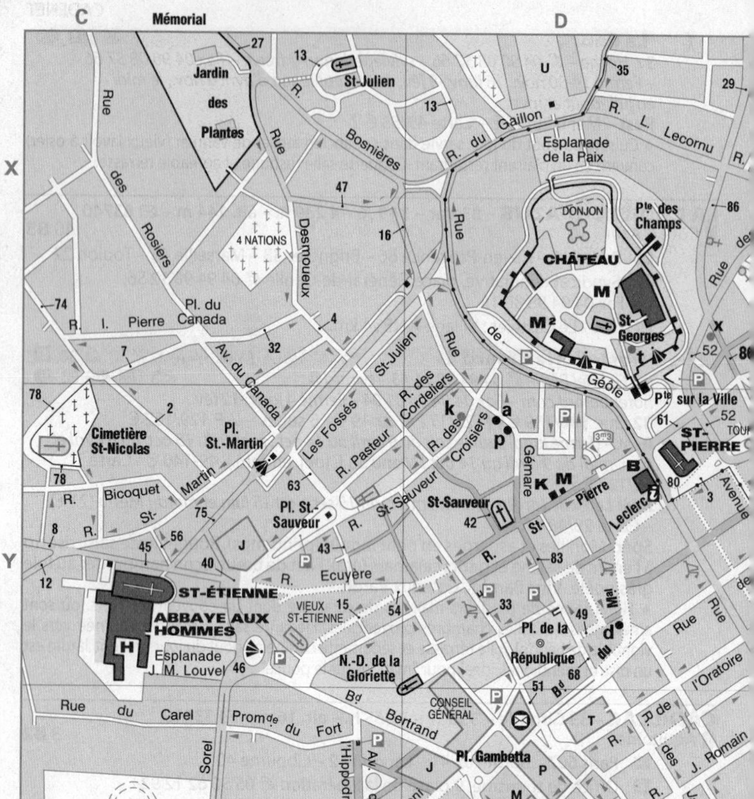

C D

Mémorial

Jardin des Plantes

St-Julien

R. Bosnières

R. du Gaillon

R. L. Lecornu

Esplanade de la Paix

Rue des Rosiers

Rue Desmoueux

4 NATIONS

DONJON

CHÂTEAU

Pte des Champs

St-Georges

Pl. du Canada

R. I. Pierre

Av. du Canada

Rue St-Julien

R. de Géôle

Pte sur la Ville

Cimetière St-Nicolas

Pl. St.-Martin

Les Fossés

R. des Cordeliers

R. Pasteur

R. des Croisiers

Gémare

ST-PIERRE

R. Bicoquet

St-Martin

Pl. St.-Sauveur

R. St-Sauveur

St-Sauveur

R. St-Pierre

Leclerc

ST-ÉTIENNE

ABBAYE AUX HOMMES

Esplanade J. M. Louvel

R. Ecuyère

VIEUX ST-ÉTIENNE

N.-D. de la Gloriette

Pl. de la République

Bd Mal du Leclerc

Rue de l'Oratoire

Rue du Carel

Promde du Fort

Bd Bertrand

CONSEIL GÉNÉRAL

Pl. Gambetta

Av. Sorel

Av. de l'Hippodrome

Av. de Scamaroni

R. F.

R. des Jacobins

R. J. Romain

Bd A. Briand

Guillou

Cours Gal de Gaulle

CENTRE DES CONGRÈS

Avenue Albert

Yves

Boulevard

LA PRAIRIE

ORNE

Rue

Première distinction : l'étoile ✿.
Elle couronne les tables pour lesquelles on ferait des kilomètres !

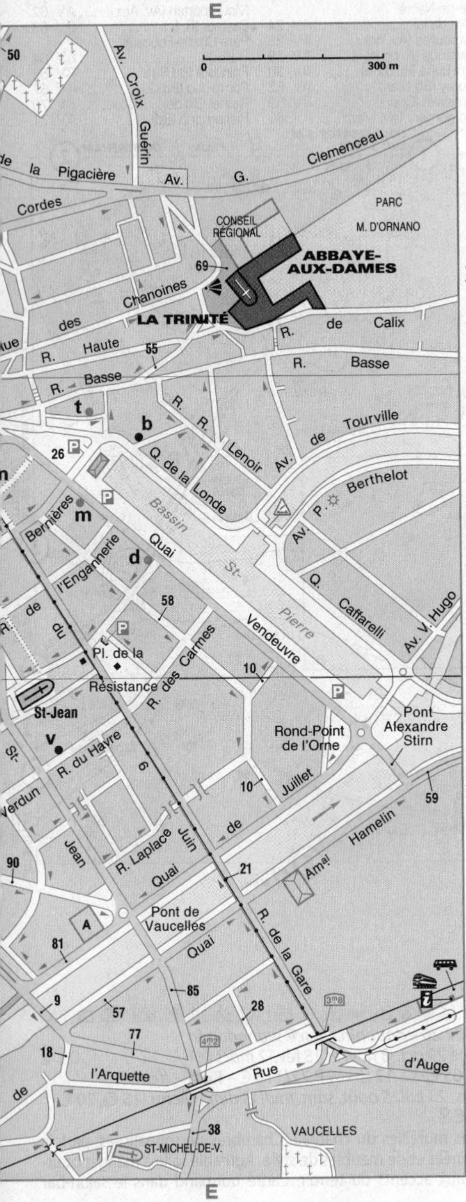

CAEN

Rue	Carré	N°
Académie (R. de l')	CY	2
Alliés (Bd des)	DY	3
Bagatelle (Av. de)	CX	4
Barbey-d'Aurevilly (R.)	CX	7
Bayeux (R. de)	CX	8
Bir-Hakeim (Pont de)	EZ	9
Brunet (R. H.)	EYZ	10
Caponière (R.)	CY	12
Carrières-St-Julien (R. des)	CDX	13
Caumont (R. A. de)	CY	15
Chanoine X. de St-Paul (R.)	CDX	16
Chaussée-Ferrée (R. de la)	EZ	18
Churchill (Pont)	EZ	21
Courtonne (Pl.)	EY	26
Creully (R. de)	CX	27
Decaen (R. Gén.)	EZ	28
Délivrande (R. de la)	DX	29
Docteur-Rayer (R.)	CX	32
Doumer (R. Paul)	DY	33
Écuyère (R.)	CY	
Édimbourg (Av. d')	DX	35
Falaise (R. de)	EZ	38
Foch (Pl. Mar.)	DZ	39
Fontette (Pl.)	CY	40
Froide (R.)	DY	42
Fromages (R. aux)	CY	43
Guillaume-le-Conquérant (R.)	CY	45
Guillouard (Pl. L.)	CY	46
Juifs (R. aux)	CX	47
Lair (R. P.-A.)	DY	49
Lebisey (R. de)	EX	50
Lebret (R. G.)	DYZ	51
Leclerc (Bd Mar.)	DYZ	
Libération (Av. de la)	DXY	52
Malherbe (Pl.)	CDY	54
Manissier (R.)	EX	55
Marot (R. J.)	CY	56
Meslin (Q. E.)	EZ	57
Miséricorde (R. de la)	EYZ	58
Montalivet (Cours)	EZ	59
Montoir-Poissonnerie (R.)	DY	61
Pémagnie (R.)	CX	63
Petit-Vallerent (Bd du)	CZ	65
Pont-St-Jacques (R. du)	DY	68
Reine-Mathilde (Pl.)	EX	69
Sadi-Carnot (R.)	DZ	72
St-Gabriel (R.)	CX	74
St-Jean (R.)	DEYZ	
St-Manvieu (R.)	CY	75
St-Michel (R.)	EZ	77
St-Nicolas (R.)	CY	78
St-Pierre (Pl.)	DY	80
St-Pierre (R.)	DY	
Sévigné (Prom. de)	EZ	81
Strasbourg (R. de)	DY	83
Vaucelles (R. de)	EZ	85
Vaugueux (R. du)	DX	86
6-Juin (Av. du)	DEYZ	
11-Novembre (R. du)	DEZ	90

Ce symbole en rouge ?
La tranquillité même, juste le chant des oiseaux au petit matin…

CAEN

Baladas (Bd des). . . . . **AV** 6
Chemin-vert (R. du) . . . . **AV** 19
Chéron (Av. Henri) . . . . **AV** 20
Clemenceau (Av. G.) . . . . . . **BV** 22
Copernic (Av. N.) . . . . **ABV** 23
Côte-de-Nacre (Av. de la). . . . . **AV** 24
Courseulles (Av. de) . . . . . . **AV** 25
Délivrande (R. de la) . . . . . . **AV** 29
Demi-Lune (Pl. de la) . . . . . **BV** 30
Lyautey (Bd Mar.). . . . . **AV** 53
Montalivet (Cours) . . . . **BV** 59
Montgomery (Av. Mar.) . . . . **AV** 60
Mountbatten (Av. Am.) . . . . **AV** 62
Pasteur (R. L.). . . . . **BV** 63
Père-Ch.-de-Foucault (Av.) . . . . **AV** 64
Poincaré (Bd R.) . . . . **BV** 66
Pompidou (Bd G.). . . . . **AV** 67
Rethel (Bd de). . . . . **BV** 70
Richemond (Bd) . . . . **AV** 71

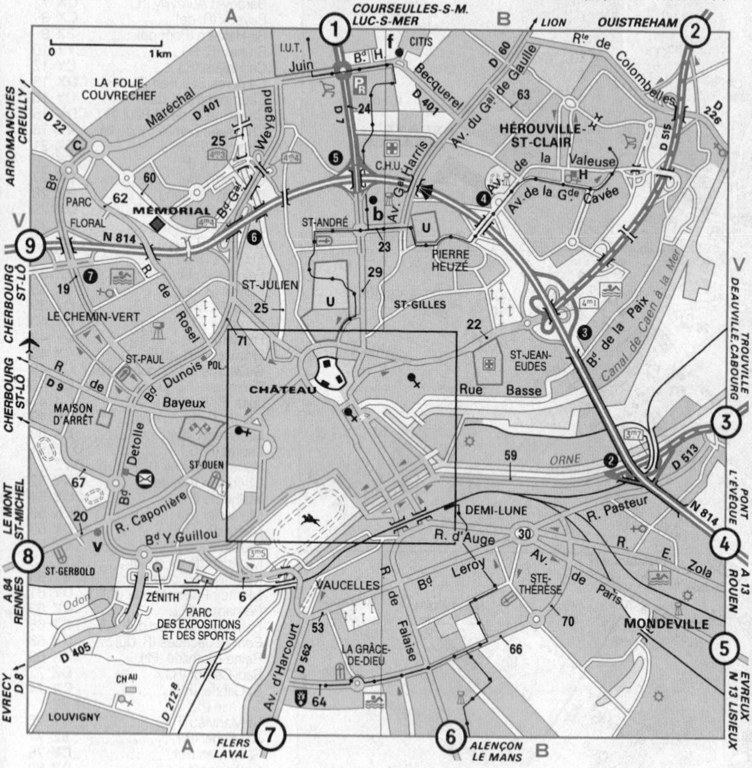

Le Dauphin ch, ch, rest, 30, VISA
29 r. Gemare – ☎ 02 31 86 22 26 – dauphin.caen@wanadoo.fr – Fax 02 31 86 35 14 – Fermé 29 oct.-8 nov. et 18 fév.-2 mars DY **a**
37 ch – †68/150 € ††76/165 €, ☕ 12 € – ½ P 72/115 € – **Rest** – *(fermé 29 oct.-8 nov., 18 fév. 2 mars, 23 juil.-5 août, sam. midi et dim.)* Menu (15 €), 20 € (sem.), 53 € – Carte 29/65 €
♦ Ancien prieuré proche des murailles du château. Chambres personnalisées, parfois agrémentées de poutres patinées et de meubles de style. Agréable salle à manger bourgeoise et cuisine classique aux accents du terroir. Cadre normand dans le salon-bar attenant.

Mercure Port de Plaisance sans rest 4/180, VISA
1 r. Courtonne – ☎ 02 31 47 24 24 – h0869@accor.com – Fax 02 31 47 43 88 EY **b**
126 ch – †95 € ††115/200 €, ☕ 13 € – 3 suites
♦ Cet hôtel de chaîne face au port de plaisance s'est agrandi. Ses chambres se caractérisent par un ameublement de bon goût et une atmosphère "cosy". Centre d'affaires.

Moderne sans rest
116 bd Mar. Leclerc – ✆ 02 31 86 04 23 – info@hotel-caen.com – Fax 02 31 85 37 93 DY **d**
40 ch – 75/110 € 92/250 €, ☕ 12 €
◆ Discrète construction d'après-guerre aux chambres régulièrement rafraîchies. Au 5e étage, la salle des petits-déjeuners, offre une vue sur les toits de la ville.

Des Quatrans sans rest
17 r. Gemare – ✆ 02 31 86 25 57 – hotel-des-quatrans@wanadoo.fr – Fax 02 31 85 27 80 DY **p**
47 ch – 54 € 63 €, ☕ 7,50 €
◆ Cure de jouvence réussie pour cet hôtel situé à deux pas du centre : hall plaisant, bar "cosy" et chambres - plus calmes sur l'arrière - égayées par des couleurs chaleureuses.

Du Château sans rest
5 av. du 6 Juin – ✆ 02 31 86 15 37 – Fax 02 31 86 58 08 EY **n**
24 ch – 48 € 58 €, ☕ 7 €
◆ Hôtel bien placé au centre-ville, entre le port de plaisance et le château. Chambres petites mais coquettes, sobrement décorées dans des coloris pastel.

Du Havre sans rest
11 r. Havre – ✆ 02 31 86 19 80 – resa@hotelduhavre.com – Fax 02 31 38 87 67 – Fermé 15 déc.-6 janv. EZ **v**
19 ch – 45 € 52/57 €, ☕ 7,50 €
◆ Cet hôtel familial récemment rafraîchi propose des chambres sans luxe mais pratiques, plus tranquilles sur l'arrière. Tenue scrupuleuse et prix doux.

Le Pressoir (Vautier)
3 av. H. Chéron – ✆ 02 31 73 32 71 – info@restaurant-le-pressoir.com – Fax 02 31 26 76 64 – Fermé 21 juil.-20 août, vacances de fév., sam. midi, dim. soir et lundi AV **v**
Rest – Menu 30 € (déj. en sem.), 48/70 € – Carte 58/81 €
Spéc. Saint-Jacques en pot de verre, barbes et coraux en rillettes (oct. à avril). Turbot côtier rôti comme un poulet. Veau cuit au jus de truffe et crème fraîche.
◆ Située dans les faubourgs de la ville, maison ancienne joliment restaurée. Plaisant cadre rustique et meubles contemporains. Cuisine au goût du jour personnalisée.

Le P'tit B
15 r. Vaugueux – ✆ 02 31 93 50 76 – leptitb@wanadoo.fr – Fax 02 31 93 29 63 DX **x**
Rest – Menu 15 € (déj.)/30 € – Carte environ 36 €
◆ Avenante maison du 17e s. au décor rustique modernisé (superbe cheminée). Ambiance conviviale, vue sur les fourneaux et cuisine saisonnière dans l'air du temps.

Le Carlotta
16 quai Vendeuvre – ✆ 02 31 86 68 99 – reservation@lecarlotta.fr – Fax 02 31 38 92 31 – Fermé dim. EY **m**
Rest – Menu 22/35 € – Carte 35/42 €
◆ Grande brasserie d'inspiration Art déco, fréquentée pour son atmosphère vivante et sa cuisine typique du genre, enrichie de plats de poissons.

Café Mancel
au Château – ✆ 02 31 86 63 64 – cafe.mancel@wanadoo.fr – Fax 02 31 86 63 40 – Fermé vacances de fév., dim. soir et lundi DX **t**
Rest – Menu (16 €), 22/30 € – Carte 23/38 €
◆ Discret car situé dans le château, le Café du Musée des Beaux-Arts mérite le détour : sobre cadre contemporain, terrasse, soirées musicales et surtout appétissante cuisine actuelle.

Pub William's
13 r. Prairies St-Gilles – ✆ 02 31 93 45 52 – pubwilliams14@aol.com – Fax 02 31 93 45 52 – Fermé 14 juil.-15 août, dim. et fériés EY **t**
Rest – Menu 15/30 € – Carte 26/49 €
◆ Ce pub à l'ambiance chaleureuse a pris ses quartiers à deux pas du bassin Saint-Pierre. Boiseries, tissus écossais, cheminée escortent de bons petits plats traditionnels.

à l'échangeur Caen-Université (bretelle du bd périphérique, sortie n° 5) – ✉ 14000 Caen

Novotel Côte de Nacre ch, ch, 200,
av. Côte de Nacre – ☎ 02 31 43 42 00 – h0405@accor.com – Fax 02 31 44 07 28 VISA AE AV **b**
126 ch – 70/101 € 70/116 €, 12,50 € – **Rest** – Carte 16/33 €
◆ Proche d'axes routiers importants, hôtel offrant des chambres bien insonorisées, progressivement rénovées. Salle à manger, néo-rustique, tournée côté piscine et agréable salon-bar autour d'une télé à écran plat.

à Hérouville St-Clair 3 km au Nord-Est – 24 025 h. – alt. 20 m – ✉ 14200

Mercure Côte de Nacre ch, rest, 4/150,
2 pl. Boston Citis – ☎ 02 31 44 05 05 – h5712@accor.com – Fax 02 31 44 95 94 VISA AE BV **f**
88 ch – 80/85 € 98/105 €, 13 € – **Rest** – *(fermé 24 déc.-1er janv., sam. midi et dim. midi)* Menu (16 €), 23 € – Carte 28/46 €
◆ Au cœur d'un quartier de bureaux, chambres amples et fraîches bénéficiant d'une bonne isolation phonique et d'une cure de rajeunissement. Restaurant décoré dans le style anglais ; la carte, traditionnelle, est agrémentée de spécialités régionales.

à Bénouville 10 km par ② – 1 741 h. – alt. 8 m – ✉ 14970

Château★ : escalier d'honneur★★ - Pegasus Bridge★.

La Glycine rest, 20, VISA AE
11 pl. Commando n° 4, (face Église) – ☎ 02 31 44 61 94 – la-glycine@wanadoo.fr – Fax 02 31 43 67 30 – Fermé 20 déc.-10 janv.
35 ch – 55 € 65 €, 8 € – ½ P 65 € – **Rest** – *(fermé dim. soir hors saison)* Menu 20 € (sem.)/58 € – Carte 33/71 €
◆ Le fameux Pegasus Bridge disputé lors du "D Day" est proche de ces deux maisons reliées par un patio fleuri. Chambres fonctionnelles toutes identiques. Salle à manger contemporaine. Prestation du chef dans le registre actuel.

Le Manoir d'Hastings et la Pommeraie avec ch
18 av. Côte de Nacre, (près église) – ☎ 02 31 44 62 43 – Fax 02 31 44 76 18 – Fermé 12-26 fév. VISA AE
16 ch – 65/70 € 80/90 €, 10 € – ½ P 75/85 € – **Rest** – *(fermé dim. soir et lundi)* Menu 22 € (déj. en sem.), 29/55 € – Carte 32/49 €
◆ Salle à manger rustique, véranda et coquettes chambres côté prieuré (17e s.), aménagements plus fonctionnels dans le bâtiment récent. Cuisine traditionnelle. Jardin arboré.

à Fleury-sur-Orne 4 km par ⑦ – 4 231 h. – alt. 33 m – ✉ 14123

Auberge de l'Île Enchantée VISA
au bord de l'Orne (1 r. St-André) – ☎ 02 31 52 15 52 – Fax 02 31 72 67 17 – Fermé 4-18 janv., dim. soir, lundi soir et merc.
Rest – Menu 26/42 € – Carte 38/54 €
◆ Deux salles à manger au chaleureux cadre agreste dans une maison à colombages ; celle du premier étage, plus claire, donne sur le cours reposant de la rivière. Cuisine au goût du jour.

CAGNES-SUR-MER – **06 Alpes-Maritimes** – **341** D6 – **43 942 h.** – **alt. 20 m** – **Casino** – ✉ **06800** Côte d'Azur 42 **E2**

Paris 915 – Antibes 11 – Cannes 21 – Grasse 25 – Nice 13 – Vence 9

Office de tourisme, 6 boulevard Maréchal Juin ☎ 04 93 20 61 64, Fax 04 93 20 52 63

Haut-de-Cagnes★ - Château-musée★ : patio★★, ✳★ de la tour - Musée Renoir.

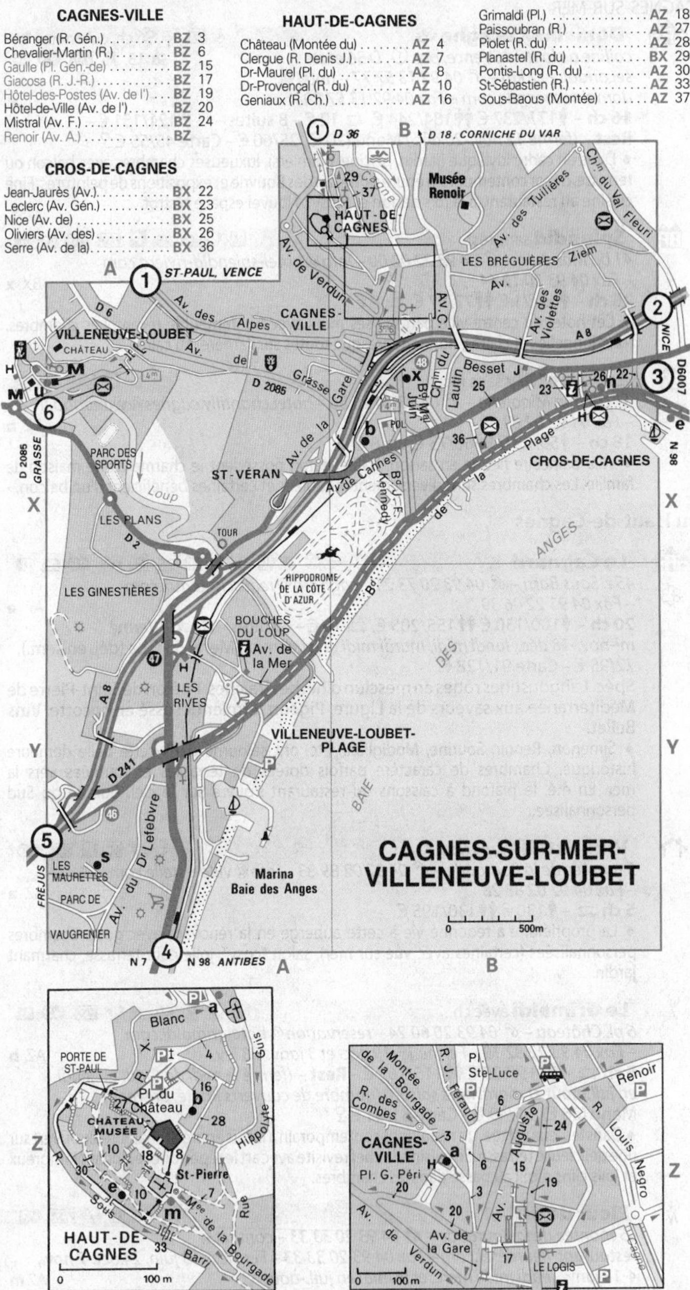
CAGNES-VILLE
Béranger (R. Gén.) .... BZ 3
Chevalier-Martin (R.) .... BZ 6
Gaulle (Pl. Gén.-de) .... BZ 15
Giacosa (R. J.-R.) .... BZ 17
Hôtel-des-Postes (Av. de l') .... BZ 19
Hôtel-de-Ville (Av. de l') .... BZ 20
Mistral (Av. F.) .... BZ 24
Renoir (Av. A.) .... BZ
CROS-DE-CAGNES
Jean-Jaurès (Av.) .... BX 22
Leclerc (Av. Gén.) .... BX 23
Nice (Av. de) .... BX 25
Oliviers (Av. des) .... BX 26
Serre (Av. de la) .... BX 36
HAUT-DE-CAGNES
Château (Montée du) .... AZ 4
Clergue (R. Denis J.) .... AZ 7
Dr-Maurel (Pl. du) .... AZ 8
Dr-Provençal (R. du) .... AZ 10
Geniaux (R. Ch.) .... AZ 16
Grimaldi (Pl.) .... AZ 18
Paissoubran (R.) .... AZ 27
Piolet (R. du) .... AZ 28
Planastel (R. du) .... BX 29
Pontis-Long (R. du) .... AZ 30
St-Sébastien (R.) .... AZ 33
Sous-Baous (Montée) .... AZ 37
D 36
D 18, CORNICHE DU VAR
ST-PAUL, VENCE
Musée Renoir
HAUT-DE-CAGNES
CAGNES-VILLE
LES BRÉGUIÈRES
VILLENEUVE-LOUBET
CHÂTEAU
NICE
D 2085 GRASSE
PARC DES SPORTS
ST-VÉRAN
CROS-DE-CAGNES
LES PLANS
TOUR
HIPPODROME DE LA CÔTE D'AZUR
LES GINESTIÈRES
BOUCHES DU LOUP
LES RIVES
VILLENEUVE-LOUBET-PLAGE
BAIE DES ANGES
LES MAURETTES
PARC DE VAUGRENIER
FRÉJUS
Marina Baie des Anges
CAGNES-SUR-MER-VILLENEUVE-LOUBET
N 7
N 98 ANTIBES
PORTE DE ST-PAUL
CHÂTEAU-MUSÉE
Pl. du Château
St-Pierre
HAUT-DE-CAGNES
Pl. Ste-Luce
CAGNES-VILLE
Pl. G. Péri
Av. de la Gare
LE LOGIS

Domaine Cocagne — ch, cuisinette
colline de la rte de Vence, par ①, D 36 et rte secondaire : 2 km – 04 92 13 57 77 – hotel@domainecocagne.com – Fax 04 92 13 57 89 — 15, VISA AE
16 ch – 177/237 € 184/244 €, 12 € – 8 suites – ½ P 121/151 € –
Rest – *(fermé 12 nov.-20 déc.)* Menu (20 €), 25/60 € – Carte 45/55 €
◆ Dans un cadre idyllique (jardin, piscine, palmiers), luxueuses chambres avec balcon ou terrasse, décor contemporain épuré signé Jan des Bouvrie et expositions de peintures. Fine cuisine au restaurant, à la fois design et "cosy". Nouvel espace bistrot.

Splendid sans rest — 25, VISA AE
41 bd Mar. Juin – 04 93 22 02 00 – info@hotel-splendid-riviera.com – Fax 04 93 20 12 44 BX **x**
26 ch – 62/71 € 77/87 €, 8 €
◆ Cet hôtel du centre-ville partage ses murs avec un immeuble récent. Les chambres, fonctionnelles et claires, donnent presque toutes sur l'arrière, au calme.

Le Chantilly sans rest — VISA AE
31 chemin Minoterie – 04 93 20 25 50 – hotel.chantilly.cagnes@wanadoo.fr – Fax 04 92 02 82 63 BX **b**
18 ch – 59/65 € 66/75 €, 8 €
◆ Villa balnéaire fleurie en saison. Hall et salon possèdent le charme d'une maison de famille. Les chambres sont diversement meublées et certaines bénéficient d'un balcon.

au Haut-de-Cagnes

Le Cagnard — ch, 25, VISA AE
45 r. Sous Barri – 04 93 20 73 21 – cagnard@relaischateaux.com – Fax 04 93 22 06 39 AZ **e**
20 ch – 100/130 € 155/205 €, 16 € – 6 suites – **Rest** – *(fermé mi-nov.-18 déc., lundi midi, mardi midi et jeudi midi)* Menu 55 € bc (déj. en sem.), 72/95 € – Carte 91/128 €
Spéc. Langoustines rôties en mesclun d'herbes fraîches. Poêlon de Saint-Pierre de Méditérranée aux saveurs de la Ligure. Pigeon fermier désossé en cocotte. **Vins** Bellet.
◆ Simenon, Renoir, Soutine, Modigliani, etc. ont séjourné dans cette belle demeure historique. Chambres de caractère parfois dotées de terrasses et tournées vers la mer. En été, le plafond à caissons du restaurant s'ouvre sur le ciel. Cuisine du Sud personnalisée.

Villa Estelle sans rest — VISA
5 montée de la Bourgade – 04 92 02 89 83 – info@villa-estelle.com – Fax 04 92 02 88 28 BZ **a**
5 ch – 130 € 130/195 €
◆ La propriétaire a redonné vie à cette auberge en la rénovant avec goût. Chambres personnalisées (certaines avec vue sur mer), salon "cosy", jolie cour-terrasse, charmant jardin.

Le Grimaldi avec ch — ch, VISA AE
6 pl. Château – 04 93 20 60 24 – reservation@hotelgrimaldi.com – Fax 04 93 22 82 19 – Fermé 1er-19 déc. et 3 janv.-28 fév. AZ **b**
5 ch – 115/125 € 115/165 € – **Rest** – *(fermé le midi du lundi au jeudi en juil.-août et mardi hors saison) (nombre de couverts limité, prévenir)* Menu (26 €), 35/49 € – Carte 51/81 €
◆ Dans le vieux village, un restaurant contemporain à la fois épuré et chaleureux, ouvert sur une délicieuse terrasse. En cuisine, le chef revisite avec art le répertoire régional. Nombreux et jolis clins d'œil au passé dans les chambres.

Fleur de Sel — VISA
85 montée de la Bourgade – 04 93 20 33 33 – contact@restaurant-fleurdesel.com – Fax 04 93 20 33 33 – Fermé 6-13 juin, 24 oct.-7 nov., 4-18 janv., jeudi midi, merc. et le midi en juil.-août AZ **m**
Rest – Menu 23 € (déj. en sem.), 31/54 € – Carte 31/55 €
◆ Sympathique petite adresse voisine de l'église. Cuisine visible de tous dans la salle mi-rustique, mi-provençale décorée de cuivres et de tableaux. Carte alléchante.

Josy-Jo (Josy Bandecchi)
2 r. Planastel – ✆ 04 93 20 68 76 – restaurant.josyjo@wanadoo.fr – Fax 04 93 22 60 83 – Fermé 17 nov.-25 déc., sam. midi et dim. AZ **a**
Rest – Menu 29 € bc (déj.)/40 € – Carte 40/79 €
Spéc. Farcis grand-mère. Selle d'agneau grillée au charbon de bois. Mousse aux citrons du pays. **Vins** Bellet, Côtes de Provence.
◆ Lieu simple mais très convivial : tableaux, objets en ferronnerie et cuisine ouverte en guise de décor, service sans tralala, fameuses grillades et bons petits plats provençaux.

à Cros-de-Cagnes **2 km au Sud-Est – ✉ 06800 Cagnes-sur-Mer**

La Bourride
(port du Cros) – ✆ 04 93 31 07 75 – Fax 04 93 31 89 11 – Fermé vacances de fév., mardi soir et dim. soir hors saison, mardi midi en juil.-août et merc. BX **e**
Rest – Menu 38 € – Carte 49/93 €
◆ Salle à manger décorée d'une fresque représentant la mer, patio agrémenté de pins parasols, terrasse face au port : trois espaces agréables où déguster poissons et fruits de mer.

Réserve "Loulou" (Campo)
91 bd Plage – ✆ 04 93 31 00 17 – louloulareserve@wanadoo.fr – Fax 04 93 22 09 26 – Fermé 8-22 mai, le midi du 13 juil. au 6 sept., sam. midi et dim. BX **n**
Rest – Menu 39/45 € – Carte 45/81 €
Spéc. Soupe de poissons de roche. Poissons et viandes grillées. Bouillabaisse. **Vins** Bellet, Coteaux Varois.
◆ Joli cadre régional, tableaux et lithographies côté décor, poissons et grillades préparés sous vos yeux côté cuisine : laissez-vous séduire par cette adresse décontractée.

CAHORS P – 46 Lot – 337 E5 – 20 003 h. – alt. 135 m – ✉ 46000

Périgord 28 **B1**

Paris 575 – Agen 85 – Albi 110 – Brive-la-Gaillarde 98 – Montauban 64

Office de tourisme, place François Mitterrand ✆ 05 65 53 20 65, Fax 05 65 53 20 74

Pont Valentré★★ - Portail Nord★★ et cloître★ de la cathédrale St-Etienne★BY **E** - ≤★ du pont Cabessut - Croix de Magne ≤★ O : 5 km par D 27 - Barbacane et tour St-Jean★ - ≤★ du nord de la ville.

Plan page suivante

Terminus 25, P
5 av. Ch. de Freycinet – ✆ 05 65 53 32 00 – terminus.balandre@wanadoo.fr – Fax 05 65 53 32 26 – Fermé 10 nov.-3 déc. AY **s**
22 ch – †50/100 € ††100/160 €, ☐ 12 €
Rest ***Le Balandre*** – voir ci-après
◆ En principe, c'est au Terminus que tout le monde descend ! Demeure bourgeoise proche de la gare abritant de grandes chambres nettes et insonorisées et un salon-bar Art déco.

Chartreuse rest, 20, P
fg St-Georges – ✆ 05 65 35 17 37 – la-chartreuse@wanadoo.fr – Fax 05 65 22 30 03 BZ **u**
50 ch – †51/67 € ††56/72 €, ☐ 7 € – ½ P 47/55 € – **Rest** – Menu 15 € (sem.)/75 € – Carte 25/55 €
◆ Architecture des années 1970 au bord du Lot. Chambres assez amples et bien équipées ; certaines offrent un splendide coup d'œil sur la rivière. Grande salle à manger dont les baies vitrées ménagent une échappée sur les berges et la ville. Repas classiques.

France sans rest 50, P
252 av. J. Jaurès – ✆ 05 65 35 16 76 – hdf46@wanadoo.fr – Fax 05 65 22 01 08 – Fermé 22 déc.-7 janv. AY **n**
80 ch – †44/61 € ††48/65 €, ☐ 7,50 €
◆ Vaste bâtisse proche de la gare et du célèbre pont Valentré, un joyau d'architecture médiévale. Les chambres, spacieuses et pratiques, sont peu à peu rénovées.

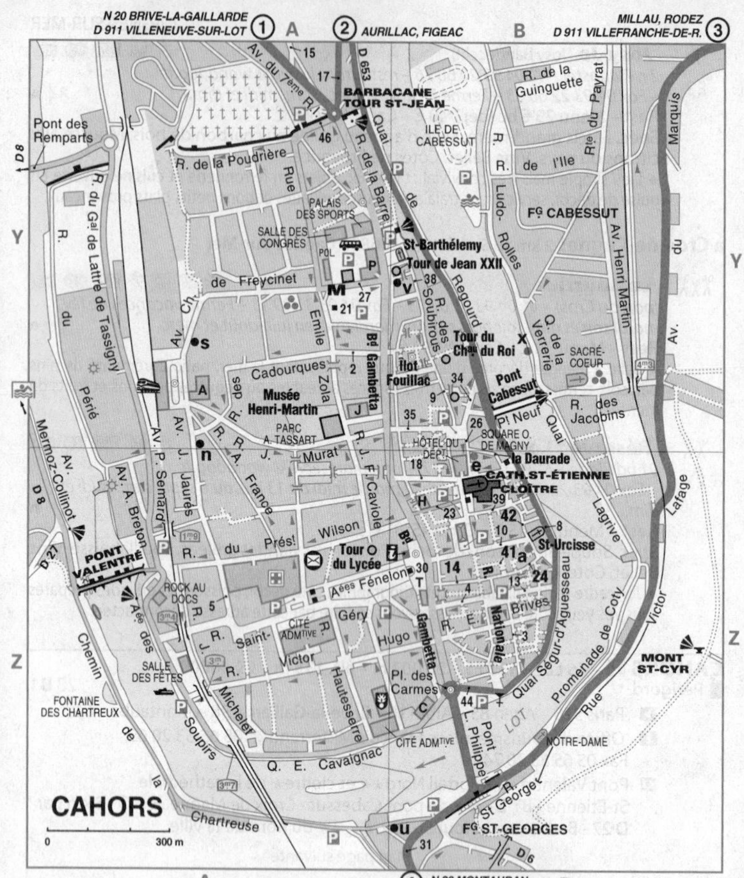

Augustins (R. des)	AY	2	Évêques (Côtes des)	AY	17	Monzie (Av. A.-de)	BZ	31
Badernes (R. des)	BZ	3	Foch (R. du Mar.)	BZ	18	Pelegry (R.)	BY	34
Blanqui (R.)	BZ	4	Gambetta (Bd)	AY, BZ		Portail-Alban (R. du)	BY	35
Bourthoumieux (R. P.)	AZ	5	Gaulle (Pl. Ch.-de)	AY	21	St-Barthélemy (R.)	BY	38
Champollion (Quai)	BZ	8	Joffre (R. du Mar.)	BZ	23	St-James (R.)	BZ	39
Château-du-Roi (R. du)	BY	9	Lastié (R.)	BZ	24	St-Priest (R.)	BZ	41
Clemenceau (R. G.)	BZ	10	Marot (R. Clément)	BY	26	St-Urcisse (R.)	BZ	42
Delmas (R. du Col.)	BZ	13	Mendès-France (R. P.)	AY	27	Vaxis (Cours)	BZ	44
Dr-Bergounioux (R.)	BZ	14	Mitterrand (Pl. F.)	BZ	30	Villars (R. René)	AY	46
Dr-J.-Ségala (R. du)	AY	15						

Jean XXII sans rest

5 bd Gambetta – ✆ 05 65 35 07 66 – Fax 05 65 53 92 38 – Fermé 15-31 oct., vacances de fév. et dim. de nov. à mai — BY **v**

9 ch – 44 € 53 €, 7 €

◆ Cet hôtel situé près de la tour Jean XXII (le Cadurcien Jacques Duèze fut élu pape en 1322) occupe les murs du palais édifié par la famille du pontife. Chambres fonctionnelles.

Le Balandre – Hôtel Terminus

5 av. Ch. de Freycinet – ✆ 05 65 53 32 00 – terminus.balandre@wanadoo.fr – Fax 05 65 53 32 26 – Fermé 11 nov.-3 déc., dim. et lundi — AY **s**

Rest – Menu 31 € (déj. en sem.), 60/85 € – Carte 56/77 €

◆ Le restaurant de l'hôtel Terminus propose une cuisine inventive dans l'ambiance feutrée de sa salle à manger égayée de vitraux. Superbe cave avec beau choix de cahors.

L'Ô à la Bouche

134 r. Ste-Urcisse – ✆ 05 65 35 65 69 – Fax 05 65 35 65 69 – Fermé 2-24 avril, 2-26 déc., lundi sauf le soir en juil.-août et dim. BZ **a**

Rest – Menu (18 € bc), 25 € – Carte 28/34 €

◆ Vieilles pierres et briques procurent un cachet indéniable à ce restaurant où l'on s'abstient de fumer pour mieux savourer une cuisine traditionnelle qui met l'Ô à la Bouche.

Au Fil des Douceurs

90 quai Verrerie – ✆ 05 65 22 13 04 – Fax 05 65 35 61 09 – Fermé 18 juin-4 juil., 1er-23 janv., dim. et lundi BY **x**

Rest – Menu 13,50 € (déj. en sem.), 21/48 € – Carte 38/50 €

◆ Nul besoin d'avoir le pied marin pour embarquer sur cette gabarre aménagée en restaurant. Les deux salles à manger superposées offrent une jolie vue sur le Lot.

à Caillac **13 km par ①, rte de Villeneuve-sur-Lot et D145 – 533 h. – alt. 161 m – ✉ 46140**

Le Vinois

Le Bourg – ✆ 05 65 30 53 60 – contact@levinois.com – Fax 05 65 30 53 60 – Fermé 15-21 oct., 7 janv.-10 fév., lundi, mardi du 1er oct. au 31 mai, le midi sauf sam., lundi du 1er juin au 30 sept. et dim. soir

Rest – Menu 18 € (déj. en sem.), 30/53 € – Carte environ 40 €

◆ Séduisant restaurant proche de l'église du village : décor contemporain épuré, mobilier design, luminaires originaux, musique jazzy et cuisine au goût du jour bien troussée.

à Mercuès **10 km par ① et D 811 – 736 h. – alt. 133 m – ✉ 46090**

Château de Mercuès ≤ vallée du Lot, 60,

– ✆ 05 65 20 00 01 – mercues@relaischateaux.com – Fax 05 65 20 05 72 – Ouvert début avril-10 nov.

24 ch – †170/260 € ††180/270 €, ☕ 23 € – 6 suites – ½ P 175/220 € –

Rest – *(fermé mardi midi, merc. midi, jeudi midi et lundi)* Menu 65/115 € – Carte 80/115 €

Spéc. Risotto de truffes au jus de céleri et croustille parmesane. Noisette et carré d'agneau en papillote de lard au beurre de noix. Côte de veau cuite en cocotte, artichaut bouquet aux truffes. **Vins** Cahors.

◆ L'ex-château des comtes-évêques de Cahors domine superbement la vallée du Lot. Préférez les chambres aménagées dans la tour : vous n'en goûterez que mieux la majesté du lieu. Élégante salle à manger ; l'été, on dîne dans la cour. Cuisine au goût du jour.

Le Mas Azemar

r. du Mas de Vinssou – ✆ 05 65 30 96 85 – masazemar@aol.com – Fax 05 65 30 53 82

6 ch ☕ – †75/105 € ††75/105 € – **Rest** – table d'hôte *(dîner seult) (résidents seult)* Menu 32 € bc/39 € bc

◆ Au 18e s., cette maison de maître était une dépendance du château de Mercuès visible depuis la propriété. Aujourd'hui, elle abrite des chambres joliment rustiques. La table d'hôte aménagée dans l'ancienne cuisine propose, le soir, un menu unique.

rte de Brive **par ① et N 20 – ✉ 46000 Cahors**

La Garenne

Saint Henri, à 7 km – ✆ 05 65 35 40 67 – michel.carrendier@wanadoo.fr – Fax 05 65 35 40 67 – Fermé 1er fév.-15 mars, lundi soir, mardi soir et merc.

Rest – Menu 19 € (déj. en sem.), 26/46 € – Carte 41/61 €

◆ Au cœur des plateaux du Quercy, ancienne écurie transformée en restaurant au joli décor campagnard. Accueil sympathique et cuisine classique.

La Bergerie avec ch ch, ch, 15,

N20, à 10 km ✉ 46090 St-Pierre-Lafeuille – ✆ 05 65 36 82 82 – hotel.bergerie@wanadoo.fr – Fax 05 65 36 82 40 – Fermé 7-16 oct., 9-30 janv., dim. soir, mardi midi et lundi sauf le soir en juil.-août

10 ch – †56/67 € ††67/87 €, ☕ 9 € – ½ P 61 € – **Rest** – Menu 17 € (déj. en sem.), 24/55 € bc – Carte 46/70 €

◆ Poutres, pierres apparentes et cheminée forment le cadre chaleureux de cette ancienne bergerie. Cuisine traditionnelle et bon choix de cahors. Spacieuses chambres actuelles.

à Lamagdelaine 7 km par ② – **740 h.** – **alt. 122 m** – ✉ **46090**

XXX **Claude Marco** avec ch
– ✆ 05 65 35 30 64 – info@restaurantmarco.com – Fax 05 65 30 31 40 – Fermé 15-25 oct., 2 janv.-4 mars, dim. soir du 15 sept. au 15 juin, lundi sauf le soir du 15 juin au 15 sept. et mardi midi
5 ch – 95 € 110/145 €, ☕ 12 € – **Rest** – Menu 30 € (sem.)/78 € – Carte 54/78 €
Spéc. Escalopines de foie gras. Pot-au-feu de canard gras (oct. à mai). Pomme de ris de veau en croûte de truffe. **Vins** Cahors.
◆ Recettes personnalisées inspirées par le terroir à déguster dans une belle salle voûtée (une ancienne cave à vins) ou sur l'agréable terrasse. Chambres modernes et raffinées.

CAHUZAC-SUR-VÈRE – 81 Tarn – 338 D7 – 1 027 h. – alt. 240 m – ✉ 81140

29 **C2**

Paris 655 – Albi 28 – Gaillac 11 – Montauban 60 – Rodez 86 – Toulouse 69
Syndicat d'initiative, place d'Hautpoul ✆ 05 63 33 68 91

Château de Salettes ch, 5/20,
Sud : 3 km par D 922 – ✆ 05 63 33 60 60
– salettes@chateaudesalettes.com – Fax 05 63 33 60 61 – Fermé 2 janv.-6 mars
18 ch – 131/165 € 131/259 €, ☕ 15 € – ½ P 112 € – **Rest** – *(fermé 2-15 janv., 18 fév.-4 mars, lundi et mardi du 1er oct. au 30 avril)* Menu (24 € bc), 33/80 € – Carte 77/91 €
◆ Au milieu des vignes, château du 13e s. entièrement rebâti. Belle décoration contemporaine et mobilier design. Grandes chambres parfois dotées de baignoires "balnéo". Cadre épuré de la salle à manger aux murs de pierres apparentes.

XX **La Falaise**
rte Cordes – ✆ 05 63 33 96 31 – guillaume.salvan@wanadoo.fr – Fermé dim. soir, mardi midi et lundi
Rest – Menu (15 €), 18 € (déj. en sem.), 32/45 € – Carte 37/48 €
◆ Ancien chai converti en restaurant. Coquette salle à manger rustique, véranda et terrasse dressée en été sous les saules. Carte personnalisée et beau choix de gaillacs.

CAILLAC – 46 Lot – 337 E5 – rattaché à Cahors

CAILLY-SUR-EURE – 27 Eure – 304 H7 – 233 h. – alt. 23 m – ✉ 27490

33 **D2**

Paris 101 – Évreux 13 – Louviers 13 – Rouen 45 – Vernon 30

Les Deux Sapins ch, ch,
24 r. de la mairie – ✆ 02 32 67 75 13 – juhel.eric@wanadoo.fr – Fax 02 32 67 73 62 – Fermé 10 août-3 sept. et dim. soir
15 ch – 50 € 53 €, ☕ 6,50 € – ½ P 48 € – **Rest** – *(fermé dim. soir et lundi)* Menu 15 € (sem.)/30 € – Carte 23/45 €
◆ Établissement de type motel, moderne et accueillant. Chambres simples et fonctionnelles, desservies par une galerie couverte. Petit salon installé sous une verrière. Salle à manger aux murs parementés de briques, donnant sur la cour intérieure de l'hôtel.

CAIRANNE – 84 Vaucluse – 332 C8 – 850 h. – alt. 136 m – ✉ 84290

40 **A2**

Paris 650 – Avignon 43 – Bollène 47 – Montélimar 51 – Nyons 25 – Orange 18
Office de tourisme, route de Sainte-Cécile ✆ 04 90 30 76 53

Auberge Castel Miréïo ch, cuisinette
rte Carpentras par D 8 – ✆ 04 90 30 82 20 – info@castelmireio.fr – Fax 04 90 30 78 39 – Fermé 31 déc.-10 fév.
8 ch – 55/59 € 58/63 €, ☕ 7,50 € – 1 suite – ½ P 55/57 € – **Rest** – *(fermé merc. soir, dim. soir de sept. à juin, mardi midi et sam. midi en juil.-août et lundi midi)* Menu 18 € (déj. en sem.), 22/29 € – Carte 24/37 €
◆ L'ancienne demeure familiale, qui abrite le restaurant, dispose d'une annexe récente où sont logées des chambres sobres et égayées de tissus provençaux. Salle à manger rustique fière de son joli carrelage centenaire. Cuisine traditionnelle.

CAJARC – 46 Lot – **337** H5 – **1 114 h.** – **alt. 160 m** – ✉ **46160** Périgord 29 **C1**

Paris 586 – Cahors 52 – Figeac 25 – Rocamadour 59 – Villefranche-de-Rouergue 27

Office de tourisme, Tour de Ville ✆ 05 65 40 72 89

La Ségalière ch, VISA

rte Capdenac – ✆ 05 65 40 65 35 – hotel@lasegaliere.com – Fax 05 65 40 74 92 – Ouvert 1er avril-31 oct.

24 ch – 47/78 € 63/94 €, 10 € – ½ P 64/79 € – **Rest** – *(fermé le midi en sem. sauf de mai à août)* Menu 15 € (déj. en sem.), 28/40 € – Carte 29/45 €

◆ Le village, réputé pour la culture du safran, vit naître Françoise Sagan. Cette construction des années 1970 abrite des chambres rénovées et dotées de balcons. Restaurant meublé en rotin, ouvert sur le jardin et la piscine ; plats aux accents du Sud-Ouest.

CALACUCCIA – **2B Haute-Corse** – **345** D5 – **voir à Corse**

CALAIS – **62 Pas-de-Calais** – **301** E2 – **77 333 h.** – **Agglo. 104 852 h.** – **alt. 5 m** – **Casino** CX – ✉ **62100** Nord Pas-de-Calais Picardie 30 **A1**

Paris 290 – Boulogne-sur-Mer 35 – Dunkerque 46 – St-Omer 43

Tunnel sous la Manche : Terminal de Coquelles AU, renseignements **"Le Shuttle"** ✆ 03 21 00 61 00.

✆ 3635 (0,34 €/mn)

Office de tourisme, 12 boulevard Clemenceau ✆ 03 21 96 62 40, Fax 03 21 96 01 92

Monument des Bourgeois de Calais (Rodin)★★ - Phare ★★ DX - Musée des Beaux-Arts et de la Dentelle★ CX **M²**.

Cap Blanc Nez★★ : 13 km par ④.

Plans pages suivantes

Meurice rest, VISA

5 r. E. Roche – ✆ 03 21 34 57 03 – meurice@wanadoo.fr – Fax 03 21 34 14 71 CX **v**

41 ch – 60 € 150 €, 12 € – ½ P 68/98 € – **Rest** – *(fermé sam. midi)* Menu 18 € (sem.)/43 €

◆ Hôtel de tradition avec son vaste hall à l'atmosphère "vieille France" et ses grandes chambres au charme délicieusement désuet ; décor actuel dans une aile plus récente. Poutres, boiseries sculptées et meubles de style composent le cadre cossu du restaurant.

Holiday Inn ch, rest, ch, 30, VISA

bd Alliés – ✆ 03 21 34 69 69 – holidayinn@holidayinn-calais.com – Fax 03 21 97 09 15 CX **a**

63 ch – 125/150 € 135/165 €, 13 € – **Rest** – *(fermé sam. midi, dim. midi et fériés)* Menu 17 € bc/23 € – Carte 23/35 €

◆ Agréablement située face au port de plaisance, bâtisse imposante disposant de chambres amples et confortables, rénovées en 2005 ; vue sur mer pour la moitié d'entre elles. Les baies vitrées du restaurant s'ouvrent sur les mâts des voiliers. Cadre contemporain.

Métropol Hôtel sans rest VISA

43 quai du Rhin – ✆ 03 21 97 54 00 – metropol@metropolhotel.com – Fax 03 21 96 69 70 – Fermé 16 déc.-6 janv. CY **h**

40 ch – 46 € 66 €, 9 € – 1 suite

◆ Façade ancienne en briques rouges. Les chambres, pratiques et insonorisées, sont parfois rehaussées de notes décoratives anglaises, tout comme le salon-bar à l'esprit "british".

Le George V ch, rest, rest, 25, VISA

36 rue Royale – ✆ 03 21 97 68 00 – georgev@georgev-calais.com – Fax 03 21 97 34 73 CX **d**

40 ch – 68 € 75/85 €, 10 € – ½ P 69 € – **Rest** – *(Fermé 21 déc.-14 janv., sam. midi, dim. et fériés)* Menu (14,50 €), 18/48 € bc – Carte 35/52 €

◆ Cet hôtel borde une artère commerçante, à deux pas du casino. Chambres rénovées ou ayant conservé le style des années 1980. Au restaurant, atmosphère feutrée, cave à vin vitrée, cuisine classique ou ardoise du jour.

CALAIS

Bossuet (R.) . . . . BT 9
Cambronne (R.) . . . . AU 12
Chateaubriand (R.) . . . . BT 15
Égalité (Bd de l') . . . . BT 18
Einstein (Bd). . . . . AU 19
La-Fayette (Bd) . . . . AT 39
Fontinettes (R. des). . . . . . . ATU 25
Four-à-Chaux (R. du) . . . . AU 27
Gambetta (Bd Léon). . . . . AT 28
Gaulle (Bd du Gén.-de) . . . . . AT 30
Hoche (R.) . . . . ATU 33
Jacquard (Bd) . . . . AT 34
Lattre-de-Tassigny (R. Mar.-de) . . . . AT 40
Lheureux (Quai L.) . . . . BU 41
Maubeuge (R. de). . . . . BT 43
Phalsbourg (R. de) . . . . BT 51
Prairies (R. des) . . . . AU 52
Ragueneau (R. de) . . . . BTU 57
Valenciennes (R. de) . . . . AU 69
Verdun (R. de) . . . . AT 73

XX **Aquar'aile** ≤ plage et port, AC VISA MC AE
255 r. J. Moulin (4e étage) – ✆ 03 21 34 00 00 – f.leroy@aquaraile.com – Fax 03 21 34 15 00 – Fermé dim. soir AT **s**
Rest – Menu (22 €), 28/40 € – Carte 42/71 € ♀
◆ Agréable panorama depuis cette salle à manger : d'un côté la Manche, de l'autre la mer du Nord et, au loin, visibles par beau temps, les côtes anglaises. Carte de poisson.

XX **Au Côte d'Argent** ≤ VISA MC AE D
1 digue G. Berthe – ✆ 03 21 34 68 07 – lefebvre@cotedargent.com – Fax 03 21 96 42 10 – Fermé 1er-11 mars, 20 août-10 sept., 23 déc.-7 janv., 11-25 fév., merc. soir de sept. à Pâques, dim. soir et lundi CX **f**
Rest – Menu 18 € (sem.)/38 € – Carte 30/55 € ♀
◆ Embarquement immédiat pour un voyage gourmand riche en saveurs iodées dans un cadre plaisant inspiré des cabines de bateau, le tout en observant le ballet des ferry-boats.

XX **Channel** AC VISA MC AE
3 bd Résistance – ✆ 03 21 34 42 30 – contact@restaurant-lechannel.com – Fax 03 21 97 42 43 – Fermé 28 juil.-10 août, 23 déc.-18 janv., dim. soir et mardi CX **e**
Rest – Menu 20/50 € – Carte 43/95 € ♀
◆ Élégant décor contemporain, produits de la mer de premier choix et attrayante carte des vins (cave ouverte sur la salle) : une plaisante escale avant la traversée du "channel".

CALAIS

Rue	Carré	N°
Amsterdam (R. d')	DXY	3
Angleterre (Pl. d')	DX	4
Barbusse (Pl. Henri)	DX	6
Bonnigue (R. du Cdt)	DX	7
Bruxelles (R. de)	DX	10
Chanzy (R. du Gén.)	DY	13
Commune-de-Paris (R. de la)	CDY	16
Escaut (Quai de l')	CY	21
La-Fayette (Bd)	DY	
Foch (Pl. Mar.)	CXY	22
Fontinettes (R. des)	CDY	24
Gambetta (Bd Léon)	CY	
Georges-V (Pont)	CY	31
Jacquard (Bd)	CDY	
Jacquard (Pont)	CY	36
Jean-Jaurès (R.)	DY	37
Londres (R. de)	DX	42
Mer (R. de la)	CX	45
Notre-Dame (R.)	CDX	46
Paix (R. de la)	CX	48
Pasteur (Bd)	DY	
Paul-Bert (R.)	CDY	49
Prés.-Wilson (Av. du)	CY	54
Quatre-Coins (R. des)	CY	55
Rhin (Quai du)	CY	58
Richelieu (R.)	CX	60
Rome (R. de)	CY	61
Royale (R.)	CX	63
Soldat-Inconnu (Pl. du)	DY	64
Tamise (Quai de la)	CDY	66
Thermes (R. des)	CX	67
Varsovie (R. de)	DY	70
Vauxhall (R. du)	CY	72

XX **La Pléiade** AC VISA MC AE D

32 r. J. Quehen – ✆ 03 21 34 03 70 – e.memain@lapleiade.com – Fax 03 21 34 03 13 – Fermé 25 juil.-15 août, 18 fév.-2 mars, dim. et lundi sauf fériés CX **r**

Rest – Menu 25/58 € – Carte 35/63 € ♀

◆ Façade engageante pour ce restaurant dont l'élégant décor s'agrémente de boiseries et de tableaux à thème marin. Cuisine au goût du jour et suggestions du marché.

X **Histoire Ancienne** AC VISA MC AE

20 r. Royale – ✆ 03 21 34 11 20 – p.comte@histoire-ancienne.com – Fax 03 21 96 19 58 – Fermé 30 juil.-12 août, lundi soir et dim. CX **x**

Rest – Menu 18/34 € – Carte 21/41 € ♀

◆ Charmante salle à manger rajeunie conservant judicieusement ses allures de bistrot "rétro" : banquettes et vieux zinc. Grillades, plats traditionnels et du terroir.

X **Le Grand Bleu** VISA MC

Quai de la Colonne – ✆ 03 21 97 97 98 – legrandbleu-calais@wanadoo.fr – Fax 03 21 82 53 03 CX **n**

Rest – *(fermé mardi soir sauf de juin à sept. et merc.)* Menu 18/38 € – Carte 34/51 € ♀

◆ L'enseigne annonce la couleur : ce restaurant célèbre la mer sous toutes ses formes, tant dans son décor que dans sa cuisine qui privilégie les saveurs iodées.

à Coquelles **6 km a l'Ouest par av. R. Salengro** AT – **2 370 h. – alt. 5 m – ✉ 62231**

Holiday Inn ch, AC ch, rest, 15/200, P VISA MC AE D

– ✆ 03 21 46 60 60 – info@holidayinncoquelles.com – Fax 03 21 85 76 76

118 ch – †100/125 € ††120/145 €, ☕ 15 € – **Rest** – *(fermé sam. midi)* Menu 19/39 €

◆ Complexe moderne voisin du tunnel sous la Manche. La moitié des chambres sort d'une rénovation totale et soignée. Sauna, hammam, club de gym et de squash. Mobilier épuré dans la salle à manger récemment redécorée dans un esprit actuel.

à Blériot-Plage AT – **✉ 62231 Sangatte**

Office de tourisme, route nationale ✆ 03 21 34 97 98, Fax 03 21 97 75 13

Les Dunes rest, P P VISA MC AE D

48 rte Nationale – ✆ 03 21 34 54 30 – p.mene@les-dunes.com – Fax 03 21 97 17 63 – Fermé 13-28 oct., 17-30 mars AT **z**

9 ch – †48/66 € ††48/66 €, ☕ 8 € – **Rest** – *(fermé dim. soir sauf fériés et lundi de sept. à juil.)* Menu 18 € (sauf sam. soir)/38 € – Carte 34/57 € ♀

◆ Dans la commune qui vit s'envoler Louis Blériot le 25 juillet 1909 pour une glorieuse traversée de la Manche. Chambres toutes neuves, simples et pratiques ; petits balcons. Spacieux restaurant joliment aménagé. Cuisine de la mer, gibier en saison.

CALALONGA (PLAGE DE) – 2A Corse-du-Sud – 345 E11 – rattaché à Corse (Bonifacio)

CALA-ROSSA – 2A Corse-du-Sud – 345 F10 – voir à Corse (Porto-Vecchio)

CALÈS – 46 Lot – 337 F3 – 149 h. – alt. 273 m – ✉ 46350 29 C1

Paris 528 – Sarlat-la-Canéda 42 – Cahors 52 – Gourdon 21 – Rocamadour 15 – St-Céré 43

Le Petit Relais ch, VISA MC

Le Bourg – ✆ 05 65 37 96 09 – Fax 05 65 37 95 93 – Fermé janv., sam. midi et dim. soir d'oct. à mars

13 ch – †40/45 € ††53/62 €, ☕ 9 € – ½ P 53/65 € – **Rest** – Menu 20/36 € – Carte 26/36 € ♀

◆ Depuis trois générations, la même famille vous accueille dans cette vieille maison quercynoise, au cœur d'un pittoresque village. Chambres bien rénovées et insonorisées. Restaurant rustique (poutres, cheminée, cuivres), terrasse ombragée et plats du terroir.

CALLAS – 83 Var – 340 O4 – 1 388 h. – alt. 398 m – ✉ 83830
Côte d'Azur 41 C3

Paris 872 – Castellane 51 – Draguignan 14

Office de tourisme, place du 18 juin 1940 ✆ 04 94 39 06 77, Fax 04 94 39 06 79

rte de Muy 7 km au Sud-Est par D 25 – ✉ 83830 Callas

Hostellerie Les Gorges de Pennafort

D 25 – ✆ 04 94 76 66 51 – info@hostellerie-pennafort.com – Fax 04 94 76 67 23 – Fermé de mi-janv. à mi-mars rest, 20, VISA

16 ch – 130/150 € 180/210 €, 18 € – ½ P 160/190 € – **Rest** – *(fermé merc. midi, dim. soir et lundi)* Menu 42 € (déj. en sem.), 53/130 € – Carte 102/147 €

Spéc. Ravioli de foie gras et parmesan, sauce aux truffes. Carré d'agneau rôti, jus au thym. Chocolat noir amer, pain de Gênes, parfait fruit de la passion. **Vins** Côtes de Provence, Coteaux Varois.

◆ Harmonie de couleurs et de matières en ce mas où tout a été pensé pour créer une atmosphère raffinée. Le soir, jeux de lumières sur les falaises rouges des gorges. Salle à manger relookée tournée vers une jolie pièce d'eau ; cuisine savoureuse et bonne cave.

CALVI – 2B Haute-Corse – 345 B4 – voir à Corse

CALVINET – 15 Cantal – 330 C6 – 432 h. – alt. 600 m – ✉ 15340 5 A3

Paris 576 – Aurillac 34 – Entraygues-sur-Truyère 32 – Figeac 40 – Maurs 19 – Rodez 56

Beauséjour (Puech) avec ch VISA

– ✆ *04 71 49 91 68 – beausejour.puech@wanadoo.fr – Fax 04 71 49 98 63 – Fermé 25-30 juin, 26 nov.-8 déc., 7 janv.-13 fév., dim. soir d'oct. à mai, lundi sauf le soir en juil.-août, mardi sauf le soir de mars à sept. et merc. sauf le soir de juin à sept.*

6 ch – 58 € 58/72 €, 15 €, 2 duplex – ½ P 60/80 € – **Rest** – *(nombre de couverts limité, prévenir)* Menu (25 €), 30 € (sem.)/60 €

Spéc. Gaufre de foie de canard, caramel à la gentiane. Sushis d'Auvergne (été). Sablé à la châtaigne, pommes reinettes. **Vins** Marcillac, Saint-Pourçain.

◆ Maison de pays où l'on s'attache à faire découvrir les saveurs d'une cuisine mariant inventivité et terroir. Vins régionaux à prix doux. Chambres modernes. Adresse non-fumeurs.

CAMARET-SUR-MER – 29 Finistère – 308 D5 – 2 668 h. – alt. 4 m – ✉ 29570
Bretagne 9 A2

Paris 597 – Brest 4 – Châteaulin 45 – Crozon 11 – Morlaix 91 – Quimper 60

Office de tourisme, 15 quai Kleber ✆ 02 98 27 93 60, Fax 02 98 27 87 22

Pointe de Penhir★★★ SO : 3,5 km.

De France rest, VISA

quai G. Toudouze – ✆ 02 98 27 93 06 – hotel.thalassa@wanadoo.fr – Fax 02 98 27 88 14 – Ouvert Pâques-nov.

20 ch – 41/50 € 50/92 €, 8 € – ½ P 50/69 € – **Rest** – Menu (13,50 €), 18/39 € – Carte 28/119 €

◆ Chambres d'inspiration marine, bien tenues et insonorisées ; la moitié regarde les bateaux, les autres sont plus petites mais plus calmes. Le restaurant, réparti sur deux étages, vous invite à déguster ses spécialités de fruits de mer avec le port en toile de fond.

Bellevue le port, cuisinette VISA

– ✆ *02 98 17 12 50 – hotel.thalassa@wanadoo.fr – Fax 02 98 27 88 14 – Fermé 15 janv.-15 fév.*

12 ch – 65/85 € 65/140 €, 10 €, 3 duplex – ½ P 60/85 €

◆ Vue panoramique sur le port et tranquillité assurée dans les studios fonctionnels de l'annexe, équipés de cuisinettes.

Vauban sans rest 14, VISA

4 quai du Styvel – ✆ 02 98 27 91 36 – Fax 02 98 27 96 34 – Fermé déc. et janv.

16 ch – 32/44 € 32/44 €, 6 €

◆ Les navigateurs ne s'y trompent pas en faisant escale ici : l'hôtel est plutôt modeste, mais ses prix sages et son chaleureux accueil justifient qu'on change de cap !

LA CAMBE – 14 Calvados – 303 F3 – 518 h. – alt. 25 m – ✉ 14230 32 B2

▶ Paris 289 – Bayeux 26 – Caen 56 – Saint-Lô 31

Ferme Savigny sans rest

par D 613 et D113 : 2,5 km – ☎ 02 31 21 12 33 – re.ledevin@libertysurf.fr

4 ch – 40 € 50 €

◆ Cet ancien corps de ferme propose des chambres confortables et décorées avec goût. Lorsque le temps le permet, on sert les petits-déjeuners sous la tonnelle de la jolie cour plantée d'un saule pleureur.

CAMBO-LES-BAINS – 64 Pyrénées-Atlantiques – 342 D4 – 4 416 h. – alt. 67 m – Stat. therm. : début mars-mi déc. – ✉ 64250 Pays Basque 3 A3

▶ Paris 783 – Biarritz 21 – Pau 115

Syndicat d'initiative, avenue de la Mairie ☎ 05 59 29 70 25, Fax 05 59 29 90 77

Epherra à Souraïde Urloko Bidea, O : 13 km par D 918, ☎ 05 59 93 84 06.

Villa Arnaga★★ M.

Le Trinquet sans rest

VISA

r. Trinquet – ☎ 05 59 29 73 38 – trinquet@hotel-trinquet-cambo.com – Fax 05 59 29 25 61 – Fermé 5 nov.-11 déc. et mardi sauf du 4 juil. au 24 sept.

12 ch – 26/39 € 26/45 €, 6 €

◆ Cette grande maison a pris le nom d'une variante de la pelote basque. Les chambres, simples et bien entretenues, sont aménagées au-dessus d'un café. Ambiance familiale.

Ursula sans rest

P VISA

Quartier Bas-Cambo, au Nord : 2 km – ☎ 05 59 29 88 88 – hotel.ursula@wanadoo.fr – Fermé déc.

15 ch – 41/45 € 45/55 €, 9 €

◆ Ce petit hôtel situé dans le pittoresque quartier du Bas-Cambo met à votre disposition de grandes chambres bien tenues, garnies d'un mobilier fonctionnel.

Le Bellevue avec ch

AC rest, ch, cuisinette P VISA

r. Terrasses – ☎ 05 59 93 75 75 – contact@hotel-bellevue64.com – Fax 05 59 93 75 85 – Fermé début janv.-10 fév.

1 ch – 50/60 € 60/95 €, 6,50 € – 6 suites – 60/95 € – **Rest** – *(fermé jeudi soir, dim. soir et lundi)* Menu 18/37 €

Rest *Formule Bistrot* – *(déjeuner seult)* Menu 10,50 €

◆ Tableaux modernes sur murs immaculés et mobilier actuel créent le décor soigné de ce restaurant dédié aux saveurs régionales. Au Bistrot, cadre simple et convivial. L'autre charme de cette maison du 19e s., bien rénovée : ses suites familiales d'esprit contemporain.

Chez Tante Ursule avec ch

P VISA

Quartier Bas-Cambo, au Nord : 2 km ✉ 64250 – ☎ 05 59 29 78 23 – chez.tante.ursule@wanadoo.fr – Fax 05 59 29 28 57 – Fermé 15-30 nov., 15 fév.-15 mars et mardi

7 ch – 29 € 44 €, 7 € – ½ P 55 € – **Rest** – Menu 16 € (sem.)/35 € – Carte 22/56 €

◆ Cet établissement situé près du fronton de pelote du Bas Cambo abrite une coquette salle à manger agrémentée d'un joli vaisselier. Cuisine à l'âme basque. Chambres rustiques soignées.

Nous essayons d'être le plus exact possible dans les prix que nous indiquons. Mais tout bouge ! Lors de votre réservation, pensez à vous faire préciser le prix du moment.

CAMBRAI – 59 Nord – **302** H6 – **33 738 h.** – **alt. 53 m** – ✉ **59400**
Nord Pas-de-Calais Picardie 31 **C3**

Paris 179 – Amiens 98 – Arras 36 – Lille 77 – St-Quentin 51

Office de tourisme, 48 rue du Noyon ✆ 03 27 78 36 15, Fax 03 27 74 82 82

Mise au tombeau★★ de Rubens dans l'église St-Géry AY - Musée Beaux-Arts : clôture du chœur★, char de procession★ AZ **M.**

CAMBRAI

Rue	Plan	N°
Albert-1er (Av.)	BY	2
Alsace-Lorraine (R. d')	BYZ	4
Berlaimont (Bd de)	BZ	5
Briand (Pl. A.)	AYZ	6
Cantimpré (R. de)	AY	7
Capucins (R. des)	AY	8
Château-de-Selles (R. du)	AY	10
Clefs (R. des)	AY	12
Épée (R. de l')	AZ	13
Fénelon (Gde-R.)	AY	15
Fénelon (Pl.)	AY	16
Feutriers (R. des)	AY	17
Gaulle (R. Gén.-de)	BZ	18
Grand-Séminaire (R. du)	AZ	19
Lattre-de-Tassigny (R. Mar.-de)	BZ	21
Leclerc (Pl. du Mar.)	BZ	22
Lille (R. de)	BY	23
Liniers (R. des)	AZ	24
Moulin (Pl. J.)	AZ	25
Nice (R. de)	AY	27
Pasteur (R.)	AY	29
Porte-de-Paris (Pl. de la)	AZ	32
Porte-Notre-Dame (R.)	BY	31
Râtelots (R. des)	AZ	33
Sadi-Carnot (R.)	AY	35
St-Aubert (R.)	AY	36
St-Géry (R.)	AY	37
St-Ladre (R.)	BZ	39
St-Martin (Mail)	AZ	40
St-Sépulcre (Pl.)	AZ	41
Selles (R. de)	AY	43
Vaucelette (R.)	AZ	45
Victoire (Av. de la)	AZ	46
Watteau (R.)	BZ	47
9-Octobre (Pl. du)	AY	48

Château de la Motte Fénelon rest, ch, 20/150,
square Château, par allée St Roch - Nord du plan BY
– 03 27 83 61 38 – contact@cambrai-chateau-motte-fenelon.com – Fax 03 27 83 71 61
10 ch – 88/240 € 88/240 €, 10 € – ½ P 60/146 € – **Rest** – Menu 25/38 € – Carte 21/46 €
◆ Le château édifié en 1850 par l'architecte Hittorff profite d'un environnement verdoyant et abrite des chambres de caractère au mobilier de style ou cérusé. Voûtes séculaires en briques, décor soigné et carte traditionnelle caractérisent le restaurant.

Orangerie Parc
30 ch – 57/103 € 57/103 €, 10 € – ½ P 60/146 €
◆ L'orangerie propose un hébergement confortable à quelques pas du château. La prestation est plus simple dans les bungalows nichés dans un parc de 8 ha.

Beatus rest, 30,
718 av. Paris, par ⑤ : 1,5 km – 03 27 81 45 70 – hotel.beatus@wanadoo.fr – Fax 03 27 78 00 83
32 ch – 62/74 € 66/106 €, 9,50 € – ½ P 66 € – **Rest** – *(fermé août, week-ends et le midi) (dîner pour résidents seult)*
◆ À l'ombre de grands arbres, demeure toute blanche dont le superbe escaliser conduit à de spacieuses chambres, toutes différentes, contemporaines ou de style. Salon-bar feutré.

Le Clos St Jacques ch,
9 r. St Jacques – 03 27 74 37 61 – rquero@wanadoo.fr – Fax 03 27 74 37 61 – Fermé 10-20 août et 29 déc.-6 janv. BY **e**
6 ch – 65 € 72 €, 8,50 € – **Rest** – table d'hôte *(fermé vend., sam. et dim.) (dîner seult) (résidents seult)* Menu 22 €
◆ Monsieur conte volontiers l'histoire de ce bel hôtel particulier que Madame a superbement redécoré en conservant son âme originelle. Excellent petit-déjeuner, accueil délicieux.

L'Escargot
10 r. Gén. de Gaulle – 03 27 81 24 54 – restaurantlescargot@wanadoo.fr – Fax 03 27 83 95 21 – Fermé 20-30 juil, 20-30 déc., vend. soir et merc. BZ **n**
Rest – Menu 23/37 € – Carte 28/47 €
◆ Adresse située au cœur de la petite capitale des "bêtises". Salles à manger rustiques, dont une mezzanine, où l'on sert une cuisine traditionnelle dans une ambiance décontractée.

Au Fil de l'Eau
1 bd Dupleix – 03 27 74 65 31 – Fax 03 27 74 65 31 – Fermé 16 juil.-13 août, dim. soir, merc. soir et lundi AY **f**
Rest – Menu (17 €), 20/45 € – Carte 25/43 €
◆ Convivialité, couleurs gaies et goûteuse cuisine traditionnelle aux saveurs iodées vous attendent en ce sympathique petit restaurant proche d'une écluse du canal de St-Quentin.

rte de Bapaume 4 km par ⑥ – ✉ 59400 Fontaine-Notre-Dame

Auberge Fontenoise
543 rte de Bapaume – 03 27 37 71 24 – auberge.fontenoise@wanadoo.fr – Fax 03 27 70 34 91 – Fermé 1er-15 juil., 29 janv.-5 fév., dim. soir, sam. midi et lundi
Rest – Menu 18 € (sem.)/43 € – Carte 36/40 €
◆ Des produits de qualité et une bonne dose de savoir-faire : on se régale de recettes régionales gourmandes dans cette charmante auberge familiale au décor rustique et soigné.

CAMBREMER – 14 Calvados – 303 M5 – 1 092 h. – alt. 100 m – ✉ 14340 33 C2

Paris 211 – Caen 38 – Deauville 28 – Falaise 38 – Lisieux 15 – Saint-Lô 110

Syndicat d'initiative, rue Pasteur 02 31 63 08 87, Fax 02 31 63 08 21

Château Les Bruyères ch, ch,
rte Cadran (D 85) – 02 31 32 22 45 – reception@chateaulesbruyeres.com – Fax 02 31 32 22 58 – Fermé 2-31 janv.
13 ch – 85 € 120/250 €, 19 € – ½ P 120/165 € – **Rest** – *(fermé mardi hors saison et lundi) (dîner seult)* Menu 35/65 € – Carte 54/95 €
◆ Cette noble demeure se dresse au cœur d'un agréable parc arboré. Élégant salon bourgeois et jolies chambres personnalisées pour un séjour au grand calme. Menus terre et mer composés selon les arrivages du marché ; plantes aromatiques et produits du potager.

CAMIERS – 62 Pas-de-Calais – 301 C4 – 2 252 h. – alt. 23 m – ✉ 62176 30 A2

Paris 244 – Arras 101 – Boulogne-sur-Mer 21 – Calais 58 – Le Touquet 10

Office de tourisme, esplanade Ste-Cécile-Plage ✆ 03 21 84 72 18, Fax 03 21 84 72 18

Les Cèdres

64 r. Vieux Moulin – ✆ 03 21 84 94 54 – hotel-cedres@wanadoo.fr – Fax 03 21 09 23 29 – Fermé 3 déc.-2 fév.

27 ch – 50/65 € 50/65 €, 7 € – ½ P 55/67 €

Rest *L'Orangeraie* – *(fermé 12 nov.-2 fév. et le midi sauf dim.)* Menu 23/40 € – Carte 31/41 €

◆ Au centre du bourg, deux maisons séparées par une agréable cour-terrasse. Les chambres, modestes mais bien tenues, s'égayent de coloris vifs. Coquet salon-bibliothèque. Salle à manger-véranda ouverte sur la terrasse d'été ; cuisine traditionnelle et régionale.

CAMON – 09 Ariège – 343 J6 – 144 h. – alt. 349 m – ✉ 09500

Midi-Pyrénées 29 C3

Paris 780 – Carcassonne 63 – Pamiers 37 – Toulouse 103

Office de tourisme, 10 rue Georges d'Armagnac ✆ 05 61 68 88 26

L'Abbaye-Château de Camon

– ✆ 05 61 60 31 23 – peter.katielawton@wanadoo.fr – Fax 05 61 60 31 23 – Fermé 2 janv.-15 mars

ch,

6 ch – 100/160 € 120/180 €, 18 € – ½ P 112/142 € – **Rest** – table d'hôte *(fermé merc.) (dîner seult)* Menu 38 €

◆ Le temps semble s'être arrêté dans ce site enchanteur dont le jardin offre de multiples recoins où chacun peut s'isoler. Les chambres, personnalisées, occupent d'anciennes cellules monacales. Le soir, vous rejoindrez le cloître où vous attendent de bons petits plats régionaux.

CAMPAGNE – 24 Dordogne – 329 G6 – rattaché au Bugue

CAMPIGNY – 27 Eure – 304 D6 – rattaché à Pont-Audemer

LE CAMP-LAURENT – 83 Var – 340 K7 – rattaché à Toulon

CAMPS – 19 Corrèze – 329 M6 – 243 h. – alt. 520 m – ✉ 19430 Camps-St- Mathurin-Leobazel 25 C3

Paris 520 – Aurillac 45 – Brive-la-Gaillarde 61 – St-Céré 25 – Tulle 45

Rocher du Peintre ≤★ S : 1 km, **Berry Limousin.**

Du Lac

rest,

– ✆ 05 55 28 51 83 – Fax 05 55 28 53 71 – Fermé 10-15 nov., 5-25 fév.

10 ch – 40 € 40 €, 6,50 € – ½ P 39/42 € – **Rest** – *(fermé le soir du lundi au jeudi de nov. à mars)* Menu 19/37 €

◆ Bâtisse récente située aux abords d'un lac, dans un village de la campagne limousine. Chambres fonctionnelles lambrissées. Repas traditionnel près de la cheminée, dans un décor simple et boisé, ou sous la véranda ouvrant sur le plan d'eau et la campagne.

CANAPVILLE – 14 Calvados – 303 M4 – rattaché à Deauville

CANCALE – 35 Ille-et-Vilaine – 309 K2 – 5 203 h. – alt. 50 m – ✉ 35260

Bretagne 10 D1

Paris 398 – Avranches 61 – Dinan 35 – Fougères 73 – St-Malo 16

Office de tourisme, 44 rue du Port ✆ 02 99 89 63 72, Fax 02 99 89 75 08

Site★ - Port de la Houle★ - ★ de la tour de l'église St-Méen - Pointe du Hock et sentier des Douaniers ≤★.

Pointe du Grouin★★.

CANCALE

Bricourt (Pl.) . . . . Y 3
Calvaire (Pl. du) . . . . Z 4
Duguay-Trouin (Quai). . . . . Z 9
Duquesne (R.) . . . . Y 10
Du-Guesclin (R.) . . . . Y 8
Fenêtre (Jetée de la) . . . . Z 12
Gallais (R.) . . . . Y 13
Gambetta (Quai) . . . . Z 14
Hock (R. du) . . . . Z 16
Jacques-Cartier (Quai). . . . . . . Z 17
Juin (R. du Mar.) . . . . Z 18
Kennedy (Quai) . . . . Z 19
Leclerc (R. Gén.) . . . . YZ 20
Mennais (R. de la) . . . . Y 22
Port (R. du) . . . . Z
République (Pl. de la). . . . . Z 23
Rimains (R. des) . . . . Y 24
Roulette (R. de la) . . . . Z 25
Stade (R. du) . . . . Y 27
Surcouf (R.) . . . . Y 28
Thomas (Quai) . . . . Z 30

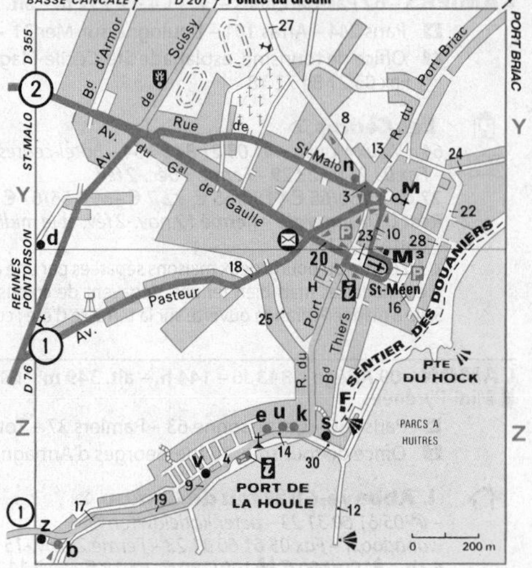

De Bricourt-Richeux

← baie du Mont-St-Michel, ch,
20, VISA

rte Mont-St-Michel : 6,5 km par D 76, D 155 et voie secondaire – ✆ 02 99 89 64 76 – bricourt@relaischateaux.com – Fax 02 99 89 88 47 – Fermé janv.

11 ch – †165/315 € ††165/315 €, ☕ 18 € – 2 suites

Rest ***Maisons de Bricourt*** – voir ci-après

Rest ***Le Coquillage*** – *✆ 02 99 89 25 25 (fermé jeudi midi hors saison, mardi midi et lundi)* Menu 29/56 € ♀

◆ Dans un parc (2 500 plantes, élevage d'animaux) dominant la baie du Mont-St-Michel, superbe villa des années 1920 où séjourna Léon Blum. Chambres très raffinées. Goûteuse cuisine de la mer servie dans une salle panoramique. Divine terrasse d'été sous les pins.

Le Querrien

← rest, VISA

7 quai Duguay-Trouin – ✆ 02 99 89 64 56 – le-querrien@wanadoo.fr – Fax 02 99 89 79 35 Z **v**

15 ch – †59/147 € ††59/147 €, ☕ 9 € – ½ P 55/99 € – **Rest** – Menu 16 € (sem.)/27 € – Carte 26/58 € ♀

◆ Maison bretonne et sa véranda directement sur le quai. Les chambres portent le nom d'un bateau ; décoration aux couleurs du large. Restaurant aménagé à la gloire du nautisme et de l'océan ; spécialités de poissons et crustacés.

Le Continental

← VISA

quai Thomas – ✆ 02 99 89 60 16 – hotel-conti@wanadoo.fr – Fax 02 99 89 69 58 – Fermé 15-30 nov. et 8 janv.-8 fév. Z **s**

16 ch – †70/98 € ††88/148 €, ☕ 12,50 € – ½ P 76/107 € – **Rest** – *(fermé merc.)* Menu 17 € (déj. en sem.), 21/45 € – Carte 20/49 € ♀

◆ Situation privilégiée face au port, accueil sympathique et confortables chambres aux teintes pastel composent les atouts du Continental. Belles boiseries rehaussées de miroirs dans la salle à manger prolongée d'une véranda-terrasse avec vue sur la flotille de pêche.

Auberge de la Motte Jean sans rest

VISA

par ② : 2 km sur D 355 – ✆ 02 99 89 41 99 – hotel-pointe-du-grouin@wanadoo.fr – Fax 02 99 89 92 22

13 ch – †65/78 € ††65/130 €, ☕ 7 €

◆ Ancien corps de ferme isolé dans la campagne cancalaise. Grand calme, jardin soigné avec étang. Chambres personnalisées garnies de meubles anciens. Accueil "sur mesure".

Le Chatellier sans rest

par ② : 1 km sur D 355 – ✆ 02 99 89 81 84 – hotelchatel@aol.com – Fax 02 99 89 61 69 – Fermé 1er déc.-28 fév.

13 ch – 46 € 56/74 €, 8 €

◆ Cette maison familiale restaurée séduira ceux qui redoutent l'effervescence du centre-ville. Les chambres, mansardées à l'étage, sont fraîches, simples et insonorisées.

Nuit et Jour sans rest

cuisinette

3 av. Scissy – ✆ 02 99 89 75 59 – nuitetjour@wanadoo.fr – Fax 02 99 89 77 13 – Fermé 15 nov.-3 fév. YZ **d**

30 ch – 47/75 € 47/75 €, 6,50 €

◆ Motel composé de plusieurs bungalows hexagonaux à toit d'ardoise. Chambres en rez-de-chaussée, sobres, parfois dotées d'une mezzanine. Jeux pour les enfants.

La Voilerie sans rest

Le Chemin Neuf – ✆ 02 99 89 88 00 – contact@hotel-lavoilerie.com – Fax 02 99 89 74 00 – Fermé 13 nov.-18 déc., lundi soir du 15 oct. au 15 mars sauf vacances scolaires et fériés Z **z**

13 ch – 43/48 € 49/54 €, 6,50 €

◆ Le musée de l'Huître est à deux pas de cet aimable hôtel disposant de chambres un peu exiguës, mais actuelles. Salle des petits-déjeuners au décor naval (mobilier en teck).

Le Manoir des Douets Fleuris sans rest

par ②: 1.5 km sur D 365 – ✆ 02 23 15 13 81 – manoirdesdouetsfleuris@wanadoo.fr – Fax 02 23 15 13 81 – Fermé janv.

3 ch – 79/100 € 79/100 €, 12 € – 3 suites

◆ Manoir ancien (17e s.) et typé où l'on s'endort dans des chambres personnalisées ; ciel de lit et cheminée en granit agrémentent l'une des suites. Âtre monumental au salon.

Maisons de Bricourt (Roellinger)

r. Duguesclin – ✆ 02 99 89 64 76 – bricourt@relaischateaux.com – Fax 02 99 89 88 47 – Ouvert de mi-mars à mi-déc. Y **n**

Rest – *(fermé lundi midi et vend. midi d'oct. à avril, merc. sauf le soir en juil.-août et mardi) (nombre de couverts limité, prévenir)* Menu 97/165 € – Carte 114/142 €

Spéc. Petit homard aux saveurs de l'île aux épices. Bar en cuisson douce aux huiles florales. Selle d'agneau rôtie à la broche, poudre "grande caravane".

◆ Cuisine inventive imprégnée des parfums des cinq continents : cette délicieuse malouinière née au 18e s. de la "course aux épices" réserve un inoubliable voyage gourmand.

Les Rimains baie du Mont-St-Michel,

r. Rimains – ✆ 02 99 89 64 76 – bricourt@relaischateaux.com – Fax 02 99 89 88 47 – Ouvert de mi-mars à mi-déc.

4 ch – 165/265 € 165/265 €, 18 €

◆ Ravissant cottage des années 1930 blotti dans un jardin surplombant la mer. Chambres décorées avec goût, meubles chinés et ambiance "guesthouse".

Le St-Cast

rte Corniche – ✆ 02 99 89 66 08 – restaurantlestcast@wanadoo.fr – Fax 02 99 89 89 20 – Fermé 25-29 juin, 12 nov.-14 déc., 18 fév.-7 mars, dim. soir, mardi et merc. Z **b**

Rest – Menu 16/32 € – Carte 37/48 €

◆ Salle à manger ensoleillée (boiseries, mobilier de style), véranda et terrasse panoramiques tournées vers la baie pour un repas au goût du jour axé sur les produits de la mer.

Le Cancalais avec ch

rest, ch,

12 quai Gambetta – ✆ 02 99 89 61 93 – Fax 02 99 89 89 24 – Fermé 1er déc.-1er fév., dim. soir (sauf hotel) et lundi sauf vacances scolaires Z **u**

10 ch – 45/55 € 80/90 €, 7 € – **Rest** – Menu 17 € (sem.)/45 € – Carte 34/62 €

◆ Deux espaces et deux ambiances : une salle à manger rustique avec ses meubles d'inspiration bretonne et une véranda largement ouverte sur le port. Jolies chambres colorées.

Surcouf
7 quai Gambetta – ✆ 02 99 89 61 75 – Fax 02 99 89 76 41 – Fermé déc., janv., merc. sauf juil.-août et mardi Z **k**
Rest – Menu 16/42 € – Carte 39/76 € ♀
◆ Le célèbre corsaire et armateur malouin a donné son nom à ce coquet restaurant situé face à la jetée. La cuisine, au goût du jour, fait la part belle aux produits de la mer.

Le Troquet
19 quai Gambetta – ✆ 02 99 89 99 42 – Fermé 12 nov.-31 janv., jeudi et vend. Z **e**
Rest – Menu 18 € (sem.)/38 € – Carte 26/53 € ♀
◆ Un sympathique petit bistrot à dénicher parmi les nombreuses enseignes qui bordent le quai. Poissons et crustacés à l'honneur, dont les fameuses huîtres de Cancale.

à la Pointe du Grouin★★ 4,5 km au Nord par D 201 – ✉ 35260 Cancale

La Pointe du Grouin — îles et baie du Mt-St-Michel
– ✆ 02 99 89 60 55 – hotel-pointe-du-grouin@wanadoo.fr – Fax 02 99 89 92 22 – Ouvert 1er avril-15 nov.
16 ch – †82/100 € ††82/100 €, ☕ 8 € – ½ P 80/89 € – **Rest** – *(fermé jeudi midi sauf 10 juil.-1er sept. et mardi)* Menu 21/67 € – Carte 32/58 € ♀
◆ Situation privilégiée pour cette demeure bretonne perchée sur une falaise : la vue sur les îles et le Mont-St-Michel est magnifique. Chambres de style rustique bien équipées. Panorama exceptionnel sur le large depuis les tables proches des baies vitrées.

Les bonnes adresses à petit prix ?
Suivez les Bibs : Bib Gourmand rouge pour les tables et Bib Hôtel bleu pour les chambres.

CANCON – 47 Lot-et-Garonne – 336 F2 – 1 287 h. – alt. 199 m – ✉ 47290 4 C2

Paris 581 – Agen 51 – Bergerac 40 – Bordeaux 134
Syndicat d'initiative, place de la Halle ✆ 05 53 01 09 89

à Saint-Eutrope-de-Born 9 km au Nord-Est par D 124 et D 153 – 609 h. – alt. 95 m – ✉ 47210

Domaine du Moulin de Labique
– ✆ 05 53 01 63 90 – moulin-de-labique@wanadoo.fr – Fax 05 53 01 73 17 – Fermé 1er-21 oct. et 28 janv.-10 fév. ch,
6 ch – †70 € ††90/140 €, ☕ 10 € – ½ P 85 € – **Rest** – table d'hôte *(dîner seult) (résidents seult)* Menu 31 € ♀
◆ Un ruisseau borde ce grand domaine où l'on élève des poneys. Les chambres, aménagées dans l'ancienne écurie, la grange ou la maison principale, sont soigneusement décorées. À table, cuisine familiale et foie gras maison.

CANDES-ST-MARTIN – 37 Indre-et-Loire – 317 J5 – 227 h. – alt. 35 m – ✉ 37500 Châteaux de la Loire 11 A2

Paris 290 – Angers 76 – Chinon 16 – Saumur 13 – Tours 54
Collégiale★.

Auberge de la Route d'Or
2 pl. Église – ✆ 02 47 95 81 10 – routedor@clubinternet.fr – Fax 02 47 95 81 10 – Ouvert 31 mars-11 nov. et fermé mardi sauf le midi en juil.-août et merc.
Rest – Menu 15 € (déj. en sem.), 21/33 € – Carte 31/40 € ♀
◆ Auberge rustique aménagée dans deux maisons anciennes ; l'une d'elles date du 17e s. Salle à manger intime avec cheminée. La cuisine puise son inspiration dans le terroir.

CANDÉ-SUR-BEUVRON – 41 Loir-et-Cher – 318 E7 – 1 208 h. – alt. 70 m – ✉ 41120 11 A1

Paris 199 – Blois 15 – Chaumont-sur-Loire 7 – Montrichard 21 – Orléans 78 – Tours 51

Syndicat d'initiative, 10 route de Blois ☎ 02 54 44 00 44

La Caillère ch, rest, VISA AE

36 rte Montils – ☎ 02 54 44 03 08 – lacaillere2@wanadoo.fr – Fax 02 54 44 00 95 – Fermé janv. et fév.

14 ch – †55 € ††65/70 €, ☕ 12 € – ½ P 65/70 € – **Rest** – *(fermé jeudi midi et merc.)* Menu (21 €), 42/47 € – Carte 49/54 €

◆ Séparée de la route par un rideau de verdure, ancienne ferme prolongée d'une aile moderne proposant des chambres fonctionnelles. Plaisante salle à manger non-fumeurs, rajeunie mais ayant conservé son petit côté campagnard ; cuisine saisonnière.

Auberge du Lion d'Or avec ch VISA

1 rte. de Blois – ☎ 02 54 44 04 66 – Fax 02 54 44 06 19 – Fermé 1er-15 mars, janv., lundi et mardi

8 ch – †35/44 € ††35/44 €, ☕ 6 € – ½ P 39/44 € – **Rest** – Menu 16 € (sem.)/49 € – Carte 28/58 €

◆ Auberge villageoise composée de deux salles à manger rustiques et d'une terrasse ombragée où l'on sert une cuisine traditionnelle évoluant au gré du marché. Chambres simples.

LE CANET – 13 Bouches-du-Rhône – 340 I5 – rattaché à Aix-en-Provence

CANET-EN-ROUSSILLON – 66 Pyrénées-Orientales – 344 J6 – 10 182 h. – alt. 11 m – Casino BZ – ✉ 66140 22 B3

Paris 849 – Argelès-sur-Mer 21 – Narbonne 66 – Perpignan 11

Office de tourisme, espace Méditerranée ☎ 04 68 86 72 00, Fax 04 68 86 72 12

Plan page suivante

CANET-PLAGE – ✉ 66140 Canet-en-Roussillon Languedoc Roussillon 22 B3

Les Flamants Roses 12/60, VISA AE

1 voie des Flamants Roses – ☎ 04 68 51 60 60 – contact@hotel-flamants-roses.com – Fax 04 68 51 60 61

59 ch – †140/220 € ††160/260 €, ☕ 16 € – 4 suites – ½ P 115/170 €

Rest *L'Horizon* – rest. diététique Menu 39/65 € – Carte 47/53 €

Rest *Le Canotier* – buffet *(fermé le soir et dim. d'oct. à avril)* Menu 25 €

◆ Établissement moderne bordant la plage et couplé à un centre de thalassothérapie. Les chambres, largement ouvertes sur les flots, offrent un intérieur chaleureux. À l'Horizon : plats actuels ou "allégés" servis face à la mer. Cuisine de type brasserie au Canotier.

Le Clos des Pins ch, 15, VISA AE

34 av. Roussillon – ☎ 04 68 80 32 63 – contact@closdespins.com – Fax 04 68 80 49 19 – Ouvert 1er avril-31 oct. AY **a**

16 ch ☕ – †90/110 € ††110/130 € – 1 suite – ½ P 95/105 €

Rest *Le Mas Fleuri* – *(ouvert 1er avril-30 sept.) (dîner seult)* Carte 38/50 €

◆ À l'ombre des pins d'un parc centenaire, charmant mas catalan du 19e s. et ses confortables chambres aux couleurs du Sud. Joli jardin méridional. Au restaurant, cheminée en éclats de faïence façon Gaudi, terrasse ombragée et recettes ensoleillées.

Mercure sans rest mer, 15, VISA

120 prom. Côte Vermeille – ☎ 04 68 80 28 59 – hotelmercure.canetplage@wanadoo.fr – Fax 04 68 80 80 60 BZ **b**

48 ch – †87/117 € ††95/125 €, ☕ 10 €

◆ Immeuble du front de mer proposant des chambres contemporaines (lits "king size"), pour moitié tournées vers la "grande bleue" et pourvues de balcons. Buffet de petits-déjeuners.

CANET-PLAGE

Rue	Carré	N°
Aigues Marines (R. des)	**BZ**	2
Albères (R. des)	**BY**	5
Amandiers (R. des)	**BY**	6
Anémones (Bd des)	**AYZ**	7
Balcons du Front de Mer (Av. des)	**BZ**	8
Bourgogne-Morvan (R.)	**BZ**	9
Capcir (Galerie du)	**BY**	12
Cassanyes (Galerie)	**BY**	14
Catalogne (Av. de la)	**BY**	15
Cerdagne (R. de)	**BY**	18
Cerisiers (R. des)	**BY**	20
Champagne (R. de)	**BZ**	22
Coquillages (R. des)	**BZ**	25
Corbières (R. des)	**BY**	28
Grande-Bretagne (R. de)	**BYZ**	29
Gratia (Av. Edmond)	**BZ**	30
Île-de-France (R.)	**BZ**	32
Jouy d'Arnaud (R.)	**BY**	33
Pountarrou (Av. du)	**AY**	34
Pyrénées (R. des)	**BY**	35
Sardane (R. de la)	**ABY**	36

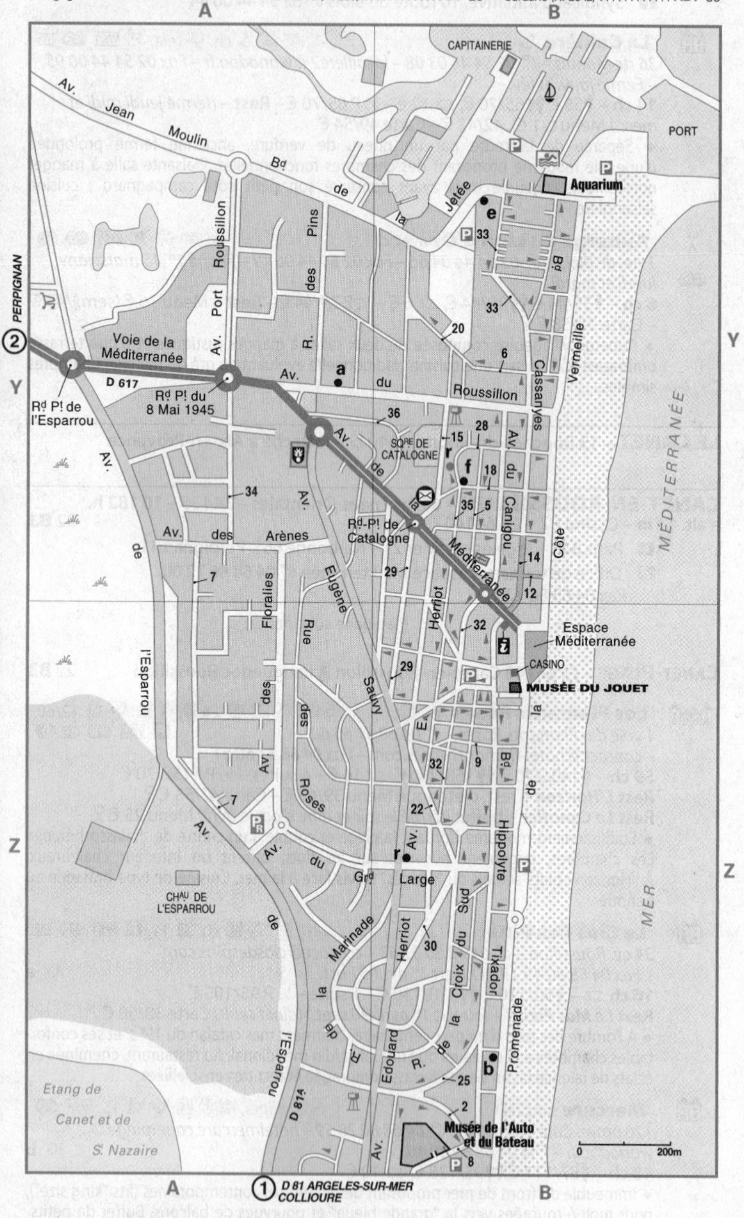

Le Galion rest,
20 bis av. Grand large – 04 68 80 28 23 – contact@hotel-le-galion.com – Fax 04 68 80 20 46 BZ **r**
28 ch – 55/77 € 59/121 €, 10 € – ½ P 60/92 € – **Rest** – Menu (15 €), 25/28 € – Carte 29/45 €
◆ Ce Galion-là se trouve à quelque 150 m des flots : maison familiale dont la majorité des chambres, peu à peu modernisées, possèdent un balcon. Le restaurant ouvre sur la piscine et la terrasse (grillades aux beaux jours). Recettes catalanes.

Du Port ch, rest,
21 bd Jetée – 04 68 80 62 44 – info@hotel-du-port.net – Fax 04 68 73 28 83 – Hôtel: ouvert avril-nov.; rest: ouvert mai-sept. BY **e**
36 ch (½ P seult) – 50/85 € 50/85 € – ½ P 50/60 € – **Rest** – *(dîner seult) (résidents seult)*
◆ À mi-chemin entre le port et la plage, adresse datant des années 1980 et appréciée pour le calme et le confort de ses sobres chambres, toutes dotées d'un balcon. Cuisine traditionnelle sans prétention et ambiance marine dans la salle à manger.

La Frégate sans rest
12 r. Cerdagne – 04 68 80 22 87 – contact@hotel-lafregate.fr – Fax 04 68 73 82 72 – Fermé 3 janv.- 25 mars BY **f**
26 ch – 49/79 € 54/87 €, 7,50 €
◆ Cet hôtel situé à 100 m de la plage propose de petites chambres équipées d'un mobilier rustique de style régional ; insonorisation correcte et tenue rigoureuse.

XX **Le Don Quichotte**
22 av. Catalogne – 04 68 80 35 17 – ledonquichotte@wanadoo.fr – Fermé 14 janv.-13 fév., lundi et mardi sauf fériés BY **r**
Rest – Menu 37/49 € – Carte 33/62 €
◆ Le patron de ce sympathique restaurant soutient les viticulteurs locaux en proposant une belle sélection de leurs vins pour escorter sa carte mi-traditionnelle, mi-catalane.

CANGEY – 37 Indre-et-Loire – 317 P4 – 773 h. – alt. 85 m – ✉ 37530 11 A1

Paris 210 – Amboise 12 – Blois 28 – Montrichard 26 – Tours 35

de Fleuray Route de Dame-Marie-les-Bois, N : 8 km par D 74, 02 47 56 07 07.

Le Fleuray
Nord : 7 km sur rte Dame-Marie-les-Bois D74 – 02 47 56 09 25 – lefleurayhotel@wanadoo.fr – Fax 02 47 56 93 97 – Fermé 5-11 nov. et 21 déc.-7 janv.
14 ch – 78/98 € 78/128 €, 12 € – ½ P 79/114 € – **Rest** – *(dîner seult) (nombre de couverts limité, prévenir)* Menu 28/48 € – Carte 46/66 €
◆ Ancienne ferme restaurée d'autant plus charmante avec son jardin planté d'arbres fruitiers et sa piscine. Chambres douillettes, délicieusement décorées. Restaurant très lumineux d'esprit campagnard chic pour une cuisine traditionnelle actualisée. Terrasse verdoyante.

CANNES – 06 Alpes-Maritimes – 341 D6 – 67 304 h. – alt. 2 m – Casinos : Palm Beach X, Croisette BZ – ✉ 06400 Côte d'Azur 42 E2

Paris 898 – Aix-en-Provence 149 – Marseille 160 – Nice 33 – Toulon 120

Office de tourisme, 1 boulevard de La Croisette 04 92 99 84 22, Fax 04 92 99 84 23

Riviera Golf Club à Mandelieu Avenue des Amazones, par rte de la Napoule : 8 km, 04 92 97 49 49 ; de Cannes Mougins à Mougins 175 avenue du Golf, NO : 9 km, 04 93 75 79 13 ; Royal Mougins Golf Club à Mougins 424 avenue du Roi, par rte de Grasse : 10 km, 04 92 92 49 69.

Site★★ - Le front de Mer★★ : boulevard★★ et pointe★ de la croisette - ≤★ de la tour du Mont-Chevalier AZ - Musée de la Castre★★ AZ - Chemin des Collines★ NE : 4 km V - La Croix des Gardes X ≤★ O : 5 km puis 15 mn.

CANNES

Albert-Édouard (Jetée) . . . . **BZ**
Alexandre-III (Bd) . . . . **X** 2
Alsace (Bd) . . . . **BDY**
Anc.-Combattants-d'Afrique-du-Nord (Av.) . . . . **AYZ** 4
André (R. du Cdt) . . . . **CZ**
Antibes (R. d') . . . . **BCY**
Bachaga-Saïd-Boualam (Av.) . . . **AY** 5
Beauséjour (Av.) . . . . **DYZ**
Beau-Soleil (Bd) . . . . **X** 10
Belges (R. des) . . . . **BZ** 12
Blanc (R. Louis) . . . . **AYZ**
Broussailles (Av. des) . . . . **V** 16
Buttura (R.) . . . . **BZ** 17
Canada (R. du) . . . . **DZ**
Carnot (Bd) . . . . **X**
Carnot (Square) . . . . **V** 20
Castre (Pl. de la) . . . . **AZ** 21
Chabaud (R.) . . . . **CY** 22
Clemenceau (R. G.) . . . . **AZ**
Coteaux (Av. des) . . . . **V**
Croisette (Bd de la) . . . . **BDZ**
Croix-des-Gardes (Bd) . . . . **VX** 29
Delaup (Bd) . . . . **AY** 30
Dr-Pierre Gazagnaire (R.) . . . . . **AZ** 32
Dr-R. Picaud (Av.) . . . . **X**
Dollfus (R. Jean) . . . . **AZ** 33
États-Unis (R. des) . . . . **CZ** 35
Favorite (Av. de la) . . . . **X** 38
Félix-Faure (R.) . . . . **ABZ**
Ferrage (Bd de la) . . . . **ABY** 40
Fiesole (Av.) . . . . **X** 43
Foch (R. du Mar.) . . . . **BY** 44
Gallieni (R. du Mar.) . . . . **BY** 48
Gaulle (Pl. Gén.-de) . . . . **BZ** 51
Gazagnaire (Bd Eugène) . . . . **X**
Grasse (Av. de) . . . . **VX** 53
Guynemer (Bd) . . . . **AY**
Hespérides (Av. des) . . . . **X** 55
Hibert (Bd Jean) . . . . **AZ**
Hibert (R.) . . . . **AZ**
Isola-Bella (Av. d') . . . . **X**
Jean-Jaurès (R.) . . . . **BCY**
Joffre (R. du Mar.) . . . . **BY** 60
Juin (Av. Mar.) . . . . **DZ**
Koening (Av. Gén.) . . . . **DY**
Lacour (Bd Alexandre) . . . . **X** 62
Latour-Maubourg (R.) . . . . **DZ**
Lattre-de-Tassigny (Av. de) . . . . **AY** 63
Laubeuf (Quai Max) . . . . **AZ**
Leader (Bd) . . . . **VX** 64
Lérins (Av. de) . . . . **X** 65
Liberté-Charles de Gaulle (A. de la) . . . . **AZ** 70
Lorraine (Bd de) . . . . **CDY**
Macé (R.) . . . . **CZ** 66
Madrid (Av. de) . . . . **DZ**
Meynadier (R.) . . . . **ABY**
Midi (Bd du) . . . . **X**
Mimont (R. de) . . . . **BY**
Montfleury (Bd) . . . . **CDY** 74
Monti (R. Marius) . . . . **AY** 75
Mont-Chevalier (R. du) . . . . **AZ** 72
Noailles (Av. J.-de) . . . . **X**
Observatoire (Bd de l') . . . . **X** 84
Oxford (Bd d') . . . . **V** 87
Pantiero (La) . . . . **ABZ**
Paradis-Terrestre (Corniches du) **V** 88
Pasteur (R.) . . . . **DZ**
Pastour (R. Louis) . . . . **AY** 90
Perier (Bd du) . . . . **V** 91
Perrissol (R. Louis) . . . . **AZ** 92
Petit-Juas (Av. du) . . . . **VX**
Pins (Bd des) . . . . **X** 95
Pompidou (Espl. G.) . . . . **BZ**
Prince-de-Galles (Av. du) . . . . **X** 97
République (Bd de la) . . . . **X**
Riouffe (R. Jean de) . . . . **BY** 98
Riou (Bd du) . . . . **VX**
Roi-Albert 1er (Av.) . . . . **X**
Rouguière (R.) . . . . **BY** 100
St-Antoine (R.) . . . . **AZ** 102
St-Nicolas (Av.) . . . . **BY** 105
St-Pierre (Quai) . . . . **AZ**
Sardou (R. Léandre) . . . . **X** 108
Serbes (R. des) . . . . **BZ** 110
Source (Bd de la) . . . . **X** 112
Stanislas (Pl.) . . . . **AY**
Strasbourg (Bd de) . . . . **CDY**
Teisseire (R.) . . . . **CY** 114
Tuby (Bd Victor) . . . . **AYZ** 115
Vallauris (Av. de) . . . . **VX** 116
Vallombrosa (Bd) . . . . **AY** 118
Vautrin (Bd Gén.) . . . . **DZ**
Vidal (R. du Cdt) . . . . **CY** 120
Wemyss (Av. Amiral Wester) . . . . **X** 122

LE CANNET

Aubarède (Ch. de l') . . . . **V** 8
Bellevue (Pl.) . . . . **V** 13
Bréguières (Ch. de) . . . . **V** 14
Cannes (R. de) . . . . **V** 19
Carnot (Bd de) . . . . **V**
Cheval (Av. Maurice) . . . . **V** 23
Collines (Ch. des) . . . . **V**
Doumer (Bd Paul) . . . . **V**
Écoles (R. des) . . . . **V** 34
Four-à-Chaux (Bd du) . . . . **V** 45
Gambetta (Bd) . . . . **V** 50
Gaulle (Av. Gén.-de) . . . . **V**
Jeanpierre (Av. Maurice) . . . . **V** 58
Mermoz (Av. Jean) . . . . **V** 67
Monod (Bd Jacques) . . . . **V** 68
Mont-Joli (Av. du) . . . . **V** 73
N.-D.-des-Anges (Av.) . . . . **V** 79
Olivetum (Av. d') . . . . **V** 86
Olivet (Ch. de l') . . . . **V** 85
Paris (R. de) . . . . **V** 89
Pinède (Av. de la) . . . . **V** 94
Pompidou (Av. Georges) . . . . **V** 96
République (Bd de la) . . . . **V**
Roosevelt (Av. Franklin) . . . . **V** 99
St-Sauveur (R.) . . . . **V** 106
Victoria (Av.) . . . . **V**
Victor-Hugo (R.) . . . . **V** 119

VALLAURIS

Cannes (Av. de) . . . . **V** 18
Clemenceau (Av. G.) . . . . **V** 25
Golfe (Av. du) . . . . **V** 52
Isnard (Pl. Paul) . . . . **V** 56
Picasso (Av. Pablo) . . . . **V** 93
Rouvier (Bd Maurice) . . . . **V** 102
Tapis-Vert (Av. du) . . . . **V** 113

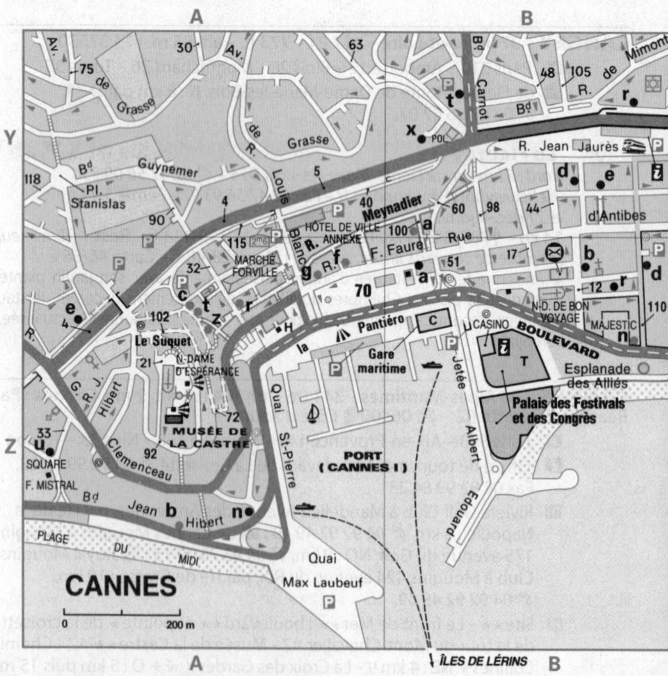

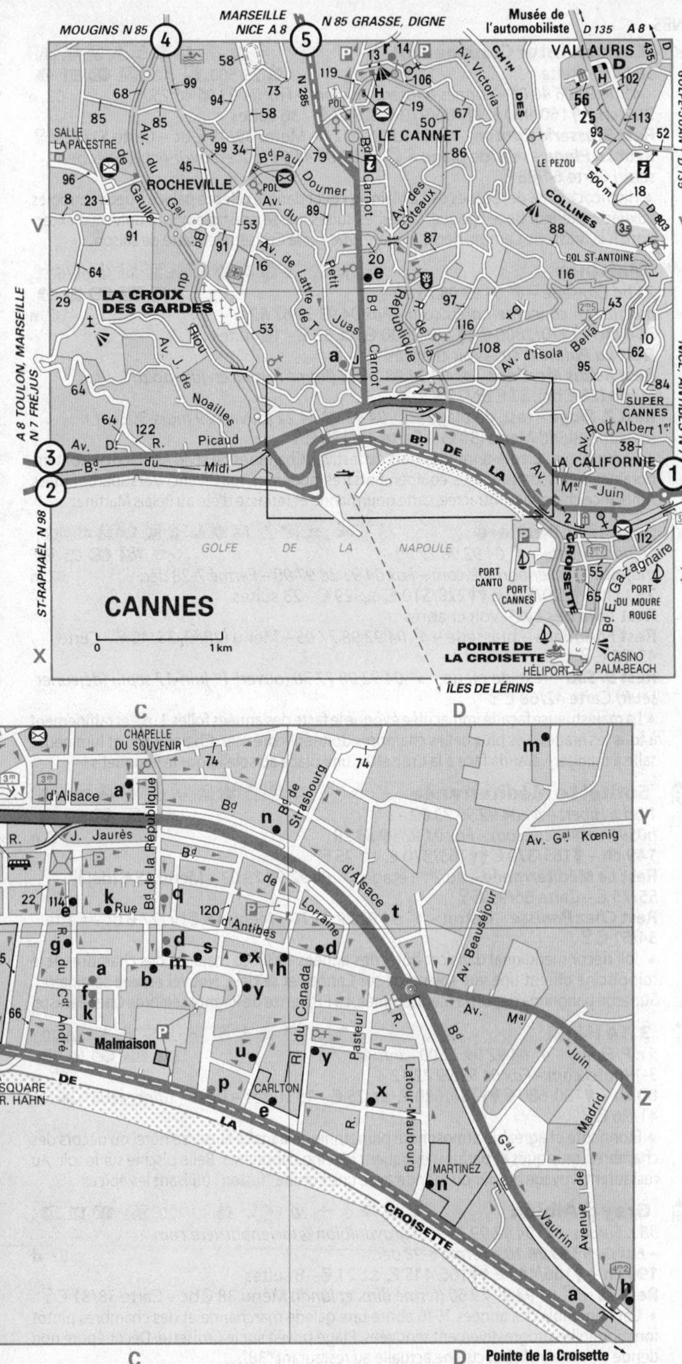
MOUGINS N 85
MARSEILLE
NICE A 8
N 85 GRASSE, DIGNE
Musée de l'automobiliste
D 135
A 8
VALLAURIS
GOLFE-JUAN D 135
LE CANNET
ROCHEVILLE
SALLE LA PALESTRE
LE PEZOU
COLLINES
COL ST-ANTOINE
LA CROIX DES GARDES
A 8 TOULON, MARSEILLE N 7 FRÉJUS
ST-RAPHAËL N 98
NICE, ANTIBES N 7
SUPER CANNES
LA CALIFORNIE
Av. Roi Albert 1er
Bd du Midi
Av. Dr R. Picaud
Av. J. de Noailles
Bd de la Croisette
GOLFE DE LA NAPOULE
PORT CANTO
PORT CANNES II
PORT DU MOURÉ ROUGE
POINTE DE LA CROISETTE
HÉLIPORT
CASINO PALM-BEACH
ÎLES DE LÉRINS
CANNES
0 1 km
CHAPELLE DU SOUVENIR
Bd d'Alsace
R. J. Jaurès
Bd de la République
Rue d'Antibes
Bd de Lorraine
Bd de Strasbourg
Av. Gal Kœnig
Av. Beauséjour
Av. Mal Juin
R. du Cdt André
R. du Canada
R. Pasteur
R. Latour-Maubourg
Avenue de Madrid
Bd Gal Vautrin
Malmaison
SQUARE R. HAHN
CARLTON
MARTINEZ
Pointe de la Croisette

Carlton Inter Continental

58 bd Croisette – ✆ 04 93 06 40 06 – cannes@interconti.com – Fax 04 93 06 40 25 — ch, ch, 25/500, VISA MC AE — CZ **e**

302 ch – †160/970 € ††160/970 €, ☕ 37 € – 36 suites

Rest *Brasserie Carlton* – ✆ 04 93 06 40 21 – Menu 39/49 € bc – Carte 51/92 € ♀

Rest *La Plage* – rest. de plage – ✆ *04 93 06 44 94 (ouvert avril-oct.) (déjeuner seult)* Carte 64/88 €

◆ Hitchcock filma des scènes de La Main au collet dans le célèbre palace à deux coupoles. Luxueux intérieur Belle Époque, superbes suites, passé prestigieux : un univers d'exception. À la Brasserie Carlton, décor élégant, vue sur la Croisette et carte de saison.

Martinez

73 bd Croisette – ✆ 04 92 98 73 00 – martinez@concorde-hotels.com – Fax 04 93 39 67 82 — ch, 40/600, VISA MC AE — DZ **n**

396 ch – †270/2800 € ††270/2800 €, ☕ 33 € – 16 suites

Rest *La Palme d'Or* – voir ci-après

Rest *Relais Martinez* – ✆ *04 92 98 74 12 (fermé le midi en juil.-août)* Menu (28 € bc), 37 € bc/72 € ♀

Rest *Z. Plage* – rest. de plage – ✆ *04 92 98 74 22 (ouvert 29 mars-30 sept.) (déjeuner seult)* Menu (30 €) – Carte 44/126 € ♀

◆ Le mythique "pied-à-terre" des stars du festival. Chambres de style Art déco ou contemporaines, suites somptueuses, équipements très modernes, spa Givenchy et superbe fitness. Ambiance chic et décontractée, carte gourmande et terrasse d'été au Relais Martinez.

Majestic Barrière

10 bd Croisette – ✆ 04 92 98 77 00 – majestic@lucienbarriere.com – Fax 04 93 38 97 90 – *Fermé 7-28 déc.* — ch, 40/400, VISA MC AE — BZ **n**

282 ch – †220/510 € ††220/510 €, ☕ 29 € – 23 suites

Rest *Villa des Lys* – voir ci-après

Rest *Fouquet's* – brasserie – ✆ *04 92 98 77 05* – Menu (28 €), 35/40 € – Carte 43/98 € ♀

Rest *B. Sud* – rest. de plage – ✆ *04 92 98 77 30 (ouvert 1er juin-17 sept.) (déjeuner seult)* Carte 42/68 € ♀

◆ La majestueuse façade immaculée évoque le faste des années folles. Luxe et raffinement à tous les étages. Les plus belles chambres donnent côté mer. Chaleureuse et lumineuse salle à manger-véranda face à la Croisette : une place au soleil pour le Fouquet's !

Sofitel Le Méditerranée

1 bd J. Hibert – ✆ 04 92 99 73 00 – h0591-re@accor.com – Fax 04 92 99 73 29 — ch, 70/400, VISA MC AE — AZ **n**

149 ch – †165/370 € ††165/370 €, ☕ 25 €

Rest *Le Méditerranée* – au 7ème étage, ✆ *04 92 99 73 02* – Menu 45 € (déj.), 55/75 € – Carte 66/95 € ♀

Rest *Chez Panisse* – bistrot – ✆ *04 92 99 73 10* – Menu 18 € bc/27 € bc – Carte 34/51 € ♀

◆ Joli décor méridional dans cet hôtel des années 1930. La majorité des chambres et le toit-piscine offrent une vue splendide sur Cannes et sa baie. Nouvel espace séminaires. Superbe panorama depuis le Méditerranée. La Provence de Pagnol célébrée Chez Panisse.

3.14 Hôtel

5 r. F. Einesy – ✆ 04 92 99 72 00 – info@3-14hotel.com – Fax 04 92 99 72 12 — ch, ch, 20, VISA MC AE — CZ **u**

80 ch – †180/680 € ††180/680 €, ☕ 25 € – 15 suites – **Rest** – *(dîner seult)* Carte 41/96 € ♀

◆ Étonnante et agréable atmosphère pluriethnique dans ce superbe hôtel où décors des chambres, musiques et parfums évoquent les cinq continents. Belle piscine sur le toit. Au restaurant, voyage autour du monde avec une cuisine "fusion" utilisant les épices.

Gray d'Albion

38 r. Serbes – ✆ 04 92 99 79 79 – graydalbion@lucienbarriere.com – Fax 04 93 99 26 10 – *Fermé 8-28 déc.* — ch, 40/120, VISA MC AE — BZ **d**

199 ch – †166/445 € ††166/445 €, ☕ 21 € – 8 suites

Rest *38* – ✆ *04 92 99 79 60 (fermé dim. et lundi)* Menu 38 € bc – Carte 38/81 € ♀

◆ Cet immeuble des années 1970 abrite une galerie marchande et des chambres plutôt fonctionnelles progressivement rénovées. Plage privée sur la Croisette. Décor épuré non dénué de convivialité et cuisine actuelle au restaurant "38".

Le Grand Hôtel rest, 15/70,
45 bd de la Croisette – ✆ 04 93 38 15 45 – info@grand-hotel-cannes.com – Fax 04 93 68 97 45 VISA AE CZ **s**
74 ch – 200/460 € 200/460 €, 28 € – 2 suites
Rest *Le Pré Carré* – Menu 38 € – Carte 42/62 €
Rest *La Plage* – rest. de plage – *✆ 04 93 38 19 57 (ouvert 1er avril-10 oct.) (déjeuner seult)* Carte 39/60 €
◆ Mêlant influences des années 1970 et design contemporain, l'intérieur de cet immeuble voisin de la Malmaison est aussi soigné qu'original. Joli panorama côté mer. Cuisine traditionnelle à l'accent régional au Pré Carré. Recettes estivales à La Plage.

Novotel Montfleury ch, ch, rest,
25 av. Beauséjour – ✆ 04 93 68 86 86 – h0806@accor.com – Fax 04 93 68 87 87 20/260, VISA AE DY **m**
182 ch – 135/190 € 135/220 €, 20 € – 1 suite
Rest *L'Olivier* – Menu 23 € bc (déj. en sem.)/35 € – Carte 29/38 €
◆ L'hôtel jouxte le quartier de la Californie et ses luxueuses villas. Chambres assez confortables, de style marin ou provençal. Belle piscine et terrasse sous les palmiers. Plaisant décor ensoleillé, vue sur les cuisines et carte méridionale à L'Olivier.

Croisette Beach sans rest rest, 15/50,
13 r. Canada – ✆ 04 92 18 88 00 – croisettebea@aws.fr – Fax 04 93 68 35 38 – Fermé 8-28 déc. VISA AE DZ **y**
94 ch – 115/330 € 115/330 €, 20 €
◆ Chambres plutôt spacieuses (pour la plupart dotées d'une terrasse), plus actuelles aux 5e et 6e étages. Nouvelle plage privée installée sur la Croisette.

Sun Riviera sans rest VISA AE
138 r. d'Antibes – ✆ 04 93 06 77 77 – info@sun-riviera.com – Fax 04 93 38 31 10 – Fermé 10-31 déc. et 1er-21 fév. CZ **h**
40 ch – 95/160 € 128/258 €, 16 € – 2 suites
◆ Dans une rue jalonnée de boutiques de luxe. Vastes chambres assez élégantes et parfaitement équipées ; côté jardin, elles sont plus calmes et possèdent un balcon.

Belle Plage sans rest VISA AE
6 r. J. Dollfus – ✆ 04 93 06 25 50 – belleplage@wanadoo.fr – Fax 04 93 99 61 06 – Ouvert 1er mars-15 nov. AZ **u**
48 ch – 120/230 € 150/260 €, 14 €
◆ Au pied de la vieille ville, chambres décorées de photos de stars du "grand écran" et dotées de balcons ; la moitié regarde la mer. Toit-terrasse avec minipiscine.

Amarante ch, ch, 25, VISA AE
78 bd Carnot – ✆ 04 93 39 22 23 – amarante-cannes@jjwhotels.com – Fax 04 93 39 40 22 V **e**
71 ch – 110/180 € 110/580 €, 20 € – **Rest** – *(fermé 30 nov.-25 déc., sam. et dim.)* Menu (17 € bc), 33/36 € bc – Carte 33/42 €
◆ En bordure d'un boulevard très fréquenté, chambres bien équipées et plutôt colorées. Parking souterrain pratique et cour intérieure agrémentée d'une piscine. Plaisante salle à manger ouverte sur la terrasse, où le décor et l'assiette honorent la Provence.

Splendid sans rest le Port, cuisinette VISA AE
4 r. F. Faure – ✆ 04 97 06 22 22 – accueil@splendid-hotel-cannes.fr – Fax 04 93 99 55 02 BZ **a**
62 ch – 100/135 € 100/300 €, 12 €
◆ Le personnel de cet hôtel (19e s.), exclusivement féminin, entoure sa clientèle d'attentions. La majorité des chambres, progressivement refaites, a vue sur le port et le Suquet.

Cavendish sans rest VISA AE
11 bd Carnot – ✆ 04 97 06 26 00 – reservation@cavendish-cannes.com – Fax 04 97 06 26 01 BY **t**
34 ch – 110/180 € 150/280 €, 20 €
◆ Jolies chambres insonorisées, équipements complets, petit-déjeuner "maison" soigné, bar gratuit pour les résidents le soir et accueil chaleureux : une bien charmante adresse.

Victoria sans rest
rd-pt Duboys d'Angers – ✆ 04 92 59 40 00 – reservation@cannes-hotel-victoria.com – Fax 04 93 38 03 91 – Fermé 18 nov.-28 déc. CZ **x**
25 ch – †105/290 € ††105/420 €, ☕ 17 €
◆ Hôtel rénové occupant deux étages d'un immeuble d'habitation. Chambres lumineuses et plutôt actuelles (tons beige et bleu) ; terrasse avec petite piscine face au bar.

Eden Hôtel
rest, VISA MC AE
133 r. Antibes – ✆ 04 93 68 78 00 – reception@eden-hotel-cannes.com – Fax 04 93 68 78 01 DZ **d**
116 ch – †110/280 € ††110/280 €, ☕ 18 € – ½ P 98/183 € – **Rest** – *(fermé dim.)* Menu 25/150 €
◆ Situation idéale pour le shopping : l'hôtel est implanté dans la prestigieuse rue d'Antibes. Les chambres, rénovées et parquetées, sont garnies de meubles contemporains.

America sans rest
13 r. St-Honoré – ✆ 04 93 06 75 75 – info@hotel-america.com – Fax 04 93 68 04 58 – Fermé 20 déc.-20 janv. BZ **r**
28 ch – †107/135 € ††125/180 €, ☕ 12 €
◆ Dans une rue calme proche de la Croisette. Les chambres, fraîches et actuelles, sont bien insonorisées et généralement spacieuses. Tenue irréprochable.

Château de la Tour
10 av. Font-de-Veyre, par ③ 25,
– ✆ 04 93 90 52 52 – hotelchateaulatour@wanadoo.fr – Fax 04 93 47 86 61 – Fermé 2-19 janv.
34 ch – †95/285 € ††95/285 €, ☕ 14 € – **Rest** – *(fermé sam. midi, dim. soir et lundi)* Menu 37/65 € – Carte 41/74 €
◆ Cette ancienne maison nobiliaire ceinte d'un beau jardin clos jouit d'une délicieuse tranquillité. Chambres de grand confort, entièrement aménagées dans un esprit néo-baroque. Au restaurant, recettes régionales et plaisante salle à l'ambiance feutrée.

Fouquet's sans rest
2 rd-pt Duboys d'Angers – ✆ 04 92 59 25 00 – info@le-fouquets.com – Fax 04 92 98 03 39 – Ouvert 2 avril-27 oct. CZ **y**
10 ch – †130/190 € ††150/240 €, ☕ 14 €
◆ Sur un rond-point relativement calme, grandes chambres assez gaies, joliment refaites dans un esprit provençal. Accueil prévenant et tenue rigoureuse.

California's sans rest
15,
8 traverse Alexandre III – ✆ 04 93 94 12 21 – nadia@californias-hotel.com – Fax 04 93 43 55 17 DZ **h**
30 ch – †101/148 € ††116/300 €, ☕ 18 €
◆ Ces belles maisons ordonnées autour d'un jardin-piscine abritent des chambres aux couleurs du Sud ; certaines possèdent une terrasse. Wi-fi partout et bateau privé.

Le Mondial sans rest
1 r. Teisseire – ✆ 04 93 68 70 00 – reservation@hotellemondial.com – Fax 04 93 99 39 11 CY **e**
39 ch – †95/115 € ††120/200 €, ☕ 12 € – 10 suites
◆ Élégante façade de style Art déco. Les chambres, aux tons chocolat, affichent un cadre plutôt ethnique ; certaines possèdent un balcon avec vue sur mer (étages supérieurs).

Cannes Riviera sans rest
20,
16 bd Alsace – ✆ 04 97 06 20 40 – reservation@cannesriviera.com – Fax 04 93 39 20 75 BY **r**
58 ch – †70/140 € ††85/145 €, ☕ 14 € – 5 suites
◆ La façade agrémentée d'un portrait géant de Marilyn Monroe attire le regard. Intérieur résolument provençal, chambres insonorisées et piscine panoramique sur le toit-terrasse.

De Paris sans rest
25,
34 bd Alsace – ✆ 04 97 06 98 40 – reservation@hotel-de-paris.com – Fax 04 93 39 04 61 – Fermé 7-26 déc. CY **a**
47 ch – †70/135 € ††90/150 €, ☕ 13 € – 3 suites
◆ Proche d'un axe fréquenté mais parfaitement insonorisé, hôtel particulier du 19e s. (non-fumeurs) abritant des chambres bourgeoises bien tenues. Piscine au milieu des palmiers.

Régina sans rest

31 r. Pasteur – ✆ 04 93 94 05 43 – reception@hotel-regina-cannes.com
– Fax 04 93 43 20 54 – Fermé 18 nov.-28 déc. DZ **x**

19 ch – †98/145 € ††98/175 €, ☕ 11 €

◆ Non loin de la Croisette, chambres décorées dans le style provençal, régulièrement entretenues (literie et moquette récentes), pour la plupart dotées d'un balcon. Wi-fi.

Renoir sans rest

7 r. Edith Cavell – ✆ 04 92 99 62 62 – contact@hotel-renoir-cannes.com
– Fax 04 92 99 62 82 BY **x**

10 ch – †120/200 € ††120/200 €, ☕ 15 € – 12 suites – ††225/320 €

◆ Tout est neuf derrière cette façade de caractère datant de 1913. Ambiance "hollywoodienne rétro" dans les chambres et suites modernes rehaussées de notes "baroquisantes".

Cézanne sans rest

40 bd Alsace – ✆ 04 92 59 41 00 – contact@hotel-cezanne.com
– Fax 04 92 99 20 99 CY **n**

29 ch – †120/200 € ††120/200 €, ☕ 17 €

◆ Séduisantes chambres contemporaines mariant chacune le gris à une couleur vive (jaune, turquoise), fitness, hammam et petit-déjeuner sous les palmiers : rénovation réussie !

Villa de l'Olivier sans rest

5 r. Tambourinaires – ✆ 04 93 39 53 28 – reception@hotelolivier.com
– Fax 04 93 39 55 85 AZ **e**

23 ch – †80/110 € ††90/145 €, ☕ 12 €

◆ Proche du centre-ville et du Suquet, une villa familiale dotée de chambres coquettes et bien insonorisées. Buffet des petits-déjeuners sous la véranda ou en terrasse l'été.

Festival sans rest

3 r. Molière – ✆ 04 97 06 64 40 – infos@hotel-festival.com – Fax 04 97 06 64 45
– Fermé 23-27 déc. CZ **m**

14 ch – †59/119 € ††69/159 €, ☕ 8,50 €

◆ Dans cet hôtel, le service du petit-déjeuner se fait uniquement dans les chambres. Fraîchement rénovées dans des couleurs vives, elles sont bien isolées du bruit. Sauna, jacuzzi.

La Villa Tosca sans rest

11 r. Hoche – ✆ 04 93 38 34 40 – contact@villa-tosca.com
– Fax 04 93 38 73 34 BY **e**

22 ch – †61/89 € ††75/169 €, ☕ 11 €

◆ Cette belle façade "à l'italienne" jaune citron dissimule un intérieur contemporain associant meubles et objets modernes ou anciens. Petites chambres joliment refaites.

L'Estérel sans rest

15 r. du 24 Août – ✆ 04 93 38 82 82 – reservation@hotellesterel.com
– Fax 04 93 99 04 18 BY **d**

55 ch – †48/62 € ††59/85 €, ☕ 8 €

◆ À deux pas de la gare, hôtel flambant neuf aux chambres menues, mais correctement équipées. Petit-déjeuner sous véranda, avec vue sur l'Estérel, les toits cannois et la mer.

Le Mistral sans rest

13 rue des Belges – ✆ 04 93 39 91 46 – contact@mistral-hotel.com
– Fax 04 93 38 35 17 – Fermé 19 nov.-10 déc. BZ **b**

10 ch – †75/115 € ††75/115 €, ☕ 9 €

◆ Un hôtel de poche, tout neuf, situé derrière le Palais des Festivals. Les jolies petites chambres contemporaines portent chacune un nom de vent. Accueil familial et prévenant.

De Provence sans rest

9 r. Molière – ✆ 04 93 38 44 35 – contact@hotel-de-provence.com
– Fax 04 93 39 63 14 – Fermé 1er-27 déc. CZ **s**

30 ch – †59/77 € ††75/109 €, ☕ 10 €

◆ Un charmant jardin planté de palmiers devance cet hôtel idéalement proche de la Croisette. Les chambres ne sont pas très grandes mais coquettes et provençales (quelques balcons).

Florian sans rest
8 r. Cdt André – ✆ 04 93 39 24 82 – contact@hotel-leflorian.com – Fax 04 92 99 18 30 – Fermé 1er déc.-15 janv. CZ **g**
20 ch – †46/65 € ††56/75 €, ☕ 6 €
◆ Accueil tout sourire dans cet hôtel familial doté de chambres simples et rigoureusement tenues. Certaines possèdent un balcon où vous pourrez apprécier un bon petit-déjeuner.

De France sans rest
85 r. Antibes – ✆ 04 93 06 54 54 – infos@h-de-france.com – Fax 04 93 68 53 43 – Fermé 22 nov.-27 déc. CY **k**
33 ch – †67/150 € ††67/150 €, ☕ 11 €
◆ Entrée discrète dans une rue jalonnée de boutiques de luxe. Petites chambres insonorisées, cadre d'inspiration Art déco et toit-terrasse-solarium dominant la baie.

La Palme d'Or – Hôtel Martinez
73 bd Croisette – ✆ 04 92 98 74 14 – lapalmedor@hotel-martinez.com – Fax 04 93 39 03 38 – Fermé 4 nov.-18 déc., dim. et lundi DZ **n**
Rest – Menu 58 € bc (déj.), 75/168 € – Carte 92/244 €
Spéc. Comme un stockfisch, sardines de pêche du jour en filets, chips de perugine. Lapin en balançoire frotté de moutarde et citron du pays, cuit à la broche. Chocolat "Palme d'Or" et gelée de roses. **Vins** Côtes du Lubéron, Côtes de Provence.
◆ Photos de stars et bois nobles subliment le séduisant intérieur Art déco ouvrant "plein cadre" sur la Croisette. Superbe terrasse panoramique. Brillante cuisine gorgée de soleil.

Villa des Lys – Hôtel Majestic Barrière
10 bd Croisette – ✆ 04 92 98 77 41 – villadeslys@lucienbarriere.com – Fax 04 93 38 97 90 – Fermé 7-28 déc., dim. et lundi BZ **n**
Rest – *(dîner seult)* Menu 75/170 € – Carte 97/223 €
Spéc. Opéra au foie gras de canard et céleri confit. Homard à la presse, macaroni à la crème et truffe d'été (saison). "Traou Mad" aux fraises écrasées. **Vins** Vin de Pays des Alpes Maritimes, Côtes de Provence.
◆ Élégante verrière "révélant" le ciel azuréen et sobre décor d'inspiration Napoléon III : joli cadre pour une cuisine subtile unissant saveurs atlantiques et méditerranéennes.

Le Mesclun
16 r. St-Antoine – ✆ 04 93 99 45 19 – mesclun.cannes@wanadoo.fr – Fax 04 93 99 45 19 – Fermé 27 janv.-27 fév. et dim. AZ **t**
Rest – *(dîner seult)* Menu 35 € – Carte 53/100 €
◆ Lumière tamisée, boiseries, tableaux et couleurs chaudes composent un cadre idéal pour déguster une cuisine méditerranéenne goûteuse et soignée. Service compétent et souriant.

Le Festival
52 bd Croisette – ✆ 04 93 38 04 81 – contact@lefestival.fr – Fax 04 93 38 13 82 – Fermé 19 nov.-26 déc. et 9-15 fév. CZ **p**
Rest – Menu 42 € (dîner) – Carte 40/61 €
Rest *Grill* – Carte 37/57 €
◆ Des dessins de navires en coupe égayent les lambris blonds de cette vaste brasserie un brin "rétro". Terrasse face à la Croisette pour voir... et être vu ! Au Grill, ambiance conviviale et restauration simple : salades, plats du jour, assiettes "minceur", etc.

Mantel
22 r. St-Antoine – ✆ 04 93 39 13 10 – noel.mantel@wanadoo.fr – Fax 04 93 39 13 10 – Fermé jeudi midi et merc. AZ **c**
Rest – Menu 25 € (déj.)/58 € – Carte 40/80 €
◆ Dans une ruelle pittoresque du Suquet jalonnée de restaurants. Celui-ci se distingue par son décor intimiste et son appétissante cuisine aux saveurs provençales.

Il Rigoletto
60 bd Alsace – ✆ 04 93 43 32 19 – Fermé 19 nov.-7 déc., mardi soir d'oct. à mai et dim. DY **t**
Rest – Menu (12 €), 29/49 € – Carte 43/67 €
◆ Salle à manger "rétro" et bonne cuisine italienne à base de produits frais (pâtes et desserts "maison") : loin des paillettes, une charmante adresse familiale à prix tout doux.

Comme Chez Soi
4 r. Batéguier – 04 93 39 62 68 – info@commechezsoi.net – Fax 04 93 38 20 65 – Fermé 22-29 nov., 21-27 déc. et lundi CZ **k**
Rest – *(dîner seult)* Menu 25 € – Carte 60/81 €
◆ On se sent "Comme Chez Soi" dans ces murs agrémentés de bibelots du monde entier et de meubles hétéroclites. Cuisine provençale soignée escortée de plats classiques.

Rest. Arménien
82 bd Croisette – 04 93 94 00 58 – christian@lerestaurantarmenien.com – Fax 04 93 94 56 12 – Fermé 15-26 déc., le midi sauf dim. et lundi hors saison
Rest – *(menu unique)* Menu 42 € DZ **a**
◆ Le menu du jour convie à une goûteuse - et très copieuse - escapade culinaire en Arménie. Cadre un peu kitsch, service jusqu'à minuit, accueil charmant et clientèle fidèle.

Relais des Semailles 15,
9 r. St Antoine – 04 93 39 22 32 – Fax 04 93 39 84 73 – Fermé fév., lundi midi, sam. midi et dim. AZ **z**
Rest – Menu 22 € (déj.)/38 € – Carte 51/78 €
◆ Tableaux, meubles anciens et bibelots composent le cadre "cosy" de ce restaurant situé dans une ruelle de la vieille ville. Cuisine à l'accent provençal.

Le Madeleine
13 bd Jean Hilbert – 04 93 39 72 22 – lemadeleine@fr.st – Fax 04 93 94 61 57 – Fermé 15 déc.-15 janv. et mardi AZ **b**
Rest – Menu (23 €), 25/49 € – Carte 35/68 €
◆ Tonalités azuréennes, belle vue sur l'Esterel et les îles de Lérins depuis une partie des tables et recettes iodées (bouillabaisse, poissons grillés) : la mer est à la fête !

3 Portes
16 r. Frères Pradignac – 04 93 38 91 70 – roussel3portes@aol.com – Fax 04 93 38 95 52 – Fermé 24 déc.-1er janv. et dim. CZ **f**
Rest – Menu 29/55 € bc – Carte 41/62 €
◆ Cuisine au goût du jour d'inspiration méditerranéenne servie dans un cadre design épuré, sur fond musical "tendance". Terrasse d'été et accueil attentif.

Côté Jardin
12 av. St-Louis – 04 93 38 60 28 – cotejardin.com@wanadoo.fr – Fax 04 93 38 60 28 – Fermé dim. et lundi X **a**
Rest – Menu (22 €), 28/36 €
◆ Sympathique petit restaurant dans un quartier résidentiel. Salle à manger-véranda et jardinet-terrasse ombragé. Plats familiaux et du marché, à découvrir sur l'ardoise du jour.

L'Affable
5 r. la Fontaine – 04 93 68 02 09 – laffable@wanadoo.fr – Fax 04 93 68 19 09 – Fermé août, dim. et lundi CZ **d**
Rest – Menu 23 €
◆ Décor épuré rehaussé d'une collection d'art africain et cuisine visible de tous dans ce bistrot contemporain proposant une carte assez courte, à la fois sage et appétissante.

Caveau 30
45 r. F. Faure – 04 93 39 06 33 – lecaveau30@wanadoo.fr – Fax 04 92 98 05 38
Rest – brasserie Menu (17 €), 22/32 € – Carte 33/59 € AZ **f**
◆ Deux grandes salles à manger façon brasserie des années 1930. Banc d'écailler et terrasse donnant sur une grande place ombragée. Poissons, coquillages et plats traditionnels.

La Mère Besson
13 r. Frères Pradignac – 04 93 39 59 24 – lamerebesson@wanadoo.fr – Fax 04 92 18 93 11 – Fermé dim. CZ **a**
Rest – *(dîner seult)* Menu 28/33 € – Carte environ 28 €
◆ Cette modeste adresse est une véritable institution en matière de cuisine provençale. On y sert pieds et paquets, farcis niçois et aïolis (uniquement le vendredi) faits "maison".

Rendez-Vous
35 r. F. Faure – 04 93 68 55 10 – Fax 04 93 38 96 21 – Fermé 8-20 janv.
Rest – Menu 21/29 € – Carte 32/53 € AZ **g**
◆ Rendez-Vous dans ce joli restaurant façon bistrot chic agrémenté d'un plafond mouluré de style Art déco. Poissons, crustacés et plats traditionnels à l'accent méridional.

La Cave
9 bd République – ✆ 04 93 99 79 87 – restaurantlacave@free.fr – Fax 04 93 68 91 19 – Fermé sam. midi et dim. CY **q**
Rest – bistrot Menu (23 €), 29 € – Carte 38/65 € ♀
◆ Un vrai petit bistrot, actuel et convivial, avec ses ardoises de suggestions du jour et sa riche carte des vins hexagonale particulièrement bien composée. Adresse non-fumeurs.

Aux Bons Enfants
80 r. Meynadier – Fermé 29 juil.-5 août, 2 déc.-1er janv., lundi d'oct. à avril et dim. AZ **r**
Rest – *(nombre de couverts limité, prévenir)* Menu 21 € ♀
◆ Cette petite adresse familiale au look "rétro" cultive avec bonheur l'art de recevoir. Cuisine régionale et particularités "maison" : pas de téléphone et on paie en liquide.

au Cannet 3 km au Nord - V – **42 158 h. – alt. 80 m – ✉ 06110**

Office de tourisme, avenue du Campon ✆ 04 93 45 34 27, Fax 04 93 45 28 06

Pézou
346 r. St-Sauveur – ✆ 04 93 69 32 50 – Fax 04 93 43 69 14 – Fermé nov., 1er au 15 fév., dim. soir sauf juil.-août et merc. V **r**
Rest – Menu (12 €), 18 € (déj.), 24/30 € – Carte 25/31 € ♀
◆ Pour oublier la Croisette le temps d'un repas, sympathique restaurant situé sur une jolie placette où l'on dresse la terrasse aux beaux jours. Cuisine à l'accent provençal.

LE CANNET – 06 Alpes-Maritimes – 341 D6 – rattaché à Cannes

LE CANNET-DES-MAURES – 83 Var – 340 N5 – 3 478 h. – alt. 124 m – ✉ 83340

41 **C3**

Paris 834 – Brignoles 31 – Cannes 73 – Draguignan 27 – Fréjus 39 – Toulon 54

Le Mas de Causserène ch, 30/100,
N 7 – ✆ 04 94 60 74 87 – l-oustalet@wanadoo.fr – Fax 04 94 60 95 97
49 ch – 50/96 € 56/112 €, 10 € – ½ P 52/86 €
Rest ***L'Oustalet*** – *(fermé dim. soir sauf juil.-août)* Menu 19 € (déj. en sem.), 23/35 € – Carte 24/57 €
◆ Près de l'autoroute et avant les plages de la Côte, hôtel pratique aux chambres fonctionnelles. La vaste salle à manger, tournée côté campagne, présente une plaisante décoration provençale ; cuisine traditionnelle, également servie en terrasse.

CAPBRETON – 40 Landes – 335 C13 – 6 659 h. – alt. 6 m – Casino – ✉ 40130

Aquitaine 3 **A3**

Paris 749 – Bayonne 22 – Biarritz 29 – Mont-de-Marsan 90 – St-Vincent-de-Tyrosse 12

Office de tourisme, avenue Georges Pompidou ✆ 05 58 72 12 11, Fax 05 58 41 00 29

de Seignosse à Seignosse Avenue du Belvédère, N : 8 km par D 152, ✆ 05 58 41 68 30.

quartier de la plage

Cap Club Hôtel ch, cuisinette 15/45,
85 av. Mar. de Lattre de Tassigny – ✆ 05 58 41 80 00 – contact@capclubhotel.com – Fax 05 58 41 80 41
75 ch – 69/276 € 69/276 €, 12 € – ½ P 61/163 € – **Rest** – Menu (19 €), 22/28 € – Carte 31/60 € ♀
◆ Sport, remise en forme ou détente : à vous de choisir le thème de votre séjour dans cet hôtel situé face à la plage. Chambres modernes et nombreuses installations sportives. Au restaurant, cadre contemporain, belle vue sur l'océan et cuisine traditionnelle.

L'Océan ≤ rest, P VISA MC AE

85 av. G. Pompidou – ✆ 05 58 72 10 22 – hotel-capbreton@wanadoo.fr – Fax 05 58 72 08 43 – Fermé 3-23 déc. et 7 janv.-4 fév.

24 ch – 45/75 € 52/88 €, ☕ 8,50 € – **Rest** – Menu 15/32 € – Carte 26/42 €

◆ Au bord du chenal, façade immaculée abritant des chambres dotées de balcons ; préférez celles situées sur l'arrière, plus au calme. L'Atlantique est à l'honneur, tant dans le décor de la brasserie que dans l'assiette. Pizzeria pour les petits creux.

quartier la Pêcherie

Le Regalty VISA MC AE

Port de plaisance – ✆ 05 58 72 22 80 – leregalty@cegetel.net – Fax 05 58 72 22 80 – Fermé 15-30 nov., 15-31 janv., dim. soir sauf en juil.-août et lundi sauf fériés

Rest – Menu 25 € – Carte 41/45 €

Rest ***Le Bistrot de la Mer*** – *(ouvert 1er mai-30 sept.)* Carte environ 25 €

◆ Restaurant aménagé au rez-de-chaussée d'un immeuble moderne. Atmosphère marine dans la salle à manger habillée de boiseries. À table, produits de l'océan. Côté Bistrot, banc d'écailler, confort simple et petit menu-carte concentré sur les saveurs iodées.

Le Pavé du Port AC VISA MC

Port de plaisance – ✆ 05 58 72 29 28 – Fax 05 58 72 29 28 – Fermé vacances de Noël, lundi midi et merc. midi d'avril à sept., mardi et merc. d'oct. à mars

Rest – Menu 18/27 € – Carte 26/47 €

◆ Du poisson tout frais pêché alimente la table de ce restaurant installé sur le port de plaisance. Salles à manger aux discrètes touches marines et terrasse-véranda.

CAP COZ – 29 Finistère – 308 H7 – rattaché à Fouesnant

CAP d'AGDE – 34 Hérault – 339 G9 – rattaché à Agde

CAP d'AIL – 06 Alpes-Maritimes – 341 F5 – 4 532 h. – alt. 51 m – ✉ 06320

42 **E2**

Paris 945 – Monaco 3 – Menton 14 – Monte-Carlo 4 – Nice 18

Office de tourisme, 87 avenue du 3 Septembre ✆ 04 93 78 02 33

Voir plan de Monaco (Principauté de)

Marriott Riviera la Porte de Monaco ≤ ch, AC ch, rest, 20/150, VISA MC AE

au port – ✆ 04 92 10 67 67 – thierry.derrien@marriotthotels.com – Fax 04 92 10 67 00 AV **n**

186 ch – 99/325 € 99/325 €, ☕ 23 € – 12 suites – **Rest** – Menu 20 € (déj. en sem.), 29/39 € – Carte 34/51 €

◆ Immeuble moderne face au port de plaisance du cap d'Ail. Chambres très confortables, conformes aux normes de la chaîne ; la plupart sont dotées de loggias avec vue sur la mer. Élégant restaurant aménagé à la façon d'une brasserie. Cuisine traditionnelle.

CAP d'ANTIBES – 06 Alpes-Maritimes – 341 D6 – voir à Antibes

CAPDENAC-GARE – 12 Aveyron – 338 E3 – 4 587 h. – alt. 175 m – ✉ 12700

29 **C1**

Paris 587 – Aurillac 65 – Rodez 59 – Villefranche-de-Rouergue 31

Office de tourisme, place du 14 juillet ✆ 05 65 64 74 87, Fax 05 65 80 88 15

à St-Julien-d'Empare 2 km au Sud par D 86 et D 558 – ✉ 12700 Capdenac-Gare

Auberge La Diège AC ch, ch, 30, P VISA MC AE

– ✆ 05 65 64 70 54 – hotel@diege.com – Fax 05 65 80 81 58 – Fermé 17 déc.-7 janv.

26 ch – 42/55 € 50/68 €, ☕ 9,50 € – ½ P 48/53 € – **Rest** – *(fermé vend. soir, dim. soir et sam. du 1er oct. au 1er avril)* Menu 19/34 € – Carte 22/42 €

◆ Alliance audacieuse d'un bâtiment résolument contemporain (chambres fonctionnelles, sobres et bien tenues) avec une vieille ferme en grès beige accueillant le restaurant. Cuisine régionale dans un cadre rustique agrémenté de poutres, pierres et cheminée.

CAPDENAC-LE-HAUT – 46 Lot – 337 I4 – rattaché à Figeac

CAP FERRET – 33 Gironde – 335 D7 – alt. 11 m – ✉ 33970 Aquitaine 3 B2

Paris 650 – Arcachon 66 – Bordeaux 71 – Lacanau-Océan 55 – Lesparre-Médoc 88

✻★ du phare.

La Frégate sans rest 10/25, VISA

34 av. Océan – ✆ 05 56 60 41 62 – resa@hotel-la-fregate.net – Fax 05 56 03 76 18 – Fermé 30 nov.-1er fév.

29 ch – 46/62 € 95/150 €, 7 €

♦ Réparties autour de la piscine, ces maisons balnéaires retrouvent leur éclat : les chambres, peu à peu refaites, arborent un nouveau "look" à la fois sobre, actuel et chic.

Le Pinasse Café VISA

2 bis av. Océan – ✆ 05 56 03 77 87 – pinassecafe@wanadoo.fr – Fax 05 56 60 63 47 – Ouvert 1er mars-12 nov. et fermé du lundi au vend. en mars, oct. et nov.

Rest – Menu (29 €), 35 € – Carte 30/53 €

♦ Ce sympathique bistrot honore l'océan dans le décor (œuvres marines) et dans l'assiette : poissons et crustacés. En terrasse, belle vue sur le bassin et la dune du Pilat.

CAP FRÉHEL – 22 Côtes-d'Armor – 309 I2 – ✉ 22240 Fréhel Bretagne 10 C1

Paris 438 – Dinan 43 – Dinard 36 – Lamballe 36 – Rennes 96 – St-Brieuc 48 – St-Malo 42

Site★★★ - ✻★★★ - Fort La Latte : site★★, ✻★★ SE : 5 km.

La Fauconnière mer et côte, VISA

à la Pointe – ✆ 02 96 41 54 20 – Ouvert 1er avril-30 sept. et vacances de Toussaint

Rest – *(fermé merc. en sept. et le soir)* Menu 22/33 € – Carte 23/41 €

♦ Ce restaurant situé dans un site classé uniquement accessible à pied, est ancré sur les roches rouge violacé de la Fauconnière. Décor très sobre mais vue exceptionnelle.

CAP GRIS-NEZ ★★ – 62 Pas-de-Calais – 301 C2 – ✉ 62179 Audinghen Nord Pas-de-Calais Picardie 30 A1

Paris 288 – Arras 139 – Boulogne-sur-Mer 21 – Calais 32 – Marquise 13 – St-Omer 61

La Sirène mer, VISA

– ✆ 03 21 32 95 97 – Fax 03 21 32 74 75 – Fermé 15 déc.-25 janv., le soir sauf sam. de sept. à avril, dim. soir et lundi

Rest – Menu 22/40 € – Carte 31/49 €

♦ Point de sirènes à l'horizon, mais homards et poissons vous charmeront dans cette maison postée au bord de l'eau, face aux côtes anglaises (visibles par beau temps).

CAPINGHEM – 59 Nord – 302 F4 – rattaché à Lille

CAPPELLE-LA-GRANDE – 59 Nord – 302 C2 – rattaché à Dunkerque

CAPVERN-LES-BAINS – 65 Hautes-Pyrénées – 342 N6 – alt. 450 m – Stat. therm. : fin avril-fin oct. – Casino – ✉ 65130 Midi-Pyrénées 28 A3

Paris 804 – Bagnères-de-Bigorre 19 – Bagnères-de-Luchon 71 – Lannemezan 9 – Tarbes 31

Office de tourisme, place des Thermes ✆ 05 62 39 00 46, Fax 05 62 39 08 14

de Lannemezan à Lannemezan 250 rue Dr Henri Ueberschlag, E : 12 km, ✆ 05 62 98 01 01.

Donjon du château de Mauvezin ✻★ O : 4,5 km.

Lemoine

846 r. Provence – ✆ 05 62 39 02 18 – Fax 05 62 39 04 20 – Ouvert 23 avril-20 oct.
12 ch – 🚹49 € 🚹🚹56 €, ☕ 7 € – ½ P 40/44 € – **Rest** – Menu 14/24 € – Carte 17/33 € 🍷

◆ Construction régionale en bord de route. Les petites chambres rustiques sont fort bien tenues ; choisir celles donnant sur le parc arboré. Copieuse cuisine traditionnelle et chaleureuse atmosphère familiale au restaurant.

Un hôtel charmant pour un séjour très agréable ?
Réservez dans un hôtel avec pavillon rouge : 🏠... 🏨.

CARANTEC – 29 Finistère – 308 H2 – 2 724 h. – alt. 37 m – ✉ 29660

Bretagne 9 **B1**

- Paris 552 – Brest 71 – Lannion 53 – Morlaix 14 – Quimper 90 – St-Pol-de-Léon 10
- Office de tourisme, 4 rue Pasteur ✆ 02 98 67 00 43, Fax 02 98 67 90 51
- de Carantec Rue de Kergrist, S : 1km par D 73, ✆ 02 98 67 09 14.
- Croix de procession★ dans l'église - "Chaise du Curé" (plate-forme) ≤★.
- Pointe de Pen-al-Lann ≤★★ E : 1,5 km puis 15 mn.

L'Hôtel de Carantec-Patrick Jeffroy ≤ Baie de Morlaix,

r.du Kelenn – ✆ 02 98 67 00 47 rest, 15, P VISA MC AE
– patrick.jeffroy@wanadoo.fr – Fax 02 98 67 08 25 – Fermé 19 nov.-12 déc., 21 janv.-6 fév., lundi et mardi du 16 sept. au 18 juin, lundi midi, mardi midi et jeudi midi du 19 juin au 16 sept.
12 ch – 🚹116/185 € 🚹🚹150/226 €, ☕ 21 € – ½ P 158/194 € – **Rest** – *(prévenir)* Menu 40 € (déj. en sem.), 62/135 € – Carte 80/137 € 🍷
Spéc. Homard "Breiz West". Grosse sole aux légumes du Léon. Sablé au sarrasin aux pommes reinettes.

◆ Cette charmante maison de 1936 surplombe la merveilleuse baie de Morlaix. Les chambres (avec terrasse au 1er étage), contemporaines et chaleureuses, donnent toutes sur la Manche. Restaurant panoramique où l'on se régale d'une cuisine inventive, "terre et mer" à l'unisson.

Le Manoir de Kervézec sans rest

– ✆ 02 98 67 00 26 – gerardbohic@wanadoo.fr – Fax 02 98 67 00 52 – Ouvert avril à sept.
5 ch – 🚹34/60 € 🚹🚹36/68 €, ☕ 6 €

◆ Beau manoir du 19e s. au cœur d'un vaste parc dominant les flots. Mobilier familial chargé de souvenirs, arbres séculaires, bon petit-déjeuner (produits "bio") et quiétude absolue.

Le Cabestan ≤ VISA MC

au port – ✆ 02 98 67 01 87 – lecabestan.carantec@wanadoo.fr – Fax 02 98 67 90 49 – Fermé 5 nov.-5 déc., lundi hors saison et mardi
Rest – Menu 19/32 € – Carte 26/51 € 🍷

◆ On vient ici pour déguster des plats de type brasserie orientés produits de la mer. Salle à manger non-fumeurs d'esprit rustique et, à l'étage, beau panorama sur l'île Callot.

CARCASSONNE P – 11 Aude – 344 F3 – 43 950 h. – alt. 110 m – ✉ 11000

Languedoc Roussillon 22 **B2**

- Paris 768 – Albi 110 – Narbonne 61 – Perpignan 114 – Toulouse 92
- de Carcassonne-Salvaza : ✆ 04 68 71 96 46, par ④ : 3 km.
- Office de tourisme, 28 rue de Verdun ✆ 04 68 10 24 30, Fax 04 68 10 24 38
- de Carcassonne Route de Saint Hilaire, S : 4 km par D 118 et D 104, ✆ 06 13 20 85 43.
- La Cité★★★ - Basilique St-Nazaire★ : vitraux★★, statues★★ - Musée du château Comtal : calvaire★ de Villanière - Montolieu★ (village du livre) - Châteaux de Latours★- Cité des oiseaux et des loups ★ .

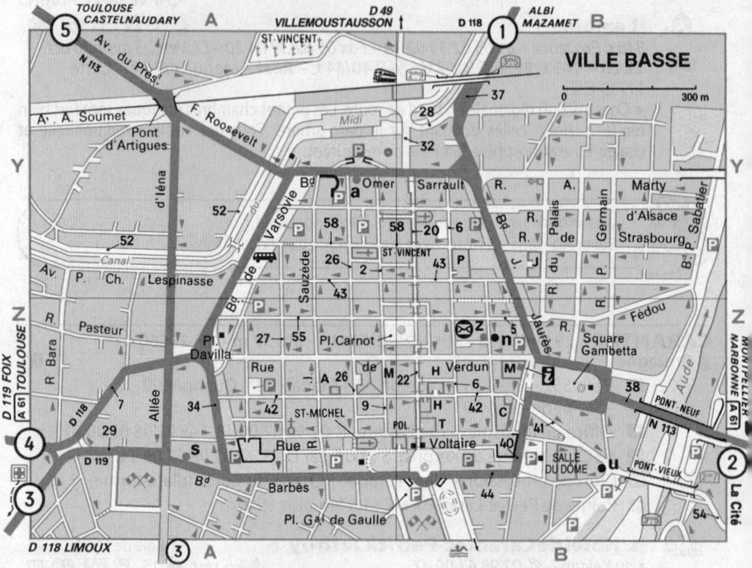

CARCASSONNE

Armagnac (R. A.) . . . . **AY** 2
Barbès (R.) . . . . **BZ** 5
Bringer (R. Jean) . . **BYZ** 6
Bunau-Varilla (Av.). . . **AZ** 7
Chartran (R.) . . . . **AZ** 9
Clemenceau (R. G.) . **BY** 20
Combéléran (Mtée G.) **D** 21
Courtejaire (R.) . . . . . **BZ** 22
Cros-Mayrevieille (R.) . **D** 24
Dr-A.-Tomey (R.). . . **AYZ** 26
Études (R. des) . . . . . **AZ** 27
Foch (Av. du Mar.) . . . **BY** 28
Gout (Av. Henri) . . . . **AZ** 29
Grand-Puits (R. du). . **CD** 30
Joffre (Av. du Mar.) . **BY** 32
Marcou (Bd) . . . . **AZ** 34
Médiévale (Voie) . . . . . **D** 36
Minervoise (Rte) . . . . **BY** 37
Mullot (Av. Arthur) . . **BZ** 38
Pelletan (Bd C.) . . . . . **BZ** 40
Pont-Vieux (R. du) . . . **BZ** 41
Ramon (R. A.) . . . . **ABZ** 42
République
(R. de la) . . . . **ABY** 43
Roumens
(Bd du Cdt) . . . . **BZ** 44
St-Jean (R.) . . . . **C** 46
St-Saëns (R. C.) . . . . . . **D** 48
St-Sernin (R.) . . . . **D** 49
Semard (Av. Pierre) . **AY** 52
Trivalle (R.) . . . . **BZ** 54
Verdun (R. de) . . . . . **ABZ**
Victor-Hugo (R.) . . . . **AZ** 55
Viollet-le-Duc (R.) . . . . **C** 56
4-Septembre
(R. du) . . . . **ABY** 58

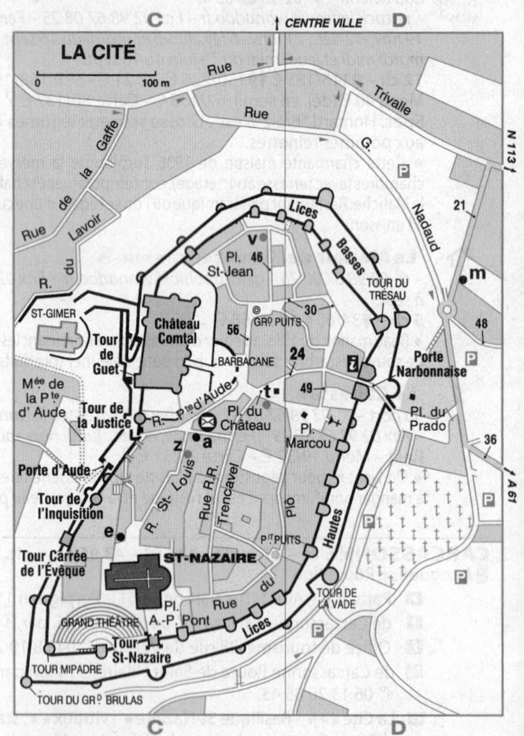

Les Trois Couronnes ch, 15/60,
2 r. Trois Couronnes – ☎ 04 68 25 36 10
– hotel3couronnes@wanadoo.fr – Fax 04 68 25 92 92 BZ **u**
68 ch – 58/90 € 74/107 €, 10 € – ½ P 56/74 € – **Rest** – Menu 21 € bc/29 € – Carte 28/43 €
◆ Hôtel des années 1980 très bien situé au bord de l'Aude, face aux remparts. Les petites chambres, fonctionnelles, bénéficient en majorité de loggias tournées vers la Cité. Au dernier étage, le restaurant panoramique offre une vue imprenable sur la forteresse.

La Maison Coste ch,
40 r. Coste-Reboulh – ☎ 04 68 77 12 15 – contact@maison-coste.com
– Fax 04 68 77 59 91 BZ **n**
3 ch – 71/100 € 61/115 € – 1 suite – **Rest** – table d'hôte *(dîner seult) (résidents seult)* Menu 22 €
◆ Tout a été pensé pour que l'on se sente bien dans cette accueillante maison décorée dans un style contemporain sobre et du meilleur goût. Jardin-terrasse, jacuzzi et solarium. Un menu unique (annoncé le soir même) à la table d'hôte ; apéritif et café offerts.

Le Parc Franck Putelat
80 chemin des Anglais, au Sud de la Cité – ☎ 04 68 71 80 80 – fr.putelat@wanadoo.fr – Fax 04 68 71 80 79 – Fermé janv., dim. et lundi
Rest – Menu 25 € bc (déj. en sem.), 35/90 € bc – Carte 54/77 €
Spéc. Bouillabaisse de foie gras de canard. Turbot braisé au beurre demi-sel, saucisse de Morteau au vin jaune. Baba au rhum à la praline rose.
◆ Au pied de Carcassonne, ce restaurant se révèle aussi raffiné que sa cuisine, actuelle et personnalisée. Lumineuse salle d'un modernisme épuré, ouverte sur la nature.

Robert Rodriguez 10,
39 r. Coste Reboulh – ☎ 04 68 47 37 80 – rodriguezro@wanadoo.fr
– Fax 04 68 47 37 80 – Fermé dim. BZ **z**
Rest – *(nombre de couverts limité, prévenir)* Menu 20 € bc (déj. en sem.), 35/75 € bc – Carte 53/80 €
◆ On sonne à la grille de cette maison confidentielle pour s'attabler dans une salle intime et chaleureuse (10 couverts) où le chef revisite "à sa sauce" les spécialités régionales.

Le Clos Occitan
68 bd Barbès – ☎ 04 68 47 93 64 – Fax 04 68 72 46 91 – Fermé 14 janv.-3 fév., sam. midi, dim. soir et lundi AZ **s**
Rest – Menu 16 € bc (déj. en sem.), 33 € bc/40 € bc – Carte 29/47 €
◆ Ancien garage converti en restaurant : décor ensoleillé, mezzanine utilisée avant tout pour les banquets et terrasse en fer forgé. Longue carte traditionnelle et produits du marché.

à l'entrée de la Cité près porte Narbonnaise

Mercure Porte de la Cité ch, ch,
18 r. Camille St-Saens 15/50,
– ☎ 04 68 11 92 82 – h1622@accor.com – Fax 04 68 71 11 45
61 ch – 93/175 € 93/210 €, 12 € – **Rest** – *(fermé sam. midi et dim. midi)* Menu 15/35 € – Carte 22/49 €
◆ Cette bâtisse offre confort et intimité. Le décor méridional cohabite avec le nouveau style actuel, amené à habiller tout l'hôtel. Citadelle visible de certaines chambres. Salle à manger d'une élégante sobriété donnant sur une jolie terrasse verdoyante.

Du Château sans rest
2 r. Camille St-Saens – ☎ 04 68 11 38 38 – contact@hotelduchateau.net
– Fax 04 68 11 38 39 D **m**
15 ch – 110/180 € 110/180 €, 10 €
◆ Au pied de la Cité, hôtel refait à neuf : chambres très raffinées, joli décor contemporain inspiré de l'époque médiévale, salles de bains en marbre, belle piscine et terrasse.

Montmorency sans rest
2 r. Camille St-Saens – ☎ 04 68 11 96 70 – le.montmorency@wanadoo.fr
– Fax 04 68 11 96 79
20 ch – 65/85 € 65/95 €, 7 €
◆ Chambres plus simples mais tout aussi coquettes et bien tenues que dans le bâtiment principal.

dans la Cité - Circulation réglementée en été

De La Cité ch, rest, 15/60,
pl. Auguste-Pierre Pont – 04 68 71 98 71 – reservations @hoteldelacite.com – Fax 04 68 71 50 15 – Fermé 30 nov.-28 déc. et fin janv.-1er mars
53 ch – 275/525 € 275/525 €, 30 € – 8 suites C **e**
Rest ***La Barbacane*** – *(fermé mardi et merc.) (dîner seult)* Menu 65/150 € bc – Carte 75/92 €
Rest ***Brasserie Chez Saskia*** – Menu 26/40 € – Carte 26/36 €
Spéc. Légumes nouveaux en fricassée (mai à juil.). Rouget de Méditerranée mariné au thym-citron (mai à sept.). Pigeon de Bresse à la saveur de pin. **Vins** Corbières, Vin de table de l'Aude.
◆ Prestigieuse demeure néo-gothique ouverte sur un jardin avec piscine côté remparts. Agencements luxueux, chambres personnalisées, quelques balcons et terrasses avec vue sur la Cité. À la Barbacane, cuisine actuelle et cadre médiéval raffiné. Chez Saskia, brasserie à l'ambiance décontractée.

Le Donjon ch, ch, 15/50,
2 r. Comte Roger – 04 68 11 23 00 – info@bestwestern-donjon.com – Fax 04 68 25 06 60 C **a**
63 ch – 90/200 € 90/200 €, 10 € – ½ P 68/117 € – **Rest** – 04 68 25 95 72 *(fermé dim. soir de nov. à mars)* Menu (16 €), 19/28 € – Carte 19/52 €
◆ Un orphelinat du 15e s., une maison médiévale et deux pavillons dans le jardin composent cet hôtel entièrement rénové. Chambres personnalisées parfois dotées d'une miniterrasse. Cuisine traditionnelle à la brasserie, contemporaine et claire. Boutique de vins.

Comte Roger
14 r. St-Louis – 04 68 11 93 40 – restaurant@comteroger.com – Fax 04 68 11 93 41 – Fermé 15 fév.-15 mars, dim. et lundi sauf fériés C **z**
Rest – Menu (20 €), 32/42 € – Carte 43/62 €
◆ Vos flâneries dans la Cité vous mèneront peut-être à cette terrasse ombragée dressée au bord d'une venelle animée. Intérieur moderne épuré et carte attentive au marché.

La Marquière 20,
13 r. St Jean – 04 68 71 52 00 – lamarquiere@wanadoo.fr – Fax 04 68 71 30 81 – Fermé 15 janv.-15 fév., jeudi sauf de juin à août et merc. C **v**
Rest – Menu 20/50 € – Carte 24/55 €
◆ Cette maison proche des remparts Nord vous reçoit dans un cadre sagement provincial, ou dans sa sympathique petite cour-terrasse. Cuisine traditionnelle simple et goûteuse.

Auberge de Dame Carcas
3 pl. Château – 04 68 71 23 23 – Fax 04 68 72 46 17 – Fermé 4-13 juin, 1er-10 oct., 17-25 déc., 28 janv.-10 fév. et merc. C **t**
Rest – Menu 14/25 €
◆ Sur l'enseigne, la dame Carcas qui, selon la légende, stoppa le siège de la ville, porte un petit cochon. Normal, cette auberge rustique est réputée pour ses plats "canaille".

à Aragon 10 km par ① D 118 et D 935 – 453 h. – alt. 195 m – ✉ 11600

La Bergerie ch, ch,
allée Pech Marie – 04 68 26 10 65 – info@labergeriearagon.com – Fax 04 68 77 02 23 – Fermé 8-23 oct. et 2-22 janv.
8 ch – 60/80 € 90/110 €, 10 € – ½ P 70/95 € – **Rest** – *(fermé mardi et merc. sauf fériés)* Menu 23 € bc (déj. en sem.), 33/58 € – Carte 41/53 €
◆ Maison récente qui se fond bien dans le décor de ce pittoresque village perché. Agréables chambres provençales d'où l'on admire le vignoble de Cabardès. Coquet restaurant aux tons ensoleillés ; cuisine inventive élaborée avec des produits régionaux de qualité.

au hameau de Montredon 4 km au Nord-Est par r. A. Marty BY – ✉ 11000 Carcassonne

Hostellerie St-Martin
– 04 68 47 44 41 – hostellerie@chateausaintmartin.net – Fax 04 68 47 74 70 – Ouvert 10 mars-15 nov.
15 ch – 62/75 € 75/90 €, 9 €
Rest ***Château St-Martin*** – voir ci-après
◆ Cette bâtisse récente de style régional se situe dans un paisible parc entouré par la campagne. Les chambres, mi-provençales, mi-rustiques, sont plaisantes.

Château St-Martin "Trencavel" 12/35,
– ✆ 04 68 71 09 53 – *restaurant@chateausaintmartin.net* – *Fax 04 68 25 46 55* – *Fermé 21-27 fév., dim. soir et merc.*
Rest – Menu 31 € (sem.)/80 € – Carte 44/60 €
◆ Au fond d'un parc, belle demeure des 14e et 17e s., flanquée d'une tour du 12e s. Sobre intérieur agrémenté d'une fresque et agréable terrasse d'été. Cuisine classique.

à Floure **11 km par ② et N 113 – 318 h. – alt. 77 m – ✉ 11800**

Château de Floure ch, rest,
1 allée Gaston Bonheur 6/60,
– ✆ *04 68 79 11 29 – contact@chateau-de-floure.com – Fax 04 68 79 04 61 – Fermé 20 nov.-14 fév.*
21 ch – 110/170 € 110/230 €, 18 € – ½ P 116/156 € – **Rest** – *(fermé le mardi sauf en été) (dîner seult)* Menu 49/79 €
◆ Jadis villa romaine puis monastère, ce château du 12e s. arbore un décor opulent (dorures, tapisseries). Chambres de caractère donnant sur le jardin à la française. Restaurant cossu avec boiseries et statuettes du 17e s. La véranda fait aussi office de bar.

au Sud par ③ 3 km et par D104 – ✉ 11000 Carcassonne

Domaine d'Auriac 6/50,
– ✆ *04 68 25 72 22*
– auriac@relaischateaux.com – Fax 04 68 47 35 54 – Fermé 29 avril-7 mai, 11-19 nov., 6 janv.-11 fév., dim. et lundi du 7 oct. au 23 avril sauf fériés.
23 ch – 100/450 € 100/450 €, 20 € – ½ P 145/320 €
Rest – *(fermé dim. soir et lundi d'oct. à avril, lundi midi, mardi midi et merc. midi de mai à sept. sauf fériés)* Menu 65/140 € – Carte 74/83 €
Rest ***Bistrot d'Auriac*** – ✆ *04 68 25 37 19 (fermé 26 nov.-3 déc., lundi et le soir du mardi au jeudi d'oct. à avril et dim. soir)* Menu 16 € (déj.) – Carte 30/42 € le soir
Spéc. Assiette de dégustation autour de l'anchois de Collioure. Cassoulet. Gibier (oct. à déc.). **Vins** Minervois, Corbières.
◆ Belle demeure du 19e s. dans un parc avec golf 18 trous. Chambres personnalisées au château, grandes et méridionales dans les dépendances. Savoureuse cuisine du terroir servie dans une salle à manger bourgeoise prolongée d'une terrasse. Club-house façon bistrot.

à Cavanac **7 km par ③ et rte de St-Hilaire – 665 h. – alt. 138 m – ✉ 11570**

Château de Cavanac ch, ch, ch,
– ✆ *04 68 79 61 04 – infos@* ch, 6/18,
chateau-de-cavanac.fr – Fax 04 68 79 79 67 – Fermé 1er-11 nov., janv. et fév.
24 ch – 65/150 € 65/150 €, 10 € – 4 suites – **Rest** – *(fermé dim. soir et lundi hors saison et le midi sauf dim. et fériés)* Menu 40 € bc – Carte environ 37 €
◆ En pleine campagne, château du 17e s. sur un domaine viticole. Ravissantes chambres baptisées de noms de fleurs. Véranda-terrasse pour les petits-déjeuners. Plats traditionnels, grillades et vins de la propriété dans une belle salle rustique (anciennes écuries).

CARENNAC – 46 Lot – 337 G2 – 373 h. – alt. 123 m – ✉ 46110
Périgord 29 **C1**

Paris 520 – Brive-la-Gaillarde 39 – Cahors 79 – Martel 16 – St-Céré 17 – Tulle 51

Office de tourisme, le bourg ✆ 05 65 10 97 01

Portail★ de l'église St Pierre - Mise au tombeau★ dans la salle capitulaire du cloître.

Auberge du Vieux Quercy 25,
– ✆ *05 65 10 96 59 – contact@vieuxquercy.com – Fax 05 65 10 94 05 – Ouvert 25 mars-15 nov.*
22 ch – 45/60 € 45/60 €, 10 € – **Rest** – *(fermé 20 déc.-1er mars)* Menu 20/55 € – Carte 34/70 €
◆ Les chambres, rénovées au 1er étage, offrent un joli coup d'œil sur les toits du village ; celles de l'annexe donnent sur la piscine. Jardin arboré et fleuri. Salle de restaurant agréablement lumineuse, terrasse d'été et cuisine dans la note régionale.

Hostellerie Fénelon

– *05 65 10 96 46 – contact@hotel-fenelon.com – Fax 05 65 10 94 86 – Fermé 19 nov.-20 déc. et 7 janv.-15 mars*

15 ch – 48/54 € 52/64 €, 9 € – ½ P 56/65 € – **Rest** – *(fermé lundi midi, sam. midi sauf juil.-août et vend.)* Menu 22/48 € – Carte 31/48 €

◆ Grande maison quercinoise à l'ambiance familiale, où vous préférerez les chambres offrant une vue sur le cours de la Dordogne. Poutres, pierres, cheminée et objets paysans font le cachet de la salle de restaurant largement ouverte sur la campagne.

CARGÈSE – 2A Corse-du-Sud – 345 A7 – voir à Corse

CARHAIX-PLOUGUER – 29 Finistère – 308 J5 – 7 648 h. – alt. 138 m – 29270

Bretagne 9 **B2**

Paris 506 – Brest 86 – Guingamp 49 – Lorient 74 – Morlaix 51 – Pontivy 59 – Quimper 61

Office de tourisme, rue Brizeux 02 98 93 04 42, Fax 02 98 93 23 83

Noz Vad sans rest 20/50,

12 bd République – 02 98 99 12 12 – aemcs@nozvad.com – Fax 02 98 99 44 32 – Fermé 16 déc.-14 janv.

44 ch – 47 € 53/71 €, 8,50 €

◆ Bel intérieur breton contemporain, réalisé par des artistes locaux : peintures, photos, fresque... Vous passerez une "noz vad" (bonne nuit) dans une chambre moderne et pratique.

à Port de Carhaix 6 km au Sud-Ouest par rte de Lorient – 29270 Carhaix-Plouguer

Auberge du Poher

– *02 98 99 51 18 – Fax 02 98 99 55 98 – Fermé 2-23 juil., 4-17 fév., mardi soir et merc. soir hors saison, dim. soir et lundi*

Rest – Menu 14,50/46 € – Carte 20/53 €

◆ Cette gentille auberge abrite une salle à manger champêtre tournée vers un jardin. Copieuse cuisine traditionnelle concoctée dans les règles de l'art et servie à des prix très doux.

CARIGNAN – 08 Ardennes – 306 N5 – 3 259 h. – alt. 174 m – 08110 14 **C1**

Paris 264 – Charleville-Mézières 43 – Mouzon 8 – Montmédy 24 – Sedan 20 – Verdun 70

La Gourmandière

19 av. Blagny – 03 24 22 20 99 – la-gourmandiere2@wanadoo.fr – Fax 03 24 22 20 99 – Fermé lundi

Rest – Menu 15 € (déj. en sem.), 27/47 € – Carte 51/72 €

◆ Maison bourgeoise en pierre abritant une sobre salle à manger rustique. En été, profitez de la terrasse dressée dans le jardin. Goûteuse cuisine utilisant les produits du potager et belle carte des vins.

CARLUX – 24 Dordogne – 339 J6 – 624 h. – alt. 90 m – 24370

Périgord 4 **D1**

Paris 531 – Bordeaux 207 – Brive-la-Gaillarde 53 – Cahors 66

Syndicat d'initiative, Rouffillac 05 53 59 10 70

La Vigerie sans rest

4 km à l'Est par rte de Souillac – 05 53 28 65 94 – la.vigerie@wanadoo.fr – Ouvert 1er fév.-15 déc.

4 ch – 87 € 94 €

◆ Cette belle chartreuse du 18e s. bénéficie d'un environnement calme, tout près d'une rivière. Les vastes chambres sont dotées de meubles chinés chez les antiquaires. Élégant salon avec cheminée.

CARMAUX – 81 Tarn – 338 E6 – 10 231 h. – alt. 241 m – ✉ 81400 29 C2

Paris 673 – Rodez 59 – Toulouse 96 – Cordes-sur-Ciel 22 – St-Affrique 90

Office de tourisme, place Gambetta ✆ 05 63 76 76 67, Fax 05 63 36 84 51

Au Chapon Tarnais

3 bd Augustin Malroux (N 88) – ✆ 05 63 36 60 10 – auchapontarnais@free.fr – Fax 05 63 36 60 10 – Fermé 1er-14 janv., sam. midi, dim. soir, mardi soir et lundi

Rest – Menu 24/45 €

◆ Discrète maisonnette au bord de la route nationale. Plaisante salle à manger rajeunie, mise en place soignée, généreuse cuisine actuelle et accueil familial charmant.

CARNAC – 56 Morbihan – 308 M9 – 4 444 h. – alt. 16 m – Casino Z – ✉ 56340

Bretagne 9 B3

Paris 490 – Auray 13 – Lorient 49 – Quiberon 19 – Vannes 33

Office de tourisme, 74 avenue des Druides ✆ 02 97 52 13 52, Fax 02 97 52 86 10

de Villarceaux à Auray Ploemel, N : 8 km par D 196, ✆ 02 97 56 85 18.

Musée de préhistoire★★ **M** - Église St-Cornély★ **E** - Tumulus St-Michel★ : ≤★ - Alignements du Ménec★★ par D 196 : 1,5 km - Alignements de Kermario★★ par ② : 2 km - Alignements de Kerlescan★ par ② : 4,5 km.

Plan page suivante

Le Diana

21 bd Plage – ✆ 02 97 52 05 38 – contact@lediana.com – Fax 02 97 52 87 91 – Ouvert 6 avril-7 nov. Z r

32 ch – 122/245 € 137/245 €, 20 € – 6 suites – ½ P 122/176 € – **Rest** – *(ouvert 2 mai-30 sept. et fermé merc. soir hors saison et le midi sauf dim. et fériés)* Menu 28 € (déj.), 38/58 € – Carte 48/66 €

◆ Atmosphère cossue dans ce grand hôtel aux chambres plutôt spacieuses ayant vue sur l'océan ou - plus calmes - sur le minigolf. Espace bien-être. Véranda et terrasse face à la plage ; cuisine dans l'air du temps et carte des vins et de rhums très étoffée.

Novotel

rest, 50,

av. Atlantique – ✆ 02 97 52 53 00 – h0406@accor.com – Fax 02 97 52 53 55 – Fermé janv. Z s

109 ch – 92/186 € 108/186 €, 13,50 € – 1 suite – ½ P 92/131 €

Rest *Le Clipper* – Menu (21 €), 28 € – Carte 28/51 €

Rest *Diététique* – Menu 28 €

◆ Accès direct au centre de thalassothérapie, piscine à l'eau de mer, fitness, tennis et chambres rénovées : un Novotel dynamique ! Au Clipper, plats traditionnels et cadre marin. Au Diététique, menus pour les curistes établis sur les conseils d'un diététicien.

Celtique

ch, ch, cuisinette 25/75,

82 avenue des Druides – ✆ 02 97 52 14 15 – reservation@hotelceltique.com – Fax 02 97 52 71 10 Z h

65 ch – 81/152 € 81/152 €, 11 € – 6 suites – ½ P 71/106 € – **Rest** – *(fermé dim. soir hors saison) (dîner seult)* Carte 22/39 €

◆ Cet immeuble récent entouré de pins séculaires abrite des chambres actuelles et claires. Proximité de la plage, piscine couvrable hors saison, jacuzzi et fitness. Cuisine classique et produits de la mer servis dans une salle à manger prolongée par une véranda.

Tumulus

rest, 12/25,

Chemin du Tumulus – ✆ 02 97 52 08 21 – info@hotel-tumulus.com – Fax 02 97 52 81 88 Y t

23 ch – 85/270 € 85/295 €, 15 € – ½ P 99/184 € – **Rest** – *(fermé le midi du lundi au merc.)* Menu 26/60 € – Carte 36/53 €

◆ Sur les hauteurs, paisible hôtellerie des années 1920 rénovée en 2006. Chambres aux étages, bungalows avec terrasse, piscine et jacuzzi au jardin, spa et jolie vue littorale. Restaurant clair et ample tourné vers la baie de Quiberon. Établissement non-fumeurs.

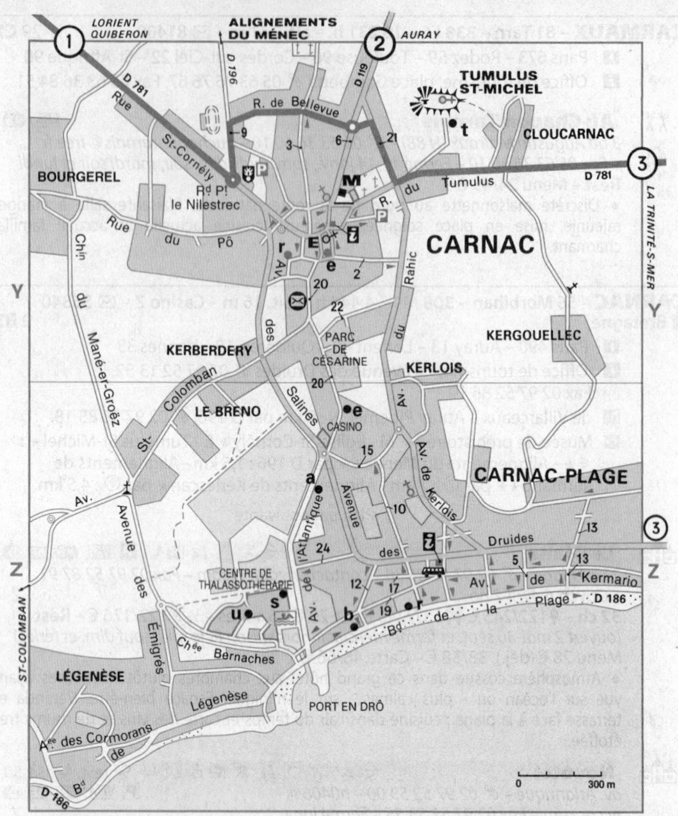

Colary (R.) . . . . . Y 2	Menhirs (Av. des) . . . . . Z 10	Port en Dro (Av. de) . . . . . Z 19
Courdiec (R. de) . . . . . Y 3	Miln (Av.) . . . . . Z 12	Poste (Av. de la) . . . . . Y 20
Cromlech (Allée du) . . . . . Z 5	Montagne (Allée de la) . . . . . Z 13	Poul Person (R. de) . . . . . Y 21
Korrigans (R. des) . . . . . Y 6	Palud (Av. du) . . . . . Z 15	Roer (Av. du) . . . . . Y 22
Ménec (R. du) . . . . . Y 9	Parc (Allée du) . . . . . Z 17	Talleyrand (R. de) . . . . . Z 24

Plancton 25, VISA

12 bd Plage – ✆ 02 97 52 13 65 – info@hotel-plancton.com – Fax 02 97 52 87 63 – Ouvert 5 avril-30 sept. Z **b**

30 ch – †72/148 € ††86/172 €, ☕ 11,50 € – ½ P 68/101 € – **Rest** – *(dîner seult)* Menu 33 € ♀

◆ Construction de 1975 séparée de la plage par une avenue. Chambres fonctionnelles - avec balcon côté mer mais plus spacieuses sur l'arrière - ou modernes dans l'aile récente. Salle à manger au sobre décor actuel et terrasse d'été orientée plein Sud.

Ibis ch, ch, rest, 20/60, VISA

av. Atlantique – ✆ 02 97 52 54 00 – H1054@accor.com – Fax 02 97 52 53 66 – Fermé 7 janv.-4 fév. Z **u**

96 ch – †57/130 € ††64/130 €, ☕ 9,50 €, 23 duplex – ½ P 60/94 € – **Rest** – Menu 21 € – Carte 25/45 € ♀

◆ Ce bâtiment émergeant au ras des anciennes salines est relié au centre de thalassothérapie. Chambres tout confort dotées de balcons. Belle piscine couverte. Cuisine traditionnelle servie dans une coquette salle de restaurant aux tons bleu et blanc.

La Licorne sans rest

5 av. Atlantique – ✆ 02 97 52 10 59 – info@hotel-la-licorne.com – Fax 02 97 52 80 30 – Ouvert 21 mars-12 nov. Z **a**

26 ch – ♦43/100 € ♦♦49/100 €, ☕ 7 €

◆ Maison récente abritant des chambres pratiques et rajeunies par des couleurs gaies ; certaines ont vue sur le plan d'eau des anciens marins salants. Jardin fleuri.

La Côte

aux Alignements de Kermario, par ② : 2 km – ✆ 02 97 52 02 80 – contact@restaurant-la-cote.com – Fermé 12-16 mars, 1er-5 oct. et 7 janv.-12 fév.

Rest – *(fermé sam. midi et dim. soir de sept. à juin, mardi midi en juil.-août et lundi)* Menu 23 € (déj. en sem.), 34/85 € – Carte 46/79 €

◆ Restaurant aménagé dans une vieille ferme située à deux pas des alignements de Kermario, le célèbre site mégalithique. Jolie salle avec pierres et poutres apparentes et véranda ouverte sur le jardin.

Auberge le Râtelier avec ch

4 chemin du Douet – ✆ 02 97 52 05 04 – contact@le.ratelier.com – Fax 02 97 52 76 11 – Fermé 4 janv.-5 fév., mardi d'oct. à juin, merc. d'oct. à avril, merc. midi en mai-juin Y **r**

8 ch – ♦38/60 € ♦♦38/60 €, ☕ 8 € – ½ P 48/60 € – **Rest** – Menu 19 € (sem.)/45 € – Carte 27/65 € ♀

◆ Ferme du 19e s. dont la façade en granit est recouverte de vigne vierge. Chaleureuse salle rustique ; cuisine régionale faisant la part belle au poisson. Chambres simples.

La Brigantine

3 r. Colary – ✆ 02 97 52 17 72 – daniel.seveno@orange.fr – Fax 02 97 52 10 81 – Fermé 3-11 juin, 30 sept.-9 oct., 1er janv.-12 fév., dim. et lundi sauf du 14 juil. au 31 août Y **e**

Rest – Menu 20/60 € – Carte 27/48 € ♀

◆ Tout est réuni pour une escale gourmande : décor marin raffiné, ambiance chaleureuse et colorée, généreuse cuisine où poissons et fruits de mer rivalisent de fraîcheur.

CARNON-PLAGE – 34 Hérault – 339 I7 – ✉ 34280 — 23 C2

Paris 758 – Aigues-Mortes 20 – Montpellier 20 – Nîmes 56 – Sète 37

Office de tourisme, résidence la Civadière ✆ 04 67 50 51 15, Fax 04 67 50 54 04

Neptune ch, 5/25,

au port – ✆ 04 67 50 88 00 – hotel-neptune@wanadoo.fr – Fax 04 67 50 96 72 – Fermé 15 déc.-7 janv.

53 ch – ♦48/82 € ♦♦60/97 €, ☕ 9,50 € – ½ P 56/75 € –

Rest – *(fermé 15 déc.-12 janv., sam. midi et dim. soir sauf en juil.-août)* Menu 15 € (déj. en sem.), 22/33 € – Carte 27/45 € ♀

◆ Face au port de plaisance, construction des années 1980 abritant des chambres claires, confortables et très bien tenues. Ambiance familiale et service attentif. La salle à manger ouvre sur une terrasse d'été dressée au bord de la piscine, face à la marina.

CARNOULES – 83 Var – 340 M6 – 2 594 h. – alt. 205 m – ✉ 83660 — 41 C3

Paris 831 – Brignoles 23 – Draguignan 48 – Hyères 34 – Toulon 34

Syndicat d'initiative, place Gabriel Péri ✆ 04 94 28 32 96

Tuilière avec ch ch, 50,

2 km par rte de Toulon N 97 – ✆ 04 94 48 32 39 – Fax 04 94 48 36 06

4 ch – ♦50 € ♦♦60/75 €, ☕ 7,50 € – ½ P 60 € – **Rest** – *(nombre de couverts limité, prévenir)* Menu 19 € (sem.)/36 € – Carte 24/52 € ♀

◆ Isolé au milieu des vignes, vieux mas abritant un restaurant rustique aux petites salles à manger provençales. Agréable terrasse en façade. Cuisine régionale. Chambres personnalisées et rehaussées de tissus colorés.

Petit-déjeuner compris ?
La tasse ☕ suit directement le nombre de chambres.

CARPENTRAS – 84 Vaucluse – 332 D9 – 26 090 h. – alt. 102 m – ✉ 84200

Provence 42 **E1**

- Paris 679 – Avignon 30 – Digne-les-Bains 139 – Gap 146 – Marseille 105
- Office de tourisme, place Aristide Briand ✆ 04 90 63 00 78, Fax 04 90 60 41 02
- Provence Country Club à Saumane-de-Vaucluse Route de Fontaine de Vaucluse, par rte de Cavaillon : 18 km, ✆ 04 90 20 20 65.
- Ancienne cathédrale St-Siffrein★ : Synagogue★.

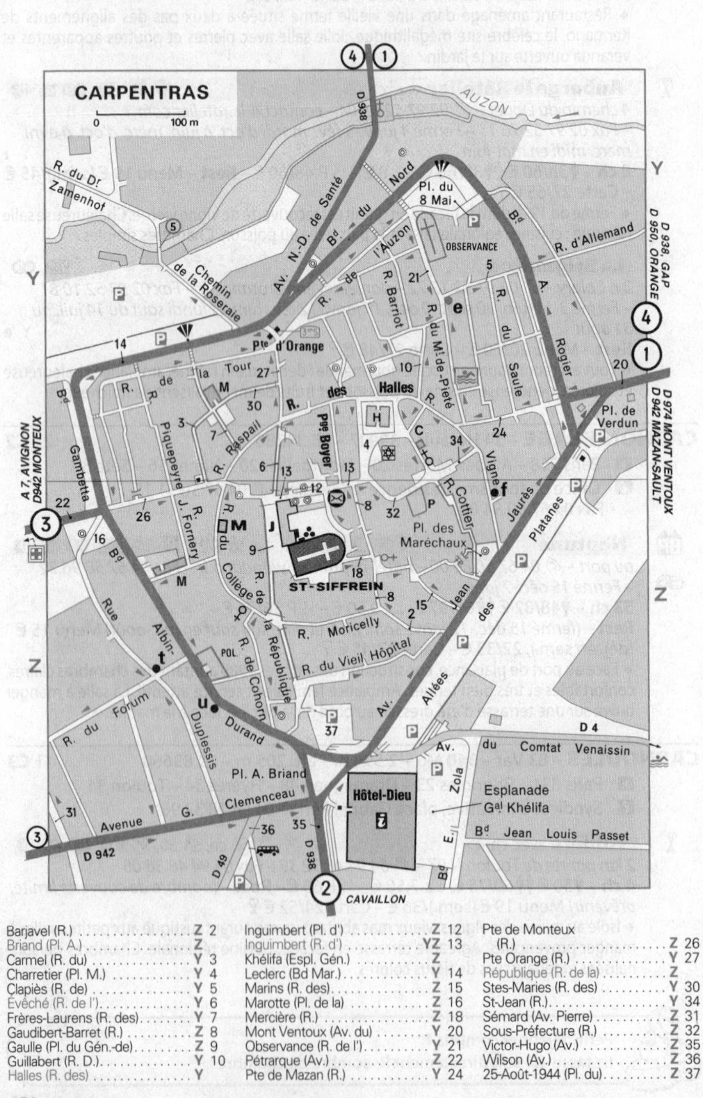

Le Comtadin ch, ch, 30, VISA MC AE

65 bd Albin Durand – ✆ 04 90 67 75 00 – reception@le-comtadin.com – Fax 04 90 67 75 01 – Fermé 21 déc.-7 janv., 24 fév.-5 mars et dim. d'oct. à fév.

19 ch – 54/73 € 73/88 €, 11 € – 1 suite – ½ P 74/88 € Z u

Rest ***L'Aromate*** – *(fermé déc., janv., lundi midi et dim.)* Menu 24 € (déj.)/35 €

◆ Hôtel particulier de la fin du 18e s. entièrement rénové. La majorité des chambres, claires et bien insonorisées, donne sur le patio où l'on petit-déjeune en été (buffets). Cuisine traditionnelle dans un décor d'inspiration africaine à l'Aromate.

Du Fiacre sans rest VISA MC AE

153 rue Vigne – ✆ 04 90 63 03 15 – contact@hotel-du-fiacre.com – Fax 04 90 60 49 73 Z f

18 ch – 60/85 € 66/100 €, 10 €

◆ Cet hôtel particulier (18e s.) de la vieille ville a conservé son atmosphère bourgeoise d'origine. Les chambres, confortables et chaleureuses, sont plus calmes côté patio.

Forvm sans rest VISA MC AE

24 r. Forum – ✆ 04 90 60 57 00 – reception@hotel-forum-provence.com – Fax 04 90 63 52 65 Z t

28 ch – 51/56 € 56/60 €, 8 €

◆ Au centre-ville, immeuble récent dont les chambres sont garnies de meubles de style provençal. Au 3e étage, mini-salon et terrasse solarium. Formule buffet au petit-déjeuner.

à Mazan **7 km à l'Est par D 942 – 4 943 h. – alt. 100 m – ✉ 84380**

Office de tourisme, 83 place du 8 Mai ✆ 04 90 69 74 27, Fax 04 90 69 66 31

Cimetière ≤★.

Château de Mazan ch, 20, VISA MC AE

pl. Napoléon – ✆ 04 90 69 62 61 – chateaudemazan@wanadoo.fr – Fax 04 90 69 76 62 – Fermé 1er janv.-1er mars

28 ch – 98/275 € 98/275 €, 15 € – 1 suite – **Rest** – *(fermé le midi sauf week-ends, lundi sauf du 1er mai au 30 sept. et mardi)* Menu 35 € (déj.)/75 € – Carte 49/66 €

◆ L'ancienne demeure (18e s.) du marquis de Sade offre un ravissant décor mariant moulures d'époque, élégant mobilier et touches modernes. Belle piscine et séduisant jardin. Deux charmants salons et une superbe terrasse ombragée composent le restaurant.

au Beaucet **11 km au Sud-Est par D 4 et D 39 – 352 h. – alt. 275 m – ✉ 84210**

Auberge du Beaucet VISA MC

– ✆ 04 90 66 10 82 – aubergebeaucet@wanadoo.fr – Fax 04 90 66 00 72 – Fermé 2 janv.-10 fév., dim. sauf midi en juil.-août et lundi

Rest – *(nombre de couverts limité, prévenir)* Menu (37 €), 39/45 €

◆ Auberge au cœur du Beaucet, pittoresque bourgade adossée à une falaise. Cuisine aux saveurs provençales servie dans une salle claire et rustique ou en terrasse sur le toit.

à Monteux **4,5 km par ③ – 9 564 h. – alt. 42 m – ✉ 84170**

Office de tourisme, parc du Château d'Eau ✆ 04 90 66 97 18, Fax 04 90 66 97 19

Domaine de Bournereau sans rest VISA MC

579 chemin de la Sorguette, rte Avignon et rte secondaire – ✆ 04 90 66 36 13 – mail@bournereau.com – Fax 04 90 66 36 93 – Ouvert 1er mars-31 oct.

12 ch – 90/120 € 90/170 €, 10 €

◆ Un majestueux platane bicentenaire trône au milieu de la cour de ce paisible mas provençal. Meubles anciens et actuels personnalisent les chambres, spacieuses et confortables.

rte d'Avignon **10 km par ③ D 942 – ✉ 84180 Monteux**

Le Saule Pleureur VISA MC AE

145, chemin de Beauregard – ✆ 04 90 62 01 35 – info.resa@le-saule-pleureur.com – Fax 04 90 62 10 90 – Fermé 12-26 mars, 27 août-3 sept., 29 oct.-12 nov., 2-8 janv., sam. midi, dim. soir et lundi sauf fériés

Rest – Menu 29 € (déj. en sem.), 59/119 € bc – Carte 75/135 €

◆ Bordant une route fréquentée, cette villa entourée d'un jardin accueille ses hôtes dans une salle à manger contemporaine ou sous une ravissante véranda. Cuisine créative.

CARQUEIRANNE – 83 Var – 340 L7 – 8 436 h. – alt. 30 m – ✉ 83320 41 C3

Paris 849 – Draguignan 80 – Hyères 7 – Toulon 16

Plein Sud sans rest
av. Gén. de Gaulle par rte du port – ☎ 04 94 58 52 86 – Fax 04 94 12 95 59 – Fermé 5-30 janv.
17 ch – 43/49 € 50/70 €, 7,50 €
◆ Construction cubique des années 1970 située sur la route menant au port. Chambres un brin désuètes, mais plutôt spacieuses et rigoureusement tenues.

Les Santonniers
18 av. J.-Jaurès (centre ville) – ☎ 04 94 58 62 33 – hollit@wanadoo.fr – Fax 04 94 58 62 33 – Fermé mardi midi, dim. soir et lundi hors saison
Rest – Menu 18/28 €
◆ Installé dans une maison de pays du centre-ville, ce modeste restaurant possède deux atouts : une jolie terrasse ombragée par un platane et un menu-carte à prix sage.

à l'Ouest 2 km par D 559 ✉83320 Carqueiranne

Val d'Azur sans rest
3 impasse de la Valérane – ☎ 04 94 48 07 16 – valdazur@hotmail.com – Fax 04 94 48 07 16
3 ch – 65/75 € 65/115 €
◆ À proximité de la mer, maison neuve proposant des chambres personnalisées habillées de couleurs gaies, dotées d'un joli mobilier moderne et d'un balcon.

CARRIÈRES-SUR-SEINE – 78 Yvelines – 311 J2 – 101 14 – voir à Paris, Environs

LES CARROZ-D'ARÂCHES – 74 Haute-Savoie – 328 M4 – alt. 1 140 m – Sports d'hiver : 1 140/2 500 m 5 70 – ✉ 74300 Alpes du Nord 46 F1

Paris 580 – Annecy 67 – Bonneville 25 – Chamonix-Mont-Blanc 47 – Thonon-les-Bains 70

Office de tourisme, 9 place Ambiance ☎ 04 50 90 00 04

de Pierre Carrée à Flaine, E : 12 km par D 106, ☎ 04 50 90 85 44.

Les Servages d'Armelle montagnes,
841 rte des Servages – ☎ 04 50 90 01 62 – servages@wanadoo.fr – Fax 04 50 90 39 41 – Fermé mai et nov.
6 ch – 145/300 € 145/300 €, 25 € – 2 suites – **Rest** – *(fermé du lundi au merc. hors saison)* Carte 38/105 €
◆ Vieux bois patinés, équipements high-tech et touches design se marient avec raffinement dans les chambres de ce superbe chalet restauré avec des matériaux anciens. Vue sur les cuisines ultramodernes depuis la salle à manger très montagnarde ; recettes régionales.

Les Airelles ch,
346 rte Moulins – ☎ 04 50 90 01 02 – lesairelles@free.fr – Fax 04 50 90 03 75 – Ouvert 20 juin-30 oct., 16 déc.-22 avril et fermé sam. et dim. du 10 sept. au 30 oct.
9 ch – 41/45 € 57/76 €, 9 €, 3 chalets – ½ P 59/75 € – **Rest** – Menu 23/30 € – Carte 32/46 €
◆ Les chambres du premier chalet sont petites, mais réellement délicieuses (bois, tons chauds) ; le second, flambant neuf, abrite de confortables appartements. Table résolument montagnarde dans le décor et dans l'assiette (spécialité maison : les diots au chou).

La Croix de Savoie montagnes,
768 rte du Pernand – ☎ 04 50 90 00 26 – info@lacroixdesavoie.fr – Fax 04 50 90 00 63 – Fermé 1er mai-19 juin et 1er oct.-17 déc.
Rest – Menu 20/40 € – Carte environ 45 €
◆ Salle à manger rustique (non-fumeurs), plats régionaux revisités et service familial vous attendent dans ce restaurant offrant une vue splendide sur les montagnes et la vallée.

CARRY-LE-ROUET – 13 Bouches-du-Rhône – 340 F6 – 6 009 h. – alt. 5 m – Casino – ✉ 13620 Provence

40 **B3**

Paris 765 – Aix-en-Provence 39 – Marseille 34 – Martigues 20 – Salon-de-Provence 45

Office de tourisme, avenue Aristide Briand ☎ 04 42 13 20 36, Fax 04 42 44 52 03

Le Madrigal

4 av. Dr G. Montus – ☎ 04 42 44 58 63 – Fax 04 42 44 58 63 – Fermé de mi-nov. à début janv., dim. soir et lundi d'oct. à avril

Rest – Menu 28/37 € – Carte 40/51 €

◆ Sur les hauts de Carry et dominant le port, maison rose dont l'agréable terrasse offre un panorama de carte postale. Cuisine traditionnelle et poissons.

CARSAC-AILLAC – 24 Dordogne – 329 I6 – 1 217 h. – alt. 80 m – ✉ 24200 Périgord

4 **D3**

Paris 536 – Brive-la-Gaillarde 59 – Gourdon 18 – Sarlat-la-Canéda 9

La Villa Romaine

ch, ch, ch, 20,

St-Rome (3 km par rte Gourdon) – ☎ 05 53 28 52 07 – contact@lavillaromaine.com – Fax 05 53 28 58 10 – Fermé 11 nov.-2 déc., janv. et fév.

16 ch – †110/160 € ††110/300 €, ☐ 13 € – ½ P 93/118 € – **Rest** – *(ouvert 2 avril-10 nov. et fermé merc. et dim. sauf juil.-août) (dîner seult)* Menu 25/35 €

◆ Ancienne métairie joliment restaurée, bâtie sur un site gallo-romain proche de la Dordogne. Chambres spacieuses et soignées. Terrasses, jardin et piscine sont très agréables. Au restaurant, plaisant cadre agreste, mobilier en fer forgé et recettes actuelles.

Domaine Lacoste avec ch

rest, ch,

– ☎ 05 53 59 58 81 – info@domainelacoste.com – Fermé fév.

5 ch ☐ – †55/70 € ††55/70 € – **Rest** – *(fermé mardi soir et dim. soir d'oct. à mai, le midi de juin à sept. et merc.) (nombre de couverts limité, prévenir)* Menu 20/30 €

◆ Appétissante cuisine associant recettes méridionales et saveurs périgourdines. Joli décor campagnard et terrasse couverte face à la piscine. Chambres simples et coquettes.

CARTERET – 50 Manche – 303 B3 – voir à Barneville-Carteret

CARVIN – 62 Pas-de-Calais – 301 K5 – 17 772 h. – alt. 31 m – ✉ 62220

31 **C2**

Paris 204 – Arras 35 – Béthune 28 – Douai 23 – Lille 24

Parc Hôtel

rest, 25,

N 17 - Z.I. du Château – ☎ 03 21 79 65 65 – customer@parc-hotel.com – Fax 03 21 79 80 00

46 ch – †39/62 € ††48/73 €, ☐ 12 € – ½ P 52/60 € – **Rest** – *(fermé vend. soir et sam. en août, dim. soir et soirs fériés)* Menu (19 €), 23 € (sem.)/34 € bc – Carte 26/36 €

◆ Près de l'autoroute, établissement récent proposant des chambres fonctionnelles, égayées de tons pastel et bien insonorisées, mais tout de même plus calmes côté campagne. Salle à manger claire et spacieuse où les repas peuvent être servis sous forme de buffets.

Le Charolais

Domaine de la Gloriette, 143 bis r. Mar. Foch (rte Seclin) – ☎ 03 21 40 12 98 – lecharolais@wanadoo.fr – Fax 03 21 40 41 15 – Fermé 6-23 août, mardi soir, dim. soir et lundi

Rest – Menu 23/60 € bc – Carte 33/58 €

◆ La maison est bien dans le style régional avec sa façade en briques. Dans la salle à manger sobrement aménagée, dégustez plats classiques et spécialités de bœuf charolais.

CASAMOZZA – 2B Haute-Corse – 345 F4 – voir à Corse

CASCASTEL-DES-CORBIÈRES – 11 Aude – 344 H5 – 196 h. – alt. 140 m – ✉ 11360

22 **B3**

Paris 835 – Perpignan 52 – Carcassonne 70 – Narbonne 48

Domaine Grand Guilhem sans rest

Chemin du Col de la Serre – ☎ 04 68 45 86 67 – gguilhem@aol.com – Fax 04 68 45 29 58

4 ch – 76 € 82/150 €

◆ Habilement restaurée, cette demeure en pierre du 19e s. a gardé toute son authenticité. Chambres pétries de charme, d'une tenue impeccable. Dégustations de vins dans le caveau.

Le Clos de Cascastel

Quai de la Berre – ☎ 04 68 45 06 22 – Fax 04 68 45 06 22 – Fermé mi-nov.-3 déc. et mi-fév.-3 mars

Rest – Menu 14 € (déj. en sem.), 25/39 € bc – Carte 28/34 €

◆ Le village, entouré par le vignoble des corbières, avoisine les "citadelles du vertige". Intérieur rustique et simple, agréable terrasse. Cuisine régionale et vins locaux.

CASSEL – 59 Nord – 302 C3 – 2 290 h. – alt. 175 m – ✉ 59670

Nord Pas-de-Calais Picardie

30 **B2**

Paris 250 – Calais 58 – Dunkerque 30 – Hazebrouck 11 – Lille 52 – St-Omer 21

Syndicat d'initiative, place BP10 ☎ 03 28 40 52 55, Fax 03 28 40 59 17

Site★.

Châtellerie de Schoebeque sans rest

32 r. du Maréchal Foch – ☎ 03 28 42 42 67 – contact@schoebeque.com – Fax 03 28 42 21 86

180,

12 ch – 155/299 € 155/299 €, 15 €

◆ Luxe, charme et quiétude dans une demeure historique du 18e s. Chambres prestigieuses, spa (soins esthétiques) et vue unique sur les Flandres depuis la véranda du petit-déjeuner.

Au Petit Bruxelles

au Petit-Bruxelles, Sud-Est : 3,5 km sur D 916 – ☎ 03 28 42 44 64 – aupetitbruxelles@wanadoo.fr – Fax 03 28 40 58 13 – Fermé dim. soir, mardi soir, merc. soir et lundi

Rest – Menu 25 € (sem.)/42 € – Carte 39/52 €

◆ Ancien relais de poste à la jolie façade en briques rouges typique de la région. Chaleureux décor rustique, ambiance bon enfant et cuisine au goût du jour, gourmande et soignée.

à St-Sylvestre-Cappel 6 km au Nord-Est par D 916

Le St Sylvestre

57 rte Nationale – ☎ 03 28 42 82 13 – restaurantlesaintsylvestre@wanadoo.fr – Fermé 7-29 août, 18-24 fév., sam. midi, dim. soir et merc.

Rest – Menu 25/40 € – Carte 31/44 €

◆ Cette devanture noire dévoile une salle très "in". Mobilier design, couleurs vives, films de Charlot diffusés en boucle : un cadre en phase avec une cuisine épurée à base d'épices.

CASSIS – 13 Bouches-du-Rhône – 340 I6 – 8 001 h. – alt. 10 m – Casino – ✉ 13260

Provence

40 **B3**

Paris 800 – Aix-en-Provence 51 – La Ciotat 10 – Marseille 30 – Toulon 42

Office de tourisme, place Aristide Briand ☎ 04 90 63 00 78, Fax 04 90 60 41 02

Site★ - Les Calanques★★ (1h en bateau) - Mt de la Saoupe ★★ : 2 km par D 41A.

Cap Canaille, la plus haute falaise maritime d'Europe, ≤★★★ 5 km par D41A - Sémaphore ★★★ - Corniche des Crêtes★★ de Cassis à la Ciotat.

CASSIS

Abbé-Mouton (R.) 2
Arène (R. de l') 4
Autheman (R. V.) 5
Baragnon (Pl.) 6
Barthélemy (Bd) 7
Barthélemy
(Quai Jean-Jacques) 8
Baux (Quai des) 9
Ciotat (R. de la) 10
Clemenceau (Pl.) 12
Ganteaume (Av. de l'Amiral) 14
Jean-Jaurès (Av.) 16
Leriche (Av. Professeur) 17
Mirabeau (Pl.) 22
Moulins (Quai des) 23
République (Pl.) 25
Revestel (Av. du) 26
St-Michel (Pl.) 27
Thiers (R. Adolphe) 29
Victor-Hugo (Av.) 32

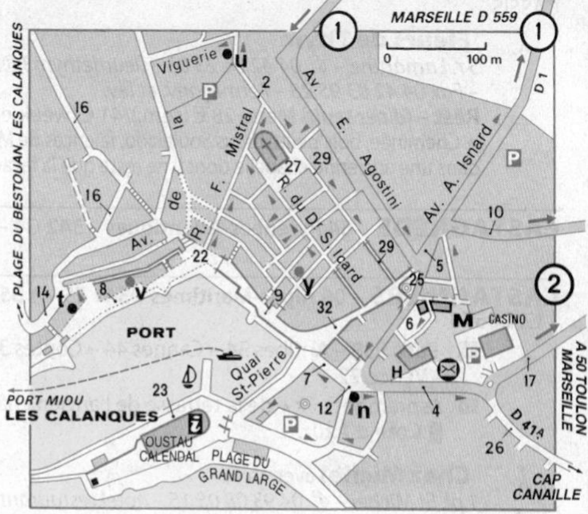

Royal Cottage sans rest

6 av. 11 Novembre par ① – ✆ 04 42 01 33 34 – info@royal-cottage.com – Fax 04 42 01 06 90 – Fermé 14-28 déc.

25 ch – †90/198 € ††90/198 €, ☐ 12 €

◆ Petit paradis provençal où s'épanouit une luxuriante végétation exotique. Intérieur contemporain. La terrasse de certaines chambres offre un splendide coup d'œil sur le port.

Les Jardins de Cassis sans rest

r. A. Favier, par ① : 1 km – ✆ 04 42 01 84 85 – contact@lesjardinsdecassis.com – Fax 04 42 01 32 38 – Ouvert avril-oct.

36 ch – †60/118 € ††60/118 €, ☐ 14 €

◆ Petits bâtiments profilant leurs couleurs ocres sur les hauteurs de Cassis. Chambres simples, bien tenues, souvent dotées de terrasses privées. Beau jardin méridional, piscine.

Le Golfe sans rest

3 pl. Grand Carnot – ✆ 04 42 01 00 21 – contact@hotel-le-golfe-cassis.com
– Fax 04 42 01 92 08 – Ouvert 29 mars-8 nov. t

30 ch – †65/95 € ††65/95 €, ☐ 10 €

◆ Ravissante villégiature située face au port, au-dessus d'un bar-glacier. Toutes les chambres sont pratiques et colorées, mais préférez celles dont le balcon ouvre côté mer.

Le Clos des Arômes

10 r. Paul Mouton – ✆ 04 42 01 71 84 – Fax 04 42 01 31 76
– Fermé 4 janv.-28 fév. u

14 ch – †49 € ††65/85 €, ☐ 9 € – 1 suite – ½ P 54 € – **Rest** – *(fermé mardi midi, merc. midi et lundi sauf le soir en juil.-août)* Menu 26/39 € – Carte 37/46 €

◆ Les portes de cette charmante maison ouvrent sur un riant jardin fleuri. Les chambres, à la fois sobres et contemporaines, sont gaies et décorées avec goût. Minuscule salle à manger, jolie terrasse et cuisine méridionale : bourrides, bouillabaisses, etc.

Cassitel sans rest

pl. Clemenceau – ✆ 04 42 01 83 44 – cassitel@hotel-cassis.com
– Fax 04 42 01 96 31 n

31 ch – †60/63 € ††70/90 €, ☐ 7 €

◆ Proche de la plage, mais aussi au cœur du Cassis animé et noctambule (discothèques, bars). Chambres pratiques, rénovées côté port ; salle des petits-déjeuners provençale.

Nino

port de Cassis – ✆ 04 42 01 74 32 – Fax 04 42 01 74 32 – Fermé dim. soir hors
saison et lundi v

Rest – Menu 34 € – Carte 40/66 €

◆ Cette maison daterait de 1432. Plaisant décor nautique ; la terrasse surplombant le port est très prisée en saison. Produits de la mer (bouillabaisse) et vins régionaux.

Fleurs de Thym VISA

5 r. Lamartine – ✆ 04 42 01 23 03 – fleurdethym3@wanadoo.fr – Fax 04 42 03 95 28 – Fermé janv. et fév. y

Rest – *(dîner seult)* Menu 28 € (sem.)/41 € (week-end) – Carte 32/46 €

◆ Cheminée, bois peint, tissus Souleiado, faïences de Moustiers : cadre méridional "cosy" dans une ancienne chapelle dont il ne reste que la façade en pierre. Carte ensoleillée.

CASTAGNÈDE – **64 Pyrénées-Atlantiques** – **342** G4 – **rattaché à Salies-de-Béarn**

CASTAGNIERS – **06 Alpes-Maritimes** – **341** E5 – **1 359 h.** – **alt. 350 m** – ✉ **06670** 42 **E2**

Paris 938 – Antibes 34 – Cannes 44 – Contes 31 – Levens 16 – Nice 18 – Vence 22

Aspremont : ※★ de la terrasse de l'ancien château SE : 4 km, Côte d'Azur.

Chez Michel avec ch 20, VISA

1 pl. St Michel – ✆ 04 93 08 05 15 – hotel.restaurant.chez-michel@wanadoo.fr – Fax 04 93 08 05 38 – Fermé 31 oct.-4 déc.

20 ch – 51 € 51 €, 8 € – ½ P 58 € – **Rest** – *(fermé mardi midi de janv. à mai, dim. soir et lundi)* Menu (12 €), 18 € (sem.)/38 € – Carte 20/45 €

◆ Restaurant de style rustique agrémenté d'outils agricoles ; cuisine niçoise avec notamment daubes et raviolis. Quelques chambres simples et bien tenues dans une annexe.

CASTANET-TOLOSAN – **31 Haute-Garonne** – **343** H3 – **rattaché à Toulouse**

LE CASTELET – **09 Ariège** – **343** I8 – **rattaché à Ax-les-Thermes**

CASTELJALOUX – **47 Lot-et-Garonne** – **336** C4 – **4 755 h.** – **alt. 52 m** – ✉ **47700** Aquitaine 4 **C2**

Paris 674 – Agen 55 – Langon 55 – Marmande 23 – Mont-de-Marsan 73 – Nérac 30

Office de tourisme, Maison du Roy ✆ 05 53 93 00 00, Fax 05 53 20 74 32

de Casteljaloux Route de Mont de Marsan, S : 4 km par D 933, ✆ 05 53 93 51 60.

Les Cordeliers VISA AE

r. Cordeliers – ✆ 05 53 93 02 19 – hotel.lescordeliers@wanadoo.fr – Fax 05 53 93 55 48 – Fermé 23 déc.-21 janv.

24 ch – 40 € 42/65 €, 7 € – ½ P 45 € – **Rest** – *(fermé dim. soir)* Menu 12 € (déj. en sem.), 16/29 € – Carte 25/41 €

◆ Accueil souriant en cet établissement situé dans une venelle donnant sur la grande place. Les chambres, fonctionnelles et bien tenues, ont été rénovées il y a peu. Au restaurant, sobre décoration actuelle, tables dressées avec soin et cuisine traditionnelle.

La Vieille Auberge VISA

11 r. Posterne – ✆ 05 53 93 01 36 – la.vieille.auberge.47@wanadoo.fr – Fax 05 53 93 18 89 – Fermé 15 juin-9 juil., 19 nov.-6 déc., 19 fév.-2 mars, mardi soir, merc. sauf soir en juil.-août et dim. soir

Rest – Menu 19/37 € – Carte 39/62 €

◆ Charmante maison de pierre bordant une ruelle de la bastide. De riantes couleurs jaunes et bleues égaient la salle à manger, bien fleurie. Plats classiques.

CASTELLANE – **04 Alpes-de-Haute-Provence** – **334** H9 – **1 508 h.** – **alt. 730 m** – ✉ **04120** Alpes du Sud 41 **C2**

Paris 797 – Digne-les-Bains 54 – Draguignan 59 – Grasse 64 – Manosque 92

Office de tourisme, rue Nationale ✆ 04 92 83 61 14, Fax 04 92 83 76 89

de Taulane à La Martre Le Logis du Pin, E : 17 km par N 85, ✆ 04 93 60 31 30.

Site★ - Lac de Chaudanne★ 4 km par ①.

- Grand canyon du Verdon★★★.

à la Garde 6 km par ① et N 85 – 56 h. – alt. 928 m – ✉ 04120

Auberge du Teillon avec ch
rte Napoléon – ✆ 04 92 83 60 88 – contact@auberge-teillon.com – Fax 04 92 83 74 08 – Ouvert 15 mars-15 nov. et fermé dim. soir et lundi sauf juil.-août et fériés, mardi midi en juil.-août
8 ch – 50/55 € 50/55 €, ☕ 7 € – ½ P 52/55 € – **Rest** – Menu 20/46 € – Carte 31/53 €
◆ Accueil tout sourire et ambiance conviviale en cette auberge rustique de bord de route. Goûteuse cuisine traditionnelle revisitée, assortie de recettes provençales.

LE CASTELLET – 83 Var – 340 J6 – 3 799 h. – alt. 252 m – ✉ 83330 40 B3

Paris 816 – Marseille 46 – Toulon 23 – Aubagne 30 – Bandol 11
Circuit Paul Ricard ✆ 04 94 98 36 66

Castel Lumière ≤ baie de St-Cyr -sur- Mer,
au vieux village – ✆ 04 94 32 62 20 ch, ch,
– infos@castellumiere.com – Fax 04 94 32 70 33 – Hôtel : ouvert de mai à déc. ; rest : fermé19-30 nov., janv. et 25-29 fév.
7 ch – 85/100 € 85/100 €, ☕ 10 € – ½ P 75/85 € – **Rest** – *(fermé mardi et merc. hors saison et lundi midi en saison)* Menu 32/45 € – Carte 37/47 €
◆ Les nouveaux propriétaires ont donné un style actuel à cette vieille bâtisse dominant la vallée et la mer. Agréables chambres "tendance" et colorées ; six profitent de la vue. Restaurant panoramique d'esprit contemporain et cuisine empreinte du terroir provençal.

à Ste-Anne-du-Castellet 4,5 km au Nord par D 226 et D 26 – ✉ 83330

Castel Ste-Anne sans rest
81 chemin Chapelle – ✆ 04 94 32 60 08 – hotelcastelstanne@wanadoo.fr – Fax 04 94 32 68 16
17 ch – 55 € 65/95 €, ☕ 7,50 €
◆ Quiétude, jardin fleuri et jolie piscine caractérisent l'environnement de cet hôtel familial. Chambres récentes, dotées de terrasses à l'annexe ; les autres sont plus sobres.

au Circuit Paul Ricard 11 km au Nord par D 226, D 26 et N 8 – ✉ 83330 Le Beausset

Du Castellet rest,
3001 rte Hauts du Camp 15/50,
– ✆ 04 94 98 37 77 – infos@hotelducastellet.com – Fax 04 94 98 37 78
47 ch – 275/315 € 275/315 €, ☕ 30 € – 2 suites
Rest *Monte Cristo* – Menu 50 € (déj. en sem.), 80/120 € – Carte 78/115 €
Spéc. Escabèche de rougets, fleur de fenouil. Râble de lapin fermier à l'olive. Tarte soufflée à la pêche du Castellet (été).
◆ À deux pas du circuit, belle demeure orientée plein Sud et entourée d'un joli parc clos. Décor mi-provençal, mi-toscan, luxueux aménagements et golf 4 trous. Élégant restaurant où le chef apporte sa touche personnelle à des recettes méditerranéennes soignées.

Résidence des Équipages sans rest
3100 rte Hauts du Camp – ✆ 04 94 98 37 77 – infos@hotelducastellet.com – Fax 04 94 98 37 78
19 ch – 130/160 € 130/160 €, ☕ 15 €
◆ Mobilier design, isolation phonique efficace, télévison à écran plat, connexion Internet : cet hôtel accolé à l'aérogare séduira autant équipages que passagers en transit.

CASTELNAUDARY – 11 Aude – 344 C3 – 10 851 h. – alt. 175 m – ✉ 11400
Languedoc Roussillon 22 A2

Paris 735 – Carcassonne 42 – Foix 70 – Pamiers 49 – Toulouse 60
Office de tourisme, place de la République ✆ 04 68 23 05 73, Fax 04 68 23 61 40

Plan page suivante

Du Canal sans rest 6/20,
2 ter av. A. Vidal – ✆ 04 68 94 05 05 – hotelducanal@wanadoo.fr – Fax 04 68 94 05 06 AZ **b**
38 ch – 48 € 55 €, ☕ 8 €
◆ Belle bâtisse ocre, autrefois usine à chaux, longée par le canal du Midi. Chambres pratiques et bien insonorisées. Petits-déjeuners servis au bord de l'eau. Joli Jardin.

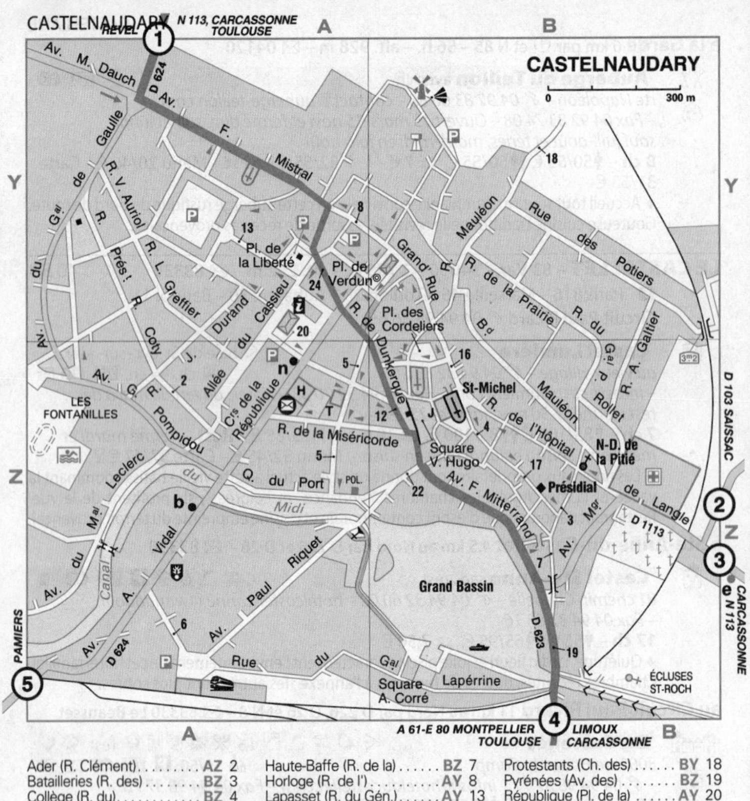

Ader (R. Clément) . . . . AZ 2
Batailleries (R. des) . . . . BZ 3
Collège (R. du) . . . . BZ 4
Dejean (R. du Gén.) . . . . AZ 5
Dunkerque (R. de) . . . . AYZ
Gare (Av. de la) . . . . AZ 6
Haute-Baffe (R. de la) . . . . . . BZ 7
Horloge (R. de l') . . . . AY 8
Lapasset (R. du Gén.) . . . . . . AY 13
Laperrine (Pl. du Gén.) . . . . . BZ 12
Pasteur (R. Louis) . . . . BZ 16
Présidial (Rampe du) . . . . BZ 17
Protestants (Ch. des) . . . . . . BY 18
Pyrénées (Av. des) . . . . BZ 19
République (Pl. de la) . . . . . . AY 20
Riquet (R. Paul) . . . . BZ 22
11-Novembre (R. du) . . . . AY 24

Du Centre et du Lauragais

31 cours République – ✆ 04 68 23 25 95 – Fax 04 68 94 01 66 – Fermé 10 janv.-10 fév.
16 ch – †45 € ††53 €, ☕ 6 € – ½ P 60 € – **Rest** – *(fermé dim. soir)* AZ **n**
Menu 18 € (sem.)/34 € – Carte 25/47 € ♀

◆ Engageante maison de ville installée sur l'avenue principale de Castelnaudary. Chambres fonctionnelles, équipées d'un mobilier canné. Salle à manger lumineuse où l'on propose une cuisine traditionnelle enrichie de spécialités locales, dont le fameux cassoulet.

Le Clos Fleuri St-Siméon

134 av. Mgr. de Langle, par ③ – ✆ 04 68 94 01 20 – leclos@hotmail.fr – Fax 04 68 94 05 47 – Fermé 24 déc.-1er janv.
31 ch – †47/50 € ††49/52 €, ☕ 6 € – ½ P 45 € – **Rest** – *(fermé dim. de nov. à mars)* Menu 14 € (sem.), 18/28 € – Carte 20/35 € ♀

◆ Isolé des bâtiments commerciaux par son enclos de verdure, hôtel disposant de chambres aux tons pastel, bien tenues et pourvues du double vitrage. Le restaurant se prolonge d'une terrasse donnant sur le petit jardin-piscine. Carte simple et cassoulet maison.

Le Tirou

90 av. Mgr de Langle – ✆ 04 68 94 15 95 – letirou@wanadoo.fr – Fax 04 68 94 15 96 – Fermé 25 juin-3 juil., 21 déc.-21 janv., le soir et lundi BZ **e**
Rest – Menu 17 € (déj. en sem.), 23/32 € – Carte 31/51 € ♀

◆ Le chef prépare son cassoulet avec de la viande de porc élevé en plein air. Beau choix de vins régionaux et agréable salle ouverte sur un jardin où paissent des chèvres et un âne.

CASTELNAU-DE-LÉVIS – 81 Tarn – 338 E7 – rattaché à Albi

CASTELNAU-DE-MONTMIRAL – 81 Tarn – 338 C7 – 895 h. – alt. 287 m – ✉ 81140

29 C2

Paris 645 – Toulouse 69 – Cordes-sur-Ciel 22 – Gaillac 12

Office de tourisme, place de la Mairie ✆ 05 63 33 15 11

Des Consuls sans rest

pl. Consuls – ✆ 05 63 33 17 44 – hoteldesconsuls@aol.com – Fax 05 63 33 61 30 – Ouvert avril-oct.

13 ch – †57/77 € ††57/77 €, ☕ 8 €

◆ Maisons anciennes situées sur la place centrale de la pittoresque bastide du 13e s. : les vieilles façades dissimulent des chambres neuves ou rafraîchies.

CASTÉRA-VERDUZAN – 32 Gers – 336 E7 – 830 h. – alt. 114 m – Stat. therm. : début mars-mi-déc. – ✉ 32410

28 A2

Paris 720 – Agen 61 – Auch 26 – Condom 20

Syndicat d'initiative, avenue des Thermes ✆ 05 62 68 10 66

XX **Le Florida**

– ✆ 05 62 68 13 22 – Fax 05 62 68 10 44 – Fermé vacances de fév., dim. soir et lundi sauf fériés

Rest – Menu 14 € (déj. en sem.), 27/50 € – Carte 42/60 €

◆ Spécialités gersoises à savourer en hiver dans la salle rustique, réchauffée par les crépitements d'un bon feu de cheminée, et en été sur la terrasse ombragée et fleurie.

CASTILLON-DU-GARD – 30 Gard – 339 M5 – rattaché à Pont-du-Gard

CASTILLON-EN-COUSERANS – 09 Ariège – 343 E7 – 424 h. – alt. 543 m – ✉ 09800 Midi-Pyrénées

28 B3

Paris 787 – Bagnères-de-Luchon 61 – Foix 58 – St-Girons 14

Office de tourisme, rue Noël Peyrevidal ✆ 05 61 96 72 64, Fax 05 34 14 06 82

à Audressein 1 km par rte de Luchon – 107 h. – alt. 509 m – ✉ 09800

XX **L'Auberge d'Audressein** avec ch — rest, rest,

– ✆ 05 61 96 11 80 – aubergeaudressein@club-internet.fr – Fax 05 61 96 82 96 – Fermé 6 janv.-5 fév., dim. soir et lundi d'oct. à Pâques sauf vacances scolaires

7 ch – †45/65 € ††45/65 €, ☕ 9 € – ½ P 45/60 € – **Rest** – Menu 16 € (sem.)/85 € – Carte 39/81 €

◆ Ces vieux murs de pierre abritaient une forge au 19e s. Salle à manger aux tons chauds, agréable véranda surplombant la rivière et goûteuse cuisine inspirée par le terroir.

CASTRES – 81 Tarn – 338 F9 – 43 496 h. – alt. 170 m – ✉ 81100 Midi-Pyrénées

29 C2

Paris 718 – Albi 43 – Béziers 107 – Carcassonne 70 – Toulouse 79

de Castres-Mazamet : ✆ 05 63 70 34 77 par ③ : 8 km.

Office de tourisme, 3 rue Milhau-Ducommun ✆ 05 63 62 63 62, Fax 05 63 62 63 60

de Castres Gourjade Domaine de Gourjade, N : 3 km par rte de Roquecourbe, ✆ 05 63 72 27 06.

Musée Goya★ - Hôtel de Nayrac★ AY - Centre national et musée Jean-Jaurès AY.

Le Sidobre★ 9 km par ① - Musée du Protestantisme à Ferrières.

Plan page suivante

Renaissance sans rest

17 r. V. Hugo – ✆ 05 63 59 30 42 – hotel.renaissance.europe@wanadoo.fr – Fax 05 63 72 11 57

AZ d

22 ch – †55 € ††60/70 €, ☕ 8 € – ½ P 65 €

◆ Belle façade à colombages du 17e s. abritant des chambres personnalisées (styles Empire, Napoléon III, africain, etc.) où foisonnent tableaux et bibelots. Salons très "cosy".

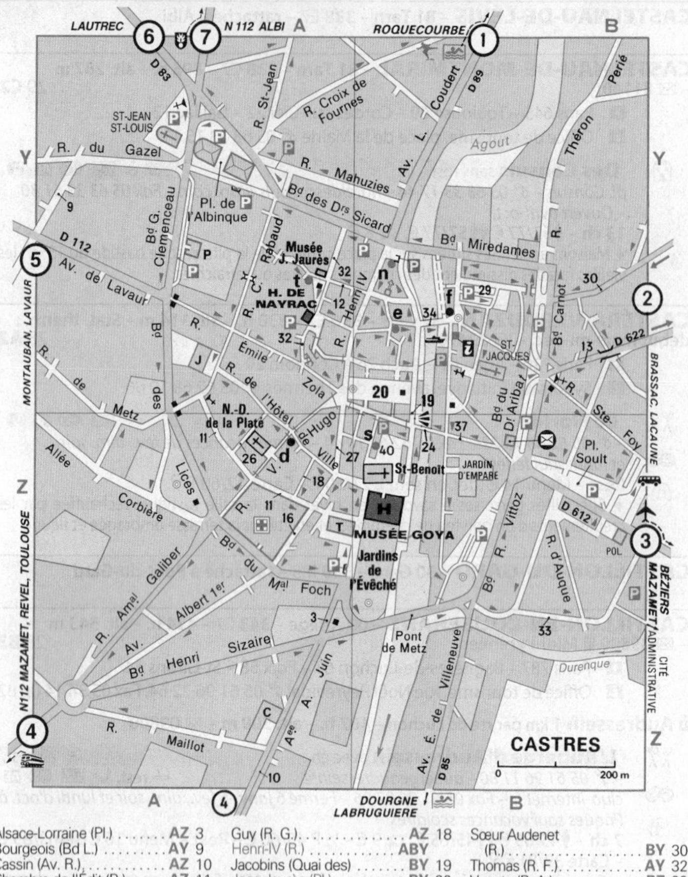

Occitan

10/40, VISA

201 av. Ch. de Gaulle par ③ – ☎ 05 63 35 34 20 – hotel-occitan@wanadoo.fr – Fax 05 63 35 70 32

62 ch – 58/77 € 63/85 €, ☕ 9 € – ½ P 57/65 € – **Rest** – *(fermé 24 déc.-6 janv. et sam. midi)* Menu 14,50 € (sem.)/45 € – Carte 31/52 €

◆ Hôtel pratique pour une étape aux portes de la ville. Les chambres, toutes climatisées, ont été rénovées ; certaines occupent une aile très récente. Sauna et jacuzzi. Cuisine traditionnelle servie dans un cadre contemporain ou en terrasse, face à la piscine.

Miredames

ch, ch, VISA

1 pl. R. Salengro – ☎ 05 63 71 38 18 – bienvenue@hotel-miredames.com – Fax 05 63 71 38 19 BY **f**

14 ch – 55 € 62 €, ☕ 7,50 € – ½ P 49 €

Rest *Relais du Pont Vieux* – *☎ 05 63 35 56 14* – Menu 16/33 € – Carte 21/45 €

◆ L'enseigne de cette maison du vieux Castres évoque le coche d'eau qui remonte l'Agout. Les chambres, de bonne ampleur, sont fonctionnelles et bien tenues. Le Relais du Pont Vieux donne sur une place où murmure une fontaine, mais déploie sa terrasse côté rivière.

XX **Le Victoria**

24 pl. 8-Mai 1945 – ☎ 05 63 59 14 68 – Fax 05 63 59 14 68 – Fermé sam. midi et dim.
Rest – Menu 12 € (déj. en sem.), 22/46 € – Carte 24/46 € BZ **s**
◆ Trois salles à manger assez intimes aménagées dans un sous-sol voûté. La plus plaisante donne sur la cave à vins protégée par une vitre. Cuisine traditionnelle soignée.

XX **Mandragore**

1 r. Malpas – ☎ 05 63 59 51 27 – Fax 05 63 59 51 27 – Fermé 11-25 mars, 9-23 sept., dim. et lundi BY **e**
Rest – Menu 12,50 € bc (déj. en sem.), 16/34 € – Carte 23/47 €
◆ Cette maison du vieux Castres a été entièrement rénovée dans un esprit contemporain où dominent bois blond et verre dépoli. On y déguste des préparations traditionnelles.

X **Table du Sommelier**

6 pl. Pélisson – ☎ 05 63 82 20 10 – Fax 05 63 82 20 10 – Fermé dim. et lundi
Rest – Menu (12,50 €), 15/30 € bc AY **t**
◆ Bar à vins situé en face du musée Jean Jaurès : décor de caisses et de bouteilles, fumoir pour amateurs de cigares, crus sélectionnés et généreuse cuisine "bistrotière".

à Burlats **9 km par ①, D 89 et D 58 – 1 829 h. – alt. 191 m – ✉ 81100**

Le Castel de Burlats ch, rest, 10/20,

8 pl.du 8-Mai-1945 – ☎ 05 63 35 29 20 – le.castel.de-burlats@wanadoo.fr – Fax 05 63 51 14 69 – Fermé 18 fév.-2 mars
10 ch – 65 € 80/130 €, 10 €
Rest ***Les Mets d'Adélaïde*** – *☎ 05 63 35 78 42 (fermé lundi et mardi) (prévenir)*
Menu (19 €), 23/55 € – Carte 45/56 €
◆ Castel des 14ᵉ et 16ᵉ s. au blason redoré : très beau salon de style Renaissance et vastes chambres personnalisées (non-fumeurs) ouvertes sur le parc. Ambiance "guesthouse". Salle à manger cossue au charme bourgeois et terrasse ombragée ; cuisine du marché.

à Lagarrigue **4 km par ③ – 1 641 h. – alt. 200 m – ✉ 81090**

Montagne Noire sans rest 10/30,

29 av. Castres, sur RN 112 – ☎ 05 63 35 52 00 – contact@lamontagnenoire.com – Fax 05 63 35 25 59
30 ch – 79/95 € 88/104 €, 11 €
◆ Au bord d'une route fréquentée, hôtel disposant de chambres bien insonorisées, garnies d'un mobilier d'esprit Art déco. Espace "balnéo" : sauna et petite piscine couverte.

LE CATEAU-CAMBRÉSIS – 59 Nord – 302 J7 – 7 460 h. – alt. 123 m – ✉ 59360

Nord Pas-de-Calais Picardie 31 **C3**

Paris 202 – Cambrai 24 – Hirson 44 – Lille 86 – St-Quentin 41 – Valenciennes 33

Office de tourisme, 9 place du Commandant Richez ☎ 03 27 84 10 94, Fax 03 27 77 81 52

XX **Le Relais Fénelon** avec ch

21 r. Mar. Mortier – ☎ 03 27 84 25 80 – Fax 03 27 84 38 60 – Fermé 1er-23 août, 2-8 janv., dim. soir et lundi sauf fériés
5 ch – 44 € 44/51 €, 6,50 € – ½ P 40 € – **Rest** – Menu 19/29 € – Carte 32/41 €
◆ Cette demeure du 19ᵉ s. abrite une salle à manger au charme provincial, précédée d'un salon au confort bourgeois. Agréable terrasse d'été tournée vers un jardin arboré.

LE CATELET – Aisne – 306 B2 – 218 h. – alt. 90 m – ✉ 02420

37 **C1**

Paris 170 – Cambrai 22 – Le Cateau-Cambrésis 29 – Laon 66 – Péronne 28 – St-Quentin 19

XX **La Coriandre**

68 r. du Gén. Augereau – ☎ 03 23 66 21 71 – Fax 03 23 66 84 23 – Fermé 29 juil.-21 août, dim. soir, mardi midi, merc. midi, jeudi midi et lundi
Rest – Menu 22 € (sem.)/47 € – Carte 50/57 €
◆ Une façade anodine au bord de la nationale abrite ce restaurant d'une belle rusticité avec ses chaises paysannes et ses dallages rouges. Plats au goût du jour.

LES CATONS – 73 Savoie – **333** I4 – **rattaché au Bourget-du-Lac**

CAUDEBEC-EN-CAUX – **76 Seine-Maritime** – **304** E4 – **2 342 h.** – **alt. 6 m** – ✉ **76490** **Normandie Vallée de la Seine** 33 **C1**

Paris 162 – Lillebonne 17 – Le Havre 53 – Rouen 37 – Yvetot 14

Office de tourisme, place du Général-de-Gaulle ✆ 02 32 70 46 32, Fax 02 32 70 46 32

Église Notre-Dame★.

Vallon de Rançon★ NE : 2 km.

Normotel La Marine ← ch, VISA
18 quai Guilbaud – ✆ 02 35 96 20 11 – lamarine@libertysurf.fr – Fax 02 35 56 54 40
31 ch – †54/92 € ††54/92 €, ☕ 12 € – ½ P 51/93 € – **Rest** – *(fermé dim. soir, vend. et sam.)* Menu (13,50 €), 19 € (sem.)/42 € – Carte 34/73 € ♀
◆ Face à la Seine animée par le va-et-vient des bateaux, grande bâtisse hôtelière dont les meilleures chambres ont un balcon tourné vers le fleuve. Salle de restaurant panoramique où l'on vient faire des repas traditionnels ; terrasse d'été au bord de l'eau.

Le Normandie ← ch, VISA
19 quai Guilbaud – ✆ 02 35 96 25 11 – info@le-normandie.fr – Fax 02 35 96 68 15
16 ch – †50/75 € ††55/75 €, ☕ 7 € – ½ P 58 € – **Rest** – *(fermé lundi midi, merc. midi et dim. soir)* Menu (11 €), 18/40 € – Carte 26/57 € ♀
◆ Sur le quai longeant la Seine, chambres fonctionnelles, parfois garnies de meubles rustiques ; les plus spacieuses, en façade, ont un balconnet et offrent une échappée sur le fleuve. Vue batelière par les baies du restaurant ; plats traditionnels et normands.

Le Cheval Blanc ch, VISA
4 pl. R. Coty – ✆ 02 35 96 21 66 – le-cheval-blanc-info@wanadoo.fr – Fax 02 35 95 35 40
14 ch – †56 € ††59 €, ☕ 6,50 € – ½ P 52 € – **Rest** – *(fermé 24 déc.-1er janv., sam. midi, dim. soir et vend.)* Menu 15 € (sem.)/36 € – Carte 25/48 € ♀
◆ Claires et fraîches, toutes les chambres de cet établissement du centre-ville ont été rénovées et bénéficient d'une insonorisation satisfaisante ; celles du second étage sont mansardées. Une carte actuelle influencée par le terroir est présentée au restaurant.

CAUREL – **22 Côtes-d'Armor** – **309** D5 – **387 h.** – **alt. 188 m** – ✉ **22530** 10 **C2**

Paris 461 – Carhaix-Plouguer 45 – Guingamp 48 – Loudéac 24 – Pontivy 22 – St-Brieuc 48

Beau Rivage avec ch ← 30, VISA
au Lac de Guerlédan : 2 km par D 111 – ✆ 02 96 28 52 15 – Fax 02 96 26 01 16 – Fermé 15-30 oct., lundi et mardi
6 ch – †41/48 € ††45/53 €, ☕ 8 € – ½ P 55/58 € – **Rest** – Menu 18 € (sem.)/60 € – Carte 41/51 € ♀
◆ Cette maison récente a su tirer parti de sa situation au bord du lac en se dotant d'une salle actuelle bordée de baies vitrées et d'une terrasse. Chambres fonctionnelles.

CAURO – **2A Corse-du-Sud** – **345** C8 – **voir à Corse**

CAUSSADE – **82 Tarn-et-Garonne** – **337** F7 – **5 971 h.** – **alt. 109 m** – ✉ **82300** 29 **C2**

Paris 606 – Cahors 38 – Gaillac 51 – Montauban 28 – Villefranche-de-Rouergue 52

Office de tourisme, 11 rue de la République ✆ 05 63 26 04 04

Dupont ch, 20, VISA
r. Récollets – ✆ 05 63 65 05 00 – hotel-restaurant-dupont@cegetel.fr – Fax 05 63 65 12 62 – Fermé 1er-15 janv. et dim. soir
30 ch – †40 € ††57 €, ☕ 8 € – ½ P 42/47 € – **Rest** – Menu 12 € (déj. en sem.), 14/29 € – Carte 17/39 € ♀
◆ La petite capitale du chapeau de paille compte parmi ses demeures cet ancien relais de poste bâti au 18e s. Préférez les chambres sur l'arrière, plus récentes. Plaisante salle à manger rustique et cuisine d'inspiration régionale.

à Monteils 3 km au Nord-Est par D 17 – 1 075 h. – alt. 120 m – ✉ 82300

Le Clos Monteils
– ✆ 05 63 93 03 51 – Fax 05 63 93 03 51 – Fermé 15 janv.-15 fév., mardi de nov. à mai, sam. midi, dim. soir et lundi
Rest – *(nombre de couverts limité, prévenir)* Menu 17 € (déj. en sem.), 27/50 €
◆ L'ex-presbytère (1771) de ce village quercynois, transformé en restaurant, est décoré dans l'esprit d'une maison particulière. Agréable terrasse. Cuisine du terroir revisitée.

CAUTERETS – 65 Hautes-Pyrénées – **342** L7 – **1 305 h. – alt. 932 m – Sports d'hiver : 1 000/2 350 m 3 18 – Stat. therm. : début fév.-fin nov. – Casino** – ✉ **65110** Midi-Pyrénées 28 **A3**

Paris 880 – Argelès-Gazost 17 – Lourdes 30 – Pau 75 – Tarbes 49
Office de tourisme, place Foch ✆ 05 62 92 50 50
La station★ - Route et site du Pont d'Espagne★★★ (chutes du Gave) au Sud par D 920 - Cascade★★ et vallée★ de Lutour S : 2,5 km par D 920.
Cirque du Lys★★.

CAUTERETS

Benjamin-Dulau (Av.) 2
Bordenave (Pl.) 3
Clemenceau (Pl. G.) 4
Etigny (R. d') 5
Féria (R. de la) 6
Foch (Pl. Mar.) 8
Jean-Moulin (Pl.) 10
Latapie-Flurin (Bd) 12
Mamelon Vert (Av.) 13
Pont-Neuf (R. du) 15
Richelieu (R. de) 16
Victoire (Pl. de la) 18

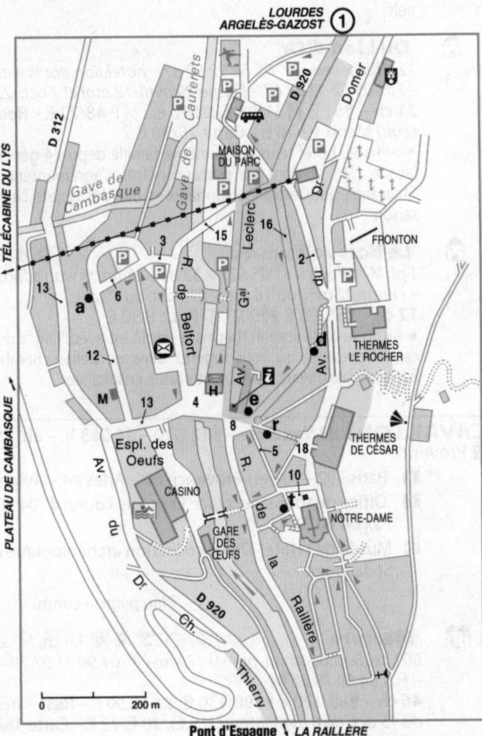

Astérides-Sacca rest, rest, 10/20, VISA
bd Latapie-Flurin – ✆ 05 62 92 50 02 – hotel.le.sacca@wanadoo.fr – Fax 05 62 92 64 63 – Fermé 15 oct.-15 déc. a
56 ch – 41/70 € 51/75 €, 7 € – ½ P 38/54 € – **Rest** – Menu 17/42 € – Carte 26/45 €
◆ Les chambres, dotées de balcons, sont aménagées dans un esprit contemporain et fonctionnel. Hall habillé de bois blond. Accueillante salle à manger avec boiseries claires, mobilier actuel et tons chaleureux ; recettes traditionnelles.

César rest, VISA

r. César – 05 62 92 52 57 – charles.fontan@wanadoo.fr – Fax 05 62 92 08 19 – Fermé 22 avril-19 mai et 23 sept.-21 oct. r

17 ch – 44/54 € 44/54 €, 6,50 € – ½ P 44/49 € – **Rest** – *(fermé merc. en hiver sauf vacances scolaires) (dîner seult en hiver)* Menu 17/22 €

◆ À proximité des thermes du même nom, façade colorée abritant des chambres assez grandes ; celles du 3e étage, rajeunies, sont plus plaisantes et actuelles. À table, plats traditionnels et spécialité de garbure (sur commande) ; décor un brin mûrissant.

Welcome Cauterets VISA

3 r. V. Hugo – 05 62 92 50 22 – hotelwelcomecauterets@wanadoo.fr – Fax 05 62 92 02 90 – Fermé 10-27 avril, 5 nov.-3 déc. t

26 ch – 50/57 € 60/67 € – ½ P 45 € – **Rest** – *(fermé le midi du 2 janv. au 28 avril)* Menu 14 € (sem.)/25 € – Carte 17/35 €

◆ Bordant une rue paisible proche de l'église, hôtel aux chambres pratiques et très bien tenues, un peu plus anciennes à l'annexe située à 50 m. Le restaurant offre une ambiance rustique avec poutres apparentes, mobilier agreste et cuivres. Plats traditionnels.

Du Lion d'Or VISA

12 r. Richelieu – 05 62 92 52 87 – hotel.lion.dor@wanadoo.fr – Fax 05 62 92 03 67 – Fermé 29 avril-12 mai et 7 oct.-22 déc. d

21 ch – 51 € 51/98 €, 10 € – ½ P 48/72 € – **Rest** – *(dîner seult) (résidents seult)* Menu 19/26 € – Carte 25/30 €

◆ Aimable hôtel tenu par la même famille depuis 4 générations et repérable à sa belle façade (19e s.) dont les portes-fenêtres s'agrémentent de balconnets en fer forgé. Chambres douillettes personnalisées par des objets chinés. Petit patio bien fleuri en saison.

Le Bois Joli sans rest cuisinette VISA

1 pl. Mar. Foch – 05 62 92 53 85 – skibar@wanadoo.fr – Fax 05 62 92 02 23 – Fermé 22 avril au 16 mai et 14 oct. au 1er déc. e

12 ch – 80/90 € 90/110 €, 8,50 €

◆ Au cœur de la station thermale, voisinant avec l'Office de tourisme, bâtisse de 1905 au cachet préservé où vous logerez dans de belles chambres remises à neuf en 2005. Bar agréable devancé par une terrasse ensoleillée.

CAVAILLON – 84 Vaucluse – 332 D10 – 24 563 h. – alt. 75 m – ✉ 84300

Provence 42 **E1**

Paris 702 – Aix-en-Provence 60 – Arles 44 – Avignon 25 – Manosque 70

Office de tourisme, place Francois Tourel 04 90 71 32 01, Fax 04 90 71 42 99

Musée de l'Hôtel-Dieu : collection archéologique★ **M** - ≤★ de la colline St-Jacques.

Plan page ci-contre

Mercure ch, 20/60, VISA

601 av. Boscodomini, par ④ : 2 km – 04 90 71 07 79 – h1951@accor.com – Fax 04 90 78 27 94

46 ch – 88/120 € 98/130 €, 12,50 € – **Rest** – *(fermé sam. midi et dim. midi du 15 oct. au 8 avril)* Menu (15 €), 20 €, 22 € – Carte 18/32 €

◆ Bâtisse des années 1970 récemment rajeunie dans le style méridional. Les chambres, plus calmes côté Sud, sont fonctionnelles et dotées de balcons. Joli décor provençal au restaurant ; la carte "Mercure" puise dans le terroir comtadin.

XXX **Prévôt** VISA

353 av. Verdun – 04 90 71 32 43 – jean-jacques@restaurant-prevot.com – Fax 04 90 71 97 05 – Fermé 12-27 août, 2-7 janv., 25 fév.-5 mars, dim. et lundi sauf fériés n

Rest – Menu (25 €), 35/85 € – Carte 64/77 €

◆ La décoration célèbre le melon dans tous ses états : tableaux, bibelots, lustres, vaisselle... Bien sûr, un menu entier est dédié à la cucurbitacée !

CAVAILLON

Berthelot (Av.) 2
Bournissac (Cours) 3
Castil-Blaze (Pl.) 5
Clemenceau (Av. G.) 6
Clos (Pl. du) 7
Coty (Av. R.) 9
Crillon (Bd) 10
Diderot (R.) 12
Donné (Chemin) 13
Doumer (Bd P.) 14
Dublé (Av. Véran) 15
Durance (R. de la) 17
Gambetta (Cours L.) 18
Gambetta (Pl. L.) 19
Gaulle (Av. Gén.-de) 22
Grand-Rue 23
Jean-Jaurès (Av.) 24
Joffre (Av. Mar.) 26
Kennedy (Av. J.-F.) 27
Lattre-de-Tassigny (R. P.-J. de) 29
Pasteur (R.) 30
Péri (Av. Gabriel) 31
Pertuis (Rte de) 32
Raspail (R.) 34
Renan (Cours E.) 35
République (R. de la) 37
Sarnette (Av. Abel) 38
Saunerie (R.) 40
Sémard (Av. P.) 41
Tourel (Pl. F.) 42
Victor-Hugo (Cours) 43

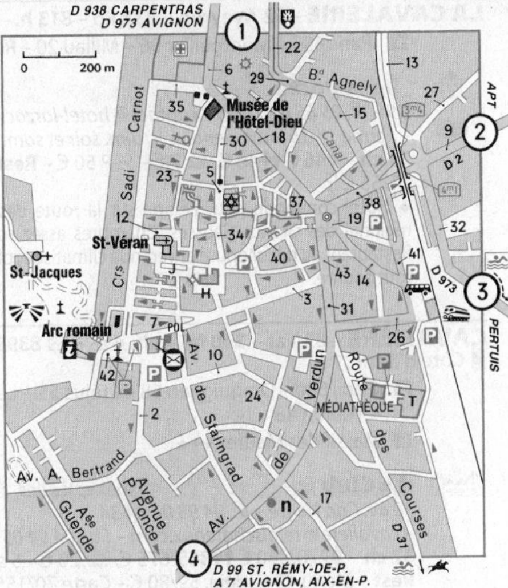

à Cheval-Blanc 5 km par ③ – **3 524 h. – alt. 83 m** – ✉ **84460**

XX **L' Auberge de Cheval Blanc**

481 av. de la Canebière – ☎ 04 32 50 18 55 – contact@auberge-de-chevalblanc.com – Fax 04 32 50 18 52 – Fermé lundi soir, merc. midi et mardi du 16 sept. au 14 juin et le midi du 15 juin au 15 sept. sauf dim. et fériés
Rest – *(nombre de couverts limité, prévenir)* Menu 23 € bc (déj. en sem.), 28/68 € – Carte 39/52 €

◆ Plaisante étape que cette discrète auberge de bord de route. Élégant cadre associant sièges en cuir, miroirs et couleurs pâles. Cuisine au goût du jour suivant les saisons.

CAVALAIRE-SUR-MER – 83 Var – 340 O6 – 5 237 h. – alt. 2 m – Casino – ✉ 83240 Côte d'Azur

41 **C3**

Paris 880 – Draguignan 55 – Fréjus 41 – Le Lavandou 21 – St-Tropez 20 – Toulon 61

Office de tourisme, Maison de la Mer ☎ 04 94 01 92 10, Fax 04 94 05 49 89

Massif des Maures★★★.

La Calanque ← mer et calanques, rest,

r. Calanque – ☎ 04 94 00 49 00 – mario.lacalanque@wanadoo.fr – Fax 04 94 64 66 20 – Fermé 1er janv.-15 mars
24 ch – 175/190 € 175/260 €, 18 € – 4 suites – **Rest** – Menu 27/55 € – Carte 56/82 €

◆ Au pied de l'hôtel : la superbe plage de Cavalaire (4 km), les calanques et le massif des Maures. Les chambres, spacieuses et joliment meublées, dominent la Méditerranée. Salles à manger et terrasse panoramiques donnent sur les flots ; spécialités du pays.

Golfe Bleu ch,

rte Croix-Valmer par D 559 : 1 km – ☎ 04 94 00 42 81 – le.golfe-bleu@wanadoo.fr – Fax 04 94 05 48 79
15 ch – 47/84 € 47/84 €, 8 € – ½ P 73/105 € – **Rest** – *(ouvert avril-nov.) (dîner seult)* Menu 19/22 €

◆ Un double vitrage protège les chambres des nuisances sonores de la route voisine. Hébergement sans ampleur, mais chaleureux décor. Salle à manger relookée, ouverte sur une terrasse côté rue. La cuisine, traditionnelle, met en avant les produits de la mer.

LA CAVALERIE – 12 Aveyron – 338 K6 – 813 h. – alt. 800 m – ✉ 12230 29 D2

Paris 655 – Montpellier 96 – Millau 20 – Rodez 87

De la Poste rest, ch, VISA

N9 – 05 65 62 70 66 – contact@hotel-larzac.com – Fax 05 65 62 78 24 – Fermé 1er-15 janv., vend. soir, dim. soir et sam. de la Toussaint à Pâques

31 ch – 46 € 46 €, 7 € – ½ P 50 € – **Rest** – Menu 17 € (sem.)/50 € – Carte 21/55 €

◆ Hôtel commode pour l'étape sur la route des vacances, au cœur du Parc naturel régional des Grands Causses. Chambres assez spacieuses, fonctionnelles et colorées. Restaurant au décor épuré et véranda climatisée ; plats traditionnels et régionaux. Accueil tout sourire.

CAVALIÈRE – 83 Var – 340 N7 – alt. 4 m – ✉ 83980 Le Lavandou

Côte d'Azur 41 C3

Paris 880 – Draguignan 68 – Fréjus 55 – Le Lavandou 7 – St-Tropez 33 – Toulon 48

Massif des Maures★★★.

Le Club mer et les îles, ch, VISA AE

30 av. Cap Nègre – 04 98 04 34 34 – cavaliere@relaischateaux.com – Fax 04 94 05 73 16 – Ouvert 12 mai-30 sept.

32 ch – 270/360 € 365/675 €, 20 € – 5 suites – ½ P 225/420 € – **Rest** – Menu 45 € (déj.), 59/80 € – Carte 70/155 €

◆ Face à la mer, élégante demeure abritant de magnifiques chambres contemporaines. Superbes équipements de loisirs : piscine, plage privée, spa, sauna, jacuzzi, fitness, hammam... Beau restaurant provençal (toit ouvrant) et terrasses ombragées dominant les flots.

CAVANAC – 11 Aude – 344 E3 – rattaché à Carcassonne

CAYLUS – 82 Tarn-et-Garonne – 337 G6 – 1 324 h. – alt. 228 m – ✉ 82160

Périgord 29 C1

Paris 628 – Albi 60 – Cahors 59 – Montauban 50 – Villefranche-de-Rouergue 30

Syndicat d'initiative, rue Droite 05 63 67 00 28

Christ★ en bois dans l'église.

La Renaissance avec ch rest, ch, VISA

av. du Père Huc – 05 63 67 07 26 – la.renaissance82@orange.fr – Fax 05 63 24 03 57 – Fermé 12-26 nov., 18 fév.-3 mars, dim. soir et lundi

9 ch – 35 € 42 €, 7 € – ½ P 42 € – **Rest** – Menu 12 € (déj. en sem.), 20/35 € – Carte 17/42 €

◆ Au calme à l'arrière de cet ancien relais de poste, la terrasse permet d'admirer les vieilles maisons du bourg. Cuisine traditionnelle. Chambres fonctionnelles.

CEILLAC – 05 Hautes-Alpes – 334 I4 – 276 h. – alt. 1 640 m – Sports d'hiver : 1 700/2 500 m 6 – ✉ 05600 Alpes du Sud 41 C1

Paris 729 – Briançon 50 – Gap 75 – Guillestre 14

Office de tourisme, le village 04 92 45 05 74

Site★ - Église St-Sébastien★.

Vallon du Mélezet★ - Lac Ste-Anne★★.

La Cascade VISA AE

au pied du Mélezet Sud-Est : 2 km – 04 92 45 05 92 – info@hotel-la-cascade.com – Fax 04 92 45 22 09 – Ouvert 2 juin-9 sept. et 22 déc.-9 avril

22 ch – 40/59 € 48/70 €, 9 € – ½ P 52/63 € – **Rest** – Menu 15/26 € – Carte 25/32 €

◆ L'hôtel, isolé dans un beau site alpestre, séduira les amoureux de la nature. Chambres dotées de meubles en pin ornés de sculptures au couteau, typiques du Queyras. La salle à manger et la terrasse offrent une jolie vue sur les montagnes ; cuisine régionale.

CEILLOUX – 63 Puy-de-Dôme – 326 I9 – 151 h. – alt. 615 m – ✉ 63520 6 C2

Paris 464 – Clermont-Ferrand 50 – Cournon-d'Auvergne 36 – Riom 62

Domaine de Gaudon sans rest

4 km au Nord par D 304 – ✆ 04 73 70 76 25 – domainedegaudon@wanadoo.fr

5 ch – ♦80 € ♦♦98/110 €

◆ Adresse rare que cette maison du 19e s. bordée d'un parc et d'un étang de pêche. Les chambres et la salle à manger où est servi le petit-déjeuner sont superbes.

LA CELLE – 83 Var – 340 L5 – 1 082 h. – alt. 260 m – ✉ 83170 41 C3

Paris 812 – Aix-en-Provence 63 – Draguignan 62 – Marseille 65 – Toulon 48

Office de tourisme, place des Ormeaux ✆ 04 94 59 19 05

Hostellerie de l'Abbaye de la Celle

ch, ch, VISA MC AE

10 pl. du Gén. de Gaulle – ✆ 04 98 05 14 14 – contact@abbaye-celle.com – Fax 04 98 05 14 15 – Fermé 14 janv.-2 fév.

10 ch – ♦205/350 € ♦♦205/350 €, 19 € – **Rest** – *(fermé mardi et merc. de nov. à fin mars)* Menu 42 € (sem.)/76 € – Carte 59/70 €

Spéc. Escargots en brochette de romarin (été). Cocotte de légumes des jardins de Provence au lard paysan (automne). Poitrine de pigeonneau au foie gras (printemps). **Vins** Coteaux Varois en Provence.

◆ Cette ravissante demeure provençale du 18e s. entourée d'un parc arboré et d'un potager eut pour hôte le Général. Chambres spacieuses et raffinées. Salles à manger de caractère et belle terrasse ombragée. Séduisante cuisine méridionale.

LA CELLE-LES-BORDES – 78 Yvelines – 311 H4 – 106 28 – 101 31 – voir à Paris, Environs (Cernay-la-Ville)

CELLES-SUR-BELLE – 79 Deux-Sèvres – 322 E7 – 3 480 h. – alt. 117 m – ✉ 79370 Poitou Vendée Charentes 38 B2

Paris 400 – Couhé 37 – Niort 22 – Poitiers 69 – St-Jean-d'Angély 52

Office de tourisme, les Halles ✆ 05 49 32 92 28

Portail★ de l'église Notre-Dame.

Hostellerie de l'Abbaye

25, VISA MC AE

1 pl. Epoux-Laurant – ✆ 05 49 32 93 32 – hostellerie.abbaye@wanadoo.fr – Fax 05 49 79 72 65 – Fermé 1er-11 mars, 29 oct.-11 nov., 11 fév.-2 mars et dim. soir du 1er oct. au 30 avril

20 ch – ♦46 € ♦♦48 €, 7 € – ½ P 46/48 € – **Rest** – Menu 13 € (sem.), 22/45 € – Carte 31/46 €

◆ À l'ombre du haut clocher de l'abbatiale, maison régionale disposant de chambres fonctionnelles, rénovées par étapes. Salle mi-rustique, mi-bourgeoise et terrasse dans la cour ; la table, traditionnelle, s'inspire du terroir charentais. Belle carte d'Armagnac.

CELLETTES – Loir-et-Cher – 318 F6 – 2 138 h. – alt. 78 m – ✉ 41120 11 A1

Paris 189 – Blois 9 – Orléans 68 – Romorantin-Lanthenay 36 – Tours 73

Syndicat d'initiative, 2 rue de la Rozelle ✆ 02 54 70 30 46, Fax 02 54 70 30 46

La Vieille Tour

VISA MC

7 rte Nationale – ✆ 02 54 70 46 31 – lavieilletour@yahoo.fr – Fax 02 54 70 46 31 – Fermé 2-31 janv., merc. d'oct. à mai, merc. midi en juin et sept. et mardi

Rest – Menu (13 €), 18 € (sem.)/46 € – Carte 30/57 €

◆ Cette table à l'ambiance feutrée et au cadre rustique actualisé avec fraîcheur occupe une belle maison du 15e s. repérable à sa vieille tour. Cuisine traditionnelle féminine.

CELONY – 13 Bouches-du-Rhône – 340 H4 – rattaché à Aix-en-Provence

CÉLY – 77 Seine-et-Marne – **312** E5 – **1 010 h.** – **alt. 62 m** – ✉ **77930** 19 **C2**

Paris 56 – Melun 15 – Boulogne-Billancourt 56 – Montreuil 57 – Créteil 47

Château de Cély 20/90,
rte de St Germain – ✆ 01 64 38 03 07 – cely@club-albatros.com – Fax 01 64 38 08 78
4 ch – 210/250 € 210/250 €, 15 € – 10 suites – 250/290 € –
Rest – *(dîner résidents seult)* Menu (21 €), 23 € (déj.) – Carte 30/50 €
◆ Château du 14e s. et son parc. Les chambres, contemporaines et bien équipées, ont pour panorama un magnifique golf entouré de jardins paysagers. Pensé pour les séminaires. Cuisine traditionnelle au restaurant éclairé par une grande verrière et ouvert sur la verdure.

CENON – 33 Gironde – **335** H5 – **rattaché à Bordeaux**

CERDON – 01 Ain – **328** F4 – **672 h.** – **alt. 300 m** – ✉ **01450** 44 **B1**

Paris 460 – Ambérieu-en-Bugey 25 – Bourg-en-Bresse 32 – Nantua 20 – Oyonnax 32

Syndicat d'initiative, place F. Allombert ✆ 04 74 39 93 02

Vieille Côte
pl. Mairie – ✆ 04 74 39 96 86 – c.b.france@wanadoo.fr – Fax 04 74 39 93 42 – Fermé fév., mardi et merc. hors saison
Rest – Menu 15/45 € – Carte 24/51 €
◆ Traversez le café de ce village viticole pour gagner la lumineuse salle à manger. Service sans chichi et cuisine ménagère enrichie de spécialités régionales. Vins du Bugey.

CÉRET – 66 Pyrénées-Orientales – **344** H8 – **7 291 h.** – **alt. 153 m** – ✉ **66400**
Languedoc Roussillon 22 **B3**

Paris 875 – Gerona 81 – Perpignan 34 – Port-Vendres 37 – Prades 72

Office de tourisme, 1 avenue Georges Clemenceau ✆ 04 68 87 00 53, Fax 04 68 87 00 56

Vieux pont★ - Musée d'Art Moderne★★.

La Terrasse au Soleil ≤ le Canigou et plaine du Roussillon,
Ouest : 1,5 km par rte Fontfrède ch, ch, 15,
– ✆ 04 68 87 01 94 – terrasse-au-soleil.hotel@wanadoo.fr – Fax 04 68 87 39 24 – Fermé 1er janv.-15 fév.
33 ch – 90/204 € 124/239 € – 2 suites – **Rest** – Menu 31/46 € – Carte 42/69 €
◆ Charles Trenet vécut dans ce mas catalan isolé sur les vertes hauteurs de Céret. Chambres fonctionnelles sur l'arrière. Piscine, jacuzzi, sauna. Murs blancs, faïences et meubles régionaux ensoleillent la salle à manger. Terrasse avec vue sur le Canigou.

Le Mas Trilles sans rest
au Pont de Reynès : 3 km après Céret direction Amélie Les Bains – ✆ 04 68 87 38 37 – mastrilles@free.fr – Fax 04 68 87 42 62 – Ouvert 27 avril-7 oct.
8 ch – 85/100 € 108/205 €
◆ Cette maison du 17e s. nichée dans un vallon soigne son accueil. Ravissantes chambres aux couleurs du Sud, souvent avec terrasse ou jardin privatif. Piscine dominant le Tech.

Les Arcades sans rest cuisinette
1 pl. Picasso – ✆ 04 68 87 12 30 – hotelarcades.ceret@wanadoo.fr – Fax 04 68 87 49 44
30 ch – 41/56 € 41/56 €, 7 €
◆ Sympathique hôtel décoré d'œuvres d'artistes de "L'École de Céret". Chambres gaies, mobilier catalan, quelques cuisinettes. Bon petit-déjeuner avec des produits locaux.

Le Chat qui Rit
à la Cabanasse : 1,5 km par rte Amélie – ✆ 04 68 87 02 22 – lechatquirit@wanadoo.fr – Fax 04 68 87 43 40 – Fermé 2 janv.-10 fév., mardi sauf juil.-août, dim. soir et lundi
Rest – buffet Menu (15 € bc), 25/35 €
◆ Emblème de cette maison de pays, le chat fait partie intégrante du décor. Cadre moderne et table centrale où sont dressés de copieux buffets catalans.

Del Bisbe avec ch

4 pl. Soutine – ☎ 04 68 87 00 85 – bisbe@club-internet.fr – Fax 04 68 87 62 33 – Fermé 1er-11 juin, nov., mardi et merc.

10 ch – 40 € 40 €, ☕ 7 € – **Rest** – Menu 28 € – Carte environ 32 €

◆ Demeure du 18e s. dont l'enseigne signifie "maison de l'Évêque" en catalan. Authentique décor rustique, jolie terrasse sous une treille et cuisine du terroir. Bar à tapas. À l'étage, des chambres simples pour petits budgets ont été rafraîchies (literie neuve).

LE CERGNE – 42 Loire – 327 E3 – 698 h. – alt. 640 m – ✉ 42460 — 44 A1

Paris 414 – Charlieu 17 – Chauffailles 15 – Lyon 78 – Mâcon 72 – Roanne 27 – St-Étienne 107

Bel'Vue avec ch

– ☎ 04 74 89 87 73 – lebelvue@wanadoo.fr – Fax 04 74 89 78 61 – Fermé 5-11 mars, 16-26 août, vend. soir, dim. soir et lundi midi

15 ch – 50 € 55 €, ☕ 7,50 € – ½ P 58 € – **Rest** – Menu 18 € (déj. en sem.), 23 € bc/60 € – Carte 31/47 €

◆ Coquette auberge qui, comme son nom l'indique, offre une belle vue sur la vallée depuis la salle à manger, agrémentée de plantes. Cuisine traditionnelle. Chambres neuves.

CERGY – 95 Val-d'Oise – 305 D6 – 106 5 – 101 2 – voir à Paris, Environs (Cergy-Pontoise)

CÉRILLY – 03 Allier – 326 D3 – 1 568 h. – alt. 340 m – ✉ 03350 — 5 B1

Auvergne

Paris 298 – Bourges 66 – Montluçon 41 – Moulins 47 – St-Amand-Montrond 33

Office de tourisme, place du Champ de Foire ☎ 04 70 67 55 89, Fax 04 70 67 31 73

Chez Chaumat

pl. Péron – ☎ 04 70 67 52 21 – Fax 04 70 67 35 28 – Fermé 27 juin-4 juil., 2-19 sept., 20 déc.-4 janv., dim. soir et lundi

8 ch – 40/43 € 43/46 €, ☕ 7 € – ½ P 48/52 € – **Rest** – Menu 12 € (déj. en sem.), 27/38 € – Carte 23/28 €

◆ Établissement familial implanté à quelques toises de la superbe forêt domaniale de Tronçais. Les chambres, simples, sont rénovées et insonorisées. Deux salles à manger : l'une mi-rustique, mi-bistrot, l'autre lambrissée et meublée dans le style Louis XIII.

CERNAY – 68 Haut-Rhin – 315 H10 – 10 446 h. – alt. 275 m – ✉ 68700 — 1 A3

Alsace Lorraine

Paris 461 – Altkirch 26 – Belfort 39 – Colmar 37 – Guebwiller 15 – Mulhouse 18 – Thann 6

Office de tourisme, rue Latouche ☎ 03 89 75 50 35, Fax 03 89 75 49 24

Hostellerie d'Alsace avec ch

61 r. Poincaré – ☎ 03 89 75 59 81 – hostellerie.alsace@wanadoo.fr – Fax 03 89 75 70 22 – Fermé 21 juil.-12 août, 22 déc.-6 janv., sam. et dim.

10 ch – 49 € 61 €, ☕ 8 € – ½ P 58/61 € – **Rest** – Menu 19/58 € – Carte 35/58 €

◆ Grande maison à colombages dans la lignée des auberges alsaciennes. La salle à manger et les chambres, rénovées, contrastent par leur cadre très contemporain et fonctionnel.

CERNAY-LA-VILLE – 78 Yvelines – 311 H3 – 106 29 – 101 31 – voir à Paris, Environs

CERVIONE – 2B Haute-Corse – 345 F6 – voir à Corse

CESSON – 22 Côtes-d'Armor – 309 F3 – rattaché à St-Brieuc

CESSON-SÉVIGNÉ – 35 Ille-et-Vilaine – 309 M6 – rattaché à Rennes

CESTAYROLS – 81 Tarn – 338 D7 – 451 h. – alt. 233 m – ✉ 81150 29 C2

Paris 660 – Albi 19 – Castres 59 – Toulouse 71

Lou Cantoun

Le Village – ☎ 05 63 53 28 39 – bgisquet@wanadoo.fr – Fax 05 63 53 12 77 – Fermé 29 oct.-7 nov., 2 janv.-6 fév., mardi et merc.

Rest – Menu 12 € bc (déj. en sem.), 22/33 € – Carte 24/37 €

◆ Une agréable terrasse ombragée prolonge les deux salles rustiques (pierres apparentes, cheminée) de ce restaurant qui fait aussi dépôt de pain. Plats traditionnels et goûteux.

CETTE-EYGUN – 64 Pyrénées-Atlantiques – 342 I7 – 95 h. – alt. 700 m – ✉ 64490 3 B3

Paris 844 – Pau 68 – Lescun 10 – Lurbe-St-Christau 25 – Urdos 10

Au Château d'Arance

ch, ch, 30, VISA MC

rue Centrale Le Bourg – ☎ 05 59 34 75 50 – auchateaudarance@wanadoo.fr – Fax 05 59 34 57 62 – Fermé 12 nov.-7 déc., 7 janv.-15 fév. et jeudi d'oct. à avril

8 ch – 58 € 64 €, 7,50 € – ½ P 57 € – **Rest** – Menu 16/26 € – Carte environ 40 €

◆ Mariage réussi entre l'ancien et le contemporain dans ce castel du 13e s. dominant la vallée d'Aspe. Chambres au décor épuré : parquet, murs blancs et mobilier design. La salle à manger, moderne, occupe l'ancienne étable du château. Terrasse panoramique.

CEVINS – 73 Savoie – 333 L4 – 687 h. – alt. 400 m – ✉ 73730 46 F2

Paris 629 – Lyon 172 – Chambéry 63 – Annecy 57 – Aix-les-Bains 79

La Fleur de Sel

P VISA MC

Les Marais – ☎ 04 79 37 49 98 – restaufleurdesel@aol.com – Fax 04 79 37 40 44 – Fermé 2-10 janv., lundi soir, mardi soir et merc.

Rest – Menu (15 € bc), 19 € bc (sem.)/58 € – Carte 48/62 €

◆ Entre route et vignes, gros chalet vous conviant à un repas au goût du jour dans un cadre néo-rustique : pierres apparentes, chaises en fer forgé et cheminée. Terrasse verte.

CHABLIS – 89 Yonne – 319 F5 – 2 594 h. – alt. 135 m – ✉ 89800 Bourgogne 7 B1

Paris 181 – Auxerre 21 – Avallon 39 – Tonnerre 18 – Troyes 76

Office de tourisme, 1 rue du Maréchal de Lattre ☎ 03 86 42 80 80, Fax 03 86 42 49 71

Hostellerie des Clos (Vignaud)

15/40, P VISA MC AE

18 rue Jules Rathier – ☎ 03 86 42 10 63 – host.clos@wanadoo.fr – Fax 03 86 42 17 11 – Fermé 17 déc.-19 janv.

32 ch – 55 € 73/125 €, 11 €, 4 duplex – ½ P 98/135 € –

Rest – Menu 38/75 € – Carte 59/110 €

Spéc. Oeufs meurette à l'Irancy. Rognon de veau saisi dans sa graisse, jus au chablis. Tournedos de charolais aux champignons sauvages. **Vins** Chablis, Irancy.

◆ Élégante hostellerie dans les murs d'un ancien hospice. Chambres soignées aux couleurs chatoyantes, salons cossus, fumoir et caveau de dégustation. Le restaurant ouvre sur un jardin. Cuisine classique et du terroir ; bon choix de chablis et bourgognes.

Aux Lys de Chablis

P VISA MC AE

38 rte Auxerre – ☎ 03 86 42 49 20 – hotel-lys@hotel-lys.chablis.com – Fax 03 86 42 80 04 – Fermé 17 déc.-14 janv.

38 ch – 50 € 60 €, 6,50 € – ½ P 57 € – **Rest** – *(dîner seult)* Menu 20 € – Carte 16/34 €

◆ Étape pratique dans un établissement moderne bâti aux portes de l'agglomération. La majorité des chambres est bien insonorisée et rénovée dans un style actuel.

Laroche Wine Bar

18 r. des Moulins – ✆ 03 86 42 47 30 – Fax 03 86 42 84 44 – Fermé janv., le soir du lundi au merc. et dim.

Rest – bar à vins Carte 26/43 € ♀

◆ Dans le village, cette adresse très "tendance" propose une vraie cuisine du terroir s'accordant parfaitement avec les vins du domaine Laroche. Stages d'œnologie à la boutique.

CHAGNY – 71 Saône-et-Loire – 320 I8 – 5 591 h. – alt. 215 m – ✉ 71150 7 A3

Paris 327 – Autun 44 – Beaune 15 – Chalon-sur-Saône 20 – Mâcon 77

Office de tourisme, 2 place des Halles ✆ 03 85 87 25 95

Lameloise

36 pl. d'Armes – ✆ 03 85 87 65 65 – lameloise@relaischateau.com – Fax 03 85 87 03 57 – Fermé 9-15 juil., 17 déc.-17 janv.

16 ch – †130/290 € ††130/290 €, ☕ 20 € – **Rest** – *(fermé lundi midi en juil.-août, mardi midi, merc. midi et jeudi midi) (prévenir)* Menu 95/135 € – Carte 84/158 € ♀

Spéc. Pommes de terre ratte grillées aux escargots de Bourgogne. Millefeuille de filet de bœuf et foie gras poêlé, pommes de terre soufflées. Grande assiette du chocolatier. **Vins** Rully blanc, Givry rouge.

◆ Cette ample maison bourguignonne au décor intérieur raffiné abrite des chambres spacieuses. Élégance rustique, cuisine de grande tradition et accueil parfait : la table (réservée aux non-fumeurs) est une véritable institution gourmande.

De la Poste sans rest

17 r. Poste – ✆ 03 85 87 64 40 – hoteldelaposte-chagny71@tiscali.fr – Fax 03 85 87 64 41 – Fermé 26 déc.-13 janv.

11 ch – †42/48 € ††44/56 €, ☕ 6,50 €

◆ L'établissement est situé au cœur du bourg, mais au calme d'une impasse. Toutes les chambres, rénovées et nettes, sont en rez-de-jardin.

La Ferté sans rest

bd Liberté – ✆ 03 85 87 07 47 – reservation@hotelferte.com – Fax 03 85 87 37 64 – Fermé 25 nov.-26 déc.

13 ch – †39 € ††46/47 €, ☕ 7 €

◆ Accueil chaleureux, chambres impeccablement tenues et jardin aux senteurs de glycine et de rose sont les atouts de cet hôtel situé dans un village de la côte chalonnaise.

rte de Chalon 2 km au Sud-Est par N 6 et rte secondaire – ✉ 71150 Chagny

Hostellerie du Château de Bellecroix

– ✆ 03 85 87 13 86 – info@chateau-bellecroix.com – Fax 03 85 91 28 62 – Fermé 17 déc.-10 fév. et merc. hors saison

19 ch – †85/200 € ††85/200 €, ☕ 18 € – 1 suite – ½ P 105/160 € – **Rest** – *(fermé lundi midi, jeudi midi et merc.)* Menu 25 € (déj. en sem.)/62 € – Carte 56/88 € ♀

◆ Ancienne demeure des chevaliers de Malte nichée dans un parc. Les chambres, personnalisées, sont vastes dans la commanderie du 12e s., plus petites dans le château du 18e s. Le restaurant a fière allure : cheminée, boiseries ouvragées et mobilier de style.

à Chassey-le-Camp 6 km au Sud-Ouest par D 974 et D 109 – 277 h. – alt. 300 m – ✉ 71150

Auberge du Camp Romain

ch, rest, rest, 15/40,

Le Bourg – ✆ 03 85 87 09 91 – contact@auberge-du-camp-romain.com – Fax 03 85 87 11 51

36 ch – †75/90 € ††75/90 €, ☕ 11 €, 5 duplex – ½ P 75 € – **Rest** – Menu 20 € (déj. en sem.), 26/45 € – Carte 24/48 € ♀

◆ Entre vignes et bois, près d'un camp néolithique. Le bâtiment principal abrite des chambres simples ; celles de l'annexe sont plus grandes et plus modernes. Généreuse cuisine traditionnelle servie dans une salle à manger rustique. Véranda pour les non-fumeurs.

CHAILLES – 73 Savoie – 333 H5 – rattaché aux Échelles

CHAILLY-SUR-ARMANÇON – 21 Côte-d'Or – 320 G6 – rattaché à Pouilly-en-Auxois

CHAINTRÉ – 71 Saône-et-Loire – 320 I12 – 503 h. – alt. 284 m – ✉ 71570 8 C3

Paris 397 – Bourg-en-Bresse 45 – Lyon 70 – Mâcon 10

La Table de Chaintré

– ✆ 03 85 32 90 95 – Fax 03 85 32 91 04 – Fermé 15-31 août, 18 déc.-3 janv., dim. soir, lundi et mardi

Rest – *(nombre de couverts limité, prévenir)* Menu 35 € (déj. en sem.), 49/70 € bc

◆ Au cœur du vignoble de Pouilly, maison accueillante où naquit et vécut l'héroïque Résistante Lucie Aubrac. Gravures de Puvis de Chavannes en salle, mezzanine desservie par un escalier en cerisier, beau menu du marché et riche choix de vins.

LA CHAISE-DIEU – 43 Haute-Loire – 331 E2 – 772 h. – alt. 1 080 m – ✉ 43160

Auvergne 6 C3

Paris 503 – Ambert 29 – Brioude 35 – Issoire 59 – Le Puy-en-Velay 42 – St-Étienne 81

Office de tourisme, place de la Mairie ✆ 04 71 00 01 16, Fax 04 71 00 03 45

Église abbatiale St-Robert★★ : tapisseries★★★.

Casadeï

pl. Abbaye – ✆ 04 71 00 00 58 – lacasadei@msn.com – Fax 04 71 00 01 67 – Ouvert 2 mai-fin oct.

9 ch – 39/48 € 48/52 €, 9 € – ½ P 53/70 € – **Rest** – *(fermé dim. soir et lundi soir) (dîner seult) (résidents seult)* Menu 16/25 €

◆ Au pied de l'abbaye, hôtel familial doté de chambres sobres et pratiques. Boutique d'artisanat et de produits du terroir ; galerie d'art exposant des artistes d'ici ou d'ailleurs. Ambiance de brocante au restaurant qui propose d'authentiques recettes du terroir.

L'Écho et l'Abbaye avec ch

pl. Écho – ✆ 04 71 00 00 45 – Fax 04 71 00 00 22 – Ouvert 6 avril-10 nov. et fermé merc. sauf juil.-août

10 ch – 45 € 49/65 €, 8,50 € – ½ P 59 € – **Rest** – *(nombre de couverts limité, prévenir)* Menu 17/60 € – Carte 24/56 €

◆ Tables joliment dressées, cuisine traditionnelle, carte des vins étoffée... et clientèle V.I.P. lors du festival de musique. Certaines chambres ont vue sur le cloître.

CHALAIS – 16 Charente – 324 K8 – 2 027 h. – alt. 70 m – ✉ 16210

Poitou Vendée Charentes 39 C3

Paris 494 – Angoulême 47 – Bordeaux 83 – Périgueux 66

Office de tourisme, 38 place de l'Hôtel de Ville ✆ 05 45 98 02 71, Fax 05 45 78 54 17

Relais du Château

au château – ✆ 05 45 98 23 58 – relaisduchateautalleyrand@wanadoo.fr – Fax 05 45 98 00 53 – Fermé 2-30 nov., dim. soir, mardi midi et lundi

Rest – Menu 17 € (déj. en sem.), 21/30 € – Carte 32/39 €

◆ Le pont-levis franchi (à pied !), gagnez ce restaurant aménagé dans une noble salle voûtée du château érigé sur les hauteurs de Chalais. Cadre médiéval, jolie cour-terrasse.

CHALEZEULE – 25 Doubs – 321 G3 – rattaché à Besançon

CHALLANGES – 21 Côte-d'Or – 320 J7 – rattaché à Beaune

CHALLANS – 85 Vendée – 316 E6 – 16 132 h. – alt. 8 m – ✉ 85300

Poitou Vendée Charentes 34 A3

Paris 436 – Cholet 84 – Nantes 58 – La Roche-sur-Yon 42

Office de tourisme, rue de Lattre de Tassigny ✆ 02 51 93 19 75, Fax 02 51 49 76 04

CHALLANS

Baudry (R. P.) . . . . A
Bazin (Bd R.) . . . . A
Biochaud (Av.) . . . . B
Bois de Céné (R. de) . . . A 2
Bonne Fontaine (R.) . . . . B
Briand (Pl. A.) . . . . A 3
Calmette (R.) . . . . B
Carnot (R.) . . . . A
Champ de Foire (Pl. du) . B 4
Cholet (R. de) . . . . B 5
Clemenceau (Bd) . . . . . . A
Dodin (Bd L.) . . . . B
F.F.I. (Bd des) . . . . A 6
Gambetta (R.) . . . . B
Gare (Bd de la) . . . . B
Gaulle (Pl. du Gén.-de) . A 7
Guérin (Bd) . . . . B
Leclerc (R. du Général) . A 8
Lézardière (R. P. de) . . . . A 10
Lorraine (R. de) . . . . A 12
Marzelles (R. des) . . . . . B 13
Monnier (R. P.) . . . . A 15
Nantes (R. de) . . . . AB
Roche-sur-Yon (R. de la) B 16
Sables (R. des) . . . . B 17
Strasbourg (Bd de) . . . . A
Viaud Grand Marais (Bd) B
Yole (Bd J.) . . . . AB

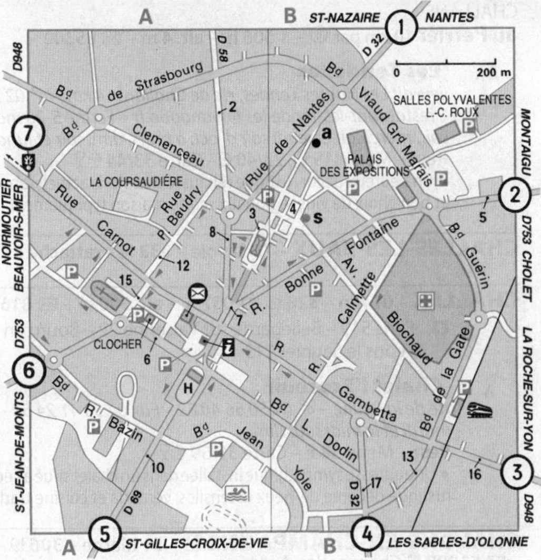

De l'Antiquité sans rest VISA MC AE
14 r. Galliéni – ✆ 02 51 68 02 84 – hotelantiquite@wanadoo.fr – Fax 02 51 35 55 74 B a
16 ch – 🛉46/75 € 🛉🛉52/82 €, ☕ 6,50 €
◆ Maison récente de style vendéen. Le mobilier chiné chez les antiquaires personnalise les jolies chambres, toutes tournées vers la cour ; celles de l'annexe sont très soignées.

Chez Charles AC VISA MC AE
8 pl. Champ de Foire – ✆ 02 51 93 36 65 – chezcharles85@aol.com – Fax 02 51 49 31 88 – Fermé 23 déc.-23 janv., dim. soir et lundi B s
Rest – Menu 20 € (sem.)/51 € – Carte 24/40 € 🍷
◆ Sympathique petit restaurant familial à l'esprit bistrot. Vous y dégusterez une cuisine régionale sensible aux arrivages du marché et privilégiant les produits du terroir.

à la Garnache 6,5 km par ① – 3 576 h. – alt. 28 m – ✉ 85710

Le Petit St-Thomas AC VISA MC
– ✆ 02 51 49 05 99 – lepetitsaintthomas@wanadoo.fr – Fermé 18 juin-11 juil., 1er-23 janv., lundi soir et merc.
Rest – Menu 22 € (sem.)/41 € – Carte 34/54 € 🍷
◆ Pour déguster une cuisine soignée rythmée par le marché, rendez-vous dans cette coquette auberge régionale dotée d'une véranda donnant sur une courette. Entièrement non-fumeurs.

rte de St-Gilles-Croix-de-Vie par ⑤ – ✉ 85300 Challans

Château de la Vérie rest, P VISA MC AE
2,5 km sur D 69 – ✆ 02 51 35 33 44 – verie@wanadoo.fr – Fax 02 51 35 14 84
21 ch – 🛉56/96 € 🛉🛉72/158 €, ☕ 10 € – ½ P 79/122 € – **Rest** – *(fermé dim. soir et lundi hors saison, lundi midi en juil.-août et mardi midi)* Menu (15 € bc), 22/49 € – Carte 40/59 € 🍷
◆ Cette demeure du 16e s. vous invite à séjourner dans des chambres spacieuses, garnies de vieux meubles. Promenades bucoliques dans le parc avec rivière et marais. Salle à manger décorée dans des tons provençaux, avec moulures et cheminée anciennes préservées.

au Perrier 10 km par ⑥ – **1 506 h.** – **alt. 4 m** – ✉ **85300**

XX **Les Tendelles**

lieu-dit Les Hautes Tendes, rte de Challans : 4 km – ✆ 02 51 35 36 94 – restaurant-les-tendelles@wanadoo.fr – Fermé 5-26 mars, 24 sept.-15 oct., mardi soir, merc. soir et jeudi soir d' oct. à mars, dim. soir et lundi

Rest – Menu (19 €), 23/40 € – Carte 33/44 €

◆ Chaleureux décor rustique rehaussé de coloris actuels, appétissante cuisine saisonnière et bon choix de vins régionaux : cette maison typiquement locale cumule les atouts.

CHALLES-LES-EAUX – 73 Savoie – 333 I4 – rattaché à Chambéry

CHALLEX – 01 Ain – 328 I3 – 1 057 h. – alt. 500 m – ✉ 01630 45 C1

Paris 519 – Bellegarde sur Valserine 22 – Bourg en Bresse 94 – Gex 20 – Lons le Saunier 113

X **Chalet l'Ecureuil**

rte de la Plaine – ✆ 04 50 56 40 82 – Fax 04 50 41 24 58 – Fermé dim. soir, lundi, mardi et le midi sauf dim.

Rest – Menu 38 € – Carte 35/59 €

◆ Une adresse sympathique installée dans un chalet situé à l'écart du village. Salle à manger rustique décorée de vieux ustensiles, véranda et cuisine traditionnelle revisitée.

CHÂLONS-EN-CHAMPAGNE P – 51 Marne – 306 I9 – 47 339 h. – alt. 83 m – ✉ 51000 Champagne Ardenne 13 B2

Paris 188 – Dijon 259 – Metz 157 – Nancy 162 – Reims 47 – Troyes 82

Office de tourisme, 3 quai des Arts ✆ 03 26 65 17 89, Fax 03 26 65 35 65

de la Grande-Romanie à Courtisols Route Départementale 994, par rte de Verdun : 15 km, ✆ 03 26 66 65 97.

Cathédrale St-Étienne★★ - Église N.-D.-en-Vaux★ : intérieur★★ F - Statues-colonnes★★ du musée du cloître de N.-D.-en-Vaux★ AY M[1].

Basilique N.-D.-de-l'Épine★★.

Plan page ci-contre

D'Angleterre (Michel) ch, 10/40,

19 pl. Mgr Tissier – ✆ 03 26 68 21 51 – hot.angl@wanadoo.fr – Fax 03 26 70 51 67 – Fermé 15 juil.-13 août, vacances de Noël et dim. BY **g**

25 ch – 75/130 € 85/150 €, 15 €

Rest ***Jacky Michel*** – *(fermé sam. midi, lundi midi et dim.)* Menu 35 € (déj. en sem.), 45/95 € – Carte 65/90 €

Rest ***Les Temps changent***, *✆ 03 26 66 41 09 (fermé sam. midi, lundi midi et dim.)* Menu 21 € – Carte environ 30 €

Spéc. Langoustines à la nage au chardonnay. Rognons de veau à la réduction de bouzy. Soufflé au chocolat. **Vins** Champagne, Bouzy.

◆ Sobre construction offrant des chambres très confortables et personnalisées, souvent dotées de belles salles de bains en marbre. Élégante salle à manger agrémentée de boiseries claires et de tomettes ; goûteuse cuisine classique. Côté brasserie, décor actuel et cuisine du marché.

Le Renard ch, 10/30,

24 pl. République – ✆ 03 26 68 03 78 – lerenard51@wanadoo.fr – Fax 03 26 64 50 07 – Fermé 22 déc.-2 janv. AZ **r**

35 ch – 65 € 74 €, 11 € – **Rest** – *(fermé sam. midi et dim.)* Menu 18 € (sem.)/42 € – Carte 54/65 €

◆ Ces deux maisons du 15e s. reliées par un patio-jardin d'hiver abritent d'originales chambres contemporaines : lit au centre de la pièce et cadre "minimaliste". Au restaurant, boiseries sombres, mobilier rustique et décoration moderne. Accueil convivial.

Pot d'Étain sans rest

18 pl. République – ✆ 03 26 68 09 09 – hotellepotdetain51@wanadoo.fr – Fax 03 26 68 58 18 AZ **u**

31 ch – 63 € 68 €, 8 €

◆ Sur une place animée, immeuble ancien aux pimpantes chambres insonorisées et garnies de meubles rustiques, néo-coloniaux ou actuels. Petit-déjeuner avec viennoiseries maison.

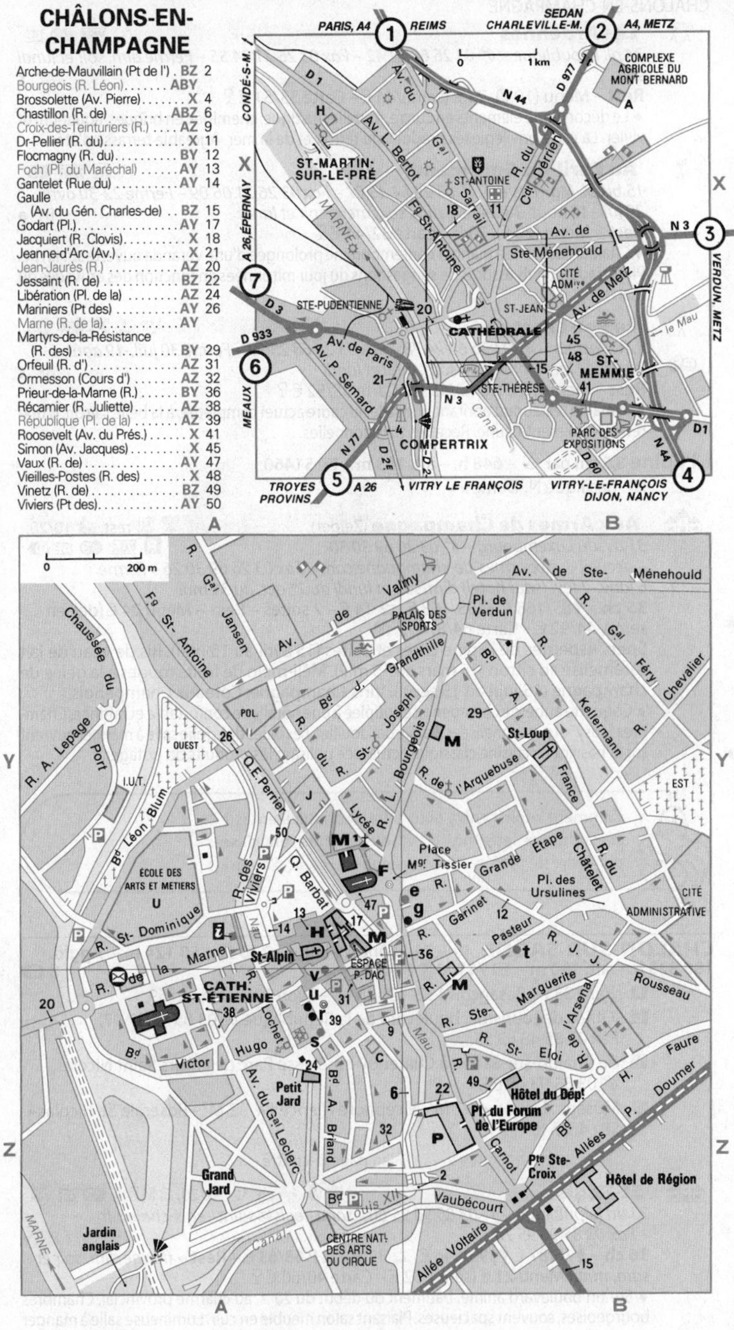
CHÂLONS-EN-CHAMPAGNE
Arche-de-Mauvillain (Pt de l') . BZ 2
Bourgeois (R. Léon) . . . . ABY
Brossolette (Av. Pierre) . . . . X 4
Chastillon (R. de) . . . . ABZ 6
Croix-des-Teinturiers (R.) . . . . AZ 9
Dr-Pellier (R. du) . . . . X 11
Flocmagny (R. du) . . . . BY 12
Foch (Pl. du Maréchal) . . . . . . AY 13
Gantelet (Rue du) . . . . AY 14
Gaulle (Av. du Gén. Charles-de) . . BZ 15
Godart (Pl.) . . . . AY 17
Jacquiert (R. Clovis) . . . . X 18
Jeanne-d'Arc (Av.) . . . . X 21
Jean-Jaurès (R.) . . . . AZ 20
Jessaint (R. de) . . . . BZ 22
Libération (Pl. de la) . . . . AY 24
Mariniers (Pt des) . . . . AY 26
Marne (R. de la) . . . . AY
Martyrs-de-la-Résistance (R. des) . . . . BY 29
Orfeuil (R. d') . . . . AZ 31
Ormesson (Cours d') . . . . AZ 32
Prieur-de-la-Marne (R.) . . . . . . BY 36
Récamier (R. Juliette) . . . . AZ 38
République (Pl. de la) . . . . . . AZ 39
Roosevelt (Av. du Prés.) . . . . . . X 41
Simon (Av. Jacques) . . . . X 45
Vaux (R. de) . . . . AY 47
Vieilles-Postes (R. des) . . . . . . X 48
Vinetz (R. de) . . . . BZ 49
Viviers (Pt des) . . . . AY 50
PARIS, A4
REIMS
SEDAN CHARLEVILLE-M.
A4, METZ
COMPLEXE AGRICOLE DU MONT BERNARD
CONDÉ-S-M.
A 26, ÉPERNAY
ST-MARTIN-SUR-LE-PRÉ
ST-ANTOINE
Av. L. Bertot
Fg St-Antoine
R. du Cdt Derrien
Av. de Ste-Ménehould
CITÉ ADMIVE
VERDUN, METZ
STE-PUDENTIENNE
CATHÉDRALE
ST-JEAN
Av. de Metz
ST-MEMMIE
STE-THÉRÈSE
Av. de Paris
Av. P. Sémard
MEAUX
COMPERTRIX
PARC DES EXPOSITIONS
TROYES PROVINS
A 26
VITRY LE FRANÇOIS
VITRY-LE-FRANÇOIS DIJON, NANCY
Av. de Ste-Ménehould
Pl. de Verdun
PALAIS DES SPORTS
Av. de Valmy
R. Gal Jansen
Fg St-Antoine
Chaussée du Port
R. A. Lepage
Bd J. Grandthille
R. Gal Féry
R. Chevalier
R. Kellermann
St-Loup
R. de l'Arquebuse
R. L. Bourgeois
Q. E. Perrier
I.U.T.
Bd Léon Blum
ÉCOLE DES ARTS ET METIERS
R. St-Dominique
R. de la Marne
St-Alpin
ESPACE P. DAC
CATH. ST-ÉTIENNE
Place Mgr Tissier
R. Grande Étape
Pl. des Ursulines
CITÉ ADMINISTRATIVE
R. Garinet
R. Pasteur
R. J. J. Rousseau
R. Ste-Marguerite
R. de l'Arsenal
R. St-Eloi
Bd Victor Hugo
Petit Jard
Bd A. Briand
Av. du Gal Leclerc
Hôtel du Dépt
Pl. du Forum de l'Europe
Bd H. Faure
P. Doumer
Pte Ste-Croix
Allées
Hôtel de Région
Grand Jard
Vaubécourt
Bd Louis XII
CENTRE NATL DES ARTS DU CIRQUE
Jardin anglais
Allée Voltaire
MARNE
Canal

XX **Les Ardennes** VISA

34 pl. République – ☎ 03 26 68 21 42 – Fax 03 26 21 34 55 – Fermé dim. soir et lundi soir AZ **s**

Rest – Menu (19 €), 23 € (sem.)/44 € – Carte 33/51 €

◆ Le décor marie éléments en cuivre, mobilier rustique, cheminée en briques, aquarium et vivier. La carte privilégie les produits du terroir et de la mer. Agréable terrasse d'été.

X **Au Carillon Gourmand** AC VISA

15 bis pl. Mgr Tissier – ☎ 03 26 64 45 07 – Fax 03 26 21 06 09 – Fermé 22-30 avril, 29 juil.-19 août, 18-24 fév., dim. soir, merc. soir et lundi BY **e**

Rest – Menu (22 €), 29 € – Carte 32/44 €

◆ Chaleureuse salle à manger contemporaine prolongée d'une véranda ouverte sur la rue. Plats traditionnels assortis de suggestions du jour mitonnées en fonction des arrivages du marché.

X **Le Petit Pasteur** P VISA

42 r. Pasteur – ☎ 03 26 68 24 78 – Fax 03 26 68 25 97 – Fermé 30 juil.-19 août, 29 déc.-7 janv., dim. soir, sam. midi et lundi BY **t**

Rest – Menu 18 € (sem.)/45 € – Carte 35/52 €

◆ Aimable restaurant abritant une salle au cadre actuel complétée, à la belle saison, d'une terrasse joliment fleurie. Recettes traditionnelles.

à l'Épine **8,5 km par ③ – 648 h. – alt. 153 m – ✉ 51460**

Basilique N.-Dame★★.

Aux Armes de Champagne (Zeiger) AC rest, 10/20, P VISA

31 av. du Luxembourg – ☎ 03 26 69 30 30 – accueil@aux-armes-de-champagne.com – Fax 03 26 69 30 26 – Fermé 6 janv.-7 fév. (sauf hotel) dim. soir et lundi du 1er oct. au 31 mai

35 ch – 85/168 € 85/168 €, 14 € – 2 suites – **Rest** – Menu 24 € (déj. en sem.), 44/92 € – Carte 64/87 €

Spéc. Asperges de l'Epine crues et cuites (15 avril au 15 mai). Ris de veau de lait caramélisé au citron (15 mars au 15 mai). Méli-mélo de fruits rouges à la gelée de champagne (15 juin au 15 sept.). **Vins** Champagne, Coteaux Champenois.

◆ Coquette auberge champenoise couplée à une hôtellerie confortable et raffinée. Chambres "cosy" et personnalisées. Salon-bar douillet. Les baies de la jolie salle à manger ouvrent sur la basilique ; cuisine classique actualisée utilisant les produits du potager.

Comment choisir entre deux adresses équivalentes ? Dans chaque catégorie, les établissements sont classés par ordre de préférence : nos coups de cœur d'abord.

CHALON-SUR-SAÔNE – 71 Saône-et-Loire – 320 J9 – 50 124 h. – Agglo. 130 825 h. – alt. 180 m – ✉ 71100 Bourgogne 8 C3

Paris 335 – Besançon 132 – Dijon 68 – Lyon 125 – Mâcon 59

Office de tourisme, boulevard de la République ☎ 03 85 48 37 97, Fax 03 85 48 63 55

de Chalon-sur-Saône à Châtenoy-en-Bresse Parc de Loisirs Saint Nicolas, ☎ 03 85 93 49 65.

Musées : Denon★ BZ **M¹**, Nicéphore Niepce★★ BZ **M²** - Roseraie St-Nicolas★ SE : 4 km X.

Plan page ci-contre

St-Régis AC ch, 20, VISA

22 bd République – ☎ 03 85 90 95 60 – saint-regis@saint-regis-chalon.fr – Fax 03 85 90 95 70 BZ **v**

36 ch – 76/87 € 96/146 €, 11 € – ½ P 53/63 € – **Rest** – *(fermé dim. soir et sam. midi)* Menu 21 € (sem.)/52 € – Carte 40/60 €

◆ Sur un boulevard animé, bâtiment du début du 20e s. au charme provincial. Chambres bourgeoises, souvent spacieuses. Plaisant salon meublé en cuir. Lumineuse salle à manger avec tables joliment dressées ; belle sélection de vins de la Côte chalonnaise.

CHALON-SUR-SAÔNE

Street	Square	No.
Arnal (R. R.)	X	2
Banque (R. de la)	BZ	3
Blum (Av. L.)	X	4
Châtelet (Pl. du)	BZ	5
Châtelet (R. du)	CZ	6
Citadelle (R. de la)	BY	7
Coubertin (R. P. de)	X	8
Couturier (R. Ph.-L.)	BZ	9
Duhesme (R. du Gén.)	AY	12
Europe (Av. de l')	X	14
Evêché (R. de l')	CZ	15
Fèvres (R. aux)	CZ	16
Gaulle (Pl. Gén.-de)	BZ	17
Grande-R.	BCZ	18
Hôtel-de-Ville (Pl. de l')	BZ	19
Lardy (Av. P.)	X	20
Leclerc (R. Gén.)	BZ	
Lyon (R. de)	BZ	21
Mac-Orlan (R. P.)	X	22
Messiaen (R. O.)	AZ	24
Nugues (Av. P.)	X	25
Obélisque (Pl. de l')	BY	27
Pasteur (R.)	BZ	28
Poilus-d'Orient (R.)	X	29
Poissonnerie (R. de la)	CZ	31
Pompidou (Av. G.)	AZ	32
Pont (R. du)	CZ	35
Porte-de-Lyon (R.)	BZ	36
Port-Villiers (R. du)	BZ	37
Poterne (Q. de la)	CZ	38
Pretet (R. René)	AZ	40
République (Bd)	ABZ	42
Ste-Marie (Prom.)	CZ	47
St-Georges (R.)	BZ	45
St-Vincent (Pl. et R.)	CZ	46
Strasbourg (R. de)	CZ	48
Thénard (R. L.-J.)	X	49
Trémouille (R. de la)	BCY	51
8-Mai-1945 (Av.)	X	52
56e-R.I. (R. du)	X	54
134e-R.I. (R. du)	X	58

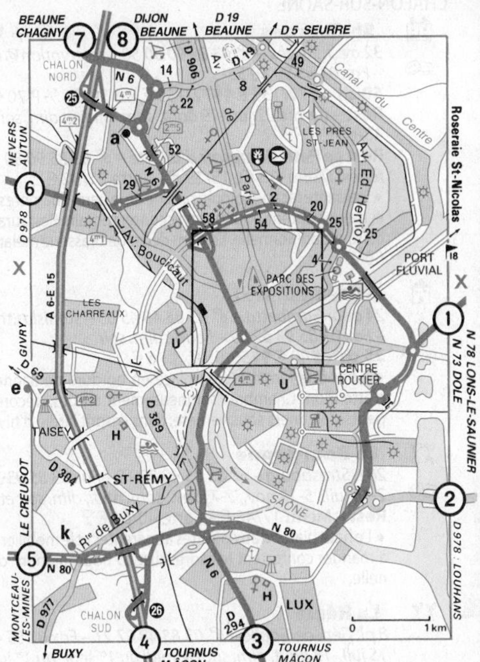

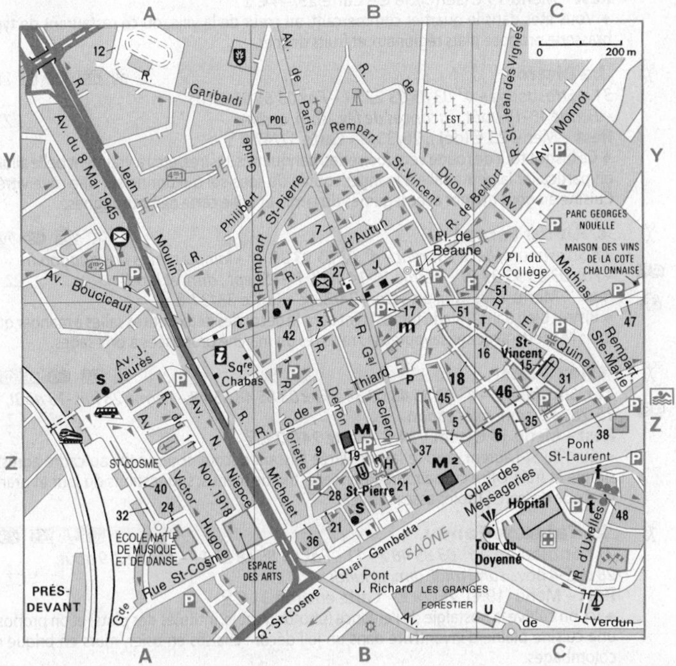

St-Georges 10, VISA AE

32 av. J. Jaurès – ✆ 03 85 90 80 50 – reservation@le-saintgeorges.fr – Fax 03 85 90 80 55 AZ **s**

50 ch – †72/135 € ††72/135 €, ☐ 10 € – ½ P 70 €

Rest – *(fermé 22 juil.-19 août, sam. midi et dim. soir)* Menu (16 €), 27/41 € – Carte 45/65 €

Rest *Le Petit Comptoir d'à Côté* – *✆ 03 85 90 80 52 (fermé sam. midi, dim. et fériés)* Menu (13 €), 15/19 € – Carte 21/32 €

◆ Plaisante façade colorée proche de la gare. Chambres accueillantes et bien insonorisées ; certaines optent pour un style contemporain. Restaurant égayé de couleurs ensoleillées ; cuisine traditionnelle. Élégant décor de brasserie mêlant cuir et bois au Petit Comptoir d'à Côté.

St-Jean sans rest VISA

24 quai Gambetta – ✆ 03 85 48 45 65 – stanislas.thenard@hotelsaintjean.fr – Fax 03 85 93 62 69 – Fermé dim. soir BZ **s**

25 ch – †40 € ††55/65 €, ☐ 6 €

◆ Cet hôtel familial, bien placé en bordure de Saône, vous réservera un accueil plein d'attention. Chambres soigneusement tenues, décorées de motifs floraux, et salle des petits-déjeuners sous verrière, dans l'esprit jardin d'hiver.

Le Bourgogne VISA AE

28 r. Strasbourg – ✆ 03 85 48 89 18 – Fax 03 85 93 39 10 – Fermé 7-14 mai, 2-16 juil., 5-12 nov., 2-7 janv., sam. midi, dim. soir et lundi CZ **t**

Rest – Menu 17/46 € – Carte 40/64 €

◆ Le haut plafond aux poutres apparentes et le mobilier d'inspiration Louis XIII dans la salle à manger confortent le cadre "rustico-bourguignon" de ce restaurant. Cuisine traditionnelle.

La Réale VISA

8 pl. Gén. de Gaulle – ✆ 03 85 48 07 21 – Fax 03 85 48 57 77 – Fermé 1er-15 mai, 15 juil.-13 août, dim. sauf le midi du 1er sept. au 1er juin et lundi BZ **m**

Rest – Menu 19 € (sem.)/38 € – Carte 29/44 €

◆ Vous êtes dans le quartier commerçant, au cœur de la ville, où ce restaurant de type brasserie propose plats régionaux et fruits de mer.

Le Bistrot VISA AE

31 r. Strasbourg – ✆ 03 85 93 22 01 – Fax 03 85 93 27 05 – Fermé 1er-19 août, vacances de fév., sam. et dim. CZ **f**

Rest – Menu 23 € (déj.), 28/33 € – Carte 37/47 €

◆ Ce bistrot tout de rouge vêtu (boiseries, banquettes, lustres, etc.) a vraiment belle allure, en particulier la petite salle à manger voûtée du sous-sol qui donne sur une cave vitrée. Cuisine au goût du jour avec légumes du jardin et belle carte de bourgognes.

L'Air du Temps VISA

7 r. Strasbourg, Île St Laurent – ✆ 03 85 93 39 01 – lair.du.temps@wanadoo.fr – Fax 03 85 93 39 01 – Fermé 1er-14 avril, 1er-15 sept., dim. et lundi CZ **f**

Rest – Menu 17 € (déj. en sem.), 24/33 € – Carte 33/37 €

◆ Bistrot bien dans "l'air du temps" tant dans le décor des deux petites salles à manger que dans l'assiette avec ses savoureuses recettes du marché proposées à prix sages.

Chez Jules VISA AE

11 r. Strasbourg – ✆ 03 85 48 08 34 – Fax 03 85 48 55 48 – Fermé 23 juil.-13 août, 15-28 fév., sam. midi et dim. CZ **f**

Rest – Menu 18 € (sem.)/34 € – Carte 24/42 €

◆ Sur l'île St-Laurent, étroite façade vitrée laissant découvrir une salle au cadre agreste simple et frais. Offre culinaire traditionnelle, trio de menus, suggestions du jour et grand choix de desserts. Tables assez serrées.

La Table de Fanny VISA

21 r. Strasbourg – ✆ 03 85 48 23 11 – Fax 03 85 48 23 11 – Fermé 2-9 août, 28 oct.-4 nov., sam. midi, dim. et lundi CZ **f**

Rest – Menu (19 €), 25/29 € – Carte environ 31 €

◆ Ici, on cultive la nostalgie de l'enfance (photos d'école, intitulés des plats) et on propose une cuisine pleine d'inventivité dans un joli décor : chaises en osier, murs en brique et colombages.

à St-Marcel 3 km à l'Est par D 978 – 4 705 h. – alt. 185 m – ✉ 71380

XX **Jean Bouthenet** VISA

19 r. de la Villeneuve (D 978) – ✆ 03 85 96 56 16 – Fax 03 85 96 75 81 – Fermé 20-30 août, 20-28 fév., mardi soir, dim. soir et lundi

Rest – Menu 17 € (déj. en sem.), 25/46 €

◆ Située à la sortie du village, cette construction régionale abrite une salle à manger colorée. Plats traditionnels et terrines maison à déguster dans une ambiance conviviale.

à Lux 4 km vers ③ par N 6 – 1 620 h. – alt. 180 m – ✉ 71100

Les Charmilles ch, 15, VISA AE

r. Libération – ✆ 03 85 48 58 08 – hotel.les.charmilles@wanadoo.fr – Fax 03 85 93 04 49 – Fermé 20-31 déc.

32 ch – 45/53 € 51/59 €, 8 € – **Rest** – *(fermé 30 juil.-20 août, 20-31 déc., sam. midi et dim.)* Menu 15 € (sem.)/38 € – Carte 28/36 €

◆ Cet hôtel des années 1970, installé en retrait de la route, dispose de chambres petites mais très bien tenues. Préférez celles donnant sur l'arrière, plus au calme. Salle à manger ensoleillée et terrasse dressée au bord de la piscine.

à St-Loup-de-Varennes 7 km par ③ – 1 018 h. – alt. 186 m – ✉ 71240

XX **Le Saint Loup** AC P VISA

13 RN 6 – ✆ 03 85 44 21 58 – Fax 03 85 44 21 58 – Fermé 4-25 juil., 2-9 janv., le soir de dim. à mardi et merc.

Rest – Menu (16 €), 18 € (déj. en sem.), 24/44 € – Carte 30/48 €

◆ Pratique pour l'étape, cette auberge bourguignonne est sur la route nationale. Coquette salle à manger campagnarde (non-fumeurs). Cuisine traditionnelle et bon choix de vins au verre.

à St-Rémy 4 km vers ⑤ (rte du Creusot) N 6, N 80 et rte secondaire – 5 961 h. – alt. 187 m – ✉ 71100

XXX **Moulin de Martorey** (Gillot) AC P VISA AE

– ✆ 03 85 48 12 98 – moulindemartorey@wanadoo.fr – Fax 03 85 48 73 67 – Fermé 6-22 août, 2-18 janv., dim. soir, mardi midi et lundi X **k**

Rest – Menu (26 €), 40/80 € – Carte 55/95 €

Spéc. Trois préparations d'escargots. Poulet de Bresse en deux services. Lièvre à la royale (nov.-déc.). **Vins** Montagny, Givry.

◆ Paisible minoterie du 19e s. surplombant un bief. Bel intérieur rustique (jolies dalles de pierre) agencé autour de l'ancienne machinerie. Salon réservé aux fumeurs. Cuisine personnalisée et belle carte des vins.

rte de Givry 4 km à l'Ouest sur D 69 – ✉ 71880 Châtenoy-le-Royal

XX **L'Auberge des Alouettes** AC VISA

1 rte de Givry – ✆ 03 85 48 32 15 – Fax 03 85 93 12 96 – Fermé 18 juil.-9 août, 2-16 janv., dim. soir, mardi soir et merc. X **e**

Rest – Menu 19/39 € – Carte 28/58 €

◆ Atmosphère chaleureuse dans cette auberge bordant une artère fréquentée. Attablez-vous près de l'élégante cheminée en pierre pour déguster les suggestions du jour.

à Dracy-le-Fort 6 km par ⑥ et D 978 – 1 092 h. – alt. 180 m – ✉ 71640

Le Dracy 8/75, P VISA AE

4 r. du Pressoir – ✆ 03 85 87 81 81 – info@ledracy.com – Fax 03 85 87 77 49

47 ch – 62/120 € 66/120 €, 11 € – ½ P 66/95 €

Rest ***La Garenne*** – Menu 20 € (sem.)/45 € – Carte 37/45 €

◆ Pour un séjour au vert placé sous le signe de la détente : chambres, rénovées dans un style "cosy", dotées de terrasses privatives côté jardin, et piscine flambant neuve. Salles à manger au cadre contemporain clair et apaisant ; table régionale.

près échangeur A6 Chalon-Nord – ✉ 71100 Chalon-sur-Saône

Mercure ch, ch, 10/125, P
av. Europe – ✆ 03 85 46 51 89 – H368@accor.com – Fax 03 85 46 08 96 X a
85 ch – 80/110 € 87/140 €, 12,50 € – **Rest** – *(fermé sam. midi, dim. midi et fériés)* Menu 16 € (sem.)/21 € – Carte 24/34 €
◆ Bien placée près de l'accès autoroutier, construction des années 1970 abritant des chambres colorées et bien insonorisées. Décorée sur le thème du vin et de la photo, la salle à manger ouvre grand ses baies sur la piscine.

à Sassenay 9 km au Nord-Est par D 5 – 1 402 h. – alt. 178 m – ✉ 71530

Le Magny
29 Grande rue – ✆ 03 85 91 61 58 – Fax 03 85 91 77 28 – Fermé 1er-13 août, 1er-7 janv., dim. soir, mardi soir et lundi
Rest – Menu 21 € (sem.)/44 € – Carte 42/52 €
◆ Avec sa façade jaune aux volets verts et son intérieur campagnard (armoires bressannes, parquet, cheminée), cette auberge de village offre un cadre chaleureux. Cuisine régionale.

CHAMAGNE – 88 Vosges – 314 F2 – rattaché à Charmes

CHAMALIÈRES – 63 Puy-de-Dôme – 326 F8 – rattaché à Clermont-Ferrand

---

CHAMARANDES – 52 Haute-Marne – 313 K5 – rattaché à Chaumont

CHAMBERET – 19 Corrèze – 329 L2 – 1 304 h. – alt. 450 m – ✉ 19370 25 C2

Paris 453 – Guéret 84 – Limoges 66 – Tulle 45 – Ussel 64

Syndicat d'initiative, 5 place du Marché ✆ 05 55 98 30 14

Mont Gargan ✱★★ NO : 9 km, **Berry Limousin.**

De France rest, P
– ✆ 05 55 98 30 14 – sylvie.pouget@wanadoo.fr – Fax 05 55 73 47 15 – Fermé 24 déc.-22 janv., vend. soir, dim. soir et lundi sauf juil.-août
15 ch – 38 € 38/50 €, 7,50 € – ½ P 48 € – **Rest** – Menu 19 € (sem.)/32 € – Carte 28/40 €
◆ Ambiance familiale dans une pimpante maison de pierre proposant des chambres rénovées. Bar à clientèle locale. Le restaurant a fière allure avec ses vieux meubles, poutres et fresques représentant châteaux et villages corréziens. À table, tradition et terroir.

CHAMBÉRY P – 73 Savoie – 333 I4 – 55 786 h. – Agglo. 113 457 h. – alt. 270 m – Casino : à Challes-les-Eaux – ✉ 73000 Alpes du Nord 46 F2

Paris 562 – Annecy 50 – Grenoble 55 – Lyon 101 – Torino 205

de Chambéry-Aix-les-Bains : ✆ 04 79 54 49 54, à Viviers-du-Lac par ④ : 8 km.

Office de tourisme, 24 boulevard de la Colonne ✆ 04 79 33 42 47, Fax 04 79 85 71 39

du Granier Apremont à Apremont Chemin de Fontaine Rouge, SE : 8 km par D 201, ✆ 04 79 28 21 26.

Vieille ville★★ : Château★, place St-Léger★, grilles★ de l'hôtel de Châteauneuf (n° 18 rue de la Croix-d'Or) - Crypte★ de l'église St-Pierre-de-Lémenc - Rue Basse-du-Château★ - Cathédrale métropolitaine St-François-de-Sales★ - Musée Savoisien★ M[1] - Musée des Beaux-Arts★ M[2].

Plan page ci-contre

Mercure sans rest
183 pl. Gare – ✆ 04 79 62 10 11 – h1541@accor.com – Fax 04 79 62 10 23 A s
81 ch – 66/145 € 74/160 €, 12 €
◆ Face à la gare, architecture résolument moderne alternant verre et béton. Plaisant hall d'accueil, salon-bar contemporain, chambres spacieuses et bien insonorisées.

CHAMBÉRY

Allobroges (Q. des) . . . . A 2
Banque (R. de la) . . . . B 3
Basse-du-Château (R.) . . . . . . A 4
Bernardines (Av. des) . . . . A 6
Boigne (R. de) . . . . B
Borrel (Q. du Sénateur A.) . . . B 7
Charvet (R. F.) . . . . B 9
Château (Pl. du) . . . . A 10
Colonne (Bd de la) . . . . B 12
Ducis (R.) . . . . B 13
Ducs-de-Savoie (Av. des) . . . . B 14
Europe (Espl. de l') . . . . B 16
Freizier (R.) . . . . AB 17
Gaulle (Av. Gén.-de) . . . . B 18
Italie (R. d') . . . . B 20
Jean-Jaurès (Av.) . . . . A 21
Jeu-de-Paume (Q. du) . . . . A 23
Juiverie (R.) . . . . A
Lans (R. de) . . . . A 24
Libération (Pl. de la) . . . . B 25
Maché (Pl.) . . . . A 27
Maché (R. du Fg) . . . . A 28
Martin (R. Cl.) . . . . B 30
Métropole (Pl.) . . . . B 31
Michaud (R.) . . . . B 32
Mitterrand (Pl. F.) . . . . B 33
Musée (Bd. du) . . . . AB 34
Ravet (Q. Ch.) . . . . B 35
St-François (R.) . . . . B 38
St-Léger (Pl.) . . . . B
St- Antoine (R.) . . . . A 36
Théâtre (Bd du) . . . . B 39
Vert (Av. du Comte) . . . . A 40

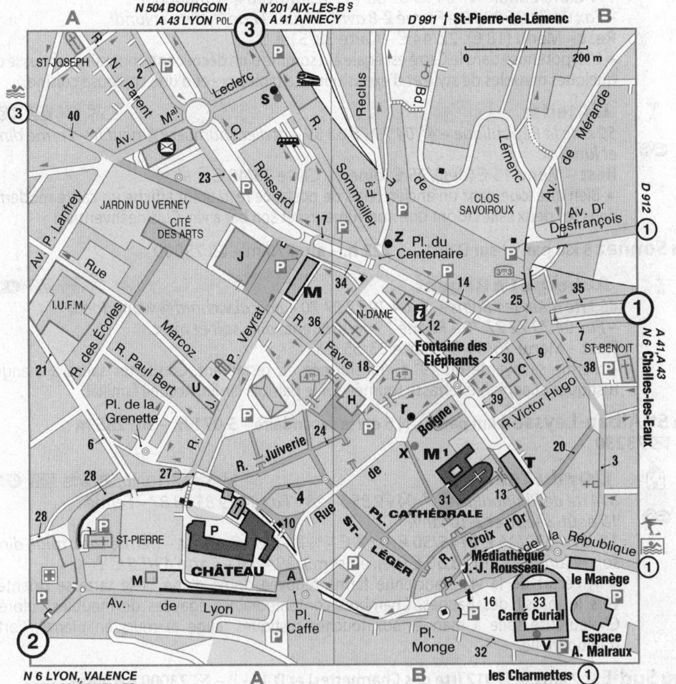

Des Princes sans rest — 20, VISA MC AE
4 r. Boigne – ☎ 04 79 33 45 36 – hoteldesprinces@wanadoo.fr – Fax 04 79 70 31 47 — B r
45 ch – 70/75 € 80/85 €, ☕ 8,50 €
◆ Chambres plaisantes, décor thématique (musique, cinéma, poésie), meubles choisis, etc. : cet hôtel charmant est situé à proximité de la fontaine des Éléphants.

Le France sans rest — 50, VISA MC AE
22 fg Reclus – ☎ 04 79 33 51 18 – info@le-france-hotel.com – Fax 04 79 85 06 30 — B z
48 ch – 65/75 € 85/95 €, ☕ 10 €
◆ Cette imposante bâtisse des années 1960 propose des chambres bien tenues, dotées de balcons et rénovées par étapes. Bonne insonorisation.

XXX **L'Essentiel** — VISA MC AE
183 pl. Gare – ☎ 04 79 96 97 27 – bouviergas@aol.com – Fax 04 79 96 17 78 – Fermé 1er-9 mai, 1er-16 août, 2-7 janv., lundi sauf le soir d'oct. à avril, sam. midi et dim. — A s
Rest – Menu 25 € (sem.)/78 € – Carte 48/78 €
◆ Structure pyramidale en verre abritant une salle élégante et moderne, dans les tons vert tendre et chocolat, décorée de tableaux de clochers savoyards. Cuisine d'aujourd'hui.

XXX **Le St-Réal**

Pl. Pierre Dumas – ✆ 04 79 70 09 33 – info@restaurant-saint-real.com – Fax 04 79 33 49 65 – Fermé 6-12 août et dim. sauf fériés B **x**

Rest – Menu 39/95 € – Carte 50/87 €

◆ Cette maison du 17e s., jadis église des pénitents blancs, abrite une salle à manger cossue (éclairage tamisé, tableaux, poutres et pierres apparentes). Belle carte des vins.

XX **L'Hypoténuse**

141 Carré Curial – ✆ 04 79 85 80 15 – resto-hypo@wanadoo.fr – Fax 04 79 85 80 18 – Fermé 2-8 avril, 17 juil.-17 août, dim. et lundi B **v**

Rest – Menu (18 €), 22/44 € – Carte 38/51 €

◆ L'Hypoténuse dans le Carré est égale à la somme d'un décor contemporain - rehaussé de quelques meubles de style et d'expositions de tableaux - et d'une copieuse cuisine.

X **L'Atelier**

59 r. de la République – ✆ 04 79 70 62 39 – atelier.chambery@neuf.fr – Fermé dim. et lundi B **t**

Rest – Menu 15 € (déj.)/25 € (dîner) – Carte 26/40 €

◆ Bien que logé dans un ancien relais de poste, ce restaurant affiche un cadre moderne dans ses deux salles (dont une non-fumeurs) et son bar à vin. Cuisine inventive.

à Sonnaz **8 km par ① sur D 991 – 1 222 h. – alt. 370 m – ✉ 73000**

XX **Auberge Le Régent**

453 rte d'Aix-les-Bains – ✆ 04 79 72 27 70 – pascal.vichard@wanadoo.fr – Fax 04 79 72 27 70 – Fermé 15 août-8 sept., dim. soir et merc.

Rest – Menu 26/44 € – Carte 33/55 €

◆ Ferme savoyarde du 19e s. transformée en restaurant. Coquettes salles à manger rustiques et agréable terrasse tournée sur le paisible jardin. Accueil familial.

à St-Alban-Leysse **4 km par ①, N 6 et rte secondaire – 5 071 h. – alt. 285 m – ✉ 73230**

L'Or du Temps — 10/40,

814 rte de Plainpalais – ✆ 04 79 85 51 28 – Fax 04 79 85 83 87 – Fermé 15 août-3 sept. et 2-10 janv.

18 ch – 39/44 € 45/50 €, 6 € – ½ P 56/60 € – **Rest** – *(fermé sam. midi, dim. soir et lundi)* Menu 13,50 € (déj. en sem.), 29/46 € – Carte 42/55 €

◆ À l'écart de la ville, ancienne ferme rénovée dotée d'une belle terrasse orientée vers le massif des Bauges. Chambres contemporaines égayées de meubles colorés. Chaleureuse salle à manger aux touches rustiques (auge et murs en pierre). Carte traditionnelle.

au Sud-Est **2 km par D 912 (rte des Charmettes) et D 12 - B – ✉ 73000 Barberaz**

XXX **Le Mont Carmel**

1 r. de l'Eglise – ✆ 04 79 85 77 17 – montcarmel@wanadoo.fr – Fax 04 79 85 16 65 – Fermé 16-31 août, 1er-12 janv., dim. soir, merc. soir et lundi

Rest – Menu 25 € (déj. en sem.), 37/75 € – Carte 51/69 €

◆ Ex-maison de carmélites bâtie sur les hauteurs verdoyantes dominant le village. Belle terrasse d'été offrant quiétude et vue agréable sur les montagnes. Répertoire classique.

à Challes-les-Eaux **7 km par ② par N 6 et rte secondaire – 3 931 h. – alt. 310 m – ✉ 73190**

Office de tourisme, place de la Liberté ✆ 04 79 72 86 19, Fax 04 79 71 38 51

Château des Comtes de Challes

247 montée du Château – ✆ 04 79 72 72 72 20/120,

– info@chateaudescomtesdechalles.com – Fax 04 79 72 83 83 – Fermé 28 oct.-13 nov.

40 ch – 60 € 84 €, 14 € – 6 suites – ½ P 72 € – **Rest** – ✆ 04 79 72 86 71 – Menu 25 € (sem.)/55 € – Carte 54/61 €

◆ Joli château des 13e et 15e s. entouré d'un parc dominant la campagne et planté d'arbres centenaires. Chambres raffinées agrémentées de beaux meubles anciens ; celles de l'annexe sont plus sobres. Une cheminée de 1650 trône dans la salle de restaurant, confortable et feutrée.

à Chambéry-le-Vieux 5 km par ③ par N 201 et rte secondaire (sortie Chambéry-le-Haut) – ✉ 73000

Château de Candie – ch, 30/90,
r. Bois de Candie – ✆ 04 79 96 63 00 – candie@icor.fr – Fax 04 79 96 63 10 – Fermé 1er-15 avril, vacances de Toussaint, dim. soir, sam. midi et lundi
15 ch – 110 € 210 €, 15 €, 5 duplex – ½ P 88/125 € – **Rest** – Menu 28 € (déj. en sem.), 46/92 € – Carte 68/105 €
Spéc. Langoustines royales à la menthe (été). Bar de ligne pané aux noisettes, brochette de cèpes et écrevisses (automne). Pièce de bœuf laquée à la chinoise (été). **Vins** Chignin-Bergeron, Vin de Savoie.
◆ Cette maison forte, bâtie au 14e s. par des croisés et restaurée avec raffinement, domine la vallée de Chambéry. Meubles anciens, bibelots, objets rares. Élégantes salles à manger (dont une non-fumeurs), agréable terrasse et délicate cuisine au goût du jour.

CHAMBOLLE-MUSIGNY – 21 Côte-d'Or – 320 J6 – 313 h. – alt. 280 m – ✉ 21220

8 **D1**

Paris 326 – Beaune 28 – Dijon 17

Château André Ziltener sans rest – 25,
– ✆ 03 80 62 41 62 – chateau.ziltener@wanadoo.fr – Fax 03 80 62 83 75 – Ouvert 1er mars-15 déc.
8 ch – 180/220 € 200/285 €, 15 € – 2 suites
◆ Cette demeure du 18e s. vous invite à partager le luxe discret de ses spacieuses chambres de style Louis XV, mariage réussi de l'ancien et du moderne. Petit musée du vin.

Le Chambolle
28 r. Basse – ✆ 03 80 62 86 26 – Fax 03 80 62 86 26 – Fermé 27 juin-12 juil., 19 déc.-23 janv., dim. soir de déc. à avril, merc. et jeudi
Rest – Menu 26/40 € – Carte 21/48 €
◆ Accueil tout sourire dans cette petite salle à manger simple et proprette où l'on propose des recettes inspirées par le terroir et mitonnées avec le plus grand soin.

CHAMBON-LA-FORÊT – 45 Loiret – 318 K3 – 625 h. – alt. 117 m – ✉ 45340

12 **C2**

Paris 96 – Châteauneuf-sur-Loire 26 – Montargis 43 – Orléans 43 – Pithiviers 15

Auberge de la Rive du Bois
Nord : 1 km par rte Pithiviers – ✆ 02 38 32 28 44 – aubergedelarivedubois@wanadoo.fr – Fax 02 38 32 02 61 – Fermé 2-22 août, 24 déc.-9 janv., lundi soir, mardi soir et merc.
Rest – Menu 15 € (sem.), 23/44 € – Carte 26/44 €
◆ Pimpante auberge abritant également le bar-tabac de ce paisible hameau. Deux salles à manger champêtres dressées avec soin, véranda meublée en rotin et terrasse fleurie.

LE CHAMBON-SUR-LIGNON – 43 Haute-Loire – 331 H3 – 2 642 h. – alt. 967 m – ✉ 43400 Lyon et la vallée du Rhône

6 **D3**

Paris 573 – Annonay 48 – Lamastre 32 – Privas 75 – Le Puy-en-Velay 45 – St-Étienne 60

Office de tourisme, 1 place du Marché ✆ 04 71 59 71 56, Fax 04 71 65 88 78

du Chambon-sur-Lignon La Pierre de la Lune, SE : 5 km par D 103, ✆ 04 71 59 28 10.

Bel Horizon – ch, ch, rest, 40,
chemin de Molle – ✆ 04 71 59 74 39 – info@belhorizon.fr – Fax 04 71 59 79 81 – Fermé 2-18 janv., lundi (sauf hôtel) et dim. soir du 1er oct. au 30 avril
20 ch – 55 € 59/75 €, 10 € – ½ P 65/84 € – **Rest** – Menu 18 € (sem.)/40 € – Carte 25/45 €
◆ Ambiance décontractée dans cet hôtel misant sur la détente et les loisirs (centre de remise en forme complet). Chambres claires, fonctionnelles, bien tenues. Restaurant refait, aux tons ensoleillés et terrasse donnant sur le jardin ; carte classique.

au Sud 3 km par D 151, rte de la Suchère et rte secondaire – ✉ 43400 Chambon-sur-Lignon

Le Bois Vialotte rest, 20, P VISA MC

rte de la Suchère – ✆ 04 71 59 74 03 – crosde@wanadoo.fr – Fax 04 71 65 86 32 – Ouvert 17 mai-30 sept.

17 ch – 49/59 € 49/59 €, ☕ 8 € – ½ P 52/60 € – **Rest** – Menu (10 €), 14 € (sem.)/24 €

◆ Les amateurs de calme apprécieront cet établissement familial situé à la lisière d'un bois. Les chambres, tournées vers la campagne, sont très bien tenues. Salle de restaurant au charme un peu désuet, de type "pension" ; cuisine ménagère traditionnelle.

à l'Est 3,5 km par D 157 et D 185 – ✉ 43400 Chambon-sur-Lignon

Clair Matin ch, 25, P VISA MC

Les Barandons – ✆ 04 71 59 73 03 – clairmatin@hotelclairmatin.com – Fax 04 71 65 87 66 – Fermé 30 nov.-31 janv.

25 ch – 50/120 € 50/120 €, ☕ 9 € – ½ P 55/89 € – **Rest** – *(fermé mardi midi, dim. soir et lundi sauf juil.-août)* Menu (15 €), 20/39 € – Carte 38/48 €

◆ Cet accueillant chalet offre au "matin clair" une vue étendue sur les Cévennes et un air pur garanti ! Chambres fonctionnelles et nombreux loisirs dans le parc. Le restaurant et la terrasse ménagent un beau panorama sur les monts Mézenc et Gerbier-de-Jonc.

CHAMBORD – 41 Loir-et-Cher – 318 G6 – 185 h. – alt. 71 m – ✉ 41250 11 B1

Paris 176 – Blois 18 – Châteauroux 101 – Orléans 56 – Romorantin-Lanthenay 38 – Salbris 55

Château★★★, Châteaux de la Loire.

Du Grand St-Michel P VISA MC

Pl. St.-Louis – ✆ 02 54 20 31 31 – hotelsaintmichel@wanadoo.fr – Fax 02 54 20 36 40

39 ch – 52/98 € 52/98 €, ☕ 8 € – **Rest** – *(prévenir le week-end)* Menu (16 €), 21/35 € – Carte 32/48 €

◆ Préférez les chambres donnant sur le château, merveille de la Renaissance. Vaste restaurant décoré de trophées, photos et tableaux évoquant les plaisirs de la chasse ; terrasse dressée face au logis royal magnifiquement illuminé le soir.

CHAMBRAY-LÈS-TOURS – 37 Indre-et-Loire – 317 N4 – rattaché à Tours

CHAMBRETAUD – 85 Vendée – 316 K6 – 1 275 h. – alt. 214 m – ✉ 85500 34 B3

Paris 373 – Angers 85 – Bressuire 50 – Cholet 21 – Nantes 76 – La Roche-sur-Yon 55

Château du Boisniard ch, ch, 20/40, P VISA MC AE

– ✆ 02 51 67 50 01 – contact@chateau-boisniard.com – Fax 02 51 67 53 81 – Fermé 18 fév.-3 mars

17 ch – 130/295 € 130/380 €, ☕ 17 € – **Rest** – *(fermé 29 oct.-12 nov., 18 fév.-3 mars, dim. soir et lundi midi du 30 sept. au 31 mars) (réservation indispensable)* Menu (26 €), 34/55 € – Carte 44/52 €

◆ Ce manoir du 15e s. (entièrement non-fumeurs) abrite de jolies chambres refaites dans le style médiéval ; celles de la dépendances sont neuves et confortables. Vaste domaine arboré et spa. Élégante salle de restaurant avec vue sur le parc et cuisine du marché.

CHAMESOL – 25 Doubs – 321 K2 – 328 h. – alt. 730 m – ✉ 25190 17 C2

Paris 453 – Besançon 91 – Belfort 43 – Montbéliard 30 – Morteau 50

Mon Plaisir (Pilloud) P VISA MC AE

– ✆ 03 81 92 56 17 – mon-plaisir@wanadoo.fr – Fax 03 81 92 52 67 – Fermé 27 août-12 sept., 23-30 déc., dim. soir, lundi et mardi sauf midi fériés

Rest – Menu 29 € (sem.)/75 € – Carte 58/69 €

Spéc. Déclinaison de foie gras. Grenouilles fraîches de Franche-Comté aux morilles (fin fév.-mi-mars). Filet de canard de Challans aux griottines de Fougerolles. **Vins** Arbois-Chardonnay, Arbois-Savagnin.

◆ Mélange de styles, nombreux bibelots, tableaux et compositions florales président au décor de ce restaurant familial proposant une séduisante cuisine au goût du jour.

CHAMONIX-MONT-BLANC – 74 Haute-Savoie – 328 O5 – 9 830 h. – alt. 1 040 m – Sports d'hiver : 1 035/3 840 m 14 36 – Casino AY – ✉ 74400 Alpes du Nord 45 **D1**

Paris 610 – Albertville 65 – Annecy 97 – Aosta 57 – Genève 82

Tunnel du Mont-Blanc : péage en 2006, aller simple : autos 31,90, auto et caravane 42,10, camions 115,40 à 245,40, motos 21,10. Renseignements ATMB ✆ 04 50 55 55 00 et ✆ 04 50 55 39 36.

Office de tourisme, 85 place du Triangle de l'Amitié ✆ 04 50 53 00 24, Fax 04 50 53 58 90

de Chamonix à Les Praz-de-Chamonix 35 route du Golf, N : 3 km, ✆ 04 50 53 06 28.

E : Mer de glace★★★ et le Montenvers★★★ par chemin de fer à crémaillère - SE : Aiguille du midi ❄★★★ par téléphérique (station intermédiaire : plan de l'Aiguille★★) - NO : Le Brévent ❄★★★ par téléphérique (station intermédiaire : Planpraz★★).

Plan page suivante

Hameau Albert 1er (Carrier) ← ch, ch, rest,
38 rte du Bouchet – ✆ 04 50 53 05 09 15, P VISA AE
– infos@hameaualbert.fr – Fax 04 50 55 95 48 – Fermé 11 nov.-6 déc.
21 ch – 116/490 € 116/490 €, 18 € – ½ P 129/316 € – **Rest** – *(fermé 8-24 mai, 4 nov.-6 déc., mardi midi, jeudi midi, et merc.)* Menu 68 € bc (déj.), 70/140 € – Carte 98/146 € AX **f**

Spéc. Menu "La Maison de Savoie". Truffe blanche d'Alba (sept. à déc.). Pigeon fermier en deux services. **Vins** Chignin-Bergeron, Mondeuse.

◆ Hôtel centenaire cultivant avec bonheur tradition et modernité. Chambres superbement refaites : belles boiseries, matériaux nobles et équipements dernier cri. Coquet jardin. Élégant restaurant non-fumeurs, brillante cuisine classique subtilement modernisée et carte des vins étoffée.

La Ferme ← massif du Mont-Blanc,
– ✆ 04 50 53 05 09 VISA AE
11 ch – 255/520 € 255/520 €, 18 € – 1 suite, 1 chalet – ½ P 199/331 € AX **f**
Rest Repas voir ***Le Hameau Albert 1er*** et rest. ***La Maison Carrier***

◆ Le "Hameau", c'est aussi ce magnifique chalet construit avec le bois patiné de fermes d'alpages et à l'intérieur résolument design très réussi. Fitness et spa.

Grand Hôtel des Alpes sans rest VISA AE
– ✆ 04 50 55 37 80 – info@grandhoteldesalpes.com – Fax 04 50 55 88 50
– Ouvert juin-sept. et 15 déc.-15 avril AY **r**
27 ch – 185/460 € 185/460 €, 20 € – 3 suites

◆ Ce "grand hôtel" bâti en 1840 a été merveilleusement restauré en 2004 : hall cossu, bar feutré, élégants salons, vastes chambres chic et douillettes, bel espace de détente, etc.

Auberge du Bois Prin ← massif du Mont-Blanc,
aux Moussoux – ✆ 04 50 53 33 51 – info@ P VISA AE
boisprin.com – Fax 04 50 53 48 75 – Fermé 9-24 mai, 5 nov.-6 déc. AZ **a**
10 ch – 212/296 € 228/318 € – 1 suite – ½ P 142/208 €
– **Rest** – *(fermé merc. midi et lundi midi)* Menu (26 € bc), 34/49 € – Carte 48/63 €

◆ Joli chalet perché sur les hauteurs de la station. Décoration design, équipements high-tech et lambris se marient avec goût dans les chambres luxueusement rénovées. Panorama sur le mont Blanc depuis la salle à manger et la terrasse ; produits du marché et du potager.

Les Aiglons ← ch, ch, 25, P
270 av. Courmayeur – ✆ 04 50 55 90 93 – info@ VISA AE
aiglons.com – Fax 04 50 53 51 08 – Fermé 10 avril-1er juin AY **m**
56 ch – 75/190 € 92/190 € – ½ P 70/119 € – **Rest** – *(dîner seult)* Menu 24 € – Carte 19/35 €

◆ Hall-salon orné d'une fresque sculptée, ouvert sur le mont Blanc ; chambres refaites dans l'esprit régional, gaies et douillettes. Piscine extérieure chauffée, sauna, hammam. Cuisine traditionnelle et spécialités savoyardes dans un cadre simple et lumineux.

CHAMONIX-MONT-BLANC

Le Morgane 20/35, VISA AE

145 av. Aiguille du Midi – 04 50 53 57 15 – info@morgane-hotel-chamonix.com – Fax 04 50 53 28 07 AY **u**

59 ch – 75/190 € 92/190 €

Rest *Le Bistrot* – voir ci-après

◆ Hôtel mariant tradition régionale et confort moderne. Chambres bien équipées, plus calmes côté Brévent et sur l'arrière. Solarium sur le toit (vue superbe) ; sauna et hammam.

Alpina ch, rest, ch, 25/100, VISA AE

79 av. Mt-Blanc – 04 50 53 47 77 – alpina@chamonixhotels.com – Fax 04 50 55 98 99 – Ouvert 9 juin-6 oct. et 2 déc.-21 avril AX **t**

127 ch – 68/90 € 74/158 €, 13 € – 9 suites – ½ P 73/115 € – **Rest** – *(dîner seult)* Menu 26/29 €

◆ Bâtisse des années 1970 proposant des équipements complets pour l'accueil des séminaires. Chambres fonctionnelles, lambrissées de pin ou de merisier. Restaurant dont le sobre décor contemporain est compensé par une large perspective sur les cimes enneigées.

Prieuré ch, rest, cuisinette 10/200, VISA AE

allée Recteur Payot – 04 50 53 20 72 – prieure@chamonixhotels.com – Fax 04 50 55 87 41 – Fermé 22 oct.-1er déc. AY **v**

81 ch – 72/102 € 98/158 €, 13 € – 10 suites – ½ P 85/115 € – **Rest** – *(dîner seult)* Menu 24 € – Carte 19/38 €

◆ Ce grand hôtel de type chalet abrite des chambres insonorisées et aménagées dans un style savoyard actuel (lambris, meubles en pin et tissus colorés). Wellness et espace massages. Carte traditionnelle enrichie de quelques plats du cru à déguster dans un joli cadre montagnard.

Chalet Hôtel Hermitage 20, VISA AE

63 chemin du Cé – 04 50 53 13 87 – info@hermitage-paccard.com – Fax 04 50 55 98 14 – Ouvert 1er juin-30 sept. et 21 déc.-9 avril AX **e**

23 ch – 84/112 € 93/163 €, 14 € – 2 suites, 1 chalet – **Rest** – *(résidents seult)* Menu 23 € (dîner) – Carte environ 20 €

◆ Cet ébergement dispose de grandes chambres décorées de frisettes, convenant parfaitement aux séjours en famille. Les appartements de l'annexe peuvent dépanner. Cuisine familiale servie dans une salle à manger au décor "tout bois".

L'Oustalet sans rest VISA AE

330 r. Lyret – 04 50 55 54 99 – infos@hotel-oustalet.com – Fax 04 50 55 54 98 – Fermé 29 mai-10 juin et 8 nov.-15 déc. AY **z**

15 ch – 75/99 € 105/156 €, 8 €

◆ Au pied de l'aiguille du Midi, chalet récent au décor chaleureux. Les chambres, spacieuses et coquettes, regardent le mont Blanc. Salon-cheminée douillet, hammam, sauna et jacuzzi.

De l'Arve ch, rest, VISA AE

60 impasse Anémones – 04 50 53 02 31 – contact@hotelarve-chamonix.com – Fax 04 50 53 56 92 – Fermé de mi-oct. à mi-déc. AX **a**

37 ch – 48/83 € 58/111 €, 8 € – 1 suite – ½ P 49/76 € – **Rest** – *(ouvert de mi-déc. à mi-avril, de mi-juin à mi-sept. et fermé mardi et merc. sauf été) (dîner seult) (résidents seult)* Menu 18 €

◆ Bâtisse régionale disposant de chambres toutes rénovées dans l'esprit savoyard. Jardinet face à la chaîne du Mont-Blanc. Au fitness, équipements complets et mur d'escalade. Salle à manger sobrement actuelle dont les baies vitrées sont tournées vers l'Arve.

Arveyron ch, rest, VISA

1650 rte du Bouchet : 2 km – 04 50 53 18 29 – hotelarveyron@wanadoo.fr – Fax 04 50 53 06 43 – Ouvert 18 juin-17 sept. et 23 déc.-1er avril BZ **k**

30 ch – 39/44 € 69/76 €, 8,50 € – ½ P 58/75 € – **Rest** – *(fermé lundi midi et merc.)* Menu 21/24 € – Carte 13/24 €

◆ Ce plaisant hôtel familial abrite des chambres montagnardes, plus au calme côté forêt. Bar-salon, billard et jardin... sous les aiguilles de Chamonix ! Salle à manger rustique et agréable terrasse. La cuisine, traditionnelle, prend des accents du terroir.

La Savoyarde rest, VISA
28 rte Moussoux – ✆ 04 50 53 00 77 – lasavoyarde@wanadoo.fr – Fax 04 50 55 86 82 – Fermé nov. AZ **s**
14 ch – †75/129 € ††98/159 € – ½ P 69/100 € – **Rest** – *(fermé mardi midi et jeudi midi)* Menu 20 €
◆ Coquette maison chamoniarde du 19e s. située à 50 m du téléphérique du Brévent. Chambres simples, lambrissées, parfois mansardées ou agrandies d'une mezzanine. Les salles à manger bénéficient d'une jolie vue ; recettes traditionnelles dans la note régionale.

La Maison Carrier VISA AE
44 rte du Bouchet – ✆ 04 50 53 00 03 – infos@hameaualbert.fr – Fax 04 50 55 95 48 – Fermé 4-20 juin, 12 nov.-14 déc., lundi sauf juil.-août et fériés AX **r**
Rest – Menu 24 € (déj. en sem.), 28/39 € – Carte 37/50 €
◆ Salle des guides, "borne" (cheminée) où fument les charcuteries maison : un intérieur savoyard typique pour cette jolie ferme reconstituée avec le bois de vieux chalets d'alpage. Belle cuisine du terroir.

Atmosphère A/C VISA AE
123 pl. Balmat – ✆ 04 50 55 97 97 – info@restaurant-atmos.fr – Fax 04 50 53 38 96 AY **n**
Rest – Menu (18 €), 21/29 € – Carte 31/59 €
◆ Décor montagnard, véranda surplombant l'Arve, tables serrées, carte des vins très étoffée, cuisine traditionnelle et spécialités régionales : un restaurant d'atmosphère !

L'Impossible A/C VISA AE
9 chemin du Cry – ✆ 04 50 53 20 36 – wim@nerim.fr – Fax 04 50 53 58 91 – Fermé 8 nov.-6 déc. AY **d**
Rest – Menu (20 € bc), 22/30 € – Carte 30/63 €
◆ Dans cette ancienne ferme du 18e s., le chef mitonne de sympathiques plats de tradition aux accents régionaux. Chaleureuse salle à manger "tout bois" à la décoration éclectique.

Le Bistrot (Bourdillat) – Hôtel Le Morgane VISA AE
151 av. Aiguille du Midi – ✆ 04 50 53 57 64 – info@lebistrotchamonix.com – Fax 04 50 53 28 07 AY **u**
Rest – Menu (17 €), 34/55 €
Spéc. Menu du marché.
◆ Séduisant bistrot montagnard où l'on choisit sa bouteille dans la cave vitrée (belle sélection à prix doux). Cuisine simple mais habilement préparée à partir de beaux produits.

Le Panier des Quatre Saisons VISA AE
24 galerie Blanc-Neige, r. Paccard – ✆ 04 50 53 98 77 – e-panier@wanadoo.fr – Fax 04 50 53 98 77 – Fermé 29 mai-20 juin, 12-28 nov., jeudi midi et merc. AY **x**
Rest – Menu 15 € (déj. en sem.), 34/42 € – Carte 39/54 €
◆ Caché dans un étroit passage, ce restaurant mérite le détour : chaleureux décor champêtre, carte évoluant au gré des saisons et beau choix de vins au verre (40 références).

Le National VISA
3 r.Dr Paccard – ✆ 04 50 53 02 23 – Fax 04 50 53 71 94 – Fermé dim. soir et lundi en nov. AY **n**
Rest – Menu 19/30 € – Carte 23/63 €
◆ Boiseries, pierres apparentes et photos anciennes de la station servent de cadre à une cuisine traditionnelle mâtinée de spécialités savoyardes. Grande terrasse très prisée.

aux Praz-de-Chamonix 2,5 km au Nord – alt. 1 060 m – ✉ 74400 Chamonix-Mont-Blanc

La Flégère ≤★★ par téléphérique BZ.

Le Labrador sans rest ≤ Mont-Blanc et golf, 25, VISA AE
au golf – ✆ 04 50 55 90 09 – info@hotel-labrador.com – Fax 04 50 53 15 85 – Fermé 15-27 avril et 1er nov.-7 déc. BZ **h**
31 ch – †75/168 € ††90/200 €, 10 € – 1 suite
◆ Ce chalet à la silhouette scandinave jouit d'un environnement exceptionnel : les chambres ménagent une vue superbe sur le mont Blanc et la vallée de Chamonix. Salons "cosy".

Eden

– 04 50 53 18 43 – relax@hoteleden-chamonix.com – Fax 04 50 53 51 50 – Fermé 8 nov.-2 déc. BZ **e**

12 ch – 89/130 € 98/158 €, 10 € – 8 suites – ½ P 94/129 € – **Rest** – *(fermé 8 nov.-2 déc.) (dîner seult)* Menu 27/47 € – Carte 34/54 €

◆ Les propriétaires, d'origine scandinave, ont redécoré ce petit hôtel bicentenaire à la mode de chez eux : design nordique, insolite et séduisant, du salon jusqu'aux chambres ! Au restaurant, exposition de très belles photos et cuisine "fusion" franco-suédoise.

Les Lanchers rest, ch, VISA

1459 rte des Praz – 04 50 53 47 19 – vacances@hotel-lanchers-chamonix.com – Fax 04 50 53 66 14 – Fermé 12 nov.-13 déc. BZ **b**

11 ch – 58/99 € 58/99 €, 8 € – ½ P 56/78 € – **Rest** – Menu (14 €), 18/23 € – Carte 23/30 €

◆ Derrière la façade égayée de fresques colorées, vous trouverez de grandes chambres simples et fraîches, et un bar fréquenté par la clientèle locale. Salle à manger-véranda meublée dans le style bistrot ; cuisine traditionnelle, spécialités italiennes et savoyardes.

aux Tines **4 km par ①, N 506 et rte secondaire – ✉ 74400 Chamonix-Mont-Blanc**

Excelsior ch, rest, VISA

251 chemin de St-Roch – 04 50 53 18 36 – excelsior@hotelchamonix.info – Fax 04 50 53 56 16 – Fermé 10-25 mai et 8 nov.-14 déc.

36 ch – 40/61 € 65/91 €, 8 € – ½ P 56/69 € – **Rest** – *(fermé merc. midi en saison d'hiver)* Menu 16/42 € – Carte 33/47 €

◆ Au pied de l'aiguille Verte et du Dru, engageante maison tenue par la même famille depuis 1910. Plaisantes chambres rénovées, habillées de bois clair. Jardin et piscine. Le restaurant ouvre ses baies sur les sommets alentour. Plats au goût du jour et montagnards.

aux Bois **3,5 km au Nord – ✉ 74400 Chamonix-Mont-Blanc**

Sarpé VISA

– 04 50 53 29 31 – Fax 04 50 55 81 94 – Fermé 10 mai-13 juin, 7 nov.-7 déc., lundi sauf juil.-août BZ **n**

Rest – Menu 21/43 € – Carte 26/51 €

◆ Ancien atelier de menuiserie converti en restaurant (non-fumeurs) : cadre rustique, ambiance savoyarde, deux petites terrasses, cuisine traditionnelle et spécialités alpines.

au Lavancher **6 km par ①, N 506 et rte secondaire – Sports d'hiver : voir à Chamonix – ✉ 74400 Chamonix-Mont-Blanc**

★★.

Le Jeu de Paume ch, rest, rest,

705 rte Chapeau – 04 50 54 03 76 25, VISA AE

– jeudepaumechamonix@wanadoo.fr – Fax 04 50 54 10 75 – Ouvert 6 juin-19 sept. et 6 déc.-9 mai

23 ch – 148/250 € 148/250 €, 14 €, 1 chalet – ½ P 123/174 € – **Rest** – *(fermé mardi midi et merc. midi)* Menu 35/58 € – Carte 43/60 €

◆ Bois omniprésent et meubles chinés chez les antiquaires composent le cadre raffiné de ce chalet traditionnel situé au pied de l'aiguille Verte. Agréable espace de détente. Décor montagnard quelque peu baroque et cuisine inspirée des quatre coins du monde.

Beausoleil rest, VISA AE

– 04 50 54 00 78 – info@hotelbeausoleilchamonix.com – Fax 04 50 54 17 34 – Fermé 29 mai-8 juin et 23 sept.-23 déc.

17 ch – 46/55 € 70/100 €, 10 € – ½ P 59/75 € – **Rest** – *(fermé merc. midi et jeudi midi en juil.-août) (dîner seult sauf juil.-août)* Menu 14 € (sem.)/28 € – Carte 22/39 €

◆ Ce chalet familial (non-fumeurs) à la jolie façade ouvragée abrite de petites chambres simples et lambrissées ; certaines sont rénovées. Agréable jardin fleuri. Restaurant rustico-montagnard et belle terrasse ; spécialités fromagères et pierrades.

Les Chalets de Philippe sans rest cuisinette

700-718 rte Chapeau – 06 07 23 17 26 VISA AE

– contact@chamonixlocations.com – Fax 04 50 54 08 28

1 ch – 105/620 €, 15 €, 7 chalets 150/1215 €

◆ Plusieurs chalets à flanc de colline, parmi les sapins. Vieux bois, meubles chinés, objets rares, équipements de pointe et luxe incomparable... Une véritable petite folie !

aux Bossons **3,5 km au Sud – alt. 1 005 m – ✉ 74400 Chamonix-Mont-Blanc**

Aiguille du Midi rest, rest,
479 chemin Napoléon – ☎ 04 50 53 00 65 20,
– hotel-aiguille-du-midi@wanadoo.fr – Fax 04 50 55 93 69 – Ouvert 16 mai-20 sept. et 20 déc.-11 avril AZ **n**
40 ch – 68/77 € 70/84 €, 13 € – ½ P 69/80 € – **Rest** – Menu 22 € (sem.)/45 € – Carte 26/50 €
◆ Des fresques à la mode tyrolienne égayent l'extérieur de cet hôtel bâti en 1908. Chambres diversement meublées, bons équipements de loisirs et parc face au glacier des Bossons. Restaurant en rotonde, jolie terrasse côté jardin, plats traditionnels et savoyards.

à Planpraz **par télécabine – ✉ 74400 Chamonix-Mont-Blanc**

La Bergerie de Planpraz Mont-Blanc et aiguilles,
– ☎ 04 50 53 05 42 – restauration.bergerie@compagniedumontblanc.fr – Fax 04 50 53 93 40 – Ouvert mi-juin à fin sept. et mi-déc. à fin avril AZ **m**
Rest – *(déj. seult)* Menu (17 €) – Carte 29/53 €
◆ Vue époustouflante sur le massif du Mont-Blanc depuis la terrasse de ce chalet d'altitude. Salle rustique tout en bois et pierre, et cuisine du terroir aussi bonne que généreuse.

CHAMOUILLE – **02 Aisne** – **306** D6 – **rattaché à Laon**

CHAMOUILLEY – **52 Haute-Marne** – **313** K2 – **rattaché à St- Dizier**

CHAMOUSSET – **73 Savoie** – **333** K4 – **383 h.** – **alt. 215 m** – **✉ 73390** 46 **F2**

Paris 588 – Albertville 26 – Allevard 25 – Chambéry 28 – Grenoble 61

Christin avec ch rest,
– ☎ 04 79 36 42 06 – Fax 04 79 36 45 43 – Fermé dim. soir et sam.
16 ch – 41 € 56 €, 7 € – ½ P 55 € – **Rest** – Menu 12,50 € (déj. en sem.), 20/38 € – Carte 18/35 €
◆ Cuisine traditionnelle réalisée avec les produits du potager, cadre rustique et ambiance familiale. Près d'une voie ferrée peu fréquentée et du confluent de l'Arc et de l'Isère. Chambres réparties dans deux pavillons s'ouvrant sur un vaste et beau jardin.

CHAMPAGNAC-DE-BELAIR – **24 Dordogne** – **329** F3 – **rattaché à Brantôme**

CHAMPAGNÉ – **72 Sarthe** – **310** L6 – **3 294 h.** – **alt. 53 m** – **✉ 72470** 35 **D1**

Paris 205 – Alençon 67 – Le Mans 14 – Nantes 204

Office de tourisme, place de l'Église ☎ 02 43 89 89 89, Fax 02 43 89 58 58

Le Cochon d'Or
49 rte de Paris, RN 23 – ☎ 02 43 89 50 08 – Fax 02 43 89 79 34 – Fermé 30 juil.-21 août, lundi et le soir sauf sam.
Rest – Menu (15 €), 19 € (déj. en sem.), 28/48 € – Carte 38/53 €
◆ Cette imposante maison bordant une route passante est prisée dans la région : on y sert une bonne cuisine classique dans une salle à manger lumineuse et joliment dressée.

CHAMPAGNE-AU-MONT-D'OR – **69 Rhône** – **327** H5 – **rattaché à Lyon**

CHAMPAGNEUX – **73 Savoie** – **333** G4 – **rattaché à St-Genix-sur-Guiers**

CHAMPAGNEY – **70 Haute-Saône** – **314** I6 – **rattaché à Ronchamp**

CHAMPAGNOLE – **39 Jura** – **321** F6 – **8 616 h.** – **alt. 541 m** – **✉ 39300**
Franche-Comté Jura 16 **B3**

Paris 420 – Besançon 66 – Dole 68 – Genève 86 – Lons-le-Saunier 34

Office de tourisme, rue Baronne Delort ☎ 03 84 52 43 67, Fax 03 84 52 54 57

Musée archéologique : plaques-boucles★ **M.**

Le Bois Dormant ch, ch,
rte Pontarlier, 1,5 km – 03 84 52 66 66 50/60,
– hotel@bois-dormant.com – Fax 03 84 52 66 67 – Fermé 24-30 déc.
40 ch – 57/65 € 65/71 €, 9,50 € – ½ P 55/60 € – **Rest** – Menu 17 € (sem.)/45 € – Carte 28/50 €
♦ Au sein d'un parc arboré, établissement au décor chaleureux et moderne. Chambres fonctionnelles, habillées de bois blond et de tons roses. Fitness et piscine côté jardin. Grande salle à manger-véranda et paisible terrasse. Carte traditionnelle et vins du Jura.

rte de Genève 8 km au Sud – ✉39300 **Champagnole**

Auberge des Gourmets avec ch
sur N 5 – 03 84 51 60 60 – aubergedesgourmets@wanadoo.fr
– Fax 03 84 51 62 83 – Fermé 15 déc.-8 fév., dim. soir et lundi hors saison
7 ch – 68 € 72/87 €, 8 € – ½ P 76 € – **Rest** – Menu 15 € (sem.)/48 € – Carte 33/62 €
♦ Petits plats traditionnels faits maison, servis dans plusieurs salles à manger (dont une véranda) rustico-bourgeoises et soignées. Les chambres côté terrasse sont plus calmes.

CHAMPAGNY-EN-VANOISE – 73 Savoie – 333 N5 – 585 h. – alt. 1 240 m – ✉ 73350 Alpes du Nord 45 D2

Paris 625 – Albertville 44 – Chambéry 94 – Moûtiers 19

Office de tourisme, Le Centre 04 79 55 06 55, Fax 04 79 55 04 66

Retable★ dans l'église - Télécabine de Champagny★ : ★ - Champagny-le-Haut★★.

L'Ancolie ch, rest, rest,
Les hauts du Crey – 04 79 55 05 00 – contact@hotel-ancolie.com
– Fax 04 79 55 04 42 – Ouvert 18 juin-1er sept. et 23 déc.-14 avril
31 ch – 59/93 € 59/118 €, 9 € – ½ P 56/90 € – **Rest** – Menu 18/20 € – Carte 26/44 €
♦ La fleur d'altitude a prêté son nom à cet hôtel perché sur les hauteurs d'un authentique village-station. La majorité des chambres, décorée à la montagnarde, ouvre plein Sud. Salle à manger chaleureuse ; cuisine régionale simple.

Les Glières
– 04 79 55 05 52 – accueil@hotel-glieres.com – Fax 04 79 55 04 84
– Ouvert 23 juin-2 sept. et 22 déc.-22 avril
20 ch – 43/63 € 53/93 €, 10 € – ½ P 56/76 € – **Rest** – *(fermé mardi midi en été)* Menu (15 €), 18/31 € – Carte 22/35 €
♦ Ce chalet récent jouit d'un environnement paisible tout en étant proche du centre du bourg. Chambres simples, rafraîchies par étapes, salon-cheminée, sauna et salle de jeux. Restaurant rustique et terrasse orientée plein Sud ; recettes typiquement savoyardes.

CHAMPCEVINEL – 24 Dordogne – 329 F4 – rattaché à Périgueux

CHAMPEAUX – 50 Manche – 303 C7 – 320 h. – alt. 80 m – ✉ 50530 32 A2

Paris 353 – Avranches 19 – Granville 17 – St-Lô 69 – St-Malo 85

Au Marquis de Tombelaine et H. les Hermelles avec ch
sur D 911 – 02 33 61 85 94
– claude.giard@wanadoo.fr – Fax 02 33 61 21 52 – Fermé 19-25 nov., janv., mardi soir et merc. sauf juil.-août
6 ch – 52/59 € 52/59 €, 8 € – ½ P 61/86 € – **Rest** – Menu 22 € – Carte 34/82 €
♦ Produits de la mer et du terroir se rejoignent dans les assiettes de ce restaurant juché sur la falaise en face du Mont-St-Michel. Chambres avec vue sur la célèbre baie.

CHAMPEIX – 63 Puy-de-Dôme – 326 F9 – 1 135 h. – alt. 456 m – ✉ 63320 Auvergne 5 B2

Paris 440 – Clermont-Ferrand 30 – Condat 49 – Issoire 14 – Le Mont-Dore 35 – Thiers 63

Syndicat d'initiative, place du Pré 04 73 96 26 73

Église de St-Saturnin★★ N : 10 km.

La Promenade

3 r. Halle – ✆ 04 73 96 70 24 – h.r.lapromenade@wanadoo.fr – Fax 04 73 96 71 76 – Fermé oct., mardi soir, jeudi soir et merc.

Rest – Menu 14,50 € (sem.)/30 € – Carte 26/36 €

◆ Modeste auberge de village dont le cadre rustique a été patiné par le temps. Ambiance toute locale s'accordant à une cuisine qui fleure bon l'Auvergne.

à Montaigut-le-Blanc **3 km à l'Ouest par D996 – 601 h. – alt. 500 m – ✉ 63320**

Le Chastel Montaigu sans rest

les Monts du Forez et la Chaîne des Monts Dore,

au Château – ✆ 04 73 96 28 49 – Fax 04 73 96 21 60 – Ouvert 2 mai-29 sept.

5 ch – 120 € 130/135 €

◆ Ce château médiéval perché sur un piton rocheux abrite de superbes chambres aménagées dans le donjon crénelé. Toutes jouissent de la vue sur les monts Dore et le Forez ; certaines possèdent une petite terrasse.

CHAMPENOUX – 54 Meurthe-et-Moselle – 307 J6 – 1 124 h. – alt. 234 m – ✉ 54280

27 **C2**

Paris 332 – Château-Salins 18 – Nancy 20 – Pont-à-Mousson 40 – St-Avold 61

La Lorette ch, 15, VISA AE

– ✆ 03 83 39 91 91 – la.lorette@wanadoo.fr – Fax 03 83 31 71 04 – Fermé 22 juil.-6 août et 26 janv.-4 fév.

10 ch – 52/56 € 52/56 €, 7 € – ½ P 50/55 € – **Rest** – *(fermé sam. midi, dim. soir et lundi)* Menu (10 €), 17 € (sem.)/28 € – Carte 27/41 €

◆ L'enseigne évoque les haies de laurier qui entouraient jadis le verger familial voisin de cette ferme convertie en hôtellerie. Chambres fonctionnelles et calmes. L'une des deux salles à manger est aménagée en véranda ; carte traditionnelle et plats régionaux.

CHAMPIGNÉ – 49 Maine-et-Loire – 317 F3 – 1 501 h. – alt. 25 m – ✉ 49330

35 **C2**

Paris 287 – Angers 24 – Château-Gontier 24 – La Flèche 41

Anjou Golf & Country Club Route de Cheffes, S : 3 km par D 190, ✆ 02 41 42 01 01.

au Nord-Ouest **3 km par D 768 et D 190 - ✉ 49330 Champigné**

Château des Briottières rest, 50, VISA

– ✆ 02 41 42 00 02 – briottieres@wanadoo.fr – Fax 02 41 42 01 55 – Fermé 18 fév.-2 mars

17 ch – 100/150 € 150/320 €, 15 € – **Rest** – *(dîner seult) (résidents seult)* Menu 40 €

◆ Un raffinement très 18e s. règne dans ce château familial entouré d'un parc. Chambres spacieuses, garnies de meubles et objets anciens. Salons et bibliothèque.

CHAMPILLON – 51 Marne – 306 F8 – rattaché à Épernay

CHAMPS-SUR-TARENTAINE – 15 Cantal – 330 D2 – 1 044 h. – alt. 450 m – ✉ 15270

5 **B2**

Paris 500 – Aurillac 90 – Clermont-Ferrand 82 – Condat 24 – Mauriac 38 – Ussel 36

Syndicat d'initiative, le bourg ✆ 04 71 78 76 33

Gorges de la Rhue★★ SE : 9 km, **Auvergne.**

Auberge du Vieux Chêne VISA AE

34 rte Lacs – ✆ 04 71 78 71 64 – danielle.moins@wanadoo.fr – Fax 04 71 78 70 88 – Ouvert 1er avril-30 sept. et fermé dim. et lundi sauf du 15 juin au 15 sept.

15 ch – 55/60 € 59/83 €, 9 € – ½ P 52/67 € – **Rest** – *(dîner seult)* Menu 23 € – Carte 30/48 €

◆ Agréable étape champêtre dans une authentique ferme du 19e s. Chambres simples et chaleureuses, propices à un séjour empreint de quiétude. L'ex-grange a été transformée en salle à manger où trône un grand cantou. Terrasse bucolique face au joli jardin.

CHAMPS-SUR-YONNE – 89 Yonne – 319 E5 – rattaché à Auxerre

CHAMPTOCEAUX – 49 Maine-et-Loire – 317 B4 – 1 748 h. – alt. 68 m – ✉ 49270
Châteaux de la Loire 34 **B2**

Paris 357 – Ancenis 9 – Angers 65 – Beaupréau 30 – Cholet 50 – Clisson 35 – Nantes 32

Office de tourisme, Maison du Champalud ✆ 02 40 83 57 49

de l'Île d'Or à La Varenne, O : 5 km par D 751, ✆ 02 40 98 58 00.

Site★ - Promenade de Champalud★★.

Le Champalud ch, ch, 15, VISA MC AE
pl. de l'église – ✆ 02 40 83 50 09 – le-champalud@wanadoo.fr – Fax 02 40 83 53 81
13 ch – †52/60 € ††57/69 €, ☕ 10,50 € – ½ P 55/60 € – **Rest** – *(fermé dim. soir du 1er oct. au 30 mars)* Menu 13 € bc (sem.)/40 € – Carte environ 30 € 🍷
◆ Poutres apparentes et vieilles pierres se fondent habilement dans le décor actuel de cette maison rénovée située face à l'église. Chambres toutes refaites, bien équipées. Restaurant au joli cachet rustique ; cuisine traditionnelle orientée terroir. Bar-pub.

Les Jardins de la Forge (Pauvert) avec ch ch, AC ch,
pl. des Piliers – ✆ 02 40 83 56 23 rest, ch, VISA MC AE
– jardins.de.la.forge@wanadoo.fr – Fax 02 40 83 59 80 – Fermé 9-17 juil., 1er-17 oct., 25 fév.-12 mars, merc. d'oct. à mars, dim. soir, lundi et mardi
7 ch – †80/95 € ††110/165 €, ☕ 12 € – **Rest** – *(prévenir le week-end)* Menu 30 € (sem.)/92 € – Carte 66/95 € 🍷
Spéc. Duo de sandre et alose de Loire poêlés au beurre d'oseille (mars à mai). Dos de sandre de Loire à la crème d'asperges (printemps-été). Pigeonneau rôti sauce morilles. **Vins** Muscadet sur lie, Anjou-Villages.
◆ Aménagé dans les murs de la forge familiale, ce restaurant jouit d'une échappée sur les ruines du château. Cuisine classique. Belles chambres contemporaines. Jardin, piscine.

CHAMPVANS-LES-MOULINS – 25 Doubs – 321 F3 – rattaché à Besançon

CHANAS – 38 Isère – 333 B6 – 1 931 h. – alt. 150 m – ✉ 38150 43 **E2**

Paris 512 – Grenoble 89 – Lyon 57 – St-Étienne 75 – Valence 51

Mercure ch, AC 15/50, P VISA MC AE
à l'échangeur A 7 – ✆ 04 74 84 27 50 – hotelhalteok@wanadoo.fr – Fax 04 74 84 36 61
42 ch – †62 € ††70 €, ☕ 8 € – **Rest** – *(fermé 5-20 août, sam. midi et dim.)* Menu 15/19 € – Carte 20/33 € 🍷
◆ Pour une étape sur la route des vacances, hôtel disposant de chambres récemment rénovées, pratiques et pourvues d'une bonne isolation phonique. Lumineux restaurant agrémenté de claustras et de plantes vertes ; cuisine traditionnelle.

CHANCELADE – 24 Dordogne – 329 E4 – rattaché à Périgueux

CHANDAI – 61 Orne – 310 N2 – 532 h. – alt. 200 m – ✉ 61300 33 **C3**

Paris 129 – L'Aigle 10 – Alençon 72 – Chartres 71 – Dreux 53 – Évreux 57 – Lisieux 66

L'Écuyer Normand VISA MC AE
N 26 – ✆ 02 33 24 08 54 – ecuyer-normand@wanadoo.fr – Fax 02 33 34 75 67 – Fermé merc. soir, dim. soir et lundi
Rest – Menu 25/38 € – Carte 51/67 € 🍷
◆ Bibelots et tableaux sur le thème du cheval, poutres, mobilier rustique et cheminée font le cachet de cette auberge normande. Cuisine classique sensible au rythme des saisons.

Rouge = agréable. Repérez les symboles et passés en rouge.

CHANDOLAS – 07 Ardèche – 331 H7 – 342 h. – alt. 115 m – ✉ 07230 44 A3

Paris 662 – Alès 43 – Aubenas 34 – Privas 66

Auberge Les Murets ch, VISA

quartier Langarnayre – ✆ 04 75 39 08 32 – dominique.rignanese@wanadoo.fr – Fax 04 75 39 39 90 – Fermé 19 nov.-7 déc., 7 janv.-7 fév., lundi et mardi de nov. à mars

7 ch – †58 € ††58 €, ☕ 7 € – ½ P 52 € – **Rest** – *(fermé lundi et mardi de nov. à mars et lundi midi d'avril à oct.)* Menu 17 € (sem.)/36 € – Carte 24/29 €

◆ Ferme cévenole du 18ᵉ s. entourée d'un parc ouvert sur la campagne et les vignes. Pimpantes et agréables chambres meublées en rotin. Restaurant aménagé dans deux caves voûtées. Un mûrier plus que centenaire procure un bel ombrage à la jolie terrasse.

CHANTELLE – 03 Allier – 326 F5 – 1 040 h. – alt. 324 m – ✉ 03140

Auvergne 5 B1

Paris 339 – Gannat 17 – Montluçon 61 – Moulins 47 – St-Pourçain-sur-Sioule 15

Poste avec ch VISA

– ✆ 04 70 56 62 12 – Fax 04 70 56 62 12 – Fermé 21 sept.-15 oct., 20 fév.-9 mars, mardi soir sauf juil.-août et merc.

12 ch – †29 € ††38 €, ☕ 5 € – ½ P 32/36 € – **Rest** – Menu (9 €), 17 € (sem.)/32 € – Carte 30/34 €

◆ Sobre salle à manger champêtre et charmante cour-terrasse arborée ; petits plats traditionnels. Accueil familial. Cet ancien relais de poste propose des chambres modestes mais bien tenues, dotées d'un mobilier éclectique à dominante rustique.

CHANTEMERLE – 05 Hautes-Alpes – 334 H3 – rattaché à Serre-Chevalier

CHANTEPIE – 35 Ille-et-Vilaine – 309 M6 – rattaché à Rennes

CHANTILLY – 60 Oise – 305 F5 – 10 902 h. – alt. 59 m – ✉ 60500

Île de France 36 B3

Paris 51 – Beauvais 55 – Compiègne 44 – Meaux 53 – Pontoise 41

Office de tourisme, 60 avenue du Maréchal Joffre ✆ 03 44 67 37 37, Fax 03 44 67 37 38

18 Dolce Chantilly à Vineuil-Saint-Firmin Route d'Apremont, par rte d'Apremont : 3 km, ✆ 03 44 58 47 74 ; 18 d'Apremont à Apremont CD 606, N : 7 km par D 606, ✆ 03 44 25 61 11 ; 27 Les Golfs de Mont-Griffon à Luzarches Route Départementale 909, S : 11km par N 16, ✆ 01 34 68 10 10.

Château★★★ - Parc★★ - Grandes Écuries★★ : musée vivant du Cheval★★ - L'Aérophile★ (vol en ballon captif) : ≤★.

Site★ du château de la Reine-Blanche S : 5,5 km.

Plan page ci-contre

Hotel du Parc sans rest 25, VISA

36 av. Mar. Joffre – ✆ 03 44 58 20 00 – bwhotelduparc@wanadoo.fr – Fax 03 44 57 31 10 A a

57 ch – †80 € ††100/120 €, ☕ 11 €

◆ Hôtel récent aux chambres assez spacieuses, claires et fonctionnelles, bénéficiant parfois d'une terrasse ; les plus calmes sont tournées vers le jardin. Bar anglais.

La Belle Bio VISA

22 r. Connétable – ✆ 03 44 57 02 25 – Fax 03 44 58 03 34 – Fermé 30 juil.-20 août, 10-16 mars, dim. soir, lundi et mardi sauf fériés B b

Rest – Carte 32/60 €

◆ 95 des produits utilisés dans ce restaurant proche des Grandes Écuries ont le "label bio". Chaleureux cadre mi-bistrot, mi-rustique. Petite épicerie.

CHANTILLY

Berteux (Av. de) . . . . A 2
Canardière (Quai de la) . . . . . . A 3
Cascades (R. des) . . . . A 4
Chantilly (R. de) . . . . B 5
Condé (Av. de) . . . . B 6
Connétable (R. du) . . . . AB
Embarcadère (R. de l') . . . . A 8
Faisanderie (R. de la) . . . . B 9
Gaulle (Av. du Gén.-de) . . . . . . A 10
Joffre (Av. du Mar.) . . . . A
Leclerc (Av. du Gén.) . . . . A 12
Libération Maurice Schumann (Bd de la) . . . . A 18
Orgemont (R. d') . . . . A 15
Paris (R. de) . . . . A 16
Vallon (Pl. Omer) . . . . A 21
Victor-Hugo (R.) . . . . A 22

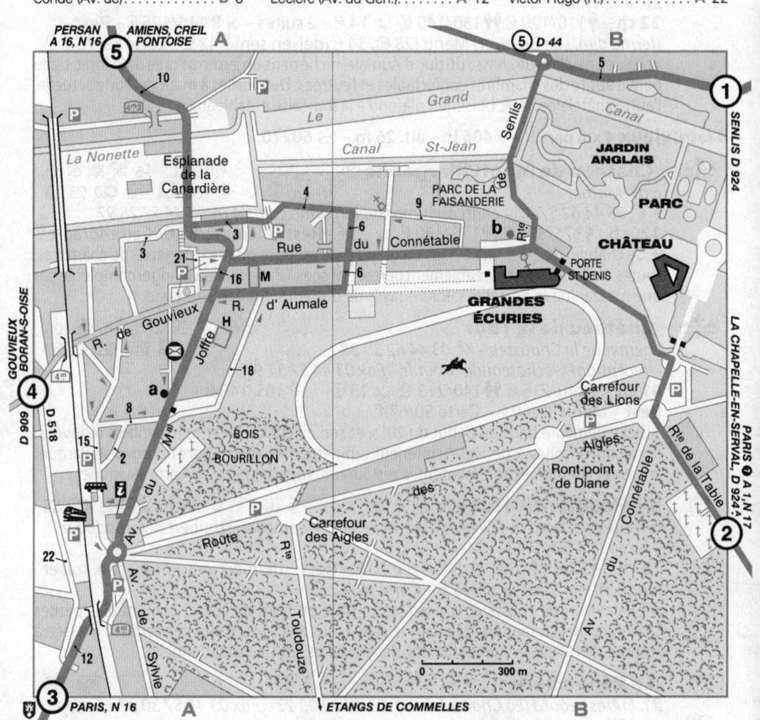

rte d'Apremont par ① et D 606

Dolce Chantilly ch, rest, 300,
à 3 km ✉ 60500 Vineuil-St-Firmin
– ✆ 03 44 58 47 77 – info-chantilly@dolce.com – Fax 03 44 58 50 11 – Fermé 21 déc.-2 janv.
196 ch – †120/300 € ††120/300 €, ☐ 40 € – 4 suites – ½ P 160/240 €
Rest *Carmontelle* – *✆ 03 44 58 47 57 (fermé le midi du 31 juil. au 20 août, sam. midi, dim. et lundi) (nombre de couverts limité, prévenir)* Menu 45 € bc (déj. en sem.), 62 € bc/80 € – Carte 92/102 €
Rest *L'Étoile* – *(fermé sam. midi)* Menu 42 € bc/55 € bc – Carte 41/50 €
◆ Grande bâtisse francilienne sur un golf. Chambres spacieuses, garnies d'un mobilier moderne ou de style. Bel espace détente. Équipements performants pour séminaires. Cuisine goûteuse et inventive au Carmontelle. À l'Étoile, carte traditionnelle et jolie rotonde.

Auberge La Grange aux Loups avec ch
à Apremont, 6 km ✉ *60300 – ✆ 03 44 25 33 79 – lagrangeauxloups@wanadoo.fr – Fax 03 44 24 22 22 – Fermé 1er-15 janv.*
4 ch – †80 € ††80 €, ☐ 10 € – **Rest** – Menu 28 € (sem.)/60 € bc – Carte 61/84 €
◆ Auberge villageoise disposant d'une salle à manger rustique et, en été, d'une paisible terrasse. Cuisine classique. Dans une dépendance, quatre chambres au calme.

à Montgrésin 5 km par ② – ✉ 60560 Orry-La-Ville

Relais d'Aumale ch, 20, VISA

– ☎ 03 44 54 61 31 – *relaisd.aumale@wanadoo.fr* – *Fax 03 44 54 69 15* – *Fermé 22 déc.-4 janv.*

22 ch – †110/120 € ††130/145 €, ☕ 14 € – 2 suites – ½ P 115/125 € – **Rest** – *(fermé dim. soir en hiver)* Menu (28 €), 34 € (déj. en sem.)/42 € – Carte 59/76 €

♦ Ancien pavillon de chasse du duc d'Aumale, niché dans un jardin à l'orée de la forêt. L'aile neuve abrite des chambres confortables et feutrées. Deux salles à manger : l'une actuelle, l'autre châtelaine, avec boiseries, plafond à la française et tableaux.

à Gouvieux 4 km par ④ – **9 406 h. – alt. 26 m** – ✉ **60270**

Château de Montvillargenne ch, ch, 180, VISA

6 av. Mathet

– ☎ *03 44 62 37 37* – *chateau@montvillargenne.com* – *Fax 03 44 57 28 97*

120 ch – †175/330 € ††175/330 €, ☕ 23 € – **Rest** – Menu 42/83 € – Carte 46/86 €

♦ Ce château du 19e s. niché dans un grand parc propose quatre catégories de chambres, toutes confortables et agréablement personnalisées. Grande salle à manger complétée par une mezzanine et de petits salons égayés de boiseries. Agréable terrasse.

Château de la Tour ch, 100, VISA

chemin de la Chaussée – ☎ *03 44 62 38 38*

– *reception@lechateaudelatour.fr* – *Fax 03 44 57 31 97*

41 ch – †140/215 € ††140/215 €, ☕ 13 € – ½ P 105/140 € – **Rest** – Menu 39/69 € – Carte 50/67 €

♦ Belle demeure bâtie au début du 20e s. et son extension récente (chambres rénovées) dominant un joli parc de 5 ha. À l'intérieur, raffinement et atmosphère bourgeoise. Parquet ancien et cheminées agrémentent le restaurant ; superbe terrasse. Carte classique.

Le Pavillon St-Hubert 15, VISA

à Toutevoie, bord de l'Oise – ☎ *03 44 57 07 04* – *pavillon.sthubert@wanadoo.fr* – *Fax 03 44 57 75 42*

18 ch – †55 € ††75 €, ☕ 8 € – ½ P 70 € – **Rest** – *(fermé 2 janv.-7 fév., dim. soir et lundi)* Menu 25 € (sem.)/45 € – Carte 42/62 €

♦ Ex-pavillon de chasse et son joli jardin situé au bord de l'Oise. Confortables petites chambres. Restaurant meublé dans le style Louis XIII ; l'été, l'agréable terrasse dressée à l'ombre des tilleuls a vue sur le trafic des péniches. Cuisine traditionnelle.

La Renardière VISA

2 r. Frères Segard (La Chaussée) – ☎ *03 44 57 08 23* – *Fax 03 44 57 30 37* – *Fermé 1er-15 août, dim. soir et lundi*

Rest – Menu 16 € (déj. en sem.), 28/47 € – Carte 45/79 €

♦ Auberge officiant au coeur du hameau de la Chaussée. Plaisant cadre rustique, cuisine traditionnelle et belle carte des vins composée par la patronne, férue de sommellerie.

rte de Creil 4 km par ⑤ – ✉ **60740 St-Maximin**

Le Verbois VISA

N 16, rd-pt Verbois – ☎ *03 44 24 06 22* – *Fax 03 44 25 76 63* – *Fermé 16-31 août, 2-16 janv., dim. soir et lundi*

Rest – Menu 35/57 € – Carte 55/74 €

♦ À l'orée de la forêt, ancien relais de chasse précédé d'un joli jardin. Charmantes salles à manger bourgeoises. Cuisine classique, gibier en saison et belle sélection de vins.

CHANTONNAY – 85 Vendée – 316 J7 – 7 541 h. – alt. 58 m – ✉ 85110 — 34 B3

Paris 410 – Nantes 79 – La Roche-sur-Yon 34 – Cholet 53 – Bressuire 53

Office de tourisme, place de la Liberté ☎ 02 51 09 45 77, Fax 02 51 09 45 78

Manoir de Ponsay ch,

5 km à l' Est par rte de Pouzauges et rte secondaire – ☎ *02 51 46 96 71* – *manoir.de.ponsay@wanadoo.fr* – *Fax 02 51 46 80 07*

6 ch – †60/110 € ††60/110 €, ☕ 9 € – **Rest** – table d'hôte *(dîner seult) (résidents seult)* Menu 32 € bc

♦ Pour jouir de la vie de château, ce manoir classé, transmis de père en fils depuis 1644, est idéal : spacieuses chambres décorées d'objets accumulés au fil des siècles, parc, piscine. Belle salle à manger et table d'hôte à la demande.

CHAOURCE – 10 Aube – 313 E5 – 1 092 h. – alt. 150 m – ✉ 10210
Champagne Ardenne 13 **B3**

Paris 196 – Auxerre 66 – Bar-sur-Aube 58 – Châtillon-sur-Seine 52 – Troyes 33

Office de tourisme, 2 Grande Rue ☎ 03 25 40 97 22

Église St-Jean-Baptiste★ : sépulcre★★.

à Maisons-lès-Chaource Sud-Est : 6 km par D 34 – 188 h. – alt. 235 m – ✉ 10210

Aux Maisons 12/35, VISA AE

– ☎ 03 25 70 07 19 – accueil@logis-aux-maisons.com – Fax 03 25 70 07 75

23 ch – †58/63 € ††63/68 €, ☕ 9 € – ½ P 64/69 € – **Rest** – *(fermé dim. soir du 15 oct. au 15 mars)* Menu (16 €), 19 € (déj. en sem.), 31/68 € – Carte 36/60 €

◆ Des douches "balnéo" agrémentent les plus confortables chambres de cet hôtel incluant une ferme champenoise restaurée. Adresse bien insonorisée et réservée aux non-fumeurs. Salle à manger d'esprit campagnard et terrasse d'été dressée au bord de la piscine.

CHAPARON – 74 Haute-Savoie – 328 K6 – rattaché à Bredannaz

LA CHAPELLE-AUX-CHASSES – 03 Allier – 326 I2 – 216 h. – alt. 225 m – ✉ 03230
6 **C1**

Paris 294 – Moulins 21 – Bourbon-Lancy 22 – Decize 25 – Digoin 50

Auberge de la Chapelle aux Chasses VISA

– ☎ 04 70 43 44 71 – aubergechapelle@aol.com – Fermé 25 oct.-8 nov., 18 fév.-6 mars, mardi et merc.

Rest – *(prévenir)* Menu 15 € bc (déj. en sem.), 20/58 € – Carte 37/51 €

◆ Appétissante cuisine au goût du jour évoluant au gré des saisons servie dans un sobre cadre mi-rustique, mi-actuel. Tables bien dressées et accueil sympathique.

LA CHAPELLE-CARO – 56 Morbihan – 308 Q7 – 1 200 h. – alt. 73 m – ✉ 56460
10 **C2**

Paris 425 – Vannes 41 – Lorient 89 – Rennes 74 – Saint-Brieuc 100

Le Petit Kériquel avec ch ch, VISA

1 pl. de l'Eglise – ☎ 02 97 74 82 44 – morizoland@aol.com – Fax 02 97 74 88 55 – Fermé vacances de la Toussaint et de fév., dim. soir sauf juil.-août et merc.

7 ch – †41 € ††48 €, ☕ 6,50 € – ½ P 39 € – **Rest** – Menu 17/31 € – Carte 22/36 €

◆ Plats traditionnels servis dans un cadre rustique et petites chambres rénovées garnies de meubles bretons dans cette maison en pierres du pays proche de l'église du village.

LA CHAPELLE-D'ABONDANCE – 74 Haute-Savoie – 328 N3 – 719 h. – alt. 1 020 m – Sports d'hiver : 1 000/1 850 m 1 11 – ✉ 74360
Alpes du Nord 46 **F1**

Paris 600 – Annecy 108 – Châtel 6 – Évian-les-Bains 29 – Morzine 32 – Thonon-les-Bains 34

Syndicat d'initiative, Chef-lieu ☎ 04 50 73 51 41, Fax 04 50 73 56 04

Les Cornettes rest,cuisinette 40, VISA

– ☎ 04 50 73 50 24 – lescornettes@valdabondance.com – Fax 04 50 73 54 16 – Ouvert début mai à mi-oct. et mi-déc. à mi-avril

42 ch – †60/80 € ††95/130 €, ☕ 12 € – ½ P 75/110 € – **Rest** – Menu 22 € (sem.)/65 €

◆ Régis par la même famille depuis 1894, ces bâtiments reliés par un souterrain abritent de confortables chambres lambrissées. Équipements de loisirs et petit musée savoyard. Vaste salle à manger montagnarde ornée d'objets régionaux chinés ; cuisine du terroir.

Les Gentianettes ch, rest, rest,

– ☎ 04 50 73 56 46 – bienvenue@gentianettes.fr VISA AE

– Fax 04 50 73 56 39 – Ouvert 26 mai-16 sept. et 20 déc.-10 avril et fermé lundi en janv. et mars et mardi en juin et sept.

32 ch – †85/115 € ††85/115 €, ☕ 10 € – ½ P 65/99 € – **Rest** – Menu 19/65 € – Carte 23/58 €

◆ Chalet blond aux plaisantes chambres pourvues de balcons et habillées de chaleureuses boiseries. Sauna, hammam, jacuzzi. Goûteuse cuisine régionale et atmosphère "cosy" au restaurant ou plats montagnards typiques au carnotzet (décor de vieux outils paysans).

L'Ensoleillé rest, VISA

– *04 50 73 50 42 – info@hotel-ensoleille.com – Fax 04 50 73 52 96 – Ouvert 20 mai-16 sept. et 21 déc.-4 avril*

35 ch – †55/70 € ††65/120 €, ☕ 9 € – ½ P 60/100 € – **Rest** – *(fermé mardi)* Menu 19 € (sem.)/50 € – Carte 27/59 €

◆ Ces deux chalets voisins proposent des chambres dotées de balcons et un espace "forme" complet. Une généreuse cuisine savoyarde vous sera servie dans le décor tout bois de la salle à manger ; fresques représentant le village, meubles et objets du pays.

Le Vieux Moulin ch, VISA

rte Chevenne – 04 50 73 52 52 – maxit-levieuxmoulin@wanadoo.fr – Fax 04 50 73 55 62 – Ouvert 20 mai-15 oct. et 20 déc.-15 avril

15 ch – †45/50 € ††68 €, ☕ 8 € – ½ P 55/59 € – **Rest** – *(fermé merc. du 20 mai au 15 juin et du 1er sept. au 15 oct.)* Menu 22 € (sem.)/45 € – Carte 28/47 €

◆ Cet établissement entouré d'un jardin et un peu excentré dispose de chambres fonctionnelles, lambrissées et mansardées au dernier étage. La belle échappée sur la vallée et la carte mi-traditionnelle, mi-régionale sont les deux atouts du restaurant.

LA CHAPELLE-DE-GUINCHAY – 71 Saône-et-Loire – 320 I12 – 2 595 h. – alt. 200 m – ✉ 71570 8 C3

Paris 412 – Bourg-en-Bresse 50 – Caluire-et-Cuire 64 – Dijon 142

La Poularde VISA

pl.Gare – 03 85 36 72 41 – restlapoularde@aol.com – Fax 03 85 33 83 25 – Fermé 15-31 août, 28 janv.-10 fév., dim. soir, mardi soir et merc.

Rest – Menu 18 € (sem.)/45 € – Carte 35/43 €

◆ Cette ancienne maison a troqué sa façade rose et son intérieur rustique pour un style nettement plus contemporain (fauteuils design, tableaux modernes). Cuisine actuelle.

LA CHAPELLE-DU-GENÊT – 49 Maine-et-Loire – 317 C5 – rattaché à Beaupréau

LA CHAPELLE-EN-VALGAUDEMAR – 05 Hautes-Alpes – 334 F4 – 129 h. – alt. 1 083 m – ✉ 05800 Alpes du Sud 41 C1

Paris 653 – Gap 48 – Grenoble 91 – La Mure 51

Syndicat d'initiative, La Chapelle en Valgaudemar 04 92 55 23 21, Fax 04 92 55 23 21

Les "Oulles du Diable"★★ (marmites des géants) - Cascade du Casset★ NE : 3,5 km.

Chalet-hôtel du Gioberney : cirque★★.

Du Mont-Olan ch, VISA

– *04 92 55 23 03 – info@hoteldumontolan.com – Fax 04 92 55 34 58 – Ouvert 28 avril-15 sept.*

25 ch – †39 € ††46 €, ☕ 7 € – ½ P 44 € – **Rest** – Menu 19 €

◆ Établissement chaleureux tenu par la même famille depuis 4 générations dans ce joli village isolé au pied du massif des Ecrins. Espaces communs typés et petites chambres rustiques. À table, ambiance rurale et cuisine traditionnelle axée terroir. Formules rapides au bar.

LA CHAPELLE-EN-VERCORS – 26 Drôme – 332 F4 – 662 h. – alt. 945 m – Sports d'hiver : au Col de Rousset 1 255/1 700 m 8 – ✉ 26420 Alpes du Nord 43 E2

Paris 604 – Die 41 – Grenoble 60 – Romans-sur-Isère 47 – St-Marcellin 35 – Valence 63

Office de tourisme, place Piétri 04 75 48 22 54, Fax 04 75 48 13 81

Chapelle-en-VercorsS : 2 km, 04 75 48 19 86.

Grotte de la Draye blanche★, 5 km au S par D 178.

Bellier

– 04 75 48 20 03 – *hotel-bellier@wanadoo.fr – Fax 04 75 48 25 31*
– Ouvert mai-sept. et fermé mardi soir et merc. hors saison
13 ch – 28/31 € 48/65 €, 7 € – ½ P 45/60 € – **Rest** – Menu 15/30 € – Carte 18/30 €

◆ Cinq générations de la même famille se sont succédé aux commandes de ce chalet bâti sur un éperon dominant la route. La moitié des chambres possèdent un balcon. Salle à manger rustique dotée d'un mobilier savoyard et terrasse sous les arbres du jardin.

Des Sports ch, VISA

av. des Grands Goulets – 04 75 48 20 39 – hotel.des.sports@wanadoo.fr
– Fax 04 75 48 10 52 – Fermé 12 nov.-26 déc., 6 janv.-1er fév., dim. soir et lundi
11 ch (½ P seult en été) – 50/53 € 50/53 €, 7,50 € – ½ P 53 € – **Rest** – Menu (19 €), 24/32 € – Carte 30/45 €

◆ Dans une rue commerçante à l'entrée du village, un véritable pied-à-terre pour cyclistes et randonneurs parcourant le Vercors. Chambres colorées, très bien rénovées. Au restaurant, cadre campagnard rajeuni, plats traditionnels et spécialités régionales.

LA CHAPELLE-ST-MESMIN – 45 Loiret – 318 H4 – rattaché à Orléans

LA CHAPELLE-SUR-ERDRE – 44 Loire-Atlantique – 316 G4 – rattaché à Nantes

CHARAVINES – 38 Isère – 333 G5 – 1 423 h. – alt. 500 m – ✉ 38850

Lyon et la vallée du Rhône — 45 **C2**

Paris 534 – Belley 47 – Chambéry 49 – Grenoble 40 – La Tour-du-Pin 21 – Voiron 13

Office de tourisme, rue des Bains 04 76 06 60 31, Fax 04 76 06 60 50

Tour du Lac★.

Beau Rivage 10/35, VISA

Nord : 1 km par D 50 – 04 76 06 61 08 – hotel.beau.rivage@wanadoo.fr
– Fax 04 76 37 45 80 – Fermé janv., dim. soir et lundi d'oct. à avril
28 ch – 48/58 € 48/58 €, 7 € – ½ P 45 € – **Rest** – Menu 18 € (sem.)/39 € – Carte 33/61 €

◆ Vaste maison et son annexe agréablement tournées vers le lac de Paladru. Les pensionnaires accèdent gratuitement aux jeux installés sur la plage, récemment aménagée. Salle à manger-véranda et terrasse ombragée face au plan d'eau. Cuisine simple et fritures.

CHARBONNIÈRES-LES-BAINS – 69 Rhône – 327 H5 – rattaché à Lyon

CHARENTON-LE-PONT – 94 Val-de-Marne – 312 D3 – 101 26 – voir à Paris, Environs

CHARETTE – 38 Isère – 333 F3 – 281 h. – alt. 250 m – ✉ 38390

44 **B1**

Paris 479 – Aix-les-Bains 68 – Belley 39 – Grenoble 100 – Lyon 63

Auberge du Vernay 10/15, VISA

sur D 52, rte Optevoz – 04 74 88 57 57 – reservation@auberge-du-vernay.fr
– Fax 04 74 88 58 57
7 ch – 55/70 € 70/100 €, 10 € – ½ P 69/84 € – **Rest** – *(fermé janv., dim. soir et lundi) (nombre de couverts limité, prévenir)* Menu 25/65 € – Carte 34/75 €

◆ Le calme de la campagne environnante et les coquettes chambres personnalisées font l'attrait de cette accueillante ferme du 18e s. joliment réhabilitée. Au restaurant : décor mi-rustique, mi-contemporain, belle cheminée et cuisine au goût du jour pleine de saveurs.

LA CHARITÉ-SUR-LOIRE – 58 Nièvre – 319 B8 – 5 460 h. – alt. 170 m – ✉ 58400

Bourgogne — 7 **A2**

Paris 212 – Auxerre 109 – Bourges 51 – Montargis 102 – Nevers 25

Syndicat d'initiative, 5 place Sainte-Croix 03 86 70 15 06, Fax 03 86 70 21 55

Église N.-Dame★★ : ≤★★ sur le chevet - Esplanade rue du Clos ≤★.

Le Bon Laboureur ch, VISA

quai Romain Mollot (Île de la Loire), par rte Bourges : 0,5 km – ✆ 03 86 70 22 85 – lebonlaboureur@wanadoo.fr – Fax 03 86 70 23 64

16 ch – ♦42/55 € ♦♦47/55 €, ☕ 6,50 € – **Rest** – *(fermé nov., dim. soir et lundi)* Menu 18/26 €

♦ Ancien relais de poste et grange de marinier transformés en hôtel abritant des chambres soignées. Petits-déjeuners servis dans une véranda ouverte sur le jardin.

Auberge de Seyr VISA

4 Grande Rue – ✆ 03 86 70 03 51 – Fax 03 86 70 03 51 – Fermé 5-11 mars, 28 mai-3 juin, 20 août-9 sept., dim. soir et lundi

Rest – Menu 12 € (sem.)/32 € – Carte 24/35 €

♦ Faites une pause repas en toute simplicité dans ce restaurant composé de deux salles à manger agrémentées de poutres peintes. Le chef prépare une cuisine traditionnelle.

CHARLEVAL – 13 Bouches-du-Rhône – 340 G3 – 2 080 h. – alt. 136 m – ✉ 13350 42 E1

Paris 720 – Aix-en-Provence 34 – Cavaillon 28 – Marseille 63 – Salon-de-Provence 21

Office de tourisme, 2 place André Leblanc ✆ 04 42 28 45 30

Le Cherche-Midi VISA

36 rue St Joseph (derrière l'église) – ✆ 04 42 28 52 50 – lcayol@aol.com – Fax 04 42 28 52 50 – Fermé vacances de la Toussaint, de fév., dim. soir et lundi sauf juil.-août, mardi midi et jeudi midi

Rest – Menu 12 € (déj. en sem.), 18/38 € – Carte 41/48 € ♀

♦ Au cœur d'un agréable village provençal, adorable maison à la pimpante façade colorée. Décor rustique, tableaux d'artistes locaux et cuisine mi-traditionnelle, mi-régionale.

CHARLEVILLE-MÉZIÈRES P – 08 Ardennes – 306 K4 – 55 490 h. – Agglo. 107 777 h. – alt. 145 m – ✉ 08000 Champagne Ardenne 13 B1

Paris 230 – Luxembourg 168 – Reims 85 – Sedan 26

Office de tourisme, 4 place Ducale ✆ 03 24 55 69 90

des Sept-Fontaines à Fagnon Abbaye de Sept Fontaines, SO : 10 km par D 139, ✆ 03 24 37 38 24 ; des Ardennes à Villers-le-Tilleul Base de Loisirs des Poursaudes, S : 21 km par D 764 et D 33, ✆ 03 24 35 64 65.

Place Ducale★★ - Musée de l'Ardenne★ BX M[1] - Musée Rimbaud BX M[2] - Basilique N.-D.-d'Espérance : vitraux★★ BZ.

Plan page ci-contre

De Paris sans rest P VISA

24 av. G. Corneau – ✆ 03 24 33 34 38 – hotel.de.paris.08@wanadoo.fr – Fax 03 24 59 11 21 BY **n**

27 ch – ♦42 € ♦♦47/75 €, ☕ 7 €

♦ Hôtel formé de trois bâtiments du début du 20e s. Réception veillée par A. Rimbaud, suites avec cheminée et chambres insonorisées côté rue ; plus menues mais au calme côté cour.

Le Pélican sans rest P VISA

42 av. Maréchal Leclerc – ✆ 03 24 56 42 73 – hotelpelican@wanadoo.fr – Fax 03 24 59 26 16

20 ch – ♦41/43 € ♦♦45/48 €, ☕ 7,50 €

♦ Maison en brique rouge entièrement rénovée. Quelques chambres personnalisées, double vitrage atténuant bien la rumeur de l'avenue. Agréable espace de petit-déjeuner.

La Clef des Champs VISA

33 r. Moulin – ✆ 03 24 56 17 50 – courrier@laclefdeschamps.fr – Fax 03 24 59 94 07 – Fermé dim. soir BX **e**

Rest – Menu 23 € (sem.)/60 € – Carte 46/59 € ♀

♦ Près de la place Ducale, la "place des Vosges" de Charleville, maison du 17e s. abritant une sobre salle dotée d'une cheminée en brique et bois. Plats au goût du jour.

CHARLEVILLE-MÉZIÈRES

Arches (Av. d') .... BYZ
Arquebuse (R. de l') .... BX 2
Bérégovoy (R. P.) .... BX 3
Bourbon (R.) .... BX 4
Carré (R. Irénée) .... BX 5
Corneau (Av. G.) .... BY 6
Droits-de-l'Homme (Pl. des) BX 7
Fg de Pierre (R. du) .... BZ 8
Flandre (R. de) .... BX 9
Hôtel de Ville (Pl. de l') ..... BZ 10
Jean-Jaurès (Av.) .... BY
Leclerc (Av. Mar.) .... BY 19
Manchester (Av. de) .... AY 20
Mantoue (R. de) .... BX 21
Mitterrand (Av. F.) .... AX 22
Monge (R.) .... BZ 23
Montjoly (R. de) .... AX 24
Moulin (R. du) .... BX 25
Nevers (Pl. de) .... BX 27
Petit-Bois (Av. du) .... BX 28
République (R. de la) .... BX 30
Résistance (Pl. de la) .... BZ 31
St-Julien (Av. de) .... AY 32
Sévigné (R. Mme de) .... BY 33
Théâtre (R. du) .... BX 34
91e-Régt-d'Infanterie (Av. du) .... BZ 36

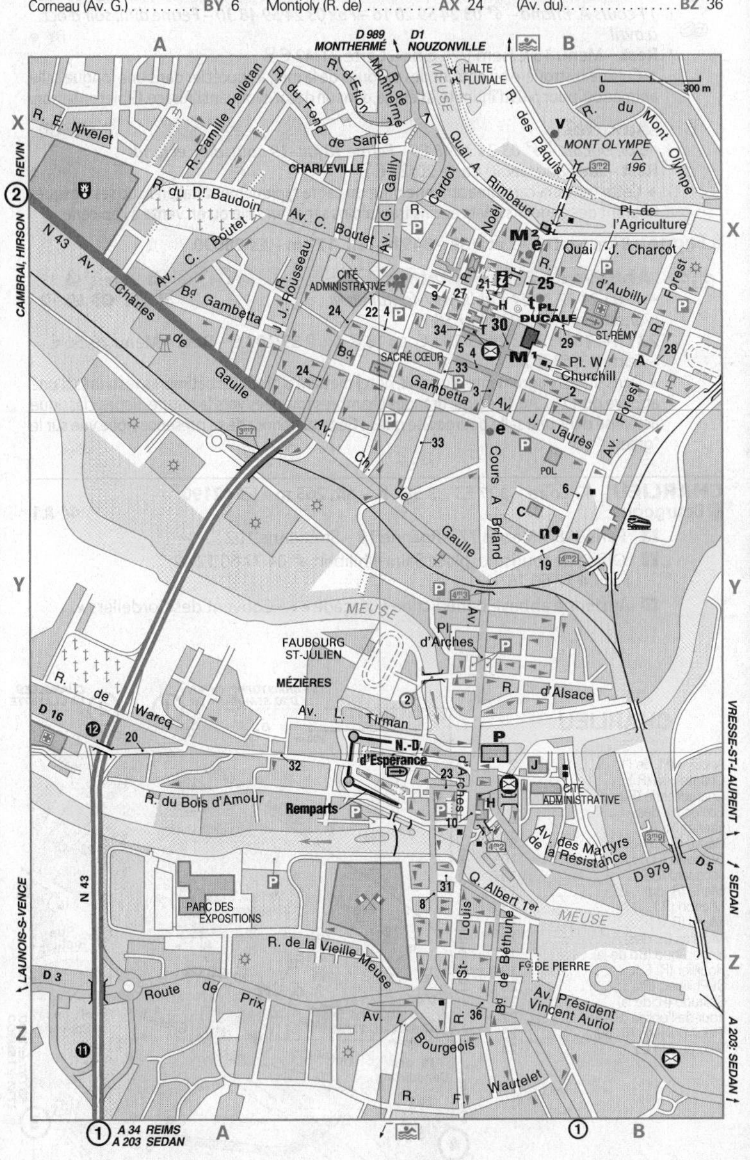

XX **Le Manoir du Mont Olympe** VISA MC

139 r. Pâquis – ☎ 03 24 33 43 20 – lemanoirdelolympe@orange.fr – Fax 03 24 37 12 25 – Fermé dim. soir et lundi BX **v**

Rest – Menu 30 € (sem.)/45 € – Carte 30/47 € ♀

◆ Villa centenaire en briques rouges adossée au mont Olympe. Agréable salle à manger aux tons pastel et terrasse couverte où l'on sert repas et rafraîchissements.

XX **La Côte à l'Os** AC VISA MC AE

11 cours A. Briand – ☎ 03 24 59 20 16 – Fax 03 24 59 48 30 – Fermé dim. soir d'oct. à avril BY **e**

Rest – Menu 15 € (sem.)/26 € bc – Carte 21/42 € ♀

◆ Cuisine bistrotière où entrent des produits de la mer, à apprécier dans une longue salle animée ou, pour plus d'intimité, à l'étage, dans un décor évoquant l'Alsace. Gibier en saison.

X **Amorini** VISA MC

46 pl. Ducale – ☎ 03 24 37 48 80 – Fermé 30 juil.-19 août, dim. et lundi

Rest – *(déjeuner seult)* Carte 20/28 € ♀ BX **t**

◆ Cette trattoria carolomacérienne offre un cadre typiquement italien avec ses fresques figurant des angelots. Mets et vins transalpins servis en salle ou en vente à l'épicerie.

à Fagnon **8 km par D 3** AZ **et D 39 – 345 h. – alt. 171 m – ✉ 08090**

Abbaye de Sept Fontaines rest, 25, P VISA MC AE

– ☎ 03 24 37 38 24 – abbaye-7-fontaines@wanadoo.fr – Fax 03 24 37 58 75

23 ch – 86/197 € 95/197 €, ☕ 13 € – ½ P 89/107 € – **Rest** – Menu 29/56 € – Carte 43/63 € ♀

◆ Dans un parc agrémenté d'un golf, hôtel mettant à profit les bâtiments restaurés d'une abbaye du 17e s. Au 1er étage, grandes chambres tournées vers la nature. Repas classique actualisé dans une salle bourgeoise que le Général honora de sa présence ; jolie vue sur le "green".

CHARLIEU – 42 Loire – 327 E3 – 3 582 h. – alt. 265 m – ✉ 42190

Bourgogne 44 **A1**

Paris 398 – Mâcon 77 – Roanne 18 – St-Étienne 102

Office de tourisme, place Saint-Philibert ☎ 04 77 60 12 42, Fax 04 77 60 16 91

Ancienne abbaye bénédictine★ : façade★★ - Couvent des Cordeliers★.

CHARLIEU

Abbaye (Pl. de l')	2
Chanteloup (R.)	4
Chantemerle (R.)	5
Écoles (R. des)	6
Farinet (R. A.)	7
Gaulle (R. Ch.-de)	9
Grenette (R.)	10
Jacquard (Bd)	12
Merle (R. du)	13
Michon (R.)	15
Morel (R. J.)	16
Moulins (R. des)	17
République (Bd de la)	18
Rouillier (R. C.)	19
St-Philibert (Pl.)	20
Solitude (R. de la)	21
Tour-de-l'église (R. du)	22
Treuil-Buisson (R. du)	23
Valorge (Bd L.)	24

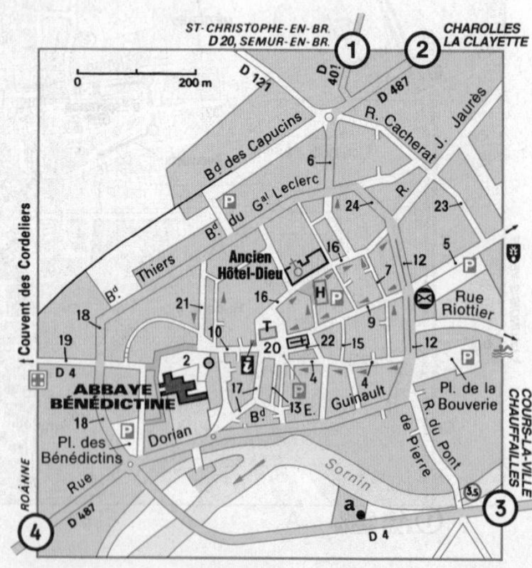

Relais de l'Abbaye ch,

415 rte du Beaujolais – ✆ 04 77 60 00 88 – relais.de.abbaye@wanadoo.fr – Fax 04 77 60 14 60 – Fermé 2-7 janv. a

27 ch – 46 € 60 €, 7,50 € – ½ P 50 € – **Rest** – Menu 13 € (déj. en sem.), 19/31 € – Carte 27/70 €

◆ Établissement rénové où vous séjournerez dans des chambres fonctionnelles, colorées et bien tenues. Vaste pelouse avec aire de jeux pour enfants. Salle à manger néo-rustique, paisible terrasse et plats classiques aux accents du terroir.

rte de Pouilly 2,5 km par ④ et rte secondaire

Le Moulin de Rongefer

✉ 42190 St-Nizier-sous-Charlieu – ✆ 04 77 60 01 57 – Fax 04 77 60 33 28 – Fermé dim. soir, mardi soir et merc.

Rest – Menu 25/50 €

◆ Un fléchage efficace vous guidera jusqu'à cet ancien moulin bordant le Sornin. Confortable salle à manger campagnarde, agréable terrasse fleurie et cuisine actuelle.

à St-Pierre-la-Noaille 5,5 km au Nord-Ouest par rte secondaire – 323 h. – alt. 287 m – ✉ 42190

Domaine du Château de Marchangy sans rest

– ✆ 04 77 69 96 76 – contact@marchangy.com – Fax 04 77 60 70 37

3 ch – 77/90 € 85/98 €

◆ Ce superbe château du 18e s. jouxte une jolie maison de vigneron dans laquelle se trouvent les chambres. Décorées avec goût, elles ouvrent sur les monts du Forez et la campagne.

CHARMES – 88 Vosges – 314 F2 – 4 665 h. – alt. 282 m – ✉ 88130

Alsace Lorraine 27 **C3**

Paris 381 – Épinal 31 – Lunéville 40 – Nancy 43 – St-Dié 59 – Toul 62 – Vittel 40

Office de tourisme, 2 place Henri Breton ✆ 03 29 38 17 09

Dancourt avec ch ch,

6 pl. H. de Ville – ✆ 03 29 38 80 80 – contact@hotel-dancourt.com – Fax 03 29 38 09 15 – Fermé 20 déc.-20 janv., dim. soir du 30 sept. au 8 avril, sam. midi et vend.

16 ch – 39/49 € 44/56 €, 8 € – ½ P 43/50 € – **Rest** – Menu (15 €), 18 € (sem.)/39 € – Carte 30/60 €

◆ Près de la maison natale de M. Barrès, cadre au charme désuet mêlant bustes et colonnes à la grecque, sobre mobilier moderne et plantes vertes. Chambres pratiques.

à Chamagne 4 km au Nord par D 9 – 416 h. – alt. 265 m – ✉ 88130

Le Chamagnon

236 rue du Patis – ✆ 03 29 38 14 74 – chamagnon@wanadoo.fr – Fax 03 29 38 14 74 – Fermé 5-25 juil., 28 oct.-6 nov., dim. soir, mardi soir, merc. soir et lundi

Rest – Menu 10 € bc (déj. en sem.)/53 € – Carte 27/46 €

◆ Claude Gellée dit Le Lorrain est né dans le village. Restaurant contemporain, climatisé, agrémenté d'une cave décorative et d'une petite terrasse fleurie. Carte actuelle.

à Vincey 4 km au Sud-Est par N 57 – 2 159 h. – alt. 297 m – ✉ 88450

Relais de Vincey 25/50,

33 r. de Lorraine – ✆ 03 29 67 40 11 – relais.de.vincey@wanadoo.fr – Fax 03 29 67 36 66 – Fermé 15-26 août

34 ch – 56/66 € 70/79 €, 8,50 € – ½ P 60/71 € – **Rest** – *(fermé sam. midi et dim. soir)* Menu (20 €), 24 € (sem.)/33 € – Carte 29/52 €

◆ Les chambres, fonctionnelles, occupent l'annexe de cet établissement et donnent sur le jardin. Tennis, fitness, piscine couverte. Le bâtiment principal abrite un restaurant au décor design où l'on sert une carte traditionnelle. Au bar, repas rapides.

CHARMES-SUR-RHÔNE – 07 Ardèche – 331 K4 – 2 070 h. – alt. 112 m – ✉ 07800

44 **B3**

Paris 571 – Crest 23 – Montélimar 44 – Privas 29 – St-Péray 11 – Valence 11

XX **Autour d'une Fontaine** avec ch — ch, 40, *r. Bertois – ✆ 04 75 60 80 10 – jmgaudry@hotmail.com – Fax 04 75 60 87 47 – Fermé nov., dim. soir et lundi*

16 ch – †50/85 € ††50/150 €, ☕ 9 € – ½ P 70/90 € – **Rest** – Menu 20/65 € – Carte 38/63 €

◆ Architecture contemporaine, galerie de peintures, mur végétal intérieur, patio-terrasse orné de vases d'Anduze : ce restaurant aime l'art ! Chambres lumineuses et colorées.

CHARNAY-LÈS-MÂCON – 71 Saône-et-Loire – 320 I12 – rattaché à Mâcon

CHARNY-SUR-MEUSE – 55 Meuse – 307 D3 – rattaché à Verdun

CHAROLLES – 71 Saône-et-Loire – 320 F11 – 3 027 h. – alt. 279 m – ✉ 71120

Bourgogne

8 **C3**

Paris 374 – Autun 80 – Chalon-sur-Saône 67 – Mâcon 55 – Moulins 81 – Roanne 61

Office de tourisme, 24 rue Baudinot ✆ 03 85 24 05 95, Fax 03 85 24 28 12

Le Téméraire sans rest

3 av. J. Furtin – ✆ 03 85 24 06 66 – Fax 03 85 24 05 54 – Fermé 25 juin-8 juil. et sam. du 1er nov. au 15 avril

10 ch – †39/45 € ††45/58 €, ☕ 7 €

◆ Cet hôtel dont l'enseigne fait référence à Charles le Téméraire abrite des chambres bien insonorisées ; petit salon d'accueil décoré de faïences de Charolles.

XXX **De la Poste** avec ch — 10,

av. Libération, (près église) – ✆ 03 85 24 11 32 – hotel-de-la-liberation-doucet@wanadoo.fr – Fax 03 85 24 05 74 – Fermé 15 nov.-3 déc., 3-17 fév., dim. soir et lundi

15 ch – †48/130 € ††48/130 €, ☕ 10 € – **Rest** – Menu 23 € (sem.)/70 € – Carte 45/72 €

◆ Bâtisse rose d'aspect régional où l'on goûte une cuisine actuelle dans deux élégantes salles ou, dès les premiers beaux jours, sur la verdoyante terrasse. Chambres confortables ; quelques-unes occupent l'annexe récente.

au Sud-Ouest 11 km par D 985 et D 270 – ✉ 71120 Changy

X **Le Chidhouarn**

– ✆ 03 85 88 32 07 – Fax 03 85 88 01 23 – Fermé 3-12 sept., 14 janv.-8 fév., lundi et mardi

Rest – Menu 12,50 € (déj. en sem.), 22/50 € – Carte 18/32 €

◆ Une collection de coquillages égaye les salles rustiques de cette maison discrète à débusquer dans le joli bocage charolais. Véranda et salon réchauffé par une cheminée. Spécialités à base de produits reçus en direct du littoral breton.

CHAROST – 18 Cher – 323 I5 – 1 069 h. – alt. 137 m – ✉ 18290

Limousin Berry

12 **C3**

Paris 239 – Châteauroux 39 – Bourges 26 – Dun-sur-Auron 42 – Issoudun 11 – Vierzon 31

à Brouillamnon 3 km au Nord-Est par N 151 et D 16E – ✉ 18290 Plou

XX **L'Orée du Bois**

– ✆ 02 48 26 21 40 – Fax 02 48 26 27 81 – Fermé 30 juil.-13 août, 11 janv.-11 fév., dim. soir et lundi

Rest – Menu 14,50 € (sem.)/36 € – Carte 33/44 €

◆ Un petit hameau tranquille abrite cette auberge champêtre et son agréable jardin. Plats du terroir servis dans une lumineuse salle à manger, ou sur la terrasse en été.

CHARQUEMONT – 25 Doubs – 321 K3 – 2 209 h. – alt. 864 m – ✉ 25140 17 C2

Paris 478 – Basel 98 – Belfort 66 – Besançon 75 – Montbéliard 49 – Pontarlier 59

XX **Au Bois de la Biche** avec ch — ≤ Jura suisse, P VISA MC

Sud-Est : 4,5 km par D 10E et rte secondaire – ☎ 03 81 44 01 82 – thierry.marcelpoix@wanadoo.fr – Fax 03 81 68 65 09 – Fermé 2 janv.-1er fév. et lundi

3 ch – †44 € ††44 €, ☕ 7 € – ½ P 48 € – **Rest** – Menu 19 € (sem.)/40 € – Carte 25/51 €

◆ Point de ralliement des randonneurs, cette ancienne ferme cernée par les bois domine les gorges du Doubs. La plaisante salle à manger actuelle ouvre sur les crêtes du Jura suisse.

CHARRECEY – 71 Saône-et-Loire – 320 H8 – 313 h. – alt. 350 m – ✉ 71510 8 C3

Paris 341 – Autun 36 – Beaune 29 – Chalon-sur-Saône 18 – Mâcon 77

X **Le Petit Blanc** — P VISA MC AE

Est : 2 km par D 978, rte Chalon-sur-Saône – ☎ 03 85 45 15 43 – lepetitblanc@aol.com – Fax 03 85 45 19 80 – Fermé 22 avril-1er mai, 19 août-4 sept., 23 déc.-10 janv., jeudi soir du 25 sept. au 24 juin, dim. soir et lundi

Rest – Menu 15 € (déj. en sem.), 21/31 € – Carte 26/30 €

◆ Cette auberge de bord de route ne paye pas de mine et pourtant on s'y bouscule : plaisant intérieur de bistrot campagnard et cuisine traditionnelle très copieuse.

CHARROUX – 03 Allier – 326 F5 – 330 h. – alt. 420 m – ✉ 03140

Auvergne 5 B1

Paris 344 – Clermont-Ferrand 61 – Montluçon 68 – Moulins 52 – Vichy 30

Office de tourisme, rue de l'Horloge ☎ 04 70 56 87 71, Fax 04 70 56 87 71

La Maison du Prince de Condé sans rest — VISA MC

pl. d'Armes – ☎ 04 70 56 81 36 – jspeer@club-internet.fr

6 ch ☕ – †48 € ††56 €

◆ Cette maison d'hôte propose des chambres personnalisées. Celle baptisée Porte d'Orient, en duplex, se trouve dans la tour. Petit-déjeuner servi dans une jolie salle voûtée du 13e s.

XX **Ferme St-Sébastien** — 12, P VISA MC

– ☎ 04 70 56 88 83 – ferme.saint.sebastien@wanadoo.fr – Fax 04 70 56 86 66 – Fermé 25 juin-4 juil., 24 sept.-4 oct., 17 déc.-31 janv., mardi sauf juil.-août et lundi

Rest – *(prévenir)* Menu 23/52 € – Carte 39/71 €

◆ Cette authentique ferme bourbonnaise réhabilitée abrite une coquette salle à manger égayée de poutres peintes et d'herbiers. Cuisine au goût du jour fleurant bon le terroir.

à Valignat 8 km à l'Ouest sur D 183 – 57 h. – alt. 420 m – ✉ 03330

Château de l'Ormet sans rest — P

L'Ormet – ☎ 04 70 58 57 23 – lormet@wanadoo.fr – Fax 04 70 58 57 19 – Ouvert 31 mars-14 nov.

4 ch ☕ – †64/75 € ††72/83 €

◆ Champêtre, gothique ou romantique : les chambres de ce manoir bourbonnais du 18e s. ont chacune leur caractère. Toutes donnent sur le parc où sont dessinés des circuits de petit train, passion du patron.

CHARTRES P – 28 Eure-et-Loir – 311 E5 – 40 361 h. – Agglo. 130 681 h. – alt. 142 m – Grand pèlerinage des étudiants (fin avril-début mai) – ✉ 28000

Île de France 11 B1

Paris 89 – Évreux 78 – Le Mans 120 – Orléans 80 – Tours 138

Office de tourisme, place de la Cathédrale ☎ 02 37 18 26 26, Fax 02 37 21 51 91

du Bois d'Ô à Saint-Maixme-Hauterive Ferme de Gland, par rte de Verneuil-sur-Avre : 26 km, ☎ 02 37 51 04 61.

Cathédrale Notre-Dame★★★ : le portail Royal★★★, les vitraux★★★ - Vieux Chartres★ : église St-Pierre★, ≤★ sur l'église St-André, des bords de l'Eure - Musée des Beaux-Arts : émaux★ Y M² - COMPA★ (Conservatoire du Machinisme agricole et des Pratiques Agricoles) 2 km par D24.

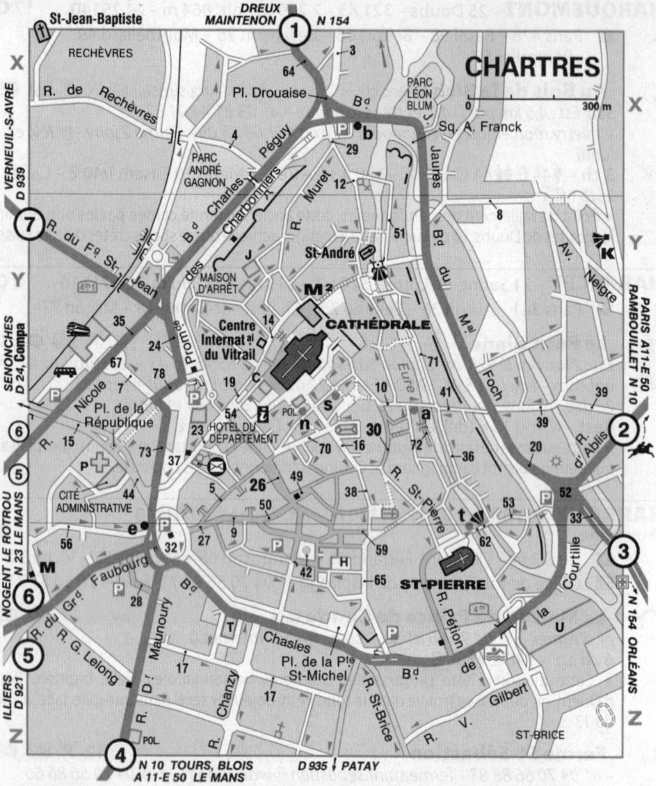

CHARTRES

Aligre (Av. d') . . . . . X 3
Alsace-Lorraine (Av. d') . . . . . X 4
Ballay (R. Noël) . . . . . Y 5
Beauce (Av. Jehan-de) . . . . . Y 7
Bethouard (Av.) . . . . . Y 8
Bois-Merrain (R. du) . . . . . Y 9
Bourg (R. du) . . . . . Y 10
Brèche (R. de la) . . . . . X 12
Cardinal-Pie (R. du) . . . . . Y 14
Casanova (R. Danièle) . . . . . Y 15
Changes (R. des) . . . . . Y 16
Châteaudun (R. de) . . . . . Z 17
Châtelet (Pl.) . . . . . Y 18
Cheval-Blanc (R. du) . . . . . Y 19
Clemenceau (Bd) . . . . . Y 20
Collin-d'Harleville (R.) . . . . . Y 23
Couronne (R. de la) . . . . . Y 24
Cygne (Pl. du) . . . . . Y 26
Delacroix (R. Jacques) . . . . . Y 27
Dr-Gibert (R. du) . . . . . Z 28
Drouaise (R. Porte) . . . . . X 29
Écuyers (R. des) . . . . . Y 30
Épars (Pl. des) . . . . . Z 32
Faubourg La Grappe (R. du) . . . . . Y 33
Félibien (R.) . . . . . Y 35
Fessard (R. G.) . . . . . Y 78
Foulerie (R. de la) . . . . . Y 36
Gaulle (Pl. Gén.-de) . . . . . Y 37
Grenets (R. des) . . . . . Y 38
Guillaume (R. du Fg) . . . . . Y 39
Guillaume (R. Porte) . . . . . Y 41
Halles (Pl. des) . . . . . Z 42
Koenig (R. du Gén.) . . . . . Y 44
Marceau (Pl.) . . . . . Y 49
Marceau (R.) . . . . . Y 50
Massacre (R. du) . . . . . Y 51
Morard (Pl.) . . . . . Y 52
Morard (R. de la Porte) . . . . . Y 53
Moulin (Pl. Jean) . . . . . Y 54
Péri (R. Gabriel) . . . . . Z 56
Poêle-Percée (R. de la) . . . . . Z 59
St-Hilaire (R. du Pont) . . . . . Z 62
St-Maurice (R.) . . . . . X 64
St-Michel (R.) . . . . . Z 65
Semard (Pl. Pierre) . . . . . Y 67
Soleil-d'Or (R. du) . . . . . Y 70
Tannerie (R. de la) . . . . . Y 71
Teinturiers (Q. des) . . . . . Y 72
Violette (Bd Maurice) . . . . . Y 73

Le Grand Monarque rest, 15/60, VISA

22 pl. Épars – ✆ 02 37 18 15 15 – info@bw-grand-monarque.com – Fax 02 37 36 34 18 Z e

50 ch – 98 € 170 €, 13 € – 5 suites

Rest – *(fermé dim. soir et lundi)* Menu 47 € – Carte 48/59 €

Rest *Le Madrigal* – ✆ *02 37 18 15 07* – Menu (22 € bc), 28 € bc – Carte environ 26 €

♦ Relais de poste (16e s.) recommandé dans le Guide Michelin depuis 1900 ! Chambres spacieuses, personnalisées et "cosy". Au restaurant, carte classique évolutive, bon choix de vins et décor chic et feutré. Ambiance conviviale et table "bistrotière" au Madrigal.

Ibis Centre ch, 25, VISA
14 pl. Drouaise – ✆ 02 37 36 06 36 – h0917@accor.com – Fax 02 37 36 17 20 X **b**
79 ch – 49/75 € 49/75 €, 7 € – **Rest** – Menu (10 €), 13,50 € – Carte 20/24 €
◆ Idéalement situé pour visiter le quartier historique et la cathédrale, cet hôtel progressivement rénové propose des chambres fonctionnelles et bien tenues. La terrasse du restaurant, dressée au bord de l'Eure, est très courue aux beaux jours.

XXX **La Vieille Maison** VISA
5 r. au Lait – ✆ 02 37 34 10 67 – Fax 02 37 91 12 41 – Fermé dim. soir, mardi midi et lundi Y **s**
Rest – Menu 27 € (sem.)/49 € – Carte 65/74 €
◆ Pierres et poutres apparentes, meubles rustiques et cheminée donnent tout son cachet à cette vénérable demeure plusieurs fois centenaire. Cuisine traditionnelle.

XX **St-Hilaire** VISA
11 r. Pont-St-Hilaire – ✆ 02 37 30 97 57 – Fax 02 37 30 97 57 – Fermé 22-30 avril, 20 juil.-15 août, dim. et lundi YZ **t**
Rest – *(nombre de couverts limité, prévenir)* Menu 25/40 € – Carte 39/48 €
◆ Tomettes, poutres, meubles peints et tableaux réalisés par une artiste locale : cette maison du 16e s. a du cachet. La cuisine utilise et valorise les produits du terroir.

X **Les Feuillantines** VISA
4 r. Bourg – ✆ 02 37 30 22 21 – Fax 02 37 30 22 21 – Fermé vacances de Pâques, 29 juil.-20 août, vacances de Noël, dim. et lundi Y **a**
Rest – Menu (17 €), 24 € – Carte 39/49 €
◆ Dans ce petit restaurant du quartier historique, le chef prépare une cuisine traditionnelle sensible au rythme des saisons. Décor ensoleillé, terrasse d'été et accueil chaleureux.

X **Le Bistrot de la Cathédrale** VISA
pl. du Marché – ✆ 02 37 36 59 60 – jalleratbertrand@wanadoo.fr – Fax 02 37 36 59 60 – Fermé dim. de mi-oct. à mi-avril Y **n**
Rest – Menu 21/22 € – Carte 26/34 €
◆ L'adresse, au voisinage immédiat de la célèbre cathédrale, plaît autant pour son emplacement que pour sa bonne cuisine de bistrot, revisitée par un jeune chef plein d'allant.

par ② 4 km par N 10 – ✉ 28000 Chartres

Novotel ch, ch, 100, VISA
av. Marcel Proust – ✆ 02 37 88 13 50 – h0413@accor.com – Fax 02 37 30 29 56
112 ch – 84/94 € 98/108 €, 12 € – **Rest** – Menu (21 €), 27 € – Carte 25/40 €
◆ Construction "seventies" située entre zone commerciale et voies rapides. Préférez les chambres rénovées, pratiques et claires. Agréable jardin-patio, jeux pour les enfants. Salle de restaurant contemporaine ouverte sur la piscine. Carte Novotel.

Z. A. de Barjouville 4 km par ④ – ✉ 28630 Barjouville

Mercure ch, ch, 60, VISA
– ✆ 02 37 35 35 55 – h3481@accor.com – Fax 02 37 34 72 12
74 ch – 69/82 € 79/130 €, 12 € – 1 suite – **Rest** – *(fermé 22-30 déc., sam. midi et dim.)* Menu (22 €), 26 € – Carte environ 35 €
◆ Cette unité de la chaîne, établie dans un parc d'affaires, met à votre disposition des chambres de bon confort et progressivement pourvues de la climatisation. Au restaurant, cuisine traditionnelle et décor de type bistrot chic.

à Chazay 12 km à l'Ouest par D 24 et D 121 – ✉ 28300

L'Erablais sans rest cuisinette
38 r. Jean Moulin – ✆ 02 37 32 80 53 – jmguinard@aol.com – Fax 02 37 32 80 53 – Fermé 24 déc.-2 janv.
3 ch – 35 € 47 €
◆ Les chambres, aménagées dans l'ex-étable de cette ferme du 19e s., sont coquettement décorées sur le thème des fleurs. Paisible et beau jardin donnant sur les champs de colza.

au Nord-Ouest 8 km par ① et D121 [9] - ✉28300 Bailleau-l'Évêque

Ferme du Château sans rest
à Levesville – ✆ 02 37 22 97 02 – Fax 02 37 22 97 02
3 ch – 45 € 60 €
◆ Ceux qui recherchent le calme et la nature seront séduits par cette jolie ferme beauceronne et son agréable jardin. Chambres spacieuses et gaies ; table d'hôte sur réservation.

CHARTRES-DE-BRETAGNE – 35 Ille-et-Vilaine – 309 L6 – rattaché à Rennes

LA CHARTRE-SUR-LE-LOIR – 72 Sarthe – 310 M8 – 1 547 h. – alt. 55 m – ✉ 72340 Châteaux de la Loire 35 **D2**

Paris 217 – La Flèche 57 – Le Mans 49 – St-Calais 30 – Tours 42 – Vendôme 42

Office de tourisme, Parking Central ✆ 02 43 44 40 04

De France ch, 25, VISA AE
20 Place de la République – ✆ 02 43 44 40 16 – hoteldefrance@worldonline.fr – Fax 02 43 79 62 20 – Fermé vacances de Noël, dim. soir et lundi sauf le soir en juil.-août
24 ch – 44 € 57 €, 8 € – ½ P 46 € – **Rest** – *(prévenir le week-end)* Menu 15 € (sem.)/40 € – Carte 28/58 €
◆ Relais de poste centenaire aux chambres progressivement rénovées. Piscine chauffée pour la détente. Vue sur la verdure et le Loir. Le restaurant se caractérise par son cadre rustique et son atmosphère "vieille France". Table traditionnelle.

CHARTRETTES – 77 Seine-et-Marne – 312 F5 – 2 391 h. – alt. 75 m – ✉ 77590 19 **C2**

Paris 66 – Créteil 44 – Montreuil 60 – Vitry-sur-Seine 48

Château de Rouillon sans rest
41 av. Charles de Gaulle – ✆ 01 60 69 64 40 – chateau.de.rouillon@club.fr – Fax 01 60 69 64 55
5 ch – 74/96 € 82/104 €
◆ Château du 17e s. et son gracieux parc bordant la Seine. Meubles de style et objets anciens composent un décor raffiné dans les chambres comme dans les salons.

CHASSAGNE-MONTRACHET – 21 Côte-d'Or – 320 I8 – 472 h. – alt. 200 m – ✉ 21190 7 **A3**

Paris 327 – Amboise 343 – Beaune 16 – Blois 69 – Chalon-sur-Saône 23

Le Chassagne VISA
– ✆ 03 80 21 94 94 – lechassagne@wanadoo.fr – Fax 03 80 21 97 77 – Fermé 29 juil.-14 août, 16 déc.-15 janv., dim. soir, merc. soir et lundi
Rest – Menu 26/75 € – Carte 62/93 €
◆ Décor actuel coloré, cuisine au goût du jour et très belle carte de chassagne-montrachet : une plaisante étape gourmande au pays des "plus grands vins blancs du monde" !

CHASSELAY – 69 Rhône – 327 H4 – 2 590 h. – alt. 220 m – ✉ 69380 43 **E1**

Paris 443 – L'Arbresle 15 – Lyon 21 – Villefranche-sur-Saône 18

Guy Lassausaie VISA AE
rue de Belle Sise – ✆ 04 78 47 62 59 – guy.lassausaie@wanadoo.fr – Fax 04 78 47 06 19 – Fermé 30 juil.-24 août, 18-28 fév., mardi et merc.
Rest – Menu 42 € (sem.)/85 € – Carte 59/72 €
Spéc. Dodine de foie gras de canard aux pommes et sauternes. Pigeon cuit au foin en cocotte lutée. Poire de veau rôtie à la réglisse, croustillant de jarret, jus au romarin. **Vins** Saint-Véran, Moulin-à-Vent.
◆ Savourez une cuisine classique personnalisée et soignée dans ces vastes salles contemporaines agrémentées de carrés de soie lyonnais. Fumoir et boutique de produits maison.

CHASSENEUIL-DU-POITOU – 86 Vienne – 322 I5 – rattaché à Poitiers

CHASSE-SUR-RHÔNE – 38 Isère – 333 B4 – rattaché à Vienne

CHASSEY-LE-CAMP – 71 Saône-et-Loire – 320 I8 – rattaché à Chagny

LA CHÂTAIGNERAIE – 85 Vendée – 316 L8 – 2 762 h. – alt. 155 m – ✉ 85120 35 C3

Paris 408 – Bressuire 32 – Fontenay-le-Comte 23 – Parthenay 43 – La Roche-sur-Yon 59

Office de tourisme, rond-point des Sources ✆ 02 51 52 62 37, Fax 02 51 52 69 20

Auberge de la Terrasse

7 r. Beauregard – ✆ 02 51 69 68 68 – contact@aubergedelaterrasse.com – Fax 02 51 52 67 96 – Fermé 27 oct.-4 nov.

14 ch – 47 € 61 € – ½ P 48/64 € – **Rest** – *(fermé dim. soir, vend. soir, et sam. du 15 sept. au 1er juin)* Menu (12 €), 18 € – Carte environ 33 €

◆ Dans un quartier excentré assez tranquille. L'hôtel propose des chambres bien tenues, simples et avant tout pratiques. Accueil aimable. Petite salle de restaurant rustique décorée de peintures et estampes, où l'on propose carte et menus traditionnels.

CHÂTEAU-ARNOUX-ST-AUBAN – 04 Alpes-de-Haute-Provence – 334 E8 – 4 970 h. – alt. 440 m – ✉ 04160 Alpes du Sud 41 C2

Paris 719 – Digne-les-Bains 26 – Forcalquier 30 – Manosque 42 – Sault 71 – Sisteron 15

Office de tourisme, ferme de Font-Robert ✆ 04 92 64 02 64, Fax 04 92 64 54 55

Église St-Donat★ - Belvédère de la chapelle St-Jean★ - Site★ de Montfort.

La Bonne Étape (Gleize)

15/30,

Chemin du lac – ✆ 04 92 64 00 09 – bonneetape@relaischateaux.com – Fax 04 92 64 37 36 – Fermé 19 nov.-5 déc. et 7 janv.-13 fév.

18 ch – 140/170 € 170/360 €, 19 € – ½ P 175/285 € – **Rest** – *(fermé lundi et mardi hors saison sauf fériés)* Menu 48/100 € – Carte 65/94 €

Spéc. Poisson du jour à la tapenade et gâteau de brandade au basilic. Agneau de Sisteron rôti. Crème glacée au miel de lavande. **Vins** Coteaux de Pierrevert, Palette.

◆ Difficile de ne pas succomber au charme de cette demeure du 18e s. fleurant bon la Provence. Ravissantes chambres dotées de meubles anciens. Au restaurant, décor rustique cossu et cuisine classique accompagnée d'une belle carte des vins hexagonale.

L'Oustaou de la Foun

Nord : 1,5 km sur N 85 – ✆ 04 92 62 65 30 – loustaoudela-foun@wanadoo.fr – Fax 04 92 62 65 32 – Fermé dim. soir et lundi

Rest – Menu 20 € (déj. en sem.), 30/60 €

◆ Table régionale occupant un ancien relais de poste (16e s.) bordé par la nationale. Salles rajeunies : l'une est voûtée et l'autre, dotée de poutres. Repas d'été en plein air.

La Magnanerie avec ch

Nord : 2 km sur N 85 ✉ 04200 Aubignosc – ✆ 04 92 62 60 11 – stefanparoche@aol.com – Fax 04 92 62 63 05

9 ch – 43 € 43/58 €, 7 € – ½ P 43/50 € – **Rest** – Menu 15 € (sem.)/37 € – Carte 36/67 €

◆ Revisitée de a à z, cette magnanerie s'est embellie : décor design coloré en accord avec l'inventive cuisine, nouveaux bar et terrasse-jardin garnie de tentes. Chambres vastes.

Au Goût du Jour

– ✆ 04 92 64 48 48 – goutdujour@bonneetape.com – Fax 04 92 64 37 36 – Fermé 19 nov.-5 déc. et 7 janv.-13 fév.

Rest – Menu (17 €), 25 €

◆ Coquette petite salle à manger habillée aux couleurs de la Provence où l'on déguste dans un esprit "bistrot" de bons petits plats du terroir affichés sur ardoise.

à St-Auban **3,5 km au Sud-Ouest par N 96 – ✉ 04600**

Site★ de Montfort S : 2 km.

Villiard rest, ch, VISA

bd A. Lacroix – ✆ 04 92 64 17 42 – hotel.villiard@wanadoo.fr – Fax 04 92 64 23 29 – Fermé 23 déc.-2 janv.

18 ch – †49/72 € ††49/72 €, ☕ 8 € – 1 suite – ½ P 55/65 € – **Rest** – *(fermé dim.)* Menu 15/29 € – Carte environ 35 €

◆ Hôtel familial en bord de route. Les chambres, rénovées dans des tons provençaux, sont bien insonorisées. Joli jardin clos (oliviers et figuiers). Salle à manger de style bistrot agrandie de deux terrasses, dont une côté verdure ; cuisine traditionnelle.

Grand luxe ou sans prétention ?
Les et les notent le confort.

CHÂTEAUBOURG – 35 Ille-et-Vilaine – 309 N6 – 4 877 h. – alt. 50 m – ✉ 35220

10 **D2**

Paris 329 – Angers 114 – Châteaubriant 52 – Fougères 44 – Laval 57 – Rennes 24

Ar Milin' 20/50, VISA

– ✆ 02 99 00 30 91 – resa.armilin@wanadoo.fr – Fax 02 99 00 37 56 – Fermé 20 déc.-11 janv. et dim. soir du 1er nov. au 28 fév.

32 ch – †71/126 € ††80/200 €, ☕ 12 € – ½ P 67/98 €

Rest – *(fermé mardi midi, lundi en juil.-août et sam. midi)* Menu 28/90 € bc – Carte 34/70 €

Rest *Bistrot du Moulin* – *(fermé dim. et fériés) (déjeuner seult)* Carte 16/23 €

◆ Moulin à farine du 19e s. dans un parc (bel arboretum) bordant la Vilaine. Chambres personnalisées ; celles du pavillon sont plus petites et modernes. Salle à manger bourgeoise et plaisante véranda côté rivière ; cuisine traditionnelle. Cadre élégant au Bistrot.

à St-Didier **6 km à l'Est par D 33 – 1 275 h. – alt. 49 m – ✉ 35220**

Pen'Roc ch, 60, VISA

à La Peinière par D 105 – ✆ 02 99 00 33 02 – hotellerie@penroc.fr – Fax 02 99 62 30 89 – Fermé 23 déc.-7 janv., 25 fév.-2 mars

29 ch – †73/196 € ††98/225 €, ☕ 13,50 € – ½ P 92/156 € – **Rest** – *(fermé vend. soir et dim. soir hors saison)* Menu (17 €), 23 € (sem.)/83 € – Carte 58/95 €

◆ À la campagne, près d'un site de pèlerinage. Jolies chambres contemporaines ou inspirées de l'Asie ; certaines disposent de baignoires à remous, d'autres d'une terrasse. Au restaurant : petites salles en enfilade et cuisine mi-actuelle, mi-traditionnelle.

CHÂTEAUBRIANT – 44 Loire-Atlantique – 316 H1 – 12 065 h. – alt. 70 m – ✉ 44110 Bretagne

34 **B2**

Paris 354 – Angers 72 – Laval 65 – Nantes 62 – Rennes 61

Office de tourisme, 22 rue de Couëré ✆ 02 40 28 20 90, Fax 02 40 28 06 02

Château★.

Plan page ci-contre

La Ferrière rest, 25, VISA

rte de Nantes, D 178 par ④ – ✆ 02 40 28 00 28 – hostellerie-laferriere@wanadoo.fr – Fax 02 40 28 29 21

19 ch – †88 € ††88 €, ☕ 8 € – ½ P 58/68 € – **Rest** – *(fermé dim. soir)* Menu 20 € (sem.)/38 € – Carte 32/54 €

◆ Belle demeure bourgeoise et ses dépendances nichées dans un parc abritant des chambres confortables, garnies d'un mobilier de style et dotées de salles de bains modernes. Salle à manger de caractère (stucs et moulures) et véranda ouverte sur la nature.

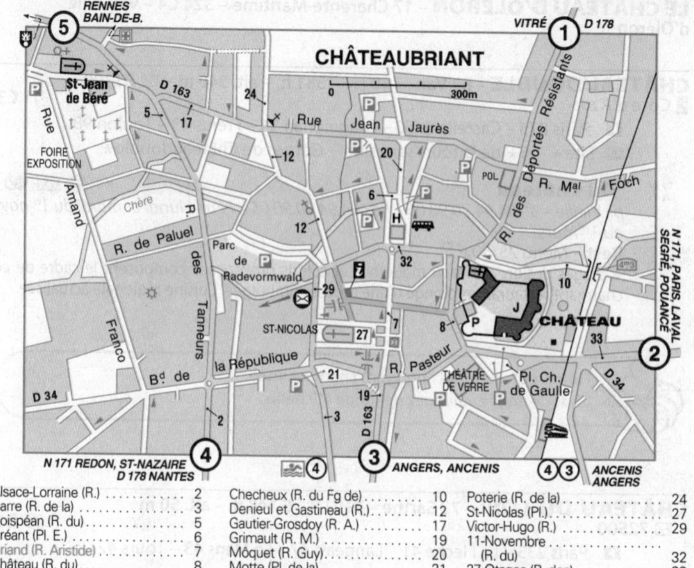

Alsace-Lorraine (R.) 2
Barre (R. de la) 3
Boispéan (R. du) 5
Bréant (Pl. E.) 6
Briand (R. Aristide) 7
Château (R. du) 8
Checheux (R. du Fg de) 10
Denieul et Gastineau (R.) 12
Gautier-Grosdoy (R. A.) 17
Grimault (R. M.) 19
Môquet (R. Guy) 20
Motte (Pl. de la) 21
Poterie (R. de la) 24
St-Nicolas (Pl.) 27
Victor-Hugo (R.) 29
11-Novembre (R. du) 32
27-Otages (R. des) 33

CHÂTEAU-CHALON – 39 Jura – 321 D6 – 160 h. – alt. 420 m – ⊠ 39210

Franche-Comté Jura — 16 **B3**

Paris 409 – Besançon 73 – Dole 51 – Lons-le-Saunier 14

Le Relais des Abbesses

R. de la Roche – ✆ 03 84 44 98 56 – relaisdesabbesses@wanadoo.fr – Ouvert 1er fév.-15 nov.

4 ch – 55/58 € 60/65 € – **Rest** – table d'hôte *(dîner seult) (résidents seult)* Menu 22 € bc/29 € bc

◆ Les propriétaires ont eu le coup de foudre pour cette maison de village. Ses chambres, baptisées Agnès, Marguerite et Eugénie offrent une superbe vue sur la Bresse ; Violette regarde Château-Chalon. Cuisine franc-comtoise familiale.

CHÂTEAU-CHINON – 58 Nièvre – 319 G9 – 2 990 h. – alt. 510 m – ⊠ 58120

Bourgogne — 7 **B2**

Paris 281 – Autun 39 – Clamecy 65 – Nevers 65

Syndicat d'initiative, place Saint-Christophe ✆ 0386850658

Musée du Septennat★ - ✻★ du Calvaire - Promenade du Château★.

Au Vieux Morvan

8 pl. Gudin – ✆ 03 86 85 05 01 – au-vieux-morvan@tiscali.fr – Fax 03 86 85 02 78 – Fermé 1er déc.-15 janv. dim. soir, mardi midi et lundi sauf juil.-août

24 ch – 48/55 € 48/65 €, 9 € – ½ P 50/55 € – **Rest** – Menu 16/33 € – Carte 22/41 €

◆ Cet établissement fut rendu célèbre par les nombreuses visites de François Mitterrand : réservez "sa" chambre ! Les autres, assez simples, sont presque toutes rénovées. La salle à manger offre une jolie vue sur le Morvan ; cuisine traditionnelle.

CHÂTEAU D'IF – 13 Bouches-du-Rhône – 340 G6 Provence — 40 **B3**

au départ de **Marseille** pour le château d'If★★ (✻★★★) 20 mn.

LE CHÂTEAU D'OLÉRON – 17 Charente-Maritime – 324 C4 – voir à Île d'Oléron

CHÂTEAUDOUBLE – 83 Var – 340 N4 – 381 h. – alt. 540 m – ✉ 83300
Côte d'Azur 41 **C3**

Paris 875 – Castellane 50 – Draguignan 14 – Fréjus 43 – Toulon 98

Site★ - ≤★ de la tour "sarrasine" - Gorges de Châteaudouble★.

XX **Du Château** VISA

pl. Vieille – ✆ 04 94 70 90 05 – Fax 04 94 70 90 05 – Fermé lundi et mardi du 1er nov. au 1er mars

Rest – Menu 25/50 €

◆ Sièges design, tableaux modernes et coloris provençaux composent le cadre de ce charmant restaurant prolongé d'une terrasse ombragée. Cuisine régionale actualisée.

Hôtels et restaurants bougent chaque année.
Chaque année, changez de guide Michelin !

CHÂTEAU-DU-LOIR – 72 Sarthe – 310 L8 – 5 148 h. – alt. 50 m – ✉ 72500 35 **D2**

Paris 235 – La Flèche 41 – Langeais 47 – Le Mans 43 – Tours 42 – Vendôme 59

Office de tourisme, 2 avenue Jean Jaurès ✆ 02 43 44 56 68

Le Grand Hôtel 18, VISA

pl. Hôtel de Ville – ✆ 02 43 44 00 17 – avel5@wanadoo.fr – Fax 02 43 44 37 58 – Fermé 1er-8 nov. et vend. soir de nov. à fév.

18 ch – †49 € ††49/57 €, 8 € – ½ P 60 € – **Rest** – Menu 20/35 € – Carte 23/46 €

◆ Ce relais de poste en tuffeau du 19e s. abrite des chambres correctement équipées, rustiques ou actuelles ; elles sont plus calmes à l'annexe, sise dans l'ancienne écurie. Salle à manger au cachet "rétro" et terrasse sous une glycine ; cuisine traditionnelle.

CHÂTEAUDUN – 28 Eure-et-Loir – 311 D7 – 14 543 h. – alt. 140 m – ✉ 28200
Châteaux de la Loire 11 **B2**

Paris 131 – Blois 57 – Chartres 45 – Orléans 53 – Tours 94

Office de tourisme, 1 rue de Luynes ✆ 02 37 45 22 46, Fax 02 37 66 00 16

Château★★ - Vieille ville★ : église de la Madeleine★ - Promenade du Mail ≤★ - Musée des Beaux-Arts et d'Histoire naturelle : Collection d'oiseaux★ M.

Plan page ci-contre

XX **Aux Trois Pastoureaux** VISA

31 r. A Gillet – ✆ 02 37 45 74 40 – restaurant@aux-trois-pastoureaux.com – Fax 02 37 66 00 32 – Fermé 2-16 juil., 29 déc.-7 janv., dim. et lundi A **s**

Rest – Menu 21 € (sem.)/45 € – Carte 29/60 €

◆ Boiseries, tons chaleureux et tableaux peints par un artiste local composent le nouveau décor du restaurant. Carte traditionnelle, menu médiéval et bon choix de vins au verre.

à Flacey 8 km au Nord par ① – ✉ 28800 – 193 h. – alt. 157 m

Domaine de Moresville sans rest 70, VISA

rte de Brou, Nord-Ouest par D110 – ✆ 02 37 47 33 94 – info@domaine-moresville.com – Fax 02 37 47 56 40

11 ch – †70/100 € ††80/160 €, 12 €

◆ Beau château du 18e s. dans un joli parc doté d'un étang. Meubles et parquets anciens, bonne ampleur et calme caractérisent les chambres personnalisées. Sauna et jacuzzi.

CHÂTEAUDUN

Cap-de-la-Madeleine (Pl.)	A	3
Château (R. du)	A	4
Cuirasserie (R. de la)	A	5
Dunois (Pl. J.-de)	A	6
Gambetta (R.)	AB	
Guichet (R. du)	A	7
Huileries (R. des)	A	8
Luynes (R. de)	A	10
Lyautey (R. du Mar.)	A	12
Porte d'Abas (R. de la)	A	14
République (R.)	AB	
St-Lubin (R.)	A	18
St-Médard (R.)	A	19
18-Octobre (Pl. du)	A	21

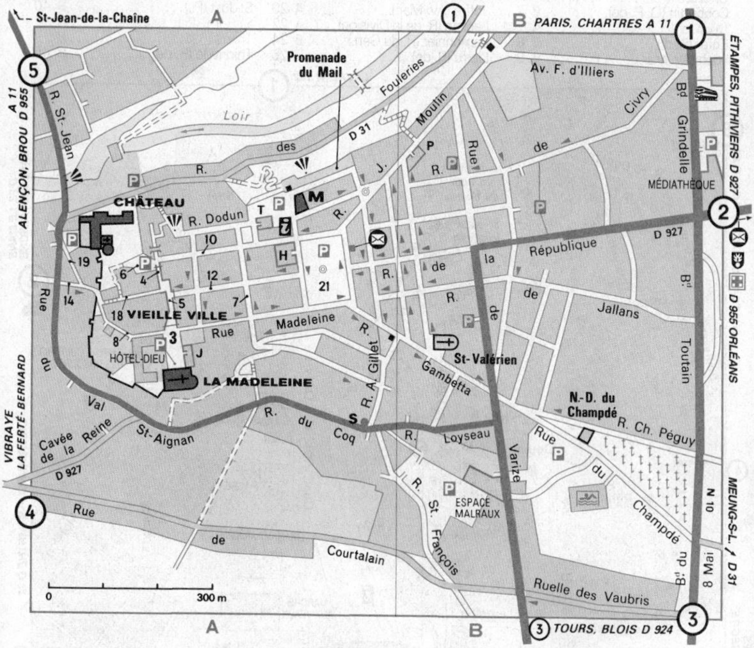

CHÂTEAUFORT – 78 Yvelines – 311 I3 – 101 22 – voir à Paris, Environs

CHÂTEAU-GONTIER – 53 Mayenne – 310 E8 – 11 131 h. – alt. 33 m – ⊠ 53200 Châteaux de la Loire

35 **C1**

Paris 288 – Angers 50 – Châteaubriant 56 – Laval 30 – Le Mans 95

Office de tourisme, quai d'Alsace ✆ 02 43 70 42 74

Intérieur roman★ de l'église St-Jean-Baptiste.

Plan page suivante

Le Jardin des Arts 30, **P** VISA

5 r. A. Cahour – ✆ 02 43 70 12 12 – jardin@art8.com – Fax 02 43 70 12 07 – Fermé 30 juil.-19 août et 22 déc.-2 janv. A e

20 ch – †58/70 € ††64/85 €, ☕ 8 € – ½ P 53/68 € – **Rest** – *(fermé vend. soir, sam. et dim.)* Menu 19/25 € – Carte 24/35 €

◆ Ancienne sous-préfecture dont le beau jardin domine la Mayenne. Chambres spacieuses, salons abritant d'insolites billards, équipements informatiques et auditorium. Parquet, cheminée, boiseries d'origine et décoration moderne se côtoient au restaurant.

Parc Hôtel sans rest 25, **P** VISA AE

46 av. Joffre, par ③ – ✆ 02 43 07 28 41 – contact@parchotel.fr – Fax 02 43 07 63 79 – Fermé 15 fév.-2 mars et week-ends de déc. à mars

21 ch – †56/70 € ††61/76 €, ☕ 9 €

◆ Maison de maître du 19e s. au cœur d'un parc. Cadre charmant et de caractère : fer forgé, mobilier exotique, couleurs vives. Chambres personnalisées. Accueil chaleureux.

CHÂTEAU-GONTIER

Alsace-Lorraine (R. d') . . . . B 2
Anjou (R. René d') . . . . A
Bourg-Roussel (R. du) . . . . A 5
Chevreul (R.) . . . . A
Coubertin (Q. P. de) . . . . B 7
Doumer (Pl. Paul) . . . . A
Enfer (R. d') . . . . B 8
Foch (Av. Mar.) . . . . B 9
Fouassier (R.) . . . . A 10
Français-Libres (Rond-Point des) . . . . A 12
Gambetta (R.) . . . . A 14
Garnier (R.) . . . . A
Gaulle (Quai Ch. de) . . . . B 15
Homo (R. rené) . . . . A 18
Joffre (Av. Mar.) . . . . A 20
Leclerc (R. de la Division) . . . . A 22
Lemonnier (R. du Gén.) . . . . . . B 24
Lierru (R. de) . . . . B 25
Olivet (R. d') . . . . A 29
Pasteur (Quai) . . . . B 31
Pilori (Pl. du) . . . . A 33
Razilly (Av. de) . . . . A
République (Pl. de la) . . . . A 36
St-Jean (Pl.) . . . . A 39
St-Just (Pl.) . . . . B 40
St-Rémi (Pl.) . . . . A
Thiers (R.) . . . . B
Thionville (R. de) . . . . B 45

XX **L'Aquarelle**
< Mayenne, VISA AE

2 r. Félix Marchand, Sud (rte de Ménil) par D 267 : 1 km B
– ✆ 02 43 70 15 44 – l.aquarelle@laposte.net
– Fermé 19-22 mars, 29 sept.-7 oct., 24 nov.-2 déc., 18-28 fév., merc. sauf le soir en saison, mardi soir et dim. soir hors saison
Rest – Menu (13 €), 18/75 € – Carte 29/47 € ♀
◆ Accessible par la ville ou par la rivière, ce restaurant vous accueille dans une jolie salle à manger tout de rose vêtue et vous propose une délicieuse cuisine actuelle.

à Coudray 7 km au Sud-Est par D 22 – 640 h. – alt. 68 m – ✉ 53200

XX **L'Amphitryon**
VISA

2 rte Daon – ✆ 02 43 70 46 46 – lamphitryon@wanadoo.fr
– Fax 02 43 70 42 93 – Fermé 4-18 juil., 31 oct.-6 nov., 20 fév.-2 mars, dim. soir, lundi et mardi
Rest – Menu 17 € (sem.)/27 € – Carte 38/51 € ♀
◆ Il règne une agréable atmosphère bourgeoise dans cette maison du 19e s. située face à l'église du village. Tables joliment dressées ; cuisine mi-traditionnelle, mi-terroir.

à Ruillé-Froid-Fonds 12,5 km par ① et D605 – **436 h. – alt. 87 m – ✉ 53170**

Logis Villeprouvée – ch, **P**
rte du Bignon-du-Maine – ☎ 02 43 07 71 62 – christ.davenel@wanadoo.fr – Fax 02 43 07 71 62
4 ch – 33 € 43/48 € – ½ P 40 € – **Rest** – table d'hôte *(dîner seult) (résidents seult)* Menu 13 €
◆ Le décor soigné de cet ancien prieuré des 14e-17e s. vous replonge dans l'époque de la chevalerie : armures, tapisseries médiévales, lits à baldaquin. Cachet très rustique dans la salle à manger (poutres, cheminée, vaisselle, bibelots anciens, tête de cerf).

CHÂTEAUMEILLANT – 18 Cher – 323 J7 – 2 058 h. – alt. 247 m – ✉ 18370
Limousin Berry — 12 **C3**

Paris 313 – Argenton-sur-Creuse 58 – Châteauroux 55 – La Châtre 19 – Guéret 59

Office de tourisme, 69 rue de la Libération ☎ 02 48 61 39 89

Chœur★ de l'église St-Genès.

Le Piet à Terre (Finet) avec ch — rest, rest, VISA
21 r. Château – ☎ 02 48 61 41 74 – tfinet@wanadoo.fr – Fax 02 48 61 41 88 – Fermé janv., fév., 31 août-5 sept., lundi midi, mardi midi, merc. midi en juil.-août, dim. soir, merc. midi, lundi et mardi de sept. à juin
5 ch – 46 € 74/79 €, 16 € – **Rest** – *(nombre de couverts limité, prévenir)* Menu 41/120 € – Carte 81/102 €
Spéc. Terrine de zite au jus de homard (printemps). Pigeon entier cuit au foin en cocotte. Omelette virtuelle gousse de vanille, savarin aux agrumes (été). **Vins** Châteaumeillant.
◆ Dans un village viticole, belle salle à manger-véranda de style contemporain épuré, où la cuisine du chef, créative et inspirée, entre en scène avec esthétisme. Chambres "cosy" pour prolonger agréablement l'étape.

CHÂTEAUNEUF – 71 Saône-et-Loire – 320 F12 – rattaché à Chauffailles

CHÂTEAUNEUF-DE-GADAGNE – 84 Vaucluse – 84 C10 – 2 838 h. – alt. 90 m – ✉ 84470
42 **E1**

Paris 694 – Arles 47 – Avignon 13 – Marseille 95

à Jonquerettes 4 km au Nord par D 6 – **1 236 h. – alt. 60 m – ✉ 84450**

Le Clos des Saumanes sans rest — **P**
Chemin des Saumanes – ☎ 04 90 22 30 86 – closaumane@aol.com – Fax 04 86 34 04 46 – Ouvert Pâques-Toussaint
5 ch – 75 € 120 €
◆ Élégante bastide du 18e s. située entre pinède et vignes. Charmantes chambres provençales meublées à l'ancienne ; l'une d'elles bénéficie d'une terrasse. Accueil attentionné.

CHÂTEAUNEUF-DE-GALAURE – 26 Drôme – 332 C2 – 1 276 h. – alt. 253 m – ✉ 26330
43 **E2**

Paris 531 – Beaurepaire 19 – Romans-sur-Isère 27 – Tournon-sur-Rhône 25 – Valence 41

Yves Leydier — VISA
1 r. Stade – ☎ 04 75 68 68 02 – Fax 04 75 68 66 19 – Fermé fév., dim. soir, mardi soir et merc.
Rest – Menu 25 € (sem.)/60 € – Carte 24/46 €
◆ Belle maison en galets de la Galaure. Au choix : salle à manger intime, véranda aux larges baies vitrées ou terrasse ombragée surplombant le jardin. Carte au gré des saisons.

CHÂTEAUNEUF-DU-FAOU – 29 Finistère – 308 I5 – 3 595 h. – alt. 130 m – ✉ 29520 Bretagne
9 **B2**

Paris 526 – Brest 65 – Carhaix-Plouguer 23 – Châteaulin 24 – Morlaix 51 – Quimper 38

Syndicat d'initiative, 17 rue de la Mairie ☎ 02 98 81 83 90

Domaine de Trévarez★ S : 6 km.

Le Relais de Cornouaille ch, 30, VISA

9 r. Paul Sérusier, rte Carhaix – ✆ 02 98 81 75 36 – relaiscornouaille@wanadoo.fr – Fax 02 98 81 81 32 – Fermé oct.

30 ch – 41/44 € 49/52 €, ☕ 7 € – ½ P 45/47 € – **Rest** – *(fermé dim. soir et sam. hors saison)* Menu (9 €), 14,50 € (sem.)/36 € – Carte 18/48 €

◆ Ambiance familiale dans cet hôtel dont le bar est fréquenté par une clientèle locale. Chambres un peu exiguës, mais fonctionnelles et bien tenues. Restaurant sagement rustique, accueil tout sourire et cuisine traditionnelle privilégiant les produits de la mer.

CHÂTEAUNEUF-DU-PAPE – 84 Vaucluse – 332 B9 – 2 078 h. – alt. 87 m – ✉ 84230 Provence

42 **E1**

Paris 667 – Alès 82 – Avignon 19 – Carpentras 22 – Orange 10 – Roquemaure 10

Syndicat d'initiative, place du Portail ✆ 04 90 83 71 08, Fax 04 90 83 50 34

<★★ du château des Papes.

Hostellerie Château des Fines Roches < les vignes, VISA AE

rte de Sorgues et voie privée – ✆ 04 90 83 70 23 – reservation@chateaufinesroches.com – Fax 04 90 83 78 42 – Fermé 26 oct.-30 nov., 25 fév.-6 mars, mardi midi, dim. soir et lundi de nov. à avril

11 ch – 119/209 € 139/325 €, ☕ 15 € – ½ P 119/164 € – **Rest** – Menu 32 € bc (déj. en sem.), 46/76 €

◆ Étonnant château crénelé (19ᵉ s.) dominant le vignoble. Petites salles élégamment décorées où l'on sert une cuisine aux saveurs régionales. Chambres agréables et spacieuses.

La Mère Germaine avec ch < ch, P VISA AE

pl. Fontaine – ✆ 04 90 83 54 37 – resa@lameregermaine.com – Fax 04 90 83 50 27

8 ch – 50/70 € 50/70 €, ☕ 7 € – ½ P 58/78 € – **Rest** – Menu (12,50 €), 16 € (déj. en sem.), 22/45 € – Carte 33/49 €

◆ La Mère Germaine officiait jadis aux fourneaux de ce restaurant. La salle à manger, aux couleurs du Sud, offre une belle vue sur les vignobles ; carte classique.

Le Verger des Papes

au Château < le vignoble, le Luberon et Avignon, VISA

– ✆ 04 90 83 50 40 – vergerdespapes@wanadoo.fr – Fax 04 90 83 50 49 – Fermé 23 déc.-1ᵉʳ mars, dim. soir, lundi soir, mardi soir et merc. soir d'oct. à mars

Rest – Menu 19 € (déj. en sem.)/28 € – Carte 29/41 €

◆ Plaisant restaurant logé dans les remparts du château. Terrasse ombragée d'où l'on admire un splendide panorama. Caves gallo-romaines taillées dans le roc. Cuisine provençale.

Le Pistou VISA AE

15 r. Joseph Ducos – ✆ 04 90 83 71 75 – charlotte.ledoux@tiscali.fr – Fermé janv., dim. soir et lundi

Rest – Menu 15/28 € – Carte 24/35 €

◆ Petit bistrot situé dans une ruelle menant à la forteresse papale. Sympathique cadre rustique et terrasse. Plats traditionnels et provençaux ou suggestions du jour à découvrir sur l'ardoise.

à l'Ouest 4 km par D 17 – ✉ 84230 Châteauneuf-du-Pape

La Sommellerie rest, rest, 30, P VISA AE

route de Roquemaure – ✆ 04 90 83 50 00 – la-sommellerie@wanadoo.fr – Fax 04 90 83 51 85 – Fermé janv.

14 ch – 72/114 € 72/170 €, ☕ 12 € – ½ P 90/110 € – **Rest** – *(fermé sam. midi et lundi)* Menu 30 € (déj. en sem.), 44/61 €

◆ Au cœur du vignoble de Châteauneuf, bergerie du 17ᵉ s. joliment restaurée. Chambres fraîches, garnies de meubles campagnards. Beau jardin arboré. Coquettes salles à manger provençales et terrasse face à la piscine ; cuisine régionale et rôtisserie (four à bois) en été.

CHÂTEAUNEUF-EN-THYMERAIS – 28 Eure-et-Loir – 311 D4 – 2 423 h. – alt. 204 m – ✉ 28170

11 **B1**

Paris 98 – Chartres 26 – Dreux 21 – Nogent-le-Rotrou 44 – Verneuil-sur-Avre 32

du Bois d'Ô à Saint-Maixme-Hauterive Ferme de Gland, O : 2 km par D 140, ✆ 02 37 51 04 61.

Le Relais D'Aligre
6/15, VISA MC AE

25 r. Jean Moulin – ✆ 02 37 51 69 59 – Fax 02 37 51 80 49 – Fermé 9-31 juil., dim. soir et lundi

Rest – Menu 16 € (sem.)/43 € – Carte 24/73 €

◆ Poissons, coquillages et crustacés sont à l'honneur derrière cette façade lavande située dans la rue principale. Décor intérieur vaguement nautique ; ambiance familiale.

CHÂTEAUNEUF-LE-ROUGE – 13 Bouches-du-Rhône – 340 I5 – 1 869 h. – alt. 230 m – ✉ 13790

40 **B3**

Paris 763 – Aix-en-Provence 14 – Aubagne 32 – Brignoles 46 – Marseille 36 – Rians 31

La Galinière
ch, 15, P P VISA MC AE

N 7, rte St-Maximin : 2 km – ✆ 04 42 53 32 55 – lagaliniere@aol.com – Fax 04 42 53 33 80

16 ch – 57 € 63/83 €, 10 € – ½ P 78/82 € – **Rest** – *(fermé dim. soir)* Menu 26/53 € – Carte 35/59 €

◆ Ferme des Templiers au 12e s., relais de poste au 18e s., ce domaine (parc de 15 ha) abrite aujourd'hui des chambres de style rustique. Les salles à manger sont aménagées dans l'ex-bergerie ; cadre campagnard et cuisine traditionnelle.

CHÂTEAUNEUF-SUR-SARTHE – 49 Maine-et-Loire – 317 G2 – 2 409 h. – alt. 20 m – ✉ 49330

35 **C2**

Paris 278 – Angers 31 – Château-Gontier 25 – La Flèche 33

Office de tourisme, quai de la Sarthe ✆ 02 41 69 82 89

Les Ondines
ch, P VISA MC AE

quai Sarthe – ✆ 02 41 69 84 38 – lesondines3@wanadoo.fr – Fax 02 41 69 83 59 – Fermé 24 fév.-21 mars et dim. soir du 12 nov. au 18 mars

24 ch – 43/55 € 48/65 €, 8 € – ½ P 44/49 € – **Rest** – Menu 12 € (déj. en sem.), 21/43 € – Carte 23/36 €

◆ Face au pont, à l'entrée du bourg. Atmosphère "seventies" préservée dans des chambres bien tenues ; les plus agréables donnent sur la Sarthe ou sur une cour. La jolie vue sur l'eau fait vite oublier le décor désuet de la salle à manger. Grill d'été.

Auberge de la Sarthe

1 r. du Port – ✆ 02 41 69 85 29 – Fax 02 41 76 68 85

Rest – *(déjeuner seult de nov. à mars sauf vend. et sam.)* Menu 11 € (déj. en sem.), 22/43 € – Carte 30/49 €

◆ Bâtisse ancienne enfouie sous le lierre et dominant le cours de la Sarthe. Sur la terrasse au bord de l'eau, les clients apprécient la friture d'anguilles maison.

CHÂTEAURENARD – 13 Bouches-du-Rhône – 340 E2 – 12 999 h. – alt. 37 m – ✉ 13160 Provence

42 **E1**

Paris 692 – Avignon 10 – Carpentras 37 – Cavaillon 23 – Marseille 95 – Nîmes 44 – Orange 40

Syndicat d'initiative, 11 cours Carnot ✆ 04 90 24 25 50

Château féodal : ✻★ de la tour du Griffon.

Les Glycines avec ch
ch, VISA MC

14 av. V. Hugo – ✆ 04 90 94 10 66 – Fax 04 90 94 78 10 – Fermé 23-26 déc., 25 fév.-10 mars, dim. soir et lundi

10 ch – 48 € 48 €, 6 € – ½ P 48/53 € – **Rest** – Menu (10 €), 18 € (sem.)/27 € – Carte 32/44 €

◆ Trois salles à manger en enfilade, un patio couvert et une agréable petite terrasse d'été. Cuisine à l'accent régional et, servie sur commande, spécialité de bouillabaisse.

CHÂTEAUROUX P – 36 Indre – 323 G6 – 49 632 h. – alt. 155 m – ✉ 36000

Limousin Berry 12 C3

- Paris 265 – Blois 101 – Bourges 65 – Limoges 125 – Tours 115
- Office de tourisme, 1 place de la Gare ✆ 02 54 34 10 74
- du Val de l'Indre à Villedieu-sur-Indre Parc du Château, par rte de Loches : 13 km, ✆ 02 54 26 59 44.
- Déols : clocher★ de l'ancienne abbaye, sarcophage★ dans l'église St-Etienne.

Plan page ci-contre

Mercure ch, ch, 15/30, VISA

r. V. Hugo – ✆ 02 54 34 61 61 – h1080@accor.com – Fax 02 54 27 69 51

60 ch – 68 € 74 €, 7,50 € – **Rest** – *(fermé sam. et dim. sauf juil.-aout)* BY **v**

Menu 16/22 € – Carte 21/36 €

◆ Étape pratique, cet hôtel central abrite des chambres de bonne ampleur, fonctionnelles et bien insonorisées. Plaisante salle à manger avec jolies chaises, luminaires en fer forgé, voilages et stores aux couleurs ensoleillées ; cuisine traditionnelle.

Elysée Hôtel sans rest VISA

2 r. République – ✆ 02 54 22 33 66 – elysee36@wanadoo.fr – Fax 02 54 07 34 34 AY **s**

18 ch – 59 € 66 €, 8,50 €

◆ Les chambres de cet immeuble centenaire sont personnalisées et bien tenues. Oranges pressées et confitures "maison" au petit-déjeuner.

Boischaut sans rest VISA

135 av. La Châtre par ④ – ✆ 02 54 22 22 34 – boischaut@hotel-chateauroux.com – Fax 02 54 22 64 89 X **v**

27 ch – 44/54 € 48/64 €, 6,50 €

◆ Immeuble vous logeant dans des chambres nettes garnies d'un mobilier de série fonctionnel, rustique ou en fer forgé. Espace breakfast clair et moderne étagé sur deux niveaux.

Le Lavoir de la Fonds Charles VISA

26 r. Château-Raoul – ✆ 02 54 27 11 16 – Fax 02 54 60 02 22 – Fermé 13-27 août, 26 déc.-6 janv., sam. midi, dim. soir et lundi AY **n**

Rest – Menu 18/48 € – Carte 49/62 €

◆ Table familiale au cadre néo-rustique située en contrebas du château Raoul, dans un ex-lavoir (18e s.). Repas traditionnel valorisant les épices ; véranda et terrasse riveraine.

Le Sommelier VISA

5 pl. Gambetta – ✆ 02 54 07 45 52 – Fax 02 54 08 68 46 – Fermé 13-21 mai, 5 juil.-20 août, lundi soir et dim. BY **t**

Rest – Menu 14,50 € (déj. en sem.) – Carte 24/39 €

◆ Cette ancienne maison berrichonne a été rénovée avec goût, tout en préservant son cachet : cadre actuel et mobilier rustique. On y sert une cuisine traditionnelle.

rte de Paris 6 km près Céré par ① – ✉ 36130 Déols

Relais St-Jacques ch, rest, 25/50, VISA

RN 20 – ✆ 02 54 60 44 44 – saint-jacques@wanadoo.fr – Fax 02 54 60 44 00

46 ch – 61 € 61/67 €, 9 € – ½ P 57 € – **Rest** – *(fermé dim. soir)* Menu 21 € (sem.)/53 € – Carte 25/75 €

◆ Jouxtant l'aérodrome de Déols au Nord de l'active cité berrichonne, construction des années 1970 renfermant des chambres équipées d'un mobilier fonctionnel. Au restaurant, atmosphère feutrée et cuisine traditionnelle aux accents régionaux.

Le Poinçonnet 6 km par ⑤ – 5 021 h. – alt. 160 m – ✉ 36330

Le Fin Gourmet VISA

73 av. Forêt – ✆ 02 54 35 40 17 – franck.gatefin@wanadoo.fr – Fax 02 54 35 47 20 – Fermé dim. soir, mardi soir et lundi

Rest – Menu (14 €), 20 € (déj. en sem.), 32/60 € bc

◆ Cette discrète bâtisse de la périphérie dissimule un élégant intérieur contemporain : tons ocre et bleu, tableaux modernes et mise en place soignée. Cuisine au goût du jour.

CHÂTEAUROUX

Albert 1er (R.) . . . . BY 2
Argenton (Av. d') . . . . X 4
Augras (R. E.) . . . . X 5
Auvergne (R. d') . . . . X 7
Bourdillon (R.) . . . . BZ 8
Bryas (Bd de) . . . . X 9
Cantrelle (R.) . . . . ABZ 10
Château-Raoul (R. du) . . . . . AY 13
Châtre (Av. de la) . . . . . . X, BZ 14
Croix-Normand (Bd) . . . . BZ 17
Duchâteau (Av. G.) . . . . X 18
États-Unis (R. des) . . . . . . X, BY 20
Fontaine-St-Germain (R.) . . . . X 22
Fournier (R. A.) . . . . BY 23
Gallieni (R.) . . . . BZ 24
Gambetta (Pl.) . . . . BY 25
Gare (R. de la) . . . . BY
Gaulle (Av. du Gén.-de) . . . . . . X 26
Grande (R.) . . . . BY 27
Jeux-Marins (Av. des) . . . . . . AY 29
J.-J.-Rousseau (R.) . . . . AY 28
Kennedy (Av. J.-F.) . . . . . . X, AZ 30
Ledru-Rollin (R.) . . . . BY 31
Lemoine (Av. Marcel) . . . . . X, BY 32
Marins (Av. des) . . . . X, AY 33
Marins (Bd des) . . . . X 34
Mitterrand (Av. F.) . . . . . . X, AY 35
Moulin-Neuf (Bd du) . . . . X 36
Palais-de-Justice (R. du) . . . ABZ 37
Pont-Neuf (Av. du) . . . . . . X, AY 40
République (Pl. de la) . . . . . . AY 44
Ste-Hélène (Pl.) . . . . BY 48
St-Denis (Bd) . . . . X 45
St-Luc (R.) . . . . BY 46
Tours (Av. de) . . . . X 50
Valle (Bd de la) . . . . X 51
Verdun (Av. de) . . . . X 52
Victoire et des Alliés (Pl. de la) . . . . AY 53
Victor-Hugo (R.) . . . . ABY 54
3e-Rég.-Aviation-de-Chasse (R. du) . . . . X 55
6-Juin 1944 Débarquement Allié (Av. du) . . . . AY 58

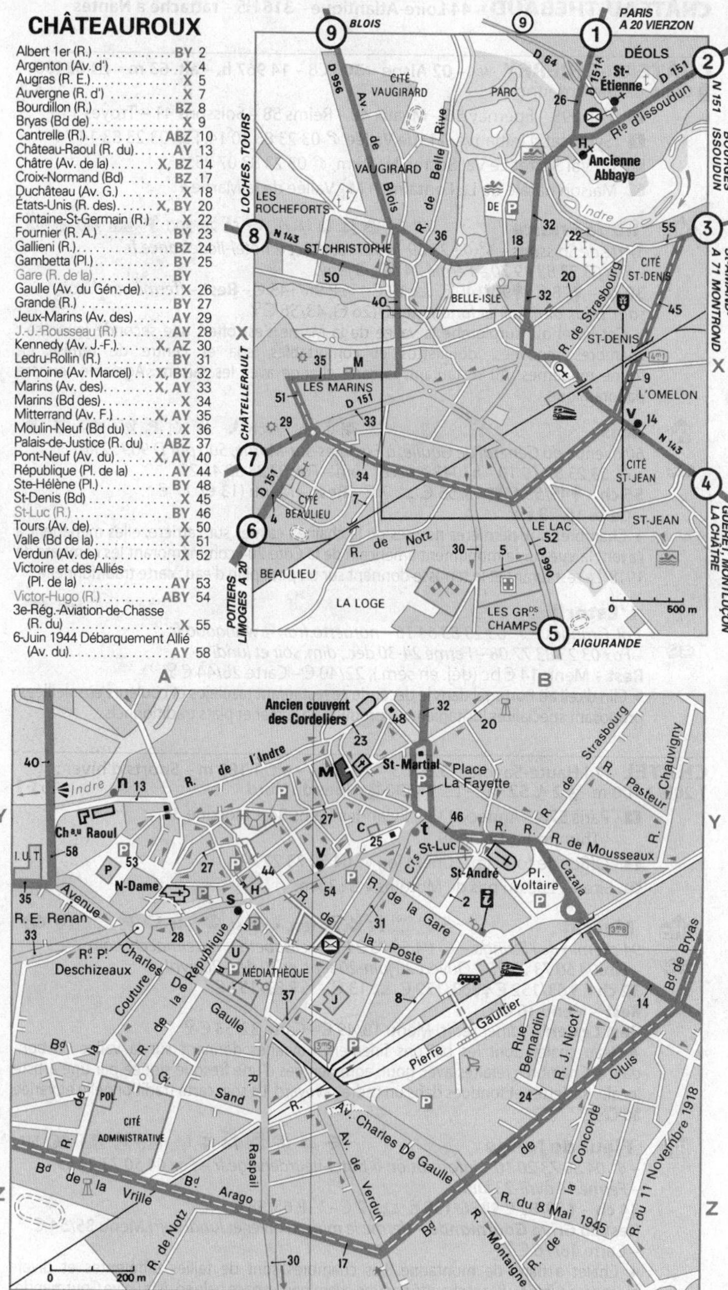

CHÂTEAU-THÉBAUD – 44 Loire-Atlantique – 316 H5 – rattaché à Nantes

CHÂTEAU-THIERRY – 02 Aisne – 306 C8 – 14 967 h. – alt. 63 m – ✉ 02400
Champagne Ardenne 37 **C3**

Paris 95 – Épernay 56 – Meaux 48 – Reims 58 – Soissons 41 – Troyes 113

Syndicat d'initiative, 11 rue Vallée ✆ 03 23 83 10 14, Fax 03 23 83 14 74

du Val Secret Le Val Secret, N : 5 km, ✆ 03 23 83 07 25.

Maison natale de La Fontaine A **M** - Vallée de la Marne★.

Île de France
ch, 20/200, VISA

37 rte de Soissons – ✆ 03 23 69 10 12 – contact@hotel-iledefrance.fr – Fax 03 23 83 49 70 – Fermé 24 déc.-3 janv.

30 ch – †78 € ††90/140 €, ☐ 10 € – ½ P 95/145 € – **Rest** – *(fermé vend. soir, sam. midi, dim. soir et lundi)* Menu (26 €), 43/56 € ♀

♦ Cet hôtel qui surplombe la vallée de la Marne s'est offert une seconde jeunesse : chambres rénovées, douillettes et confortables, spa et centre de remise en forme modernes. Au restaurant, la carte change avec les saisons. Agréable terrasse panoramique.

Ibis
ch, ch, 50, VISA

60 avenue du Général de Gaulle, à Essômes-sur-Marne, Sud par D 969 : 2 km – ✆ 03 23 83 10 10 – h1042@accor.com – Fax 03 23 83 45 23

55 ch – †45/55 € ††45/55 €, ☐ 7 € – **Rest** – Menu (13 €), 17 € – Carte 16/28 € ♀

♦ Chambres aux dernières normes de la chaîne ; calmes sur l'arrière, elles ménagent à l'avant la vue sur le monument américain de la Côte 204 commémorant les combats de 1918. Le restaurant et la terrasse donnent sur un petit plan d'eau ; carte traditionnelle.

L'Estoril
VISA

1 pl. Granges – ✆ 03 23 83 64 16 – norberto.fran@wanadoo.fr – Fax 03 23 83 77 08 – Fermé 24-30 déc., dim. soir et lundi

Rest – Menu 14 € bc (déj. en sem.), 22/40 € – Carte 26/44 € ♀

♦ Clin d'œil au Portugal dans le décor de ce restaurant (azulejos et couleurs ensoleillées) proposant spécialités lusitaniennes, produits de la mer et plats traditionnels.

CHÂTEL – 74 Haute-Savoie – 328 O3 – 1 190 h. – alt. 1 180 m – Sports d'hiver : 1 200/2 100 m 2 52 – ✉ 74390 Alpes du Nord 46 **F1**

Paris 578 – Annecy 113 – Évian-les-Bains 34 – Morzine 38 – Thonon-les-Bains 39

Office de tourisme, Chef-Lieu ✆ 04 50 73 22 44

Site★ - Lac du pas de Morgins★ S : 3 km.

Macchi
rest, rest, rest, VISA

94 chemin de l'Etringa – ✆ 04 50 73 24 12 – elisabeth@hotelmacchi.com – Fax 04 50 73 27 25 – Ouvert 20 juin-20 sept. et 20 déc.-20 avril

32 ch – †63/152 € ††63/152 €, ☐ 13 € – ½ P 82/152 €

Rest – Menu 16 € ♀

Rest *Le Cerf* – *(dîner seult)* Menu 18/49 € – Carte 32/53 € ♀

♦ Beau chalet dont les balcons finement ouvragés donnent sur la vallée d'Abondance. Chambres refaites avec goût, agrémentées d'une fresque signée par une artiste locale. Raclettes et fondues dans un cadre savoyard. Le soir, carte traditionnelle et variée au Cerf.

Fleur de Neige
rest, VISA

– ✆ 04 50 73 20 10 – information@hotel-fleurdeneige.fr – Fax 04 50 73 24 55 – Fermé 14 avril-23 juin

34 ch – †59/82 € ††86/135 €, ☐ 12 € – ½ P 65/98 €

Rest *La Grive Gourmande* – *(fermé le midi en hiver et lundi soir)* Menu 35/54 € – Carte 48/76 € ♀

♦ Chalet à flanc de montagne. Les chambres sont de tailles différentes et diversement meublées. Bar réchauffé par une cheminée, espace balnéo. À la Grive Gourmande, confortable salle à manger en rotonde, panorama sur les alpages et cuisine au goût du jour.

Le Kandahar ch, cuisinette
Sud-Ouest : 1,5 km par rte Béchigne – ✆ 04 50 73 30 60 – lekandahar@wanadoo.fr – Fax 04 50 73 25 17 – Fermé mi-avril à mi-mai, 24 juin-11 juil., 4 nov.-22 déc. et merc. hors saison
8 ch – 47/57 € 60/84 €, 8 € – ½ P 40/64 € – **Rest** – *(fermé dim. soir, mardi soir et merc. hors saison)* Menu 13 € (déj. en sem.), 19/38 € – Carte 21/47 €
◆ Accueillante adresse familiale composée d'un chalet-hôtel rustique doté de petites chambres pratiques et lambrissées. Navettes pour le Linga. Cuisine régionale servie dans un chaleureux décor : mobilier campagnard, comtoise, cuivres rutilants et cheminée.

Belalp
– ✆ 04 50 73 24 39 – belalpchatel@aol.com – Fax 04 50 73 38 55 – Ouvert 1er juil.-31 août et 20 déc.-30 mars
27 ch – 51/68 € 68/95 €, 9 € – ½ P 56/71 € – **Rest** – *(fermé mardi)* Menu 21/31 € – Carte 26/43 €
◆ Pimpante façade en bois blond rythmée de volets verts pour ce chalet aux chambres mignonnes, rénovées dans la note montagnarde, à choisir si possible côté vallée. Repas savoyard près de la cheminée au "carnotzet" ou dans une salle panoramique (résidents).

Les Triolets avec ch vallée et montagnes, rest,
rte Petit Châtel – ✆ 04 50 73 20 28 – info@lestriolets.com – Fax 04 50 73 24 10 – Ouvert 1er juil.-31 août et 22 déc.-10 avril
20 ch – 60/98 € 86/140 €, 12 € – ½ P 71/96 € – **Rest** – *(dîner seult)* Menu 24/35 €
◆ Surplombant la station et bénéficiant d'un environnement calme, sympathique chalet abritant une salle panoramique avec terrasse orientée plein Sud. Plats typiquement chablaisiens.

CHÂTELAILLON-PLAGE – 17 Charente-Maritime – 324 D3 – 5 625 h. – alt. 3 m – Casino – ✉ 17340 Poitou Vendée Charentes 38 A2

Paris 482 – Niort 74 – Rochefort 22 – La Rochelle 19 – Surgères 29
Office de tourisme, 5 avenue de Strasbourg ✆ 05 46 56 26 97

Ibis ch, ch, rest, 25,
à la Falaise, 1,5 km – ✆ 05 46 56 35 35 – Fax 05 46 56 33 44
70 ch – 70/100 € 85/110 €, 9 € – **Rest** – Menu (16 €), 19 € – Carte 18/31 €
◆ À l'écart de l'agitation touristique et face à la mer, bâtiment moderne comprenant un centre de thalassothérapie. Chambres assez spacieuses, avant tout pratiques. Restaurant et terrasse tournés vers l'Atlantique ; menu diététique et carte traditionnelle.

Majestic Hôtel ch,
bd République – ✆ 05 46 56 20 53 – majestic.chatelaillon@wanadoo.fr – Fax 05 46 56 29 24 – Fermé 23 déc.-10 janv.
35 ch – 51/145 € 51/145 €, 8 € – **Rest** – *(fermé dim. soir hors saison, sam. midi et vend.)* Menu 18/39 € – Carte 28/47 €
◆ Cet hôtel doté d'une belle façade des années 1920 se dresse au cœur de la cité balnéaire. Les chambres, de diverses tailles et simplement meublées, sont bien tenues. Mobilier en rotin et décor "rétro" au restaurant (carte axée sur les produits de la mer).

Le Relais de la Bernache
1 r. Félix Faure – ✆ 05 46 56 20 19 – Fermé 10 janv.-10 fév., lundi et mardi hors saison
Rest – Menu 24/72 € – Carte 43/55 €
◆ Maison régionale à deux pas de la plage. Intérieur classique assez chic, rehaussé de touches exotiques (chaises acajou, masques ethniques), terrasse et carte traditionnelle.

L'Acadie St-Victor avec ch
35 bd de la Mer – ✆ 05 46 56 25 13 – stvictor@wanadoo.fr – Fax 05 46 56 25 12 – Fermé 25 fév.-24 mars, 22 oct.-17 nov., vend. soir d'oct. à avril (sauf hôtel), dim. soir et lundi sauf du 15 juin au 15 sept.
13 ch – 42/56 € 47/62 €, 7 € – ½ P 54/62 € – **Rest** – Menu (15 €), 20 € (sem.)/39 € – Carte 27/58 €
◆ Belle vue sur l'océan depuis ce restaurant du front de mer. Lumineuse salle actuelle et sobre, et cuisine privilégiant poissons et coquillages. Chambres simples et pratiques.

Les Flots avec ch ch, 20, VISA

52 bd de la Mer – ☎ 05 46 56 23 42 – contact@les-flots.fr – Fax 05 46 56 99 37 – Fermé 17 déc.-1er fév.

11 ch – †55/93 € ††55/93 €, ☕ 8,50 € – ½ P 58/78 € – **Rest** – *(fermé mardi d'oct. à mars)* Menu 25 € – Carte 28/55 €

◆ Décor marin dans une agréable salle de type bistrot ouverte sur l'immense plage. À l'ardoise, petits plats simples et goûteux, mitonnés au gré du marché. Chambres modernes.

LE CHÂTELET – 18 Cher – 323 J7 – 1 104 h. – alt. 200 m – ✉ 18170 12 C3

Paris 301 – Argenton-sur-Creuse 66 – Bourges 54 – Châteauroux 55

à Notre-Dame d'Orsan 7 km au Nord-Ouest par D 951 et D 65, rte de Lignères – ✉ 18170 Rezay

La Maison d'Orsan VISA

– ☎ 02 48 56 27 50 – prieuredorsan@wanadoo.fr – Fax 02 48 56 39 64 – Ouvert 1er avril-1er nov.

6 ch – †180/280 € ††180/280 €, ☕ 18 € – ½ P 180/230 € – **Rest** – Menu 40 € (déj.)/62 €

◆ Délicieuse étape dans un prieuré du 17e s. : réfectoire et dortoir transformés en ravissantes chambres contemporaines, exquise tonnelle et jardins monastiques recomposés. Dans l'assiette, produits du potager et du marché. Boutique et salon de thé.

CHÂTELGUYON – 63 Puy-de-Dôme – 326 F7 – 5 241 h. – alt. 430 m – Stat. therm. : début mai-fin sept. – Casino B – ✉ 63140 Auvergne 5 B2

Paris 411 – Clermont-Ferrand 21 – Gannat 31 – Vichy 43 – Volvic 11

Office de tourisme, 1 avenue de l'Europe ☎ 04 73 86 01 17, Fax 04 73 86 27 03

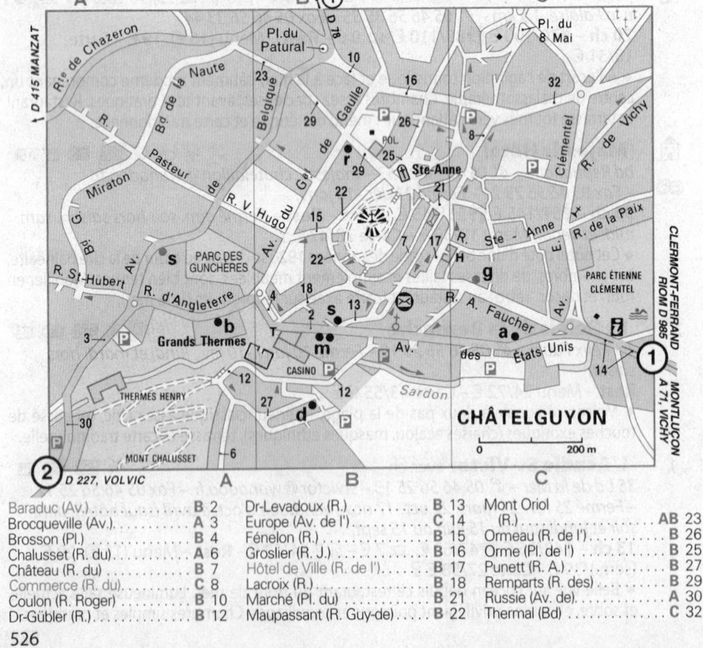

Baraduc (Av.)	B 2	Dr-Levadoux (R.)	B 13	Mont Oriol (R.)	AB 23
Brocqueville (Av.)	A 3	Europe (Av. de l')	C 14	Ormeau (R. de l')	B 26
Brosson (Pl.)	B 4	Fénelon (R.)	B 15	Orme (Pl. de l')	B 25
Chalusset (R. du)	A 6	Groslier (R. J.)	B 16	Punett (R. A.)	B 27
Château (R. du)	B 7	Hôtel de Ville (R. de l')	B 17	Remparts (R. des)	B 29
Commerce (R. du)	C 8	Lacroix (R.)	B 18	Russie (Av. de)	A 30
Coulon (R. Roger)	B 10	Marché (Pl. du)	B 21	Thermal (Bd)	C 32
Dr-Gübler (R.)	B 12	Maupassant (R. Guy-de)	B 22		

Splendid ch, rest, 40, VISA

5-7 r. Angleterre – ✆ 04 73 86 04 80 – contact@splendid-resort.com – Fax 04 73 86 17 56 – Fermé 16 déc.-3 janv., vend. soir, sam., dim. et lundi midi d'oct. à mars A b

71 ch – 55/65 € 112/115 €, 10 € – 2 suites – ½ P 89/146 € – **Rest** – Menu 17 € (sem.)/60 € – Carte 40/61 €

♦ Guy de Maupassant, qui fréquenta cet ancien palace bâti en 1872, a laissé son nom à l'un des salons. Esprit délicieusement "rétro" dans les chambres, peu à peu rajeunies. Majestueuse salle à manger du 19e s. : colonnes, belle cheminée en bois sculpté, etc.

Le Bellevue VISA

4 r. A. Punett – ✆ 04 73 86 07 62 – hotel-bellevue.chatelguyon@wanadoo.fr – Fax 04 73 86 02 56 – Ouvert 2 avril-27 oct. B d

38 ch – 52 € 72 €, 11 € – ½ P 76/96 € – **Rest** – *(ouvert 2 juin-31 août) (résidents seult)* Menu (20 €), 29 € – Carte environ 35 €

♦ Hôtel des années 1930 surplombant la petite station thermale du pays brayaud. Les chambres, fonctionnelles et fraîches, sont plus grandes en façade. La salle de restaurant offre une agréable vue sur Châtelguyon. Cuisine d'inspiration régionale.

De Paris rest, 30, VISA

r. Dr Levadoux – ✆ 04 73 86 00 12 – hotel.de.paris@wanadoo.fr – Fax 04 73 86 43 55 B s

59 ch – 35/45 € 46/58 €, 7,50 € – ½ P 47/51 € – **Rest** – *(fermé le midi du lundi au jeudi du 15 oct. au 15 avril et dim. soir)* Menu 19 € (sem.)/50 € – Carte 23/31 €

♦ Les chambres, refaites peu à peu, sont logées dans le bâtiment principal de l'établissement et dans une ancienne chapelle située à l'arrière. Sauna à disposition. Salle à manger mariant décor moderne et matériaux anciens ; cuisine traditionnelle et régionale.

Régence rest, P VISA

31 av. États-Unis – ✆ 04 73 86 02 60 – hotel-regence3@wanadoo.fr – Fax 04 73 86 12 49 – Fermé 1er janv.-15 fév. et merc. du 15 oct. au 15 avril C a

26 ch – 46/48 € 54/56 €, 8 € – ½ P 55/72 € – **Rest** – *(ouvert du 15 avril au 15 oct.)* Menu 19/28 €

♦ Bâti en 1903, cet hôtel a préservé son cachet originel (mobilier, belle cheminée). Chambres bien tenues. Navette gratuite pour les thermes. Chaleureuse salle à manger où l'on sert une cuisine traditionnelle et, à la demande, des plats allégés et diététiques.

Chante-Grelet ch, rest, VISA

av. Gén. de Gaulle – ✆ 04 73 86 02 05 – chante-grelet@wanadoo.fr – Fax 04 73 86 48 58 – Ouvert 2 mai-30 sept. B r

35 ch – 40/45 € 45/52 €, 7 € – ½ P 46/52 € – **Rest** – Menu 13,50 € (déj. en sem.), 17/25 €

♦ Établissement des années 1960 offrant des chambres simples et soignées, qui ont conservé leur mobilier d'origine ; la moitié d'entre elles donnent sur le jardin ombragé. Salle de restaurant rafraîchie et cuisine traditionnelle sans prétention.

Des Bains ch, 35, VISA

12 av. Baraduc – ✆ 04 73 86 07 97 – les.bains.hotel.chatelguyon@wanadoo.fr – Fax 04 73 86 11 56 – Fermé 23 déc.-5 janv. B m

32 ch – 39/52 € 39/52 €, 7 € – ½ P 46/50 € – **Rest** – *(ouvert mars-nov. et fermé lundi sauf d'avril à oct.)* Menu 12,50/25 € – Carte 20/29 €

♦ À deux pas du casino. Petites chambres rénovées côté avenue, ampleur et style rustique côté cour. La salle à manger, habillée de bois clair, ouvre sur le patio ; menu "terroir" et cuisine du monde.

La Papillote VISA

par ② 11 route de Volvic à St-Hippolyte – ✆ 04 73 67 00 64 – Fax 04 73 86 20 60 – *Fermé août, vacances de fév., merc. soir, dim. soir et lundi*

Rest – Menu 19/35 € – Carte 24/35 €

♦ Dans ce restaurant, Madame officie en salle, tandis que Monsieur concocte une goûteuse cuisine de tradition. Décor intérieur simple, mi-actuel, mi-rustique et accueil charmant.

CHÂTELLERAULT – 86 Vienne – 322 J4 – 34 126 h. – alt. 52 m – ✉ 86100
Poitou Vendée Charentes 39 **C1**

Paris 304 – Châteauroux 98 – Cholet 134 – Poitiers 36 – Tours 71
Office de tourisme, 2 avenue Treuille ✆ 05 49 21 05 47

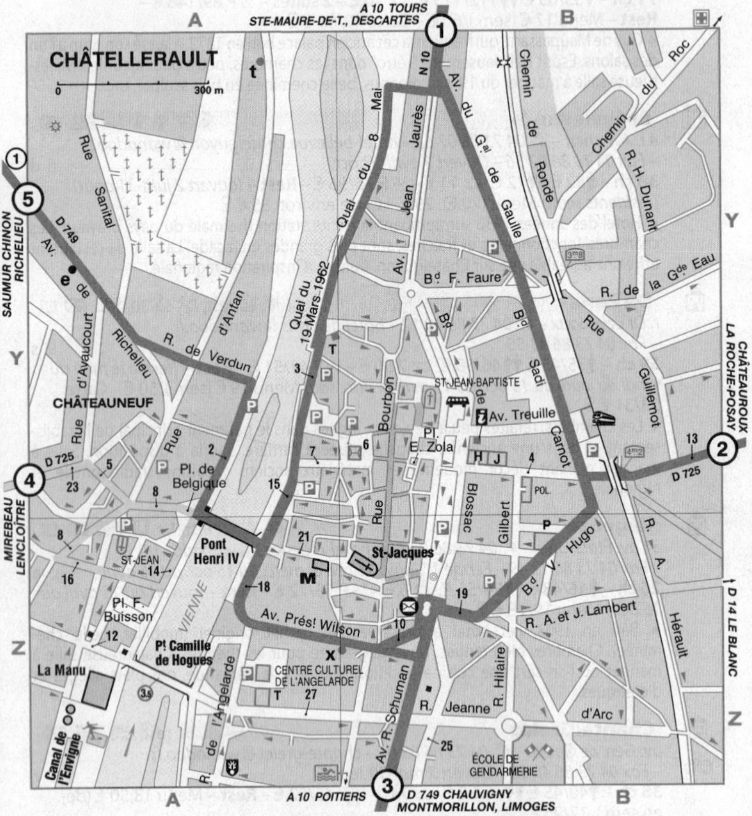

Alsace-Lorraine (Q.)	**AY** 2	Kennedy (Av. J. F.)	**BZ** 10	Prés. Roosevelt (Av.)	**AZ** 18
Blossac (Bd de)	**BY**	Krebs (R. Clément)	**AZ** 12	St-Jacques (R. du Fg)	**BZ** 19
Château (Q. du)	**AY** 3	Leclerc (Av. Mar.)	**BY** 13	Sully (R.)	**AZ** 21
Clemenceau (Av. G.)	**BY** 4	Martyrs-de-la-Résistance (Q. des)	**AZ** 14	Thuré (R. de)	**AY** 23
Cygne-Châteauneuf (R. du)	**AY** 5	Napoléon-1er (Quai)	**AY** 15	Trois-Pigeons (R. des)	**BZ** 25
Dupleix (Pl.)	**BY** 6	Nouveau-Brunswick (R. du)	**AZ** 16	Villeneuve (R. Chanoine-de)	**AZ** 27
Gaudeau-Lerpinière (R.)	**AY** 7				
Grande-Rue de Châteauneuf	**AZ** 8				

Villa Richelieu sans rest
61 av. Richelieu – ✆ 05 49 20 28 02 – info@villarichelieu.com – Fax 05 49 20 28 02
5 ch – 70/85 € 85/100 € AY **e**
♦ Vous logerez au calme, côté cour, dans le cadre chaleureux d'une bâtisse en tuffeau indépendante de l'habitation des propriétaires. Chambres douillettes et personnalisées.

La Gourmandine
22 av. Président Wilson – ✆ 05 49 21 05 85 – la-gourmandine@wanadoo.fr – Fax 05 49 21 05 85 – Fermé 2-11 janv., dim. soir et lundi midi AZ **x**
Rest – Menu (16 €), 24 € (sem.)/72 € – Carte 39/50 €
♦ Maison bourgeoise joliment rénovée : haut plafond, moulures et cheminée d'origine côtoient touches contemporaines et tons vifs. Jardin-terrasse et carte dans l'air du temps.

Bernard Gautier

189 r. d'Antran – ✆ 05 49 90 24 74 – Fax 05 49 90 27 85 – Fermé 25 août-8 sept., 18-29 fév., sam., dim. et lundi AY **t**

Rest – Menu (16 € bc), 22/30 € – Carte 28/45 €

◆ Avec sa salle à manger rustico-bourgeoise, ce restaurant possède un petit air d'auberge familiale qui s'accorde plutôt bien avec la solide cuisine traditionnelle du chef.

à Usseau **7 km par ⑤, D 749 et D 75 – 573 h. – alt. 82 m – ✉ 86230**

Château de la Motte

– ✆ 05 49 85 88 25 – chateau.delamotte@wanadoo.fr – Ouvert 1er avril-mi nov.

5 ch – †75/120 € ††75/120 € – ½ P 100/145 € – **Rest** – table d'hôte *(fermé dim.) (dîner seult) (résidents seult)* Menu 28 € bc

◆ Accueil charmant asssuré par deux amoureux des vieilles pierres en ce château du 15e s. dominant la vallée. Confort et authenticité au rendez-vous : baldaquins, hauts plafonds. Légumes "oubliés" du potager et produits du verger à découvrir à la table d'hôte.

CHÂTILLON-ST-JEAN – 26 Drôme – 332 D3 – rattaché à Romans-sur-Isère

CHÂTILLON-SUR-CHALARONNE – 01 Ain – 328 C4 – 4 137 h. – alt. 177 m – ✉ 01400 Lyon et la vallée du Rhône 43 E1

Paris 418 – Bourg-en-Bresse 28 – Lyon 55 – Mâcon 28 – Villefranche-sur-Saône 27

Office de tourisme, place du Champ de Foire ✆ 04 74 55 02 27, Fax 04 74 55 34 78

de La Bresse à Condeissiat Domaine de Mary, NE : 12 km par D 936 et D 64, ✆ 04 74 51 42 09.

Triptyque★ dans l'ancien hôpital.

De la Tour ch, rest, 15,

pl. République – ✆ 04 74 55 05 12 – info@hotel-latour.com – Fax 04 74 55 09 19

20 ch – †78/135 € ††78/135 €, 9 € – ½ P 67/111 € – **Rest** – *(fermé 23-30 déc., dim. soir, lundi midi et merc.)* Menu (18 €), 23 € (sem.)/64 € – Carte 56/75 €

◆ Cette demeure en briques, pierres et colombages (15e s.) doit son nom à sa tour d'angle. Chambres personnalisées, originales et hautes en couleur ; boutique de décoration. Spécialités de poissons et cuisine bressane servies dans un cadre d'esprit baroque.

Le Clos de la Tour 25,

135 r. Barrit – ✆ 04 74 55 05 12 – info@hotel-latour.com – Fax 04 74 55 09 19

15 ch – †110/140 € ††110/140 €, 9 € – ½ P 81/111 €

◆ Belles demeures bressannes - dont un moulin du 16e s. - situées dans un grand jardin bordé par la Chalaronne. Chambres soignées associant l'ancien et le contemporain.

à l'Abergement-Clémenciat **5 km au Nord-Ouest par D 7 et D 64c – 728 h. – alt. 250 m – ✉ 01400**

St-Lazare (Bidard)

– ✆ 04 74 24 00 23 – lesaintlazare@aol.com – Fax 04 74 24 00 62 – Fermé 15-31 juil., vacances de la Toussaint, 20-27 déc., vacances de fév., dim. soir, merc. et jeudi

Rest – *(prévenir)* Menu (26 €), 31 € (déj. en sem.), 36/82 € – Carte 53/64 €

Spéc. Oeuf cocotte au foie gras (automne-hiver). Sandre de Saône (automne-hiver). Poulette de Bresse. **Vins** Mondeuse blanche du Bugey, Beaujolais.

◆ Cette avenante maison de village héberge trois salles à manger dont une véranda moderne ouverte sur un jardinet méditerranéen. Goûteuse cuisine inventive.

Ce symbole en rouge ?
La tranquillité même, juste le chant des oiseaux au petit matin…

CHÂTILLON-SUR-CLUSES – 74 Haute-Savoie – 328 M4 – 1 061 h. – alt. 730 m – ✉ 74300 46 F1

Paris 576 – Annecy 63 – Chamonix-Mont-Blanc 47 – Thonon-les-Bains 49

Le Bois du Seigneur

rte Taninges – ☎ 04 50 34 27 40 – leboisduseigneur@wanadoo.fr – Fax 04 50 34 80 20

12 ch – 53/58 € 53/58 €, ☕ 10,50 € – ½ P 48 € – **Rest** – *(fermé 9-18 avril, 1er-15 oct., dim. soir, mardi midi et lundi sauf du 15 juil. au 25 août et fév.)* Menu (13,50 €), 16 € (sem.)/38 € – Carte 27/57 €

◆ Bâtisse savoyarde surplombant une route passante dans un village situé au-dessus de Cluses. Chambres simples, campagnardes, à la tenue irréprochable. Accueil charmant. Plats traditionnels servis auprès de la cheminée de la salle à manger ou dans la véranda.

CHÂTILLON-SUR-SEINE – 21 Côte-d'Or – 320 H2 – 6 269 h. – alt. 219 m – ✉ 21400 Bourgogne 8 C1

Paris 233 – Auxerre 85 – Chaumont 60 – Dijon 83 – Langres 74 – Saulieu 79 – Troyes 69

Office de tourisme, place Marmont ☎ 03 80 91 13 19, Fax 03 80 91 21 46

Source de la Douix★ - Musée★ du Châtillonnais : trésor de Vix★★.

à Montliot-et-Courcelles 4 km au Nord-Ouest par N 71 – 278 h. – alt. 224 m – ✉ 21400

Le Magiot sans rest 30,

– ☎ 03 80 91 20 51 – lemagiot@wanadoo.fr – Fax 03 80 91 30 20

22 ch – 40 € 48 €, ☕ 6 €

◆ Établissement récent de type motel. Chambres avant tout pratiques, réparties dans les deux ailes encadrant la terrasse-solarium. Véranda aménagée en salon.

CHATOU – 78 Yvelines – 311 I2 – 101 13 – voir à Paris, Environs

LA CHÂTRE – 36 Indre – 323 H7 – 4 547 h. – alt. 210 m – ✉ 36400 Limousin Berry 12 C3

Paris 298 – Bourges 69 – Châteauroux 37 – Guéret 53 – Montluçon 65

Office de tourisme, 134 rue Nationale ☎ 02 54 48 22 64, Fax 02 54 06 09 15

les Dryades à Pouligny-Notre-Dame Hôtel des Dryades, S : 9 km par D 940, ☎ 02 54 06 60 67.

à Nohant-Vic 6 km au Nord par D 943 et D 918 – 500 h. – alt. 221 m – ✉ 36400

Escapade en Berry, Nohant ☎ 02 54 31 07 37

Auberge de la Petite Fadette 25,

pl. du Cht. Nohant – ☎ 02 54 31 01 48 – Fax 02 54 31 10 19

9 ch – 65 € 110/140 €, ☕ 12 € – ½ P 64/95 € – **Rest** – Menu 19/50 € – Carte 48/67 €

◆ L'héroïne de George Sand prête son nom à cette hostellerie de longue tradition familiale réunissant trois maisons du 17e au 19e s. Salle Renaissance avec cheminée médiévale. Chambres pourvues de meubles anciens hérités des aïeux. Cuisine actuelle servie dans un cadre rustique feutré. Bon choix de vins de Loire.

à St-Chartier 9 km au Nord par D 943 et D 918 – 540 h. – alt. 195 m – ✉ 36400

Vic : fresques★ de l'église SO : 2 km.

Château de la Vallée Bleue cuisinette 40,

rte Verneuil – ☎ 02 54 31 01 91 – valleebleu@aol.com – Fax 02 54 31 04 48 – Ouvert de mi-mars à mi-nov.

14 ch – 95/140 € 100/150 €, ☕ 12 € – 1 suite – ½ P 90/115 € – **Rest** – *(fermé le midi sauf week-ends et fériés, dim. soir et lundi hors saison)* Menu 29/39 € – Carte 38/60 €

◆ Cette belle maison de maître du 19e s. héberge des chambres personnalisées, tandis que l'agréable duplex occupe un pigeonnier. Restaurant proposant un décor mi-rustique, mi-bourgeois, des plats traditionnels et une séduisante carte des vins.

CHÂTRES – 77 Seine-et-Marne – 312 F3 – 555 h. – alt. 116 m – ✉ 77610 19 C2

Paris 49 – Boulogne-Billancourt 57 – Montreuil 44 – Saint-Denis 62

Le Portail Bleu sans rest

2 rte de Fontenay – ☎ 01 64 25 84 94 – leportailbleu@voila.fr – Fax 01 64 25 84 94

4 ch – 50 € 59 €

◆ Cet ensemble de bâtiments anciens qui a profité d'une belle restauration abrite des chambres mansardées et douillettes, garnies de meubles anciens.

CHAUBLANC – 71 Saône-et-Loire – 320 J8 – rattaché à St-Gervais-en-Vallière

CHAUDES-AIGUES – 15 Cantal – 330 G5 – 986 h. – alt. 750 m – Stat. therm. : début avril-fin nov. – Casino – ✉ 15110 Auvergne 5 B3

Paris 538 – Aurillac 94 – Espalion 54 – St-Chély-d'Apcher 30 – St-Flour 27

Syndicat d'initiative, 1 avenue Georges Pompidou ☎ 04 71 23 52 75, Fax 04 71 23 51 98

Beauséjour ch, VISA AE

9 av. G. Pompidou – ☎ 04 71 23 52 37 – beausejour@wanadoo.fr – Fax 04 71 23 56 89 – Ouvert 1er avril-25 nov.

39 ch – 45/52 € 56/62 €, 6,50 € – ½ P 48/53 € – **Rest** – Menu 14/33 € – Carte 25/41 €

◆ À deux pas du centre thermal, des chambres simples mais assez confortables (double-vitrage) et bien tenues vous attendent derrière cette façade blanche des années 1960. Plaisantes salles à manger et terrasse donnant sur la piscine chauffée ; cuisine du terroir.

à Lanau 4,5 km au Nord par D 921 – ✉ 15260 Neuveglise

Auberge du Pont de Lanau avec ch VISA

– ☎ 04 71 23 57 76 – aubergedupontdelanau@wanadoo.fr – Fax 04 71 23 53 84 – Fermé 15 déc.-1er fév., mardi midi et merc. midi

10 ch – 45/60 € 45/60 €, 9 € – ½ P 55 € – **Rest** – Menu 15 € (déj. en sem.), 25/50 € – Carte environ 35 €

◆ Maison auvergnate du 19e s., naguère relais de poste. Boiseries, pierres apparentes et cheminées confèrent un cachet rustique à la salle à manger. Épicerie fine attenante.

à Maisonneuve 10 km au Sud-Ouest par D 921 – ✉ 15110 Jabrun

Moulin des Templiers avec ch VISA

– ☎ 04 71 73 81 80 – les-templiers2@wanadoo.fr – Fax 04 71 73 81 80 – Fermé 10-27 oct., dim. soir et lundi sauf 20 juil.-20 août

5 ch – 36/37 € 36/37 €, 6 € – ½ P 37 € – **Rest** – Menu 12 € (sem.)/24 € – Carte 20/31 €

◆ Aimable auberge de bord de route où l'on propose une cuisine traditionnelle fleurant bon l'Aubrac. Salle à manger sagement campagnarde et quelques chambres pratiques.

CHAUFFAILLES – 71 Saône-et-Loire – 320 G12 – 4 119 h. – alt. 405 m – ✉ 71170 Bourgogne 8 C3

Paris 404 – Charolles 32 – Lyon 77 – Mâcon 64 – Roanne 33

Office de tourisme, 1 rue Gambetta ☎ 03 85 26 07 06, Fax 03 85 26 03 92

à Châteauneuf 7 km à l'Ouest par D 8 – 110 h. – alt. 370 m – ✉ 71740

La Fontaine VISA

– ☎ 03 85 26 26 87 – Fax 03 85 26 26 87 – Fermé 14-21 nov., 7 janv.-8 fév., dim. soir lundi et mardi

Rest – Menu 16 € bc (déj. en sem.), 30/45 € – Carte 33/46 €

◆ Ancien atelier de tissage où grimpe la glycine. La salle est aménagée à la façon d'un jardin d'hiver "rétro", avec fontaine et mosaïque décorative. Produits du terroir.

Une nuit douillette sans se ruiner ?
Repérez les Bibs Hôtel.

CHAUFFAYER – 05 Hautes-Alpes – 334 E4 – 334 h. – alt. 910 m – ✉ 05800

40 **B1**

Paris 639 – Gap 27 – Grenoble 77 – St-Bonnet-en-Champsaur 13

Château des Herbeys rest, VISA AE

Nord : 2 km par N 85 et rte secondaire – ✆ 04 92 55 26 83 – delas-hotel-restaurant@wanadoo.fr – Fax 04 92 55 29 66 – Ouvert 1er avril-11 nov.

12 ch – †65 € ††100/130 €, ☕ 15 € – ½ P 65/85 € – **Rest** – Menu 20/38 € – Carte 39/53 €

◆ Daims et lamas peuplent le joli parc de cette demeure fondée au 13e s. Amples chambres hautes sous plafond, dotées de meubles anciens. Banquets et activités de plein air. Table au décor éclectique mais de caractère (mobilier de style, objets chinés, etc.).

CHAUFOUR-LÈS-BONNIÈRES – 78 Yvelines – 311 E1 – 413 h. – alt. 157 m – ✉ 78270

18 **A1**

Paris 74 – Évreux 27 – Mantes-la-Jolie 21 – Rouen 64 – Vernon 10 – Versailles 64

Les Nymphéas sans rest 30, P VISA AE

N 13 – ✆ 01 34 76 09 44 – contact@hotelnympheas.com – Fax 01 34 76 09 45

24 ch – †60 € ††70/95 €, ☕ 8 € – ½ P 72 €

◆ Architecture récente abritant un hall au cadre rustique réchauffé par une cheminée et des chambres neuves, sobrement décorées et bien insonorisées.

Au Bon Accueil avec ch rest, P VISA

N 13 – ✆ 01 34 76 11 29 – Fax 01 34 76 00 36 – Fermé 20 juil.-19 août, 22 déc.-3 janv., vend. soir, dim. soir et sam.

15 ch – †26/45 € ††45 €, ☕ 5 € – **Rest** – Menu 14,50 € (sem.)/42 €

◆ Adresse toute simple, mais "bon accueil" assuré. Ambiance décontractée et plats traditionnels sont les autres atouts de cette maison qui sert aussi des repas pour les routiers.

CHAULGNES – 58 Nièvre – 319 B9 – 1 262 h. – alt. 240 m – ✉ 58400

Bourgogne 7 **A2**

Paris 227 – Cosne-sur-Loire 40 – Dijon 201 – Nevers 21

Beaumonde ch, P

Le Margat – ✆ 03 86 37 86 16 – cheryl.jj.trinquard@wanadoo.fr – Fax 03 86 37 86 16

4 ch ☕ – †52 € ††60 € – **Rest** – table d'hôte *(dîner seult) (résidents seult)* Menu 22 € bc

◆ Un vaste parc avec étang entoure ce manoir de caractère abritant des chambres confortables et bien équipées. La plus luxueuse, baptisée Cristal, possède une grande baignoire d'angle et une terrasse privée. La propriétaire, d'origine australienne, concocte souvent des plats de son pays.

CHAUMONT P – 52 Haute-Marne – 313 K5 – 25 996 h. – alt. 318 m – ✉ 52000

Champagne Ardenne 14 **C3**

Paris 264 – Épinal 128 – Langres 35 – St-Dizier 74 – Troyes 101

Office de tourisme, place du Général-de-Gaulle ✆ 03 25 03 80 80

Viaduc★ - Basilique St-Jean-Baptiste★.

Plan page ci-contre

Les Remparts ch, ch, 40, P VISA AE

72 r. Verdun – ✆ 03 25 32 64 40 – hotel.rest.des.remparts@wanadoo.fr – Fax 03 25 32 51 70 – Fermé dim. soir du 1er nov. au 31 mars Z **b**

17 ch – †72 € ††92/112 €, ☕ 10 € – **Rest** – Menu (16 €), 27/49 € – Carte 33/72 €

◆ Étape pratique à deux pas de la gare. Les chambres, récemment relookées, sont confortables et égayées de couleurs chaudes. Cuisine traditionnelle servie dans un cadre assez feutré ou formules buffets à la brasserie.

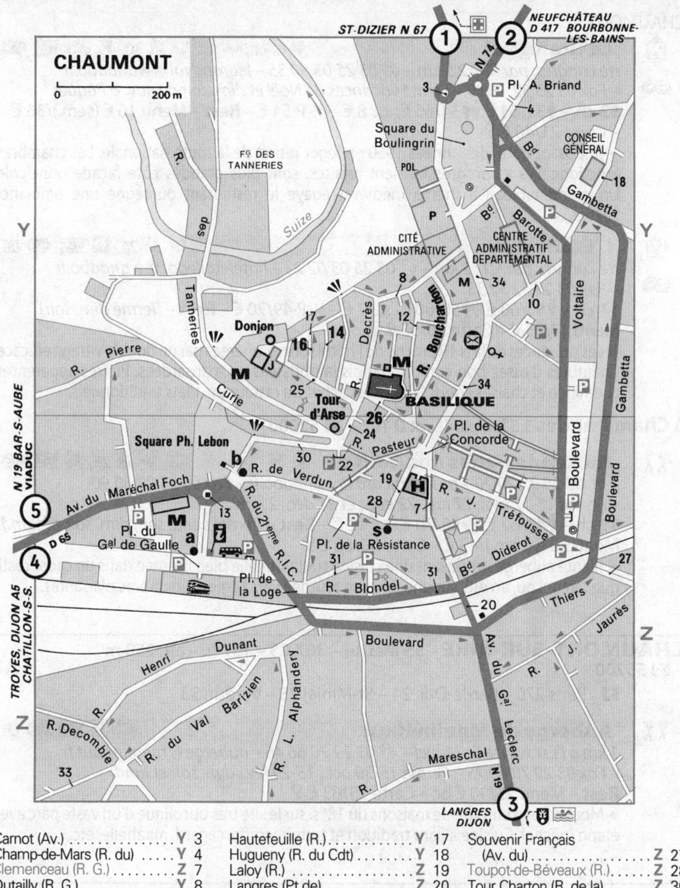

Carnot (Av.) .... Y 3
Champ-de-Mars (R. du) ..... Y 4
Clemenceau (R. G.) .... Z 7
Dutailly (R. G.) .... Y 8
Fourcaut (R. V.) .... Y 10
Girardon (R.) .... Y 12
Goguenheim (Pl. E.) .... Z 13
Gouthière (R.) .... Y 14
Guyard (R.) .... Y 16
Hautefeuille (R.) .... Y 17
Hugueny (R. du Cdt) .... Y 18
Laloy (R.) .... Z 19
Langres (Pt de) .... Z 20
Mariotte (R. V.) .... Z 22
Mgr Desprez (R.) .... YZ 24
Palais (R. du) .... Y 25
St-Jean (R.) .... YZ 26
Souvenir Français (Av. du) .... Z 27
Toupot-de-Béveaux (R.) ...... Z 28
Tour Charton (R. de la) ...... Z 30
Tour Mongeard (Bd de la) .... Z 31
Val Anne-Marie (R. du) ...... Z 33
Verdun (R. de) .... Z
Victoire-de-la-Marne (R.) .... Y 34

De France — ch, ch, cuisinette, 40, VISA

25 r. Toupot de Béveaux – ☎ 03 25 03 01 11 – contact@hotel-france-chaumont.com – Fax 03 25 32 35 80 — Z **s**

13 ch – †87/102 € ††90/105 €, ☕ 10 € – 7 suites – ½ P 66 € – **Rest** – *(fermé 23 juil.-20 août, dim. et fériés) (dîner seul.)* Menu 16/36 € – Carte 26/43 € ♀

◆ Auberge depuis le 16e s., cet hôtel abrite des chambres personnalisées par des détails évoquant des destinations lointaines. Bonne insonorisation et literie neuve. Restaurant "relooké" dans un esprit contemporain et accueillant ; recettes traditionnelles.

Grand Hôtel Terminus-Reine — ch, 40, VISA

pl. Gén. de Gaulle – ☎ 03 25 03 66 66 – relais.sud.terminus@wanadoo.fr – Fax 03 25 03 28 95 — Z **a**

61 ch – †40/115 € ††62/115 €, ☕ 8,50 € – ½ P 65/85 € – **Rest** – *(fermé 30 juil.-27 août et dim. soir)* Menu 15 € (dîner), 23/75 € – Carte 33/57 € ♀

◆ Dès les premiers beaux jours, la façade en rotonde est joliment fleurie. Quelques chambres rajeunies : tons gais, mobilier rustique ou en fer forgé et parquet. Au restaurant, carte traditionnelle et gibier en saison. Espace pizzeria-grill au sous-sol.

Le Grand Val ch, ch, 30, VISA

rte Langres, par ③ : 2,5 km – ✆ 03 25 03 90 35 – legrandval@wanadoo.fr – Fax 03 25 32 11 80 – Fermé vacances de Noël et dim. soir de nov. à Pâques
53 ch – 32/63 € 34/66 €, 8 € – ½ P 54 € – **Rest** – Menu 16 € (sem.)/36 € – Carte 21/46 €

◆ Imposant hôtel des années 1960 en léger retrait de la route nationale. Les chambres, fonctionnelles et progressivement refaites, sont plus grandes côté façade principale. Un grand tableau à thème médiéval égaye le restaurant où règne une ambiance "sixties".

L'Étoile d'Or 25, VISA AE

rte Langres par ③ : 2 km – ✆ 03 25 03 02 23 – hoteletoiledor@wanadoo.fr – Fax 03 25 32 52 33
11 ch – 50/60 € 50/60 €, 7 € – ½ P 49/70 € – **Rest** – *(fermé dim. soir)* Menu 17/33 € – Carte 26/55 €

◆ Les nuisances de la N 19 proche de l'hôtel sont tempérées par un double vitrage efficace. Chambres d'assez bon confort, parfois lambrissées ou mansardées. Pierres apparentes, cheminée et chaises Louis XVI font le cachet du restaurant. Plats traditionnels.

à Chamarandes 3,5 km par ③ et D 162 – ✉ 52000

Au Rendez-vous des Amis avec ch 25, VISA

– ✆ 03 25 32 20 20 – pascal.nicard@wanadoo.fr – Fax 03 25 02 60 90 – Fermé 1er-12 mai, 27 juil.-22 août et 21 déc.-2 janv.
19 ch – 46/62 € 50/70 €, 12 € – **Rest** – *(fermé vend. soir, dim. soir et sam.)* Menu 20 € (sem.)/43 € – Carte 60/68 €

◆ Riante auberge proposant une cuisine traditionnelle bien tournée dans un cadre rustique rajeuni ou, en été, sur une terrasse tournée vers l'église. Chambres plaisantes.

CHAUMONT-SUR-AIRE – 55 Meuse – 307 C5 – 157 h. – alt. 250 m – ✉ 55260 26 A2

Paris 270 – Bar-le-Duc 24 – St-Mihiel 25 – Verdun 33

Auberge du Moulin Haut VISA AE

1 km à l'Est sur rte St-Mihiel – ✆ 03 29 70 66 46 – auberge@moulinhaut.fr – Fax 03 29 70 60 75 – Fermé 15-30 oct., 15-29 fév., dim. soir et lundi
Rest – Menu 25/90 € bc – Carte 35/63 €

◆ Moulin à eau entouré de maisons du 18e s. sur le site très bucolique d'un vaste parc avec étang (pêche). Cuisine alliant tradition et terroir : truffe, canard, mirabelle, etc.

CHAUMONT-SUR-THARONNE – 41 Loir-et-Cher – 318 I6 – 1 072 h. – alt. 122 m – ✉ 41600 Châteaux de la Loire 12 C2

Paris 165 – Blois 52 – Orléans 35 – Romorantin-Lanthenay 32 – Salbris 30

Office de tourisme, 3 place Robert Mottu ✆ 02 54 88 64 00, Fax 02 54 88 60 40

Grenouillère VISA

rte d'Orléans – ✆ 02 54 88 50 71 – jean-charles.dartigues@wanadoo.fr – Fax 02 54 88 53 49 – Fermé lundi et mardi
Rest – Menu 23 € (déj. en sem.), 37/42 € – Carte 53/63 €

◆ En lisière de forêt, maison typiquement solognote agrandie par une véranda moderne. Jardin-terrasse et mare... aux grenouilles ? Intérieur rustique. Cuisine au goût du jour.

CHAUMOUSEY – 88 Vosges – 314 G3 – rattaché à Épinal

CHAUNY – 02 Aisne – 306 B5 – 12 523 h. – alt. 50 m – ✉ 02300 37 C2

Paris 124 – Compiègne 46 – Laon 35 – Noyon 18 – St-Quentin 31 – Soissons 32

Syndicat d'initiative, place du Marché Couvert ✆ 03 23 39 69 04, Fax 03 23 39 38 77

XXX **Toque Blanche** avec ch rest, ch, 20, VISA
24 av. V. Hugo – ☎ 03 23 39 98 98 – info@toque-blanche.fr – Fax 03 23 52 32 79 – Fermé 2-27 août, 2-6 janv., 16-24 fév., sam. midi, dim. soir et lundi
7 ch – †62/88 € ††73/88 €, ☕ 12 € – **Rest** – Menu 33 € (sem.)/71 € – Carte 50/76 € ♀
◆ Cette demeure des années 1920 entourée d'un joli parc abrite une salle à manger préservée : moulures d'époque et mobilier d'esprit Art déco. Cuisine au goût du jour.

à Ognes **2 km à l'Ouest par rte de Noyon – 1 120 h. – alt. 55 m – ✉ 02300**

X **Le Relais St-Sébastien** VISA
26 av. Liberté – ☎ 03 23 52 15 77 – gautier1134@aol.com – Fax 03 23 39 91 52 – Fermé 27 août-2 sept., 18-24 fév. et le soir sauf sam.
Rest – Menu 16 € (sem.), 23/42 € – Carte 24/41 € ♀
◆ Cette auberge familiale bordant un axe animé propose une cuisine traditionnelle dans un cadre sagement rustique ou, en été, sur la petite terrasse tournée vers le jardin.

au Rond-d'Orléans **8 km au Sud-Est par D 937 et D 1750 – ✉ 02300 Sinceny**

Auberge du Rond d'Orléans 40, VISA
– ☎ 03 23 40 20 10 – aubergedurondorleans@orange.fr – Fax 03 23 52 36 80
21 ch – †48 € ††55/96 €, ☕ 7 € – ½ P 64 € – **Rest** – *(fermé dim. soir)* Menu (12,50 €), 19 € (sem.)/55 € – Carte 34/73 € ♀
◆ Au cœur de la forêt domaniale de Coucy-Basse, établissement de type motel disposant de chambres fonctionnelles bien tenues. Petits-déjeuners dans un bâtiment séparé. Vastes salles à manger de style rustique et cuisine traditionnelle aux accents du terroir.

CHAUSEY (ÎLES) – 50 Manche – 303 B6 – voir à Îles Chausey

LA CHAUSSÉE D'IVRY – 28 Eure-et-Loir – 311 E2 – 924 h. – alt. 57 m – ✉ 28260 11 B1

Paris 75 – Orléans 141 – Chartres 60 – Cergy 59 – Évreux 35

Gingko sans rest VISA
Golf Park de Nantilly – ☎ 02 37 64 01 11 – contact@hotel-gingko.com – Fax 02 37 64 32 85
20 ch – †85/180 € ††85/180 €, ☕ 7 €
◆ Voisinant avec le golf, hôtel dont les chambres, amples et confortables, agencées dans l'esprit contemporain, se partagent une ancienne maison de notable et ses dépendances.

LA CHAUSSÉE-ST-VICTOR – 41 Loir-et-Cher – 318 F6 – rattaché à Blois

CHAUSSIN – 39 Jura – 321 C5 – 1 579 h. – alt. 191 m – ✉ 39120 16 A2

Paris 354 – Beaune 52 – Besançon 76 – Chalon-sur-Saône 56 – Dijon 62 – Dole 21

Chez Bach 25, VISA
pl. Ancienne Gare – ☎ 03 84 81 80 38 – hotel-bach@wanadoo.fr – Fax 03 84 81 83 80 – Fermé 20-30 déc., 2-6 janv., vend. soir sauf du 14 juil. au 31 août, dim. soir et lundi midi sauf fériés
22 ch – †58 € ††58/79 €, ☕ 10 € – ½ P 68 € – **Rest** – *(prévenir le week-end)* Menu 17 € (sem.)/56 € – Carte 44/68 € ♀
◆ Dans un village aux confins de la Bresse, de la Bourgogne et du Jura. Les chambres du bâtiment récent sont modernes et confortables. Accueil familial. Salle à manger contemporaine, table traditionnelle et bon choix de vins régionaux.

Val d'Orain VISA
34 r. S.-M. Lévy – ☎ 03 84 81 82 15 – aubergevaldorain@wanadoo.fr – Fax 03 84 81 75 24 – Fermé 29 juin-8 juil., 26 oct.-7 nov., 9-24 fév., vend. soir et sam. midi sauf juil.-août et dim. soir
10 ch – †35 € ††45 €, ☕ 6 € – ½ P 40 € – **Rest** – Menu 12,50 € bc (déj. en sem.), 21/40 € – Carte 21/32 € ♀
◆ Auberge bordant la traversée du village baigné par l'Orain, un affluent du Doubs. Chambres simples à la tenue irréprochable. Salle à manger sagement campagnarde prolongée d'une véranda et terrasse dressée dans la cour. Cuisine du terroir et vins jurassiens.

CHAUVIGNY – 86 Vienne – 322 J5 – 7 025 h. – alt. 65 m – ✉ 86300
Poitou Vendée Charentes 39 **C1**

Paris 333 – Bellac 64 – Le Blanc 36 – Châtellerault 30 – Montmorillon 27 – Poitiers 26

Office de tourisme, 5 rue Saint-Pierre ✆ 05 49 46 39 01

Ville haute★ - Église St-Pierre★ : chapiteaux du chœur★★ - Donjon de Gouzon★.

St-Savin : abbaye★★ (peintures murales★★★).

Lion d'Or ch, rest, VISA

8 r. Marché, ville basse (près église) – ✆ 05 49 46 30 28 – Fax 05 49 47 74 28 – Fermé 24 déc.-12 janv.

26 ch – 44 € 44 €, 6,50 € – ½ P 42 € – **Rest** – Menu (12 €), 18/39 € – Carte 20/47 €

◆ Une adresse de la ville basse appréciée pour son décor gai et pour ses chambres personnalisées, confortables et bien tenues. Au restaurant, atmosphère méridionale, fer forgé, chaises de style Art nouveau et goûteuse cuisine traditionnelle.

CHAUX-NEUVE – 25 Doubs – 321 G6 – 223 h. – alt. 992 m – ✉ 25240 16 **B3**

Paris 450 – Besançon 94 – Genève 78 – Lons-le-Saunier 68 – Pontarlier 35 – St-Claude 53

Auberge du Grand Gît ch,

– ✆ 03 81 69 25 75 – nicod@aubergedugrandgit.com – Fax 03 81 69 15 44 – Ouvert 5 mai-14 oct., 22 déc.-24 mars et fermé dim. soir et lundi

8 ch – 35/40 € 44/48 €, 7,50 € – ½ P 45/48 € – **Rest** – *(fermé le midi hors saison)* Menu 13,50 € (déj. en sem.), 17/22 € – Carte 24/35 €

◆ Vous apprécierez l'ambiance familiale et le calme des chambres lambrissées de ce chalet récent posté près des tremplins de ski de saut. Le patron mitonne une appétissante cuisine régionale qui vous sera servie dans une sympathique salle campagnarde.

CHAVIGNOL – 18 Cher – 323 M2 – rattaché à Sancerre

CHAVOIRES – 74 Haute-Savoie – 328 K5 – rattaché à Annecy

CHAZAY – 28 Eure-et-Loir – 311 E5 – rattaché à Chartres

CHAZELLES-SUR-LYON – 42 Loire – 327 F6 – 4 801 h. – alt. 630 m – ✉ 42140
Lyon et la vallée du Rhône 44 **A2**

Paris 487 – Lyon 46 – Montbrison 28 – Roanne 70 – St-Étienne 34

Office de tourisme, 9 place Jean-Baptiste Galland ✆ 04 77 54 98 86, Fax 04 77 54 94 58

Château Blanchard 55, VISA

36 rte St-Galmier – ✆ 04 77 54 28 88 – lechateaublanchard@wanadoo.fr – Fax 04 77 54 36 03 – Fermé 20 août-6 sept., 19-28 fév., dim. soir et lundi

12 ch – 58/78 € 58/78 €, 8 € – ½ P 65 € – **Rest** – Menu 19 € (déj. en sem.), 25/55 € – Carte 33/48 €

◆ Cette imposante villa voisine du musée du Chapeau appartenait autrefois à un chapelier du pays. Chambres pratiques bien tenues ; salon-véranda tourné vers le jardin arboré. Restaurant au cadre soigné : boiseries et miroirs d'origine, mobilier contemporain.

CHAZEY-SUR-AIN – 01 Ain – 328 E5 – 1 200 h. – alt. 235 m – ✉ 01150 44 **B1**

Paris 469 – Bourg-en-Bresse 45 – Chambéry 87 – Lyon 43 – Nantua 57

La Louizarde VISA

au Sud par D 62 et rte secondaire : 3 km – ✆ 04 74 61 53 23 – Fax 04 74 61 58 47 – Fermé 1er-10 sept., 24-30 déc., 11-25 fév., jeudi soir, mardi et merc. d'oct. à mai, sam. midi, dim. soir et lundi

Rest – Menu 17 € bc (déj. en sem.), 28/40 € – Carte 37/47 €

◆ La silhouette de cette maison n'est pas sans rappeler l'architecture de la Louisiane. Décor intérieur subtilement "colonial" et belle terrasse ouverte sur le jardin.

LE CHEIX – **63 Puy-de-Dôme** – **326** F9 – ✉ **63320 St-Diery** 5 **B2**

Paris 454 – Besse-en-Chandesse 8 – Clermont-Ferrand 44 – Issoire 22 – Le Mont-Dore 29

Gorges de Courgoul★ SE : 5 km, **Auvergne.**

Le Relais des Grottes avec ch

rte Besse – ✆ 04 73 96 30 30 – Fax 04 73 96 31 34 – Fermé 8 nov.-23 déc., 16 janv.-1er fév., dim. soir et merc. sauf juil.-août

9 ch – 30 € 35/49 €, 6,50 € – ½ P 34/45 € – **Rest** – Menu 16 € (sem.)/33 € – Carte 23/48 €

◆ Ancien relais de poste proche des grottes de Jonas. Cuisine régionale servie dans une petite salle sagement campagnarde ou sur la belle terrasse d'été. Chambres modestes.

CHELLES – **60 Oise** – **305** J4 – **rattaché à Pierrefonds**

CHÉNAS – **69 Rhône** – **327** H2 – **442 h.** – **alt. 253 m** – ✉ **69840** 43 **E1**

Paris 407 – Mâcon 18 – Bourg-en-Bresse 45 – Lyon 59 – Villefranche-sur-Saône 28

Les Platanes de Chénas

aux Deschamps, Nord : 2 km par D 68 – ✆ 03 85 36 79 80 – chgerber@wanadoo.fr – Fax 03 85 36 78 33 – Fermé 22 déc.-6 janv., fév., mardi et merc.

Rest – Menu 24/68 € – Carte 35/57 €

◆ Poutres, parquet et cheminée dans cette ferme transformée en restaurant. La terrasse, sous les platanes, offre une vue étendue sur le Beaujolais. Belle carte de vins du cru.

CHÊNEHUTTE-LES-TUFFEAUX – **49 Maine-et-Loire** – **317** I5 – **rattaché à Saumur**

CHÉNÉRAILLES – **23 Creuse** – **325** K4 – **759 h.** – **alt. 537 m** – ✉ **23130**
Limousin Berry 25 **C1**

Paris 369 – Aubusson 19 – La Châtre 63 – Guéret 32 – Montluçon 46

Syndicat d'initiative, 32 route de gouzon ✆ 05 55 62 91 22

Haut-relief★ dans l'église.

Coq d'Or

7 pl. du Champ de Foire – ✆ 05 55 62 30 83 – Fax 05 55 62 95 18 – Fermé 23 juin-3 juil., 21 sept.-2 oct., 30 déc.-21 janv., dim. soir, merc. soir et lundi

Rest – Menu 12 € (déj. en sem.), 20/42 € – Carte 26/40 €

◆ L'insolite vitrine à l'entrée de ce restaurant expose les coqs rapportés des quatre coins du monde par les clients. Cuisine actuelle goûteuse. Salon réservé aux fumeurs.

à Montignat **10 km au Nord-Ouest par D 990 et D 50** – ✉ **23140**

La Maison Bleue ch,

3 km par N145 – ✆ 05 55 81 88 80 – lamaisonbleue2002@yahoo.fr – Fax 05 55 81 86 69 – Fermé mars

4 ch – 45 € 65/70 € – **Rest** – table d'hôte *(dîner seult) (prévenir) (résidents seult.)* Menu 21 € bc

◆ Ancienne ferme superbement restaurée offrant des chambres ravissantes et originales, décorées d'objets en provenance du monde entier. L'une d'elles occupe même une roulotte ! Cuisine cent pour cent terroir, servie près de la cheminée ou sur la grande terrasse.

CHENNEVIÈRES-SUR-MARNE – **94 Val-de-Marne** – **312** E3 – **101** 28 – **voir à Paris, Environs**

CHENONCEAUX – **37 Indre-et-Loire** – **317** P5 – **325 h.** – **alt. 62 m** – ✉ **37150**
Châteaux de la Loire 11 **A1**

Paris 234 – Amboise 12 – Château-Renault 36 – Loches 31 – Montrichard 8 – Tours 33

Syndicat d'initiative, 1 rue Bretonneau ✆ 02 47 23 94 45, Fax 02 47 23 82 41

Château de Chenonceau★★★.

Auberge du Bon Laboureur (Jeudi) ch, 15, VISA
6 r. Dr Bretonneau – ✆ 02 47 23 90 02 – laboureur@wanadoo.fr – Fax 02 47 23 82 01 – Fermé 13 nov.-22 déc., 7 janv.-12 fév. et mardi midi
22 ch – 95/155 € 115/155 €, 12 € – 4 suites – ½ P 120/140 € –
Rest – Menu 30 € (déj. en sem.), 48/76 € – Carte 65/95 €
Spéc. Crème onctueuse d'écrevisses et concassé de tomate (juin à sept.). Conjugaison de ris et tête de veau sauce gribiche. Dacquoise praliné, sorbet guanaja.
Vins Montlouis, Bourgueil.

◆ Près du célèbre "château des Dames", ensemble de coquettes maisons abritant de belles chambres feutrées et rénovées, toutes différentes. Parc avec potager. Élégantes salles à manger bourgeoises et jolie terrasse ombragée bordant le jardin ; cuisine classique.

La Roseraie ch, VISA
7 r. Dr. Bretonneau – ✆ 02 47 23 90 09 – sfiorito@wanadoo.fr – Fax 02 47 23 91 59 – Ouvert mars-6 nov.
17 ch – 52/55 € 57/185 €, 10,50 € – **Rest** – *(fermé lundi et le midi sauf dim. et fériés)* Menu 25/42 € – Carte 32/50 €

◆ Long bâtiment tapissé de vigne vierge aux chambres spacieuses, climatisées et garnies de meubles rustiques. Jardin et piscine pour la détente. Le restaurant refait (non-fumeurs) offre un cadre campagnard "cosy" renforcé par la présence d'un salon doté d'une cheminée.

CHENÔVE – 21 Côte-d'Or – 320 K6 – rattaché à Dijon

CHÉPY – 80 Somme – 301 C7 – 1 277 h. – alt. 96 m – ✉ 80210 36 A1

Paris 207 – Abbeville 17 – Amiens 72 – Le Tréport 23

L'Auberge Picarde ch, 30, VISA
à la Gare – ✆ 03 22 26 20 78 – auberge-picarde@wanadoo.fr – Fax 03 22 26 33 34 – Fermé 20 août-5 sept. et 26 déc.-6 janv.
25 ch – 45/61 € 49/65 €, 6,50 € – ½ P 46 € – **Rest** – *(fermé sam. midi et dim. soir)* Menu 15 € (sem.)/35 € – Carte 22/34 €

◆ Confortables chambres de style ancien ou moderne situées face à une gare désaffectée, dans un environnement campagnard. Billard. Une galerie couverte, aménagée comme un jardin d'hiver, conduit au restaurant d'esprit rustique. Table "tradition et terroir".

CHÉRAC – 17 Charente-Maritime – 324 H5 – 1 006 h. – alt. 54 m – ✉ 17610 38 B3

Paris 495 – Angoulême 59 – Poitiers 162 – Saintes 19

La Pantoufle ch,
5 imp. des Dîmiers – ✆ 05 46 95 37 10 – lapantoufle@free.fr
3 ch – 45 € 50 € – **Rest** – table d'hôte *(dîner seult) (résidents seult)* Menu 20 € bc

◆ Cette demeure typiquement charentaise invite au farniente : chambres confortables, charmant salon garni de canapés et chaises longues dans le jardin clos. À table, la patronne, vrai cordon bleu, régale ses hôtes de légumes du potager et de produits du terroir.

CHERBOURG-OCTEVILLE – 50 Manche – 303 C2 – 25 370 h. – Agglo. 117 855 h. – alt. 10 m – Casino BY – ✉ 50100 Normandie Cotentin 32 A1

Paris 359 – Brest 399 – Caen 125 – Laval 224 – Le Mans 284 – Rennes 210

de Cherbourg-Maupertus : ✆ 02 33 88 57 60, par ① : 13 km.

Office de tourisme, 2 quai Alexandre III ✆ 02 33 93 52 02, Fax 02 33 53 66 97

de Cherbourg à La Glacerie Domaine des Roches, par rte de Valognes et D 122 : 7 km, ✆ 02 33 44 45 48.

Fort du Roule ≤★ - Château de Tourlaville : parc★ 5 km par ①.

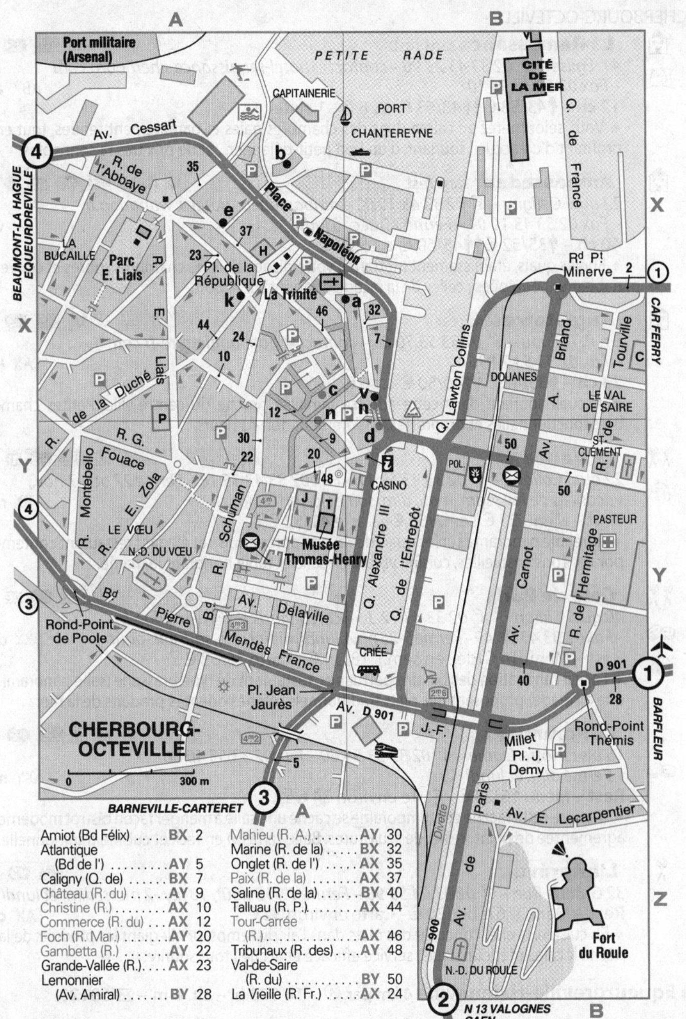

Amiot (Bd Félix) .... BX 2
Atlantique (Bd de l') .... AY 5
Caligny (Q. de) .... BX 7
Château (R. du) .... AY 9
Christine (R.) .... AX 10
Commerce (R. du) .... AX 12
Foch (R. Mar.) .... AY 20
Gambetta (R.) .... AY 22
Grande-Vallée (R.) .... AX 23
Lemonnier (Av. Amiral) .... BY 28
Mahieu (R. A.) .... AY 30
Marine (R. de la) .... BX 32
Onglet (R. de l') .... AX 35
Paix (R. de la) .... AX 37
Saline (R. de la) .... BY 40
Talluau (R. P.) .... AX 44
Tour-Carrée (R.) .... AX 46
Tribunaux (R. des) .... AY 48
Val-de-Saire (R. du) .... BY 50
La Vieille (R. Fr.) .... AX 24

Chantereyne sans rest

port de plaisance – ✆ 02 33 93 02 20 – hotel-chantereyne@wanadoo.fr – Fax 02 33 93 45 29 – Fermé 20 déc.-10 janv. AX **b**

50 ch – 62/72 € 62/72 €, ☕ 8 €

◆ Chambres pratiques et claires (mobilier d'origine), vue sur le port de plaisance pour certaines et bonne insonorisation : le tout dans une imposante bâtisse des années 1980.

Le Louvre sans rest

2 r. H. Dunant – ✆ 02 33 53 02 28 – inter.hotel.le.louvre@wanadoo.fr – Fax 02 33 53 43 88 – Fermé 21 déc.-6 janv. AX **e**

42 ch – 50/56 € 56/62 €, ☕ 7,50 €

◆ Situation centrale, chambres confortables, isolation phonique efficace et petits-déjeuners servis sous forme de buffet caractérisent cet hôtel familial.

La Renaissance sans rest

4 r. Église – ✆ 02 33 43 23 90 – contact@hotel-renaissance-cherbourg.com – Fax 02 33 43 96 10 ABX **a**

12 ch – 43/58 € 48/63 €, 8 € – 1 suite

◆ Vous séjournerez au calme dans des chambres gaies et parfaitement tenues, tout en profitant d'un accueil souriant, d'un bon petit-déjeuner... et de prix très raisonnables.

Ambassadeur sans rest

22 quai Caligny – ✆ 02 33 43 10 00 – ambassadeur.hotel@wanadoo.fr – Fax 02 33 43 10 01 – Fermé 21 déc.-6 janv. BX **v**

40 ch – 35/52 € 45/60 €, 5,50 €

◆ Sur les quais, établissement mettant à votre disposition ses chambres sobres et convenablement équipées ; celles de la façade donnent sur le port.

Angleterre sans rest

8 r. P. Talluau – ✆ 02 33 53 70 06 – contact@hotelangleterre-fr.com – Fax 02 33 53 74 36 AX **k**

23 ch – 35/45 € 40/50 €, 6 €

◆ Accueil souriant dans cette adresse familiale proche du centre-ville. Petites chambres fonctionnelles et proprettes. Entièrement non-fumeurs.

Le Vauban

22 quai Caligny – ✆ 02 33 43 10 11 – Fax 02 33 43 15 18 – Fermé 27 oct.-7 nov., vacances de fév., sam. midi, dim. soir et lundi BX **n**

Rest – Menu 22 € (sem.)/58 € – Carte 41/52 €

◆ Agréable panorama sur les quais de l'avant-port depuis cet élégant restaurant contemporain. Tons ensoleillés, cuisine visible en salle et table honorant la marée.

Café de Paris

40 quai Caligny – ✆ 02 33 43 12 36 – cafedeparis.res@wanadoo.fr – Fax 02 33 43 98 49 – Fermé 5-25 nov., lundi midi et dim. sauf juil.-août BXY **d**

Rest – Menu 14 € (déj. en sem.), 18/35 € – Carte 25/53 €

◆ Face à l'animation des bassins portuaires, restaurant de type brasserie (salle panoramique à l'étage) proposant des plats traditionnels soignés orientés produits de la mer.

Le Pommier

15 bis r. Notre-Dame – ✆ 02 33 53 54 60 – Fax 02 33 53 40 86 – Fermé dim. et lundi AXY **n**

Rest – Menu 16/28 € – Carte environ 34 €

◆ Derrière cette façade contemporaine se cache une salle à manger façon bistrot moderne agrémentée de peintures et de sculptures. Belle terrasse en teck et cuisine traditionnelle.

L'Imprévu

32 Grande Rue – ✆ 02 33 04 53 90 – Fermé 1er-19 août, 18 fév.-2 mars, dim. et lundi

Rest – Menu (16 € bc), 30 € – Carte environ 32 € AX **c**

◆ En cuisine, le chef concocte des plats dans l'air du temps, privilégiant les produits de la pêche locale. Intérieur actuel, service efficace et accueil tout sourire.

à Equeurdreville-Hainneville **4 km par ④ – 18 173 h. – alt. 8 m – ✉ 50120**

La Gourmandine

24 r. Surcouf – ✆ 02 33 93 41 26 – Fax 02 33 93 41 26 – Fermé 15 juil.-7 août, 23 déc.-8 janv., dim. et lundi

Rest – Menu 13,50 € (sem.)/45 € – Carte 26/51 €

◆ Cette chaleureuse salle à manger au décor nautique est un observatoire idéal pour contempler le trafic maritime en rade de Cherbourg. Registre culinaire traditionnel.

CHERISY – 28 Eure-et-Loir – 311 E3 – rattaché à Dreux

CHÉROY – 89 Yonne – 319 A2 – 1 403 h. – alt. 145 m – ✉ 89690 7 A1

Paris 101 – Auxerre 70 – Fontainebleau 41 – Montargis 33 – Nemours 25 – Sens 23

de La Forteresse à Thoury-Férottes Domaine de la Forteresse, NO : 13 km par D 28, ✆ 01 60 96 95 10.

La Tour de Chéroy
3 pl. de la Concorde – ✆ 03 86 97 53 43 – tourcheroy@free.fr – Fax 03 86 97 58 60 – Fermé 25 juin-3 juil., 21 janv.-20 fév., dim. soir, lundi soir, merc. soir et mardi
Rest – Menu (11 €), 17 € (sem.)/33 € – Carte 30/36 €
◆ Face à l'église, construction bourguignonne dont la sobre salle à manger meublée dans le style rustique s'ouvre sur un espace bar. Plats traditionnels et régionaux.

LE CHESNAY – **78 Yvelines** – **311** I3 – **101** 23 – **voir à Paris, Environs (Versailles)**

CHEVAGNES – **03 Allier** – **326** I3 – **716 h.** – **alt. 224 m** – ✉ **03230** 6 **C1**

Paris 309 – Bourbon-Lancy 18 – Decize 31 – Digoin 43 – Lapalisse 51 – Moulins 18

Le Goût des Choses
12 rte Nationale – ✆ 04 70 43 11 12 – Fermé vacances de Pâques, de la Toussaint, de fév., dim. soir, lundi et mardi
Rest – Menu (16 € bc), 22/48 € – Carte 38/60 €
◆ Ici, le goût des choses s'exprime tant dans l'assiette, élaborée en fonction du marché, que dans la salle, décorée et dressée avec soin. Mini-terrasse dans la cour intérieure.

CHEVAL-BLANC – **84 Vaucluse** – **332** D11 – **rattaché à Cavaillon**

CHEVANNES – **89 Yonne** – **319** D5 – **rattaché à Auxerre**

CHEVERNY – **41 Loir-et-Cher** – **318** F7 – **rattaché à Cour-Cheverny**

CHEVIGNEY-LÈS-VERCEL – **25 Doubs** – **321** I4 – **rattaché à Valdahon**

CHEVIGNY – **21 Côte-d'Or** – **320** K6 – **rattaché à Dijon**

CHEVRY – **01 Ain** – **328** J3 – **rattaché à Gex**

LE CHEYLARD – **07 Ardèche** – **331** I4 – **3 514 h.** – **alt. 450 m** – ✉ **07160** 44 **A3**

Paris 598 – Aubenas 50 – Lamastre 21 – Privas 47 – Le Puy-en-Velay 62 – Valence 59

Office de tourisme, rue de la Poste ✆ 04 75 29 18 71, Fax 04 75 29 46 75

Provençal rest, ch,
17 av. Gare – ✆ 04 75 29 02 08 – contact@hotelrestaurantleprovencal.com – Fax 04 75 29 35 63 – Fermé 16 mars-4 avril, 28 sept.-17 oct., 21 déc.-9 janv., vend. soir, dim. soir et lundi
10 ch – †52 € ††61/72 €, 8,50 € – ½ P 53/59 € – **Rest** – Menu (16 €), 22 € (sem.)/51 € bc – Carte 30/36 €
◆ Bâtisse en pierre abritant de petites chambres simples et bien tenues. Garage à vélos apprécié des cyclistes qui parcourent la corniche de l'Eyrieux. Salles à manger sobrement rustiques, cuisine traditionnelle inspirée du terroir et sélection de vins du pays.

CHÉZERY-FORENS – **01 Ain** – **328** I3 – **369 h.** – **alt. 585 m** – ✉ **01200** 45 **C1**

Paris 506 – Bellegarde-sur-Valserine 17 – Bourg-en-Bresse 82 – Gex 39 – Nantua 30

Commerce avec ch
– ✆ 04 50 56 90 67 – Fax 04 50 56 92 54 – Ouvert 1er fév.-30 sept. et fermé 10-16 avril, 11-30 juin, mardi soir et merc. hors vacances scolaires
8 ch – †49 € ††49/50 €, 7 € – ½ P 45 € – **Rest** – Menu (12 € bc), 15 € (sem.)/35 € – Carte 19/39 €
◆ Cette attachante maison propose une généreuse cuisine régionale dans un coquet décor campagnard ou sur la terrasse bercée par les eaux frémissantes de la Valserine. Petites chambres bien tenues et accueil plein de gentillesse.

CHILLE – 39 Jura – 321 D6 – rattaché à Lons-le-Saunier

CHILLEURS-AUX-BOIS – 45 Loiret – 318 J3 – 1 703 h. – alt. 125 m – ✉ 45170

12 C2

Paris 96 – Orléans 30 – Chartres 71 – Étampes 47 – Pithiviers 14

Lancelot

12 r. Déportés – ☎ 02 38 32 91 15 – info@le-lancelot.com – Fax 02 38 32 92 11 – Fermé 6-23 août, merc. soir, dim. soir et lundi

Rest – *(prévenir le week-end)* Menu (14,50 €), 20 € (sem.)/65 € – Carte 47/76 €

◆ Au centre du village, accueillante table au goût du jour et au cadre rustique installée dans une maison d'aspect rural. Terrasse côté jardin ; salons pour les repas en groupe.

CHINAILLON – 74 Haute-Savoie – 328 L5 – rattaché au Grand-Bornand

CHINDRIEUX – 73 Savoie – 333 I3 – 1 092 h. – alt. 300 m – ✉ 73310

45 C1

Paris 520 – Aix-les-Bains 16 – Annecy 48 – Bellegarde-sur-Valserine 39 – Chambéry 33

Abbaye de Hautecombe★★ SO : 10 km, Alpes du Nord.

Relais de Chautagne

ch, 25,

– ☎ 04 79 54 20 27 – Fax 04 79 54 51 63 – Fermé 24 déc. au 10 fév., dim. soir et lundi

25 ch – 45 € 50/55 €, 8 € – **Rest** – Menu 15 € (sem.)/34 € – Carte 23/46 €

◆ La Chautagne est le nom de ce petit "pays" savoyard que traverse le Rhône. Chambres de style actuel ou plus anciennes mais entretenues. Salles à manger de style néo-rustique où l'on sert cuisine traditionnelle, spécialités savoyardes et gibier en saison.

CHINON – 37 Indre-et-Loire – 317 K6 – 8 716 h. – alt. 40 m – ✉ 37500

Châteaux de la Loire

11 A3

Paris 285 – Châtellerault 51 – Poitiers 80 – Saumur 29 – Tours 46

Office de tourisme, place Hofheim ☎ 02 47 93 17 85, Fax 02 47 93 93 05

Vieux Chinon★★ : Grand Carroi★★ A **E** - Château★★ : ≤★★.

Château d'Ussé★★ 14 km par ①.

Plan page ci-contre

De France sans rest

47 pl. Gén. de Gaulle – ☎ 02 47 93 33 91 – elmachinon@aol.com – Fax 02 47 98 37 03 – Fermé 1er-10 mars, 8-28 nov., 16-29 fév., dim. et lundi de nov. à mars

A **s**

30 ch – 52/110 € 75/115 €, 10 € – 3 suites

◆ Deux maisons mitoyennes du 16e s. disposant de chambres confortables et bien insonorisées ; certaines ont vue sur les remparts. Jolie courette intérieure.

Diderot sans rest

4 r. de Buffon – ☎ 02 47 93 18 87 – hoteldiderot@hoteldiderot.com – Fax 02 47 93 37 10

B **n**

27 ch – 42/52 € 52/73 €, 7,50 €

◆ Dans les murs d'une belle demeure du 18e s., chambres (non-fumeurs) simples, garnies de meubles anciens. Petit-déjeuner servi dans un joli cadre rustique ; confitures maison.

Agnès Sorel sans rest

4 q. Pasteur – ☎ 02 47 93 04 37 – info@agnes-sorel.com – Fax 02 47 93 06 37

10 ch – 47/98 € 47/98 €, 8 €

A **k**

◆ À l'ombre du château médiéval, charmant hôtel "les pieds dans la Vienne" aux chambres personnalisées, plus grandes et au calme dans l'annexe. Jardin-cour. Garage à vélos.

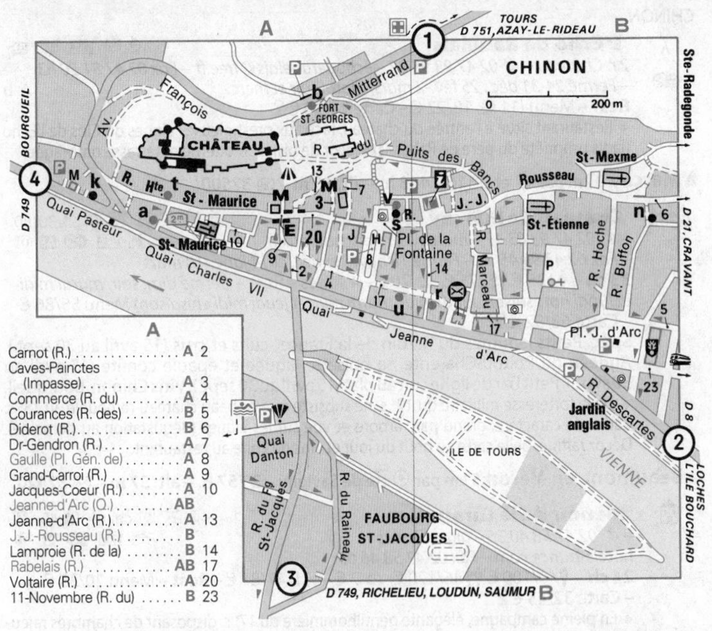

XXX Au Plaisir Gourmand (Rigollet)

q. Charles VII – ☎ 02 47 93 20 48 – Fax 02 47 93 05 66 – Fermé 15 fév.-15 mars, dim. soir, lundi et mardi A **a**

Rest – *(nombre de couverts limité, prévenir)* Menu 28/62 € – Carte 45/65 €

Spéc. Escargots petits gris de Touraine à l'ail doux. Queue de bœuf braisée au vieux chinon. Pruneaux en chemise. **Vins** Vouvray, Chinon.

◆ Cette noble maison du 17e s., précédée d'une ravissante cour fleurie, invite tous les gargantuas de passage à déguster ses mets classiques et régionaux dans un cadre feutré.

XX Au Chapeau Rouge

49 pl. du Gén. de Gaulle – ☎ 02 47 98 08 08 – chapeau.rouge@club-internet.fr – Fax 02 47 98 08 08 – Fermé 12-30 nov., 15-29 fév., lundi sauf le soir du 15 juil. au 15 août et dim. soir A **v**

Rest – Menu 20 € (déj. en sem.), 25/56 € – Carte 39/79 €

◆ Élégante salle de restaurant ouvrant sur une place ombragée. Appétissante cuisine au goût du jour assortie d'une intéressante sélection de vins.

XX L'Océanic

13 r. Rabelais – ☎ 02 47 93 44 55 – Fax 02 47 93 38 08 – Fermé 14-22 avril, 27-31 août, 31 déc.-6 janv., dim. soir et lundi A **u**

Rest – Menu 22/60 € bc – Carte 29/74 €

◆ Sympathique restaurant de produits de la mer situé dans une rue piétonne du centre-ville. Un bel aquarium trône au milieu de la salle à manger, actuelle et confortable.

X Les Années Trente

78 r. Voltaire – ☎ 02 47 93 37 18 – lebeaucharles@wanadoo.fr – Fax 02 47 93 33 72 – Fermé 25 juin-1er juil., 26 nov.-9 déc., 2-15 janv., mardi sauf le soir de Pâques au 1er nov. et merc. A **t**

Rest – Menu 26/38 € – Carte 39/56 €

◆ Bibelots, petits tableaux et photos des années 1930 égaient les salles à manger de ce restaurant aménagé dans une demeure ancienne du vieux Chinon. Cuisine au goût du jour.

L'Écho de Rabelais

2 r. Château – ✆ 02 47 93 95 87 – echoderabelais@free.fr – Fax 02 47 81 20 63 – Fermé 24-31 déc., 25 fév.-2 mars, mardi soir et merc. A **b**

Rest – Menu (11 €), 18/22 € – Carte 24/30 €

◆ Restaurant situé à l'entrée du château, face aux prestigieuses vignes du Clos de l'Écho (jadis propriété du père de Rabelais). Décor de bistrot moderne et terrasse ombragée.

à Marçay **9 km par ③ et D 116 – 448 h. – alt. 65 m – ✉ 37500**

Château de Marçay 30/80,

– ✆ 02 47 93 03 47 – marcay@relaischateaux.fr – Fax 02 47 93 45 33 – Fermé 18 nov.-1er déc. et 14 janv.-10 mars

33 ch – 125 € 275 €, 20 € – 4 suites – **Rest** – *(fermé dim. soir, mardi midi et lundi hors saison, lundi midi, mardi midi et jeudi midi en saison)* Menu 55/86 € – Carte 68/92 €

Spéc. Petits légumes du "jardin de la France" cuits et crus (15 avril au 30 sept.). Agneau du Poitou-Charente, sa noisette laquée et épaule confite (15 avril au 30 sept.). Petit bar de ligne cuit au plat (15 avril au 30 sept.). **Vins** Chinon, Bourgueil.

◆ De la forteresse militaire du 12e s. ne subsiste que ce beau château remodelé au 15e s. Cadre de caractère, grand parc arboré et vue sur les vignes (dégustation au domaine). Décor raffiné, belle carte au goût du jour et vins de Loire au restaurant.

à Beaumont-en-Véron **5 km par ④ rte de Savigny – 2 757 h. – alt. 37 m – ✉ 37420**

Manoir de la Giraudière ch, 40,

– ✆ 02 47 58 40 36 – giraudiere@hotels-france.com – Fax 02 47 58 46 06

24 ch – 40/100 € 46/120 €, 7 € – ½ P 47/81 € – **Rest** – Menu 20/35 € – Carte 32/43 €

◆ En pleine campagne, élégante gentilhommière du 17e s. disposant de chambres rajeunies. Beau pigeonnier du 16e s. aménagé en insolite salon-fumoir. Au restaurant, poutres apparentes, mobilier rustique et cheminée en tuffeau ; carte traditionnelle.

CHIROUBLES – 69 Rhône – 349 h. – alt. 430 m – ✉ 69115 43 E1

Paris 422 – Lyon 59 – Villeurbanne 67 – Bourg-en-Bresse 60 – Caluire-et-Cuire 63

La Tour ch,

1 km, Le Pont (rte de Fleurie) – ✆ 04 74 04 20 26 – mfjp.bernard@free.fr

4 ch – 70 € 80 € – **Rest** – table d'hôte *(dîner seult) (résidents seult)* Menu 25 € bc

◆ Maison de caractère où de belles chambres à thèmes - Romantique et Florale (dans la tour), Rétro et Pastorale (logis) - vous hébergent en toutes commodités. Vue sur la vigne.

CHISSAY-EN-TOURAINE – 41 Loir-et-Cher – 318 D7 – rattaché à Montrichard

CHISSEAUX – 37 Indre-et-Loire – 317 P5 – 575 h. – alt. 58 m – ✉ 37150 11 A1

Paris 235 – Tours 37 – Amboise 14 – Loches 33 – Romorantin-Lanthenay 63

Clair Cottage rest, ch,

– ✆ 02 47 23 90 69 – hotel.clair.cottage@wanadoo.fr – Fax 02 47 23 87 07 – Ouvert 1er mars-15 nov. et fermé dim. soir

10 ch – 50/60 € 50/65 €, 9 € – ½ P 54/58 € – **Rest** – *(fermé dim. soir et le midi du lundi au jeudi)* Menu 19/38 € – Carte 24/45 €

◆ Hôtel de construction récente posté sur la traversée du village. Ses petites chambres fonctionnelles ou rustiques sont régulièrement entretenues. Sobre salle à manger et terrasse d'été. Carte traditionnelle et menu du terroir.

Auberge du Cheval Rouge

30 r. Nationale – ✆ 02 47 23 86 67 – Fax 02 47 23 92 22 – Fermé 22 oct.-26 nov., lundi soir de déc. à mars, dim. soir et merc. soir sauf de juin à août et mardi

Rest – Menu 20 € (déj. en sem.), 25/43 € – Carte 36/53 €

◆ L'ancien café du village abrite aujourd'hui un coquet restaurant (non-fumeurs) dont le nouveau décor a gagné en sobriété rustique (tons clairs). Charmante terrasse verdoyante.

CHOISY-AU-BAC – 60 Oise – 305 I4 – rattaché à Compiègne

CHOLET – 49 Maine-et-Loire – 317 D6 – 54 204 h. – alt. 91 m – ✉ 49300

Châteaux de la Loire 34 **B2**

- Paris 353 – Ancenis 49 – Angers 64 – Nantes 60 – La Roche-sur-Yon 70
- Office de tourisme, 14 r. Maudet ✆ 02 41 49 80 00
- de Cholet Allée du Chêne Landry, ✆ 02 41 71 05 01.
- Musée d'Art et d'Histoire★ Z **M.**

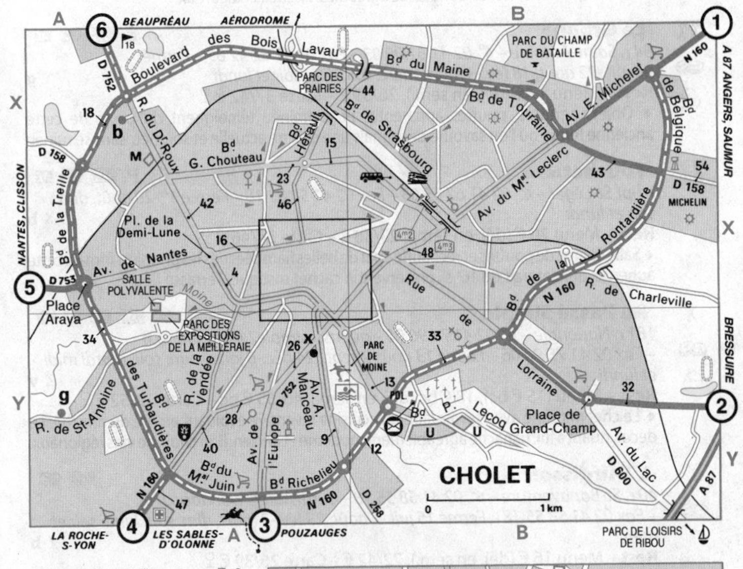

Abreuvoir (Av. de l') . . . . . Z 2
Bons Enfants (R. des) . . . . Z 3
Bouet (Av. F.) . . . . AX 4
Bourg Baudry (R. du) . . . . . Z 6
Bretonnaise (R.) . . . . Z 7
Champagny (Av. du Cdt-de) . . . . . AY 9
Clemenceau (R. G.) . . . . . . Z 10
Coubertin (Bd P.-de) . . . . . BY 12
Delhumeau-Plessis (Bd) . . . BY 13
Faidherbe (Bd du Gén.) . . . . AY 15
Foch (Av. du Mar.) . . . . . . AX 16
Godinière (Bd de la) . . . . . AX 18
Guérineau (Pl. A.) . . . . Z 20
Hôtel de Ville (R. de l') . . . Z 22
Joffre (Bd du Mar.) . . . . . . AX 23
libération (Av. de la) . . . . . AY 26
Marne (Av. de la) . . . . AY 28
Maudet (Av.) . . . . Z 30
Maulévrier (R. de) . . . . . . BY 32
Minée (Bd de la) . . . . BY 33
Moine (R. de la) . . . . Z 36
Moinie (Bd de la) . . . . AY 34
Montfort (R. G.-de) . . . . . . Z 37
Nantaise (R.) . . . . Z 39
Napoléon-Bonaparte (Av.) . . . . . AY 40
Nationale (R.) . . . . Z
Pasteur (R. L.) . . . . AX 42
Poitou (Bd du) . . . . BX 43
Pont de Pierre (Bd du) . . . AB 44
Puits de l'Aire (R. du) . . . . Z 45
Richard (Bd G.) . . . . Z 46
Sablerie (R.) . . . . Z 49
Sables (Av. des) . . . . AY 47
Sadi-Carnot (R.) . . . . BX 48
Sardinerie (R. de la) . . . . . Z 50
Toutlemonde (R. de) . . . . . BX 54
Travot (Pl.) . . . . Z 52
Travot (R.) . . . . Z 53
Vieux Greniers (R. des) . . . Z 56
8-Mai-1945 (Pl. du) . . . . . . Z 58

Grand Hôtel de la Poste sans rest — 50,
26 bd G.-Richard – ☎ 02 41 62 07 20 – ghpcholet@wanadoo.fr – Fax 02 41 58 54 10 — Z **e**
50 ch – †63 € ††99 €, ☕ 8,50 € – 1 suite
◆ Cette maison, tenue par la même famille depuis 1919, serait le plus vieil hôtel de Cholet. Les chambres, rajeunies et de tailles diverses, disposent de bons équipements.

Du Parc sans rest — 50,
4 av. A. Manceau – ☎ 02 41 62 65 45 – hotel.parc.cholet@wanadoo.fr – Fax 02 41 58 64 08 – Fermé 21 déc.-6 janv. — AY **x**
46 ch – †56/63 € ††56/87 €, ☕ 8 €
◆ Cet hôtel proche de la patinoire de Cholet a bénéficié d'une rénovation de qualité. Ses chambres, fonctionnelles, sont assez agréables. Accueil chaleureux.

La Grange
64 r. Saint-Antoine – ☎ 02 41 62 09 83 – Fax 02 41 62 32 89 – Fermé 30 juil.-22 août, 18 fév.-3 mars, merc. soir, dim. soir et lundi — AY **g**
Rest – Menu 17 € (déj. en sem.), 26/39 € – Carte 37/42 €
◆ Objets agrestes, poutres apparentes et cheminée témoignent du passé de cette ancienne ferme où l'on savoure désormais une cuisine actuelle et soignée, sans se ruiner.

Touchetière
rd-pt St-Léger – ☎ 02 41 62 55 03 – Fax 02 41 58 82 10 – Fermé 1er-20 août, dim. soir et lundi — AX **b**
Rest – Menu 20 € (déj. en sem.), 23/38 € – Carte 34/46 €
◆ Salle coiffée de poutres et réchauffée par de belles flambées dès les premiers frimas : cette auberge, qui daterait du 16e s., préserve son cachet rustique. Terrasse fleurie.

Au Passé Simple
181 r. Nationale – ☎ 02 41 75 90 06 – aupassesimple2@wanadoo.fr – Fax 02 41 75 90 06 – Fermé 13 août-2 sept., 24 déc.-6 janv., dim. soir, mardi midi et lundi — Z **v**
Rest – Menu (15 € bc), 18 € bc (déj. en sem.), 40/65 € bc – Carte 39/52 €
◆ Le chef mitonne avec savoir-faire une cuisine inventive évoluant au gré du marché. Le décor, quant à lui, panache agréablement moderne et ancien. Bon choix de vins régionaux.

L'Ourdissoir
40 r. St-Bonaventure – ☎ 02 41 58 55 18 – ourdissoir@wanadoo.fr – Fax 02 41 58 55 18 – Fermé 15 juil.-2 août, 23 fév.-2 mars, dim. soir, lundi soir et merc. — Z **b**
Rest – Menu 16 € (déj. en sem.), 22/42 € – Carte 26/39 €
◆ Deux salles à manger rustiques (beaux murs en pierre) dont l'une fut un atelier de tisserands de la ville du mouchoir. Cuisine actuelle et un menu du terroir.

à Nuaillé 7,5 km par ① et D 960 – 1 356 h. – alt. 133 m – ✉ 49340

Les Biches sans rest
pl. Église – ☎ 02 41 62 38 99 – les-biches@wanadoo.fr – Fax 02 41 62 96 24 – Fermé 21 déc.-6 janv.
12 ch – †50/55 € ††58/62 €, ☕ 8 €
◆ Plaisante atmosphère en ce petit hôtel familial disposant de chambres gaies, bien tenues et dotées de literies neuves. En été, petits-déjeuners servis face à la piscine.

à Maulévrier 13 km par ② et D 20 – 2 830 h. – alt. 130 m – ✉ 49360

Syndicat d'initiative, parc Oriental ☎ 02 41 55 50 14, Fax 02 41 55 48 89

Château Colbert — 15/150,
pl. Château – ☎ 02 41 55 51 33 – reception@chateaucolbert.com – Fax 02 41 55 09 02 – Fermé 20-28 déc., 2-6 janv. et 16 fév.-2 mars
25 ch – †40/140 € ††40/140 €, ☕ 12 € – 1 suite – ½ P 57/107 € – **Rest** – *(fermé dim. soir)* Menu 23 € (déj. en sem.), 27/65 € – Carte 37/50 €
◆ Ce château du 17e s. cache de vastes chambres meublées d'ancien, d'où vous surplomberez le parc oriental (le plus beau jardin japonais d'Europe) ; certaines sont mansardées. Salle à manger dans le style Grand Siècle. Sur la carte, préférez les spécialités locales.

au Sud-Est 4 km par D 600 (av. Lac) – ✉ 49300 Cholet

Le Belvédère ← ch, 30, P VISA MC AE
Lac de Ribou – ☎ 02 41 75 68 00 – lebelvedere-cholet@wanadoo.fr – Fax 02 41 75 68 09
8 ch – †70/87 € ††80/97 €, ☕ 8 € – **Rest** – *(fermé dim. soir et lundi)* Menu 15 € (déj. en sem.), 22/32 € bc
◆ Cette bâtisse récente dominant le lac de Ribou jouit d'un environnement verdoyant. Les chambres, spacieuses et claires, sont dotées d'un mobilier en rotin peint. Salle à manger actuelle, agréable terrasse ouverte sur la nature et cuisine traditionnelle.

CHOMELIX – 43 Haute-Loire – 331 E2 – 409 h. – alt. 910 m – ✉ 43500 6 C3

▶ Paris 519 – Ambert 36 – Brioude 52 – Le Puy-en-Velay 30 – St-Étienne 77

Auberge de l'Arzon avec ch ♿ ch, rest, P VISA MC
pl. Fontaine – ☎ 04 71 03 62 35 – aubergedelarzon@wanadoo.fr – Fax 04 71 03 61 62 – Ouvert 2 mai-10 sept., week-ends en avril et fermé dim. soir, lundi et mardi
9 ch – †50/55 € ††50/72 €, ☕ 6,50 € – ½ P 50/60 € – **Rest** – Menu (18 €), 23/45 € – Carte 25/42 €
◆ Au cœur du village, bâtisse en pierre vous conviant à un repas traditionnel dans un cadre rustique remis à la page. Mise de table dépouillée ; mobilier en chêne et acajou. Une dépendance située à l'arrière abrite des chambres fonctionnelles tranquilles.

CHOMÉRAC – 07 Ardèche – 331 J5 – rattaché à Privas

CHONAS-L'AMBALLAN – 38 Isère – 333 B5 – rattaché à Vienne

CHORANCHE – 38 Isère – 333 F7 – 130 h. – alt. 280 m – ✉ 38680

Alpes du Nord 43 E2

▶ Paris 588 – Grenoble 52 – Valence 48 – Villard-de-Lans 20

◉ Grotte de Coufin★★.

Le Jorjane ch, P VISA MC
– ☎ 04 76 36 09 50 – info@lejorjane.com – Fax 04 76 36 00 80 – Fermé 15-30 nov., dim. soir et lundi
7 ch – †37 € ††48/50 €, ☕ 7 € – ½ P 60 € – **Rest** – Menu 14,50 € (sem.)/23 € – Carte 18/27 €
◆ Dans le célèbre village aux sept grottes, auberge familiale abritant des chambres pratiques. Les motards y sont chouchoutés. Restaurant rustique décoré d'objets chinés et terrasse couverte bordant la route ; plats traditionnels, grillades, salades, pizzas.

CIBOURE – 64 Pyrénées-Atlantiques – 085 02 – voir à St-Jean-de-Luz

CINQ CHEMINS – 74 Haute-Savoie – 328 L2 – rattaché à Thonon-les-Bains

LA CIOTAT – 13 Bouches-du-Rhône – 340 I6 – 31 630 h. – Casino – ✉ 13600

Provence 40 B3

▶ Paris 802 – Aix-en-Provence 53 – Brignoles 62 – Marseille 32 – Toulon 36

ℹ Office de tourisme, boulevard Anatole France ☎ 04 42 08 61 32, Fax 04 42 08 17 88

◉ Calanque de Figuerolles★ SO : 1,5 km puis 15 mn par D141 - Chapelle N.-D. de la Garde ←★★ O : 2,5 km puis 15 mn.

◉ - à l'Île Verte ←★ en bateau 30 mn .

La Fresque VISA MC AE
18 r. des Combattants (pl. Église) – ☎ 04 42 08 00 60 – lafresque@aol.com – Fax 04 42 08 00 60 – Fermé 10 déc.-8 fév., dim. soir et lundi
Rest – Menu 18/35 € – Carte 32/52 €
◆ Dominant le port, pharmacie du 19e s. convertie en agréable restaurant. Son nom provient de la jolie fresque ornant le plafond de la salle. La carte a l'accent du Sud.

au Liouquet **6 km à l'Est par D 559 (rte de Bandol) – ✉ 13600 La Ciotat**

Ciotel Le Cap ch, rest, VISA
Corniche du Liouquet – ☎ 04 42 83 90 30 – leciotel@aol.com – Fax 04 42 83 04 17 – Fermé 15 déc.-1er mars
44 ch – 100/143 € 108/158 €, 12,50 € – 2 suites – ½ P 93/118 €
– **Rest** – *(fermé dim. soir du 1er mars au 1er mai)* Menu 21 € (déj.), 26/30 € – Carte 30/45 €
◆ Disséminés dans un ravissant jardin fleuri, six pavillons de plain-pied abritant des chambres un brin désuètes mais dotées de terrasses. Jolie piscine face à la mer. L'atout majeur de la salle à manger, simplement décorée, est sa vue sur la "grande bleue".

Auberge Le Revestel avec ch ch, VISA
– *☎ 04 42 83 11 06 – revestel@wanadoo.fr – Fax 04 42 83 29 50 – Fermé 19 nov.-3 déc., 7 janv.-13 fév.*
6 ch – 60 € 60 €, 8 € – ½ P 74 € – **Rest** – *(fermé lundi midi en juil.-août, merc. sauf le soir en juil.-août et dim. soir)* Menu 26 € bc (déj. en sem.)/38 € – Carte 41/61 €
◆ Belle situation sur la corniche pour ce petit restaurant au cadre rajeuni très coloré. Les larges baies de la salle offrent une vue imprenable sur le large. Cuisine actuelle.

CIRES-LÈS-MELLO – 60 Oise – 305 F5 – 3 585 h. – alt. 39 m – ✉ 60660

36 **B3**

Paris 65 – Beauvais 32 – Chantilly 17 – Compiègne 47 – Clermont 16 – Creil 12

Relais du Jeu d'Arc 40, VISA
pl. Jeu d'Arc à Mello, Est : 1 km – ☎ 03 44 56 85 00 – jeudarc@cdno.org – Fax 03 44 56 85 19 – Fermé 30 juil.-29 août et 23 déc.-2 janv.
14 ch – 60/120 € 60/120 €, 8 € – ½ P 75 € – **Rest** – *(fermé dim. et lundi)* Menu 18 € (déj. en sem.), 23/39 € – Carte 39/48 €
◆ Ancien relais de poste dont les origines remontent au 17e s. Les chambres, actuelles et confortables, sont parfois mansardées. Plats traditionnels servis au coin du feu dans une sympathique salle aménagée dans l'ex-écurie. Terrasse avec vue sur le château.

CLAIRAC – 47 Lot-et-Garonne – 336 E3 – 2 385 h. – alt. 52 m – ✉ 47320

4 **C2**

Paris 690 – Agen 42 – Marmande 24 – Nérac 35
Office de tourisme, 18 rue Gambetta ☎ 05 53 88 71 59

L'Auberge de Clairac VISA
12 rte Tonneins – ☎ 05 53 79 22 52 – aubergedeclairac@cegetel.net – Fax 05 53 94 15 98 – Fermé 19-31 mars, 17-31 déc., dim. soir et merc.
Rest – Menu (15 €), 25/55 € – Carte 43/73 €
◆ Cette maison régionale bâtie au 19e s. jouxte un ancien séchoir à tabac. Cuisine du terroir revisitée servie dans un cadre plaisant et sur la jolie terrasse fleurie.

CLAIX – 38 Isère – 333 H7 – rattaché à Grenoble

CLAM – 17 Charente-Maritime – 324 H7 – rattaché à Jonzac

CLAMART – 92 Hauts-de-Seine – 311 J3 – 101 25 – voir à Paris, Environs

---

CLAMECY – 58 Nièvre – 319 E7 – 4 806 h. – alt. 144 m – ✉ 58500

Bourgogne

7 **B2**

Paris 208 – Auxerre 42 – Avallon 38 – Cosne-sur-Loire 52 – Dijon 145 – Nevers 69
Office de tourisme, rue du Grand Marché ☎ 03 86 27 02 51
Église St-Martin★.

De la Poste

9 pl. E. Zola – ✆ 03 86 27 01 55 – hotelposteclamecy@wanadoo.fr – Fax 03 86 27 05 99

14 ch – †54/72 € ††54/72 €, ☕ 10 € – 4 suites – ½ P 55 € – **Rest** – *(fermé 7-27 janv.)* Menu 22 € (sem.)/34 € – Carte 36/43 € ♀

◆ Ancien relais de poste de la petite cité où l'on pratiquait le spectaculaire flottage du bois. Chambres entièrement rénovées et bien tenues, plus calmes sur l'arrière. Confortable salle à manger mi-classique, mi-actuelle. Carte et menus au goût du jour.

CLARA – 66 Pyrénées-Orientales – 344 F7 – rattaché à Prades

LES CLAUX – 05 Hautes-Alpes – 334 I5 – rattaché à Vars

CLÉCY – 14 Calvados – 303 J6 – 1 252 h. – alt. 100 m – ✉ 14570

Normandie Cotentin 32 **B2**

Paris 268 – Caen 39 – Condé-sur-Noireau 10 – Falaise 31 – Flers 22 – Vire 35

Office de tourisme, place du Tripot ✆ 02 31 69 79 95, Fax 02 31 69 76 50

de Clécy-Cantelou Manoir de Cantelou, SO : 4 km par D 133, ✆ 02 31 69 72 72.

Croix de la Faverie ★.

Le Moulin du Vey 80,

Est : 2 km par D 133^A – ✆ 02 31 69 71 08 – reservations@moulinduvey.com – Fax 02 31 69 14 14 – Fermé déc. et janv.

12 ch – †78/111 € ††78/111 €, ☕ 12 € – ½ P 92/107 € – **Rest** – *(fermé dim. soir et lundi midi du 1er nov. au 30 mars)* Menu 26/65 € – Carte 41/109 € ♀

◆ Étape bucolique au cœur de la Suisse normande : ancien moulin à farine posté sur une rive de l'Orne, disposant de coquettes chambres personnalisées. Salle de restaurant contemporaine aménagée dans une annexe (maison à colombages) et terrasse au bord de la rivière.

CLELLES – 38 Isère – 333 G9 – 378 h. – alt. 746 m – ✉ 38930 45 **C3**

Paris 614 – Die 60 – Gap 72 – Grenoble 52 – La Mure 29 – Serres 57

Office de tourisme, le bourg ✆ 04 76 34 43 09

Ferrat 20,

à la gare – ✆ 04 76 34 42 70 – hotel.ferrat@wanadoo.fr – Fax 04 76 34 47 47 – Fermé 20 fév.-10 mars et mardi hors saison

23 ch – †38/40 € ††50/52 €, ☕ 8 € – ½ P 55/60 € – **Rest** – Menu 20/36 € – Carte 24/33 € ♀

◆ Au pied du mont Aiguille, chambres d'esprit rustique ou actuelles, parfois dotées de petits balcons. Bonne insonorisation. Chaleureuse salle à manger d'hiver. En été, optez pour la véranda ou le snack-bar auprès de la piscine.

CLÈRES – 76 Seine-Maritime – 304 G4 – 1 266 h. – alt. 113 m – ✉ 76690

Normandie Vallée de la Seine 33 **D1**

Paris 155 – Dieppe 45 – Forges-les-Eaux 35 – Neufchâtel-en-Bray 36 – Rouen 25 – Yvetot 39

Syndicat d'initiative, 59 avenue du Parc ✆ 02 35 33 38 64

Parc zoologique ★.

à Frichemesnil 4 km au Nord-Est par D 6 et D 100 – 402 h. – alt. 150 m – ✉ 76690

Au Souper Fin (Buisset) avec ch rest, ch,

1 rte de Clères – ✆ 02 35 33 33 88 – buisset.eric@wanadoo.fr – Fax 02 35 33 50 42 – Fermé 8-30 août, 19-30 déc., dim. soir d'oct. à Pâques, merc. et jeudi

3 ch – †52 € ††60 €, ☕ 8 € – ½ P 68/88 € – **Rest** – Menu 30 € (sem.)/50 € – Carte 54/90 € ♀

Spéc. Brandade de crabe et Saint-Jacques poêlées (oct. à fév.). Turbot beurre blanc (oct. à déc. et juin à août). Millefeuille à la vanille.

◆ Ce sympathique restaurant arbore un décor contemporain, élégant et chaleureux. Cuisine actuelle soignée, vins choisis, terrasse-pergola côté jardin et jolies petites chambres.

au Sud 2 km sur D 155 – ✉ 76690 Clères

Auberge du Moulin
36 r. des Moulins du Tot – ✆ 02 35 33 62 76 – marc.halbourg@wanadoo.fr – Fax 02 35 33 62 76 – Fermé 12-20 mars, 13-31 août, dim. soir, mardi midi et lundi
Rest – Menu (16 €), 24/45 € – Carte 33/46 €
◆ Auberge sympathique tournée vers un vieux moulin bordé par une petite rivière dont le cours est ponctué de cressonnières. Cuisine actuelle où entre le terroir. Terrasse.

CLERMONT – 60 Oise – 305 F4 – 9 699 h. – alt. 125 m – ✉ 60600

Nord Pas-de-Calais Picardie 36 **B2**

Paris 79 – Amiens 83 – Beauvais 27 – Compiègne 34 – Mantes-la-Jolie 101 – Pontoise 62

Syndicat d'initiative, 9 place de l'Hôtel de Ville ✆ 03 44 50 40 25, Fax 03 44 50 40 25

à Gicourt-Agnetz 2 km à l'Ouest par ancienne rte de Beauvais – ✉ 60600 Agnetz

Auberge de Gicourt
466 av. Philippe Courtial – ✆ 03 44 50 00 31 – aubergedegicourt@wanadoo.fr – Fax 03 44 50 42 29 – Fermé 1er-21 août, vacances de fév., dim. soir, mardi soir et merc.
Rest – Menu 19/46 € – Carte 43/60 €
◆ À proximité d'une forêt, pimpante auberge champêtre où l'on concocte une cuisine traditionnelle. Petite salle à manger agrémentée d'un aquarium ; terrasse d'été.

à Étouy 7 km au Nord-Ouest par D 151 – 772 h. – alt. 85 m – ✉ 60600

L'Orée de la Forêt (Leclercq)
255 r. Forêt – ✆ 03 44 51 65 18 – info@loreedelaforet.fr – Fax 03 44 78 92 11 – Fermé 30 juil.-28 août, 2-12 janv., sam. midi, dim. soir, vend. et soirs fériés
Rest – Menu 28 € (déj. en sem.), 43/72 € – Carte 67/82 €
Spéc. Foie gras poêlé au sirop de betterave. Pigeonneau rôti à la badiane. Mille-feuille vanillé.
◆ Cette maison de maître du 20e s. a fière allure avec ses jolies salles à manger bourgeoises et son paisible parc arboré. Accueil charmant et belle cuisine au goût du jour.

Nous essayons d'être le plus exact possible dans les prix que nous indiquons.
Mais tout bouge !
Lors de votre réservation, pensez à vous faire préciser le prix du moment.

CLERMONT-EN-ARGONNE – 55 Meuse – 307 B4 – 1 767 h. – alt. 229 m – ✉ 55120

Champagne Ardenne 26 **A1**

Paris 236 – Bar-le-Duc 49 – Dun-sur-Meuse 41 – Ste-Menehould 15 – Verdun 29

Syndicat d'initiative, place de la république ✆ 03 29 88 42 22, Fax 03 29 88 42 43

Bellevue avec ch
r. Libération – ✆ 03 29 87 41 02 – hotel.bellevuevpc@wanadoo.fr – Fax 03 29 88 46 01 – Fermé 23 déc.-10 janv. et dim. soir
7 ch – 42/48 € 50/54 €, 7,50 € – ½ P 56/58 € – **Rest** – Menu 16 € (sem.)/40 € – Carte 27/42 €
◆ Salle à manger coiffée de lattes de bois formant une vague, salle de banquets "1925" et terrasse en surplomb du jardin. Chambres simples, un peu désuètes mais bien tenues.

CLERMONT-FERRAND 🅿 – 63 Puy-de-Dôme – 326 F8 – 137 140 h. – Agglo. 258 541 h. – alt. 401 m – ✉ 63000 Auvergne 5 B2

Paris 420 – Lyon 172 – Moulins 106 – St-Étienne 147

de Clermont-Ferrand-Auvergne : ✆ 04 73 62 71 00 par D 766 CY : 6 km.

Office de tourisme, place de la Victoire ✆ 04 73 98 65 00, Fax 04 73 90 04 11

Nouveau Golf de Charade à RoyatO par D 5 : 8 km, ✆ 04 73 35 73 09 ;

des Volcans à Orcines La Bruyère des Moines, NO : 9 km, ✆ 04 73 62 15 51.

Circuit automobile de Charade, St Genès-Champanelle ✆ 04 73 29 52 95 AZ.

Le Vieux Clermont★ EFVX : Basilique de N.-D.-du-Port★★ (chœur★★★), Cathédrale★★ (vitraux★★), fontaine d'Amboise★, cour★ de la maison de Savaron EV - Cour★ dans l'Hôtel de Fonfreyde EV **M**[1], musée d'archéologie Bargoin★ FX - Le Vieux Montferrand★★ : hôtel de Lignat★, hôtel de Fontenilhes★, maison de l'Éléphant★, cour★ de l'hôtel Regin, porte★ de l'hôtel d'Albiat, - Bas-relief★ de la maison d'Adam et d'Ève - Musée d'art Roger-Quilliot - Belvédère de la D 941A ≤★★ AY.

Puy de Dôme ✻★★★ 15 km par ⑥ - Vulcania (Centre Européen du Vulcanisme). Parc Naturel régional des volcans d'Auvergne ★★★.

Plans pages suivantes

Novotel

ch, 15/120, 🅿 VISA MC AE

Z.I. du Brézet, r. G. Besse ✉ *63100 – ✆ 04 73 41 14 14 – h1175@accor.com – Fax 04 73 41 14 00* CY **a**

131 ch – †108/115 € ††115/123 €, ☕ 12,50 €

Rest ***Le Jardin des Puys*** – Menu (19 €), 25/42 € – Carte 26/48 € ♀

◆ Espace, décor plaisant, bonne isolation phonique : réservez en priorité une chambre rénovée. Vaste hall, bar contemporain. Au Jardin des Puys, cadre moderne tourné sur la piscine.

Mercure Centre

ch, rest, 20/100, VISA MC AE

82 bd F. Mitterrand – ✆ 04 73 34 46 46 – h1224@accor.com – Fax 04 73 34 46 36 EX **v**

123 ch – †100/120 € ††110/130 €, ☕ 13 € – ½ P 100/120 € – **Rest** – *(fermé sam. midi et dim. midi)* Menu 22/34 € – Carte 29/47 € ♀

◆ Imposant bâtiment des années 1970 abritant des chambres fonctionnelles et bien insonorisées ; certaines offrent une vue sur le puy de Dôme. Bar "cosy". Thématique "eau et lacs" dans le décor du restaurant ; agréable terrasse. Carte traditionnelle et régionale.

Holiday Inn Garden Court

ch, ch, 15/50, VISA MC AE

59 bd F. Mitterrand – ✆ 04 73 17 48 48 – higcclermont@alliance-hospitality.com – Fax 04 73 35 58 47 EX **a**

94 ch – †107/162 € ††107/162 €, ☕ 12 € – ½ P 73/87 € – **Rest** – *(fermé vend. soir, sam., dim. et fériés)* Menu 22/26 € – Carte 17/34 € ♀

◆ Entre le jardin Lecoq et la maison de la culture, à l'abri d'une sobre façade, chambres bien équipées, garnies d'un mobilier aux lignes élégantes. Lumineuse verrière, plantes vertes et meubles contemporains caractérisent la salle à manger.

Lafayette sans rest

15, 🅿 VISA MC AE

53 av. Union Soviétique – ✆ 04 73 91 82 27 – info@hotel-le-lafayette.com – Fax 04 73 91 17 26 – Fermé 22 déc.-1er janv. GV **a**

48 ch – †86/115 € ††86/125 €, ☕ 10 €

◆ Cet hôtel voisin de la gare est entièrement rénové : hall contemporain, chambres aux tons pastel dotées de meubles modernes en bois clair et bonne insonorisation.

Kyriad Prestige

35, VISA MC AE

25 av. Libération – ✆ 04 73 93 22 22 – accueil@hotel-kyriadprestigeclermont.com – Fax 04 73 34 88 66 EX **m**

81 ch – †105/150 € ††105/150 €, ☕ 12 € – **Rest** – *(fermé sam. et dim.)* Menu 18/28 € – Carte 32/46 € ♀

◆ Cet hôtel entièrement repensé abrite des chambres contemporaines colorées ; à partir du 3e étage, côté rue, elles bénéficient de la vue sur les volcans. Sauna, fitness. Carte traditionnelle et buffets au restaurant dont le cadre s'inspire des bistrots.

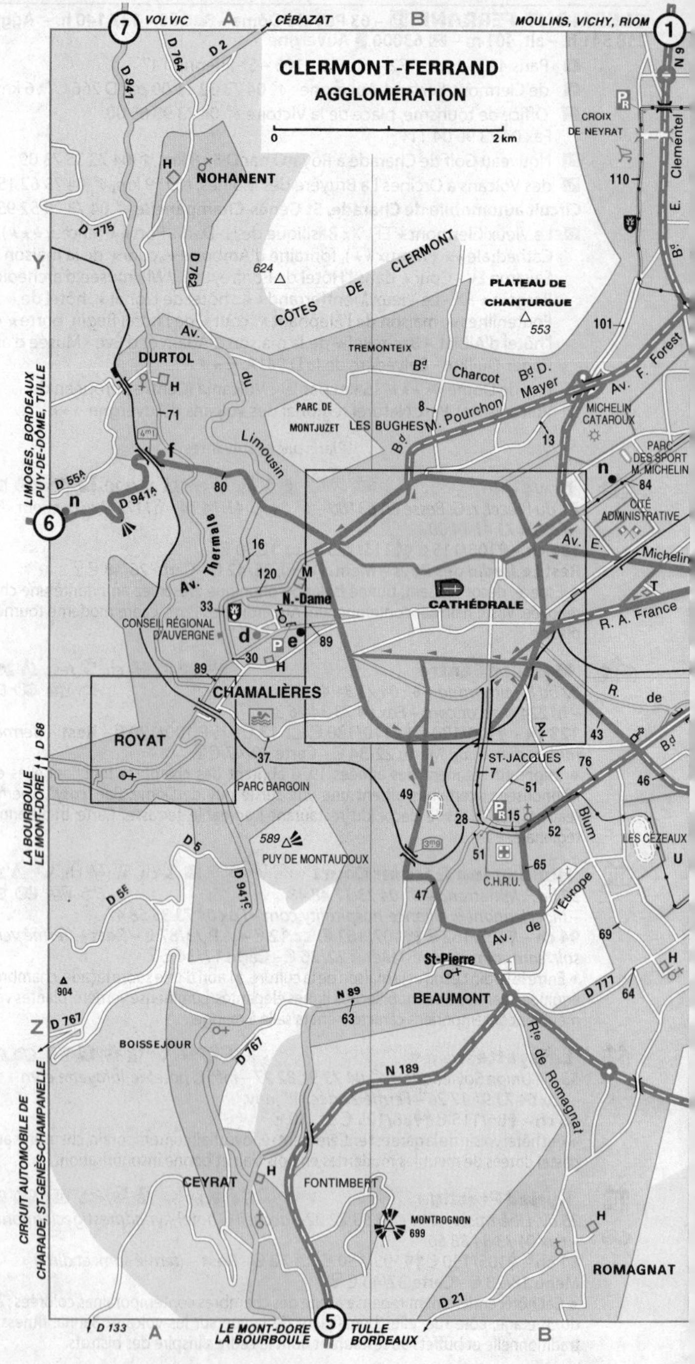
CLERMONT-FERRAND
AGGLOMÉRATION
0
2 km
VOLVIC
CÉBAZAT
MOULINS, VICHY, RIOM
LIMOGES, BORDEAUX
PUY-DE-DÔME, TULLE
LA BOURBOULE
LE MONT-DORE
CIRCUIT AUTOMOBILE DE
CHARADE, ST-GENÈS-CHAMPANELLE
LE MONT-DORE
LA BOURBOULE
TULLE
BORDEAUX
NOHANENT
DURTOL
CÔTES DE CLERMONT
PLATEAU DE
CHANTURGUE
TREMONTEIX
PARC DE
MONTJUZET
LES BUGHES
CROIX
DE NEYRAT
MICHELIN
CATAROUX
PARC
DES SPORT
M. MICHELIN
CITÉ
ADMINISTRATIVE
CATHÉDRALE
N.-Dame
CONSEIL RÉGIONAL
D'AUVERGNE
CHAMALIÈRES
ROYAT
PARC BARGOIN
ST-JACQUES
C.H.R.U.
LES CÉZEAUX
PUY DE MONTAUDOUX
St-Pierre
BEAUMONT
BOISSEJOUR
CEYRAT
FONTIMBERT
MONTROGNON
ROMAGNAT
Av. du Limousin
Av. Thermale
Bd Charcot
Bd M. Pourchon
Bd D. Mayer
Av. F. Forest
Bd E. Clementel
Av. E. Michelin
R. A. France
R. de
Av. L. Blum
Av. de l'Europe
Rte de Romagnat
D 941
D 764
D 2
D 775
D 762
D 55A
D 941A
D 68
D 5
D 5E
D 941C
D 767
N 89
N 189
D 777
D 21
D 133
N 9
624
553
589
904
699

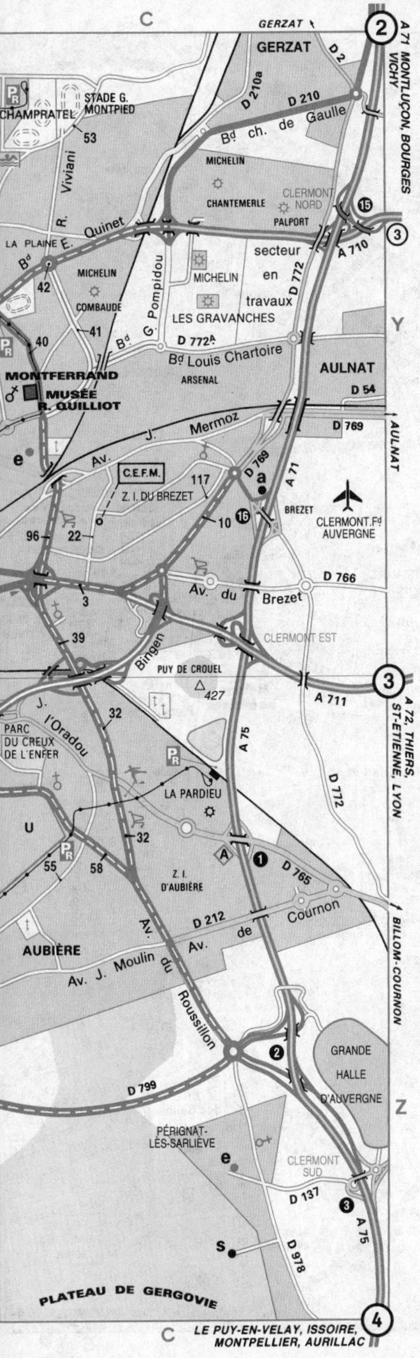

AUBIÈRE

Cournon (Av. de) . . . . CZ
Maerte (Av. R.) . . . . CZ 55
Mont Mouchet (Av. du) . . BZ 64
Moulin (Av. Jean) . . . . CZ
Noellet (Av. J.) . . . . BZ 69
Roussillon (Av. du) . . . . . . CZ

BEAUMONT

Europe (Av. de l') . . . . BZ
Leclerc (Av. du Mar.) . . . . . BZ 47
Mont Dore (Av. du) . . . . ABZ 63
Romagnat (Rte de) . . . . . . BZ

CHAMALIÈRES

Claussat (Av. J.) . . . . AY 16
Europe (Carrefour de l') . . AY 30
Fontmaure (Av. de) . . . . . . AY 33
Gambetta (Bd) . . . . AZ 37
Royat (Av. de) . . . . AY 89
Thermale (Av.) . . . . AY
Voltaire (R.) . . . . AY 120

CLERMONT-FERRAND

Agriculture (Av. de l') . . . . . CY 3
Anatole-France (R.) . . . . . . BY
Bernard (Bd Cl.) . . . . BZ 7
Bingen (Bd J.) . . . . BCYZ
Blanzat (R. de) . . . . BY 8
Blériot (R. L.) . . . . CY 10
Blum (Av. L.) . . . . BZ
Brezet (Av. du) . . . . CY
Champfleuri (R. de) . . . . . BY 13
Charcot (Bd) . . . . BY
Churchill (Bd Winston) . . . BZ 15
Clementel (Bd E.) . . . . BY
Cugnot (R. N.-J.) . . . . CY 22
Dunant (Pl. H.) . . . . BZ 28
La-Fayette (Bd) . . . . BZ 43
Flaubert (Bd G.) . . . . CZ 32
Forest (Av. F.) . . . . BY
Jean-Moulin (Bd) . . . . CY 39
Jouhaux (Bd L.) . . . . CY 40
Kennedy (Bd J.-F.) . . . . CY 41
Kennedy (Carrefour) . . . . . CY 42
Landais (Av. des) . . . . . . BCZ 46
Libération (Av. de la) . . . . . BZ 49
Limousin (Av. du) . . . . AY
Liondards (Av. des) . . . . . . BZ 51
Loucheur (Bd Louis) . . . . . BZ 52
Mabrut (R. A.) . . . . CY 53
Margeride (Av. de la) . . . . . CZ 58
Mayer (Bd D.) . . . . BY
Mermoz (Av. J.) . . . . CY
Michelin (Av. Édouard) . . . BY
Montalembert (R.) . . . . . . BZ 64
Oradour (R. de l') . . . . . . BCZ
Pochet-Lagaye (Bd P.) . . . . BZ 76
Pompidou (Bd G.) . . . . CY
Pourchon (Bd M.) . . . . BY
Puy de Dôme (Av. du) . . . . AY 80
Quinet (Bd Edgar) . . . . CY
République (Av. de la) . . . . BY 84
St-Jean (Bd) . . . . CY 96
Sous les Vignes (R.) . . . . . BY 101
Torpilleur Sirocco (R. du) . . BY 110
Verne (R. Jules) . . . . CY 117
Viviani (R.) . . . . CY

DURTOL

Paix (Av. de la) . . . . AY 71

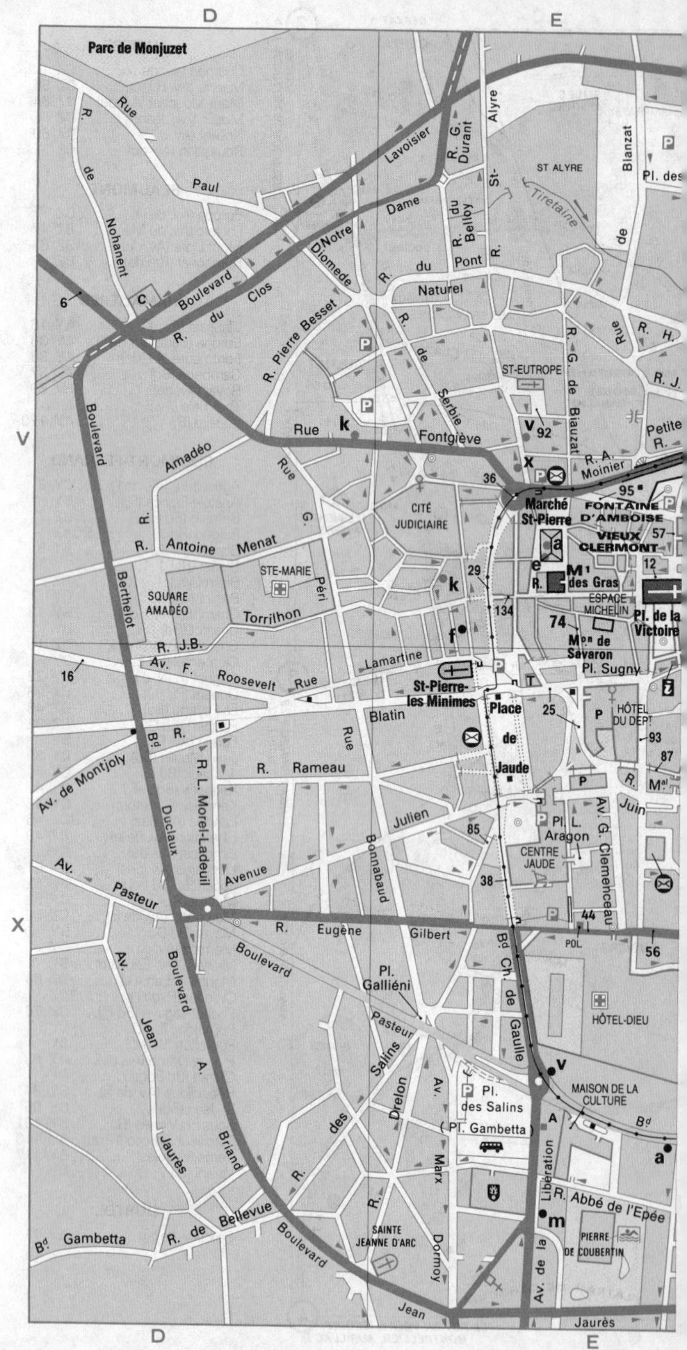

D
E
Parc de Monjuzet
Rue Paul
R. de Nohanent
Boulevard Lavoisier
R. G. Durant
St-Alyre
ST ALYRE
Tiretaine
Blanzat
Pl. des
Notre Dame
R. du Belloy
R. du Pont
Diomede
R. du Naturel
Boulevard
R. du Clos
R. Pierre Besset
R. de Serbie
ST-EUTROPE
R. G. de Blauzat
Rue
R. H.
R. J.
Petite R.
V
Boulevard Berthelot
Rue Amadéo
Rue Fontgiève
Rue G. Péri
R. A. Moinier
Marché St-Pierre
FONTAINE D'AMBOISE
VIEUX CLERMONT
CITÉ JUDICIAIRE
R. Antoine Menat
STE-MARIE
SQUARE AMADÉO
Torrilhon
M¹ des Gras
ESPACE MICHELIN
Pl. de la Victoire
Mon de Savaron
Pl. Sugny
R. J.B. Lamartine
Av. F. Roosevelt
Rue Blatin
St-Pierre-les Minimes
Place de Jaude
HÔTEL DU DÉPT
Bd R.
R. L. Morel-Ladeuil
R. Rameau
Av. de Montjoly
Duclaux
Julien
R. Mal Juin
Pl. L. Aragon
CENTRE JAUDE
Av. G. Clemenceau
Av. Pasteur
Avenue
Bonnabaud
X
R. Eugène Gilbert
POL
Boulevard
Bd Ch. de Gaulle
Pl. Galliéni
HÔTEL-DIEU
Av. Jean Jaurès
Boulevard A. Briand
Pasteur
Salins
R. des
Drelon
Av. Marx
Pl. des Salins
(Pl. Gambetta)
MAISON DE LA CULTURE
Bd
Av. de la Libération
R. Abbé de l'Epée
R. de Bellevue
Bd Gambetta
Boulevard Jean Jaurès
R. Dormoy
SAINTE JEANNE D'ARC
PIERRE DE COUBERTIN
6
16
36
29
134
92
95
57
12
74
25
93
87
85
38
44
56

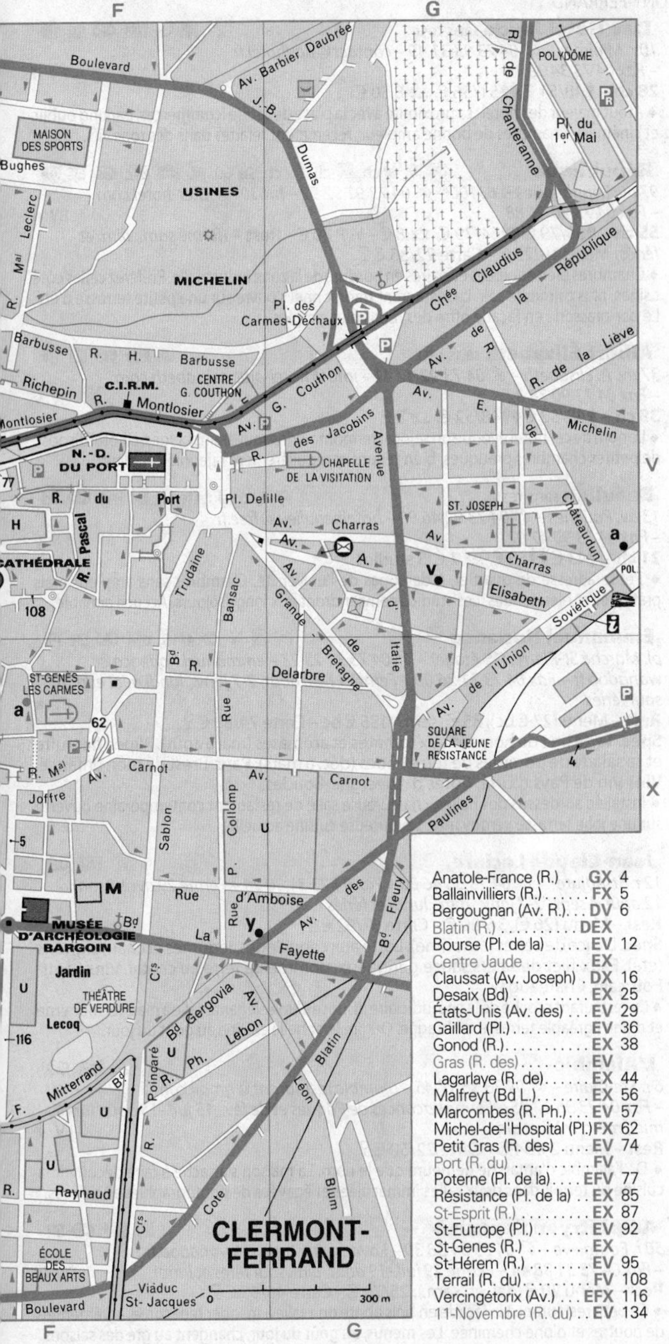

Anatole-France (R.) . . . GX 4
Ballainvilliers (R.) . . . . . FX 5
Bergougnan (Av. R.). . . DV 6
Blatin (R.) . . . . DEX
Bourse (Pl. de la) . . . . . EV 12
Centre Jaude . . . . EX
Claussat (Av. Joseph) . DX 16
Desaix (Bd) . . . . EX 25
États-Unis (Av. des) . . . EV 29
Gaillard (Pl.) . . . . EV 36
Gonod (R.) . . . . EX 38
Gras (R. des) . . . . EV
Lagarlaye (R. de) . . . . . EX 44
Malfreyt (Bd L.) . . . . . . EX 56
Marcombes (R. Ph.) . . . EV 57
Michel-de-l'Hospital (Pl.) FX 62
Petit Gras (R. des) . . . . EV 74
Port (R. du) . . . . FV
Poterne (Pl. de la) . . . . EFV 77
Résistance (Pl. de la) . . EX 85
St-Esprit (R.) . . . . EX 87
St-Eutrope (Pl.) . . . . . . EV 92
St-Genes (R.) . . . . EX
St-Hérem (R.) . . . . EV 95
Terrail (R. du) . . . . FV 108
Vercingétorix (Av.) . . . EFX 116
11-Novembre (R. du) . . EV 134

Dav'Hôtel Jaude sans rest VISA MC AE

10 r. Minimes – ☎ 04 73 93 31 49 – contact@davhotel.fr – Fax 04 73 34 38 16 EV **f**

28 ch – 48/51 € 51/56 €, ☕ 8,50 €

◆ Atout majeur de l'hôtel : sa proximité avec la place de Jaude (commerces, parking public et cinémas). Chambres de bonne ampleur, récemment refaites dans des tons vifs.

République ch, AC ch, ch, 60, P VISA MC AE

97 av. République ✉ 63100 – ☎ 04 73 91 92 92 – hr6301@inter-hotel.com – Fax 04 73 90 21 88 BY **n**

55 ch – 59/79 € 64/79 €, ☕ 8 € – ½ P 80 € – **Rest** – *(fermé sam., dim. et fériés)* Menu 18/25 € – Carte 22/35 €

◆ Chambres bien équipées et claires en bordure de la zone industrielle. Préférez celles côté usines, plus calmes le soir. Le restaurant traditionnel s'ouvre sur une petite terrasse d'été. Le bar-brasserie en façade offre des repas plus simples.

Albert-Élisabeth sans rest VISA MC AE

37 av. A. Élisabeth – ☎ 04 73 92 47 41 – info@hotel-albertelisabeth.com – Fax 04 73 90 78 32 GV **v**

38 ch – 48/52 € 48/52 €, ☕ 8 €

◆ Le nom de cet hôtel évoque un séjour clermontois des souverains belges. L'hôtel dispose de petites chambres pratiques, bien tenues et régulièrement rajeunies. Jardinet.

Beaulieu sans rest AC cuisinette P VISA MC AE

13 av. Paulines – ☎ 04 73 92 46 99 – hotelbeaulieu@free.fr – Fax 04 73 90 47 02 FX **y**

21 ch – 43 € 53 €, ☕ 7 €, 5 studios

◆ Petite adresse de quartier, à deux pas de l'université. Chambres sans ampleur mais pratiques et bien tenues. Les studios conviendront aux longs séjours. Accueil aimable.

Emmanuel Hodencq AC 4/15, VISA MC AE

pl. Marché St-Pierre, (1er étage) – ☎ 04 73 31 23 23 – emmanuel.hodencq@wanadoo.fr – Fax 04 73 31 36 00 – Fermé 11-30 août, 2-7 janv., lundi midi et dim. sauf fériés EV **a**

Rest – Menu (27 € bc), 35 € (sem.)/135 € bc – Carte 74/89 €

Spéc. Tarte fine de homard aux tomates et aromates (mai à août). Râpée de truffe et sa salade de pommes de terre tièdes (déc. à mars). Paris-Brest de mon enfance. **Vins** Vin de Pays d'Urfé, Côtes d'Auvergne-Boudes.

◆ Installée au-dessus des halles, chaleureuse salle de restaurant contemporaine ouverte sur une jolie terrasse verdoyante. Savoureuse cuisine actuelle.

Jean-Claude Leclerc VISA MC

12 r. St-Adjutor – ☎ 04 73 36 46 30 – Fax 04 73 31 30 74 – Fermé 29 avril-8 mai, 12 août-4 sept., 2-7 janv., dim., lundi et fériés EV **k**

Rest – Menu (26 €), 36/80 € – Carte 67/92 €

Spéc. Délice de cèpes (automne). Lotte aux coquillages, légumes et champignons (été). Faux-filet de salers sauce périgueux, pomme de terre au cantal. **Vins** Saint-Pourçain, Châteaugay.

◆ Ce restaurant proche de la cité judiciaire dispose d'une élégante salle à manger moderne et d'une agréable terrasse ombragée. Originale et belle cuisine au goût du jour.

L'Alambic VISA MC

6 r. Ste-Claire – ☎ 04 73 36 17 45 – alambic.restaurant@gmail.com – Fax 04 73 36 17 45 – Fermé vacances de Pâques et de fév., 15 juil.-15 août, lundi midi, merc. midi et dim. EV **v**

Rest – Menu 24/34 € – Carte 22/50 €

◆ De l'alambic d'antan ne demeure que le nom. La maison s'attache à faire découvrir la cuisine du terroir dans deux salles immaculées et égayées de photographies anciennes.

Amphitryon Capucine AC VISA MC AE

50 r. Fontgiève – ☎ 04 73 31 38 39 – kovacs.christophe@wanadoo.fr – Fax 04 73 31 38 44 – Fermé 29 juil.-19 août, dim. sauf fêtes et lundi DV **k**

Rest – Menu 20 € (déj. en sem.), 25/70 € – Carte 46/65 €

◆ Ce petit restaurant à la façade en bois abrite une salle à manger redécorée, agrémentée de poutres et d'une cheminée. Les menus, au goût du jour, changent au gré des saisons.

Brasserie Danièle Bath
pl. Marché St-Pierre (rez-de-chaussée) – ✆ 04 73 31 23 22 – restaurant.bath@wanadoo.fr – Fax 04 73 31 08 33 – Fermé 12-26 août, 5-26 fév., dim., lundi et fériés EV **e**
Rest – Menu 26 € – Carte 34/57 €
◆ Décor de bistrot, salle à manger cossue égayée d'œuvres d'art contemporaines ou, en été, terrasse sur la place piétonne. Cuisine traditionnelle ; bon choix de vins au verre.

Fleur de Sel
8 r. Abbé Girard – ✆ 04 73 90 30 59 – fleurdesel63@wanadoo.fr – Fax 04 73 90 37 49 – Fermé août, vacances de Noël, dim., lundi et fériés FX **a**
Rest – Menu 28 € (sem.)/68 € – Carte 62/67 €
◆ Produits de la mer et suggestions du jour servis dans une salle à manger ensoleillée dotée d'un mobilier contemporain : cette adresse a le vent en poupe.

Le Comptoir des Saveurs
5 r. Ste-Claire – ✆ 04 73 37 10 31 – Fax 04 73 37 10 31 – Fermé août, 18-29 fév., mardi soir, merc. soir, jeudi soir, dim. et lundi EV **x**
Rest – Menu 22 € (déj.), 30/40 € – Carte 54/68 €
◆ Petite salle à manger voûtée, décor contemporain (joli comptoir, boiseries et couleurs), cuisine du marché annoncée sur une grande ardoise et boutique de plats à emporter.

Le Moulin Blanc 15,
48 r. Chandiots – ✆ 04 73 23 06 81 – restaurant.lemoulinblanc@wanadoo.fr – Fax 04 73 23 29 76 – Fermé 4-20 août, 2-9 janv., le soir en sem., sam. midi, dim. soir et lundi CY **e**
Rest – Menu 18 € (déj. en sem.), 22/42 € – Carte 24/46 €
◆ Confortable salle à manger colorée où se marient avec bonheur décor actuel et chaises de style Louis XIII. Cuisine traditionnelle judicieusement revisitée.

à Chamalières – 18 136 h. – alt. 450 m – ✉ 63400

Radio rest, 40,
43 av. P. et M.-Curie – ✆ 04 73 30 87 83 – resa@hotel-radio.fr – Fax 04 73 36 42 44 – Fermé 29 avril-8 mai, 29 oct.-11 nov., 2-9 janv. et 18-25 fév. *Plan de Royat* B **w**
26 ch – †80/123 € ††91/185 €, ☕ 13 € – **Rest** – *(fermé lundi midi, sam. midi et dim.)* Menu 38 € bc (déj. en sem.), 48/92 € – Carte 58/79 €
◆ Élégant établissement des années 1930 où l'on valorise le style Art déco. Les chambres, amples et feutrées, optent pour une ambiance plus contemporaine. Cuisine originale et belle carte des vins dans un cadre chic, rénové mais respectueux de l'âme du lieu.

Europe Hôtel sans rest
29 av. Royat – ✆ 04 73 37 61 35 – hotel-europe-clermont@wanadoo.fr – Fax 04 73 31 16 59 AY **e**
33 ch – †51 € ††70 €, ☕ 9 €
◆ Hôtel des années 1970 bordant une avenue fréquentée. Mobilier "seventies" ou style Louis XV dans les chambres ; celles donnant sur la cour sont plus calmes.

La Gravière
22 r. Pont Gravière – ✆ 04 73 36 99 35 – Fax 04 73 36 99 35 – Fermé 7 août-7 sept., dim. soir, lundi soir et merc. AY **d**
Rest – Menu 24/38 € – Carte 28/45 €
◆ Restaurant de style rustique niché dans une paisible ruelle. Salle à manger égayée par de nombreux bibelots agrestes et ménagers. Repas traditionnels.

à Pérignat-lès-Sarliève 8 km – 2 221 h. – alt. 364 m – ✉ 63170

Plateau de Gergovie ★ : ✻★★ S : 8 km.

Hostellerie St-Martin ch, ch,
– ✆ 04 73 79 81 00 – reception@hostelleriestmartin.com – Fax 04 73 79 81 01 20/60, CZ **s**
32 ch – †90/135 € ††90/135 €, ☕ 13 € – 1 suite – ½ P 81/104 € – **Rest** – *(fermé dim. soir de nov. à mars)* Menu 26 € (sem.)/138 € bc – Carte 39/56 €
◆ Cette abbaye cistercienne du 14e s., entourée d'un joli parc, abrite désormais des chambres confortables et personnalisées ; celles de l'annexe sont plus simples. Élégant restaurant au décor bourgeois et mobilier de style. Terrasse dressée dans le jardin.

XX **Le Pescalune** avec ch — rest, VISA, MC, AE

r. J. Jaurès – ✆ 04 73 79 11 22 – le.pescalune@wanadoo.fr – Fax 04 73 79 09 30 – Fermé sam. midi, dim. soir et lundi CZ **e**

3 ch – †35/45 € ††35/45 €, ☕ 7 € – ½ P 43/58 € – **Rest** – Menu 26 € (sem.)/50 € – Carte 36/54 € ♀

◆ Une belle cheminée décore la salle campagnarde de cette auberge où l'on propose cuisine traditionnelle et poissons au gré des arrivages. Agréable terrasse. Chambres rajeunies.

rte de La Baraque vers ⑥ – ✉ 63830 Durtol

XXX **Bernard Andrieux** — AC, 5/15, P, VISA, MC, AE

– ✆ 04 73 19 25 00 – andrieuxbe@wanadoo.fr – Fax 04 73 19 25 04 – Fermé 1er-7 mai, 20 juil.-17 août, 26 déc.-5 janv., sam. midi, dim. soir et lundi AY **f**

Rest – Menu (23 €), 50/90 € – Carte 62/97 €

Spéc. Lingot de saumon mi-fumé à chaud aux huîtres. Rouelle de langouste, émulsion safranée, taboulé aux fruits. Déclinaison de lait en yaourt, mousse, glace et confiture. **Vins** Madargue.

◆ Halte gourmande sur la route du puy de Dôme dans une maison fleurie abritant d'élégants petits salons bourgeois et feutrés. Cuisine sachant marier tradition et modernité.

XX **L'Aubergade** — P, VISA, MC, AE

– ✆ 04 73 37 84 64 – restaurant.aubergade@wanadoo.fr – Fax 04 73 30 95 57 – Fermé 27 août-5 sept., vacances de fév. et merc. AY **n**

Rest – Menu 23 € (déj. en sem.), 29/72 € – Carte 56/120 € ♀

◆ Trois salles à manger rustiques dont une ouverte sur le jardin, tables fleuries et appétissante cuisine au goût du jour : une halte sympathique sur la route du puy de Dôme.

à La Baraque 6 km par ⑥ - ✉ 63870 Orcines

Le Relais des Puys — ch, ch, 25, VISA, MC, AE

– ✆ 04 73 62 10 51 – info@relaisdespuys.com – Fax 04 73 62 22 09 – Fermé 21 déc.-28 janv. et lundi midi

36 ch – †57/65 € ††57/65 €, ☕ 8 € – ½ P 56/60 € – **Rest** – Menu (13,50 €), 17 € (sem.)/41 € – Carte 26/46 € ♀

◆ Depuis sept générations, la même famille veille aux destinées de cet ancien relais de diligences. Les chambres bien rénovées offrent tous les agréments du confort moderne. Recettes traditionnelles et auvergnates se dégustent devant une grande cheminée en pierre de Volvic.

à Orcines 8 km par ⑥ – 3 067 h. – alt. 810 m – ✉ 63870

Office de tourisme, place de la Liberté ✆ 04 73 62 20 08, Fax 04 73 62 73 00

Les Hirondelles — rest, 25, P, VISA, MC, AE

34 rte de Limoges – ✆ 04 73 62 22 43 – info@hotel-leshirondelles.com – Fax 04 73 62 19 12 – Ouvert 13 fév.-11 nov. et fermé dim. soir, mardi midi et lundi d'oct. à avril

30 ch – †49/65 € ††49/65 €, ☕ 8 € – ½ P 48/56 € – **Rest** – Menu (15 €), 18 € (sem.)/42 € – Carte 25/36 € ♀

◆ Cette ancienne ferme postée en lisière du Parc naturel des Volcans porte un bien joli nom. Les chambres, petites et sobrement décorées, sont correctement insonorisées. Salle de restaurant aménagée sous les voûtes de l'ex-étable ; cuisine auvergnate.

Domaine de Ternant sans rest — < plaine de la Limagne,

Ternant, 5,5 km au Nord – ✆ 04 73 62 11 20 – domaine.ternant@free.fr – Fax 04 73 62 29 96 – Ouvert de mi-mars à mi-nov.

5 ch ☕ – †70/82 € ††78/90 €

◆ Cette demeure du 19e s. se dresse dans un parc parfumé de plus de 200 rosiers, au pied des monts Dôme. Chambres garnies de meubles de famille et égayées de patchwork. Tennis et billard.

au sommet du Puy-de-Dôme 13 km par ⑥ – alt. 1 465 m – ✉ 63870 Orcines

XX **Mont Fraternité** — < volcans et Sancy, VISA, MC

– ✆ 04 73 62 23 00 – Fax 04 73 62 10 30 – Ouvert 2 avril-1er nov. et fermé le soir en oct.

Rest – Menu 25/46 € – Carte 36/48 € ♀

◆ Nouveau décor pour ce restaurant installé dans un bâtiment hébergeant également un musée, une boutique de souvenirs et un bar. Goûteuse cuisine actuelle.

au col de Ceyssat **12 km par ⑥ et rte du Puy-de-Dôme – 467 h. – alt. 800 m – ✉ 63210 Ceyssat**

Auberge des Muletiers

– ✆ 04 73 62 25 95 – Fax 04 73 62 28 03 – Fermé 5 nov.-19 déc., 7 janv.-12 fév., mardi d'oct. à mars, dim. soir et lundi

Rest – Menu 16/28 € – Carte 27/36 € ♀

◆ Construction de type chalet située au pied du puy de Dôme. Chaleureux décor rustique agrémenté d'un vaisselier et d'une cheminée. Terrasse panoramique. Cuisine régionale.

CLERMONT-L'HÉRAULT – 34 Hérault – 339 F7 – 6 532 h. – alt. 92 m – ✉ 34800 Languedoc Roussillon

23 **C2**

Paris 718 – Béziers 46 – Lodève 24 – Montpellier 42 – Pézenas 22 – Sète 55

Office de tourisme, rue René Gosse ✆ 04 67 96 23 86, Fax 04 67 96 98 58

Église St-Paul★.

Tournesol

2 r. Roger Salengro – ✆ 04 67 96 99 22 – azemard.christophe@wanadoo.fr – Fax 04 67 88 12 53 – Fermé dim. soir et lundi d'oct. à avril

Rest – Menu 15 € (déj. en sem.), 19/30 € – Carte 32/53 € ♀

◆ Le chef réalise une cuisine traditionnelle ne reniant pas ses influences régionales. Salle à manger non-fumeurs, jolie véranda et terrasse entourée d'une végétation tropicale.

Fontenay 12,

rte Lac du Salagou – ✆ 04 67 88 04 06 – Fax 04 67 88 04 06 – Fermé dim. soir, mardi soir et merc.

Rest – Menu 15 € (déj. en sem.), 26/49 € – Carte 48/76 € ♀

◆ Construction récente dans un quartier résidentiel. Salle à manger actuelle et colorée, tournée sur une agréable terrasse intérieure. Cuisine au goût du jour et vins régionaux.

à St-Guiraud **7,5 km au Nord par N 9, N 109, D 908, D 141 et D 130[E] – 184 h. – alt. 120 m – ✉ 34725**

Le Mimosa 6/18,

– ✆ 04 67 96 67 96 – le.mimosa@free.fr – Fax 04 67 96 61 15 – Ouvert 15 mars-4 nov. et fermé dim. soir sauf juil.-août et lundi

Rest – *(dîner seult sauf dim.)* Menu 54/81 € bc – Carte 54/84 € ♀

◆ Ex-maison de vigneron au cœur du village. Coquet intérieur contemporain où l'on déguste une cuisine du marché d'inspiration méditerranéenne. Bon choix de vins du Languedoc.

à St-Saturnin-de-Lucian **10 km au Nord par N 9, N 109, D 908, D 141 et D 130 – 229 h. – alt. 150 m – ✉ 34725**

Grotte de Clamouse★★ NE : 12 km - St-Guilhem-le-Désert : site★★, église abbatiale★ NE : 17 km.

Du Mimosa sans rest

10 pl. Fontaine – ✆ 04 67 88 62 62 – ostalaria.cardabela@wanadoo.fr – Fax 04 67 88 62 82

7 ch – 68/95 € 68/95 €, 9,50 €

◆ Ravissante demeure séculaire sur la place du village. Chambres spacieuses où s'harmonisent mobilier design, vieilles pierres et cheminées d'origine. Accueil à partir de 17 h.

CLICHY – 92 Hauts-de-Seine – 311 J2 – 101 15 – voir à Paris, Environs

CLIOUSCLAT – 26 Drôme – 332 C5 – 641 h. – alt. 235 m – ✉ 26270

44 **B3**

Paris 586 – Valence 31 – Montélimar 24

La Treille Muscate

Le Village – ✆ 04 75 63 13 10 – latreillemuscate@wanadoo.fr – Fax 04 75 63 10 79 – Fermé 5 déc.-12 fév.

12 ch – 60/140 € 60/140 €, 10 € – **Rest** – *(fermé lundi)* Menu (15 €), 28 € ♀

◆ Cette coquette auberge ne manque pas de charme : atmosphère provençale, chambres joliment personnalisées et généreux vergers en toile de fond. La belle salle à manger voûtée ravit les yeux : poteries de Cliouscat, meubles et objets chinés. Cuisine du Sud.

CLISSON – 44 Loire-Atlantique – 316 I5 – 5 939 h. – alt. 34 m – ✉ 44190
Poitou Vendée Charentes 34 B2

Paris 396 – Nantes 31 – Niort 130 – Poitiers 151 – La Roche-sur-Yon 54

Office de tourisme, place du Minage ✆ 02 40 54 02 95, Fax 02 40 54 07 77

Site★ - Domaine de la Garenne-Lemot★.

De la Gare rest, VISA MC AE

r. Ferdinand-Albert – ✆ 02 40 36 16 55 – petit-sa@wanadoo.fr – Fax 02 40 54 40 85

35 ch – ♦39 € ♦♦48 €, ☕ 12 € – ½ P 48 € – **Rest** – *(fermé vend. soir du 1er oct. au 15 mai)* Menu 17/36 € – Carte 24/37 €

◆ Hôtel familial disposant de chambres régulièrement rénovées, actuelles et fonctionnelles. Bar ouvert à la clientèle de passage. Accueillante salle à manger rustique et cuisine traditionnelle.

La Bonne Auberge VISA MC AE

1 r. O. de Clisson – ✆ 02 40 54 01 90 – labonneauberge2@wanadoo.fr – Fax 02 40 54 08 48 – Fermé 13 août-3 sept., 1er-15 janv., dim. soir, mardi midi, merc. soir et lundi

Rest – Menu 24 € (déj. en sem.), 38/59 € – Carte 57/76 €

◆ Avenante maison bourgeoise au cœur de la petite cité italianisée. Trois coquettes salles à manger dont une véranda ouverte sur le jardin. Carte classique personnalisée.

à Gétigné **3 km au Sud-Est par N 149 et rte secondaire – 3 076 h. – alt. 26 m – ✉ 44190**

La Gétignière VISA MC AE

3 r. Navette – ✆ 02 40 36 05 37 – Fax 02 40 54 24 76 – Fermé 1er-14 août, dim. soir, mardi soir et lundi

Rest – Menu 20 € (déj. en sem.), 26/49 € – Carte 46/55 €

◆ Lambris et stores "bateau" blancs, bibelots (mouettes et canards) : régalez-vous d'une cuisine au goût du jour dans cette jolie salle à manger contemporaine.

au Pallet **7 km au Nord-Ouest par N 149 et chemin privé – ✉ 44330**

Château de la Sébinière sans rest P VISA MC

– ✆ 02 40 80 49 25 – info@chateausebiniere.com – Fax 02 40 80 49 25

3 ch ☕ – ♦80/110 € ♦♦80/110 €

◆ Ce château empreint de chaleur et de convivialité s'élève au milieu des bois et des vignes. Son intérieur rénové abrite des chambres très confortables : literie neuve et superbes salles de bains à l'ancienne.

Comment choisir entre deux adresses équivalentes ?
Dans chaque catégorie, les établissements sont classés par ordre de préférence : nos coups de cœur d'abord.

CLOHARS-FOUESNANT – 29 Finistère – 308 G7 – rattaché à Bénodet

CLOYES-SUR-LE-LOIR – 28 Eure-et-Loir – 311 D8 – 2 636 h. – alt. 97 m – ✉ 28220
Châteaux de la Loire 11 B2

Paris 146 – Blois 54 – Orléans 64 – Vendôme 30

Office de tourisme, 11, place Gambetta, Fax 02 37 98 55 27

Le Saint-Jacques ch, 25, P VISA MC AE

pl. du Marché aux Oeufs – ✆ 02 37 98 40 08 – info@lesaintjacques.fr – Fax 02 37 98 32 63 – Fermé 18-26 nov., 24 déc.-7 janv., 24 fév.-17 mars et dim. soir de janv. à mars

20 ch – ♦65/160 € ♦♦65/160 €, ☕ 11 € – ½ P 74/105 €

Rest – *(fermé dim. soir et lundi)* Menu 32/49 € – Carte 36/56 €

Rest *Le P'tit Bistrot* – Pl. du Marché aux Oeufs *(fermé dim. soir et lundi)* Menu 18/30 € – Carte 23/31 €

◆ Blotti dans un jardin au bord du Loir, cet ancien relais de poste du 16e s. offre des chambres calmes, progressivement rénovées. Cuisine au goût du jour et terrasse ombragée au restaurant. Le P'tit Bistrot propose des plats du terroir dans un cadre "rétro".

CLUNY – 71 Saône-et-Loire – **320** H11 – **4 376 h.** – **alt. 248 m** – ✉ **71250**
Bourgogne 8 **C3**

- Paris 384 – Mâcon 25 – Chalon-sur-Saône 49 – Montceau-les-Mines 44 – Tournus 33
- Office de tourisme, 6 rue Mercière ☎ 03 85 59 05 34, Fax 03 85 59 06 95
- Anc. abbaye★★ : clocher de l'Eau Bénite★★ - Musée Ochier★ **M** - Clocher★ de l'église St-Marcel.
- Château de Cormatin★★ (cabinet de St-Cécile★★★) N : 13 km - Communauté de Taizé N : 10 km.

Avril (R. d')	2
Conant (Espace K. J.)	3
Filaterie (R.)	4
Gaulle (Av. Ch.-de)	5
Lamartine (R.)	6
Levée (R. de la)	8
Marché (Pl. du)	9
Mercière (R.)	12
Prud'hon (R.)	14
Pte des Prés (R.)	13
République (R.)	15

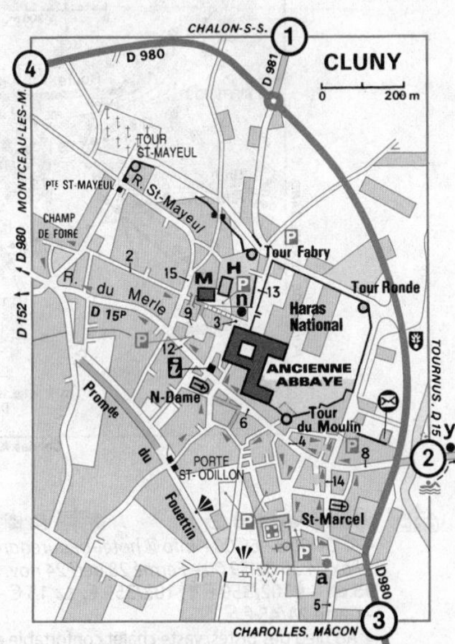

De Bourgogne

♿ ch, ⇆ ch, VISA MC AE

pl. Abbaye – ☎ 03 85 59 00 58 – contact@hotel-cluny.com – Fax 03 85 59 03 73 – Fermé 1er déc.-31 janv., mardi et merc. en fév. **n**

14 ch – 80 € 80/94 €, ☕ 10,50 € – 2 suites – ½ P 74 € – **Rest** – *(fermé mardi et merc.)* Menu 24/41 € – Carte 37/59 €

◆ Lamartine venait se reposer dans cet hôtel particulier de caractère situé en face de l'abbaye bénédictine. Salon agréable et chambres diversement aménagées. Sol en damier, murs clairs, sièges Louis XVI et cheminée en pierre au restaurant. Choix traditionnel.

St-Odilon sans rest

♿ ⇆ P VISA MC AE

rte Azé – ☎ 03 85 59 25 00 – contact@hotelsaintodilon.com – Fax 03 85 59 06 18 **y**

36 ch – 52 € 52 €, ☕ 7 €

◆ Vous apprécierez l'environnement champêtre de ce motel proche du pont sur la Grosne. Petites chambres discrètes garnies d'un mobilier fonctionnel.

Auberge du Cheval Blanc

AC ⇆ VISA MC

1 r. Porte de Mâcon – ☎ 03 85 59 01 13 – Fax 03 85 59 13 32 – Ouvert mars-nov. et fermé 2-11 juil., le soir en mars et nov., vend. soir et sam. **a**

Rest – Menu 17/39 € – Carte 26/35 €

◆ Auberge d'aspect régional officiant à l'entrée de la ville. Repas traditionnel sous les poutres d'un haut plafond turquoise ; peinture murale à thématique agreste et festive en salle.

LA CLUSAZ – 74 Haute-Savoie – 328 L5 – 2 023 h. – alt. 1 040 m – Sports d'hiver : 1 100/2 600 m 6 49 – ✉ 74220 Alpes du Nord 46 **F1**

Paris 564 – Albertville 40 – Annecy 32 – Chamonix-Mont-Blanc 60

Office de tourisme, Chef-lieu ✆ 04 50 32 65 00, Fax 04 50 32 65 01

E : Vallon des Confins★ - Vallée de Manigod★ S - Col des Aravis ≤★★ par ② : 7,5 km.

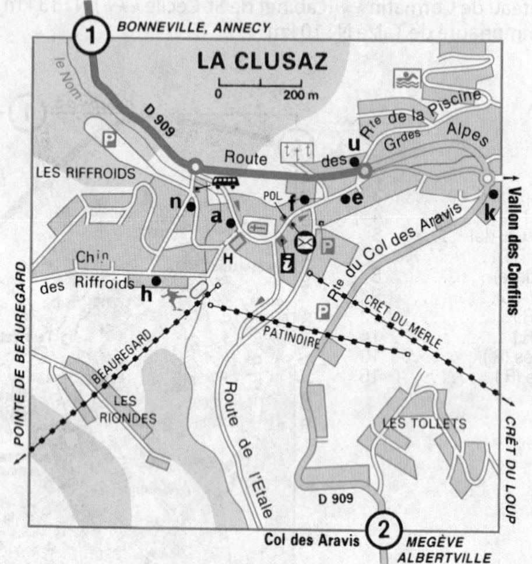

Beauregard ch, rest, rest, 20/80, VISA AE — k

– ✆ 04 50 32 68 00 – info@hotel-beauregard.fr
– Fax 04 50 02 59 00 – Fermé 28 oct.-24 nov.

95 ch – †102/359 € ††102/359 €, ☕ 13 € – ½ P 85/235 € – **Rest** – Menu 23/35 € – Carte 24/45 €

◆ Au pied des pistes, vaste chalet confortable et bien équipé : ample salon-bar (billard), piscine couverte, fitness. Chaleureux intérieur en bois blond, chambres avec balcon. Plats traditionnels simples servis sur la terrasse exposée au Sud, si le temps le permet.

Les Sapins ≤ rest, VISA AE — h

– ✆ 04 50 63 33 33 – sapins@clusaz.com – Fax 04 50 63 33 34 – Ouvert 15 juin-10 sept. et 20 déc.-10 avril

24 ch – †50/110 € ††60/110 €, ☕ 9 € – ½ P 56/115 € – **Rest** – Menu 20/25 €

◆ Face à la chaîne des Aravis, chalet abritant des chambres décorées à la mode montagnarde (boiseries blondes et couleurs gaies), souvent dotées d'un balcon. Accès direct aux pistes. Tartiflettes et fondues se dégustent avec les pentes enneigées en toile de fond.

Alp'Hôtel VISA AE — e

192 rte col des Aravis – ✆ 04 50 02 40 06 – alphotel@clusaz.com
– Fax 04 50 02 60 16 – Ouvert 2 juin-23 sept. et 2 déc.-28 avril

15 ch – †50/130 € ††60/165 €, ☕ 10 € – ½ P 59/159 € – **Rest** – Menu 26/62 € – Carte 35/59 €

◆ Haut chalet dressé au centre de La Clusaz. Les chambres, garnies de meubles en merisier ou en pin, possèdent toutes un balcon. Salon-cheminée. Cuisine régionale personnalisée servie, à la belle saison, sur la terrasse exposée au Sud.

La Montagne rest, VISA AE — u

– ✆ 04 50 63 38 38 – montagne@clusaz.com – Fax 04 50 63 38 39

27 ch (½ P seult en saison) – †45 € ††55 €, ☕ 8 € – ½ P 54/124 € – **Rest** – *(fermé dim. soir et lundi hors saison)* Menu (15 €), 18/25 € – Carte 20/44 €

◆ Architecture classique des stations de sports d'hiver. Intérieur tout bois, chambres douillettes et de bonne ampleur, sympathique bar voûté avec cheminée et salon-billard. Restaurant panoramique agrandi d'une terrasse, cuisine traditionnelle et du pays.

Christiania
– ✆ 04 50 02 60 60 – contact@hotelchristiania.fr – Fax 04 50 32 66 98 – Ouvert 4 juil.-10 sept. et 20 déc.-10 avril f
28 ch – 52/102 € 52/102 €, 9 € – ½ P 52/95 € – **Rest** – *(dîner seult en été)* Menu 20/28 €
◆ Construction locale abritant une adresse familiale bien tenue. Chambres fonctionnelles et lambrissées, toutes rénovées ; certaines profitent d'une terrasse. Recettes traditionnelles et fromagères se partagent la carte du restaurant, simple et rustique.

Les Airelles
33 pl. Église – ✆ 04 50 02 40 51 – airelles@clusaz.com – Fax 04 50 32 35 33 a
14 ch – 55/100 € 55/100 €, 9 € – ½ P 55/110 € – **Rest** – *(fermé dim. soir du 15 avril au 15 juin et du 15 sept. au 15 déc.)* Menu 20/30 € – Carte 23/46 €
◆ Une situation de choix, face à l'église et au pied des pistes, pour cet hôtel cultivant la simplicité. Petites chambres possédant en majorité un balcon fleuri. Sauna, jacuzzi. Table estimée pour son cadre très montagnard, sa convivialité et ses petits plas savoyards.

au Crêt du Loup par télésièges Crêt du Merle et Crêt du Loup

Le Relais de l'Aiguille < Massif de l'Etoile et Glacier Vanoise,
Le Crêt-du-Loup – ✆ 06 89 10 82 63 – aiguille@orange.fr – Ouvert 20 déc.-30 avril
Rest – *(déjeuner seult) (prévenir)* Carte 31/36 €
◆ Mobilier en bois brut, ardoises en guise d'assiettes... La rusticité informelle du cadre et la cuisine familiale, simple et bonne, font de ce chalet d'altitude une adresse en vogue.

rte du Col des Aravis 4 km par ② – ✉ 74220 La Clusaz

Les Chalets de la Serraz
rte du col des Aravis – ✆ 04 50 02 48 29 – contact@laserraz.com – Fax 04 50 02 64 12 – Fermé 15 avril-20 mai et 1er oct.-9 nov.
7 ch – 125/165 € 125/165 €, 17 €, 3 studios – ½ P 95/165 € – **Rest** – *(dîner seult)* Menu 32/38 € – Carte 30/51 €
◆ Les coquettes chambres de cette ancienne ferme s'ouvrent toutes sur la montagne. Dans le jardin, des petits chalets abritent les duplex. Hammam, jacuzzi et salon-bar "cosy". Menu traditionnel et vins choisis proposés dans une salle à manger très savoyarde.

LA CLUSE – 01 Ain – 328 G3 – rattaché à Nantua

CLUSES – 74 Haute-Savoie – 328 M4 – 17 711 h. – alt. 486 m – ✉ 74300

Alpes du Nord 46 **F1**

- Paris 570 – Annecy 56 – Chamonix-Mont-Blanc 41 – Thonon-les-Bains 59
- Office de tourisme, 100 place du 11 Novembre ✆ 04 50 98 31 79
- Bénitier★ de l'église.

Plan page suivante

4 C ch, ch, rest, 20/35,
301 bd Chevran – ✆ 04 50 98 01 00 – hotel4c@aol.com – Fax 04 50 98 32 20 – Fermé 10-20 août BY **a**
38 ch – 73/84 € 80/94 €, 11 € – ½ P 52/58 € – **Rest** – *(fermé 20-30 mai, 5-15 déc., sam. sauf le soir en fév. et dim.)* Menu (11 €) – Carte 16/40 €
◆ Légèrement excentrée, cette adresse propose des chambres fonctionnelles, dotées de petits balcons (sauf trois) ouverts sur la nature. Jacuzzi extérieur. Ample restaurant au sobre décor moderne et belle terrasse où sont servis pizzas, pâtes et plats traditionnels.

Le Bargy rest,
28 av. Sardagne – ✆ 04 50 98 01 96 – le.bargy@wanadoo.fr – Fax 04 50 98 23 24
30 ch – 60/68 € 62/68 €, 8 € – ½ P 55/58 € AY **b**
Rest *Le Cercle des Songes* – *(fermé 12-20 mai, 4-26 août, 22 déc.-1er janv., sam. sauf de janv. à mars et dim.)* Menu (13 €), 16/27 € – Carte 29/43 €
◆ À proximité du centre-ville, établissement familial dont les chambres, spacieuses et bien insonorisées, disposent toutes d'un canapé pour "tenir salon". Carte traditionnelle étoffée servie dans un cadre confortable et feutré et bar-brasserie pour repas express.

CLUSES

Bargy (R. du) . . . . AZ 3
Berthelot (R. M.) . . . . BZ 4
Chautemps (R. E.) . . . . BZ 7
Colomby (Av. de) . . . . AY 9
Deuxième Div. Blindée
(R. de la) . . . . BY 12
Europe (Carrefour de l') . . . . BY 13
Ferrié (R. du Gén.) . . . . BZ 15
Gaillard (Av. A.) . . . . AY 18
Gare (Av. de la) . . . . BZ 19
Gaulle (Pl. Ch.-de) . . . . BZ 20
Grande Rue . . . . BZ 22
Grands Champs (R. des) . . . . BY 24
Grand Massif (Av. du) . . . . . . BY 21
Hugard (R. Cl.) . . . . BZ 25
Lattre-de-Tassigny
(R. du Mar.-de) . . . . AY 27
Leclerc (R. du Mar.) . . . . BZ 28
Libération (Av. de la) . . . . BZ 30
Louis Armand (R.) . . . . AY 31
Luther King (R. M.) . . . . AY 33
Lycée (R. du) . . . . BZ 34
Mont-Blanc (Rd-Pt du) . . . . . . BZ 37
Pasteur (R.) . . . . BZ 39
Pointe de la Cupoire (R. de la) BY 43
Pointe de la Lanche (R. de la) BY 40
Pointe du Criou (R. de la) . . . BY 42
Pont (R. du) . . . . AY 51
Prairie (R. de la) . . . . BY 48
Pré Benevix (R. du) . . . . BZ 49
Tête de Colonney (R. de la) . BY 52
Trappier (R. P.) . . . . AY 57
8-Mai-1945 (R. du) . . . . BZ 59

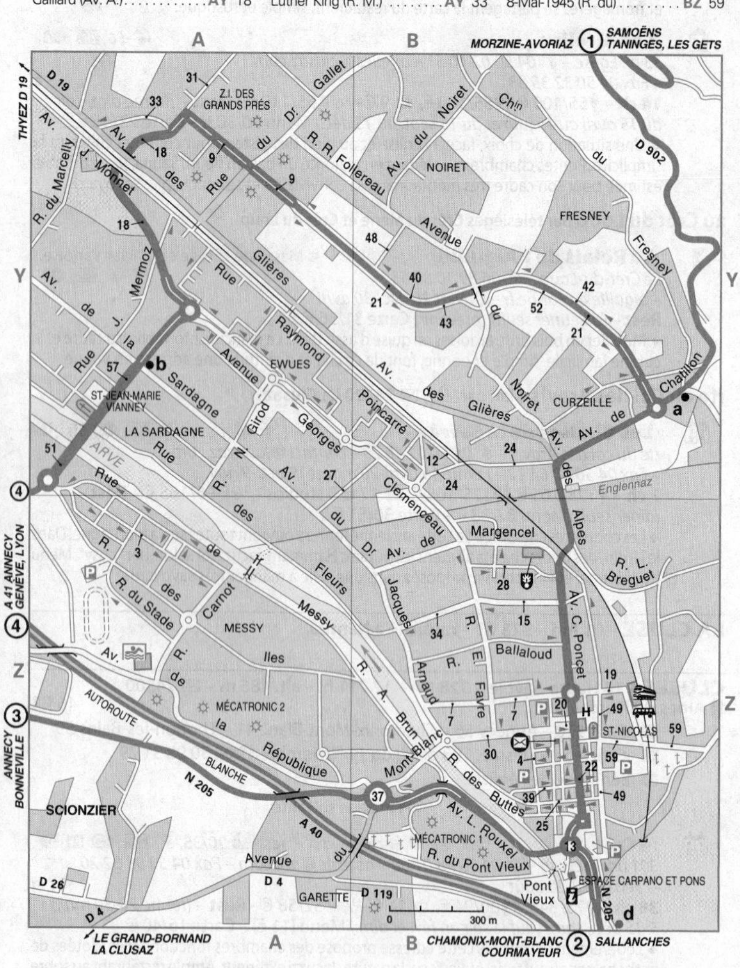

XX Saint-Vincent

14 r. Faubourg St Vincent par ② : 200 m – ✆ 04 50 96 17 47 – info@lesaintvincent.net – Fax 04 50 96 83 75 – Fermé 5-19 août, sam. midi et dim.

BZ **d**

Rest – Menu 19 € (déj. en sem.), 28/56 € ♀

◆ Cette auberge régionale arbore un chaleureux intérieur, mi-rustique, mi-actuel, qui sied à la dégustation d'une cuisine saisonnière valorisant les produits du pays.

COCHEREL – 27 Eure – 304 I7 – rattaché à Pacy-sur-Eure

COCURÈS – 48 Lozère – 330 J8 – rattaché à Florac

COEX – 85 Vendée – rattaché à St-Gilles-Croix-de-Vie

COGNAC – 16 Charente – 324 I5 – 19 534 h. – alt. 25 m – ✉ 16100

Poitou Vendée Charentes 38 **B3**

Paris 478 – Angoulême 45 – Bordeaux 120 – Niort 83 – Saintes 27

Office de tourisme, 16 rue du 14 juillet ✆ 05 45 82 10 71, Fax 05 45 82 34 47

Du Cognac à Saint-Brice La Maurie, E : 8 km rte de Bourg-de-Charente, ✆ 05 45 32 18 17.

Plan page suivante

Mercure sans rest 25, VISA MC AE

84 av. d'Angoulême, par ① : 2 km – ✆ 05 45 35 42 00 – h5167@accor.com – Fax 05 45 35 45 02

55 ch – †84 € ††95/99 €, ☕ 10 €

◆ Cet hôtel situé dans une zone commerciale abrite des chambres confortables, chaleureuses et gaies. À l'arrière, elles ouvrent sur la campagne.

Le Valois sans rest 20, VISA MC AE

35 r.du 14-Juillet – ✆ 05 45 36 83 00 – hotel.le-valois@wanadoo.fr – Fax 05 45 36 83 01 – Fermé 22 déc.-2 janv. Z **a**

45 ch – †65 € ††72 €, ☕ 8 €

◆ Construction récente proposant des chambres spacieuses au mobilier fonctionnel. Salon-bar actuel aménagé dans le hall... Une adresse pratique à deux pas des grands chais.

Héritage VISA MC AE

25 r. d'Angoulême – ✆ 05 45 82 01 26 – hotel.heritage@wanadoo.fr – Fax 05 45 82 20 33 Y **z**

19 ch – †55 € ††65 €, ☕ 7 € – ½ P 73 € – **Rest** – *(fermé 12 fév.-6 mars, 1er-13 nov. et dim. du 15 sept. au 30 mai)* Menu (18 €), 24 € ♀

◆ Mélanges d'ambiances et de styles, mobilier chiné et couleurs vitaminées réveillent le cadre Second Empire de cet hôtel particulier. Chambres thématiques très réussies. Au restaurant, influences multiples dans l'assiette et dans le décor (original, pétillant et chaleureux).

La Résidence sans rest VISA MC AE

25 av. V. Hugo – ✆ 05 45 36 62 40 – la.residence@free.fr – Fax 05 45 36 62 49 – Fermé week-ends en hiver Z **e**

18 ch – †45 € ††49/51 €, ☕ 6,50 €

◆ À proximité du centre-ville, bâtisse régionale en pierre disposant de chambres pratiques égayées de meubles et d'étoffes colorés. Tenue sans défaut et accueil attentif.

Les Pigeons Blancs avec ch rest, ch, VISA MC AE

110 r. J.-Brisson – ✆ 05 45 82 16 36 – pigeonsblancs@wanadoo.fr – Fax 05 45 82 29 29 Y **d**

6 ch – †60/85 € ††65/105 €, ☕ 12 € – ½ P 65/95 € – **Rest** – Menu (23 €), 32/35 € – Carte 53/75 € ♀

◆ Ce relais de poste du 17e s. bénéficie du calme d'un quartier résidentiel. Plaisante salle à manger bourgeoise, terrasse-pergola face au jardin et chambres personnalisées.

La Courtine VISA MC AE

allée Fichon, Parc François 1er – ✆ 05 45 82 34 78 – Fax 05 45 82 05 50 – Fermé 24 déc.-15 janv. Y **t**

Rest – Menu (20 €), 26 € ♀

◆ Dans un parc bucolique au bord de la Charente, ancienne guinguette au sympathique décor "tout bois". Ambiance conviviale, soirées jazz et cuisine traditionnelle simple.

COGNAC

Rue	Carré	N°
Angoulême (R. d')	Y	
Armes (Pl. d')	Y	
Bazoin (R. Abel)	Y	6
Boucher (R. Cl.)	Y	7
Briand (R. A.)	Y	
Canton (R. du)	Y	8
Champ de Mars (Allées du)	Z	9
Château (Quai du)	Y	10
Cordeliers (R. des)	Y	11
Corderie (Allées de la)	Z	12
François-1er (R.)	Y	13
Germain (R. H.)	Y	14
Grande Rue	Y	15
Isle d'Or (R. de l')	Y	16
Lusignan (R. de)	Y	20
Magdeleine (R.)	Y	21
Martell (Pl. Ed.)	Z	22
Monnet (Pl. Jean)	Z	23
Palais (R. du)	Y	24
Victor-Hugo (Av.)	Z	
14-Juillet (R. du)	Z	26

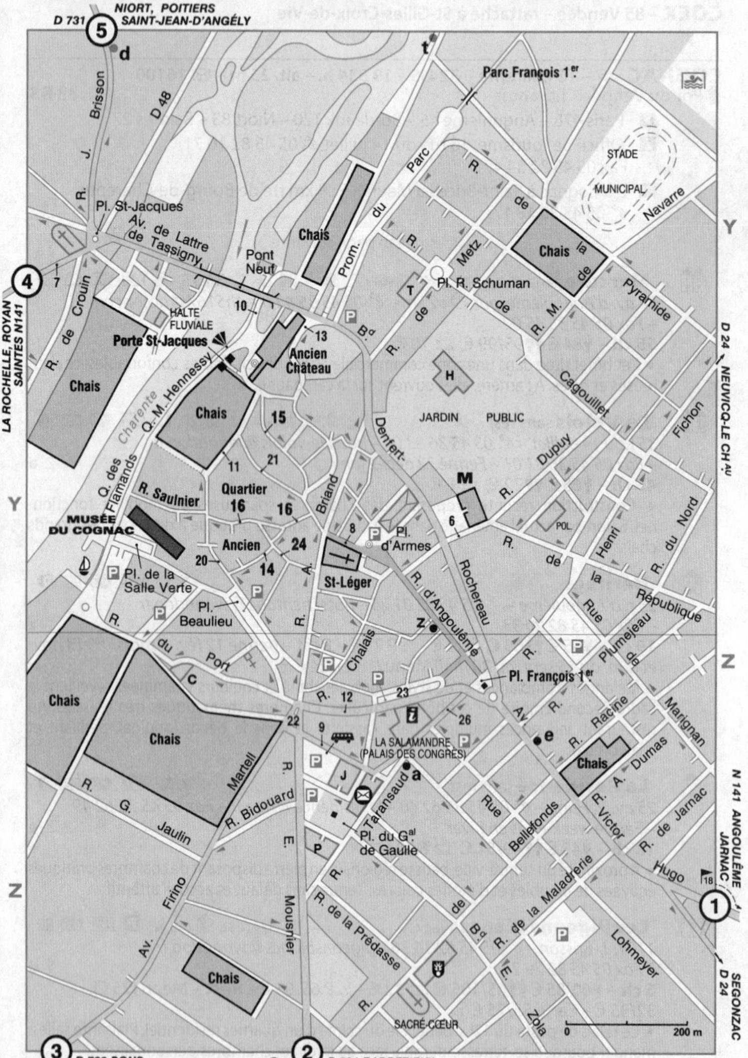

Déjeunez dehors, il fait si beau !
Optez pour une terrasse :

par ① **3 km rte d'Angoulême et rte de Rouillac (D 15) – ✉ 16100 Châteaubernard**

Château de l'Yeuse 25,
quartier l'Échassier, r. Bellevue – ✆ 05 45 36 82 60
– reservations.yeuse@wanadoo.fr – Fax 05 45 35 06 32 – Fermé 20 déc.-12 fév.
21 ch – 98 € 133/167 €, 14 € – 3 suites – ½ P 100/130 € – **Rest** – *(fermé vend. midi, lundi midi et dim. soir hors saison et sam. midi)* Menu 29 € (déj. en sem.), 45/70 € – Carte 62/82 €
◆ Atmosphère romantique en cette gentilhommière du 19e s. agrandie d'une aile moderne. Mobilier ancien et décor raffiné dans les chambres. Salon "cognacs et cigares". Élégant restaurant et terrasse d'été dominant la vallée de la Charente. Carte personnalisée.

Domaine de l'Échassier ch, 20,
quartier l'Échassier, 72 r. Bellevue
– ✆ 05 45 35 01 09 – echassier@wanadoo.fr
– Fax 05 45 32 22 43 – Fermé 23-29 déc. et dim. hors saison
22 ch – 78/95 € 95/115 €, 13 € – ½ P 110/125 € – **Rest** – *(fermé 25 oct.-5 nov. et 11-20 fév.) (dîner seult)* Menu 30/45 €
◆ Dans un joli jardin, maison récente abritant de douillettes chambres dont la décoration contemporaine évoque parfois l'activité viticole. Quelques terrasses ou balcons. Ambiance mi-restaurant, mi-table d'hôte dans la salle à manger, coquette et chaleureuse.

COGOLIN – 83 Var – 340 O6 – 9 079 h. – alt. 20 m – ✉ 83310 41 C3

Paris 864 – Fréjus 33 – Ste-Maxime 13 – Toulon 60

Office de tourisme, place de la République ✆ 04 94 55 01 10, Fax 04 94 55 01 11

La Maison du Monde sans rest
63 r. Carnot – ✆ 04 94 54 77 54 – info@lamaisondumonde.fr – Fax 04 94 54 77 55 – Fermé 12 mars-1er avril et 5 nov.-24 déc.
12 ch – 75/175 € 75/175 €, 13 €
◆ Jolie demeure bourgeoise du 19e s. entourée d'un jardin planté de palmiers et de platanes. Chambres de caractère, garnies de meubles provenant du monde entier.

Grain de Sel
6 r. 11-Novembre (derrière Mairie) – ✆ 04 94 54 46 86 – Fermé vacances de la Toussaint, de fév., le midi en juil.-août, dim. de sept. à juin et lundi
Rest – Menu 31 € – Carte 34/44 €
◆ Un minuscule bistrot provençal qui ne manque pas de sel : le chef prépare sous vos yeux, directement dans la salle à manger, d'appétissantes recettes du marché.

Carré des Oliviers
16 r. Carnot – ✆ 04 94 54 64 21 – Fermé 2-18 juil., 23-30 déc., dim. soir d'oct. à mai et lundi
Rest – Menu 30 € – Carte 41/49 €
◆ Certes la salle est exiguë, mais vous apprécierez la simplicité de son cadre de style bistrot. Attrayante carte de mets provençaux, énoncés sur ardoise.

au Sud-Est **5 km sur N 98, direction Toulon – ✉ 83310**

La Ferme du Magnan
– ✆ 04 94 49 57 54 – Fax 04 94 49 57 54 – Ouvert 1er avril-31 oct.
Rest – Menu 27/38 € – Carte 29/52 €
◆ Bastide au 16e s., magnanerie au 19e s. et enfin pittoresque restaurant campagnard. La table, généreuse, utilise les produits de la ferme. Terrasse panoramique ornée de jarres.

COIGNIÈRES – 78 Yvelines – 311 H3 – 4 231 h. – alt. 160 m – ✉ 78310 18 A2

Paris 39 – Rambouillet 15 – St-Quentin-en-Yvelines 7 – Versailles 21

Le Capucin Gourmand
170, N 10 – ✆ 01 34 61 46 06 – capucingourmand@wanadoo.fr
– Fax 01 34 61 73 46 – Fermé dim. soir et lundi
Rest – Menu 36 € – Carte 47/97 €
◆ Dans une zone commerciale, ancien relais de poste au charme préservé. Salle à manger à la fois agreste et cossue, réchauffée l'hiver par une cheminée. Calme terrasse fleurie.

XX **Le Vivier**

N 10 – ✆ 01 34 61 64 39 – k-vivier@wanadoo.fr – Fax 01 34 61 94 30 – Fermé dim. soir et lundi

Rest – Menu 35 € – Carte 41/57 €

◆ Comme le suggère l'enseigne, on déguste ici fruits de mer et poissons. Les deux belles salles à manger rustiques sont égayées de petites notes marines.

COISE-ST-JEAN-PIED-GAUTHIER – 73 Savoie – 333 J4 – 945 h. – alt. 292 m – ✉ 73800

46 **F2**

Paris 582 – Albertville 32 – Chambéry 23 – Grenoble 55

Château de la Tour du Puits 50/120,

rte du Puits : 1 km – ✆ 04 79 28 88 00 – info@chapeaupuit.fr – Fax 04 79 28 88 01 – Fermé 15 oct.-30 nov.

7 ch – 100/260 € 100/260 €, 20 € – ½ P 106/191 € – **Rest** – *(fermé mardi midi, merc. midi et lundi)* Menu (29 €), 46/70 € – Carte 65/79 €

◆ Ce gracieux château rebâti au 18e s. dresse sa jolie tour en poivrière au milieu d'un superbe parc boisé. Chambres décorées à ravir. Héliport. Le restaurant, chaleureux et intime, a beaucoup de cachet. Belle terrasse sous les platanes.

COL BAYARD – 05 Hautes-Alpes – 334 E5 – alt. 1 248 m – ✉ 05000 Gap

Alpes du Nord

41 **C1**

Paris 658 – Gap 7 – La Mure 56 – Sisteron 60

à Laye **2,5 km au Nord par N 85 – 212 h. – alt. 1 170 m – ✉ 05500**

X **La Laiterie du Col Bayard**

– ✆ 04 92 50 50 06 – colbayard@wanadoo.fr – Fax 04 92 50 19 91 – Fermé 12 nov.-20 déc., mardi soir, merc. soir, jeudi soir et lundi sauf fériés et vacances scolaires

Rest – Menu 13,50 € bc (déj.), 18/37 € bc – Carte 11/41 €

◆ Attenant à une laiterie-fromagerie, étonnant restaurant où est installée une boutique de produits locaux. Terrasse avec vue sur les montagnes. À la carte, les fromages de la région sont rois.

COL DE BAVELLA – 2A Corse-du-Sud – 345 E9 – voir à Corse

COL DE CEYSSAT – 63 Puy-de-Dôme – 326 E8 – rattaché à Clermont-Ferrand

---

COL DE CUREBOURSE – 15 Cantal – 330 D5 – rattaché à Vic-sur-Cère

---

COL DE LA CROIX-FRY – 74 Haute-Savoie – 328 L5 – rattaché à Manigod

---

COL DE LA CROIX-PERRIN – 38 Isère – 333 G7 – rattaché à Lans-en-Vercors

---

COL DE LA FAUCILLE ★★ – 01 Ain – 328 J2 – alt. 1 320 m – Sports d'hiver : (Mijoux-Lelex-la Faucille) 900/1 680 m 3 29 – ✉ 01170 Gex

Franche-Comté Jura

46 **F1**

Paris 480 – Bourg-en-Bresse 108 – Genève 29 – Gex 11 – Morez 28 – Nantua 58

Descente sur Gex★★ (N 5) ★★ SE : 2 km - Mont-Rond★★ (accès par télécabine - gare à 500 m au SO du col).

La Mainaz lac Léman et les Alpes,

col de la Faucille, Sud : 1 km par N5 – ✆ 04 50 41 31 10 – mainaz@club-internet.fr – Fax 04 50 41 31 77 – Fermé 17 juin-3 juil., 29 oct.-10 déc., dim. soir et lundi sauf vacances scolaires

22 ch – 75/95 € 75/115 €, 12 € – ½ P 80/105 € – **Rest** – Menu 30 € (sem.)/60 € – Carte 34/69 €

◆ Atout incontestable de ce grand chalet de bois : la vue exceptionnelle sur le Léman et les Alpes. Chambres spacieuses, parfois dotées d'un balcon ; certaines sont rénovées. Magnifique panorama sur la région depuis la terrasse du restaurant ; cuisine classique.

La Petite Chaumière

– ✆ 04 50 41 30 22 – info@petitechaumiere.com – Fax 04 50 41 33 22 – Fermé 1er-27 avril et 8 oct.-20 déc.

54 ch – †47/53 € ††54/67 €, ☕ 10 € – ½ P 61/70 € – **Rest** – Menu 19 € (sem.)/31 € – Carte 29/41 € ♀

♦ Chalet jurassien des années 1960 situé au pied des pistes. Petites chambres simples ; quelques-unes ont un balcon. Studios adaptés aux familles dans la nouvelle annexe. Sobre salle à manger montagnarde ou terrasse d'été ; cuisine traditionnelle sans prétention.

La Couronne ch,

– ✆ 04 50 41 32 65 – hotel-de-la-couronne@wanadoo.fr – Fax 04 50 41 32 47 – Ouvert 15 mai-30 sept. et 15 déc.-31 mars

15 ch – †55 € ††58 €, ☕ 10 € – ½ P 55/59 € – **Rest** – *(fermé merc. en juin) (dîner seult en hiver)* Menu 23/38 € – Carte 32/51 €

♦ Hôtel isolé au sommet du col. La plupart des chambres, très "seventies", disposent d'un balcon et offrent une agréable vue sur le Mont-Rond. Spacieuse salle à manger habillée de bois ou terrasse au grand air. Menu unique ; en été, "formule self" à midi.

COL DE LA MACHINE – 26 Drôme – 332 F4 – rattaché à St-Jean-en-Royans

COL DE LA SCHLUCHT – 88 Vosges – 314 K4 – alt. 1 258 m – Sports d'hiver : 1 150/1 250 m Alsace Lorraine 27 D3

Paris 441 – Colmar 37 – Épinal 56 – Gérardmer 16 – Guebwiller 46 – St-Dié 37 – Thann 43

Route des Crêtes★★★ N et S - Le Hohneck ✻★★★ S : 5 km.

Le Collet rest,

au Collet, 2 km sur rte Gérardmer – ✆ 03 29 60 09 57 – hotcollet@aol.com – Fax 03 29 60 08 77 – Fermé 4 nov.-4 déc.

25 ch – †62 € ††72 €, ☕ 10 € – 6 suites – ½ P 70 € – **Rest** – *(fermé jeudi midi et merc. hors vacances)* Menu 16 € (déj. en sem.), 24/27 € – Carte 30/42 € ♀

♦ Au milieu des sapins, grand chalet où règne une ambiance conviviale. Belle décoration intérieure ; réservez en priorité les chambres relookées dans le style montagnard chic. Goûteuse cuisine du terroir à savourer dans une chaleureuse salle à manger.

COL D'ÈZE – 06 Alpes-Maritimes – 341 F5 – rattaché à Èze

COL DU DONON – 67 Bas-Rhin – 315 G5 – alt. 718 m – ✉ 67130 Grandfontaine Alsace Lorraine 1 A2

Paris 402 – Lunéville 61 – St-Dié 41 – Sarrebourg 39 – Sélestat 67 – Strasbourg 61

✻★★ sur la chaîne des Vosges.

Du Donon rest, cuisinette 50,

– ✆ 03 88 97 20 69 – hotelrestdudonon@wanadoo.fr – Fax 03 88 97 20 17 – Fermé 15 nov.-2 déc. et jeudi hors saison

28 ch – †50 € ††60/64 €, ☕ 9 € – ½ P 60/66 € – **Rest** – Menu 18/37 € – Carte 18/30 € ♀

♦ Perché à 727 m d'altitude, dans la campagne, établissement abritant des chambres rafraîchies il y a peu (mobilier peint ou rustique). Certaines possèdent une cuisinette. Salles à manger non-fumeurs et terrasses fleuries en saison.

COL DU LAUTARET – 05 Hautes-Alpes – 334 G2 – alt. 2 058 m – ✉ 05480 Villar-d'Arene 41 C1

Paris 653 – Briançon 27 – Les Deux-Alpes 38 – Valloire 25

Des Glaciers montagnes et glaciers, ch, ch,

– ✆ 04 92 24 42 21 – bonnabel@hotel-bonnabel.com – Fax 04 92 24 44 81 – Ouvert avril-sept. et 18 déc.-28 fév.

25 ch – †165 € ††352 €, ☕ 20 € – 2 suites – ½ P 215 € – **Rest** – *(dîner seult.)* Menu 35/85 € ♀

♦ Depuis cet hôtel bâti au sommet du col (2 058 m), la vue sur les montagnes et les glaciers est exceptionnelle. Grandes chambres d'esprit chalet, bel espace de remise en forme. Cuisine traditionnelle le soir et plats de brasserie à midi ; salon-bar (jeux).

COL DU PAVILLON – 69 Rhône – 327 F3 – rattaché à Cours

COLIGNY – 01 Ain – 328 F2 – 1 091 h. – alt. 298 m – ✉ 01270 44 B1

Paris 407 – Bourg-en-Bresse 24 – Lons-le-Saunier 39 – Mâcon 57 – Tournus 48

Au Petit Relais

– ✆ 04 74 30 10 07 – Fax 04 74 30 10 07 – Fermé 12-23 mars, 1er-12 oct., 3-6 déc., merc. soir et jeudi

Rest – *(nombre de couverts limité, prévenir)* Menu 16 € (déj. en sem.), 25/54 € bc – Carte 36/85 €

◆ Cuisine goûteuse, spécialités de la Bresse et vins choisis à déguster dans une coquette salle à manger. Terrasse dressée l'été dans la cour intérieure.

COLLÉGIEN – 77 Seine-et-Marne – 312 F2 – 101 19 – voir à Paris, Environs (Marne-la-Vallée)

LA COLLE-SUR-LOUP – 06 Alpes-Maritimes – 341 D5 – 6 697 h. – alt. 90 m – ✉ 06480 Côte d'Azur 42 E2

Paris 919 – Antibes 15 – Cagnes-sur-Mer 7 – Cannes 26 – Grasse 19 – Nice 18 – Vence 7

Syndicat d'initiative, 28 avenue Maréchal Foch ✆ 04 93 32 68 36, Fax 04 93 32 05 07

Le Clos des Arts 10/20,

350 rte de St-Paul – ✆ 04 93 32 40 00 – info@closdesarts.fr – Fax 04 93 32 69 98

8 ch – 260/470 € 220/430 €, 22 € – **Rest** – Menu 39 € (déj. en sem.), 45/89 € – Carte 63/145 €

◆ Hôtel fastueux ressuscité en 2006 dans ce village typé. Deux villas provençales abritent des juniors suites personnalisées avec raffinement, parfois dotées d'une terrasse. Repas au goût du jour sous un plafond peint ou en plein air. Vivier, rôtissoire et gril.

Marc Hély sans rest

535 rte de Cagnes, Sud-Est : 0,8 km par D 6 – ✆ 04 93 22 64 10 – contact@hotel-marc-hely.com – Fax 04 93 22 93 84 – Fermé 3-9 fév. et 11-18 nov.

12 ch – 69/80 € 80/145 €, 10 €

◆ La majorité des chambres de cette grande maison bénéficient d'une belle vue sur St-Paul-de-Vence. Confort fonctionnel, calme, piscine et petits-déjeuners dans la véranda.

L'Abbaye ch, ch, 20,

541 bd Teisseire (rte de Grasse) – ✆ 04 93 32 68 34 – contact@hotelabbaye.com – Fax 04 93 32 85 06

14 ch – 80/220 € 100/250 €, 15 € – **Rest** – *(fermé le lundi sauf de mi-juin à mi-sept.)* Menu (15 €), 20 € (déj. en sem.), 35/60 € – Carte 29/47 €

◆ Jolies chambres personnalisées, aménagées dans les nobles murs d'une très vieille abbaye, ex-propriété des moines de l'île St-Honorat. Chapelle du 10e s. Le restaurant voûté affiche un nouveau décor design et branché. Terrasse ombragée dans l'ancien cloître.

Le Blanc Manger

1260 rte de Cagnes – ✆ 04 93 22 51 20 – leblancmanger@orange.fr – Fax 04 92 02 00 46 – Fermé 11 nov.-12 déc., le midi en août sauf vend., sam., et dim., mardi sauf en août et lundi d'oct. à mars

Rest – *(nombre de couverts limité, prévenir)* Menu (29 €), 35 €

◆ Cuisine féminine aux accents du Sud à apprécier dans une salle d'esprit champêtre affichant un petit côté "bonbonnière" ou sur la jolie terrasse couverte et meublée en bois.

COLLEVILLE-SUR-MER – 14 Calvados – 303 G3 – 172 h. – alt. 42 m – ✉ 14710
Normandie Cotentin 32 **B2**

Paris 281 – Cherbourg 84 – Caen 49 – Saint-Lô 39

Domaine de L'Hostréière sans rest
rte Cimetière Américain – ✆ 02 31 51 64 64
– hotelhostreiere@wanadoo.fr
– Fax 02 31 51 64 65 – Ouvert 1er avril-30 nov.
19 ch – 72/102 € 72/150 €, 9,50 €

♦ Modernes chambres (certaines avec terrasse) installées dans les dépendances d'une ex-ferme, proche du cimetière américain de St-Laurent-sur-Mer. Fitness, piscine, salon de thé.

COLLIAS – 30 Gard – 339 L5 – rattaché à Pont-du-Gard

COLLIOURE – 66 Pyrénées-Orientales – 344 J7 – 2 763 h. – alt. 2 m – Casino – ✉ 66190 Languedoc Roussillon 22 **B3**

Paris 879 – Argelès-sur-Mer 7 – Céret 36 – Perpignan 30 – Port-Vendres 3

Office de tourisme, place du 18 Juin ✆ 04 68 82 15 47, Fax 04 68 82 46 29

Site★★ - Retables★ dans l'église Notre-Dame-des-Anges.

COLLIOURE

Aire (R. de l') . . . . . B 2
Amirauté (Q. de l') . . . . . B 3
Arago (R. François) . . . . . B 4
Argelès (Rte d') . . . . . A
Dagobert (R.) . . . . . B 7
Démocratie (R. de la) . . . . . B 8
Égalité (R. de l') . . . . . B 9
Ferry (R. Jules) . . . . . AB 13
Galère (R. de la) . . . . . A
Gaulle (Av. du Gén.) . . . . . B
Jean-Jaurès (Pl.) . . . . . B 14
Lamartine (R.) . . . . . B 15
Leclerc (Pl. Gén.) . . . . . AB 17
Maillol (Av. Aristide) . . . . . A
Mailly (R.) . . . . . B 19
Michelet (R. Jules) . . . . . A 20
Miradou (Av. du) . . . . . A 23
Pasteur (R.) . . . . . B
Pla de Las Fourques (R. du) . . . . . A
République (R. de la) . . . . . AB
Rolland (R. Romain) . . . . . A
Rousseau (R. J.-J.) . . . . . AB 29
St-Vincent (R.) . . . . . B 30
Soleil (R. du) . . . . . B 33
La Tour d'Auvergne (R. de) . . . . . B 16
Vauban (R.) . . . . . B 34
8 Mai 1945 (Pl. du) . . . . . B 35
18-Juin (Pl. du) . . . . . B 40

Relais des Trois Mas — Port et Collioure, AC
rte Port-Vendres – *04 68 82 05 07* — 20, P VISA MC AE
– balette.restaurant@tiscali.fr – Fax 04 68 82 38 08 – Fermé déc. et janv.
23 ch – 100/160 € 150/460 €, 18 € – ½ P 148/303 €
Rest *La Balette* – *(fermé jeudi midi d'avril à juin et du 1er au 15 oct., mardi du 15 oct. au 1er avril et merc.)* Menu 37/74 € – Carte 64/113 €
◆ Ces trois mas rénovés ménagent une vue imprenable sur le port et la ville. Chambres personnalisées portant le nom d'un peintre. Jardin, piscine et jacuzzi complètent le décor. Cuisine du terroir actualisée servie en été sur l'agréable terrasse panoramique.

Casa Païral sans rest — AC P VISA MC AE
imp. Palmiers – 04 68 82 05 81 – contact@hotel-casa-pairal.com
– Fax 04 68 82 52 10 – Ouvert 31 mars-4 nov. — A **b**
27 ch – 85/95 € 113/188 €, 10 €
◆ Demeure du 19e s. agencée autour d'un luxuriant jardin méditerranéen où murmure une fontaine. Chambres de caractère dans le bâtiment principal, plus calmes dans le second.

L'Arapède — ch, AC P VISA MC
rte Port-Vendres – 04 68 98 09 59 – hotelarapede@yahoo.fr
– Fax 04 68 98 30 90 – Fermé déc. et janv.
20 ch – 53/78 € 63/108 €, 11 € – ½ P 64/86 € – **Rest** – *(fermé le midi sauf week-ends)* Menu 25/48 € – Carte 35/53 €
◆ Hôtel moderne bâti à flanc de colline. Joli mobilier de style catalan dans de vastes chambres tournées vers la mer et la piscine à débordement. Restaurant décoré de photos anciennes de Collioure, terrasse face à la "grande bleue" et recettes du terroir.

Madeloc sans rest — AC P VISA MC AE
r. R.-Rolland – 04 68 82 07 56 – hotel@madeloc.com – Fax 04 68 82 55 09
– Ouvert 15 mars-5 nov. — A **e**
22 ch – 63/105 € 63/105 €, 10 €
◆ Sur les hauteurs, chambres meublées en rotin, souvent dotées d'une terrasse. Piscine sur le toit et jardin à flanc de colline. Expositions de peintures et de sculptures.

La Frégate — AC ch, VISA MC
24, quai de l'Amirauté – 04 68 82 06 05 – hotel.lafregate@orange.fr
– Fax 04 68 82 55 00 – Fermé déc. et janv. — B
24 ch – 50/95 € 50/95 €, 7 € – ½ P 55/78 € – **Rest** – *(fermé mardi et merc. sauf d'avril à sept.)* Menu 24/40 € – Carte 32/48 €
◆ Idéalement situé face au château, cet hôtel reprend des couleurs grâce à sa cure de jouvence : petites chambres d'esprit catalan, bien tenues et refaites peu à peu. Deux salles à manger parées de faïence servent de cadre à une cuisine du terroir simple et bonne.

Méditerranée sans rest — AC VISA MC
av. A. Maillol – 04 68 82 08 60 – mediterraneehotel@free.fr – Fax 04 68 82 28 07
– Ouvert avril-nov. — A **h**
23 ch – 63/97 € 63/97 €, 10 €
◆ Pratiques et pourvues de balcons, les chambres de cet hôtel des années 1970 adoptent progressivement un style actuel rehaussé de teintes locales. Jardin en terrasses. Solarium.

XXX **Le Neptune** (Mourlane) — vieux port, AC P VISA MC AE
rte Port-Vendres – 04 68 82 02 27 – smourlane@yahoo.fr – Fax 04 68 82 50 33
– Fermé 1er janv.-21 mars, 7-12 déc., mardi et merc. d'oct. à mai, mardi midi et lundi de juin à sept. — B **v**
Rest – Menu (30 €), 49/90 € – Carte 70/86 €
Spéc. Anchois de Collioure frais marinés. Homard bleu en coque (été). Filet de veau d'Aveyron, jus à la sauge (printemps-été). **Vins** Côtes du Roussillon-Villages, Collioure.
◆ Les superbes terrasses étagées de ce restaurant s'agrippent au rocher. Décor aux couleurs du Sud et tableaux contemporains. Carte régionale et produits de la mer.

COLLONGES-AU-MONT-D'OR – **69 Rhône** – **327** I5 – **rattaché à Lyon**

COLLONGES-LA-ROUGE – 19 Corrèze – 329 K5 – 413 h. – alt. 230 m – ✉ 19500 Périgord
25 **C3**

Paris 505 – Brive-la-Gaillarde 21 – Cahors 105 – Figeac 75 – Tulle 35

Office de tourisme, ✆ 05 55 25 47 57

Village★★ : tympan★ et clocher★ de l'église, castel de Vassinhac★ - Saillac : tympan★ de l'église S : 4 km.

Le Relais de St-Jacques de Compostelle

– ✆ 05 55 25 41 02 – relais_st_jacques@yahoo.fr – Fax 05 55 84 08 51 – Ouvert 20 mars-15 nov. et fermé lundi et mardi sauf du 15 juil.-15 sept.

11 ch – 52 € 52 €, 8 € – ½ P 52 € – **Rest** – Menu 17/43 € – Carte 28/56 €

◆ L'adresse est idéale pour profiter du lumineux village en grès rouge. Les chambres, pas très grandes mais bien tenues, donnent sur les castels ou sur la campagne. Salle à manger sagement champêtre et plaisante terrasse. Cuisine du Sud-Ouest.

Jeanne Maison d'Hôtes ch, VISA

Le Bourg – ✆ 05 55 25 42 31 – info@jeannemaisondhotes.com – Fax 05 55 25 47 80

5 ch – 90 € 90 € – **Rest** – table d'hôte *(dîner seult) (résidents seult)* Menu 32 € bc

◆ Fière demeure en pierres rouges flanquée d'une tour (15e s.) desservant des chambres néo-rustiques personnalisées avec goût. Salon-cheminée, terrasse et jardin clos de murs. Le soir, table d'hôte sur réservation ; cuisine ménagère.

Première distinction : l'étoile ✿.
Elle couronne les tables pour lesquelles on ferait des kilomètres !

COLMAR – 68 Haut-Rhin – 315 I8 – 65 136 h. – Agglo. 116 268 h. – alt. 194 m – ✉ 68000 Alsace Lorraine
2 **C2**

Paris 450 – Basel 68 – Freiburg-im-Breisgau 51 – Nancy 140 – Strasbourg 78

Office de tourisme, 4 rue D'Unterlinden ✆ 03 89 20 68 92

d'Ammerschwihr à Ammerschwihr Allée du Golf, NO : 9 km par N 415 puis D 11, ✆ 03 89 47 17 30.

Musée d'Unterlinden★★★ (retable d'Issenheim★★★) - Ville ancienne★★ : Maison Pfister★★ BZ **W**, Collégiale St-Martin★ BY, Maison des Arcades★ CZ**K**, Maison des Têtes★ BY **Y** - Ancienne Douane★ BZ **D**, Ancien Corps de Garde★ BZ **B** - Vierge au buisson de roses★★ et vitraux★ de l'église des Dominicains BY - Vitrail de la Grande Crucifixion★ du temple St-Matthieu CY - La "petite Venise"★ : ≤★ du pont St-Pierre BZ, quartier de la Krutenau★, rue de la Poissonnerie★, façade du tribunal civil★ BZ **J** - Maison des vins d'Alsace par ①.

Plans pages suivantes

Les Têtes 30, VISA

19 r. Têtes – ✆ 03 89 24 43 43 – les-tetes@calixo.net.fr – Fax 03 89 24 58 34 – Fermé fév.
BY **Y**

21 ch – 91/110 € 91/231 €, 14 €, 1 duplex

Rest *La Maison des Têtes* – voir ci-après

◆ À l'attrait historique de cette superbe demeure, bâtie au 17e s. sur les vestiges du mur d'enceinte de Colmar, s'ajoute le raffinement de son décor alsacien. Ravissante cour intérieure.

Le Colombier sans rest VISA

7 r. Turenne – ✆ 03 89 23 96 00 – info@hotel-le-colombier.fr – Fax 03 89 23 97 27 – Fermé 24 déc.-2 janv.
BZ **u**

27 ch – 80 € 185 €, 11 €

◆ Le cadre contemporain et le mobilier créé par un designer italien soulignent le charme authentique de cette bâtisse régionale du 15e s. Escalier Renaissance, paisible patio.

COLMAR

Agen (R. d') . . . . BY
Alsace (Av. d') . . . . CYZ
Ancienne Douane (Pl. de l') . . . . CZ 2
Augustins (R. des) . . . . BZ 3
Bagatelle (R. de la) . . . . AY
Bains (R. des) . . . . BY 5
Bâle (Route de) . . . . CZ
Bartholdi (R.) . . . . BCZ
Blés (R. des) . . . . BZ 9
Boulangers (R. des) . . . . BY 12
Brasseries (R. des) . . . . CY 13
Bruat (R.) . . . . BZ 14
Cathédrale (Pl. de la) . . . . BY 17
Cavalerie (R. de la) . . . . BCY
Champ-de-Mars (Bd du) . . . . BYZ 18
Chauffour (R.) . . . . BZ 20
Clefs (R. des) . . . . BCY
Clemenceau (Av. Georges) . . . . BCZ
Écoles (R. des) . . . . BZ 22
Est (R. de l') . . . . CYZ
Fleischhauer (R.) . . . . BCY
Fleurent (R. J.-B.) . . . . BY 24
Fleurs (R. des) . . . . CZ
Florimont (R. du) . . . . AY 25
Foch (Av.) . . . . BZ
Fribourg (Av. de) . . . . CZ
Gare (Pl. et R. de la) . . . . AZ
Gaulle (Av. Gén.-de) . . . . ABYZ
Golbéry (R.) . . . . BY
Grad (R. Charles) . . . . AY
Grand'Rue . . . . BCZ 31
Grenouillère (R. de la) . . . . CYZ 32
Herse (R. de la) . . . . BZ 33
Ingersheim (Rte d') . . . . ABY
Jeanne d'Arc (Pl.) . . . . CY
Joffre (Av.) . . . . BZ
Kléber (R.) . . . . BY 35
Ladhof (R. du) . . . . CY 36
Lasch (R. Georges) . . . . AZ 37
Lattre-de-Tassigny (Av. J. de) . . . . ABY 43
Leclerc (Bd du Gén.) . . . . BZ 45
Liberté (Av. de la) . . . . AZ
Logelbach (R. du) . . . . AY
Manège (R. du) . . . . BZ 49
Marchands (R. des) . . . . BYZ 50
Marché-aux-Fruits (Pl. du) . . . . BZ 51
Marne (Av. de la) . . . . BZ
Messimy (R.) . . . . ABZ 52
Molly (R. Berthe) . . . . BYZ 54
Mouton (R. du) . . . . CY 57
Mulhouse (R. de) . . . . AZ
Neuf-Brisach (Rte de) . . . . CY
Nord (R. du) . . . . BCY
Poincaré (Av. Raymond) . . . . ABZ
Poissonnerie (R. et Q. de la) . . . . BCZ 62
Preiss (R. Jacques) . . . . ABZ 63
Rapp (Pl.) . . . . BZ
Rapp (R.) . . . . BCY
Reims (R. de) . . . . BZ 65
République (Av. de la) . . . . ABZ
Ribeauvillé (R. de) . . . . BY 67
Roesselman (R.) . . . . BY 69
Rouffach (Rte de) . . . . AZ
St-Jean (R.) . . . . BZ 71
St-Joseph (Pl. et R.) . . . . AY
St-Josse (R.) . . . . CZ
St-Léon (R.) . . . . AY
St-Nicolas (R.) . . . . BY 73
St-Pierre (Bd et Pont) . . . . BCZ
Schlumberger (R. Camille) . . . . ABZ
Schwendi (R.) . . . . CZ
Sélestat (Rte de) . . . . CY
Semm (R. de la) . . . . CZ
Serruriers (R. des) . . . . BY 75
Sinn (Quai de la) . . . . BY 77
Six-Montagnes-Noires (Pl. des) . . . . . . BZ 79
Stanislas (R.) . . . . BY
Tanneurs (R. des) . . . . CZ 82
Têtes (R. des) . . . . BY 83
Thann (R. de) . . . . CY
Tir (R. du) . . . . AZ
Turckheim (R. de) . . . . AY
Turenne (R.) . . . . BCZ
Unterlinden (Pl. d') . . . . BY 85
Val St-Grégoire (R. du) . . . . AY
Vauban (R.) . . . . CY
Voltaire (R.) . . . . ABZ
Weinemer (R.) . . . . BZ 86
1ère Armée Française (R. de la) . . . . . . BY
2 Février (Pl. du) . . . . CY 87
5e Division-Blindée (R. de la) . . . . BY 95
18 Novembre (Pl. du) . . . . BY 97

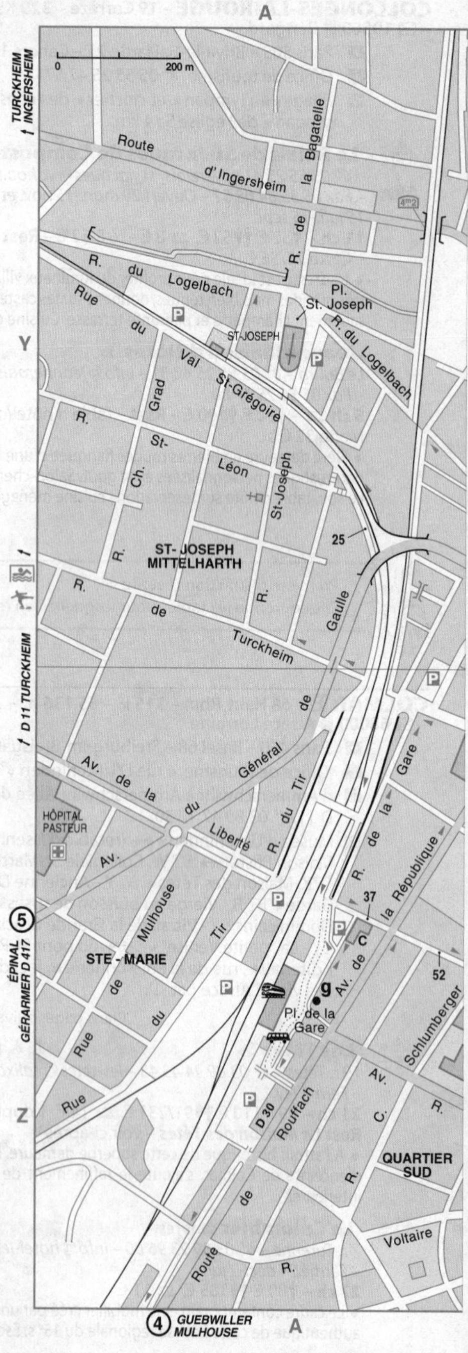

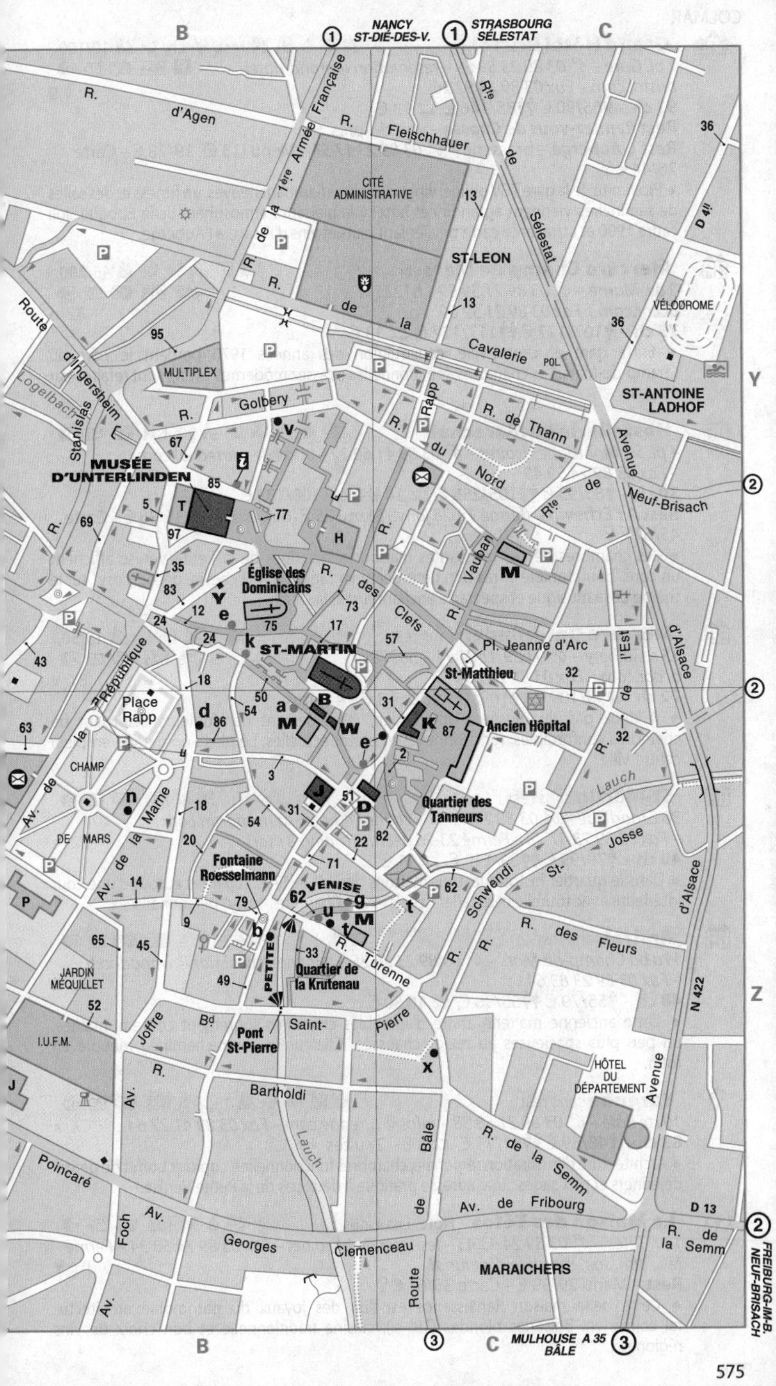
B
C
1 NANCY ST-DIÉ-DES-V.
1 STRASBOURG SÉLESTAT
R. d'Agen
R. de la 1ère Armée Française
R. Fleischhauer
Rte de Sélestat
CITÉ ADMINISTRATIVE
ST-LEON
R. de la Cavalerie
POL
VÉLODROME
D 4
36
13
95
MULTIPLEX
Route d'Ingersheim
Logelbach
Stanislas
R. Golbery
R. de Thann
R. du Nord
Rapp
ST-ANTOINE LADHOF
Y
Avenue de Neuf-Brisach
Rte de
2
MUSÉE D'UNTERLINDEN
67
85
5
T
77
H
69
97
R. Vauban
M
35
83
Église des Dominicains
R. des Clefs
73
12
75
24
17
k
ST-MARTIN
57
Pl. Jeanne d'Arc
St-Matthieu
32
R. de l'Est
d'Alsace
43
Av. de la République
Place Rapp
18
50
54
a
B
M
W
31
K
87
Ancien Hôpital
63
d
86
e
CHAMP DE MARS
Av. de la Marne
3
2
J
51
D
Lauch
Quartier des Tanneurs
n
18
54
31
82
22
20
Fontaine Roesselmann
71
R. St-Josse
Schwendi
14
VENISE
62
g
u
t
M
79
9
b
R. Turenne
R. des Fleurs
65
45
JARDIN MEQUILLET
33
PETITE
Quartier de la Krutenau
49
52
I.U.F.M.
Bd Joffre
Bd Saint-Pierre
Pont St-Pierre
N 422
Z
R. Bartholdi
x
HÔTEL DU DÉPARTEMENT
Avenue d'Alsace
Route de Bâle
R. de la Semm
Av. Poincaré
Av. Foch
Av. de Fribourg
D 13
Av. Georges Clemenceau
MARAICHERS
R. de la Semm
2 FREIBURG-IM-B. NEUF-BRISACH
3
MULHOUSE A 35 BÂLE
3

Grand Hôtel Bristol ch, rest, ch, 10/100,
7 pl. Gare – 03 89 23 59 59 – reservation@grand-hotel-bristol.com – Fax 03 89 23 92 26 VISA AE AZ **g**
91 ch – 65/90 € 85/146 €, 13 €
Rest *Rendez-vous de Chasse* – voir ci-après
Rest *L'Auberge* – brasserie – *03 89 23 17 57* – Menu (13 €), 19/28 € – Carte 26/44 €
◆ Proximité de la gare TGV oblige, vingt chambres flambant neuves, un fitness et des salles de séminaires viennent agrandir cet hôtel à la plaisante atmosphère Belle Époque. Joli cadre 1900 et attrayante carte privilégiant plats et vins d'Alsace à l'Auberge.

Mercure Champ de Mars sans rest 45/200,
2 av. Marne – 03 89 21 59 59 – h1225@accor.com – Fax 03 89 21 59 00 VISA AE BZ **n**
75 ch – 107/117 € 117/127 €, 13 €
◆ Entre gare et centre-ville, construction des années 1970 bordant le parc du Champ-de-Mars. Les chambres, fonctionnelles et assez modernes (wi-fi), sont refaites par étapes.

Hostellerie Le Maréchal 20, VISA AE
4 pl. Six Montagnes Noires – 03 89 41 60 32 – info@le-marechal.com – Fax 03 89 24 59 40 BZ **b**
30 ch – 85/95 € 105/255 €, 14 € – ½ P 108/183 €
Rest *A l'Échevin* – *(fermé 15-28 janv.)* Menu 25 € (déj. en sem.), 35/75 € – Carte 45/67 €
◆ Les chambres de ces ravissantes maisons alsaciennes de la Petite Venise affichent un côté "bonbonnière". Très bon petit-déjeuner régional. À l'Échevin, décor "cosy" sur le thème de la musique et spectacle enchanteur de la Lauch.

Mercure Unterlinden sans rest 15/50,
15 r. Golbery – 03 89 41 71 71 – h0978@accor.com – Fax 03 89 23 82 71 VISA AE BY **v**
72 ch – 99/109 € 109/119 €, 13 € – 4 suites
◆ À deux pas du musée d'Unterlinden, établissement non-fumeurs disposant de chambres confortables, fonctionnelles et plutôt actuelles. Le plus : un garage en plein centre-ville.

St-Martin sans rest VISA AE
38 Grand'Rue – 03 89 24 11 51 – colmar@hotel-saint-martin.com – Fax 03 89 23 47 78 – Fermé 23-26 déc. et 1er janv.-8 mars CZ **e**
40 ch – 79/99 € 89/149 €, 11 €
◆ Dans le quartier historique, trois maisons des 14e et 17e s. réparties autour d'une cour intérieure avec tourelle et escalier Renaissance. Chambres "cosy" personnalisées.

Amiral sans rest 25, VISA AE
11a bd Champ-de-Mars – 03 89 23 26 25 – hotelamiralcolmar@wanadoo.fr – Fax 03 89 23 83 64 BZ **d**
48 ch – 55/79 € 55/96 €, 10,50 €
◆ Cette ancienne malterie abrite d'agréables chambres sobrement contemporaines, un peu plus spacieuses au rez-de-chaussée. Chaleureux salon-cheminée meublé en rotin.

Turenne sans rest 15, VISA AE
10 rte Bâle – 03 89 21 58 58 – infos@turenne.com – Fax 03 89 41 27 64 CZ **x**
83 ch – 48/69 € 61/71 €, 8 € – 2 suites
◆ Architecture d'inspiration régionale, chambres fonctionnelles, copieux buffet de petits-déjeuners et prix sages : une adresse pratique à deux pas de la Petite Venise.

La Maison des Têtes – Hôtel Les Têtes VISA AE
19 r. Têtes – 03 89 24 43 43 – les-tetes@calixo.net – Fax 03 89 24 58 34 – Fermé fév., dim. soir, mardi midi et lundi BY **Y**
Rest – Menu 29/59 € – Carte 35/61 €
◆ Cette belle maison Renaissance est l'un des joyaux du patrimoine architectural colmarien. Boiseries blondes (19e s.), cuisine traditionnelle et bon choix de vins régionaux.

Rendez-vous de Chasse – Grand Hôtel Bristol
7 pl. Gare – ✆ 03 89 23 15 86 – reservation@grand-hotel-bristol.com – Fax 03 89 23 92 26 AZ **g**
Rest – Menu 42 € (sem.)/80 € – Carte 51/75 € ♀
Spéc. Duo de foie gras d'oie. Homard grillé, tartare de Saint-Jacques aux herbes, huile de gingembre. Selle de chevreuil, nems aux quetsches (août à janv.). **Vins** Pinot blanc, Riesling.
◆ Cheminée, pierres et poutres ajoutent au charme de cette salle à manger cossue, agrémentée en outre de dessins originaux de Daumier. Fine cuisine d'aujourd'hui ; cave étoffée.

JY'S (Schillinger)
17 r. Poissonnerie – ✆ 03 89 21 53 60 – Fax 03 89 21 53 65 – Fermé vacances de fév., lundi midi et dim. BZ **g**
Rest – Menu 29 € (déj.), 49/65 € – Carte 56/62 € ♀
Spéc. Soupe froide de petits pois, morceaux de homard, sorbet roquefort. Pavé de cabillaud rôti aux tomates confites et olives noires. Filet et côtelette d'agneau en croûte de pâte épicée, sauce marsala. **Vins** Riesling, Pinot gris.
◆ Carte très inventive et décor ultra contemporain signé Olivier Gagnère : c'est au bord de la Lauch, dans une jolie maison de 1750, que se cache l'adresse "branchée" de Colmar.

Aux Trois Poissons 20,
15 quai Poissonnerie – ✆ 03 89 41 25 21 – auxtroispoissons@calixo.net – Fax 03 89 41 25 21 – Fermé 17-30 juil., 1er-7 nov., dim. soir, mardi soir et merc. CZ **t**
Rest – Menu 21/45 € – Carte 30/68 € ♀
◆ Goûteuse cuisine mi-traditionnelle, mi-inventive où le poisson est roi, coquette salle à manger et ambiance sympathique : vous serez ici comme "Trois Poissons" dans l'eau !

L'Arpège
24 r. Marchands – ✆ 03 89 23 37 89 – restaurant.arpege@wanadoo.fr – Fax 03 89 23 39 22 – Fermé sam. et dim. BZ **a**
Rest – *(nombre de couverts limité, prévenir)* Menu (23 €), 27/52 € – Carte 43/57 € ♀
◆ Cette demeure de 1463, nichée au fond d'une impasse, aurait appartenu à la famille Bartholdi. Décor contemporain, terrasse dans un joli jardin fleuri et cuisine actuelle.

Bartholdi 35,
2 r. Boulangers – ✆ 03 89 41 07 74 – restaurant.bartholdi@wanadoo.fr – Fax 03 89 41 14 65 – Fermé 25 juin-8 juil., 21 janv.-10 fév., dim. soir et lundi BY **e**
Rest – Menu 22/49 € – Carte 17/59 € ♀
◆ Amoureux de vins alsaciens, vous trouverez forcément votre bonheur parmi l'immense choix de crus régionaux que propose cette maison aux allures de winstub. Plats traditionnels.

Chez Hansi
23 r. Marchands – ✆ 03 89 41 37 84 – Fax 03 89 41 37 84 – Fermé 24-30 juin, janv., merc. et jeudi BZ **e**
Rest – Menu 18/44 € ♀
◆ Retrouvez tout l'esprit de l'Alsace dans cette typique maison à colombages du vieux Colmar. Tradition dans l'assiette et dans le service, assuré en costume folklorique.

Wistub Brenner
1 r. Turenne – ✆ 03 89 41 42 33 – Fax 03 89 41 37 99 – Fermé 17-27 juin, 11-21 nov., 24 déc.-3 janv., 11-27 fév., mardi et merc. BZ **u**
Rest – Carte 25/37 € ♀
◆ Ambiance décontractée et animée dans cette authentique Wistub agrandie d'une sympathique terrasse. Cuisine du pays (tête de veau, pieds de porc...) et ardoise de suggestions.

La Petite Venise
4 r. de la Poissonnerie – ✆ 03 89 41 72 59 – Fermé merc. et dim. BZ **t**
Rest – Carte 17/28 € ♀
◆ Dans la petite Venise, maison du 17e s. vous conviant à goûter des recettes du terroir transmises de génération en génération. Choix à l'ardoise ; cadre nostalgique attachant.

à Horbourg 4 km à l'Est par rte de Neuf-Brisach – 5 060 h. – alt. 188 m – ✉ 68180 Horbourg-Wihr

L'Europe ch, ch, ch, 15/300,

15 rte Neuf-Brisach – ☎ 03 89 20 54 00
– reservation@hotel-europe-colmar.fr – Fax 03 89 41 27 50
130 ch – 103/125 € 134/156 €, 14,50 € – 6 suites – ½ P 107/118 €
Rest *Eden des Gourmets* – *(fermé juil., janv., dim. soir, lundi, mardi et le midi sauf dim.)* Menu 47/76 € – Carte 56/69 €
Rest *Plaisir du Terroir* – *(fermé dim. midi)* Menu 25 € (sem.)/64 € – Carte 30/53 €
◆ Imposant hôtel de style "néo-alsacien". Chambres agréables, parfois luxueuses. Équipements d'exception pour séminaires et loisirs. Carte privilégiant les produits "bio" à l'Éden des Gourmets. Plats alsaciens au Plaisir du Terroir (grillades en terrasse l'été).

Cerf

9 Grand'Rue – ☎ 03 89 41 20 35 – cerf-hotel@wanadoo.fr – Fax 03 89 24 24 98
– Fermé 1er janv.-15 mars, dim. soir et lundi sauf hotel du 15 août au 15 sept.
25 ch – 60/75 € 70/80 €, 9,50 € – ½ P 65/70 € – **Rest** – *(dîner seult) (résidents seult)* Menu 23/29 € – Carte 26/40 €
◆ Avenante maison rose à colombages. Chambres un peu petites mais de bon confort, plus calmes côté jardin. Le décor du bar et du salon évoque la Belle Époque. Carte traditionnelle et gibier, en saison, servis dans un cadre bourgeois (quelques meubles anciens).

à Logelheim 9 km au Sud-Est par D 13 et D 45 - CZ – 585 h. – alt. 195 m – ✉ 68280

A la Vigne ch,

5 Grand'Rue – ☎ 03 89 20 99 60 – restaurant.alavigne@calixo.net
– Fax 03 89 20 99 69 – Fermé 21 juin-9 juil. et 21 déc.-6 janv.
9 ch – 50 € 53/72 €, 6 € – ½ P 52 € – **Rest** – *(fermé sam. midi, lundi soir et dim. sauf fériés)* Menu 11 € (déj. en sem.), 21/28 € – Carte 22/36 €
◆ Maison régionale simple mais accueillante située au cœur d'un paisible village. Les chambres sont calmes et sobrement contemporaines. Salle à manger champêtre où l'on propose plats du terroir (tartes flambées, choucroutes, spaetzle) et ardoise de suggestions.

à Ste-Croix-en-Plaine 10 km par ③ – 2 121 h. – alt. 192 m – ✉ 68127

Au Moulin

rte d'Herrlisheim, sur D 1 – ☎ 03 89 49 31 20 – hotelaumoulin@wanadoo.fr
– Fax 03 89 49 23 11 – Ouvert 1er avril-3 nov.
17 ch – 45 € 58/70 €, 8 € – **Rest** – *(fermé dim. soir) (dîner pour résidents seult)* Carte 24/37 €
◆ Une partie des chambres de ce moulin, confortables et peu à peu refaites, a vue sur les Vosges. Petit musée d'objets alsaciens anciens. Restauration d'appoint (plats locaux).

à Wettolsheim 4,5 km par ⑤ et D 1bis II – alt. 220 m – ✉ 68920

La Palette avec ch ch,

9 r. Herzog – ☎ 03 89 80 79 14 – lapalette@lapalette.fr – Fax 03 89 79 77 00
– Hôtel : fermé 1er-20 janv. ; rest : fermé 2-10 janv., dim. soir, mardi midi et lundi
16 ch – 64/70 € 74/110 €, 11 € – ½ P 98 € – **Rest** – Menu 14 € (déj. en sem.), 25/59 € – Carte 35/47 €
◆ Une riche palette de styles et de couleurs se déploie dans les salles à manger de cette auberge où l'on déguste une cuisine au goût du jour. Jolies chambres rénovées.

à Ingersheim 4 km au Nord-Ouest – 4 170 h. – alt. 220 m – ✉ 68040

La Taverne Alsacienne

99 r. République – ☎ 03 89 27 08 41 – tavernealsacien@aol.com
– Fax 03 89 80 89 75 – Fermé 20 juil.-10 août, 1er-7 janv., jeudi soir, dim. soir et lundi
Rest – Menu 15 € (déj. en sem.), 18/53 € – Carte 26/67 €
◆ Au bord de la Fecht, vaste salle à manger contemporaine et claire, précédée d'un bar servant des plats du jour. Cuisine classique et régionale, belle carte de vins alsaciens.

COLOMBES – 92 Hauts-de-Seine – 312 C2 – voir à Paris et Environs

COLOMBEY-LES-DEUX-ÉGLISES – 52 Haute-Marne – 313 J4 – 650 h. – alt. 353 m – ✉ 52330 Champagne Ardenne 14 C3

Paris 248 – Bar-sur-Aube 16 – Châtillon-sur-Seine 63 – Chaumont 26 – Neufchâteau 71

Syndicat d'initiative, 72 rue du Général-de-Gaulle ✆ 03 25 01 52 33, Fax 03 25 01 98 61

Mémorial du Général-de-Gaulle et la Boisserie (musée).

Natali et Hostellerie la Montagne avec ch ch, 11,

rue Pisseloup – ✆ 03 25 01 51 69 – contact@hostellerielamontagne.com – Fax 03 25 01 53 20 – Fermé 1er-16 oct., 23-27 déc., vacances de fév., lundi et mardi

9 ch – 100/160 € 100/160 €, 13 € – **Rest** – Menu 28 € (sem.)/78 € – Carte 75/96 €

Spéc. Supion farci dans une morille, velouté de pois verts, caramel balsamique (printemps). Crème glacée au foie gras de canard sur carpaccio de cèpes (août à oct.). Sucettes fraise-basilic, citron au popping, pâte de fruit fraise. **Vins** Coteaux Champenois, Vin de Pays de la Haute Marne.

◆ Dans une belle maison de maître nichée dans un jardin-verger, élégantes salles à manger d'esprit contemporain. Séduisante cuisine inventive. Chambres joliment campagnardes.

COLOMBIERS – 34 Hérault – 339 D9 – 2 065 h. – alt. 25 m – ✉ 34440 Languedoc Roussillon 22 B2

Paris 779 – Béziers 10 – Montpellier 78 – Narbonne 23

Château de Colombiers

1 r. du Château – ✆ 04 67 37 06 93 – chateaudecolombiers@wanadoo.fr – Fax 04 67 37 63 11 – Fermé 1er-15 janv., dim. soir, merc. soir et jeudi de nov. à mai

Rest – Menu 20 € (déj. en sem.), 25/55 € – Carte 34/52 €

◆ Ce château du 18e s. abrite plusieurs salles à manger, confortables et actuelles, ainsi qu'une immense terrasse dressée sous les marronniers. Cuisine au goût du jour.

COLOMIERS – 31 Haute-Garonne – 343 F3 – rattaché à Toulouse

COLONZELLE – 26 Drôme – 332 C7 – 432 h. – alt. 179 m – ✉ 26230 44 B3

Paris 642 – Lyon 180 – Montélimar 33 – Orange 37

La Maison de Soize ch,

pl. de l'Église – ✆ 04 75 46 58 58 – Fax 04 75 46 58 58 – Ouvert Pâques-fin- oct.

5 ch – 75 € 85 € – **Rest** – table d'hôte *(fermé dim.) (dîner seult) (résidents seult)* Menu 30 € bc

◆ Les chambres de cette maison ancienne portent le nom d'une fleur. Fraîches et colorées, elles possèdent des salles de bains modernes et une bonne literie. Repas (légumes du potager) dans le jardin ombragé ou dans une salle décorée de bibelots de famille.

COLROY-LA-ROCHE – 67 Bas-Rhin – 315 H6 – 455 h. – alt. 475 m – ✉ 67420 1 A2

Paris 412 – Lunéville 70 – St-Dié 33 – Sélestat 31 – Strasbourg 66

Hostellerie La Cheneaudière rest, rest, 25,

3 r. Vieux Moulin – ✆ 03 88 97 61 64 – cheneaudiere@relaischateaux.com – Fax 03 88 47 21 73

25 ch – 90/260 € 90/360 €, 19 € – 7 suites – **Rest** – Menu 49 € bc (déj.), 45 € (dîner)/110 € – Carte 76/112 €

◆ Élégante hostellerie et son agréable jardin dominant le village. Chambres personnalisées et équipements de loisirs complets. Cuisine classique et recettes régionales à savourer dans une plaisante salle à manger cossue, exclusivement réservée aux non-fumeurs.

COLY – 24 Dordogne – 329 I5 – rattaché au Lardin-St-Lazare

LA COMBE – 73 Savoie – 333 H4 – rattaché à Aiguebelette-le-Lac

COMBEAUFONTAINE – 70 Haute-Saône – 314 D6 – 496 h. – alt. 259 m – ✉ 70120 16 B1

Paris 336 – Besançon 72 – Épinal 83 – Gray 40 – Langres 52 – Vesoul 24

Syndicat d'initiative, Mairie ☎ 03 84 92 11 80, Fax 03 84 92 15 23

Le Balcon avec ch — ch, ch, 15, VISA

– ☎ *03 84 92 11 13 – Fax 03 84 92 15 89 – Fermé 25 juin-4 juil., 1er-6 oct., 26 déc.-12 janv., dim. soir, mardi midi et lundi*

14 ch – 45 € 55/65 €, 9 € – ½ P 52 € – **Rest** – Menu 24/60 € – Carte 39/71 €

◆ Cette auberge tapissée de vigne vierge abrite une jolie salle à manger rustique (cuivres et meubles cirés) ; goûteuse cuisine classique. Réservez une chambre sur l'arrière, au calme.

LES COMBES – 25 Doubs – 321 J4 – rattaché à Morteau

COMBLOUX – 74 Haute-Savoie – 328 M5 – 1 976 h. – alt. 980 m – Sports d'hiver : 1 000/1 850 m 1 24 – ✉ 74920 Alpes du Nord 46 F1

Paris 593 – Annecy 80 – Bonneville 37 – Chamonix-Mont-Blanc 31 – Megève 6 – Morzine 50

Office de tourisme, 49 chemin des Passerands ☎ 04 50 58 60 49, Fax 04 50 93 33 55

★★★ - Table d'orientation★ de la Cry.

Aux Ducs de Savoie — Mont-Blanc, rest, rest, 35, VISA

au Bouchet – ☎ 04 50 58 61 43 – info@ducs-de-savoie.com – Fax 04 50 58 67 43 – Ouvert 1er juin-6 oct. et 15 déc.-25 avril

50 ch – 125/180 € 125/180 €, 17 € – ½ P 105/145 € – **Rest** – Menu 30 € (sem.)/45 € – Carte 36/50 €

◆ Vaste chalet pour amoureux de nature et de calme. Demandez une chambre avec vue : vous pourrez admirer les montagnes sans même bouger de votre lit ! Piscine dominant la vallée. Cuisine familiale et savoyarde dans une salle panoramique au décor "tout bois".

Au Cœur des Prés — Aravis et Mont-Blanc, rest, VISA

152 chemin du Champet – ☎ 04 50 93 36 55 – hotelaucoeurdespres@wanadoo.fr – Fax 04 50 58 69 14 – Ouvert 1er juin-24 sept. et 19 déc.-31 mars

32 ch – 80/100 € 107/170 €, 12 € – ½ P 77/95 € – **Rest** – Menu 28 €

◆ Sur les hauteurs de Combloux, chambres sans fioritures mais lumineuses, lambrissées et assez spacieuses ; elles donnent toutes sur les sommets. Confortable salon-cheminée. Vue étendue, décor soigné (plafond boisé) et cuisine classique au restaurant.

Joly Site — VISA

81 rte de Sallanches – ☎ 04 50 58 60 07 – joly-site@joly-site.com – Fax 04 50 93 38 09

10 ch – 75/110 € 75/110 €, 9 € – ½ P 75/102 € – **Rest** – Menu 19/32 € – Carte 29/43 €

◆ Entièrement rénové par une équipe jeune et enthousiaste, l'hôtel dispose de chambres à la fois traditionnelles et modernes, souvent dotées d'un accès direct au jardin. À table, recettes montagnardes ou méridionales à déguster autour de la cheminée centrale.

Coin Savoyard — VISA

300 rte Cry, Cuchet – ☎ 04 50 58 60 27 – coin-savoyard@wanadoo.fr – Fax 04 50 58 64 44 – Fermé 10 avril-2 juin et 20 sept.-10 déc.

14 ch – 95/132 € 95/150 €, 9 € – ½ P 86/100 € – **Rest** – *(fermé lundi midi en hiver sauf vacances scolaires et lundi en juin et sept.)* Carte 19/42 €

◆ Accueillante ferme du 19e s. située à côté de l'église. Sous ses allures d'auberge savoyarde, elle recèle de confortables chambres rafraîchies et tournées vers les monts. Spécialités régionales servies au bord de la piscine lorsqu'arrivent les beaux jours.

COMBOURG – 35 Ille-et-Vilaine – 309 L4 – 4 850 h. – alt. 45 m – ✉ 35270
Bretagne 10 **D2**

Paris 387 – Avranches 58 – Dinan 25 – Fougères 49 – Rennes 41 – St-Malo 36 – Vitré 56

Office de tourisme, 23 place Albert Parent ✆ 02 99 73 13 93, Fax 02 99 73 52 39

des Ormes à Dol-de-Bretagne Epiniac, N : 13 km par D 795, ✆ 02 99 73 54 44.

Château★.

Du Château
15/35, VISA MC AE

1 pl. Chateaubriand – ✆ 02 99 73 00 38 – hotelduchateau@wanadoo.fr – Fax 02 99 73 25 79 – Fermé mi-déc. à mi-janv., dim. soir sauf de mi-juil. à mi-août, lundi hors saison et sam. midi

31 ch – †77/140 € ††77/140 €, ☕ 11 € – 3 suites – ½ P 70/101 € – **Rest** – Menu 21/55 € – Carte 32/64 € ♀

◆ Au pied du château hanté par le romantique souvenir de Chateaubriand, belle maison ancienne et ses annexes. Confortables chambres personnalisées. Carte mi-traditionnelle, mi-régionale où figure en bonne place le délicieux chateaubriand !

Lac
20, VISA MC AE

pl. Chateaubriand – ✆ 02 99 73 05 65 – hoteldulac@tiscali.fr – Fax 02 99 73 23 34 – Fermé fév., vend. soir et dim. soir hors saison

28 ch – †48 € ††55/75 €, ☕ 8,50 € – ½ P 54/64 € – **Rest** – *(fermé dim. soir et sam. midi hors saison, vend. sauf le soir en saison)* Menu (9,50 €), 14 € (déj. en sem.), 25/63 € – Carte 42/58 € ♀

◆ À l'entrée du vieux bourg dominé par son château médiéval, pour ainsi dire "les pieds dans le lac", maison régionale disposant de chambres pratiques et fraîches. Deux salles à manger dont une véranda ouverte sur le plan d'eau. Belle terrasse dans le jardin.

L'Écrivain
VISA MC

pl. St-Gilduin (face église) – ✆ 02 99 73 01 61 – Fax 02 23 16 46 31 – Fermé vacances de Toussaint, de fév., merc. soir, dim. soir sauf du 15 juil. au 15 août et jeudi

Rest – Menu 16 € (déj. en sem.), 22/36 € – Carte 22/40 € ♀

◆ Une salle à manger habillée de boiseries, une autre ouverte sur le jardin ; il règne ici une ambiance bucolique que n'aurait pas renié le plus célèbre de nos romantiques.

COMBREUX – 45 Loiret – 318 K4 – 202 h. – alt. 130 m – ✉ 45530 12 **C2**

Paris 113 – Bellegarde 12 – Châteauneuf-sur-Loire 14 – Orléans 41 – Pithiviers 31

Auberge de Combreux
rest, 20, VISA MC AE

– ✆ 02 38 46 89 89 – aubergec@compuserve.com – Fax 02 38 59 36 19 – Fermé de mi-déc. au 20 janv. et dim. soir de nov. à mars

19 ch – †53/60 € ††60/79 €, ☕ 9 € – ½ P 66/76 € – **Rest** – *(fermé de mi-déc. au 20 janv., vend. midi d'avril à oct., dim. soir de nov. à mars et lundi midi)* Menu 29/36 € – Carte 33/49 € ♀

◆ Près de la forêt, ex-relais de poste tapissé de vigne vierge et son annexe composée de trois maisonnettes entourées d'un jardin. Chambres rustiques (deux avec jacuzzi). Chaleureuse salle à manger champêtre, terrasse verdoyante et carte actuelle.

COMMELLE-VERNAY – 42 Loire – 327 D4 – rattaché à Roanne

COMMERCY – 55 Meuse – 307 E6 – 6 324 h. – alt. 240 m – ✉ 55200 26 **B2**

Paris 269 – Bar-le-Duc 40 – Metz 73 – Nancy 53 – Toul 31 – Verdun 56

Office de tourisme, Château Stanislas ✆ 03 29 91 75 57, Fax 03 29 91 75 75

Côté Jardin
ch, rest, 15/100, VISA MC

40 r. St-Mihiel – ✆ 03 29 92 09 09 – sarl.cotejardin@wanadoo.fr – Fax 03 29 92 09 10

11 ch – †55/65 € ††65/80 €, ☕ 11 € – 1 suite – ½ P 68/93 € – **Rest** – *(fermé août, dim. soir et vend.) (dîner seult) (résidents seult)* Menu 19 € (sem.), 38/48 € ♀

◆ Côté rue, une façade joliment rénovée ; "côté jardin", une confortable salle de restaurant largement ouverte sur la terrasse et la verdure. Cuisine composée selon la saison.

De la Madeleine

La Louvière, (rte de Nancy) – ✆ 03 29 91 51 25 – hotelmadeleine@free.fr – Fax 03 29 91 09 59

26 ch – 42/61 € 56/69 €, 6 € – ½ P 49/52 € – **Rest** – *(fermé 24-31 déc. et dim. soir)* Menu 12 € (sem.)/32 € – Carte 19/43 €

◆ Au pays de la célèbre madeleine, bâtiment moderne proposant aux voyageurs des chambres actuelles, insonorisées et équipées d'un mobilier mariant bois et fer forgé. Sobre salle à manger éclairée par de larges baies.

COMPIÈGNE – 60 Oise – 305 H4 – 41 254 h. – Agglo. 108 234 h. – alt. 41 m – ✉ 60200 Nord Pas-de-Calais Picardie 36 B2

Paris 81 – Amiens 80 – Beauvais 61 – St-Quentin 74 – Soissons 39

Office de tourisme, place de l'Hôtel de Ville ✆ 03 44 40 01 00, Fax 03 44 40 23 28

de Compiègne Avenue Royale, E : par avenue Royale, ✆ 03 44 38 48 00 ;

du Château d'Humières à Monchy Humières Rue de Gournay, NO : 9 km par D202, ✆ 03 44 86 48 22.

Palais★★★ : musée de la voiture★★, musée du Second Empire★★ - Hôtel de ville★ BZ **H** - Musée de la Figurine historique★ BZ **M** - Musée Vivenel : vases grecs★★ AZ **M**[1].

Forêt★★ (les Beaux Monts) - Rethondes : Clairière de l'Armistice★★ (statue du Maréchal Foch, dalle commémorative, wagon du Maréchal Foch).

Plan page ci-contre

Les Beaux Arts sans rest cuisinette 30,

33 cours Guynemer – ✆ 03 44 92 26 26 – hotel@bw-lesbeauxarts.com – Fax 03 44 92 26 00 AY **v**

35 ch – 67 € 76 €, 10 € – 15 suites

◆ Plaisant mobilier en teck, couleurs ensoleillées, confort moderne : les chambres de cet hôtel situé sur les quais sont chaleureuses ; certaines disposent de cuisinettes.

De Flandre sans rest

16 q. République – ✆ 03 44 83 24 40 – hoteldeflandre@wanadoo.fr – Fax 03 44 90 02 75 – Fermé 25 déc.-1er janv. AY **u**

42 ch – 47/50 € 57/61 €, 8,50 €

◆ À deux pas de la gare, sur la rive droite de l'Oise. Chambres d'esprit rustique, progressivement rafraîchies. Une bonne insonorisation atténue les bruits du carrefour.

XXX **Rive Gauche**

13 cours Guynemer – ✆ 03 44 40 29 99 – rivegauche@orange.fr – Fax 03 44 40 38 00 – Fermé lundi et mardi sauf fériés BY **e**

Rest – Menu 35/48 € – Carte 66/85 €

◆ Sur la rive gauche de l'Oise, salle de restaurant contemporaine, à la fois sobre et élégante, agrémentée de tableaux. Cuisine au goût du jour et vins judicieusement choisis.

XXX **La Part des Anges**

18 r. Bouvines – ✆ 03 44 86 00 00 – lapartdesanges60@wanadoo.fr – Fax 03 44 86 09 00 – Fermé 23 juil.-19 août, sam. midi, dim. soir et lundi AZ **d**

Rest – Menu (28 € bc), 36/46 € – Carte 39/48 €

◆ Salle à manger en deux parties (l'une actuelle, l'autre plus intime) égayée d'une fresque illustrant la "part des anges" et d'angelots. Recettes d'aujourd'hui soignées.

XX **Du Nord** avec ch rest,

pl. Gare – ✆ 03 44 83 22 30 – Fax 03 44 90 11 87 – Fermé 1er-20 août (sauf hôtel), sam. midi et dim. soir AY **b**

20 ch – 49 € 55 €, 7 € – ½ P 55 € – **Rest** – Menu 23 € (sem.)/35 € – Carte 43/103 €

◆ Adresse devenue une "institution locale" pour ses produits de la mer. Salle à manger vaste et claire, d'où l'on peut observer le spectacle des cuisines. Chambres rafraîchies.

COMPIÈGNE

Austerlitz (R. d')	AZ	2
Boucheries (R. des)	AZ	3
Capucins (R. des)	AZ	4
Change (Pl. du)	AZ	5
Clemenceau (Av. G.)	BY	6
Harlay (R. de)	AY	8
Hôtel-de-Ville (Pl. de l')	AZ	10
Legendre (R. J.)	BZ	12
Lombards (R. des)	BZ	13
Magenta (R.)	BZ	14
Notre-Dame-de-Bon-Secours (R.)	AZ	15
Noyon (R. de)	AY	16
Paris (R. de)	AZ	17
Pierrefonds (R. de)	BZ	18
St-Antoine (R.)	AZ	19
St-Corneille (R.)	AZ	20
St-Jacques (Pl.)	BZ	22
Soissons (R. de)	BY	24
Solferino (R.)	AYZ	25
Sorel (R. du Prés.)	AZ	26
Sous-Préfecture (R. de la)	BZ	27
54e-Rgt.-d'Infanterie (Pl.)	AY	30

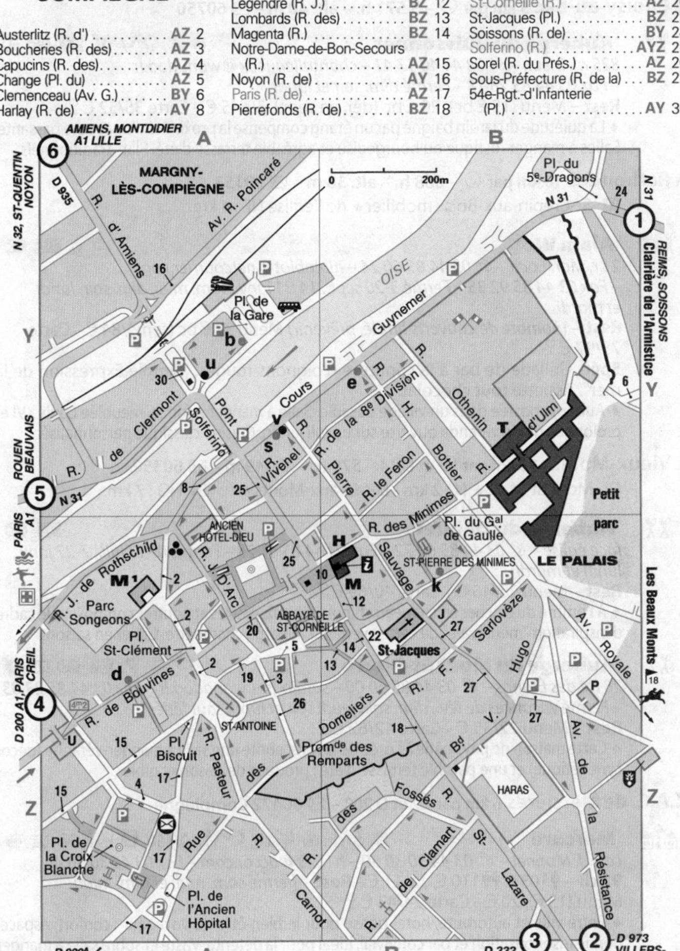

Bistrot des Arts

VISA

35 cours Guynemer – ✆ 03 44 20 10 10 – Fax 03 44 20 61 01 – Fermé sam. midi et dim. AY **s**

Rest – Menu 18 € bc (sem.)/26 €

◆ Atmosphère conviviale typique des bistrots : chaises ad hoc, banquettes, tables sans nappage et plats préparés en fonction du marché et inscrits sur l'ardoise du jour.

Le Palais Gourmand

VISA

8 r. Dahomey – ✆ 03 44 40 13 13 – Fax 03 44 40 41 36 – Fermé 23 avril-2 mai, 30 juil.-19 août, 24-28 déc., dim. soir et lundi BZ **k**

Rest – Menu 18/22 € bc – Carte 29/34 €

◆ Cette jolie maison (1890) abrite une enfilade de salons et une véranda où tons chauds, tableaux mauresques et mosaïques créent un cadre agréable. Plats traditionnels.

à Choisy-au-Bac 5 km par ② – 3 571 h. – alt. 40 m – ✉ 60750

XX **Auberge du Buissonnet** VISA AE

825 r. Vineux – ☎ 03 44 40 17 41 – chantallequeux@wanadoo.fr – Fax 03 44 85 28 18 – Fermé dim. soir et lundi

Rest – Menu (15 € bc), 20 € bc (déj. en sem.), 30/45 € – Carte 35/52 €

♦ La quiétude du jardin baigné par un étang compense la proximité d'une route passante. Salles à manger rustique ou bourgeoise et agréable terrasse d'été. Plats traditionnels.

à Rethondes 10 km par ② – 668 h. – alt. 38 m – ✉ 60153

St-Crépin-aux-Bois : mobilier★ de l'église NE : 4 km.

XXX ✿ **Alain Blot** VISA

21 r. Mar. Foch – ☎ 03 44 85 60 24 – alainblot@netcourrier.com – Fax 03 44 85 92 35 – Fermé 3-20 sept., 14-31 janv., sam. midi, dim. soir, lundi et mardi

Rest – *(nombre de couverts limité, prévenir)* Menu 37 € bc (sem.)/84 € – Carte 73/97 €

Spéc. Grillade de bar à la confiture d'oignons rouges. "Simple Expression de la mer". Assiette tout chocolat.

♦ Auberge postée dans un village paisible. Salle à manger raffinée, meublée Louis XVI et prolongée d'une véranda ouverte sur un joli jardin. Cuisine classique personnalisée.

à Vieux-Moulin 10 km par ③ et D 14 – 579 h. – alt. 49 m – ✉ 60350

Mont St-Marc★ N : 2 km - Les Beaux-Monts★★ : ≤★ NO : 7 km.

XX **Auberge du Daguet** VISA

face église – ☎ 03 44 85 60 72 – Fax 03 44 85 61 28 – Fermé 16-27 juil., 7-27 janv., lundi et mardi

Rest – Menu 23/46 € – Carte 40/69 €

♦ À l'ombre du clocher en chapeau chinois, vitraux, pierres et poutres composent le cadre d'inspiration "médiévale" de cette avenante auberge champêtre. Gibier en saison.

XX **Auberge du Mont St-Pierre** P VISA AE

28 rte des Étangs – ☎ 03 44 85 60 00 – safajo-js@wanadoo.fr – Fax 03 44 85 23 03 – Fermé vacances de fév., dim. soir, jeudi soir et lundi sauf fériés

Rest – Menu 22/35 € – Carte 42/62 €

♦ Cette maison de pays bâtie à l'orée de la forêt abrite une salle à manger-véranda (décor cynégétique) et une paisible terrasse d'été ; produits de saison et gibier.

Z.A.C. de Mercières 6 km par ⑤ et D 200 – ✉ 60472 Compiègne

Mercure ch, ch, 40/150, P VISA AE

carr. J. Monnet – ☎ 03 44 30 30 30 – h1623@accor.com – Fax 03 44 30 30 44

92 ch – 103 € 110 €, 11 € – **Rest** – *(fermé sam. midi et dim. midi)* Menu (15 €), 20 € – Carte 24/43 €

♦ Entre ville et autoroute, hôtel pensé pour le bien-être du voyageur : confort, espace, bonne insonorisation et bar convivial, idéal pour la détente. Vaste et sobre salle à manger contemporaine prolongée d'une terrasse d'été. Carte "Mercure" et grillades.

au Meux 11 km par ⑤, D 200 et D 98 – 1 708 h. – alt. 50 m – ✉ 60880

Auberge de la Vieille Ferme 15/30, P VISA AE

– ☎ 03 44 41 58 54 – auberge.vieille.ferme@wanadoo.fr – Fax 03 44 41 23 50 – Fermé 29 juil.-22 août, 22 déc.-8 janv. et dim.

14 ch – 58 € 62 €, 9,50 € – ½ P 79 € – **Rest** – *(fermé sam. midi, dim. soir et lundi)* Menu 21 € bc/50 € bc

♦ Ancienne ferme en briques rouges de la vallée de l'Oise. Les chambres, simples, pratiques et bien tenues, sont aménagées de part et d'autre des deux cours intérieures. Au restaurant, ambiance campagnarde et cuisine traditionnelle à base de produits du terroir.

XX **La Maison du Gourmet** P VISA AE

1 r. République – ☎ 03 44 91 10 10 – Fax 03 44 91 13 94 – Fermé 16 juil.-8 août, 15-29 fév., sam. midi, dim. soir et lundi

Rest – Menu 16 € (sem.)/26 € – Carte 41/52 €

♦ Restaurant familial aménagé dans une maison en brique où mobilier choisi et tons pastel composent un cadre intime. Cuisine traditionnelle.

COMPS-SUR-ARTUBY – 83 Var – 340 O3 – 280 h. – alt. 898 m – ✉ 83840

Alpes du Sud 41 **C2**

Paris 892 – Castellane 29 – Digne-les-Bains 82 – Draguignan 31 – Grasse 60 – Manosque 97

Balcons de la Mescla★★★ NO : 14,5 km - Tunnels de Fayet ≤★★★ O : 20 km.

Grand Hôtel Bain

– ✆ 04 94 76 90 06 – reservation@grand-hotel-bain.fr – Fax 04 94 76 92 24 – Fermé 11 nov.-26 déc.

17 ch – †55 € ††55/70 €, ☐ 7,50 € – ½ P 52/55 € – **Rest** – Menu 16/38 € – Carte 23/62 € ♀

◆ Inscrite dans le Livre des records, la même famille vous accueille dans cet hôtel depuis 1737. Les chambres, fonctionnelles, optent peu à peu pour le style régional. Salle à manger panoramique égayée de tons provençaux. Cuisine aux accents du pays.

CONCARNEAU – 29 Finistère – 308 H7 – 19 453 h. – alt. 4 m – ✉ 29900

Bretagne 9 **B2**

Paris 546 – Brest 96 – Lorient 49 – Quimper 22 – Vannes 102

pour **Beg Meil** - (juillet-août) Traversée 25 mn - Renseignements et tarifs : Vedettes Glenn, face au port de Plaisance à Concarneau ✆ 02 98 97 10 31, Fax 02 98 60 49 70 pour Iles Glénan - (avril à sept.) Traversée 1 h 10 mn - Renseignements et tarifs : Vedettes de l'Odet ✆ 02 98 57 00 58 pour les Iles Glénan et la Rivière de l'Odet - Vieux Port Bénodet - pour **La Rivière de l'Odet** - (avril à sept.) Traversée 4 h AR- Renseignements et tarifs : voir ci-dessus (Vedettes Glenn), au Port de pêche de Bénodet.

Office de tourisme, quai d'Aiguillon ✆ 02 98 97 01 44, Fax 02 98 50 88 81

Ville Close★★ C - Musée de la Pêche★ **M**[1] - Pont du Moros ≤★ B - Fête des Filets bleus★ (fin août).

Plan page suivante

L' Océan

≤ rest, 20/40, VISA AE

plage Sables Blancs – ✆ 02 98 50 53 50 – hotel-ocean@wanadoo.fr – Fax 02 98 50 84 16 A **r**

53 ch – †69/115 € ††85/135 €, ☐ 11,50 €, 17 duplex – **Rest** – *(Fermé 20 déc.-15 fév., sam. soir, dim. soir et lundi d'oct. à fin mars)* Menu 24/45 € – Carte 32/51 € ♀

◆ Imposant bâtiment moderne contemplant la mer. Chambres spacieuses et fonctionnelles ; en façade, elles possèdent de grands balcons tournés vers le large. Vaste salle de restaurant contemporaine ouverte sur la baie de Concarneau ; cuisine traditionnelle.

Des Halles sans rest

VISA AE

pl. Hôtel de Ville – ✆ 02 98 97 11 41 – contact@hoteldeshalles.com – Fax 02 98 50 58 54 C **s**

22 ch – †42/43 € ††50/72 €, ☐ 8,50 €

◆ Il règne une ambiance familiale dans cet hôtel réservé aux non-fumeurs. Chambres de tailles diverses, le plus souvent décorées dans un esprit marin coloré et personnalisé.

France et Europe sans rest

P VISA

9 av. Gare – ✆ 02 98 97 00 64 – hotel.france-europe@wanadoo.fr – Fax 02 98 50 76 66 C **b**

25 ch – †54/64 € ††54/64 €, ☐ 10 €

◆ L'axe passant qui longe l'immeuble ne nuit pas à la tranquillité des chambres, fonctionnelles et équipées du double vitrage. Salle des petits-déjeuners nautique.

La Coquille

15, VISA

1 quai du Moros – ✆ 02 98 97 08 52 – Fax 02 98 50 69 13 – Fermé sam. midi, dim. soir hors saison et lundi B **k**

Rest – Menu 29/100 € – Carte 49/69 € ♀

Rest *Le Bistrot* – *(déjeuner seult)* Menu (14,50 €), 20/22 € ♀

◆ Tourné vers le port de pêche, restaurant rustique rajeuni par des tons clairs et des photos et lithos marines. Salle et terrasse panoramiques. Carte à dominante océane. À midi, offre culinaire simplifiée (formules) et ambiance portuaire sympathique au bistrot.

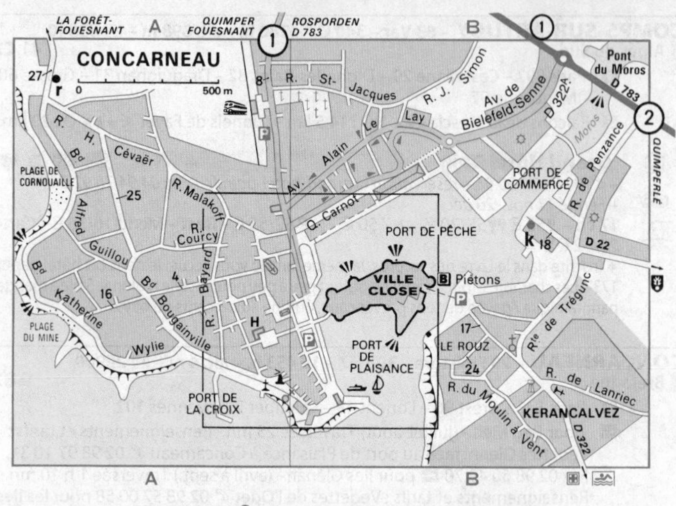

C

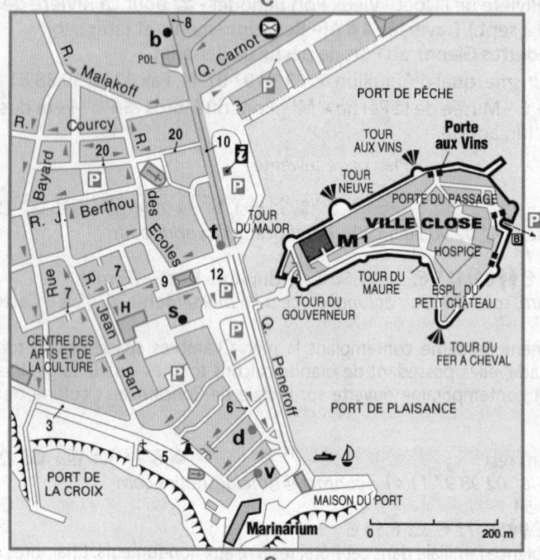

C

Ville close: Circulation réglementée l'été

Bougainville (Bd) C 3
Courbet (R. Amiral) . . . . A 4
Croix (Quai de la) C 5
Dr-P.-Nicolas (Av. du) . . . . . . C 6
Dumont-d'Urville (R.) . . . . . . C 7
Gare (Av. de la) AC 8
Gaulle (Pl. Gén.-de) . . C 9
Guéguin (Av. Pierre) . . . C 10
Jean-Jaurès (Pl.) . C 12
Le Lay (Av. Alain) B
Libération (R. de la) . . . . . . A 16
Mauduit-Duplessis (R.) . . . . B 17
Moros (R. du) . . . B 18
Morvan (R. Gén.) C 20
Pasteur (R.) . . . . . B 24
Renan (R. Ernest) A 25
Sables-Blancs (R. des) . . . . . . A 27
Vauban (R.) . . . . . C 29

XX **Chez Armande** VISA MC AE

15 bis av. Dr Nicolas – ✆ 02 98 97 00 76 – Fax 02 98 97 00 76 – Fermé 12-30 nov., mardi sauf juil.-août et merc. C **d**

Rest – Menu (13 €), 20/26 € – Carte 31/60 € ♀

◆ Une copieuse cuisine traditionnelle axée sur les produits de la mer vous attend dans cette maison située face à la ville close. Jolie salle à manger typiquement bretonne.

X **L'Amiral** 10/25, VISA MC AE

1 av. P. Guéguin – ✆ 02 98 60 55 23 – info@restaurant-amiral.com – Fax 02 98 50 66 23 – Fermé 24 sept.-7 oct., 18 fév.-2 mars, dim. soir et lundi sauf d'avril à sept. C **t**

Rest – Menu (14,50 €), 18/38 € – Carte 32/50 € ♀

◆ Emplacement pratique entre l'Office de tourisme et la ville close, plaisant décor marin dominé par le bois et registre culinaire traditionnel : bienvenue à bord de l'Amiral !

Le Buccin

1 r. Duguay-Trouin – ✆ 02 98 50 54 22 – Fax 02 98 50 70 37 – Fermé 15-30 nov., lundi midi de juil. à sept., sam. midi, dim. soir et jeudi hors saison C **v**

Rest – Menu 20 € (déj. en sem.), 25/38 € – Carte 34/50 €

◆ Accueil charmant, intérieur chaleureux (tons orange et jaune, tableaux) et carte traditionnelle axée sur le poisson : cette maison légèrement excentrée connaît un franc succès.

CONCHES-EN-OUCHE – 27 Eure – 304 F8 – 4 280 h. – alt. 123 m – ✉ 27190

Normandie Vallée de la Seine 33 **D2**

Paris 118 – Bernay 34 – Dreux 49 – Évreux 18 – Rouen 61

Syndicat d'initiative, place A. Briand ✆ 02 32 30 76 42, Fax 02 32 60 22 35

Église Ste-Foy★.

La Grand'Mare

13 av. Croix de Fer – ✆ 02 32 30 23 30 – Fermé dim. soir, mardi soir et lundi

Rest – Menu 22/35 € – Carte 36/57 €

Rest *Bistro* – Menu 12,50 €

◆ Poussez la porte de cette vieille auberge et découvrez son élégante salle à manger entièrement habillée de boiseries. Répertoire culinaire traditionnel. Le Bistro occupe une maisonnette à colombages accolée à la Grand'Mare ; suggestions du jour à l'ardoise.

CONCHY-LES-POTS – 60 Oise – 305 H3 – 522 h. – alt. 106 m – ✉ 60490

36 **B2**

Paris 100 – Compiègne 28 – Amiens 55 – Beauvais 68 – Montdidier 14 – Roye 13

Le Relais

N 17 – ✆ 03 44 85 01 17 – Fax 03 44 85 00 58 – Fermé 16 juil.-8 août, 26 fevrier-14 mars, mardi (sauf le midi en vacances scolaires), dim. soir, lundi et merc.

Rest – Menu 26 € (sem.)/84 € – Carte 41/66 €

◆ N'hésitez pas à pousser la porte cet ancien relais routier à la façade peinte en jaune : la salle à manger s'avère coquette et lumineuse, et la cuisine traditionnelle, généreuse.

CONDÉ-NORTHEN – 57 Moselle – 307 J4 – 526 h. – alt. 208 m – ✉ 57220

27 **C1**

Paris 350 – Metz 21 – Pont-à-Mousson 52 – Saarlouis 38 – Saarbrücken 52 – Thionville 49

La Grange de Condé

ch, 20/120,

41 r. Deux-Nieds – ✆ 03 87 79 30 50 – lagrangedeconde@wanadoo.fr – Fax 03 87 79 30 51

17 ch – 95 € 95 €, 12 € – 3 suites – ½ P 80 € – **Rest** – Menu (9,50 €), 14,50/46 € – Carte 28/57 €

◆ Un hôtel est venu s'ajouter à cette ferme familiale bâtie en 1682. Chambres de bon confort, sauna, jacuzzi et hammam. Cuisine à la broche et produits du potager sont à déguster dans le plaisant cadre rustico-lorrain de la salle à manger.

CONDOM – 32 Gers – 336 E6 – 7 251 h. – alt. 81 m – ✉ 32100

Midi-Pyrénées 28 **A2**

Paris 729 – Agen 41 – Mont-de-Marsan 80 – Toulouse 121 – Auch 46

Office de tourisme, place Bossuet ✆ 05 62 28 00 80, Fax 05 62 28 45 46

Cathédrale St-Pierre★ : Cloître★ BZ.

Plan page suivante

Les Trois Lys

15,

38 r. Gambetta – ✆ 05 62 28 33 33 – hoteltroislys@wanadoo.fr – Fax 05 62 28 41 85 – Fermé fév. Y **a**

10 ch – 50/60 € 110/170 €, 9 € – **Rest** – *(fermé dim. sauf le soir en saison, lundi midi et jeudi midi)* Menu 28/35 € – Carte 40/57 €

◆ Cet élégant hôtel particulier du 18e s. abrite des chambres personnalisées, souvent dotées de beaux meubles anciens et parfois d'une cheminée. Jolie piscine sur l'arrière. Salle à manger rénovée et terrasse en teck dressée dans la cour ; bar-fumoir "cosy".

CONDOM

Aquitaine (Av. d') . . . . Y 2
Armuriers (R. des) . . . . Y 5
Barlet (Pont) . . . . Y 7
Bonnamy (R.) . . . . YZ 8
Buzon (R. et Quai) . . . . Z 12
Carmes (Pont des) . . . . Z 14
Cazaubon (R. H.) . . . . Z 16
Charron (R.) . . . . Y 19
Cordeliers (R. des) . . . . Z 21
Foch (R. Mar.) . . . . Y 22
Gaichies (R.) . . . . Y 24
Gambetta (R. L.) . . . . Y 26
Jean-Jaurès (R.) . . . . Z 28
Lannelongue (Pl.) . . . . Y 31
Lion-d'Or (Pl. du) . . . . Y 35
Monnaie (R. de la) . . . . YZ 38
Paix (R. de la) . . . . Z 40
Roquepine (R. de) . . . . Z 44
Roques (R.) . . . . Y 47
Saint-Exupéry (R.) . . . . Z 50
St-Pierre (Pl.) . . . . Y 53

Continental
ch, ch, ch, VISA MC AE

20 rue Mar. Foch – ✆ 05 62 68 37 00 – lecontinental@lecontinental.net – Fax 05 62 68 23 71 – Fermé vacances de Noël Y **d**

25 ch – †40/65 € ††40/65 €, ☐ 10 € – ½ P 58 € – **Rest** – *(fermé sam. midi, dim. soir et lundi)* Menu 13 € (déj. en sem.), 20/32 € – Carte 28/39 €

◆ La Baïse coule au pied de cet hôtel entièrement rénové. Chambres confortables, ornées de gravures anciennes ; la plupart donnent sur un jardinet. Pimpante salle à manger aux tons jaune-orangé et terrasse d'été dans la cour. Plats traditionnels et régionaux.

Logis des Cordeliers sans rest
P VISA MC

r. de la Paix – ✆ 05 62 28 03 68 – info@logisdescordeliers.com – Fax 05 62 68 29 03 – Fermé 2 janv.-3 fév. Z **b**

21 ch – †45/62 € ††45/70 €, ☐ 8 €

◆ Bâtiment récent situé dans un quartier tranquille. Chambres fonctionnelles ; optez pour celles côté piscine, agrémentées de petits balcons fleuris. Accueil aimable.

La Table des Cordeliers
VISA MC AE

1 r. des Cordeliers – ✆ 05 62 68 43 82 – info@latabledescordeliers.fr – Fax 05 62 28 15 92 – Fermé 6 au 31 janv., dim. soir et sam. midi du 15 sept. à fin juin, mardi midi et merc. midi du 1er juil. au 15 sept. et lundi midi Z **e**

Rest – Menu 21 € (sem.)/55 € – Carte 48/68 €

◆ Le restaurant occupe le cloître et la chapelle (13e s.) de cet ancien couvent, majestueux et empreint de sérénité. Décor contemporain épuré et cuisine régionale personnalisée.

CONDRIEU – 69 Rhône – 327 H7 – 3 424 h. – alt. 150 m – ✉ 69420
Lyon et la vallée du Rhône 44 **B2**

- Paris 497 – Annonay 34 – Lyon 41 – Rive-de-Gier 21 – Tournon-sur-Rhône 55 – Vienne 12
- Office de tourisme, place du Séquoïa ✆ 04 74 56 62 83, Fax 04 74 56 65 85
- Calvaire ≤★.

Hôtellerie Beau Rivage (Donet)
– ✆ *04 74 56 82 82 – infos@hotel-beaurivage.com – Fax 04 74 59 59 36* 15/40, P VISA
18 ch – 🛉110/160 € 🛉🛉110/160 €, ☕ 17 € – 10 suites – **Rest** – Menu (35 € bc), 39 € (déj. en sem.), 56/77 € – Carte 64/80 € 🍷
Spéc. Quenelle de brochet au salpicon de homard. Fleur de courgette farcie, beurre d'estragon (15 mai au 15 oct.). Filet de bœuf charolais aux champignons. **Vins** Condrieu, Saint-Joseph.
◆ Une étape de charme dans l'un des plus fameux vignobles des côtes du Rhône. Chambres élégantes, rustiques ou bourgeoises, mais toujours très "cosy". Restaurant non-fumeurs, belle terrasse au bord du fleuve et cuisine classique dans la veine méridionale.

CONFLANS-STE-HONORINE – 78 Yvelines – 311 I2 – 101 3 – voir à Paris, Environs

---

CONILHAC CORBIERES – 11 Aude – 344 H3 – 601 h. – alt. 125 m – ✉ 11200

22 **B3**

Paris 802 – Montpellier 120 – Carcassonne 31 – Béziers 59 – Narbonne 29

Auberge Coté Jardin avec ch ch, ch, P VISA
RN 113 – ✆ 04 68 27 08 19 – sophie.prevel@club-internet.fr – Fax 04 68 27 08 19 – Fermé 22-30 oct., 21-28 janv., dim. et lundi sauf juil.-août
4 ch – 🛉45/60 € 🛉🛉45/60 €, ☕ 8 € – ½ P 55 € – **Rest** – *(fermé sam. midi et dim. soir sauf juil.-août et lundi)* Menu 16 € (déj. en sem.), 25/42 € – Carte 34/51 € 🍷
◆ Un cadre enchanteur fait de pierre, de verdure et de fleurs vous attend sur la terrasse de cette coquette auberge. Produits de qualité pour une table simple, fraîche et goûteuse. Jolies chambres calmes et contemporaines.

CONLEAU – 56 Morbihan – 308 O9 – rattaché à Vannes

CONNAUX – 30 Gard – 339 M4 – rattaché à Bagnols-sur-Cèze

CONNELLES – 27 Eure – 304 H6 – 188 h. – alt. 15 m – ✉ 27430

33 **D2**

Paris 111 – Les Andelys 13 – Évreux 34 – Rouen 33 – Vernon-sur-Eure 40

Le Moulin de Connelles 30/25, P VISA
– ✆ 02 32 59 53 33 – moulindeconnelles@moulindeconnelles.com – Fax 02 32 59 21 83
7 ch – 🛉120/170 € 🛉🛉120/170 €, ☕ 13 € – 6 suites – ½ P 104/170 € – **Rest** – *(fermé dim. soir et lundi d'oct. à avril)* Menu 33/56 € – Carte 40/55 € 🍷
◆ Niché au cœur de son parc-écrin sur une île de la Seine, ce ravissant manoir anglo-normand est un vrai havre de paix partagé entre romantisme et impressionnisme. Élégante salle à manger, véranda (non-fumeurs) surplombant la rivière et délicieuse terrasse.

CONQUES – 12 Aveyron – 338 G3 – 302 h. – alt. 350 m – ✉ 12320

Midi-Pyrénées

29 **C1**

Paris 601 – Aurillac 53 – Espalion 42 – Figeac 43 – Rodez 37

Office de tourisme, rue Florent de Gonzague ✆ 05 65 72 85 00

Site★★ - Village★ - Abbatiale Ste-Foy★★ : tympan du portail occidental★★★ et trésor de Conques★★★ - Le Cendié★ O : 2 km par D 232 - Site du Bancarel★ S : 3 km par D 901.

Ste-Foy VISA
r. Principale – ✆ 05 65 69 84 03 – hotelsaintefoy@hotelsaintefoy.fr – Fax 05 65 72 81 04 – Ouvert Pâques-Toussaint
17 ch – 🛉110/189 € 🛉🛉207/217 €, ☕ 14 € – **Rest** – Menu (18 €), 25 € (déj.)/53 € – Carte 47/64 € 🍷
◆ Cette demeure du 17e s. typiquement rouergate contemple la magnifique abbatiale. Meubles rustiques ou de style, poutres et vieilles pierres font le cachet des chambres. Salles à manger de caractère ouvertes sur de bucoliques terrasses ; cuisine actuelle.

Auberge St-Jacques avec ch

– ✆ 05 65 72 86 36 – *info@aubergestjacques.fr* – *Fax 05 65 72 82 47* – *Fermé 2 janv.-2 fév.*

13 ch – 🛉49/59 € 🛉🛉49/59 €, ☕ 8 € – ½ P 47 € – **Rest** – *(fermé dim. soir et lundi de la Toussaint à Pâques)* Menu 18 € (sem.)/60 € – Carte 20/50 € 🍷

◆ Le chef de ce restaurant au cadre champêtre réalise des recettes copieuses et soignées, d'inspiration régionale ou inventives. Modestes chambres rustiques, bien au calme.

au Sud **3 km sur D 901 – ✉ 12320 Conques**

Le Moulin de Cambelong (Busset)

– ✆ 05 65 72 84 77 – *domaine-de-cambelong@wanadoo.fr* – *Fax 05 65 72 83 91* – *Ouvert avril-oct. et fermé lundi hors saison*

10 ch – 🛉130/220 € 🛉🛉130/220 €, ☕ 15 € – ½ P 115/150 € – **Rest** – *(dîner seult sauf sam., dim. et fériés)* Menu 48 € 🍷

Spéc. Tartine chaude de galabar (boudin). Agneau allaiton, boulgour aux fleurs de souci. Biscuit au chocolat, glace au mélilot des champs.

◆ Logées dans l'un des derniers moulins à eau du 18e s. le long du Dourdou, ces chambres aux tissus tendus et mobilier de style portent toutes un charme singulier. Table créative mariant fleurs et produits du terroir (menu unique), avec la cascade en toile de fond.

LE CONQUET – 29 Finistère – 308 C4 – 2 408 h. – alt. 30 m – ✉ 29217

Bretagne — 9 **A2**

- Paris 619 – Brest 24 – Brignogan-Plages 59 – St-Pol-de-Léon 85
- Office de tourisme, place de Brest ✆ 02 98 89 11 31
- Site★.
- Île d'Ouessant★★ - Les Abers★★.

à la Pointe de St-Mathieu **4 km au Sud – ✉ 29217 Plougonvelin**

- Phare ✳★★ – Ruines de l'église abbatiale★.

Hostellerie de la Pointe St-Mathieu — ch, 25,

– ✆ 02 98 89 00 19 – *saintmathieu.hotel@wanadoo.fr* – *Fax 02 98 89 15 68* – *Fermé 21 janv.-23 fév.*

27 ch – 🛉55/145 € 🛉🛉60/160 €, ☕ 10 € – ½ P 65/115 € – **Rest** – *(fermé dim. soir)* Menu 25 € (déj. en sem.), 35/70 € – Carte 43/100 € 🍷

◆ Hôtellerie du bout du monde voisinant avec les phares et les vestiges de l'abbaye. Deux générations de chambres (ultra-modernes ou traditionnelles), à choisir avec balcon ! Repas gorgé d'iode servi dans deux salles : l'une d'esprit design et l'autre rustique.

LES CONTAMINES-MONTJOIE – 74 Haute-Savoie – 328 N6 – 1 129 h. – alt. 1 164 m – Sports d'hiver : 1 165/2 500 m 🚡 4 ⛷ 22 ⛷ – ✉ 74170

Alpes du Nord — 46 **F1**

- Paris 606 – Annecy 93 – Bonneville 50 – Chamonix-Mont-Blanc 33 – Megève 20
- Office de tourisme, 18 route de Notre-Dame de la Gorge ✆ 04 50 47 05 10, Fax 04 50 47 09 54
- Le Signal★ (par télécabine).

La Chemenaz

près de la télécabine du Lay – ✆ 04 50 47 02 44 – *info@chemenaz.com* – *Fax 04 50 47 12 73* – *Ouvert 15 juin-15 sept. et 15 déc.-15 avril*

39 ch – 🛉63/81 € 🛉🛉93/145 €, ☕ 10 € – ½ P 71/87 €

Rest ***La Trabla*** – *(dîner seult.)* Menu 21/45 € – Carte 35/41 € 🍷

◆ Dans les hameaux du Lay, face à la télécabine, chalet moderne aux larges baies vitrées. Chambres rénovées, claires et agrémentées de boiseries. La "Trabla" désigne une étagère à fromage en patois savoyard ; grande cheminée centrale et plats fumés maison.

Gai Soleil rest,
288 chemin des Loyers – ✆ 04 50 47 02 94 – gaisoleil2@wanadoo.fr – Fax 04 50 47 18 43 – Ouvert 15 juin-15 sept. et 20 déc.-20 avril
19 ch – 🛉48/52 € 🛉🛉65/74 €, ☕ 11 € – ½ P 58/66 € – **Rest** – Menu 20/29 € – Carte 26/35 €
◆ On est ici aux petits soins pour la clientèle. Dominant la station, cette ancienne ferme au toit recouvert de tavaillons se pare de fleurs en saison. Chambres personnalisées. Sympathique salle rustique à l'atmosphère de pension de famille. Soirée fondue le mardi.

Le Grizzli sans rest
148 rte Notre-Dame de la Gorge – ✆ 04 50 91 56 55 – grizzlihotel@grizzli.com – Fax 04 50 91 57 00 – Fermé en mai et 1er nov.-15 déc.
16 ch – 🛉68 € 🛉🛉68 €, ☕ 8 €
◆ Au cœur de la ville, chambres simples habillées de bois et de tissus colorés. Préférez celles tournées vers l'arrière, plus calmes et avec vue sur le mont Joly.

CONTAMINE-SUR-ARVE – 74 Haute-Savoie – 328 L4 – 1 343 h. – alt. 450 m – ✉ 74130 46 F1

Paris 547 – Annecy 46 – Chamonix-Mont-Blanc 63 – Genève 20 – Thonon-les-Bains 36

Tourne Bride avec ch rest,
94, rte d'Annemasse – ✆ 04 50 03 62 18 – hotel-tourne-bride@wanadoo.fr – Fax 04 50 03 91 99 – Fermé 16 juil.-6 août, 7-27 janv., dim. soir et lundi
7 ch – 🛉43 € 🛉🛉53/55 €, ☕ 7 € – ½ P 48 € – **Rest** – Menu 13 € (déj. en sem.), 23/55 € – Carte 29/50 €
◆ La coquette façade de cet ex-relais de poste attire l'œil. L'écurie abrite désormais une coquette salle à manger campagnarde où l'on sert une cuisine traditionnelle soignée.

CONTES – 06 Alpes-Maritimes – 341 E5 – 6 551 h. – alt. 250 m – ✉ 06390 41 D2

Paris 954 – Marseille 206 – Nice 21 – Antibes 43 – Cannes 55
Syndicat d'initiative, 13 place Jean Allardi ✆ 04 93 79 13 99

La Fleur de Thym
3 bd Charles Alunni – ✆ 04 93 79 47 33 – restaurantlafleurdethym@wanadoo.fr – Fax 04 93 79 47 33 – Fermé 23 déc.-10 janv., mardi soir et merc.
Rest – Menu 17 € (déj. en sem.), 26/46 € – Carte 29/51 €
◆ Tons jaune et orange, fleurs fraîches et grande cheminée : il souffle comme un air de Provence sur cette petite salle rustique. Copieux plats traditionnels et service souriant.

CONTEVILLE – 27 Eure – 304 C5 – 726 h. – alt. 33 m – ✉ 27210 32 A3

Paris 181 – Évreux 102 – Le Havre 34 – Honfleur 15 – Pont-Audemer 14 – Pont-l'Évêque 28

Auberge du Vieux Logis (Louet)
– ✆ 02 32 57 60 16 – Fax 02 32 57 45 84 – Fermé 12-29 nov., mardi de sept. à juin, dim. soir et lundi
Rest – Menu 45 € (sauf samedi soir), 65/85 € – Carte 65/103 €
Spéc. Langoustines rôties et foie gras de canard poêlé. Filets de sole glacés "façon normande". Noix de ris de veau aux mendiants, pommes étuvées au calvados.
◆ Coquette façade à pans de bois et intérieur normand de caractère avec colombages et murs de briques. La cuisine, personnalisée, revisite avec brio les "classiques" du terroir.

au Marais Vernier 8 km à l'Est par D 312 et D 90 – 455 h. – alt. 10 m – ✉ 27680

Auberge de l'Etampage avec ch ch,
– ✆ 02 32 57 61 51 – etampage.blaize@wanadoo.fr – Fax 02 32 57 23 47 – Fermé 22 déc.-1er fév., dim. soir et merc.
3 ch – 🛉39 € 🛉🛉39 €, ☕ 7,50 € – **Rest** – Menu 17/28 € – Carte 30/34 €
◆ Cette maison villageoise à colombages propose une cuisine orientée terroir mitonnée avec des produits frais. Intérieur d'esprit bistrot et trois coquettes chambres soignées.

à Foulbec 4 km au Sud-Est par D 312 – 467 h. – alt. 30 m – ✉ 27210

L'Eau-Asis sans rest — cuisinette
La Vallée Guillemard – ☎ 02 32 56 59 92 – alain-ratiskol@wanadoo.fr – Ouvert 1er avril-30 sept.
3 ch – 43/53 € 43/53 €, 6 €
◆ Maison récente blottie dans un paisible et beau parc agrémenté d'un plan d'eau où évoluent cygnes et canards.Chambres personnalisées et multiples terrasses... Un havre de paix.

CONTRES – 41 Loir-et-Cher – 318 F7 – 3 268 h. – alt. 98 m – ✉ 41700 — 11 A1

Paris 203 – Blois 22 – Châteauroux 79 – Montrichard 23 – Tours 66

De France — ch, rest, ch, 30, VISA
rte de Blois – ☎ 02 54 79 50 14 – metivier@mond.net – Fax 02 54 79 02 95 – Fermé 5-11 mars, 28 janv.-29 fév., mardi midi, dim. soir et lundi
35 ch – 53/83 € 53/185 €, 10 € – ½ P 53/79 € – **Rest** – Menu 21 € (sem.)/51 € – Carte 37/55 €
◆ Cure de jouvence pour cette maison régionale : hall refait et confortables chambres rénovées, insonorisées et majoritairement orientées côté piscine et jardin. Cuisine traditionnelle à déguster dans une élégante salle à manger ou sur la terrasse ombragée.

La Botte d'Asperges — VISA
– ☎ 02 54 79 50 49 – Fax 02 54 79 08 74 – Fermé 2-15 janv., dim. soir et lundi
Rest – Menu 22/30 € – Carte 38/48 €
◆ Poutres apparentes et colombages participent, avec la fresque murale représentant un étang solognot, à l'atmosphère agreste de ce restaurant. Cuisine traditionnelle.

CONTREVOZ – 01 Ain – 328 G6 – rattaché à Belley

CONTREXÉVILLE – 88 Vosges – 314 D3 – 3 708 h. – alt. 342 m – Stat. therm. : début avril-début oct. – Casino Y – ✉ 88140 Alsace Lorraine — 26 B3

Paris 337 – Épinal 47 – Langres 75 – Nancy 83 – Neufchâteau 28

Office de tourisme, 116 rue du Shah de Perse ☎ 03 29 08 08 68, Fax 03 29 08 25 40

de Vittel Ermittage à Vittel Hotel Ermitage, N : 7 km, ☎ 03 29 08 81 53 ;
du Bois de Hazeau Centre Préparation Olympique, par D 429 : 4 km, ☎ 03 29 08 20 85.

Plan page ci-contre

Cosmos — ch, ch, ch, 15/40, VISA — Y u
172 r. Metz – ☎ 03 29 07 61 61 – contact@cosmos-hotel.com – Fax 03 29 08 68 67 – Ouvert 1er avril-31 oct.
83 ch – 90 € 110/170 €, 10 € – ½ P 150 € – **Rest** – Menu 34 €
◆ Plaisante atmosphère "vieille France" dans cet hôtel Belle Époque jadis fréquenté par le schah. Hall majestueux, chambres fonctionnelles et thermes intégrés. Grande salle à manger au cachet délicieusement "rétro". Menus classiques et diététiques.

Souveraine sans rest — VISA — Y e
Parc Thermal – ☎ 03 29 08 09 59 – contact@souveraine-hotel.com – Fax 03 29 08 16 39
31 ch – 55 € 70 €, 9 €
◆ Charme d'antan dans l'ancienne résidence de la grande-duchesse Wladimir, tante de Nicolas II : hauts plafonds, moulures, lits en cuivre. Chambres plus calmes côté parc.

France — VISA — Z z
58 av. Roi Stanislas – ☎ 03 29 05 05 05 – mi.dodin@wanadoo.fr – Fax 03 29 08 69 96 – Fermé 20 déc.-20 janv. et dim. soir de nov. à fév.
31 ch – 42/65 € 50/65 €, 7,50 € – ½ P 60/65 € – **Rest** – Menu 16/31 € – Carte 24/46 €
◆ À proximité de l'établissement thermal, cet immeuble à la façade pastel dissimule des chambres simplement aménagées. Plafond lambrissé et mobilier de style rustique décorent la salle à manger. Repas traditionnels et diététiques.

CONTREXÉVILLE

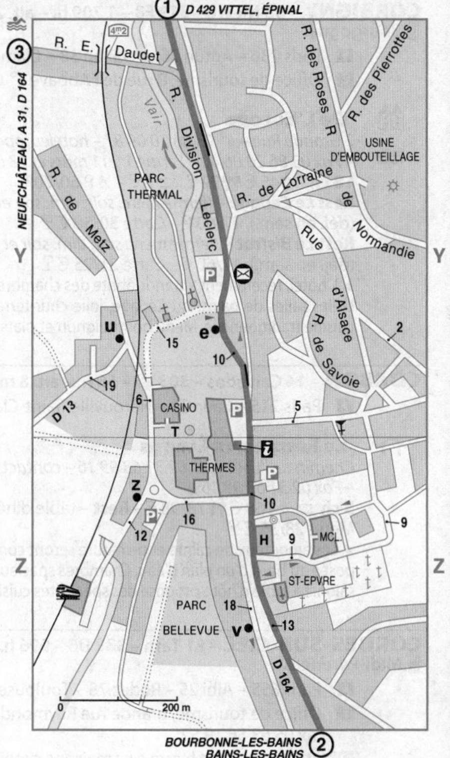

Les bonnes adresses à petit prix ?
Suivez les Bibs : Bib Gourmand rouge pour les tables
et Bib Hôtel bleu pour les chambres.

COQUELLES – **62 Pas-de-Calais** – **301** D2 – **rattaché à Calais**

LA COQUILLE – **24 Dordogne** – **329** G2 – **1 489 h.** – **alt. 337 m** – ✉ **24450** 4 **D1**

Paris 434 – Brive-la-Gaillarde 87 – Limoges 47 – Périgueux 49

Des Voyageurs avec ch rest, VISA
12 r. République, (N 21) – ✆ 05 53 52 80 13 – lesvoyageurs.lacoquille@wanadoo.fr – Fax 05 53 62 18 29 – Fermé fév., dim. soir et lundi hors saison
12 ch – †48/65 € ††48/65 €, ☕ 6,50 € – ½ P 58 € – **Rest** – Menu 13 € (déj. en sem.), 20/39 € – Carte 34/53 €
◆ Au seuil du Périgord Vert, bâtisse couleur sable bordant la nationale. Salle rustique, agrémentée d'une collection de coqs et d'un original plafond peint. Chambres colorées.

CORBEIL-ESSONNES – **91 Essonne** – **312** D4 – **101** 37 – **voir à Paris, Environs**

CORBIGNY – 58 Nièvre – 319 F8 – 1 709 h. – alt. 203 m – ✉ 58800
Bourgogne 7 **B2**

Paris 236 – Autun 76 – Avallon 38 – Clamecy 28 – Nevers 58

Office de tourisme, 8 rue de l'Abbaye ✆ 03 86 20 02 53, Fax 03 86 20 07 52

De L'Europe
ch, 20, VISA MC AE

7 Grande Rue – ✆ 03 86 20 09 87 – hoteleuropelecepage@tiscali.fr – Fax 03 86 20 06 40 – Fermé 1er-11 mars et 23 déc.-6 janv.

18 ch – 46 € 52 €, 8 € – ½ P 60/70 €

Rest *Le Cépage* – *(fermé merc. soir, dim. soir et jeudi sauf juil.-août)* Menu 10 € (déj. en sem.), 17/60 € – Carte 30/58 €

Rest *Le Bistrot* – *(fermé merc. soir, dim. soir et jeudi sauf juil.-août)* Menu 10 € (déj. en sem.), 17/60 € – Carte 21/25 €

◆ L'hôtel, récemment agrandi, abrite des chambres colorées et bien équipées, dotées de belles salles de bains. Au Cépage, jolie cour-terrasse, salle rustique ou plus actuelle et cuisine traditionnelle. Menu bourguignon et plats du terroir au Bistrot.

CORBON – 14 Calvados – 303 L5 – 56 h. – alt. 8 m – ✉ 14340 33 **C2**

Paris 215 – Caen 31 – Hérouville-Saint-Clair 30 – Le Havre 70

La Ferme aux Étangs
P VISA MC

Chemin de l'Épée – ✆ 02 31 63 99 16 – contact@lafermeauxetangs.com – Fax 02 31 63 99 16

5 ch – 68 € 78/98 € – **Rest** – table d'hôte *(dîner seult) (résidents seult)* Menu 28/35 €

◆ Les amoureux de calme et de nature seront conquis par cette belle maison normande posée au bord d'un plan d'eau. Chambres spacieuses, à la fois rustiques et design. Grand salon. La table d'hôte propose des spécialités cuisinées au four à bois.

CORDES-SUR-CIEL – 81 Tarn – 338 D6 – 996 h. – alt. 279 m – ✉ 81170
Midi-Pyrénées 29 **C2**

Paris 655 – Albi 25 – Rodez 78 – Toulouse 82 – Villefranche-de-Rouergue 47

Office de tourisme, grande rue Raymond VII ✆ 05 63 56 00 52, Fax 05 63 56 19 52

Site★★ - La Ville haute★★ : maisons gothiques★★ - musée d'Art et d'Histoire Charles-Portal★.

Le Grand Écuyer (Thuriès)
vallée, AC rest, VISA MC AE

– ✆ 05 63 53 79 50 – grand.ecuyer@thuries.fr – Fax 05 63 53 79 51 – Ouvert 1er avril-14 oct.

12 ch – 95 € 160 €, 13 € – 1 suite – ½ P 118 € – **Rest** – *(fermé lundi et le midi en sem. sauf juil.-août)* Menu 49 € (déj.)/84 €

Spéc. Foie gras de canard au fil du temps. Râble de lapin farci de petits légumes. Crème au chocolat noir épicé. **Vins** Gaillac.

◆ Demeure gothique (classée monument historique) sise dans l'une des pittoresques ruelles pavées du village. Bel intérieur. Salles à manger de caractère et beaux meubles d'antiquaires. Cuisine classique personnalisée servie en trilogie.

Hostellerie du Vieux Cordes
20/50, VISA MC AE

21 r. St-Michel – ✆ 05 63 53 79 20 – vieux.cordes@thuries.fr – Fax 05 63 56 02 47 – Fermé 2 janv.-13 fév.

18 ch – 49/120 € 49/120 €, 9 € – 1 suite – ½ P 69 € – **Rest** – *(fermé dim. soir, mardi midi et lundi du 1er nov. au 30 avril)* Menu 20/45 € – Carte 40/44 €

◆ Dans les murs d'un ancien monastère. Un bel escalier à vis mène aux chambres personnalisées, en partie refaites. Salle à manger-terrasse ouverte sur la vallée. Deux thèmes à la carte : saumon et canard.

La Cité
VISA MC AE

– ✆ 05 63 56 03 53 – vieux.cordes@thuries.fr – Fax 05 63 56 02 47 – Ouvert 1er mai-15 sept.

8 ch – 59/69 € 59/69 €, 8 €

◆ Au fond d'une cour-patio, maison du 13e s. Chambres au décor ancien, peu à peu rafraîchies.

rte d'Albi

L'Envolée sauvage ch, rest, VISA

La Borie – ✆ 05 63 56 88 52 – info@lenvolee-sauvage.com – Ouvert 1er avril-15 oct.

4 ch – 68/88 € 68/88 € – ½ P 64/74 € – **Rest** – table d'hôte *(dîner seult) (prévenir)* Menu 30 € bc/40 €

◆ Séjour au goût authentique de terroir dans cette coquette ferme du 18e s. où l'on élève des oies. Chambres personnalisées et grand salon-bibliothèque. Les produits de la ferme garnissent la table d'hôte, simple et savoureuse. Stages de cuisine. Accueil aimable.

CORDON – 74 Haute-Savoie – 328 M5 – 881 h. – alt. 871 m – ✉ 74700

Alpes du Nord 46 **F1**

Paris 589 – Annecy 76 – Bonneville 33 – Chamonix-Mont-Blanc 32 – Megève 10

Office de tourisme, La Frasse ✆ 04 50 58 01 57, Fax 04 50 91 25 36

Site★.

Les Roches Fleuries chaîne Mont-Blanc, rest, rest, 30, VISA

rte de la Scie – ✆ 04 50 58 06 71 – info@rochesfleuries.com – Fax 04 50 47 82 30 – Ouvert 15 mai-25 sept. et de mi-déc. au 10 avril

21 ch – 140/240 € 140/240 €, 16 € – 4 suites – ½ P 118/175 €

Rest – *(fermé mardi midi et lundi sauf vacances scolaires)* Menu 35 € (déj. en sem.), 49/69 € bc – Carte 58/98 €

Rest *La Boîte à Fromages* – *(fermé 31 mars-30 juin, 15 sept.-20 déc. et lundi sauf vacances scolaires) (dîner seult) (prévenir)* Menu 30 €

Spéc. Tartare de saumon mariné et fumé. Omble chevalier meunière et atriaux de caïon au foie gras. Tajine d'ananas et fruits secs aux épices (déc. à avril). **Vins** Roussette de Marestel, Mondeuse d'Arbin.

◆ Ravissant chalet fleuri perché sur les hauteurs du "balcon du mont Blanc". Chaleureux intérieur tout bois et élégant mobilier savoyard ancien. Au restaurant, cadre alpin feutré et cuisine créative riche en saveurs. Recettes du terroir à la Boîte à Fromages.

Le Cerf Amoureux VISA

à Nant-Cruy, Sud : 2km (rte Combloux) Sallanches – ✆ 04 50 47 49 24 – contact@lecerfamoureux.com – Fax 04 50 47 49 25

11 ch – 130/295 € 130/360 €, 15 € – ½ P 111/194 € – **Rest** – *(fermé dim. et lundi hors vacances scolaires) (dîner seult) (résidents seult)* Menu 34 €

◆ Il règne une ambiance très "cosy" dans ce chalet tout de pierre et de bois vêtu. Délicieuses chambres dotées de balcons tournés vers les massifs des Aravis ou du Mont-Blanc. La ravissante salle à manger sert de cadre à une cuisine familiale de bon aloi.

Le Chamois d'Or chaîne Mont-Blanc, ch, VISA

– ✆ 04 50 58 05 16 – hotellechamoisdor@wanadoo.fr – Fax 04 50 93 72 96 – Ouvert 1er juin-mi sept. et 20 déc.-début avril

26 ch – 86/126 € 110/180 €, 16 € – 2 suites – ½ P 82/150 € –

Rest – *(fermé merc. midi et jeudi midi)* Menu 25 € (sem.)/45 € – Carte 32/58 €

◆ Chalet de style autrichien, régulièrement rénové, intéressant pour ses équipements de loisirs. Chambres assez élégantes, parées de jolis tissus, et confortable salon. Restaurant panoramique décoré de vaisselle ancienne et plats traditionnels bien tournés.

Le Cordonant chaîne Mont-Blanc, rest, VISA

– ✆ 04 50 58 34 56 – lecordonant@wanadoo.fr – Fax 04 50 47 95 57 – Ouvert mi-mai à fin sept. et 15 déc.-15 avril

16 ch – 60/67 € 80/88 €, 8 € – ½ P 70/82 € – **Rest** – Menu 24/32 € – Carte 33/46 €

◆ Grand chalet à la sympathique ambiance familiale. Beaux meubles en bois peint dans les chambres bien tenues ; certaines profitent d'un balcon, côté vallée. Goûteuse cuisine traditionnelle et vue imprenable sur les sommets depuis la salle à manger rustique.

CORENC – 38 Isère – 333 H6 – rattaché à Grenoble

CORMEILLES – 27 Eure – 304 C6 – 1 191 h. – alt. 80 m – ✉ 27260 32 A3

▶ Paris 181 – Bernay 441 – Lisieux 19 – Pont-Audemer 17 – Pont-l'Évêque 17

ℹ Office de tourisme, 14 place du Mont Mirel ✆ 02 32 56 02 39

L'Auberge du Président
♿ rest, ✆ P VISA MC AE

– ✆ 02 32 57 80 37 – aubergedupresident@wanadoo.fr – Fax 02 32 57 88 31

14 ch – 🛉50 € 🛉🛉60/80 €, ☕ 9,50 € – ½ P 50/60 € – **Rest** – *(fermé mardi midi, merc. midi, jeudi midi d'oct. à mars et lundi midi)* Menu 18/35 € – Carte 25/49 € 🍷

◆ L'enseigne rend hommage au président de la République René Coty qui séjourna à l'hôtel. Chambres fraîchement rénovées. Au restaurant, le plaisant décor normand avec poutres et cheminée remporte tous les suffrages !

Gourmandises
VISA MC

29 r. de l'Abbaye – ✆ 02 32 42 10 96 – Fax 02 32 56 98 13 – Fermé janv., fév., lundi, mardi et merc. sauf fériés

Rest – Carte 31/44 € 🍷

◆ Reconversion réussie pour l'ancienne fromagerie du bourg : il règne une convivialité rare dans sa jolie salle un peu "tendance" et l'on y sert de bons petits plats de bistrot.

CORMEILLES-EN-VEXIN – 95 Val-d'Oise – 305 D6 – 106 5 – voir à Paris, Environs (Cergy-Pontoise)

CORMERY – 37 Indre-et-Loire – 317 N5 – 1 542 h. – alt. 59 m – ✉ 37320

Châteaux de la Loire 11 B2

▶ Paris 254 – Blois 63 – Château-Renault 48 – Loches 22 – Montrichard 33 – Tours 21

ℹ Syndicat d'initiative, 13 rue Nationale ✆ 02 47 43 30 84, Fax 02 47 43 18 73

Auberge du Mail
VISA MC AE

pl. Mail – ✆ 02 47 43 40 32 – aubergedumail@wanadoo.fr – Fax 02 47 43 08 72 – Fermé 21 avril-3 mai, 22-29 déc., le soir de nov. à mars, sam. midi et jeudi

Rest – Menu 18 € (sem.)/38 € – Carte 26/46 € 🍷

◆ Maison de pays proche de l'abbaye célèbre pour ses macarons. Cadre rustico-bourgeois dans la salle à manger et reposante terrasse ombragée par des tilleuls et une glycine.

Auberge des 2 Cèdres
⇔ 50, VISA MC

av. Gare – ✆ 02 47 43 03 09 – Fax 02 47 43 03 09 – Fermé 9-25 juil., vacances de fév., le soir du dim. au jeudi et lundi

Rest – Menu 13 € (déj. en sem.), 18/28 € – Carte 18/30 € 🍷

◆ Faux air de guinguette pour cette bâtisse régionale proche de la gare. Cadre très simple et terrasse dressée dans un minijardin. Accueil charmant et cuisine familiale.

CORNILLON – 30 Gard – 339 L3 – 689 h. – alt. 168 m – ✉ 30630

Provence 23 D1

▶ Paris 666 – Avignon 50 – Alès 47 – Bagnols-sur-Cèze 17 – Pont-St-Esprit 25

La Vieille Fontaine avec ch
< vallée de la Cèze, VISA MC

– ✆ 04 66 82 20 56 – vieillefontaine@libertysurf.fr – Fax 04 66 82 33 64 – Ouvert 1er mars-30 nov. et fermé lundi, mardi et merc. hors saison

8 ch – 🛉100 € 🛉🛉100/145 €, ☕ 10 € – ½ P 85/108 € – **Rest** – *(dîner seult)* Menu 35/55 €

◆ Maison de caractère adossée aux murailles médiévales. Chambres coquettes, salle à manger voûtée, cuisine traditionnelle, piscine et jardin en terrasses dominant la vallée.

CORPS – 38 Isère – 333 I9 – 453 h. – alt. 939 m – ✉ 38970

Alpes du Sud 45 C3

Paris 626 – Gap 39 – Grenoble 64 – La Mure 24

Office de tourisme, rue des Fossés ✆ 04 76 30 03 85

Barrage★★ et pont★ du Sautet O : 4 km.

Du Tilleul ch, VISA MC AE D

– ✆ *04 76 30 00 43 – jourdan@hotel-restaurant-du-tilleul.com – Fax 04 76 30 06 12 – Fermé 2 nov.-24 déc.*

17 ch – 37/43 € 43/65 €, 7 € – ½ P 47/57 € – **Rest** – Menu 13,50/33 € – Carte 18/27 €

◆ Sur l'impériale route Napoléon et au cœur du vieux village fort animé en été. Chambres fraîches et bien tenues, plus calmes à l'annexe. Accueil charmant. Salle de restaurant un peu sombre, mais sympathique ambiance campagnarde. Cuisine traditionnelle.

Le Napoléon sans rest VISA MC AE

pl. Napoléon – ✆ 04 76 30 00 42 – hotelnapoleon@wanadoo.fr – Fax 04 76 30 06 83 – Ouvert 1er mai-14 oct. et 9 fév.-9 mars

22 ch – 33 € 37/59 €, 6,50 €

◆ Dans une vaste bâtisse située au pied du village, petites chambres claires ravivées, équipées d'un mobilier de facture artisanale. Salle des petits-déjeuners aux tons pastel.

De la Poste avec ch VISA MC AE

– ✆ *04 76 30 00 03 – delas-hotel-restaurant@wanadoo.fr – Fax 04 76 30 02 73 – Fermé 3 janv.-15 fév.*

18 ch – 39 € 50/70 €, 12 € – ½ P 50/65 € – **Rest** – Menu 20/39 € – Carte 19/49 €

◆ Pimpante façade colorée et fleurie. Intérieur avec mobilier de style Louis XIII, limonaire et accumulation de tableaux et bibelots. Terrasse protégée de la route.

à Aspres-les-Corps 5 km au Sud-Est par N 85 et D 58 – 121 h. – alt. 930 m – ✉ 05800

Château d'Aspres P VISA MC AE D

– ✆ *04 92 55 28 90 – snc.charpentier@wanadoo.fr – Fax 04 92 55 48 48 – Ouvert 1er mars-14 nov., 30 déc.-2 janv. et fermé dim. soir*

7 ch – 80 € 80/200 €, 11 € – 1 suite – ½ P 75/110 € – **Rest** – Menu 22/38 € – Carte 28/58 €

◆ Cette demeure seigneuriale (12e-17e s.) domine la vallée du Champsaur. Chambres de caractère, garnies de beaux meubles anciens. Des portraits d'ancêtres accompagnent votre repas dans l'élégante salle à manger. Cuisine traditionnelle.

CORRENÇON-EN-VERCORS – 38 Isère – 333 G7 – rattaché à Villard-de-Lans

CORRÈZE – 19 Corrèze – 329 M3 – 1 152 h. – alt. 455 m – ✉ 19800

Limousin Berry 25 C3

Paris 480 – Aubusson 96 – Brive-la-Gaillarde 45 – Tulle 19 – Uzerche 35

Office de tourisme, place de la Mairie ✆ 05 55 21 32 82, Fax 05 55 21 63 56

Mercure Seniorie 30, P VISA MC AE D

– ✆ *05 55 21 22 88 – h5711@accor.com – Fax 05 55 21 24 00 – Fermé 22-28 déc.*

29 ch – 75/115 € 85/135 €, 12 € – **Rest** – Menu 25 €

◆ Ce majestueux édifice du 19e s., jadis pensionnat pour jeunes filles, surplombe la cité médiévale. Chambres très spacieuses, pour la plupart rénovées. Confortables salles à manger bourgeoises prolongées d'une grande terrasse. Courte carte traditionnelle.

Le Parc des 4 Saisons ch, P

av. de la Gare – ✆ 05 55 21 44 59 – annick.peter@wanadoo.fr – Ouvert 16 mars-30 nov.

4 ch – 53/78 € 60/85 € – 1 suite – **Rest** – table d'hôte *(dîner seult) (résidents seult)* Menu 25 €

◆ Un jeune couple belge vous reçoit dans cette ancienne maison de notable agrémentée d'un parc. Chambres pimpantes et confortables, joli salon, piscine d'été, sauna et massages. Table d'hôte (sur réservation) proposée quatre soirs par semaine.

H. Le Gac/MICHELIN

La Balagne : Village de Lama

CORSE

🄿 **Département :** 20 Corse
Carte Michelin LOCAL : n° **345**
Population : 249 729 h
Corse

RENSEIGNEMENTS PRATIQUES

Transports maritimes

Depuis la France continentale les relations avec la Corse s'effectuent à partir de Marseille, Nice et Toulon.
au départ de Marseille : SNCM - 61 bd des Dames (2e) ✆ 0 825 888 088 (0,15 €/mn) et 3260 dites "SNCM", Fax 04 91 56 35 86.
CMN - 4 quai d'Arenc (2e) ✆ 0 810 201 320, Fax 04 91 99 45 95.
au départ de Nice : SNCM - Ferryterranée quai du Commerce ✆ 0 825 888 088 (0,15 €/mn).
CORSICA FERRIES - Port de Commerce ✆ 0 825 095 095 (0,15 €/mn), Fax 04 92 00 42 94.
au départ de Toulon : SNCM - 49 av. Infanterie de Marine (15 mars-15 sept.) ✆ 0 825 888 088 (0,15 €/mn).
CORSICA FERRIES - Gare Maritime ✆ 0 825 095 095 (0,15 €/mn).

Aéroports

La Corse dispose de quatre aéroports assurant des relations avec le continent, l'Italie et une partie de l'Europe :
Ajaccio ✆ 04 95 23 56 56, Calvi ✆ 04 95 65 88 88, Bastia ✆ 04 95 54 54 54 et Figari-Sud-Corse ✆ 04 95 71 10 10 (Bonifacio et Porto-Vecchio).
Voir aussi au texte de ces localités.

LOISIRS

Quelques golfs

9 Bastia (voir à la localité), ✆ 04 95 38 33 99
18 de Sperone à Bonifacio (voir à la localité), ✆ 04 95 73 17 13

AJACCIO Ⓟ – 2A Corse-du-Sud – **345** B8 – **52 880 h.** – **Casino** Z – ✉ **20000** 15 **A3**

Bastia 147 – Bonifacio 131 – Calvi 166 – Corte 80 – L'Ile-Rousse 141

d'Ajaccio-Campo dell'Oro : ☎ 04 95 23 56 56, par ① : 7 km.

Office de tourisme, boulevard du Roi Jérôme ☎ 04 95 51 53 03, Fax 04 95 51 53 01

Vieille Ville★ - Musée Fesch★★ : peintures italiennes★★★ - Maison Bonaparte★ - Salon Napoléonien★ (1er étage de l'hôtel de ville) - Jetée de la Citadelle ⇐★ - Place Gén.-de-Gaulle ou Place du Diamant ⇐★.

Golfe d'Ajaccio★★ - Les Milelli★ 5 km au NO par ① aux Iles sanguinaires★★

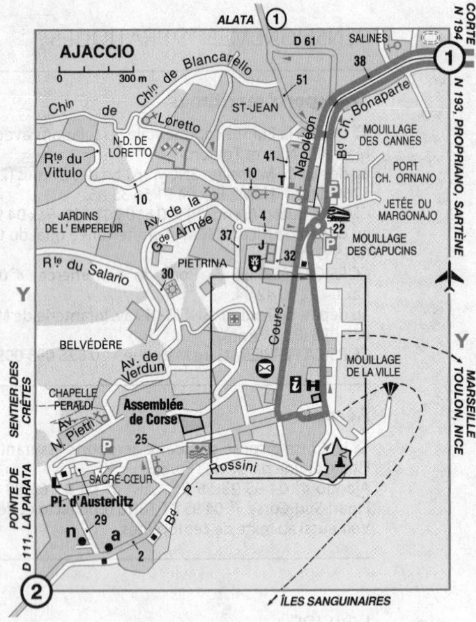

Napoléon sans rest 15, VISA AE

4 r. Lorenzo Vero – ☎ 04 95 51 54 00 – info@hotel-napoleon-ajaccio.com – Fax 04 95 21 80 40 – Fermé 16 déc.-1er janv. Z **s**

62 ch – 69/92 € 79/109 €, 7,50 €

◆ La rue, perpendiculaire au cours Napoléon, est assez calme. Quelques chambres ont été retouchées dans un esprit moderne ; les autres restent fonctionnelles. Accueil souriant.

San Carlu sans rest VISA AE

8 bd Casanova – ☎ 04 95 21 13 84 – hotel-san-carlu@wanadoo.fr – Fax 04 95 21 09 99 – Fermé 20 déc.-5 fév. Z **f**

40 ch – 79/130 € 89/130 €, 9 €

◆ À 100 m de la plage St-François, grandes chambres refaites, bien équipées et climatisées. Certaines regardent la citadelle (domaine militaire).

Fesch sans rest 60, VISA AE

7 r. Cardinal Fesch – ☎ 04 95 51 62 62 – hotelfesch@yahoo.fr – Fax 04 95 21 83 36 – Fermé 8 déc.-10 janv. Z **y**

77 ch – 58/82 € 63/93 €, 7,50 €

◆ Dans une rue piétonne du centre-ville. Un réseau un peu déroutant de couloirs mène à des chambres crépies, spacieuses, au mobilier d'inspiration corse.

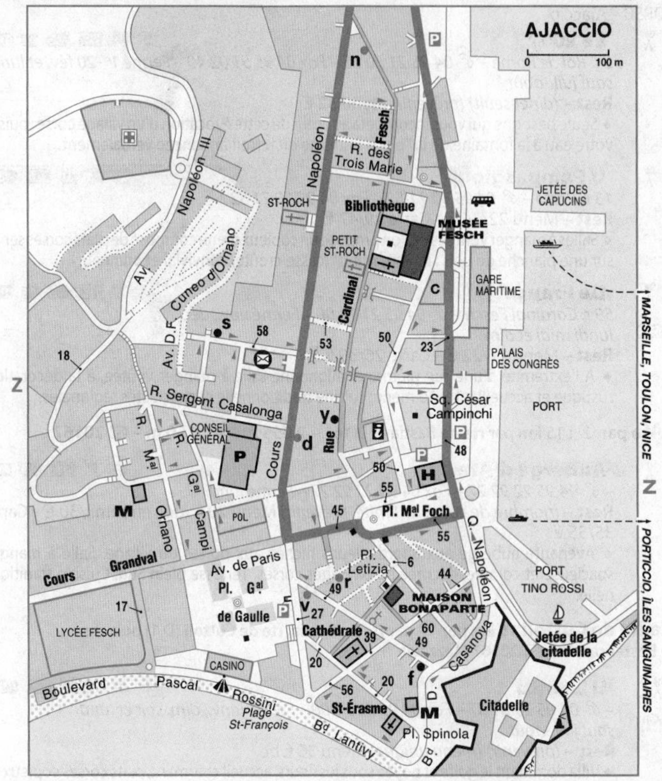

Bonaparte (R.)	Z 6	Macchini (Av. E.)	Z 27	Roi-de-Rome (R.)	Z 49
Dr-Ramaroni (Av. du)	Z 17	Napoléon-III (Av.)	Z	Roi-Jérôme (Bd)	Z 50
Eugénie (Av. Impératrice)	Z 18	Napoléon (Cours)	Z	Sebastiani (R. Gén.)	Z 53
Fesch (R. Cardinal)	Z	Notre-Dame (R.)	Z 39	Sérafini (Av. A.)	Z 55
Forcioli-Conti (R.)	Z 20	Pozzo-di-Borgo (R.)	Z 44	Soeur-Alphonse (R.)	Z 56
Grandval (Cours)	Z	Premier-Consul (Av.)	Z 45	Vero (R. Lorenzo)	Z 58
Herminier (Quai l')	Z 23	République (Q. de la)	Z 48	Zévaco-Maire (R.)	Z 60

Impérial sans rest

6 bd Albert 1er – ✆ 04 95 21 50 62 – Fax 04 95 21 15 20 – Ouvert 16 mars-30 oct. Y **a**

44 ch – 85/98 € 120/140 €, ☕ 7 €

◆ Petit immeuble en lisière de ville, que seule une placette sépare de la mer. Chambres assez récentes. Le bar, décoré de toiles du patron, a vue sur la plage privée de l'hôtel.

Marengo sans rest

2 r. Marengo – ✆ 04 95 21 43 66 – Fax 04 95 21 51 26 – Ouvert avril-nov. Y **n**

17 ch – 66/79 € 69/79 €, ☕ 7 €

◆ Légèrement excentré, dans un quartier calme, petit établissement familial aux chambres simples mais bien tenues. Terrasse de poche pour petits-déjeuners estivaux. Bon accueil.

Grand Café Napoléon

10 cours Napoléon – ✆ 04 95 21 42 54 – cafe.napoleon@wanadoo.fr – Fax 04 95 21 53 32 – Fermé 24 déc.-5 janv., sam. soir, dim. et fériés Z **d**

Rest – Menu 17 € (déj. en sem.), 29/45 € – Carte 38/64 €

◆ La vaste salle napoléonienne de l'ancien café chantant résonne encore d'airs de bel canto. Cuisine actuelle. Bar-salon de thé l'après-midi. Sur rue, terrasse très prisée.

X **Le 20123**

2 r. Roi de Rome – ✆ 04 95 21 50 05 – Fax 04 95 51 02 40 – Fermé 1er-20 fév. et lundi sauf juil.-août Z **v**

Rest – *(dîner seult) (prévenir)* Menu 32 €

◆ Seule besogne qui vous incombera au cœur de cette évocation d'un village corse : puiser votre eau à la fontaine de la "place". Cuisine du terroir annoncée verbalement.

X **U Pampasgiolu**

15 r. Porta – ✆ 04 95 50 71 52 – Fax 04 95 50 71 52 Z **r**

Rest – Menu 22/24 € – Carte 29/47 €

◆ Salles à manger voûtées où l'on propose un copieux menu composé de plats corses servis sur une planche de bois : un "spuntinu" (casse-croûte) convivial et original.

X **De France**

59 r. Cardinal Fesch – ✆ 04 95 21 11 00 – Fermé nov., déc., lundi midi et dim. Z **n**

Rest – Menu 17/22 € – Carte 26/39 € ♀

◆ À l'extrémité d'une rue piétonne, mignonne salle à manger voûtée, à la décoration rustique et accueillante. Au menu, cuisine traditionnelle et spécialités régionales.

à Afa par ① : **15 km par rte de Bastia et D 161 – 2 055 h. – alt. 150 m – ✉ 20167**

X **Auberge d'Afa**

– ✆ 04 95 22 92 27 – Fax 04 95 22 92 27 – Fermé lundi

Rest – *(nombre de couverts limité, prévenir)* Menu 20 € (déj. en sem.)/30 € – Carte 35/55 €

◆ Avenante auberge aux abords fleuris nichée aux portes du village. Salle à manger spacieuse et colorée, décorée de paysages corses. Terrasse plein Sud. Cuisine traditionnelle.

Plaine de Cuttoli 15 km par ① par rte de Bastia, rte de Cuttoli (D 1) puis rte de Bastelicaccia – ✉ 20167 Mezzavia

XX **U Licettu**

– ✆ 04 95 25 61 57 – Fax 04 95 53 71 00 – Fermé janv., dim. soir et lundi sauf juil.-août

Rest – *(prévenir) (menu unique)* Menu 36 € bc

◆ Villa dominant le golfe et noyée sous les fleurs, accueil charmant, plats corses copieux et savoureux (charcuteries maison) : de bonnes raisons de ne pas prendre le maquis !

à Pisciatello 12 km par ① et N 196 – ✉ 20117 Cauro

X **Auberge du Prunelli**

– ✆ 04 95 20 02 75 – Fermé janv. et mardi

Rest – Menu 20 € (déj.)/31 € bc – Carte 24/39 € ♀

◆ Maison corse du 19e s. jouxtant le pont ancien qui traverse le Prunelli. Cuisine du terroir, produits du verger et du potager servis dans un agréable cadre rustique.

rte des îles Sanguinaires par ② – ✉ **20000 Ajaccio**

Dolce Vita ⛰ ← Iles Sanguinaires et le golfe, ch, rest, 35,

à 9 km – ✆ 04 95 52 42 42 – hotel.dolcevita@wanadoo.fr – Fax 04 95 52 07 15 – Ouvert fin mars-début nov.

32 ch – 🛉109 € 🛉🛉177/441 €, ☕ 17 € – ½ P 186/221 €

Rest ***La Mer*** – Menu (25 €), 31/41 € – Carte 62/85 €

◆ Dolce Vita... Et si Anita Ekberg surgissait de la piscine ? Ce lieu de villégiature justement couru est bien séduisant avec ses chambres orientées côté Méditerranée. Cuisine originale à déguster dans la vaste salle ou sur la belle terrasse face au golfe.

Cala di Sole ⛰ ← mer, rest,

à 6 km – ✆ 04 95 52 01 36 – caladisole@annuaire-corse.com – Fax 04 95 52 00 20 – Ouvert 1er avril-15 oct.

31 ch (½ P seult) – 🛉148/180 € 🛉🛉148/180 € – ½ P 230 € – **Rest** – *(ouvert 15 juin-15 sept.)* Menu 30/40 € ♀

◆ Séjour tonique dans un bâtiment des années 1960 "les pieds dans l'eau" : plage privée, piscine, fitness, plongée, jet-ski et planche à voile. Chambres avec terrasse. Cuisine traditionnelle simple, axée sur le poisson, à déguster face à la mer.

La Pinède sans rest
à 3,5 km – ✆ 04 95 52 00 44 – hotellapinede@wanadoo.fr – Fax 04 95 52 09 48 – Fermé 15 déc.-15 janv.
38 ch – 89/163 € 95/163 €
◆ Le jardin de ce bâtiment moderne et sa piscine bordée de pins incitent au farniente. Chambres actuelles, en majorité tournées vers la baie. Plage de Barbicaja à proximité.

Palm Beach
à 5 km – ✆ 04 95 52 01 03 – hotel@palm-beach.fr
Rest – Menu 25 € (sem.)/90 € bc – Carte 59/82 €
◆ Le poisson est roi sur la carte de ce restaurant aménagé dans un esprit méditerranéen cossu et raffiné. Superbe terrasse surplombant la plage et la "grande bleue".

ALÉRIA – 2B Haute-Corse – **345** G7 – **1 966 h.** – **alt. 20 m** – ✉ **20270** 15 **B2**

Bastia 71 – Corte 50 – Porto Vecchio 72

Office de tourisme, Casa Luciana ✆ 04 95 57 01 51, Fax 04 95 57 03 79

Fort de Matra ★ musée Jérôme-Carcopino ★★ - Ville antique★.

L'Atrachjata sans rest cuisinette
– ✆ 04 95 57 03 93 – info@hotel-atrachjata.net – Fax 04 95 57 08 03 6/12,
29 ch – 51/86 € 61/129 €, 7 € – 1 suite
◆ Au cœur d'Aléria (première métropole historique de Corse), hôtel familial entièrement refait. Grandes chambres actuelles, salles de bains neuves et insonorisation efficace.

L'Empereur
lieu-dit Cateraggio, N 198 – ✆ 04 95 57 02 13 – hotel.empereur@tiscali.fr – Fax 04 95 57 02 33
22 ch – 39/70 € 46/78 €, 6,50 € – **Rest** – *(fermé dim. midi)* Menu 13,50/24 € – Carte 20/30 €
◆ À 3 minutes de la plage, construction de style motel abritant des chambres spacieuses et fonctionnelles tournées vers la piscine ; certaines possèdent une mezzanine. Appétissantes recettes traditionnelles corses à déguster dans une lumineuse salle à manger.

ALGAJOLA – 2B Haute-Corse – **345** C4 – **216 h.** – **alt. 2 m** – ✉ **20220** 15 **A1**

Bastia 76 – Calvi 16 – L'Ile-Rousse 10

Office de tourisme, place de la Gare ✆ 04 95 62 78 32

Citadelle★.

Stellamare sans rest
chemin Santa Lucia – ✆ 04 95 60 71 18 – stellamare2@wanadoo.fr – Fax 04 95 60 69 39 – Ouvert 29 avril-2 oct.
16 ch – 49/108 € 49/117 €, 9 €
◆ En retrait de la mer, nichée sur les hauteurs de la station, maison que l'on atteint après avoir traversé un beau jardin. Chambres plaisantes, régulièrement rafraîchies.

AULLÈNE – 2A Corse-du-Sud – **345** D9 – **138 h.** – **alt. 825 m** – ✉ **20116** 15 **B3**

Ajaccio 73 – Bonifacio 84 – Corte 103 – Porto-Vecchio 59 – Propriano 37 – Sartène 35

Poste avec ch rest,
– ✆ 04 95 78 61 21 – Fax 04 95 78 61 21 – Ouvert 1er mai-30 sept.
20 ch – 31/32 € 41/42 €, 6 € – ½ P 40 € – **Rest** – Menu 17 € – Carte environ 27 €
◆ Dans un village de montagne, un des plus anciens établissements de l'île, tenu depuis toujours par la même famille. Le restaurant, respirant l'authenticité et la simplicité, propose une généreuse cuisine corse. Chambres modestes mais impeccables.

Bastelica – **2A Corse-du-Sud** – **345** D7 – **460 h.** – **alt. 800 m** – ✉ **20119** 15 **B2**

Ajaccio 43 – Corte 69 – Propriano 70 – Sartène 82

Route panoramique★ du plateau d'Ese.

A 400 m du col de Mercujo : belvédère ≤★★ et SO : 13,5 km.

Chez Paul avec ch ≤ cuisinette VISA

– ✆ *04 95 28 71 59 – Fax 04 95 28 73 13*

6 ch – 50 € 50 € – ½ P 64 € – **Rest** – Menu 15/24 €

◆ Vue plongeante sur le village et la vallée du Prunelli depuis la petite salle séparée de la cuisine... par la rue ! Cuisine corse, charcuteries maison. Chambres bien équipées.

Bastia P – **2B Haute-Corse** – **345** F3 – **37 884 h.** – ✉ **20200** 15 **B1**

Ajaccio 148 – Bonifacio 171 – Calvi 92 – Corte 69 – Porto 136

de Bastia-Poretta ✆ 04 95 54 54 54, par ② : 20 km.

Office de tourisme, place Saint-Nicolas ✆ 04 95 54 20 40

Bastia Golf Club Borgo Castellarese, S : 20 km par rte Aéroport, ✆ 04 95 38 33 99.

Terra-Vecchia★ : le vieux port★★, oratoire de l'Immaculée Conception★ - Terra-Nova★ : Assomption de la Vierge★★ dans l'église Ste-Marie, décor★★ rococo dans la chapelle Ste-Croix.

Église Ste-Lucie ≤★★ 6 km NO par D 31 X - ✻★★★ de la Serra di Pigno 14 km par ③ - ≤★★ du col de Teghime 10 km par ③.

Plan page ci-contre

Les Voyageurs sans rest P VISA AE

9 av. Mar. Sébastiani – ✆ *04 95 34 90 80 – info@hotel-lesvoyageurs.com – Fax 04 95 34 00 65* X **r**

24 ch – 63/73 € 83/93 €, 7 €

◆ À deux pas de la gare, cet hôtel a pris un nouvel élan grâce à la rénovation réussie de ses chambres, décorées dans des tons jaune et bleu. Bonne insonorisation.

Corsica Hôtels Bastia Centre sans rest

av. J. Zuccarelli par ③ 10/40, VISA AE

– ✆ *04 95 55 10 00 – contact@corsica-hotels.fr – Fax 04 95 55 05 11*

71 ch – 49/77 € 55/89 €, 7,50 €

◆ Architecture contemporaine bénéficiant d'équipements modernes très appréciables. Chambres confortables, insonorisées et bien conçues. Buffet de petits-déjeuners et snack-bar.

Posta Vecchia sans rest VISA AE

r. Posta Vecchia – ✆ *04 95 32 32 38 – info@hotel-postavecchia.com – Fax 04 95 32 14 05* Y **s**

51 ch – 40/75 € 40/85 €, 6,50 €

◆ Au cœur de Terra-Vecchia, la vieille ville bastiaise, immeuble aux volets bleus. Chambres un peu étroites mais bien tenues ; elles sont plus grandes et plaisantes à l'annexe.

Chez Huguette ≤ VISA AE

quai Sud, au Vieux-Port – ✆ *04 95 31 37 60 – panta@wanadoo.fr – Fax 04 95 31 37 60 – Fermé nov., lundi midi, sam. midi et dim. sauf le soir du 15 juin au 15 sept.* Z **t**

Rest – Carte 39/54 €

◆ Restaurant familial situé face aux nombreuses embarcations du vieux port. Cet agréable voisinage donne le ton à la cuisine qui met à l'honneur fruits de mer et poissons frais.

La Table du Marché St Jean VISA AE

pl du Marché – ✆ *04 95 31 64 25 – Fermé dim.* Y **a**

Rest – Menu 25 € – Carte 42/55 € ♀

◆ Une Table à retenir pour la fraîcheur de ses poissons et fruits de mer ainsi que pour sa terrasse sous les platanes et ses jolies salles à manger façon jardin d'hiver.

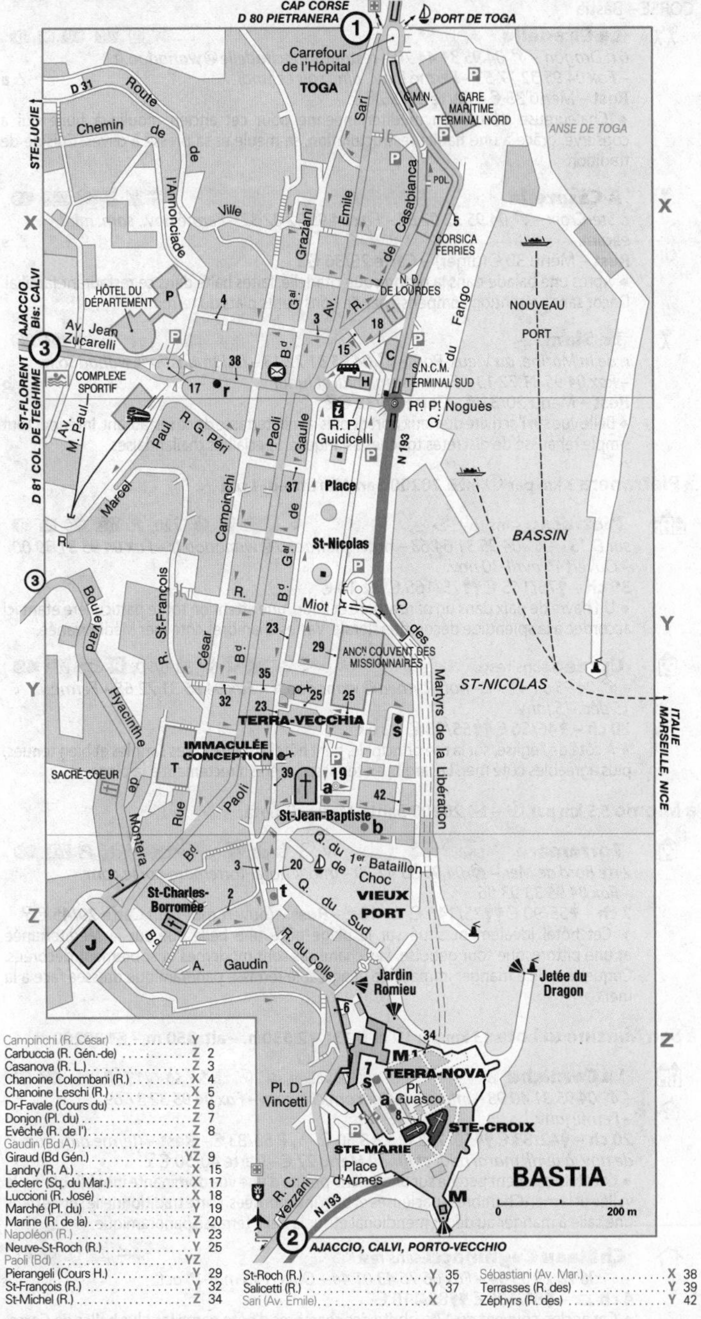
BASTIA
0 200 m
CAP CORSE
D 80 PIETRANERA
PORT DE TOGA
Carrefour de l'Hôpital
TOGA
C.M.N.
GARE MARITIME TERMINAL NORD
ANSE DE TOGA
STE-LUCIE
D 31
Route de l'Annonciade
Chemin de Ville
Av. Emile Sari
R. Graziani
R. L. de Casabianca
POL.
CORSICA FERRIES
N. D. DE LOURDES
NOUVEAU PORT
Q. du Fango
HÔTEL DU DÉPARTEMENT
AJACCIO Bis: CALVI
ST-FLORENT D 81 COL DE TEGHIME
Av. Jean Zucarelli
COMPLEXE SPORTIF
S.N.C.M. TERMINAL SUD
Rd Pt Noguès
R. P. Guidicelli
Av. M. Paul
R. Paul Marcel
R. G. Péri
Bd Paoli
Bd Gal de Gaulle
R. Campinchi
Place St-Nicolas
N 193
BASSIN
R. Miot
R. St-François
R. César
Boulevard Hyacinthe de Montera
Q. des Martyrs de la Libération
ANCN COUVENT DES MISSIONNAIRES
ST-NICOLAS
ITALIE MARSEILLE, NICE
TERRA-VECCHIA
IMMACULÉE CONCEPTION
SACRÉ-COEUR
St-Jean-Baptiste
Rue
Q. du 1er Bataillon de Choc
Q. du Sud
VIEUX PORT
St-Charles-Borromée
Bd A. Gaudin
R. du Colle
Jardin Romieu
Jetée du Dragon
TERRA-NOVA
Pl. Guasco
Pl. D. Vincetti
STE-CROIX
STE-MARIE
Place d'Armes
R. C. Vezzani
AJACCIO, CALVI, PORTO-VECCHIO
X
Y
Z
Campinchi (R. César) .... Y
Carbuccia (R. Gén.-de) .... Z 2
Casanova (R. L.) .... Z 3
Chanoine Colombani (R.) .... X 4
Chanoine Leschi (R.) .... X 5
Dr-Favale (Cours du) .... Z 6
Donjon (Pl. du) .... Z 7
Evêché (R. de l') .... Z 8
Gaudin (Bd A.) .... Z
Giraud (Bd Gén.) .... YZ 9
Landry (R. A.) .... X 15
Leclerc (Sq. du Mar.) .... X 17
Luccioni (R. José) .... X 18
Marché (Pl. du) .... Y 19
Marine (R. de la) .... Z 20
Napoléon (R.) .... Y 23
Neuve-St-Roch (R.) .... Y 25
Paoli (Bd) .... YZ
Pierangeli (Cours H.) .... Y 29
St-François (R.) .... Y 32
St-Michel (R.) .... Z 34
St-Roch (R.) .... Y 35
Salicetti (R.) .... Y 37
Sari (Av. Émile) X
Sébastiani (Av. Mar.) .... X 38
Terrasses (R. des) .... Y 39
Zéphyrs (R. des) .... Y 42

XX **La Citadelle**

6 r. Dragon – ☎ 04 95 31 44 70 – restaurantlacitadelle@wanadoo.fr – Fax 04 95 32 77 53 – Fermé janv., dim. soir et lundi Z **a**

Rest – Menu 33 € – Carte 39/55 € ♀

◆ Chaleureuse décoration méditerranéenne pour cet ancien moulin à huile qui a conservé, grâce à une habile restructuration, sa meule et sa presse à olives. Cuisine de tradition.

X **A Casarella**

r. Ste-Croix – ☎ 04 95 32 02 32 – Fax 04 95 32 02 32 – Fermé nov., sam. midi et dim. Z **s**

Rest – Menu 30 € (dîner) – Carte 25/36 € ♀

◆ Après une balade dans la pittoresque citadelle, faites halte dans ce restaurant familial. Décor sans prétention compensé par de bons petits plats du terroir.

X **Le Siam**

r. de la Marine, au Vieux-Port – ☎ 04 95 31 72 13 – lesiambastia@wanadoo.fr – Fax 04 95 31 72 13 – Fermé sam. midi et lundi Y **b**

Rest – Menu 20/31 € – Carte 24/38 € ♀

◆ Belle vue sur l'activité du vieux port depuis la miniterrasse de ce restaurant. Intérieur tout simple rehaussé de discrètes touches asiatiques. Spécialités thaïlandaises.

à Pietranera 3 km par ① – ✉ 20200 San-Martino-di-Lota

Pietracap sans rest 6/20,

sur D 131 – ☎ 04 95 31 64 63 – hotel-pietracap@wanadoo.fr – Fax 04 95 31 39 00 – Ouvert 1er avril-30 nov.

39 ch – 75/165 € 75/165 €, 10 €

◆ Un havre de paix dans un parc arboré et fleuri, une attention toute particulière étant ici accordée à la splendide décoration florale. Vastes chambres côté mer Méditerranée.

Cyrnea sans rest 6/20,

– ☎ 04 95 31 41 71 – hotelcyrnea@wanadoo.fr – Fax 04 95 31 72 65 – Fermé 15 déc.-15 janv.

20 ch – 46/56 € 55/83 €, 6 €

◆ À côté de l'église, sur la rue principale, petit hôtel aux chambres simples et bien tenues, plus agréables côté mer. Le jardin, en terrasses, mène directement à la plage.

à Miomo 5,5 km par ① – ✉ 20200 Santa-Maria-di-Lota

Torremare ch, ch, ch, ch,

2 rte Bord de Mer – ☎ 04 95 33 47 20 – info@hotel-torremare-corse.com – Fax 04 95 33 93 96

7 ch – 55/90 € 75/145 €, 10 € – **Rest** – *(ouvert mai-oct.)* Carte 29/45 € ♀

◆ Cet hôtel idéalement situé sur la plage offre une belle vue sur la Méditerranée et une pittoresque tour génoise. Les chambres sont modernes et sobrement décorées. Coquette salle à manger immaculée et agréable terrasse panoramique dressée face à la mer.

à San Martino di Lota 13 km par ① et D 131 – 2 530 h. – alt. 350 m – ✉ 20200

La Corniche mer et vallée, 6/15,

– ☎ 04 95 31 40 98 – info@hotel-lacorniche.com – Fax 04 95 32 37 69 – Fermé janv.

20 ch – 42/83 € 50/102 €, 8,50 € – ½ P 53/83 € – **Rest** – *(fermé dim. soir de nov. à avril, mardi midi et lundi)* Menu 27 € – Carte 40/50 € ♀

◆ Cet établissement perché sur une colline profite d'une vue dominante inoubliable sur la vallée et la mer. Chambres spacieuses et bien insonorisées. Carte traditionnelle servie dans une salle à manger au décor méridional et sur la belle terrasse panoramique.

Château Cagninacci sans rest

– ☎ 06 78 29 03 94 – Fax 06 76 43 01 44 – Ouvert 15 mai-1er oct.

4 ch – 81/106 € 85/110 €

◆ Cet ancien couvent du 17e s. abrite des chambres d'hôte parmi les plus belles de Corse. Vastes, lumineuses et décorées avec goût, elles s'ouvrent sur la mer et l'île d'Elbe.

rte d'Ajaccio 4 km par ② – ✉ 20600 Bastia

Ostella ch, ch, 10/120, VISA
– ✆ *04 95 30 97 70 – hotel.ostella@wanadoo.fr – Fax 04 95 33 11 70*
52 ch – 53/99 € 64/130 €, ☕ 10 € – **Rest** – *(fermé sam. midi et dim.)*
Menu 23/30 € – Carte 25/53 €
◆ Non loin de la N 193, hôtel récent abritant des chambres fonctionnelles ; certaines possèdent un petit balcon ouvrant sur la mer. Jardin original avec cascade. Beau fitness. Salle à manger agrémentée de colonnes en marbre, terrasse et cuisine traditionnelle.

rte de l'aéroport de Bastia-Poretta 18 km par ②, N 193 et D 507 ✉ 20290 Lucciana

Poretta sans rest 50/125, VISA
rte. aéroport – ✆ 04 95 36 09 54 – hotel-poretta@wanadoo.fr – Fax 04 95 36 15 32
45 ch – 57/69 € 59/72 €, ☕ 7 €
◆ En retrait de la route, construction moderne flanquée d'imposants palmiers. Chambres de taille variable, fraîches et fonctionnelles. Duplex pratiques pour les familles.

BOCOGNANO – 2A Corse-du-Sud – 345 D7 – 343 h. – alt. 600 m – ✉ 20136 15 **B2**

Ajaccio 39 – Bonifacio 155 – Corte 43
Cascade du Voile de la Mariée ★ 3,5 km au Sud.

L'Ustaria VISA
– ✆ *04 95 27 41 10 – Fax 04 95 27 43 26 – Fermé 25 oct.-3 nov., 15 fév.-3 mars et merc. du 15 sept. au 15 juin*
Rest – Menu 25/60 € – Carte 38/60 €
◆ L'hospitalité ("lustaria" en corse) n'est pas un vain mot au pays des "bandits d'honneur". Généreuse cuisine du terroir servie près de la cheminée ou sur la terrasse.

Beau Séjour avec ch VISA
– ✆ *04 95 27 40 26 – ferripisani@wanadoo.fr – Fax 04 95 27 40 95 – Ouvert 15 avril-15 oct.*
17 ch – 42/46 € 51/57 €, ☕ 6,50 € – ½ P 57/63 € – **Rest** – Menu 14/30 € – Carte 20/34 €
◆ Au milieu des châtaigniers, bâtisse (1890) appréciée des randonneurs et autres amoureux de la nature. On y déguste de copieuses recettes insulaires présentées dans un cadre sobre et fleuri. Chambres simples ; certaines offrent une belle vue sur le Monte d'Oro.

BONIFACIO – 2A Corse-du-Sud – 345 D11 – 2 658 h. – alt. 55 m – ✉ 20169 15 **B3**

Ajaccio 132 – Corte 150 – Sartène 50
Figari-Sud-Corse : ✆ 04 95 71 10 10, N : 21 km.
Office de tourisme, 2 rue Fred Scamaroni ✆ 04 95 73 11 88, Fax 04 95 73 14 97
de Sperone Domaine de Sperone, E : 6 km, ✆ 04 95 73 17 13.
Site★★★ - Ville haute★★ : Place du marché ≤★★ - Trésor★ des églises de Bonifacio (Palazzu Publicu) - Eglise St-Dominique★ - Esplanade St-Francois ≤★★ - Cimetière marin★.
Grottes marines et la côte★★.

La Caravelle VISA
35 quai Comparetti – ✆ 04 95 73 00 03 – restaurant.la.caravelle@wanadoo.fr – Fax 04 95 73 00 41 – Ouvert 1er avril-15 oct.
28 ch – 97/300 € 97/300 €, ☕ 11 € – **Rest** – Carte 60/142 €
◆ Sur le port, cette maison abrite des chambres spacieuses, soit rustiques, soit rénovées. Petit patio fleuri, solarium et original piano-bar aménagé dans une ancienne chapelle. La carte propose poissons et spécialités bonifaciennes. Belle terrasse, côté marine.

A Trama — ch, rest, VISA

rte Santa Manza Est : 2 km – 04 95 73 17 17 – hotelatrama@aol.com – Fax 04 95 73 17 79 – Fermé janv.

25 ch – 85/185 € 85/185 €, 13 € – ½ P 105/145 € – **Rest** – *(ouvert 1er avril-31 oct.) (dîner seult)* Menu 38 €

◆ Chambres réparties dans des bungalows disséminés dans un beau jardin planté d'oliviers et de palmiers ; elles sont toutes sobrement décorées et dotées de terrasses. Petite salle à manger ou tables dressées face à la piscine, sous le soleil corse.

A Cheda — ch, ch, VISA

rte Porto Vecchio, Nord-Est : 2 km sur N198 – 04 95 73 03 82 – acheda@acheda-hotel.com – Fax 04 95 73 17 72

15 ch – 64/359 € 64/359 €, 18 € – 2 suites – **Rest** – *(fermé 2 janv.-15 fév., le midi et mardi sauf du 15 juin au 15 sept.)* Menu 51/79 € – Carte 58/72 €

◆ Un jardin planté de multiples essences entoure les délicieuses chambres de ce charmant hôtel, toutes de plain-pied et joliment égayées de couleurs méditerranéennes. Cuisine actuelle souvent servie en terrasse, face à la ravissante piscine.

Centre Nautique — ch, ch, VISA

quai Nord – 04 95 73 02 11 – info@centre-nautique.com – Fax 04 95 73 17 47 – Fermé 15 nov.-27 déc.

11 ch – 75/195 € 75/195 €, 15 € – **Rest** – *(fermé mardi)* Carte 20/65 €

◆ Cette maison ancienne est l'observatoire idéal pour contempler tranquillement le port et la ville haute. Plaisante décoration maritime. Chambres agencées en duplex. Restaurant meublé en teck, à la fois chic et décontracté. Cuisine traditionnelle et vins d'ici.

Roy d'Aragon sans rest — VISA

13 quai Comparetti – 04 95 73 03 99 – info@royaragon.com – Fax 04 95 73 07 94

31 ch – 52/197 € 52/197 €, 9 €

◆ Cette bâtisse du 18e s. propose des chambres rénovées, parfois tournées sur le port ; celles du 4e étage profitent d'un balcon. Terrasse pour le petit-déjeuner.

Santa Teresa sans rest — VISA

quartier St-François (ville haute) – 04 95 73 11 32 – hotel.santateresa@wanadoo.fr – Fax 04 95 73 15 99 – Ouvert avril-oct.

46 ch – 86/250 € 86/250 €, 10 €

◆ Imposante construction proche du surprenant cimetière marin. Chambres contemporaines très bien tenues ; certaines bénéficient d'une vue sur les falaises et la Sardaigne.

Le Voilier — VISA

quai Comparetti – 04 95 73 07 06 – lautrerestaurant@wanadoo.fr – Fax 04 95 73 14 27 – Fermé 5 janv.-28 fév., dim. soir et merc. d' oct. à mars

Rest – Menu 31 € – Carte 49/90 €

◆ Terrasse donnant directement sur le quai, salle à manger blanche égayée de photos de voiliers et cuisine au goût du jour proposant un appétissant choix de produits de la mer.

Stella d'Oro — VISA

7 r. Doria (ville haute) – 04 95 73 03 63 – stella.oro@bonifacio.com – Fax 04 95 73 03 12 – Ouvert avril-30 sept.

Rest – Menu 24 € (déj.) – Carte 36/71 €

◆ Adresse très sympathique et joliment décorée (poutres, pressoir à olives et meule en pierre). Cuisine bonifacienne soignée et poissons selon les arrivages. Accueil chaleureux.

Domaine de Licetto avec ch

rte Pertusato, Sud-Est : 2 km – 04 95 73 19 48 – denisefaby@aol.com – Fax 04 95 72 11 92

7 ch – 39/70 € 49/80 €, 7 € – **Rest** – *(ouvert 1er avril-30 oct. et fermé dim. sauf août) (dîner seult) (nombre de couverts limité, prévenir)* Menu 33 € bc (menu unique)

◆ Salle rustique et terrasse fleurie où l'on sert une cuisine corse familiale préparée avec les légumes du potager. Chambres simples. Du domaine, vue superbe sur la région.

à Gurgazu **6 km au Nord-Est par rte de Santa-Manza – ✉ 20169 Bonifacio**

Du Golfe
Golfe Santa Manza – ☎ 04 95 73 05 91 – golfe.hotel@wanadoo.fr – Fax 04 95 73 17 18 – Ouvert de mi-mars à mi-oct.
12 ch (½ P seult) – ½ P 55/80 € – **Rest** – Menu (14,50 €), 21/28 € – Carte environ 25 €
◆ Cette affaire familiale nichée dans un site sauvage du golfe de Santa Manza, à 50 m de la mer, conviendra aux amateurs de quiétude et de simplicité. Les baies vitrées du restaurant ouvrent "plein cadre" sur la côte. Appétissante cuisine régionale.

au Nord-Est **10 km par rte de Porto-Vecchio (N 198) et rte secondaire – ✉ 20169 Bonifacio**

U Capu Biancu
ch, rest,
Domaine de Pozzoniello – ☎ 04 95 73 05 58 – info@ucapubiancu.com – Fax 04 95 73 18 66 – Ouvert 26 avril-13 oct.
35 ch – 190/230 € 190/230 €, 19 € – 4 suites – ½ P 158/233 € – **Rest** – *(dîner seult en saison)* Menu 50/60 € – Carte 74/119 €
◆ Un chemin cahoteux conduit à ce plaisant hôtel isolé dans la nature, face au golfe de Santa Manza. Jolies chambres personnalisées, côté mer ou maquis. Sports nautiques. L'atout majeur du restaurant est sa vue panoramique sur les flots. Spécialités régionales.

à la plage de Calalonga **6 km à l'Est par D 258 et rte secondaire – ✉ 20169 Bonifacio**

Marina di Cavu avec ch
Iles Lavezzi et Cavallo, ch, rest,
– ☎ 04 95 73 14 13 – info@marinadicavu.com – Fax 04 95 73 04 82
7 ch – 120/430 € 120/430 €, 20 € – 2 suites – **Rest** – *(ouvert 1er avril-30 oct.) (nombre de couverts limité, prévenir)* Menu 32 € (déj.)/72 € (dîner) – Carte 68/85 €
◆ Le chemin est un peu cahotant, mais vous serez récompensés de votre peine avec cet insolite restaurant aménagé dans les rochers et ces jolies chambres méditerranéennes.

CALACUCCIA – 2B Haute-Corse – 345 D5 – 340 h. – alt. 830 m – ✉ 20224 — 15 A2

Bastia 78 – Calvi 97 – Corte 35 – Piana 68 – Porto 58

Office de tourisme, avenue Valdoniello ☎ 04 95 47 12 62

Lac de Calacuccia★ - Tour du lac de barrage ★★ - Défilé de la Scala di Santa Regina★★ NE : 5 km.

Acqua Viva sans rest
– ☎ 04 95 48 06 90 – stella.acquaviva@wanadoo.fr – Fax 04 95 48 08 82
14 ch – 55/69 € 59/74 €, 9 €
◆ Au débouché de la Scala di Santa Regina taillée, dit-on, par la Vierge en personne, cet hôtel dispose de chambres actuelles d'une tenue irréprochable. Accueil aimable.

Auberge Casa Balduina
ch,
lieu-dit Le Couvent – ☎ 04 95 48 08 57 – jeannequilichini@aol.com
7 ch (½ P seult) – ½ P 59/68 € – **Rest** – *(dîner seult) (residents seult)*
◆ Cette avenante maison récente nichée dans un jardin abrite des petites chambres claires et sobrement décorées. Les petits-déjeuners sont servis sous une jolie pergola.

CALVI – 2B Haute-Corse – 345 B4 – 5 177 h. – ✉ 20260 — 15 A1

Bastia 92 – Corte 88 – L'Ile-Rousse 25 – Porto 73

de Calvi-Ste-Catherine : ☎ 04 95 65 88 88, par ①.

Office de tourisme, Port de Plaisance ☎ 04 95 65 16 67, Fax 04 95 65 14 09

Citadelle★★ : fortifications★ - La Marine★.

Intérieur★ de l'église St-Jean-Baptiste - La Balagne★★★. La Balagne★★★.

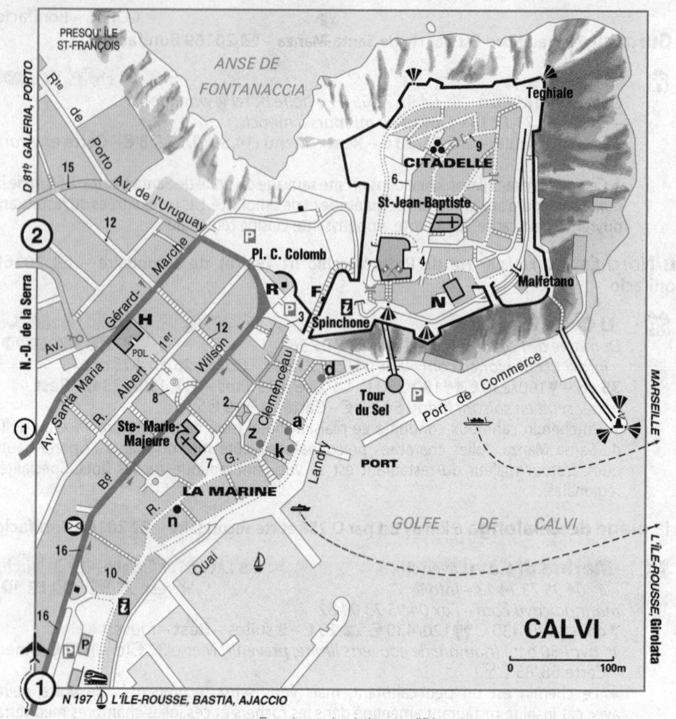

En saison: circulation modifiée

Alsace-Lorraine (R.)	2	Crudelli (Pl.)	7	Montée des Écoles (Chemin de)	12
Anges (R. des)	3	Dr-Marchal (Pl. du)	8	Napoléon (Av.)	15
Armes (Pl. d')	4	Fil (R. du)	9	République (Av. de la)	16
Clemenceau (R. G.)		Joffre (R.)	10	Wilson (Bd)	
Colombo (R.)	6				

La Villa ≤ Calvi et la mer, ch, ch, 40, P VISA

chemin de Notre Dame de la Serra, 1 km par ① – ✆ 04 95 65 10 10 – reservation@hotel-lavilla.com – Fax 04 95 65 10 50 – Ouvert 1er avril-31 oct.

38 ch – †220/650 € ††220/650 €, ☕ 25 € – 13 suites – ½ P 200/300 €

Rest ***L'Alivu*** – *(fermé lundi et mardi) (dîner seult)* Menu 80/150 € – Carte 121/160 €

Spéc. Foie gras des Landes et melon (juin à août). Rouget de roche de pêche locale (août à oct.). Pigeonneau au sang en deux services. **Vins** Vin de Corse-Calvi.

◆ Entre couvent et villa romaine, palace contemporain juché sur les hauteurs, comme prosterné face à la mer. Fer forgé, mosaïques, rotin, terre cuite... Un joyau caché ! Au dîner, cuisine méditerranéenne signée par un chef Meilleur Ouvrier de France.

Regina sans rest ≤ 50/100, P VISA

av. Santa Maria par ① – ✆ 04 95 65 24 23 – infos@reginahotelcalvi.com – Fax 04 95 61 00 09

44 ch – †57/284 € ††67/294 €, ☕ 10 €

◆ Ce nouvel hôtel bénéficie d'une situation dominante offrant ainsi une vue sur le port et le golfe de Calvi. Grandes chambres modernes tournées vers la mer ou la jolie piscine.

Balanea sans rest

6 r. Clemenceau – ✆ 04 95 65 94 94 – info@hotel-balanea.com – Fax 04 95 65 29 71 n

38 ch – †79/249 € ††79/299 €, ☕ 12 €

◆ Accès par rue piétonne. Les chambres cultivent l'originalité : couleurs vives, mobilier néo-rustique ou design ; certaines offrent un beau panorama sur le port.

Mariana sans rest

av. Santa Maria par ① – ✆ 04 95 65 31 38 – mariana-hotel-calvi@orange.fr – Fax 04 95 65 32 72

43 ch – †65/110 € ††65/160 €, ☕ 10 € – 1 suite

◆ Complexe hôtelier moderne sur les hauteurs de la cité "toujours fidèle". Loggia privée et vue sur la mer pour les chambres (sauf quatre récemment aménagées). Accueil aimable.

L'Onda sans rest

av. Christophe Colomb, par ① : 1 km – ✆ 04 95 65 35 00 – hotelonda@yahoo.fr – Fax 04 95 65 16 26 – Ouvert 23 avril-4 nov.

24 ch – †50/90 € ††65/130 €, ☕ 7 €

◆ À proximité de la plage et de la pinède créée à la fin du 19e s., petit immeuble des années 1990 dont les chambres, pratiques, bénéficient toutes de l'agrément d'une loggia.

Revellata sans rest

av. Napoléon, rte d'Ajaccio par ②: 0,5 km – ✆ 04 95 65 01 89 – Fax 04 95 65 29 82 – Ouvert 1er avril-15 oct.

43 ch – †70/105 € ††90/125 €, ☕ 5 €

◆ La mer est à moins de 100 m, seulement séparée de l'établissement par la route conduisant à Porto. Chambres au mobilier robuste, jouissant de la vue sur la "grande bleue".

Emile's

quai Landry – ✆ 04 95 65 09 60 – info@restaurant-emiles.com – Fax 04 95 60 56 40 – Ouvert 1er mars-15 oct. et fermé le midi en juil.-août

Rest – Menu 40/100 € – Carte 70/108 € ♀ k

◆ Un discret escalier mène à la terrasse et à la salle-véranda qui surplombent le port et la baie. La cuisine, dans l'air du temps, fait la part belle aux produits de la mer.

L'Île de Beauté

quai Landry – ✆ 04 95 65 00 46 – iledebeaute@corsica.to – Fax 04 95 65 27 34 – Fermé 1er janv.-15 mars et lundi du 1er oct. au 1er janv. a

Rest – Menu 20/60 € – Carte 47/72 € ♀

◆ Des chaises Stark agrémentent l'intérieur design de ce restaurant qui dresse sa grande et belle terrasse face au port. Carte actuelle axée sur le poisson, tapas haut de gamme.

Calellu

quai Landry – ✆ 04 95 65 22 18 – calellu@wanadoo.fr – Ouvert 1er mars-31 oct. et fermé lundi hors saison d

Rest – Menu 22 € – Carte 41/55 € ♀

◆ Petite façade avenante et salle aux tons beiges, décorée sur le thème de la flore corse. Carte de poissons, à déguster tout en contemplant les bateaux dans la baie.

Aux Bons Amis

r. Clemenceau – ✆ 04 95 65 05 01 – Ouvert 1er avril-15 oct. et fermé merc. sauf le soir et dim. midi en saison z

Rest – Menu 18/27 € – Carte 36/71 €

◆ Dans une rue piétonne, sympathique petit restaurant décoré sur le thème de la pêche (filets, bibelots) ; vivier à langoustes et homards. Spécialités de produits de la mer.

par ① 5 km rte de l'aéroport et chemin privé – ✉ 20260 Calvi

La Signoria

rte de la fôret de Bonifato – ✆ 04 95 65 93 00 – info@auberge-relais-lasignoria.com – Fax 04 95 65 38 77 – Ouvert 1er avril-4 nov.

24 ch – †180/480 € ††250/480 €, ☕ 30 € – 2 suites – **Rest** – *(dîner seult)* Menu 75/110 € – Carte 83/108 € ♀

◆ La fibre méditerranéenne palpite en cette demeure du 18e s. nichée dans une pinède : murs aux tons ocre ou bleu, mobilier corse d'époque et... senteurs infinies ! Belle cuisine au goût du jour, servie dans une salle méridionale ou sur la jolie terrasse.

CARGÈSE – 2A Corse-du-Sud – **345** A7 – **982 h.** – **alt. 75 m** – ✉ **20130** 15 **A2**

Ajaccio 51 – Calvi 106 – Corte 119 – Piana 21 – Porto 33

Office de tourisme, rue du Dr Dragacci ☎ 04 95 26 41 31

Église grecque ★ - Site★★ depuis le belvédère de la pointe Molendino E : 3 km.

Thalassa ch, rest, VISA MC AE
plage du Pero, Nord : 1,5 km – ☎ 04 95 26 40 08 – Fax 04 95 26 41 66 – Ouvert 1er mai-30 sept.
22 ch – 75/80 € 80/90 €, 6 € – ½ P 68/73 € – **Rest** – *(ouvert 20 mai-30 sept.) (dîner seult) (résidents seult)*
◆ Sympathique ambiance de pension de famille dans cet hôtel desservi par un étroit chemin et posté en bordure de plage. Chambres rénovées, donnant majoritairement côté mer. Salle à manger rajeunie et agréable terrasse verdoyante ; cuisine traditionnelle.

CASAMOZZA – 2B Haute-Corse – **345** F4 – ✉ **20290 Lucciana** 15 **B1**

Bastia 20 – Corte 49 – Vescovato 6

Chez Walter ch, ch, 30/80, VISA MC AE
N 193 – ☎ 04 95 36 00 09 – hotel.chez.walter@wanadoo.fr – Fax 04 95 36 18 92
64 ch – 60/90 € 80/120 €, 8 € – 2 suites – ½ P 70/85 € – **Rest** – *(fermé 15 déc.-6 janv. et dim. sauf le soir en août)* Menu 20 € – Carte 30/47 €
◆ Proche de l'aéroport de Bastia-Poretta et en retrait de la N 193, complexe hôtelier moderne dont les chambres, bien équipées, ont toutes été relookées. Vaste salle de restaurant au décor néo-rustique ; cuisine traditionnelle, buffets et pizzas.

CAURO – 2A Corse-du-Sud – **345** C8 – **1 060 h.** – **alt. 450 m** – ✉ **20117** 15 **A3**

Ajaccio 22 – Sartène 63

Auberge Napoléon VISA MC
– ☎ 04 95 28 40 78 – Ouvert 15 juil.-15 sept. sauf le midi en sem. et fermé en sem. hors saison
Rest – *(prévenir)* Menu 27 € – Carte 28/40 €
◆ Auberge avenante sur la rue principale du village. Salle à manger rustique où l'on propose une cuisine d'inspiration régionale. Accueil familial décontracté.

CERVIONE – 2B Haute-Corse – **345** F6 – **1 452 h.** – **alt. 350 m** – ✉ **20221** 15 **B2**

Paris 999 – Ajaccio 140 – Bastia 52 – Corte 78 – Biguglia 45

à Prunete 5,5 km à l'Est par D 71

Casa Corsa sans rest
Acqua Nera – ☎ 04 95 38 01 40 – Fax 04 95 33 39 27
6 ch – 50/55 € 56/62 €
◆ Vous ne serez pas déçu par le confort et l'accueil vraiment convivial de cette maison d'hôte. Les chambres, pétries de charme, possèdent de grandes salles de bains. Beau jardin.

COL DE BAVELLA – 2A Corse-du-Sud – **345** E9 – **alt. 1 218 m** – ✉ **20124 Zonza** 15 **B3**

Ajaccio 102 – Bonifacio 76 – Porto-Vecchio 49 – Propriano 49 – Sartène 47

Col et aiguilles de de Bavella★★★ - Forêt de Bavella★★.

Auberge du Col de Bavella VISA MC AE
– ☎ 04 95 72 09 87 – auberge-bavella@wanadoo.fr – Fax 04 95 72 16 48 – Ouvert 2 avril-30 oct.
Rest – Menu 16/22 € – Carte 19/37 €
◆ Ressource de montagne perdue parmi les pins laricio, à proximité des surprenantes aiguilles de Bavella. Vaste salle rustique. Spécialités corses et charcuteries maison.

CORTE -2BHaute-Corse-345D6-6 329h.-alt.396m-✉20250 Corse 15 **B2**

Bastia 69 – Bonifacio 150 – Calvi 88 – L'Ile-Rousse 63 – Porto 93 – Sartène 149

Office de tourisme, la Citadelle ✆ 04 95 46 26 70, Fax 04 95 46 34 05

Ville haute★ : chapelle Ste-Croix★, citadelle★ ≤★, Belvédère ☀★ - Musée de la Corse★★.

☀★★ du Monte Cecu N : 7 km - SO : gorges de la Restonica★★.

dans les Gorges de La Restonica Sud-Ouest sur D 623 – ✉ 20250 Corte

Dominique Colonna sans rest

à 2 km – ✆ 04 95 45 25 65 – lavallee.corte@wanadoo.fr – Fax 04 95 61 03 91 – Ouvert 11 mars-19 nov.

28 ch – 60/170 € 60/170 €, 11,50 € – 1 suite

◆ À l'entrée des gorges et parmi les "pins de Corte", bâtiments modernes tapissés de vigne vierge abritant des chambres confortables et modernes. Agréable piscine chauffée.

COTI-CHIAVARI – 2A Corse-du-Sud – 345 B9 – 490 h. – alt. 625 m – ✉ 20138 15 **A3**

Ajaccio 42 – Propriano 38 – Sartène 50

Le Belvédère ≤ golfe d'Ajaccio,

– ✆ 04 95 27 10 32 – Fax 04 95 27 12 99 – Ouvert 15 fév.-11 nov.

13 ch – 55 € 55 €, 5 € – ½ P 48/56 € – **Rest** – *(fermé le midi sauf dim. du 15 fév.-30 mai) (prévenir)* Menu (20 €), 26/28 €

◆ Véritable nid d'aigle isolé dans le maquis et offrant une vue époustouflante sur le golfe d'Ajaccio. Les chambres sont spacieuses et fonctionnelles. La salle de restaurant et la terrasse composent de séduisants belvédères ; cuisine du terroir.

ERBALUNGA – 2B Haute-Corse – 345 F3 – ✉ 20222 15 **B1**

Bastia 11 – Rogliano 30

Chapelle N.-D. des Neiges ★ 3 km à l'Ouest.

Castel'Brando sans rest

– ✆ 04 95 30 10 30 – info@castelbrando.com – Fax 04 95 33 98 18 – Fermé 15 nov.-2 janv.

39 ch – 99/199 € 99/199 €, 13 € – 6 suites

◆ Maison de maître édifiée par un médecin des armées napoléoniennes. Chambres simples mais plaisantes ; hébergement plus confortable et moderne dans une villa récente. Beau jardin avec piscines.

Le Pirate ≤

au port – ✆ 04 95 33 24 20 – jeanpierححericci@aol.com – Fax 04 95 33 18 97 – Fermé janv.-fév., lundi sauf le soir en juil.-août, merc. midi en été et mardi midi

Rest – Menu (29 €), 35 € (déj. en sem.), 59/90 € – Carte 61/80 €

Spéc. Tortellini d'araignée de mer sur crème de crustacés (mars à juin). Déclinaison de veau corse en trois cuissons. Baba sur minestrone de fruits frais. **Vins** Vin de pays de l'Île de Beauté, Patrimonio.

◆ Agréable terrasse dressée face au petit port, coquettes salles à manger rénovées et appétissante cuisine au goût du jour font le charme de cette vieille maison en pierre.

ÉVISA – 2A Corse-du-Sud – 345 B6 – 196 h. – alt. 850 m – ✉ 20126 15 **A2**

Ajaccio 71 – Calvi 96 – Corte 70 – Piana 33 – Porto 23

Forêt d'Aïtone★★ - Cascades d'Aïtone★ NE : 3 km puis 30 mn.

Col de Vergio ≤★★ NE : 10 km.

Scopa Rossa rest,

– ✆ 04 95 26 20 22 – scopa-rossa@wanadoo.fr – Fax 04 95 26 24 17 – Ouvert 15 avril-15 nov.

25 ch – 42/56 € 45/75 €, 7 € – ½ P 48/60 € – **Rest** – Menu 21 €

◆ Longue bâtisse au cœur de cette station climatique. Les chambres, simples et bien tenues, sont plus actuelles à l'annexe. Les fusils ornant la salle à manger rustique sont aujourd'hui muets ; recettes du terroir.

FAVONE – **2A Corse-du-Sud** – **345** F9 – ✉ **20135 Conca** 15 **B3**

Ajaccio 128 – Bonifacio 58

U Dragulinu rest, VISA AE

– ✆ *04 95 73 20 30 – hoteludragulinu@wanadoo.fr – Fax 04 95 73 22 06 – Ouvert 15 avril-30 oct.*

32 ch – 75/205 € 85/290 €, 20 € – **Rest** – *(ouvert 1er juin-30 sept. et fermé le midi du 1er juin au 15 juil. et en sept., le soir du 15 juil. au 30 août)* Carte 20/30 €

◆ Cet hôtel familial bénéficie d'un emplacement idyllique face à la plage, lieu idéal pour un séjour balnéaire. Les propriétaires rénovent régulièrement les chambres. Salades et grillades composent l'essentiel de la petite carte du restaurant. Jolie terrasse.

FELICETO – **2B Haute-Corse** – **345** C4 – **162 h.** – **alt. 350 m** – ✉ **20225** 15 **A1**

Bastia 76 – Calvi 26 – Corte 72 – L'Ile-Rousse 15

Mare e Monti sans rest VISA

– ✆ *04 95 63 02 00 – archi.renucci@wanadoo.fr – Fax 04 95 63 02 01 – Ouvert 1er avril-31 oct.*

18 ch – 70/124 € 70/124 €, 7 €

◆ Fortune faite dans la canne à sucre, les ancêtres de la famille revinrent de Porto Rico et édifièrent au 19e s. ce "Palais américain" entre mer et montagne.

GALÉRIA – **2B Haute-Corse** – **345** A5 – **302 h.** – **alt. 30 m** – ✉ **20245** 15 **A2**

Bastia 118 – Calvi 34 – Porto 48

Syndicat d'initiative, ✆ 04 95 62 02 27

Golfe de Galéria★.

à Ferayola **13 km au Nord par D 351 et D 81B** – ✉ **20245 Galéria**

Auberge Ferayola VISA

– ✆ *04 95 65 25 25 – ferayola@wanadoo.fr – Fax 04 95 65 20 78 – Ouvert mai-sept.*

10 ch (½ P seult en été) – 49 € 53 €, 7,50 €, 4 chalets – ½ P 54/80 € – **Rest** – Menu 20/30 € – Carte 22/39 €

◆ Auberge isolée en plein maquis et seulement séparée de la mer par la route littorale : calme assuré ! Petites chambres simples mais agréables et chalets. Vue sur la "grande bleue" et la montagne depuis la salle à manger rustique et sa terrasse.

L'ILE-ROUSSE – **2B Haute-Corse** – **345** C4 – **2 774 h.** – ✉ **20220** 15 **A1**

Bastia 67 – Calvi 25 – Corte 63

Syndicat d'initiative, 7 place Paoli ✆ 04 95 60 04 35

Marché couvert★ - Île de la Pietra★.

La Balagne★★★.

Santa Maria sans rest 15/40, VISA AE

rte Port – ✆ *04 95 63 05 05 – infos@hotelsantamaria.com – Fax 04 95 60 32 48*

56 ch – 75/158 € 86/169 €, 11 €

◆ Situé avant le pont conduisant sur l'île de la Pietra. Chambres agréables, de conception actuelle. Quelques-unes offrent, par gros temps, une vue d'apocalypse sur la mer.

Funtana Marina sans rest mer, VISA AE

1 km par rte Monticello et rte secondaire – ✆ *04 95 60 16 12 – hotel-funtana-marina@wanadoo.fr – Fax 04 95 60 35 44*

29 ch – 50/98 € 50/98 €, 8,50 €

◆ Sur les hauteurs, bâtisse immergée dans une végétation luxuriante. Les chambres, presque toutes rénovées, regardent la belle piscine, elle-même tournée vers la mer et la ville.

Cala di l'Oru sans rest

bd Pierre Pasquini – ✆ 04 95 60 14 75 – hotelcaladiloru@wanadoo.fr – Fax 04 95 60 36 40 – Ouvert 2 mars-31 oct.

26 ch – 56/106 € 59/107 €, 8,50 €

◆ Les fils de la patronne exposent photographies et œuvres d'art moderne dans cet hôtel doté de chambres "zen", donnant sur la mer ou la montagne. Beau jardin méditerranéen.

L'Amiral sans rest

bd Ch.-Marie Savelli – ✆ 04 95 60 28 05 – info@hotel-amiral.com – Fax 04 95 60 31 21 – Ouvert 1er avril-30 sept.

19 ch – 65/100 € 65/100 €, 10 €

◆ Petit immeuble de deux étages, à 25 m de la plage de sable de cette station de villégiature. Chambres fonctionnelles, de taille moyenne, très propres et soignées.

Le Grillon

av. P. Doumer – ✆ 04 95 60 00 49 – hr-le-grillon@wanadoo.fr – Fax 04 95 60 43 69 – Ouvert 1er mars-31 oct.

16 ch – 34/54 € 35/56 €, 5,50 € – ½ P 37/48 € – **Rest** – Menu 13/16 € – Carte 17/21 €

◆ Le sens de l'hospitalité, que l'on cultive ici de manière intensive, fera oublier la simplicité du lieu. Petites chambres fraîches et bien tenues. Sobre salle de restaurant où l'on propose une cuisine familiale à tendance régionale.

La Pietra

Chemin du Phare – ✆ 04 95 63 02 30 – hotellapietra@wanadoo.fr – Fax 04 95 60 15 92 – Ouvert 1er avril-mi oct.

42 ch – 62/108 € 63/109 €, 9 € – ½ P 91/137 € – **Rest** – *(dîner seult)* Menu 24 € – Carte 32/44 €

◆ Belle situation face au port, les "pieds dans l'eau", pour cet hôtel des années 1970. Les chambres, bien rénovées, ont toutes un balcon côté mer ou côté tour génoise (15e s.). Recettes locales et suggestions du jour, avec la "grande bleue" en toile de fond.

Le Bistrot de la place

3 pl. Paoli – ✆ 04 95 60 12 90 – bleperq@wanadoo.fr – Fermé 29 oct.-11 nov., 25 fév.-10 mars, dim. soir et lundi

Rest – Carte 29/45 €

◆ La carte qui évolue au gré du marché et des saisons privilégie les produits et recettes corses. Joli cadre bistrot et terrasse dressée sur la place, à l'ombre des platanes.

à Monticello **4,5 km au Sud-Est par D 63 – 1 253 h. – alt. 220 m – ✉ 20220**

A Pasturella avec ch

– ✆ 04 95 60 05 65 – a.pasturella@wanadoo.fr – Fax 04 95 60 21 78 – Fermé 5 nov.-18 déc. et 18-26 fév.

14 ch – 51/70 € 70/86 €, 10 € – ½ P 71/80 € – **Rest** – *(fermé dim. soir du 18 déc. au 31 mars)* Menu 26/55 €

◆ Dans un pittoresque village perché de la corniche Paoli. Poissons (pêche du jour) et plats traditionnels à savourer dans une salle rajeunie ou sur la belle terrasse.

LEVIE – 2A Corse-du-Sud – **345** D9 – **696 h.** – **alt. 645 m** – ✉ **20170** 15 **B3**

Ajaccio 101 – Bonifacio 57 – Porto-Vecchio 39 – Sartène 28

Office de tourisme, rue Sorba ✆ 04 95 78 41 95, Fax 04 95 78 46 74

Musée de l'Alta Rocca★ : christ en ivoire★.

Sites★★ de Cucuruzzu et Capula O : 7 km.

La Pergola

r. Sorba – ✆ 04 95 78 41 62 – Ouvert avril-oct.

Rest – *(nombre de couverts limité, prévenir)* Menu 16/18 €

◆ Après la visite des collections du musée de l'Alta Rocca, retour au temps présent sous une accueillante tonnelle où l'on sert quelques spécialités corses à prix très digestes.

LUMIO – 2B Haute-Corse – 345 B4 – 1 040 h. – alt. 150 m – ✉ 20260 15 A1

▶ Bastia 82 – Calvi 10 – L'Ile-Rousse 16

Chez Charles avec ch
– ✆ 04 95 60 61 71 – reservations@hotel-chezcharles.com – Fax 04 95 60 62 51 – Ouvert 4 avril-27 oct.
16 ch – 47/140 € 49/160 €, 11 € – **Rest** – *(fermé merc. midi du 15 mai au 15 sept., lundi sauf le soir du 15 mai au 15 sept. et mardi midi)* Menu (23 € bc), 35/44 € – Carte 41/54 €
◆ Agréable et lumineuse salle à manger, terrasse panoramique ombragée, cuisine au goût du jour, confortables chambres à l'esprit méridional et belle piscine à débordement.

MACINAGGIO – 2B Haute-Corse – 345 F2 – ✉ 20248 15 B1

▶ Bastia 37

ℹ Syndicat d'initiative, ✆ 04 95 35 40 34, Fax 04 95 31 78 62

U Libecciu
rest, rest,
– ✆ 04 95 35 43 22 – info@u-libecciu.com – Fax 04 95 35 46 08 – Ouvert 1er avril-14 oct.
30 ch – 48/84 € 55/105 €, 6 € – ½ P 50/73 € – **Rest** – *(dîner seult)* Menu 17/25 € – Carte 25/33 €
◆ Le mouillage de Macinaggio est réputé depuis l'Antiquité ; le port moderne est à moins de 100 m de cette pension de famille datant des années 1980. Chambres spacieuses. À la carte du restaurant, spécialités insulaires dont la terrine de mouflon (en saison).

U Ricordu
ch,
– ✆ 04 95 35 40 20 – info@hotel-uricordu.com – Fax 04 95 35 41 88 – Ouvert 1er avril-30 oct.
54 ch – 75/170 € 85/170 € – ½ P 48/95 € – **Rest** – Menu 16/18 € – Carte environ 25 €
◆ Chambres fraîches et actuelles que vous rejoindrez après avoir parcouru le vivifiant sentier des douaniers. Belle piscine d'été. Sobre salle à manger et cuisine traditionnelle.

MOROSAGLIA – 2B Haute-Corse – 345 E5 – 1 008 h. – alt. 800 m – ✉ 20218 15 B2

▶ Bastia 53 – Corte 36

Osteria di U Cunventu
– ✆ 04 95 47 11 79 – cunventu@wanadoo.fr – Fermé janv., fév. et mardi
Rest – Carte 25/38 €
◆ Petit chalet au cœur du hameau où naquit Pascal Paoli, acteur de la Corse indépendante. Salle à manger panoramique et cuisine du marché valorisant les produits corses.

MURATO – 2B Haute-Corse – 345 E4 – 555 h. – alt. 480 m – ✉ 20239 15 B1

▶ Paris 975 – Ajaccio 152 – Bastia 28 – Corte 71 – Calvi 84

La Ferme de Campo di Monte
2/6,
au village, 2 km est dir. Rutali – ✆ 04 95 37 64 39 – Fax 04 95 37 64 60 – Fermé lundi, mardi et merc. hors saison
Rest – *(dîner seult sauf dim. et fériés) (nombre de couverts limité, prévenir)* Menu 45 € bc
◆ Une vieille ferme joliment restaurée perchée sur les hauteurs, avec une vue sublime sur les montagnes et la mer : un lieu unique où l'on déguste une vraie bonne cuisine corse.

NONZA – 2B Haute-Corse – 345 F3 – 67 h. – alt. 100 m – ✉ 20217 15 B1

▶ Bastia 33 – Rogliano 49 – Saint-Florent 20

Casa Maria sans rest
au pied de la tour génoise – ✆ 04 95 37 80 95 – casamaria@wanadoo.fr – Fax 04 95 37 80 95 – Ouvert avril-oct.
5 ch – 70/90 € 90/160 €
◆ Au pied d'une tour génoise, ancienne maison de maître dont les chambres, confortables et climatisées, font montre d'une sobre élégance. Belle vue sur la mer et accueil chaleureux.

OLETTA – **2B Haute-Corse** – **345** F4 – **830 h.** – **alt. 250 m** – ✉ **20232** 15 **B1**

Bastia 18 – Calvi 78 – Corte 72 – L'Ile-Rousse 53

Auberge A Magina ← Nebbio et golfe de St-Florent, VISA

– *☎ 04 95 39 01 01 – Fax 04 95 39 01 01 – Ouvert 31 mars-10 oct. et fermé lundi*

Rest – Menu 25 € – Carte 28/53 €

◆ Une vue à couper le souffle et une vraie cuisine corse préparée en famille et servie dans une agréable salle à manger. Le soir, depuis la terrasse, sublime coucher de soleil.

OLMETO – **2A Corse-du-Sud** – **345** C9 – **1 115 h.** – **alt. 320 m** – ✉ **20113** 15 **A3**

Ajaccio 64 – Propriano 8 – Sartène 20

Syndicat d'initiative, Village ☎ 04 95 74 65 87, Fax 04 95 74 62 86

Santa Maria ch, VISA

pl. Église – ☎ 04 95 74 65 59 – ettorinathalie@aol.com – Fax 04 95 74 60 33 – Fermé nov. et déc.

12 ch – 45/60 € 45/60 €, ☕ 6 € – ½ P 44/54 € – **Rest** – Menu 16 € (déj.), 19/23 € – Carte 27/41 €

◆ Ambiance familiale dans cet ancien moulin à huile veillé par l'église. Une envolée d'escaliers menant aux chambres fonctionnelles lui donne du cachet. Restaurant aménagé sous de belles voûtes séculaires et terrasse fleurie tournée vers le golfe. Plats corses.

à Olmeto-Plage 9 km au Sud-Ouest par D 157 – ✉ 20113

Ruesco ← rest, P VISA

– ☎ 04 95 76 70 50 – hotel.ruesco@wanadoo.fr – Fax 04 95 76 70 51 – Ouvert 14 avril-12 oct.

25 ch – 59/97 € 97/134 €, ☕ 8 € – ½ P 79/97 € – **Rest** – *(ouvert 1er mai-1er oct.)* Menu (17 €) – Carte 32/46 €

◆ Bâtiments modernes abritant des chambres spacieuses, toutes pourvues de balcons orientés vers les flots, à l'exception de deux chambres. Un jardin précède le restaurant où grillades et pizzas au feu de bois sont à l'honneur. La terrasse donne sur la plage.

au Sud 5 km par N 196 et rte secondaire – ✉ 20113 Olmeto

Marinca ← golfe du Valinco et Propriano, ch, P VISA AE

Lieu dit Vintricella – ☎ 04 95 70 09 00 – info@hotel-marinca.com – Fax 04 95 76 19 09 – Ouvert de mi-avril à mi-oct.

53 ch – 160/310 € 180/470 €, ☕ 15 € – 3 suites – ½ P 95/240 €

Rest – *(fermé le midi hors saison)* Menu 40 €

Rest *Le Diamant Noir* – *(ouvert juin-sept.) (dîner seult)* Carte 58/85 €

◆ Les chambres colorées de cet hôtel rénové des années 1980 jouissent d'un panorama dégagé sur le golfe. Jardin côté mer ; piscines à débordement. Plage dans la crique. Belle terrasse de style mauresque ; cuisine traditionnelle.

PATRIMONIO – **2B Haute-Corse** – **345** F3 – **645 h.** – **alt. 100 m** – ✉ **20253** 15 **B1**

Bastia 16 – St-Florent 6 – San-Michele-de-Murato 22

Église St-Martin★.

Osteria di San Martinu P VISA

– ☎ 04 95 37 11 93 – Ouvert 1er mai-30 sept. et fermé merc. en sept.

Rest – Menu 22 € – Carte 25/36 €

◆ Tout se passe, en été, sur la terrasse sous pergola : on y goûte des plats corses et des grillades arrosés, bien entendu, de vin de Patrimonio, produit par le frère du patron.

PERI – **2A Corse-du-Sud** – **345** C7 – **1 140 h.** – **alt. 450 m** – ✉ **20167** 15 **A2**

Ajaccio 26 – Corte 71 – Propriano 82 – Sartène 94

Chez Séraphin

– ☎ 04 95 25 68 94 – Fermé oct., nov., en sem. de déc. à juin et lundi de juil. à sept.

Rest – Menu 42 € bc

◆ Typique maison corse dans un charmant village accroché à la montagne. Terrasse dominant la vallée. L'accueil est chaleureux, la cuisine authentique et généreuse.

PETRETO-BICCHISANO – **2A Corse-du-Sud** – **345** C9 – **549 h.** – **alt. 600 m** – ✉ **20140** 15 **A3**

Ajaccio 52 – Sartène 35

De France

à Bicchisano – ☎ *04 95 24 30 55* – *Fax 04 95 24 30 55* – *Fermé 25 déc.-28 fév.*

Rest – *(prévenir)* Menu 18/42 € – Carte 41/62 €

◆ Spécialités corses et produits maison (charcuteries, confitures, liqueurs) sont servis dans cette salle à manger au décor agreste soigné ou sous la fraîche tonnelle.

PIANA – **2A Corse-du-Sud** – **345** A6 – **428 h.** – **alt. 420 m** – ✉ **20115** 15 **A2**

Ajaccio 72 – Calvi 85 – Évisa 33 – Porto 13

Syndicat d'initiative, place de la Mairie ☎ 04 95 27 84 42, Fax 04 95 27 82 72

Golfe de Porto★★★.

Capo Rosso golfe et les calanche, rest,

– ☎ *04 95 27 82 40* – *info@caporosso.com*

– *Fax 04 95 27 80 00* – *Ouvert 1er avril-20 oct.*

50 ch – 90 € 110/180 €, 17 € – ½ P 85/125 € – **Rest** – Menu 28 €

◆ Très belle vue sur le golfe de Porto et les Calanche depuis la superbe piscine et de nombreuses chambres (balcons). Hôtel joliment rénové ; annexe plus fonctionnelle. Restaurant panoramique tourné vers la côte ; cuisine traditionnelle et produits de la mer.

Le Scandola

rte Cargèse – ☎ *04 95 27 80 07* – *infos@hotelscandola.com* – *Fax 04 95 27 83 88* – *Ouvert 1er avril-15 oct.*

12 ch – 38/77 € 38/77 €, 10 € – ½ P 49/68 € – **Rest** – *(ouvert 1er mai-30 sept.)* Carte 20/53 €

◆ L'hôtel offre un panorama exceptionnel sur les Calanche et la baie de Porto. Chambres bien tenues, salles de bains rénovées et balcons orientés vers le littoral. Restaurant converti en bar "lounge". Carte axée sur la cuisine du monde, avec des spcéialités corses.

PORTICCIO – **2A Corse-du-Sud** – **345** B8 – ✉ **20166** 15 **A3**

Ajaccio 19 – Sartène 68

Office de tourisme, Plage des Marines ☎ 04 95 25 01 01, Fax 04 95 25 11 12

Le Maquis Ajaccio et golfe, ch,

– ☎ *04 95 25 05 55* – *info@lemaquis.com*

– *Fax 04 95 25 11 70* – *Fermé janv. et fév.*

20 ch – 155/630 € 175/630 €, 25 € – 5 suites – ½ P 178/370 € – **Rest** – grill le midi Menu 65 € (dîner) – Carte 75/98 €

◆ Jolie demeure d'inspiration génoise nichée dans un jardin luxuriant en bordure de mer. Chambres spacieuses, au beau mobilier ancien. Splendides piscines. Cuisine inventive, vins choisis et vue panoramique depuis le restaurant et la superbe terrasse.

Sofitel Thalassa golfe, ch,

– ☎ *04 95 29 40 40* – *h0587@accor.com* 20/60,

– *Fax 04 95 25 00 63* – *Fermé janv. et fév.*

96 ch – 138/272 € 187/389 €, 21 € – 2 suites – ½ P 205/339 € – **Rest** – Menu 46 € – Carte 53/91 €

◆ Complexe hôtelier voué à Neptune : situation isolée à la pointe du cap de Porticcio, institut de thalassothérapie, sports nautiques et chambres tournées vers la mer. Plats au goût du jour et diététiques à déguster dans un décor marin ou dehors, face aux flots.

Le Club

plage de la Viva – ☎ *04 95 25 00 42* – *le-club2a@wanadoo.fr* – *Fax 04 95 25 04 89* – *Fermé le soir sauf vacances scolaires et week-ends*

Rest – Menu 32/50 € – Carte 18/25 €

◆ Agréable salle à manger aux tons jaunes, jolie terrasse, cuisine traditionnelle et produits de la mer, plage privée, boulangerie-pâtisserie : c'est tout cela le Club !

à Agosta-Plage 2 km au Sud – ✉ 20166 Porticcio

Kallisté sans rest – golfe d'Ajaccio,
rte Vieux Molini – ☎ 04 95 25 54 19 – info@hotels-kalliste.com – Fax 04 95 25 59 25 – Ouvert 21 mars-11 nov.
9 ch – 75/105 € 75/180 €, ☕ 12 € – 1 suite
◆ Un joli jardin clos assure la tranquillité de cette villa nichée dans un quartier résidentiel. Chambres sobrement décorées ; expositions (mer ou verdure) et ampleurs diverses.

La Crique – VISA
– ☎ 04 95 25 94 73 – lacrique.agosta@wanadoo.fr – Fermé 12 nov.-3 déc., 7-28 janv., jeudi soir, dim. soir et lundi
Rest – Menu 17/25 € – Carte 26/49 €
◆ Ce restaurant a des airs de chalet (murs lambrissés et arche en pierre), mais plage et criques rappellent le paysage balnéaire corse. Plats régionaux et salades.

PORTO – 2A Corse-du-Sud – **345** B6 – ✉ **20150 Ota** 15 **A2**

Ajaccio 84 – Calvi 73 – Corte 93 – Évisa 23
Office de tourisme, place de La Marine ☎ 04 95 26 10 55, Fax 04 95 26 14 25
Tour génoise★.
Golfe de Porto★★★ : les Calanche★★★ - NO : réserve de Scandola★★★, golfe★★ de Girolata.

Capo d'Orto sans rest – P VISA
– ☎ 04 95 26 11 14 – hotel.capo.d.orto@wanadoo.fr – Fax 04 95 26 13 49 – Ouvert 10 avril-20 oct.
39 ch – 59/129 € 59/139 €, ☕ 9 €
◆ Cet hôtel récent abrite des chambres amples, dotés de balcons tournés vers la mer ; certaines, refaites, sont plus modernes. Terrasse panoramique pour le petit-déjeuner.

Le Subrini sans rest – AC P VISA
à la Marine – ☎ 04 95 26 14 94 – subrini@hotels-porto.com – Fax 04 95 26 11 57 – Ouvert 2 avril-30 oct.
23 ch – 60/90 € 100/140 €, ☕ 10 €
◆ Bâtisse en pierres de taille située sur la place principale de la marine. Les chambres, fonctionnelles et rajeunies par étapes, donnent sur la tour et la petite rade.

Le Belvédère sans rest – AC VISA
à la Marine – ☎ 04 95 26 12 01 – info@hotel-le-belvedere.com – Fax 04 95 26 11 97
20 ch – 45/105 € 45/105 €, ☕ 7 €
◆ Au pied de la célèbre tour génoise défiant les assauts de la mer, construction moderne en pierres rouges proposant des chambres bien équipées, à choisir côté port.

Bella Vista – AC ch, P VISA AE
– ☎ 04 95 26 11 08 – info@hotel-bellavista.net – Fax 04 95 26 15 18 – Ouvert 2 avril à fin oct.
18 ch – 60/86 € 65/163 €, ☕ 11 € – ½ P 60/108 € – **Rest** – Menu 19/28 € – Carte 36/55 €
◆ Il règne une ambiance familiale dans cette maison aux chambres colorées et rénovées ; certaines ménagent d'inoubliables couchers de soleil sur le Capo d'Orto. Plats au goût du jour et charcuteries maison sont au menu du restaurant ; belle terrasse.

Romantique – AC ch, ch, VISA AE
à la Marine – ☎ 04 95 26 10 85 – info@hotel-romantique-porto.com – Fax 04 95 26 14 04 – Ouvert 12 avril-10 oct.
8 ch – 55/92 € 55/92 €, ☕ 7,50 € – ½ P 63/75 € – **Rest** – *(ouvert 1er mai-30 sept.)* Menu 17/22 €
◆ Chambres spacieuses, crépies et carrelées, équipées d'un mobilier de fabrication artisanale ; les balcons donnent tous sur la petite marine et le bois d'eucalyptus. Langouste, bouillabaisse et poisson grillé à la une de la carte. Terrasse dominant le port.

La Mer

à la Marine – 04 95 26 11 27 – laora5@wanadoo.fr – Fax 04 95 96 11 17 – Ouvert mars-fin oct.

Rest – Menu 19 € (déj.)/29 € – Carte 34/64 €

◆ Au bout de la marine, la terrasse de cette maison aux volets bleus est idéale pour voir la montagne se jeter dans la mer. Spécialités de poissons et cuissons au four à bois.

au Nord 5 km par D 81 – ✉ **20147 Serriera**

Eden Park

ch, 40, VISA

– 04 95 26 10 60 – edenpark@hotels-porto.com – Fax 04 95 26 14 74 – Ouvert 14 avril-7 oct.

35 ch – 113/210 € 126/234 €, 15 € – **Rest** – *(dîner seult.)* Menu 28/40 €

◆ Établissement composé de bungalows nichés dans un grand parc. Les chambres, confortables et dotées de petites terrasses, optent pour un style sagement contemporain. Sobre salle à manger et terrasse agréable tournée vers la jolie piscine aux abords verdoyants.

PORTO-POLLO – 2A Corse-du-Sud – 345 B9 – alt. 140 m – ✉ 20140

15 **A3**

Ajaccio 52 – Sartène 31

Les Eucalyptus sans rest

VISA

– 04 95 74 01 52 – portopollo@hotmail.com – Fax 04 95 74 06 56 – Ouvert 6 avril-14 oct.

32 ch – 50/92 € 55/92 €, 7,50 €

◆ Construction des années 1960 dominant le golfe de Valinco que l'on contemplera depuis la plupart des chambres (dont 5 récemment créées), pratiques et dotées de balcons. Jardin méridional arboré.

Le Kallisté

VISA

– 04 95 74 02 38 – lekalliste@free.fr – Fax 04 95 74 06 26 – Ouvert Pâques-mi oct.

19 ch – 57/110 € 57/110 €, 7 € – ½ P 54/68 € – **Rest** – *(dîner seult)* Menu 18/25 €

◆ Chambres actualisées, dotées d'un mobilier et d'équipements fonctionnels. Quelques-unes bénéficient de terrasses accordant le coup d'œil sur les flots bleus. Cuisine sans prétention servie dans une salle à manger fraîche et colorée ou sur la terrasse.

PORTO-VECCHIO – 2A Corse-du-Sud – 345 E10 – 10 326 h. – alt. 40 m – ✉ 20137

15 **B3**

Ajaccio 141 – Bonifacio 28 – Corte 121 – Sartène 59

Figari-Sud-Corse : 04 95 71 10 10, SO : 23 km.

Office de tourisme, rue du Docteur Camille de Rocca Serra 04 95 70 09 58

La Citadelle★.

Golfe de Porto-Vecchio★★ - Castellu d'Arraghju★ ≤★★ N : 7,5 km.

Casadelmar

≤ golfe de Porto Vecchio,

VISA

rte de Palombaggia – 04 95 72 34 34 – info@casadelmar.fr – Fax 04 95 72 34 35 – Ouvert 5 avril-4 nov.

18 ch – 340/900 € 340/900 €, 29 € – 13 suites – **Rest** – *(dîner seult)* Menu 69/160 € – Carte 98/146 €

Spéc. Baccala vénitienne, polenta et joue de porc fermier. Risotto safran-miel et fleurs de notre jardin. Agneau à l'eucalyptus et boudin de légumes. **Vins** Figari, Patrimonio.

◆ Architecture contemporaine nichée dans un ravissant jardin dominant la mer. Superbes chambres design dotées de terrasses. Remarquables espaces de détente. Au restaurant, délicieuse cuisine méditerranéenne et vue exceptionnelle sur le golfe de Porto-Vecchio.

Belvédère 15, *rte plage de Palombaggia : 5 km – ✆ 04 95 70 54 13 – info@hbcorsica.com – Fax 04 95 70 42 63 – Ouvert 16 mars-5 janv.*
15 ch – 100/340 € 100/340 €, 20 € – 4 suites – ½ P 115/235 €
Rest – *(fermé lundi et mardi du 15 oct. au 5 janv.)* Menu 65/110 € – Carte 83/107 €
Rest *Mari e Tarra* – rest.-terrasse (grill) *(ouvert juin-sept.) (dîner seult)* Carte 38/65 €
Spéc. Filet de rouget aux agrumes. Côte de veau corse aux pousses d'épinard. Tarte fine aux figues, glace au miel du maquis. **Vins** Vin de Corse-Figari, Patrimonio.
◆ Dans une oasis de verdure, au bord de l'eau, bel ensemble avec piscine et terrasse panoramiques, plage privée et chambres méridionales en bungalows. Élégante salle à manger en rotonde ; cuisine inventive et cave étoffée. Carte de grillades au Mari e Tarra.

Le Syracuse sans rest
rte plage de Palombaggia : 6 km – ✆ 04 95 70 53 63 – contact@corse-hotelsyracuse.com – Fax 04 95 70 28 97 – Ouvert 1er avril-1er oct.
18 ch – 109/250 € 124/273 €, 9 €
◆ Plusieurs bâtiments modernes séparés de la mer par une végétation luxuriante. Chambres en rez-de-jardin ou dotées d'une loggia. Farniente sur la plage ou près de la piscine.

Golfe Hôtel ch, rest, 20,
r. du 9 Septembre 1943 – ✆ 04 95 70 48 20 – info@golfehotel.com – Fax 04 95 70 92 00
39 ch – 69/301 € 76/320 €, 8 € – ½ P 70/198 €
Rest *Les Quatre Saisons* – *✆ 04 95 70 92 03 (fermé 1er déc.-8 janv., vend., sam. et dim. hors saison) (dîner seult)* Menu 13/31 € – Carte 26/47 €
◆ Hôtel récent en léger retrait de la route menant au port. Chambres actuelles, bien tenues. Quelques-unes, rajeunies, bénéficient d'une décoration plus soignée. Sobre salle à manger dressée sous une charpente apparente où l'on sert une carte au goût du jour.

Alcyon sans rest
9 r. Mar. Leclerc (face Poste) – ✆ 04 95 70 50 50 – info@hotel-alcyon.com – Fax 04 95 70 25 84
40 ch – 51/148 € 62/270 €, 9 €
◆ Immeuble moderne du centre-ville. Chambres sobres et fonctionnelles, toutes rénovées. Préférez celles de la façade, ou des étages supérieurs sur l'arrière.

San Giovanni rest,
rte Arca, Sud-Ouest : 3 km par D 659 – ✆ 04 95 70 22 25 – info@hotel-san-giovanni.com – Fax 04 95 70 20 11 – Ouvert 1er mars-3 nov.
30 ch – 55/95 € 60/140 €, 9 € – ½ P 59/78 € – **Rest** – *(dîner seult) (résidents seult)*
◆ Pension de famille dans un très beau parc arboré et fleuri, agrémenté d'un bassin. Certaines chambres s'ouvrent de plain-pied sur un petit jardin privatif. Piscine et jacuzzi.

Le Troubadour
13 r. Gén. Leclerc, (près Poste) (1er étage) – ✆ 04 95 70 08 62 – Fax 04 95 70 92 80 – Fermé janv. et dim. sauf juil.-août
Rest – *(dîner seult en juil.-août)* Menu 19 € (déj.)/29 € – Carte 38/54 €
◆ Ce restaurant porto-vecchiais abrite une salle à manger égayée de jolies couleurs méditerranéennes et prolongée par une plaisante terrasse fleurie. Cuisine corse.

L'Orée du Maquis avec ch ch,
à la Trinité, Nord : 5 km et chemin de la Lézardière – ✆ 04 95 70 22 21 – daniellec201@aol.com – Fax 04 95 70 22 21 – Fermé nov., janv. et fév.
3 ch – 90/150 € 90/150 €, 10 € – **Rest** – *(fermé du mardi au jeudi du 15 oct. à fin avril) (nombre de couverts limité, prévenir) (dîner seult)* Menu 60 €
◆ On accède à cette villa isolée par un chemin escarpé. De la terrasse occupant une position dominante, la vue porte loin sur le maquis et le littoral. Cuisine sucrée-salée.

Le Goéland avec ch
à la Marine – *04 95 70 14 15 – hotel-goeland@wanadoo.fr – Fax 04 95 72 05 18 – Ouvert de fin mars à début nov.*
21 ch – 64/220 € 75/231 €, 11 € – ½ P 63/143 € – **Rest** – Menu 29/45 € – Carte 29/45 €
◆ Cuisine corse et plats méditerranéens annoncés sur l'ardoise du jour. Restaurant entièrement rénové. Vous serez hébergé dans une maison simple mais rafraîchie, permettant de profiter pleinement de la beauté du site. Petit port privé.

au golfe de Santa Giulia 8 km au Sud par N 198 et rte secondaire – ✉ 20137 Porto-Vecchio

Moby Dick ch, ch, 40,
– *04 95 70 70 00 – mobydick@sud-corse.com – Fax 04 95 70 70 01 – Ouvert mi-avril-mi-oct.*
44 ch (½ P seult) – ½ P 90/210 € – **Rest** – Menu 38 € (déj. en sem.)/55 € – Carte 54/87 €
◆ Emplacement idyllique sur la lagune pour cet hôtel séparé du golfe aux couleurs polynésiennes par une plage de sable fin. Chambres rénovées à choisir côté mer ou côté jardin. À midi, formules buffets et grillades. Le soir, spécialités corses.

Castell' Verde golfe,
– *04 95 70 71 00 – castellverde@sud-corse.com – Fax 04 95 70 71 01 – Ouvert 21 avril-13 ocotbre*
30 ch – 60/150 € 120/300 €
Rest ***Le Costa Rica*** – voir ci-après
◆ Dans un village de vacances construit en pin laricio, établissement dont les chambres au décor chatoyant sont toutes tournées vers la mer. Plage à 300 m.

U Santa Marina mer,
Marina Di Santa Giulia – 04 95 70 45 00 – santamarina@wanadoo.fr – Fax 04 95 70 45 00 – Ouvert de mi-mars à mi-oct.
Rest – Menu 35/85 € – Carte 63/78 €
◆ Belle cuisine privilégiant les produits de la pêche locale dans une maison aux couleurs méridionales ou sur l'une des multiples terrasses offrant une vue superbe sur le golfe.

Le Costa Rica
– *04 95 72 24 51 – castellverde@sud-corse.com – Fax 04 95 70 05 66 – Ouvert 1er mai-15 oct.*
Rest – Menu 35 € (dîner) – Carte 39/52 €
◆ Salle en demi-rotonde dont les grandes baies vitrées révèlent l'omniprésence de la mer et de la nature corse. Agréable terrasse ombragée face à la baie. Plats au goût du jour.

à Cala Rossa 10 km au Nord-Est par N 198 et D 468 – ✉ 20137 Lecci

Grand Hôtel de Cala Rossa
– *04 95 71 61 51 – calarossa@relaischateaux.fr – Fax 04 95 71 60 11 – Ouvert 1er avril-1er janv.*
40 ch (½ P seult du 3 juin au 15 septembre) – 268/528 € 308/718 €, 40 € – 8 suites – ½ P 200/660 € – **Rest** – *(dîner seult)* Menu 120/160 € – Carte 155/225 €
Spéc. Crevettes rouges façon cannelloni et brochette de seiches snackées. Chapon de Méditerranée cuit en filets à la plancha. Variante soufflée pistache aux nectarines cuites dans leur jus. **Vins** Vin de Corse-Figari, Patrimonio.
◆ Sous les pins, face à la plage, jardin fleuri aux exhalaisons de tamaris et de lauriers-roses : à demeure d'exception, écrin splendide. Chambres dans la note méditerranéenne. Élégante salle à manger, délicieuse terrasse ombragée et cuisine inventive.

à la presqu'île du Benedettu 10 km au Nord-Est par N 198 et D 468 – ✉ 20137 Porto-Vecchio

U Benedettu ch,
– *04 95 71 62 81 – benedettu@wanadoo.fr – Fax 04 95 71 66 37*
16 ch – 65/150 € 65/150 €, 11 € – 4 suites – **Rest** – *(fermé 15 oct.-31 mars)* Carte environ 50 €
◆ Situation idyllique : pavillons disséminés sur une presqu'île au bord de la plage d'où l'on jouit d'une belle perspective sur le golfe de Porto-Vecchio. Les recettes régionales et les poissons sont les vedettes de ce restaurant qui a "les pieds dans l'eau".

PROPRIANO – 2A Corse-du-Sud – **345** C9 – **3 166 h.** – **alt. 5 m** – ✉ **20110** 15 **A3**

Ajaccio 74 – Bonifacio 62 – Corte 139 – Sartène 13

Office de tourisme, quai Saint-Érasme ✆ 04 95 76 01 49, Fax 04 95 76 00 65

Grand Hôtel Miramar ← golfe de Valinco, ch, rest, 25, VISA

rte Corniche – ✆ 04 95 76 06 13 – miramar@wanadoo.fr – Fax 04 95 76 13 14 – Ouvert 11 mai-30 sept.

23 ch – 280/470 € 280/470 €, 20 € – 3 suites – **Rest** – Menu 30 € (déj.), 60/75 € – Carte 44/70 €

◆ Les eaux turquoise du golfe font ressortir la blancheur immaculée des murs. Décor de caractère grâce au mobilier chiné, belles suites, jardin luxuriant, sports nautiques. Jolie salle de restaurant et grande terrasse ombragée de mûriers. Plats traditionnels.

Roc é Mare sans rest ← golfe, 80, VISA

– ✆ 04 95 76 04 85 – rocemare@wanadoo.fr – Fax 04 95 76 17 55 – Ouvert 11 avril-20 oct.

62 ch – 85/160 € 95/170 €, 8,50 €

◆ Immeuble des années 1960 ancré sur un promontoire dominant le golfe de Valinco. Les chambres, fonctionnelles, disposent d'une loggia côté mer. En été, snack sur la plage.

Loft Hôtel sans rest VISA

3 r. Pandolfi – ✆ 04 95 76 17 48 – loft-hotel@wanadoo.fr – Fax 04 95 76 22 04 – Ouvert 15 mars-31 oct.

25 ch – 45/70 € 45/70 €, 6 €

◆ Construction récente en retrait du port abritant des chambres sobrement aménagées et mansardées à l'étage. Les "lofteurs" de grande taille choisiront celles du rez-de-chaussée !

Le Lido avec ch VISA

– ✆ 04 95 76 06 37 – le.lido@wanadoo.fr – Fax 04 95 76 31 18 – Ouvert de début avril au 30 oct. et fermé lundi d'avril au 15 juil.

14 ch – 74/219 € 74/219 €, 12 € – **Rest** – Carte 54/70 €

◆ Sur une presqu'île, restaurant au décor marin et ses terrasses "les pieds dans l'eau". Cuisine de la mer complétée à midi par une carte bistrot. Jolies chambres "andalouses".

Le Tout va Bien "Chez Parenti" VISA

13 av. Napoléon – ✆ 04 95 76 12 14 – mathieu.andrei@wanadoo.fr – Fax 04 95 76 27 11 – Fermé 2-15 nov., 7 janv.-28 fév., dim. soir et lundi sauf le soir en saison

Rest – Menu 21 € (déj.)/32 € – Carte 54/67 €

◆ Ce sympathique restaurant tenu depuis 1935 par la famille Parenti dispose d'une agréable terrasse tournée vers le port. Cuisine actuelle évoluant au gré de la pêche du jour.

QUENZA – 2A Corse-du-Sud – **345** D9 – **215 h.** – **alt. 840 m** – ✉ **20122** 15 **B3**

Ajaccio 85 – Bonifacio 75 – Porto-Vecchio 47 – Sartène 38

Fresques★ de la chapelle Santa-Maria-Assunta.

Sole e Monti rest, VISA

– ✆ 04 95 78 62 53 – sole.e.monti@wanadoo.fr – Fax 04 95 78 63 88 – Ouvert 1er avril-15 oct.

19 ch – 70/135 € 80/190 €, 10 € – ½ P 70/125 € – **Rest** – *(fermé lundi midi et mardi midi)* Menu (23 €), 28 € (sem.)/36 € – Carte 35/51 €

◆ Soleil et montagne dans ce village dominé par les majestueuses aiguilles de Bavella. Chambres rustiques, à choisir côté façade principale pour la vue sur la vallée. Au restaurant : cochon sauvage, cabri, charcuterie corse et autres richesses du terroir.

ST-FLORENT – 2B Haute-Corse – **345** E3 – **1 474 h.** – ✉ **20217** 15 **B1**

Bastia 22 – Calvi 70 – Corte 75 – L'Ile-Rousse 45

Office de tourisme, ✆ 04 95 37 06 04

Église Santa Maria Assunta★★ - Vieille Ville★.

Les Agriates★.

La Roya – golfe et St Florent, 6/20,
rte Calvi : 1 km, et rte secondaire
– ✆ 04 95 37 00 40 – michel@hotelroya.com
– Fax 04 95 37 09 85 – Ouvert 29 mars-11 nov.
31 ch – †140/390 € ††240/560 €, ☕ 13 € – ½ P 100/310 € – **Rest** – *(ouvert 29 avril-7 oct.)* Menu 44 € – Carte 28/60 €
◆ Architecture moderne face à la plage de la Roya (accès direct). Jolies chambres bien équipées, d'esprit méridional ou asiatique, souvent dotées de balcons côté flots. Lumineuse salle à manger et terrasse ouverte sur le ravissant jardin et la piscine.

Dolce Notte sans rest – golfe,
– ✆ 04 95 37 06 65 – info@hotel-dolce-notte.com – Fax 04 95 37 10 70
– Ouvert avril-oct.
20 ch – †65/120 € ††65/158 €, ☕ 8 €
◆ Construction basse tout en longueur, en bord de mer à la sortie de la ville sur la route du Cap Corse. Chambres tournées vers la Méditerranée, avec terrasse ou loggia.

Tettola sans rest
Nord : 1 km sur D 81 – ✆ 04 95 37 08 53 – info@tettola.com – Fax 04 95 37 09 19
– Ouvert 2 avril-31 oct.
30 ch – †50/127 € ††70/157 €, ☕ 8 €
◆ Sur une plage de galets, hôtel récent disposant de chambres situées côté montagne ou côté "grande bleue", plus tranquilles et lumineuses. Accueil aimable.

Le Bellevue sans rest – 100,
– ✆ 04 95 37 00 06 – hotel-bellevue@wanadoo.fr – Fax 04 95 37 14 83 – Ouvert 1er avril-31 oct.
28 ch – †65/116 € ††71/155 €, ☕ 7 €
◆ Une place de choix au milieu d'un beau parc dominant la mer, face au Cap Corse. Les chambres, tout en blanc et bleu, sont dotées de lits en fer forgé, parfois à baldaquin.

Les Galets sans rest
rte Front de Mer – ✆ 04 95 37 09 09 – hotellesgalets@wanadoo.fr
– Fax 04 95 37 48 88 – Ouvert 1er avril-31 oct.
16 ch – †47/99 € ††47/128 €, ☕ 7 €
◆ Attenant à une résidence, mais indépendant, hôtel récent disposant de grandes chambres fonctionnelles avec balcon et vue sur la mer. Agréable jardin ; accueil sympathique.

Maxime sans rest
St Florent – ✆ 04 95 37 05 30 – Fax 04 95 37 13 07
19 ch – †48/75 € ††48/75 €, ☕ 7 €
◆ Bâtisse blanche aux volets bleus construite au bord d'un petit canal (amarrage possible). La plupart des chambres sont équipées de loggias ou de balcons.

La Rascasse
promenade des Quais – ✆ 04 95 37 06 99 – atrium-saintflorent@wanadoo.fr
– Fax 04 95 37 06 09 – Ouvert 1er mars-30 sept.
Rest – Menu 38 € – Carte 37/61 €
◆ Après la visite de l'ancienne cathédrale du Nebbio, venez ici déguster une fine cuisine au goût du jour. Deux agréables terrasses dont une panoramique dominant le port.

Ste-Lucie-de-Porto-Vecchio – 2A Corse-du-Sud – 345 F9 – ✉ 20144

Corse 15 **B3**

Paris 942 – Ajaccio 157 – Porto-Vecchio 16 – Sartène 76 – Ghisonaccia 42
Syndicat d'initiative, ✆ 04 95 71 48 99

Le Pinarello sans rest – mer, 10/20,
Pinarello – ✆ 04 95 71 44 39 – contact@lepinarello.com – Fax 04 95 70 66 87
– Ouvert 15 avril-30 avril
24 ch – †236/647 € ††249/714 €, ☕ 20 €
◆ Cet hôtel de plage "les pieds dans l'eau" fournit un hébergement aussi moderne que raffiné et offre une vue magnifique sur le golfe éponyme. Bar luxueux et terrasse balnéaire.

Ste-Lucie-de-Tallano – **2A Corse-du-Sud** – **345** D9 – **392 h.** – **alt. 450 m** – ✉ **20112** 15 **B3**

▶ Ajaccio 92 – Bonifacio 68 – Porto-Vecchio 48 – Sartène 19

Santa Lucia

– ✆ *04 95 78 81 28 – santalucia@wanadoo.fr – Fax 04 95 78 81 28 – Fermé déc. et janv.*

Rest – Menu 17/23 € – Carte 24/36 €

◆ Bercé par le murmure de la fontaine, attardez-vous sur la terrasse ombragée (tilleul et acacia), face à la place centrale de ce pittoresque village. Cuisine corse familiale.

Ste-Marie-Sicché – **2A Corse-du-Sud** – **345** C8 – **357 h.** – **alt. 420 m** – ✉ **20190** 15 **A3**

▶ Ajaccio 36 – Sartène 51

Santa Maria

– ✆ *04 95 25 72 65 – info@santa-maria-hotel.com – Fax 04 95 25 71 34*

22 ch – 45/57 € 50/70 €, ☕ 7 € – ½ P 50/59 € – **Rest** – Menu (15 € bc), 17/23 € – Carte 26/33 €

◆ Ambiance de pension de famille dans ce bâtiment des années 1970 dont les chambres, simples mais bien tenues, possèdent parfois un balcon. Salle à manger rustique où l'on sert charcuteries maison et plats corses.

Sant'Antonino – **2B Haute-Corse** – **345** C4 – **77 h.** – **alt. 500 m** – ✉ **20220** 15 **A1**

▶ Paris 959 – Ajaccio 155 – Bastia 99 – Corte 74 – Calvi 21

I Scalini

montagne et mer,

haut du village – ✆ *04 95 47 12 92 – Ouvert fin avril- début oct. et fermé lundi*

Rest – *(nombre de couverts limité, prévenir)* Carte environ 37 €

◆ Un étroit escalier en pierre conduit à ce restaurant perché au sommet du village. Intérieur original (toilettes à voir absolument) et 4 petites terrasses ménageant de superbes panoramas. Délicieux petits plats et ambiance zen.

Sartène – **2A Corse-du-Sud** – **345** C10 – **3 410 h.** – **alt. 310 m** – ✉ **20100** 15 **A3**

▶ Ajaccio 84 – Bonifacio 50 – Corte 149

ℹ Office de tourisme, cours Sœur Amélie ✆ 04 95 77 15 40, Fax 04 95 73 28 03

◉ Vieille ville★★ - Musée de Préhistoire corse★.

La Villa Piana sans rest

70,

rte Propriano – ✆ *04 95 77 07 04 – info@lavillapiana.com – Fax 04 95 73 45 65 – Ouvert 2 avril-8 oct.*

32 ch – 58/110 € 58/110 €, ☕ 9 €

◆ Beau panorama sur "la plus corse des villes corses" (P. Mérimée) depuis le parc de l'hôtel. La piscine à débordement domine la vallée du Rizzanèse. Chambres plaisantes.

Soccia – **2A Corse-du-Sud** – **345** C6 – **121 h.** – **alt. 670 m** – ✉ **20125** 15 **A2**

▶ Ajaccio 69 – Calvi 130 – Corte 106 – Vico 18

U Paese sans rest

– ✆ *04 95 28 31 92 – hotel.u.paese@wanadoo.fr – Fax 04 95 28 35 19*

30 ch – 36/40 € 57/62 €, ☕ 7 €

◆ Bâtisse des années 1970 dans un ravissant village perché surplombant la vallée du Fiume Grosso. Chambres spacieuses et simples. Le propriétaire saura vous indiquer de nombreuses balades aux alentours.

SOLENZARA – 2A Corse-du-Sud – **345** F8 – **alt. 310 m** – ✉ **20145** 15 **B3**

Ajaccio 118 – Bonifacio 68 – Sartène 77

Office de tourisme, rue Principale ✆ 04 95 57 43 75, Fax 04 95 57 43 59

La Solenzara sans rest

quartier du Palais – ✆ 04 95 57 42 18 – info@lasolenzara.com – Fax 04 95 57 46 84 – Ouvert 15 mars-30 oct.

28 ch – †58/92 € ††62/96 €, ☕ 10 €

♦ Imposante architecture de style génois datant du 18e s. au milieu d'un jardin face à la mer. Préférez les chambres de l'annexe, spacieuses et plus récentes.

A Mandria

Nord : 1 km – ✆ 04 95 57 41 95 – sirius1@wanadoo.fr – Fax 04 95 57 45 96 – Fermé 7 janv.-8 mars, lundi sauf le soir en été et dim. soir hors saison

Rest – Menu 20/25 € – Carte 24/33 €

♦ Copieuse cuisine corse servie sous l'agréable pergola proche d'un petit potager ou dans une salle rustique agrémentée de vieux outils qui évoquent le passé de cette bergerie.

VICO – 2A Corse-du-Sud – **345** B7 – **898 h.** – **alt. 400 m** – ✉ **20160** 15 **A2**

Ajaccio 51 – Calvi 112 – Corte 88

Office de tourisme, ✆ 04 95 28 05 36, Fax 04 95 28 05 36

Couvent St-François : christ en bois★ dans l'église conventuelle.

U Paradisu

– ✆ 04 95 26 61 62 – hotel.uparadisu@cegetel.net – Fax 04 95 26 67 01 – Fermé 1er-20 mars et 1er janv.-11 mars

21 ch – †52/75 € ††52/75 €, ☕ 8 € – ½ P 50/65 € – **Rest** – Menu (14 €), 23/35 € – Carte 20/29 €

♦ Chambres d'une sobre rusticité (quelques rénovations récentes) aux portes de la petite capitale du Liamone. Ambiance de pension de famille. Restaurant sagement campagnard agrandi d'une terrasse. À table, priorité donnée à l'Île de Beauté.

ZONZA – 2A Corse-du-Sud – **345** E9 – **1 802 h.** – **alt. 780 m** – ✉ **20124** 15 **B3**

Ajaccio 93 – Bonifacio 67 – Porto-Vecchio 40 – Sartène 38

Col et aiguilles de Bavella★★★ NE : 9 km.

Le Tourisme sans rest

– ✆ 04 95 78 67 72 – letourisme@wanadoo.fr – Fax 04 95 78 73 23 – Ouvert 1er avril-30 oct.

16 ch – †75/100 € ††90/185 €, ☕ 10 €

♦ Hôtel de la fin du 19e s. régulièrement rénové. Chambres claires, dotées de balcons. À l'arrivée, on est convié à se désaltérer à la fontaine de la maison ! Jolie piscine.

L'Aiglon avec ch

– ✆ 04 95 78 67 79 – info@aiglonhotel.com – Fax 04 95 78 63 62 – Ouvert 1er avril-Toussaint et fermé lundi du 15 sept. à la Toussaint

10 ch – †51/70 € ††60/70 €, ☕ 7,50 € – ½ P 55/66 € – **Rest** – *(nombre de couverts limité, prévenir)* Menu 22 € – Carte 25/43 € ♀

♦ Spécialités du terroir (nombreux produits "bio") et vins corses vous attendent dans cette délicieuse auberge au charme d'antan préservé. Salon de thé et chambres très coquettes.

CORTE – 2B Haute-Corse – **345** D6 – **voir à Corse**

Passée en rouge, la mention « Rest » repère l'établissement auquel est attribué notre distinction, ✿ (étoile) ou ☺ (Bib Gourmand).

CORVOL-D'EMBERNARD – 58 Nièvre – 319 D8 – 112 h. – alt. 260 m – ✉ 58210 7 B2

Paris 236 – Cosne-sur-Loire 48 – Dijon 168 – Nevers 45

Le Colombier de Corvol ch, VISA

– ✆ 03 86 29 79 60 – robert.collet1@wanadoo.fr – Fax 03 86 29 79 33

5 ch – †95/105 € ††95/105 € – ½ P 135/150 € – **Rest** – table d'hôte *(dîner seult) (résidents seult)* Menu 35 € bc/50 € bc

◆ Cette ferme de 1812 réunit chambres d'hôtes de charme et galerie d'art (dans les anciennes étables) où artistes contemporains sont exposés d'avril à septembre. Belle piscine dans la cour intérieure. Cuisine traditionnelle de saison.

COSNE-COURS-SUR-LOIRE – 58 Nièvre – 319 A7 – 11 399 h. – alt. 150 m – ✉ 58200 Bourgogne 7 A2

Paris 186 – Auxerre 83 – Bourges 61 – Montargis 76 – Nevers 54

Office de tourisme, place de l'Hôtel de Ville ✆ 03 86 28 11 85, Fax 03 86 28 11 85

du Sancerrois à Sancerre N : 10 km par D 955, ✆ 02 48 54 11 22.

Cheminée★ du musée.

Le Vieux Relais rest, 20, VISA

11 r. St-Agnan – ✆ 03 86 28 20 21 – contacts@le-vieux-relais.fr – Fax 03 86 26 71 12 – Fermé 22 déc.-14 janv., vend. soir, sam. midi et dim. soir du 15 sept. au 30 mai

10 ch – †71/78 € ††71/88 €, 10,50 € – ½ P 70 € – **Rest** – Menu 20 € (sem.)/36 € – Carte 32/59 €

◆ Entre Loire et Nohain, un relais de poste multi-centenaire mais rénové. Les chambres, distribuées autour d'une jolie cour intérieure fleurie, portent des noms d'oiseaux. Belles poutres, dallage d'origine et tons lumineux décorent la salle à manger.

Les Forges avec ch rest, rest, VISA

21 r. St-Agnan – ✆ 03 86 28 23 50 – denis-cathye@wanadoo.fr – Fax 03 86 28 91 60

7 ch – †50/56 € ††56/65 €, 8 € – ½ P 78 € – **Rest** – *(fermé 24-30 déc., dim. soir et lundi)* Menu (18 €), 23 € (déj. en sem.), 26/60 € – Carte 36/50 €

◆ Cette avenante maison abrite une salle à manger confortable et chaleureuse où l'on sert une cuisine au goût du jour. Chambres joliment décorées et tenues avec soin.

COSQUEVILLE – 50 Manche – 303 D1 – 491 h. – alt. 22 m – ✉ 50330 32 A1

Paris 358 – Caen 124 – Carentan 51 – Cherbourg 21 – St-Lô 79 – Valognes 27

Au Bouquet de Cosqueville avec ch VISA

38 hameau Remond – ✆ 02 33 54 32 81 – contact@bouquetdecosqueville.com – Fax 02 33 54 63 38 – Fermé janv., mardi sauf août et merc. sauf juil.-août

7 ch – †46/52 € ††46/52 €, 6,50 € – ½ P 54 € – **Rest** – Menu 20/70 € – Carte 41/65 €

◆ Un décor sagement rustique et une ambiance feutrée vous attendent dans cette vieille maison villageoise tapissée de vigne vierge. Cuisine de la mer et du terroir.

LE COTEAU – 42 Loire – 327 D3 – rattaché à Roanne

LA CÔTE-ST-ANDRÉ – 38 Isère – 333 E5 – 4 240 h. – alt. 370 m – ✉ 38260 Lyon et la vallée du Rhône 44 B2

Paris 525 – Grenoble 50 – Lyon 67 – La Tour-du-Pin 33 – Valence 75 – Vienne 36 – Voiron 32

Office de tourisme, place Hector Berlioz ✆ 04 74 20 61 43, Fax 04 74 20 56 25

XX **France** (Gauthier) avec ch 25, VISA AE

16 pl. Église – ✆ 04 74 20 25 99 – Fax 04 74 20 35 30

14 ch – 58 € 60/75 €, 10 € – ½ P 78 € – **Rest** – *(fermé dim. soir et lundi)* Menu 45/80 € – Carte 44/96 €

Spéc. Salade gourmande. Suprême de rascasse rôti au four. Côte de veau de lait aux champignons sauvages. **Vins** Condrieu, Viognier.

◆ Demeure ancienne au cœur de la cité natale de Berlioz. La cuisine, pleine de saveurs et ancrée dans la tradition, est servie dans un cadre contemporain. Chambres au mobilier campagnard.

COTI-CHIAVARI – **2A Corse-du-Sud** – **345** B9 – **voir à Corse**

COTIGNAC – **83 Var** – **340** L4 – **2 026 h.** – **alt. 262 m** – ✉ **83570** 41 **C3**

Paris 834 – Marseille 84 – Toulon 69 – Hyères 73 – Draguignan 37

Syndicat d'initiative, 2 rue Bonaventure ✆ 04 94 04 61 87

XX **L' Ensouleillado** VISA AE

1 km au Nord sur D 13 – ✆ 04 94 04 61 61 – francoise.perie@wanadoo.fr – Fax 04 94 78 01 89 – Fermé 12-22 nov., 28 janv.-11 fév., mardi d'oct. à mai et lundi

Rest – *(dîner seult sauf sam. et dim.)* Menu 42 € – Carte 46/77 €

◆ La terrasse de cette jolie maison de pays bâtie à flanc de colline ménage une belle vue sur le village. Intérieur sobrement contemporain (non-fumeurs) et cuisine du marché.

COTINIÈRE – **17 Charente-Maritime** – **324** C4 – **rattaché à Île d'Oléron**

LA COUARDE-SUR-MER – **17 Charente-Maritime** – **324** B2 – **voir à Île de Ré**

COUCHES – **71 Saône-et-Loire** – **320** H8 – **1 409 h.** – **alt. 320 m** – ✉ **71490**
Bourgogne 8 **C3**

Paris 328 – Autun 26 – Beaune 31 – Le Creusot 16 – Chalon-sur-Saône 26

Syndicat d'initiative, 3 Grande Rue ✆ 03 85 49 69 47

Les 3 Maures ch, rest, cuisinette VISA AE

4 pl. de la République – ✆ 03 85 49 63 93 – tolfotel@wanadoo.fr – Fax 03 85 49 50 29 – Fermé 1er-20 mars, 19-25 déc., mardi midi et lundi hors saison

35 ch – 48/58 € 48/58 €, 7 € – ½ P 53 € – **Rest** – Menu 16/37 € – Carte 21/34 €

◆ Préférez les chambres situées dans la nouvelle aile de cet ancien relais de poste. Bar à clientèle locale et grand caveau voûté où l'on vend des vins de Bourgogne. Salle à manger rustique agrémentée d'un beau plafond à la française et prolongée par une véranda.

COUDEKERQUE BRANCHE – **59 Nord** – **302** C1 – **rattaché à Dunkerque**

COUDRAY – **53 Mayenne** – **310** F8 – **rattaché à Château-Gontier**

LE COUDRAY-MONTCEAUX – **91 Essonne** – **312** D4 – **106** 44 – **voir à Paris, Environs (Corbeil-Essonnes)**

COUERON – **44 Loire-Atlantique** – **316** F4 – **rattaché à Nantes**

COUILLY-PONT-AUX-DAMES – 77 Seine-et-Marne – 312 G2 – 1 897 h. – alt. 50 m – ✉ 77860 Île de France 19 C2

Paris 45 – Coulommiers 20 – Lagny-sur-Marne 12 – Meaux 9 – Melun 45

Auberge de la Brie (Pavard)

14 av. Boulingre (D 436) – ✆ 01 64 63 51 80 – Fax 01 60 04 69 82 – Fermé 8-16 avril, 5-28 août, 23 déc.-8 janv., dim. et lundi

Rest – *(nombre de couverts limité, prévenir)* Menu (32 €), 50/66 € – Carte 50/91 €

Spéc. Homard et tomates confites en millefeuille (début mai à mi-oct.). Saint-Jacques rôties au citron vert (mi-oct. à fin avril). Soufflé au Grand Marnier.

◆ Parmi les atouts de cette coquette maison briarde : cadre contemporain raffiné (salle principale non-fumeurs), délicieuse cuisine personnalisée et accueil tout sourire.

COUIZA – 11 Aude – 344 E5 – 1 194 h. – alt. 228 m – ✉ 11190 Languedoc Roussillon 22 B3

Paris 785 – Carcassonne 41 – Foix 75 – Perpignan 88 – Toulouse 110

Château des Ducs de Joyeuse rest, 20/50,

– ✆ 04 68 74 23 50 – d.avelange@chateau-des-ducs.com – Fax 04 68 74 23 36 – Ouvert 1er mars-14 nov.

35 ch – 80/85 € 95/198 €, 13 € – **Rest** – *(fermé dim. soir et lundi soir sauf juil.-août) (dîner seult.hors saison)* Menu 33/55 € – Carte 47/60 €

◆ Les tours de ce beau château fortifié (16e s.) abritent des chambres d'inspiration médiévale (pierres, poutres, lits à baldaquin) ; elles sont plus rustiques dans les coursives. Élégante salle à manger voûtée ; cuisine sensible au rythme des saisons et au terroir.

COULANDON – 03 Allier – 326 G3 – rattaché à Moulins

COULANGES-LA-VINEUSE – 89 Yonne – 319 E5 – 916 h. – alt. 193 m – ✉ 89580 7 B1

Paris 180 – Auxerre 15 – Avallon 42 – Clamecy 33 – Cosne-sur-Loire 67

à Val-de-Mercy 4 km au Sud par D 165 et D 38 – 369 h. – alt. 115 m – ✉ 89580

Auberge du Château avec ch rest,

3 r. du pont – ✆ 03 86 41 60 00 – delfontaine.j@wanadoo.fr – Fax 03 86 41 73 28 – Fermé 15 déc.-3 janv., 15 janv.-7 mars, dim. soir, lundi et mardi

5 ch – 60 € 68/92 €, 10 € – ½ P 77 € – **Rest** – *(nombre de couverts limité, prévenir)* Menu 23 € (sem.)/35 € – Carte 31/61 €

◆ Cette ancienne ferme est devenue une coquette auberge de campagne. Restaurant composé de deux salons bourgeois parquetés aux murs ornés de tableaux. Chambres feutrées.

COULLONS – 45 Loiret – 318 L6 – 2 274 h. – alt. 166 m – ✉ 45720 12 C2

Paris 165 – Aubigny-sur-Nère 18 – Gien 16 – Orléans 60 – Sully-sur-Loire 22

La Canardière 60,

1 r. Mairie – ✆ 02 38 29 23 47 – la.canardiere@wanadoo.fr – Fax 02 38 29 27 33 – Fermé 16 août-3 sept., 20 déc.-9 janv., le soir sauf vend. et sam.

Rest – Menu (20 €), 26 € (déj. en sem.), 32/69 € – Carte 39/74 €

Rest *Brasserie* – Menu 11 € bc (déj. en sem.)/18 € – Carte 14/50 €

◆ Au restaurant, cadre rustique soigné : poutres, belle cheminée en cuivre, trophées de chasse et animaux naturalisés. Cuisine dans l'air du temps et gibier en saison. À la Brasserie, atmosphère conviviale, confort simple et menu annoncé sur l'ardoise du jour.

Ce guide vit avec vous : vos découvertes nous intéressent.
Faites-nous part de vos satisfactions comme de vos déceptions.
Coup de colère ou coup de cœur : écrivez-nous !

COULOMMIERS – 77 Seine-et-Marne – 312 H3 – 13 852 h. – alt. 85 m – ✉ 77120
Île de France 19 **D2**

Paris 62 – Châlons-en-Champagne 111 – Meaux 26 – Melun 46 – Provins 39

Office de tourisme, 7 rue du Général-de-Gaulle ✆ 01 64 03 88 09

XX **Les Échevins** VISA AE

quai Hôtel-de-Ville – ✆ 01 64 20 75 85 – les.echevins@wanadoo.fr – Fax 01 64 20 75 85 – Fermé 23 juil.-15 août, 1er-10 janv., dim. soir et lundi

Rest – Menu 13 € (sem.)/17 € (sem.) – Carte 23/54 €

◆ Une façade évoquant un chalet dissimule cette salle de restaurant contemporaine décorée de lithographies (fruits, légumes, vins). Terrasse d'été et cuisine au goût du jour.

à Pommeuse Ouest : 6,5 km – 2 476 h. – alt. 67 m – ✉ 77515

Le Moulin de Pommeuse ch, VISA

32 av.Général Herne – ✆ 01 64 75 29 45 – info@le-moulin-de-pommeuse.com – Fax 01 64 75 29 45

6 ch – 52 € 62 € – **Rest** – table d'hôte *(dîner seult) (résidents seult)* Menu (25 € bc), 30 € bc/40 € bc

◆ Ce moulin à eau du 14e s. abrite de coquettes chambres aux noms évocateurs : Semailles, Moisson, Batteuse... Petit salon aménagé dans l'ex-machinerie et parc agrémenté d'une île. Menu unique à la table d'hôte (seulement certains jours).

COULON – 79 Deux-Sèvres – 322 C7 – 2 074 h. – alt. 6 m – ✉ 79510
Poitou Vendée Charentes 38 **B2**

Paris 418 – Fontenay-le-Comte 25 – Niort 11 – La Rochelle 63 – St-Jean-d'Angély 58

Office de tourisme, 31 rue Gabriel Auchier ✆ 05 49 35 99 29, Fax 05 49 35 84 31

Marais poitevin★★.

Au Marais sans rest VISA AE

quai L. Tardy – ✆ 05 49 35 90 43 – information@hotel-aumarais.com – Fax 05 49 35 81 98 – Fermé 15 déc.-1er févr.

18 ch – 65 € 75 €, 12 €

◆ Face à l'embarcadère pour le Marais mouillé, deux anciennes maisons de bateliers. Agréables chambres rustiques et colorées ; certaines ont vue sur la Sèvre. Accueil charmant.

XX **Le Central** avec ch P VISA AE

4 r. d'Autrement – ✆ 05 49 35 90 20 – le-central-coulon@wanadoo.fr – Fax 05 49 35 81 07 – Fermé 1er-6 mars, dim. soir et lundi d'oct. à avril

13 ch – 48/52 € 55/60 €, 8 € – ½ P 53/57 € – **Rest** – *(fermé 1er-6 mars, 1er-17 oct., dim. soir et lundi)* Menu 19 € (sem.)/39 € – Carte 39/46 €

◆ Poutres, meubles campagnards, tons ensoleillés, faïences : la salle à manger de cette auberge, située sur une jolie place, a du cachet. Patio-terrasse. Cuisine traditionnelle soignée.

COUPELLE-VIEILLE – 62 Pas-de-Calais – 301 F4 – 494 h. – alt. 147 m – ✉ 62310
30 **A2**

Paris 232 – Abbeville 58 – Arras 64 – Boulogne-sur-Mer 48 – Calais 68 – Lille 90

XX **Le Fournil** P VISA

r. St- Omer (D 928) – ✆ 03 21 04 47 13 – g/lefournil@wanadoo.fr – Fax 03 21 47 16 06 – Fermé dim. soir et lundi

Rest – Menu (14 €), 17 € (sem.)/40 € – Carte 40/57 €

◆ Restaurant proche du parc d'attractions du Moulin de la tour. Chaleureuse salle à manger au décor étudié où l'on sert une cuisine actuelle arrosée de crus bien choisis.

COURBEVOIE – 92 Hauts-de-Seine – 311 J2 – 101 15 – voir à Paris, Environs

COURCELLES-DE-TOURAINE – 37 Indre-et-Loire – 317 K4 – 325 h. – alt. 85 m – ✉ 37330 11 A2

Paris 267 – Angers 74 – Chinon 46 – Saumur 46 – Tours 35

du Château des Sept-Tours, E : 7 km, ☎ 02 47 24 69 75.

au golf 7 km à l'Est dir. Ambillou puis Château La Vallière – ✉ 37330 Courcelles-de-Touraine

Château des Sept Tours – ☎ *02 47 24 69 75 – info@7tours.com – Fax 02 47 24 23 74 – Fermé fév.* ch, rest, 25/40, VISA MC AE

44 ch – †125/220 € ††125/220 €, ☕ 18 € – 2 suites – ½ P 121/168 €

Rest – *(fermé dim. soir et lundi du 1er nov. au 31 janv. et le midi du lundi au jeudi) (dîner seult)* Menu 39 € – Carte 53/65 € ♀

Rest *Club House* – ☎ *02 47 24 59 67 (fermé mardi du 1er déc. au 31 janv.) (déj. seult)* Menu 20/25 € – Carte 20/29 € ♀

◆ Château du 15e s. entouré d'un vaste parc et d'un golf 18 trous. Chambres joliment meublées en partie rénovées ; décor plus récent à l'Orangerie. Au restaurant, des fresques illustrent le thème de la chasse. Le Club House occupe l'ancienne chapelle du domaine.

COURCELLES-SUR-VESLE – 02 Aisne – 306 D6 – 295 h. – alt. 75 m – ✉ 02220 37 C2

Paris 122 – Fère-en-Tardenois 20 – Laon 35 – Reims 39 – Soissons 21

Château de Courcelles – ☎ *03 23 74 13 53 – reservation@chateau-de-courcelles.fr – Fax 03 23 74 06 41* ch, rest, ch, rest, 35, VISA MC AE

15 ch – †175/345 € ††175/450 €, ☕ 20 € – 3 suites – ½ P 185/270 € –

Rest – Menu 45/195 € – Carte 85/131 € ♀

Spéc. Foie gras de canard en habit vert. Daurade royale en croûte de sel aux algues (juin-sept.). Lièvre à la royale, mousseline de topinambour (oct. à déc.). **Vins** Champagne.

◆ Château du 17e s. dans un parc de 20 ha (étang). Crébillon, Rousseau ou encore Cocteau lui ont confirmé ses lettres de noblesse. Chambres personnalisées. Salle à manger raffinée et belle véranda, meublée dans le style Napoléon III. Cuisine au goût du jour.

COURCHEVEL – 73 Savoie – 333 M5 – Sports d'hiver : 1 100/2 750 m 11 54 – ✉ 73120 Alpes du Nord 45 D2

Paris 660 – Albertville 52 – Chambéry 99 – Moûtiers 25

Altiport ☎ 04 79 08 31 23, S : 4 km

Office de tourisme, Courchevel 1850 ☎ 04 79 08 00 29, Fax 04 79 08 15 63

Plan page suivante

à Courchevel 1850 – alt. 1 850 m – ✉ 73120

☀★ - Belvédère la Saulire★★★ (télécabine).

Les Airelles – *au Jardin Alpin* – ☎ *04 79 00 38 38 – info@airelles.fr – Fax 04 79 00 38 39 – Ouvert 15 déc.-15 avril* ch, rest, ch, VISA MC AE Z **h**

52 ch – †675/1725 € ††750/1800 €, ☕ 50 € – 7 suites

Rest *La Table du Jardin Alpin* – Menu 120 € (déj.)/150 € – Carte 220/330 € ♀

Rest *Le Coin Savoyard* – *(dîner seult)* Menu 100 € – Carte 115/130 € ♀

◆ Exotisme montagnard en ce chalet de style tyrolien : oriel, balcons ouvragés, polychromie des façades, poêle en faïence et personnel en costume autrichien ! Décor très raffiné à la Table du Jardin. Cadre et cuisine d'esprit régional au Coin Savoyard.

Byblos – *au jardin Alpin* – ☎ *04 79 00 98 00 – courchevel@byblos.com – Fax 04 79 00 98 01 – Ouvert de mi-déc. à mi-avril* ch, rest, 40, VISA MC AE Z **y**

67 ch (½ P seult) – 11 suites – ½ P 400/618 €

Rest *Bayader* – Menu 75 € – Carte 75/95 € ♀

◆ Le petit frère du Byblos tropézien allie architecture contemporaine et tradition savoyarde. Chambres orientées au Sud, avec vue sur la forêt. Jolie salle à manger voûtée et cuisine créative au restaurant Bayader.

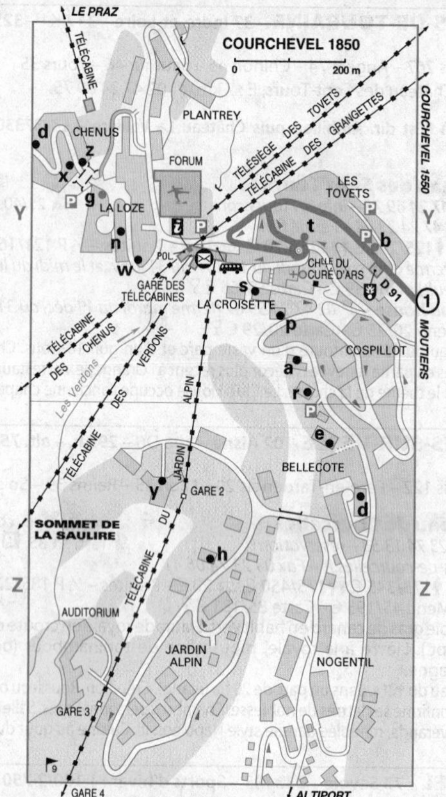

Annapurna ≤ pistes et la Saulire, rest, 15/80, *rte Altiport – ✆ 04 79 08 04 60 – info@annapurna-courchevel.com – Fax 04 79 08 15 31 – Ouvert mi-déc. à mi-avril*
VISA AE
56 ch – 495/1185€ 495/1185€ – 8 suites – **Rest** – Menu 65€ (déj.), 80/95 €
◆ C'est l'hôtel de Courchevel le plus proche des cimes. Cadre minéral, sobre architecture de bois clair. La plupart des chambres sont exposées plein Sud. Grande salle à manger et sa terrasse tournées vers les pistes de ski. Cuisine traditionnelle.

Le Kilimandjaro ≤ pistes et montagnes, rest, VISA AE
rte Altiport – ✆ 04 79 01 46 46 – welcome@hotelkilimandjaro.com – Fax 04 79 01 46 40 – Ouvert mi-déc. à mi-avril
15 ch (½ P seult) – 17 suites – ½ P 690/1420 € – **Rest** – Menu 90 € – Carte 90/135 €
◆ Lauze, pierre et bois "vieilli" : de nobles matériaux pour ces luxueux chalets regroupés en hameau. Superbes chambres savoyardes, équipées high-tech et toutes dotées d'une loggia. Cuisine actuelle à savourer dans un cadre chaleureux et "cosy".

Le Mélézin ≤ VISA AE
r. Bellecôte – ✆ 04 79 08 01 33 – lemelezin@amanresorts.com – Fax 04 79 08 08 96 – Ouvert 22 déc.-6 avril Y **r**
26 ch – 650 € 980 €, 30 € – 5 suites – **Rest** – Carte 68/77 €
◆ L'inspiration "troubadour" de la façade ne laisse pas deviner le ravissant intérieur contemporain (jolis bronzes d'art). Chambres raffinées, la plupart exposées plein Sud. Élégant restaurant et agréable terrasse où l'on déguste une cuisine au goût du jour.

Le Carlina rest, 25/60,
– 04 79 08 00 30 – message@hotelcarlina.com – Fax 04 79 08 04 03 – Ouvert 16 déc.-15 avril Y a
58 ch (½ P seult) – 5 suites – ½ P 275/390 € – **Rest** – Menu 50 € (déj.)/70 € (dîner)
◆ Imposant chalet de couleur brun-rouge dont les chambres, vastes et feutrées, ont vue sur les pistes (Sud) ou sur la vallée (Nord). Centre de balnéothérapie complet. Belle échappée sur les pentes enneigées depuis la salle à manger et la terrasse ensoleillée.

Le Lana rest,
– 04 79 08 01 10 – info@lelana.com – Fax 04 79 08 36 70 – Ouvert 15 déc.-15 avril Y p
61 ch (½ P seult) – 17 suites – ½ P 405/680 €
Rest ***La Table du Lana*** – Menu 40 € (déj.)/90 € – Carte 59/145 €
◆ Chambres cossues et personnalisées, bronzes, belle piscine "à la romaine" : l'originalité est de mise à l'intérieur de ce chalet en bois sombre. Centre de beauté. Jolie salle à manger d'inspiration montagnarde et sa terrasse bien exposée. Plats traditionnels.

Bellecôte ch, 20,
r. Bellecôte – 04 79 08 10 19 – message@lebellecote.com – Fax 04 79 08 17 16 – Ouvert 16 déc.-15 avril Z d
50 ch (½ P seult) – ½ P 240/340 € – **Rest** – Menu 50 € (déj.)/70 € (dîner)
◆ Insolites chambres au parfum d'Asie : portes sculptées afghanes, mobilier népalais et statuettes cambodgiennes ; certaines possèdent un balcon orienté plein Sud. Restaurant meublé en style Louis XIII ou terrasse offrant la vue sur le sommet de Bellecôte.

Des Neiges
r. Bellecôte – 04 79 08 03 77 – welcome@hoteldesneiges.com – Fax 04 79 08 18 70 – Ouvert 16 déc.-16 avril Z e
42 ch – †170/260 € ††320/860 €, 20 € – 6 suites – ½ P 160/390 € –
Rest – Menu 50 € (déj.), 72/150 €
◆ Nouvelle façade en bois clair et pierre, chambres rénovées avec goût, piano-bar feutré et centre de remise en forme : une cure de jouvence réussie ! Sobre salle à manger (exposition de tableaux), terrasse tournée vers les pistes et cuisine traditionnelle.

Alpes Hôtel du Pralong 30,
rte Altiport – 04 79 08 24 82 – reservation@hotelpralong.com – Fax 04 79 08 36 41 – Ouvert de mi-déc. à mi-avril
57 ch (½ P seult) – 8 suites – ½ P 196/582 € – **Rest** – Menu 57 € (déj.), 73/125 € – Carte 95/119 €
◆ Sur la route de l'altiport, établissement tout entier tourné vers la montagne. Chambres claires et spacieuses, agréable piano-bar et jolie piscine en mosaïque. Vaste salle à manger compartimentée par d'imposantes colonnes. Terrasse ensoleillée face aux pistes.

La Sivolière rest,
r. Chenus – 04 79 08 08 33 – lasivoliere@sivoliere.fr – Fax 04 79 08 15 73 – Ouvert début déc.-22 avril Y d
26 ch – †300/570 € ††460/570 €, 25 € – 15 suites –
Rest – Menu 40 € (déj.)/ 75 € – Carte 53/73 €
◆ Les coquettes chambres montagnardes ont vue sur le spectacle donné par les écureuils de la forêt de sapins ! Salon de billard et attentions pour les enfants. Ravissante salle à manger lambrissée où trône une belle cheminée. Cuisine de tradition.

Le St-Joseph
r. Park City – 04 79 08 16 16 – info@lesaintjoseph.com – Fax 04 79 08 38 38 – Ouvert 14 déc.-10 avril Y n
11 ch – †330/850 € ††330/850 € – 4 suites
Rest ***Le Hussard*** – *04 79 08 38 37 (dîner seult)* Carte 54/100 €
Rest ***Le Grand Café*** – *04 79 08 42 97 (dîner seult)* Carte 40/80 €
◆ Nid douillet superbement aménagé dans l'esprit d'une luxueuse demeure de famille. Nobles matériaux et mobilier chiné décorent chambres soignées et vastes appartements. Décor chaleureux et cuisine italienne au Hussard. Recettes asiatiques au Grand Café.

Le Chabichou (Rochedy) r. Chenus – 04 79 08 00 55 – info@lechabichou.com – Fax 04 79 08 33 58 – Ouvert début juil. à début sept. et début déc. à fin avril — ch, 20, VISA MC AE — Y z

22 ch (½ P seult) – 18 suites – ½ P 240/505 € – **Rest** – Menu (55 €), 90/210 €

Spéc. Omble chevalier en filet rôti sur peau, jus de cochon au génépi. Dos de chevreuil de Sologne rôti au sel d'agrumes (saison). Allumette croustillante en millefeuille à la châtaigne. **Vins** Roussette du Bugey, Mondeuse d'Arbin.

◆ Deux jolis chalets jumeaux tout de blanc vêtus. Les chambres rénovées arborent un chaleureux décor alpin. Plaisante salle à manger, petits salons intimes et deux étoiles... des neiges pour une belle cuisine inventive !

Les Grandes Alpes — rest, 15, VISA MC AE

r. Église – 04 79 00 00 00 – welcome@lesgrandesalpes.com – Fax 04 79 08 12 52 – Ouvert 8 déc.-22 avril — Y s

43 ch – 320/610 € 330/620 €, 25 € – 5 suites – ½ P 215/360 € – **Rest** – 04 79 08 03 35 – Menu 45 € (déj. en sem.), 49/69 € – Carte 125/165 €

◆ Chalet à la belle façade de pierre situé au-dessus d'une luxueuse galerie marchande. Chambres spacieuses et coquettes, plus agréables côté Sud (calme et vue sur les pistes). À midi, formules rapides. Le soir, carte traditionnelle et plats savoyards.

De la Loze sans rest — VISA MC AE

r. Park City – 04 79 08 28 25 – info@la-loze.com – Fax 04 79 08 39 29 – Ouvert 15 déc.-15 avril — Y w

27 ch – 280/490 € 280/490 €, 20 € – 1 suite

◆ À côté des télécabines, hôtel au cadre raffiné : peintures murales dans les chambres confortables, salles de bains rénovées, salon décoré à l'autrichienne pour l'heure du thé.

La Pomme de Pin — vallée et montagnes, ch, VISA MC AE

r. Chenus – 04 79 08 36 88 – info@pommedepin.com – Fax 04 79 08 38 72 – Ouvert 15 déc.-15 avril — Y x

49 ch – 255/366 € 255/579 €, 10 € – ½ P 186/242 €

Rest ***Le Bateau Ivre*** – voir ci-après

Rest – Menu 28 € (déj.)/46 € – Carte 41/67 €

◆ Cette architecture contemporaine en bois et verre s'écarte résolument du style chalet. Grandes chambres fonctionnelles ; la plupart ont vue sur la station, côté soleil levant.

Crystal Hôtel — montagnes, rest, P VISA MC AE

rte Altiport – 04 79 08 28 22 – crystal.hotel@wanadoo.fr – Fax 04 79 08 28 39 – Ouvert 23 déc.-15 avril

47 ch (½ P seult) – 4 suites – ½ P 170/258 € – **Rest** – Menu (30 €), 40 € (déj.)/54 € (dîner) – Carte 55/63 €

◆ Hôtel situé au pied des pistes et à l'écart du centre. Chambres rénovées, pratiques et baignées de lumière (vue sur la montagne ou la vallée). Bel espace de remise en forme. Sobre décor actuel dans une spacieuse salle à manger lambrissée. Recettes classiques.

Courcheneige — montagnes, rest, VISA MC AE

r. Nogentil – 04 79 08 02 59 – info@courcheneige.com – Fax 04 79 08 11 79 – Ouvert 20 déc.-15 avril

81 ch (½ P seult) – 132/172 € 264/344 €, 4 duplex – **Rest** – Menu 33 € (déj.)/37 € – Carte 26/47 €

◆ Ce chalet planté au milieu des pistes illustre bien le concept de "station skis aux pieds". Petites chambres fonctionnelles. Salle à manger rustique réchauffée d'une grande cheminée. Belle terrasse. Carte traditionnelle.

Le Bateau Ivre (Jacob) – Hôtel Pomme de Pin – station et massif de la Vanoise, VISA MC AE

r. Chenus – 04 79 00 11 71 – pommedepin.courchevel@wanadoo.fr – Fax 04 79 08 38 72 – Ouvert mi-déc.-mi-avril et fermé le midi du lundi au vend. — Y x

Rest – Menu 60 € (déj.), 90/185 € – Carte 110/212 €

Spéc. Saint-Jacques rôties, pomme acidulées et truffes. Grenouilles rôties, mousseline à l'ail doux. Fricassée de ris de veau aux écrevisses (15 fév. au 15 avril). **Vins** Roussette de Savoie, Chignin-Bergeron.

◆ Cuisine inventive, belle carte des vins, chaleureux cadre contemporain et vue panoramique époustouflante sur la station et sur la Vanoise : l'après-ski façon "Courch" !

XX **La Saulire** VISA

pl. Rocher – ✆ 04 79 08 07 52 – info@lasaulire.com – Fax 04 79 08 02 63 – Ouvert 1er déc.-30 avril Y **t**

Rest – Menu (29 €), 40 € (déj.) – Carte 63/96 € le soir

◆ Décor savoyard tout bois, affiches anciennes et vieux outils montagnards : l'intérieur façon chalet alpin a du cachet. Plats traditionnels et menu du jour suggéré sur ardoise.

XX **Le Genépi** VISA

r. Park City – ✆ 04 79 08 08 63 – le-genepi@wanadoo.fr – Fax 04 79 06 51 43 – Fermé juil.-août, sam. et dim. sauf déc. à avril Y **g**

Rest – Menu 22/65 € – Carte 49/76 €

◆ Le plaisant salon-bar, agrémenté d'une cheminée, dessert deux petites salles à manger rustiques et chaleureuses. Cuisine régionale privilégiant les produits du terroir.

X **La Fromagerie** VISA

La Porte de Courchevel – ✆ 04 79 08 27 47 – Fax 04 79 08 20 91 – Ouvert début déc.-fin avril Y **b**

Rest – *(dîner seult)* Menu 24/36 € – Carte 28/66 €

◆ Dégustation de spécialités fromagères régionales dans une salle à manger montagnarde décorée d'objets savoyards chinés dans les brocantes. Dîner aux chandelles.

à Courchevel 1650 par ① : 4 km – ✉ 73120

Portetta rest, VISA

– ✆ 04 79 08 01 47 – info@portetta.com – Fax 04 79 08 16 23 – Ouvert 16 déc.-15 avril

45 ch – 170/200 € 170/220 €, ☕ 18 € – ½ P 120/170 € – **Rest** – Menu 35 € (déj.), 50/85 €

◆ Cet hôtel, prodigue de rénovations, offre un séjour convivial dans des chambres agréablement décorées et dotées de balcons côté Sud. Piscine couverte avec vue sur les pistes. Confortable restaurant et sa terrasse bien exposée face aux champs de neige.

Le Seizena VISA

– ✆ 04 79 08 26 36 – welcome@hotelseizena.com – Fax 04 79 08 38 83 – Ouvert de mi-déc. à mi-avril

20 ch – 180/320 € 180/320 €, ☕ 9 € – **Rest** – Menu 25 € – Carte 26/42 €

◆ Chaleureuse façade habillée de bois et de pierre, au centre de la station. Spacieuses cabines (chambres) résolument contemporaines, équipées high-tech. Restaurant "lounge" dont le décor évoque l'aviation. Carte des vins et cuisine du monde déclinées par escales.

à Courchevel 1550 par ① : 5,5 km – alt. 1 550 m – ✉ 73120

Les Ancolies rest, rest, VISA

– ✆ 04 79 08 27 66 – message@lesancolies.fr – Fax 04 79 08 05 64 – Ouvert 15 déc.-20 avril

32 ch (½ P seult) – ½ P 115/130 € – **Rest** – *(dîner seult)* Menu 39/42 €

◆ Tout de pierre et de bois, imposant immeuble situé aux portes de cette paisible station familiale ; chambres fonctionnelles et lambrissées, toutes pourvues de balcons. Salle à manger bordée de grandes baies vitrées. Cuisine actuelle et belle carte des vins.

au Praz (Courchevel 1300) par ① : 8 km – ✉ 73120 St-Bon-Tarentaise

Les Peupliers VISA

– ✆ 04 79 08 41 47 – info@lespeupliers.com – Fax 04 79 08 45 05 – Fermé 1er mai-1er juil.

33 ch – 120/170 € 160/240 €, ☕ 10 € – 2 suites – ½ P 105/170 €

Rest – Menu 25 € (déj.), 35/50 € – Carte 35/68 €

Rest ***La Table de mon Grand-Père*** – Menu 25 € (déj.), 35/50 € – Carte 45/71 €

◆ Près d'un petit lac et du tremplin de saut olympique, hôtel aux chambres rénovées (avec balcon côté Sud). Accueil sympathique. Restauration en terrasse ou au coin du feu pour les résidents. Joli cadre savoyard et plats de tradition à la Table de mon Grand-Père.

À LA TANIA 46 **F2**

Paris 661 – Lyon 195 – Chambéry 95 – Albertville 46 – Saint-Jean-de-Maurienne 104

Office de tourisme, Maison de la Tania ✆ 04 79 08 40 40, Fax 04 79 08 45 71

Le Farçon (Machet)

– ✆ *04 79 08 80 34 – Fax 04 79 08 38 51 – Ouvert 15 déc.-30 avril, 15 juin-31 août et fermé dim. soir et lundi en été*

Rest – Menu 30 € (déj.), 45/120 € – Carte 53/85 €

Spéc. Quenelle de volaille à la menthe, langoustine rôtie et émulsion de crustacés. Râble de lapin farci au beaufort et polenta à l'huile de noix. Sorbet au foin de nos alpages. **Vins** Apremont, Mondeuse d'Arbin

◆ Si l'enseigne et le coquet décor de ce restaurant rendent hommage à la Savoie, la délicieuse cuisine explore un répertoire plus large et se montre pleine d'inventivité.

COUR-CHEVERNY – 41 Loir-et-Cher – 318 F6 – 2 555 h. – alt. 86 m – ✉ 41700

11 **AB1**

Paris 194 – Blois 14 – Châteauroux 88 – Orléans 73 – Romorantin-Lanthenay 28

Office de tourisme, 12 rue du Chêne des Dames ✆ 02 54 79 95 63

Château de Cheverny★★★ S : 1 km - Porte★ de la chapelle du château de Troussay SO : 3,5 km - Château de Beauregard★, **Châteaux de la loire.**

St-Hubert rest, 15, VISA

– ✆ *02 54 79 96 60 – hotel-sthubert@wanadoo.fr – Fax 02 54 79 21 17*

21 ch – †47 € ††49 €, ☕ 8 € – ½ P 52 € – **Rest** – *(fermé dim. soir du 1er nov. à Pâques)* Menu 15 € (déj. en sem.), 21/38 € – Carte 31/47 €

◆ Petit hôtel placé sous la protection du patron des chasseurs en cette localité à grande tradition de vénerie. Plaisante ambiance provinciale, âtre au salon, chambres rénovées. Vaste salle de restaurant lambrissée. Cuisine traditionnelle et gibier en saison.

à Cheverny 1 km au Sud – 986 h. – alt. 110 m – ✉ 41700

Office de tourisme, 12, rue du Chêne des Dames ✆ 02 54 79 95 63, Fax 02 54 79 23 90

Château du Breuil VISA

Ouest : 3 km par D 52 et voie privée – ✆ 02 54 44 20 20 – info@chateau-du-breuil.fr – Fax 02 54 44 30 40 – Fermé 31 déc.-10 mars

16 ch – †106/120 € ††106/185 €, ☕ 14 € – 2 suites – ½ P 103/142 € – **Rest** – *(dîner seult) (résidents seult)* Menu 38 €

◆ Visitez Cheverny et logez au Breuil : un parc arboré de 30 ha préserve ce château du 18e s. du monde extérieur. Jolis salons et spacieuses chambres garnies de beaux meubles.

COURCOURONNES – 91 Essonne – 312 D4 – 101 36 – voir à Paris, Environs (Évry)

COURLANS – 39 Jura – 321 C6 – rattaché à Lons-le-Saunier

COURRUERO – 83 Var – 340 O6 – rattaché à Plan-de-la-Tour

COURS – 69 Rhône – 327 E3 – 4 241 h. – alt. 543 m – ✉ 69470

44 **A1**

Paris 416 – Chauffailles 17 – Lyon 75 – Mâcon 70 – Roanne 28 – Villefranche-sur-Saône 50

au col du Pavillon 4 km à l'Est par D 64 – alt. 755 m – ✉ 69470 Cours-la-Ville

Le Pavillon ch, ch, 20, VISA

– ✆ *04 74 89 83 55 – hotel-pavillon@wanadoo.fr – Fax 04 74 64 70 26 – Fermé 2-13 janv.*

21 ch – †45/55 € ††54/64 €, ☕ 8 € – ½ P 62 € – **Rest** – *(fermé dim. soir)* Menu 20 € (sem.)/40 € – Carte 26/36 €

◆ Au col même, en lisière de forêt ; la quiétude de l'environnement, l'architecture d'inspiration nordique et les chambres confortables font de cet hôtel une étape plaisante. Cuisine classique servie dans une salle à manger contemporaine prolongée d'une véranda.

COUR-ST-MAURICE – 25 Doubs – 321 K3 – 157 h. – alt. 500 m – ✉ 25380 17 C2

Paris 481 – Baume-les-Dames 50 – Besançon 68 – Montbéliard 44 – Maiche 12 – Morteau 37

Le Moulin
rest, VISA
à Moulin du Milieu, Est : 3 km sur D 39 – ✆ 03 81 44 35 18 – Ouvert mars-sept.
6 ch – †45/68 € ††58/68 €, ☕ 6,50 € – ½ P 49/60 € – **Rest** – *(fermé merc.) (dîner seult.) (nombre de couverts limité, prévenir)* Menu 20/31 € – Carte 27/53 €
◆ Cette insolite villa des années 1930 fut construite pour un meunier de la vallée. Chambres "rétro", agréable jardin ombragé et parcours de pêche réservé aux hôtes du Moulin. Coquette salle à manger bourgeoise tournée vers la rivière. Carte traditionnelle.

Truite du Moulin
VISA
à Moulin du Bas, Est : 3 km sur D 39 – ✆ 03 81 44 30 59 – latruitedumoulin@aol.com – Fax 03 81 44 30 59 – Fermé 24-31 déc., janv. sauf week-ends, mardi soir et merc.
Rest – Menu 19/36 € – Carte 21/47 €
◆ L'ex-moulin borde une rivière poissonneuse. Les truites, spécialités de la maison, viennent de l'ancien bief transformé en vivier. Accueillante salle à manger rustique.

COURSAN – 11 Aude – 344 J3 – rattaché à Narbonne

COURSEULLES-SUR-MER – 14 Calvados – 303 J4 – 3 886 h. – ✉ 14470
Normandie Cotentin 32 B2

Paris 252 – Arromanches-les-Bains 14 – Bayeux 24 – Cabourg 41 – Caen 20

Office de tourisme, 5 rue du 11 novembre ✆ 02 31 37 46 80, Fax 02 31 37 29 25

Clocher★ de l'église de Bernières-sur-Mer E : 2,5 km - Tour★ de l'église de Ver-sur-Mer O : 5 km par D 514.

Château★★ de Fontaine-Henry S : 6,5 km.

La Pêcherie avec ch
rest, VISA
pl. 6-Juin – ✆ 02 31 37 45 84 – pecherie@wanadoo.fr – Fax 02 31 37 90 40
6 ch – †65/90 € ††65/90 €, ☕ 9 € – ½ P 65/84 € – **Rest** – Menu 17 € (sem.)/38 € – Carte 36/62 €
◆ Lampes-tempête, rames et hublots apportent à la salle de restaurant une touche maritime. L'on y sert une cuisine océane. Chambres façon "cabines de bateau".

COURTENAY – 45 Loiret – 318 P3 – 3 437 h. – alt. 146 m – ✉ 45320 12 D2

Paris 118 – Auxerre 56 – Nemours 44 – Orléans 101 – Sens 25

Syndicat d'initiative, 5 rue du Mail ✆ 02 38 97 00 60, Fax 02 38 97 39 12

de Clairis à Savigny-sur-Clairis Domaine de Clairis, N : 7 km, ✆ 03 86 86 33 90.

Auberge La Clé des Champs avec ch
VISA
rte Joigny, 1 km – ✆ 02 38 97 42 68 – info@hotel-lacledeschamps.fr – Fax 02 38 97 38 10 – Fermé 15-31 oct., 14-30 janv., mardi et merc.
7 ch – †71/91 € ††71/128 €, ☕ 9,50 € – **Rest** – *(nombre de couverts limité, prévenir)* Menu 25/46 € – Carte 32/52 €
◆ Ferme du 17e s. et son jardin fleuri. Chambres campagnardes, élégante salle à manger rustique, ambiance champêtre, héliport privé : cette clé-là ouvre bien des horizons !

à Ervauville 9 km au Nord-Ouest par N 60, D 32 et D 34 – 389 h. – alt. 152 m – ✉ 45320

Le Gamin
VISA
– ✆ 02 38 87 22 02 – restaurantlegamin@wanadoo.fr – Fax 02 38 87 25 40 – Fermé 25 juin-5 juil., 12-23 nov., 28 janv.-7 fév., dim. soir, lundi et mardi
Rest – *(nombre de couverts limité, prévenir)* Menu 46/56 € – Carte 66/114 €
◆ L'ancienne épicerie-buvette est devenue une élégante auberge (non-fumeurs). Décor original : grands miroirs, briques flammées et bibelots. Terrasse ouverte sur un joli jardin. Séduisante cuisine au goût du jour.

LA COURTINE – 23 Creuse – 325 K6 – 971 h. – alt. 789 m – ✉ 23100 25 D2

Paris 424 – Aubusson 38 – La Bourboule 53 – Guéret 80 – Ussel 21

Syndicat d'initiative, Mairie ✆ 05 55 66 76 58, Fax 05 55 66 70 69

Au Petit Breuil
ch,

rte Felletin – ✆ 05 55 66 76 67 – le.petit.breuil@wanadoo.fr – Fax 05 55 66 71 84 – Fermé 23 déc.-15 janv. ; vend. soir du 15 sept. au 15 avril et dim. soir

11 ch – †42 € ††48 €, ☐ 6 € – ½ P 58 € – **Rest** – Menu 12 € (sem.)/40 € – Carte 22/50 €

◆ Demeure familiale centenaire dont les chambres, simples mais correctement équipées, sont plus calmes sur l'arrière. Pierres apparentes, chaises paillées, meubles anciens et cuivres donnent un cachet rustique à la salle à manger ; terrasse auprès de la piscine.

COUSSEY – 88 Vosges – 314 C2 – 707 h. – alt. 280 m – ✉ 88630 26 B3

Paris 290 – Metz 116 – Toul 48 – Vandœuvre-lès-Nancy 56

La Demeure du Gardien du Temps qui passe

47 Grand Rue – ✆ 03 29 06 99 83 – Fax 03 29 06 99 83

5 ch ☐ – †50/53 € ††65/75 € – **Rest** – table d'hôte *(dîner seult) (résidents seult)* Menu 25 €

◆ Cet ancien relais de poste (18e s.) dégage un charme certain. Les chambres, spacieuses, et le salon-bibliothèque s'agrémentent de jolis meubles chinés chez les antiquaires. La cuisine inspirée des îles procure un dépaysement total.

COUSTELLET – 84 Vaucluse – 332 D10 – alt. 243 m – ✉ 84220 Cabrières-d'Avignon Provence 42 E1

Paris 705 – Avignon 31 – Apt 23 – Carpentras 26 – Cavaillon 10

Maison Gouin

N 100 – ✆ 04 90 76 90 18 – lamaisongouin@wanadoo.fr – Fermé merc. et dim.

Rest – Menu 13 € bc (déj. en sem.)/35 € – Carte 41/77 €

◆ Dans un village du Petit Luberon, restaurant familial aménagé dans l'arrière-boutique de cette boucherie ouverte en 1928. On choisit directement son vin à la cave. Atypique !

COUTANCES – 50 Manche – 303 D5 – 9 522 h. – alt. 91 m – ✉ 50200 Normandie Cotentin 32 A2

Paris 335 – Avranches 52 – Cherbourg 76 – St-Lô 28 – Vire 66

Office de tourisme, place Georges Leclerc ✆ 02 33 19 08 10, Fax 02 33 19 08 19

Cathédrale★★★ : tour-lanterne★★★, parties hautes★★ - Jardin des Plantes★.

Plan page ci-contre

Cositel
ch, 15/70,

r. St-Malo – ✆ 02 33 19 15 00 – accueil@cositel.fr – Fax 02 33 19 15 02

55 ch – †59/110 € ††59/110 €, ☐ 9 € – ½ P 49/73 €

Rest *Pommeau* – *(fermé sam. et dim. sauf le soir d'avril à oct.)* Menu (16 €), 19/39 € – Carte 30/52 €

◆ Ensemble moderne érigé sur une colline dominant la ville. Les chambres sont claires et garnies d'un mobilier fonctionnel. Au Pommeau, cuisine traditionnelle et terrasse d'été animée par la présence de petits bassins.

Manoir de L'Ecoulanderie sans rest

r. de la Broche – ✆ 02 33 45 05 05 – contact@l-b-c.com Y b

4 ch ☐ – †90/110 € ††110/130 €

◆ Un parc arboré, une piscine couverte, Coutances et sa cathédrale à l'horizon... : de séduisants atouts pour ce beau manoir du 18e s. et sa dépendance. Chambres personnalisées.

à Gratot 4 km par ④ et D 244 – 612 h. – alt. 83 m – ✉ 50200

Le Tourne-Bride

85 r. d'Argouges – ✆ 02 33 45 11 00 – Fax 02 33 45 11 00 – Fermé 1er-15 juil., vacances de fév., dim. soir et lundi

Rest – Menu (12 €), 16/40 € – Carte 28/54 €

◆ La cuisine traditionnelle perdure sereinement dans ce coquet relais de poste du 19e s. proche du château de Gratot et de sa Tour à la Fée. Cadre rustique et chaleureux.

COUTANCES

Albert-1er (Av.) . . . . Z 2
Croûte (R. de la) . . . . YZ 3
Daniel (R.) . . . . Y 5
Duhamel (R.) . . . . Z 6
Écluse-Chette (R. de l') . . . . Y 8
Encoignard (Bd) . . . . Z 9
Foch (R. Mar.) . . . . Z 10
Gambetta (R.) . . . . Y 12
Herbert (R. G.) . . . . Z 13
Leclerc (Av. Division) . . . . Y 15
Legentil-de-la-Galaisière (Bd) . . Z 16
Lycée (R. du) . . . . Z 17
Marest (R. Thomas-du) . . . . Y 18
Milon (R.) . . . . Y 19
Montbray (R. G.-de) . . . . Z 20
Normandie (R. de) . . . . Y 21
Palais-de-Justice (R. du) . . . . . Y 23
Paynel (Bd J.) . . . . Y 24
Quesnel-Morinière (R.) . . . . Z 26
République (Av. de la) . . . . Y 27
St-Dominique (R.) . . . . Y 29
St-Nicolas (R.) . . . . Y 30
Tancrède (R.) . . . . Y 32
Tourville (R.) . . . . Y 33

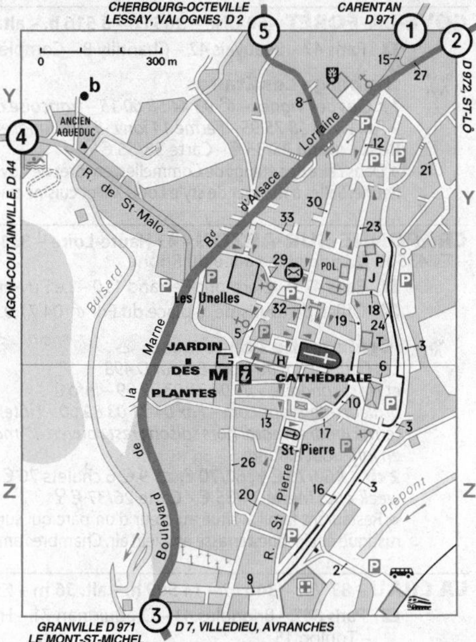

Ce guide vit avec vous : vos découvertes nous intéressent.
Faites-nous part de vos satisfactions comme de vos déceptions.
Coup de colère ou coup de cœur : écrivez-nous !

COUTRAS – **33 Gironde** – **335** K4 – **7 003 h.** – **alt. 15 m** – ✉ **33230** 4 **C1**

▶ Paris 527 – Bergerac 67 – Blaye 50 – Bordeaux 51 – Jonzac 58 – Libourne 18 – Périgueux 87

ℹ Office de tourisme, 17 rue Sully ✆ 05 57 69 36 53, Fax 05 57 69 36 43

Henri IV sans rest — AC, 25, P, VISA, MC, AE

pl. 8 Mai 1945 (face gare) – ✆ 05 57 49 34 34 – contact@hotelcoutras.com – Fax 05 57 49 20 72

16 ch – 🛉48/50 € 🛉🛉53/56 €, ☕ 11 €

◆ La bataille que livra Henri IV en 1587 a fait entrer Coutras dans l'histoire. Cette maison de maître du 19e s. abrite des chambres rénovées, climatisées et parfois mansardées.

COUX-ET-BIGAROQUE – **24 Dordogne** – **329** G7 – **818 h.** – **alt. 85 m** – ✉ **24220**
Périgord 4 **C3**

▶ Paris 557 – Bergerac 46 – Bordeaux 180 – Périgueux 55

Le Manoir de la Brunie — ch, P, VISA, MC

– ✆ 05 53 31 95 62 – manoirdelabrunie@wanadoo.fr – Fax 05 53 31 95 62 – Fermé 15 déc.-30 janv.

6 ch – 🛉60/120 € 🛉🛉60/120 €, ☕ 7 € – **Rest** – table d'hôte *(dîner seult) (résidents seult)* Menu 27 € bc

◆ Des magnolias parfument le jardin de ce joli manoir dont l'intérieur a été soigneusement restauré. Les chambres, meublées d'ancien, portent le nom d'un château de la région. La table d'hôte privilégie les bonnes recettes périgourdines.

COYE-LA-FORÊT – 60 Oise – 305 F6 – 3 516 h. – alt. 88 m – ✉ 60580 36 B3

Paris 47 – Beauvais 47 – Chantilly 8 – Compiègne 50 – Meaux 48 – Senlis 16

XX **Auberge Les Étangs**

1 r. Clos des Vignes – ✆ 03 44 58 60 15 – francoise.colagiacomo@wanadoo.fr – Fax 03 44 58 75 95 – Fermé 14 janv.-5 fév., lundi et mardi

Rest – Menu 25/35 € – Carte 38/55 €

♦ Dans l'aire des étangs de Commelles, en forêt de Coye-Chantilly, auberge de campagne fleurie. Salles à manger de style Louis XIII et cuisine traditionnelle.

CRAPONNE-SUR-ARZON – 43 Haute-Loire – 331 F2 – 2 653 h. – alt. 915 m – ✉ 43500 Lyon et la vallée du Rhône 6 C2

Paris 473 – Clermont-Ferrand 110 – Le Puy-en-Velay 39 – St-Etienne 60

Office de tourisme, 6 place du For ✆ 04 71 03 23 14, Fax 04 71 01 24 19

X **Brûleurs de Loups** avec ch — ch, rest, cuisinette, 20,

Les Cours, 1 km au Nord-Est par D 498 et rte secondaire – ✆ 04 71 03 22 99 – info@bruleurs-de-loups.com – Fax 04 71 03 89 60 – Hôtel : ouvert 1er mai-30 sept. et fermé lundi et mardi hors saison ; rest : ouvert 1er mai-30 oct. et fermé mardi sauf en juil.-août et lundi

2 ch – †60/70 € ††60/70 €, ☕ 9 €, 6 chalets 70 € – ½ P 55 € – **Rest** – *(prévenir le week-end)* Menu 24/35 € – Carte 26/37 €

♦ Restaurant familial situé au cœur d'un parc qui surplombe le village. Salle à manger rustique et kiosque-terrasse en plein air. Chambres aménagées dans des petits chalets.

LA CRAU – 83 Var – 340 L7 – 14 509 h. – alt. 36 m – ✉ 83260 41 C3

Paris 847 – Brignoles 41 – Draguignan 71 – Hyères 9 – Marseille 77 – Toulon 15

Office de tourisme, place de Lattre de Tassigny ✆ 04 94 14 03 15

XX **Auberge du Fenouillet**

20 av. Gén. de Gaulle – ✆ 04 94 66 76 74 – Fax 04 94 57 81 09 – Fermé dim. soir, lundi et mardi

Rest – Menu (24 €), 36/48 € – Carte 41/61 €

♦ En centre-ville, façade riante dont la jolie patine ocre vif ravive aussi les murs intérieurs des salles à manger principales. Patio-terrasse sur planches. Choix traditionnel.

CRAVANT – 89 Yonne – 319 F5 – 824 h. – alt. 120 m – ✉ 89460 7 B1

Paris 185 – Auxerre 19 – Avallon 33 – Clamecy 35 – Montbard 65

Syndicat d'initiative, 4 rue d'Orléans ✆ 03 86 42 25 71

Hostellerie St-Pierre — ch, 10,

5 r. Église – ✆ 03 86 42 31 67 – hostellerie-st-pierre@wanadoo.fr – Fax 03 86 42 37 43 – Fermé 20 déc.-10 janv. et dim.

9 ch – †56/61 € ††61/66 €, ☕ 9 € – ½ P 68/71 € – **Rest** – Menu 18 € (déj.)/31 € (dîner)

♦ Bâtiments disposés autour d'une cour fleurie agrémentée d'un puits. Coquettes chambres personnalisées et rafraîchies, salon-fumoir et caveau de dégustation. Menu traditionnel servi dans la salle illuminée par la véranda.

CRAZANNES – 17 Charente-Maritime – 324 F4 – 409 h. – alt. 25 m – ✉ 17350 Poitou Vendée Charentes 38 B2

Paris 468 – Poitiers 134 – Rochefort 37 – Saintes 18

Château de Crazannes

– ✆ 06 80 65 40 96 – crazannes@worldonline.fr – Fax 05 46 91 34 46 – Ouvert 2 mars-14 nov.

6 ch – †55/150 € ††55/160 €, ☕ 10 € – **Rest** – table d'hôte *(dîner seult) (résidents seult)* Menu 25 €

♦ Ce château du 15e s., niché dans un parc de 8 ha, est classé monument historique. Les chambres du donjon sont luxueuses ; les autres possèdent un beau mobilier ancien.

CRÈCHES-SUR-SAÔNE – 71 Saône-et-Loire – 320 I12 – rattaché à Mâcon

CRÉCY-LA-CHAPELLE – 77 Seine-et-Marne – 312 G2 – 3 851 h. – alt. 50 m – ✉ 77580 Île de France

19 **C2**

Paris 48 – Boulogne-Billancourt 56 – Montreuil 43 – Saint-Denis 60

Office de tourisme, 12 rue du Général Leclerc ✆ 01 64 63 70 19, Fax 01 64 63 71 39

de la Brie Ferme de Montpichet, SE : 2km par N 34, ✆ 01 64 75 34 44.

La Hérissonière ch,

4 r. Barrois – ✆ 01 64 63 00 72 – laherissoniere@free.fr – Fax 01 64 63 00 72

5 ch – 50 € 54/60 € – **Rest** – table d'hôte *(dîner seult) (résidents seult)* Menu 20 €

◆ Cette charmante demeure du 18e s. jouit d'une situation privilégiée au bord du Morin. Les confortables chambres, garnies de meubles de famille, donnent toutes côté rivière. Dîner sous la pergola aux beaux jours est un enchantement.

CREIL – 60 Oise – 305 F5 – 30 675 h. – alt. 30 m – ✉ 60100 Île de France

36 **B3**

Paris 63 – Beauvais 45 – Chantilly 9 – Clermont 17 – Compiègne 37

Syndicat d'initiative, 41 place du Général-de-Gaulle ✆ 03 44 55 16 07, Fax 03 44 55 05 27

d'Apremont à Apremont CD 606, SE : 6 km par N 330, ✆ 03 44 25 61 11.

La Ferme de Vaux 40, P VISA AE

à Vaux (sur D 120 direction Verneuil) – ✆ 03 44 64 77 00 – joly.eveline@wanadoo.fr – Fax 03 44 26 81 50

28 ch – 63 € 70 €, 8,50 € – ½ P 84 € – **Rest** – *(fermé sam. midi et dim. soir)* Menu 25/36 € – Carte 38/55 €

◆ Ancienne ferme francilienne entourant une cour intérieure. Confort moderne dans les chambres, plus spacieuses au rez-de-chaussée. Murs en pierres apparentes et mobilier rajeuni servent de décor à la salle à manger. Carte classique ; service attentionné.

CRÉMIEU – 38 Isère – 333 E3 – 3 169 h. – alt. 200 m – ✉ 38460 Lyon et la vallée du Rhône

44 **B2**

Paris 488 – Belley 49 – Bourg-en-Bresse 64 – Grenoble 86 – Lyon 36 – La Tour-du-Pin 28

Office de tourisme, 5 place de la Nation ✆ 04 74 90 45 13, Fax 04 74 90 02 25

Halles★.

Auberge de la Chaite avec ch P VISA AE

pl. des Tilleuls – ✆ 04 74 90 76 63 – aubergedelachaite@wanadoo.fr – Fax 04 74 90 88 08 – Fermé 1er-20 avril, 20 déc.-15 janv., dim. soir, mardi midi et lundi

10 ch – 42/50 € 45/60 €, 7,50 € – **Rest** – Menu 17 € (sem.)/36 € – Carte 28/52 €

◆ Face à la porte de la Loi, cette maison de pays propose des plats traditionnels à déguster dans une salle au décor campagnard ou sur la terrasse ombragée. Chambres rénovées.

CREON – 33 Gironde – 335 I6 – 2 856 h. – alt. 110 m – ✉ 33670 Aquitaine

3 **B1**

Paris 597 – Bordeaux 25 – Arcachon 88 – Langon 32 – Libourne 22

Office de tourisme, 4 boulevard Victor Hugo ✆ 05 56 23 23 00

Hostellerie Château Camiac ch, rest,

Rte Branne D 121 – ✆ 05 56 23 20 85 25/60, P VISA

– info@chateaucamiac.com – Fax 05 56 23 38 84 – Ouvert 1er mai-30 sept.

10 ch – 160/200 € 200/250 €, 16 € – **Rest** – *(fermé mardi) (dîner seult)* Menu 32/55 € – Carte 39/55 €

◆ Étape de charme en ce château du vignoble bordelais bâti au 18e s. Chambres garnies de meubles anciens ou de style ; quelques originales salles de bains vitrées. Piscine, tennis. Restaurant cossu et feutré, agrémenté de tableaux ; cuisine dans l'air du temps.

CRÉON-D'ARMAGNAC – 40 Landes – **335** K11 – **282 h.** – **alt. 130 m** – ✉ **40240** 4 **C2**

Paris 700 – Bordeaux 122 – Condom 47 – Mont-de-Marsan 36

Le Poutic ch, **P** VISA

Rte de Cazaubon – ☎ *05 58 44 66 97* – *lepoutic@wanadoo.fr*
3 ch – 40/53 € 43/58 € – ½ P 40/48 € – **Rest** – table d'hôte *(fermé dim. en juil.-août) (dîner seult) (résidents seult)* Menu 19 € bc
◆ Chênes et tilleuls ombragent le parc de cette ferme landaise parfaitement restaurée. Les chambres, décorées avec attention, disposent d'une entrée indépendante. Nombreux séjours à thème (golf, équitation et chasse à la palombe). Table traditionnelle et régionale.

CREPON – 14 Calvados – **303** I4 – **199 h.** – **alt. 52 m** – ✉ **14480**
Normandie Cotentin 32 **B2**

Paris 257 – Bayeux 13 – Caen 23 – Deauville 66

Ferme de la Rançonnière rest,
rte Arromanches-les-Bains – ☎ *02 31 22 21 73* 30, **P** VISA
– *ranconniere@wanadoo.fr* – *Fax 02 31 22 98 39*
35 ch – 50/165 € 50/165 €, 11 € – ½ P 60/110 € – **Rest** – *(fermé 7-27 janv.)* Menu (20 €), 26/48 €
◆ Vous serez séduits par cette ferme fortifiée médiévale dont les chambres aux poutres patinées sont agrémentées de meubles et bibelots anciens. Le cadre paysan de la salle de restaurant a été jalousement préservé : cheminée, murs et belles voûtes en pierre.

Ferme de Mathan cuisinette **P** VISA
à 800 m. – *ranconniere@wanadoo.fr*
22 ch – 98/160 € 98/160 €, 11 € – ½ P 85/125 €
◆ Chambres récemment aménagées dans une métairie du 18e s. ; spacieuses, elles sont joliment décorées et dotées de meubles chinés. Calme garanti.

Ne confondez pas les couverts et les étoiles !
Les couverts définissent une catégorie de standing, tandis que l'étoile couronne les meilleures tables, dans chacune de ces catégories.

CRESSERONS – 14 Calvados – **303** J4 – **rattaché à Douvres-la-Délivrande**

CREST – 26 Drôme – **332** D5 – **7 739 h.** – **alt. 196 m** – ✉ **26400**
Lyon et la vallée du Rhône 44 **B3**

Paris 585 – Die 37 – Gap 129 – Grenoble 114 – Montélimar 37 – Valence 28

Office de tourisme, place du Docteur Rozier ☎ 04 75 25 11 38, Fax 04 75 76 79 65

du Domaine de Sagnol à Gigors-et-Lozeron Domaine de Sagnol, NE : 19 km par D 731, ☎ 04 75 40 98 00.

Donjon★ : ★.

Plan page ci-contre

Kléber avec ch rest, VISA

6 r. A. Dumont – ☎ *04 75 25 11 69* – *Fax 04 75 76 82 82* – *Fermé 15-31 août, 1er-15 janv., dim. soir, mardi midi et lundi* Z **e**
7 ch – 34 € 54 €, 8,50 € –
Rest – Menu 20 € (sem.), 27/44 €
◆ Touche transalpine dans la petite cité au fier donjon : murs joliment travaillés à l'éponge et sièges italiens en cuir rouge. Cuisine classique.

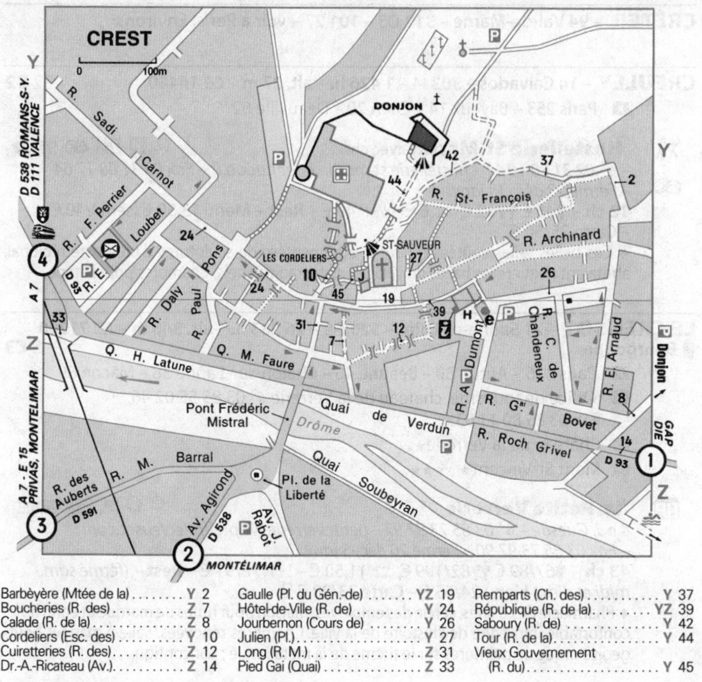

Barbèyère (Mtée de la) . . . . Y 2	Gaulle (Pl. du Gén.-de) . . . . YZ 19	Remparts (Ch. des) . . . . Y 37
Boucheries (R. des) . . . . Z 7	Hôtel-de-Ville (R. de) . . . . Y 24	République (R. de la) . . . . YZ 39
Calade (R. de la) . . . . Z 8	Jourbernon (Cours de) . . . . Y 26	Saboury (R. de) . . . . Y 42
Cordeliers (Esc. des) . . . . Y 10	Julien (Pl.) . . . . Y 27	Tour (R. de la) . . . . Y 44
Cuiretteries (R. des) . . . . Z 12	Long (R. M.) . . . . Z 31	Vieux Gouvernement
Dr.-A.-Ricateau (Av.) . . . . Z 14	Pied Gai (Quai) . . . . Z 33	(R. du) . . . . Y 45

LE CRESTET – 84 Vaucluse – 332 D8 – rattaché à Vaison-la-Romaine

CREST-VOLAND – 73 Savoie – 333 M3 – 418 h. – alt. 1 230 m – Sports d'hiver : 1 230/2 000 m ⛷ 17 ⛷ – ✉ 73590 Alpes du Nord 46 F1

Paris 588 – Albertville 24 – Annecy 53 – Chamonix-Mont-Blanc 47 – Megève 15

Office de tourisme, Maison de Crest-Voland ✆ 04 79 31 62 57, Fax 04 79 31 85 36

Caprice des Neiges

rest, VISA

rte du Col des Saisies : 1 km – ✆ 04 79 31 62 95 – info@hotel-capricedesneiges.com – Fax 04 79 31 79 30 – Ouvert mi-juin à mi-sept. et mi-déc. à mi-avril

16 ch – †78/130 € ††78/130 €, ☕ 10 € – ½ P 69/92 € – **Rest** – Menu 20/40 € – Carte 23/50 €

◆ Chalet aux balcons fleuris situé au pied des pistes, légèrement à l'écart du village. Chaleureux intérieur au charme savoyard actuel. Salle à manger au joli décor montagnard, tout de bois et de pierres. Cuisine régionale. Aire de jeux pour enfants.

Les Campanules

chemin de la Grange – ✆ 04 79 31 81 43 – chanteline@wanadoo.fr – Fermé 25 août-5 sept.

3 ch ☕ – †50/66 € ††59/66 € – ½ P 50/55 € – **Rest** – table d'hôte *(dîner seult) (résidents seult)* Menu 20 € bc

◆ Ce chalet bâti face à la chaîne des Aravis et au mont Charvin séduira les amateurs de calme et de nature. Chambres confortables et soignées, salon-cheminée, copieux petits-déjeuners, etc. Spécialités savoyardes et produits du terroir à la table d'hôte.

CRÉTEIL – 94 Val-de-Marne – 312 D3 – 101 27 – voir à Paris, Environs

CREULLY – 14 Calvados – 303 I4 – 1 426 h. – alt. 27 m – ✉ 14480 32 B2

Paris 253 – Bayeux 14 – Caen 20 – Deauville 62

Hostellerie St-Martin avec ch
– ✆ 02 31 80 10 11 – hostellerie.st.martin@wanadoo.fr – Fax 02 31 08 17 64 – Fermé 23 déc.-13 janv.
12 ch – 45 € 52 €, 6 € – ½ P 49 € – **Rest** – Menu 13,50 € (sem.)/40 € – Carte 25/50 €
◆ Ces belles salles voûtées du 16e s., agrémentées de sculptures d'un artiste régional, abritaient naguère les halles du village ; plats traditionnels. Chambres pour l'étape.

LE CREUSOT – 71 Saône-et-Loire – 320 G9 – 26 283 h. – alt. 348 m – ✉ 71200 Bourgogne 8 C3

Paris 316 – Autun 30 – Beaune 46 – Chalon-sur-Saône 38 – Mâcon 89
Office de tourisme, château de la Verrerie ✆ 03 85 55 02 46, Fax 03 85 80 11 03
Château de la Verrerie★.
Mont St-Vincent★ ★★.

La Petite Verrerie
4 r. J. Guesde – ✆ 03 85 73 97 97 – petiteverrerie@hotelfp-lecreusot.com – Fax 03 85 73 97 90 – Fermé 20 déc.-5 janv.
43 ch – 67/89 € 82/109 €, 11,50 € – ½ P 78/91 € – **Rest** – *(fermé sam. midi et dim.)* Menu 24/65 € – Carte 23/28 €
◆ Pharmacie des Usines, cercle des employés, maison pour hôtes de marque et enfin hôtel confortable imprégné de l'histoire de la ville. Chambres rénovées. Salle à manger bourgeoise ornée de peintures sur le thème de la métallurgie ; bar contigu.

au Breuil 5,5 km à l'Est par rue principale et direction Centre équestre – 3 667 h. – alt. 337 m – ✉ 71670

Le Domaine de Montvaltin sans rest
– ✆ 03 85 55 87 12 – domainedemontvaltin@hotmail.com – Fax 03 85 55 54 72 – Fermé fév.
4 ch – 65/85 € 70/90 €
◆ À 5 minutes du Creusot, dans un site agreste, ancienne ferme (20e s.) réaménagée mettant à votre disposition trois types de chambres aux décors personnalisés avec fraîcheur et féminité. Court de tennis, piscine couverte, jardin soigné et étang peuplé de carpes.

à Montcenis 3 km à l'Ouest par D 784 – 2 352 h. – alt. 400 m – ✉ 71710

Le Montcenis
2 pl. Champ de Foire – ✆ 03 85 55 44 36 – restaurant.le-montcenis@wanadoo.fr – Fax 03 85 55 89 52 – Fermé dim. soir et lundi
Rest – *(nombre de couverts limité, prévenir)* Menu (13 €), 19 € (déj. en sem.), 25/42 € – Carte 42/53 €
◆ Salon douillet, cave voûtée pour l'apéritif et salle "néo-bourguignonne" où l'on mange sous de belles poutres : un cadre accueillant pour une cuisine généreuse et personnalisée.

à Torcy 4 km au Sud par D 28 – 3 554 h. – alt. 310 m – ✉ 71210

Le Vieux Saule
– ✆ 03 85 55 09 53 – restaurant.levieuxsaule@wanadoo.fr – Fax 03 85 80 39 99 – Fermé dim. soir et lundi
Rest – Menu 16 € (sem.)/65 € – Carte 39/60 €
◆ Mets traditionnels et quelquefois actualisés, servis dans l'ambiance feutrée d'une salle aux murs pourpres. Chaises ornées de motifs rendant honneur à une série d'appellations vineuses bourguignonnes.

CREUTZWALD – 57 Moselle – 307 L3 – 14 360 h. – alt. 210 m – ✉ 57150 27 C1

Paris 376 – Metz 53 – Neunkirchen 61 – Saarbrücken 37

Syndicat d'initiative, Hôtel de Ville ☎ 03 87 81 89 89, Fax 03 87 82 08 15

XX **Auberge Richebourg**

17 r. de la Houve – ☎ 03 87 90 17 54 – richebourg@wanadoo.fr – Fax 03 87 90 28 56 – Fermé 30 juil.-21 août, sam. midi, lundi soir et merc. soir

Rest – Menu 20 € (sem.)/49 € – Carte 38/51 €

◆ Salle à manger contemporaine et terrasse ouverte sur un petit jardin potager. Carte traditionnelle assortie, les mardis et vendredis soirs, de grillades préparées sous vos yeux, dans la cheminée.

CRICQUEBOEUF – 14 Calvados – 303 M3 – rattaché à Honfleur

CRILLON – 60 Oise – 305 C3 – 433 h. – alt. 110 m – ✉ 60112 36 A2

Paris 103 – Aumale 33 – Beauvais 16 – Breteuil 33 – Compiègne 75 – Gournay-en-Bray 18

XX **La Petite France**

7 r. Moulin – ☎ 03 44 81 01 13 – lapetitefrance@wanadoo.fr – Fax 03 44 81 01 13 – Fermé 5-20 août, dim. soir, lundi et mardi sauf fériés

Rest – Menu (14,50 €), 22 € bc (sem.)/34 € – Carte 31/51 €

◆ Cette accueillante auberge située dans un village du Beauvaisis abrite deux salles à manger rustiques. Carte traditionnelle dont la tête de veau ravigote, spécialité maison.

CRILLON-LE-BRAVE – 84 Vaucluse – 332 D9 – 398 h. – alt. 340 m – ✉ 84410 42 E1

Paris 687 – Avignon 41 – Carpentras 14 – Nyons 37 – Vaison-la-Romaine 22

Hostellerie de Crillon le Brave ch,

pl. Église – ☎ 04 90 65 61 61 – crillonbrave@relaischateaux.com – Fax 04 90 65 62 86 – Ouvert 30 mars-31 oct.

28 ch – 200/400 € 200/400 €, 17 € – 4 suites – **Rest** – Carte 43/75 €

◆ Sept maisons anciennes typées dans un village perché face au Mont Ventoux. Jardin à l'italienne en terrasses débouchant sur la piscine. Ravissantes chambres provençales. Cuisine actuelle aux accents du Sud et carte "snack" à l'heure du déjeuner.

CRIQUETOT-L'ESNEVAL – 76 Seine-Maritime – 304 B4 – 2 149 h. – alt. 127 m – ✉ 76280 33 C1

Paris 197 – Fécamp 19 – Le Havre 28 – Rouen 81

Le Manoir ch,

5 pl. des Anciens Élèves, près de l'église – ☎ 02 35 29 31 90 – serge.quevilly@wanadoo.fr – Fax 02 35 29 31 90

6 ch – 50 € 60/65 € – **Rest** – table d'hôte *(dîner seult) (résidents seult)* Menu 16 € bc

◆ D'élégantes armoires normandes garnissent les grandes chambres de cette gentilhommière à la coquette façade de brique et de pierre. Vaste parc arboré et fleuri.

CRISENOY – 77 Seine-et-Marne – 312 F4 – rattaché à Melun

LE CROISIC – 44 Loire-Atlantique – 316 A4 – 4 278 h. – alt. 6 m – ✉ 44490

Bretagne 34 A2

Paris 459 – La Baule 9 – Nantes 86 – Redon 66 – Vannes 81

Office de tourisme, place du 18 Juin 1940 ☎ 02 40 23 00 70, Fax 02 40 23 23 70

du Croisic Golf de la Pointe, O : 3 km, ☎ 02 40 23 14 60.

Océarium★ - ≤★ du Mont-Lénigo.

LE CROISIC

Aiguillon (Quai d') . . . . AY 2
Cordiers (R. des) . . . . BY 6
Europe (R. de l') . . . . AY 7
Gaulle (Pl. du Gén.-de) . . . . . AZ 9
Grande-Rue . . . . AY 12
Lénigo (Quai du) . . . . AY 13
Lepré (Pl. Donatien) . . . . AY 16
Mail de Broc (R. du) . . . . AY 17
Petite Chambre (Q. de la) . . BY 20
Pilori (R. du) . . . . BY 22
Poilus (R. des) . . . . BZ 23
Port Charly (Quai) . . . . AY 26
Port Ciguet (Quai du) . . . . . . AY 27
Port Lin (Av. de) . . . . AZ 28
Rielle (Quai Hervé) . . . . BY 32
Saint-Christophe (R.) . . . . . . BY 33
Saint-Goustan (Av. de) . . . . . AY 35
18-Juin-1940 (Pl. du) . . . . . . BZ 36

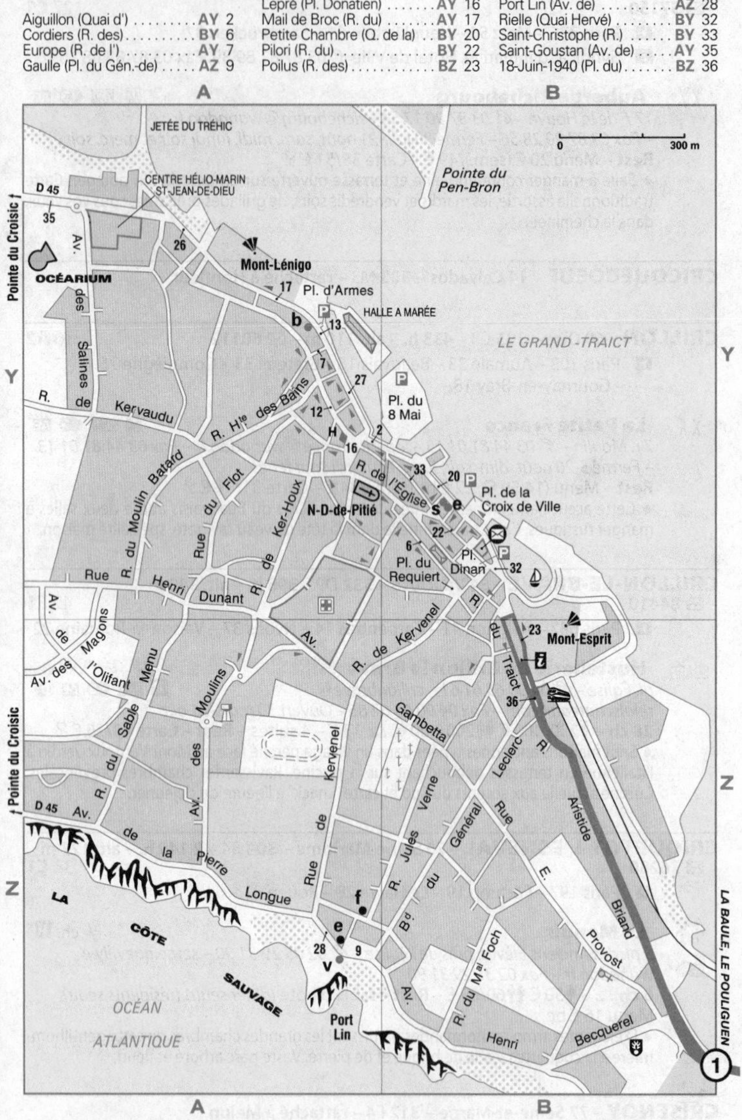

Le Fort de l'Océan

pointe du Croisic – ✆ 02 40 15 77 77 – fortocean@relaischateaux.com
– Fax 02 40 15 77 80

9 ch – †210/290 € ††190/300 €, ☕ 17 € – ½ P 170/340 € – **Rest** – *(fermé 11 nov.-14 déc., 7 janv.-11 fév., lundi et mardi du 10 sept. au 8 juil. et le midi sauf week-end de juil. à sept.)* Menu 32 € (déj. en sem.), 48/78 € – Carte 60/109 €

◆ Fortin du 17e s. "à la Vauban" surplombant l'océan. Toutes les chambres, agréablement personnalisées, jouissent d'une vue superbe sur la Côte sauvage. Vélos à disposition. Cuisine de la mer soignée à déguster dans une élégante salle à manger-véranda.

Les Vikings sans rest — 50, VISA AE
à Port-Lin – ✆ 02 40 62 90 03 – vikings@fr.oleane.com – Fax 02 40 23 28 03
24 ch – 71/111 € 71/111 €, 10 € — AZ **e**
◆ Cet immeuble récent abrite des chambres spacieuses dotées d'un mobilier de qualité. Quelques-unes tournent leur bow-window vers la Côte sauvage.

Les Nids sans rest — P VISA AE
15 r. Pasteur à Port-Lin – ✆ 02 40 23 00 63 – hotellesnids@worldonline.fr – Fax 02 40 23 09 79 – Ouvert 30 mars-11 nov. — AZ **f**
24 ch – 61/77 € 61/89 €, 9 €
◆ Chambre rénovées, colorées et équipées de meubles peints. Petits-déjeuners servis au bord de la piscine couverte. Aire de jeux pour les enfants dans le jardin.

Castel Moor — P VISA AE
Baie Castouillet, Nord-Ouest : 1,5 km sur D 45 – ✆ 02 40 23 24 18 – castel@castel-moor.com – Fax 02 40 62 98 90
19 ch – 58/74 € 63/79 €, 8 € – **Rest** – *(fermé dim. soir hors saison)* Menu (17 €), 24 € (sem.)/41 € – Carte 30/49 €
◆ Imposante villa contemporaine située sur la route de corniche longeant la Côte sauvage. Les chambres sont modernes et le séjour, iodé. Salle à manger en demi-rotonde et véranda ouvrant plein cadre sur l'océan. La table privilégie poissons et fruits de mer.

L'Océan — mer et côte, VISA AE
à Port-Lin – ✆ 02 40 62 90 03 – vikings@fr.oleane.com – Fax 02 40 23 28 03
Rest – Carte 51/110 € — AZ **v**
◆ Atout majeur de ce restaurant agrippé aux rochers : la vue panoramique sur le large. On y propose des produits de la mer "tout frais pêchés".

La Bouillabaisse Bretonne — VISA
sur le port – ✆ 02 40 23 06 74 – Fax 02 40 15 71 43 – Fermé 2 janv.-31 mars, dim. soir et mardi sauf juil.-août et lundi — BY **s**
Rest – Menu 21/37 € – Carte 33/54 €
◆ L'enseigne fera sourciller les Marseillais, mais la vue sur les flots bleus réconciliera Bretons et Provençaux. Homards et langoustines vous tendent leurs pinces.

Le Lénigo — VISA
11 quai Lénigo – ✆ 02 40 23 00 31 – le.lenigo@wanadoo.fr – Fax 02 40 23 01 01 – Ouvert 15 fév.-15 nov. et fermé lundi et mardi sauf août — AY **b**
Rest – Menu 22 € (sem.)/34 € – Carte 30/55 €
◆ Restaurant au "look" nautique (lambris, hublots, cordages, accastillages...) voisinant avec la criée du port. Carte traditionnelle tournée vers l'océan. Mise de table moderne.

LA CROIX-BLANCHE – 71 Saône-et-Loire – 320 I11 – rattaché à Berzé-la-Ville

LA CROIX-DU-BREUIL – 87 Haute-Vienne – 325 F4 – rattaché à Bessines-sur-Gartempe

LA CROIX-FRY (COL DE) – 74 Haute-Savoie – 328 L5 – rattaché à Manigod

LA CROIX-VALMER – 83 Var – 340 O6 – 2 734 h. – alt. 120 m – ✉ 83420

Côte d'Azur — 41 **C3**

Paris 873 – Draguignan 48 – Fréjus 35 – Le Lavandou 27 – Ste-Maxime 15 – Toulon 68

Office de tourisme, esplanade de la Gare ✆ 04 94 55 12 12, Fax 04 94 55 12 10

Gassin Golf Country Club à Gassin Route de Ramatuelle, N : 8 km, ✆ 04 94 55 13 44.

au Sud-Ouest 3,5 km par D 559 puis rte secondaire par rd-pt du Débarquement – ✉ 83420 La Croix-Valmer

La Petite Auberge de Barbigoua — P VISA
quartier Barbigoua – ✆ 04 94 54 21 82 – Ouvert 1er avril-30 sept. et fermé lundi
Rest – *(dîner seult)* Carte 32/51 €
◆ Discrète petite adresse et son agréable terrasse-jardin. Atmosphère conviviale, intérieur d'esprit rustique, carte dans la note régionale orientée vers les poissons.

à Gigaro 5 km au Sud-Est par rte secondaire – ✉ 83420 La Croix-Valmer

Château de Valmer ch, 30,
plage de Gigaro – ☎ 04 94 55 15 15 – info@chateauvalmer.com – Fax 04 94 55 15 10 – Ouvert avril-oct.
41 ch – 186/266 € 325/466 €, 23 € – 1 suite – **Rest** – *(fermé mardi) (dîner seult)* Menu 62 € – Carte 73/93 €
◆ Au sein d'un domaine viticole, bastide précédée d'un patio où trône un vieil olivier. Vastes chambres rénovées dans le style régional. Piscine bordée d'une palmeraie. Au restaurant, la Provence est à la fête, tant dans le décor que dans l'assiette !

La Pinède-Plage ch,
plage de Gigaro – ☎ 04 94 55 16 16 – info@pinedeplage.com – Fax 04 94 55 16 10 – Ouvert mai- début oct.
33 ch – 186/266 € 321/459 €, 23 € – **Rest** – Menu 53 € (dîner) – Carte 49/84 €
◆ "Les pieds dans l'eau" et ombragée par des pins parasols, construction récente au plaisant décor (joli camaïeu de beige). Chambres "cosy", avec terrasse ou balcon. Salle à manger-véranda meublée en rotin ou tables dressées près de la piscine, face à la mer.

Souleias mer et îles, ch, rest, 25,
plage de Gigaro – ☎ 04 94 55 10 55 – infos@hotel-souleias.com – Fax 04 94 54 36 23 – Ouvert 5 avril-14 oct.
48 ch – 58/416 € 96/446 €, 18 € – ½ P 118/293 € – **Rest** – *(fermé mardi midi)* Menu (31 €), 47 € (déj.), 65/85 €
◆ Belle propriété sous les pins, au sommet d'une colline face au littoral. Chambres sobres, jardin fleurant bon la Provence, tennis et plaisance. Le restaurant - sa terrasse ombragée surplombe le bar-piscine - propose des soirées musicales le mardi. Carte régionale.

Les Moulins de Paillas et de Gigaro ch, rest, 20,
plage de Gigaro – ☎ 04 94 79 71 11 – message@lesmoulinsdepaillas.com – Fax 04 94 54 37 05 – Ouvert de mi-mai à début oct.
68 ch – 120/140 € 120/190 €, 16 €
Rest *La Brigantine* – *☎ 04 94 79 67 16 (dîner seult)* Menu 52 €
Rest *Pépé Le Pirate* – grill – *☎ 04 94 79 67 16 (déjeuner seult)* Menu 28 € – Carte 27/45 €
Rest *L'Italien* – pizzeria – *☎ 04 94 79 67 16 (dîner seult)* Menu 12/40 € – Carte 28/49 €
◆ Complexe hôtelier face à la baie de Cavalaire. Préférez la Résidence : chambres plus spacieuses et calmes. Nombreux équipements de loisirs. Au restaurant la Brigantine, cadre rustique et vue sur la plage. Chez Pépé le Pirate, formule grill au bord de la mer. Pâtes et pizzas servies à la table de l'Italien.

CROS-DE-CAGNES – 06 Alpes-Maritimes – 341 D6 – rattaché à Cagnes-sur-Mer

---

LE CROTOY – 80 Somme – 301 C6 – 2 439 h. – alt. 1 m – ✉ 80550

Nord Pas-de-Calais Picardie 36 **A1**

Paris 210 – Abbeville 22 – Amiens 75 – Berck-sur-Mer 29 – Hesdin 41

Office de tourisme, 1 rue Carnot ☎ 03 22 27 05 25, Fax 03 22 27 90 58

Les Tourelles rest,
– ☎ 03 22 27 16 33 – lestourelles@nhgroupe.com – Fax 03 22 27 11 45 – Fermé 7-27 janv.
33 ch – 40/50 € 59/87 €, 9 € – **Rest** – Menu 21/31 € – Carte 27/69 €
◆ Belle maison de maître du 19e s. face à la baie de Somme. Chambres personnalisées, original dortoir pour les enfants, salon "cosy". Nombreuses activités et expositions. Cuisine du terroir privilégiant les produits de la mer servie dans une sobre salle.

CROZANT – 23 Creuse – 325 G2 – 581 h. – alt. 263 m – ✉ 23160

Limousin Berry 25 **C1**

Paris 329 – Argenton-sur-Creuse 31 – La Châtre 46 – Guéret 41 – Montmorillon 68

Ruines★.

Du Lac

au pont de Crozant, 1 km à l'Est par D 72 et D 30 – ✆ 05 55 89 81 96 – contact@hoteldulac-crozant.com – Fax 05 55 89 98 24 – Fermé 1er-21 fév., merc. soir, dim. soir et lundi

Rest – Menu 17 € (déj. en sem.), 21/39 € – Carte 25/37 €

◆ Établissement modeste bien situé face au lac (possibilité d'excursions en vedette) visible depuis la terrasse et certaines tables de la salle à manger ; carte traditionnelle.

Auberge de la Vallée

– ✆ 05 55 89 80 03 – Fax 05 55 89 83 22 – Fermé 2 janv.-2 fév., lundi soir et mardi

Rest – Menu 17/37 € – Carte 26/32 €

◆ Petite auberge campagnarde proposant une cuisine traditionnelle réalisée avec les produits du terroir. Sobre salle à manger de style rustique.

CROZON – 29 Finistère – 308 E5 – 7 535 h. – alt. 85 m – ✉ 29160

Bretagne 9 **A2**

Paris 587 – Brest 60 – Châteaulin 35 – Douarnenez 40 – Morlaix 81 – Quimper 49

Office de tourisme, boulevard de Pralognan ✆ 02 98 27 07 92, Fax 02 98 27 24 89

Retable★ de l'église.

Circuit des Pointes★★★.

La Presqu'île rest, rest,

pl. Église – ✆ 02 98 27 29 29 – mutin.gourmand1@wanadoo.fr – Fax 02 98 26 11 97 – Fermé 12 nov.-5 déc., 4-26 fév., dim. et lundi hors saison

12 ch – 46/50 € 58/75 €, 10 € – ½ P 51/71 €

Rest ***Le Mutin Gourmand*** – voir ci-après

◆ L'ex-mairie abrite désormais des chambres insonorisées et décorées avec goût dans un style qui panache touches actuelles et esprit breton. Boutique de vins et produits régionaux.

Le Mutin Gourmand – Hôtel La Presqu'île

pl. Église – ✆ 02 98 27 06 51 12,

– mutin.gourmand1@wanadoo.fr – Fax 02 98 26 11 97 – Fermé 12 nov.-5 déc., 4-26 fév., dim. soir, mardi midi et lundi hors saison, lundi midi, mardi midi et merc. midi en saison

Rest – Menu 17 € (déj. en sem.), 25/49 € – Carte 37/61 €

◆ Décor contemporain, pierres apparentes, aquarelles et vivier de homards en cette accueillante maison bretonne. Cuisine régionale soignée ; vins du Languedoc et de la Loire.

au Fret 5,5 km au Nord par D 155 et D 55 – ✉ 29160 Crozon

Hostellerie de la Mer rest,

11 quai du Fret – ✆ 02 98 27 61 90 – hostellerie.de.la.mer@wanadoo.fr – Fax 02 98 27 65 89 – Fermé 8 janv.-2 fév.

25 ch – 45/68 € 45/68 €, 9 € – ½ P 53/64 € – **Rest** – Menu (16 €), 23/70 € – Carte 37/82 €

◆ Agréable ambiance de pension familiale pour cet hôtel regardant la rade de Brest. Petites chambres simples mais bien tenues (certaines profitent de la vue). Mobilier breton et panorama iodé en accord avec une cuisine honorant les produits de la mer.

CRUGNY – 51 Marne – 306 E7 – 576 h. – alt. 100 m – ✉ 51170

Champagne Ardenne 13 **B2**

Paris 135 – Châlons-en-Champagne 71 – Reims 28 – Soissons 39

La Maison Bleue ch, rest,cuisinette

46 r. Haute – ✆ 03 26 50 84 63 – maisonbleue@aol.com – Fax 03 26 97 43 92 – Fermé 20 déc.-31 janv.

6 ch – 75 € 75/90 €, 6 € – **Rest** – *(dîner seult) (résidents seult)* Menu 25 € bc/35 €

◆ Goûtez au calme de cette accueillante maison et de son parc. Chambres personnalisées ; la plus spacieuse, sous les toits, jouit d'une belle vue sur le village et la vallée de l'Ardre. Cuisine bourgeoise.

CRUIS – 04 Alpes-de-Haute-Provence – 334 D8 – 551 h. – alt. 728 m – ✉ 04230
40 **B2**

Paris 732 – Digne-les-Bains 42 – Forcalquier 22 – Manosque 42 – Sisteron 26

Auberge de l'Abbaye 25, VISA MC

– ✆ 04 92 77 01 93 – auberge-abbaye-cruis@wanadoo.fr – Fax 04 92 77 01 92 – Fermé 12 nov.-6 déc. et 7 janv.-7 fév.

9 ch – 55/65 € 55/65 €, ☕ 10 € – ½ P 60/65 € – **Rest** – *(fermé lundi midi, mardi midi, merc. midi et jeudi midi en juil.-août, dim. soir et merc. de sept. à juin) (nombre de couverts limité, prévenir)* Menu (23 €), 28/48 €

◆ Dans un village accroché à la montagne de Lure, sympathique adresse familiale aux chambres simples et fort bien tenues. Pain "maison" au petit-déjeuner. Restaurant rustique et terrasse ombragée dressée sur la place du bourg ; cuisine dans la note régionale.

CRUSEILLES – 74 Haute-Savoie – 328 J4 – 3 186 h. – alt. 781 m – ✉ 74350
46 **F1**

Paris 537 – Annecy 19 – Bellegarde-sur-Valserine 44 – Bonneville 37 – Genève 27

Syndicat d'initiative, 46 place de la Mairie ✆ 04 50 44 20 92

L'Ancolie avec ch rest, 35, VISA MC

au parc des Dronières, Nord-Est : 1 km par D 15 – ✆ 04 50 44 28 98 – info@lancolie.com – Fax 04 50 44 09 73 – Fermé vacances de la Toussaint et de fév.

10 ch – 79/114 € 79/114 €, ☕ 12,50 € – ½ P 83 € – **Rest** – *(fermé dim. soir sauf juil.-août et lundi)* Menu 28 € (déj. en sem.), 39/68 € – Carte 47/72 €

◆ Face à un lac, chalet moderne bien aménagé où règne une atmosphère savoyarde. Plats classiques et terrasse panoramique. Confortables chambres lambrissées avec balcon (sauf une).

aux Avenières 6 km au Nord par D 41 et rte secondaire – ✉ 74350 Cruseilles

Château des Avenières chaîne des Aravis, VISA MC AE

– ✆ 04 50 44 02 23 – reservation@chateau-des-avenieres.com – Fax 04 50 44 29 09 – Fermé 22 oct.-15 nov., 24-30 déc., 18 fév.-5 mars, merc. midi d'oct. à avril, lundi et mardi

12 ch – 150/280 € 150/280 €, ☕ 17 € – **Rest** – Menu 53/88 €

◆ Ce manoir bâti en 1907, au passé plein de mystère, se dresse dans un charmant parc en forme de papillon. Chambres de caractère, vue imprenable sur la chaîne des Aravis. Superbe salle à manger classico-baroque (boiseries ouvragées ornées de camées à l'antique).

CUBRY – 25 Doubs – 321 I2 – 70 h. – alt. 340 m – ✉ 25680
17 **C1**

Paris 389 – Belfort 49 – Besançon 53 – Lure 27 – Montbéliard 42 – Vesoul 31

Château de Bournel rest, 30, VISA MC AE

– ✆ 03 81 86 00 10 – info@bournel.com – Fax 03 81 86 01 06 – Ouvert 1er avril-1er nov.

16 ch – 120/140 € 160/180 €, ☕ 12 € – 1 suite

Rest *Le Maugré* – *✆ 03 81 86 06 60 (dîner seult)* Menu 30/45 € – Carte 28/50 €

◆ Hôtel aménagé dans les dépendances (18e s.) du château du marquis de Moustier, au cœur d'un parc de 80 ha. Jardin à la française et golf 18 trous. Chambres spacieuses. Salle à manger voûtée et cuisine traditionnelle au Maugré. Repas rapide à la brasserie.

CUCUGNAN – 11 Aude – 344 G5 – 113 h. – alt. 310 m – ✉ 11350
Languedoc Roussillon
22 **B3**

Paris 847 – Carcassonne 77 – Limoux 79 – Perpignan 42 – Quillan 51

Circuit des Corbières cathares★★.

La Tourette sans rest

4 passage de la Vierge – ✆ 04 68 45 07 39 – coco@latourette.eu – Ouvert 1er mars-31 oct.

3 ch ☕ – 105 € 105/115 €

◆ La propriétaire a décoré cette maison avec un goût sûr et les chambres Prune, Turquoise et Indigo sont originales et réellement exquises. Jacuzzi sous un olivier, dans le patio.

XX **Auberge du Vigneron** avec ch ch, ch, VISA
– ☎ 04 68 45 03 00 – auberge.vigneron@ataraxie.fr – Fax 04 68 45 03 08 – Ouvert 16 mars-14 nov.
7 ch – †46/48 € ††49/65 €, ☕ 7 € – **Rest** – *(fermé dim. soir et mardi midi hors saison, sam. midi en saison et lundi)* Menu 22 € (sem.)/38 € – Carte 35/48 €
◆ Le chef travaille de beaux produits et élabore une cuisine régionale où l'originalité trouve sa place. Salle aménagée dans l'ancien chai et jolie terrasse face au vignoble.

X **Auberge de Cucugnan** avec ch ch, P VISA AE
2 pl. Fontaine – ☎ *04 68 45 40 84 – auberge-cucugnan@ccn11.vcom.fr – Fax 04 68 45 01 52 – Fermé 1er janv.-28 fév.*
9 ch – †45 € ††45 €, ☕ 6,50 € – ½ P 47 € – **Rest** – *(fermé jeudi)* Menu 17/44 € – Carte 28/33 €
◆ Ambiance campagnarde dans cette ex-grange que l'on atteint après avoir parcouru un dédale de ruelles. Cuisine généreuse, fleurant bon le terroir. Chambres parfaitement tenues.

CUCURON – 84 Vaucluse – 332 F11 – 1 792 h. – alt. 350 m – ✉ 84160
Provence 42 **E1**

Paris 739 – Apt 25 – Cavaillon 39 – Digne-les-Bains 109 – Manosque 35
Office de tourisme, rue Léonce Brieugne ☎ 04 90 77 28 37

X **L'Horloge** VISA AE
– ☎ *04 90 77 12 74 – horlog@wanadoo.fr – Fax 04 90 77 29 90 – Fermé 2-8 juil., 18-27 déc., 7 fév.-14 mars, lundi soir du 1er sept. au 9 avril, mardi soir et merc.*
Rest – Menu (14 € bc), 17/38 € – Carte 32/54 €
◆ Dans ce bourg du Luberon, pressoir à huile du 14e s. réaménagé en restaurant rustique égayé de chauds coloris. Plats aux accents régionaux.

CUERS – 83 Var – 340 L6 – 8 174 h. – alt. 140 m – ✉ 83390 41 C3

Paris 834 – Brignoles 25 – Draguignan 59 – Marseille 84 – Toulon 22
Office de tourisme, place Louis Pasteur ☎ 04 94 48 56 27

XXX **Le Lingousto** P VISA AE
2 km à l'Est par rte de Pierrefeu – ☎ *04 94 28 69 10 – Fax 04 94 48 63 79 – Fermé vacances de la Toussaint, vacances de fév., dim. soir, merc. soir et lundi*
Rest – Menu 74/88 € – Carte 60/69 €
◆ Charmante bastide entourée de vignes et d'un potager. Salle à manger et salon ornés d'œuvres contemporaines. Belle terrasse dressée sous les platanes. Carte au goût du jour.

XX **Verger des Kouros** P VISA AE
2 km par rte de Solliès-Pont N 97 – ☎ *04 94 28 50 17 – couros@wanadoo.fr – Fax 04 94 48 69 77 – Fermé 1er-15 nov., 4-17 fév., mardi soir hors saison, mardi midi en saison et merc.*
Rest – Menu 16 € (déj. en sem.), 32/45 € – Carte 32/45 €
◆ Point de statues d'éphèbes, mais trois frères d'origine grecque à la tête de ce restaurant occupant une maison régionale. Fraîche salle à manger et recettes du terroir.

CUISEAUX – 71 Saône-et-Loire – 320 M11 – 1 749 h. – alt. 280 m – ✉ 71480
Bourgogne 8 **D3**

Paris 395 – Chalon-sur-Saône 60 – Lons-le-Saunier 26 – Mâcon 74 – Tournus 52
Syndicat d'initiative, cours du Château des Princes d'Orange ☎ 03 85 72 70 60, Fax 03 85 72 51 09

Vuillot rest, rest, P VISA
36 r. Vuillard – ☎ *03 85 72 71 79 – hotel.vuillot@wanadoo.fr – Fax 03 85 72 54 22 – Fermé 4-14 juin, 1er-21 janv., dim. soir et lundi midi*
16 ch – †38/42 € ††49/52 €, ☕ 8,50 € – ½ P 45/49 € – **Rest** – Menu 14 € (sem.)/40 € – Carte 20/41 €
◆ Maison bourguignonne en belles pierres du pays abritant des petites chambres proprettes, dans un bourg conservant des vestiges de ses anciennes fortifications. Restaurant sagement campagnard prolongé d'une véranda. Spécialités de la Bresse et des Dombes.

CUISERY – 71 Saône-et-Loire – 320 J10 – 1 612 h. – alt. 211 m – ✉ 71290
Bourgogne 8 C3

Paris 367 – Chalon-sur-Saône 35 – Lons-le-Saunier 50 – Mâcon 38 – Tournus 8

Syndicat d'initiative, place d'Armes ☎ 03 85 40 11 70

Hostellerie Bressane

56, rte de Tournus – ☎ 03 85 32 30 66 – hostellerie.bressane@wanadoo.fr – Fax 03 85 40 14 96 – Fermé 26 déc.-1er fév., merc. et jeudi

15 ch – 60/90 € 70/120 €, 935 € – ½ P 76/84 € – **Rest** – Menu 25/65 € – Carte 38/55 €

◆ Hostellerie familiale (1870) aux chambres spacieuses rénovées avec soin ; les meilleures, à l'arrière, occupent les ex-écuries. Charmant jardin. Mets traditionnels et locaux servis avec le sourire dans un cadre classique actualisé. Superbe platane en terrasse.

CULT – 70 Haute-Saône – 321 E3 – 158 h. – alt. 270 m – ✉ 70150 16 B2

Paris 367 – Besançon 35 – Dole 44 – Vesoul 56

Les Egrignes

ch,

rte d'Hugier – ☎ 03 84 31 92 06 – lesegrignes@wanadoo.fr – Fax 03 84 31 92 06

3 ch – 75 € 80 € – **Rest** – table d'hôte *(fermé 20 déc.-2 janv.) (dîner seult) (residents seult)* Menu 25 € bc

◆ Belle demeure de 1849 environnée d'un parc planté d'arbres centenaires. Chambres de bonne ampleur, décorées avec raffinement. Élegant salon aux meubles Art déco. La table d'hôte vous fera découvrir les spécialités culinaires et les crus de la région.

CUQ-TOULZA – 81 Tarn – 338 D9 – 519 h. – alt. 203 m – ✉ 81470 29 C2

Paris 713 – Toulouse 47 – Albi 72 – Castelnaudary 35 – Castres 33 – Gaillac 54

Cuq en Terrasses

Sud-Est : 2,5 km par D 45 – ☎ 05 63 82 54 00 – info@cuqenterrasses.com – Fax 05 63 82 54 11 – Ouvert 2 avril-30 oct.

6 ch – 95/105 € 100/150 €, 13 € – 1 suite – ½ P 89/117 € – **Rest** – *(fermé merc.) (dîner seult) (résidents seult)* Menu 35 €

◆ Cette charmante maison du 18e s. est une perle rare : insolite jardin en terrasses, ambiance "guesthouse", chambres personnalisées et décorées avec goût. Le soir, un menu unique est servi dans la coquette petite salle à manger.

LA CURE – 39 Jura – 321 G8 – rattaché aux Rousses

CUREBOURSE (COL DE) – 15 Cantal – 330 D5 – rattaché à Vic-sur-Cère

CURTIL-VERGY – 21 Côte-d'Or – 320 J6 – rattaché à Nuits-St-Georges

CURZAY-SUR-VONNE – 86 Vienne – 322 G6 – 426 h. – alt. 125 m – ✉ 86600 39 C1

Paris 364 – Lusignan 11 – Niort 54 – Parthenay 34 – Poitiers 29 – St-Maixent-l'École 28

Château de Curzay

ch, ch, 30,

rte Jazeneuil – ☎ 05 49 36 17 00 – info@chateau-curzay.com – Fax 05 49 53 57 69 – Ouvert 1er avril-12 nov.

20 ch – 170/320 € 170/320 €, 25 € – 2 suites – ½ P 185/260 €

Rest ***La Cédraie*** – *(fermé lundi et mardi sauf juil.-août)* Menu 45 € (déj.), 75/100 € – Carte 74/101 €

Rest ***La Ferme d'Autrefois*** – *(ouvert lundi et mardi)* Menu 50 € – Carte 45/54 €

Spéc. Langoustines rôties. Nage de bar aux coquillages et citrons confits. Tajine de pigeonneau. **Vins** Vin de Pays de la Vienne.

◆ Superbe château (1710) au cœur d'un beau parc de 120 ha traversé par une rivière et hébergeant un haras. Chambres au port aristocratique. Cuisine inventive (produits du potager et du jardin aromatique) à la Cédraie. Recettes du terroir à la Ferme d'Autrefois.

CUSSEY-SUR-L'OGNON – 25 Doubs – 321 F2 – 621 h. – alt. 227 m – ✉ 25870 16 B2

Paris 412 – Besançon 14 – Gray 37 – Vesoul 45

Château de Moncley★, Jura.

XX **La Vieille Auberge** VISA

– ☎ 03 81 48 51 70 – lavieilleauberge@wanadoo.fr – Fax 03 81 57 62 30 – Fermé 20 août-9 sept., 25 déc.-6 janv., vend. soir de nov. à janv., dim. soir et lundi

Rest – Menu 15 € (déj. en sem.), 23/45 € – Carte 37/50 € ♀

◆ Maison ancienne en pierres de taille tapissée de lierre. Cuisine traditionnelle et plats régionaux proposés dans une salle à manger discrètement rustique.

CUTS – 60 Oise – 305 J3 – 858 h. – alt. 79 m – ✉ 60400 37 C2

Paris 115 – Chauny 16 – Compiègne 26 – Noyon 10 – Soissons 30 – St-Quentin 45

XX **Auberge Le Bois Doré** avec ch ch, VISA AE

5 r. Ramée - D 934 – ☎ 03 44 09 77 66 – sarl-le-bois-dore@wanadoo.fr – Fax 03 44 09 79 27 – Fermé 27 août-9 sept., 26 fév.-12 mars, dim. soir, mardi soir et lundi

3 ch – 44 € 48 €, 7 € – 2 suites – **Rest** – Menu 16 € (déj. en sem.), 19/39 € – Carte 28/43 € ♀

◆ Bâtisse plus que centenaire dont la façade s'égaye de dais rouges. Salle à manger refaite, claire et sobrement décorée. À l'étage, vaste salle de banquets. Quelques chambres pour prolonger l'étape dans cet établissement entièrement non-fumeurs.

CUVES – 50 Manche – 303 F7 – 360 h. – alt. 78 m – ✉ 50670 32 A2

Paris 334 – Avranches 23 – Domfront 42 – Fougères 47 – St-Lô 54 – Vire 25

XX **Le Moulin de Jean** P VISA AE

Nord-Est : 2 km sur D 48 – ☎ 02 33 48 39 29 – reservations@lemoulindejean.com – Fax 02 33 48 35 32

Rest – Menu (24 €), 31/43 € ♀

◆ Dans un cadre bucolique, un ancien moulin où se marient harmonieusement pierres restaurées, parquet et sobre mise en place actuelle. Carte au goût du jour. Adresse non-fumeurs.

CUVILLY – 60 Oise – 305 H3 – 520 h. – alt. 78 m – ✉ 60490 36 B2

Paris 93 – Compiègne 21 – Amiens 54 – Beauvais 61 – Montdidier 15 – Noyon 32 – Roye 20

X **L'Auberge Fleurie** VISA

64 rte Flandres, N 17 – ☎ 03 44 85 06 55 – Fax 03 44 85 06 55 – Fermé 16 août-4 sept., 26-30 déc., dim. soir, mardi soir, merc. soir, jeudi soir et lundi sauf juil.-août

Rest – Menu 14 € (sem.)/38 € – Carte 53/102 € ♀

◆ Maison tapissée de vigne vierge au riche passé : relais de poste, puis ferme et aujourd'hui restaurant. Salle rustique, sise dans l'ex-bergerie. Plats traditionnels.

DABISSE – 04 Alpes-de-Haute-Provence – 334 D9 – ✉ 04190 Les Mées 40 B2

Paris 734 – Digne-les-Bains 34 – Forcalquier 20 – Manosque 27 – Sisteron 30

XXX **Le Vieux Colombier** P VISA AE

rte d'Oraison, Sud : 2 km sur D 4 – ☎ 04 92 34 32 32 – snowak@wanadoo.fr – Fax 04 92 34 34 26 – Fermé 1er-15 janv., mardi soir du 15 oct. au 15 mars, dim. soir et merc.

Rest – Menu (20 €), 29/56 € – Carte 52/59 € ♀

◆ Dans une ancienne ferme, salle à manger avec poutres apparentes. Agréable terrasse ombragée par deux marronniers centenaires. Cuisine classique.

DACHSTEIN – 67 Bas-Rhin – 315 J5 – 1 271 h. – alt. 160 m – ✉ 67120 1 A1

Paris 477 – Molsheim 6 – Saverne 28 – Sélestat 40 – Strasbourg 23

XX **Auberge de la Bruche** VISA AE

– ☎ 03 88 38 14 90 – info@auberge-bruche.com – Fax 03 88 48 81 12 – Fermé 15 août-1er sept., 27 déc.-8 janv., sam. midi, dim. soir et mardi

Rest – Menu 26/64 € bc – Carte 37/54 €

◆ Prenez l'ancienne tour de garde du village : à ses pieds, un cours d'eau, la Bruche, et à ses côtés une auberge fleurie au décor élégant. Le tout forme un joli tableau.

DAGLAN – 24 Dordogne – 337 D3 – 535 h. – alt. 101 m – ✉ 24250 4 D2

Paris 558 – Bordeaux 203 – Cahors 51 – Sarlat-la-Canéda 23

Syndicat d'initiative, le Bourg ☎ 05 53 29 88 68

X **Le Petit Paris** VISA

Le Bourg – ☎ 05 53 28 41 10 – Fax 05 53 28 41 10 – Ouvert 10 mars-15 déc. et fermé dim. soir hors saison, sam. midi et lundi

Rest – Menu 28/39 € – Carte 38/43 €

◆ Deux salles à manger rustiques (celle du 1er étage est plus cossue) et une terrasse d'été pour déguster une cuisine au goût du jour soignée, réalisée avec les produits régionaux.

LA DAILLE – 73 Savoie – 333 O5 – rattaché à Val-d'Isère

DAMBACH-LA-VILLE – 67 Bas-Rhin – 315 I7 – 1 973 h. – alt. 210 m – ✉ 67650

Alsace Lorraine 2 C1

Paris 443 – Obernai 24 – Saverne 61 – Sélestat 8 – Strasbourg 52

Office de tourisme, 11 place du Marché ☎ 03 88 92 61 00, Fax 03 88 92 47 11

Le Vignoble sans rest VISA AE

– ☎ 03 88 92 43 75 – hotel-vignoble-alsace@orange.fr – Fax 03 88 92 62 21 – Fermé janv.

7 ch – 50 € 55/60 €, 7 €

◆ Atmosphère villageoise (le clocher de l'église sonne toutes les heures), accueil chaleureux et petites chambres coquettes en cette ancienne grange alsacienne datant de 1765.

Au Raisin d'Or rest, VISA

28B rue Clémenceau – ☎ 03 88 92 48 66 – au-raisin-d-or@wanadoo.fr – Fax 03 88 92 61 42 – Fermé 20 déc.-10 janv., lundi et mardi

8 ch – 42/46 € 42/46 €, 8 € – ½ P 40/42 € – **Rest** – Menu 28/30 € – Carte 29/47 €

◆ Une étape bienvenue sur la route des Vins. L'extérieur est sobre ; l'intérieur offre le décor simple mais chaleureux d'une aimable pension familiale. Salle des repas aménagée dans l'esprit alsacien. Cuisine régionale arrosée des crus de la propriété.

DAMGAN – 56 Morbihan – 308 P9 – 1 327 h. – ✉ 56750 9 B3

Paris 469 – Muzillac 10 – Redon 46 – La Roche-Bernard 25 – Vannes 29

Office de tourisme, place du Presbytère ☎ 02 97 41 11 32

De la Plage sans rest VISA

38 bd de l'Océan – ☎ 02 97 41 10 07 – contact@hotel-morbihan.com – Fax 02 97 41 12 82 – Fermé 11 nov.-21 déc., 7 janv.-15 fév.

17 ch – 53/92 € 53/92 €, 9 € – 1 suite

◆ Mention particulière pour ces chambres non-fumeurs qui profitent presque toutes d'une belle échappée sur l'Atlantique. Restauration d'appoint, avec une "saladerie".

Albatros rest, VISA

1 bd de l'Océan – ☎ 02 97 41 16 85 – albatros56@wanadoo.fr – Fax 02 97 41 21 34 – Ouvert 31 mars-4 nov.

27 ch – 44/53 € 50/66 €, 7 € – ½ P 50/58 € – **Rest** – Menu 18/40 € – Carte 28/53 €

◆ Bâtisse des années 1970 que seule une petite route sépare de la plage. La majorité des chambres offre une vue sur l'océan ; toutes sont scrupuleusement tenues. Au restaurant, joli cadre coloré, belle échappée sur les flots, carte de poissons et crustacés.

DAMPIERRE-EN-YVELINES – 78 Yvelines – 311 H3 – 101 31 – voir à Paris, Environs

DAMPRICHARD – 25 Doubs – 321 L3 – 1 768 h. – alt. 825 m – ✉ 25450 17 C2

Paris 505 – Basel 94 – Belfort 64 – Besançon 82 – Montbéliard 47 – Pontarlier 67

Le Lion d'Or VISA

7 pl. du 3ème RTA – ✆ 03 81 44 22 84 – hotel.damprichard@wanadoo.fr – Fax 03 81 44 23 10 – Fermé 26 oct.-8 nov. et 18-24 fév.

13 ch – 41 € 41 €, 7 € – ½ P 43/50 € – **Rest** – *(fermé dim. soir et lundi)* Menu (11 €), 13,50 € (déj. en sem.), 19/49 € – Carte 29/60 €

◆ Petit hôtel familial au centre d'un bourg limitrophe de la Suisse, dont les alentours sont très prisés des pêcheurs et des randonneurs. Chambres modestes mais nettes. Salle des repas moderne et simple où l'on propose une cuisine traditionnelle.

DANJOUTIN – 90 Territoire de Belfort – 315 F11 – rattaché à Belfort

DANNEMARIE – 68 Haut-Rhin – 315 G11 – 1 988 h. – alt. 320 m – ✉ 68210 1 A3

Paris 447 – Basel 43 – Belfort 25 – Colmar 58 – Mulhouse 25 – Thann 25

Ritter VISA

face gare – ✆ 03 89 25 04 30 – restaurant.ritter@wanadoo.fr – Fax 03 89 08 02 34 – Fermé 17-26 juil., 21-31 déc., 12-29 fév., lundi soir, jeudi soir et mardi

Rest – Menu 12,50 € (déj. en sem.), 24/47 € – Carte 29/53 €

◆ L'ancien théâtre du village (1900) converti en restaurant. Sur scène et dans la salle, décor alsacien, collection de chopes et outils paysans... Spécialité de carpes frites.

Wach VISA

près H. de Ville – ✆ 03 89 25 00 01 – Fax 03 89 25 00 01 – Fermé 6-20 août, 24 déc.-7 janv. et lundi

Rest – *(déj. seul)* Menu 12 € (sem.), 27/35 € – Carte 27/40 €

◆ La modeste façade de cette adresse familiale est joliment fleurie en saison. Vous y goûterez une cuisine régionale accompagnée de vins de qualité proposés à des prix raisonnables.

DAVAYAT – 63 Puy-de-Dôme – 323 F7 – 510 h. – alt. 369 m – ✉ 63200 Auvergne 5 B2

Paris 402 – Clermont-Ferrand 28 – Cournon-d'Auvergne 29 – Vichy 46

La Maison de la Treille sans rest

25 r. de l'Église – ✆ 04 73 63 58 20 – honnorat.la.treille@wanadoo.fr

4 ch – 65/80 € 72/87 €

◆ Demeure de 1810 dont l'architecture s'inspire du néoclassicisme italien. Les chambres, soignées, se trouvent dans l'orangerie, entourée d'un ravissant jardin. Stages de tapisserie.

DAX – 40 Landes – 335 E12 – 19 515 h. – alt. 12 m – Stat. therm. : à St-Paul-lès-Dax : toute l'année – Casinos : La Potinière, et à St-Paul-lès-Dax – ✉ 40100 Aquitaine 3 B3

Paris 727 – Biarritz 61 – Bordeaux 144 – Mont-de-Marsan 54 – Pau 85

Office de tourisme, 11 cours Foch ✆ 05 58 56 86 86, Fax 05 58 56 86 80

Plan page suivante

Grand Hôtel Mercure Splendid ch, ch, rest, cuisinette 10/165, VISA

cours Verdun – ✆ 05 58 56 70 70 – h2148@accor-hotels.com – Fax 05 58 74 76 33 – Fermé janv. et fév. B a

100 ch – 78/115 € 100/120 €, 10 € – 6 suites – ½ P 87 € – **Rest** – Menu 26/32 € – Carte 27/39 €

◆ Le cadre Art déco originel est pieusement conservé, tant dans le hall et le bar que dans les chambres spacieuses, au charme désuet. Centre thermal rénové. Majestueuse salle à manger inspirée, dit-on, de celle du paquebot Normandie.

DAX

Aspremont (R. d') . . . . **A** 2
Augusta (Cours J.) . . . . **B** 3
Baignots (Allée des) . . . . **B** 4
Bouvet (Pl. C.) . . . . **B** 5
Carmes (R. des) . . . . **B** 6
Carnot (Bd) . . . . **A** 10
Cazade (R.) . . . . **B** 12
Chanoine-Bordes (Pl.) . . . . **B** 13
Chaulet (Av. G.). . . . . **AB** 14
Clemenceau (Av. G.) . . . . **AB** 15
Doumer (Av. P.). . . . . **A** 16
Ducros (Pl. R.) . . . . **B** 18
Foch (Cours Mar.) . . . . **B** 19
Francis Plante (Av.) . . . . **A** 35
Fusillés (R. des) . . . . **B** 22
Gaulle (Espl. Gén.-de) . . . . **B** 23
Lorrin (Bd C.) . . . . **A** 26
Manoir (Bd Y.-du) . . . . **AB** 28
Milliés-Lacroix (Av. E.) . . . . **AB** 30
Neuve (R.) . . . . **B** 31
Pasteur (Cours) . . . . **B** 34
Sablar (Av. du) . . . . **B** 37
St-Pierre (Pl.) . . . . **B** 38
St-Pierre (R.) . . . . **B** 39
St-Vincent-de-Paul (Av.) . . . . **AB** 44
St-Vincent (R.) . . . . **B** 40
Sully (R.) . . . . **B** 47
Thiers (Pl.) . . . . **B** 49
Toro (R. du) . . . . **B** 50
Tuilleries (Av. des) . . . . **AB** 51
Verdun (Cours de) . . . . **B** 52
Victor-Hugo (Av.) . . . . **AB** 54

ST-PAUL-LÈS-DAX

Foch (R. Mar.) . . . . **A** 20
Lahillade (R. G.) . . . . **A** 24
Liberté (Av. de la) . . . . **A** 25
Loustalot (R. René) . . . . **A** 27
Résistance (Av. de la) . . . . **A** 36
St-Vincent-de-Paul (Av.) . . . . **A** 45
Tambour (R. du) . . . . **B** 47

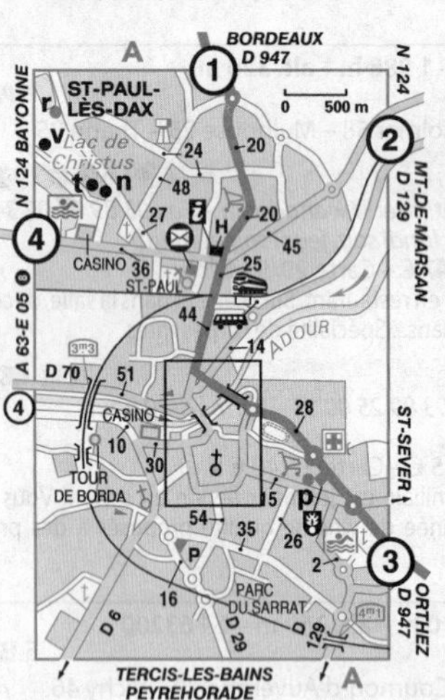

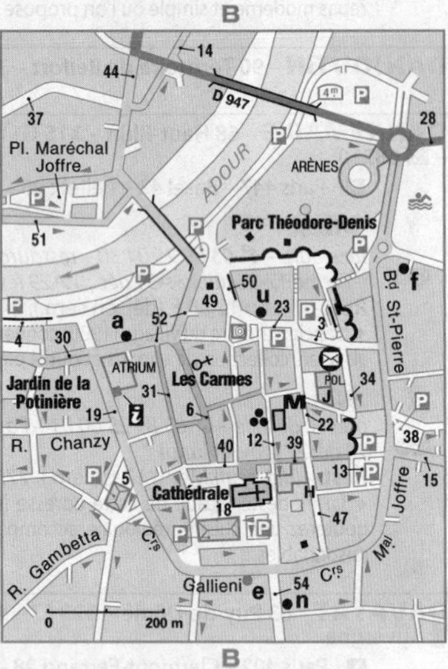

Le Grand Hôtel ♨ ⌂ ⧉ ♿ ch, AC ch, ⊬ ch, ⊬ rest, cuisinette 📞 🏋 50, P, 🚗 VISA MC AE
r. Source – ✆ 05 58 90 53 00 – grandhotel@thermesadour.com – Fax 05 58 90 52 88 B **f**
130 ch – †65/80 € ††72/85 €, ☕ 8 € – 6 suites – ½ P 50/65 € –
Rest – Menu 18/22 € – Carte environ 33 € ♀
◆ Cet hôtel a trouvé un second souffle grâce à une réfection bien réalisée. Chambres contemporaines insonorisées. Thermes intégrés et nombreuses animations (thés dansants). Salle à manger très spacieuse, fréquentée principalement par une clientèle de curistes.

Le Richelieu ⌂ ⧉ AC ch, 📞 🏋 25, P VISA MC AE
13 av. V. Hugo – ✆ 05 58 90 49 49 – reception@wanadoo.fr – Fax 05 58 90 80 86 – Fermé 25 déc.-7 janv. B **n**
20 ch – †55 € ††65 €, ☕ 6 € – **Rest** – *(fermé sam. midi, dim. soir et lundi)* Menu 14 € bc (déj. en sem.), 22/38 € – Carte 24/50 € ♀
◆ Chambres fonctionnelles refaites ; demandez-en une sur l'arrière. Un "tuyau" pour les curistes : l'annexe abrite des studios pratiques et équipés d'une cuisinette. Salle à manger colorée jusqu'aux poutres et patio où l'on dresse les tables par beau temps.

Le Vascon sans rest
pl. Fontaine Chaude – ✆ 05 58 56 64 60 – hotel-levascon@wanadoo.fr – Fax 05 58 90 85 47 – Ouvert 4 mars-1er déc. B u
25 ch – †32/34 € ††47/50 €, ☕ 6,50 €
◆ Face à la Fontaine chaude (64° !), principale curiosité dacquoise, petites chambres coquettes, colorées et dotées d'un mobilier de facture artisanale. Accueil aimable.

L'Amphitryon
38 cours Galliéni – ✆ 05 58 74 58 05 – Fermé 20 août-6 sept., 1er-21 janv., sam. midi, dim. soir et lundi B e
Rest – *(nombre de couverts limité, prévenir)* Menu 20 € (sem.)/38 € – Carte 35/45 €
◆ Derrière sa discrète façade immaculée, ce restaurant récemment redécoré propose une appétissante cuisine dans l'air du temps qui valorise les produits régionaux.

Une Cuisine en Ville (Lagraula)
11 av. G. Clemenceau – ✆ 05 58 90 26 89 – Fax 05 58 90 26 89 – Fermé 17 août-4 sept., lundi et mardi A p
Rest – Menu 35/60 € – Carte 55/63 €
Spéc. Foie gras de canard à la plancha, coings confits (automne). Saint-Jacques snackées, potimarron et chanterelles jaunes (oct. à janv.). Le "Russe" de Dax. **Vins** Jurançon, Côtes de Blaye.
◆ L'inventivité est ici de mise tant dans le décor, mariant vieux murs de pierre et éléments contemporains, que dans l'assiette, proposant une savoureuse cuisine personnalisée.

St-Paul-lès-Dax – 10 226 h. – alt. 21 m – ✉ 40990

Office de tourisme, 68 avenue de la Résistance ✆ 05 58 91 60 01, Fax 05 58 91 97 44

Calicéo
ch, ch, rest,cuisinette
au Lac de Christus – ✆ 05 58 90 66 00 – caliceo@thermesadour.com – Fax 05 58 90 66 64 25/80, A n
47 ch – †74/86 € ††86/98 €, ☕ 9,50 € – 148 suites – ††104/115 € – **Rest** – Menu 19/28 € – Carte 23/34 €
◆ Complexe récent dont la décoration des chambres s'inspire des années 1940. Espace de remise en forme aquatique et minicentre thermal. La salle de restaurant est agrandie d'une terrasse tournée vers le lac de Christus ; cuisine traditionnelle ou diététique.

Du Lac
rest, ch, rest,cuisinette
allée de Christus – ✆ 05 58 90 60 00 – hoteldulac@thermesadour.com – Fax 05 58 91 34 88 – Ouvert 3 mars-25 nov. 15/50, A t
209 ch – †57/62 € ††63/70 €, ☕ 10 € – ½ P 57/62 €
Rest ***L'Arc-en-Ciel*** – ✆ *05 58 90 63 00* – Menu 14,50 € (sem.)/23 € – Carte 20/32 €
◆ Ensemble hôtelier et thermal bien situé à deux pas du lac de Christus. Chambres pratiques ; la moitié d'entre elles ont une loggia. Cadre contemporain, vue sur l'eau et carte traditionnelle à l'Arc-en-Ciel ; restaurant diététique pour les curistes.

Les Jardins du Lac
rest, rest,cuisinette
au lac de Christus – ✆ 05 58 91 43 43 – jardinsdulac@wanadoo.fr – Fax 05 58 91 34 24 15, A v
30 ch – †70/90 € ††70/90 €, ☕ 8,50 € – 20 suites – **Rest** – *(fermé vend., sam. et dim. du 1er oct. au 30 juin) (dîner seult)* Menu 15/23 € – Carte 25/30 €
◆ Immeuble moderne entre lac et forêt. Studios spacieux, sobrement décorés et répondant aux normes de confort actuelles ; espace salon séparé et cuisinette. La petite salle de restaurant (non-fumeurs), lumineuse et contemporaine, s'ouvre côté piscine.

Le Moulin de Poustagnacq
– ✆ 05 58 91 31 03 – moulindepoustagnacq@wanadoo.fr – Fax 05 58 91 37 97 – Fermé 23-30 déc., 25 fév.-3 mars, mardi midi, dim. soir et lundi A r
Rest – Menu 29/69 € – Carte 63/73 €
◆ Réhabilitation réussie d'un ancien moulin en lisière de bois. Salle à manger originalement décorée et terrasse au bord d'un étang. Cuisine actuelle aux accents régionaux.

DEAUVILLE – 14 Calvados – 303 M3 – 4 364 h. – alt. 2 m – Casino AZ – ✉ 14800

Normandie Vallée de la Seine 32 **A3**

Paris 202 – Caen 50 – Évreux 101 – Le Havre 44 – Lisieux 30 – Rouen 90

de Deauville-St-Gatien : ✆ 02 31 65 65 65, par ② : 8 km *BY*.

Office de tourisme, place de la Mairie ✆ 02 31 14 40 00, Fax 02 31 88 78 88

New Golf de DeauvilleS : 3 km par D 278, ✆ 02 31 14 24 24 ; de l'Amirauté à Tourgéville Route Départementale 278, S : 4 km par D 278, ✆ 02 31 14 42 00 ; de Saint-Gatien à Saint-Gatien-des-Bois Le Mont Saint Jean, E : 10 km par D 74, ✆ 02 31 65 19 99.

Mont Canisy★ 5 km par ④ puis 20 mn.

La corniche normande★★ - La côte fleurie★★

Plan page ci-contre

Normandy-Barrière

ch, ch, rest, 15/130, VISA MC AE

38 r. J. Mermoz – ✆ 02 31 98 66 22 – normandy@lucienbarriere.com – Fax 02 31 98 66 23 AZ **h**

270 ch – 288/730 € 288/730 €, ☕ 24 € – 21 suites

Rest *La Belle Époque* – Menu 48/64 € – Carte 67/85 € ♀

◆ La silhouette de manoir anglo-normand de ce palace dessiné en 1912 est devenue l'emblème de la station. Spacieuses chambres soignées et bel espace de remise en forme. Salle à manger de style Belle Époque et tables dressées dans la jolie "cour normande" l'été.

Royal-Barrière

ch, ch, rest, 20/200, P VISA MC AE

bd E. Cornuché – ✆ 02 31 98 66 33 – royal@lucienbarriere.com – Fax 02 31 98 66 34 – Ouvert mars-oct. AZ **y**

222 ch – 255/658 € 255/658 €, ☕ 24 € – 30 suites

Rest *L'Etrier* – *(fermé le midi sauf sam. et dim.)* Menu 62/92 € – Carte 79/125 € ♀

Rest *Côté Royal* – *(fermé du dim. au jeudi sauf juil.-août) (dîner seult)* Menu 50 € – Carte 56/81 € ♀

Spéc. Foie gras de canard du pays d'Auge mariné au pommeau. Sole dorée au beurre salé. Composition autour de la pomme.

◆ Imposante architecture 1900 appréciée par la "jet-set" et les stars du cinéma. Chambres luxueusement aménagées, parfois tournées vers la Manche. L'Étrier propose son cadre "cosy" et sa délicieuse cuisine au goût du jour. Atmosphère de palace au Côté Royal.

L'Augeval sans rest

50, VISA MC AE

15 av. Hocquart de Turtot – ✆ 02 31 81 13 18 – info@augeval.com – Fax 02 31 81 00 40 AZ **d**

40 ch – 54/218 € 74/218 €, ☕ 12 € – 2 suites

◆ Ce séduisant manoir restauré est situé à proximité de l'hippodrome et des haras. Ambiance feutrée et décor sobre dans les chambres.

Le Trophée sans rest

15, VISA MC AE

81 r. Gén. Leclerc – ✆ 02 31 88 45 86 – information@letrophee.com – Fax 02 31 88 07 94 AZ **u**

35 ch – 59/99 € 64/144 €, ☕ 11 €

◆ Toutes les chambres de cet hôtel ont bénéficié d'une rénovation soignée ; certaines sont dotées d'une baignoire "balnéo" ou d'un balcon. Çà et là, meubles coloniaux. Petits sauna et hammam.

Continental sans rest

6/30, VISA MC AE

1 r. Désiré Le Hoc – ✆ 02 31 88 21 06 – info@hotel-continental-deauville.com – Fax 02 31 98 93 67 – Fermé 11 nov.-20 déc. BZ **s**

42 ch – 54/79 € 54/93 €, ☕ 8 €

◆ Cet hôtel, bien situé au centre de la station, a été refait de pied en cap. Chambres spacieuses et d'une fraîche simplicité, salon et salle des petits-déjeuners chaleureux.

Mercure Deauville Hôtel du Yacht Club sans rest

P VISA MC AE

2 r. Breney – ✆ 02 31 87 30 00 – h2876@accor.com – Fax 02 31 87 05 80 – Fermé 7 janv.-7 fév. BY **b**

47 ch – 104/163 € 111/169 €, ☕ 14 €

◆ Hôtel récent abritant des chambres fonctionnelles, rénovées de fraîche date. Leurs balcons donnent côté quai, sur les voiliers de la marina, ou côté jardin public. Copieux petit-déjeuner.

DEAUVILLE

Blanc (R. E.) . . . . **AZ** 4
Colas (R. E.) . . . . **AZ** 5
Fossorier (R. R.) . . . . **ABZ** 8
Fracasse (R. A.) . . . . **AZ**
Gambetta (R.) . . . . **BY** 9
Gaulle (Av. Gén.-de) . . . . **AZ** 10
Gontaut-Biron (R.) . . . . **AYZ** 13
Hoche (R.) . . . . **AYZ** 20
Le-Hoc (R. D.) . . . . **BZ** 24
Laplace (R.) . . . . **AZ** 23
Le Marois (R.) . . . . **AZ** 25
Mirabeau (R.) . . . . **BY** 26
Morny (Pl. de) . . . . **BZ** 28
République (Av. de la) . . . . **ABZ**

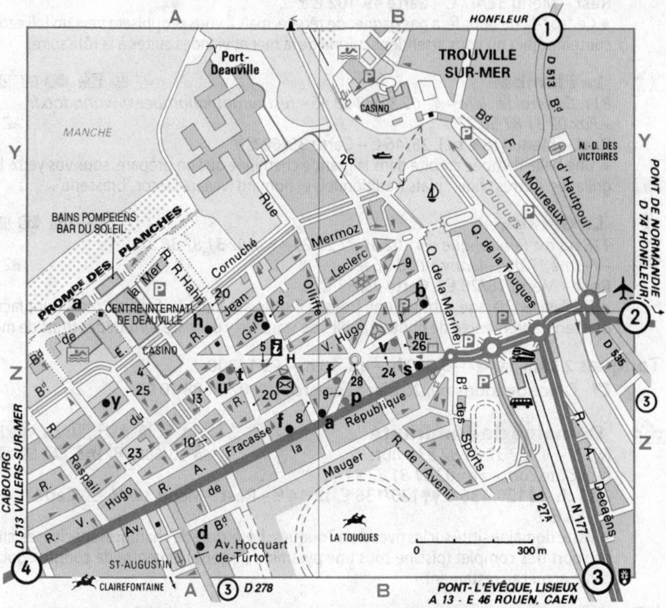

Marie-Anne sans rest
142 av. République – ☎ 02 31 88 35 32 – hotel.marieanne@wanadoo.fr – Fax 02 31 81 46 31 AZ **f**
25 ch – †90/200 € ††90/200 €, ☕ 9,50 €
◆ De par sa situation centrale, cette jolie villa vous met à proximité de tous les agréments de la station. La moitié des chambres a été rénovée en 2006 et un jardin a été créé.

Le Chantilly sans rest
120 av. République – ☎ 02 31 88 79 75 – hchantilly@aol.com – Fax 02 31 88 41 29 BZ **a**
17 ch – †62/95 € ††82/115 €, ☕ 8,50 €
◆ Hôtel sis à deux pas de l'hippodrome de la Touques. Les chambres, pimpantes et colorées, ont toutes fait peau neuve ; préferez celles donnant sur le patio, plus au calme.

Hélios sans rest
10 r. Fossorier – ☎ 02 31 14 46 46 – hotelhelios@wanadoo.fr – Fax 02 31 88 53 87 – Fermé 9-22 janv. AZ **e**
36 ch – †50/80 € ††66/80 €, ☕ 8 €, 8 duplex
◆ Emplacement pratique au centre de la célèbre station balnéaire de la Côte Fleurie. Sobres chambres rajeunies et duplex appréciés par les familles. Minipiscine.

Ciro's
prom. Planches – ☎ 02 31 14 31 31 – rpapoz@lucienbarriere.com – Fax 02 31 88 32 02 – Fermé janv., mardi, merc. et jeudi d'oct. à mai AZ **a**
Rest – Menu 39 € (déj. en sem.) – Carte 48/98 €
◆ Pavillon donnant sur la fameuse promenade des "planches". Salle feutrée tournée vers la Manche et produits de la mer à l'honneur pour ce rendez-vous chic des célébrités.

XX **Le Spinnaker**

52 r. Mirabeau – ✆ 02 31 88 24 40 – Fax 02 31 88 43 58 – Fermé 25 juin-1er juil., 19 nov.-2 sept., 2-27 janv., mardi de sept. à avril et lundi BZ **v**

Rest – Menu 32/47 € – Carte 49/102 €

◆ Ce "spi"-là ne vous fera pas gagner de régate, mais il vous propulsera vers un joli cadre contemporain où vous attendent cuisine de la mer et viandes cuites à la rôtissoire.

XX **La Flambée**

81 r. Général Leclerc – ✆ 02 31 88 28 46 – restaurant.laflambee@wanadoo.fr – Fax 02 31 87 50 27 AZ **t**

Rest – Menu (18 € bc), 25/46 € – Carte 35/68 €

◆ Une belle flambée crépite dans la grande cheminée où l'on prépare, sous vos yeux, les grillades. Autres choix : plats traditionnels et homard (vivier). Décor "brasserie".

X **Le Garage**

118 bis av. République – ✆ 02 31 87 25 25 – Fax 02 31 87 38 37 – Fermé 17 déc.-4 janv. et 10-16 fév. BZ **p**

Rest – Menu 18/28 € – Carte 23/53 €

◆ De l'ancien garage subsiste une fresque à sujet automobile. Salle de restaurant façon brasserie, agrémentée de photographies de stars. On y déguste surtout des fruits de mer.

à Touques 2,5 km par ③ – 3 500 h. – alt. 10 m – ✉ 14800

Office de tourisme, 20 place Lemercier ✆ 02 31 88 70 93

Domaine de l'Amirauté ch, ch, ch, 10/600,

N 177 – ✆ 02 31 81 82 83 – hotel@amiraute.com – Fax 02 31 81 82 93

225 ch – 120/136 € 120/136 €, 14 € – **Rest** – Menu 30/46 € – Carte 37/53 €

◆ Vaste domaine situé sur les rives de la Touques : hôtel doté de chambres spacieuses, club de sport très complet (piscine sous une pyramide de verre) et centre de congrès. Sobre cadre actuel au restaurant.

XX **Les Landiers**

90 r. Louvel et Brière – ✆ 02 31 87 41 08 – nycgerard@hotmail.com – Fax 02 31 81 90 31 – Fermé 12-23 mars, 2-9 juil., 12-24 nov., 4-23 fév., jeudi midi, dim. soir et merc. hors saison

Rest – Menu 17 € (déj. en sem.), 28/44 € – Carte 33/51 €

◆ Cette façade à colombages typiquement normande dissimule deux coquettes salles à manger où poutres et cheminée apportent une plaisante touche campagnarde. Cuisine actuelle.

XX **L'Orangeraie**

12 quai Monrival – ✆ 02 31 81 47 81 – isabelle.camillieri@wanadoo.fr – Fermé 1er-10 oct., 2 sem. en fév., jeudi sauf de juil. à sept. et merc.

Rest – Menu (18 €), 25/38 € – Carte 36/68 €

◆ L'atmosphère rustique créée par les murs blanchis à la chaux et les colombages s'accorde bien avec l'élégance de la mise en place. Cuisine actuelle. Terrasse en bois exotique.

à Canapville 6 km par ③ – 222 h. – alt. 10 m – ✉ 14800

Le Mont d'Auge sans rest

par D 279 et rte secondaire (dir. St-Gatien) – ✆ 02 31 64 95 17 – zeniewski@hotmail.com

4 ch – 75/85 € 80/120 €

◆ Belle maison normande jouissant du calme de la campagne deauvillaise. Chambres d'esprit rustique ; la plus spacieuse, avec salon et mini-terrasse, peut accueillir une famille.

XX **Auberge du Vieux Tour**

sur N 177 – ✆ 02 31 65 21 80 – le.vieux.tour@free.fr – Fax 02 31 65 03 75 – Fermé 1er-8 juil., vacances de Noël, de fév., mardi soir, dim., lundi et merc. sauf du 14 juil. au 31 août

Rest – Menu 19 € (sem.)/55 € – Carte 30/65 €

◆ Coiffée de chaume, l'auberge borde la nationale, mais la coquette salle à manger (poutres, murs rose saumon, tableaux, tomettes) et la terrasse sont au calme, côté jardin.

au New Golf 3 km au Sud par D 278 - BAZ – ✉ 14800 Deauville

Du Golf-Barrière ← campagne deauvillaise,
– ✆ 02 31 14 24 00 ♿ ch, rest, 30/200, P, VISA, MC, AE
– *hoteldugolfdeauville@lucienbarriere.com – Fax 02 31 14 24 01 – Fermé de mi-nov. à fin-déc.*
178 ch – 119/518 € 119/518 €, ☕ 22 € – 9 suites
Rest ***La Pommeraie*** – *(dîner seult)* Menu 30 € (sem.), 38/55 € – Carte 39/65 €
Rest ***Le Club House*** – *✆ 02 31 14 24 23 (déjeuner seult)* Menu 25 € – Carte 21/35 €
◆ Palace Art déco entouré d'un golf et juché sur le mont Canisy, d'où la vue s'étend sur la mer et sur la campagne. Chambres spacieuses peu à peu rénovées. Élégant cadre 1930 et cuisine classique à la Pommeraie. Repas servis sous forme de buffets au Club House.

au Sud 6 km par D 278 et chemin de l'Orgueil – ✉ 14800 Deauville

Hostellerie de Tourgéville ←
– *✆ 02 31 14 48 68 – info@hostellerie-de-tourgeville.fr – Fax 02 31 14 48 69 – Fermé 17 fév.-11 mars* 6/20, P, VISA, MC, AE
6 ch – 125/175 € 125/175 €, ☕ 16 € – 6 suites, 13 duplex 190/330 € – ½ P 110/212 € – **Rest** – *(dîner seult)* Menu 39/56 € – Carte 47/80 €
◆ Séduisant manoir normand isolé en plein bocage du pays d'Auge. Chambres, duplex et triplex portent le nom d'une vedette du cinéma ; décor personnalisé (golf, cheval, etc.). La ravissante salle à manger campagnarde donne sur un joli patio.

au golf de l'Amirauté 7 km au Sud par D 278 – ✉ 14800 Deauville

XX **Les Chaumes** ← P, VISA, MC
– *✆ 02 31 14 42 00 – golf@amiraute.com – Fax 02 31 88 32 00*
Rest – *(déj. seult)* Menu 19/39 € – Carte 42/59 €
◆ Hier haras, aujourd'hui club-house abritant une salle de restaurant au cadre contemporain. Vue panoramique sur le parcours de 27 trous agrémenté de sculptures modernes.

DECAZEVILLE – 12 Aveyron – 338 F3 – 6 805 h. – alt. 230 m – ✉ 12300

Midi-Pyrénées 29 **C1**

▶ Paris 605 – Aurillac 64 – Figeac 27 – Rodez 39 – Villefranche-de-Rouergue 39

ℹ Office de tourisme, avenue Cabrol ✆ 05 65 43 18 36, Fax 05 65 43 19 89

Moderne et Malpel 30, VISA, MC
16 av. A. Bos (derrière église) – ✆ 05 65 43 04 33 – Fax 05 65 43 17 17
24 ch – 42/56 € 49/62 €, ☕ 6,50 € – ½ P 47 € – **Rest** – *(fermé sam., dim. et fériés)* Menu 15/29 € – Carte 25/39 €
◆ Face à la poste, une adresse toute simple, pratique pour l'étape sur la route de Compostelle. Ambiance familiale et chambres sobrement aménagées. Lumineuse salle à manger mi-moderne, mi-rustique ; solide cuisine régionale.

DECIZE – 58 Nièvre – 319 D11 – 6 456 h. – alt. 197 m – ✉ 58300

Bourgogne 7 **B3**

▶ Paris 270 – Châtillon-en-Bazois 34 – Luzy 44 – Moulins 35 – Nevers 34

ℹ Office de tourisme, place du Champ de Foire ✆ 03 86 25 27 23, Fax 03 86 77 16 58

XX **Le Charolais** AC VISA MC
33 bis rte Moulins – ✆ 03 86 25 22 27 – frank.rapiau@wanadoo.fr – Fax 03 86 25 52 52 – Fermé 1er-7 janv., vacances de fév., mardi soir et merc. soir du 15 nov. au 15 avril, dim. soir et lundi
Rest – Menu 17/53 € – Carte 40/63 €
◆ La ville natale de Maurice Genevoix abrite ce restaurant au cadre contemporain assidûment fréquenté par les plaisanciers du canal nivernais. Cuisine au goût du jour.

LA DÉFENSE – 92 Hauts-de-Seine – 311 J2 – 101 14 – voir à Paris, Environs

DELME – 57 Moselle – 307 J5 – 728 h. – alt. 220 m – ✉ 57590 27 C2

Paris 364 – Château-Salins 12 – Metz 33 – Nancy 36 – Pont-à-Mousson 27 – St-Avold 43

Syndicat d'initiative, Mairie ✆ 03 87 01 37 19, Fax 03 87 01 42 91

A la XIIe Borne

rest, ch, VISA

6 pl. République – ✆ 03 87 01 30 18 – XIIborne@wanadoo.fr – Fax 03 87 01 38 39 – Fermé dim. soir du 1er nov. au 31 mars et lundi

15 ch – †51/72 € ††51/72 €, ☕ 7,50 € – ½ P 52 € – **Rest** – Menu 20/45 € – Carte 46/72 €

◆ Quatre frères président au destin de cette longue bâtisse dont la façade pastel égayée de volets blancs surveille la place centrale. Chambres fonctionnelles bien insonorisées. Repas traditionnel servi dans un cadre actuel sobre ; spécialité de tête de veau.

DERCHIGNY – 76 Seine-Maritime – 304 H2 – 416 h. – alt. 100 m – ✉ 76370 33 D1

Paris 206 – Barentin 64 – Dieppe 10 – Rouen 74

Manoir de Graincourt

10 pl. Ludovic Panel – ✆ 02 35 84 12 88 – contact@manoir-de-graincourt.fr – Fax 02 35 84 12 88

5 ch ☕ – †77/97 € ††77/117 € – **Rest** – table d'hôte *(dîner seult) (résidents seult)* Menu 30 € bc

◆ Ce manoir typé (19e s.) et sa dépendance au passé conventuel jouxtent l'église. Chambres coquettes ouvrant sur un jardin claustral bichonné ; salon-bibliothèque et salle de billard. Belle cuisine où l'on dîne en table d'hôte (sur demande). Adresse non-fumeurs.

DESCARTES – 37 Indre-et-Loire – 317 N7 – 4 019 h. – alt. 50 m – ✉ 37160

Châteaux de la Loire 11 B3

Paris 292 – Châteauroux 94 – Châtellerault 24 – Chinon 51 – Loches 32 – Tours 59

Office de tourisme, place Blaise Pascal ✆ 02 47 92 42 20, Fax 02 47 59 72 20

Moderne

P VISA

15 r. Descartes – ✆ 02 47 59 72 11 – hotel.moderne.fb@wanadoo.fr – Fax 02 47 92 44 90 – Fermé 16 nov.-2 déc., 8-24 fév., sam. midi et vend. de sept. à avril, lundi midi de mai à sept. et dim. soir

Rest – Menu 14/33 € – Carte 33/42 €

◆ Restaurant de style rustique proche de la maison natale de René Descartes, aujourd'hui musée. L'été, terrasse dressée dans le petit jardin. Cuisine traditionnelle.

Auberge de Lilette

P VISA

à Buxeuil Lilette (86 Vienne), Ouest : 3 km par D 58 et D5 – ✆ 02 47 59 72 22 – auberge.lilette@wanadoo.fr – Fax 02 47 92 93 93 – Fermé vend. soir

Rest – Menu 10 € bc (déj. en sem.), 15/33 € – Carte 33/40 €

◆ On oublie vite la simplicité de cette modeste salle à manger – accessible par le bar-tabac du village – pour se régaler de bons plats à dominante régionale.

DESVRES – 62 Pas-de-Calais – 301 E3 – 5 205 h. – alt. 98 m – ✉ 62240 30 A2

Paris 263 – Calais 40 – Arras 98 – Boulogne 19

Syndicat d'initiative, 25 rue des Potiers ✆ 03 21 83 57 75

Ferme du Moulin aux Draps sans rest

P VISA

rte Crémarest, D 254[E] : 1,5 km – ✆ 03 21 10 69 59 – Fax 03 21 87 14 56 – Fermé janv.

20 ch – †75/78 € ††85/88 €, ☕ 12 €

◆ Ce séduisant hôtel niché entre forêt et prairie a été reconstruit sur le modèle de l'ancienne ferme familiale. Plaisantes chambres et piscine couverte dans la cour intérieure.

LES DEUX-ALPES (Alpes de Mont-de-Lans et de Vénosc) – 38 Isère
– **333** J7 – **Sports d'hiver : 1 650/3 600 m** 🚡 7 ⛷ 49 ⛷ – ✉ 38860
Alpes du Nord 45 **C2**

- Paris 640 – Le Bourg-d'Oisans 26 – Grenoble 78
- Office de tourisme, 4 place Deux-Alpes ✆ 04 76 79 22 00, Fax 04 76 79 01 38
- des Deux-Alpes Rue des Vikings, E : 2 km, ✆ 04 76 80 52 89.
- Belvédères : de la Croix★, des Cîmes - Croisière Blanche★★★.

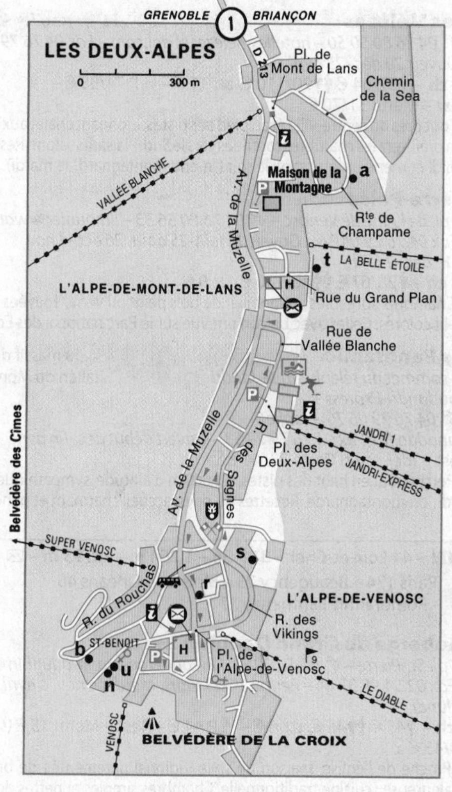

Chalet Mounier

– ✆ 04 76 80 56 90 – doc@chalet-mounier.com – Fax 04 76 79 56 51 – *Ouvert de mi-juin à fin août, de mi-déc. à fin avril* — rest, 20/25, VISA **n**

41 ch – 95/160 € 135/230 €, 15 €, 4 duplex – ½ P 96/148 €

Rest – *(résidents seult)*

Rest *Le P'tit Polyte* – *(dîner seult sauf dim. et fériés)* Menu (36 €), 49/59 €

Spéc. Escalope de foie gras chaud aux figues. Noix de ris de veau braisée dans son jus de cuisson à la truffe. Macaron à la fraise, sorbet basilic. **Vins** Vin de Pays des coteaux du Grésivaudan, Mondeuse.

◆ Du chalet d'alpage de 1879 ne subsiste que l'âme : le décor renouvelé de bois sculpté et tissus tendus a instauré une ambiance "cosy style". Belle cuisine inventive servie dans la jolie salle du P'tit Polyte.

Souleil'Or ◆ < 🏠 ⛷ Ⓛ 🏋 ⬛ ⧸ rest, % rest, 🛎 15, P VISA MC AE

– ☎ 04 76 79 24 69 – hotel.le.souleil.or@wanadoo.fr – Fax 04 76 79 20 64 – Ouvert 17 juin-1er sept. et 3 déc.-21 avril t

42 ch – †98/115 € ††125/155 €, ☕ 13 € – ½ P 81/120 € – **Rest** – *(dîner seult)* Menu 30 € ♀

◆ Les chambres rénovées de cet hôtel-chalet à la façade en bois disposent toutes d'un balcon. Décor assez original (thème du soleil omniprésent), bon confort et tenue rigoureuse. Restaurant avec terrasse au bord de la piscine ; plats traditionnels et dauphinois.

Les Mélèzes < 🏠 Ⓛ ⧸ rest, ☎ 🛎 25, P VISA MC AE

– ☎ 04 76 80 50 50 – hotellesmelezes@aol.com – Fax 04 76 79 20 70 – Ouvert 20 déc.-25 avril s

34 ch – †57/64 € ††90/110 €, ☕ 11 € – ½ P 74/98 € – **Rest** – Menu 31/70 €

◆ Tout près du centre-ville et au pied des pistes, étonnant chalet aux lignes triangulaires où l'on préférera les chambres tournées vers le Sud. Plaisants salons. Restauration assez simple à midi et menu unique servi le soir ("menu montagnard" le mardi).

Serre-Palas sans rest < VISA MC

13 pl. de l'Alpe de Venosc – ☎ 04 76 80 56 33 – limounier@wanadoo.fr – Fax 04 76 79 04 36 – Ouvert 16 juin-25 août, 26 oct.-4 nov. et 1er déc.-2 mai u

24 ch – †28/67 € ††40/140 €, ☕ 9 €

◆ Chambres agréables au mobilier de bois peint ou verni, égayées de voilages et dessus-de-lit colorés. Celles avec balcon ont vue sur le Parc national des Écrins.

Le Panoramic < du massif du Vercors au versant italien du Mont-Blanc, 🏠 VISA MC

au sommet du téléphérique Jandri 2 ou Jandri-Express 1 – ☎ 04 76 79 06 75 – majie@wanadoo.fr – Fax 04 76 79 29 53 – Ouvert début déc.-fin avril

Rest – *(déj. seult)* Carte 23/44 € ♀

◆ Perché tout en haut des pistes, à 2 600 m d'altitude, sympathique chalet décoré dans la tradition montagnarde. Recettes du pays, accueil charmant et panorama "grand écran".

DHUIZON – 41 Loir-et-Cher – 318 G6 – 1 254 h. – alt. 93 m – ✉ 41220 12 C2

Paris 174 – Beaugency 23 – Blois 29 – Orléans 46 – Romorantin-Lanthenay 27

Auberge du Grand Dauphin avec ch 🏠 P VISA MC

17 pl. St.-Pierre – ☎ 02 54 98 31 12 – auberge-grand-dauphin@wanadoo.fr – Fax 02 54 98 37 64 – Fermé 1er-23 mars, mardi de nov. à avril, dim. soir et lundi

9 ch – †45 € ††45 €, ☕ 6 € – ½ P 44 € – **Rest** – Menu 15 € (sem.)/35 € – Carte 31/45 € ♀

◆ Proche de l'église, maison de style régional parementée de briques. Salle à manger chaleureuse ; cuisine traditionnelle. Chambres simples et nettes donnant sur la cour.

DIE – 26 Drôme – 332 F5 – 4 451 h. – alt. 415 m – ✉ 26150

Alpes du Sud 44 B3

Paris 623 – Gap 92 – Grenoble 110 – Montélimar 73 – Nyons 77 – Sisteron 103 – Valence 66

Office de tourisme, rue des Jardins ☎ 04 75 22 03 03, Fax 04 75 22 40 46

Mosaïque★ dans l'hôtel de ville.

Paysages du Diois★★.

Des Alpes sans rest ⬛ ☎ 🚗 VISA MC

87 r. C. Buffardel – ☎ 04 75 22 15 83 – hoteldesalpesdie@wanadoo.fr – Fax 04 75 22 09 39

24 ch – †47 € ††54 €, ☕ 7 €

◆ Ce relais de diligences du 14e s., maintes fois remanié, propose des chambres spacieuses, peu à peu rénovées et bien tenues.

DIEFFENBACH-AU-VAL – 67 Bas-Rhin – 315 H7 – 582 h. – alt. 350 m – ✉ 67220 2 C1

▶ Paris 538 – Colmar 33 – Lahr 65 – Strasbourg 53

La Maison Fleurie sans rest

19 r. de Neuve-Église – ☎ 03 88 85 60 48 – engel-thierry@wanadoo.fr – Fax 03 88 85 60 48

4 ch – 43 € 52/70 €

◆ Les chambres de cette confortable maison perchée sur une colline jouissent d'un très joli panorama. Le petit-déjeuner composé de kouglof, confiture et miel maison est un vrai régal.

Romance sans rest

17 r. de Neuve-Église – ☎ 03 88 85 67 09 – corinne@la-romance.net – Fax 03 88 57 61 58

6 ch – 80/95 € 85/105 €

◆ Dans cette demeure de style régional, sur les hauteurs du village, les chambres sont colorées et vraiment très tranquilles. Deux possèdent une terrasse avec vue sur la vallée.

DIEFFENTHAL – 67 Bas-Rhin – 315 I7 – 226 h. – alt. 185 m – ✉ 67650 2 C1

▶ Paris 441 – Lunéville 100 – St-Dié 45 – Sélestat 7 – Strasbourg 54

Le Verger des Châteaux ch, 30, VISA

2 rte Romaine – ☎ 03 88 92 49 13 – verger-des-chateaux@villes-et-vignoble.com – Fax 03 88 92 40 99

32 ch – 58/64 € 60/68 €, 8 € – ½ P 58 € – **Rest** – *(fermé lundi midi)* Menu 20/30 € bc – Carte 26/48 €

◆ L'imposante bâtisse borde le fameux vignoble alsacien. Les chambres, un peu nues, y sont amples et munies d'un mobilier actuel. Vaste et sobre salle à manger agréablement ouverte sur la campagne ; registre culinaire traditionnel. Winstub au décor coloré.

DIEFMATTEN – 68 Haut-Rhin – 315 G10 – 251 h. – alt. 300 m – ✉ 68780 1 A3

▶ Paris 450 – Belfort 25 – Colmar 48 – Mulhouse 21 – Thann 15

XXX **Auberge du Cheval Blanc** avec ch rest, cuisinette VISA

17 r. Hecken – ☎ 03 89 26 91 08 – patrick@auchevalblanc.fr – Fax 03 89 26 92 28

8 ch – 54/80 € 54/120 €, 8 € – ½ P 85 € – **Rest** – *(fermé 16-31 juil., 7-20 janv., lundi et mardi sauf fériés)* Menu (15 €), 23 € bc (déj. en sem.), 28/72 € – Carte 47/68 €

◆ Maison alsacienne (19e s.) dont l'intérieur, refait dans un esprit contemporain, conserve néanmoins son âme campagnarde. Belle échappée sur le parc depuis la terrasse arrière. Cinq appartements neufs et accueillants ; les autres chambres sont plus anciennes.

DIENNE – 15 Cantal – 330 E4 – 293 h. – alt. 1 053 m – ✉ 15300
Auvergne 5 B3

▶ Paris 529 – Allanche 21 – Aurillac 54 – Condat 30 – Mauriac 52 – Murat 10 – St-Flour 34

◉ ≤★★ du Pas de Peyrol.

X **Poste** avec ch ≤ VISA

– ☎ 04 71 20 80 40 – Fax 04 71 20 82 75 – Fermé 15 nov.-1er fév.

10 ch – 42 € 42 €, 8 € – ½ P 43/45 € – **Rest** – *(dîner seult)* Menu 16/18 €

◆ Hospitalité toute auvergnate, produits du potager et petite terrasse : cet ancien relais de poste en pierres du pays est depuis 1916 une adresse familiale bien sympathique.

DIEPPE – 76 Seine-Maritime – 304 G2 – 34 653 h. – alt. 6 m – Casino Municipal AY – ✉ 76200 Normandie Vallée de la Seine 33 D1

▶ Paris 197 – Abbeville 68 – Caen 176 – Le Havre 111 – Rouen 66

ℹ Syndicat d'initiative, pont Jehan Ango ☎ 02 32 14 40 60, Fax 02 32 14 40 61

de Dieppe-Pourville Route de Pourville, O : 2 km par D 74, ☎ 02 35 84 25 05.

◉ Église St-Jacques★ - Chapelle N.-D.-de-Bon-Secours ≤★ - Musée★ du château (ivoires dieppois★).

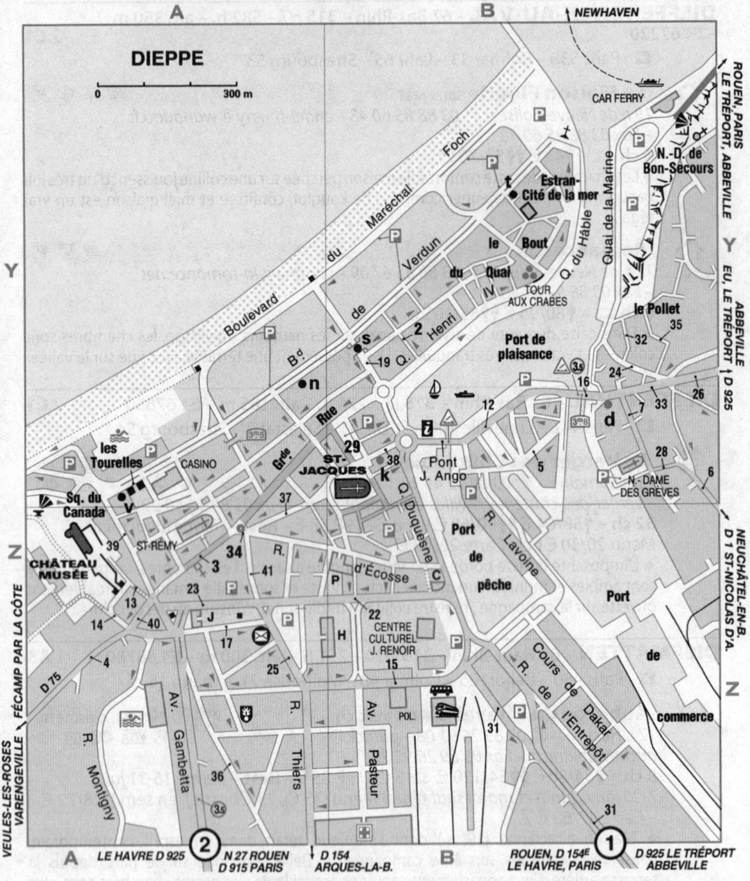

DIEPPE

Rue	Carré	N°
Ango (R. J.)	BY	2
Barre (R. de la)	AZ	3
Barre (R. du Fg-de-la)	AZ	4
Belleteste (R. Jean)	BY	5
Bonne-Nouvelle (R.)	BY	6
Brunel (R. J.)	BY	7
Carénage (Q. du)	BY	12
Chastes (R. de)	AZ	13
Citadelle (Ch. de la)	AZ	14
Clemenceau (Bd G.)	BZ	15
Colbert (Pont)	BY	16
Desmarets (R.)	AZ	17
Duquesne (R.)	BY	19
Gaulle (Bd Gén.-de)	ABZ	22
Grande-Rue	ABY	
Groulard (R. C.)	AZ	23
Guerrier (R.)	BY	24
Joffre (Bd Mar.)	AZ	25
Leclerc (Av. Gén.)	BY	26
Levasseur (R.)	BY	28
Nationale (Pl.)	BY	29
Normandie-Sussex (Av.)	BZ	31
Petit-Fort (R. du)	BY	32
Polet (Gde-R. du)	BY	33
Puits-Salé (Pl. du)	AZ	34
Quiquengrogne (R.)	BY	35
République (R. de la)	AZ	36
St-Jacques (R.)	AYZ	37
St-Jean (R.)	BY	38
Sygogne (R. de)	AZ	39
Toustain (R.)	AZ	40
Victor-Hugo (R.)	AZ	41

Aguado sans rest
30 bd Verdun – ✆ 02 35 84 27 00 – chris.bert@tiscali.fr – Fax 02 35 06 17 61 BY s

56 ch – ♦51/89 € ♦♦55/104 €, ☕ 8 €

♦ L'immeuble enjambe une rue donnant sur le front de mer, mais les chambres, à choisir côté promenade maritime ou côté ville et port, bénéficient d'une insonorisation optimale.

De l'Europe sans rest
63 bd Verdun – ✆ 02 32 90 19 19 – Fax 02 32 90 19 00 BY t

60 ch – ♦55/70 € ♦♦60/88 €, ☕ 8 €

♦ Bâtisse hôtelière à façade en bois et béton. Les chambres, claires et amples, sont meublées en rotin et tournées vers la Manche. Bar feutré fréquenté par la clientèle locale.

La Présidence rest, 20/70, VISA

1 bd Verdun – ☎ 02 35 84 31 31 – contact@hotel-la-presidence.com – Fax 02 35 84 86 70 AY **v**

89 ch – 65/90 € 70/140 €, ☕ 11 € – ½ P 70/80 € – **Rest** – Menu 24/46 € – Carte 30/53 €

◆ Réservez une chambre rénovée dans cet hôtel des années 1970 idéalement situé à proximité de la plage et du château-musée. Les larges baies du restaurant panoramique logé au dernier étage de l'immeuble permettent de profiter du spectacle de la Manche.

La Villa Florida sans rest

24 chemin du Golf, par D 75 – ☎ 02 35 84 40 37 – adn@lavillaflorida.com – Fax 01 72 74 33 76

4 ch ☕ – 70 € 70 €

◆ Ce "bed and breakfast" au parfum d'Orient tire parti d'une belle maison contemporaine d'architecte située dans un secteur résidentiel et agrémentée d'un jardin ouvert sur le golf.

Villa des Capucins sans rest VISA

11 r. des Capucins – ☎ 02 35 82 16 52 – villa.des.capucins@wanadoo.fr – Fax 02 32 90 97 52

5 ch ☕ – 55 € 68 €

◆ Dans le quartier du Pollet, maison d'hôte de caractère mettant à profit les dépendances d'un prieuré. Jolies chambres tournées vers un jardin clos. Cuisine-salle à manger ancienne.

La Mélie VISA

2 Gde rue du Pollet – ☎ 02 35 84 21 19 – huelamelie@aol.com – Fax 02 35 06 24 27 – Fermé dim. sauf le midi en saison et lundi BY **d**

Rest – *(prévenir)* Menu 20 € (sem.), 35/45 € – Carte environ 45 €

◆ Restaurant dont la façade, d'un bleu vif, capte volontiers le regard et donne un indice quant au style culinaire du chef. Carte à dominante littorale ; cadre rustique sobre.

Les Voiles d' Or VISA

2 chemin de la Falaise, près de la chapelle N.-D.-de-Bon-Secours ✉ 76200 Dieppe – ☎ 02 35 84 16 84 – Fermé 12-30 nov., dim. soir, lundi et mardi

Rest – *(nombre de couverts limité, prévenir)* Menu 28 € bc (déj. en sem.)/48 € – Carte 48/56 €

◆ Table au goût du jour perchée sur la falaise du Pollet, au voisinage de la chapelle N.-D. de Bonsecours et du sémaphore. Intérieur chaleureux et coloré ; mobilier design.

La Marmite Dieppoise VISA

8 r. St-Jean – ☎ 02 35 84 24 26 – Fax 02 35 84 31 12 – Fermé 25 juin-3 juil., 25 nov.-19 déc., 11-26 fév., jeudi soir de sept. à juin, dim. soir et lundi BY **k**

Rest – Menu 30/45 € – Carte 29/52 €

◆ La fameuse marmite dieppoise tient la vedette à cette table proche du port de pêche. Décor plus typé à l'étage qu'en dessous. Dîner aux chandelles les vendredis et samedis.

Bistrot du Pollet VISA

23 r. Tête de Bœuf – ☎ 02 35 84 68 57 – Fermé 15-30 avril, 15-30 août, 1er-11 janv., dim. et lundi BY **e**

Rest – *(nombre de couverts limité, prévenir)* Carte 24/42 €

◆ Sur l'île portuaire du Pollet, bistrot estimé pour son ambiance conviviale, sa cuisine généreuse valorisant les produits de la pêche et son décor marin au charme suranné.

aux Vertus **3,5 km par ② et N 27 – ✉ 76550 St-Aubin-sur-Scie**

La Bucherie VISA

– ☎ 02 35 84 83 10 – Fax 02 35 84 83 10 – Fermé 23 juil.-7 août, dim. soir et lundi

Rest – Menu 19 € (sem.)/48 € – Carte 45/66 €

◆ Maison d'aspect régional agrémentée d'un jardin arboré bordant la grand-route. Une cheminée réchauffe l'une des deux salles contemporaines et colorées. Choix traditionnel et menu.

à Offranville 6 km par ②, N 27 et D 54 – 3 470 h. – alt. 80 m – ✉ 76550

XX **Le Colombier** VISA MC

r. Loucheur, parc du Colombier – ✆ 02 35 85 48 50 – lecourski@wanadoo.fr – Fax 02 35 83 76 87 – Fermé 17 sept.-3 oct., 18 fév.-5 mars, mardi soir sauf du 26 juin au 17 sept., dim. soir et merc.

Rest – Menu (18 €), 25 € (sem.)/59 € ♀

◆ Cette vénérable maison normande (1509) serait la doyenne du bourg. Murs jaunes, poutres restaurées, belle cheminée ancienne et vieux tournebroche en salle. Cuisine actuelle.

à Pourville-sur-Mer 5 km à l'Ouest par D 75 AZ – ✉ 76550 Hautot-sur-Mer

XX **Auberge du Trou Normand** VISA MC

r. des Verts Bois – ✆ 02 35 84 59 84 – Fax 02 35 40 29 41 – Fermé 16 août-1er sept., 23 déc.-6 janv., dim. sauf midi de Pâques à oct. et merc.

Rest – Menu 21/31 € – Carte 42/55 €

◆ Auberge avoisinant la plage où débarquèrent, en 1942, les Canadiens de l'opération "Jubilee". Décor rustique ; petite carte selon le marché : produits de la mer et du terroir.

DIEULEFIT – 26 Drôme – 332 D6 – 3 096 h. – alt. 366 m – ✉ 26220
Lyon et la vallée du Rhône 44 **B3**

Paris 614 – Crest 30 – Montélimar 29 – Nyons 30 – Orange 58 – Valence 57

Office de tourisme, 1 place Abbé Magnet ✆ 04 75 46 42 49, Fax 04 75 46 36 48

XX **Le Relais du Serre** avec ch 10/20, P VISA MC AE

rte Nyons : 3 km sur D 538 – ✆ 04 75 46 43 45 – le-relais-du-serre@club-internet.fr – Fax 04 75 46 40 98 – Fermé 2-22 janv., dim. soir et lundi de sept. à mai

7 ch – †30/55 € ††48/62 €, ☕ 7,50 € – ½ P 55/65 € – **Rest** – Menu 12 € (déj. en sem.), 25/35 € – Carte 28/56 € ♀

◆ Agréable maison à la façade rénovée, sur la route de la vallée du Lez. Salle à manger colorée, agrémentée de fleurs et de tableaux ; cuisine traditionnelle et gibier en saison.

au Poët-Laval 5 km à l'Ouest par D 540 – 809 h. – alt. 311 m – ✉ 26160

Site★.

Les Hospitaliers 10/20, P VISA MC AE

– ✆ 04 75 46 22 32 – contact@hotel-les-hospitaliers.com – Fax 04 75 46 49 99 – Ouvert 17 mars-11 nov.

20 ch – †70/135 € ††70/160 €, ☕ 15 € – **Rest** – *(fermé lundi et mardi hors saison)* Menu (25 €), 39/53 € – Carte 54/70 € ♀

◆ Au vieux village, chambres aménagées dans des maisons de pierres sèches et piscine surplombant la vallée : difficile pour ces Hospitaliers-là de repartir en croisade ! Cuisine d'aujourd'hui servie dans une salle de caractère ou sur la terrasse panoramique.

DIGNE-LES-BAINS P – 04 Alpes-de-Haute-Provence – 334 F8 – 16 064 h. – alt. 608 m – Stat. therm. : début mars-début déc. – ✉ 04000 Alpes du Sud 41 **C2**

Paris 744 – Aix-en-Provence 109 – Avignon 167 – Cannes 135 – Gap 89

Office de tourisme, place du Tampinet ✆ 04 92 36 62 62, Fax 04 92 32 27 24

de Digne-les-Bains 57 route du Chaffaut, par rte de Nice et D 12 : 7 km, ✆ 04 92 30 58 00.

Musée départemental★ B M² - Cathédrale N.D.-du-Bourg★ - Dalles à ammonites géantes★ N : 1 km par D 900A.

<★ du Relais de Télévision.

Plan page ci-contre

Le Grand Paris 15, VISA MC AE

19 bd Thiers – ✆ 04 92 31 11 15 – info@hotel-grand-paris.com – Fax 04 92 32 32 82 – Ouvert 1er mars-30 nov. A **a**

16 ch – †73/95 € ††88/130 €, ☕ 15 € – 4 suites – ½ P 80/115 € – **Rest** – *(fermé lundi midi, mardi midi et merc. midi hors saison)* Menu (26 €), 32/67 € – Carte 57/92 € ♀

◆ Ambiance "vieille France" dans cet ancien couvent du 17e s. Certaines chambres ont bénéficié d'un rajeunissement (salles de bains contemporaines). Belle salle à manger colorée ou terrasse ombragée. Plats traditionnels et bon choix de côtes-du-rhône.

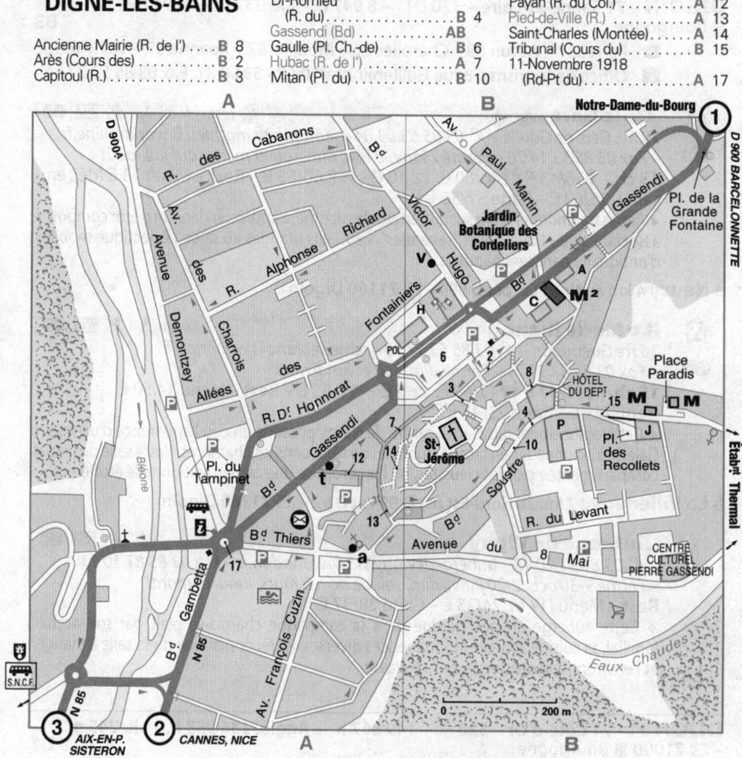

🏠 **Le Coin Fleuri** — VISA MC AE

9 bd V. Hugo – ✆ 04 92 31 04 51 – Fax 04 92 32 55 75 B **v**

13 ch – 🚹40/45 € 🚹🚹43/53 €, ☕ 6 € – ½ P 55/63 € – **Rest** – *(fermé dim. soir, mardi soir et lundi)* Menu (13 €), 20 € (sem.)/26 € – Carte environ 34 €

◆ Les chambres de cet établissement fréquenté par une clientèle de curistes sont simples, pratiques et bien insonorisées. Restaurant de type pension au décor sagement provençal, et grande terrasse ombragée où l'on sert des repas sous forme de buffets en été.

🏠 **Central** sans rest — VISA MC AE

26 bd Gassendi – ✆ 04 92 31 31 91 – webmaster@lhotel-central.com – Fax 04 92 31 49 78 A **t**

20 ch – 🚹29 € 🚹🚹49/53 €, ☕ 6 €

◆ Les chambres scrupuleusement tenues de ce petit hôtel situé au cœur de la capitale des "Alpes de la Lavande" présentent une discrète décoration provençale.

rte de Nice 2 km par ② et N 85 – ✉ 04000 Digne-les-Bains

🏠🏠 **Villa Gaïa** — ch, rest, P VISA MC

24 rte de Nice – ✆ 04 92 31 21 60 – hotel.gaia@wanadoo.fr – Fax 04 92 31 20 12 – Ouvert 15 avril-30 juin et 8 juil.-21 oct.

10 ch – 🚹65/95 € 🚹🚹95/99 €, ☕ 9 € – ½ P 76/84 € – **Rest** – *(dîner seult) (résidents seult)* Menu 26 €

◆ Atmosphère familiale en cette accueillante maison de maître nichée dans un vaste parc arboré. Salons, bibliothèque, meubles de style et chambres personnalisées.

DIGOIN – 71 Saône-et-Loire – **320** D11 – **8 947 h.** – **alt. 232 m** – ✉ **71160**
Bourgogne 7 **B3**

Paris 337 – Autun 69 – Charolles 26 – Moulins 57 – Roanne 57 – Vichy 69

Office de tourisme, 8 rue Guilleminot ✆ 03 85 53 00 81, Fax 03 85 53 27 54

De la Gare avec ch — AC rest, ch, P VISA MC

79 av. Gén. de Gaulle – ✆ 03 85 53 03 04 – jean-pierre.mathieu@worldonline.fr – Fax 03 85 53 14 70 – Fermé 7 janv.-8 fév., dim. soir et merc. sauf juil.-août

13 ch – 36/43 € 46/60 €, 10 € – ½ P 60/65 € – **Rest** – Menu 18 € (déj. en sem.), 26/62 € – Carte 37/56 €

◆ Repas traditionnel tirant sur un certain classicisme, à apprécier dans un décor composite associant styles Louis XIII et "seventies". Fauteuils oranges au salon ; éclectique mobilier d'antiquaire dans les chambres.

à Neuzy 4 km au Nord-Est par D 994 – ✉ 71160 Digoin

Le Merle Blanc — ch, P VISA MC

36 rte Gueugnon – ✆ 03 85 53 17 13 – lemerleblanc@wanadoo.fr – Fax 03 85 88 91 71 – Fermé dim. soir et lundi midi

15 ch – 35/42 € 43/48 €, 6 € – ½ P 55 € – **Rest** – Menu 14,50 € (sem.)/41 € – Carte 23/41 €

◆ Cet établissement familial du centre de Neuzy possède un peu l'apparence d'un motel. Galerie à colonnades en façade ; mobilier de série dans les chambres. Vaste salle des repas compartimentée par des claustras, où l'on propose une carte traditionnelle étoffée.

à La Villeneuve 7 km au Nord-Est par D 994 et D 52 – ✉ 71160 Digoin

Auberge de Vigny — VISA MC

– ✆ 03 85 81 10 13 – aubergedevigny213@wanadoo.fr – Fax 03 85 81 10 13 – Fermé 9-30 oct., 2-20 janv., dim. soir de nov. à mars, lundi et mardi

Rest – Menu (17 €), 24/33 € – Carte 28/37 €

◆ Cette auberge un peu perdue dans la campagne charolaise plaît par son accueil familial, sa cuisine actuelle aux influences diverses, le décor rustique de sa salle à manger et l'environnement agreste de sa terrasse.

DIJON P – **21 Côte-d'Or** – **320** K6 – **149 867 h.** – **Agglo. 236 953 h.** – **alt. 245 m** – ✉ **21000** Bourgogne 8 **D1**

Paris 311 – Auxerre 152 – Besançon 94 – Genève 192 – Lyon 191

Dijon-Bourgogne ✆ 03 80 67 67 67 par ⑤ : 4,5 km.

Office de tourisme, 34 rue des Forges ✆ 08 92 70 05 58, Fax 03 80 30 90 02

de Dijon Bourgogne à Norges-la-Ville Bois de Norges, par de Langres : 15 km, ✆ 03 80 35 71 10 ; de Quetigny à Quetigny Rue du Golf, E : 5 km par D 107, ✆ 03 80 48 95 20.

Circuit automobile de Dijon-Prenois *✆ 03 80 35 32 22, 16 km par ⑧*

Palais des Ducs et des États de Bourgogne★★ : Musée des Beaux-Arts★★ (tombeaux des Ducs de Bourgogne★★★) - Rue des Forges★ - Eglise Notre-Dame★ - Plafonds★ du Palais de Justice DY **J** - Chartreuse de Champmol★ : Puits de Moïse★★, Portail de la Chapelle★ A - Église St-Michel★ - Jardin de l'Arquebuse★ CY - Rotonde★★ de la crypte★ dans la cathédrale St-Bénigne - Musée de la Vie bourguignonne★ DZ **M**[7] - Musée Archéologique★ CY **M**[2] - Musée Magnin★ DY **M**[5] - Muséum d'Histoire naturelle★ CY **M**[8].

Plans pages suivantes

Sofitel La Cloche — ch, AC ch, 10/120, P VISA MC AE

14 pl. Darcy – ✆ 03 80 30 12 32 – h1202@accor.com – Fax 03 80 30 04 15 CY **f**

64 ch – 155/250 € 180/275 €, 20 € – 4 suites

Rest ***Les Jardins de la Cloche*** – Menu 33/43 € bc – Carte 50/76 €

◆ Le bâtiment actuel ne date que de la fin du 19e s., mais la Cloche ouvrit ses portes dès 1424. Chambres contemporaines en partie refaites. Piano-bar, espace Internet. Aux Jardins de la Cloche, salle sous verrière bien décorée, jolie terrasse et cuisine actuelle.

DIJON

Rue	Carré	N°
Aiguillottes (Bd des)	A	2
Albert-1er (Av.)	A	
Allobroges (Bd des)	A	3
Auxonne (R. d')	B	
Bachelard (Bd Gaston)	A	4
Bellevue (R. de)	A	5
Bertin (Av. J.B.)	B	6
Bourroches (Bd des)	A	
Briand (Av. A.)	B	8
Camus (Av. Albert)	B	12
Castel (Bd du)	A	13
Champollion (Av.)	B	15
Chanoine-Bardy (Imp.)	B	16
Chanoine-Kir (Bd)	A	17
Chateaubriand (R. de)	B	19
Chevreul (R.)	AB	
Chèvre-Morte (Bd de)	A	20
Chicago (Bd de)	B	
Churchill (Bd W.)	B	24
Clomiers (Bd des)	A	26
Concorde (Av. de la)	B	28
Cracovie (R. de)	B	
Dijon (R. de)	A	
Dr-Petitjean (Bd du)	B	
Doumer (Bd Paul)	B	
Drapeau (Av. du)	B	
Dumont (R. Ch.)	AB	
Eiffel (Av. G.)	A	
Einstein (Av. Albert)	A	36
Europe (Bd de l')	B	38
Europe (Rd-Pt de l')	B	40
Faubourg-St-Martin (R. du)	A	
Fauconnet (R. Gén.)	AB	42
Fontaine-des-Suisses (Bd)	B	44
Fontaine-lès-Dijon (R.)	A	43
France-Libre (Pl. de la)	AB	45
Gabriel (Bd)	B	46
Gallieni (Bd Mar.)	AB	48
Gaulle (Crs Gén.-de)	B	50
Gorgets (Bd des)	A	52
Gray (R. de)	B	
Jeanne-d'Arc (Bd)	B	55
Jean-Jaurès (Av.)	A	
Joffre (Bd Mar.)	B	
Jouvence (R. de)	A	
Kennedy (Bd J.)	A	56
Langres (Av. de)	B	
Longvic (R. de)	B	
Magenta (R.)	B	58
Maillard (Bd)	A	60
Malines (R. de)	B	
Mansard (Bd)	B	62
Mayence (R. de)	B	
Mirande (R. de)	B	
Mont-Blanc (Av. du)	B	65
Moulins (R. des)	A	
Moulin (R. Jean)	B	63
Nation (Rd-Pt de la)	B	66
Orfèvres (R. des)	A	68
Ouest (Bd de l')	A	69
Parc (Cours du)	B	70
Pascal (Bd)	B	
Poincaré (Av. R.)	B	71
Pompidou (Rd-Pt Georges)	B	72
Pompidou (Voie Georges)	B	
Pompon (Bd F.)	A	73
Prat (Av. du Colonel)	B	75
Rembrandt (Bd)	B	78
Rolin (Q. Nicolas)	A	79
Roosevelt (Av. F. D.)	B	80
Saint-Exupéry (Pl.)	B	85
Salengro (Pl. R.)	B	
Schuman (Bd Robert)	B	88
Stalingrad (Av. de)	B	
Stearinerie (R. de la)	A	
Strasbourg (Bd de)	B	90
Sully (R.)	B	
Talant (R. de)	A	
Trimolet (Bd)	B	91
Troyes (Bd de)	A	
Université (Bd de l')	B	
Valendons (Bd des)	A	
Valendons (R. des)	A	
Victor-Hugo (Av.)	A	
1er-Consul (Av. du)	A	
8-Mai-1945 (Rd-Pt du)	B	96
26e-Dragons (R. du)	B	98

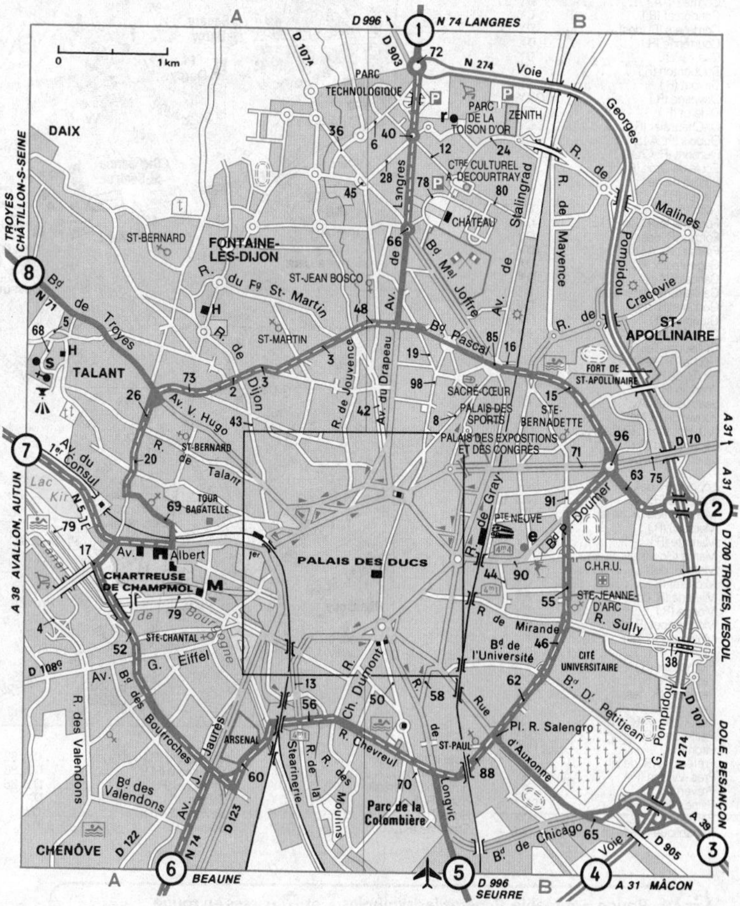

DIJON

Adler (Pl. E.) EZ
Albert-1er (Av.) CY
Arquebuse (R. de l') CY
Audra (R.) CY
Auxonne (R. d') EZ
Barabant (Pl. Henri) DZ
Baudin (R. J.-B.) EYZ
Berbisey (R.) CYZ
Berlier (R.) DEY
Bordot (R.) DZ
Bossuet (R. et Pl.) CDY
Bouhey (Pl. J.) EX
Bourg (R. du) DY
Briand (Av. A.) EX 8
Brosses (Bd de) CY 9
Buffon (R.) DY
Cabet (R. P.) EY
Carnot (Bd) DEY
Castell (Bd du) CZ
Cellerier (R. J.) CX
Chabot-Charny (R.) DYZ
Champagne (Bd de) EX 14
Charrue (R.) DY 18
Chouette (R. de la) DY 21
Clemenceau (Bd G.) EX
Colmar (R. de) EX
Comte (R. A.) DY 27
Condorcet (R.) CY
Cordeliers (Pl. des) DY
Courtépée (R.) DX
Darcy (Pl.) CY
Daubenton (R.) CZ
Davout (R.) EY
Devosge (R.) CDXY
Diderot (R.) EY
Dr-Chaussier (R.) CY 32
Dubois (Pl. A.) CY 33
Dumont (R. Ch.) DZ
École-de-Droit (R.) DY 35
Égalité (R. de l') CX
Févret (R.) DZ
Foch (Av. Mar.) CY 43
Fontaine-lès-Dijon (R.) CX
Forges (R. des) DY
Fremiet (R. A.) DX
Gagnereaux (R.) DX
Garibaldi (Av.) DX
Gaulle (Crs Général-de) DZ
Godrans (R. des) DY 51
Grangier (Pl.) DY 54
Gray (R. de) EY
Guillaume-Tell (R.) CY
Hôpital (R. de l') CZ
Ille (R. de l') CZ
Jeannin (R.) DEY
Jean-Jaurès (Av.) CZ
Jouvence (R. de) DX
J.-J.-Rousseau (R.) DY
Ledru-Rollin (R.) EXY
Libération (Pl. de la) DY 57
Liberté (R. de la) CY
Longvic (R. de) DEZ
Magenta (R.) EZ 58
Manutention (R. de la) CZ
Marceau (R.) DX
Mariotte (R.) CY
Marne (Bd de la) EX
Metz (R. de) EY
Michelet (R.) CY 64
Mirande (R. de) EY
Monge (R.) CY
Montchapet (R. de) CX
Mulhouse (R. de) EXY
Musette (R.) DY
Parmentier (R.) EX
Pasteur (R.) DYZ
Perrières (R. des) CY
Perspective (Pl. de la) CZ
Petit-Citeaux (R. du) CZ
Petit-Potet (R. du) DY 71
Piron (R.) DY
Préfecture (R. de la) DY
Prés.-Wilson (Pl.) DZ
Prévert (Pl. J.) CZ
Raines (R. du Fg) CYZ
Rameau (R.) DY 77
République (Pl. de la) DX 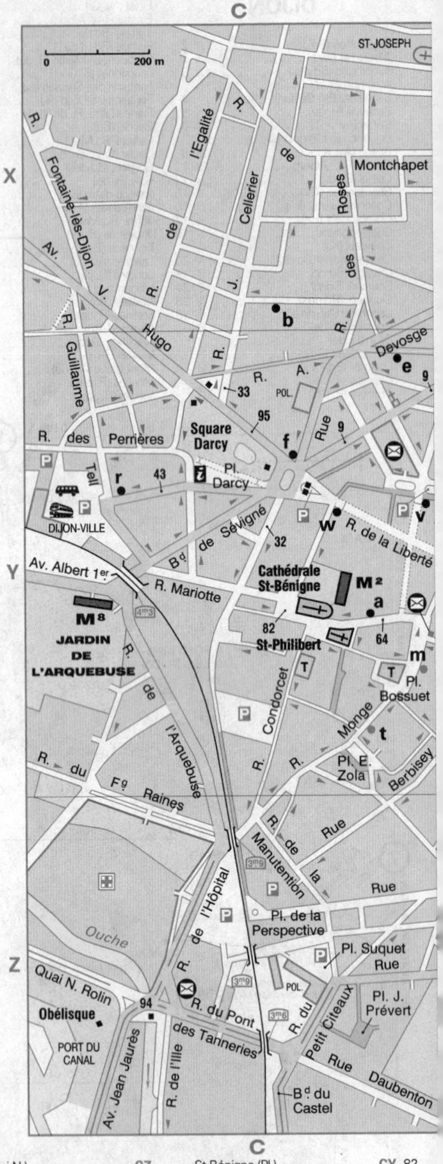
Rolin (Quai N.) CZ
Roses (R. des) CX
Roussin (R. Amiral) DY
Rude (Pl. F.) DY
Rude (R. F.) DY 81
Ste-Anne (R.) DYZ
St-Bénigne (Pl.) CY 82
St-Bernard (Pl.) DY 83
St-Michel (Pl.) DY 86
Sambin (R.) DX
Sévigné (Bd de) CY
Suquet (Pl.) CZ

Rouge = agréable. Repérez les symboles ✗ et 🏠 passés en rouge.

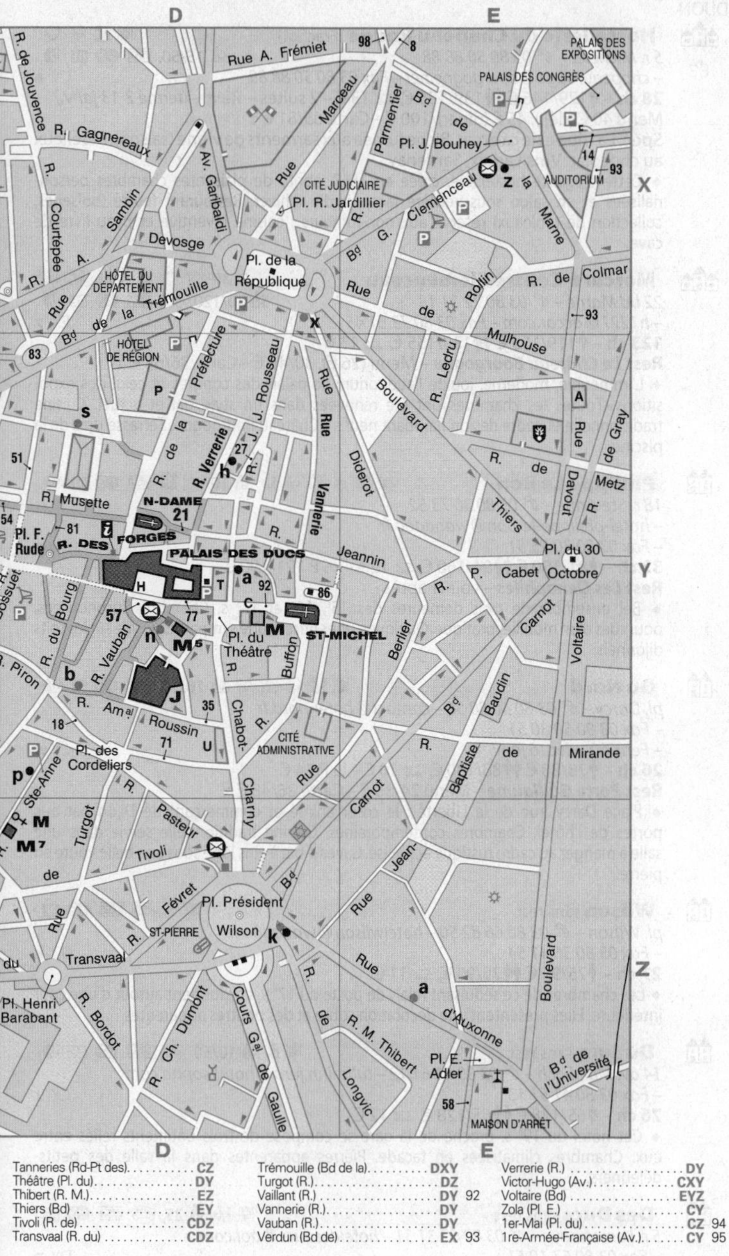

Tanneries (Rd-Pt des). . . . . **CZ**	Trémouille (Bd de la). . . . . **DXY**	Verrerie (R.) . . . . **DY**
Théâtre (Pl. du). . . . . **DY**	Turgot (R.). **DZ**	Victor-Hugo (Av.). . . . . **CXY**
Thibert (R. M.). . . . . **EZ**	Vaillant (R.) . . . . **DY** 92	Voltaire (Bd) . . . . **EYZ**
Thiers (Bd) . . . . **EY**	Vannerie (R.). . . . . **DY**	Zola (Pl. E.) . . . . **CY**
Tivoli (R. de) . . . . **CDZ**	Vauban (R.). **DY**	1er-Mai (Pl. du). . . . . **CZ** 94
Transvaal (R. du) . . . . **CDZ**	Verdun (Bd de). . . . . **EX** 93	1re-Armée-Française (Av.). . . . . **CY** 95

Le rouge est la couleur de la distinction : nos valeurs sûres !

Hostellerie du Chapeau Rouge (Frachot) 15/50,
5 r. Michelet – 03 80 50 88 88
– chapeaurouge@bourgogne.net – Fax 03 80 50 88 89 CY **a**
28 ch – 129/146 € 139/155 €, 13 € – 2 suites – **Rest** – *(fermé 2-13 janv.)*
Menu 40 € (déj.), 45 € (dîner)/100 € – Carte 65/81 €
Spéc. La tripe et le calamar. Biche fumée aux sarments de vigne (saison). Moelleux au chocolat. **Vins** Ladoix, Santenay.
◆ Cette élégante hostellerie, créée en 1863, abrite de plaisantes chambres personnalisées et un salon sous verrière façon jardin d'hiver. Restaurant feutré (boiseries, collection de tableaux) réservé aux non-fumeurs ; cuisine inventive et beau livre de cave.

Mercure-Centre Clemenceau ch, 30/120,
22 bd Marne – 03 80 72 31 13
– h1227@accor.com – Fax 03 80 73 61 45 EX **z**
123 ch – 119/155 € 139/155 €, 13 €
Rest ***Le Château Bourgogne*** – Menu (26 €), 30/46 € – Carte 36/68 €
◆ L'immeuble, moderne, jouxte l'auditorium, le palais des congrès et celui des expositions. Toutes les chambres ont été rénovées dans un style gai et actuel. Cuisine traditionnelle et cadre design flambant neuf au Château Bourgogne. Terrasse près de la piscine.

Philippe Le Bon 10/60,
18 r. Ste-Anne – 03 80 30 73 52
– hotel-philippe-le-bon@wanadoo.fr
– Fax 03 80 30 95 51 DY **p**
32 ch – 81/150 € 94/160 €, 12 € – ½ P 121/190 €
Rest ***Les Oenophiles*** – voir ci-après
◆ Bel ensemble de trois demeures des 15e, 16e et 17e s. Chambres insonorisées, pourvues d'un mobilier pratique. Quelques-unes offrent une sympathique vue sur les toits dijonnais.

Du Nord ch, 10/30,
pl. Darcy – 03 80 50 80 50 – contact@hotel-nord.fr
– Fax 03 80 50 80 51
– Fermé 21 déc.-6 janv. CY **w**
26 ch – 78/88 € 88/130 €, 10 € – ½ P 74 €
Rest ***Porte Guillaume*** – Menu 24/36 € – Carte 26/48 €
◆ Place Darcy, rue de la Liberté : le cœur animé et commerçant de Dijon bat aux portes de l'hôtel. Chambres contemporaines. Cuisine traditionnelle servie dans une salle à manger au cadre rustique actualisé. Caveau-bar à vins logé sous une belle voûte en pierre.

Wilson sans rest
pl. Wilson – 03 80 66 82 50 – hotelwilson@wanadoo.fr
– Fax 03 80 36 41 54 DZ **k**
27 ch – 75/95 € 75/95 €, 11 €
◆ Les chambres de ce séduisant relais de poste du 17e s. s'ordonnent autour d'une cour intérieure. Elles présentent une décoration sobre et des poutres apparentes.

Du Jura sans rest 10/50,
14 av. Mar. Foch – 03 80 41 61 12 – tulip-inn.jura@hotel-sopha.com
– Fax 03 80 41 51 13 CY **r**
76 ch – 65/128 € 65/128 €, 12 €
◆ Cet hôtel du 19e s. proche de la gare se compose de trois bâtiments reliés entre eux. Chambres climatisées en façade. Pierres apparentes dans la salle des petits-déjeuners.

Des Ducs sans rest 25,
5 r. Lamonnoye – 03 80 67 31 31 – hoteldesducs@aol.com
– Fax 03 80 67 19 51 DY **a**
35 ch – 52/69 € 63/125 €, 11 €
◆ À 50 m du musée des Beaux-Arts (superbes tombeaux des ducs). Chambres progressivement rafraîchies (sol carrelé, décor) et petit-déjeuner servi l'été dans la cour intérieure.

Ibis Central ch, VISA AE
3 pl. Grangier – ✆ 03 80 30 44 00 – h0654@accor-hotels.com – Fax 03 80 30 77 12 CY **v**
90 ch – 65/72 € 72/81 €, 8 €
Rest *La Rôtisserie* – *(fermé dim.)* Menu 24 € (déj. en sem.)/26 € – Carte 30/55 €
Rest *Central Place* – *(fermé dim.)* Menu (13,50 €), 20 € – Carte environ 22 €
◆ Ibis pratique pour visiter la cité des grands ducs, à deux pas des principaux monuments. Chambres assez spacieuses et refaites. Cadre moderne, viandes rôties à la broche et crus régionaux à la Rôtisserie "Le Central". Repas plus simples au Central Place.

Jacquemart sans rest VISA AE
32 r. Verrerie – ✆ 03 80 60 09 60 – hotel@hotel-lejacquemart.fr – Fax 03 80 60 09 69 DY **h**
31 ch – 27/59 € 30/69 €, 6,50 €
◆ Les Dijonnais sont très attachés aux jacquemarts de Notre-Dame. Chambres bourgeoises, murs du 17e s. et les somptueux hôtels particuliers de la ville à deux pas.

Victor Hugo sans rest VISA AE
23 r. Fleurs – ✆ 03 80 43 63 45 – hotel.victor.hugo@wanadoo.fr – Fax 03 80 42 13 01 CX **b**
23 ch – 35/39 € 39/49 €, 6 €
◆ L'amabilité de l'accueil, l'entretien scrupuleux et la fonctionnalité du garage compensent l'insonorisation intérieure un peu faible et le décor sans fioritures des chambres.

Montigny sans rest VISA AE
8 r. Montigny – ✆ 03 80 30 96 86 – hotel.montigny@wanadoo.fr – Fax 03 80 49 90 36 – Fermé 24 déc.-6 janv. CY **e**
28 ch – 47/49 € 52/54 €, 7,50 €
◆ Établissement pratique car proche du centre-ville et disposant d'un parking fermé. Chambres fonctionnelles, bien insonorisées et parfaitement tenues. Accueil courtois.

Stéphane Derbord VISA AE
10 pl. Wilson – ✆ 03 80 67 74 64 – contactderbord@aol.com – Fax 03 80 63 87 72 – Fermé 30 juil.-16 août, 2-6 janv., lundi midi, mardi midi et dim. DZ **k**
Rest – Menu 25 € (déj. en sem.), 45/85 € – Carte 64/80 €
Spéc. Millefeuille de foie gras de canard. Sandre de Saône rôti. Paleron de bœuf charolais et pommes de terre au comté. **Vins** Saint-Aubin, Marsannay.
◆ Élégant cadre contemporain, plats inventifs mariant saveurs exotiques et du terroir, riche livre de cave : une étape incontournable de la cité des "grands ducs d'Occident".

Les Oenophiles – Hôtel Philippe Le Bon VISA AE
18 r. Ste-Anne (Compagnie Bourguignonne des Oenophiles) – ✆ 03 80 30 73 52 – hotel-philippe-le-bon@wanadoo.fr – Fax 03 80 30 95 51 – Fermé le midi du 6 au 19 août et dim. DY **p**
Rest – Menu 24 € (déj. en sem.), 38/54 € – Carte 54/75 €
◆ Salles de caractère installées dans un hôtel particulier du 15e s. Caveau-musée du Vin et collection de figurines se rapportant à l'histoire du duché de Bourgogne.

Le Pré aux Clercs (Billoux) VISA AE
13 pl. Libération – ✆ 03 80 38 05 05 – billoux@club-internet.fr – Fax 03 80 38 16 16 – Fermé 13-26 août, 11-22 fév., dim. soir et lundi DY **n**
Rest – Menu 35 € bc (déj. en sem.), 48/92 € – Carte 64/106 €
Spéc. Oeuf cocotte aux truffes de Bourgogne (saison). Paillasson de langoustines au vinaigre de Xérès. Carré de veau fermier, jus chicorée, gnocchi de pommes de terre aux truffes. **Vins** Marsannay blanc, Saint-Romain rouge.
◆ Les baies de l'élégante salle à manger (décor design et poutres apparentes) donnent sur la jolie place dessinée par Hardouin-Mansart. Goûteuse cuisine classique. Fumoir.

La Dame d'Aquitaine VISA AE
23 pl. Bossuet – ✆ 03 80 30 45 65 – dame.aquitaine@wanadoo.fr – Fax 03 80 49 90 41 – Fermé 1er-8 janv., dim. et lundi midi CY**m**
Rest – Menu (15 €), 22 € bc (déj. en sem.), 29/42 € – Carte 35/63 €
◆ Salle de restaurant pittoresque, aménagée au sous-sol, dans une crypte voûtée du 13e s. Cadre médiéval et cuisine mariant saveurs gasconnes et bourguignonnes.

Le Cézanne

38 r. Amiral Roussin – ✆ 03 80 58 91 92 – Fax 03 80 49 86 80 – Fermé 12-27 août, 23-29 déc., lundi midi et dim. DY **b**

Rest – *(nombre de couverts limité, prévenir)* Menu 18 € (sem.)/48 € – Carte 33/56 €

◆ Décor ensoleillé, cuisine fleurant bon l'huile d'olive : ce restaurant situé dans une charmante venelle du centre historique met la Provence de Cézanne à l'honneur.

Ma Bourgogne

1 bd P. Doumer – ✆ 03 80 65 48 06 – Fax 03 80 67 82 65 – Fermé 10-25 août, dim. soir et sam. B **e**

Rest – Menu (22 €), 29/40 € – Carte 32/49 €

◆ Sacrifiez à la tradition en buvant un kir, la boisson apéritive du truculent chanoine, avant de partir à la découverte des spécialités régionales. Terrasse paysagère.

Petit Vatel

73 r. Auxonne – ✆ 03 80 65 80 64 – Fax 03 80 31 69 92 – Fermé 23 juil.-20 août, sam. midi et dim. sauf fériés EZ **a**

Rest – Menu 16 € (déj. en sem.), 26/39 € – Carte 48/58 €

◆ Sympathique restaurant de quartier aménagé dans deux petites salles à manger sobrement décorées. La cuisine opte pour le registre traditionnel. Accueil aimable.

La Côte St-Jean

13 r. Monge – ✆ 03 80 50 11 77 – Fax 03 80 50 18 75 – Fermé 17 juil.-8 août, 2-16 janv. et mardi CY **t**

Rest – Menu 16 € (déj. en sem.), 28/39 € – Carte 33/42 €

◆ Pierres et poutres apparentes agrémentent les deux salles rustiques de ce restaurant ; celle du sous-sol est voûtée. Le chef d'origine anglaise prépare une cuisine au goût du jour.

Bistrot des Halles

10 r. Bannelier – ✆ 03 80 49 94 15 – Fax 03 80 38 16 16 – Fermé 25 déc.-2 janv., dim. et lundi DY **s**

Rest – Menu 16 € (déj. en sem.) – Carte 29/32 €

◆ Face aux halles joliment restaurées, les plats "canailles", la rôtissoire et le décor de bistrot 1900 un brin théâtral séduisent les Dijonnais. Convivialité assurée !

Les Deux Fontaines

16 pl. République – ✆ 03 80 60 86 45 – Fax 03 80 28 54 80 – Fermé 5-20 août, 1er-7 janv., dim. et lundi DX **x**

Rest – Carte 23/39 €

◆ Plaisante reconstitution d'un bistrot à l'ancienne (murs chaulés, vieilles banquettes restaurées, tables en bois brut). Cuisine traditionnelle réactualisée.

au Parc de la Toison d'Or 5 km au Nord par N 74 – ✉ 21000 Dijon

Holiday Inn ch, ch, rest, 15/40,

1 pl. Marie de Bourgogne – ✆ 03 80 60 46 00 – holiday-inn.dijonfrance@wanadoo.fr – Fax 03 80 72 32 72 B **r**

100 ch – 95/110 € 110/135 €, 14 € – **Rest** – *(fermé sam. midi, dim. midi et midi fériés)* Menu 18 € (déj. en sem.)/35 € – Carte 26/54 €

◆ Cet immeuble contemporain du quartier de la Toison d'Or jouxte le centre commercial et son parc aquatique. Chambres identiques et fonctionnelles. Cuisine traditionnelle servie dans une spacieuse salle à manger actuelle.

à Chevigny 9 km par ⑤ et D 996 – ✉ 21600 Fenay

Le Relais de la Sans Fond 15/30,

33 rte Dijon – ✆ 03 80 36 61 35 – sansfond@aol.com – Fax 03 80 36 94 89 – Fermé 22-31 déc.

17 ch – 61/66 € 61/66 €, 8 € – ½ P 62/67 € – **Rest** – *(fermé dim. soir et soirs fériés)* Menu 16 € (déj. en sem.), 25/49 € – Carte 32/53 €

◆ Petite auberge familiale aux aménagements simples et soignés. Chambres claires, équipées d'un mobilier en bois stratifié et fort bien tenues. Salle à manger actuelle dotée d'une cheminée et agréable terrasse installée face au jardin. Cuisine traditionnelle.

à Chenôve 6 km par ⑥ – **16 257 h. – alt. 263 m – ✉ 21300**

Quality Hôtel l'Escargotière ch, ch, 10/50, P VISA
120 av. Roland-Carraz – ☎ 03 80 54 04 04
– contact@hotel-escargotiere.fr – Fax 03 80 54 04 05 – Fermé 21 déc.-2 janv.
41 ch – 60/72 € 60/98 €, ☕ 7 €
Rest ***La Véranda*** – Menu (15 €), 19 € – Carte 22/37 €
♦ L'hôtel borde une route très passante, mais l'insonorisation des chambres, rénovées ou fonctionnelles, est efficace. Petits-déjeuners sous forme de buffets. Ambiance "jardin d'hiver", grillades et plats à la broche au restaurant La Véranda.

Le Clos du Roy P VISA
35 av. 14-Juillet – ☎ 03 80 51 33 66 – clos.du.roy@wanadoo.fr
– Fax 03 80 51 36 66 – Fermé 31 juil.-31 août, dim. soir, merc. soir et lundi
Rest – Menu 17 € (déj. en sem.), 22/56 € – Carte 47/62 €
♦ Ce restaurant au cadre actuel est une étape de choix sur la route du vignoble. Cuisine au goût du jour rehaussée de touches régionales, accompagnée d'une belle carte de bourgognes.

à Marsannay-la-Côte 8 km par ⑥ – **5 211 h. – alt. 275 m – ✉ 21160**

Office de tourisme, 41 rue de Mazy ☎ 03 80 52 27 73, Fax 03 80 52 30 23

Les Gourmets (Perreaut) VISA
8 r. Puits de Têt, (près église) – ☎ 03 80 52 16 32 – joel--nicole.perreaut@wanadoo.fr – Fax 03 80 52 03 01 – Fermé 29 juil.-16 août, 14 janv.-6 fév., mardi midi, dim. soir et lundi
Rest – Menu 30/80 € – Carte 68/103 €
Spéc. Meurette d'œufs au chardonnay de Marsannay et persillade d'escargots. Dos de sandre au sautoir et lentilles moutardées. Côte de veau en cocotte et risotto "carnaroli". **Vins** Marsannay blanc et rouge.
♦ Une carte des vins somptueuse, une cuisine au goût du jour personnalisée, une élégante salle à manger ouverte sur une terrasse d'été... Le gourmet est ici comme un coq en pâte !

à Talant 4 km – **12 176 h. – alt. 354 m – ✉ 21240**

Table d'orientation ≤★.

La Bonbonnière sans rest P VISA
au vieux village, 24 r. Orfèvres, (près église) – ☎ 03 80 57 31 95 – labonbonniere@wanadoo.fr – Fax 03 80 57 23 92 – Fermé 29 juil.-15 août, 23 déc.-6 janv., sam. et dim. en janv. et fév. A s
20 ch – 65/75 € 70/95 €, ☕ 9 €
♦ À proximité du lac artificiel (sports nautiques) créé par le chanoine Kir, petit hôtel familial aux aménagements soignés. Chambres spacieuses et fraîches ; agréable jardin.

à Prenois 12 km par ⑧ par N 71 et D 104 – **310 h. – alt. 485 m – ✉ 21370**

Auberge de la Charme (Zuddas) VISA
12 r. de la Charme – ☎ 03 80 35 32 84 – davidlacharme@aol.com
– Fax 03 80 35 34 48 – Fermé 1er-15 août, vacances de fév.,mardi midi, dim. soir et lundi
Rest – *(prévenir)* Menu (18 € bc), 25 € (sem.)/78 € – Carte 58/78 €
Spéc. Escargots, galette de chèvre au pain trempé, jus de persil. Sandre de pays, blettes, crème de laitue et bouton de coquelicot (automne). Carré de chevreuil rôti, champignons sauvages, jus au cacao (automne-hiver). **Vins** Chablis, Saint-Aubin.
♦ Le célèbre circuit voisin accueillit naguère les courses de F1, mais c'est désormais à cette ex-forge coquettement rénovée que le village doit sa notoriété. Cuisine inventive.

rte de Troyes 4 km par ⑧ – **✉ 21121 Daix**

Castel Burgond sans rest 15/25, P VISA
3 rte Troyes (N 71) – ☎ 03 80 56 59 72 – castel.burgond@wanadoo.fr
– Fax 03 80 57 69 48 – Fermé 25-31 déc.
46 ch – 62 € 68 €, ☕ 8 €
♦ Dans un quartier résidentiel, bâtisse contemporaine proposant quelques petites chambres récentes au dernier étage ; les autres sont simplement fonctionnelles.

XXX **Les Trois Ducs**

– ✆ 03 80 56 59 75 – eric-briones@wanadoo.fr – Fax 03 80 56 00 16 – Fermé 6-20 août, 23 déc.-4 janv., sam. midi, dim. soir et lundi

Rest – Menu 26/79 € bc – Carte environ 53 € ♀

◆ Nouveau décor contemporain soigné, rehaussé de tableaux modernes, pour ce confortable restaurant servant une cuisine actuelle. Repas en terrasse dès les premiers beaux jours.

à Hauteville-lès-Dijon **6 km par ⑧ et D 107[F] – 1 023 h. – alt. 402 m – ✉ 21121**

XX **La Musarde** avec ch

7, rue des Riottes – ✆ 03 80 56 22 82 – hotel.rest.lamusarde@wanadoo.fr – Fax 03 80 56 64 40 – Fermé 31 juil.-10 août et 23 déc.-15 janv.

12 ch – †49/57 € ††57/67 €, ☐ 9 € – ½ P 63 € – **Rest** – *(fermé mardi midi, dim. soir et lundi)* Menu (19 €), 23 € (déj. en sem.), 27/64 € – Carte 57/67 € ♀

◆ Ferme du 19e s. devenue hôtel-restaurant, grand calme et verdure, salle à manger feutrée, belle terrasse d'été, cuisine au goût du jour... Tout semble réuni pour y musarder sans retenue.

DINAN – 22 Côtes-d'Armor – **309** J4 – **10 907 h.** – **alt. 92 m** – ✉ **22100**

Bretagne 10 **C2**

Paris 400 – Rennes 54 – St-Brieuc 61 – St-Malo 32 – Vannes 120

Office de tourisme, 9 rue du Château ✆ 02 96 87 69 76, Fax 02 96 87 69 77

La Corbinais Golf Club à Saint-Michel-de-Plélan La Corbinais, O : 15 km, ✆ 02 96 27 64 81 ; de Saint-Malo à Le Tronchet rte de Dol-de-Bretagne : 19 km, ✆ 02 99 58 96 69 ; de Tréméreuc à Tréméreuc 14 rue de Dinan, par rte de Dinard : 11 km, ✆ 02 96 27 10 40.

Vieille ville★★ : Tour de l'Horloge ✻★★ **R**, Jardin anglais ←★★, place des Merciers★ BZ , rue du Jerzual★ BY, - Promenade de la Duchesse-Anne ←★, Tour du Gouverneur ←★★, Tour Ste-Catherine ←★★ - Château★ : ✻★.

Plan page ci-contre

Jerzual ch, rest, ch, ch, 30/120,

26 quai Talards, (au port) – ✆ 02 96 87 02 02 – hotel-jerzualdinan@wanadoo.fr – Fax 02 96 87 02 03 BY **b**

55 ch – †83/119 € ††89/140 €, ☐ 14 € – ½ P 74/104 € – **Rest** – *(fermé 12 nov.-3 déc., sam. midi et dim. du 15 oct. au 31 mars)* Menu 24/32 € – Carte 32/56 € ♀

◆ La silhouette de cet hôtel neuf qui évoque les cloîtres bretons se fond bien dans le quartier du port. Chambres spacieuses et actuelles. Piscine dans un joli patio. Le restaurant-rôtisserie, habillé de boiseries blondes, se prolonge d'une terrasse côté Rance.

Le d'Avaugour sans rest

1 pl. Champ – ✆ 02 96 39 07 49 – contact@avaugourhotel.com – Fax 02 96 85 43 04 – Fermé 12 nov.-11 fév. AZ **r**

24 ch – †80/170 € ††80/170 €, ☐ 12 €

◆ Belle bâtisse en pierres du pays adossée aux remparts. Chambres classiques, avec vue sur la place ou sur le joli jardin où l'on dresse des tables pour le petit-déjeuner en été.

Challonge sans rest

29 pl. Duguesclin – ✆ 02 96 87 16 30 – lechallonge@wanadoo.fr – Fax 02 96 87 16 31 AZ **e**

18 ch – †54/62 € ††62/128 €, ☐ 7,50 €

◆ Cette longue façade classique borde l'ancien champ de foire veillé par la statue de Du Guesclin. Les chambres, confortables, ont un petit air "british". Accueil charmant.

Ibis sans rest

1 pl. Duclos – ✆ 02 96 39 46 15 – h5977@accor.com – Fax 02 96 85 44 03

62 ch – †46/86 € ††46/86 €, ☐ 7 €

◆ Cet hôtel du centre-ville sort d'une cure de rajeunissement. Les chambres, aux dernières normes de la chaîne, sont spacieuses et bénéficient de la climatisation.

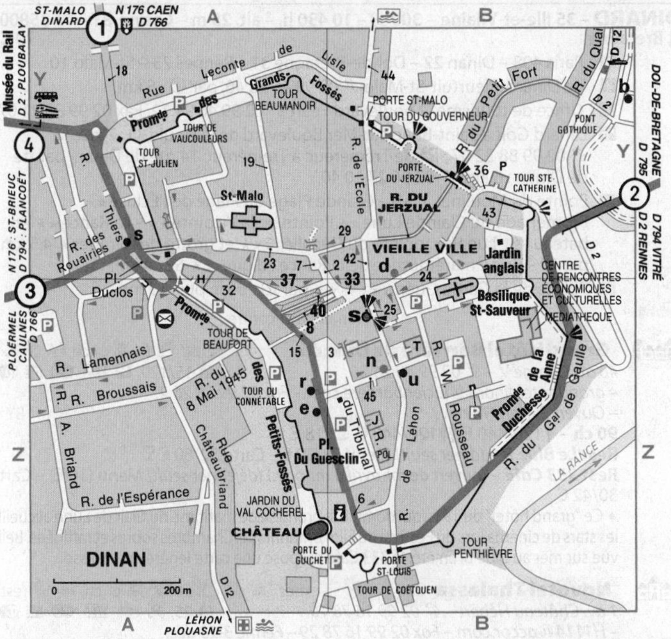

DINAN

Rue	Carré	N°	Rue	Carré	N°	Rue	Carré	N°
Apport (R. de l')	ABY	2	Garaye (R. Comte de la)	AY	19	Michel (R.)	BY	36
Champ Clos (Pl. du)	ABZ	3	Grande-R.	AY	23	Mittrie (R. de la)	AZ	37
Château (R. du)	BZ	6	Haute-Voie (R.)	BY	24	Petit-Pain (R. du)	AZ	40
Cordeliers (Pl. des)	AY	7	Horloge (R. de l')	BZ	25	Poissonnerie (R. de la)	BY	42
Cordonnerie (R. de la)	AZ	8	Lainerie (R. de la)	BZ	29	Rempart (R. du)	BY	43
Ferronerie (R. de la)	AZ	15	Marchix (R. du)	AYZ	32	Ste-Claire (R.)	BZ	45
Gambetta (R.)	AY	18	Merciers (Pl. des)	BYZ	33	St-Malo (R.)	BY	44

Arvor sans rest

5 r. Pavie – ✆ 02 96 39 21 22 – Fax 02 96 39 83 09 – Fermé 5-25 janv. BZ **u**

24 ch – 43/54 € 49/68 €, ☕ 6,50 €

◆ Un portail Renaissance sculpté donne accès à cet immeuble du 18e s. édifié sur le site d'un ancien couvent. Intérieur moderne et fonctionnel ; chambres de bonne ampleur.

L'Auberge du Pélican

3 r. Haute Voie – ✆ 02 96 39 47 05 – Fax 02 96 87 53 30 – Fermé 10 janv.-10 fév., jeudi soir et lundi sauf juil.-août BY **d**

Rest – Menu 18/56 € – Carte 26/73 €

◆ Sympathique adresse située au cœur du vieux Dinan. Salle à manger refaite dans un style contemporain et jolie terrasse d'été. Cuisine traditionnelle et produits de la mer.

Le Cantorbery

6 r. Ste-Claire – ✆ 02 96 39 02 52 – Fermé 15 nov.-1er déc., 15-28 fév. et dim. de nov. à fév. BZ **n**

Rest – Menu (12 €), 15 € (déj.)/25 € – Carte 33/67 €

◆ En cette maison de ville du 17e s., les grillades sont cuites dans la grande cheminée de pierre du rez-de-chaussée. Boiseries d'époque dans la salle de l'étage.

Une bonne table sans se ruiner ?
Repérez les Bibs Gourmands .

DINARD – 35 Ille-et-Vilaine – **309** J3 – **10 430 h.** – **alt. 25 m** – **Casino** BY – ✉ **35800**
Bretagne 10 **C1**

Paris 408 – Dinan 22 – Dol-de-Bretagne 31 – Rennes 73 – St-Malo 10

de Dinard-Pleurtuit-St-Malo ☎ 02 99 46 18 46, par ① : 5 km.

Office de tourisme, 2 boulevard Féart ☎ 02 99 46 94 12, Fax 02 99 88 21 07

Dinard Golf à Saint-Briac-sur-Mer Boulevard de la Houle, O : 7 km, ☎ 02 99 88 32 07 ; de Tréméreuc à Tréméreuc 14 rue de Dinan, par rte de Dinan : 6 km, ☎ 02 96 27 10 40.

Pointe du Moulinet ≤★★ - Grande Plage ou Plage de l'Écluse★ - Promenade du Clair de Lune★ - Pointe de la Vicomté★★ - La Rance★★ en bateau - St-Lunaire : pointe du Décollé ≤★★ et grotte des Sirènes★ 4,5 km par ② - Usine marémotrice de la Rance : digue ≤★ SE : 4 km.

Pointe de la Garde Guérin★ : ✻★★ par ② : 6 km puis 15 mn.

Plan page ci-contre

Grand Hôtel Barrière de Dinard ≤ ch, ch,
46 av. George V – ☎ 02 99 88 26 26 15/120, P VISA MC AE
– grandhoteldinard@lucienbarriere.com – Fax 02 99 88 26 27
– Ouvert 2 mars-14 nov. BY **v**
90 ch – 120/440 € 120/440 €, 18 €
Rest *Le Blue B* – *(dîner seult)* Menu 38/50 € – Carte 32/60 €
Rest *333 Café* – *(ouvert de mi-avril à mi-nov.) (déjeuner seult)* Menu (19 €) – Carte 30/42 €
◆ Ce "grand hôtel" du 19e s. qui domine la promenade maritime du Clair de Lune accueille les stars de cinéma lors du Festival du Film britannique. Chambres sobres et raffinées. Belle vue sur mer au Blue B. En été, le 333 Café propose une carte légère en terrasse.

Novotel Thalassa ≤ mer, ch, rest,
1 av. Château Hébert – ☎ 02 99 16 78 10 25, P VISA MC AE
– H1114@accor.com – Fax 02 99 16 78 29 – Fermé 3-23 déc. AY **r**
106 ch – 120/165 € 120/165 €, 13 € – ½ P 96/117 € – **Rest** – Menu 28 € (sem.)/44 € (week-end) – Carte 39/57 €
◆ Complexe moderne situé dans un cadre unique, sur la pointe de St-Énogat. Centre de thalassothérapie, salon de beauté et chambres actuelles avec vue sur mer. Au restaurant, panorama sur la Manche, décor actuel et recettes diététiques.

Villa Reine Hortense sans rest ≤ mer et St-Malo, P VISA MC AE
19 r. Malouine – ☎ 02 99 46 54 31 – reine.hortense@wanadoo.fr
– Fax 02 99 88 15 88 – Ouvert 5 avril-30 sept. BY **e**
7 ch – 150 € 205/235 €, 15 € – 1 suite
◆ Toute la Belle Époque revit dans le décor de cette villa typique de la "perle" de la Côte d'Émeraude. Chambres personnalisées. Accès privé à la plage de l'Écluse.

Crystal sans rest ≤ VISA MC AE
15 r. Malouine – ☎ 02 99 46 66 71 – hcrystal@club-internet.fr
– Fax 02 99 88 17 73 BY **n**
26 ch – 79/132 € 79/300 €, 10 €
◆ Hôtel datant des années 1970 aux chambres amples et bien tenues ; préférez celles côté mer. Les demeures voisines de la pointe de la Malouine méritent le coup d'œil.

Roche Corneille ch, VISA MC AE
4 r. G. Clemenceau – ☎ 02 99 46 14 47 – fgarrigue@libertysurf.fr
– Fax 02 99 46 40 80 BY **f**
28 ch – 60/95 € 100/165 €, 13,50 € – ½ P 68/122 € – **Rest** – *(fermé 15 nov.-23 déc., 8 janv.-31 mars et lundi) (dîner seult)* Menu 28/35 € – Carte 47/59 €
◆ Villa caractéristique du style balnéaire de la fin du 19e s. L'intérieur, rénové, allie charme et confort, jolis parquets et équipements modernes (wifi gratuit et libre). La cuisine "terre et mer" évolue au gré du marché.

De la Plage sans rest ≤ VISA MC AE
3 bd Féart – ☎ 02 99 46 14 87 – hotel-de-la-plage@wanadoo.fr – Fax 02 99 46 55 52
– Fermé 7-25 janv. et dim. soir d'oct. à mars sauf vacances scolaires BY **x**
18 ch – 52/67 € 57/86 €, 9,50 €
◆ Petit-déjeuner en terrasse face à la plage de l'Écluse et nuit sereine dans une chambre joliment rénovée, telles sont les belles promesses que vous fait ce sympathique hôtel.

DINARD

Rue	Carré	N°
Abbé-Langevin (R.)	AY	2
Albert-1er (Bd)	BY	3
Anciens Combattants (R. des)	AZ	5
Barbine (R. de)	AZ	7
Boutin (Pl. J.)	BY	9
Clemenceau (R. G.)	BY	10
Coppinger (R.)	BY	12
Corbinais (R. de la)	AZ	13
Croix-Guillaume (R.)	AZ	15
Douet-Fourche (R. du)	AZ	17
Dunant (R. H.)	AY	19
Féart (Bd)	BYZ	
Français-Libres (R.)	BZ	22
Gaulle (Pl. du Gén.-de)	BZ	25
Giraud (Av. du Gén.)	BZ	26
Leclerc (R. Mar.)	BYZ	28
Levasseur (R.)	BY	29
Lhotelier (Bd)	AY	31
Libération (Bd de la)	AZ	32
Malouine (R. de la)	BY	34
Mettrie (R. de la)	BZ	35
Pionnière (R. de la)	ABY	38
Prés.-Wilson (Bd)	BY	40
Renan (R. E.)	AY	43
République (Pl. de la)	BY	44
St-Lunaire (R. de)	AY	48
Vallée (R. de la)	BYZ	50
Verney (R. Y.)	BY	52

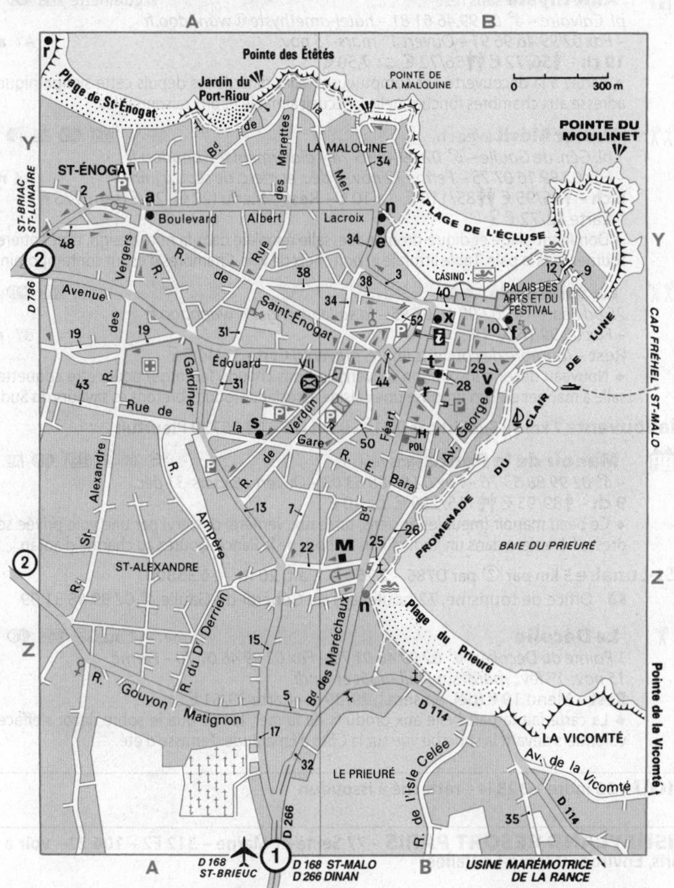

Des Tilleuls — ch, rest, P, VISA

36 r. Gare – ☎ 02 99 82 77 00 – hotel-des-tilleuls@wanadoo.fr
– Fax 02 99 82 77 55 AYZ **s**

53 ch – 43/58 € 52/75 €, 8,50 € – ½ P 56/67 € – **Rest** – *(fermé 22 déc.-20 janv., vend. soir, sam. soir et dim. soir du 1er oct. au 1er avril et sam. midi)* Menu (11,50 €), 15 € (sem.)/26 € – Carte 22/37 €

◆ Entre l'ancienne gare et la poste, ce bâtiment des années 1960 vous réserve un accueil familial. Vous séjournerez dans des chambres au décor style "Liberty". Salle à manger au cadre fleuri rehaussé d'un camaïeu de rose ; carte traditionnelle sans prétention.

Balmoral sans rest VISA MC AE
26 r. Mar. Leclerc – ✆ 02 99 46 16 97 – info@hotels-balmoral.com – Fax 02 99 88 20 48 BY **t**
31 ch – †56/63 € ††61/78 €, ☕ 9 €
◆ Cette bâtisse du centre-ville a été judicieusement rénovée. Le hall reste toutefois d'inspiration rustique et les menues chambres sont simplement meublées.

Améthyste sans rest cuisinette VISA MC
pl. Calvaire – ✆ 02 99 46 61 81 – hotel-amethyste@wanadoo.fr – Fax 02 99 46 96 91 – Ouvert 1er mars-15 nov. AY **a**
19 ch – †56/72 € ††56/72 €, ☕ 7,50 €
◆ Partez à la découverte des somptueuses villas dinardaises depuis cette sympathique adresse aux chambres fonctionnelles. Accueil aimable et prix raisonnables.

XX **Didier Méril** avec ch VISA MC AE
1 pl. Gén. de Gaulle – ✆ 02 99 46 95 74 – didiermeril@wanadoo.fr – Fax 02 99 16 07 75 – Fermé 12 nov.-2 déc. et merc. de sept. à juin BZ **n**
6 ch – †65/95 € ††85/110 €, ☕ 10 € – **Rest** – Menu (22 €), 29 € (sem.)/75 € – Carte 52/72 €
◆ Dominant plage et digue-promenade, salle relookée dans la note design, tout entière tournée vers la baie. Table littorale et bon choix de vins. Chambres d'esprit contemporain.

XX **La Salle à Manger** VISA MC
25 bd Féart – ✆ 02 99 16 07 95 – la.salleamanger@wanadoo.fr – Fax 02 99 16 42 19 BY **r**
Rest – *(nombre de couverts limité, prévenir)* Carte 31/44 €
◆ Nouveau décor d'inspiration provençale (tons chauds, fer forgé) pour cette coquette salle à manger où l'on propose une cuisine associant produits bretons et saveurs du Sud.

à la Jouvente **7 km au Sud-Est par D 114 - BZ et D 5 – ✉ 35730 Pleurtuit**

Manoir de la Rance sans rest P VISA MC AE
– ✆ 02 99 88 53 76 – Fax 02 99 88 63 03 – Ouvert 15 mars-31 déc.
9 ch – †89/95 € ††115/220 €, ☕ 10 €
◆ Ce beau manoir (meubles anciens, tableaux, verrière) desservi par une voie privée se dresse fièrement dans un jardin fleuri au bord de la Rance. Goûtez au charme d'antan.

à St-Lunaire **5 km par ② par D786 – 2 250 h. – alt. 20 m – ✉ 35800**
Office de tourisme, 72 boulevard du Général-de-Gaulle ✆ 02 99 46 31 09

X **Le Décollé** mer et Côte, VISA MC
1 Pointe du Décollé – ✆ 02 99 46 01 70 – Fax 02 99 46 01 70 – Fermé 15 nov.-1er fév., mardi sauf juil.-août et lundi
Rest – Menu 19 € (déj. en sem.), 29/39 € – Carte 39/61 €
◆ La carte fait la part belle aux produits de la mer, tandis que le sobre décor s'efface volontiers devant la superbe vue sur la Côte d'Émeraude. Terrasse d'été.

DIOU – **36 Indre** – **323** I4 – **rattaché à Issoudun**

DISNEYLAND RESORT PARIS – **77 Seine-et-Marne** – **312** F2 – **106** 22 – **voir à Paris, Environs (Marne-La-Vallée)**

DISSAY – **86 Vienne** – **322** I4 – **2 634 h. – alt. 69 m – ✉ 86130**
Poitou Vendée Charentes 39 **C1**
Paris 320 – Châtellerault 19 – Poitiers 16
Office de tourisme, place du 8 Mai 1945 ✆ 05 49 62 84 29, Fax 05 49 62 58 72
Peintures murales★ de la chapelle du château.

XX **Le Binjamin** avec ch P VISA MC AE
N 10 – ✆ 05 49 52 42 37 – binjamin1@aol.com – Fax 05 49 62 59 06 – Fermé 1er-7 janv., dim. soir et lundi d'oct. à mai
9 ch – †35/45 € ††35/60 €, ☕ 8 € – ½ P 60/75 € – **Rest** – Menu 30/54 €
◆ Un artisan local a façonné les jolies assiettes qui garnissent les tables de ce restaurant familial. Décor néo-rustique et carte actuelle bien composée. Chambres côté campagne.

DIVES-SUR-MER – 14 Calvados – 303 L4 – rattaché à Cabourg

DIVONNE-LES-BAINS – 01 Ain – 328 J2 – 6 171 h. – alt. 486 m – Stat. therm. : mi mars-mi nov. – Casino – ✉ 01220 Franche-Comté Jura 46 F1

Paris 488 – Bourg-en-Bresse 129 – Genève 18 – Gex 9 – Nyon 9 – Thonon-les-Bains 51

Office de tourisme, rue des Bains ✆ 04 50 20 01 22, Fax 04 50 20 32 12

de Divonne-les-Bains Route de Gex, O : 2 km, ✆ 04 50 40 34 11 ;

de Maison-Blanche à Échenevex, SO : 11 km, ✆ 04 50 42 44 42.

Le Grand Hôtel

ch, 200, P VISA AE

av. des Thermes – ✆ 04 50 40 34 34 – info@domaine-de-divonne.com – Fax 04 50 40 34 24

134 ch – 230/1450 € 230/1450 €, 25 € – 12 suites – ½ P 140/750 €

Rest ***La Terrasse*** – *✆ 04 50 40 35 39 (fermé 3 janv.-8 fév., dim. soir, jeudi midi, lundi, mardi et merc.)* – Menu 46/95 € – Carte 73/89 €

Rest ***Le Léman*** – *✆ 04 50 40 34 18 (fermé sam. midi)* Menu 25 € (déj.)/34 € (dîner) – Carte 37/51 €

◆ Palace de 1931 posé dans son parc soigné. Chambres amples et élégantes, disponibles en trois styles : Bourgeois, Art déco ou contemporain. Restaurant d'été côté jardin et salle façon "orangerie" à La Terrasse. Décor "Entre-deux-guerres" orientalisant au Léman.

Château de Divonne

lac Léman et Mont-Blanc, rest, 30, P VISA AE

115 r. Bains – ✆ 04 50 20 00 32 – divonne@grandesetapes.fr – Fax 04 50 20 03 73

28 ch – 89/130 € 99/335 €, 22 € – 6 suites – **Rest** – *(fermé lundi midi, mardi midi et merc. midi en janv.-fév.)* Menu 26 € (déj. en sem.), 53/95 € – Carte 61/115 €

◆ Un superbe parc arboré entoure cette demeure (19e s.) bâtie sur les ruines d'une maison forte du 11e s. Chambres personnalisées desservies par un escalier monumental. Élégante salle de restaurant, terrasse enchanteresse et cuisine au goût du jour.

La Villa du Lac

ch, ch, ch, 15/60, P VISA AE

93 chemin du Chatelard – ✆ 04 50 20 90 00 – adupont@vacancesbleues.fr – Fax 04 50 99 40 00

90 ch – 100/125 € 125 €, 10,50 € – **Rest** – Menu 22 € (sem.)/28 € (week-end) – Carte 26/38 €

◆ Ensemble moderne flambant neuf situé au calme, entre lac et ville. Chambres de style contemporain avec balcon, salles de séminaires équipées dernier cri et spa très complet. Repas traditionnel dans un cadre actuel ou sur la terrasse tournée vers le plan d'eau.

Le Jura sans rest

P VISA AE

54 r. d'Arbère – ✆ 04 50 20 05 95 – reservation@hotellejura.com – Fax 04 50 20 21 21

29 ch – 61/96 € 67/102 €, 9,50 €

◆ Affaire familiale où vous réservez de préférence l'une des chambres rénovées ; toutes sont bien tenues. Petits-déjeuners servis sous une véranda ouverte sur le jardin.

Le Pavillon du Golf

P VISA AE

av. des Thermes – ✆ 04 50 40 34 13 – restauration@domaine-de-divonne.com – Fax 04 50 40 34 24 – Fermé 17 déc.-14 fév., lundi et mardi hors saison

Rest – Menu 40 € – Carte 41/54 €

◆ Ancienne ferme bordant le parcours de golf. Redécorée, la salle à manger est à la fois lumineuse et feutrée (cheminée). Charmante terrasse. Appétissante carte traditionnelle.

DIZY – 51 Marne – 306 F8 – rattaché à Épernay

DOLANCOURT – 10 Aube – 313 H4 – 145 h. – alt. 112 m – ✉ 10200 13 B3

Paris 229 – Châlons-en-Champagne 92 – Saint-Dizier 63 – Troyes 45

Moulin du Landion rest, 15/30,
5 r. St-Léger – ☎ 03 25 27 92 17 – contact@ moulindulandion.com – Fax 03 25 27 94 44
16 ch – 72/86 € 72/86 €, 10 € – ½ P 71/77 € – **Rest** – Menu 22/49 € – Carte 28/54 €
♦ Toute une famille se met ici en quatre pour vous satisfaire. Chambres rénovées, pourvues de nouvelles salles de bains et dotées de balcons tournés vers le cours du Landion ou le parc. Le restaurant, aménagé dans le moulin datant de 1872, propose une carte classique.

DOL-DE-BRETAGNE – 35 Ille-et-Vilaine – 309 L3 – 4 563 h. – alt. 20 m – ✉ 35120 Bretagne 10 D2

Paris 378 – Alençon 154 – Dinan 26 – Fougères 54 – Rennes 56 – St-Malo 28

Syndicat d'initiative, 5 place de la Cathédrale ☎ 02 99 48 15 37, Fax 02 99 48 14 13

des Ormes Epiniac, S : 9 km par D 795, ☎ 02 99 73 54 44.

Cathédrale St-Samson ★★ - Cathédraloscope ★ - Collection ★ du musée Les "Trésors du mariage ancien" - Promenade des Douves : ≤★ - Mont-Dol ✻★ 4,5 km NO par D 155.

De Bretagne
pl. Châteaubriand – ☎ 02 99 48 02 03 – Fax 02 99 48 25 75 – Fermé 1er-27 oct., 18 fév.-1er mars, dim. soir et lundi de nov. à mars
27 ch – 21/50 € 26/60 €, 7 € – ½ P 43/47 € – **Rest** – Menu 12,50/31 € – Carte 18/32 €
♦ Cet hôtel, situé au centre de l'ancienne cité épiscopale de Bretagne, est géré par la même famille depuis 1923. Choisissez de préférence les chambres rafraîchies. Cuisine traditionnelle servie dans une salle ornée de bibelots et réchauffée par une cheminée.

DOLE – 39 Jura – 321 C4 – 24 949 h. – alt. 220 m – ✉ 39100 Franche-Comté Jura 16 B2

Paris 363 – Beaune 65 – Besançon 55 – Dijon 50 – Lons-le-Saunier 57

Office de tourisme, 6 place Grévy ☎ 03 84 72 11 22, Fax 03 84 72 31 12

Public du Val d'Amour à Parcey Chemin du Camping, S : 9 km par D 405 et N 5, ☎ 03 84 71 04 23.

Le Vieux Dole ★★ BZ : Collégiale Notre-Dame ★ - Grille ★ en fer forgé de l'église St-Jean-l'Evangéliste AZ - Le musée des Beaux-Arts ★.

Forêt de Chaux ★.

Plan page ci-contre

La Cloche sans rest 40,
1 pl. Grévy – ☎ 03 84 82 06 06 – lacloche.hotel@wanadoo.fr – Fax 03 84 72 73 82 – Fermé 24 déc.-2 janv. BY v
28 ch – 60 € 70 €, 8,50 €
♦ Stendhal aurait séjourné dans cette vieille maison voisine du cours St-Mauris. Ses chambres, de bonne ampleur, sont rafraîchies par étapes. Sauna.

La Chaumière avec ch 10/25,
346 av. Mar. Juin par ③ : 3 km – ☎ 03 84 70 72 40 – lachaumiere.dole@wanadoo.fr – Fax 03 84 79 25 60 – Fermé 27 août-3 sept. (sauf hôtel), 24 déc.-4 janv., dim. (sauf hôtel en juil.-août), lundi midi et sam. midi
19 ch – 68 € 77/120 €, 11 € – **Rest** – Menu (19 € bc), 31/75 € – Carte 49/65 €
♦ L'intérieur de cette maison est un savant équilibre entre modernité et tradition locale. Savoureuse cuisine inventive à base de produits du terroir et bon choix de vins régionaux.

DOLE

Arènes (R. des) .... ABZ
Besançon (R. de) .... BYZ
Béthouart (R. du Gén.) .... BZ 2
Boyvin (R.) .... BZ 4
Chifflot (R. L.) .... AZ 5
Duhamel (Av. J) .... AZ 6
Gouvernement (R. du) .... BY 9
Grande-Rue .... BZ 10
Jean-Jaurès (Av.) .... BY 13
Juin (Av. du Mar.) .... BZ 14
Lattre de Tassigny (Av. du Mar.de) .... BY 15
Messageries (R. des) .... AY 16
Nationale, Charles-de-Gaulle (Pl.) .... BZ 17
Parlement (R. du) .... BZ 18
Rockefeller (R. J.) .... BY 21
Sous-Préfecture (R. de la) .... BY 22

Bec Fin (Fassenet)

67 r. Pasteur – ✆ 03 84 82 43 43 – fassenet.romu@wanadoo.fr – Fax 03 84 79 28 07 – Fermé 2-22 janv., mardi et merc. sauf le soir de juin à mi-sept. BZ **a**

Rest – Menu (21 €), 31/72 € – Carte 54/63 €

Spéc. Escargots poêlés aux épinards et champignons (sept. à mai). Suprême de volaille fermière façon "percée du vin jaune". Lièvre à la royale (saison). **Vins** Côtes du Jura blanc et rouge

◆ Le restaurant est situé à deux pas de la maison natale de Pasteur. Coquette salle voûtée et terrasse offrant la vue sur le canal. Goûteuse cuisine personnalisée.

La Romanée 20, VISA

13 r. Vieilles Boucheries – ✆ 03 84 79 19 05 – la-romanee.franchini@wanadoo.fr – Fax 03 84 79 26 97 – Fermé dim. soir et merc. sauf juil.-août BZ **n**

Rest – Menu 18/50 € – Carte 30/44 €

◆ Cette ancienne boucherie datant de 1717 a conservé, sur les murs de la salle à manger voûtée, ses pendoirs. Terrasse bordée d'arbustes et de fleurs. Cuisine traditionnelle.

Le Grévy VISA

2 av. Eisenhower – ✆ 03 84 82 44 42 – gibeauvais@wanadoo.fr – Fax 03 84 82 44 42 – Fermé 13 août-2 sept., 24 déc.-1er janv., sam. et dim.

Rest – Menu 14,50 € (déj.)/17 € bc – Carte 22/58 € BY **v**

◆ Décor minimal, banquettes en cuir et nappes à carreaux confirment la vocation de bistrot de cette petite adresse où l'on se sustente de plats d'inspiration lyonnaise.

à Rochefort-sur-Nenon 7 km par ② par N 73 – 641 h. – alt. 210 m – ✉ 39700

Fernoux-Coutenet VISA AE

r. Barbière – ✆ 03 84 70 60 45 – hotelfernouxcoutenet@wanadoo.fr – Fax 03 84 70 50 89 – Fermé 20 déc.-6 janv., sam. en janv.-fév. et dim. d' oct. à avril

20 ch – 49/51 € 52/54 €, 8 € – ½ P 46/48 € – **Rest** – Menu 15/19 € – Carte 21/36 €

◆ Nouvelle direction et évolutions en perspective pour cet hôtel familial accueillant aussi un café. Chambres simples et petit-déjeuner sous forme de buffet. Trois salles à manger rustiques, dont une voûtée, et cuisine traditionnelle sans prétention.

à Parcey 8 km par ③ rte de Lons-le-Saunier – 838 h. – alt. 197 m – ✉ 39100

Les Jardins Fleuris VISA

35 route nationale 5 – ✆ 03 84 71 04 84 – Fax 03 84 71 09 43 – Fermé 1er-12 juil., 12 nov.-1er déc., dim. soir et mardi

Rest – Menu 16/42 € – Carte 28/41 €

◆ Cette maison de village en pierres de taille abrite une salle à manger à la fois sobre et cossue. Paisible terrasse fleurie sur l'arrière. Carte traditionnelle personnalisée.

DOLUS-D'OLERON – 17 Charente-Maritime – **324** C4 – **voir à Île d'Oléron**

DOMFRONT – 61 Orne – **310** F3 – 4 262 h. – alt. 185 m – ✉ 61700

Normandie Cotentin 32 **B3**

Paris 250 – Alençon 62 – Argentan 55 – Avranches 65 – Fougères 55 – Mayenne 34 – Vire 41

Office de tourisme, 12 place de la Roirie ✆ 02 33 38 53 97, Fax 02 33 37 40 27

Site★ - Vieille ville★ - Église N.-D-sur-l'Eau★ - Jardin du donjon ✳★ - Croix du Faubourg ✳★.

L'Auberge du Grandgousier VISA

1 pl. Liberté, (près Poste) – ✆ 02 33 38 97 17 – Fermé 5-20 oct., vacances de fév., lundi soir, merc. soir et jeudi

Rest – Menu 18/40 € – Carte 28/45 €

◆ "Fays ce que voudras" dans cette auberge familiale du centre ancien, que caractérisent sa belle cheminée - contemporaine de Rabelais - et ses plats gargantuesques.

DOMFRONT-EN-CHAMPAGNE – 72 Sarthe – **310** J6 – 936 h. – alt. 131 m – ✉ 72240 35 **C1**

Paris 216 – Alençon 54 – Laval 77 – Le Mans 20 – Mayenne 55

Midi AC VISA AE

33 r. du Mans, D 304 – ✆ 02 43 20 52 04 – jeanluc-haudry@orange.fr – Fax 02 43 20 56 03 – Fermé 15-31 août, 15 fév.-15 mars, lundi et le soir sauf vend. et sam.

Rest – Menu 13 € (déj. en sem.), 19/35 € – Carte environ 31 €

◆ Petite auberge de village abritant une salle à manger très colorée, équipée d'un mobilier contemporain. Tables bien espacées, préservant l'intimité. Cuisine au goût du jour.

DOMMARTEMONT – 54 Meurthe-et-Moselle – **307** I6 – **rattaché à Nancy**

DOMME – 24 Dordogne – 329 I7 – 987 h. – alt. 250 m – ✉ 24250
Périgord 4 **D1**

Paris 538 – Sarlat-la-Canéda 12 – Cahors 51 – Fumel 50 – Gourdon 20 – Périgueux 76

Office de tourisme, place de la Halle ✆ 05 53 31 71 00, Fax 05 53 31 71 09

La bastide★ : ※★★★.

L'Esplanade
rest, VISA MC AE

2 r. pontcorral – ✆ 05 53 28 31 41 – esplanade.domme@wanadoo.fr – Fax 05 53 28 49 92 – Ouvert début mars-début nov.

15 ch – †72/80 € ††72/148 €, ☐ 12 € – ½ P 96/124 € – **Rest** – *(fermé mardi midi en mars, merc. midi de mai à oct. et lundi sauf le soir de mai à oct.)* Menu 40/90 € – Carte 45/95 €

◆ Demeure périgourdine en bordure de la bastide, surplombant la vallée de la Dordogne. Chambres bourgeoises, dont certaines bénéficient d'une belle vue. L'élégante salle à manger offre un beau panorama et une généreuse cuisine classique.

La Guérinière
ch, ch, P

– ✆ 05 53 29 91 97 – contact@la-gueriniere-dordogne.com – Fax 05 53 29 91 97 – Ouvert 1er avril-2 nov.

5 ch ☐ – †75/90 € ††75/90 € – ½ P 59/66 € – **Rest** – table d'hôte *(dîner seult) (résidents seult)* Menu 21 €

◆ Une allée de platanes mène à cette chartreuse périgourdine qui abrite des chambres parquetées et décorées avec soin. Le soir, le patron, ancien restaurateur, sert de succulentes recettes du terroir dans une immense salle à manger réchauffée l'hiver par de belles flambées.

DOMPAIRE – 88 Vosges – 314 F3 – 919 h. – alt. 300 m – ✉ 88270 26 **B3**

Paris 366 – Épinal 21 – Luxeuil-les-Bains 61 – Nancy 64 – Neufchâteau 56 – Vittel 24

Le Commerce avec ch
VISA MC AE

pl. Gén. Leclerc – ✆ 03 29 36 50 28 – Fax 03 29 36 66 12 – Fermé 21 déc.-12 janv.

7 ch – †37 € ††39/44 €, ☐ 6 € – ½ P 34/38 € – **Rest** – *(fermé dim. soir et lundi)* Menu 12 € (sem.)/31 € – Carte 22/35 €

◆ Une succession de dais en tissu rayé égaye la blanche façade de l'établissement. Salle à manger fleurie ; cuisine traditionnelle. Chambres simples et spacieuses.

DOMPIERRE-SUR-BESBRE – 03 Allier – 326 J3 – 3 477 h. – alt. 234 m – ✉ 03290
6 **C1**

Paris 324 – Bourbon-Lancy 19 – Decize 46 – Digoin 27 – Lapalisse 36 – Moulins 31

Office de tourisme, place Yves Déret ✆ 04 70 34 61 31

Auberge de l'Olive
ch, rest, P VISA MC

av. Gare – ✆ 04 70 34 51 87 – contact@auberge-olive.fr – Fax 04 70 34 61 68 – Fermé 22-30 sept., dim. soir de nov. à mars et vend. sauf juil.-août

17 ch – †47 € ††50 €, ☐ 6,50 € – ½ P 50 € – **Rest** – Menu 18 € (sauf dim. midi)/53 € – Carte 30/43 €

◆ À deux tours de roues du parc d'attractions du Pal, auberge abritant des chambres rustiques rafraîchies ; celles de l'annexe sont plus actuelles. Deux salles à manger : l'une campagnarde, l'autre moderne, en véranda. Recettes traditionnelles revisitées.

DOMPIERRE-SUR-VEYLE – 01 Ain – 328 E4 – 968 h. – alt. 285 m – ✉ 01240
44 **B1**

Paris 439 – Belley 70 – Bourg-en-Bresse 18 – Lyon 58 – Mâcon 54 – Nantua 47

L'Auberge de Dompierre
VISA MC

pl. de la Mairie – ✆ 04 74 30 31 19 – aubergededompierresurveyle@orange.fr – Fermé 28 août-12 sept., 24-30 déc., 20-27 fév., dim. soir, mardi soir et merc.

Rest – Menu 12 € bc (déj.)/36 €

◆ Restaurant de village situé sur la place de l'église. Salle à manger aux allures de bistrot campagnard ; spécialités de la Dombes. Le plat du jour est proposé au café.

DONNAZAC – 81 Tarn – 338 D6 – 85 h. – alt. 291 m – ✉ 81170 29 C2

Paris 654 – Albi 22 – Montauban 66 – Toulouse 75

Les Vents Bleus sans rest

rte de Caussade – ✆ 05 63 56 86 11 – lesventsbleus@free.fr – Fax 05 63 56 86 11 – Ouvert 1er avril-15 oct.

5 ch – 80/100 € 80/100 €

◆ Au cœur du vignoble de Gaillac, belle demeure en pierre blanche (18e s.) flanquée d'un pigeonnier. Décoration personnalisée et raffinée pour chaque chambre. Jardin et piscine.

DONON (COL DU) – 67 Bas-Rhin – 315 G5 – voir à Col du Donon

DONZENAC – 19 Corrèze – 329 K4 – 2 147 h. – alt. 204 m – ✉ 19270

Périgord 24 B3

Paris 469 – Brive-la-Gaillarde 11 – Limoges 81 – Tulle 27 – Uzerche 26

Office de tourisme, place Liberté ✆ 05 55 85 65 35, Fax 05 55 85 72 30

Les Pans de Travassac★.

au Nord-Est sur D 920, près sortie 47 A20, dir. Sadroc

Relais du Bas Limousin

à 6 km – ✆ 05 55 84 52 06 – relais-du-bas-limousin@wanadoo.fr – Fax 05 55 84 51 41 – Fermé 28 oct.-11 nov., 25 fév.-11 mars, dim. soir sauf en juil.-août et lundi midi

22 ch – 44 € 59/74 €, 8 € – ½ P 52/60 € – **Rest** – Menu 16 € (déj. en sem.), 25/51 € – Carte 31/50 €

◆ Cette auberge inspirée de l'architecture régionale est bâtie en léger retrait de la route. Chambres personnalisées et accueil réellement charmant. Salle à manger rustique complétée d'une véranda ouverte sur le jardin et la piscine ; cuisine traditionnelle.

DONZY – 58 Nièvre – 319 B7 – 1 659 h. – alt. 188 m – ✉ 58220

Bourgogne 7 A2

Paris 203 – Auxerre 66 – Bourges 73 – Clamecy 39 – Cosne-sur-Loire 19 – Nevers 50

Office de tourisme, 15 rue de l'Étape ✆ 03 86 39 45 29

Le Grand Monarque

10 r. de l'Etape près église – ✆ 03 86 39 35 44 – monarque.jacquet@laposte.net – Fax 03 86 39 37 09 – Fermé 2 janv.-15 fév., dim. soir et lundi

11 ch – 48 € 56/73 €, 7,50 € – ½ P 54 € – **Rest** – *(fermé dim. soir, jeudi soir et lundi du 15 oct. au 1er mai)* Menu 14 € (déj. en sem.), 23/38 € – Carte 31/40 €

◆ Façade en pierre d'un ancien relais de diligences. Un bel escalier à vis du 16e s. dessert les chambres dotées de lits "king size" et douches hydromassage. Salle de restaurant aux boiseries chaleureuses avec jolie cuisine du 19e s. pieusement préservée.

LE DORAT – 87 Haute-Vienne – 325 D3 – 1 963 h. – alt. 209 m – ✉ 87210

Limousin Berry 24 B1

Paris 369 – Bellac 13 – Le Blanc 49 – Guéret 68 – Limoges 58 – Poitiers 77

Office de tourisme, 17 place de la Collégiale ✆ 05 55 60 76 81

Collégiale St-Pierre★★.

La Marmite

29 av. Gare – ✆ 05 55 60 66 94 – Fax 05 55 60 66 94 – Fermé 23 juin-1er juil., 10-19 sept., 24-27 déc., 28 janv.-6 fév., merc. sauf le soir en juil.-août et mardi

Rest – Menu 12/36 € – Carte 24/32 €

◆ Monsieur utilise bien plus qu'une marmite pour mijoter sa copieuse cuisine traditionnelle, tandis que Madame soigne une salle d'esprit rustique. Jeux d'enfants au jardin.

DORMANS – 51 Marne – 306 D8 – 3 126 h. – alt. 70 m – ✉ 51700
Champagne 13 **B2**

Paris 118 – Château-Thierry 24 – Épernay 25 – Meaux 71 – Reims 41 – Soissons 46

Office de tourisme, avenue des Victoires ✆ 03 26 53 35 86, Fax 03 26 53 35 87

La Table Sourdet

6 r. Docteur Moret – ✆ 03 26 58 20 57 – Fax 03 26 58 88 82 – Fermé 16-31 juil., 7-21 janv. et lundi
Rest – *(dîner seult)* Menu 37/62 € – Carte 48/74 €
Rest *La Petite Table* – *(déj.seult)* Menu 16/32 €
◆ L'on est cuisinier de père en fils depuis six générations à la Table Sourdet ! La vaste maison abrite une salle à manger bourgeoise où l'on propose une carte traditionnelle. La Petite Table est installée dans une véranda ; menus simples et à prix doux.

DORRES – 66 Pyrénées-Orientales – 344 C8 – 219 h. – alt. 1 458 m – ✉ 66760
Languedoc Roussillon 22 **A3**

Paris 849 – Ax-les-Thermes 47 – Font-Romeu-Odeillo-Via 15 – Perpignan 104

Marty

– ✆ 04 68 30 07 52 – Fax 04 68 30 08 12 – Fermé 15 oct.-20 déc.
21 ch – 46 € 53 €, 9 € – ½ P 44/46 € – **Rest** – Menu 16/35 € – Carte 16/47 €
◆ Pension de famille sur les hauteurs de la Cerdagne, proche d'une source sulfureuse et de son petit bassin. Chambres un brin désuètes, parfois avec loggia. Restaurant panoramique agrémenté d'objets agricoles et de trophées de chasse. Copieuse cuisine catalane.

DOUAI – 59 Nord – 302 G5 – 42 796 h. – Agglo. 518 727 h. – alt. 31 m – ✉ 59500
Nord Pas-de-Calais Picardie 31 **C2**

Paris 194 – Arras 26 – Lille 42 – Tournai 39 – Valenciennes 47

Office de tourisme, 70 place d'Armes ✆ 03 27 88 26 79, Fax 03 27 99 38 78

18 de Thumeries à Thumeries, N : 15 km par D 8, ✆ 03 20 86 58 98.

Beffroi★ BY **D** - Musée de la Chartreuse★★.

Centre historique minier de Lewarde★★ SE : 8 km par ②.

Plan page suivante

La Terrasse

rest, 10/40,

36 terrasse St-Pierre – ✆ 03 27 88 70 04 – contact@laterrasse.fr – Fax 03 27 88 36 05 BY **a**
24 ch – 55/70 € 70/110 €, 9 € – ½ P 71/86 € – **Rest** – Menu 18/71 €
◆ Avenante maison cachée dans une ruelle jouxtant l'ancienne collégiale St-Pierre. Les chambres, un peu petites, sont décorées dans le style des années 1980. À table, copieuse cuisine classique, simple et bien faite, et belle carte des vins (900 appellations).

Ibis sans rest

60,

pl. St-Amé – ✆ 03 27 87 27 27 – h0956@accor.com – Fax 03 27 98 31 64 AY **e**
42 ch – 51/62 € 51/62 €, 7 €
◆ Les standards Ibis dans une demeure historique ! Ces maisons des 16ᵉ et 18ᵉ s. abritent des chambres fonctionnelles de tailles variées ; poutres et mansardes au 3ᵉ étage.

Au Turbotin

9 r. Massue – ✆ 03 27 87 04 16 – g.coussement@wanadoo.fr – Fax 03 27 87 87 57 – Fermé 30 juil.-20 août, sam. midi, dim. soir et lundi AY **s**
Rest – Menu 20 € (sem.)/50 € – Carte 35/54 €
◆ Un beau vivier est "exposé" comme un tableau dans ce restaurant redécoré dans un plaisant style contemporain. Recettes dans l'air du temps n'oubliant pas le terroir.

Le P'tit Gouverneur

76 r. St-Jean – ✆ 03 27 88 90 04 – Fermé 15 juil.-9 août, mardi soir, merc. soir, dim. soir et lundi BY **e**
Rest – Menu 17 € (déj. en sem.), 23/37 € – Carte 33/42 €
◆ Bistrot soigné dont la façade en angle de rue, ornée de statues d'animaux, apporte un peu de fantaisie dans le quartier. Cuisine du marché ; formule "plat-bière" rapide.

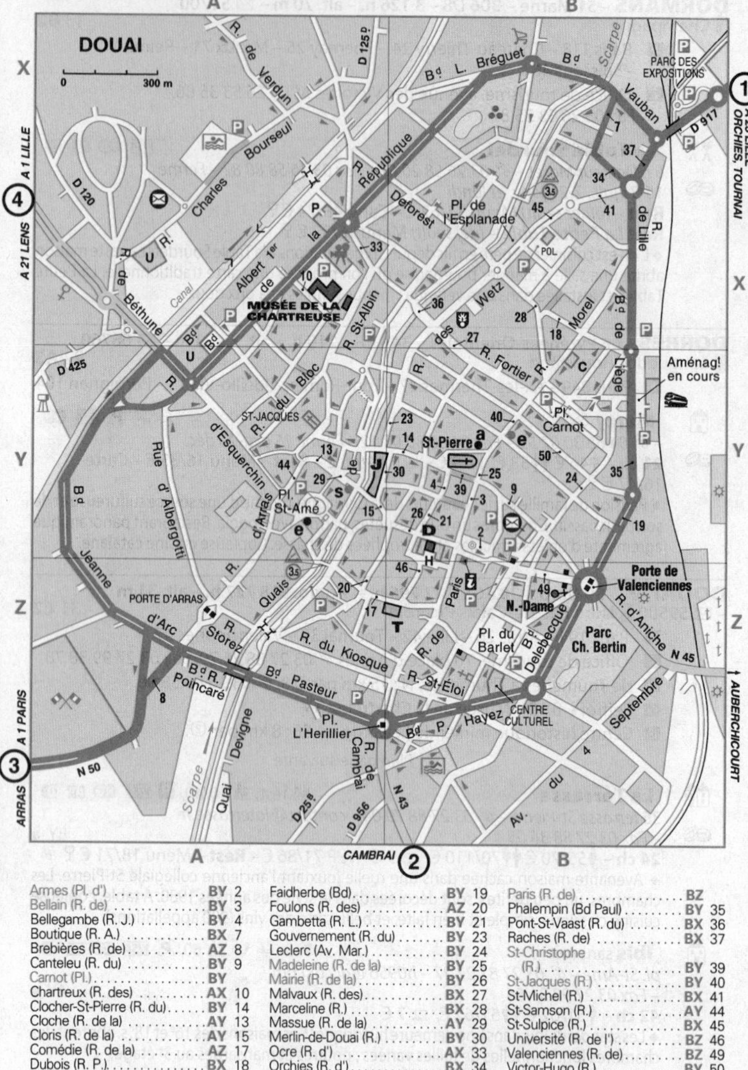

Armes (Pl. d') .... BY 2
Bellain (R. de) .... BY 3
Bellegambe (R. J.) .... BY 4
Boutique (R. A.) .... BX 7
Brebières (R. de) .... AZ 8
Canteleu (R. du) .... BY 9
Carnot (Pl.) .... BY
Chartreux (R. des) .... AX 10
Clocher-St-Pierre (R. du) .... BY 14
Cloche (R. de la) .... AY 13
Cloris (R. de la) .... AY 15
Comédie (R. de la) .... AZ 17
Dubois (R. P.) .... BX 18
Faidherbe (Bd) .... BY 19
Foulons (R. des) .... AZ 20
Gambetta (R. L.) .... BY 21
Gouvernement (R. du) .... BY 23
Leclerc (Av. Mar.) .... BY 24
Madeleine (R. de la) .... BY 25
Mairie (R. de la) .... BY 26
Malvaux (R. des) .... BX 27
Marceline (R.) .... BX 28
Massue (R. de la) .... AY 29
Merlin-de-Douai (R.) .... BY 30
Ocre (R. d') .... AX 33
Orchies (R. d') .... BX 34
Paris (R. de) .... BZ
Phalempin (Bd Paul) .... BY 35
Pont-St-Vaast (R. du) .... BX 36
Raches (R. de) .... BX 37
St-Christophe (R.) .... BY 39
St-Jacques (R.) .... BY 40
St-Michel (R.) .... BX 41
St-Samson (R.) .... AY 44
St-Sulpice (R.) .... BX 45
Université (R. de l') .... BZ 46
Valenciennes (R. de) .... BZ 49
Victor-Hugo (R.) .... BY 50

à Roost-Warendin 10 km par ①, D 917 et D 8 – 5 744 h. – alt. 22 m – ✉ 59286

Syndicat d'initiative, 270 rue Brossolette ✆ 03 27 95 90 00, Fax 03 27 95 90 01

✗✗ Le Chat Botté

Château de Bernicourt – ✆ 03 27 80 24 44 – contact@restaurantlechatbotte.com – Fax 03 27 80 35 81 – Fermé 5-20 août, lundi et le soir sauf sam.

Rest – Menu (17 €), 30/60 € – Carte 54/60 € ♀

◆ Tons pastel, mobilier en rotin et plantes vertes dans les dépendances du joli château de Bernicourt (18e s.) entouré d'un parc. Cuisine classique et carte des vins étoffée.

à Brebières 7 km par ③ – 4 424 h. – alt. 48 m – ✉ 62117

XXX **Air Accueil** 6/16, P VISA MC

N 50 – ✆ 03 21 50 01 02 – Fax 03 21 50 84 17 – Fermé 20 août-2 sept., dim. soir, lundi et soirs fériés

Rest – Menu 29/39 € – Carte 35/63 € ₸

◆ Long bâtiment en briques près d'un aérodrome. Salle à manger de style Louis XIII égayée de tissus fleuris et verdoyante terrasse. Dégustations de vins dans un des salons.

DOUAINS – 27 Eure – 304 I7 – rattaché à Vernon

DOUARNENEZ – 29 Finistère – 308 F6 – 15 827 h. – alt. 25 m – ✉ 29100

Bretagne 9 **A2**

Paris 585 – Brest 76 – Lorient 88 – Quimper 23 – Vannes 141

Office de tourisme, 2 rue Docteur Mével ✆ 02 98 92 13 35, Fax 02 98 92 70 47

Boulevard Jean-Richepin et nouveau port★ ≤★ Y - Port du Rosmeur★ - Musée à flot★★ - collection★ au musée du bateau - Ploaré : tour★ de l'église S : 1 km - Pointe de Leydé★ ≤★ NO : 5 km.

DOUARNENEZ

Anatole-France (R.) . . . . Y 2
Baigneurs (R. des) . . . . . . Y 5
Barré (R. J.) . . . . YZ 7
Berthelot (R.) . . . . Z 8
Centre (R. du) . . . . Y 10
Croas-Talud (R.) . . . . Z 14
Duguay-Trouin (R.) . . . . . . YZ 15
Enfer (Pl. de l') . . . . YZ 16
Grand-Port (Quai du) . . . . . Y 19
Grand-Port (R. du) . . . . Y 20
Jaurès (R. Jean) . . . . YZ
Jean-Bart (R.) . . . . Y 24
Kerivel (R. E.) . . . . YZ 21
Laënnec (R.) . . . . Z 25
Lamennais (R.) . . . . Z 27
Marine (R. de la) . . . . Y 32
Michel (R. L.) . . . . Y 36
Monte-au-Ciel (R.) . . . . Z 37
Péri (Pl. Gabriel) . . . . Y 42
Petit-Port (Quai du) . . . . . . Y 43
Plomarc'h (R. des) . . . . . . YZ 44
Stalingrad (Pl.) . . . . Z 65
Vaillant (Pl. E.) . . . . Y 59
Victor-Hugo (R.) . . . . Z 60
Voltaire (R.) . . . . Y 62

Sens unique en saison: flèche noire

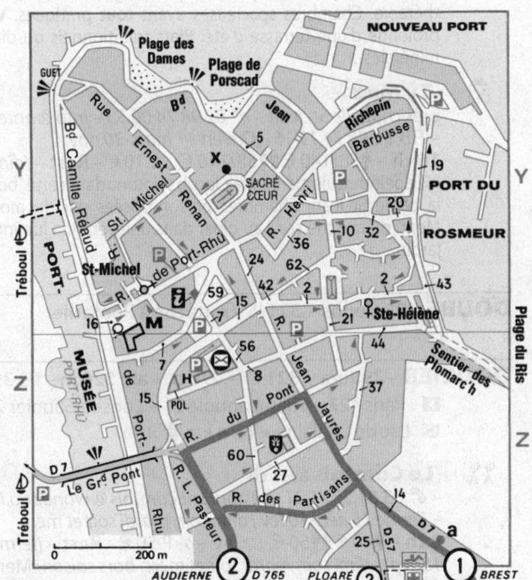

Le Clos de Vallombreuse ≤ rest, 40, P VISA MC AE

7 r. d'Estienne-d'Orves – ✆ 02 98 92 63 64 – clos.vallombreuse@wanadoo.fr – Fax 02 98 92 84 98 Y x

25 ch – †46/122 € ††52/122 €, ☕ 10 € – ½ P 55/90 € – **Rest** – Menu 19 € (sem.)/55 € – Carte 36/86 € ₸

◆ Face à la baie, fière demeure achevée en 1902 pour un baron de la conserve. Chambres personnalisées dans le logis et son extension ; jardin clos et piscine au-dessus du port. Élégant décor et produits de la mer font l'attrait du restaurant.

X **Le Kériolet** avec ch ch, VISA MC

29 r. Croas-Talud – ✆ 02 98 92 16 89 – keriolet2@wanadoo.fr – Fax 02 98 92 62 94 – Fermé vacances de fév. et lundi midi hors saison Z a

8 ch – †48/58 € ††48/58 €, ☕ 6,50 € – ½ P 54 € – **Rest** – Menu 13 € (déj. en sem.), 18/36 € – Carte 26/51 € ₸

◆ Le chef prépare des plats traditionnels qui valorisent les produits du terroir et de la pêche locale. Décoration marine sobre et de bon goût dans la salle ouverte sur un jardinet. Chambres toutes simples, mais bien rénovées.

rte de Quimper 4 km – ✉ 29100 Douarnenez

Auberge de Kerveoc'h rest, rest, P VISA MC

42, rte de Kerveoc'h, par D 765 – ☎ 02 98 92 07 58 – auberge.de-kerveoch@worldonline.fr – Fax 02 98 92 03 58

13 ch – †45/54 € ††49/75 €, ☐ 8 € – ½ P 51/68 € – **Rest** – *(fermé dim. soir sauf de juin à sept.) (dîner seult)* Menu 22 € – Carte 32/48 € ♀

◆ Les chambres de la ferme ont été refaites avec soin ; celles du petit manoir, plus anciennes, demeurent plaisantes et coquettes. Agréable jardin profitant du calme environnant. Courte carte élaborée selon le marché et cachet rustique très affirmé au restaurant.

à Tréboul 3 km au Nord-Ouest – ✉ 29100 Douarnenez

Thalasstonic ch, rest, P VISA MC AE

r. des Professeurs Curie – ☎ 02 98 74 45 45 – info-hotel-dz@thalasso.com – Fax 02 98 74 36 07 – Fermé 25 nov.-8 déc.

50 ch – †47/60 € ††66/132 €, ☐ 11 € – 4 suites – ½ P 68/95 € – **Rest** – Menu (18 €), 24 € – Carte 26/40 € ♀

◆ Hôtel iodé pour un séjour tonique : plage proche et accès direct au centre de thalassothérapie. Chambres spacieuses avant tout pratiques. Vaste restaurant contemporain prolongé d'une terrasse d'été. Plats traditionnels ou diététiques et belle carte d'eaux minérales.

Ty Mad P VISA MC

près chapelle St-Jean – ☎ 02 98 74 00 53 – info@hoteltymad.fr – Fax 02 98 74 15 16 – Ouvert 1er mars-30 nov.

16 ch – †58/140 € ††58/140 €, ☐ 10 € – **Rest** – *(dîner seult)* Menu 25 € ♀

◆ Le peintre quimpérois Max Jacob séjourna dans cette "bonne maison" (ty mad) dominant la plage St-Jean. Chambres personnalisées par du mobilier contemporain ou chiné. Menu du marché servi au dîner dans une véranda lumineuse et coquette ouvrant sur le jardin.

DOUBS – 25 Doubs – 321 I5 – rattaché à Pontarlier

DOUCIER – 39 Jura – 321 E7 – 270 h. – alt. 526 m – ✉ 39130 16 B3

Paris 427 – Champagnole 21 – Lons-le-Saunier 25

Lac de Chalain★★ N : 4 km Jura.

XX **Le Comtois** avec ch rest, VISA MC

– ☎ 03 84 25 71 21 – restaurant.comtois@wanadoo.fr – Fax 03 84 25 71 21 – Fermé 15 déc.-10 fév., dim. soir, mardi soir et merc.

8 ch – †40 € ††50 €, ☐ 7 € – ½ P 50 € – **Rest** – *(fermé sam. midi du 15 juin au 15 sept., dim. soir, mardi soir et merc. hors saison)* Menu 20/32 € – Carte 33/40 € ♀

◆ Plaisant décor campagnard, généreuse cuisine du terroir, service soigné et très bon accueil font la réputation de cette coquette auberge. Attrayante sélection de vins du Jura.

XX **La Sarrazine** P VISA MC

– ☎ 03 84 25 70 60 – Fax 03 84 25 79 34 – Fermé de début déc. à début janv. et jeudi

Rest – grill Menu 14/23 € – Carte 24/54 € ♀

◆ On tue le cochon... sur la fresque murale de ce restaurant rustique où les ripailleurs se retrouvent autour des spécialités maison : pieds de porc et grillades au feu de bois.

DOUÉ-LA-FONTAINE – 49 Maine-et-Loire – 317 H5 – 7 450 h. – alt. 75 m – ✉ 49700 Châteaux de la Loire 35 C2

Paris 322 – Angers 40 – Châtellerault 86 – Cholet 50 – Saumur 19 – Thouars 30

Office de tourisme, 30 place des Fontaines ☎ 02 41 59 20 49, Fax 02 41 59 93 85

Zoo de Doué★★.

La Saulaie sans rest — 25, VISA

rte Montreuil-Bellay : 2 km – ✆ 02 41 59 96 10 – hoteldelasaulaie@wanadoo.fr – Fax 02 41 59 96 11 – Fermé 21 déc.-6 janv.

44 ch – †39/50 € ††46/58 €, ☕ 7,50 €

◆ Après la visite des "caves demeurantes" alentour, retrouvez la lumière naturelle dans cet établissement récent aux chambres actuelles, colorées et assez spacieuses.

XX **Auberge Bienvenue** avec ch — ch, VISA

104 route Cholet, (face Zoo) – ✆ 02 41 59 22 44 – info@aubergebienvenue.com – Fax 02 41 59 93 49 – Fermé 24 déc.-11 janv.

10 ch – †46 € ††46/75 €, ☕ 8 € – ½ P 64 € – **Rest** – *(fermé dim. soir et lundi)* Menu 21 € (sem.)/50 € – Carte 39/55 €

◆ Chaleureuse salle à manger, goûteux plats traditionnels, terrasse fleurie : cette auberge invite à faire le plein de saveurs et de parfums. Spacieuses chambres récentes.

XX **De France** avec ch — VISA

19 pl. Champ de Foire – ✆ 02 41 59 12 27 – jarnot@hoteldefrance-doue.com – Fax 02 41 59 76 00 – Fermé 22 déc.-22 janv., dim. soir et lundi

17 ch – †41 € ††43 €, ☕ 7 € – ½ P 48/52 € – **Rest** – Menu 16/38 € – Carte 25/38 €

◆ Dans la cité de la rose, salle à manger au décor velouté : murs tendus de tissu bleu, plafond orné de draperies et sièges Louis XVI. Chambres simples, refaites par étapes.

DOURDAN – 91 Essonne – 312 B4 – 9 555 h. – alt. 100 m – ✉ 91410

Île de France — 18 **B2**

Paris 54 – Chartres 48 – Étampes 18 – Évry 44 – Orléans 81 – Rambouillet 22 – Versailles 51

Office de tourisme, place du Général-de-Gaulle ✆ 01 60 81 05 69

Rochefort Chisan Country Club à Rochefort-en-Yvelines Château de Rochefort/Yvelines, N : 8 km par D 836 et D 149, ✆ 01 30 41 31 81 ;

de Forges-les-Bains à Forges-les-Bains Route du Général Leclerc, N : 14 km par D 838, ✆ 01 64 91 48 18.

Place du Marché aux grains ★ - Vierge au perroquet ★ au musée.

Host. Blanche de Castille — ch, cuisinette — 75, VISA

pl. Halles – ✆ 01 60 81 19 10 – info@residourdan.fr – Fax 01 60 81 19 10 – Fermé 1er-15 août

32 ch – †80 € ††80 €, ☕ 10 € – **Rest** – *(fermé lundi midi, sam. midi et dim. soir)* Menu 16 € (déj. en sem.)/27 € – Carte 27 €

◆ Au cœur du vieux Dourdan, ancienne maison face à la place des Halles. Chambres confortables (12 équipées pour les familles) ; la moitié a vue sur l'église aux trois clochers. Salle à manger bourgeoise et rustique (cheminée, lustres, poutres). Carte traditionnelle.

XX **Auberge de l'Angélus** — 8/15, VISA

4 pl. Chariot – ✆ 01 64 59 83 72 – angelus-gourmet@wanadoo.fr – Fax 01 64 59 83 72 – Fermé 5 août-6 sept., 24-30 déc., 25 fév.-13 mars, dim. soir, lundi soir, mardi soir et merc.

Rest – Menu 22 € (sem.)/41 €

◆ À l'écart du pittoresque centre historique, relais de poste du 18e s. abritant trois petites salles à manger rénovées. Terrasse dressée dans la jolie cour pavée.

DOURGNE – 81 Tarn – 338 E10 – 1 186 h. – alt. 250 m – ✉ 81110 — 29 C2

Paris 742 – Toulouse 67 – Carcassonne 52 – Castelnaudary 35 – Castres 19 – Gaillac 64

Office de tourisme, 1 avenue du maquis ✆ 05 63 74 27 19

X **Hostellerie de la Montagne Noire** avec ch — rest, VISA

15 pl. Promenades – ✆ 05 63 50 31 12 – hotel.restaurant.montagne.noire@wanadoo.fr – Fax 05 63 50 13 55 – Fermé 27 août-3 sept., 26 nov.-10 déc. et vacances de fév.

9 ch – †44 € ††47 €, ☕ 8 € – ½ P 33 € – **Rest** – *(fermé dim. soir et lundi)* Menu 15 € (déj. en sem.), 21/35 € – Carte 28/41 €

◆ Cette maison de village abrite deux salles à manger : l'une contemporaine, l'autre décorée dans un style campagnard chic. Terrasse sous les platanes et cuisine traditionnelle.

au Nord 4 km par D 85 et D 14 – ✉ 81110 St-Avit

Les Saveurs de St-Avit P VISA
– ✆ 05 63 50 11 45 – simonscott6@aol.com – Fax 05 63 50 11 45
– Fermé 20 nov.-4 déc., 1er-15 janv., sam. midi, dim. soir et lundi
Rest – *(nombre de couverts limité, prévenir)* Menu 25 € (sem.)/75 € bc – Carte 53/78 €

◆ Dans une ferme convertie en restaurant, charmante salle à manger associant avec art les styles rustique et contemporain. Fine cuisine au goût du jour à base de produits régionaux.

DOURLERS – 59 Nord – 302 L6 – 568 h. – alt. 171 m – ✉ 59440 31 D3

Paris 245 – Avesnes-sur-Helpe 10 – Lille 94 – Maubeuge 13 – Le Quesnoy 27 – St-Quentin 75

Auberge du Châtelet 4/25, P VISA
rte Avesnes-sur-Helpe, sur N 2 : 1 km ✉ 59440 Avesnes-sur-Helpe
– ✆ 03 27 61 06 70 – carlierchatelet@aol.com – Fax 03 27 61 20 02 – Fermé dim. soir et soirs fériés
Rest – Menu 25/55 € bc – Carte 33/77 €

◆ La même famille officie dans cette belle longère fleurie depuis 1971. Intérieur rustique, paisible terrasse, plats traditionnels et superbe livre de cave (grands millésimes).

DOURNAZAC – 87 Haute-Vienne – 325 C7 – 728 h. – alt. 368 m – ✉ 87230
Limousin Berry 24 B2

Paris 436 – Limoges 42 – Panazol 47 – Saint-Junien 41

Château de Montbrun sans rest P
à Montbrun 2 km au Nord-Ouest par D 64 – ✆ 05 55 78 65 26 – Montbrun@Montbrun.com – Fax 05 55 78 65 34
16 ch – 150/200 € 150/200 €

◆ Ce château abrite de superbes chambres dont certaines décorées dans le style du 15e s. Nombreuses activités possibles : billard, pêche, chasse, tir à l'arbalète, équitation...

DOUSSARD – 74 Haute-Savoie – 328 K6 – 2 781 h. – alt. 456 m – ✉ 74210 46 F1

Paris 555 – Albertville 27 – Annecy 20 – Megève 42

Arcalod ch, rest, rest, P VISA
– ✆ 04 50 44 30 22 – info@hotelarcalod.fr – Fax 04 50 44 85 03 – Ouvert 2 mai-30 sept.
33 ch – 55/65 € 60/80 €, 9 € – ½ P 57/72 € – **Rest** – Menu 19 € (sem.)/30 € – Carte 26/33 €

◆ L'atout de ce chalet familial : les nombreuses activités gratuites proposées sur place (randonnée, tir à l'arc, vélo...). Petites chambres bien tenues et grand jardin arboré. Spacieuse et lumineuse salle de restaurant, cuisine de pension gentiment savoyarde.

DOUVAINE – 74 Haute-Savoie – 328 K3 – 3 859 h. – alt. 428 m – ✉ 74140 46 F1

Paris 555 – Annecy 63 – Chamonix-Mont-Blanc 87 – Genève 18 – Thonon-les-Bains 16

Office de tourisme, 35 rue du Centre ✆ 04 50 94 10 55, Fax 04 50 94 36 13

Ô Flaveurs P VISA
Château de Chilly, 2 km au Sud Est par rte de Crépy – ✆ 04 50 35 46 55 – restaurantoflaveurs@wanadoo.fr – Fax 04 50 35 41 31 – Fermé mardi et merc.
Rest – Menu 29 € (déj. en sem.), 43/65 € – Carte 61/90 €

◆ Restaurant aménagé avec beaucoup de raffinement dans un petit château du 15e s. dont l'authenticité a été soigneusement préservée (pierres, poutres, cheminée). Cuisine actuelle.

XX **La Couronne**

– ✆ *04 50 85 10 20 – la.couronne2@freesbee.fr – Fax 04 50 85 10 40 – Fermé 22 juil.-15 août, 23 déc.-7 janv., dim. soir et lundi*

Rest – Menu 13 € (déj. en sem.), 27/45 € – Carte 38/52 €

◆ Cette auberge datant de 1780 abrite une chaleureuse salle à manger (poutres apparentes, couleurs ensoleillées) ouverte sur une petite cour ombragée. Recettes au goût du jour.

DOUVRES-LA-DÉLIVRANDE – 14 Calvados – 303 J4 – 4 809 h. – alt. 19 m – ✉ 14440 Normandie Cotentin

32 **B2**

Paris 246 – Bayeux 26 – Caen 15 – Deauville 48

Syndicat d'initiative, 41 rue Général-de-Gaulle ✆ 02 31 37 93 10, Fax 02 31 37 93 10

à Cresserons 2 km à l'Est par D 35 – 1 202 h. – alt. 9 m – ✉ 14440

XXX **La Valise Gourmande**

rte Lion sur Mer – ✆ 02 31 37 39 10 – Fax 02 31 37 59 13 – Fermé dim. soir, mardi midi et lundi

Rest – Menu 29/52 € – Carte 43/88 €

◆ Prieuré du 18e s. et son jardin clos. Élégamment décorées, trois petites salles à l'esprit campagnard, dont une agrémentée d'une cheminée. Cuisine classique.

DRACY-LE-FORT – 71 Saône-et-Loire – 320 I9 – rattaché à Chalon-sur-Saône

---

DRAGUIGNAN – 83 Var – 340 N4 – 32 829 h. – alt. 178 m – ✉ 83300 Côte d'Azur

41 **C3**

Paris 862 – Fréjus 30 – Marseille 124 – Nice 89 – Toulon 79

Office de tourisme, 2 avenue Lazard Carnot ✆ 04 98 10 51 05, Fax 04 98 10 51 10

de Saint Endréol à La Motte Route de Bagnols en Forêt, par rte du Muy et D 47 : 15 km, ✆ 04 94 51 89 89.

Musée des Arts et Traditions populaires de moyenne Provence★ **M²**.

Site★ de Trans-en-Provence S : 5 km.

Plan page suivante

Mercure sans rest

11 bd G. Clemenceau – ✆ 04 94 50 95 09 – h2969@accor.com – Fax 04 94 68 23 49

Z **n**

38 ch – †85/115 € ††95/175 €, ☕ 11,50 €

◆ Complexe hôtelier moderne situé en plein centre-ville, à proximité des musées. Chambres spacieuses, bien équipées et insonorisées, dont une partie a été rénovée.

X **Lou Galoubet**

23 bd J. Jaurès – ✆ 04 94 68 08 50 – Fax 04 94 68 08 50 – Fermé 16 août-8 sept., dim. soir et lundi

Z **e**

Rest – Menu 24 € – Carte 38/57 €

◆ Chaises et banquettes en skaï rouge apportent de la gaieté et donnent un air de brasserie à ce restaurant dont les cuisines s'offrent à la vue de tous. Recettes classiques.

rte de Flayosc 4 km par ③ et D 557 – ✉ 83300 Draguignan

Les Oliviers sans rest

– ✆ 04 94 68 25 74 – hotel-les-oliviers@club-internet.fr – Fax 04 94 68 57 54 – Fermé 10-20 janv.

12 ch – †49/56 € ††51/56 €, ☕ 8 €

◆ Cet hôtel tout simple, progressivement rénové, offre des chambres parfaitement tenues, de plain-pied avec le jardin fleuri où l'on sert le petit-déjeuner en été.

DRAGUIGNAN

Cisson (R.) .... YZ 3
Clemenceau (Bd) .... Z
Clément (R. P.) .... Z 4
Droits-de-l'Homme
(Parvis des) .... Z 5
Gay (Pl. C.) .... Y 6
Grasse (Av. de) .... Y 8
Joffre (Bd. Mar.) .... Z 9
Juiverie (R. de la) .... Y 12
Kennedy (Bd J.) .... Z 13
Leclerc (Bd Gén.) .... Z 14
Marchands (R. des) .... Y 15
Marché (Pl. du) .... Y 16
Martyrs-de-la-Résistance
(Bd des) .... Z 17
Marx-Dormoy
(Bd) .... Z 18
Mireur (R. F.) .... Y 19
Observance (R. de l') .... Y 20
République (R. de la) .... Z 23
Rosso (Av. P.) .... Z 24

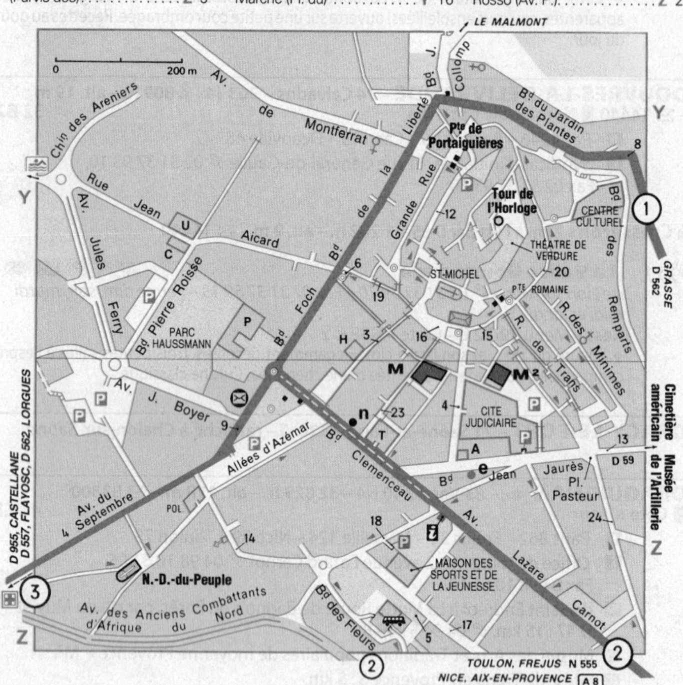

à Flayosc **7 km par ③ et D 557 – 3 924 h. – alt. 310 m – ✉ 83780**

Office de tourisme, place Pied Bari ✆ 04 94 70 41 31, Fax 04 94 70 47 91

La Vieille Bastide avec ch

306 rte du Peyron par rte Salernes et rte secondaire – ✆ 04 98 10 62 62 – lavieillebastide@tiscali.fr – Fax 04 94 84 61 23

8 ch – †55/89 € ††55/89 €, ☕ 8 € – ½ P 64/80 € – Rest – *(fermé 29 oct.-19 nov., 7-28 janv., merc. midi de nov. à mars, dim. soir et lundi)* Menu (23 €), 28/58 € – Carte 64/79 €

◆ Ancienne bergerie abritant une jolie salle à manger rustico-provençale et de sobres chambres rénovées dans l'esprit régional. Repas méridional au goût jour ; terrasse sous les chênes.

L'Oustaou

au village – ✆ 04 94 70 42 69 – lymal74@aol.com – Fax 04 94 84 64 92 – Fermé 23 oct.-9 nov., vend. midi et mardi du 15 juin au 15 sept., dim. soir, lundi et merc.

Rest – Menu 20 € (déj. en sem.), 26/39 € – Carte 34/54 €

◆ Cuisine régionale actualisée, valorisant le terroir, servie avec gentillesse dans le cadre rustique d'un ex-relais de poste dont le nom signifie "petit mas". Terrasse en teck.

X **La Salle à Manger**

9 pl. République – ☎ 04 94 84 66 04 – ronald-abbink@wanadoo.fr – Fax 04 94 85 30 59 – Fermé 8 déc.-2 janv., sam. midi et dim. soir du 1er oct. au 30 juin, le midi du 1er juil. au 30 sept. et lundi

Rest – Menu 23 € (sem.)/39 € – Carte 42/66 €

◆ Un couple batave tient cette séduisante "salle à manger" néo-rustique (poutres, murs en pierres ou chaulés) où l'on savoure une cuisine d'aujourd'hui sur des tables nappées de lin.

DRAIN – **49 Maine-et-Loire** – **317** B4 – **1 668 h.** – **alt. 53 m** – ✉ **49530** 34 **B2**

Paris 359 – Cholet 60 – Nantes 41 – Saint-Herblain 48

Le Mésangeau

5 km au Sud par D 154 – ☎ 02 40 98 21 57 – le.mesangeau@wanadoo.fr – Fax 02 40 98 28 62

5 ch – 70/100 € 90/110 € – ½ P 76/85 € – **Rest** – table d'hôte *(dîner seult) (résidents seult)* Menu 35 € bc

◆ Difficile de trouver lieu plus calme que cette grande demeure de 1830. Parc, étang, petit golf et collection de voitures du début du 20e s. Chambres rafraîchies, de style régional.

LE DRAMONT – **83 Var** – **340** Q5 – **rattaché à St-Raphaël**

DRAVEIL – **91 Essonne** – **312** D3 – **101** 36 – **voir à Paris, Environs**

DREUX – **28 Eure-et-Loir** – **311** E3 – **31 849 h.** – **alt. 82 m** – ✉ **28100**

Normandie Vallée de la Seine 11 **B1**

Paris 78 – Chartres 36 – Évreux 44 – Mantes-la-Jolie 43

Office de tourisme, 6 rue des Embûches ☎ 02 37 46 01 73, Fax 02 37 46 19 27

Beffroi★ AY **B** - Glaces peintes★★ de la chapelle royale St-Louis AY.

Plan page suivante

Le Beffroi sans rest

12 pl. Métézeau – ☎ 02 37 50 02 03 – hotel.beffroi@club-internet.fr – Fax 02 37 42 07 69 – Fermé 23 juil.-16 août AZ **e**

15 ch – 65 € 65 €, 7 €

◆ Les chambres ont vue sur la Blaise ou l'église St-Pierre. Décor à base d'objets glanés par le propriétaire, ex-grand reporter, et belles mosaïques dans les salles de bains.

X **Le St-Pierre**

19 r. Sénarmont – ☎ 02 37 46 47 00 – lesaint.pierre@wanadoo.fr – Fax 02 37 64 26 37 – Fermé 9-27 juil., 10-27 fév., jeudi soir, dim. soir et lundi BY **r**

Rest – Menu (13 €), 15 € (sem.)/28 € – Carte 25/35 €

◆ Ce restaurant, niché dans une ruelle voisine de l'église St-Pierre, dispose de trois petites salles colorées et meublées dans le style bistrot. Goûteuse cuisine traditionnelle.

à Cherisy 4,5 km par ② – **1 768 h.** – **alt. 88 m** – ✉ **28500**

XX **Le Vallon de Chérisy**

– ☎ 02 37 43 70 08 – Fax 02 37 43 86 00 – Fermé dim. soir, mardi soir et merc.

Rest – Menu 28/58 € – Carte 28/58 €

◆ Maison à colombages proposant deux cadres : poutres et mobilier Louis-Philippe dans la salle, baies vitrées et sièges en rotin sous la véranda. La cuisine est au goût du jour.

à Ste-Gemme-Moronval 6 km par ②, **N 12, D 912 et D 308**[1] – **691 h.** – **alt. 79 m** – ✉ **28500**

XXX **L'Escapade**

pl. du Dr Jouve – ☎ 02 37 43 72 05 – Fax 02 37 43 86 96 – Fermé 20 août-12 sept., 6-20 fév., dim. soir, lundi soir et mardi

Rest – Menu 35/80 € bc – Carte 58/87 €

◆ Escapade gourmande dans cette accueillante auberge campagnarde proposant des recettes classiques. Paisible terrasse et élégante salle à manger agrémentée de boiseries.

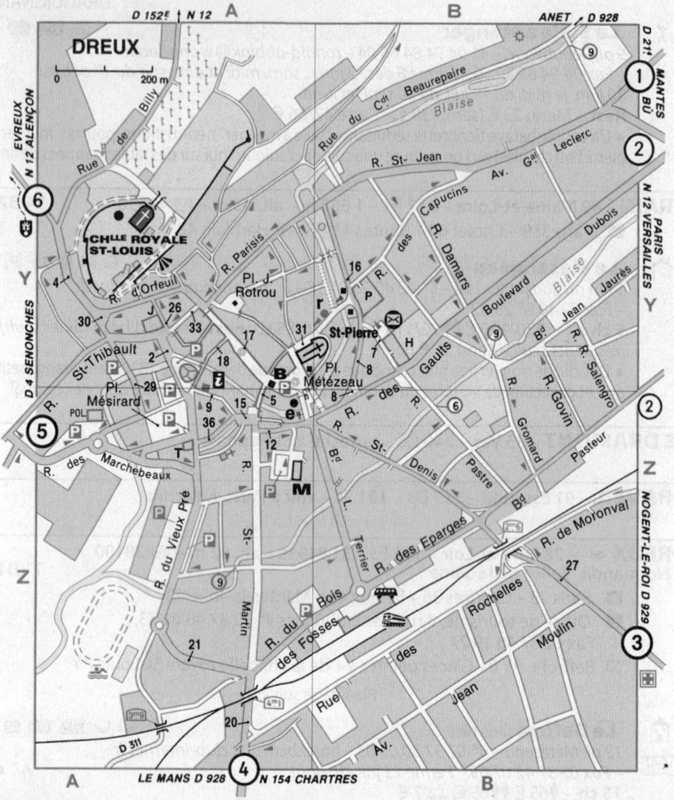

Anatole-France (Pl.) . . . . AY 2
Bois-Sabot (R. du) . . . . AY 4
Chartraine (R. Porte) . . . . AZ 5
Châteaudun (R. de) . . . . BY 7
Doguereau (R.) . . . . BY 8
Embûches (R. des) . . . . AYZ 9
Esmery-Caron (R.) . . . . AZ 12
Fusillés (Pl. des) . . . . AZ 15
Gaulle (R. du Gén.-de) . . . . BY 16
Gde-Rue M.-Violette . . . . AY 17
Illiers (R.) . . . . AY 18
Marceau (Av. du Gén.) . . . . AZ 20
Melsungen (Av. de) . . . . AZ 21
Palais (R. du) . . . . AY 26
Parisis (R.) . . . . AY
Prés.-Kennedy (Av. du) . . . . BZ 27
Renan (R. Ernest) . . . . AZ 29
Sainte-Barbe (Pl.) . . . . AY 30
Senarmont (R. de) . . . . AY 31
Tanneurs (R. aux) . . . . AY 33
Teinturiers (R. des) . . . . AZ 36

à Vernouillet-centre 2 km au Sud par D 311 AZ – 11 496 h. – alt. 97 m – ✉ 28500

XX **Auberge de la Vallée Verte** avec ch — ch, cuisinette

(près Église) – ☎ 02 37 46 04 04 – aubergevallee@wanadoo.fr – Fax 02 37 42 91 17 – Fermé 29 juil.-22 août, 22 déc.-8 janv., dim. et lundi

16 ch – †70/90 € ††70/90 €, ☕ 7,50 € – ½ P 91/106 € – **Rest** – Menu 28/50 € bc – Carte 41/52 € ♀

◆ Poutres anciennes et tomettes : l'aspect rustique de ce restaurant du vieux Vernouillet a été pieusement préservé. Carte traditionnelle. Chambres neuves à l'annexe dotée d'un jardin.

Ce guide vit avec vous : vos découvertes nous intéressent.
Faites-nous part de vos satisfactions comme de vos déceptions.
Coup de colère ou coup de cœur : écrivez-nous !

DRUSENHEIM – 67 Bas-Rhin – 315 L4 – 4 723 h. – alt. 122 m – ✉ 67410 — 1 B1

Paris 499 – Haguenau 17 – Saverne 61 – Strasbourg 33 – Wissembourg 48

XX **Auberge du Gourmet** avec ch — ch, P VISA MC AE

rte Strasbourg, Sud-Ouest : 1 km – ✆ 03 88 53 30 60 – info@auberge-gourmet.com – Fax 03 88 53 31 39 – Fermé 11 juil.-2 août et 15 fév.-3 mars

11 ch – 37 € 45/51 €, 6 € – ½ P 49 € – **Rest** – *(fermé sam. midi, mardi soir et merc.)* Menu 24/39 € – Carte 27/55 €

◆ L'auberge, postée à l'entrée de ce joli village, abrite une chaleureuse salle ornée d'un plafond à caissons ; cuisine alsacienne et suggestions du marché. Coquettes chambres.

DRUYES-LES-BELLES-FONTAINES – 89 Yonne – 319 D6 – 288 h. – alt. 168 m – ✉ 89560 — 7 B2

Paris 183 – Auxerre 34 – Clamecy 17 – Gien 75 – Montargis 98

Auberge des Sources — ch, P VISA MC

– ✆ 03 86 41 55 14 – aubergedessources@wanadoo.fr – Fax 03 86 41 90 31 – Fermé 2 janv.-2 mars, lundi et mardi sauf du 1er juil. au 15 sept.

14 ch – 49/69 € 49/69 €, 7,50 € – ½ P 61 € – **Rest** – Menu (15 €), 26 € – Carte 21/46 €

◆ Cet ex-relais de poste d'un paisible village bourguignon possède des chambres fonctionnelles, d'esprit rustique ; les plus anciennes se trouvent dans une annexe. Tour d'horizon des spécialités culinaires régionales dans une vaste salle ou sur le patio-terrasse.

DUCEY – 50 Manche – 303 E8 – 2 174 h. – alt. 15 m – ✉ 50220 — 32 A3
Normandie Cotentin

Paris 348 – Avranches 11 – Fougères 41 – Rennes 80 – St-Hilaire-du-Harcouët 16 – St-Lô 68

Office de tourisme, 4 rue du Génie ✆ 02 33 60 21 53, Fax 02 33 60 54 07

Moulin de Ducey sans rest — P VISA MC AE

1 Grande Rue – ✆ 02 33 60 25 25 – info@moulindeducey.com – Fax 02 33 60 26 76

28 ch – 45/85 € 60/100 €, 10 €

◆ Entre bief et Sélune, l'ancien moulin semble établi sur une île verdoyante. Chambres de style anglais et salle des petits-déjeuners surplombant la rivière (pêche au saumon).

Auberge de la Sélune — 10/20, P VISA MC AE

2 r. Saint-Germain – ✆ 02 33 48 53 62 – info@selune.com – Fax 02 33 48 90 30 – Fermé 18 nov.-10 déc., 13 janv.-4 fév. et lundi d'oct. à mars

20 ch – 56 € 62 €, 8,50 € – ½ P 62 € – **Rest** – Menu 17 € (sem.)/40 € – Carte 21/37 €

◆ Cette belle maison de pierres abrite des chambres progressivement redécorées donnant, pour certaines, sur le joli jardin doté d'un pittoresque abri au bord de la Sélune. Plaisantes salles à manger, dont une ouverte sur la verdure.

DUINGT – 74 Haute-Savoie – 328 K6 – 797 h. – alt. 450 m – ✉ 74410 — 46 F1
Alpes du Nord

Paris 548 – Albertville 34 – Annecy 12 – Megève 48 – St-Jorioz 3

Office de tourisme, Mairie ✆ 04 50 68 67 07, Fax 04 50 77 03 17

Le Clos Marcel — rest, P VISA MC

410 allée de la Plage – ✆ 04 50 68 67 47 – lionel@clos-marcel.com – Fax 04 50 68 61 11 – Ouvert 30 avril-30 sept.

15 ch – 40/86 € 40/86 €, 8,50 € – ½ P 53/72 € – **Rest** – Menu 25 € – Carte 29/44 €

◆ Toutes les chambres sont tournées vers le lac et offrent le coup d'œil sur les sommets de la rive opposée. Agréable jardin au bord de l'eau et ponton privé. Salle de restaurant panoramique et délicieuse terrasse sous les arbres.

XX **Auberge du Roselet** avec ch rest, P VISA

– ✆ 04 50 68 67 19 – nicolas.falquet@wanadoo.fr – Fax 04 50 68 64 80

14 ch – 🚹65/80 € 🚹🚹65/110 €, ☕ 10 € – ½ P 80 € – **Rest** – Menu 22 € (sem.)/55 € – Carte 34/63 €

◆ Spécialités de poissons du lac - pêchés par le cousin de la patronne - à déguster sur la terrasse à fleur d'eau ou dans deux salles à manger (l'une classique, l'autre marine). Chambres un brin "rétro" et petite plage privée.

DUNES – 82 Tarn-et-Garonne – 337 A7 – 893 h. – alt. 120 m – ✉ 82340 28 B2

▶ Paris 655 – Agen 21 – Auvillar 13 – Miradoux 12 – Moissac 32

XX **Les Templiers** VISA AE

1 pl. Martyrs – ✆ 05 63 39 86 21 – lestempliers4@wanadoo.fr – Fax 05 63 39 86 21 – Fermé vacances de la Toussaint, 1er-6 mars, sam. midi, dim. soir, mardi soir et lundi

Rest – Menu 22 € (sem.)/46 € – Carte environ 52 €

◆ Maison du 16e s. au cachet rustique habilement mis à profit. Décor lumineux (tons jaunes, pierres, briques et fleurs), terrasse sous les arcades et cuisine au goût du jour.

DUNIÈRES – 43 Haute-Loire – 331 I2 – 2 949 h. – alt. 760 m – ✉ 43220 6 D3

▶ Paris 549 – Le Puy-en-Velay 52 – St-Agrève 30 – St-Étienne 37

XX **La Tour** avec ch ch, P VISA AE

D 61 – ✆ 04 71 66 86 66 – la.tour-hotel-restaurant@wanadoo.fr – Fax 04 71 66 82 32 – Fermé 18 fév.-16 mars, 2-6 juil., 27 août-3 sept., 1er-6 janv., vend. soir d'oct. à mai, dim. soir et lundi midi

11 ch – 🚹43/50 € 🚹🚹52/58 €, ☕ 8 € – ½ P 53/57 € – **Rest** – Menu 15 € (déj. en sem.), 21/50 € – Carte 41/61 €

◆ Maison moderne dominant le village. Mets traditionnels revisités, à apprécier au jardin ou en salle, lumineuse, cloisonnée de casiers de bouteilles peints. Chambres pratiques.

DUNKERQUE – 59 Nord – 302 C1 – 70 850 h. – Agglo. 191 173 h. – alt. 4 m – Casino : à Malo-les-Bains – ✉ 59140 Nord Pas-de-Calais Picardie 30 B1

▶ Paris 288 – Amiens 205 – Calais 47 – Ieper 56 – Lille 73 – Oostende 57

Office du Tourisme, rue de l'Amiral Romarc'h ✆ 03 28 66 79 21, Fax 03 28 63 38 34

de Dunkerque à Coudekerque Fort Vallières, SE : 1 km par D 72, ✆ 03 28 61 07 43.

Port★★ - Musée d'Art contemporain★ : jardin des sculptures★ CDY - Musée des Beaux-Arts★ CDZ M² - Musée portuaire★ CZ M³.

Plans pages suivantes

Borel sans rest 25, VISA AE

6 r. L'Hermite – ✆ 03 28 66 51 80 – borel@hotelborel.fr – Fax 03 28 59 33 82 CY u

48 ch – 🚹72 € 🚹🚹78/86 €, ☕ 10 €

◆ Immeuble en briques proche du port de plaisance proposant des chambres bien équipées et parfaitement tenues. Agréable salon feutré. Formule buffet au petit-déjeuner.

Europ'Hôtel sans rest 40/200, VISA AE

13 r. Leughenaer – ✆ 03 28 66 29 07 – europhotel@wanadoo.fr – Fax 03 28 63 67 87 CY s

68 ch – 🚹65 € 🚹🚹65 €, ☕ 7 €

◆ Bâtiment des années 1970 entièrement rénové. Chambres confortables, bel espace shopping, bar au cadre contemporain, buffet de petit-déjeuner présenté sur une barque de pêcheurs.

Welcome ch, rest, 40, VISA AE

37 r. R. Poincaré – ✆ 03 28 59 20 70 – contact@hotel-welcome.fr – Fax 03 28 21 03 49

41 ch – 🚹66 € 🚹🚹77 €, ☕ 9 € – ½ P 78 €

Rest *L'Écume Bleue* – brasserie Menu 16 € (sem.)/24 € – Carte 21/42 €

◆ Chambres fonctionnelles égayées de couleurs vitaminées et bar moderne doté d'un billard. Le "plus" : la suite, située au dernier étage, et sa salle de bains ultra-moderne. Cadre contemporain très coloré dans la salle de l'Écume Bleue (cuisine traditionnelle).

DUNKERQUE

Banc Vert (R. du) . . . . **AX** 8
Berteaux (Av. M.) . . . . **AX** 10
Cambon (Bd P.) . . . . **BX** 17
Darses (Chaussée des) . . . . **AX** 25
Jean-Jaurès (R.) . . . . **BX** 39
Lille (R. de) . . . . **BX** 45
Malo (R. Célestin) . . . . **BX** 50
Mendès-France (Bd) . . . . . . **BX** 52
Pasteur (R.) . . . . **BX** 56
République (R. de la) . . . . . . **AX** 61
Waldeck-Rousseau (R.) . . . . **BX** 73

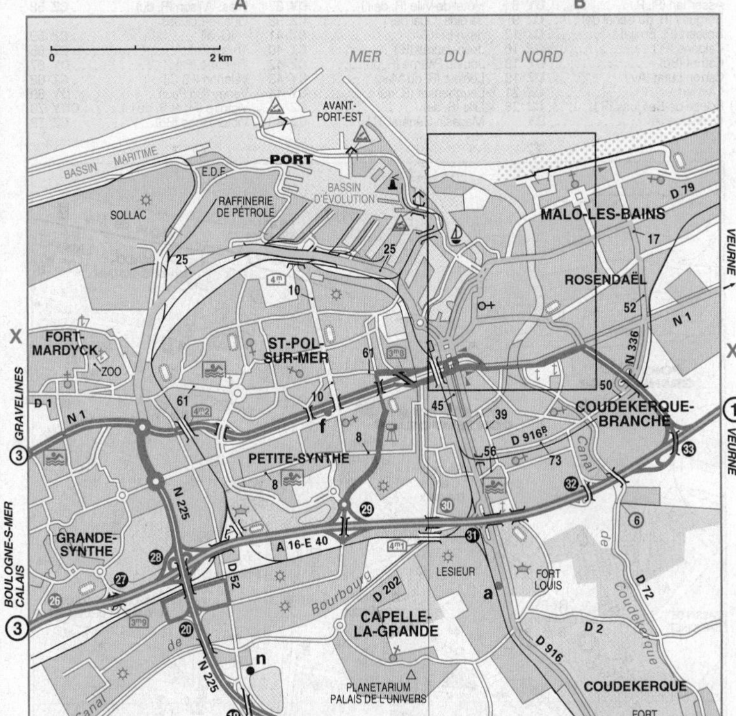

XX **Au Bon Coin** avec ch
AC rest, ⇸ rest, VISA MC

49 av. Kléber – ✆ 03 28 69 12 63 – restaurantauboncoin@wanadoo.fr – Fax 03 28 69 64 03

4 ch – 58/63 € 58/63 €, ☕ 8 € – **Rest** – *(fermé dim. soir et lundi)* Menu 28/45 € – Carte 30/70 € 🍷

◆ Proximité de la mer oblige, cette table se consacre aux saveurs iodées. Salle à l'ambiance feutrée dont les murs s'ornent de photos de célébrités dédicacées. Chambres élégantes.

XX **L'Estouffade**
⇸ VISA MC

2 quai Citadelle – ✆ 03 28 63 92 78 – Fax 03 28 63 92 78 – Fermé 15 août-15 sept., dim. soir et lundi CZ **s**

Rest – Menu 26 € (sem.)/36 € – Carte 39/55 € 🍷

◆ Petite salle à manger souvent bondée où poissons et coquillages côtoient une belle cuisine au goût du jour. Terrasse d'été au calme, face au quai bordant le bassin du Commerce.

XX **Le Vent d'Ange**
⇸ VISA MC

1449 av. de Petite Synthe – ✆ 03 28 25 28 98 – leventdange@wanadoo.fr – Fax 03 28 58 12 88 – Fermé 10-23 sept., mardi soir, dim. soir, soirs fériés et lundi

Rest – Menu (20 €), 25/45 € – Carte 38/56 € 🍷

◆ Madame réserve un accueil d'une rare gentillesse, et Monsieur réalise une cuisine traditionnelle à son image, fort généreuse. Décor un peu désuet, entièrement dédié aux anges.

DUNKERQUE

- Albert-1er (R.) .... CZ 2
- Alexandre-III (Bd) .... CZ 3
- Arbres (R. des) .... CDY 6
- Asseman (Pl. P.) .... DY 8
- Bergues (R. du Canal de) .... CZ 9
- Bollaert (Pl. Émile) .... CZ 12
- Calonne (Pl.) .... DZ 16
- Carnot (Bd) .... DY 18
- Carton-Lurat (Av.) .... DZ 19
- Clemenceau (R.) .... CZ 21
- Écluse-de-Bergues (R.) .... CZ 26
- Faidherbe (Av.) .... DY
- Fusillés-Marins (R.) .... CZ 30
- Gare (Pl. de la) .... CZ 32
- Gaulle (Pl. du Gén.-de) .... CZ 33
- Geeraert (Av. Adolphe) .... DY
- Hermitte (R. l') .... CY 35
- Hollandais (Quai des) .... CZ 36
- Hôtel-de-Ville (R. de l') .... DY 37
- Jardins (Quai des) .... CZ 38
- Jean-Bart (Pl.) .... CZ 41
- Jean-Jaurès (R.) .... CZ 40
- Jeu-de-Paume (R. du) .... CZ 42
- Leclerc (R. du Mar.) .... CY 43
- Leughenaer (R. du) .... CY 44
- Lille (R. de) .... CZ 45
- Magasin-Général (R.) .... CZ 48
- Malo (Av. Gaspard) .... DY 49
- Mar.-de-France (Av. des) .... DY 51
- Mer (Digue de) .... DY
- Minck (Pl. du) .... CY 53
- Paris (R. de) .... CZ 54
- Prés.-Poincaré (R. du) .... CZ 57
- Prés.-Wilson (R. du) .... CZ 58
- Quatre-Écluses (Quai) .... CZ 59
- Thiers (R.) .... CZ 65
- Turenne (Pl.) .... DY 67
- Valentin (Pl. C.) .... CZ 68
- Verley (Bd Paul) .... DY 69
- Victoire (Pl. et R. de la) .... CDY 70
- Victor-Hugo (Bd) .... CZ 72

Le Corsaire

6 quai Citadelle – ✆ 03 28 59 03 61 – Fax 03 28 59 03 61 – Fermé 24-31 déc., dim. soir et merc. CZ **a**

Rest – Menu 26/40 € – Carte 35/52 €

◆ Proche du Musée portuaire, ce restaurant et sa terrasse offrent une vue sur le trois-mâts Duchesse Anne. Cadre actuel coloré et cuisine évoluant au gré des saisons.

La Vague

9 r.de la Poudrière – ✆ 03 28 63 68 80 – Fermé 30 juil.-26 août, 1er-13 janv., sam. midi, dim. et fériés CY **a**

Rest – Menu 28/50 € (week-end) – Carte 34/65 €

◆ Voici une adresse pour le moins familiale : Monsieur prépare les desserts, et Madame accommode les poissons fournis quotidiennement par son père et son frère, tous deux patrons pêcheurs.

à Malo-les-Bains – ✉ 59240 Dunkerque

L'Hirondelle ch, ch, 40/50,

46 av. Faidherbe – ✆ 03 28 63 17 65 – info@hotelhirondelle.com – Fax 03 28 66 15 43 DY **r**

53 ch – 53/66 € 63/82 €, 7,50 € – ½ P 51/60 € – **Rest** – *(fermé 1er-15 mars, 10 août-3 sept., dim. soir et lundi midi)* Menu (13 €), 17 € (sem.)/54 € – Carte 20/35 €

◆ Au cœur de la petite station balnéaire, ce sympathique hôtel familial rénove peu à peu ses chambres dans un esprit contemporain sobre et plaisant ; celles de l'annexe sont neuves. À table, produits de la mer, plats classiques et vins du Languedoc-Roussillon.

Victoria Hôtel ch,

5 av.de la Mer – ✆ 03 28 28 28 11 – zanzibar.victoria@wanadoo.fr – Fax 03 28 28 77 29 DY **b**

11 ch – 60/62 € 60/62 €, 7 € – 1 suite

Rest *Zanzibar* – *(fermé sam. midi et dim. soir)* Menu 17 € (déj. en sem.), 23/43 € bc – Carte 22/48 €

◆ Bois exotique, lits à baldaquin, mobilier importé d'Afrique : le décor des chambres, modernes er confortables, évoque un continent cher aux propriétaires de cet hôtel. À table, dépaysement assuré : cadre ethnique, spécialités africaines et créoles, mais aussi françaises.

Au Côté Sud

19 av du Casino – ✆ 03 28 63 55 12 – contact@aucotesud.com – Fax 03 28 61 54 49 – Fermé 24 déc.-3 janv. DY **e**

10 ch – 42 € 54 €, 7 € – ½ P 46 € – **Rest** – *(fermé 20 août-1er sept. et dim. soir) (dîner seult sauf dim.)* Menu 22/29 € – Carte 24/36 €

◆ Chambres fonctionnelles bien insonorisées, bon petit-déjeuner continental : une adresse pratique entièrement rénovée à deux pas du Palais des Congrès. Dans un restaurant au cadre chaleureux, cuisine mêlant habilement saveurs du Nord et du Sud.

à Téteghem 6 km au Sud-Est par N 1 BX – 7 237 h. – alt. 1 m – ✉ 59229

La Meunerie avec ch 20/45,

au Galghouck, Sud Est : 2 km par D 4 – ✆ 03 28 26 14 30 – contact@lameunerie.fr – Fax 03 28 26 17 32 – Fermé 20 juil.-10 août et 10-17 fév.

9 ch – 90/138 € 90/218 €, 12,50 € – ½ P 110 € – **Rest** – *(fermé dim. soir, lundi et le midi sauf dim.)* Menu 28/61 €

◆ Réparti en plusieurs salons feutrés et bourgeois ouverts sur un élégant jardin, ce restaurant occupe un ancien moulin à vapeur. Cuisine traditionnelle rythmée par les saisons.

à Coudekerque-Branche – 24 152 h. – alt. 1 m – ✉ 59210

Syndicat d'initiative, 4 rue de la Convention ✆ 03 28 64 60 00

Le Soubise

49 rte Bergues – ✆ 03 28 64 66 00 – restaurant.soubise@wanadoo.fr – Fax 03 28 25 12 19 – Fermé 14-22 avril, 28 juil.-19 août, 22 déc.-7 janv., sam. et dim. BX **a**

Rest – Menu 25/58 € – Carte 41/67 €

◆ Une grande convivialité anime ce relais de poste du 18e s. qui borde le canal. Les plats traditionnels, bien mitonnés, ne manquent pas de générosité, à l'instar du patron.

à Cappelle-la-Grande **5 km au Sud sur D 916 – 8 613 h. – ✉ 59180**

Syndicat d'initiative, Mairie ✆ 03 28 64 94 41, Fax 03 28 60 25 31

Fleur de Sel
48 rte Bergues – ✆ 03 28 64 21 80 – laurentbraem@wanadoo.fr – Fax 03 28 61 22 00 – Fermé 26 fév.-12 mars, 6-20 août, dim. soir et lundi
Rest – Menu 25 € (sem.)/45 € – Carte 32/65 € BX **a**
◆ Intérieur "cosy" bien dans l'air du temps (pierres apparentes, tons gris, mobilier et tableaux contemporains), accueil parfait et bonne cuisine traditionnelle.

à Armbouts-Cappel **par ② N 225 sortie 19a – 2 677 h. – ✉ 59380**

Du Lac ch, 80/250, VISA
2 bordure du Lac – ✆ 03 28 60 70 60 – contact@hoteldulacdk.com – Fax 03 28 61 06 39 AX **n**
66 ch – 55 € 72 €, 9,50 € – **Rest** – *(Fermé sam. midi)* Menu (13 €), 16 € (sem.)/24 € – Carte 27/39 €
◆ Hôtel récent situé dans un cadre verdoyant, sur une rive du lac d'Armbouts. Chambres de bon confort, à choisir côté plan d'eau pour la vue ou côté parking pour l'ampleur. Salle à manger contemporaine ouverte sur une terrasse, un jardin et la campagne flamande.

DUN LE PALESTEL – 23 Creuse – 325 G3 – 1 106 h. – alt. 370 m – ✉ 23800

25 **C1**

Paris 349 – Limoges 83 – Guéret 29 – La Souterraine 18 – Argenton-sur-Creuse 47

Office de tourisme, 81 Grande Rue ✆ 05 55 89 24 61, Fax 05 55 89 95 11

Joly 20/30, VISA
3 r. Bazenerye – ✆ 05 55 89 00 23 – hoteljoly@wanadoo.fr – Fax 05 55 89 15 89 – Fermé 5-11 mars, 1er-7 oct., dim. soir et lundi midi sauf fériés
26 ch – 38/43 € 41/48 €, 8 € – ½ P 38/53 € – **Rest** – Menu 14 € (sem.)/36 € – Carte 35/48 €
◆ Au centre du village, le bâtiment principal abrite des chambres entièrement refaites et personnalisées ; elles sont plus simples à l'annexe. Le terroir s'immisce dans les recettes traditionnelles soignées du restaurant rustique.

DURAS – 47 Lot-et-Garonne – 336 D1 – 1 214 h. – alt. 122 m – ✉ 47120

Aquitaine 4 **C2**

Paris 577 – Agen 90 – Marmande 23 – Périgueux 88 – Ste-Foy-la-Grande 22

Office de tourisme, 2 boulevard Jean Brisseau ✆ 05 53 93 71 18, Fax 05 53 93 96 20

Hostellerie des Ducs avec ch rest, 20, VISA
bd. J. Brisseau – ✆ 05 53 83 74 58 – hostellerie.des.ducs@wanadoo.fr – Fax 05 53 83 75 03 – Fermé lundi sauf le soir de juil. à sept., dim. soir d'oct. à juin et sam. midi
15 ch – 54 € 67/90 €, 9,50 € – ½ P 67/83 € – **Rest** – Menu (16,50 €), 27/60 € – Carte 71/80 €
◆ Cet ancien presbytère voisin du château propose une cuisine traditionnelle dans une salle à manger meublée en style Louis XIII ou sous la véranda. Chambres actuelles.

DURY – 80 Somme – 301 G8 – rattaché à Amiens

EAUX-PUISEAUX – 10 Aube – 313 D5 – 194 h. – alt. 220 m – ✉ 10130

13 **B3**

Paris 161 – Auxerre 53 – Sens 63 – Troyes 32

La Ferme du Clocher VISA
5 Gde Rue – ✆ 03 25 42 02 21 – etapeduptitsim@wanadoo.fr – Fax 03 25 42 03 30 – Fermé 17-30 juil., 17 déc.-7 janv., dim. soir, mardi midi et lundi
Rest – Menu (12 €), 16 € (déj. en sem.), 22/27 € – Carte 25/44 €
◆ Belle ferme ancienne mariant la pierre calcaire et la brique. Cuisine du terroir servie dans une salle rustique dotée d'une mezzanine ou en terrasse, face au verger.

L' Étape du P'tit Sim
Gde Rue
19 ch – †49 € ††49 €, ☕ 7 € – ½ P 46 €
◆ En face du restaurant, hôtel abritant des chambres actuelles. Petit-déjeuner sous forme de buffet. Parking privé.

EBERSMUNSTER – 67 Bas-Rhin – 315 J7 – 435 h. – alt. 165 m – ✉ 67600 2 C1

Paris 508 – Strasbourg 40 – Obernai 23 – Saint-Dié-des-Vosges 55 – Sélestat 9

Des Deux Clefs
72 r. Général Leclerc – ☎ 03 88 85 71 55 – Fax 03 88 85 71 55 – Fermé 9-21 juil., 24 déc.-21 janv., lundi et jeudi
Rest – Menu 30/60 € – Carte 31/45 €
◆ Face à une église abbatiale réputée pour son intérieur baroque ; le décor du restaurant est plus sobre mais tout aussi soigné. Spécialités de matelote, friture, anguille, etc.

LES ÉCHELLES – 73 Savoie – 333 H5 – 1 248 h. – alt. 386 m – ✉ 73360 Les Échelles Alpes du Nord 45 C2

Paris 552 – Chambéry 24 – Grenoble 40 – Lyon 92 – Valence 106

Office de tourisme, rue Stendhal ☎ 04 79 36 56 24, Fax 04 79 36 53 12

à Chailles 5 km au Nord – ✉ 73360 St Franc

Auberge du Morge avec ch
N 6, Gorges de Chailles – ☎ 04 79 36 62 76 – gil.bouvier@wanadoo.fr – Fax 04 79 36 51 65 – Fermé 12 nov.-21 janv., jeudi midi et merc.
8 ch – †45/50 € ††45/50 €, ☕ 8,50 € – ½ P 54 € – **Rest** – Menu 21/38 € – Carte 27/47 €
◆ Construction régionale à l'entrée des gorges de Chailles, entre la route et un torrent qui tentera les pêcheurs. Chaleureuse salle à manger campagnarde. Chambres rajeunies.

à St-Christophe-la-Grotte 5 km au Nord-Est par N 6 et rte secondaire – 442 h. – alt. 425 m – ✉ 73360

La Ferme Bonne de la Grotte
– ☎ 04 79 36 59 05 – info@ferme-bonne.com – Fax 04 79 36 59 31 – Fermé janv.
6 ch ☕ – †62/77 € ††68/89 € – ½ P 63 € – **Rest** – table d'hôte *(dîner seult) (résidents seult)* Menu 27 € bc
◆ Cette ancienne ferme du 18ᵉ s. adossée à une falaise est le point de départ d'une randonnée vers la superbe grotte de St-Christophe. Chambres coquettes et chaleureuses. Plats régionaux servis dans un charmant cadre rehaussé de meubles authentiquement savoyards.

ECHENEVEX – 01 Ain – 328 J3 – rattaché à Gex

LES ÉCHETS – 01 Ain – 328 C5 – alt. 276 m – ✉ 01700 Miribel 43 E1

Paris 454 – L'Arbresle 28 – Bourg-en-Bresse 47 – Lyon 20 – Villefranche-sur-Saône 30

Christophe Marguin avec ch
916 rte Strasbourg – ☎ 04 78 91 80 04 – contact@christophe-marguin.com – Fax 04 78 91 06 83 – Fermé 2-24 août, 21 déc.-4 janv., sam. midi, dim. soir et lundi
7 ch – †65/90 € ††65/90 €, ☕ 10 € – **Rest** – Menu 22 € (sem.)/70 € – Carte 60/86 €
◆ Photographies des "ancêtres", boiseries, bibliothèque : un lieu agréable où l'on se sent comme chez soi. Cuisine classique sans fausse note, cave riche en bordeaux et bourgognes.

ÉCHIROLLES – 38 Isère – 333 H7 – rattaché à Grenoble

ECULLY – 69 Rhône – 327 H5 – rattaché à Lyon

EFFIAT – 63 Puy-de-Dôme – 326 G6 – 744 h. – alt. 350 m – ✉ 63260

Auvergne 5 **B2**

Paris 392 – Clermont-Ferrand 38 – Gannat 11 – Riom 22 – Thiers 39 – Vichy 18

Château★.

Cinq Mars VISA MC

r. Cinq-Mars (D 984) – ☎ 04 73 63 64 16 – Fax 04 73 63 64 16 – Fermé 6-26 août, vacances de fév., le soir et sam. midi

Rest – Menu 11 € bc (déj. en sem.), 23/27 € – Carte environ 25 € ♀

◆ Café de village bâti en 1876 à proximité du château du marquis de Cinq-Mars. L'ancienne partie épicerie abrite désormais une salle à manger rustique. Cuisine traditionnelle.

ÉGLETONS – Corrèze – 329 N3 – 4 087 h. – alt. 650 m – ✉ 19300 25 C3

Paris 499 – Aubusson 75 – Aurillac 97 – Limoges 112 – Mauriac 46 – Tulle 31 – Ussel 29

Office de tourisme, rue Joseph Vialaneix ☎ 05 55 93 04 34, Fax 05 55 93 00 09

Ibis ch, ch, 15, P VISA MC AE

rte Ussel par N 89 : 1,5 km – ☎ 05 55 93 25 16 – h0816@accor.com – Fax 05 55 93 37 54

41 ch – †47/59 € ††47/59 €, ☕ 7 € – **Rest** – *(dîner seult)* Menu (13 €), 16 € ♀

◆ En pleine campagne haut-corrézienne, cet Ibis se démarque par ses grandes chambres rénovées et son mobilier dernière génération. Le plan d'eau ajoute un supplément d'âme au lieu. La salle à manger intègre un salon avec cheminée ; carte traditionnelle.

EGUISHEIM – 68 Haut-Rhin – 315 H8 – 1 548 h. – alt. 210 m – ✉ 68420

Alsace Lorraine 2 **C2**

Paris 452 – Belfort 68 – Colmar 7 – Gérardmer 52 – Guebwiller 21 – Mulhouse 42

Office de tourisme, 22a Grand'Rue ☎ 03 89 23 40 33, Fax 03 89 41 86 20

Circuit des remparts★ - Route des Cinq Châteaux★ SO : 3 km.

Hostellerie du Château sans rest VISA MC AE

2 r. Château – ☎ 03 89 23 72 00 – info@hostellerieduchateau.com – Fax 03 89 41 63 93

11 ch – †65/87 € ††69/114 €, ☕ 11 €

◆ Sur une place pittoresque du bourg. La façade à colombages de cet hôtel de caractère dissimule de lumineuses chambres personnalisées et contemporaines. Bon petit-déjeuner.

Hostellerie du Pape ch, 20, P VISA MC AE

10 Grand Rue – ☎ 03 89 41 41 21 – info@hostellerie-pape.com – Fax 03 89 41 41 31 – Fermé 7 janv.-12 fév.

33 ch – †65 € ††78 €, ☕ 10 € – ½ P 77 € – **Rest** – *(fermé lundi et mardi)* Menu 18/34 € – Carte 34/50 € ♀

◆ L'enseigne de cette ancienne exploitation vinicole est un clin d'œil au pape Léon IX, dont le château est tout proche. Chambres pratiques au cadre traditionnel modernisé. Plats régionaux servis dans une chaleureuse salle à manger.

St-Hubert sans rest P VISA MC

6 r. Trois Pierres – ☎ 03 89 41 40 50 – hotel.st.hubert@wanadoo.fr – Fax 03 89 41 46 88 – Fermé 11-22 nov. et 27 janv.-6 mars

13 ch – †80 € ††109 €, ☕ 11 € – 2 suites

◆ À l'écart du village, hôtel où l'on cultive une ambiance de maison d'hôte. Chambres fonctionnelles bénéficiant de la sérénité du vignoble. Miniterrasses, piscine couverte.

Auberge des Comtes ch, VISA

1 pl. Ch. de Gaulle – ✆ 03 89 41 16 99 – aubergedescomtes@wanadoo.fr – Fax 03 89 24 97 10 – Fermé 29 déc.-30 janv.

14 ch – †46/52 € ††54/68 €, ☕ 9 € – ½ P 56/64 € – **Rest** – *(fermé merc. et jeudi)* Menu 16/35 € – Carte 23/39 €

◆ Auberge familiale proposant des chambres bien tenues et sans prétention ; certaines bénéficient d'une petite terrasse. Cuisine traditionnelle servie dans une salle à manger rustique ou en plein air lorsque le temps s'y prête.

Auberge des Trois Châteaux ch, VISA

26 Grand'Rue – ✆ 03 89 23 11 22 – contact@auberge-3-chateaux.com – Fax 03 89 23 72 88 – Fermé 14-30 janv.

12 ch – †48 € ††53/65 €, ☕ 8 € – ½ P 56/62 € – **Rest** – *(fermé 2-11 juil., 14-21 nov., mardi soir et merc.)* Menu 16/31 € – Carte 23/48 €

◆ Au cœur du village, trois maisons du 17e s. au charme rustique alsacien et bien fleuries en saison. Toutes les chambres sont récentes, fonctionnelles et propres. Le restaurant, sympathique et lumineux, sert des petits plats du terroir.

Caveau d'Eguisheim (Perrin) VISA

3 pl. Château St-Léon – ✆ 03 89 41 08 89 – Fax 03 89 23 79 99 – Fermé 1er-10 juil., 24-27 déc., 3 fév.-11 mars, lundi et mardi

Rest – Menu 29 € bc (déj. en sem.), 37/59 € – Carte 45/67 €

Spéc. Ravioles de carpe au bouillon de vin blanc safrané. Boudin noir, chou rouge épicé et pommes en l'air. Pigeonneau rôti à l'ail doux. **Vins** Pinot gris, Pinot noir.

◆ Authentique maison vigneronne et son élégante salle à manger au décor "tout bois". Goûteux plats traditionnels, carte "cochon" et menu de midi à prix doux. Non-fumeurs.

Au Vieux Porche 30, VISA

16 r. Trois Châteaux – ✆ 03 89 24 01 90 – vieux.porche@wanadoo.fr – Fax 03 89 23 91 25 – Fermé 1er-12 mars, 24 juin-4 juil., mardi et merc.

Rest – Menu 23/60 € bc – Carte 30/52 €

◆ Poutres, vitraux et boiseries : un cadre soigné pour cette demeure de vignerons de 1707. Bonne cuisine traditionnelle et belle sélection de vins de la propriété et d'ailleurs.

La Grangelière VISA

59 r. Rempart Sud – ✆ 03 89 23 00 30 – lagrangeliere@wanadoo.fr – Fax 03 89 23 61 62 – Fermé de mi-fév. à mi-mars, dim. soir de nov. à avril et jeudi

Rest – Menu 22 € bc (sem.)/65 € bc – Carte 40/54 €

◆ Cette belle façade à pans de bois, typiquement alsacienne, abrite une conviviale brasserie au rez-de-chaussée et un restaurant gastronomique plus cossu à l'étage.

Le Pavillon Gourmand VISA

101 r. Rempart Sud – ✆ 03 89 24 36 88 – pavillon.schubnel@wanadoo.fr – Fax 03 89 23 93 94 – Fermé mardi et merc.

Rest – Menu 16/60 € bc – Carte 27/66 €

◆ Installé dans une rue pittoresque, ce restaurant familial prépare d'alléchants petits plats alsaciens à base de produits frais. Cadre rustique et vue sur les cuisines.

EICHHOFFEN – 67 Bas-Rhin – 315 I6 – 410 h. – alt. 200 m – ✉ 67140 2 C1

Paris 497 – Strasbourg 38 – Colmar 43 – Offenburg 50 – Lahr 65

Les Feuilles d'Or sans rest

52 r. du Vignoble – ✆ 03 88 08 49 80 – kuss.francis@libertysurf.fr – Fax 03 88 08 49 80

5 ch ☕ – †65 € ††75 €

◆ Sur la Route des vins, entre vignes et village, cette maison familiale vous réserve un très bon accueil. Cadre classico-rustique. Petit-déjeuner sous la pergola en été.

ÉLOISE – 74 Haute-Savoie – 328 I4 – rattaché à Bellegarde-sur-Valserine

ELSENHEIM – 67 Bas-Rhin – **315** J8 – **679 h.** – **alt. 179 m** – ✉ **67390** 2 **C2**

Paris 456 – Colmar 18 – Ribeauvillé 13 – Sélestat 15

Le Cottage

22 r. Principale – ✆ 03 88 92 51 59 – lecottage@evc.net – Fax 03 88 74 98 00 – Fermé 13 août-3 sept., 18 fév.-4 mars, mardi soir, merc. soir, jeudi soir, dim. soir et lundi

Rest – Menu 14 € (déj. en sem.)/42 € bc

◆ Les arrivages quotidiens de poissons constituent l'atout maître du Cottage. La marée, annoncée sur l'ardoise du jour, se déguste dans deux grandes salles ou en terrasse.

EMBRUN – 05 Hautes-Alpes – **334** G5 – **6 152 h.** – **alt. 871 m** – ✉ **05200**
Alpes du Sud 41 **C1**

Paris 706 – Barcelonnette 55 – Briançon 48 – Digne-les-Bains 97 – Gap 41 – Guillestre 21

Office de tourisme, place Général-Dosse ✆ 04 92 43 72 72, Fax 04 92 43 54 06

Cathédrale N.-D. du Réal★ : trésor★, portail★ - Peintures murales★ dans la chapelle des Cordeliers - Rue de la Liberté et Rue Clovis-Huques★.

Mairie rest, VISA

Pl. Barthelon – ✆ 04 92 43 20 65 – courrier@hoteldelamairie.com – Fax 04 92 43 47 02 – Fermé 1er-20 mai, oct. et nov.

24 ch – 46/49 € 49/52 €, 7,50 € – ½ P 50 € – **Rest** – *(fermé lundi midi en juin et sept., dim. soir et lundi sauf juil.-août)* Menu 18/26 € – Carte 25/37 €

◆ Jolie maison ancienne située au cœur de la vieille ville, sur une place pittoresque au parfum de Provence. Bar "rétro" et chambres simples meublées en pin. Restaurant traditionnel devancé par une terrasse où le murmure d'une fontaine accompagnera votre repas.

rte de Gap 3 km au Sud-Ouest par N 94 – ✉ **05200 Embrun**

Les Bartavelles rest, 80, VISA

– ✆ 04 92 43 20 69 – info@bartavelles.com – Fax 04 92 43 11 92 – Fermé 6-19 janv.

43 ch – 48/88 € 68/125 €, 9,50 € – ½ P 68/88 € – **Rest** – *(fermé dim. soir et lundi midi d'oct. à avril)* Menu 18 € (déj. en sem.), 20/48 € – Carte 30/52 €

◆ Chambres et duplex aux décors typés (mélèze sculpté de rosaces) répartis dans la maison principale et 3 bungalows. Jardin, sauna, hammam, jacuzzi. Repas classique sous la rotonde (colonne de Guillestre). Formules grill l'été sur la terrasse bordant la piscine.

ÉMERINGES – 69 Rhône – **327** H2 – **215 h.** – **alt. 353 m** – ✉ **69840** 43 **E1**

Paris 408 – Bourg-en-Bresse 56 – Lyon 65 – Mâcon 20 – Villefranche-sur-Saône 33

L'Auberge des Vignerons-La Tassée VISA

Les Chavannes – ✆ 04 74 04 45 72 – Fax 04 74 04 45 72 – Fermé 23 déc.-2 janv., vacances de fév., dim. soir, lundi soir et mardi

Rest – Menu 12 € (déj. en sem.), 20/35 € – Carte 33/43 €

◆ Un couple franco-japonais vous accueille à cette enseigne. Intérieur lambrissé, mobilier rustique, nappes à carreaux et vue sur les vignes du Beaujolais. Repas traditionnel.

EMMERIN – 59 Nord – **302** F4 – **rattaché à Lille**

ENGHIEN-LES-BAINS – 95 Val-d'Oise – **305** E7 – **101** 5 – **voir à Paris, Environs**

ENSISHEIM – 68 Haut-Rhin – 315 I9 – 6 640 h. – alt. 217 m – ✉ 68190 1 A3

Paris 487 – Strasbourg 100 – Colmar 27 – Freiburg im Breisgau 68 – Basel 44

Le Domaine du Moulin 30,
44 r. 1ère Armée – ☎ 03 89 83 42 39 – reservation@domainedumoulin.com – Fax 03 89 66 21 40
65 ch – 72/95 € 78/105 €, 11 € – ½ P 63/78 €
Rest ***La Villa du Meunier*** – *☎ 03 89 81 15 10 (fermé sam. midi)* Menu 19 € (sem.)/48 € – Carte environ 45 €

◆ Grande maison récente d'allure alsacienne, ouverte sur un jardin agrémenté d'un étang. Chambres spacieuses et fonctionnelles. Belle piscine, sauna, hammam et jacuzzi. La villa du Meunier, qui occupe un ancien moulin, se consacre à la cuisine du terroir local.

ENTRAYGUES-SUR-TRUYÈRE – 12 Aveyron – 338 H3 – 1 267 h. – alt. 236 m – ✉ 12140 Midi-Pyrénées 29 C1

Paris 600 – Aurillac 45 – Figeac 58 – Rodez 43 – St-Flour 83

Syndicat d'initiative, 30 Tour de Ville ☎ 05 65 44 56 10, Fax 05 65 44 50 85

Vieux Quartier : Rue Basse★ - Pont gothique★.

Vallée du Lot★★.

Les Deux Vallées ch,
av. du Pont de Truyère – ☎ 05 65 44 52 15 – hotel.2vallees@wanadoo.fr – Fax 05 65 44 54 47 – Fermé fév., 2 sem. en nov., vacances de Noël, dim. soir, vend. soir et sam. de la Toussaint à mi-avril
17 ch – 40 € 40 €, 7,50 € – ½ P 42 € – **Rest** – Menu 11 € (déj. en sem.), 16/34 € – Carte 21/33 €

◆ À Entraygues confluent les vallées du Lot et de la Truyère. Rénovées, les chambres misent plus sur l'aspect pratique que sur l'apparat. Toutes sont efficacement insonorisées. Atmosphère campagnarde au restaurant ouvert sur une petite cour-terrasse.

Le Clos St Georges ch,
19 côteaux St Georges – ☎ 05 65 48 68 22 – catherine.rethore@hotmail.fr – Fermé 19 nov.-27 janv.
4 ch – 45 € 55 € – ½ P 41 € – **Rest** – table d'hôte *(dîner seult) (résidents seult)* Menu 16 € bc

◆ Sur les hauteurs, cette ex-maison de vigneron (1637) vous propose ses coquettes chambres, son joli salon de détente, sa cour pavée et son jardin fleuri ouvert sur une prairie. Repas et petits-déjeuners servis dans l'ancienne cuisine où trône une belle cheminée.

au Fel 10 km à l'Ouest par D 107 et D 573 – 146 h. – alt. 530 m – ✉ 12140

Auberge du Fel
– ☎ 05 65 44 52 30 – info@auberge-du-fel.com – Fax 05 65 48 64 96 – Ouvert 1er avril-7 nov.
10 ch – 53/63 € 53/63 €, 8 € – ½ P 48/57 € – **Rest** – *(fermé le midi sauf sam. et dim. hors saison et vacances scolaires)* Menu 19 € (sem.)/40 € – Carte 25/47 €

◆ Maison coiffée de lauzes et couverte de vigne dans un pittoresque hameau surplombant le Lot. Chambres personnalisées version contemporaine, simples et à la tenue irréprochable. Pounti, truffade et cabécou arrosés du vin du Fel vous attendent au restaurant.

ENTRECHAUX – 84 Vaucluse – 332 D8 – rattaché à Vaison-la-Romaine

ENTZHEIM – 67 Bas-Rhin – 315 J5 – rattaché à Strasbourg

ÉPAIGNES – 27 Eure – 304 C6 – 1 158 h. – alt. 159 m – ✉ 27260 32 A3

Paris 175 – Le Grand-Quevilly 63 – Le Havre 50 – Rouen 69

L'Auberge du Beau Carré avec ch

1 rte des Anglais – ✆ 02 32 41 52 42 – aubergedubeaucarre@wanadoo.fr – Fax 02 32 41 48 60

7 ch – 45 € 60 €, 6 € – ½ P 50 € – **Rest** – *(fermé dim. soir)* Menu 17 € (déj. en sem.), 24/55 €

◆ Dans une maison de briques rouges entièrement rénovée, restaurant familial proposant une appétissante cuisine classique préparée avec des produits de qualité. Chambres neuves et de bon confort.

ÉPENOUX – 70 Haute-Saône – 314 E7 – rattaché à Vesoul

ÉPERNAY – 51 Marne – 306 F8 – 25 844 h. – alt. 75 m – ✉ 51200 Champagne Ardenne 13 B2

Paris 143 – Châlons-en-Champagne 35 – Château-Thierry 57 – Reims 28

Office de tourisme, 7 avenue de Champagne ✆ 03 26 53 33 00, Fax 03 26 51 95 22

Caves de Champagne★★ - Collection archéologique★ au musée municipal.

Plan page ci-contre

La Villa Eugène sans rest

82 av. de Champagne, 1 km par ② – ✆ 03 26 32 44 76 – info@villa-eugene.com – Fax 03 26 32 44 98

15 ch – 100 € 100/250 €, 12 €

◆ Fière maison restaurée ayant appartenu à un baron du champagne. Chambres de style colonial ou Louis XVI, bar dédié au fameux breuvage pétillant, petit-déjeuner sous verrière.

Clos Raymi sans rest

3 r. Joseph de Venoge – ✆ 03 26 51 00 58 – closraymi@wanadoo.fr – Fax 03 26 51 18 98 – Fermé 24 déc.-2 janv. BZ a

7 ch – 100/160 € 100/160 €, 14 €

◆ La jolie maison de maître en briques rouges fut celle de la famille Chandon. Chambres personnalisées raffinées. Agréable salle des petits-déjeuners ouverte sur le jardin.

Les Berceaux rest, 20,

13 r. Berceaux – ✆ 03 26 55 28 84 – les.berceaux@wanadoo.fr – Fax 03 26 55 10 36 AZ a

28 ch – 86/95 € 86/95 €, 11 €

Rest – *(fermé 13-28 août, 11 fév.-4 mars, lundi et mardi)* Menu 30 € (sem.)/64 € – Carte 58/68 €

Rest *Bistrot le 7* – *(fermé 13-28 août, 11 fév.-4 mars, merc. et jeudi)* Menu (16 €), 22 € – Carte 32/48 €

◆ Au cœur de la pétillante cité, établissement de tradition dont les chambres sont en partie rénovées. Élégant restaurant où l'on propose goûteuses recettes actuelles, champagnes et coteaux champenois. Bistrot au cadre moderne chaleureux. Choix de vins au verre.

Les Cépages

16 r. Fauvette – ✆ 03 26 55 16 93 – lescepages@wanadoo.fr – Fax 03 26 54 51 30 – Fermé merc. et dim. sauf fériés AY n

Rest – Menu 18 € (sem.)/69 € – Carte 42/59 €

◆ Dans le centre-ville, restaurant qui marie l'art de la table à l'art local : cuisine actuelle, bon choix de champagnes et expositions de peintres régionaux.

Théâtre

8 pl. P. Mendès-France – ✆ 03 26 58 88 19 – Fax 03 26 58 88 38 – Fermé 13 juil.-2 août, 21-27 déc., 12 fév.-2 mars, dim. soir sauf fériés, mardi soir et merc. BY f

Rest – Menu (16 €), 22/44 € – Carte 39/52 €

◆ Sièges en rotin et couleurs chaudes apportent une touche "coloniale" à cette ample et élégante salle de restaurant installée dans un bâtiment du début du 20e s.

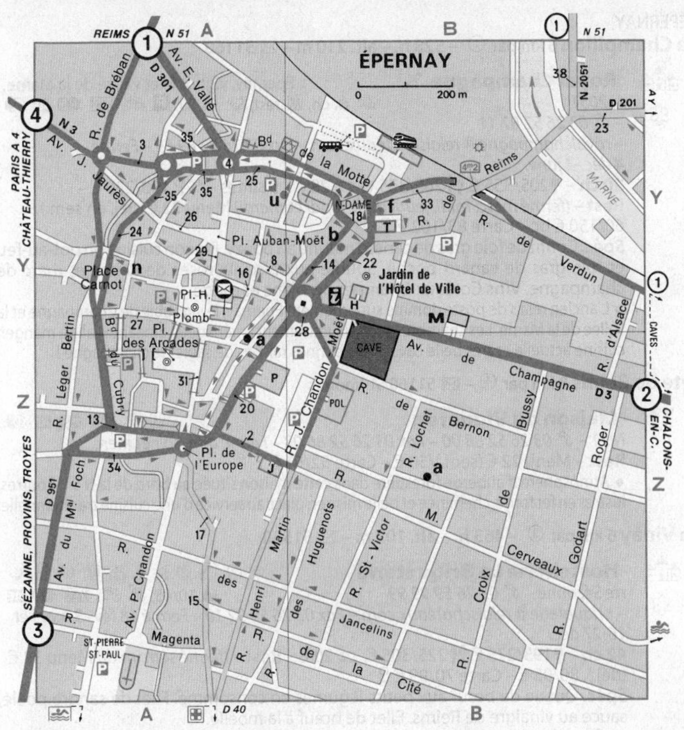

Archers (R. des) . . . . AZ 2
Basse St-Laurent (R.) . . . . AY 3
Bourgeois (Pl. Léon) . . . . AY 4
Flodoard (R.) . . . . AY 8
Gallice (R.) . . . . AZ 13
Gambetta (R.) . . . . BY 14
Hôpital Auban-Moët (R.) . . . . . AZ 15
Leclerc (R. Gén.) . . . . AY 16
Louis (R. Charles) . . . . AZ 17
Mendès-France (Pl.) . . . . BY 18
Mercier (R. E.) . . . . AZ 20
Moët (R. Jean) . . . . BY 22
Moulin Brûlé (R. du) . . . . AY 24
Moulin (R. Jean) . . . . BY 23
Perrier (Rempart) . . . . AY 25
Plomb (Pl. Hugues) . . . . AY
Porte Lucas (R.) . . . . AY 26
Prof. Langevin (R.) . . . . AY 27
République (Pl.) . . . . BYZ 28
St-Martin (R.) . . . . AY 29
St-Thibault (R.) . . . . AZ 31
Semard (R. Pierre) . . . . BY 33
Sézanne (R. de) . . . . AZ 34
Tanneurs (R. des) . . . . AY 35
Thévenet (Av.) . . . . BY 38

XX **La Table Kobus** A/C VISA MC

3 r. Dr Rousseau – ✆ 03 26 51 53 53 – Fax 03 26 58 42 68 – Fermé 16-26 avril, 31 juil.-17 août, 23 déc.-8 janv., jeudi soir, dim. soir et lundi ABY **u**

Rest – Menu 26 € – Carte 40/59 € 🍷

◆ Sympathique bistrot 1900 où l'on peut déguster du champagne en amenant ses propres bouteilles et ce, sans payer de droit de bouchon ! Les Sparnaciens s'y précipitent.

X **La Cave à Champagne** ♿ A/C VISA MC AE

16 r. Gambetta – ✆ 03 26 55 50 70 – cave.champagne@wanadoo.fr – Fax 03 26 51 07 24 – Fermé mardi sauf le midi de sept. à juin et merc. BY **b**

Rest – *(nombre de couverts limité, prévenir)* Menu 17/40 € bc – Carte 22/41 € 🍷

◆ Petit caveau à la gloire des vins régionaux (exposition de bouteilles). Vraie gageure, on y fait un repas au champagne sans se ruiner. Registre culinaire traditionnel.

à Dizy **3 km par ① – 1 832 h. – alt. 77 m – ✉ 51530**

Les Grains d'Argent ♿ A/C rest, ✆ 10/45, P VISA MC AE

1 allée du Petit Bois – ✆ 03 26 55 76 28 – hotel.lesgrainsdargent@wanadoo.fr – Fax 03 26 55 75 96

21 ch – †75/77 € ††82/95 €, ☕ 11 € – ½ P 75/77 € – **Rest** – *(fermé sam. midi et dim. soir)* Menu 25 € (sem.)/62 € – Carte 61/92 € 🍷

◆ Les chambres de cet hôtel neuf installé au pied des vignes présentent une décoration différente et soignée (bois peint ou cérusé, mobilier ethnique). Bar à Champagne. Restaurant clair et spacieux où l'on déguste des plats au goût du jour inspirés des saisons.

à Champillon 6 km par ① – 528 h. – alt. 210 m – ✉ 51160

Royal Champagne ⛺ ≤ Épernay, vignoble et vallée de la Marne,
N 2051 ch, rest, 20, VISA
– ☎ 03 26 52 87 11
– royalchampagne@relaischateaux.com – Fax 03 26 52 89 69 – Fermé 4 déc.-4 janv.
20 ch – †205/355 € ††205/355 €, ☕ 28 € – 5 suites – ½ P 190/220 € –
Rest – *(fermé merc. midi, jeudi midi, lundi et mardi)* Menu 32 € (déj. en sem.), 60/150 € bc – Carte 83/102 € ♀
Spéc. Confit de foie gras de canard mariné au bouzy. Pigeon cuisiné en pot-au-feu et foie gras de canard poché. Soufflé aux biscuits roses de Reims et marc de champagne. **Vins** Coteaux Champenois blanc et rouge.
◆ L'ancien relais de poste domine superbement Épernay, le vignoble de Champagne et la vallée de la Marne. Les chambres sont luxueusement aménagées. Élégante salle à manger, cuisine actuelle et très belle cave : trois bonnes raisons de sabler le champagne !

rte de Reims 8 km par ① – ✉ 51160 St-Imoges

Maison du Vigneron VISA
N 51 – ☎ 03 26 52 88 00 – Fax 03 26 52 86 03 – Fermé dim. soir et merc.
Rest – Menu 22 € (sem.)/50 € – Carte 52/61 € ♀
◆ Atmosphère d'auberge forestière dans cette maison située au bord de la N 51. Poutres, lustres en fer forgé, cheminée et belle mise en place au service d'une cuisine traditionnelle.

à Vinay 6 km par ③ – 463 h. – alt. 102 m – ✉ 51530

Hostellerie La Briqueterie ch, ch,
rte Sézanne – ☎ 03 26 59 99 99 10/45, VISA
– briqueterie@relaischateaux.com – Fax 03 26 59 92 10 – Fermé 18 fév.-3 mars et 16-27 déc.
42 ch – †195/275 € ††225/305 €, ☕ 20 € – **Rest** – *(fermé sam. midi)* Menu 38 € (déj.), 80/95 € – Carte 70/99 € ♀
Spéc. Queue de bœuf aux petits légumes en consommé. Filet de sandre poêlé, sauce au vinaigre de Reims. Filet de bœuf à la moelle.
◆ Cette hostellerie entourée d'un gracieux jardin abrite de douillettes chambres rénovées, un espace de remise en forme et un bar où l'on déguste le champagne maison. Élégant décor (poutres, tons écrus, draperies en lin) et goûteuse cuisine au restaurant.

ÉPINAL P – 88 Vosges – 314 G3 – 35 794 h. – alt. 324 m – ✉ 88000

Alsace Lorraine 27 **C3**

Paris 385 – Belfort 96 – Colmar 88 – Mulhouse 106 – Nancy 72 – Vesoul 90

Office de tourisme, 6 place Saint-Goëry ☎ 03 29 82 53 32, Fax 03 29 82 88 22

des Images d'Épinalpar rte de St-Dié-des-Vosges : 3 km, ☎ 03 29 31 37 52.

Vieille ville★ : Basilique★ - Parc du château★ - Musée départemental d'art ancien et contemporain★ - Imagerie d'Épinal.

Plan page ci-contre

Le Manoir ⛺ VISA
5 av. Provence – ☎ 03 29 29 55 55 – Fax 03 29 29 55 56 BZ **n**
12 ch – †79/99 € ††99/139 €, ☕ 13 €
Rest *Ducs de Lorraine* – voir ci-après
◆ Cette belle demeure bourgeoise (1876) abrite de jolies chambres personnalisées, spacieuses et bien équipées (Internet haut débit, console de jeux, fax). Espace fitness.

Mercure ch, ch, 30/80, VISA
13 pl. E. Stein – ☎ 03 29 29 12 91 – h0831@accor.com
– Fax 03 29 29 12 92 AZ **e**
54 ch – †65/125 € ††75/170 €, ☕ 13 € – **Rest** – *(dîner seult)* Menu 23/26 € – Carte 27/34 € ♀
◆ Hôtel du 19e s. proche du musée d'Art ancien et contemporain. La plupart des chambres ont été rénovées et dotées d'un système wi-fi ; nuits plus calmes sur l'arrière. Agréable restaurant moderne et terrasse tournée sur le canal. Carte "Mercure".

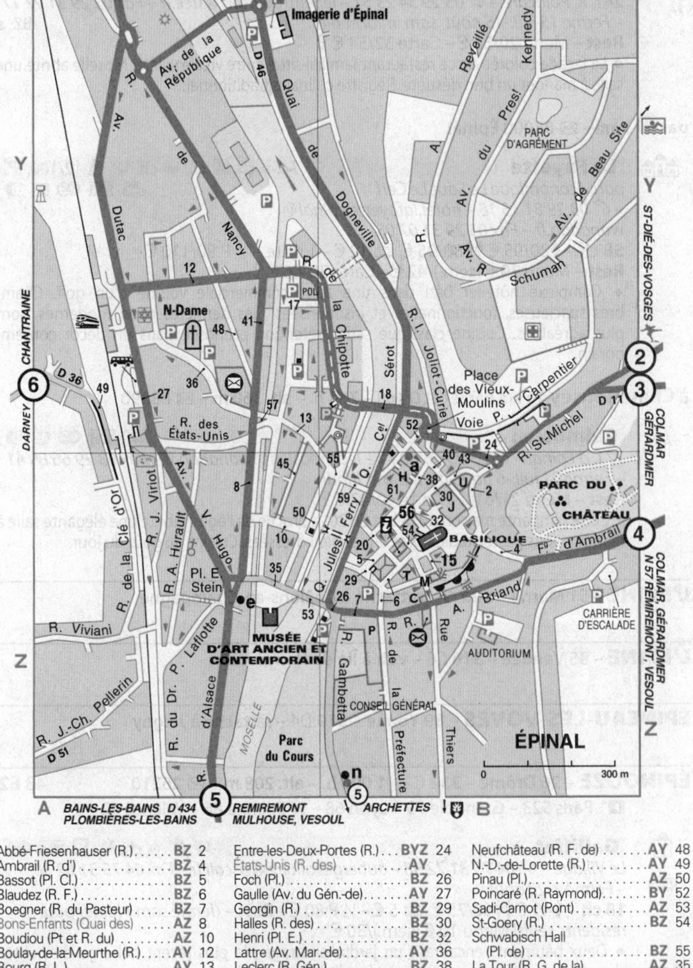

XXX **Ducs de Lorraine** (Obriot et Ringer) – Hôtel Le Manoir
✿ *5 av. Provence – ✆ 03 29 29 56 00*
– obriot.ringer@wanadoo.fr – Fax 03 29 29 56 01 – Fermé dim. soir BZ **n**

Rest – Menu 32 € (déj. en sem.), 42/92 € – Carte 71/112 € 🍷

Spéc. Déclinaison de foie gras de canard. Dos de sandre rôti au romarin, tube croustillant de grenouilles, beurre d'herbes. Soufflé à la mirabelle, sorbet et coulis.
Vins Pinot noir de Moselle, Côtes de Toul gris.

◆ Villa cossue de la fin du 19e s., élégante salle à manger avec moulures et mobilier Louis XV, goûteuse cuisine actuelle et vins choisis : une bien belle image d'Épinal !

X **Le Petit Robinson**

24 r. R. Poincaré – 03 29 34 23 51 – lepetitrobinson@free.fr – Fax 03 29 31 27 17 – Fermé 15 juil.-15 août, sam. midi et dim. BZ **a**

Rest – Menu 20/36 € – Carte 32/54 €

◆ La façade colorée de ce restaurant familial situé entre vieille ville et Moselle abrite une salle à manger un brin désuète. Registre culinaire traditionnel.

par ① 3 km – ✉ 88000 Épinal

 **La Fayette** ch, ch, ch, 12/100,

parc économique Le Saut Le Cerf – 03 29 81 15 15 – hotel.lafayette.epinal@wanadoo.fr – Fax 03 29 31 07 08

58 ch – 80/95 € 80/95 €, 12 € – 1 suite – ½ P 90/110 € – **Rest** – Menu 19 € (sem.)/42 € – Carte 38/46 €

◆ Complexe hôtelier bâti dans une zone commerciale voisine d'un golf. Chambres spacieuses, fonctionnelles et insonorisées ; les dernières nées, modernes, sont plus agréables. Cuisine classique sans prétention proposée dans un décor contemporain.

à Chaumousey **10 km par ⑥ et D 460 – 784 h. – alt. 360 m – ✉ 88390**

XX **Calmosien**

37 r. d'Epinal – 03 29 66 80 77 – lecalmosien@wanadoo.fr – Fax 03 29 66 89 41 – Fermé 21 juil.-6 août, dim. soir et lundi

Rest – Menu 21/61 € – Carte 40/47 €

◆ Cette pimpante maison du début du 20e s. proche de l'église abrite une élégante salle à manger : tons pastel, tableaux et tables bien dressées. Cuisine au goût du jour.

L'ÉPINE – **51 Marne – 306** I9 – **rattaché à Châlons-en-Champagne**

L'ÉPINE – **85 Vendée – 316** C6 – **voir à Île de Noirmoutier**

ÉPINEAU-LES-VOVES – **89 Yonne – 319** D4 – **rattaché à Joigny**

ÉPINOUZE – **26 Drôme – 332** C2 – **1 096 h. – alt. 208 m – ✉ 26210** 43 **E2**

Paris 523 – Grenoble 79 – Lyon 68 – St-Étienne 86 – Valence 62

Galliffet ch,

Le Village – 04 75 31 72 98 – aubergevalloire@tiscali.fr – Fax 04 75 31 62 30 – Fermé 3-20 août

18 ch – 45 € 50/75 €, 5 € – ½ P 80 € – **Rest** – *(fermé sam.) (dîner pour résidents seult)* Menu 10 € (sem.)/30 €

◆ Deux bâtiments encadrant un jardin ombragé ; le plus récent héberge de petites chambres simples et pratiques, dotées de balcons ou de terrasses permettant de profiter du calme environnant.

ÉQUEURDREVILLE-HAINNEVILLE – **50 Manche – 303** C2 – **rattaché à Cherbourg-Octeville**

ERBALUNGA – **2B Haute-Corse – 345** F3 – **voir à Corse**

ERDEVEN – **56 Morbihan – 308** M9 – **2 523 h. – alt. 18 m – ✉ 56410** 9 **B3**

Paris 492 – Auray 15 – Carnac 10 – Lorient 28 – Quiberon 20 – Quimperlé 46 – Vannes 34

Syndicat d'initiative, 7 rue Abbé-Le-Barh 02 97 55 64 60, Fax 02 97 55 66 75

Auberge du Sous-Bois

Route de Lorient – ✆ 02 97 55 66 10 – contact@auberge-erdeven.com – Fax 02 97 55 68 82 – Ouvert 6 avril-30 sept.

22 ch – †58/80 € ††58/80 €, ☕ 8 € – ½ P 57 € – **Rest** – *(fermé lundi) (dîner seult sauf dim.)* Menu (17 €), 21/31 € ♀

◆ À la sortie du village, au milieu d'une pinède, grande maison traditionnelle abritant de petites chambres bien tenues. Sous une haute charpente en forme de coque de bateau inversée, vous apprécierez une cuisine traditionnelle.

Des Voyageurs

r. Océan – ✆ 02 97 55 64 47 – hotel-voyageurs-56@wanadoo.fr – Fax 02 97 55 64 24 – Ouvert 25 mars-30 sept.

20 ch – †29/46 € ††42/47 €, ☕ 7,50 € – ½ P 37/48 € – **Rest** – Menu (9 €), 11/19 € – Carte 15/35 € ♀

◆ Pension de famille bretonne au charme désuet nichée dans une discrète ruelle au voisinage de l'église. Petites chambres simples mais rajeunies ou sobrement décorées. Au restaurant, salle à manger mi-rustique, mi-actuelle et cuisine d'inspiration régionale.

ERMENONVILLE – 60 Oise – 305 H6 – 830 h. – alt. 92 m – ✉ 60950

Île de France 36 **B3**

Paris 51 – Beauvais 70 – Compiègne 42 – Meaux 25 – Senlis 14 – Villers-Cotterêts 38

Syndicat d'initiative, rue René de Girardin ✆ 03 44 54 01 58, Fax 03 44 54 04 96

Mer de Sable★ - Forêt d'Ermenonville★ - Abbaye de Chaalis★★ N : 3 km.

Le Prieuré sans rest 12,

6 pl. Eglise – ✆ 03 44 63 66 70 – le.prieure@club-internet.fr – Fax 03 44 63 95 01 – Fermé vacances de Noël et dim.

8 ch – †85/130 € ††85/130 €, ☕ 12 €

◆ Atmosphère de maison d'hôte dans cette ravissante demeure du 18e s. entourée d'un joli jardin à l'anglaise adossé à l'église. Chambres élégantes, garnies de meubles chinés.

Le Relais de la Croix d'Or avec ch rest, ch,

2 r. Prince Radziwill – ✆ 03 44 54 00 04 – relaisor@wanadoo.fr – Fax 03 44 54 99 16 – Fermé en août

8 ch ☕ – †67 € ††76 € – **Rest** – *(fermé le soir sauf vend. et sam., lundi et mardi)* Menu (13,50 €), 16 € (déj. en sem.)/65 € – Carte 62/72 € ♀

◆ Cuisine traditionnelle servie dans une salle ornée de poutres et pierres apparentes, une cave voûtée ou, l'été, sur une terrasse bordant l'eau et la verdure. Chambres pratiques.

ERMITAGE-DU-FRÈRE-JOSEPH – 88 Vosges – 314 J5 – rattaché à Ventron

---

ERNÉE – 53 Mayenne – 310 D5 – 5 703 h. – alt. 120 m – ✉ 53500

Normandie Cotentin 34 **B1**

Paris 304 – Domfront 47 – Fougères 22 – Laval 31 – Mayenne 25 – Vitré 30

Syndicat d'initiative, place de l'Hôtel de Ville ✆ 02 43 08 71 17

Le Grand Cerf avec ch ch, 20,

19 r. A.-Briand – ✆ 02 43 05 13 09 – infos@legrandcerf.net – Fax 02 43 05 02 90 – Fermé 16-31 janv., dim. soir et lundi

7 ch – †39 € ††49 €, ☕ 7 € – ½ P 62/65 € – **Rest** – Menu 23/32 € – Carte 43/50 € ♀

◆ La salle à manger, décorée de nombreuses sculptures, allie pierres apparentes et éléments de décor modernes. Le cadre est soigné, la cuisine du terroir aussi.

à La Coutancière 9 km à l'Est sur N 12 – ✉ 53500 Vautorte

Coutancière

– ✆ 02 43 00 56 27 – Fax 02 43 00 66 09 – Fermé 23 juil.-8 août, dim. soir, mardi soir et merc.

Rest – Menu 14/42 € – Carte 20/42 € ♀

◆ Auberge sympathique à l'orée de la forêt de Mayenne, au cœur de la région décrite par Balzac dans son roman Les Chouans. Cuisine traditionnelle et service attentif.

ERQUY – 22 Côtes-d'Armor – **309** H3 – **3 760 h.** – **alt. 12 m** – ✉ **22430**
Bretagne 10 **C1**

Paris 451 – Dinan 46 – Dinard 39 – Lamballe 21 – Rennes 102 – St-Brieuc 33

Office de tourisme, boulevard de la Mer ✆ 02 96 72 30 12, Fax 02 96 72 02 88

Cap d'Erquy ★ NO : 3,5 km puis 30 mn.

Beauséjour

21 r. Corniche – ✆ 02 96 72 30 39 – hotel.beausejour@wanadoo.fr – Fax 02 96 72 16 30 – Ouvert 14 mars-15 nov. et fermé dim soir et lundi
15 ch – 52/54 € 59/67 €, 8 € – ½ P 57/67 € – **Rest** – Menu 20/36 € – Carte 21/41 €

◆ À 100 m de la plage, hôtel-restaurant familial disposant de chambres bien tenues, égayées de tissus colorés et fleuris ; la moitié offre une vue sur le port de pêche. Table iodée et beau panorama sur la mer à travers les baies de la sobre salle à manger.

L'Escurial

bd Mer – ✆ 02 96 72 31 56 – contact@lescurial.com – Fax 02 96 63 57 92 – Fermé janv., dim. soir sauf juil.-août et lundi
Rest – Menu (17 €), 21 € (sem.)/58 € – Carte 46/104 €

◆ Élégant restaurant contemporain généreusement ouvert sur les flots. On y déguste recettes actuelles, poissons et, en saison, les fameuses noix de Saint-Jacques.

à St-Aubin 3 km au Sud-Est par rte secondaire – ✉ **22430 Erquy**

Relais St-Aubin

– ✆ 02 96 72 13 22 – Fax 02 96 63 54 31 – Fermé 1er-10 oct., 15 fév.-5 mars, merc. du 12 nov. au 15 mars, mardi hors saison et lundi
Rest – Menu 17 € (déj. en sem.), 22/55 € – Carte 24/50 €

◆ Cette demeure campagnarde en pierres du pays (17e s.) abrite une belle salle à manger rustique. Aux beaux jours, profitez de la terrasse et du ravissant jardin fleuri.

ERSTEIN – 67 Bas-Rhin – **315** J6 – **9 664 h.** – **alt. 150 m** – ✉ **67150** 1 **B2**

Paris 514 – Colmar 49 – Molsheim 24 – St-Dié 69 – Sélestat 27 – Strasbourg 28

Office de tourisme, 16 rue du Général-de-Gaulle ✆ 03 88 98 14 33, Fax 03 88 98 12 32

Crystal

rest, rest, 25/50,

41-43 av. Gare – ✆ 03 88 64 81 00 – baumert@hotelcrystal.info – Fax 03 88 98 11 29 – Fermé 27 juil.-5 août et 24-26 déc.
68 ch – 55/68 € 62/90 €, 10 € – 3 suites – ½ P 54/68 € –
Rest – *(fermé 27 juil.-19 août, 21 déc.-1er janv., vend. soir, sam. midi, dim. et fériés)* Menu 13 € (déj. en sem.), 20/40 € – Carte 25/51 €

◆ Cette architecture contemporaine proche de la route nationale abrite des chambres fonctionnelles et bien aménagées ; celles du 3e étage sont plus grandes et mansardées. La salle à manger - tons lumineux et peintures modernes - est à la fois sobre et plaisante.

Jean-Victor Kalt

41 av. Gare – ✆ 03 88 98 09 54 – jean-victor.kalt@wanadoo.fr – Fax 03 88 98 83 01 – Fermé 16 juil.-6 août, 2-8 janv., dim. soir et lundi
Rest – Menu 22 € (déj. en sem.), 28/60 € – Carte 40/75 €

◆ Boiseries murales, tableaux de Weisbuch et tables espacées rendent attrayante cette salle à manger. Plats classiques ; belle carte de vins d'Alsace et de la vallée du Rhône.

ERVAUVILLE – 45 Loiret – **318** O3 – **rattaché à Courtenay**

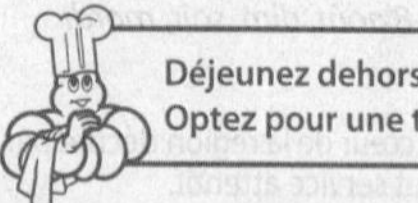

Déjeunez dehors, il fait si beau !
Optez pour une terrasse :

ESCATALENS – 82 Tarn-et-Garonne – 337 D8 – 689 h. – alt. 60 m – ✉ 82700

28 **B2**

Paris 649 – Colomiers 58 – Montauban 16 – Toulouse 53

Maison des Chevaliers cuisinette

place de la Mairie – ✆ 05 63 68 71 23 – claude.choux@wanadoo.fr – Fax 05 63 30 25 90

6 ch – 60 € 75 € – **Rest** – table d'hôte *(diner seult) (résidents seult)* Menu 22 € bc

◆ Cette maison en briques accueille de vastes chambres dont le décor, très recherché, associe meubles anciens, souvenirs de voyage, lavabos et faïences ramenés du Portugal. Cuisinette et salle de jeux à disposition. Plats régionaux.

ESPALION – 12 Aveyron – 338 I3 – 4 360 h. – alt. 342 m – ✉ 12500

Midi-Pyrénées

29 **D1**

Paris 592 – Aurillac 72 – Figeac 93 – Mende 101 – Millau 81 – Rodez 31 – St-Flour 80

Office de tourisme, 2 rue Saint-Antoine ✆ 05 65 44 10 63, Fax 05 65 44 10 39

Église de Perse★ SE : 1 km.

De France sans rest

36 bd J. Poulenc – ✆ 05 65 44 06 13 – Fax 05 65 44 76 26

9 ch – 41/42 € 45/46 €, 6,50 €

◆ Central et voisin des musées, petit hôtel disposant de chambres crépies, fraîches et dotées de meubles en bois clair. Insonorisation efficace, tenue rigoureuse et prix doux.

Moderne et rest. l'Eau Vive rest, rest, VISA

27 bd Guizard – ✆ 05 65 44 05 11 – hotelmoderne12@aol.com – Fax 05 65 48 06 94 – Fermé 4 nov.-14 déc. et 2-18 janv.

28 ch – 42/56 € 42/56 €, 7 € – **Rest** – *(fermé dim. soir et lundi sauf juil.-août)* Menu 20/45 € – Carte 30/49 €

◆ Maison à pans de bois où la tradition d'accueil des pèlerins reste vivace. Deux générations de chambres mûrissantes. Les plus anciennes ont l'avantage d'ouvrir côté cour. Chef-pêcheur proposant des spécialités de poissons d'eau douce dans un cadre lumineux.

Le Méjane VISA AE

r. Méjane – ✆ 05 65 48 22 37 – lemejane@wanadoo.fr – Fax 05 65 48 13 00 – Fermé 5-30 mars, 25-29 juin, lundi sauf le soir hors saison, merc. sauf juil.-août et dim. soir

Rest – Menu (17 €), 23/55 € – Carte 36/50 €

◆ Un jeu de miroirs repousse les limites de cette petite salle à manger où flotte une ambiance conviviale. Décoration contemporaine aussi soignée que la cuisine au goût du jour.

ESPALY-ST-MARCEL – 43 Haute-Loire – 331 F3 – alt. 650 m – rattaché au Puy-en-Velay

ESQUIÈZE-SÈRE – 65 Hautes-Pyrénées – 342 L7 – rattaché à Luz-St-Sauveur

ESQUIULE – 64 Pyrénées-Atlantiques – 342 H3 – 500 h. – alt. 277 m – ✉ 64400

3 **B3**

Paris 813 – Pau 43 – Lourdes 69 – Orthez 44 – Saint-Jean-Pied-de-Port 62

Chez Château VISA

– ✆ 05 59 39 23 03 – jb.hourcourigaray@wanadoo.fr – Fax 05 59 39 81 97 – Fermé de mi-fév. à mi-mars, merc. soir, dim. soir et lundi

Rest – Menu 19/50 € – Carte 33/58 €

◆ Bar, petite épicerie et restaurant cohabitent joyeusement dans cette ancienne ferme qui jouxte le fronton du hameau. Plaisantes salles à manger rustiques et cuisine régionale.

ESTAING – 12 Aveyron – **338** I3 – **612 h.** – **alt. 313 m** – ✉ **12190**
Midi-Pyrénées 29 **D1**

Paris 602 – Aurillac 63 – Conques 33 – Espalion 10 – Figeac 74 – Rodez 35

Syndicat d'initiative, rue François d'Estaing ✆ 05 65 44 03 22

L' Auberge St-Fleuret VISA

face mairie – ✆ *05 65 44 01 44 – auberge.st.fleuret@wanadoo.fr – Fax 05 65 44 72 19 – Ouvert 20 mars-20 nov. et fermé dim. soir et lundi hors saison*

14 ch – †46/53 € ††46/53 €, ☕ 8 € – ½ P 44/51 € – **Rest** – *(fermé lundi midi en saison)* Menu 17 € (sem.)/55 € – Carte 44/55 €

◆ Ex-relais de poste (19ᵉ s.) doté de chambres actuelles côté jardin ou vieux village, dominé par le château. Deux salles à manger : l'une, rustique et l'autre, claire et fraîche. Spécialités régionales, dont le fameux aligot. Terrasse surplombant la piscine.

Aux Armes d'Estaing rest, P VISA AE

1 quai Lot – ✆ *05 65 44 70 02 – remi.catusse@estaing.net – Fax 05 65 44 74 54 – Ouvert 16 mars-2 nov. et fermé dim. soir et lundi*

30 ch – †45 € ††60 €, ☕ 7,50 € – ½ P 43/50 € – **Rest** – Menu 16 € (sem.)/50 €

◆ Accueil familial devant le pont gothique franchissant le Lot, au pied du château, berceau de la famille d'Estaing. Chambres réparties dans le bâtiment principal et son annexe. Restaurant présentant une grande carte de préparations aveyronnaises actualisées.

ESTAING – 65 Hautes-Pyrénées – **342** K7 – **67 h.** – **alt. 970 m** – ✉ **65400**
Aquitaine 28 **A3**

Paris 874 – Argelès-Gazost 12 – Arrens 7 – Laruns 43 – Lourdes 24 – Pau 69 – Tarbes 43

Lac d'Estaing★ S : 4 km.

Lac d'Estaing avec ch P VISA

au Lac, Sud : 4 km – ✆ *05 62 97 06 25 – Fax 05 62 97 06 25 – Ouvert 1er mai-15 oct.*

8 ch – †33 € ††48 €, ☕ 8 € – ½ P 49 € – **Rest** – Menu 18/38 € – Carte 30/50 €

◆ Dans un site superbe, entre lac et montagnes, cette modeste auberge invite à s'attabler autour d'une sympathique cuisine traditionnelle. Vaste terrasse ombragée. Petites chambres bien rénovées.

ESTÉRENÇUBY – 64 Pyrénées-Atlantiques – **342** E6 – **rattaché à** St-Jean-Pied-de-Port

ESTISSAC – 10 Aube – **313** C4 – **1 724 h.** – **alt. 133 m** – ✉ **10190** 13 **B3**

Paris 158 – Châlons-en-Champagne 105 – Sens 44 – Troyes 23

Syndicat d'initiative, Mairie ✆ 0325404113

Moulin d'Eguebaude ch, cuisinette P

– ✆ *03 25 40 42 18 – eguebaude@aol.com – Fax 03 25 40 40 92*

8 ch ☕ – †42/50 € ††49/71 € – **Rest** – table d'hôte *(dîner seult) (résidents seult)* Menu 21 € bc

◆ Sur un vaste domaine piscicole, moulin à blé champenois (1789) dont les chambres, simples et fraîches, sont plus agréables à l'annexe. Boutique de produits du terroir aubois. La truite est à l'honneur sur la carte du restaurant, qui évolue au gré du marché.

Domaine du Voirloup P

3 pl. Betty Dié – ✆ *03 25 43 14 27 – le.voirloup@free.fr*

3 ch ☕ – †60 € ††60/80 € – **Rest** – table d'hôte Menu 25 € bc

◆ Grande demeure bourgeoise (1904) et son superbe parc où courent un ruisseau, une cascade et des canaux. Les chambres, joliment colorées, s'appellent Orient, Occident et Midi. À table, les menus changent selon le marché. Gâteaux et confitures maison au petit-déjeuner.

ESTIVAREILLES – 03 Allier – 326 C4 – 1 033 h. – alt. 90 m – ✉ 03190 5 **B1**

Paris 317 – Bourbon-l'Archambault 45 – Montluçon 12 – Montmarault 36 – Moulins 80

XX **Le Lion d'Or**

N 144 – ✆ 04 70 06 00 35 – rmliondor@orange.fr – Fax 04 70 06 09 78 – Fermé 3-16 sept., 16-29 fév., dim. soir et lundi

Rest – Menu (13 €), 18/48 € – Carte 38/56 €

◆ Bâtisse centenaire bordant la route nationale. De belles poutres font le caractère de la salle à manger, tandis que la terrasse donne sur un parc arboré baigné par un étang.

ESTRABLIN – 38 Isère – 333 C4 – rattaché à Vienne

ESTRÉES-ST-DENIS – 60 Oise – 305 G4 – 3 542 h. – alt. 70 m – ✉ 60190 36 **B2**

Paris 81 – Beauvais 46 – Clermont 21 – Compiègne 17 – Senlis 34

du Château d'Humières à Monchy Humières Rue de Gournay, NE : 11 km m, ✆ 03 44 86 48 22.

XX **Moulin Brûlé**

70 r. Flandres (N 17) – ✆ 03 44 41 97 10 – Fax 03 44 51 87 96 – Fermé 18-26 avril, août, dim. soir, lundi et mardi

Rest – *(prévenir)* Menu (15 €), 20 € (sem.)/48 € – Carte 40/57 €

◆ Maison en pierres de taille sur la traversée du village. Intérieur campagnard avec poutres anciennes, tons pastel et cheminée. Petite terrasse au calme. Cuisine actuelle.

ÉTAIN – 55 Meuse – 307 E3 – 3 709 h. – alt. 210 m – ✉ 55400 26 **B1**

Alsace Lorraine

Paris 285 – Briey 26 – Longwy 43 – Metz 66

Office de tourisme, 31 rue Raymond Poincaré ✆ 03 29 87 20 80

La Sirène

r. Prud'homme-Havette, (rte Metz) – ✆ 03 29 87 10 32 – hotel.sirene@free.fr – Fax 03 29 87 17 65 – Fermé 22 déc.-31 janv. et dim. soir

21 ch – †45/60 € ††45/70 €, ☕ 7 € – ½ P 62/75 € – **Rest** – *(fermé dim. soir et lundi)* Menu 13 € (sem.)/45 € – Carte 24/45 €

◆ Les lieux, restés sourds aux appels de la mode, résonnent du tumulte de l'histoire : Napoléon III serait tombé là - par hasard ? - après Gravelotte. Chambres rénovées. Cuisine traditionnelle servie dans une salle à manger et une véranda ornée d'œuvres d'artistes locaux.

ÉTAMPES – 91 Essonne – 312 B5 – 21 839 h. – alt. 80 m – ✉ 91150 18 **B3**

Île de France

Paris 51 – Chartres 59 – Évry 35 – Fontainebleau 45 – Melun 49 – Orléans 76 – Versailles 58

Office de tourisme, place de l'Hôtel de Ville ✆ 01 69 92 69 00, Fax 01 69 92 69 28

de Belesbat à Boutigny-sur-Essonne Domaine de Belesbat, E : 17 km par D 837 et D 153, ✆ 01 69 23 19 10.

Collégiale Notre-Dame★.

XX **Auberge de la Tour St-Martin**

97 r. St-Martin – ✆ 01 69 78 26 19 – tourpenchee@aliceadsl.fr – Fax 01 69 78 26 07 – Fermé 12-26 août, dim. soir et lundi

Rest – Menu 34 € – Carte 38/42 €

◆ Poutres, pierres apparentes et cheminée agrémentent cette sympathique petite salle à manger rustique. Dans l'assiette, produits choisis préparés selon la tradition.

à Ormoy-la-Rivière 5 km au Sud par D 49 et rte secondaire – 943 h. – alt. 81 m – ✉ 91150

X **Le Vieux Chaudron** VISA MC AE

45 Grande Rue – ✆ 01 64 94 39 46 – guillaume.giblin@wanadoo.fr – Fax 01 64 94 39 46 – Fermé 13 août-3 sept., 24 déc.-1er janv., 25 fév.-2 mars, jeudi soir, dim. soir et lundi

Rest – Menu (26 €), 32/44 € – Carte 36/48 €

◆ Petite auberge au centre du village, face à l'église. Intérieur campagnard réchauffé en hiver par une cheminée. En été, terrasse au calme. Recettes dans l'air du temps.

ÉTANG-DE-HANAU – 57 Moselle – 307 Q4 – rattaché à Philippsbourg

LES ÉTANGS-DES-MOINES – 59 Nord – 302 M7 – rattaché à Fourmies

ÉTAPLES – 62 Pas-de-Calais – 301 C4 – 11 177 h. – alt. 10 m – ✉ 62630

Nord Pas-de-Calais Picardie 30 **A2**

Paris 228 – Calais 67 – Abbeville 55 – Arras 101 – Boulogne-sur-Mer 28 – Le Touquet-Paris-Plage 6

Office de tourisme, boulevard Bigot Descelers ✆ 03 21 09 56 94, Fax 03 21 09 76 96

X **Aux Pêcheurs d'Étaples** VISA MC

quai Canche – ✆ 03 21 94 06 90 – rptetaples@CMEOP.com – Fax 03 21 89 74 54 – Fermé 1er au 20 janv. et dim. soir d'oct. à mars

Rest – Menu (14 €), 19/38 € – Carte 35/63 €

◆ Produits de la mer on ne peut plus frais pour ce restaurant lumineux installé au 1er étage d'une grande poissonnerie des quais de la Canche. Vue sur l'aérodrome du Touquet.

ÉTEL – 56 Morbihan – 308 L9 – 2 165 h. – alt. 20 m – ✉ 56410 Bretagne 9 **B2**

Paris 494 – Lorient 26 – Quiberon 24 – Vannes 37

Syndicat d'initiative, place des Thoniers ✆ 02 97 55 23 80

Trianon P VISA MC

14 r. Gén. Leclerc – ✆ 02 97 55 32 41 – hotel.letrianon@wanadoo.fr – Fax 02 97 55 44 71 – Fermé janv. et le midi sauf dim.

24 ch – †50/60 € ††55/68 €, ☕ 10 € – ½ P 55/68 € – **Rest** – Menu 19/32 €

◆ À proximité du port de pêche, chambres-bonbonnières agréablement provinciales ; préférez celles de la villa annexe. Pour la détente, salon-cheminée ou jardinet au calme. La salle à manger rustique et soignée sert de cadre à une cuisine traditionnelle.

ÉTOILE-SUR-RHÔNE – 26 Drôme – 332 C4 – 4 054 h. – alt. 170 m – ✉ 26800

44 **B3**

Paris 569 – Crest 17 – Privas 34 – Valence 12

Office de tourisme, 45 Grande Rue ✆ 04 75 60 75 14, Fax 04 75 60 70 12

XX **Le Vieux Four** AC VISA MC AE

1 pl. Léon Lérisse – ✆ 04 75 60 72 21 – levieuxfour@9online.fr – Fax 04 75 62 02 24 – Fermé 20 août-12 sept., 1er-10 janv., dim. soir, lundi et mardi hors saison

Rest – Menu (28 €), 37/65 € bc – Carte environ 37 €

◆ Près d'une demeure seigneuriale, belle maison régionale en pierre contrastant avec un intérieur contemporain. La cuisine associe produits du terroir et influences modernes.

ÉTOUY – 60 Oise – 305 F4 – rattaché à Clermont

L'ÉTRAT – Loire – 327 F7 – rattaché à St-Étienne

ÉTRÉAUPONT – 02 Aisne – 306 F3 – 933 h. – alt. 127 m – ✉ 02580 37 D1

Paris 184 – Avesnes-sur-Helpe 24 – Hirson 16 – Laon 44 – St-Quentin 51

Clos du Montvinage ch, 30,

8 r. Albert Ledant – ✆ 03 23 97 91 10 – contact@clos-du-montvinage.fr – Fax 03 23 97 48 92 – Fermé 6-19 août, 20-26 déc., 1er-7 janv., 26 fév.-4 mars, dim. soir, lundi midi et mardi midi

20 ch – 56/83 € 65/150 €, 10 € – ½ P 54/84 €

Rest ***Auberge du Val de l'Oise*** – *✆ 03 23 97 40 18* – Menu 22/40 € bc – Carte 27/45 €

◆ Avenante maison de maître du 19e s. abritant des chambres de style Louis-Philippe. Pour vos loisirs : charmante salle de billard, tennis, vélos et croquet dans le parc. Au restaurant, décor pastel, atmosphère feutrée, plats traditionnels et menu du terroir.

ÉTRETAT – 76 Seine-Maritime – 304 B3 – 1 615 h. – alt. 8 m – Casino A – ✉ 76790

Normandie Vallée de la Seine 33 C1

Paris 206 – Bolbec 30 – Fécamp 16 – Le Havre 29 – Rouen 90

Office de tourisme, place Maurice Guillard ✆ 02 35 27 05 21, Fax 03 25 28 87 20

d'Étretat Route du Havre, ✆ 02 35 27 04 89.

Le Clos Lupin★ - Falaise d'Aval★★★ - Falaise d'Amont★★.

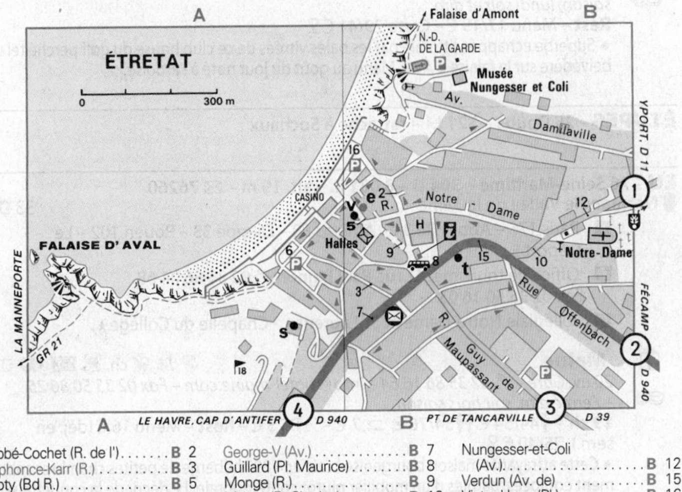

Dormy House falaise et mer, ch, rest, rest, 15/50,

rte Le Havre – ✆ 02 35 27 07 88 – dormy.house@wanadoo.fr – Fax 02 35 29 86 19 A s

60 ch – 56/170 € 56/170 €, 15 € – ½ P 72/128 € – **Rest** – Menu (21 €), 30 € (déj. en sem.), 38/70 € – Carte environ 53 €

◆ En surplomb de la station, dans un parc jouxtant le golf, paisible manoir de 1870 et ses dépendances tournés vers la falaise d'Amont. Divers types de chambres : classiques, "cosy" ou plus simples. Belle vue littorale par les baies du restaurant, du bar et en terrasse.

Ambassadeur sans rest

10 av. Verdun – ✆ 02 35 27 00 89 – hotel-ambassadeur@wanadoo.fr – Fax 02 35 28 63 69 B t

20 ch – 45/79 € 68/135 €, 8 €

◆ Jolie villa centenaire proche du Clos Lupin, la maison-musée du "gentleman cambrioleur". Chambres personnalisées, bien calibrées, réparties dans trois bâtiments autour d'une cour.

Des Falaises sans rest VISA MC AE D
1 bd R. Coty – ✆ 02 35 27 02 77 – Fax 02 35 28 87 59 B v
24 ch – 🛉29/48 € 🛉🛉46/68 €, ☕ 6,50 €
◆ Petit immeuble proche de la plage de galets encadrée par les falaises d'Aval et d'Amont. Les chambres, sans ampleur, sont fonctionnelles et décorées avec sobriété.

Villa sans Souci sans rest P
27ter r. Guy de Maupassant – ✆ 02 35 28 60 14 – villa-sans-souci@wanadoo.fr – Fax 02 35 28 60 14
4 ch ☕ – 🛉75 € 🛉🛉100/140 €
◆ Villa de 1903 vous logeant au calme, dans des chambres personnalisées. Espace breakfast déclinant les thèmes du 7e art et de l'automobile, joli salon-bibliothèque et jardin ombragé.

Le Galion VISA MC AE
bd R. Coty – ✆ 02 35 29 48 74 – Fax 02 35 29 74 48 – Fermé mardi et merc. sauf vacances scolaires B e
Rest – Menu 23/39 € – Carte 38/52 €
◆ Le trésor de ce galion-là ne se trouve pas à fond de cale, mais au plafond : la forêt de poutres sculptées date du 14e s. et provient d'une maison de Lisieux.

Du Golf < plage et falaises, P VISA MC
rte Le Havre – ✆ 02 35 27 04 56 – Fax 02 35 10 89 12 – Fermé mardi et le soir hors saison, lundi soir et dim.
Rest – Menu 17/19 € – Carte 29/41 €
◆ Superbe échappée littorale par les baies vitrées de ce club house du golf perché tel un belvédère sur la falaise d'Aval. Menu au goût du jour noté à l'ardoise.

ÉTUPES – 25 Doubs – 321 L1 – rattaché à Sochaux

EU – 76 Seine-Maritime – 304 I1 – 8 081 h. – alt. 19 m – ✉ 76260

Normandie Vallée de la Seine 33 **D1**

- Paris 176 – Abbeville 34 – Amiens 88 – Dieppe 33 – Rouen 102 – Le Tréport 5
- Office de tourisme, 41 rue Paul Bignon ✆ 02 35 86 04 68, Fax 02 35 50 16 03
- Collégiale Notre-Dame et St-Laurent★ - Chapelle du Collège★.

Maine ch, P VISA MC AE
20 av. Gare – ✆ 02 35 86 16 64 – info@hotel-maine.com – Fax 02 35 50 86 25 – Fermé dim. soir hors saison
19 ch – 🛉44/54 € 🛉🛉54/76 €, ☕ 7 € – ½ P 73 € – **Rest** – Menu 16 € (déj. en sem.), 25/40 €
◆ Cette attrayante maison bourgeoise bâtie en 1897 héberge de petites chambres sobrement équipées, garnies d'un mobilier plutôt contemporain. Le décor de la coquette salle à manger évoque la Belle Époque. Carte traditionnelle et joli choix de poissons.

Manoir de Beaumont sans rest P
rte de Beaumont, par D 49 – ✆ 02 35 50 91 91 – catherine@demarquet.com – Fax 02 35 50 19 45
3 ch ☕ – 🛉35 € 🛉🛉47/55 €
◆ Ex-relais de chasse vous logeant dans de calmes chambres personnalisées, à un saut de biche de la forêt d'Eu et à 5 mn des plages. Salon Louis XVI pour le petit-déjeuner ; joli parc.

EUGÉNIE-LES-BAINS – 40 Landes – 335 I12 – 507 h. – alt. 65 m – Stat. therm. : mi-fév.-début déc. – ✉ 40320 Aquitaine

3 **B3**

- Paris 731 – Aire-sur-l'Adour 12 – Dax 71 – Mont-de-Marsan 26 – Orthez 52 – Pau 56
- Office de tourisme, 147 rue René Vielle ✆ 05 58 51 13 16, Fax 05 58 51 12 02
- Les Greens d'Eugénie à Bahus-Soubiran Golf du Tursan, S : 4 km par D 11 et D 62, ✆ 05 58 51 11 63.

Les Prés d'Eugénie (Guérard)
pl. de l'Impératrice – 05 58 05 06 07 10/70,
– *guerard@relaischateaux.com – Fax 05 58 51 10 10 – Fermé 3-21 déc. et 6 janv.-27 mars*
25 ch – 260/300 € 270/340 €, 30 € – 7 suites
Rest – *(menu minceur pour résidents seult)* Menu 55 €
Rest *Michel Guérard* – *(fermé le midi en sem. sauf fériés et du 12 juil. au 26 août et lundi soir) (nombre de couverts limité, prévenir)* Menu 140/190 € – Carte 123/151 €
Spéc. Homard ivre des pêcheurs de lune. "Dieu est-il gascon" ou le hachis parmentier revisité. Gâteau mollet du marquis de Béchamel et glace fondue à la rhubarbe. **Vins** Tursan blanc, Vin de Pays des Terroirs Landais.
◆ Les Prés du bonheur ! Demeure du 19e s. élégamment décorée, parc et "ferme" thermale : heureux mariage entre maison de ville et maison des champs, entre plaisir et forme. Au village-jardin de Michel Guérard, la cuisine est inspirée par Dame Nature.

Le Couvent des Herbes
– *Fermé 6 janv.-7 fév.*
4 ch – 310/390 € 310/390 €, 30 € – 4 suites – 400/510 €
◆ Napoléon III fit amoureusement restaurer pour Eugénie ce joli couvent du 18e s. surmonté d'un clocheton. Les chambres, entourées d'un jardin d'éden, sont la séduction même.

La Maison Rose
ch, rest, cuisinette
– *05 58 05 06 07 – reservation@michelguerard.com – Fax 05 58 51 10 10 – Fermé 3-21 déc. et 6 janv.-7 fév.*
26 ch – 110/130 € 150/190 €, 20 €, 5 studios
– **Rest** – *(résidents seult)*
◆ Couleurs pastel reposantes, mobilier en rotin blanc et fleurs fraîches, salon "cosy" aux murs tendus d'étoffe rayée : une ambiance "guesthouse" raffinée et réussie.

La Ferme aux Grives avec ch
cuisinette
– *05 58 05 05 06 – guerard@relaischateaux.com – Fax 05 58 51 10 10 – Fermé 6 janv. au 7 fév.*
1 ch – 310/390 € 310/390 €, 25 € – 3 suites – 400/510 € –
Rest – *(fermé mardi soir et merc. sauf du 16 juil. au 29 août et sauf fériés)* Menu 45 €
◆ Ancienne auberge de village qui a retrouvé ses couleurs d'antan. Jardin potager, vieilles poutres et tomettes magnifient une cuisine du terroir ressuscitée. Suites et chambre exquises pour nuits quiètes.

ÉVIAN-LES-BAINS – 74 Haute-Savoie – 328 M2 – 7 273 h. – alt. 370 m – Stat. therm. : fév.-début nov. – Casino B – ✉ 74500 Alpes du Nord 46 F1

Paris 577 – Genève 44 – Montreux 40 – Thonon-les-Bains 10
Office de tourisme, place d'Allinges 04 50 75 04 26, Fax 04 50 75 61 08
Évian Masters Golf Club Rive Sud du Lac de Genève, par rte de Thonon : 1 km, 04 50 75 46 66.
Lac Léman★★★ - Promenade en bateau★★★ - L'escalier d'honneur★ de l'hôtel de ville.
Falaises★★.

Plan page suivante

Royal
rest, 10/100,
– *04 50 26 85 00 – royalpalace@evianroyalresort.com – Fax 04 50 75 38 40* C z
132 ch – 265/580 € 410/580 €, 25 € – 21 suites – ½ P 290/580 €
Rest *Fresques Royales* – voir ci-après
Rest *La Véranda* – rôtisserie Menu 60 €
Rest *Le Jardin des Lys* – rest. diététique Menu 60/80 € – Carte 79/105 €
Rest *Café Sud* – *(dîner seult)* Menu 60 € – Carte 64/86 €
◆ Belle architecture Art déco pour ce luxueux palace édifié en 1907. Parc majestueux, superbe institut de remise en forme et spacieuses chambres garnies de meubles de style. À la Véranda, buffets et grillades. Cuisine diététique au Jardin des Lys. Ambiance "lounge" et carte dans la note méridionale au Café Sud.

ÉVIAN-LES-BAINS

Abondance (Av. d') . . . . C 2
Bennevy (Bd de) . . . . AB 5
Besson (Quai Ch.) . . . . B 6
Clermont (R. de) . . . . B 10
Cordeliers (R. des) . . . . C 12
Cottet (Pl. Ch.) . . . . B 15
Folliet (R. Gaspard) . . . . B 19
Grottes (Av. des) . . . . C 22
Larringes (Av. de) . . . . A 25
Libération (Pl. de la) . . . . C 26
Mateirons (Av. des) . . . . B 27
Monnaie (R. de la) . . . . B 29
Narvik (Av. de) . . . . B 31
Nationale (R.) . . . . B 33
Neuvecelle (Av. de) . . . . C 36
Port (Pl. du) . . . . C 37
Sources (Av. des) . . . . B 39
Vallées (Av. des) . . . . AB 40

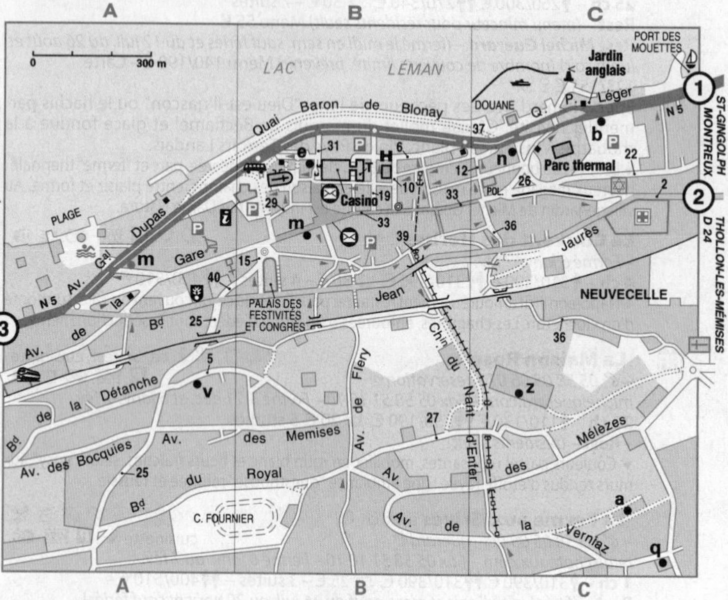

Ermitage – lac et montagnes, rest,
– ☎ 04 50 26 85 00 rest, 15/100, VISA
– hotelermitage@royalparcevian.com – Fax 04 50 75 29 37 C **a**

91 ch – 125/225 € 190/290 €, 33 € – 3 suites – ½ P 270/370 €
Rest *Le Gourmandin* – ☎ *04 50 26 85 54 (dîner seult sauf week-ends et jours fériés)* Menu 25/70 € – Carte 66/90 €
Rest *La Toscane* – *(déj. seul.)* Menu 20/50 € – Carte 53/60 €

◆ Ce palace du début du 20ᵉ s. rayonne sur un parc féerique dévolu aux loisirs et à la détente. Potager inspiré du 16ᵉ s., beau spa, espaces "kids"... Au Gourmandin, décor raffiné, superbe terrasse et plats régionaux. Cuisine italienne et salades à la Toscane.

Hilton – ch, VISA
53 quai Paul Léger – ☎ *04 50 84 60 00* – *info.hiltonevianlesbains@hilton.com* – *Fax 04 50 84 60 50* C **b**

173 ch – 180/530 € 205/555 €, 32 € – 3 suites – ½ P 263/313 €
Rest *Cannelle* – Menu 35/65 € – Carte 39/52 €

◆ Hôtel au cadre moderne et épuré. La majorité des chambres, dotées de balcons, regarde le lac. Farniente chic au bord de la piscine et détente au wellness. Restaurant dans l'air du temps en accord avec la cuisine. Grande terrasse face au jardin.

La Verniaz et ses Chalets
rte Abondance – ☎ *04 50 75 04 90* – *verniaz@relaischateaux.com* – *Fax 04 50 70 78 92* – *Ouvert 9 fév.-11 nov.* 15, VISA C **q**

33 ch – 98/135 € 125/305 €, 16 €, 6 chalets – ½ P 129/220 € –
Rest – Menu 39/73 € – Carte 50/64 €

◆ Ensemble de bâtiments et chalets disséminés dans un superbe parc noyé sous les fleurs en saison. Grandes chambres un brin mûrissantes ; vue sur le lac. Cuisine classique, spécialités de grillades et poissons du Léman à déguster dans le restaurant rustique.

Alizé ch, 15, VISA

2 av. J. Léger – 04 50 75 49 49 – alize.hotel@wanadoo.fr – Fax 04 50 75 50 40 – Fermé 15 nov.-31 janv. C **n**

22 ch – 68/95 € 76/105 €, 8 € – ½ P 65/80 € – **Rest** – *(fermé 6 déc.-30 janv., lundi et mardi sauf juil.-août)* Menu 15 € (déj. en sem.), 22/29 € – Carte 20/45 €

◆ Belle situation face au débarcadère et à côté de l'espace thermal. Les chambres, rénovées, sont sobres, fonctionnelles et propres ; la plupart d'entre elles donnent sur le lac. Cuisine traditionnelle et spécialités savoyardes au restaurant.

Littoral sans rest VISA AE

av. de Narvik – 04 50 75 64 00 – hotel-littoral-evian@wanadoo.fr – Fax 04 50 75 30 04 – Fermé 26 oct.-11 nov. B **e**

30 ch – 65/79 € 73/97 €, 8,50 €

◆ Près du casino, bâtiment contemporain dont les équipements fonctionnels sont appréciés par la clientèle internationale. Toutes les chambres (sauf deux) ont un balcon côté lac.

L' Oasis sans rest P VISA AE

11 bd Bennevy – 04 50 75 13 38 – stephane.berthier3@wanadoo.fr – Fax 04 50 74 90 30 – Ouvert début avril-fin sept. A **v**

18 ch – 65/85 € 85/150 €, 10 €

◆ Sur les hauteurs d'Évian, charmant hôtel aux chambres coquettes et douillettes ; certaines face au lac, d'autres occupent deux maisonnettes nichées dans le joli jardin arboré.

Continental sans rest VISA

65 r. Nationale – 04 50 75 37 54 – info@continental-evian.com – Fax 04 50 75 31 11 B **m**

32 ch – 36/50 € 46/79 €, 7 €

◆ Immeuble de 1868 aux vastes chambres (création de deux suites) qui, au 4e étage côté rue, ont la meilleure vue sur le lac. Intérieur refait et beau mobilier ancien chiné.

Fresques Royales – Hôtel Royal 6/15, P VISA AE

– 04 50 26 85 00 – royalpalace@evianroyalresort.com – Fax 04 50 75 38 40 C **z**

Rest – *(dîner seult)* Menu 80/160 € – Carte 94/127 €

Spéc. Plantes de notre potager, sorbet riquette. Filet de bœuf de la vallée d'Abondance à la racine de berce. Fèves de cacao Manjari et Jivara, poivre éclaté. **Vins** Marin, Mondeuse.

◆ Gustave Jaulmes réalisa les "fresques royales" de ce superbe restaurant au cadre Belle Époque. Terrasse avec vue imprenable sur le lac. Cuisine raffinée à tendance diététique.

Histoire de Goût VISA

1 av. Gén. Dupas – 04 50 70 09 98 – froissart.dominique@wanadoo.fr – Fax 04 50 70 10 69 – Fermé 1er-11 janv. et lundi sauf le soir du 1er juil. au 15 sept. A **m**

Rest – Menu (18 € bc), 23/40 € – Carte 35/48 €

◆ Casiers à vin et beau comptoir "pin et zinc" dans une salle, voûte et lustre en fer forgé dans l'autre : deux ambiances agréables pour découvrir des menus et suggestions actuels.

ÉVISA – 2A Corse-du-Sud – **345** B6 – **voir à Corse**

ÉVOSGES – 01 Ain – **328** F5 – **109 h.** – **alt. 750 m** – ✉ **01230** 45 **C1**

Paris 481 – Aix-les-Bains 69 – Belley 37 – Bourg-en-Bresse 57 – Lyon 79 – Nantua 32

L'Auberge Campagnarde P VISA

– 04 74 38 55 55 – auberge-campagnarde@wanadoo.fr – Fax 04 74 38 55 62 – Fermé 4-13 sept., 11-30 nov., 6 janv.-7 fév., dim. soir, mardi midi et lundi de nov. à mars, mardi soir et merc. sauf du 15 mai au 15 sept.

15 ch – 43/78 € 43/78 €, 10 € – ½ P 51/60 € – **Rest** – Menu 22 € (sem.)/51 € – Carte 40/61 €

◆ Cette vieille ferme d'un paisible village du Bugey est appréciée des amateurs de nature et de quiétude. Chambres décorées dans un esprit rustique ou moderne. Minigolf. Salle à manger champêtre et terrasse fleurie ; cuisine aux accents régionaux.

ÉVREUX 🅿 – **27 Eure – 304** G7 – **51 198 h. – alt. 64 m** – ✉ **27000**
Normandie Vallée de la Seine 33 **D2**

- Paris 100 – Alençon 119 – Caen 135 – Chartres 78 – Rouen 56
- Office de tourisme, 1 ter place de Gaulle ✆ 02 32 24 04 43, Fax 02 32 21 28 45
- d'Évreux Chemin du Valème, par rte de Lisieux : 3 km, ✆ 02 32 39 66 22.
- Cathédrale Notre-Dame★★ - Châsse★★ dans l'église St-Taurin - Musée★★ **M.**

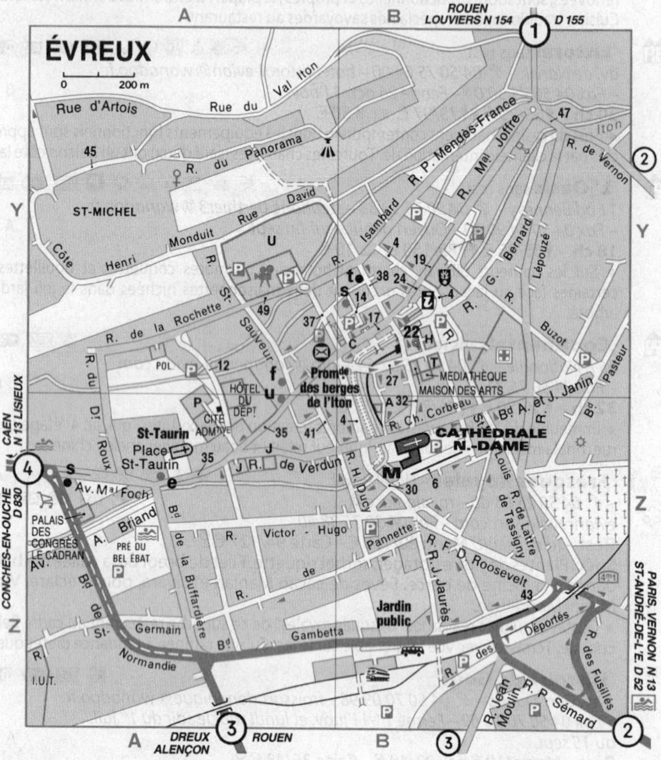

Rue	Plan	N°	Rue	Plan	N°	Rue	Plan	N°
Borville-Dupuis (R.)	**BY**	4	Gaulle (Pl. de)	**BY**	22	Lombards (R. des)	**BY**	38
Chambaudoin (Bd)	**BZ**	6	Grand-Carrefour (Pl. du)	**BY**	24	Meilet (R. du)	**AZ**	41
Chartraine (R.)	**BZ**	8	Grenoble (R. de)	**BY**	27	Résistance (R. de la)	**BZ**	43
Chauvin (Bd G.)	**AY**	12	Harpe (R. de la)	**BZ**	30	St-Michel (R. de)	**AY**	45
Clemenceau (Pl.)	**BY**	14	Horloge (R. de l')	**BZ**	32	Vigor (R.)	**BY**	47
Dr-Oursel (R.)	**BY**	17	Joséphine (R.)	**AZ**	35	7e-Chasseurs (R. du)	**AY**	49
Feray (R. Édouard)	**BY**	19	Leclerc (R. Gén.)	**AY**	37			

Mercure
bd Normandie – ✆ 02 32 38 77 77 – h1575@accor.com – Fax 02 32 39 04 53 AZ **s**
60 ch – 🚹90/96 € 🚹🚹96/105 €, ☕ 11 € – **Rest** – Menu 20/30 € – Carte 34/43 €
◆ Cette architecture contemporaine dressée à l'intersection d'importants axes routiers abrite des chambres bien équipées et insonorisées. Ronce de bois, tons chauds et belle luminosité concourent à créer une plaisante atmosphère dans la salle de restaurant.

L'Orme sans rest
13 r. Lombards – ✆ 02 32 39 34 12 – Fax 02 32 33 62 48 BY **t**
39 ch – 🚹57/65 € 🚹🚹67/120 €, ☕ 8,50 €
◆ Cet établissement du centre-ville constitue une adresse pratique pour le voyageur de passage. Chambres sobres et fonctionnelles, parfois dotées d'un mobilier en bambou.

XX **La Vieille Gabelle**

3 r. Vieille Gabelle – ✆ 02 32 39 77 13 – Fax 02 32 39 77 13 – Fermé 1er-20 août, 24 déc.-3 janv., sam. midi, dim. soir et lundi BY s

Rest – Menu 16 € (déj. en sem.)/27 €

◆ La devanture, bien normande avec ses colombages, est avenante. Deux salles à manger campagnardes avec poutres apparentes, dont une agrémentée d'une jolie cheminée de pierre.

XX **La Gazette**

7 r. St-Sauveur – ✆ 02 32 33 43 40 – xavier.buzieux@wanadoo.fr – Fax 02 32 31 38 87 – Fermé 3-28 août, sam. midi et dim. AY f

Rest – Menu (19 €), 22 € (sem.)/52 € – Carte 34/55 €

◆ Table actuelle soignée repérable à sa devanture en bois peint. Mobilier moderne, poutres enduites, murs gris clair et copies de gazettes composent un décor intime et "trendy".

X **Croix d'Or**

3 r. Joséphine – ✆ 02 32 33 06 07 – Fax 02 32 31 14 27 AZ e

Rest – Menu 12 € (déj. en sem.), 15 € (sem.)/32 € – Carte 25/45 €

◆ Le banc d'écailler et le vivier à homards annoncent la couleur : la carte, très étoffée, privilégie poissons et crustacés. Sobre décor d'esprit rustique et terrasse-véranda.

à Parville **4 km par ④ – 320 h. – alt. 130 m – ✉ 27180**

XX **Côté Jardin**

rte Lisieux – ✆ 02 32 39 19 19 – Fax 02 32 31 21 85 – Fermé dim. soir et lundi

Rest – Menu 17/37 € – Carte 37 €

◆ Jolie maison à colombages bordant la route nationale. La coquette salle à manger n'est pas en reste avec son cadre normand repeint dans des tons pastel. Carte au goût du jour.

ÉVRON – 53 Mayenne – 310 G6 – 7 283 h. – alt. 114 m – ✉ 53600

Normandie Cotentin 35 **C1**

Paris 250 – Alençon 58 – La Ferté-Bernard 98 – Laval 32 – Le Mans 55 – Mayenne 25

Office de tourisme, place de la Basilique ✆ 02 43 01 63 75, Fax 02 43 01 63 75

Basilique Notre-Dame★ : chapelle N.-D.-de l'Épine★★.

X **La Toque des Coëvrons**

4 r. Prés – ✆ 02 43 01 62 16 – marcmenard@wanadoo.fr – Fax 02 43 37 20 01 – Fermé 26 juil.-8 août, 21 fév.-5 mars, dim. soir, merc. soir et lundi

Rest – Menu 17 € (sem.)/32 € – Carte 26/42 €

◆ Le chef de cette aimable adresse, toqué de recettes traditionnelles, mitonne de goûteux petits plats. La jolie salle à manger rustique a été récemment rafraîchie.

rte de Mayenne **6 km par D 7 – ✉ 53600 Mézangers**

Relais du Gué de Selle ch,

route de Mayenne D7 – ✆ 02 43 91 20 00 ch, 15/60,

– relaisduguedeselle@wanadoo.fr – Fax 02 43 91 20 10 – Fermé 22 déc.-9 janv., 9-26 fév., vend. soir, dim. soir et lundi du 16 oct. au 31 mai

24 ch – †57/106 € ††71/122 €, ☐ 10 €, 6 duplex – ½ P 79/100 € – **Rest** – *(fermé lundi midi et mardi midi du 1er juin-30 sept.)* Menu (16 € bc), 23 € (sem.)/50 € – Carte 44/52 €

◆ Vieille ferme restaurée et son jardin sur une rive de l'étang, visible depuis une partie des plaisantes chambres. Promenade aménagée au bord de l'eau, vélos, pêche, etc. Le décor soigné et avenant de la salle de restaurant s'agrémente d'une cheminée.

ÉVRY – 91 Essonne – 312 D4 – 101 37 – voir à Paris, Environs

EYBENS – 38 Isère – 333 H7 – rattaché à Grenoble

EYGALIÈRES – 13 Bouches-du-Rhône – 340 E3 – 1 851 h. – alt. 134 m – ✉ 13810

Provence 42 **E1**

Paris 701 – Avignon 28 – Cavaillon 14 – Marseille 83 – St-Rémy-de-Provence 12

La Bastide d'Eygalières

ch, VISA

rte Orgon (D 24B) et chemin de Pestelade – ✆ 04 90 95 90 06 – contact@labastide.com.fr – Fax 04 90 95 99 77

14 ch – †63/75 € ††78/123 €, ☐ 14 € – **Rest** – *(Ouvert avril-oct.) (résidents seult en hiver) (dîner seult hors saison)* Menu 20 € (dîner), 23/38 € – Carte 24/37 €

◆ Meubles patinés, tomettes et autres matériaux anciens : les chambres de cette maison isolée dans la garrigue ont un cachet certain. Beaux espaces verts. Coquette salle à manger et charmante terrasse. À midi, salades composées ; menu traditionnel au dîner.

Mas dou Pastré

VISA

rte Orgon (D 24B) : 1,5 km – ✆ 04 90 95 92 61 – contact@masdupastre.com – Fax 04 90 90 61 75 – Fermé 15 nov.-15 déc.

15 ch – †105/180 € ††105/220 €, ☐ 17 € – **Rest** – *(fermé dim. du 1er avril au 15 nov., lundi, mardi et merc. du 15 déc. au 1er avril)* Menu 29/68 € – Carte 42/59 €

◆ Ambiance "guesthouse", décoration provençale à l'ancienne, meubles et bibelots chinés, jardin enchanteur... Cette authentique bergerie familiale est pétrie de charme. Cuisine de saison proposée dans un cadre avenant.

Maison Roumanille

VISA

au village – ✆ 04 90 95 92 61 – Fax 04 90 90 61 75 – Fermé 15 nov.-15 déc.

8 ch – †105/120 € ††105/180 €, ☐ 12 €

◆ Au cœur du village, joli mas décoré dans le même esprit que la maison mère. Toutes les chambres, sauf une, possèdent une terrasse. Véranda pour les petits-déjeuners.

L'Oliviera

Eygalières, ch, VISA

chemin des Jaisses, 1 km par D 74a – ✆ 04 90 90 65 28 – contact@loliviera.fr – Fax 04 90 90 66 40 – Ouvert 15 mars-15 nov.

4 ch – †90 € ††90 €, ☐ 10 € – **Rest** – table d'hôte Menu 30 € bc

◆ Niché parmi les oliviers, ce chaleureux mas provençal jouit d'une quiétude absolue. Superbe terrasse offrant la vue sur les Alpilles. Chambres coquettes et bien tenues.

Bistrot d'Eygalières "Chez Bru" avec ch

VISA

r. République – ✆ 04 90 90 60 34 – sbru@club-internet.fr – Fax 04 90 90 60 37 – Ouvert de fin avril à mi-nov. et fermé 4-9 août, dim. soir hors saison, mardi midi de juin à sept. et lundi

2 ch – †120 € ††140 €, ☐ 14 € – 2 suites – ††170 € – **Rest** – *(nombre de couverts limité, prévenir)* Menu 85/100 € – Carte 79/106 €

Spéc. Ris de veau en salade, glace parmesan. Trio de Saint-Jacques, thon et foie gras au wasabi (oct. à mai). Croustillant de cochon de lait au porto et champignons.
Vins Vin de Pays des Bouches du Rhône, Coteaux d'Aix-en-Provence-les-Baux.

◆ Tons crème et chocolat, tableaux contemporains et joli patio-terrasse : ce bistrot chic du charmant village est au service d'une savoureuse cuisine provençale au goût du jour.

Sous Les Micocouliers

VISA

Traverse de Montfort – ✆ 04 90 95 94 53 – Fax 04 90 95 94 53 – Fermé 10 janv.-10 mars, dim. soir, mardi soir, lundi et merc. de nov. à mars

Rest – Menu 29 € – Carte 38/57 €

◆ En plein cœur du village, ancienne construction locale dont le cadre rustique laisse place à une terrasse ombragée d'arbres majestueux en été. Menu-carte traditionnel.

EYGUIÈRES – 13 Bouches-du-Rhône – 340 F3 – 5 392 h. – alt. 75 m – ✉ 13430

Provence 42 **E1**

Paris 715 – Aix-en-Provence 49 – Arles 45 – Avignon 40 – Istres 27 – Marseille 66

Office de tourisme, place de l'Hôtel de Ville ✆ 04 90 59 82 44, Fax 04 90 59 89 07

Le Relais du Coche

VISA

pl. Monier – ✆ 04 90 59 86 70 – Fax 04 90 45 09 78 – Fermé 2-17 juil., 2-15 janv., sam. midi, dim. soir et lundi

Rest – Menu 16 € (déj. en sem.), 27/33 € – Carte 30/47 €

◆ Grande salle rustique occupant les écuries d'un ancien relais de diligences (18e s.). L'espace est cloisonné en stalles. Agréable patio-terrasse envahi de vigne vierge.

EYMET – 24 Dordogne – 329 D8 – 2 552 h. – alt. 54 m – ✉ 24500 Périgord 4 C2

Paris 560 – Arcachon 72 – Bayonne 239 – Bordeaux 101 – Dax 188 – Périgueux 74

Office de tourisme, 45 place Gambetta ✆ 05 53 23 74 95, Fax 05 53 27 98 76

Les Vieilles Pierres

ch, VISA

rte de Marmande – ✆ 05 53 23 75 99 – les.vieilles.pierres@wanadoo.fr – Fax 05 53 27 87 14 – Fermé vacances fév. et de la Toussaint

9 ch – 42/43 € 48/59 €, 6,50 € – ½ P 41/45 € – **Rest** – *(fermé dim. soir sauf 15 juil.-26 août, sam. midi hors saison et le soir du 24 déc. au 2 janv.)* Menu 11 € (sem.)/35 € – Carte 23/44 €

◆ Chambres simples réparties dans trois pavillons ouvrant sur un patio ombragé d'un noyer. La salle à manger rustique, dans une ex-grange, ne fait pas mentir l'enseigne. Restaurant d'été vitré surplombant l'aire de jeux du jardin. Repas classique.

La Cour d'Eymet

VISA

32 bd National – ✆ 05 53 22 72 83 – Fermé 15 fév.-15 mars, jeudi midi, sam. midi et merc.

Rest – *(nombre de couverts limité, prévenir)* Menu 30 € bc (déj. en sem.), 35/45 € – Carte 35/65 €

◆ Restaurant installé dans une belle maison bourgeoise. Intérieur à la fois sobre et élégant et jolie cour-terrasse. Cuisine traditionnelle et petite cave riche en vins du pays.

EYSINES – 33 Gironde – 335 H5 – rattaché à Bordeaux

Le rouge est la couleur de la distinction : nos valeurs sûres !

LES EYZIES-DE-TAYAC – 24 Dordogne – 329 H6 – 909 h. – alt. 70 m – ✉ 24620 Périgord 4 C3

Paris 536 – Brive-la-Gaillarde 62 – Fumel 62 – Périgueux 47 – Sarlat-la-Canéda 21

Office de tourisme, 19, av. de la Préhistoire ✆ 05 53 06 97 05, Fax 05 53 06 90 79

Musée national de Préhistoire★ - Grotte du Grand Roc★★ : ≤★ - Grotte de Font-de-Gaume★★.

Du Centenaire sans rest

15, VISA

2 av. du Cingle – ✆ 05 53 06 68 68 – hotel.centenaire@wanadoo.fr – Fax 05 53 06 92 41 – Ouvert début avril-début nov.

14 ch – 100/138 € 100/230 €, 17 € – 5 suites

◆ Cette belle demeure, nichée dans un paisible jardin clos accueillant une délicieuse piscine, propose des chambres agréables et cossues.

Les Glycines

≤ ch, 15, VISA

rte Périgueux – ✆ 05 53 06 97 07 – les-glycines-aux-eyzies@wanadoo.fr – Fax 05 53 06 92 19 – Ouvert 2 avril-30 nov.

27 ch – 76/230 € 76/230 €, 14 € – ½ P 85/277 € – **Rest** – Menu 36/75 € – Carte 44/69 €

◆ Cette hostellerie créée en 1862 (ex-relais de poste) bénéficie d'un cadre verdoyant : proximité de la Vézère, beau parc et tonnelle de glycine. Chambres rénovées par étapes. Restaurant tourné vers la nature, plaisante terrasse au calme et recettes classiques.

Hostellerie du Passeur

VISA

pl. Mairie – ✆ 05 53 06 97 13 – hostellerie-du-passeur@perigord.com – Fax 05 53 06 91 63 – Ouvert 1er avril-31 oct.

19 ch – 58/65 € 58/120 €, 9 € – ½ P 64/88 € – **Rest** – *(fermé sam. midi et mardi midi sauf juil.-août et sept.)* Menu 17 € bc (déj. en sem.), 30/65 € – Carte 51/64 €

◆ Au cœur du bourg, bordant une petite place, demeure ancienne de caractère dont le hall, le bar et la plupart des chambres ont été refaits. Tables dressées avec soin dans deux salles avenantes ou sur la quiète terrasse ombragée ; plats aux accents du terroir.

Moulin de la Beune
– ✆ 05 53 06 94 33 – contact@moulindelabeune.com – Fax 05 53 06 98 06
– *Ouvert 6 avril-31 oct.*
20 ch – †50 € ††59 €, ☕ 7 € – ½ P 69 €
Rest *Au Vieux Moulin* – *(fermé mardi midi, merc. midi et sam. midi)*
Menu 29/55 € – Carte 51/77 €

◆ Deux vieux moulins dans un paisible jardin traversé par la Beune. Chambres spacieuses, meublées d'ancien et décorées avec goût. Agréable salon doté d'une belle cheminée. Plaisant restaurant d'où l'on aperçoit la roue à aubes. Cuisine fidèle à la région.

Des Roches sans rest
rte Sarlat – ✆ 05 53 06 96 59 – hotel@roches-les-eyzies.com – Fax 05 53 06 95 54
– *Ouvert 11 avril-31 oct.*
40 ch – †70/76 € ††76/89 €, ☕ 9 €

◆ Construction de style régional au pied de falaises couronnées de chênes. Les chambres adoptent peu à peu un cadre plus feutré. Reposant jardin en bord de rivière.

Le Cro Magnon
54 av. Préhistoire – ✆ 05 53 06 97 06 – hotel.cro.magnon.les-eyzies@wanadoo.fr
– Fax 05 53 06 95 45 – *Fermé 22 déc.-14 janv.*
15 ch – †65 € ††70/130 €, ☕ 9 € – ½ P 64/74 € – **Rest** – Menu (17 €), 23/44 €
– Carte 30/40 €

◆ Cette accueillante demeure adossée aux rochers a été soigneusement rénovée. Les chambres sont spacieuses et personnalisées. Agréable salon réchauffé d'une cheminée. Élégante salle à manger coiffée d'un beau plafond en bois, cour-terrasse et recettes traditionnelles.

à l'Est 7 km par rte de Sarlat – ✉ 24620 Les Eyzies-de-Tayac

La Métairie
sur D 47 – ✆ 05 53 29 65 32 – bourgeade@wanadoo.fr – Fax 05 53 29 65 30
– *Ouvert début fév.-Toussaint et fermé dim. soir sauf de fin juin à début sept., merc. midi et lundi*
Rest – Menu 16 € (déj. en sem.)/27 €

◆ Au pied du château de Beyssac dont elle dépendait, ancienne ferme bâtie autour d'une cour-terrasse. Les mangeoires ornant la salle à manger rappellent le passé des lieux.

à l'Est 8 km par rte de Sarlat,C 3 dir. Meyrals et rte secondaire – ✉ 24220 Meyrals

Ferme Lamy sans rest
– ✆ 05 53 29 62 46 – ferme-lamy@wanadoo.fr – Fax 05 53 59 61 41
12 ch – †105 € ††105 €, ☕ 10 €

◆ Ambiance "cosy" dans cette ravissante ferme entourée d'un beau jardin perdu en plein Périgord noir. Chambres calmes, joliment décorées et garnies de meubles anciens.

La Bélie
L'Abeille – ✆ 05 53 59 55 82 – contact@perigord-labelie.com – *Fermé 10 fév.-10 mars*
3 ch ☕ – †75 € ††75/110 € – ½ P 98/113 € – **Rest** – table d'hôte *(dîner seult) (résidents seult)* Menu 25/30 € bc

◆ Restauration pleinement réussie pour cette ancienne ferme : chambres superbes où se mêlent ancien et moderne, meubles et tissus choisis. Belle suite africaine. À table : cuisine périgourdine et plats du monde réalisés par la patronne, globe-trotter dans l'âme.

ÈZE – 06 Alpes-Maritimes – 341 F5 – 2 509 h. – alt. 390 m – ✉ 06360

Côte d'Azur 42 **E2**

- Paris 938 – Cap d'Ail 6 – Menton 17 – Monaco 8 – Monte-Carlo 8 – Nice 12
- Office de tourisme, place du Général-de-Gaulle ✆ 04 93 41 26 00, Fax 04 93 41 04 80
- Site★★ - Sentier Frédéric Nietzsche★ - Le vieux village★ - Jardin exotique ✻★★.
- "Belvédère" d'Èze ≤★★ O : 4 km.

Château de la Chèvre d'Or ⚘ ← côte et presqu'île,
r. Barri (accès piétonnier) 20,
– ✆ *04 92 10 66 66 – reservation@chevredor.com – Fax 04 93 41 06 72 – Ouvert 16 mars-30 oct.*
30 ch – †270/805 € ††270/805 €, ☕ 40 € – 3 suites – **Rest** – *(fermé merc. en mars) (prévenir)* Menu 65 € (déj. en sem.)/180 € (dîner) – Carte 124/350 €
Spéc. Araignée de mer en cocktail glacé (printemps). Foie gras de canard en deux sevices (automne). Pigeonneau de Bresse rôti en marmelade de pêches acidulées (été). **Vins** Côtes de Provence, Bellet.
◆ Site pittoresque dominant la mer, vrai nid d'aigle aux jardins suspendus agrippés au rocher, cette demeure enchanteresse est une promesse de séjour inoubliable. Merveille pour les yeux (paysage) et régal pour les papilles : le restaurant a un goût de paradis.

Château Eza ⚘ ← côte et presqu'île, 10,
r. Pise (accès piétonnier) – ✆ *04 93 41 12 24*
– reception@chateaueza.com – Fax 04 93 41 16 64 – Fermé 1er nov.-15 déc.
7 ch – †150/785 € ††150/905 €, ☕ 35 € – 3 suites – **Rest** – *(fermé mardi et merc. de janv. à mars)* Menu 40 € (déj.), 70/97 € – Carte 86/106 €
Spéc. Tartine croustillante de sardines et légumes niçois. Pavé de thon poêlé et laqué au citron de Menton. Moelleux au chocolat noir, sorbet menthe.
◆ Cette somptueuse demeure du 14e s. accrochée entre ciel et mer offre une vue époustouflante sur la côte. Élégantes chambres personnalisées, avec terrasse, balcon ou jacuzzi privé. À table : panorama sublime, toit ouvrant, décor moyenâgeux et subtile cuisine actuelle.

Les Terrasses d'Eze ⚘ ← mer, ch,
rte La Turbie par N 7 et D 45 : 1,5 km 25/100,
– ✆ 04 92 41 55 55 – info@hotel-terrasses-eze.com – Fax 04 92 41 55 10
79 ch – †160/280 € ††160/280 €, ☕ 20 € – 2 suites – **Rest** – *(fermé le midi hors saison)* Carte 28/64 €
◆ Architecture contemporaine perchée à flanc de colline. Toutes les chambres (avec terrasse) spacieuses, en partie refaites, et la belle piscine à débordement contemplent la "grande bleue". Cuisine aux parfums régionaux complétée d'une petite carte snack en été.

Troubadour
r. du Brec (accès piétonnier) – ✆ *04 93 41 19 03 – troubadoureze@wanadoo.fr*
– Fermé 4-12 mars, 1er-9 juil., 11 nov.-19 déc., lundi sauf le soir en juil.-août et dim.
Rest – *(prévenir)* Menu 32/47 € – Carte 43/64 €
◆ Au cœur du vieux village, trois menues salles intimes et fraîches dans une demeure ancienne. Carte classique évoluant au gré du marché et quelques spécialités provençales.

au Col d'Èze **3 km au Nord-Ouest – ✉ 06360 Eze – 2 509 h. – alt. 390 m**

La Bastide aux Camélias sans rest ⚘
23 C rte de l'Adret – ✆ *04 93 41 13 68*
– sylviane.mathieu@libertysurf.fr – Fax 04 93 41 13 68
4 ch ☕ – †100/140 € ††100/140 €
◆ Cette belle villa immergée dans la verdure renferme des chambres personnalisées avec raffinement (meubles anciens ou ethniques). Piscine et fitness.

ÈZE-BORD-DE-MER – 06 Alpes-Maritimes – 341 F5 – ✉ 06360 Eze

Côte d'Azur 42 **E2**

Paris 959 – Monaco 8 – Nice 14 – Menton 22

Cap Estel ⚘ ← mer, cuisinette
1312 av. Raymond Poincaré 25,
– ✆ 04 93 76 29 29 – contact@capestel.com – Fax 04 93 01 55 20 – Fermé 2-20 déc. et 7 janv.-29 fév.
8 ch – †330/550 € ††330/750 €, ☕ 23 € – 12 suites – ††510/12000 € –
Rest – Menu 60/180 € – Carte 68/112 €
◆ Le havre de paix construit sur cette presqu'île par un prince russe à la fin du 19e s. a retrouvé toute sa splendeur. Chambres luxueuses et suites somptueuses. Plage privée. Élégante table au goût du jour tournée vers la "grande bleue".

FAGNON – 08 Ardennes – 306 J4 – rattaché à Charleville-Mézières

FAIN-LÈS-MONTBARD – 21 Côte-d'Or – 320 G4 – rattaché à Montbard

FALAISE – 14 Calvados – 303 K6 – 8 434 h. – alt. 132 m – ✉ 14700

Normandie Cotentin 32 **B2**

- Paris 264 – Argentan 23 – Caen 36 – Flers 37 – Lisieux 45 – St-Lô 107
- Office de tourisme, boulevard de la Libération ✆ 02 31 90 17 26, Fax 02 31 90 98 70
- Château Guillaume-Le-Conquérant★ - Église de la Trinité★.

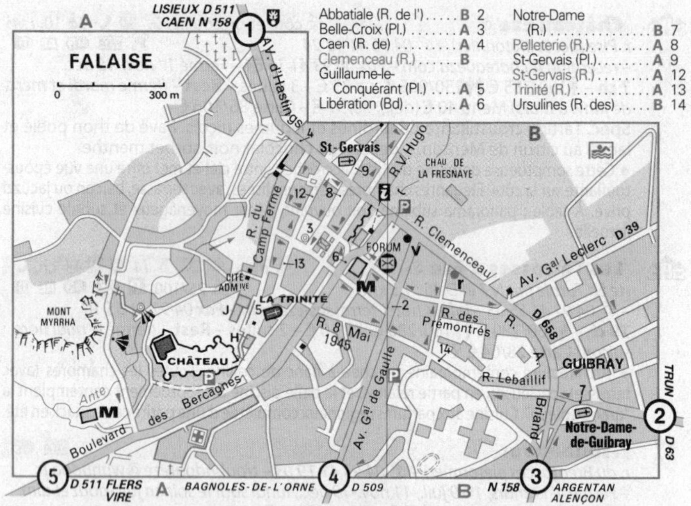

De la Poste

38 r. G. Clémenceau – ✆ 02 31 90 13 14 – hotel.delaposte@wanadoo.fr – Fax 02 31 90 01 81 – Fermé 2-23 janv., dim. soir et lundi B **v**

17 ch – 52 € 52/75 €, ☕ 7,50 € – ½ P 52/60 € – **Rest** – *(fermé vend. soir d'oct. à avril et vend. midi de mai à sept.)* Menu 16 € (sem.)/48 € – Carte 30/60 €

◆ Ce bâtiment de l'après-guerre héberge des chambres sobres et bien tenues ; celles sur l'arrière sont plus calmes. Salle de restaurant aux tons pastel où l'on sert des plats traditionnels.

La Fine Fourchette

52 r. G. Clémenceau – ✆ 02 31 90 08 59 – Fax 02 31 90 00 83 – Fermé 16 fév.-6 mars et mardi soir B **r**

Rest – Menu 15/52 € – Carte 30/52 €

◆ Sur la traversée du bourg, maison en pierre des années 1950 où l'on sert des repas au goût du jour sous les solives de deux salles actualisées. Assiettes joliment dressées.

L'Attache

rte Caen par ① : 1,5 km – ✆ 02 31 90 05 38 – sarlhastain@orange.fr – Fax 02 31 90 57 19 – Fermé 16 juil.-2 août, mardi et merc.

Rest – *(nombre de couverts limité, prévenir)* Menu 19/60 € – Carte 39/61 €

◆ Ancien relais de poste à façade pimpante. Sympathique intérieur classique (non-fumeurs) et table du terroir réhabilitant quelquefois légumes et aromates injustement oubliés.

LE FALGOUX – **15 Cantal** – **330** D4 – **193 h.** – **alt. 930 m** – **Sports d'hiver : 1 050 m** 1 – ✉ 15380 5 **B3**

Paris 533 – Aurillac 57 – Mauriac 29 – Murat 34 – Salers 15

Vallée du Falgoux★.

Cirque du Falgoux★★ SE : 6 km - Puy Mary ✻★★★ : 1 h AR du Pas de Peyrol★★ SE : 12 km, **Auvergne.**

Des Voyageurs VISA

– ✆ 04 71 69 51 59 – Fax 04 71 69 48 05 – *Fermé 5 nov.-20 janv. et merc. soir sauf de mai à sept.*

14 ch – 43 € 43 €, 6,50 € – ½ P 41 € – **Rest** – Menu (15 €), 18 € (sem.)/26 € (déj. dim.) – Carte 17/29 €

◆ Auberge dans la pure tradition auvergnate : "cantou" (grande cheminée bordée de bancs) dans le bar et accueil serviable. Chambres refaites, sobrement rustiques et bien tenues. Au restaurant, recettes régionales et jolie vue sur les paysages des monts du Cantal.

FALICON – **06 Alpes-Maritimes** – **341** E5 – **1 644 h.** – **alt. 396 m** – ✉ 06950 42 **E2**

Paris 935 – Cannes 42 – Nice 12 – Sospel 41 – Vence 32

Parcours (Delacourt) Nice et la mer, VISA

1 pl. Marcel Eusebi – ✆ 04 93 84 94 57 – jmdparcourslive@wanadoo.fr – Fax 04 93 98 66 90 – Fermé 31 août-5 sept., 19-27 nov., 14 janv.-5 fév., mardi sauf le soir de début juil. à mi-sept., le midi en sem. en été et lundi

Rest – Menu 39/55 €

Spéc. Levé de Saint-Pierre à l'huile de fleur d'oranger. Aiguillettes d'agneau des Alpes de Haute-Provence, un peu épicées. Fraises et framboises dans soupe de chocolat blanc (saison). **Vins** Vin de pays des Alpes Maritimes, Vin de pays du Var.

◆ Écrans plasma retransmettant le travail des cuisiniers, cadre contemporain, terrasse panoramique, deux menus (sans choix) composés selon le marché : un séduisant cocktail !

LE FAOU – **29 Finistère** – **308** F5 – **1 571 h.** – **alt. 10 m** – ✉ 29590 **Bretagne** 9 **A2**

Paris 560 – Brest 30 – Châteaulin 20 – Landerneau 23 – Morlaix 52 – Quimper 43

Syndicat d'initiative, rue du Gal-de-Gaulle ✆ 02 98 81 06 85

Site★.

De Beauvoir rest, 15/100, VISA

11 pl. Mairie – ✆ 02 98 81 90 31 – la-vieille-renommee@wanadoo.fr – Fax 02 98 81 92 93 – Fermé 9-30 déc., dim. soir du 1er oct. au 31 mai

32 ch – 50/70 € 75/90 €, 10 € – ½ P 60/70 €

Rest *La Vieille Renommée* – *(fermé dim. soir et lundi midi d'oct. à mai)* Menu 17 € (déj. en sem.), 27/60 € – Carte 29/71 €

◆ Grande bâtisse au cœur d'un village éminemment breton niché au fond de l'estuaire du Faou. Préférez les chambres récemmment rafraîchies. La salle à manger de la Vieille Renommée est dressée avec soin ; cuisine traditionnelle assortie d'une belle carte des vins.

FARROU – **12 Aveyron** – **338** E4 – **rattaché à Villefranche-de-Rouergue**

LA FAUCILLE (COL DE) – **01 Ain** – **328** J2 – **voir à Col de la Faucille**

FAULQUEMONT – **57 Moselle** – **307** K4 – **5 478 h.** – **alt. 275 m** – ✉ 57380 27 **C1**

Paris 367 – Metz 38 – Château-Salins 29 – Pont-à-Mousson 46 – St-Avold 15

Le Chatelain sans rest VISA

1 pl. Monroë, (près église) – ✆ 03 87 90 70 80 – hotel-lechatelain.com@wanadoo.fr – Fax 03 87 90 74 78

25 ch – 48 € 58 €, 7 €

◆ Sur une place paisible, à côté de la vieille église, ancienne ferme réaménagée vous logeant dans des chambres fonctionnelles bien calibrées. Patio agrémenté de plantes vertes.

FAVERGES – 74 Haute-Savoie – 328 K6 – 6 310 h. – alt. 507 m – ✉ 74210

Alpes du Nord 45 **C1**

Paris 562 – Albertville 20 – Annecy 27 – Megève 35

Office de tourisme, place M. Piquand ✆ 04 50 32 53 45

Florimont ch, 30, P VISA MC AE

rte Albertville, 2,5 km – ✆ 04 50 44 50 05 – info@hotelflorimont.com – Fax 04 50 44 43 20

27 ch – 65/78 € 70/115 €, 10 € – ½ P 70/92 € –

Rest – *(fermé 15 déc.-7 janv., dim. soir et sam.)* Menu 24/60 € – Carte 48/72 €

♦ Le Florimont (mot-valise pour fleur et montagne) jouit d'une situation privilégiée près d'un golf avec vue sur le mont Blanc. Tons vifs et tenue parfaite dans les chambres. Deux salles à manger - l'une classique, l'autre très savoyarde - et terrasse verdoyante.

De Genève sans rest 25, P VISA MC AE

34 r. République – ✆ 04 50 32 46 90 – hotel-de-geneve@wanadoo.fr – Fax 04 50 44 48 09 – Fermé 30 mars-18 avril et 22 déc.-6 janv.

30 ch – 44/68 € 53/75 €, 7,50 €

♦ Reconnaissable à sa façade peinte, cet hôtel central constitue un utile point de chute. Chambres fonctionnelles, bien insonorisées côté rue. Expositions au bar (formule snack).

au Tertenoz 4 km au Sud-Est par D 12 et rte secondaire – ✉ **74210 Seythenex**

Au Gay Séjour avec ch rest, P VISA MC AE

– ✆ 04 50 44 52 52 – hotel-gay-sejour@wanadoo.fr – Fax 04 50 44 49 52 – Fermé dim. soir et lundi sauf fériés et juil.-août

10 ch – 70/82 € 82/92 €, 12 € – ½ P 88/98 € – **Rest** – Menu 32/79 € – Carte 42/62 €

♦ Cette ferme du 17e s. retirée dans un hameau a fière allure. Cuisine traditionnelle, vue sur la vallée et décor contemporain haut en couleurs au restaurant. Chambres simples.

LA FAVIÈRE – 83 Var – 340 N7 – rattaché à Bormes-les-Mimosas

FAVIÈRES – 80 Somme – 301 C6 – 405 h. – alt. 1 m – ✉ 80120 36 **A1**

Paris 212 – Abbeville 22 – Amiens 77 – Berck-Plage 27 – Le Crotoy 5

Le Crotoy : Butte du Moulin ≤★ SO : 5 km, **Picardie Flandres Artois.**

Les Saules sans rest P VISA MC AE

1075 r. Forges – ✆ 03 22 27 04 20 – hotellessaules@wanadoo.fr – Fax 03 22 27 00 38

13 ch – 60/65 € 65/75 €, 12 €

♦ Tranquillité assurée dans cette maison moderne proche du parc ornithologique du Marquenterre. Chambres fonctionnelles tournées vers le jardin ou la campagne environnante.

La Clé des Champs P VISA MC AE

– ✆ 03 22 27 88 00 – Fax 03 22 27 79 36 – Fermé 27 août -3 sept., 7-21 janv., 1er-13 mars, lundi et mardi sauf fériés

Rest – Menu 15 € (sem.)/39 €

♦ Vieille ferme du Marquenterre à deux pas de la baie de Somme. Atmosphère un peu surannée dans les salles à manger décorées de faïences et de cuivres. Cuisine du terroir.

FAVONE – 2A Corse-du-Sud – 345 F9 – voir à Corse

FAYENCE – 83 Var – 340 P4 – 4 253 h. – alt. 350 m – ✉ 83440

Côte d'Azur 41 **C3**

Paris 884 – Castellane 55 – Draguignan 30 – Fréjus 36 – Grasse 26 – St-Raphaël 37

Syndicat d'initiative, place Léon Roux ✆ 04 94 76 20 08

≤★ de la terrasse de l'Église.

Les Oliviers sans rest
quartier La Ferrage (rte de Grasse) – ✆ 04 94 76 13 12 – hotel.oliviers.fayen@free.fr – Fax 04 94 76 08 05
22 ch – 73/78 € 86/96 €
◆ Petit immeuble dominant la plaine du Gué et son important centre de vol à voile. Sportifs et "pantouflards" trouveront aux Oliviers des chambres privilégiant le côté pratique.

La Farigoulette
pl. Château – ✆ 04 94 84 10 49 – la-farigoulette@wanadoo.fr – Fax 04 94 84 10 49 – Fermé 26 juin-4 juil., 8-30 janv., 12-20 fév., dim. midi, merc. sauf juil.-août et mardi
Rest – Menu (20 € bc), 36 € – Carte 44/57 €
◆ Terrasse ombragée et deux petites salles aménagées dans une ancienne étable, où pierres apparentes, mobilier traditionnel et décor provençal cohabitent harmonieusement. Cuisine régionale.

Le Temps des Cerises
pl. République – ✆ 04 94 76 01 19 – louis.schroder@tiscali.fr – Fax 04 94 76 92 50 – Fermé mardi
Rest – *(dîner seult sauf dim.)* Menu 37 € – Carte 41/53 €
◆ Ce restaurant fayençois, aménagé dans une charmante maison, laisse le choix entre sa coquette salle à manger ocre-rouge (non-fumeurs) et sa terrasse ombragée. Cuisine traditionnelle.

La Table d'Yves
rte de Fréjus, sur D563 : 2 km – ✆ 04 94 76 08 44 – contact@latabledyves.com – Fax 04 94 76 19 32 – Fermé vacances de la Toussaint, de fév., jeudi sauf le soir en saison et merc.
Rest – Menu 28/60 € bc – Carte 34/55 €
◆ Plaisante terrasse permettant d'admirer le village perché sur sa colline, pimpantes salles à manger aux murs ensoleillés et fraîche cuisine du marché : autant de bonnes raisons de vous attabler chez Yves !

à l'Ouest par rte de Seillans (D 19) et rte secondaire – ✉ **83440 Fayence**

Moulin de la Camandoule
à 2 km – ✆ 04 94 76 00 84 – moulin.camandoule@wanadoo.fr – Fax 04 94 76 10 40
12 ch – 61/118 € 72/190 €, 12 € – ½ P 83/147 € – **Rest** – *(fermé 3-19 janv., jeudi sauf soir en saison et merc.)* Menu 30 € (déj. en sem.), 45/65 € – Carte 41/57 €
◆ Au cœur d'un parc traversé par un aqueduc romain, moulin à huile du 17e s. abritant de jolies chambres mi-campagnardes, mi-provençales. Cuisine régionale au restaurant doté d'une belle terrasse dressée au bord d'un charmant jardin-verger.

Le Castellaras (Carro)
à 4 km – ✆ 04 94 76 13 80 – contact@restaurant-castellaras.com – Fax 04 94 84 17 50 – Ouvert 28 mars-11 nov. et fermé mardi d'oct. à mai et lundi
Rest – Menu 45/60 € – Carte 50/75 €
Spéc. Carpaccio de queues de langoustines (juil. à sept.). Terrine chaude de polenta aux foies gras (sept. à nov.). Terrine de foie gras de canard aux gambas grillées et agrumes confits (avril à juin). **Vins** Côtes de Provence.
◆ Juchée sur une colline, jolie villa en pierre aménagée avec soin, d'où la vue porte sur Fayence et la vallée. Mais le principal attrait du lieu est sa cuisine aux couleurs de la Provence.

LE FAYET – **74 Haute-Savoie** – **074** 08 – **voir à St-Gervais-les-Bains**

FÉCAMP – **76 Seine-Maritime** – **304** C3 – **21 027 h.** – **alt. 15 m** – **Casino** AZ – ✉ **76400** **Normandie Vallée de la Seine** 33 **C1**

Paris 201 – Amiens 165 – Caen 113 – Dieppe 66 – Le Havre 43 – Rouen 74

Office de tourisme, 113 rue Alexandre le Grand ✆ 02 35 28 51 01, Fax 02 35 27 07 77

Abbatiale de la Trinité★ - Palais Bénédictine★★ - Musée des Terres-Neuvas et de la Pêche★ M3 - Chapelle N.-D.-du-Salut ✻★★ N : 2 km par D 79 BY.

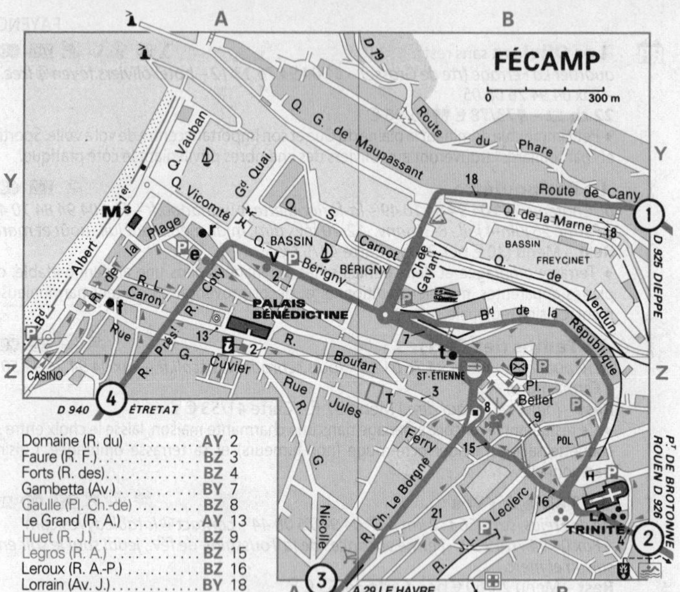

Domaine (R. du) . . . . AY 2
Faure (R. F.) . . . . BZ 3
Forts (R. des) . . . . BZ 4
Gambetta (Av.) . . . . BY 7
Gaulle (Pl. Ch.-de) . . . . BZ 8
Le Grand (R. A.) . . . . AY 13
Huet (R. J.) . . . . BZ 9
Legros (R. A.) . . . . BZ 15
Leroux (R. A.-P.) . . . . BZ 16
Lorrain (Av. J.) . . . . BY 18
Renault (R. M.) . . . . BZ 21

Le Grand Pavois sans rest — 15, **P** VISA

15 quai Vicomté – ✆ 02 35 10 01 01 – legrandpavois@wanadoo.fr – Fax 02 35 29 31 67 — AY **r**

33 ch – 81/134 € 81/134 €, 12 € – 3 suites

◆ Sur les quais, immeuble bâti en lieu et place d'une conserverie. Hall au décor marin et grandes chambres garnies de meubles contemporains ; certaines donnent sur le port.

La Ferme de la Chapelle — ch, cuisinette

2 km par ①, rte du Phare et D 79 – ✆ 02 35 10 12 12 – fermedelachapelle@wanadoo.fr – Fax 02 35 10 12 13 — 15, **P** VISA

17 ch – 75 € 75 €, 11 € – 5 suites – ½ P 97 € – **Rest** – *(fermé lundi midi)* Menu 20/35 €

◆ Couronnant une falaise qui domine la ville, cette ancienne ferme accolée à la chapelle des marins abrite, autour d'une cour carrée, des chambres sobrement meublées. Salle de restaurant à la fois simple et accueillante, où l'on sert des plats traditionnels.

De la Plage sans rest — VISA

87 r. Plage – ✆ 02 35 29 76 51 – hoteldelaplagefecamp@wanadoo.fr – Fax 02 35 28 68 30 — AY **f**

22 ch – 35/64 € 35/64 €, 6,50 €

◆ Les chambres de cette construction moderne proche du front de mer sont menues, mais pratiques et fraîches. On petit-déjeune dans une salle au décor maritime.

Vent d'Ouest sans rest — VISA

3 av. Gambetta – ✆ 02 35 28 04 04 – hotel@hotelventdouest.tm.fr – Fax 02 35 28 75 96 — BY **t**

15 ch – 33/48 € 39/53 €, 5 €

◆ Cet hôtel familial sans prétention, entièrement refait, conviendra aux budgets serrés. Les chambres, de couleur jaune, sont bien équipées. Coquette salle des petits-déjeuners.

XXX **Auberge de la Rouge** avec ch — rest, **P** VISA

rte du Havre, 2 km par ③ – ✆ 02 35 28 07 59 – auberge.rouge@wanadoo.fr – Fax 02 35 28 70 55

8 ch – 60 € 60 €, 7 € – **Rest** – *(fermé sam. midi, dim. soir et lundi)* Menu 19/53 € – Carte 51/79 €

◆ Salle campagnarde avec poutres et cheminée ou véranda ouverte sur le jardin fleuri : deux cadres rénovés pour une cuisine traditionnelle. Chambres rustiques en rez-de-jardin.

XX **La Marée**

77 quai Bérigny, (1er étage) – ✆ 02 35 29 39 15 – Fax 02 35 29 73 27 – Fermé jeudi soir, dim. soir et lundi sauf du 14 juil. au 31 août AY **v**

Rest – Menu 19 € (déj. en sem.), 25/35 € ♀

◆ La carte de ce restaurant est entièrement vouée aux produits de la mer. Sobre décor actuel et vue sur le port depuis certaines tables. Petite terrasse exposée plein Sud.

X **Le Vicomté**

4 r. Prés. R. Coty – ✆ 02 35 28 47 63 – Fermé 16 août-3 sept., 20 déc.-7 janv., merc., dim. et fériés AY **e**

Rest – *(nombre de couverts limité, prévenir)* Menu 17 € ♀

◆ Proche de l'étonnant palais Bénédictine dû au créateur de la célèbre liqueur, agréable petit bistrot (non-fumeurs) où l'on déguste une cuisine du marché à découvrir sur l'ardoise.

FEGERSHEIM – 67 Bas-Rhin – **315** K6 – **rattaché à Strasbourg**

FEISSONS-SUR-ISÈRE – 73 Savoie – **333** L4 – **505 h.** – **alt. 407 m** – ✉ 73260 46 **F2**

▶ Paris 632 – Annecy 60 – Chambéry 66 – Lyon 166

XX **Château de Feissons**

– ✆ 04 79 22 59 59 – lechateaudefeissons@wanadoo.fr – Fax 04 79 22 59 76 – Fermé dim. soir et lundi sauf fériés

Rest – Menu 19 € (déj. en sem.), 29/56 €

◆ Château du 12e s. perché sur une colline dominant la Tarentaise. Cuisine de saison servie dans un décor chaleureux (poutres, grande cheminée) ou sur la belle terrasse-belvédère.

LE FEL – 12 Aveyron – **338** H3 – **rattaché à Entraygues-sur-Truyères**

FELDBACH – 68 Haut-Rhin – **315** H11 – **401 h.** – **alt. 410 m** – ✉ 68640

Alsace Lorraine 1 **A3**

▶ Paris 461 – Altkirch 14 – Basel 34 – Belfort 46 – Colmar 80 – Montbéliard 41 – Mulhouse 32

XX **Cheval Blanc**

1 r. Bisel – ✆ 03 89 25 81 86 – Fax 03 89 07 72 88 – Fermé 2-17 juil., 21 janv.-5 fév., lundi et mardi

Rest – Menu 10 € (déj. en sem.), 22/36 € – Carte 21/43 € ♀

◆ Quelques recettes actuelles ponctuent la carte mi-traditionnelle, mi-régionale de cette maison - non-fumeurs - typique du Sundgau. Très beau choix de vins.

FELICETO – 2B Haute-Corse – **345** C4 – **voir à Corse**

FENEYROLS – 82 Tarn-et-Garonne – **337** G7 – **166 h.** – **alt. 124 m** – ✉ 82140 29 **C2**

▶ Paris 632 – Cahors 63 – Limoges 245 – Lyon 424 – Montpellier 251 – Toulouse 642

XX **Hostellerie Les Jardins des Thermes** avec ch

– ✆ 05 63 30 65 49 – hostellerie@jardindesthermes.com – Fax 05 63 30 60 17 – Ouvert 1er mars-15 nov. ch, 20,

5 ch – 41/45 € 41/61 €, 7,50 € – ½ P 46/56 € – **Rest** – *(fermé merc. et jeudi sauf juil.-août)* Menu 19 € (déj. en sem.), 24/45 € bc – Carte 39/45 € ♀

◆ Cet ancien hôtel thermal entièrement restauré est blotti dans un parc (vestiges de thermes romains) au bord de l'Aveyron. Restaurant joliment coloré et chambres spacieuses.

FERAYOLA – 2B Haute-Corse – **345** B5 – **voir à Corse (Galéria)**

FÈRE-EN-TARDENOIS – 02 Aisne – 306 D7 – 3 356 h. – alt. 180 m – ✉ 02130

Nord Pas-de-Calais Picardie 37 **C3**

Paris 111 – Château-Thierry 23 – Laon 55 – Reims 50 – Soissons 27

Office de tourisme, 18 rue Etienne-Moreau-Nelaton ✆ 03 23 82 31 57, Fax 03 23 82 28 19

de Champagne à Villers-Agron-Aiguizy Moulin de Neuville, E : 17 km par D 2, ✆ 03 23 71 62 08.

Château de Fère★ : Pont-galerie★★ N : 3 km.

Château de Fère

ch, 25, VISA MC AE

au Nord, 3 km par D 967 – ✆ 03 23 82 21 13 – chateau.fere@wanadoo.fr – Fax 03 23 82 37 81 – Fermé 2 janv. au 2 fév.

19 ch – 150/170 € 170/350 €, 20 € – 7 suites – **Rest** – *(fermé lundi midi de nov. à mars)* Menu 35 € (sem.)/88 € – Carte 65/106 €

◆ Avec en arrière-plan les ruines du château d'Anne de Montmorency et de son fameux pont, cette belle demeure du 16e s. offre un décor somptueux (vaste parc). Les deux salles à manger rivalisent d'élégance (fresque à la gloire de La Fontaine, belles boiseries).

FERNEY-VOLTAIRE – 01 Ain – 328 J3 – 7 083 h. – alt. 430 m – ✉ 01210

Franche-Comté Jura 46 **F1**

Paris 499 – Bellegarde-sur-Valserine 37 – Genève 10 – Gex 10 – Thonon-les-Bains 43

de Genève-Cointrin ✆ (00 41 22) 717 71 11, S : 4 km.

Office de tourisme, 26 Grand'Rue ✆ 04 50 28 09 16, Fax 04 50 40 78 99

de Gonville à Saint-Jean-de-GonvilleSO : 14 km par D 35 et D 984, ✆ 04 50 56 40 92.

Château★.

Genève★★★.

Novotel

ch, ch, 100, VISA MC AE

rte de Meyrin, par D 35 – ✆ 04 50 40 85 23 – h0422@accor.com – Fax 04 50 40 76 33

80 ch – 80/135 € 80/135 €, 12,50 € – **Rest** – Menu (18 €) – Carte 23/31 €

◆ Ce Novotel, pratique pour une étape à proximité de la frontière suisse, vous reçoit dans des chambres fonctionnelles. Paisible salle à manger ouverte sur la terrasse et carte partagée entre plats traditionnels et spécialités régionales.

De France avec ch

rest, VISA MC AE

1 r. Genève – ✆ 04 50 40 63 87 – hotelfranceferney@wanadoo.fr – Fax 04 50 40 47 27 – Fermé 31 mars-15 avril, 29 juil.-6 août, 28 oct.-4 nov., 23 déc.-6 janv.

14 ch – 66/100 € 84/115 €, 9 € – ½ P 78 € – **Rest** – *(fermé dim. et lundi)* Menu (20 €), 23 € (déj.), 43/66 € – Carte 38/57 €

◆ Plaisante salle à manger (poutres, pierres, affiches et photos), jolie véranda, terrasse arborée, cuisine classique et petites chambres joliment meublées : vive le France !

Le Pirate

VISA MC AE

chemin de la Brunette – ✆ 04 50 40 63 52 – contact@lepirate.fr – Fax 04 50 40 64 50 – Fermé 1er-21 août, dim. et lundi sauf fériés

Rest – Menu 30 € (déj.), 36/69 € bc – Carte 43/66 €

◆ Décor contemporain aux couleurs chaleureuses et plaisante véranda ouvrant, aux beaux jours, sur la fraîcheur d'une fontaine. Grand choix de menus dédiés aux produits de la mer

Le Chanteclair

VISA MC

13 r. Versoix – ✆ 04 50 40 79 55 – Fax 04 50 40 93 04 – Fermé 29 juil.-28 août, 22 déc.-2 janv., dim. et lundi

Rest – Menu (22 €), 27 € (déj.), 38/56 € – Carte 43/53 €

◆ Cuisine renouvelée au rythme des saisons et tables dressées de façon originale en ce sympathique restaurant égayé de tons bleu et jaune.

FERRETTE – 68 Haut-Rhin – 315 H12 – 1 020 h. – alt. 470 m – ✉ 68480
Alsace Lorraine 1 **A3**

Paris 467 – Altkirch 20 – Basel 28 – Belfort 52 – Colmar 85 – Montbéliard 48 – Mulhouse 38

Office de tourisme, route de Lucelle ✆ 03 89 08 23 88, Fax 03 89 40 33 84

de la Largue à Seppois-le-Bas Rue du Golf, O : 10 km par D 473 et D 24, ✆ 03 89 07 67 67.

Site★ - Ruines du Château ≤★.

à Ligsdorf 4 km au Sud par D 432 – 297 h. – alt. 520 m – ✉ 68480

Le Moulin Bas et rest. La Mezzanine avec ch — 20, P, VISA

1 r. Raedersdorf – ✆ 03 89 40 31 25 – info@le-moulin-bas.fr – Fax 03 89 40 37 15

8 ch – 65/70 € 80/90 €, 15 € – ½ P 64/69 € – **Rest** – *(fermé mardi)* Menu 31/65 €

Rest *Stuba* – *(fermé mardi)* Menu 12,50 € (déj. en sem.) – Carte 24/59 €

◆ Ce moulin édifié en 1796 au bord de l'Ill dispose d'une élégante salle à manger, où l'on déguste plats régionaux et grillades en saison. Au Stuba, décor de winstub, vue sur l'ancien mécanisme, cuisine alsacienne et tartes flambées. Chambres calmes et fonctionnelles.

à Moernach 5 km à l'Ouest par D 473 – 536 h. – alt. 470 m – ✉ 68480

Aux Deux Clefs avec ch — P, VISA, AE

– ✆ 03 89 40 80 56 – auxdeuxclefs@wanadoo.fr – Fax 03 89 08 10 47 – Fermé 30 juil.-5 août, vacances de la Toussaint et de fév.

7 ch – 36 € 46 €, 7 € – ½ P 52 € – **Rest** – *(fermé merc. et jeudi)* Menu 20/46 € – Carte 28/51 €

◆ Jolie maison à colombages typique du Sundgau. Salle à manger cossue ornée de tableaux et carte traditionnelle. Accueillantes chambres fonctionnelles dans l'annexe voisine.

à Lutter 8 km au Sud-Est par D 23 – 297 h. – alt. 428 m – ✉ 68480

L'Auberge Paysanne avec ch — rest, 20, P, VISA

1 r. de Wolschwiller – ✆ 03 89 40 71 67 – aubergepaysanne2@wanadoo.fr – Fax 03 89 07 33 38 – Fermé 1er-15 juil., 20 janv.-10 fév., mardi midi et lundi

7 ch – 39 € 49 €, 7 € – ½ P 47 € – **Rest** – Menu 11 € (déj. en sem.), 22/39 € – Carte 25/47 €

◆ Maison familiale près de la frontière suisse. Parmi les salles du restaurant, la winstub a plus de charme. Spécialités locales et méditerranéennes. Chambres actuelles.

Hostellerie Paysanne — 20, P, VISA

8 r. de Wolschwiller – ✆ 03 89 40 71 67 – aubergepaysanne2@wanadoo.fr – Fax 03 89 07 33 38

9 ch – 48 € 61/69 €, 7 € – ½ P 53/57 €

◆ Ferme alsacienne (1618) démontée puis reconstruite dans ce village. Chambres garnies de meubles de style. Accueil à l'Auberge Paysanne.

LA FERRIÈRE-AUX-ÉTANGS – 61 Orne – 310 F3 – rattaché à Flers

FERRIÈRES-EN-BRIE – 77 Seine-et-Marne – 312 F3 – 101 30 – voir à Paris, Environs (Marne-la-Vallée)

FERRIÈRES-EN-GÂTINAIS – 45 Loiret – 318 N3 – 3 049 h. – alt. 96 m – ✉ 45210
Bourgogne 12 **D2**

Paris 99 – Auxerre 81 – Fontainebleau 40 – Montargis 12 – Nemours 26 – Orléans 86

Office de tourisme, place des Églises ✆ 02 38 96 58 86, Fax 02 38 96 60 39

Croisée du transept★ de l'église St-Pierre et St-Paul.

L'Abbaye — ch, 80, P, VISA, AE

– ✆ 02 38 96 53 12 – info@abbaye.fr – Fax 02 38 96 57 63

30 ch – 60/85 € 60/85 €, 8 € – ½ P 55/60 € – **Rest** – Menu 22 € (sem.)/52 €

◆ L'enseigne fait allusion à l'abbaye St-Pierre-et-St-Paul autour de laquelle s'est développé le bourg. Préférez les chambres récentes, spacieuses et bien équipées. Vaste salle des repas où l'on sert une cuisine traditionnelle ; terrasse très prisée en été.

FERRIÈRES-LES-VERRERIES – 34 Hérault – 339 H5 – 38 h. – alt. 320 m – ✉ 34190 23 C2

Paris 747 – Montpellier 41 – Alès 47 – Florac 86 – Millau 102

La Cour-Mas de Baumes avec ch
4 km à l'Est par D 107E4 – ✆ 04 66 80 88 80 – info@oustaldebaumes.com – Fax 04 66 80 88 82 – Fermé mardi soir, merc. soir, jeudi soir d'oct. à mai, dim. soir et lundi
6 ch – 58/80 € 70/98 €, 9 € – ½ P 70/84 € – **Rest** – Menu 38 € (sem.)/65 € – Carte 49/65 €
◆ Ex-métairie et verrerie isolées en pleine nature où l'on déguste une cuisine originale dans un cadre élégant associant l'ancien et le moderne. Jolies chambres contemporaines.

LA FERTÉ-BERNARD – 72 Sarthe – 310 M5 – 9 239 h. – alt. 90 m – ✉ 72400

Châteaux de la Loire 35 D1

Paris 164 – Alençon 56 – Chartres 79 – Châteaudun 65 – Le Mans 54

Office de tourisme, 15 place de la Lice ✆ 02 43 71 21 21, Fax 02 43 93 25 85

du Perche à Souancé-au-Perche La Vallée des Aulnes, NE : 21 km par N 23 et D137, ✆ 02 37 29 17 33.

Église N.-D.-des Marais★★.

La Perdrix avec ch
2 r. Paris – ✆ 02 43 93 00 44 – restaurantlaperdrix@hotmail.com – Fax 02 43 93 74 95 – Fermé fév., lundi soir et mardi
7 ch – 46 € 58 €, 7 € – **Rest** – Menu 18 € (sem.)/38 € – Carte environ 40 €
◆ Imposante bâtisse bordant la route nationale. Deux salles à manger redécorées dans un style bourgeois (moulures, tons blanc-bleu dans l'une, rouge-beige dans l'autre).

Le Dauphin
3 r. d'Huisne (secteur piétonnier) – ✆ 02 43 93 00 39 – Fax 02 43 71 26 65 – Fermé 2-20 août, dim. soir et lundi
Rest – Menu 15 € (sem.)/39 € – Carte 35/49 €
◆ Cette maison de la vieille ville daterait en partie du 16e s. : l'affaire repose sur des bases solides ! Belle cheminée d'époque dans une salle ; terrasse côté rue piétonne.

Nous essayons d'être le plus exact possible dans les prix que nous indiquons. Mais tout bouge ! Lors de votre réservation, pensez à vous faire préciser le prix du moment.

LA FERTÉ-HAUTERIVE – 03 Allier – 326 H5 – rattaché à Varennes-sur-Allier

LA FERTÉ-IMBAULT – 41 Loir-et-Cher – 318 I7 – 1 035 h. – alt. 99 m – ✉ 41300 12 C2

Paris 191 – Bourges 66 – Orléans 68 – Romorantin-Lanthenay 19 – Vierzon 23

Syndicat d'initiative, 31 route Nationale ✆ 02 54 96 34 83, Fax 02 54 96 34 83

Auberge A la Tête de Lard rest, ch,
13 pl. Tilleuls – ✆ 02 54 96 22 32 – Fax 02 54 96 06 22 – Fermé 13-20 sept., 20 janv.-13 fév., dim. soir, mardi midi et lundi sauf fériés
11 ch – 48 € 74 €, 7 € – ½ P 57 € – **Rest** – Menu (17 €), 24 € (sem.)/49 € – Carte 29/63 €
◆ Chambres actuelles aménagées en cette agréable petite auberge solognote. Côté loisirs, pas d'inquiétude : randonnées, VTT, pêche (rivière privée). La salle de restaurant, rafraîchie, n'a pas perdu son cachet campagnard ; on y sert du gibier en saison.

LA FERTÉ-MACÉ – 61 Orne – 310 G3 – 6 679 h. – alt. 250 m – ✉ 61600

Normandie Cotentin 32 **B3**

- Paris 227 – Alençon 46 – Argentan 33 – Domfront 23 – Falaise 41 – Flers 26
- Syndicat d'initiative, 1 rue de la Victoire ✆ 02 33 37 10 97

LA FERTÉ-MACÉ

Rue	Carré	N°
Armand-Macé (R.)	B	2
Barre (R. de la)	B	4
Chauvière (R.)	B	7
Clouet (R. du)	A	8
De-Contades (Bd Gérard)	A	10
Fossés Nicole (R. des)	B	12
Hautvie (R. d')	B	13
Leclerc (Pl. du Gén.)	B	15
Le-Meunier-de-la-Raillère (Av.)	B	13
République (Pl. de la)	B	16
Teinture (R. de la)	B	18
Val Vert (R. du)	A	19
4-Roues (R. des)	B	21

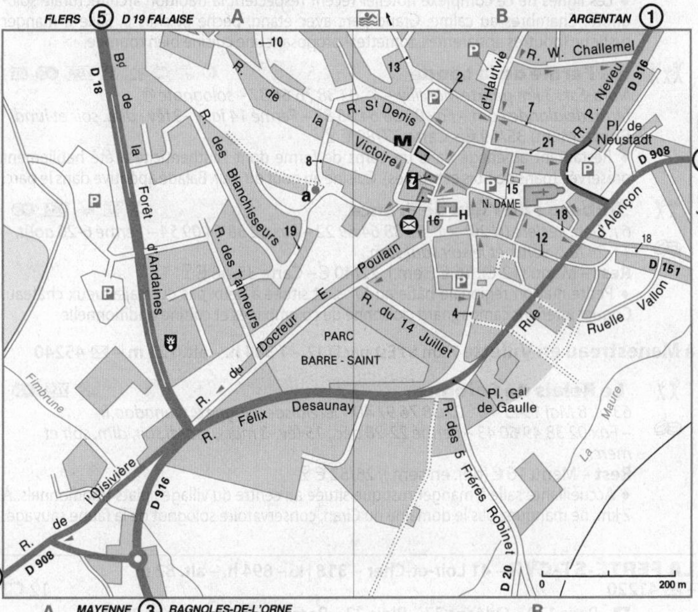

Auberge d'Andaines

30, VISA MC AE

rte Bagnoles-de-l'Orne, par ③ : 2 km – ✆ 02 33 37 20 28 – resa@aubergeandaines.com – Fax 02 33 37 25 05 – Fermé 20 janv.-10 fév. et vend. du 1er nov. au 1er avril

15 ch – †38/60 € ††38/60 €, ☕ 9,50 € – ½ P 45/50 € –
Rest – Menu 15/35 €

◆ Auberge familiale à la lisière de la forêt des Andaines. Chambres simples mais bien tenues ; choisir si possible celles côté jardin. Restaurant coquet et chaleureux, conçu dans un style un brin "rétro".

Auberge de Clouet avec ch

ch, VISA MC

Le Clouet – ✆ 02 33 37 18 22 – Fax 02 33 38 28 52 – Fermé 1er-15 nov., dim. soir et lundi du 1er oct. à Pâques A a

6 ch – †42/44 € ††61/64 €, ☕ 8 € – ½ P 68 € – **Rest** – *(fermé vend. soir et lundi du 1er oct. à Pâques et dim. soir)* Menu (16 €), 21/71 € – Carte 28/56 €

◆ Produits du terroir servis dans le cadre rustique de cette ancienne ferme du bocage normand ou sur sa jolie terrasse fleurie. Quelques chambres modestes.

LA FERTÉ-ST-AUBIN – 45 Loiret – 318 I5 – 6 783 h. – alt. 114 m – ✉ 45240

Châteaux de la Loire 12 **C2**

Paris 153 – Blois 62 – Orléans 23 – Romorantin-Lanthenay 45 – Salbris 34

Syndicat d'initiative, r. des Jardins ✆ 02 38 64 67 93

des Aisses Domaine des Aisses, SE : 3 km par N 20, ✆ 02 38 64 80 87.

Château★.

L'Orée des Chênes

25, VISA MC AE

Nord-Est : 3,5 km par rte Marcilly – ✆ 02 38 64 84 00 – info@loreedeschenes.com – Fax 02 38 64 84 20

26 ch – 90/120 € 100/130 €, 14 € – ½ P 95/110 € – **Rest** – Menu 28 € (sem.)/48 € – Carte 57/67 €

◆ Les lignes de ce complexe hôtelier récent respectent la tradition architecturale solognote. Chambres au calme. Grand parc avec étang, pêche et chasse. Salle à manger rustique (poutres apparentes, tomettes) proposant une cuisine bien tournée.

La Ferme de la Lande

32, P VISA MC AE

Nord-Est : 3 km par rte Marcilly – ✆ 02 38 76 64 37 – solognote@fermedelalande.com – Fax 02 38 64 68 87 – Fermé 14 janv.-3 fév., dim. soir et lundi

Rest – Menu 35/69 € – Carte 57/80 €

◆ Restaurant aménagé dans un corps de ferme dont l'authenticité a été habilement préservée (pans de bois et briques). Cuisine au goût du jour. Balade apéritive dans le parc.

Auberge de l'Écu de France

AC VISA MC

6 r. Gén. Leclerc (N 20) – ✆ 02 38 64 69 22 – Fax 02 38 64 09 54 – Fermé 6-26 août, 11-24 fév., vend. et le soir sauf sam.

Rest – Menu (12 €), 16 € (sem.), 22/40 € – Carte 35/48 €

◆ Petite maison régionale bâtie au 17e s. et située à deux pas du majestueux château. Coquet intérieur campagnard cloisonné de colombages et cuisine traditionnelle.

à Menestreau en Villette 7 km à l'Est par D 17 – 1 384 h. – alt. 122 m – ✉ 45240

Le Relais de Sologne

VISA MC

63 pl. 8 Mai 1945 – ✆ 02 38 76 97 40 – lerelaisdesologne@wanadoo.fr – Fax 02 38 49 60 43 – Fermé 22-28 déc., 15 fév.-3 mars, mardi soir, dim. soir et merc.

Rest – Menu 16 € (déj. en sem.), 26/52 €

◆ Accueillante salle à manger rustique située au centre du village ; plats traditionnels. À 2 km, ne manquez pas le domaine du Ciran, conservatoire solognot de la faune sauvage.

LA FERTÉ-ST-CYR – 41 Loir-et-Cher – 318 H6 – 894 h. – alt. 82 m – ✉ 41220

12 **C2**

Paris 170 – Orléans 37 – Blois 32 – Romorantin-Lanthenay 35

Saint-Cyr sans rest

P VISA MC

15 r. Bretagne – ✆ 02 54 87 90 51 – hotel-st-cyr@tiscali.fr – Fax 02 54 87 94 64

20 ch – 48/50 € 48/50 €, 8 €

◆ Jaune, bordeaux et ivoire : les trois couleurs égayent ces petites chambres garnies de meubles en fer forgé et feuilles de bananier tressées. Boutique de produits régionaux.

LA FERTÉ-SOUS-JOUARRE – 77 Seine-et-Marne – 312 H2 – 8 584 h. – alt. 58 m – ✉ 77260

19 **D1**

Paris 67 – Melun 70 – Reims 83 – Troyes 116

Office de tourisme, 26 place de l'Hôtel de Ville ✆ 01 60 23 25 63, Fax 01 60 22 99 82

Château des Bondons

P VISA MC AE

Est : 2 km par D 70, rte Montménard – ✆ 01 60 22 00 98 – castel@chateaudesbondons.com – Fax 01 60 22 97 01

11 ch – 100/140 € 100/140 €, 20 € – 3 suites – **Rest** – *(fermé janv., lundi et mardi)* Menu 20 € (sem.)/49 € – Carte 54/106 €

◆ Cette demeure du 18e s. fut celle du romancier G. Ohnet et abrita le G.Q.G. de l'armée française pendant la drôle de guerre. Chambres personnalisées et d'ampleur variée. Restaurant avec boiseries, fresque évoquant Marseille et cheminée ornée de céramiques.

à Jouarre 3 km au Sud par D 402 – 3 415 h. – alt. 141 m – ✉ 77640

Office de tourisme, rue de la Tour ✆ 01 60 22 64 54, Fax 01 60 22 65 15

Crypte★ de l'abbaye, Île de France.

Le Plat d'Étain P VISA MC

6 pl. A. Tinchant – ✆ 01 60 22 06 07 – infos@le-plat-d-etain.com – Fax 01 60 22 35 63 – Fermé 30 juil.-12 août et 26 déc.-2 janv.

18 ch – 49/55 € 55 €, ☕ 7 € – ½ P 59 € – **Rest** – *(fermé vend. soir, dim. soir et soir fériés)* Menu (13 €), 17 € (sem.)/69 € – Carte 36/54 €

◆ Auberge édifiée en 1840 à deux pas de l'abbaye et de ses cryptes carolingiennes. Les chambres sont, pour leur part, actuelles. Un plat en étain orne depuis toujours le mur de la salle à manger, récemment rafraîchie dans le style néo-rustique.

FEURS – 42 Loire – 327 E5 – 7 669 h. – alt. 343 m – ✉ 42110

Lyon et la vallée du Rhône 44 **A2**

Paris 433 – Lyon 69 – Montbrison 24 – Roanne 38 – St-Étienne 47 – Thiers 68 – Vienne 93

Office de tourisme, place du Forum ✆ 04 77 26 05 27, Fax 04 77 26 00 55

Etésia sans rest P VISA MC

rte Roanne – ✆ 04 77 27 07 77 – contact@hotel-etesia.fr – Fax 04 77 27 03 33 – Fermé 23 déc.-1er janv.

15 ch – 49/55 € 49/55 €, ☕ 7 €

◆ Cet hôtel entièrement rénové propose des chambres de plain-pied, pratiques et rehaussées de couleurs gaies. Agréable jardin arboré. Formules buffet au petit-déjeuner.

La Boule d'Or VISA MC

42 r. R. Cassin – ✆ 04 77 26 20 68 – Fax 04 77 26 56 84 – Fermé 30 juil.-22 août, 14-30 janv., dim. soir, merc. soir et lundi

Rest – Menu 19 € (sem.)/58 € – Carte 34/48 €

◆ Située à la sortie de la petite ville, sobre bâtisse abritant trois salles à manger colorées où se déguste une solide cuisine traditionnelle. Terrasse de poche ombragée.

à Salt-en-Donzy 5 km rte de Lyon – 393 h. – alt. 337 m – ✉ 42110

l'Assiette Saltoise 25, VISA MC

le Bourg – ✆ 04 77 26 04 29 – l45@9business.fr – Fax 04 77 26 04 29 – Fermé 2-6 janv., 18-29 fév., lundi soir, mardi soir et merc.

Rest – Menu 11,50 € (déj. en sem.), 14,50/26 € – Carte 17/29 €

◆ Cette sympathique auberge de campagne jouxte une jolie petite église romane. Intérieur tout simple, charmante terrasse sous les tilleuls et généreuse cuisine du terroir.

à Naconne 3 km au Nord-Ouest par N 89 et D 112 – ✉ 42110

Brin de Laurier avec ch P VISA MC

– ✆ 04 77 26 07 50 – info@brindelaurier.com – Fax 04 77 26 39 56 – Fermé 1er-8 mai, 20 août-3 sept., 2-22 janv. et dim. soir

3 ch – 65 € 65 €, ☕ 7 € – ½ P 85 € – **Rest** – *(fermé sam. midi, dim. soir et lundi)* Menu 15 € bc (déj. en sem.), 28/35 € – Carte 44/52 €

◆ Une adresse sympathique (non-fumeurs) dans le hameau. Le chef s'inspire de ses multiples voyages et réalise une cuisine fusion à base de produits du marché. Jolie terrasse d'été.

FIGEAC – 46 Lot – 337 I4 – 9 606 h. – alt. 214 m – ✉ 46100

Périgord 29 **C1**

Paris 578 – Aurillac 64 – Rodez 66 – Villefranche-de-Rouergue 36

Office de tourisme, place Vival ✆ 05 65 34 06 25, Fax 05 65 50 04 58

Le vieux Figeac★★ : hôtel de la Monnaie★ M1, musée Champollion★ M2 près de la place aux Ecritures★ - Chapelle N.D.-de-Pitié★ dans l'église St-Sauveur.

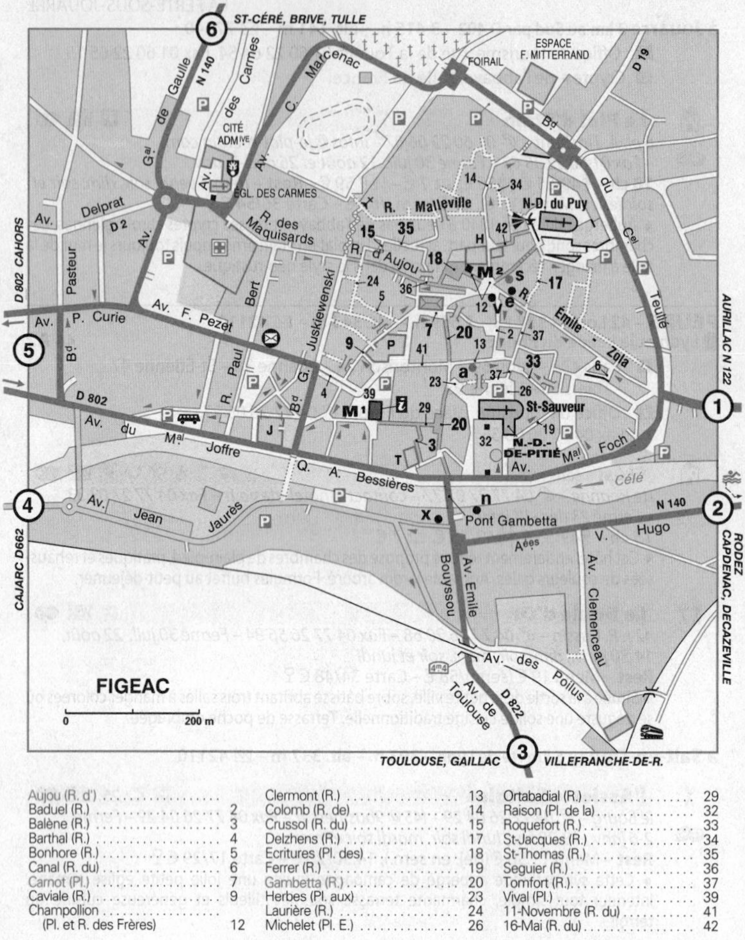

FIGEAC

Aujou (R. d')		Clermont (R.)	13	Ortabadial (R.)	29
Baduel (R.)	2	Colomb (R. de)	14	Raison (Pl. de la)	32
Balène (R.)	3	Crussol (R. du)	15	Roquefort (R.)	33
Barthal (R.)	4	Delzhens (R.)	17	St-Jacques (R.)	34
Bonhore (R.)	5	Ecritures (Pl. des)	18	St-Thomas (R.)	35
Canal (R. du)	6	Ferrer (R.)	19	Seguier (R.)	36
Carnot (Pl.)	7	Gambetta (R.)	20	Tomfort (R.)	37
Caviale (R.)	9	Herbes (Pl. aux)	23	Vival (Pl.)	39
Champollion (Pl. et R. des Frères)	12	Laurière (R.)	24	11-Novembre (R. du)	41
		Michelet (Pl. E.)	26	16-Mai (R. du)	42

Château du Viguier du Roy rest, 30,
r. É. Zola – ✆ *05 65 50 05 05* – VISA
hotel@chateau-viguier-figeac.com – *Fax 05 65 50 06 06*
– *Ouvert fin avril-début oct.* **e**
21 ch – †160 € ††355 €, ☕ 20 € – 2 suites
Rest ***La Dînée du Viguier*** – voir ci-après
◆ Séduisantes demeures moyenâgeuses luxueusement restaurées : donjon du 14e s., cloître agrémenté d'un jardinet, ravissants salons, petite chapelle et beau mobilier ancien.

Le Pont d'Or sans rest cuisinette 30,
2 av. J. Jaurès – ✆ *05 65 50 95 00* VISA
– *contact@hotelpontdor.com* – *Fax 05 65 50 95 39* **x**
35 ch – †55/102 € ††55/102 €, ☕ 11 €
◆ L'hôtel, rénové, est situé dans le quartier historique. Chambres élégantes, équipements dernier cri, piscine sur le toit et jolie terrasse (petit-déjeuner) longeant le Célé.

Le Champollion sans rest
3 pl. Champollion – ✆ 05 65 34 04 37 – Fax 05 65 34 61 69 **v**
10 ch – 44 € 50 €, ☕ 6,50 €
◆ Maison natale, Place des Écritures... et hôtel à l'enseigne de "l'Égyptien" : le souvenir de Champollion est aussi présent dans ce logis médiéval aux chambres actuelles.

Des Bains sans rest
1 r. Griffoul – ✆ 05 65 34 10 89 – figeac@hoteldesbains.fr – Fax 05 65 14 00 45 – Fermé 22 déc.-7 janv., sam. et dim. de déc. à fév. **n**
19 ch – 45 € 45/68 €, ☕ 7,50 €
◆ Sur la rive gauche du Célé, l'ancien établissement de bains publics fut transformé en hôtel dans les années 1970. Chambres bien tenues et terrasse-bar au ras de l'eau.

La Dînée du Viguier – Hôtel Château du Viguier du Roy
r. Boutaric – ✆ 05 65 50 08 08 – Fax 05 65 50 09 09
– Fermé 19-26 nov., 21 janv.-11 fév., dim. soir hors saison, lundi sauf le soir de mai à sept. et sam. midi **s**
Rest – Menu (20 €), 29/75 € – Carte 57/69 €
◆ Quelques beaux restes médiévaux donnent du cachet à cette salle à manger : majestueuse cheminée au manteau sculpté, poutres peintes... N'y manque plus que le viguier !

La Cuisine du Marché
15 r. Clermont – ✆ 05 65 50 18 55 – cuisinedumarche@wanadoo.fr – Fax 05 65 50 18 55 – Fermé dim. **a**
Rest – Menu 18 € (déj.), 29/40 € – Carte 41/54 €
◆ Cuisines visibles de la salle et discrète décoration contemporaine en surimpression : une transparence qui respecte l'âme de cette ex-cave à vins du vieux Figeac.

à Capdenac-le-Haut 5 km par ② – ✉ **46100**

Le Relais de la Tour — ch, 15,
pl. Lucter – ✆ 05 65 11 06 99 – lerelaisdelatour@wanadoo.fr – Fax 05 65 11 20 73
11 ch ☕ – 57/67 € 65/81 € – ½ P 54/64 € – **Rest** – *(fermé dim. soir et lundi)* Menu (10 € bc), 14 € (sem.)/25 € – Carte 22/29 €
◆ Cette maison villageoise du 15e s. entièrement restaurée fait face à une tour carrée médiévale qui surplombe la vallée du Lot. Chambres sobrement décorées. Au restaurant, cadre contemporain, murs peints en rouge et cuisine régionale.

FISMES – 51 Marne – 306 E7 – 5 313 h. – alt. 70 m – ✉ 51170 — 13 B2

Paris 131 – Château-Thierry 42 – Compiègne 69 – Laon 37 – Reims 29

Office de tourisme, 28 rue René Letilly ✆ 03 26 48 81 28, Fax 03 26 48 12 09

La Boule d'Or — rest, ch,
11 r. Lefèvre – ✆ 03 26 48 11 24 – boule.or@wanadoo.fr – Fax 03 26 48 17 08 – Fermé 20 janv.-7 fév., dim. soir, mardi midi et lundi
8 ch – 53/62 € 53/62 €, ☕ 8 € – ½ P 71/76 € – **Rest** – Menu (14 €), 20/44 € – Carte 32/57 €
◆ Comme jadis les rois de France en route pour leur sacre, vous ferez étape dans la localité. À votre disposition, des chambres fraîches d'une tenue impeccable. Deux salles à manger en enfilade, simples mais coquettes ; cuisine de tradition et plats du terroir.

FITOU – 11 Aude – 344 I5 – 676 h. – alt. 38 m – ✉ 11510 — 22 B3

Paris 823 – Carcassonne 90 – Narbonne 40 – Perpignan 29

Fort de Salses★★ SO : 11 km, **Languedoc Roussillon.**

La Cave d'Agnès
29 r. Gilbert Salamo – ✆ 04 68 45 75 91 – restocavedagnes@orange.fr – Fax 04 68 45 75 91 – Ouvert 1er avril-12 nov. et fermé merc.
Rest – *(nombre de couverts limité, prévenir)* Menu 16 € (déj. en sem.), 22/37 € – Carte 26/52 €
◆ Sur les hauteurs du village, une grange au cachet rustique préservé : vieille cheminée, poutres, pierres, bois brut, expo-vente de peintures locales. Cuisine à l'accent régional.

FLACEY – 28 Eure-et-Loir – 311 E7 – rattaché à Châteaudun

FLAGEY-ÉCHEZEAUX – 21 Côte-d'Or – 320 J7 – rattaché à Vougeot

FLAMANVILLE – 50 Manche – 303 A2 – 1 683 h. – alt. 74 m – ✉ 50340 32 A1

Paris 371 – Barneville-Carteret 23 – Cherbourg 27 – Valognes 36

Syndicat d'initiative, ✆ 02 33 52 61 23

Bel Air sans rest VISA AE

2 r. Château – ✆ 02 33 04 48 00 – hotelbelair@aol.com – Fax 02 33 04 49 56 – Fermé déc.-janv.

12 ch – 59/65 € 59/99 €, ☕ 10 €

◆ Cette maison où résidait jadis le régisseur des fermes du château est appréciée pour son grand calme et son beau jardin arboré. Chambres toutes différentes, à dominante rustique.

Le Sémaphore ← mer, îles anglo-normandes, VISA

Chasse de la Houe – ✆ 02 33 52 18 98 – lesemaphore2@wanadoo.fr – Fax 02 33 52 36 39 – Fermé 15 déc.-4 fév., dim. soir, mardi sauf juil.-août et lundi

Rest – Menu 19/36 € – Carte 26/46 € 🍷

◆ Vue sublime sur la Manche et les îles anglo-normandes depuis cet ancien sémaphore perché sur une falaise. Dans l'assiette, tradition et influences du Sud-Ouest.

FLAVIGNY-SUR-MOSELLE – 54 Meurthe-et-Moselle – 307 I7 – rattaché à Nancy

FLAYOSC – 83 Var – 340 N4 – rattaché à Draguignan

LA FLÈCHE – 72 Sarthe – 310 I8 – 15 241 h. – alt. 33 m – ✉ 72200

Châteaux de la Loire 35 C2

Paris 244 – Angers 52 – Laval 70 – Le Mans 44 – Tours 71

Office de tourisme, boulevard de Montréal ✆ 02 43 94 02 53, Fax 02 43 94 43 15

Prytanée militaire★ - Boiseries★ de la chapelle N.-D.-des-Vertus - Parc zoologique du Tertre Rouge★ 5 km par ② puis D 104.

Bazouges-sur-le-Loir : pont ←★, 7 km par ④.

Plan page ci-contre

Le Relais Cicero sans rest VISA AE

18 bd Alger – ✆ 02 43 94 14 14 – hotel.cicero@wanadoo.fr – Fax 02 43 45 98 96 – Fermé 1er-15 août et 28 déc.-4 janv. Y a

21 ch – 72/112 € 72/112 €, ☕ 10 €

◆ Ancien couvent (17e s.), belle décoration intérieure et mobilier d'époque : une authenticité habilement sauvegardée en ce havre de paix que son jardin sépare du monde.

Le Vert Galant sans rest VISA AE

70 Grande Rue – ✆ 02 43 94 00 51 – contact@vghotel.com – Fax 02 43 45 11 24 Y r

21 ch – 70 € 77 €, ☕ 10 €

◆ Au centre-ville, non loin du Prytanée, ancien relais de poste du 18e s. entièrement rénové. Mobilier contemporain et équipements dernier cri (Internet, wi-fi). Petit-déjeuner servi dans une véranda.

Le Moulin des Quatre Saisons VISA AE

r. Gallieni – ✆ 02 43 45 12 12 – contacts@moulindesquatresaisons.com – Fax 02 43 45 10 31 – Fermé vacances de la Toussaint et de fév., dim. soir et lundi midi sauf juil.-août Z e

Rest – Menu 24 € (sem.)/35 € – Carte 40/65 € 🍷

◆ Moulin du 17e s. au bord du Loir, plats traditionnels aux accents du Sud, vins des quatre coins du monde (petits producteurs inclus) et décor autrichien : éclectique !

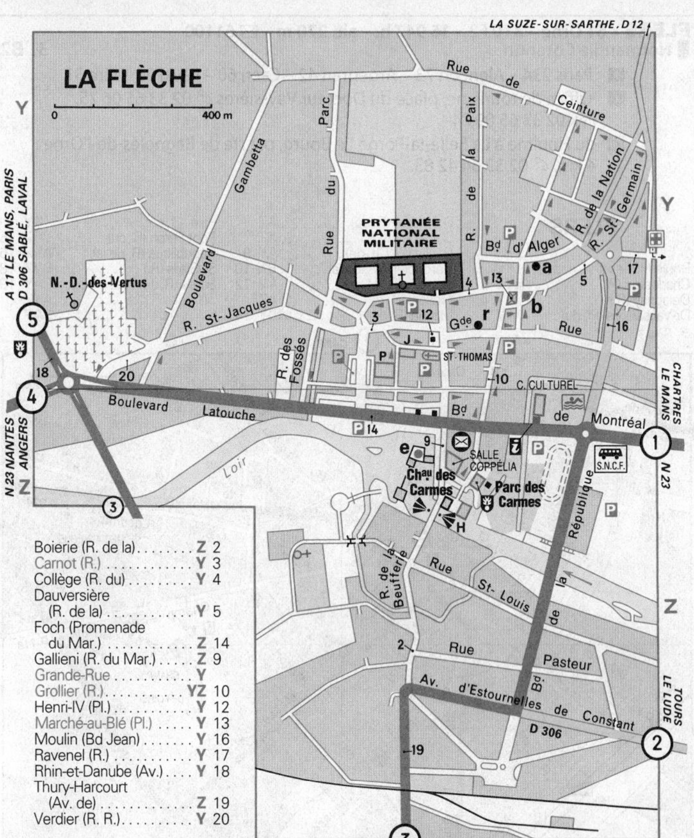

Boierie (R. de la) . . . . Z 2
Carnot (R.) . . . . Y 3
Collège (R. du) . . . . Y 4
Dauversière (R. de la) . . . . Y 5
Foch (Promenade du Mar.) . . . . Z 14
Gallieni (R. du Mar.) . . . . . Z 9
Grande-Rue . . . . Y
Grollier (R.) . . . . YZ 10
Henri-IV (Pl.) . . . . Y 12
Marché-au-Blé (Pl.) . . . . . Y 13
Moulin (Bd Jean) . . . . Y 16
Ravenel (R.) . . . . Y 17
Rhin-et-Danube (Av.) . . . . Y 18
Thury-Harcourt (Av. de) . . . . Z 19
Verdier (R. R.) . . . . Y 20

XX **La Fesse d'Ange** — AC VISA MC AE

pl. 8 Mai 1945 – ✆ 02 43 94 73 60 – fdange@tele2.fr – Fax 02 43 45 97 33 – Fermé dim. soir, mardi midi et lundi Y **b**

Rest – Menu 20 € (sem.)/40 € – Carte 38/58 € 🍷

◆ N'allons pas discuter du sexe des anges : la cuisine traditionnelle est généreuse et les salles à manger présentent un élégant décor égayé de tableaux réalisés par le patron.

FLÉRÉ-LA-RIVIÈRE – 36 Indre – 323 C4 – 594 h. – alt. 95 m – ✉ 36700 11 B3

▶ Paris 277 – Le Blanc 50 – Châtellerault 60 – Châtillon-sur-Indre 7 – Loches 17 – Tours 61

X **Le Relais du Berry** — VISA MC

2 rte Tours – ✆ 02 54 39 32 57 – Fermé janv., dim. soir, lundi et mardi

Rest – *(nombre de couverts limité, prévenir)* Menu 14 € (sem.)/38 € – Carte 36/43 €

◆ À l'entrée du village, ex-relais postal aux abords fleuris et au cadre rustique vous conviant à un repas traditionnel soigné, où entrent, en saison, fruits et légumes du jardin.

FLERS – 61 Orne – **310** F2 – **16 947 h.** – **alt. 270 m** – ✉ **61100**
▌Normandie Cotentin 32 **B2**

- ▶ Paris 234 – Alençon 73 – Argentan 42 – Caen 60 – Laval 86 – Vire 31
- ℹ Office de tourisme, place du Docteur Vayssières ✆ 02 33 65 06 75, Fax 02 33 65 09 84
- ⛳ du Houlme à La Selle-la-Forge Le Bourg, par rte de Bagnoles-de-l'Orne : 4 km, ✆ 02 33 64 42 83.

FLERS

Boule (R. de la) . . . . AY
Charleston (Pl.) . . . . AYZ 3
Delaunay (R.) . . . . AY 4
Dr-Vayssières (Pl. du) . . . . . . AY 6
Domfront (R. de) . . . . AZ
Duhalde (Pl. P.) . . . . AZ
Gaulle (Pl. Ch.-de) . . . . AY 9
Géroudière (R. de la) . . . . BZ 10
Gévelot (R. J.) . . . . AY 12
Messei (R. de) . . . . AZ
Moulin (R. du) . . . . ABY 14
Paris (R. de) . . . . BY
Pont Feron (R. du) . . . . BZ 15
République (R. de la) . . . . . AYZ 16
St-Gilles (R.) . . . . BYZ 18
Salles (R. J.) . . . . AY 19
Schnetz (R.) . . . . AYZ
6-Juin (R. du) . . . . AY

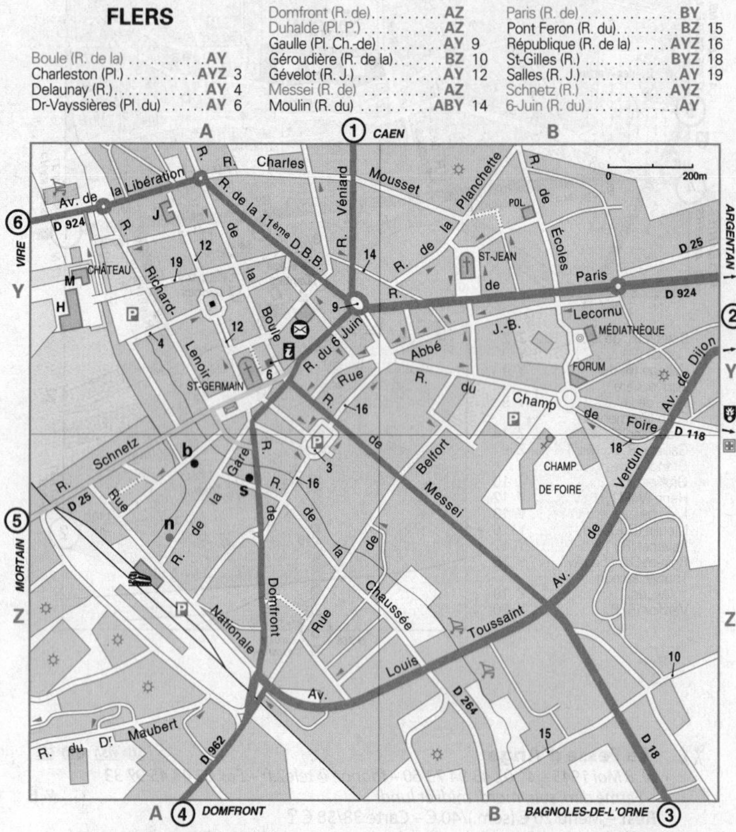

Le Galion sans rest

5 r. V. Hugo – ✆ 02 33 64 47 47 – le.galion.hotel@wanadoo.fr – Fax 02 33 65 10 10
30 ch – 🛉40/46 € 🛉🛉45/55 €, ☕ 7,50 € AZ **b**

◆ Cet immeuble situé au centre-ville bénéficie d'un environnement paisible et d'une bonne insonorisation. Un programme de rénovations est en cours dans les chambres spacieuses.

Beverl'inn

9 r. Chaussée – ✆ 02 33 96 79 79 – beverlinn@beverlinn.com – Fax 02 33 65 94 89 – Fermé 22 déc.-1er janv., sam. midi et dim. AZ **s**
16 ch – 🛉37 € 🛉🛉40 €, ☕ 5 € – ½ P 35 € – **Rest** – grill Menu (8,50 € bc), 13/26 € – Carte 18/34 € 🍷

◆ Auberge proche du musée du Château. Vous séjournerez dans des chambres peu à peu redécorées avec sobriété et équipées de meubles en pin. Restaurant "cosy" de jaune et de rouge vêtu, grillades au feu de bois et recettes traditionnelles.

XX **Au Bout de la Rue**

60 r. Gare – ✆ 02 33 65 31 53 – lebouleux@wanadoo.fr – Fax 02 33 65 46 81 – Fermé 29 avril-6 mai, 26 juil.-19 août, 30 déc.-6 janv., merc. soir, sam. midi, dim. et fériés AZ **n**

Rest – Menu (17 €), 22/29 € – Carte 31/39 €

◆ Affiches et photographies anciennes décorent cette salle à manger (non-fumeurs) de style bistrot "rétro", d'où vous pourrez observer l'affairement des cuisines. Salon-fumoir.

au Buisson-Corblin 3 km par ② – ✉ 61100 Flers

XX **Auberge des Vieilles Pierres**

– ✆ 02 33 65 06 96 – aubergedesvieillespierres@wanadoo.fr – Fax 02 33 65 80 72 – Fermé 30 juil.-21 août, 18 fév.-4 mars, dim. soir, mardi soir et lundi

Rest – Menu 15 € (sem.)/39 € – Carte 39/56 €

◆ Les salles à manger, agréablement rajeunies, se parent de couleurs chaleureuses. La cuisine, au goût du jour, met les produits de la mer à l'honneur.

à La Ferrière-aux-Étangs 10 km par ③ – 1 643 h. – alt. 304 m – ✉ 61450

XX **Auberge de la Mine**

le Gué-Plat, par rte Dompierre : 2 km – ✆ 02 33 66 91 10 – aubergedelamine@free.fr – Fax 02 33 96 73 90 – Fermé 26 juil.-17 août, 3-25 janv., dim. soir, mardi et merc.

Rest – Menu 21 € (sem.)/60 € – Carte 58/62 €

◆ L'ex-cantine de la mine de fer, dont l'activité a cessé en 1970, abrite désormais deux plaisantes salles à manger où l'on vient faire des repas au goût du jour.

FLEURANCE – 32 Gers – 336 G6 – 6 273 h. – alt. 97 m – ✉ 32500

Midi-Pyrénées 28 **B2**

Paris 693 – Agen 49 – Auch 25 – Condom 34 – Montauban 66 – Toulouse 87

Office de tourisme, 112 bis rue de la République ✆ 05 62 64 00 00, Fax 05 62 06 27 80

de Fleurance Lassalle, S : 4 km par N 21, ✆ 05 62 06 26 26.

Le Fleurance rest, ch, 20,

rte d'Agen – ✆ 05 62 06 14 85 – lefleurance@gmail.com – Fax 05 62 64 05 12 – Fermé 22 déc.-2 janv.

23 ch – †46/72 € ††59/88 €, ☐ 10,50 € – ½ P 58/68 € – **Rest** – *(fermé sam. midi et dim. soir d'avril à juin et en sept.-oct., sam. et dim. de nov. à mars)* Menu 12,50 € bc (déj. en sem.), 19/36 € – Carte 24/50 €

◆ Hôtel pratique pour une étape au cœur de la Lomagne. Chambres fonctionnelles, parfois de plain-pied avec le jardin ou dotées d'un balcon. Tons jaune-orangé, mobilier en rotin et larges baies vitrées dans la salle à manger agrandie d'une terrasse côté piscine.

Le Relais sans rest

32 av. Charles de Gaulle, rte d'Auch – ✆ 05 62 06 05 08 – hotel-le-relais@wanadoo.fr – Fax 05 62 06 03 84

20 ch – †42/54 € ††48/60 €, ☐ 8 €

◆ Ce petit hôtel situé aux portes de la bastide du 13e s. (plan géométrique, halle voûtée) dispose de chambres correctement insonorisées et rénovées par étapes. Accueil aimable.

FLEURIE – 69 Rhône – 327 H2 – 1 190 h. – alt. 320 m – ✉ 69820

Lyon et la vallée du Rhône 43 **E1**

Paris 410 – Bourg-en-Bresse 46 – Lyon 58 – Mâcon 22 – Villefranche-sur-Saône 27

Des Grands Vins sans rest

1 km au Sud par D 119E – ✆ 04 74 69 81 43 – despres@hoteldesgrandsvins.com – Fax 04 74 69 86 10 – Fermé déc.-janv.

20 ch – †68 € ††76 €, ☐ 10 €

◆ Établissement familial dont le jardin borde le vignoble. Chambres simples et bien tenues ; vaste salle des petits-déjeuners. Exposition-vente de vins du village.

Domaine du Clos des Garands sans rest — Fleurie et vignoble,
1 km à l'Est par D 32 – ✆ 04 74 69 80 01
– contact@closdesgarands.fr – Fax 04 74 69 82 05
4 ch – 🚹84/104 € 🚹🚹84/104 €
◆ Les chambres de ce domaine viticole offrent toutes une vue imprenable sur Fleurie et les monts du Beaujolais. Un soin particulier est apporté au décor. Dégustations de vins de la propriété.

Le Cep (Chantal Chagny)
pl. Église – ✆ 04 74 04 10 77 – Fax 04 74 04 10 28 – Fermé déc., janv., dim. et lundi
Rest – *(prévenir)* Menu 35 € (déj. en sem.), 55/95 € – Carte 48/82 €
Spéc. Cuissots de grenouilles saisis au beurre, en persillade. Pigeonneau de grain, jus simple au poivre concassé. Cassis de Lancié en sorbet, pulpe acidulée et glace vanille. **Vins** Beaujolais blanc, Fleurie.
◆ Foin du décor élégant ou de la brigade stylée ! Cette digne ambassade du Beaujolais a renoncé au luxe pour mieux retrouver les saveurs d'une authentique cuisine du terroir.

FLEURVILLE – 71 Saône-et-Loire – 320 J11 – 471 h. – alt. 174 m – ✉ 71260 8 C3

Paris 375 – Cluny 26 – Mâcon 18 – Pont-de-Vaux 8 – St-Amour 43 – Tournus 16

Château de Fleurville
– ✆ 03 85 27 91 30 – chateaufleurville@free.fr – Fax 03 85 27 91 29
– Fermé 12 nov.-15 fév.
15 ch – 🚹90/170 € 🚹🚹90/300 €, ☕ 16 € – ½ P 124/140 € – **Rest** – *(fermé le midi sauf dim. et fériés)* Menu 36/78 € – Carte 69/87 €
◆ Cet élégant château en pierres dorées, datant du 17e s., a su se moderniser sans perdre son caractère. Chambres rénovées garnies de mobilier ancien. Salle à manger rustique avec cheminée et agréable terrasse donnant sur le parc. Cuisine traditionnelle.

à Mirande 3 km au Nord-Ouest – ✉ 71260 Montbellet

La Marande avec ch
rte de Lugny – ✆ 03 85 33 10 24 – restaurant-la-marande@wanadoo.fr
– Fax 03 85 33 95 06 – Fermé 12-28 nov., 14 janv.-5 fév., lundi et mardi
5 ch – 🚹54/58 € 🚹🚹54/58 €, ☕ 7 € – **Rest** – Menu 22 € (déj. en sem.), 26/60 € – Carte 37/58 €
◆ Cette avenante demeure centenaire abrite deux salles à manger : l'une ouverte sur la terrasse, l'autre rustique. Cuisine classique. Petites chambres propres.

FLEURY-SUR-ORNE – 14 Calvados – 303 J5 – rattaché à Caen

FLORAC – 48 Lozère – 330 J9 – 1 996 h. – alt. 542 m – ✉ 48400

Languedoc Roussillon 23 C1

Paris 622 – Alès 65 – Mende 38 – Millau 84 – Rodez 123 – Le Vigan 72
Office de tourisme, avenue J. Monestier ✆ 04 66 45 01 14, Fax 04 66 45 25 80
Corniche des Cévennes★.

Des Gorges du Tarn cuisinette
48 r. Pêcher – ✆ 04 66 45 00 63 – gorges-du-tarn.adonis@wanadoo.fr
– Fax 04 66 45 10 56 – Ouvert de Pâques à la Toussaint et fermé merc. sauf juil.-août
31 ch – 🚹45/60 € 🚹🚹45/60 €, ☕ 8,50 € – ½ P 42/52 €
Rest *L'Adonis* – *(fermé merc.)* Menu 17/55 € – Carte 35/43 €
◆ Vous êtes à l'entrée (ou à la sortie) des gorges du Tarn. Chambres rénovées dans l'habitation principale, moins fraîches mais plus spacieuses à l'annexe. Au restaurant, la carte et ses spécialités content le pays cévenol dans un cadre modernisé et lambrissé.

à Cocurès 5,5 km au Nord-Est par N 106 et D 998 – 175 h. – alt. 600 m – ✉ 48400

La Lozerette — ch, rest,
– ✆ 04 66 45 06 04 – lalozerette@wanadoo.fr – Fax 04 66 45 12 93 – Ouvert du 1er avril à la Toussaint
21 ch – 🚹51/69 € 🚹🚹53/78 €, ☕ 8 € – ½ P 52/68 € – **Rest** – *(fermé merc. midi et mardi sauf le midi en juil.-août)* Menu 17 € (sem.)/24 € – Carte 31/43 €
◆ Dans un hameau situé aux portes du Parc national des Cévennes, vieille demeure aux petites chambres fraîches et personnalisées. Coquette salle à manger coiffée de poutres apparentes, cuisine traditionnelle et cave riche en vins du Languedoc-Roussillon.

LA FLOTTE – 17 Charente-Maritime – 324 C2 – voir à Île de Ré

FLOURE – 11 Aude – 344 F3 – rattaché à Carcassonne

FLUMET – 73 Savoie – 333 M3 – 769 h. – alt. 920 m – Sports d'hiver : 1 000/2 030 m

11 – ✉ 73590 Alpes du Nord 46 **F1**

Paris 582 – Albertville 22 – Annecy 51 – Chamonix-Mont-Blanc 43 – Megève 10

Syndicat d'initiative, rue du Mont-Blanc ✆ 04 79 31 61 08, Fax 04 79 31 84 67

Hostellerie le Parc des Cèdres sans rest
– ✆ 04 79 31 72 37 – Fax 04 79 31 61 66
– Ouvert de mi-juin à mi-sept. et 22 déc.-7 janv.
18 ch – 48/52 € 55/70 €, 8 €
◆ L'hôtel est entouré d'un parc planté de 35 espèces d'arbres différentes. Les chambres sont dotées de balcon ou de terrasse donnant sur le massif des Aravis.

La Ferme du Rocher avec ch
ch, VISA
à Prasset, Nord-Est : 2,5km par rte de Megève et chemin privé – ✆ 04 79 31 80 30 – lafermedurocher@aol.com – Ouvert juil.-août, 15 déc.-15 avril et week-ends
5 ch – 88/148 € 88/148 €, 12 € – 1 suite – **Rest** – *(prévenir)* Menu 30 €
◆ Cette ferme restaurée possède une authentique atmosphère savoyarde. Sympathique salle au mobilier dépareillé. Menu du jour ancré dans le terroir. Cinq chambres rustiques évoquant le temps de nos grand-mères au Fenil et une suite, tout aussi coquette, au Grenier.

à St-Nicolas-la-Chapelle 1,2 km au Sud-Ouest par N 212 – 418 h. – alt. 950 m – ✉ 73590

Du Vivier
VISA
sur N 212 – ✆ 04 79 31 73 79 – contact@hotelduvivier.fr – Fax 04 79 31 60 70 – Fermé 9-27 avril, 14 oct.-3 déc., dim. soir et lundi hors saison
20 ch – 50 € 50 €, 6,50 € – ½ P 46/50 € – **Rest** – *(fermé 9 avril-14 mai, 30 sept.-17 déc., dim. soir et lundi hors saison)* Menu 20 € – Carte 26/33 €
◆ Ce chalet bien situé dans la vallée de l'Arly est un "vivier" de convivialité et de bonne humeur aux chambres simples et nettes. Restauration traditionnelle de type "pension" servie en salle ou sur la petite terrasse.

FOIX – 09 Ariège – 343 H7 – 9 109 h. – alt. 375 m – ✉ 09000

Midi-Pyrénées 29 **C3**

Paris 762 – Andorra-la-Vella 102 – Carcassonne 89 – St-Girons 45

Office de tourisme, 29 rue Delcassé ✆ 05 61 65 12 12, Fax 05 61 65 64 63

de l'Ariège à La Bastide-de-Sérou Unjat, par rte de St-Girons : 15 km, ✆ 05 61 64 56 78.

Site★ - ✻★ de la tour du château - Route Verte★★ O par D17 A.

Rivière souterraine de Labouiche★ NO : 6,5 km par D1.

Plan page suivante

Du Lac
ch, ch, rest, cuisinette
rte Toulouse, 3 km par ① 12/40, VISA
– ✆ 05 61 65 17 17 – hotel.du.lac.foix@free.fr – Fax 05 61 02 94 24
25 ch – 55/70 € 55/70 €, 7,50 €, 10 bungalows – ½ P 56/61 € –
Rest – *(fermé dim.)* Menu 19 € (sem.), 23/30 € – Carte 29/45 €
◆ Les chambres, confortables et neuves, de cette ancienne bergerie (1599) profitent du calme du parc et du lac. Nombreuses activités nautiques et location de bungalows climatisés. Décor rustique (poutres et pierres apparentes, cheminée) au restaurant.

Eychenne sans rest
VISA
11 r. N. Peyrevidal – ✆ 05 61 65 00 04 – hotel.eychenne@orange.fr – Fax 05 61 65 56 63 A **b**
16 ch – 49/60 € 49/60 €, 8 €
◆ Facilement repérable grâce à sa tour d'angle en bois et son bar façon pub anglais, cet hôtel simple et rajeuni se révèle pratique et idéalement situé pour une visite de Foix.

FOIX

XX **Le Ste-Marthe** VISA

21 r. N. Peyrevidal – ✆ 05 61 02 87 87 – restaurant@le-saintemarthe.fr – Fax 05 61 05 19 00 – Fermé 15-31 janv., mardi soir et merc. hors vacances scolaires A **n**

Rest – Menu 22 € (sem.)/38 € – Carte 26/60 €

♦ Une adresse qui rassasiera vos envies de spécialités régionales (cassoulet, foie gras...) : assiettes généreuses servies sur nappes blanches dans un décor d'esprit rustique.

XX **Phoebus** VISA

3 cours Irénée Cros – ✆ 05 61 65 10 42 – Fax 05 61 65 10 42 – Fermé 22 juil.-22 août, sam. midi et lundi B **a**

Rest – Menu (18 €), 27/49 € – Carte 32/60 €

♦ Pour déguster une cuisine traditionnelle dans une salle dominant l'Ariège et le château de G. Phoebus. L'accueil est soigné et pensé pour les non-voyants (carte en braille).

FONDAMENTE – **12 Aveyron** – **338** K7 – **303 h.** – **alt. 430 m** – ✉ **12540** 29 **D2**

Paris 679 – Albi 109 – Millau 43 – Montpellier 98 – Rodez 111 – St-Affrique 28

X **Baldy** avec ch ch, VISA

– ✆ 05 65 99 37 38 – Fax 05 65 99 92 84 – Hôtel : ouvert Pâques-sept.

9 ch – 42/45 € 42/45 €, 9 € – ½ P 50/52 € – **Rest** – *(ouvert Pâques-nov. et fermé le soir d'oct. à déc. et lundi) (prévenir)* Menu (16 €), 23 € (déj. en sem.), 28/40 €

♦ Le chef de cette sympathique auberge familiale - un ancien boucher - mise sur la qualité et propose une carte volontairement réduite d'alléchantes spécialités régionales.

FONTAINEBLEAU – **77 Seine-et-Marne** – **312** F5 – **15 942 h.** – **alt. 75 m** – ✉ **77300** **Île de France** 19 **C3**

Paris 64 – Melun 18 – Montargis 51 – Orléans 89 – Sens 54

Office de tourisme, 4 rue Royale ✆ 01 60 74 99 99, Fax 01 60 74 80 22

U.C.P.A. Bois-le-Roi à Bois-le-Roi Base de loisirs, par rte de Melun : 10 km, ✆ 01 64 81 33 31.

Palais★★★ : Grands appartements★★★ (Galerie François 1er★★★, Salle de Bal★★★) - Jardins★ - Musée napoléonien d'Art et d'Histoire militaire : collection de sabres et d'épées★ M¹ - Forêt★★★ - Gorges de Franchard★★ 5 km par ⑥.

Grand Hôtel de l'Aigle Noir sans rest

27 pl. Napoléon Bonaparte 12/50, VISA
– ☏ 01 60 74 60 00 – hotel.aigle.noir@wanadoo.fr
– Fax 01 60 74 60 01 – Fermé 29 juil.-20 août et 21 déc.-6 janv. AZ **a**

15 ch – †120/160 € ††130/170 €, ☕ 15 € – 3 suites

◆ Ancien hôtel particulier construit au 15e s. situé tout près du château. Ambiance feutrée et chambres personnalisées par de beaux meubles de style. Espace de remise en forme.

Mercure

ch, ch, 50,
41 r. Royale – ☏ 01 64 69 34 34 – h1627@
accor.com – Fax 01 64 69 34 39 VISA AZ **d**

97 ch – †125/200 € ††130/205 €, ☕ 15 € – **Rest** – *(fermé 28 juil.-20 août et 22 déc.-1er janv.)* Carte environ 28 €

◆ Un établissement confortable et de qualité proposant des chambres fonctionnelles. Le soir, détendez-vous devant la cheminée du salon ou profitez de l'ambiance "cosy" du bar. Salle à manger au décor contemporain prolongée d'une terrasse avec vue sur le parc.

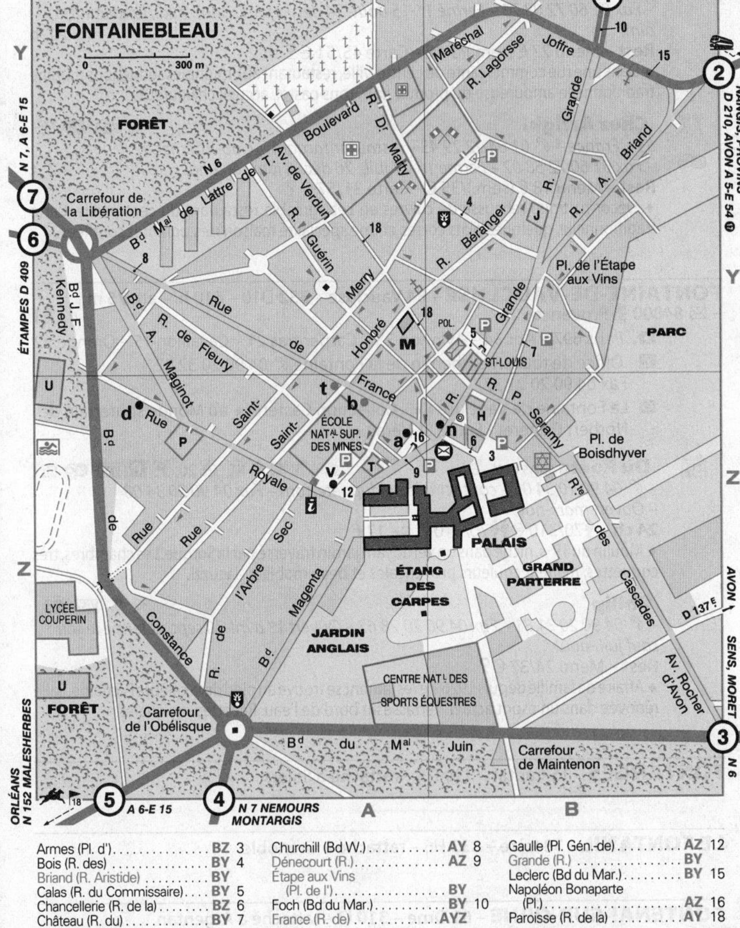

Armes (Pl. d') . . . . BZ 3	Churchill (Bd W.) . . . . AY 8	Gaulle (Pl. Gén.-de) . . . . AZ 12
Bois (R. des) . . . . BY 4	Dénecourt (R.) . . . . AZ 9	Grande (R.) . . . . BY
Briand (R. Aristide) . . . . BY	Étape aux Vins (Pl. de l') . . . . BY	Leclerc (Bd du Mar.) . . . . BY 15
Calas (R. du Commissaire) . . . . BY 5	Foch (Bd du Mar.) . . . . BY 10	Napoléon Bonaparte (Pl.) . . . . AZ 16
Chancellerie (R. de la) . . . . BZ 6	France (R. de) . . . . AYZ	Paroisse (R. de la) . . . . AY 18
Château (R. du) . . . . BY 7		

Napoléon 15/50, VISA MC AE D

9 r. Grande – ✆ 01 60 39 50 50 – resa@hotelnapoleon-fontainebleau.com – Fax 01 64 22 20 87 BZ **n**

57 ch – 🛉130/150 € 🛉🛉130/150 €, ☕ 15 €

Rest ***La Table des Maréchaux*** – Menu (32 €), 40/55 € – Carte 48/59 € 🍷

◆ À 100 m du château où Napoléon fit ses adieux à la garde impériale en 1814, ex-relais de poste dont les chambres s'inspirant du style Empire donnent sur une cour intérieure. L'élégante Table des Maréchaux (clin d'œil à la Malmaison) borde un agréable patio-terrasse.

De Londres sans rest P VISA MC AE D

1 pl. Gén. de Gaulle – ✆ 01 64 22 20 21 – hdelondres1850@aol.com – Fax 01 60 72 39 16 – Fermé 12-18 août et 23 déc.-7 janv. AZ **v**

12 ch – 🛉90/140 € 🛉🛉110/170 €, ☕ 11 €

◆ Face au château, cet immeuble du 19e s. abrite des chambres amples et insonorisées, élégamment décorées : beaux tissus, meubles rustiques et de style, gravures de chasse.

Croquembouche AC VISA MC AE D

43 r. France – ✆ 01 64 22 01 57 – info@restaurant-croquembouche.com – Fax 01 60 72 08 73 – Fermé 1er-15 août, 24 déc.-2 janv., sam. midi, lundi midi et dim. AZ **b**

Rest – Menu 27 € (sem.)/39 € – Carte 45/51 € 🍷

◆ Dans une rue commerçante du centre-ville, restaurant aux multiples séductions : cuisine traditionnelle amoureuse du produit frais, tons pastel, accueil chaleureux.

Chez Arrighi AC VISA MC AE

53 r. France – ✆ 01 64 22 29 43 – restaurantarrighi@club-internet.fr – Fax 01 60 72 68 02 – Fermé 16-27 juil., 26 déc.-8 janv. et lundi AZ **t**

Rest – Menu 18 € (sem.)/35 € – Carte 31/57 € 🍷

◆ Décor rustique rehaussé de cuivres en cet agréable restaurant du centre-ville. Carte traditionnelle, quelques plats corses et une spécialité maison : les pommes soufflées.

FONTAINE-DE-VAUCLUSE – 84 Vaucluse – 332 D10 – 610 h. – alt. 75 m – ✉ 84800 Provence

42 **E1**

Paris 697 – Apt 34 – Avignon 33 – Carpentras 21 – Cavaillon 15 – Orange 42

Office de tourisme, chemin de la Fontaine ✆ 04 90 20 32 22, Fax 04 90 20 21 37

La Fontaine de Vaucluse★★ - Collection Casteret★ au Monde souterrain de Norbert Casteret - Église St-Véran★.

Du Poète sans rest AC 20, P VISA MC AE

– ✆ 04 90 20 34 05 – contact@hoteldupoete.com – Fax 04 90 20 34 08 – Ouvert mars-nov.

24 ch – 🛉70/310 € 🛉🛉70/310 €, ☕ 17 €

◆ Moulin du 19e s. niché dans un verdoyant jardin traversé par la Sorgue. Les chambres, très coquettes, marient couleurs provençales et beau mobilier. Jacuzzi.

Philip VISA MC

– ✆ 04 90 20 31 81 – Fax 04 90 20 28 63 – Ouvert 1er avril-30 sept. et fermé le soir sauf juil.-août

Rest – Menu 24/37 € 🍷

◆ Affaire de famille depuis 1926, ce restaurant se trouve au pied de la célèbre Fontaine. Salle rénovée dans un esprit actuel. Terrasse au bord de l'eau. Recettes régionales.

FONTANGES – 15 Cantal – 330 D4 – rattaché à Salers

LE FONTANIL – 38 Isère – 333 H6 – rattaché à Grenoble

FONTENAI-SUR-ORNE – 61 Orne – 310 I2 – rattaché à Argentan

FONTENAY-LE-COMTE – 85 Vendée – 316 L9 – 13 792 h. – alt. 21 m – ✉ 85200 Poitou Vendée Charentes

34 **B3**

Paris 442 – Cholet 103 – La Rochelle 51 – La Roche-sur-Yon 64

Office de tourisme, 8 rue de Grimouard ✆ 02 51 69 44 99, Fax 02 51 50 00 90

Clocher★ de l'église N.-Dame **B** - Intérieur★ du château de Terre-Neuve.

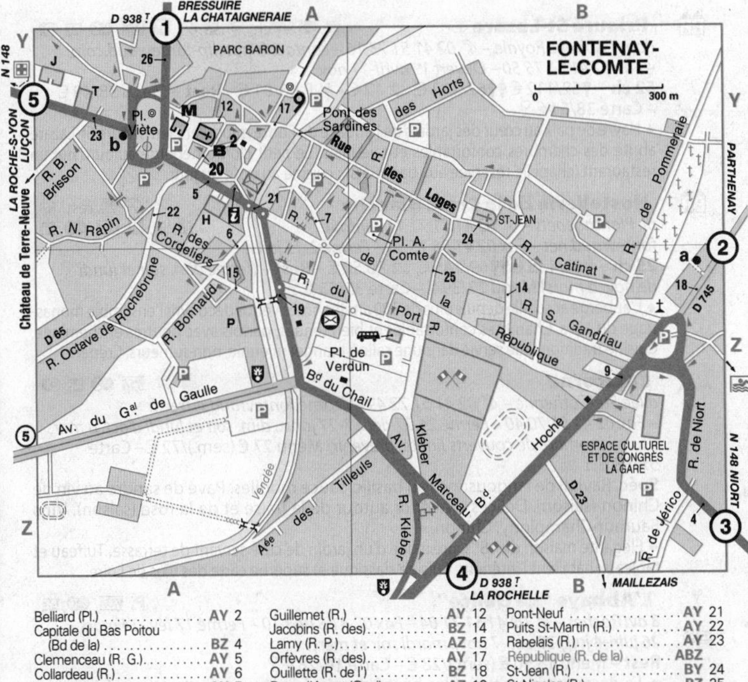

Le Rabelais

ch, ch, 15/50, VISA AE

19 r. Ouillette – ✆ 02 51 69 86 20 – hotel-lerabelais@wanadoo.fr – Fax 02 51 69 80 45 BZ **a**

54 ch – †72/75 € ††84/90 €, ☕ 9 € – ½ P 65/68 € – **Rest** – Menu (13,50 €), 17/26 €

◆ L'enseigne fait référence au séjour de trois ans que fit l'écrivain dans la ville. La plupart des chambres, bien rénovées et fonctionnelles, ouvrent sur un jardin fleuri. Au restaurant, terrasse au bord de la piscine et grand buffet d'entrées et de desserts.

Le Logis de la Clef de Bois sans rest

5 r. du Département – ✆ 02 51 69 03 49 – clef_de_bois@hotmail.com – Fax 02 51 69 03 49 AY **b**

4 ch – †80 € ††100 €, ☕ 8 €

◆ Cet hôtel particulier abrite des chambres joliment colorées, portant chacune le nom d'un écrivain. La suite Rabelais, dont le décor évoque la commedia dell'arte, est la plus originale.

à Velluire 11 km par ④, D 938 ter et D 68 – 508 h. – alt. 9 m – ✉ 85770

Auberge de la Rivière avec ch

VISA AE

– ✆ 02 51 52 32 15 – auberge.delariviere@wanadoo.fr – Fax 02 51 52 37 42 – Fermé 17 janv.-29 fév., lundi sauf le soir du 2 juil. au 9 sept. et dim. soir sauf en été

11 ch – †50/70 € ††65/94 €, ☕ 11 € – ½ P 68/83 € – **Rest** – Menu 26/50 € – Carte 39/60 €

◆ Coquette auberge postée sur une rive de la Vendée, où l'on sert une cuisine régionale revisitée dans une jolie salle à manger très rustique. Chambres spacieuses et soignées.

FONTEVRAUD-L'ABBAYE – 49 Maine-et-Loire – 317 J5 – 1 189 h. – alt. 75 m – ✉ 49590 Châteaux de la Loire 35 C2

Paris 296 – Angers 78 – Chinon 21 – Loudun 22 – Poitiers 78 – Saumur 15 – Thouars 38

Office de tourisme, place Saint-Michel ✆ 02 41 51 79 45, Fax 02 41 51 79 01

Abbaye★★ - Église St-Michel★.

Prieuré St-Lazare

ch, 60, VISA

dans l'Abbaye Royale – ✆ 02 41 51 73 16 – contact@hotelfp-fontevraud.com – Fax 02 41 51 75 50 – Ouvert 1er avril-11 nov.

52 ch – 62/112 € 62/112 €, 12 € – ½ P 66/91 € – **Rest** – Menu 38/49 € – Carte 38/54 €

◆ Havre de paix au cœur des jardins de l'abbaye de Fontevraud, l'ancien prieuré St-Lazare abrite des chambres confortables et rajeunies. Le petit cloître héberge aujourd'hui un restaurant (chapelle réservée aux banquets) ; cuisine au goût du jour.

Hostellerie de la Croix Blanche

rest, 50, VISA

pl. Plantagenets – ✆ 02 41 51 71 11 – info@fontevraud.net – Fax 02 41 38 15 38 – Fermé 2-15 janv.

25 ch – 60/135 € 69/145 €, 10,50 € – **Rest** – *(fermé dim. soir et lundi de nov. à mars)* Menu 22/39 € – Carte 35/53 €

◆ L'auberge accueille depuis plus de 300 ans les hôtes venus découvrir l'ensemble monastique du 12e s. Chambres confortables et bien tenues, parfois avec poutres et cheminée. Cuisine traditionnelle servie dans une salle à manger rajeunie, non-fumeurs. Crêperie.

La Licorne

VISA

allée Ste-Catherine – ✆ 02 41 51 72 49 – licorne.fontevraud@free.fr – Fax 02 41 51 70 40 – Fermé 24-27 déc., 7-27 janv., dim. soir et lundi d'oct. à mars

Rest – *(nombre de couverts limité, prévenir)* Menu 27 € (sem.)/72 € – Carte 55/85 €

Spéc. Ravioli de langoustines au basilic, sauce morilles. Pavé de sandre au vin de Chinon (saison). Délices d'Aliénor autour de la fraise et de la rose (saison). **Vins** Saumur-Champigny, Chinon.

◆ Élégante maison du 18e s. précédée d'un jardin de curé servant de terrasse. Tuffeau et tableaux habillent l'intérieur. Cuisine classique et superbe carte des vins de Loire.

L'Abbaye "Le Délice"

VISA

8 av. Roches – ✆ 02 41 51 71 04 – Fax 02 41 51 43 10 – Fermé 17 fév.-14 mars, 26 juin-4 juil., 29 oct.-7 nov., mardi soir et merc.

Rest – Menu 13,50 € (sem.)/28 € – Carte 16/28 €

◆ Le décor semble n'avoir plus bougé depuis des décennies : l'entrée se fait par un pittoresque café et la salle à manger possède un charme suranné. Plats du terroir.

FONTJONCOUSE – 11 Aude – 344 H4 – 119 h. – alt. 298 m – ✉ 11360 22 B3

Paris 822 – Carcassonne 56 – Narbonne 32 – Perpignan 65

Auberge du Vieux Puits (Goujon) avec ch

15, VISA

av. St Victor – ✆ 04 68 44 07 37 – aubergeduvieuxpuits@wanadoo.fr – Fax 04 68 44 08 31 – Fermé 2 janv.-7 fév., dim. soir, lundi et mardi du 15 sept. au 15 juin

8 ch – 150/230 € 150/230 €, 17 € – ½ P 155/255 € – **Rest** – Menu 55 € (déj. en sem.), 90/110 € – Carte 99/108 €

Spéc. Oeuf poule "carrus" en brouillade légère, mouillettes aux cèpes (sept. à nov.). Filet de rouget barbet, pomme bonne bouche fourrée d'une brandade à la cèbe en "bullinada" (juin à sept.). Pêches au sirop de framboise sur sablé à la fleur de sel de Gruissan (juil. à sept.). **Vins** Corbières blanc et rouge.

◆ Dans cet élégant restaurant contemporain, le livre de cave est à la hauteur de la cuisine, fine et créative, qui revisite brillamment le terroir. Salon-fumoir. Chambres modernes et minimalistes.

La Maison des Chefs

VISA

(à 300 m dans le village) – ✆ 04 68 44 07 37 – aubergeduvieuxpuits@wanadoo.fr – Fax 04 68 44 08 31

6 ch – 105 € 105 €

◆ Le décor des chambres rend hommage aux grands chefs : ustensiles culinaires, vestes signées par Bocuse, Troisgros, etc. La maison est entièrement non-fumeurs.

FONT-ROMEU – 66 Pyrénées-Orientales – 344 D7 – 2 003 h. – alt. 1 800 m – Sports d'hiver : 1 900/2 250 m 1 28 – Casino – ✉ 66120

Languedoc Roussillon 22 **A3**

- Paris 858 – Andorra la Vella 73 – Ax-les-Thermes 56 – Bourg-Madame 18
- Office de tourisme, 38 avenue Emmanuel Brousse ✆ 04 68 30 68 30, Fax 04 68 30 29 70
- de Font-Romeu Espace Sportif Colette Besson, N : 1 km, ✆ 04 68 30 10 78.
- Camaril★★★, retable★ et chapelle★ de l'Ermitage - ✻★★ Calvaire.

FONT-ROMEU

- Allard (R. Henri). . . . . **BX** 2
- Brousse (Av. Emmanuel) . . . **BX** 3
- Calvet (R.) . . . . **BX** 5
- Capelle (R. du Docteur) . . . . **AX** 6
- Cytises (R. des) . . . . **AX** 8
- Ecureuils (R. des) . . . . **AX** 9
- Espagne (Av. d') . . . . **AX**
- Genêts d'Or (R. des) . . . . **BY** 12
- Liberté (R. de la) . . . . **AY** 13
- Maillol (R.) . . . . **BX** 15
- République (R. de la). . . . . **AY** 16
- Saules (R. des) . . . . **AY** 18
- Trombe (R. Professeur) . . . . **AY** 19

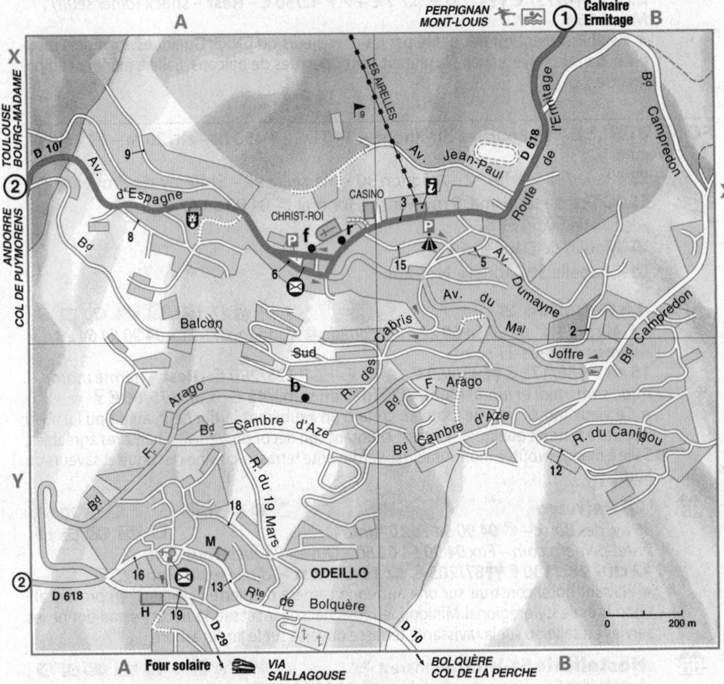

Le Grand Tétras sans rest

✆ 40, VISA AE

av. E. Brousse – ✆ 04 68 30 01 20 – infos@hotelgrandtetras.fr – Fax 04 68 30 35 67 AX **r**

36 ch – †55/88 € ††63/88 €, ☕ 8,50 €

◆ Hôtel aux allures montagnardes récemment refait. Balcon et vue panoramique sur les Pyrénées dans les chambres orientées au Sud. Spa et piscine couverte sur le toit. Wi-fi.

Sun Valley

rest, VISA AE

3 av. Espagne – ✆ 04 68 30 21 21 – contact@hotelsunvalley.fr – Fax 04 68 30 30 38 – Fermé 7 oct.-2 déc. AX **f**

41 ch – †72/110 € ††75/120 €, ☕ 10 € – ½ P 68/88 € – **Rest** – *(résidents seult)* Menu 20 €

◆ Les chambres, peu à peu rénovées dans un esprit chalet, profitent du soleil depuis leur balcon. Bel espace bien-être et relaxation au dernier étage. Repas simples et copieux.

Clair Soleil rest, P VISA MC

rte Odeillo : 1 km – ☎ 04 68 30 13 65 – Fax 04 68 30 08 27 – Fermé 15 avril-20 mai et 21 oct.-17 déc. AY **b**

29 ch – 49/58 € 49/58 €, ☐ 7,50 € – ½ P 49/58 € – **Rest** – *(fermé le midi du lundi au jeudi)* Menu 22/34 € – Carte 35/39 €

◆ Cette sympathique pension de famille, entièrement non-fumeurs, bénéficie d'une très bonne exposition face au four solaire d'Odeillo. Chambres modestes, avec balcon ou terrasse. Cuisine régionale et accueil aux petits soins dans la salle à manger-véranda.

à Via 5 km au Sud par D 29 AY – ✉ **66210 Font-Romeu-Odeillo-Via**

L'Oustalet rest, P VISA MC

– ☎ 04 68 30 11 32 – hotelloustalet@wanadoo.fr – Fax 04 68 30 31 89 – Fermé 9-30 avril et 15 oct.-15 nov.

25 ch – 42/57 € 42/57 €, ☐ 7 € – ½ P 42/50 € – **Rest** – snack *(dîner seult)* Menu 16 €

◆ L'établissement est fréquenté par les chercheurs du CNRS. Quelques chambres meublées dans le style catalan ; la plupart sont pourvues de balcons. Salle à manger campagnarde.

FONTVIEILLE – 13 Bouches-du-Rhône – 340 D3 – 3 456 h. – alt. 20 m – ✉ 13990

Provence 42 **E1**

- Paris 712 – Arles 12 – Avignon 30 – Marseille 92 – St-Rémy-de-Provence 18
- Office de tourisme, 5 rue Marcel Honorat ☎ 04 90 54 67 49, Fax 04 90 54 69 82
- Moulin de Daudet ★.
- Chapelle St-Gabriel★ N : 5 km.

La Regalido rest, P VISA MC AE

r. F. Mistral – ☎ 04 90 54 60 22 – la-regalido@wanadoo.fr – Fax 04 90 54 64 29 – Ouvert 16 mars-11 nov.

15 ch – 80/175 € 98/260 €, ☐ 15 € – ½ P 125/280 € – **Rest** – *(fermé mardi midi, sam. midi et lundi)* Menu 20 € (déj. en sem.)/45 € – Carte 75/80 €

◆ Ce vieux moulin à huile blotti au cœur d'un exubérant jardin fleuri aurait pu lui aussi inspirer à Daudet quelques "Lettres" chantant son décor provençal. Chambres agréables. Salle à manger voûtée (non-fumeurs), verdoyante terrasse, cuisine classique et saveurs du Sud.

La Peiriero ch, ch, 20/60, P VISA MC AE

36 av. des Baux – ☎ 04 90 54 76 10 – info@hotel-peiriero.com – Fax 04 90 54 62 60 – Ouvert Pâques-Toussaint

42 ch – 87/130 € 87/205 €, ☐ 14 € – **Rest** – *(dîner seult)* Menu 25 €

◆ Plaisant hôtel construit sur une ancienne carrière de pierre ("peiriero" en provençal). Chambres de style régional. Minigolf, jeux d'échecs géant et sauna. Recettes traditionnelles servies en salle ou sur la ravissante terrasse ouverte sur le jardin arboré.

Hostellerie St-Victor sans rest P VISA MC AE

chemin des Fourques, par rte Arles – ☎ 04 90 54 66 00 – aps@hotel-saint-victor.com – Fax 04 90 54 67 88

13 ch – 75/170 € 80/170 €, ☐ 11 €

◆ Cette maison respectueuse de l'architecture locale bénéficie du calme d'un quartier résidentiel. Belle piscine, chambres rénovées par étapes et étonnantes salles de bains.

Val Majour sans rest 30, P VISA MC AE

rte Arles – ☎ 04 90 54 62 33 – contact@valmajour.com – Fax 04 90 54 61 67

32 ch – 50/160 € 50/160 €, ☐ 12 €

◆ Cure de jouvence réussie pour cet hôtel où le "dormeur du val" se reposera dans de spacieuses chambres colorées, parfois dotées de balcons tournés sur le joli parc.

Le Daudet sans rest P VISA MC

7 av. Montmajour – ☎ 04 90 54 76 06 – contact@hotelledaudet.com – Fax 04 90 54 76 95 – Ouvert 30 mars-4 nov.

14 ch – 60 € 70 €, ☐ 8,50 €

◆ Chambres donnant de plain-pied sur le patio, murs blancs, volets bleu lavande, meubles en fer forgé, terrain de pétanque, lauriers roses : le bonheur à la Daudet !

Hostellerie de la Tour
3 r. Plumelets, rte Arles – ✆ 04 90 54 72 21 – bounoir@wanadoo.fr – Fax 04 90 54 86 26 – Ouvert 25 mars-24 oct.
10 ch – 51 € 57/64 €, 9 € – ½ P 52/56 € – **Rest** – *(fermé mardi soir) (dîner seult)* Menu 25 €
◆ Les habitués plébiscitent cette coquette auberge pour ses chambres simples et agréables, son plaisant jardin-piscine, son accueil attentif et sa tenue sans défaut. Cuisine familiale servie dans une salle où cohabitent vieilles pierres et notes contemporaines.

La Table du Meunier
42 cours Hyacinthe Bellon – ✆ 04 90 54 61 05 – Fax 04 90 54 77 24 – Fermé vacances de la Toussaint, de fév., 20-27 déc., mardi sauf juil.-août et merc.
Rest – *(nombre de couverts limité, prévenir)* Menu 25/32 € – Carte environ 36 €
◆ Madame concocte une goûteuse cuisine du terroir, tandis que Monsieur vous reçoit avec attention dans une salle rustique (non-fumeurs) ou sur la terrasse agrémentée d'un poulailler de 1765.

Le Patio
117 rte du Nord – ✆ 04 90 54 73 10 – Fermé 12 nov.-2 déc., mardi hors saison et merc.
Rest – Menu 24/36 €
◆ Cette ancienne bergerie a conservé ses vieilles mangeoires et sa grande cheminée. Joli patio-terrasse ombragé d'acacias, palmiers et magnolias. Carte régionale actualisée.

rte des Baux **3 km à l'Est par D 17 – ✉ 13990 Fontvieille**

La Ripaille
rte des Baux – ✆ 04 90 54 73 15 – hotel@laripaille.com – Fax 04 90 54 60 69 – Ouvert 1er mars-15 nov.
20 ch – 55/70 € 57/85 €, 9 € – ½ P 63/78 € – **Rest** – *(fermé lundi midi sauf juil.-août)* Menu 16/27 € – Carte 21/31 €
◆ Mas moderne isolé dans les fameuses "montagnes" de Tartarin. Les chambres de l'arrière donnent sur la campagne, les autres ont un balcon ou une terrasse face à la piscine. Agréable salle de restaurant méridionale et tables dressées sous les mûriers en été.

rte de Tarascon **5 km au Nord-Ouest par D 33 – ✉ 13150 Tarascon**

Les Mazets des Roches — 40,
rte Fonvieille – ✆ 04 90 91 34 89 – mazets-roches@wanadoo.fr – Fax 04 90 43 53 29 – Ouvert de Pâques à mi-oct.
37 ch – 55/130 € 65/145 €, 12 € – 1 suite – ½ P 60/105 € – **Rest** – *(fermé jeudi midi et sam. midi sauf juil.-août)* Menu 19 € (sem.)/35 € – Carte 32/46 €
◆ Établissement niché dans un parc boisé de 13 ha. Chambres fonctionnelles et confortables ; certaines sont rajeunies par des tons chaleureux. Grande piscine (25 m). Accueillante salle à manger-véranda : meubles en bambou, plantes vertes et motifs fleuris.

FORBACH – 57 Moselle – 307 M3 – 22 807 h. – Agglo. 104 074 h. – alt. 222 m – ✉ 57600 Alsace Lorraine

27 **C1**

Paris 385 – Metz 59 – St-Avold 23 – Sarreguemines 21 – Saarbrücken 13
Office de tourisme, 174 rue nationale ✆ 03 87 85 02 43, Fax 03 87 85 17 15

Plan page suivante

Mercure — ch, 25/45,
par ②, près piscine et échangeur Forbach-Sud Centre de Loisirs – ✆ 03 87 87 06 06 – h1976@accor.com – Fax 03 87 84 04 23
67 ch – 65/85 € 75/95 €, 10,50 € – ½ P € – **Rest** – Menu 18 € (sem.), 25/50 € bc
◆ Hôtel de chaîne excentré situé entre l'autoroute et un complexe sportif. Deux catégories de chambres ("standard" et "confort") ; bonne installation pour séminaires. Salle à manger moderne prolongée d'une véranda.

Le Schlossberg
13 r. Parc – ✆ 03 87 87 88 26 – Fax 03 87 87 83 86 – Fermé 23 juil.-10 août, 2-12 janv., dim. soir, mardi soir et merc. B s
Rest – Menu 20 € (sem.)/45 € – Carte 36/50 €
◆ Bâti en pierre du pays, ce restaurant côtoie le parc du Schlossberg. Salle au beau plafond marqueté et aux boiseries habillées de couleurs claires. Terrasse sous les tilleuls.

FORBACH

Alliés (R. des) . . . . **B** 2
Arras (R. d') . . . . **A** 3
Briand (Pl. A.) . . . . **A** 6
Chapelle (R. de la) . . . . **A** 7
Couturier (R.) . . . . **B** 9
Église (R. de l') . . . . **B** 10
Gare (R. de la) . . . . **B** 12
Jardins (R. des) . . . . **A** 13
Moulins (R. des) . . . . **A** 15
Nationale (R.) . . . . **AB**
Ney (R. P.) . . . . **A** 17
Parc (R. du) . . . . **B** 18
Remsing (R. de) . . . . **A** 20
République (Pl. de la) . . . . **B** 21
St-Remy (Av.) . . . . **AB**
Schlossberg (R. du) . . . . **A** 23
Schuman (Pl. R.) . . . . **B** 24
Tuilerie (R. de la) . . . . **A** 26
22-Novembre (R. du) . . . . **B** 27

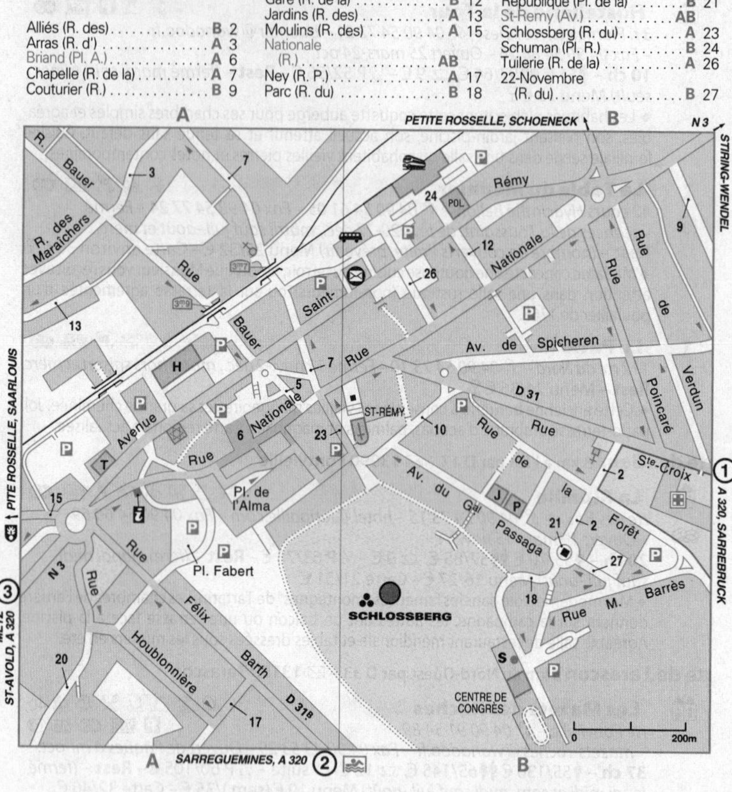

à Stiring-Wendel 3 km au Nord-Est par N 3 – 13 129 h. – alt. 240 m – ✉ 57350

Syndicat d'initiative, 1 rue Saint-Francois ✆ 03 87 87 07 65, Fax 03 87 87 69 98

La Bonne Auberge (Lydia Egloff)

15 r. Nationale – ✆ 03 87 87 52 78 – Fax 03 87 87 18 19 – Fermé 10-16 avril, 13-31 août, 27 déc.-3 janv., sam. midi, dim. soir et lundi

Rest – Menu 40 € (déj. en sem.), 50/90 € – Carte 56/91 €

Spéc. Dissertation autour d'un "légume coup de cœur". Pêle-mêle de homard et gambas aux saveurs de thé-lait. Douceurs mirabelle-safran. **Vins** Chardonnay des Côtes de Toul.

◆ Élégante salle contemporaine (non-fumeurs) entourant le jardin d'hiver éclairé par un puits de lumière, goûteuse cuisine inventive et belle carte des vins : une enseigne-vérité !

à Rosbrück 6 km par ③ – 912 h. – alt. 200 m – ✉ 57800

Auberge Albert Marie

1 r. Nationale – ✆ 03 87 04 70 76 – Fax 03 87 90 52 55 – Fermé 1er-15 août, sam. midi, dim. soir et lundi

Rest – Menu 25 € (déj. en sem.), 30/58 € – Carte 38/69 €

◆ Belle mise en place, plafond à caissons, boiseries sombres et discrète thématique à la gloire du coq : la tradition est autant à l'honneur dans le cadre que sur la carte.

FORCALQUIER – 04 Alpes-de-Haute-Provence – 334 C9 – 4 302 h. – alt. 550 m – ✉ 04300 Alpes du Sud 40 B2

Paris 747 – Aix-en-Provence 80 – Apt 42 – Digne-les-Bains 50 – Manosque 23 – Sisteron 43

Office de tourisme, 13 place du Bourguet ✆ 04 92 75 10 02, Fax 04 92 75 26 76

Site ★ - Cimetière classé ★ - ✳ ★ de la terrasse N.-D. de Provence.

Mane ★ - St-Michel-l'Observatoire ★ - Observatoire de Haute-Provence ★.

La Bastide Saint Georges sans rest

rte Banon (2 km sur D 950) – ✆ 04 92 75 72 80 – bastidesaintgeorges@wanadoo.fr – Fax 04 92 75 72 81 – Fermé 15 nov.-20 déc.

17 ch – 60/145 € 60/145 €, ☕ 10 € – 1 suite

◆ Hôtel de caractère, dans une maison récente de style provençal. Les jolies chambres (meubles chinés, salles de bains en pierre, tissus régionaux) s'ouvrent sur des terrasses.

L'Establé VISA

r. L. Andrieux – ✆ 04 92 75 39 82 – restaurantlestable@wanadoo.fr – Fax 04 92 75 39 82 – Fermé lundi soir en hiver et mardi sauf le soir en saison

Rest – Menu 16 € (sem.)/28 € – Carte 36/51 €

◆ Anciennes écuries transformées en restaurant à deux pas de la place du Bourguet. Charmante salle voûtée agrémentée de vieux objets agrestes ; recettes d'inspiration régionale.

à l'Est 4 km par N 100 et rte secondaire – ✉ 04300 Forcalquier

Auberge Charembeau sans rest cuisinette VISA AE

– ✆ 04 92 70 91 70 – contact@charembeau.com – Fax 04 92 70 91 83 – Ouvert 1er mars-15 nov.

24 ch – 56/74 € 56/115 €, ☕ 8,50 €

◆ Ferme du 18e s. dans un charmant parc vallonné. Ce cadre avenant et la décoration provençale des vastes chambres vous plongeront dans un havre de quiétude.

au Sud 4 km par D 16 et rte secondaire – ✉ 04300 Forcalquier

Le Colombier (chauffée) VISA

– ✆ 04 92 75 03 71 – lecolombier@wanadoo.fr – Fax 04 92 75 14 30 – Fermé fév.

15 ch – 58/76 € 69/109 €, ☕ 10 € – ½ P 64/89 € – **Rest** – *(ouvert 8 avril-14 oct.) (dîner seult) (résidents seult)* Menu 25 €

◆ Ce mas du 18e s. joliment restauré servait jadis de relais à la garde royale de Louis XV. Les chambres, décorées avec goût, ouvrent sur un grand et beau jardin méridional. Cuisine régionale servie dans une salle à manger rustique et fraîche en été.

à Mane 4 km au Sud par N 100 – 1 169 h. – alt. 500 m – ✉ 04300

Mas du Pont Roman sans rest VISA

chemin Châteauneuf (rte Apt) – ✆ 04 92 75 49 46 – info@pontroman.com – Fax 04 92 75 36 73

9 ch – 55 € 75 €, ☕ 8 €

◆ Accueil chaleureux en ce mas traditionnel situé en retrait de la N 100, à proximité d'un vieux pont roman. Coquet salon et chambres calmes, garnies de meubles provençaux.

LA FORÊT-FOUESNANT – 29 Finistère – 308 H7 – 2 809 h. – alt. 19 m – ✉ 29940 Bretagne 9 B2

Paris 552 – Concarneau 8 – Pont-l'Abbé 22 – Quimper 16 – Quimperlé 36

Office de tourisme, 2 rue du Port ✆ 02 98 51 42 07, Fax 02 98 51 44 52

Beauséjour rest, VISA

pl. Baie – ✆ 02 98 56 97 18 – beausejourhotel@wanadoo.fr – Fax 02 98 51 40 77 – Ouvert 1er avril-30 sept.

18 ch – 44/48 € 46/54 €, ☕ 7 € – ½ P 56/58 € – **Rest** – *(fermé lundi midi)* Menu 14/40 € – Carte 26/37 €

◆ Au fond d'une anse de la baie de La Forêt, hôtel familial simple mais bien tenu. Les chambres sont un peu nues, mais claires et spacieuses pour la plupart. Salle à manger rustique (avec cheminée) et terrasse couverte située à quelques mètres de la rive.

Auberge St-Laurent

2 km rte Concarneau par la côte – ✆ 02 98 56 98 07 – Fax 02 98 56 98 07 – Fermé vacances de la Toussaint, de fév., lundi soir, mardi soir hors saison et merc.

Rest – Menu 15 € (déj. en sem.), 20/38 € – Carte 25/44 €

◆ Sympathique auberge sur la route côtière de Concarneau. L'une des deux salles à manger campagnardes, à poutres apparentes et cheminée, donne sur le jardin et la terrasse d'été.

FORGES-LES-EAUX – 76 Seine-Maritime – 304 J4 – 3 465 h. – alt. 161 m – Casino – ✉ 76440 ▌Normandie Vallée de la Seine 33 D1

Paris 117 – Rouen 44 – Abbeville 73 – Amiens 72 – Beauvais 52 – Le Havre 123

Office de tourisme, rue Albert Bochet ✆ 02 35 90 52 10, Fax 02 35 90 34 80

Folie du Bois des Fontaines sans rest

rte de Dieppe – ✆ 02 32 89 50 68 – hotel-lafolie@g-partouche.fr – Fax 02 32 89 50 68 – Fermé janv.

12 ch – 104/252 € 104/304 €, 12,50 €

◆ Cette demeure anglo-normande centenaire entourée d'un parc arboré héberge un salon "cosy" et de spacieuses chambres personnalisées.

Le Continental sans rest

av. des Sources (rte Dieppe) – ✆ 02 32 89 50 50 – hotel-lecontinental@g-partouche.fr – Fax 02 35 90 39 52

44 ch – 55/73 € 68/73 €, 8 €

◆ Petit immeuble de style régional abritant des chambres assez grandes, rénovées dans un style contemporain. Confortable salon et charmante salle de petits-déjeuners.

Auberge du Beau Lieu avec ch

rte de Gournay, 2 km par D 915 – ✆ 02 35 90 50 36 – aubeaulieu@aol.com – Fax 02 35 90 35 98 – Fermé 7 janv.-6 fév., merc. midi et vend. midi sauf juil.-août et mardi

3 ch – 44 € 58/77 €, 12 € – ½ P 78/108 € – **Rest** – Menu 19 € (déj. en sem.), 37/57 € – Carte 41/63 €

◆ Auberge campagnarde du pays brayon. L'hiver, on se réfugie avec plaisir auprès de l'âtre de la douillette salle de restaurant. Terrasse d'été. Chambres au rez-de-chaussée.

La Paix avec ch — 30,

15 r. de Neufchâtel – ✆ 02 35 90 51 22 – contact@hotellapaix.fr – Fax 02 35 09 83 62 – Fermé 21 déc.-14 janv., dim. soir hors saison et lundi midi

18 ch – 56 € 56 €, 6,50 € – ½ P 52 € – **Rest** – Menu 20/36 € – Carte 22/47 €

◆ Faïences, cuivres anciens, cheminée, poutres apparentes participent au caractère champêtre de la spacieuse salle à manger. Cuisine traditionnelle. Chambres sobres.

FORT-MAHON-PLAGE – 80 Somme – 301 C5 – 1 140 h. – alt. 2 m – Casino – ✉ 80120 ▌Nord Pas-de-Calais Picardie 36 A1

Paris 225 – Abbeville 41 – Amiens 90 – Berck-sur-Mer 19 – Calais 94 – Étaples 30

Office de tourisme, 1000 avenue de la Plage ✆ 03 22 23 36 00, Fax 03 22 23 93 40

de Belle-Dune Promenade du Marquenterre, (près de l'Aquaclub), ✆ 03 22 23 45 50.

Parc ornithologique du Marquenterre★★ S : 15 km.

La Terrasse — rest, rest, ch, 25/80,

– ✆ 03 22 23 37 77 – info@hotellaterrasse.com – Fax 03 22 23 36 74 – Fermé 7-28 juil.

56 ch – 39/89 € 39/89 €, 9,50 € – ½ P 37/70 € – **Rest** – Menu 14/50 € bc – Carte 20/42 €

◆ Établissement familial du front de mer dont les amples chambres ont été rénovées : certaines regardent vers le large, d'autres donnent sur la cour, plus au calme. Panorama et décor marins, carte iodée et terrasse côté restaurant ; espace brasserie.

XXX **Auberge Le Fiacre** avec ch rest, ch, P VISA

à Routhiauville Sud-Est : 2 km par rte de Rue ✉ 80120 Quend – ✆ 03 22 23 47 30 – Fax 03 22 27 19 80 – Fermé de mi-janv. à mi-fév. et mardi midi

11 ch – †64/80 € ††64/80 €, 11 € – 3 suites – ½ P 70/79 € –
Rest – Menu 20 € (sem.)/40 € – Carte 30/54 €

◆ Lieu idéal pour se mettre au vert, cette ancienne ferme du Marquenterre aménagée en restaurant offre un coquet cadre campagnard. Jardin agrémenté d'un colombier.

LA FOSSETTE (PLAGE DE) – 83 Var – 340 N7 – rattaché au Lavandou

---

FOS-SUR-MER – 13 Bouches-du-Rhône – 340 E5 – 13 922 h. – alt. 11 m – ✉ 13270 Provence 40 A3

Paris 750 – Aix-en-Provence 55 – Arles 42 – Marseille 51 – Martigues 12

Office de tourisme, place de l'Hôtel de Ville ✆ 04 42 47 71 96, Fax 04 42 05 59 42

Village ★.

Provence-Camargue ch, 140, P VISA AE

rte d'Istres : 3 km – ✆ 04 42 05 00 57 – contact@provence-camargue.net – Fax 04 42 05 51 00

72 ch – †95 € ††105/135 €, 10 € – **Rest** – *(fermé vend. soir, sam. et dim.)* Menu 29 € – Carte 28/43 €

◆ Près de l'étang de l'Estomac, cet hôtel propose des chambres actuelles (un tiers avec balcon), spacieuses et insonorisées. Bons équipements de loisirs et de séminaires. Salle de restaurant rénovée où l'on propose une cuisine traditionnelle.

FOUCHÈRES – 10 Aube – 313 F5 – 450 h. – alt. 138 m – ✉ 10260 13 B3

Paris 189 – Troyes 25 – Bar-sur-Aube 42 – Bar-sur-Seine 11

XX **Auberge de la Seine** VISA AE

1 fg de Bourgogne – ✆ 03 25 40 71 11 – contact@aubergedelaseine.com – Fax 03 25 40 84 09 – Fermé 19 fév.-11 mars, dim. soir, lundi soir et merc.

Rest – Menu 19 € (sem.)/65 € bc – Carte 39/59 €

◆ Relais de poste (18e s.) agrandi d'une belle terrasse surplombant la Seine. Cuisine traditionnelle servie sous les poutres de la salle à manger actuelle, sobre et "cosy".

FOUDAY – 67 Bas-Rhin – 315 H6 – 303 h. – ✉ 67130 Alsace Lorraine 1 A2

Paris 412 – St-Dié 34 – Saverne 55 – Sélestat 37 – Strasbourg 61

Julien ch, rest, 15/25, P VISA AE

N 420 – ✆ 03 88 97 30 09 – hoteljulien@wanadoo.fr – Fax 03 88 97 36 73 – Fermé 6-28 janv.

38 ch – †85/102 € ††85/102 €, 14 €, 9 duplex – ½ P 80/102 € – **Rest** – *(fermé mardi)* Menu 13 € (déj. en sem.), 25/36 € – Carte 31/48 €

◆ Chambres agréablement personnalisées, accueil aimable, beau parc où coule une rivière : ce n'est pas sans raison que l'adresse est aussi prisée. À l'heure des repas, venez découvrir une goûteuse cuisine régionale assortie des fameuses cochonnailles d'automne.

FOUDON – 49 Maine-et-Loire – 317 G4 – rattaché à Angers

FOUESNANT – 29 Finistère – 308 G7 – 8 076 h. – alt. 30 m – ✉ 29170 Bretagne 9 B2

Paris 555 – Carhaix-Plouguer 69 – Concarneau 11 – Quimper 16 – Quimperlé 39

Syndicat d'initiative, la Cale Beg Meil ✆ 02 98 94 97 47

de Cornouaille à La Forêt-Fouesnant Manoir du Mesmeur, E : 4 km par D 44, ✆ 02 98 56 97 09.

L'Orée du Bois sans rest
4 r. Kergoadig – ✆ 02 98 56 00 06 – hotel.loreedubois@wanadoo.fr – Fax 02 98 56 14 17
15 ch – 30 € 35/55 €, 7 €
◆ Aimable accueil familial en cette maison de pierre abritant des chambres simples et sans ampleur. Selon la saison, on petit-déjeune au jardin ou dans une salle au décor marin.

au Cap Coz **2,5 km au Sud-Est par rte secondaire – ✉ 29170 Fouesnant**

Mona Lisa 30, VISA
plage du Cap Coz – ✆ 02 98 51 18 10 – resa-capcoz@monalisahotels.com – Fax 02 98 56 03 40 – Ouvert 30 mars-12 nov.
49 ch – 62/125 € 62/125 €, 8 € – ½ P 59/91 € – **Rest** – Menu 22/27 € – Carte 27/35 €
◆ En bordure de plage, bâtisse rénovée abritant des chambres sémillantes, parfois dotées d'une terrasse-balcon panoramique (au 2e étage). Espaces communs clairs et modernes. Salle à manger-véranda dialoguant en direct avec l'estran.

De la Pointe du Cap Coz mer et port, rest, rest, VISA
153 av. de la Pointe – ✆ 02 98 56 01 63 – bienvenue@hotel-capcoz.com – Fax 02 98 56 53 20 – Fermé 20-26 nov., 1er janv.-12 fév. et dim. soir du 15 sept. au 15 juin
16 ch – 55/59 € 80/91 €, 9 € – ½ P 68/88 € – **Rest** – *(fermé dim. soir et lundi midi du 15 sept. au 15 juin et merc.)* Menu 23/45 € – Carte 45/60 €
◆ L'hôtel est posé sur la langue sablonneuse du Cap-Coz. Les chambres, fonctionnelles, offrent une vue sur le port ou le large. Salle de restaurant (non-fumeurs) fraîche et nette ménageant un joli coup d'œil littoral ; bonne cuisine côtière mise au goût du jour.

Belle-Vue VISA
30 descente Belle-Vue – ✆ 02 98 56 00 33 – hotel-belle-vue@wanadoo.fr – Fax 02 98 51 60 85 – Ouvert 1er mars-30 sept.
16 ch – 50/58 € 59/87 €, 8 € – ½ P 55/69 € – **Rest** – *(fermé lundi)* Menu 21/35 € – Carte 25/41 €
◆ Hôtel familial dominant la baie de la Forêt. Les chambres, petites et sans fioriture, sont pour la plupart tournées vers l'océan. Sobre décor et cuisine sans prétention : la simplicité est de mise au restaurant. L'été, plaisante terrasse panoramique.

à la Pointe de Mousterlin **6 km au Sud-Ouest par D 145 et D 134 – ✉ 29170 Fouesnant**

De la Pointe de Mousterlin rest, rest, 30, VISA
– ✆ 02 98 56 04 12 – hoteldelapointe@wanadoo.fr – Fax 02 98 56 61 02 – Fermé 9 fév.-13 mars, mardi midi, dim. soir et lundi du 15 oct. au 15 avril
48 ch – 53/74 € 62/140 €, 10 € – ½ P 66/105 € – **Rest** – Menu 22/37 € – Carte 40/53 €
◆ Complexe balnéaire posté à l'extrémité de la pointe. Chambres spacieuses et pratiques réparties dans trois bâtiments autour du jardin. Bons équipements de loisirs. Cuisine régionale à composantes océanes, servie dans deux salles dont une véranda.

FOUGÈRES – 35 Ille-et-Vilaine – 309 O4 – 21 779 h. – alt. 115 m – ✉ 35300

Bretagne 10 **D2**

Paris 326 – Avranches 44 – Laval 53 – Le Mans 132 – Rennes 52 – St-Malo 80

Syndicat d'initiative, 2 rue Nationale ✆ 02 99 94 12 20, Fax 02 99 94 77 30

Château★★ - Église St-Sulpice★ - Jardin public★ : ★ - Vitraux★ de l'église St-Léonard - Rue Nationale★.

Plan page ci-contre

Les Voyageurs sans rest VISA
10 pl. Gambetta – ✆ 02 99 99 08 20 – hotel-voyageurs-fougeres@wanadoo.fr – Fax 02 99 99 99 04 BY **e**
37 ch – 43/52 € 52/57 €, 9 €
◆ Établissement centenaire bien situé au cœur de la ville haute. La plupart des chambres ont été rénovées dans un style gai et personnalisé.

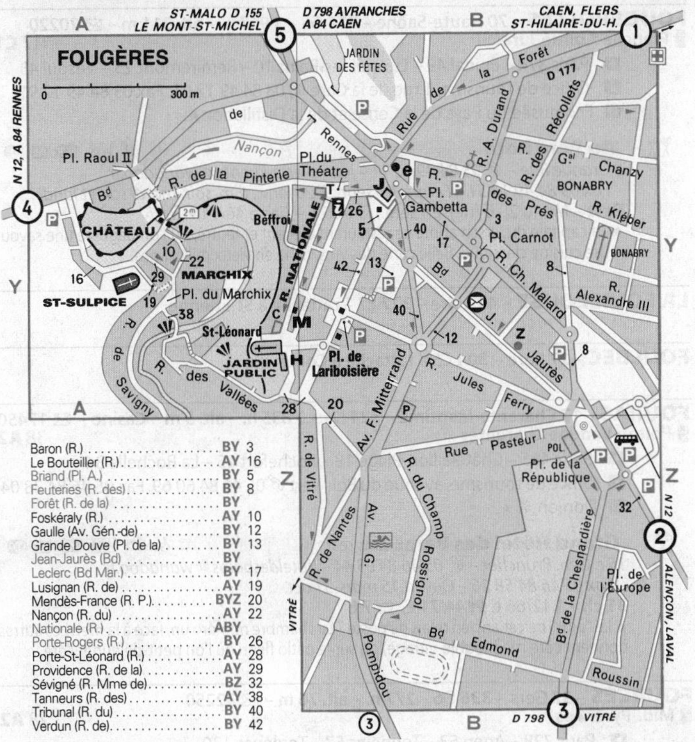

XX **Haute Sève** ⁄ VISA MC

37 bd J. Jaurès – ☎ 02 99 94 23 39
– Fermé 23 juil.-23 août, 1er-7 janv., vacances de fév., mardi soir, merc. soir, jeudi soir, dim. soir et lundi BY **z**

Rest – Menu 20 € bc (déj. en sem.), 22/52 € – Carte 31/47 €

◆ L'avenante façade à colombages abrite une plaisante salle à manger ornée de tableaux peints par un artiste local. Cuisine régionale actualisée, influencée par le marché.

à Landéan **8 km par ① – 1 166 h. – alt. 142 m – ✉ 35133**

XX **Au Cellier** VISA MC AE ⊙

D 177 – ☎ 02 99 97 20 50 – Fax 02 99 97 20 50 – Fermé 26 juil.-8 août, 28 janv.-10 fév., merc. soir, dim. soir et lundi

Rest – Menu (12 €), 17 € (sem.)/41 € – Carte 24/48 € ♀

◆ Sympathique petite maison où grimpe la vigne vierge. La salle à manger campagnarde est décorée, entre autres, d'un tableau du 19e s. évoquant une fontaine miraculeuse.

sur N 12 **11 km par ② rte de Laval – ✉ 35133 Fougères**

XX **La Petite Auberge** ⁄ P VISA MC

La Templerie – ☎ 02 99 95 27 03 – Fax 02 99 95 27 03 – Fermé 23 juil.-12 août, 1er-6 janv., 25 fév.-2 mars, dim. soir, mardi soir et lundi

Rest – *(nombre de couverts limité, prévenir)* Menu (13,50 €), 18 € bc (déj. en sem.), 22/53 € – Carte 41/46 € ♀

◆ Discrète auberge aux "marches" de la Bretagne. Façade fleurie, intérieur rehaussé de touches décoratives d'esprit Art nouveau et recettes traditionnelles.

FOUGEROLLES – 70 Haute-Saône – **314** G5 – **3 967 h.** – **alt. 311 m** – ✉ **70220**
Franche-Comté Jura 17 **C1**

Paris 374 – Épinal 49 – Luxeuil-les-Bains 10 – Remiremont 25 – Vesoul 43

Office de tourisme, 1 rue de la Gare ☎ 03 84 49 12 91, Fax 03 84 49 12 91

Ecomusée du Pays de la Cerise et de la Distillation★.

XX **Au Père Rota**

8 Grande Rue – ☎ 03 84 49 12 11 – jean-pierre-kuentz@wanadoo.fr – Fax 03 84 49 14 51 – Fermé 3-6 sept., 2-26 janv., dim. soir, mardi soir et lundi

Rest – Menu 20 € (déj. en sem.), 34/65 € – Carte 46/71 €

◆ La capitale du kirsch abrite ce restaurant élégant et feutré, où l'on déguste une savoureuse cuisine classique. Belle carte des vins, riche en vieux millésimes.

LA FOUILLOUSE – 42 Loire – **327** E7 – **rattaché à St-Étienne**

FOULBEC – 27 Eure – **304** C5 – **rattaché à Conteville**

FOURAS – 17 Charente-Maritime – **324** D4 – **3 835 h.** – **alt. 5 m** – **Casino** – ✉ **17450**
Poitou Vendée Charentes 38 **A2**

Paris 485 – Châtelaillon-Plage 18 – Rochefort 15 – La Rochelle 34

Office de tourisme, avenue du Bois Vert ☎ 05 46 84 60 69, Fax 05 46 84 28 04

Donjon ✳★.

Grand Hôtel des Bains sans rest

15 r. Gén. Bruncher – ☎ 05 46 84 03 44 – hoteldesbains@wanadoo.fr – Fax 05 46 84 58 26 – Ouvert 15 mars-31 oct.

31 ch – †42/66 € ††44/71 €, ☕ 7 €

◆ Le "plus" de cet ancien relais de poste ? La chambre numéro un, face à la mer. Les autres donnent côté rue (double-vitrage) ou sur le patio fleuri où l'on petit-déjeuner l'été.

FOURCÈS – 32 Gers – **336** D6 – **277 h.** – **alt. 76 m** – ✉ **32250**
Midi-Pyrénées 28 **A2**

Paris 728 – Agen 53 – Tonneins 57 – Toulouse 130

Syndicat d'initiative, le Village ☎ 05 62 29 50 96, Fax 05 62 29 47 44

Château de Fourcès rest, rest, 10/20,

– ☎ 05 62 29 49 53 – contact@chateau-fources.com – Fax 05 62 29 50 59 – Ouvert 1er mars-30 nov.

18 ch – †100/138 € ††135/155 €, ☕ 14 € – ½ P 100 € – **Rest** – *(Ouvert 1er avril-4 nov. et fermé merc., jeudi et le midi sauf dim.)* Menu 29/47 € – Carte 34/47 €

◆ L'un des plus beaux villages de France abrite cet imposant château médiéval. Jolies chambres personnalisées, logées dans les tours, petits salons "cosy" et parc longé d'une rivière. Salle à manger chaleureuse et élégante, cuisine du terroir quelquefois réactualisée.

FOURGES – 27 Eure – **304** J7 – **772 h.** – **alt. 14 m** – ✉ **27630** 33 **D2**

Paris 74 – Les Andelys 26 – Évreux 47 – Mantes-la-Jolie 23 – Rouen 75 – Vernon 14

XX **Le Moulin de Fourges**

– ☎ 02 32 52 12 12 – info@moulin-de-fourges.com – Fax 02 32 52 92 56 – Fermé du lundi au vend. du 31 oct. à la mi-mars

Rest – Menu (21 €), 31/38 €

◆ Ancien moulin au bord de l'Epte, où se serait sans doute plu Monet, hôte de la voisine Giverny. Point de nymphéas, mais un agréable cadre champêtre. Cuisine traditionnelle.

FOURMIES – 59 Nord – **302** M7 – **13 867 h.** – **alt. 200 m** – ✉ **59610**
Nord Pas-de-Calais Picardie 31 **D3**

Paris 214 – Avesnes-sur-Helpe 16 – Charleroi 60 – Hirson 14 – Lille 115 – St-Quentin 65

Office de tourisme, 20a rue Jean Jaurès ☎ 03 27 59 69 97, Fax 03 27 57 30 44

Musée du textile et de la vie sociale★.

aux Étangs-des-Moines 2 km à l'Est par D 964 et rte secondaire – ✉ 59610 Fourmies

Ibis sans rest 25/100, VISA MC AE D
– ✆ *03 27 60 21 54 – ibisfourmies@aol.com – Fax 03 27 57 40 44*
31 ch – 49/57 € 49/57 €, ☕ 7,50 €
◆ Établissement récent en lisière d'une belle forêt de chênes, parfait pour profiter au mieux du calme et du cadre bucolique des étangs. Chambres fonctionnelles bien tenues.

Auberge des Étangs des Moines VISA MC
– ✆ *03 27 60 02 62 – Fax 03 27 60 10 25 – Fermé 6-26 août, 11-24 fév., sam. midi, dim. soir et lundi sauf fériés*
Rest – Menu 18/38 € – Carte 26/54 €
◆ Cette ancienne guinguette au bord de l'eau séduit par son ambiance conviviale, sa terrasse et sa plaisante salle à manger dotée d'une véranda rénovée. Plats traditionnels.

LA FOUX D'ALLOS – 04 Alpes-de-Haute-Provence – 334 H7 – rattaché à Allos

FRANCESCAS – 47 Lot-et-Garonne – 336 E5 – 714 h. – alt. 109 m – ✉ 47600

4 **C2**

Paris 720 – Agen 28 – Condom 18 – Nérac 14 – Toulouse 134

Le Relais de la Hire P VISA MC AE D
– ✆ *05 53 65 41 59 – la.hire@wanadoo.fr – Fermé 29 oct.-4 nov., dim. soir et lundi*
Rest – *(prévenir)* Menu 14,50 € bc (déj. en sem.), 20/56 € – Carte 37/51 €
◆ Au cœur du pays d'Albret, maison de maître du 18e s. joliment restaurée. Deux salles à manger, dont une plus contemporaine, et agréable terrasse dans le jardin.

FRANQUEVILLE-ST-PIERRE – 76 Seine-Maritime – 304 H5 – rattaché à Rouen

FRÉHEL – 22 Côtes-d'Armor – 309 H3 – 2 047 h. – alt. 72 m – Casino – ✉ 22240

10 **C1**

Paris 433 – Dinan 38 – Lamballe 28 – St-Brieuc 40 – St-Cast-le-Guildo 15 – St-Malo 36

Office de tourisme, le bourg ✆ 02 96 41 53 81

☼★★★.

Fort La Latte★★ : site★★, ☼★★ SE : 5 km.

Le Victorine VISA MC
pl. Chambly – ✆ 02 96 41 55 55 – Fax 02 96 41 55 55 – Fermé 2-16 avril, 28 oct.-12 nov., dim. soir de nov. à Pâques et lundi sauf du 10 juil. au 26 août
Rest – Menu 14 € (déj. en sem.), 20/28 € – Carte 22/44 €
◆ Ce restaurant familial situé sur la place du village vous reçoit dans une sobre salle à manger néo-rustique ou en terrasse. Cuisine traditionnelle influencée par le marché.

LA FREISSINOUSE – 05 Hautes-Alpes – 334 E5 – rattaché à Gap

FRÉJUS – 83 Var – 340 P5 – 46 801 h. – alt. 20 m – ✉ 83600

Côte d'Azur

41 **C3**

Paris 868 – Cannes 40 – Draguignan 31 – Hyères 90 – Nice 66

✆ 3635 (0,34 €/mn)

Office de tourisme, 325 rue Jean Jaurès ✆ 04 94 51 83 83, Fax 04 94 51 00 26

de Roquebrune à Roquebrune-sur-Argens Quartier des Planes, O : 6 km par D 8, ✆ 04 94 19 60 35 ; de Valescure à Saint-Raphaël Route des golfs, NE : 8 km, ✆ 04 94 82 40 46.

Groupe épiscopal★★ : baptistère★★, cloître★, cathédrale★ - Ville romaine★ A : arènes★ - Parc zoologique★ N : 5 km par ③.

FRÉJUS

Agachon (Av. de l') . . . . A 2
Alger (Bd) . . . . B 5
Brosset (Av. du Gén.) . . . . . AB 13
Carrara (R. Jean) . . . . A 16
Decuers (Bd S.) . . . . A 23
Donnadieu (R.) . . . . B 24
Einaudi (R. Albert) . . . . A 25
Europe (Av. de l') . . . . A 26
Fabre (Av. Hippolyte) . . . . . . B 27
Garros (R. Roland) . . . . B 32
Libération (Bd de la) . . . . B 40
Papin (R. Denis) . . . . B 46
Triberg (R. de) . . . . A 53
Verdun (Av. de) . . . . A 56
Victor-Hugo (Av.) . . . . B 60
XVe-Corps (Av. du) . . . . A 62

ST-RAPHAËL

Coty (Promenade René) . . . . B 20
Gaulle (Av. du Gén.-de) . . . . . B 33
Leclerc (Av. Mar.) . . . . B 39
Mimosas (Bd des) . . . . B 43
Myrtes (Av. des) . . . . B 45
Poincaré (Av. Raymond) . . . . B 47
Rivière (Av. Théodore) . . . . . B 51
Valescure (Av. de) . . . . B 54

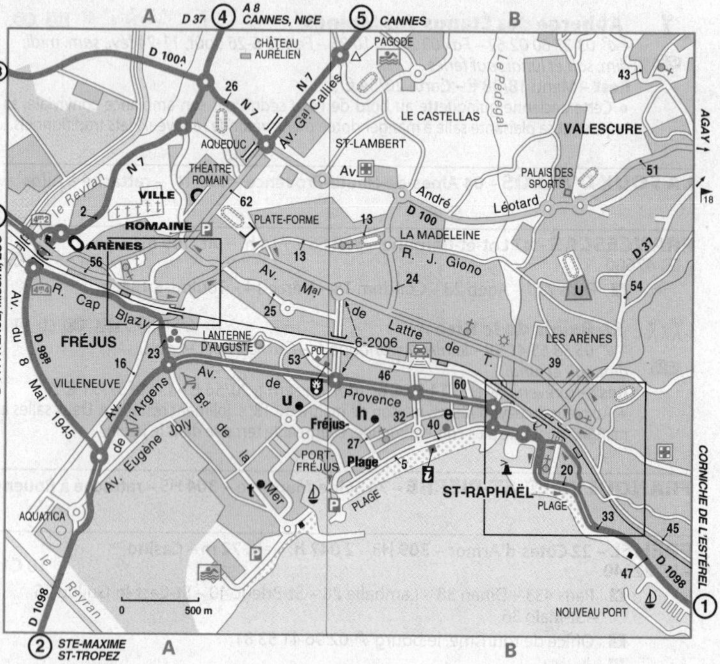

L'Aréna

ch, ch, ch, VISA

145 r. Gén. de Gaulle – ✆ 04 94 17 09 40 – info@arena-hotel.com – Fax 04 94 52 01 52 – Fermé déc. C **r**

36 ch – †70/95 € ††90/150 €, ☕ 12 € – ½ P 80/120 € – **Rest** – *(fermé lundi midi et sam. midi)* Menu 25 € (sem.)/55 € – Carte 47/62 € ♀

♦ Charmante maison provençale où séjourna Napoléon en retour de la campagne d'Égypte. Les chambres donnent sur un patio agrémenté d'essences méditerranéennes. Agréable piscine et accueil tout sourire. À table, décor ensoleillé et carte méridionale content le pays des cigales.

L'Amandier

VISA

19 r. Marc-Antoine Desaugiers – ✆ 04 94 53 48 77 – Fermé lundi midi et dim. D **v**

Rest – Menu (18 €), 22 € – Carte 36/49 €

♦ Restaurant non-fumeurs situé dans une rue piétonne, à deux pas de la mairie. Accueil charmant, cuisine dans l'air du temps, tout simplement bonne et soignée, et prix tout doux.

Les Potiers

VISA

135 r. Potiers – ✆ 04 94 51 33 74 – Fermé 1er-21 déc., le midi en juil.-août, merc. midi et mardi de sept. à juin C **s**

Rest – *(nombre de couverts limité, prévenir)* Menu 24/34 € ♀

♦ Sympathique petite adresse où l'on ne façonne pas l'argile, mais une belle cuisine au goût du jour enrichie de saveurs provençales. Sur les murs, tableaux signés Régis Sibra.

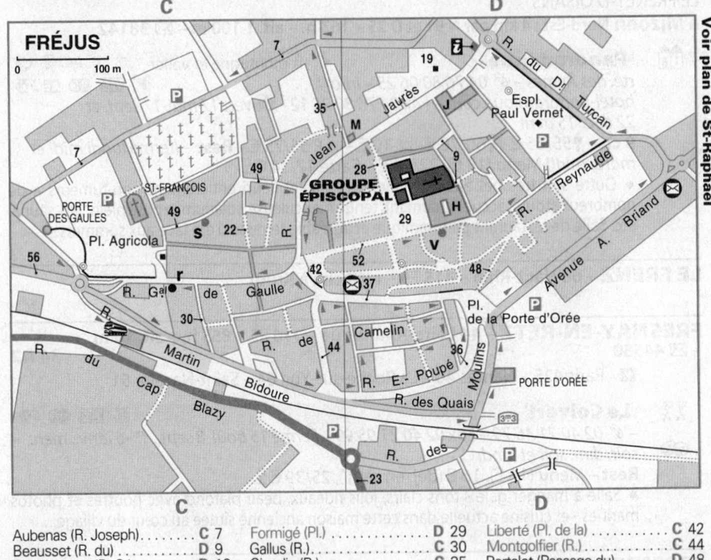

à Fréjus-Plage AB – ✉ 83600 Fréjus

L'Oasis sans rest

imp. Charcot – ✆ 04 94 51 50 44 – info@hotel-oasis.net – Fax 04 94 53 01 04 – Ouvert 1er fév.-12 nov. B **h**

27 ch – 🛉38/54 € 🛉🛉48/67 €, ☕ 6,50 €

◆ Bâtiment des années 1950 situé en retrait de la promenade, dans une impasse d'un quartier résidentiel. Ambiance familiale, chambres en majorité rénovées et pergola environnée de pins.

Atoll sans rest

923 bd de la Mer – ✆ 04 94 51 53 77 – atollhotel@wanadoo.fr – Fax 04 94 51 58 33 A **t**

30 ch – 🛉37/58 € 🛉🛉37/58 €, ☕ 5 €

◆ Immeuble rénové situé à 100 m de la plage et à proximité de "Base Nature" (parc d'activités et de loisirs). Chambres sobrement aménagées.

Le Mérou Ardent

157 bd Libération – ✆ 04 94 17 30 58 – patrickdelpierre@wanadoo.fr – Fax 04 94 17 33 79 – Fermé 26 nov.-20 déc., 7-24 janv., sam. midi, lundi midi et jeudi midi en saison, merc. et jeudi hors saison B **e**

Rest – Menu 14,50/36 € – Carte 20/43 €

◆ Petit restaurant au décor marin aménagé sur le boulevard longeant la plage. Accueil remarquable et spécialités de poisson : une bonne prise !

LE FRENEY-D'OISANS – 38 Isère – 333 J7 – 221 h. – alt. 926 m – ✉ 38142

45 **C2**

Paris 626 – Bourg-d'Oisans 12 – La Grave 16 – Grenoble 64

Syndicat d'initiative, ✆ 04 76 80 05 82

Barrage du Chambon★★ SE : 2 km - Gorges de l'Infernet★ SO : 2 km, **Alpes du Nord.**

à Mizoën Nord-Est : 4 km par N 91 et D 25 – 163 h. – alt. 1 100 m – ✉ 38142

Panoramique ≤ montagne et vallée,
rte. des Aymes – ☎ 04 76 80 06 25 – info@hotel-panoramique.com – Fax 04 76 80 25 12 – Ouvert 17 mai-17 sept. et 22 déc.-15 avril
9 ch – †55/65 € ††60/70 €, ☐ 10 € – ½ P 55/75 € – **Rest** – *(fermé lundi midi et mardi midi)* Menu (18 €), 22/28 € – Carte 17/34 €
◆ Outre son très bel environnement, ce chalet fleuri entièrement non-fumeurs a de nombreux atouts : accueil charmant, tenue méticuleuse, solarium exposé plein Sud, sauna, etc. Salle de restaurant panoramique et agréable terrasse d'été face aux sommets.

LE FRENZ – 68 Haut-Rhin – 315 F9 – rattaché à Kruth

FRESNAY-EN-RETZ – 44 Loire-Atlantique – 316 E5 – 855 h. – alt. 15 m – ✉ 44580 34 **A2**

Paris 425 – Nantes 40 – La Roche-sur-Yon 64 – Saint-Nazaire 51

Le Colvert
– ☎ 02 40 21 46 79 – Fax 02 40 21 95 99 – Fermé 15 août-8 sept., 1er-6 janv., merc. soir, dim. soir et lundi
Rest – Menu (14 €), 16 € (déj. en sem.), 25/39 €
◆ Salle à manger gaie - tons clairs, jolis rideaux, beau plafond avec poutres et photos marines - et cuisine actuelle dans cette maison ancienne située au cœur du village.

FRESNICOURT – 62 Pas-de-Calais – 301 I5 – 880 h. – alt. 114 m – ✉ 62150 30 **B2**

Paris 218 – Lille 62 – Arras 24 – Villeneuve-d'Ascq 61 – Douai 46

Auberge du Donjon
– ☎ 03 21 27 93 76 – aubergedonjon@wanadoo.fr – Fax 03 21 26 20 71 – Fermé août, 18-24 fév., dim. soir, lundi soir, mardi soir et sam. midi
Rest – Menu 23/50 € – Carte 46/64 €
◆ Maison où l'on ripaille savoureusement et copieusement, dans un cadre néo-rustique flamand. Peintures murales bruegeliennes en salles ; grillades à la broche de la cheminée.

LE FRET – 29 Finistère – 308 D5 – rattaché à Crozon

FRICHEMESNIL – 76 Seine-Maritime – 304 G4 – rattaché à Clères

FROENINGEN – 68 Haut-Rhin – 315 H10 – rattaché à Mulhouse

FROIDETERRE – 70 Haute-Saône – 314 H6 – rattaché à Lure

FRONCLES-BUXIERES – 52 Haute-Marne – 313 K4 – 1 760 h. – alt. 226 m – ✉ 52320 14 **C3**

Paris 282 – Bar-sur-Aube 41 – Chaumont 28 – Neufchâteau 52 – Saint-Dizier 52

Au Château
Parc d'Activités – ☎ 03 25 02 93 84 – didier.pougeoise@wanadoo.fr – Fax 03 25 02 97 71 – Fermé vacances de Noël, sam. midi et dim. soir
Rest – Menu 26/42 € – Carte 34/53 €
◆ Grande maison bourgeoise constituée de petits salons en guise de salles à manger et dotée d'une vaste terrasse couverte tournée sur le parc ; cuisine au goût du jour soignée.

Ce symbole en rouge ?
La tranquillité même, juste le chant des oiseaux au petit matin...

FRONTIGNAN – 34 Hérault – 339 H8 – 19 145 h. – alt. 2 m – ✉ 34110
Languedoc Roussillon 23 **C2**

Paris 775 – Lodève 59 – Montpellier 26 – Sète 10

rte de Montpellier 4 km au Nord-Est sur N 112 – ✉ 34110 Frontignan

Hôtellerie de Balajan rest, **P** VISA
41 rte. de Montpellier – ✆ 04 67 48 13 99 – hotel.balajan@wanadoo.fr – Fax 04 67 43 06 62 – Fermé 24 déc.-4 janv., fév. et dim. de nov. à mars
18 ch – 66/68 € 80/100 €, 9,50 € – ½ P 64/69 € – **Rest** – *(fermé dim. soir de nov. à mars sauf fériés, sam. midi et lundi midi)* Menu 26/51 € – Carte 31/61 €
◆ Le vignoble produisant le fameux muscat entoure cet hôtel aux chambres sobres mais fraîches. En arrière-plan, le massif de la Gardiole. La convivialité du restaurant doit beaucoup à ses tables fleuries ; saveurs méridionales dans l'assiette. Salon "cosy".

FRONTIGNAN DE COMMINGES – 31 Haute-Garonne – 73 h. – alt. 450 m – ✉ 31510 28 **B3**

Paris 796 – Toulouse 120 – Saint-Gaudens 31 – Bagnères-de-Bigorre 70 – Saint-Girons 77

Le Relais des Frontignes ch, **P**
au Village, par D 33A – ✆ 05 61 79 61 67 – yann.debruycker@wanadoo.fr – Fax 05 61 79 61 67
5 ch – 50 € 60 € – ½ P 50 € – **Rest** – table d'hôte *(dîner seult) (résidents seult)* Menu 20 €
◆ Le propriétaire de cette maison du 19e s. vous guidera avec plaisir dans les montagnes. Jolies chambres thématiques (Asie, Europe, Afrique) et grand parc où coule un torrent.

FRONTONAS – 38 Isère – 333 E4 – 1 714 h. – alt. 260 m – ✉ 38290 44 **B2**

Paris 495 – Ambérieu-en-Bugey 44 – Lyon 34 – La Tour-du-Pin 26 – Vienne 35

Auberge du Ru **P** VISA
Le Bergeron-Les Quatre Vies – ✆ 04 74 94 25 71 – info@aubergeduru.fr – Fax 04 74 94 25 71 – Fermé 19 fév.-6 mars, 16 juil.-7 août, dim. soir, lundi et mardi
Rest – Menu 18 € (déj. en sem.), 25/32 €
◆ Auberge campagnarde au cœur d'un hameau. Pimpante salle à manger décorée d'outils agricoles ; carte et menus, au goût du jour, évoluent au gré du marché.

FUISSÉ – 71 Saône-et-Loire – 320 I12 – 317 h. – alt. 290 m – ✉ 71960
Bourgogne 8 **C3**

Paris 401 – Charolles 54 – Chauffailles 52 – Mâcon 9 – Villefranche-sur-Saône 48

Au Pouilly Fuissé VISA AE
– ✆ 03 85 35 60 68 – Fax 03 85 35 60 68 – Fermé 2-22 janv., dim. soir, lundi soir, mardi soir et merc.
Rest – *(prévenir le week-end)* Menu (13,50 €), 19/42 € – Carte 27/45 €
◆ Cette accueillante auberge qui porte le nom du cru local ne peut que favoriser les vins régionaux, servis en bouteille ou au verre, pour accompagner sa goûteuse cuisine traditionnelle. Salle à manger-véranda devancée par une terrasse à l'ombre d'un platane.

LA FUSTE – 04 Alpes-de-Haute-Provence – 334 D10 – rattaché à Manosque

FUTEAU – 55 Meuse – 307 B4 – rattaché à Ste-Menehould (51 Marne)

FUVEAU – 13 Bouches-du-Rhône – 340 I5 – 7 509 h. – alt. 283 m – ✉ 13710 40 **B3**

Paris 765 – Marseille 36 – Brignoles 53 – Manosque 73
Office de tourisme, boulevard Loubet ✆ 04 42 65 65 72, Fax 04 42 65 65 72

Mona Lisa ch, 10/110, VISA

D 6, face golf de Château l'Arc – ✆ 04 42 68 19 19 – heb-ste-victoire@monalisahotels.com – Fax 04 42 68 19 18

81 ch – 97/130 € 107/140 €, 11 € – ½ P 75/80 € – **Rest** – Menu 24 € (sem.)/32 € – Carte environ 27 €

◆ Architecture contemporaine proche d'un golf. Camaïeu de beige, mobilier en bois peint et prise Internet haut débit : des chambres reposantes et bien pensées. Sauna et fitness. Lumineux restaurant dont les baies vitrées s'ouvrent sur la terrasse et la piscine.

GABRIAC – 12 Aveyron – 338 I4 – 446 h. – alt. 580 m – ✉ 12340 29 D1

Paris 605 – Espalion 13 – Mende 88 – Rodez 27 – Sévérac-le-Château 35

Bouloc avec ch VISA

– ✆ 05 65 44 92 89 – franckbouloc@wanadoo.fr – Fax 05 65 48 86 74 – Fermé 14-28 mars, 27 juin-4 juil., 3-24 oct., mardi soir et merc. soir sauf juil.-août et merc. midi

11 ch – 40/45 € 47/52 €, 7 € – ½ P 48/50 € – **Rest** – Menu 12 € bc (déj. en sem.), 17/36 € – Carte 21/33 €

◆ Maison régionale officiant depuis six générations : autant dire qu'en matière de spécialités du Rouergue, on s'y connaît ! Nouvelle salle à manger-véranda. Chambres anciennes.

GAGNY – 93 Seine-Saint-Denis – 305 G7 – 101 18 – voir à Paris, Environs

---

GAILLAC – 81 Tarn – 338 D7 – 11 073 h. – alt. 143 m – ✉ 81600

Midi-Pyrénées 29 C2

Paris 672 – Albi 26 – Cahors 89 – Castres 52 – Montauban 50 – Toulouse 58

Syndicat d'initiative, Abbaye Saint-Michel ✆ 05 63 57 14 65, Fax 05 63 57 61 37

La Verrerie ch, rest, 20, VISA

r. Égalité – ✆ 05 63 57 32 77 – contact@la-verrerie.com – Fax 05 63 57 32 27

14 ch – 55/68 € 55/68 €, 10 € – ½ P 45/53 € – **Rest** – *(fermé sam. midi et dim. soir du 15 oct. au 15 avril)* Menu 13 € (déj. en sem.), 21/35 € – Carte 30/40 €

◆ Un minimusée évoque le passé de cette bâtisse bicentenaire, jadis verrerie puis fabrique de pâtes. Chambres modernes et pratiques, à choisir côté parc (belle bambouseraie). Lumineuse salle à manger prolongée d'une agréable terrasse tournée vers la verdure.

Les Sarments VISA

27 r. Cabrol, derrière abbaye St-Michel – ✆ 05 63 57 62 61 – sarments.les2@orange.fr – Fax 05 63 57 62 61 – Fermé 1er-9 mars, 20 déc.-11 janv., mardi d'oct. à fév., dim. soir, merc. soir et lundi

Rest – *(nombre de couverts limité, prévenir)* Menu 23 € (déj. en sem.), 28/46 € – Carte environ 40 €

◆ Découvrez le Gaillac viticole avec ce chai médiéval voisin de la maison des Vins. Restaurant au cadre raffiné (voûtes en pierre, tableaux). Carte actuelle et dives bouteilles.

La Table du Sommelier VISA

34 pl. Thiers – ✆ 05 63 81 20 10 – Fax 05 63 81 20 10 – Fermé dim. et lundi sauf juil.-août

Rest – Menu 13/30 € bc

◆ Avec une telle enseigne, nul doute, c'est Bacchus que l'on célèbre dans ce "bistrot-boutique" : belle carte des vins, au verre ou en bouteille, et cuisine du marché.

GAILLAN-EN-MÉDOC – 33 Gironde – 335 F3 – rattaché à Lesparre-Médoc

---

GAILLON – 27 Eure – 304 I7 – 6 861 h. – alt. 15 m – ✉ 27600

Normandie Vallée de la Seine 33 D2

Paris 94 – Les Andelys 13 – Rouen 48 – Évreux 25 – Vernon 15

Office de tourisme, 4 place Aristide Briand ✆ 02 32 53 08 25

de Gaillon Les Artaignes, E : 1 km par D 515, ✆ 02 32 53 89 40.

à Vieux-Villez **Ouest : 4 km par N 15 – 160 h. – alt. 125 m – ✉ 27600**

Château Corneille 35, VISA AE
– ✆ 02 32 77 44 77 – chateau-corneille@wanadoo.fr – Fax 02 32 77 48 79
19 ch – †84/100 € ††100/120 €, ☕ 12 €
Rest ***Closerie*** *– ✆ 02 32 77 42 97 (fermé sam. midi, dim. soir et lundi)* Menu 20 € (déj. en sem.), 25/49 € – Carte 28/58 €
◆ Cette avenante demeure bourgeoise nichée dans un petit parc abrite des chambres confortables et refaites depuis peu. Chaises en fer forgé, poutres, briques et cheminée composent le décor du restaurant, logé dans une ancienne bergerie.

GALÉRIA – **2B Haute-Corse** – **345** A5 – **voir à Corse**

GAMBAIS – **78 Yvelines** – **311** G3 – **2 064 h.** – **alt. 119 m** – ✉ **78950** 18 **A2**

Paris 55 – Dreux 27 – Mantes-la-Jolie 32 – Rambouillet 22 – Versailles 38

XX **Auberge du Clos St-Pierre** VISA AE
2 bis r. Goupigny – ✆ 01 34 87 10 55 – Fax 01 34 87 03 88 – Fermé 29 juil.-27 août, dim. soir, mardi soir et lundi
Rest – Menu 35/50 € – Carte 49/66 €
◆ Derrière la façade rouge de cette auberge, cuisine de tradition servie dans une salle à manger contemporaine ou sur la petite terrasse ombragée par un tilleul.

GAN – **64 Pyrénées-Atlantiques** – **342** J5 – **4 971 h.** – **alt. 210 m** – ✉ **64290** 3 **B3**

Paris 786 – Pau 10 – Arudy 17 – Lourdes 39 – Oloron-Ste-Marie 26

XX **Hostellerie L'Horizon** avec ch VISA AE
chemin Mesplet – ✆ 05 59 21 58 93 – eytpierre-hotelresto@wanadoo.fr – Fax 05 59 21 71 80 – Fermé 2 janv.-14 fév.
10 ch – †50/70 € ††60/80 €, ☕ 8 € – 1 suite – ½ P 80/100 € –
Rest – *(fermé dim. soir et lundi)* Menu 15 € (déj. en sem.), 28/68 € bc – Carte environ 55 €
◆ La salle à manger-véranda et la belle terrasse sont tournées vers un plaisant jardin planté de palmiers ; par beau temps, les Pyrénées ferment l'horizon. Chambres coquettes.

GAP Ⓟ – **05 Hautes-Alpes** – **334** E5 – **36 262 h.** – **alt. 735 m** – ✉ **05000**
Alpes du Sud 41 **C1**

Paris 665 – Avignon 209 – Grenoble 103 – Sisteron 52 – Valence 158

Office de tourisme, 2a cours Frédéric Mistral ✆ 04 92 52 56 56, Fax 04 92 52 56 57

Alpes Provence Gap Bayard Station Gap Bayard, par rte de Grenoble : 7 km, ✆ 04 92 50 16 83.

Vieille ville★ - Musée départemental★.

Plan page suivante

Le Clos rest, VISA AE
par ① rte Grenoble et chemin privé – ✆ 04 92 51 37 04 – leclos@voila.fr – Fax 04 92 52 41 06 – Fermé 22 oct.-26 nov., dim. soir et lundi sauf vacances scolaires
29 ch – †45/50 € ††49/58 €, ☕ 8 € – ½ P 48/53 € – **Rest** – Menu 18/31 €
◆ Cet hôtel de la périphérie gapençaise propose des chambres fonctionnelles, dotées pour moitié d'un balcon. Jardin arboré avec jeux pour les enfants. Spacieuse salle à manger non-fumeurs, d'esprit rustique, prolongée d'une véranda et d'une terrasse d'été.

Kyriad sans rest VISA AE
par ③ : 2,5 km (près piscine), rte Sisteron – ✆ 04 92 51 57 82 – kyriad.gap@wanadoo.fr – Fax 04 92 51 56 52
26 ch – †59/70 € ††62/70 €, ☕ 7,50 €
◆ Aux portes de Gap, sur la route Napoléon, hôtel disposant de chambres fraîches et spacieuses, aménagées de part et d'autre du jardin, où l'on petit-déjeune à la belle saison.

GAP

Balmens (R.) . . . . **Z** 3
Carnot (R.) . . . . **Z** 4
Curie (Bd P. et M.). . . . . **Y** 5
Dumont (Av. du Cdt) . . . . **Y** 6
Euzières (Pl. Frédéric) . . . . **Z** 7
Eymar (R. Jean) . . . . **Y** 8
Faure-du-Serre (R.) . . . . **Y** 9
France (R. de) . . . . **Y** 10
Jean-Jaurès (Av.) . . . . **Z** 12
Ladoucette (Cours) . . . . **Y** 13
Libération (Bd de) . . . . **Y** 14
Mazel (R. du) . . . . **Z** 15
Moreau (R. E.) . . . . **Z** 16
Révelly (Pl. du) . . . . **Y** 17
Roux (R. Colonel). . . . . **Z** 19
St-Arnoux (Pl.) . . . . **Z** 20
Valserres (R. de). . . . . **Z** 23

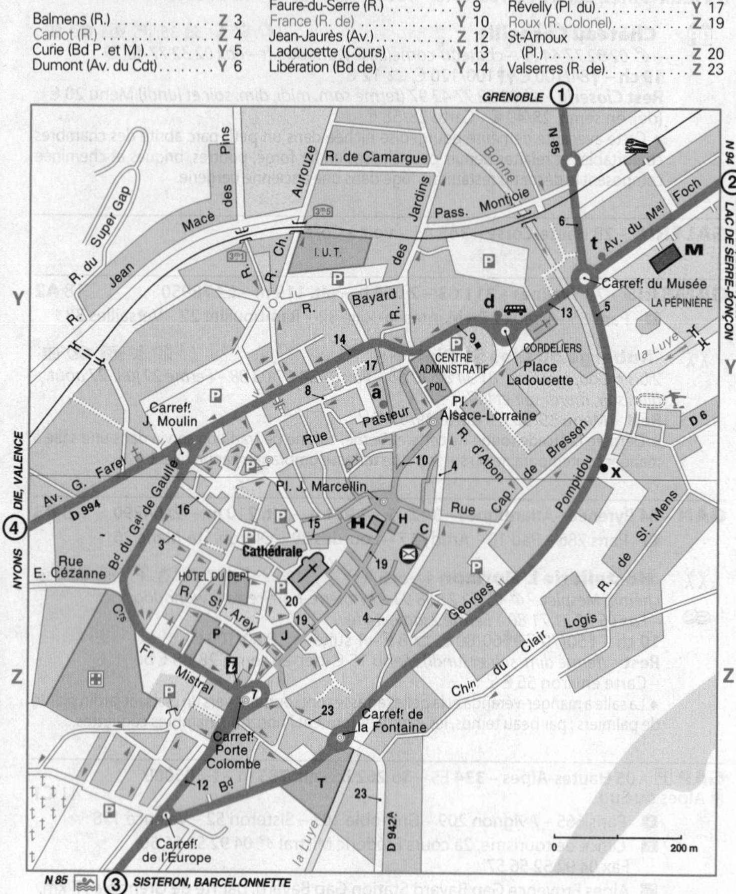

Ibis ch, ch, 30/50, VISA

5 bd G. Pompidou – 04 92 53 57 57 – ibisgap@wanadoo.fr – Fax 04 92 53 38 15 Y **x**

61 ch – 50/68 € 50/68 €, 7 € – **Rest** – Menu 17 €

◆ Vous trouverez ici les prestations habituelles à la chaîne, des chambres rajeunies, un double vitrage efficace et un espace séminaire. La bonne tenue et le soin porté à l'accueil sont les atouts majeurs du restaurant de cet Ibis ; décor dans les tons pastel.

Patalain VISA

2 pl. Ladoucette – 04 92 52 30 83 – sarl-le-patalain@wanadoo.fr – Fax 04 92 52 30 83 – Fermé 26 déc.-15 janv., dim. et lundi Y **d**

Rest – Menu 35/40 €

Rest *Bistro du Patalain* – Menu (16 €), 19/23 €

◆ Belle maison de maître (1890) agrémentée d'un jardin et d'une terrasse sous glycine. La carte traditionnelle est présentée dans une salle bourgeoise classiquement aménagée. Au Bistro, ambiance "bouchon lyonnais", menu du jour inscrit sur ardoise et plats régionaux.

XX **Le Pasturier**

18 r. Pérolière – ✆ 04 92 53 69 29 – pasturier.resto@wanadoo.fr – Fax 04 92 53 30 91 – Fermé 25 juin-10 juil., 1er-9 oct., 6-21 janv., mardi midi, dim. soir et lundi Y a

Rest – Menu 26/45 € – Carte 33/45 €

◆ Nouveau décor aux tons ensoleillés pour cette accueillante petite adresse (non-fumeurs) du vieux Gap. Cuisine régionale et beau livre de cave ; terrasse ombragée à l'arrière.

X **La Grangette**

1 av. Foch – ✆ 04 92 52 39 82 – Fax 04 92 52 39 82 – Fermé 16-31 juil., 14-31 janv., mardi soir et merc. Y t

Rest – Menu 21/30 € – Carte 29/43 €

◆ Aux abords d'un musée et d'un carrefour très passant, discrète enseigne estimée pour ses préparations traditionnelles exemptes de complication et pour son décor campagnard.

à La Bâtie-Neuve 10 km par ② – 1 687 h. – alt. 852 m – ✉ 05230

La Pastorale sans rest

Les Brès, Nord-Est : 4 Km par D 214 et D 614 – ✆ 04 92 50 28 40 – la-pastorale@wanadoo.fr – Fax 04 92 50 21 14 – Ouvert 2 mai-30 oct.

8 ch – †70/75 € ††70/85 €, ☕ 8 €

◆ Les chambres, plaisantes, sont assez originalement agencées puisqu'elles s'adaptent aux volumes irréguliers de cette vénérable bâtisse du 16e s. Petit jardin ombragé. Accueil charmant.

à la Freissinouse 9 km par ④ – 456 h. – alt. 965 m – ✉ 05000

Azur rest, 40,

D 994 – ✆ 04 92 57 81 30 – contact@hotelazur.com – Fax 04 92 57 92 37

45 ch – †50/62 € ††50/72 €, ☕ 6 € – ½ P 50/60 € – **Rest** – Menu 15 € (sem.)/34 € – Carte 24/37 €

◆ Hôtel disposant de chambres pratiques et colorées, plus au calme sur l'arrière. De l'autre côté de la route, un parc avec étang, piscine, jeux et annexe (deux duplex pour les familles). Cuisine classique servie dans une salle à manger spacieuse et confortable.

GARABIT (VIADUC DE) – 15 Cantal – 330 H5 – voir à Viaduc de Garabit

LA GARDE – 04 Alpes-de-Haute-Provence – 334 H10 – rattaché à Castellane

LA GARDE – 48 Lozère – 330 H5 – rattaché à St-Chély-d'Apcher

LA GARDE-ADHÉMAR – 26 Drôme – 332 B7 – 1 075 h. – alt. 178 m – ✉ 26700

Lyon et la vallée du Rhône 44 **B3**

Paris 624 – Montélimar 24 – Nyons 42 – Pierrelatte 7

Syndicat d'initiative, le village ✆ 04 75 04 40 10

Église★ - ≤★ de la terrasse.

Le Logis de l'Escalin ch, ch, ch,

Nord : 1 km par D 572 – ✆ 04 75 04 41 32 – info@lescalin.com – Fax 04 75 04 40 05

14 ch – †60/65 € ††65/75 €, ☕ 14 € – ½ P 67/80 € – **Rest** – *(fermé dim. soir et lundi)* Menu 26 € (sem.)/47 € – Carte 46/71 €

◆ Cette ferme aurait pu voir naître Escalin, baron de la Garde et ambassadeur de François 1er. Les chambres offrent un confort complet et un plaisant décor coloré. Salle à manger provençale réchauffée par une cheminée et agréable terrasse ombragée de platanes.

Première distinction : l'étoile ✿.
Elle couronne les tables pour lesquelles on ferait des kilomètres !

LA GARDE-GUÉRIN – 48 Lozère – 330 L8 – ✉ 48800

Languedoc Roussillon 23 **C1**

Paris 610 – Alès 59 – Aubenas 69 – Florac 71 – Langogne 37 – Mende 55

Donjon ✳★ - Belvédère du Chassezac★★.

Auberge Régordane

– ✆ *04 66 46 82 88 – pierre.nogier@free.fr – Fax 04 66 46 90 29 – Ouvert 13 avril-14 oct.*

15 ch – 54 € 54/65 €, ☕ 8 € – ½ P 52/60 € – **Rest** – Menu 19/36 € – Carte 35/49 €

◆ Cette demeure du 16ᵉ s. profite d'un bel intérieur de caractère au cœur d'un village médiéval fortifié situé sur l'antique voie Régordane reliant l'Auvergne au Languedoc. Voûtes en granit, décor rustique soigné et jolie terrasse font le cachet du restaurant.

LA GARENNE-COLOMBES – 92 Hauts-de-Seine – 311 J2 – 101 – voir à Paris, Environs

LA GARETTE – 79 Deux-Sèvres – 322 C7 – ✉ 79270 Sansais

Poitou Vendée Charentes 38 **B2**

Paris 419 – Fontenay-le Comte 28 – Niort 12 – La Rochelle 60 – St-Jean-d'Angély 59

Les Mangeux de Lumas

78 r. des Gravées, accès piétonnier – ✆ 05 49 35 93 42 – Fax 05 49 35 82 89 – Fermé 26 nov.-2 déc. et 7-27 janv.

Rest – *(fermé lundi soir, merc. soir et mardi sauf du 14 juil. au 31 août)* Menu 20/49 € – Carte 34/58 €

◆ Typique du Marais poitevin, le double accès de la maison guide vos pas vers les terrasses : côté rue ou côté conche. Spécialités de petits-gris ou "lumas". L'été, formule grill.

GARIDECH – 31 Haute-Garonne – 343 H2 – 954 h. – alt. 180 m – ✉ 31380 29 **C2**

Paris 687 – Toulouse 21 – Albi 58 – Auch 96

Le Club

rte d'Albi – ✆ 05 61 84 20 23 – rest-leclub@wanadoo.fr – Fax 05 61 84 43 21 – Fermé 20 août-3 sept., 18-23 fév., sam. midi, dim. soir et lundi

Rest – Menu 17 € (déj. en sem.), 26/40 € – Carte 41/51 €

◆ Maison familiale située dans un jardin en retrait de la route. Coquette salle à manger rustique ; terrasse et véranda tournées vers la campagne. Carte traditionnelle.

GARNACHE – 85 Vendée – 316 F6 – rattaché à Challans

GARONS – 30 Gard – 339 L6 – rattaché à Nîmes

GARREVAQUES – 81 Tarn – 338 D10 – 252 h. – alt. 192 m – ✉ 81700 29 **C2**

Paris 727 – Carcassonne 53 – Castres 31 – Toulouse 52

Le Pavillon du Château ch, rest, 10/100, VISA AE

Château de Garrevaques – ✆ 05 63 75 04 54 – m.c.combes@wanadoo.fr – Fax 05 63 70 26 44

15 ch – 80/180 € 150/200 €, ☕ 14 € – ½ P 110/130 € – **Rest** – *(nombre de couverts limité, prévenir)* Menu 15 € (déj. en sem.), 25/45 € – Carte 35/54 €

◆ Cet hôtel aménagé dans les communs du château abrite de très belles chambres garnies de meubles d'époque, familiaux ou chinés. Superbe spa doté d'équipements dernier cri. Cuisine au goût du jour servie dans la cave voûtée.

Le Château de Garrevaques

– ✆ 05 63 75 04 54 – m.c.combes@wanadoo.fr – Fax 05 63 70 26 44

6 ch – 80/180 € 150/200 €, ☕ 14 € – ½ P 110/130 €

◆ Chambres cossues et raffinées dans un château du 16ᵉ s. remanié au 19ᵉ s. Paisible et beau parc.

GASNY – 27 Eure – **304** J7 – **2 941 h.** – **alt. 36 m** – ✉ **27620** 33 **D2**

Paris 77 – Évreux 43 – Mantes-la-Jolie 20 – Rouen 71 – Vernon 10 – Versailles 67

de Villarceaux à Chaussy Château du Couvent, N : 11 km par D 37, ✆ 01 34 67 73 83.

Auberge du Prieuré Normand

1 pl. République – ✆ 02 32 52 10 01 – prieure.normand@wanadoo.fr – Fermé 6-31 août, mardi soir et merc.

Rest – Menu 17 € (déj. en sem.), 24/43 € – Carte 41/50 €

◆ Depuis la Roche-Guyon, votre route vous mènera le long des boves crayeuses à cette sympathique auberge villageoise où vous attend une cuisine traditionnelle soignée.

GASPARETS – 11 Aude – **344** H4 – ✉ **11200 Boutenac** 22 **B3**

Paris 815 – Béziers 55 – Montpellier 114 – Perpignan 73

La Bastide de Gasparets sans rest

2 r. de l'Église – ✆ 04 68 48 66 43 – labastide.degasparets@wanadoo.fr

3 ch – †85/150 € ††85/150 €

◆ Cette jolie demeure aux airs de château abrite des chambres d'un luxe discret, décorées de meubles de famille ou chinés chez les antiquaires. Beau jardin à la française.

GASSIN – 83 Var – **340** O6 – **2 710 h.** – **alt. 200 m** – ✉ **83580**
Côte d'Azur 41 **C3**

Paris 872 – Fréjus 34 – Le Lavandou 31 – St-Tropez 9 – Ste-Maxime 14 – Toulon 69

Gassin Golf Country Club Route de Ramatuelle, ✆ 04 94 55 13 44.

Terrasse des Barri ★.

Moulins de Paillas ★★ SE : 3,5 km.

Auberge la Verdoyante

866 chemin vicinal Coste Brigade – ✆ 04 94 56 16 23 – la.verdoyante@wanadoo.fr – Fax 04 94 56 43 10 – Fermé 15 nov.-2 fév., du lundi au jeudi en fév. et mars, lundi midi et merc. d'avril à nov.

Rest – Menu 27/48 € – Carte 42/52 €

◆ Auberge nichée dans un écrin de verdure. Goûtez à son appétissante cuisine régionale, sur la terrasse dominant le golfe de St-Tropez ou dans une coquette salle provençale avec cheminée.

GAURIAC – 33 Gironde – **335** H4 – **826 h.** – **alt. 50 m** – ✉ **33710** 3 **B1**

Paris 551 – Blaye 11 – Bordeaux 42 – Jonzac 57 – Libourne 38

La Filadière

Ouest : 2 km sur D 669E1 – ✆ 05 57 64 94 05 – la-filadiere@wanadoo.fr – Fax 05 57 64 94 06 – Fermé mardi soir de sept. à juin et merc.

Rest – Menu 27/30 € – Carte 31/56 €

◆ La terrasse panoramique bordant l'estuaire de la Gironde est un des atouts de ce restaurant lumineux, bâti sur un ancien site de stockage pétrolier. Salon pour repas commandés.

GAVARNIE – 65 Hautes-Pyrénées – **342** L8 – **164 h.** – **alt. 1 350 m** – **Sports d'hiver : 1 350/2 400 m** 11 – ✉ **65120** Midi-Pyrénées 28 **A3**

Paris 901 – Lourdes 52 – Luz-St-Sauveur 20 – Pau 96 – Tarbes 71

Office de tourisme, le village ✆ 05 62 92 49 10

Village★ - Cirque de Gavarnie★★★ S : 3 h 30.

Vignemale sans rest

– ✆ 05 62 92 40 00 – hotel.vignemale@wanadoo.fr – Fax 05 62 92 40 08 – Ouvert 15 mai-30 sept.

24 ch – †130 € ††130/300 €, 17 €

◆ Plein Sud face au majestueux cirque de Gavarnie, cet imposant chalet en pierre (1902) jouit d'un beau panorama. Chambres sobres. Parc aux sapins centenaires. Élevage de chevaux.

Le Marboré ch, 25,
– ✆ 05 62 92 40 40 – contacts@lemarbore.com – Fax 05 62 92 40 30
– Fermé 15 nov.-20 déc.
24 ch – †65 € ††94 €, ☕ 12 € – ½ P 62 € – **Rest** – Menu 21 € – Carte 30/55 €
♦ À l'entrée du cirque, bâtisse du 19e s. coiffée de combles à la Mansard. Bar "british", ambiance cordiale et chambres nettes offrant parfois une vue montagnarde. Repas traditionnel dans une salle rustique au mobilier de bistrot, sous la véranda ou en terrasse.

GAZERAN – 78 Yvelines – **311** G4 – **rattaché à Rambouillet**

GÉMENOS – 13 Bouches-du-Rhône – **340** I6 – 5 485 h. – alt. 150 m – ✉ 13420
Provence 40 **B3**

Paris 788 – Aix-en-Provence 39 – Brignoles 48 – Marseille 25 – Toulon 50
Office de tourisme, cours Pasteur ✆ 04 42 32 18 44, Fax 04 42 32 15 49
Parc de St-Pons★ E : 3 km.

Relais de la Magdeleine rest, 30,
rd-pt de la Madeleine, N 396 – ✆ 04 42 32 20 16
– contact@relais-magdeleine.com – Fax 04 42 32 02 26 – Ouvert 15 mars-15 nov.
24 ch – †90/150 € ††100/160 €, ☕ 14 € – ½ P 100/140 € – **Rest** – (fermé lundi midi et merc. midi) Menu 43/57 € – Carte 56/61 €
♦ C'est toute la Provence qui s'exprime dans cette élégante demeure du 18e s. : mobilier ancien, tomettes, tableaux, tissus... jusqu'au chant des cigales dans le parc ! Cuisine classique, salles à manger en enfilade et décor raffiné caractérisent le restaurant.

Bed & Suites sans rest
au parc d'activités de Gémenos, Sud : 2 km – ✆ 04 42 32 72 73 – bedandsuites@voila.fr – Fax 04 42 32 72 74
29 ch – †85/125 € ††85/125 €, ☕ 10 €
♦ Derrière sa façade ocre, cet hôtel récent abrite des chambres modernes, dotées de balcons et décorées dans un sobre esprit provençal ; elles sont plus calmes à l'avant.

Du Parc 20,
Vallée St-Pons, par D 2 : 1 km – ✆ 04 42 32 20 38 – hotel.parc.gemenos@wanadoo.fr – Fax 04 42 32 10 26
13 ch – †49/55 € ††54/89 €, ☕ 8 € – ½ P 57/69 € – **Rest** – Menu 13 € (déj. en sem.), 25/35 € – Carte 30/51 €
♦ Non loin du parc de St-Pons, dans un écrin de verdure en retrait de la départementale, une sympathique adresse, pleine de gaieté avec ses chambres colorées. Spacieux restaurant offrant une jolie vue sur un jardin fleuri. Terrasse ombragée par des platanes.

GÉNÉRARGUES – 30 Gard – **339** I4 – **rattaché à Anduze**

GENESTON – 44 Loire-Atlantique – **316** G5 – 2 217 h. – alt. 28 m
– ✉ 44140 34 **B2**

Paris 398 – Cholet 60 – Nantes 20 – La Roche-sur-Yon 47

Le Pélican
13 pl. G. Gaudet – ✆ 02 40 04 77 88 – Fax 02 40 04 77 88
– Fermé 30 juil.-24 août, 18-28 fév., merc. de mars à août, mardi de sept. à fév., dim. soir et lundi
Rest – Menu 20/30 €
♦ Cette pimpante façade en bois peint dissimule deux petites salles à manger décorées dans les tons jaune et bleu. Cuisine actuelle s'inspirant du répertoire classique.

GENEUILLE – 25 Doubs – **321** F3 – **rattaché à Besançon**

GENILLÉ – 37 Indre-et-Loire – **317** P5 – 1 425 h. – alt. 88 m – ✉ 37460
Châteaux de la Loire 11 **B3**

Paris 239 – Tours 48 – Blois 57 – Châtellerault 67 – Loches 12
Syndicat d'initiative, 17 place Agnès Sorel ✆ 02 47 59 57 85

Agnès Sorel avec ch
6 pl. Agnès Sorel – ✆ 02 47 59 50 17 – agnessorel@wanadoo.fr – Fax 02 47 59 59 50 – Fermé 19-29 mars, 30 sept.-11 oct., dim. soir, mardi midi et lundi de sept. à juin et merc. en juil.-août
3 ch – 45 € 59 €, 8 € – ½ P 70 € – **Rest** – Menu 17 € (déj. en sem.), 38/54 € – Carte 40/50 €
◆ Deux plaisantes salles à manger attendent les convives dans cette maison de pays. Ils s'y régaleront avec une goûteuse cuisine dans l'air du temps.

GÉNIN (LAC) – 01 Ain – 328 H3 – rattaché à Oyonnax

GENNES – 49 Maine-et-Loire – 317 H4 – 1 946 h. – alt. 28 m – ✉ 49350

Châteaux de la Loire 35 **C2**

Paris 305 – Angers 33 – Bressuire 65 – Cholet 68 – La Flèche 46 – Saumur 20

Office de tourisme, square de l'Europe ✆ 02 41 51 84 14, Fax 02 41 51 83 48

Église★★ de Cunault SE : 2,5 km - Église★ de Trèves-Cunault SE : 3 km.

Les Naulets d'Anjou
18 r. Croix de Mission – ✆ 02 41 51 81 88 – lesnauletsdanjou@wanadoo.fr – Fax 02 41 38 00 78 – Fermé 23 déc.-31 janv.
19 ch – 49/55 € 49/55 €, 8 € – ½ P 46/50 € – **Rest** – *(fermé merc. du 15 oct. au 15 avril) (dîner seult)* Menu (17 €), 22/30 €
◆ Construction des années 1970 dans la partie haute du village, où il fait bon se détendre et se ressourcer entre Anjou et Saumurois. Lumineuse salle à manger prolongée d'un balcon-terrasse ouvert sur la piscine et le jardin. Cuisine familiale.

GENSAC – 33 Gironde – 335 L6 – 800 h. – alt. 78 m – ✉ 33890 4 C1

Paris 554 – Bergerac 39 – Bordeaux 63 – Libourne 33 – La Réole 34

Office de tourisme, 5 place de l'Hôtel de Ville ✆ 05 57 47 42 37, Fax 05 57 47 46 63

Remparts avec ch
16 r. Château – ✆ 05 57 47 43 46 – info@lesremparts.net – Fax 05 57 47 46 76 – Fermé 7 janv.-5 mars
7 ch – 58/80 € 58/80 €, 7,50 € – ½ P 62/73 € – **Rest** – *(dîner seult sauf dim.)* Menu 25/30 €
◆ Près de l'église, ensemble typé où un chef anglais vous convie à un repas traditionnel dans une salle sobre et claire, dotée de chaises rustiques. Jolie vue sur la vallée. Chambres avenantes à l'ombre du clocher, dans le presbytère médiéval. Jardin soigné.

au Nord 2 km par D16 et D130 (rte de Juillac) – ✉ 33890 Juillac

Le Belvédère
– ✆ 05 57 47 40 33 – le-belvedere@wanadoo.fr – Fax 05 57 47 48 07 – Fermé oct., mardi sauf le midi en juil.-août et merc.
Rest – Menu 20 € bc (déj. en sem.), 26/60 € – Carte 31/66 €
◆ Grand chalet surplombant le village et un méandre de la Dordogne. Salle rustique avec cheminée et agréable terrasse-belvédère pour goûter une cuisine à l'accent régional.

au Sud-Ouest 2 km par D18 et D15[E1] – ✉ 33350 Ste-Radegonde

Le Château de Sanse rest, ch, rest, 25,
– ✆ 05 57 56 41 10 – contact@chateaudesanse.com – Fax 05 57 56 41 29 – Ouvert mars-nov.
16 ch – 100/195 € 100/195 €, 12 € – ½ P 83/126 € – **Rest** – *(fermé mardi, merc. et le midi sauf week-end d'oct. à avril)* Menu (27 €), 35 € – Carte 31/50 €
◆ Dominant campagne et vignobles, noble demeure (18e s.) en pierres blondes agrémentée d'un parc et d'une belle piscine. Chambres modernes offrant ampleur, calme et caractère. Repas au goût du jour dans une véranda au cadre actuel ou sur la terrasse perchée.

GÉRARDMER – 88 Vosges – 314 J4 – 8 845 h. – alt. 669 m – Sports d'hiver : 660/1 350 m 31 – Casino AZ – ✉ 88400 Alsace Lorraine 27 **C3**

Paris 425 – Belfort 78 – Colmar 52 – Épinal 40 – St-Dié 27 – Thann 50

Office de tourisme, 4 place des Déportés ☏ 03 29 27 27 27, Fax 03 29 27 23 25

Lac de Gerardmer★ - Lac de Longemer★ - Saut des Cuves★ E : 3 km par ①.

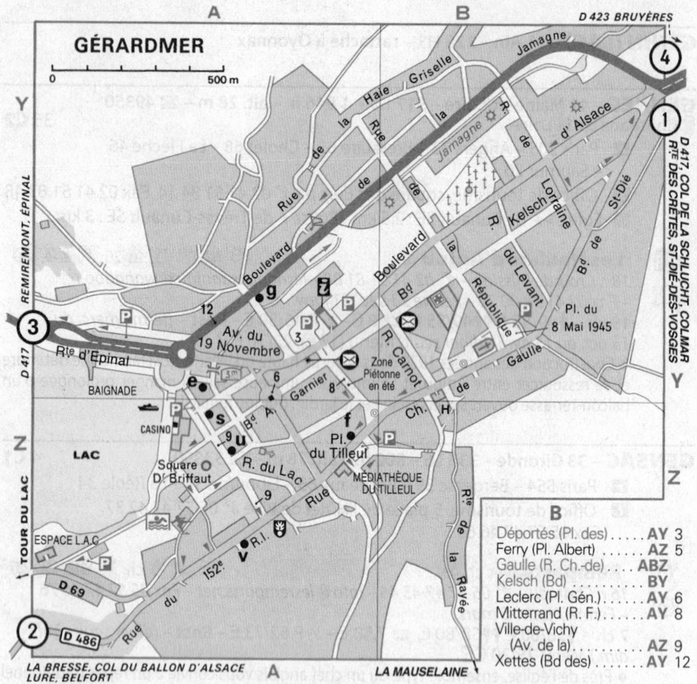

Le Grand Hôtel ch, 20/100, **P**

pl. Tilleul – ☏ 03 29 63 06 31 – gerarmer-grandhotel@wanadoo.fr – Fax 03 29 63 46 81 VISA AE AZ **f**

58 ch – †76/126 € ††98/185 €, ☕ 13 € – 14 suites – ½ P 76/125 €

Rest *Le Grand Cerf* – *(dîner seult sauf dim. et fériés)* Menu 25 € (sem.)/85 € – Carte 53/70 €

Rest *L'Assiette du Coq à l'Âne* – Menu (13,50 € bc), 17 € (sem.)/25 € – Carte 25/44 €

◆ Imposante bâtisse du 19e s., rénovée, dans un jardin arboré. Chambres "cosy" mariant esprit anglais et style montagnard. Un chalet abrite 2 belles suites. Cuisine classique au Grand Cerf. Joli décor régional et spécialités du terroir à l'Assiette du Coq à l'Âne.

Le Manoir au Lac lac, ch, rest, 20, **P**

par ③ : 1 km rte d'Épinal – ☏ 03 29 27 10 20 – contact@manoir-au-lac.com – Fax 03 29 27 10 27 – Fermé 12 nov.-3 déc. VISA AE

12 ch – †150/280 € ††150/350 €, ☕ 20 € – **Rest** – *(fermé dim. et lundi) (dîner seul.) (résidents seul.)* Menu 30 €

◆ Jadis fréquenté par Maupassant, chalet vosgien de 1830 dans un parc. Ambiance "guesthouse", piano, beau mobilier, chambres raffinées et superbe vue sur le lac. Salon de thé.

Beau Rivage lac, rest, 50/100,
esplanade du Lac – 03 29 63 22 28
– hotel-beau-rivage@wanadoo.fr – Fax 03 29 63 29 83 AY **e**
51 ch – 69/161 € 78/340 €, 12 € – 1 suite – ½ P 80/231 € – **Rest** – *(fermé vend. et sam. midi hors saison, sauf vacances scolaires et fériés)* Menu 23 € (déj. en sem.), 36/68 € – Carte 55/63 €
◆ Hôtel idéalement situé car tout près du lac. Quand elles ont un balcon, les chambres - parfois très spacieuses - jouissent d'une vue unique sur les ondes bleutées. Spa luxueux. Cuisine actuelle au restaurant chic (tons sombres, bois) ; brasserie dans un cadre "lounge".

Jamagne ch, rest, rest, 20/50,
2 bd Jamagne – 03 29 63 36 86 – hotel.jamagne@wanadoo.fr
– Fax 03 29 60 05 87 – Fermé 11 nov.-21 déc. AY **g**
48 ch – 50/80 € 70/110 €, 10 € – ½ P 55/75 € – **Rest** – Menu 14/40 € – Carte 22/44 €
◆ Établissement tenu depuis 1905 par la même famille. Chambres refaites par étapes, lambrissées et dotées d'un mobilier de style régional. Cuisine traditionnelle, spécialités et vins locaux à déguster dans deux salles à manger aux couleurs du Sud.

Gérard d'Alsace sans rest
14 r. 152ᵉ R. I. – 03 29 63 02 38 – contact@hotel-gerard-dalsace.com
– Fax 03 29 60 85 21 – Fermé 20 mars-5 avril, 25 juin-8 juil. AZ **v**
13 ch – 60/80 € 60/80 €, 7,50 €
◆ Accueil attentionné, chambres refaites, actuelles et douillettes, pour cet hôtel (non-fumeur) situé sur une rue un peu bruyante : réservez de préférence sur l'arrière.

Les Reflets du Lac sans rest
au bout du lac, par ③ : 2,5 km – 03 29 60 31 50 – contact@lesrefletsdulac.com
– Fax 03 29 60 31 51 – Fermé 15 nov.-15 déc.
14 ch – 49/57 € 65/84 €, 6,50 €
◆ Le lieu de tournage des Grandes Gueules (Lino Ventura, Bourvil) est proche de ce chalet. Chambres non-fumeurs, fonctionnelles et bien tenues ; la plupart regardent le lac.

Les Loges du Parc sans rest
12 av. Ville de Vichy – 03 29 63 32 43 – les.loges.du.parc@wanadoo.fr
– Fax 03 29 63 17 03 – Fermé 9-31 mars et 7 oct.-22 déc. AZ **u**
31 ch – 57/75 € 57/100 €, 9 €
◆ Hôtel constitué de deux bâtiments séparés par une rue. Petites chambres coquettes, souvent égayées de tissus colorés et de frisette. Salon-cheminée décoré à la tyrolienne.

Paix rest,
6 av. Ville de Vichy – 03 29 63 38 78 – hotel.delapaix@wanadoo.fr
– Fax 03 29 63 18 53 AZ **s**
24 ch – 47/97 € 58/108 €, 8,50 € – 1 suite – ½ P 60/89 €
Rest *Bistrot des Bateliers* – *(fermé dim. soir et lundi sauf vacances scolaires et fériés)* Menu (19 €), 26/38 € – Carte 27/43 €
◆ Cet hôtel installé face au casino et au lac dispose de chambres majoritairement rajeunies. Accès offert à la piscine du Beau Rivage voisin. Au restaurant, agréable atmosphère de bistrot et appétissante cuisine ; salle et véranda ont vue sur le plan d'eau.

Chalet du Lac lac, 10,
97, chemin de la droite du lac, par ③ : 1 km rte Épinal – 03 29 63 38 76
– Fax 03 29 60 91 63 – Fermé oct.
11 ch – 59 € 59 €, 9 € – ½ P 58 € – **Rest** – Menu 21/42 € – Carte 28/37 €
◆ L'atout majeur de ce chalet vosgien (1866) géré en famille est son emplacement sur une rive du lac, au pied de la forêt. Chambres simples, récemment rafraîchies. Salle à manger "rétro", jolie vue sur les flots et cuisine traditionnelle.

à Xonrupt-Longemer 4 km par ① – **1 489 h.** – **alt. 714 m** – ✉ **88400**

La Devinière sans rest
318 montée des Broches – 03 29 63 23 89 – feltzsylvie@hotmail.com
– Fax 03 29 63 15 22 – Fermé 26 mars-5 avril et 1ᵉʳ-20 oct.
5 ch – 50/80 € 58/90 €
◆ Parmi les avantages de cette ancienne ferme restaurée : la tranquillité, la vue sur la forêt et un espace bien-être (sauna finlandais). Cinq belles chambres dont une familiale.

aux Bas-Rupts 4 km par ② – ✉ 88400 Gérardmer

Les Bas-Rupts (Philippe) rest, rest, rest, VISA
– ✆ 03 29 63 09 25 – *basrupts@relaischateaux.com – Fax 03 29 63 00 40*
23 ch – 120/160 € 120/195 €, 20 € – 3 suites – ½ P 145/210 € –
Rest – *(prévenir le week-end)* Menu 32 € (déj. en sem.), 48/90 € – Carte 57/107 €
Spéc. Carpaccio de tête de veau et queues de langoustines rôties. Poulette de Bresse rôtie, sauce au vin jaune et morilles. Moelleux au chocolat. **Vins** Muscat d'Alsace, Pinot gris.
◆ Toit pentu, façades de bois sombre et joli fleurissement en saison : ambiance chalet que renforce le beau décor rustique à l'autrichienne. Agréables chambres personnalisées. Cuisine soignée mariant terroir et inventivité.

Cap Sud VISA
144 rte de la Bresse – ✆ 03 29 63 06 83 – contact@capsud-bellemaree.fr – Fax 03 29 63 20 76 – Fermé lundi sauf fériés
Rest – Menu (15 €), 25/35 € – Carte 18/44 €
◆ Hublots et décor "paquebot" en acajou côté salle, vue sur les montagnes côté véranda, ou comment embarquer... pour les "fjords" vosgiens ! Produits de la mer.

GERBEROY – 60 Oise – 305 C3 – 111 h. – alt. 180 m – ✉ 60380 36 A2

Paris 110 – Aumale 30 – Beauvais 22 – Breteuil 37 – Compiègne 82 – Rouen 62

Hostellerie du Vieux Logis VISA
25 r. Logis du Roy – ✆ 03 44 82 71 66 – levieuxlogis@worldonline.fr – Fax 03 44 82 61 65 – Fermé vacances de Noël, de fév., le soir sauf sam. de nov. à mars, mardi soir, dim. soir et merc.
Rest – Menu 24/46 € – Carte 39/48 €
◆ Maison à l'entrée du vieux village fortifié désormais pris d'assaut par les fleurs, les peintres et les touristes. Cheminée et charpente découverte égayent la salle.

GÉTIGNÉ – 44 Loire-Atlantique – 316 I5 – rattaché à Clisson

LES GETS – 74 Haute-Savoie – 328 N4 – 1 352 h. – alt. 1 170 m – Sports d'hiver : 1 170/2 000 m 5 47 – ✉ 74260 Alpes du Nord 46 F1

Paris 579 – Annecy 77 – Bonneville 33 – Cluses 19 – Morzine 7 – Thonon-les-Bains 36

Office de tourisme, place Mairie ✆ 04 50 75 80 80
des Gets Les Chavannes, E : 3 km, ✆ 04 50 75 87 63.
Mont Chéry ★★.

Le Labrador rest,
rte La Turche – ✆ 04 50 75 80 00 – info@labrador-hotel.com – Fax 04 50 79 87 03 – Ouvert 23 déc.-10 avril et 23 juin-9 sept.
23 ch – 80/180 € 110/240 €, 15 € – ½ P 115/170 €
Rest *Le St-Laurent* – *(dîner seult sauf été)* Menu (30 €), 40/100 € – Carte 48/90 €
◆ Ce chalet entouré d'un joli jardin offre de nombreux services et loisirs. Salon-cheminée cossu et chambres avec balcon ménageant souvent une vue sur les montagnes. Cuisine actuelle et grillades préparées sous vos yeux dans la salle à manger d'esprit savoyard.

La Marmotte rest, VISA
– ✆ 04 50 75 80 33 – info@hotel-marmotte.com – Fax 04 50 75 83 26 – Ouvert 30 juin-3 sept. et 22 déc.-19 avril
48 ch – 155/265 € 255/335 €, 12 € – ½ P 139/225 € – **Rest** – *(dîner seult) (résidents seult)* Menu 28/50 €
◆ Après une journée de ski, détendez-vous près de la cheminée avant de vous faire dorloter dans le superbe spa (750 m²). Chambres récentes, douillettes et agrémentées de boiseries. Restaurant ouvert sur les pistes.

Mont Chéry sans rest VISA

– ✆ 04 50 75 80 75 – hotel.mont-chery@wanadoo.fr – Fax 04 50 79 70 13 – Ouvert 15 déc.-15 avril

27 ch – 100/180 € 155/320 €

◆ Au pied des remontées mécaniques, chambres coquettes au décor montagnard chic (celles de la catégorie "chalet" donnent sur les pistes). Jacuzzi et piscine panoramiques, sauna.

Alpina rest, VISA

55 imp. Grange Neuve – ✆ 04 50 75 80 22 – resa@hotelalpina.fr – Fax 04 50 75 83 48 – Ouvert 26 mai-24 sept. et 19 déc.-17 avril

33 ch – 60/80 € 80/140 €, 8,50 € – 1 suite – ½ P 70/110 € – **Rest** – Menu 19 € (déj. en sem.), 22/34 € – Carte 25/40 €

◆ Ce chalet-hôtel familial qui domine le bourg abrite des chambres généralement grandes, refaites dans un style savoyard actuel ; plaisant jardin d'été. Cuisine aux accents du pays, décor chaleureux et tons chauds vous attendent dans les deux salles du restaurant.

Crychar VISA AE

136 impasse de la Grange Neuve, par rte La Turche – ✆ 04 50 75 80 50 – info@crychar.com – Fax 04 50 79 83 12 – Ouvert juil.-août. et 15 déc.-15 avril

15 ch – 55/160 € 65/210 €, 13 € – ½ P 68/147 € – **Rest** – *(dîner seult) (résidents seult)* Menu 30/32 €

◆ Cirque blanc l'hiver, alpages verdoyants l'été : la petite bâtisse propose des chambres simples dotées de balcons, dans un environnement qui séduira les sportifs.

Bellevue ch, VISA

125 rte Front de Neige – ✆ 04 50 75 80 95 – info@hotelbellevue-lesgets.com – Fax 04 50 79 81 81 – Ouvert 1er juil.-31 août et 20 déc.-6 avril

16 ch – 50/110 € 60/160 €, 8,50 € – ½ P 68/92 € – **Rest** – Menu 16 € (déj.), 19/23 € – Carte 22/33 €

◆ Situé à côté de l'école de ski, ce chalet a été entièrement redécoré. Chambres avec balcons, peu spacieuses mais soignées ; les plus agréables sont exposées plein Sud. Carte régionale servie dans un restaurant ouvert sur les pistes. Plats du jour au bar-brasserie.

Régina rest, VISA

– ✆ 04 50 75 80 44 – hotelpla@wanadoo.fr – Fax 04 50 79 87 29 – Ouvert 25 juin-9 sept. et 23 déc.-14 avril

21 ch – 58/75 € 60/110 €, 9 € – ½ P 62/90 € – **Rest** – *(fermé mardi midi)* Menu 17/35 € – Carte 29/41 €

◆ L'un des premiers hôtels de la station, géré de père en fils depuis 1937 ; l'actuel propriétaire est également guide de montagne. Chambres simples et ambiance chaleureuse. Au restaurant, décor "tout bois", cheminée, recettes classiques et spécialités locales.

Bel'Alpe VISA

r. Centre – ✆ 04 50 79 74 11 – info@hotel-belalpe.com – Fax 04 50 79 80 99 – Ouvert juin-sept. et 14 déc.-début avril

35 ch – 72/106 € 72/106 €, 9 € – ½ P 57/79 € – **Rest** – Menu 16/25 € – Carte 42/62 €

◆ Tout est fait pour répondre aux besoins d'une clientèle familiale dans ce traditionnel chalet. Chambres sans fioriture ; la plupart possèdent un balcon. En cuisine, le chef mijote des plats inventifs qui voleraient presque la vedette aux spécialités régionales.

GEVREY-CHAMBERTIN – 21 Côte-d'Or – 320 J6 – 3 258 h. – alt. 275 m – ✉ 21220 Bourgogne

8 **D1**

Paris 315 – Beaune 33 – Dijon 13 – Dole 61

Office de tourisme, 3 rue Gaston Roupnel ✆ 03 80 34 38 40

Plan page suivante

Arts et Terroirs sans rest VISA AE

28 rte Dijon – ✆ 03 80 34 30 76 – arts-et-terroirs@wanadoo.fr – Fax 03 80 34 11 79 B e

20 ch – 58/86 € 66/86 €, 10 €

◆ Agréables chambres cossues donnant sur un paisible jardin ; seules trois se trouvent côté route mais bénéficient d'une bonne isolation. Salon "Chesterfield" où trône un piano.

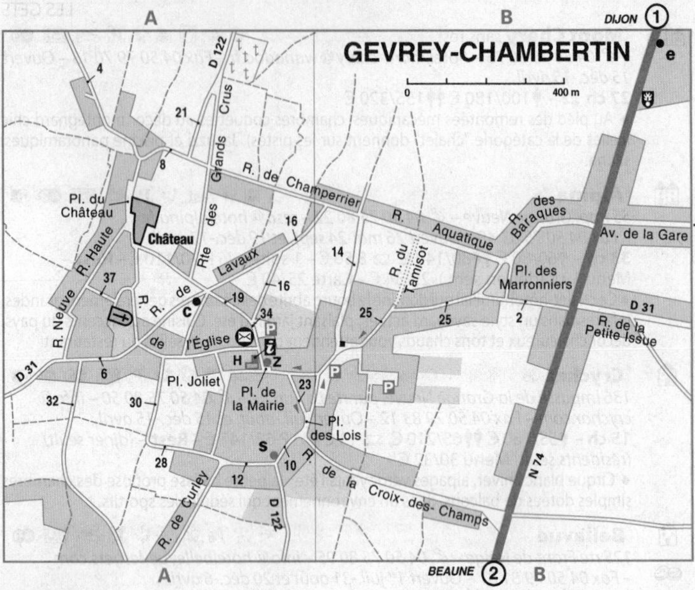

GEVREY-CHAMBERTIN

Ancienne Poste (R. de l') . . . . . . B 2
Argillière (Chemin de l') . . . . . . A 4
Aumonerie (R. de l') . . . . . . A 6
Caron (R. du) . . . . . . A 8
Chambertin (R. du) . . . . . . A 10
Chêne (R. du) . . . . . . A 12
Combe du Bas (R.) . . . . . . B 14
Combe du Dessus (R.) . . . . . . A 16
Docteur-Magnon-Pujo (R. du) . . . . . . A 19
En Songe (R. d') . . . . . . A 21
Gaizot (R. du) . . . . . . A 23
Lattre-de-Tassigny (R. du Maréchal de) . . . . . . B 25
Mees (R. des) . . . . . . A 28
Meixvelle (R. de) . . . . . . A 30
Planteligone (R. de) . . . . . . A 32
Roupnel (R. Gaston) . . . . . . A 34
Tison (R. du) . . . . . . A 37

Grands Crus sans rest

r. de Lavaux – ✆ 03 80 34 34 15 – hotel.lesgrandscrus@nerim.net – Fax 03 80 51 89 07 – Ouvert début mars-début déc. A **c**

24 ch – †75 € ††85 €, ☕ 12 €

◆ Les vignes des "grands crus" voisinent cette chaleureuse maison de village entourée d'un joli jardin fleuri. Chambres bourgeoises et salon de caractère.

Rôtisserie du Chambertin

R. du Chambertin – ✆ 03 80 34 33 20 – rotisserieduchambertin-bonbistrot@wanadoo.fr – Fax 03 80 34 12 30 – Fermé 29 juil.-14 août, 23-30 déc., 15 fév.-7 mars, dim. soir, mardi midi et lundi A **s**

Rest – Menu 32/70 € – Carte 42/66 €

Rest *Le Bonbistrot* – Menu 26/30 € – Carte 26/33 €

◆ Remonter de la salle voûtée peut être une épreuve, car la carte comporte une séduisante sélection de chambertins ! Minimusée de la tonnellerie. Le Bonbistrot occupe une ancienne grange ; carte traditionnelle et régionale où le coq au vin figure en bonne place.

Chez Guy

3 pl. Mairie – ✆ 03 80 58 51 51 – chez-guy@hotel-bourgogne.com – Fax 03 80 58 50 39 A **z**

Rest – Menu (24 €), 29/49 €

◆ Élégant mobilier contemporain, tons chaleureux, tableaux colorés à thème culinaire : rénovation réussie pour ce restaurant servant une cuisine actuelle. Beau choix de chambertins.

Une nuit douillette sans se ruiner ?
Repérez les Bibs Hôtel .

GEX – 01 Ain – **328** J3 – **7 733 h.** – **alt. 626 m** – ✉ **01170**
Franche-Comté Jura 46 **F1**

Paris 490 – Genève 19 – Lons-le-Saunier 93 – Pontarlier 110 – St-Claude 42

Office de tourisme, square Jean Clerc ✆ 04 50 41 53 85, Fax 04 50 41 81 00

de Maison-Blanche à ÉchenevexS : 3 km par D 984, ✆ 04 50 42 44 42.

Du Parc sans rest
58 passage de la Couronne – ✆ 04 50 41 50 18 – hotel.parc@wanadoo.fr – Fax 04 50 42 37 29 – Fermé 2 janv.-1er fév. et dim.
14 ch – 56/61 € 61/68 €, 8 €
◆ Maison familiale disposant d'une jolie terrasse fleurie. Chambres simples, équipées de meubles rustiques ; quatre d'entre elles, rénovées, sont plus grandes. Salon-bar feutré.

à Echenevex Sud : 4 km par D 984c et rte secondaire – 1 197 h. – alt. 580 m – ✉ 01170

Auberge des Chasseurs ← Mont-Blanc, 30,
Naz Dessus – ✆ 04 50 41 54 07 – aubergedeschasseurs@wanadoo.fr – Fax 04 50 41 90 61 – Ouvert 1er mars-31 oct.
15 ch – 85/120 € 95/150 €, 12 € – ½ P 105/160 € – **Rest** – *(fermé dim. soir sauf juil-août, mardi midi et merc. midi en juil.-août et lundi) (prévenir)*
Menu 33/41 € – Carte 38/53 €
◆ Coquette maison de campagne au décor intérieur soigné : plafonds peints, photographies de Cartier-Bresson, œuvres d'art... Chambres personnalisées. Sympathique restaurant de style rustique et agréable terrasse avec le massif du Mont-Blanc en toile de fond.

GICOURT – 60 Oise – **305** F4 – rattaché à Clermont

GIEN – 45 Loiret – **318** M5 – **15 332 h.** – **alt. 162 m** – ✉ **45500**
Châteaux de la Loire 12 **C2**

Paris 149 – Auxerre 85 – Bourges 77 – Cosne-sur-Loire 46 – Orléans 70

Office de tourisme, place Jean Jaurès ✆ 02 38 67 25 28, Fax 02 38 38 23 16

Château★ : musée de la Chasse★★, terrasse du château ←★ M - Pont ←★.

Pont-canal★★ de Briare : 10 km par ②.

Plan page suivante

Rivage sans rest ← 20,
1 quai Nice – ✆ 02 38 37 79 00 – Fax 02 38 38 10 21 – Fermé 25 déc.-1er janv. Z a
16 ch – 51/85 € 63/85 €, 8,50 €
◆ Certaines chambres de cet hôtel regardent la Loire et son pittoresque vieux pont ; toutes ont un décor traditionnel et un mobilier de style. Bar et salon confortables.

Axotel sans rest 30,
14 r. Bosserie, par ① : 3 km – ✆ 02 38 67 11 99 – axotelgien.com@wanadoo.fr – Fax 02 38 38 16 61
48 ch – 54/60 € 59/70 €, 7 €
◆ Hôtel récent situé à l'entrée Nord de la ville. Confortables salons au décor gai et spacieuses chambres garnies de meubles cérusés et égayées de tissus colorés.

Anne de Beaujeu sans rest
10 rte Bourges, par ③ – ✆ 02 38 29 39 39 – hotel.a.beaujeu@wanadoo.fr – Fax 02 38 38 27 29
30 ch – 44 € 49 €, 8 €
◆ Cet établissement de la rive gauche porte le nom de la célèbre comtesse de Gien. Chambres aménagées de façon fonctionnelle ; préférez celles situées sur l'arrière.

Sanotel sans rest ← 50,
21 quai Sully, par ③ : 0,5 km – ✆ 02 38 67 61 46 – sanotel-gien@wanadoo.fr – Fax 02 38 67 13 01
60 ch – 35/45 € 35/45 €, 8,50 €
◆ Ce bâtiment récent ancré sur les berges de la Loire abrite des chambres avant tout pratiques ; la moitié d'entre elles offrent une vue sur le fleuve et le château.

GIEN

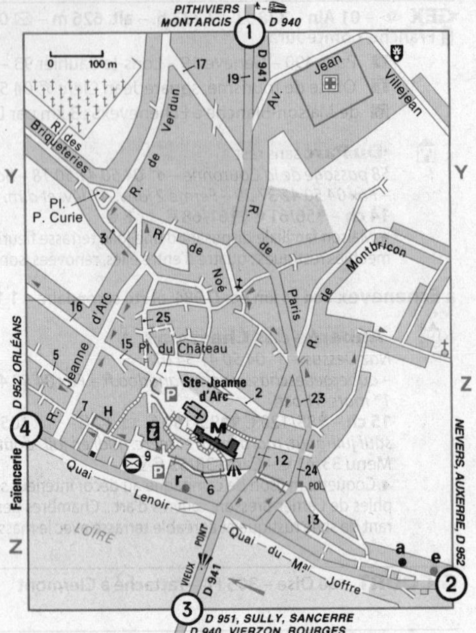

La Poularde avec ch — rest, VISA

13 quai Nice – ✆ 02 38 67 36 05 – lapoularde2@wanadoo.fr – Fax 02 38 38 18 78 – Fermé dim. soir et lundi midi Z e

9 ch – 49/57 € 56/64 €, ☕ 10 € – ½ P 55 € – **Rest** – Menu 20 € (sem.)/60 € – Carte 50/72 €

◆ En bordure du fleuve, cuisine traditionnelle servie dans une élégante salle à manger : tableaux, tapisseries anciennes, vaisselle de Gien et argenterie. Chambres rénovées.

Côté Jardin — VISA

14 rte Bourges, par ③ – ✆ 02 38 38 24 67 – Fax 02 38 38 24 67 – Fermé 24 déc.-6 janv., mardi et merc.

Rest – *(nombre de couverts limité, prévenir)* Menu 25 € (déj.)/42 € – Carte 38/42 €

◆ Sympathique petit restaurant situé sur la rive gauche de la Loire. Aux murs de la salle à manger sont accrochés des natures mortes et des paysages. Cuisine au goût du jour.

Le P'tit Bouchon — VISA

66 r. B. Palissy, par r. Hôtel de Ville Z – ✆ 02 38 67 84 40 – Fax 02 38 67 84 40 – Fermé 1er-20 août, sam. midi et dim.

Rest – Menu 16 € (déj. en sem.), 18/23 €

◆ Ce p'tit bistrot-là n'a de lyonnais que le nom. On y sert des plats classiques tout simples, suggérés à l'ardoise, dans un cadre rustique sans chichi.

La Loire — VISA

18 quai Lenoir – ✆ 02 38 67 00 75 – Fax 02 38 38 01 49 – Fermé 17 fév.-10 mars et lundi sauf fériés et veilles fériés Z r

Rest – Menu (22 €), 28/33 €

◆ Ce restaurant installé sur les quais propose une cuisine actuelle dans une salle rajeunie, tournée vers la Loire et agrémentée d'expositions de tableaux régulièrement renouvelées.

au Sud par ③, D 940 et rte secondaire : 3 km – ✉ 45500 Poilly-lez-Gien

Villa Hôtel ♿ ch, P VISA MC

– ☎ *02 38 27 03 30 – Fax 02 38 27 03 43*

24 ch – †35 € ††35 €, ☕ 6 € – ½ P 38 € – **Rest** – *(fermé 5-8 mars, 9-19 juil., 13-16 août, 24 déc.-3 janv., vend., sam., dim. et fériés) (dîner seult) (résidents seult)* Menu 12/15 €

◆ Accueil et convivialité sont de mise dans cet hôtel moderne au confort simple. Autre atout : les chambres y sont bien tenues. Des assiettes de la faïencerie de Gien égayent les murs du restaurant. Plat du jour unique ; buffets d'entrées et de desserts.

GIENS – **83 Var** – **340** L7 – ✉ **83400 Hyères** ▌Côte d'Azur 41 **C3**

Paris 860 – Carqueiranne 10 – Draguignan 87 – Hyères 9 – Toulon 27

Ruines du château des Pontevès ✻★★.

Voir plan de Giens à Hyères.

Le Provençal 50, P VISA MC AE D

– ☎ *04 98 04 54 54 – leprovencal@wanadoo.fr – Fax 04 98 04 54 50 – Ouvert 6 avril-21 oct.* X s

41 ch – †82/120 € ††110/150 €, ☕ 14 € – ½ P 92/120 € – **Rest** – Menu 27/50 € – Carte 45/69 € ♀

◆ L'hôtel, bâti à flanc de colline, dispose d'un parc ombragé et fleuri, descendant en terrasses jusqu'à la mer. Chambres provençales. Le panorama offert par le restaurant a peut-être inspiré le poète Saint-John Perse, célèbre ex-résident de la presqu'île.

LA GIETTAZ – **73 Savoie** – **333** L2 – **488 h.** – **alt. 1 120 m** – ✉ **73590** 46 **F1**

Paris 575 – Albertville 29 – Chambéry 80 – Chamonix-Mont-Blanc 49 – Megève 16

Office de tourisme, Chef-lieu ☎ 04 79 32 91 90, Fax 04 79 32 93 28

Flor'Alpes rest, P VISA MC

– ☎ *04 79 32 90 88 – mary-anne.schouppe@wanadoo.fr – Fermé 15 avril-15 mai et 20 oct.-15 déc.*

11 ch (½ P seult en été) – †38/45 € ††38/45 €, ☕ 7 € – ½ P 41/44 € – **Rest** – *(fermé lundi sauf du 15 juin au 10 sept.) (dîner seult en été)* Menu (13 €), 16 € (déj.), 20/30 € – Carte 15/31 € ♀

◆ Tenue impeccable, balcons fleuris, accueil attentionné : découvrez l'authentique hospitalité savoyarde dans cette sympathique petite pension jouxtant l'église. La salle à manger, sagement rustique, ouvre ses baies sur le jardin. Service tout sourire.

GIFFAUMONT-CHAMPAUBERT – **51 Marne** – **306** K11 – **234 h.** – **alt. 130 m** – ✉ **51290** ▌Champagne Ardenne 14 **C2**

Paris 208 – Bar-le-Duc 53 – Chaumont 75 – St-Dizier 25 – Vitry-le-François 28

Office de tourisme, Giffaumont ☎ 03 26 72 62 80

Lac du Der-chantecoq★★.

Le Cheval Blanc ch, 18, P VISA MC AE D

21 r. du Lac – ☎ 03 26 72 62 65 – lechevalblanc7@aol.com – Fax 03 26 73 96 97 – Fermé 2-20 sept., 2-25 janv., mardi midi, dim. soir et lundi

14 ch – †60 € ††65 €, ☕ 8 € – ½ P 63 € – **Rest** – Menu 23/50 € – Carte 34/54 € ♀

◆ À 1,2 km du plus grand lac artificiel d'Europe, maison offrant aux vacanciers "verts" un accueillant salon et des chambres modernes et claires. Salle de restaurant où domine la couleur ocre, terrasse d'été dressée sur l'arrière et registre culinaire classique.

Une nuit douillette sans se ruiner ?
Repérez les Bibs Hôtel.

GIF-SUR-YVETTE – 91 Essonne – 312 B3 – 21 364 h. – alt. 61 m – ✉ 91190 20 A3

Paris 34 – Évry 37 – Boulogne-Billancourt 23 – Montreuil 41 – Argenteuil 42

Les Saveurs Sauvages
4 r. Croix Grignon – ✆ 01 69 07 01 16 – Fax 01 69 07 20 84 – Fermé 30 juil.-20 août, 25 déc.-2 janv., dim. et lundi
Rest – Menu (18 €), 23/36 € – Carte 33/41 €
◆ Courte carte saisonnière assortie d'un menu changeant tous les jours et lumineuse salle à manger-véranda pour cette adresse - non-fumeurs - située face à la gare RER.

GIGARO – 83 Var – 340 O6 – rattaché à La Croix-Valmer

GIGNAC – 34 Hérault – 339 G7 – 3 955 h. – alt. 53 m – ✉ 34150 23 C2

Paris 719 – Béziers 58 – Lodève 25 – Montpellier 30 – Sète 57
Office de tourisme, place du Gal Claparède ✆ 04 67 57 58 83, Fax 04 67 57 67 95

Les Liaisons Gourmandes - Capion
3 bd Esplanade – ✆ 04 67 57 50 83 – liaisons-gourmandes.capion@wanadoo.fr – Fax 04 67 57 93 70 – Fermé mi-fév. à mi mars, sam. midi, dim. soir et lundi
Rest – Menu 17/45 € – Carte 30/41 €
◆ Restaurant contemporain de ce village de la vallée de l'Hérault situé au cœur d'une région riche en curiosités naturelles. La spécialité maison : les croquettes de volaille.

GIGONDAS – 84 Vaucluse – 332 D9 – 648 h. – alt. 313 m – ✉ 84190 Provence 42 E1

Paris 662 – Avignon 40 – Nyons 31 – Orange 20 – Vaison-la-Romaine 16
Office de tourisme, place du Portail ✆ 04 90 65 85 46, Fax 04 90 65 88 42

Les Florets
2 km à l'Est par rte secondaire – ✆ 04 90 65 85 01 – accueil@hotel-lesflorets.com – Fax 04 90 65 83 80 – Fermé 1er janv.-20 mars, lundi soir, mardi et merc. en nov.-déc.
15 ch – †95 € ††95/125 €, ☕ 12,50 € – ½ P 94 € – **Rest** – *(fermé merc.) (nombre de couverts limité, prévenir)* Menu 25/40 € – Carte 52/65 €
◆ Au pied des Dentelles de Montmirail, cette hôtellerie isolée dans la campagne vous propose de séduisantes chambres colorées. Goûteuse cuisine régionale et vins du domaine servis dans un décor provençal ou sur l'agréable terrasse ombragée et fleurie.

L'Oustalet
pl. Gabrielle Andéol – ✆ 04 90 65 85 30 – Fax 04 90 12 30 03 – Fermé 23 déc.-14 janv., le soir sauf vend., sam., et jeudi, de nov. à avril
Rest – Menu (19 €), 27/55 € – Carte environ 56 €
◆ L'imposante façade en pierre dissimule une salle à manger à l'élégance rustique. Cuisine actuelle à l'accent sincèrement provençal, bonne sélection de vins régionaux.

GILETTE – 06 Alpes-Maritimes – 341 D4 – 1 254 h. – alt. 420 m – ✉ 06830 Côte d'Azur 41 D2

Paris 946 – Antibes 43 – Nice 36 – St-Martin-Vésubie 45
Syndicat d'initiative, place du Dr Morani ✆ 04 92 08 98 08, Fax 04 93 08 55 24
✳★★ des ruines du château.

à Vescous par rte de Rosquesteron (D 17) : 9 km – ✉ 06830 Toudon

La Capeline
– ✆ 04 93 08 58 06 – Fax 04 93 08 58 06 – Ouvert mars-oct., week-ends de nov. à mars et fermé merc.
Rest – *(fermé le soir sauf vend. et sam. en saison) (prévenir)* Menu 20 € (sem.)/30 €
◆ Maisonnette rustique isolée en bord de route, dans la vallée de l'Esteron. Le goûteux menu unique, annoncé de vive voix, valorise les produits du cru. Belle terrasse ombragée.

GILLY-LÈS-CÎTEAUX – 21 Côte-d'Or – 320 J6 – rattaché à Vougeot

GIMBELHOF – 67 Bas-Rhin – 315 K2 – rattaché à Lembach

GIMEL-LES-CASCADES – 19 Corrèze – 329 M4 – 630 h. – alt. 375 m – ✉ 19800

25 **C3**

Paris 493 – Limoges 104 – Tulle 13 – Brive-la-Gaillarde 40 – Ussel 56

Office de tourisme, le Bourg ✆ 05 55 21 44 32

Hostellerie de la Vallée

le bourg – ✆ 05 55 21 40 60 – hostellerie_de_la_vallée@hotmail.com – Fax 05 55 21 38 74 – Fermé 21 déc.-10 janv., dim. soir, vend. et sam. du 1er sept. au 31 mars

8 ch – 55 € 55 €, 10 € – ½ P 45 € – **Rest** – *(fermé dim. soir)* Menu 23/30 € – Carte 34/42 €

◆ Au centre d'un village réputé pour ses cascades, maison de pays rénovée offrant une halte de choix avec de confortables chambres (dont trois côté vallée). Salle à manger panoramique et cuisine traditionnelle de saison mitonnée par la mère et sa fille.

LA GIMOND – 42 Loire – 327 F6 – 217 h. – alt. 625 m – ✉ 42140

44 **A2**

Paris 485 – Saint-Étienne 18 – Annonay 67 – Lyon 58 – Montbrison 37 – Vienne 64

Le Vallon du Moulin

– ✆ 04 77 30 97 06 – Fax 04 77 30 97 06 – Fermé 1er-14 août, 1er-7 janv., 18-25 fév. et dim. soir

Rest – Menu 22 € (sem.)/44 €

◆ Ce restaurant perdu en pleine nature propose des recettes au goût du jour dans une sobre et lumineuse salle à manger prolongée par une véranda aux couleurs vives.

GIMONT – 32 Gers – 336 H8 – 2 734 h. – alt. 180 m – ✉ 32200

Midi-Pyrénées

28 **B2**

Paris 701 – Colomiers 40 – Toulouse 51 – Tournefeuille 40

Office de tourisme, 83 rue Nationale ✆ 05 62 67 77 87, Fax 05 62 67 93 61

Château Larroque

rest, 10/50,

rte de Toulouse – ✆ 05 62 67 77 44 – chateaularroque@free.fr – Fax 05 62 67 88 90 – Fermé 23 oct.-15 nov., 2-10 janv., 19-26 fév., dim. soir et lundi d'oct. à mars

16 ch – 85/115 € 103/186 €, 13 € – 1 suite – ½ P 98/134 € – **Rest** – *(fermé lundi midi et mardi midi)* Menu 24/55 € – Carte 27/57 €

◆ Ce château édifié en 1805 bénéficie de l'environnement paisible de son parc. L'intérieur conjugue confort et raffinement ; agréables chambres personnalisées et salons cossus. La cuisine traditionnelle se déguste dans l'élégante salle à manger ou sur la terrasse ombragée.

GINASSERVIS – 83 Var – 340 K3 – 984 h. – alt. 407 m – ✉ 83560

40 **B3**

Paris 781 – Aix-en-Provence 53 – Avignon 111 – Manosque 23 – Marseille 82 – Toulon 91

Chez Marceau avec ch

pl. Jean Jaurès – ✆ 04 94 80 11 21 – chezmarceau@wanadoo.fr – Fax 04 94 80 16 82 – Fermé 20-31 déc., vacances de fév., mardi soir sauf juil.-août et merc.

6 ch – 45 € 45 €, 6 € – ½ P 49 € – **Rest** – Menu 15 € bc (sem.)/40 € – Carte 23/58 €

◆ Entre Durance et Verdon, cette sympathique auberge et sa terrasse dressée sur la place vous feront plonger au cœur de la vie d'un village provençal. Cuisine régionale.

GINCLA – 11 Aude – **344** E6 – **43 h.** – **alt. 570 m** – ✉ **11140** 22 **B3**

Paris 821 – Carcassonne 77 – Foix 88 – Perpignan 67 – Quillan 25

Hostellerie du Grand Duc

2 rte de Boucheville – ✆ 04 68 20 55 02 – hotelgranduc@wanadoo.fr – Fax 04 68 20 61 22 – Ouvert 2 avril-31 oct.

12 ch – 57/60 € 70/76 €, 10 € – ½ P 76/80 € – **Rest** – régionale *(fermé merc. midi sauf juil.-août)* Menu 30/65 € – Carte 39/64 €

◆ Maison de maître (18e s.) du pays cathare et son jardin clos arboré. Pierres apparentes, boiseries et meubles anciens font le cachet des chambres, joliment personnalisées. Salle à manger "rustique chic", terrasse et copieuses assiettes traditionnelles.

Les bonnes adresses à petit prix ?
Suivez les Bibs : Bib Gourmand rouge pour les tables
et Bib Hôtel bleu pour les chambres.

GIRMONT-VAL-D'AJOL – **88 Vosges** – **314** H5 – **273 h.** – **alt. 650 m** – ✉ **88340** 27 **C3**

Paris 390 – Colmar 92 – Épinal 42 – Mulhouse 80 – Vesoul 59

au Nord-Est par D 83, D 57 et rte secondaire : 6,5 km – ✉ **88340 Girmont-Val-d'Ajol**

Auberge de la Vigotte

– ✆ 03 29 61 06 32 – courrier@lavigotte.com – Fax 03 29 61 07 88 – Fermé 2 nov.-20 déc.

14 ch – 55 € 55/100 €, 7 € – ½ P 55 € – **Rest** – *(fermé mardi et merc.) (prévenir) (dîner seult sauf dim.)* Menu 25/38 €

◆ Cette ferme vosgienne datant de 1750, isolée en pleine campagne, est entourée de forêts et d'étangs. Chambres rénovées, confortables et "cosy". Jardin ouvert sur la nature. Salle à manger au cachet champêtre et cuisine actuelle inspirée des cinq continents.

GIROUSSENS – **81 Tarn** – **338** C8 – **rattaché à Lavaur**

GISORS – 27 Eure – **304** K6 – **10 882 h.** – **alt. 60 m** – ✉ **27140**
Normandie Vallée de la Seine 33 **D2**

Paris 73 – Beauvais 33 – Évreux 66 – Mantes-la-Jolie 40 – Pontoise 38 – Rouen 59

Office de tourisme, 4 rue du Général-de-Gaulle ✆ 02 32 27 60 63, Fax 02 32 27 60 75

de Chaumont-en-Vexin à Chaumont-en-Vexin Château de Bertichères, E : 8 km par D 982, ✆ 03 44 49 00 81 ; de Rebetz à Chaumont-en-Vexin Route de Noailles, E : 12 km par D 981, ✆ 03 44 49 15 54.

Château fort★★ - Église St-Gervais et St-Protais★.

Moderne

1 pl. de la Gare – ✆ 02 32 55 23 51 – hotel.moderne@free.fr – Fax 02 32 55 08 75 – Fermé 12-19 août

31 ch – 44/60 € 44/60 €, 8,50 € – ½ P 58/63 € – **Rest** – *(fermé 28 juil.-20 août, 22 déc.-6 janv., vend. soir, dim. soir et sam.)* Menu 13 € (sem.)/26 € – Carte 29/36 €

◆ Cet hôtel familial situé face à la gare conviendra pour une étape. Les chambres, sobrement décorées, sont bien tenues. Salle à manger rustique, cuisine traditionnelle et formule "table d'hôte" favorisant la convivialité.

Le Cappeville

17 r. Cappeville, (transfert prévu en juin) – ✆ 02 32 55 11 08 – pierre.potel@worldonline.fr – Fax 02 32 55 93 92 – Fermé merc. et jeudi

Rest – Menu 26/55 € – Carte 49/63 €

◆ Au cœur de la petite capitale du Vexin normand. Rénovée et parée de couleurs vives et fraîches, la salle n'en a pas moins conservé poutres patinées et cheminée. Menus du terroir.

à Bazincourt-sur-Epte Nord : 6 km par D 14 – 578 h. – alt. 55 m – ✉ 27140

Château de la Rapée 30, P VISA MC AE
Ouest : 2 km par rte secondaire – ☎ 02 32 55 11 61 – infos@hotel-la-rapee.com – Fax 02 32 55 95 65 – Fermé 28 janv.-15 mars et 16-31 août
16 ch – 85 € 115/135 €, 11,50 € – ½ P 81/92 € – **Rest** – *(fermé merc.)*
Menu 35/47 € – Carte 57/85 €
◆ La vallée de l'Epte, chérie par les peintres, constitue la toile de fond de ce beau manoir anglo-normand s'élevant dans un parc arboré. Chambres spacieuses, mobilier ancien. La salle à manger présente un chaleureux décor bourgeois rehaussé de boiseries.

à St-Denis-le-Ferment Nord-Ouest : 7 km par rte secondaire et D 17 – 456 h. – alt. 70 m – ✉ 27140

Auberge de l'Atelier P VISA MC
55 r. Guérard – ☎ 02 32 55 24 00 – Fax 02 32 55 10 20 – Fermé 15-30 sept., mardi soir, dim. soir et lundi sauf fériés
Rest – Menu 26/52 € – Carte 42/59 €
◆ L'on se sent bien dans cette salle à manger : reposantes couleurs pastel, abondante décoration florale, sièges cannés et meubles de style. Cuisine traditionnelle.

GIVERNY – 27 Eure – 304 I6 – 524 h. – alt. 17 m – ✉ 27620 33 D2

Paris 75 – Cergy 47 – Évreux 37 – Rouen 65

La Réserve sans rest P
1,5 km au Nord par rue Blanche-Hochedé-Monet (après l'église) – ☎ 02 32 21 99 09 – ml1reserve@aol.com – Fax 02 32 21 99 09 – Fermé déc. et janv.
5 ch – 85/100 € 130/160 €
◆ Jardin et verger agrémentent cette demeure familiale à façade safran perchée sur les hauts de Giverny. Bon accueil, espaces communs de caractère et jolies chambres personnalisées.

GIVET – 08 Ardennes – 306 K2 – 7 372 h. – alt. 103 m – ✉ 08600
Champagne Ardenne 14 C1

Paris 287 – Charleville-Mézières 58 – Fumay 23 – Rocroi 41
Office de tourisme, 10 quai des Fours ☎ 03 24 42 03 54, Fax 03 24 40 10 70
<★ du fort de Charlemont★.

Les Reflets Jaunes sans rest AC P VISA MC
2 r. Gén. de Gaulle – ☎ 03 24 42 85 85 – reflets-jaunes@wanadoo.fr – Fax 03 24 42 85 86
17 ch – 54 € 60/95 €, 7,50 €
◆ Immeuble de 1685 converti en hôtel à la fin du 20e s. Harmonie de jaune et bleu dans les espaces communs et les chambres (magnétoscope et baignoire-jacuzzi pour certaines).

Le Val St-Hilaire sans rest 25, P VISA MC AE
7 quai des Fours – ☎ 03 24 42 38 50 – hotel.val.saint.hilaire@wanadoo.fr – Fax 03 24 42 07 36 – Fermé 20 déc.-10 janv.
20 ch – 52 € 63 €, 7 € – ½ P 56 €
◆ Bâtisse d'aspect régional postée sur la rive gauche de la Meuse. Chambres à l'identique, bien insonorisées ; jolie vue fluviale par les fenêtres de celles situées à l'avant.

Le Roosevelt sans rest VISA MC AE
14 quai Remparts – ☎ 03 24 42 14 14 – Fax 03 24 42 15 15
8 ch – 49 € 56 €, 8 €
◆ Sur un quai mosan, maison ardennaise en pierre vous logeant dans de menues chambres rajeunies. L'espace petits-déj' tient aussi lieu de taverne-tea-room. Adresse non-fumeurs.

Auberge de la Tour VISA MC
6 quai des Fours – ☎ 03 24 40 41 71 – info@auberge-de-la-tour.net – Fax 03 24 56 90 78 – Fermé 17 déc.-17 janv. et lundi d'oct. à mars
Rest – Menu 16 € (déj. en sem.), 20/39 € – Carte 25/53 €
◆ Ambiance ardennaise et prestation culinaire d'orientation classique-traditionnelle dans une salle à manger rustique soignée, aux vieux murs de briques et de pierres du pays.

GLAINE-MONTAIGUT – 63 Puy-de-Dôme – 326 H8 – 482 h. – alt. 350 m – ✉ 63160 6 C2

Paris 440 – Clermont-Ferrand 31 – Issoire 37 – Thiers 21

Auberge de la Forge avec ch
– ✆ 04 73 73 41 80 – a.delaforge@wanadoo.fr – Fax 04 73 73 33 83 – *Fermé 1er-20 sept.*
4 ch – 30/40 € 30/40 €, 6 € – ½ P 42/52 € – **Rest** – *(fermé dim. soir, lundi et mardi)* Menu (12 € bc), 15/30 € – Carte 21/32 €
◆ Face à la belle église romane, sympathique auberge refaite à l'ancienne (murs de pisé) et proposant une reconstitution de la forge du village (foyer, soufflet, enclume).

GLUIRAS – 07 Ardèche – 331 J4 – 349 h. – alt. 800 m – ✉ 07190 44 B3

Paris 606 – Le Cheylard 20 – Lamastre 40 – Privas 33 – Valence 48

Le Relais de Sully avec ch
– ✆ 04 75 66 63 41 – Fax 04 75 64 69 88 – *Fermé 1er fév.-14 mars, 22-29 déc., dim. soir, merc. soir et lundi sauf juil.-août*
4 ch – 33 € 33 €, 6 € – **Rest** – Menu 16 € (sem.)/36 €
◆ Cette maison en pierre située au centre du village perché aurait été jadis un monastère. Salle à manger simple et véranda. Les chambres sont petites mais coquettes.

GOLFE DE SANTA-GIULIA – 2A Corse-du-Sud – 345 E10 – voir à Corse (Porto-Vecchio)

LE GOLFE-JUAN – 06 Alpes-Maritimes – 341 D6 – ✉ 06220 Vallauris

Côte d'Azur 42 E2

Paris 905 – Antibes 5 – Cannes 6 – Grasse 23 – Nice 29

Office de tourisme, boulevard des Frères Roustan ✆ 04 93 63 73 12, Fax 04 93 63 21 07

pour Vallauris voir plan de Cannes

Beau Soleil sans rest 15, VISA AE
6 impasse Beau-Soleil, par N 7 (dir. Antibes) – ✆ 04 93 63 63 63 – contact@hotel-beau-soleil.com – Fax 04 93 63 02 89 – Ouvert 3 mars-2 nov.
30 ch – 54/79 € 67/134 €, 9 €
◆ Cet hôtel moderne, sis dans une impasse à 500 m de la plage du Midi et du théâtre de la Mer, vous propose des chambres colorées et bien entretenues (certaines avec balcon).

De la Mer sans rest 40, VISA AE
N 7, 226 av. Liberté – ✆ 04 93 63 80 83 – hotel.de.la.mer@wanadoo.fr – Fax 04 93 63 10 83 – Fermé nov.
33 ch – 49/102 € 59/115 €, 8 €
◆ Pour pallier la proximité de la N 7, les chambres, sobres et actuelles, sont bien insonorisées et tournées sur l'arrière de l'immeuble ; certaines ont un balcon côté piscine.

Tétou ≤ îles de Lérins,
à la plage – ✆ 04 93 63 71 16 – Fax 04 93 63 16 77 – Ouvert avril-oct. et fermé merc. et lundi midi
Rest – Carte 106/175 €
◆ Cette institution locale fondée en 1920 a gardé son ambiance de restaurant balnéaire. On y sert la bouillabaisse depuis toujours et une petite carte régionale orientée poisson.

Nounou ≤ îles de Lérins, VISA AE
à la plage – ✆ 04 93 63 71 73 – Fax 04 93 63 46 91 – Fermé 12 nov.-25 déc., dim. soir et lundi hors saison
Rest – Menu 39/60 € – Carte 58/105 €
◆ Restaurant à même la plage, dont les baies vitrées s'ouvrent côté rivage. Intérieur d'inspiration marine ; cuisine de poissons et de coquillages et quelques plats provençaux.

à Vallauris **Nord-Ouest : 2,5 km par D 135 – 25 773 h. – alt. 120 m – ✉ 06220**

Office de tourisme, square du 8 mai 1945 ✆ 04 93 63 82 58, Fax 04 93 63 13 66

Musée national "la Guerre et la Paix" (château) - Musée de l'Automobile★ NO : 4 km.

Le Mas Samarcande sans rest

138 grand bd de Super-Cannes – ✆ 04 93 63 97 73 – mireille.diot@wanadoo.fr – Fax 04 93 63 97 73 – Fermé 18-28 déc.

5 ch – 125/130 € 125/130 €

◆ Cette belle villa vous ouvre ses portes pour un séjour privilégié : chambres originales et raffinées mêlant inspiration provençale et exotique, vue superbe depuis la terrasse.

GORDES – 84 Vaucluse – 332 E10 – 2 092 h. – alt. 372 m – ✉ 84220

Provence — 42 **E1**

Paris 712 – Apt 19 – Avignon 38 – Carpentras 26 – Cavaillon 18 – Sault 35

Office de tourisme, le Château ✆ 04 90 72 02 75, Fax 04 90 72 02 26

Site★ - Village★ - Château : cheminée★ - Village des Bories★★ SO : 2 km par D 15 puis 15 mn - Abbaye de Sénanque★★ NO : 4 km - Pressoir★ dans le musée des Moulins de Bouillons S : 5 km.

La Bastide de Gordes & Spa ← le Luberon, ch, 25/40, VISA AE

le village – ✆ 04 90 72 12 12 – mail@bastide-de-gordes.com – Fax 04 90 72 05 20 – Fermé 2 janv.-9 fév.

40 ch – 170/425 € 180/467 €, 27 € – 5 suites – ½ P 168/312 € – **Rest** – Menu 39 € (déj.), 59/89 € – Carte 90/112 €

◆ Demeure du 16e s. à l'élégance toute provençale. Chambres côté vallée ou village. Magnifique spa. Cuisine du Sud et beaux vins régionaux servis dans un cadre raffiné. Véranda face à un jardin suspendu et terrasse panoramique ouverte sur le Lubéron et les Alpilles.

Les Bories ← le Luberon, rest, 30, VISA AE

rte Sénanque, 2 km – ✆ 04 90 72 00 51 – lesbories@wanadoo.fr – Fax 04 90 72 01 22 – Fermé 6 janv.-13 fév.

29 ch – 180/390 € 180/810 €, 23 € – ½ P 172/277 € – **Rest** – *(fermé dim. soir et lundi du 5 nov. au 30 avril sauf fériés et le midi du lundi au jeudi en juil.-août) (prévenir)* Menu 55 € (déj.)/88 € – Carte 78/85 €

◆ Ces luxueuses "bories" semblent comme perdues dans la garrigue, entre lavande et oliviers. Chambres raffinées. Superbes piscines et spa. Le restaurant occupe une ancienne bergerie ; belle terrasse ombragée, jardin aromatique, plats méridionaux et vins du pays.

Le Gordos sans rest VISA AE

1,5 km par rte de Cavaillon – ✆ 04 90 72 00 75 – mail@hotel-le-gordos.com – Fax 04 90 72 07 00 – Ouvert 15 mars-2 nov.

19 ch – 90/120 € 110/195 €, 14,50 €

◆ Ce mas récent en pierres sèches est posté à l'entrée du village. Quelques chambres de plain-pied avec le jardin à l'italienne, qu'embaument les plantes aromatiques.

Le Mas des Romarins sans rest ← village, VISA

rte Sénanque – ✆ 04 90 72 12 13 – info@masromarins.com – Fax 04 90 72 13 13 – Ouvert 9 mars-11 nov. et 15 déc.-6 janv.

13 ch – 89/109 € 97/120 €

◆ Petit-déjeuner aux premiers rayons de soleil sur la terrasse de cette ferme centenaire dominant Gordes. Jolies chambres fraîches et personnalisées (non-fumeurs).

Mas de la Beaume sans rest VISA

rte de Cavaillon – ✆ 04 90 72 02 96 – la.beaume@wanadoo.fr – Fax 04 90 72 06 89

5 ch – 115/175 € 115/175 €

◆ Cette ancienne bergerie se niche dans un jardin planté d'oliviers, agrémenté d'une piscine d'eau de mer et d'un jacuzzi. Ses chambres non-fumeurs affichent un joli style provençal. Bibliothèque.

rte d'Apt Est : par D 2 – ✉ 84220 Gordes

Auberge de Carcarille ch, **P** VISA MC AE

rte d'Apt, par D2 : 4 km – ✆ 04 90 72 02 63 – carcaril@club-internet.fr – Fax 04 90 72 05 74 – Fermé déc. et janv.

20 ch – †65/115 € ††65/115 €, ☕ 11 € – ½ P 76/101 € – **Rest** – *(fermé vend. sauf le soir d'avril à sept.)* Menu 21/46 € – Carte 27/45 € 🍷

♦ En contrebas du village. Cette plaisante construction en pierres sèches propose des chambres refaites dans le style provençal, avec balcon ou terrasse. Blancheur immaculée des murs dans ce restaurant égayé de chaises colorées et de rideaux fleuris.

La Ferme de la Huppe AC ch, **P** VISA MC AE

5 km par D156 rte de Goult – ✆ 04 90 72 12 25 – gerald.konings@wanadoo.fr – Fax 04 90 72 01 83 – Ouvert 6 avril-15 nov.

9 ch – †80 € ††120 €, ☕ 10 € – ½ P 80/123 € – **Rest** – *(fermé merc. et jeudi) (dîner seult sauf dim.)* Menu 45 € 🍷

♦ Jolie fermette du 18e s. en pierres sèches, dont les chambres douillettes et fraîches se répartissent autour d'un puits. Coquette salle à manger rustique de style "borie", agrémentée d'outils agricoles. Terrasse sous auvent avec mobilier en fer forgé.

rte des Imberts Sud-Ouest : 4 km par D 2 – ✉ 84220 Gordes

Mas de la Senancole ch, AC ch, 15, **P** VISA MC AE

– ✆ 04 90 76 76 55 – gordes@mas-de-la-senancole.com – Fax 04 90 76 70 44

21 ch – †97/229 € ††97/229 €, ☕ 12 € – **Rest** – *(fermé dim. et lundi d'oct. à mi-mai)* Menu (16 €), 22 € (déj.), 32/38 € – Carte 39/49 € 🍷

♦ La Sénancole coule à proximité de cet hôtel récent. Chambres insonorisées et agrémentées de meubles peints ; certaines possèdent une terrasse privative. Salle à manger aux couleurs provençales aménagée face à la piscine.

Le Mas Tourteron **P** VISA MC

Chemin de St-Blaise – ✆ 04 90 72 00 16 – elisabeth.bourgeois@wanadoo.fr – Fax 04 90 72 09 81 – Ouvert 2 mars-30 oct. et fermé dim. soir en oct. et mars, lundi et mardi

Rest – *(dîner seult sauf dim.)* Menu 59 € 🍷

♦ Petit mas bucolique protégé d'un haut mur de pierres. Coquette salle à manger rustique et terrasse sous les tilleuls. Les saveurs de la Provence sont conviées dans l'assiette.

L'Estellan **P** VISA MC AE

– ✆ 04 90 72 04 90 – estellan@wanadoo.fr – Fax 04 90 72 04 90 – Fermé jeudi sauf de juin à sept. et merc.

Rest – Menu 19 € (déj. en sem.)/36 € – Carte 38/55 € 🍷

♦ Séduisant bistrot aménagé dans un mas en pierres du pays. Des citations de Daudet et de Mistral ornent les murs ocres de la salle ; belle terrasse et cuisine régionale.

GORGES DE LA RESTONICA – 2B Haute-Corse – 345 D6 – voir à Corse (Corte)

GORZE – 57 Moselle – 307 H4 – 1 392 h. – alt. 300 m – ✉ 57680

Alsace Lorraine 26 **B1**

Paris 324 – Jarny 17 – Metz 20 – Pont-à-Mousson 22 – St-Mihiel 43 – Verdun 54

Office de tourisme, 22 rue de l'Église ✆ 03 87 52 04 57

Hostellerie du Lion d'Or avec ch rest, VISA MC

105 r. Commerce – ✆ 03 87 52 00 90 – h.r.liondor@wanadoo.fr – Fax 03 87 52 09 62 – Fermé dim. soir et lundi

15 ch – †49/51 € ††55/60 €, ☕ 8 € – **Rest** – Menu (22 € bc), 28/40 € – Carte 37/55 € 🍷

♦ Poutres, pierres et cheminées d'origine ont été judicieusement conservées dans ce relais de poste du 19e s. On y sert une cuisine régionale.

GOSNAY – 62 Pas-de-Calais – 301 I4 – rattaché à Béthune

LA GOUESNIÈRE – 35 Ille-et-Vilaine – 309 K3 – 1 068 h. – alt. 22 m – ✉ 35350 10 D1

Paris 390 – Dinan 25 – Dol-de-Bretagne 13 – Lamballe 65 – Rennes 64 – St-Malo 13

Maison Tirel-Guérin
ch, 25/30, P VISA MC AE

à la Gare (rte Cancale) : 1,5 km D 76 – ✆ 02 99 89 10 46 – info@tirel-guerin.com – Fax 02 99 89 12 62 – Fermé 20 déc.-1er fév., dim. midi d'oct. à mars et lundi midi

46 ch – 61/153 € 82/153 €, 11 € – 10 suites – **Rest** – *(prévenir le week-end)* Menu 25 € (sem.)/105 € – Carte 48/75 €

Spéc. Salade de cailles, poêlées, truffe et foie gras. Homard bleu grillé "Jean-Luc". Soufflé au Grand Marnier.

◆ Face à une gare de campagne, maison familiale aux multiples séductions : jardin fleuri, chambres spacieuses et soignées, jacuzzi et service sans faille. Goûteuse cuisine personnalisée servie dans une salle où règne une atmosphère agréablement provinciale.

Château de Bonaban
ch, 30, P VISA MC AE

r. Alfred de Folliny – ✆ 02 99 58 24 50 – chateau.bonaban@wanadoo.fr – Fax 02 99 58 28 41

34 ch – 100/195 € 100/230 €, 13 € – **Rest** – *(fermé dim. soir sauf de mai à sept., merc. sauf le soir de mai à sept. et lundi midi)* Menu 27 € (sem.)/49 € – Carte 44/51 €

◆ Ce château du 18e s. a gardé son escalier de marbre et ses boiseries d'origine. Chambres de divers styles, avec vue sur le parc ; hébergement plus simple à l'annexe. Ambiance un brin aristocratique dans les salles à manger.

GOULT – 84 Vaucluse – 332 E10 – 1 285 h. – alt. 258 m – ✉ 84220 42 E1

Paris 714 – Apt 14 – Avignon 41 – Bonnieux 8 – Carpentras 35 – Cavaillon 19 – Sault 38

La Bartavelle
VISA MC

r. Cheval Blanc – ✆ 04 90 72 33 72 – Fax 04 90 72 33 72 – Ouvert de début mars à mi-nov. et fermé mardi et merc.

Rest – *(dîner seult)* Menu 38 €

◆ Le "petit Marcel" et son chasseur de père auraient apprécié cette salle voûtée (non-fumeurs) avec ses tomettes... rouges comme des bartavelles ! Plats régionaux. Fumoir.

GOUMOIS – 25 Doubs – 321 L3 – 196 h. – alt. 490 m – ✉ 25470 17 C2

Paris 513 – Besançon 92 – Bienne 486 – Montbéliard 55 – Morteau 47

Corniche de Goumois★★, **Jura.**

Taillard
vallée du Doubs, ch, 25, P VISA MC AE

alt. 605 – ✆ 03 81 44 20 75 – hotel.taillard@wanadoo.fr – Fax 03 81 44 26 15 – Ouvert mi-mars mi-nov.

17 ch – 70/95 € 70/95 €, 11,50 €, 4 duplex – ½ P 75/105 € – **Rest** – *(fermé merc. sauf le midi d' avril à sept. et lundi midi)* Menu 23 € (déj.), 33/75 € – Carte 39/70 €

◆ Dans la famille depuis 1874, cette hôtellerie de la Corniche de Goumois se niche dans un écrin de verdure. Plaisantes chambres personnalisées. Au restaurant, agréable vue sur la vallée, cuisine classique et belle carte de vins franc-comtois.

Le Moulin du Plain
P VISA MC

Nord : 5 km par rte secondaire – ✆ 03 81 44 41 99 – thomas.choulet@libertysurf.fr – Fax 03 81 44 45 70 – Ouvert 25 fév.-31 oct.

22 ch – 43 € 57/63 €, 7 € – ½ P 50/53 € – **Rest** – Menu 16 € (sem.)/30 € – Carte 19/42 €

◆ Cette bâtisse postée au bord du Doubs dans un environnement forestier séduira en priorité les pêcheurs. Certaines chambres sont d'ailleurs tournées vers la rivière. Dans les assiettes, priorité aux truites, morilles et autres produits d'ici.

GOUPILLIÈRES – 14 Calvados – 303 J5 – 150 h. – alt. 162 m – ✉ 14210 32 B2

Paris 255 – Caen 24 – Condé-sur-Noireau 27 – Falaise 34 – Saint-Lô 63

Auberge du Pont de Brie

Halte de Grimbosq, Est : 1,5 km – ✆ 02 31 79 37 84 – contact@pontdebrie.com – Fax 02 31 79 87 22 – Fermé 2-11 juil., 17 déc.-12 janv., 18-29 fév., du lundi au jeudi en nov.-déc., dim. soir de sept. à avril, mardi sauf juil.-août et lundi

Rest – Menu 20/43 € – Carte 26/48 €

◆ Petite auberge familiale isolée dans la vallée de l'Orne. Salle à manger-véranda claire et lumineuse, entièrement redécorée, et terrasse d'été. Cuisine traditionnelle.

GOURDON – 46 Lot – 337 E3 – 4 882 h. – alt. 250 m – ✉ 46300

Périgord 28 B1

Paris 543 – Sarlat-la-Canéda 26 – Bergerac 91 – Brive-la-Gaillarde 66 – Cahors 44 – Figeac 63

Office de tourisme, 24 rue du Majou ✆ 05 65 27 52 50, Fax 05 65 27 52 52

Rue du Majou★ - Cuve baptismale★ dans l'église des Cordeliers - Esplanade ✻★.

Grottes de Cougnac★ NO : 3 km.

Domaine du Berthiol

Est : 1 km par D 704 – ✆ 05 65 41 33 33 – domaine-du-berthiol@wanadoo.fr – Fax 05 65 41 14 52 – Ouvert 1er avril-15 déc.

27 ch – †43/77 € ††72/80 €, 11 € – ½ P 72/85 € – **Rest** – *(fermé dim., lundi et le midi d'oct. à déc.)* Menu 24/48 € – Carte 38/54 €

◆ Aux confins du Quercy et du Périgord, cette avenante demeure régionale est nichée dans un parc plaisant. Chambres agréablement rajeunies. Foie gras, confit, truffes : toutes les spécialités périgourdines figurent sur la carte de ce confortable restaurant.

Hostellerie de la Bouriane

pl. Foirail – ✆ 05 65 41 16 37 – hostellerie-la-bouriane@wanadoo.fr – Fax 05 65 41 04 92 – Fermé 14-22 oct., 18 janv.-11 mars, dim. soir et lundi du 14 oct. au 30 avril

20 ch – †67/102 € ††67/102 €, 11 € – ½ P 72/75 € – **Rest** – *(fermé dim. soir du 14 oct. au 30 avril, lundi et le midi sauf dim.)* Menu 23/46 € – Carte 45/82 €

◆ Une maison centenaire qui a su garder sa tradition d'hospitalité. Chambres rustiques et soignées, mansardées au dernier étage. Agréable jardin. Tableaux et tapisseries d'Aubusson ornent la salle à manger (non-fumeurs). Goûteuse cuisine classique.

au Vigan 5 km à l'Est par D 801 – 1 189 h. – alt. 224 m – ✉ 46300

Auberge Chez Louise

– ✆ 05 65 32 64 88 – aubergechezlouise@wanadoo.fr – Fax 05 65 32 78 40 – Ouvert 1er avril-7 nov. et fermé merc.

Rest – Menu 29/39 €

◆ Vénérable comptoir, poutres et vieilles pierres : cette auberge de village a su conserver son cachet rustique originel. On y sert une cuisine traditionnelle dans une ambiance très conviviale.

GOURDON – 06 Alpes-Maritimes – 341 C5 – 379 h. – alt. 800 m – ✉ 06620

Côte d'Azur 42 E2

Paris 921 – Cannes 27 – Castellane 62 – Grasse 15 – Nice 39 – Vence 25

Office de tourisme, place Victoria ✆ 04 93 09 68 25

Site★★ - ≤★★ du chevet de l'église - Château : musée des Arts décoratifs et de la modernité.

Au Vieux Four

r. Basse (au village) – ✆ 04 93 09 68 60 – vieuxfourgourdon@aol.com – Fax 04 93 36 05 79 – Fermé 1er déc.-10 janv., jeudi, le soir hors saison sauf vend. et sam.

Rest – *(nombre de couverts limité, prévenir)* Menu 30 € – Carte 34/39 €

◆ Une charmante petite maison nichée dans le village. L'accueil est d'une rare gentillesse et l'ardoise du jour révèle une généreuse cuisine à l'accent du Sud, inspirée et parfumée.

GOURETTE – 64 Pyrénées-Atlantiques – 342 K7 – alt. 1 400 m – Sports d'hiver : 1 400/2 400 m 1 18 – ✉ 64440 Eaux-Bonnes
Aquitaine 3 **B3**

Paris 829 – Argelès-Gazost 35 – Eaux-Bonnes 9 – Laruns 14 – Lourdes 47 – Pau 52

Office de tourisme, place Sarrière ✆ 05 59 05 12 17

Col d'Aubisque ✻★★ N : 4 km.

Boule de Neige ch, VISA

– ✆ 05 59 05 10 05 – bouledeneige@wanadoo.fr – Fax 05 59 05 11 81
– Ouvert fin juin-fin août et fin nov.-fin avril

20 ch – 55/80 € 55/100 €, ☕ 9 € – ½ P 56/70 € – **Rest** – Menu 23/30 € – Carte 25/45 €

◆ Construction des années 1970 située au pied des pistes de ski, face aux sommets pyrénéens. Chambres fonctionnelles, parfois équipées de lits superposés pour les enfants. Restaurant familial et grande terrasse prisée. Cuisine traditionnelle ; snack à midi.

L'Amoulat avec ch VISA

– ✆ 05 59 05 12 06 – chalet.hotel.amoulat@wanadoo.fr – Fax 05 59 05 13 45
– Ouvert 15 juin-15 sept. et 20 déc.-31 mars

12 ch – 58 € 68 €, ☕ 8 € – ½ P 60 € – **Rest** – *(fermé le soir en été et le midi en hiver)* Menu 18/24 € – Carte 17/26 €

◆ Chalet posté sur la route du col de l'Aubisque, illustre étape du Tour de France. Salle rustique et véranda. Plats régionaux et cuisine au goût du jour. Chambres simples.

GOURNAY-EN-BRAY – 76 Seine-Maritime – 304 K5 – 6 275 h. – alt. 94 m – ✉ 76220
Normandie Vallée de la Seine 33 **D2**

Paris 97 – Amiens 78 – Les Andelys 38 – Beauvais 31 – Dieppe 76 – Gisors 25 – Rouen 50

Office de tourisme, 9 place d'Armes ✆ 02 35 90 28 34

Le Saint Aubin ch, 60, VISA AE

rte Dieppe 3 km sur D 915 – ✆ 02 35 09 70 97 – hotel.le.saint.aubin@wanadoo.fr – Fax 02 35 09 30 93

60 ch – 70 € 72/120 €, ☕ 8 € – **Rest** – *(fermé dim. soir et sam.)* Menu (22 € bc), 30 € bc/50 € bc – Carte 29/56 €

◆ Cette construction récente, en léger retrait de la route, propose des chambres fonctionnelles convenant pour une étape. Le restaurant, aménagé au sous-sol de l'hôtel, est sobrement décoré. Cuisine traditionnelle sans prétention.

Le Cygne sans rest VISA

20 r. Notre Dame – ✆ 02 35 90 27 80 – hotel.le.cygne@cegetel.net – Fax 02 35 90 59 00

29 ch – 45/49 € 49/55 €, ☕ 6,50 €

◆ L'hôtel est situé au centre de cette petite cité du pays de Bray. Les chambres sont simples et bien tenues ; celles tournées sur l'arrière assurent des nuits plus calmes.

GOUSSAINVILLE – 95 Val-d'Oise – 305 F6 – 101 7 – voir à Paris, Environs

GOUVIEUX – 60 Oise – 305 F5 – rattaché à Chantilly

GRAMAT – 46 Lot – 337 G3 – 3 545 h. – alt. 305 m – ✉ 46500
Périgord 29 **C1**

Paris 534 – Brive-la-Gaillarde 57 – Cahors 58 – Figeac 36 – Gourdon 38 – St-Céré 22

Office de tourisme, place de la République ✆ 05 65 38 73 60, Fax 05 65 33 46 38

Lion d'Or 15, VISA

pl. République – 05 65 38 73 18 – liondorhotel@wanadoo.fr – Fax 05 65 38 84 50 – Fermé 2 janv.-12 fév. et lundi sauf juil.-août

15 ch – 50/70 € 60/80 €, 12 € – ½ P 69/77 € – **Rest** – Menu 16 € (déj. en sem.), 30/85 € bc – Carte 50/71 €

◆ Cette maison régionale de caractère établie en centre-ville profite d'un parc situé à 200 m. Chambres insonorisées, au décor soigné. Pour déguster plats classiques et recettes du pays, salle à manger bourgeoise ou terrasse ombragée et fleurie.

Le Relais des Gourmands VISA

à la gare – 05 65 38 83 92 – gcurtet@aol.com – Fax 05 65 38 70 99 – Fermé 18 fév.-2 mars, dim. soir et lundi sauf juil.-août

16 ch – 54/62 € 54/62 €, 8,50 € – ½ P 56/70 € – **Rest** – Menu (14,50 €), 17 € (sem.)/42 € – Carte 27/52 €

◆ Accueil attentionné et bonne tenue dans cet établissement situé face à la gare. Chambres actuelles et plaisante piscine bordée d'un jardin. Lumineux restaurant contemporain égayé d'une harmonie de tons jaunes ; on y propose une carte régionale.

Hostellerie du Causse 20, P VISA

rte de Cahors – 05 65 10 60 60 – contact@hostellerieducausse.com – Fax 05 65 10 60 61 – Fermé 14 nov.-13 fév. et dim. soir

28 ch – 48/52 € 57/63 €, 8,50 € – ½ P 55/59 € – **Rest** – *(fermé dim. soir et lundi midi hors saison)* Menu (14 € bc), 18/56 € – Carte 29/64 €

◆ À l'écart du centre, belle bâtisse récente inspirée du style local abritant des chambres assez spacieuses et bien tenues. Piscine. Généreuse cuisine traditionnelle enrichie de spécialités locales à déguster dans une salle à manger soignée ou en terrasse.

Du Centre ch, rest, ch, VISA

pl. République – 05 65 38 73 37 – le.centre@wanadoo.fr – Fax 05 65 38 73 66

18 ch – 44 € 53 €, 7,50 € – ½ P 54 € – **Rest** – Menu 12,50 € bc (déj. en sem.), 18/31 € – Carte 22/39 €

◆ Des chambres fonctionnelles n'attendant que votre visite, au cœur de cette localité animée par d'importantes foires agricoles. Cuisine quercynoise servie dans une salle à manger claire ou, à la belle saison, sur la terrasse.

Moulin de Fresquet ch, P

1 km par rte de Figeac – 05 65 38 70 60 – info@moulindefresquet.com – Fax 05 65 33 60 13 – Ouvert 1er avril-31 oct.

5 ch – 62 € 95 € – ½ P 60/71 € – **Rest** – table d'hôte *(fermé jeudi) (dîner seult) (résidents seult)* Menu 24 €

◆ Ce moulin où cohabitent des éléments des 14e, 18e et 19e s. se dresse au sein d'un jardin agrementé d'un bief et d'une extraordinaire collection de canards. Les chambres - certaines avec terrasse - sont décorées de meubles anciens et de tableaux. La table d'hôte sert une appétissante cuisine régionale.

à Lavergne Nord-Est : 4 km par D 677 – 410 h. – alt. 320 m – 46500

Le Limargue avec ch P VISA

– 05 65 38 76 02 – lelimargue@wanadoo.fr – Fax 05 65 38 76 02 – Ouvert 31 mars-11 nov. et fermé 9-19 oct., mardi et merc. sauf juil.-août

3 ch – 42 € 42/45 €, 5 € – ½ P 44 € – **Rest** – Menu 14/24 € – Carte 21/38 €

◆ En parcourant le causse de Gramat, faites une halte dans cette sympathique maison en pierres de taille pour y goûter la cuisine du Quercy. Chambres joliment personnalisées.

rte de Brive : 4,5 km par N 140 et rte secondaire – 46500 Gramat

Château de Roumégouse < Causse de Gramat, 10, P VISA

– 05 65 33 63 81 – roumegouse@relaischateaux.com – Fax 05 65 33 71 18 – Ouvert 28 avril-31 déc.

15 ch – 110/120 € 170/320 €, 15 € – ½ P 150/210 € – **Rest** – *(fermé mardi soir sauf juil.-août) (dîner seult sauf dim.)* Menu 40 € bc (déj.), 50/85 € – Carte 49/64 €

◆ La tour ronde et son bar-bibliothèque, les meubles anciens, les "bories" du parc font de ce château du 19e s. - honoré de la visite du général de Gaulle - un lieu unique. Élégantes salles à manger, véranda prolongée d'une terrasse fleurie et carte régionale.

LE GRAND-BORNAND – 74 Haute-Savoie – 328 L5 – 2 115 h. – alt. 934 m – Sports d'hiver : 1 000/2 100 m 2 37 – ✉ 74450

Alpes du Nord 46 **F1**

Paris 564 – Albertville 47 – Annecy 31 – Bonneville 23 – Chamonix-Mont-Blanc 76

Office de tourisme, Chef-lieu ☎ 04 50 02 78 00, Fax 04 50 02 78 01

Vermont sans rest — 15, VISA

rte du Bouchet – ☎ 04 50 02 36 22 – hotel.vermont@wanadoo.fr – Fax 04 50 02 39 36 – Ouvert 16 juin-14 sept. et 21 déc.-14 avril

23 ch – 75/98 € 89/130 €

◆ Près de la télécabine de la Joyère, construction régionale dotée d'un bel espace de détente et de remise en forme (jacuzzi et sauna). Chambres lambrissées, la plupart avec balcon.

Delta sans rest — P VISA AE

L'Envers de Villeneuve – ☎ 04 50 02 26 25 – info@hotel.delta74.com – Fax 04 50 02 32 71 – Ouvert 15 juin-15 sept. et 15 déc.-15 avril

15 ch – 39/68 € 44/68 €, 7 €

◆ À la périphérie du village, petit chalet récent abritant un magasin de sport et un hôtel aux chambres "tout bois" bien dimensionnées. Bibliothèque, billard et jeux pour les enfants.

Croix St-Maurice — VISA

face église – ☎ 04 50 02 20 05 – info@hotel-lacroixstmaurice.com – Fax 04 50 02 35 37 – Fermé 1er sept.-18 déc.

21 ch – 49/83 € 49/83 €, 7 € – ½ P 47/73 € – **Rest** – Menu 18/27 € – Carte 26/36 €

◆ Chalet traditionnel au cœur de la petite capitale... du reblochon. Les chambres, souvent dotées de balcons, ont toutes été rénovées dans le style local. Cuisine classique et spécialités savoyardes à déguster en admirant l'église sur fond de chaîne des Aravis.

L'Hysope — P VISA AE

Pont de Suize, rte du Bouchet – ☎ 04 50 02 29 87 – Fax 04 50 02 29 87 – Fermé 1er-21 oct., merc. et jeudi hors saison

Rest – Menu 28/68 € – Carte 43/66 €

◆ Loin de l'esprit montagnard typique, salle rustique, conviviale et claire. Terrasse à la belle saison. Une quarantaine de vins accompagnent la carte, actuelle et personnalisée.

Le Traîneau d'Angeline — VISA

Pont de Suize – ☎ 04 50 63 27 64 – Fax 04 50 63 27 64 – Fermé juin, 15 nov.-15 déc., lundi et mardi sauf vacances scolaires et merc. hors saison

Rest – Menu (13 €) – Carte 26/40 €

◆ Sympathique restaurant rustique accueillant une exposition de tableaux contemporains. Plats régionaux et viande grillée dans la cheminée, face au client.

au Chinaillon Nord : 5,5 km par D 4 – ✉ 74450 Le Grand Bornand

Les Cimes sans rest — P VISA AE

– ☎ 04 50 27 00 38 – info@hotel-les-cimes.com – Fax 04 50 27 08 46 – Ouvert 9 juin-15 sept. et 30 nov.-29 avril

10 ch – 75/110 € 75/155 €, 10 €

◆ Au sein du hameau sportif du "Grand Bo", chalet-bonbonnière aux chambres pétillantes : décor montagnard contemporain, meubles et bibelots anciens, etc. Une perle rare !

Crémaillère — rest, P VISA

– ☎ 04 50 27 02 33 – cremaill@wanadoo.fr – Fax 04 50 27 07 91 – Fermé 15 avril-15 juin

15 ch – 57/93 € 57/93 €, 7,50 € – ½ P 56/70 € – **Rest** – *(fermé mardi midi et lundi)* Menu 17 € (déj.), 22/33 € – Carte 18/40 €

◆ Toutes les chambres de ce petit hôtel familial, pourvues de balcons, sont orientées plein Sud, face aux pistes. Tenue exemplaire. Salon-cheminée "cosy". Cuisine savoyarde proposée dans un chaleureux cadre de bois blond.

à la Vallée du Bouchet

Le Chalet des Troncs ch,
3,5 km à l'est – 04 50 02 28 50 – aubergedestroncs@aol.com – Fax 04 50 63 25 28
3 ch – 125 € 132/158 €, 12 € – 1 suite – ½ P 108/121 € – **Rest** – *(ouvert 22 déc.-23 avril et 30 juin-31 août) (dîner seult) (nombre de couverts limité, prévenir)* Menu 30 € – Carte 37/45 €
◆ Les chambres de cette ancienne ferme perdue en pleine nature sont de vrais cocons montagnards. Hammam panoramique et superbe piscine couverte alimentée à l'eau de source. Cuisine familiale et produits du potager auprès d'une réconfortante cheminée.

GRANDCAMP-MAISY – 14 Calvados – 303 F3 – 1 831 h. – alt. 5 m – ✉ 14450

Normandie Cotentin 32 **B2**

Paris 297 – Caen 63 – Cherbourg 73 – St-Lô 40

Office de tourisme, 118 rue Aristide-Briand 02 31 22 62 44

La Faisanderie sans rest
– 02 31 22 70 06
3 ch – 45 € 50 €
◆ Accueillante maison tapissée de vigne vierge au sein d'un domaine où l'on élève des chevaux. Coquettes chambres personnalisées. Petit-déjeuner servi dans une chaleureuse salle à manger agrémentée d'une belle cheminée.

La Marée
5 quai Henri Cheron – 02 31 21 41 00 – restolamaree@wanadoo.fr – Fax 02 31 21 44 55 – Fermé 2 janv.-12 fév.
Rest – Menu 16/25 € – Carte 34/51 €
◆ Ambiance et décor marins face à la criée ; la salle à manger agrandie d'une véranda invite à se régaler de produits tout frais pêchés dans la Manche ou l'Océan.

GRAND'COMBE-CHÂTELEU – 25 Doubs – 321 J4 – rattaché à Morteau

---

LA GRANDE-MOTTE – 34 Hérault – 339 J7 – 6 458 h. – alt. 1 m – Casino

– ✉ 34280 **Languedoc Roussillon** 23 **C2**

Paris 747 – Aigues-Mortes 12 – Lunel 16 – Montpellier 28 – Nîmes 45 – Sète 47

Office de tourisme, allée des Parcs 04 67 56 42 00, Fax 04 67 29 03 45

de La Grande-Motte Avenue du Golf, N : 2 km, 04 67 56 05 00.

Les Corallines littoral, rest, rest,
615 Allée de la Plage, (Le Point Zéro) 10/60,
– 04 67 29 13 13 – info@thalasso-grandemotte.com – Fax 04 67 29 14 74 – Fermé 22 déc.-29 janv.
39 ch – 96/135 € 120/169 €, 13 € – 3 suites – ½ P 103/127 € – **Rest** – Menu (23 €), 25/30 € – Carte 30/51 €
◆ À l'écart du centre, sur le bord de mer, complexe hôtelier récent incluant un centre de thalassothérapie. Chambres avec balcon. Belle piscine et terrasse panoramique. Au restaurant, cadre et mobilier moderne, ambiance méditerranéenne.

Mercure littoral, ch, 120,
140 r. du port – 04 67 56 90 81 – h1230@accor.com – Fax 04 67 56 92 29
117 ch – 100/150 € 110/190 €, 13 € – ½ P 90/110 € – **Rest** – *(ouvert juil.-août)* Carte 26/43 €
◆ Sa tour domine le port de plaisance, au cœur du centre animé de la station. Les chambres sont toutes dotées d'un balcon. Cuisine simple (salades et grillades) proposée dans un décor moderne ou sur une terrasse ombragée de platanes.

Novotel ch, 10/80,
1641 av. du Golf – 04 67 29 88 88 – h2190@accor.com – Fax 04 67 29 17 01
81 ch – 87/135 € 97/135 €, 12,50 € – ½ P 75/105 € – **Rest** – Carte 22/36 €
◆ À l'entrée du golf, cet établissement vous accueille avec un hall monumental coiffé d'une coupole en verre. Chambres aux normes de la chaîne, spacieuses et fonctionnelles. Repas façon brasserie dans une salle à manger contemporaine prolongée d'une terrasse.

Golf Hôtel sans rest
1920 av. Golf – ✆ 04 67 29 72 00 – golfhotel.montpellier@hotelbestwestern.fr – Fax 04 67 56 12 44
45 ch – 85/232 € 85/362 €, 14 €
◆ Construction récente aux chambres refaites dans un style actuel, toutes avec loggia et orientées vers le golf ou le plan d'eau du Ponant. Jardin-piscine très agréable.

Azur Bord de Mer sans rest
Place Justin – ✆ 04 67 56 56 00 – hotelazur34@aol.com – Fax 04 67 29 81 26
20 ch – 75/100 € 80/125 €, 10 €
◆ Une vigie scrutant la "grande bleue", par sa situation sur le môle fermant le port au Sud. Chambres bien entretenues, au décor classique ou contemporain. Abords verdoyants.

Europe sans rest
allée des Parcs – ✆ 04 67 56 62 60 – hoteleurope@wanadoo.fr – Fax 04 67 56 93 07 – Ouvert 2 mars-30 oct.
34 ch – 61/115 € 61/115 €, 9,50 €
◆ Sympathique hôtel familial situé derrière le palais des congrès. Chambres pratiques, peu à peu personnalisées. Piscine et terrasse-solarium.

De la Plage
ch, 15,
allée du Levant, (direction Grau-du-Roi) – ✆ 04 67 29 93 00 – contact@hp-lagrandemotte.fr – Fax 04 67 56 00 07 – Ouvert 1er mars-30 oct.
39 ch – 77/110 € 83/115 €, 10 € – ½ P 69/82 € – **Rest** – *(ouvert 1er avril-30 sept. et fermé mardi midi, lundi en juil.-août, le midi et dim. hors saison)* Menu 20 € – Carte 26/40 €
◆ L'établissement se trouve dans un quartier résidentiel, face à la plage. Toutes les chambres, spacieuses et lumineuses, ont une loggia côté Méditerranée. Au restaurant, chaises et nappes aux tons ensoleillés vous convient à un repas simple, orienté "poisson".

Alexandre
esplanade Maurice Justin – ✆ 04 67 56 63 63 – michel@alexandre-restaurant.com – Fax 04 67 29 74 69 – Fermé 28 oct.-6 nov., 2 janv.-1er fév., dim. soir sauf juil.-août et lundi
Rest – Menu 43/72 € – Carte 49/98 €
Rest *Bistrot d'Alexandre* – *(ouvert juil.-août) (déjeuner seult.)* Menu 20 €
◆ Salles panoramiques donnant sur le port et le large, décor moderne et mise en place soignée. Cuisine classique, produits de la mer et belle sélection de vins du Languedoc. Au Bistrot : ambiance décontractée, terrasse d'été et carte axée sur les viandes et poissons grillés.

LE GRAND VILLAGE PLAGE – 17 Charente-Maritime – 324 C4 – voir à Île d'Oléron

GRANDVILLERS – 88 Vosges – 314 I3 – 712 h. – alt. 365 m – ✉ 88600 27 C3

Paris 404 – Épinal 22 – Lunéville 48 – Gérardmer 29 – Remiremont 38 – St-Dié 28

Europe et Commerce
ch, rest, 10,
3 et 4 rte Bruyères – ✆ 03 29 65 71 17 – hotel.bastien.europe@wanadoo.fr – Fax 03 29 65 85 23
21 ch – 45/55 € 56/66 €, 7 € – ½ P 41/46 € – **Rest** – *(fermé vend. soir et dim. soir)* Menu 13 € (sem.)/37 € – Carte 22/42 €
◆ Le bâtiment le plus ancien abrite quelques chambres ; celles de l'annexe sont plus calmes et profitent du jardin. Salle à manger aux tons pastel où l'on déguste une cuisine classique.

GRANGES-LÈS-BEAUMONT – 26 Drôme – 332 C3 – rattaché à Romans-sur-Isère

Le rouge est la couleur de la distinction : nos valeurs sûres !

LES GRANGES-STE-MARIE – 25 Doubs – 321 H6 – rattaché à Malbuisson

GRANS – 13 Bouches-du-Rhône – 340 F4 – 3 753 h. – alt. 52 m – ✉ 13450

40 **B3**

Paris 729 – Arles 43 – Marseille 50 – Martigues 29 – Salon-de-Provence 7

Syndicat d'initiative, boulevard Victor Jauffret ✆ 04 90 55 88 92, Fax 04 90 55 86 27

Le Planet

pl. J. Jaurès – ✆ 04 90 55 83 66 – Fax 04 90 55 83 66 – Fermé 23 sept.-10 oct., vacances de la Toussaint, de fév., dim. soir de nov. à fév., lundi et mardi

Rest – Menu 17 € (déj. en sem.), 25/40 € – Carte 32/50 €

◆ Cet ancien moulin à huile abrite désormais un petit restaurant voûté aux murs crépis. Agréable terrasse à l'ombre des platanes, accueil sympathique et cuisine du terroir.

Les bonnes adresses à petit prix ?
Suivez les Bibs : Bib Gourmand rouge pour les tables
et Bib Hôtel bleu pour les chambres.

GRANVILLE – 50 Manche – 303 C6 – 12 687 h. – alt. 10 m – Casino Z, et à St-Pair-sur-Mer – ✉ 50400 Normandie Cotentin

32 **A2**

Paris 342 – Avranches 27 – Cherbourg 105 – St-Lô 57 – St-Malo 93

Office de tourisme, 4 cours Jonville ✆ 02 33 91 30 03, Fax 02 33 91 30 03

de Granville à Bréville-sur-Mer Pavillon du Golf, par rte de Coutances : 5 km, ✆ 02 33 50 23 06.

Le tour des remparts★ : place de l'Isthme ≤★ Z - Pointe du Roc : site★.

Plan page ci-contre

Grand Large sans rest

cuisinette

5 r. Falaise – ✆ 02 33 91 19 19 – infos@hotel-le-grand-large.com – Fax 02 33 91 19 00 – Fermé 10-25 déc. Z **r**

38 ch – †56/103 € ††56/103 €, ☕ 9 €, 13 duplex

◆ Sur la falaise à pic au-dessus de la plage, cet hôtel associé à un centre de thalassothérapie abrite des chambres modulables en duplex ou studios, donnant la plupart sur la mer.

Michelet sans rest

5 r. J. Michelet – ✆ 02 33 50 06 55 – contact@hotel-michelet-granville.com – Fax 02 33 50 12 25 Z **u**

19 ch – †37/52 € ††37/52 €, ☕ 6,50 €

◆ L'enseigne rend hommage à l'un des hôtes célèbres de la station. Chambres simples profitant d'un environnement calme ; certaines aperçoivent la Manche. Bon accueil.

La Citadelle

34 r. Port – ✆ 02 33 50 34 10 – citadell@club-internet.fr – Fax 02 33 50 15 36 – Fermé 6-21 mars, 13 nov.-12 déc., mardi d'oct. à mars et merc. Y **d**

Rest – Menu 18/33 € – Carte 27/44 €

◆ Dégustez homards de Chausey et autres produits de la mer dans un décor nautique ou sur la terrasse protégée, devant le port d'où s'élançaient corsaires et terre-neuvas.

par ① 4,5 km rte de Coutances – ✉ 50290 Bréville-sur-Mer

Villa Beaumonderie

ch, ch, 15/250,

rte de Coutances – ✆ 02 33 50 36 36 – la-beaumonderie@wanadoo.fr – Fax 02 33 50 36 45 – Fermé 18-25 nov. et 4-10 fév.

16 ch – †85/180 € ††85/180 €, ☕ 12 € – 3 suites – **Rest** – *(fermé dim. soir et lundi de sept. à mars)* Menu (18 €), 27/43 € – Carte 29/62 €

◆ Cette maison des années 1920 fut le Q.G. de Eisenhower lors du débarquement de Normandie. Chambres personnalisées, salon-bar anglais, billard français, squash et joli parc. Coquette salle à manger en rotonde et cuisine traditionnelle à l'écoute de la mer.

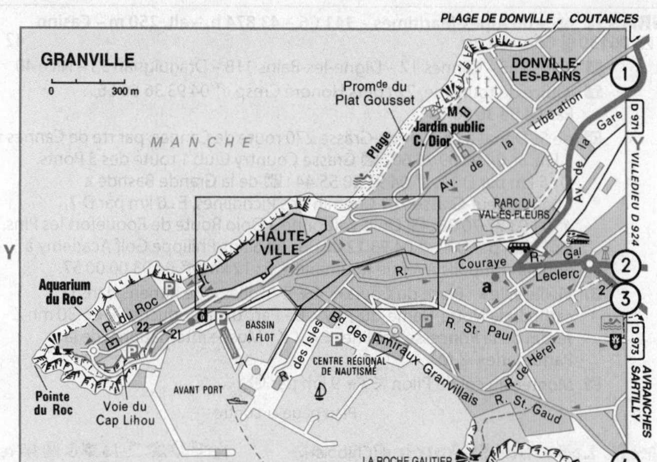

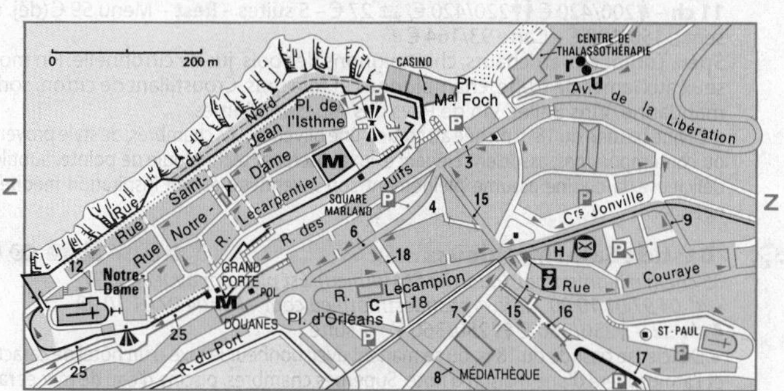

Briand (Av. A.) .... Y 2
Clemenceau (R. G.) .... Z 3
Corsaires (Pl. des) .... Z 4
Corsaires (R. des) .... Z 6
Couraye (R.) .... Z
Desmaisons (R. C.) .... Z 7
Granvillais (Bd des Amiraux) .... Z 8
Hauteserve (Bd d') .... Z 9
Juifs (R. des) .... Z
Lecampion (R.) .... Z
Leclerc (Av. Gén.) .... Y
Parvis-Notre-Dame (Montée du) .... Z 12
Poirier (R. Paul) .... Z 15
Ste-Geneviève (R.) .... Z 17
Saintonge (R.) .... Z 18
St-Sauveur (R.) .... Z 16
Terreneuviers (Bd des) .... Y 21
Vaufleury (Bd) .... Y 22
2e-et-202e-de-Ligne (Bd du) .... Z 25

à St-Pair-sur-Mer 4 km par ④ – **3 616 h.** – **alt. 30 m** – ✉ **50380**

Office de tourisme, 3 rue Charles Mathurin ✆ 02 33 50 52 77

X **Au Pied de Cheval** VISA

au Casino – ✆ *02 33 91 34 01* – *Fax 02 33 50 26 27* – *Fermé 4-10 juin, 24 sept.-21 oct., 1er-20 janv., dim. soir hors saison, lundi et mardi*

Rest – Menu 19 € (sem.)/26 € – Carte 25/48 €

◆ Au pied du casino, sur une plage faisant face à Granville. Vaste salle à manger de style brasserie et atmosphère feutrée pour une cuisine franco-italienne.

Un hôtel charmant pour un séjour très agréable ?
Réservez dans un hôtel avec pavillon rouge : ... .

GRASSE – 06 Alpes-Maritimes – 341 C6 – 43 874 h. – alt. 250 m – Casino – ✉ 06130 Côte d'Azur 42 E2

Paris 905 – Cannes 17 – Digne-les-Bains 118 – Draguignan 53 – Nice 40

Office de tourisme, 22 cours Honoré Cresp ✆ 04 93 36 66 66, Fax 04 93 36 86 36

de St-Donat à Le Plan-de-Grasse 270 route de Cannes, par rte de Cannes : 5 km, ✆ 04 93 09 76 60 ; Grasse Country Club 1 route des 3 Ponts, O : 5 km par D 11, ✆ 04 93 60 55 44 ; de la Grande Bastide à Châteauneuf-Grasse 761 Chemin des Picholines, E : 6 km par D 7, ✆ 04 93 77 70 08 ; Opio Valbonne à Opio Route de Roquefort les Pins, E : 11 km par D 4, ✆ 04 93 12 00 08 ; Saint-Philippe Golf Academy à Sophia-Antipolis Avenue Roumanille, E : 12 km, ✆ 04 93 00 00 57.

Vieille ville★ : Place du Cours★ ←★ Z - Toiles★ de Rubens dans la cathédrale Notre-Dame-du-Puy Z **B** - Parc de la Corniche ※★★ 30 mn Z - Jardin de la Princesse Pauline ←★ X **K** - Musée international de la Parfumerie★ Z **M³**.

Montée au col du Pilon ←★★ 9 km par ④.

Plan page ci-contre

La Bastide St-Antoine (Chibois) — rest,

48 av. H. Dunant, (quartier St-Antoine), 1,5 km par ② et rte Cannes – ✆ 04 93 70 94 94 – info@jacques-chibois.com – Fax 04 93 70 94 95 20/80, VISA MC AE D

11 ch – †200/420 € ††220/420 €, ☕ 27 € – 5 suites – **Rest** – Menu 59 € (déj. en sem.), 150/190 € – Carte 93/164 €

Spéc. Turbot aux artichauts, champignons des bois, jus de citronnelle. Fin mousseux aux lames de truffe, champignons et foie gras. Croustillant de citron, sorbet mandarine. **Vins** Bellet, Vin de Pays des Alpes-Maritimes.

◆ Divine bastide du 18e s. nichée au cœur d'une oliveraie. Les chambres, de style provençal ou contemporaines, associent élégance, luxe discret et technologie de pointe. Subtile et délicieuse, la cuisine assume pleinement son inventivité et son inspiration méditerranéenne.

Bastide Saint Mathieu sans rest

35 chemin Blumenthal, (quartier St Mathieu), Est plan par av Jean XXIII – ✆ 04 97 01 10 00 – info@bastidestmathieu.com – Fax 04 97 01 10 09 VISA MC AE

4 ch ☕ – †250/360 € ††250/360 € – 1 suite

◆ Délicieuse bastide du 18e s. où se marient avec bonheur le luxe d'un hôtel de caractère et l'atmosphère d'une maison d'hôte. Superbes chambres, piscine d'eau de mer et ravissant jardin.

Le Patti

ch, 10/25, VISA MC AE D

pl. Patti – ✆ 04 93 36 01 00 – hotelpatti@libertysurf.fr – Fax 04 93 36 36 40 Y a

73 ch – †54/79 € ††69/115 €, ☕ 8 € – ½ P 45/76 € – **Rest** – *(fermé janv. et dim.)* Menu 19/28 € – Carte 27/46 €

◆ Les chambres de cet établissement voisin du centre international arborent un décor provençal ou contemporain. Boutique de produits du Sud-Est dans le hall. Salle à manger actuelle et terrasse face à une placette ; cuisine traditionnelle aux accents régionaux.

Panorama sans rest

VISA MC AE

2 pl. Cours – ✆ 04 93 36 80 80 – hotelpanorama@wanadoo.fr – Fax 04 93 36 92 04 – Fermé 23 déc.-4 janv. Z u

36 ch – †54/80 € ††54/80 €, ☕ 7 €

◆ Hôtel apprécié pour sa proximité avec le palais des congrès et les principaux musées grassois. Chambres fonctionnelles bien tenues, dotées de balcons côté Sud. Accueil charmant.

Moulin St-François sans rest

VISA MC

60 av. Maupassant, 2 km ouest par rte de St-Cézaire – ✆ 04 93 42 14 35 – contact@moulin-saint-francois.com – Fax 04 93 42 13 53

3 ch ☕ – †220/250 € ††220/250 € – 1 suite

◆ Savourez le charme et la quiétude de ce moulin (1760) et de son parc planté d'oliviers tout en goûtant au luxe de ses superbes chambres où le raffinement est de mise. Non-fumeurs.

GRASSE

Barri (Pl. du) . . . . Z 4
Bellevue (Bd) . . . . X 5
Charabot (Bd) . . . . XY 6
Conte (R. D.) . . . . Y 7
Cresp (Cours H.) . . . . Z 8
Crouët (Bd Jacques) . . . X 10
Droite (R.) . . . . Y 12
Duval (Av. M.) . . . . X 14
Évêché (R. de l') . . . . . . Z 15
Fontette (R. de) . . . . Y 16
Foux (Pl. de la) . . . . Y 17
Fragonard (Bd) . . . . Z 18
Gaulle (Av. Gén.-de) . . . X 20
Gazan (R.) . . . . Z 22
Herbes (Pl. aux) . . . . . . Y 23
Jeu-de-Ballon (Bd) . . . . YZ
Journet (R. M.) . . . . YZ 26
Juin (Av. Mar.) . . . . Y 27
Lattre-de-Tassigny (Av. Mar.-de) . . . . X 28
Leclerc (Bd Mar.) . . . . . . X 30
Libération (Av.) . . . . X 32
Mougins-Roquefort (R.) . Z 33
Moulin-des-Paroirs (R.) . . X 34
Oratoire (R. de l') . . . . . . Y 35
Ossola (R. Jean) . . . . Z 38
Petit-Puy (Pl. du) . . . . . . Z 42
Poissonnerie (Pl.) . . . . . . Z 43
Prés.-Kennedy (Bd) . . . . X 45
Reine-Jeanne (Bd) . . . . . X 48
Rothschild (Bd de) . . . . . X 49
St-Martin (Traverse) . . . . Z 50
Sémard (Av. P.) . . . . X 53
Thiers (Av.) . . . . Y
Touts-Petits (Trav.) . . . . . Z 55
Tracastel (R.) . . . . Z 57
Victoria (Av.) . . . . X 60
Victor-Hugo (Bd) . . . . X, Z 59
11-Novembre (Av. du) X, Y 63

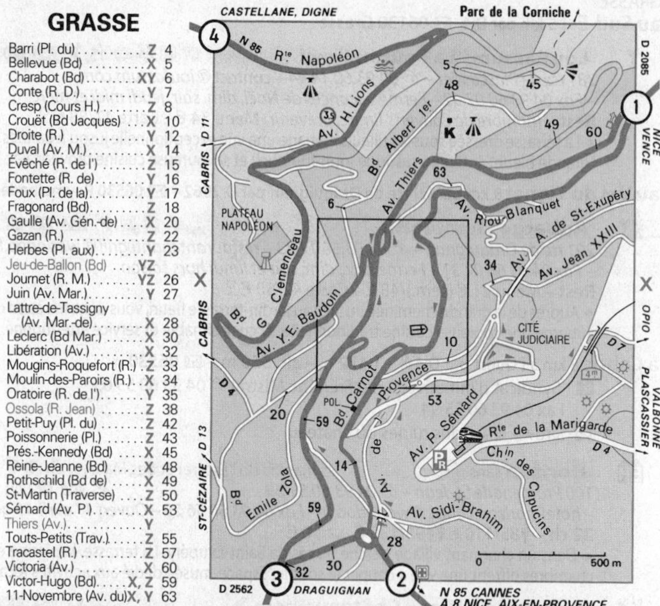

CASTELLANE, DIGNE
Parc de la Corniche
D 2085
NICE VENCE
N 85
Rte Napoléon
Av. H. Lions
Bd Albert 1er
Av. Thiers
Av. Riou-Blanquet
Av. A. de St-Exupéry
Av. Jean XXIII
CABRIS D 11
PLATEAU NAPOLÉON
Bd G. Clemenceau
Av. Y. E. Baudoin
CABRIS
D 4
OPIO
D 7
CITÉ JUDICIAIRE
VALBONNE PLASCASSIER
Bd Carnot
Provence
POL.
Av. P. Sémard
Rte de la Marigarde
Chin des Capucins
Av. Sidi-Brahim
ST-CÉZAIRE D 13
Bd Emile Zola
Av. de
0
500 m
D 2562
DRAGUIGNAN
N 85 CANNES
A 8 NICE, AIX-EN-PROVENCE
X

0
100 m
Av. Thiers
Pl. Martelly
Riou-
Blanquet
THÉATRE DE GRASSE
R. Paul Goby
Bd Gambetta
R. des Carrières
Pl. Morel
Place de la Roque
Pl. aux Aires
Bd du Jeu-de-Ballon
Av. Yves E. Baudoin
PORTE NEUVE
VIEILLE VILLE
Pl. de l'Évêché
R. Amiral de Grasse
Pl. C. Ossola
Pl. du 24 Août
CASINO
PL. DU COURS
PALAIS DES CONGRÈS
R. Mirabeau
Bd Carnot
Jacques
Crouët
Av. de Provence
Av. P. Sémard
Y
Z

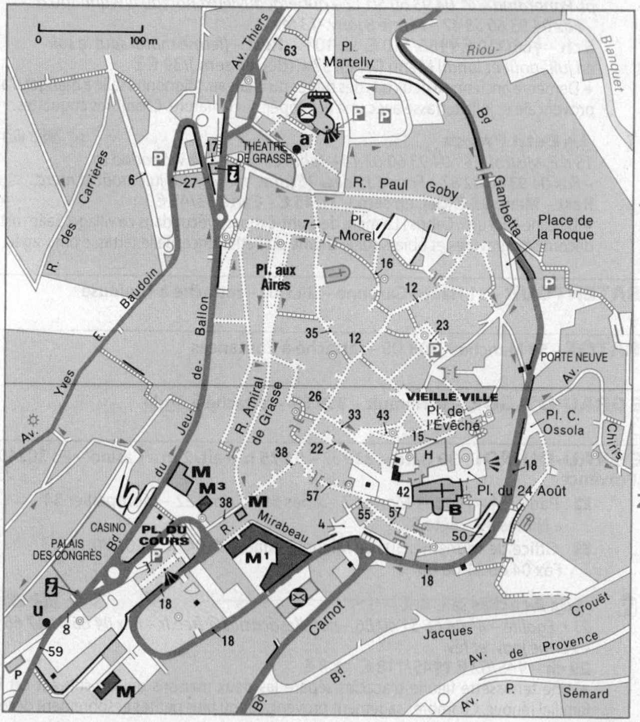

au Sud-Est 5 km par D 4- ✉ 06130 Grasse

X **Lou Fassum "La Tourmaline"** 15, VISA AE

381 rte de Plascassier – ☎ 04 93 60 14 44 – contact@loufassum.com – Fax 04 93 60 07 92 – Fermé vacances de Noël, dim. soir, jeudi midi et merc.

Rest – *(nombre de couverts limité, prévenir)* Menu 34 € – Carte 47/58 €

◆ La terrasse dressée sous les tilleuls ménage une vue exceptionnelle jusqu'à Cannes et la "grande bleue". Intérieur rustique (non-fumeurs) et savoureuse cuisine provençale.

au Val du Tignet 8 km par ③ rte de Draguignan par D 2562 – ✉ 06530 Peymeinade

XX **Auberge Chantegrill** VISA AE

291 rte de Draguignan – ☎ 04 93 66 12 33 – restaurantchantegrill@wanadoo.fr – Fax 04 93 66 02 31 – Fermé nov., dim. soir et lundi hors saison

Rest – Menu 21 € (sem.)/48 € – Carte 42/50 €

◆ Auprès de la grande cheminée ou face au jardin-terrasse fleuri, vous dégusterez en cette auberge une copieuse cuisine traditionnelle. Accueil aimable et service attentionné.

à Cabris 5 km à l'Ouest par D 4 X – **1 472 h.** – **alt. 550 m** – ✉ **06530**

Syndicat d'initiative, 9 rue Frédéric Mistral ☎ 04 93 60 55 63, Fax 04 93 60 55 94

Site★ - ←★★ des ruines du château.

Horizon sans rest ← massifs de l'Esterel et des Maures, VISA AE

100 Promenade St-Jean – ☎ 04 93 60 51 69 – hotel-horizon.cabris@wanadoo.fr – Fax 04 93 60 56 29 – Ouvert 1er avril-15 oct.

22 ch – 85/110 € 95/130 €, 10 €

◆ Dans un charmant village perché où résida Saint-Exupéry. La terrasse, la piscine et les chambres offrent une vue à couper le souffle. Espace-musée dédié aux activités locales.

XX **Auberge du Vieux Château** avec ch VISA AE

pl. Panorama – ☎ 04 93 60 50 12 – aubergeduvieuxchateau@wanadoo.fr – Fax 04 93 60 58 47 – Fermé 8 janv.-13 fév.

5 ch – 66/110 € 66/110 €, 10 € – **Rest** – *(fermé mardi sauf le soir en juil.-août et lundi)* Menu (24 €), 37 € (déj. en sem.)/39 €

◆ Demeure ancienne à deux pas des ruines du château. Mignonne salle à manger d'allure provençale et jolie terrasse avec une échappée sur la nature. Chambres coquettes.

X **Le Petit Prince** VISA AE

15 r. F. Mistral – ☎ 04 93 60 63 14 – fabriceknoettler@wanadoo.fr – Fax 04 93 60 62 87 – Fermé 1er déc.-15 janv., mardi sauf juil.-août et merc.

Rest – Menu 22 € (déj. en sem.), 31/45 € – Carte 33/45 €

◆ Dessine-moi un... Cabris ! La mère de Saint-Exupéry vécut dans ce village. Salle rustique décorée de gravures et objets sur le thème du Petit Prince. Belle terrasse ombragée.

GRATENTOUR – 31 Haute-Garonne – 343 G2 – rattaché à Toulouse

GRATOT – 50 Manche – 303 D5 – rattaché à Coutances

LE GRAU-D'AGDE – 34 Hérault – 339 F9 – rattaché à Agde

LE GRAU-DU-ROI – 30 Gard – 339 J7 – 5 875 h. – alt. 2 m – Casino – ✉ 30240

Provence 23 **C2**

Paris 751 – Aigues-Mortes 7 – Arles 55 – Lunel 22 – Montpellier 34 – Nîmes 49 – Sète 52

Office de tourisme, 30 rue Michel Rédarès ☎ 04 66 51 67 70, Fax 04 66 51 06 80

Les Acacias sans rest VISA

21 r. Egalité – ☎ 04 66 51 40 86 – hotellesacacias@free.fr – Fax 04 66 51 17 66 – Fermé janv. et fév.

29 ch – 45/62 € 45/118 €, 8 €

◆ Une terrassette fleurie d'acacias sépare les deux maisons qui constituent cet hôtel familial rénové. Chambres sagement provençales ou plus petites et sobrement décorées.

à Port Camargue Sud : 3 km par D 62[B] – ✉ **30240 Le Grau du Roi**

Spinaker (Cazals) 40, VISA
pointe de la Presqu'île – ✆ 04 66 53 36 37 – spinaker@wanadoo.fr – Fax 04 66 53 17 47
16 ch – 79/189 € 79/189 €, 12 € – 5 suites
Rest ***Carré des Gourmets*** – *(fermé 12 nov.-14 fév., lundi et mardi)* Menu 58/87 € – Carte 66/105 €
Spéc. Carpaccio de bœuf à l'huile de truffes. Filets de rougets rôtis à l'huile d'olive. Escalope de foie gras de canard poêlée au caramel de melon (juil.-août). **Vins** Vin de pays des Coteaux de Foncaude, Coteaux du Languedoc.
◆ Cet hôtel semble amarré à un quai de la marina. Les jolies chambres personnalisées (Provence, Afrique, Maroc) s'ouvrent de plain-pied sur jardin et piscine. Restaurant contemporain et belle terrasse donnent sur le port de plaisance ; cuisine inventive.

Mercure ch, ch, rest, 30/60, VISA
rte Marines – ✆ 04 66 73 60 60 – h1947@accor.com – Fax 04 66 73 60 50 – Fermé 4-25 déc.
89 ch – 97/143 € 97/143 €, 12 € – **Rest** – Menu (20 €), 26 € – Carte 29/43 €
◆ Face au port, complexe hôtelier englobant un centre de thalassothérapie. Les chambres, confortables et fonctionnelles, disposent d'un balcon. Perché au 6e étage, le restaurant offre le choix entre cuisine traditionnelle et menus diététiques.

L'Oustau Camarguen 30, VISA
3 rte Marines – ✆ 04 66 51 51 65 – oustaucamarguen@wanadoo.fr – Fax 04 66 53 06 65 – Ouvert 24 mars-4 nov.
39 ch – 81/99 € 81/147 €, 11 € – ½ P 73/82 € – **Rest** – *(ouvert 1er mai-fin sept. et fermé merc. soir sauf juil.-août) (dîner seult sauf dim.)* Menu 27/31 € – Carte 35 €
◆ Petit mas camarguais décoré dans l'esprit provençal. Chambres spacieuses, garnies de meubles chinés et dotées de terrasses ou de jardinets privatifs. Hammam et jacuzzi. Cuisine classique servie dans une salle rustique ou à l'extérieur, au bord de la piscine.

L'Amarette VISA
centre commercial Camargue 2000 – ✆ 04 66 51 47 63 – Fermé déc. à mi-janv.
Rest – Menu 23 € (déj. en sem.), 35/59 € – Carte 39/59 €
◆ Intérieur soigné et agréable terrasse au 1er étage d'un centre commercial, à deux pas de la plage Nord. Cuisine de la mer très attentive à la bonne fraîcheur des produits.

GRAUFTHAL – 67 Bas-Rhin – 315 H4 – rattaché à La Petite-Pierre

GRAULHET – 81 Tarn – 338 D8 – 12 663 h. – alt. 166 m – ✉ 81300 — 29 C2

Paris 694 – Albi 39 – Castres 31 – Toulouse 63
Office de tourisme, square Maréchal Foch ✆ 05 63 34 75 09

La Rigaudié VISA
rte St Julien du Puy – ✆ 05 63 34 49 54 – poser.stephane@wanadoo.fr – Fax 05 63 34 78 91 – Fermé 1er-7 mai, 14 août-5 sept., 2-9 janv., sam. midi, dim. soir et lundi
Rest – Menu 18 € (sem.)/54 € – Carte 34/63 €
◆ Belle maison de maître (19e s.) entourée d'un grand parc. Chaleureuse salle bourgeoise et terrasse dressée sous les platanes invitent à déguster une cuisine actuelle bien tournée.

LA GRAVE – 05 Hautes-Alpes – 334 F2 – 511 h. – alt. 1 526 m – Sports d'hiver : 1 450/3 250 m 2 2 – ✉ 05320 Alpes du Nord — 41 C1

Paris 642 – Briançon 38 – Gap 126 – Grenoble 80 – Col du Lautaret 11
Office de tourisme, route nationale 91 ✆ 04 76 79 90 05, Fax 04 76 79 91 65
Glacier de la Meije★★★ (par téléphérique) - ✻★★★.
Oratoire du Chazelet★★★ NO : 6 km.

Les Chalets de la Meije sans rest – Meije et glacier, cuisinette VISA
– ☎ 04 76 79 97 97 – contact@chalet-meije.com – Fax 04 76 79 97 98 – Ouvert 23 déc.-21 avril et 26 mai-14 oct.
12 ch – †58/75 € ††68/85 €, ☐ 9 € – 9 suites, 6 duplex
◆ Ensemble hôtelier et résidentiel superbement situé face au parc des Écrins. Les jolies chambres (lambris, fer forgé, meubles exotiques) sont réparties entre plusieurs chalets.

La Meijette rest, P VISA
– ☎ 04 76 79 90 34 – hotel.lameijette.juge@wanadoo.fr – Fax 04 76 79 94 76
– Ouvert 2 juin-19 sept.
18 ch – †58 € ††85 €, ☐ 8,50 € – ½ P 60/78 € – **Rest** – Menu 20/33 € – Carte 27/47 €
◆ Face au grandiose massif de la Meije, deux bâtiments séparés par une route. Les chambres, souvent spacieuses, sont meublées en pin et bien tenues. Superbe vue sur les glaciers depuis le restaurant et la terrasse panoramique, idéalement orientée.

GRAVELINES – 59 Nord – 302 A2 – 12 430 h. – ✉ 59820

Nord Pas-de-Calais Picardie — 30 **A1**

Paris 287 – Calais 26 – Cassel 38 – Dunkerque 21 – Lille 89 – St-Omer 36

Office de tourisme, 11 rue de la République ☎ 03 28 51 94 00, Fax 03 28 65 58 19

Hostellerie du Beffroi ch, ch, 60, VISA AE
2 pl. Ch. Valentin – ☎ 03 28 23 24 25 – contact.hoteldubeffroi@wanadoo.fr
– Fax 03 28 65 59 71
40 ch – †66 € ††72 €, ☐ 9 € – ½ P 58 € – **Rest** – *(Fermé sam. midi et dim. soir)* Menu 16 € (sauf dim.)/35 € – Carte 21/38 €
◆ Bâtisse moderne aux murs parementés de briques située au pied du beffroi, dans l'enceinte aménagée par Vauban. Chambres fonctionnelles bien tenues. Salle à manger contemporaine, terrasse ouverte sur la place et cuisine traditionnelle sans prétention.

Le Jardin d'Hiver 14, VISA
20 r. de Dunkerque – ☎ 03 28 22 32 74 – Fax 03 28 29 85 65 – Fermé 30 juil.-19 août, sam. et dim.
Rest – Menu (19 €), 23 € – Carte 32/38 €
◆ Superbe façade en briques du 19e s., bel intérieur moderne et joli jardin-terrasse : beaucoup de cachet pour ce restaurant servant une cuisine soignée influencée par les saisons.

GRAVESON – 13 Bouches-du-Rhône – 340 D2 – 3 188 h. – alt. 14 m – ✉ 13690

Provence — 42 **E1**

Paris 696 – Avignon 14 – Carpentras 40 – Cavaillon 30 – Marseille 102 – Nîmes 38

Office de tourisme, cours National ☎ 04 90 95 88 44

Musée Auguste-chabaud★.

Moulin d'Aure AC rest, 20, P VISA AE
rte St-Rémy-de-Provence, 1 km par D 5 – ☎ 04 90 95 84 05 – reception@hotel-moulindaure.com – Fax 04 90 95 73 84
19 ch – †50/180 € ††50/180 €, ☐ 12 € – ½ P 130 € – **Rest** – *(fermé 11 nov.-14 fév., lundi midi sauf juil.-août)* Menu 25 € (déj. en sem.)/38 € – Carte 48/78 €
◆ Dans un grand parc planté d'oliviers, cette bastide récente dispose de jolies chambres provençales (fer forgé, tomettes, couleurs du Sud) ; quelques-unes avec terrasse. Au menu, spécialités méridionales et italiennes parfumées avec l'huile d'olive du domaine.

Le Mas des Amandiers ch, AC rest, ch, 35, P VISA AE
rte d'Avignon, à 1,5 km – ☎ 04 90 95 81 76 – contact@hotel-des-amandiers.com – Fax 04 90 95 85 18 – Ouvert 15 mars-15 oct.
28 ch – †56/59 € ††59 €, ☐ 8 € – ½ P 56 € – **Rest** – *(fermé lundi midi)* Menu 14 € (déj. en sem.), 19/34 € – Carte 20/43 €
◆ Les chambres égayées de tons ensoleillés et garnies de meubles rustiques peints sont réparties autour de la piscine. Parcours botanique, location de vélos et de scooters. Salle à manger actuelle décorée dans la note provençale ; carte classico-régionale.

Le Cadran Solaire sans rest
r. Cabaret Neuf – ✆ 04 90 95 71 79 – cadransolaire@wanadoo.fr – Fax 04 90 90 55 04 – Ouvert mars-nov.
12 ch – 57 € 57 €, 9 €
◆ La façade de ce charmant relais de poste du 16e s. blotti dans un joli jardin est ornée d'un cadran solaire. Ravissantes chambres (sans TV) et délicieuse terrasse.

Le Clos des Cyprès
rte Châteaurenard – ✆ 04 90 90 53 44 – Fermé 2-14 janv., mardi soir et jeudi soir hors saison, merc. soir, dim. soir et lundi
Rest – *(prévenir)* Menu 52/85 €
◆ Chaleureuse salle à manger bourgeoise aux murs ocre rouge et sa terrasse sous auvent, face à un agréable jardin planté d'oliviers et d'abricotiers. Cuisine au goût du jour.

GRAY – 70 Haute-Saône – 314 B8 – 6 773 h. – alt. 220 m – ✉ 70100
Franche-Comté Jura 16 **B2**

Paris 336 – Besançon 45 – Dijon 50 – Dole 46 – Langres 56 – Vesoul 58

Office de tourisme, 1 place du Général-de-Gaulle ✆ 03 84 65 14 24, Fax 03 84 65 46 26

Hôtel de ville★ - Collection de pastels et dessins★ de Prud'hon au musée Baron-Martin★ M1.

GRAY

Boichut (Pl.)	Y	3
Capucins (Av.)	Z	5
Casernes (R. des)	Z	6
Couyba (Av. Ch.)	Y	7
Curie (R. P.)	Z	9
Devosge (R. F.)	Y	10
Église (R. de l')	Y	12
Gambetta (R.)	X	13
Gaulle (Av. Général-de)	Z	14
Gaulle (Pl. Charles-de)	YZ	15
Grands Moulins (Bd des)	Y	16
Libération (Av. de la)	Z	17
Marché (R. du)	Z	18
Mavia (Quai)	Y	20
Mavia (R.)	Y	21
Neuf (Chemin)	Z	22
Paris (R. de)	Y	24
Perrières (Fg des)	Z	26
Perrières (R. des)	Z	25
Perrières (R. du Fg des)	Y	27
Pigalle (R.)	Y	28
Port (Av. du)	Y	29
Quatre-Septembre (Pl. du)	Y	30
Revon (Av.)	Z	31
Rossen (R.)	Z	32
Signard (R. M.)	Z	34
Soupirs (R. des)	Z	35
Sous-Préfeture (Pl. de la)	Y	36
Terreaux (R. des)	Y	40
Thiers (R.)	Y	37
Vieille-Tuilerie (R. de la)	Z	39

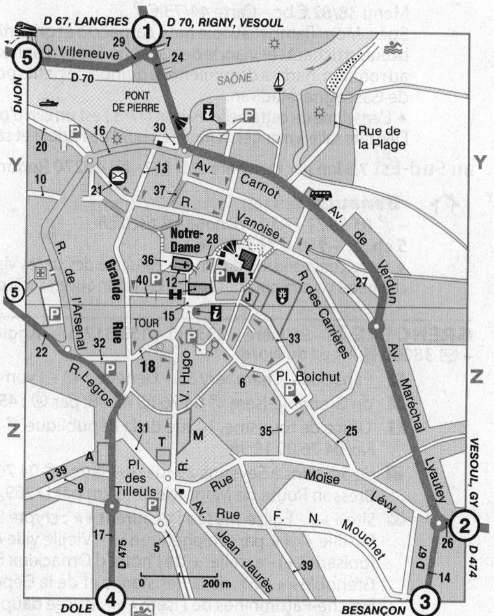

à Rigny par ① D 70 et D 2 : 5 km – 586 h. – alt. 196 m – ✉ 70100

Château de Rigny ch, rest, 15/40,
– ✆ 03 84 65 25 01 – chateau-de-rigny@wanadoo.fr – Fax 03 84 65 44 45
29 ch – 65/120 € 95/195 €, 10 € – ½ P 93/142 € – **Rest** – Menu 29/42 € – Carte 41/57 €
◆ Les allées du parc de cette demeure du 17e s. serpentent jusqu'à la Saône. Le mobilier des chambres (choisir celles de la magnanerie) a été chiné chez les antiquaires. Confortable salle à manger ou plaisante terrasse ; registre culinaire classique.

à Nantilly par ① et D 2 : 5 km – 452 h. – alt. 200 m – ✉ 70100

Château de Nantilly ch, ch, 15/50,
1 r. Millerand – ✆ 03 84 67 78 00
– chateau.nantilly@wanadoo.fr – Fax 03 84 67 78 01 – Fermé 2 janv.-5 mars
30 ch – 70/110 € 110/150 €, 13 € – 4 suites, 7 duplex – ½ P 120/160 € –
Rest – *(fermé dim. soir et lundi) (dîner seult)* Menu 35/63 € – Carte 50/63 €
◆ Jolie maison de maître dans un parc traversé par un cours d'eau. Les chambres du bâtiment principal ont plus de cachet que celles des annexes. Restaurant particulièrement soigné : tonalités rosées, moulures, fresques, belle argenterie... et cuisine régionale.

GRENADE-SUR-L'ADOUR – 40 Landes – 335 I12 – 2 265 h. – alt. 55 m – ✉ 40270

3 **B2**

Paris 720 – Aire-sur-l'Adour 18 – Mont-de-Marsan 15 – Orthez 53 – St-Sever 14 – Tartas 33

Office de tourisme, 1 place des Déportés ✆ 05 58 45 45 98

Pain Adour et Fantaisie (Garret) avec ch
14 pl. Tilleuls – ✆ 05 58 45 18 80 ch, 20,
– pain.adour.fantaisie@wanadoo.fr – Fax 05 58 45 16 57 – Hôtel fermé dim. soir et lundi de la Toussaint à Pâques
11 ch – 70/164 € 70/164 €, 15 € – ½ P 131/215 € – **Rest** – *(fermé lundi sauf le soir du 14 juil. au 31 août, dim. soir de sept. à mi-juil. et merc. midi)*
Menu 38/82 € bc – Carte 44/73 €
Spéc. Mon "flamby" au foie gras, carpaccio et grissini. Homard breton, bouillon de bœuf, artichauts et viande des Grisons. Gigot d'agneau des Pyrénées fumé minute au romarin, harissa de pimientos, quinoa de petits pois. **Vins** Vin de Pays des Côtes de Gascogne, Madiran.
◆ L'enseigne de cette belle maison (17e s.) est un clin d'œil au cinéma néoréaliste italien. Élégante salle à manger, terrasse au bord de l'Adour et savoureuse cuisine inventive.

au Sud-Est 7,5 km par Larrivière et D 352 - ✉ 40270 Renung

Benauge sans rest
– ✆ 05 58 71 77 30 – benauge@tiscali.fr
5 ch – 50 € 50/95 €
◆ Cette commanderie du 15e s. a conservé des traces visibles de ses fortifications. Belles chambres contemporaines épurées et jardin ouvert sur la campagne. Adresse non-fumeurs.

GRENOBLE – 38 Isère – 333 H6 – 153 317 h. – Agglo. 419 334 h. – alt. 213 m – ✉ 38000 Alpes du Nord

45 **C2**

Paris 566 – Chambéry 55 – Genève 143 – Lyon 105 – Torino 235

de Grenoble-Isère ✆ 04 76 65 48 48, par ⑥ : 45 km.

Office de tourisme, 14 rue de la République ✆ 04 76 42 41 41, Fax 04 76 00 18 98

de Seyssins à Seyssins 29 rue du Plâtre, ✆ 04 76 70 12 63 ; de Grenoble à Bresson Route de Montavie, S : 6 km par D 269, ✆ 04 76 73 65 00.

Site★★★ - Église-musée St-Laurent★★ : crypte St-Oyand★ FY - Fort de la Bastille ✻★★ par téléphérique EY - Vieille ville★ EY : Palais de Justice★ (boiseries★) - escalier★ de l'hôtel d'Ornacieux EY **J** - Musées : de Grenoble★★★ FY, de la Résistance et de la Déportation★ F, de l'ancien Evêché-Patrimoines de l'Isère★★ - Musée dauphinois★ : chapelle★★, exposition thématique★★ EY.

Plans pages suivantes

Park Hôtel ch, 15/40,
10 pl. Paul Mistral – ✆ 04 76 85 81 23 – resa@park-hotel-grenoble.fr
– Fax 04 76 46 49 88 – Fermé 28 juil.-26 août et 22 déc.-3 janv. FZ **w**
50 ch – 135 € 245 €, 16 € – 16 suites
Rest *Le Parc* – *(fermé sam. midi, dim. midi et midis fériés)* Menu 29/54 € – Carte 31/59 €
◆ C'est à l'intérieur que ce discret immeuble dévoile le raffinement de ses aménagements, à l'image de ses chambres, luxueuses et personnalisées. Centre d'affaires. Murs de briques, belle cheminée en pierre et couleurs gaies agrémentent le chaleureux restaurant.

Grand Hôtel Mercure Président ch, ch,
11 r. Gén. Mangin ✉ 38100 rest, 20/120, VISA
– ✆ 04 76 56 26 56 – h2947@accor-hotels.com – Fax 04 76 56 26 82 AX **y**
105 ch – 83/130 € 93/142 €, 14 € – **Rest** – *(fermé 3-19 août, 21 déc.-6 janv., dim. midi et sam.)* Carte environ 31 €

◆ Plaisantes chambres modernes (accès Internet, consoles de jeux...), original bar au cadre exotique, salles de séminaires, sauna, jacuzzi ouvert sur une terrasse-jardin. L'Afrique inspire le décor de la salle de restaurant.

Mercure Centre ch, ch, 20/150, VISA
12 bd Mar. Joffre – ✆ 04 76 87 88 41 – h0652@accor.com
– Fax 04 76 47 58 52 EZ **d**
88 ch – 95/118 € 106/128 €, 12 € – **Rest** – *(fermé 24 déc.-2 janv., dim. midi, sam. et fériés)* Menu (12,50 €) – Carte 22/29 €

◆ Cet édifice construit pour les J.O. de 1968 est aujourd'hui classé car représentatif du style "tout béton" de l'époque. Chambres modernes et joliment colorées. Dans un plaisant décor, le bar à vins propose plats traditionnels et assiettes plus simples.

Novotel Centre ch, ch, 15/60, VISA
à Europole, pl. R. Schuman – ✆ 04 76 70 84 84 – h1624@accor.com
– Fax 04 76 70 24 93 AV **r**
118 ch – 109 € 115/160 €, 13 € – **Rest** – Menu (20 €), 25 € (déj. en sem.) – Carte 19/37 €

◆ Face à la gare TGV, hôtel de chaîne conçu pour une clientèle d'affaires. Grandes chambres contemporaines et nouveau "fitness center". Cuisine traditionnelle et grillades figurent au programme du restaurant.

Ugerel Alpexpo ch, ch, 20/180,
1 av. Innsbruck – ✆ 04 76 33 02 02 VISA
– reception1@hotel-ugerel-alpexpo.com – Fax 04 76 33 34 44 BX **a**
98 ch – 115 € 115 €, 18 € – 2 suites – **Rest** – *(fermé dim. midi et sam.)* Menu 20 € (déj. en sem.), 25/29 € – Carte 23/38 €

◆ Cet hôtel des années 1970, desservi par le tramway, jouxte le centre des expositions Alpexpo. Chambres pratiques et particulièrement grandes. Salle à manger très sobrement décorée, mais ouverte sur la terrasse et la piscine.

Lesdiguières ch, rest, 10/30, VISA
122 cours de la Libération – ✆ 04 38 70 19 50 – hotellesdiguieres@gastronomie.com – Fax 04 38 70 19 69 – Fermé vacances scolaires, vend., sam. et dim. AX **b**
23 ch – 55 € 60/68 €, 7,50 € – 1 suite – **Rest** – Menu (14 €), 20/43 €

◆ Cette institution hôtelière grenobloise abrite depuis 1963 une école d'application réputée. Les chambres, rafraîchies depuis peu, offrent un bon confort ; préférez celles côté parc, plus calmes. Menus attrayants mettant à l'honneur les produits du terroir dauphinois.

Terminus sans rest 25, VISA
10 pl. Gare – ✆ 04 76 87 24 33 – terminush@aol.com
– Fax 04 76 50 38 28 DY **t**
39 ch – 68/99 € 84/149 €, 12 €

◆ Cet hôtel situé devant la gare propose des chambres rajeunies, bien équipées et dotées d'un double vitrage efficace. Petits-déjeuners servis sous une lumineuse verrière.

Quality Hotel sans rest cuisinette 60, VISA
116 cours Libération – ✆ 04 76 21 26 63 – qualityhotel@wanadoo.fr
– Fax 04 76 48 01 07 AX **n**
56 ch – 78 € 86 €, 11 €

◆ Sur un important axe de circulation, simple façade en partie habillée de carrelage et abritant des chambres de bon confort, actuelles et insonorisées. Petit bar-salon.

Angleterre sans rest VISA
5 pl. V. Hugo – ✆ 04 76 87 37 21 – reservations@hotel-angleterre-grenoble.com
– Fax 04 76 50 94 10 EZ **z**
62 ch – 100/170 € 100/170 €, 12 €

◆ Cet immeuble bâti en 1898 face à un jardin public propose des chambres meublées en rotin et cannage. Certaines sont mansardées, d'autres équipées de baignoires "balnéo".

CORENC

Eygala (Av. de l') . . . . . BCV
Grésivaudan (Av. du) . . . . . BCV

EYBENS

Innsbruck (Av. d') . . . . . BX 38
Jean-Jaurès (Av.) . . . . . BX
Mendès-France (R.) . . . . . BX
Poisat (Av. de) . . . . . BX 47

ÉCHIROLLES

Etats-Généraux (Av. des) . . . . . AX 30
Grugliasco (Av. de) . . . . . AX
Jean-Jaurès (Crs) . . . . . AX
Kimberley (Av. de) . . . . . ABX

FONTAINE

Briand (Av. A.) . . . . . AV
Joliot-Curie (Bd) . . . . . AV
Vercors (Av. du) . . . . . AV

GRENOBLE

Alliés (R. des) . . . . . AX
Alsace-Lorraine (Av.) . . . . . DYZ 3
Ampère (R.) . . . . . AV
Augereau (R.) . . . . . DZ
Barnavel (R.) . . . . . EFY 5
Bayard (R.) . . . . . FY 6
Belgique (Av. Albert-1er de) . . . . . EFZ 7
Belgrade (R. de) . . . . . EY 9
Bernard (Q. Cl.) . . . . . DY
Berriat (Crs) . . . . . AV, DZ
Berthelot (Av. M.) . . . . . BX
Bistesi (R.) . . . . . FZ 10
Bizanet (R.) . . . . . FGY
Blanchard (R. P.) . . . . . EYZ
Blum (Av. Léon) . . . . . AX
Boissieux (R. B.-de) . . . . . EZ
Bonne (R. de) . . . . . EZ 12
Brenier (R. C.) . . . . . DY 13
Briand (Pl. A.) . . . . . DY
Brocherie (R.) . . . . . EY 15
Casimir-Périer (R.) . . . . . EZ 16
Champollion (R.) . . . . . FZ 17
Champon (Av. Gén.) . . . . . FZ
Chanrion (R. J.) . . . . . FYZ
Chenoise (R.) . . . . . EFY 18
Claudel (R. P.) . . . . . BX 20
Clemenceau (Bd) . . . . . FGZ
Clot-Bey (R.) . . . . . EYZ 21
Condillac (R.) . . . . . EZ
Condorcet (R.) . . . . . DZ
Créqui (Q.) . . . . . DEY
Diables-Bleus (Bd des) . . . . . FZ 24
Diderot (R.) . . . . . AV 25
Dr-Girard (Pl.) . . . . . FY 26
Driant (Bd Col.) . . . . . FZ 27
Dubedout (Pl. H.) . . . . . DY 28
Esclangon (R. F.) . . . . . AV 29
Esmonin (Av. E.) . . . . . AX
l'Europe (Av. de) . . . . . BX 31
Fantin-Latour (R.) . . . . . FZ 32
Faure (R. E.) . . . . . FZ
La Fayette (R.) . . . . . EY 39
Flandrin (R. J.) . . . . . GZ 33
Foch (Bd Mar.) . . . . . DEZ
La Fontaine (Crs) . . . . . EZ
Fourier (R.) . . . . . FZ 34
France (Q. de) . . . . . DEY
Gambetta (Bd) . . . . . DEZ
Graille (Q. de la) . . . . . DY
Grande-Rue . . . . . EY 37
Grenette (Pl.) . . . . . EY
Gueymard (R. E.) . . . . . DY
Haxo (R.) . . . . . FZ
Hébert (R.) . . . . . FYZ
L'Herminier (R. Cdt) . . . . . FY 41
Hoche (R.) . . . . . EZ
Jay (Q. S.) . . . . . EY
Jeanne-d'Arc (Av.) . . . . . GZ
Jean-Jaurès (Crs) . . . . . DYZ
Joffre (Bd Mar.) . . . . . DEZ
Jongking (Q.) . . . . . FY
Jouhaux (R. L.) . . . . . BX, GZ
Jouvin (Q. X.) . . . . . FY
Lakanal (R.) . . . . . EZ
Lavalette (Pl.) . . . . . FY 40
Leclerc (Av. Mar.) . . . . . FY
Lesdiguières (R.) . . . . . EZ
Libération et du Gén.-de Gaulle (Crs de la) . . . . . AX
Lyautey (Bd Mar.) . . . . . EZ 42
Lyon (Rte de) . . . . . DY
Malakoff (R.) . . . . . FGZ
Mallifaud (R.) . . . . . EFZ
Martyrs (R. des) . . . . . AV
Mistral (Pl. P.) . . . . . FZ
Montorge (R.) . . . . . EY 43
Mortillet (R. de) . . . . . FGY
Moyrand (R.) . . . . . FGZ
Notre-Dame (Pl.) . . . . . FY
Pain (Bd J.) . . . . . FZ
Palanka (R.) . . . . . EY 44
Pasteur (Pl.) . . . . . FZ 45
Perrière (Q.) . . . . . EY 46
Perrot (Av. J.) . . . . . BX, FZ
Poulat (R. F.) . . . . . EY 48
Prévost (R. J.) . . . . . DZ
Randon (Av. Mar.) . . . . . FY
Reynier (R. A.) . . . . . AX 49
Reynoard (Av. M.) . . . . . BX 50
Rey (Bd Ed.) . . . . . EY
Rhin-et-Danube (Av.) . . . . . AX
Rivet (Pl. G.) . . . . . EZ 53
Rousseau (R. J.-J.) . . . . . EY 55
Sablon (Pont du) . . . . . GY
Ste-Claire (Pl.) . . . . . EY 57
St-André (Pl.) . . . . . EY 56
Sembat (Bd A.) . . . . . EZ
Servan (R.) . . . . . FY 59
Stalingrad (R. de) . . . . . AX 60
Strasbourg (R. de) . . . . . EFZ 62
Thiers (R.) . . . . . DZ
Très-Cloîtres (R.) . . . . . FY 63
Turenne (R.) . . . . . DZ

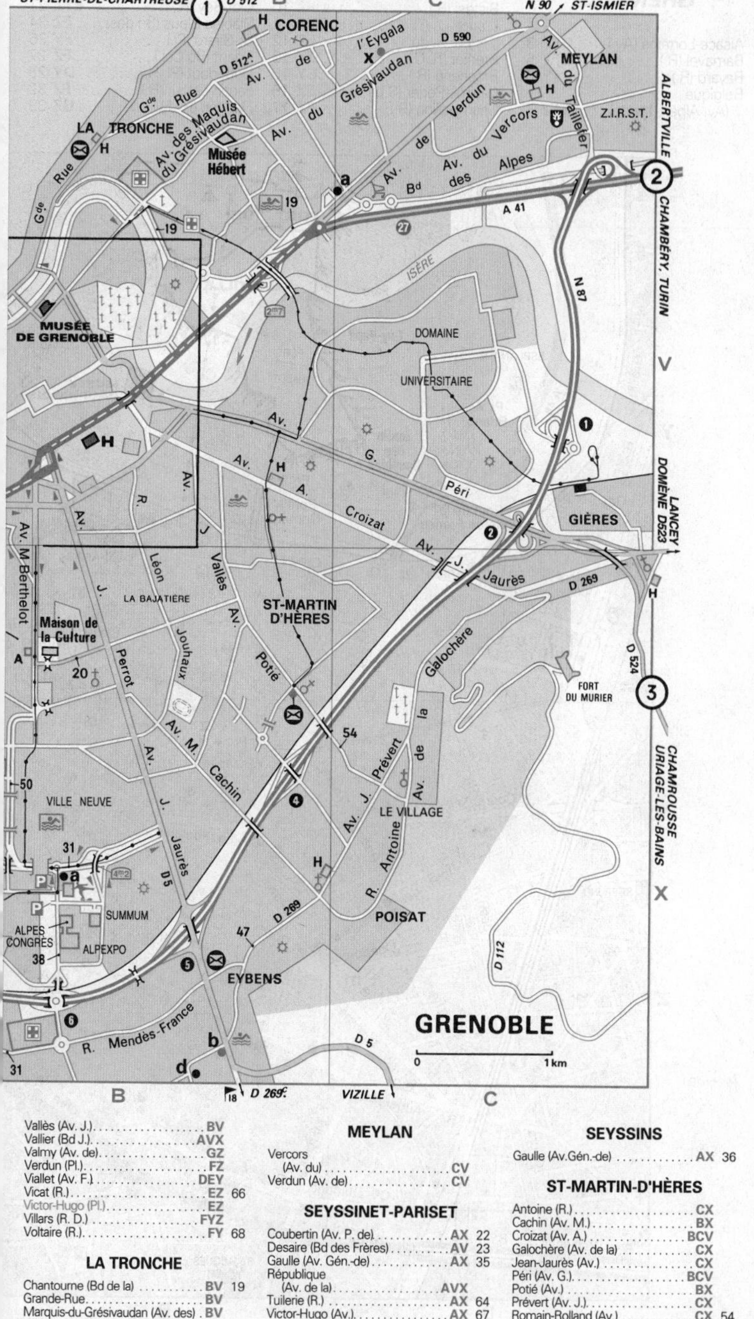

Vallès (Av. J.) . . . . BV
Vallier (Bd J.) . . . . AVX
Valmy (Av. de) . . . . GZ
Verdun (Pl.) . . . . FZ
Viallet (Av. F.) . . . . DEY
Vicat (R.) . . . . EZ 66
Victor-Hugo (Pl.) . . . . EZ
Villars (R. D.) . . . . FYZ
Voltaire (R.) . . . . FY 68

LA TRONCHE

Chantourne (Bd de la) . . . . BV 19
Grande-Rue . . . . BV
Marquis-du-Grésivaudan (Av. des) . BV

MEYLAN

Vercors (Av. du) CV
Verdun (Av. de) CV

SEYSSINET-PARISET

Coubertin (Av. P. de) . . . . AX 22
Desaire (Bd des Frères) . . . . AV 23
Gaulle (Av. Gén.-de) . . . . AX 35
République (Av. de la) . . . . AVX
Tuilerie (R.) . . . . AX 64
Victor-Hugo (Av.) . . . . AX 67

SEYSSINS

Gaulle (Av.Gén.-de) . . . . AX 36

ST-MARTIN-D'HÈRES

Antoine (R.) CX
Cachin (Av. M.) . . . . BX
Croizat (Av. A.) . . . . BCV
Galochère (Av. de la) CX
Jean-Jaurès (Av.) CX
Péri (Av. G.) . . . . BCV
Potié (Av.) . . . . BX
Prévert (Av. J.) CX
Romain-Rolland (Av.) . . . . CX 54

GRENOBLE

Alsace-Lorraine (Av.) . . . . **DYZ** 3
Barnavel (R.) . . . . **EFY** 5
Bayard (R.) . . . . **FY** 6
Belgique (Av. Albert-1er-de) . . . . . **EFZ** 7
Belgrade (R. de) . . . . **EY** 9
Bistesi (R.) . . . . **FZ** 10
Blanchard (R. P.) . . . . **EYZ**
Bonne (R. de) . . . . **EZ** 12
Brenier (R. C.) . . . . **DY** 13
Brocherie (R.) . . . . **EY** 15
Casimir-Périer (R.) . . . . **EZ** 16
Champollion (R.) . . . . **FZ** 17
Chenoise (R.) . . . . **EFY** 18
Clot-Bey (R.) . . . . **EYZ** 21
Diables-Bleus (Bd des) . . . . **FZ** 24
Dr-Girard (Pl.) . . . . **FY** 26
Driant (Bd Col.) . . . . **FZ** 27
Dubedout (Pl. H.) . . . . **DY** 28
Fantin-Latour (R.) . . . . **FZ** 32
Flandrin (R. J.) . . . . **GZ** 33

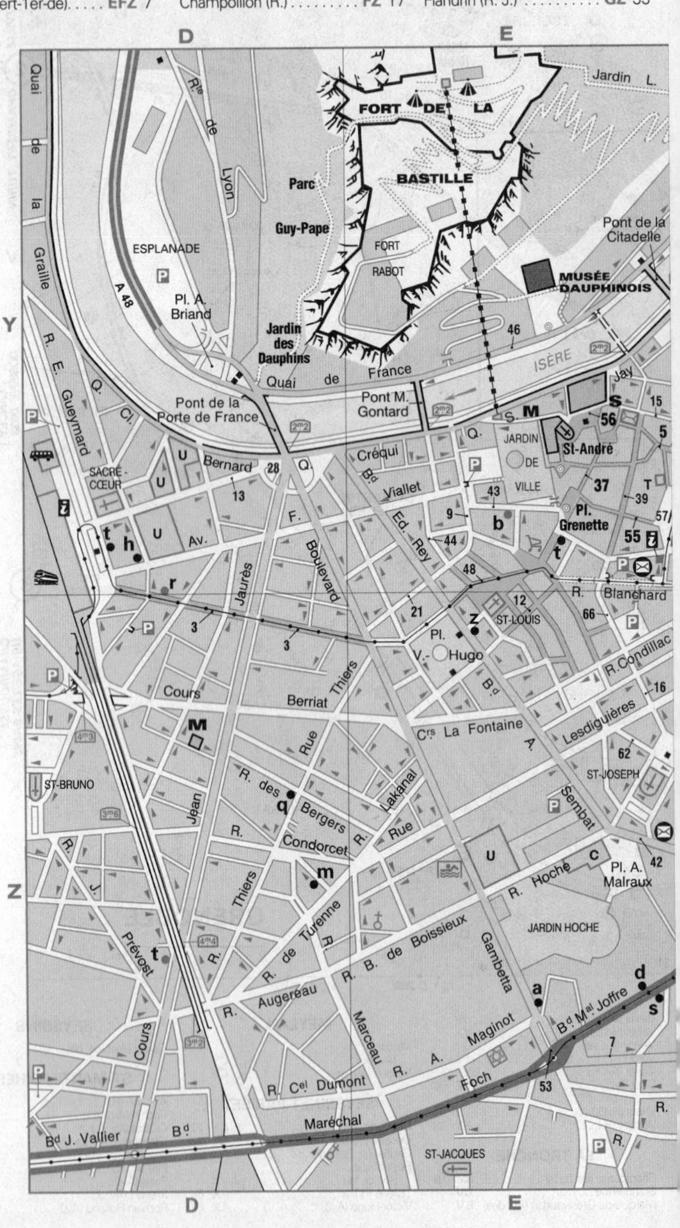

Foch (Bd Mar.) . . . . **DEZ**
Fourier (R.) . . . . **FZ** 34
Grande-Rue . . . . **EY** 37
Grenette (Pl.) . . . . **EY**
Lavalette (Pl.) . . . . **FY** 40
La Fayette (R.) . . . . **EY** 39
L'Herminier (R. Cdt) . . . . . . **FY** 41
Lyautey (Bd Mar.) . . . . **EZ** 42
Montorge (R.) . . . . **EY** 43
Palanka (R.) . . . . **EY** 44
Pasteur (Pl.) . . . . **FZ** 45
Perrière (Q.) . . . . **EY** 46
Poulat (R. F.) . . . . **EY** 48
Rivet (Pl. G.) . . . . **EZ** 53
Rousseau (R. J.-J.) . . . . **EY** 55
Ste-Claire (Pl.) . . . . **EY** 57
St-André (Pl.) . . . . **EY** 56
Servan (R.) . . . . **FY** 59
Strasbourg (R. de) . . . . . . **EFZ** 62
Très-Cloître (R.) . . . . **FY** 63
Vicat (R.) . . . . **EZ** 66
Victor-Hugo (Pl.) . . . . **EZ**
Voltaire (R.) . . . . **FY** 68

Splendid sans rest
22 r. Thiers – ✆ 04 76 46 33 12 – info@splendid-hotel.com – Fax 04 76 46 35 24 DZ **q**
45 ch – 56/62 € 61/89 €, ☕ 6,50 €
◆ Près du musée des Rêves mécaniques, prolongez vos songes dans ces chambres refaites : d'un style actuel, elles sont égayées d'originales fresques exécutées au pochoir.

Le Gambetta
59 bd Gambetta – ✆ 04 76 87 22 25 – hotelgambetta@wanadoo.fr – Fax 04 76 87 40 94 – Fermé 23 juil.-12 août EZ **a**
45 ch – 49 € 59 €, ☕ 7 € – ½ P 46/51 € – **Rest** – *(fermé vend. soir, sam. et dim.)* Menu (12,50 €), 16 € – Carte 19/35 €
◆ Après restauration, la façade de cet hôtel fondé en 1924 a retrouvé son style "rétro" d'origine. Chambres pratiques et pourvues du double vitrage. Vaste salle à manger au cadre contemporain occupant la pointe du bâtiment. Carte traditionnelle.

Patinoires sans rest
12 r. Marie Chamoux ✉ 38100 – ✆ 04 76 44 43 65 – info@hotel-patinoire.com – Fax 04 76 44 44 77 GZ **b**
35 ch – 48/53 € 52/64 €, ☕ 6,50 €
◆ Établissement implanté dans un quartier résidentiel calme. Les petites chambres, pratiques et confortables, profitent d'une bonne isolation phonique.

Europe sans rest
70,
22 pl. Grenette – ✆ 04 76 46 16 94 – hotel.europe.gre@wanadoo.fr – Fax 04 76 43 13 65 EY **t**
45 ch – 39/55 € 60/78 €, ☕ 7,50 €
◆ L'Europe, situé au cœur du quartier commerçant et piétonnier, est le plus vieil hôtel de Grenoble. Il abrite néanmoins des chambres confortables, rénovées par étapes.

Trianon sans rest
3 r. P. Arthaud – ✆ 04 76 46 21 62 – info@hotel-trianon.com – Fax 04 76 46 37 56 – Fermé 27 déc.-2 janv. DZ **m**
38 ch – 45/65 € 55/82 €, ☕ 6,50 €
◆ Plusieurs chambres présentent un décor original (thèmes "Pompadour", "Bergerie"...) ; les autres sont plus sobres et plus modestes. Salon-boudoir de style Napoléon III.

Gallia sans rest
7 bd Mar. Joffre – ✆ 04 76 87 39 21 – gallia-hotel@wanadoo.fr – Fax 04 76 87 65 76 – Fermé 21 juil.-20 août EZ **s**
35 ch – 48/50 € 51/53 €, ☕ 6,70 €
◆ La majorité des chambres a bénéficié d'une cure de jouvence : pratiques et gaies, elles arborent parfois les couleurs de la Provence. Pimpant hall-salon aux jolis tons pastel.

Institut sans rest
10 r. L. Barbillon – ✆ 04 76 46 36 44 – contact@institut-hotel.fr – Fax 04 76 47 73 09 DY **h**
48 ch – 52 € 55 €, ☕ 7,50 €
◆ L'hôtel sort d'une rénovation complète : les chambres (plus calmes à l'arrière) sont bien équipées et affichent un décor frais. Prix modérés et accueil tout sourire.

Paris-Nice sans rest
61 bd J. Vallier – ✆ 04 76 96 36 18 – contact@hotelparisnice.fr – Fax 04 76 48 07 79 AVX **t**
29 ch – 43 € 46 €, ☕ 6,50 €
◆ Sur un boulevard passant, proche de la sortie de l'autoroute, petites chambres pourvues, en façade, d'un double vitrage efficace. Confort simple, mais tenue sans reproche.

Auberge Napoléon
7 r. Montorge – ✆ 04 76 87 53 64 – Fcaby@wanadoo.fr – Fermé 6-26 août et dim. EY **b**
Rest – *(dîner seult) (nombre de couverts limité, prévenir)* Menu 45/89 € – Carte 55/74 €
◆ La maison entretient le souvenir de Napoléon Bonaparte, son hôte le plus célèbre. Cadre plaisant et soigné de style Empire, où l'on propose une cuisine personnalisée.

L'Escalier

6 pl. Lavalette – ✆ 04 76 54 66 16 – Fax 04 76 63 01 58 – Fermé sam. midi, lundi midi, dim. et fériés FY **p**

Rest – Menu 32/69 € – Carte 49/65 €

◆ Près du musée de Grenoble, maison ancienne ayant conservé son attrayant cachet grâce aux poutres et pierres apparentes. Menus originaux : gourmet, minceur ou "cuillère".

Le Fantin Latour

12, VISA

1 r. Gén. Beylié – ✆ 04 76 01 00 97 – latour.fantin@wanadoo.fr – Fax 04 76 01 02 41 – Fermé 21 juil.-21 août, dim. et lundi FZ **a**

Rest – Menu (30 €), 39 € (déj. en sem.), 70/110 € – Carte 66/108 €

◆ Cet hôtel particulier du 19e s. abrita un musée dédié au célèbre peintre. Cuisine inventive dans un superbe décor (boiseries peintes, fauteuils Louis XVI). Adresse non-fumeurs.

A Ma Table

92 cours J. Jaurès – ✆ 04 76 96 77 04 – Fax 04 76 96 77 04 – Fermé août, sam. midi, dim. et lundi DZ **t**

Rest – *(nombre de couverts limité, prévenir)* Carte 37/49 €

◆ Une enseigne qui en dit long ! Adresse minuscule où l'on vous reçoit comme à la maison : généreuse cuisine du marché et accueil chaleureux. Réservé aux non-fumeurs.

Chasse-Spleen

6 pl. Lavalette – ✆ 04 38 37 03 52 – Fax 04 76 63 01 58 – Fermé sam., dim. et fériés FY **e**

Rest – Menu 21 € (déj.)/26 € – Carte 32/47 €

◆ Hommage à Charles Baudelaire qui baptisa ce vin lors d'un séjour à Moulis-en-Médoc. Aux murs, poèmes de l'auteur en guise de nourriture spirituelle. À table, plats dauphinois.

La Glycine

168 cours Berriat – ✆ 04 76 21 95 33 – Fax 04 76 21 95 33 – Fermé 5-20 août, dim. et lundi AV **n**

Rest – *(prévenir)* Menu (17 €), 30/39 €

◆ Salles rustiques - dont une non-fumeurs - ornées d'assiettes et d'affiches anciennes. En été, un repas sous la superbe glycine, classée par la ville, s'impose ! Cuisine traditionnelle soignée.

Le Coup de Torchon

8 r. Dominique Villars – ✆ 04 76 63 20 58 – Fermé merc. soir, dim. et lundi

Rest – Menu (12,50 €), 15 € (déj.)/22 € – Carte 23/34 € FY **a**

◆ À proximité des boutiques d'antiquaires, restaurant proposant une cuisine actuelle bien tournée composée avec les idées du marché. Cadre clair et coquet.

Grill Parisien

34 bd Alsace-Lorraine – ✆ 04 76 46 10 16 – Fermé 6-19 août, 1er-7 janv., sam., dim. et fériés DYZ **r**

Rest – Menu (14 €), 18/30 € – Carte 28/58 €

◆ Installés à la table d'hôte (dans la cuisine) ou sous les poutres de la salle à manger, les habitués de ce bistrot se régalent d'une cuisine du marché aux accents du Sud.

L'Exception

4 cours Jean-Jaurès – ✆ 04 76 47 03 12 – contact@lexception.com – Fermé 15-30 juil., 2-17 janv., lundi midi, sam. midi et dim. DY

Rest – Menu 25/50 € – Carte 40/65 €

◆ Une petite adresse toute simple, mais qui ne désemplit pas. On y savoure une généreuse cuisine créative, basée sur le terroir et proposée à des prix très sages. Non-fumeurs.

à Corenc – 3 856 h. – alt. 450 m – ✉ 38700

Le Provence

10/15, VISA

28 av. du Grésivaudan – ✆ 04 76 90 03 38 – Fax 04 76 90 46 13 – Fermé 30 juil.-19 août, lundi midi, sam. midi et dim. soir CV **x**

Rest – Menu (20 €), 25 € (déj. en sem.), 31/51 € – Carte 38/56 €

◆ Spécialités de poissons grillés (cuisinés à l'huile d'olive, comme en Provence... d'où l'enseigne) servies dans une jolie salle avec vue sur les fourneaux ou en terrasse, l'été.

Corne d' Or

159 rte Chartreuse, par ① : 3,5 km sur D 512 – ✆ 04 38 86 62 36 – info@cornedor.com – Fax 04 38 86 62 37 – Fermé 12 août-5 sept., 2-13 janv., dim. soir, mardi soir et merc.

Rest – Menu 25 € (déj. en sem.), 35/78 € – Carte 52/78 €

◆ Les tables dressées près de la baie vitrée et la terrasse ombragée offrent un joli panorama sur Grenoble et la chaîne de Belledonne. Cuisine au goût du jour.

à Meylan : 3 km par N 90 – 18 741 h. – alt. 331 m – ✉ 38240

Belle Vallée sans rest

32 av. Verdun – ✆ 04 76 90 42 65 – hotel.belle.vallee@freesbee.fr – Fax 04 76 90 65 98 CV **a**

30 ch – 65 € 65 €, 7 €

◆ Hébergement efficacement protégé des bruits de l'avenue et de l'hypermarché voisin. Chambres claires et rajeunies. Sympathique salle des petits-déjeuners de style bistrot.

Le Mas du Bruchet sans rest

Chemin du Bruchet, au-dessus du Clos des Capucins – ✆ 04 76 90 18 30 – amferguson38@aol.com – Fax 04 76 41 92 36 – Fermé 15 août-1er sept.

4 ch – 55/65 € 55/65 €

◆ Au pied du Mont St-Eynard, petite propriété viticole du 18e s. offrant de jolies chambres (deux duplex) aménagées dans l'ancienne grange. Accueil charmant, dégustation de vin.

à Eybens : 5 km – 9 471 h. – alt. 230 m – ✉ 38320

Château de la Commanderie rest, 25,

av. Échirolles – ✆ 04 76 25 34 58 – resa@commanderie.fr – Fax 04 76 24 07 31 – Fermé 23 déc.-7 janv. BX **d**

25 ch – 89/159 € 99/174 €, 14 € – ½ P 107/198 € – **Rest** – *(fermé sam. midi, dim. et lundi)* Menu (26 € bc), 39/68 €

◆ Petit château - ex-commanderie des Templiers - dans un jardin arboré. Meubles ancestraux, portraits de famille et tapisseries d'Aubusson décorent ce lieu chargé d'histoire. Cuisine classique actualisée servie dans un cadre bourgeois ou sur la terrasse d'été.

Rustique Auberge

134 av. J. Jaurès – ✆ 04 76 25 24 70 – Fax 04 76 62 39 53 – Fermé 1er-21 août, 26 déc.-2 janv., lundi midi sauf du 1er mai au 5 sept., sam. sauf le soir du 5 sept. au 1er mai et dim. BX **b**

Rest – Menu (15 €), 25 € (sem.)/39 € – Carte 27/42 €

◆ Bâtisse des années 1900 bordant une importante avenue. Salle de restaurant d'esprit rustique où l'on s'attable autour de plats traditionnels.

à Bresson Sud par av. J. Jaurès : 8 km par D 269c – 739 h. – alt. 300 m – ✉ 38320

Chavant avec ch 15,

– ✆ 04 76 25 25 38 – chavant@wanadoo.fr – Fax 04 76 62 06 55 – Fermé 13-19 août et 24-31 déc., sam. midi, dim. soir et lundi

5 ch – 110/150 € 110/150 €, 13 € – 2 suites – **Rest** – Menu 35 € (déj.), 48/80 € – Carte 58/90 €

◆ Séduisante auberge abritant une salle habillée de boiseries et une terrasse ouvertes sur un joli jardin arboré. Cave à vins (vente et dégustation). Chambres personnalisées.

à Échirolles : 4 km – 32 806 h. – alt. 237 m – ✉ 38130

Dauphitel ch, rest, 15/50,

16 av. Kimberley – ✆ 04 76 33 60 60 – info@dauphitel.fr – Fax 04 76 33 60 00 AX **e**

68 ch – 72/100 € 72/105 €, 11 € – **Rest** – *(fermé 3-26 août, 21 déc.-2 janv., sam., dim. et fériés)* Menu (18 €), 27 € – Carte 24/44 €

◆ Cette construction cubique propose des chambres confortables, insonorisées et bien tenues, ainsi que de nombreux équipements de loisirs et de séminaires. Grande et lumineuse salle à manger ; terrasse d'été dressée au bord de la piscine, face à la verdure.

par la sortie ④ :

à Pont-de-Claix : 8 km par N 75 – 11 612 h. – alt. 240 m – ✉ 38800

Le Provençal
16 bis cours St-André – ✆ 04 76 98 01 16 – Fax 04 76 98 01 16 – Fermé 10-17 avril, 31 juil.-22 août, 2-9 janv., mardi soir, merc. soir, dim. soir et lundi
Rest – Menu 20/40 € – Carte 20/43 €
◆ La Provence et le Périgord, régions d'origine du jeune couple de patrons, inspirent les menus de cet aimable restaurant joliment égayé par des couleurs méridionales.

par la sortie ⑥ :

au Fontanil : 8 km par A 48, sortie 14 et N 75 – 2 454 h. – alt. 210 m – ✉ 38120

La Queue de Cochon 20,
rte Lyon – ✆ 04 76 75 65 54 – qcochon@wanadoo.fr – Fax 04 76 75 76 85 – Fermé sam. midi, dim. soir et lundi
Rest – buffet Menu 27/39 € – Carte 30/46 €
◆ L'adresse est autant appréciée pour ses buffets et ses grillades que pour sa vaste terrasse verdoyante. Décor actuel agrémenté d'un vivier ; vaisselle sur le thème du cochon.

près échangeur A 48 sortie n° 12/13 : 12 km – ✉ 38340 Voreppe

Novotel ch, 15/130,
– ✆ 04 76 50 55 55 – h0423@accor.com – Fax 04 76 56 76 26
114 ch – 67/96 € 67/103 €, 11,50 € – **Rest** – Menu (19 €), 22 € – Carte 20/28 €
◆ À la fois proches de l'autoroute et entourés de champs : chambres spacieuses et de bon confort, en partie redécorées selon les dernières normes de la chaîne. Espace Novotel Café. Salle à manger refaite ; terrasse face au jardin. Restauration de type grill.

GRÉOUX-LES-BAINS – 04 Alpes-de-Haute-Provence – 334 D10 – 1 921 h. – alt. 386 m – Stat. therm. : début mars-mi déc. – Casino – ✉ 04800

Alpes du Sud 40 **B2**

Paris 783 – Aix-en-Provence 55 – Brignoles 52 – Digne-les-Bains 69 – Manosque 14

Office de tourisme, 5 avenue des Marronniers ✆ 04 92 78 01 08, Fax 04 92 78 13 00

La Crémaillère ch, rest, ch, ch, 40,
rte Riez – ✆ 04 92 70 40 04 – lacremaillere@chainethermale.fr – Fax 04 92 78 19 80 – Ouvert 30 mars-15 déc.
51 ch – 80/110 € 80/110 €, 14 € – ½ P 71/92 € – **Rest** – Menu (18 €), 26/51 € – Carte 34/51 €
◆ Les chambres, avec balcon ou loggia, offrent un cadre contemporain coloré et lumineux qui laisse présager un séjour réussi à deux pas des thermes troglodytiques. La cuisine - tout comme le frais décor de la salle à manger - s'inspire de la Provence.

Villa Borghèse rest, 30/80,
av. Thermes – ✆ 04 92 78 00 91 – villa.borghese@wanadoo.fr – Fax 04 92 78 09 55 – Ouvert 10 mars-25 nov.
67 ch – 55/150 € 75/150 €, 11,50 € – ½ P 75/112 € – **Rest** – Menu (20 €), 32/40 € – Carte environ 45 €
◆ Pas d'œuvres d'art dans cette "Villa Borghèse" tapissée d'ampélopsis mais de grandes chambres souvent dotées de loggias, et aussi sauna, espace beauté, club et cours de bridge. Restaurant au décor chaleureux et contemporain ; appétissante carte classique.

La Chêneraie
Les Hautes Plaines, par av. Thermes – ✆ 04 92 78 03 23 – contact@la-cheneraie.com – Fax 04 92 78 11 72 – Ouvert début mars à mi-nov.
20 ch – 57/77 € 65/84 €, 11 € – ½ P 52/69 € – **Rest** – Menu (15 €), 20/32 € – Carte 28/51 €
◆ Immeuble moderne érigé sur les hauteurs de la station, dans un paisible quartier résidentiel. Amples chambres fonctionnelles. Claire salle à manger dont les larges baies donnent sur la piscine, le vieux village et le château.

Le Verdon rest, rest, 40, VISA

rte Riez – 04 92 70 40 03 – leverdon@chainethermale.fr – Fax 04 92 70 43 99 – Ouvert 12 mars-14 nov.

64 ch – 60/72 € 60/72 €, 10,50 € – ½ P 61/69 € – **Rest** – Menu 22 €

◆ Cet hôtel rénové abrite des chambres fraîches, pratiques et dotées de balcons ; elles ont vue sur le village ou la garrigue. Agréable jardin avec terrain de pétanque. Plaisante salle de restaurant actuelle et terrasse verdoyante dressée à l'ombre.

Les Alpes VISA

av. Alpes – 04 92 74 24 24 – hoteldesalpes.greoux@wanadoo.fr – Fax 04 92 74 24 26 – Ouvert de mars à mi-nov.

30 ch – 55/82 € 75/105 € – ½ P 43/64 € – **Rest** – Menu 23 € – Carte environ 30 €

◆ Petit hôtel familial, dans un bâtiment rénové au pied du château des Templiers. Chambres pratiques et insonorisées. L'enseigne est alpestre mais c'est bien la Provence qui s'exprime au restaurant, tant dans l'assiette que dans le décor. Terrasse ombragée.

GRESSE-EN-VERCORS – 38 Isère – 333 G8 – 299 h. – alt. 1 205 m – Sports d'hiver : 1 300/1 700 m 16 – 38650 Alpes du Nord 45 C2

Paris 610 – Clelles 22 – Grenoble 48 – Monestier-de-Clermont 14 – Vizille 43

Office de tourisme, le Faubourg 04 76 34 33 40, Fax 04 76 34 31 26

Col de l'Allimas ★ S : 2 km.

Le Chalet 25, VISA

– 04 76 34 32 08 – lechalet@free.fr – Fax 04 76 34 31 06 – Fermé 11 mars-5 mai et 7 oct.-22 déc.

25 ch – 44 € 82 €, 10 € – ½ P 62/80 € – **Rest** – Menu 20/50 € – Carte 30/46 €

◆ Plutôt qu'un chalet, une maison dauphinoise ancienne, qui soigne ses visiteurs. Grandes chambres progressivement rénovées, parfois dotées d'une loggia. Généreuse cuisine traditionnelle servie dans une élégante salle à manger ou sur la jolie terrasse d'été.

GRESSY – 77 Seine-et-Marne – 312 F2 – 101 10 – voir à Paris, Environs

GRÉSY-SUR-ISÈRE – 73 Savoie – 333 K4 – 1 043 h. – alt. 350 m – 73460 46 F2

Paris 595 – Aiguebelle 12 – Albertville 18 – Chambéry 35 – St-Jean-de-Maurienne 48

Site★★ - Château de Miolans ★ : Tour St-Pierre ★★, souterrain de défense★ **Alpes du Nord.**

La Tour de Pacoret avec ch vallée et montagnes, rest, VISA

Nord-Est : 1,5 km par D 201 – 04 79 37 91 59 – info@hotel-pacoret-savoie.com – Fax 04 79 37 93 84 – Ouvert 2 mai-20 oct.

10 ch – 65/110 € 65/110 €, 11 € – 1 suite – ½ P 65/115 € – **Rest** – *(fermé merc. midi et lundi sauf juil.-août et mardi)* Menu (15 €), 19 € (sem.)/50 € – Carte 35/55 €

◆ Cette tour de guet édifiée en 1283 garde la Combe de Savoie. Lumineuse salle à manger, agréable terrasse avec vue sur les sommets environnants et cuisine traditionnelle.

GRÈZES – 46 Lot – 337 G4 – 133 h. – alt. 312 m – 46320 29 C1

Paris 562 – Aurillac 84 – Cahors 50 – Figeac 21 – Rocamadour 37

Le Grézalide 10/25, VISA

– 05 65 11 20 40 – chateaugrezes@wanadoo.fr – Fax 05 65 11 20 41 – Fermé 26 déc.-6 mars

19 ch – 67/87 € 67/87 €, 10 € – ½ P 65/75 € – **Rest** – *(dîner seult) (résidents seult)* Menu 25 €

◆ Une nouvelle aile agrandit cette belle bâtisse du 17e s. également bénéficiaire d'une rénovation de qualité. Chambres actuelles et bien équipées. Jolie salle à manger voûtée.

LA GRIÈRE – 85 Vendée – **316** H9 – rattaché à La Tranche-sur-Mer

GRIGNAN – 26 Drôme – **332** C7 – **1 353 h.** – **alt. 198 m** – ✉ **26230**
Provence 44 **B3**

Paris 629 – Crest 46 – Montélimar 25 – Nyons 25 – Orange 52 – Pont-St-Esprit 38

Office de tourisme, place Sévigné ✆ 04 75 46 56 75, Fax 04 75 46 55 89

Château★★ - Église St-Sauveur ✳★.

Manoir de la Roseraie ch, rest,
rte Valréas – ✆ 04 75 46 58 15 10/25, VISA AE
– roseraie.hotel@wanadoo.fr – Fax 04 75 46 91 55 – Ouvert 15 mars-28 oct. et fermé mardi, merc. hors saison
18 ch – †160/380 € ††160/380 €, ☕ 20 € – ½ P 148/258 € – **Rest** – *(dîner seult de mai à août) (prévenir)* Menu 30 € (sem.)/58 € – Carte 60/76 € ♀
◆ "Exquis", aurait pu écrire la Marquise à propos de ce manoir (19e s.) situé au pied du château. Chambres spacieuses, roseraie, belle piscine... L'élégante salle à manger, aménagée en rotonde, ouvre pleinement sa verrière sur le joli parc arboré.

Le Clair de la Plume sans rest VISA AE
pl. Mail – ✆ 04 75 91 81 30 – plume2@wanadoo.fr – Fax 04 75 91 81 31
15 ch – †95/165 € ††95/165 €, ☕ 12 €
◆ Cette belle demeure du 17e s. déborde de charme. Chambres provençales distribuées autour d'un jardin fleuri. Boutique et salon de thé. Accueil aux petits soins.

XX **Le Relais de Grignan** VISA AE
rte Montélimar D 541 : 1 km – ✆ 04 75 46 57 22 – info@lerelaisdegrignan.com – Fax 04 75 46 92 96 – Fermé dim. soir et lundi
Rest – Menu 22 € (sem.)/75 € ♀
◆ Sur la route de la grotte de Mme de Sévigné, une cuisine traditionnelle servie dans un cadre actuel ou sous les frondaisons de la terrasse. En hiver, spécialités de truffes.

La Bastide de Grignan 20, VISA AE
rte de Montélimar, D541 : 1km – ✆ 04 75 90 67 09 – info@labastidedegrignan.com – Fax 04 75 46 10 62
16 ch – †65/100 € ††65/100 €, ☕ 11 €
◆ Rattaché au Relais de Grignan tout proche, cet établissement flambant neuf construit sur une ancienne garrigue truffière offre de coquettes chambres au décor provençal actuel.

XX **Le Probus** VISA
Par D 541, rte de Valréas, au village miniature – ✆ 04 75 46 13 34 – Fax 04 75 46 13 34 – Fermé 3-13 sept., 24-28 déc., 2-17 janv., lundi hors saison et jeudi
Rest – *(nombre de couverts limité, prévenir)* Menu 18 € (sem.)/36 € ♀
◆ Ce restaurant, inspiré par la Rome antique tant par son nom, celui d'un empereur, que pour son décor - fresques et colonnes - propose une appétissante cuisine actuelle. Adresse non-fumeurs.

rte de Montélimar 26230 Grignan

La Maison du Moulin
– ✆ 04 75 46 56 94 – maisondumoulin@wanadoo.fr
5 ch ☕ – †68/120 € ††75/190 € – ½ P 65/92 € – **Rest** – *(dîner seult) (résidents seult)* Menu 30/40 €
◆ Ancien moulin du 18e s. au bord d'une paisible rivière. Charmantes chambres personnalisées de meubles chinés. Grand salon "cosy", jardin fleuri avec piscine. Cours de cuisine.

GRIMAUD – 83 Var – **340** O6 – **3 780 h.** – **alt. 105 m** – ✉ **83310**
Côte d'Azur 41 **C3**

Paris 861 – Fréjus 32 – Le Lavandou 32 – St-Tropez 12 – Ste-Maxime 12 – Toulon 64

Office de tourisme, 1 boulevard des Aliziers ✆ 04 94 55 43 83, Fax 04 94 55 72 20

Château ⩽★.

Port Grimaud★ : ⩽★ 5 km.

La Boulangerie sans rest

2 km à l'Ouest par rte de Collobrières D14 – ✆ 04 94 43 23 16 – Fax 04 94 43 38 27 – Ouvert 6 avril-7 oct.

11 ch – 110/115 € 130/135 €, ☕ 11 €

◆ Détente et bien-être sont au rendez-vous de ce petit mas niché dans la verdure d'un parc : chambres au sobre décor provençal, atmosphère conviviale.

Athénopolis

ch, rest,

3,5 km au Nord-Ouest par rte de La Garde-Freinet D 558 – ✆ 04 98 12 66 44 – hotel@athenopolis.com – Fax 04 98 12 66 40 – Ouvert 2 avril-31 oct.

11 ch – 89/110 € 89/110 €, ☕ 9 € – ½ P 75/84 € – **Rest** – *(fermé merc. sauf juil.-août)* Menu 20 € (déj.), 28/35 € – Carte 29/41 €

◆ Dans le paysage méditerranéen - presque grec - du massif des Maures, maison aux volets bleus et chambres colorées avec loggia ou terrasse privative.

Hostellerie du Coteau Fleuri

rest,

pl. Pénitents – ✆ 04 94 43 20 17 – coteaufleuri@wanadoo.fr – Fax 04 94 43 33 42 – Fermé 1er nov.-20 déc.

14 ch – 46/115 € 46/115 €, ☕ 8 € – ½ P 58/93 € – **Rest** – *(fermé le midi en juil.-août, lundi midi, vend. midi et mardi)* Menu 30 € bc (déj. en sem.), 45/68 € bc – Carte 55/70 €

◆ Ancienne magnanerie sur une placette pittoresque du vieux village. Les chambres, au décor monacal, sont progressivement rénovées. Plaisante salle à manger avec cheminée monumentale et terrasse tournée vers le massif des Maures. Registre culinaire classique.

Les Santons (Girard)

rte Nationale – ✆ 04 94 43 21 02 – lessantons@wanadoo.fr – Fax 04 94 43 24 92 – Fermé 11 nov.-20 déc. et merc.

Rest – Menu 35 € bc (déj.), 49/79 € – Carte 71/136 €

Spéc. Risotto crémeux de homard. Petite bourride des Santons. Selle d'agneau de Sisteron rôtie au thym sauvage. **Vins** Côtes de Provence, Bandol.

◆ Une institution locale que cette auberge de caractère bordant la traversée du village. Cadre provençal soigné - antiquités, santons, cuivres et fleurs - et cuisine classique.

La Bretonnière

pl. Pénitents – ✆ 04 94 43 25 26 – Fax 04 94 43 25 26 – Ouvert 16 mars-14 nov. et fermé dim. soir et lundi hors saison

Rest – Menu 18 € (déj.), 28/35 € – Carte 39/53 €

◆ Dans une ruelle du bourg médiéval, ce restaurant offre l'attrait d'une carte étoffée. Décor coquet, mariant le bois sombre (meubles Louis-Philippe) à un camaïeu de bleu.

Le Murier

1,5 km au Sud-Est par D 14 – ✆ 04 94 43 34 94 – dubourglemurier@wanadoo.fr – Fax 04 94 43 32 65 – Fermé 12-27 nov., 14-28 janv., lundi midi, sam. midi et jeudi

Rest – Menu 30 € (déj. en sem.), 40/60 € – Carte 60/67 €

◆ Plaisante tonalité beige clair pour ce restaurant abritant une salle prolongée d'une véranda tournée vers le jardin. Terrasse. Cuisine inventive et belle carte des vins.

Auberge La Cousteline

2,5 km au Sud-Est par D 14 – ✆ 04 94 43 29 47 – aubergelacousteline@wanadoo.fr – Fax 04 94 44 83 19 – Fermé 15 nov.-31 janv., mardi et merc. du 15 juin au 15 sept. et le midi en juil.-août

Rest – Menu 33 € – Carte 39/59 €

◆ Ancienne ferme isolée, enfouie dans la verdure. Intérieur dans le style "campagne provençale" et jolie terrasse des plus appréciées en saison. Plats du marché.

LA GRIVE – **38 Isère** – **333** E4 – **rattaché à Bourgoin-Jallieu**

GROFFLIERS – **62 Pas-de-Calais** – **301** C5 – **rattaché à Berck-sur-Mer**

GROISY – 74 Haute-Savoie – 328 K4 – 2 605 h. – alt. 690 m – ✉ 74570 46 **F1**

Paris 534 – Annecy 17 – Bellegarde-sur-Valserine 40 – Bonneville 29 – Genève 37

Auberge de Groisy VISA

– ✆ 04 50 68 09 54 – Fax 04 50 68 09 54 – *Fermé 1er-15 sept., vacances de Noël, 18 fév.-4 mars, dim. soir, lundi et mardi*

Rest – *(nombre de couverts limité, prévenir)* Menu (25 € bc), 30/60 € – Carte 44/84 €

◆ Voisine de l'église, ferme du 19e s. habilement restaurée (poutres et pierres apparentes) et cuisine actuelle soignée : une sympathique halte champêtre.

GROIX (ÎLE DE) – 56 Morbihan – 308 K9 – voir à Île de Groix

GRUFFY – 74 Haute-Savoie – 328 J6 – 1 157 h. – alt. 570 m – ✉ 74540 46 **F1**

Paris 545 – Aix-les-Bains 19 – Annecy 17 – Chambéry 36 – Genève 62

Aux Gorges du Chéran ch, VISA

au Pont de l'Abîme – ✆ 04 50 52 51 13 – savary.marc@wanadoo.fr – Fax 04 50 52 57 33 – Ouvert 2 avril- 14 nov.

8 ch – 55 € 60 €, 8 € – ½ P 55/65 € – **Rest** – *(fermé dim. soir sauf juil.-août)* Menu 18/30 € – Carte 23/36 €

◆ Chambres calmes et lambrissées dans un établissement bénéficiant d'un remarquable arrière-plan : le pont métallique (1887) qui enjambe les gorges du Chéran. Copieuse cuisine traditionnelle inspirée par la région et carte snack. Belle terrasse panoramique.

GRUISSAN – 11 Aude – 344 J4 – 3 061 h. – alt. 2 m – Casino – ✉ 11430
Languedoc Roussillon 22 **B3**

Paris 796 – Carcassonne 73 – Narbonne 15 – Perpignan 76

Office de tourisme, 1 boulevard du Pech-Maynaud ✆ 04 68 49 09 00, Fax 04 68 49 33 12

Le Phoebus ch, AC ch, rest, 25/100, VISA AE

bd Sagne (au casino) – ✆ 04 68 49 03 05 – hotel-gruissan@g-partouche.fr – Fax 04 68 49 07 67

50 ch – 61/81 € 71/91 €, 9,50 € – **Rest** – Menu 19/42 € bc – Carte 21/48 €

◆ Intégrées au complexe du casino, confortables chambres de type motel, décorées selon des thèmes originaux : "Sud", "Pescador", "Chalet", etc. Jardinets en rez-de-chaussée. Restaurant au cadre actuel complété en été par une formule grill au bord de la piscine.

Du Port rest, P VISA

bd Corderie – ✆ 04 68 49 07 33 – info@gruissan-hotel-du-port.com – Fax 04 68 49 52 41 – Ouvert Pâques-fin sept.

49 ch – 52/65 € 52/65 €, 8 € – **Rest** – *(dîner seult)* Menu 20 €

◆ L'extérieur cubique un peu austère contraste avec l'accueillant aménagement intérieur (mobilier en bois peint et teintes méridionales). Petites chambres fonctionnelles. Esprit du Sud au restaurant (fer forgé, tons ensoleillés), jolie terrasse sous une treille.

Accueil de la Plage sans rest VISA

r. Bernard l'Hermite, à la plage des Chalets – ✆ 04 68 49 00 75 – Fax 04 68 49 00 75 – Ouvert 1er avril-1er nov.

17 ch – 49/57 € 59/63 €

◆ Dans une ruelle au calme, à 2 mn des maisons sur pilotis immortalisées par le film "37°2 le matin", chambres sobres, bien tenues et dotées d'un balcon. Accueil sympathique.

L'Estagnol AC VISA AE

12 av. Narbonne – ✆ 04 68 49 01 27 – Fax 04 68 32 23 38 – Ouvert de début avril à fin sept. et fermé dim. soir sauf juil.-août, mardi midi en juil.-août et lundi

Rest – Menu 15 € (déj. en sem.), 24/30 € – Carte 27/52 €

◆ Une adresse authentique et sincère dans une ex-maison de pêcheur : décor provençal, petite terrasse face à l'étang et cuisine régionale axée sur le poisson, simple et bonne.

Le Lamparo
au village – ✆ 04 68 49 93 65 – restaurant.lelamparo@wanadoo.fr – Fax 04 68 49 93 65 – Fermé 18 déc.-29 janv., lundi et mardi
Rest – Menu 22/39 € – Carte 35/46 €
◆ Sur le quai en arc de cercle du bourg ancien, spacieux et sobre restaurant agrémenté d'un jardin d'hiver central. Cuisine orientée vers les produits de la mer.

LE GUA – 17 Charente-Maritime – 324 E5 – 1 856 h. – alt. 3 m – ✉ 17600 38 B3

Paris 493 – Bordeaux 126 – Rochefort 26 – La Rochelle 63 – Royan 16

Office de tourisme, place de la Poste ✆ 05 46 23 17 28

Le Moulin de Châlons avec ch
à Châlons, Ouest : 1 km rte de Royan – ✆ 05 46 22 82 72 – moulin-de-chalons@wanadoo.fr – Fax 05 46 22 91 07
10 ch – 85/135 € 85/155 €, 12 € – ½ P 85/120 € – **Rest** – Menu 27/45 € – Carte 36/79 €
◆ Appétissante cuisine au goût du jour et chaleureux décor rustico-bourgeois (pierres et poutres apparentes) dans un authentique moulin à marée du 18e s. Les chambres, dont six joliment rénovées, donnent sur le parc bucolique.

GUEBERSCHWIHR – 68 Haut-Rhin – 315 H8 – 816 h. – alt. 260 m – ✉ 68420

Alsace Lorraine 1 A2

Paris 487 – Colmar 12 – Guebwiller 18 – Mulhouse 36 – Strasbourg 92

Relais du Vignoble ch, 50,
33 r. Forgerons – ✆ 03 89 49 22 22 – relaisduvignoble@wanadoo.fr – Fax 03 89 49 27 82 – Fermé 25 janv.-2 mars
30 ch – 48 € 62 €, 9,50 € – ½ P 60/75 €
Rest ***Belle Vue*** – *✆ 03 89 49 31 09 (fermé merc. midi et jeudi)* Menu 18 € (sem.)/38 € – Carte 31/44 €
◆ Etape "spiritueuse" : la grande bâtisse jouxte la cave familiale et la plupart des chambres, désuètes mais bien tenues, donnent sur les vignes. Salle de séminaires. Plats traditionnels et vins du domaine à déguster sur la terrasse panoramique aux beaux jours.

GUEBWILLER – 68 Haut-Rhin – 315 H9 – 11 525 h. – alt. 300 m – ✉ 68500

Alsace Lorraine 1 A3

Paris 474 – Belfort 52 – Colmar 27 – Épinal 96 – Mulhouse 24 – Strasbourg 107

Office de tourisme, 73 rue de la République ✆ 03 89 76 10 63, Fax 03 89 76 52 72

Église St-Léger★ : façade Ouest★★ - Intérieur★★ de l'église N.-Dame★ : Maître-Hôtel★★ - Hôtel de ville★ - Musée du Florival★.

Vallée de Guebwiller★★ NO.

L'Ange 15/20,
4 r. Gare – ✆ 03 89 76 22 11 – hoteldelange@wanadoo.fr – Fax 03 89 76 50 08
36 ch – 39/50 € 65 €, 8 € – ½ P 59 € – **Rest** – *(fermé sam. midi)* Menu 9,50 € (déj. en sem.), 24/30 € – Carte 22/41 €
◆ L'enseigne - sauf coïncidence - et un élévateur en guise d'ascenseur témoignent que l'hôtel fut autrefois une maternité. Chambres fonctionnelles autour d'un puits de lumière. Recettes italo-alsaciennes au restaurant ; optez plutôt pour la jolie terrasse ombragée.

à Murbach 5 km au Nord-Ouest par D 40II – 136 h. – alt. 420 m – ✉ 68530

Église★★.

Hostellerie St-Barnabé rest, rest, 30,
– ✆ 03 89 62 14 14 – hostellerie.st.barnabe@wanadoo.fr – Fax 03 89 62 14 15 – Fermé 8-18 janv. et dim. soir de nov. à avril
27 ch – 56/183 € 56/183 €, 16 € – ½ P 80/144 € – **Rest** – Menu 13 € (déj. en sem.), 21/65 € – Carte 24/56 €
◆ Cette demeure alsacienne et son jardin égayent le pittoresque vallon de Murbach. Quelques chambres rédécorées dans un style actuel et coloré. Confortable salon. Cuisine au goût du jour et atmosphère discrètement médiévale dans l'élégante salle à manger.

Le Schaeferhof

6 r. de Guebwiller – ✆ 03 89 74 98 98 – maisondhotes@schaeferhof.fr – Fax 03 89 74 98 99 – Fermé 12-23 nov. et 20-30 janv.

4 ch – †100/110 € ††117/130 € – **Rest** – table d'hôte *(dîner seult) (résidents seult)* Menu 40/80 €

◆ La restauration de cette métairie du 18e s. est une vraie réussite. Chambres de belle qualité (coin salon, écran plat, douche à jet) où chaque détail a été soigneusement pensé. Cuisine alsacienne actualisée et bon choix de vins. Petit-déjeuner "maison".

à Rimbach-près-Guebwiller **11 km à l'Ouest par D 5[I] – 244 h. – alt. 550 m – ✉ 68500**

L'Aigle d'Or avec ch 15, VISA

5 r. Principale – ✆ 03 89 76 89 90 – hotelmarck@aol.com – Fax 03 89 74 32 41 – Fermé 22 fév.-19 mars

18 ch – †32 € ††42/49 €, 6,50 € – ½ P 34/47 € – **Rest** – *(fermé lundi sauf de juil. à mi-sept.)* Menu 9,50 € (déj. en sem.), 14,50/33 € – Carte 18/47 €

◆ Auberge familiale toute simple, idéale pour retrouver quiétude et authenticité. Petits plats du terroir servis dans une salle champêtre près d'une cheminée. Ravissant jardin. Chambres sobres et bien tenues.

GUÉCÉLARD – 72 Sarthe – 310 J7 – 2 594 h. – alt. 45 m – ✉ 72230 35 C1

Paris 219 – Château-du-Loir 38 – La Flèche 26 – Le Grand-Lucé 38 – Le Mans 19

La Botte d'Asperges VISA

49 r. Nationale – ✆ 02 43 87 29 61 – Fax 02 43 87 29 61 – Fermé 12-26 mars, 30 juil.-20 août, dim. soir et lundi

Rest – Menu 16/48 € – Carte 31/56 €

◆ Ancien relais de poste bordant la route nationale. Fresques et tableaux à motifs floraux décorent la salle à manger aux tables soigneusement dressées. Carte traditionnelle.

GUENROUËT – 44 Loire-Atlantique – 316 E2 – 2 408 h. – alt. 30 m – ✉ 44530 34 A2

Paris 430 – Nantes 56 – Redon 21 – St-Nazaire 41 – Vannes 72

Relais St-Clair VISA

31 r. de l'Isac, rte Nozay – ✆ 02 40 87 66 11 – g.todesco@wanadoo.fr – Fax 02 40 87 71 01 – Fermé lundi

Rest – Menu 27/66 € – Carte 45/57 €

Rest *Jardin de l'Isac* – Menu (9,50 €), 12 € (déj. en sem.)/18 € – Carte 24/32 €

◆ Bâtisse fleurie située à proximité du canal de Nantes à Brest et d'une petite base de loisirs. On y sert une cuisine de tradition, arrosée d'une belle carte des vins de Loire. Grillades et buffet de hors-d'œuvres ou de desserts au Jardin de l'Isac.

Paradis des Pêcheurs VISA

au Cougou : Nord-Ouest 5 km sur D 102 – ✆ 02 40 87 64 10 – Fax 02 40 87 64 10 – Fermé vacances de la Toussaint, de fév., lundi soir, mardi soir et merc.

Rest – Menu 18 € (sem.)/33 € – Carte 34/41 €

◆ Dans un hameau tranquille de l'Argoat, maison des années 1930 entourée de pins et châtaigniers. Boiseries d'époque dans le bar et la salle à manger. Recettes traditionnelles.

GUÉRANDE – 44 Loire-Atlantique – 316 B4 – 13 603 h. – alt. 54 m – ✉ 44350 Bretagne 34 A2

Paris 450 – La Baule 6 – Nantes 77 – St-Nazaire 20 – Vannes 69

Office de tourisme, 1 place du Marché au Bois ✆ 02 40 24 96 71, Fax 02 40 62 04 24

Collégiale St-Aubin★.

Les Voyageurs VISA

pl. du 8 Mai 1945 – ✆ 02 40 24 90 13 – Fax 02 40 62 06 64 – Fermé 23 déc.-21 janv.

12 ch – †49 € ††54 €, 6,50 € – ½ P 53 € – **Rest** – *(fermé dim. soir et lundi de sept. à juin)* Menu 20/33 € – Carte 29/46 €

◆ La pimpante petite maison où est aménagé cet hôtel se dresse extra-muros, face aux murailles. Chambres tendance "rétro", bien meublées. Pas moins de quatre salles à manger rustiques - dont deux ouvertes sur la terrasse - attendent les voyageurs.

La Guérandière sans rest
5 r. Vannetaise – ✆ 02 40 62 17 15 – contact@guerandiere.com
6 ch – ♦57/87 € ♦♦57/132 €, ☕ 10 €
◆ Grande demeure du 19e s. au pied des remparts. Les chambres "cosy" et colorées possèdent toutes une cheminée et une literie neuve. Belle bibliothèque. Vente de produits bretons.

Les Remparts avec ch
bd Nord – ✆ 02 40 24 90 69 – Fax 02 40 62 17 99 – Fermé 1er déc.-9 janv., dim. soir et lundi sauf en août
8 ch – ♦45 € ♦♦45 €, ☕ 6 € – ½ P 52 € – **Rest** – Menu 14,50/36 € ♀
◆ Face aux remparts, restaurant au cadre actuel où l'on déguste plats traditionnels et poissons, saupoudrés, bien sûr, de sel de Guérande. Petites chambres simples.

Le Vieux Logis
pl. Psalette (intra-muros) – ✆ 02 40 62 09 73 – Fermé 18 nov.-14 déc., mardi soir sauf juil.-août et merc.
Rest – Menu 17 € (déj. en sem.), 24/30 € – Carte 26/40 € ♀
◆ Prévôté de Guérande, étude notariale et enfin restaurant : cette belle maison en pierre a conservé son cadre du 17e s. Spécialités de grillades au feu de bois.

Le Balzac
2 pl. du Vieux Marché – ✆ 02 40 42 97 46 – Fax 02 51 76 92 71 – Fermé 26 nov.-16 déc., merc. soir et jeudi hors saison
Rest – Menu (13 €), 17 € (sem.)/50 € – Carte 28/49 € ♀
◆ Sur une placette derrière la collégiale, maison traditionnelle bretonne aux volets rouges. Cuisine au goût du jour teintée de tradition, servie dans un décor frais et soigné.

LA GUERCHE-DE-BRETAGNE – 35 Ille-et-Vilaine – 309 O7 – 4 095 h. – alt. 77 m – ✉ 35130 Bretagne 10 D2

Paris 324 – Châteaubriant 30 – Laval 53 – Redon 84 – Rennes 55 – Vitré 22

Syndicat d'initiative, 2 rue du Cheval Blanc ✆ 02 99 96 30 78

Calèche avec ch
16 av. Gén. Leclerc – ✆ 02 99 96 21 63 – contact@lacaleche.com – Fax 02 99 96 49 52 – Fermé 1er-21 août, 24-31 déc., vend. soir, dim. et lundi
12 ch – ♦42 € ♦♦52/68 €, ☕ 9 € – ½ P € – **Rest** – Menu 13 € (sem.), 24/32 € ♀
◆ Généreuse cuisine du terroir servie dans une sobre salle à manger complétée par une véranda et un petit espace bistrot. Chambres fonctionnelles. Accueil familial.

GUÉRET P – 23 Creuse – 325 I3 – 14 123 h. – alt. 457 m – ✉ 23000 Limousin Berry 25 C1

Paris 351 – Châteauroux 90 – Limoges 93 – Montluçon 66

Office de tourisme, 1 rue Eugène France ✆ 05 55 52 14 29

Émaux Champlevés★ du musée d'art et d'archéologie de la Sénatorerie.

Plan page ci-contre

Le Coq en Pâte
2 r. de Pommeil – ✆ 05 55 41 43 43 – Fax 05 55 41 43 42 – Fermé 21 oct.-9 nov., 10-24 fév., dim. soir hors saison et lundi soir Z m
Rest – Menu 17 € (sem.)/52 € – Carte 42/66 € ♀
◆ Dans cette maison bourgeoise (19e s.) joliment restaurée ou sur sa terrasse regardant un agréable jardin arboré l'on savoure avec plaisir une cuisine actuelle généreuse et soignée.

à Ste-Feyre 7 km par ③ – 2 250 h. – alt. 450 m – ✉ 23000

Les Touristes-Michel Roux
– ✆ 05 55 80 00 07 – Fax 05 55 81 11 04 – Fermé janv., merc. soir, dim. soir et lundi
Rest – Menu 18 € (sem.)/47 € ♀
◆ Bâtisse régionale au centre d'un village de la Haute-Marche. Décor coloré et fleuri dans la salle à manger ornée d'une belle armoire à épices. Cuisine du marché.

GUÉRET

Allende (R. Salvador) . . . . . Y 2
Ancienne-Mairie (R. de l') . . . . Z 4
Bonnyaud (Pl.) . . . . Z 5
Corneille (R. Pierre) . . . . Y 7
Ducouret (R.) . . . . Z 9
Gasne (Rond-Point de la) . . . . Y 12
Grande-Rue . . . . Z 15
Grand (R. Alfred) . . . . Y 13
Jean-Jaurès (R.) . . . . Z 16
Londres (R. de) . . . . Y 17
Musset (R. Alfred-de) . . . . Y 19
Pasteur (Av.) . . . . YZ 20
Piquerelle (Pl.) . . . . Y 22
Poitou (Av. du) . . . . Y 23
Rollinat (R. Maurice) . . . . Y 25
Roosevelt (R. Franklin) . . . . . . Y 26
St-Pardoux (Bd) . . . . Y 28
Verdun (R. de) . . . . Z 29
Zola (Bd Émile) . . . . Y 30

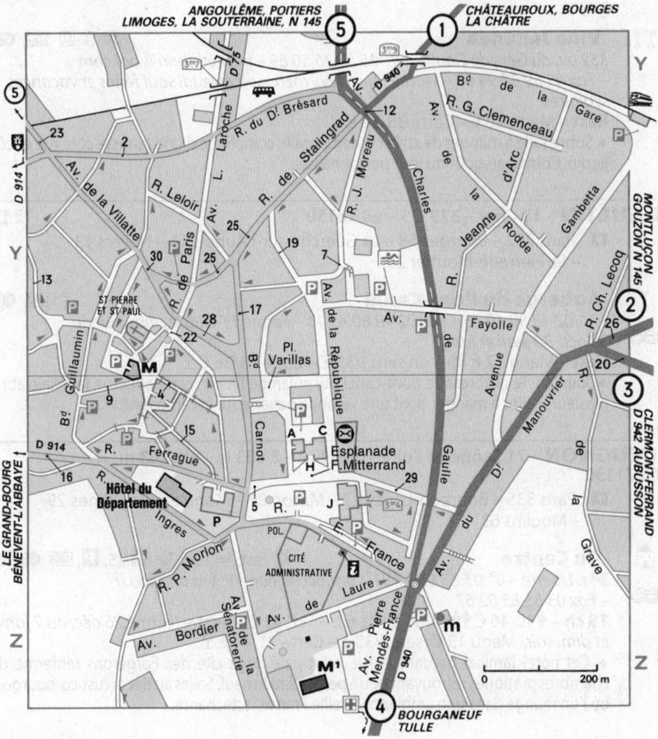

Le rouge est la couleur de la distinction : nos valeurs sûres !

GUÉRY (LAC DE) – 63 Puy-de-Dôme – 326 D9 – rattaché au Mont-Dore

---

GUÉTHARY – 64 Pyrénées-Atlantiques – 342 C4 – 1 284 h. – alt. 15 m – ✉ 64210

Pays Basque 3 **A3**

Paris 780 – Bayonne 19 – Biarritz 9 – Pau 125 – St-Jean-de-Luz 7

Office de tourisme, rue du Comte de Swiecinski ✆ 05 59 26 56 60, Fax 05 59 54 92 67

Villa Catarie sans rest

415 av.Gén. de Gaulle – ✆ 05 59 47 59 00 – info@villa-catarie.com – Fax 05 59 47 59 02 – Fermé de nov. à mi-déc. et de janv. à mi-fév.

14 ch – 125/170 € 125/245 €, 12 €

◆ Cette ravissante maison basque construite en 1830 abrite d'élégantes chambres "cosy" décorées de tons pastel et de beaux meubles anciens. Coquette salle des petits-déjeuners.

Brikéténia sans rest

r. Empereur – ☎ 05 59 26 51 34 – Fax 05 59 54 71 55 – Ouvert de Pâques au 15 nov.
18 ch – †55/70 € ††85/95 €, ☕ 10 €

◆ Cette jolie maison à colombages, relais de poste du 17e s., aurait reçu Napoléon. Chambres bien rénovées ou anciennes ; certaines ont vue sur l'océan. Petit-déjeuner soigné.

Villa Janénéa

352 av. du Gén. de Gaulle – ☎ 05 59 26 50 69 – gaellethibon@aol.com – Fax 05 59 54 94 67 – Fermé janv., fév., merc. soir et jeudi sauf fériés et vacances scolaires
Rest – Menu 30 € – Carte 35/50 €

◆ Sobre salle à manger de style contemporain, complétée d'une terrasse côté rue et côté jardin. Cuisine au goût du jour personnalisée.

LE GUÉTIN – 18 Cher – 323 O5 – ✉ 18150 — 12 D3

Paris 252 – Bourges 58 – La Guerche-sur-l'Aubois 11 – Nevers 13 – St-Pierre-le-Moutier 29

Auberge du Pont-Canal

– ☎ 02 48 80 40 76 – Fax 02 48 80 45 11 – Fermé 1er-8 janv., dim. soir du 30 oct.-30 avril et lundi
Rest – Menu 12 € (déj. en sem.)/35 € – Carte 15/36 €

◆ Jouxtant le pittoresque pont-canal qui enjambe l'Allier, cette auberge familiale abrite plusieurs salles à manger dont une véranda ouverte sur la campagne.

GUEUGNON – 71 Saône-et-Loire – 320 E10 – 8 563 h. – alt. 243 m – ✉ 71130 — 7 B3

Paris 335 – Bourbon-Lancy 27 – Mâcon 87 – Montceau-les-Mines 29 – Moulins 63

Du Centre — rest, rest, 35

34 r. Liberté – ☎ 03 85 85 21 01 – bonacchi.jean-luc@wanadoo.fr – Fax 03 85 85 02 67
18 ch – †40/46 € ††44/50 €, ☕ 6 € – ½ P 42 € – **Rest** – *(Fermé 26 déc. au 7 janv. et dim. soir)* Menu 13 € (sem.)/35 € – Carte 21/41 €

◆ Cet hôtel familial bordant la rue principale de la cité des Forgerons renferme des chambres pratiques retrouvant peu à peu l'éclat du neuf. Salles au décor rustico-bourgeois où l'on mange dans une ambiance "vieille France" attachante.

GUEWENHEIM – 68 Haut-Rhin – 315 G10 – 1 176 h. – alt. 323 m – ✉ 68116 — 1 A3

Paris 458 – Altkirch 23 – Belfort 36 – Mulhouse 21 – Thann 9

De la Gare

2 r. Soppe – ☎ 03 89 82 51 29 – Fax 03 89 82 84 62 – Fermé 24 juil.-11 août, 27 fév.-12 mars, mardi soir et merc.
Rest – Menu 28/42 € – Carte 25/62 €

◆ Un ancien café de village, fort sympathique, tenu par la même famille depuis quatre générations. Plats traditionnels et du terroir. La superbe carte des vins mérite le voyage.

GUIDEL – 56 Morbihan – 308 K8 – 9 156 h. – alt. 38 m – ✉ 56520 — 9 B2

Paris 511 – Quimper 60 – Lorient 14 – Pont-Aven 26 – Quimperlé 12

Office de tourisme, 9 rue Saint-Maurice ☎ 02 97 65 01 74, Fax 02 97 02 90 63

Navéos

à Guidel-Plages, Sud-Ouest : 3 km par D 306 – ☎ 02 97 32 80 80 – t.naveos@wanadoo.fr – Fax 02 97 32 80 80 – Fermé 19 nov.-19 déc., le midi et lundi
Rest – Menu 29/65 € – Carte 49/81 €

◆ Près des grandes plages de l'Atlantique, salle à manger contemporaine et cuisine ambitieuse mariant avec bonheur produits régionaux, épices et zestes de modernité.

GUIGNIÈRE – 37 Indre-et-Loire – 317 M4 – rattaché à Tours

GUILHERAND-GRANGES – 07 Ardèche – 331 L4 – rattaché à Valence (26 Drôme)

GUILLESTRE – 05 Hautes-Alpes – 334 H5 – 2 211 h. – alt. 1 000 m – ✉ 05600
Alpes du Sud 41 **C1**

- Paris 715 – Barcelonnette 51 – Briançon 36 – Digne-les-Bains 114 – Gap 61
- Office de tourisme, place Salva ✆ 04 92 45 04 37
- Porche★ de l'église - Pied-la-Viste ≤★ E : 2 km - Peyre-Haute ≤★ S : 4 km puis 15 mn.
- Combe du Queyras★★ NE : 5,5 km.

Dedans Dehors
ruelle Sani – ✆ 04 92 44 29 07 – albancointe@yahoo.fr – Ouvert mai-sept.
Rest – Carte 25/36 € ♀
◆ Une ruelle médiévale dessert cette cave voûtée où tartines, salades et cuisine à la plancha connotées "terroir" combleront votre appétit dans un cadre bistrotier éclectique et chamarré.

à Mont-Dauphin gare 4 km au Nord-Ouest par D 902A et N 94 – 87 h. – alt. 1 050 m – ✉ 05600

- Office de tourisme, rue Rouget de Lisle ✆ 04 92 45 17 80
- Charpente★ de la caserne Rochambeau.

Lacour et rest. Gare
rest, rest, 25, VISA MC AE
– ✆ 04 92 45 03 08 – renseignement@hotel-lacour.com – Fax 04 92 45 40 09 – Fermé sam. du 20 avril au 30 juin et 1er sept.-26 déc.
46 ch – †33/65 € ††33/65 €, ☕ 7 € – ½ P 48/56 € – **Rest** – Menu (12 €), 16/38 € – Carte 16/40 €
◆ En contrebas des fortifications de Mont-Dauphin, cet hôtel familial et son annexe offrent des chambres d'un confort simple, plus au calme côté jardin. Restaurant au cadre contemporain, aménagé dans un autre bâtiment agrémenté d'un cadran solaire en façade.

GUILLIERS – 56 Morbihan – 308 Q6 – 1 216 h. – alt. 86 m – ✉ 56490 10 **C2**

- Paris 418 – Dinan 66 – Lorient 91 – Ploërmel 13 – Rennes 69 – Vannes 59

Au Relais du Porhoët
20, VISA MC AE
11 pl. de l'Église – ✆ 02 97 74 40 17 – aurelaisduporhoet@wanadoo.fr – Fax 02 97 74 45 65 – Fermé 25 juin-4 juil., 2-10 oct., 1er-14 janv., lundi sauf le soir en juil.-août et dim. soir
12 ch – †38/48 € ††43/56 €, ☕ 7,50 € – ½ P 44 € – **Rest** – Menu (10,50 €), 20/37 € – Carte 24/37 € ♀
◆ La façade fleurie de cet hôtel est avenante en saison. Derrière se cachent d'agréables chambres insonorisées et réservées aux non-fumeurs. Une cheminée monumentale réchauffe l'une des salles de restaurant où l'on sert une goûteuse cuisine régionale.

GUINGAMP – 22 Côtes-d'Armor – 309 D3 – 8 008 h. – alt. 81 m – ✉ 22200
Bretagne 9 **B1**

- Paris 484 – Carhaix-Plouguer 49 – Lannion 32 – Morlaix 53 – St-Brieuc 32
- Office de tourisme, place Champ au Roy ✆ 02 96 43 73 89, Fax 02 96 40 01 95
- de Bégard à Bégard Krec'h An Onn, par rte de Lannion : 13 km, ✆ 02 96 45 32 64.
- Basilique N.D.-de-Bon-Secours★ B.

Plan page suivante

De l'Arrivée sans rest
cuisinette 25, VISA MC AE
19 bd Clemenceau, face gare – ✆ 02 96 40 04 57 – hoteldelarrivee.guingamp@wanadoo.fr B **a**
26 ch – †42/47 € ††54/75 €, ☕ 7 €
◆ L'enseigne évoque la proximité de la gare ferrovière. À l'arrivée ou au départ de Guingamp, cet hôtel s'avère pratique avec ses chambres sans ampleur mais bien rénovées.

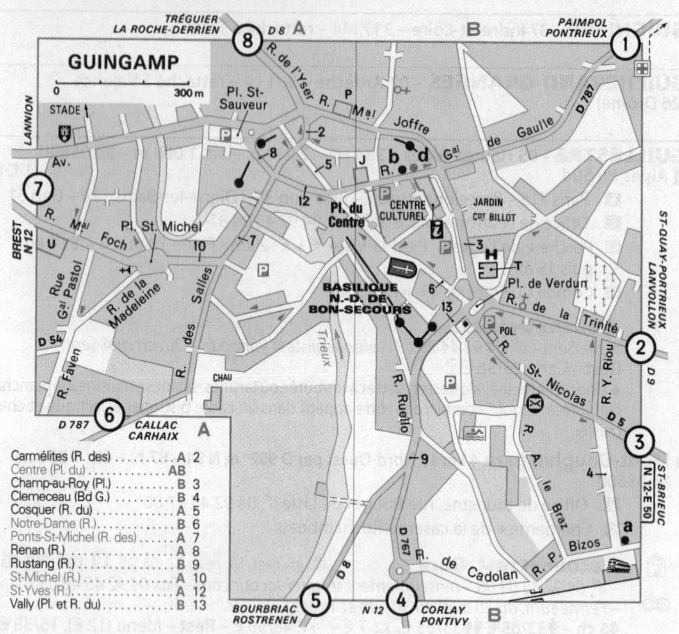

La Demeure sans rest — cuisinette VISA MC
5 r.Gén.de Gaulle – ✆ 02 96 44 28 53 – contact-demeure@wanadoo.fr – Fax 02 96 44 45 54 – Fermé janv. B **b**
6 ch – 🚹66/78 € 🚹🚹81/119 €, ☕ 9 €
◆ En centre-ville, ancienne maison de notable (18e s.) vous hébergeant dans de vastes chambres pourvues de meubles de style. Petit-déjeuner dans une véranda ouverte sur le jardin.

La Boissière — [P] VISA MC
r. Yser, par ⑧ : 1 km – ✆ 02 96 21 06 35 – Fax 02 96 21 13 38 – Fermé 19 mars-1er avril, 1er-15 juil., sam. midi, dim. soir et lundi
Rest – Menu (13 €), 16 € (déj. en sem.), 32/60 € – Carte 30/54 € 🍷
◆ Maison de maître centenaire nichée dans son parc. Deux plaisantes salles à manger bourgeoises servent de cadre à une cuisine traditionnelle qui évolue au gré des saisons.

Le Clos de la Fontaine — VISA MC
9 r. Gén. de Gaulle – ✆ 02 96 21 33 63 – Fax 02 96 21 29 78 – Fermé 16-30 juil., 18-29 fév., dim. soir et lundi B **d**
Rest – Menu 22/42 € – Carte 31/60 € 🍷
◆ Restaurant vous conviant à un repas traditionnel actualisé dans l'une de ses deux salles classiquement aménagées, avec parquet et pierres apparentes, ou sur sa terrasse-patio.

GUISSENY – 29 Finistère – 308 E3 – 1 783 h. – alt. 18 m – ✉ 29880 9 A1

Paris 591 – Brest 35 – Landerneau 27 – Morlaix 56 – Quimper 91

Office de tourisme, 2 rue Traverse ✆ 02 98 25 67 99

Auberge de Keralloret — ♿ ch, rest, [P] VISA MC
Sud: 3 km par D 10 et rte secondaire – ✆ 02 98 25 60 37 – auberge@keralloret.com – Fax 02 98 25 69 88 – Fermé 12-18 nov. et 3 janv.-3 fév.
11 ch – 🚹47/54 € 🚹🚹55/71 €, ☕ 8,50 € – **Rest** – *(fermé merc.)* Menu 18 € (sem.)/39 € – Carte 25/57 € 🍷
◆ Goûtez au charme et à la tranquillité de cette vieille ferme joliment rénovée. Le décor contemporain des chambres, réparties dans plusieurs maisons de granit, s'inspire de la région. Au restaurant, cuisine traditionnelle et chaleureuse atmosphère rustique.

GUJAN-MESTRAS – 33 Gironde – 335 E7 – 14 958 h. – alt. 5 m – ✉ 33470

Aquitaine 3 **B2**

Paris 638 – Andernos-les-Bains 26 – Arcachon 10 – Bordeaux 56

Office de tourisme, 19 avenue de Lattre-de-Tassigny ✆ 05 56 66 12 65, Fax 05 56 22 01 41

de Gujan-Mestras Route de Sanguinet, S : 5 km par N 250 et D 65, ✆ 05 57 52 73 73.

Parc ornithologique du Teich★ E : 5 km.

La Guérinière

rest, 20, VISA AE

18 cours de Verdun à Gujan – ✆ 05 56 66 08 78 – laguerinière@wanadoo.fr – Fax 05 56 66 13 39

23 ch – 95/125 € 145/160 €, 10 € – 2 suites – ½ P 110/145 € –

Rest – *(fermé sam. midi)* Menu 40 € bc (sem.)/100 € – Carte 58/117 €

Spéc. Entremets de foie gras de canard au pain d'épice. Esturgeon rôti, œuf mollet au caviar d'Aquitaine, coulis de légumes. Cylindres au parfait caramel. **Vins** Entre-deux-Mers, Graves.

◆ Maison moderne située au centre du principal port ostréicole du bassin d'Arcachon. Chambres spacieuses, aménagées avec goût dans un esprit "zen" et épuré. Cuisine actuelle parfumée à savourer dans un élégant cadre contemporain ou au bord de la piscine.

GUNDERSHOFFEN – 67 Bas-Rhin – 315 J3 – 3 490 h. – alt. 180 m – ✉ 67110

1 **B1**

Paris 466 – Haguenau 16 – Sarreguemines 61 – Strasbourg 45 – Wissembourg 33

Le Moulin sans rest

15, VISA AE

r. Moulin – ✆ 03 88 07 33 30 – hotel.le.moulin@wanadoo.fr – Fax 03 88 72 83 97 – Fermé 30 juil.-19 août, 7-13 janv.

10 ch – 85 € 85/210 €, 15 €

◆ Ancien moulin entouré d'un beau parc rafraîchi par un cours d'eau. Chambres personnalisées déclinant les styles contemporain ou rustique chic... Calme, charme et raffinement.

Au Cygne (Paul)

20, VISA AE

35 Gd Rue – ✆ 03 88 72 96 43 – sarl.lecygne@wanadoo.fr – Fax 03 88 72 86 47 – Fermé 30 juil.-19 août, 7-13 janv., 19 fév.-8 mars, dim. soir, lundi et jeudi

Rest – Menu 42 € (sem.)/90 € – Carte 73/85 €

Spéc. Fricassée de grenouilles fraîches, schniederspädle aux oignons grillés. Grosses morilles farcies dans leur velouté (avril à juil). Gibier (sept. à avril). **Vins** Pinot gris, Riesling.

◆ Cette belle maison à colombages abrite une élégante salle à manger (boiseries, plafonds peints, compositions florales) où l'on déguste une cuisine inventive et raffinée.

Le Soufflet

VISA AE

13 r. de la Gare – ✆ 03 88 72 91 20 – lesoufflet@free.fr – Fax 03 88 72 91 20 – Fermé vacances de fév., sam. midi, lundi soir et merc. soir

Rest – Menu 19 € (sem.)/54 € – Carte 45/53 €

Rest *Bahnstuebel* – 13 rue de la Gare – Menu 12 € (déj.) – Carte 25/43 €

◆ En face de la gare et de la mairie, façade fleurie abritant une salle de restaurant agrémentée de sièges de style Louis XV et d'une cheminée ; cuisine de tradition. Ambiance winstub, plats du jour et petite carte de spécialités alsaciennes au Bahnstuebel.

GY – 70 Haute-Saône – 314 C8 – 1 018 h. – alt. 237 m – ✉ 70700

Franche-Comté Jura 16 **B2**

Paris 356 – Besançon 32 – Dijon 69 – Dôle 50 – Gray 20 – Langres 75 – Vesoul 39

Office de tourisme, 15 grande rue ✆ 03 84 32 93 93, Fax 03 84 32 86 87

Château★.

Pinocchio sans rest

cuisinette 25, VISA AE

– ✆ 03 84 32 95 95 – Fax 03 84 32 95 75 – Fermé 21 déc.-7 janv.

14 ch – 48/62 € 53/109 €, 7 €

◆ Cette jolie maison régionale restaurée avec soin dans le style contemporain offre des chambres personnalisées. Intérieur décoré sur le thème de la célèbre marionnette.

GYE-SUR-SEINE – 10 Aube – 313 G5 – 513 h. – alt. 172 m – ✉ 10250 13 **B3**

Paris 209 – Troyes 45 – Châtillon-sur-Seine 26 – Tonnerre 45

Des Voyageurs rest, ch, 12/30, VISA

6 r. de la Nation – ☎ 03 25 38 20 09 – hotel-voyageurs-gye@wanadoo.fr – Fax 03 25 38 25 37 – Fermé 20-26 août, 17-24 fév., dim. soir et merc.

7 ch – †48 € ††48 €, ☕ 6 € – ½ P 50 € – **Rest** – Menu 15 € (sem.)/40 € – Carte 25/45 €

♦ Des petites chambres fraîches et colorées vous attendent dans ce relais de poste bâti à la fin du 19e s. et doté d'une avenante façade en pierre. Le restaurant opte pour un décor actuel, des meubles en rotin et une carte traditionnelle.

HABÈRE-POCHE – 74 Haute-Savoie – 328 L3 – 729 h. – alt. 945 m – Sports d'hiver : 930/1 600 m 9 – ✉ 74420 46 **F1**

Paris 564 – Annecy 63 – Bonneville 33 – Genève 37 – Thonon-les-Bains 19

Office de tourisme, Chef-Lieu ☎ 04 50 39 54 46, Fax 04 50 39 56 62

Col de Cou★ NO : 4 km, **Alpes du Nord.**

Tiennolet P VISA

– ☎ 04 50 39 51 01 – Fax 04 50 39 58 15 – Fermé 28 mai-29 juin, 14 oct.-16 nov., dim. soir, mardi soir et merc. sauf vacances scolaires

Rest – Menu 15 € (déj. en sem.), 26/40 € – Carte environ 38 € ♀

♦ Au centre du village, au-dessus de la pâtisserie familiale, chaleureux restaurant montagnard avec terrasse exposée plein Sud. Carte oscillant entre classicisme et régionalisme.

L'HABITARELLE – 48 Lozère – 330 K7 – ✉ 48170 Chateauneuf-de-Randon 23 **C1**

Paris 587 – Langogne 19 – Mende 27 – Le Puy-en-Velay 62

Poste ch, P VISA AE

– ☎ 04 66 47 90 05 – contact@hoteldelaposte48.com – Fax 04 66 47 91 41 – Fermé 2-6 juil., 2-12 nov., 21 déc.-31 janv., vend. soir, sam. midi et dim. soir sauf juil.-août

16 ch – †45/52 € ††45/52 €, ☕ 7 € – ½ P 45 € – **Rest** – Menu 15/32 € – Carte 20/30 € ♀

♦ Près du mausolée érigé en l'honneur de Bertrand Du Guesclin, mort ici même d'avoir bu de l'eau trop glacée, se tient ce sympathique relais de poste du 19e s. Restaurant aménagé dans une ex-grange à foin (murs en pierre, charpente en sapin) ; plats du terroir.

HAGENTHAL-LE-HAUT – 68 Haut-Rhin – 315 I11 – 410 h. – alt. 400 m – ✉ 68220 1 **B3**

Paris 483 – Altkirch 26 – Basel 13 – Colmar 76 – Mulhouse 41

A l'Ancienne Forge VISA

52 r. Principale – ☎ 03 89 68 56 10 – baumannyves@aol.com – Fax 03 89 68 17 38 – Fermé dim. soir, lundi midi, merc. midi et mardi

Rest – Menu 28 € (sem.)/48 € – Carte 31/53 € ♀

♦ Dans un paisible village, maison à pans de bois entourée de verdure. Cuisine au goût du jour soignée servie dans une salle aux jolies poutres peintes ou dans la véranda.

HAGETMAU – 40 Landes – 335 H13 – 4 403 h. – alt. 96 m – ✉ 40700 **Aquitaine** 3 **B3**

Paris 737 – Aire-sur-l'Adour 34 – Dax 45 – Mont-de-Marsan 29 – Orthez 25 – Pau 56

Office de tourisme, place de la République ☎ 05 58 79 38 26, Fax 05 58 79 47 27

Chapiteaux★ de la Crypte de St-Girons.

Les Lacs d'Halco ⊱ < ⊠ ⊡ ✂ ♿ AC ≠ ch, ✗ rest, 10/50, P VISA MC AE
Sud-Ouest : 3 km sur rte de Cazalis – ✆ 05 58 79 30 79 – contact@hotel-des-lacsdhalco.fr – Fax 05 58 79 36 15
24 ch – †70/98 € ††70/98 €, ☕ 10 € – ½ P 72/80 € – **Rest** – Menu (18 €), 27 € (sem.)/50 € – Carte 32/54 € ♀
◆ Acier, verre, bois et pierre : esprit "zen" pour cette étonnante architecture design ouverte sur lacs et forêt. Belles chambres contemporaines ; barques, minigolf, etc. Une rotonde "posée" sur l'eau abrite le restaurant qui offre une jolie vue sur la nature.

Le Jambon ⊱ AC rest, ≠ rest, cuisinette P VISA MC AE
r. Carnot – ✆ 05 58 79 32 02 – Fax 05 58 79 34 78 – Fermé janv., dim. soir et lundi
10 ch – †50 € ††60/80 €, ☕ 6 € – ½ P 60 € – **Rest** – Menu 16 € (sem.)/45 € – Carte 35/53 € ♀
◆ Cette grande maison du centre-ville héberge des chambres spacieuses et actuelles ; toutes donnent sur l'espace cour-piscine. Bonne insonorisation et tenue rigoureuse. Généreuse cuisine traditionnelle et landaise servie dans une confortable salle bourgeoise.

HAGUENAU – 67 Bas-Rhin – 315 K4 – 32 242 h. – alt. 150 m – ✉ 67500

Alsace Lorraine 1 **B1**

Paris 478 – Baden-Baden 41 – Sarreguemines 93 – Strasbourg 33

Office de tourisme, place de la Gare ✆ 03 88 93 70 00, Fax 03 88 93 69 89

Soufflenheim Baden-Baden à Soufflenheim Allée du Golf, E : 14 km par N63, ✆ 03 88 05 77 00.

Musée historique★ BZ **M²** - Retable★ dans l'église St-Georges - Boiseries★ dans l'église St-Nicolas.

Plan page suivante

Europe Hôtel AC rest, ≠ ch, ✗ rest, 25/40, P VISA MC AE
15 av. Prof. René Leriche par ④ – ✆ 03 88 93 58 11 – europe.hotel1@wanadoo.fr – Fax 03 88 06 05 43
71 ch – †45/62 € ††58/75 €, ☕ 6,50 € – ½ P 67/70 € – **Rest** – *(fermé sam. midi)* Menu 10 € (déj. en sem.), 19 € (sem.)/29 € – Carte 28/40 € ♀
◆ Construction moderne à l'écart du centre. Petites chambres fonctionnelles garnies d'un mobilier de style Régence ou moderne. Piscines : couverte et extérieure. Vaste salle prolongée d'une véranda tournée vers l'eau.

Les Pins ♿ ch, 20, P VISA MC AE
112 rte Strasbourg par ④ – ✆ 03 88 93 68 40 – hotelrestaurantlespins@wanadoo.fr – Fax 03 88 93 34 14
23 ch – †55/70 € ††55/70 €, ☕ 9 € – ½ P 55/60 € – **Rest** – Menu 24/50 € – Carte 31/58 € ♀
◆ Hôtel proche de la nationale. Petites chambres au calme, diversement meublées, logées dans une longue bâtisse colorée de bleu et de blanc. Au restaurant, habillé de boiseries claires, plats traditionnels et bon choix de vins régionaux.

Le Jardin AC P VISA MC
16 r. Redoute – ✆ 03 88 93 29 39 – Fax 03 88 93 29 39 – Fermé 1er-14 mars, 31 juil.-15 août, 15-27 fév., mardi et merc. BZ **n**
Rest – Menu 17 € (déj. en sem.), 44/59 € bc – Carte environ 47 € ♀
◆ Jolie façade haguenovienne refaite dans le style Renaissance et bel intérieur composé de chaleureuses boiseries ornées de motifs peints. Cuisine classique revisitée.

au Sud-Est **3 km par D 329 et rte secondaire – ✉ 67500 Haguenau**

Champ'Alsace ♿ ch, AC rest, 15/40, P VISA MC AE
12 r. St-Exupéry – ✆ 03 88 93 30 13 – champalsace@aol.com – Fax 03 88 73 90 04
40 ch – †57 € ††57 €, ☕ 6,50 € – ½ P 49 € – **Rest** – *(fermé sam. et dim.) (dîner seult)* Menu 18 € – Carte 19/34 € ♀
◆ Complexe hôtelier récent dans une zone industrielle. Chambres entretenues, de bonne ampleur, équipées d'un mobilier de série. Deux salles à manger simples, mais égayées de fresques représentant des paysages régionaux et une distillerie.

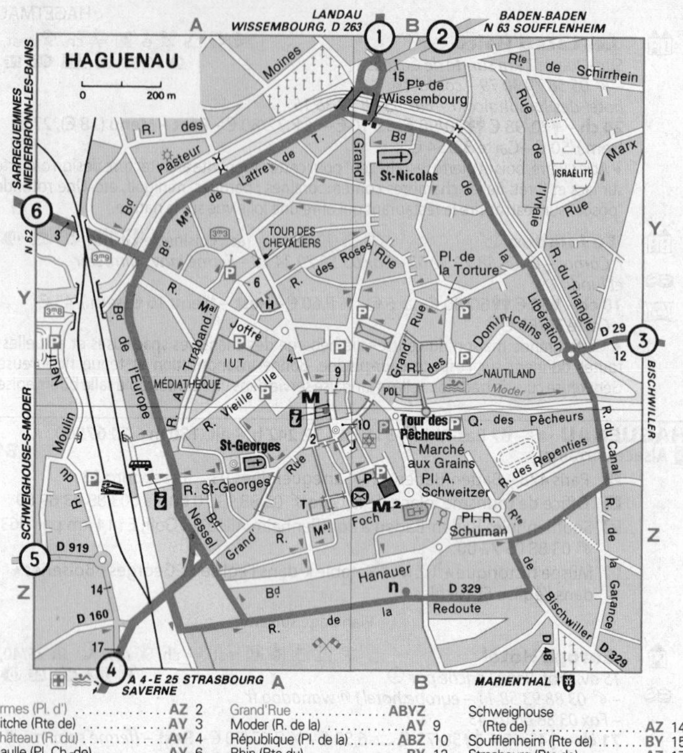

Armes (Pl. d')	**AZ** 2	Grand'Rue	**ABYZ**	Schweighouse (Rte de)	**AZ** 14
Bitche (Rte de)	**AY** 3	Moder (R. de la)	**AY** 9	Soufflenheim (Rte de)	**BY** 15
Château (R. du)	**AY** 4	République (Pl. de la)	**ABZ** 10	Strasbourg (Rte de)	**AZ** 17
Gaulle (Pl. Ch.-de)	**AY** 6	Rhin (Rte du)	**BY** 12		

LA HAIE FOUASSIÈRE – 44 Loire-Atlantique – 316 H5 – rattaché à Nantes

LA HAIE-TONDUE – 14 Calvados – 303 M4 – ✉ 14950 32 **A3**

Paris 198 – Caen 41 – Deauville 15 – Le Havre 53 – Lisieux 20 – Pont-l'Évêque 8

XX La Haie Tondue

– ✆ 02 31 64 85 00 – la-haie-tondue@wanadoo.fr – Fax 02 31 64 78 35 – Fermé 25 juin-2 juil., 7-22 janv., lundi soir sauf août et mardi

Rest – Menu 23/46 € – Carte 30/38 €

◆ Accueil chaleureux en cette maison régionale tapissée de vigne vierge. Salles rénovées, mais à la rusticité préservée (poutres et cheminée). Cuisine traditionnelle.

HALLUIN – 59 Nord – 302 G3 – 18 997 h. – alt. 30 m – ✉ 59250 31 **C2**

Paris 239 – Arras 71 – Dunkerque 80 – Lille 22 – Valenciennes 71

Office de tourisme, 58 rue de Lille ✆ 03 20 03 49 24

XX La Clé des Champs

273 r. Lille – ✆ 03 20 37 34 34 – la.clef.des.champs@wanadoo.fr – Fax 03 20 46 10 32 – Fermé 9-15 avril, 23 juil.-19 août, 24-30 déc., dim. soir, mardi soir, et merc.

Rest – Menu 28/42 € – Carte 40/56 €

◆ Maison bourgeoise à la façade ravalée. Hauts plafonds, poutres, parquet et cheminées font le charme des trois salles à manger. Goûteuse cuisine traditionnelle.

HAMBACH – 57 Moselle – 307 N4 – 2 501 h. – alt. 230 m – ✉ 57910 27 C1

Paris 396 – Metz 70 – Saarbrücken 23 – Sarreguemines 8 – Strasbourg 98

Hostellerie St-Hubert ch, VISA

La Verte Forêt – ✆ 03 87 98 39 55 – Fax 03 87 98 39 57 – Fermé 22 déc.-2 janv.

53 ch – 59/88 € 79/88 €, 9 € – **Rest** – Menu 23/58 € – Carte 25/49 €

◆ Bâtisse de notre temps voisinant avec un étang et un complexe sportif. Les chambres, spacieuses, sont pourvues de meubles en bois peint et parfois d'une loggia. Salles à manger au décor foisonnant, taverne et terrasse près de l'eau ; table traditionnelle.

HAMBYE – 50 Manche – 303 E6 – 1 121 h. – alt. 111 m – ✉ 50450

Normandie Cotentin 32 A2

Paris 316 – Coutances 20 – Granville 30 – St-Lô 25 – Villedieu-les-Poêles 17

Église abbatiale★★.

à l'Abbaye 3,5 km au Sud par D 51 – ✉ 50450 Hambye

Auberge de l'Abbaye avec ch VISA

5 rte de l'Abbaye – ✆ 02 33 61 42 19 – aubergedelabbaye@wanadoo.fr – Fax 02 33 61 00 85 – Fermé 27 sept.-12 oct., 15 fév.-4 mars, dim. soir et lundi

7 ch – 43 € 52 €, 8 € – ½ P 54 € – **Rest** – Menu 25/60 € – Carte 22/107 €

◆ Cette maison en pierres de taille, proche des ruines de l'abbaye, dresse sa terrasse d'été dans un petit jardin. Salle à manger rustico-bourgeoise et plats traditionnels.

HANVEC – 29 Finistère – 308 G5 – 1 605 h. – alt. 103 m – ✉ 29460 9 A-B2

Paris 568 – Rennes 216 – Quimper 48 – Brest 35 – Morlaix 47

La Chaumière de Kerguan sans rest

Kerguan, 2 km par rte de Sizun – ✆ 02 98 21 97 75 – kerguan@neuf.fr – Fax 02 98 21 97 75

4 ch – 26/28 € 38/40 €, 4 €

◆ Jolie longère en moellons emmitouflée sous son toit de chaume, dans un hameau paisible composé d'anciens bâtiments agricoles restaurés. Chambres mignonnes cédées à bon prix.

HARDELOT-PLAGE – 62 Pas-de-Calais – 301 C4 – ✉ 62152 Neufchâtel-Hardelot

Nord Pas-de-Calais Picardie 30 A2

Paris 254 – Arras 114 – Boulogne-sur-Mer 15 – Calais 51 – Le Touquet-Paris-Plage 23

Office de tourisme, 476 avenue Francois-1er ✆ 03 21 83 51 02, Fax 03 21 91 84 60

d'Hardelot à Neufchâtel-Hardelot 3 avenue du Golf, E : 1 km, ✆ 03 21 83 73 10.

Du Parc ch, 25/800, VISA

111 av. Francois 1er – ✆ 03 21 33 22 11 – parc.hotel@najeti.com – Fax 03 21 83 29 71

80 ch – 100/135 € 110/145 €, 13 € – 1 suite, 25 studios – ½ P 120/172 € – **Rest** – Menu 27 € (sem.)/42 € – Carte 41/55 €

◆ Complexe hôtelier et sportif récent dans un environnement arboré. Les chambres, spacieuses et douillettes (mobilier peint), ouvrent sur le parc. Provision de senteurs et de saveurs iodées dans le lumineux restaurant aux murs revêtus de lambris et de boiseries.

Régina rest, 40, VISA

185 av. François 1er – ✆ 03 21 83 81 88 – leregina.hotel@wanadoo.fr – Fax 03 21 87 44 01 – Fermé 11 nov.-13 fév.

42 ch – 65/69 € 65/69 €, 9 € – ½ P 58 € – **Rest** – *(fermé dim. soir et lundi sauf soir en juil.-août)* Menu 23/37 € – Carte 20/45 €

◆ Bâtisse moderne en lisière de la pinède qui s'étend aux portes de cette élégante station de la Côte d'Opale. Les chambres sont progressivement refaites. Au restaurant, produits de la pêche servis dans un joli décor contemporain. Terrasse agréable par beau temps.

HASPARREN – 64 Pyrénées-Atlantiques – 342 E4 – 5 477 h. – alt. 50 m – ✉ 64240
Pays Basque 3 **AB3**

Paris 783 – Bayonne 24 – Biarritz 34 – Cambo-les-Bains 9 – Pau 106

Office de tourisme, 2 place Saint-Jean ☎ 05 59 29 62 02, Fax 05 59 29 13 80

Grottes d'Oxocelhaya et d'Isturits★★ SE : 11 km.

Les Tilleuls 30, VISA
pl. Verdun – ☎ 05 59 29 62 20 – hotel.lestilleuls@wanadoo.fr – Fax 05 59 29 13 58 – Fermé 18 fév.-9 mars, dim. soir et sam. du 1er oct. au 7 juil.
25 ch – †45/52 € ††52/58 €, ☕ 6,50 € – ½ P 45/49 € – **Rest** – Menu 16 € (sem.)/30 € – Carte 24/40 €
◆ La maison qu'habita l'écrivain Francis Jammes est à deux pas de cette construction de style basque disposant de chambres bien rénovées. Sympathique salle de restaurant rustique où l'on vous proposera de goûter aux recettes régionales.

au Sud 6km par D152 et voie secondaire - ✉64240 Hasparren

Ferme Hégia (Daguin) ch, VISA AE
Chemin Curutxeta, Quartier Zelai – ☎ 05 59 29 67 86 – info@hegia.com
5 ch (½ P seult) – ½ P 300 € – **Rest** – table d'hôte *(dîner seult) (résidents seult)*
Spéc. Menu du marché.
◆ Cette ancienne ferme labourdine (1746) n'a que la montagne pour vis-à-vis. L'intérieur, superbement rénové dans un esprit contemporain, privilégie les matériaux nobles. Le chef réalise devant ses hôtes une cuisine inspirée par le marché du jour... Jubilatoire.

HASPRES – 59 Nord – 302 I6 – 2 753 h. – alt. 44 m – ✉ 59198 31 **C3**

Paris 197 – Avesnes-sur-Helpe 49 – Cambrai 18 – Lille 66 – Valenciennes 16

Auberge St-Hubert 4/10, VISA AE
62 r. A. Brunet, rte Denain 1km D 955 – ☎ 03 27 25 70 97 – auberge.st.hubert.haspres@wanadoo.fr – Fax 03 27 25 76 21 – Fermé août, 2-12 janv., mardi soir et lundi sauf fériés
Rest – Menu 21 € (sem.)/47 € bc (week-end) – Carte 34/47 €
◆ Les habitués apprécient cette coquette auberge de la Vallée de la Selle pour son petit jardin, ses salles à manger champêtres et sa cuisine traditionnelle (gibier en saison).

HAUTE-GOULAINE – 44 Loire-Atlantique – 316 H4 – rattaché à Nantes

HAUTE-INDRE – 44 Loire-Atlantique – 316 F4 – rattaché à Nantes

HAUTELUCE – 73 Savoie – 333 M3 – 800 h. – alt. 1 150 m – ✉ 73620
Alpes du Nord 45 **D1**

Paris 606 – Albertville 24 – Annecy 62 – Chambéry 77 – Megève 31

Office de tourisme, Chef-lieu ☎ 04 79 38 21 64

La Ferme du Chozal ch, rest, VISA
– ☎ 04 79 38 18 18 – informations@lafermeduchozal.com – Fax 04 79 38 87 20 – Fermé 15 avril-24 mai et 14 oct.-13 déc.
11 ch – †85/290 € ††85/290 €, ☕ 15 € – **Rest** – *(fermé lundi midi, mardi midi, merc. midi en juil.-août, lundi soir et dim. en mai-juin et sept.-oct.)* Menu 25/45 € – Carte 42/56 €
◆ Ferme traditionnelle restaurée jouissant du calme d'un village beaufortain. Chambres personnalisées au confort actuel. Salon avec cheminée. Cadre montagnard et joli poêle en faïence dans la salle à manger ; cuisine au goût du jour le soir, plus simple à midi.

Première distinction : l'étoile ✿.
Elle couronne les tables pour lesquelles on ferait des kilomètres !

HAUTERIVES – 26 Drôme – 332 D2 – 1 333 h. – alt. 299 m – ✉ 26390
Lyon et la vallée du Rhône 43 **E2**

Paris 540 – Grenoble 77 – Lyon 85 – Valence 46 – Vienne 42

Office de tourisme, quartier le Château ✆ 04 75 68 86 82

Le Palais Idéal★★.

Le Relais
10/15, VISA

pl. Général de Miribel – ✆ 04 75 68 81 12 – tglerelais@wanadoo.fr – Fax 04 75 68 92 42 – Fermé 15 janv.-1er mars, dim. soir sauf juil.-août et lundi

16 ch – 45 € 55 €, 6,50 € – ½ P 48 € – **Rest** – Menu 15/32 € – Carte 26/33 €

◆ Les visiteurs du " Palais Idéal " édifié par le facteur Cheval pourront faire étape dans cette solide maison à la façade en galets roulés. Chambres simples et bien tenues. Petits plats traditionnels servis dans la salle à manger rustique ou en terrasse.

LES HAUTES-RIVIÈRES – 08 Ardennes – 306 L3 – 1 949 h. – alt. 175 m – ✉ 08800
Champagne Ardenne 14 **C1**

Paris 254 – Châlons-en-Champagne 150 – Charleville-Mézières 22 – Sedan 29 – Dinant 56

Croix d'Enfer ≤★ S : 1,5 km par D 13 puis 30 mn - Vallon de Linchamps★ N : 4 km.

Auberge en Ardenne
VISA

15 r. Hôtel de Ville – ✆ 03 24 53 41 93 – auberge.ardenne@wanadoo.fr – Fax 03 24 53 60 10 – Fermé 23 déc.-13 janv.

14 ch – 49 € 49 €, 6,50 € – **Rest** – *(fermé sam. midi et dim. soir sauf juil.-sept.)* Menu 20/30 € – Carte 20/42 €

◆ Affaire familiale sympathique établie de part et d'autre de la route traversant ce joli village. Chambres nettes et conseils avisés pour des balades réussies. Repas traditionnel dans un cadre rustique ardennais ou sur la terrasse bordée par une rivière poissonneuse.

Les Saisons
VISA

5 Grande Rue – ✆ 03 24 53 40 94 – Fax 03 24 54 57 51 – Fermé 16-30 août, 16-26 fév., merc. soir, dim. soir et lundi sauf fériés

Rest – Menu 19/40 € – Carte 24/48 €

◆ Dans un bourg de la vallée de la Semoy, restaurant abritant plusieurs salles à manger rustiques rajeunies ; l'une d'elles, plus simple, est réservée aux plats du jour.

HAUTEVILLE-LÈS-DIJON – 21 Côte-d'Or – 320 J5 – rattaché à Dijon

LE HAVRE – 76 Seine-Maritime – 304 A5 – 190 905 h. – Agglo. 248 547 h. – alt. 4 m – Casino HZ – ✉ 76600
Normandie Vallée de la Seine 33 **C2**

Paris 198 – Amiens 184 – Caen 90 – Lille 318 – Nantes 382 – Rouen 87

du Havre-Octeville : ✆ 02 35 54 65 00 A.

Office de tourisme, 186 boulevard Clemenceau ✆ 02 32 74 04 04, Fax 02 35 42 38 39

du Havre à Octeville-sur-Mer Hameau Saint Supplix, par rte d'Etretat : 10 km, ✆ 02 35 46 36 50.

Port★★ EZ - Quartier moderne★ EFYZ : intérieur★★ de l'église St-Joseph★ EZ, pl. de l'Hôtel-de-Ville★ FY47, Av. Foch★ EFY - Musée des Beaux-Arts André-Malraux★ EZ.

Ste-Adresse★ : circuit★.

Plans pages suivantes

Pasino
ch, ch, 50/300,

Pl. Jules Ferry (Au Casino) – ✆ 02 35 26 00 00 – reservation-lehavre@g-partouche.fr – Fax 02 35 25 62 18 FZ **b**

45 ch – 120/250 € 120/250 €, 18 €

Rest *Le Havre des Sens* – *(fermé dim. et lundi)* Menu 45/60 € – Carte 40/78 €

Rest *La Brasserie* – Menu (12 €), 16/25 € – Carte 19/34 €

Rest *Le Pas* – Carte 8/15 €

◆ Chambres, junior suites et spa complet dans cet hôtel-casino "ultra-trendy". Mets et décor au goût du jour au Havre des Sens. Brasserie moderne avec terrasse côté bassin. Grignotages "globe-trotter" (tapas, sushis) au Pas, dont les lumières brillent très tard.

HARFLEUR

Doumer (R. Paul) . . . . **D** 30
Verdun (Av. de) . . . . **D** 90
104 (R. des) . . . . **D** 98

LE HAVRE

Abbaye (R. de l') . . . . **C** 2
Aplemont (Av. d') . . . . **C** 7
Churchill (Bd W.) . . . . **B** 24
Hermann-du-Pasquier (Quai) . **B** 44
Joannès-Couvert (Quai) . . . . . **B** 52
Mouchez (Bd Amiral) . . . . **B** 68
Octeville (Rte d') . . . . **A** 74
Picasso (Av. Pablo) . . . . **C** 77
Rouelles (R. de) . . . . **C** 82
Sakharov (R. Andrei) . . . . **C** 84

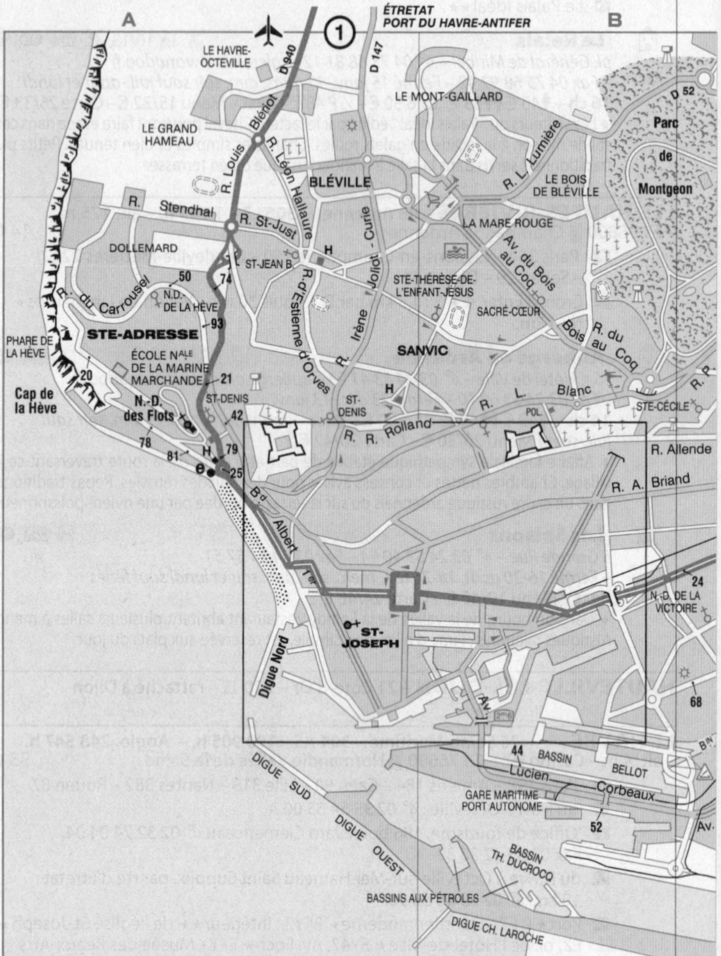

 **Novotel** ch, 15/100, VISA

20 cours Lafayette – ✆ 02 35 19 23 23 – H5650@accor.com – Fax 02 35 19 23 25 HZ **a**

134 ch – 98/113 € 98/155 €, 12,50 € – **Rest** – Menu (22 €), 28 € – Carte 28/42 €

◆ Architecture résolument contemporaine posée sur les rives du bassin Vauban, à proximité de la gare. Chambres spacieuses et lumineuses, parfaitement équipées. Le restaurant au cadre design ouvre ses baies sur le jardin intérieur. Cuisine traditionnelle.

LE HAVRE

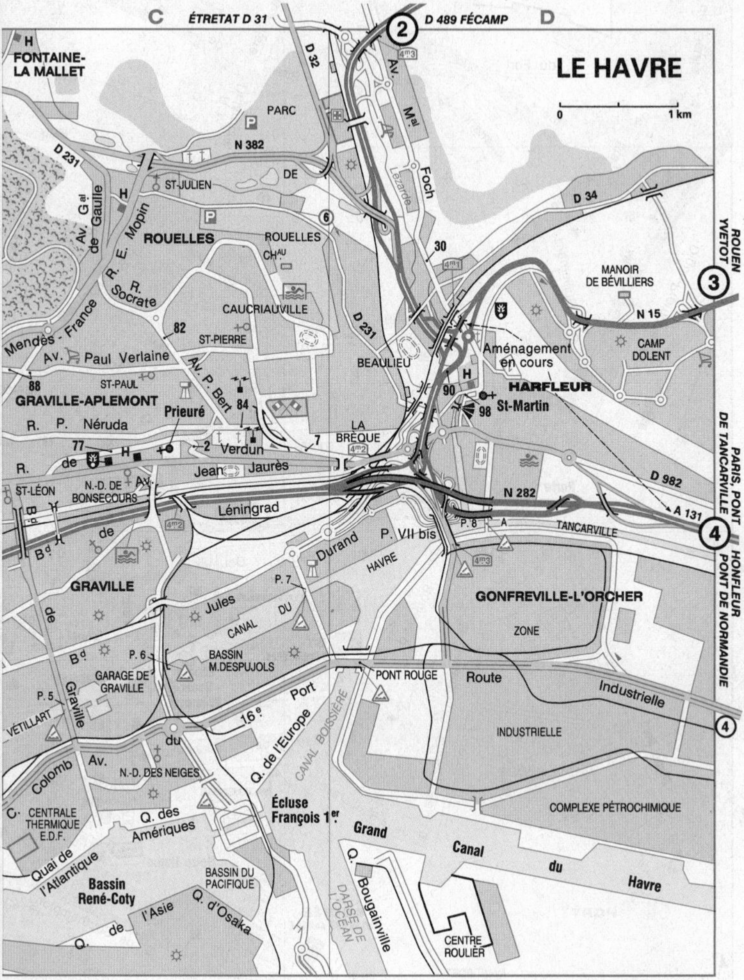

Vent d'Ouest sans rest 15, VISA

4 r. Caligny – ✆ 02 35 42 50 69
– contact@ventdouest.fr
– Fax 02 35 42 58 00 EZ **a**

34 ch – 91/115 € 91/115 €, 12 €

◆ Rénovation très réussie pour cet hôtel havrais : chambres agréablement décorées (thèmes "Mer", "Capitaine" et "Montagne") et accueillant salon-bibliothèque.

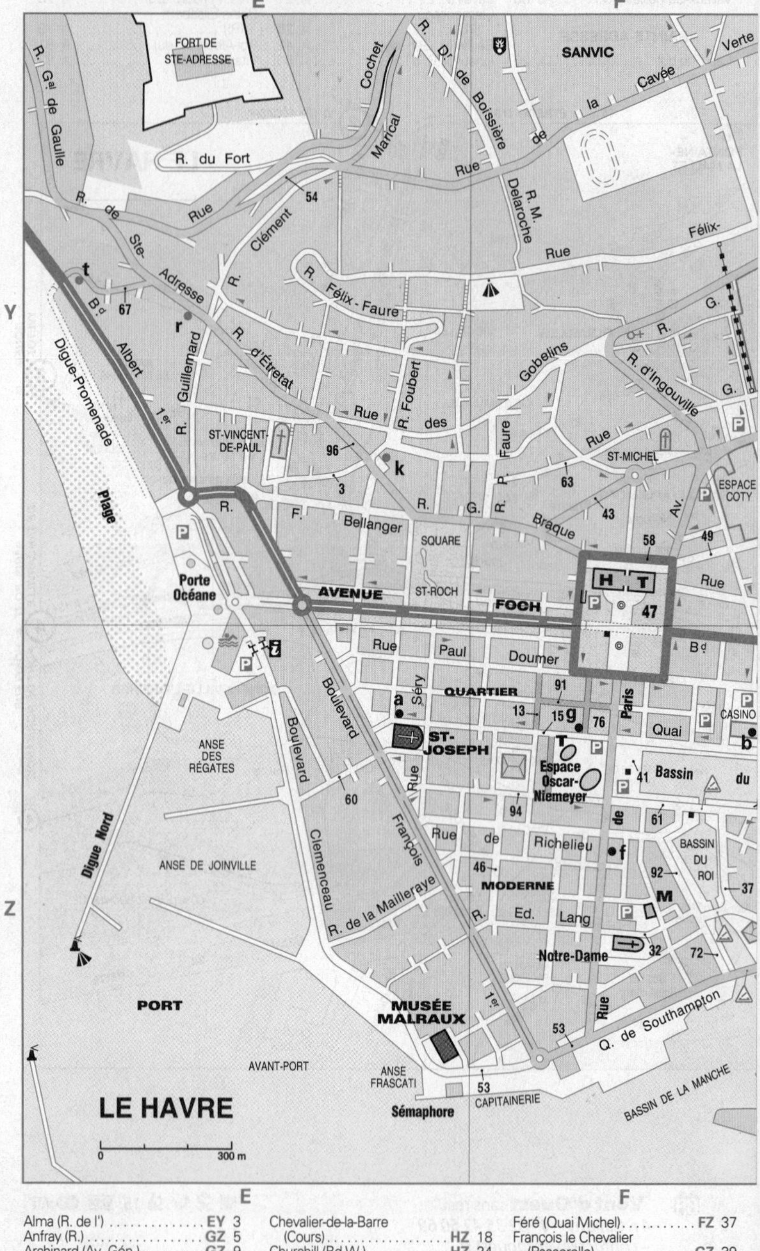

Alma (R. de l') .... EY 3
Anfray (R.) .... GZ 5
Archinard (Av. Gén.) .... GZ 9
Bernardin-de-St-Pierre (R.) .... FZ 13
La Bourdonnais (R.) .... EY 54
Bretagne (R. de) .... FGZ 14
Briand (R. A.) .... HY
Brindeau (R. L.) .... EFZ 15

Chevalier-de-la-Barre (Cours) .... HZ 18
Churchill (Bd W.) .... HZ 24
Delavigne (Quai C.) .... GZ 29
Delavigne (R. C.) .... GHY
Drapiers (R. des) .... FZ 32
Étretat (R. d') .... EY
Faidherbe (R. Gén.) .... GZ 36

Féré (Quai Michel) .... FZ 37
François le Chevalier (Passerelle) .... GZ 39
Gaulle (Pl. du Gén.-de) .... FZ 41
Genestal (R. H.) .... FY 43
Honegger (R. A.) .... FZ 46
Hôtel-de-Ville (Pl. de l') ...... FYZ 47
Huet (R. A.-A.) .... FY 49

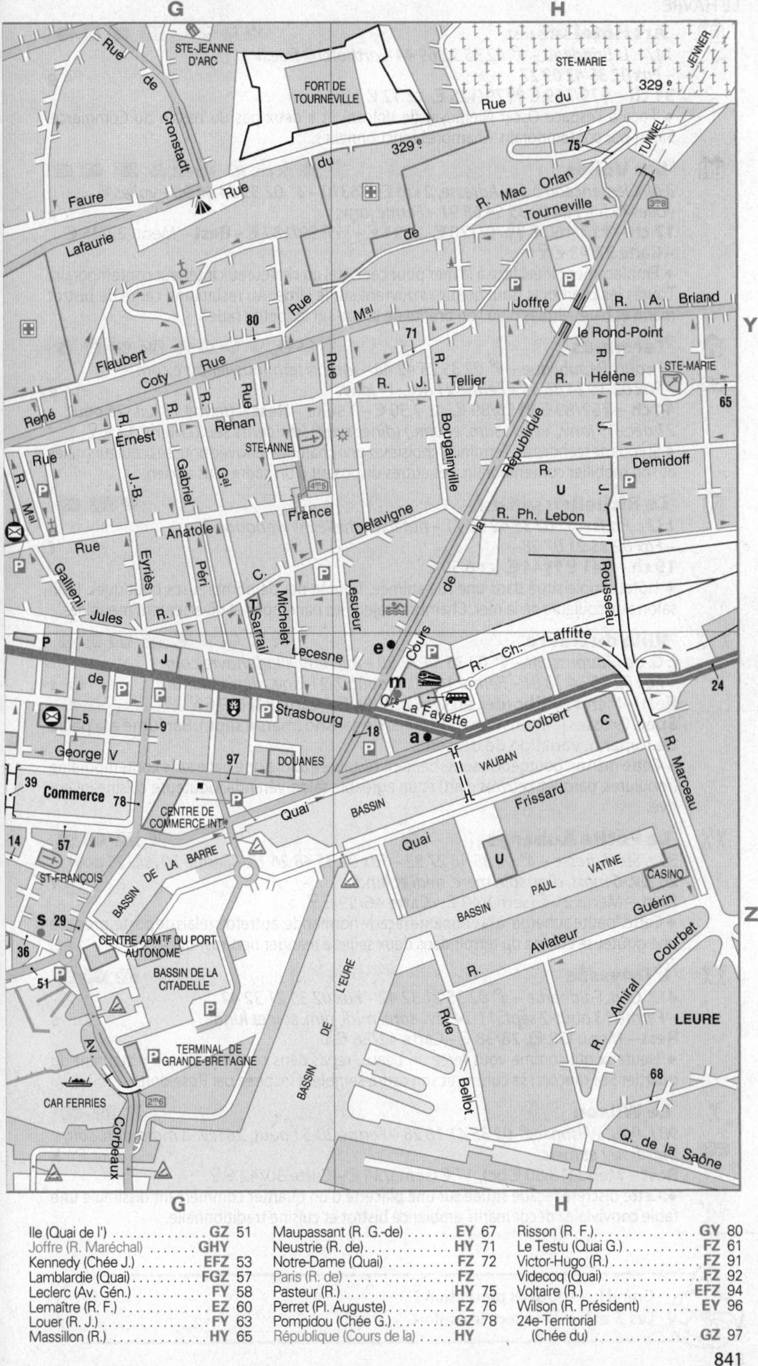
G
H
Y
Z
STE-JEANNE D'ARC
FORT DE TOURNEVILLE
STE-MARIE
JENNER
329 e
Rue du
Rue de Cronstadt
Faure
Rue
Lafaurie
TUNNEL
75
R. Mac Orlan
Tourneville
de
Rue
Joffre
R. A. Briand
M al
80
71
le Rond-Point
Flaubert
Rue
Coty
René
STE-MARIE
65
R. J. Tellier
R. Hélène
Renan
Ernest
STE-ANNE
Bougainville
République
Demidoff
Rue
Gabriel
G al
J.-B.
France
Delavigne
R. Ph. Lebon
Anatole
Rue
Eyriès
Péri
C.
Michelet
Lesueur
de
Rousseau
Gallieni
Jules
R.
Sarrail
Lecesne
Cours
R. Ch. Laffitte
e
m
J
de
5
9
Strasbourg
C rs La Fayette
18
a
Colbert
C
24
George V
97
DOUANES
VAUBAN
R. Marceau
39
Commerce
78
CENTRE DE COMMERCE INT le
Quai
BASSIN
Frissard
14
57
BASSIN DE LA BARRE
Quai
U
VATINE
CASINO
ST-FRANÇOIS
PAUL
BASSIN
Guérin
S
29
CENTRE ADM TIF DU PORT AUTONOME
Aviateur
Courbet
36
51
BASSIN DE LA CITADELLE
L'EURE
R.
Amiral
Rue
LEURE
DE
TERMINAL DE GRANDE-BRETAGNE
R.
BASSIN
Bellot
68
CAR FERRIES
AV.
Corbeaux
Q. de la Saône

Art Hôtel sans rest
147 r. L. Brindeau – ✆ 02 35 22 69 44 – arthotel@free.fr – Fax 02 35 42 09 27 FZ **g**
31 ch – 79/119 € 79/125 €, ☕ 12 €
◆ Face à l'espace Oscar Niemeyer (le Volcan) et à deux pas du bassin du Commerce. Salon-bar contemporain. Chambres fonctionnelles.

Les Voiles
3 pl. Clemenceau à Ste-Adresse, 2 km ✉ 76310 – ✆ 02 35 54 68 90 – voiles@voiles76.fr – Fax 02 35 54 68 91 – Fermé janv. A **e**
17 ch – 70/160 € 70/170 €, ☕ 11 € – ½ P 99/182 € – **Rest** – Menu 22/45 € – Carte 27/48 €
◆ Emplacement idéal face à la mer pour cet hôtel au chaleureux intérieur contemporain. Toutes les chambres (sauf quatre) s'ouvrent sur le large. Au restaurant, cadre de bistrot marin et baies vitrées d'où l'on profite de la vue sur la "petite rade".

Terminus
23 cours République – ✆ 02 35 25 42 48 – inter@terminus-lehavre.com – Fax 02 35 24 46 55 – Fermé 21 déc.-1er janv. HZ **e**
44 ch – 52/89 € 65/89 €, ☕ 7,50 € – 1 suite – **Rest** – *(fermé 13 juil.-26 août, 21 déc.-1er janv., vend., sam. et dim.) (dîner seult) (résidents seult)* Menu 17 €
◆ Si vous descendez au Terminus, choisissez une chambre rénovée pour ses couleurs gaies et son mobilier contemporain. Les autres disposent d'un cadre plus ancien.

Le Richelieu sans rest
132 r. Paris – ✆ 02 35 42 38 71 – hotel.lerichelieu@wanadoo.fr – Fax 02 35 21 07 28 FZ **f**
19 ch – 41 € 44 €, ☕ 6,50 €
◆ Hôtel simple situé dans une rue animée, bordée par de nombreuses boutiques. Hall-salon aux couleurs de la mer. Chambres rajeunies par étapes et diversement meublées.

Villa du Havre
r. G. de Maupassant – ✆ 02 35 54 78 80 – info@lavilladuhavre.com – Fax 02 35 54 78 81 – Fermé 16 juil.-6 août, 7-21 janv., dim. et lundi EY **t**
Rest – Menu 29 € bc (déj. en sem.), 39/84 € – Carte 84/129 €
Spéc. Grosses langoustines poudrées de sansho (mars à sept.). Bar fumé à la paille de romarin. Variation de desserts.
◆ Cette maison bourgeoise superbement restaurée abrite une belle salle contemporaine (moulures, parquet, œuvres d'art) et un agréable salon-véranda. Goûteuse cuisine inventive.

La Petite Auberge
32 r. Ste-Adresse – ✆ 02 35 46 27 32 – Fax 02 35 48 26 15 – Fermé 30 juil.-21 août, 26 fév.-6 mars, dim. soir, merc. midi et lundi EY **r**
Rest – Menu 21 € (sem.)/40 € – Carte 46/59 €
◆ Cette "petite auberge" à la pimpante façade normande, autrefois relais de poste, propose une goûteuse cuisine du terroir dans deux salles à manger néo-rustiques.

L'Odyssée
41 r. Gén. Faidherbe – ✆ 02 35 21 32 42 – Fax 02 35 21 32 42 – Fermé 13 août-2 sept., 11-24 fév., sam. midi, dim. soir et lundi GZ **s**
Rest – Menu (22 €), 28/38 € – Carte 42/86 €
◆ Heureux qui comme vous ferez un beau... repas dans ce sympathique restaurant du quartier St-François : sa cuisine et son cadre semblent inspirés par Poséidon.

Le Wilson
98 r. Prés. Wilson – ✆ 02 35 41 18 28 – Fermé 20-31 août, 26 fév.-3 mars, dim. soir, mardi soir et merc. EY **k**
Rest – Menu (13,50 € bc), 17 € (sem.)/34 € – Carte 30/42 €
◆ Cette discrète façade située sur une placette d'un quartier commerçant dissimule une table conviviale : décor marin, ambiance bistrot et cuisine traditionnelle.

Grand luxe ou sans prétention ?
Les X et les 🏠 notent le confort.

HAZEBROUCK – 59 Nord – 302 D3 – 21 396 h. – alt. 25 m – ✉ 59190

Nord Pas-de-Calais Picardie 30 **B2**

Paris 240 – Armentières 28 – Arras 60 – Calais 64 – Dunkerque 43 – Ieper 37 – Lille 43

Le Gambrinus sans rest

2 r. Nationale, (rue face gare) – 03 28 41 98 79 – Fax 03 28 43 11 06 – Fermé 6-20 août et dim. soir

15 ch – †47 € ††47/55 €, ☕ 6 €

♦ Hôtel central dont l'enseigne évoque le joyeux roi de la bière, grande figure des Flandres. Petites chambres toutes différentes, simples et bien tenues ; certaines sont rénovées.

Auberge St-Éloi

60 r. Église – 03 28 40 70 23 – yannickchever@wanadoo.fr – Fax 03 28 40 70 44 – Fermé 23 juil.-23 août, dim. soir, jeudi soir et lundi

Rest – Menu (13 €), 20/30 € – Carte 34/46 €

♦ Au pied de l'église St-Éloi, accueil aimable en cette lumineuse salle à manger où l'on propose une cuisine soignée ancrée dans la tradition. Également, rôtisserie et grillades.

à la Motte-au-Bois 6 km au Sud-Est par D 946 – ✉ 59190 Morbecque

Auberge de la Forêt avec ch

– 03 28 48 08 78 – auberge-delaforet@wanadoo.fr – Fax 03 28 40 77 76 – Fermé 15-29 juil., 25 déc.-10 janv. et dim. de nov. à mars

12 ch – †50/57 € ††50/57 €, ☕ 8 € – ½ P 50/57 € – **Rest** – *(fermé sam. midi, dim. soir et lundi)* Menu (15 €), 19 € (sem.)/60 € – Carte 42/60 €

♦ Dans un village situé au cœur de la forêt de Nieppe. La vaste salle à manger (cheminée, sièges Louis XIII) sert de cadre à une cuisine inventive à base de plantes et d'épices.

HÉDÉ – 35 Ille-et-Vilaine – 309 L5 – 1 822 h. – alt. 90 m – ✉ 35630

Bretagne 10 **D2**

Paris 372 – Avranches 71 – Dinan 33 – Dol-de-Bretagne 31 – Fougères 70 – Rennes 25

Office de tourisme, Mairie 02 99 45 46 18, Fax 02 99 45 50 48

Château de Montmuran★ et église des Iffs★ O : 8 km.

La Vieille Auberge

rte de Tinténiac – 02 99 45 46 25 – contact@lavieilleauberge35.fr – Fax 02 99 45 51 35 – Fermé 20 août-4 sept., 11 fév.-4 mars, dim. soir et lundi

Rest – Menu 17 € (déj. en sem.), 27/70 € – Carte 44/71 €

♦ Moulin du 17e s. au charme bucolique : chaleureux décor campagnard, délicieuse et verdoyante terrasse située au bord d'un étang, joli jardinet fleuri et cuisine classique.

HENDAYE – 64 Pyrénées-Atlantiques – 342 B4 – 12 596 h. – alt. 30 m – Casino AX – ✉ 64700

Pays Basque 3 **A3**

Paris 799 – Biarritz 31 – Pau 143 – St-Jean-de-Luz 12 – San Sebastián 21

Office de tourisme, 12 rue des Aubépines 05 59 20 00 34, Fax 05 59 20 79 17

Grand crucifix★ dans l'église St-Vincent - Château d'Antoine-Abbadie★★ (salon★) 3 km par ①.

à Hendaye Plage

Serge Blanco ch, ch, 30/100,

bd Mer – 05 59 51 35 35 – info@thalassoblanco.com – Fax 05 59 51 36 00

79 ch – †84/144 € ††127/203 €, ☕ 13 € – ½ P 123/185 € – **Rest** – *(fermé 9-30 déc., lundi et mardi)* Carte 38/75 €

♦ Le célèbre rugbyman est le propriétaire de cet hôtel et de son centre de thalassothérapie bâtis entre plage et marina. Chambres de style contemporain, parfois rajeunies. Trois formules de restauration au choix : diététique, "gastronomique" et grill en été.

à Biriatou 4 km au Sud-Est par N 111 – 831 h. – alt. 60 m – ✉ 64700

Les Jardins de Bakéa sans rest 30, VISA MC AE
Réouverture prévue après travaux en juillet – ✆ 05 59 20 02 01 – contact@bakea.fr – Fax 05 59 20 58 21 – Fermé 8-18 oct., 14-31 janv., lundi et mardi
25 ch – †43/75 € ††53/120 €, ☕ 9,50 €
♦ Cette maison régionale du début du 20e s. est en pleine rénovation : elle devrait proposer huit confortables chambres - dont quatre mansardées - à compter du mois de juillet.

Bakéa avec ch VISA MC AE
Transfert prévu en octobre aux Jardins de Bakéa – ✆ 05 59 20 02 01 – contact@bakea.fr – Fax 05 59 20 58 21 – Fermé lundi et mardi sauf le soir d'avril à oct.
7 ch – †48/75 € ††58/75 €, ☕ 9,50 € – ½ P 72/80 € – **Rest** – Menu 33 € (sem.)/44 € – Carte 44/56 €
♦ La façade régulièrement fleurie de cette auberge basque dissimule une plaisante salle à manger campagnarde. Agréable terrasse ombragée surplombant la vallée de la Bidassoa.

HÉNIN-BEAUMONT – 62 Pas-de-Calais – 301 K5 – 25 178 h. – alt. 30 m – ✉ 62110 Nord Pas-de-Calais Picardie

31 **C2**

Paris 194 – Arras 25 – Béthune 30 – Douai 13 – Lens 11 – Lille 34

Novotel ch, ch, ch, 30/130, VISA MC AE
av. République Centre commercial, près échangeur Autoroute A1, par N 43 ✉ 62950 – ✆ 03 21 08 58 08 – h0426@accor.com – Fax 03 21 08 58 00
81 ch – †96 € ††106 €, ☕ 11,50 € – **Rest** – Menu (15 €), 19 € – Carte 21/33 €
♦ Novotel proche d'un nœud autoroutier. Les chambres les plus agréables sont orientées vers le patio-terrasse. Salle à manger moderne et tables dressées près de la piscine lorsque le temps le permet.

HENNEBONT – 56 Morbihan – 308 L8 – 13 412 h. – alt. 15 m – ✉ 56700 Bretagne

9 **B2**

Paris 492 – Concarneau 57 – Lorient 13 – Pontivy 51 – Quimperlé 26 – Vannes 50

Office de tourisme, 9 place Maréchal-Foch ✆ 02 97 36 24 52, Fax 02 97 36 21 91

Tour-clocher★ de la basilique N.-D.-de-Paradis.

Port-Louis : citadelle★★ (musée de la Compagnie des Indes★★, musée de l'Arsenal★) S : 13 km.

rte de Port-Louis 4 km au Sud par D 781 – ✉ 56700 Hennebont

Château de Locguénolé rest, 50, VISA MC AE
– ✆ 02 97 76 76 76 – locguenole@relaischateaux.com – Fax 02 97 76 82 35 – Fermé 2 janv.-16 fév.
18 ch – †112/295 € ††112/295 €, ☕ 23 € – 4 suites – ½ P 165/237 € – **Rest** – *(fermé lundi de sept. à juin et le midi sauf dim.)* Menu 49 € (dîner), 69/96 € – Carte 70/104 €
Spéc. Carpaccio de homard bleu fumé aux aromates. Emincé de Saint-Jacques, velouté coulant au beurre de truffe (oct. à mars). Gaufrette de fraises, glace au bonbon berlingot (juin à sept.).
♦ Deux demeures historiques dans un parc de 120 ha qui descend jusqu'à la ria du Blavet. Chambres spacieuses, élégantes et personnalisées. Agréables salles à manger où l'on sert une cuisine mariant avec brio saveurs marines et potagères ; belle carte des vins.

Chaumières de Kerniaven VISA MC AE
à 3 km – ✆ 02 97 76 91 90 – locguenole@relaischateaux.com – Fax 02 97 76 82 35 – Ouvert 26 avril-30 sept.
5 ch – †75/112 € ††80/112 €, ☕ 15 €, 4 duplex
♦ Présentez-vous à l'accueil au Château de Locguénolé ; vous serez conduit jusqu'à ces deux chaumières du 17e s. perdues dans la nature, idéales pour se ressourcer.

L'HERBAUDIÈRE – 85 Vendée – 316 C5 – voir à Île de Noirmoutier

HERBAULT – 41 Loir-et-Cher – **318** D6 – **1 050 h.** – **alt. 138 m** – ✉ **41190** 11 **A1**

Paris 196 – Blois 17 – Château-Renault 18 – Montrichard 38 – Tours 47 – Vendôme 26

Auberge des Trois Marchands

34 pl. de l'Hôtel de ville – ✆ 02 54 46 12 18 – Fax 02 54 46 12 18

Rest – Menu 11,50 € bc (déj. en sem.), 17/40 € – Carte 17/46 €

◆ Sur la place principale du village, cette auberge vous accueille simplement dans sa salle à manger campagnarde où vous attend une cuisine classique souvent renouvelée.

LES HERBIERS – 85 Vendée – **316** J6 – **13 932 h.** – **alt. 110 m** – ✉ **85500**
Poitou Vendée Charentes 34 **B3**

Paris 381 – Bressuire 48 – Chantonnay 25 – Cholet 26 – Clisson 35 – La Roche-sur-Yon 40

Office de tourisme, rue Saint-Blaise ✆ 02 51 92 92 92

Mont des Alouettes★ : moulin ≤★★ N : 2 km - Chemin de fer de la Vendée★.

Route des Moulins★.

Chez Camille rest, VISA

2 r. Mgr Massé – ✆ 02 51 91 07 57 – chez.camille@online.fr – Fax 02 51 67 19 28

13 ch – 45/58 € 49/62 €, 7 € – ½ P 45/51 € – **Rest** – *(fermé dim. soir, vend. soir et sam. hors saison)* Menu (12 €), 15/29 € – Carte 22/37 €

◆ Proche du vieux donjon d'Ardelay, cet hôtel à l'atmosphère agréablement provinciale (le bar est le siège du club de football local) dispose de chambres assez sobres. Au restaurant, on cultive convivialité et simplicité en servant une cuisine sans prétention.

HERBIGNAC – 44 Loire-Atlantique – **316** C3 – **4 353 h.** – **alt. 18 m** – ✉ **44410** 34 **A2**

Paris 446 – Nantes 72 – La Baule 24 – Redon 37 – St Nazaire 28

Syndicat d'initiative, 2 rue Pasteur ✆ 02 40 19 90 01

au Sud 6 km rte de Guérande par D774 – ✉ **44410 Herbignac**

Chaumière des Marais 10, VISA

– ✆ 02 40 91 32 36 – lachaumieredesmarais@wanadoo.fr – Fermé de mi-oct. à mi-nov., 18 fév.-2 mars, lundi sauf juil.-août et mardi

Rest – Menu 18 € (déj. en sem.), 28/60 €

◆ Jolie chaumière briéronne aux abords fleuris ; terrasse et potager. Coquette salle à manger égayée de blanc et de bleu. Cuisine actuelle enrichie d'aromates et d'épices.

HERMANVILLE-SUR-MER – 14 Calvados – **303** K4 – **rattaché à Ouistreham**

LES HERMAUX – 48 Lozère – **330** G7 – **111 h.** – **alt. 1 045 m** – ✉ **48340** 22 **B1**

Paris 594 – Espalion 56 – Florac 73 – Mende 50 – Millau 67 – Rodez 75 – St-Flour 90

Vergnet

– ✆ 04 66 32 60 78 – vergnet.christophe@wanadoo.fr – Fax 04 66 32 68 13 – Fermé dim. soir hors saison

12 ch – 40 € 50 €, 6 € – ½ P 40/50 € – **Rest** – Menu 14/20 €

◆ Dans un hameau pittoresque de l'Aubrac, hôtel familial disposant de chambres rustiquement aménagées et quelquefois un rien mûrissantes. Salle à manger d'aspect un peu suranné, égayée d'animaux naturalisés. Bon aligot-saucisse servi "à la bonne franquette".

HÉROUVILLE – 95 Val-d'Oise – **305** D6 – **106** 6 – **voir à Paris, Environs (Cergy-Pontoise)**

HÉROUVILLE-ST-CLAIR – 14 Calvados – **303** J4 – **rattaché à Caen**

HERRÈRE – 64 Pyrénées-Atlantiques – 342 I5 – rattaché à Oloron-Ste-Marie

HESDIN – 62 Pas-de-Calais – 301 F5 – 2 686 h. – alt. 27 m – ✉ 62140
Nord Pas-de-Calais Picardie 30 **A2**

Paris 210 – Abbeville 36 – Arras 58 – Boulogne-sur-Mer 65 – Calais 89 – Lille 89

Office de tourisme, place d' Armes ✆ 03 21 86 19 19, Fax 03 21 86 04 05

Trois Fontaines ch, VISA

16 rte Abbeville à Marconne – ✆ 03 21 86 81 65 – hotel.3fontaines@wanadoo.fr – Fax 03 21 86 33 34 – Fermé 23 déc.-3 janv., lundi midi et sam. midi

16 ch – 50/60 € 56/71 €, 7 € – ½ P 46/50 € – **Rest** – Menu (15 €), 17 € (sem.)/32 €

◆ Les petites chambres redécorées de cet hôtel composé de deux bâtiments ouvrent de plain-pied sur son jardin ; préférez celles de l'extension récente bâtie "à la scandinave". Cuisine à prix doux servie dans une conviviale salle à manger dotée d'une cheminée.

L'Écurie VISA AE

17 rue Jacquemont – ✆ 03 21 86 86 86 – Fax 03 21 86 86 86 – Fermé 1er-16 juil., 4-11 fév., dim. soir, mardi soir et lundi

Rest – Menu (14 €), 20/29 €

◆ Ce sympathique restaurant est situé à deux pas du bel hôtel de ville hesdinois. Lumineuse salle à manger aux murs agrémentés de faïences. Cuisine traditionnelle.

HESDIN-L'ABBÉ – 62 Pas-de-Calais – 301 D3 – rattaché à Boulogne-sur-Mer

HÉSINGUE – 68 Haut-Rhin – 315 J11 – rattaché à St-Louis

HEUDICOURT-SOUS-LES-CÔTES – 55 Meuse – 307 F5 – rattaché à St-Mihiel

HEUGUEVILLE-SUR-SIENNE – 50 Manche – 303 C5 – 484 h. – alt. 15 m – ✉ 50200
32 **A2**

Paris 342 – Avranches 52 – Cherbourg 80 – Coutances 7 – St-Lô 35 – Vire 73

Le Mascaret (soir) VISA AE

(transfert annoncé à Blainville-sur-Mer) – ✆ 02 33 45 86 09 – le.mascaret@wanadoo.fr – Fax 02 33 07 90 01 – Fermé 20-30 nov., 2-28 janv., dim. soir, merc. soir sauf du 16 juil. au 31 août et lundi

Rest – Menu 29/85 € – Carte 42/119 €

◆ Autrefois presbytère, cet accueillant restaurant se compose de trois salons feutrés, décorés d'étoffes et de toiles chatoyantes. De quoi valoriser l'inventive cuisine du chef.

HEYRIEUX – 38 Isère – 333 D4 – 4 163 h. – alt. 220 m – ✉ 38540 44 **B2**

Paris 487 – Lyon 30 – Pont-de-Chéruy 22 – La Tour-du-Pin 35 – Vienne 25

L'Alouette VISA AE

rte St-Jean-de-Bournay, à 3 km ✉ 38090 – ✆ 04 78 40 06 08 – alouette@jcmarlhins.com – Fax 04 78 40 54 74 – Fermé 1er-8 mai, 24 juil.-13 août, sam. midi, dim. soir et lundi

Rest – Menu (20 €), 25 € (déj. en sem.), 30/49 € – Carte 33/53 €

◆ Salle de restaurant tripartite avec poutres apparentes, agrémentée de tableaux et de sculptures d'un artiste régional. Jolie mise en place et cuisine traditionnelle.

HINSINGEN – 67 Bas-Rhin – 315 F3 – 72 h. – alt. 220 m – ✉ 67260 1 **A1**

Paris 405 – St-Avold 35 – Sarrebourg 37 – Sarreguemines 22 – Strasbourg 92

Grange du Paysan VISA

– ✆ 03 88 00 91 83 – Fax 03 88 00 93 23 – Fermé lundi

Rest – Menu 10/52 €

◆ Vieilles poutres, licous et autres objets du monde agricole : on appréciera dans cette salle champêtre une cuisine du terroir généreuse (produits de l'élevage familial).

HIRMENTAZ – 74 Haute-Savoie – 328 M3 – rattaché à Bellevaux

HIRTZBACH – 68 Haut-Rhin – 315 H11 – 1 183 h. – alt. 308 m – ✉ 68118 1 A3

Paris 462 – Mulhouse 24 – Altkirch 5 – Belfort 31 – Colmar 71

Hostellerie de l'Illberg

17 r. Mar. de Lattre de Tassigny – ✆ 03 89 40 93 22 – hostelillberg@tiscali.fr – Fax 03 89 08 85 19 – Fermé dim. soir et lundi

Rest – Menu 27 € (déj. en sem.), 33/90 € bc – Carte environ 54 €

Rest *Bistrot d'Arthur* – Menu (11 €), 23 € – Carte 27/47 €

◆ Des œuvres d'artistes locaux ornent la salle à manger et le salon-fumoir de cette chaleureuse maison. Cuisine classique revisitée, respectueuse des produits de la région. Le Bistrot propose de bien appétissants plats ou menus du jour dans une grande convivialité.

HOERDT – 67 Bas-Rhin – 315 K4 – 4 123 h. – alt. 135 m – ✉ 67720 1 B1

Paris 483 – Haguenau 21 – Molsheim 44 – Saverne 46 – Strasbourg 18

A la Charrue

30 r. République – ✆ 03 88 51 31 11 – lacharrue@wanadoo.fr – Fax 03 88 51 32 55 – Fermé 1er-16 juil., 24 déc.-2 janv., le soir du dim. au jeudi sauf d'avril à mi-juin et lundi

Rest – Menu (9 €), 11 € (déj. en sem.), 30/48 € – Carte 26/64 €

◆ La grande spécialité de la maison, c'est l'asperge (en saison) ! Alors toute la région - membres du Conseil de l'Europe compris - accourt ici pour la célébrer.

HOHRODBERG – 68 Haut-Rhin – 315 G8 – alt. 750 m – ✉ 68140
Alsace Lorraine 1 A2

Paris 462 – Colmar 26 – Gérardmer 37 – Guebwiller 47 – Munster 8 – Le Thillot 57

<★★.

Panorama

< les Hautes Vosges, ch, 12,

3 rte Linge – ✆ 03 89 77 36 53 – info@hotel-panorama-alsace.com – Fax 03 89 77 03 93 – Fermé 12-29 nov. et 8 janv.-7 fév.

30 ch – 44/71 € 44/71 €, 9,50 € – ½ P 46/65 € – **Rest** – Menu 17 € (sem.)/37 € – Carte 24/46 €

◆ Bâtiment ancien et son annexe moderne, face à la vallée de Munster. Chambres confortables - avec ou sans vue sur les Vosges - décorées de fresques à thème régional. Superbe panorama au restaurant où l'on sert des spécialités telles que le Presskopf de la mer.

LE HOHWALD – 67 Bas-Rhin – 315 H6 – 386 h. – alt. 570 m – Sports d'hiver : 600/1 100 m 1 – ✉ 67140 Alsace Lorraine 2 C1

Paris 430 – Lunéville 89 – Molsheim 33 – St-Dié 46 – Sélestat 26 – Strasbourg 51

Office de tourisme, 15 rue Principale ✆ 03 88 08 33 92

Le Neuntelstein★★ <★★ N : 6 km puis 30 mn.

La Petite Auberge

– ✆ 03 88 08 33 05 – hrpetiteauberge@aol.com – Fax 03 88 08 34 62 – Fermé 25 juin-6 juil., 6 janv.-9 fév.

Rest – *(fermé mardi soir et merc.)* Menu 15/28 € – Carte 22/48 €

Rest *Caveau Le Relais* – *(ouvert les week-ends et juil.-août sauf lundi) (dîner seul.)* Carte 15/31 €

◆ Au cœur du petit village, auberge à l'accueil chaleureux. Cuisine du terroir servie dans une lumineuse salle à manger offrant une échappée sur la campagne. Le Caveau le Relais propose des tartes flambées dans un décor de style rustique.

Hôtel Petite Auberge

7 ch – 53 € 62 €, 8 € – ½ P 58 €

◆ Cette construction revêtue de bois propose des chambres bien équipées, toutes aménagées en duplex et dotées de terrassettes. Petit-déjeuner à base de produits régionaux.

HOLNON – 02 Aisne – 306 B3 – rattaché à St-Quentin

LE HÔME – 14 Calvados – 303 L4 – rattaché à Cabourg

L'HOMME d'ARMES – 26 Drôme – 332 B6 – rattaché à Montélimar

HOMPS – 11 Aude – 344 H3 – 605 h. – alt. 48 m – ✉ 11200 22 B2

Paris 801 – Carcassonne 33 – Lézignan-Corbières 10 – Narbonne 27 – Perpignan 87

Auberge de l'Arbousier rest, ch, P VISA

av. Carcassonne – ☎ 04 68 91 11 24 – auberge.arbousier@wanadoo.fr – Fax 04 68 91 12 61 – Fermé 1er-15 mars, 25 oct.-1er déc., 24 déc.-3 janv., 15 fév.-1er mars, dim. soir de sept. à juin, mardi midi et lundi

11 ch – †50/80 € ††50/80 €, ☕ 7 € – ½ P 50/60 € – **Rest** – Menu 16 € (déj. en sem.), 21/36 € – Carte 35/47 €

◆ Les chambres de cet ancien chai sont plutôt grandes et assez simples. Décoration faite de couleurs du Sud et meubles mélangés (fer forgé, bois peint ou naturel). Vaste salle à manger et terrasse au bord du canal du Midi.

HONDSCHOOTE – 59 Nord – 302 D2 – 3 815 h. – alt. 5 m – ✉ 59122 30 B1

Paris 286 – Lille 63 – Dunkerque 22 – Oostende 52 – Roeselare 51

Office de tourisme, 2 rue des Moëres ☎ 03 28 62 53 00, Fax 03 28 68 30 99

Les Jardins de L'Haezepoël P VISA AE

1151 r. de Looweg – ☎ 03 28 62 50 50 – Fax 03 28 68 31 01 – Fermé lundi soir et mardi

Rest – grill Menu 15/32 € bc – Carte 22/34 €

◆ Belle maison en briques abritant également un cabaret. Dans un cadre champêtre, vous dégusterez grillades préparées devant vous et spécialités régionales (potjevleech).

HONFLEUR – 14 Calvados – 303 N3 – 8 178 h. – alt. 5 m – ✉ 14600

Normandie Vallée de la Seine 32 A3

Paris 195 – Caen 69 – Le Havre 27 – Lisieux 38 – Rouen 83

Office de tourisme, quai Lepaulmier ☎ 02 31 89 23 30, Fax 02 31 89 31 82

le vieux Honfleur★★ : Vieux bassin★★ AZ, église Ste-Catherine★★ AY et clocher★ AY B - Côte de Grâce★★AY : calvaire★★.

Pont de Normandie★★ par ① : 4 km (péage).

Plan page ci-contre

La Ferme St-Siméon ch, 50, P VISA AE

r. A. Marais, par ③ – ☎ 02 31 81 78 00 – accueil@fermesaintsimeon.fr – Fax 02 31 89 48 48

30 ch – †220/450 € ††220/450 €, ☕ 20 € – 4 suites – ½ P 250/565 € – **Rest** – *(fermé merc. midi et mardi)* Menu 75 € bc (déj. en sem.)/125 € – Carte 103/151 €

Spéc. Turbot, moutarde et tomates. Agneau de pré-salé, blettes et truffe noire. "Pommes, pommes, pommes".

◆ Haut lieu de l'histoire de la peinture, l'auberge que fréquentaient les impressionnistes est devenue un magnifique ensemble hôtelier dont le parc domine l'estuaire. Espaces de détente et de remise en forme très complets. Restaurant raffiné, terrasses face à la mer, bon choix de calvados et belle cuisine classique.

Le Manoir du Butin P VISA AE

r. A. Marais par ③ – ☎ 02 31 81 63 00 – accueil@hotel-lemanoir.fr – Fax 02 31 89 59 23 – Fermé 14 nov.-1er déc. et 9-23 janv.

10 ch – †120/350 € ††120/350 €, ☕ 15 € – ½ P 133/233 € – **Rest** – *(fermé lundi midi, vend. midi et jeudi)* Menu 35/48 € – Carte 50/65 €

◆ Colombages peints, fenêtres à croisillons, jeu de toitures asymétriques et parc : ce manoir du 18e s. pétri de charme abrite des chambres douillettes. Élégante et lumineuse salle à manger ; cuisine au goût du jour.

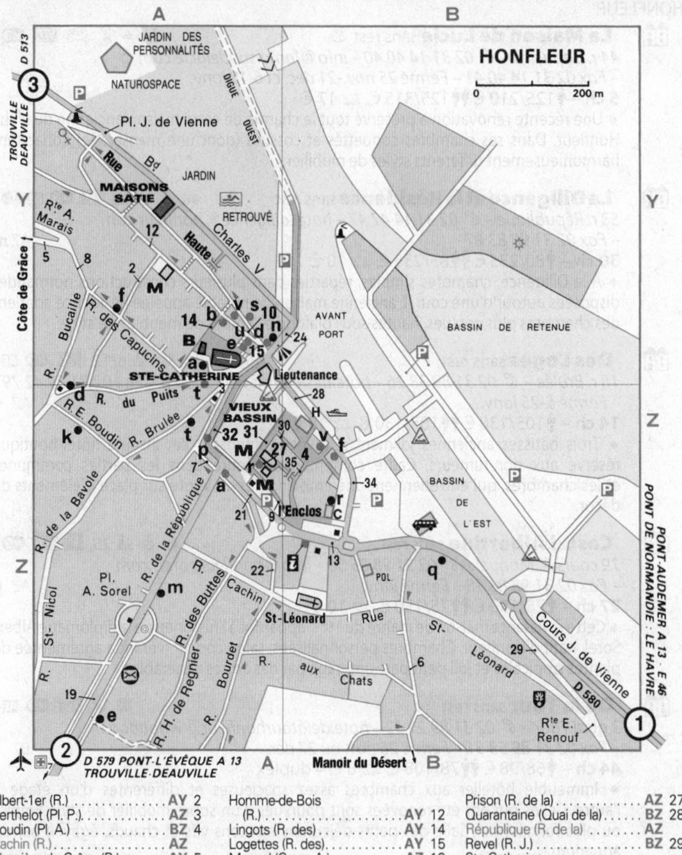

Albert-1er (R.) . . . . . . AY 2
Berthelot (Pl. P.) . . . . . . AZ 3
Boudin (Pl. A.) . . . . . . BZ 4
Cachin (R.) . . . . . . AZ
Charrière-de-Grâce (R.) . . . . . . AY 5
Charrière-St-Léonard (R.) . . . . . . BZ 6
Dauphin (R. du) . . . . . . AZ 7
Delarue-Mardrus (R. L.) . . . . . . AY 8
Fossés (Cours des) . . . . . . AZ 9
Hamelin (Pl.) . . . . . . AY 10
Homme-de-Bois (R.) . . . . . . AY 12
Lingots (R. des) . . . . . . AY 14
Logettes (R. des) . . . . . . AY 15
Manuel (Cours A.) . . . . . . AZ 19
Montpensier (R.) . . . . . . AZ 21
Notre-Dame (R.) . . . . . . AZ 22
Passagers (Quai des) . . . . . . ABY 24
Le-Paulmier (Quai) . . . . . . BZ 13
Porte-de-Rouen (Pl. de la) . . . . . . AZ 25
Prison (R. de la) . . . . . . AZ 27
Quarantaine (Quai de la) . . . . . . BZ 28
République (R. de la) . . . . . . AZ
Revel (R. J.) . . . . . . BZ 29
Ste-Catherine (Quai) . . . . . . AZ 32
St-Antoine (R.) . . . . . . BZ 30
St-Étienne (Quai) . . . . . . AZ 31
Tour (Quai de la) . . . . . . BZ 34
Ville (R. de la) . . . . . . BZ 35

Les Maisons de Léa sans rest — cuisinette — 30, VISA MC AE

pl. Ste-Catherine – ✆ 02 31 14 49 49 – contact@lesmaisonsdelea.com – Fax 02 31 89 28 61 — AY **a**

27 ch – †85/160 € ††85/180 €, ☕ 13 € – 3 suites

◆ Trois anciens logis de pêcheur (16e s.) et un ex-grenier à sel forment cet hôtel de charme voisinant avec le curieux clocher en bois de Ste-Catherine. Décor à thème dans chaque maison : Campagne, Romance, Baltimore et Capitaine. Chambres-bonbonnières et salons "cosy" dont l'un abrite une jolie bibliothèque.

L'Écrin sans rest — cuisinette — 20, P VISA MC AE

19 r. E. Boudin – ✆ 02 31 14 43 45 – hotel.ecrin@honfleur.com – Fax 02 31 89 24 41 — AZ **k**

27 ch – †95/170 € ††95/170 €, ☕ 15 €

◆ Hôtel-musée dont les chambres et salons, foisonnants d'objets d'art et d'ornements anciens, sont répartis dans 5 bâtiments d'époques différentes. La demeure principale, du 18e s., est la plus fastueuse. Petit-déjeuner servi dans une véranda ouvrant sur le jardin.

La Maison de Lucie sans rest
44 r. Capucins – ✆ 02 31 14 40 40 – info@lamaisondelucie.com – Fax 02 31 14 40 41 – Fermé 25 nov.-21 déc. et 6-18 janv. AY **f**
5 ch – †125/210 € ††125/315 €, ☐ 17 €
◆ Une récente rénovation a préservé tout le charme de cette maison ancienne du vieux Honfleur. Dans ses chambres coquettes et cossues (dont une mansardée) cohabitent harmonieusement différents styles de mobilier.

La Diligence et la Résidence sans rest
53 r. République – ✆ 02 31 14 47 47 – hotel.diligence@honfleur.com – Fax 02 31 98 83 87 AZ **m**
30 ch – †80/235 € ††85/235 €, ☐ 10 €
◆ À la Diligence, chambres simples, réparties dans plusieurs constructions normandes disposées autour d'une cour. L'ancienne maison de notable appelée Résidence contient des chambres plus cossues, hautes sous plafond et dotées de meubles de style.

Des Loges sans rest 6/12,
18 r. Brûlée – ✆ 02 31 89 38 26 – hoteldesloges@wanadoo.fr – Fax 02 31 89 42 79 – Fermé 5-25 janv. AZ **t**
14 ch – †105/130 € ††105/130 €, ☐ 10 €
◆ Trois bâtisses anciennes joliment rénovées composent cet insolite hôtel-boutique réservé aux non-fumeurs. Cadre contemporain épuré dans les parties communes et les chambres, qui entretiennent une ambiance "zen". Vente sur place d'éléments de décor.

Castel Albertine sans rest 25,
19 cours A. Manuel – ✆ 02 31 98 85 56 – info@honfleurhotels.com – Fax 02 31 98 83 18 – Fermé janv. AZ **e**
27 ch – †75/150 € ††75/150 €, ☐ 10 €
◆ Cette ravissante maison de maître du 19e s. appartint à l'historien de la diplomatie Albert Sorel, natif d'Honfleur. Chambres personnalisées, salon coquet, véranda agrémentée de plantes tropicales et joli petit parc ombragé par des arbres vénérables.

De la Tour sans rest
3 quai Tour – ✆ 02 31 89 21 22 – hoteldelatourhonfleur@wanadoo.fr – Fax 02 31 89 53 51 – Fermé 26 nov. au 27 déc. BZ **r**
44 ch – †68/98 € ††78/108 €, ☐ 8 €, 4 duplex
◆ Immeuble hôtelier aux chambres assez spacieuses et différentes d'un étage à l'autre. Celles qui ont été rénovées sont pourvues d'un sobre mobilier de style Empire ou plus fonctionnel. Salle des petits-déjeuners aux tons vifs et chauds, égayée par un aquarium.

Mercure sans rest 30,
r. Vases – ✆ 02 31 89 50 50 – h0986@accor.com – Fax 02 31 89 58 77 BZ **q**
56 ch – †77/109 € ††77/109 €, ☐ 11 €
◆ Pas loin du centre, hôtel de chaîne à façade vaguement normande où vous logerez dans des chambres fonctionnelles. Amateurs de calme, préférez celles donnant sur l'arrière.

Le Cheval Blanc sans rest
2 quai Passagers – ✆ 02 31 81 65 00 – lecheval.blanc@wanadoo.fr – Fax 02 31 89 52 80 – Fermé janv. AY **n**
34 ch ☐ – †60/100 € ††70/425 €
◆ Hôtel de longue tradition occupant une imposante bâtisse ancienne dont la majorité des chambres, plus vastes au 1er étage, profite d'une vue sur l'avant-port. Un salon douillet côtoie la réception agrémentée de colombages et coiffée de vieilles poutres.

Kyriad ch, 35,
62 cours A. Manuel par ② – ✆ 02 31 89 41 77 – kyriad.honfleur@free.fr – Fax 02 31 89 48 09
50 ch – †61/71 € ††61/71 €, ☐ 7,50 € – ½ P 47/60 € – **Rest** – *(fermé sam. midi du 10 nov. au 1er fév. et lundi midi)* Menu 17/22 € bc
◆ Hôtel rénové situé à l'écart du centre. Ses chambres, petites mais bien insonorisées, sont avant tout fonctionnelles ; celles de l'arrière donnent sur un jardinet. Table traditionnelle et formule buffets.

La Cour Sainte-Catherine sans rest
74 r. du Puits – ✆ 02 31 89 42 40 – giaglis@wanadoo.fr AYZ **d**
6 ch – 65/85 € 70/90 €
◆ Paisible et charmante maison d'hôte du vieux Honfleur (hauts de la ville) créée à partir d'un couvent du 17e s. et d'une cidrerie. Ses chambres, mariant l'ancien et le moderne, se partagent trois bâtisses. Petit-déjeuner dans l'ex-pressoir ou, l'été, dans la jolie cour fleurie.

L'Absinthe avec ch
10 quai Quarantaine – ✆ 02 31 89 39 00 – reservation@absinthe.fr – Fax 02 31 89 53 60 – Fermé 15 nov.-15 déc. BZ **v**
7 ch – 105/135 € 105/225 €, 11 € – **Rest** – Menu 31/62 € – Carte 66/84 €
◆ Devant le port de pêche, restaurant servant de la cuisine actuelle dans un décor (15e et 17e s.) rustique à souhait ou sur sa terrasse dressée en façade. À deux pas, un ancien presbytère permet de prolonger l'étape avec des chambres chaleureuses.

La Terrasse et l'Assiette (Bonnefoy)
8 pl. Ste-Catherine – ✆ 02 31 89 31 33 – Fax 02 31 89 90 17 – Fermé 5 janv.-5 fév., mardi sauf juil.-août et lundi AY **e**
Rest – Menu 29/49 € – Carte 58/91 €
Spéc. Langoustines aux vermicelles frits, truffe et œuf coque écrasés. Noix de ris de veau en aigre-doux de gingembre. Camembert en beignet et caramel poivré.
◆ Colombages et murs parementés de briques donnent un cachet certain à ce restaurant qui a pour atout supplémentaire sa terrasse dressée face à la surprenante église de bois. Cuisine traditionnelle savoureuse.

Entre Terre et Mer
12 pl. Hamelin – ✆ 02 31 89 70 60 – info@entreterreetmer-honfleur.com – Fax 02 31 89 40 55 – Fermé 15 janv.-5 fév. et merc. du 15 nov. au 1er avril
Rest – Menu (20 €), 26/51 € – Carte 49/70 € AY **d**
◆ Deux plaisantes salles à manger de style contemporain : l'une, néo-rustique, coiffée de poutres cérusées et revêtue d'un tapis en joncs marins ; l'autre, carrelée et décorée de clichés de Normandie. Repas dans le tempo actuel, voguant "entre terre et mer".

Le Bréard
7 r. du Puits – ✆ 02 31 89 53 40 – Fax 02 31 88 60 37 – Fermé 26 nov.-14 déc., mardi midi, jeudi midi et merc. sauf le soir du 14 juil. au 31 août AY **t**
Rest – Menu (18 €), 25/32 € – Carte 52/62 €
◆ Dans une ruelle pavée proche de l'église Ste-Catherine, deux petites salles de restaurant lumineuses séparées par une jolie terrasse. Cuisine actuelle savoureuse.

La Fleur de Sel
17 r. Haute – ✆ 02 31 89 01 92 – Fax 02 31 89 01 92 – Fermé 24-30 déc., janv., mardi et merc. AY **v**
Rest – Menu 25/40 €
◆ Table sympathique où l'on vient faire des repas bien de notre temps dans deux petites salles au décor néo-rustique raffiné : sol en tomettes, poutres et murs clairs égayés de photographies à thème culinaire.

Sa. Qua. Na (Bourdas)
22 pl. Hamelin – ✆ 02 31 89 40 80 – saquana@alexandre-bourdas.com – Fermé jeudi et le midi en sem. AY **u**
Rest – *(nombre de couverts limité, prévenir)* Menu 40/60 € – Carte 44/63 €
Spéc. Homard étuvé au citron confit. Cabillaud, rémoulade aux huîtres, crème de laitue. Caramel mou au beurre demi-sel.
◆ Sa.Qua.Na pour "saveurs, qualité, nature", ou encore "poisson" (sakana), en nippon : à vous de voir ! Table inventive au cadre moderne tendance "zen". Proximité du vieux port.

Auberge du Vieux Clocher
9 r. de l'Homme de Bois – ✆ 02 31 89 12 06 – Fax 02 31 89 44 75 – Fermé 15-30 juin, 5-30 janv., mardi et merc. AY **b**
Rest – Menu (14 €), 20/25 € – Carte 32/43 €
◆ Dans une rue du pittoresque quartier Ste-Catherine, restaurant dont les petites salles à manger pastel vous convient à un repas traditionnel. Jolie collection d'assiettes anciennes.

XX **Au Vieux Honfleur** VISA MC

13 quai St-Étienne – ✆ 02 31 89 15 31 – Fax 02 31 89 92 04 AZ **r**

Rest – Menu 29/50 € – Carte 37/79 €

◆ Au rez-de-chaussée, en terrasse ou à l'étage, l'agrément principal du restaurant est sa vue fascinante sur le Vieux Bassin. Assiettes paysannes accrochées aux murs ; spécialités de produits de la mer et tripes maison.

X **Au P'tit Mareyeur** VISA MC

4 r. Haute – ✆ 02 31 98 84 23 – jule.rastacoop@free.fr – Fax 02 31 89 99 32 – Fermé 30 déc.-29 janv., lundi et mardi AY **s**

Rest – *(nombre de couverts limité, prévenir)* Menu 21/45 € – Carte 34/52 €

◆ Poutres, colombages, chaises drapées et discrète décoration maritime participent de l'atmosphère intime du restaurant. La carte privilégie poissons et fruits de mer.

X **La Grenouille** VISA MC AE

16 quai Quarantaine – ✆ 02 31 89 04 24 – reservation@absinthe.fr – Fax 02 31 89 53 60 – Fermé 15 nov.-15 déc. BZ **f**

Rest – Menu 17/29 € – Carte 29/50 €

◆ Brasserie chaleureuse et animée dont la salle principale met à l'honneur la gent batracienne et le Guide Michelin. Mezzanine et terrasse couverte chauffée. Plats bistrotiers, produits de la mer et cuisses de grenouilles à gogo !

X **L'Ecailleur** AC VISA MC

1 r. de la République – ✆ 02 31 89 93 34 – lecailleur@wanadoo.fr – Fax 02 31 89 53 73 – Fermé 13-29 mars, 19 juin-5 juil., 9-26 déc., merc. et jeudi hors saison AZ **a**

Rest – Menu 22/41 € – Carte 30/47 €

◆ Fraîches assiettes au goût du jour à déguster dans un décor dépaysant et chaleureux évoquant une cabine de paquebot (boiseries, cordages, hublots). La grande baie vitrée offre une très belle vue sur le port.

à la Rivière-St-Sauveur 2 km par ① – **1 578 h. – alt. 1 m –** ✉ **14600**

Antarès sans rest 10/100, P VISA MC AE

– ✆ 02 31 89 10 10 – antares.honfleur@wanadoo.fr – Fax 02 31 89 58 57

66 ch – 65/98 € 72/98 €, ☕ 12 €, 10 duplex

◆ Complexe hôtelier récent aux équipements pratiques. Petites chambres dont la moitié regarde vers le pont de Normandie, au même titre que la salle des petits-déjeuners ; duplex familiaux bien pensés. Piscine intérieure chauffée.

Les Bleuets sans rest P VISA MC AE

– ✆ 02 31 81 63 90 – contact@motel-les-bleuets.com – Fax 02 31 89 92 12 – Fermé 17-27 déc., 8-30 janv. et dim. soir hors saison

18 ch ☕ – 74/92 € 80/102 €

◆ Ensemble propret affichant un petit air de village de vacances : murs bleu ciel et blanc, parterres fleuris, espace détente et chambres nettes avec miniterrasse ou balcon.

par ③ 3 km rte de Trouville – ✉ 14600 Vasouy

La Chaumière ch, P VISA MC AE

rte du Littoral, Vasouy – ✆ 02 31 81 63 20 – informations@la-chaumiere.com – Fax 02 31 89 59 23 – Fermé 27 nov.-22 déc. et 22 janv.-9 fév.

9 ch – 150/450 € 150/450 €, ☕ 15 € – ½ P 150/300 € – **Rest** – *(fermé merc. midi, jeudi midi et mardi) (nombre de couverts limité, prévenir)* Menu 40/60 € – Carte 55/70 €

◆ Cette jolie ferme normande du 17e s. se dresse face à l'estuaire de la Seine dans un parc dégringolant jusqu'à la mer. Chambres "cosy", garnies de beaux meubles anciens. Poutres patinées et belle cheminée contribuent à l'atmosphère douillette du restaurant.

à Pennedepie 5 km par ③ – **310 h. – alt. 20 m –** ✉ **14600**

X **Au Moulin St-Georges** VISA MC

rte de la Mer – ✆ 02 31 81 48 48 – Fermé mi-fév. à mi-mars, mardi soir et merc.

Rest – Menu 15/24 € – Carte 23/37 €

◆ On accède à ce restaurant bordant la route côtière par le bar-tabac, puis par... les cuisines, où trône un vieux fourneau à charbon. Cadre simple, repas copieux.

par ③ 8 km rte de Trouville et rte secondaire – ✉ 14600 Honfleur

Le Romantica 🕭 ← 🏊 🏊 🏋 ☎ 🏠 25, **P** VISA MC

chemin Petit Paris – ☎ 02 31 81 14 00 – hotelromantica@free.fr – Fax 02 31 81 54 78

27 ch – †55 € ††66 €, ☕ 9 € – 8 suites – ½ P 65 € – **Rest** – *(fermé jeudi midi et merc. hors saison)* Menu 25/42 € – Carte 24/43 € ♀

◆ Perchée sur les hauts du village, cette bâtisse plagiant l'architecture régionale offre calme et confort dans ses chaleureuses chambres à touche rustique. Agréable piscine intérieure. Beau coup d'œil sur la Manche et la campagne par les baies vitrées du restaurant.

à Cricquebœuf **9 km par ③ et rte de Trouville – 182 h. – alt. 25 m – ✉ 14113**

Manoir de la Poterie 🕭 ← 🏊 🏊 Spa ⛸ 🏢 ♿ ch, 🚭 ch, ☎ **P** VISA MC AE ①

– ☎ 02 31 88 10 40 – info@honfleur-hotel.com – Fax 02 31 88 10 90

18 ch – †116/230 € ††116/230 €, ☕ 15 € – **Rest** – *(fermé le midi en sem.)* Menu 32/65 € – Carte 56/73 € ♀

◆ Face à la mer, manoir moderne (non-fumeurs) à la silhouette normande dont les chambres, de style Louis XVI ou Directoire, sont tournées vers l'estran ou la campagne. Spa. Atmosphère "cosy" et cuisine actuelle dans la salle à manger récemment redécorée.

à Villerville **10 km par ③, rte de Trouville – 676 h. – alt. 10 m – ✉ 14113**

i Office de tourisme, rue Général Leclerc ☎ 02 31 87 21 49, Fax 02 31 98 30 65

Le Bellevue 🕭 ← 🏊 🏊 🏢 ♿ ch, 🚭 ☎ **P** VISA MC AE

rte Honfleur – ☎ 02 31 87 20 22 – resa@bellevue-hotel.fr – Fax 02 31 87 20 56 – Fermé 8 janv.-16 fév.

28 ch – †75/85 € ††85/120 €, ☕ 12 € – 1 suite – ½ P 74/97 € – **Rest** – *(fermé mardi midi, merc. midi et jeudi midi)* Menu 23/44 € – Carte 36/56 € ♀

◆ Cette demeure dominant la mer fut à la fin du 19e s. la villégiature d'un directeur de l'Opéra de Paris. Espaces communs au foisonnant décor rustico-bourgeois ; réservez une chambres dotée d'un balcon panoramique. Coquette salle à manger-véranda offrant une jolie vue sur le jardin et le littoral.

HORBOURG – 68 Haut-Rhin – 315 I8 – rattaché à Colmar

L'HORME – 42 Loire – 327 G7 – rattaché à St-Chamond

HOSSEGOR – 40 Landes – 335 C13 – alt. 4 m – Casino – ✉ 40150

Aquitaine 3 **A3**

▶ Paris 752 – Bayonne 25 – Biarritz 32 – Bordeaux 170 – Dax 40 – Mont-de-Marsan 93

i Office de tourisme, 44 avenue Paris ☎ 05 58 41 79 00, Fax 05 58 41 79 09

18 d'Hossegor 333 avenue du Golf, SE : 0,5 km, ☎ 05 58 43 56 99 ; 18 de Seignosse à Seignosse Avenue du Belvédère, N : 5 km par D 152, ☎ 05 58 41 68 30 ; 9 de Pinsolle à Soustons Port d'Albret Sud, N : 10 km par D 4, ☎ 05 58 48 03 92.

👁 Le lac★ - Les villas basco-landaises★.

Les Hortensias du Lac sans rest 🕭 ← 🏊 🏋 ♿ **P** VISA MC AE ①

av. du Tour du Lac – ☎ 05 58 43 99 00 – reception@hortensias-du-lac.com – Fax 05 58 43 42 81 – Ouvert 30 mars-11 nov.

20 ch – †115/190 € ††115/190 €, ☕ 20 € – 4 suites

◆ Trois belles maisons des années 1930 entourées d'une pinède et bordant le "lac marin". Les chambres, décorées avec goût, possèdent un balcon ou une terrasse. Salon panoramique.

Pavillon Bleu
av. Touring Club de France – ✆ 05 58 41 99 50 – pavillon.bleu@wanadoo.fr – Fax 05 58 41 99 59
21 ch – 🛉70/161 € 🛉🛉70/161 €, ☕ 10 € – ½ P 75/103 € – **Rest** – *(fermé 26 déc.-20 janv., mardi midi et lundi du 15 sept. au 15 avril)* Menu 23 € (déj. en sem.), 30/58 € – Carte 51/72 € ♀
◆ Un établissement neuf où vous réserverez une chambre dotée d'un balcon tourné vers le lac pour profiter du ballet nautique des dériveurs et autres planches à voile. Salle à manger contemporaine, belle terrasse à fleur d'eau et cuisine au goût du jour.

Mercédès sans rest
av. du Tour du Lac – ✆ 05 58 41 98 00 – hotel.mercedes@wanadoo.fr – Fax 05 58 41 98 10 – Ouvert 1er avril-1er nov.
40 ch – 🛉70/125 € 🛉🛉75/180 €, ☕ 12 €
◆ Cette architecture balnéaire proche du lac marin abrite des chambres sobres et plaisantes, toutes dotées d'un balcon. En été, petits-déjeuners servis près de la piscine.

Le Cottage
av. J. Moulin, rte Seignosse par bords du lac (D 79) – ✆ 05 58 43 31 39 – restaurant-lecottage@wanadoo.fr – Fax 05 58 43 31 39 – Fermé janv., fév., lundi et mardi
Rest – Menu 19/39 € – Carte 27/48 € ♀
◆ Une fraîche salle à manger égayée par du linge basque, une coquette terrasse recevant les effluves de la pinède et des recettes "terre et mer" : un "cottage" apprécié !

Le Reva
– ✆ 05 58 43 10 65 – hotel.le-reva@wanadoo.fr – Fax 05 58 43 10 13 – Fermé nov., janv. et fév.
5 ch – 🛉55/98 € 🛉🛉65/98 €, ☕ 9 €
◆ Un bâtiment situé juste à côté du restaurant abrite des chambres dotées de jolis meubles exotiques et pourvues de miniterrasses. Salon de coiffure.

HOUAT (ÎLE D') – 56 Morbihan – 308 N10 – voir à Île d'Houat

LA HOUBE – 57 Moselle – 307 O7 – ✉ 57850 – Dabo 27 D2

Paris 453 – Lunéville 86 – Phalsbourg 18 – Sarrebourg 27 – Saverne 17 – Strasbourg 45

Des Vosges avec ch
41 r. de la Forêt Brulée ✉ 57850 La Hoube Dabo – ✆ 03 87 08 80 44 – info@hotel-restaurant-vosges.com – Fax 03 87 08 85 96 – Fermé 27 sept.-11 oct., 5 fév.-6 mars, mardi soir et merc.
9 ch – 🛉32 € 🛉🛉47 €, ☕ 7 € – ½ P 42 € – **Rest** – Menu 20/30 € – Carte 21/39 € ♀
◆ Poussez jusqu'au bout du village pour dénicher cette petite auberge paisible mitonnant une appétissante cuisine du terroir. Salle tournée vers la forêt vosgienne, le rocher de Dabo et sa chapelle. Chambres de mise simple mais bien tenues ; jardin de repos.

LES HOUCHES – 74 Haute-Savoie – 328 N5 – 2 706 h. – alt. 1 004 m – Sports d'hiver : 1 010/1 900 m 2 16 – ✉ 74310 Alpes du Nord 46 F1

Paris 602 – Annecy 89 – Bonneville 47 – Chamonix-Mont-Blanc 9 – Megève 26

Office de tourisme, place de la Mairie ✆ 04 50 55 50 62, Fax 04 50 55 53 16

Le Prarion★★.

Du Bois
La Griaz – ✆ 04 50 54 50 35 – reception@hotel-du-bois.com – Fax 04 50 55 50 87
43 ch – 🛉56/120 € 🛉🛉66/120 €, ☕ 9 €, 8 chalets – ½ P 53/91 € – **Rest** – *(fermé 15 avril-20 mai et 15 oct.-30 nov.) (dîner seult)* Menu 22 € – Carte 19/35 € ♀
◆ Vaste chalet en bois clair où l'on choisira les chambres côté mont Blanc, plus calmes ; cadre sagement régional et balcon pour la plupart. Belle piscine couverte et sauna. Plaisante salle à manger de style savoyard (objets agrestes) et cuisine au goût du jour.

Auberge Beau Site rest, VISA
près église – 04 50 55 51 16 – hotelbeausite@netgdi.com – Fax 04 50 54 53 11 – Ouvert 21 mai-1er oct. et 21 déc.-19 avril
18 ch – 68/85 € 102/117 €
Rest ***Le Pèle*** – *(fermé merc. sauf juil.-août) (dîner seult sauf juil.-août)*
Menu 25 €
◆ Maison familiale située au pied du clocher de la station rendue célèbre par Lord Kandahar. Chambres de bonne ampleur, fonctionnelles et égayées d'étoffes rouges et vertes. Chaleureux restaurant avec billots de bois posés près de la cheminée aux cuivres rutilants.

Auberge Le Montagny sans rest VISA
Le Pont – 04 50 54 57 37 – hotel.montagny@wanadoo.fr – Fax 04 50 54 52 97 – Ouvert 22 juin-1er oct. et 21 déc.-10 avril
8 ch – 70 € 78 €, 8,50 €
◆ De la ferme de 1876 ne subsistent que la porte et quelques poutres : ce sympathique petit chalet où le bois est roi abrite aujourd'hui de coquettes chambres à l'esprit montagne.

Chris-Tal cuisinette VISA
242 av. des Alpages – 04 50 54 50 55 – info@chris-tal.com – Fax 04 50 54 45 77 – Ouvert 16 mai-1er oct. et 20 déc.-15 avril
19 ch – 78/120 € 78/120 €, 9,50 €, 4 studios – ½ P 69/90 € – **Rest** – *(dîner seult hors saison)* Menu 19 € (déj.), 22/35 € – Carte 23/35 €
◆ Au cœur de la petite station, chambres non-fumeurs privilégiant l'espace et la fonctionnalité ; la plupart ouvrent sur la célèbre "piste Verte : Kandahar". Cuisine oscillant entre tradition et terroir à découvrir dans une salle... où la cigarette est bannie.

au Prarion par télécabine – **74310 Les Houches**
★★ 30 mn.

Le Prarion sommets, glaciers et vallées, rest, ch, 10, VISA
alt.1 860 – 04 50 54 40 07 – info@prarion.com – Fax 04 50 54 40 03 – Ouvert 23 juin-3 sept. et 22 déc.-fin avril
12 ch – 50 € 100 €, 9 € – ½ P 75/110 € – **Rest** – self au déj. en hiver Carte 14/26 €
◆ Massifs du mont-Blanc et des Aravis, vallées de Chamonix et de Sallanches : depuis cet hôtel votre regard ne croisera que des sommets enneigés... Petites chambres simples. Repas de type self à midi (terrasse et salle panoramiques) et menu unique le soir, servi au coin du feu.

HOUDAN – 78 Yvelines – 311 F3 – 3 112 h. – alt. 104 m – 78550

Île de France 18 **A2**

Paris 60 – Chartres 55 – Dreux 20 – Évreux 52 – Mantes-la-Jolie 28 – Versailles 42

Office de tourisme, 4 place de la Tour 01 30 59 53 86

de la Vaucouleurs à Civry-la-Forêt Rue de l'Eglise, N : 11 km par D 983, 01 34 87 62 29 ; des Yvelines à La Queue-les-Yvelines Château de la Couharde, E : 12 km par N 12, 01 34 86 48 89.

Crépuscule sans rest VISA
rte des Longs Champs – 01 30 46 96 96 – crepuscule.hotel@wanadoo.fr – Fax 01 30 46 96 97
21 ch – 60/80 € 60/80 €, 7 €
◆ Hôtel de construction récente situé à l'écart du centre-ville. Chambres spacieuses, habillées de rose ou de bleu. Petite restauration d'appoint en semaine.

La Poularde VISA
24 av. République, (rte Maulette D 912) – 01 30 59 60 50 – contact@alapoularde.com – Fax 01 30 59 79 71 – Fermé 23 avril-2 mai, 19-28 août, 23 oct.-7 nov., 25 fév.-6 mars, dim. soir, lundi et mardi
Rest – Menu (22 €), 30 € (déj. en sem.), 47/55 € – Carte 44/72 €
◆ Dans le jardin de cette belle maison bourgeoise folâtrent les fameuses poules de Houdan... bientôt dans votre assiette ! Élégante salle feutrée, carte de tradition.

XX **Donjon**

14 r. Epernon (près église) – ✆ 01 30 59 79 14 – eric.deserville@wanadoo.fr – Fermé dim. soir et lundi

Rest – Menu 28 € (sem.)/45 € – Carte 47/51 €

◆ Du château médiéval ne subsiste que le donjon, proche voisin de ce restaurant qui en a pris le nom. Cuisine traditionnelle servie dans un joli cadre contemporain et coloré.

HOUDELAINCOURT – 55 Meuse – 307 D7 – 346 h. – alt. 285 m – ✉ 55130

26 **A2**

Paris 270 – Metz 119 – Bar-le-Duc 41 – Saint-Dizier 57 – Toul 51

XXX **Auberge du Père Louis** avec ch

✆ 03 29 89 64 14 – aubergeperelouis@free.fr – Fax 03 29 89 78 84 – Fermé dim. soir et lundi

7 ch – 50 € 50 €, 8 € – **Rest** – Menu 19 € (sem.), 28/80 € – Carte 51/78 €

◆ Cette auberge est l'ambassade lorraine de la truffe. Depuis trois générations, elle vous invite à la déguster sans modération et sous toutes ses formes. Boutique et musée. Chambres confortables et personnalisées selon divers thèmes.

HOUDEMONT – 54 Meurthe-et-Moselle – 307 H7 – rattaché à Nancy

HOULGATE – 14 Calvados – 303 L4 – 1 832 h. – alt. 11 m – Casino – ✉ 14510

Normandie Vallée de la Seine

32 **B2**

Paris 214 – Caen 29 – Deauville 14 – Lisieux 33 – Pont-l'Évêque 25

Office de tourisme, boulevard des Belges ✆ 02 31 24 34 79, Fax 02 31 24 42 27

d'Houlgate à Gonneville-sur-MerE : 3 km par D 513, ✆ 02 31 24 80 49.

Falaise des Vaches Noires★ au NE.

1900

rest, 10/40,

17 r. Bains – ✆ 02 31 28 77 77 – Fax 02 31 28 08 07 – Fermé 8-15 nov., 10 janv.-5 fév., lundi et mardi sauf vacances scolaires

16 ch – 45/99 € 45/99 €, 9 € – ½ P 48/98 € – **Rest** – Menu 19/46 € – Carte 20/148 €

◆ L'hôtel borde la rue principale de cette charmante station de la Côte Fleurie. Chambres rénovées dans le style de la Belle Époque. Jolie brasserie au "look" 1900 : parquet, miroirs, colonnes, vieux comptoir richement ornementé et banquettes de cuir, le tout, coiffé de ciels à angelots.

Hostellerie Normande

ch,

11 r. Emile Deschanel – ✆ 02 31 24 85 50 – Fax 02 31 28 53 61

11 ch – 42/77 € 42/77 €, 8 € – ½ P 69/109 € – **Rest** – *(fermé mardi merc. hors saison sauf vacances scolaires)* Menu 13 €, 22 €

◆ Cette maison du 19ᵉ s. couverte de vigne vierge vous loge dans des chambres sans ampleur mais fraîches et nettes. L'été une agréable terrasse occupe la cour. Mangeoire pour bestiaux, chaises rustiques et nappages à carreaux Vichy président au décor résolument agreste du restaurant.

X **L'Eden**

7 r. Henri Fouchard – ✆ 02 31 24 84 37 – nicolas.tougard@wanadoo.fr – Fax 02 31 28 32 34 – Fermé 1ᵉʳ-9 oct., 2 janv.-5 fév., lundi et mardi sauf juil.-août

Rest – Menu 18 € (sem.)/37 € – Carte 28/43 €

◆ Embusquée dans une ruelle du centre, cette maison proprette plagiant l'architecture régionale vous convie à découvrir sa savoureuse cuisine traditionnelle. Salle à manger de mise simple au décor agreste ; accueil et service sympathiques.

X **Mon Castel** avec ch

ch,

1 bd Belges – ✆ 02 31 24 83 47 – Fax 02 31 28 50 36 – Fermé 1ᵉʳ-22 oct., lundi et jeudi (sauf rest.), mardi et merc.

9 ch – 44 € 44 €, 7 € – ½ P 40/50 € – **Rest** – Menu 17 € (sem.)/36 € – Carte 36/48 €

◆ L'une des nombreuses villas de style cottage qui ont fleuri à Houlgate à partir des années 1850. Repas traditionnel servi dans deux petites salles au décor néo-rustique épuré. Chambres basiques pour prolonger l'étape.

HUEZ – 38 Isère – 333 J7 – rattaché à Alpe d'Huez

HUNINGUE – 68 Haut-Rhin – 315 J11 – rattaché à St-Louis

HURIGNY – 71 Saône-et-Loire – 320 I12 – rattaché à Mâcon

HUSSEREN-LES-CHÂTEAUX – 68 Haut-Rhin – 315 H8 – 397 h. – alt. 380 m – ✉ 68420 Alsace Lorraine

2 **C2**

Paris 455 – Belfort 69 – Colmar 10 – Gérardmer 55 – Guebwiller 22 – Mulhouse 40

Husseren-les-Châteaux ch, ch, cuisinette 20/60, VISA AE

r. Schlossberg – ✆ 03 89 49 22 93 – mail@hotel-husseren-les-chateaux.com – Fax 03 89 49 24 84

5 ch – 88/103 € 135 €, 12 € – 1 suite, 32 duplex 135 € – ½ P 105 € – **Rest** – Menu 21/53 € – Carte 28/53 €

◆ Perchée sur les hauteurs du massif vosgien, construction moderne pourvue de grandes chambres fonctionnelles avec mezzanine. Piscine couverte et tennis. Belle échappée sur la vallée du Rhin depuis le lumineux restaurant où l'on sert une cuisine traditionnelle.

HYÈRES – 83 Var – 340 L7 – 51 417 h. – alt. 40 m – Casino : des Palmiers Z – ✉ 83400 Côte d'Azur

41 **C3**

Paris 851 – Aix-en-Provence 102 – Cannes 123 – Draguignan 78 – Toulon 19

de Toulon-Hyères : ✆ 0 825 01 83 87, SE : 4 km V.

Syndicat d'initiative, 3 avenue Ambroise Thomas ✆ 04 94 01 84 50, Fax 04 94 01 84 51

≤★ de la place St-Paul Y **49** - ≤★ du parc St-Bernard Y - ≤★ de l'esplanade de la Chapelle N.-D. de Consolation V **B** - ✳★ des Ruines du Château des aires - Presqu'île de Giens★★.

Plan page suivante

Mercure ch, ch, 20/100, VISA AE

19 av. A. Thomas – ✆ 04 94 65 03 04 – h1055@accor.com – Fax 04 94 35 58 20 V **x**

84 ch – 88/149 € 100/161 €, 13 € – ½ P 78/97 € – **Rest** – grill Carte 20/30 €

◆ Hôtel moderne intégré à un centre d'affaires bordant la voie rapide Olbia. Chambres rénovées selon le style Mercure, contemporaines et confortables. Le restaurant, décoré sur le thème de la mer, ouvre sur la terrasse et la piscine ; recettes d'inspiration régionale.

L'Europe sans rest VISA AE

45 av. E. Cavell – ✆ 04 94 00 67 77 – contact@hotel-europe-hyeres.com – Fax 04 94 00 68 48 V **r**

25 ch – 45/85 € 52/92 €, 7 €

◆ Vous cherchez un hôtel à deux pas de la gare ? Voici un immeuble du 19e s. entièrement rénové, abritant des chambres claires, fonctionnelles et correctement insonorisées.

Le Soleil sans rest VISA AE

r. Rempart – ✆ 04 94 65 16 26 – soleil@hotel-du-soleil.fr – Fax 04 94 35 46 00 Y **r**

20 ch – 45/75 € 45/82 €, 6,50 €

◆ Vieille maison de caractère juchée sur les hauteurs de la cité, près de la villa-musée des Noailles. Chambres étroites mais nettes ; salle des petits-déjeuners provençale.

XX **Les Jardins de Bacchus** VISA AE

32 av. Gambetta – ✆ 04 94 65 77 63 – santionijeanclaude@wanadoo.fr – Fax 04 94 65 71 19 – Fermé 25-30 juin, 2-8 janv., sam. midi, dim. soir et lundi Z **v**

Rest – Menu (24 €), 33/55 € – Carte 59/67 €

◆ Pause bachique au centre-ville : vins régionaux et cuisine aux accents du terroir servis dans une salle à manger rénovée et contemporaine ou sur la terrasse d'été.

HYÈRES-GIENS

Almanarre (Rte de l') . . . . X 2
Barbacane (R.) . . . . Y 3
Barruc (R.) . . . . Y 4
Belgique (Av. de) . . . . Y 5
Bourgneuf (R.) . . . . Y 6
Chateaubriand (Bd) . . . . Y 7
Clemenceau (Pl.) . . . . Y 9
Clotis (Av. J.) . . . . V 10
Costebelle (Montée) . . . . V 12
Degioanni (R. R.) . . . . X 13
Denis (Av. A.) . . . . Y
Dr-Perron (Av.) . . . . Z 14
Foch (Av. Mar.) . . . . Z 15
Gambetta (Av.) . . . . Z
Gaulle (Av. de) . . . . Y 16
Geoffroy-St-Hilaire (Av.) . . . . . . V 17
Godillot (Av. A.) . . . . V 18
Herriot (Bd E.) . . . . X 20
Iles d'Or (Av. des) . . . . Z
Lattre-de-Tassigny (Av. de) . . . . V 22
Lefebvre (Pl. Th.) . . . . Z 23
Macri (Ch. Soldat) . . . . V 25
Madrague (Rte de la) . . . . X 26
Mangin (Av. Gén.) . . . . Y 28
Massillon (Pl. et R.) . . . . Y 29
Millet (Av. E.) . . . . Z 32
Moulin-Premier (Chemin du) . . . V 33
Noailles (Montée de) . . . . Y 34
Nocart (Bd) . . . . Y 35
Palyvestre (Chemin du) . . . . V 36
Paradis (R. de) . . . . Y 37
Plaine-de-Bouisson (Chemin) . . . X 38
Provence (R. de) . . . . Z 40
Rabaton (R.) . . . . Y 41
République (Pl. et R.) . . . . Y 42
Riondet (Av.) . . . . YZ 43
Riquier (Av. O.) . . . . V 44
Roubaud (Ch.) . . . . V 45
Ste-Catherine (R.) . . . . Y 50
Ste-Claire (R.) . . . . Y 51
St-Bernard (R.) . . . . Y 46
St-Esprit (R.) . . . . Y 47
St-Paul (Pl. et R.) . . . . Y 49
Strasbourg (Cours) . . . . Y 52
Versin (Pl. L.) . . . . Z 53
Victoria (Av.) . . . . Z 54
11-Novembre (Pl.) . . . . V 56
15e-Corps-d'Armée (Av. du) . . . . V 57

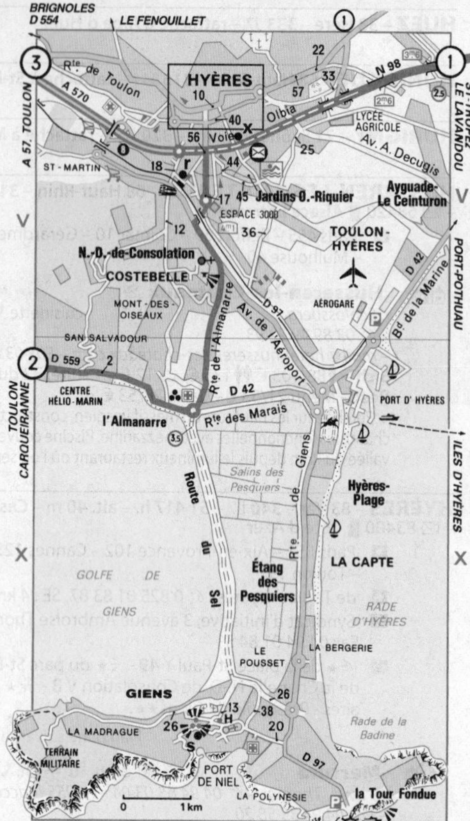

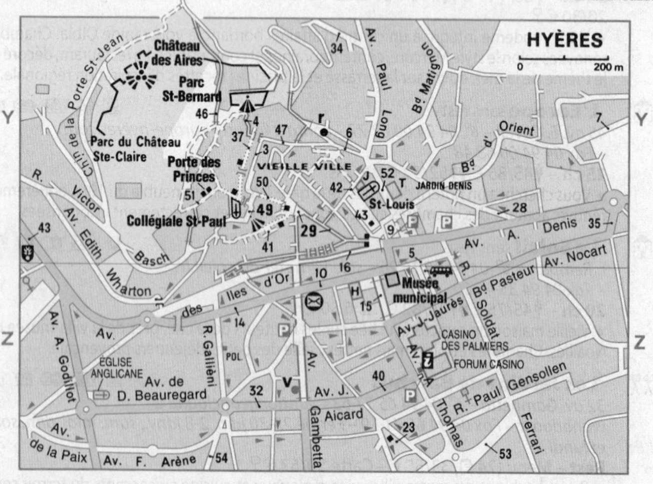

à La Bayorre 2,5 km à l'Ouest par rte de Toulon – ✉ 83400 Hyères

La Colombe VISA

– ✆ 04 94 35 35 16 – restaurant.lacolombe@libertysurf.fr – Fax 04 94 35 37 68 – Fermé dim. soir de sept. à juin, mardi midi en juil.-août, sam. midi et lundi

Rest – Menu 27/35 € – Carte 50/62 €

◆ Au pied du massif des Maurettes, restaurant aux couleurs du Sud en parfait accord avec une cuisine régionale plaisante et copieuse. Belle terrasse d'été à l'arrière.

HYÈVRE-PAROISSE – 25 Doubs – 321 I2 – 188 h. – alt. 288 m – ✉ 25110

17 **C2**

Paris 445 – Belfort 61 – Besançon 37 – Lure 51 – Montbéliard 44 – Pontarlier 72 – Vesoul 50

Le Relais de la Vallée rest, 20, VISA

r. Principale, RN 83 – ✆ 03 81 84 46 46 – pierrecossu@wanadoo.fr – Fax 03 81 84 37 52

21 ch – 49/54 € 49/54 €, 8 € – ½ P 43/66 € – **Rest** – Menu 13,50 € (sem.)/31 € – Carte 25/52 €

◆ Bâtisse des années 1970 vous logeant dans des chambres pratiques dont les balcons ouvrent sur la route nationale et la vallée du Doubs. Lambris blanchis, tentures rouges et statuettes "jazzy" égayent le restaurant. Terrasse sous auvent. Spécialités comtoises.

IBARRON – 64 Pyrénées-Atlantiques – 342 C4 – rattaché à St-Pée-sur-Nivelle

IGÉ – 71 Saône-et-Loire – 320 I11 – 768 h. – alt. 265 m – ✉ 71960

8 **C3**

Paris 396 – Cluny 13 – Mâcon 14 – Tournus 34

Château d'Igé rest, VISA

– ✆ 03 85 33 33 99 – ige@chateauxhotels.com – Fax 03 85 33 41 41 – Ouvert 24 fév.-25 nov. et fermé dim. soir du 24 fév. au 21 mars, merc. du 12 au 25 nov., lundi et mardi

9 ch – 85/155 € 85/155 €, 14 € – 6 suites – ½ P 99/161 € – **Rest** – *(dîner seult sauf sam., dim. et fériés)* Menu 36/75 € – Carte 52/71 €

◆ Ce château fort (1235) du Mâconnais vous accueille dans de belles chambres personnalisées (tapisseries, baldaquins, voûtes). Appartements dans les tours. Cuisine actuelle dans un cadre préservant l'esprit médiéval. Roseraie, jardin et terrasse au bord d'un ruisseau.

ILAY – 39 Jura – 321 F7 – ✉ 39150 Chaux-du-Dombief

Franche-Comté Jura

16 **B3**

Paris 439 – Champagnole 19 – Lons-le-Saunier 36 – Morez 22 – St-Claude 39

Cascades du Hérisson★★★.

Auberge du Hérisson VISA

carr. D 75-D 39 – ✆ 03 84 25 58 18 – auberge@herisson.com – Fax 03 84 25 51 11 – Ouvert fév.-oct. et fermé dim., lundi et mardi en oct.

16 ch – 32 € 40 €, 7 € – ½ P 40/50 € – **Rest** – Menu 16/42 € – Carte 21/51 €

◆ Auberge familiale perchée au-dessus des pittoresques cascades du Hérisson et près du lac d'Ilay. Chambres rénovées dans l'aile principale, plus modestes dans l'ancienne. À table, cuisine franc-comtoise, spécialités de grenouilles en saison et vins du terroir.

ÎLE-AUX-MOINES – 56 Morbihan – 308 N9 – 610 h. – alt. 16 m – ✉ 56780

Bretagne

9 **A3**

Paris 474 – Auray 15 – Quiberon 46 – Vannes 15

Les Embruns VISA

r. Commerce – ✆ 02 97 26 30 86 – Fax 02 97 26 31 94 – Fermé 1er-15 oct., janv., fév. et merc.

Rest – Menu 18/25 € – Carte 23/33 €

◆ Le charmant bourg de la plus grande île du golfe du Morbihan abrite ce sympathique bar-restaurant au cadre sans chichi. Cuisine simple influencée par le marché.

L'ÎLE BOUCHARD – 37 Indre-et-Loire – 317 L6 – 1 764 h. – alt. 41 m – ✉ 37220

Châteaux de la Loire 11 **A3**

Paris 284 – Châteauroux 118 – Chinon 16 – Châtellerault 49 – Saumur 42 – Tours 45

Office de tourisme, 16 place Bouchard ✆ 02 47 58 67 75, Fax 02 47 58 67 75

Chapiteaux★ et Cathèdre★ dans le prieuré St-Léonard.

Champigny-sur-Veude : vitraux★★ de la Ste-Chapelle★ SO : 10,5 km.

Commanderie

ch, P

Brizay, 2 km au Sud – ✆ 02 47 58 63 13 – wamsteeker.jeroen@wanadoo.fr

8 ch – 45/55 € 45/55 €, 5 € – **Rest** – table d'hôte *(dîner seult) (résidents seult)* Menu 25 € bc

◆ Demeure en tuffeau édifiée sur les ruines d'une ancienne commanderie de Templiers. Les chambres, égayées de couleurs vives, donnent pour certaines sur le parc et la vallée de la Vienne. Cuisine traditionnelle servie sur une immense table d'hôte en verre.

Auberge de l'Ile

VISA

3 pl. Bouchard – ✆ 02 47 58 51 07 – aubergedelile@wanadoo.fr – Fax 02 47 58 51 07 – Fermé 1-16 mars, 20 nov.-6 déc., 7-27 fév., mardi et merc. sauf fériés

Rest – Menu (19 €), 25 € (sem.), 34/54 € – Carte 39/56 €

◆ Plaisante maison située sur une île ayant appartenu à Richelieu. Salle à manger décorée de toiles contemporaines, agréable terrasse surplombant la Vienne et cuisine actuelle.

ÎLE-D'AIX ★ – 17 Charente-Maritime – 324 C3 – 186 h. – alt. 10 m – ✉ 17123

Poitou Vendée Charentes 38 **A2**

Accès par transports maritimes

depuis la **Pointe de la Fumée** (2,5 km NO de Fouras) - Traversée 25 mn - Renseignements et tarifs à Société Fouras-Aix ✆ 0 820 160 017 (0,12 €/mn), Fax 05 46 41 16 96.

depuis **La Rochelle** - Service saisonnier (avril-oct.) - Traversée 1h 15 mn - Renseignements : Croisières Inter Iles, ✆ 0 825 135 500 (0,15 €/mn) (La Rochelle) - depuis **Boyardville** (Île d'Oléron) - Service saisonnier - Traversée 30 mn - Renseignements Inter Iles ✆ 0 825 135 500 (0,15 €/mn),(Boyardville) - depuis **Sablanceaux** (Île de Ré) - Service saisonnier - Agences Inter Iles de Sablonceaux - Renseignements et tarifs ✆ 0 825 135 500 - depuis **Fouras** (Sté Fouras-Aix) - Service permanent - Traversée 30 mn - Renseignements et tarifs ✆ 0 820 160 017 (0,12 €/mn), Fax 05 46 41 16 96.

ÎLE-D'ARZ – 56 Morbihan – 308 O9 – 231 h. – alt. 25 m – ✉ 56840

Bretagne 9 **A3**

Accès par transports maritimes.

depuis **Barrarach et Conleau** - Traversée 20 mn - Renseignements : Compagnie du Golfe ✆ 02 97 01 22 80, Fax 02 97 47 01 60, www.lactm.com - depuis **Vannes** d'avril à fin sept. - Traversée 30 mn - Renseignements : Navix S.A. Gare Maritime (Vannes) ✆ 0825 162 100.

ÎLE-DE-BATZ – 29 Finistère – 308 G2 – 575 h. – alt. 30 m – ✉ 29253

Bretagne 9 **B1**

Accès par transports maritimes.

depuis **Roscoff** - Traversée 15 mn - Renseignements et tarifs : CFTM BP 10 - 29253 Île de Batz ✆ 02 98 61 78 87 - Armein ✆ 02 98 61 77 75 - Armor Excursion ✆ 02 98 61 79 66.

Syndicat d'initiative, lieu-dit le Débarcadère ✆ 02 98 61 75 70
Syndicat d'initiative, Pors Kernoc ✆ 02 98 61 75 87

Ti Va Zadou sans rest

le bourg – ✆ 02 98 61 76 91 – Fax 02 98 61 76 91 – Ouvert 5 fév.-11 nov.

4 ch – 40 € 60 €

◆ De coquettes chambres marines, dont une familiale, vous attendent dans cette typique maison de pays dont on aperçoit les volets bleus en débarquant sur l'île. Location de vélos.

ÎLE-DE-BRÉHAT ★ – 22 Côtes-d'Armor – 309 D1 – 421 h. – alt. 7 m – ✉ 22870
Bretagne 10 **C1**

Accès par transports maritimes, pour **Port-Clos.**

depuis la **Pointe de l'Arcouest** - Traversée 10 mn - Renseignements et tarifs : Vedettes de Bréhat ✆ 02 96 55 79 50, Fax 02 96 55 79 55 - depuis **St-Quay-Portrieux** - Service saisonnier - Traversée 1 h 15 mn - Renseignements et tarifs : Vedettes de Bréhat (voir ci-dessus) - depuis **Binic** - Service saisonnier - Traversée 1 h 30 mn - Renseignements et tarifs : Vedettes de Bréhat (voir ci-dessus). depuis **Erquy** - Service saisonnier - Traversée 1 h 15 mn - Renseignements et tarifs : Vedettes de Bréhat (voir ci-dessus).

Syndicat d'initiative, le Bourg ✆ 02 96 20 04 15, Fax 02 96 20 06 94

Tour de l'île★★ - Phare du Paon★ - Croix de Maudez ≤★ - Chapelle St-Michel ※★★ - Bois de la citadelle ≤★.

Bellevue

Port-Clos – ✆ 02 96 20 00 05 – hotelbellevue.brehat@wanadoo.fr – Fax 02 96 20 06 06 – Fermé 11 nov.-26 déc. et 7 janv.-17 fév.

17 ch – 88/125 € 88/125 €, ☕ 10 € – ½ P 84/106 € – **Rest** – Menu 25/37 € – Carte 33/57 €

◆ Maison de 1904 tournée vers le ponton et la pointe de l'Arcouest, dont la vue profite aux chambres situées en façade et au restaurant. Location de vélos sur place. Table au décor marin et terrasses panoramiques. Repas où entre la marée du jour ; vivier en salle.

La Vieille Auberge

au bourg – ✆ 02 96 20 00 24 – vieille-auberge.brehat@wanadoo.fr – Fax 02 96 20 05 12 – Ouvert Pâques-nov.

14 ch – 75/110 € 75/110 €, ☕ 9,50 € – ½ P 70/80 € – **Rest** – Menu 19 € – Carte environ 35 €

◆ On rejoint à pied cette ancienne maison de corsaires située au bourg : le patrimoine écologique de l'île mérite que l'on oublie sa voiture ! Chambres fonctionnelles. Cuisine de l'océan à déguster dans la salle ornée de filets de pêche ou dans la cour fleurie.

ÎLE DE GROIX ★ – 56 Morbihan – 308 K9 – ✉ 56590 Bretagne 9 **B2**

Accès par transports maritimes pour **Port-Tudy** (en été **réservation recommandée** pour le passage des véhicules).

depuis **Lorient** - Traversée 45 mn - Tarifs, se renseigner : S.M.N., r. G. Gahinet ✆ 0 820 056 000, Fax 02 97 64 77 69, www.smn-navigation.fr.

Site★ de Port-Lay - Trou de l'Enfer★.

De la Marine

7 r. Gén. de Gaulle, au Bourg – ✆ 02 97 86 80 05 – hotel.dela.marine@wanadoo.fr – Fax 02 97 86 56 37 – Fermé 1er-7 déc., janv., dim. soir et lundi d'oct. à mars sauf vacances scolaires

22 ch – 33/38 € 37/92 €, ☕ 9 € – ½ P 46/74 € – **Rest** – Menu 17/30 € – Carte 28/44 €

◆ À 5 mn à pied de l'embarcadère, maison bourgeoise dont les chambres offrent différents niveaux de confort. Ambiance marine au bar où vous côtoierez les îliens. Avenante salle à manger rustique (murs de pierre, cheminée) ; carte de poissons et crustacés.

ÎLE DE JERSEY ★★ – JSY Jersey – 309 J1 – 85 150 h. Normandie Cotentin

Accès par transports maritimes pour **St-Hélier (réservation indispensable).**

depuis **St-Malo** (réservation obligatoire). par **Hydroglisseur** (Condor Ferries) - Traversée 1 h 15 mn - Renseignements et tarifs : gare maritime de la bourse (St-Malo) Terminal Ferry du Naye ✆ 0 825 135 135 (0,15 €/mn). depuis **Carteret** : Catamaran - service saisonnier - traversée 50 mn (Gorey) par Manche Iles Express ✆ 0 825 133 050 (0,15 €/mn).

depuis **Granville** - Catamaran rapide - traversée 60 mn (St-Hélier) par Manche Iles Express : ✆ 0 825 133 050 (0,15 €/mn) - depuis **Carteret** - Catamaran - service saisonnier - traversée 50 mn (Gorey) par Manche Iles Express : ✆ 0 825 133 050 (0,15 €/mn).

Ressources hôtelières voir le Guide Michelin : **Great Britain and Ireland**

ÎLE DE NOIRMOUTIER – 85 Vendée – 316 C6 – alt. 8 m

Poitou Vendée Charentes 34 **A2**

Accès - par le pont routier au départ de Fromentine : passage gratuit - par le passage du Gois** : 4,5 km - pendant le premier ou le dernier quartier de la lune par beau temps (vents hauts) d'une heure et demie avant la basse mer, à une heure et demie environ après la basse mer - pendant la pleine lune ou la nouvelle lune par temps normal : deux heures avant la basse mer à deux heures après la basse mer - en toute périodes par mauvais temps (vents bas) ne pas s'écarter de l'heure de basse mer. Voir les panneaux d'affichage sur place, avant l'accès au Gois.

L'ÉPINE – 85 Vendée – 1 685 h. – alt. 2 m – ✉ 85740 34 **A2**

Paris 463 – Cholet 134 – Nantes 79 – Noirmoutier-en-l'Ile 4 – La Roche-sur-Yon 85

Punta Lara ← l'Océan, 15/100, P VISA MC AE

Sud : 2 km par D 95 et rte secondaire ✉ 85680 – ✆ 02 51 39 11 58 – puntalara@leshotelsparticuliers.com – Fax 02 51 39 69 12 – Ouvert 5 mai-30 sept.

61 ch – 100/159 € 135/190 €, 15 € – ½ P 113/135 € – **Rest** – Menu (22 €), 28/36 € – Carte 39/48 €

◆ Dans une pinède, entre océan et marais salants, bungalows de style vendéen abritant des chambres bien tenues, toutes avec balcon ou terrasse face à l'Atlantique. La vaste salle de restaurant coiffée d'une belle charpente en bois s'ouvre sur la piscine ronde.

L'HERBAUDIÈRE – 85 Vendée – ✉ 85330 Noirmoutier-en-l'Ile 34 **A2**

Paris 469 – Cholet 140 – Nantes 85 – La Roche-sur-Yon 91

La Marine (Couillon) VISA MC AE

sur le port – ✆ 02 51 39 23 09 – Fax 02 51 39 23 09 – Fermé à partir de mi-sept. pour travaux, dim. soir, mardi soir et merc.

Rest – Menu 18 € (déj. en sem.)/47 € bc – Carte 41/61 €

Spéc. Le tourteau. Le bar de ligne. La lotte rôtie.

◆ Maison de pays face au port de pêche. Intérieur d'esprit marin et terrasse côté jardin. La cuisine, inventive, est composée selon le marché et valorise les produits de l'océan.

NOIRMOUTIER-EN-L'ÎLE – 85 Vendée – 5 001 h. – alt. 8 m – ✉ 85330 34 **A2**

Paris 464 – Cholet 135 – Nantes 80 – La Roche-sur-Yon 86

Office de tourisme, rue du Général Passaga ✆ 02 51 39 12 42

Collection de faïences anglaises★ au château.

Fleur de Sel rest, 25, P VISA MC AE

r. des Saulniers – ✆ 02 51 39 09 07 – contact@fleurdesel.fr – Fax 02 51 39 09 76 – Ouvert 30 mars-3 nov.

35 ch – 81/139 € 81/164 €, 11,50 € – ½ P 75/118 € – **Rest** – *(fermé lundi midi et mardi midi sauf vacances scolaires et fériés)* Menu (20 €), 26 € (sem.)/47 € – Carte 31/62 €

◆ Environnement paisible et verdoyant, practice de golf, terrasse, coquets salons et chambres soignées (décor marin ou "cosy") : ici, calme, confort et détente passent avant tout. Le cadre du restaurant, qui sert une cuisine au goût du jour, s'inspire de l'océan.

Général d'Elbée sans rest VISA MC AE

pl. Château – ✆ 02 51 39 10 29 – elbee@leshotelsparticuliers.com – Fax 02 51 39 08 23 – Ouvert 5 mai-30 sept.

27 ch – 95/185 € 95/235 €, 15 €

◆ Les chambres de cette demeure historique du 18e s. possèdent le charme patiné des maisons d'antan (mobilier d'époque, poutres) ; certaines ont vue sur le château éclairé le soir.

Les Douves sans rest VISA MC

11 r. Douves (face au Château) – ✆ 02 51 39 02 72 – hotel-les-douves@wanadoo.fr – Fax 02 51 39 73 09 – Fermé 8 janv.-17 fév.

22 ch – 46/73 € 56/93 €, 8 €

◆ Place d'Armes, port et château sont à deux pas de ces petites chambres simplement meublées, mais claires et pratiques. Piscine aménagée sur l'arrière de la maison.

La Maison de Marine sans rest

3 r. Parmentier – ☎ 02 28 10 27 21 – renee.vetele@wanadoo.fr
5 ch – †98/130 € ††110/130 €
◆ Belles chambres personnalisées, terrasses fleuries ouvertes sur le patio-piscine, salon-cheminée, spa, jardin aromatique : cette délicieuse maison respire la douceur de vivre.

Le Grand Four

1 r. Cure, (derrière le château) – ☎ 02 51 39 61 97 – renee.vetele@wanadoo.fr – Fax 02 51 39 61 97 – Fermé 3 déc.-3 fév., dim. soir et lundi hors vacances scolaires sauf du 1ᵉʳ avril au 15 sept.
Rest – Menu 19 € (sem.)/54 € – Carte 55/65 €
◆ Façade ancienne tapissée de vigne vierge. Deux salles à manger dont une coquette, envahie de tableaux et bibelots, et une autre plus sobrement marine. Cuisine axée sur l'océan.

L'Étier

rte L'Épine, Sud-Ouest : 1 km – ☎ 02 51 39 10 28 – restaurant.etier@wanadoo.fr – Fax 02 51 39 23 00 – Fermé 10 déc.-26 janv., mardi sauf juil.-août et lundi
Rest – Menu 16/35 € – Carte 27/52 €
◆ Une vieille maison basse typique de l'île. Intérieur sagement rustique (coin-cheminée non-fumeurs), terrasse-véranda face à l'étier de l'Arceau et produits de la pêche locale.

Côté Jardin

1 bis r. Grand Four (derrière le château) – ☎ 02 51 39 03 02 – Fax 02 51 54 64 58 – Ouvert de début fév. à mi-nov. et fermé dim. soir, merc. soir et jeudi hors saison et lundi en saison
Rest – Menu 17/37 €
◆ Adresse prisée pour sa cuisine traditionnelle sachant valoriser les produits du terroir vendéen. Patio-terrasse adossé à une ancienne chapelle ; exposition d'un artiste local.

au Bois de la Chaize 2 km à l'Est – ✉ 85330 Noirmoutier-en-l'Île

Bois★.

Les Prateaux

ch, ch,

allée du Tambourin – ☎ 02 51 39 12 52 – les-prateaux@wanadoo.fr – Fax 02 51 39 46 28 – Ouvert de mi-fév. à début nov.
18 ch – †90/154 € ††90/154 €, 12 € – 1 suite – ½ P 85/122 € – **Rest** – *(fermé merc. midi et mardi)* Menu 26 € (sem.)/62 € – Carte 27/83 €
◆ Proximité de la plage des Dames, quiétude de la pinède et jardin fleuri sont les atouts de cet hôtel. Mobilier de style dans les chambres, spacieuses et souvent de plain-pied. Lumineux restaurant aux tons bleu et blanc ; cuisine axée sur les produits de la mer.

St-Paul

rest, 20/25,

15 av. Maréchal Foch – ☎ 02 51 39 05 63 – christian.buron@wanadoo.fr – Fax 02 51 39 73 98 – Ouvert 16 mars-3 nov.
37 ch – †75 € ††95 €, 10,50 € – ½ P 115/126 € – **Rest** – *(fermé dim. soir et lundi hors saison)* Menu 28/65 € – Carte 54/79 €
◆ Un beau parc fleuri entoure cet hôtel bénéficiant de la tranquillité des bois environnants. Chambres assez cossues (mobilier de style ou rustique) et chaleureux salon-bar. Cuisine traditionnelle et de la mer servie dans une élégante salle à manger non-fumeurs.

Château du Pélavé

9 allée de Chaillot – ☎ 02 51 39 01 94 – chateau-du-pelave@wanadoo.fr – Fax 02 51 39 70 42
18 ch – †60/195 € ††60/195 €, 12,50 € – **Rest** – *(fermé 12 nov.-25 déc., 6 janv.-9 fév., merc. midi, dim. soir, lundi et mardi de nov. à fév. sauf fériés)* Menu (17 €), 25/58 € – Carte 33/54 €
◆ Petit castel de la fin du 19ᵉ s. blotti dans son ravissant parc arboré et fleuri. Les chambres sont progressivement personnalisées par un beau mobilier chiné... sur Internet ! À table, cuisine valorisant le terroir et belle carte de vins de propriétaires.

Les Capucines ch, ch, VISA
38 av. de la Victoire – ✆ 02 51 39 06 82 – capucineshotel@aol.com – Fax 02 51 39 33 10 – Ouvert 10 fév.-3 nov. et fermé merc. et jeudi hors saison
21 ch – †52/82 € ††52/93 €, ☐ 8 € – ½ P 51/81 € – **Rest** – Menu (15 €), 23/37 € – Carte 27/42 €
◆ Deux bâtiments disposés de part et d'autre d'une piscine. Chambres sans luxe, mais pratiques ; elles sont plus grandes à l'annexe et plus calmes côté jardin. Accueil aimable. Salle à manger moderne assez sobre et service en terrasse à la belle saison.

ÎLE DE PORQUEROLLES – 83 Var – 340 M7 – ✉ 83400 41 C3

Accès par transports maritimes.

depuis **La Tour Fondue** (presqu'île de Giens) - Traversée 20 mn - Renseignements et tarifs : T.L.V. et T.V.M. ✆ 04 94 58 21 81, (La Tour Fondue) - depuis **Cavalaire** - service saisonnier - Traversée 1 h 40 mn ou **Le Lavandou** - service saisonnier - Traversée 50 mn. Vedettes Îles d'Or 15 quai Gabriel-Péri ✆ 04 94 71 01 02 (Le Lavandou), Fax 04 94 01 06 13 depuis **Toulon** - service saisonnier - Traversée 1 h - Renseignements et tarifs : Se renseigner auprès de l'Office du tourisme de Toulon ✆ 04 94 18 53 00.

Mas du Langoustier 20/50, VISA
Ouest : 3,5 km du port – ✆ 04 94 58 30 09 – langoustier@wanadoo.fr – Fax 04 94 58 36 02 – Ouvert de mi-avril à mi-oct.
45 ch (½ P seult) – 5 suites – ½ P 175/310 € – **Rest** – Menu 55/88 € – Carte 62/126 €
Spéc. Filets de rougets poêlés et brouillade d'œufs à la rouille. Ravioli ouvert aux artichauts et pistou. Filet de loup rôti. **Vins** Île de Porquerolles, Côtes de Provence.
◆ Chambres spacieuses et lumineuses dans un site sauvage dominant la mer, près de la pointe du Grand Langoustier. Transfert possible en hélicoptère depuis le continent. Au restaurant, cuisine du soleil revisitée avec brio et la "grande bleue" à perte de vue.

Villa Sainte Anne ch, ch, 20, VISA
pl. Armes – ✆ 04 98 04 63 00 – courrier@sainteanne.com – Fax 04 94 58 32 26 – Fermé 5 nov.-27 déc. et 3 janv.-17 fév.
26 ch – †50/100 € ††100/200 €, ☐ 9 € – ½ P 70/120 € – **Rest** – *(fermé merc. en fév., mars et oct.)* Menu 18 € (déj.)/23 € – Carte 25/44 €
◆ Accueillante maison installée sur la vivante place du village. Chambres rénovées dans la partie ancienne ; elles sont récentes et plus grandes à l'annexe. Chaleureuse salle à manger et plaisante terrasse ombragée. Cuisine traditionnelle et produits de la mer.

ÎLE DE PORT-CROS ★★★ – 83 Var – 340 N7 – ✉ 83400 Côte d'Azur 41 C3

Accès par transports maritimes

depuis **Le Lavandou** - Traversée 35 mn - Renseignements et tarifs : Vedettes Îles d'Or 15 quai Gabriel-Péri ✆ 04 94 71 01 02 (Le Lavandou), Fax 04 94 01 06 13 depuis **Cavalaire** - Traversée 45 mn - Renseignements et tarifs : voir ci-dessus - depuis **La Tour Fondue** - Traversée 1 h - Renseignements et tarifs : T.L.V. - T.V.M. ✆ 04 94 58 21 81.

Le Manoir 20, VISA
– ✆ 04 94 05 90 52 – lemanoir.portcros@wanadoo.fr – Fax 04 94 05 90 89 – Ouvert 28 avril-15 oct.
22 ch (½ P seult) – ½ P 135/195 € – **Rest** – Menu 50 €
◆ Pour les amoureux de calme et de nature... Cette jolie maison du 19e s. entourée d'un parc jouit en effet d'une situation idyllique dans une île protégée. Restaurant et terrasse regardent les voiliers ancrés dans la rade de Port-Cros ; cuisine régionale.

ÎLE DE RÉ ★ – 17 Charente-Maritime – 324 B2 Poitou Vendée Charentes 38 A2

Accès par le pont routier (voir à La Rochelle).

ARS-EN-RÉ – 17 Charente-Maritime – **1 294 h.** – **alt. 4 m** – ✉ **17590** 38 A2
Paris 506 – Fontenay-le-Comte 85 – Luçon 75 – La Rochelle 34
Office de tourisme, 26 place Carnot ✆ 05 46 29 46 09

Le Sénéchal sans rest VISA MC

6 r. Gambetta – ✆ 05 46 29 40 42 – hotel.le.senechal@wanadoo.fr – Fax 05 46 29 21 25 – Fermé début janv. à début fév.

22 ch – †45/200 € ††45/200 €, ☕ 9 € – 2 suites

◆ Ambiance de maison d'hôte, intérieur de très bon goût mariant vieilles pierres et décoration "tendance", joli patio fleuri pour les petits-déjeuners : une adresse pleine de charme.

Le Parasol rest, rest, cuisinette P VISA MC

Nord-Ouest : 1 km par rte phare des Baleines – ✆ 05 46 29 46 17 – contact@ leparasol.com – Fax 05 46 29 05 09 – Fermé janv.-fév.

29 ch – †67/122 € ††67/122 €, ☕ 10 € – ½ P 63/89 € – **Rest** – Menu 17 € (déj. en sem.), 32/48 € – Carte 29/46 €

◆ Chambres néo-rustiques et studios répartis dans cinq petits bâtiments entourés de verdure. Tenue et accueil soignés. Jacuzzi extérieur et aire de jeux. La terrasse du restaurant est un vrai havre de fraîcheur ; carte traditionnelle.

Le Bistrot de Bernard 20, VISA MC

1 quai Criée – ✆ 05 46 29 40 26 – bistrot.de.bernard@wanadoo.fr – Fax 05 46 29 28 99 – Fermé 30 nov.-15 fév., lundi et mardi d'oct. à mars

Rest – Menu 25 € – Carte 36/61 €

◆ La cour fleurie donne un air colonial à ce restaurant aménagé dans une ancienne demeure rhétaise. Sculptures en bronze et cadres en mosaïque agrémentent la salle à manger.

La Cabane du Fier P VISA MC

Le Martray, Est : 3 km par D 735 – ✆ 05 46 29 64 84 – cabanedufier@free.fr – Fax 05 46 29 64 84 – Ouvert 15 mars-15 nov. et fermé mardi soir et merc. sauf juil.-août

Rest – Carte 25/40 €

◆ Dans une construction en bois adossée à une cabane d'ostréiculteur, charmant bistrot marin et sa terrasse regardant le Fier d'Ars. Produits de la mer suggérés sur ardoise.

LE BOIS-PLAGE-EN-RÉ – 17 Charente-Maritime – 2 235 h. – alt. 5 m – ✉ 17580 38 A2

Paris 494 – Fontenay-le-Comte 74 – Luçon 64 – La Rochelle 23

Office de tourisme, 87 rue des Barjottes ✆ 05 46 09 23 26, Fax 05 46 09 13 15

Les Bois Flottais sans rest P VISA MC AE

chemin des Mouettes – ✆ 05 46 09 27 00 – lesboisflottais@wanadoo.fr – Fax 05 46 09 28 00 – Ouvert 5 mars-31 oct.

11 ch – †81/142 € ††81/142 €, ☕ 14 €

◆ Tons beige et chocolat, tomettes, lambris lazurés, bibelots marins : un ravissant décor insulaire habille les chambres, confortables et toutes de plain-pied avec le patio-piscine.

L'Océan ch, ch, P VISA MC AE

172 r. St-Martin – ✆ 05 46 09 23 07 – info@re-hotel-ocean.com – Fax 05 46 09 05 40 – Fermé 7 janv.-7 fév.

29 ch – †72/120 € ††72/180 €, ☕ 10 € – ½ P 68/122 € – **Rest** – *(fermé merc. sauf le soir d'avril à sept.)* Menu (18 €), 23/32 € – Carte 26/52 €

◆ Maisons aux murs chaulés où bois blond, courtepointes et tissus brodés recréent le charme des habitations rhétaises. Chambres très coquettes, dont sept plus contemporaines. Ambiance îlienne dans la jolie salle à manger ouverte sur la cour-terrasse. Bar lounge.

Les Gollandières ch, 15/60, P P VISA MC AE

av. des Gollandières – ✆ 05 46 09 23 99 – hotel-les-gollandieres@wanadoo.fr – Fax 05 46 09 09 84 – Ouvert 17 mars-10 nov.

35 ch – †90/110 € ††90/110 €, ☕ 11 € – ½ P 89/108 € – **Rest** – Menu 18 € (déj. en sem.), 39/74 € – Carte 42/67 €

◆ Derrière les dunes, établissement disposant de petites chambres simples réparties autour de deux patios. Agréable piscine. Au restaurant, la cuisine, traditionnelle et de qualité, valorise les richesses du terroir local ; service en terrasse aux beaux jours.

La Villa Passagère sans rest
25 av. du Pas des Bœufs – ☎ 05 46 00 26 70 – reception@lavillapassagere.net – Fax 05 46 00 26 84 – Ouvert 1er fév.-15 nov.
13 ch – †55/100 € ††55/100 €, ☐ 7 €
◆ Hôtel récent composé de petites maisons de style régional, agencées autour de l'agréable piscine et du jardin aromatique. Chambres de plain-pied, simples et lumineuses.

LA COUARDE-SUR-MER – 17 Charente-Maritime – 1 179 h. – alt. 1 m – ✉ 17670 38 A2

Paris 497 – Fontenay-le-Comte 76 – Luçon 66 – La Rochelle 26

Syndicat d'initiative, rue Pasteur ☎ 05 46 29 82 93, Fax 05 46 29 63 02

Le Vieux Gréement sans rest
13 pl. Carnot – ☎ 05 46 29 82 18 – hotelvieuxgreement@wanadoo.fr – Fax 05 46 29 50 79 – Ouvert 31 mars-13 nov.
16 ch – †50/75 € ††65/115 €, ☐ 10 €
◆ Sur la place du village, une maison familiale qui a une âme. Chambres coquettes, joli patio, terrasse à l'ombre d'un tilleul et bar proposant huîtres et tartines gourmandes.

LA FLOTTE – 17 Charente-Maritime – 2 737 h. – alt. 4 m – ✉ 17630 38 A2

Paris 489 – Fontenay-le-Comte 68 – Luçon 58 – La Rochelle 17

Office de tourisme, quai de Sénac ☎ 05 46 09 60 38

Richelieu ch, 60, VISA AE
av. Plage – ☎ 05 46 09 60 70 – info@hotel-le-richelieu.com – Fax 05 46 09 50 59 – Fermé 7 janv.-8 fév.
37 ch – †125/510 € ††125/510 €, ☐ 26 € – 3 suites – ½ P 125/315 € –
Rest – Menu 50/65 € – Carte 63/83 €
Spéc. Une autre façon de découvrir les huîtres de l'Île de Ré. Homard bleu du vivier (mai à sept.). Superposition chocolat-caramel, fruits secs, glace caramel à la fleur de sel. **Vins** Vin de Pays de la Vienne.
◆ Luxueuses chambres personnalisées (meubles de style) au bord de l'océan. Les plus agréables possèdent une vaste terrasse face au large. Centre de thalassothérapie. Restaurant généreusement ouvert sur le jardin et l'Atlantique ; cuisine fine et assez originale.

L'Écailler
3 quai Sénac – ☎ 05 46 09 56 40 – flosenac@wanadoo.fr – Ouvert de mars à nov. et fermé le lundi du 20 juin au 20 sept. et le merc. du 21 sept. au 19 juin
Rest – Menu 34 € – Carte 39/70 €
◆ Terrasse tournée vers le port, intérieur soigné (boiseries, cheminée et parquet anciens) et recettes honorant la pêche locale : cette maison d'armateur de 1652 a bien du charme.

LES PORTES-EN-RÉ – 17 Charente-Maritime – 661 h. – alt. 4 m – ✉ 17880 38 A2

Paris 514 – Fontenay-le-Comte 93 – Luçon 83 – La Rochelle 43

Office de tourisme, 52 rue de Trousse-Chemise ☎ 05 46 29 52 71, Fax 05 46 29 52 81

de Trousse-Chemise Route de la Levée Verte, S : 3 km par D 101, ☎ 05 46 29 69 37.

Le Chasse-Marée
1 r. J. David – ☎ 05 46 29 52 03 – restaurant.le.chasse-maree@wanadoo.fr – Fax 05 46 28 00 91 – Fermé janv., fév., mars, dim. soir et lundi sauf du 15 juin au 15 sept.
Rest – Menu 15 € (déj. en sem.), 26/45 €
◆ Avenante maison régionale située au centre du village. L'intérieur de type bistrot actuel est agréable, tout comme la terrasse d'été installée en façade. Produits de la mer.

RIVEDOUX-PLAGE – 17 Charente-Maritime – 1 754 h. – alt. 2 m – ✉ 17940 38 A2

Paris 483 – Fontenay-le-Comte 63 – Luçon 53 – La Rochelle 12

Syndicat d'initiative, avenue Gustave Perreau ☎ 05 46 09 80 62

Auberge de la Marée sans rest
rte St-Martin – ☎ 05 46 09 80 02 – auberge.delamaree@wanadoo.fr – Fax 05 46 09 88 25 – Ouvert 8 avril-3 nov.
30 ch – †70/190 € ††70/190 €, ☐ 12 €
◆ Chambres garnies de meubles peints ; les plus plaisantes donnent sur la roseraie et la piscine (terrasses). Nombreux salons et recoins intimes très appréciés. Accueil charmant.

ST-CLÉMENT-DES-BALEINES – 17 Charente-Maritime – 728 h. – alt. 2 m – ✉ 17590 38 A2

Paris 509 – Fontenay-le-Comte 89 – Luçon 79 – La Rochelle 38

Office de tourisme, 200 rue du Centre ✆ 05 46 29 24 19, Fax 05 46 29 08 14

L'Arche de Noé (parc d'attractions) : Naturama★ (collection d'animaux naturalisés) - Phare des Baleines ✳★ N : 2,5 km.

Le Chat Botté sans rest

2 pl. Église – ✆ 05 46 29 21 93 – hotelchatbotte@wanadoo.fr – Fax 05 46 29 29 97 – Fermé fin nov.-20 déc. et 5 janv.-10 fév.

23 ch – †55/57 € ††62/245 €, ☕ 13 €, 3 duplex

◆ Ambiance "cosy" (bois, tons pastel, meubles anciens), petit-déjeuner servi au cœur d'un adorable jardin et centre de beauté : une adresse dédiée à la détente et au bien-être !

Le Chat Botté

r. Mairie – ✆ 05 46 29 42 09 – restaurant-lechatbotte@wanadoo.fr – Fax 05 46 29 29 77 – Fermé 10 déc.-4 fév. et lundi hors saison

Rest – Menu 22 € (sem.)/70 € – Carte 40/73 €

◆ L'enseigne tire son nom du "Chabot", l'un des cinq hameaux qui composent le village. Confortable salle à manger au cadre marin, largement ouverte sur un agréable jardin.

ST-MARTIN-DE-RÉ – 17 Charente-Maritime – 2 637 h. – alt. 14 m – ✉ 17410 38 A2

Paris 493 – Fontenay-le-Comte 72 – Luçon 62 – La Rochelle 22

Syndicat d'initiative, quai Nicolas Baudin ✆ 05 46 09 20 06

Fortifications★.

De Toiras

ch, 10, VISA MC AE

1 quai Job Foran – ✆ 05 46 35 40 32 – contact@hotel-de-toiras.com – Fax 05 46 35 64 59

16 ch – †130/530 € ††160/560 €, ☕ 20 € – 1 suite – **Rest** – *(fermé mardi et merc.) (dîner seult)* Carte 44/96 €

◆ Décoration soignée, à la fois luxueuse et simple, chambres très chaleureuses et accueil particulièrement attentionné... Cette maison d'armateur du 17e s. est une perle rare ! Repas servis dans une jolie salle à manger ou en terrasse lorsque le temps s'y prête.

Le Clos St-Martin sans rest

50,

8 cours Pasteur – ✆ 05 46 01 10 62 – hotelclos-saintmartin@wanadoo.fr – Fax 05 46 01 99 89 – (extension prévue) Fermé 9-20 déc. et 6 janv.-7 fév.

31 ch – †95/270 € ††95/270 €, ☕ 13 € – 5 suites

◆ Cette maison récente et son plaisant petit parc clos se trouvent à une encablure du port. Chambres sobres mais agréables, parfois de plain-pied avec le patio-piscine.

La Jetée sans rest

25,

quai G. Clemenceau – ✆ 05 46 09 36 36 – info@hotel-lajetee.com – Fax 05 46 09 36 06

24 ch – †95/180 € ††95/180 €, ☕ 10 € – 7 suites

◆ Sur le port, un hôtel rénové dans un style contemporain chaleureux : couleurs "tendance" et mobilier épuré dans les chambres, ordonnées autour du patio (petit-déjeuner en été).

Le Galion sans rest

allée Guyane – ✆ 05 46 09 03 19 – hotel.le.galion@wanadoo.fr – Fax 05 46 09 13 26

29 ch – †60/100 € ††65/105 €, ☕ 8 €

◆ Les remparts de Vauban protègent l'hôtel des humeurs de l'océan. Chambres actuelles et bien tenues donnant pour la plupart sur le large (quatre côté patio). Salon asiatique.

La Maison Douce sans rest

25 r. Mérindot – ✆ 05 46 09 20 20 – lamaisondouce@wanadoo.fr – Fax 05 46 09 90 90 – Fermé 12 nov.-26 déc. et 2 janv.-5 fév.

11 ch – †105/155 € ††105/185 €, ☕ 12 €

◆ Cette typique maison rhétaise (19e s.) porte bien son nom : atmosphère feutrée, chambres délicieuses, salles de bains "rétro" et jolie cour-jardin où l'on petit-déjeune l'été.

Du Port sans rest
29 quai Poithevinière – ✆ 05 46 09 21 21 – iledere-hot.port@wanadoo.fr – Fax 05 46 09 06 85 – Fermé 14-30 janv.
35 ch – 59/90 € 59/90 €, 9,50 €
◆ C'est le quartier animé de St-Martin-de-Ré. Établissement proposant des chambres colorées, meublées simplement. Certaines bénéficient de la vue sur le port.

Les Colonnes
19 quai Job-Foran – ✆ 05 46 09 21 58 – info@hotellescolonnes.com – Fax 05 46 09 21 49 – Fermé 15 déc.-1er fév.
30 ch – 68/95 € 72/95 €, 8,50 € – ½ P 68/85 € – **Rest** – *(fermé merc.)* Menu 25 € (sem.)/40 € – Carte 30/51 €
◆ Bâtiment régional avec en façade une grande terrasse où s'attablent pêcheurs et gens du coin : convivialité de rigueur ! Chambres sobres et bien tenues, côté cour ou côté port. Salle à manger-véranda largement ouverte sur les quais et cuisine traditionnelle.

Domaine de la Baronnie
21 r. Baron de Chantal – ✆ 05 46 09 21 29 – info@domainedelabaronnie.com – Fax 05 46 09 95 29 – Ouvert 30 mars-12 nov.
6 ch – 150/210 € 150/210 €, 15 € – **Rest** – table d'hôte *(fermé en sem.) (dîner pour résidents seult)* Menu 30 €
◆ Cet hôtel particulier du 18e s. restauré dans un esprit "maison de famille" propose des chambres personnalisées. Celle de la tour ouvre sur le jardin et les toits de la ville. Cuisine du marché préparée à partir de produits insulaires.

La Maison du Port sans rest
3 quai Clemenceau – ✆ 05 46 09 10 50 – info@lamaisonduport.fr – Fax 05 46 09 76 99
3 ch – 150/175 € 150/175 €, 12 €
◆ Mobilier et objets chinés, belles salles de bains à l'ancienne, chambres avec vue sur l'écluse ou le port... Cet ex-corps de garde du 17e s. abrite une adresse pétrie de charme.

La Baleine Bleue
sur L'Îlot – ✆ 05 46 09 03 30 – info@baleinebleue.com – Fax 05 46 09 30 86 – Fermé 13 nov.-21 déc., 7 janv.-8 fév., mardi d'oct. à mars et lundi sauf juil.-août
Rest – Menu (24 €), 32 € (déj.)/45 € (dîner) – Carte 46/76 €
◆ Ce sympathique restaurant dresse sa grande terrasse côté port. Chaleureux intérieur doté d'un zinc des années 1930 et cuisine au goût du jour axée sur les produits de la mer.

STE-MARIE-DE-RÉ – 17 Charente-Maritime – 2 655 h. – alt. 9 m – ✉ 17740 38 **A2**
Paris 486 – Fontenay-le-Comte 66 – Luçon 55 – La Rochelle 15
Office de tourisme, place d'Antioche ✆ 05 46 30 22 92, Fax 05 46 30 01 68

Atalante rest, rest, 80,
r. Port Notre-Dame – ✆ 05 46 30 22 44 – iledere@relaisthalasso.com – Fax 05 46 30 13 49 – Fermé 7-20 janv.
107 ch – 81/240 € 111/362 €, 12 € – ½ P 90/215 € – **Rest** – Menu 24/34 € – Carte 44/65 €
◆ Cet hôtel posté face à l'océan dispose de chambres actuelles aux tons acidulés. Celles de l'aile neuve offrent plus d'espace et de confort. Accès direct à la thalassothérapie. La salle à manger-véranda est une vraie fenêtre sur le spectacle de l'Atlantique.

Les Vignes de la Chapelle sans rest
5 r. de la Manne – ✆ 05 46 30 20 30 – direction@lesvignesdelachapelle.com – Fax 05 46 30 20 31 – Ouvert 7 fév.-7 nov. cuisinette
2 ch – 75/160 € 75/160 €, 15 € – 17 suites – 140/240 €
◆ Face au vignes et à la mer, un hôtel tout neuf respectueux de l'environnement (choix des matériaux, du mode de chauffage...). Suites contemporaines, de plain-pied et avec terrasse.

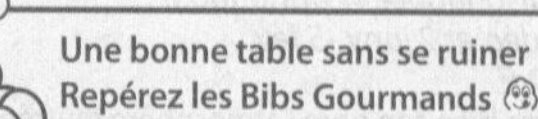

Une bonne table sans se ruiner ?
Repérez les Bibs Gourmands.

ÎLE-DE-SEIN – 29 Finistère – 308 B6 – 242 h. – alt. 14 m – ✉ 29990
Bretagne 9 **A2**

Transports uniquement piétons - depuis **Brest** (le dim. en juil.-août) - Traversée 1 h 30 mn - Renseignements et tarifs : Cie Maritime Penn Ar Bed (Brest) ✆ 02 98 80 80 80 - depuis **Audierne** (toute l'année) Traversée 1 h - Renseignements et tarifs : voir ci-dessus. depuis **Camaret** (le dim. en juil.-août) Traversée 1 h - Renseignements et tarifs : voir ci-dessus.

Ar Men — VISA MC

rte Phare – ✆ 02 98 70 90 77 – hotel.armen@wanadoo.fr – Fax 02 98 70 93 25 – Fermé 1er-24 oct., 7-30 janv.

10 ch – 43 € 53 €, 7 € – ½ P 50 € – **Rest** – *(fermé merc. d'avril à sept. et dim. soir)* Menu 19 €

◆ Plaisante étape insulaire en cet hôtel familial à façade rose situé sur la route du phare, près du clocher. Chambres aux couleurs océanes, avec vue sur le large. Menu où entre la pêche du jour, proposé dans une salle sobre. Ragoût de homard sur réservation.

ÎLE-D'HOUAT – 56 Morbihan – 308 N10 – 335 h. – alt. 31 m – ✉ 56170
Bretagne 10 **C3**

Accès par transports maritimes

depuis **Quiberon** - Traversée 40 mn - Renseignements et tarifs : SMN ✆ 0 820 056 000 (0,12 €/mn)(Quiberon) www.smn-navigation.fr- depuis **La Trinité-sur-Mer** (juil.-août) Traversée 1 h - Navix : cours des quais ✆ 0 825 132 150 (0,15 €/mn) www.navix.fr.

Le Bourg ★.

La Sirène — ch, VISA MC

rte du Port – ✆ 02 97 30 66 73 – la-sirene-houat@wanadoo.fr – Fax 02 97 30 66 94 – Ouvert Pâques-fin oct.

20 ch – 100/120 € 100/120 €, 10 €, 3 duplex – ½ P 75/95 € – **Rest** – Carte 27/54 €

◆ Hôtel familial ancré au cœur du bourg. Amabilité de l'accueil et chambres pratiques et insonorisées - 9 sont nouvelles - promettent un agréable séjour. Restaurant au décor marin prolongé d'une terrasse où l'on sert plats traditionnels et produits de la mer.

ÎLE D'OLÉRON ★ – 17 Charente-Maritime – 324 C4
Poitou Vendée Charentes 38 **A2**

Accès par le pont viaduc : passage gratuit.

BOYARDVILLE – 17 Charente-Maritime – ✉ 17190 St-Georges-d'Oléron 38 **A2**

Paris 517 – Marennes 24 – Rochefort 45 – La Rochelle 82 – Saintes 65

Office de tourisme, 14 avenue de l'Océan ✆ 05 46 47 04 76

d'Oléron à Saint-Pierre-d'Oléron La Vieille Perrotine, S : 2 km par D 126, ✆ 05 46 47 11 59.

Des Bains — VISA MC

au port – ✆ 05 46 47 01 02 – hotel.des.bains@net-up.com – Fax 05 46 47 16 90 – Ouvert 26 mai-23 sept.

Rest – *(fermé merc. sauf le soir du 11 juil. au 23 sept.)* Menu 20/34 € – Carte 31/67 €

◆ Poutres, pierres apparentes, cuivres et mobilier rustique donnent à ce restaurant familial qui borde le canal des allures de vieille auberge. Répertoire culinaire traditionnel.

LE CHÂTEAU-D'OLÉRON – 17 Charente-Maritime – 3 552 h. – alt. 9 m – ✉ 17480 38 **A2**

Les Jardins d'Aliénor avec ch — ch, VISA MC AE

11 r. Mar. Foch – ✆ 05 46 76 48 30 – lesjardinsdalienor@wanadoo – Fax 05 46 76 58 47 – Fermé 5-31 mars, 3-17 déc., dim. et lundi

4 ch – 85/105 € 85/105 € – **Rest** – *(fermé dim. soir et lundi de sept. à juin et le midi en juil.-août)* Menu 23 € (sem.)/39 € – Carte 38/51 €

◆ Mélange des styles (ancien, contemporain) et patio-terrasse agrémenté d'un mur végétal : un cadre "baroquisant" qui a de la personnalité, tout comme la cuisine du chef. Jolies chambres dont une avec terrasse privative.

LA COTINIÈRE – 17 Charente-Maritime – ✉ 17310 St-Pierre-d'Oléron 38 **A2**

Paris 522 – Marennes 22 – Rochefort 44 – La Rochelle 80 – Royan 54 – Saintes 63

Office de tourisme, 22 rue du Port ✆ 05 46 47 09 08

Face aux Flots ch, rest, rest, VISA MC AE

24 r. du Four – ✆ 05 46 47 10 05 – face.aux.flots@wanadoo.fr – Fax 05 46 47 45 95 – Fermé 12 nov.-8 fév. sauf vacances de Noël

21 ch – †40/80 € ††48/86 €, ☕ 7,50 € – ½ P 50/76 € – **Rest** – *(dîner seult) (résidents seult)*

◆ Les chambres de ce sympathique hôtel familial ont été rénovées ; elles sont actuelles, joliment colorées et presque toutes orientées côté mer (quatre avec petit balcon). Lumineux restaurant contemporain ouvert sur le large et cuisine traditionnelle.

Motel Île de Lumière sans rest

av. Pins – ✆ 05 46 47 10 80 cuisinette P VISA MC

– ile.de.lumiere@wanadoo.fr – Fax 05 46 47 30 87 – Ouvert 27 mars-30 sept.

45 ch ☕ – †70/92 € ††70/125 €

◆ Au cœur d'un site assez sauvage, sobres chambres de plain-pied souvent dotées de terrasses regardant l'océan, les dunes ou la piscine. Certaines offrent un décor plus moderne.

à la Ménounière 2 km au Nord par rte secondaire ✉ 17310 St-Pierre-d'Oléron

Saveurs des Îles VISA MC

18 r. de la Plage – ✆ 05 46 75 86 68 – osaveursdesiles@wanadoo.fr – Fax 05 46 75 86 68 – Fermé début janv.-fin mars, lundi sauf le soir en juil.-août, mardi midi sauf juil.-août, merc. midi en juil.-août, mardi soir et merc. d'oct. à déc.

Rest – Menu 24/36 € – Carte 35/51 €

◆ Les propriétaires ont construit eux-mêmes ce restaurant au cadre asiatique : mobilier indonésien, terrasse côté jardin, cuisine créative relevée de saveurs et épices exotiques.

LE GRAND VILLAGE PLAGE – 17 Charente-Maritime – 898 h. – alt. 6 m – ✉ 17370 38 **A2**

Le Relais des Salines

Port des Salines – ✆ 05 46 75 82 42 – james.robert@hotmail.fr – Fax 05 46 75 16 70 – Ouvert mi-mars à mi-nov. et fermé lundi sauf vacances scolaires

Rest – Menu 15 € (déj. en sem.) – Carte environ 30 €

◆ Ambiance décontractée, esprit bistrot marin "tendance", terrasse côté marais salants et belle ardoise de suggestions iodées : cette ancienne cabane ostréicole est une perle !

ST-PIERRE-D'OLÉRON – 17 Charente-Maritime – 5 944 h. – alt. 8 m – ✉ 17310 38 **A2**

Paris 522 – Marennes 22 – Rochefort 44 – La Rochelle 80 – Royan 54 – Saintes 63

Office de tourisme, place Gambetta ✆ 05 46 47 11 39, Fax 05 46 47 10 41

Église ✱★.

Habitation Léonie sans rest P VISA MC

5 r. du Moulin, au bois fleury, 2 km au Nord par D 734 et rte secondaire, – ✆ 05 46 36 88 42 – jean-jacques-mazoyer@wanadoo.fr – Fax 05 46 36 88 42

6 ch ☕ – †60/95 € ††75/115 €

◆ Dans un hameau, maison du 18e s. et son parc où une dépendance de plain-pied abrite de calmes chambres d'esprit marin, égayées d'objets anciens et dotées chacune d'une terrasse.

Les Alizés VISA MC AE

4 r. Dubois-Aubry – ✆ 05 46 47 20 20 – Fax 05 46 47 20 20 – Ouvert de début mars à début déc. et fermé mardi et merc. sauf de mi-juil. à mi-sept. et fériés

Rest – Menu 18 € (sem.)/32 € – Carte 31/56 €

◆ Salle à manger en partie lambrissée, sagement décorée dans un esprit de bord de mer. À la belle saison, les tables sont dressées dans un patio calme et plaisant. Cuisine de l'océan.

St-Trojan-les-Bains – 17 Charente-Maritime – 1 624 h. – alt. 5 m – ✉ 17370 38 **A2**

Paris 509 – Marennes 16 – Rochefort 38 – La Rochelle 74 – Royan 47 – Saintes 57

Office de tourisme, carrefour du Port ✆ 05 46 76 00 86, Fax 05 46 76 17 64

Novotel ch, ch, ch, rest, 25,
plage de Gatseau, Sud : 2,5 km – ✆ 05 46 76 02 46 – h0417@accor.com – Fax 05 46 76 09 33 – Fermé 1er-23 déc. P VISA
109 ch – 88/172 € 110/192 €, 14 € – ½ P 87/130 € – **Rest** – Menu 28 € – Carte 26/52 €
◆ Repos garanti dans cet hôtel doté d'un centre de thalassothérapie et bâti face à la plage. Préférez les chambres refaites ou nouvellement créées, plus contemporaines. À table, guettez le large tout en surveillant votre ligne (carte en partie "diététique").

Hostellerie Les Cleunes P VISA
25 bd.Plage – ✆ 05 46 76 03 08 – hotellescleunes@aol.com – Fax 05 46 76 08 95 – Ouvert de fév. à mi-nov.
40 ch – 80/240 € 80/240 €, 12 € – ½ P 75/160 € – **Rest** – *(fermé lundi midi sauf fériés)* Menu 28/56 € – Carte 36/73 €
◆ Sur le front de mer, un établissement familial revu de pied en cap : chambres confortables et chaleureuses, salon-billard "cosy" et piscine installée au cœur d'un joli patio. Au menu du restaurant : cuisine dans l'air du temps avec l'océan en toile de fond.

Mer et Forêt rest, ch, P VISA
16 bd P. Wiehn – ✆ 05 46 76 00 15 – laforet.oleron@wanadoo.fr – Fax 05 46 76 14 67 – Ouvert 6 avril-1er oct.
43 ch – 54/74 € 54/110 €, 8,50 € – ½ P 54/86 € – **Rest** – Menu 17/34 € – Carte 25/40 €
◆ L'hôtel se trouve dans un quartier résidentiel calme. Chambres actuelles et fonctionnelles, bénéficiant de la vue sur la forêt de pins ou sur l'océan ; agréable piscine. Beau panorama sur le pont-viaduc et le continent depuis le restaurant et sa terrasse.

L'Albatros ch, rest, P VISA
11 bd Dr Pineau – ✆ 05 46 76 00 08 – allooleron@free.fr – Fax 05 46 76 03 58 – Ouvert 10 fév.-2 nov.
13 ch – 57/99 € 57/99 €, 9 € – ½ P 65/87 € – **Rest** – Menu 28 € – Carte 26/51 €
◆ Pour apprécier doublement la quiétude de cet hôtel "les pieds dans l'eau", réservez l'une des cinq chambres relookées dans un agréable style contemporain. Côté restaurant, produits de la pêche locale, décor de brasserie et terrasse panoramique face à la mer.

Le Homard Bleu VISA
10 bd Félix Faure – ✆ 05 46 76 00 22 – homard.bleu@wanadoo.fr – Fax 05 46 76 14 95 – Fermé 5 nov.-10 fév., mardi et merc. du 1er oct. au 30 mars
20 ch – 71/86 € 99/113 €, 8,50 € – ½ P 57/72 € – **Rest** – Menu 20/61 € – Carte 37/53 €
◆ Cette adresse familiale dispose de chambres fonctionnelles, bien aménagées et insonorisées, regardant pour moitié l'océan. Salle à manger-véranda vivement colorée, ouverte sur le port et le continent. Cuisine traditionnelle aux saveurs iodées.

ÎLE D'OUESSANT – 29 Finistère – 308 A4 – ✉ 29242 Bretagne 9 **A1**

Transports uniquement piétons - depuis **Brest** - Traversée 2 h 15 mn - Renseignements et tarifs : Cie Maritime Penn Ar Bed (Brest) ✆ 02 98 80 80 80 - depuis **Le Conquet** - Traversée 1 h - Renseignements et tarifs : voir ci-dessus - depuis **Camaret** (uniquement mi juillet-mi août) - Traversée 1 h 15 mn - Renseignements et tarifs : voir ci-dessus.

Ti Jan Ar C' Hafé sans rest VISA
Kernigou – ✆ 02 98 48 82 64 – hoteltijan@wanadoo.fr – Fax 02 98 48 88 15 – Ouvert 16 mars-11 nov. et 21 déc.-4 janv.
8 ch – 68/88 € 68/88 €, 9 €
◆ Entre port et bourg, petit hôtel de charme vous réservant un accueil "sympa". Salon coquet, salle à manger lumineuse et soignée, terrasse sur planches et chambres avenantes.

Le Roc'h Ar Mor ← ch, VISA MC
au bourg de Lampaul – ✆ 02 98 48 80 19 – roch.armor@wanadoo.fr – Fax 02 98 48 87 51 – Fermé 15 nov.-15 déc., 3 janv.-10 fév.
15 ch – 🛉55/87 € 🛉🛉55/87 €, ☕ 9,50 € – ½ P 52/67 € – **Rest** – *(fermé dim. soir et lundi)* Menu 23/43 € – Carte 27/54 € ♀
◆ Le dernier hôtel avant l'Amérique ! Ambiance familiale et chambres sobres parfois dotées d'un balcon tourné vers la baie de Lampaul. Bar-brasserie complété par une terrasse panoramique et salle feutrée où l'on propose un menu unique aux résidents.

Ty Korn VISA MC
au bourg de Lampaul – ✆ 02 98 48 87 33 – Fax 02 98 48 87 33 – Fermé 3-11 juin, 25 nov.-10 déc., 6-28 janv., dim. soir et lundi sauf fériés
Rest – *(nombre de couverts limité, prévenir)* Menu (15 €), 18 € (déj.)/27 € – Carte 25/33 € ♀
◆ Incontournable restaurant-pub près de l'église. Dans la salle exiguë, on goûte les produits de la mer, bien amarré sur sa chaise tandis qu'en toile de fond souffle la tempête.

ÎLE D'YEU ★★ – 85 Vendée – 361 BC7 – 4 941 h.
Poitou Vendée Charentes 34 **A3**

Accès par transports maritimes pour **Port-Joinville.**

depuis Fromentine : traversée de 30 à 70 mn - Renseignements à Cie Yeu Continent BP 16-85550 La Barre-de-Monts ✆ 0 825 853 000 (0,15 €/mn), www.compagnie-yeu-continent.fr.

depuis Fromentine (toute l'année) - Traversée de 30 à 45 mn - Renseignements et tarifs : Cie Yeu Continent (à Fromentine) ✆ 0 825 853 000 (0,15 €/mn), www.compagnie-yeu-continent.fr - depuis Barbâtre : Cie V.I.I.V. ✆ 02 51 39 00 00 - depuis St-Gilles-Croix-de-Vie et depuis Les Sables d'Olonne (Quai Bénatier) (avril-sept.) : Cie Vendéenne ✆ 0 825 139 085 (0,15 €/mn), www.compagnievendeenne.com Service Saisonnier (avril-sept.).

Office de tourisme, 1, place du Marché ✆ 02 51 58 32 58, Fax 02 51 58 40 48

PORT-DE-LA-MEULE – 85 Vendée – ✉ 85350 L'Ile-d'Yeu 34 **A3**

Paris 460 – Nantes 72 – La Roche-sur-Yon 73 – Challans 29 – Saint-Hilaire-de-Riez 36

Côte Sauvage★★ : ←★★ E et O - Pointe de la Tranche★ SE.

PORT-JOINVILLE – 85 Vendée – ✉ 85350 L'Ile-d'Yeu 34 **A3**

Paris 457 – Nantes 69 – La Roche-sur-Yon 70 – Challans 26 – Pornic 43

Vieux Château★ : ←★★ SO : 3,5 km - Grand Phare ←★ SO : 3 km.

Atlantic Hôtel sans rest ← AC VISA MC AE
quai Carnot – ✆ 02 51 58 38 80 – atlantic-hotel-yeu@club-internet.fr – Fax 02 51 58 35 92 – Fermé 8 janv.-4 fév.
18 ch – 🛉43/90 € 🛉🛉43/90 €, ☕ 7,50 €
◆ Face à l'embarcadère, chambres claires profitant du tintement des mâts - comme la salle des petits-déjeuners - ou de la tranquillité du village et de ses jardinets de pêcheurs.

L' Escale sans rest VISA MC
r. de La Croix de port – ✆ 02 51 58 50 28 – yeu.escale@voila.fr – Fax 02 51 59 33 55 – Fermé 15 nov. au 15 déc.
29 ch – 🛉42/65 € 🛉🛉44/70 €, ☕ 7,50 €
◆ En retrait du port, façade blanche égayée de volets colorés. Chambres simples et bien tenues, parfois climatisées. Salle des petits-déjeuners au décor marin.

Port Baron VISA MC
9 r. Georgette – ✆ 02 51 26 01 61 – baron-michel@hotmail.com – Fermé fév., dim. soir et lundi
Rest – Menu 21 € (déj. en sem.), 33/40 € ♀
◆ Vieilles affiches, banquettes, photos, bibelots et disques anciens : dans un agréable décor de bistrot "rétro", la carte s'inspire des tendances saisonnières et des arrivages.

L'ILE-ROUSSE – 2B Haute-Corse – 345 C4 – voir à Corse

ÎLE STE-MARGUERITE ★★ – 06 Alpes-Maritimes – 341 D6 – ✉ 06400 Cannes
Côte d'Azur 42 **E2**

Accès par transports maritimes.

depuis **Cannes** Traversée 15 mn par Cie Esterel Chanteclair-Gare Maritime des Iles ✆ 04 93 38 66 33, Fax 04 92 98 80 32.

Forêt★★ - ≤★ de la terrasse du Fort-Royal.

ÎLES CHAUSEY – 50 Manche – 303 B6 – ✉ 50400
Normandie Cotentin 32 **A2**

Accès par transports maritimes.

depuis **Granville** - Traversée 50 mn - Renseignements à : Vedette "Jolie France II" Gare Maritime ✆ 02 33 50 31 81 (Granville), Fax 02 33 50 39 90, Compagnie Corsaire : ✆ 0 825 138 050 (0,15 €/mn), Fax 02 33 50 87 80, www.compagniecorsaire.com – depuis **St-Malo** - Traversée 1 h 10 mn - Compagnie Corsaire : ✆ 0 825 138 035 (0,15 €/mn), Fax 02 23 18 02 97.

Grande Ile★.

Fort et des Iles avec ch ≤ archipel, ch, ch, VISA

– ✆ 02 33 50 25 02 – Fax 02 33 50 25 02 – Ouvert 14 avril-30 sept. et fermé lundi sauf fériés

8 ch (½ P seult) – ½ P 62 € – **Rest** – *(prévenir en saison)* Menu 20/80 €

◆ Homards, crabes, huîtres et poissons : cuisine de la mer réalisée selon la pêche du jour. Belle vue sur l'archipel. Idéal pour se ressourcer loin de l'agitation continentale. Chambres très simples, sans télévision pour mieux profiter de l'atmosphère insulaire.

LAS ILLAS – 66 Pyrénées-Orientales – 344 H8 – rattaché à Maureillas-las-Illas

ILLHAEUSERN – 68 Haut-Rhin – 315 I7 – 646 h. – alt. 173 m – ✉ 68970 2 **C2**

Paris 452 – Artzenheim 15 – Colmar 19 – St-Dié 55 – Sélestat 15 – Strasbourg 69

La Clairière sans rest P VISA AE

rte Guémar – ✆ 03 89 71 80 80 – hotel.la.clairiere@wanadoo.fr – Fax 03 89 71 86 22 – Fermé janv. et fév.

26 ch – †70/78 € ††210/240 €, ☐ 12 €

◆ À l'orée de la forêt de l'Ill, vaste construction inspirée de l'architecture alsacienne. Chambres personnalisées, calmes et spacieuses ; certaines regardent les Vosges.

Les Hirondelles sans rest AC P VISA

au village – ✆ 03 89 71 83 76 – hotelleshirondelles@wanadoo.fr – Fax 03 89 71 86 40 – Fermé 3 fév.-23 mars

19 ch ☐ – †62/68 € ††70/78 €

◆ Un accueil sympathique vous attend dans cette ancienne ferme au cadre sagement rustique. Chambres bien équipées, réparties autour d'une jolie cour, et belle piscine chauffée.

Auberge de l'Ill (Haeberlin) ≤ jardins fleuris, AC P VISA AE

2 r. de Collonges – ✆ 03 89 71 89 00 – aubergedelill@aubergedelill.com – Fax 03 89 71 82 83 – Fermé 4 fév.-16 mars, lundi et mardi

Rest – *(prévenir)* Menu 92 € (déj. en sem.)/142 € – Carte 89/161 €

Spéc. Salade de tripes aux fèves et au foie d'oie. Mousseline de grenouilles "Paul Haeberlin". Filet de chevreuil aux champignons sauvages (mai à janv.) **Vins** Riesling, Pinot blanc.

◆ Accueil délicieusement chaleureux, vue féerique sur les berges de l'Ill, cuisine classique personnalisée, recettes alsaciennes sublimées et cave somptueuse : le luxe, en toute simplicité.

Hôtel des Berges ≤ AC 15/25, VISA AE

– ✆ 03 89 71 87 87 – hotel-des-berges@wanadoo.fr – Fax 03 89 71 87 88 – Fermé 4 fév.-16 mars, lundi et mardi

13 ch – †300 € ††300 €, ☐ 28 € – 2 suites

◆ Belle reconstitution d'un séchoir à tabac du Ried, au fond du jardin de l'Auberge de l'Ill. Chambres raffinées, jacuzzi extérieur et petit-déjeuner servi... sur une barque !

ILLKIRCH-GRAFFENSTADEN – 67 Bas-Rhin – 315 K5 – rattaché à Strasbourg

INGERSHEIM – 68 Haut-Rhin – 315 H8 – rattaché à Colmar

INNENHEIM – 67 Bas-Rhin – 315 J6 – 1 015 h. – alt. 150 m – ✉ 67880 1 B2

Paris 487 – Molsheim 12 – Obernai 10 – Sélestat 34 – Strasbourg 23

Au Cep de Vigne
40, P VISA MC

5 r. Barr (N 422) – ✆ 03 88 95 75 45 – resa@aucepdevigne.com – Fax 03 88 95 79 73 – Fermé 11-25 fév.

37 ch – 45/58 € 50/66 €, ☕ 8 € – ½ P 55 € – **Rest** – *(fermé dim. soir et lundi)* Menu (15 €), 23/40 € – Carte 25/46 €

◆ Auberge dans la pure tradition alsacienne abritant derrière sa façade à colombages des chambres confortables, plus calmes côté jardin. La cuisine régionale servie au restaurant s'accompagne volontiers de crus locaux (les vignes sont à deux pas).

INXENT – 62 Pas-de-Calais – 301 D4 – rattaché à Montreuil

ISBERGUES – 62 Pas-de-Calais – 301 H4 – rattaché à Aire-sur-la-Lys

ISIGNY-SUR-MER – 14 Calvados – 303 F4 – 2 920 h. – alt. 4 m – ✉ 14230

Normandie Cotentin 32 A2

Paris 298 – Bayeux 35 – Caen 64 – Carentan 14 – Cherbourg 63 – St-Lô 29

Office de tourisme, 1 rue Victor Hugo ✆ 02 31 21 46 00, Fax 02 31 22 90 21

De France
rest, 25, P VISA MC

13 r. E. Demagny – ✆ 02 31 22 00 33 – hotel.france.isigny@wanadoo.fr – Fax 02 31 22 79 19 – Fermé 20 déc.-10 janv., vend. soir, dim. soir et sam. d'oct. à mars

18 ch – 45/50 € 50/57 €, ☕ 7,50 € – ½ P 48 € – **Rest** – Menu (12 €), 14,50/26 € – Carte 19/40 €

◆ Sur la rue principale de la petite cité laitière et beurrière, établissement ancien bâti autour d'un parking. Chambres simples, parfois de plain-pied. Plats traditionnels et de la mer (dont les huîtres du pays) servis dans deux sobres salles à manger.

L'ISLE-ADAM – 95 Val-d'Oise – 305 E6 – 11 163 h. – alt. 28 m – ✉ 95290

Île de France 18 B1

Paris 41 – Beauvais 49 – Chantilly 24 – Compiègne 66 – Pontoise 13 – Taverny 16

Office de tourisme, 46 Grande Rue ✆ 01 34 69 41 99, Fax 01 34 08 09 79

de l'Isle-Adam 1 chemin des Vanneaux, NE : 5 km, ✆ 01 34 08 11 11 ; Les Golfs de Mont Griffon à Luzarches Route Départementale 909, NE : 5 km, ✆ 01 34 68 10 10 ; Paris International Golf Club à Baillet-en-France 18 route du Golf, SE par N 1 : 15 km, ✆ 01 34 69 90 00.

Chaire ★ de l'église St-Martin.

Maison Delaleu sans rest
P

131 av. Foch, à Parmain Ouest 2km – ✆ 01 34 73 02 92 – chambresdhotes.parmain@wanadoo.fr – Fax 01 34 08 80 76

4 ch ☕ – 41 € 52 €

◆ Adresse inattendue que cette ferme du Vexin toujours en activité. Les chambres sont sobrement contemporaines, tandis que la salle des petits-déjeuners fait un clin d'œil au style Art déco.

Le Gai Rivage
VISA MC

11 r. de Conti – ✆ 01 34 69 01 09 – contact@legairivage.com – Fermé 26 août-10 sept., 26 déc.-7 janv., 17 fév.-3 mars, mardi soir, dim. soir et lundi

Rest – Menu 34 € (sem.)/38 € – Carte 47/75 €

◆ Le restaurant est situé sur une île : ses larges baies et sa charmante terrasse permettent de contempler tranquillement le cours de l'Oise. Cuisine traditionnelle.

Le Relais Fleuri

61 bis r. St-Lazare – ✆ 01 34 69 01 85 – Fermé 30 juil.-24 août, dim. soir, lundi soir, merc. soir et mardi

Rest – Menu (22 €), 27 € – Carte 43/67 €

◆ Cette auberge familiale proche du parc "anglo-chinois" de Cassan héberge une salle à manger rustique, un salon Régence et une véranda plus actuelle. Plats classiques.

L'ISLE-D'ABEAU – 38 Isère – 333 E4 – 12 034 h. – alt. 265 m – ✉ 38080

44 **B2**

Paris 499 – Bourgoin-Jallieu 6 – Grenoble 72 – Lyon 38 – La Tour du Pin 21

Le Relais du Çatey avec ch — rest, ch,

10 r. Didier – ✆ 04 74 18 26 50 – relaiscatey@aol.com – Fax 04 74 18 26 59 – Fermé 3-27 août, 30 déc.-7 janv., dim. et lundi

7 ch – 55/64 € 55/64 €, 8 € – ½ P 50/54 € – **Rest** – Menu 22 € (déj. en sem.), 29/51 € – Carte 33/49 €

◆ Décor et éclairage contemporains soulignent le cachet préservé de cette maison dauphinoise bâtie en 1760 ; terrasse calme et verdoyante. Cuisine actuelle. Jolies chambres.

à l'Isle-d'Abeau-Ville-Nouvelle Ouest : 4 km par N 6 – ✉ 38080 L'Isle-d'Abeau – 38 769 h.

Mercure — ch, ch, 25/200,

20 rue Condorcet – ✆ 04 74 96 80 00 – H1132@accor.com – Fax 04 74 96 80 99

159 ch – 107/117 € 117 €, 10,50 €

Rest *La Belle Époque* – *(fermé 20 juil.-20 août et week-ends en juil.-août)* Menu (18 €), 22 € – Carte 26/43 €

Rest *New Sunset* – brasserie *(fermé sam. et dim. de déc. à fév.)* Menu (11,50 €), 16 € – Carte 20/27 €

◆ Ce Mercure œuvre pour le repos et le bien-être de ses hôtes : construction "géobiologique" (tendance Feng Shui), centre de remise en forme, équipements sportifs complets. Cuisine traditionnelle à la Belle Époque. Carte simplifiée au piano-bar le New Sunset.

L'ISLE-JOURDAIN – 32 Gers – 336 I8 – 5 560 h. – alt. 116 m – ✉ 32600

Midi-Pyrénées

28 **B2**

Paris 682 – Toulouse 37 – Auch 45 – Montauban 58

Office de tourisme, Au bord du Lac ✆ 05 62 07 25 57

Las Martines Route de Saint Livrade, N : 4 km, ✆ 05 62 07 27 12 ; du Château de Barbet à Lombez Route de Boulogne, SO par D 634 : 25 km, ✆ 05 62 62 08 54.

Centre-musée européen d'art campanaire★.

à Pujaudran Est : 8 km par N 124 – 898 h. – alt. 302 m – ✉ 32600

Le Puits St-Jacques (Bach)

– ✆ 05 62 07 41 11 – lepuitsstjacques@free.fr – Fax 05 62 07 44 09 – Fermé 19 août-7 sept., 2-10 janv., 18-28 fév., mardi sauf le soir en nov., dim. soir et lundi

Rest – *(prévenir le week-end)* Menu 22 € (déj. en sem.), 35/105 € – Carte 65/83 €

Spéc. Tronçons de lobe de foie gras panés au pain d'épice. Pièce de filet de bœuf "gascon", confits d'échalote et moelle de bœuf. Véritable chocolat liégeois. **Vins** Vin de pays des Côtes de Gascogne, Pacherenc du Vic-Bilh.

◆ Cette maison gersoise, jadis relais sur la route de Compostelle, abrite une salle à manger raffinée et un patio à l'atmosphère méridionale. La cuisine, actuelle et délicate, puise son inspiration dans le terroir.

Un hôtel charmant pour un séjour très agréable ?
Réservez dans un hôtel avec pavillon rouge : ... .

L'ISLE-JOURDAIN – 86 Vienne – 322 K7 – 1 287 h. – alt. 142 m – ✉ 86150

Poitou Vendée Charentes 39 C2

Paris 375 – Confolens 29 – Niort 104 – Poitiers 53

Syndicat d'initiative, place D'Armes ☎ 05 49 48 80 36

à Port de Salles Sud : 7 km par D 8 et rte secondaire – ✉ 86150

Val de Vienne sans rest 20, VISA MC AE

– *☎ 05 49 48 27 27 – info@hotel-valdevienne.com – Fax 05 49 48 47 47*
– Fermé 20 déc.-5 janv.

20 ch – 65/78 € 65/130 €, 10 €

◆ En pleine campagne, sur une rive de la Vienne, hôtel dont les chambres, calmes et fonctionnelles, s'ouvrent sur des terrasses. Avenant salon-bar dans la véranda côté piscine.

L'ISLE-SUR-LA-SORGUE – 84 Vaucluse – 332 D10 – 16 971 h. – alt. 57 m – ✉ 84800 Provence 42 E1

Paris 693 – Apt 34 – Avignon 23 – Carpentras 18 – Cavaillon 11 – Orange 35

Office de tourisme, place de la Liberté ☎ 04 90 38 04 78, Fax 04 90 38 35 43

Décoration★ de la collégiale de Notre-Dame des Anges.

Église★ du Thor O : 5 km.

Les Névons sans rest VISA MC

chemin des Névons (derrière Poste) – ☎ 04 90 20 72 00 – info@hotel-les-nevons.com – Fax 04 90 20 56 20 – Fermé 17 déc.-22 janv.

44 ch – 50/71 € 50/71 €, 8 €

◆ Cet immeuble moderne propose des chambres fonctionnelles ; celles de l'annexe sont plus spacieuses et dotées d'un balcon donnant sur la rivière. Solarium-piscine sur le toit.

XX **La Prévôté** avec ch VISA MC AE

4 bis r. J.-J. Rousseau (derrière l'église) – ☎ 04 90 38 57 29 – contact@la-prevote.fr – Fax 04 90 38 57 29 – Fermé 1er-16 mars, 18 nov.-7 déc., 24 fév.-14 mars, mardi sauf juil.-août et merc.

5 ch – 80/170 € 90/180 € – **Rest** – Menu 26 € (déj. en sem.), 43/65 €

◆ Aménagé dans un ancien couvent, ce restaurant abrite une salle à manger rustique dont les baies ouvrent sur un bras de la Sorgue. Carte actuelle. Chambres personnalisées.

XX **L'Oustau de l'Isle** VISA MC

147 Chemin du Bosquet, 1 km par rte d'Apt – ☎ 04 90 20 81 36 – contact@restaurant-oustau.com – Fax 04 90 38 50 07 – Fermé 13 nov.-7 déc., 15 janv.-8 fév., merc. sauf le soir de juin à sept. et mardi

Rest – Menu (17 €), 27/37 € – Carte 30/42 €

◆ Ce mas entouré de verdure dissimule une séduisante terrasse ombragée et deux salles épurées, décorées de grandes reproductions d'œuvres de Modigliani. Saveurs régionales.

XX **Le Vivier** VISA MC AE

800 cours F. Peyre (rte Carpentras) – ☎ 04 90 38 52 80 – info.levivier@wanadoo.fr – Fermé 1er-12 mars, 28 août-3 sept., 2-7 janv., dim. soir hors saison, vend. midi en juil.-août, sam. midi et lundi

Rest – Menu 25 € (déj. en sem.), 34/45 € – Carte 42/54 €

◆ Au rez-de-chaussée d'un complexe accueillant bureaux et hôtel, ce restaurant s'ouvre sur la Sorgue. Cadre résolument design, égayé de couleurs acidulées. Carte actuelle.

au Nord par D 938 et rte secondaire – ✉ 84740 Velleron

Hostellerie La Grangette rest, 60, VISA MC

à 6 km – ☎ 04 90 20 00 77 – hostellerie-la-grangette@club-internet.fr – Fax 04 90 20 07 06 – Ouvert 6 fév.-10 nov.

16 ch – 92/139 € 114/218 € – ½ P 94/157 € – **Rest** – *(fermé le midi et mardi sauf de juin à oct.) (nombre de couverts limité, prévenir)* Menu (39 €), 45/68 €

◆ Ferme provençale (entièrement non-fumeurs) où règnent gaieté et art de vivre. Dans les chambres, décoration stylée et belle literie poussent au "cocooning". Cuisine ensoleillée, avec en prime la célèbre recette marseillaise des pieds et paquets.

rte d'Apt Sud-Est : 6 km par N 100 – ✉ 84800 L'Isle-sur-la-Sorgue

Le Mas des Grès
– ✆ 04 90 20 32 85 – info@masdesgres.com – Fax 04 90 20 21 45
– *Ouvert 15 mars-11 nov.*
14 ch – 🚶89/169 € 🚶🚶89/230 €, ☕ 11 € – ½ P 85/135 € – **Rest** – *(dîner seult sauf juil.-août) (prévenir)* Menu 20 € (déj.)/35 € (dîner) ♀
◆ Plus qu'un hôtel, une maison de caractère. Accueil, quiétude, chambres simples, jardin et piscine : tout respire ici les joies de l'été. Le restaurant est agréable avec ses tables dressées sous la treille ou sous les platanes ; cuisine du marché.

au Sud-Ouest 4 km par D 938 (rte de Cavaillon) et rte secondaire – ✉ 84800 L'Isle-sur-la-Sorgue

Mas de Cure Bourse 40,
– ✆ 04 90 38 16 58 – masdecurebourse@wanadoo.fr – Fax 04 90 38 52 31
13 ch – 🚶75/115 € 🚶🚶75/115 €, ☕ 11 € – ½ P 81/101 € – **Rest** – *(fermé 1er-28 nov., 1er-18 janv., mardi midi et lundi sauf fériés)* Menu (16 € bc), 30/49 € – Carte environ 44 € ♀
◆ Mas du 18e s. perdu au milieu des vergers. Intérieur rustique, chambres impeccables (parées de tissus Souleïado), piscine et jardin ombragé procurent détente et bien-être. Salle à manger provençale et terrasse ombragée d'arbres centenaires ; cuisine du Sud.

L'ISLE-SUR-SEREIN – 89 Yonne – 319 H6 – 716 h. – alt. 190 m – ✉ 89440

7 **B2**

▶ Paris 209 – Auxerre 50 – Avallon 17 – Montbard 36 – Tonnerre 36

Auberge du Pot d'Étain avec ch — ch, (soir)
24 r. Bouchardat – ✆ *03 86 33 88 10 – potdetain@ipoint.fr – Fax 03 86 33 90 93*
– Fermé 16-29 oct., fév., dim. soir, mardi midi sauf juil.-août et lundi
9 ch – 🚶56/75 € 🚶🚶56/75 €, ☕ 8,50 € – ½ P 65 € – **Rest** – Menu 25/50 € – Carte 35/56 € ♀
◆ Cuisine aux accents régionaux, cave très riche en bourgognes et chambres feutrées : une plaisante auberge de la bucolique vallée du Serein... à deux tours de roue de l'A 6 !

ISPE – 40 Landes – 335 D8 – rattaché à Biscarrosse

LES ISSAMBRES – 83 Var – 340 P5 – ✉ 83380 Côte d'Azur

41 **C3**

▶ Paris 877 – Draguignan 40 – Fréjus 11 – St-Raphaël 14 – Ste-Maxime 9 – Toulon 99

Office de tourisme, place San-Peire ✆ 04 98 11 37 25, Fax 04 94 49 66 55

à San-Peire-sur-Mer – ✉ 83520

Le Provençal ch,
N 98 – ✆ *04 94 55 32 33 – info@hotel-le-provencal.com – Fax 04 94 55 32 34*
– Ouvert 7 janv.-15 oct. et fermé mardi midi
27 ch – 🚶59/116 € 🚶🚶64/116 €, ☕ 11 € – ½ P 70/95 €
Rest ***Les Mûriers*** – Menu 27/48 € – Carte 34/67 €
◆ Dans le golfe de St-Tropez, ce bâtiment ocre en forme de U regarde la plage. Chambres rénovées ; certaines ont un balcon face à la mer. Cuisine méditerranéenne servie dans une salle à manger égayée de paysages de Provence, ou à l'ombre des mûriers de la terrasse.

au parc des Issambres – ✉ 83380 Les Issambres

Hodéo ch,
N 98 Corniche des Issambres – ✆ *04 94 49 52 52 – info@hotel-hodeo.com*
– Fax 04 94 49 63 18
14 ch – 🚶150/430 € 🚶🚶150/430 €, ☕ 9 € – 3 suites
Rest – *(dîner seult)* Menu 62/100 € – Carte 58/81 € ♀
Rest ***Les Jardins de Kaffa*** – brasserie *(fermé le soir sauf été)* Menu 35/50 € – Carte 37/56 € ♀
◆ Face à la "grande bleue", trois demeures dont une élégante villa 1930 naguère fréquentée par Édith Piaf et Charles Trenet. Grandes chambres personnalisées. Belle salle à manger d'hiver et vivifiante terrasse donnant sur la mer. Brasserie au décor exotique.

La Quiétude ch, VISA AE
N 98 – ✆ 04 94 96 94 34 – laquietude@hotmail.com – Fax 04 94 49 67 82 – Ouvert 10 mars -7 nov.
20 ch – 48/72 € 52/92 €, 9,50 € – ½ P 52/75 € – **Rest** – *(dîner seult sauf dim.)* Menu 26/36 € – Carte 35/45 €
◆ Maison des années 1960 dans un petit jardin. Chambres fonctionnelles et colorées ; quelques-unes offrent une échappée sur le large. Les repas pris en toute quiétude, face à la "grande bleue" sur la terrasse du restaurant, sont emprunts de saveurs marines.

à la calanque des Issambres – ✉ 83380 Les Issambres

Les Calanques ch, VISA AE
N 98 – ✆ 04 98 11 36 36 – contact@french-riviera-hotel.com – Fax 04 98 11 36 37 – Ouvert 15 mars-28 oct.
12 ch – 52/136 € 52/136 €, 7 € – ½ P 70/93 € – **Rest** – *(fermé lundi soir et dim.) (dîner seult)* Menu 21/29 € – Carte 25/38 €
◆ Construction récente d'allure régionale disposant d'un accès direct à la plage. Chambres provençales à thème ; au 2e étage, elles possèdent une terrasse avec vue sur la mer. Petite restauration et vins au verre servis dans un cadre bistrot moderne et coloré.

Chante-Mer VISA
au village – ✆ 04 94 96 93 23 – Fax 04 94 96 88 49 – Fermé 15 déc.-31 janv., dim. soir d'oct. à Pâques, mardi midi et lundi
Rest – Menu 23/38 € – Carte 29/65 €
◆ Menue salle à manger accueillante aux murs habillés de bois clair. Tables joliment dressées et alléchante carte traditionnelle ouvrent l'appétit. Terrasse d'été en façade.

ISSOIRE – 63 Puy-de-Dôme – 326 G9 – 13 773 h. – alt. 400 m – ✉ 63500

Auvergne 5 **B2**

Paris 446 – Clermont-Ferrand 36 – Le Puy-en-Velay 94 – Thiers 56
Office de tourisme, place Charles de Gaulle ✆ 04 73 89 15 90
Anc. abbatiale St-Austremoine★★ Z.

Plan page ci-contre

Le Pariou ch, 20/60, VISA AE
18 bd Kennedy, 1 km par ① – ✆ 04 73 55 90 37 – info@hotel-pariou.com – Fax 04 73 55 96 16 – Fermé 21 déc.-9 janv.
54 ch – 53/68 € 59/70 €, 10 € – ½ P 54/57 €
Rest *Le Jardin* – *✆ 04 73 89 06 24 (fermé sam. midi d'oct. à mai, dim. et lundi)*
Menu (13,50 €), 18 € (sem.)/27 € – Carte 28/39 €
◆ Bâtisse des années 1950 abritant des chambres rénovées et bien insonorisées, complétée par une aile neuve où l'hébergement est plus spacieux et moderne. Deux salles à manger dont une peinte aux couleurs du Sud et tournée vers le jardin. Cuisine au goût du jour.

Le Relais avec ch VISA
1 av. Gare – ✆ 04 73 89 16 61 – lerelais-issoire@laposte.net – Fax 04 73 89 55 62 – Fermé 20 fév.-5 mars et 25 oct.-5 nov. YZ **a**
6 ch – 36/48 € 36/48 €, 6 € – **Rest** – *(fermé dim. soir et lundi hors saison)*
Menu 11 € (sem.)/33 € – Carte 18/39 €
◆ Ancien relais de poste à deux pas de l'abbatiale St-Austremoine. Salle à manger spacieuse et colorée ; cuisine traditionnelle et spécialités régionales. Chambres modestes.

à Varennes-sur-Usson 5 km par ② et D 996 – 161 h. – alt. 315 m – ✉ 63500

Les Baudarts sans rest
– ✆ 04 73 89 05 51 – Ouvert 1er mai-30 sept.
4 ch – 62 € 72/80 €
◆ Dans un parc, belle maison de maître dédiée à l'art pictural (tableaux dans toutes les pièces). Les chambres déclinent trois thèmes : africain, "nounours et dentelles" et loft.

ISSOIRE

Altaroche (Pl.) .... Z 2
Ambert (R. d') .... Y
Ancienne Caserne (R. de l') .. Z 3
Berbiziale (R. de la) .... Y
Buisson (Bd A.) .... Y
Cerf Volant (R. du) .... Y 4
Châteaudun (R. de) .... Z 5
Cibrand (Bd J.) .... Y
Dr-Sauvat (R.) .... Z
Duprat (Pl. Ch.) .... Y
Espagnon (R. d') .... Z
Foirail (Pl. du) .... Y
Fours (R. des) .... Z
Gambetta (R.) .... Z 6
Gare (Av. de la) .... Z 9
Gaulle (Pl. du Gén.-de) .... Y
Gauttier (R. Eugène) .... Y
Haïnl (Bd G.) .... Z
Hauterive (R. E. d') .... Z
Libération (Av. de la) .... Z 10
Manlière (Bd de la) .... Z
Mas (R. du) .... Y
Montagne (Pl. de la) .... Y
Notre-Dame des Filles (R.) ... Z 12
Palais (R. du) .... Y
Pomel (Pl. N.) .... Z 13
Ponteil (R. du) .... Y 16
Pont (R. du) .... Z 14
Postillon (R. du) .... Z
République (Pl. de la) .... Z
St-Avit (Pl.) .... Y 22
Sous-Préfecture (Bd de la) ... Z
Terraille (R. de la) .... Z 24
Triozon-Bayle (Bd) .... YZ 25
Verdun (Pl. de) .... Z 26
8 Mai (Av. du) .... Y 30

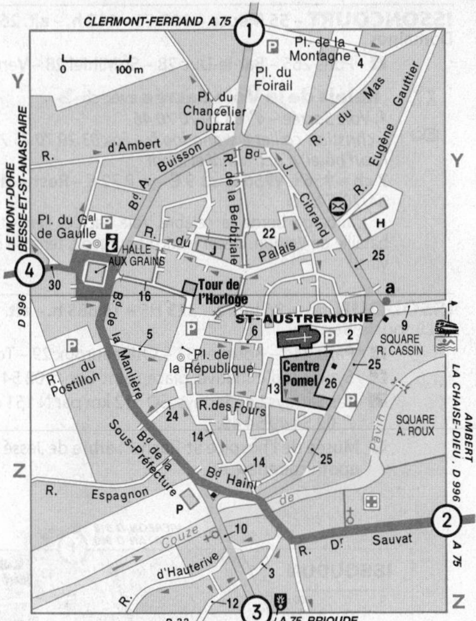

à St-Rémy-de-Chargnat 7 km par ② et D 999 – 461 h. – alt. 400 m – ✉ 63500

Château de la Vernède sans rest
– ✆ 04 73 71 07 03 – *chateauvernede@aol.com*
5 ch – 65 € 65/100 €
◆ L'ancien relais de chasse de la reine Margot dispose de chambres garnies de meubles chinés et agrémentées de fleurs fraîches. Côté loisirs : billard, pêche à la truite et chevaux miniatures.

à Sarpoil 10 km par ② et D 999 – ✉ 63490 St-Jean-en-Val

XX **La Bergerie** VISA
– ✆ *04 73 71 02 54 – Fax 04 73 71 01 99 – Fermé 14 janv.-3 fév., mardi midi de nov. à fév., dim. soir et lundi de sept. à juin*
Rest – *(nombre de couverts limité, prévenir)* Menu 15 € (sem.)/60 € – Carte 40/59 €
◆ Dès l'entrée, la vision des cuisines et de la rôtissoire vous mettra l'eau à la bouche. La carte fait la part belle aux produits du terroir. Décor rustique.

à Perrier 5 km par ④ et D 996 – 775 h. – alt. 415 m – ✉ 63500

XX **La Cour Carrée** avec ch ch, VISA
Av Tramot – ✆ *04 73 55 15 55 – contact@cour-carree.com*
– Fax 04 73 55 98 26 – Fermé 28 août-5 sept., 21 déc.-11 janv., dim. soir et lundi soir de sept. à juin, merc. midi, sam. midi et lundi midi
3 ch – 65/85 € 65/85 €, 10 € – ½ P 68/78 € – **Rest** – *(nombre de couverts limité, prévenir)* Menu (21 € bc), 27/39 €
◆ La cuverie voûtée de cette maison de vigneron (1830) a été convertie en restaurant. Terrasse dressée dans la cour carrée, à l'ombre d'un marronnier. Établissement non-fumeurs.

ISSONCOURT – 55 Meuse – 307 C5 – 118 h. – alt. 260 m – ✉ 55220 Les Trois Domaines
26 **A2**

▶ Paris 265 – Bar-le-Duc 28 – St-Mihiel 28 – Verdun 28

Relais de la Voie Sacrée avec ch, rest, 20, VISA
1, Voie Sacrée – ☎ 03 29 70 70 46 – christian-caillet@wanadoo.fr – Fax 03 29 70 75 75 – Fermé janv., fév., dim. soir (sauf hôtel) d'oct. à mai et lundi
7 ch – †56 € ††56 €, ☕ 9 € – ½ P 72 € – **Rest** – Menu 18 € (sem.)/60 € – Carte 34/70 €

◆ L'auberge borde la célèbre Voie Sacrée, lien vital de communication lors de la bataille de Verdun. Décor rustico-bourgeois, terrasse ombragée et séduisante carte des vins.

ISSOUDUN – 36 Indre – 323 H5 – 13 685 h. – alt. 130 m – ✉ 36100
Limousin Berry
12 **C3**

▶ Paris 244 – Bourges 37 – Châteauroux 29 – Tours 127 – Vierzon 35

ℹ Syndicat d'initiative, place Saint-Cyr ☎ 02 54 21 74 02

⛳ des Sarrays Les Sarrays, SO : 12 km par N 151 et rte secondaire, ☎ 02 54 49 54 49.

◉ Musée de l'hospice St-Roch★ : arbre de Jessé★ dans la chapelle et apothicairerie★ AB.

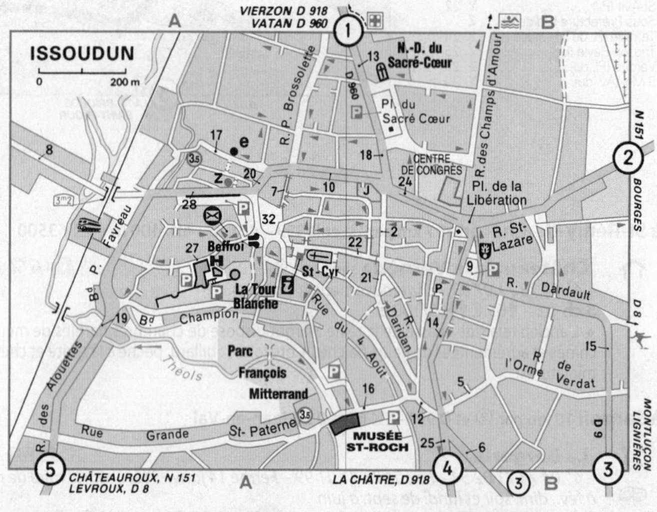

Avenier (R. de l') . . . . . B 2	Estienne-d'Orves (R. d') . . . . . B 13	Poterie (R. de la) . . . . . A 20
Bons-Enfants (R. des) . . . . . B 5	Fossés-de-Villatte (R. des) . . . . . B 14	Quatre-Vents (R. des) . . . . . B 21
Capucins (R. des) . . . . . B 6	Gaulle (Av. Ch. de) . . . . . B 15	République (R. de la) . . . . . AB 22
Casanova (R. D.) . . . . . A 7	Hospices St-Roch (R.) . . . . . B 16	Roosevelt (Bd Prés.) . . . . . B 24
Chinault (Av. de) . . . . . A 8	Minimes (R. des) . . . . . A 17	St-Martin (R.) . . . . . B 25
Croix-de-Pierre (Pl. de la) . . . . . B 9	Père-Jules-Chevalier (R. du) . . . . . B 18	Semard (R. P.) . . . . . A 27
Dormoy (Bd M.) . . . . . A 10	Ponts (R. des) . . . . . A 19	Stalingrad (Bd de) . . . . . A 28
Entrée-de-Villatte (R.) . . . . . B 12		10-Juin (Pl. du) . . . . . A 32

Hôtel La Cognette 15/30, VISA
r. Minimes – ☎ 02 54 03 59 59 – lacognettehotel@wanadoo.fr – Fax 02 54 03 13 03
A **e**
13 ch – †75 € ††105 €, ☕ 13 € – 3 suites
Rest *La Cognette* – voir ci-après

◆ Chambres climatisées, garnies de meubles de style et baptisées du nom de célébrités. La plupart s'ouvrent de plain-pied sur un jardinet où l'on petit-déjeune en été.

XXX **Rest. La Cognette** (Daumy) – Hôtel La Cognette

bd Stalingrad – ✆ 02 54 03 59 59 – lacognette@wanadoo.fr – Fax 02 54 03 13 03 – Fermé janv., dim. soir, mardi midi et lundi d'oct. à mai A **z**

Rest – *(prévenir)* Menu 29/67 € – Carte 64/93 €

Spéc. Crème de lentilles vertes du Berry aux truffes. Pavé de morue fraîche et andouille de Vire. Ris de veau braisé aux truffes blanches d'été. **Vins** Reuilly, Menetou-Salon.

◆ Plongez dans l'univers balzacien de La Rabouilleuse : cette auberge, qui inspira l'écrivain, vous accueille chaleureusement dans un riche décor bourgeois d'esprit 19e s. Cuisine généreuse.

à Diou par ① : 12 km sur D 918 – 235 h. – alt. 130 m – ✉ 36260

XX **L'Aubergeade**

rte Issoudun – ✆ 02 54 49 22 28 – jacky.patron@wanadoo.fr – Fax 02 54 49 22 28 – Fermé dim. soir et merc. soir

Rest – Menu 18 € (sem.)/34 € – Carte 39/53 €

◆ Une adresse bien sympathique dans un joli village fleuri traversé par la Théols. Salle à manger simple et fraîche, terrasse tournée vers un jardin et cuisine au goût du jour.

ISSY-LES-MOULINEAUX – 92 Hauts-de-Seine – 311 J3 – 101 25 – voir à Paris, Environs

ISTRES – 13 Bouches-du-Rhône – 340 E5 – 38 993 h. – alt. 32 m – ✉ 13800

Provence 40 **A3**

Paris 745 – Arles 46 – Marseille 55 – Martigues 14 – Salon-de-Provence 25

Office de tourisme, 30 allées Jean Jaurés ✆ 04 42 55 51 15, Fax 04 42 56 59 50

Plan page suivante

Le Castellan sans rest

pl. Ste-Catherine – ✆ 04 42 55 13 09 – Fax 04 42 56 91 36 AX **a**

17 ch – 49 € 58 €, 7 €

◆ Près de la place forte gréco-ligure du Castellan. Chambres spacieuses et claires ; certaines sont décorées dans le style provençal. Accueil aimable et tenue sans reproche.

XX **La Table de Sébastien**

7 av. H. Boucher – ✆ 04 42 55 16 01 – deuxtoques@aol.com – Fax 04 42 55 95 02 – Fermé 15-22 avril, 19 août-3 sept., 23 déc.-6 janv., dim. sauf férié et lundi

Rest – Menu 28/68 € – Carte 53/76 € AX **n**

◆ Dans sa salle à manger rénovée avec poutres et pierres apparentes ou sur sa terrasse-courette ombragée, ce restaurant propose une cuisine inventive rehaussée d'un beau choix de vins régionaux.

XX **St-Martin**

port des Heures Claires, Sud-Est : 3 km – ✆ 04 42 56 07 12 – restaurant-le-saint-martin@voila.fr – Fax 04 42 56 04 59 – Fermé 14-25 janv., mardi midi et merc. sauf juil.-août BZ **e**

Rest – Menu 15 € bc/29 € – Carte 26/45 €

◆ Ici l'on se mettrait en quatre pour vous être agréable ! Mais vous serez déjà comblés par la vue sur l'étang, la terrasse sur le toit et les vins régionaux à petits prix.

au Nord 4 km par ③, N 569 et rte secondaire – ✉ 13800 Istres

Ariane sans rest 30/50,

av. de Flore – ✆ 04 42 11 13 13 – contact@arianehotel.com – Fax 04 42 11 13 00

73 ch – 65/85 € 70/130 €, 10 €

◆ Cet hôtel récent propose des chambres confortables, parfois dotées d'une kitchenette ou d'une terrasse côté piscine. Hébergement un peu plus simple et moins cher à l'annexe.

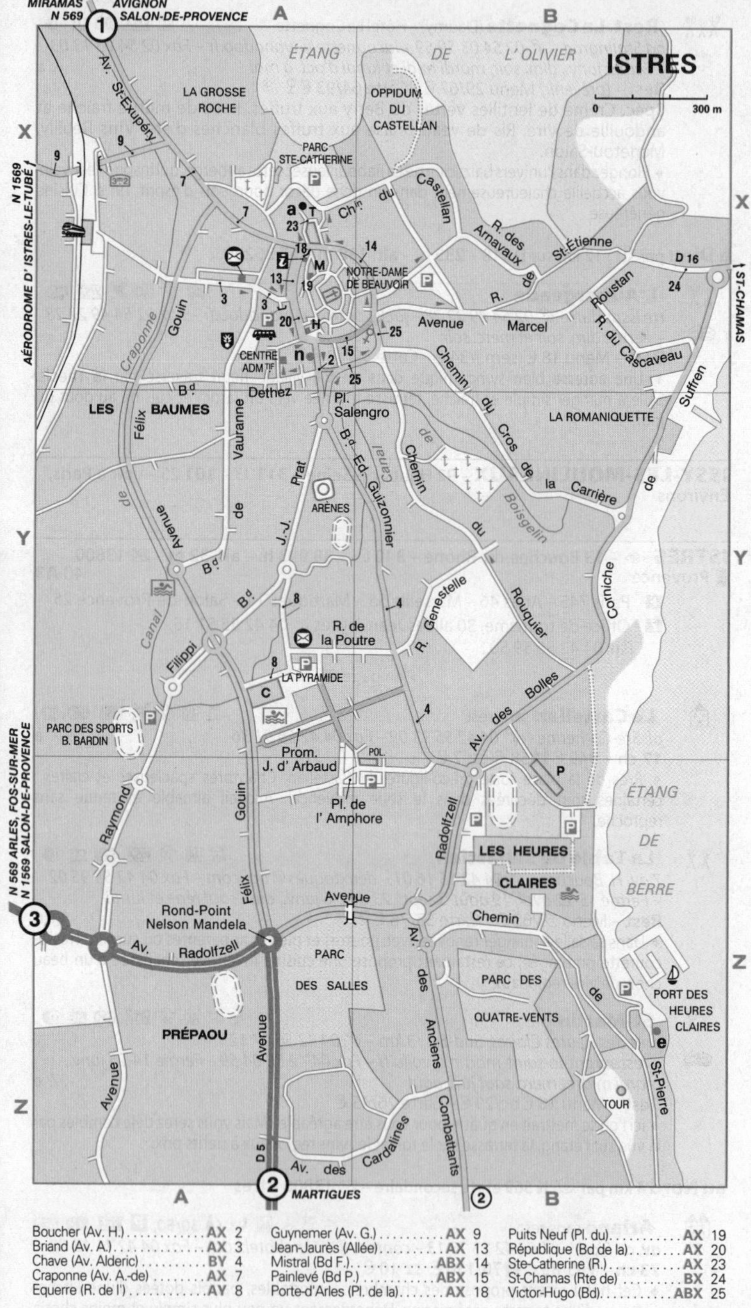

Boucher (Av. H.)	AX	2	Guynemer (Av. G.)	AX	9	Puits Neuf (Pl. du)	AX	19
Briand (Av. A.)	AX	3	Jean-Jaurès (Allée)	AX	13	République (Bd de la)	AX	20
Chave (Av. Alderic)	BY	4	Mistral (Bd F.)	ABX	14	Ste-Catherine (R.)	AX	23
Craponne (Av. A.-de)	AX	7	Painlevé (Bd P.)	ABX	15	St-Chamas (Rte de)	BX	24
Equerre (R. de l')	AY	8	Porte-d'Arles (Pl. de la)	AX	18	Victor-Hugo (Bd)	ABX	25

ITTERSWILLER – 67 Bas-Rhin – 315 I6 – 270 h. – alt. 235 m – ✉ 67140
Alsace Lorraine 2 **C1**

Paris 502 – Erstein 25 – Mittelbergheim 5 – Molsheim 26 – Sélestat 16 – Strasbourg 45

Syndicat d'initiative, Mairie ☎ 03 88 85 50 12, Fax 03 88 85 56 09

Arnold
ch, 25, VISA

98 rte des vins – ☎ 03 88 85 50 58 – arnold-hotel@wanadoo.fr – Fax 03 88 85 55 54

27 ch – 77/111 € 77/111 €, 12 € – 1 suite, 1 duplex – ½ P 74/94 €

Rest *Winstub Arnold* – *(fermé dim. soir et lundi de nov. à mai et lundi midi de juin à oct.)* Menu 24 € (sem.)/58 € – Carte 30/61 €

◆ Deux belles maisons à colombages dans un village de la route des Vins. Chambres feutrées bien équipées, jouissant pour la plupart d'une vue sur le vignoble. Décor ancré dans le terroir pour la Winstub Arnold qui met à l'honneur les "elsässische spezialitäten".

ITXASSOU – 64 Pyrénées-Atlantiques – 342 D5 – 1 770 h. – alt. 39 m – ✉ 64250
Pays Basque 3 **A3**

Paris 787 – Bayonne 24 – Biarritz 25 – Cambo-les-Bains 5 – Pau 119 – St-Jean-de-Luz 34

Église★.

Le Chêne
rest, VISA

près église – ☎ 05 59 29 75 01 – Fax 05 59 29 27 39 – Ouvert 2 mars-16 déc., mardi sauf de juil. à sept. et lundi

16 ch – 34/38 € 46/49 €, 6,50 € – ½ P 46/50 € – **Rest** – Menu 16/28 € – Carte 24/45 €

◆ Cette jolie auberge bâtie face à l'église du village accueille les voyageurs depuis 1696. Chambres anciennes mais bien tenues. Tomettes, poutres colorées et nappes de style régional agrémentent le restaurant. Table dédiée au Pays basque. Belle terrasse.

Txistulari
ch, VISA

– ☎ 05 59 29 75 09 – hotel.txistulari@wanadoo.fr – Fax 05 59 29 80 07 – Fermé 15 déc.-7 janv.

20 ch – 36/46 € 43/50 €, 6 € – ½ P 52/54 € – **Rest** – *(fermé dim. soir et sam. midi hors saison)* Menu 11,50 € bc (déj. en sem.), 18 € bc/29 € bc – Carte 16/31 €

◆ L'hôtel vous apparaîtra peu après la petite route conduisant au Pas de Roland. Chambres simples et bien tenues ; environnement calme et verdoyant. S'il fait beau, prenez vos repas sous la terrasse couverte, sinon optez pour la grande salle à manger colorée.

Du Fronton
ch, rest, VISA

– ☎ 05 59 29 75 10 – reservation@hotelrestaurant.com – Fax 05 59 29 23 50 – Fermé 12-19 nov., 1er janv.-15 fév., jeudi midi hors saison et merc.

23 ch – 45/58 € 45/68 €, 8,50 € – ½ P 48/59 € – **Rest** – Menu 18 € (sem.)/38 € – Carte 29/38 €

◆ Maison basque adossée au fronton de pelote du village. Les chambres sont spacieuses dans l'aile récente, et rajeunies dans la partie ancienne. Tournée vers les monts d'Itxassou, salle à manger campagnarde où l'on goûte à la fameuse confiture de cerises noires.

IVRY-LA-BATAILLE – 27 Eure – 304 I8 – 2 639 h. – alt. 54 m – ✉ 27540
Normandie Vallée de la Seine 33 **D2**

Paris 75 – Anet 6 – Dreux 21 – Évreux 36 – Mantes-la-Jolie 25 – Pacy-sur-Eure 17

18 de La Chaussée d'Ivry à La Chaussée-d'Ivry, N : 2 km, ☎ 02 37 63 06 30.

Moulin d'Ivry
VISA

10 r. Henri IV – ☎ 02 32 36 40 51 – Fax 02 32 26 05 15 – Fermé 3-16 oct., 6-26 fév., lundi et mardi sauf fériés

Rest – Menu 29 € (sem.)/52 € – Carte 44/77 €

◆ Ancien moulin abritant plusieurs petites salles champêtres, au charme volontiers désuet. Jardin et terrasse s'étalent agréablement au bord de l'Eure. Recettes classiques.

JANVRY – 91 Essonne – 101 J33 – voir à Paris, Environs

JARGEAU – 45 Loiret – 318 J4 – 3 979 h. – alt. 104 m – ✉ 45150 12 **C2**

Paris 153 – Orléans 20 – La Ferté-Saint-Aubin 25 – Montargis 56 – Pithiviers 38 – Sully-sur-Loire 25

Office de tourisme, boulevard Carnot ✆ 02 38 59 83 42

Cheval Blanc

1 r. Limousins – ✆ 02 38 46 86 10 – lechevalblanc@tiscali.fr – Fax 02 38 46 12 69
15 ch – 50 € 50 €, 9 € – **Rest** – Menu 20/38 € – Carte 28/45 €

◆ À deux pas de la Loire, la façade fleurie de cet ancien relais de poste récemment rénové abrite des petites chambres bien tenues à la décoration pleine de gaîté. Parquet centenaire, mini-vitraux et murs colorés au restaurant. Cuisine de tradition.

JARNAC – 16 Charente – 324 I5 – 4 659 h. – alt. 26 m – ✉ 16200
Poitou Vendée Charentes 38 **B3**

Paris 475 – Angoulême 31 – Barbezieux 30 – Bordeaux 113 – Cognac 15 – Jonzac 41

Office de tourisme, place du Château ✆ 05 45 81 09 30, Fax 05 45 36 52 45

Donation François-Mitterrand - Maison Courvoisier - Maison Louis-Royer.

Chateau Saint Martial sans rest

56 r. des Chabannes – ✆ 05 45 83 38 64 – brigitte.cariou@wanadoo.fr – Fax 05 45 83 38 38 – Fermé 1er-11 mars, 14-22 avril et 27 oct.-4 nov.
5 ch – 70/115 € 85/130 €

◆ La famille Bisquit, célèbre pour son cognac, vécut dans ce beau château du 19e s. Collection de tableaux, mobilier de style, grandes chambres confortables et agréable parc arboré.

Du Château

pl. Château – ✆ 05 45 81 07 17 – contact@restaurant-du-chateau.com – Fax 05 45 35 35 71 – Fermé dim. soir et lundi
Rest – Menu 26/60 € – Carte 48/54 €

◆ Sympathique restaurant voisin des chais de la Maison Courvoisier. Le chef, natif de la région, sélectionne de beaux produits et réalise une cuisine de qualité. Non-fumeurs.

à Bourg-Charente Ouest : 6 km par N 141 et rte secondaire – 753 h. – alt. 14 m – ✉ 16200

La Ribaudière (Verrat)

2 pl. du port – ✆ 05 45 81 30 54 – la.ribaudiere@wanadoo.fr – Fax 05 45 81 28 05 – Fermé 15-31 oct., 18 fév.-3 mars, dim. soir, mardi midi et lundi
Rest – Menu 36/72 € – Carte 61/78 €

Spéc. Soupe de cèpes et foie gras de canard poêlé (15 sept. au 15 fév.). Pigeon fermier cuit à l'étouffée au foin. Soufflé crémeux au cognac. **Vins** Vins de Pays Charentais.

◆ Décor résolument design, salon-fumoir "cosy", "cognathèque", belle cuisine dans l'air du temps, terrasse à fleur d'eau : il fait bon s'attabler rive gauche... de la Charente !

à Bassac Sud-Est : 7 km par N 141 et D 22 – 461 h. – alt. 20 m – ✉ 16120

L'Essille

– ✆ 05 45 81 94 13 – l.essille@wanadoo.fr – Fax 05 45 81 97 26 – Fermé 1er-8 janv.
14 ch – 49/65 € 49/65 €, 8,50 € – ½ P 56 € – **Rest** – *(fermé sam. midi et dim. soir)* Menu 16 € (déj. en sem.), 24/43 € – Carte 42/48 €

◆ Accueil charmant dans cet hôtel familial situé à deux pas de l'abbaye. Grandes chambres rafraîchies, garnies d'un mobilier de style. Salle à manger-véranda ouverte sur le parc ; cuisine traditionnelle et belle carte de cognacs (plus de 100 références).

JARVILLE-LA-MALGRANGE – 54 Meurthe-et-Moselle – 307 I6 – rattaché à Nancy

JAUJAC – 07 Ardèche – 331 H6 – 1 065 h. – alt. 450 m – ✉ 07380
Lyon et la Vallée du Rhône 44 **A3**

Paris 616 – Lyon 185 – Montélimar 59 – Pierrelatte 71

Syndicat d'initiative, place du Champ de Mars ✆ 04 75 93 28 54

Le Rucher des Roudils sans rest

Les Roudils, 4 km au Nord-Ouest – ✆ 04 75 93 21 11 – le-rucher-des-roudils@wanadoo.fr – Ouvert 2 avril-mi nov.

3 ch – 54 € 54 €

◆ Adresse du bout du monde, grande ouverte sur le massif du Tanargue. Les chambres ont beaucoup de caractère, de même que le salon agrémenté d'une cheminée cévenole.

JAUSIERS – 04 Alpes-de-Haute-Provence – 334 I6 – rattaché à Barcelonnette

JAVRON – 53 Mayenne – 310 G4 – 1 512 h. – alt. 176 m – ✉ 53250
Javron-les-Chapelles 35 **C1**

Paris 224 – Alençon 36 – Bagnoles-de-l'Orne 20 – Le Mans 70 – Mayenne 25

Syndicat d'initiative, Mairie ✆ 02 43 03 40 67, Fax 02 43 03 43 43

Terrasse VISA

30 Grande Rue – ✆ 02 43 03 41 91 – l@terrasse.fr – Fax 02 43 04 49 48 – Fermé 2-18 juil., 29 oct.-7 nov., 18-27 fév., mardi et merc. sauf fériés

Rest – Menu 19 € (sem.), 28/33 € – Carte environ 44 €

◆ Cette demeure villageoise ancienne vous reçoit dans une salle à manger contemporaine et feutrée. Une étape gastronomique à l'orée des pittoresques Alpes Mancelles.

JERSEY (ÎLE DE) – JSY Jersey – 309 J1 – voir à Île de Jersey

JOIGNY – 89 Yonne – 319 D4 – 10 032 h. – alt. 79 m – ✉ 89300
Bourgogne 7 **B1**

Paris 144 – Auxerre 28 – Gien 74 – Montargis 59 – Sens 33 – Troyes 76

Office de tourisme, 4 quai Ragobert ✆ 03 86 62 11 05, Fax 03 86 91 76 38

18 du Roncemay à Chassy Château du Roncemay, par rte de Montargis : 18 km, ✆ 03 86 73 50 50.

Vierge au sourire★ dans l'église St-Thibault A **E** - Côte St-Jacques★ ★ 1,5 km par D 20 A.

Plan page suivante

La Côte St-Jacques (Lorain) ch, rest, 12/25, VISA

14 fg Paris – ✆ 03 86 62 09 70 – lorain@relaischateaux.com – Fax 03 86 91 49 70 – Fermé 2 janv.-1er fév., lundi midi et mardi midi A **r**

31 ch – 150/440 € 150/440 €, 30 € – 1 suite – ½ P 228/293 € – **Rest** – *(prévenir le week-end)* Menu 82 € bc (déj. en sem.)/160 € – Carte 108/210 €

Spéc. Genèse d'un plat sur le thème de l'huître. Bar légèrement fumé au caviar oscietre. Noix de ris de veau au gingembre, petits oignons, rhubarbe et radis roses. **Vins** Bourgogne blanc, Irancy.

◆ Face à l'Yonne, luxueux hôtel proposant piscine, sauna, bateau privé (balades fluviales) et boutique. Brillante cuisine inventive escortée de recettes classiques et feu roulant de grands crus font la gloire du restaurant, fleuron de la gastronomie française.

Rive Gauche ch, rest, 25/50, VISA

r. Port au Bois – ✆ 03 86 91 46 66 – contact@hotel-le-rive-gauche.fr – Fax 03 86 91 46 93 A **s**

42 ch – 68/79 € 68/107 €, 9,50 € – ½ P 66/73 € – **Rest** – *(fermé dim. soir de nov. à mars)* Menu (14,50 € bc), 18 € (déj. en sem.), 26/34 € – Carte 32/52 €

◆ Architecture contemporaine bâtie sur la rive gauche de l'Yonne. Chambres refaites, bien pensées et assez spacieuses. Agréable parc avec pièce d'eau et hélisurface. Salle à manger-véranda, au cadre actuel, et terrasse sont toutes deux tournées vers la rivière.

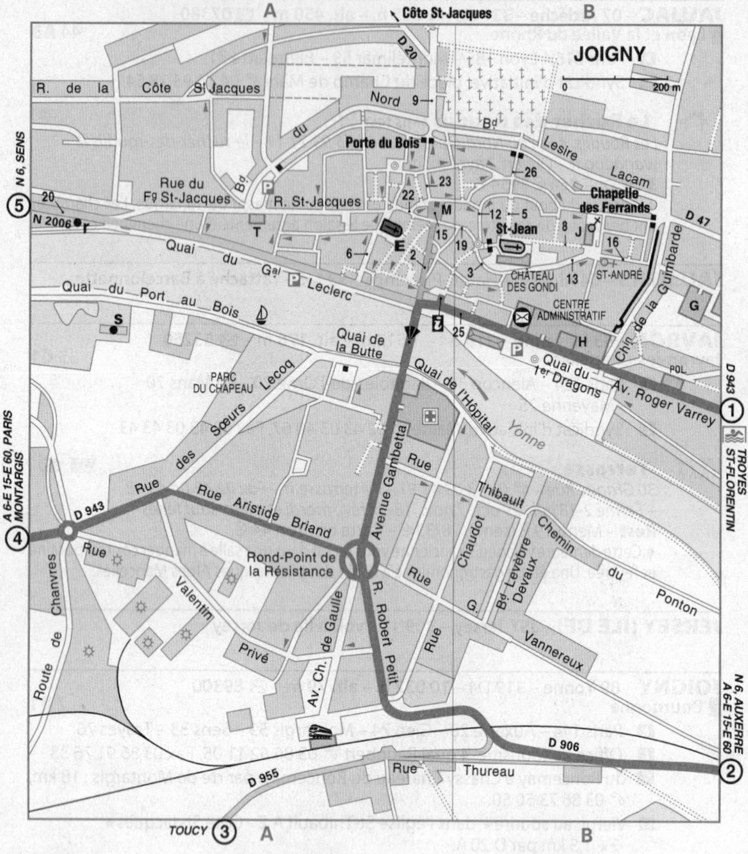

JOIGNY

Cortel (R. Gabriel) .... A 2
Couturat (R.) .... B 3
Dans le Château (R.) .... B 5
Étape (R. de l') .... A 6
Ferrand (R. Jacques) .... B 8
Forêt d'Othe (Av. de la) .... A 9
Fossés-St-Jean (R. des) .... B 12
Gambetta (Av.) .... A
Grenet (R. Dominique) .... B 13
Joigny (Pl. Jean-de) .... A 15
Moines (R. des) .... B 16
Montant au Palais (R.) .... B 19
Paris (Faubourg de) .... A 20
Pilori (Pl. du) .... A 22
Porte du Bois (R. de la) .... A 23
Ragobert (Quai Henri) .... AB 25
Tour Carrée (R. de la) .... B 26

à Épineau-les-Voves 7,5 km par ② – 665 h. – alt. 92 m – ✉ 89400

L'Orée des Champs

N 6 – ✆ 03 86 91 20 39 – Fax 03 86 91 24 92 – Fermé 20 août-2 sept., 11-24 fév., jeudi soir sauf juil.-août, lundi soir, mardi soir et merc.

Rest – Menu 23 € (sem.)/56 € bc – Carte 33/47 €

◆ Belle harmonie en rouge et ocre dans la plaisante salle à manger où l'on propose une cuisine traditionnelle. Agréable terrasse ombragée et jardin équipé de jeux pour enfants.

Nous essayons d'être le plus exact possible dans les prix que nous indiquons. Mais tout bouge ! Lors de votre réservation, pensez à vous faire préciser le prix du moment.

JOINVILLE – 52 Haute-Marne – 313 K3 – 4 380 h. – alt. 195 m – ✉ 52300
Champagne Ardenne 14 **C2**

Paris 244 – Bar-le-Duc 54 – Bar-sur-Aube 47 – Chaumont 44 – St-Dizier 32

Syndicat d'initiative, place Saunoise ☎ 03 25 94 17 90

Château du Grand Jardin★.

Le Soleil d'Or 20,

9 r. Capucins – ☎ 03 25 94 15 66 – info@hotellesoleildor.com – Fax 03 25 94 39 02 – Fermé 15-28 fév.

22 ch – †55/100 € ††65/130 €, ☕ 9,50 € – ½ P 75/85 € – **Rest** – *(fermé 6-20 août, 11-25 fév., dim. soir, mardi midi et lundi)* Menu 20 € (sem.)/50 € – Carte 51/58 €

◆ Dans le berceau de la famille de Guise, maison au décor chaleureux dont les origines remontent au 17ᵉ s. Chambres épurées et plaisant salon-véranda. Restaurant néo-gothique agrémenté de sculptures provenant de l'ancien couvent des Jacobins (14ᵉ s.).

La Poste

pl. Grève – ☎ 03 25 94 12 63 – Fax 03 25 94 36 23 – Fermé 8-23 janv., dim. soir et lundi midi

Rest – Menu 12,50 € (sem.)/32 € – Carte environ 37 €

◆ Salle à manger au décor minimaliste mais coquet pour une étape sans prétention dans la petite cité du sire de Joinville, le célèbre hagiographe de Saint Louis.

JOINVILLE-LE-PONT – 94 Val-de-Marne – 312 D3 – 101 27 – voir à Paris, Environs

JONGIEUX – 73 Savoie – 333 H3 – 233 h. – alt. 300 m – ✉ 73170 45 **C1**

Paris 528 – Annecy 58 – Chambéry 25 – Lyon 103

Auberge Les Morainières (Arnoult) < vignoble et Rhône,

rte Marétel – ☎ 04 79 44 09 39 – Fax 04 79 44 09 46 – Fermé 4-18 sept., 6-25 janv., dim. soir et lundi

Rest – Menu 26 € (déj. en sem.), 34/48 € – Carte 49/64 €

Spéc. Foie gras chaud, rhubarbe et reine des prés. Dos de truite doré, beurre de marjolaine. Ris de veau, jus de mondeuse.

◆ Restaurant familial aménagé dans un ancien cellier perché sur un coteau planté de vignes, face au Rhône. Deux salles à manger dont une sous voûtes de pierre. Menus du terroir et appétissante cuisine du marché.

JONQUERETTES – 84 Vaucluse – 332 C10 – rattaché à Châteauneuf-de-Gadagne

JONS – 69 Rhône – 327 J5 – 1 094 h. – alt. 205 m – ✉ 69330 43 **E1**

Paris 476 – Lyon 28 – Meyzieu 10 – Montluel 8 – Pont-de-Chéruy 12

Auberge de Jons sans rest < cuisinette 15/35,

rte Pont – ☎ 04 78 31 29 85 – hotel.de.jons@wanadoo.fr – Fax 04 72 02 48 24 – Fermé 4-19 août et 22 déc.-6 janv.

33 ch – †92/125 € ††102/130 €, ☕ 12 € – 3 suites

◆ Complexe hôtelier moderne ancré sur une rive du Rhône. Chambres actuelles et gaies, deux duplex et huit chaleureux bungalows personnalisés (quelques cuisinettes). Belle piscine.

JONZAC – 17 Charente-Maritime – 324 H7 – 3 817 h. – alt. 40 m – Stat. therm. : début mars-début déc. – Casino – ✉ 17500 Poitou Vendée Charentes 38 **B3**

Paris 512 – Bordeaux 84 – Angoulême 59 – Cognac 36 – Royan 60 – Saintes 44

Office de tourisme, 25 place du Château ☎ 05 46 48 49 29, Fax 05 46 48 51 07

Auberge du Moulin
rte de Pons, 1 km sur D 142 – ✆ 05 46 48 39 76 – aubergedumoulin@creaweb.fr – Fax 05 46 48 27 24 – Fermé 7-20 janv., sam. midi du 15 mars au 1er janv., mardi et merc. du 1er janv. au 15 mars, dim. soir et lundi.
Rest – Menu (11,50 €), 14,50 € (sem.)/38 € – Carte 22/45 €
◆ Poutres, pierres apparentes et cheminée centrale "design" composent un cadre qui tranche mais se marie bien au style plus contemporain du bar. Carte traditionnelle attractive.

à Clam **Nord : 6 km par D 142 – 283 h. – alt. 67 m – ✉ 17500**

Le Vieux Logis ch, rest, ch, 20,
– ✆ 05 46 70 20 13 – info@vieuxlogis.com – Fax 05 46 70 20 64
10 ch – †52/64 € ††52/64 €, ☕ 8 € – ½ P 45/52 € – **Rest** – Menu 15 € (sem.)/38 € – Carte 25/49 €
◆ Le maître des lieux, photographe, expose ses clichés dans cet établissement situé au cœur du Jonzaçais. Chambres de plain-pied avec terrasse, actuelles et bien tenues. Cuisine du terroir servie dans trois plaisantes salles à manger néo-rustiques.

JOSSELIN – 56 Morbihan – 308 P7 – 2 419 h. – alt. 58 m – ✉ 56120

Bretagne 10 **C2**

Paris 428 – Dinan 86 – Lorient 76 – Rennes 79 – St-Brieuc 79 – Vannes 41

Office de tourisme, place de la Congrégation ✆ 02 97 22 36 43, Fax 02 97 22 20 44

Château★★ : façade★★ - Basilique N.-D.-du-Roncier★ - ≤★ du Pont Ste-Croix.

Du Château ≤ 30,
1 r. Gén. de Gaulle – ✆ 02 97 22 20 11 – contact@hotel-chateau.com – Fax 02 97 22 34 09 – Fermé 5-15 nov., 21-31 déc., fév., dim. soir et lundi de mi-nov. à mi-mars
36 ch – †35 € ††61/77 €, ☕ 8 € – ½ P 51/55 € – **Rest** – Menu (10,50 €), 16/53 € – Carte 27/50 €
◆ Face au château des Rohan, sur la rive opposée de l'Oust, chambres sobrement décorées dont environ la moitié offrent une jolie vue sur l'à-pic des puissantes murailles. Salle à manger de style "médiéval" précédée d'une terrasse tournée vers la forteresse.

JOUARRE – 77 Seine-et-Marne – 312 H2 – rattaché à La Ferté-sous-Jouarre

JOUCAS – 84 Vaucluse – 332 E10 – 317 h. – alt. 263 m – ✉ 84220

42 **E1**

Paris 716 – Apt 14 – Avignon 42 – Carpentras 32 – Cavaillon 22

Le Mas des Herbes Blanches ≤ le Luberon,
rte Murs : 2,5 km – ✆ 04 90 05 79 79 – masherbes@relaischateaux.com – Fax 04 90 05 71 96 – Fermé 2 janv.-13 mars
16 ch – †149/175 € ††149/175 €, ☕ 23 € – 3 suites – ½ P 185/358 € –
Rest – *(fermé mardi et merc. du 14 oct. au 6 avril)* Menu 49/105 € – Carte 86/102 €
Spéc. Pressé de foie gras de canard. Rouget de roche et mosaïque de jambon cru. Œuf de poule et fricassée de sot-l'y-laisse. **Vins** Côtes du Luberon, Côtes du Ventoux.
◆ Ce superbe mas adossé au plateau de Vaucluse et dominant la plaine d'Apt abrite des chambres personnalisées, avec balcon ou jardin privatif. Restaurant chic et terrasse offrant un panorama inoubliable sur la montagne du Luberon ; excellente cuisine au goût du jour.

Hostellerie Le Phébus (Mathieu) ≤ le Luberon,
rte Murs – ✆ 04 90 05 78 83 ch, ch,
– phebus@relaischateaux.com – Fax 04 90 05 73 61 – Ouvert 1er avril-15 oct.
16 ch – †175/285 € ††175/285 €, ☕ 25 € – 8 suites – ½ P 175/395 €
Rest ***Restaurant Xavier Mathieu*** – *(fermé mardi midi, merc. midi et jeudi midi)* Menu 50/110 € – Carte 73/125 €
Spéc. Bourride de lotte (printemps-été). Brandade de morue aux poireaux. Agneau confit à l'os, en croûte (été). **Vins** Côtes du Ventoux, Côtes du Luberon.
◆ Cette demeure contemporaine isolée dans la garrigue abrite de belles chambres provençales, parfois dotées d'une petite piscine privative. Salle à manger raffinée et terrasse couverte d'où l'on bénéficie d'une vue splendide sur le Luberon ; cuisine inventive.

Le Mas du Loriot ≤ le Luberon, ch, **P** VISA MC AE
rte Murs, 4 km – ✆ 04 90 72 62 62 – mas.du.loriot@wanadoo.fr – Fax 04 90 72 62 54 – Ouvert 15 mars-15 nov.
8 ch – †50/125 € ††50/125 €, ☐ 12 € – ½ P 62/98 € – **Rest** – *(fermé mardi, jeudi, sam. et dim.) (dîner seult)* Menu 28 € ♀
◆ Maison de famille perdue dans la garrigue, avec le Luberon pour toile de fond. Petites chambres actuelles, en rez-de-jardin. Agréable piscine que la lavande parfume.

JOUÉ-LÈS-TOURS – 37 Indre-et-Loire – 317 M4 – rattaché à Tours

Comment choisir entre deux adresses équivalentes ? Dans chaque catégorie, les établissements sont classés par ordre de préférence : nos coups de cœur d'abord.

JOUGNE – 25 Doubs – 321 I6 – 1 198 h. – alt. 1 001 m – Sports d'hiver : à Métabief 880/1 450 m 22 – ✉ 25370 Franche-Comté Jura 17 C3

▶ Paris 464 – Besançon 79 – Champagnole 50 – Lausanne 48 – Morez 49 – Pontarlier 20

La Couronne VISA MC
6 r. de l'Eglise – ✆ 03 81 49 10 50 – lacouronnejougne@wanadoo.fr – Fax 03 81 49 19 77 – Fermé nov., dim. soir et lundi soir sauf en hiver et vacances scolaires
10 ch – †47 € ††62 €, ☐ 6,50 € – ½ P 58 € – **Rest** – Menu 17 € (sem.)/42 € – Carte 31/52 € ♀
◆ Cette maison du 18ᵉ s. vous reçoit dans ses hall et salon tout neufs, légèrement rustiques. Les chambres du 2ᵉ étage sont plus récentes. Vue sur l'église et les monts du Jura. Restaurant (non-fumeurs) agrandi par une belle salle "cosy". Terrasse. Cuisine familiale.

LA JOUVENTE – 35 Ille-et-Vilaine – 309 J3 – rattaché à Dinard

JOYEUSE – 07 Ardèche – 331 H7 – 1 483 h. – alt. 180 m – ✉ 07260 Lyon et la vallée du Rhône 44 A3

▶ Paris 650 – Alès 54 – Mende 97 – Privas 55
ℹ Office de tourisme, montée de la Chastellane ✆ 04 75 89 80 92, Fax 04 75 89 80 95
◎ Corniche du Vivarais Cévenol★★ O.

Les Cèdres ch, ch, 30, **P** VISA MC AE
– ✆ 04 75 39 40 60 – hotelcedres@wanadoo.fr – Fax 04 75 39 90 16 – Ouvert 15 avril-15 oct.
44 ch – †52 € ††92 €, ☐ 7,50 € – ½ P 58 € – **Rest** – Menu 14/30 € – Carte 18/24 € ♀
◆ Cet hôtel occupe une ex-usine textile surplombant les gorges de la Beaume. Chambres confortables. VTT, tir à l'arc, canoë, piscine près de la rivière et soirées à thème. Salle à manger mi-rustique, mi-provençale ; buffet de hors-d'œuvre et cuisine classique.

JUAN-LES-PINS – 06 Alpes-Maritimes – 341 D6 – alt. 2 m – Casino : Eden Beach FZ – ✉ 06160 Côte d'Azur 42 E2

▶ Paris 910 – Aix-en-Provence 161 – Cannes 10 – Nice 22
ℹ Office de tourisme, 51 boulevard Guillaumont ✆ 04 92 90 53 05
◎ Massif de l'Esterel★★★ - Massif de Tanneron★.

JUAN-LES-PINS

Ardisson (Bd B.) .... FZ 5
Courbet (Av. Amiral) .... EZ 18
Docteur-Dautheville (Av.) ... FZ 22
Docteur-Hochet (Av. du).... FZ 23
Gallet (Av. Louis) .... EZ 27
Gallice (Av. G.) .... FZ 29
Hôtel-des-Postes (R. de l') .. FZ 44
Iles (R. des) .... EZ 46
Joffre (Av. du Maréchal)... EFZ 47
Lauriers (Av. des).......... FZ 48
Maupassant (Av. Guy-de).. EFZ 53
Oratoire (R. de l') .... FZ 56
Palmiers (Av. des) .... FZ 59
Paul (R. M.) .... EZ 60
Printemps (R. du) .... FZ 63
Ste-Marguerite (R.) .... EZ 74
St-Honorat (R.) .... EZ 71
Vilmorin (Av.) .... EZ 88

Accès et sorties: voir à Antibes

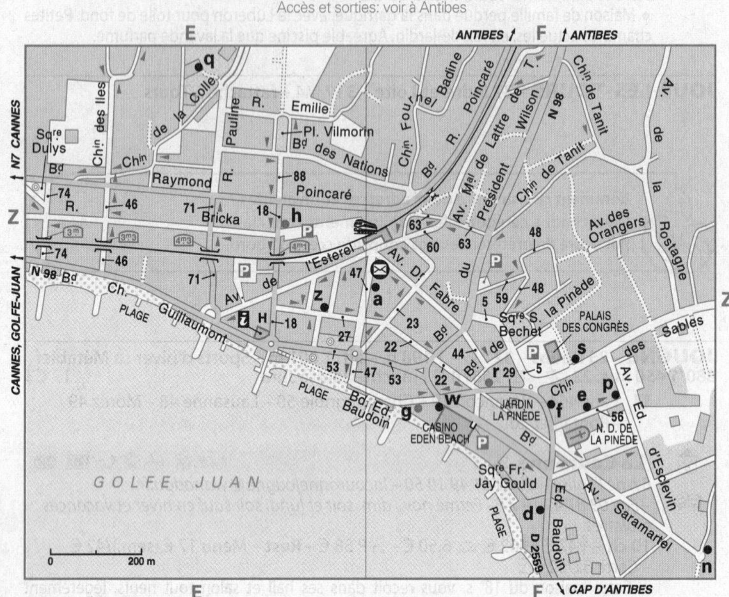

Juana
rest, 20, VISA
la Pinède, av. G. Gallice – 04 93 61 08 70 – reservation@hotel-juana.com – Fax 04 93 61 76 60 – Fermé 29 oct.-28 déc. FZ **f**
37 ch – 215/645 € 215/645 €, 23 € – 3 suites – **Rest** – *(dîner seult)* Menu 55 € – Carte 44/78 €
◆ Luxueux hôtel des années 1930 où l'on cultive l'art de recevoir. Les chambres, d'esprit Art déco, sont élégantes et pourvues d'équipements haut de gamme. Belle piscine. Restaurant-véranda "lounge" inondé de lumière et agréable terrasse face à la pinède.

Belles Rives
mer et massif de l'Estérel, ch, rest, 20, VISA
33 bd E. Baudoin – 04 93 61 02 79 – info@brj-hotels.com – Fax 04 93 67 43 51 – Fermé 2 janv.-4 fév. FZ **d**
38 ch – 140/730 € 140/730 €, 25 € – 5 suites
Rest *La Passagère* – *(fermé lundi et mardi d'oct. à mai)* Menu 45 € (déj. en sem.), 70/95 € – Carte 76/95 €
Rest *Plage Belles Rives* – *(ouvert 15 avril-30 sept.) (déjeuner seult)* Carte 51/78 €
◆ Ce petit joyau Art déco ancré au bord de la "grande bleue" semble guetter le retour de Scott Fitzgerald. Plage aménagée et ponton privé. Beau décor 1930 de style "paquebot" et fine cuisine actuelle au restaurant La Passagère. Tables dressées face la mer à la Plage Belles Rives.

Méridien Garden Beach
ch, ch, 10/140, VISA
15 bd E. Baudoin – 04 92 93 57 57 – contact@lemeridien-juanlespins.com – Fax 04 92 93 57 56 FZ **w**
171 ch – 110/320 € 110/320 €, 23 € – 4 suites
Rest *Brasserie de la Plage* – *(ouvert 1er avril-15 oct.)* Carte 35/72 €
◆ Cet immeuble "verre et béton" ouvert sur les flots jouxte le casino. Préférez les grandes chambres joliment rénovées et profitez des équipements sportifs. Cuisine ensoleillée, salades et grillades vous attendent à la Brasserie de la Plage.

Ambassadeur ch, 25/150,
50 chemin des sables – 04 92 93 74 10 – manager@hotel-ambassadeur.com – Fax 04 93 67 79 85 – Fermé 10-25 déc. FZ **s**
225 ch – 150/207 € 180/242 €, 22 € – ½ P 130/144 €
Rest *Le Gauguin* – *04 92 93 74 52 (fermé juil.-août)* Menu 34/44 € – Carte 39/46 €
Rest *La Terrasse* – *(ouvert juil.-août)* Menu 34/44 € – Carte 39/46 €
◆ Ce vaste complexe hôtelier adossé au palais des congrès accueille séminaires et vacanciers. Les chambres sont parées de couleurs du Sud. Belle piscine bordée de palmiers. Décor provençal et carte régionale au Gauguin. L'été, restauration simple à la Terrasse.

Ste-Valérie sans rest
r. Oratoire – 04 93 61 07 15 – saintevalerie@juanlespins.net – Fax 04 93 61 47 52 – Ouvert 29 avril-14 oct. FZ **p**
24 ch – 150/175 € 175/265 €, 22 € – 6 suites
◆ Hôtel blotti dans un petit écrin de verdure et de fleurs. Chambres soignées et décorées dans un esprit méridional, plus calmes côté jardin et piscine. Accueil charmant.

La Villa de l'Ambassadeur sans rest 15,
av. Saramartel – 04 92 93 48 00 – manager@hotel-ambassadeur.com – Fax 04 93 61 86 78 – Ouvert 1er avril-30 oct. FZ **n**
25 ch – 171/284 € 195/334 €, 22 €
◆ Le jardin, planté de cèdres et d'oliviers, et la piscine sur l'arrière donnent un charme supplémentaire à cette paisible villa. Spacieuses chambres de style provençal.

Astoria sans rest
15 av. Mar. Joffre – 04 93 61 23 65 – reservation@hotellastoria.com – Fax 04 93 67 10 40 FZ **a**
49 ch – 71/103 € 86/123 €, 9,50 €
◆ Proche de la gare et à deux pas de la plage, petit immeuble entièrement refait à neuf. Les chambres sur l'arrière sont plus calmes. Jolie salle des petits-déjeuners.

Des Mimosas sans rest
r. Pauline – 04 93 61 04 16 – hotel.mimosas@wanadoo.fr – Fax 04 92 93 06 46 – Ouvert 1er mai-30 sept. EZ **q**
34 ch – 90 € 140 €, 10 €
◆ La façade immaculée de cet hôtel se dresse au cœur d'un parc planté de palmiers. Chambres rafraîchies ; préférez celles en rez-de-jardin ou avec balcon tourné vers la piscine.

Juan Beach ch,
5 r. Oratoire – 04 93 61 02 89 – info@hoteljuanbeach.com – Fax 04 93 61 16 63 – Ouvert 1er avril-31 oct. FZ **e**
24 ch – 70/130 € 85/150 €, 9 € – 3 suites – ½ P 77 € – **Rest** – *(déj. seult) (résidents seult)* Menu (18 €) – Carte 15/33 €
◆ Un accueil chaleureux vous attend dans cette villa blanche et bleue totalement rénovée. Chambres dans l'esprit provençal, bar-salon au décor marin ouvert sur la piscine.

Eden Hôtel sans rest
16 av. L. Gallet – 04 93 61 05 20 – edenhoteljuan@wanadoo.fr – Fax 04 92 93 05 31 – Ouvert 3 mars-4 nov. EZ **z**
17 ch – 50/65 € 60/88 €, 6 €
◆ Atouts majeurs de cet édifice 1930 : petit-déjeuner en terrasse, proximité de la plage et ambiance conviviale. Chambres simples ; certaines offrent une échappée sur la mer.

Bijou Plage îles de Lérins,
bd Littoral – 04 93 61 39 07 – bijou.plage@free.fr – Fax 04 93 67 81 78 *voir plan d'Antibes* AU **d**
Rest – Menu 21/49 € – Carte 37/112 €
◆ Restaurant de plage au nouveau décor "lounge" et feutré (tons beige, grand aquarium) agrandi d'une véranda. Délicieuse terrasse sur le sable ; produits de la Méditerranée.

XX **L'Amiral** AC VISA MC AE

7 av. Amiral Courbet – ✆ 04 93 67 34 61 – restaurant.amiral@wanadoo.fr – Fermé 4-26 mars, déc., dim. soir d'oct. à avril, mardi midi et lundi EZ **h**

Rest – Menu 25/35 € – Carte 34/51 € ♀

◆ Ce sympathique restaurant familial propose une cuisine traditionnelle et des recettes de la mer. Salle à manger intime, agrémentée de tableaux et réservée aux non-fumeurs.

XX **Le Perroquet** AC VISA MC

La Pinède, av. G. Gallice – ✆ 04 93 61 02 20 – Fax 04 93 61 02 20 – Fermé 5 nov.-26 déc. et le midi en juil.-août FZ **r**

Rest – Menu 28/33 € – Carte 29/63 € ♀

◆ Restaurant ouvert sur l'animation de la pinède. Bibelots, cafetières, moulins à café et fleurs égayent la plaisante salle à manger provençale. Cuisine traditionnelle.

XX **Le Paradis** AC VISA MC AE

13 bd Beaudouin – ✆ 04 93 61 22 30 – resto.paradis@voila.fr – Fax 04 93 67 46 60 – Fermé 15 nov.-15 déc., dim. soir et lundi du 15 déc. au 15 fév. FZ **g**

Rest – Menu 33 € (déj. en sem.), 35/48 € – Carte 46/170 € ♀

◆ Salle design à touches ethniques, belle vue sur mer et appétissante carte au goût du jour dans cette adresse accessible par un passage sous un immeuble voisin du casino.

JULIÉNAS – 69 Rhône – 327 H2 – 792 h. – alt. 276 m – ✉ 69840

Lyon et la vallée du Rhône 43 **E1**

Paris 403 – Bourg-en-Bresse 51 – Lyon 63 – Mâcon 15 – Villefranche-sur-Saône 32

Les Vignes sans rest P VISA MC AE

à 0,5 km rte St-Amour – ✆ 04 74 04 43 70 – contact@hoteldesvignes.com – Fax 04 74 04 41 95 – Fermé 20 déc.-6 janv.

22 ch – †49/62 € ††56/70 €, ☕ 11 €

◆ À flanc de coteau, entouré de vignes, hôtel aux chambres proprettes bénéficiant d'une bonne isolation phonique. Assortiment de charcuteries beaujolaises au p'tit-déj' !

XX **Chez la Rose** avec ch VISA MC AE

pl. Marché – ✆ 04 74 04 41 20 – info@chez-la-rose.fr – Fax 04 74 04 49 29 – Fermé 24 déc.-8 janv. et fév.

8 ch – †46/75 € ††46/75 €, ☕ 11 € – 5 suites – ½ P 59/88 € – **Rest** – *(fermé lundi et mardi)* Menu 27/52 € – Carte 29/63 € ♀

◆ Repas traditionnel dans une salle agreste ou sur la terrasse fleurie. Chambres à géométrie variable, dotées de meubles anciens ou rustiques. Espace petits-déjeuners moderne.

X **Le Coq à Juliénas** VISA MC AE

pl. Marché – ✆ 04 74 04 41 98 – leon@relaischateaux.com – Fax 04 74 04 41 44 – Fermé 16 déc.-16 janv. et merc.

Rest – Menu 23 € ♀

◆ Volets bleu lavande, intérieur résolument "rétro" égayé de bibelots à la gloire du coq et de fresques bachiques, terrasse très prisée l'été : un coquet "bistrot de chef".

JULLIÉ – 69 Rhône – 327 H2 – 384 h. – alt. 370 m – ✉ 69840 43 **E1**

Paris 415 – Bourg-en-Bresse 55 – Lyon 67 – Mâcon 20

Domaine de la Chapelle de Vâtre sans rest

< Juliénas et plaine de la Saône, P VISA MC

Le Bourbon, 2 km au Sud par D 68 – ✆ 04 74 04 43 57 – vatre@wanadoo.fr – Fax 04 74 04 40 27

4 ch ☕ – †60 € ††80/130 €

◆ Ce domaine viticole perché au sommet d'une colline jouit d'un panorama exceptionnel sur la plaine de la Saône. Ses chambres sont superbement décorées dans un esprit contemporain.

JUMIÈGES – 76 Seine-Maritime – 304 E5 – 1 714 h. – alt. 25 m – ✉ 76480

Normandie Vallée de la Seine 33 **C2**

Paris 160 – Caudebec-en-Caux 16 – Rouen 28

Office de tourisme, rue Guillaume le Conquérant ✆ 02 35 37 28 97

Ruines de l'abbaye★★★.

Le Clos des Fontaines sans rest

191 r. des Fontaines – ✆ 02 35 33 96 96 – hotel@leclosdesfontaines.com – Fax 02 35 33 96 97 – Fermé 15 fév.-15 mars

6 ch – †80/160 € ††80/190 €, ☕ 15 €

◆ Pas loin des vestiges de l'abbaye, récente demeure de style régional accessible par chemin agreste. Chambres "cosy" réparties dans deux maisonnettes ; jolie piscine au jardin.

L' Auberge des Ruines

17 pl. de la Mairie – ✆ 02 35 37 24 05 – loic.henry9@wanadoo.fr – Fermé 16-29 août, 23 déc.-4 janv., 15-28 fév., lundi soir et jeudi soir du 15 nov. au 15 fév., dim. soir, mardi et merc.

Rest – Menu 18 € (déj. en sem.), 35/62 € – Carte 70/74 € ♀

◆ Plaisante table au goût du jour voisinant avec les ruines de l'abbaye. Terrasse et véranda devancent la salle principale au décor actualisé en préservant des éléments anciens.

JUNGHOLTZ – 68 Haut-Rhin – 315 H9 – 658 h. – alt. 332 m – ✉ 68500 1 **A3**

Paris 475 – Mulhouse 23 – Belfort 62 – Colmar 32 – Guebwiller 6

Les Violettes ch, rest, 15/100,

à l'Ouest : 1 km – ✆ 03 89 76 91 19 – lesviolettes@wanadoo.fr – Fax 03 89 74 29 12

19 ch – †70 € ††90/195 €, ☕ 11 € – 3 suites – ½ P 120/160 € – **Rest** – *(fermé janv., lundi et mardi)* Menu 28 € (déj. en sem.), 47/63 € – Carte 54/61 € ♀

◆ Près de la basilique de Thierenbach, ancienne maison de chasse aux superbes chambres et suites authentiquement alsaciennes. Hébergement douillet, moins cossu à la Gentilhommière. Salle à manger ornée de boiseries claires et véranda feutrée ; cuisine actuelle.

JURANÇON – 64 Pyrénées-Atlantiques – 342 J5 – rattaché à Pau

JUVIGNAC – 34 Hérault – 339 H7 – rattaché à Montpellier

JUVIGNY – 74 Haute-Savoie – 328 K3 – rattaché à Annemasse

JUVIGNY-SOUS-ANDAINE – 61 Orne – 310 F3 – 1 055 h. – alt. 200 m – ✉ 61140 32 **B3**

Paris 239 – Alençon 51 – Argentan 47 – Domfront 12 – Mayenne 33

Au Bon Accueil avec ch rest,

– ✆ 02 33 38 10 04 – hotel.aubonaccueil@wanadoo.fr – Fax 02 33 37 44 92 – Fermé 15 fév.-15 mars, dim. soir et lundi

8 ch – †52 € ††52/67 €, ☕ 9 € – ½ P 56 € – **Rest** – Menu (12,50 €), 15 € (déj. en sem.), 18/42 € – Carte 32/47 € ♀

◆ Au centre du pittoresque village, maison accueillante servant une cuisine généreuse. L'une des deux salles à manger s'agrémente d'une verrière et d'un petit jardin d'hiver.

JUZET-DE-LUCHON – 31 Haute-Garonne – 343 B8 – rattaché à Bagnères-de-Luchon

KATZENTHAL – 68 Haut-Rhin – 315 H8 – 497 h. – alt. 280 m – ✉ 68230 2 C2

Paris 445 – Colmar 8 – Gérardmer 53 – Munster 18 – St-Dié 48

A l'Agneau avec ch rest, VISA MC AE

16 Grand'Rue – ☎ 03 89 80 90 25 – contact@agneau-katzenthal.com – Fax 03 89 27 59 58 – Fermé 17 fév.-13 mars, 1er-12 juil., 12-21 nov., 24-27 déc. et 1er-22 janv.

12 ch – 43/55 € 43/80 €, 8,50 € – ½ P 45/56 € – **Rest** – *(fermé jeudi sauf le soir de juil. à sept. et merc.)* Menu (15 €), 19 € (sem.)/47 € – Carte 24/47 €

◆ Attenante à l'exploitation viticole familiale, maison abritant deux coquettes salles à manger typiquement alsaciennes. Cuisine régionale et du marché, vins de la propriété.

KAYSERSBERG – 68 Haut-Rhin – 315 H8 – 2 676 h. – alt. 242 m – ✉ 68240

Alsace Lorraine 2 C2

Paris 438 – Colmar 12 – Gérardmer 46 – Guebwiller 35 – Munster 22 – St-Dié 41 – Sélestat 24

Office de tourisme, rue du Gal-de-Gaulle ☎ 03 89 78 22 78, Fax 03 89 78 27 44

Église Ste-Croix ★ : retable★★ - Hôtel de ville★ - Vieilles maisons★ - Pont fortifié★ - Maison Brief★.

Chambard (Nasti) ch, 20, VISA MC AE

r. Gén. de Gaulle – ☎ 03 89 47 10 17 – hotelrestaurantchambard@wanadoo.fr – Fax 03 89 47 35 03

20 ch – 99 € 117 €, 14,50 € – 3 suites – ½ P 136/190 €

Rest – *(fermé 9 janv.-4 fév., mardi midi, merc. midi et lundi)* Menu 29 € (déj. en sem.), 48/75 € – Carte 51/74 €

Rest *Winstub* – Menu (17 €), 24 € – Carte 29/44 €

Spéc. Pressé de rouget de roche, purée d'endive. Bibelleskasse, minute de grenouilles, vinaigrette à l'ail des ours. Carré de porcelet cuit au foin. **Vins** Alsace.

◆ Cette grande hôtellerie postée à l'entrée de la ville propose, en plus de ses confortables chambres, trois superbes suites contemporaines. Élégant restaurant non-fumeurs, agréable terrasse, belle carte des vins et goûteux plats inventifs. Cadre alsacien à la Winstub.

Les Remparts sans rest 25, VISA MC AE

4 r. Fliech – ☎ 03 89 47 12 12 – hotel@lesremparts.com – Fax 03 89 47 37 24

26 ch – 53/67 € 65/78 €, 7 €

◆ L'hôtel se trouve dans un quartier résidentiel calme, aux portes de la cité. Chambres pratiques dotées d'amples terrasses joliment fleuries à la belle saison.

Les Terrasses sans rest cuisinette VISA MC AE

15 ch – 53/65 € 79/83 €, 7 €

◆ Architecture néo-alsacienne, quiétude et confort des chambres caractérisent l'annexe de l'hôtel des Remparts où se trouve l'accueil, commun aux deux hébergements.

Constantin sans rest VISA MC AE

10 r. Père Kohlman – ☎ 03 89 47 19 90 – reservation@hotel-constantin.com – Fax 03 89 47 37 82

20 ch – 50/54 € 61/71 €, 7 €

◆ Vieille maison de vigneron abritant des chambres confortables, parfois agrandies d'une mezzanine. Salle des petits-déjeuners sous verrière ornée d'un beau poêle en faïence.

A l'Arbre Vert rest, VISA MC AE

1 r. Haute du Rempart – ☎ 03 89 47 11 51 – arbrevertbellepromenade@wanadoo.fr – Fax 03 89 78 13 40 – Fermé 8 janv.-12 fév.

20 ch – 55/59 € 61/64 €, 8 € – ½ P 63/68 € – **Rest** – *(fermé lundi) (dîner seult sauf merc. et dim.)* Menu 23/34 € – Carte 23/51 €

◆ Cette bâtisse de style régional située face au musée du Docteur Schweitzer dispose d'une avenante façade égayée de fleurs. Chambres rustiques. Salles à manger habillées de chaleureuses boiseries où l'on sert des recettes alsaciennes soignées.

La Vieille Forge

1 r. Écoles – ✆ 03 89 47 17 51 – Fax 03 89 78 13 53 – Fermé 21 juin-11 juil., vacances de fév., merc. et jeudi

Rest – Menu 19/33 € – Carte 29/47 €

◆ La jolie façade à colombages du 16e s. invite à s'attabler dans ce restaurant familial proposant une carte régionale assortie de suggestions de saison. Réservé aux non-fumeurs.

Au Lion d'Or

66 r. Gén. de Gaulle – ✆ 03 89 47 11 16 – auliond.or@wanadoo.fr – Fax 03 89 47 19 02 – Fermé 4-11 juil., 28 janv.-6 mars, mardi sauf le midi de mai à oct. et merc.

Rest – Menu 16/35 € – Carte 22/48 €

◆ Belle maison de 1521 tenue par la même famille depuis 1764 ! Salles à manger d'époque (dont une ornée d'une monumentale cheminée) pouvant accueillir jusqu'à 180 convives.

à Kientzheim Est : 3 km par D 28 – 827 h. – alt. 225 m – ✉ 68240

Pierres tombales★ dans l'église.

Hotel de l'Abbaye d'Alspach sans rest — 15,

2 r. Foch – ✆ 03 89 47 16 00 – hotel@abbayealspach.com – Fax 03 89 78 29 73 – Fermé 7 janv.-15 mars

28 ch – 63 € 68/105 €, 10 € – 5 suites

◆ Parmi les atouts de cet hôtel occupant les dépendances d'un couvent du 11e s. : cinq superbes suites, une jolie cour et un bon petit-déjeuner (kougelhopf et confitures maison).

Hostellerie Schwendi

2, pl. Schwendi – ✆ 03 89 47 30 50 – hotel-schwendi@wanadoo.fr – Fax 03 89 49 04 49 – Fermé 24 déc.-14 mars

25 ch – 66 € 78/98 €, 11 € – ½ P 76/86 € – **Rest** – *(fermé jeudi midi et merc.)* Menu 22/59 € – Carte 27/55 €

◆ Belle façade à pans de bois dressée sur une placette pavée. Intérieur mi-rustique, mi-bourgeois. Coquettes chambres personnalisées, encore plus confortables à l'annexe. Carte régionale et vins de la propriété à déguster l'été en terrasse, face à une fontaine.

KEMBS-LOÉCHLÉ – 68 Haut-Rhin – 315 J11 – alt. 245 m – ✉ 68680 1 B3

Paris 493 – Altkirch 26 – Basel 16 – Belfort 70 – Colmar 60 – Mulhouse 25

Les Écluses

8 r. Rosenau – ✆ 03 89 48 37 77 – restaurant.les.ecluses@freesbee.fr – Fax 03 89 48 49 31 – Fermé vacances de la Toussaint, de fév., merc. soir d'oct. à avril, dim. soir et lundi

Rest – Menu 16/30 € – Carte 27/46 €

◆ À proximité du canal de Huningue et de la Petite Camargue alsacienne, ce restaurant propose des spécialités de poissons dans une salle à manger au décor contemporain.

KIENTZHEIM – 68 Haut-Rhin – 315 H8 – rattaché à Kaysersberg

KILSTETT – 67 Bas-Rhin – 315 L4 – 1 923 h. – alt. 130 m – ✉ 67840 1 B1

Paris 489 – Haguenau 23 – Saverne 51 – Strasbourg 14 – Wissembourg 60

Oberlé

11 rte Nationale – ✆ 03 88 96 21 17 – hroberle@wanadoo.fr – Fax 03 88 96 62 29 – Fermé 16 août-3 sept. et 11-23 fév.

31 ch – 40 € 51 €, 5,50 € – ½ P 36 € – **Rest** – *(fermé vend. midi et jeudi)* Menu 10 € (déj. en sem.), 21/36 € – Carte 19/43 €

◆ Cet établissement familial propose plusieurs types de chambres, dans l'ensemble assez confortables et actuelles. Les plus spacieuses ont bénéficié d'une rénovation soignée. Au restaurant, atmosphère conviviale et cuisine d'inspiration régionale.

Au Cheval Noir
1 r. du Sous-Lieutenant Maussire – ✆ 03 88 96 22 01 – Fax 03 88 96 61 30 – Fermé lundi et mardi
Rest – Menu 13 € (déj. en sem.), 25 € (dîner)/45 € ♀
◆ Depuis cinq générations, la même famille vous reçoit en cette belle maison à colombages du 18e s. Intérieur chaleureux avec fresque (scène de chasse) et carte traditionnelle.

KOENIGSMACKER – 57 Moselle – 307 I2 – 1 893 h. – alt. 150 m – ✉ 57970

26 **B1**

Paris 349 – Luxembourg 50 – Metz 39 – Völklingen 69

Syndicat d'initiative, 1 avenue du Père Scheil ✆ 03 82 83 75 54

Moulin de Méwinckel sans rest
– ✆ 03 82 55 03 28
5 ch – 47/60 € 55/70 €
◆ Chambres calmes et fringantes aménagées dans l'ex-étable d'une ferme-moulin perpétuant ses activités agricoles. Accueil spontané et cadre bucolique. La roue à aubes tourne encore.

LE KREMLIN-BICÊTRE – 94 Val-de-Marne – 312 D3 – 101 26 – voir à Paris, Environs

KRUTH – 68 Haut-Rhin – 315 F9 – 1 010 h. – alt. 498 m – ✉ 68820

Alsace Lorraine

1 **A3**

Paris 453 – Colmar 63 – Épinal 68 – Gérardmer 31 – Mulhouse 40 – Thann 20 – Le Thillot 29

Cascade St-Nicolas★ SO : 3 km par D 13b[1] - Musée du textile et des costumes de Haute-Alsace à Husseren-Wesserling SE : 6 km.

au Frenz Ouest : 5 km par D 13bis – ✉ 68820 Kruth – 1 010 h. – alt. 498 m

Les Quatre Saisons ≤ Massif des Vosges,
r. Frentz – ✆ 03 89 82 28 61 – hotel4saisons@wanadoo.fr – Fax 03 89 82 21 42 – Fermé 12-25 mars, mardi et merc.
9 ch – 45/70 € 45/70 €, 8 € – ½ P 44/52 € – **Rest** – Menu 18/36 € – Carte 30/37 € ♀
◆ Attaché à ses racines montagnardes, ce chalet familial s'est joliment modernisé. Chambres douillettes et salon de lecture "cosy". Petit-déjeuner "maison". Cuisine régionale actualisée et choix de vins judicieux. Belle salle à manger avec vue sur les Vosges.

LABAROCHE – 68 Haut-Rhin – 315 H8 – 1 985 h. – alt. 750 m – ✉ 68910

2 **C2**

Paris 441 – Colmar 17 – Gérardmer 49 – Munster 25 – St-Dié 44

Office de tourisme, 2 impasse Prés. Poincaré ✆ 03 89 49 80 56, Fax 03 89 49 80 68

La Rochette rest,
500 lieu-dit La Rochette – ✆ 03 89 49 80 40 – hotel.la.rochette@wanadoo.fr – Fax 03 89 78 94 82 – Fermé 11-23 nov. et 15 fév.-13 mars
7 ch – 50/55 € 52/60 €, 8 € – ½ P 60/65 € – **Rest** – *(fermé lundi soir et mardi)* Menu 14 € (déj. en sem.), 18/45 € – Carte 31/47 € ♀
◆ À l'heure de l'apéritif, vous pourrez profiter du beau jardin verdoyant qui sert d'écrin à cette maison familiale. Chambres assez coquettes, claires et bien insonorisées. Jolie salle à manger colorée à dominantes jaune et verte ; carte dans la note régionale.

Blanche Neige ≤
692 Les Evaux, 6 km Sud-Est par D11 I et rte secondaire – ✆ 03 89 78 94 71 – info@auberge-blanche-neige.fr – Fermé jeudi midi, mardi et merc.
Rest – Menu 25 € (déj. en sem.), 39/93 € bc – Carte 46/63 € ♀
◆ À 700 m d'altitude, charmante auberge avec vue sur les Vosges. L'intérieur, savant équilibre de contemporain et d'ancien, est très réussi. Belle terrasse et cuisine créative.

LABARTHE-SUR-LÈZE – 31 Haute-Garonne – 343 G4 – 4 632 h. – alt. 162 m – ✉ 31860 28 **B2**

Paris 694 – Auch 91 – Pamiers 45 – St-Gaudens 81 – Toulouse 21

de Toulouse à Vieillevigne N : 10 km par D 4, ✆ 05 61 73 45 48.

XX **Le Poêlon** 6/18, VISA

19 pl. V. Auriol – ✆ 05 61 08 68 49 – Fax 05 61 08 78 48 – Fermé 5-27 août, 23 déc.-7 janv., dim. et lundi

Rest – Menu 22 € (déj. en sem.), 32/41 €

◆ Les habitués de cette demeure bourgeoise apprécient sa carte traditionnelle et son impressionnant livre de cave (plus de 600 références). Expo-vente de tableaux, terrasse ombragée.

XX **La Rose des Vents** VISA AE

carrefour D 19-D 4 – ✆ 05 61 08 67 01 – Fax 05 61 08 85 84 – Fermé 15 août-5 sept., 24 fév.-5 mars, dim. soir, lundi et mardi

Rest – Menu 15 € (déj. en sem.), 22/39 € – Carte 30/53 €

◆ Confortable maison de pays qu'un écrin de verdure préserve des bruits de la route. Vous vous attablerez tout près de la cheminée ou sous la véranda couverte de vigne vierge.

LABASTIDE-BEAUVOIR – 31 Haute-Garonne – 343 I4 – 664 h. – alt. 260 m – ✉ 31450 29 **C2**

Paris 701 – Toulouse 25 – Albi 97 – Castelnaudary 35 – Foix 76

L' Oustal du Lauragais ch, 6/12, VISA AE

– ✆ 05 34 66 16 16 – contact@oustal-lauragais.fr – Fax 05 34 66 16 26 – Fermé 23 déc.-2 janv.

14 ch – †60 € ††60 €, ☐ 10 € – **Rest** – *(fermé 29 juil.-16 août)* Menu 14 € (sem.)/35 € – Carte 23/31 €

◆ Cette ancienne ferme restaurée convertie en hôtel bénéficie d'un calme apaisant. Elle propose de grandes chambres simplement meublées et de belles salles de bains. Une cuisine de tradition est servie dans la salle à manger de style moderne.

LABASTIDE-MURAT – 46 Lot – 337 F4 – 690 h. – alt. 447 m – ✉ 46240 Périgord 29 **C1**

Paris 543 – Brive-la-Gaillarde 66 – Cahors 32 – Figeac 45 – Gourdon 26 – Sarlat-la-Canéda 50

Office de tourisme, Grand'Rue ✆ 05 65 21 11 39, Fax 05 65 24 57 66

La Garissade ch, ch, VISA AE

pl. de la Mairie – ✆ 05 65 21 18 80 – garissade@wanadoo.fr – Fax 05 65 21 10 97 – Ouvert 19 mars-4 nov.

20 ch – †58/63 € ††63/69 €, ☐ 7,50 € – ½ P 53/76 € – **Rest** – Menu (14 €), 25 €

◆ Ce castel du 13e s. fait miroiter sa succession de toits au soleil du Quercy. Chambres sobres, dotées de mobilier en bois peint réalisé par un artisan local. Salle à manger rustique agrémentée d'une cheminée, où l'on vient déguster des recettes du terroir.

LABATUT – 40 Landes – 335 F13 – 1 102 h. – alt. 45 m – ✉ 40300 3 **B3**

Paris 759 – Anglet 58 – Bayonne 53 – Bordeaux 173

X **Le Bousquet** VISA

37 bd Océan – ✆ 05 58 98 11 01 – aubergedubousquet@yahoo.fr – Fax 05 58 98 11 63 – Fermé 9-15 avril

Rest – Menu 23/45 € – Carte 40/55 €

◆ Vieilles dalles lustrées par les ans, poutres et meubles rustiques : le cadre campagnard de cette maison du 18e s. a du caractère. Jardin aromatique. Cuisine au goût du jour.

LABÈGE – 31 Haute-Garonne – 343 H3 – rattaché à Toulouse

LABOURSE – 62 Pas-de-Calais – 301 J5 – rattaché à Béthune

LACABARÈDE – 81 Tarn – **338** H10 – **304 h.** – **alt. 325 m** – ✉ **81240** 29 **C2**

Paris 754 – Béziers 71 – Carcassonne 53 – Castres 36 – Mazamet 19 – Narbonne 62

Demeure de Flore ch, ch, VISA

106 Grand'rue – ☎ 05 63 98 32 32 – contact@demeuredeflore.com – Fax 05 63 98 47 56 – Fermé 2-30 janv. et lundi hors saison

11 ch – †70/100 € ††89/140 €, ☕ 9,50 € – ½ P 86/92 € – **Rest** – Menu 26 € (déj. en sem.)/34 €

◆ La déesse romaine a doté cette maison de maître du 19e s. d'un bel écrin de verdure face à la Montagne Noire. Intérieur coquet, mobilier ancien, accueil attentif. Cuisine du marché aux accents provençaux ou italiens à déguster dans un cadre contemporain et raffiné.

LACAPELLE-MARIVAL – 46 Lot – **337** H3 – **1 247 h.** – **alt. 375 m** – ✉ **46120**
Périgord 29 **C1**

Paris 555 – Aurillac 66 – Cahors 64 – Figeac 21 – Gramat 22 – Rocamadour 32 – Tulle 75

Office de tourisme, place de la Halle ☎ 05 65 40 81 11, Fax 05 65 40 81 11

La Terrasse rest, 15, VISA

près château – ☎ 05 65 40 80 07 – hotel-restaurant-la-terrasse@wanadoo.fr – Fax 05 65 40 99 45 – Fermé 1er janv.-3 mars et dim. soir hors saison

13 ch – †43/50 € ††48/60 €, ☕ 7 € – ½ P 48/50 € – **Rest** – *(fermé mardi midi, dim. soir et lundi sauf juil.-août)* Menu 14 € (déj. en sem.), 25/55 € – Carte 40/68 €

◆ Hôtel voisin du massif donjon carré du château. Chambres fonctionnelles et bien tenues, parfois rénovées. Plaisant petit jardin bordé d'un ruisseau. Appétissante cuisine au goût du jour à savourer dans une lumineuse salle à manger rajeunie.

LACAPELLE-VIESCAMP – 15 Cantal – **330** B5 – **434 h.** – **alt. 550 m** – ✉ **15150** 5 **A3**

Paris 547 – Aurillac 19 – Figeac 57 – Laroquebrou 12 – St-Céré 48

Du Lac ch, rest, 20, VISA

– ☎ 04 71 46 31 57 – hoteldulac@wanadoo.fr – Fax 04 71 46 31 64 – Fermé 20 déc.-10 janv., fév., vend. soir et dim. soir

23 ch – †40/50 € ††50/65 €, ☕ 12 € – ½ P 52/63 € – **Rest** – Menu (12,50 €), 18,50 € (sem.)/35 € – Carte 23/41 €

◆ Cet établissement des années 1950 cumule les atouts : calme, proximité du lac poissonneux de St-Étienne-Cantalès, chambres parfaitement tenues et accueil familial chaleureux. Restaurant ouvert sur la nature environnante, plats traditionnels et vins régionaux.

LACAUNE – 81 Tarn – **338** I8 – **2 914 h.** – **alt. 793 m** – **Casino** – ✉ **81230**
Midi-Pyrénées 29 **D2**

Paris 708 – Albi 67 – Béziers 89 – Castres 48 – Lodève 73 – Millau 69 – Montpellier 131

Office de tourisme, place Général-de-Gaulle ☎ 05 63 37 04 98, Fax 05 63 37 03 01

Calas avec ch VISA

pl. Vierge – ☎ 05 63 37 03 28 – hotelcalas@wanadoo.fr – Fax 05 63 37 09 19 – Fermé 20 déc.-15 janv.

16 ch – †38/50 € ††38/55 €, ☕ 7 € – ½ P 42/45 € – **Rest** – *(fermé dim. soir, vend. soir et sam. midi d'oct. à avril)* Menu 15 € (sem.)/40 € – Carte 31/50 €

◆ Quatre générations se sont succédé à la tête de cette institution familiale servant une solide cuisine du terroir. Restaurant décoré par des artistes du pays et chambres colorées.

Passée en rouge, la mention « Rest » repère l'établissement auquel est attribué notre distinction, (étoile) ou (Bib Gourmand).

LACAVE – 46 Lot – 337 F2 – 293 h. – alt. 130 m – ✉ 46200 Périgord 29 C1

Paris 528 – Brive-La-Gaillarde 51 – Cahors 58 – Gourdon 26 – Sarlat-La-Canéda 41

Grottes★★.

Château de la Treyne

Ouest : 3 km par D 23, D 43 et voie privée
– ✆ 05 65 27 60 60 – treyne@relaischateaux.com
– Fax 05 65 27 60 70 – Ouvert 24 mars-14 nov. et 22 déc.-6 janv.

14 ch – 180/380 € 180/380 €, 22 € – 2 suites – ½ P 290/490 € –
Rest – *(fermé le midi du mardi au vend.)* Menu 48 € (déj. en sem.), 88/128 € – Carte 96/142 €

Spéc. Pot-au-feu de foie de canard aux cocos de Paimpol (août à nov.). Nage de petite lotte au curry et safran du Quercy. Canard sauvageon rôti aux cerises en aigre-doux (juin à août). **Vins** Bergerac, Cahors.

◆ Château du 17e s. dominant la Dordogne, dans un parc avec jardin à la française et chapelle romane (expositions, concerts). Cadre idyllique, chambres somptueuses. Au restaurant, belles boiseries, plafond à caissons et cuisine classique actualisée.

Pont de l'Ouysse (Chambon)

ch,

– ✆ 05 65 37 87 04 – pont.ouysse@wanadoo.fr
– Fax 05 65 32 77 41 – Ouvert de début mars à mi-nov. et fermé lundi sauf le soir en saison et mardi midi

12 ch – 140/150 € 140/185 €, 16 € – ½ P 150/160 € –
Rest – Menu 50/130 € – Carte 64/108 €

Spéc. Foie de canard "Bonne Maman". Queues de langoustines aux truffes. Daube de pied de porc truffé, aligot au lard paysan. **Vins** Vin de Pays du Lot.

◆ Maison du 19e s. adossée à une falaise. Jolie salle à manger, terrasse ombragée et promenade aménagée au bord de l'Ouysse. Cuisine inventive inspirée par le Sud-Ouest.

LAC CHAMBON★★ – 63 Puy-de-Dôme – 326 E9 – alt. 877 m – Sports d'hiver : 1 150/1 760 m 9 – ✉ 63790 Chambon-sur-Lac Auvergne 5 B2

Paris 456 – Clermont-Ferrand 37 – Condat 39 – Issoire 32 – Le Mont-Dore 18

Le Grillon

rest, rest,

– ✆ 04 73 88 60 66 – info@hotel-grillon.com – Fax 04 73 88 65 55 – Ouvert 5 fév.-10 nov.

22 ch – 38 € 38/45 €, 8 € – ½ P 44/52 € – **Rest** – Menu 15 € (sem.)/38 € – Carte 28/36 €

◆ Sur un axe fréquenté, immeuble des années 1950 régulièrement rafraîchi. Accueil chaleureux. Coquettes chambres colorées et personnalisées. Jardin et aire de jeux. Plats traditionnels et régionaux servis en salle ou sur la terrasse tournée vers le lac.

Beau Site

– ✆ 04 73 88 61 29 – Fax 04 73 88 66 73 – Ouvert vacances de fév. et 1er avril-4 nov.

17 ch – 40/50 € 45/50 €, 8 € – ½ P 45/50 € – **Rest** – *(fermé le midi du lundi au jeudi d'oct. à avril)* Menu 17/26 € – Carte 25/37 €

◆ Établissement familial aménagé dans deux bâtiments très fleuris en surplomb du lac. Chambres claires, tournées vers le plan d'eau et la plage. Terrasse et salles à manger actuelles dont les baies vitrées regardent le rivage. Cuisine régionale.

LAC DE GUÉRY – 63 Puy-de-Dôme – 326 D9 – rattaché au Mont-Dore

LAC DE LA LIEZ – 52 Haute-Marne – 313 M6 – rattaché à Langres

LAC DE PONT – 21 Côte-d'Or – 320 G5 – rattaché à Semur-en-Auxois

LAC DE VASSIVIÈRE – 23 Creuse – 325 I6 – rattaché à Peyrat-le-Château (87 H.-Vienne)

LAC GÉNIN – 01 Ain – **328** H3 – **rattaché à Oyonnax**

LACHASSAGNE – 69 Rhône – **327** H4 – **769 h.** – **alt. 368 m** – ✉ **69480** 43 **E1**

Paris 445 – Lyon 30 – Villeurbanne 39 – Vénissieux 43 – Caluire-et-Cuire 34

Au Goutillon Beaujolais
– *✆ 04 74 67 14 99 – au-goutillon-beaujolais@wanadoo.fr – Fax 04 74 67 14 99 – Fermé 2-17 janv., mardi sauf juil.-août, dim. soir et lundi*
Rest – Menu (13 €), 18 € (sem.)/48 € – Carte 42/46 €
◆ Au cœur du vignoble, cette maison sert une cuisine actuelle parfois relevée de touches exotiques. La terrasse face à la vallée de la Saône procure un charme supplémentaire.

LACROIX-FALGARDE – 31 Haute-Garonne – **343** G3 – **rattaché à Toulouse**

LADOIX-SERRIGNY – 21 Côte-d'Or – **320** J7 – **rattaché à Beaune**

LAFARE – 84 Vaucluse – **332** D9 – **97 h.** – **alt. 220 m** – ✉ **84190** 42 **E1**

Paris 670 – Avignon 37 – Carpentras 13 – Nyons 34 – Orange 26

Le Grand Jardin ≤ vignobles et Dentelles de Montmirail,
– *✆ 04 90 62 97 93* ch, rest,
– bonnin-noel@wanadoo.fr – Fax 04 90 65 03 74 – Ouvert 22 mars-4 nov. et fermé mardi midi et lundi
8 ch – †70/75 € ††80/95 €, ☕ 12 € – ½ P 70/80 € – **Rest** – *(fermé mardi midi et lundi)* Menu 23 € (déj. en sem.), 31/42 € – Carte 45/51 €
◆ Accueil chaleureux en cette construction récente cernée par les vignes des Côtes-du-Rhône. Chambres décorées dans le style provençal. La terrasse fleurie, dressée à l'ombre des canisses, offre un coup d'œil sur les Dentelles de Montmirail.

LAFFREY – 38 Isère – **333** H7 – **311 h.** – **alt. 910 m** – ✉ **38220**
Alpes du Nord 45 **C2**

Paris 588 – Le Bourg-d'Oisans 38 – Grenoble 26 – La Mure 15 – Villard-de-Lans 55

Syndicat d'initiative, le village ✆ 04 76 73 16 36

Prairie de la Rencontre★.

La Pacodière avec ch
rte du Lac – ✆ 04 76 73 16 22 – Fax 04 38 72 92 20 – Ouvert 15 mai-15 sept., dim. midi, vend. soir et sam. 15 sept.-30 nov. et 1er fév.-14 mai
3 ch – †55 € ††55 €, ☕ 8 € – **Rest** – Menu 22/28 € – Carte 33/44 €
◆ Sur la Route Napoléon jalonnée de lacs. Prolongez votre pèlerinage à la prairie de la "Rencontre" par la dégustation de plats traditionnels dans un ravissant cadre rustique.

LAGARDE-ENVAL – 19 Corrèze – **329** L4 – **748 h.** – **alt. 480 m** – ✉ **19150** 25 **C3**

Paris 488 – Aurillac 71 – Brive-la-Gaillarde 35 – Mauriac 66 – St-Céré 48 – Tulle 14

Le Central avec ch rest,
– *✆ 05 55 27 16 12 – Fax 05 55 27 13 79 – Fermé sept., sam. et dim.*
7 ch – †35 € ††35 €, ☕ 5,50 € – **Rest** – Menu 13 € (déj. en sem.), 22/30 €
◆ Sympathique maison familiale qui abrite aussi le bar-tabac du village. Salle à manger rustique où l'on sert une cuisine typiquement corrézienne. Chambres modestes.

LAGARRIGUE – 81 Tarn – **338** F9 – **rattaché à Castres**

LAGRASSE – 11 Aude – 344 G4 – 615 h. – alt. 108 m – ✉ 11220
Languedoc Roussillon 22 **B3**

Paris 819 – Montpellier 133 – Carcassonne 51 – Perpignan 97 – Narbonne 43

Syndicat d'initiative, 6 boulevard de la Promenade ✆ 04 68 43 11 56, Fax 04 68 43 16 34

Hostellerie des Corbières
9 bd Promenade – ✆ 04 68 43 15 22 – hostelleriecorbieres@free.fr – Fax 04 68 43 16 56 – Ouvert avril-oct.
6 ch – 70/90 € 70/90 €, 8 € – **Rest** – *(fermé mardi et merc.)* Menu 26/32 € – Carte 33/39 €
◆ Aux portes du village, une maison de maître rénovée au cachet soigneusement préservé. Mobilier de style Louis Philippe dans les chambres ; collection d'art asiatique au salon. La terrasse du restaurant, bien ombragée, ouvre sur le vignoble de Corbières.

LAGUÉPIE – 82 Tarn-et-Garonne – 337 H7 – 720 h. – alt. 149 m – ✉ 82250 29 **C2**

Paris 649 – Albi 38 – Montauban 71 – Rodez 70 – Villefranche-de-Rouergue 34

Office de tourisme, place de Foirail ✆ 05 63 30 20 34

Les Deux Rivières ch,
– ✆ 05 63 31 41 41 – les2rivieres.laguepie@wanadoo.fr – Fax 05 63 30 20 91 – Fermé vacances de fév., sam. midi, dim. soir et vend.
8 ch – 33 € 36 €, 7 € – ½ P 36 € – **Rest** – Menu 11 € (déj. en sem.), 19/33 €
◆ Ce petit hôtel constitue une étape conviviale au confluent de l'Aveyron et du Viaur. Vous serez logé dans des chambres simples mais bien tenues. La restauration du midi est assurée au bar ; celle du soir a pour cadre une salle à manger fonctionnelle.

LAGUIOLE – 12 Aveyron – 338 J2 – 1 248 h. – alt. 1 004 m – Sports d'hiver : 1 100/1 400 m 12 – ✉ 12210 Midi-Pyrénées 29 **D1**

Paris 571 – Aurillac 79 – Espalion 22 – Mende 83 – Rodez 52 – St-Flour 59

Office de tourisme, allee de l'Amicale ✆ 05 65 44 35 94, Fax 05 65 44 35 76

de Mezeyrac Soulages, O : 12 km par D 541, ✆ 05 65 44 41 41.

Grand Hôtel Auguy (Isabelle Muylaert-Auguy)
2 allée de l'Amicale – ✆ 05 65 44 31 11 rest,
– contact@hotel-auguy.fr – Fax 05 65 51 50 81 – Ouvert 25 mars-4 nov. et fermé lundi sauf juil.-août
20 ch – 57/65 € 72/98 €, 12 € – ½ P 76/95 € – **Rest** – *(fermé lundi sauf le soir en juil.-août, jeudi midi et vend. midi sauf juil.-août, mardi midi et merc. midi) (nombre de couverts limité, prévenir)* Menu 35 € (sem.), 45/60 € – Carte 51/77 €
Spéc. Salade fine aux cèpes de pays et foie gras de canard. Côte de bœuf Aubrac et aligot de montagne. Transparent d'aubergine à la crème de fenouil, glace au thym-citron (juin à sept.). **Vins** Terrasse du Larzac blanc, Marcillac.
◆ Cette maison de tradition veille à préserver son âme hospitalière dans ses chambres soignées et colorées, qui profitent toutes de la quiétude du jardin. Restaurant confortable où l'on s'abstiendra de fumer pour mieux déguster les fines spécialités de l'Aubrac.

Le Relais de Laguiole ch, 15/100,
espace Les Cayres – ✆ 05 65 54 19 66 – relais.de.laguiole@wanadoo.fr – Fax 05 65 54 19 49 – Ouvert 6 avril-1er nov.
33 ch – 72/159 € 72/159 €, 10 € – ½ P 64/94 € – **Rest** – *(dîner seult)* Menu 18/32 € – Carte 31/49 €
◆ Bâtiment moderne aux toits d'ardoise hébergeant de vastes chambres fonctionnelles et une grande piscine couverte. Copieux buffet de petits-déjeuners. Idéal pour les groupes. Lumineux restaurant avec lustres modernes, rideaux et mobilier blanc.

Régis
– ✆ 05 65 44 30 05 – *hotel.regis@wanadoo.fr* – *Fax 05 65 48 46 44* – *Ouvert 10 fév.-10 nov.*
22 ch – 🚹37/46 € 🚹🚹46/97 €, ☕ 6,50 € – ½ P 48/76 € – **Rest** – *(fermé jeudi hors vacances scolaires) (dîner seult) (résidents seult)* Menu (17 €), 25 € – Carte 27/33 €
◆ Relais de diligences du 19e s. au cœur de la cité aveyronnaise. Les chambres du 2e étage offrent plus d'espace et de confort. Agréable piscine sur l'arrière. Menu régional réservé résidents qui pourront admirer le beau plafond peint (début 20e s.) de la salle.

La Ferme de Moulhac sans rest
2,5 km au Nord-Est par rte secondaire – ✆ 05 65 44 33 25 – *Fermé 28 mai-4 juin*
5 ch ☕ – 🚹49/52 € 🚹🚹59/62 € – 1 suite
◆ Calme, air pur et repos garantis en cette ferme familiale. Jolies chambres mêlant l'ancien et le moderne en toute simplicité. Copieux petit-déjeuner maison et cuisinette à disposition.

à l'Est 6 km par rte d'Aubrac (D 15) – ✉ **12210 Laguiole**

Bras (Michel et Sébastien Bras) ← paysages de l'Aubrac, rest, rest, ch,
– ✆ 05 65 51 18 20 – *info@michel-bras.fr* – *Fax 05 65 48 47 02* – *Ouvert de début avril à fin oct. et fermé lundi sauf juil.-août*
15 ch – 🚹185/380 € 🚹🚹185/380 €, ☕ 26 € – **Rest** – *(fermé mardi midi et merc. midi sauf juil.-août et lundi) (nombre de couverts limité, prévenir)* Menu 105/170 € – Carte 121/156 €
Spéc. "Gargouillou" de jeunes légumes. Pièce de bœuf Aubrac rôtie à la braise. Biscuit tiède de chocolat coulant. **Vins** Gaillac, Marcillac.
◆ Cette abbaye de Thélème futuriste semble égarée parmi les rudes paysages de l'Aubrac. Face à la nature et au superbe jardin botanique, grandes chambres contemporaines épurées. Cuisine du terroir hautement inspirée servie dans une salle design et panoramique.

au Golf 12 km à l' Ouest par D541, D213 et rte secondaire

Domaine de Mezeyrac ch, ch, ch, cuisinette
– ✆ 05 65 44 41 41 – *golfhotel-mezeyrac@wanadoo.fr* – *Fax 05 65 44 46 90* – *Ouvert 1er avril-3 nov.*
11 ch – 🚹🚹60/160 €, ☕ 8 €, 4 studios – **Rest** – *(résidents seult)* Menu 18 €
◆ Ancienne ferme reconvertie en hôtellerie et complexe dédié au golf. Grand calme assuré, chambres confortables et vue sur le green. L'ex-grange rustique abrite le restaurant.

LAJOUX – 39 Jura – 321 F8 – rattaché à Lamoura

LALACELLE – 61 Orne – 310 I4 – 268 h. – alt. 300 m – ✉ 61320 32 B3

Paris 208 – Alençon 20 – Argentan 34 – Domfront 42 – Falaise 57 – Mayenne 41
Château de Carrouges★★ N : 11 km, **Normandie Cotentin.**

La Lentillère avec ch
rte d'Alençon : 1,5 km sur N 12 – ✆ 02 33 27 38 48 – *gentil.jeanmichel@wanadoo.fr* – *Fax 02 33 27 38 30* – *Fermé 25 juin-2 juil., 19-26 nov., 7 janv.-8 fév., lundi sauf juil.-août et dim. soir*
8 ch – 🚹45/55 € 🚹🚹45/55 €, ☕ 6 € – ½ P 47/52 € – **Rest** – Menu 10,50 € bc/35 € – Carte 23/48 €
◆ Auberge bienvenue au bord de la route nationale : prenez l'apéritif dans le joli jardin, puis rejoignez la salle à manger campagnarde au charme un brin désuet. Chambres toutes rénovées pour prolonger l'étape dans de bonnes conditions.

LALINDE – 24 Dordogne – 329 F6 – 2 966 h. – alt. 46 m – ✉ 24150 4 C1

Paris 537 – Bergerac 23 – Brive-La-Gaillarde 103 – Périgueux 49 – Villeneuve-sur-Lot 61

Office de tourisme, rue des Martyrs ☎ 05 53 61 08 55, Fax 05 53 61 00 64

à St-Capraise-de-Lalinde Ouest, rte de Bergerac : 7 km – 531 h. – alt. 42 m – ✉ 24150

Relais St-Jacques avec ch — rest, VISA MC AE

pl. Eglise – ☎ 05 53 63 47 54 – patrick.rossignol12@wanadoo.fr – Fax 05 53 73 33 52 – Fermé 26 nov.-2 déc. et merc.

7 ch – 43 € 43/60 €, ☕ 8,50 € – ½ P 45/55 € – **Rest** – Menu 17 € (sem.)/47 € – Carte 26/53 €

◆ À côté de l'église, ancien relais sur la route de Compostelle, dont l'origine remonterait au 13e s. Intérieur rustique, hospitalité toute périgourdine et plats du terroir.

LALLEYRIAT – 01 Ain – 328 E4 – rattaché à Bourg-en-Bresse

LALOUVESC – 07 Ardèche – 331 J3 – 494 h. – alt. 1 050 m – ✉ 07520 44 B2

Paris 553 – Valence 56 – Annonay 24 – Lamastre 25 – Tournon-sur-Rhône 39

Office de tourisme, rue Saint-Régis ☎ 04 75 67 84 20, Fax 04 75 67 80 09

Le Relais du Monarque — VISA MC

9 r. des Alpes – ☎ 04 75 67 80 44 – relais.monarque@wanadoo.fr – Fax 04 75 67 83 65 – Ouvert 1er avril-1er nov., 20 janv.-10 fév. et fermé mardi et merc. sauf de mai à sept.

16 ch – 52 € 54/58 €, ☕ 10 € – ½ P 54/58 € – **Rest** – Menu 18/32 € – Carte 25/33 €

◆ Relais de poste du 17e s. entièrement rénové. Chambres agréables, à choisir côté Est avec vue sur la vallée de l'Ay et sur les Alpes par temps clair. Pimpantes salles de restaurant et terrasse panoramique tournée vers le beau jardin (jeu d'échecs géant).

LAMAGDELAINE – 46 Lot – 337 E5 – rattaché à Cahors

LAMALOU-LES-BAINS – 34 Hérault – 339 D7 – 2 156 h. – alt. 200 m – Stat. therm. : mi fév.-mi déc. – Casino – ✉ 34240 Languedoc Roussillon 22 B2

Paris 732 – Béziers 39 – Lodève 38 – Montpellier 79 – St-Pons-de-Thomières 38

Office de tourisme, 1 avenue Capus ☎ 04 67 95 70 91, Fax 04 67 95 64 52

de Lamalou-les-Bains Route de Saint-Pons, SE : 2 km par D 908, ☎ 04 67 95 08 47.

Église de St-Pierre-de-Rhèdes★ SO : 1,5 km.

St-Pierre-de-Rhèdes★ SO : 1,5 km.

L'Arbousier — P VISA MC AE

18 r. Alphonse Daudet – ☎ 04 67 95 63 11 – arbousier.hotel@wanadoo.fr – Fax 04 67 95 67 64

31 ch – 46/77 € 54/77 €, ☕ 8,50 € – ½ P 51/61 € – **Rest** – Menu (18 €), 22/35 € – Carte 26/48 €

◆ Charmant établissement du début du 20e s. apprécié des curistes car voisin des thermes. Les chambres, diverses en taille, sont lumineuses et fonctionnelles. Une fresque gaie et colorée couvre les murs du restaurant ; terrasse ombragée de platanes centenaires.

Les Marronniers — VISA MC AE

8 av. Capus (D 22) – ☎ 04 67 95 76 00 – restolesmarronniers@free.fr – Fax 04 67 95 29 75 – Fermé 2-22 janv., sam. midi, dim. soir et lundi

Rest – Menu 12/57 € – Carte environ 34 €

◆ Une halte revigorante après de saines excursions dans le Caroux ou sur le parcours du chemin de fer touristique Bédarieux-Mons. Cuisine classique aux accents du Sud, choix de vins régionaux.

LAMARCHE-SUR-SAÔNE – 21 Côte-d'Or – 320 M6 – rattaché à Auxonne

LAMASTRE – 07 Ardèche – 331 J4 – 2 467 h. – alt. 375 m – ✉ 07270

Lyon et la vallée du Rhône 44 **B2**

Paris 577 – Privas 55 – Le Puy-en-Velay 72 – St-Étienne 90 – Valence 38 – Vienne 92

Office de tourisme, place Montgolfier ☎ 04 75 06 48 99, Fax 04 75 06 37 53

Château d'Urbilhac montagnes, VISA

Sud-Est : 2 km par rte Vernoux-en-Vivarais – ☎ 04 75 06 42 11 – info@chateaudurbilhac.fr – Fax 04 75 06 52 75

6 ch – 160 € 160 €, 14 € – **Rest** – *(dîner seult) (résidents seult)* Menu 38 €

◆ Joli petit château de style néo-Renaissance (19ᵉ s.), au cœur d'un parc de 30 ha dominant la vallée du Doux. Charme de l'ancien, calme, confort et belle piscine panoramique.

Midi (Perrier) VISA AE

pl. Seignobos – ☎ 04 75 06 41 50 – Fax 04 75 06 49 75 – Fermé de fin déc. à fin janv., 25-31 juin, vend. soir, dim. soir et lundi

Rest – Menu 38/82 €

Spéc. Salade tiède de foie gras de canard. Pain d'écrevisses sauce cardinal. Soufflé glacé aux marrons de l'Ardèche. **Vins** Saint-Péray, Saint-Joseph.

◆ Cette maison située au cœur du village a su conserver son charme d'autrefois. Confortable salle de restaurant où l'on propose une cuisine classique réalisée avec brio.

LAMBALLE – 22 Côtes-d'Armor – 309 G4 – 10 563 h. – alt. 55 m – ✉ 22400

Bretagne 10 **C2**

Paris 431 – Dinan 42 – Rennes 81 – St-Brieuc 21 – St-Malo 50 – Vannes 130

Office de tourisme, place du Martray ☎ 02 96 31 05 38

Haras national★.

Plan page ci-contre

Kyriad sans rest VISA AE

29 bd Jobert – ☎ 02 96 31 00 16 – kyriad.lamballe@wanadoo.fr – Fax 02 96 31 91 54 B **a**

27 ch – 56/76 € 56/76 €, 8,50 €

◆ Cet hôtel situé juste en face de la gare abrite un confortable salon-bibliothèque et des chambres bien insonorisées et refaites. Accueil sympathique.

Lion d'Or sans rest VISA

3 r.Lion d'Or – ☎ 02 96 31 20 36 – leliondorhotel@wanadoo.fr – Fax 02 96 31 93 79 A **d**

17 ch – 47/50 € 50/55 €, 7 €

◆ Cet hôtel familial entièrement rénové se trouve dans une rue calme du centre-ville. Chambres bien tenues, lumineuses et égayées de tissus fleuris. Formule buffet au petit-déjeuner.

La Tour des Arc' hants rest, 50, VISA AE

2 r. Dr Lavergne – ☎ 02 96 31 01 37 – latourdesarchants@wanadoo.fr – Fax 02 96 31 37 59 – Fermé sam. de nov. à avril A **b**

16 ch – 46/54 € 50/80 €, 7,50 € – ½ P 49/60 € – **Rest** – Menu (14 €), 18 € (sem.)/42 € – Carte 28/38 €

◆ La façade à pans de bois de cette maison du centre-ville remonte au 14ᵉ s. Chambres néo-rustiques simples et bien tenues. Deux salles à manger ornées, pour l'une d'œuvres d'artistes locaux, pour l'autre d'une imposante cheminée. Cuisine traditionnelle.

à la Poterie Est : 3,5 km – ✉ 22400 Lamballe

Manoir des Portes VISA

– ☎ 02 96 31 13 62 – contact@manoirdesportes.com – Fax 02 96 31 20 53 – Fermé 1ᵉʳ-11 nov., 15-29 fév. et dim. soir

15 ch – 48/55 € 56/71 €, 7,50 € – ½ P 49/62 € – **Rest** – *(fermé sam. midi, dim. et lundi)* Menu 23 € – Carte 17/34 €

◆ Ce manoir du 16ᵉ s. proche d'un centre équestre bénéficie d'un environnement verdoyant : jardin fleuri, verger et potager. Chambres colorées et tranquilles. Plaisante salle à manger (poutres et cheminée) où l'on sert une cuisine qui évolue au gré des saisons.

LAMBALLE

Augustins (R. des) . . . . A 2
Bario (R.) . . . . A 3
Blois (R. Ch. de) . . . . B 5
Boucouets (R. des) . . . . B 7
Cartel (R. Ch.) . . . . A 8
Charpentier (R. Y.) . . . . B 14
Dr-A.-Calmette (R. du) . . . . A 15
Dr-Lavergne (R. du) . . . . A 16
Foch (R. Mar.) . . . . B 19
Gesle (Ch. de la) . . . . A 23
Grand Bd (R. du) . . . . A 24
Hurel (R. du Bg) . . . . B 25
Jeu-de-Paume (R. du) . . . . A 26
Leclerc (R. Gén.) . . . . B 29
Marché (Pl. du) . . . . A 30
Martray (Pl. du) . . . . A
Mouëxigné (R.) . . . . B 31
Poincaré (R.) . . . . B 34
Préville (R.) . . . . B 35
St-Jean (R.) . . . . A 37
St-Lazare (R.) . . . . A 38
Tery (R. G.) . . . . A 39
Tour-aux-Chouettes (R.) . . . . B 42
Val (R. du) . . . . AB
Villedeneu (R.) . . . . A 45

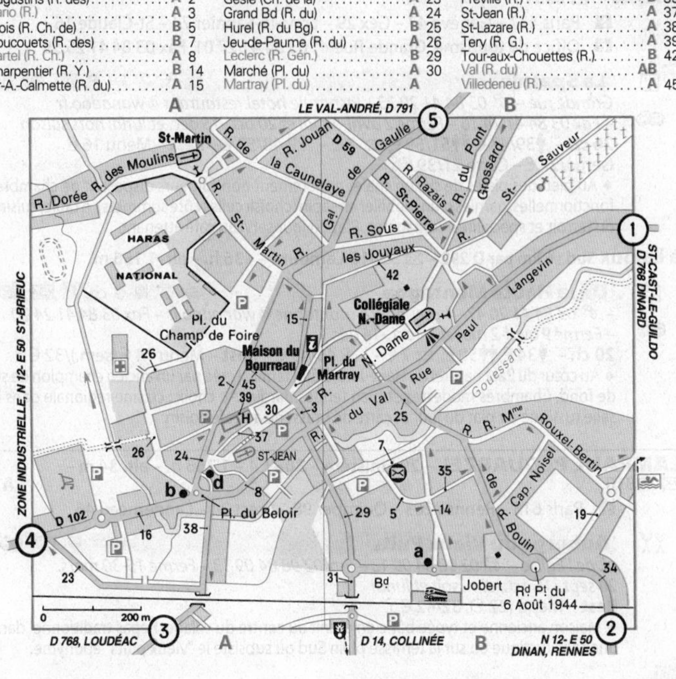

LAMOTTE-BEUVRON – 41 Loir-et-Cher – 318 J6 – 4 251 h. – alt. 114 m – ✉ 41600

12 **C2**

▶ Paris 171 – Blois 59 – Gien 58 – Orléans 36 – Romorantin-Lanthenay 39 – Salbris 21

ℹ Office de tourisme, 1 rue de l'Allée verte ✆ 02 54 83 00 94, Fax 02 54 83 01 73

Tatin

🏨 15, P VISA MC AE

face gare – ✆ 02 54 88 00 03 – hotel-tatin@wanadoo.fr – Fax 02 54 88 96 73 – Fermé 30 juil.-14 août, 25 déc.-9 janv., 26 fév.-13 mars, dim. soir et lundi

14 ch – †54 € ††54 €, ☕ 9,50 € – **Rest** – Menu 29/53 € ♀

◆ Cette hôtellerie familiale nichée au cœur de la Sologne abrite des chambres relookées dans le style contemporain et un plaisant jardin. C'est ici-même que les sœurs Tatin inventèrent la fameuse tarte aux pommes caramélisées. Tradition toujours vivante !

LAMOTTE-WARFUSEE – 80 Somme – 301 I8 – 513 h. – alt. 90 m – ✉ 80800

36 **B2**

▶ Paris 141 – Abbeville 72 – Amiens 22 – Cambrai 68 – Saint-Quentin 53

Le Saint-Pierre

VISA MC

3 r. Delambre – ✆ 03 22 42 26 66 – lacry.capart@neuf.fr – Fax 03 22 42 26 16 – Fermé 26 déc.-5 janv., dim. soir et lundi

Rest – Menu 13/32 € – Carte 20/39 € ♀

◆ Dans un village proche du canal de la Somme, coquette façade couleur brique abritant deux salles lumineuses et actuelles. Accueil familial et généreuse cuisine classique.

LAMOURA – 39 Jura – 321 F8 – 436 h. – alt. 1 156 m – Sports d'hiver : voir aux Rousses – ✉ 39310 16 **B3**

Paris 477 – Genève 47 – Gex 29 – Lons-le-Saunier 74 – St-Claude 16

Office de tourisme, Grande Rue ☎ 03 84 41 27 01, Fax 03 84 41 25 59

La Spatule

Grande rue – ☎ 03 84 41 20 23 – laspatule.hotel.restaurant@wanadoo.fr – Fax 03 84 41 24 16 – Fermé 2 avril-9 mai et 20 oct.-15 déc. et lundi hors saison

26 ch – †39/43 € ††51/59 €, ☕ 7 € – ½ P 48/53 € – **Rest** – Menu 16 € (sem.)/27 € – Carte 21/39 €

◆ Au pied des pistes de ski, un chalet entièrement non-fumeurs disposant de chambres fonctionnelles, garnies d'un mobilier en sapin (choisir celles côté sommets). À table, cuisine du terroir et spécialités fromagères. Plat du jour servi au café attenant.

à **Lajoux** Sud : 6 km par D 292 – ✉ 39310 Lamoura – 436 h. – alt. 1 156 m

De la Haute Montagne ch,

– ☎ 03 84 41 20 47 – hotel-haute-montagne@wanadoo.fr – Fax 03 84 41 24 20 – Fermé 9 avril-2 mai et 1er oct.-16 déc.

20 ch – †34 € ††50 €, ☕ 7 € – ½ P 45/49 € – **Rest** – Menu 14 € (sem.)/32 €

◆ Au cœur du Parc naturel du Haut-Jura, hôtel familial créé par un ancien champion de ski de fond. Chambres modestes et bien tenues. Jardin. Au choix : cuisine régionale dans la salle rustique ou plat du jour et carte de brasserie au café voisin.

LAMPAUL PLOUARZEL – 29 Finistère – 308 C4 – 1 766 h. – alt. 34 m – ✉ 29810 9 **A1**

Paris 615 – Rennes 263 – Quimper 98 – Brest 24 – Landerneau 46

Auberge du Vieux Puits

pl. de l'Eglise – ☎ 02 98 84 09 13 – Fax 02 98 84 09 13 – Fermé 15-30 mars, 24 sept.-15 oct., dim. soir et lundi

Rest – Menu (22 €), 32/42 €

◆ Maison ancienne et typée bâtie en granit au centre du village. Repas traditionnel dans une salle rustique ou sur la terrasse plein Sud où subsiste le "vieux puits" éponyme.

LAMURE-SUR-AZERGUES – 69 Rhône – 327 F3 – 871 h. – alt. 383 m – ✉ 69870 44 **B1**

Paris 446 – Lyon 50 – Mâcon 51 – Roanne 49 – Tarare 36 – Villefranche-sur-Saône 29

Office de tourisme, rue du Vieux Pont ☎ 04 74 03 13 26, Fax 04 74 03 13 26

Château de Pramenoux ch, ch,

2 km à l'Ouest – ☎ 04 74 03 16 43

4 ch ☕ – †120 € ††120 € – ½ P 77 € – **Rest** – table d'hôte *(dîner seult) (résidents seult)* Menu 29 € bc

◆ La vie de château comme vous en avez toujours rêvé ! Un magnifique escalier conduit aux chambres calmes et garnies de meubles anciens. La "Royale" possède un lit à baldaquin. Dîner à la lueur des chandelles, accompagné d'une douce musique.

LANARCE – 07 Ardèche – 331 G5 – 199 h. – alt. 1 180 m – ✉ 07660 44 **A3**

Paris 579 – Aubenas 44 – Langogne 18 – Privas 72 – Le Puy-en-Velay 48

Le Provence ch,

N 102 – ☎ 04 66 69 46 06 – leprovence@voila.fr – Fax 04 66 69 41 56 – Ouvert 15 mars-15 nov.

19 ch – †37/50 € ††41/50 €, ☕ 7 € – ½ P 41/50 € – **Rest** – Menu (13,50 €), 18/33 € – Carte 20/30 €

◆ Les chambres de cette bâtisse récente longeant un axe fréquenté sont toutes insonorisées et ouvrent du côté opposé à la route ; préférez celles qui viennent d'être rénovées. Appétissante cuisine du terroir servie en salle ou sur la paisible terrasse.

LANAU – 15 Cantal – 330 F5 – rattaché à Chaudes-Aigues

LANCIEUX – 22 Côtes-d'Armor – 309 J3 – rattaché à St-Briac-sur-Mer

LANCRANS – 01 Ain – **328** I4 – **rattaché à Bellegarde-sur-Valserine**

LANDÉAN – 35 Ille-et-Vilaine – **309** P4 – **rattaché à Fougères**

LANDERNEAU – 29 Finistère – **308** F4 – **14 281 h. – alt. 10 m** – ✉ **29800**
Bretagne — 9 **A2**

Paris 575 – Brest 24 – Carhaix-Plouguer 60 – Morlaix 39 – Quimper 65

Office de tourisme, 4 rue du Pontic ✆ 02 98 85 13 09

de Brest Iroise Parc des Loisirs de Lann Rohou, SE : 5 km par r. J.-L.-Rolland, ✆ 02 98 85 16 17.

Enclos paroissial★ de Pencran S : 3,5 km Z - Enclos paroissial★ de la Roche-Maurice : 5 km par ①.

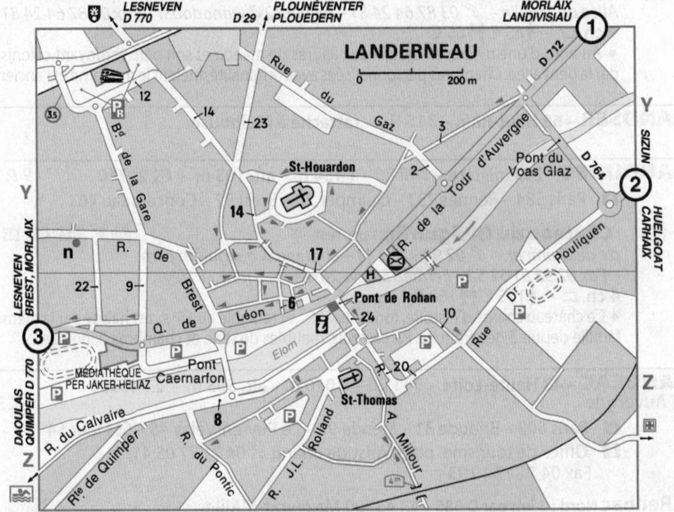

Audibert (R. Gén.) . . . . Y 2
Brest (R. de) . . . . YZ
Cartier (R. Jacques) . . . . Y 3
Commerce (R. du) . . . . Z 6
Cornouaille (Quai de) . . . . Z 8
Daniel (R. Alain) . . . . Z 9
Déportés (R. des) . . . . Z 10
Donnart (Av. M.) . . . . Y 12
Fontaine Blanche (R. de la) . . . . . . Y 14
Gaulle (Pl. Gén.-de) . . . . Y 17
Léon (Quai de) . . . . Z
Libération (R. de la) . . . . Z 20
Paix (R. de la) . . . . Z 22
Pengam (R. F.) . . . . Y 23
Pont (R. du) . . . . Z 24

L'Amandier — 15, VISA MC
55 r. Brest – ✆ 02 98 85 10 89 – Fax 02 98 85 34 14
– Fermé dim. soir et lundi — Y **n**
Rest – Menu (16 €), 18/32 € – Carte 40/50 €
◆ Petit restaurant installé dans une discrète maison bretonne en léger retrait du centre-ville. Cuisine classique... avec une mention spéciale pour les appétissants desserts.

LANDES-LE-GAULOIS – 41 Loir-et-Cher – **318** E6 – **582 h. – alt. 105 m** – ✉ **41190** — 11 **B2**

Paris 195 – Blois 17 – Château-Renault 25 – Tours 54 – Vendôme 21

Château de Moulins sans rest — 25, P VISA MC AE
Nord-Est : 2 km par D 26 – ✆ 02 54 20 17 93 – Fax 02 54 20 17 99
23 ch – 150 € 183 €, 11 € – 2 suites
◆ Au cœur d'un vaste domaine arboré (étang), élégant château bâti entre le 12e et le 17e s. Grandes chambres souvent garnies de meubles chinés chez les antiquaires. Héliport.

LANDEVANT – 56 Morbihan – 308 M8 – 2 123 h. – alt. 29 m – ✉ 56690 9 **B2**

Paris 484 – Auray 19 – Lorient 25 – Pontivy 43 – Vannes 38

La Forestière 120, VISA

1,5 km par rte Nostang (D 33) – ☎ 02 97 56 90 55 – lerestaurantlaforestiere@wanadoo.fr – Fax 02 97 56 90 55 – Fermé 1er-21 oct., 28 janv.-13 fév., dim. soir, mardi soir et lundi

Rest – Menu 15 € (déj. en sem.), 19/43 € – Carte 29/44 €

◆ Pavillon de style régional dans un environnement forestier. Cuisine au goût du jour servie dans une confortable salle à manger ou sur la terrasse dallée.

LANDONVILLERS – 57 Moselle – 307 J4 – ✉ 57530 Courcelles-Chaussy 27 **C1**

Paris 348 – Metz 21 – Saarbrücken 55 – Völklingen 52

Le Moulin sans rest

Allée du Moulin – ☎ 03 87 64 24 81 – weber.c2@wanadoo.fr – Fax 03 87 64 24 81

4 ch – 65 € 65 €

◆ Au bord d'une rivière, ex-moulin aux allures de manoir et son parc verdoyant colonisé par la gent ailée. Chambres personnalisées avec originalité, mêlant le moderne et l'ancien.

LANDSER – 68 Haut-Rhin – 315 I10 – rattaché à Mulhouse

LANDUDEC – 29 Finistère – 308 E6 – 1 154 h. – alt. 105 m – ✉ 29710 9 **A2**

Paris 584 – Rennes 233 – Quimper 20 – Brest 92 – Concarneau 46

Château du Guilguiffin sans rest VISA

rte de Quimper – ☎ 02 98 91 52 11 – chateau@guilguiffin.com – Fax 02 98 91 52 52 – Fermé 15 nov.-20 déc. et 5 janv.-1er fév.

4 ch – 135 € 160 € – 2 suites

◆ Ce château chargé d'histoire, fondé au 12e s. et remanié au 18e s., est habité par la même famille depuis 5 générations. Parc exquis, meubles de style et chambres "king size".

LANGEAC – 43 Haute-Loire – 331 C3 – 4 070 h. – alt. 505 m – ✉ 43300
Auvergne 6 **C3**

Paris 508 – Brioude 31 – Mende 92 – Le Puy-en-Velay 45 – St-Flour 54

Office de tourisme, place Aristide Briand ☎ 04 71 77 05 41, Fax 04 71 77 19 93

à Reilhac Nord : 3 km par D 585 – ✉ 43300 Mazeyrat-d'Allier

Val d'Allier rest, rest, rest, 15, VISA

– ☎ 04 71 77 02 11 – Fax 04 71 77 19 20 – Ouvert 3 avril-31 oct. et fermé dim. soir et lundi hors saison

22 ch – 45/50 € 55/60 €, 9 € – ½ P 50/56 € – **Rest** – *(dîner seult) (prévenir)* Menu (20 €), 23/35 €

◆ Dans un village de caractère des gorges de l'Allier, petit point de chute très recommandable, notamment aux randonneurs. Chambres de mise simple mais tenue sans reproche. À table, ambiance cordiale et bonne cuisine traditionnelle à composantes régionales.

LANGEAIS – 37 Indre-et-Loire – 317 L5 – 3 865 h. – alt. 41 m – ✉ 37130
Châteaux de la Loire 11 **A2**

Paris 259 – Angers 101 – Château-la-Vallière 28 – Chinon 26 – Saumur 41 – Tours 24

Office de tourisme, place du 14 Juillet ☎ 02 47 96 58 22

Château★★ : appartements★★★.

Parc★ du château de Cinq-Mars-la-Pile NE : 5 km par N 152.

Errard avec ch rest, VISA

2 r. Gambetta – ☎ 02 47 96 82 12 – info@errard.com – Fax 02 47 96 56 72 – Fermé déc., janv., dim. soir, lundi hors saison et le midi en sem.

9 ch – 69/95 € 69/95 €, 12 € – **Rest** – Menu 29/51 € bc – Carte 52/67 €

◆ Ex-relais de poste (1653) situé à proximité du château. Cuisine du terroir servie dans une salle habillée de boiseries ou dans la jolie cour-terrasse. Chambres bourgeoises.

à St-Patrice **Ouest : 10 km par rte de Bourgueil – 639 h. – alt. 39 m – ✉ 37130**

Château de Rochecotte rest,
43 r. Dorothée de Dino – ☎ 02 47 96 16 16 40, VISA MC AE
– chateau.rochecotte@wanadoo.fr – Fax 02 47 96 90 59 – Fermé 29 janv.-27 fév.
32 ch – 140/230 € 145/230 €, 17 € – 3 suites – ½ P 120/160 € –
Rest – Menu 40 € – Carte 72/87 €
◆ Le château du prince de Talleyrand est devenu un hôtel aux chambres spacieuses et ravissantes. Chapelle, parc, jardin à la française, colonnade à l'antique et belle piscine. Les élégantes salles à manger optent pour le style du 18e s. Carte au goût du jour.

LANGON – 33 Gironde – 335 J7 – 6 168 h. – alt. 10 m – ✉ 33210 Aquitaine

Paris 624 – Bergerac 83 – Bordeaux 49 – Libourne 54 – Marmande 47 – Mont-de-Marsan 86 3 **B2**

Office de tourisme, 11 allées Jean-Jaurès ☎ 05 56 63 68 00, Fax 05 56 63 68 09

des Graves et Sauternais Lac de Seguin, E : 5 km par D 116, ☎ 05 56 62 25 43.

Château de Roquetaillade★★ S : 7 km.

Claude Darroze avec ch rest, 15/50, VISA MC AE
95 cours Gén. Leclerc – ☎ 05 56 63 00 48 – restaurant.darroze@wanadoo.fr – Fax 05 56 63 41 15 – Fermé 15 oct.-7 nov., 5-21 janv., dim. soir et lundi midi hors saison sauf fériés
16 ch – 60/65 € 70/120 €, 12 € – ½ P 95/110 € – **Rest** – Menu 42/78 € – Carte 75/89 €
Spéc. Lamproie de la Gironde aux blancs de poireaux (janv. à avril). Artichaut barigoule au foie gras poché et girolles (mars à oct.). Gibier (saison). **Vins** Côtes de Bordeaux-Saint Macaire, Graves.
◆ Savoureuse cuisine classique et belle carte de bordeaux (600 appellations) : cette demeure qui perpétue les traditions invite à la gourmandise. Terrasse sous les platanes.

Cyril VISA MC AE
62 cours Fossés – ☎ 05 56 76 25 66 – cyril.baland@wanadoo.fr – Fax 05 56 63 25 21 – Fermé sam. midi, dim. soir et lundi soir
Rest – Menu 12 € (déj. en sem.), 22/30 € – Carte 29/52 €
◆ Cyril, c'est le chef ! Il mitonne sa cuisine traditionnelle pendant que Karine accueille les clients dans la chaleureuse salle à manger contemporaine ou dans la cour-terrasse.

à St-Macaire **Nord : 2 km – 1 541 h. – alt. 15 m – ✉ 33490**

Verdelais : calvaire ≤★ N : 3 km - Château de Malromé★ N : 6 km - Ste-Croix-du-Mont : ≤★, grottes★ NO : 5 km.

Abricotier avec ch ch,cuisinette VISA MC
N 113 – ☎ 05 56 76 83 63 – restaurant.abricotier@wanadoo.fr – Fax 05 56 76 28 51 – Fermé 11 nov.-13 déc., 24-30 mars, mardi soir et lundi
3 ch – 50 € 55 €, 6,50 € – **Rest** – Menu 20 € (sem.)/40 € – Carte 33/54 €
◆ À deux pas de la cité médiévale, cette maison régionale sait se faire conviviale par son décor actuel, son jardin-terrasse ombragé, et son appétissante cuisine traditionnelle.

LANGRES – 52 Haute-Marne – 313 L6 – 9 586 h. – alt. 466 m – ✉ 52200 Champagne Ardenne 14 **C3**

Paris 285 – Chaumont 35 – Dijon 79 – Nancy 142 – Vesoul 76

Office de tourisme, square Olivier Lahalle ☎ 03 25 87 03 32

Site★★ - Promenade des remparts★★ - Cathédrale St-Mammès★ Y - Section gallo-romaine★ au musée d'art et d'histoire Y **M**1.

Plan page suivante

Le Cheval Blanc ch, rest, VISA MC AE
4 r. Estres – ☎ 03 25 87 07 00 – info@hotel-langres.com – Fax 03 25 87 23 13 – Fermé 5-30 nov. Z **a**
22 ch – 65/85 € 65/90 €, 9 €, 1 duplex – ½ P 80/100 € – **Rest** – *(fermé merc. midi)* Menu 22 € (déj. en sem.), 30/68 € – Carte 47/70 €
◆ Église paroissiale devenue auberge à la Révolution. Les murs de pierre témoignent d'un passé chargé d'histoire : Bossuet y reçut le sous-diaconat. Chambres de caractère. La salle à manger (non-fumeurs) marie sans cérémonie poutres, meubles rustiques et lustres modernes.

LANGRES

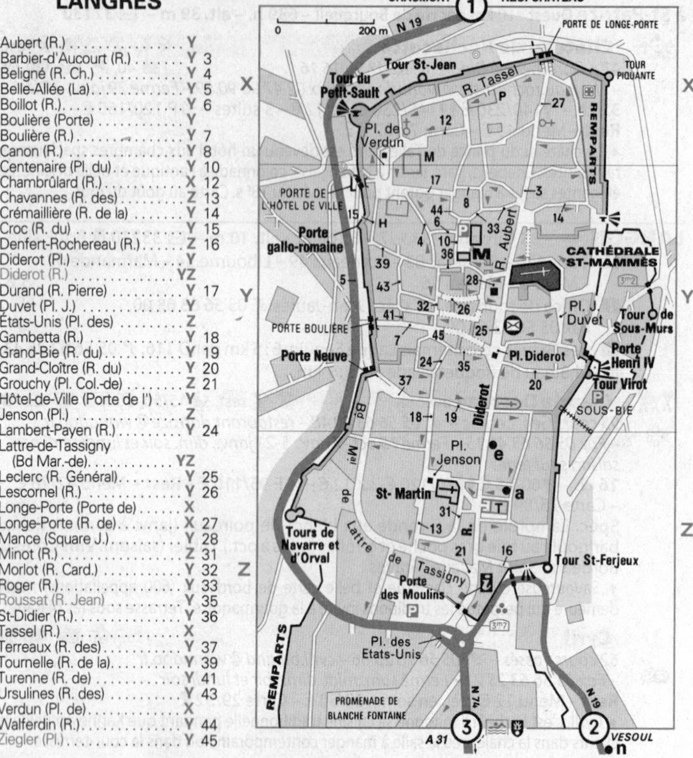

Grand Hôtel de L'Europe

23 r. Diderot – ✆ 03 25 87 10 88 – hotel-europe.langres@wanadoo.fr – Fax 03 25 87 60 65 – Fermé dim. soir du 1er nov. au 31 mai Z e

26 ch – ♦51/61 € ♦♦63/77 €, ☕ 8,50 € – ½ P 51/60 € – **Rest** – Menu 16 € (sem.)/45 € – Carte 29/51 € ♀

♦ À l'intérieur des remparts, ancien relais de poste bordant la rue principale de la vieille ville. Pimpantes chambres rénovées, plus calmes sur l'arrière. Boiseries claires, parquet et mobilier campagnard font le décor du restaurant attenant au bar de l'hôtel.

du Lion d'Or

rte Vesoul – ✆ 03 25 87 03 30 – hotel.liondor.langres@wanadoo.fr – Fax 03 25 87 60 67 Z n

14 ch – ♦49 € ♦♦60/68 €, ☕ 8,50 € – ½ P 50/55 € – **Rest** – *(fermé dim. soir de nov. à mai)* Menu (10,50 €), 16/31 € – Carte 26/44 € ♀

♦ Ce petit établissement jouxtant un lac-réservoir (plage, pêche, voile) a bénéficié d'une cure de jouvence : chambres actuelles et bar-salon "africain". Salle à manger colorée (jaune des murs, bleu des nappes, etc.) et terrasse dressée au bord du jardin.

au Lac de la Liez par ②, N 19 et D 284 : 6 km – ✉ 52200 Langres

Auberge des Voiliers avec ch

au bord du Lac – ✆ 03 25 87 05 74 – auberge.voiliers@wanadoo.fr – Fax 03 25 87 24 22 – Ouvert 16 mars-2 déc. et fermé dim. et lundi sauf été

8 ch – ♦45/70 € ♦♦45/100 €, ☕ 7,50 € – **Rest** – *(fermé mardi midi, dim. soir et lundi)* Menu (16 €), 20 € (sem.)/45 € – Carte 22/54 € ♀

♦ La façade vitrée, très années 1970, miroite au soleil face aux 270 ha du lac. Salle de restaurant redécorée et petites chambres climatisées. Ponton et miniplage à proximité.

LANGUIMBERG – 57 Moselle – 307 M6 – 175 h. – alt. 290 m – ✉ 57810 27 **C2**

▶ Paris 411 – Lunéville 43 – Metz 79 – Nancy 65 – Sarrebourg 21 – Saverne 48

XX **Chez Michèle**
– ✆ 03 87 03 92 25 – Fax 03 87 03 93 47 – *Fermé 11-22 sept., 22 déc.-10 janv., le mardi sauf le midi de juin à août et merc.*
Rest – Menu 17 € (déj. en sem.), 25/65 € – Carte 48/60 €
◆ Cet ancien café villageois promu auberge gourmande vous convie à un savoureux repas au goût du jour dans l'ex-taverne ou la vaste véranda aux abords verdoyants. Collection de cafetières.

LANNION – 22 Côtes-d'Armor – 309 B2 – 18 368 h. – alt. 12 m – ✉ 22300
Bretagne 9 **B1**

▶ Paris 516 – Brest 96 – Morlaix 42 – St-Brieuc 65
✈ de Lannion : ✆ 02 96 05 82 00, N par ① : 2 km.
ℹ Office de tourisme, 2 quai d'Aiguillon ✆ 02 96 46 41 00, Fax 02 96 37 19 64
👁 Maisons anciennes★ (pl.Général Leclerc Y17) - Église de Brélévenez★ : mise au tombeau★ Y.

LANNION

Aiguillon (Quai d') .... Z 2
Augustins (R. des) .... Z 3
Buzulzo (R. de) .... Z 4
Chapeliers (R. des) .... Y 6
Cie-Roger-de-Barbé (R.) .... Y 7
Clemenceau (Allée) .... Z 8
Le-Dantec (R. F.) .... Y 18
Du Guesclin (R.) .... Z 9
Frères-Lagadec (R. des) .... Z 12
Kériavily (R. de) .... Z 14
Kermaria (R. et Pont) .... Z 16
Leclerc (Pl. Gén.) .... Y 17
Mairie (R. de la) .... Y 21
Palais-de-Justice (Allée du) .... Z 24
Pont-Blanc (R. Geoffroy-de) .... Z 25
Pors an Prat (R. de) .... Y 26
Roud Ar Roc'h (R. de) .... Z 28
St-Malo (R. de) .... Z 29
St-Nicolas (R.) .... Z 30
Le-Taillandier (R. E.) .... Z 20
Trinité (R. de la) .... Y 32

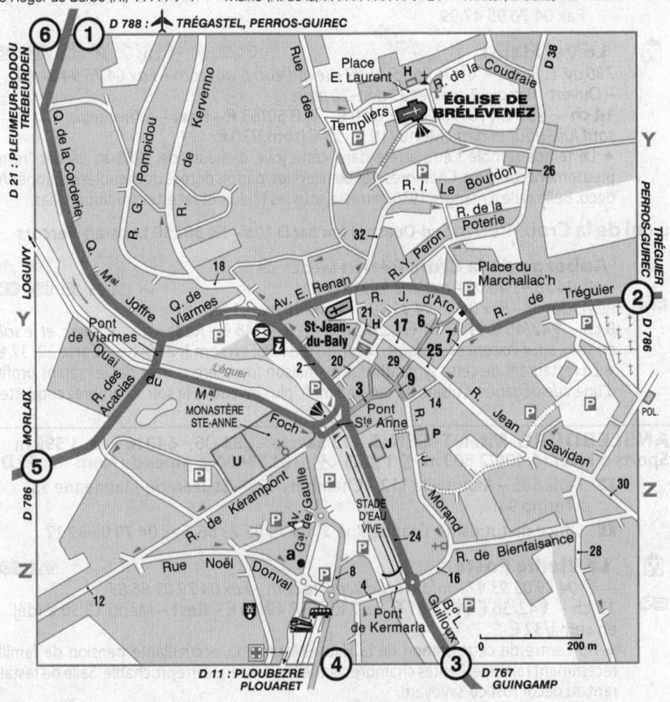

Ibis sans rest 15/30, VISA
30 av. Gén. de Gaulle – ✆ 02 96 37 03 67 – H3401@accor.com – Fax 02 96 46 45 83 Z **a**
70 ch – 59/75 € 59/75 €, 7 €
◆ Hôtel de chaîne voisinant avec la gare. Les chambres, un peu plus calmes côté jardin ou parking, se conforment aux standards Ibis. Bar proposant un beau choix de whiskies.

rte de Perros-Guirec par ① D 788 : 5 km – ✉ 22300 Lannion

Arcadia sans rest VISA
– ✆ 02 96 48 45 65 – hotel-arcadia@wanadoo.fr – Fax 02 96 48 15 68 – Fermé 17 déc.-8 janv.
16 ch – 47/58 € 47/58 €, 7 €, 7 duplex
◆ Pas loin du C.N.E.T., hôtel d'aspect récent disposant de chambres fraîches et nettes (un peu plus calmes sur l'arrière) dont quelques duplex. Bar-billard ; piscine sous véranda.

à La Ville-Blanche par ②, rte de Tréguier : 5 km sur D 786 – ✉ 22300 Rospez

La Ville Blanche (Jaguin) VISA
– ✆ 02 96 37 04 28 – jaguin@la-ville-blanche.com – Fax 02 96 46 57 82 – Fermé 2-8 juil., 24 déc.-1er fév., dim. soir et merc. sauf juil.-août et lundi
Rest – *(prévenir le week-end)* Menu (20 €), 28 € (sem.)/72 € – Carte 57/79 €
Spéc. Homard rôti au beurre salé, pinces en ragoût (avril à oct.). Saint-Jacques des Côtes d'Armor (oct. à mars). Parfait glacé à la menthe et au chocolat.
◆ Élégante salle à manger et son jardin potager où l'on cueille les fines herbes relevant subtilement la cuisine très personnalisée de cette délicieuse "maison de famille".

LANS-EN-VERCORS – 38 Isère – 333 G7 – 2 026 h. – alt. 1 120 m – Sports d'hiver : 1 020/1 980 m 16 – ✉ 38250 45 C2

Paris 576 – Grenoble 27 – Villard-de-Lans 8 – Voiron 37

Office de tourisme, avenue Léopold Fabre ✆ 04 76 95 42 62, Fax 04 76 95 47 99

Le Val Fleuri ch, VISA
730 av. L. Fabre – ✆ 04 76 95 41 09 – levalfleuri@aol.com – Fax 04 76 94 34 69 – Ouvert 16 mai-11 sept. et 21 déc.-20 mars
14 ch – 37 € 37/64 €, 8,50 € – ½ P 50/63 € – **Rest** – *(dîner seult. sauf juil.-août et dim.)* Menu (19 €), 23 € (sem.)/30 €
◆ Le temps semble s'être arrêté dans cette jolie demeure de 1928 au cachet "rétro" pieusement conservé. Chambres très bien tenues, parfois dotées de meubles et lampes Art déco. Belle salle à manger 1930, terrasse sous les tilleuls et recettes traditionnelles.

au col de la Croix-Perrin Sud-Ouest : 4 km par D 106 – ✉ 38250 Lans-en-Vercors

Auberge de la Croix Perrin avec ch
– ✆ 04 76 95 40 02 – frederic.joly10@wanadoo.fr – Fax 04 76 94 33 10 – Fermé 10 avril-11 mai 25, VISA
8 ch – 42/45 € 45/51 €, 7,50 € – ½ P 44/48 € – **Rest** – *(fermé merc. et le soir en sem. sauf vacances scolaires)* Menu 16 € (déj. en sem.), 21/41 € – Carte 22/37 €
◆ Le restaurant de cette sympathique ex-maison forestière cernée par les sapins profite d'une vue dégagée. Cuisine du terroir à midi, plus inventive le soir. Chambres coquettes.

LANSLEBOURG-MONT-CENIS – 73 Savoie – 333 O6 – 640 h. – alt. 1 399 m – Sports d'hiver : 1 400/2 800 m 1 21 – ✉ 73480 Alpes du Nord 45 D2

Paris 685 – Albertville 112 – Chambéry 125 – St-Jean-de-Maurienne 53 – Torino 94

Office de tourisme, Grande Rue ✆ 04 79 05 23 66, Fax 04 79 05 82 17

La Vieille Poste VISA
– ✆ 04 79 05 93 47 – info@lavieilleposte.com – Fax 04 79 05 86 85
17 ch – 42/56 € 47/61 €, 7 € – ½ P 49/63 € – **Rest** – Menu 13,50 € (déj. en sem.)/32 €
◆ Au centre de cette station de la Haute-Maurienne, accueillante pension de famille récemment rajeunie. Petites chambres actuelles, à la tenue irréprochable. Salle de restaurant au décor rustico-savoyard.

Le Relais des Deux Cols

66 r. Mont-Cenis – 04 79 05 92 83 – hotel@relais-des-2-cols.fr – Fax 04 79 05 83 74 – Fermé 2 nov.-20 déc.

28 ch – 42/52 € 46/56 €, 8 € – ½ P 46/62 € – **Rest** – Menu 17 € (sem.)/34 € – Carte 29/43 €

◆ Hôtel d'étape sur la route des cols du Mont-Cenis et de l'Iseran. Chambres rénovées, toutes différentes. Les baies de la lumineuse salle de restaurant familiale s'ouvrent sur la nature, tandis que la cuisine revendique son ancrage régional.

LANSLEVILLARD – 73 Savoie – 333 O6 – 431 h. – alt. 1 500 m – Sports d'hiver : (voir à Lanslebourg-Mont-Cenis) – 73480 Alpes du Nord 45 D2

Paris 689 – Albertville 116 – Briançon 87 – Chambéry 129 – Val-d'Isère 51

Office de tourisme, rue Sous Église 04 79 05 99 15, Fax 04 79 05 87 90

Peintures murales★ dans la chapelle St-Sébastien.

Les Mélèzes

– 04 79 05 93 82 – Fax 04 79 05 93 82 – Ouvert 25 juin-9 sept. et 21 déc.-20 avril

11 ch – 55/68 € 58/73 €, 7,50 € – 2 suites – ½ P 51/65 € – **Rest** – *(fermé le soir en hiver)* Menu 16/24 € – Carte 18/33 €

◆ Idéalement situé au pied des pistes, hôtel familial aux chambres lambrissées, pour la plupart tournées vers la Dent Parrachée. Le propriétaire vous accompagne en randonnée. Son fils officie aux fourneaux et propose, en hiver, crêpes et plats savoyards.

LANTOSQUE – 06 Alpes-Maritimes – 341 E4 – 1 019 h. – alt. 550 m – 06450 41 D2

Paris 883 – Nice 51 – Puget-Théniers 53 – St-Martin-Vésubie 16 – Sospel 42

Syndicat d'initiative, Mairie 04 93 03 00 02, Fax 04 93 03 03 12

Hostellerie de l'Ancienne Gendarmerie

– 04 93 03 00 65 – faivre.mireille@wanadoo.fr – Fax 04 93 03 06 31 – Ouvert 1er mars-1er nov.

ch,

8 ch – 70/115 € 70/115 €, 10 € – ½ P 63/95 € – **Rest** – *(fermé dim. soir et lundi)* Menu 30 €

◆ Plus l'ombre d'un képi dans cette ancienne gendarmerie, mais d'accueillantes chambres actualisées, pour une agréable vie de caserne ! Restaurant de style rustique "cosy" tourné vers le jardin dégringolant jusqu'à la Vésubie. Choix traditionnel à l'ardoise.

La Source 6/10,

Montée des casernes, D 373 – 04 93 03 05 44 – lasource11@wanadoo.fr – Fermé 2-15 janv., dim. soir et lundi

Rest – *(nombre de couverts limité, prévenir)* Menu (18 €), 23 €

◆ Une grande convivialité anime cette petite auberge provençale au charme rustique. Menu unique, simple et goûteux, annoncé tout sourire par la patronne, passionnée de cuisine.

LANVOLLON – 22 Côtes-d'Armor – 309 E3 – 1 388 h. – alt. 90 m – 22290 10 C1

Paris 475 – Guingamp 17 – Lannion 51 – Paimpol 19 – St-Brieuc 27

Office de tourisme, place du marché au blé 02 96 70 12 47, Fax 02 96 70 27 34

Lucotel ch, rest, 25,

rte de St-Quay-Portrieux par D 9 : 1 km – 02 96 70 01 17 – lucotel@wanadoo.fr – Fax 02 96 70 08 84 – Fermé 15 oct.-4 nov. et 16-25 fév.

30 ch – 49/65 € 57/65 €, 7,50 € – ½ P 55/62 € – **Rest** – *(fermé dim. soir et lundi midi d'oct. à avril et sam. midi)* Menu 14,50 € (déj. en sem.), 21/34 € – Carte 28/50 €

◆ Les chambres de cet hôtel récent bâti à l'écart du village sont simples, mais fonctionnelles et bien tenues ; certaines viennent d'être rénovées. Sobre salle à manger, repeinte d'un jaune lumineux, et cuisine traditionnelle sans prétention.

LAON Ⓟ – **02 Aisne** – **306** D5 – **26 265 h.** – **alt. 181 m** – ✉ **02000**
Nord Pas-de-Calais Picardie 37 **D2**

- Paris 141 – Reims 62 – St-Quentin 48 – Soissons 38
- Office de tourisme, place du Parvis Gautier de Mortagne ✆ 03 23 20 28 62, Fax 03 23 20 68 11
- de l'Ailette à Cerny-en-Laonnois, S : 16 km par D 967, ✆ 03 23 24 83 99.
- Site★★ - Cathédrale Notre-Dame★★ : nef★★★ - Rempart du Midi et porte d'Ardon★ CZ - Abbaye St-Martin★ BZ - Porte de Soissons★ ABZ - Rue Thibesard ≤★ BZ - Musée★ et chapelle des Templiers★ CZ.

LAON

Arquebuse (R. de l') . . . . **CZ** 2
Aubry (Pl.) . . . . **CZ** 3
Berthelot (R. Marcelin) . . . . . **AZ** 5
Bossus (R. de l'Abbé) . . . . . . **DY** 6
Bourg (R. du) . . . . **BCZ** 8
Carnot (Av.) . . . . **CY**
Change (R. du) . . . . **CZ** 9
Charles de Gaulle (Av.) . . . . . . **DY** 12
Châtelaine (R.) . . . . **CZ** 13
Cloître (R. du) . . . . **CZ** 15
Combattants d'Afrique du Nord (Pl. des) . . . . **DZ** 16
Cordeliers (R. des) . . . . **CZ** 18
Doumer (R. Paul) . . . . **CZ** 19
Ermant (R. Georges) . . . . **CZ** 21

La Bannière de France — 60, VISA

11 r. F. Roosevelt – ✆ 03 23 23 21 44 – hotel.banniere.de.france@wanadoo.fr – Fax 03 23 23 31 56 – Fermé 21 déc.-20 janv. BCZ **t**

18 ch – 48/60 € 59/70 €, 8,50 € – ½ P 54/61 € – **Rest** – Menu (18 €), 24/56 € – Carte 26/61 €

◆ Ce relais de poste de la ville haute édifié en 1685, accueillit le premier cinéma laonnois dans sa salle de banquets (années 1920). Chambres coquettes. Le restaurant tout en longueur, classiquement aménagé, possède un charme "vieille France".

Hostellerie St-Vincent — ch, 25, P VISA

av. Ch. de Gaulle par ② – ✆ 03 23 23 42 43 – hotel.st.vincent@wanadoo.fr – Fax 03 23 79 22 55 – Fermé vacances de Noël

47 ch – 57/64 € 57/64 €, 7,50 € – ½ P 49 € – **Rest** – *(fermé sam. midi et dim.)* Menu 18 € – Carte 14,50/32 €

◆ Établissement moderne de type motel bâti au pied de l'ancienne capitale carolingienne perchée sur son rocher. Chambres fonctionnelles. Spacieuse salle de restaurant où la gastronomie alsacienne est à l'honneur.

C D

VALENCIENNES GUISE ① A 26 REIMS ST-QUENTIN

N 2 MAUBEUGE N 44 REIMS

② A 26 REIMS CALAIS D 977 CHARLEVILLE-M.

D 181 Gras-Brancourt D 967 Brossolette Bd de Lyon POMA Vaux Av. Carnot Nanquette R. Roger Salengro R. E. Leduc ST-MARCEL ST-JEAN BAPTISTE R. W. Churchill Rampe de la Croix Rouge Av. A. Briand R. du Mont de Vaux R. Le Nain Av. Gambetta Promde du Rempt du Nord R. de la Citadelle R. Scheffer Maison des Arts R. Sérurier Citadelle CITÉ ADMINISTRATIVE N-DAME Porte des Chenizelles Hôtel-Dieu LA CITÉ CHAPELLE DES TEMPLIERS MUSÉE PORTE D'ARDON Chenizelles HÔTEL DU DÉPT VIEUX LAVOIR Promde de la Couloire REMPART DU MIDI Rue Pasteur R. Pierre Timbaud Rampe d'Ardon COMPLEXE SPORTIF MARCEL LEVINDREY D 54 D 967 FISMES Z

C D

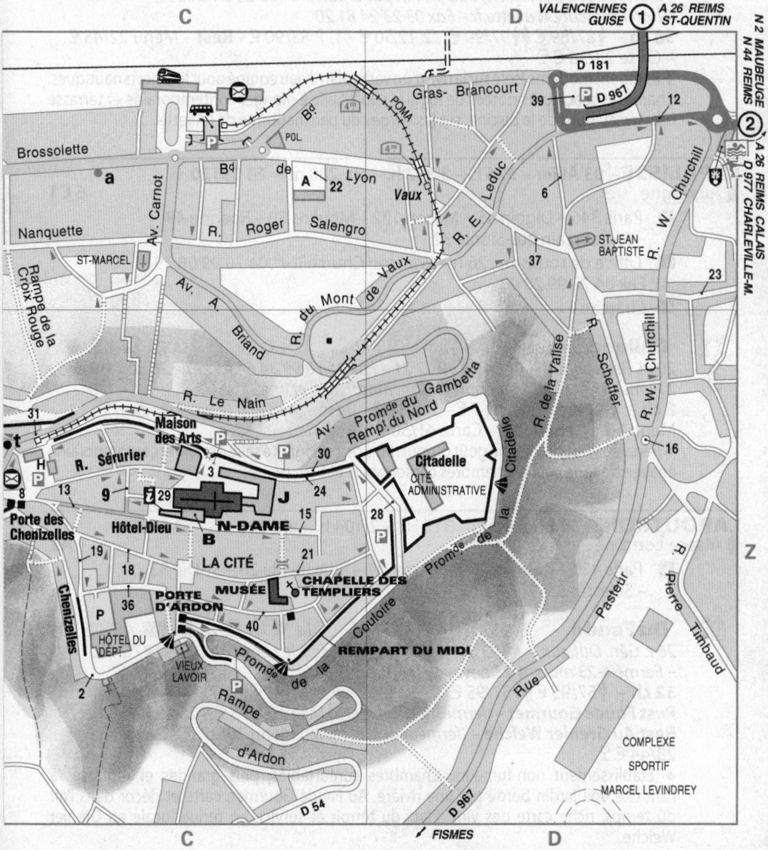

XXX **La Petite Auberge** VISA MC AE

45 bd Brossolette – ✆ 03 23 23 02 38 – palaon@orange.fr – Fax 03 23 23 31 01 – Fermé vacances de Pâques, 5-20 août, vacances de fév., sam. midi, lundi soir et dim. sauf fériés CY **a**

Rest – Menu (19 €), 25/42 € – Carte 56/73 € ♀

Rest *Bistrot St-Amour* – ✆ *03 23 23 31 01* – Menu (11 €), 13 € (sem.)/16 € – Carte 19/32 € ♀

◆ Dans la ville basse, salle à manger aux douces tonalités, agrémentée de poutres peintes et de tapisseries, et meublée dans le style Louis XIII. Cuisine ad hoc dans l'air du temps et formule express servies dans le décor tout simple du Bistrot St-Amour.

à Samoussy par ② et D 977 : 13 km – 376 h. – alt. 84 m – ✉ 02840

XXX **Le Relais Charlemagne** VISA MC

4 rte de Laon – ✆ 03 23 22 21 50 – relais.charlemagne@wanadoo.fr – Fax 03 23 22 18 75 – Fermé 1er-16 août, 18-26 fév., merc. soir, dim. soir et lundi

Rest – Menu 28 € (sem.)/55 € – Carte 50/64 €

◆ Berthe, la mère de Charlemagne, était originaire de ce village. La maison abrite deux salles feutrées (non-fumeurs) ; l'une d'elles s'ouvre sur le jardin. Cuisine classique.

à Chamouille par D 967 DZ : 13 km – 204 h. – alt. 112 m – ✉ 02860

Mercure ch, rest, ch, 60, P VISA MC AE

parc nautique de l'Ailette, Sud 0,5 km par D 967 – ✆ 03 23 24 84 85 – hotel-mercure@ailette.fr – Fax 03 23 24 81 20

58 ch – 🛉87/89 € 🛉🛉97/99 €, ☕ 12,50 € – ½ P 83/90 € – **Rest** – Menu 22/45 € – Carte 23/38 € ♀

◆ Bâtiment moderne isolé sur la rive d'un vaste plan d'eau équipé pour les sports nautiques. Chambres spacieuses dotées de loggias ; golf. Salle à manger contemporaine et terrasse dressée au bord de la piscine, sur les berges du parc nautique de l'Ailette.

LAPALISSE – 03 Allier – 326 I5 – 3 332 h. – alt. 280 m – ✉ 03120

Auvergne 6 **C1**

Paris 346 – Digoin 45 – Mâcon 122 – Moulins 50 – Roanne 49 – St-Pourçain-sur-Sioule 30

Office de tourisme, 26 rue Winston Churchill ✆ 04 70 99 08 39, Fax 04 70 99 28 09

Château★★.

XX **Galland** avec ch 20, P VISA MC

20 pl. République – ✆ 04 70 99 07 21 – Fax 04 70 99 34 64 – Fermé 26 nov.-10 déc., 21 janv.-11 fév., dim. soir hors saison, mardi midi et lundi

8 ch – 🛉48 € 🛉🛉53 €, ☕ 7 € – ½ P 81 € – **Rest** – *(prévenir le week-end)* Menu 26 € (sem.)/50 € – Carte 41/50 € ♀

◆ Régalez-vous de plats au goût du jour dans cette élégante salle à manger contemporaine égayée de tons pastel. Chambres confortables et bien tenues.

LAPOUTROIE – 68 Haut-Rhin – 315 H8 – 2 104 h. – alt. 420 m – ✉ 68650

Alsace Lorraine 1 **A2**

Paris 430 – Colmar 21 – Munster 31 – Ribeauvillé 20 – St-Dié 33 – Sélestat 33

Du Faudé 20, P VISA MC AE

28 r. Gén. Dufieux – ✆ 03 89 47 50 35 – info@faude.com – Fax 03 89 47 24 82 – Fermé 4-23 mars, 4-23 nov.

32 ch – 🛉57/95 € 🛉🛉57/95 €, ☕ 13 € – 2 suites – ½ P 69/100 €

Rest *Faudé Gourmet* – *(fermé mardi et merc.)* Menu 32/75 € – Carte 50/58 € ♀

Rest *Au Grenier Welche* – *(fermé mardi et merc.)* Menu 20/27 € – Carte 28/44 € ♀

◆ Établissement non-fumeurs. Chambres confortables, plus grandes et rénovées à l'annexe. Joli jardin bordé par une rivière. Au Faudé Gourmet, carte et décor dans l'air du temps, riche carte des vins. Plats du terroir et service en tenue locale au Grenier Welche.

Les Alisiers avec ch < vallon, ♿ ch, **P** VISA

3 km sud-ouest par rte secondaire – ✆ 03 89 47 52 82 – hotel@alisiers.com – Fax 03 89 47 22 38 – Fermé 21-25 déc., 5 janv.-6 fév., lundi et mardi en nov. et déc.

16 ch – †50/180 € ††50/180 €, ☕ 9 € – ½ P 58/120 € – **Rest** – *(fermé lundi et mardi sauf fériés) (prévenir le week-end)* Menu 15 € (sem.)/45 € – Carte 30/53 €

◆ Superbe vue sur le vallon depuis le restaurant où l'on sert une authentique cuisine du terroir. Le décor des chambres récentes - façon chalet ultra-contemporain - est très réussi.

LAQUEUILLE – 63 Puy-de-Dôme – 326 D9 – 384 h. – alt. 1 000 m – ✉ 63820

5 **B2**

Paris 455 – Aubusson 74 – Clermont-Ferrand 40 – Mauriac 73 – Le Mont-Dore 15 – Ussel 43

au Nord-Est : 2 km par D 922 et rte secondaire – ✉ 63820 Laqueuille

Auberge de Fondain < **P** VISA

Fondain – ✆ 04 73 22 01 35 – auberge.de.fondain@wanadoo.fr – Fax 04 73 22 06 13 – Fermé 12-30 mars et 8 nov.-21 déc.

6 ch – †45/50 € ††66/72 €, ☕ 8 € – ½ P 38/70 € – **Rest** – *(prévenir)* Menu 12 € bc (déj. en sem.), 15/23 €

◆ Une demeure bourgeoise ancienne perdue au milieu des champs, des chambres personnalisées sur le thème des fleurs, quelques VTT, un fitness... Une vraie mise au vert ! Vue sur la Banne d'Ordanche, décor régional authentique et spécialités auvergnates au restaurant.

LARAGNE-MONTÉGLIN – 05 Hautes-Alpes – 334 C7 – 3 296 h. – alt. 571 m – ✉ 05300

40 **B2**

Paris 687 – Digne-les-Bains 58 – Gap 40 – Sault 60 – Serres 17 – Sisteron 18

Office de tourisme, place des Aires ✆ 04 92 65 09 38

Chrisma sans rest **P** VISA

rte de Grenoble – ✆ 04 92 65 09 36 – Fax 04 92 65 08 12 – Fermé 29 sept.-6 oct., 20 déc.-3 janv. et dim. soir de nov. à mars

17 ch – †42/45 € ††47/50 €, ☕ 6 €

◆ L'agréable jardin et sa terrasse sont les atouts de cet hôtel bâti au pied de la montagne de Chabre, célèbre pour son site de vol libre. Chambres spacieuses, bien rénovées.

Les Terrasses < rest, rest, **P** VISA

av. Provence (N 75) – ✆ 04 92 65 08 54 – hotellesterrasses@wanadoo.fr – Fax 04 92 65 21 08 – Ouvert 1er avril-1er nov.

15 ch – †28/51 € ††51 €, ☕ 7 € – ½ P 49/54 € – **Rest** – *(ouvert 1er mai-1er oct.) (dîner seult)* Menu (17 €), 21/26 € – Carte 22/32 €

◆ Pension de famille aux chambres simples et nettes ; côté jardin, elles possèdent une terrasse d'où l'on aperçoit le village et le mont Chabre. Repas traditionnel dans une salle aux tons ensoleillés ou, l'été, sous la pergola panoramique chatouillée par la vigne vierge.

LARÇAY – 37 Indre-et-Loire – 317 N4 – 2 037 h. – alt. 82 m – ✉ 37270

11 **B2**

Paris 243 – Angers 134 – Blois 55 – Poitiers 103 – Tours 10 – Vierzon 113

Manoir de Clairbois sans rest **P** VISA

2 imp. du Cher – ✆ 02 47 50 59 75 – info@manoirdeclairbois.com – Fax 02 47 50 59 76

3 ch ☕ – †110 € ††110/135 €

◆ Le Cher longe le parc de ce manoir du 19e s. Décor soigné composé de beaux meubles d'époque dans les parties communes et les chambres (vastes, claires, avec une bonne literie).

Les Chandelles Gourmandes AC VISA

44 r. Nationale – ✆ 02 47 50 50 02 – charret@chandelles-gourmandes.fr – Fax 02 47 50 55 94 – Fermé 20-30 juil., 20 août-5 sept., dim. soir et lundi

Rest – Menu 29/50 € – Carte 39/52 €

◆ Poutres, tuffeau et cheminée agrémentent la salle à manger de cet ancien relais de poste situé sur une rive du Cher. Cuisine du terroir, fritures et poissons de Loire.

LE LARDIN-ST-LAZARE – 24 Dordogne – 329 I5 – 1 846 h. – alt. 86 m – ✉ 24570 4 **D1**

Paris 503 – Brive-la-Gaillarde 28 – Lanouaille 38 – Périgueux 47 – Sarlat-la-Canéda 31

au Sud : 4 km par D 704, D 62 et rte secondaire – ✉ 24570 Condat-sur-Vézère

Château de la Fleunie ch, 80,

– ✆ 05 53 51 32 74 – lafleunie@free.fr

– Fax 05 53 50 58 98 – Fermé 20 nov.-12 fév.

33 ch – 70/175 € 70/175 €, 15 € – **Rest** – Menu 35 € (déj. en sem.), 45/80 €

♦ Ce château féodal entouré d'un parc de 100 ha avec enclos animalier abrite des chambres de caractère, parfois dotées de poutres. D'autres occupent une bâtisse plus récente. Cuisine classique à déguster dans une salle à manger "châtelaine" ayant fière allure.

à Coly Sud-Est : 6 km par D 74 et D 62 – 230 h. – alt. 113 m – ✉ 24120

Église★★ de St-Amand-de-Coly SO : 3 km, Périgord Quercy.

Manoir d'Hautegente ch, ch,

– ✆ 05 53 51 68 03 – hotel@manoir-hautegente.com – Fax 05 53 50 38 52 – Ouvert 1er avril-1er nov. 25,

17 ch – 85/129 € 129/225 €, 13,50 € – ½ P 120/170 € – **Rest** – *(fermé le midi du lundi au jeudi)* Menu 35 € (déj.), 48/65 € – Carte 46/64 €

♦ Dans un parc traversé par une rivière, moulin à draps du 14e s. devenu élégante hôtellerie tapissée de vigne vierge. Intérieur "cosy" agrémenté de meubles anciens. Succession de charmantes petites salles à manger voûtées et belle terrasse au bord de l'eau.

LARDY – 91 Essonne – 312 C4 – 4 375 h. – alt. 70 m – ✉ 91510 18 **B2**

Paris 46 – Évry 29 – Boulogne-Billancourt 49 – Montreuil 47 – Argenteuil 63

Auberge de l'Espérance

80 Grande Rue – ✆ 01 69 27 40 82 – Fax 01 60 82 71 01 – Fermé 7-31 août, vacances de fév., merc. soir, dim. soir et lundi

Rest – Menu 29 € – Carte environ 38 €

♦ Tables coquettes, chaises à médaillon de style Louis XVI et large buffet central : on se régale d'une bonne cuisine actuelle dans cette salle campagnarde gaie et fleurie.

LARGENTIÈRE – 07 Ardèche – 331 H6 – 1 942 h. – alt. 240 m – ✉ 07110

Lyon et la vallée du Rhône 44 **A3**

Paris 645 – Alès 66 – Aubenas 18 – Privas 49

Office de tourisme, 8 rue Camille Vielfaure ✆ 04 75 39 14 28, Fax 04 75 39 23 66

Le vieux Largentière★.

à Rocher Nord : 4 km par D 5 – 227 h. – alt. 353 m – ✉ 07110

Le Chêne Vert ch,

– ✆ 04 75 88 34 02 – contact@hotellechenevert.com – Fax 04 75 88 33 85

– Ouvert 1er avril-31 oct. et fermé lundi et mardi en oct.

25 ch – 54/74 € 54/74 €, 9 € – ½ P 49/64 € – **Rest** – Menu 19/38 € – Carte 29/42 €

♦ Aux confins du Vivarais et des Cévennes, adresse conviviale disposant de chambres pratiques ; certaines, dotées d'un balcon, offrent le coup d'œil sur la jolie piscine. À table, plats traditionnels et recettes régionales servis dans un sobre cadre actuel.

à Sanilhac Sud : 7 km par D 312 – 346 h. – alt. 420 m – ✉ 07110

Auberge de la Tour de Brison ch, ch,

à la Chapelette – ✆ 04 75 39 29 00 – belin.c@wanadoo.fr – Fax 04 75 39 19 56 – Ouvert 1er avril-31 oct. et fermé merc. sauf juil.-août ch,

14 ch – 55/77 € 55/77 €, 9 € – ½ P 55/63 € – **Rest** – *(prévenir)* Menu 27 € – Carte 22/29 €

♦ Cette accueillante auberge bâtie à flanc de colline jouit d'une jolie vue sur la vallée et sur le plateau du Coiron. Chambres actuelles. Chaque jour, le patron s'attèle à une page d'écriture sur papier kraft pour présenter l'unique menu. Véranda panoramique.

LARMOR-BADEN – 56 Morbihan – 308 N9 – 954 h. – alt. 10 m – ✉ 56870

9 **A3**

Paris 474 – Auray 15 – Lorient 59 – Pontivy 66 – Vannes 15

Office de tourisme, 24 rue Pen Lannic ✆ 02 97 58 01 26

Cairn ★★ de l'île Gavrinis : 15 mn en bateau.

Aub. du Parc Fétan rest, rest, VISA

17 r. Berder – ✆ 02 97 57 04 38 – contact@hotel-parcfetan.com – Fax 02 97 57 21 55 – Ouvert 9 fév.-11 nov.

20 ch – 40/80 € 40/120 €, 7 € – ½ P 48/88 € – **Rest** – *(fermé dim. soir sauf du 18 juin au 15 sept.) (dîner seult) (résidents seult)* Menu 21 €

◆ Cure de jouvence réussie pour cet hôtel situé à quelques pas d'une petite plage du golfe du Morbihan. Chambres sans ampleur, mais claires et dotées d'équipements récents.

LARMOR-PLAGE – 56 Morbihan – 308 K8 – 8 470 h. – alt. 4 m – ✉ 56260

Bretagne

9 **B2**

Paris 510 – Lorient 7 – Quimper 74 – Vannes 66

<★ du Pont St-Maurice.

Les Rives du Ter ch, 10/100, VISA AE

bd Jean Monnet – ✆ 02 97 35 33 50 – info@lesrivesduter.com – Fax 02 97 35 39 02

58 ch – 90/105 € 98/115 €, 12 € – ½ P 86/90 € – **Rest** – Menu 23/40 € – Carte 28/32 €

◆ Tout près du pont, grande construction neuve située au calme. Chambres au décor à la fois épuré et chaleureux, dotées de balcons avec vue sur l'étang du Ter. Salle lumineuse où l'on propose une alléchante cuisine mettant à l'honneur les produits de la mer.

Les Mouettes ch, rest, 15, VISA AE

Anse de Kerguélen, Ouest : 1,5 km – ✆ 02 97 65 50 30 – info@lesmouettes.com – Fax 02 97 33 65 33

21 ch – 71 € 77 €, 10 € – ½ P 77 € – **Rest** – Menu 21 € (sem.)/47 € – Carte 38/63 €

◆ Une douce quiétude (hors saison !), à peine troublée par le cri des mouettes, règne dans cet hôtel moderne baigné par les flots de l'anse de Kerguelen. Vue imprenable sur l'Atlantique et l'île de Groix depuis la terrasse... ou à l'abri de la salle à manger !

LARNAC – 30 Gard – 339 K3 – rattaché à St-Ambroix

LAROQUE DES ALBERES – 66 Pyrénées-Orientales – 344 I7 – 1 909 h. – alt. 100 m – ✉ 66740

22 **B3**

Paris 883 – Montpellier 187 – Perpignan 39 – Figueres 50 – Banyoles 90

Office de tourisme, 20 rue Carbonneil ✆ 04 68 95 49 97, Fax 04 68 95 42 58

XX **Les Palmiers** VISA

33 av. Louis et Michel Soler – ✆ 04 68 89 73 61 – contact@lespalmiers.eu – Fax 04 68 81 08 76 – Fermé 10-16 mars, nov., mardi du 1er oct. au 30 avril, sam. midi et lundi

Rest – Menu 19 € (déj. en sem.), 45/65 € – Carte 61/80 €

◆ Table estimée pour la gentillesse de l'accueil et du service, le soin apporté à la cuisine, actuelle, où entre la marée méditerranéenne et le joli choix de vins du Roussillon.

LARRAU – 64 Pyrénées-Atlantiques – 342 G6 – 214 h. – alt. 636 m – ✉ 64560

3 **B3**

Paris 832 – Oloron-Ste-Marie 42 – Pau 75 – St-Jean-Pied-de-Port 64

Etchemaïté ch, VISA

– ✆ 05 59 28 61 45 – hotel.etchemaite@wanadoo.fr – Fax 05 59 28 72 71 – Fermé 7-10 fév., dim. soir et lundi de nov. à avril

16 ch – 42/58 € 42/58 €, 8 € – ½ P 44/53 € – **Rest** – *(fermé en avril et mai)* Menu 18 € (sem.)/45 € – Carte 39/50 €

◆ Simplicité et ambiance familiale d'une auberge de montagne, dans un hameau de la pittoresque haute Soule. Chambres douillettes. Accueillante salle à manger avec pierres et poutres apparentes, nappes basques, cheminée et vue sur la vallée. Plats du terroir.

LASCABANES – 46 Lot – 337 D5 – 167 h. – alt. 180 m – ✉ 46800 28 B1

Paris 598 – Montauban 69 – Toulouse 120 – Villeneuve-sur-Lot 61

Le Domaine de Saint-Géry
– ✆ 05 65 31 82 51 – info@saint-gery.com – Fax 05 65 22 92 89 – *Ouvert 12 mai-30 sept.*
4 ch – 129/377 € 129/377 €, 19 € – 1 suite – ½ P 159/220 € – **Rest** – table d'hôte *(dîner seult)* Menu 89 €
◆ Ce domaine comprenant une truffière, une exploitation agricole et des sentiers de randonnée dispose de cinq chambres réparties dans divers bâtiments. Leur décor mêle l'ancien et le moderne. À la table d'hôte, plats régionaux et belles pièces de viande rôties.

LASCELLE – 15 Cantal – 330 D4 – 317 h. – alt. 760 m – ✉ 15590 5 B3

Paris 555 – Aurillac 16 – Bort-les-Orgues 84 – Brioude 94 – Murat 36

Lac des Graves ch, ch, 40,
Jaulhac – ✆ 04 71 47 94 06 – hotel.lac.graves@wanadoo.fr – Fax 04 71 47 96 55
21 ch – 52/62 € 52/62 €, 6,50 € – ½ P 61/66 € – **Rest** – Menu 18/38 € – Carte 21/47 €
◆ Vaste parc aménagé au bord d'un lac de 10 ha fréquenté par les pêcheurs. Vous logerez dans d'originaux chalets en bois "les pieds dans l'eau" ; quelques chambres familiales. La salle à manger et sa terrasse panoramique s'ouvrent sur la belle nature environnante.

LASSEUBE – 64 Pyrénées-Atlantiques – 342 J3 – 1 526 h. – alt. 188 m – ✉ 64290 3 B3

Paris 797 – Bordeaux 219 – Pau 19 – Tarbes 60

La Ferme Dagué sans rest
chemin Croix de Dagué – ✆ 05 59 04 27 11 – famille.maumus@wanadoo.fr – Fax 05 59 04 27 11 – *Ouvert 28 avril-30 oct.*
5 ch – 42/62 € 51/62 €
◆ Cette ferme béarnaise du 18e s. a conservé sa superbe cour fermée avec galerie extérieure. Chambres coquettes, aménagées dans l'ancien grenier. Copieux petit-déjeuner.

LASTOURS – 11 Aude – 344 F3 – ✉ 11600 22 B2

Paris 782 – Toulouse 107 – Carcassonne 19 – Castres 52 – Narbonne 75

Le Puits du Trésor (Boyer)
21 rte Quatre Châteaux – ✆ 04 68 77 50 24 – contact@lepuitsdutresor.com – Fax 04 68 77 50 24 – *Fermé 2-16 janv., 15 fév.-7 mars, dim. soir, lundi et mardi*
Rest – *(dîner seult sauf dim.) (nombre de couverts limité, prévenir)* Menu 37/75 € – Carte 50/69 €
Spéc. Cresson de fontaine en velouté, escargots petits gris. Selle d'agneau au pistou. Suprême de pintade au jus d'olive.
◆ Village au pied du château en ruines de Lastours. Cadre moderne et recettes personnalisées au restaurant. Ardoise du jour et confort plus simple au bistrot (midi uniquement).

LATOUR-DE-CAROL – 66 Pyrénées-Orientales – 344 C8 – 367 h. – alt. 1 260 m – ✉ 66760 22 A3

Paris 839 – Ax-les-Thermes 37 – Font-Romeu-Odeillo-Via 21 – Perpignan 110

Auberge Catalane
10 av. Puymorens – ✆ 04 68 04 80 66 – auberge-catalane@club-internet.fr – Fax 04 68 04 95 25 – *Fermé 15-24 avril, 11 nov.-21 déc., dim. soir et lundi*
10 ch – 40/44 € 48/52 €, 6 € – ½ P 41/46 € – **Rest** – Menu 15 € (déj. en sem.), 20/33 € – Carte 25/38 €
◆ Au cœur de la Cerdagne, auberge "cent pour cent catalane" tenue par la même famille depuis sa création en 1929. Chambres coquettes, bien rénovées. Pimpante salle à manger rustique, véranda ou terrasse pour découvrir les recettes régionales.

LATTES – 34 Hérault – 339 I7 – rattaché à Montpellier

LAUTARET (COL DU) – 05 Hautes-Alpes – 334 G2 – voir à Col du Lautaret

LAUTERBOURG – 67 Bas-Rhin – 315 N3 – 2 269 h. – alt. 115 m – ✉ 67630

1 **B1**

Paris 519 – Haguenau 40 – Karlsruhe 22 – Strasbourg 63 – Wissembourg 20

Office de tourisme, 21 rue de la 1ère Armée ✆ 03 88 94 66 10, Fax 03 88 54 61 33

XXX **La Poêle d'Or**

35 r. Gén. Mittelhauser – ✆ 03 88 94 84 16 – info@poeledor.com – Fax 03 88 54 62 30 – Fermé 25 juil.-10 août, 3-25 janv., merc. et jeudi

Rest – Menu 26 € (déj. en sem.), 40/74 € – Carte 37/65 €

◆ Maison à colombages bordant la rue principale de la ville. Élégante salle à manger dotée d'un mobilier de style Louis XIII, plaisante véranda et terrasse fleurie pour l'été.

LAUTREC – 81 Tarn – 338 E8 – 1 554 h. – alt. 294 m – ✉ 81440

Midi-Pyrénées

29 **C2**

Paris 703 – Albi 31 – Castelnaudary 55 – Castres 17 – Gaillac 34 – Toulouse 76

Office de tourisme, rue du Mercadial ✆ 05 63 75 31 40, Fax 05 63 75 32 90

X **Le Moulin Gourmand**

rte Castres – ✆ 05 63 75 30 13 – Fax 05 63 75 30 13 – Fermé 16 sept.-7 oct., 18-24 fév., jeudi soir sauf juil.-août, lundi soir, mardi soir, merc. soir et dim. soir

Rest – Menu 11 € bc (déj. en sem.), 17/35 € – Carte 19/42 €

◆ Architecture contemporaine de forme circulaire voisine d'un vieux moulin à vent, au pied du calvaire de la Salette. Sobre salle à manger et cuisine du terroir à prix doux.

LAUZERTE – 82 Tarn-et-Garonne – 337 C6 – 1 487 h. – alt. 224 m – ✉ 82110

28 **B1**

Paris 614 – Agen 53 – Auch 98 – Cahors 39 – Montauban 38

Office de tourisme, place des Cornières ✆ 05 63 94 61 94, Fax 05 63 94 61 93

des Roucous à Sauveterre E : 16 km par D 34, ✆ 05 63 95 83 70.

X **Du Quercy** avec ch

fg d'Auriac – ✆ 05 63 94 66 36 – hotel.du.quercy@wanadoo.fr – Fax 05 63 39 06 56 – Fermé 29 oct.-5 nov., 18-25 fév., dim. soir sauf juil.-août et lundi – **10 ch** – 34 € 36/47 €, 6,50 € – ½ P 35/40 € – **Rest** – Menu 11 € (déj. en sem.), 26/28 € – Carte 26/48 €

◆ Au cœur de la "Tolède du Quercy", maison de pays de la fin du 19e s. coquettement restaurée. La lumineuse salle à manger de style bistrot offre le coup d'œil sur collines et vallons ; plats du terroir. Quelques chambres s'ouvrent sur la vallée.

LAVAL P – 53 Mayenne – 310 E6 – 50 947 h. – alt. 65 m – ✉ 53000

Normandie Cotentin

35 **C1**

Paris 280 – Angers 79 – Le Mans 86 – Rennes 76 – St-Nazaire 153

Office de tourisme, 1 allée du Vieux Saint-Louis ✆ 02 43 49 46 46, Fax 02 43 49 46 21

de Laval à Changé Le Jariel, N : 8 km par D 104, ✆ 02 43 53 16 03.

Vieux château★ Z : charpente★★ du donjon, musée d'Art naïf★, ≤★ des remparts - Vieille ville★ YZ : - Les quais★ ≤★ - Jardin de la Perrine★ Z - Chevet★ de la basilique N.-D. d'Avesnières X - Église N.-D. des Cordeliers★ : retables★★ X - Lactopôle★★.

Plan page suivante

Grand Hôtel de Paris sans rest

22 r. Paix – ✆ 02 43 53 76 20 – hoteldeparislaval@wanadoo.fr – Fax 02 43 56 91 83 – Fermé 22 déc.-3 janv. Y **a**

50 ch – 60/140 € 70/160 €, 8,50 €

◆ En plein quartier commerçant, bâtiment de 1954 entièrement rénové. Les chambres, actuelles et fonctionnelles, sont plus calmes sur l'arrière. Expositions de tableaux.

Marin'Hôtel sans rest

102 av. R. Buron – ✆ 02 43 53 09 68 – grelierdidier@wanadoo.fr – Fax 02 43 56 95 35 – **25 ch** – 38/52 € 46/57 €, 6,50 € X **d**

◆ Les mascarons de la façade indiquent l'ancienneté des murs, mais les chambres, sans luxe, sont modernes, pratiques et insonorisées. On petit-déjeune dans un cadre marin.

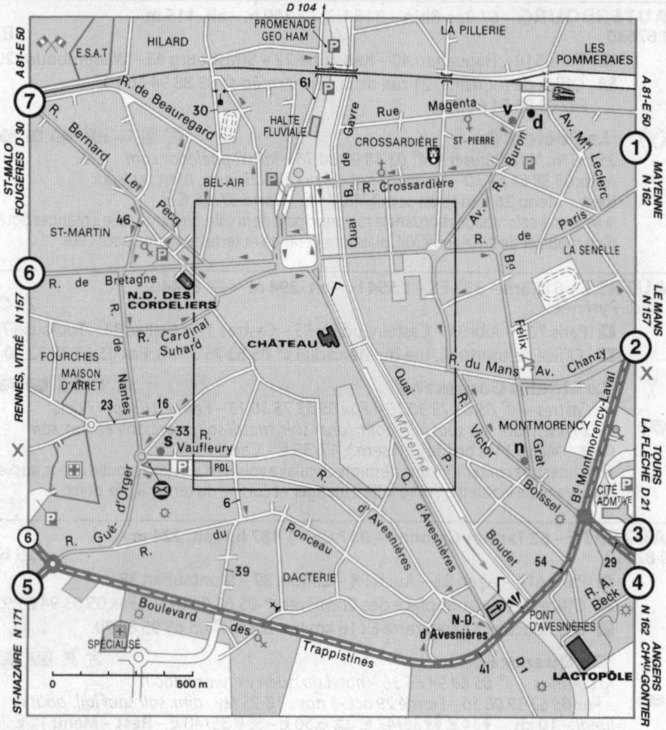

LAVAL

Alègre (Prom. Anne d') . . . . Z 3
Avesnières (Q. d') . . . . Z 5
Avesnières (R. d'). . . . . Z 7
Le Basser (Bd F.). . . . . X 29
Bourg-Hersent (R.) . . . . X 6
Briand (Pont A.) . . . . Y 8
Britais (R. du) . . . . Y 9
Chapelle (R. de) . . . . Z 12
Déportés (R. des) . . . . Y 13
Douanier-Rousseau (R.) . . . Z 14
Droits de l'homme (Parvis des). . . . . Y 15
Étaux (R. des) . . . . X 16
Gambetta (Quai) . . . . Y 17
Gaulle (R. Gén.-de) . . . . Y
Gavre (Q. B.-de). . . . . Y 18
Grande-Rue . . . . Z 19
Hardy-de-Lévaré (Pl.) . . . . . . Z 22
Haut-Rocher (R.) . . . . X 23
Jean-Fouquet (Q.) . . . . Y 26
Macé (R. J.) . . . . X 30
Messager (R.) . . . . X 33
Moulin (Pl. J.) . . . . Y 34
Orfèvres (R. des) . . . . Z 36
Paix (R. de la) . . . . Y
Paradis (R. de) . . . . Z 37
Picardie (R. de) . . . . X 39
Pin-Doré (R. du) . . . . Z 40
Pont-d'Avesnières (Bd du) . . X 41
Pont-de-Mayenne (R. du) . . Z 43
Renaise (R.) . . . . Y 44
Résistance (Crs de la) . . . . . Y 45
St-Martin (R.) . . . . X 46
Serruriers (R. des) . . . . Z 47

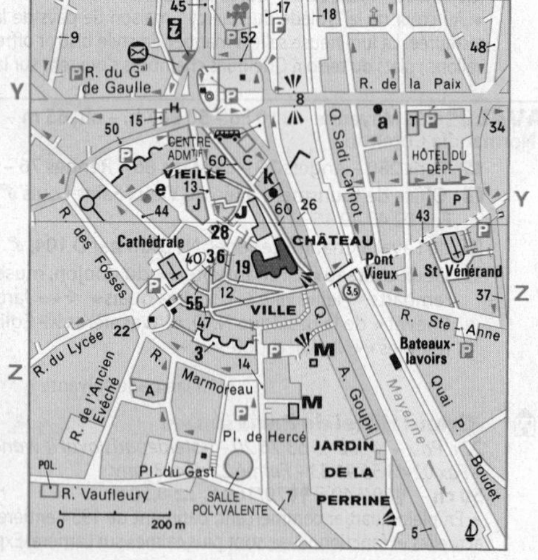

Solférino (R.) . . . . Y 48
Souchu-Servinière (R.) . . . . . Y 50
Strasbourg (R. de) . . . . Y 52
Tisserands (Bd des). . . . . X 54
Trémoille (Pl. de la). . . . . Z 28
Trinité (R. de la) . . . . Z 55
Val-de-Mayenne (R. du) . . . . YZ 60
Vieux-St-Louis (R. du) . . . . . . X 61

Bistro de Paris (Lemercier)
67 r. Val de Mayenne – ✆ 02 43 56 98 29 – bistro.de.paris@wanadoo.fr – Fax 02 43 56 52 85 – Fermé 1er-24 août, sam. midi, dim. soir et lundi Y **k**
Rest – Menu 26 € (sauf samedi soir)/47 € – Carte environ 43 €
Spéc. Bar et crabe aux agrumes. Lotte en escalopines, poêlée de langoustines et calamar au citron. Macaron moelleux au chocolat. **Vins** Vin de Pays d'Anjou, Anjou-Villages.
◆ Cette vieille maison abrite un bistrot cossu dont le décor Art nouveau est particulièrement séduisant et chaleureux. Vous y dégusterez une délicieuse cuisine au goût du jour.

Le Capucin Gourmand
66 r. Vaufleury – ✆ 02 43 66 02 02 – capucingourmand@free.fr – Fax 02 43 66 13 50 – Fermé 28 juil.-21 août, mardi midi, dim. soir et lundi X **s**
Rest – Menu (18 € bc), 22 € (sem.)/47 € – Carte 38/51 €
◆ Boiseries, poutres et sièges en osier teinté bleu, papier peint jaune : un cadre jeune et accueillant pour une cuisine actuelle qui, en été, se déguste dans le patio.

La Gerbe de Blé avec ch
83 r. V.-Boissel – ✆ 02 43 53 14 10 – gerbedeble@wanadoo.fr – Fax 02 43 49 02 84 – Fermé 29 juil.-20 août, 2-9 janv., lundi midi et dim. X **n**
8 ch – †72/100 € ††88/120 €, ☕ 12 € – ½ P 82/96 € – **Rest** – Menu (18 €), 26/46 €
◆ Mobilier actuel, tons crème, éclairage étudié : la salle à manger de cet établissement familial a été relookée, mais reste chaleureuse et soignée. Spacieuses chambres rénovées.

Hostellerie à la Bonne Auberge avec ch
170 r. Bretagne par ⑥ – ✆ 02 43 69 07 81 – contact@alabonneauberge.com – Fax 02 43 91 15 02 – Fermé 27 juil.-26 août, 24 déc.-6 janv., vend. soir, dim. soir, sam. et soirs fériés – **12 ch** – †60/72 € ††70/80 €, ☕ 8,50 € – **Rest** – Menu 18 € (sem.)/40 € – Carte 39/52 €
◆ À l'écart du centre-ville, maison régionale tapissée de vigne vierge. La salle à manger, agrandie d'une véranda, est claire et moderne. Goûteuse cuisine traditionnelle.

L'Antiquaire
5 r. Béliers – ✆ 02 43 53 66 76 – Fax 02 43 56 92 18 – Fermé 9-30 juil., 22 janv.-5 fév., sam. midi, dim. soir et lundi Y **e**
Rest – Menu (15 €), 20/45 € – Carte 28/47 €
◆ Cette maison située au cœur de la vieille ville abrite une plaisante salle à manger "cosy" où l'on sert une généreuse cuisine classique teintée d'un zeste de modernité.

Edelweiss
99 av. R. Buron – ✆ 02 43 53 11 00 – restau.edelweiss@wanadoo.fr – Fermé 16 juil.-14 août, 18-25 fév., dim. soir et lundi X **v**
Rest – Menu (12 €), 14 € (sem.)/24 € – Carte 28 €
◆ À côté de la gare, salle à manger redécorée dans un style actuel (tons pastel). On y apprécie des recettes traditionnelles sans esbroufe dans une ambiance conviviale.

LE LAVANCHER – 74 Haute-Savoie – 328 O5 – rattaché à Chamonix

---

LE LAVANDOU – 83 Var – 340 N7 – 5 449 h. – alt. 1 m – ✉ 83980 Côte d'Azur

– Paris 873 – Cannes 102 – Draguignan 75 – Fréjus 61 – Toulon 41 41 **C3**

Office de tourisme, quai Gabriel-Péri ✆ 04 94 00 40 50, Fax 04 94 00 40 59

Île d'Hyères★★★.

La Petite Bohème
av. F.-Roosevelt – ✆ 04 94 71 10 30 – hotelpetiteboheme@wanadoo.fr – Fax 04 94 64 73 92 – Fermé déc. et janv. – **17 ch** – †59/100 € ††59/100 €, ☕ 8,50 € – ½ P 55/73 € – **Rest** – Menu 23/33 € – Carte 28/46 € B **f**
◆ Faire la grasse matinée dans une chambre sobrement provençale, puis une sieste en chaise longue sous la treille entre deux apéritifs : une vraie vie de "bohème" ! Salle à manger méridionale et terrasse ombragée dressée au bord du jardin.

LE LAVANDOU

Bois-Notre-Dame (R. du) .... A 2
Bouvet (Bd Gén.-G) .... A 3
Cazin (R. Charles) .... A 4
Gaulle (Av. Gén.-de) .... AB
Lattre-de-Tassigny (Bd de) ... A 7
Martyrs-de-la-Résistance (Av. des) .... A 8
Patron Ravello (R.) .... B 10
Péri (Quai Gabriel) .... B 12
Port Cros (R.) .... A 15
Port (R. du) .... B 13
Vincent-Auriol (Av. Prés.) .... A 16

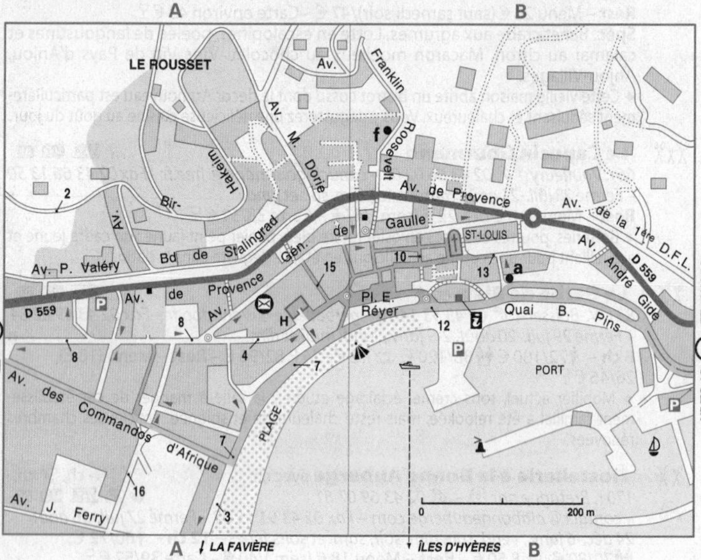

Le Rabelais sans rest

face Vieux Port – ☎ 04 94 71 00 56 – hotel.lerabelais@wanadoo.fr – Fax 04 94 71 82 55 – Fermé 23 nov.-23 déc. B **a**

21 ch – †45/105 € ††45/105 €, ☐ 5,50 €

◆ Cet hôtel idéalement situé sur le front de mer héberge des petites chambres fraîches et colorées. L'été, petits-déjeuners en terrasse face à l'animation portuaire.

à St-Clair par ① : 2 km – ✉ 83980 Le Lavandou

Roc Hôtel sans rest

– ☎ 04 94 01 33 66 – roc-hotel@wanadoo.fr – Fax 04 94 01 33 67 – Ouvert 31 mars-15 oct.

29 ch – †70/148 € ††110/178 €, ☐ 9 €

◆ Hôtel moderne bâti sur un roc léché par les flots. Chambres lumineuses, toutes dotées d'une terrasse ; préférez celles donnant sur le large. Séjour assurément tonique.

Méditerranée rest,

– ☎ 04 94 01 47 70 – hotel.med@wanadoo.fr – Fax 04 94 01 47 71 – Ouvert 15 mars-25 oct.

21 ch – †76/83 € ††80/116 €, ☐ 8 € – ½ P 68/86 € – **Rest** – *(fermé merc.) (dîner seult)* Menu 24 €

◆ Profitez des plaisirs de la Méditerranée au bord de cette plage de sable fin particulièrement ensoleillée. Petites chambres pratiques. Agréable terrasse ombragée. Cuisine traditionnelle.

Belle Vue ch,

– ☎ 04 94 00 45 00 – hotelbellevue@wanadoo.fr – Fax 04 94 00 45 25 – Ouvert avril-oct.

19 ch – †74/80 € ††90/180 €, ☐ 14 € – ½ P 75/140 € – **Rest** – *(ouvert juin-sept. et fermé dim.) (dîner seult)* Menu 34 € – Carte 40/51 €

◆ À l'écart de l'animation du bord de mer, plaisante villa aux abords fleuris surplombant la baie de St-Clair. Chambres rustiques ; certaines jouissent de la "belle vue". Le restaurant offre également un beau panorama (superbes couchers de soleil sur la côte).

La Bastide sans rest — cuisinette

– 04 94 01 57 00 – contact@hotel-la-bastide.fr – Fax 04 94 01 57 13 – *Ouvert 1er avril-10 nov.*

18 ch – 57/115 € 57/115 €, 9 €

◆ À 50 m du rivage, maison de 1920 au physique méridional : murs immaculés, volets colorés et tuiles romaines. Chambres assez simples, mais dotées de terrasses ou de balcons.

à la Plage de La Fossette par ① : 3 km – ✉ 83980 Le Lavandou

83 Hôtel — côte et mer, 15/25,

– 04 94 71 20 15 – hotel83@wanadoo.fr – Fax 04 94 71 63 42 – *Ouvert 2 avril-30 sept.*

30 ch – 100/120 € 120/190 €, 15 € – ½ P 107/182 €

Rest ***Jardin de la Fossette*** – Menu 35 € – Carte 42/70 €

◆ Le littoral varois prend ici l'allure d'une île du Pacifique. Économisez des milliers de kilomètres en séjournant dans cet hôtel conçu pour le farniente ! Chambres spacieuses. Salle à manger-véranda ou plaisante terrasse : belle vue et cuisine traditionnelle.

à Aiguebelle par ① : 4,5 km – ✉ 83980 Le Lavandou

Les Roches — mer et les îles, 15/50,

1 av. Trois Dauphins – 04 94 71 05 07 – resa@hotellesroches.com – Fax 04 94 71 08 40

33 ch – 190/240 € 190/320 €, 25 € – 7 suites

Rest ***Mathias Dandine*** – voir ci-après

◆ Les chambres, spacieuses et cossues, et leurs terrasses étagées à flanc de crique font de cet hôtel un petit paradis sur mer...

Les Alcyons sans rest

av. des 3 Dauphins – 04 94 05 84 18 – hotellesalcyons@free.fr – Fax 04 94 05 70 89 – *Ouvert 1er avril-16 oct.*

24 ch – 71/103 € 71/103 €, 7 €

◆ La rencontre des alcyons serait un présage de calme et de paix : l'accueil attentionné et la bonne tenue de cet établissement tendraient à accréditer la légende.

Hydra sans rest

– 04 94 71 65 46 – hydra.hotel@wanadoo.fr – Fax 04 94 15 08 07

26 ch – 72/90 € 86/107 €, 13 €, 4 studios

◆ De l'île grecque qui lui a donné son nom, cet hôtel moderne a hérité la luminosité et le dépouillement du décor intérieur. Passage souterrain menant directement à la mer.

Beau Soleil — ch, 20,

– 04 94 05 84 55 – beausoleil@beausoleil-alcyons.com – Fax 04 94 22 27 05 – *Ouvert de Pâques au 4 oct.*

15 ch – 52/113 € 67/119 €, 6,50 € – ½ P 55/92 € – **Rest** – snack le midi *(ouvert de mi-mai au 4 oct.)* Menu (20 €), 23/29 € – Carte 35/41 €

◆ Aiguebelle ("belle eau") et beau soleil : tout semble réuni pour des vacances réussies ! Chambres rénovées et dotées de balcons. Salle à manger méridionale et terrasse ombragée d'un platane. Carte snack à midi ; menus au dîner.

Mathias Dandine – Hôtel Les Roches — mer et les îles,

1 av. Trois Dauphins – 04 94 71 15 53 – restaurantmathiasdandine@wanadoo.fr – Fax 04 94 71 66 66 – *Fermé 26 nov.-27 déc. et mardi de nov. à mars* – **Rest** – Menu 65/98 € – Carte 74/130 €

Spéc. Chapon farci façon ménagère provençale (juil.-août). Lapereau "comme une porchetta" (sept.-oct.). Bouillabaisse d'œuf, aïoli et brandade à l'anis (hiver). **Vins** Côtes de Provence, Coteaux Varois.

◆ Belle cuisine créative servie dans une salle panoramique dominant les flots.

Le Sud (Pétra)

Av. des Trois Dauphins – 04 94 05 76 98 – *Fermé 2 janv.-4 fév. et le midi en juil.-août sauf dim. et fériés* – **Rest** – Menu 59 € (menu unique)

Spéc. Capuccino de cèpes et truffes. Pigeon en croûte, foie gras, choux et truffes. Lapin confit de quatre heures, polenta aux pignons. **Vins** Côtes de Provence, Coteaux Varois.

◆ Cette élégante salle à manger provençale (cuivres et objets de brocante) constitue le cadre adéquat pour déguster le savoureux - et copieux - menu du marché annoncé verbalement par le chef.

LAVANNES – 51 Marne – 306 H7 – 446 h. – alt. 100 m – ✉ 51110 13 B2

Paris 161 – Châlons-en-Champagne 56 – Épernay 43 – Reims 14

La Closerie des Sacres sans rest

7 r. Chefossez – ✆ 03 26 02 05 05 – closerie-des-sacres@wanadoo.fr – Fax 03 26 08 06 73

3 ch – 70 € 83/110 €

◆ Les écuries de cette ancienne ferme ont été reconverties avec beaucoup de goût en chambres d'hôte. Meubles anciens ou en fer forgé et tissus choisis personnalisent chacune d'elles. Petit-déjeuner servi devant une belle cheminée en pierre.

LAVARDIN – 41 Loir-et-Cher – 318 C5 – rattaché à Montoire-sur-le-Loir

LAVAUDIEU – 43 Haute-Loire – 331 C2 – 225 h. – alt. 465 m – ✉ 43100

Auvergne 6 C3

Paris 488 – Brioude 11 – Clermont-Ferrand 78 – Le Puy-en-Velay 56 – St-Flour 63

Fresques★ de l'église abbatiale - Cloître★ - Carrefour du vitrail★.

Le Colombier sans rest

rte des Fontannes – ✆ 04 71 76 09 86 – colombier.chambredhote@wanadoo.fr – Ouvert Pâques-15 oct. – **4 ch** – 55 € 60 €

◆ Chambres à thèmes -Velay, Afrique (lit à baldaquin en bambou), Maroc (lit en fer forgé)- aménagées dans une maison moderne en pierre et son vieux pigeonnier. Belle vue rurale.

Auberge de l'Abbaye

– ✆ 04 71 76 44 44 – Fax 04 71 76 41 08 – Fermé 15 nov.-10 fév., dim. soir et jeudi sauf juil.-août

Rest – Menu (16 €), 18/27 €

◆ Au centre du village, près de l'abbaye et de ses belles fresques, salle à manger rustique avec poutres apparentes et cheminée. Cuisine régionale.

Court La Vigne

– ✆ 04 71 76 45 79 – Fax 04 71 76 45 79 – Fermé janv., fév., mardi et merc.

Rest – *(nombre de couverts limité, prévenir)* Menu 15 € (déj. en sem.), 22/27 € – Carte 24/29 €

◆ Charmante bergerie (15e s.) voisinant avec un cloître médiéval. Ameublement plaisant, bar au coin de la cheminée, galerie d'art et cour agréable. Table du marché axée terroir.

LES LAVAULTS – 89 Yonne – 319 H8 – rattaché à Quarré-les-Tombes

LAVAUR – 81 Tarn – 338 C8 – 8 537 h. – alt. 140 m – ✉ 81500

Midi-Pyrénées 29 C2

Paris 682 – Albi 51 – Castelnaudary 56 – Castres 40 – Montauban 58 – Toulouse 44

Office de tourisme, Tour des Rondes ✆ 05 63 58 02 00, Fax 05 63 41 42 89

des Étangs de Fiac à Fiac Brazis, E : 11 km par D 112, ✆ 05 63 70 64 70.

Cathédrale St-Alain★.

Ibis sans rest

1 av. G. Pompidou – ✆ 05 63 83 08 08 – h5230-gm@accor.com – Fax 05 63 83 01 05 – **58 ch** – 50/68 € 50/68 €, 7 €

◆ Dans un quartier résidentiel, hôtel entièrement rénové proposant des chambres claires et fonctionnelles, toutes climatisées. Petit jardin et terrasse fleurie avec fontaine.

au Nord-Ouest 7 km par D 630 - ✉ 81500 St-Lieux-lès-Lavaur

Château des Cambards ch, 10/20,

– ✆ 05 63 81 10 00 – moulin-de-matti@wanadoo.fr – Fax 05 63 57 90 68

8 ch – 75 € 105 €, 12 € – 1 suite – ½ P 100 € – **Rest** – *(dîner seult) (résidents seult)* Menu 45 €

◆ Manoir du 17e s. joliment restauré, au cœur d'un parc arboré avec étang. Mobilier ancien, équipements complets et décoration soignée dans les chambres. Piano-bar "cosy". En été, les résidents prennent leur repas en terrasse, auprès de la fontaine séculaire.

LAVELANET – 09 Ariège – 343 J7 – 6 872 h. – alt. 512 m – ✉ 09300 29 **C3**

Paris 784 – Carcassonne 71 – Castelnaudary 53 – Foix 28 – Limoux 47 – Pamiers 42

Office de tourisme, place Henri-Dunant ✆ 05 61 01 22 20, Fax 05 61 01 33 77

à Nalzen Ouest : 6 km sur D 117 – 141 h. – alt. 632 m – ✉ 09300

Les Sapins

– ✆ 05 61 03 03 85 – Fax 05 61 65 58 45 – Fermé merc. soir, dim. soir et lundi

Rest – Menu 14 € bc (déj. en sem.), 26/45 € – Carte 31/57 €

◆ Maison aux allures de chalet posée au pied d'une forêt de sapins. Dans un sobre intérieur rustique, vous apprécierez la simplicité d'une bonne cuisine traditionnelle.

à Montségur Sud : 13 km par D 109 et D 9 – 117 h. – alt. 900 m – ✉ 09300

Syndicat d'initiative, Village ✆ 05 61 03 03 03

Costes avec ch

– ✆ 05 61 01 10 24 – info@chez-costes.com – Fax 05 61 03 06 28

13 ch – †42 € ††42 €, ☕ 8 € – ½ P 51 € – **Rest** – Menu (14 €), 20/29 € – Carte 33/51 €

◆ Une auberge sympathique où dominent la pierre et le bois. Cuisine régionale mitonnée avec les produits "bio" des fermes des montagnes ; civets, confits, magrets selon les saisons. Chambres simples.

LAVENTIE – 62 Pas-de-Calais – 301 J4 – 4 383 h. – alt. 18 m – ✉ 62840 30 **B2**

Paris 229 – Armentières 13 – Arras 45 – Béthune 18 – Lille 29 – Dunkerque 63 – Ieper 30

Le Cerisier (Delerue)

3 r. Gare – ✆ 03 21 27 60 59 – contact@lecerisier.com – Fax 03 21 27 60 87 – Fermé août, vacances de fév., sam. midi, dim. soir et lundi

Rest – Menu 29/66 € – Carte 69/86 €

Spéc. Escalope de foie gras à la compotée de cerises acidulées (15 avril au 15 sept.). Bar de ligne à la peau aux sucs citronnés et tomates confites (avril à juil.). Tarte aux figues et glace romarin (mai à oct.).

◆ Maison bourgeoise en briques rouges abritant d'agréables petites salles au décor contemporain (réservées aux non-fumeurs) et un fumoir. Savoureuse cuisine au goût du jour.

LAVERGNE – 46 Lot – 337 G3 – rattaché à Gramat

LAVOUTE CHILHAC – 43 Haute-Loire – 331 C3 – 302 h. – alt. 470 m – ✉ 43380 6 **C3**

Paris 510 – Clermont-Ferrand 96 – Le Puy-en-Velay 56 – Issoire 58 – Brioude 23

Hostellerie Le Prieuré avec ch

– ✆ 04 71 77 47 90 – hostellerie.leprieure@wanadoo.fr – Fermé janv., mardi et merc. sauf juil.-août

9 ch – †50/59 € ††50/59 €, ☕ 7 € – **Rest** – Menu 25/45 € – Carte 43/54 €

◆ Curieux contraste d'une table inventive inspirée par l'avant garde et d'une vieille maison rustique au coeur d'un village traditionnel traversé par l'Allier. Chambres simples.

LAVOUX – 86 Vienne – 322 J5 – rattaché à Poitiers

LAYE – 05 Hautes-Alpes – 334 E5 – rattaché à Col Bayard

LEBOUCHET – 74 Haute-Savoie – 328 L5 – rattaché à Le Grand-Bornand

LA LÉCHÈRE – 73 Savoie – 333 L4 – 1 936 h. – alt. 461 m – Stat. therm. : début avril-fin oct. – ✉ 73260 Alpes du Nord 46 F2

Paris 602 – Albertville 21 – Celliers 16 – Chambéry 70 – Moûtiers 6

Office de tourisme, Immeuble les Eaux-Claires ☎ 04 79 22 51 60, Fax 04 79 22 57 10

Radiana — ch, rest, ch, rest, 30,

– *☎ 04 79 22 61 61 – hotels-residences@lalechere.com – Fax 04 79 22 65 25 – Fermé 29 oct.-20 déc.* VISA

87 ch – 70/110 € 85/125 €, 8,50 € – ½ P 69/96 € – **Rest** – rest. diététique Menu 16/25 €

◆ Belle bâtisse des années 1930 avec accès direct aux thermes. Les chambres, fonctionnelles, donnent en partie sur le parc thermal. Salon rénové dans le style Art déco. Longue salle des repas où s'attablent curistes et pensionnaires. Menus diététiques en saison.

LES LECQUES – 83 Var – 340 J6 – rattaché à St-Cyr-sur-Mer

LECTOURE – 32 Gers – 336 F6 – 3 933 h. – alt. 155 m – ✉ 32700 Midi-Pyrénées 28 B2

Paris 708 – Agen 39 – Auch 35 – Condom 26 – Montauban 84 – Toulouse 114

Syndicat d'initiative, place du Général-de-Gaulle ☎ 05 62 68 76 98

Site★ - Promenade du bastion ≤★ - Musée municipal★.

De Bastard — 15/30, VISA

r. Lagrange – ☎ 05 62 68 82 44 – hoteldebastard@wanadoo.fr – Fax 05 62 68 76 81 – Fermé 20 déc.-1er fév.

28 ch – 45/70 € 45/70 €, 10 € – 2 suites – ½ P 55/72 € – **Rest** – *(fermé dim. soir, mardi midi et lundi)* Menu 16 € (déj. en sem.), 29/62 € bc – Carte environ 60 €

◆ En plein centre de la cité gersoise, bel hôtel particulier du 18e s. abritant des chambres coquettement rénovées ; celles du 2e étage sont mansardées. Bar-fumoir très "cosy". Trois salons cossus (meubles de style Louis XVI), agréable terrasse d'été et goûteuse cuisine du terroir.

LEMBACH – 67 Bas-Rhin – 315 K2 – 1 689 h. – alt. 190 m – ✉ 67510 Alsace Lorraine 1 B1

Paris 470 – Bitche 32 – Haguenau 25 – Strasbourg 58 – Wissembourg 15

Syndicat d'initiative, 23 route de Bitche ☎ 03 88 94 43 16, Fax 03 88 94 20 04

Château de Fleckenstein★ NO : 7 km.

Heimbach sans rest VISA

15 rte Wissembourg – ☎ 03 88 94 43 46 – contact@hotel-au-heimbach.fr – Fax 03 88 94 20 85

18 ch – 45/55 € 55/107 €, 9 €

◆ Au cœur d'une petite ville où perdurent les traditions de l'Alsace, bâtisse régionale à colombages abritant des chambres de style rustique. Copieux petits-déjeuners.

Auberge du Cheval Blanc (Mischler) avec ch — ch, ch, 25, VISA

4 rte Wissembourg – ☎ 03 88 94 41 86 – info@au-cheval-blanc.fr – Fax 03 88 94 20 74 – Fermé 20 août-7 sept. (sauf hôtel), 14 janv.-8 fév.

1 ch – 107 € 107 €, 12 € – 5 suites – 138/199 € – **Rest** – *(fermé vend. midi, lundi et mardi)* Menu 57/91 € – Carte 69/82 €

Rest *D'Rössel Stub* – *(fermé 14 janv.-8 fév., vend. midi, merc. et jeudi)* Menu 27 € – Carte 27/42 €

Spéc. Langoustines, Saint-Jacques et huîtres pressées à l'eau de mer, capuccino de homard. Bar en croûte de sel, jus iodé, fondue et salade de fenouil, petite soupe d'huîtres. Noisettes de dos de chevreuil aux girolles "Fleckenstein" (sauf avril). **Vins** Riesling, Pinot gris.

◆ Une jolie cour pavée précède la vaste salle à manger de cet élégant relais de poste du 18e s. Plafond à caissons, meubles anciens et cuisine alsacienne revisitée. Le D'Rössel Stub, coquet bistrot, occupe une ferme restaurée avec goût. Chambres personnalisées.

à Gimbelhof **Nord : 10 km par D 3, D 925 et rte forestière – ✉ 67510 Lembach**

Gimbelhof avec ch
– ✆ *03 88 94 43 58 – info@gimbelhof.com – Fax 03 88 94 23 30 – Fermé 14 nov.-26 déc. et vacances de fév.*
8 ch – 35 € 42/59 €, 7 € – ½ P 44/51 € – **Rest** – *(fermé lundi et mardi)* Menu 11,50 € (sem.)/30 € – Carte 14,50/37 €
◆ Cette auberge forestière du "pays des trois frontières" isolée dans le massif vosgien séduira les amoureux de la nature. Chambres et salle des repas très sobres.

LEMPDES – **63 Puy-de-Dôme** – **326** G8 – **8 401 h.** – **alt. 330 m** – ✉ **63370** 5 **B2**

Paris 420 – Clermont-Ferrand 11 – Issoire 36 – Thiers 36 – Vichy 51

Sébastien Perrier
6 r. Caire – ✆ *04 73 61 74 71 – Fax 04 73 61 74 71 – Fermé 5-31 août, 2-8 janv., dim. soir et lundi*
Rest – Menu 16 € (déj. en sem.), 25/45 € – Carte 34/46 €
◆ La balance communale était située sur la place du village, face à ce chaleureux restaurant aux tons ocre et rouge où l'on propose une cuisine d'inspiration méditerranéenne.

LENCLOITRE – **86 Vienne** – **322** H4 – **2 253 h.** – **alt. 71 m** – ✉ **86140**
Poitou Vendée Charentes 39 **C1**

Paris 319 – Châtellerault 18 – Mirebeau 12 – Poitiers 30 – Richelieu 24
Office de tourisme, 1 bis rue du 8 mai 1945 ✆ 05 49 19 70 75

Champ de Foire
18 pl. Champ de foire, (transfert annoncé pour le printemps) – ✆ *05 49 90 74 91 – champdefoire@wanadoo.fr – Fax 05 49 93 33 76 – Fermé mardi soir sauf juil.-août, dim. soir et lundi*
Rest – Menu (14 €), 21/46 €
◆ Accueil sympathique en ce restaurant bordant le foirail médiéval. Chaleureuse salle contemporaine aux couleurs du Sud et goûteuse cuisine du marché réalisée avec de beaux produits.

à Savigny-sous-Faye **10 km au Nord par D 757, D 14 et D 72 – 298 h. – alt. 120 m – ✉ 86140**

Château Hôtel de Savigny
– ✆ *05 49 20 41 14 – chateau-hotel-savigny@chsfrance.com – Fax 05 49 86 76 38 – Fermé 8 janv.-8 fév.*
10 ch – 180/290 € 180/290 €, 20 € – **Rest** – *(fermé le midi d' oct. à mai sauf week-ends et fériés)* Menu 38/80 € – Carte 60/113 €
◆ Ce gracieux château inspiré du style Renaissance semble tout droit sorti d'un conte de fées. Chambres raffinées et personnalisées, jouissant de la vue sur le parc. Salon fumoir. Cuisine au goût du jour à déguster dans deux élégantes salles à manger dont une agrémentée d'une superbe cheminée.

LENS – **62 Pas-de-Calais** – **301** J5 – **36 206 h.** – **Agglo. 323 174 h.** – **alt. 38 m** – ✉ **62300** Nord Pas-de-Calais Picardie 30 **B2**

Paris 199 – Arras 18 – Béthune 19 – Douai 24 – Lille 37 – St-Omer 69
Office de tourisme, 26 rue de la Paix ✆ 03 21 67 66 66, Fax 03 21 67 65 66

Plan page suivante

Lensotel 120,
centre commercial Lens 2 par ⑤ : 3,5 km ✉ 62880 – ✆ *03 21 79 36 36 – lensotel@wanadoo.fr – Fax 03 21 79 36 00*
70 ch – 68 € 75 €, 10,50 € – ½ P 62 € – **Rest** – Menu 20/34 € – Carte 30/52 €
◆ Îlot hôtelier de style provençal au cœur d'une zone commerciale. Plaisantes chambres actuelles, toutes de plain-pied : réservez de préférence côté jardin. Salle à manger aux murs de briques dotée d'une cheminée et d'une véranda tournée vers la piscine.

LENS

- Anatole-France (R.) . . . . . . BXY 2
- Basly (Bd Émile) . . . . ABY
- Berthelot (R. Marcelin) . . . . BY 3
- Combes (R. Émile) . . . . CX 4
- Decrombecque (R. Guilsain) . . . . BXY 6
- Diderot (R. Denis) . . . . CY 7
- Faidherbe (R. Louis) . . . . BY 8
- Flament (R. Étienne) . . . . . . BX 10
- Freycinet (R. Louis-de) . . . . . CX 12
- Gare (R. de la) . . . . BCY
- Gauthier (R. François) . . . . . . BY 13
- Havre (R. du) . . . . BY 14
- Hospice (R. de l') . . . . CY 15
- Huleux (R. François) . . . . . . BXY 16
- Jean-Jaurès (Pl.) . . . . BY 18
- Jean-Moulin (R.) . . . . BX 19
- Lamendin (R. Arthur) . . . . . CXY 20
- Lanoy (R. René) . . . . BXY 21
- Leclerc (R. du Mar.) . . . . BY 22
- Paix (R. de la) . . . . BY 23
- Paris (R. de) . . . . BY 24
- Pasteur (R. Louis) . . . . BX 25
- Pourquoi Pas (R. du) . . . . . ABX 26
- Pressense (R. Francis-de) . . CX 27
- République (Pl. de la) . . . . . . BY 28
- Reumaux (Av. Elie) . . . . . . ABX 29
- Sorriaux (R. Uriane) . . . . . . BCX 30
- Varsovie (Av. de) . . . . CY 31
- Wetz (R. du) . . . . BX 32
- 8-Mai-1945 (R.) . . . . CY 33
- 11-Novembre (R. du) . . . . ABX 36

Espace Bollaert
🛗 ♿ ch, AC rest, 📞 150, P VISA MC

13C rte Béthune – ☎ 03 21 78 30 30 – hotelbollaert@nordnet.fr
– Fax 03 21 78 24 83 AX **e**

54 ch – †64 € ††66 €, ☕ 8,50 € – **Rest** – *(fermé 6-26 août, sam. midi et dim. soir)*
Menu 19/34 € – Carte 30/40 € ♀

◆ Devant le mythique stade des "sang et or", un hôtel récent aux chambres fonctionnelles. Les soirs de match, profitez de la formule "entrée au stade-repas-chambre". Restaurant en rotonde ou espace bar : les deux conviennent pour grignoter un petit plat.

L'Arcadie II
25, VISA MC AE

13 r. Decrombecque – ☎ 03 21 70 32 22 – arcadie.2@wanadoo.fr
– Fax 03 21 70 32 22 – Fermé 1er-20 août, sam. midi, lundi soir, merc. soir et dim. soir
Rest – Menu (18 €), 30/45 € – Carte environ 52 € ♀ BY **r**

◆ En plein centre-ville, un décor contemporain feutré, baigné d'une douce lumière, accueille les gourmets qui apprécient une cuisine classique enrichie de recettes régionales.

Une bonne table sans se ruiner ?
Repérez les Bibs Gourmands 😋

LÉON – 40 Landes – 335 D11 – 1 453 h. – alt. 9 m – ✉ 40550 3 B2

Paris 724 – Castets 14 – Dax 30 – Mont-de-Marsan 75

Syndicat d'initiative, rue de la Poste ✆ 05 58 48 76 03

de Moliets à Moliets-et-Maa Côte d'Argent - Club House, SO : 8 km par D 652 puis D 117, ✆ 05 58 48 54 65.

Courant d'Huchet★ en barque NO : 1,5 km, **Aquitaine.**

Hôtel du Lac sans rest VISA

2 r. des Berges du Lac – ✆ 05 58 48 73 11 – hotel.du.lac.leon@wanadoo.fr – Fax 05 58 49 27 79 – Ouvert 1er avril-15 oct.

14 ch – 47/55 € 47/55 €, 6,50 €

♦ Les chambres, simples mais soignées, donnent pour la plupart sur le lac. Petits-déjeuners servis dans une salle-véranda ou sur la terrasse d'été dressée au bord de l'eau.

LÉRAN – 09 Ariège – 343 J7 – 539 h. – alt. 395 m – ✉ 09600 29 C3

Paris 781 – Carcassonne 67 – Pamiers 38 – Toulouse 104

Office de tourisme, rue de la Mairie ✆ 0561013493

L'Impasse du Temple VISA

1 imp. du Temple – ✆ 05 61 01 50 02 – john.furness@wanadoo.com – Fax 05 61 01 50 02

5 ch – 53/58 € 65/70 € – ½ P 55 € – **Rest** – table d'hôte *(dîner seult) (résidents seult)* Menu 22 €

♦ Cette maison ancienne abrite des chambres spacieuses, peintes dans des tons blanc ou beige, dotées de meubles anciens et d'une literie haut de gamme. La table d'hôte met à l'honneur la cuisine australienne, pays d'origine des patrons.

LÉRÉ – 18 Cher – 323 N2 – 1 296 h. – alt. 145 m – ✉ 18240
Limousin Berry 12 D2

Paris 185 – Auxerre 78 – Bourges 65 – Cosne-sur-Loire 10 – Nevers 68 – Vierzon 74

Syndicat d'initiative, rue Achille Laforge ✆ 02 48 72 54 32

Lion d'Or 10, VISA

10 r. de la Judelle – ✆ 02 48 72 60 12 – contact@le-lion-dor.com – Fax 02 48 72 56 18 – Fermé 2-10 janv., dim. soir d'oct. à avril et lundi

Rest – Menu 23/45 € – Carte 33/74 €

♦ Ce relais de poste du 18e s. a fait peau neuve : murs jaunes, tables joliment dressées et mobilier coloré. Appétissante cuisine traditionnelle actualisée et vins choisis.

LESCAR – 64 Pyrénées-Atlantiques – 342 J5 – rattaché à Pau

LÉSIGNY – 77 Seine-et-Marne – 312 E3 – 101 29 – voir à Paris, Environs

LESPARRE-MÉDOC – 33 Gironde – 335 F3 – 4 855 h. – alt. 12 m – ✉ 33340 3 B1

Paris 541 – Bordeaux 68 – Soulac-sur-Mer 31

Syndicat d'initiative, place Fouchou Lapeyrade ✆ 05 56 41 21 96

à Gaillan-en-Médoc Nord-Ouest : 2 km par N 215 – 1 915 h. – alt. 9 m – ✉ 33340

Château Beau Jardin avec ch VISA

rte Verdon : 3 km – ✆ 05 56 41 26 83 – chateaulayauga@wanadoo.fr – Fax 05 56 41 19 52

7 ch – 110/130 € 110/130 €, 10 € – ½ P 100/110 € – **Rest** – *(fermé janv. et mardi d'oct. à avril)* Menu 25 € bc/55 € bc – Carte 38/64 €

♦ Au cœur du vignoble du Médoc, élégant château du 19e s. avec jardin où l'on sert une cuisine classique et les vins de la propriété (visite des chais). Chambres confortables.

XX **La Table d'Olivier**

La Mare aux Grenouilles, 53 rte Lesparre – ✆ 05 56 41 13 32 – Fax 05 56 41 69 82 – Fermé 23 fév.-2 mars, sam. midi, dim. soir et lundi sauf juil.-août

Rest – Menu (16 € bc), 25 € bc (déj. en sem.), 37/69 € – Carte 57/64 €

◆ Une adresse sympathique bordant une mare aux grenouilles. Intérieur contemporain sobre et plaisant (tables en bois, chaises en fer forgé, tableaux) et cuisine saisonnière.

LESPIGNAN – 34 Hérault – 339 E9 – 2 568 h. – alt. 61 m – ✉ 34710 22 B2

Paris 769 – Béziers 11 – Capestang 20 – Montpellier 78 – Narbonne 20

XX **Hostellerie du Château**

4 r. Figuiers – ✆ 04 67 37 67 71 – hostellerie-du-chateau-lespignan@wanadoo.fr – Fax 04 67 76 46 23 – Fermé janv., dim. soir, et lundi d'oct. à mars

Rest – Menu 15 € (déj. en sem.), 26/55 € – Carte 27/52 €

◆ Cet ancien château juché au sommet du village héberge une salle à manger ornée de tableaux figurant les Fables de La Fontaine. De la terrasse, on ne se lasse pas de contempler la région.

LESPONNE – 65 Hautes-Pyrénées – 342 M4 – rattaché à Bagnères-de-Bigorre

LESTELLE-BÉTHARRAM – 64 Pyrénées-Atlantiques – 342 K6 – 786 h. – alt. 299 m – ✉ 64800 Aquitaine 3 B3

Paris 801 – Laruns 35 – Lourdes 17 – Nay 8 – Oloron-Ste-Marie 42 – Pau 28

Office de tourisme, Mairie ✆ 05 59 61 93 59, Fax 05 59 91 99 19

Grottes★ de Bétharram S : 5 km.

Vieux Logis ch, 15/25,

rte des Grottes de Bétharram : 2 km – ✆ 05 59 71 94 87 – contact@hotel-levieuxlogis.com – Fax 05 59 71 96 75 – Fermé 25 oct.-4 nov., 22-29 déc., 1er fév.-4 mars, dim. soir et lundi hors saison

35 ch – †41/46 € ††65/70 €, 10 € – ½ P 65/70 € – **Rest** – Menu 25/40 € – Carte 35/56 €

◆ L'ancienne ferme (restaurant) jouxte l'aile récente (chambres fonctionnelles) dans un vaste parc (cinq amusants chalets) proche des grottes de Bétharram. Chaleureuses salles à manger rustiques, cuisine régionale et accueil aux petits soins.

LESTIAC-SUR-GARONNE – 33 Gironde – 335 I6 – 586 h. – alt. 80 m – ✉ 33550 3 B2

Paris 604 – Bordeaux 28 – Mérignac 40 – Pessac 34

Les Logis de Lestiac

71 rte de Bordeaux – ✆ 05 56 72 17 90 – philippe@logisdelestiac.com

5 ch – †80/95 € ††80/95 € – ½ P 65/75 € – **Rest** – table d'hôte *(dîner seult) (résidents seult)* Menu 25 € bc/30 € bc

◆ Le patron, passionné de décoration, a superbement restauré cette ancienne maison de maître du 18e s. : chambres, à l'étage, représentant chacune une saison et duplex, au rez-de-chaussée. La table d'hôte sert de goûteux mets sucrés-salés.

LEUCATE – 11 Aude – 344 J5 – 2 732 h. – alt. 21 m – ✉ 11370 Languedoc Roussillon 22 B3

Paris 821 – Carcassonne 88 – Narbonne 38 – Perpignan 35 – Port-la-Nouvelle 18

Office de tourisme, Espace Culturel ✆ 04 68 40 91 31, Fax 04 68 40 24 76

★ du sémaphore du Cap E : 2 km.

Jardin des Filoche

au village, 64 av. J. Jaurès – 04 68 40 01 12 – Fax 04 68 40 74 80 – Ouvert 5 avril-30 oct. et fermé lundi et le midi sauf dim.

Rest – Menu 25/29 €

◆ Le jardin clos et la terrasse ombragée par de multiples essences protègent du bruit ce plaisant restaurant. Carte traditionnelle et vue sur les cuisines pour les curieux.

Le Village

au village, 129 av. J. Jaurès – 04 68 40 06 91 – Fax 04 68 40 06 91 – Fermé merc.

Rest – Menu 17/25 € – Carte 22/29 €

◆ Les murs couverts d'affiches, photos, objets nautiques, et les tables nappées de bleu affirment le cachet marin de ce restaurant sis dans une ex-bergerie. Carte traditionnelle.

à Port-Leucate Sud : 7 km par D 627 – ✉ 11370 Leucate

Syndicat d'initiative, rue Dour 04 68 40 91 31

Des Deux Golfs sans rest

sur le port – 04 68 40 99 42 – contact@hoteldes2golfs.com – Fax 04 68 40 79 79 – Ouvert 16 mars-14 nov.

30 ch – 35/47 € 47/63 €, 6 €

◆ Dans la marina bâtie entre lac et mer, construction moderne aux chambres simples et fonctionnelles, pourvues de petites loggias donnant majoritairement sur le port de plaisance.

LEUTENHEIM – 67 Bas-Rhin – 315 M3 – 788 h. – alt. 119 m – ✉ 67480 1 B1

Paris 501 – Haguenau 22 – Karlsruhe 46 – Strasbourg 45

Auberge Au Vieux Couvent

à Koenigsbruck, Nord-Ouest : 2 km par D 163 – 03 88 86 39 86 – hirschel.vieux-couvent@wanadoo.fr – Fax 03 88 05 28 58 – Fermé 25 août-10 sept., 27 déc.-6 janv., 20 fév.-4 mars, lundi et mardi

Rest – Menu 27/37 € – Carte 32/46 €

◆ Typique demeure à colombages (17e s.) et son jardin où l'ex-grange abrite une terrasse couverte. Salle rustique ornée de maximes en lettres gothiques. Table actuelle soignée.

LEVALLOIS-PERRET – 92 Hauts-de-Seine – 311 J2 – 101 15 – voir à Paris, Environs

LEVENS – 06 Alpes-Maritimes – 341 E4 – 3 700 h. – alt. 600 m – ✉ 06670 Côte d'Azur 41 D2

Paris 946 – Antibes 43 – Cannes 53 – Nice 25 – Puget-Théniers 50 – St-Martin-Vésubie 39

Office de tourisme, 3 placette Paul Olivier 04 93 79 71 00, Fax 04 93 79 75 64

≤★ - Saut des Français★★ N : 8 km.

La Vigneraie

1,5 km rte St-Blaise – 04 93 79 77 60 – Fax 04 93 79 82 35 – Ouvert 12 fév.-6 oct.

18 ch – 35 € 41/48 €, 6 € – ½ P 45/53 € – **Rest** – *(dîner pour résidents seult)* Menu 18 € (sem.)/27 €

◆ Ambiance familiale et table généreuse caractérisent cette maison aux abords verdoyants. Chambres campagnardes ; certaines ont un balcon. Larges baies dans la salle à manger.

LEVERNOIS – 21 Côte-d'Or – 320 J8 – rattaché à Beaune

LEVIE – 2A Corse-du-Sud – 345 D9 – voir à Corse

LEVROUX – 36 Indre – 323 F5 – 2 914 h. – alt. 142 m – ✉ 36110
Limousin Berry 12 C3

Paris 261 – Blois 81 – Châteauroux 20 – Châtellerault 96 – Loches 56 – Vierzon 55

Office de tourisme, place Ernest Nivet ✆ 02 54 35 63 39

Collégiale St-Sylvain★.

Château de Bouges★★, parc★ NE : 9,5 km.

XX **Relais St-Jean** VISA

34 r. Nationale – ✆ 02 54 35 81 56 – Fax 02 54 35 36 09 – Fermé 10-30 sept., mardi soir de sept. à mai, dim. soir et merc.

Rest – Menu 23/42 € – Carte 36/53 €

◆ Un joli porche du 19e s. mène à la cour intérieure où est installée la terrasse. Plaisante salle à manger aux tons pastel jaune et vert. Cuisine au goût du jour.

LEYNES – 71 Saône-et-Loire – 320 I12 – 503 h. – alt. 340 m – ✉ 71570 8 C3

Paris 402 – Mâcon 15 – Bourg-en-Bresse 51 – Charolles 58 – Villefranche-sur-Saône 36

X **Le Fin Bec** VISA

pl. de la mairie – ✆ 03 85 35 11 77 – Fax 03 85 35 13 71 – Fermé 23 juil.-8 août, 12-21 nov., 1er-9 janv., jeudi soir sauf juil.-août, dim. soir et lundi sauf fériés

Rest – Menu 16 € (sem.)/41 € – Carte 25/37 €

◆ Cette maison vous réserve un bon accueil dans sa chaleureuse salle rustique ornée de tableaux en céramique sur le thème des crus du Beaujolais. Copieuse cuisine du terroir.

LÉZIGNAN-CORBIÈRES – 11 Aude – 344 H3 – 8 266 h. – alt. 51 m – ✉ 11200 22 B3

Paris 804 – Carcassonne 39 – Narbonne 22 – Perpignan 85 – Prades 129

Syndicat d'initiative, 9 cours de la République ✆ 04 68 27 05 42

Le Mas de Gaujac 6/12, VISA AE

r. Gustave Eiffel, Z. I. Gaujac vers accès A61 – ✆ 04 68 58 16 90 – infos@masdegaujac.fr – Fax 04 68 58 16 91 – Fermé 23 avril-8 mai, 17 déc.-7 janv., sam. et dim. sauf de juin à sept.

21 ch – †68 € ††75/128 €, ☐ 10 € – **Rest** – Menu (14 €), 16 € (sem.)/35 € – Carte 27/52 €

◆ Bâtisse récente de couleur ocre située en lisière d'une zone commerciale. Les chambres simples, fraîches et avant tout pratiques, conviennent pour l'étape. Salle à manger contemporaine aux tons chaleureux et cuisine traditionnelle sans prétention.

X **Rest. Le Tournedos et H. Le Tassigny** avec ch VISA AE

rd-pt de Lattre-de-Tassigny – ✆ 04 68 27 11 51 – tournedos@wanadoo.fr – Fax 04 68 27 67 31 – Fermé janv. et dim. soir

19 ch – †40/47 € ††42/47 €, ☐ 7,50 € – ½ P 47 € – **Rest** – *(fermé lundi)* Menu 14 € bc (sem.)/43 € – Carte 25/59 €

◆ Grillades et tournedos - spécialités du chef - sont servis dans une lumineuse salle à manger tout de jaune clair vêtue. Chambres dans le même ton, en partie refaites.

LEZOUX – 63 Puy-de-Dôme – 326 H8 – 4 957 h. – alt. 340 m – ✉ 63190
Auvergne 6 C2

Paris 434 – Clermont-Ferrand 33 – Issoire 43 – Riom 38 – Thiers 16 – Vichy 43

Syndicat d'initiative, rue Pasteur ✆ 04 73 73 03 13, Fax 04 73 73 04 48

XX **Les Voyageurs** avec ch rest, VISA AE

pl. de la Mairie – ✆ 04 73 73 10 49 – Fax 04 73 73 92 60 – Fermé 18 août-9 sept., 7-20 janv., vend. soir, dim. soir et sam.

10 ch – †35/37 € ††45/47 €, ☐ 6 € – ½ P 53 € – **Rest** – Menu (12 €), 14 € (déj. en sem.), 22/37 € – Carte 25/38 €

◆ Dans une bâtisse des années 1960 située face à la mairie, cuisine traditionnelle proposée dans une spacieuse salle agrémentée d'un vieux caoutchouc. Chambres bien tenues.

à Bort-l'Étang 8 km au Sud-Est par D 223 et D 309 – 445 h. – alt. 420 m – ✉ 63190

☀★ de la terrasse du château★ à Ravel O : 5 km.

Château de Codignat ch, 40,

Ouest : 1 km – ☎ 04 73 68 43 03 – codignat@relaischateaux.com – Fax 04 73 68 93 54 – Ouvert 20 mars-31 oct.

14 ch (½ P seult) – 5 suites – ½ P 185/340 € – **Rest** – *(fermé le midi du lundi au vend. sauf fériés) (nombre de couverts limité, prévenir)* Menu 54/100 € – Carte 78/100 €

Spéc. Huîtres spéciales, caviar d'Aquitaine sur gelée de pomme, huile de noisette et yaourt fumé. Cochon noir de Bigorre rôti, lard braisé, jus à la sauge, carottes déstructurées. Fraises confites au vinaigre balsamique, crémeux mascarpone, sorbet tomate-basilic. **Vins** Saint-Pourçain, Côtes d'Auvergne.

◆ Joli château du 15e s. et son superbe parc. Les chambres, raffinées, évoquent pour la plupart un personnage historique : Louis XI, Jacques Cœur, Barbe-Bleue... Belle cuisine classique personnalisée servie dans le donjon, auprès d'une imposante cheminée médiévale.

à l'Ouest 5 km par N 89 ✉63190 Seychalles

Chante Bise

à Courcourt – ☎ 04 73 62 91 41 – restaurant.chantebise@wanadoo.fr – Fax 04 73 68 29 53 – Fermé 16 août-6 sept., 15 fév.-6 mars, dim. soir, merc. soir et lundi

Rest – Menu 11,50 € bc (déj. en sem.), 18/36 € – Carte 27/44 €

◆ Ambiance conviviale et familiale en ce restaurant agrémenté de pierres apparentes et de boiseries. Les menus, traditionnels, évoluent avec les saisons. Terrasse ombragée.

LIBOURNE – 33 Gironde – 335 J5 – 21 761 h. – alt. 7 m – ✉ 33500

Aquitaine 3 **B1**

Paris 576 – Agen 129 – Bergerac 64 – Bordeaux 30 – Périgueux 100

Office de tourisme, 45 allée Robert Boulin ☎ 05 57 51 15 04

de Teynac à Beychac-et-Caillau Domaine de Teynac, par rte de Bordeaux et N 89 : 15 km, ☎ 05 56 72 85 62 ; de Bordeaux Cameyrac à Saint-Sulpice-et-Cameyracpar rte de Bordeaux et N 89 : 16 km, ☎ 05 56 72 96 79.

Plan page suivante

De France sans rest 25/35,

7 r. Chanzy – ☎ 05 57 51 01 66 – hoteldefrance33@tiscali.fr – Fax 05 57 25 34 04 BY **a**

19 ch – 50 € 55 €, 11 €

◆ Le décor de ce relais de poste entièrement rénové est un habile mélange de tradition et de modernité : tons chauds, mobilier actuel, asiatique ou de style. Confortables chambres.

Chez Servais

14 pl. Decazes – ☎ 05 57 51 83 97 – Fax 05 57 51 83 97 – Fermé 1er-7 mai, 14-28 août, dim. soir et lundi BY **n**

Rest – Menu 24/44 € – Carte 34/44 €

◆ Accueil charmant, ambiance décontractée, cuisine dans l'air du temps et intérieur lumineux sont les atouts de ce restaurant situé au cœur de la bastide.

Bord d'Eau

par ⑤ : 1,5 km – ☎ 05 57 51 99 91 – Fax 05 57 25 11 56 – Fermé 17-23 sept., 12-27 nov., 18 fév.-4 mars, merc. soir, dim. soir et lundi

Rest – Menu 19 € (sem.)/47 € – Carte 42/50 €

◆ Le temps d'un repas, on profite de la vue sur la Dordogne, unique depuis cette construction sur pilotis. Exposition de photos. La carte change chaque semaine au gré du marché.

à La Rivière 6 km à l'Ouest par ⑤ – 321 h. – alt. 6 m – ✉ 33126

Château de La Rivière sans rest vallée de la dordogne,

par D670 – ☎ 05 57 55 56 51 – reception@chateau-de-la-riviere.com – Fax 05 57 55 56 54 – Fermé 1er déc.-31 janv.

5 ch – 110/170 € 130/190 €

◆ Dans l'aile Renaissance du château de la Rivière, au milieu des vignes, cinq chambres spacieuses, mêlant l'ancien et le moderne. Le plus : le parc et la visite des caves.

LIBOURNE

Rue	Carré	N°
Amade (Q. du Gén.-d')	AZ	4
Clemenceau (Av. G.)	BY	5
Decazes (Pl.)	BY	6
Ferry (R. J.)	AZ	7
Foch (Av. du Mar.)	BY	8
Gambetta (R.)	ABY	
Jean-Jaurès (R.)	ABZ	
J.-J.-Rousseau (R.)	ABZ	10
Lattre-de-Tassigny (Pl. du Mar.-de)	AZ	14
Montaigne (R. M.)	BZ	21
Montesquieu (R.)	BY	23
Prés.-Carnot (R. du)	ABY	
Prés.-Doumer (R. du)	ABY	28
Prés.-Wilson (R. du)	BY	29
Princeteau (Pl.)	ABY	30
Salinières (Quai des)	AY	35
Surchamp (Pl. A.)	AZ	
Thiers (R.)	AZ	
Waldeck-Rousseau (R.)	AY	45

LIÈPVRE – 68 Haut-Rhin – **315** H7 – **1 632 h.** – **alt. 272 m** – ✉ **68660** 2 **C1**

Paris 428 – Colmar 35 – Ribeauvillé 27 – St-Dié 31 – Sélestat 15

à La Vancelle (Bas-Rhin) Nord-Est : 2,5 km par D 167 – 373 h. – alt. 400 m – ✉ 67730

Elisabeth avec ch — rest, 20, P VISA

5 r. Gén. de Gaulle – ☎ 03 88 57 90 61 – info@hotel-elisabeth.fr – Fax 03 88 57 91 51 – Fermé 26 juin-3 juil., 13-20 nov., 8-15 janv., 26 fév.-12 mars

10 ch – †49 € ††49 €, ☕ 8 € – ½ P 56 € – **Rest** – *(fermé sam. midi, dim. soir et lundi)* Menu 10 € (déj. en sem.), 26/60 € – Carte 35/50 € ♀

♦ La passion du chef s'exprime dans sa cuisine soignée, respectueuse des classiques et férue de créativité. Décor à la fois régional et contemporain ; belle terrasse côté jardin.

Auberge Frankenbourg (Buecher) avec ch
13 r. Gén.de Gaulle – ☎ 03 88 57 93 90 rest, VISA
– hr.frankenbourg@wanadoo.fr – Fax 03 88 57 91 31 – Fermé 25 juin-6 juil., 5-11 nov. et 15 fév.-9 mars
11 ch – 46 € 51 €, 9 € – ½ P 51 € – **Rest** – *(fermé dim. soir hors saison, mardi soir et merc.)* Menu 28/60 € – Carte 41/57 €
Spéc. Foie gras de canard. Pomme de ris de veau piquée à la réglisse. Déclinaison menthe-chocolat. **Vins** Riesling, Pinot gris.
◆ Accueil familial, jolie salle à manger rustique, bon choix de vins et délicieuse cuisine inventive à des prix imbattables : que demander de plus à cette sympathique auberge !

LIESSIES – 59 Nord – 302 M7 – 501 h. – alt. 165 m – ✉ 59740

Nord Pas-de-Calais Picardie 31 **D3**

Paris 223 – Avesnes-sur-Helpe 14 – Charleroi 48 – Hirson 24 – Maubeuge 23 – St-Quentin 74

Syndicat d'initiative, 20 rue du Maréchal Foch ☎ 03 27 57 91 11

Parc départemental du Val Joly★ E : 5 km.

Château de la Motte ch, 50, VISA AE
Sud : 1 km par rte secondaire – ☎ 03 27 61 81 94 – contact@chateaudelamotte.fr – Fax 03 27 61 83 57 – Fermé 16 déc.-8 fév., dim. soir et lundi midi hors saison
9 ch – 55 € 65 €, 8,50 € – ½ P 64 € – **Rest** – Menu 23 € (sem.)/65 € bc – Carte 36/56 €
◆ Cette belle construction de briques entourée d'un agréable parc fut la maison de retraite des moines de l'abbaye voisine. Chambres correctement équipées. Au restaurant, cadre de caractère, terrasse ouverte sur la verdure, plats traditionnels et régionaux.

La Forge de l'Abbaye sans rest VISA
13 r. de la Forge – ☎ 03 27 60 74 27 – Fax 03 27 60 74 27
4 ch – 51 € 57 €
◆ Délicieuse atmosphère champêtre dans cette ancienne forge au cachet préservé. Chambres agréables et cuisine à disposition des hôtes, avec la nature et un étang pour décor. Non-fumeurs.

Le Carillon VISA AE
face à l'église – ☎ 03 27 61 80 21 – contact@le-carillon.com – Fax 03 27 61 82 34 – Fermé 13-28 nov., 6-27 fév., lundi soir, mardi soir, jeudi soir, dim. soir et merc.
Rest – *(nombre de couverts limité, prévenir)* Menu 17 € (sem.)/41 €
◆ Une maison qui a du charme avec sa terrasse sous les platanes et sa salle parée de poutres et briques. Carte traditionnelle valorisant les produits du terroir. Boutique gourmande.

LA LIEZ (LAC DE) – 52 Haute-Marne – 313 M6 – rattaché à Langres

---

LIGNY-EN-CAMBRÉSIS – 59 Nord – 302 I7 – 1 658 h. – alt. 127 m – ✉ 59191

31 **C3**

Paris 193 – Arras 51 – Cambrai 17 – Valenciennes 42 – St-Quentin 35

Château de Ligny ch, ch, 150,
2 r. Curie – ☎ 03 27 85 25 84 – contact@chateau-de-ligny.fr – Fax 03 27 85 79 79 – Fermé 29 juil.-14 août, 29 janv.-28 fév., dim. soir, lundi et mardi VISA AE
23 ch – 120/130 € 170 €, 20 € – 3 suites – ½ P 128/317 € – **Rest** – Menu 48/82 € – Carte 69/95 €
Spéc. Tarte friande de rouget barbet au romarin. Sole et petits crustacés mijotés dans une bisque de crevettes grises. Soufflé à la chicorée.
◆ Beau manoir médiéval aux chambres personnalisées, plus spacieuses mais tout aussi raffinées dans la "Résidence", remarquablement aménagée. Espace wellness ultra-moderne. L'ancienne salle d'armes et le salon-bibliothèque font le charme aristocratique du restaurant.

LIGSDORF – 68 Haut-Rhin – 315 H12 – rattaché à Ferrette

P. Cheuva/PHOTONONSTOP

Le beffroi de la Chambre de Commerce

LILLE

P **Département :** 59 Nord
Carte Michelin LOCAL : n° **302** G4
Paris 223 – Bruxelles 114 – Gent 75 – Luxembourg 310 – Strasbourg 530
Population : 184 657 h
Pop. agglomération : 1 000 900 h
Altitude : 10 m – **Code Postal :** ✉ 59000
Nord Pas-de-Calais Picardie

RENSEIGNEMENTS PRATIQUES

Office de tourisme

Place Rihour ✆ 03 59 57 94 00, Fax 03 59 57 94 14

Transports

Auto-train ✆ 3635 (0,34 €/mn)

Aéroport

Lille-Lesquin : ✆ 0 891 67 32 10 (0,23 €/mn), par A1 : 8 km HT

LOISIRS

Golfs

- 18 Lille Métropole à Ronchin Rond Point des Acacias, ✆ 03 20 47 42 42
- 9 du Sart à Villeneuve-d'Ascq 5 rue Jean Jaurès, par N356 : 7 km, ✆ 03 20 72 02 51
- 18 des Flandres à Marcq-en-Barœul 159 boulevard Clémenceau, par N350 : 4,5 km, ✆ 03 20 72 20 74
- 36 de Brigode à Villeneuve-d'Ascq 36 avenue du Golf, par D146 : 9 km, ✆ 03 20 91 17 86

À VOIR

AUTOUR DU BEFFROI DE L'HÔTEL DE VILLE

Quartier St-Sauveur **FZ** : porte de Paris★, ⩽★ du beffroi - Palais des Beaux-Arts★★★ **EZ**

AUTOUR DU BEFFROI DE LA CHAMBRE DE COMMERCE

Le Vieux Lille★★ **EY** : Vieille Bourse★★, Demeure de Gilles de la Boé★ (29 place Louise-de-Bettignies) - rue de la Monnaie★ - Hospice Comtesse★ - Maison natale du Général de Gaulle **EY** - Église St-Maurice★ **EFY**, La Citadelle★ **BV**

LES QUARTIERS QUI BOUGENT

- Place du Général de Gaulle (Grand'Place)★ **EY** - Place Rihour **EY** - Rue de Béthune (cinémas) **EYZ** - Euralille (tour du Crédit Lyonnais★)

Et autour de la gare Lille-Flandres **FY**

...ET AUX ENVIRONS

- Villeneuve d'Ascq : musée d'Art moderne★★ **HS M**
- Bondues : château du Vert-Bois★ **HR**

Bouvines : vitraux de l'église et évocation de la bataille **JT**

L'Hermitage Gantois ch, 20/100, VISA AE
224 r. Paris – 03 20 85 30 30 – contact@hotelhermitagegantois.com – Fax 03 20 42 31 31 *p. 8* EZ **b**
67 ch – 195/245 € 195/245 €, 18 €
Rest – Menu (30 €), 39 €
Rest *L'Estaminet* – brasserie *(fermé sam. midi et dim.)* Menu (16 €), 19 € (sem.)/26 €
◆ Ravissantes chambres personnalisées, très belles salles de bain modernes, salon de massage... : luxe, histoire, confort et design se marient pour le meilleur en cet hospice du 14e s. Cuisine de saison servie sous les voûtes rouge et or du restaurant. Esprit brasserie et généreuses recettes flamandes à l'Estaminet.

Crowne Plaza ch, ch, 10/100, VISA AE
335 bd Leeds – 03 20 42 46 46 – contact@lille-crowneplaza.com – Fax 03 20 40 13 14 *p.8* FY **n**
121 ch – 185/215 € 185/215 €, 21 € – **Rest** – Menu (17 €), 22/24 € – Carte 35/53 €
◆ Face à la gare TGV, cette architecture moderne abrite de vastes chambres contemporaines, "zen" et très bien équipées ; certaines ménagent une vue superbe sur Lille et son beffroi. Décor design (mobilier signé Starck), carte actuelle et formules buffets au restaurant.

Alliance ch, ch, ch, 35/100, VISA AE
17 quai du Wault ✉ 59800 – 03 20 30 62 62 – alliancelille@alliance-hospitality.com – Fax 03 20 42 94 25 *p. 6* BV **d**
80 ch – 205/225 € 205/225 €, 18 € – 3 suites – **Rest** – *(fermé lundi du 15 juil. au 15 août)* Menu 35 € bc/43 € bc
◆ Couvent du 17e s. en briques rouges posté entre le vieux Lille et la Citadelle. Décor actuel dans les chambres, disposées autour d'un jardin intérieur. Une vaste verrière pyramidale coiffe le cloître où se trouve la salle de restaurant. Piano-bar.

Novotel Centre Grand Place ch, 10/80, VISA AE
116 r. de L'Hôpital Militaire – 03 28 38 53 53 – h0918@accor.com – Fax 03 28 38 53 54 *p. 8* EY **k**
104 ch – 134/155 € 144/165 €, 12,50 € – **Rest** – Menu 18/36 €
◆ Hôtel refait à neuf selon le nouveau concept Novotel : grandes chambres contemporaines, pensées pour la détente et le travail (mobilier modulable) et salles de bains modernes. Plats traditionnels à tendance diététique au restaurant. Service à toute heure au Novotel Café.

Grand Hôtel Bellevue sans rest 50/100, VISA AE
5 r. J. Roisin – 03 20 57 45 64 – contact@grandhotelbellevue.com – Fax 03 20 40 07 93 *p. 8* EY **a**
60 ch – 130 € 140/160 €, 12 €
◆ Les chambres ne manquent pas d'allure avec leur mobilier de style Directoire et leurs salles de bains en marbre. Les plus prisées donnent sur la Grand'Place.

Novotel Lille Gares ch, ch, 10/80, VISA AE
49 r. Tournai ✉ 59800 – 03 28 38 67 00 – h3165@accor.com – Fax 03 28 38 67 10 *p. 8* FZ **u**
87 ch – 99/145 € 109/150 €, 13 € – 6 suites – **Rest** – Carte 25/36 €
◆ L'hôtel, voisin de la gare Lille-Flandres, rénove peu à peu ses chambres selon les dernières normes de la chaîne : espace, confort, équipements modernes et décor épuré. Restauration au bar ou dans une salle très "tendance" (carte simple et suggestions du jour).

Mercure Opéra sans rest 25, VISA AE
2 bd Carnot ✉ 59800 – 03 20 14 71 47 – h0802@accor.com – Fax 03 20 14 71 48 *p. 8* EY **h**
101 ch – 85/150 € 95/160 €, 13,50 €
◆ Poutres et briques, tant à la réception que dans les salons, révèlent tout le charme de cet immeuble centenaire en pierres de taille. Chambres actuelles, décorées avec soin.

Art Déco Romarin sans rest VISA AE
110 r. République à la Madeleine – 03 20 14 81 81 – hotel-art-decoromarin@wanadoo.fr – Fax 03 20 14 81 80 *p. 8* FY **t**
56 ch – 89/105 € 89/125 €, 12 €
◆ Cet hôtel récent, situé sur une avenue passante, bénéficie d'une insonorisation efficace. Bel intérieur de style Art déco, chambres de bonne ampleur et salon-bar feutré.

HAUBOURDIN

Carnot (R. Sadi) .... GT 22
Vanderhaghen (R. A.) .... GT 157

HELLEMMES-LILLE

Salengro (R. Roger) .... HS 142

HEM

Clemenceau (Bd G.) .... JS 28
Croix (R. de) .... JS 40
Gaulle (Av. Ch.-de) .... JS 64

LAMBERSART

Hippodrome (Av. de l') .... GS 76

LANNOY

Leclerc (R. du Gén.) .... JS 97
Tournai (R. de) .... JS 153

LA MADELEINE

Gambetta (R.) .... GS 63
Gaulle (R. du Gén.-de) .... HS 69
Lalau (R.) .... HS 87

LILLE

Arras (R. du Fg d') .... GT 4
Postes (R. du Fg des) .... GST 129

LOMME

Dunkerque (Av. de) .... GS 52

LOOS

Doumer (R. Paul) .... GT 49
Foch (R. du Mar.) .... GST 58
Potié (R. Georges) .... GT 130

LYS-LEZ-LANNOY

Guesde (R. Jules) .... JS 75
Lebas (R. J.-B.) .... JS 94

MARCQ-EN-BARŒUL

Clemenceau (Bd) .... HS 30
Couture (R. de la) .... HS 39
Foch (Av. Mar.) .... HS 57
Nationale (R.) .... HS 122

MARQUETTE-LEZ-LILLE

Lille (R. de) .... GS 103
Menin (R. de) .... HS 117

MONS-EN-BARŒUL

Gaulle (R. du Gén.-de) .... HS 70

MOUVAUX

Carnot (Bd) .... HR 21

ST-ANDRÉ-LEZ-LILLE

Lattre-de-Tassigny (Av. du Mar.-de) .... GS 91
Leclerc (R. du Gén.) .... GS 99

TOUFFLERS

Déportés (R. des) .... JS 48

TOURCOING

Yser (R. de l') .... JR 165
3-Pierres (R. des) .... JR 166

VILLENEUVE-D'ASCQ

Ouest (Bd de l') .... HS 124
Ronsse (R. Ch.) .... JT 136
Tournai (Bd de) .... JT 151

WAMBRECHIES

Marquette (R. de) .... GZ 108

WATTIGNIES

Clemenceau (R.) .... GT 31
Gaulle (R. du Gén.-de) .... GT 72
Victor-Hugo (R.) .... GT 160

WATTRELOS

Carnot (R.) .... JRS 24
Jean-Jaurès (R.) .... JR 82
Lebas (R. J.-B.) .... JR 96
Mont-à-Leux (R. du) .... JR 121

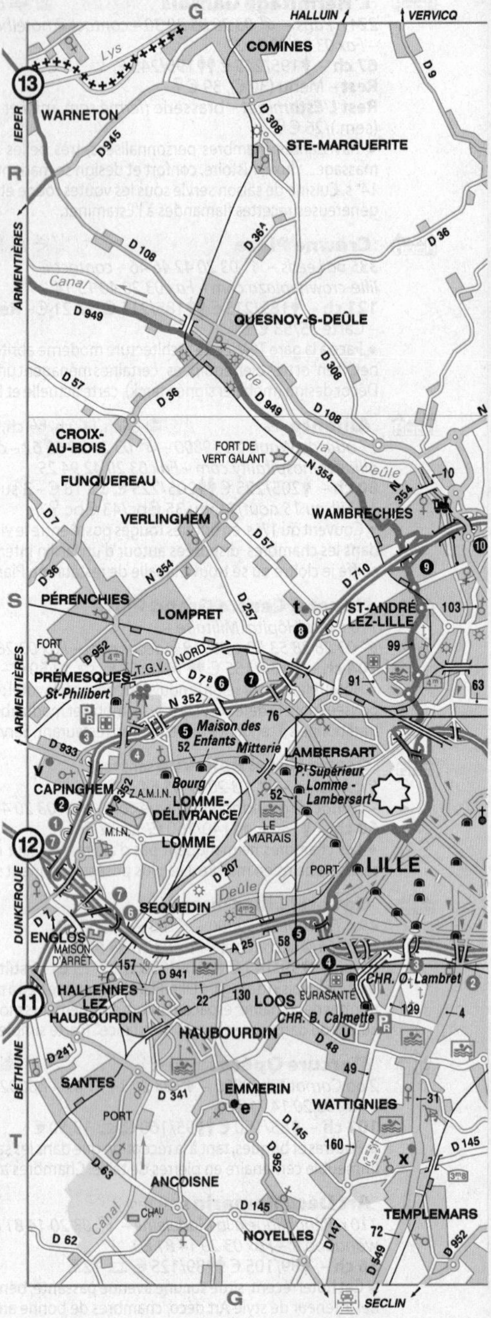

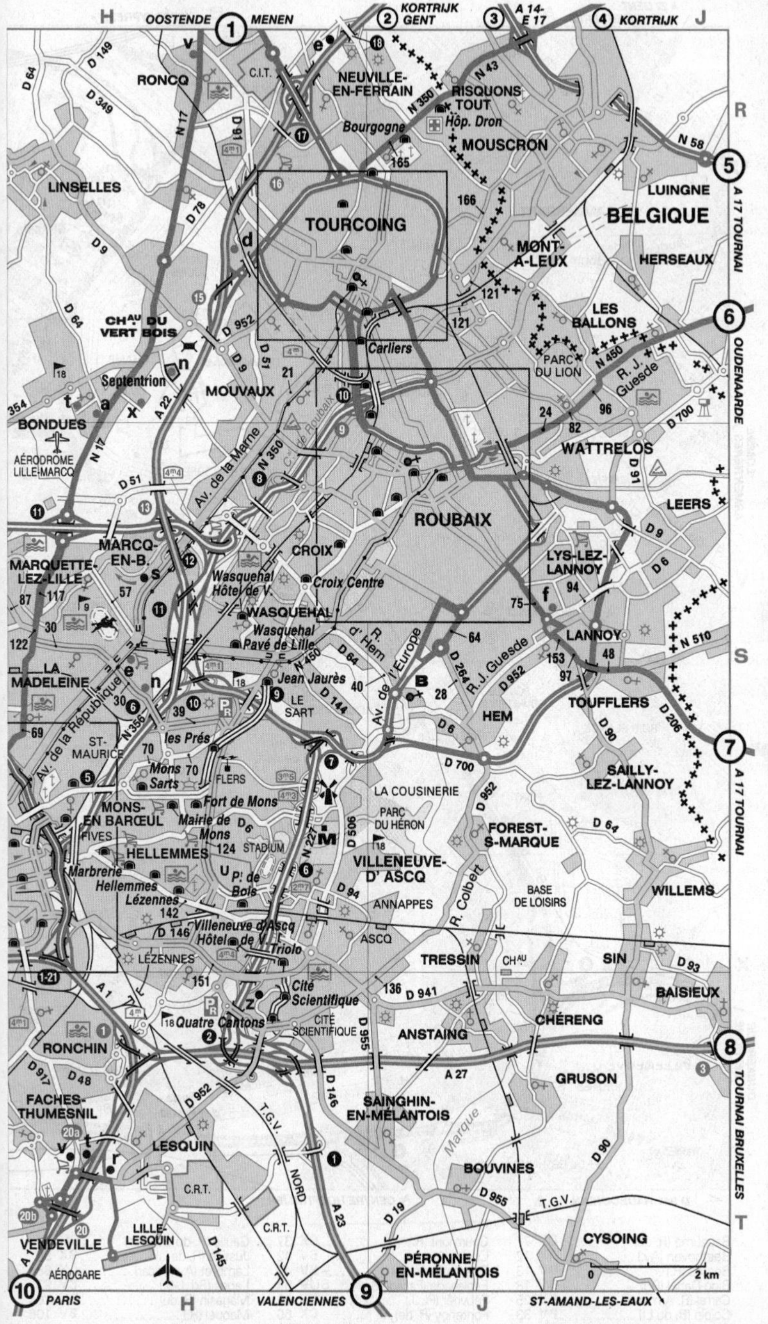
OOSTENDE
MENEN
KORTRIJK GENT
A 14-E 17
KORTRIJK
RONCQ
NEUVILLE-EN-FERRAIN
RISQUONS TOUT
Hôp. Dron
MOUSCRON
LINSELLES
TOURCOING
BELGIQUE
LUINGNE
A 17 TOURNAI
MONT-A-LEUX
HERSEAUX
CH^{AU} DU VERT BOIS
LES BALLONS
OUDENAARDE
PARC DU LION
Carliers
Septentrion
MOUVAUX
BONDUES
WATTRELOS
AÉRODROME LILLE-MARCQ
Av. de la Marne
ROUBAIX
LEERS
MARCQ-EN-B.
CROIX
LYS-LEZ-LANNOY
MARQUETTE-LEZ-LILLE
Wasquehal Hôtel de V.
Croix Centre
WASQUEHAL
Wasquehal Pavé de Lille
LANNOY
LA MADELEINE
Jean Jaurès
Av. de l'Europe
R. J. Guesde
TOUFFLERS
LE SART
HEM
ST-MAURICE
les Prés
Av. de la République
Mons Sarts
FLERS
SAILLY-LEZ-LANNOY
LA COUSINERIE
MONS-EN BARŒUL
Fort de Mons
PARC DU HÉRON
Mairie de Mons
FIVES
STADIUM
FOREST-S-MARQUE
HELLEMMES
Marbrerie
Hellemmes
VILLENEUVE-D'ASCQ
P^t de Bois
Lézennes
ANNAPPES
BASE DE LOISIRS
WILLEMS
Villeneuve d'Ascq Hôtel de V.
Triolo
ASCQ
LÉZENNES
TRESSIN
SIN
Cité Scientifique
BAISIEUX
Quatre Cantons
CITÉ SCIENTIFIQUE
ANSTAING
CHÉRENG
RONCHIN
A 27
GRUSON
TOURNAI BRUXELLES
FACHES-THUMESNIL
SAINGHIN-EN-MÉLANTOIS
LESQUIN
T.G.V.
NORD
BOUVINES
C.R.T.
VENDEVILLE
LILLE-LESQUIN
CYSOING
AÉROGARE
PÉRONNE-EN-MÉLANTOIS
PARIS
VALENCIENNES
ST-AMAND-LES-EAUX
2 km

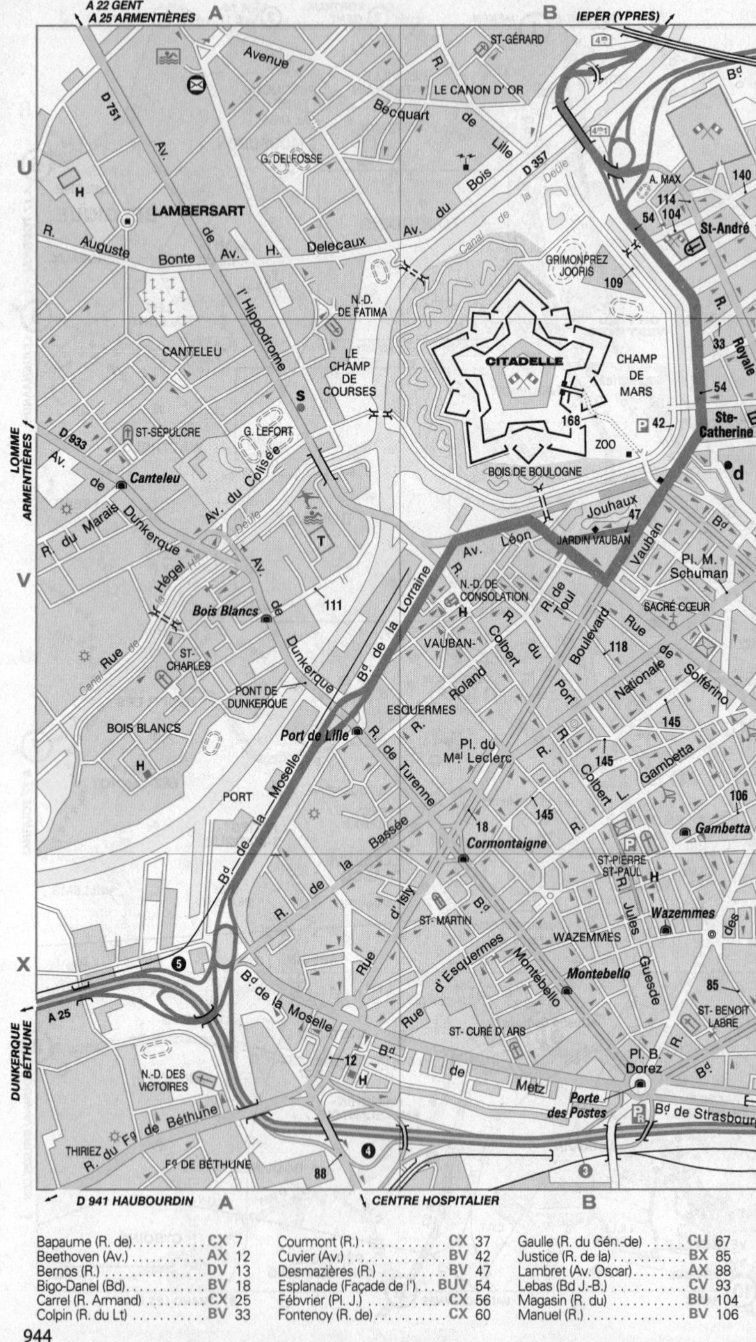
A 22 GENT
A 25 ARMENTIÈRES
A
B
IEPER (YPRES)
U
V
X
ST-GÉRARD
Avenue
LE CANON D' OR
Becquart
de
Lille
R.
G. DELFOSSE
D 751
Av.
de
l'Hippodrome
D 357
du
Bois
Av.
LAMBERSART
A. MAX
140
114
104
54
St-André
R. Auguste Bonte
Av. H. Delecaux
Canal de la Deûle
GRIMONPREZ JOORIS
109
N.-D. DE FATIMA
LE CHAMP DE COURSES
CITADELLE
CHAMP DE MARS
R. Royale
33
54
CANTELEU
S
168
42
Ste-Catherine
ST-SÉPULCRE
G. LEFORT
ZOO
d
LOMME ARMENTIÈRES
D 933
Av. de Dunkerque
Canteleu
Av. du Colisée
BOIS DE BOULOGNE
R. du Marais
T
Jouhaux
47
JARDIN VAUBAN
Bd Vauban
Av. Léon
Pl. M. Schuman
Hégel
Av. de Dunkerque
111
N.-D. DE CONSOLATION
R. de Toul
SACRÉ CŒUR
Bois Blancs
H
Boulevard
Rue de Solférino
VAUBAN-
R. Colbert
R. du Port
118
Rue
ST-CHARLES
Bd de la Lorraine
R. Roland
Nationale
145
PONT DE DUNKERQUE
ESQUERMES
BOIS BLANCS
Port de Lille
R. de Turenne
Pl. du Mal Leclerc
R. Colbert
145
R. L. Gambetta
106
PORT
Bd de la Moselle
18
145
Gambetta
Cormontaigne
ST-PIERRE ST-PAUL
R. de la Bassée
R. Jules Guesde
ST-MARTIN
Rue d'Isly
Wazemmes
WAZEMMES
Bd Montebello
Montebello
5
Rue d'Esquermes
85
A 25
Bd de la Moselle
Rue
ST- CURÉ D' ARS
ST- BENOIT LABRE
DUNKERQUE BÉTHUNE
12
Bd de Metz
Pl. B. Dorez
N.-D. DES VICTOIRES
Porte des Postes
Bd de Strasbourg
R. du Fg de Béthune
THIRIEZ
4
Fg DE BÉTHUNE
88
3
D 941 HAUBOURDIN
CENTRE HOSPITALIER

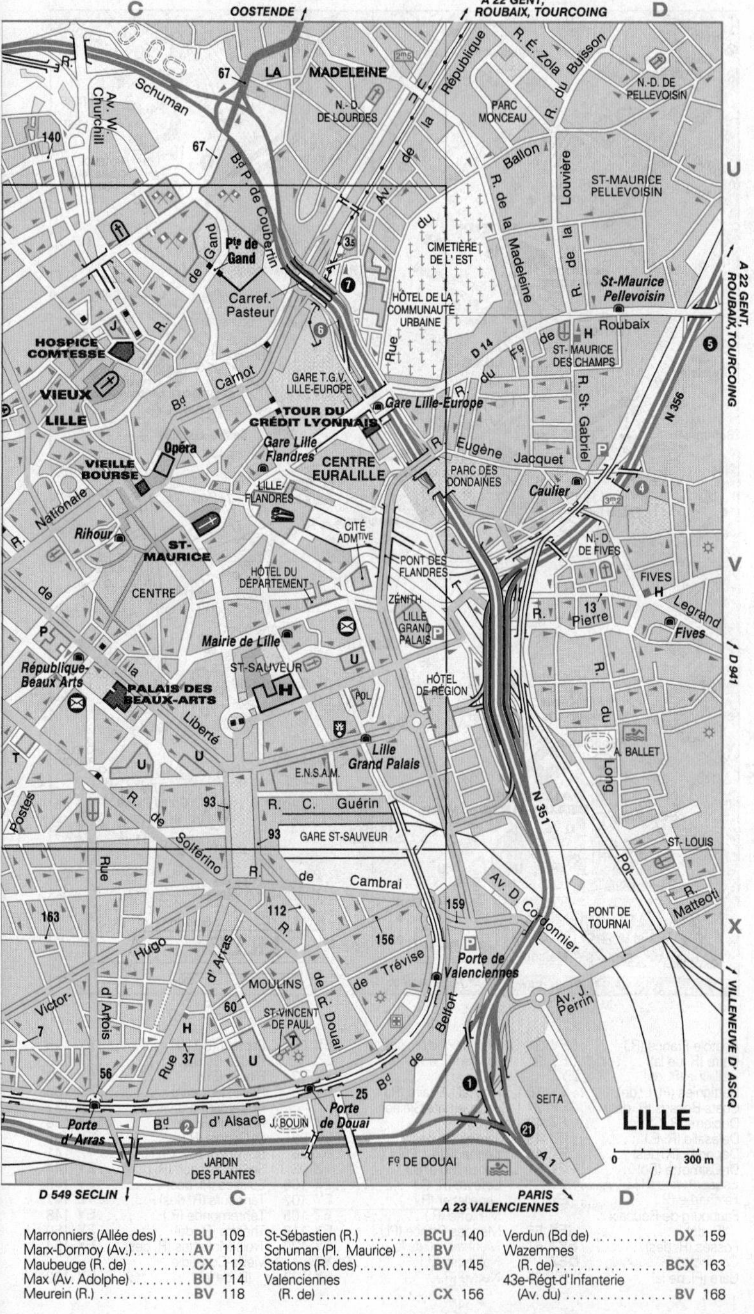
OOSTENDE
A 22 GENT, ROUBAIX, TOURCOING
LA MADELEINE
N.-D. DE LOURDES
PARC MONCEAU
N.-D. DE PELLEVOISIN
ST-MAURICE PELLEVOISIN
CIMETIÈRE DE L' EST
HÔTEL DE LA COMMUNAUTÉ URBAINE
St-Maurice Pellevoisin
ST- MAURICE DES CHAMPS
HOSPICE COMTESSE
VIEUX LILLE
GARE T.G.V. LILLE-EUROPE
Gare Lille-Europe
TOUR DU CRÉDIT LYONNAIS
Gare Lille Flandres
CENTRE EURALILLE
Opéra
VIEILLE BOURSE
PARC DES DONDAINES
Caulier
LILLE-FLANDRES
CITÉ ADMTIVE
Rihour
ST-MAURICE
N.-D. DE FIVES
PONT DES FLANDRES
HÔTEL DU DÉPARTEMENT
CENTRE
FIVES
ZÉNITH
LILLE GRAND PALAIS
Fives
Mairie de Lille
République-Beaux Arts
ST-SAUVEUR
HÔTEL DE RÉGION
PALAIS DES BEAUX-ARTS
Lille Grand Palais
A. BALLET
E.N.S.A.M.
GARE ST-SAUVEUR
ST- LOUIS
PONT DE TOURNAI
MOULINS
Porte de Valenciennes
ST-VINCENT DE PAUL
SEITA
Porte d'Arras
J. BOUIN
Porte de Douai
LILLE
JARDIN DES PLANTES
Fg DE DOUAI
D 549 SECLIN
PARIS
A 23 VALENCIENNES
D 941
VILLENEUVE D' ASCQ

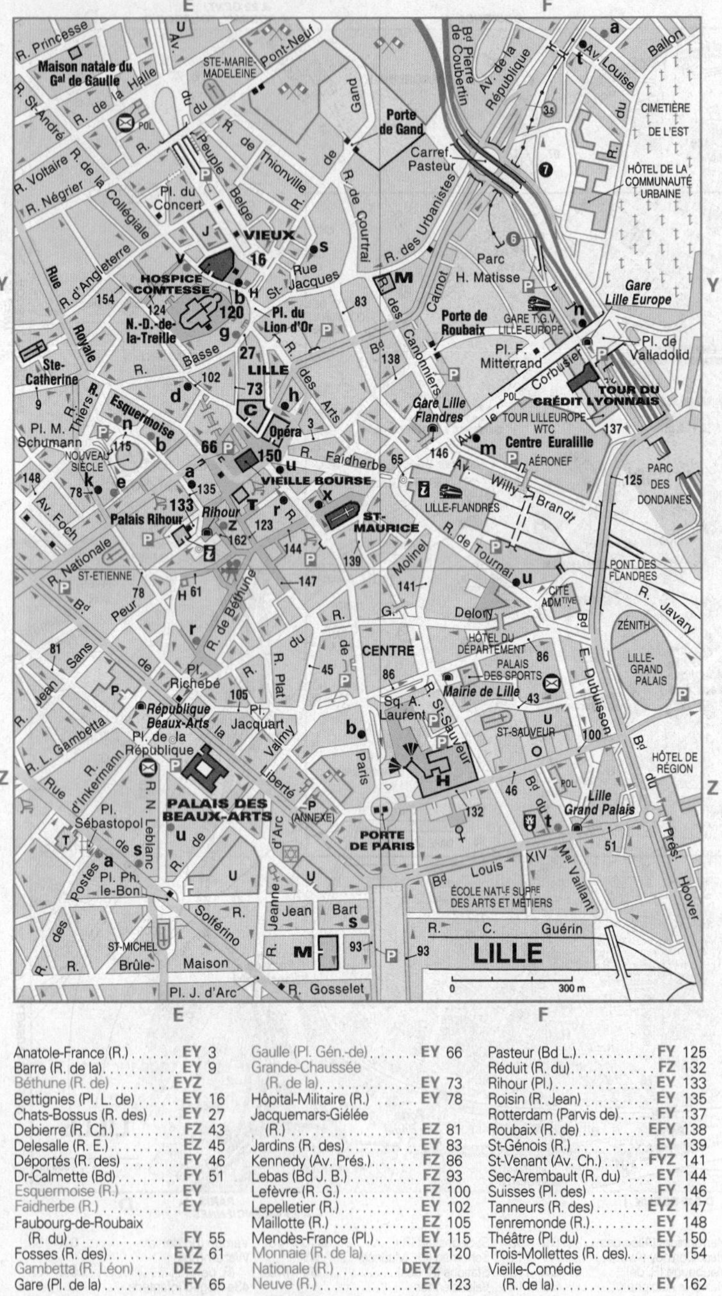

E
F
Y
Z
R. Princesse
Maison natale du Gal de Gaulle
R. St-André
R. de la Halle
STE-MARIE-MADELEINE
Pont-Neuf
Av. du Peuple Belge
R. de Thionville
R. de Gand
Porte de Gand
Bd Pierre de Coubertin
Av. de la République
Av. Louise
Ballon
CIMETIÈRE DE L'EST
HÔTEL DE LA COMMUNAUTÉ URBAINE
R. Voltaire
R. de la Collégiale
R. Négrier
Pl. du Concert
R. de Courtrai
Carref. Pasteur
R. des Urbanistes
Parc H. Matisse
Gare Lille Europe
VIEUX
LILLE
Rue St-Jacques
HOSPICE COMTESSE
N.-D.-de-la-Treille
Pl. du Lion d'Or
R. des Canonniers
Carnot
Porte de Roubaix
GARE T.G.V. LILLE-EUROPE
Pl. de Valladolid
Pl. F. Mitterrand
Corbusier
TOUR DU CRÉDIT LYONNAIS
TOUR LILLEUROPE WTC
Centre Euralille
Rue Royale
R. d'Angleterre
Ste-Catherine
R. Basse
R. des Arts
Gare Lille Flandres
R. Thiers
Esquermoise
Pl. M. Schumann
NOUVEAU SIÈCLE
Opéra
R. Faidherbe
Av. Willy Brandt
AÉRONEF
PARC DES DONDAINES
VIEILLE BOURSE
ST-MAURICE
LILLE-FLANDRES
Av. Foch
Palais Rihour
Rihour
R. de Tournai
R. Nationale
ST-ETIENNE
Bd
Molinel
PONT DES FLANDRES
R. Javary
CITÉ ADMTIVE
R. de Béthune
R. G. Delory
ZÉNITH
LILLE-GRAND PALAIS
HÔTEL DU DÉPARTEMENT
PALAIS DES SPORTS
R. Jean Sans Peur
R. du Plat
CENTRE
Mairie de Lille
Pl. Richebé
Sq. A. Laurent
R. St-Sauveur
Bd E. Dubuisson
R. L. Gambetta
République Beaux-Arts
Pl. Jacquart
Valmy
ST-SAUVEUR
Pl. de la République
Rue de Paris
HÔTEL DE RÉGION
R. d'Inkermann
Pl. Sébastopol
R. N. Leblanc
PALAIS DES BEAUX-ARTS
R. de la Liberté
(ANNEXE)
Lille Grand Palais
Bd du Prés. Hoover
Bd des Postes
R. de Solférino
PORTE DE PARIS
Bd Louis XIV
Mal Vaillant
Pl. Ph.-le-Bon
ÉCOLE NATLE SUPRE DES ARTS ET MÉTIERS
R. Jeanne d'Arc
R. Jean Bart
R. C. Guérin
ST-MICHEL
R. Brûle-Maison
LILLE
Pl. J. d'Arc
R. Gosselet
0
300 m
E
F

De la Paix sans rest
46 bis r. Paris – ✆ 03 20 54 63 93 – hotelpaixlille@aol.com
– Fax 03 20 63 98 97 *p. 8* EY **r**
36 ch – 76/84 € 84/105 €, 9 €
◆ Artiste dans l'âme, la propriétaire de cet hôtel (1782) expose des reproductions de tableaux et a réalisé la fresque qui orne la salle des petits-déjeuners. Chambres douillettes.

Des Tours sans rest 25/260,
27 r. des Tours – ✆ 03 59 57 47 00 – contact@hotel-des-tours.com
– Fax 03 59 57 47 99 *p.8* EY **s**
51 ch – 106/116 € 111/127 €, 14 €, 13 duplex
◆ Cet établissement a de quoi séduire : emplacement au centre du Vieux Lille, garage surveillé, hall et salon égayés de tableaux contemporains, chambres modernes et pratiques.

Brueghel sans rest
parvis St-Maurice – ✆ 03 20 06 06 69 – hotel.brueghel@wanadoo.fr
– Fax 03 20 63 25 27 *p. 8* EY **x**
65 ch – 76 € 88 €, 8 €
◆ Façade typiquement flamande, charme "rétro" du hall et de l'ascenseur, jolies petites chambres personnalisées et situation centrale font de cet hôtel une adresse prisée.

Lille Europe sans rest
av. Le Corbusier – ✆ 03 28 36 76 76 – infos@hotel-lille-europe.com
– Fax 03 28 36 77 77 *p. 8* FY**m**
97 ch – 72/86 € 72/86 €, 8,50 €
◆ Entre les deux gares, immeuble moderne intégré au centre Euralille (commerces, restaurants). Chambres fonctionnelles bien insonorisées et salle des petits-déjeuners panoramique.

De La Treille sans rest
7/9 pl. Louise de Bettignies – ✆ 03 20 55 45 46 – hoteldelatreille@free.fr
– Fax 03 20 51 51 69 *p. 8* EY **b**
42 ch – 70/130 € 70/130 €, 10 €
◆ Idéalement situé pour arpenter la vieille ville, cet hôtel dispose de chambres un peu exiguës, mais fraîches et bien agencées. Copieux buffets à l'heure du petit-déjeuner.

Ibis Opéra sans rest
21 r. Lepelletier ✉ 59800 – ✆ 03 20 06 21 95 – h0902@accor.com
– Fax 03 20 74 91 30 *p. 8* EY **d**
59 ch – 60/86 € 60/86 €, 7 €
◆ Jolie façade traditionnelle et chambres neuves conformes aux normes de la chaîne (mobilier moderne, coin bureau) : un bon point de départ pour la visite du centre historique.

A L'Huîtrière 4/35,
3 r. Chats Bossus ✉ 59800 – ✆ 03 20 55 43 41 – contact@huitriere.fr
– Fax 03 20 55 23 10 – Fermé 29 juil.-27 août, dim. soir et soirs fériés *p. 8* EY **g**
Rest – Menu 43 € (déj. en sem.)/120 € – Carte 72/121 €
Spéc. Déclinaison d'huîtres creuses et plates (sept. à mai). Filet de bar rôti aux cèpes (sept. à oct.). Pommes granny et golden, cidre et calvados sur une assiette (sept. à mars).
◆ Le décor de céramique de la poissonnerie vaut le coup d'œil et met en appétit. Suivent trois luxueuses salles à manger bourgeoises. Un haut lieu de la gastronomie lilloise.

La Laiterie (Bernard)
138 r. Hippodrome à Lambersart ✉ 59130 – ✆ 03 20 92 79 73
– Fax 03 20 22 16 19 – Fermé 1er-20 août, dim. et lundi *p.6* AV **s**
Rest – Menu 38 € bc (déj. en sem.), 39/72 € – Carte 55/80 €
Spéc. Thon aux cinq épices chinoises. Turbot rôti en tronçon, os à moelle aux petits gris. Déclinaison d'agneau de lait des Pyrénées (printemps).
◆ Dans cette maison de la périphérie, le joli cadre contemporain se fait discret comme pour mieux mettre en valeur la délicieuse cuisine du chef, créative et riche en saveurs.

XXX **Le Sébastopol** (Germond) 4/20, VISA MC AE
✿ *1 pl. Sébastopol – ✆ 03 20 57 05 05 – n.germond@restaurant-sebastopol.fr – Fax 03 20 40 11 31 – Fermé 5-27 août, dim. soir, sam. midi et lundi midi* p. 8 EZ **a**
Rest – Menu (30 €), 50 € bc/65 € – Carte 63/77 €
Spéc. Crépinette de pieds de porc et foie gras aux cèpes (automne). Filet de bœuf aux jets de houblon, jus à la bière (printemps). "Notre raison d'aimer la chicorée du Nord" (dessert).
◆ Un rideau de verdure et une originale marquise habillent la façade de ce chaleureux établissement. Cuisine classique préparée dans les règles de l'art et belle carte des vins.

XXX **Champlain** 4/15, VISA MC AE
13 r. N. Leblanc – ✆ 03 20 54 01 38 – le.champlain@wanadoo.fr – Fax 03 20 40 07 28 – Fermé août, sam. midi et dim. soir p. 8 EZ **u**
Rest – Menu 25 € bc (déj. en sem.), 30/45 €
◆ Attablez-vous dans la salle à manger cossue ou dans la paisible cour intérieure de cette demeure du 19e s. pour déguster une cuisine soignée qui valorise les beaux produits.

XX **Baan Thaï** AC VISA MC AE
22 bd J.-B. Lebas – ✆ 03 20 86 06 01 – gtbi@wanadoo.fr – Fax 03 20 86 72 94 – Fermé dim. soir et sam. midi p. 8 EZ **s**
Rest – Menu 23 € (déj.), 41/49 € – Carte 27/53 €
◆ Ce restaurant installé à l'étage d'une maison bourgeoise est une véritable invite à un voyage au royaume de Siam : élégant décor exotique et carte thaïlandaise traditionnelle.

XX **Clément Marot** AC 2/42, VISA MC AE
16 r. Pas ✉ 59800 – ✆ 03 20 57 01 10 – clmarot@nordnet.fr – Fax 03 20 57 39 69 – Fermé dim. soir p. 8 EY **n**
Rest – Menu (24 €), 34/55 € bc – Carte 41/72 €
◆ Petite maison de briques tenue par les descendants du poète cadurcien Clément Marot. Cadre contemporain, murs ornés de tableaux et atmosphère conviviale.

XX **Colysée** AC VISA MC AE
201 av. Colisée ✉ 59130 Lambersart – ✆ 03 20 45 90 00 – Fax 03 20 45 90 45 – Fermé 11 août-4 sept., sam. midi, dim. et lundi p. 6 AV
Rest – Menu 26/59 € – Carte 34/61 €
◆ Au rez-de-chaussée du Colysée, un restaurant feutré au décor très avant-gardiste (films projetés au plafond) en osmose avec une table légère, innovante et pleine de caractère.

XX **L'Écume des Mers** AC VISA MC AE
10 r. Pas – ✆ 03 20 54 95 40 – aproye@nordnet.com – Fax 03 20 54 96 66 – Fermé dim. soir p. 8 EY **n**
Rest – brasserie Menu (15 €), 20 € (dîner) – Carte 29/52 €
◆ Ambiance animée, carte journalière de poissons, joli banc d'écailler et quelques viandes pour les "accros" : cette vaste brasserie a le vent en poupe.

XX **Brasserie de la Paix** AC VISA MC AE
25 pl. Rihour – ✆ 03 20 54 70 41 – contact@brasserielapaix.com – Fax 03 20 40 15 52 – Fermé dim. p. 8 EY **z**
Rest – brasserie Menu 18 € (sem.)/25 € – Carte 27/50 €
◆ Céramiques, boiseries, banquettes et tables serrées composent le cadre Art déco de cette sympathique brasserie située à deux pas du palais Rihour. Convivialité de mise.

XX **Le Bistrot Tourangeau** 10/20, VISA MC AE
61 bd Louis XIV ✉ 59800 – ✆ 03 20 52 74 64 – hhochart@laposte.net – Fax 03 20 85 06 39 – Fermé sam. midi, dim. et fériés p. 8 FZ **t**
Rest – Menu 25 € – Carte 30/60 €
◆ La mignonne façade peinte en rouge dissimule une longue salle à peine séparée des cuisines par une vitre. Recettes traditionnelles revisitées, plats tourangeaux et vins de Loire.

X **L'Assiette du Marché** AC VISA MC
61 r. Monnaie – ✆ 03 20 06 83 61 – contact@assiettedumarche.com – Fax 03 20 14 03 75 – Fermé 29 juil.-20 août et dim. p. 8 EY **v**
Rest – Menu (16 €), 20 € – Carte 23/35 €
◆ Le joli décor - mariage de moderne et d'ancien - et la verrière coiffant la cour intérieure magnifient l'hôtel des Monnaies (18e s.). L'assiette se garnit en fonction du marché.

La Coquille

60 r. St-Étienne ✉ 59800 – ✆ 03 20 54 29 82 – dadeleval@nordet.fr – Fax 03 20 54 29 82 – Fermé 24 fév.-4 mars et dim. *p. 8* EY **e**

Rest – *(prévenir)* Menu (17 €), 25/30 € bc – Carte 33/42 €

◆ Pierres, poutres, tables serrées et nappes à carreaux : on se sent tout de suite à son aise dans cette ambiance champêtre. L'ardoise des suggestions évolue au fil des arrivages.

Le Bistrot de Pierrot

6 pl. Béthune – ✆ 03 20 57 14 09 – Fax 03 20 30 93 13 – Fermé dim., lundi et fériés

Rest – bistrot Carte 29/46 € *p. 8* EZ **r**

◆ Les nouveaux propriétaires des lieux ont su préserver l'âme et le décor de cet authentique bistrot. Au menu : bon choix de plats "canailles" et cuisine plus légère pour ces dames.

à Bondues – **10 680 h. – alt. 37 m – ✉ 59910**

Syndicat d'initiative, 266 domaine de la vigne ✆ 03 20 25 94 94

Auberge de l'Harmonie

pl. Abbé Bonpain – ✆ 03 20 23 17 02 – contact@aubergeharmonie.fr – Fax 03 20 23 05 99 – Fermé 16 juil.-6 août, dim. soir, mardi soir, jeudi soir et lundi *p. 5* HR **t**

Rest – Menu 28 € bc (déj. en sem.), 37 € bc/88 € bc – Carte 45/67 €

◆ Couleurs gaies et chaleureuses, mobilier rustique, poutres apparentes, terrasse verdoyante et cuisine évoluant au gré des saisons : décor et mets vivent effectivement en harmonie.

Val d'Auge (Hagnerelle)

805 av. Gén. de Gaulle – ✆ 03 20 46 26 87 – valdauge@numericable.fr – Fax 03 20 37 43 78 – Fermé 21-27 avril, 13-31 août, 24-30 déc., lundi soir, dim. soir et merc. *p. 5* HR **a**

Rest – Menu (42 € bc), 45/62 € – Carte 50/65 €

Spéc. Foie gras d'oie grillé, perles de thé fumé. Fraîcheur de Saint-Pierre en tartare. Pigeon d'Orchies rôti sur l'os au sel de vanille.

◆ Cette maison qui borde la route vous reçoit dans une salle à manger assez moderne, mais surtout agréablement lumineuse. Dans l'assiette, mariage subtil des saveurs.

à La Madeleine – **22 399 h. – alt. 48 m – ✉ 59110**

Syndicat d'initiative, 177 rue du Général-de-Gaulle ✆ 03 20 74 32 35, Fax 03 20 74 32 35

L'Atelier "La Cour des Grands"

15 r. François de Badts à la Madeleine – ✆ 03 20 74 26 33 – Fax 03 20 55 89 66 – Fermé 30 juil.-19 août, 11-23 fév., dim. et lundi FY **a**

Rest – Menu (15 €), 20 € (déj.) – Carte environ 35 €

◆ Décor de loft industriel, toiles et photos d'artistes, cuisine épurée un brin inventive et nombreux vins au verre : cet ancien garage est devenu l'adresse "tendance" de Lille.

à Marcq-en-Barœul – **37 177 h. – alt. 15 m – ✉ 59700**

Office de tourisme, 111 avenue Foch ✆ 03 20 72 60 87, Fax 03 20 72 56 65

Sofitel ch, 10/260,

157 av. Marne, par N 350 : 5 km – ✆ 03 28 33 12 12 – h1099@accor.com – Fax 03 28 33 12 24 *p. 5* HS **s**

125 ch – 174/195 € 174/195 €, 20 € – 1 suite

Rest *L'Europe* – *✆ 03 28 33 12 68 (fermé 23 juil.-26 août, sam. midi et dim. soir)* Menu (18 €), 23 € – Carte 28/51 €

◆ Construction des années 1970 entourée de verdure, à proximité d'un nœud autoroutier. Belles chambres rénovées, contemporaines et coquettes. Salon cossu et plaisant piano-bar. À L'Europe, ardoise de suggestions du jour, carte traditionnelle et banc d'écailler.

Le Septentrion

parc du château Vert-Bois, par N 17 : 9 km – ✆ 03 20 46 26 98 – restaurant-septentrion@wanadoo.fr – Fax 03 20 46 38 33 – Fermé 22 juil.-14 août, 19-26 fév., mardi soir, merc. soir, jeudi soir et lundi *p. 5* HR **n**

Rest – Menu 38/70 € – Carte 60/118 €

◆ Au sein de la fondation Prouvost-Septentrion, cette ancienne dépendance du château du Vert-Bois ménage une vue bucolique sur le parc. Cuisine dans l'air du temps bien faite.

XX **Auberge de la Garenne** 4/30, P VISA MC AE
17 chemin de Ghesles – 03 20 46 20 20 – contact@aubergegarenne.fr – Fax 03 20 46 32 33 – Fermé 1er-24 août, dim. soir, lundi et mardi *p. 5* HR **x**
Rest – Menu (30 € bc), 38/85 € bc – Carte 41/62 €
◆ Au cœur d'une nature préservée, sympathique auberge campagnarde profitant d'une agréable terrasse et d'un jardin. Cuisine du terroir réalisée dans le respect de la tradition.

X **La Salle à Manger** VISA MC
99 r. Delcenserie – 03 20 65 21 19 – Fermé 6-26 août, 21 déc.-2 janv., sam. et dim. *p.5* HS **n**
Rest – *(déj. seult sauf jeudi) (nombre de couverts limité, prévenir)*
Menu 27 € bc
◆ Table au format de poche occupant une ancienne maison ouvrière. Tons chauds et photos noir et blanc pour le décor, recettes du moment pour l'assiette et miniterrasse pour l'été.

X **La Table de Marcq** VISA MC AE
944 av. de la République – 03 20 72 43 55 – Fax 03 20 72 43 55 – Fermé 6-26 août, 24-31 déc., mardi soir, merc. soir, dim. soir et lundi *p. 4* HS **e**
Rest – Menu (17 €), 20/30 € – Carte 27/43 €
◆ Cet ancien café converti en restaurant s'est doté d'une décoration actuelle, mais a conservé son beau comptoir. Ambiance conviviale et appétissants menus élaborés au gré du marché.

à Villeneuve d'Ascq – 65 042 h. – alt. 26 m – ✉ 59491

Office de tourisme, chemin du Chat Botté 03 20 43 55 75, Fax 03 20 91 28 28

Ascotel ch, 8/385, P VISA MC AE
av. P. Langevin-Cité Scientifique – 03 20 67 34 34 – ascotel@club.fr – Fax 03 20 91 39 28 *p. 5* HT **z**
83 ch – 56/101 € 64/101 €, 13 € – 2 suites – ½ P 109 € – **Rest** – *(fermé sam. et dim.)* Menu 17/27 € – Carte 23/33 €
◆ Au cœur de la cité scientifique, complexe hôtelier adapté aux séjours d'affaires : vaste salle de congrès, grand amphithéâtre et chambres fonctionnelles en cours de rénovation. Salle de restaurant moderne et cuisine traditionnelle servie sous forme de buffets.

à l'aéroport de Lille-Lesquin – ✉ 59810 Lesquin

Mercure Aéroport ch, ch, 2/500, P VISA MC AE
– 03 20 87 46 46 – h1098@accor.com – Fax 03 20 87 46 47 *p. 5* HT **r**
215 ch – 59/150 € 64/160 €, 13 €
Rest ***La Flamme*** – Menu 23 € bc (sem.)/29 € bc – Carte 22/39 €
◆ Architecture contemporaine aux chambres spacieuses et de bon confort (évitez de réserver côté autoroute). Service de navettes entre l'hôtel et l'aéroport tout proche. Convivialité, plats régionaux et rôtisserie visible de tous au restaurant La Flamme.

Novotel Aéroport ch, ch, 25/200, P VISA MC AE
55 route de Douai – 03 20 62 53 53 – h0427@accor.com – Fax 03 20 97 36 12 *p. 5* HT **t**
92 ch – 54/98 € 54/100 €, 11,50 € – **Rest** – Carte 21/33 €
◆ Cette construction basse est la plus ancienne unité de la chaîne (1967). Les chambres, fonctionnelles, adoptent progressivement le style "dernière génération". Restaurant entièrement redécoré, où l'on propose plats traditionnels et recettes allégées.

Agena sans rest P VISA MC
451 av du Général Leclerc ✉ 59155 – 03 20 60 13 14 – hotelagena@nordnet.fr – Fax 03 20 97 31 79 *p. 5* HT **v**
40 ch – 62 € 67 €, 10,50 €
◆ Les chambres de ce bâtiment en arc de cercle, aménagées en rez-de-jardin, sont plus calmes côté patio. Cadre sobre, murs crépis, mobilier simple et entretien sans reproche.

à Wattignies – 14 440 h. – alt. 39 m – ✉ 59139

X **Cheval Blanc** AC VISA MC AE

110 r. Général de Gaulle – ☎ 03 20 97 34 62 – Fax 03 20 97 34 62 – Fermé 11 juil.-1er août, sam. midi, dim. soir, lundi soir et merc. p.4 GT **x**

Rest – Menu 25 € bc (déj. en sem.), 32/42 € – Carte 42/62 € 🍷

◆ Accueil sympathique, décor chaleureux (tons clairs, tableaux modernes, beau bar en bois) et appétissante cuisine respectueuse des saisons et des produits du terroir.

à Emmerin – 3 029 h. – alt. 24 m – ✉ 59320

La Howarderie sans rest

1 r. Fusillés – ☎ 03 20 10 31 00 – reservation@lahowarderie.com – Fax 03 20 10 31 09 – Fermé 6-19 août, 23 déc.-3 janv. p. 4 GT **e**

7 ch – 🛉95/135 € 🛉🛉120/220 €, ☕ 17 €

◆ Une aile de cette vieille cense (ferme) en briques située face à l'église abrite des chambres personnalisées et élégantes, pourvues de beaux meubles de style ou anciens.

à Capinghem – 1 524 h. – alt. 50 m – ✉ 59160

X **La Marmite de Pierrot** P VISA MC AE

93 r. Poincaré – ☎ 03 20 92 12 41 – pierrot@marmite-de-pierrot.com – Fax 03 20 92 72 51 – Fermé dim. soir, mardi soir, merc. soir, jeudi soir et lundi

Rest – Menu 22/34 € 🍷 p. 4 GS **v**

◆ Du groin jusqu'à la queue, dans le cochon tout est bon : vérifiez-le dans cet ex-café de village. Ambiance bon enfant dans un cadre rustique orné de licous et d'outils paysans.

à St-André-Lez-Lille – 10 113 h. – alt. 20 m – ✉ 59350

XXX **La Quintinie** AC P VISA MC AE

501 av. Mal de Lattre de Tassigny (D57) – ☎ 03 20 40 78 88 – anita@alaquintinie.com – Fax 03 20 40 62 77 – Fermé 16 juil.-20 août, dim. soir, mardi soir, merc. soir et lundi p. 4 GS **t**

Rest – Menu (23 €), 28 € (sem.)/37 € – Carte 50/80 € 🍷

◆ Maison en briques dans un joli jardin doté d'un potager. Élégant intérieur contemporain orné de tableaux en faïence et cuisine à l'image de son créateur : simple et bonne.

Nous essayons d'être le plus exact possible dans les prix que nous indiquons. Mais tout bouge ! Lors de votre réservation, pensez à vous faire préciser le prix du moment.

LIMAY – 78 Yvelines – 311 G2 – 15 709 h. – alt. 16 m – ✉ 78520 18 A1

▶ Paris 56 – Argenteuil 50 – Boulogne-Billancourt 52 – Saint-Denis 60

XX **Au Vieux Pêcheur** VISA MC AE

5 quai Albert 1er – ☎ 01 30 92 77 78 – Fax 01 34 77 34 62 – Fermé 15-20 mai, 27 juil.-23 août, merc. soir, dim. soir et lundi

Rest – Menu 18 € (déj. en sem.)/29 € – Carte 35/57 € 🍷

◆ Ce restaurant du bord de Seine vous propose une bonne cuisine traditionnelle servie dans des salons cossus et rustiques. Formule brasserie, à midi, dans une salle plus simple.

LIMERAY – 37 Indre-et-Loire – 317 P4 – rattaché à Amboise

LIMOGES 🅿 – 87 Haute-Vienne – 325 E6 – **133 968 h.** – **Agglo. 173 299 h.** – **alt. 300 m** – ✉ **87000** ▮ Limousin Berry 24 **B2**

- Paris 391 – Angoulême 105 – Brive-la-Gaillarde 92 – Châteauroux 126
- Limoges : ✆ 05 55 43 30 30, par ⑦ : 10 km.
- Office de tourisme, 12 boulevard de Fleurus ✆ 05 55 34 46 87, Fax 05 55 34 19 12
- de la Porcelaine à Panazol Celicroux, par rte de Clermont-Ferrand : 9 km, ✆ 05 55 31 10 69 ; de Limoges Avenue du Golf, par rte de St-Yriex : 3 km, ✆ 05 55 30 21 02.
- Cathédrale St-Etienne★ - Église St-Michel-des-Lions★ - Cour du temple★ CZ 115 - Jardins de l'évêché★ - Musée A. Dubouché★★ (porcelaines) BY - Rue de Boucherie★ - Musée de l'évêché★ : les émaux★ - Chapelle St-Aurélien★ - Gare des Bénédictins★.

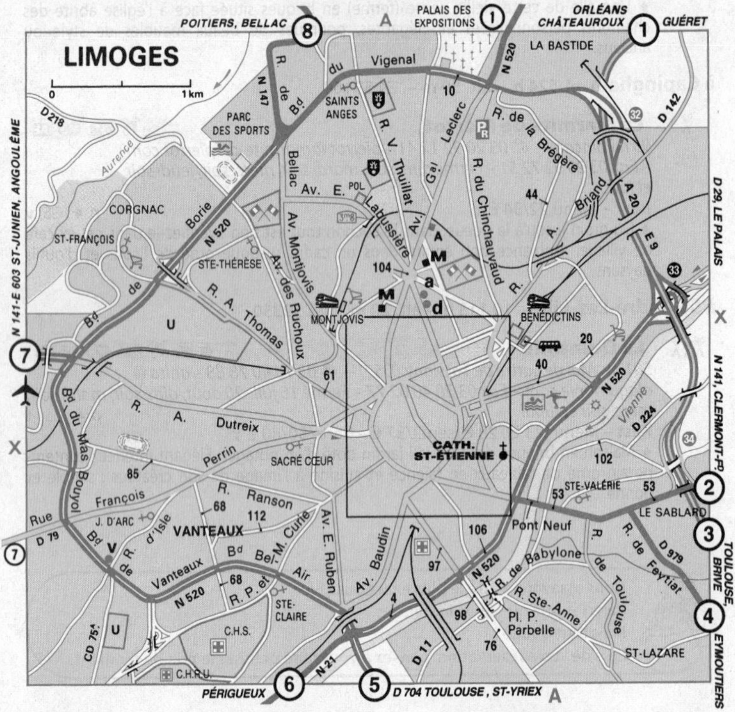

LIMOGES

Allende (Quai Salvador) .... AX 4	Lattre-de-Tassigny (Av. Mar. de) .... AX 53	Révolution (Av. de la) .... AX 97
Arcades (Bd des) .... AX 10	Mauvendière (R. de la) .... AX 61	Révolution (Pont de la) .... AX 98
Casseaux (Av. des) .... AX 20	Naugeat (Av. de) .... AX 68	Sablard (Av. du) .... AX 102
Gagnant (Av. J.) .... AX 40	Pompidou (Av. G.) .... AX 76	Sadi-Carnot (Pl.) .... AX 104
Grand-Treuil (R. du) .... AX 44	Puy-Las-Rodas (R. du) .... AX 85	Ste-Claire (R.) .... AX 112
Labussière (Av. E.) .... AX 51		St-Martial (Quai) .... AX 106

Mercure Royal Limousin sans rest
1 pl. République – ✆ *05 55 34 65 30* – *h5955@accor.com* – *Fax 05 55 34 55 21* 150, VISA MC AE D CY **u**
78 ch – †82/110 € ††92/120 €, ☕ 12 €
◆ Une harmonie de bois clair et de tons pastel habille cet hôtel bordant une vaste place. Trois catégories de chambres proposées, selon votre désir de simplicité ou de confort.

LIMOGES

Aine (Pl. d')	BZ	2
Allois (R. des)	DZ	6
Amphithéâtre (R. de l')	BY	8
Barreyrrette (Pl. de la)	CZ	12
Bénédictins (Av. des)	DY	14
Betoulle (Pl. L.)	CZ	16
Boucherie (R. de la)	CZ	18
Cathédrale (R. de la)	DZ	23
Clocher (R. du)	CZ	25
Collège (R. du)	CZ	26
Consulat (R. du)	CZ	
Coopérateurs (R. des)	BY	27
Dupuytren (R.)	CZ	30
Ferrerie (R.)	CZ	33
Fonderie (R. de la)	BY	35
Fontaine-des-Barres (Pl.)	CY	37
Gambetta (Bd)	BCZ	
Giraudoux (Square Jean)	CY	42
Haute-Cité (R.)	DZ	46
Jacobins (Pl. des)	CZ	49
Jean-Jaurès (R.)	CYZ	
Louis-Blanc (Bd)	CZ	
Louvrier-de-Lajolais (R.)	BY	55
Manigne (Pl.)	CZ	57
Maupas (R. du)	DY	59
Michels (R. Charles)	CZ	63
Motte (Pl. de la)	CZ	66
Périn (Bd G.)	CY	71
Préfecture (R. de la)	CY	83
Raspail (R.)	DZ	89
Réforme (R. de la)	CY	91
République (Pl. de la)	CY	95
St-Martial (R.)	CY	107
St-Maurice (Bd)	DZ	109
St-Pierre (Pl.)	CZ	110
Stalingrad (Pl.)	CY	113
Temple (Cour du)	CZ	115
Temple (R. du)	CZ	116
Tourny (Carrefour)	CY	118
Victor-Hugo (Bd)	BY	120
Vigne-de-Fer (R.)	CZ	122
71e-Mobile (R. du)	DZ	125

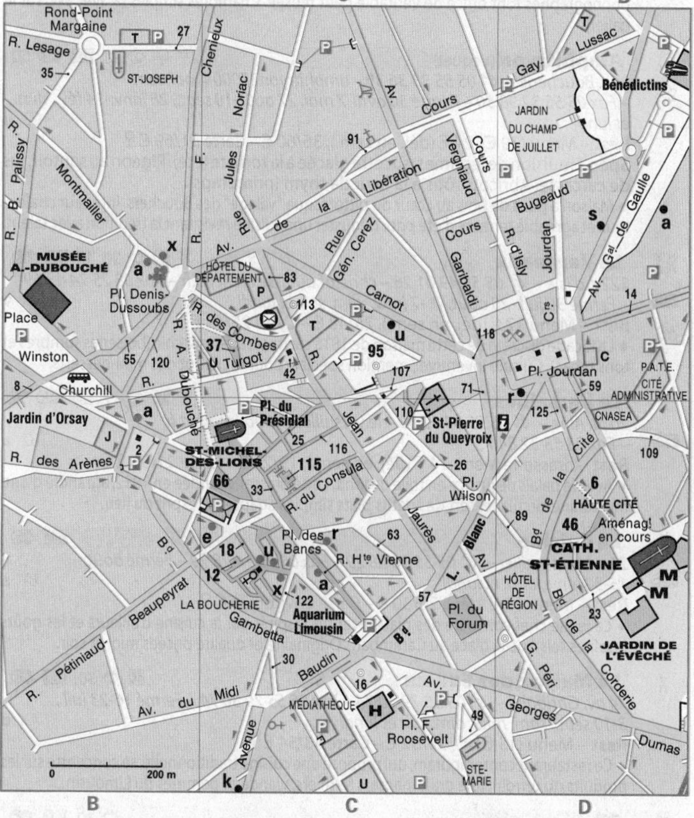

Atrium sans rest

22 allée de Seto - Parc du Ciel – ✆ 05 55 10 75 75 – ha8703@inter-hotel.com – Fax 05 55 10 75 76 DY **a**

70 ch – 🛉80/130 € 🛉🛉80/130 €, ☕ 10 €

◆ Cet ancien entrepôt des douanes converti en hôtel offre d'agréables chambres dont une partie ouvre sur la magnifique gare de Limoges. Préférez celles côté cour, plus calmes.

Richelieu sans rest 🏋 10, P VISA

40 av. Baudin – ✆ 05 55 34 22 82 – info@hotel-richelieu.com – Fax 05 55 34 35 36

44 ch – 🛉82/92 € 🛉🛉92/102 €, ☕ 10 € CZ **k**

◆ À deux pas de l'Hôtel de ville et de la Médiathèque, cet hôtel allie confort moderne et décor classique sagement inspiré des années 1930. Idéal pour la clientèle d'affaires.

Jeanne-d'Arc sans rest — 30, VISA MC AE
17 av. Gén. de Gaulle – ☎ 05 55 77 67 77 – hoteljeannedarc.limoges@wanadoo.fr – Fax 05 55 79 86 75 – Fermé 20 déc.-2 janv. DY **s**
50 ch – †60/76 € ††71/88 €, ☐ 7,50 €
◆ Dans le secteur de la gare, ancien relais de poste du 19e s. où règne une charmante atmosphère "vieille France". Chambres bien tenues et plaisante salle des petits-déjeuners.

De la Paix sans rest — VISA MC
25 pl. Jourdan – ☎ 05 55 34 36 00 – Fax 05 55 32 37 06 DY **r**
31 ch – †40 € ††53/65 €, ☐ 6,50 €
◆ Immeuble fin 19e s. dont les salons agrémentés d'une impressionnante collection de phonographes font office de véritable petit musée. Chambres simples (8 avec WC sur le palier).

Amphitryon (Lequet) — 30, VISA MC AE
26 r. Boucherie – ☎ 05 55 33 36 39 – amphitryon87000@aol.com – Fax 05 55 32 98 50 – Fermé 30 avril-7 mai, 27 août-10 sept., 28 janv.-14 fév., dim. et lundi CZ **u**
Rest – Menu (19 €), 24 € (déj. en sem.), 36/60 € – Carte 51/69 €
Spéc. Emulsion de légumes, sucette glacée à la tomate (été). Pigeon au sautoir, jus de carcasse. Abricots rôtis à la fleur de thym (printemps).
◆ Maison à pans de bois au cœur du pittoresque "village" des Bouchers. Intérieur chaleureux et agréable terrasse d'été pour déguster une cuisine revisitant la tradition avec talent.

Le Vanteaux — AC 20, P VISA MC
122 r. d'Isle – ☎ 05 55 49 01 26 – christof.aubisse@chello.fr – Fax 08 25 74 43 69 – Fermé 30 juil.-20 août, 1er-7 janv., dim. soir et lundi AX **v**
Rest – Menu 17 € (déj. en sem.), 25/48 € – Carte 25/43 €
◆ La façade discrète de cette maison de 1815 cache un intérieur chic (boiseries sombres et tons tabac). Cuisine inventive ; mention spéciale pour le chariot des mini-desserts.

Le Versailles — AC 12, VISA MC AE
20 pl. Aine – ☎ 05 55 34 13 39 – le.versailles@club-internet.fr – Fax 05 55 32 84 73 BZ **a**
Rest – brasserie Menu 14 € (déj. en sem.), 19/25 € – Carte 21/56 €
◆ Avec le palais de justice en toile de fond, cette brasserie fondée en 1932, agrandie d'une mezzanine circulaire, sert des petits plats simples adaptés à l'esprit du lieu.

La Cuisine — VISA MC
21 r. Montmailler – ☎ 05 55 10 28 29 – Fax 05 55 10 28 29 – Fermé août, 15-30 janv., dim. et lundi BY **a**
Rest – Menu 15 € (déj.), 20/30 € – Carte environ 36 €
◆ Le jeune chef concocte des plats inventifs inspirés par la cuisine d'ailleurs et les goûts insolites tels que la glace au Carambar... Originalité et qualité prisées midi et soir.

La Maison des Saveurs — AC 30, VISA MC
74 av. Garibaldi – ☎ 05 55 79 30 74 – Fax 05 55 79 30 74 – Fermé 16-23 juil., 3-10 sept., sam. midi, dim. soir et lundi AX **d**
Rest – Menu (15 € bc), 21/52 € – Carte 43/54 €
◆ Ce restaurant contemporain, qui propose une cuisine traditionnelle, se concentre sur les produits du terroir : foie gras, magrets fermiers, viande et pommes du Limousin...

27 — 30, VISA MC
27 r. Haute-Vienne – ☎ 05 55 32 27 27 – Fax 05 55 34 37 53 – Fermé dim. et fériés CZ **a**
Rest – Menu 29 € – Carte 32/43 €
◆ Tables laquées rouges et bibliothèques garnies de dives bouteilles composent le décor branché de ce nouveau restaurant proche des halles. Cuisine actuelle et bon choix de vins.

L'Epicurien — VISA MC
18 r. Montmailler – ☎ 05 55 77 71 95 – manson.laurent@wanadoo.fr – Fax 05 55 77 71 95 – Fermé 10-16 avril, 1er-22 août, 31 déc.-6 janv., dim. et lundi BY **x**
Rest – Menu (15 €), 25/42 € – Carte 40/52 €
◆ Cette petite adresse offre une alternative intéressante aux nombreux restaurants japonais du quartier avec sa cuisine de bistrot plutôt moderne. Cadre contemporain.

Les Petits Ventres 25, VISA MC AE D

20 r. Boucherie – ✆ 05 55 34 22 90 – emavic-sarl@wanadoo.fr – Fax 05 55 32 41 04 – Fermé 25 fév.-12 mars, 15 avril-1er mai, 9-17 sept., dim. et lundi CZ **u**

Rest – Menu (12,50 €), 21/32 € – Carte 30/46 €

◆ Plats " canailles " (spécialité de tripes) et large éventail de menus régalent les petits ventres - et les autres - dans le cadre rustique de ces maisons à colombages du 15e s.

Le Bouche à Oreille AC VISA MC AE

72 bis av. Garibaldi – ✆ 05 55 10 09 57 – Fax 05 55 10 09 57 – Fermé 11-26 août, 1er-7 janv., 18-25 fév., dim. et lundi AX **a**

Rest – bistrot Menu (17 €), 23/32 € – Carte 47/51 €

◆ Petit bistrot sympathique qui a ses fidèles. On y propose une cuisine du marché dans une salle à manger non-fumeurs au décor réchauffé par des tons jaune et rouge.

Chez Alphonse AC 40, VISA MC

5 pl. Motte – ✆ 05 55 34 34 14 – bistrot.alphonse@wanadoo.fr – Fax 05 55 34 34 14 – Fermé dim. et fériés CZ **e**

Rest – bistrot Carte 20/45 €

◆ Comme le veut la tradition qui a donné son nom à ce bistrot animé, le chef " fonce aux halles " voisines faire son marché quotidien pour concocter une cuisine authentique.

La Table de Jean AC 20, VISA MC

5 r. Boucherie – ✆ 05 55 32 77 91 – Fermé 23 juil.-16 août, 23 déc.-7 janv., 11-25 fév., dim., lundi et fériés CZ **x**

Rest – *(nombre de couverts limité, prévenir)* Carte 26/40 €

◆ Voici une bonne table du quartier historique. Service sympathique dans un décor minimaliste. Goûteuse cuisine du marché accompagnée de crus choisis chez des vignerons indépendants.

par ① **et A 20 – ✉ 87280 Limoges**

Novotel ch, AC ch, 30/100, P VISA MC AE D

sortie ZI Nord, Lac d'Uzurat : 5 km – ✆ 05 44 20 20 00 – h0431@accor.com – Fax 05 44 20 20 10

90 ch – 99 € 110 €, 12,50 € – **Rest** – *(fermé vend. soir, dim. midi et sam. de la Toussaint à fin février)* Carte 22/34 €

◆ En zone industrielle, hôtel des années 1970 surplombant le lac d'Uzurat, au sein d'un parc de 3 ha. Piscine et parcours de jogging pour se détendre ou se remettre en forme. Salle à manger moderne, terrasse face aux plans d'eau, cuisine traditionnelle.

à St-Martin-du-Fault par ⑦**, N 141 et D 20 : 13 km – ✉ 87510 Nieul**

Chapelle St-Martin (Dudognon) 25, P VISA MC AE D

– ✆ 05 55 75 80 17 – chapelle@relaischateaux.fr – Fax 05 55 75 89 50 – Fermé 2 janv.-début fév. et 11-18 nov.

10 ch – 95/200 € 95/200 €, 15 € – 3 suites – ½ P 120/210 € –

Rest – *(fermé dim. soir de nov. à mars, mardi midi, merc. midi et lundi) (nombre de couverts limité, prévenir)* Menu 30 € (déj. en sem.)/75 €

Spéc. Les deux foies gras. Filet de bœuf grillé, toast à la moelle. Coulant chocolat-châtaigne.

◆ Au cœur d'un parc en lisière d'un bois, cette gentilhommière cultive la sérénité et l'élégance bourgeoise : chambres parées d'étoffes colorées, mobilier raffiné et tentures murales. Côté cuisine, les produits régionaux sont travaillés avec finesse.

LIMONEST – **69 Rhône** – **327** H4 – **rattaché à Lyon**

LIMOUX – **11 Aude** – **344** E4 – **9 411 h.** – **alt. 172 m** – ✉ **11300**

Languedoc Roussillon 22 **B3**

Paris 769 – Carcassonne 25 – Foix 70 – Perpignan 104 – Toulouse 94

Syndicat d'initiative, promenade du Tivoli ✆ 04 68 31 11 82, Fax 04 68 31 87 14

Grand Hôtel Moderne et Pigeon

1 pl. Gén. Leclerc (près Poste) – ✆ 04 68 31 00 25 – hotelmodernepigeon@wanadoo.fr – Fax 04 68 31 12 43 – Fermé 17 déc.-28 janv. et dim. soir du 15 oct. au 30 mars

11 ch – †78/88 € ††88/93 €, ☕ 14 € – 3 suites – ½ P 85/88 € – **Rest** – *(fermé dim. soir sauf juil.-août, mardi midi, sam. midi et lundi)* Menu (26 € bc), 36 € (sem.)/56 € – Carte 47/86 €

◆ Cet ancien hôtel particulier (17e s.) a été refait de fond en comble. Grandes chambres personnalisées avec goût et superbe escalier décoré de fresques et de vitraux. Bar-fumoir. Belles salles à manger 1900, patio-terrasse verdoyant et savoureuse cuisine bourgeoise.

La Maison de la Blanquette

46 bis promenade du Tivoli – ✆ 04 68 31 01 63 – Fax 04 68 31 28 37 – Fermé merc. soir sauf de juil. à sept.

Rest – Menu 16 € bc (déj. en sem.), 25 € bc/36 € bc – Carte 30/38 €

◆ Ce restaurant propose une copieuse cuisine du terroir autour de menus "boissons comprises" pour escorter la fameuse blanquette de Limoux et autres crus locaux. Boutique de vins.

LINGOLSHEIM – 67 Bas-Rhin – 315 K5 – rattaché à Strasbourg

LE LIOUQUET – 13 Bouches-du-Rhône – 340 I6 – rattaché à La Ciotat

LIPSHEIM – 67 Bas-Rhin – 315 J6 – rattaché à Strasbourg

LISIEUX – 14 Calvados – 303 N5 – 23 166 h. – alt. 51 m – Pèlerinage (fin septembre) – ✉ 14100 Normandie Vallée de la Seine 33 C2

Paris 179 – Alençon 94 – Caen 64 – Évreux 73 – Le Havre 60 – Rouen 93

Office de tourisme, 11 rue d'Alençon ✆ 02 31 48 18 10

Cathédrale St-Pierre★ BY.

Château★ de St-Germain-de-Livet 7 km par ④.

Plan page ci-contre

Mercure ch, ch, 6/100,

par ② : 2,5 km (rte de Paris) – ✆ 02 31 61 17 17 – h1725@accor.com – Fax 02 31 32 33 43

69 ch – †74/95 € ††87/98 €, ☕ 11 € – **Rest** – Menu (17 €), 21/23 € – Carte 20/37 €

◆ Périphérique, hôtel à l'architecture contemporaine. Chambres bien agencées et insonorisées ; celles du dernier étage sont mansardées. Restaurant au cadre moderne s'ouvrant côté piscine, auprès de laquelle on dresse la terrasse en été.

Azur sans rest

15 r. au Char – ✆ 02 31 62 09 14 – resa@azur-hotel.com – Fax 02 31 62 16 06 – Fermé 15 déc.-15 janv. BYZ **b**

15 ch – †60/70 € ††60/90 €, ☕ 9 €

◆ Hôtel rénové occupant un immeuble d'une cinquantaine d'années. Chambres printanières et confortables. Petit-déjeuner soigné servi dans une salle façon jardin d'hiver.

de la Place sans rest

67 r. H. Chéron – ✆ 02 31 48 27 27 – hoteldelaplacebw@wanadoo.fr – Fax 02 31 48 27 20 – Fermé 10 déc.-5 janv. ABY **a**

34 ch – †46/69 € ††59/79 €, ☕ 9 €

◆ La taille des chambres est très variable, mais toutes ont bénéficié d'un programme de rénovation qui les a rendues gaies et actuelles. Copieux buffet de petits-déjeuners.

L'Espérance rest, 50,

16 bd Ste-Anne – ✆ 02 31 62 17 53 – booking@lisieux-hotel.com – Fax 02 31 62 34 00 – Ouvert 8 avril-14 oct. BZ **e**

100 ch – †69/107 € ††80/115 €, ☕ 8,50 € – **Rest** – Menu 18/29 € – Carte 30/51 €

◆ Sur le boulevard principal, vaste bâtisse normande des années 1930 abritant des chambres spacieuses et lumineuses dotées d'une nouvelle literie. Une grande fresque campagnarde orne les murs de l'immense salle à manger. Recettes classiques actualisées.

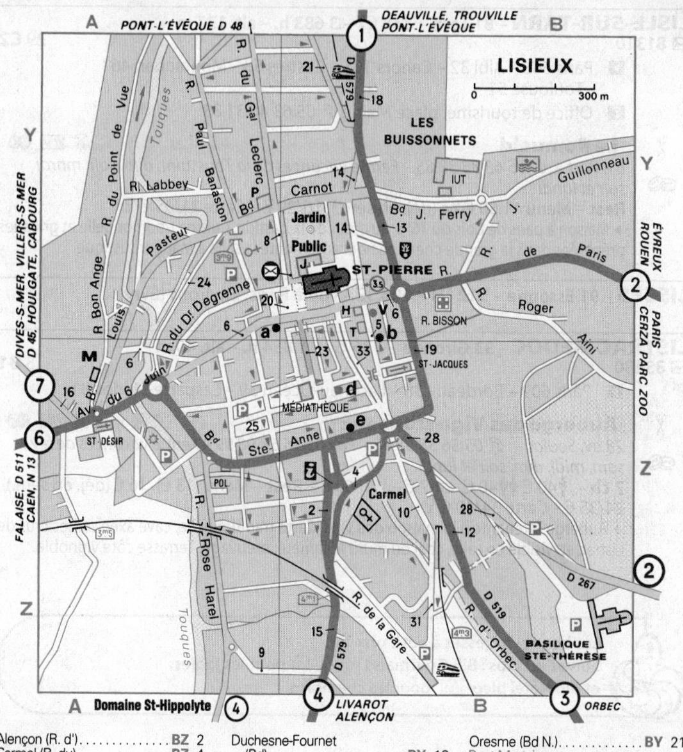

Alençon (R. d') . . . . . BZ 2
Carmel (R. du) . . . . . BZ 4
Char (R. au) . . . . . BY 5
Chéron (R. Henry) . . . . . ABY 6
Condorcet (R.) . . . . . AY 8
Creton (R.) . . . . . ABZ 9
Dr-Lesigne (R.) . . . . . BZ 10
Dr-Ouvry (R.) . . . . . BZ 12
Duchesne-Fournet (Bd) . . . . . BY 13
Foch (R. Mar.) . . . . . BY 14
Fournet (R.) . . . . . BZ 15
Guizot (R.) . . . . . AZ 16
Herbet-Fournet (Bd) . . . . . BY 18
Jeanne-d'Arc (Bd) . . . . . BZ 19
Mitterrand (Pl. F.) . . . . . ABY 20
Oresme (Bd N.) . . . . . BY 21
Pont-Mortain (R.) . . . . . BZ 23
Remparts (Quai des) . . . . . AY 24
République (Pl. de la) . . . . . ABZ 25
Ste-Thérèse (Av.) . . . . . BZ 28
Verdun (R. de) . . . . . BZ 31
Victor-Hugo (Av.) . . . . . BZ 33

XX Aux Acacias — VISA MC

13 r. Résistance – ✆ 02 31 62 10 95 – Fax 02 31 32 59 06 – Fermé merc. soir de déc. à fév., dim. soir et lundi BZ **d**

Rest – Menu 16 € (sem.), 23/45 € – Carte 36/53 € ♀

◆ Nappes et tentures pastel, mobilier en bois peint : un cadre au goût du jour et une cuisine traditionnelle - aux accents du terroir - bénéficiant de la même attention.

XX Le France — VISA MC AE

5 r. au Char – ✆ 02 31 62 03 37 – lefrancerestaurant@wanadoo.fr – Fax 02 31 62 03 37 – Fermé 7-27 janv., dim. soir sauf juil.-août et lundi

Rest – Menu 17/30 € – Carte 30/55 € ♀ BY **v**

◆ Près de la cathédrale, table traditionnelle actualisée, proposée dans un cadre rustique un rien hétéroclite : vieux pressoir, cheminée, poutres, chaises paillées, cuivres et phonographes.

à Ouilly-du-Houley par ②, D 510 et D 262 : 10 km – 193 h. – alt. 55 m – ✉ 14590

X de la Paquine — P VISA MC

rte Moyaux – ✆ 02 31 63 63 80 – paquine@hotmail.com – Fax 02 31 63 63 80 – Fermé 7-28 mars, 4-12 sept., 13-28 nov., dim. soir, mardi soir et merc.

Rest – *(prévenir)* Menu 31 € – Carte 45/59 € ♀

◆ À l'entrée du village, petite auberge fleurie où une carte traditionnelle recomposée de saison en saison est présentée dans un cadre rustique chaleureux, parsemé de références au rugby.

LISLE-SUR-TARN – **81 Tarn** – **338** C7 – **3 683 h.** – **alt. 127 m** –
✉ **81310** 29 **C2**

Paris 668 – Albi 32 – Cahors 105 – Castres 58 – Montauban 46 – Toulouse 51

Office de tourisme, place Mairie ✆ 05 63 40 31 85

Le Romuald

6 r. Port – ✆ 05 63 33 38 85 – Fermé vacances de la Toussaint, dim. soir, mardi soir et lundi

Rest – Menu 11,50 € bc (déj. en sem.), 16/29 € – Carte 21/35 €

◆ Maison à pans de bois du 16e s. au cœur de la bastide. Cuisine traditionnelle et grillades préparées dans la grande cheminée qui agrémente la salle à manger rustique.

LISSES – **91 Essonne** – **312** D4 – **106** 32 – **voir à Paris, Environs (Évry)**

LISTRAC MEDOC – **33 Gironde** – **335** G4 – **1 854 h.** – **alt. 40 m** –
✉ **33480** 3 **B1**

Paris 609 – Bordeaux 38 – Lacanau-Océan 39 – Lesparre-Médoc 31

Auberge des Vignerons avec ch rest, VISA

28 av. Soulac – ✆ 05 56 58 08 68 – Fax 05 56 58 08 99 – Fermé vacances de fév., sam. midi, dim. soir et lundi

7 ch – 40 € 40 €, 7 € – ½ P 60 € – **Rest** – Menu (13 €), 16 € (déj. en sem.), 24/35 € – Carte 34/40 €

◆ Auberge attenante à la maison des Vins. Carte traditionnelle, cave axée sur les crus de Listrac et, visible en salle, chai où mûrit le fameux breuvage. Terrasse côté vignoble.

Les bonnes adresses à petit prix ?
Suivez les Bibs : Bib Gourmand rouge pour les tables
et Bib Hôtel bleu pour les chambres.

LIVRY-GARGAN – **93 Seine-Saint-Denis** – **305** G7 – **101** 18 – **voir à Paris, Environs**

LA LLAGONNE – **66 Pyrénées-Orientales** – **344** D7 – **rattaché à Mont-Louis**

LLO – **66 Pyrénées-Orientales** – **344** D8 – **rattaché à Saillagouse**

LOCHES – **37 Indre-et-Loire** – **317** O6 – **6 328 h.** – **alt. 80 m** – ✉ **37600**
Châteaux de la Loire 11 **B3**

Paris 261 – Blois 68 – Châteauroux 72 – Châtellerault 56 – Tours 42

Office de tourisme, place de la Marne ✆ 02 47 91 82 82, Fax 02 47 91 61 50

de Loches-Verneuil à Verneuil-sur-Indre La Capitainerie, par N 143 : 10 km, ✆ 02 47 94 79 48.

Cité médiévale★★ : donjon★★, église St-Ours★, Porte Royale★, porte des cordeliers★, hôtel de ville★ Y **H** - Chateaux★★ : gisant d'Agnès Sorel★, triptyque★ - Carrières troglodytiques de Vignemont★.

Portail★ de la Chartreuse du Liget E : 10 km par ②.

Plan page ci-contre

Hostellerie des Cordeliers sans rest VISA

5 r. Ponts – ✆ 02 47 59 34 35 – contact@hostelleriedescordeliers.com – Ouvert 16 avril-15 oct. et 15 déc.-2 janv. Y **a**

9 ch – 80/170 € 80/170 €, 12 €

◆ La porte des Cordeliers (accès à la vieille ville) est à deux pas de cette jolie bâtisse du 19e s. qui abrite de belles chambres panachant charme d'antan et confort moderne.

LOCHES

Anciens A.F.N. (Pl. des) Z
Auguste (Bd Ph.) Z
Balzac (R.) YZ
Bas-Clos (Av. des) Y 2
Blé (Pl. au) Y 3
Château (R. du) YZ 5
Cordeliers (Pl. des) Y
Descartes (R.) Y 7
Donjon (Mail du) Z
Droulin (Mail) Z
Filature (Q. de la) Y 8
Foulques-Nerra (R.) Z 9
Gare (Av. de la) Y
Gaulle (Av. Gén.-de) Y 10
Grande-Rue Y 13
Grand Mail (Pl. du) Y 12
Lansyer (R.) Z 14
Marne (Pl. de la) Y
Mazerolles (Pl.) Y 15
Moulins (R. des) Y 16
Pactius (R. T.) Z 17
Picois (R.) Y
Ponts (R. des) Y 18
Porte-Poitevine (R. de la) Z 19
Poterie (Mail de la) Z
Quintefol (R.) YZ
République (R. de la) Y
Ruisseaux (R. des) Z 20
St-Antoine (R.) Y 21
St-Ours (R.) Z 22
Tours (R. de) Y
Verdun (Pl. de) Y
Victor-Hugo (R.) Y
Vigny (R. A.-de) Y
Wermelskirchen (Pl. de) Y 29

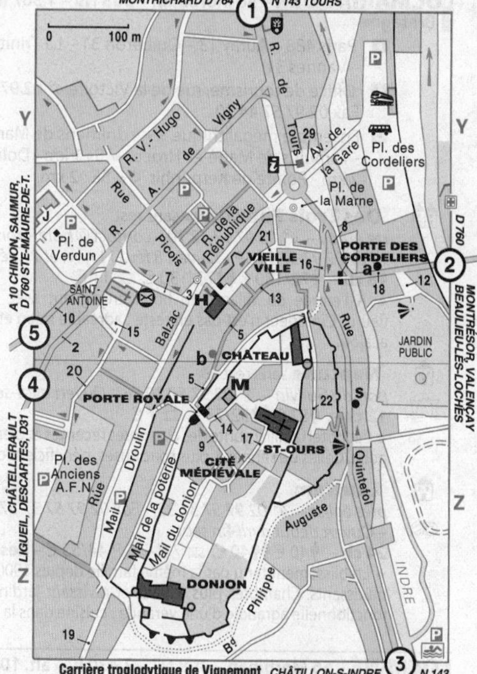

Le George Sand

39 r. Quintefol – ✆ 02 47 59 39 74 – contactgs@hotelrestaurant-georgesand.com – Fax 02 47 91 55 75 – Fermé vacances de fév. Z s

19 ch – †38/45 € ††63/120 €, ☕ 9 € – ½ P 67/149 € – **Rest** – *(fermé dim. soir et lundi midi du 15 oct. au 1er avril)* Menu 20 € (sem.)/73 € – Carte 57/70 €

◆ Cette demeure du 15e s. postée sur les berges de l'Indre ne manque pas d'atouts, à commencer par le bel escalier à vis en pierre menant aux chambres rustiques. Plaisant restaurant (poutres et cheminée) et délicieuse terrasse couverte dominant la rivière.

Luccotel

ch, rest, 15/100, VISA MC AE

12 r. Lézards, 1 km par ⑤ – ✆ 02 47 91 30 30 – luccotel@wanadoo.fr – Fax 02 47 91 30 35 – Fermé 15 déc.-6 janv.

69 ch – †44/70 € ††44/70 €, ☕ 13 € – ½ P 43/49 € – **Rest** – *(fermé sam. midi)* Menu 18/42 € – Carte 32/42 €

◆ Construction récente flanquée de deux annexes dominant la cité médiévale et son château, visibles depuis certaines chambres, avant tout fonctionnelles. La salle à manger moderne et la terrasse offrent une agréable perspective sur la ville.

L'Entracte

4 r. Château – ✆ 02 47 94 05 70 – Fax 02 47 91 55 75 – Fermé dim. soir et lundi midi Y b

Rest – Menu 24 € – Carte environ 25 €

◆ Atmosphère de bouchon lyonnais en ce restaurant situé dans une pittoresque ruelle proche du château ; les plats, inscrits sur de grandes ardoises, sont néanmoins bien d'ici.

LOCMARIAQUER – 56 Morbihan – 308 N9 – 1 367 h. – alt. 5 m – ✉ 56740

Bretagne 9 **A3**

Paris 488 – Auray 13 – Quiberon 31 – La Trinité-sur-Mer 10 – Vannes 31

Office de tourisme, rue de la Victoire ✆ 02 97 57 33 05, Fax 02 97 57 44 30

Ensemble mégalithique ★★ - dolmens de Mané Lud★ et de Mané Rethual★ - Tumulus de Mané-er-Hroech★ S : 1 km - Dolmen des Pierres Plates★ SO : 2 km - Pointe de Kerpenhir ≤★ SE : 2 km.

Des Trois Fontaines sans rest

rte Auray – ✆ 02 97 57 42 70 – contact@hotel-troisfontaines.com – Fax 02 97 57 30 59 – Ouvert 8 fév.-11 nov. et 21 déc.-7 janv.

18 ch – 72/130 € 72/130 €, 11 €

◆ À l'entrée du village, un hôtel engageant avec sa façade galbée et ses abords fleuris. L'intérieur n'est pas en reste : agréable salon et chambres dotées de meubles en acajou.

Neptune sans rest

port du Guilvin – ✆ 02 97 57 30 56 – Ouvert avril-sept.

12 ch – 52 € 52/73 €, 7 €

◆ Cet hôtel familial abrite des chambres récentes et bien aménagées offrant une vue sur le golfe. Celles de l'annexe, plus spacieuses, bénéficient d'une petite terrasse.

Lautram

près église – ✆ 02 97 57 31 32 – Fax 02 97 57 37 87 – Ouvert début avril-fin sept.

24 ch – 40 € 40 €, 7 € – ½ P 44/55 € – **Rest** – Menu 14/32 €

◆ Établissement tenu par la même famille depuis 1900. Aménagements simples, un peu mûrissants. Chambres plus calmes et ravissant jardinet à l'annexe. Salle de restaurant fonctionnelle agrandie d'une véranda ; cuisine dans la note régionale.

LOCMINÉ – 56 Morbihan – 308 N7 – 3 430 h. – alt. 108 m – ✉ 56500

Bretagne 10 **C2**

Paris 453 – Lorient 52 – Pontivy 24 – Quimper 114 – Rennes 104 – Vannes 29

Syndicat d'initiative, place Anne de Bretagne ✆ 02 97 60 00 37, Fax 02 97 44 24 64

à Bignan Est : 5 km par D 1 – 2 546 h. – alt. 148 m – ✉ 56500

Auberge La Chouannière

– ✆ 02 97 60 00 96 – Fax 02 97 44 24 58 – Fermé 6-22 mars, 2-12 juil., 1er-18 oct., dim. soir, merc. soir et lundi

Rest – Menu 20 € (sem.)/70 €

◆ L'enseigne rappelle à notre bon souvenir Pierre Guillemot, farouche lieutenant de Cadoudal, natif du village. Sobre décor, chaises de style Louis XVI et cuisine classique.

LOCQUIREC – 29 Finistère – 308 J2 – 1 293 h. – alt. 15 m – ✉ 29241

Bretagne 9 **B1**

Paris 534 – Brest 81 – Guingamp 52 – Lannion 22 – Morlaix 26

Office de tourisme, place du Port ✆ 02 98 67 40 83, Fax 02 98 79 32 50

Église★ - Pointe de Locquirec★ 30 mn - Table d'orientation de Marc'h Sammet ≤★ O : 3 km.

Le Grand Hôtel des Bains ≤ la baie, rest,

15 bis r. Église – ✆ 02 98 67 41 02 – hotel.des.bains@wanadoo.fr – Fax 02 98 67 44 60

36 ch – 132/218 € 193/246 €, 12,50 € – ½ P 165/230 € – **Rest** – *(dîner seult)* Menu 34 € – Carte 48/73 €

◆ Piscine d'eau salée, beau jardin à fleur d'eau, salles de massages et chambres de style "balnéaire" contemporain : autant d'atouts pour ce lieu où fut tourné l'Hôtel de la plage. Restaurant chic (lambris pastel) et cuisine iodée face à la baie.

LOCRONAN – 29 Finistère – 308 F6 – 799 h. – alt. 105 m – ✉ 29180
Bretagne

9 **A2**

Paris 576 – Brest 66 – Briec 22 – Châteaulin 18 – Crozon 33 – Douarnenez 11 – Quimper 16

Office de tourisme, place de la Mairie ✆ 02 98 91 70 14, Fax 02 98 51 83 64

Place★★ - Église St-Ronan et chapelle du Pénity★★ - Montagne de Locronan ✱★ E : 2 km.

Le Prieuré
ch, VISA AE

11 r. Prieuré – ✆ 02 98 91 70 89 – leprieure1@aol.com – Fax 02 98 91 77 60 – Hôtel : Ouvert 15 mars-11 nov., rest : fermé vacances de fév. et vend. soir de nov. à avril

15 ch – 50/55 € 58/68 €, 8,50 € – ½ P 54/61 € – **Rest** – Menu (13 €), 18/45 € – Carte 17/54 €

◆ Petit hôtel familial situé à l'entrée du pittoresque et célèbre village breton. Davantage de calme dans les chambres côté jardin ou à l'annexe (plus anciennes). Repas traditionnel dans un cadre chaleureux : poutres, moellons, cheminée et mobilier régional.

au Nord-Ouest : 3 km par rte secondaire – ✉ 29550 Plonévez-Porzay

Manoir de Moëllien
ch, VISA AE

– ✆ 02 98 92 50 40 – manmoel@aol.com – Fax 02 98 92 55 21 – Fermé début janv.-25 mars

18 ch – 68 € 68 €, 10 € – ½ P 72/105 € – **Rest** – *(fermé merc. de fin sept. à mi juin) (dîner seult) (résidents seult)* Menu 30 €

◆ Joli manoir du 17e s. isolé dans un vaste parc en pleine campagne. Les chambres, aménagées dans les dépendances, profitent du grand calme. Imposantes cheminées au restaurant.

LOCTUDY – 29 Finistère – 308 F8 – 3 659 h. – alt. 8 m – ✉ 29750 Bretagne 9 **A2**

Paris 587 – Rennes 236 – Quimper 26 – Concarneau 40 – Douarnenez 40

Office de tourisme, place des Anciens Combattants ✆ 02 98 87 53 78, Fax 02 98 87 57 07

Auberge Pen Ar Vir
VISA

r. cdt. Carfort – ✆ 02 98 87 57 09 – auberge.pen.arvir@wanadoo.fr – Fax 02 98 87 57 62 – Fermé 29 oct.-11 nov., 7-23 janv., mardi, merc. d'oct. à mars, dim. soir sauf du 14 juil.-15 août et lundi

Rest – Menu (19 €), 29/65 € – Carte 49/65 €

◆ Villa récente dans un joli jardin (apéritifs) au bord d'un bras de mer. Intérieur contemporain "tendance" ; courte carte privilégiant produits du marché et de la pêche locale.

LOCUNOLE – 29 Finistère – 308 K7 – 869 h. – alt. 109 m – ✉ 29310 9 **B2**

Paris 530 – Rennes 179 – Quimper 61 – Lorient 34 – Lanester 34

Ster Wen sans rest

Le Pouldu – ✆ 02 98 71 31 63 – ster.wen@free.fr

4 ch – 47 € 52 €

◆ Au calme, entourée de verdure, maison ancienne (1790) et typée vous logeant dans des chambres aux tons apaisants. Petit-déj' breton près de la cheminée et du vieux vaisselier.

Nous essayons d'être le plus exact possible dans les prix que nous indiquons. Mais tout bouge ! Lors de votre réservation, pensez à vous faire préciser le prix du moment.

LODÈVE – 34 Hérault – 339 E6 – 6 900 h. – alt. 165 m – ✉ 34700
Languedoc Roussillon

23 **C2**

Paris 695 – Alès 98 – Béziers 63 – Millau 60 – Montpellier 55 – Pézenas 39

Office de tourisme, 7 place de la République ✆ 04 67 88 86 44

Anc. cathédrale St-Fulcran★ - Musée de Lodève★ - Cirque du Bout du Monde★.

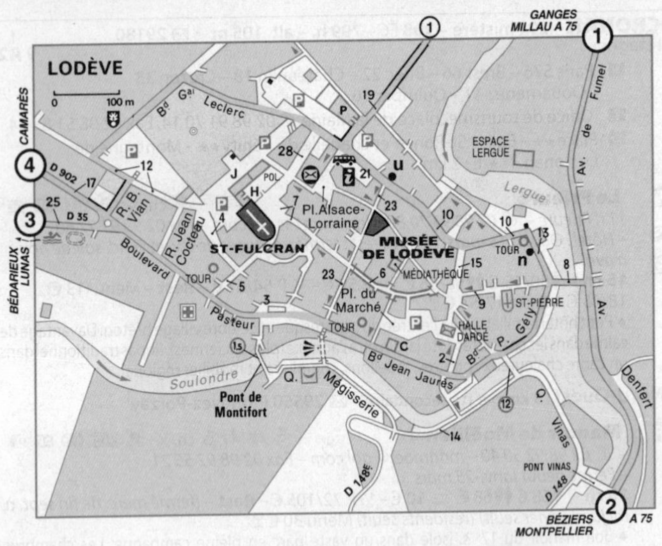

Baudin (R.) 2
Bouquerie (Bd et Pl. de la) 3
Galtier (R. J.) 4
Gambetta (Bd) 5
Grand'Rue 6
Hôtel-de-Ville
(Pl. et R. de l') 7
Lergue (Pont de) 8
Lergue (R. de) 9
Liberté (Bd de la) 10
Maury (Bd J.) 12
Montalangue (Bd) 13
Montbrun (R.) 14
Neuve des Marchés (R.) 15
Railhac (Bd J.) 17
République (Av. de la) 19
République (Pl.) 21
République (R.) 23
Vallot (Av. J.) 25
4-Septembre
(R. du) 28

Paix

11 bd Montalangue – ☎ 04 67 44 07 46 – hotel-de-la-paix@wanadoo.fr – Fax 04 67 44 30 47 – Fermé 12-30 nov., 1er fév.-10 mars, dim. soir et lundi d'oct. à avril sauf vacances scolaires n

23 ch – 45 € 60 €, 7,50 € – 1 suite – ½ P 56 € – **Rest** – Menu 18/32 € – Carte 26/38 €

◆ Aux portes des Grands Causses, ancien relais de poste abritant des chambres progressivement rénovées dans un style provençal coloré. Le charme mauresque du patio-terrasse (grill l'été) évoque l'Andalousie : murs ocre, mosaïques, tomettes, palmiers et piscine.

Du Nord sans rest

cuisinette

18 bd Liberté – ☎ 04 67 44 10 08 – hoteldunord.lodeve@wanadoo.fr – Fax 04 67 44 92 78 – Ouvert juin-oct. u

25 ch – 39/42 € 44/48 €, 6 € – 1 suite

◆ Le compositeur Georges Auric est né en 1899 dans ce vieil hôtel du centre. Aujourd'hui entièrement refait, il abrite des chambres sobres et insonorisées.

Domaine du Canalet sans rest

av. Joseph Vallot, par ③ – ☎ 04 67 44 29 33 – muriel@domaineducanalet.com – Fax 04 67 44 29 33

4 ch – 185/250 € 185/250 €, 15 €

◆ Plus qu'une maison d'hôte, cette demeure est aussi une galerie d'art où toutes les œuvres exposées sont en vente. Chambres personnalisées avec brio autour d'artistes nés dans la région. Cours d'eau et séquoias dans le parc.

à Poujols **Nord : 6,5 km par N 9 et D 149 – 125 h. – alt. 250 m – ✉ 34700**

Le Temps de Vivre

rte Pegairolles – ☎ 04 67 44 03 78 – Fax 04 67 44 03 78 – Fermé déc., janv., dim. soir, lundi et merc.

Rest – Menu (20 €), 29/48 € – Carte 43/81 €

◆ Agrippé à une colline dominant la vallée de l'Escalette, ce restaurant abrite deux salles dont une véranda ouverte sur la nature. Recettes personnalisées et vins régionaux.

LODS – 25 Doubs – 321 H4 – 271 h. – alt. 361 m – ✉ 25930
▮ Franche-Comté Jura 17 **C2**

▶ Paris 440 – Baume-les-Dames 50 – Besançon 37 – Levier 22 – Pontarlier 25 – Vuillafans 5

Truite d'Or P, VISA MC AE
– ✆ *03 81 60 95 48 – la-truite-dor@wanadoo.fr – Fax 03 81 60 95 73 – Fermé 15 déc.-30 janv., dim. soir et lundi d'oct. à mai*
11 ch – †46 € ††46 €, ☕ 6,50 € – ½ P 50 € – **Rest** – Menu 17/43 € – Carte 26/43 €
◆ À l'entrée de ce pittoresque village des berges de la Loue, une ancienne maison de tailleur de pierre qui comblera les amateurs de pêche et les autres. Chambres modestes. À table, la truite est le point d'orgue d'un répertoire dans la note régionale.

LOGELHEIM – 68 Haut-Rhin – 315 I8 – rattaché à Colmar

LES LOGES-EN-JOSAS – 78 Yvelines – 311 I3 – 101 23 – voir à Paris, Environs

LOGNES – 77 Seine-et-Marne – 312 E2 – 101 J29 – voir à Paris, Environs (Marne-la-Vallée)

Comment choisir entre deux adresses équivalentes ?
Dans chaque catégorie, les établissements sont classés par ordre de préférence : nos coups de cœur d'abord.

LOHÉAC – 35 Ille-et-Vilaine – 309 K7 – 603 h. – alt. 50 m – ✉ 35550 10 **D2**

▶ Paris 380 – Châteaubriant 51 – Ploërmel 47 – Redon 33 – Rennes 35
◙ Manoir de l'automobile★★, ▮ **Bretagne.**

La Gibecière ch, P VISA MC AE
22 r. de la Poste – ✆ 02 99 34 06 14 – lagibeciere@wanadoo.fr – Fax 02 99 34 10 37 – Fermé 8-22 juil. et 9-25 fév.
25 ch – †33 € ††37 €, ☕ 6,50 € – ½ P 40/59 € – **Rest** – *(fermé dim. soir)* Menu 12 € (sem.)/57 € bc – Carte 21/32 €
◆ Hôtellerie familiale officiant au centre du bourg qui abrite le Manoir de l'Automobile. Chambres assez simples. Préférez celles de l'annexe, plus spacieuses et confortables. Décor sobre au restaurant, fréquenté par les hommes d'affaires de la région.

LOIRÉ – 49 Maine-et-Loire – 317 D3 – 754 h. – alt. 39 m – ✉ 49440 34 **B2**

▶ Paris 322 – Ancenis 35 – Angers 45 – Châteaubriant 34 – Laval 66 – Nantes 69 – Rennes 84

Auberge de la Diligence 15, VISA MC AE
4 r. Libération – ✆ 02 41 94 10 04 – info@diligence.fr – Fax 02 41 94 10 04 – Fermé 31 mars-9 avril, 4-27 août, 1er-8 janv., sam. midi, dim. soir et lundi
Rest – *(nombre de couverts limité, prévenir)* Menu 23/69 € – Carte 38/62 €
◆ Auberge du 18e s. ayant plus d'un atout pour séduire : salle rustique agrémentée d'une grande cheminée, généreuse cuisine classique personnalisée et bonne sélection de vins régionaux.

LOMENER – 56 Morbihan – 308 K8 – rattaché à Ploemeur

LONDINIÈRES – 76 Seine-Maritime – **304** I3 – **1 158 h.** – **alt. 78 m** – ✉ 76660 33 **D1**

Paris 147 – Amiens 78 – Dieppe 27 – Neufchâtel-en-Bray 14 – Le Tréport 31

Syndicat d'initiative, Mairie ☎ 02 35 93 80 08, Fax 02 35 94 42 75

Auberge du Pont VISA MC AE

14 r. du Pont de Pierre – ☎ 02 35 93 80 47 – Fax 02 32 97 00 57 – Fermé 1er-15 fév., dim. soir et lundi

Rest – Menu 13/35 € – Carte 25/38 €

◆ Petite auberge normande située sur les bords de l'Eaulne. On y propose une cuisine régionale dans une salle à manger rustique aux tables un peu serrées.

LA LONGEVILLE – 25 Doubs – **321** I4 – **rattaché à Montbenoît**

LONGJUMEAU – 91 Essonne – **312** C3 – **101** 35 – **voir à Paris, Environs**

LONGUES – 63 Puy-de-Dôme – **326** G9 – **rattaché à Vic-le-Comte**

LONGUEVILLE-SUR-SCIE – 76 Seine-Maritime – **304** G3 – **936 h.** – **alt. 61 m** – ✉ 76590 33 **D1**

Paris 183 – Dieppe 20 – Le Havre 97 – Rouen 52

Le Cheval Blanc VISA MC AE

3 r. Guynemer – ☎ 02 35 83 30 03 – Fax 02 35 83 30 03 – Fermé 10-31 août, 15-24 fév., dim. soir, lundi soir et merc.

Rest – Menu 12 € (déj. en sem.), 30/44 € – Carte 45/53 €

◆ Aimable auberge située au centre du bourg. Une cuisine au goût du jour vous sera servie sous les poutres d'une petite salle à manger rustique aux tons frais et lumineux.

LONGUYON – 54 Meurthe-et-Moselle – **307** E2 – **5 876 h.** – **alt. 213 m** – ✉ 54260 26 **B1**

Paris 314 – Metz 79 – Nancy 133 – Sedan 69 – Thionville 56 – Verdun 48

Office de tourisme, place S. Allende ☎ 03 82 39 21 21

Le Mas et H. Lorraine avec ch 40, VISA MC AE

65 r. Augistrou, face gare – ☎ 03 82 26 50 07 – mas.lorraine@wanadoo.fr – Fax 03 82 39 26 09 – Fermé 7 janv.-1er fév.

14 ch – 50/57 € 60/69 €, 8 € – ½ P 58/79 € – **Rest** – *(fermé mardi midi et lundi sauf fériés)* Menu 21 € (sem.)/65 € – Carte 48/65 €

◆ La bâtisse, reconstruite après la Grande Guerre, abrite une chaleureuse salle de restaurant et des chambres pratiques. La terrasse surplombe le potager et la rivière.

à Rouvrois-sur-Othain (Meuse) Sud : 7,5 km par N 18 – **190 h.** – **alt. 223 m** – ✉ 55230

La Marmite AC VISA MC AE

11 rte Nationale – ☎ 03 29 85 90 79 – Fax 03 29 85 99 23 – Fermé 16-23 août, dim. soir, lundi et mardi sauf fériés

Rest – Menu 15 € (sem.)/53 € – Carte 28/61 €

◆ Les petits plats mijotés, inspirés par le terroir, sont généreusement servis dans la salle à manger de cet ancien café de village. En saison, épanouissement floral en façade.

LONGVILLERS – 14 Calvados – **303** I5 – **rattaché à Villers-Bocage**

LONGWY – 54 Meurthe-et-Moselle – **307** F1 – **14 521 h.** – **alt. 262 m** – ✉ 54400 26 **B1**

Alsace Lorraine

Paris 328 – Luxembourg 38 – Metz 64 – Thionville 41

Office de tourisme, place Darche ☎ 03 82 24 27 17, Fax 03 82 24 77 75

Musée municipal : collection de fers à repasser★ M.

LONGWY

Aviation (Av. de l') . . . . A
Banque (R. de la) . . . . . . AB
Boismont (R. de). . . . . . . AB
Briand (R. A.) . . . . A 2
Carnot (R.) . . . . B 3
Chiers (R. de la) . . . . B
Darche (Pl. du Col.) . . . . . . A 5
Faïencerie (R. de la) . . . . . . B
Foch (Av. du Mar.). . . . . A
Friclot (R. Abbé). . . . . A 6
Gaulle (Av. Ch.-de) . . . . . AB
Giraud (Pl.) . . . . B 8
Huart (R. Hippolyte d') . . . . B
Labro (R. Albert). . . . . B
Lattre-de-Tassigny
(Av. Mar.-de). . . . . B 9
Leclerc (Pl. du Gén.) . . . . . B 12
Legendre (R.). . . . . A
Malraux (Av. André). . . . . . A
Margaine (R.) . . . . A 13
Mercy (R.) . . . . A
Merlin (R. du Col.) . . . . B 15
Metz (R. de) . . . . B
Pershing (R. du Gén.) . . . . . B 16
Poincaré (Av. Raymond) . . A
République (Av. de la). . . . . A
Saintignon (Av. de) . . . . . AB
St-Louis (R.) . . . . B
Stanislas (R.) . . . . A
Tanneries (R. des) . . . . B 18
11-Nov.-1918 (Pl. du). . . . . A 19

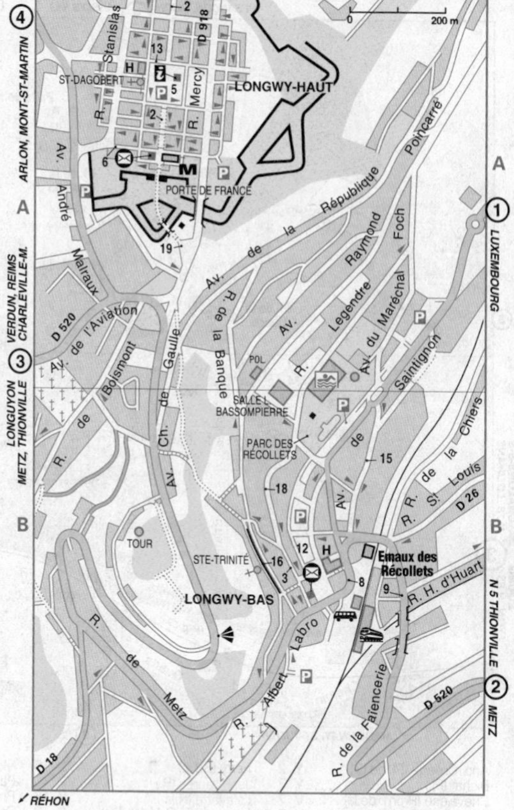

à Méxy Sud : 3 km par ② (N 52) – 1 997 h. – alt. 369 m – ✉ 54135

Ibis ch, ch, 25, VISA
r. Château d'Eau – ✆ *03 82 23 14 19* – *h2051@accor.com*
– *Fax 03 82 25 61 06*
62 ch – †52/61 € ††52/61 €, ☕ 7 € – **Rest** – *(fermé sam. midi)* Menu 15/25 €
– Carte 17/34 € ♀
◆ Établissement situé à proximité d'un axe passant. Les installations sont spacieuses, l'équipement complet et le mobilier contemporain. Chambres de style actuel. Assiettes gourmandes et formule buffets à découvrir dans un sobre décor ou en terrasse.

LONS-LE-SAUNIER Ⓟ – **39 Jura** – **321** D6 – **18 483 h.** – **alt. 255 m** – **Stat. therm. : début avril-fin oct.** – **Casino** – ✉ **39000** Franche-Comté Jura 16 **B3**

Paris 408 – Besançon 84 – Bourg-en-Bresse 73 – Chalon-sur-Saône 61

Syndicat d'initiative, place du 11 Novembre ✆ 03 84 24 65 01, Fax 03 84 43 22 59

du Val de Sorne Vernantois, S : 6 km par D 117 et D 41, ✆ 03 84 43 04 80.

Rue du Commerce★ - Théâtre★ - Pharmacie★ de l'Hôtel-Dieu.

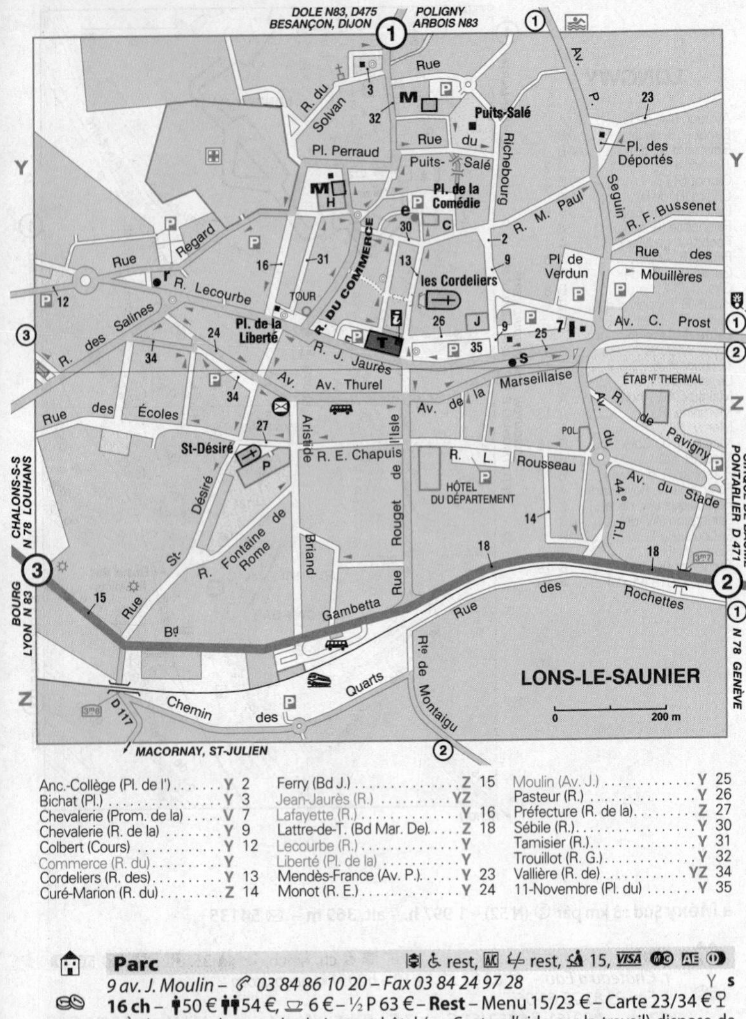

Anc.-Collège (Pl. de l') . . . . Y 2
Bichat (Pl.) . . . . Y 3
Chevalerie (Prom. de la) . . . . . V 7
Chevalerie (R. de la) . . . . Y 9
Colbert (Cours) . . . . Y 12
Commerce (R. du) . . . . Y
Cordeliers (R. des) . . . . Y 13
Curé-Marion (R. du) . . . . Z 14
Ferry (Bd J.) . . . . Z 15
Jean-Jaurès (R.) . . . . YZ
Lafayette (R.) . . . . Y 16
Lattre-de-T. (Bd Mar. De) . . . . Z 18
Lecourbe (R.) . . . . Y
Liberté (Pl. de la) . . . . Y
Mendès-France (Av. P.) . . . . . . Y 23
Monot (R. E.) . . . . Y 24
Moulin (Av. J.) . . . . Y 25
Pasteur (R.) . . . . Y 26
Préfecture (R. de la) . . . . Z 27
Sébile (R.) . . . . Y 30
Tamisier (R.) . . . . Y 31
Trouillot (R. G.) . . . . Y 32
Vallière (R. de) . . . . YZ 34
11-Novembre (Pl. du) . . . . Y 35

Parc — rest, rest, 15, VISA MC AE
9 av. J. Moulin – ✆ 03 84 86 10 20 – Fax 03 84 24 97 28 — Y **s**
16 ch – 50 € 54 €, 6 € – ½ P 63 € – **Rest** – Menu 15/23 € – Carte 23/34 €
◆ À deux pas du parc des bains, cet hôtel (un Centre d'aide par le travail) dispose de chambres fonctionnelles, dotées de meubles en bois cérusé et sans détails superflus. Sobre salle à manger et cuisine simple utilisant les produits régionaux.

Nouvel Hôtel sans rest — VISA MC AE
50 r. Lecourbe – ✆ 03 84 47 20 67 – nouvel.hotel39@wanadoo.fr – Fax 03 84 43 27 49 – Fermé 21 déc.-6 janv. — Y **r**
26 ch – 38 € 44/53 €, 7,50 €
◆ Des maquettes de bateaux réalisées par le maître des lieux décorent le hall de cet hôtel central. Chambres fonctionnelles bien tenues, accueil chaleureux et prix attractifs.

La Comédie — VISA MC
65 r. Agriculture – ✆ 03 84 24 20 66 – Fax 03 84 24 12 64 – Fermé 2-15 avril, 1er-22 août, 1er-7 janv., dim. et lundi — Y **e**
Rest – Menu 18/32 €
◆ Cette jolie façade abrite une salle à manger contemporaine ouverte sur une cour intérieure où l'on dresse la terrasse d'été. Goûteuse carte classique et spécialités de poissons.

à Chille par ① rte de Besançon et D 157 : 3 km – **254 h.** – **alt. 330 m** – ✉ **39570**

Parenthèse rest, 30, VISA
186 chemin du Pin – ✆ *03 84 47 55 44* – *parenthese.hotel@wanadoo.fr* – *Fax 03 84 24 92 13* – *Fermé 21-31 déc.*
34 ch – 90/141 € 90/141 €, 11 € – ½ P 82/108 € –
Rest – *(fermé dim. soir sauf juil.-août, sam. midi et lundi midi)* Menu 19 € (sem.)/51 € – Carte 40/64 €
◆ Au cœur d'un parc, une parenthèse idéale sur la route des vignobles. Cette ex-résidence de séminaristes abrite trois types de chambres contemporaines portant des noms d'artistes. Au restaurant, cuisine dans l'air du temps fidèle aux produits du terroir.

au Sud par D 117 et D 41 : 6 km – ✉ **39570 Vernantois**

Domaine du Val de Sorne rest, ch, 50/100, VISA
– ✆ *03 84 43 04 80* – *info@valdesorne.com* – *Fax 03 84 47 31 21* – *Fermé 19 déc.-3 janv.*
36 ch – 65/112 € 71/122 €, 10 € – ½ P 60/85 € –
Rest – *(fermé sam. midi, dim. soir et lundi midi hors saison)* Menu (14 €), 17/29 € – Carte 20/31 €
◆ Au cœur du golf du Val de Sorne, construction régionale moderne proposant des équipements de loisirs de qualité. Les chambres, de bon confort, sont peu à peu refaites. Restaurant avec vue sur les greens, carte traditionnelle, et en été, grillades et salades.

à Courlans par ③ rte de Chalon, N 78 : 6 km – **737 h.** – **alt. 227 m** – ✉ **39570**

Hôberge de Chavannes avec ch VISA
av. Chalon – ✆ *03 84 47 05 52* – *contact@auberge-de-chavannes.com* – *Fax 03 84 43 26 53* – *Fermé 19-29 mars, 2-18 janv., 19-28 fév., dim. soir, mardi midi et lundi du 15 sept. au 15 juin*
11 ch – 80/120 € 100/160 €, 15 € – ½ P 135/150 € –
Rest – *(nombre de couverts limité, prévenir)* Menu (28 €), 80 € – Carte environ 60 €
◆ Cette auberge propose une cuisine créative dans un cadre contemporain épuré ou sur la terrasse d'été dressée dans le jardin. Chambres décorées sur le thème du voyage.

Le LONZAC – 19 Corrèze – 329 L3 – 772 h. – alt. 450 m – ✉ 19470 25 C2

Paris 479 – Limoges 90 – Tulle 29 – Brive-la-Gaillarde 62 – Ussel 81

Auberge du Rochefort avec ch VISA
36 av. Libération – ✆ *05 55 97 93 42* – *auberge-du-rochefort@wanadoo.fr* – *Fax 05 55 98 06 63* – *Fermé 1er-15 oct. et mardi*
6 ch – 45 € 50/60 €, 7 € – ½ P 63 € – **Rest** – Menu 18/36 € – Carte 37/47 €
◆ Cette maison à colombages typique semble sortie d'une carte postale. Salle à manger rustique où l'accueil est à la hauteur de la cuisine, actuelle et soignée. Table d'hôtes. L'étage abrite six chambres refaites, douillettes et fonctionnelles.

LORAY – 25 Doubs – 321 I4 – 404 h. – alt. 745 m – ✉ 25390 17 C2

Paris 448 – Baume-les-Dames 35 – Besançon 46 – Morteau 22 – Pontarlier 41

Robichon avec ch VISA
22 Grande Rue – ✆ *03 81 43 21 67* – *accueil@hotel-robichon.com* – *Fax 03 81 43 26 10* – *Fermé 20-30 janv., dim. soir et lundi sauf juil.-août*
11 ch – 45/55 € 49/55 €, 9 € – ½ P 50/55 € – **Rest** – Menu 13 € (déj. en sem.), 25/45 € – Carte 31/59 €
Rest *P'tit Bichon* – *(fermé dim. soir et lundi soir)* Carte 24/48 €
◆ Robuste maison régionale située au centre du bourg. Salle à manger moderne agrémentée de plantes vertes et de claustras ; cuisine traditionnelle. Chambres rénovées. Au P'tit Bichon, décor façon chalet franc-comtois, plats régionaux, grillades et menu du jour.

LORGUES – 83 Var – **340** N5 – **7 319 h.** – **alt. 200 m** – ✉ 83510
Côte d'Azur 41 **C3**

Paris 841 – Brignoles 34 – Draguignan 12 – Fréjus 37 – St-Raphaël 41 – Toulon 72

Office de tourisme, 1 place Ruffy ✆ 04 94 73 92 37

La Bastide du Pin ch,

1017 rte de Salerne D10 : 1 km – ✆ 04 94 73 90 38 – bastidedupin@wanadoo.fr – Fax 04 94 73 63 01

7 ch – 75/110 € 80/115 € – **Rest** – table d'hôte *(dîner seult) (résidents seult)* Menu 25 € bc

◆ Ancienne bastide oléicole et vinicole (18e s.) convertie en maison d'hôte de charme. Calmes chambres provençales, piscine au vert et petit-déjeuner soigné servi en plein air à la belle saison.

Bruno avec ch ch,

Sud-Est : 3 km par rte des Arcs – ✆ 04 94 85 93 93 – chezbruno@wanadoo.fr – Fax 04 94 85 93 99 – Fermé dim. soir et lundi du 15 sept. au 15 juin

6 ch – 100 € 200/306 €, 15 € – **Rest** – *(prévenir)* Menu 60/120 €

Spéc. Pomme de terre à la crème de truffe et truffes fraîches. Caviar de truffe, blinis, tomate confite et crème fouettée aux truffes. Épaule d'agneau de lait confite et garniture de légumes. **Vins** Coteaux Varois, Côtes de Provence.

◆ Un chef truculent, vouant une passion au précieux tubercule, tient ce mas entouré de vignes. Décor rustico-provençal charmant, choix limité à un menu où entrent truffes d'hiver et d'été, jolies chambres en rez-de-jardin.

Le Chrissandier

18 cours de la République – ✆ 04 94 67 67 15 – christophe.chabredier@wanadoo.fr – Fax 04 94 67 67 15 – Fermé janv., mardi et merc. d'oct. à juin

Rest – Menu 27/52 € – Carte 47/67 €

◆ Salle à manger rustico-bourgeoise (poutres, cheminée) et sa jolie terrasse d'été installée dans une petite cour intérieure. Cuisine traditionnelle rythmée par les saisons.

au Nord-Ouest par rte de Salernes, D 10 et rte secondaire : 8 km – ✉ 83510

Château de Berne ch, 20/30,

– ✆ 04 94 60 48 88 – auberge@chateauberne.com – Fax 04 94 60 48 89 – Ouvert 2 mars-3 nov.

19 ch – 195/295 € 225/430 € – 1 suite – ½ P 175/265 € –

Rest – Menu 19 € (déj.), 49 € (dîner)/99 € – Carte 44/82 €

◆ Jolies chambres provençales, expositions, concerts, espace forme, école du vin, de cuisine et d'aquarelle réunis au cœur d'un domaine viticole. Elégants restaurants et terrasse sous tonnelle. Produits du marché, potager "bio", formule légère le midi (grillades).

LORIENT – 56 Morbihan – **308** K8 – **59 189 h.** – **Agglo. 116 174 h.** – **alt. 4 m** – ✉ 56100 Bretagne 9 **B2**

Paris 503 – Quimper 69 – St-Brieuc 116 – St-Nazaire 146 – Vannes 60

de Lorient-Bretagne Sud : ✆ 02 97 87 21 50, par D 162 : 8 km AZ.

Office de tourisme, quai de Rohan ✆ 02 97 21 07 84, Fax 02 97 21 99 44

de Valqueven à Quéven Lieu dit Kerruisseau, N : 8 km par D 765, ✆ 02 97 05 17 96.

Base des sous-marins★ AZ - Intérieur★ de l'église N.-D.-de-Victoire BY **E.**

Plan page ci-contre

Mercure sans rest 15/30,

31 pl. J. Ferry – ✆ 02 97 21 35 73 – h0873@accor.com – Fax 02 97 64 48 62

58 ch – 88/90 € 96/98 €, 12 € BZ**m**

◆ Situation très pratique : commerces, palais des congrès et bassin à flot sont à proximité. Le décor du salon-bar et des chambres évoque discrètement la Compagnie des Indes.

Cléria sans rest 15,

27 bd Mar. Franchet d'Esperey – ✆ 02 97 21 04 59 – info@hotel-cleria.com – Fax 02 97 64 19 10 AY **f**

33 ch – 52/60 € 58/70 €, 9,50 €

◆ Coquets salons marins, patio apprêté aux beaux jours, chambres claires, mobilier actuel, literie neuve et petites salles de bains refaites caractérisent cet établissement.

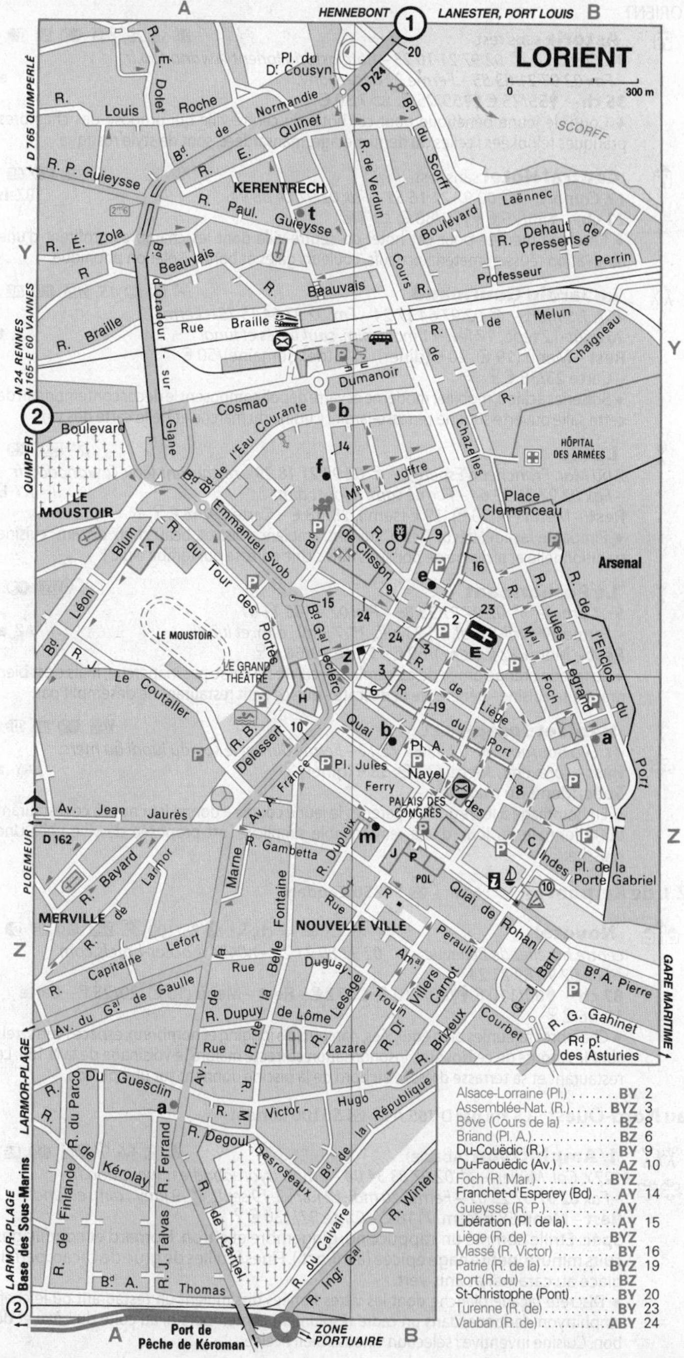
LORIENT
0
300 m
HENNEBONT
LANESTER, PORT LOUIS
D 765 QUIMPERLÉ
N 24 RENNES
N 165-E 60 VANNES
QUIMPER
PLOEMEUR
D 162
LARMOR-PLAGE
LARMOR-PLAGE
Base des Sous-Marins
GARE MARITIME
Port de
Pêche de Kéroman
ZONE
PORTUAIRE
SCORFF
KERENTRECH
LE MOUSTOIR
LE MOUSTOIR
LE GRAND THÉÂTRE
HÔPITAL DES ARMÉES
Arsenal
Place Clemenceau
PALAIS DES CONGRÈS
MERVILLE
NOUVELLE VILLE
Pl. de la Porte Gabriel
Rd pt des Asturies
Alsace-Lorraine (Pl.) . . . . BY 2
Assemblée-Nat. (R.) . . . . BYZ 3
Bôve (Cours de la) . . . . BZ 8
Briand (Pl. A.) . . . . BZ 6
Du-Couëdic (R.) . . . . BY 9
Du-Faouëdic (Av.) . . . . AZ 10
Foch (R. Mar.) . . . . BYZ
Franchet-d'Esperey (Bd) . . . . AY 14
Guieysse (R. P.) . . . . AY
Libération (Pl. de la) . . . . . . AY 15
Liège (R. de) . . . . BYZ
Massé (R. Victor) . . . . BY 16
Patrie (R. de la) . . . . BYZ 19
Port (R. du) . . . . BZ
St-Christophe (Pont) . . . . BY 20
Turenne (R. de) . . . . BY 23
Vauban (R. de) . . . . ABY 24

Astoria sans rest 25, VISA MC AE D
3 r. Clisson – 02 97 21 10 23 – hotelastoria.lorient@wanadoo.fr
– Fax 02 97 21 03 55 – Fermé 22 déc.-6 janv. BY **e**
35 ch – 55/75 € 55/75 €, 7,50 €
◆ Coup de jeune bénéfique pour cet hôtel du centre-ville qui propose des chambres pratiques relookées ; celles du dernier étage, mansardées, sont de style rustique.

Central Hôtel sans rest VISA MC AE
1 r. Cambry – 02 97 21 16 52 – Fax 02 97 84 88 94 BZ **b**
21 ch – 50/75 € 54/80 €, 7 €
◆ Enseigne méritée pour cet hôtel du centre-ville dont les chambres profitent d'une rénovation réussie : matériaux neufs, couleurs gaies et bonne isolation phonique.

Le Jardin Gourmand 15, VISA MC AE
46 r. J. Simon – 02 97 64 17 24 – Fax 02 97 64 15 75 – Fermé 26 août-12 sept., 17 fév.-11 mars, dim. sauf fériés et lundi AY **t**
Rest – Menu (19 €), 20 € (dîner), 23 € (déj. semaine)/50 € – Carte 23/38 €
◆ Boiseries acajou, mobilier moderne et verre dépoli composent le décor contemporain de cette salle ouverte sur une terrasse-jardin. Cuisine du marché et belle carte des vins.

Le Pic VISA MC
2 bd Mar. Franchet d'Esperey – 02 97 21 18 29 – restaurant.lepic@wanadoo.fr – Fax 02 97 21 92 64 – Fermé sam. midi et dim. AY **b**
Rest – Menu (14,50 €), 19 € (sem.), 28/38 € – Carte 29/48 €
◆ Pimpante façade, décor "rétro" rutilant, ambiance bistrot, beau choix de vins, cuisine traditionnelle et arrivage de poissons frais... Une adresse qui tombe à pic !

Le Pécharmant VISA MC
5 r. Carnel – 02 97 21 33 86 – Fax 02 97 35 11 01 – Fermé 29 avril-8 mai, 1er-23 juil., 1er-7 janv., dim. et lundi AZ **a**
Rest – Menu 22 € (sem.)/69 € – Carte 39/60 €
◆ La façade orange ornée de casseroles en cuivre ne passe pas inaperçue, mais c'est bien grâce à sa cuisine - généreuse et délicate - que ce petit restaurant ne désemplit pas.

Henri et Joseph (Le Lay) VISA MC AE D
4 r. Léo Bourgo – 02 97 84 72 12 – Fermé dim. et le soir du lundi au merc.
Rest – *(prévenir)* Menu (27 €), 38 € (dîner) AY **z**
Spéc. Menu du marché
◆ En hommage à leurs grands-parents, le jeune couple a donné leur nom à ce restaurant où la formule du jour, d'une remarquable simplicité, est proposée de vive voix. Une réussite.

Z.I. de Kerpont par ① : 6 km – ✉ 56850 Caudan

Novotel ch, 25/100, P VISA MC AE D
centre hôtelier de Bellevue – 02 97 89 21 21 – h0434@accor-hotels.com – Fax 02 97 89 21 24
87 ch – 60/110 € 60/110 €, 12 € – **Rest** – Menu (16 €), 20/25 € – Carte 19/36 €
◆ Chambres rajeunies bien équipées, parcours de jogging et nombreux espaces verts : tels sont les atouts de ce Novotel. Insonorisation correcte malgré le voisinage de la N 165. Le restaurant et sa terrasse dressée au bord de la piscine donnent sur une pinède.

au Nord-Ouest : 3,5 km par D 765 AY **– ✉ 56100 Lorient**

L'Amphitryon (Abadie) VISA MC AE
127 r. Col. Müller – 02 97 83 34 04 – amphitryon-abadie@wanadoo.fr – Fax 02 97 37 25 02 – Fermé 20 mai-12 juin, 2-19 sept., 1er-9 janv., dim. et lundi
Rest – Menu 58 € (sem.)/118 € – Carte 87/130 €
Spéc. Étrille comme un cappuccino, gingembre et citron. Homard et coquillages cuits minute, petite nage épicée (avril-oct.). Fines feuilles de grué de cacao, parfait glacé au caramel et anis vert.
◆ Discrète façade blanche dont les vitres fumées dissimulent un restaurant où le chef-amphitryon s'adonne, dans un cadre résolument contemporain, au culte du beau et du bon. Cuisine inventive ; sélection vineuse bien ficelée.

LORRIS – 45 Loiret – 318 M4 – 2 674 h. – alt. 126 m – ✉ 45260
Châteaux de la Loire 12 **C2**

Paris 132 – Gien 27 – Montargis 23 – Orléans 55 – Pithiviers 45 – Sully-sur-Loire 19

Office de tourisme, 2 rue des Halles ☎ 02 38 94 81 42

Église N.-Dame★.

Guillaume de Lorris VISA MC AE

8 Grande Rue – ☎ 02 38 94 83 55 – vanoandco130802@aol.com – Fax 02 38 94 83 55 – Fermé 20-28 août, 11-20 fév., dim. soir, lundi et mardi

Rest – *(nombre de couverts limité, prévenir)* Menu (12 €), 24/39 € – Carte 29/39 €

◆ L'enseigne évoque l'auteur du Roman de la Rose, natif de Lorris. Cheminée, poutres et pierres : un plaisant intérieur rustique où l'on régale d'une cuisine au goût du jour.

LOUBRESSAC – 46 Lot – 337 G2 – 432 h. – alt. 320 m – ✉ 46130 Périgord 29 **C1**

Paris 531 – Brive-la-Gaillarde 47 – Cahors 73 – Figeac 44 – Gramat 16 – St-Céré 10

Office de tourisme, le bourg ☎ 05 65 10 82 18

Site★ du château.

Le Relais de Castelnau ← vallée, ch, rest, 25/50, P VISA MC AE

rte de Padirac – ☎ 05 65 10 80 90 – rdc46@wanadoo.fr – Fax 05 65 38 22 02 – Ouvert 1er avril-1er nov. et fermé dim. soir et lundi en avril et oct. sauf Pâques

40 ch – 55/105 € 55/105 €, 10 € – ½ P 65/85 € – **Rest** – *(fermé le midi sauf dim. et fériés)* Menu 18/45 € – Carte 32/51 €

◆ Cette construction moderne est tournée vers l'imposant château de Castelnau-Bretenoux, qui domine la campagne. Chambres colorées et pratiques. La salle de restaurant et la terrasse offrent une vue panoramique sur les vallées de la Bave et de la Dordogne.

LOUDÉAC – 22 Côtes-d'Armor – 309 F5 – 9 371 h. – alt. 155 m – ✉ 22600
Bretagne 10 **C2**

Paris 438 – Carhaix-Plouguer 69 – Dinan 76 – Pontivy 24 – Rennes 88 – St-Brieuc 41

Syndicat d'initiative, 1 rue Saint-Joseph ☎ 02 96 28 25 17, Fax 02 96 28 25 33

Voyageurs rest, ch, 40, VISA MC AE

10 r. Cadélac – ☎ 02 96 28 00 47 – hoteldesvoyageurs@wanadoo.fr – Fax 02 96 28 22 30

28 ch – 40/69 € 50/69 €, 8 € – ½ P 48/55 € – **Rest** – *(fermé 21 déc.-2 janv., vend. soir, dim. soir et sam.)* Menu 14,50 € (sem.)/39 € – Carte 23/41 €

◆ Hôtel aux chambres actuelles dotées d'un mobilier cérusé et cédées à prix souriant. Un double vitrage efficace atténue la rumeur de la rue commerçante. Ambiance brasserie chic dans une ample salle à manger au cadre classico-moderne ; choix traditionnel.

LOUDUN – 86 Vienne – 322 G2 – 7 704 h. – alt. 120 m – ✉ 86200
Poitou Vendée Charentes 39 **C1**

Paris 311 – Angers 79 – Châtellerault 47 – Poitiers 55 – Tours 72

Syndicat d'initiative, 2 rue des Marchands ☎ 05 49 98 15 96

de Loudun à Roiffé Domaine de Saint Hilaire, N : 18 km par D 147, ☎ 05 49 98 78 06.

Tour carrée ✻★ AY.

Plan page suivante

L'Aumônerie sans rest P

3 bd Mar. Leclerc – ☎ 05 49 22 63 86 – chris.lharidon@wanadoo.fr AY **t**

3 ch – 38 € 44/48 €

◆ La propriétaire de ce beau logis du 13e s. réserve un accueil charmant. Chambres personnalisées (mobilier ancien, couleurs vives) et véranda face au jardin pour le petit-déjeuner.

LOUDUN

Anjou (Av. d') . . . . BY 2
Château (R. du) . . . . AY 3
Chevreau (R. U.) . . . . BZ 4
Collège (R. du) . . . . BZ 6
Corderie (R. de la) . . . . ABY 7
Croix-Bruneau (R. de la) . . . . AY 9
Grand-Cour . . . . BY 10
Jeu-de-Paume (R. du) . . . . BYZ 12
Leuze (Av. de) . . . . BY 13
Meures (R. des) . . . . BY 15
Palais (R. du) . . . . BYZ 16
Petit-Château (R. du) . . . . . AYZ 17
Poitou (Av. du) . . . . BZ 20
Portail-Chaussé (R. du) . . . . . BY 18
Porte-de-Chinon (Pl.) . . . . . . BY 22
Porte-de-Chinon (R.) . . . . BY
Porte-Mirabeau (Pl.) . . . . BZ 23
Porte-Mirabeau (R.) . . . . BZ 24
Porte-St-Nicolas (R.) . . . . AY 27
Renaudo (R.) . . . . BY 28
Touraine (Av. de) . . . . BY 29
Vieille-Charité (R.) . . . . BZ 31
Vieille-Porte-du-Martray . . . . AY 32

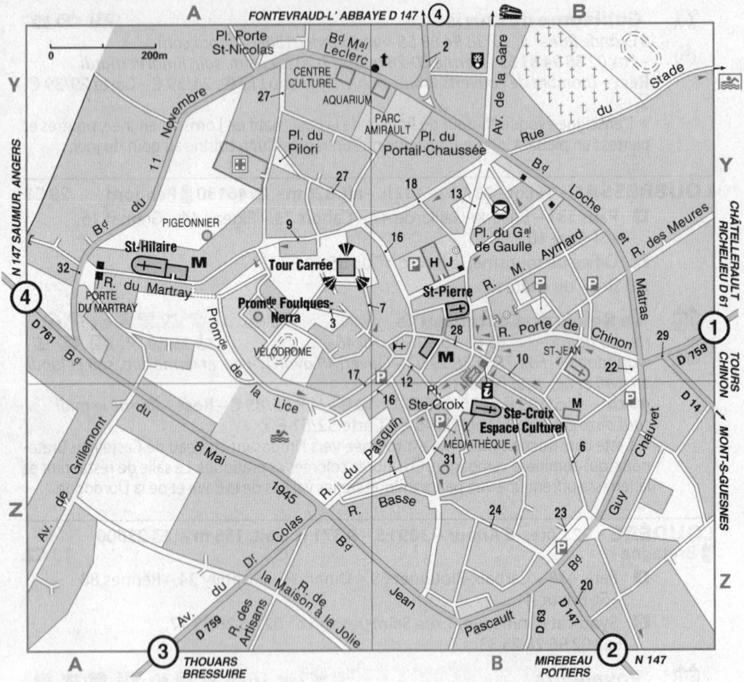

Le rouge est la couleur de la distinction : nos valeurs sûres !

LOUÉ – 72 Sarthe – 310 I7 – 2 042 h. – alt. 112 m – ✉ 72540 35 **C1**

Paris 230 – Laval 59 – Le Mans 30 – Rennes 127 – Sillé-le-Guillaume 26

Ricordeau avec ch — ch, 25, P VISA MC AE

13 r. Libération – ✆ 02 43 88 40 03 – hotel-ricordeau@wanadoo.fr – Fax 02 43 88 62 08 – Fermé dim. soir et lundi de sept. à mai

10 ch – 85/170 € 85/170 €, 14 € – 3 suites – **Rest** – Menu 26 € (sem.)/78 € – Carte 60/74 €

◆ Aux beaux jours, optez pour la jolie terrasse de cet ancien relais de poste dressée dans le parc, au bord de la Vègre. Cuisine au goût du jour et intéressante carte des vins.

LOUHANS – 71 Saône-et-Loire – 320 L10 – 6 237 h. – alt. 179 m – ✉ 71500
Bourgogne 8 **D3**

Paris 373 – Bourg-en-Bresse 61 – Chalon-sur-Saône 38 – Dijon 85 – Dole 76 – Tournus 31

Office de tourisme, 1 place Saint-Jean ✆ 03 85 75 05 02, Fax 03 85 75 48 70

Grande-Rue★.

Le Moulin de Bourgchâteau 5/15,

r. Guidon (rte Chalon) – ✆ 03 85 75 37 12 – bourgchateau@netcourrier.com – Fax 03 85 75 45 11

19 ch – †46 € ††57/80 €, ☕ 9 € – ½ P 65/85 € – **Rest** – *(fermé 2-26 nov., lundi d'oct. à mai) (nombre de couverts limité, prévenir)* Menu 29 € (sem.)/75 € – Carte 40/53 €

◆ Ancien moulin sur la Seille (1778) converti en hôtel-restaurant. Chambres rustiques et salon parmi les engrenages. Rouages, caisson de meule, poutres et vieilles pierres ornent le restaurant ; choix traditionnel et plats rappelant l'Italie natale des patrons.

Host. du Cheval Rouge et Hôtel La Buge ch, rest, 6/20,

5 r. Alsace – ✆ 03 85 75 21 42 – hotel-chevalrouge@wanadoo.fr – Fax 03 85 75 44 48 – Fermé 18-26 juin, 3-10 déc., 1er-14 janv., dim. soir de janv. à mars, et lundi

20 ch – †31/41 € ††43/60 €, ☕ 9 € – ½ P 56/57 € – **Rest** – *(fermé mardi midi et lundi)* Menu 18 € (sem.), 23/41 € – Carte 26/48 €

◆ Cet ancien relais postal bordant une rue passante abrite des chambres proprettes cédées à prix souriants ; plus récentes, celles de la Buge voisine offrent davantage de confort et de calme. Plats traditionnels et régionaux servis dans une ambiance provinciale.

Barbier des Bois ch,

Rte de Cuiseaux, Sud-Est : 3,5 km par D996 – ✆ 03 85 75 55 65 – Fax 03 85 75 70 56

10 ch – †56/61 € ††67/72 €, ☕ 10 € – ½ P 85/105 € – **Rest** – Menu 14 € (déj. en sem.), 18/46 € – Carte 37/50 €

◆ Fringant motel de campagne dont les chambres, pratiques, toutes dotées d'une terrasse tournée vers la nature, déclinent chacune une couleur différente. Joli bar sous charpente. Cuisine actuelle servie dans un décor moderne ; véranda ouverte meublée en teck.

LOURDES – 65 Hautes-Pyrénées – 342 L6 – 15 203 h. – alt. 420 m – Grand centre de pèlerinage – ✉ 65100 Midi-Pyrénées

28 **A3**

- Paris 850 – Bayonne 147 – Pau 45 – St-Gaudens 86 – Tarbes 19
- de Tarbes-Lourdes-Pyrénées : ✆ 05 62 32 92 22, par ① : 12 km.
- Office de tourisme, place Peyramale ✆ 05 62 42 77 40, Fax 05 62 94 60 95
- Lourdes Golf Club Chemin du Lac, par rte de Pau : 3 km, ✆ 05 62 42 02 06.
- Château fort★ DZ : musée pyrénéen★ - Musée Grévin de Lourdes★ DZ **M1** - Basilique souterraine St-Pie X CZ - Pic du Jer★.

Plans pages suivantes

Éliseo ch, ch, 10/100,

4 r. Reine Astrid – ✆ 05 62 41 41 41 – eliseo@cometolourdes.com – Fax 05 62 41 41 50 – Ouvert 15 mars-5 nov. CZ **p**

197 ch – †82/103 € ††108/150 €, ☕ 14 € – 7 suites – ½ P 88/109 € – **Rest** – Menu 28 € (déj.)/43 € (dîner) – Carte 36/67 €

◆ À proximité de la grotte, établissement neuf abritant de grandes chambres modernes, très bien équipées. Boutique de souvenirs ; terrasses panoramiques sur le toit. Plusieurs salles à manger, spacieuses et décorées dans un élégant style contemporain.

Grand Hôtel de la Grotte 35,

66 r. Grotte – ✆ 05 62 94 58 87 – booking@hoteldelagrotte.com – Fax 05 62 94 20 50 – Ouvert 4 avril-27 oct. DZ **y**

83 ch – †67/130 € ††75/161 €, ☕ 14 € – 5 suites – ½ P 76/119 €

Rest – Menu 24 € (déj.)/28 € – Carte 42/71 €

Rest ***Brasserie*** – ✆ 05 62 42 39 34 – Menu (16 €), 20/26 € – Carte 29/57 €

◆ Cet hôtel de tradition est situé au pied du château fort. Chambres de style Louis XVI ; certaines donnent sur la basilique. "Master suite". Salles à manger feutrées ; formule buffet l'été. La Brasserie offre un décor actuel et une grande terrasse sous les marronniers.

Gallia et Londres ch, 10/25,

26 av. B. Soubirous – ✆ 05 62 94 35 44 – contact@hotelgallialondres.com – Fax 05 62 42 24 64 – Ouvert 7 avril-10 oct. CZ **c**

87 ch – †88/105 € ††116/150 €, ☕ 18 € – 3 suites – ½ P 75/99 € – **Rest** – Menu 22/26 € – Carte 38/52 €

◆ Séduisante atmosphère "vieille France" dans ce bel hôtel situé à proximité des sanctuaires. Chambres confortables, meublées dans le style Louis XVI. Salle à manger agrémentée de jolies boiseries, de lustres en cristal et d'une fresque représentant Venise.

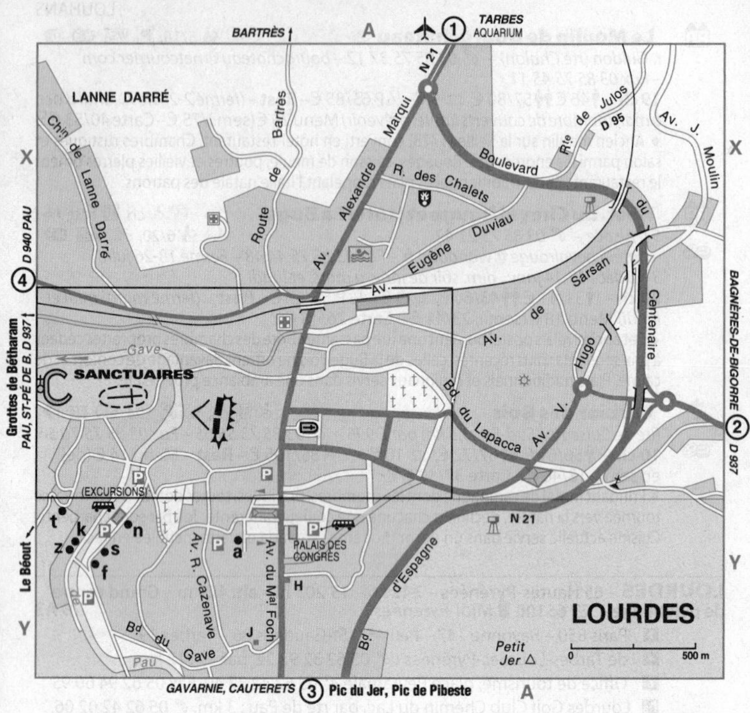

Alba — ch, rest, 20/70, VISA

27 av. Paradis – ✆ 05 62 42 70 70 – hotelalba@aol.com – Fax 05 62 94 54 52 – Ouvert 29 mars-30 oct. AY **f**

237 ch – 🚹72 € 🚹🚹90 €, ☕ 7,50 € – ½ P 68 €

Rest – Menu 9 € (déj. en sem.)/16 € – Carte 19/38 €

◆ Vaste immeuble récent sur les bords du gave de Pau. Chambres pratiques, spacieux salons et petite chapelle à disposition des résidents. Grandes salles à manger modernes accueillant des pèlerins du monde entier. Bar confortable et boutique.

Paradis — ch, rest, 100, P, VISA

15 av. Paradis – ✆ 05 62 42 14 14 – info@hotelparadislourdes.com – Fax 05 62 94 64 04 – Ouvert 5 avril-20 oct. AY **n**

300 ch – 🚹85/100 € 🚹🚹100 €, ☕ 12 € – ½ P 75 €

Rest – *(résidents seult)* Menu 25 €

◆ Cet établissement ouvert en 1992 est situé au bord du gave. Chambres fonctionnelles, mobilier pratique et insonorisation efficace. Immense et sobre salle des repas ; salons et bar cossus dotés de confortables fauteuils en cuir.

Mercure Impérial — ch, ch, rest, VISA

3 av. Paradis – ✆ 05 62 94 06 30 – hotel.mercure.imperial@wanadoo.fr – Fax 05 62 94 48 04 – Ouvert 1er fév.-15 déc. CZ **u**

93 ch – 🚹61/113 € 🚹🚹65/121 €, ☕ 12 €

Rest – Carte 26/43 €

◆ Établi au pied du château et dominant le gave, hôtel des années 1930 proposant des chambres rénovées dans un esprit "rétro". Toit-terrasse panoramique. Un bel escalier dessert la jolie salle à manger classique et le salon orné d'un vitrail.

Méditerranée ch, 20/50, VISA MC AE
23 av. Paradis – ✆ 05 62 94 72 15 – hotelmed@aol.com – Fax 05 62 94 10 54 – Ouvert 30 mars-31 oct. AY **s**
171 ch – 61/72 € 76/90 €, 7,50 € – ½ P 57/68 € – **Rest** – Menu 16/25 € – Carte 19/32 €
◆ L'établissement bénéficie d'une cure de rajeunissement : chambres bien pensées, petit solarium et chapelle pour se recueillir. Immense salle à manger moderne et fonctionnelle ouvrant sur le gave de Pau. Bar plus intime.

Christ-Roi ch, rest, 30, VISA MC AE
9 r. Mgr Rodhain – ✆ 05 62 94 24 98 – hotelchristroi@wanadoo.fr – Fax 05 62 94 17 65 – Ouvert Pâques-15 oct. AY **t**
180 ch – 55/57 € 69/71 €, 6 € – ½ P 55/57 € – **Rest** – Menu 18 €
◆ Les pèlerins peuvent prendre un ascenseur situé à deux pas de l'hôtel pour rejoindre la cité religieuse. Chambres actuelles dans un édifice récent. Bar anglais. Vaste salle à manger contemporaine fréquentée principalement par les résidents de l'hôtel.

Beauséjour rest, ch, rest, VISA MC AE
16 av. Gare – ✆ 05 62 94 38 18 – beausejour.p.martin@wanadoo.fr – Fax 05 62 94 96 20
45 ch – 65/82 € 72/145 €, 9,50 € – ½ P 59/97 € EZ **s**
Rest *Le Parc* – ✆ 05 62 94 73 48 – Menu (22 €), 28 €
◆ Ce petit hôtel jouxtant la gare n'est pas dénué de charme : jolie façade centenaire, jardin, salon bourgeois, chambres bien refaites et boutique. Restaurant-véranda et terrasse tournés sur la verdure ; registre culinaire traditionnel.

Solitude ch, rest, 15/100, VISA MC AE
3 passage St-Louis – ✆ 05 62 42 71 71 – contact@hotelsolitude.com – Fax 05 62 94 40 65 – Ouvert 5 avril-31 oct. CZ **s**
281 ch – 59/75 € 71/85 €, 14 € – 4 suites, 8 duplex – ½ P 57/68 € – **Rest** – Menu 16/25 €
◆ Ce bâtiment bordant le gave de Pau abrite de plaisantes chambres à la page. Vue panoramique depuis la petite piscine aménagée sur le toit. Salle à manger en rotonde avec terrasse surplombant la rivière.

Espagne rest, 35, VISA MC AE
9 av. Paradis – ✆ 05 62 94 50 02 – hoteldespagne@wanadoo.fr – Fax 05 62 94 58 15 – Ouvert 1er avril-30 oct. CZ **e**
129 ch – 62/71 € 75/86 €, 8 € – ½ P 53/59 € – **Rest** – Menu 19 €
◆ L'enseigne et la discrète décoration hispano-mauresque du salon rappellent la proximité de l'Espagne. Sobres petites chambres fonctionnelles ; préférez celles avec terrasse. Salle à manger voûtée, agrémentée d'arcades, de poutres apparentes et d'une cheminée.

Christina 10/25, VISA MC AE
42 av. Peyramale – ✆ 05 62 94 26 11 – hotel.christina@gofornet.com – Fax 05 62 94 97 09 – Ouvert 1er avril-5 nov. AY **z**
199 ch – 57/78 € 74/110 €, 6,50 € – ½ P 54/59 € – **Rest** – Menu 18 € – Carte 20/34 €
◆ Cette grande bâtisse blanche offre des chambres nettes et pratiques ; les plus agréables s'ouvrent côté gave et Pyrénées. Toit-terrasse et jardin de rocaille. Vaste salle à manger décorée sur le thème nautique. Cuisine traditionnelle.

Excelsior rest, rest, VISA MC AE
83 bd Grotte – ✆ 05 62 94 02 05 – hotel.excelsior@wanadoo.fr – Fax 05 62 94 82 88 – Ouvert 1er avril-31 oct. DZ **h**
67 ch – 57/60 € 78/81 €, 9,50 € – ½ P 59/68 € – **Rest** – Menu 18/20 € – Carte 20/50 €
◆ Les pèlerins ont ici le choix entre plusieurs types de chambres, mais toutes sont rénovées ; certaines ont vue sur la basilique, d'autres sur le château fort. Salon et bar bourgeois au rez-de-chaussée et, à l'étage, salle à manger panoramique.

Florida ch, ch, rest, VISA MC AE
3 r. Carrières Peyramale – ✆ 05 62 94 51 15 – flo_aca_mira_hotels@hotmail.com – Fax 05 62 94 69 49 – Ouvert 6 avril-22 oct. CZ **t**
115 ch – 47/51 € 62/68 €, 6 € – ½ P 47/51 € – **Rest** – Menu 12,50 €
◆ Chambres confortables et bien insonorisées ; quelques unes sont destinées aux familles. Aménagements bien conçus pour l'accueil des personnes handicapées. Sobre décor dans la salle à manger. Vue imprenable sur la ville et les Pyrénées du toit-terrasse.

LOURDES

Basse (R.) . . . . DZ 5
Bourg (Chaussée du) . . . . DZ 8
Capdevielle (R. Louis) . . . . EZ 12
Carrières Peyramale (R. des) . CZ 15
Fontaine (R. de la) . . . . DZ 20
Fort (R. du) . . . . DZ 22
Grotte (Bd de la) . . . . DZ 30
Jeanne-d'Arc (Pl.) . . . . DZ 35
Latour-de-Brie (R. de) . . . . DZ 40
Marcadal (Pl. du) . . . . DZ 45
Martyrs-de-la-Déportation
(R. des) . . . . EZ 47
Paradis (Espl. du) . . . . CZ 50
Petits Fossés (R. des) . . . . DZ 53
Peyramale (Av.) . . . . CZ 55
Peyramale (Pl.) . . . . DZ 56
Pont-Vieux . . . . CZ 57
Pyrénées (R. des) . . . . DZ 59
Reine-Astrid (R. de la) . . . . CZ 60
Ste-Marie (R.) . . . . CZ 68
St-Frai (R. Marie) . . . . CZ 65
St-Michel (Pont) . . . . DZ 66
St-Pierre (R.) . . . . DZ 67
Schœpfer (Av. Mgr) . . . . CZ 71
Soubirous (Av. Bernadette) . . . CZ 73
Soubirous (R. Bernadette) . . . DZ 74

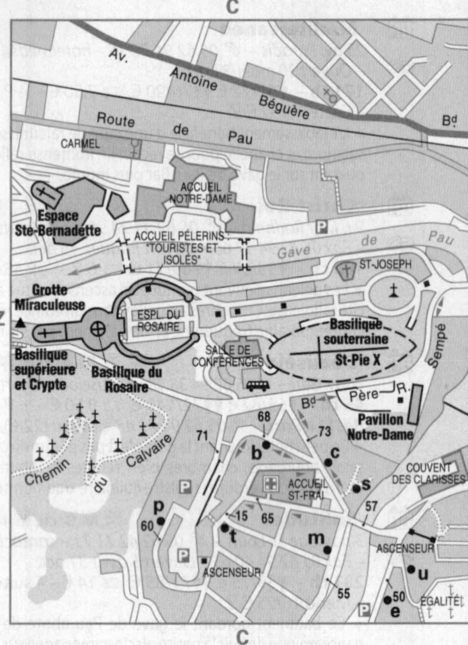

Notre Dame de France ch, rest, VISA

8 av. Peyramale – ✆ 05 62 94 91 45 – contact@hotelnd-france.fr
– Fax 05 62 94 57 21 – Ouvert 1er avril-30 oct. CZ **m**

76 ch – †47/57 € ††61/76 €, ☕ 9 € – ½ P 52/74 € – **Rest** – Menu 10/16 € – Carte 15/26 €

♦ Le long du gave de Pau, hôtel dirigé par la même famille depuis plusieurs générations. Les chambres bénéficient d'une cure de jouvence (mobilier, moquette, tissus). Le restaurant, rafraîchi, offre l'atmosphère d'une aimable pension.

St-Sauveur ch, ch, VISA

9 r. Ste-Marie – ✆ 05 62 94 25 03 – contact@hotelsaintsauveur.com
– Fax 05 62 94 36 52 – Fermé 10 déc.-31 janv. CZ **b**

174 ch – †59/75 € ††71/85 €, ☕ 14 € – ½ P 57/68 € – **Rest** – Menu (10 €), 16/25 € – Carte environ 27 €

♦ Hôtel contemporain proche des sanctuaires. Chambres insonorisées, desservies par un hall animé et coloré. C'est l'heure du repas ? Pizzas, salades et petits en-cas servis sous la verrière ou cuisine traditionnelle dans la vaste salle à manger.

Beau Site ch, rest, VISA

36 av. Peyramale – ✆ 05 62 94 04 08 – hotelbeausite@aol.com
– Fax 05 62 94 06 59 – Ouvert 30 mars-31 oct. AY **k**

63 ch – †57/68 € ††70/84 €, ☕ 7,50 € – ½ P 54/64 € – **Rest** – Menu 16/25 € – Carte 19/32 €

♦ Cet immeuble moderne entièrement refait propose des chambres fonctionnelles ; certaines ont vue sur le gave et les reliefs environnants. Le restaurant, situé au premier étage de l'hôtel, ouvre sur les Pyrénées.

Cazaux sans rest VISA

2 chemin Rochers – ✆ 05 62 94 22 65 – hotelcazaux@yahoo.fr
– Fax 05 62 94 48 32 – Ouvert de Pâques à mi-oct. AY **a**

20 ch – †32 € ††37 €, ☕ 5,50 €

♦ Tenue rigoureuse, accueil sympathique et prix doux sont les atouts de ce petit hôtel familial proche des halles. Chambres simples et fraîches.

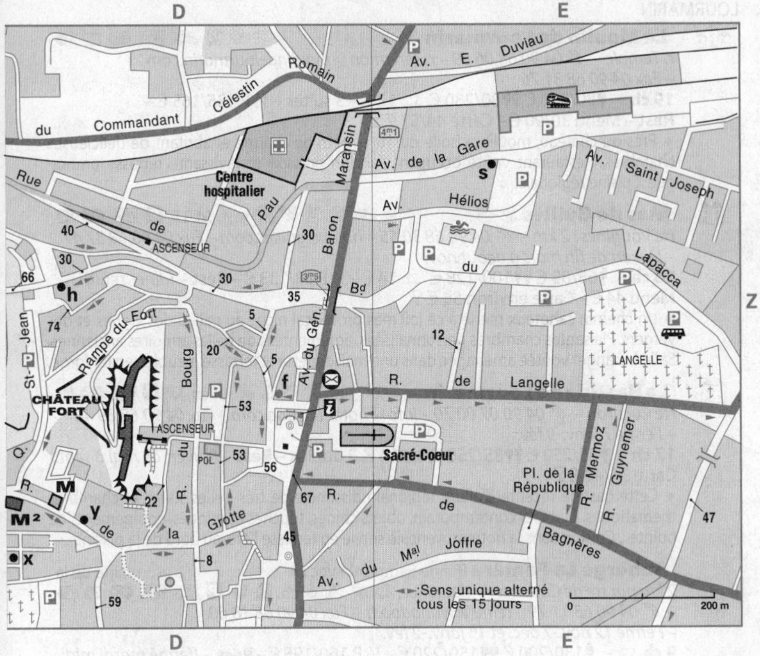

Atrium Mondial

9 r. Pélerins – ✆ 05 62 94 27 28 – atriummondialhotel@wanadoo.fr – Fax 05 62 94 70 92 – Ouvert 7 avril-15 oct. DZ **x**

52 ch – †35/40 € ††42/47 €, ☕ 5 € – ½ P 40/43 € – **Rest** – Menu 12 € 🍷

◆ Façade pimpante pour cette pension de famille rénovée qui profite de la quiétude d'un quartier calme. Chambres sobrement meublées et décorées d'un simple crucifix. Ample salle à manger coiffée d'une verrière.

Le Magret

10 r. 4 Frères Soulas – ✆ 05 62 94 20 55 – contact@lemagret.com – Fax 05 62 94 20 55 – Fermé 7-22 janv., mardi du 15 oct. à fin mars et lundi DZ **f**

Rest – Menu 13 € (déj. en sem.), 26/33 € – Carte 30/52 € 🍷

◆ Ce petit restaurant vous recevra dans une salle à manger d'esprit campagnard, avec poutres apparentes et chaises paillées. Cuisine du Sud-Ouest sans prétention.

Le Chalet de Biscaye

26 rte du Lac, par ④ : 2 km – ✆ 05 62 94 12 26 – Fax 05 62 94 26 29 – Fermé 7-22 janv., lundi soir et mardi

Rest – Menu 18/22 € – Carte 24/43 € 🍷

◆ Dans un quartier résidentiel sur la route du lac, restaurant familial proposant une goûteuse cuisine traditionnelle. Terrasse ombragée et chaleureuses salles à manger.

LOURMARIN – 84 Vaucluse – 332 F11 – 1 119 h. – alt. 224 m – ✉ 84160

Provence 42 **E1**

- Paris 732 – Apt 19 – Aix-en-Provence 37 – Cavaillon 32 – Digne-les-Bains 114
- Syndicat d'initiative, 9 avenue Philippe de Girard ✆ 04 90 68 10 77, Fax 04 90 68 11 01
- Château★.

Le Moulin de Lourmarin

r. Temple – 04 90 68 06 69 – reservation@moulindelourmarin.com – Fax 04 90 68 31 76

19 ch – 80/280 € 80/280 €, 12 € – 3 suites – ½ P 135/165 € – **Rest** – Menu 30/90 € – Carte 44/57 €

◆ Près du château, moulin à huile du 18e s. pétri de charme et abritant de délicieuses chambres. Restaurant voûté occupant l'ancien pressoir et ravissante terrasse ombragée. Cuisine régionale.

Mas de Guilles rest, 15,

rte Vaugines : 2 km – 04 90 68 30 55 – hotel@guilles.com – Fax 04 90 68 37 41 – Ouvert de fin mars à début nov.

28 ch – 65/85 € 100/128 €, 14 € – ½ P 88/133 € – **Rest** – *(dîner seult)* Menu 44 € – Carte environ 56 €

◆ Un chemin cahoteux mène à ce joli mas provençal niché au milieu des vignes et des vergers. Plaisantes chambres personnalisées, agrémentées de belles armoires anciennes. Salle à manger voûtée aménagée dans une maisonnette et terrasse meublée en fer forgé.

La Bastide de Lourmarin ch,

rte Cucuron – 04 90 07 00 70 – info@hotel-bastide.com – Fax 04 90 68 89 48 – Fermé 7 janv.-9 fév.

17 ch – 85/250 € 85/250 €, 14 €, 2 duplex – **Rest** – *(ouvert de mai à sept.)* Carte 31/42 €

◆ Cette bastide récente d'allure régionale dissimule de très belles suites et chambres thématiques. Mobilier contemporain, objets chinés, touches ethniques, équipements de pointe... Cuisine dans la note provençale servie en terrasse l'été, au bord de la piscine.

Auberge La Fenière (Reine Sammut) avec ch plaine de la Durance, ch,

2 km par rte de Cadenet – 04 90 68 11 79 – reine@wanadoo.fr – Fax 04 90 68 18 60 – Fermé 12 nov.-7 déc. et 1er janv.-2 fév.

9 ch – 130/200 € 150/220 € – ½ P 160/195 € – **Rest** – *(fermé mardi midi et lundi)* Menu 46 € (déj. en sem.), 78/110 € – Carte 78/104 €

Spéc. Salade de pourpier et cigale de mer (été). Ragoût de fèves et asperges aux truffes (printemps). Risotto aux herbes, Saint-Pierre rôti au foie de baudroie (été-automne). **Vins** Côtes du Luberon, Coteaux d'Aix.

◆ Havre de grâce... culinaire, face au Grand Luberon. Jolie salle à manger, élégantes chambres décorées sur le thème des métiers d'arts et deux roulottes pour vivre en bohème !

L'Antiquaire

9 r. Grand Pré – 04 90 68 17 29 – Fax 04 90 68 17 29 – Fermé 12-30 nov., 7-31 janv., dim. soir d'oct. à avril, mardi midi et lundi

Rest – Menu 20 € (déj. en sem.), 30/42 € – Carte 32/45 €

◆ L'enseigne de cette jolie maison en pierre évoque une œuvre d'Henri Bosco, l'un des chantres de Lourmarin. À l'étage, salles aux couleurs de la Provence.

LOUVIERS – 27 Eure – 304 H6 – 18 328 h. – alt. 15 m – 27400

Normandie Vallée de la Seine 33 **D2**

Paris 104 – Les Andelys 22 – Lisieux 75 – Mantes-la-Jolie 51 – Rouen 33

Syndicat d'initiative, 10 rue du Maréchal Foch 02 32 40 04 41, Fax 02 32 61 28 85

du Vaudreuil à Le Vaudreuil par rte de Rouen : 6 km, 02 32 59 02 60.

Église N.-Dame★ : œuvres d'art★, porche★ BY.

Vironvay ★.

Plan page ci-contre

Le Pré-St-Germain ch, 70,

7 r. St-Germain – 02 32 40 48 48 – le.pre.saint.germain@wanadoo.fr – Fax 02 32 50 75 60 – Fermé vacances de Noël BY **s**

30 ch – 73 € 89 €, 12 € – 1 suite – ½ P 68 € – **Rest** – *(fermé vend. soir, sam. et dim.)* Menu 17 € (déj. en sem.)/45 € – Carte 21/52 €

◆ Centrale et néanmoins au calme, demeure imposante proposant des chambres au décor actuel et aux aménagements fonctionnels. Cuisine au goût du jour à découvrir dans un cadre contemporain ou, selon le climat, sur la terrasse. Formule rapide servie au bar.

LOUVIERS

Anc.-Combattants-d'Afrique-du-N. (R.) . . . . **BY** 2
Beaulieu (R. de) . . . . **AZ** 3
Coq (R. au) . . . . **ABY** 5
Dr-Postel (Bd du) . . . . **BZ** 6
Flavigny (R.) . . . . **AZ** 7
Foch (R. Mar.) . . . . **BZ** 8
Gaulle (R. Gén.-de) . . . . **AZ** 9
Halle-aux-Drapiers (Pl.) . . . . . **AZ** 10
Huet (R. J.) . . . . **AZ** 12
Matrey (R. du) . . . . **AZ** 14
Mendès-France (R. P.) . . . . **ABY** 15
Pénitents (R. des) . . . . **BY** 16
Poste (R. de la) . . . . **BY** 18
Quai (R. du) . . . . **BY**
Quatre-Moulins (R. des) . . . . **BY** 21
Thorel (Pl. E.) . . . . **AY** 22
Vexin (Chaussée du) . . . . . . **BY** 24

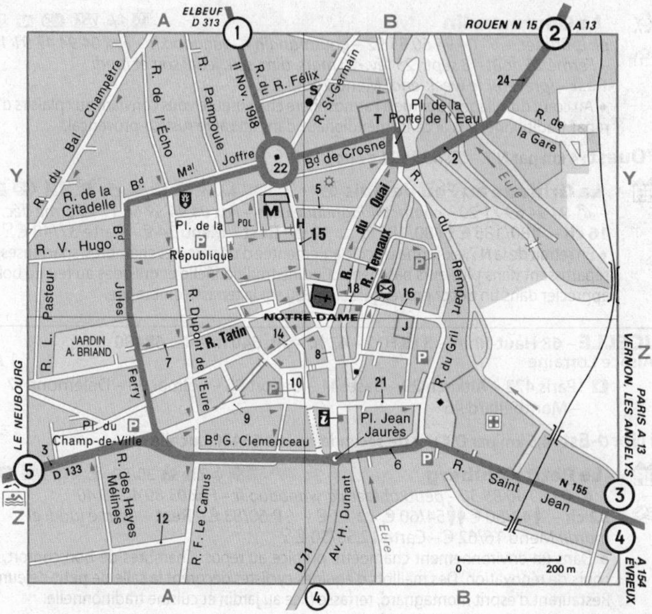

à Vironvay par ③ : **5 km – 275 h. – alt. 119 m – ✉ 27400**

Église★.

XXX **Les Saisons** (Portier) avec ch – rest, 25,
✿ *492 rte des Saisons – ☎ 02 32 40 02 56*
– les-saisons@wanadoo.fr
– Fax 02 32 25 05 26
– Fermé 13-27 août, 23 déc.-7 janv., 24 fév.-12 mars et dim. soir
6 ch – 🚹100/120 € 🚹🚹120/150 €, ☕ 15 € – 4 suites – ½ P 180/220 € –
Rest – *(fermé dim. soir, merc. soir et lundi)* Menu 40 € (sem.)/69 € – Carte 71/98 € ♀
Rest ***La Suite*** – *(fermé lundi soir, merc. soir et dim.)* Menu (16 € bc), 23 € – Carte 23/43 €
Spéc. Soupière de coquillages des côtes normandes (nov. à mars). Pomme de ris de veau braisée aux petits légumes. Tarte amandine aux pommes caramélisées.
◆ Élégante hostellerie de campagne vous régalant dans une salle classico-contemporaine tournée vers un beau jardin où plusieurs cottages très "cosy" vous convient à de douces nuitées.

Ne confondez pas les couverts X et les étoiles ✿ !
Les couverts définissent une catégorie de standing, tandis que l'étoile couronne les meilleures tables, dans chacune de ces catégories.

LE LUC – 83 Var – 340 M5 – 7 282 h. – alt. 160 m – ✉ 83340
Côte d'Azur — 41 **C3**

Paris 836 – Cannes 75 – Draguignan 29 – Fréjus 41 – St-Raphaël 45 – Toulon 52

Office de tourisme, 3 place de la Liberté ✆ 04 94 60 74 51

Le Gourmandin
pl. L. Brunet – ✆ 04 94 60 85 92 – gourmandin@wanadoo.fr – Fax 04 94 47 91 10 – Fermé 26 août-18 sept., 25 fév.-10 mars, dim. soir, jeudi soir et lundi
Rest – *(prévenir le week-end)* Menu 24/43 €
◆ Au cœur du village, auberge à l'atmosphère chaleureuse vous conviant aux plaisirs d'un repas traditionnel aux accents méridionaux dans un cadre rustico-provençal.

à l'Ouest : 4 km par N 7 – ✉ ***83340 Le Luc***

La Grillade au Feu de Bois
– ✆ 04 94 69 71 20 – contact@lagrillade.com – Fax 04 94 59 66 11 – Fermé déc.
16 ch – 80/185 € 80/185 €, 10 € – **Rest** – Menu 34 € – Carte 37/48 €
◆ En retrait de la N 7, ex-ferme viticole agrémentée d'un parc. Les chambres, spacieuses, se répartissent dans plusieurs bâtiments. Cuisine traditionnelle et grillades au feu de bois à apprécier dans un décor provençal soigné ou sur la terrasse ombragée.

LUCELLE – 68 Haut-Rhin – 315 H12 – 47 h. – alt. 640 m – ✉ 68480
Alsace Lorraine — 1 **A3**

Paris 472 – Altkirch 29 – Basel 41 – Belfort 56 – Colmar 98 – Delémont 17 – Montbéliard 46

au Nord-Est : 4,5 km par D 41 et rte secondaire – ✉ **68480 Lucelle**

Le Petit Kohlberg — ch, 30/50
– ✆ 03 89 40 85 30 – petitkohlberg@wanadoo.fr – Fax 03 89 40 89 40
32 ch – 42/50 € 54/60 €, 11 € – ½ P 60/83 € – **Rest** – *(fermé lundi et mardi)* Menu 16/62 € – Carte 12,50/50 €
◆ Dans un environnement champêtre propice au repos. Chambres de bon confort, en cours de rénovation. Des maillots d'équipes cyclistes décorent la salle de petit-déjeuner. Restaurant d'esprit montagnard, terrasse face au jardin et cuisine traditionnelle.

LUCENAY – 69 Rhône – 327 H4 – 1 368 h. – alt. 230 m – ✉ 69480 — 43 **E1**

Paris 446 – Lyon 25 – Vénissieux 38 – Villeurbanne 29

Les Tilleuls — ch,
31 rte de Lachassagne – ✆ 04 74 60 28 58 – vermare@hotmail.com – Fax 04 74 60 28 58 – Fermé 15 déc.-4 janv.
3 ch – 90/105 € 90/105 € – **Rest** – table d'hôte *(dîner seult) (résidents seult)* Menu 30 € bc
◆ Face à l'église, belle maison de vigneron dont certains éléments datent du 17e s. Ses chambres, lumineuses, sont décorées des souvenirs de voyage de la propriétaire. Succulents plats du terroir servis dans une très jolie salle à manger.

LUCEY – 54 Meurthe-et-Moselle – 307 G6 – rattaché à Toul

LUCHÉ-PRINGÉ – 72 Sarthe – 310 J8 – 1 531 h. – alt. 34 m – ✉ 72800
Châteaux de la Loire — 35 **C2**

Paris 242 – Angers 68 – La Flèche 14 – Le Lude 10 – Le Mans 39

Syndicat d'initiative, 4 rue Paul Doumer ✆ 02 43 45 44 50, Fax 02 43 45 75 71

Auberge du Port des Roches avec ch
au Port des Roches Est, 2,5 km par D 13 et D 214 – ✆ 02 43 45 44 48 – Fax 02 43 45 39 61 – Fermé 28 janv.-11 mars, 29 oct.-7 nov., dim. soir, mardi midi et lundi
12 ch – 45/55 € 45/55 €, 7 € – ½ P 50/56 € – **Rest** – Menu 23/46 € – Carte 34/44 €
◆ Jardin-terrasse au fil de l'eau, plaisante salle à manger bourgeoise, chambres fraîches et colorées : faites fi de la morosité dans cette auberge "cosy" des bords du Loir !

LUCHON H.-Gar. – 31 H.-Gar. – 343 B8 – voir Bagnères-de-Luchon

LUCINGES – 74 Haute-Savoie – 328 k3 – 1 211 h. – alt. 700 m – ✉ 74380

46 **F1**

Paris 559 – Annecy 49 – Thonon-les-Bains 33 – Bonneville 18 – Dingy-en-Vuache 39

Le Bonheur dans Le Pré rest, rest, ch, 15, VISA
2011 rte Bellevue – ☎ 04 50 43 37 77 – lebonheurdanslepre.lucinges@wanadoo.fr – Fax 04 50 43 38 57 – Fermé vacances de la Toussaint et 14 janv.-4 fév.
8 ch – 60 € 70 €, 7,50 € – ½ P 55 € – **Rest** – *(fermé dim.) (dîner seult) (prévenir)* Menu 25 €
◆ Enseigne-vérité pour cette ancienne ferme perchée au-dessus du village, en pleine nature : jardin, tranquillité assurée et chambres agréablement personnalisées. Salle à manger rustique et cave à vins. Un seul menu, axé "terroir" et composé selon le marché.

LUÇON – 85 Vendée – 316 I9 – 9 311 h. – alt. 8 m – ✉ 85400

Poitou Vendée Charentes

34 **B3**

Paris 438 – Cholet 89 – Fontenay-le-Comte 30 – La Rochelle 43 – La Roche-sur-Yon 33

Office de tourisme, square Édouard Herriot ☎ 02 51 56 36 52, Fax 02 51 56 03 56

Cathédrale Notre-Dame★ - Jardin Dumaine★.

La Mirabelle 4/12, VISA AE
89 bis r. de Gaulle, rte des Sables d'Olonne – ☎ 02 51 56 93 02 – Fax 02 51 56 35 92 – Fermé 15-31 oct, 18-29 fév., dim. soir et lundi soir du 28 août au 10 juil. et mardi
Rest – Menu (17 €), 23/48 €
◆ Avenante maison située à 800 m de la cathédrale où Richelieu fut nommé évêque en 1608. Salle à manger actuelle (non-fumeurs), terrasse fleurie et goûteuse cuisine régionale.

LUC-SUR-MER – 14 Calvados – 303 J4 – 3 036 h. – Casino – ✉ 14530

Normandie Cotentin

32 **B2**

Paris 249 – Arromanches-les-Bains 23 – Bayeux 29 – Cabourg 28 – Caen 18

Office de tourisme, 3 place du Petit Enfer ☎ 02 31 97 33 25, Fax 02 31 96 65 09

Parc municipal★.

Des Thermes et du Casino ch, VISA AE
– ☎ 02 31 97 32 37 – hotelresto@hotelresto-lesthermes.com – Fax 02 31 96 72 57 – Ouvert 26 mars-5 nov.
48 ch – 76/112 € 76/112 €, 10 € – ½ P 67/80 € – **Rest** – Menu 25 € (sem.)/61 € – Carte 41/91 €
◆ Adresse tonique postée sur la digue-promenade, à proximité des thermes et du casino. Les chambres avec balcon offrent la vue sur la mer. Le restaurant est tourné vers la Manche d'un côté et sur le jardin fleuri et planté de pommiers de l'autre.

LE LUDE – 72 Sarthe – 310 J9 – 4 201 h. – alt. 48 m – ✉ 72800

Châteaux de la Loire

35 **D2**

Paris 244 – Angers 63 – Chinon 63 – La Flèche 20 – Le Mans 45 – Saumur 51 – Tours 51

Office de tourisme, place François de Nicolay ☎ 02 43 94 62 20

Château★★.

La Renaissance avec ch ch, rest, ch, VISA AE
2 av. Libération – ☎ 02 43 94 63 10 – lelude.renaissance@wanadoo.fr – Fax 02 43 94 21 05 – Fermé 30 juil.-4 août, 29 oct.-4 nov., 18-25 fév. et dim. soir
8 ch – 46/56 € 46/56 €, 7 € – ½ P 49 € – **Rest** – *(fermé lundi)* Menu 14 € (déj. en sem.), 22/36 € – Carte 43/47 €
◆ Faites une halte à deux pas du château, dans ce restaurant servant une cuisine au goût du jour. Salle à manger moderne et terrasse dressée dans la cour intérieure en été.

LUMBRES – 62 Pas-de-Calais – 301 F3 – 3 873 h. – alt. 45 m – ✉ 62380 30 A2

Paris 261 – Arras 81 – Boulogne-sur-Mer 43 – Calais 44 – Dunkerque 51 – St-Omer 11

Office de tourisme, rue François Cousin ✆ 03 21 93 45 46

Moulin de Mombreux

ch, 25, VISA

Ouest : 2 km par rte Boulogne, D 225 et rte secondaire – ✆ 03 21 39 13 13 – contact@moulindemombreux.com – Fax 03 21 93 61 34 – Fermé 20 déc.-20 janv.

24 ch – †97/110 € ††110 €, ☐ 10 € – ½ P 90 € – **Rest** – *(fermé dim.)* Menu 25 € – Carte 43/62 €

◆ Laissez-vous prendre au charme romantique de ce moulin du 18e s. niché dans un parc sur les rives du Bléquin. Nuits douillettes, avec une cascade pour berceuse... Poutres apparentes et mobilier rustique agrémentent la salle à manger située à l'étage.

LUNEL – 34 Hérault – 339 J6 – 22 352 h. – alt. 6 m – ✉ 34400

Languedoc Roussillon 23 C2

Paris 733 – Aigues-Mortes 16 – Alès 58 – Arles 56 – Montpellier 30 – Nîmes 31

Office de tourisme, place des Martyrs de la Résistance ✆ 04 67 87 83 97, Fax 04 67 71 26 67

Chodoreille

AC VISA AE

140 r. Lakanal – ✆ 04 67 71 55 77 – chodoreille@wanadoo.fr – Fax 04 67 83 19 97 – Fermé 12 août-4 sept., 2-21 janv., dim. et lundi

Rest – Menu 21 € (sem.)/52 € – Carte 41/64 €

◆ Cette maison vous concocte une cuisine au goût du jour et met à l'honneur le taureau camarguais. Salle contemporaine ou terrasse ombragée... selon les humeurs du ciel !

L'Authentic

AC VISA

9 av. Gén. de Gaulle (rte Nîmes) – ✆ 04 67 83 91 12 – leslie.linares@wanadoo.fr – Fermé 9-22 juil., 18-29 fév., sam. midi et merc.

Rest – Menu 13 € bc (déj. en sem.), 25/55 € – Carte 25/34 €

◆ Poutres, tons ocre et couleurs vitaminées sur les tables composent le décor contemporain de ce sympathique restaurant (exclusivement non-fumeurs) qui sert une carte régionale.

LUNÉVILLE – 54 Meurthe-et-Moselle – 307 J7 – 20 200 h. – alt. 224 m – ✉ 54300 Alsace Lorraine 27 C2

Paris 347 – Épinal 69 – Metz 95 – Nancy 36 – St-Dié 56 – Strasbourg 132

Office de tourisme, aile sud du Château ✆ 03 83 74 06 55, Fax 03 83 73 57 95

Château★ A - Parc des Bosquets★ AB - Boiseries★ de l'église St-Jacques A.

Plan page ci-contre

Des Pages

AC ch, ch, 40, VISA AE

5 quai Petits Bosquets – ✆ 03 83 74 11 42 – Fax 03 83 73 46 63 A u

37 ch – †53 € ††63/95 €, ☐ 8,50 € – ½ P 54 €

Rest *Le Petit Comptoir* – *✆ 03 83 73 14 55 (fermé sam. midi et dim. soir)* Menu 17 € (sem.)/30 € – Carte 27/38 €

◆ Importants corps de bâtiments faisant face au château. Les chambres rénovées adoptent un style moderne assez original compensant un certain manque d'ampleur. Le restaurant est aménagé dans un esprit "bistrot" ; cuisine simple et appétissante.

Floréal

VISA

1 pl. Léopold (1er étage) – ✆ 03 83 73 39 80 – rest.floreal@wanadoo.fr – Fax 03 83 73 29 89 – Fermé dim. soir et lundi B a

Rest – Menu 14,50 € (sem.)/37 € – Carte 30/48 €

◆ La devanture de ce restaurant est assez discrète. La salle à manger située à l'étage bénéficie d'une vue sur la place. Décor actuel, frais et coloré ; plats classiques.

LUNÉVILLE

Banaudon (R.) . . . . A 2
Basset (R. R.) . . . . B 3
Bosquets (R. des) . . . . B 4
Brèche (R. de la) . . . . A 5
Carnot (R.) . . . . B 7
Castara (R.) . . . . A 9
Chanzy (R.) . . . . A 10
Charier (R. G.) . . . . A 13
Charité (R. de la) . . . . A 15
Château (R. du) . . . . A 16
Erckmann (R.) . . . . B 18
Gaillardot (R.) . . . . A 20
Gambetta (R.) . . . . B 21
Haxo (R.) . . . . B 23
Lebrun (R.) . . . . B 25
Leclerc (R. Gén.) . . . . A 27
Léopold (Pl.) . . . . AB 28
République (R.) . . . . A 30
Ste-Marie (R.) . . . . A 37
St-Jacques (Pl.) . . . . A 32
St-Rémy (Pl.) . . . . A 36
Sarrebourg (R. de) . . . . A 39
Templiers (R. des) . . . . A 41
Thiers (R.) . . . . A 43
Viller (R. de) . . . . A 48
2e-Div.-de-Cavalerie (Pl. de la) A 50

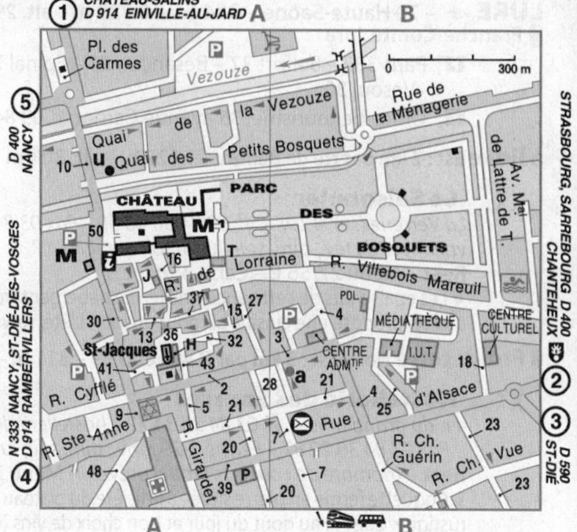

à Moncel-lès-Lunéville rte de St-Dié par ③ : 3 km – 391 h. – alt. 234 m – ✉ 54300

Relais St-Jean

22 av. de l'Europe, sur N 59 – ☎ 03 83 74 08 65 – Fax 03 83 75 33 16 – Fermé août, dim soir, merc. soir et lundi

Rest – Menu (12,50 €), 15 € (sem.)/35 € – Carte 22/48 €

◆ La salle à manger principale de ce restaurant de la vallée de la Meurthe est chaleureuse et équipée d'un mobilier en fer forgé. Cuisine classique.

au Sud par ④ puis av. G. Pompidou et cités Ste-Anne : 5 km – ✉ 54300 Lunéville

Château d'Adoménil 20, VISA

– ☎ 03 83 74 04 81 – adomenil@relaischateaux.com – Fax 03 83 74 21 78 – Fermé 18 fév.-2 mars, 7-31 janv., dim. soir du 1er nov. au 15 avril et lundi

9 ch – †165/200 € ††165/200 €, ☕ 20 € – 1 suite, 4 duplex – ½ P 175/195 € – **Rest** – *(fermé le midi du mardi au vend. sauf fériés) (nombre de couverts limité, prévenir)* Menu 46 € (sem.)/90 € – Carte 74/110 €

Spéc. Saint-Jacques émincées, cristalline de beurre demi-sel, mascarpone, anis vert (nov. à mars). Cabillaud de petite pêche et œuf poché dans consommé de crevettes grises. Cornets craquants de pavot bleu et mirabelles de Lorraine (mi-août à mi-sept.). **Vins** Côtes de Toul blanc et rouge.

◆ Belle demeure du 18e s. nichée dans un joli parc. Les chambres bourgeoises se répartissent au sein même du château, celles d'inspiration provençale occupent les dépendances. Quatre élégants salons abritent le restaurant, rendez-vous gourmand très prisé.

LURBE-ST-CHRISTAU – 64 Pyrénées-Atlantiques – 342 I6 – 235 h. – alt. 260 m – Stat. therm. : fermée, pas de date de réouverture connue – ✉ 64660 3 B3

Paris 820 – Laruns 32 – Lourdes 61 – Oloron-Ste-Marie 10 – Pau 44 – Tardets-Sorholus 29

Au Bon Coin 25, VISA

rte des Thermes – ☎ 05 59 34 40 12 – thierrylassala@wanadoo.fr – Fax 05 59 34 46 40 – Fermé vacances de fév., dim. soir sauf du 21 mai au 20 sept.

18 ch – †56/88 € ††56/88 €, ☕ 10 € – ½ P 58/85 € – **Rest** – *(fermé mardi midi et lundi)* Menu 22 € bc (déj. en sem.), 40/52 € – Carte 40/51 €

◆ Sympathique hôtellerie familiale postée en lisière de forêt. Chambres confortables et pratiques, plus calmes sur l'arrière. Cuisine régionale revisitée et vins de Madiran à déguster dans la salle à manger avec poutres et pierres apparentes ou dans la véranda.

LURE – 70 Haute-Saône – **314** G6 – **8 727 h.** – **alt. 290 m** – ✉ **70200**
Franche-Comté Jura 17 **C1**

Paris 387 – Belfort 37 – Besançon 77 – Épinal 77 – Montbéliard 35 – Vesoul 30

Office de tourisme, 35 avenue Carnot ✆ 03 84 62 80 52, Fax 03 84 62 74 61

à Roye Est : 2 km par rte de Belfort – **1 127 h.** – **alt. 301 m** – ✉ **70200**

XX **Le Saisonnier** VISA

La Verrerie (sur N 19) – ✆ 03 84 30 46 00 – Fax 03 84 30 46 00 – Fermé 1er-15 août, vacances de fév., dim. soir, lundi soir et merc.

Rest – Menu 22/56 € – Carte 35/56 €

◆ Les épais murs de cette ancienne ferme hébergent trois salles à manger campagnardes où l'on propose une cuisine au goût du jour. L'été, service sur la terrasse-jardin.

à Froideterre Nord-Est : 3 km par D 486 et D 99 – **311 h.** – **alt. 306 m** – ✉ **70200**

XX **Hostellerie des Sources** VISA AE

4 r. du grand bois – ✆ 03 84 30 34 72 – hostelleriedessources@wanadoo.fr – Fax 03 84 30 29 87 – Fermé 7-29 janv., dim. soir, lundi et mardi

Rest – *(nombre de couverts limité, prévenir)* Menu 23/75 € – Carte 32/47 €

◆ Coquette ferme en pierre située à la lisière du plateau des Mille Étangs. Élégant intérieur rustique. Cuisine au goût du jour et bon choix de vins (caveau de dégustation).

LURS – 04 Alpes-de-Haute-Provence – **334** D9 – **347 h.** – **alt. 600 m** – ✉ **04700**
Alpes du Sud 40 **B2**

Paris 737 – Digne-les-Bains 40 – Forcalquier 11 – Manosque 22 – Sisteron 33

Syndicat d'initiative, le village ✆ 04 92 79 10 20

Site★.

Le Séminaire ch, ch, 25, VISA

– ✆ 04 92 79 94 19 – info@hotel-leseminaire.com – Fax 04 92 79 11 18 – Fermé 1er déc.-1er fév., mardi midi et lundi

16 ch – 86 € 116 € – ½ P 84 € – **Rest** – Menu 20 € (déj. en sem.), 27/59 €

◆ Établissement non-fumeurs aménagé dans l'ex-séminaire de la résidence d'été des évêques de Sisteron. Chambres sobres et pratiques ; jardin panoramique. Salle à manger voûtée et belle vue sur la vallée depuis la jolie terrasse ombragée. Cuisine régionale.

LUSSAC-LES-CHÂTEAUX – 86 Vienne – **322** K6 – **2 532 h.** – **alt. 104 m** –
✉ **86320** **Poitou Vendée Charentes** 39 **D2**

Paris 355 – Bellac 42 – Châtellerault 52 – Montmorillon 12 – Poitiers 39 – Ruffec 51

Office de tourisme, avenue Recteur Pineau ✆ 05 49 84 57 73

Nécropole mérovingienne★ de Civaux NO : 6 km sur D 749.

Les Orangeries 50, VISA AE

12 avenue du Docteur Dupont – ✆ 05 49 84 07 07 – contact@lesorangeries.fr – Fax 05 49 84 98 82 – Fermé 15 déc.-15 janv.

8 ch – 65/115 € 95/115 € – 3 suites – ½ P 68 € – **Rest** – *(dîner seult) (résidents seult)* Menu 28/35 €

◆ Intérieur de caractère, chambres très "cosy", superbe piscine (35 m de long !), collection de jeux anciens, délicieux jardin, etc. : tout incite à s'attarder dans cette maison du 18e s. La table, orientée terroir, est à l'image des lieux, familiale et généreuse.

LUTTER – 68 Haut-Rhin – **315** I12 – **rattaché à Ferrette**

LUTZELBOURG – 57 Moselle – **307** O6 – **695 h.** – **alt. 212 m** – ✉ **57820**
Alsace Lorraine 27 **D2**

Paris 438 – Metz 113 – Obernai 49 – Sarrebourg 20 – Sarreguemines 53 – Strasbourg 62

Syndicat d'initiative, 147 rue A.J. Konzett ✆ 03 87 25 30 19, Fax 03 87 25 33 76

Plan-incliné★ de St-Louis-Arzviller SO : 3,5 km.

XX **Des Vosges** avec ch — rest, VISA AE

2 r. Ackermann – ✆ 03 87 25 30 09 – info@hotelvosges.com – Fax 03 87 25 42 22
10 ch – †55 € ††55 €, ☐ 7,50 € – ½ P 48/55 € – **Rest** – *(fermé dim. soir et merc.)* Menu 19/32 € – Carte 27/43 €

◆ Auberge dont la terrasse domine le canal Rhin-Marne. La salle à manger a conservé des boiseries et un beau parquet anciens. Spécialités régionales et truite au bleu.

LUX – **71 Saône-et-Loire** – **320** J9 – **rattaché à Chalon-sur-Saône**

LUXÉ – **16 Charente** – **324** K4 – **rattaché à Mansle**

LUYNES – **37 Indre-et-Loire** – **317** M4 – **4 501 h.** – **alt. 60 m** – ✉ **37230**
Châteaux de la Loire 11 **B2**

Paris 247 – Angers 115 – Chinon 41 – Langeais 15 – Saumur 56 – Tours 11

Office de tourisme, 9 rue Alfred Baugé ✆ 02 47 55 77 14, Fax 02 47 55 77 14

Église★ au Vieux-Bourg de St-Etienne de Chigny O : 3 km.

Domaine de Beauvois — rest, rest, rest, 12/15, VISA AE

Nord-Ouest : 4 km par D 49 – ✆ 02 47 55 50 11 – beauvois@grandesetapes.fr – Fax 02 47 55 59 62
33 ch – †130/270 € ††185/300 €, ☐ 21 € – **Rest** – *(fermé lundi et mardi de nov. à mars)* Menu 28 € (déj. en sem.), 40/66 € – Carte 46/75 €

◆ Fier manoir des 16e et 17e s. niché dans un parc arboré avec étang (pêche et canotage). Superbes chambres. Élégante salle et intimes petits salons où l'on sert une cuisine au goût du jour (dîner et dimanche) ou des plats du terroir servis en cocottes (à midi).

LUZ-ST-SAUVEUR – **65 Hautes-Pyrénées** – **342** L7 – **1 098 h.** – **alt. 710 m** – **Sports d'hiver : 1 800/2 450 m** **14** – **Stat. therm. : mi avril-fin oct.** – ✉ **65120**
Midi-Pyrénées 28 **A3**

Paris 882 – Argelès-Gazost 19 – Cauterets 24 – Lourdes 32 – Pau 77 – Tarbes 51

Office de tourisme, place du 8 mai ✆ 05 62 92 30 30

Église fortifiée★.

à Esquièze-Sère au Nord – **464 h.** – **alt. 710 m** – ✉ **65120**

Le Montaigu — rest, 25, VISA AE

rte Vizos – ✆ 05 62 92 81 71 – hotel.montaigu@wanadoo.fr – Fax 05 62 92 94 11 – Fermé oct.-nov.
42 ch – †55/60 € ††70/80 €, ☐ 10 € – ½ P 55/60 € – **Rest** – *(dîner seult)* Menu 15/25 € – Carte 25/37 €

◆ Bâtiment récent situé au pied d'un château en ruine. Grandes chambres fonctionnelles, dont sept flambant neuves ; certaines possèdent un balcon avec vue sur les montagnes. Recettes traditionnelles au restaurant et lumineux salon-bar tourné vers le jardin.

Terminus sans rest — P VISA

– ✆ 05 62 92 80 17 – Fax 05 62 92 32 89 – Fermé juin et nov.
16 ch – †40/44 € ††42/60 €, ☐ 6 €, 3 duplex

◆ Cet hôtel qui occupe une grande maison de village dispose de chambres toutes rénovées et colorées. Si le temps le permet, vous prendrez votre petit-déjeuner dans le jardin.

LYAS – **07 Ardèche** – **331** J5 – **rattaché à Privas**

T. Deschamps/PHOTONONSTOP

Le quai de Saône et Notre-Dame de Fourvière

LYON

Ⓟ **Département :** 69 Rhône

Carte Michelin LOCAL : n° **327** I5 43 **E1**

▶ Paris 458 – Genève 151 – Grenoble 106 – Marseille 314 – St-Étienne 61

Population : 445 452 h

Pop. agglomération : 1 348 832 h

Altitude : 175 m – **Code Postal :** ✉ 69000

Lyon et la vallée du Rhône

RENSEIGNEMENTS PRATIQUES

Office de tourisme

Place Bellecour ✆ 04 72 77 69 69, Fax 04 78 42 04 32

Transports

Auto-train ✆ 3635 (0,34 €/mn)

Aéroport

Lyon Saint-Exupéry ✆ 0 826 800 826 (0,15 €/mn), par ④ : 27 km

LOISIRS

Casino

à la Tour de Salvagny
le Pharaon (quai Charles-de-Gaulle à Lyon) **GV**

Quelques golfs

- de Lyon Chassieu, Route de Lyon ✆ 04 78 90 84 77 ✉ 69680 Chassieu DQ
- de Salvagny, 100 rue des Granges par rte de Roanne : 20 km, ✆ 04 78 48 88 48 ✉ 69890 La Tour-de-Salvagny
- de Mionnay-la-Dombes, Domaine de Beau Logis N : 23 km par N 83, ✆ 04 78 91 84 84, ✉ 01390 Mionnay
- de Lyon, E : 25 km par D 517, D6 et D 55, ✆ 04 78 31 11 33 ✉ 69330 Villette-d'Anthon

A VOIR

LE SITE

⩽★★★ de la basilique Notre-Dame de Fourvière **EX**
Montée du Garillan★ **EX**
⩽★ sur la Saône et la presqu'île depuis la place Rouville **EV**

LYON ROMAIN ET GALLO-ROMAIN

Théâtres romains et l'Odéon **EY** - Aqueducs romains **EY** - Musée de la civilisation gallo-romaine★★ : table claudienne★★★ **EY** M10

LE VIEUX LYON

Quartiers St-Jean, St-Paul et St-Georges★★★ **EFXY** - Rue St-Jean : Cour★★ au nº 28 et cour★ de l'hôtel du Gouvernement au nº 2 - Couloir voûté★ au nº 18 rue Lainerie - Galerie★★ de l'hôtel Bullioud au nº 8 rue Juiverie - Hôtel Gadagne★ **FX** M4 : musée historique de Lyon★, musée lapidaire★, musée international de la Marionnette★ - Primitiale St-Jean★ (Choeur★★) **EFY** - Maison du Crible★ au nº 16 rue du Boeuf - Théâtre « le Guignol de Lyon » **FX** T

LA PRESQU'ÎLE

Place Bellecour **FY** - Fontaine★ de la place des Terreaux **FX** - Palais St-Pierre★ **FX** M9 - Musée des Beaux-Arts★★★ **FX** M9 - Musée historique des tissus★★★ **FY** M17 - Musée de l'imprimerie★★ **FX** M16 - Musée des Arts décoratifs★★ **FY** M7

LA CROIX ROUSSE

Aux origines de la soirie lyonnaise
Mur des Canuts **FV** R - Maison des Canuts **FV** M5 - Ateliers de Soierie vivante★ **FV** E

RIVE GAUCHE DU RHÔNE

Quartiers : les Brotteaux, la Guillotière, Gerland, la Part-Dieu
Parc de la Tête d'Or★ : Roseraie★ **GHV** - Musée d'Histoire naturelle★★ **GV** M20 - Centre d'Histoire de la Résistance et de la Déportation★ **FZ** M1
Musée d'Art contemporain★ **GU** - Musée urbain Tony-Garnier **CQ** - Halle Tony-Garnier **BQR** - Château Lumière **CQ** M2

ENVIRONS

Musée de l'automobile Henri-Malartre★★ à Rochetaillée-sur-Saône : 12 km par ⑪

Centre-ville (Bellecour-Terreaux)

Sofitel ch, ch, 10/200,
20 quai Gailleton ✉ 69002 Ⓜ Bellecour – ✆ 04 72 41 20 20 – h0553@accor.com – Fax 04 72 40 05 50 p. 8 FY **p**
137 ch – 275/420 € 305/495 €, 24 € – 28 suites
Rest *Les Trois Dômes* – voir ci-après
Rest *Sofishop* – *✆ 04 72 41 20 80* – Menu (17 €), 26 € bc – Carte 26/77 €
◆ L'architecture cubique contraste avec l'intérieur luxueusement agencé : chambres contemporaines de bon goût, salles de réunion modernes, boutiques chic, salon de coiffure... Ambiance et carte brasserie au Sofishop (banc d'écailler).

Sofitel Royal sans rest
20 pl. Bellecour ✉ 69002 Ⓜ Bellecour – ✆ 04 78 37 57 31 – h2952@accor.com – Fax 04 78 37 01 36 p. 8 FY **g**
77 ch – 180/465 € 215/465 €, 22 € – 3 suites
◆ Après rénovation, cet hôtel du 19e s. géré par l'Institut Paul Bocuse a retrouvé son faste d'antan. Très belles chambres et salle des petits-déjeuners décorée comme une cuisine.

Carlton sans rest
4 r. Jussieu ✉ 69002 Ⓜ Cordeliers – ✆ 04 78 42 56 51 – h2950@accor.com – Fax 04 78 42 10 71 p. 8 FX **b**
83 ch – 79/156 € 113/164 €, 12,50 €
◆ Pourpre et or : deux couleurs qui habillent cet hôtel de tradition aménagé à la façon d'un petit palace "rétro". La cage d'ascenseur d'époque a de l'allure. Chambres confortables.

Globe et Cécil sans rest 40,
21 r. Gasparin ✉ 69002 Ⓜ Bellecour – ✆ 04 78 42 58 95 – accueil@globeetcecilhotel.com – Fax 04 72 41 99 06 p. 8 FY **b**
60 ch – 125/130 € 155/160 €
◆ Un des derniers soyeux de la ville a décoré la salle de réunions de cet hôtel de caractère. Chambres mariant avec goût meubles chinés et modernes. Accueil des plus charmants.

Mercure Lyon Beaux-Arts sans rest 15,
75 r. Prés. E. Herriot ✉ 69002 Ⓜ Cordeliers – ✆ 04 78 38 09 50 – h2949@accor.com – Fax 04 78 42 19 19 p. 8 FX **t**
75 ch – 106/144 € 114/160 €, 12,50 € – 4 suites
◆ Bel immeuble 1900 où les chambres sont aménagées dans un sobre style Art déco. Quatre d'entre elles, plus insolites, sont décorées par des artistes contemporains.

Mercure Plaza République sans rest 10/15,
5 r. Stella ✉ 69002 Ⓜ Cordeliers – ✆ 04 78 37 50 50 – h2951@accor.com – Fax 04 78 42 33 34 p. 8 FY **k**
78 ch – 78/150 € 120/158 €, 12,50 €
◆ Architecture du 19e s., situation centrale, intérieur moderne, confort complet et salles de réunion : un hôtel apprécié, entre autres, par la clientèle d'affaires.

Grand Hôtel des Terreaux sans rest
16 r. Lanterne ✉ 69001 Ⓜ Hôtel de ville – ✆ 04 78 27 04 10 – ght@hotel-lyon.fr – Fax 04 78 27 97 75 p. 6 FX **u**
53 ch – 85 € 115/130 €, 11 €
◆ Chambres personnalisées et décorées avec goût, jolie piscine intérieure et service attentif font de cet ancien relais de poste (19e s.) un établissement propice à la détente.

Des Artistes sans rest
8 r. G. André ✉ 69002 Ⓜ Cordeliers – ✆ 04 78 42 04 88 – hartiste@club-internet.fr – Fax 04 78 42 93 76 p. 8 FY **r**
45 ch – 80/138 € 90/144 €, 9 €
◆ Impossible de manquer les trois coups depuis cet hôtel voisin du théâtre des Célestins ! Chambres coquettes et salle des petits-déjeuners ornée d'une fresque à la Cocteau.

La Résidence sans rest
18 r. V. Hugo ✉ 69002 Ⓜ Bellecour – ✆ 04 78 42 63 28 – hotel-la-residence@wanadoo.fr – Fax 04 78 42 85 76 p. 8 FY **s**
67 ch – 75 € 75 €, 7 €
◆ Décor sobrement "seventies" pour cet hôtel bordant une rue piétonne proche de la place Bellecour. Quelques chambres plus élégantes, agrémentées de boiseries.

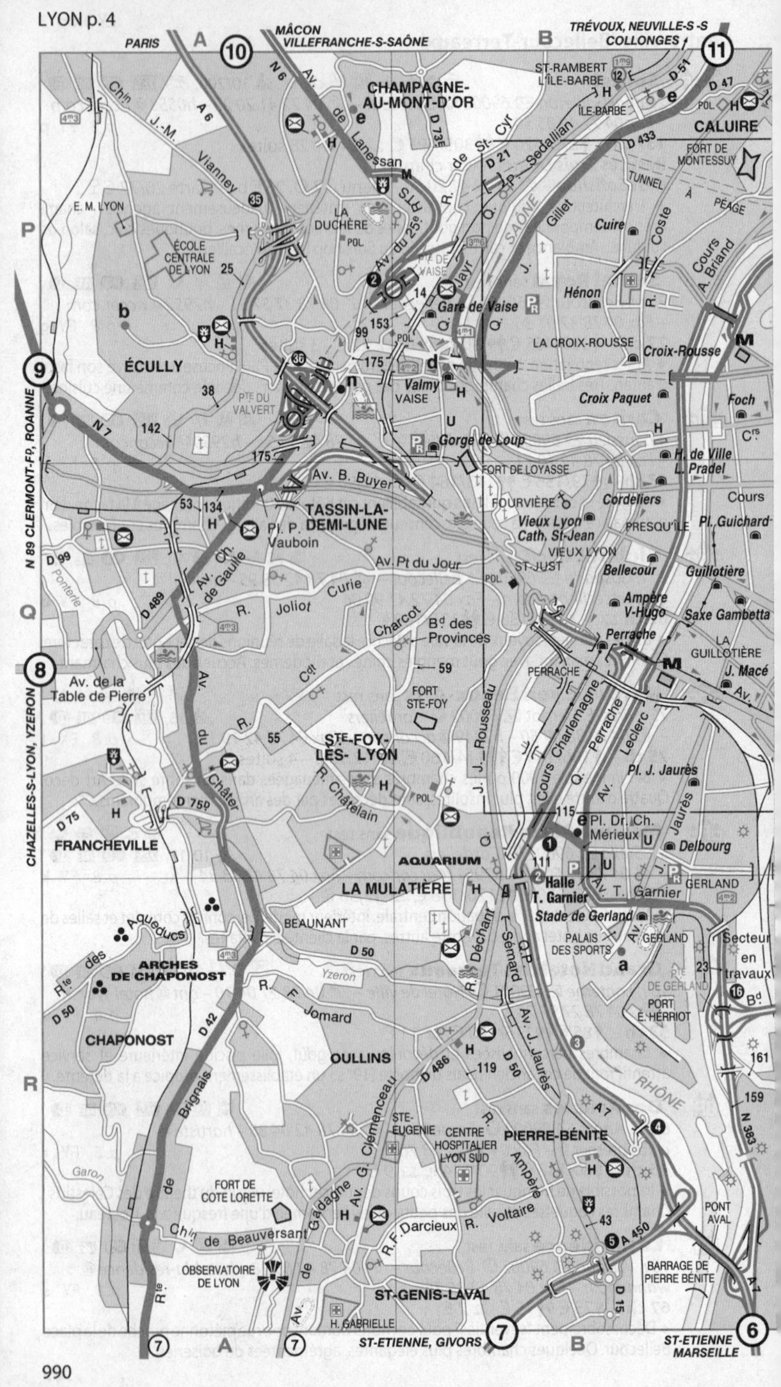

PARIS
MÂCON
VILLEFRANCHE-S-SAÔNE
TRÉVOUX, NEUVILLE-S-S
COLLONGES
CHAMPAGNE-AU-MONT-D'OR
ST-RAMBERT L'ÎLE-BARBE
ÎLE-BARBE
CALUIRE
FORT DE MONTESSUY
E. M. LYON
ÉCOLE CENTRALE DE LYON
LA DUCHÈRE
Gare de Vaise
Hénon
Cuire
LA CROIX-ROUSSE
Croix-Rousse
ÉCULLY
VAISE
Valmy
Croix Paquet
Foch
Gorge de Loup
FORT DE LOYASSE
H. de Ville L. Pradel
TASSIN-LA-DEMI-LUNE
FOURVIÈRE
Cordeliers
Vieux Lyon Cath. St-Jean
PRESQU'ÎLE
Pl. Guichard
VIEUX LYON
ST-JUST
Bellecour
Guillotière
Ampère V-Hugo
Saxe Gambetta
Perrache
LA GUILLOTIÈRE
J. Macé
PERRACHE
FORT STE-FOY
STE-FOY-LÈS-LYON
Pl. J. Jaurès
Pl. Dr. Ch. Mérieux
Delbourg
FRANCHEVILLE
AQUARIUM
Halle T. Garnier
GERLAND
LA MULATIÈRE
Stade de Gerland
PALAIS DES SPORTS
BEAUNANT
ARCHES DE CHAPONOST
PORT E. HERRIOT
Secteur en travaux
CHAPONOST
OULLINS
RHÔNE
STE-EUGENIE
CENTRE HOSPITALIER LYON SUD
PIERRE-BÉNITE
FORT DE COTE LORETTE
PONT AVAL
BARRAGE DE PIERRE BÉNITE
OBSERVATOIRE DE LYON
H. GABRIELLE
ST-GENIS-LAVAL
ST-ETIENNE, GIVORS
ST-ETIENNE MARSEILLE
N 89 CLERMONT-FD, ROANNE
CHAZELLES-S-LYON, YZERON

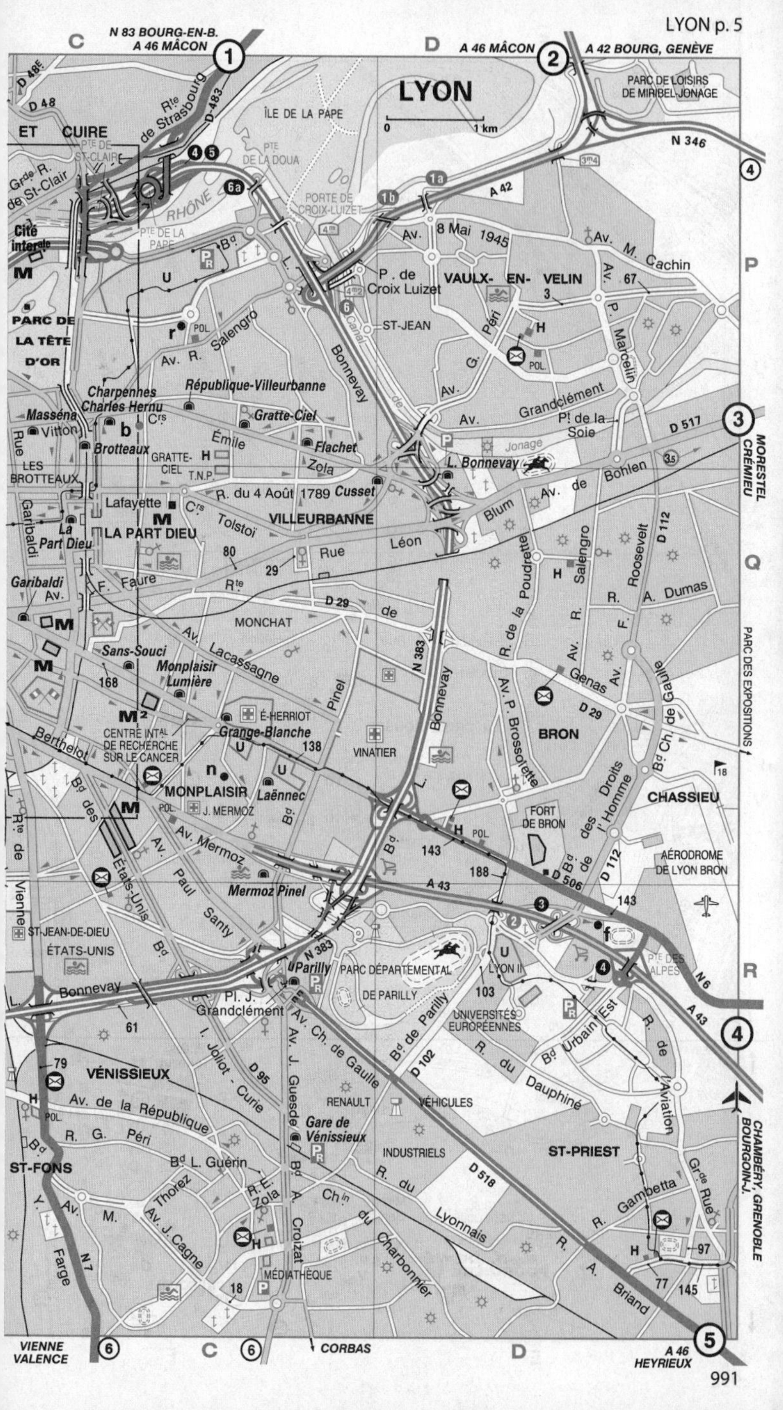
LYON
N 83 BOURG-EN-B.
A 46 MÂCON
A 46 MÂCON
A 42 BOURG, GENÈVE
PARC DE LOISIRS DE MIRIBEL-JONAGE
ÎLE DE LA PAPE
VAULX-EN-VELIN
VILLEURBANNE
LA PART DIEU
MONCHAT
BRON
CHASSIEU
MONPLAISIR
AÉRODROME DE LYON BRON
PARC DÉPARTEMENTAL DE PARILLY
UNIVERSITÉS EUROPÉENNES
VÉNISSIEUX
ST-PRIEST
ST-FONS
MORESTEL CRÉMIEU
PARC DES EXPOSITIONS
CHAMBÉRY, GRENOBLE BOURGOIN-J.
A 46 HEYRIEUX
VIENNE VALENCE
CORBAS

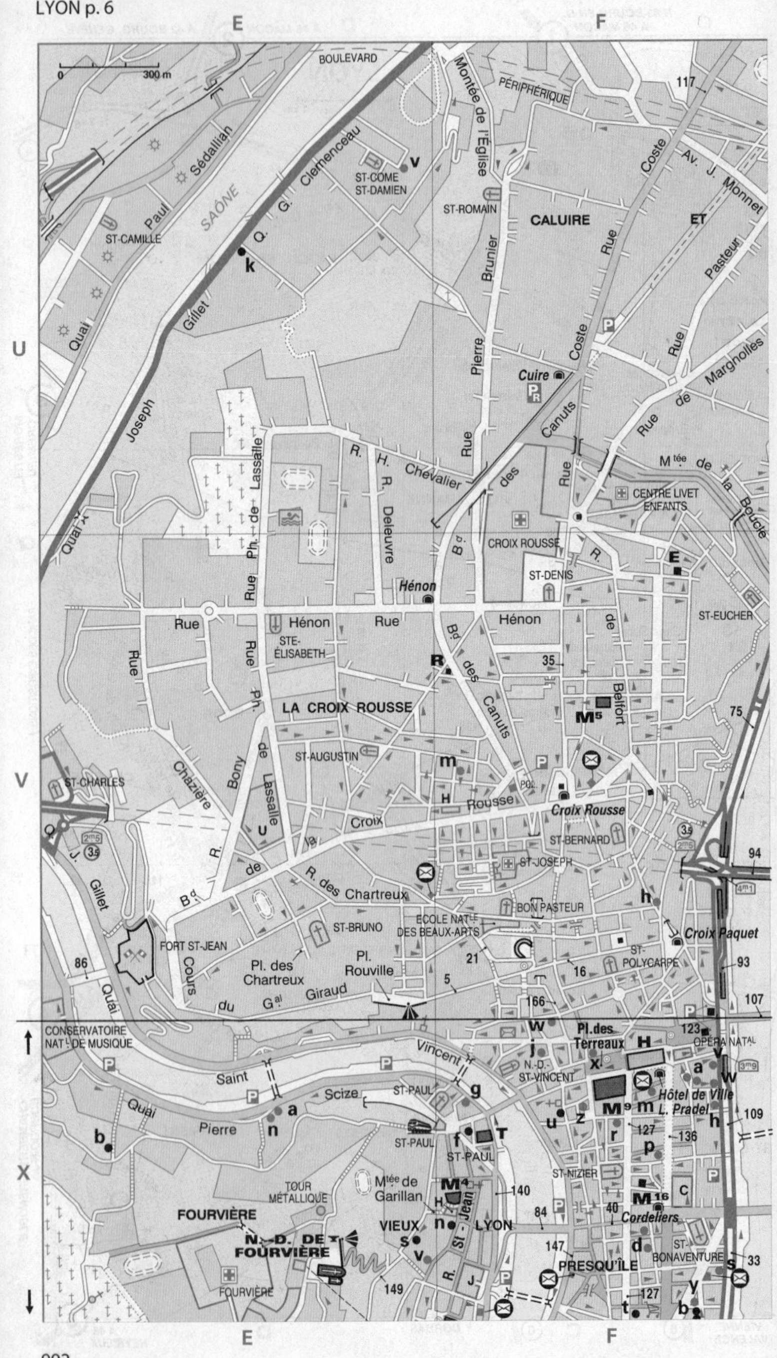
E
F
BOULEVARD
PÉRIPHÉRIQUE
Montée de l'Église
Quai Paul Sédallian
SAÔNE
Q. G. Clemenceau
ST-COME ST-DAMIEN
ST-ROMAIN
CALUIRE
ET
Rue Coste
Av. J. Monnet
Rue Pasteur
ST-CAMILLE
Quai Joseph Gillet
Rue Pierre Brunier
Cuire
Rue de Margnolles
Rue des Canuts
Mtée de la Boucle
CENTRE LIVET ENFANTS
R. H. Chevalier
R. Deleuvre
Rue Ph. de Lassalle
CROIX ROUSSE
ST-DENIS
Hénon
Rue Hénon
Rue Hénon
ST-EUCHER
STE-ÉLISABETH
Rue de Belfort
Bd des Canuts
LA CROIX ROUSSE
ST-AUGUSTIN
Rue Chazière
R. Bony
Rue Ph. de Lassalle
ST-CHARLES
Bd de la Croix Rousse
Croix Rousse
ST-BERNARD
ST-JOSEPH
R. des Chartreux
BON PASTEUR
ST-BRUNO
ECOLE NATLE DES BEAUX-ARTS
Croix Paquet
FORT ST-JEAN
Pl. des Chartreux
Pl. Rouville
ST-POLYCARPE
Cours du Gal Giraud
Quai Gillet
CONSERVATOIRE NATL DE MUSIQUE
Pl. des Terreaux
OPÉRA NATL
Quai Saint Vincent
N.-D. ST-VINCENT
Hôtel de Ville L. Pradel
Quai Pierre Scize
ST-PAUL
ST-NIZIER
TOUR MÉTALLIQUE
Mtée de Garillan
FOURVIÈRE
N.-D. DE FOURVIÈRE
VIEUX LYON
R. St-Jean
Cordeliers
PRESQU'ÎLE
ST-BONAVENTURE
U
V
X
E
F

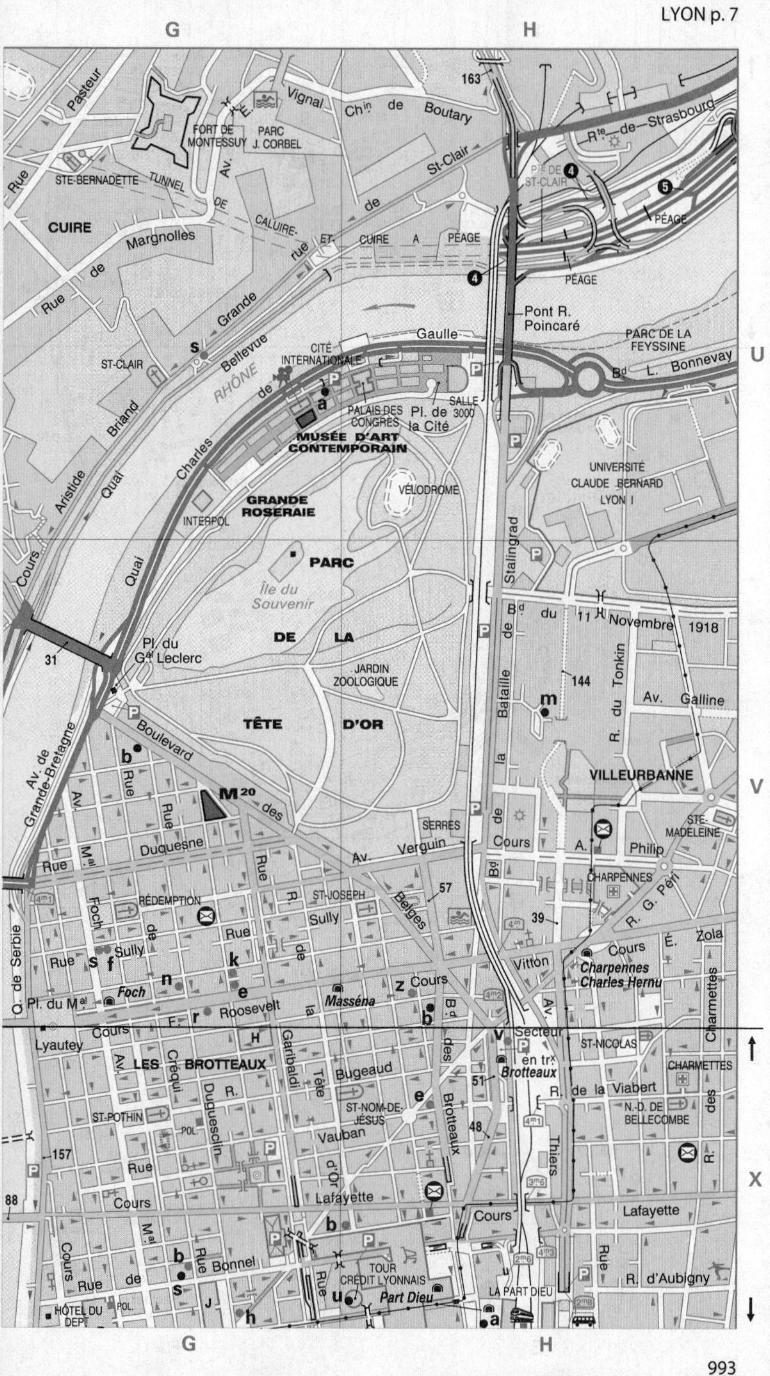

CUIRE
FORT DE MONTESSUY
PARC J. CORBEL
STE-BERNADETTE
TUNNEL DE CALUIRE-ET-CUIRE A PÉAGE
Ch.in de Boutary
Rue de Margnolles
Grande rue de St-Clair
Rte de Strasbourg
Pte DE ST-CLAIR
PÉAGE
Pont R. Poincaré
PARC DE LA FEYSSINE
Bd L. Bonnevay
ST-CLAIR
RHÔNE
Quai Charles de Gaulle
CITÉ INTERNATIONALE
PALAIS DES CONGRÈS
Pl. de la Cité
SALLE 3000
MUSÉE D'ART CONTEMPORAIN
INTERPOL
GRANDE ROSERAIE
VÉLODROME
UNIVERSITÉ CLAUDE BERNARD LYON I
PARC DE LA TÊTE D'OR
Île du Souvenir
JARDIN ZOOLOGIQUE
Quai Aristide Briand
Cours
Pl. du Gal Leclerc
Bd du 11 Novembre 1918
Bd de la Bataille de Stalingrad
R. du Tonkin
Av. Galline
VILLEURBANNE
Av. de Grande-Bretagne
Boulevard des Belges
SERRES
Av. Verguin
Cours A. Philip
STE-MADELEINE
CHARPENNES
R. G. Péri
Rue Duquesne
RÉDEMPTION
ST-JOSEPH
R. Sully
Rue de Sully
Cours É. Zola
Vitton
Charpennes Charles Hernu
Av. Mal Foch
Foch
Masséna
Q. de Serbie
Pl. du Mal
Cours F. Roosevelt
Cours Lyautey
LES BROTTEAUX
Av. Créqui
R. Duguesclin
Rue Garibaldi
Rue Tête d'Or
Bugeaud
Bd des Brotteaux
Secteur en trx
Brotteaux
ST-NICOLAS
CHARMETTES
R. de la Viabert
N.-D. DE BELLECOMBE
R. des Charmettes
ST-POTHIN
ST-NOM-DE-JÉSUS
Vauban
Av. Thiers
Cours Lafayette
Lafayette
Rue Bonnel
Rue de
Cours Mal
TOUR CRÉDIT LYONNAIS
Part Dieu
LA PART DIEU
R. d'Aubigny
HÔTEL DU DEPT
POL.
G
H
U
V
X

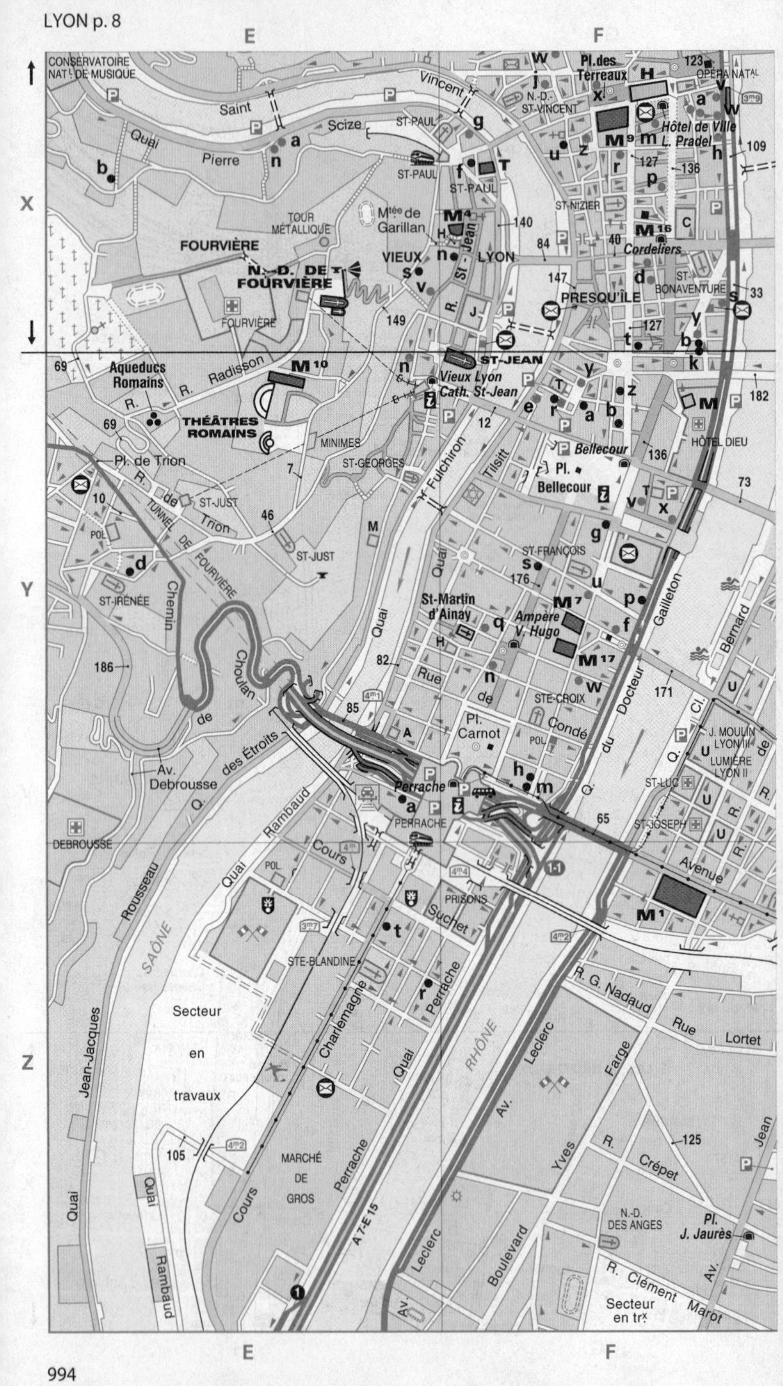
E
F
X
Y
Z
CONSERVATOIRE NAT.L DE MUSIQUE
Quai Pierre Scize
Saint Vincent
ST-PAUL
N.-D.-ST-VINCENT
Pl. des Terreaux
OPÉRA NATAL
Hôtel de Ville L. Pradel
ST-NIZIER
TOUR MÉTALLIQUE
Mtée de Garillan
FOURVIÈRE
N.-D. DE FOURVIÈRE
VIEUX LYON
R. St-Jean
Cordeliers
ST-BONAVENTURE
PRESQU'ÎLE
ST-JEAN
Vieux Lyon Cath. St-Jean
Aqueducs Romains
R. Radisson
THÉÂTRES ROMAINS
MINIMES
ST-GEORGES
Pl. de Trion
R. de Trion
ST-JUST
TUNNEL DE FOURVIÈRE
ST-IRÉNÉE
Chemin de Choulan
Bellecour
Pl. Bellecour
HÔTEL DIEU
Tilsitt
Quai Fulchiron
ST-FRANÇOIS
St-Martin d'Ainay
Ampère V. Hugo
Quai Docteur Gailleton
Rue de Condé
STE-CROIX
Pl. Carnot
Perrache
PERRACHE
Av. Debrousse
Q. des Étroits
DEBROUSSE
Quai Rambaud
Cours Suchet
PRISONS
J. MOULIN LYON III
LUMIÈRE LYON II
ST-LUC
ST-JOSEPH
Avenue
R. G. Nadaud
Rue Lortet
STE-BLANDINE
Cours Charlemagne
Quai Perrache
SAÔNE
RHÔNE
Secteur en travaux
Quai Jean-Jacques Rousseau
MARCHÉ DE GROS
A 7-E 15
Av. Leclerc
Boulevard Yves Farge
R. Crépet
N.-D. DES ANGES
Pl. J. Jaurès
R. Clément Marot
Secteur en trx
Av. Jean
Quai Rambaud

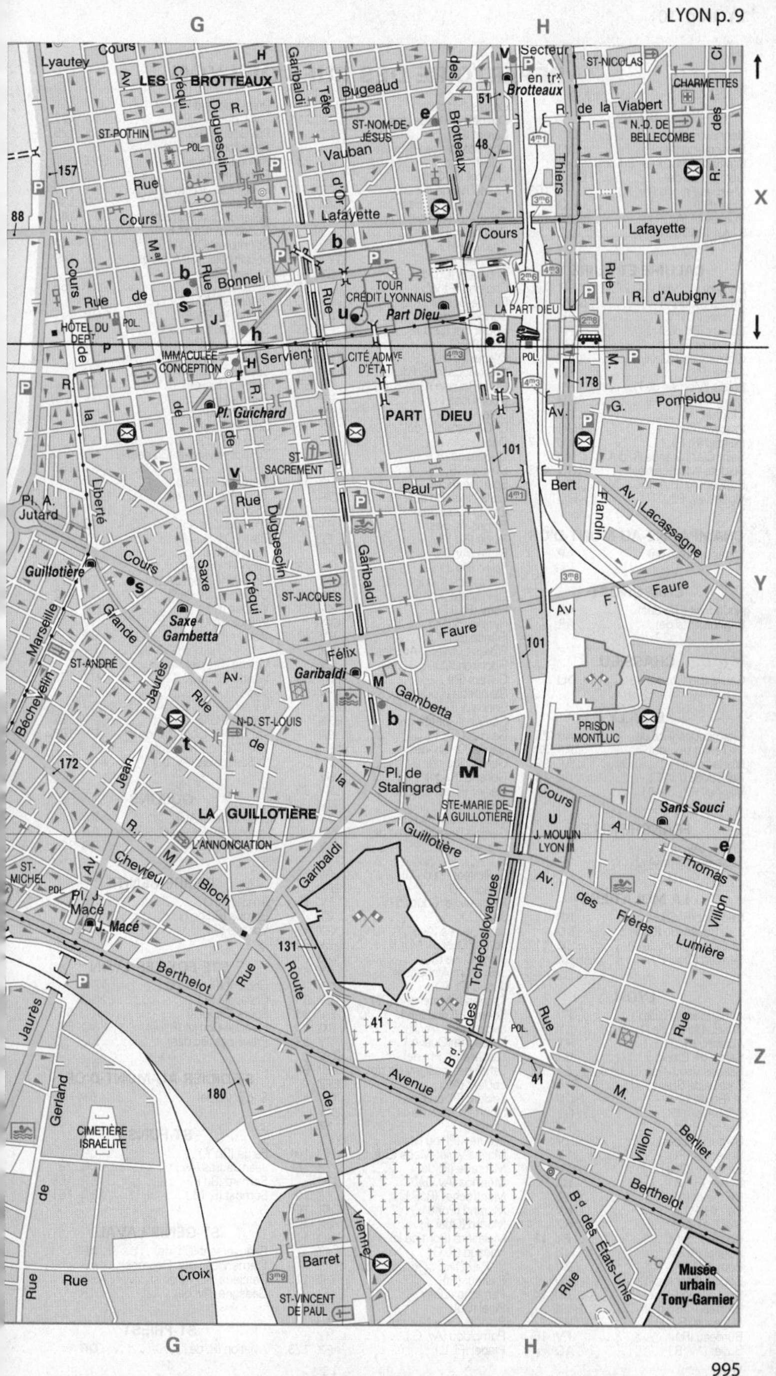
G
H
X
Y
Z
LES BROTTEAUX
Cours Lyautey
Av. de Créqui
R. Duguesclin
Rue Garibaldi
Tête d'Or
Bugeaud
Vauban
ST-NOM-DE-JÉSUS
ST-POTHIN
Rue Cours Lafayette
Cours Lafayette
des Brotteaux
Secteur en trx
Brotteaux
ST-NICOLAS
CHARMETTES
R. de la Viabert
N.-D. DE BELLECOMBE
Thiers
Rue Bonnel
Cours de la Liberté
Rue de Bonnel
HÔTEL DU DEPT
TOUR CRÉDIT LYONNAIS
Part Dieu
LA PART DIEU
R. d'Aubigny
IMMACULÉE CONCEPTION
Servient
CITÉ ADMVE D'ÉTAT
PART DIEU
Pl. Guichard
Av. G. Pompidou
ST-SACREMENT
Paul Bert
Av. Lacassagne
Flandin
Pl. A. Jutard
Guillotière
Cours Gambetta
Saxe Gambetta
Rue de Créqui
Rue Duguesclin
ST-JACQUES
Av. F. Faure
Félix Faure
Garibaldi
Gambetta
Grande Rue de la Guillotière
ST-ANDRÉ
Av. Jean Jaurès
Béchevelin
Marseille
N-D. ST-LOUIS
Pl. de Stalingrad
PRISON MONTLUC
Sans Souci
STE-MARIE DE LA GUILLOTIÈRE
LA GUILLOTIÈRE
L'ANNONCIATION
J. MOULIN LYON III
Cours A. Thomas
ST-MICHEL
Pl. J. Macé
J. Macé
R. M. Bloch
Chevreul
Av. des Frères Lumière
Villon
Av. Tchécoslovaques
Rue Garibaldi
Route de Vienne
Berthelot
Avenue Berthelot
Bd des Tchécoslovaques
Rue M. Berliet
Rue Villon
Bd des États-Unis
Jaurès
Gerland
CIMETIÈRE ISRAÉLITE
Rue de Gerland
Rue Croix Barret
ST-VINCENT DE PAUL
Musée urbain Tony-Garnier
157
88
51
48
178
101
172
131
41
180

RÉPERTOIRE DES RUES DE LYON

BRON

Bonnevay (Bd L.) **DQ**
Brossolette (Av. P.) **DQ**
Droits de l'Homme (Bd des) **DQ**
Genas (Rte de) **CDQ**
Mendès-France (Av. P.) **DR** 103
Pinel (Bd) **CQ**
Roosevelt (Av. F.) **DQR** 143
8 Mai 1945 (R. du) **DQ** 188

CALUIRE ET CUIRE

Boutary (Ch. de) **HU**
Briand (Cours A.) **GUV**
Brunier (R. P.) **FU**
Canuts (Bd des) **FU**
Chevalier (R. H.) **EFU**
Clemenceau (Quai G.) **EU**
Coste (R.) **FU**
Église (Montée de l') **FU**
Margnolles (R. de) **FGU**
Monnet (Av. J.) **FU**
Pasteur (R.) **FGU**
Peissel (R. F.) **FU** 117
Saint Clair (Grande R. de) **GHU**
Soldats (Montée des) **HU** 163
Strasbourg (Rte de) **CP**
Vignal (Av. É.) **GU**

CHAMPAGNE-AU-MONT-D'OR

Lanessan (Av. de) **AP**

CHAPONOST

Aqueducs (Rte des) **AR**
Brignais (Rte de) **AR**

CHASSIEU

Gaulle (Bd Ch.-de) **DQ**

ÉCULLY

Champagne (Rte de) **AP** 25
Dr-Terver (Av. du) **AP** 38
Marietton (R.) **AP** 99
Roosevelt (Av. F.) **AP** 142
Vianney (Ch. J.-M.) **AP**

FRANCHEVILLE

Châter (Av. du) **AQ**
Table de Pierre (Av.) **AQ**

LA MULATIÈRE

Déchant (R. S.) **BR**
J.-J. Rousseau (Quai) **BQ**
Mulatière (Pont de la) **BQ** 111
Sémard (Quai P.) **BR**

LYON

Annonciade (R. de l') **FV** 5
Antiquaille (R. de l') **EY** 7
Aubigny (R. d') **HX**
Barret (R. Croix) **GZ**
Basses Verchères (R. des) **EY** 10
Bataille de Stalingrad (Bd de la) **HUV**
Béchevelin (R.) **GY**
Belfort (R. de) **FV**
Belges (Bd des) **GHV**
Bellecour (Pl.) **FY**
Bellevue (Quai) **GU**
Berliet (R. M.) **HZ**
Berthelot (Av.) **GHZ**
Bert (R. P.) **GHY**
Bloch (R. M.) **GZ**
Bonaparte (Pt) **FY** 12
Bonnel (R. de) **GX**
Bony (R.) **EV**
Boucle (Montée de la) **FU**
Bourgogne (R. de) **BP** 14
Brotteaux (Bd des) **HVX**
Bugeaud (R.) **HX**
Burdeau (R.) **FV** 16
Buyer (Av. B.) **AQ**
Canuts (Bd des) **FUV**
Carmélites (Mtée des) **FV** 21
Carnot (Pl.) **FY**
Chambaud-de-la-Bruyère (Bd) **BR** 23
Charcot (R. Cdt) **ABQ**
Charlemagne (Cours) **EZ**
Charmettes (R. des) **HVX**
Chartreux (Pl. des) **EV**
Chartreux (R. des) **EV**
Chazière (R.) **EV**
Chevreul (R.) **GYZ**
Choulans (Ch. de) **EY**
Churchill (Pt W.) **GV** 31
Claude-Bernard (Q.) **FY**
Condé (R. de) **FY**
Courmont (Q. J.) **FX** 33
Crepet (R.) **FZ**
Créqui (R. de) **GVY**
Croix-Rousse (Bd de la) **EFV**
Croix-Rousse (Gde-R. de la) **FV** 35
Debrousse (Av.) **EY**
Deleuvre (R.) **EUV**
Dr-Gailleton (Q. du) **FY**
Duguesclin (R.) **GVY**
Duquesne (R.) **GV**
Duvivier (R. P.) **GZ** 180
Épargne (R. de l') **HZ** 41
États-Unis (Bd des) **CQR**
Étroits (Quai des) **EY**
Farges (R. des) **EY** 46
Farge (Bd Y.) **FZ**
Faure (Av. F.) **GHY**
Favre (Bd J.) **HX** 48
La-Fayette (Cours) **GHX**
La-Fayette (Pont) **GX** 88
Ferry (Pl. J.) **HX** 51
Flandin (R. M.) **HXY**
France (Bd A.) **HV** 57
Frères-Lumière (Av. des) **HZ**
Fulchiron (Q.) **EY**
Gallieni (Pt) **FY** 65
Gambetta (Cours) **GHY**
Garibaldi (R.) **GVZ**
Garillan (Montée du) **EFX**
Garnier (Av. T.) **BR**
Gaulle (Q. Ch.-de) **GHU**
Genas (Rte de) **CDQ**
Gerland (R. de) **GZ**
Gerlier (R. du Cardinal) **EY** 69
Gillet (Quai J.) **EUV**
Giraud (Cours du Gén.) **EV**
Grande-Bretagne (Av. de) **GV**
Grenette (R.) **FX** 71
Guillotière (Grande-R. de la) **GYZ**
Guillotière (Pt de la) **FY** 73
Hénon (R.) **EFV**
Herbouville (Cours d') **FV** 75
Jayr (Q.) **BP**
Jean-Jaurès (Av.) **GY**
Joffre (Quai du Mar.) **EY** 82
Joliot-Curie (R.) **AQ**
Juin (Pont Alphonse) **FX** 84
Jutard (Pl. A.) **GY**
Kitchener Marchand (Pt) **EY** 85
Koenig (Pt du Gén.) **EV** 86
Lacassagne (Av.) **CQ**
Lassagne (Quai A.) **FV** 93
Lassalle (R. Ph. de) **EUV**
Lattre-de-Tassigny (Pt de) **FV** 94
Leclerc (Av.) **EFZ**
Leclerc (Pl. du Gén.) **GV**
Liberté (Cours de la) **GXY**
Lortet (R.) **FZ**
Lyautey (Pl. du Mar.) **GVX**
Marius-Vivier-Merle (Bd) **HY** 101
Marseille (R. de) **GY**
Mermoz (Av. J.) **CQ**
Montrochet (R. P.) **EZ** 105
Morand (Pont) **FVX** 107
Moulin (Quai J.) **FX** 109
Mulatière (Pont de la) **BQ** 111
Nadaud (R. G.) **FZ**
La Part Dieu **HXY**
Pasteur (Pt) **BQ** 115
Perrache (Quai) **EZ**
Pinel (Bd) **CQ**
Point du Jour (Av. du) **ABQ**
Pompidou (Av. G.) **HY**
Pradel (Pl. L.) **FX** 123
Prés.-Édouard-Herriot (R. du) **FX** 127
Pré Gaudry (R.) **FZ** 125
Radisson (R. Roger) **EY**
Rambaud (Quai) **EYZ**
Repos (R. du) **GZ** 131
République (R. de la) **FXY** 136
Rockefeller (Av.) **CQ** 138
Rolland (Quai Romain) **FX** 140
Roosevelt (Cours F.) **GVX**
St-Antoine (Q.) **FX** 147
St-Barthélémy (Montée) **EX** 149
St-Jean (R.) **FX**
St-Simon (R.) **APB** 153
St-Vincent (Quai) **EFX**
Santy (Av. Paul) **CQR**
Sarrail (Quai du Gén.) **GX** 157
Saxe (Av. du Mar. de) **GXY**
Scize (Quai P.) **EX**
Sédallian (Quai P.) **EU**
Serbie (Quai de) **GV**
Servient (R.) **GY**
Stalingrad (Pl. de) **GHY**
Suchet (Cours) **EFZ**
Sully (R.) **GV**
Tchécoslovaques (Bd des) **HZ**
Terme (R.) **FV** 166
Terreaux (Pl. des) **FX**
Tête d'Or (R. de la) **GVX**
Thiers (Av.) **HVX**
Thomas (Crs A.) **CQ** 168
Tilsitt (Q.) **FY**
Trion (Pl. de) **EY**
Trion (R. de) **EY**
Université (Pont de l') **FY** 171
Université (R. de l') **GY** 172
Vauban (R.) **GHX**
Verguin (Av.) **HV**
Viabert (R. de la) **HX**
Victor-Hugo (R.) **FY** 176
Vienne (Rte de) **GZ**
Villette (R. de la) **HY** 178
Villon (R.) **HZ**
Vitton (Cours) **HV**
Wilson (Pont) **FY** 182
1re Div.-Fr.-Libre (Av. de la) **EY** 186
25e Régt de Tirailleurs Sénégalais (Av. du) **ABP**

OULLINS

Jean-Jaurès (Av.) **BR**
Jomard (R. F.) **AR**
Perron (R. du) **BR** 119

PIERRE-BÉNITE

Ampère (R.) **BR**
Europe (Bd de l') **BR** 43
Voltaire (R.) **BR**

STE-FOY-LÈS-LYON

Charcot (R. du Cdt) **ABQ**
Châtelain (R.) **AQ**
Fonts (Ch. des) **AQ** 55
Franche-Comté (R. de) **BQ** 59
Provinces (Bd des) **BQ**

ST-DIDIER-AU-MONT-D'OR

St-Cyr (R. de) **BP**

ST-FONS

Farge (Bd Y.) **CR**
Jean-Jaurès (Av.) **CR** 79
Semard (Bd P.) **BR** 159
Sembat (R. M.) **BR** 161

ST-GÉNIS-LAVAL

Beauversant (Ch. de) **AR**
Clemenceau (Av. Georges) **AR**
Darcieux (R. François) **ABR**
Gadagne (Av. de) **AR**

ST-PRIEST

Aviation (R. de l') **DR**

Briand (R. A.) **DR**
Dauphiné (R. du) **DR**
Gambetta (R.) **DR**
Grande-Rue **DR**
Herriot (Bd E.) **DR** 77
Lyonnais (R. du) **DR**
Maréchal (R. H.) **DR** 97
Parilly (Bd de) **DR**
Rostand (R. E.) **DR** 145
Urbain Est (Bd) **DR**

TASSIN-LA-DEMI-LUNE

Foch (Av. du Mar.) **AQ** 53
Gaulle (Av. Ch.-de) **AQ**
République (Av. de la) **AQ** 134
Vauboin (Pl. P.) **AQ**
Victor Hugo (Av.) **APQ** 175

VAULX-EN-VELIN

Allende (Av. S.) **DP** 3
Bohlen (Av. de) **DQ**
Cachin (Av. M.) **DP**
Dumas (R. A.) **DQ**
Gaulle (Av. Ch.-de) **DP** 67

Grandclément (Av.) **DP**
Marcellin (Av. P.) **DP**
Péri (Av. G.) **DP**
Roosevelt (Av. F.) **DQ**
Salengro (Av. R.) **DQ**
Soie (Pont de la) **DP**
8 Mai 1945 (Av. du) **DP**

VÉNISSIEUX

Bonnevay (Bd L.) **CR**
Cachin (Av. M.) **CR** 18
Cagne (Av. J.) **CR**
Charbonnier (Ch. du) **CDR**
Croizat (Bd A.) **CR**
Farge (Bd Y.) **CR**
Frères L. et É. Bertrand (R. des) **CR** 61
Gaulle (Av. Ch.-de) **CR**
Gérin (Bd L.) **CR**
Grandclément (Pl. J.) **CR**
Guesde (Av. J.) **CR**
Joliot Curie (Bd I.) **CR**
Péri (R. G.) **CR**
République (Av. de la) **CR**
Thorez (Av. M.) **CR**

Vienne (Rte de) **CQR**

VILLEURBANNE

Bataille de Stalingrad (Bd de la) **HUV**
Blum (R. L.) **CDQ**
Bonnevay (Bd L.) **CP**
Charmettes (R. des) **HVX**
Chirat (R. F.) **CQ** 29
Croix Luizet (Pont de) **CDP**
Dutriévoz (Av. A.) **HV** 39
Galline (Av.) **HV**
Genas (Rte de) **CDQ**
Jean-Jaurès (R.) **CQ** 80
Philip (Cours A.) **HV**
Poincaré (Pt R.) **HU**
Poudrette (R. de la) **DQ**
Rossellini (Av. R.) **HV** 144
Salengro (Av. R.) **CP**
Tolstoï (Cours) **CQ**
Tonkin (R. du) **HV**
Zola (Cours Émile) **CP**
4 Août 1789 (R. du) **CQ**
11 Novembre 1918 (Bd du) **HV**

Liste alphabétique des hôtels et restaurants

Célestins sans rest

4 r. Archers ✉ 69002 Ⓜ Guillotière – ✆ 04 72 56 08 98 – info@hotel-celestins.com – Fax 04 72 56 08 65 p. 8 FY **a**

20 ch – 60/75 € 65/85 €, 8 €

◆ Hôtel occupant plusieurs étages d'un immeuble d'habitation. Chambres claires et plaisantes ; celles de la façade offrent une échappée sur la colline de Fourvière.

Élysée Hôtel sans rest

92 r. Prés. E. Herriot ✉ 69002 Ⓜ Cordeliers – ✆ 04 78 42 03 15 – accueil@hotel-elysee.fr – Fax 04 78 37 76 49 p. 8 FY **z**

29 ch – 48/67 € 67/78 €, 8 €

◆ Chambres fonctionnelles récemment rafraîchies, situation centrale, petit-déjeuner continental et prix sages : une adresse familiale appréciée par la clientèle d'affaires.

Perrache

Grand Hôtel Mercure Château Perrache ch, rest, 10/200,

12 cours Verdun ✉ 69002 Ⓜ Perrache – ✆ 04 72 77 15 00 – h1292@accor.com – Fax 04 78 37 06 56 p. 8 EY **a**

111 ch – 142/185 € 157/197 €, 13,50 € – 2 suites

Rest *Les Belles Saisons* – *(fermé sam. midi)* Menu (14 € bc), 33 €

◆ L'hôtel bâti en 1900 a conservé une partie de son cadre Art Nouveau : délicates boiseries sculptées du hall, mobilier authentique dans certaines chambres et les suites. Le "style Majorelle" prend toute sa dimension dans la superbe salle des Belles Saisons.

Charlemagne ch, 10/120,

23 cours Charlemagne ✉ 69002 Ⓜ Perrache – ✆ 04 72 77 70 00 – charlemagne@hotel-lyon.fr – Fax 04 78 42 94 84 p. 8 EZ **t**

116 ch – 80/155 € 85/170 €, 10 € – ½ P 68/73 € – **Rest** – *(fermé sam. et dim.)* Menu 22 € – Carte environ 27 €

◆ Deux immeubles abritant des chambres rénovées, confortables et de bon goût, un "business center" et une salle des petits-déjeuners façon jardin d'hiver. Au restaurant : décor moderne, plaisante terrasse d'été et cuisine traditionnelle sans prétention.

Axotel ch, 10/100,

12 r. Marc-Antoine Petit ✉ 69002 Ⓜ Perrache – ✆ 04 72 77 70 70 – axotel.perrache@hotel-lyon.fr – Fax 04 72 40 00 65 p. 8 EZ **r**

126 ch – 71/90 € 76/110 €, 9 € – ½ P 63/68 €

Rest *Le Chalut* – *(fermé 28 juil.-27 août, 22 déc.-2 janv., vend. soir, sam. midi et dim.)* Menu (22 €) – Carte 40/52 €

◆ La clientèle d'affaires appréciera cet établissement doté de salles et équipements utiles à l'organisation de séminaires. Chambres diverses en tailles et en styles. Dans les filets du Chalut, du poisson bien sûr, mais aussi des plats de viande.

Verdun sans rest

82 r. Charité ✉ 69002 Ⓜ Perrache – ✆ 04 78 37 34 71 – reservation@hotedeverdun.com – Fax 04 78 37 45 35 – Fermé 28 juil.-20 août et 24 déc.-2 janv.

28 ch – 75/130 € 96/130 €, 11 € p. 8 FY **m**

◆ Gare à proximité, chambres bien tenues, égayées de couleurs vives, et copieux petit-déjeuner servi sous forme de buffet caractérisent cet hôtel entièrement non-fumeurs.

Des Savoies sans rest

80 r. Charité ✉ 69002 Ⓜ Perrache – ✆ 04 78 37 66 94 – hotel.des.savoies@wanadoo.fr – Fax 04 72 40 27 84 P. 8 FY **h**

46 ch – 48/64 € 54/68 €, 5 €

◆ Façade rehaussée de blasons savoyards, petites chambres simples, fonctionnelles et récemment rafraîchies, prix sages et garage très apprécié de la clientèle.

Vieux-Lyon

Villa Florentine Lyon, 20,

25 montée St-Barthélémy ✉ 69005 Ⓜ Fourvière – ✆ 04 72 56 56 56 – florentine@relaischateaux.com – Fax 04 72 40 90 56

20 ch – 155/430 € 155/430 €, 22 € – 8 suites p. 6 EFX **s**

Rest *Les Terrasses de Lyon* – voir ci-après

◆ Sur la colline de Fourvière, cette demeure d'inspiration Renaissance jouit d'une vue incomparable sur la ville. L'intérieur marie avec une rare élégance l'ancien et le moderne.

Cour des Loges ch, 15/40,
6 r. Bœuf ✉ 69005 Ⓜ Vieux Lyon cathédrale saint jean – ☎ 04 72 77 44 44 – contact@courdesloges.com – Fax 04 72 40 93 61
52 ch – 240/290 € 240/290 €, ☕ 27 € – 10 suites p. 6 FX **n**
Rest ***Les Loges*** – *(fermé juil., août, dim. et lundi) (dîner seult)* Menu 55/80 € – Carte 69/82 €
Rest ***Café-Épicerie*** – Menu (17 €) – Carte 37/47 €
◆ Designers et artistes contemporains ont signé le décor étonnant de cet ensemble de maisons du 14e au 18e s. groupées autour d'une splendide cour à galeries. Cuisine inventive et cadre personnalisé aux Loges. Attrayante formule déjeuner au Café-Épicerie.

Collège sans rest 20,
5 pl. St Paul ✉ 69005 Ⓜ Vieux Lyon Cathédrale Saint Jean – ☎ 04 72 10 05 05 – contact@college-hotel.com – Fax 04 78 27 98 84 p. 6 FX **f**
39 ch – 105/125 € 125/140 €, ☕ 11 €
◆ Bureaux d'écoliers, cheval d'arçon, cartes de géographie... : tout évoque l'univers scolaire d'autrefois. Chambres toutes blanches, résolument modernes, avec balcon ou terrasse.

Du Greillon sans rest
12 montée du Greillon ✉ 69009 Lyon – ☎ 06 08 22 26 33 – contact@legreillon.com – Fax 04 72 29 10 97 – Fermé 1er-12 août et 18-24 fév. p.8 EX **b**
5 ch ☕ – 78/92 € 85/100 €
◆ L'ex-propriété du sculpteur J. Chinard convertie en maison d'hôte. Jolies chambres, meubles et objets chinés, délicieux jardin et vue plongeante sur la Saône et la Croix-Rousse.

La Grange de Fourvière sans rest
86 r. des Macchabées ✉ 69005 – ☎ 04 72 33 74 45 – catherine@grangedefourviere.com – Fax 04 72 33 74 45 p. 8 EY **d**
4 ch ☕ – 60/80 € 70/90 €
◆ Une grange et une écurie du 19e s. entièrement réhabilitées, dans le "quartier village" St-Irénée. Chambres agréables, salon-bibliothèque et cuisinette à disposition des hôtes.

La Croix-Rousse (bord de Saône)

Lyon Métropole ch, 10/200,
85 quai J. Gillet ✉ 69004 – ☎ 04 72 10 44 44 – metropole@lyonmetropole-concorde.com – Fax 04 72 10 44 42 p. 6 EU **k**
118 ch – 160/250 € 160/250 €, ☕ 23 €
Rest ***Brasserie Lyon Plage*** – ☎ 04 72 10 44 30 – Menu 25 € – Carte 33/49 €
◆ Cet hôtel de style "années 1980" qui se mire dans la piscine olympique est très sportif : superbe spa, fitness, courts de tennis et de squash, practices, etc. Chambres modernes. La carte de la Brasserie Lyon Plage met l'accent sur les produits de la mer.

Les Brotteaux

Hilton ch, ch, 10/280,
70 quai Ch. de Gaulle ✉ 69006 – ☎ 04 78 17 50 50 – rm-lyon@hilton.com – Fax 04 78 17 52 52 p. 7 GU **a**
198 ch – 107/422 € 107/422 €, ☕ 23 €
Rest ***Blue Elephant*** – ☎ *04 78 17 50 00 (fermé 14 juil.-20 août, sam. midi et dim.)* Menu 28 € (déj.), 42/55 € – Carte 29/44 €
Rest ***Brasserie*** – ☎ 04 78 17 51 00 – Menu 22 € (déj.)/29 € bc (brunch dimanche) – Carte 36/51 €
◆ Imposant hôtel moderne en brique et verre, doté d'un véritable "business center". Chambres et suites parfaitement équipées, donnant sur le parc de la Tête d'Or ou le Rhône. Spécialités et cadre thaïlandais au Blue Elephant. Cuisine traditionnelle à la Brasserie.

La Reine Astrid ch, cuisinette
24 bd des Belges ✉ 69006 Ⓜ Foch – ☎ 04 72 82 18 00 – infora@warwickhotels.com – Fax 04 78 93 80 06 p. 7 GV **b**
11 ch – 215 € 215 €, ☕ 18 € – 77 suites – 265/460 €
Rest ***Le Lounge*** – *(fermé 22 déc.-2 janv., sam. et dim.)* Menu (20 €), 25 € – Carte 35/55 €
◆ Plus que des chambres, vous trouverez ici de véritables suites, tournées vers le parc de la Tête d'Or ou le jardin privé. Espace, élégance et équipements de qualité. Cuisine "fusion" (le menu change chaque jour) et cadre intimiste au Lounge.

Du Parc sans rest
16 bd des Brotteaux ✉ 69006 Ⓜ Brotteaux – ✆ 04 72 83 12 20 – accueil@hotelduparc-lyon.com – Fax 04 78 52 14 32 – Fermé 1er-15 août *p. 7* HV **b**
23 ch – 86/116 € 96/126 €, 10,50 €
◆ Hôtel situé entre la gare des Brotteaux et le parc de la Tête d'Or. Les chambres, plus tranquilles sur l'arrière, bénéficient d'un décor chaleureux et d'aménagements modernes.

La Part-Dieu

Radisson SAS ≤ Lyon et vallée du Rhône, ch,
129 r. Servient (32e étage) ✉ 69003 Ⓜ 10/120,
Part Dieu – ✆ 04 78 63 55 00 – info.lyon@radissonsas.com – Fax 04 78 63 55 20
245 ch – 120/250 € 120/270 €, 20 € *p. 7* GX **u**
Rest *L'Arc-en-Ciel* – *(fermé 15 juil.-27 août, sam. midi et dim.)* Menu 40/57 € – Carte 63/81 €
Rest *Bistrot de la Tour* – *(fermé dim. midi, vend. soir et sam.)* Menu 19 € – Carte 26/47 €
◆ Au sommet du "crayon" (altitude : 100 m), agencement inspiré des maisons du Vieux Lyon : cour intérieure et galeries superposées. Panorama exceptionnel depuis certaines chambres. L'Arc-en-Ciel est perché au 32e étage de la tour. Bistrot très prisé à midi.

Novotel La Part-Dieu ch, ch,
47 bd Vivier-Merle ✉ 69003 Ⓜ Part Dieu – 15/70,
✆ 04 72 13 51 51 – h0735@accor.com – Fax 04 72 13 51 99 *p. 9* HX **a**
124 ch – 115/150 € 123/150 €, 13 € – **Rest** – Menu (19 €), 24 € – Carte 24/36 €
◆ À deux pas de la gare. Chambres progressivement refaites selon les nouvelles normes de la chaîne et espace Internet au salon-bar. En attendant le train ou entre deux rendez-vous, la clientèle d'affaires contente son appétit au restaurant Novotel.

Créqui Part-Dieu ch, ch, 25,
37 r. Bonnel ✉ 69003 Ⓜ Place Guichard – ✆ 04 78 60 20 47 – inforesa@hotel-crequi.com – Fax 04 78 62 21 12 *p. 7* GX **s**
46 ch – 70/147 € 80/157 €, 11,50 € – 3 suites
Rest *Le Magistère* – *(fermé 1er-21 août, 23 déc.-2 janv., sam. et dim.)* Menu (15 €), 30 € – Carte 26/41 €
◆ L'établissement s'élève face à la cité judiciaire. Les chambres, rénovées, s'égayent de tons chaleureux. Celles de l'aile neuve offrent un cadre résolument moderne.

La Guillotière

De Noailles sans rest
30 cours Gambetta ✉ 69007 Ⓜ Guillotière – ✆ 04 78 72 40 72 – hotel-de-noailles@wanadoo.fr – Fax 04 72 71 09 10 – Fermé 3-27 août
24 ch – 68/98 € 76/115 €, 14 € *p. 9* GY **s**
◆ Les chambres, bien tenues, ouvrent sur la cour intérieure ou sur un jardin. Son garage et la proximité du métro font du Noailles une adresse pratique.

Gerland

Novotel Gerland ch, ch, 15/150,
70 av. Leclerc ✉ 69007 – ✆ 04 72 71 11 11 – h0736@accor.com – Fax 04 72 71 11 00 *p. 4* BQ **e**
187 ch – 118/128 € 128/138 €, 12,50 € – **Rest** – Menu 24 € – Carte 24/36 €
◆ Près de la halle Tony-Garnier et du stade de Gerland, un Novotel relooké de pied en cap : jolies chambres contemporaines, bar-salon design et vastes salles de séminaire. À table, plaisant cadre "dernière génération" et carte traditionnelle.

Montchat-Monplaisir

Mercure Lumière ch, ch, 10/35,
69 cours A. Thomas ✉ 69003 Ⓜ Sans Souci – ✆ 04 78 53 76 76 – h1535@accor.com – Fax 04 72 36 97 65 *p. 9* HZ **e**
78 ch – 73/123 € 77/130 €, 12,50 € – **Rest** – *(fermé sam., dim. et fériés)* Menu 25 € – Carte 23/40 €
◆ Proximité des studios Lumière oblige, la décoration intérieure de ce Mercure rend hommage à l'univers du cinéma. Chambres fonctionnelles toutes identiques. Des photos évoquant l'histoire du 7e art habillent la salle à manger contemporaine.

à Villeurbanne – 124 215 h. – alt. 168 m – ✉ 69100

Congrès rest, 15/50, VISA AE

pl. Cdt Rivière – ☎ 04 72 69 16 16 – reservation@hoteldescongres.com – Fax 04 78 94 64 86 – Fermé 27 juil.-19 août et 21 déc.-2 janv. p. 7 HV **m**

134 ch – 108/128 € 118/210 €, 15 € – ½ P 112 € – **Rest** – *(fermé vend. soir, sam. et dim.)* Menu (19 €), 26/28 € bc – Carte 29/44 €

◆ Architecture de béton proche du parc de la Tête d'Or. Décor conforme au standard des années 1980. Préférez les chambres "prestige", plus spacieuses et soignées. Cuisine traditionnelle au restaurant.

Holiday Inn Garden Court ch, ch, 15/80, VISA AE

130 bd 11 Nov. 1918 – ☎ 04 78 89 95 95 – higcvilleurbanne@alliance-hospitality.com – Fax 04 72 43 91 55 p. 5 CP **r**

79 ch – 75/170 € 75/170 €, 13 € – **Rest** – Menu 20/27 € – Carte 28/43 €

◆ Une adresse particulièrement appréciée par la clientèle d'affaires : chambres confortables et bien tenues, espaces de réunions modulables et emplacement pratique. À table, couleurs ensoleillées et carte traditionnelle.

à Bron – 37 369 h. – alt. 204 m – ✉ 69500

Novotel Bron ch, ch, 15/400, P VISA AE

260 av. J. Monnet – ☎ 04 72 15 65 65 – h0436@accor.com – Fax 04 72 15 09 09 p. 5 DR **f**

190 ch – 122/132 € 132/142 €, 12,50 € – **Rest** – Menu 23 € – Carte 22/31 €

◆ Bien équipé pour accueillir des séminaires, cet hôtel pratique d'accès arbore désormais une décoration et un confort en adéquation avec les nouvelles normes Novotel. Restaurant contemporain et carte traditionnelle pour une pause-repas aux portes de Lyon.

Restaurants

Paul Bocuse P VISA AE

au pont de Collonges, Nord : 12 km par bords Saône (D 433, D 51) ✉ 69660 – ☎ 04 72 42 90 90 – paul.bocuse@bocuse.fr – Fax 04 72 27 85 87 p. 4 BP

Rest – Menu 115/195 € – Carte 98/157 €

Spéc. Soupe aux truffes noires VGE. Rouget barbet en écailles de pommes de terre. Volaille de Bresse en vessie "Mère Fillioux". **Vins** Pouilly-Fuissé, Moulin-à-Vent.

◆ Le monde entier défile dans le palais-auberge coloré et cossu de "Monsieur Paul", le primat des "gueules". Plats historiques et "fresque des grands chefs" dans la cour.

Léon de Lyon (Lacombe) VISA AE

1 r. Pleney ✉ 69001 Ⓜ Hôtel de ville – ☎ 04 72 10 11 12 – leon@relaischateaux.com – Fax 04 72 10 11 13 – Fermé 8-16 avril, 29 juil.-27 août, dim. et lundi p. 8 FX **r**

Rest – Menu 59 € (déj.), 118/150 € – Carte 96/118 €

Spéc. Cochon fermier du Cantal, foie gras et oignons confits. Traditionnelle quenelle de brochet lyonnaise "revue et corrigée". Cinq petits desserts sur le thème de la praline de Saint-Genix. **Vins** Saint-Véran, Chiroubles.

◆ La grande cuisine lyonnaise, transcendée par l'imagination du chef, s'apprécie au milieu d'une collection de tableaux à la gloire du marmiton. Superbe livre de cave.

Pierre Orsi VISA AE

3 pl. Kléber ✉ 69006 Ⓜ Masséna – ☎ 04 78 89 57 68 – orsi@relaischateaux.com – Fax 04 72 44 93 34 – Fermé dim. et lundi sauf fériés p. 7 GV **e**

Rest – Menu 60 € (déj. en sem.), 85/115 € – Carte 68/105 €

Spéc. Ravioles de foie gras de canard au jus de porto et truffes. Homard acadien en carapace. Pigeonneau en cocotte aux gousses d'ail confites. **Vins** Mâcon-Villages, Saint-Joseph.

◆ Une maison ancienne, des salons élégants et feutrés, et une jolie terrasse-roseraie : le tout pour une cuisine dans l'air du temps réalisée avec finesse. Belle carte des vins.

Les Terrasses de Lyon – Hôtel Villa Florentine — Lyon, AC
25 montée St-Barthélémy ✉ 69005 Ⓜ Fourvière — P VISA
– ✆ 04 72 56 56 56 – lesterrassesdelyon@villaflorentine.com
– Fax 04 72 40 90 56 — *p. 6* EFX **s**
Rest – Menu 45 € (déj. en sem. sauf lundi)/98 € – Carte 64/87 €
Spéc. Médaillon de homard breton poêlé. Saint-Pierre entier cuit au sautoir. Côte de veau de lait poêlée, timbale de macaroni. **Vins** Côtes du Rhône-Villages, Côte-Rôtie.
◆ En terrasse, la vue sur Lyon est à couper le souffle. La salle intérieure et la verrière ont beaucoup de cachet et la cuisine, actuelle, valorise subtilement les produits.

Nicolas Le Bec — AC VISA
14 r. Grolée ✉ 69002 Ⓜ Cordeliers – ✆ 04 78 42 15 00 – restaurant@nicolaslebec.com – Fax 04 72 40 98 97 – Fermé 1er-21 août, 1er-8 janv., dim. et lundi — *p. 6* FX **y**
Rest – Menu 48 € (déj. en sem.), 98/138 € – Carte 81/136 €
Spéc. Foie gras de canard à l'hibiscus. Pigeonneau à la royale (automne). Caramel mou au beurre demi-sel. **Vins** Vosne-Romanée, Hermitage blanc.
◆ Le décor contemporain, élégant et chaleureux, sied à la dégustation d'une cuisine de produits inventive, subtile et délicate. Livre de cave glorifiant l'Hexagone ; salon-fumoir.

Christian Têtedoie — AC VISA
54 quai Pierre Scize ✉ 69005 – ✆ 04 78 29 40 10 – restaurant@tetedoie.com – Fax 04 72 07 05 65 – Fermé 29 juil.-19 août, 18-24 fév., lundi midi, sam. midi et dim. — *p. 6* EX **n**
Rest – Menu 44/110 € bc – Carte 62/74 €
Spéc. Cromesquis de foie gras au jus de viande. Pigeonneau rôti aux raisins confits. Gâteau de févettes à la sarriette. **Vins** Saint-Joseph, Côte-Rôtie.
◆ Sur les quais de Saône, un restaurant chic et "cosy" où se marient l'ancien et le moderne. Cuisine au goût du jour sublimée par une cave riche de plus de 700 appellations.

Les Trois Dômes – Hôtel Sofitel — Lyon, AC P VISA
20 quai Gailleton (8e étage) ✉ 69002 Ⓜ Bellecour – ✆ 04 72 41 20 97 – reservation@les-3-domes.com – Fax 04 72 40 05 50 – Fermé 13-17 juil., 21 juil.-22 août, 17-26 fév., dim. et lundi — *p. 8* FY **p**
Rest – Menu 51 € (déj. en sem.), 73/126 € bc – Carte 81/102 €
Spéc. Millefeuille de crabe et avocat. Homard de Nouvelle-Ecosse à la verveine. Volaille de Bresse. **Vins** Condrieu, Mercurey.
◆ L'incomparable vue panoramique offerte par ce restaurant perché au dernier étage du Sofitel et sa savoureuse cuisine jouant sur les accords mets et vins rivalisent de séduction.

Auberge de Fond Rose (Vignat) — AC P VISA
23 quai G. Clemenceau ✉ 69300 – ✆ 04 78 29 34 61 – contact@aubergedefondrose.com – Fax 04 72 00 28 67 – Fermé 15 fév.-11 mars, dim. soir et lundi sauf fériés — *P. 6* EU **v**
Rest – Menu 38 € bc (déj. en sem.), 51/78 € – Carte 69/79 €
Spéc. Mesclun de langoustines aux céréales et citron confit. Féra du lac Léman au caviar d'aubergine. Suprême de pigeonneau cuit dans la rôtissoire, jus aux olives. **Vins** Condrieu, Crozes-Hermitage.
◆ Cette maison bourgeoise des années 1920 dispose d'une idyllique terrasse s'ouvrant sur les arbres centenaires du jardin. Belle cuisine actuelle et intéressante carte des vins.

Mathieu Viannay — AC VISA
47 av. Foch ✉ 69006 Ⓜ Foch – ✆ 04 78 89 55 19 – Fax 04 78 89 08 39 – Fermé 30 juil.-26 août, 25 fév.-2 mars, sam. et dim. — *p. 7* GV **s**
Rest – Menu (29 €), 33 € (déj.), 49/85 € – Carte 59/78 €
Spéc. Fricassée d'ormeaux et pignons de pin, émulsion de champignons (oct. à mai). Fricassée de homard et ris de veau de lait du Limousin, tombée de petites feuilles. Madeleines tièdes au miel, glace au fromage blanc. **Vins** Beaujolais blanc, Côtes du Vivarais.
◆ Salle à manger résolument moderne - parquet, sièges colorés et lustre original créé par le designer lyonnais Alain Vavro - et délicieuse cuisine au goût du jour. Non-fumeurs.

XXX **Le St-Alban**

2 quai J. Moulin ✉ 69001 Ⓜ Hôtel de ville – ✆ 04 78 30 14 89 – Fax 04 72 00 88 82 – Fermé 25 juil.-25 août, 1er-10 janv., sam. midi et dim. p. 6 FX **v**

Rest – Menu (29 €), 36/66 € – Carte 50/63 €

◆ Le chef de ce restaurant situé sur les quais, à deux pas de l'Opéra, revisite sagement le répertoire classique. Salle à manger agrémentée de voûtes et poutres apparentes.

XX ✿✿ **Auberge de l'Ile** (Ansanay-Alex) (soir)

sur l'Île Barbe ✉ 69009 – ✆ 04 78 83 99 49 – info@aubergedelile.com – Fax 04 78 47 80 46 – Fermé dim. et lundi p. 4 BP **e**

Rest – Menu 60 € (déj. en sem.), 90/120 €

Spéc. Gelée d'écrevisses et pêches blanches, lait d'amandes frappé (printemps). Bar en écailles de cèpes, sabayon au jus de cèpes (automne). Glace réglisse, cornet de pain d'épice. **Vins** Condrieu, Côte-Rôtie.

◆ Une auberge de caractère (17e s.) au cœur de l'île Barbe. Le chef crée une subtile cuisine attentive au marché dont un fameux "menu du jour" qu'il annonce oralement. Non-fumeurs.

XX ✿ **L'Alexandrin** (Alexanian)

83 r. Moncey ✉ 69003 Ⓜ Place Guichard – ✆ 04 72 61 15 69 – lalexandrin@lalexandrin.com – Fax 04 78 62 75 57 – Fermé 17-21 mai, 28 juil.-22 août, 1er-5 nov., 23 déc.-3 janv., sam. midi de mai à août, dim., lundi et fériés p. 7 GX **h**

Rest – Menu 38 € (déj. en sem.), 60/80 €

Spéc. Cocotte de légumes. Mousseline de brochet en quenelle. Aubergine à l'épaule d'agneau confite, riz pilaw à l'arménienne (été). **Vins** Saint-Péray, Crozes-Hermitage.

◆ Décor contemporain chic, service souriant, belle carte de côtes-du-rhône et cuisine originale rajeunissant les plats du terroir : ce restaurant attire le "Tout-Lyon".

XX ✿ **Le Gourmet de Sèze** (Mariller)

129 r. Sèze ✉ 69006 Ⓜ Masséna – ✆ 04 78 24 23 42 – legourmetdeseze@wanadoo.fr – Fax 04 78 24 66 81 – Fermé 20 juil.-21 août, 1er-3 janv., 24 fév.-3 mars, dim., lundi et fériés p. 7 HV **z**

Rest – *(nombre de couverts limité, prévenir)* Menu (30 €), 37/64 €

Spéc. Croustillants de pieds de cochon. Saint-Jacques d'Erquy (oct. à avril). Grand dessert. **Vins** Pouilly-Fuissé, Saint-Joseph.

◆ Nouveau cadre tout en blanc et chocolat pour ce restaurant non-fumeurs. Les recettes classiques intelligemment actualisées séduisent bien au-delà de la rue de Sèze.

XX **Cazenove**

75 r. Boileau ✉ 69006 Ⓜ Masséna – ✆ 04 78 89 82 92 – orsi@relaischateaux.com – Fax 04 72 44 93 34 – Fermé août, sam., dim. et fériés p. 7 GV **k**

Rest – Menu 35/45 € – Carte 45/60 €

◆ Ambiance feutrée et intérieur évoquant la Belle Époque : banquettes capitonnées, glaces murales, appliques "rétro" et bronzes d'art. Recettes traditionnelles, parfois inventives.

XX **Le Passage**

8 r. Plâtre ✉ 69001 Ⓜ Hôtel de ville – ✆ 04 78 28 11 16 – restaurant@le-passage.com – Fax 04 72 00 84 34 – Fermé 28 juil.-21 août, dim., lundi et fériés

Rest – Menu 35/48 € – Carte 44/77 € p. 8 FX **r**

◆ Sièges de théâtre et trompe-l'œil façon rideau de scène au Bistrot, décor feutré au Restaurant et cour-terrasse aux murs couverts de fresques. Cuisine classique revisitée.

XX **Fleur de Sel**

3 r. Remparts d'Ainay ✉ 69002 Ⓜ Ampère Victor Hugo – ✆ 04 78 37 40 37 – Fax 04 78 37 26 37 – Fermé 14-20 mai, août, 1er-6 janv., dim. et lundi p. 8 FY **q**

Rest – Menu (13 €), 19/29 € – Carte 20/37 €

◆ Des voilages vert et jaune tamisent la lumière de cette vaste salle à manger bourgeoise. La cuisine, dans l'air du temps, joue avec les épices d'ici ou d'ailleurs.

XX **J.-C. Pequet**

59 pl. Voltaire ✉ 69003 Ⓜ Saxe Lafayette – ✆ 04 78 95 49 70 – Fax 04 78 62 85 26 – Fermé août, 24 déc.-2 janv., sam. et dim. p. 9 GY **v**

Rest – Menu 26/48 € – Carte environ 38 €

◆ Décor sans excentricité et sage registre traditionnel évoluant au gré du marché : un établissement fiable fréquenté par une clientèle d'habitués.

XX **Le Caro de Lyon**

25 r. Bât d'Argent ✉ 69001 Ⓜ Hôtel de ville – ☏ 04 78 39 58 58 – lecarodelyon_reception@libertysurf.fr – Fax 04 72 07 98 96 – Fermé dim.

Rest – Menu 27 € (déj.)/68 € – Carte 40/64 € ♀ *p. 6* FX **h**

◆ On s'attable dans un décor de bibliothèque à l'anglaise, ponctué de peintures et sculptures modernes, pour goûter une cuisine personnalisée et évolutive. Patio non-fumeurs.

XX **Alex**

44 bd des Brotteaux ✉ 69006 Ⓜ Brotteaux – ☏ 04 78 52 30 11 – chez.alex@club-internet.fr – Fax 04 78 52 34 16 – Fermé août, sam. midi en juil., dim. et lundi *p. 8* HX **e**

Rest – Menu (19 €), 22 € (déj. en sem.), 26/55 € – Carte environ 51 € ♀

◆ Restaurant au cadre chic et épuré - mariage audacieux de coloris, meubles design et tableaux contemporains - valorisant la carte concoctée au gré du marché par le chef-patron.

XX **La Brunoise**

4 r. A. Boutin ✉ 69100 Villeurbanne Ⓜ Charpennes – ☏ 04 78 52 07 77 – info@labrunoise.fr – Fax 04 72 83 54 96 – Fermé lundi soir, mardi soir, sam. midi et dim. *p. 5* CP **b**

Rest – Menu (17 €), 20 € (déj. en sem.), 25/52 € bc – Carte 28/46 € ♀

◆ Les spécialités de la maison peintes sur la façade invitent à s'attabler dans cette lumineuse salle de restaurant. Carte actuelle élaborée sur des bases classiques.

XX **La Tassée**

20 r. Charité ✉ 69002 Ⓜ Bellecour – ☏ 04 72 77 79 00 – jpborgeot@latassee.fr – Fax 04 72 40 05 91 – Fermé dim. *p. 8* FY **u**

Rest – Menu (20 €), 25 € (déj.), 29/70 € – Carte 34/61 € ♀

◆ Les célébrités épinglent leur portrait sur les murs de cette institution locale également ornés de fresques bachiques des années 1950. Ambiance bistrot et cuisine lyonnaise.

XX **Yinitial**

14 r. Palais Grillet ✉ 69002 Ⓜ Cordeliers – ☏ 04 78 42 14 14 – palais.grillet@wanadoo.fr – Fax 04 72 40 98 07 – Fermé 23 juil.-12 août et dim. *p. 8* FX **d**

Rest – Menu 20/26 € – Carte 29/45 € ♀

◆ Vénérables poutres du 17e s. et cadre épuré japonisant au service d'une cuisine franco-asiatique faite sous vos yeux (cuissons au wok, à la plancha ou à la vapeur).

XX **Le Vivarais**

1 pl. Gailleton ✉ 69002 Ⓜ Bellecour – ☏ 04 78 37 85 15 – Fax 04 78 37 59 49 – Fermé 23 juil.-19 août, sam. midi et dim. *p. 8* FY **f**

Rest – Menu (16 € bc), 21 € (déj.), 26/35 € – Carte 28/40 € ♀

◆ Boiseries et tableaux anciens (nature, chasse, fleurs) créent un cadre de bistrot chic un peu désuet, mais avec du cachet. Sur la carte : "lyonnaiseries" et gibier en saison.

XX **Brasserie Georges**

15, VISA

30 cours Verdun ✉ 69002 Ⓜ Perrache – ☏ 04 72 56 54 54 – brasserie.georges@wanadoo.fr – Fax 04 78 42 51 65 *p. 8* FZ **b**

Rest – Menu 20/25 € – Carte 24/45 € ♀

◆ "Bonne bière et bonne chère depuis 1836", cadre Art déco jalousement entretenu et ambiance ad hoc : cette brasserie classée est un incontournable de la ville. Non-fumeurs.

XX **La Voûte - Chez Léa**

11 pl. A. Gourju ✉ 69002 Ⓜ Bellecour – ☏ 04 78 42 01 33 – Fax 04 78 37 36 41 – Fermé dim. *p. 8* FY **e**

Rest – Menu 18 € (déj. en sem.), 28/40 € – Carte 31/44 €

◆ L'un des plus vieux restaurants de Lyon qui perpétue avec brio la tradition gastronomique de la région. Ambiance et décor chaleureux. Belle carte de gibier en automne.

XX **Olivier Degand**

90 r. Duguesclin ✉ 69006 Ⓜ Foch – ☏ 04 78 89 12 21 – contact@olivier-degand.com – Fax 04 78 89 12 21 – Fermé 1er-20 août, dim. et lundi

Rest – Menu (17 €), 22 € (déj. en sem.), 26/42 € ♀ *p. 7* GV **n**

◆ Décor contemporain aux tons safran, expositions de tableaux fréquemment renouvelées et tables joliment dressées. Le chef réalise une cuisine créative respectueuse des saisons.

XX **Le Potiquet** AC VISA MC AE

27 r. de l'Arbre Sec ✉ 69001 Ⓜ Hotel de ville Louis Pradel – ✆ 04 78 30 65 44 – lepotiquet@free.fr – Fermé 28 juil.-21 août, 24-31 déc., sam. midi, dim. et lundi p. 6 FX **w**

Rest – Menu 26/32 € – Carte 33/46 € 🍷

◆ Élégance et sobriété caractérisent cet agréable restaurant familial où l'on déguste une cuisine dans l'air du temps, parfois originale, souvent ensoleillée et toujours soignée.

X **Argenson Gerland** AC P VISA MC AE

40 allée P. de Coubertin à Gerland ✉ 69007 Ⓜ Stade de Gerland – ✆ 04 72 73 72 73 – argenson2@wanadoo.fr – Fax 04 72 73 72 74 p. 4 BR **a**

Rest – Menu 22 € (sem.)/27 € – Carte 29/53 € 🍷

◆ L'une des brasseries de Paul Bocuse, voisine du stade de Gerland. Intérieur chaleureux et agréable terrasse ombragée pour une carte traditionnelle où pointe l'accent du Sud

X **Le Nord** AC VISA MC AE

18 r. Neuve ✉ 69002 Ⓜ Hôtel de ville – ✆ 04 72 10 69 69 – commercial@brasseries-bocuse.com – Fax 04 72 10 69 68 p. 8 FX **p**

Rest – Menu (20 €), 22 € (sem.)/27 € (week-end) – Carte 25/49 € 🍷

◆ Banquettes, sol en mosaïque, boiseries, lampes boule : un vrai décor 1900 dans cette brasserie - la première ouverte par Bocuse - proposant des plats ancrés dans la tradition.

X **L'Est** AC VISA MC AE

Gare des Brotteaux, 14 pl. J. Ferry ✉ 69006 Ⓜ Brotteaux – ✆ 04 37 24 25 26 – Fax 04 37 24 25 25 p. 7 HX **v**

Rest – Menu (20 €), 22 € (sem.)/27 € (week-end) – Carte 27/50 € 🍷

◆ Une brasserie "tendance" très prisée des Lyonnais. Cuisine ouverte sur la salle, rondes de trains miniatures au-desssus des têtes et saveurs des cinq continents dans l'assiette.

X **L'Ouest** AC VISA MC AE

1 quai Commerce, Nord par bords Saône (D 51) ✉ 69009 – ✆ 04 37 64 64 64 – commercial@brasseries-bocuse.com – Fax 04 37 64 64 65

Rest – Menu (20 €), 22 € (sem.)/27 € (week-end) – Carte 27/50 € 🍷

◆ Immense restaurant au décor design (bois, béton, métal, écrans géants, cuisine visible de tous), jolie terrasse côté Saône et recettes des îles : Bocuse met le cap à l'Ouest !

X **Le Sud** AC VISA MC AE

11 pl. Antonin Poncet ✉ 69002 Ⓜ Bellecour – ✆ 04 72 77 80 00 – Fax 04 72 77 80 01 p. 8 FY **x**

Rest – Menu (20 €), 22 € (sem.)/27 € (week-end) – Carte 27/48 € 🍷

◆ Point cardinal de la géographie bocusienne, cette brasserie évoque le bassin méditerranéen par son décor et par sa "cuisine du soleil". Jolie terrasse d'été face à la place.

X **Le Contretête** VISA MC AE

55 quai Pierre Scize ✉ 69005 – ✆ 04 78 29 41 29 – restaurant@tetedoie.com – Fax 04 72 07 05 65 – Fermé 29 juil.-19 août, sam. midi et dim. p. 6 EX **a**

Rest – Menu (17 €) – Carte 25/32 € 🍷

◆ Couvé par Christian Têtedoie, ce bistrot cultive l'authenticité et propose des recettes de grand-mère mitonnées comme autrefois. Décor à l'ancienne envahi de vieux objets.

X **Le Gabion** AC VISA MC AE

13 bd E. Deruelle ✉ 69003 Ⓜ Part Dieu – ✆ 04 72 60 81 57 – legabion@wanadoo.fr – Fax 04 78 60 83 18 – Fermé 5-19 août, lundi soir et dim. p. 7 HX **b**

Rest – Menu (16 €), 19 € (déj.)/25 € (dîner) – Carte 27/43 € 🍷

◆ Cadre contemporain, sobre et original (murs de galets pris dans un treillis d'acier), imaginé par l'architecte Chaduc. Produits de la mer, parfois relevés d'épices orientales.

X **Les Comédiens** AC VISA MC AE

2 pl. Célestins ✉ 69002 Ⓜ Bellecour – ✆ 04 78 42 08 26 – lescomedienslyon@aol.com – Fax 04 72 40 04 51 – Fermé 1er-21 août, dim. et lundi p. 8 FY **y**

Rest – Menu (18 €), 22 € (déj. en sem.), 27/34 € – Carte 20/56 € 🍷

◆ L'enseigne est un clin d'œil au théâtre des Célestins tout proche. Intérieur dans l'air du temps, aux tons crème et chocolat. Carte traditionnelle et quelques plats lyonnais.

Francotte
8 pl. Célestins ✉ 69002 Ⓜ Bellecour – ✆ 04 78 37 38 64 – infos@francotte.fr – Fax 04 78 38 20 35 – Fermé 31 juil.-15 août, dim. et lundi p. 8 FY **r**
Rest – Menu 22/31 € – Carte 27/44 €
◆ Cuisine de brasserie servie dans un cadre mi-bistrot, mi-bouchon orné de photos de "Mères" et de grands chefs des environs. Petit-déjeuner le matin, salon de thé l'après-midi.

La Machonnerie
36 r. Tramassac ✉ 69005 Ⓜ Ampère Victor Hugo – ✆ 04 78 42 24 62 – felix@lamachonnerie.com – Fax 04 72 40 23 32 – Fermé 15-30 juil., dim. et le midi sauf sam. p. 8 EY **n**
Rest – *(prévenir)* Menu 20/43 € bc – Carte 26/47 €
◆ Cette institution du quartier perpétue la tradition du mâchon lyonnais : "bonne franquette", convivialité et authentiques recettes régionales. Beau salon-fumoir dédié au jazz.

La Terrasse St-Clair
2 Grande r. St-Clair ✉ 69300 – ✆ 04 72 27 37 37 – leon@relaischateaux.com – Fax 04 72 27 37 38 – Fermé 24 déc.-22 janv., 5-20 août, dim. et lundi P. 7 GU **s**
Rest – Menu 23 €
◆ Hommage à la Fanny - tant redoutée des boulistes ! - dans ce restaurant aux allures de guinguette et sur sa terrasse ombragée de platanes, aménagée pour parfaire son carreau.

Les Adrets
30 r. Bœuf ✉ 69005 Ⓜ Vieux Lyon cathédrale saint jean – ✆ 04 78 38 24 30 – Fax 04 78 42 79 52 – Fermé vacances de Pâques, août, vacances de Noël, sam. et dim. p. 6 EX **v**
Rest – Menu 14 € bc (déj.), 22/42 € – Carte 33/51 €
◆ Une vraie bonne adresse du Vieux Lyon. Intérieur avec poutres apparentes, sol en tomettes et cuisines en partie visibles depuis la salle. Généreuses recettes traditionnelles.

L'Étage
4 pl. Terreaux, (2e étage) ✉ 69001 Ⓜ Hôtel de ville – ✆ 04 78 28 19 59 – Fax 04 78 28 19 59 – Fermé 22 juil.-23 août, dim. et lundi p. 8 FX **x**
Rest – *(prévenir)* Menu 22 € (déj.), 33/65 € (dîner) – Carte 47/62 €
◆ Les Lyonnais ne se lassent pas de monter l'humble escalier conduisant à cet ancien atelier de canut perché au 2e étage d'un immeuble. Cadre charmant et séduisante carte créative.

Les Oliviers
20 r. Sully ✉ 69006 Ⓜ Foch – ✆ 04 78 89 07 09 – Fax 04 78 89 08 39 – Fermé 30 juil.-26 août, 13-24 fév., sam. et dim. p. 7 GV **f**
Rest – Menu (16 €), 22 € (déj.)/31 € (dîner) – Carte 28/39 €
◆ Un petit coin de Provence caché dans le 6e arrondissement : salle à manger sobre et intime, aux couleurs du Sud, et appétissante cuisine du soleil dont la fameuse bouillabaisse.

Le Comptoir des Marronniers
8 r. Marronniers ✉ 69002 Ⓜ Bellecour – ✆ 04 72 77 10 00 – leon@relaischateaux.com – Fax 04 72 77 10 01 – Fermé 29 juil.-20 août, lundi midi et dim. p. 8 FY **v**
Rest – Menu 23 €
◆ Dans une ruelle piétonne près de la place Bellecour, un "bistrot de chef" avec décor ad hoc (profusion d'objets et affiches liés à la gastronomie) et cuisine actuelle à prix doux.

Cuisine & Dépendances
46 r. Ferrandière ✉ 69002 Ⓜ Cordeliers – ✆ 04 78 37 44 84 – restaurant@cuisineetdependances.com – Fax 04 78 38 33 28 – Fermé 1er-16 août et dim. p. 8 FX **s**
Rest – Menu 15 € (déj.), 25/49 € – Carte 42/52 €
◆ Petite salle tout en longueur, design et très chaleureuse, ambiance "lounge" et cuisine inventive célébrant le poisson : les Lyonnais sont déjà dépendants de ce restaurant.

Maison Villemanzy ≤ Lyon,
25 montée St-Sébastien ✉ 69001 Ⓜ Croix Paquet – ✆ 04 72 98 21 21 – leon@relaischateaux.com – Fax 04 72 98 21 22 – Fermé 23 déc.-15 janv., lundi midi et dim. p. 6 FV **h**
Rest – *(prévenir)* Menu 23 €
◆ Perchée sur les pentes de la Croix-Rousse, cette maison offre en terrasse une vue splendide sur la ville. Intérieur façon bistrot "rétro", cuisine familiale et plats "canaille".

Le Bistrot du Palais

220 r. Duguesclin ✉ 69003 Ⓜ Place Guichard – ☎ 04 78 14 21 21 – leon@relaischateaux.com – Fax 04 78 14 21 22 – Fermé 29 juil.-20 août, lundi soir et dim. *p. 9* GY **r**

Rest – Menu 24 € ♀

◆ Salle chaleureuse, agréable terrasse fermée et cuisine traditionnelle revisitée au gré du marché : ce "bistrot de chef" situé face au palais de justice a bien des arguments.

Bernachon Passion

42 cours Franklin-Roosevelt ✉ 69006 Ⓜ Foch – ☎ 04 78 52 23 65 – Fax 04 78 52 67 77 – Fermé 22 juil.-21 août, dim., lundi et fériés *p. 7* GV **r**

Rest – *(déjeuner seult) (nombre de couverts limité, prévenir)* Menu 26 € – Carte 30/44 € ♀

◆ Un restaurant tenu par la fille de Paul Bocuse et son mari, patron de la célèbre chocolaterie attenante. Recettes traditionnelles ou plat du jour à midi ; salon de thé.

Magali et Martin

11 r. des Augustins ✉ 69001 Ⓜ Place des Terreaux – ☎ 04 72 00 88 01 – Fermé 6-26 août, 24 déc.-6 janv., dim. midi et sam. *p. 6* FX **j**

Rest – Menu 17 € – Carte 22/35 € ♀

◆ Magali assure un accueil charmant et dispense de précieux conseils pour le choix des vins. Martin réalise une savoureuse cuisine directement inspirée du marché... Un duo gagnant !

Le Saint Florent

106 cours Gambetta ✉ 69007 Ⓜ Garibaldi – ☎ 04 78 72 32 68 – Fax 04 78 72 32 68 – Fermé 14-20 mai, 1er-19 août, sam. midi, lundi midi et dim. *p. 9* HY **b**

Rest – Menu 14,50 € (déj.), 26/33 € – Carte 25/49 € ♀

◆ À Lyon, l'Ambassade de Bresse se trouve au 106 cours Gambetta : du sol au plafond et de l'entrée au dessert, ce sympathique restaurant honore la volaille sous toutes ses formes.

Thomas

6 r. Laurencin ✉ 69002 Ⓜ Bellecour – ☎ 04 72 56 04 76 – info@restaurant-thomas.com – Fax 04 72 56 04 76 – Fermé 1er-15 mai, 7-21 août, 24 déc.-2 janv., dim. et lundi *p. 8* FY **w**

Rest – Menu 16 € (déj.)/35 € (dîner) – Carte environ 35 € ♀

◆ "Niçois", "Autour du cochon", "Marocain" : chaque mois, le jeune chef passionné propose un dîner à thème dans son joli bistrot. Vente à emporter de plats mijotés en cocottes.

Le Verre et l'Assiette

20 Grande rue de Vaise ✉ 69009 – ☎ 04 78 83 32 25 – leverreetlassiette@free.fr – Fax 04 37 46 09 34 – Fermé 28 juil.-19 août, le soir sauf jeudi et vend., sam., dim. et fériés *p. 4* BP **d**

Rest – Menu (16 € bc), 21/31 € ♀

◆ Le chef revisite, avec talent et originalité, les "lyonnaiseries" et quelques classiques de la cuisine française. Agréable décor moderne (pierre et bois) et service souriant.

Le Bistrot de St-Paul

2 quai de Bondy ✉ 69005 Ⓜ Vieux Lyon Cathédrale Saint Jean – ☎ 04 78 28 63 19 – Fax 04 78 28 63 19 – Fermé 1er-6 mai, août, sam. midi et dim. *p. 6* FX **g**

Rest – Menu 13 € (déj. en sem.), 19/29 € – Carte 29/34 € ♀

◆ Cassoulet, magrets de canard, vins de Bordeaux et de Cahors, etc. : retrouvez toutes les saveurs du Sud-Ouest dans ce sympathique bistrot situé sur un quai de la Saône.

La Famille

18 r. Duviard ✉ 69004 Ⓜ Croix Rousse – ☎ 04 72 98 83 90 – lafamille.croixrousse@yahoo.fr – Fermé 10-24 août, 1er-14 janv., dim. et lundi *p. 6* FV **m**

Rest – Menu (14 €) – Carte 21/31 € ♀

◆ De vieilles photos de famille ornent les murs de ce restaurant à l'ambiance conviviale. Sur l'ardoise du jour : des plats traditionnels composés selon les arrivages du marché.

LES BOUCHONS : *dégustation de vins régionaux et cuisine locale dans une ambiance typiquement lyonnaise*

Daniel et Denise AC VISA MC AE
156 r. Créqui ✉ 69003 Ⓜ Place Guichard – ✆ 04 78 60 66 53 – Fax 04 78 60 66 53 – Fermé août, 23 déc.-3 janv., sam., dim. et fériés p. 7 GX **b**
Rest – bistrot Carte 27/36 €
◆ Joli cadre patiné et ambiance décontractée : on se sent parfaitement bien dans ce bistrot "pur jus" proposant des petits plats typiques, préparés dans les règles de l'art.

Le Garet AC VISA MC AE
7 r. Garet ✉ 69001 Ⓜ Hôtel de ville – ✆ 04 78 28 16 94 – legaret@wanadoo.fr – Fax 04 72 00 06 84 – Fermé 1er-8 mai, 20 juil.-19 août, 18-24 fév., sam. et dim.
Rest – *(prévenir)* Menu 18 € (déj.)/22 € – Carte 19/35 € p. 6 FX **a**
◆ Une véritable institution bien connue des amateurs de cuisine lyonnaise : tête de veau, tripes, quenelles ou andouillettes se dégustent en toute convivialité dans un cadre typique.

Café des Fédérations AC VISA MC
8 r. Major Martin ✉ 69001 Ⓜ Hôtel de ville – ✆ 04 78 28 26 00 – yr@lesfedeslyon.com – Fax 04 72 07 74 52 – Fermé 23 déc.-2 janv., 21 juil.-20 août, sam. et dim. p. 6 FX **z**
Rest – *(prévenir)* Menu 20 € (déj.)/24 € (dîner)
◆ Cadre immuable (tables accolées, nappes à carreaux, saucissons suspendus) et ambiance bon enfant dans ce vrai bouchon, incontestable conservatoire de la cuisine lyonnaise.

Le Jura VISA MC
25 r. Tupin ✉ 69002 Ⓜ Cordeliers – ✆ 04 78 42 20 57 – Fermé août, lundi de sept. à mai, sam. de mai à sept. et dim. p. 8 FX **d**
Rest – *(prévenir)* Menu 20 € – Carte 28/32 €
◆ Cet authentique bouchon existe depuis 1864. Le décor, qui n'a pas changé depuis les années 1930, ne manque pas de cachet, et les traditionnelles "lyonnaiseries" sont goûteuses.

Chez Hugon VISA MC
12 rue Pizay ✉ 69001 Ⓜ Hôtel de ville – ✆ 04 78 28 10 94 – Fax 04 78 28 10 94 – Fermé août, sam. et dim. p. 6 FX **m**
Rest – *(prévenir)* Menu 23/33 €
◆ La cuisinière prépare sous vos yeux ses fameux petits plats, et distille une ambiance joviale et bon enfant : un lieu cent pour cent lyonnais dans l'âme et dans l'assiette !

Environs

à Tassin-la-Demi-Lune **5 km par D 407 – 15 977 h. – alt. 220 m – ✉ 69160**

Novotel Tassin ch, AC ch, 10/40, P VISA MC AE
13D av. V. Hugo – ✆ 04 78 64 68 69 – h1201@accor.com – Fax 04 78 64 61 11 p. 4 AP **n**
103 ch – †99/126 € ††112/131 €, 12 € – **Rest** – Menu (18 €) – Carte 20/53 €
◆ Architecture contemporaine jouxtant un important nœud routier, à proximité du tunnel de Fourvière. Chambres mises aux dernières normes Novotel. Restaurant ouvert sur la piscine enchâssée au cœur de l'hôtel. Service jusqu'à minuit au Novotel Café.

à Ecully **7 km par A6, sortie n° 36 – 18 011 h. – alt. 240 m – ✉ 69130**

Saisons VISA MC AE
Château du Vivier, 8 chem. Trouillat – ✆ 04 72 18 02 20 – Fax 04 78 43 33 51 – Fermé 6-26 août, 20 déc.-7 janv., merc. soir, sam., dim. et fériés p. 4 AP **b**
Rest – Menu 25 € (déj. en sem.), 30/46 €
◆ Dans un parc, château du 19e s. abritant une école hôtelière internationale fondée en 1990 sous la houlette de Paul Bocuse. Les étudiants assurent cuisine et service.

à Collonges-au-Mont-d'Or **12 km au Nord par bords de Saône (D 433, D 51) – 3 420 h. – alt. 176 m – ✉ 69660**

voir XXXXX ✿✿✿ Paul Bocuse à Lyon

par la sortie ① :

à Rillieux-la-Pape 7 km par N 83 et N 84 – 28 367 h. – alt. 269 m – ✉ 69140

XXX ✿ **Larivoire** (Constantin) VISA AE
chemin des Iles – ☎ 04 78 88 50 92 – bernard.constantin@larivoire.com – Fax 04 78 88 35 22 – Fermé 16-29 août, dim. soir, lundi soir et mardi
Rest – Menu 34 € (sem.)/83 € – Carte 68/89 €
Spéc. Araignée de mer et tourteau sur gelée de poissons de roche. Huîtres spéciales gratinées au champagne (oct. à avril). Côte de cochon à la cocotte, lard "façon ribs" caramélisé. **Vins** Chardonnay du Bugey, Coteaux du Lyonnais.

◆ Trois générations se sont succédé à la tête de cette jolie maison familiale datant du début du 20e s. Intérieur feutré, terrasse d'été prisée et cuisine classique revisitée.

par la sortie ⑨ :

à Charbonnières-les-Bains 8 km par N 7 – 4 377 h. – alt. 233 m – ✉ 69260

Parc Lacroix Laval : château de la Poupée★.

Le Pavillon de la Rotonde 10/30, P VISA AE
3 av. du Casino – ☎ 04 78 87 79 79 – contact@pavillon-rotonde.com – Fax 04 78 87 79 78 – Fermé 22 juil.- 23 août
16 ch – 295 € 525 €, 24 €
Rest ***La Rotonde*** – voir ci-après
◆ À deux pas du casino, luxueux pavillon offrant un décor contemporain aux discrètes touches Art déco. Chambres spacieuses avec terrasse donnant sur le parc. Piscine couverte chauffée et spa.

Mercure Charbonnières rest, ch, 20, P VISA AE
78bis rte Paris N 7 – ☎ 04 78 34 72 79 – h0345@accor.com – Fax 04 78 34 88 94 – Fermé 4-19 août et 21 déc.-2 janv.
60 ch – 58/125 € 63/135 €, 12 € – **Rest** – *(fermé sam. et dim.)* Menu (19 €), 25 €
◆ L'établissement occupe une position stratégique à portée de voix du conseil régional. Les chambres ont bénéficié d'un lifting (couleurs chatoyantes). Salle à manger design éclairée par une grande baie vitrée façon paquebot ; carte au goût du jour.

Le Beaulieu sans rest 20/40, P VISA AE
19 av. Gén. de Gaulle – ☎ 04 78 87 12 04 – Fax 04 78 87 00 62
44 ch – 59/65 € 63/108 €, 8 €
◆ Voilà plus de trente ans que la même famille tient cet hôtel installé au centre de la petite cité prisée des Lyonnais. Chambres pratiques, récemment refaites.

XXXX ✿✿ **La Rotonde** VISA AE
au Casino Le Lyon Vert ✉ 69890 La Tour de Salvagny – ☎ 04 78 87 00 97 – restaurant-rotonde@g-partouche.fr – Fax 04 78 87 81 39 – Fermé 22 juil.-23 août, dim. et lundi
Rest – Menu 40 € (déj. en sem.), 85/140 € – Carte 93/164 €
Spéc. Il était une fois... quatre foies pressés. Tajine de homard entier aux petits farcis. Cannelloni de chocolat amer à la glace de crème brûlée. **Vins** Condrieu, Côte-Rôtie.
◆ Étape gastronomique renommée au premier étage du casino. Élégante salle de style Art déco s'ouvrant sur la cascade et le parc, cuisine pleine de subtilité et beau livre de cave.

XX **L'Orangerie de Sébastien** VISA AE
domaine de Lacroix Laval ✉ 69280 Marcy l'Etoile – ☎ 04 78 87 45 95 – orangerie-de-sebastien@wanadoo.fr – Fax 04 78 87 45 96 – Fermé 15 fév.-1er mars, dim. soir, lundi et mardi
Rest – Menu 22 € (sem.)/38 € – Carte 34/58 €
◆ L'orangerie du château (17e s.) accueille cette salle de restaurant. Cuisine au goût du jour, belle terrasse côté jardins et nombreuses activités proposées sur le domaine.

par la sortie ⑩ :

Porte de Lyon 10 km Échangeur A6-N 6 – ✉ 69570 Dardilly

Novotel Lyon Nord ch, ch, 10/80,
– *✆ 04 72 17 29 29 – h0437@accor.com* VISA AE
– Fax 04 78 35 08 45
107 ch – 80/131 € 80/131 €, 12 € – **Rest** – Menu 22 € – Carte 19/33 €
◆ Dans le parc d'affaires de Dardilly. Novotel des années 1970 progressivement relooké selon les derniers standards de la chaîne : décor et confort contemporains. Prestation culinaire traditionnelle dans une salle tournée vers le jardin paysagé.

à Champagne-au-Mont-d'Or 10 km par A 6 et N 7 – ✉ 69410

XX **Fernand Duthion** VISA
18 r. D. Vincent ✉ 69410 – ✆ 04 78 35 04 78 – Fax 04 78 35 59 58
– Fermé 6-25 août, 2-5 janv., dim. soir, lundi et merc. *p. 4* AP **e**
Rest – Menu 26/55 € – Carte 47/64 €
◆ Maison bourgeoise 1900 dans un joli jardin planté d'arbres centenaires où l'on dresse la terrasse en été. Salles à manger au charme désuet. Répertoire traditionnel.

à Limonest 13 km par A 6 et D 42 – 2 733 h. – alt. 390 m – ✉ 69760

XXX **Laurent Bouvier** VISA AE
25 rte du Puy d'Or, carrefour N 6 et D 42 – ✆ 04 78 35 12 20 – restaurant@lepuydor.com – Fax 04 78 64 55 15 – Fermé 1er-27 août, 16 déc.-2 janv., dim. et lundi
Rest – Menu (19 €), 25/55 € – Carte 48/61 €
◆ Cette auberge familiale entièrement relookée par Alain Vavro arbore un joli décor contemporain. La cuisine traditionnelle, relevée d'une pointe de créativité, suit les saisons.

LYONS-LA-FORÊT – 27 Eure – 304 I5 – 795 h. – alt. 88 m – ✉ 27480

Normandie Vallée de la Seine 33 **D2**

Paris 104 – Beauvais 57 – Mantes-la-Jolie 66 – Rouen 35

Syndicat d'initiative, 20 rue de l'Hôtel de Ville ✆ 02 32 49 31 65, Fax 02 32 48 10 60

La Licorne sans rest VISA AE
– ✆ 02 32 49 62 02 – licorne-hotel-lyonslaforet@wanadoo.fr – Fax 02 32 49 80 09
18 ch – 68/95 € 68/133 €, 15 €
◆ Maison typée blottie au sein d'un joli village entouré par une immense hêtraie. Communs parsemés de meubles régionaux ; chambres classiquement aménagées mais toutes différentes.

LYS-LEZ-LANNOY – 59 Nord – 302 H3 – 13 018 h. – alt. 28 m – rattaché à Roubaix

---

LYS-ST-GEORGES – 36 Indre – 323 G7 – 213 h. – alt. 200 m – ✉ 36230

12 **C3**

Paris 287 – Argenton-sur-Creuse 29 – Bourges 80 – Châteauroux 29 – La Châtre 22

XX **Auberge La Forge** VISA AE
Le Bourg – ✆ 02 54 30 81 68 – contacts@restaurantlaforge.com
– Fax 02 54 30 94 96 – Fermé 3-9 juil., 19 sept.-12 oct., 2-23 janv., mardi sauf juil.-août, dim. soir et lundi
Rest – Menu 18/45 € – Carte 29/44 €
◆ Auberge villageoise recouverte d'ampélopsis. Poutres, tomettes, cheminée et tableaux : le décor rustique est en harmonie avec la cuisine du terroir. Jolie terrasse verdoyante.

MACÉ – 61 Orne – 310 J3 – rattaché à Sées

MACHILLY – 74 Haute-Savoie – 328 K3 – 862 h. – alt. 525 m – ✉ 74140 46 F1

Paris 548 – Annemasse 11 – Genève 21 – Thonon-les-Bains 20

XXX **Le Refuge des Gourmets** 15, VISA MC AE

90 rte des Framboises – ☎ 04 50 43 53 87 – chanove@refugedesgourmets.com – Fax 04 50 43 53 76 – Fermé 23 juil.-22 août, 18-28 fév., dim. soir et lundi

Rest – Menu 31 € bc (déj. en sem.), 31/66 € – Carte 47/70 €

◆ Hall d'accueil égayé d'une vinothèque et élégante salle d'inspiration Belle Époque dans ce "refuge" où les gourmets apprécient la cuisine créative évoluant au gré des saisons.

LA MACHINE (COL DE) – 26 Drôme – 332 F4 – rattaché à St-Jean-en-Royans

MACINAGGIO – 2B Haute-Corse – 345 F2 – voir à Corse

MÂCON P – 71 Saône-et-Loire – 320 I12 – 34 469 h. – alt. 175 m – ✉ 71000

Bourgogne 8 C3

Paris 391 – Bourg-en-Bresse 38 – Chalon-sur-Saône 59 – Lyon 71 – Roanne 96

Office de tourisme, 1 place Saint-Pierre ☎ 03 85 21 07 07, Fax 03 85 40 96 00

de la Commanderie à Crottet L'Aumusse, par rte de Bourg-en-Bresse : 7 km, ☎ 03 85 30 44 12 ; de Mâcon La Salle à La Sallepar rte de Tournus : 14 km, ☎ 03 85 36 09 71.

Musée des Ursulines★ BY M[1] - Musée Lamartine BZ M[2] - Apothicairerie★ de l'Hôtel-Dieu BY - ≤★ du Pont St-Laurent.

Roche de Solutré★★ O : 9 km - Clocher★ de l'église de St-André de Bagé E : 8,5 km.

Plan page ci-contre

Bellevue sans rest 25, VISA MC AE

416 quai Lamartine – ☎ 03 85 21 04 04 – bellevue.macon@wanadoo.fr – Fax 03 85 21 04 02 – Fermé 30 avril-14 mai et de mi-déc. à début janv.

24 ch – 87/158 € 87/158 €, 11 € BZ **u**

◆ Hôtel de tradition sur les bords de Saône, le long de la N 6. Un bel escalier en colimaçon conduit à des chambres élégantes et feutrées.

Park Inn ch, 20/120, VISA MC AE

26 r. Pierre de Coubertin par ① : 0,5 km – ☎ 03 85 21 93 93 – info.macon@rezidorparkinn.com – Fax 03 85 39 11 45

64 ch – 85/110 € 95/125 €, 12 € – ½ P 109/139 € – **Rest** – Menu 22/30 € – Carte 27/48 €

◆ Au calme, dans la verdure, un hôtel de type chaîne avec un "plus" agréable : la plupart des chambres offrent une vue sur la Saône. Salle à manger contemporaine et bar rénovés ; aux beaux jours, on dresse la terrasse au bord de la piscine.

D'Europe et d'Angleterre sans rest

92 quai J. Jaurès – ☎ 03 85 38 27 94 – info@hotel-europeangleterre-macon.com – Fax 03 85 39 22 54 40, VISA MC AE BY **f**

29 ch – 45/60 € 50/70 €, 8 €

◆ Cet hôtel du début du 19e s. a connu son heure de gloire dans les années 1930. Une modernisation récente a su préserver son cachet. Vastes chambres garnies de meubles anciens.

Concorde sans rest VISA MC

73 r. Lacretelle – ☎ 03 85 34 21 47 – hotel.concorde.71@wanadoo.fr – Fax 03 85 29 21 79 – Fermé 12 nov.-10 déc. et dim. du 1er oct. au 15 avril AY **d**

14 ch – 44/58 € 50/58 €, 8 €

◆ Chambres simples et bien tenues - choisir celles donnant sur le jardin fleuri - et petit-déjeuner servi dans une salle fraîche ou en terrasse : un sympathique hôtel familial.

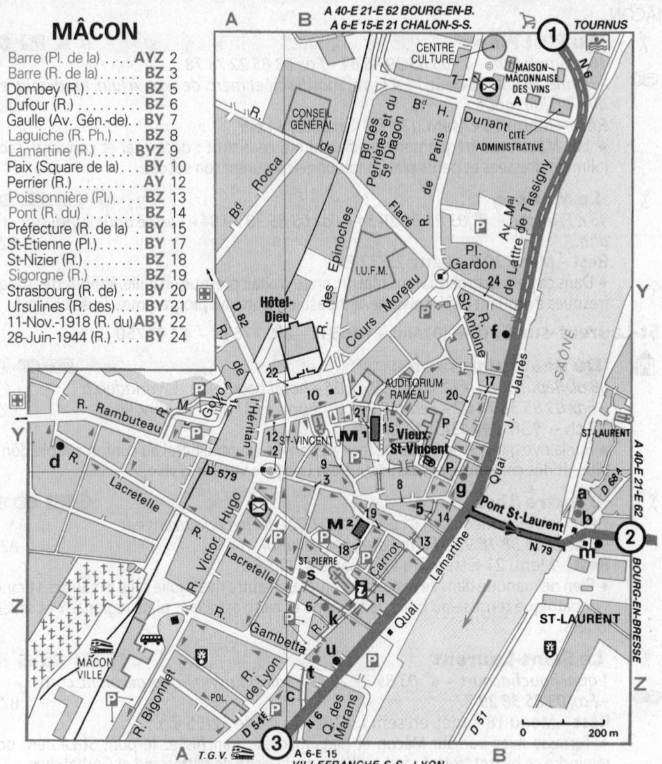

XXX **Pierre** (Gaulin)

7 r. Dufour – ✆ 03 85 38 14 23 – contact@restaurant-pierre.com – Fax 03 85 39 84 04 – Fermé 2-23 juil., vacances de fév., dim. soir, mardi midi et lundi BZ **k**

Rest – Menu 28 € (sauf samedi soir)/72 € – Carte 50/67 €

Spéc. Mélange de homard et truffes de saison en salade. Tournedos charolais et foie gras poêlé sauce bourguignonne. Soufflé aux griottines et kirsch. **Vins** Mâcon-Uchizy, Saint-Véran.

◆ Pierres, poutres apparentes et cheminée : à l'agrément d'un cadre néo-rustique chaleureux et soigné s'ajoute une cuisine mariant habilement classicisme, terroir et modernité.

XX **L'Amandier**

74 r. Dufour – ✆ 03 85 39 82 00 – Fax 03 85 38 92 21 – Fermé 15-30 août, vacances de fév., sam. midi, dim. soir et lundi BZ **s**

Rest – Menu 16 € (déj. en sem.), 24/55 € – Carte 31/64 €

◆ Cette maison mâconnaise du centre-ville abrite un restaurant au décor élégant (miroirs, tableaux, drapés) où l'on sert des plats au goût du jour. Terrasse ombragée sur rue piétonne.

XX **Le Poisson d'Or**

port de plaisance par ① et bords de Saône – ✆ 03 85 38 00 88 – contact@lepoissondor.com – Fax 03 85 38 82 55 – Fermé 19-28 mars, 15 oct.-15 nov., dim. soir, mardi soir et merc.

Rest – Menu 23 € (sem.)/60 € – Carte 45/57 €

◆ La Saône coule le long du jardin de ce restaurant proche du port de plaisance. Pimpantes salles à manger surplombant la rivière ou terrasse au bord de l'eau. Fricassées de grenouilles toute l'année et fritures de poissons en été.

Au P'tit Pierre

10 r. Gambetta – 03 85 39 48 84 – Fax 03 85 22 73 78 – Fermé 29 juil.-16 août, 1er-4 janv., mardi soir et merc. de sept. à juin, lundi midi et dim. en juil.-août BZ **t**

Rest – Menu 16 € (sem.)/32 € – Carte 20/34 €

♦ Les Mâconnais fréquentent avec assiduité ce bistrot : décor gai et convivial, tables joliment dressées et petits plats traditionnels assurent son succès.

Le Matisco

45 r. Franche – 03 85 38 79 84 – Fax 03 85 38 79 84 – Fermé août, lundi soir et dim. BZ **g**

Rest – Menu 20 € – Carte 23/37 €

♦ Dans ce petit bistrot du vieux Mâcon, on se croirait presque en Italie. Banquettes rouges, fresques évoquant la Sérénissime, antipasti et risotto au programme... la dolce vita !

à St-Laurent-sur-Saône (01 Ain) – 1 655 h. – alt. 176 m – ✉ 01750

Du Beaujolais sans rest

88 pl. République – 03 85 38 42 06 – hotel.beaujolais@wanadoo.fr – Fax 03 85 38 78 02 – Fermé 29 oct.-11 nov. et 31 déc.-16 janv. BZ **m**

17 ch – 38 € 43/55 €, 6 €

♦ Sur la rive gauche de la Saône, face au pont St-Laurent, hôtel au confort simple dont la plupart des chambres, rafraîchies, offrent une jolie vue sur la ville.

L'Autre Rive

143 quai Bouchacourt – 03 85 39 01 02 – lechef@lautrerive.fr – Fax 03 85 38 16 92 – Fermé dim. soir et lundi BZ **a**

Rest – Menu 21 € (sem.)/44 € – Carte 41/50 €

♦ Rien ne manque dans ce restaurant situé sur "l'autre rive" : jolie salle à manger-véranda, sympathique terrasse au bord de la Saône et carte associant plats régionaux et saveurs iodées.

Le Saint-Laurent

1 quai Bouchacourt – 03 85 39 29 19 – saintlaurent@georgesblanc.com – Fax 03 85 38 29 77 BZ **b**

Rest – Menu 18 € (déj. en sem.), 27/45 € – Carte 32/55 €

♦ Terrasse avec vue sur Mâcon et plats mijotés : franchissez le pont St-Laurent pour rejoindre ce bistrot "rétro" rendu célèbre par la visite de Mitterrand et Gorbatchev.

à l'échangeur A6-N6 de Mâcon-Nord 7 km par ① – ✉ 71000 Mâcon

Novotel

ch, ch, 15/90,

Autoroute A6 Péage Mâcon Nord Sortie 28 – 03 85 20 40 00 – h0438@accor.com – Fax 03 85 20 40 33

114 ch – 98/120 € 98/120 €, 12 € – **Rest** – Menu 20 € – Carte 22/27 €

♦ Architecture passe-partout dans la zone hôtelière de l'échangeur de Mâcon-Nord. Préférez les chambres dernière génération. Coin jeu pour les enfants. Salle à manger fonctionnelle avec cuisine-grill visible de tous ; terrasse dressée au bord de la piscine.

au Nord 3 km par ① sur N 6 – ✉ 71000 Mâcon

La Vieille Ferme

ch, rest, 70,

– 03 85 21 95 15 – vieil.ferme@wanadoo.fr – Fax 03 85 21 95 16 – Fermé 23 déc. -13 janv. – **20 ch** – 43 € 50 €, 7,50 €, 4 studios – **Rest** – Menu (13 €), 16/29 € – Carte 18/33 €

♦ Halte champêtre dans un parc au bord de la Saône. Les chambres sont aménagées dans une construction récente de type motel. La "vieille ferme" abrite le restaurant rustique (pierres et poutres apparentes, cheminée) ouvert sur une jolie terrasse.

à Sennecé-lès-Mâcon 7,5 km par ① – ✉ 71000 Mâcon

Auberge de la Tour

ch, rest, 25,

604 r Vrémontoise – 03 85 36 02 70 – aubergedelatour@wanadoo.fr – Fax 03 85 36 03 47 – Fermé 11 fév.-6 mars et 22 oct.-13 nov.

24 ch – 39/44 € 50/60 €, 9 € – ½ P 57/60 € – **Rest** – *(fermé dim. soir, mardi midi et lundi)* Menu 19 € (déj. en sem.), 23/49 € – Carte 23/49 €

♦ La tour de guet, curiosité du village, voisine avec cette auberge familiale où vous logerez dans des chambres diversement agencées. Repas traditionnel dans une salle rustique décorée de toiles à thémathique vigneronne. Beau choix de vins du Mâconnais.

par ② rte de Bourg-en-Bresse – ✉ 01750 Replonges

La Huchette ch, rest, VISA AE

à 4,5 km près sortie n°3 de l'A40 – ✆ 03 85 31 03 55 – lahuchette@wanadoo.fr – Fax 03 85 31 10 24 – Fermé 25 oct.-5 nov.

14 ch – 75/95 € 90/220 €, 12 € – ½ P 90/95 € – **Rest** – *(Fermé mardi midi et lundi)* Menu 28/52 € – Carte 36/64 €

◆ Cette demeure nichée au cœur d'un agréable parc est une étape plaisante. Ses chambres, au décor des années 1970, ouvrent sur le jardin. Salle à manger campagnarde agrémentée de poutres apparentes, d'une cheminée et de fresques à motifs agrestes.

à Crèches-sur-Saône 8 km au Sud par ③ et N 6 – 2 753 h. – alt. 180 m – ✉ 71680

Syndicat d'initiative, 466 route nationale 6 ✆ 03 85 37 48 32, Fax 03 85 36 57 91

Hostellerie du Château de la Barge ch, rest, 15/50, VISA AE

Nord-Ouest : 1 km par D89 – ✆ 03 85 23 93 23 – hotelchateaudelabarge@wanadoo.fr – Fax 03 85 23 93 39 – Fermé 22 déc.-8 janv.

21 ch – 80/85 € 85/90 €, 10 € – 4 suites – **Rest** – Menu 19 € (déj. en sem.), 25/62 € bc – Carte 44/60 €

◆ Belle demeure du 17ᵉ s. nichée dans un parc de 4 ha. Grandes chambres bourgeoises au château, plus contemporaines dans l'aile récente. Piscine chauffée. Poutres apparentes, cheminée et mobilier rustique font l'attrait de la salle à manger (non-fumeurs).

à Charnay-lès-Mâcon 2,5 km à l'Ouest – 6 739 h. – alt. 217 m – ✉ 71850

Syndicat d'initiative, 27 route de Davayé ✆ 03 85 20 53 90, Fax 03 85 20 53 91

Moulin du Gastronome avec ch rest, 70, VISA AE

D 17, rte Cluny – ✆ 03 85 34 16 68 – moulindugastronome@wanadoo.fr – Fax 03 85 34 37 25 – Fermé 23 juil.-6 août, 15 fév.-4 mars, dim. soir et lundi sauf fériés

8 ch – 58 € 72 €, 10 € – 1 suite – ½ P 70 € – **Rest** – Menu 24 € (sem.), 33/56 € – Carte 31/62 €

◆ La façade aux volets bleu lavande donne un petit air méridional à cette maison. Salle à manger néo-classique et jardin-terrasse ; bon choix de vins (régionaux et bordeaux).

à Hurigny 5,5 km au Nord-Est par D 82 AY et rte secondaire – 1 474 h. – alt. 275 m – ✉ 71870

Château des Poccards sans rest

120 rte des Poccards – ✆ 03 85 32 08 27 – chateau.des.poccards@wanadoo.fr – Fax 03 85 32 08 19 – Ouvert mi-mars-mi-déc.

6 ch – 70/110 € 90/130 €

◆ Château de 1805 au cœur d'un parc à l'anglaise. Meubles et objets chinés donnent aux superbes chambres leur personnalité. Salons avec décor d'origine, dont un de style Art déco.

LA MADELAINE-SOUS-MONTREUIL – 62 Pas-de-Calais – 301 D5 – rattaché à Montreuil

MADIÈRES – 34 Hérault – 339 G5 – ✉ 34190 St-Maurice-Navacelles 23 C2

Paris 705 – Lodève 30 – Montpellier 62 – Nîmes 79 – Le Vigan 20

Château de Madières rest, VISA AE

Hameau de Madières sur D 25 – ✆ 04 67 73 84 03 – madieres@wanadoo.fr – Fax 04 67 73 55 71 – Ouvert Pâques-Toussaint

12 ch – 135/233 € 135/233 €, 17 € – 1 suite – **Rest** – Menu 49 € – Carte 44/72 €

◆ Au cœur d'un parc escaladant le causse, château fort du 12ᵉ s. - agrandi à la Renaissance - surplombant les gorges de la Vis. Un cadre grandiose, authentique... et "cosy". Salle à manger aux belles voûtes de pierre et agréable terrasse ; cuisine ensoleillée.

MADIRAN – 65 Hautes-Pyrénées – **342** L1 – **536 h.** – **alt. 125 m** – ✉ 65700 28 **A2**

Paris 753 – Pau 51 – Tarbes 41 – Toulouse 154

Le Prieuré

4 r. de l'Eglise – ☎ 05 62 31 44 52 – restaurantleprieure@cegetel.net – Fermé 2-14 janv., 25 janv. -3 fév., dim. soir, mardi soir et lundi

Rest – Menu 13 € bc (déj. en sem.), 18 € bc/25 € bc – Carte 32/49 €

◆ Le restaurant est installé dans un ancien monastère qui abrite également la maison des Vins de Madiran. Décor mi-rustique, mi-contemporain, cuisine au goût du jour et beau choix de crus locaux.

MAFFLIERS – 95 Val-d'Oise – **305** E6 – **1 370 h.** – **alt. 145 m** – ✉ **95560** 18 **B1**

Paris 29 – Beaumont-sur-Oise 10 – Beauvais 53 – Compiègne 73 – Senlis 45

Novotel ch, rest, ch, rest, 5/90,

Allée des Marronniers – ☎ 01 34 08 35 35 – h0383@accor.com – Fax 01 34 08 35 00

99 ch – 90/140 € 90/160 €, 12 € – **Rest** – Menu 40/80 € – Carte 23/36 €

◆ Tennis, parcours santé, piscine et terrain de volley-ball dans un parc : un Novotel placé sous le signe du sport ! À l'entrée du parc, l'annexe moderne abrite les chambres. Restaurant installé dans une demeure du 19e s. (décor sobre et carte de la chaîne).

MAGESCQ – 40 Landes – **335** D12 – **1 378 h.** – **alt. 28 m** – ✉ **40140** 3 **B2**

Paris 722 – Bayonne 45 – Biarritz 52 – Castets 13 – Dax 16 – Mont-de-Marsan 71

Office de tourisme, 1 place de l'Église ☎ 05 58 47 76 24

Relais de la Poste (Coussau) ch,

24 av. de Maremne – ☎ 05 58 47 70 25 – poste@relaischateaux.com – Fax 05 58 47 76 17 – Fermé 12 nov.-20 déc., mardi sauf le soir de mai à sept., jeudi midi de mai à sept. et lundi

16 ch – 135/365 € 150/380 €, 15 € – 1 suite – ½ P 145/250 € – **Rest** – *(prévenir le week-end)* Menu 55/105 € – Carte 79/114 €

Spéc. Foie gras de canard aux raisins. Magret de palombe rôti à l'os, cuisses en salmis, cèpes (1er oct. au 15 fév.). Pistache dans tous ses états. **Vins** Jurançon, Tursan.

◆ Ce castel landais entouré d'un grand parc arboré réserve un excellent accueil à ses hôtes. Jolies chambres personnalisées dotées de balcons. Sauna, hammam, jacuzzi... L'élégant restaurant et la terrasse sont tournés vers la pinède ; superbe cuisine de pays et riche carte des vins.

Le Cabanon et la Grange au Canard

Nord : 1 km sur ancienne N 10 – ☎ 05 58 47 71 51 – le.cabanon@mageos.com – Fax 05 58 47 75 19 – Fermé dim. soir et lundi sauf juil.-août

Rest – Menu 25/48 € – Carte 37/71 €

◆ Deux salles rustiques servant une même cuisine régionale : d'un côté, une typique maison landaise décorée de nombreux bibelots ; de l'autre, une authentique grange.

MAGLAND – 74 Haute-Savoie – **328** M4 – **2 801 h.** – **alt. 513 m** – ✉ 74300 46 **F1**

Paris 583 – Annecy 68 – Genève 49 – Lyon 192

Le Relais du Mont Blanc ch,

1 km au Sud sur N205 – ☎ 04 50 21 00 85 – lerelaisdumontblanc@wanadoo.fr – Fax 04 50 34 31 83 – Fermé 3-26 août, 22 déc.-2 janv. et dim. soir

16 ch – 63 € 73 €, 8 € – **Rest** – *(fermé sam. midi)* Menu 19 € (sem.)/45 € – Carte 35/54 €

◆ Cet engageant chalet de montagne, posté à seulement 20 minutes du Mont Blanc, vous accueille dans des chambres rénovées où prédomine le bois. Autour de tables rustiques, vous goûterez une appétissante cuisine du terroir revue au goût du jour.

MAGNAC-BOURG – 87 Haute-Vienne – 325 F7 – 795 h. – alt. 444 m – ✉ 87380

24 B2

Paris 419 – Limoges 31 – St-Yrieix-la-Perche 28 – Uzerche 28

Office de tourisme, 2 place de la Bascule ✆ 05 55 00 89 91, Fax 05 55 00 78 38

Auberge de l'Étang ⇸ rest, 15, P, VISA

– ✆ 05 55 00 81 37 – *ml.hermann@wanadoo.fr – Fax 05 55 48 70 74 – Fermé 12 nov.-10 déc., 10-25 fév., dim. et lundi sauf juil.-août*

14 ch – ♦42/48 € ♦♦42/53 €, ☕ 8 € – **Rest** – *(fermé merc. midi en juil.-août)* Menu 14 € (sem.)/41 € – Carte 28/54 €

♦ À l'entrée du bourg, dominant un étang, auberge familiale vous réservant un bon accueil. Chambres fonctionnelles récentes ; certaines ont vue sur la piscine et le plan d'eau. Au restaurant, cuisine traditionnelle généreuse et agréable terrasse d'été.

MAGNY-COURS – 58 Nièvre – 319 B10 – rattaché à Nevers

MAGNY-LE-HONGRE – 77 Seine-et-Marne – 312 F2 – 106 22 – voir à Paris, Environs (Marne-la-Vallée)

MAÎCHE – 25 Doubs – 321 K3 – 3 978 h. – alt. 777 m – ✉ 25120

Franche-Comté Jura

17 C2

Paris 498 – Besançon 75 – Belfort 60 – Montbéliard 42 – Pontarlier 61

Syndicat d'initiative, 16 rue Charles-de-Gaulle ✆ 03 81 64 11 88, Fax 03 81 64 02 30

à Mancenans Lizerne 2,5 km à l'Est par D 464 et D 272 – 152 h. – alt. 720 m – ✉ 25120

Au Coin du Bois P, VISA

rue sous le rang, La Lizerne – ✆ 03 81 64 00 55 – Fax 03 81 64 21 98 – Fermé 25 juin-1er juil., 3-9 déc., 4-10 fév., dim. soir, lundi soir et merc. soir

Rest – Menu 20/52 € – Carte 27/61 €

♦ Joli chalet entouré de sapins. L'agréable terrasse et la sobre salle à manger d'esprit rustique servent de cadre à une cuisine traditionnelle étoffée de plats du terroir.

MAILLANE – 13 Bouches-du-Rhône – 340 D3 – rattaché à St-Rémy-de-Provence

MAILLEZAIS – 85 Vendée – 316 L9 – 934 h. – alt. 6 m – ✉ 85420

Poitou Vendée Charentes

35 C3

Paris 443 – Nantes 129 – La Roche-sur-Yon 76 – La Rochelle 50 – Niort 33

Office de tourisme, rue du Dr Daroux ✆ 02 51 87 23 01, Fax 02 51 00 72 51

Chambre d' hôte Madame Bonnet sans rest P

69 r. Abbaye – ✆ 02 51 87 23 00 – liliane.bonnet@wanadoo.fr – Fax 02 51 00 72 44

5 ch ☕ – ♦53/58 € ♦♦63/68 €

♦ L'esprit maison d'hôte prend ici tout son sens : coquettes chambres, décor chargé d'histoire, petit-déjeuner au coin du feu, jardin-potager et accueil des plus chaleureux.

MAISONNEUVE – 15 Cantal – 330 F6 – rattaché à Chaudes-Aigues

MAISONS-ALFORT – 94 Val-de-Marne – 312 D3 – 101 27 – voir à Paris, Environs

MAISONS-DU-BOIS – 25 Doubs – 321 I5 – rattaché à Montbenoit

MAISONS-LAFFITTE – 78 Yvelines – 311 I2 – 101 13 – voir à Paris, Environs

MAISONS-LÈS-CHAOURCE – 10 Aube – 313 F5 – rattaché à Chaource

MALAUCÈNE – 84 Vaucluse – 332 D8 – 2 538 h. – alt. 333 m – ✉ 84340
Provence 40 **B2**

Paris 673 – Avignon 45 – Carpentras 18 – Vaison-la-Romaine 10

Office de tourisme, cours des Isnards ✆ 04 90 65 22 59

Le Domaine des Tilleuls sans rest VISA

rte Mont-Ventoux – ✆ 04 90 65 22 31 – info@hotel-domainedestilleuls.com – Fax 04 90 65 16 77 – Ouvert 1er avril-25 oct.

20 ch – 77 € 87 €, 9 €

◆ Cette magnanerie du 18e s. accueille un charmant hôtel rénové dans le style provençal. Préférez les chambres tournées vers l'agréable parc planté de tilleuls et platanes.

MALAY-LE-PETIT – 89 Yonne – 319 D2 – rattaché à Sens

MALBUISSON – 25 Doubs – 321 H6 – 400 h. – alt. 900 m – ✉ 25160
Franche-Comté Jura 17 **C3**

Paris 456 – Besançon 74 – Champagnole 42 – Pontarlier 16 – St-Claude 72

Office de tourisme, 33 Grande Rue ✆ 03 81 69 31 21, Fax 03 81 69 71 94

Lac de St-Point★.

Le Lac VISA

– ✆ 03 81 69 34 80 – hotellelac@wanadoo.fr – Fax 03 81 69 35 44 – Fermé 13 nov.-21 déc. sauf week-ends

46 ch – 39 € 43/49 €, 9 € – 8 suites – ½ P 45 €

Rest – Menu 18 € (sem.)/43 € – Carte 31/61 €

Rest *du Fromage* – Menu 18/21 € – Carte 15/33 €

◆ Maison ancienne bordant la rue principale du village et ouvrant sur le lac côté jardin. Aménagements cossus dans la note "rétro". Copieux buffet de petits-déjeuners. Plats du terroir à la table du Lac. Tartes, fondues et raclettes au Restaurant du Fromage.

Beau Site cuisinette 15/35, VISA

– ✆ 03 81 69 70 70 – Fax 03 81 69 35 44 – Fermé 13 nov.-21 déc. sauf week-ends

17 ch – 29 € 35 €, 9 € – ½ P 41 €

◆ Cet édifice du début du 19e s. dont l'entrée est rehaussée de colonnes abrite des chambres d'esprit fonctionnel. L'accueil se fait à l'hôtel du Lac.

Poste VISA

– ✆ 03 81 69 79 34 – hotellelac@wanadoo.fr – Fax 03 81 69 35 44 – Fermé 12 nov.-15 déc. – **10 ch** – 35 € 40/47 €, 9 € – ½ P 43 € – **Rest** – *(fermé mardi soir et lundi)* Menu (7 €), 9,50 € (sem.)/19 € – Carte 13/36 €

◆ Ce petit hôtel rénové propose des chambres garnies de meubles colorés ; préférez celles tournées vers le lac, plus tranquilles. Cuisine traditionnelle et spécialités de pierrades vous attendent dans une salle à manger fraîche et gaie.

Le Bon Accueil (Faivre) avec ch VISA AE

– ✆ 03 81 69 30 58 – marcfaivre@le-bon-accueil.fr – Fax 03 81 69 37 60 – Fermé 16-25 avril, 29 oct.-7 nov., 17 déc.-16 janv., dim. soir sauf 15 juil.-15 août, mardi midi et lundi

12 ch – 66 € 66/96 €, 9 € – ½ P 65/84 € – **Rest** – Menu (22 € bc), 28/52 € – Carte 49/69 €

Spéc. Tarte fine à la morteau, étuvée de poireaux. Poissons à l'absinthe de Pontarlier (15 juin au 15 sept.). Sorbet à la gentiane, macaronade au pamplemousse. **Vins** Arbois-Trousseau, Côtes du Jura.

◆ Pimpante maison où l'on cultive l'art de recevoir : accueil attentif, salle à manger mariant boiseries et sol en pierre, et brillante cuisine au goût du jour.

Jean-Michel Tannières avec ch VISA

17 Grande Rue – ✆ 03 81 69 30 89 – contact@restaurant-tannieres.com – Fax 03 81 69 39 16 – Fermé 18-25 avril, 7-16 nov., 2-18 janv., dim. soir, merc. midi, jeudi midi, vend. midi, lundi et mardi

4 ch – 50/100 € 50/100 €, 8 € – ½ P 50/100 € – **Rest** – Menu 38/45 €

Rest *Le Bistrot d'Angèle* – *(fermé lundi, mardi et dim. soir hors vacances scolaires)* Menu (15 €), 22 € bc

◆ Cuisine classique accompagnée d'un large choix de vins, servie dans une salle à manger bourgeoise donnant sur un jardin où murmure un ruisseau. Accueil chaleureux. Au Bistrot d'Angèle, décor campagnard et plats de tradition annoncés sur l'ardoise du jour.

aux Granges-Ste-Marie 2 km au Sud-Ouest – ✉25160 Labergement-Ste-Marie

L'Auberge du Coude ch, rest, VISA
– *✆ 03 81 69 31 57 – Fax 03 81 69 33 90 – Fermé 8 nov.-18 déc.*
11 ch – †50 € ††50 €, ☕ 8 € – ½ P 50 € – **Rest** – *(fermé 3 nov.-18 déc. et dim. soir hors vacances scolaires)* Menu 18/48 € – Carte 36/57 € ♀
◆ Cette maison ancienne (1826) postée entre les lacs de Saint-Point et de Remoray-Boujeons vous reçoit dans des chambres actuelles. Jardin incluant un étang. Salle à manger campagnarde agrémentée de boiseries ; on y propose une généreuse cuisine régionale.

LA MALÈNE – 48 Lozère – 330 H9 – 171 h. – alt. 450 m – ✉ 48210

Languedoc Roussillon 23 **C1**

Paris 609 – Florac 41 – Mende 41 – Millau 44 – Sévérac-le-Château 33 – Le Vigan 77

Office de tourisme, ✆ 04 66 48 50 77

O : les Détroits★★ et cirque des Baumes★★ (en barque).

Manoir de Montesquiou VISA
– *✆ 04 66 48 51 12 – montesquiou@demeures-de-lozere.com*
– Fax 04 66 48 50 47 – Ouvert début avril à fin oct.
10 ch – †73/75 € ††100/134 €, ☕ 13 € – 2 suites – ½ P 79/114 € – **Rest** – Menu 24/44 € – Carte 35/59 €
◆ Accueil familial, chambres personnalisées (lits à baldaquin, mobilier de style), beau jardin où fleurissent de magnifiques rosiers : cette demeure du 15e s. a bien des atouts. Repas à base de produits locaux servis sur la jolie terrasse, si le soleil apparaît.

au Nord-Est 5,5 km sur D 907bis – ✉ 48210 Ste Énimie

Château de la Caze ch, rest, VISA
– *✆ 04 66 48 51 01 – chateau.de.la.caze@wanadoo.fr – Fax 04 66 48 55 75*
– Ouvert 30 mars-11 nov. et fermé jeudi en oct.
7 ch – †112/166 € ††112/166 €, ☕ 14 € – 9 suites – ††166/276 € – ½ P 104/131 € – **Rest** – *(fermé jeudi sauf le soir de nov. à sept. et merc. sauf juil.-août)* Menu 34/82 € – Carte environ 38 € ♀
◆ Majestueux château du 15e s. lové dans un parc au bord du Tarn. Exquises chambres personnalisées (moins de cachet mais grand confort à l'annexe), accueil d'une rare gentillesse. L'ex-chapelle sert de cadre à une cuisine pleine de saveurs, actuelle et respectueuse du terroir.

MALESHERBES – 45 Loiret – 318 L2 – 5 989 h. – alt. 108 m – ✉ 45330

Châteaux de la Loire 12 **C1**

Paris 75 – Étampes 26 – Fontainebleau 27 – Montargis 62 – Orléans 62 – Pithiviers 19

Office de tourisme, 19-21 place du Martroi ✆ 02 38 34 81 94, Fax 02 38 34 81 94

du Château d'Augerville à Augerville-la-Rivière Place du Château, S : 8 km par D 410, ✆ 02 38 32 12 07.

Écu de France VISA
10 pl. Martroi – ✆ 02 38 34 87 25 – ecudefrance@wanadoo.fr – Fax 02 38 34 68 99
16 ch – †54/66 € ††54/66 €, ☕ 7 € – ½ P 58/64 €
Rest – *(fermé 3-19 août, jeudi soir et dim. soir)* Menu 24 € (sem.)/34 € – Carte 28/56 € ♀
Rest *Brasserie de l'Écu* – *(fermé 3-19 août, jeudi soir et dim. soir)* Menu (13 €) – Carte 16/43 € ♀
◆ Cet ancien relais de poste situé à deux pas du château de Malesherbes dispose de chambres coquettes, pour la plupart rénovées. Le restaurant a du cachet avec ses poutres et sa cheminée ; terrasse dressée dans la cour. Repas express à l'espace brasserie.

Petit-déjeuner compris ?
La tasse ☕ suit directement le nombre de chambres.

MALICORNE-SUR-SARTHE – 72 Sarthe – 310 I8 – 1 686 h. – alt. 39 m – ✉ 72270 Châteaux de la Loire 35 **C2**

Paris 236 – Château-Gontier 52 – La Flèche 16 – Le Mans 32

Office de tourisme, 5 place Du Guesclin ✆ 02 43 94 74 45, Fax 02 43 94 59 61

La Petite Auberge VISA

5 pl. Duguesclin – ✆ 02 43 94 80 52 – Fax 02 43 94 31 37 – Fermé 22 déc.-26 fév., le soir sauf sam. de sept. à avril, dim. soir et mardi soir de mai à août et lundi

Rest – Menu 17 € (déj. en sem.), 23/50 € – Carte 31/40 €

◆ L'été, on s'attable en terrasse, au ras de l'eau, et en hiver, on se réfugie auprès de la belle cheminée du 13e s. pour déguster les plats traditionnels mitonnés par le chef.

MALLING – 57 Moselle – 307 I2 – 512 h. – alt. 158 m – ✉ 57480 26 **B1**

Paris 352 – Luxembourg 35 – Metz 43 – Trier 63

à Petite Hettange 1 km à l'Est sur N 153 – ✉ 57480

Le Relais des 3 Frontières VISA AE

11 Rte Nationale – ✆ 03 82 50 10 65 – relais3frontieres@wanadoo.fr – Fax 03 82 83 61 01 – Fermé 16-29 juil., 18-29 fév., lundi soir, mardi soir et merc.

Rest – Menu 30/65 € – Carte 46/60 €

◆ Dans une région transfrontalière, ex-relais routier promu restaurant aux prétentions gastronomiques. Cuisine traditionnelle méritant votre bon coup de fourchette.

MALO-LES-BAINS – 59 Nord – 302 C1 – **rattaché à Dunkerque**

LE MALZIEU-VILLE – 48 Lozère – 330 I5 – 970 h. – alt. 860 m – ✉ 48140 23 **C1**

Paris 541 – Mende 51 – Millau 107 – Le Puy-en-Velay 74 – Rodez 125 – St-Flour 38

Office de tourisme, place Souvenir ✆ 04 66 31 82 73

Voyageurs ch, P VISA

rte Saugues – ✆ 04 66 31 70 08 – pagesc@wanadoo.fr – Fax 04 66 31 80 36 – Fermé 15 déc.-28 fév. et dim. sauf juil.-août

19 ch – 52 € 52 €, 9 € – ½ P 68 € – **Rest** – *(fermé dim. soir et sam. sauf juil.-août)* Menu 15/25 € – Carte 20/37 €

◆ Dans un joli village de la Margeride, bâtisse des années 1970 aux chambres fonctionnelles : une étape pratique si vous avez entrepris la découverte de la région. Plats traditionnels et lozériens servis dans une salle à manger d'inspiration rustique.

MAMERS – 72 Sarthe – 310 L4 – 6 084 h. – alt. 128 m – ✉ 72600 Normandie Vallée de la Seine 35 **D1**

Paris 185 – Alençon 25 – Le Mans 51 – Mortagne-au-Perche 25 – Nogent-le-Rotrou 40

Office de tourisme, 29 place Carnot ✆ 02 43 97 60 63, Fax 02 43 97 42 87

au Pérou (61 Orne) 7 km à l'Est par rte de Bellême – ✉ 61360 Chemilly

La Petite Auberge P VISA

– ✆ 02 33 73 11 34 – la.petite.auberge.@free.fr – Fermé lundi soir et mardi

Rest – Menu 12,50 € (déj. en sem.), 17/35 € – Carte 26/30 €

◆ Une "petite auberge" isolée en bord de route. Attablez-vous dans la salle à manger rustique, réchauffée par une cheminée, ou sur la terrasse donnant sur un jardin fleuri.

MANCENANS LIZERNE – 25 Doubs – 321 K3 – **rattaché à Maîche**

MANCEY – 71 Saône-et-Loire – 320 I10 – 355 h. – alt. 280 m – ✉ 71240 8 C3

Paris 373 – Dijon 102 – Mâcon 43 – Chalon-sur-Saône 34 – Le Creusot 68

Auberge du Col des Chèvres

– ✆ 03 85 51 06 38 – *aub.coldeschevres.para@wanadoo.fr – Fermé 1er-15 sept., vacances de fév., mardi sauf en juil.-août et merc.*

Rest – Menu 17 € (sem.)/27 €

◆ Cette petite auberge familiale située aux avant-postes du village plaît pour son aimable accueil, sa cuisine traditionnelle actualisée et son cadre rustico-champêtre sans façon.

MANCIET – 32 Gers – 336 C7 – rattaché à Nogaro

MANDELIEU – 06 Alpes-Maritimes – 341 C6 – 17 870 h. – alt. 4 m – Casino : Royal Hôtel Z – ✉ 06210 Côte d'Azur 42 E2

Paris 890 – Brignoles 86 – Cannes 9 – Draguignan 53 – Fréjus 30 – Nice 37

Office de tourisme, avenue de Cannes ✆ 04 92 97 99 27, Fax 04 92 97 09 18

27 de Mandelieu Route du Golf, SO : 2 km, ✆ 04 92 97 32 00 ; 18 Riviera Golf Club Avenue des Amazones, SO : 2 km, ✆ 04 92 97 49 49.

≤★ de la colline de San Peyré - Site★ du château-musée.

Plan page suivante

Hostellerie du Golf ch, 20,

780 av. Mer – ✆ 04 93 49 11 66 – hoteldugolf@aol.com – Fax 04 92 97 04 01 Y **n**

45 ch – 63/95 € 77/135 €, 9 € – ½ P 65/85 € – **Rest** – Menu 24 €

◆ L'établissement est construit au bord de la rivière face au célèbre "Old Course" fondé par le grand duc de Russie en 1891. Chambres pratiques, avec terrasse ou balcon. Salle à manger claire tournée vers le jardin ; cuisine sans prétention.

Les Bruyères sans rest cuisinette

1400 av. Fréjus – ✆ 04 93 49 92 01 – hotel.les.bruyeres@wanadoo.fr – Fax 04 93 49 21 55 Y **h**

14 ch – 63/90 € 63/90 €, 10 €, 14 studios

◆ Non loin de la plage et du golf, des chambres fonctionnelles, bien insonorisées et propres, s'abritent derrière une longue façade moderne rehaussée d'une rotonde.

Acadia sans rest

681 av. Mer – ✆ 04 93 49 28 23 – acadia.revotel@wanadoo.fr – Fax 04 92 97 55 54 Y **v**

29 ch – 61/90 € 71/90 €, 12 € – 7 suites

◆ Les pontons privés de cet hôtel au bord d'un méandre de la Siagne, face à l'île de Robinson, vous convient à des balades nautiques. Chambres simples, refaites progressivement.

Azur hôtel sans rest

192 av. Maréchal Juin – ✆ 04 93 49 24 24 – reception@azurhotel06.com – Fax 04 92 97 68 36 – Fermé 18 nov.-17 déc. Y **k**

48 ch – 50/82 € 61/98 €, 8 €

◆ Cure de jouvence bénéfique pour cet hôtel : les chambres sont fonctionnelles, colorées et dotées d'agréables salles de bains neuves. Wi-fi, salon-véranda, piscine avec petit bar.

LA NAPOULE – ✉ 06210 42 E2

Paris 893 – Cannes 9 – Mandelieu-la-Napoule 3 – Nice 40 – St-Raphaël 34

Site★ du château-musée.

Sofitel Royal Casino ≤ ch, 50/500,

605 av. Gén. de Gaulle (N 98) – ✆ 04 92 97 70 00 – h1168@accor.com – Fax 04 93 49 51 50 Z **a**

200 ch – 210/435 € 230/455 €, 23 € – 13 suites

Rest *Le Féréol* – ✆ *04 92 97 70 20* – Menu 26 € (déj. en sem.)/40 € – Carte 49/72 €

Rest *Terrasse du Casino* – ✆ *04 92 97 70 21* – Menu (22 €), 26 € – Carte 33/41 €

◆ Complexe moderne édifié en bord de mer et voué aux loisirs (casino, discothèque, piscine). Chambres confortables, presque toutes avec loggia. Au Féréol, cuisine méridionale et décoration marine. Bistrot d'esprit provençal à la Terrasse du Casino.

LA NAPOULE

MANDELIEU-LA-NAPOULE

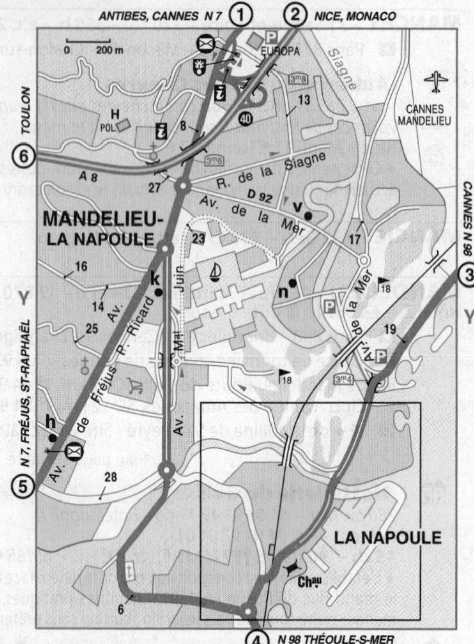

LA NAPOULE

PARC DÉPARTEMENTAL

San Peyré

CASINO

LES RÉSIDENCES DU PORT

PORT

CAPITAINERIE

Château

PLAGE DE LA RAGUETTE

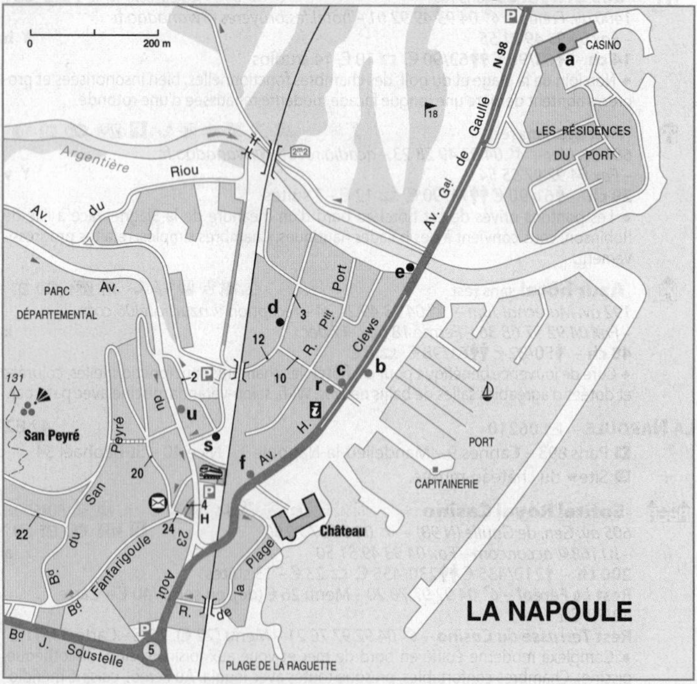

L'Ermitage du Riou 15/60, VISA
av. H. Clews – 04 93 49 95 56 – hotel@ermitage-du-riou.fr – Fax 04 92 97 69 05 Z e
39 ch – 126/192 € 126/192 €, 16 € – 4 suites – ½ P 97/185 € –
Rest – Menu 25/80 € – Carte 63/132 €
◆ Cette demeure provençale ancienne à la façade ocre et brique offre des chambres de bon confort ouvertes sur le large ou sur le golf. Plats traditionnels, produits de la mer et vins de la propriété à déguster dans une salle à manger-véranda tournée vers le port.

Villa Parisiana sans rest VISA
5 r. Argentière – 04 93 49 93 02 – villa.parisiana@wanadoo.fr – Fax 04 93 49 62 32 – Fermé 10-27 déc. Z d
13 ch – 40/47 € 40/65 €, 7 €
◆ Cette villa 1900 ne manque pas de charme : chambres bien rénovées et accueillantes, quelques balcons ensoleillés et jolie terrasse d'été sous une treille. Adresse non-fumeurs.

La Corniche d'Or sans rest VISA
pl. Fontaine – 04 93 49 92 51 – info@cornichedor.com – Fax 04 93 49 71 95 – Fermé 15-30 nov. Z s
12 ch – 42/58 € 48/85 €, 7 €
◆ Cet hôtel dispose de chambres simples et pimpantes comprenant balcon, mobilier en pin, literie neuve et climatisation (sur demande). Jolie terrasse et accueil très aimable.

L'Oasis (Stéphane et Antoine Raimbault) 8/20,
r. J. H. Carle – 04 93 49 95 52 – oasis@relaischateaux.com – Fax 04 93 49 64 13 – Fermé de mi-déc. à mi-janv. dim. et lundi (soir) VISA Z r
Rest – Menu 54 € (déj.), 80/165 € – Carte 116/151 €
Spéc. Marbré de foie gras de canard à la vanille de Taha'a (été). Pavé d'un gros loup laqué et rôti à la braise. Carré d'agneau des Alpilles rôti et persillé à la pistache (printemps-été). **Vins** Bellet, Les Baux-de-Provence.
◆ Luxuriant patio, cadre élégant, délicieuse cuisine méridionale aux "zestes" orientaux, caravane... des desserts : ce caravansérail pour nomades-gourmands n'est pas un mirage !

La Pomme d'Amour VISA
209 av. 23 Août – 04 93 49 95 19 – jacky006@9business.fr – Fax 04 93 49 95 24 – Fermé 19 nov.-13 déc., mardi sauf le soir de juil. à sept. et lundi sauf fériés Z u
Rest – Menu 31/38 € – Carte 40/64 €
◆ Escale culinaire discrète au centre de La Napoule, tout près de la gare. Plaisante salle à manger "cosy" avec mise en place soignée. Cuisine traditionnelle et régionale.

Les Bartavelles VISA
1 pl. Château – 04 93 49 95 15 – Fermé 2-23 janv., dim. soir et merc. de mi-oct. à mi-avril Z f
Rest – Menu (20 € bc), 26/37 € – Carte 36/51 €
◆ Cette maison simple et conviviale se consacre à une généreuse cuisine traditionnelle. Salle à manger-véranda débordant l'été sur une terrasse dressée sous les platanes.

La Palméa VISA
198 av.Henri Clews – 04 92 19 22 50 – Fax 04 92 19 22 51 – Fermé dim. soir et lundi hors saison et fériés Z c
Rest – Menu 29 € – Carte 40/71 €
◆ La carte méridionale privilégie les produits de la pêche dans ce restaurant longeant le port. Véranda face à la forêt de mâts et salle intérieure décorée d'objets ethniques.

Le Bistrot du Port VISA
au port – 04 93 49 80 60 – maryse.bottero@wanadoo.fr – Fax 04 93 49 69 76 – Fermé 25 nov.-15 déc. et merc. hors saison et vacances scolaires Z b
Rest – Menu 26 € (déj.)/35 € – Carte 35/52 €
◆ Pour avoir une vue unique sur les bateaux, jetez l'ancre au Bistrot du Port. Ambiance marine chaleureuse, véranda s'ouvrant en terrasse aux beaux jours et bonne cuisine iodée.

MANDEREN – 57 Moselle – 307 J2 – rattaché à Sierck-les-Bains

MANE – 04 Alpes-de-Haute-Provence – 334 C9 – rattaché à Forcalquier

MANERBE – **14 Calvados** – **303** N4 – **500 h.** – **alt. 58 m** – ✉ **14340** 33 **C2**

▶ Paris 202 – Caen 51 – Hérouville-Saint-Clair 50 – Le Havre 56

XX **Le Pot d'Etain** VISA MC AE

– ✆ *02 31 61 00 94 – Fax 02 31 61 98 58 – Fermé 12-27 nov., 5-19 mars, dim. soir et lundi*

Rest – Menu 26 € (sem.)/59 € ♀

♦ Recettes traditionnelles et notes contemporaines font bon ménage à la table de ce restaurant dont le chef possède de belles références. Salles à manger à colombages et terrasse.

MANIGOD – **74 Haute-Savoie** – **328** L5 – **789 h.** – **alt. 950 m** – ✉ **74230** 46 **F1**

▶ Paris 558 – Albertville 39 – Annecy 25 – Chamonix-Mont-Blanc 67 – Thônes 6

ℹ Office de tourisme, Chef-lieu ✆ 04 50 44 92 44, Fax 04 50 44 94 68

◉ Vallée de Manigod★★, **Alpes du Nord.**

rte du col de la Croix-Fry : 5,5 km - ✉ **74230 Manigod**

 **Chalet Hôtel Croix-Fry** ≤ montagnes, VISA MC

– ✆ *04 50 44 90 16 – hotelchaletcroixfry@wanadoo.fr – Fax 04 50 44 94 87 – Ouvert mi-juin-mi-sept. et mi-déc.-mi-avril*

6 ch – †145/340 € ††145/340 €, ☕ 18 €, 4 studios – ½ P 125/200 € –

Rest – *(fermé merc. midi, mardi midi et lundi)* Menu 26 € (déj. en sem.), 45/76 € – Carte 53/81 € ♀

♦ Dans un cadre idyllique, au milieu des alpages, un beau chalet tenu par la même famille depuis des décennies. Intérieur montagnard très "cosy" et ravissantes chambres-"cocons". Ambiance table d'hôte au restaurant et terrasse panoramique face aux Aravis.

MANOSQUE – **04 Alpes-de-Haute-Provence** – **334** C10 – **19 603 h.** – **alt. 387 m** – ✉ **04100** **Alpes du Sud** 40 **B2**

▶ Paris 758 – Aix-en-Provence 57 – Avignon 91 – Digne-les-Bains 61

ℹ Office de tourisme, place du Docteur Joubert ✆ 04 92 72 16 00, Fax 04 92 72 58 98

18 du Lubéron à Pierrevert La Grande Gardette, par rte de la Bastide-des-Jourdans : 7 km, ✆ 04 92 72 17 19.

◉ Le vieux Manosque★ : Porte Saunerie★, façade★ de l'hôtel de ville - Sarcophage★ et Vierge noire★ dans l'église N.-D. de Romigier - Fondation Carzou★ **M** - ≤★ du Mont d'Or NE : 1,5 km.

MANOSQUE

Arthur-Robert (R.) 2
Aubette (R. d') 3
Bret (Bd M.) 5
Chacundier (R.) 6
Dauphine (R.) 8
Giono (Av. J.) 9
Grande (R.) 10
Guilhempierre (R.) 12
Hôtel-de-Ville (Pl. de l') 13
Jean-Jacques-Rousseau (R.) . . 14
Marchands (R. des) 15
Mirabeau (Bd) 16
Mont-d'Or (R. du) 17
Observantins (Pl. des) 19
Ormeaux (Pl. des) 20
Pelloutier (Bd C.) 22
Plaine (Bd de la) 23
République (R. de la) 26
St-Lazare (Av.) 28
Saunerie (R. de la) 30
Soubeyran (R.) 32
Tanneurs (R. des) 33
Tourelles (R. des) 34
Voland (R.) 35
Vraies-Richesses (Montée des) 36

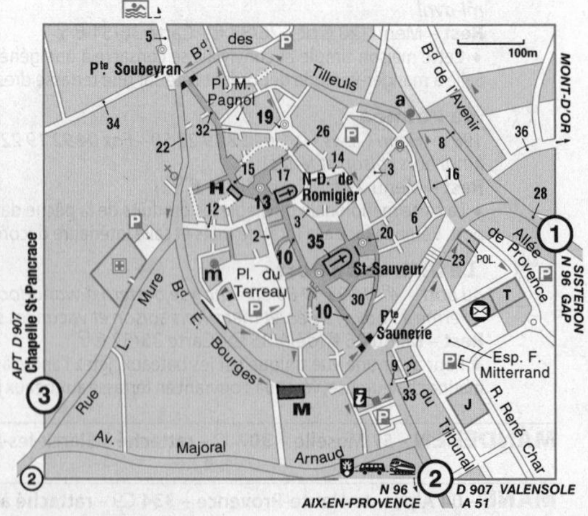

Pré St-Michel sans rest 25, VISA

Nord : 1,5 km par bd M. Bret et rte Dauphin – 04 92 72 14 27 – pre.st.michel@wanadoo.fr – Fax 04 92 72 53 04

24 ch – 55/100 € 55/100 €, 9 €

◆ Récente bâtisse régionale aux chambres spacieuses, décorées avec goût dans le style provençal ; quelques-unes profitent d'une terrasse privative. Vue sur les toits de Manosque.

Mercure ch, ch, VISA

bd Charles de Gaulle – 04 92 87 78 58 – hotelmercuremanosque@wanadoo.fr – Fax 04 92 72 66 60

36 ch – 70/80 € 70/90 €, 10 € – **Rest** – Menu (16 €), 19/24 € – Carte 31/35 €

◆ Hôtel fonctionnel et pratique aux portes du vieux Manosque. Les chambres et les salons arborent un chaleureux décor aux accents provençaux. L'esprit du Sud souffle sur le joli cadre du restaurant (bois peint et couleurs ensoleillées).

Le Luberon VISA

21 bis pl. Terreau – 04 92 72 03 09 – Fax 04 92 72 03 09 – Fermé 15-31 oct., dim. soir et lundi **m**

Rest – Menu 19/52 € – Carte 32/58 €

◆ Petite adresse du centre-ville et sa salle rustique rehaussée de tons ensoleillés. Terrasses verdoyantes (brumisateurs bienvenus en cas de chaleur). Carte aux accents du Sud.

à La Fuste 6,5 km au Sud-Est par rte de Valensole – ✉ 04210 Valensole

Hostellerie de la Fuste rest, 70, VISA

lieu dit la fuste – 04 92 72 05 95 – lafuste@aol.com – Fax 04 92 72 92 93 – Ouvert 1er avril-30 sept. et 20 déc.-3 janv.

14 ch – 95/185 € 95/185 €, 14 € – ½ P 155/245 € – **Rest** – *(fermé mardi midi, dim. soir et lundi sauf fériés d'avril à sept.) (nombre de couverts limité, prévenir)* Menu 46/57 € – Carte 78/111 €

◆ Élégante hostellerie campagnarde dans un parc fleuri incluant un beau potager. Chambres douillettes, et un calme à peine troublé par le chant des cigales. Salle à manger avec vue sur le jardin et ravissante terrasse ombragée par de majestueux platanes.

à l' Échangeur A51 4 km par ② - ✉ 04100 Manosque

Ibis ch, VISA

– 04 92 71 18 00 – h5611@accor.com – Fax 04 92 72 00 45

47 ch – 46/62 € 46/69 €, 7 € – **Rest** – Menu 17 €

◆ Vous repérerez ce bâtiment contemporain rutilant à sa façade jaune. Chambres fonctionnelles conçues selon les dernières normes de la chaîne. Lumineuse salle à manger où l'on propose une restauration traditionnelle.

LE MANS – 72 Sarthe – 310 K6 – 146 105 h. – Agglo. 194 825 h. – alt. 80 m – ✉ 72000 Châteaux de la Loire

35 **D1**

Paris 206 – Angers 97 – Le Havre 213 – Nantes 184 – Rennes 154 – Tours 85

Office de tourisme, rue de l'Étoile 02 43 28 17 22, Fax 02 43 28 12 14

de Sargé-lès-le-Mans à Sargé-lès-le-Mans Rue du Golf, par rte de Bonnétable : 6 km, 02 43 76 25 07 ; des 24 Heures-Le Mans à Mulsanne Route de Tours, par rte de Tours : 11 km, 02 43 42 00 36.

Circuit des 24 heures et circuit Bugatti 02 43 40 24 24 : 5 km par ④.

Cathédrale St-Julien★★ : chevet★★★ - Le Vieux Mans★★ : maison de la Reine Bérengère★, enceinte gallo-romaine★ DV **M²** - Église de la Couture★ : Vierge★★ - Église Ste-Jeanne-d'Arc★ - Musée de Tessé★ - Abbaye de l'Épau★ BZ, 4 km par D 152 - Musée de l'Automobile★★ : 5 km par ④.

Plan page suivante

Novotel ch, ch, 10/70, VISA

bd R. Schuman (Z.A.C. Sablons) – 02 43 85 26 80 – h0440@accor.com – Fax 02 43 75 31 76 BZ **a**

94 ch – 94/400 € 104/400 €, 12,50 € – **Rest** – Carte 25/42 €

◆ Architecture extérieure passe-partout des années 1970, mais plaisant intérieur contemporain. Chambres fonctionnelles, plus tranquilles sur l'arrière, côté jardin et rivière. Salle à manger moderne et agréable terrasse tournée vers la verdure ; carte "Novotel".

LE MANS

Rue	Carré	N°
Ambroise Paré (R.)	AZ	4
Ballon (R. de)	AZ	6
Bertinière (R. de la)	BZ	10
Brosselette (Bd P.)	AZ	15
Carnot (Bd)	AZ	16
Churchill (Bd W.)	BZ	17
Clemenceau (Bd G.)	BZ	18
Douce-Amie (R. de)	BZ	22
Durand (Av. G.)	BZ	26
Esterel (R. de l')	BZ	30
Flore (R. de)	BZ	31
Gaulle (R. du Gén.-de)	ABZ	36
Géneslay (Av. F.)	ABZ	37
Grande-Maison (R. de la)	AZ	39
Heuzé (Av. O.)	AZ	42
Jean-Jaurès (Av.)	BZ	43
Lefeuvre (Av. H.)	AZ	44
Maillets (R. des)	BZ	46
Mare (CH. de la)	BZ	49
Mariette (R. de la)	BZ	51
Monthéard (Av. de)	BZ	55
Moulin (Av. J.)	BZ	57
Négrier (Bd du Gén.)	BZ	58
Néruda (R. Pablo)	BZ	60
Pied-Sec (R. de)	AZ	63
Pointe (R. de la)	AZ	64
Prémartine (Rte de)	BZ	67
Riffaudières (Bd des)	AZ	73
Rondeau (R. J.)	AZ	74
Rubillard (Av.)	AZ	78
Schuman (Bd R.)	BZ	80
Victimes du Nazisme (R. des)	BZ	82
Yvré-Levêque (Ch. d')	BZ	87

Chantecler sans rest 10, P, VISA, MC, AE, DC

50 r. Pelouse – ✆ 02 43 14 40 00 – hotel.chantecler@wanadoo.fr – Fax 02 43 77 16 28 – Fermé 5-26 août CY **f**

32 ch – †68 € ††68/72 €, ☕ 8,50 € – 3 suites

◆ Mobilier en rotin et plantes vertes agrémentent la salle des petits-déjeuners, véritable jardin d'hiver sous véranda. Tons pastel reposants dans les chambres.

Mercure ch, ch, 10/25, P, VISA, MC, AE, DC

17 r. Pointe – ✆ 02 43 72 27 20 – h0344@accor.com – Fax 02 43 85 96 06

68 ch – †52/85 € ††52/95 €, ☕ 9 € – **Rest** – *(fermé 22 déc.-1er janv., sam. et dim. d'oct. à mai)* Menu (17 €), 22/27 € – Carte 27/32 € AZ **b**

◆ Bâtisse des années 1970 abritant des chambres pratiques et bien tenues, plus calmes sur l'arrière. Hébergement actuel et spacieux dans l'annexe récente. Jardin avec minigolf. Restaurant décoré de photographies évoquant la mythique course des 24 Heures du Mans.

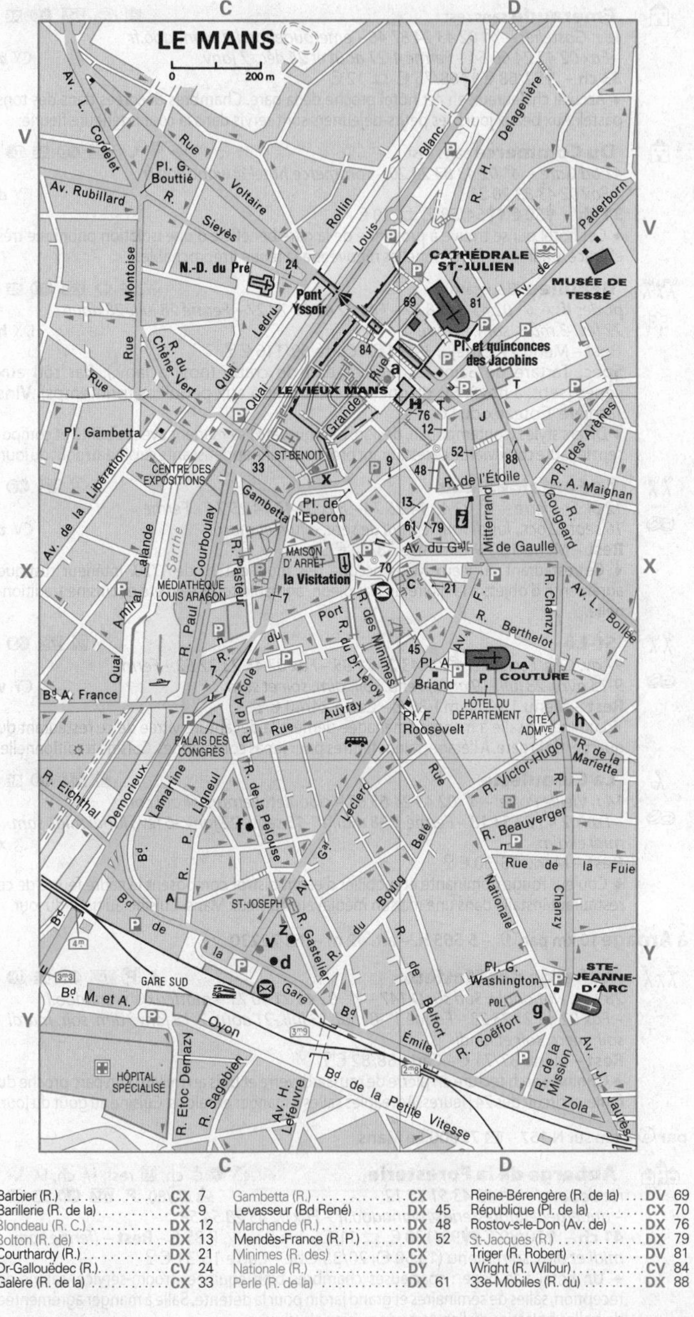

Barbier (R.) . . . . **CX** 7
Barillerie (R. de la) . . . . **CX** 9
Blondeau (R. C.) . . . . **DX** 12
Bolton (R. de) . . . . **DX** 13
Courthardy (R.) . . . . **DX** 21
Dr-Gallouëdec (R.) . . . . **CV** 24
Galère (R. de la) . . . . **CX** 33
Gambetta (R.) . . . . **CX**
Levasseur (Bd René) . . . . **DX** 45
Marchande (R.) . . . . **DX** 48
Mendès-France (R. P.) . . . . . . **DX** 52
Minimes (R. des) . . . . **CX**
Nationale (R.) . . . . **DY**
Perle (R. de la) . . . . **DX** 61
Reine-Bérengère (R. de la) . . . **DV** 69
République (Pl. de la) . . . . . . **CX** 70
Rostov-s-le-Don (Av. de) . . . . **DX** 76
St-Jacques (R.) . . . . **DX** 79
Triger (R. Robert) . . . . **DV** 81
Wright (R. Wilbur) . . . . **CV** 84
33e-Mobiles (R. du) . . . . **DX** 88

Emeraude sans rest

18 r. Gastelier – ☎ 02 43 24 87 46 – emeraudehotel@wanadoo.fr – Fax 02 43 24 60 64 – Fermé 4-27 août et 24 déc.-7 janv. CY **z**

33 ch – 52/68 € 68/75 €, 12 €

◆ Accueil chaleureux en cet hôtel proche de la gare. Chambres décorées dans des tons pastel. Aux beaux jours, les petits-déjeuners sont servis dans la cour intérieure fleurie.

Du Commerce sans rest

41 bd Gare – ☎ 02 43 83 20 20 – commerce.hotel@wanadoo.fr – Fax 02 43 83 20 21 CY **d**

31 ch – 50 € 54/58 €, 10 €

◆ Cet hôtel qui se trouve à proximité de la gare bénéficie d'une isolation phonique très efficace. Chambres fonctionnelles rénovées à la tenue irréprochable.

Beaulieu (Boussard)

pl. des Ifs – ☎ 02 43 87 78 37 – Fax 02 43 87 78 27 – Fermé 28 juil.-28 août, 22 fév.-3 mars, sam. et dim. DX **h**

Rest – Menu 27 € (déj.), 39/99 € – Carte 69/116 €

Spéc. Tartare de Saint-Jacques et tian de crabe (nov. à janv.). Bar rôti aux cèpes (sept. à nov.). Ris d'agneau de lait braisé aux pequillos (printemps). **Vins** Jasnière, Coteaux du Loir.

◆ Divers styles (contemporain, design, baroque, etc.) se marient avec subtilité et composent le cadre convivial de ce restaurant proposant une appétissante cuisine au goût du jour.

Le Fontainebleau

12 pl. St-Pierre – ☎ 02 43 14 25 74 – Fax 02 43 14 25 74 – Fermé 10 sept.-2 oct., lundi sauf le midi de sept. à juin et mardi CV **a**

Rest – Menu 18/29 € – Carte 38/47 €

◆ Ce restaurant du vieux Mans occupe des murs datant de 1720. Intérieur rustique agrémenté d'objets à la gloire de Napoléon, agréable terrasse d'été et cuisine traditionnelle.

St-Lô

97 av. Gén. Leclerc – ☎ 02 43 24 71 85 – Fax 02 43 23 32 52 – Fermé 9-15 avril, 28 juil.-19 août, vend. soir, dim. soir et sam. CY **v**

Rest – Menu 15 € (sem.)/30 € – Carte 24/40 €

◆ Lumineuse salle à manger aménagée derrière la devanture vitrée de ce restaurant du quartier de la gare. À l'étage, salons feutrés pour repas commandés. Cuisine traditionnelle.

La Ciboulette

14 r. Vieille Porte – ☎ 02 43 24 65 67 – ciboulettelemans@aol.com – Fax 02 43 87 51 18 – Fermé 1er-8 mai, 1er-15 sept., 22 janv.-6 fév., lundi midi, sam. midi et dim. CX **x**

Rest – Menu 15/30 €

◆ Couleur rouge dominante et mobilier d'esprit bistrot composent le cadre feutré de ce restaurant installé dans une maison médiévale du vieux Mans. Cuisine au goût du jour.

à Arnage 10 km par ④ – 5 565 h. – alt. 42 m – ✉ 72230

Auberge des Matfeux

289 av. Nationale, Sud sur D 147 – ☎ 02 43 21 10 71 – matfeux@wanadoo.fr – Fax 02 43 21 25 23 – Fermé 1er-8 mai, 23 juil.-21 août, 2-15 janv., dim. soir, mardi soir, merc. soir et lundi

Rest – Menu 37/71 € – Carte 38/82 €

◆ Originale architecture en pierre de roussard, verre et bois au milieu d'un parc proche du fameux circuit des 24 Heures. Agréables salles à manger et salons. Cuisine au goût du jour.

par ⑤ 4 km sur N 157 – ✉ 72000 Le Mans

Auberge de la Foresterie ch, rest, ch, 10/80,

rte de Laval – ☎ 02 43 51 25 12 – aubergedelaforesterie@wanadoo.fr – Fax 02 43 28 54 58

41 ch – 70/89 € 99/130 €, 11 € – 1 suite – ½ P 85 € – **Rest** – *(fermé sam. midi et dim. soir)* Menu (13,50 €), 20/35 € bc – Carte 16/31 €

◆ Un hôtel à la page : spacieuses chambres bien équipées, room-service, salons de réception, salles de séminaires et grand jardin pour la détente. Salle à manger agrémentée de belles boiseries où l'on sert une cuisine classique.

à St-Saturnin **8 km par ⑥ – 1 995 h. – alt. 80 m – ✉ 72650**

Domaine de Chatenay sans rest 12,
– *02 43 25 44 60 – benoit.desbans@wanadoo.fr – Fax 02 43 25 21 00*
8 ch – 99/109 € 120/145 €, 12 €
◆ Superbe maison de maître du 18e s. entourée d'un domaine de 40 ha. Les chambres font montre d'un grand raffinement avec leurs meubles anciens et leurs tissus choisis. Petit-déjeuner dans la salle Empire.

MANSLE – **16 Charente** – **324** L4 – **1 597 h.** – **alt. 65 m** – ✉ **16230** 39 **C2**

Paris 421 – Angoulême 26 – Cognac 53 – Limoges 93 – Poitiers 88 – St-Jean-d'Angély 62

Office de tourisme, place du Gardoire 05 45 20 39 91

Beau Rivage
pl. Gardoire – 05 45 20 31 26 – Fax 05 45 22 24 24 – Fermé 17 fév.-9 mars, 25 nov.-16 déc., dim. soir et lundi midi hors saison
31 ch – 51/54 € 51/54 €, 8 € – ½ P 47/49 € – **Rest** – Menu 13 € (sem.)/30 € – Carte 26/41 €
◆ Cet établissement à la silhouette un peu austère abrite des chambres bien tenues ; certaines ont été rénovées avec soin. Jardin au bord de la Charente (location de canoës). Vaste salle à manger et terrasse avec vue sur la la rivière ; carte traditionnelle.

à Luxé **6 km à l'Ouest par D 739 – 756 h. – alt. 70 m – ✉ 16230**

Auberge du Cheval Blanc
à la gare – 05 45 22 23 62 – Fax 05 45 39 94 75 – Fermé 30 août-8 sept., fév., dim. soir, mardi soir et lundi
Rest – Menu 14,50 € bc (déj. en sem.), 26/36 € – Carte 31/40 €
◆ À l'avenante façade de cette maison centenaire répond une salle (non-fumeurs) tout aussi plaisante avec son décor rustique et ses tables fleuries. Cuisine régionale soignée.

MANTES-LA-JOLIE – **78 Yvelines** – **311** G2 – **43 672 h.** – **alt. 34 m** – ✉ **78200** Île de France 18 **A1**

Paris 56 – Beauvais 69 – Chartres 78 – Évreux 46 – Rouen 80 – Versailles 47

Office de tourisme, 4 place Saint-Maclou 01 34 77 10 30, Fax 01 30 98 61 49

de Guerville à Guerville La Plagne, par rte de Houdan : 6 km, 01 30 92 45 45 ; de Moisson-Mousseaux à Moisson Base de Loisir de Moisson, par rte de Vernon et rte secondaire : 14 km, 01 34 79 39 00 ; de Villarceaux à Chaussy Château du Couvent, N : 20 km par D 147, 01 34 67 73 83.

Collégiale Notre-Dame★★ B **B.**

Plan page suivante

Rive Gauche
1 r. du Fort – 01 30 92 30 16 – Fax 01 30 92 30 16 – Fermé 31 juil.-20 août, 19 fév.-1er mars, sam. midi, dim. et lundi B **a**
Rest – Menu (21 € bc), 42/55 €
◆ À deux pas de la collégiale Notre-Dame, sympathique petit restaurant proposant une cuisine au goût du jour. Joli décor mêlant l'ancien (pierres, poutres) et le contemporain.

à Mantes-la-Ville **2 km par ③ – 19 231 h. – alt. 36 m – ✉ 78711**

Le Moulin de la Reillère
171 rte Houdan – 01 30 92 22 00 – le-moulin.reillere@wanadoo.fr – Fax 01 34 97 82 85 – Fermé sam. midi, dim. soir et lundi
Rest – Menu 24 € (sem.)/46 € – Carte 39/56 €
◆ Agréable salle bourgeoise aménagée dans un ancien moulin (poutres apparentes). La terrasse s'ouvre sur un ravissant jardin fleuri. Cuisine classique et belle sélection de fromages.

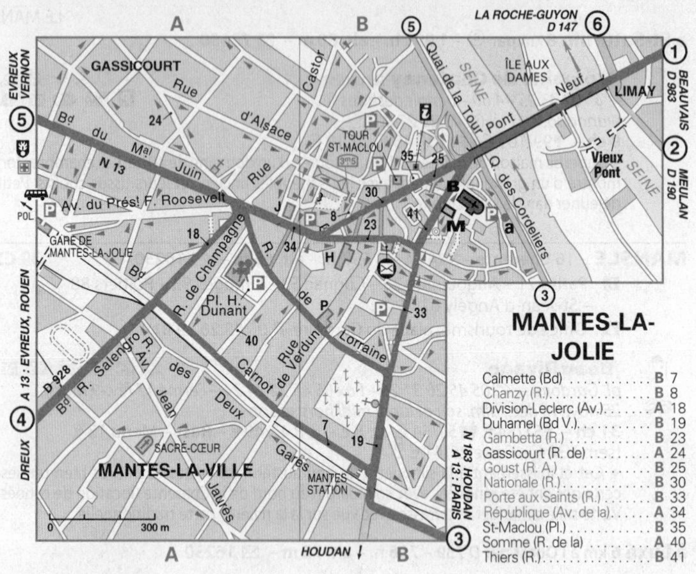

à Rosay 10 km par ③ – 364 h. – alt. 98 m – ✉ 78790

XX **Auberge de la Truite** VISA

1 r. Boinvilliers – ✆ 01 34 76 30 52 – aubergedelatruite@wanadoo.fr – Fax 01 34 76 30 65 – Fermé 13 août-2 sept., 25 déc.-1er janv., mardi midi, dim. soir et lundi

Rest – Menu 53 €

◆ Intérieur coquet et terrasse ouverte sur la campagne mantoise : cette pimpante auberge en pierre constitue une charmante étape champêtre. Plats classiques et vins choisis.

MANTES-LA-VILLE – 78 Yvelines – 311 G2 – rattaché à Mantes-la-Jolie

---

MANVIEUX – 14 Calvados – 303 I3 – 107 h. – alt. 53 m – ✉ 14117 32 B2

Paris 273 – Caen 39 – Hérouville-Saint-Clair 41 – Saint-Lô 47

La Gentilhommière sans rest

4 r. du Port (Lieu dit L'Eglise) – ✆ 02 31 51 97 91 – lagentilhommiere4@wanadoo.fr – Fax 02 31 10 03 17

5 ch – 65 € 65 €

◆ Cette demeure du 18e s. en pierre, située à deux pas de la plage d'Arromanches, garantit des nuits tranquilles. Chaque chambre est personnalisée par une couleur. Petit-déjeuner gourmand composé de brioche et yaourt maison.

MANZAC-SUR-VERN – 24 Dordogne – 329 E5 – 505 h. – alt. 80 m – ✉ 24110 4 C1

Paris 502 – Bergerac 34 – Bordeaux 112 – Périgueux 20

XX **Lion d'Or** avec ch 25, VISA

pl. Eglise – ✆ 05 53 54 28 09 – lion-dor@lion-dor-manzac.com – Fax 05 53 54 25 50 – Fermé 15-30 nov., 1er-20 fév., dim. soir sauf juil.-août et lundi

8 ch – 46/49 € 50/55 €, 7,50 € – ½ P 55 € – **Rest** – Menu (15 € bc), 19/33 € – Carte 30/45 €

◆ Lumineuse salle à manger agrémentée de bibelots où l'on savoure une copieuse cuisine au goût du jour prenant souvent l'accent du terroir. Chambres rénovées en 2004.

MARAIS VERNIER – 27 Eure – **304** C5 – rattaché à Conteville

MARANS – 17 Charente-Maritime – **324** E2 – 4 375 h. – alt. 1 m – ✉ 17230
Poitou Vendée Charentes 38 **B2**

Paris 461 – Fontenay-le-Comte 28 – Niort 56 – La Rochelle 24 – La Roche-sur-Yon 60

Office de tourisme, 62 rue d'Aligre ✆ 05 46 01 12 87, Fax 05 46 35 97 36

La Porte Verte avec ch
20 quai Foch – ✆ 05 46 01 09 45 – laporteverte@aol.com
5 ch – 55/60 € 55/60 € – **Rest** – *(Ouvert mars-oct. et fermé merc.) (nombre de couverts limité, prévenir)* Menu 16/32 € – Carte 23/39 €
◆ Cette coquette maison du 19e s. borde le canal reliant l'ancien port à l'océan. Salle à manger rustique et cuisine dans la note régionale. Chambres d'hôte bien aménagées.

MARAUSSAN – 34 Hérault – **339** D8 – rattaché à Béziers

MARÇAY – 37 Indre-et-Loire – **317** K6 – rattaché à Chinon

MARCILLAC-LA-CROISILLE – 19 Corrèze – **329** N4 – 778 h. – alt. 550 m – ✉ 19320 Limousin Berry 25 **C3**

Paris 498 – Argentat 26 – Aurillac 80 – Égletons 17 – Mauriac 40 – Tulle 27

au Pont du Chambon 15 km au Sud-Est, par D 978 (dir. Mauriac), D 60 et D 13
✉ 19320 St-Merd-de-Lapleau

Fabry (Au Rendez-vous des Pêcheurs) avec ch
– ✆ 05 55 27 88 39 – contact@rest-fabry.com
– Fax 05 55 27 83 19 – Ouvert 14 fév.-11 nov. et fermé dim. soir et lundi hors saison
8 ch – 44 € 44/50 €, 7 € – ½ P 44 € – **Rest** – Menu 16/37 € – Carte 26/46 €
◆ Étape "verte" garantie dans cette maison isolée sur une rive de la Dordogne. Depuis trois générations, la même recette : cuisine du terroir, chambres claires, accueil aimable.

MARCILLY-EN-VILLETTE – 45 Loiret – **318** J5 – 1 900 h. – alt. 124 m – ✉ 45240 12 **C2**

Paris 153 – Blois 83 – Orléans 23 – Romorantin-Lanthenay 55 – Salbris 40

La Ferme des Foucault sans rest
6 km au Sud-Est par D 64 (rte de Sennely) – ✆ 02 38 76 94 41 – rbeau@wanadoo.fr – Fax 02 38 76 94 41
3 ch – 70/80 € 75/85 €
◆ Cette ancienne ferme à colombages se niche au cœur de la forêt solognote. Ses chambres, coquettes et très spacieuses, s'agrémentent de meubles rustiques ; l'une d'elles dispose d'une terrasse.

MARCKOLSHEIM – 67 Bas-Rhin – **315** J8 – 3 614 h. – alt. 178 m – ✉ 67390 2 **C2**

Paris 457 – Colmar 21 – Gérardmer 81 – St-Dié 61 – Sélestat 16 – Strasbourg 74

Office de tourisme, 13 rue du Maréchal Foch ✆ 03 88 92 56 98, Fax 03 88 92 56 07

Les Loges du Ried sans rest cuisinette VISA
21 av. Europe – ✆ 03 88 58 25 00 – contact@logesduried.com
– Fax 03 88 58 25 05 – Fermé 24 fév.-12 mars
6 ch – 52/56 € 57/62 €, 7,50 €, 4 studios
◆ Aux portes du bourg, étape flambant neuve qui convaincra tous les explorateurs de la région du Ried. Grandes chambres et studios modernes, tous pourvus de kitchenettes.

MARCQ-EN-BAROEUL – 59 Nord – **302** G3 – rattaché à Lille

MAREUIL-CAUBERT – 80 Somme – **301** D7 – **rattaché à Abbeville**

MARGAUX – 33 Gironde – **335** G4 – **1 338 h.** – **alt. 16 m** – ✉ **33460** 3 **B1**

Paris 599 – Bordeaux 29 – Lesparre-Médoc 42

de Margaux 5 route de l'Île Vincent, N : 1 km, ✆ 05 57 88 87 40.

Relais de Margaux ch, ch, ch, 10/70, VISA

chemin de l'Île Vincent, 2,5 km au Nord-Est – ✆ 05 57 88 38 30 – relais-margaux@relais-margaux.fr – Fax 05 57 88 31 73

92 ch – 149/319 € 149/319 €, 20 € – 8 suites

Rest ***L'Île Vincent*** – *(fermé 1er déc.-30 mars, mardi d'avril à juin et lundi) (dîner seult sauf le dim. de sept. à juin)* Menu 45/72 € – Carte 56/81 €

Rest ***Brasserie du Lac*** – Menu 19 € (déj.) – Carte 33/51 €

◆ Ancien domaine viticole entre estuaire et vignoble. Parc avec golf, spa dernier cri et chambres tout confort. Cadre chic, belle terrasse, carte actuelle et vins du cru à l'Île Vincent. Brasserie "trendy" revisitant le terroir ; repas en plein air côté "green".

Pavillon de Margaux ch, 10, VISA

3 r. G. Mandel – ✆ 05 57 88 77 54 – le_pavillon_margaux@wanadoo.fr – Fax 05 57 88 77 73

14 ch – 63/115 € 63/115 €, 12 € – ½ P 77/101 € – **Rest** – *(fermé janv.)* Menu 15 € (déj. en sem.), 28/51 € – Carte 35/47 €

◆ Belle demeure du 19e s. bordée par les vignes. Plaisant salon bourgeois et jolies chambres décorées selon le thème des châteaux du Médoc. Coquette salle à manger et véranda tournées vers le prestigieux vignoble margalais ; cuisine traditionnelle.

Le Savoie VISA

1 pl. Trémoille – ✆ 05 57 88 31 76 – Fax 05 57 88 31 76 – Fermé lundi soir sauf de juin à août et dim. soir

Rest – Menu 26/87 € – Carte 40/59 €

◆ Goûteuse cuisine classique mitonnée sur un vieux fourneau à charbon et bon choix de bordeaux dans cette maison villageoise du 19e s. Salles avenantes ; patio sous verrière.

à Arcins 6 km au Nord-Ouest sur D 2 – **304 h.** – **alt. 10 m** – ✉ **33460**

Lion d'Or VISA

– ✆ 05 56 58 96 79 – Fermé juil., 23 déc.-7 janv., dim., lundi et fériés

Rest – *(nombre de couverts limité, prévenir)* Menu 13,50 € bc – Carte 21/52 €

◆ Bistrot campagnard bien "sympa", avec son décor en bois clair et ses étagères à bouteilles. Généreuse cuisine du terroir renouvelée au quotidien. Convivialité de rigueur !

MARGÈS – 26 Drôme – **332** D3 – **723 h.** – **alt. 282 m** – ✉ **26260** 43 **E2**

Paris 551 – Grenoble 92 – Hauterives 14 – Romans-sur-Isère 13 – Valence 36

Auberge Le Pont du Chalon VISA

Arthemonay – ✆ 04 75 45 62 13 – pontduchalon@wanadoo.fr – Fax 04 75 45 60 19 – Fermé 20 août-3 sept., 24-30 déc. et 18 fév.-3 mars, dim. soir et lundi

9 ch – 38/43 € 38/43 €, 6 € – ½ P 42/45 € – **Rest** – *(fermé merc. soir et jeudi soir de sept. à mai, dim. soir, mardi soir et lundi)* Menu 17/31 € – Carte 22/34 €

◆ Cette auberge 1900 nichée derrière un rideau de platanes dispense une ambiance chaleureuse et raffinée. Décoration actuelle et colorée partout. Salle à manger de style "rustique chic", terrasse et terrain de pétanque pour l'avant ou l'après-repas.

MARGUERITTES – 30 Gard – **339** L5 – **rattaché à Nîmes**

Passée en rouge, la mention « Rest » repère l'établissement auquel est attribué notre distinction, (étoile) ou (Bib Gourmand).

MARIGNANE – 13 Bouches-du-Rhône – 340 G5 – 34 006 h. – alt. 10 m – ✉ 13700
Provence 40 **B3**

- Paris 753 – Aix-en-Provence 24 – Marseille 26 – Martigues 16 – Salon-de-Provence 33
- de Marseille-Provence : ✆ 04 42 14 14 14.
- Office de tourisme, 4 boulevard Frédéric Mistral ✆ 04 42 77 04 90
- Canal souterrain du Rove★ SE : 3 km.

à l'aéroport de Marseille-Provence au Nord – ✉ 13700

Sofitel ch, ch, ch, rest, 200,
– ✆ *04 42 78 42 78 – h0541@accor.com*
– Fax 04 42 78 42 70 VISA AE
178 ch – ♦99/290 € ♦♦119/310 €, ☕ 22 € – 1 suite
Rest *Le Cenadou* – ✆ *04 42 78 42 83 (fermé 14 juil.-15 août, vend. soir, lundi midi, sam. et dim.)* Menu (30 €), 45 € (sem.)/65 € (week-end)
Rest *Café de Provence* – ✆ *04 42 78 42 82* – Carte 29/43 €
◆ Cet imposant bâtiment des années 1970 dispose de chambres entièrement rénovées : certaines arborent un élégant style provençal, d'autres affichent un look très contemporain. Au Cenadou, décor et cuisine aux accents régionaux. Repas rapides au Café de Provence.

Best Western ch, ch, 100,
✉ *13127 Vitrolles* – ✆ *04 42 15 54 00 – info@bwmrs.com* VISA AE
– Fax 04 42 89 69 18
120 ch – ♦95/120 € ♦♦95/120 €, ☕ 11 € – **Rest** – Menu (21 €), 25 € – Carte 24/38 € ♀
◆ Cette construction récente dissimule un intérieur classique assez inattendu : mobilier Louis XVI dans les chambres et lustre de cristal dans le hall. Salle à manger moderne agrémentée de boiseries ; terrasse meublée en teck dressée au bord de la piscine.

Z.I. Les Estroublans 4 km au Nord-Est par D 9 (rte Vitrolles) – ✉ 13127 Vitrolles

Novotel ch, ch, 200, VISA AE
24 r. de Madrid – ✆ *04 42 89 90 44 – h0442@accor.com*
– Fax 04 42 79 07 04
117 ch – ♦90/120 € ♦♦90/120 €, ☕ 12,50 € – **Rest** – Menu 20/25 € – Carte 24/36 € ♀
◆ Les chambres, spacieuses et bien insonorisées, vont être progressivement refaites selon le dernier concept de la chaîne. Belle roseraie dans le jardin. Restaurant servant une cuisine traditionnelle et Novotel Café (petits plats rapides et décor tendance).

MARIGNY-ST-MARCEL – 74 Haute-Savoie – 328 I6 – 629 h. – alt. 404 m – ✉ 74150
46 **F1**

- Paris 536 – Aix-les-Bains 22 – Annecy 19 – Bellegarde-sur-Valserine 43 – Rumilly 6

XX **Blanc** avec ch ch, ch, VISA AE
– ✆ *04 50 01 09 50 – hotelblanc@wanadoo.fr – Fax 04 50 64 58 05 – Fermé 31 déc.-6 janv.*
15 ch – ♦55/110 € ♦♦55/110 €, ☕ 12 € – 1 suite – ½ P 55/70 € – **Rest** – *(fermé dim. soir et sam. sauf juil.-août)* Menu 23/65 € – Carte 41/66 € ♀
◆ Auberge familiale avec deux salles à manger pimpantes (une pour l'été, une pour l'hiver) ; carte classique. Terrasse ombragée face au jardin et la piscine. Chambres agréables.

MARINGUES – 63 Puy-de-Dôme – 326 G7 – 2 504 h. – alt. 315 m – ✉ 63350
Auvergne 6 **C2**

- Paris 409 – Clermont-Ferrand 32 – Lezoux 16 – Riom 22 – Thiers 23 – Vichy 29

XX **Le Clos Fleuri** avec ch ch, ch, VISA AE
rte Clermont – ✆ *04 73 68 70 46 – closfleuri63@wanadoo.fr – Fax 04 73 68 75 58 – Fermé 16 fév.-10 mars, lundi sauf le soir en juil.-août, vend. soir et dim. soir de sept. à juin*
14 ch – ♦42/47 € ♦♦48/52 €, ☕ 7 € – ½ P 50 € – **Rest** – Menu 22/38 € – Carte 25/41 € ♀
◆ Maison située à la sortie du village et possédant un magnifique jardin sur lequel s'ouvrent les baies de la salle à manger. Classicisme campagnard dans l'assiette.

MARLENHEIM – 67 Bas-Rhin – 315 I5 – 3 365 h. – alt. 195 m – ✉ 67520
Alsace Lorraine 1 **A1**

Paris 468 – Haguenau 50 – Molsheim 13 – Saverne 18 – Strasbourg 21

Office de tourisme, place du Kaufhaus ✆ 03 88 87 75 80

Le Cerf (Husser)

30 r. Gén. de Gaulle – ✆ 03 88 87 73 73 – info@lecerf.com – Fax 03 88 87 68 08 – Fermé 4-10 janv.

13 ch – 90 € 140/200 €, 17 € – ½ P 185 € – **Rest** – *(fermé mardi et merc.)* Menu 39 € (déj. en sem.), 85/135 € – Carte 63/100 €

Spéc. Tartare de daurade sauvage, garniture aigre-douce. Choucroute au cochon de lait sous toutes ses formes. Soufflé au fromage blanc. **Vins** Riesling, Pinot noir.

◆ Ancien relais de poste transformé en élégante hostellerie composée de plusieurs bâtisses disposées autour d'une jolie cour fleurie. Chambres soignées. Restaurant habillé de boiseries et de toiles régionalistes. Cuisine alsacienne revisitée et cave au diapason.

Hostellerie Reeb rest, 25,

– ✆ 03 88 87 52 70 – hostellerie-reeb@wanadoo.fr – Fax 03 88 87 69 73 – Fermé 2-12 janv., dim. soir et lundi

29 ch – 50 € 50 €, 8 € – ½ P 50 €

Rest – Menu 38/55 €

Rest *La Crémaillère* – Menu 20 € (sem.)/35 € – Carte 23/46 €

◆ Bâtisse à colombages située aux portes du village où débute la route des Vins. Chambres confortables, diversement meublées. Restaurant feutré : boiseries, lustres à pendeloques et chaises Louis XV. À la Crémaillère, décor "tout bois" et ambiance de winstub.

MARLY LE ROI – 78 Yvelines – 312 B2 – 101 12 – voir à Paris, Environs

MARMANDE – 47 Lot-et-Garonne – 336 C2 – 17 199 h. – alt. 30 m – ✉ 47200
Aquitaine 4 **C2**

Paris 666 – Agen 67 – Bergerac 57 – Bordeaux 90 – Libourne 65

Office de tourisme, boulevard Gambetta ✆ 05 53 64 44 44, Fax 05 53 20 17 19

Le Capricorne 40,

rte Agen (N 113) : 2 km – ✆ 05 53 64 16 14 – contact@lecapricorne-hotel.com – Fax 05 53 20 80 18 – Fermé 21 déc.-6 janv.

34 ch – 59 € 69 €, 7,50 € – ½ P 60 €

Rest *Le Trianon* – *✆ 05 53 20 80 94 (fermé sam. midi, dim. soir et lundi midi)* Menu 19/38 € – Carte 23/48 €

◆ Cette construction moderne postée au bord de la route nationale abrite des chambres claires et insonorisées, bénéficiant de la climatisation. Salle à manger actuelle prolongée d'une petite terrasse. Cuisine traditionnelle et vins du Marmandais.

à l'échangeur A 62 9 km au Sud par D 933 – ✉ 47430 Ste-Marthe

Les Rives de l'Avance sans rest

Moulin de Trivail – ✆ 05 53 20 60 22 – Fax 05 53 20 98 76

16 ch – 38 € 43 €, 6 €

◆ Calme et verdure font de cet hôtel jouxtant un moulin à eau une halte inespérée à proximité de l'autoroute. Chambres fonctionnelles et colorées. Piano au salon.

MARNE-LA-VALLÉE – 11 Île-de-France – 312 E2 – 101 19 – voir à Paris, Environs

MARQUAY – 24 Dordogne – 329 H6 – 477 h. – alt. 175 m – ✉ 24620
Périgord 4 **D3**

Paris 530 – Brive-la-Gaillarde 55 – Périgueux 60 – Sarlat-la-Canéda 12

La Condamine ch,

rte Meyrals : 1 km – ✆ 05 53 29 64 08 – hotel.lacondamine@wanadoo.fr – Fax 05 53 28 81 59 – Ouvert de Pâques à Toussaint

22 ch – 40/55 € 40/55 €, 7,50 € – ½ P 45/55 € – **Rest** – *(dîner seul.)* Menu 16/35 € – Carte 16/28 €

◆ Bâtisse d'allure traditionnelle dominant la campagne périgourdine. Quelques chambres avec balcon et vue sur la nature. Sage décor d'esprit agreste. Minigolf, boulodrome. Restaurant de style "pension de famille" ; la terrasse ouvre sur le jardin et la piscine.

L'Esterel
Le Bourg – 05 53 29 67 10 – restaurant.lesterel@wanadoo.fr – Fax 05 53 30 43 46 – Ouvert 1er avril-30 oct. et fermé vend. midi et sam. midi
Rest – Menu 15/38 €
◆ Ce sympathique restaurant situé au cœur du village propose une cuisine au goût du jour servie dans une salle à manger rustique (parquet et poutres) ou sous une véranda.

MARQUISE – 62 Pas-de-Calais – 301 D3 – 4 580 h. – alt. 57 m – ✉ 62250

Nord Pas-de-Calais Picardie 30 **A1**

Paris 264 – Calais 24 – Arras 113 – Boulogne-sur-Mer 13 – Saint-Omer 355

Office de tourisme, 13 place Louis le Sénéchal 03 21 87 50 52

Le Grand Cerf
34 av. Ferber – 03 21 87 55 05 – s.pruvot@legrandcerf.com – Fax 03 21 33 61 09
Rest – Menu (22 €), 27/47 € – Carte 47/65 €
◆ Cet ancien relais de poste datant de 1795 a fait peau neuve : c'est dans une pimpante salle à manger qu'il vous convie à découvrir son appétissante cuisine actuelle.

MARSANNAY-LA-CÔTE – 21 Côte-d'Or – 320 J6 – rattaché à Dijon

MARSANNE – 26 Drôme – 332 C6 – 998 h. – alt. 250 m – ✉ 26740

Lyon et la Vallée du Rhône 44 **B3**

Paris 611 – Lyon 149 – Romans-sur-Isère 69 – Valence 48

Office de tourisme, Place Emile Loubet 0475903159

Le Mas du Chatelas ch, ch, cuisinette
La Plaine – 04 75 52 97 31 – philippe@lemasduchatelas.com – Fax 04 75 53 14 48 – **6 ch** – 65/90 € 65/125 €, 10 € – **Rest** – table d'hôte *(dîner seult) (résidents seult)* Menu 20 € (déj.)/35 € bc
◆ Les propriétaires de ce mas provençal du 18e s. l'ont placé sous le signe du romantisme : chambres à la décoration campagnarde raffinée, dîner aux chandelles, terrasse.

MARSEILLAN – 34 Hérault – 339 G8 – 6 199 h. – alt. 3 m – ✉ 34340

Languedoc Roussillon 23 **C2**

Paris 754 – Agde 7 – Béziers 31 – Montpellier 49 – Pézenas 20 – Sète 24

Office de tourisme, avenue de la Méditerranée 04 67 21 82 43, Fax 04 67 21 82 58

La Table d'Emilie
8 pl. Couverte – 04 67 77 63 59 – Fax 04 67 01 72 02 – Fermé 5 nov.-5 déc., 15-25 fév., lundi midi et jeudi midi du 1er juil.-30 sept., dim. soir, lundi et merc. du 1er oct.-1er juil. – **Rest** – Menu 19 € (déj. en sem.), 27/47 € – Carte 34/56 €
◆ Une table d'Émilie... jolie ! : maisonnette du 12e s. avec salle à manger à pierres apparentes, voûtée d'ogives, et verdoyant patio. Cuisine au goût du jour.

Le Château du Port
9 quai de la Résistance – 04 67 77 31 67 – lechateauduport@wanadoo.fr – Fax 04 67 77 11 30 – Ouvert 1er avril-fin sept.
Rest – Menu 20 € (déj. en sem.), 29/50 € – Carte 34/64 €
◆ Ce bistrot contemporain occupe une belle maison bourgeoise du 19e s. Produits de la mer, cuisine régionale actualisée et agréable terrasse au bord du canal.

Chez Philippe
20 r. Suffren – 04 67 01 70 62 – chezphilippe@club-internet.fr – Fax 04 67 01 70 62 – Fermé 18 nov.-15 fév., mardi du 15 fév. au 15 juin et du 15 sept. au 15 nov. et lundi – **Rest** – *(prévenir)* Menu 26 €
◆ Sympathique ambiance méridionale à proximité du bassin de Thau : cuisine gorgée de soleil, servie dans la salle aux couleurs méditerranéennes ou sur la jolie terrasse d'été.

G. Gsell/PHOTONONSTOP

Le vieux port et Notre-Dame de la Garde

MARSEILLE

🅿 **Département :** 13 Bouches-du-Rhône
Carte Michelin LOCAL : n° **340** H6 **114** 28
Paris 769 – Lyon 314 – Nice 189 – Torino 373 – Toulon 64 – Toulouse 405
Population : 798 430 h
Pop. agglomération : 1 349 772 h
Code Postal : ✉ 13000
Provence

RENSEIGNEMENTS PRATIQUES

Offices de tourisme

Annexe Gare Saint-Charles ☎ 04 91 50 59 18
4 la Canebière ☎ 04 91 13 89 00, Fax 04 91 13 89 20

Transports

Auto-train ☎ 3635 (0,34 €/mn)
Tunnel Prado-Carénage : péage 2005, tarif normal : 2,40 €

Transports maritimes

Pour le Château d'If : Navettes Frioul If Express ☎ 04 91 46 54 65
Pour la Corse : SNCM 61 bd des Dames (2e) ☎ 0 825 888 088 (0,15 €/mn), Fax 04 91 56 35 86 - CMN 4 quai d'Arenc (2e) ☎ 0 810 201 320, Fax 04 91 99 45 95

Aéroport

Marseille-Provence ☎ 04 42 14 14 14, par ① : 28 km

LOISIRS

Quelques golfs

18 de Marseille-La Salette, 65, impasse des Vaudrans E : 10 km à la Valentine, ☎ 04 91 27 12 16
9 d'Allauch à Allauch Domaine de Fontvieille NE : 14 km par rte d'Allauch, ☎ 04 91 07 28 22

À VOIR

AUTOUR DU VIEUX PORT

Le vieux port★★ - Quai des Belges (marché aux poissons) **ET** 5 - Musée d'Histoire de Marseille★ **ET** M^3 - Musée du Vieux Marseille **DET** M^7 - Musée des Docks romains★ **DT** M^6 - <★depuis le belvédère St-Laurent **DT** D - Musée Cantini★ **FU** M^2

QUARTIER DU PANIER

Centre de la Vieille Charité★★ : Musée d'archéologie méditerranéenne, Musée d'Arts africains, océaniens, amérindiens MAAOA★★ **DS** E - Ancienne cathédrale de la Major★ **DS** B

NOTRE-DAME-DE-LA-GARDE

<★★★ du parvis de la basilique de N.-D.-de -la-Garde **EV**
Basilique St-Victor★ (crypte★★) **DU**

LA CANEBIÈRE

De la rue Longue-des-Capucins au cours Julien : place du Marché-des-Capucins, rue du Musée, rue Rodolph-Pollack, rue d'Aubagne, rue St-Ferréol.

QUARTIER LONGCHAMP

Musée Grobet-Labadié★★ **GS** M^8 - Palais Longchamp★ **GS** : musée des Beaux-Arts★ et musée d'Histoire naturelle★

QUARTIERS SUD

Corniche Président-J.-F.-Kennedy★★ **AYZ** - Parc du Pharo **DU**

AUTOUR DE MARSEILLE

Visite du port★ - Château d'If★★ : ✻★★★ sur le site de Marseille - Massif des Calanques★★ - Musée de la faïence★

Sofitel Palm Beach ≤ baie du Prado, ch, ch,
200 Corniche J.-F. Kennedy ✉ 13007 15/330, VISA
– ✆ 04 91 16 19 00 – h3485@accor.com – Fax 04 91 16 19 39 p. 4 AZ **b**
150 ch – 199/285 € 219/325 €, 22 € – 10 suites
Rest *La Réserve* – *✆ 04 91 16 19 21* – Menu (38 € bc), 45 € – Carte 49/62 €
◆ Architecture cubique idéalement située face à la célèbre île du château d'If. Bel intérieur de style design entièrement rénové. Chambres très bien équipées. Agréable piscine. À La Réserve, cadre très contemporain et cuisine méditerranéenne revisitée.

Sofitel Vieux Port ≤ vieux port, ch, ch, 130,
36 bd Ch. Livon ✉ 13007 – ✆ 04 91 15 59 00 VISA
– h0542@accor.com – Fax 04 91 15 59 50 p. 6 DU **n**
131 ch – 149/380 € 159/400 €, 22 € – 3 suites
Rest *Les Trois Forts* – *✆ 04 91 15 59 56* – Menu (44 €), 54/84 € – Carte 69/101 €
◆ Ce bel hôtel dominant la passe du Vieux Port et ses forts historiques vous convie à faire escale dans ses vastes chambres de style provençal ou contemporain ; certaines sont dotées d'une terrasse. Au restaurant, cuisine actuelle et panorama exceptionnel.

Le Petit Nice (Passédat) ≤ mer, VISA
anse de Maldormé (hauteur 160 corniche Kennedy) ✉ 13007 – ✆ 04 91 59 25 92 – passedat@relaischateaux.com – Fax 04 91 59 28 08 – Fermé dim. et lundi de mi-oct. à mi-mai p. 4 AZ **d**
13 ch – 190/530 € 190/530 €, 25 € – 3 suites – ½ P 195/570 € –
Rest – *(fermé dim. midi et lundi midi de mi-mai à mi-oct.)* Menu 55 € (déj. en sem.), 90/180 € – Carte 122/202 €
Spéc. Menu "Découverte de la mer". Anémones de mer en onctueux iodé puis en beignets légers. Ma version de la bouille-abaisse. **Vins** Vins de pays des Bouches-du-Rhône, Bandol.
◆ Deux villas des années 1910 surplombant la "grande bleue" dans un cadre d'opérette marseillaise, des chambres personnalisées... Le cabanon féerique ! Sa cuisine de la mer, inventive et raffinée, a fait de ce coin de paradis le passage obligé des célébrités.

New Hôtel of Marseille 75,
71 bd Ch. Livon ✉ 13007 – ✆ 04 91 31 53 15 VISA
– info@newhotelofmarseille – Fax 04 91 31 20 00 p. 6 DU **v**
92 ch – 180/198 € 200/220 €, 16 € – 8 suites – **Rest** – Menu 19/29 € – Carte 27/39 €
◆ Hôtel tout neuf incluant un bâtiment du 19e s. Équipements très complets et décor épuré dans les chambres qui profitent, pour certaines, d'une vue dégagée sur le vieux port. La carte du restaurant (cadre sobre et "tendance") s'inspire du Sud et d'ailleurs.

New Hôtel Bompard ch, 10/50,
2 r. des Flots Bleus – ✆ 04 91 99 22 22 VISA
– marseillebompard@new-hotel.com – Fax 04 91 31 02 14 p. 4 AZ **e**
49 ch – 85/120 € 95/120 €, 11 € – **Rest** – *(résidents seult)*
Carte 25/33 €
◆ Perché sur la Corniche qui domine la mer, cet hôtel progressivement rénové abrite d'élégantes chambres contemporaines ou des suites plus provençales logées dans un mas séparé. Joli jardin intérieur. Le restaurant propose une cuisine au goût du jour.

Mercure Grand Hôtel Beauvau sans rest VISA
– ✆ 04 91 54 91 00 – h1293@accor.com – Fax 04 91 54 15 76 p. 6 ET **h**
71 ch – 158/263 € 170/275 €, 16 € – 2 suites
◆ Chopin, Lamartine, Cocteau descendirent dans cet élégant hôtel de 1816, aujourd'hui rénové. Vue sur le marché aux poissons du Vieux Port depuis la salle des petits-déjeuners.

Holiday Inn 130, VISA
103 av. Prado ✉ 13008 – ✆ 04 91 83 10 10
– himarseille@alliance-hospitality.com – Fax 04 91 79 84 12 p. 5 BZ **u**
115 ch – 190/250 € 190/250 €, 17 € – 4 suites – **Rest** – *(fermé sam. et dim.)* Menu 24 € – Carte 26/34 €
◆ À proximité du palais des congrès et du mythique Stade-Vélodrome, établissement actuel pensé pour la clientèle d'affaires. Chambres bien équipées, toutes rénovées. Sobre salle à manger contemporaine et cuisine d'inspiration méridionale. Fauteuils club au bar.

MARSEILLE

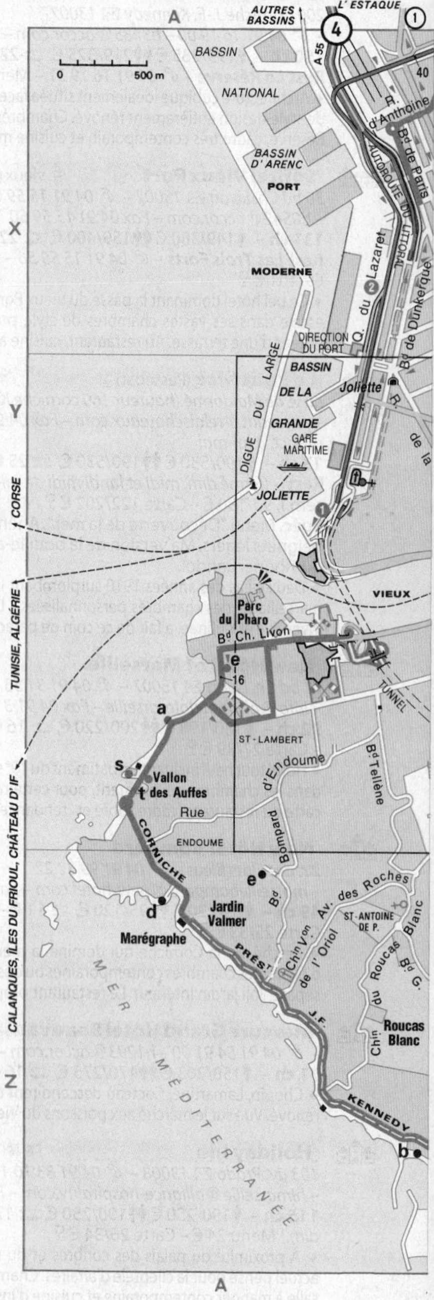

A
AUTRES BASSINS
L' ESTAQUE
4
1
A 55
BASSIN
NATIONAL
0
500 m
40
R. d'Anthoine
Bd de Paris
AUTOROUTE DU LITTORAL
BASSIN D' ARENC
PORT
X
MODERNE
Q. du Lazaret
2
Bd de Dunkerque
DIRECTION DU PORT
BASSIN
DE LA
GRANDE
Joliette
R. de la
DIGUE DU LARGE
GARE MARITIME
Y
JOLIETTE
CORSE
TUNISIE, ALGÉRIE
CALANQUES, ÎLES DU FRIOUL, CHÂTEAU D' IF
VIEUX
Parc du Pharo
Bd Ch. Livon
e
16
TUNNEL
a
ST-LAMBERT
s
Vallon des Auffes
t
Rue d'Endoume
Bd Tellène
CORNICHE
ENDOUME
Bd Bompard
e
Jardin Valmer
d
Marégraphe
Av. des Roches
ST-ANTOINE DE P.
Chin Von de l'Oriol
PRÉST J.F.
MER MÉDITERRANÉE
Chin du Roucas Blanc
Bd G.
Roucas Blanc
Z
KENNEDY
b
A

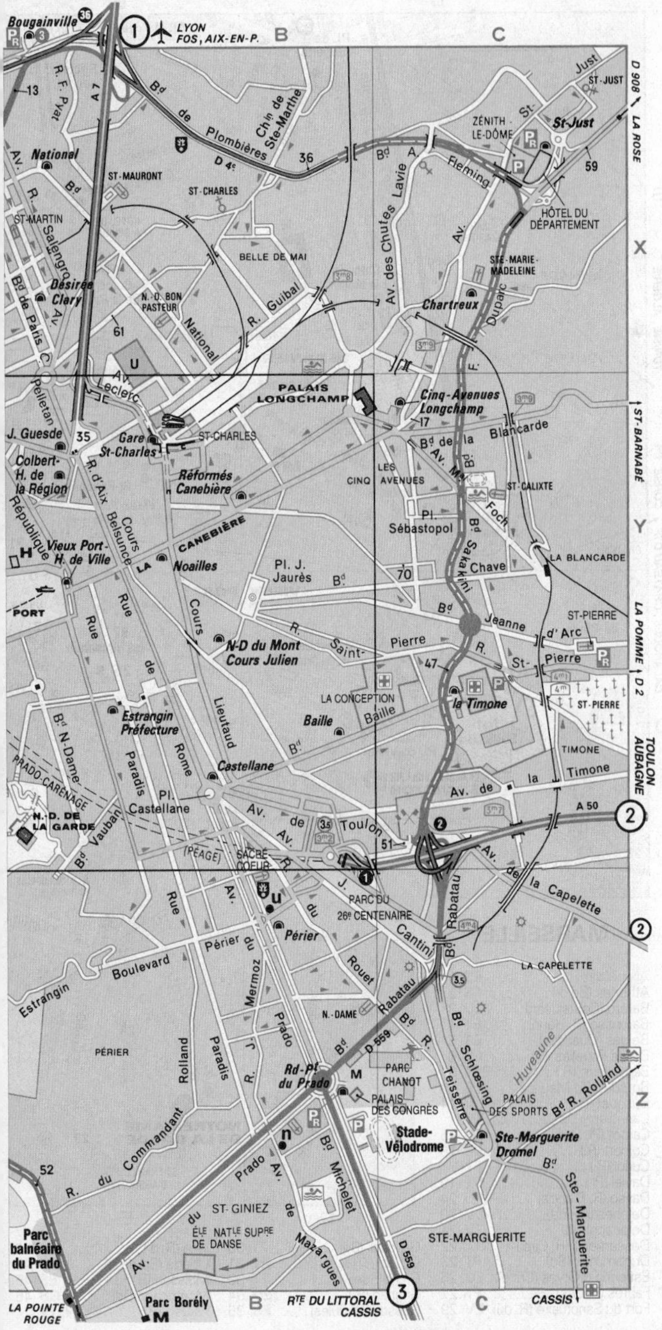

LYON
FOS, AIX-EN-P.
Bougainville
National
ST-MAURONT
ST-CHARLES
ST-MARTIN
BELLE DE MAI
Désirée Clary
N.-D. BON PASTEUR
PALAIS LONGCHAMP
Cinq-Avenues Longchamp
Chartreux
STE-MARIE-MADELEINE
ZÉNITH-LE-DÔME
St-Just
ST-JUST
HÔTEL DU DÉPARTEMENT
D 908 LA ROSE
ST-BARNABÉ
LA POMME D 2
TOULON AUBAGNE
Gare St-Charles
ST-CHARLES
J. Guesde
Colbert-H. de la Région
Réformés Canebière
LA CANEBIÈRE
Vieux Port-H. de Ville
Noailles
PORT
CINQ AVENUES
Pl. Sébastopol
ST-CALIXTE
LA BLANCARDE
ST-PIERRE
N-D du Mont Cours Julien
LA CONCEPTION
la Timone
Baille
TIMONE
Estrangin Préfecture
Castellane
Pl. Castellane
N.-D. DE LA GARDE
PRADO-CARÉNAGE
SACRÉ-COEUR
(PÉAGE)
A 50
PARC DU 26e CENTENAIRE
Périer
LA CAPELETTE
N.-DAME
D 559
PÉRIER
Rd-Pt du Prado
PARC CHANOT
PALAIS DES CONGRÈS
Stade-Vélodrome
PALAIS DES SPORTS
Ste-Marguerite Dromel
ST-GINIEZ
ÉLE NATLE SUPRE DE DANSE
STE-MARGUERITE
Parc balnéaire du Prado
LA POINTE ROUGE
Parc Borély
Rte DU LITTORAL CASSIS
CASSIS

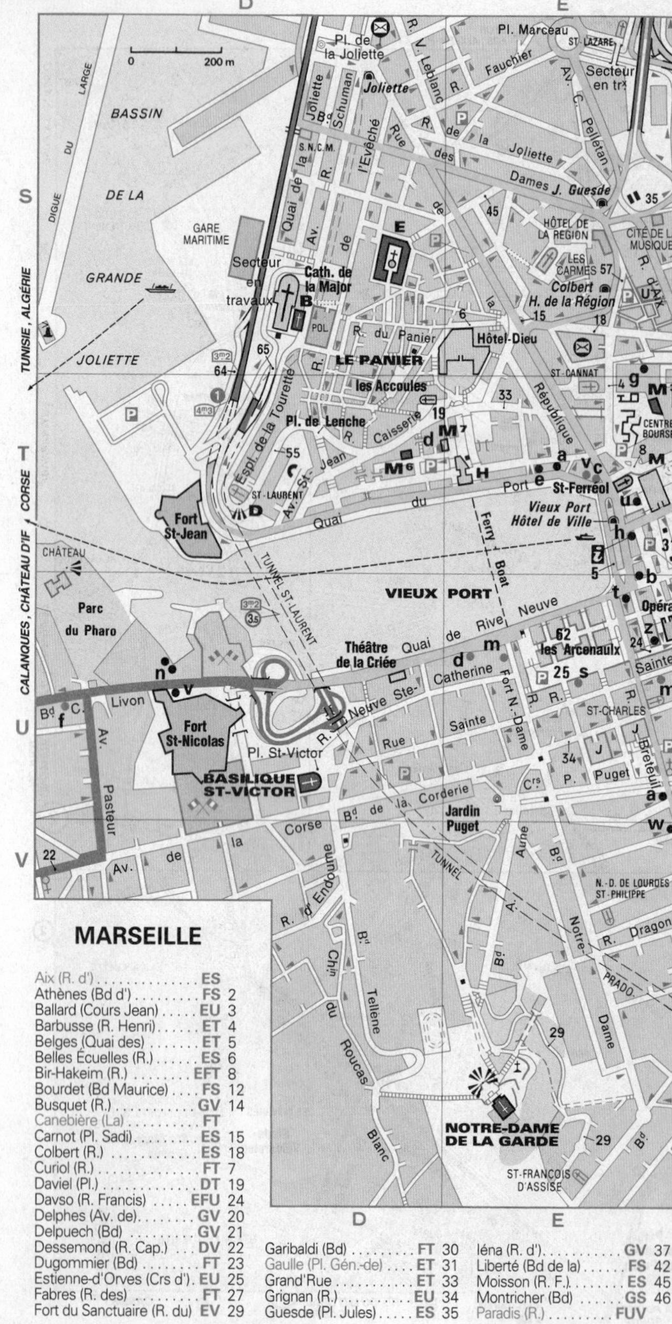
D
E
S
T
U
V
0
200 m
BASSIN
DE LA
GRANDE
JOLIETTE
DIGUE
DU
LARGE
GARE
MARITIME
Secteur
en
travaux
TUNISIE, ALGÉRIE
CALANQUES, CHÂTEAU D'IF CORSE
CHÂTEAU
Parc
du Pharo
Fort
St-Jean
Fort
St-Nicolas
BASILIQUE
ST-VICTOR
Pl. St-Victor
Pl. de
la Joliette
Joliette
Pl. Marceau
ST-LAZARE
Secteur
en trx
Fauchier
R. V. Leblanc
Av. C. Pelletan
Bd de la Joliette
Quai de la Joliette
R. Schuman
R. de l'Evêché
Rue de la République
R. des Dames
J. Guesde
HÔTEL DE
LA RÉGION
CITÉ DE LA
MUSIQUE
LES
CARMES
Colbert
H. de la Région
R. d'Aix
Cath. de
la Major
S.N.C.M.
POL.
R. du Panier
LE PANIER
les Accoules
Hôtel-Dieu
ST-CANNAT
CENTRE
BOURSE
Pl. de Lenche
R. Caisserie
Espl. de la Tourette
Av. St-Jean
ST-LAURENT
Quai du Port
St-Ferréol
Vieux Port
Hôtel de Ville
Ferry Boat
VIEUX PORT
TUNNEL ST-LAURENT
Opéra
Quai de Rive Neuve
Théâtre
de la Criée
les Arcenaux
R. Sainte
Catherine
R. Neuve Ste-
Rue Sainte
R. Fort N.-Dame
ST-CHARLES
R. Breteuil
R. Grignan
Puget
Crs P. Puget
Bd de la Corderie
Jardin
Puget
Bd Livon
Bd C. Livon
Av. Pasteur
Av. de la Corse
R. d'Endoume
Bd Aune
TUNNEL
PRADO
N.-D. DE LOURDES
ST-PHILIPPE
R. Dragon
Bd Notre-Dame
Chin du Roucas Blanc
Bd Tellène
NOTRE-DAME
DE LA GARDE
ST-FRANÇOIS
D'ASSISE
D
E

MARSEILLE

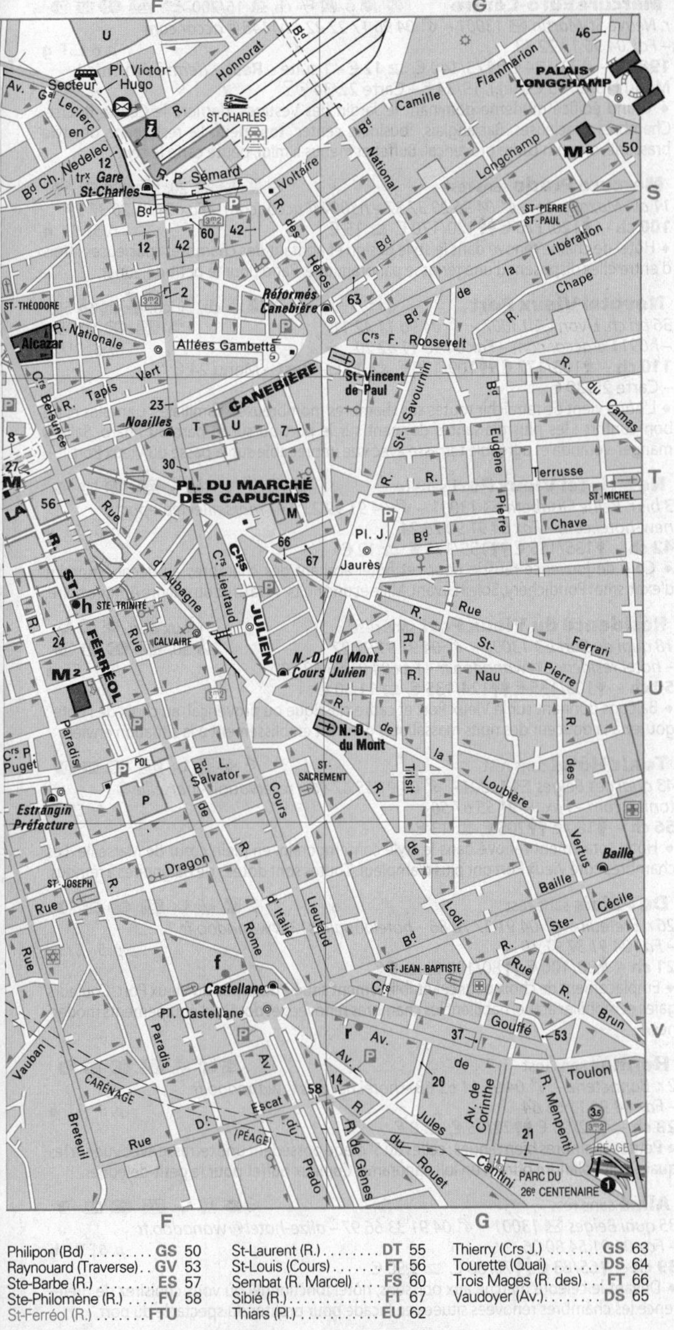

Philipon (Bd) .... GS 50	St-Laurent (R.) .... DT 55	Thierry (Crs J.) .... GS 63
Raynouard (Traverse) .. GV 53	St-Louis (Cours) .... FT 56	Tourette (Quai) .... DS 64
Ste-Barbe (R.) .... ES 57	Sembat (R. Marcel) .... FS 60	Trois Mages (R. des) ... FT 66
Ste-Philomène (R.) .... FV 58	Sibié (R.) .... FT 67	Vaudoyer (Av.) .... DS 65
St-Ferréol (R.) .... FTU	Thiars (Pl.) .... EU 62	

Mercure Euro-Centre ch, 15/200, VISA MC AE
r. Neuve St-Martin ✉ 13001 – ✆ 04 96 17 22 22 – h1148@accor.com – Fax 04 96 17 22 33 p. 6 EST **g**
198 ch – 70/134 € 75/140 €, 12 € – 1 suite – **Rest** – *(fermé dim. midi)* Menu (13 €), 15 € (déj.), 19/34 € – Carte 22/34 €
◆ Grand édifice moderne dominant le Jardin des Vestiges, derrière le Centre Bourse. Chambres spacieuses. Bar anglais, "business center" tout neuf. Le restaurant, de style brasserie, offre un cadre provençal. Buffet et menus à midi, petite carte le soir.

Mercure Prado sans rest 20, VISA MC AE
11 av. Mazargues – ✆ 04 96 20 37 37 – h3004@accor.com – Fax 04 96 20 37 99
100 ch – 120/170 € 120/170 €, 15 € p. 5 BZ **n**
◆ Hôtel de chaîne rénové dans le style design et abritant des chambres spacieuses ; trois d'entre elles disposent d'une terrasse panoramique. Patio pour le petit-déjeuner.

Novotel Vieux Port ch, ch, ch, 50, VISA MC AE
36 bd ch. Livon ✉ 13007 – ✆ 04 96 11 42 11 – h0911@accor.com – Fax 04 96 11 42 20 p. 6 DU **n**
110 ch – 103/172 € 109/178 €, 15 € – **Rest** – Menu 24 € – Carte 25/39 €
◆ L'hôtel vient de rafraîchir toutes ses chambres (nombreuses "familiales"), amples et de bon confort ; les plus plaisantes donnent sur le port ou sur le parc du Pharo. Salle à manger-véranda et agréable terrasse avec vue imprenable sur la passe du Vieux Port.

New Hôtel Vieux Port sans rest 25, VISA MC AE
3 bis r. Reine Élisabeth ✉ 13001 – ✆ 04 91 99 23 23 – marseillevieux-port@new-hotel.com – Fax 04 91 90 76 24 p. 6 ET **u**
42 ch – 135/155 € 155/175 €, 12 €
◆ Cure de jouvence réussie pour cet hôtel abritant des chambres au décor empreint d'exotisme : Pondichéry, Soleil Levant, Mille et une nuits, Vera Cruz ou encore Afrique noire.

Résidence du Vieux Port sans rest ← vieux port, 30, VISA MC AE
18 quai du Port ✉ 13002 – ✆ 04 91 91 91 22 – hotel.residence@wanadoo.fr – Fax 04 91 56 60 88 P. 6 ET **a**
50 ch – 105/135 € 124/135 €, 11,50 €
◆ Balcons donnant sur le Vieux Port et cadre classique ou provençal, au choix de l'hôte : goûtez à la douceur des nuits massaliotes dans cet établissement à la situation enviée.

Tonic Hôtel sans rest ← VISA MC AE
43 quai des Belges ✉ 13001 – ✆ 04 91 55 67 46 – reservation-marseille@tonich.com – Fax 04 91 55 67 56 P. 6 EU **t**
56 ch – 180 € 205 €, 13 €
◆ Hôtel totalement rénové dans le style contemporain, en plein cœur de Marseille. Les chambres côté Vieux Port ont plus d'ampleur. Toutes sont dotées de baignoires à remous.

Du Palais sans rest VISA MC AE
26 r. Breteuil – ✆ 04 91 37 78 86 – hoteldupalais13@wanadoo.fr – Fax 04 91 37 91 19 p. 5 BY
21 ch – 80/100 € 80/100 €, 8 €
◆ Emplacement de choix pour cet établissement situé à deux pas du Vieux Port. Couleurs gaies et mobilier actuel habillent les chambres rénovées et dotées d'équipements modernes.

Hermès sans rest VISA MC AE
2 r. Bonneterie – ✆ 04 96 11 63 63 – hotel.hermes@wanadoo.fr – Fax 04 96 11 63 64 p. 6 ET **e**
28 ch – 72/95 € 72/95 €, 8 €
◆ Petites chambres bien tenues ; celles du 5e étage possèdent une terrasse avec vue sur les quais. Toit-solarium offrant un joli panorama. Copieux buffet pour le petit-déjeuner.

Alizé sans rest ← VISA MC AE
35 quai Belges ✉ 13001 – ✆ 04 91 33 66 97 – alize-hotel@wanadoo.fr – Fax 04 91 54 80 06 p. 6 ETU **b**
39 ch – 65/83 € 70/88 €, 9,50 €
◆ Devant le célèbre marché aux poissons, hôtel fonctionnel où vous choisirez de préférence les chambres rénovées situées en façade pour profiter du spectacle du port.

XXX **Une Table au Sud** (Lévy) — 30, VISA MC AE

2 quai Port (1er étage) ✉ 13002 – ☎ 04 91 90 63 53 – unetableausud@wanadoo.fr – Fax 04 91 90 63 86 – Fermé 1er-23 août, 2-8 janv., dim. et lundi p. 6 ET **c**

Rest – Menu 34 € (déj. en sem.), 48/88 € ♀

Spéc. Milkshake de bouillabaisse. Denti rôti au lard et girolles. Crumble de pigeonneau aux cèpes et noisettes. **Vins** Vin de Pays des Bouches du Rhône, Bandol.

♦ Ce restaurant joliment coloré vous invite au mariage de l'œil et du goût : cuisine inventive où pointent les délicieux parfums du Sud et vue sur les forts et la "Bonne Mère".

XXX **Miramar** — VISA MC AE

12 quai Port ✉ 13002 – ☎ 04 91 91 10 40 – contact@bouillabaisse.com – Fax 04 91 56 64 31 – Fermé dim. et lundi p. 6 ET **v**

Rest – Carte 56/93 € ♀

♦ Atmosphère de bois vernis et fauteuils rouges très "années 1960" pour ce restaurant où l'on déguste bouillabaisse et autres spécialités de poissons face au Vieux Port.

XXX **Ferme** — VISA MC AE

23 r. Sainte ✉ 13001 – ☎ 04 91 33 21 12 – Fax 04 91 33 81 21 – Fermé 22 juil.-22 août, sam. midi et dim. p. 6 EU **m**

Rest – Menu 30 € bc/60 € bc – Carte 46/57 € ♀

♦ Trompe-l'œil, éclairages soignés et petits box caractérisent ce restaurant feutré proche du musée Cantini. Cuisine classique enrichie de saveurs provençales.

XX **L'Épuisette** — îles du Frioul et Château d'If, VISA MC AE

Vallon des Auffes ✉ 13007 – ☎ 04 91 52 17 82 – contact@l-epuisette.com – Fax 04 91 59 18 80 – Fermé 6 août-6 sept., dim. et lundi p. 4 AY **s**

Rest – Menu 45/110 € – Carte 74/91 € ♀

Spéc. Banderilles de gambas panées. Pavé de denti fondant, cèpes, sauce vigneronne (automne). Tajine de homard et petits légumes confits. **Vins** Cassis, Coteaux d'Aix-en-Provence.

♦ Ancrée sur les rochers de l'enchanteur vallon des Auffes, cette nef vitrée vous convie à un agréable voyage culinaire dans un cadre lumineux, chaleureux et raffiné.

XX **Péron** — archipel du Frioul et château d'If, VISA MC AE

56 corniche Kennedy ✉ 13007 – ☎ 04 91 52 15 22 – info@restaurant-peron.com – Fax 04 91 52 17 29 p. 4 AY **a**

Rest – Menu 54/66 € ♀

♦ L'élégant cadre contemporain et les œuvres d'artistes régionaux tentent de rivaliser avec le superbe panorama marin. Belle cuisine actuelle mâtinée d'inspirations régionales.

XX **Chez Fonfon** — 12, VISA MC AE

140 Vallon des Auffes ✉ 13007 – ☎ 04 91 52 14 38 – chezfonfon@aol.com – Fax 04 91 52 14 16 – Fermé 2-17 janv., lundi midi et dim. p. 4 AY **t**

Rest – Menu 40/55 € – Carte 47/58 € ♀

♦ Dans le respect d'une longue tradition familiale, produits de la mer servis en bordure du petit port du vallon des Auffes. Une maison marseillaise, foi de Marius !

XX **Les Arcenaulx** — 25/40, VISA MC AE

25 cours d'Estienne d'Orves – ☎ 04 91 59 80 30 – restaurant@les-arcenaulx.com – Fax 04 91 54 76 33 – Fermé 6-26 août et dim. p. 6 EU **s**

Rest – Menu 29/56 € ♀

♦ Sis dans les entrepôts des galères (17e s.), ce lieu original qui associe une librairie, une maison d'édition, un salon de thé et un restaurant est l'écrin d'une cuisine gorgée de soleil.

XX **Des Mets de Provence "Chez Maurice Brun"** — VISA MC

18 quai de Rive Neuve (2e étage) ✉ 13007 – ☎ 04 91 33 35 38 – Fax 04 91 33 05 69 – Fermé 13-26 août, lundi midi, sam. midi et dim. p. 6 EU **d**

Rest – Menu 40 € bc (déj.)/60 €

♦ Adresse renommée du Vieux Port aménagée sous les combles d'un ancien couvent de religieuses. Très joli cadre rustique provençal. Menu unique, verbal, renouvelé chaque jour.

XX **Cyprien** 20,

56 av. Toulon ✉ 13006 – ✆ 04 91 25 50 00 – faure.lequien@hotmail.fr – Fax 04 91 25 50 00 – Fermé 28 juil.-6 sept., 22 déc.-7 janv., lundi sauf le midi hors vacances scolaires, sam. midi, dim. et fériés P. 7 GV **r**

Rest – Menu 24/55 € – Carte 30/65 €

◆ Non loin de la place Castellane, classicisme affirmé tant en ce qui concerne la goûteuse cuisine que pour le décor, ponctué de notes florales et égayé de tableaux.

XX **Michel-Brasserie des Catalans** (Jeanne et Michèle Visciano)

6 r. Catalans ✉ 13007 – ✆ 04 91 52 30 63 – Fax 04 91 59 23 05 – Fermé 25 juin-25 juil. p. 4 AY **e**

Rest – Carte 50/75 €

Spéc. Bouillabaisse. Supions sautés ail et persil. Bourride provençale. **Vins** Cassis, Bandol.

◆ Ce conservatoire de la bouillabaisse, situé face à la plage des Catalans, a été rajeuni. Les Marseillais apprécient également la pêche du jour exposée dans un "pointu".

XX **Charles Livon**

89 bd Ch. Livon ✉ 13007 – ✆ 04 91 52 22 41 – Fax 04 91 31 41 63 – Fermé août, sam. midi, lundi midi et dim. p. 6 DU **f**

Rest – Menu 34/64 € – Carte 57/66 €

◆ Face au Palais du Pharo, un restaurant au cadre contemporain épuré (tons gris, mobilier moderne), agrémenté ici et là de belles orchidées. Courte carte régionale revisitée.

X **Le Café des Épices**

4 r. Lacydon ✉ 13002 – ✆ 04 91 91 22 69 – cafedesepices@yahoo.fr – Fermé 30 juil.-21 août, 24-31 déc., 3-10 mars, sam. soir, dim. et lundi p. 6 DT **d**

Rest – *(nombre de couverts limité, prévenir)* Menu 17 € (déj. en sem.), 25/40 € – Carte environ 44 €

◆ Minuscule restaurant par la taille (20 places exclusivement non-fumeurs), mais néanmoins bien séduisant par son décor contemporain et sa cuisine aussi inventive que soignée. Terrasse d'été.

X **Axis**

8 r. Sainte Victoire ✉ 13006 – ✆ 04 91 57 14 70 – axis_restaurant@yahoo.fr – Fermé août, 24-30 déc., sam. midi, lundi soir et dim. p. 7 FV **f**

Rest – Menu 10 € (déj. en sem.), 25 € bc/40 € bc

◆ Une adresse qui mérite le détour pour sa cuisine dans l'air du temps, réalisée au gré des saisons. Décor contemporain, vue sur la brigade en action et accueil charmant.

X **Lemon Grass** 10,

8 r. Fort-Notre-Dame – ✆ 04 91 33 97 65 – lanautique@hotmail.fr – Fax 04 91 33 01 78 – Fermé 15-19 avril, 16 juil.-20 août, dim. et lundi p. 6 EU **m**

Rest – Menu 24 € (déj.), 39/45 €

◆ Cette adresse des quais a conquis les Marseillais. Normal, son décor "in" a de l'allure : lampes design, tableaux modernes et touches colorées. Sans oublier l'inventive cuisine.

à Plan-de-Cuques 10 km au Nord-Est par La Rose et D 908 – 10 503 h. – alt. 70 m – ✉ 13380

Caesar ch, 60,

av. G. Pompidou – ✆ 04 91 07 25 25 – le-cesar.sarl@wanadoo.fr – Fax 04 91 05 37 16

30 ch – 98 € 110/150 €, 10 € – ½ P 95 € – **Rest** – *(fermé dim. soir)* Menu (18 €), 27/39 €

◆ La sérénité méditerranéenne du lieu, les tons ocre des murs, les chambres aux coloris méridionaux et la piscine à péristyle incitent au farniente. Carte régionale à déguster dans une pimpante salle à manger ou sur l'agréable terrasse jouxtant la piscine.

Une nuit douillette sans se ruiner ?
Repérez les Bibs Hôtel .

MARTAINVILLE-EPREVILLE – 76 Seine-Maritime – 304 H5 – 611 h. – alt. 152 m – ✉ 76116

33 **D2**

Paris 115 – Rouen 18 – Saint-Étienne-du-Rouvray 23 – Sotteville-lès-Rouen 19

Sweet Home

534 r. des Marronniers, accès par imp. Coquetier – ✆ 02 35 23 76 05 – jean-yves.aucreterre@libertysurf.fr

4 ch – 46/76 € 80 € – **Rest** – table d'hôte *(dîner seult) (résidents seult)* Menu 15 € bc

◆ Petite villa nichée au fond d'une impasse. Chambres douillettes et romantiques, personnalisées chacune par une couleur. Superbe petit-déjeuner et accueil chaleureux.

MARTEL – 46 Lot – 337 F2 – 1 467 h. – alt. 225 m – ✉ 46600 Périgord

29 **C1**

Paris 510 – Brive-la-Gaillarde 33 – Cahors 79 – Figeac 59 – St-Céré 30

Office de tourisme, place des Consuls ✆ 05 65 37 43 44, Fax 05 65 37 37 27

Place des Consuls★ - Façade★ de l'Hotel de la Raymondie★.

Relais Ste-Anne

ch, ch, 15, VISA

r. Pourtanel – ✆ 05 65 37 40 56 – relais.sainteanne@wanadoo.fr – Fax 05 65 37 42 82 – Hôtel : ouvert de mi- mars à mi-nov. ; rest : fermé janv., lundi midi et mardi midi

14 ch – 40/45 € 70/160 €, 15 € – 2 suites

Rest ***Le Patio Ste-Anne*** – Menu (25 €), 39/68 € – Carte 59/74 €

◆ Ancienne pension de jeunes filles entourée d'un jardin fleuri. Chapelle, élégant salon et chambres personnalisées : un hôtel pétri de charme. Cuisine actuelle dans une agréable salle moderne et rustique ou sur la petite terrasse ombragée tout aussi ravissante.

Auberge des Sept Tours avec ch

VISA

– ✆ 05 65 37 30 16 – auberge7tours@wanadoo.fr – Fax 05 65 37 41 69 – Fermé 18 fév.-10 mars

8 ch – 39 € 39 €, 7,50 € – ½ P 37/42 € – **Rest** – *(fermé dim. soir et lundi soir du 26 août au 14 juil., lundi midi et sam. midi)* Menu 14 € bc (déj. en sem.), 24/31 € – Carte 28/49 €

◆ Élégante salle à manger-véranda tournée vers la campagne. Carte traditionnelle, spécialités de canard et carte des vins axée sur la région. Chambres rustiques.

MARTIEL – 12 Aveyron – 338 D4 – 823 h. – alt. 400 m – ✉ 12200

29 **C1**

Paris 613 – Toulouse 134 – Rodez 63 – Cahors 49 – Villefranche-de-Rouergue 11

Les Fontaines sans rest

Pleyjean, par rte Villeneuve, D 76 – ✆ 05 65 29 46 70 – andreacam@fsmail.net – Fax 05 65 29 46 70

3 ch – 60/80 € 60/80 €

◆ Vieille maison rénovée par couple anglais dans ce hameau agreste proche de la vallée de l'Aveyron. Joli salon, chambres avenantes et salle à manger rustique. Solide breakfast.

MARTIGNY COURPIERRE – 02 Aisne – 306 E6 – 122 h. – alt. 80 m – ✉ 02860

37 **D2**

Paris 152 – Amiens 137 – Laon 13 – Reims 45 – Soissons 42

L'Auberge du Moulin Bertrand

VISA

– ✆ 03 23 24 71 73 – auberge.moulinbertrand@wanadoo.fr – Fax 03 23 24 55 58 – Fermé lundi soir, mardi soir, merc. soir d'oct. à Paques et dim. soir

Rest – Menu 15 € (déj. en sem.), 30/40 € – Carte 37/66 €

◆ Dans un environnement calme et verdoyant, au bord d'une rivière, agréable auberge campagnarde où l'on déguste une cuisine traditionnelle valorisant les produits du terroir.

MARTIGUES – 13 Bouches-du-Rhône – 340 F5 – 43 493 h. – alt. 1 m – ✉ 13500 Provence

40 **B3**

Paris 769 – Aix-en-Provence 45 – Arles 53 – Marseille 40

Syndicat d'initiative, avenue Louis Sammut ✆ 04 42 42 31 10, Fax 04 42 42 31 11

Miroir aux oiseaux★ - Étang de Berre★ Z.

<★ de la chapelle N.D.-des-Marins, 3,5 km par ④.

MARTIGUES

Allende (Bd S.) . . . . Y 2
Belges (Esplanade des) . . . . . . Z 3
Brescon (Quai) . . . . Z 4
Cachin (Bd Marcel) . . . . Z 5
Combes (R. L.) . . . . Z 7
Denfert-Rochereau (R. Colonel P.) . . . . Y 8
Dr-Flemming (Av. du) . . . . Y 9
Gambetta (R. L.) . . . . Z 12
Girondins (Quai des) . . . . Y 13
Lamartine (Pl.) . . . . Z 15
Libération (Pl. de la) . . . . Z 16
Lorto (Av. P.-di) . . . . Z 17
Marceau (Quai F.) . . . . Z 18
Martyrs (Pl. des) . . . . Z 19
Richaud (Bd) . . . . Z 22
Roques (R. Jean) . . . . Y 24
Tessé (Quai Maurice) . . . . Y 25
4-Septembre (Cours du) . . . . Z 27

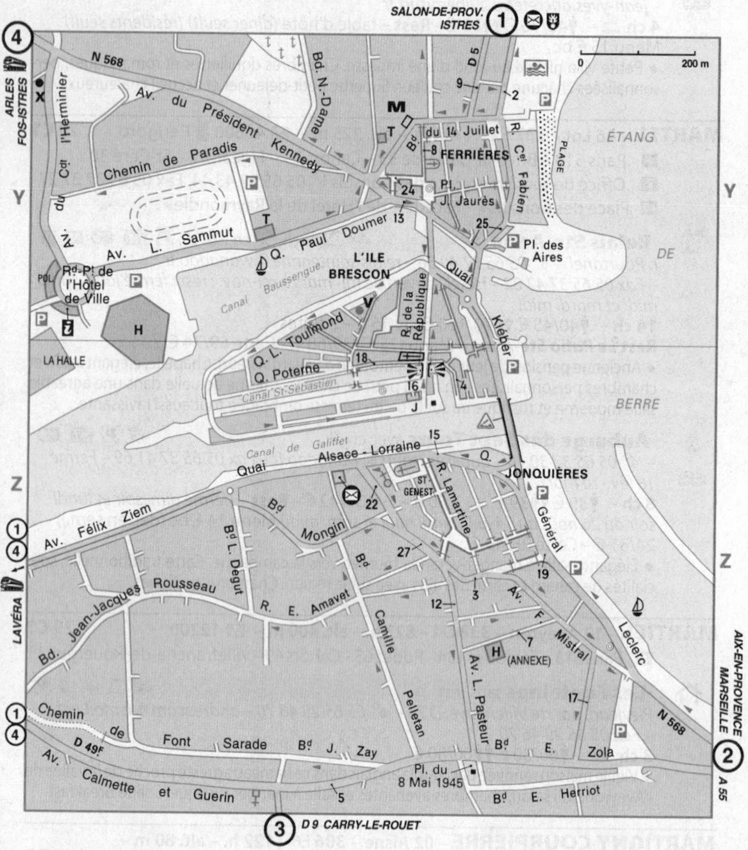

St-Roch ch, 40, VISA

av. G. Braque – ☎ 04 42 42 36 36 – hotel-st-roch@wanadoo.fr – Fax 04 42 80 01 80 Y **x**

63 ch – †96 € ††112 € – ½ P 69 € – **Rest** – *(fermé 25 déc.-3 janv., sam. midi et dim. midi)* Menu 21 € – Carte 29/63 €

◆ Sur les hauteurs de la "Venise provençale" chantée par Vincent Scotto, construction moderne abritant des chambres fonctionnelles progressivement rénovées. La terrasse ombragée offre une vue sur la ville ; cuisine traditionnelle.

Le Bouchon à la Mer VISA

19 quai L. Toulmond – ☎ 04 42 49 41 41 – lebouchonalamer@wanadoo.fr – Fax 04 42 42 14 40 – Fermé vacances de Pâques, de la Toussaint, de fév., sam. midi, dim. soir et lundi Y **v**

Rest – Menu (19 €), 28/38 € – Carte 60/67 €

◆ À deux pas du Miroir aux Oiseaux chéri des peintres, venez savourer une cuisine classique dans une jolie salle à manger aux tons crème et chocolat. Terrasse au bord du canal.

MARTILLAC – 33 Gironde – 335 H6 – rattaché à Bordeaux

MARTIN-ÉGLISE – 76 Seine-Maritime – 304 G2 – 1 331 h. – alt. 11 m – ✉ 76370 33 D1

Paris 199 – Dieppe 6 – Mont-Saint-Aignan 60 – Rouen 67

XX **Auberge du Clos Normand** avec ch 15, VISA

22 r. Henri IV – ☎ 02 35 40 40 40 – leclosnormand2@wanadoo.fr – Fax 02 35 40 40 42 – Fermé 15 nov.-5 déc. et 15 fév.-5 mars

7 ch – 65 € 65 €, 7 € – **Rest** – *(Fermé lundi, mardi et merc. sauf les soirs en juil.-août)* Menu 20/30 € – Carte 32/46 €

♦ Une propriété verdoyante rafraîchie par une rivière sert d'écrin à cette auberge normande (17e s.) au cachet fort où l'on vient faire des repas traditionnels dans un cadre rustique et typé. Chambres calmes récemment aménagées dans une annexe côté jardin.

LA MARTRE – 83 Var – 340 O3 – 133 h. – alt. 984 m – ✉ 83840 41 C2

Paris 808 – Castellane 19 – Digne-les-Bains 73 – Draguignan 50 – Grasse 50

Château de Taulane ch, 20/60, VISA

au golf, Nord-Est : 4 km sur N 85 – ☎ 04 93 40 60 80 – resahotel@chateau-taulane.com – Fax 04 93 60 37 48 – Ouvert 1er avril-4 nov.

45 ch – 105/195 € 130/295 €, 20 € – **Rest** – Menu (28 €), 38 € (déj.)/75 € – Carte 50/59 €

♦ Château du 18e s. entouré de quatre pigeonniers, sur un golf, dans un immense parc de... 340 ha ! Les chambres, bien équipées et sans luxe ostentatoire, sont plus sobres à l'annexe. Coquette salle à manger au club-house avec espace snack. Terrasse tournée vers les greens.

MARVEJOLS – 48 Lozère – 330 H7 – 5 501 h. – alt. 650 m – ✉ 48100 23 C1

Languedoc Roussillon

Paris 580 – Montpellier 178 – Mende 28 – Espalion 83 – Saint-Chély-d'Apcher 34

Office de tourisme, porte du Soubeyran ☎ 04 66 32 02 14, Fax 04 66 32 02 14

XX **L'Auberge Domaine de Carrière** 10, VISA

2 km Est par D1 – ☎ 04 66 32 47 05 – ramon.carmona@wanadoo.fr – Fermé 9-16 avril, 29 oct.-5 nov. et 1er-24 janv., merc. soir et dim. soir sauf juil.-août et lundi

Rest – Menu 18/32 €

♦ Ex-écuries domaniales converties en table au goût du jour et au cadre bourgeois. Poutres blanchies, sièges modernes en cuir noir et cheminée en salle. Jolis vins du Languedoc.

MARVILLE – 55 Meuse – 307 D2 – 532 h. – alt. 216 m – ✉ 55600 26 A1

Paris 302 – Bar-le-Duc 96 – Longuyon 13 – Metz 92 – Verdun 40

Auberge de Marville ch, rest, VISA

près Église – ☎ 03 29 88 10 10 – jcctm55@aol.com – Fax 03 29 88 14 60 – Fermé 21-27 déc. et 2-14 janv.

11 ch – 38 € 42 €, 5,50 € – ½ P 55/62 € – **Rest** – *(fermé le soir du 5 nov. au 21 déc.)* Menu 24/60 € – Carte 25/40 €

♦ Vieille grange entièrement réhabilitée, située au pied de l'église Saint-Nicolas (balustrade de la tribune d'orgue datant du 16e s.). Chambres fonctionnelles. Au restaurant, décor plaisant pour déguster cuisine traditionnelle et plats lorrains.

MASEVAUX – 68 Haut-Rhin – 315 F10 – 3 329 h. – alt. 425 m – ✉ 68290 1 A3

Alsace Lorraine

Paris 440 – Altkirch 32 – Belfort 24 – Colmar 57 – Mulhouse 30 – Thann 15 – Le Thillot 38

Office de tourisme, 36 fossé des Flagellants ☎ 03 89 82 41 99, Fax 03 89 82 49 44

Descente du col du Hundsrück ≤★★ NE : 13 km.

L'Hostellerie Alsacienne avec ch 12, VISA
r. Mar. Foch – ✆ 03 89 82 45 25 – philippe.battman@wanadoo.fr – Fax 03 89 82 45 25 – Fermé 15 oct.-5 nov. et 24 déc.-2 janv.
8 ch – †44 € ††53 €, ☕ 8 € – ½ P 43 € – **Rest** – *(fermé lundi)* Menu (10 €), 12 € (déj. en sem.), 24/43 € – Carte 32/56 €
◆ Le chef privilégie les petits exploitants locaux et les produits "bio" pour réaliser des recettes inspirées de la tradition locale. Décor alsacien et chambres en partie rénovées.

MASSERET – 19 Corrèze – 329 K2 – 608 h. – alt. 380 m – ✉ 19510 24 B2

Paris 432 – Limoges 45 – Guéret 132 – Tulle 48 – Ussel 101
Syndicat d'initiative, le Bourg ✆ 05 55 98 24 79

De la Tour rest, 30, VISA
7, place Marcel Champeix – ✆ 05 55 73 40 12 – hoteldelatour19@aol.com – Fax 05 55 73 49 41 – Fermé dim. soir sauf juil.-août
15 ch – †42 € ††42 €, ☕ 6,50 € – ½ P 45 € – **Rest** – Menu 17 € (sem.)/55 € – Carte 24/50 €
◆ Sur les hauteurs de ce bourg limousin (gage de tranquillité), hôtellerie familiale abritant des chambres refaites, simples et bien tenues. Spacieux restaurant et terrasse d'où l'on admirera la "tour", un château d'eau qui n'a de moyenâgeux que l'aspect.

MASSIAC – 15 Cantal – 330 H3 – 1 857 h. – alt. 534 m – ✉ 15500

Auvergne 5 B3

Paris 484 – Aurillac 84 – Brioude 23 – Issoire 38 – Murat 37 – St-Flour 30
Office de tourisme, place de la Gare ✆ 04 71 23 07 76, Fax 04 71 23 08 50
N : Gorges de l'Alagnon★ - Site de la chapelle Ste-Madeleine★ N : 2 km.

Grand Hôtel de la Poste rest, 15/25, VISA
26 av. Ch. de Gaulle – ✆ 04 71 23 02 01 – hotel.massiac@wanadoo.fr – Fax 04 71 23 09 23 – Fermé 15 nov.-22 déc., mardi soir et merc. de janv. à Pâques
33 ch – †44/56 € ††44/56 €, ☕ 7 € – ½ P 47/54 € – **Rest** – Menu 14 € (sem.)/40 € – Carte 20/34 €
◆ Maison imposante au seuil du bourg, à proximité de la sortie de l'A 75. Chambres d'assez bon confort et nombreux équipements de loisirs (fitness, jacuzzi, squash, etc.). Salle à manger non-fumeurs agrémentée d'une cheminée et cuisine à tendance auvergnate.

La Colombière sans rest VISA
Rte de Grenier Montgon, Nord : 1 km par D 909 – ✆ 04 71 23 18 50 – contact@hotel-lacolombiere.com – Fax 04 71 23 18 58 – Fermé 15 janv.-15 fév.
30 ch – †35 € ††42 €, ☕ 6 €
◆ Les grandes chambres fonctionnelles (mobilier neuf, sanitaires bien équipés, tenue exemplaire) font de cet hôtel récent une étape pratique sur la route des gorges de l'Alagnon.

MASSIGNAC – 16 Charente – 324 N5 – 401 h. – alt. 240 m – ✉ 16310 39 C3

Paris 445 – Angoulême 46 – Nontron 36 – Rochechouart 17 – La Rochefoucauld 24
Office de tourisme, le bourg ✆ 05 45 65 26 69

Le Domaine des Étangs 30/60, VISA
– ✆ 05 45 61 85 00 – info@domainedesetangs.fr – Fax 05 45 61 85 01 – Fermé 20-26 déc. et 2 janv.-17 mars
22 ch – †130/260 € ††315/400 €, ☕ 20 € – ½ P 150/285 € – **Rest** – *(fermé mardi d'oct. à avril, dim. soir et lundi)* Menu 20 € (sem.)/45 € – Carte 33/57 €
◆ Nature rime avec bien-être en ce magnifique hameau entouré d'un vaste domaine comprenant un parc constellé d'étangs et un élevage de vaches limousines. Luxueuses chambres "cosy". À table, décor campagnard de caractère en accord avec une bonne cuisine actuelle.

MASSY – 91 Essonne – 312 C3 – 101 25 – voir à Paris, Environs

MATOUR – 71 Saône-et-Loire – 320 G12 – 998 h. – alt. 500 m – ✉ 71520

Bourgogne 8 **C3**

Paris 405 – Charolles 28 – Cluny 24 – Lapalisse 82 – Lyon 102 – Mâcon 36 – Roanne 57

Office de tourisme, le bourg ☎ 03 85 59 72 24

Christophe Clément

pl. Église – ☎ 03 85 59 74 80 – Fax 03 85 59 75 77 – Fermé 15 déc.-15 janv., le soir d'oct. à mai, dim. soir et lundi

Rest – Menu 12 € (déj. en sem.), 18/36 € – Carte 26/37 €

◆ Sur la place de l'église, façade peinte repérable à sa tête de coq. Mets traditionnels copieux et curieuse spécialité familiale d'andouillère aux grenouilles à apprécier dans un cadre rustique très "cocorico".

MAUBEUGE – 59 Nord – 302 L6 – 33 546 h. – Agglo. 117 470 h. – alt. 134 m – ✉ 59600 Nord Pas-de-Calais Picardie 31 **D2**

Paris 242 – Mons 21 – St-Quentin 114 – Valenciennes 39

Office de tourisme, Porte de Mons ☎ 03 27 62 11 93, Fax 03 27 64 10 23

au Sud par rte d'Avesnes-sur-Helpe – ✉ 59330 Beaufort

Auberge de l'Hermitage 8/15, P VISA AE

à 6 km sur N 2 – ☎ 03 27 67 89 59 – Fax 03 27 39 84 52 – Fermé 22 juil.-12 août, 26-30 déc., dim. soir, mardi soir, jeudi soir et lundi

Rest – Menu (20 €), 25 € (sem.)/69 € – Carte 33/66 €

◆ Avenant pavillon en briques proche de la nationale, à l'orée du Parc naturel régional de l'Avesnois. Intérieur soigné et cuisine de tradition au pays des fameux maroilles.

Le Relais de Beaufort P VISA AE

à 8 km sur N 2 – ☎ 03 27 63 50 36 – relaisdebeaufort@worldonline.fr – Fax 03 27 67 85 11 – Fermé 16 août-1er sept., vacances de fév., dim. soir et lundi

Rest – Menu 23 € (sem.)/41 € – Carte 28/56 €

◆ Deux belles salles : l'une d'inspiration marine et agrémentée d'un superbe olivier, l'autre rustique et baignée de lumière. Terrasse face à un joli jardin et carte traditionnelle.

MAULÉON – 79 Deux-Sèvres – 322 B3 – 7 327 h. – alt. 180 m – ✉ 79700

Poitou Vendée Charentes 38 **B1**

Paris 376 – Cholet 22 – Nantes 80 – Niort 82 – Parthenay 56 – La Roche-sur-Yon 65

Office de tourisme, 27 Grand' Rue ☎ 05 49 81 95 22

Terrasse P VISA

7 pl. Terrasse – ☎ 05 49 81 47 24 – laterrasse.mauleon@wanadoo.fr – Fax 05 49 81 65 04 – Fermé 29 oct.-7 nov.

14 ch – 45 € 50 €, 6 € – ½ P 58 € – **Rest** – Menu 13,50/32 € – Carte 21/31 €

◆ Étape bien située pour une visite au Puy-du-Fou que cet ancien relais de diligences établi en contrebas de la petite cité. Chambres fonctionnelles, partiellement lambrissées. Accueillante salle à manger récemment redécorée et agréable terrasse ombragée.

MAULÉVRIER – 49 Maine-et-Loire – 317 E6 – rattaché à Cholet

MAUREILLAS-LAS-ILLAS – 66 Pyrénées-Orientales – 344 H8 – 2 281 h. – alt. 130 m – ✉ 66480 Languedoc Roussillon 22 **B3**

Paris 873 – Gerona 71 – Perpignan 31 – Port-Vendres 31 – Prades 69

Syndicat d'initiative, ☎ 04 68 83 48 00, Fax 04 68 83 14 66

à Las Illas 11 km au Sud-Ouest par D 13 – ✉ 66480

Hostal dels Trabucayres avec ch ch, P VISA

– ☎ 04 68 83 07 56 – Fax 04 68 83 07 56 – Fermé 25-30 oct., 6 janv.-15 mars, mardi et merc. hors saison

5 ch – 30/34 € 30/34 €, 5,50 € – ½ P 35 € – **Rest** – Menu 12,50 € bc (sem.)/46 € bc – Carte 20/30 €

◆ Vénérable et modeste auberge postée sur le GR 10 au cœur d'une suberaie. Cadre rustique originel, plats du terroir catalan et calme absolu. Chambres très simples et deux gîtes récents.

MAUREPAS – 78 Yvelines – 311 H3 – 101 21 – voir à Paris, Environs

MAURIAC – 15 Cantal – 330 B3 – 4 019 h. – alt. 722 m – ✉ 15200

Auvergne 5 **A3**

Paris 490 – Aurillac 53 – Le Mont-Dore 77 – Clermont-Ferrand 113 – Tulle 73

Office de tourisme, 1 rue Chappe d'Auteroche ✆ 04 71 67 30 26, Fax 04 71 68 25 08

Val-Saint-JeanO : 2 km, ✆ 06 07 74 22 29.

Basilique Notre-Dame-des-Miracles★ - Le Vigean : châsse★ dans l'église NE : 2 km.

Barrage de l'Aigle★★ : 11 km par D 678 et D105, Berry Limousin.

Des Voyageurs

Pl. de la Poste – ✆ 04 71 68 01 01 – auberge.des.voyageurs@wanadoo.fr – Fax 04 71 68 01 56 – Fermé 20 juin-1er juil., 9-31 déc., 4-19 fév., dim. soir et sam. hors saison

19 ch – 35/45 € 40/50 €, 8 € – ½ P 38/40 €

Rest *La Bonne Auberge* – Menu 11/30 € – Carte 21/39 €

◆ Le confort simple de cet établissement du centre-ville peut dépanner les "voyageurs". Chambres bien tenues, avant tout pratiques. Le restaurant la Bonne Auberge a conservé son "look" des années 1980. Cuisine régionale et familiale.

Serre sans rest

4 r. du 11 Novembre – ✆ 04 71 68 19 10 – Fax 04 71 68 17 77 – Fermé 1er -8 mars et 2-15 janv.

13 ch – 35/37 € 42/52 €, 6 €

◆ À côté de la basilique romane N.-D.-des-Miracles. Climatisation, aménagements fonctionnels et mobilier rustique de qualité. Une chambre non-fumeurs. Accueil sympathique.

MAUROUX – 46 Lot – 337 C5 – rattaché à Puy-l'Évêque

MAUSSAC – 19 Corrèze – 329 N3 – rattaché à Meymac

MAUSSANE-LES-ALPILLES – 13 Bouches-du-Rhône – 340 D3 – 1 968 h. – alt. 32 m – ✉ 13520

42 **E1**

Paris 712 – Arles 20 – Avignon 30 – Marseille 81 – Martigues 44 – St-Rémy-de-Provence 10

Office de tourisme, place Laugier de Monblan ✆ 04 90 54 52 04

Pré des Baux sans rest

r. Vieux Moulin – ✆ 04 90 54 40 40 – info@lepredesbaux.com – Fax 04 90 54 53 07 – Ouvert 24 mars-5 nov.

10 ch – 90/120 € 90/120 €, 12 €

◆ Les chambres, réparties autour d'un jardin méridional à l'abri des regards et du bruit, ouvrent de plain-pied sur des terrasses privatives où l'on sert le petit-déjeuner.

Castillon des Baux sans rest

10 bis av. Vallée des Baux – ✆ 04 90 54 31 93 – castillondesbaux@wanadoo.fr – Fax 04 90 54 51 31 – Fermé 2-31 janv.

15 ch – 100/120 € 100/120 €, 11,50 €

◆ Bâtisse ocre rouge, de type mas, entourée d'un jardin planté d'oliviers (belle piscine). Chambres aux tons pastel, spacieuses et sobres, souvent dotées d'un balcon ou d'une terrasse.

Aurelia sans rest

124 av. Vallée des Baux – ✆ 04 90 54 22 54 – resa.maussane@monalisahotels.com – Fax 04 90 54 20 75

39 ch – 90/125 € 90/125 €, 10 €

◆ Pimpante décoration ensoleillée pour cet établissement récent d'allure régionale. Les chambres, modernes et bien équipées, sont plus agréables et calmes côté piscine.

Val Baussenc ch, ch, rest,

122 av. Vallée des Baux – ☎ 04 90 54 38 90 – information@valbaussenc.com – Fax 04 90 54 33 36 – Ouvert 1er mars-31 oct.

21 ch – †69/96 € ††81/118 €, ☕ 11 € – 1 suite – ½ P 70/89 € – **Rest** – *(fermé merc.) (dîner seult)* Menu 25/33 € – Carte 39/46 €

◆ Maison au décor provençal utilisant avec originalité la pierre calcaire des Baux. Chambres donnant sur la campagne ; celles du rez-de-chaussée possèdent une terrasse. Petite salle à manger aux couleurs du Sud et plaisante terrasse dressée sous une treille.

Ou Ravi Provençau

34 av. de la Vallée des Baux – ☎ 04 90 54 31 11 – infos@ouravi.com – Fax 04 90 54 41 03 – Fermé 15 nov.-15 déc., mardi et merc.

Rest – Menu 33 € – Carte 36/55 €

◆ Authentique, goûteuse et généreuse : la cuisine servie dans cette jolie maison méridionale semble tout droit sortie du "Reboul", la bible de la gastronomie provençale.

La Place

65 av. de la Vallée des Baux – ☎ 04 90 54 23 31 – Fermé janv. et mardi

Rest – Menu (24 €), 30 € – Carte 36/40 €

◆ Sympathique restaurant niché au cœur de ce bourg réputé pour son huile d'olive. Cuisine traditionnelle actualisée servie en salle ou sur la terrasse dressée au milieu de la place.

au Paradou 2 km à l'Ouest par D 17, rte d'Arles – **1 167 h.** – **alt. 21 m** – ✉ **13520**

Le Hameau des Baux sans rest

Chemin de Bourgeac – ☎ 04 90 54 10 30 20,

– contact@hameaudesbaux.com – Fax 04 90 54 45 30 – Fermé 4 janv.-8 fév.

10 ch – †185/205 € ††185/275 €, ☕ 18 € – 5 suites

◆ Superbe reconstitution d'un hameau provençal entouré de cyprès et d'oliviers, raffinement extrême et grand calme dans des chambres personnalisées : une adresse pour esthètes.

Du Côté des Olivades ch, ch,

lieu dit de Bourgeac – ☎ 04 90 54 56 78 – ducotedesolivades@wanadoo.fr – Fax 04 90 54 56 79

10 ch – †85/182 € ††95/182 €, ☕ 15 € – ½ P 95/152 € – **Rest** – *(fermé le midi hors saison) (nombre de couverts limité, prévenir)* Menu 38/62 € – Carte 42/67 €

◆ Cette reposante bâtisse contemporaine isolée au milieu des oliviers vous ouvre grand ses portes : décor méditerranéen soigné, ambiance "guesthouse" et agréable piscine. Savourez face à la nature une cuisine d'inspiration régionale évoluant au gré des saisons.

Bistrot de la Petite France

av. Vallée des Baux – ☎ 04 90 54 41 91 – Fax 04 90 54 52 50 – Fermé 8 nov.-6 déc., jeudi sauf le soir en juil.-août et merc.

Rest – Menu 27 €

◆ Savoureuse cuisine du marché annoncée sur ardoise et riche carte des vins servies dans un joli décor : pierres, poutres, toiles contemporaines, collection de Guides Michelin.

Le Bistrot du Paradou "Chez Jean-Louis"

– ☎ 04 90 54 32 70 – Fax 04 90 54 32 70 – Fermé 1er-15 nov., 20 janv.-15 fév., dim., lundi midi et le soir d'oct. à mai

Rest – *(prévenir)* Menu 42 € bc (déj. en sem.)/47 € bc

◆ Cette maison provençale abrite un bistrot très prisé. Cadre de caractère : pierres, poutres, tables en marbre et bar exposant des bouteilles de bière. Recettes régionales.

MAYENNE – 53 Mayenne – 310 F5 – 13 724 h. – alt. 124 m – ✉ 53100

Normandie Cotentin — 35 **C1**

Paris 283 – Alençon 61 – Flers 56 – Fougères 47 – Laval 30 – Le Mans 89

Office de tourisme, quai de Waiblingen ☎ 02 43 04 19 37, Fax 02 43 00 01 99

Ancien château ≤★.

Le Grand Hôtel P VISA MC AE

2 r. Ambroise de Loré – ✆ 02 43 00 96 00 – grandhotelmayenne@wanadoo.fr – Fax 02 43 00 69 20 – Fermé 30 juil.-12 août, 28 oct.-4 nov., 21 déc.-2 janv., sam. soir de nov. à avril

22 ch – †65/88 € ††77/111 €, ☕ 9,50 € – ½ P 73/90 € – **Rest** – *(fermé dim. de nov. à avril et sam. sauf le soir de mai à oct.)* Menu (17 €), 20/30 € – Carte 37/73 € ♀

◆ Cet hôtel d'aspect traditionnel officiant en centre-ville, près du pont sur la Mayenne, a été rénové intérieurement. Parking commode, chambres actuelles bien insonorisées, salon confortable et bar à whiskies. Restaurant agrandi d'une agréable véranda ; carte classique.

La Croix Couverte avec ch P VISA MC AE

rte Alençon : 2 km sur N 12 – ✆ 02 43 04 32 48 – la-croixcouverte@wanadoo.fr – Fax 02 43 04 43 69 – Fermé 30 juil.-12 août, 24 déc.-6 janv., dim. soir et soirs fériés

11 ch – †46/48 € ††52/54 €, ☕ 7,50 € – ½ P 70 € – **Rest** – Menu 17 € (sem.)/40 € – Carte 39/56 € ♀

◆ Maison centenaire au bord de la route nationale. Salle à manger de style "rétro" ouverte sur l'agréable terrasse et le jardin. Chambres coquettes, plus calmes sur l'arrière.

rte de Laval au Sud par N 162 – ✉ **53100 Mayenne**

La Marjolaine avec ch ch, 60, P VISA MC AE

à 6,5 km, au domaine du Bas-Mont – ✆ 02 43 00 48 42 – lamarjolaine@wanadoo.fr – Fax 02 43 08 10 58 – Fermé 30 juil.-5 août, 2-6 janv. et 18 fév.-2 mars

23 ch – †49/120 € ††49/120 €, ☕ 8,50 € – ½ P 63/80 € – **Rest** – *(fermé dim. soir et sam. midi d'oct. à avril, vend. soir de janv. à avril et lundi midi)* Menu 19 € (sem.)/41 € – Carte 44/62 € ♀

Rest *Le Bistrot de La Marjolaine* – *(fermé sam. et dim.) (déjeuner seult)* Menu (13,50 €), 17 € ♀

◆ Vieille ferme restaurée dans un domaine boisé près d'une rivière. Plaisante salle à manger, terrasse face au parc, cuisine actuelle et bon choix de vins. Chambres agréables. Au Bistrot, tapisseries figurant des paons, service rapide et petits plats fignolés.

Beau Rivage avec ch 25/70, P VISA MC AE

à 4 km – ✆ 02 43 00 49 13 – fbeaurivage@9online.fr – Fax 02 43 00 49 26 – Fermé dim. soir, soir fériés et lundi

8 ch – †50 € ††64 €, ☕ 12,50 € – ½ P 74/84 € – **Rest** – rôtisserie Menu (14 €), 17 € (sem.)/36 €

◆ Délicieux air de guinguette chic pour cette maison disposant d'une belle terrasse ombragée dressée au bord de la Mayenne. Mets cuits à la rôtissoire. Chambres gaies.

MAYET – 72 Sarthe – 310 K8 – 2 915 h. – alt. 74 m – ✉ 72360 35 D2

Paris 226 – Château-la-Vallière 26 – La Flèche 32 – Le Mans 31 – Tours 58 – Vendôme 70

Office de tourisme, place de l'Hôtel de Ville ✆ 02 43 46 33 72

Forêt de Bercé★ E : 6 km, **Châteaux de la Loire.**

Auberge des Tilleuls VISA MC

pl. H. de Ville – ✆ 02 43 46 60 12 – Fax 02 43 46 60 12 – Fermé 1er-15 fév., dim. soir, lundi soir, mardi soir et merc.

Rest – Menu 9/24 € – Carte 16/22 € ♀

◆ Vénérable établissement ? Certes, mais c'est ce qui lui confère tout son charme. Agréable salle campagnarde, dans le prolongement du café de village, et plats traditionnels.

LE MAYET-DE-MONTAGNE – 03 Allier – 326 J6 – 1 598 h. – alt. 535 m – ✉ 03250 Auvergne 6 C2

Paris 369 – Clermont-Ferrand 81 – Lapalisse 23 – Moulins 73 – Thiers 44 – Vichy 27

Office de tourisme, rue Roger Degoulange ✆ 04 70 59 38 40

Le Relais du Lac avec ch ch, P VISA MC

rte de Laprugne, 0,5 km au Sud sur D 7 – ✆ 04 70 59 70 23 – relaisdulac@aol.com – Fermé oct., lundi et mardi

6 ch – †46 € ††46/57 €, ☕ 8 € – ½ P 52/57 € – **Rest** – Menu 13 € (déj. en sem.), 23/40 € – Carte 25/44 € ♀

◆ Au cœur de la Montagne bourbonnaise et tout près d'un lac, une adresse qui honore le terroir : décor champêtre et spécialités de fritures. Chambres proprettes.

MAZAMET – 81 Tarn – **338** G10 – **10 544 h. – alt. 241 m** – ✉ **81200**
Midi-Pyrénées 29 **C2**

Paris 739 – Albi 64 – Carcassonne 50 – Castres 21 – Toulouse 92

de Castres-Mazamet : ✆ 05 63 70 34 77, O : 14 km.

Office de tourisme, rue des Casernes ✆ 05 63 61 27 07, Fax 05 63 61 31 35

de Mazamet-la-Barouge Pont de l'Arn, N : 3 km, ✆ 05 63 61 06 72.

≤★ des gorges de l'Arnette S : 4 km.

Mets et Plaisirs rest, VISA

7 av. A. Rouvière – ✆ 05 63 61 56 93 – contact@metsetplaisir.com – Fax 05 63 61 83 38 – Fermé 6-26 août, 2-14 janv. et dim. soir

11 ch – 44 € 50 €, 7 € – ½ P 56 € – **Rest** – *(fermé lundi)* Menu 15 € (sem.)/50 € – Carte 36/48 €

◆ Maison de maître du début du 20e s. située en plein centre-ville, face à la poste. On rafraîchit peu à peu les chambres correctement équipées. La salle de restaurant a conservé de son passé de demeure patricienne une distinction certaine ; cuisine au goût du jour.

à Bout-du-Pont-de-Larn 2 km à l'Est par N 112 et D 54 – **1 070 h. – alt. 280 m** – ✉ **81660**

La Métairie Neuve 10/25, VISA

Bout du Pont de Larn – ✆ 05 63 97 73 50 – metairieneuve@wanadoo.fr – Fax 05 63 61 94 75 – Fermé 15 déc.-25 janv.

14 ch – 62/80 € 71/89 €, 10 € – ½ P 64/73 € – **Rest** – *(fermé merc. du 1er juin au 30 sept., sam. et dim. du 1er oct. au 31 mai) (dîner seult) (résidents seult)* Menu 26 €

◆ Métairie du 18e s. rénovée avec goût. Cour pavée, joli salon au coin du feu et chambres portant les noms de grands crus bordelais. Coquette salle à manger rustique et terrasse aménagée sous une ancienne grange, face au beau jardin fleuri et à sa piscine.

MAZAN – **84 Vaucluse** – **332** D9 – **rattaché à Carpentras**

MAZAYE – 63 Puy-de-Dôme – **326** E8 – **560 h. – alt. 760 m** – ✉ **63230** 5 **B2**

Paris 441 – Clermont-Fd 23 – Le Mont-Dore 32 – Pontaumur 27 – Pontgibaud 7

Auberge de Mazayes ch, VISA

à Mazayes-Basses – ✆ 04 73 88 93 30 – Fax 04 73 88 93 80 – Fermé 15 déc.-25 janv. et lundi d'oct. à mars

15 ch – 50 € 59/70 €, 8,50 € – ½ P 57/60 € – **Rest** – *(fermé mardi midi)* Menu 17 € (sem.)/36 € – Carte 22/37 €

◆ Cette ancienne ferme constitue un pied-à-terre idéal pour découvrir la campagne auvergnate : la beauté rustique du site n'a d'égal que celle des aménagements. Joli restaurant champêtre. Goûteux plats régionaux ; belle sélection de bordeaux et de vins locaux.

MÉAUDRE – **38 Isère** – **333** G7 – **rattaché à Autrans**

MEAULNE – 03 Allier – **326** C3 – **759 h. – alt. 185 m** – ✉ **03360**
Auvergne 5 **B1**

Paris 307 – Clermont-Ferrand 126 – Moulins 96 – Montluçon 31 – Saint-Amand-Montrond 19

Au Cœur de Meaulne rest, VISA

20 pl. de l'Eglise – ✆ 04 70 06 20 30 – info@aucoeurdemeaulne.com – Fax 04 70 06 92 58 – Fermé 15-21 oct., 11 fév.-2 mars, mardi hors saison et merc.

8 ch – 49/68 € 49/68 €, 8 € – ½ P 51/60 € – **Rest** – Menu 15 € (déj. en sem.), 19/33 € – Carte 31/45 €

◆ Cette auberge rajeunie vous héberge dans des chambres fraîches et nettes, où des tronçons de bois de la forêt du Tronçais tiennent lieu de tables de nuits ! Cuisine actuelle servie dans une salle fringante ou, en été, sous la frondaison d'un vieux marronnier.

MEAUX ⟨SP⟩ – 77 Seine-et-Marne – 312 G2 – 49 421 h. – alt. 51 m – ✉ 77100

Île de France 19 **C1**

- Paris 54 – Compiègne 68 – Melun 56 – Reims 98
- Office de tourisme, 1 place Doumer ✆ 01 64 33 02 26, Fax 01 64 33 24 86
- de Meaux Boutigny à Boutignypar A 140 et D 228 : 11km, ✆ 01 60 25 63 98 ; de la Brie à Crécy-la-Chapelle Ferme de Montpichet, par A 140 et rte de Melun : 16 km, ✆ 01 64 75 34 44 ; Disneyland Paris à Magny-le-Hongre Allée de la Mare Houleuse, S : 16 km par D5, ✆ 01 60 45 68 90.
- Centre épiscopal★ ABY : cathédrale★ B, ⩤★ de la terrasse des remparts.

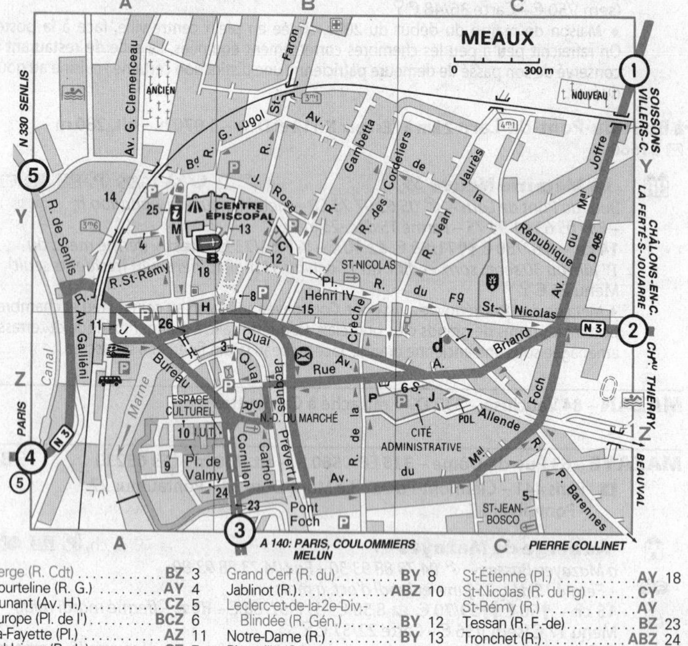

XX La Grignotière

A/C VISA

36 r. Sablonnière – ✆ 01 64 34 21 48 – Fax 01 64 33 93 93 – Fermé août, sam. midi, mardi et merc. CZ **d**

Rest – Menu 29 € (déj. en sem.)/42 € – Carte 44/65 € 𝕐

◆ La Grignotière se repère facilement grâce à sa belle enseigne en fer forgé. Agréable intérieur d'esprit rustique, ambiance conviviale et sympathique cuisine traditionnelle.

à Varreddes 6 km par ① – 1 810 h. – alt. 53 m – ✉ 77910

XXX Auberge du Cheval Blanc avec ch

ch, P VISA AE

55 r. Clairet – ✆ 01 64 33 18 03 – r.cousin2@libertysurf.fr – Fax 01 60 23 29 68 – Fermé août, mardi midi, dim. soir et lundi

8 ch – †78 € ††78/97 €, ☕ 10 € – **Rest** – Menu 34/50 € – Carte 48/68 €

◆ Cet ex-relais de poste dispose d'un agréable jardin arboré où l'on dresse des tables aux beaux jours. Salle à manger mi-bourgeoise, mi-campagnarde et chambres coquettes.

à Poincy 5 km par ② et D 17^A – **694 h. – alt. 53 m –** ✉ **77470**

XX **Le Moulin de Poincy**

r. du Moulin – ✆ 01 60 23 06 80 – Fax 01 60 23 12 56 – Fermé 30 août-20 sept., 3-24 janv., lundi soir, mardi et merc.

Rest – Menu 30/59 € – Carte 45/70 €

◆ Joli moulin du 17e s. et son jardin en bord de Marne. L'intérieur a du cachet : boiseries, poutres apparentes, meubles patinés, objets chinés et collection de cafetières.

à Trilbardou 7 km par ④ et D 27 – **517 h. – alt. 47 m –** ✉ **77450**

Chambres d'hôtes de M. et Mme Cantin sans rest

2 r. de l'Église – ✆ 01 60 61 08 75 – cantin.evelyne@voila.fr

3 ch – 46 € 55 €

◆ Le canal de l'Ourcq longe le jardin de cette demeure du 19e s. Certains clients y viennent même en vélo depuis Paris par la piste cyclable ! Chambres à la décoration raffinée.

MEAUZAC – **82 Tarn-et-Garonne** – **337** D7 – **890 h. – alt. 76 m –** ✉ **82290** 28 **B2**

Paris 628 – Cahors 57 – Montauban 16 – Toulouse 67

Manoir des Chanterelles

Bernon-Boutounelle, 2 km au Nord par D 45 – ✆ 05 63 24 60 70 – nathalie@manoirdeschanterelles.com – Fax 05 63 24 60 71

5 ch – 60/70 € 70/120 € – ½ P 65/85 € – **Rest** – table d'hôte *(dîner seult) (résidents seult)* Menu 25 € bc/35 € bc

◆ Un verger de pommiers et un agréable parc bordent ce manoir flanqué de jolies tourelles. Les étages accueillent des chambres aux styles très contrastés : Savane, Louis XVI, Orientale, Romantique et Zen. Au rez-de-chaussée, salle à manger où vous sera servie une cuisine traditionnelle.

MEGÈVE – **74 Haute-Savoie** – **328** M5 – **4 509 h. – alt. 1 113 m – Sports d'hiver : 1 113/2 350 m** 9 70 – **Casino** AY – ✉ **74120** Alpes du Nord 46 **F1**

Paris 598 – Albertville 32 – Annecy 60 – Chamonix-Mont-Blanc 33

Altiport de Megève ✆ 04 50 21 33 67, SE : 7 km BZ

Office de tourisme, rue Monseigneur Conseil ✆ 04 50 21 27 28, Fax 04 50 93 03 09

du Mont-d'Arbois 3001 route Edmond de Rotschild, E : 2 km, ✆ 04 50 21 29 79.

Mont d'Arbois★★.

Plan page suivante

Les Fermes de Marie ch, rest,

chemin de Riante Colline par ② – 10/200,

✆ 04 50 93 03 10 – contact@fermesdemarie.com – Fax 04 50 93 09 84 – Ouvert juil.-août et 2 déc.-15 avril

61 ch – 256/920 € 256/920 €, 25 € – 4 suites, 3 duplex – ½ P 192/685 €

Rest – Carte 62/80 €

Rest *La Rôtisserie* – *(dîner seult)* Menu 55 €

Rest *Restaurant à Fromages* – *(dîner seult)* Menu 50 € bc

◆ Ce hameau d'authentiques fermes savoyardes a été merveilleusement reconstitué. Chambres-cocons, superbe spa... Luxueux et unique. Belle table montagnarde et carte au goût du jour. À La Rôtisserie : broches et planchas. Recettes régionales au restaurant à fromages.

Lodge Park rest, rest, 60,

100 r. Arly – ✆ 04 50 93 05 03 – contact@lodgepark.com – Fax 04 50 93 09 52 – Ouvert 21 déc.-31 mars AY **s**

39 ch – 220/940 € 220/940 €, 22 € – 11 suites – ½ P 376/548 € –

Rest – Menu 76 € (déj.), 82/107 € – Carte 52/77 €

◆ Décoration très réussie des chambres sur le thème des lacs canadiens et des chercheurs d'or : bois brut, rondins, trophées de chasse, cheminée en pierre, tissus choisis, etc. Au restaurant, les Adirondacks revus et corrigés... à la mode megévanne ! Carte au goût du jour.

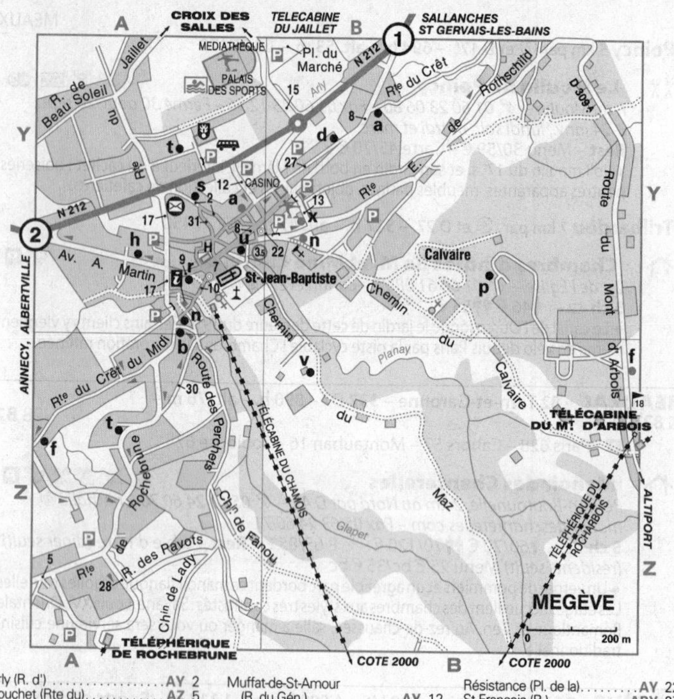

Arly (R. d') . . . . . AY 2	Muffat-de-St-Amour (R. du Gén.) . . . . . AY 12	Résistance (Pl. de la) . . . . . AY 22
Bouchet (Rte du) . . . . . AZ 5	Oberstdorf (R.) . . . . . BY 13	St-François (R.) . . . . . ABY 27
Église (Pl. de l') . . . . . AY 7	Palais des Sports (Rte du) . . . . . ABY 15	Téléphérique (Rte du) . . . . . AZ 28
Feige (R. Ch.) . . . . . ABY 8	Poste (R. de la) . . . . . AY 17	Verte (Allée) . . . . . AZ 30
Martin (R. A.) . . . . . AY 9		5-Rues (Passage des) . . . . . AY 31
Monseigneur-Conseil (R.) . . . . . AY 10		

Le Fer à Cheval

rest, rest, 90,

36 rte Crêt d'Arbois – ✆ 04 50 21 30 39 – fer-a-cheval@wanadoo.fr – Fax 04 50 93 07 60 – Fermé de début avril à mi juin

42 ch – 199/232 € 442/481 €, 18 € – 14 suites – ½ P 163/276 € BY **a**

Rest – *(Fermé lundi hors saison et le midi en hiver)* Menu 55 € – Carte 55/66 €

Rest *L'Alpage* – *(Ouvert de mi-déc. à début avril)* Carte 46/54 €

◆ Le chalet bâti en 1938 par le forgeron du village renferme un superbe intérieur montagnard. Salons et chambres très "cosy" (mobilier régional), salles de bains luxueuses. Dîner aux chandelles, près de la cheminée, dans une intime salle à manger. Plats du terroir à L'Alpage.

Mont-Blanc sans rest

pl. Église – ✆ 04 50 21 20 02 – contact@hotelmontblanc.com – Fax 04 50 21 45 28 – Fermé 20 avril-6 juin et 20 sept.-10 oct. AY **r**

40 ch – 225/350 € 225/650 €, 22 €

◆ Mythique doyen des hôtels megévans : "21e arrondissement de Paris" selon Cocteau, théâtre des Liaisons dangereuses version Vadim... Très jolies chambres personnalisées.

Chalet du Mont d'Arbois

ch, rest,

447 chemin de la Rocaille (par rte Edmond de Rothschild) – ✆ 04 50 21 25 03 – montarbois@relaischateaux.fr – Fax 04 50 21 24 79 – Ouvert de mi-juin à mi- oct. et de mi-déc. à mi-avril BY **p**

23 ch – 300/769 € 319/969 €, 28 € – 1 suite – **Rest** – *(fermé le midi en sem. et lundi sauf vacances scolaires)* Menu 60/110 € – Carte 78/129 €

◆ Vue sublime sur les sommets depuis ces chalets isolés sur le plateau du mont d'Arbois. Trophées de chasse, boiseries et beau mobilier y créent un cadre chaleureux et raffiné. Élégant restaurant, terrasse d'été prisée, cuisine soignée et superbe carte des vins.

Chalet de Noémie ⌂⌂ 🐌
5 suites – ♦♦900/3900 €, ☕ 28 €
◆ Les cinq luxueux appartements du Chalet de Noémie constituent une délicieuse annexe merveilleusement équipée.

Chalet d'Alice ⌂⌂ 🐌
7 ch – ♦469/1450 € ♦♦469/1450 €, ☕ 28 € – 1 suite
◆ Des chambres ravissantes, un salon "cosy" et une rare collection de cannes et pipes appartenant aux Rothschild vous attendent en ce joli chalet à l'ancienne.

Chalet St-Georges
159 r. Mgr Conseil – ✆ 04 50 93 07 15 – chalet-st-georges@wanadoo.fr – Fax 04 50 21 51 18 – Ouvert 24 juin-15 sept. et 21 déc.-9 avril AY **n**
21 ch – ♦130/200 € ♦♦140/350 €, ☕ 18 € – 3 suites – ½ P 150/232 €
Rest *La Table du Pêcheur* – *(ouvert 21 déc.-31 mars) (dîner seult)* Carte 32/59 € 🍷
Rest *La Table du Trappeur* – *✆ 04 50 21 15 73 (fermé 20 avril-23 juin, lundi, mardi et merc. du 12 nov. au 20 déc.)* Carte 31/49 € 🍷
◆ Véritable "chalet de poupée" dont les petites chambres et les salons douillettement habillés de bois s'agrémentent de bibelots, meubles savoyards et tissus colorés. Cuisine iodée et spécialités régionales à la Table du Pêcheur. Viandes rôties et belle carte des vins à la Table du Trappeur.

Le Manège
rte Crêt du Midi, rd-pt de Rochebrune – ✆ 04 50 21 41 09 – reservation@hotel-le-manege.com – Fax 04 50 21 44 76 – Ouvert 29 juin-27 août et 15 déc.-31 mars AYZ **b**
14 ch – ♦225/305 € ♦♦305/405 €, ☕ 15 € – 18 suites – ♦♦390/620 € – ½ P 193/243 € – **Rest** – Menu (22 €), 25/40 € 🍷
◆ Hôtel récent à deux pas du centre de la station. Intérieur "cosy" (bois, tons rouge et vert dominants) et jolies chambres avec balcons ; certaines sont en duplex. Saveurs italiennes et savoyardes se passent le relais dans la salle de restaurant lambrissée.

Au Coin du Feu
252 rte Rochebrune – ✆ 04 50 21 04 94 – contact@coindufeu.com – Fax 04 50 21 20 15 – Ouvert 10 déc.-10 avril AZ **t**
23 ch – ♦200/250 € ♦♦200/345 €, ☕ 17 € – ½ P 146/219 €
Rest *Le Saint Nicolas* – *✆ 04 50 21 20 15 (dîner seult)* Menu 48 € 🍷
◆ Les flambées dans la belle cheminée ne font pas mentir l'enseigne... Intérieur chaleureux et chambres bien décorées ; celles avec coin-salon sont plus amples. Cuisine traditionnelle et spécialités fromagères proposées dans une salle aux allures de taverne de montagne.

La Grange d'Arly 🐌
10 r. Allobroges – ✆ 04 50 58 77 88 – contact@grange-darly.com – Fax 04 50 93 07 13 – Ouvert fin juin à mi-sept. et mi-déc. à mi-avril AY **t**
25 ch – ♦131/174 € ♦♦151/287 €, ☕ 7 € – ½ P 108/137 € – **Rest** – *(ouvert fin juin à fin août et mi-déc. à mi-avril) (dîner seult)* Menu 17/32 € 🍷
◆ Chalet entouré de verdure, non loin d'un cours d'eau. Charmant décor mêlant le bois blond et les tissus colorés. Les chambres mansardées sont les plus agréables. Coquet restaurant - lambris clairs et étoffes aux couleurs du Midi - et recettes régionales.

La Chaumine sans rest 🐌
36 chemin des Bouleaux, par chemin du Maz – ✆ 04 50 21 37 05 – Fax 04 50 21 37 21 – Ouvert 30 juin-1er sept. et 22 déc.-14 avril BZ **v**
11 ch – ♦63/78 € ♦♦82/107 €, ☕ 8 €
◆ À 300 m du village et de la télécabine du Chamois, une ferme du 19e s. joliment restaurée à la mode montagnarde. Chambres coquettes et service snack le soir (plats locaux).

Au Cœur de Megève
44 av. Ch. Feige – ✆ 04 50 21 25 30 – info@hotel-megeve.com – Fax 04 50 91 91 27 – AY **u**
36 ch – ♦85/187 € ♦♦85/260 €, ☕ 11,50 € – ½ P 138 €
Rest – *(fermé avril et sept., mardi et merc. sauf en juil.-août, déc., janv. et fév.)* Menu 20 € (déj.)/38 € – Carte 25/55 € 🍷
Rest *St-Jean* – *(ouvert 21 déc.-5 avril et fermé lundi sauf vacances scolaires) (dîner seult)* Carte 26/51 € 🍷
◆ Élégantes chambres rénovées dans le style savoyard ; certaines ont vue sur les sommets, d'autres sur un torrent. Au restaurant, recettes traditionnelles et régionales, salon de thé et terrasse estivale. Spécialités fromagères au Saint-Jean.

Au Vieux Moulin sans rest 20, VISA AE
188 r. A. Martin – ✆ 04 50 21 22 29 – vieuxmoulin@compuserve.com – Fax 04 50 93 07 91 – Ouvert 15 juin-15 sept. et 15 déc.-30 avril AY **h**
38 ch – 145/240 € 145/240 €, 15 €
◆ Ces deux chalets abritent des chambres rénovées dans un esprit montagnard, à la fois sobre et plaisant. Sauna, piscine et espace beauté agrémenteront votre séjour.

La Prairie sans rest 10/25, VISA
407 r. Ch. Feige – ✆ 04 50 21 48 55 – contact@hotellaprairie.com – Fax 04 50 21 42 13 – Ouvert juin-sept. et déc.-avril BY **d**
39 ch – 85/200 € 85/200 €, 10 €
◆ Aux portes de la station, chambres pratiques souvent dotées de balcons, plus actuelles et chaleureuses à l'annexe. Carte de type snack (avec plats montagnards) disponible 24h sur 24.

Le Gai Soleil VISA AE
rte Crêt du Midi – ✆ 04 50 21 00 70 – info@le-gai-soleil.fr – Fax 04 50 21 57 63 – Ouvert 11 juin-24 sept. et 16 déc.-14 avril AZ **f**
21 ch – 64/91 € 72/121 €, 10 € – ½ P 62/83 € – **Rest** – *(dîner seult)* Menu 25/30 €
◆ Ce chalet des années 1920 est fréquenté par une clientèle de fidèles conquise par son cachet et les bienfaits de son minifitness. Chambres plus tranquilles sur l'arrière. Sympathique restaurant rustique, plats régionaux et menus montagnards les lundis et jeudis.

Le Chalet de l'Ancolie VISA AE
1295 rte Sallanches, (à Demi-Quartier), 2,5 km par ① – ✆ 04 50 21 21 37 – contact@chalet-ancolie.com – Fax 04 50 58 95 06 – Ouvert 5 mai-18 oct. et 15 déc.-15 avril
10 ch – 55/100 € 60/112 €, 7 € – ½ P 50/78 € – **Rest** – *(fermé merc. midi)* Menu (20 €), 25/32 € – Carte 35/44 €
◆ Avenant petit hôtel bordant la route menant à la station. Intérieur entièrement rénové dans un esprit alpin, sobre et frais ; chambres lambrissées plus calmes sur l'arrière. À table, carte traditionnelle assortie de quelques spécialités montagnardes.

Les Oyats sans rest cuisinette
771 chemin de Lady au sud – ✆ 04 50 21 11 56 – lesoyats3@wanadoo.fr – Fermé vacances de la Toussaint
4 ch – 72 € 81 €
◆ Cette ferme familiale atypique cumule les atouts : décor "tout bois" et solide mobilier faits maison, chambres dotées de terrasses avec vue sur le hameau, cuisine ouverte sur l'écurie où logent deux ânesses, etc.

Flocons de Sel (Renaut) VISA
75 r. St-François – ✆ 04 50 21 49 99 – flocons.de.sels@wanadoo.fr – Fax 04 50 21 68 22 – Fermé mai, juin, 11 nov.-10 déc., lundi midi, mardi et merc. hors saison, lundi midi, mardi midi et merc. midi en vacances scolaires
Rest – Menu 35 € (déj. en sem.)/110 € – Carte 70/100 € AY **a**
Spéc. Cardons épineux et topinambours, bouillon clou de girofle et truffe (nov. à mars). Ecrevisses du lac tièdes, jus de maïs et coriandre. Omble chevalier, thé vert et pommes céramics. **Vins** Roussette, Mondeuse.
◆ Joli nom pour un joli cadre : dans une ferme du 19e s. au cœur de la station, deux salles rustiques plaisamment décorées d'une myriade d'objets. Délicieuse cuisine créative.

Taverne du Mont d'Arbois VISA AE
2811 rte Edmond de Rothschild – ✆ 04 50 21 03 53 – Fax 04 50 58 93 02 – Fermé mai, nov. et le midi BZ **f**
Rest – Menu 35/55 € bc – Carte 47/73 €
Rest *L'Atelier* – Menu 40/55 €
◆ Il règne une sympathique atmosphère montagnarde dans ce chalet : chaleureux cadre "paysan", recettes traditionnelles actualisées et plats rôtis sous vos yeux dans la cheminée. À l'Atelier, cadre "tendance", rustique et contemporain, et cuisine inventive présentée sur ardoise.

Le Puck VISA
31 r. Oberstdorf – ✆ 04 50 21 06 61 – Fax 04 50 21 68 22 – Fermé dim. soir BY **x**
Rest – Menu 26 € – Carte 23/56 €
◆ Un nom qui désigne le palet des hockeyeurs pour ce restaurant installé à la patinoire centrale. Décor moderne aux tons gris, terrasse bien exposée et cuisine de brasserie.

Le Vieux Megève VISA MC

58 pl. Résistance – ✆ 04 50 21 16 44 – vieux-megeve@py-internet.com – Fax 04 50 93 06 69 – Ouvert juil.-août et 15 déc.-31 mars BY **n**

Rest – Menu 24 € (déj.) – Carte 21/53 €

◆ Ce chalet (1880) cultive la nostalgie du Megève des origines : qualité de l'accueil, boiseries patinées, grande cheminée, linge à l'ancienne et spécialités régionales.

au sommet du Mont d'Arbois par télécabine du Mt d'Arbois ou télécabine de la Princesse – ✉ 74170 St-Gervais

L'Igloo ← chaîne du Mont Blanc, 25, VISA MC AE

3120 rte Crêtes – ✆ 04 50 93 05 84 – igloo2@wanadoo.fr – Fax 04 50 21 02 74 – Ouvert 20 juin-10 sept. et 17 déc.-20 avril

12 ch (½ P seult) – ½ P 129/208 € – **Rest** – Menu 40/50 € – Carte 40/62 €

◆ Au point de rencontre de trois téléphériques, une vue exceptionnelle sur le massif du Mont-Blanc. Mobilier choisi, jacuzzi et sauna ajoutent à l'agrément du lieu. Panorama époustouflant depuis la terrasse du restaurant. Également, self-service pour skieurs.

L'idéal ← de la chaine des Aravis au Mont-Blanc,

– ✆ 04 50 21 31 26 – Fax 04 50 93 02 63 – Ouvert 14 nov.-16 avril

Rest – *(déj. seult)* Carte 40/60 €

◆ Une ancienne ferme d'alpage devenue le restaurant d'altitude le plus chic de la station. Paysage remarquable, vaste terrasse et plats montagnards sont au rendez-vous.

à la Côte 2000 8 km au Sud-Est par rte Edmond de Rothschild - BZ – **✉ 74120 Megève**

Côte 2000 ← (soir) VISA MC AE

– ✆ 04 50 21 31 84 – cote2000megeve@aol.com – Fax 04 50 21 59 25 – Ouvert 1er juil.-15 sept. et 15 déc.-30 avril

Rest – Menu 50/75 € – Carte 47/77 €

◆ Ce superbe chalet autrichien (propriété des Rothschild) fut démonté puis reconstruit ici, pièce par pièce, dans les années 1960. Vaste terrasse panoramique et carte régionale.

à Leutaz 4 km au Sud-Ouest par rte du Bouchet AZ – **✉ 74120 Megève**

La Sauvageonne-Chez Nano ← 12/20, (soir) VISA MC

– ✆ 04 50 91 90 81 – Fax 04 50 58 75 44 – Ouvert 30 juin-5 sept. et 15 déc.-15 avril

Rest – Menu 18/29 € – Carte 47/65 €

◆ Cette ferme de 1907 abrite une coquette salle à manger (tableaux de bois sculptés représentant des paysages alpins) et un superbe salon avec cave à cigares. Clientèle tendance "showbiz".

Le Refuge ← P VISA MC

– ✆ 04 50 21 23 04 – Fax 04 50 91 99 76 – Fermé 10 juin-10 juil., 15 oct.-15 nov., lundi, mardi et merc. hors saison

Rest – Menu 25 € (déj.) – Carte 34/47 €

◆ Un bien charmant "refuge" perché sur les hauteurs de la station. Influences montagnardes tant pour le décor que dans l'assiette, simple et goûteuse. Grande terrasse panoramique.

MEILLARD – 03 Allier – 326 G4 – 280 h. – alt. 340 m – ✉ 03500 5 B1

Paris 319 – Clermont-Fd 86 – Mâcon 149 – Montluçon 68 – Moulins 27 – Nevers 82

L'Auberge Gourmande VISA MC

Le Bourg – ✆ 04 70 42 06 09 – auberge.gourmande@wanadoo.fr – Fermé 1er-15 juil., 27 août-2 sept., vacances de la Toussaint, de Noël, de fév., lundi, mardi et merc.

Rest – *(prévenir)* Menu 21 € (sem.)/54 € – Carte 37/57 €

◆ Cette vieille maison de pays abrite un sobre intérieur champêtre. La terrasse offre la vue sur l'insolite église du village. Petite carte au goût du jour. Aire de jeux.

MEILLONNAS – 01 Ain – 328 F3 – 1 204 h. – alt. 271 m – ✉ 01370 44 B1

Paris 432 – Bourg-en-Bresse 12 – Mâcon 47 – Nantua 37 – Oyonnax 46

Auberge Au Vieux Meillonnas P VISA MC AE

– ✆ 04 74 51 34 46 – Fax 04 74 51 34 46 – Fermé 25 août-5 sept., 30 oct.-7 nov., 20-27 fév., mardi soir, dim. soir et merc.

Rest – Menu 16 € (sem.)/34 € – Carte 24/54 €

◆ Adresse toute simple sur la traversée d'un pittoresque village bressan. Atmosphère rustique dans la salle ouverte sur la terrasse ombragée et le jardin. Plats traditionnels.

MEISENTHAL – 57 Moselle – 307 P5 – 766 h. – alt. 380 m – ✉ 57960 27 D2

▶ Paris 440 – Haguenau 47 – Sarreguemines 38 – Saverne 40 – Strasbourg 62

Auberge des Mésanges 20, P VISA MC AE
– ✆ *03 87 96 92 28 – hotel-restaurant.auberge-mesanges@wanadoo.fr*
– Fax 03 87 96 99 14 – Fermé 24 déc.-1er janv., 15 fév.-4 mars et lundi
20 ch – 33/39 € 39/45 €, 6 € – ½ P 43 € – **Rest** – *(fermé dim. soir)*
Menu 9,50 € (déj. en sem.)/18 € – Carte 25/37 €
◆ Auberge familiale logée dans une maison centenaire située à l'orée d'une forêt, au sein du Parc naturel des Vosges du Nord. Chambres bien tenues. Table traditionnelle. Le soir goutez la "tarte flambée" (Flammekueche) : fine pâte à pain avec oignons et lardons.

MÉJANNES-LÈS-ALÈS – 30 Gard – 339 J4 – rattaché à Alès

MÉLISEY – 70 Haute-Saône – 314 H6 – 1 794 h. – alt. 330 m – ✉ 70270
Franche-Comté Jura 17 C1

▶ Paris 397 – Belfort 33 – Besançon 92 – Épinal 63 – Lure 13 – Luxeuil-les-Bains 22

ℹ Office de tourisme, place de la Gare ✆ 03 84 63 22 80

La Bergeraine AC P VISA MC
27 rte des Vosges – ✆ 03 84 20 82 52 – Fax 03 84 20 04 47 – Fermé mardi soir et merc. sauf fériés
Rest – Menu 15 € (sem.)/65 € – Carte 40/61 €
◆ En bord de route, à la sortie d'un bourg du plateau des Mille Étangs, engageante petite maison aux abords fleuris. Terrasse ombragée par des tilleuls. Plats au goût du jour soignés.

MELLE – 79 Deux-Sèvres – 322 F7 – 3 851 h. – alt. 138 m – ✉ 79500 39 C2

▶ Paris 394 – Niort 30 – Poitiers 60 – St-Jean-d'Angély 45

ℹ Office de tourisme, 3 rue Émilien Travers ✆ 05 49 29 15 10, Fax 05 49 29 19 83

L'Argentière ch, AC rest, P VISA MC AE
à St-Martin, sur rte Niort : 2 km – ✆ 05 49 29 13 22 – hotel-retaurant.largentiere@wanadoo.fr – Fax 05 49 29 06 63
18 ch – 43 € 45 €, 6,50 € – ½ P 53 € – **Rest** – ✆ 05 49 29 13 74 *(fermé dim. soir et lundi midi)* Menu 14 € (sem.), 20/46 € – Carte 40/56 €
◆ L'enseigne évoque les anciennes mines d'argent. Les pavillons de plain-pied, égayés de colonnes antiquisantes, abritent de petites chambres colorées (plus calmes sur l'arrière). Salles à manger actuelles et terrasses dressées sous des tonnelles.

Les Glycines avec ch AC 30, VISA MC AE
5 pl. R. Groussard – ✆ 05 49 27 01 11 – contact@hotel-lesglycines.com
– Fax 05 49 27 93 45 – Fermé 7-20 janv., vend. soir, sam. midi de nov. à fév. et dim. soir de sept. à juin
7 ch – 39/46 € 46/54 €, 7,50 € – ½ P 50/53 € – **Rest** – Menu 24/39 € – Carte 32/51 €
◆ La jolie véranda en fer forgé de ce restaurant abrite une salle à manger cossue, parée d'un décor printanier, et un coin brasserie. Cuisine traditionnelle. Chambres coquettes.

MELUN P – 77 Seine-et-Marne – 312 E4 – 35 695 h. – Agglo. 107 705 h. – alt. 43 m – ✉ 77000 Île de France 19 C2

▶ Paris 47 – Fontainebleau 18 – Orléans 104 – Troyes 128

ℹ Office de tourisme, 18 rue Paul Doumer ✆ 01 64 10 03 25, Fax 01 64 10 03 25

U.C.P.A. Bois-le-Roi à Bois-le-Roi Base de loisirs, par rte de Fontainebleau : 8 km, ✆ 01 64 81 33 31 ; de Greenparc à Saint-Pierre-du-Perray Route de Villepècle, par rte de Cesson : 15 km, ✆ 01 60 75 40 60 ; Blue Green Golf de Villeray à Saint-Pierre-du-Perraypar rte de Corbeil : 21 km, ✆ 01 60 75 17 47.

Portail★ de l'église St-Aspais.

Vaux-le-Vicomte : château★★ et jardins★★★ 6 km par ②.

LE MÉE-SUR-SEINE

Courtilleraies (Av. des) .... X 10
Dauvergne (Av. M.)........ X 12

MELUN

Alsace-Lorraine (Q.) ...... BZ 2
Carnot (R.) .... AY 3
Chartrettes (Rte de) .... X 6
Chasse (R. de la) .... X 7
Corbeil (Av. de) .... X 8
Courtille (R. de la) .... BZ 9
Doumer (R. Paul) .... BY 13
Europe (Rd-Pt de l') .... X 14
Gallieni (Pl.) .... X 17
Gaulle (Av. du Gén. de).... X 18
Godin (Av. E.) .... AZ 19
Jean-Jaurès (Av.).......... X 20
Leclerc (Av. Gén.) .... X 22
Libération (Av. de la) ...... X 23
Miroir (R. du)........... AY 25
Montagne-du-Mée
(R. de la) .... AY 26
Pompidou (Av. G.).......... X 33
Pouteau (R. René) .... BY 34
Prés.-Despatys (R.)....... AY 35
Rossignol (Q. H.) .... X 39
St-Ambroise (R.) .... AZ
St-Aspais (R.) .... BY 41
St-Étienne (R.)........... AZ 43
Thiers (Av.)......... AZ, X 46
Vaux (R. de)............... X 49
Voisenon (Rte de) .... X 53
13e-Dragons (Av.)........... X 60
31e-d'Inf. (Av. du) .... X 65

XX **Le Mariette**

31 r. St-Ambroise – ✆ 01 64 37 06 06 – restaurant@lemariette.fr – Fax 01 64 37 00 47 – Fermé août, lundi soir, sam. midi et dim. AZ **a**

Rest – Menu 28 € (déj. en sem.)/36 € – Carte 51/78 €

◆ Façade, murs intérieurs et vivier à homards : le bleu domine dans l'élégant décor de ce restaurant où la cuisine actuelle fait la part belle aux produits de la mer et à la truffe.

XX **La Melunoise**

5 r. Gâtinais – ✆ 01 64 39 68 27 – Fax 01 64 39 81 81 – Fermé août, vacances de fév., dim. soir, lundi et mardi X **b**

Rest – Menu 28 € (déj. en sem.), 32/50 € – Carte 39/54 €

◆ Discrète maison en retrait de la circulation. Deux salles à manger sobrement rustiques, séparées par un petit hall rehaussé de vieilles pierres. Registre culinaire classique.

à Crisenoy 10 km par ② **– 604 h. – alt. 89 m – ✉ 77390**

XXX **Auberge de Crisenoy**

r. Grande – ✆ 01 64 38 83 06 – Fax 01 64 38 89 06 – Fermé 30 juil.-20 août, 24-31 déc., 25 fév.-3 mars, dim. soir, merc. soir et lundi

Rest – Menu 24 € (déj. en sem.), 31/48 € – Carte 40/53 €

◆ Plaisant cadre d'auberge au cœur d'un petit village : pierre brute, poutres, cheminée et mobilier campagnard. On y sert une cuisine actuelle.

à Vaux-le-Pénil 3 km au Sud-Est **– 10 688 h. – alt. 60 m – ✉ 77000**

XXX **La Table St-Just** (Vitu)

r. Libération (près Château) – ✆ 01 64 52 09 09 – latablesaintjust@free.fr – Fax 01 64 52 09 09 – Fermé 6-14 mai, 29 juil.-27 août, 23 déc.-3 janv., dim., lundi et fériés X **s**

Rest – Menu 40/64 € – Carte 58/92 €

Spéc. Brochette de homard, fenouil confit. Rognon de veau à la cannelle. Déclinaison autour de la poire au vin rouge.

◆ Ancienne ferme dépendant du château de Vaux-le-Pénil. C'est aujourd'hui un restaurant aménagé avec goût sous une haute charpente en chêne. Belle cuisine actualisée.

MENDE P – 48 Lozère – 330 J7 – 11 804 h. – alt. 731 m – ✉ 48000

Languedoc Roussillon 23 **C1**

Paris 584 – Alès 102 – Aurillac 150 – Gap 305 – Issoire 139 – Millau 96

Office de tourisme, 2 rue Henri Rivière ✆ 04 66 94 00 23

Cathédrale★ - Pont N.-Dame★.

Plan page ci-contre

De France 25,

9 bd L. Arnault – ✆ 04 66 65 00 04 – contact@hoteldefrance-mende.com – Fax 04 66 49 30 47 – Fermé 1er-15 janv. **v**

27 ch – †55/90 € ††55/100 €, ☕ 8 € – 2 suites – ½ P 58/75 € – **Rest** – *(fermé sam. midi et lundi midi)* Menu 25/31 € – Carte 28/33 €

◆ Un beau portail en fer forgé dessert cet ex-relais de poste rénové avec soin pour perpétuer sa longue tradition d'hospitalité (1856). Salon moderne et chambres charmantes. Repas traditionnel dans une lumineuse salle joliment relookée ou, en été, dans la cour.

Du Pont Roupt rest, 20,

av. 11-Novembre, par ③ – ✆ 04 66 65 01 43 – hotel-pont-roupt@wanadoo.fr – Fax 04 66 65 22 96 – Fermé 1er-15 mars, 15-28 fév., sam. et dim. d'oct. à mars

26 ch – †69 € ††69/99 €, ☕ 11 € – ½ P 80/97 € – **Rest** – Menu 25/55 € bc – Carte 34/45 €

◆ Établissement familial officiant au bord du Lot. Cheminée moderne et sièges de style au salon, chambres pimpantes, belle piscine intérieure et puits illuminé au sous-sol. Plats régionaux mitonnés depuis quatre générations par la même famille de cuisiniers.

X **Le Mazel**

25 r. Collège – ✆ 04 66 65 05 33 – Fax 04 66 65 05 33 – Ouvert 4 avril-5 nov. et fermé lundi soir et mardi **a**

Rest – Menu 14,50/27 € – Carte 21/33 €

◆ Petite table familiale traditionnelle dont les secrets culinaires ont été transmis de mère en fils. Une fresque en mousse d'argile signée Loul Combes orne un mur de la salle.

MENDE

Aigues-Passes (R. d') 2
Ange (R. de l') 3
Angiran (R. d') 4
Arjal (R. de l') 5
Beurre (Pl. au) 6
Blé (Pl. au) 7
Britexte (Bd) 8
Capucins (Bd des) 9
Carmes (R. des) 10
Chanteronne (R. de) 12
Chaptal (R.) 13
Chastel (R. du) 14
Collège (R. du) 18
Droite (R.) 19
Écoles (R. des) 20
Épine (R. de l') 21
Estoup (Pl. René) 22
Gaulle (Pl. Ch.-de) 23
Montbel (R. du Fg) 24
Piencourt (Allée) 25
Planche (Pont de la) 26
Pont N.-Dame (R. du) 27
République (Pl. et R.) 30
Roussel (Pl. Th.) 32
Soubeyran (Bd du) 33
Soubeyran (R.) 34
Soupirs (Allée des) 36
Urbain V (Pl.) 37

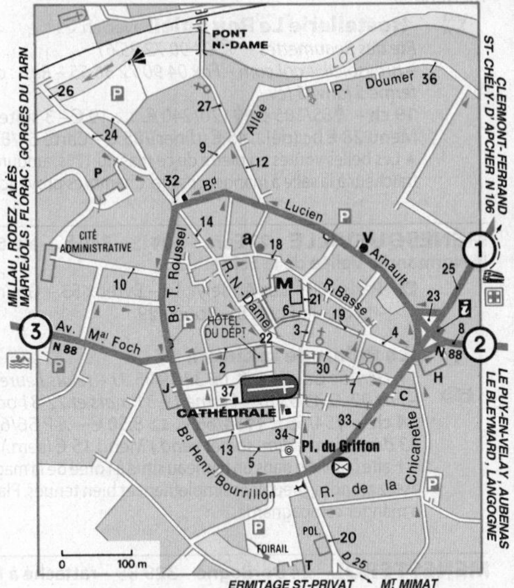

à Chabrits 5 km au Nord-Ouest par ③ et D 42 – ✉ 48000 Mende

La Safranière ♿ 12, VISA MC

– ✆ *04 66 49 31 54 – Fax 04 66 49 31 54 – Fermé 10-17 sept., 19 fév.-19 mars, dim. soir et lundi*

Rest – *(prévenir)* Menu 22 € (sem.)/45 € ♀

◆ Sur les premières marches du Gévaudan, anciennes étables où l'on goûte de la cuisine actuelle dans un joli décor contemporain. Bon petit choix de vins et fromages régionaux.

MÉNERBES – 84 Vaucluse – **332** E11 – **995 h.** – **alt. 224 m** – ✉ **84560**
Provence 42 **E1**

Paris 713 – Aix-en-Provence 59 – Apt 23 – Avignon 40 – Carpentras 34 – Cavaillon 16

<★ de la terrasse de l'église.

La Bastide de Marie ch, P VISA MC AE

Rte de Bonnieux – ✆ 04 90 72 30 20 – bastidemarie@c-h-m.com – Fax 04 90 72 54 20 – Ouvert 20 avril- 31 oct.

14 ch (½ P seult) – ½ P 225/363 € – **Rest** – Menu 78 € bc (dîner) – Carte 30/55 € carte réduite le midi ♀

◆ Superbe bastide d'où le regard s'évade vers les vignes alentour. Mélange subtil de meubles anciens, de bois peints et de nobles tissus dans les jolies chambres. Cuisine au goût du jour, d'inspiration provençale, servie dans une élégante salle à manger.

La Bastide de Soubeyras ch, ch,

Rte des Beaumettes – ✆ 04 90 72 94 14 – soubeyras@wanadoo.fr – Fax 04 90 72 94 14 – Fermé fév.

6 ch – †85/155 € ††95/165 € – **Rest** – *(dîner seult) (résidents seult)* Menu 35 € bc

◆ Cette coquette demeure en pierres sèches, perchée sur une colline, domine le village. Ravissantes chambres d'esprit provençal, jardin et piscine pour la détente. Trois soirs par semaine, la maîtresse de maison vous invite à découvrir les saveurs du Luberon.

XX **Hostellerie Le Roy Soleil** avec ch ch,
Rte des Beaumettes – ✆ 04 90 72 25 61
– hroysoleil@aol.com – Fax 04 90 72 36 55 – Rest : ouvert 15 mars-15 oct., hôtel : fermé 5 janv.-5 fév.
19 ch – †85/105 € ††120/240 €, ☐ 19 € – 3 suites – ½ P 134/194 € – **Rest** – Menu 28 € bc (déj.), 45 € (dîner)/85 € – Carte 64/83 €
◆ Les belles voûtes en pierre de ce mas du 17e s. amoureusement restauré apportent leur fraîcheur à la salle à manger cossue. Chambres provençales tournées vers un patio-jardin.

MÉNESQUEVILLE – 27 Eure – 304 I5 – 349 h. – alt. 65 m – ✉ 27850

Normandie Vallée de la Seine 33 **D2**

Paris 100 – Les Andelys 16 – Évreux 53 – Gournay-en-Bray 33 – Lyons-la-Forêt 8 – Rouen 29

Le Relais de la Lieure ch, ch,
1 r. Gén. de Gaulle – ✆ 02 32 49 06 21 – relais.lieure@orange.fr
– Fax 02 32 49 53 87 – Fermé 19-31 mars et 22-31 oct.
14 ch – †54/66 € ††54/66 €, ☐ 8,50 € – ½ P 56/65 € – **Rest** – *(fermé 23 déc.-6 janv., dim. soir et vend.)* Menu 15 € (sem.)/42 € – Carte 28/47 €
◆ Halte familiale dans un hameau situé à l'orée de la magnifique forêt de Lyons. Chambres assez grandes, meublées simplement et bien tenues. Plats traditionnels servis dans la salle à manger campagnarde.

MENESTEROL – 24 Dordogne – 329 B5 – rattaché à Montpon-Ménestérol

---

MENESTREAU EN VILLETTE – 45 Loiret – 318 J5 – rattaché à La Ferté-St-Aubin

---

MENETOU-SALON – 18 Cher – 323 K3 – 1 661 h. – alt. 256 m – ✉ 18510

Limousin Berry 12 **C2**

Paris 211 – Bourges 21 – Cosne-sur-Loire 47 – Gien 61 – Orléans 108 – Vierzon 37

Syndicat d'initiative, 23 rue de la Mairie ✆ 02 48 64 87 57

X **Le Pré des Sèves**
rte de Bourges : 2 km – ✆ 02 48 64 82 98 – lepredesseves@wanadoo.fr
– Fax 02 48 64 18 78 – Fermé 2-25 oct., 2-25 janv., dim. soir, lundi soir et mardi
Rest – Menu 15 € (sem.)/33 € – Carte 36/43 €
◆ Une halte gourmande et sympathique sur la route Jacques Coeur : cuisine du terroir et vins de Menetou dans une coquette salle champêtre. Une spécialité : la tête de veau.

LE MÉNIL – 88 Vosges – 314 I5 – rattaché au Thillot

LA MÉNITRÉ – 49 Maine-et-Loire – 317 H4 – 1 899 h. – alt. 21 m – ✉ 49250

35 **C2**

Paris 301 – Angers 27 – Baugé 23 – Saumur 26

Syndicat d'initiative, place Léon Faye ✆ 02 41 45 67 51

XX **Auberge de l'Abbaye**
port St-Maur – ✆ 02 41 45 64 67 – aubergedelabbaye@hotmail.com
– Fax 02 41 57 69 75 – Fermé 15 août-3 sept., 22-30 déc., 18-28 fév., dim. soir, lundi et mardi
Rest – Menu 19 € (sem.)/70 € – Carte 40/55 €
◆ La jolie salle à manger récemment rénovée de cette maison établie sur une levée de la Loire offre la vue sur le fleuve. Spécialités régionales et légumes du potager.

LA MÉNOUNIÈRE – 17 Charente-Maritime – 324 B4 – voir à île d'Oléron

MENS – 38 Isère – 333 H9 – 1 175 h. – alt. 780 m – ✉ 38710 45 C3

Paris 617 – Die 63 – Gap 62 – Grenoble 55 – La Mure 16

Office de tourisme, rue du Breuil ✆ 04 76 34 84 25, Fax 04 76 34 69 01

Auberge de Mens ch, ch, VISA

– ✆ *04 76 34 81 00 – aubergedemens@wanadoo.fr – Fermé janv.*

10 ch – †42/60 € ††47/60 €, ☕ 7 € – ½ P 43/50 € – **Rest** – *(fermé lundi sauf juil.-août)* Menu 15/27 € – Carte 19/34 €

◆ Sur la place du village, cette grosse maison dauphinoise vous invite à prolonger l'étape dans des chambres actuelles bien équipées. L'hiver, veillées près du poêle à bois. Salle à manger récemment rafraîchie où l'on sert le menu du jour et terrasse ombragée.

MENTHON-ST-BERNARD – 74 Haute-Savoie – 328 K5 – 1 659 h. – alt. 482 m – ✉ 74290 Alpes du Nord 46 F1

Paris 548 – Albertville 37 – Annecy 10 – Bonneville 50 – Megève 52 – Talloires 4 – Thônes 14

Office de tourisme, Chef-lieu ✆ 04 50 60 14 30, Fax 04 50 60 22 19

Château de Menthon★ : ≤★ E : 2 km.

Beau Séjour sans rest

161 allée Tennis – ✆ 04 50 60 12 04 – h.beau-sejour@laposte.net – Fax 04 50 60 05 56 – Ouvert 15 avril-fin sept.

18 ch – †66/75 € ††66/75 €, ☕ 8 €

◆ À 100 m du lac, cette paisible villa entourée d'un jardin fleuri possède un charme "rétro". Chambres campagnardes, rajeunies par étapes, mobilier varié et quelques balcons.

La Vallombreuse sans rest VISA

534 rte Moulins, 700 m. à l'Est par rte Col de Bluffy – ✆ 04 50 60 16 33 – contact@la-vallombreuse.com – Fax 04 50 64 88 87

6 ch – †75/114 € ††76/124 €, ☕ 8 €

◆ Au calme d'un jardin, belle maison forte du 15e s. abritant de vastes chambres garnies de meubles d'antiquaires, savoyards ou de style. Expositions de tableaux dans les salons.

MENTON – 06 Alpes-Maritimes – 341 F5 – 28 812 h. – Casino : du Soleil AZ – ✉ 06500 Côte d'Azur 42 E2

Paris 956 – Cannes 63 – Cuneo 102 – Monaco 11 – Nice 30

Office de tourisme, avenue Boyer ✆ 04 92 41 76 76, Fax 04 92 41 76 58

Site★★ - Vieille ville★★ : Parvis St-Michel★★, Façade★ de la Chapelle de la Conception BY **B** - ≤★ du cimetière Anglais BX **D** - Promenade du Soleil★★, ≤★ de la jetée Impératrice-Eugénie BV - Jardin de Menton★ : le Val Rameh★ BV **E** - Salle des mariages★ de l'hôtel de Ville BY **H** - Musée des Beaux-Arts★ (palais Carnolès) AX **M**1.

Jardin Hanbury★★ à Vintimille, O : 2 km.

Plans pages suivantes

Grand Hôtel des Ambassadeurs sans rest

3 r. Partouneaux – ✆ 04 93 28 75 75 20/100, VISA

– info@ambassadeurs-menton.com – Fax 04 93 35 62 32 CY **k**

32 ch ☕ – †150/200 € ††170/290 €

◆ Chaque étage de cet hôtel décline un thème différent : poésie, musique, cinéma et peinture. Chambres agrémentées de pièces uniques (manuscrits, lithographies...). Très bel espace détente et soins.

Riva sans rest ≤ VISA

600 prom. du Soleil – ✆ 04 92 10 92 10 – contact@rivahotel.com – Fax 04 93 28 87 87 CZ **n**

40 ch – †88/118 € ††88/118 €, ☕ 11 €

◆ Sur le front de mer, hôtel balnéaire récent avec solarium, jacuzzi et restaurant d'été sur le toit. Chambres toutes refaites ; balcons face à la "grande bleue" ou la montagne.

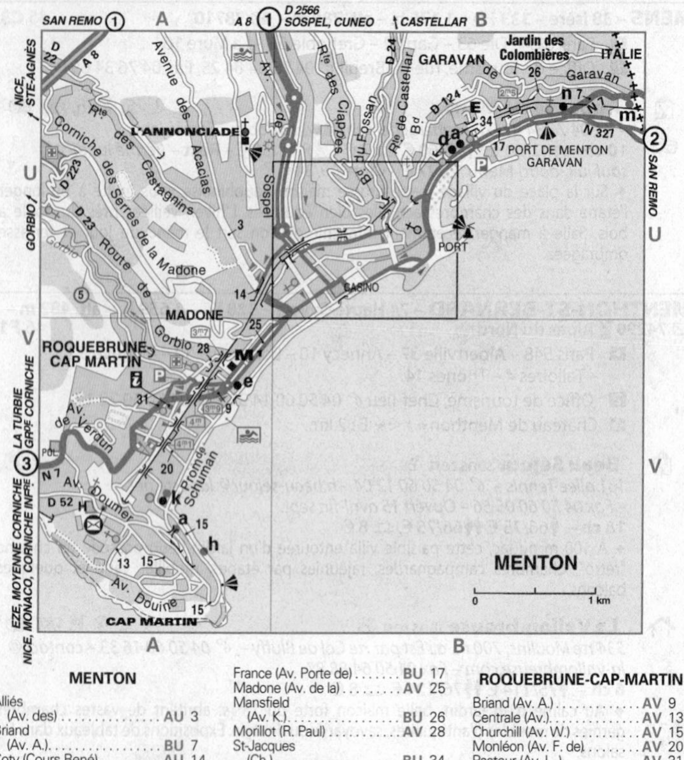

MENTON		
Alliés (Av. des)	AU	3
Briand (Av. A.)	BU	7
Coty (Cours René)	AU	14
France (Av. Porte de)	BU	17
Madone (Av. de la)	AV	25
Mansfield (Av. K.)	BU	26
Morillot (R. Paul)	AV	28
St-Jacques (Ch.)	BU	34

ROQUEBRUNE-CAP-MARTIN		
Briand (Av. A.)	AV	9
Centrale (Av.)	AV	13
Churchill (Av. W.)	AV	15
Monléon (Av. F. de)	AV	20
Pasteur (Av. L.)	AV	31

Napoléon

ch, ch, 30,

29 Porte de France – 04 93 35 89 50 – info@napoleon-menton.com – Fax 04 93 35 49 22 — BU **a**

43 ch – 79/132 € 89/239 €, 11 € – 1 suite – **Rest** – *(fermé 15 nov.-15 déc. et lundi soir)* Carte 30/65 €

◆ L'élégant décor contemporain des chambres rend hommage à des artistes ayant séjourné à Menton (Cocteau, Sutherland...). Celles qui ont vue sur mer possèdent une belle terrasse en teck. Le restaurant de plage propose poissons grillés, barbecues et une riche carte de glaces.

Princess et Richmond sans rest

617 prom. du Soleil – 04 93 35 80 20 – princess.hotel@wanadoo.fr – Fax 04 93 57 40 20 – Fermé 4 nov.-19 déc. — CZ **s**

46 ch – 79/125 € 79/210 €, 10 €

◆ Immeuble moderne bordant la plage de galets. Chambres actuelles avec balcon (sauf deux), terrasse où l'on sert brunchs et petits-déjeuners, solarium et jacuzzi sur le toit.

L'Aiglon

ch, rest,

7 av. Madone – 04 93 57 55 55 – aiglon.hotel@wanadoo.fr – Fax 04 93 35 92 39 – Fermé 18 nov.-16 déc. — CZ **b**

28 ch – 69/115 € 69/227 €, 9,50 € – ½ P 72/132 €

Rest *Riaumont* – *(fermé 12 nov.-20 déc.)* Menu (17 €), 30/49 € – Carte 29/60 €

◆ Le salon de cette villa fin 19e s. a conservé son décor d'origine (peintures, mosaïque, miroirs). Les chambres sont quant à elles toutes différentes, en style et en taille. Quelques palmiers constituent la toile de fond du restaurant et de son agréable terrasse.

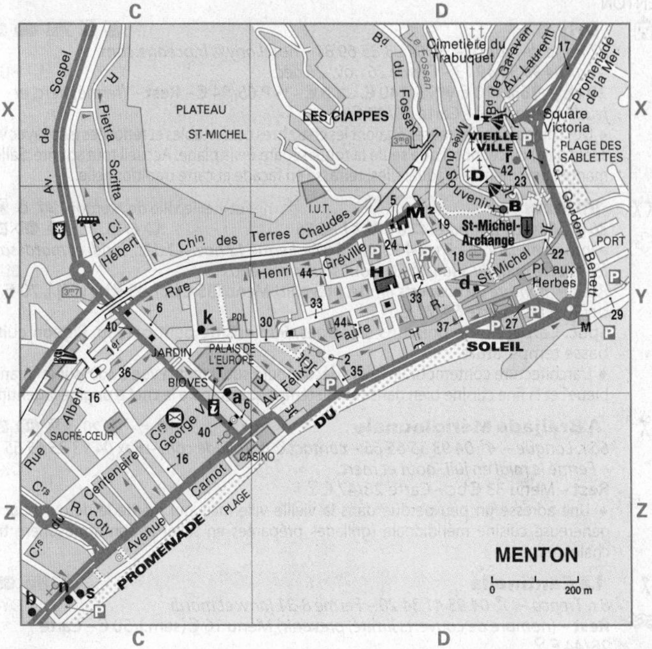

Adémar de Lantagnac (R. d') .... DY 2	Guyau (R.) .... DY 19	St-Michel (R.) .... DY
Bonaparte (Quai) .... DX 4	Logettes (R. des) .... DY 22	St-Roch (R.) .... DY 35
Bosano (R. Lt) .... DY 5	Longue (R.) .... DX 23	Thiers (Av.) .... CY 36
Boyer (Av.) .... CYZ 6	Lorédan-Larchey (R.) .... DY 24	Trenca (R.) .... DY 37
Édouard-VII (Av.) .... CYZ 16	Monléon (Quai de) .... DY 27	Verdun (Av. de) .... CYZ 40
Félix-Faure (Av.) .... CDY	Napoléon-III (Quai) .... DY 29	Vieux-Château (R.) .... DX 42
Gallieni (R. Gén.) .... DY 18	Partouneaux (R.) .... DY 30	Villarey (R.) .... DY 44
	République (R. de la) .... DY 33	

Prince de Galles ch, ch, 25,

4 av. Gén. de Gaulle – ✆ 04 93 28 21 21 – hotel@princedegalles.com – Fax 04 93 35 92 91 – Fermé 20 nov.-6 déc.

65 ch – 64/84 € 74/115 €, 11 € – ½ P 63/89 € AV **e**

Rest ***Petit Prince*** – *✆ 04 93 41 66 05 (fermé 15 nov.-15 déc.)* Menu (16 €), 20/30 € – Carte 31/46 €

◆ Claude Monet aurait séjourné en cet hôtel occupant les murs d'une caserne de carabiniers des princes de Monaco (1860). Chambres fonctionnelles, à choisir face à la mer. L'été, deux majestueux palmiers veillent sur les tables dressées dans le jardin.

Chambord sans rest

6 av. Boyer – ✆ 04 93 35 94 19 – hotel.chambord@wanadoo.fr – Fax 04 93 41 30 55

40 ch – 80/90 € 95/115 €, 8 € CYZ **a**

◆ Hôtel fonctionnel situé près du palais de l'Europe. Petits-déjeuners exclusivement servis dans les chambres. Elles sont insonorisées et presque toutes dotées d'un balcon.

Paris Rome ch,

79 Porte de France – ✆ 04 93 35 70 35 – info@paris-rome.com – Fax 04 93 35 29 30 – Fermé 1er nov.-28 déc. BU **n**

22 ch – 47/57 € 58/112 €, 11 € – ½ P 73/100 € – **Rest** – *(fermé mardi midi de juin à août et lundi) (nombre de couverts limité, prévenir)* Menu (27 €), 40/85 €

Spéc. Les tomates en déclinaison de couleurs (été). Rouget de Méditerranée simplement déstructuré (printemps). Moelleux au chocolat de Tanzanie.

◆ Sympathique petit "home" familial posté à l'entrée du port de Garavan. Coquettes chambres de style provençal. Séjours à thème (culturel, pêche, etc.). Nouveau décor méditerranéen raffiné (pierre, fer forgé, poutres peintes) honorant une belle table créative.

Orly
27 Porte de France – ✆ 04 93 35 60 81 – hotel.orly@fr.oceane.com – Fax 04 93 35 49 13 – Fermé 26 nov.-26 déc. BU **d**
29 ch – 65/110 € 75/140 €, 6 € – ½ P 65/94 € – **Rest** – *(fermé merc. et jeudi)* Menu 25 € – Carte 29/47 €
◆ Des couleurs chaleureuses égaient les chambres confortables et rénovées (sept avec vue sur la baie) de cet hôtel que seule la route sépare de la plage. Accueil tout sourire. Salle à manger agrémentée d'aquarelles, terrasse en façade et carte traditionnelle.

Mirazur ≤ mer et vieille ville de Menton,
30 av. Aristide Briand – ✆ 04 92 41 86 86 6/15,
– info@mirazur.fr – Fax 04 92 41 86 87 – Fermé 12 nov.-12 déc., lundi et mardi sauf fériés et le midi du 9 juil. au 31 août sauf week-ends BU **m**
Rest – *(nombre de couverts limité, prévenir)* Menu (35 € bc), 45 € bc (déj.), 70 € bc/90 € bc – Carte 54/72 €
Spéc. Carpaccio de poissons sauvages. Supions de petit bateau. Pigeon cuit à basse température.
◆ L'architecture contemporaine et le décor épuré subliment la vue à 360° sur la "grande bleue" et la fine cuisine bien dans l'air du temps que prépare le chef d'origine argentine.

A Braijade Méridiounale 20,
66 r. Longue – ✆ 04 93 35 65 65 – contact@abraijade.com – Fax 04 93 35 65 65 – Fermé le midi en juil.-août et merc. DX **r**
Rest – Menu 33 € bc – Carte 28/47 €
◆ Une adresse un peu perdue dans la vieille ville mais qui mérite le détour pour sa généreuse cuisine méridionale (grillades préparées en salle) et son atmosphère très chaleureuse.

La Cantinella
8 r. Trenca – ✆ 04 93 41 34 20 – Fermé 8-31 janv. et mardi DY **d**
Rest – *(nombre de couverts limité, prévenir)* Menu 16 € (sem.)/50 € – Carte 28/44 €
◆ Le patron, sicilien, aime faire plaisir à ses clients et leur mitonne de savoureux plats du Sud (entre Nice et Italie) valorisant les produits du marché. Convivialité garantie.

à Monti **5 km au Nord par rte de Sospel – ✉ 06500 Menton**

Pierrot-Pierrette avec ch ≤ rest,
pl. Église – ✆ 04 93 35 79 76 – pierrotpierrette@aol.com – Fax 04 93 35 79 76 – Fermé 4 déc.-14 janv. et lundi sauf fériés
7 ch – 68/77 € 68/77 €, 8 € – ½ P 70/86 € – **Rest** – Menu 28 € (sem.)/40 € – Carte 28/66 €
◆ Auberge familiale perchée sur les hauteurs, généreuse par son accueil et sa cuisine régionale. La fidélité de la clientèle en témoigne. Coquet intérieur et chambres bien tenues.

LES MENUIRES – **73 Savoie** – **333** M6 – **alt. 1 400 m** – **Sports d'hiver : 1 400/3 200 m** 8 36 – **✉ 73440 St-Martin-de-Belleville**
Alpes du Nord 46 **F2**

Paris 632 – Albertville 51 – Chambéry 101 – Moûtiers 27

Office de tourisme, immeuble Belledonne ✆ 04 79 00 73 00, Fax 04 79 00 75 06

L'Ours Blanc ≤ montagnes, ch, ch,
à Reberty 2000, Sud-Est : 1,5 km – 35,
✆ 04 79 00 61 66 – info@hotel-ours-blanc.com – Fax 04 79 00 63 67 – Ouvert 5 déc.-16 avril
49 ch – 80/112 € 110/140 €, 15 € – ½ P 75/99 € – **Rest** – Menu 22/70 € – Carte 37/55 €
◆ Dominant la station, grand chalet au décor montagnard contemporain. Chambres claires, équipées de balcons ; salon douillet agencé autour d'une cheminée et beau fitness. Chaleureux restaurant "tout bois" tourné vers le massif de la Masse ; recettes régionales.

MERCATEL – **62 Pas-de-Calais** – **301** J6 – **rattaché à Arras**

MERCUÈS – **46 Lot** – **337** E5 – **rattaché à Cahors**

MERCUREY – 71 Saône-et-Loire – 320 I8 – 1 269 h. – alt. 269 m – ✉ 71640 8 C3

Paris 344 – Autun 39 – Beaune 26 – Chagny 11 – Chalon-sur-Saône 13 – Mâcon 73

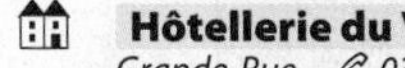

Hôtellerie du Val d'Or

Grande-Rue – ✆ 03 85 45 13 70 – contact@le-valdor.com – Fax 03 85 45 18 45 – Fermé de mi-déc. à mi-janv., 11-18 fév., mardi midi et lundi

12 ch – †75/87 € ††87 €, ☕ 11 € – ½ P 85 € – **Rest** – Menu (21 €), 24 € bc (déj.), 39/71 € – Carte 57/86 €

Spéc. Vinaigrette de homard et navets glacés à la framboise (juil. à oct.). Filet de bœuf charolais "Maître de chai". Soufflé glacé vigneronne. **Vins** Mercurey, Bouzeron.

◆ Ancien relais de poste dans un village vigneron de la Côte chalonnaise. Vous y serez hébergés dans des chambres coquettes. Jolie salle rustique avec cheminée ornée de colonnes torses et poutres apparentes. Savoureuse cuisine traditionnelle.

MÉRÉVILLE – 54 Meurthe-et-Moselle – 307 H7 – rattaché à Nancy

MÉRIBEL – 73 Savoie – 333 M5 – Sports d'hiver : 1 450/2 950 m 16 45 – ✉ 73550 Alpes du Nord 46 F2

Paris 621 – Albertville 41 – Annecy 85 – Chambéry 90 – Moûtiers 15

Office de tourisme, route du Plateau ✆ 04 79 08 60 01, Fax 04 79 00 59 61

Méribel B.P. 54, NE : 4 km, ✆ 04 79 00 52 67.

★★★ la Saulire, ★★ Mont du Vallon, ★★ Roc des Trois marches, ★★ Tougnète.

Plan page suivante

Le Grand Cœur

– ✆ 04 79 08 60 03 – grandcoeur@relaischateaux.com – Fax 04 79 08 58 38 – Ouvert 16 déc.-15 avril **a**

35 ch – †195/240 € ††265/505 €, ☕ 20 € – 5 suites – ½ P 173/330 € – **Rest** – Menu 45 € (déj.), 59/80 € – Carte 60/133 €

◆ L'omniprésence du bois blond, les chambres coquettes et le piano-bar "cosy" donnent à cet hôtel - l'un des plus anciens de la station - un cachet romantique. Nouveau spa. Arcades et boiseries claires agrémentent le chaleureux restaurant ; cuisine au goût du jour.

Allodis montagnes, ch, ch, 15/45,

au Belvédère – ✆ 04 79 00 56 00 – allodis@wanadoo.fr – Fax 04 79 00 59 28 – Ouvert juil.- août et 10 déc.-23 avril **d**

44 ch – †279/320 € ††246/289 €, ☕ 15 € – ½ P 210/248 € – **Rest** – Menu 40 € (déj.), 45/80 € – Carte 52/83 €

◆ Dominant la station, ce chalet donne sur les pistes des Trois Vallées. Chambres spacieuses et douillettes avec balcons. Agréables piscine, suana, hammam. Le soir, cuisine traditionnelle servie dans un cadre cossu.

Le Yéti ch, ch, 20,

rd-pt des Pistes ✉ 73550 – ✆ 04 79 00 51 15 – welcome@hotel-yeti.com – Fax 04 79 00 51 73 – Ouvert 2 juil.-31 août et 16 déc.-21 avril **p**

28 ch – †113/240 € ††146/270 €, ☕ 17 €, 4 duplex – ½ P 98/195 € – **Rest** – Menu 27 € (déj.), 31/45 € (dîner) – Carte 40/55 €

◆ Mobilier "cosy", boiseries cirées, tapis kilims, lits à l'autrichienne, sauna, salon avec cheminée... Abordez sans crainte ce chaleureux "home" des neiges. Terrasse face aux pistes à l'heure du déjeuner ; tables joliment dressées en salle pour le dîner.

Alba ch, 25,

rd-pt des Pistes – ✆ 04 79 08 55 55 – info@meribel-hotel-alba.com – Fax 04 79 00 55 63 – Ouvert 16 déc.-7 avril **f**

20 ch (½ P seult) – ½ P 135/179 € – **Rest** – Menu (20 €), 26 € (déj.)/58 € – Carte 43/60 €

◆ "Demain, dès l'aube, à l'heure où blanchit"... la montagne, éveillez-vous dans la douceur de cet élégant intérieur alpin. Chambres rénovées, la plupart avec balcon côté Sud. Au restaurant, plaisant décor actuel, cuisine traditionnelle et belle carte des vins.

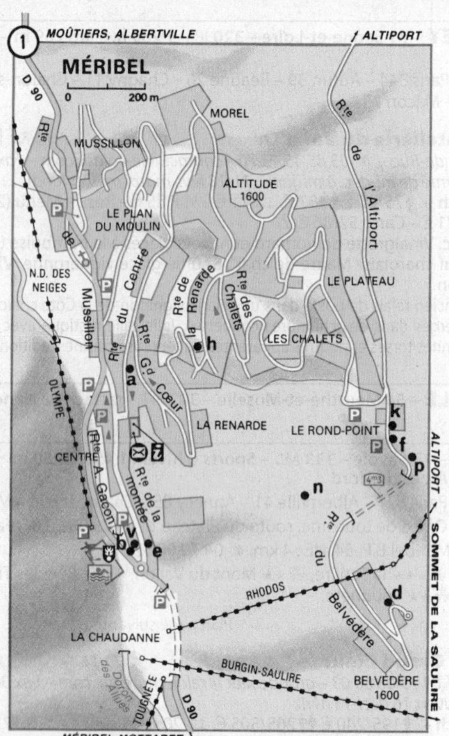

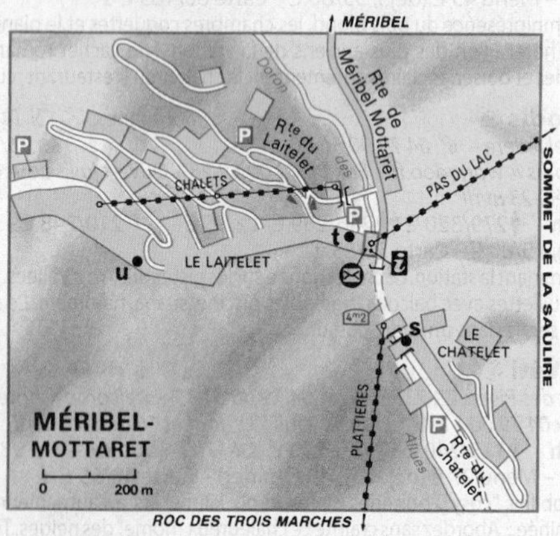

Marie-Blanche ⚘ … ch, … rest, … P VISA MC

rte Renarde – ✆ 04 79 08 65 55 – info@marie-blanche.com – Fax 04 79 08 57 07 – Ouvert 7 juil.-26 août et 13 déc.-20 avril h

21 ch – †74/153 € ††90/338 €, ☕ 15 € – ½ P 64/200 € – **Rest** – Menu 38 € (dîner) – Carte 46/62 €

◆ Ce sympathique chalet vous héberge dans de coquettes chambres savoyardes, toutes nanties d'un balcon. Chaleureux salon-bar avec cheminée centrale et vue sur la montagne. Petite salle à manger "cosy" éclairée de baies vitrées. Clientèle familiale.

L'Éterlou ch, rest, 10/120, VISA

– 04 79 08 89 00 – *infos@chaudanne.com – Fax 04 79 08 57 75 – Ouvert 1er déc.-4 avril* b

43 ch – 135/216 € 135/250 €, 18 € – ½ P 128/186 €

Rest ***La Grange*** – *04 79 08 53 19 (ouvert 22 déc.-31 mars)*

Carte 31/52 €

Rest ***Kouisena*** – *04 79 08 89 23 (ouvert 10 déc.-19 avril et 28 juin-30 août) (dîner seult)* Carte 33/64 €

◆ Situation centrale, cadre chaleureux, équipements de remise en forme (wellness, piscines) et piano-bar convivial pour la détente sont les atouts de cette maison. Carte régionale à La Grange. Répertoire uniquement savoyard au Kouisena.

L'Orée du Bois VISA AE

rd-pt des Pistes – 04 79 00 50 30 – contact@meribel-oree.com – Fax 04 79 08 57 52 – Ouvert juil.-août et déc.-Pâques k

35 ch – 109/155 € 119/194 €, 16 € – ½ P 85/160 €

– **Rest** – Menu (28 €), 34 € (déj.), 43/47 €

◆ Les chambres de ce chalet familial et cossu sont lambrissées et dotées de balcons. De belles flambées crépitent dans la cheminée du salon agrémenté de tables-échiquiers. Salle à manger lumineuse, terrasse panoramique et plats traditionnels et régionaux.

Le Tremplin sans rest 20, VISA

– *04 79 08 89 17 – infos@chaudanne.com – Fax 04 79 08 57 75 – Ouvert 1er déc.-5 avril* v

41 ch – 120/170 € 120/170 €, 18 €

◆ Cette façade en bois et pierre dissimule de plaisantes chambres de style montagnard, à choisir côté patinoire ou rue. Un bon "tremplin" pour un séjour dans les Trois-Vallées.

La Chaudanne rest, 20, VISA

– *04 79 08 61 76 – infos@chaudanne.com – Fax 04 79 08 57 75 – Ouvert 1er juil.-31 août et 1er déc.-19 avril* e

69 ch – 70/170 € 120/294 €, 18 € – 5 suites – ½ P 75/208 € – **Rest** – *(dîner seult) (résidents seult)* Menu 30/43 €

◆ Détente et forme dans ce complexe hôtelier situé au pied des télécabines : chambres confortables et rajeunies, salle de squash, mur d'escalade, centre d'esthétique.

Adray Télébar montagnes et pistes, VISA AE

sur les pistes (accès piétonnier) – 04 79 08 60 26 – welcome@telebar-hotel.com – Fax 04 79 08 53 85 – Ouvert 15 déc. -15 avril n

26 ch (½ P seult) – ½ P 120/150 € – **Rest** – Menu 29 € – Carte 34/66 €

◆ L'amabilité de l'accueil - on vient vous chercher en chenillette - et le site font oublier un décor intérieur un brin désuet. Chambres bien tenues, certaines avec baignoires "balnéo". Au restaurant, atmosphère et cuisine familiales. Belle terrasse panoramique.

Le Blanchot P VISA AE

rte Altiport : 3,5 km – 04 79 00 55 78 – le-blanchot@wanadoo.fr – Fax 04 79 00 53 20 – Ouvert 24 juin-9 sept. et 10 déc.-22 avril et fermé dim. soir et lundi soir

Rest – Carte 40/70 €

◆ Golf l'été, pistes de ski de fond l'hiver : ce chalet bien entouré offre un cadre "cosy" et une terrasse tournée vers la forêt de sapins. Plats actuels et savoyards.

à l'altiport Nord-Est : 4,5 km – ✉ **73550 Méribel-les-Allues**

Altiport Hôtel montagnes, rest,

– *04 79 00 52 32 – message@altiporhotel.com – Fax 04 79 08 57 54 – Ouvert de mi-déc. à mi-avril* 30, VISA AE

41 ch (½ P seult) – ½ P 190/255 € – **Rest** – Menu 21 € (déj.), 55/74 € – Carte 55/90 €

◆ Chalet jouxtant l'altiport (survol du mont Blanc) et le golf d'été. Chambres lambrissées bien insonorisées, plaisant salon-cheminée et galerie marchande au rez-de-chaussée. Belle salle montagnarde et terrasse ensoleillée ; table traditionnelle soignée.

à Méribel-Mottaret 6 km – ✉ 73550 Méribel-les-Allues

Alpen Ruitor rest, 24, VISA MC AE

– ✆ *04 79 00 48 48 – info@alpenruitor.com – Fax 04 79 00 48 31 – Ouvert mi-déc.-mi-avril* **t**

42 ch (½ P seult) – 2 suites – ½ P 220/335 € – **Rest** – Menu 45/95 €

◆ Les chambres, aménagées avec soin, disposent toutes d'un balcon avec vue sur les pistes (Sud) ou la vallée (Nord). Chaleureux salon-bar d'esprit tyrolien. Accueil attentionné. Vous dînerez dans une salle joliment décorée de fresques.

Mont Vallon rest, 10/40, P VISA MC AE

– ✆ *04 79 00 44 00 – info@hotel-montvallon.com – Fax 04 79 00 46 93 – Fermé de mi-oct. à mi-déc.* **s**

86 ch (½ P seult) – 3 suites – ½ P 220/475 €

Rest *Le Chalet* – *(dîner seult)* Menu 55/65 €

Rest *Brasserie Le Schuss* – Menu 25/60 €

◆ Chaleur du bois et couettes de lit créent une douillette atmosphère dans les chambres de ce grand chalet situé au pied des pistes. Sauna, hammam, squash. Décor tout bois au restaurant le Chalet. À la Brasserie, repas rapides à midi et plats savoyards le soir.

Les Arolles rest, VISA MC

– ✆ *04 79 00 40 40 – info@arolles.com – Fax 04 79 00 45 50 – Ouvert 17 déc.-22 avril* **u**

60 ch – †120/160 € ††200/280 €, ☕ 12,50 € – ½ P 145/190 € –

Rest – Menu (20 €), 25 € (déj.)/45 € (dîner) – Carte 23/29 € 🍷

◆ Accès direct aux pistes - et aux arolles (l'autre nom des pins cembro) - depuis ce grand chalet. Chambres fonctionnelles (non-fumeurs) avec balcon ; bon espace de jeux et loisirs. Sobre restaurant et grande terrasse ; carte régionale.

aux Allues Nord : 7 km par D 915A – 1 869 h. – alt. 1 125 m – ✉ 73550

La Croix Jean-Claude VISA MC

– ✆ *04 79 08 61 05 – lacroixjeanclaude@wanadoo.fr – Fax 04 79 00 32 72 – Fermé 2 mai-3 juin*

16 ch – †60/100 € ††60/100 €, ☕ 8 € – ½ P 70/100 € –

Rest – *(fermé 20 sept.-1er nov. et lundi)* Menu 30 € – Carte 30/63 €

◆ Cette maison de 1860 serait l'un des premiers hôtel des Trois Vallées. Douillettes chambres montagnardes, sympathique salon (étonnante collection de coqs) et bar convivial. Le restaurant offre un joli cadre savoyard. Cuisine inspirée du terroir.

MÉRIGNAC – 33 Gironde – 335 H5 – rattaché à Bordeaux

MERKWILLER-PECHELBRONN – 67 Bas-Rhin – 315 K3 – 828 h. – alt. 160 m – ✉ 67250 Alsace Lorraine 1 B1

Paris 496 – Haguenau 17 – Strasbourg 51 – Wissembourg 18

Syndicat d'initiative, 2 route de Woerth ✆ 03 88 80 72 36

Auberge Baechel-Brunn AC P VISA MC

3 rte de Soultz – ✆ 03 88 80 78 61 – baechel-brunn@wanadoo.fr – Fax 03 88 80 75 20 – Fermé 8-30 août, 15-30 janv., jeudi soir, dim. soir, lundi midi, mardi et merc.

Rest – Menu (20 €), 26/50 €

◆ Plus de pétrole depuis 1970, mais beaucoup d'idées : cette ancienne grange située au pays de l'or noir alsacien propose son bel intérieur contemporain et sa cuisine au goût du jour soignée.

Auberge du Puits VI P VISA MC AE

rte Lobsann : 1,5 km – ✆ 03 88 80 76 58 – Fax 03 88 80 75 91 – Fermé janv., merc. midi, lundi et mardi

Rest – Menu 34/60 € – Carte 40/53 € 🍷

◆ La cantine du puits de pétrole VI est devenue un ravissant restaurant agrémenté de lampes de mineurs et de toiles du patron. Cuisine actuelle, vins du domaine familial.

MERLETTE – 05 Hautes-Alpes – **334** F4 – rattaché à Orcières

MÉRU – 60 Oise – **305** D5 – 12 712 h. – alt. 110 m – ✉ 60110
Nord Pas-de-Calais Picardie 36 **B3**

Paris 60 – Beauvais 27 – Compiègne 74 – Mantes-la-Jolie 62 – Pontoise 22
des Templiers à Ivry-le-Temple, O : 9 km par D 121 et D 105, ✆ 03 44 08 73 72.

Les Trois Toques VISA MC
21 r. P. Curie (Méru-Nord) – ✆ 03 44 52 01 15 – lestroistoques@aol.com – Fax 03 44 52 01 15 – Fermé 5 août-6 sept., dim. soir, mardi soir, merc. soir et lundi
Rest – Menu 23/43 € – Carte 42/51 €
◆ Avant la visite du musée de la Nacre et de la Tabletterie, on appréciera - à la fortune du pot - la cuisine traditionnelle de ce restaurant au cadre d'inspiration rustique.

MERVILLE FRANCEVILLE-PLAGE – 14 Calvados – **303** K4 – 1 521 h. – alt. 2 m – ✉ 14810 32 **B2**

Paris 225 – Caen 20 – Beuvron-en-Auge 20 – Cabourg 7 – Lisieux 41
Office de tourisme, place de la Plage ✆ 02 31 24 23 57, Fax 02 31 24 17 49

Le Vauban P VISA MC AE
8 rte Cabourg – ✆ 02 31 24 23 37 – res-hot-le-vauban@wanadoo.fr – Fax 02 31 24 54 40 – Fermé 25 sept.-3 oct., 4-27 déc., mardi et merc. sauf juil.-août
15 ch – †55 € ††55 €, ☕ 8,50 € – ½ P 53 € – **Rest** – Menu 15/46 € – Carte 27/41 €
◆ Établissement familial proche de la plage et du musée des Batteries, aménagé dans un blockhaus. Chambres sobrement décorées, plus calmes sur l'arrière. Sage restaurant au cadre rustique où règne une aimable atmosphère provinciale.

MÉRY-SUR-OISE – 95 Val-d'Oise – **305** E6 – **101** 4 – voir à Paris, Environs (Cergy-Pontoise)

MESCHERS-SUR-GIRONDE – 17 Charente-Maritime – **324** E6 – 2 234 h. – alt. 5 m – ✉ 17132 Poitou Vendée Charentes 38 **B3**

Paris 511 – Blaye 78 – La Rochelle 87 – Royan 12 – Saintes 45
Office de tourisme, 31 rue Paul Massy ✆ 05 46 02 70 39, Fax 05 46 02 51 65

La Forêt P VISA MC AE
1 bd Marais – ✆ 05 46 02 79 87 – laforet-resto@wanadoo.fr – Fax 05 46 02 61 45 – Fermé 24 sept.-5 oct., 17 déc.-4 janv., 11-22 fév., mardi sauf le soir du 10 juil. au 31 août et lundi
Rest – Menu 24/40 € – Carte 25/80 €
◆ À l'orée du bois, non loin des plages de la Gironde, immense restaurant proposant de frais produits de la mer et une spécialité maison : la mouclade. Décor agreste.

MESNIÈRES-EN-BRAY – 76 Seine-Maritime – **304** I3 – rattaché à Neufchâtel-en-Bray

LE MESNIL-AMELOT – 77 Seine-et-Marne – **312** E1 – voir à Paris, Environs

MESNIL-ST-PÈRE – 10 Aube – **313** G4 – 331 h. – alt. 131 m – ✉ 10140
Champagne Ardenne 13 **B3**

Paris 200 – Bar-sur-Aube 32 – Châtillon-sur-Seine 55 – St-Dizier 74 – Troyes 22
Parc naturel régional de la forêt d'Orient★★.

Auberge du Lac - Au Vieux Pressoir avec ch ♿ ch, AC rest,
– ✆ 03 25 41 27 16 12/40, P VISA MC AE
– auberge.lac.p.gublin@wanadoo.fr – Fax 03 25 41 57 59 – Fermé 19 déc.-9 janv., dim. soir du 15 oct. au 15 mars et lundi midi
21 ch – †65 € ††69/119 €, ☕ 10 € – ½ P 79/105 € – **Rest** – Menu 25 € (déj. en sem.), 36/75 € – Carte 54/79 €
◆ La cuisine au goût du jour, aussi simple que délicieuse, honore cette jolie maison à colombages typique de la Champagne humide. Lumineux intérieur néo-rustique et terrasse d'été.

LE MESNIL-SUR-OGER – 51 Marne – 306 G9 – 1 077 h. – alt. 119 m – ✉ 51190
Champagne Ardenne 13 **B2**

Paris 158 – Châlons-en-Champagne 31 – Épernay 16 – Reims 43 – Vertus 6

Musée de la vigne et du vin (maison Launois).

XXX **Le Mesnil** AC P VISA MC

2 r. Pasteur – ☎ 03 26 57 95 57 – mesnil@chez.com – Fax 03 26 57 78 57 – Fermé 15 août-6 sept., 23 janv.-7 fév., lundi soir, mardi soir et merc.

Rest – Menu 23/68 € – Carte 27/74 €

◆ Vieille maison de caractère située au centre d'un bourg viticole. Cuisine classique servie dans une salle à manger sobrement décorée. Belle et éclectique carte des vins.

MESNIL-VAL – 76 Seine-Maritime – 304 H1 – ✉ 76910 33 **D1**

Paris 184 – Amiens 96 – Dieppe 28 – Le Tréport 6

Royal Albion sans rest P VISA MC

1 r. de la Mer – ☎ 02 35 86 21 42 – evergreen2@wanadoo.fr – Fax 02 35 86 78 51 – Fermé 17 déc.-26 déc.

20 ch – 62/70 € 67/130 €, 9 €

◆ "That's right !" : l'architecture et le décor intérieur soigné de cet établissement perché sur une falaise évoquent bien la Blanche Albion... presque voisine. Parc arboré.

MESQUER – 44 Loire-Atlantique – 316 B3 – 1 467 h. – alt. 6 m – ✉ 44420 34 **A2**

Paris 460 – La Baule 16 – Nantes 86 – St-Nazaire 29 – Vannes 58

Office de tourisme, avenue Plage Quimiac ☎ 02 40 42 64 37

XX **La Vieille Forge** AC VISA MC AE

– ☎ 02 40 42 62 68 – keumsun@free.fr – Fax 02 51 73 91 52 – Fermé 25 juin-1er juil., 24-30 sept., fév., mardi et merc. hors saison

Rest – *(dîner seult en juil.-août sauf dim.)* Menu 24/45 € – Carte 40/54 €

◆ Cette ex-forge (1711) abrite deux salles : l'une avec four et soufflet, l'autre moderne et ouverte sur le jardin-terrasse. Cuisine classique teintée de saveurs asiatiques.

MESSERY – 74 Haute-Savoie – 328 K2 – 1 434 h. – alt. 428 m – ✉ 74140 46 **F1**

Paris 560 – Annecy 68 – Thonon-les-Bains 17 – Annemasse 23 – Cluses 52

Office de tourisme, 5 rue des Écoles ☎ 04 50 94 75 55, Fax 04 50 94 75 55

X **Atelier des Saveurs** P VISA MC

7 chemin sous les Près – ☎ 04 50 94 73 40 – dailloux famille@aol.com – Fax 04 50 94 73 56 – Fermé 10-20 mars, 4-15 juil., 1er-13 nov., dim. et lundi

Rest – Menu 23/55 € – Carte 36/50 €

◆ Sympathique adresse associant un restaurant (décor contemporain, "terrassette") et une vinothèque. Une belle carte des vins escorte la goûteuse cuisine traditionnelle du chef.

MÉTABIEF – 25 Doubs – 321 I6 – 691 h. – alt. 960 m – Sports d'hiver : 1000/1423 m 20 – ✉ 25370 Franche-Comté Jura 17 **C3**

Paris 466 – Besançon 78 – Champagnole 45 – Morez 49 – Pontarlier 18

Etoile des Neiges VISA MC

4 r. Village – ☎ 03 81 49 11 21 – contact@hoteletoiledesneiges.fr – Fax 03 81 49 26 91 – Fermé 10-30 avril, jeudi soir et dim. soir hors saison

23 ch – 54 € 54 €, 6 € – ½ P 48/50 € – **Rest** – Menu 16/26 € – Carte 24/40 €

◆ Hôtel familial totalement rénové dans une station prisée, été comme hiver, des "vététistes", randonneurs et skieurs. Jolies chambres lambrissées disposant de balcons fleuris. Cuisine régionale à déguster dans une chaleureuse salle à manger habillée de bois.

Ce symbole en rouge ?
La tranquillité même, juste le chant des oiseaux au petit matin...

METZ 🅿 – **57 Moselle** – **307** I4 – **123 776 h.** – **Agglo. 322 526 h.** – **alt. 173 m** –
✉ **57000** Alsace Lorraine 26 **B1**

Paris 330 – Luxembourg 62 – Nancy 57 – Saarbrücken 69 – Strasbourg 163

de Metz-Nancy-Lorraine : ✆ 03 87 56 70 00, par ③ : 23 km.

✆ 3635 (0,34 €/mn)

Office de tourisme, place d'Armes ✆ 03 87 55 53 76, Fax 03 87 36 59 43

de la Grange-aux-Ormes à Marly Rue de la Grange aux Ormes, S : 3 km par D 5, ✆ 03 87 63 10 62 ; du Technopôle Metz 1 rue Félix Savart, par D 955 : 5 km, ✆ 03 87 39 95 95 ; de Metz Chérisey à Verny Château de Cherisey, par D 913 et D 67 : 14 km, ✆ 03 87 52 70 18.

Cathédrale St-Etienne★★★ CDV - Porte des Allemands★ DV - Esplanade★ CV : église St-Pierre-aux-Nonnains★ CX V - Place St-Louis★ DVX - Église St-Maximin★ DVX - Narthex★ de l'église St-Martin DX - ←★ du Moyen Pont CV - Musée de la Cour d'Or★★ (section archéologique★★★) **M¹** - Place du Général de Gaulle★.

Plans pages suivantes

La Citadelle (Dufossé) ch, 15/70, VISA

5 av. Ney – ✆ 03 87 17 17 17 – contact@citadelle-metz.com – Fax 03 87 17 17 18 CX **y**

79 ch – 185/245 € 205/355 €, 20 €

Rest ***Le Magasin aux Vivres*** – *(fermé dim. soir)* Menu 37 € (déj. en sem.), 58/105 € – Carte 85/94 €

Spéc. Les cassolettes gourmandes. Variation autour de l'huître (oct. à mars). Assiette dégustation "tout chocolat". **Vins** Vins de Moselle.

♦ Cet ancien bâtiment militaire (16ᵉ s.) situé au centre-ville a pris un nouveau départ en se convertissant en hôtel. Il abrite désormais de spacieuses chambres contemporaines. Au restaurant, sobre mise en place actuelle contrastant avec les murs vénérables. Cuisine inventive de qualité.

Mercure Centre ch, 20/100, VISA

29 pl. St-Thiébault – ✆ 03 87 38 50 50 – h1233@accor.com – Fax 03 87 75 48 18 DX **d**

112 ch – 120/130 € 130/140 €, 13 € – **Rest** – Menu 21 € (sem.)/33 € bc – Carte 22/40 €

♦ Bâtiment moderne proche du centre historique et de ses rues piétonnes. Les chambres sont régulièrement rénovées et bénéficient d'une bonne isolation phonique. Salle à manger décorée d'après les "saisons" du peintre Giuseppe Arcimboldo.

Novotel Centre ch, 80, VISA

pl. Paraiges – ✆ 03 87 37 38 39 – h0589@accor.com – Fax 03 87 36 10 00 DV **t**

120 ch – 69/120 € 69/130 €, 13,50 € – **Rest** – Menu 22 € – Carte 22/36 €

♦ Voisin d'un centre commercial situé au cœur de la ville, ce Novotel des années 1970 dispose de chambres fonctionnelles et assez spacieuses. Le restaurant dispose d'une petite terrasse dressée le long de la piscine. Carte traditionnelle.

De la Cathédrale sans rest VISA

25 pl. Chambre – ✆ 03 87 75 00 02 – hotelcathedrale-metz@wanadoo.fr – Fax 03 87 75 40 75 CV **v**

20 ch – 68/95 € 68/105 €, 11 €

♦ Au pied de la cathédrale St-Étienne, maison du 17ᵉ s. où séjournèrent, entre autres, Madame de Staël et Chateaubriand. Chambres élégantes (mobilier chiné, tissus chatoyants).

Du Théâtre 10/50, VISA

3 r. du Pont St-Marcel – ✆ 03 87 31 10 10 – reception@hoteldutheatre-metz.com – Fax 03 87 30 04 66 CV **b**

65 ch – 78/150 € 88/180 €, 11,50 € – ½ P 75/130 € –

Rest – Menu 15/29 € – Carte 25/43 €

♦ Un emplacement de choix pour cet hôtel blotti dans le quartier historique. Chambres fraîchement rénovées, plus tranquilles côté Moselle. Beau mobilier lorrain dans le hall. Au restaurant, fresques à thème régional et cuisine traditionnelle servie en costume folklorique.

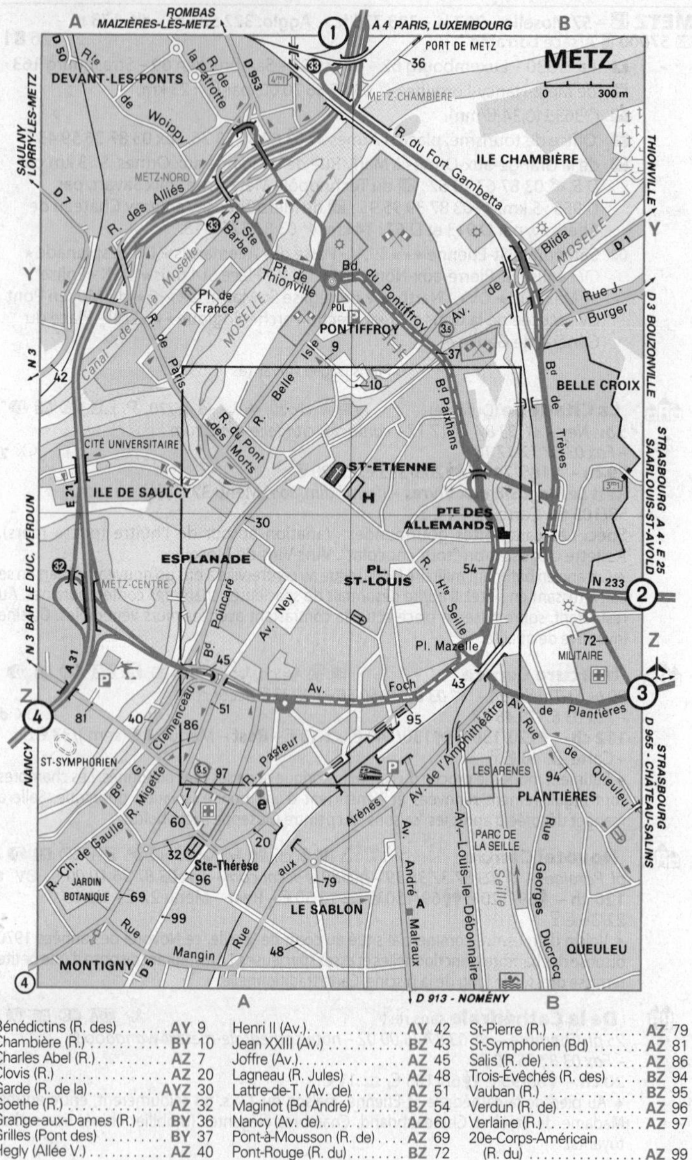

Métropole sans rest

5 pl. Gén. de Gaulle – ✆ 03 87 66 26 22 – contact@hotelmetropole-metz.com – Fax 03 87 66 29 91

DX **q**

72 ch – 🚹46/56 € 🚹🚹50/60 €, ☕ 6,50 €

◆ Cet hôtel, installé dans un bel immeuble en pierres de taille face à la gare, a fait peau neuve. Couleurs chaudes et mobilier actuel rendent les chambres très accueillantes.

METZ

Rue	Carroyage	N°
Allemands (R. des)	DV	2
Ambroise-Thomas (R.)	CV	3
Armes (Pl. d')	DV	5
Augustins (R. des)	DX	6
Chambière (R.)	DV	10
Chambre (Pl. de)	CV	12
Champé (R. du)	DV	13
Chanoine-Collin (R. du)	DV	15
Charlemagne (R.)	CX	17
Chèvre (R. de la)	DX	19
Clercs (R. des)	CV	
Coëtlosquet (R. du)	CX	22
Coislin (R.)	DX	23
Enfer (R. d')	DV	25
En Fournirue	DV	
Fabert (R.)	CV	26
Faisan (R. du)	CV	27
La-Fayette (R.)	CX	47
Fontaine (R. de la)	DX	29
Gaulle (Pl. du Gén.-de)	DX	31
Grande-Armée (R. de la)	DV	34
Hache (R. de la)	DV	39
Jardins (R. des)	DV	
Juge-Pierre-Michel (R. du)	CV	46
Lasalle (R.)	DX	49
Lattre-de-T. (Av. de)	CX	51
Leclerc-de-H. (Av.)	CX	52
Mondon (Pl. R.)	CX	57
Paix (R. de la)	CV	61
Palais (R. du)	CV	62
Paraiges (Pl. des)	DV	63
Parmentiers (R. des)	DX	64
Petit-Paris (R. du)	CV	65
Pierre-Hardie (R. de la)	CV	66
Pont-Moreau (R. du)	CDV	70
Prés.-Kennedy (Av. J.-F.)	CX	73
République (Pl. de la)	CX	75
Ste-Croix (Pl.)	DV	83
Ste-Marie (R.)	CV	84
St-Eucaire (R.)	DV	76
St-Gengoulf (R.)	CX	77
St-Georges (R.)	CV	78
St-Louis (Pl.)	DVX	
St-Simplice (Pl.)	DV	80
St-Thiébault (Pl.)	DX	82
Salis (R. de)	CX	86
Schuman (Av. R.)	CX	
Sérot (Bd Robert)	CV	87
Serpenoise (R.)	CV	
Taison (R.)	DV	88
Tanneurs (R. des)	DV	90
Tête d'Or (R. de la)	DV	
Trinitaires (R. des)	DV	93
Verlaine (R.)	CX	97

Escurial sans rest

18 r. Pasteur – ✆ 03 87 66 40 96 – hotelescurial.metz@wanadoo.fr
– Fax 03 87 63 43 61 CX **d**

36 ch – 50/70 € 63/75 €, ☕ 11 €

◆ Cure de rajeunissement bienvenue pour cet établissement du quartier impérial. Chambres actuelles et pratiques. Espace petit-déjeuner et grand salon colorés et chaleureux.

Cécil' Hôtel sans rest

14 r. Pasteur – ☎ 03 87 66 66 13 – info@cecilhotel-metz.com – Fax 03 87 56 96 02 CX **x**

39 ch – 54 € 60 €, 7,50 €

♦ L'immeuble fut construit en 1920 par des Anglais. Il abrite des chambres sagement colorées, pourvues d'un sobre mobilier et impeccablement tenues. Billard.

Au Pampre d'Or (Lamaze)

31 pl. Chambre – ☎ 03 87 74 12 46 – Fax 03 87 36 96 92 – Fermé 1er-10 août, 2-9 janv., dim. soir, lundi midi et mardi midi CV **a**

Rest – Menu (27 € bc), 36 € bc (sem.)/65 € – Carte 48/82 €

Spéc. Escargots selon la recette du moment. Poêlée de queues de grosses langoustines de Bretagne. Baron d'agneau en croûte à la fleur de thym. **Vins** Gris de Toul, Pinot noir des Côtes de Toul.

♦ L'enseigne de cet hôtel particulier du 17e s. évoque la vigne qui occupait, jadis, l'emplacement. Intérieur original égayé de couleur jaune. Goûteuse cuisine classique.

Maire

1 r. Pont des Morts – ☎ 03 87 32 43 12 – restaurant.maire@wanadoo.fr – Fax 03 87 31 16 75 – Fermé merc. midi et mardi CV **f**

Rest – Menu 24 € (déj. en sem.), 44/63 € – Carte 46/59 €

♦ Atouts majeurs de ce restaurant : sa salle à manger surplombant la Moselle et sa terrasse au bord de l'eau offrant, toutes deux, un joli panorama sur la ville. Carte classique.

L'Écluse (Maire)

45 pl. Chambre – ☎ 03 87 75 42 38 – Fax 03 87 37 30 11 – Fermé 1er-15 août, sam. midi, dim. soir et lundi CV **r**

Rest – Menu (22 €), 35/65 € – Carte 54/66 €

Spéc. Ravioles de foie gras aux truffes (déc. à fév.). Sole en galette croustillante de sarrasin (juin à août). Agneau de lait en trois façons (janv. à mars).

♦ Laissez-vous tenter par ce restaurant relooké : décor contemporain très épuré, murs égayés de tableaux modernes et tables sans nappage. Cuisine au goût du jour soignée.

Georges-A La Ville de Lyon

7 r. Piques – ☎ 03 87 36 07 01 – george-ville-de-lyon@wanadoo.fr – Fax 03 87 74 47 17 – Fermé 6-13 août, 19-26 fév., dim. soir et lundi DV **e**

Rest – Menu (18 €), 23 € (sem.)/60 € – Carte 37/58 €

♦ Salles de restaurant partagées entre dépendances de la cathédrale - une salle est aménagée dans une chapelle du 14e s. - et vieux murs d'un relais de diligences.

Le Chat Noir

30 r. Pasteur – ☎ 03 87 56 99 19 – Fax 03 87 66 67 64 – Fermé 1er-15 août, 23 déc.-4 janv., dim. et lundi AZ **e**

Rest – Menu (20 € bc), 25 € (sem.)/50 € – Carte 38/63 €

♦ Chaises "léopard", masques africains et couleurs chaleureuses créent l'atmosphère "ethnique" de ce restaurant où l'on propose une cuisine traditionnelle. Banc d'écailler.

Thierry "Saveurs et Cuisine"

5 r. Piques, "Maison de la Fleure de Ly" – ☎ 03 87 74 01 23 – lechef@restaurant-thierry.fr – Fax 03 87 77 81 03 – Fermé 16 juil.-5 août, 29 oct.-5 nov., 18 fév.-3 mars, merc. et dim. DV **a**

Rest – Menu (14,50 €), 20/30 € – Carte 25/42 €

♦ Cuisine inventive volontiers rehaussée d'herbes et d'épices, joli cadre mêlant la brique et le bois, terrasse d'été : trois atouts assurant le succès de ce bistrot chic.

Le Bistrot des Sommeliers

10 r. Pasteur – ☎ 03 87 63 40 20 – Fax 03 87 63 54 46 – Fermé 22 déc.-1er janv., sam. midi, dim. et fériés CX **a**

Rest – Menu 15 € – Carte 21/46 €

♦ Façade colorée et décor célébrant la dive bouteille pour ce bistrot proche de la gare. Belle sélection de vins au verre et suggestions du marché à découvrir sur l'ardoise.

par ① et A 31 sortie Maizières-lès-Metz : 10 km – ✉ 57280 Maizières-lès-Metz

Novotel-Hauconcourt ch, 15/60,
– *℘ 03 87 80 18 18 – h0446@accor.com*
– Fax 03 87 80 36 00 VISA AE
132 ch – 98/115 € 98/123 €, 12 € – **Rest** – Carte 19/36 €
◆ Trois décennies après sa construction, ce Novotel a bénéficié d'une rénovation totale, constituant ainsi une halte commode à proximité des autoroutes. Spacieuse salle à manger prolongée d'une terrasse au bord de la piscine. Petite restauration non-stop au bar.

à Borny **par ③ et rte Strasbourg : 3 km – ✉ 57070 Metz**

Le Jardin de Bellevue VISA
58 r. Claude Bernard (près Technopole Metz 2000) – ℘ 03 87 37 10 27
– Fax 03 87 37 15 45 – Fermé 16 juil.-2 août, 1er-7 janv., 18 fév.-4 mars, sam. midi, dim. soir, mardi soir et lundi
Rest – Menu 22 € (déj. en sem.), 35/59 € – Carte 47/63 €
◆ Façade chic pour cette maison centenaire d'un quartier résidentiel. Tables joliment dressées dans une plaisante salle à manger jaune. Cuisine au goût du jour.

à Technopole 2000 **par ③ et rte de Strasbourg : 5 km – ✉ 57070 Metz**

Holiday Inn ch, ch, 15/80, VISA AE
1 r. F. Savart – ℘ 03 87 39 94 50 – reception@holidayinn-metz.com
– Fax 03 87 39 94 55
90 ch – 107 € 107 €, 12 €
Rest ***Les Alizés*** – *(fermé sam. midi et dim. midi)* Menu 25 € – Carte 18/33 €
◆ Cette architecture design se situe loin de l'agitation de la ville, en bordure d'un parcours de golf 18 trous. Chambres pratiques équipées de meubles contemporains. Cadre élégant et cuisine traditionnelle aux Alizés.

à Ancy-sur-Moselle **Sud-Est: 13 km par ④A 31,N 57,D 11 et D 6 – 1 475 h. – alt. 172 m – ✉ 57130**

Haumalet sans rest
2 r. des Quarrés – ℘ 03 87 30 91 54 – haumalet@wanadoo.fr – Fax 03 87 30 91 54
3 ch – 45 € 60/65 €
◆ Dans un village de vignerons, maison ancienne (jadis propriété du prince-évêque de Metz) rénovée : chambres personnalisées de meubles anciens, petit jardin et terrasse.

à Plappeville **par av. Henri II** - AY **: 7 km – 2 341 h. – alt. 280 m – ✉ 57050**

Jardin d'Adam VISA
50 r. Gén. de Gaulle – ℘ 03 87 30 36 68 – le-jardin-d-adam@numericable.fr
– Fax 03 87 30 79 01 – Fermé 15-31 août, vacances de Noël, mardi soir et merc.
Rest – Menu 25 € (sem.)/60 € – Carte 42/63 €
◆ Au cœur du village, vieille maison de vigneron abritant une plaisante salle à manger contemporaine ouverte sur la terrasse d'été. Cuisine au goût du jour et belle carte des vins.

METZERAL – 68 Haut-Rhin – 315 G8 – 1 065 h. – alt. 480 m – ✉ 68380 1 A2

Paris 464 – Colmar 25 – Gérardmer 39 – Guebwiller 41 – Thann 43

Aux Deux Clefs VISA
12 r. Altenhof – ℘ 03 89 77 61 48 – auxdeuxclefs@hotmail.com
– Fax 03 89 77 63 88 – Fermé merc.
13 ch – 38/40 € 40/65 €, 10 € – ½ P 46/55 € – **Rest** – Menu 12 € (sem.)/42 € – Carte 19/59 €
◆ Perché sur les hauteurs du village, cet hôtel bénéficie d'une tranquillité appréciable. Chambres sobrement montagnardes où règne une ambiance de maison d'hôte. Élégante salle à manger (cuisine traditionnelle) et salon réservé aux fumeurs.

Du Pont avec ch rest, VISA AE
– *℘ 03 89 77 60 84 – Fax 03 89 77 63 88 – Fermé 11 nov.-17 déc., dim. soir et lundi*
8 ch – 45 € 55 €, 8 € – ½ P 50/55 € – **Rest** – Menu 19/30 € – Carte 22/50 €
◆ Une auberge familiale sympathique sur la route de la vallée de la Grande Fecht. Chaleureuse atmosphère "vieille Alsace" autour de la cheminée centrale ; terrasse sous tonnelle.

MEUCON – 56 Morbihan – 308 O8 – 1 268 h. – alt. 80 m – ✉ 56890 9 A3

Paris 464 – Vannes 8 – Lorient 62 – Ploërmel 49 – Pontivy 45

Le Tournesol

20 rte Vannes – ✆ 02 97 44 50 50 – le.tournesol@wanadoo.fr – Fax 02 97 44 65 42 – Fermé 4-11 juin, 17 sept.-3 oct., 2-10 janv., merc. soir sauf 11 juil.-15 août, dim. soir et lundi

Rest – Menu (14 €), 16 € (déj. en sem.), 19/55 € – Carte 28/45 €

♦ Les deux salles aménagées dans cette longère arborent une jolie couleur jaune tournesol ; l'une d'elles offre le coup d'œil sur la cave. Appétissante cuisine traditionnelle.

MEUDON – 92 Hauts-de-Seine – 311 J3 – 101 24 – voir à Paris, Environs

MEUNG-SUR-LOIRE – 45 Loiret – 318 H5 – 6 254 h. – alt. 90 m – ✉ 45130

Châteaux de la Loire 12 C2

Paris 149 – Blois 43 – Fleury-les-Aubrais 31 – Orléans 25

Office de tourisme, 7 rue des Mauves ✆ 02 38 44 32 28, Fax 02 38 44 72 22

La Mouche sans rest

– ✆ 02 38 44 34 36 – perrody@3dnet.fr – Fax 02 38 46 52 49 – Fermé 23 déc.-23 janv.

3 ch – 65 € 80 €

♦ Au bord de la Loire, belle propriété agrémentée d'un verger, d'un potager et d'une pièce d'eau où frétillent des poissons rouges. Chambres joliment décorées de tableaux et de statues. Barbecue et frigo à disposition.

MEURSAULT – 21 Côte-d'Or – 320 I8 – rattaché à Beaune

LE MEUX – 60 Oise – 305 H4 – rattaché à Compiègne

MEXIMIEUX – 01 Ain – 328 E5 – 6 840 h. – alt. 245 m – ✉ 01800 44 B1

Paris 458 – Bourg-en-Bresse 37 – Chambéry 120 – Genève 118 – Grenoble 125 – Lyon 38

Office de tourisme, 1 rue de Genève ✆ 04 74 61 11 11, Fax 04 74 61 00 50

Claude Lutz avec ch rest,

17 r. Lyon – ✆ 04 74 61 06 78 – Fax 04 74 34 75 23 – Fermé 16-23 juil., 15 oct.-5 nov., 2-8 janv., merc. midi, dim. soir et lundi

15 ch – 40/52 € 40/52 €, 7 € – ½ P 61/76 € – **Rest** – *(prévenir)* Menu 20 € (sem.)/58 € – Carte 36/57 €

♦ Auberge traditionnelle au centre de la petite cité. Salle de restaurant feutrée, agrémentée d'une fresque représentant un paysage de la Dombes. Chambres un brin désuètes.

au Pont de Chazey-Villieu 3 km à l'Est sur N 84 – ✉ 01800 Villieu-Loyes- Mollon

La Mère Jacquet avec ch ch,

Pont de Chazey – ✆ 04 74 61 94 80 – contact@lamerejacquet.com – Fax 04 74 61 92 07 – Fermé 9-16 avril, 30 juil.-12 août, 24 déc.-16 janv.

19 ch – 53/63 € 60/70 €, 8 € – **Rest** – *(fermé sam. midi, dim. soir et lundi)* Menu 23 € (sem.)/54 € – Carte 40/61 €

♦ Maison du 16e s. complétée par une salle à manger-véranda tournée sur un joli jardin ; cuisine classique. Une aile plus récente abrite des chambres confortables.

MÉXY – 54 Meurthe-et-Moselle – 307 F2 – rattaché à Longwy

MEYLAN – 38 Isère – 333 H6 – rattaché à Grenoble

MEYMAC – 19 Corrèze – 329 N2 – 2 627 h. – alt. 702 m – ✉ 19250

Limousin Berry 25 **C2**

Paris 443 – Aubusson 57 – Limoges 96 – Neuvic 30 – Tulle 49 – Ussel 17

Office de tourisme, place de la Fontaine ✆ 05 55 95 18 43

Vierge noire★ dans l'église abbatiale.

Chez Françoise avec ch

24 r. Fontaine du Rat – ✆ 05 55 95 10 63 – Fax 05 55 95 40 22 – Fermé en janv. et lundi sauf juil.-août

4 ch – 60/70 € 60/70 €, 8 € – **Rest** – Menu 15 € (déj. en sem.)/35 €

◆ Goûtez une vraie cuisine de grand-mère et de bons bordeaux dans cette maison rustique du 16e s. flanquée d'une tour, puis repartez avec un produit régional de la boutique attenante.

à Maussac 9 km au Sud par D 36 et N 89 – 385 h. – alt. 615 m – ✉ 19250

Europa

ch, rest, rest, 20, VISA MC AE

sur N 89 – ✆ 05 55 94 25 21 – Fax 05 55 94 26 08

22 ch – 40 € 40 €, 6 € – ½ P 38 € – **Rest** – *(fermé 23 déc.-2 janv. et dim. soir)* Menu 14/22 € – Carte 19/37 €

◆ Cet établissement proche de la route abrite des chambres toutes semblables, fonctionnelles et pourvues de lits "king size" ; celles sur l'arrière sont plus calmes. Cuisine traditionnelle sans prétention ; clientèle de V.R.P. essentiellement.

MEYRONNE – 46 Lot – 337 F2 – 269 h. – alt. 130 m – ✉ 46200 29 **C1**

Paris 524 – Brive-la-Gaillarde 47 – Cahors 76 – Figeac 54 – Sarlat-la-Canéda 40

Terrasse

ch, 15, VISA MC AE

– ✆ 05 65 32 21 60 – terrasse.liebus@wanadoo.fr – Fax 05 65 32 26 93 – Ouvert mars-oct.

15 ch – 60/95 € 80/125 €, 10 € – 4 suites – ½ P 75/138 € – **Rest** – *(fermé mardi midi)* Menu 20 € (déj. en sem.), 25/50 € – Carte 46/75 €

◆ Dominant la Dordogne, ensemble de vieilles maisons en pierres de pays dont les origines remontent au 11e s. Les chambres sont dotées de meubles anciens. Belle salle à manger d'hiver voûtée, espace plus contemporain ou agréable terrasse ombragée d'une treille.

MEYRUEIS – 48 Lozère – 330 I9 – 851 h. – alt. 698 m – ✉ 48150

Languedoc Roussillon 23 **C1**

Paris 643 – Florac 36 – Mende 57 – Millau 43 – Rodez 99 – Le Vigan 56

Office de tourisme, Tour de l'Horloge ✆ 04 66 45 60 33, Fax 04 66 45 65 27

NO : Gorges de la Jonte★★.

Aven Armand★★★ NO : 11 km - Grotte de Dargilan★★ NO : 8,5 km.

Château d'Ayres

15/20, VISA MC AE

Est : 1,5 km par D 57 – ✆ 04 66 45 60 10 – chateau-d-ayres@wanadoo.fr – Fax 04 66 45 62 26 – Fermé 3 janv.-10 fév.

21 ch – 95/122 € 95/155 €, 13,50 € – 6 suites – ½ P 81/128 € – **Rest** – Menu 22 € (déj.), 30/47 € – Carte 33/51 €

◆ Dans un parc de 6 ha, inébranlables murs du 12e s. imprégnés de l'histoire cévenole. Chambres "châtelaines" jouissant d'une extrême quiétude. Salle à manger voûtée et agrémentée d'une cheminée, terrasse ombragée par des séquoias et recettes régionales.

Du Mont Aigoual

VISA MC AE

34 quai Barrière – ✆ 04 66 45 65 61 – hotelmontaigoual@free.fr – Fax 04 66 45 64 25 – Ouvert 31 mars-1er nov.

30 ch – 54/75 € 54/75 €, 8 € – ½ P 54/61 € – **Rest** – *(fermé mardi midi sauf juil.-août)* Menu 20/40 €

◆ Le village, base idéale de découverte des Grands Causses et des Cévennes, est au pied du pittoresque massif de l'Aigoual. Chambres bien tenues et belle piscine au jardin. Goûteuse cuisine traditionnelle à déguster dans une coquette salle de style provençal.

De l'Europe sans rest — 25, VISA

2 quai de la Barrière – ✆ 04 66 45 60 05 – frederic-robert-48@wanadoo.fr – Fax 04 66 45 65 31 – Ouvert 1er avril-5 nov.

29 ch – †31/35 € ††36/40 €, ☐ 6,50 €

♦ Établissement familial dont les chambres offrent un confort simple mais bénéficient d'une tenue sans reproche. Accès à la piscine du jardin d'un hôtel voisin (Mont Aigoual).

Family Hôtel — rest, 20/40, VISA

4 r. Barrière – ✆ 04 66 45 60 02 – hotel.family@wanadoo.fr – Fax 04 66 45 66 54 – Ouvert 1er avril-7 nov.

48 ch – †37/38 € ††47/48 €, ☐ 7,50 € – ½ P 47/48 € – **Rest** – Menu 12 € bc (déj. en sem.), 17/32 € – Carte 14,50/37 €

♦ Hôtel familial bordant le Bétuzon, un affluent de la Jonte. Chambres pratiques bien tenues. Belle piscine et jardin de l'autre côté de la rive. Murs de pierre, lambris et tons pastel font le charme de la salle à manger rénovée. Copieuse cuisine lozérienne.

Grand Hôtel de France — rest, 35, VISA AE

pl. J. Séquier – ✆ 04 66 45 60 07 – grandhoteldefrance@wanadoo.fr – Fax 04 66 45 67 62 – Ouvert 7 avril-30 sept.

45 ch – †45/49 € ††45/49 €, ☐ 6,50 € – ½ P 46/48 € –

Rest – *(ouvert 28 avril-30 sept.)* Menu 15 € (déj.), 19/30 € – Carte 23/38 €

♦ Bâtisse en pierres du pays, où vous serez hébergés dans de petites chambres colorées. Sur l'arrière de l'hôtel, jardin et piscine à flanc de colline. Restaurant campagnard doté d'une cheminée et de meubles rustiques. Mise en place simple, menus traditionnels.

MEYZIEU – 69 Rhône – 327 J5 – 28 009 h. – alt. 201 m – ✉ 69330 — 43 E1

Paris 467 – Lyon 19 – Pont-de-Chéruy 15 – St-Priest 14 – Vienne 41

36 de Lyon à Villette-d'Anthon, NE : 12 km par D 6, ✆ 04 78 31 11 33.

Mont Joyeux sans rest — VISA AE

r. V. Hugo (près lac du Gd Large) – ✆ 04 78 04 21 32 – monjoyeu@club-internet.fr – Fax 04 72 02 85 72 – Fermé 1er mai-1er oct. pour travaux

20 ch – †95/100 € ††105/135 €, ☐ 12 €

♦ Les chambres de cette paisible maison sont assez soignées et dotées d'un balcon ou d'une terrasse ; toutes donnent sur le jardin. Annexes plus spacieuses.

La Petite Auberge du Pont d'Herbens — VISA AE

32 r. V. Hugo – ✆ 04 78 31 41 09 – direction@petite-auberge-pont-dherbens.com – Fax 04 78 04 34 93 – Fermé mars, dim. soir et lundi sauf midi fériés

Rest – Menu 20 € (déj. en sem.)/45 € – Carte 31/51 €

♦ Près du lac du Grand Large, cette sympathique auberge comprend une salle à manger cossue et un espace VIP (terrasse et salon). Cuisine traditionnelle et belle carte des vins.

MÈZE – 34 Hérault – 339 G8 – 7 630 h. – alt. 20 m – ✉ 34140

Languedoc Roussillon — 23 C2

Paris 746 – Agde 21 – Béziers 43 – Lodève 52 – Montpellier 36 – Pézenas 19 – Sète 20

Office de tourisme, 8 rue Massaloup ✆ 04 67 43 93 08, Fax 04 67 43 55 61

Villa gallo-romaine★ de Loupian N : 1,5 km.

à Bouzigues 4 km au Nord-Est par N 113 et rte secondaire – 1 208 h. – alt. 3 m – ✉ 34140

La Côte Bleue — ch, rest, ch, 40, VISA AE

– ✆ 04 67 78 31 42 – lacotebleue@free.fr – Fax 04 67 78 35 49

31 ch – †45/60 € ††83/86 €, ☐ 8,50 € – **Rest** – ✆ 04 67 78 30 87 *(fermé 15 janv.-15 fév. et merc. hors saison)* Menu 28 € (sem.)/43 € – Carte 40/61 €

♦ L'étang de Thau, Mecque de la conchyliculture, baigne cette construction moderne aux chambres fonctionnelles dotées de balcons. Cuisine de la mer mettant à l'honneur les fameuses huîtres de Bouzigues, à déguster l'été sur la terrasse ombragée de pins.

MÉZIÈRES-EN-BRENNE – 36 Indre – 323 D6 – 1 160 h. – alt. 88 m – ✉ 36290
Limousin Berry — 11 B3

Paris 303 – Le Blanc 28 – Châteauroux 40 – Châtellerault 59 – Poitiers 96 – Tours 87

Office de tourisme, 1 rue du Nord ✆ 02 54 38 12 24, Fax 02 54 38 13 76

Bœuf Couronné avec ch — ch, VISA MC

– ✆ 02 54 38 04 39 – Fax 02 54 38 02 84 – Fermé 18-25 juin, 21 nov.-27 janv., dim. soir et lundi

8 ch – 38/54 € 38/54 €, ☕ 6,50 € – ½ P 46 € – **Rest** – Menu 20/42 €

◆ Ex-relais de poste (1640) incitant à faire étape au coeur du Parc naturel régional de la Brenne : salles agrestes, ambiance familiale et repas traditionnel où entrent des produits du cru.

MEZY MOULINS – 02 Aisne – 306 D8 – 461 h. – alt. 81 m – ✉ 02650 — 37 C3

Paris 103 – Amiens 221 – Laon 92 – Reims 55 – Meaux 56

Le Moulin Babet avec ch — ch, VISA MC

8 r. du Moulin Babet – ✆ 03 23 71 44 72 – Fax 03 23 71 48 11

7 ch – 60 € 60/70 € – **Rest** – *(fermé mardi et merc.)* Menu 29/58 € – Carte 48/54 €

◆ En pleine campagne, un moulin qui a conservé son ancienne roue visible depuis le hall. Jolie salle à manger mi-rustique, mi-actuelle, et belles chambres contemporaines.

MIÉLAN – 32 Gers – 336 D9 – 1 258 h. – alt. 265 m – ✉ 32170 — 28 A2

Paris 755 – Auch 39 – Tarbes 36 – Toulouse 117

Syndicat d'initiative, place du 8 Mai ✆ 05 62 67 52 26

Le Chemin des Saveurs — P VISA MC

r. Montagne – ✆ 05 62 67 61 35 – Fax 05 62 67 61 35 – Fermé vacances de la Toussaint et de Noël

Rest – Menu 15 € bc (déj. en sem.), 23/45 €

◆ Cuisine riche en goût et en saveurs, utilisant les aromates du jardin, nouveau décor japonisant, palmier en terrasse et ambiance décontractée... Ne passez pas votre chemin !

MIEUSSY – 74 Haute-Savoie – 328 M4 – 1 739 h. – alt. 636 m – ✉ 74440
Alpes du Nord — 46 F1

Paris 563 – Annecy 62 – Bonneville 21 – Chamonix-Mont-Blanc 59 – Thonon-les-Bains 49

Office de tourisme, les Murailles ✆ 04 50 43 02 72, Fax 04 50 43 01 87

Accueil Savoyard — P VISA MC

– ✆ 04 50 43 01 90 – accueil-savoyard@wanadoo.fr – Fax 04 50 43 09 59 – Fermé 4-15 avril et dim. soir

10 ch – 45/55 € 55 €, ☕ 7,50 € – ½ P 55 € – **Rest** – Menu 12 € (déj. en sem.), 19/25 €

◆ Hôtel de type "pension de famille" établi dans la verdoyante vallée du Giffre. Chambres bien tenues, parfois dotées d'un balcon ; demandez-en une avec vue sur les montagnes. Carte traditionnelle et plats savoyards servis dans une salle à manger rustique.

Maison des Sœurs — P

pl. Église – ✆ 04 50 43 15 74 – mlm@mieussy.net – Fax 04 50 43 15 74

3 ch ☕ – 53/62 € 58/95 € – ½ P 51/56 € – **Rest** – *(fermé dim. et lundi) (dîner seult) (résidents seult)* Menu 22 € bc

◆ Cette maison massive (1841) repérable à ses volets turquoises accueillit longtemps nonnes et colonies de vacances. Belles grandes chambres personnalisées ; âtre au salon. Cuisine-salle à manger avec cheminée où cuisent parfois ragoûts ou volailles à la broche.

MILLAU – 12 Aveyron – 338 K6 – 21 339 h. – alt. 372 m – ✉ 12100
Languedoc Roussillon — 29 D2

Paris 636 – Albi 106 – Mende 95 – Montpellier 114 – Rodez 67

Office de tourisme, 1 place du Beffroi ✆ 05 65 60 02 42, Fax 05 65 60 95 08

Musée de Millau★ : poteries★, maison de la Peau et du Gant ★ (1er étage) M - Viaduc ★★★.

Canyon de la Dourbie★★ 8 km par ②.

Aigoual (Av. de l')	BY	2
Alsace-Lorraine (R. d')	AY	4
Ayrolle (Bd de l')	AZ	
Belfort (R. de)	AY	5
Bion-Marlavagne (Pl.)	AY	7
Bonald (Bd de)	BY	8
Calvé (Pl. Emma)	BZ	9
Capelle (R. de la)	BY	12
Chalies (Quai Sully)	ABZ	14
Clausel-de-Coussergues (R.)	BZ	15
Droite (R.)	BZ	19
Foch (Pl. du Mar.)	BZ	20
Jacobins (R. des)	BZ	23
Jean-Jaurès (Av.)	BY	
Jean-Moulin (R.)	AY	24
Mandarous (Pl. du)	BY	26
Mandarous (R. du)	BY	27
Pasteur (R.)	BZ	28
Pépinière (R. de la)	AY	29
Pont-de-Fer (R. du)	BZ	30
Sadi-Carnot (Bd)	BY	32
St-Martin (R.)	ABZ	34
Semard (Av. Pierre)	AY	35
Voultre (R. du)	AZ	36

Mercure ch, 10/60, VISA AE

1 pl. de la Tine – ☎ 05 65 59 29 00 – hotel-international@free.fr – Fax 05 65 59 29 01 YB **m**

57 ch – 83/110 € 93/122 €, 12 € – **Rest** – *(fermé vend. midi, sam. midi et dim. d'oct. à mars)* Menu 17/40 € bc – Carte 17/37 €

◆ En plein centre-ville, hôtel refait à neuf dans un chaleureux esprit contemporain. De nombreuses chambres offrent une vue sur le viaduc. Le restaurant aux airs de bouchon aveyronnais sert une cuisine régionale.

Cévenol Hôtel VISA

115 r. Rajol – ☎ 05 65 60 74 44 – contact@cevenol-hotel.fr – Fax 05 65 60 85 99

42 ch – 48/52 € 48/52 €, 7,50 € – ½ P 50/59 € – BY **k**

Rest – Menu 16/35 € – Carte 25/44 €

◆ Ce bâtiment construit dans les années 1980 et séparé du Tarn par la route nationale abrite des chambres fonctionnelles assez spacieuses. La salle à manger néo-rustique s'ouvre en grand sur la terrasse d'été dotée d'un petit gril. Cuisine à tendance régionale.

Millau Hôtel Club ch, ch, ch,

par ④ et rte Montpellier – ☎ 05 65 59 71 33 20/50, VISA AE

– millauhotelclub@wanadoo.fr – Fax 05 65 59 71 67 – Ouvert 1er mars-30 nov.

36 ch – 63 € 63 €, 9 € – ½ P 56 € – **Rest** – grill *(fermé dim. soir)* Menu 18/23 € – Carte 33/36 €

◆ Construction moderne disposant de chambres pratiques et actuelles ; choisissez celles tournées vers Millau, le Tarn et le viaduc. Boulodrome et minifitness. Grillades, salades et belle sélection de vins régionaux vous attendent dans une sobre salle en rotonde.

Ibis sans rest VISA AE

r. du Sacré Cœur – ☎ 05 65 59 29 09 – ibis.millau@wanadoo.fr – Fax 05 65 59 29 01 YB **b**

46 ch – 67/81 € 71/88 €, 8 €

◆ Hôtel du centre-ville, bien situé pour aller admirer le fameux viaduc. Vastes chambres, lumineuses et fonctionnelles, offrant un bon niveau de confort.

Capion

3 r. J.-F. Alméras – ✆ 05 65 60 00 91 – Fax 05 65 60 42 13 – Fermé 1er-8 Janvier, 16 juil.-5 août, jeudi en août, mardi soir et merc. AY **f**

Rest – Menu 18/34 € – Carte 26/43 €

◆ Cet établissement du centre-ville affiche souvent complet. Vous y dégusterez une copieuse cuisine traditionnelle valorisant le terroir ainsi qu'un menu des îles, plus exotique.

La Braconne

7 pl. Mar. Foch – ✆ 05 65 60 30 93 – Fermé dim. soir et lundi BZ **r**

Rest – Menu 18/39 € – Carte 35/61 €

◆ Le restaurant est situé sous le "couvert" à colonnes de cette place pittoresque du vieux Millau, dans une jolie salle voûtée du 13e s. Cuisine familiale, service itou.

par ④ 2 km rte St-Affrique – ✉ 12100 Millau

Château de Creissels

rest,

– ✆ 05 65 60 16 59 – Fax 05 65 61 24 63 – Fermé janv., fév. et dim. soir du 15 nov. au 31 mars

30 ch – 49/59 € 59/89 €, 8,50 € – ½ P 59/72 € – **Rest** – *(fermé dim. soir et lundi midi sauf de juin à sept.)* Menu 23/50 € – Carte 33/59 €

◆ Château du 12e s. et son extension bâtie en 1971 : selon le cas, les chambres offrent le charme de l'ancien ou plus de sobriété. Salon stylé et billard. Repas traditionnel à composantes régionales, sous de belles voûtes de pierre ou en terrasse, panoramique.

MILLY-LA-FORÊT – 91 Essonne – 312 D5 – 4 601 h. – alt. 68 m – ✉ 91490

Île de France 18 **B3**

Paris 58 – Étampes 25 – Évry 31 – Fontainebleau 19 – Melun 25 – Nemours 27

Office de tourisme, 8 bis rue Farnault ✆ 01 64 98 83 17, Fax 01 64 98 94 80

Parc★★ du chateau de Courances★★ N : 5 km.

à Auvers (S.-et-M.) 4 km au Sud par D 948 – ✉ 77123 Noisy-sur-Ecole

Auberge d'Auvers Galant

7 r. d'Auvers – ✆ 01 64 24 51 02 – Fax 01 64 24 56 40 – Fermé 27 août-11 sept., 14 janv.-7 fév., dim. soir, lundi et mardi

Rest – Menu 24 € (sem.)/49 € – Carte 41/65 €

◆ Rien à redouter de ce Galant-là : posté à l'orée de la forêt de Fontainebleau, c'est en tout bien tout honneur qu'il vous propose une halte dans un intérieur rustique coloré.

MILLY-SUR-THERAIN – 60 Oise – 305 C3 – 1 520 h. – alt. 82 m – ✉ 60112

36 **A2**

Paris 91 – Compiègne 69 – Amiens 74 – Beauvais 11

Hostellerie du Lac "La gourmandine" avec ch

1 r. Étangs – ✆ 03 44 81 07 52 rest, rest, ch, 30/60,

– hostellerie-la-gourmandine@wanadoo.fr – Fax 03 44 81 36 60 – Fermé 20 janv.-10 fév.

8 ch – 60 € 70 €, 11,50 € – ½ P 60/85 € – **Rest** – *(fermé sam. midi, dim. soir et lundi)* Menu 30/60 € – Carte 34/50 €

◆ Pavillon 1900 en bordure d'un petit lac aux abords boisés. Confortable salle à manger proposant une cuisine classique et espace brasserie pour le menu du jour. Hôtel rénové.

MIMIZAN – 40 Landes – 335 D9 – 6 864 h. – alt. 13 m – Casino – ✉ 40200

Aquitaine 3 **B2**

Paris 692 – Arcachon 67 – Bayonne 109 – Bordeaux 109 – Dax 72 – Mont-de-Marsan 77

Office de tourisme, 38 avenue Maurice Martin ✆ 05 58 09 11 20, Fax 05 58 09 40 31

Plage Sud

L'Émeraude des Bois rest, VISA

66/68 av. Courant – ✆ 05 58 09 05 28 – emeraudedesbois@wanadoo.fr – Fax 05 58 09 35 73 – Ouvert 1er avril-30 sept.

15 ch – 50/55 € 53/61 €, 7 € – ½ P 49/53 € – **Rest** – *(ouvert 28 avril-16 sept.) (dîner seult)* Menu 17/38 € – Carte 17/40 €

◆ Sympathique hôtellerie à 3 mn des plages de la Côte d'Argent et de la vaste forêt de Mimizan. Chambres toutes non-fumeurs, sobrement décorées et dotées de petites salles de bains. Salle à manger prolongée d'une véranda et agréable terrasse ombragée.

L'Airial sans rest VISA AE

6 r. Papeterie – ✆ 05 58 09 46 54 – hotel.airial@tiscali.fr – Fax 05 58 09 32 10

16 ch – 43/50 € 45/60 €, 7,50 €

◆ Accueil chaleureux, chambres de bonne tenue meublées en pin, salons de détente, petit-déjeuner dans le jardin : voici un séjour océanique qui s'annonce bien !

de France sans rest VISA AE

18 av. Côte d'Argent – ✆ 05 58 09 09 01 – hoteldefrance-mimizan@club-internet.fr – Fax 05 58 49 47 16 – Ouvert 1er mars-20 oct.

21 ch – 50/72 € 50/150 €, 6 €

◆ Non loin de la plage, petite adresse pratique offrant des chambres rénovées, sobrement meublées et décorées dans les tons pastels. Snack d'appoint en haute saison.

MINERVE – 34 Hérault – 339 B8 – 111 h. – alt. 227 m – ✉ 34210

Languedoc Roussillon 22 **B2**

Paris 812 – Béziers 45 – Carcassonne 44 – Narbonne 33 – St-Pons 30

Syndicat d'initiative, 9 rue des Martyrs ✆ 04 68 91 81 43

Site★★.

Relais Chantovent avec ch VISA

17 Grand Rue – ✆ 04 68 91 14 18 – Fax 04 68 91 81 99 – Ouvert 1er avril-11 nov. et fermé dim. soir et lundi

8 ch – 32/35 € 40/50 €, 5,50 € – ½ P 55 € – **Rest** – *(ouvert 15 mars-15 déc. et fermé dim. soir et lundi)* Menu 20/36 € – Carte 34/52 €

◆ Au cœur du village cathare, sympathique auberge familiale proposant son appétissante cuisine régionale. La terrasse offre la vue sur les gorges du Brian. Chambres simples.

MIOMO – 2B Haute-Corse – 345 F3 – voir à Corse (Bastia)

MIONNAY – 01 Ain – 328 C5 – 2 109 h. – alt. 276 m – ✉ 01390 43 E1

Paris 457 – Bourg-en-Bresse 44 – Lyon 23 – Meximieux 26 – Villefranche-sur-Saône 33

de Mionnay-la-Dombes Domaine de Beau Logis, E : 3 km, ✆ 04 78 91 84 84.

Alain Chapel avec ch VISA AE

– ✆ 04 78 91 82 02 – chapel@relaischateaux.com – Fax 04 78 91 82 37 – Fermé janv., vend. midi, lundi et mardi

12 ch – 125 € 125/145 €, 20 € – **Rest** – Menu 65 € bc (déj. en sem.), 108/152 € – Carte 96/133 €

Spéc. Langoustines et velouté de fenouil sur gelée de crustacés (printemps). Moelleux de pomme de terre et truffes croquantes avec des Saint-Jacques (hiver). Poulette de Bresse en vessie, sauce foie gras. **Vins** Mâcon-Clessé, Cerdon.

◆ Délicieuse cuisine classique à déguster dans l'un des charmants salons cossus de cette élégante hostellerie de la Dombes. Chambres plaisantes et jardin fleuri soigné.

MIRABEL-AUX-BARONNIES – 26 Drôme – 332 D8 – rattaché à Nyons

MIRAMAR – 06 Alpes-Maritimes – 341 C7 – rattaché à Théoule-sur-Mer

MIRAMBEAU – 17 Charente-Maritime – 324 G7 – 1 461 h. – alt. 59 m – ✉ 17150 38 B3

Paris 515 – Bordeaux 72 – Angoulême 73 – Cognac 48 – Royan 52

Office de tourisme, 90 avenue de la République ✆ 05 46 49 62 85

Château de Mirambeau ch,
– ✆ 05 46 04 91 20 – mirambeau@relaischateau.com – Fax 05 46 04 26 72 – Ouvert 15 mars-4 nov. 30, VISA
16 ch – 200/435 € 200/435 €, 22 € – 3 suites – ½ P 180/298 € – **Rest** – *(fermé lundi, mardi et le midi en sem. sauf juil.-août)* Menu 65/85 € – Carte 52/86 €
◆ Fastueux salons, meubles chinés, chambres raffinées, luxueuses salles de bains, vaste parc et belle piscine couverte : ce superbe château du 19e s. n'est que charme et élégance. Trois petites salles de restaurant intimes et une terrasse ouverte sur le domaine.

MIRANDE – 71 Saône-et-Loire – 320 J11 – rattaché à Fleurville

MIRANDOL-BOURGNOUNAC – 81 Tarn – 338 E6 – 1 081 h. – alt. 393 m – ✉ 81190 29 C2

Paris 653 – Albi 29 – Rodez 51 – St-Affrique 79 – Villefranche-de-Rouergue 39

Office de tourisme, 2 place de la Liberté ✆ 05 63 76 97 65

Hostellerie des Voyageurs avec ch rest, VISA
pl. du Foirail – ✆ 05 63 76 90 10 – Fax 05 63 76 96 01 – Fermé vacances de printemps, 28 août-6 sept. et le soir du 1er oct. au 15 avril
8 ch – 33 € 42/48 €, 6,50 € – ½ P 45/47 € – **Rest** – Menu 23/28 € – Carte 22/48 €
◆ Cette maison d'aspect traditionnel héberge également le café du village. Sobre salle à manger campagnarde avec poutres apparentes et terrasse fleurie. Accueil familial.

MIREBEAU-SUR-BÈZE – 21 Côte-d'Or – 320 L5 – 1 573 h. – alt. 202 m – ✉ 21310 8 D2

Paris 338 – Châtillon-sur-Seine 107 – Dijon 26 – Dole 49 – Gray 24 – Langres 67

Syndicat d'initiative, rue du Moulin ✆ 03 80 36 76 17

Auberge des Marronniers avec ch 10/40, VISA
– ✆ 03 80 36 71 05 – perrin.restos@wanadoo.fr – Fax 03 80 36 75 92 – Fermé 22 déc.-7 janv., dim. soir et lundi
16 ch – 33/41 € 47/54 €, 7,50 € – ½ P 56/65 € – **Rest** – Menu 12,50 € (déj. en sem.), 22/32 € – Carte 29/49 €
◆ Paisible auberge située sur la place centrale du bourg. Plats traditionnels et régionaux servis dans la vaste salle à manger ou sur la terrasse-jardin au bord de la rivière. Chambres pratiques.

à Bèze 9 km au Nord par D 959 – 632 h. – alt. 217 m – ✉ 21310 Bourgogne

Le Bourguignon ch, rest, VISA
8 r. Porte de Bessey – ✆ 03 80 75 34 51 – hotel-le-bourguignon@wanadoo.fr – Fax 03 80 75 37 06 – Fermé 29 oct.-11 nov.
25 ch – 42 € 55 €, 7,50 € – ½ P 58 € – **Rest** – Menu 19/42 € – Carte 23/44 €
◆ Chambres d'esprit contemporain aménagées dans une construction récente à pans de bois. La salle à manger rustique (poutres apparentes et cheminée) occupe un bâtiment à façade Renaissance. À l'heure de l'apéritif, n'oubliez pas de demander un kir !

MIREBEL – 39 Jura – 321 E6 – 202 h. – alt. 580 m – ✉ 39570 16 B3

Paris 419 – Champagnole 17 – Lons-le-Saunier 17

Mirabilis VISA
41 Grande Rue – ✆ 03 84 48 24 36 – lemirabilis@wanadoo.fr – Fax 03 84 48 22 25 – Fermé 7-18 janv., mardi et merc. hors saison et lundi
Rest – Menu 13 € (sem.)/50 € – Carte 24/42 €
◆ Demeure familiale (1760) équipée - tant dehors que dedans - de jeux pour les enfants. Salle à manger soignée ouverte sur la terrasse et le jardin. Cuisine régionale actualisée.

MIRECOURT – 88 Vosges – 314 E3 – 6 384 h. – alt. 285 m – ✉ 88500
Alsace Lorraine 26 **B3**

Paris 364 – Épinal 34 – Luxeuil-les-Bains 74 – Nancy 49 – Neufchâteau 41 – Vittel 24

Office de tourisme, 22 rue Chanzy ✆ 03 29 37 01 01, Fax 03 29 37 52 24

Luth ch, 25, VISA

av. Chamiec, rte Neufchâteau – ✆ 03 29 37 12 12 – hotelleluth@le-luth.fr – Fax 03 29 37 23 44 – Fermé vend. soir et sam. hors saison

31 ch – 40 € 55/88 €, 9 € – ½ P 47 € – **Rest** – *(fermé 30 juil.-19 août, 29 oct.-4 nov., 31 déc.-6 janv., vend. soir, dim. soir et sam.)* Menu 12,50/35 € – Carte 21/40 €

◆ L'enseigne de cet hôtel rend hommage aux artisans luthiers qui ont fait la renommée de la petite ville. Confort actuel et chambres au calme sur l'arrière. Salle à manger feutrée au plaisant cadre contemporain. Au "piano", généreux répertoire traditionnel.

MIREPOIX – 09 Ariège – 343 J6 – 3 061 h. – alt. 308 m – ✉ 09500
Midi-Pyrénées 29 **C3**

Paris 753 – Carcassonne 52 – Castelnaudary 34 – Foix 37 – Limoux 33 – Pamiers 25

Office de tourisme, place Maréchal Leclerc ✆ 05 61 68 83 76

Place principale★★.

Relais Royal ch, 15, VISA

8 r. Mar. Clauzel – ✆ 05 61 60 19 19 – relaisroyal@relaischateaux.com – Fax 05 61 60 14 15 – Fermé 11-15 nov. et 2 janv.-7 fév.

8 ch – 150/220 € 150/270 €, 18 € – ½ P 125/160 € – **Rest** – *(fermé le midi du 1er nov. au 1er avril sauf dim., mardi midi, sam. et lundi)* Menu 32/85 € – Carte 63/75 €

◆ Cette belle demeure (1742) était jadis la résidence du maire. Un grand escalier dessert des chambres spacieuses, garnies de meubles de style et dotées d'équipements modernes. Petite salle à manger bourgeoise où l'on déguste d'appétissantes recettes actuelles.

La Maison des Consuls sans rest VISA

6 pl. Mar. Leclerc – ✆ 05 61 68 81 81 – hotel@maisondesconsuls.com – Fax 05 61 68 81 15

8 ch – 80/95 € 80/100 €, 15 €

◆ Maison de justice du 14e s. dotée de chambres personnalisées (une suite avec terrasse), garnies de meubles de style médiéval ou plus actuel. Vue sur la place ou sur un patio.

Les Minotiers VISA

av. Mar. Foch – ✆ 05 61 69 37 36 – Fax 05 61 69 48 55

27 ch – 45 € 49 €, 6 € – ½ P 55 € – **Rest** – *(fermé sam. midi sauf juil.-août)* Menu 15/35 €

◆ Hôtel flambant neuf installé dans les murs d'une ancienne minoterie (fabrique de farine). Teintes douces et équipements modernes dans les chambres, simples et confortables. Cuisine traditionnelle sans prétention proposée à prix tout doux.

Le Comptoir Gourmand VISA

cours Mar. de Mirepoix – ✆ 05 61 68 19 19 – comptoir.gourmand@wanadoo.fr – Fax 05 61 68 19 19 – Fermé dim. soir, mardi soir et merc. sauf juil.-août

Rest – Menu (21,50 €), 28/43 €

◆ L'alléchante cuisine, traditionnelle et soignée, met avant les produits et les vins des petits exploitants régionaux. Espace boutique à l'entrée du restaurant. Terrasse d'été.

MIRMANDE – 26 Drôme – 332 C5 – 503 h. – alt. 204 m
Lyon et la Vallée du Rhône 29 **C3**

Paris 603 – Lyon 141 – Valence 42 – Romans-sur-Isère 61 – Montélimar 21

Syndicat d'initiative, le village ✆ 04 75 63 10 88

La Capitelle rest, VISA

Le Rempart – ✆ 04 75 63 02 72 – capitelle@wanadoo.fr – Fax 04 75 63 02 50 – Fermé 15 déc.-15 fév. et mardi

11 ch – 80/95 € 82/150 €, 12 € – ½ P 82/130 € – **Rest** – *(fermé 30 nov.-1er mars et merc. midi)* Menu (19 €), 25 € (déj. en sem.)/38 € – Carte 50/60 €

◆ Cette ancienne magnanerie éclairée de fenêtres à meneaux fut la résidence du cubiste André Lhote. Beaux meubles d'antiquaire dans les chambres. La cheminée monumentale en pierre est l'âme de la salle à manger voûtée. Terrasse avec vue sur vergers et collines.

MISSILLAC – 44 Loire-Atlantique – 316 D3 – 3 813 h. – alt. 44 m – ✉ 44780
Bretagne 34 **A2**

Paris 436 – Nantes 62 – Redon 24 – St-Nazaire 37 – Vannes 55

Office de tourisme, la Chinoise ✆ 02 40 88 35 14

Retable★ dans l'église - Site★ du château de la Bretesche O : 1 km.

La Bretesche ch, rest, 25,

Domaine de la Bretesche, rte de la Baule – ✆ 02 51 76 86 96 – bretesche@relaischateaux.com – Fax 02 40 66 99 47 – Fermé fév.

32 ch – 150/190 € 200/450 €, 19 € – ½ P 135/235 € – **Rest** – *(fermé le midi du lundi au vend.)* Menu 48/85 € – Carte 70/86 €

Spéc. Salade de homard (avril à oct.). Bar de ligne et brochette de langoustines aux artichauts. Soufflé de pommes des vergers de Brière. **Vins** Muscadet de Sèvre et Maine. Bourgueil.

◆ Un univers de conte de fée au coeur de la Brière... Face au château crénelé entouré de ses douves, les anciennes dépendances réaménagées s'ouvrent à vous. Restaurant raffiné (non-fumeurs), plaisante cour-terrasse et délicieuses recettes au goût du jour.

MITTELBERGHEIM – 67 Bas-Rhin – 315 I6 – 617 h. – alt. 220 m – ✉ 67140
Alsace Lorraine 2 **C1**

Paris 499 – Barr 2 – Erstein 24 – Molsheim 23 – Sélestat 21 – Strasbourg 41

Syndicat d'initiative, 2 rue Principale ✆ 03 88 08 01 66, Fax 03 88 08 01 66

Am Lindeplatzel

71 r. Principale – ✆ 03 88 08 10 69 – Fax 03 88 08 45 08 – Fermé 20-31 août, 20-30 nov., 11-24 fév., lundi midi, merc. soir et jeudi

Rest – Menu 24 € bc/34 € – Carte 34/54 €

◆ Cette discrète maison de pays, située dans le bas de ce village réputé pour ses vins, constitue une adresse appréciée pour sa cuisine au goût du jour soignée.

Gilg avec ch

1 r. Rotland – ✆ 03 88 08 91 37 – info@hotel-gilg.com – Fax 03 88 08 45 17 – Fermé 25 juin-11 juil., 7-30 janv., mardi et merc.

19 ch – 50/60 € 55/85 €, 7,50 € – **Rest** – Menu 25/70 € – Carte 30/55 €

◆ Belle maison de style bas-rhénan (1614) au coeur du bourg. La winstub d'origine, où fut créé, dit-on, le pâté vigneron, a été transformée en restaurant au cadre alsacien.

MITTELHAUSBERGEN – 67 Bas-Rhin – 315 K5 – rattaché à Strasbourg

MITTELHAUSEN – 67 Bas-Rhin – 315 J4 – 509 h. – alt. 185 m – ✉ 67170
1 **B1**

Paris 478 – Haguenau 21 – Saverne 22 – Strasbourg 24

A l'Étoile rest, 15/30,

12 r. La Hey – ✆ 03 88 51 28 44 – hotelrestaurant.etoile@wanadoo.fr – Fax 03 88 51 24 79 – Fermé 1er-14 janv.

24 ch – 42 € 50/53 €, 6,50 € – ½ P 50 € – **Rest** – *(fermé 8 juil.-1er août, 1er-14 janv., dim. soir et lundi)* Menu (8 €), 11 € (sem.), 18/40 € – Carte 22/45 €

◆ Éloignée des axes fréquentés, construction récente d'aspect régional à la façade fleurie. Chambres fonctionnelles et fraîches, rénovées par étapes. Chaleureuses salles à manger décorées de boiseries anciennes.

MITTELWIHR – 68 Haut-Rhin – 315 H8 – 823 h. – alt. 210 m – ✉ 68630 2 **C2**

Paris 445 – Colmar 10 – Kaysersberg 6 – Ribeauvillé 403 – Sélestat 20

Le Mandelberg sans rest 15,

chemin du Mandelberg – ✆ 03 89 49 09 49 – hotelmandelberg@wanadoo.fr – Fax 03 89 49 09 48 – Fermé 2 janv.-1er fév.

18 ch – 75/97 € 80/110 €, 10 €

◆ Savourez le microclimat du "Midi de l'Alsace" depuis cette grande bâtisse de style néo-alsacien dont les chambres, modernes et confortables, donnent parfois sur le vignoble.

Le Mittelwihr sans rest
19 rte du Vin – ✆ 03 89 49 09 90 – hotelmittelwihr@wanadoo.fr – Fax 03 89 86 02 29 – Fermé 1er-28 mars et 1er fév.-1er mars
15 ch – 75/97 € 80/110 €, 10 €
◆ Sur la route des Vins, maison régionale flambant neuve et haute en couleurs, où un copieux petit-déjeuner typiquement local vous attend après une nuit douillette.

La Table de Mittelwihr
rte du Vin – ✆ 03 89 78 61 40 – latabledemittelwihr@wanaddo.fr – Fax 03 89 86 01 66 – Fermé janv.-fév., mardi midi et lundi
Rest – Menu 16 € (déj. en sem.), 30/43 € – Carte 34/46 €
◆ Architecture intérieure contemporaine assez originale (poutres en bois courbées) et agréable terrasse d'été pour déguster une cuisine actuelle assortie de recettes du terroir.

MIZOËN – **38 Isère** – **333** J7 – **rattaché au Freney-d'Oisans**

MOËLAN-SUR-MER – **29 Finistère** – **308** J8 – **6 592 h.** – **alt. 58 m** – ✉ **29350**
Bretagne 9 **B2**

Paris 523 – Carhaix-Plouguer 66 – Concarneau 27 – Lorient 27 – Quimper 50 – Quimperlé 10

Office de tourisme, 20 place de l'Église ✆ 02 98 39 67 28, Fax 02 98 39 63 93

Manoir de Kertalg sans rest
rte Riec-sur-Belon 3 km à l'Ouest par D 24 et chemin privé – ✆ 02 98 39 77 77 – kertalg@free.fr – Fax 02 98 39 72 07 – Ouvert 12 avril-12 nov.
9 ch – 105/198 € 105/240 €, 13 €
◆ Dans un domaine forestier, cette demeure historique attire une clientèle éprise d'art (expositions de peintures). Chambres bourgeoises très soignées, moins grandes dans la tour.

Les Moulins du Duc rest, ch, 25,
2 km au Nord-Ouest – ✆ 02 98 96 52 52 – moulin.duc@wanadoo.fr – Fax 02 98 96 52 53 – Ouvert 1er mars-20 nov.
24 ch – 78/150 € 78/150 €, 13 €, 4 duplex – ½ P 78/131 € – **Rest** – *(fermé dim. soir et lundi hors saison, lundi midi et mardi midi)* Menu 29 € (déj. en sem.), 36/66 € – Carte 42/58 €
◆ Parc verdoyant où paressent un étang, un moulin du 16e s. et de jolies maisonnettes (abritant les chambres) longées par la rivière. L'ex-meunerie, dont le mécanisme s'expose au salon, abrite une table traditionnelle complétée par une véranda au bord de l'eau.

MOERNACH – **68 Haut-Rhin** – **315** H11 – **rattaché à Ferrette**

MOIRAX – **47 Lot-et-Garonne** – **336** F5 – **998 h.** – **alt. 154 m** – ✉ **47310** 4 **C2**

Paris 712 – Bordeaux 141 – Agen 9 – Villeneuve-sur-Lot 40 – Moissac 58

Syndicat d'initiative, Mairie ✆ 05 53 87 03 69, Fax 05 53 67 55 60

L'Auberge du Prieuré
– ✆ 05 53 47 59 55 – Fax 05 53 68 02 01 – Fermé vacances de Pâques, de la Toussaint, de fév., dim. soir, lundi et mardi
Rest – Carte 38/44 €
◆ Cette modeste maison de village plusieurs fois centenaire a du charme : intérieur campagnard rehaussé de jolies photos, terrasse ombragée et appétissante cuisine personnalisée.

MOISSAC – **82 Tarn-et-Garonne** – **337** C7 – **12 321 h.** – **alt. 76 m** – ✉ **82200**
Midi-Pyrénées 28 **B2**

Paris 632 – Agen 57 – Auch 87 – Cahors 63 – Montauban 31 – Toulouse 71

Office de tourisme, 6 place Durand de Bredon ✆ 05 63 04 01 85, Fax 05 63 04 27 10

d'Espalais à Valence-d'Agen L'Illôt, par rte d'Agen : 20 km, ✆ 05 63 29 04 56.

Église St-Pierre★ : portail méridional★★★, cloître★★★, christ★.

Boudou ✲★ 7 km par ③.

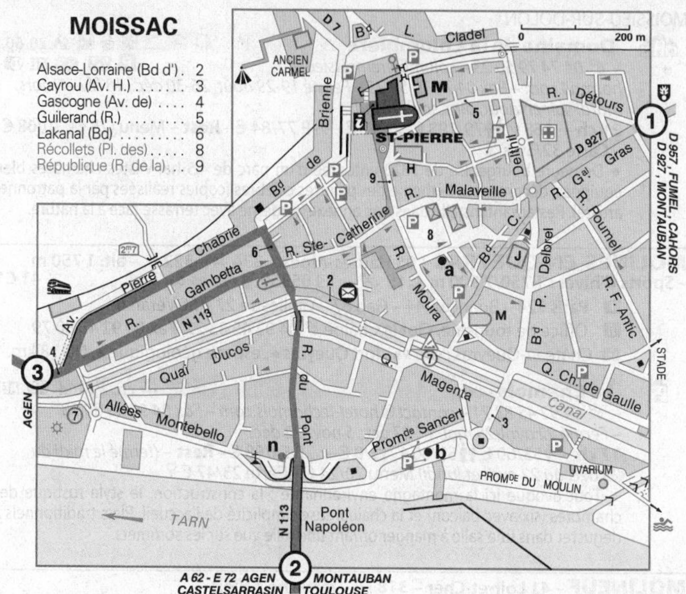

Le Moulin de Moissac

ch, ch, 15/70, VISA

Esplanade du Moulin – ✆ 05 63 32 88 88 – hotel@lemoulindemoissac.com – Fax 05 63 32 02 08 **b**

35 ch – 55/80 € 65/110 €, 9 € – ½ P 70 € – **Rest** – *(fermé sam. midi et dim.)* Menu (17 €), 22 € (déj. en sem.), 28/34 € – Carte 26/60 €

◆ L'origine de ce moulin remonte au 15e s. Moult fois transformé, il dispose désormais d'un bel aménagement intérieur et de jolies chambres à thème (mer, campagne et montagne). Restaurant à la fois simple et élégant tourné vers le Tarn ; carte traditionnelle.

Chapon Fin

rest, 20, VISA

3 pl. Récollets – ✆ 05 63 04 04 22 – info@lechaponfin-moissac.com – Fax 05 63 04 58 44 **a**

22 ch – 45/80 € 45/80 €, 9 € – ½ P 60/72 € – **Rest** – Menu 20 € (déj. en sem.), 25/40 € – Carte 35/59 €

◆ Sur la place du marché et à deux pas de l'abbaye romane, vous serez traité ici comme des "coqs en pâte". Les chambre bénéficient toutes d'une récente rénovation. Accueillante salle à manger actuelle, aux tons pastel, où l'on sert une cuisine au goût du jour.

Pont Napoléon avec ch

rest, rest, 15, VISA

2 allées Montebello – ✆ 05 63 04 01 55 – dussau.lenapoleon@wanadoo.fr – Fax 05 63 04 34 44 – Fermé vacances de la Toussaint, janv., dim. sauf fériés et lundi **n**

12 ch – 29/50 € 35/56 €, 8 € – ½ P 51/62 € – **Rest** – Menu (29 €), 34 €

◆ Teintes gris et violine, parquet et tableaux composent le cadre cossu de ce restaurant bâti face au pont Napoléon. Menu à choix multiple élaboré avec les produits du terroir.

MOISSAC-BELLEVUE – 83 Var – 340 M4 **– rattaché à Aups**

MOISSIEU-SUR-DOLON – 38 Isère – 333 C5 **– 500 h. – alt. 350 m –** ✉ **38270** 44 **B2**

Paris 511 – Grenoble 78 – Lyon 55 – La Tour-du-Pin 53 – Vienne 25

Domaine de la Colombière 20/50,
– 04 74 79 50 23 – colombieremoissieu@hotmail.com – Fax 04 74 79 50 25 – Fermé 19-29 août, 26-30 déc., 18 fév.-4 mars, mardi soir en août, dim. soir et lundi
21 ch – 68 € 79/198 €, 12 € – ½ P 77/84 € – **Rest** – Menu (25 €), 30/68 € – Carte 32/56 €
◆ Demeure bourgeoise de 1820 entourée d'un parc de 4,5 ha. Vastes chambres bien équipées, décorées sur le thème des peintres célèbres (copies réalisées par la patronne-artiste). Restaurant installé dans une annexe moderne avec terrasse face à la nature.

MOLINES-EN-QUEYRAS – 05 Hautes-Alpes – 334 J4 – 322 h. – alt. 1 750 m – Sports d'hiver : 1 750/2 900 m 15 – ✉ 05350 Alpes du Sud 41 C1

Paris 724 – Briançon 44 – Gap 87 – Guillestre 27 – St-Véran 6
Office de tourisme, Clot la Chalpe 04 92 45 83 22, Fax 04 92 45 80 79
Château-Queyras : site★★, fort Queyras★, espace géologique★, NO : 8 km.

Le Chamois ch,
– 04 92 45 83 71 – contact@hotel-lechamois.com – Fax 04 92 45 80 58 – Fermé 22 avril-25 mai, 1er-27 oct., 5 nov.-22 déc.
17 ch – 53/60 € 53/60 €, 9 € – ½ P 54/58 € – **Rest** – *(fermé le midi du 23 déc. au 22 avril et lundi)* Menu 20/24 € – Carte 23/47 €
◆ Tout évoque ici la montagne environnante : la construction, le style rustique des chambres (six avec balcon) et la chaleureuse simplicité de l'accueil. Plats traditionnels à déguster dans une salle à manger offrant une jolie vue sur les sommets.

MOLINEUF – 41 Loir-et-Cher – 318 E6 – rattaché à Blois

MOLITG-LES-BAINS – 66 Pyrénées-Orientales – 344 F7 – 207 h. – alt. 607 m – Stat. therm. : début avril-fin nov. – ✉ 66500 Languedoc Roussillon 22 B3

Paris 896 – Perpignan 50 – Prades 7 – Quillan 56
Syndicat d'initiative, route des Bains 04 68 05 03 28, Fax 04 68 05 02 40

Château de Riell rest, 15/120,
– 04 68 05 04 40 – riell@relaischateaux.fr – Fax 04 68 05 04 37 – Ouvert 30 mars-3 nov.
16 ch – 140/295 € 330 €, 18 € – 3 suites – ½ P 133/254 € – **Rest** – *(fermé le midi sauf week-ends)* Menu 45 € (dîner) – Carte 66/75 €
◆ D'esprit baroque, cette "folie" catalane du 19e s. érigée au sein d'un parc arboré abrite de douillettes chambres personnalisées ; sept autres occupent des maisonnettes. Petit air de bodega chic au restaurant ; terrasse entourée d'une végétation exubérante.

Grand Hôtel Thermal rest, 15/120,
– 04 68 05 00 50 – Fax 04 68 05 02 91 – Ouvert 1er avril-25 nov.
60 ch – 52/134 € 52/134 €, 13 € – 4 suites – ½ P 85/129 € – **Rest** – *(fermé sam. midi et dim. midi) (dîner pour résidents seult)* Menu 27 €
◆ Dans un parc bordant un lac. Chambres aux tons méridionaux, réaménagées avec beaucoup de goût dans un esprit catalan. Quelques suites spacieuses et agréables. L'une des salles à manger occupe un ancien atelier de chocolat. Carte traditionnelle.

MOLLANS-SUR-OUVÈZE – 26 Drôme – 332 E8 – 840 h. – alt. 280 m – ✉ 26170 Alpes du Sud 44 B3

Paris 676 – Carpentras 30 – Nyons 21 – Vaison-la-Romaine 13

Le St-Marc rest,
av. de l'Ancienne Gare – 04 75 28 70 01 – le-saint-marc@club-internet.fr – Fax 04 75 28 78 63 – Ouvert 30 mars-4 nov.
31 ch – 49/73 € 57/123 €, 8,50 € – ½ P 59/69 € – **Rest** – *(dîner seult)* Menu (23 €), 27/30 €
◆ Au pied du mont Ventoux, maison provençale précédée d'un jardin. Des tissus colorés égayent les chambres. Salle à manger rustique agrémentée d'une cheminée ouverte. Cuisine du Sud servie, le soir, sur l'agréable terrasse ombragée et fleurie.

MOLLÉGÈS – 13 Bouches-du-Rhône – 340 E3 – 2 171 h. – alt. 55 m – ✉ 13940

42 **E1**

Paris 704 – Avignon 24 – Cavaillon 9 – Marseille 80 – Saint-Rémy-de-Provence 12

Mas du Capoun avec ch — ch, P VISA

27 av. des Paluds – ☎ 04 90 26 07 12 – lemasducapoun@wanadoo.fr – Fax 04 90 26 08 17 – Fermé 25 oct.-15 nov., 10 fév.-10 mars

6 ch – ♦75/85 € ♦♦85/95 € – **Rest** – *(fermé mardi soir d' oct. à mai, sam. midi et merc.)* Menu 15 € (déj. en sem.)/30 €

◆ Décor minimaliste dans la lumineuse salle de ce mas entièrement restauré où l'on déguste des plats préparés au goût du jour. Chambres climatisées, terrasses privatives.

MOLLKIRCH – 67 Bas-Rhin – 315 I5 – 765 h. – alt. 320 m – ✉ 67190

1 **A2**

Paris 485 – Molsheim 11 – Saverne 35 – Strasbourg 40

Fischhutte — rest, 15/30, P VISA AE

rte Grendelbruch : 3,5 km – ☎ 03 88 97 42 03 – fischhutte@wanadoo.fr – Fax 03 88 97 51 85 – Fermé 26 fév.- 28 mars et 25 juin- 4 juil.

16 ch – ♦60/65 € ♦♦70/95 €, 10 € – ½ P 68/94 € – **Rest** – *(fermé lundi et mardi sauf fériés)* Menu 30 € (déj. en sem.), 42 € bc/50 € – Carte 25/44 €

◆ Adresse champêtre de la vallée de la Magel. Confortables chambres au décor contemporain ; certaines offrent une vue sur la forêt vosgienne. Espace brasserie flanqué d'une coquette salle à manger. Carte régionale ; gibier en saison.

MOLSHEIM – 67 Bas-Rhin – 315 I5 – 9 335 h. – alt. 180 m – ✉ 67120

Alsace Lorraine

1 **A1**

Paris 477 – Lunéville 94 – St-Dié 79 – Saverne 28 – Sélestat 37 – Strasbourg 32

Office de tourisme, 19 place de l'Hôtel Ville ☎ 03 88 38 11 61, Fax 03 88 49 80 40

La Metzig★ - Église des Jésuites★.

Fresques★ de la chapelle St-Ulrich N : 3,5 km.

Diana — ch, 25/150, VISA AE

pont de la Bruche – ☎ 03 88 38 51 59 – info@hotel-diana.com – Fax 03 88 38 87 11

61 ch – ♦80/88 € ♦♦86/175 €, 9,50 € – ½ P 69 € – **Rest** – *(fermé 23-31 déc. et dim. soir)* Menu (22 €), 27 € (sem.)/37 € bc – Carte environ 39 €

◆ Construction des années 1970 agrémentée de nombreuses œuvres d'art. Chambres plaisantes et spacieuses. Pour le bien-être : piscine couverte, fitness et jardin. Carte actuelle et belle cave au restaurant.

Le Bugatti sans rest — 20, P VISA AE

r. Commanderie – ☎ 03 88 49 89 00 – info@hotel-le-bugatti.com – Fax 03 88 38 36 00 – Fermé 24 déc.-1er janv.

48 ch – ♦46 € ♦♦53 €, 6,50 € – 1 suite

◆ L'architecture contemporaine du Bugatti, proche des usines de la marque légendaire, abrite des chambres sobres et pratiques, équipées de meubles en bois stratifié.

LES MOLUNES – 39 Jura – 321 F8 – 124 h. – alt. 1 274 m – ✉ 39310

16 **B3**

Paris 485 – Genève 49 – Gex 30 – Lons-le-Saunier 74 – St-Claude 16

Le Pré Fillet — ch, 30, P VISA

rte Moussières – ☎ 03 84 41 62 89 – leprefillet@wanadoo.fr – Fax 03 84 41 64 75 – Fermé 22 avril-2 mai, 21 oct.-11 déc., dim. soir et lundi

15 ch – ♦48 € ♦♦48 €, 6,50 € – ½ P 49 € – **Rest** – Menu 13 € bc (déj. en sem.), 19/35 € – Carte 13/44 €

◆ Pour un séjour très "nature", une hôtellerie de moyenne montagne (non-fumeurs), simple et sympathique. Chambres bien tenues. Sauna et jacuzzi avec vue sur la campagne. Copieuse cuisine du terroir accompagnée d'une belle carte de vins locaux et bourguignons.

MONACO (PRINCIPAUTE DE) – **341** F5 – **115** 27 – **voir page 2047**

MONCÉ-EN-BELIN – **72 Sarthe** – **310** K7 – **2 463 h.** – **alt. 60 m** – ✉ **72230** 35 **D1**

Paris 214 – La Flèche 33 – Le Grand-Lucé 23 – Le Mans 14

Le Belinois

bd Avocats – ✆ 02 43 42 01 18 – Fax 02 43 42 22 16 – Fermé 1er-11 mars, 15 juil.-14 août, lundi et le soir sauf le sam.

Rest – Menu 14 € (déj. en sem.), 19/44 €

♦ Sympathique restaurant de campagne niché au centre du village. Le chef prépare une cuisine traditionnelle qui vous sera servie dans une salle à manger assez feutrée.

MONCEL-LÈS-LUNÉVILLE – **54 Meurthe-et-Moselle** – **307** K7 – **rattaché à Lunéville**

MONCOUTANT – **79 Deux-Sèvres** – **322** C4 – **2 985 h.** – **alt. 180 m** – ✉ **79320** 38 **B1**

Paris 403 – Bressuire 16 – Cholet 49 – Niort 54 – La Roche-sur-Yon 79

Syndicat d'initiative, 18 avenue du Maréchal Juin ✆ 05 49 72 78 83

St-Pierre ch, VISA AE

rte Niort – ✆ 05 49 72 88 88 – lesaint-pierre@wanadoo.fr – Fax 05 49 72 88 89

30 ch – 55 € 70 € – ½ P 53 € – **Rest** – *(fermé sam. midi et dim. soir)* Menu 20/45 € – Carte 31/49 €

♦ La salle à manger de cette maison récente à façade de bois offre orientation plein Sud, charpente apparente et vue sur le jardin (petit plan d'eau). Chambres fonctionnelles.

MONDOUBLEAU – **41 Loir-et-Cher** – **318** C4 – **1 608 h.** – **alt. 170 m** – ✉ **41170**

Châteaux de la Loire 11 **B2**

Paris 170 – Blois 62 – Chartres 74 – Châteaudun 40 – Le Mans 64 – Orléans 92

Office de tourisme, 2 rue Bizieux ✆ 02 54 80 77 08

Le Grand Monarque VISA AE

pl. Marché – ✆ 02 54 80 92 10 – legrandmonarque@wanadoo.fr – Fax 02 54 80 77 40 – Fermé 24 déc.-1er janv., vacances de fév., dim. sauf le midi du 1er mars au 30 nov. et lundi

13 ch – 52 € 52 €, 8 € – ½ P 58 € – **Rest** – Menu 19 € (déj. en sem.), 25/41 € – Carte 39/53 €

♦ À l'orée d'une région chère aux rois de France, ancien relais de poste à l'accueil... princier ! De fraîches chambres vous y attendent. Restaurant actuel aux tables soigneusement dressées, agréable terrasse sous les glycines et cuisine traditionnelle.

MONDRAGON – **84 Vaucluse** – **332** B8 – **3 363 h.** – **alt. 40 m** – ✉ **84430** 40 **A2**

Paris 640 – Avignon 45 – Montélimar 40 – Nyons 41 – Orange 17

La Beaugravière VISA AE

N 7 – ✆ 04 90 40 82 54 – Fax 04 90 40 91 01 – Fermé 15-30 sept., dim. soir et lundi

Rest – Menu 26/95 € bc – Carte 37/90 €

♦ Cette maison provençale vous reçoit dans une salle agrémentée d'une monumentale cheminée ou sur la terrasse ombragée. Cuisine classique, spécialités de truffes en saison et superbe carte des vins.

MONEIN – **64 Pyrénées-Atlantiques** – **342** I3 – **4 183 h.** – **alt. 154 m** – ✉ **64360** 3 **B3**

Paris 799 – Pau 23 – Navarrenx 20 – Oloron-Sainte-Marie 21 – Orthez 29

L'Auberge des Roses VISA

Quartier Loupien – ✆ 05 59 21 45 63 – auberge.des.roses@clubinternet.fr – Fermé 9-25 juil., 19-28 fév., lundi et merc.

Rest – Menu 22 € (sem.)/34 € – Carte 29/43 €

♦ Cette auberge aux abords fleuris abrite une salle à manger rustique complétée d'une véranda et de petites terrasses ombragées. Appétissante cuisine au goût du jour.

MONESTIER-DE-CLERMONT – 38 Isère – 333 G8 – 921 h. – alt. 825 m – ✉ 38650 Alpes du Nord 45 C2

Paris 598 – Grenoble 36 – La Mure 29 – Serres 72 – Sisteron 107

Office de tourisme, 103 bis rue Grande ✆ 04 76 34 15 99

Au Sans Souci VISA AE

à St-Paul-lès-Monestier, Nord-Ouest : 2 km sur D 8 - alt. 800 – ✆ 04 76 34 03 60 – au.sans.souci@club-internet.fr – Fax 04 76 34 17 38 – Fermé 15 déc. à fin janv., dim. soir et lundi sauf juil.-août

12 ch – 42 € 65 €, 7,50 € – 1 suite – **Rest** – Menu 19/52 € – Carte 32/47 €

◆ Contrairement à "La passante", vous aimerez vous attarder dans cette ancienne scierie tapissée de vigne vierge. Chambres campagnardes. Les patrons, restaurateurs de père en fils depuis 1934, régalent les convives d'une goûteuse cuisine du marché.

Piot P VISA AE

7 chemin des Chambons – ✆ 04 76 34 07 35 – hotelpiot@club-internet.fr – Fax 04 76 34 12 74 – Ouvert 15 mars-15 nov. et fermé lundi et mardi sauf juil.-août

16 ch – 37/47 € 42/53 €, 8 € – ½ P 55/58 € – **Rest** – Menu (15 €), 18 € (sem.)/31 € – Carte 22/35 €

◆ Imposante villa bourgeoise de 1912 dans un petit parc planté de sapins centenaires. Chambres simples bien tenues et atmosphère conviviale. Spacieuse salle à manger bourgeoise un brin "rétro", agréable terrasse ombragée de conifères et cuisine traditionnelle.

LE MONÊTIER-LES-BAINS – 05 Hautes-Alpes – 334 H3 – rattaché à Serre-Chevalier

MONFLANQUIN – 47 Lot-et-Garonne – 336 G2 – 2 258 h. – alt. 180 m – ✉ 47150 4 C2

Paris 596 – Agen 48 – Bergerac 48 – Fumel 20 – Villeneuve-sur-Lot 18

Syndicat d'initiative, place des Arcades ✆ 05 53 36 40 19

Monform ch, ch, 30, P VISA AE

rte Cancon – ✆ 05 53 49 85 85 – monform-hotel@wanadoo.fr – Fax 05 53 36 40 29 – Fermé 25 janv.-9 mars, sam. et dim. d'oct. à avril

35 ch – 46/49 € 49/53 €, 6 € – ½ P 45/47 € – **Rest** – *(fermé sam. midi en juil.-août)* Menu 14 € (sem.)/27 € – Carte 22/44 €

◆ Sur une aire de loisirs (lac, parcours santé, minigolf), hôtel composé de pavillons disséminés dans un jardin. Chambres fonctionnelles rénovées. Bel espace de remise en forme. Salle de restaurant sobrement aménagée et terrasse tournée vers le plan d'eau.

LA MONGIE – 65 Hautes-Pyrénées – 342 N5 – Sports d'hiver : 1 800/2 500 m 3 41 – ✉ 65200 Bagnères-de-Bigorre Midi-Pyrénées 28 A3

Paris 853 – Bagnères-de-Bigorre 25 – Bagnères-de-Luchon 72 – Tarbes 48

Office de tourisme, ✆ 05 62 91 94 15, Fax 05 62 95 33 13

Le Taoulet ≤★★ N par téléphérique - Col du Tourmalet★★ O : 4 km.

Pic du Midi de Bigorre★★★.

Le Pourteilh ≤ rest, VISA AE

av. Tourmalet – ✆ 05 62 91 93 33 – contact@hotel-pourteilh.com – Fax 05 62 91 90 88 – Ouvert mi-déc.-début avril

40 ch – 68/102 € 68/102 €, 9 € – ½ P 57/75 € – **Rest** – Menu 23/30 € – Carte 34/53 €

◆ Hôtel des années 1970 installé au pied des pistes de cette station courue des surfeurs des neiges. Taverne chaleureuse et chambres de mise simple rafraîchies par étapes. Repas traditionnel dans une salle campagnarde rappelant le style "pension de famille".

au Nord-Est 8 km par D 918 - ✉ 65710 Campan

La Maison d'Hoursentut ch, VISA AE
– ✆ 05 62 91 89 42 – *contact@maison-hoursentut.com* – *Fax 05 62 91 88 13* – *Fermé 9-16 mai*
13 ch – 60/65 € 60/85 €, 8 € – ½ P 58/61 € – **Rest** – *(nombre de couverts limité, prévenir)* Menu (15 €), 20 €
◆ Décor contemporain d'inspiration montagnarde et ambiance chaleureuse caractérisent ce petit hôtel. Chambres douillettes, salon-cheminée et joli jardin avec bain norvégien. À table, le menu (cuisine familiale) est annoncé oralement. Terrasse dressée au bord de l'Adour.

MONHOUDOU – 72 Sarthe – **310** K5 – **192 h.** – **alt. 130 m** – ✉ **72260** 35 **D1**

Paris 199 – Alençon 30 – Le Mans 42 – Nantes 223

au Sud 2 km par D 117 et rte secondaire - ✉ **72260 Monhoudou**

Château de Monhoudou rest, VISA AE
– ✆ 02 43 97 40 05 – *info@monhoudou.com* – *Fax 02 43 33 11 58*
6 ch – 95/155 €, 9 € – ½ P 88/116 € – **Rest** – *(dîner seult) (résidents seult)* Menu 39 € bc
◆ Au milieu d'un parc à l'anglaise où évoluent des animaux en liberté, beau château Renaissance (16e-18es.) habité par la même famille depuis 19 générations. Vastes et élégantes chambres dotées de meubles anciens. Salon avec cheminée, bibliothèque. Repas servis par la châtelaine en personne.

MONNAIE – 37 Indre-et-Loire – **317** N4 – **3 302 h.** – **alt. 113 m** – ✉ **37380** 11 **B2**

Paris 227 – Château-Renault 15 – Tours 16 – Vouvray 10

Soleil Levant AC VISA
53 r. Nationale – ✆ *02 47 56 10 34* – *Fax 02 47 56 19 97* – *Fermé 2 sem. en sept., 3 sem. en janv., dim. soir et lundi*
Rest – Menu 23/39 € – Carte 36/52 €
◆ Dans la traversée du bourg, auberge au cadre frais, estimée pour ses préparations au goût du jour : une halte gourmande au "levant" de la Gâtine tourangelle.

MONPAZIER – 24 Dordogne – **329** G7 – **516 h.** – **alt. 180 m** – ✉ **24540** 4 **C2**
Périgord

Paris 575 – Bergerac 47 – Périgueux 75 – Sarlat-la-Canéda 50 – Villeneuve-sur-Lot 46

Office de tourisme, place des Cornières ✆ 05 53 22 68 59, Fax 05 53 74 30 08

Place des Cornières★.

Edward 1er ch, ch, VISA AE
5 r. Saint Pierre – ✆ *05 53 22 44 00* – *info@hoteledward1er.com* – *Fax 05 53 22 57 99* – *Ouvert 2 mars-11 nov.*
12 ch – 54/78 € 66/152 €, 12 € – ½ P 70/113 € – **Rest** – *(fermé merc. sauf juil.-août)* Menu 15 € (déj.)/36 €
◆ Édouard 1er fonda la fameuse bastide en 1284. Cette gentilhommière date, quant à elle, du 19e s. Tourelles, mobilier de divers styles et décor "cosy"... à l'anglaise. Le chef mitonne chaque jour un menu différent qui met en valeur les produits du Périgord.

MONTAGNE – 33 Gironde – **335** K5 – **1 585 h.** – **alt. 80 m** – ✉ **33570** 4 **C1**

Paris 541 – Agen 129 – Bordeaux 41 – Bergerac 61 – Libourne 11

Le Vieux Presbytère VISA
pl. Église – ✆ *05 57 74 65 33* – *Fax 05 57 74 51 04* – *Fermé 15 janv.-3 fév., mardi et merc.*
Rest – Menu (16 € bc), 20 € bc (sem.)/48 €
◆ Table sympathique occupant un ancien presbytère, au pied d'une chapelle romane. Salle "cosy" rustiquement meublée, belle terrasse sur cour, cuisine du moment et vins du cru.

LA MONTAGNE – 21 Côte-d'Or – 320 I7 – rattaché à Beaune

MONTAGNE DU SEMNOZ – 74 Haute-Savoie – 328 J6 – ✉ 74000
Alpes du Nord 46 F1

Paris 552 – Aix-les-Bains 43 – Albertville 60 – Annecy 17 – Chambéry 59

Crêt de Châtillon ※★★★ (**accès par D 41 :** d'Annecy 20 km ou du col de Leschaux 14 km, puis 15 mn).

sur D 41 – ✉ 74000 Annecy

Les Rochers Blancs ⟨ montagnes, P VISA MC

près du sommet, alt. 1 650 – ✆ 04 50 01 23 60 – lesrochersblancs@wanadoo.fr – Fax 04 50 01 40 68 – Fermé 15 sept.-15 déc.

15 ch – 42/45 € 55/60 €, ☕ 8,50 € – ½ P 55/60 € – **Rest** – *(fermé nov.)* Menu 18/30 € – Carte 25/37 €

◆ Culminant à 1 650 m, ce chalet bénéficie d'un panorama exceptionnel et d'une tranquillité absolue. Chambres au confort minimaliste, peu à peu refaites dans le style local. Restaurant décoré dans la pure tradition montagnarde et cuisine dans la même veine. Terrasse.

MONTAGNY – 42 Loire – 327 E3 – 1 111 h. – alt. 530 m – ✉ 42840 44 A1

Paris 408 – Lyon 70 – Montbrison 78 – Roanne 15 – St-Étienne 96 – Thizy 7

L'Air du Temps AC VISA MC AE

1 r. de la République – ✆ 04 77 66 11 31 – restaurant.lairdutemps@orange.fr – Fax 04 77 66 15 63 – Fermé dim. soir, mardi et merc.

Rest – Menu 23/55 € – Carte 33/54 €

◆ Tons pastel, décor contemporain et tables rondes espacées dans la salle à manger de ce restaurant aménagé à l'étage d'un ancien café. Cuisine au goût du jour.

MONTAGNY-LÈS-BEAUNE – 21 Côte-d'Or – 320 J8 – rattaché à Beaune

MONTAIGU – 85 Vendée – 316 I6 – 4 708 h. – alt. 40 m – ✉ 85600 34 B3

Paris 389 – Cholet 36 – Fontenay-le-Comte 88 – Nantes 37 – La Roche-sur-Yon 39

Office de tourisme, 6 rue Georges Clemenceau ✆ 02 51 06 39 17

Mémorial de vendée ★★ : le logis de la Chabotterie★ (salles historiques★★) SO : 14 km, le chemin de la Mémoire des Lucs★ SO : 24 km
Poitou Vendée Charentes.

au Pont de Sénard 7 km au Nord par N 137 et D 77 – ✉ 85600 St-Hilaire-de-Loulay

Le Pont de Sénard ch, rest, 15/25, P VISA MC AE

– ✆ 02 51 46 49 50 – hotel.pont.senard@wanadoo.fr – Fax 02 51 94 11 11 – Fermé 30 juil.-16 août, 29 oct.-4 nov., 26-31 déc., dim. soir en été et vend. soir en hiver

25 ch – 46 € 63 €, ☕ 8 € – ½ P € – **Rest** – Menu 17 € (sem.)/48 € – Carte 40/55 €

◆ Une clientèle fidèle apprécie cet hôtel bordant la Maine pour son environnement délicieusement bucolique, son bel équipement de séminaires et ses chambres peu à peu rénovées. Salle à manger-véranda et plaisante terrasse champêtre dominant la rivière.

MONTAIGUT-LE-BLANC – 63 Puy-de-Dôme – 326 F9 – rattaché à Champeix

MONTARGIS – 45 Loiret – 318 N4 – 15 030 h. – alt. 95 m – ✉ 45200
Bourgogne 12 D2

Paris 109 – Auxerre 81 – Bourges 117 – Orléans 73 – Sens 50

Office de tourisme, rue du Port ✆ 02 38 98 00 87

de Vaugouard à Fontenay-sur-Loing Chemin des Bois, par rte de Fontainebleau : 9 km, ✆ 02 38 89 79 09.

Collection Girodet★ du musée M[1].

MONTARGIS

Anatole-France (Bd). . . . . Y 2
Ancien Palais (R.) . . . . Z 3
Baudin (Bd Paul) . . . . YZ 4
Belles Manières (Bd) . . . . . . Z 5
Bon-Guillaume (R. du) . . . . . . Z 6
Carnot (R. Lazare) . . . . Y 8
Cormenin (R.) . . . . Z 12
Decourt (R. E.) . . . . Y 13
Dr-Roux (R. du) . . . . Y 15
Dr-Szigeti (Av. du) . . . . Y 16
Dorée (R.) . . . . Z
Ferry (Pl. Jules) . . . . Z 20
Fg de la Chaussée (R. du) . . YZ 17
Fg d'Orléans (R. du) . . . . . . YZ 18
Jean-Jaurès (R.) . . . . Y 21
Kléber (R.) . . . . Z 22
Laforge (R. R.) . . . . Z 23
Lamy (R. Jean) . . . . Z 24
Longeard (R. du) . . . . Y 26
Moulin à Tan (R.du) . . . . Z 28
Pêcherie (R. de la) . . . . Z 30
Poterne (R. de la) . . . . Z 32
Pougin-de-la-Maisonneuve (R.) . . . . Z 33
Prés.-Roosevelt (R.) . . . . Y 34
République (Pl. de la) . . . . . . Z 36
Sédillot (R.) . . . . Y 37
Tellier (R. R.) . . . . Z 39
Vaublanc (R. de) . . . . Z 41
Verdun (Av. de) . . . . Y 42
18-Juin-1940 (Pl. du) . . . . . . Z 45

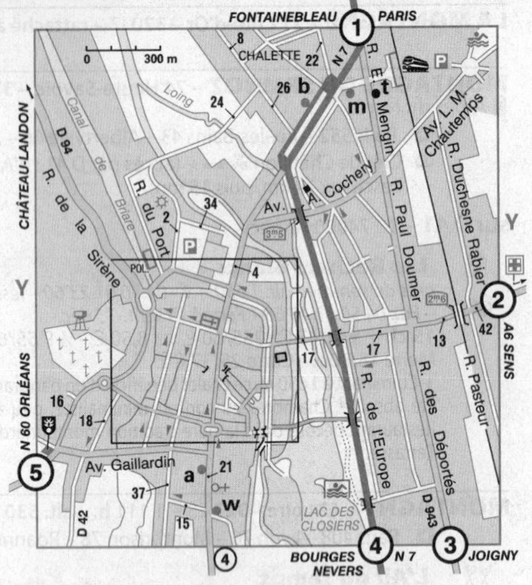

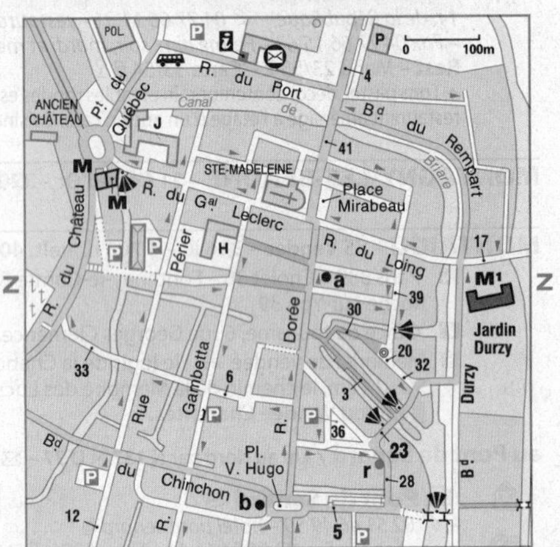

🏠 **Dorèle** sans rest — 15, VISA

222 r. Émile Mengin – ✆ 02 38 07 18 18 – les-hotels-dorele@wanadoo.fr
– Fax 02 38 07 18 19 — Y **t**

50 ch – 🚹41/48 € 🚹🚹47/56 €, ☕ 7 €

◆ Construction cubique récente dans le quartier de la gare. Les chambres, pas très spacieuses, sont très bien insonorisées et agencées. Confortable salon.

🏠 **Central** sans rest — VISA

2 r. Gudin – ✆ 02 38 85 03 07 – info@hotel-montargis.com
– Fax 02 38 98 33 39 — Z **a**

12 ch – 🚹45/48 € 🚹🚹49/55 €, ☕ 6,50 €

◆ Demeure bourgeoise (naguère monastère) centrale convertie en hôtel à la fin du 20e s. et rénovée en 2004. Un escalier en chêne sculpté monte aux chambres, fraîches et nettes.

Ibis ch, 25, VISA

2 pl. V. Hugo – ✆ 02 38 98 00 68 – h0861@accor.com – Fax 02 38 89 14 37 Z b

59 ch – 48/62 € 48/62 €, 7 €

Rest *Brasserie de la Poste* – Menu (12 €), 20/27 € – Carte 17/42 €

◆ Les chambres de cet hôtel, modernes et pratiques, offrent les prestations habituelles de la chaîne. Celles du 3e étage conviendront particulièrement aux familles. Plaisant restaurant "rétro" : verrière, appliques et banquettes rouges. Plats de brasserie.

La Gloire (Martin) avec ch rest, ch, VISA

74 av. Gén. de Gaulle – ✆ 02 38 85 04 69 – Fax 02 38 98 52 32 – Fermé 13-29 août, 18 fév.-13 mars, mardi et merc. Y m

11 ch – 50 € 60/115 €, 8,50 € – **Rest** – Menu 30 € (sem.)/52 € – Carte 59/88 €

Spéc. Salade de homard. Ficelle de lotte en papillote de ventrèche, purée de pomme de terre truffée. Ris et rognons de veau, petit ragoût de légumes. **Vins** Sancerre, Menetou-Salon.

◆ Une "gloire" montargoise que cet établissement proche de la gare : la cuisine classique y est à l'honneur, servie dans une élégante salle à manger. Chambres confortables.

Le Coche de Briare avec ch rest, VISA

72 pl. République – ✆ 02 38 85 30 75 – Fax 02 38 93 44 68 – Fermé 30 juil.-20 août, 5-12 nov., 18 fév.-4 mars, dim. soir, lundi et jeudi Z r

10 ch – 38 € 40/50 €, 7 € – **Rest** – Menu 20 € (sem.)/39 € – Carte 41/57 €

◆ Les entrelacs des canaux ainsi que les 127 ponts et passerelles de la ville ne doivent pas vous faire manquer le coche pour cette vieille maison et son intérieur Louis XIII.

L'Orangerie du Lac VISA

57 r. J. Jaurès – ✆ 02 38 93 33 83 – Fermé 16 juil.-1er août, lundi soir, mardi et merc. Y w

Rest – Menu 19 € (sem.), 28/42 € – Carte 37/75 €

◆ Deux salles à manger rustiques et colorées, plaisante véranda et cuisine traditionnelle : faites une petite halte gourmande en Gâtinais, à deux pas du canal de Briare.

L'Agrappe Cœur VISA

22 r. J. Jaurès – ✆ 02 38 85 22 65 – Fermé 15 août-1er sept., dim. soir, lundi et mardi Y a

Rest – Menu 19 € (sem.)/35 € – Carte 38/53 €

◆ Sympathique ambiance "bistrotière" dans la première salle ornée d'un joli comptoir en bois des années 1930 ; le décor est plus sobre dans les trois pièces suivantes.

Les Petits Oignons VISA

81 bis av. Gén. de Gaulle – ✆ 02 38 93 97 49 – Fax 02 38 93 97 49 – Fermé 30 juil.-20 août, 26 fév.-12 mars, dim. soir et lundi Y b

Rest – Menu 13 € (sem.)/38 € – Carte 25/45 €

◆ Deux salles à manger (l'une de style bistrot, l'autre plus bourgeoise) et une charmante terrasse : trois décors pour accompagner une cuisine de tradition "aux petits oignons".

rte de Ferrières par ①, N 7 et rte secondaire – ✉ 45210 Fontenay-sur-Loing

Domaine de Vaugouard rest, 15/130, VISA

– ✆ 02 38 89 79 00 – info@vaugouard.com – Fax 02 38 89 79 01 – Fermé 20-30 déc.

45 ch – 140/240 € 140/240 €, 15 € – ½ P 130/180 € – **Rest** – Menu 22 € (déj.)/42 € – Carte environ 46 €

◆ Joli château du 18e s. situé au coeur d'un parcours de golf ; centre équestre. Confortables chambres bourgeoises ; celles de l'annexe sont plus grandes et rénovées. Petites salles à manger cossues, terrasse tournée vers les greens et cuisine classique.

par ④ 6,5 km par N 7 – ✉ 45200 Montargis

Le Relais du Miel VISA

RN7 – ✆ 02 38 85 32 02 – relaisdumiel@relaisdumiel.fr – Fax 02 38 98 47 60

Rest – Menu (10 €), 21/31 € – Carte 21/42 €

◆ Étape pittoresque dans cette chaumière : en sus d'un bon repas de tradition dans un cadre campagnard, visitez l'écomusée de l'apiculture et la boutique de produits régionaux.

à Amilly 5 km par ③ – **11 497 h. – alt. 110 m** – ✉ **45200**

Le Belvédère sans rest
192 r. J. Ferry – ✆ 02 38 85 41 09 – h.belvedere@wanadoo.fr – Fax 02 38 98 75 63 – Fermé 15-30 août et 23 déc.-7 janv.
24 ch – †48/50 € ††48/55 €, ☕ 10 €
◆ Cet hôtel familial devancé par un jardin fleuri fait face à l'école du village. Calme et bon confort caractérisent les petites chambres personnalisées.

MONTAUBAN P – 82 Tarn-et-Garonne – 337 E7 – 51 855 h. – alt. 98 m – ✉ 82000 Midi-Pyrénées

28 **B2**

Paris 627 – Agen 86 – Albi 73 – Auch 86 – Cahors 64 – Toulouse 53

Office de tourisme, 4 rue du Collège ✆ 05 63 63 60 60, Fax 05 63 63 65 12

des Aiguillons Route de Loubejac, N : 8 km par D 959, ✆ 05 63 31 35 40.

Le vieux Montauban★ : portail★ de l'hôtel Lefranc-de-Pompignan Z **E** - Musée Ingres★ - Place Nationale★ - Dernier Centaure mourant★ (bronze de Bourdelle) **B.**

Pente d'eau de Montech★ : 15 km par ③ et D 928.

Plan page ci-contre

Crowne Plaza ch, rest, 100, P VISA MC AE
6-8 quai de Verdun – ✆ 05 63 22 00 00 – contact@cp-montauban.com – Fax 05 63 22 00 01 Z **t**
62 ch – †200/250 € ††200/250 €, ☕ 18 € – 4 suites
Rest ***La Table des Capucins*** – *(fermé dim.)* Menu 25 € (déj. en sem.), 38/70 € – Carte 48/79 €
◆ Le décor et le confort sont très contemporains, mais "l'aura" monastique de ce couvent classé (1630) a été superbement préservée. Salle de réunion dans la magnifique chapelle. Cuisine créative misant sur les saveurs et l'authenticité à la Table des Capucins.

Mercure ch, 15/30, VISA MC AE
12 r. Notre-Dame – ✆ 05 63 63 17 23 – h2183@accor.com – Fax 05 63 66 43 66 Z **s**
44 ch – †89 € ††99 €, ☕ 11 € – **Rest** – Menu 25/35 € – Carte 29/38 €
◆ Cet hôtel particulier du 18ᵉ s. a bénéficié en 1999 d'une complète cure de jouvence. Les chambres, spacieuses et contemporaines, profitent d'une bonne isolation phonique. La salle à manger, meublée en style Louis XVI, est coiffée d'une vaste verrière.

Du Commerce sans rest 20, VISA MC AE
9 pl. Roosevelt – ✆ 05 63 66 31 32 – info@hotel-commerce-montauban.com – Fax 05 63 66 31 28 – Fermé 14 janv.-4 fév. Z **b**
27 ch – †49/54 € ††55/72 €, ☕ 8,50 €
◆ Vaste bâtisse du 18ᵉ s. à deux pas de la cathédrale. Hall et salon garnis de beaux meubles anciens, chambres sobres, bien entretenues, et salles de bains colorées.

XXX **Les Saveurs d'Ingres** VISA MC
13 r. Hôtel de Ville – ✆ 05 63 91 26 42 – Fax 05 63 66 28 92 – Fermé 15-21 mai, 13 août-3 sept., 1ᵉʳ-8 janv., dim. et lundi Z **u**
Rest – Menu 23 € (déj.), 36/67 € – Carte 55/62 €
◆ L'enseigne rend hommage au peintre-dessinateur montalbanais (musée Ingres à deux pas). Plaisante salle voûtée au mobilier moderne. Cuisine personnalisée, inspirée du terroir.

XX **La Cuisine d'Alain - Hôtel Orsay** avec ch rest, rest, 20/30, P VISA MC AE
face gare – ✆ 05 63 66 06 66 – cuisinedalain@wanadoo.fr – Fax 05 63 66 19 39 – Fermé 1ᵉʳ-15 août, 23 déc.-8 janv., lundi midi, sam. midi et dim. Y **f**
20 ch – †47 € ††54/64 €, ☕ 9,50 € – ½ P 55 € – **Rest** – Menu 24 € bc (sem.)/60 € – Carte 52/66 €
◆ Natures mortes, faïences et compositions florales ornent salle à manger et salon. Belle terrasse fleurie. Cuisine traditionnelle et grand choix de desserts. Chambres sobres.

MONTAUBAN

Abbaye (R. de l') .... Z
Alsace-Lorraine (Bd) ...... X 3
Arago (R.) .... Z
Banque (R. de la) .... Z
Barbazan (R.) .... Z
Bourdelle (Pl.) .... Z 4
Bourjade (Pl. L.) .... Z 6
Briand (Av. A.) .... Y 7
Cambon (R.) .... Z 9
Carmes (R. des) .... Z 10
Chamier (Av.) .... Y 12
Cladel (R. L.) X
Comédie (R. de la) .... Z 13
Consul-Dupuy (Allée du) ... Z 14
Coq (Pl. du) .... Z 16
Dr-Alibert (R.) X
Dr-Lacaze (R. du) .... Z 19
Doumerc (Bd B.) X
Foch (Pl. du Mar.) .... Z
Fort (R. du) .... Z
Gambetta (Av.) .... YZ
Garrisson (Bd G.) .... YZ
Gaulle (Av. Ch.-de) .... Y 25
Grand'Rue Sapiac .... Z
Grand'Rue Villenouvelle ..... X 28
Guibert (Pl.) .... Z 29
Herriot (Av. É.) .... Y 30
Hôtel-de-Ville (R. de l') ..... Z 31
Ingres (R. D.) X
Jourdain (R. A.) .... Z
Lacapelle (Fg) .... YZ
Lafon (R. du Pasteur L.) .... Y 34
Lafon (R. Mary) .... Z 32
Lagrange (R. L.) .... YZ 35
Leclerc (Pl. du Gén.) .... Z
Libération (Pl. de la) X
Lycée (R. du) .... Z
Malcousinat (R.) .... Z 36
Mandoune (R. de la) .... Z
Marceau-Hamecher (Av.) ... Y 37
Marre (R. H.) .... Z
Martyrs (Carrefour des) .... Z 46
Marty (Pl. A.) .... XY
Mayenne (Av.) .... Y 50
Michelet (R.) .... Z 51
Midi-Pyrénées (Bd) .... Z 52
Monet (R. J.) .... Z 53
Montauriol (Bd) .... Y
Montmurat (Q. de) .... Z 54
Mortarieu (Allées de) .... Z 56
Moustier (Fg du) .... Z
Nationale (Pl.) .... Z
Notre-Dame (R.) .... Z 60
Piquard (Sq Gén.) .... Z 62
Pouvillon (R. E.) .... Z
Prax-Paris (Pl.) .... Z
République (R. de la) ...... Z 63
Résistance (R. de la) ...... Z 64
Roosevelt (Pl. F.) .... Z 66
Ste-Claire (R.) .... Z
St-Jean (R.) .... X 67
Sapiac (Pont de) .... YZ 68
Sarrail (R. Gén.) .... Y 70
Verdun (Q. de) .... Z 71
10e-Dragons (Av. du) X
11e-Rég.-d'Infanterie (Av. du) .... X 73
19-Août-1944 (Av. du) ...... X 75
22-Septembre (Pl. du) ...... Z 76

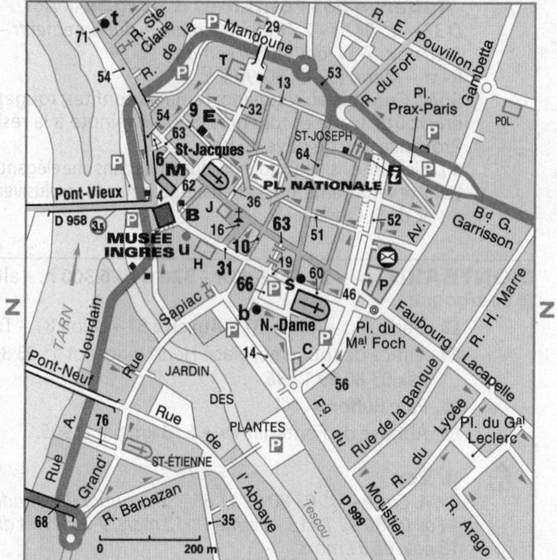

Au Fil de l'Eau

A/C VISA MC

14 quai Dr Lafforgue – ✆ 05 63 66 11 85 – aufildeleau82@wanadoo.fr – Fax 05 63 91 97 56 – Fermé dim. soir et lundi sauf juil.-août X **e**

Rest – Menu 19 € (déj. en sem.), 31/55 € – Carte 43/72 € ♀

◆ Cette maison ancienne située dans une rue tranquille abrite une spacieuse salle à manger, contemporaine et chaleureuse. Préparations traditionnelles, bon choix de vins régionaux.

Au Chapon Fin

A/C VISA MC AE

1 pl. St-Orens – ✆ 05 63 63 12 10 – Fax 05 63 20 47 43 – Fermé 28 juil.-19 août, dim. soir et sam. Y **d**

Rest – Menu 17 € bc (sem.)/32 € – Carte 32/60 € ♀

◆ Les Montalbanais aiment à se retrouver dans cette maison du 19e s. sise près du Pont-Neuf. L'une des deux salles vient d'être rénovée. Répertoire culinaire traditionnel.

MONTAUBAN-SUR-L'OUVEZE – 26 Drôme – 332 G8 – 85 h. – alt. 719 m – ✉ 26170 45 C3

Paris 705 – Apt 68 – Carpentras 64 – Lyon 243

La Badiane

ch, 15, VISA MC AE

Hameau de Ruissas, Nord-Est : 3km – ✆ 04 75 27 17 74 – la-badiane@club-internet.fr – Fax 04 75 27 17 74 – Ouvert 1er avril-30 oct.

7 ch – 85/95 € 85/125 €, 9 € – ½ P 60/72 € –
Rest – table d'hôte *(fermé merc. sauf juil.-août) (dîner seult) (résidents seult)* Menu 23/28 €

◆ Cette ancienne bergerie, restaurée avec originalité, se blottit dans la montagne drômoise. Chaque chambre cultive sa différence. Piscine, sauna et soins de relaxation. Cuisine familiale servie dans une jolie salle aux notes méditerranéennes ou en terrasse.

MONTAUROUX – 83 Var – 340 P4 – 4 017 h. – alt. 364 m – ✉ 83440
Côte d'Azur 41 C3

Paris 890 – Cannes 36 – Draguignan 37 – Fréjus 30 – Grasse 21

Office de tourisme, place du Clos ✆ 04 94 47 75 90

rte de Grasse 3 km au Sud-Est – ✉ 83340 Montauroux

Auberge des Fontaines d'Aragon (Maio)

VISA MC

D 37 – ✆ 04 94 47 71 65 – ericmaio@club-internet.fr – Fax 04 94 47 71 65 – Fermé 5-20 nov., 7-31 janv., lundi et mardi

Rest – Menu (37 €), 50/90 €

Spéc. Crumble au reggiano, tomates confites, rougets poêlés (juil.-août). Pigeon en croûte, truffe et foie gras. Soufflé minute à la résine de sapin. **Vins** Côtes de Provence, Vin de pays du Var.

◆ Délicieuse cuisine au goût du jour servie dans une élégante salle provençale ou sur la jolie terrasse verdoyante : une belle halte gourmande - exclusivement non-fumeurs - sur la route du lac de St-Cassien.

MONTBARD – 21 Côte-d'Or – 320 G4 – 6 300 h. – alt. 221 m – ✉ 21500
Bourgogne 8 C2

Paris 240 – Autun 87 – Auxerre 81 – Dijon 81 – Troyes 100

Office de tourisme, place Henri Vincenot ✆ 03 80 92 53 81, Fax 03 80 89 17 38

Parc Buffon★.

Abbaye de Fontenay★★★ E : 6 km par D 905.

L'Écu

ch, VISA MC AE

7 r. A. Carré – ✆ 03 80 92 11 66 – snc.coupat@wanadoo.fr – Fax 03 80 92 14 13 – Fermé 1er-12 mars, 9-25 fév. et dim. soir du 18 nov. au 31 mars

23 ch – 60/66 € 72/85 €, 10 € – ½ P 72/85 € – **Rest** – *(fermé jeudi midi du 15 nov.-27 mars)* Menu 19/52 € – Carte 44/66 €

◆ Ancien relais de poste (16e s.) dont on apprécie l'accueil, l'ambiance provinciale et les chambres, classiquement aménagées, à l'image des espaces communs. Repas traditionnel sous les voûtes des ex-écuries ou dans une salle au mobilier de style. Terrasse sur cour.

à Fain-lès-Montbard 6 km au Sud-Est par N 905 – 299 h. – alt. 220 m – ✉ 21500

Château de Malaisy

ch, 20/100, VISA MC

– ✆ 03 80 89 46 54 – ch-malaisy@wanadoo.fr – Fax 03 80 92 30 16

24 ch – 65/140 € 65/170 €, 12 € – ½ P 66/88 € – **Rest** – Menu 24 € (déj. en sem.), 30/70 € bc – Carte environ 50 €

◆ Un beau grand parc agrémente cette gentilhommière et ses dépendances (17e-18e s.) où vous logerez dans des chambres simples d'esprit rustique. Jolie cheminée en bois sculpté au salon. Repas traditionnel servi dans deux salles d'esprit classique.

MONTBAZON – 37 Indre-et-Loire – 317 N5 – 3 434 h. – alt. 59 m – ✉ 37250

Châteaux de la Loire 11 **B2**

Paris 247 – Châtellerault 59 – Chinon 41 – Loches 33 – Saumur 73 – Tours 15

Office de tourisme, la Grange rouge ✆ 02 47 26 97 87

Château d'Artigny ← l'Indre, rest,
Sud-Ouest : 2 km par D 17 – 100, VISA
✆ 02 47 34 30 30 – artigny@grandesetapes.fr – Fax 02 47 34 30 39
58 ch – 160/420 € 160/420 €, 21 € – 2 suites – **Rest** – Menu 39 € (déj.), 55 € (dîner)/85 € (dîner) – Carte 68/84 €

◆ Ce château dont le parc boisé et les jardins à la française surplombent l'Indre fut conçu au début du 20e s. dans le pur style classique. Faste omniprésent. Répertoire culinaire classique, somptueuse carte des vins et collection de vieux armagnacs.

Port Moulin au Fil de l'Eau VISA
7 ch – 90 € 90 €, 21 €

◆ L'annexe du Château d'Artigny, nichée à 800 m dans un joli pavillon au bord de la rivière, abrite un hébergement moins luxueux, mais toujours très confortable.

Domaine de la Tortinière ← vallée de l'Indre,
Nord : 2 km par N 10 et D 287 ch, rest, 20/140, VISA
– ✆ 02 47 34 35 00 – domaine.tortiniere@wanadoo.fr – Fax 02 47 65 95 70
– Fermé 20 déc.-1er mars – **23 ch** – 150/210 € 150/210 €, 16 € – 7 suites – ½ P 139/229 € – **Rest** – *(fermé dim. soir de nov. à mars) (prévenir)* Menu (30 € bc), 38 € bc (déj. en sem.), 41/71 € – Carte 48/58 €

◆ Ce château du Second Empire se dresse au cœur d'un parc dominant l'Indre. Chambres soignées pleine de charme. Nouvelle piscine. La salle à manger, panoramique et bourgeoise, est prolongée d'une plaisante terrasse. Cuisine au goût du jour.

XX **Chancelière "Jeu de Cartes"** VISA
1 pl. Marronniers – ✆ 02 47 26 00 67 – lachanceliere@lachanceliere.fr
– Fax 02 47 73 14 82 – Fermé 11-27 août, 10 fév.-5 mars, dim. et lundi sauf fériés
Rest – Menu 32 € (sem.)/35 €

Spéc. Ravioles d'huîtres au champagne (oct. à mai). Tajine de lotte rôtie aux fruits secs et jus de volaille. Foie gras frais de canard poêlé à la croque au sel. **Vins** Montlouis, Chinon.

◆ Cette élégante maison tourangelle superpose les styles avec audace : salle à manger "cosy" aux tonalités colorées et cuisine à la fois classique et inventive. Ici, on joue cartes sur table !

XX **Auberge de la Courtille** VISA
13 av. Gare – ✆ 02 47 26 28 26 – j-mauny@club-internet.fr – Fax 02 47 26 14 34
– Fermé 15 juil.-12 août, dim. soir, mardi soir et merc. – **Rest** – Menu 17 € (sem.)/38 €

◆ Poste de guet, relais de poste, garage et aujourd'hui restaurant. L'auberge abrite une sobre salle à manger égayée par des expositions de tableaux ; cuisine familiale.

Ouest 5 km par N 10 et D 87 – ✉ 37250 Montbazon

XX **Le Moulin Fleuri** avec ch ← ch, VISA
– ✆ 02 47 26 01 12 – lemoulinfleuri@wanadoo.fr – Fax 02 47 34 04 71
– Fermé 17-25 déc., 22 janv.-28 fév., dim. soir de nov. à avril, jeudi midi et lundi
9 ch – 72 € 72 €, 12,50 € – 1 suite – ½ P 78 € – **Rest** – Menu (22 €), 30/50 €

◆ Un bras de l'Indre actionnait la roue de cet ex-moulin à grains (16e s.) aux abords verdoyants. Sobres chambres classiquement aménagées, côté rivière ou jardin. Des menus appétissants et une riche sélection de vins du Val de Loire sont présentés au restaurant. Terrasse près de l'eau.

MONTBÉLIARD – 25 Doubs – 321 K1 – 27 570 h. – Agglo. 113 059 h. – alt. 325 m – ✉ 25200

Franche-Comté Jura 17 **C1**

Paris 477 – Belfort 22 – Besançon 76 – Mulhouse 60 – Vesoul 60

Office de tourisme, 1 rue Henri-Mouhot ✆ 03 81 94 45 60, Fax 03 81 94 14 04

de Prunevelle à Dampierre-sur-le-Doubs Ferme des Petits Bans, par rte de Besançon : 8 km, ✆ 03 81 98 11 77.

Le Vieux Montbéliard★ : hôtel Beurnier-Rossel★ - Sochaux : Musée de l'aventure Peugeot★★.

MONTBÉLIARD

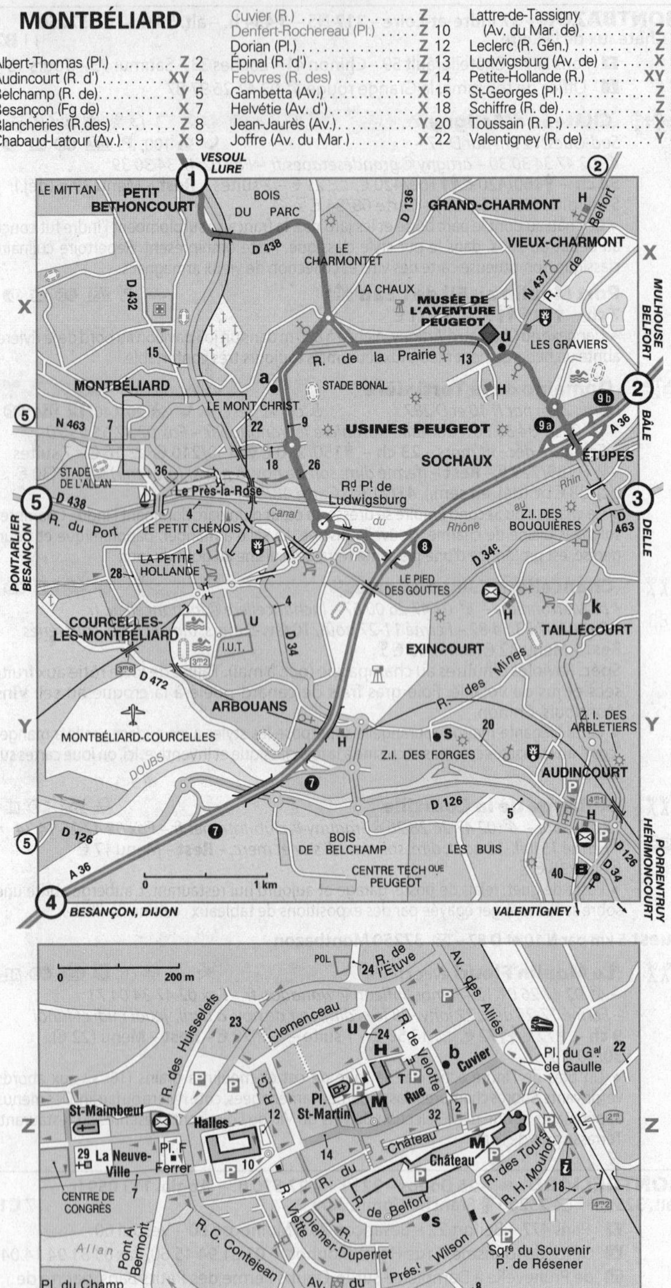

La Balance

40 r. Belfort – ✆ 03 81 96 77 41 – hotelbalance@wanadoo.fr – Fax 03 81 91 47 16 – Fermé 23-26 déc. Z **s**

45 ch – 73 € 79 €, 9 € – ½ P 64 € – **Rest** – *(fermé 23 déc.-2 janv., sam. midi, dim. et fériés)* Menu 18/22 € – Carte environ 28 €

◆ Maison du 16ᵉ s. qui hébergea le Q.G. de De Lattre de Tassigny en 1944. Bel escalier en bois sculpté menant à des chambres rénovées. Cachet Belle Époque habilement préservé dans le chaleureux restaurant habillé de boiseries claires. Cuisine traditionnelle.

Bristol sans rest 50,

2 r. Velotte – ✆ 03 81 94 43 17 – hotel.bristol@wanadoo.fr – Fax 03 81 94 15 29 – Fermé 30 juil.-20 août Z **b**

43 ch – 55/70 € 58/75 €, 7,50 €

◆ Hôtel des années 1930 dans une rue semi-piétonne. Les chambres présentent un décor actuel ou plus ancien ; pour le calme, préférez celles situées sur l'arrière. Bar à vins.

Aux Relais Verts ch, ch, 25,

le Pied des Gouttes – ✆ 03 81 90 10 69 – hotelrelaisvert@wanadoo.fr – Fax 03 81 90 15 18 – Fermé 23 déc.-1ᵉʳ janv. X **v**

64 ch – 63/83 € 65/85 €, 7,50 € – **Rest** – *(fermé sam. midi et dim.)* Menu 16/40 € – Carte 45/78 €

◆ Hôtel actuel au coeur d'une Z.A.C. Petites chambres fonctionnelles distribuées autour d'un patio ou, dans une aile récente, hébergement plus spacieux et chaleureux. Plantes vertes et expositions de tableaux égayent la sobre salle à manger.

St-Martin

1 r. Gén. Leclerc – ✆ 03 81 91 18 37 – Fax 03 81 91 18 37 – Fermé 1ᵉʳ-20 août, sam., dim. et fériés Z **u**

Rest – Menu 29/55 € – Carte 42/56 €

◆ Vieille maison proche de la place Saint-Martin. Petites salles intimes et cossues. Plats classiques ; un menu composé selon le marché et un autre dédié aux produits de la mer.

MONTBENOÎT – 25 Doubs – 321 I5 – 219 h. – alt. 804 m – ✉ 25650

Franche-Comté Jura 17 **C2**

Paris 464 – Besançon 61 – Morteau 17 – Pontarlier 15

Office de tourisme, 8 rue du Val Saugeais ✆ 03 81 38 10 32, Fax 03 81 38 12 97

Ancienne abbaye★ : stalles★★, niche abbatiale★★.

à La Longeville 5,5 km au Nord par D 131 – 488 h. – alt. 900 m – ✉ 25650

Le Crêt l'Agneau

Les Auberges – ✆ 03 81 38 12 51 – lecret.lagneau@wanadoo.fr – Fermé 5-28 juil.

6 ch – 75/96 € 75/96 € – **Rest** – table d'hôte *(dîner seult) (résidents seult)* Menu 27 € bc

◆ Cette ferme du 17ᵉ s. au milieu des pâturages s'adresse exclusivement aux non-fumeurs. Tenue par un couple dynamique, elle dispose de chambres très soignées. Cuisine du terroir longuement mijotée, accompagnée de pain maison.

à Maisons-du-Bois 4 km au Sud-Ouest sur D 437 – 494 h. – alt. 810 m – ✉ 25650

Du Saugeais avec ch rest, ch,

– ✆ 03 81 38 14 65 – Fax 03 81 38 11 27 – Fermé 15-31 janv., dim. soir et lundi

7 ch – 45 € 48 €, 7,50 € – ½ P 43 € – **Rest** – Menu 14,50 € (sem.)/38 €

◆ "Chèvre qui bêle perd une bouchée" affirme un dicton du val de Saugeais : il serait dommage de gaspiller les spécialités régionales concoctées ici dans un cadre rustique.

MONTBOUCHER-SUR-JABRON – 26 Drôme – 332 B6 – rattaché à Montélimar

MONTBRISON – 42 Loire – 327 D6 – 14 589 h. – alt. 391 m – ✉ 42600
Lyon et la vallée du Rhône 44 **A2**

Paris 444 – Lyon 103 – Le Puy-en-Velay 99 – Roanne 68 – St-Étienne 45 – Thiers 68

Office de tourisme, place de l'Hôtel de Ville ✆ 04 77 96 08 69, Fax 04 77 96 20 88

de Savigneux-les-Étangs à Savigneux GAIA Concept Savigneux, E : 4 km par D 496, ✆ 04 77 58 70 74 ;

Superflu Golf Club à Saint-Romain-le-Puy Domaine des Sucs, SE : 8 km par D 8, ✆ 04 77 76 93 41.

Intérieur★ de la Collégiale N.-D.-d'Espérance.

La Roseraie
61 av. Alsace-Lorraine – ✆ 04 77 58 15 33 – Fax 04 77 58 93 88 – Fermé 10-20 avril, 16 août-7 sept., dim. soir, mardi soir et merc.

Rest – Menu 17 € (sem.)/59 € – Carte 20/49 €

◆ Cuisine actuelle inspirée du terroir à déguster au choix dans la salle à manger colorée, sous l'agréable véranda ou à l'ombre de la cour intérieure (en été).

à Savigneux 2 km à l'Est par D 496 – 2 565 h. – alt. 382 m – ✉ 42600

Marytel sans rest
95 rte Lyon – ✆ 04 77 58 72 00 – hm4203@inter-hotel.com – Fax 04 77 58 42 81

45 ch – 48/75 € 53/95 €, 7 €

◆ Construction actuelle en bord de route. Les chambres, simples et fonctionnelles, sont bien tenues et protégées des bruits de la circulation par un double vitrage.

Yves Thollot
40,

93 rte Lyon – ✆ 04 77 96 10 40 – mail@yves-thollot.com – Fax 04 77 58 31 92 – Fermé 30 juil.-20 août, 18 fév.-3 mars, mardi soir, dim. soir et lundi

Rest – Menu 22/55 € – Carte 33/56 €

◆ Cette maison récente, entourée d'espaces verts, abrite une salle à manger dont le cadre moderne est ponctué de discrètes touches agrestes. Cuisine simple et généreuse.

à St-Romain-le-Puy 8 km au Sud-Est par D8 et D107 – 2 803 h. – alt. 405 m – ✉ 42610

Sous le Pic-La Pérolière sans rest
20 r. Jean-Moulin – ✆ 04 77 76 97 10 – laperoliere@wanadoo.fr – Fax 04 77 76 97 10 – Fermé 7 janv.-1er mars

4 ch – 47/62 € 55/70 €

◆ La propriétaire de cette ancienne ferme forézienne, passionnée par sa région, a baptisé ses chambres Auvergne, Vivarais, Bourgogne et Lyonnaise. Petit-déjeuner avec gâteaux et confitures maison.

MONTCEAU-LES-MINES – 71 Saône-et-Loire – 320 G9 – 20 634 h. – alt. 285 m – ✉ 71300 Bourgogne
8 **C3**

Paris 333 – Autun 47 – Chalon-sur-Saône 46 – Mâcon 69 – Moulins 100

Office de tourisme, 16 rue Carnot ✆ 03 85 69 00 00, Fax 03 85 69 00 01

du Château d'Avoise à Montchanin 9 rue de Mâcon, par rte de Chalon-sur-Saône : 14 km, ✆ 03 85 78 19 19.

Mont-St-Vincent : tour ✻★★ 12 km par ②.

Plan page ci-contre

Nota Bene
rest, rest, 75,

70 quai Jules Chagot – ✆ 03 85 69 10 15 – nota.bene.hotel@wanadoo.fr – Fax 03 85 69 10 20 AZ **b**

46 ch – 57 € 62/71 €, 6 € – ½ P 69 € – **Rest** – *(fermé 1er-15 août, sam. midi et dim. midi)* Menu 11 € (déj.), 13/22 € – Carte 19/29 €

◆ Face au pont levant du canal, cet hôtel rénové se signale par sa devanture habillée de bois blond. Chambres simples et fonctionnelles. Salle à manger ornée d'une fresque évoquant l'Italie ; la spécialité maison est la tavola (tartine garnie et passée au four).

MONTCEAU-LES-MINES

André-Malraux (R.) . . . . **AY** 3
Barbès (R.) . . . . **ABZ**
Bel Air (R. de) . . . . **BY** 4
Carnot (R.) . . . . **AZ** 6
Champ du Moulin (R. du) . **BYZ** 7
Chausson (R. Henri) . . . . **BZ** 9
Emorine (R. Antoine) . . . . . . **BZ** 10
Gauthey (Quai) . . . . **AZ** 12
Génelard (R. de) . . . . **BZ** 13
Guesde (Quai Jules) . . . . **AY** 14
Hospice (R. de l') . . . . **AZ** 15
Jean-Jacques-Rousseau (R.) . . . . **BZ** 16
Jean-Jaurès (R.) . . . . **AZ**
Lamartine (R.) . . . . **AZ** 19
Merzet (R. Étienne) . . . . **BY** 21
Palinges (R. de) . . . . **BZ** 22
Paul-Bert (R.) . . . . **AZ** 24
Pépinière (R. de la) . . . . **AY** 25
République (R. de la) . . . . . . **AY** 26
Sablière (R. de la) . . . . **ABY** 27
St-Vallier (R. de) . . . . **BZ** 28
Semard (R. de) . . . . **BZ** 30
Strasbourg (R. de) . . . . **BZ** 31
Tournus (R. de) . . . . **BZ** 33
8-Mai-1945 (R. du) . . . . **BY** 34
11-Nov.-1918 (R. du) . . . . **AY** 36

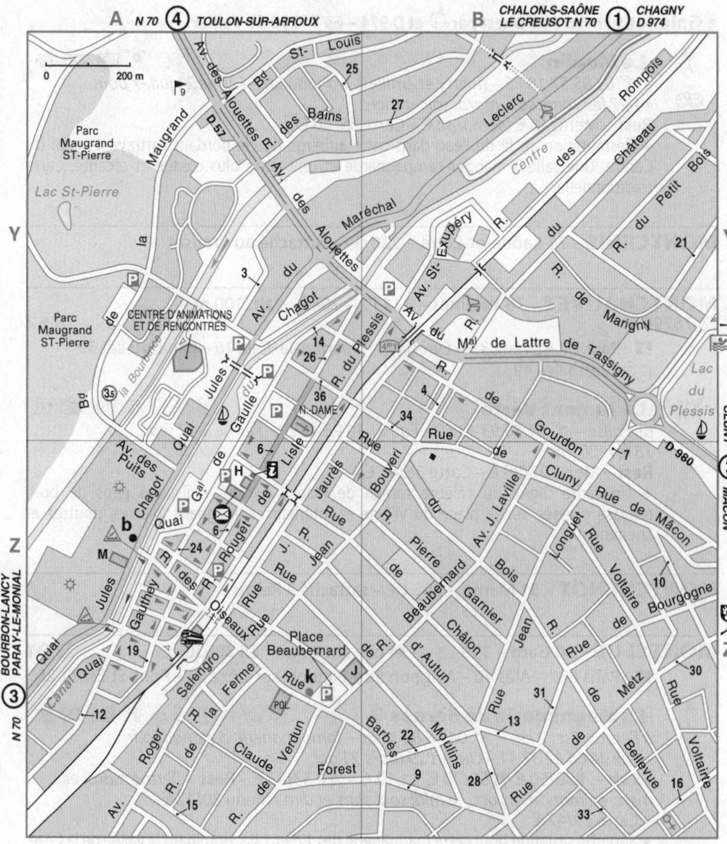

XXX **Le France** (Brochot) avec ch — rest, rest, VISA

7 pl. Beaubernard – ✆ 03 85 67 95 30 – hotel-restaurant.lefrance@wanadoo.fr – Fax 03 85 67 95 44 – Fermé 30 juil.-13 août, 2-7 janv., vacances de fév., lundi sauf hôtel, mardi midi, sam. midi et dim. soir AZ **k**

10 ch – †45 € ††55 €, ☕ 7 € – ½ P 65/80 € – **Rest** – Menu 20 € (déj. en sem.), 35/80 € – Carte 40/110 €

Spéc. Escargots de Bourgogne aux pieds de cochon marinés au vin rouge. Sandre de Saône rôti en croustillant de chèvre du charolais (printemps). Filet de bœuf confit aux herbes aromatiques, marinière de bulot. **Vins** Saint-Véran, Givry.

◆ Ce restaurant est situé dans la partie haute de la ville industrielle. Élégante salle à manger contemporaine et goûteuse cuisine classique revisitée.

XX **L'Usine** 12, VISA

15 r. Robespierre – ✆ 03 85 57 67 62 – lusine@montceau-les-mines.com – Fermé 18 juil.-14 août, en janv., mardi et merc.

Rest – Menu 17/41 € – Carte 27/45 €

◆ Usine reconvertie en restaurant : un lieu insolite au décor hétéroclite fait de fauteuils de PDG, de tables rondes, d'expositions de peintures. Cuisine traditionnelle. Terrasse.

à Galuzot 5 km au Sud-Ouest par ③ et D 974 – ✉ 71230 St-Vallier

X **Le Moulin** VISA

– ✆ 03 85 57 18 85 – thierry.et.emilie@wanadoo.fr – Fermé 24 juil.-7 août, 14-27 fév., dim. soir, mardi soir et merc.

Rest – Menu 16 € (sem.)/32 € – Carte 35/40 €

◆ Restauration au fil de l'eau dans cette auberge fleurie bordant l'attrayant canal du Centre. Une salle à manger campagnarde et une autre plus cossue et récente. Carte traditionnelle.

MONTCENIS – 71 Saône-et-Loire – 320 G9 – rattaché au Creusot

MONTCHAUVET – 78 Yvelines – 311 F2 – 254 h. – alt. 100 m – ✉ 78790

18 **A2**

Paris 67 – Dreux 33 – Évreux 47 – Mantes-la-Jolie 16 – Rambouillet 39 – Versailles 49

XX **La Jument Verte** VISA AE

pl. Église – ✆ 01 30 93 43 60 – Fax 01 30 93 49 20 – Fermé 3-17 sept., 18 fév.-20 mars

Rest – Menu 27/38 € – Carte 36/41 €

◆ Un cadre digne du célèbre roman de Marcel Aymé : maison à pans de bois, terrasse dressée sur la place du village et intérieur campagnard (pierres, poutres et cheminée).

MONTCHENOT – 51 Marne – 306 G8 – rattaché à Reims

MONTCLUS – 30 Gard – 339 L3 – 134 h. – alt. 94 m – ✉ 30630

23 **D1**

Paris 657 – Alès 46 – Avignon 58 – Bagnols-sur-Cèze 24 – Pont-St-Esprit 25

La Magnanerie de Bernas ch, VISA AE

à Bernas, Est : 2 km – ✆ 04 66 82 37 36 – lamagnanerie@wanadoo.fr – Fax 04 66 82 37 41 – Ouvert 29 mars-21 oct.

15 ch – 30/50 € 50/70 €, 12 € – ½ P 53/93 € – **Rest** – *(fermé mardi et merc. en mars, avril, oct., le midi sauf sam. et dim.)* Menu 20/42 € – Carte 29/47 €

◆ Superbe situation pour cette magnanerie des 12e et 13e s. dominant la vallée de la Cèze. Bel intérieur rénové où domine la pierre. Grande piscine et solarium. Salle à manger voûtée et terrasse d'été dressée dans la jolie cour intérieure.

MONT-DAUPHIN-GARE – 05 Hautes-Alpes – 334 H4 – rattaché à Guillestre

---

MONT-DE-MARSAN P – 40 Landes – 335 H11 – 29 489 h. – alt. 43 m – ✉ 40000 Aquitaine

3 **B2**

Paris 706 – Agen 120 – Bayonne 106 – Bordeaux 131 – Pau 83 – Tarbes 103

Office de tourisme, 6 place du Général Leclerc ✆ 05 58 05 87 37

Stade Montois à Saint-Avit Pessourdat, par rte de Langon : 10 km, ✆ 05 58 75 63 05.

Musée Despiau-Wlérick★.

MONT-DE-MARSAN

Alsace-Lorraine (R. d') . . . **AZ** 2
Auribeau (Bd d') . . . . **AZ** 3
Bastiat (R. F.). . . . . **ABZ**
Bosquet (R. Mar.) . . . . **AZ** 4
Briand (R. A.). . . . . **BY** 5
Brouchet (Allées) . . . . **BZ** 6
Carnot (Av. Sadi) . . . . **BZ** 7
Delamarre (Bd) . . . . **BZ** 8
Despiau (R. Ch.) . . . . **AZ** 9
Farbos (Allée Raymond) . . **BZ** 10
Gambetta (R. L.) . . . . **BZ** 12
Gaulle (Pl. Ch.-de) . . . . . . **BY** 13
Gourgues (R. D.-de) . . . . . **BY** 14
Landes (R. L.-des) . . . . **BZ** 15
Lasserre (R. Gén.). . . . . . . **AZ** 16
Lattre-de-Tassigny (Bd de) **BY** 17
Leclerc (Pl. du Gén.) . . . . . **BZ** 18
Lesbazeilles (R. A.) . . . . . . **BZ** 19
Martinon (R.) . . . . **BZ** 20
Pancaut (Pl. J.) . . . . **AZ** 21
Poincaré (Pl. R.) . . . . **AY** 22
Président-Kennedy
(Av. du). . . . . **BZ** 23
Ruisseau (R. du) . . . . **AZ** 24
St-Jean-d'Août (R.) . . . . . . **AY** 25
St-Roch (Pl.). . . . . **BZ** 26
Victor-Hugo (R.). . . . . **BY** 27
8-Mai-1945 (R. du) . . . . . . **BY** 28
34e-d'Inf. (Av. du) . . . . **BZ** 29

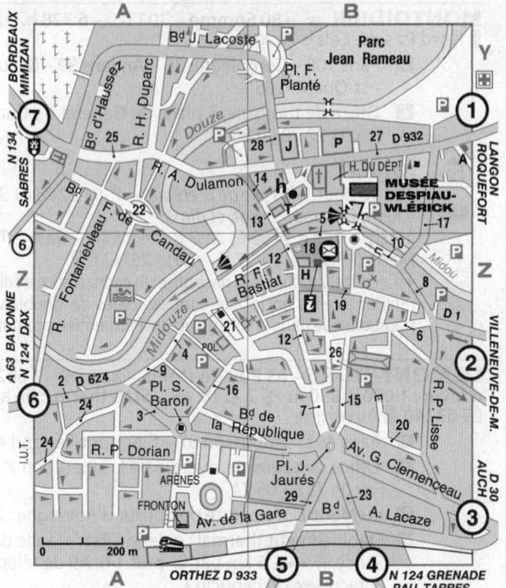

Le Renaissance

ch, 20/50, VISA

rte Villeneuve par ② : 2 km – ☎ 05 58 51 51 51 – lerenaissance@wanadoo.fr – Fax 05 58 75 29 07

28 ch – 54/86 € 60/86 €, 8 € – 1 suite – **Rest** – *(fermé sam. sauf le soir de mi-mai à fin oct. et dim. sauf le midi de mi-mai à fin oct.)* Menu (20 €), 18 € (dîner), 28 € (déjeuner)/51 € – Carte 32/63 €

◆ Légèrement excentré, hôtel contemporain apprécié de la clientèle d'affaires. Les chambres, fonctionnelles, sont plus calmes côté jardin ; la plupart offrent un décor rajeuni. Agréable salle à manger avec vue sur un étang et cuisine traditionnelle actualisée.

Abor

ch, ch, 15/50, VISA

rte Grenade par ④ : 3 km ✉ 40280 – ☎ 05 58 51 58 00 – contact@aborhotel.com – Fax 05 58 75 78 78

68 ch – 57/70 € 61/85 €, 11 € – ½ P 55/72 € – **Rest** – *(fermé 22 déc.-2 janv. et sam. midi)* Menu (13 €), 20/30 € – Carte 24/47 €

◆ Immeuble moderne à la périphérie de la "capitale" du pays de Marsan, abritant de petites chambres pratiques et insonorisées. Décor sans fioriture, mais entretien suivi. Salle à manger colorée. Recettes traditionnelles et formules buffets.

Richelieu

rest, 15, VISA

3 r. Wlérick – ☎ 05 58 06 10 20 – le.richelieu@wanadoo.fr – Fax 05 58 06 00 68 BY

32 ch – 46/56 € 55/78 €, 8 € – ½ P 48/60 € – **Rest** – *(fermé 1er-9 janv., vend. soir du 27 juil. au 31 août, dim. soir et sam.)* Menu (17 €), 19 € (sem.)/38 €

◆ Hôtel central, voisin du musée Despiau-Wlérick (sculpture). Les chambres, bien tenues et insonorisées, sont rénovées par étapes. Salle de restaurant modulable dont l'aménagement ressemble à celui d'une brasserie.

Les Clefs d'Argent

VISA

333 av.des Martyrs de la Résistance par ⑥ – ☎ 05 58 06 16 45 – lesclefsdargent@aol.com – Fermé 23 juil.-20 août, 22-29 déc., dim. soir et lundi

Rest – Menu 18 € bc (déj. en sem.), 40/90 € – Carte 55/69 €

◆ Cette maison d'allure modeste dissimule plusieurs petites salles "cosy", dont une avec cheminée très prisée en hiver. Cuisine régionale personnalisée aux parfums d'ailleurs.

MONTDIDIER – 80 Somme – 301 I10 – 6 328 h. – alt. 82 m – ✉ 80500
Nord Pas-de-Calais Picardie 36 **B2**

Paris 108 – Compiègne 36 – Amiens 39 – Beauvais 49 – Péronne 48 – St-Quentin 65

Office de tourisme, 5 place du Général-de-Gaulle ☎ 03 22 78 92 00, Fax 03 22 78 00 88

Dijon
VISA

1 pl. 10 Août 1918 (rte de Breteuil) – ☎ 03 22 78 01 35 – Fax 03 22 78 27 24 – Fermé 11 août-2 sept. et dim.

19 ch – 40 € 60 €, 7 € – ½ P 54 € – **Rest** – *(fermé sam. et dim. soir)* Menu (13,50 €), 16/27 € – Carte 25/42 €

◆ Cet hôtel proche de la gare offre un cadre rustique soigné. Toutes les chambres ont été refaites ; celles en façade sont équipées de double-vitrage. Accueil charmant. Table traditionnelle dans la ville natale de Parmentier, promoteur de la pomme de terre.

LE MONT-DORE – 63 Puy-de-Dôme – 326 D9 – 1 682 h. – alt. 1 050 m – Sports d'hiver : 1 050/1 850 m 2 18 – Stat. therm. : fin avril-mi oct. – Casino Z – ✉ 63240 Auvergne 5 **B2**

Paris 462 – Aubusson 87 – Clermont-Ferrand 43 – Issoire 49 – Ussel 56

Office de tourisme, avenue de la Libération ☎ 04 73 65 20 21, Fax 04 73 65 05 71

du Mont-Dore par rte de la Tour d'Auvergne : 2 km, ☎ 04 73 65 00 79.

Etablissement thermal : galerie César★, salle des pas perdus ★ - Puy de Sancy ✳★★★ 5 km par ② puis 1 h. AR de téléphérique et de marche - Funiculaire du capucin★.

Col de la Croix-St-Robert ✳★★ 6,5 km par ②.

LE MONT-DORE

Apollinaire (R. S.) Y 2
Artistes (Chemin des) Z
Banc (R. Jean) Y 3
Belges (Av. des) Y
Bertrand (Av. M.) Y
Chazotte (R. Capitaine) Y 4
Clemenceau (Av.) Z 5
Clermont (Av. de) Y 7
Crouzets (Av. des) Y
Déportés (R. des) Z 8
Dr-Claude (R.) Y
Duchâtel (R.) Z 9
Favart (R.) Y 12
Ferry (Av. J.) YZ
Gaulle (Pl. Ch.-de) Y 14
Guyot-Dessaigne (Av.) Y 15
Latru (R.) Y
Lavialle (R.) Y
Leclerc (Av. du Gén.) Y
Libération (Av. de la) YZ
Melchi-Roze (Chemin) Y
Meynadier (R.) YZ
Mirabeau (Bd) Y
Montlosier (R.) Y 19
Moulin (R. Jean) Z 20
Panthéon (Pl. du) Z 22
Pasteur (R.) Y
Ramond (R.) Z 24
République (Pl. de la) Z 26
Rigny (R.) Z 28
Sand (Allée G.) YZ 29
Sanistas (R. F.) Y
Verrier (R. P.) Y
Wilson (Av.) Y
19-Mars-1962 (R. du) Y 32

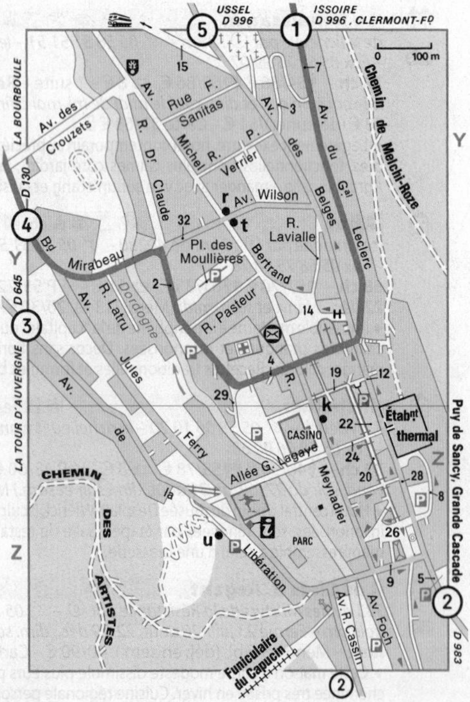

Panorama rest, VISA
av. Libération – ☎ 04 73 65 11 12 – contact@hotel-le-panorama.com – Fax 04 73 65 20 80 – Ouvert 10 mai-7 oct. et 25 déc.-15 mars Z **u**
39 ch – 69/87 € 69/87 €, 11 € – ½ P 62/77 € – **Rest** – Menu 28/38 € – Carte 36/49 €
◆ Construction des années 1960 surplombant la station, au voisinage du "chemin des Artistes". Chambres lambrissées, bien tenues. Belle piscine panoramique. De l'une des salles à manger, on embrasse d'un coup d'oeil toute la vallée. Cuisine traditionnelle.

Le Castelet rest, VISA
av. M. Bertrand – ☎ 04 73 65 05 29 – info@hotel-castelet.com – Fax 04 73 65 27 95 – Ouvert 12 mai-30 sept., 22 déc.-7 janv. et 19 janv.-25 mars Y **t**
35 ch – 50/63 € 58/63 €, 8,50 € – ½ P 49/59 € – **Rest** – Menu 19/30 €
◆ Cette maison des années 1920 située dans un quartier résidentiel abrite des chambres sobrement décorées ; celles tournées sur l'agréable jardin sont plus gaies. Salon billard. Deux salles à manger dont une agrémentée de touches asiatiques. Carte régionale.

Le Wilson sans rest cuisinette VISA
1 av. Wilson – ☎ 04 73 65 00 06 – residencewilson@free.fr – Fax 04 73 65 27 95 – Ouvert 16 mai-6 oct. et 20 déc.-1er avril Y **r**
16 ch – 50/70 € 50/70 €, 7 €
◆ Cette grande villa bâtie au début du 20e s. héberge des studios fonctionnels et très bien équipés, loués pour la nuit ou pour un séjour prolongé.

Parc rest, VISA
r. Meynadier – ☎ 04 73 65 02 92 – hotelduparc.md@wanadoo.fr – Fax 04 73 65 28 36 – Ouvert 2 mai-5 oct., 26 déc.-25 mars Z **k**
37 ch – 46/50 € 50/56 €, 6,50 € – ½ P 46/50 € – **Rest** – *(résidents seult)* Menu 15/17 € – Carte 13/28 €
◆ Immeuble centenaire au centre de la célèbre station thermale où, déjà, les Gaulois venaient "prendre les eaux". Chambres pratiques et bien rénovées. Jolies moulures, haut plafond, parquet restauré et belle cheminée caractérisent la plaisante salle à manger.

Les Charmettes sans rest VISA AE
30 av. G. Clemenceau, par ② – ☎ 04 73 65 05 49 – charmettes-lemondore@wanadoo.fr – Fax 04 73 65 20 28 – Fermé 19-30 mars et 12 nov.-8 déc.
21 ch – 39 € 41/45 €, 8 €
◆ L'hôtel est situé dans la direction du majestueux puy de Sancy. Une clientèle fidèle de randonneurs retrouve ici des petites chambres simples.

La Closerie de Manou sans rest
Le Genestoux, 3 km par ⑤ et D 996 – ☎ 04 73 65 26 81 – lacloseriedemanou@club-internet.fr – Fax 04 73 65 58 34 – Ouvert 30 mars-15 oct.
5 ch – 55/60 € 75/80 €
◆ Cette maison auvergnate du 18e s. entourée de verdure est une pure merveille. Dans ses chambres vastes et "cosy", vous trouverez une petite documentation sur la région. Accueil formidable.

Le Pitsounet VISA AE
par ⑤ : 3km sur D 996 – ☎ 04 73 65 00 67 – aubergelepitsounet@wanadoo.fr – Fax 04 73 65 06 22 – Fermé mi-oct.-mi-déc., dim. soir sauf juil.-août et lundi
Rest – Menu 17 € (sem.)/33 € – Carte 18/36 €
◆ Atmosphère agreste dans ce chalet posté en bordure d'une route départementale. Deux salles à manger rustiques, copieuse cuisine régionale et prix doux.

au Lac de Guéry 8,5 km par ① sur D 983 – ✉ **63240** Auvergne
Lac★.

Auberge du Lac de Guéry avec ch VISA
– ☎ 04 73 65 02 76 – jean.leclerc2@wanadoo.fr – Fax 04 73 65 08 78 – Ouvert 20 janv.-14 oct.
10 ch – 47 € 55 €, 7 € – ½ P 57 € – **Rest** – *(fermé merc. midi sauf vacances scolaires)* Menu 17/40 € – Carte 21/36 €
◆ Auberge au bord d'un lac de l'enchanteur Parc régional des volcans d'Auvergne. Salle à manger campagnarde et terrasse face au plan d'eau. Plats traditionnels.

au pied du Puy de Sancy 3 km par ② – ✉ 63240 Le Mont-Dore

Puy Ferrand 25, VISA

– *04 73 65 18 99 – info@hotel-puy-ferrand.com – Fax 04 73 65 28 38 – Fermé 26 mars-6 avril et 3 nov.-15 déc.*

36 ch – 61/81 € 63/83 €, 8,50 € – ½ P 54/70 € – **Rest** – Menu 20/35 € – Carte 27/42 €

◆ Grande bouffée d'air pur en cet imposant chalet érigé au pied des pistes de ski. Bar panoramique, salon "cosy", belle piscine et chambres agréablement rajeunies. Au restaurant, lambris et cheminée créent une sympathique atmosphère montagnarde.

MONTECH – 82 Tarn-et-Garonne – 337 D8 – 3 491 h. – alt. 100 m – ✉ 82700

28 **B2**

Paris 643 – Toulouse 50 – Montauban 14 – Colomiers 56 – Tournefeuille 57

La Maison de l'Eclusier VISA

Le Port – 05 63 65 37 61 – Fax 05 63 67 56 67 – Fermé 30 août-17 sept., vacances de Noël et de fév., sam. midi, dim. soir, lundi hors saison, mardi midi et merc. midi de mai à sept.

Rest – Menu 22/50 € bc

◆ Une ancienne maison d'éclusier et sa jolie terrasse au bord du canal. Goûteux plats traditionnels proposés à l'ardoise ; petite cave bien composée et bon choix de vins au verre.

MONTEILS – 82 Tarn-et-Garonne – 337 F6 – rattaché à Caussade

MONTÉLIER – 26 Drôme – 332 D4 – 3 120 h. – alt. 219 m – ✉ 26120

43 **E2**

Paris 567 – Crest 27 – Romans-sur-Isère 13 – Valence 12

La Martinière 25/40, VISA

rte Chabeuil – 04 75 59 60 65 – Fax 04 75 59 69 20

30 ch – 42/48 € 46/52 €, 8 € – ½ P 45 € – **Rest** – Menu 15 € (sem.)/58 € – Carte 18/63 €

◆ La belle piscine figure parmi les "plus" de cette architecture contemporaine abritant de petites chambres rafraîchies. Salle à manger au décor néo-provençal coloré, complétée d'une terrasse couverte ; cuisine traditionnelle et très beau choix de bordeaux.

MONTÉLIMAR – 26 Drôme – 332 B6 – 31 344 h. – alt. 90 m – ✉ 26200

Lyon et la vallée du Rhône

44 **B3**

Paris 602 – Avignon 83 – Nîmes 108 – Le Puy-en-Velay 132 – Valence 47

Office de tourisme, avenue de Rochemaure 04 75 01 00 20, Fax 04 75 52 33 69

de La Valdaine à Montboucher-sur-Jabron Château du Monard, E : 4 km par D 540, 04 75 00 71 33 ; de la Drôme provencale à Clansayespar N 7 et rte de Nyons : 21 km, 04 75 98 57 03.

Allées provençales★ - Musée de la Miniature★ **M.**

Site★★ du Château de Rochemaure★, 7 km par ④.

Plan page ci-contre

Sphinx sans rest VISA

19 bd Desmarais – 04 75 01 86 64 – reception@sphinx-hotel.fr – Fax 04 75 52 34 21 – Fermé 22 déc.-13 janv. Y **b**

24 ch – 47/49 € 52/69 €, 6,50 €

◆ La jolie cour, la chaleur des parquets et boiseries confèrent un charme indéniable à cet hôtel particulier du 17e s. situé face aux allées provençales. Chambres assez calmes.

Du Parc sans rest VISA

27 av. Ch. de Gaulle – 04 75 01 00 73 – hotelduparc26@wanadoo.fr – Fax 04 75 51 27 93 – Fermé 23-27 déc. et 17 fév.-1er mars Y **a**

16 ch – 40/52 € 45/60 €, 6 €

◆ Accueillant petit hôtel, bien situé près du parc et du centre-ville. Chambres rafraîchies. Petit-déjeuner dans la salle à manger chaleureuse et colorée ou sur la terrasse.

MONTÉLIMAR

Adhémar (R.)	Z	2
Aygu (Av.)	Z	4
Baudina (R.)	Y	5
Blanc (Pl. L.)	Z	6
Bourgneuf (R.)	Y	8
Carmes (Pl. des)	Y	9
Chemin Neuf (R. du)	Z	10
Clercs (Pl. des)	Y	12
Corneroche (R.)	Y	14
Cuiraterie (R.)	Z	15
Desmarais (Bd Marre)	Y	17
Dormoy (Pl. M.)	Z	18
Espoulette (Av. d')	Z	19
Europe (Pl. de l')	Z	21
Fust (Pl. du)	Y	23
Gaulle (Bd Gén.-de)	Z	25
Juiverie (R.)	Y	28
Julien (R. Pierre)	YZ	
Loubet (Pl. Émile)	Z	29
Loubet (R. Émile)	Z	30
Meyer (R. M.)	Y	32
Monnaie-Vieille (R.)	Y	34
Montant-au-Château (R.)	Y	35
Planel (Pl. A.)	Z	37
Poitiers (R. Diane de)	Z	38
Porte Neuve (R.)	Z	39
Prado (Pl. du)	Y	41
Puits Neuf (R. du)	Y	42
Rochemaure (Av. de)	Y	47
St-Martin (Montée)	Y	50
St-Pierre (R.)	Y	51
Villeneuve (Av. de)	Y	54

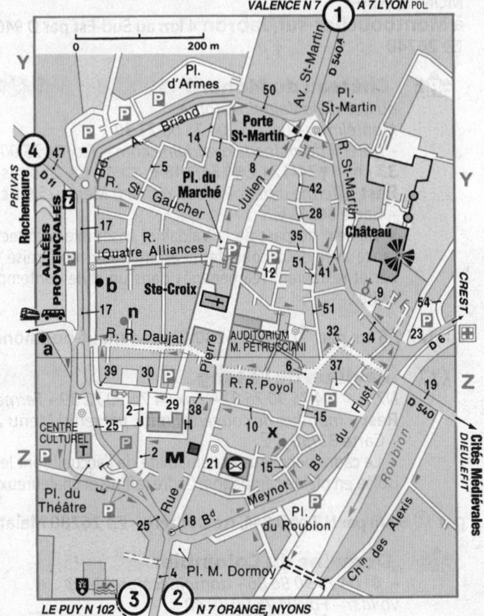

Les Senteurs de Provence

202 rte Marseille, direction Orange par ② – ✆ 04 75 01 43 82 – lsdp.restaurant@wanadoo.fr – Fax 04 75 01 21 81 – Fermé dim. soir, mardi soir et merc.

Rest – Menu 16 € (sem.)/40 € – Carte 27/53 €

◆ Nouvelle décoration provençale (tons ocre et orangé, mobilier en fer forgé) pour ce restaurant proposant une cuisine au goût du jour mâtinée de saveurs méridionales.

Petite France

34 imp. Raymond Daujat – ✆ 04 75 46 07 94 – Fermé 14 juil.-20 août, 24-28 déc., dim. et lundi Y **n**

Rest – Menu 12,50 € (sem.)/28 € – Carte 29/42 €

◆ L'enseigne évoque un quartier du vieux Strasbourg et la fresque de la salle voûtée représente une place de village alsacien. Petits plats traditionnels.

Le Grillon

40 r. Cuiraterie – ✆ 04 75 01 79 02 – Fax 04 75 01 79 02 – Fermé 8-31 juil., 23-29 déc., jeudi soir, dim. soir et lundi Z **x**

Rest – Menu 13 € (déj. en sem.), 15/30 € – Carte 23/45 €

◆ Vous n'entendrez pas forcément les grillons, mais vous goûterez aux saveurs de la cuisine du terroir ("menu truffe" en hiver) dans la salle à manger rustique ou en terrasse.

à L'Homme d'Armes 4 km au Nord par N 7 - ✉ 26740 Savasse

Lou Mas

– ✆ 04 75 01 90 83 – Fax 04 75 01 24 56 – Fermé dim. soir, mardi soir et merc.

Rest – Menu 16/29 € – Carte 21/29 €

◆ Cet ancien relais de diligences recèle, sous les voûtes de sa salle à manger, un puits toujours alimenté et une reproduction des peintures rupestres de la grotte Chauvet.

à St-Marcel-lès-Sauzet 7 km au Nord-Est par D 6 – 1 104 h. – alt. 110 m – ✉ 26740

Le Prieuré

– ✆ 04 75 46 78 68 – restaurant-leprieuré@wanadoo.fr – Fax 04 75 46 10 96 – Fermé 1er-17 oct., dim. soir sauf mi-juil. à fin août et lundi

Rest – Menu 15 € (déj. en sem.), 28/37 € – Carte 28/56 €

◆ Grande terrasse ombragée et salle à manger colorée, cette belle maison en pierres de pays vous offre une pause chaleureuse. Cuisine de tradition influencée par la Provence.

à Montboucher-sur-Jabron 4 km au Sud-Est par D 940 – 1 424 h. – alt. 124 m – ✉ 26740

Château du Monard ch, 10/30, VISA AE

au golf de la Valdaine, sortie Montélimar-Sud – ✆ *04 75 00 71 30 – hotel@domainedelavaldaine.com – Fax 04 75 00 71 31*

33 ch – †74/124 € ††84/148 €, ☕ 13 € – 2 suites – ½ P 75/125 € –

Rest – *(fermé dim. soir d'oct. à mars)* Menu 25 € bc (déj. en sem.)/29 € – Carte 36/43 €

◆ Au sein du parc de la Valdaine, ensemble architectural hérité d'un château Renaissance avec deux cours fermées. Intérieur modernisé (dix chambres refaites). Spacieux bar et restaurant réaménagés dans un style contemporain. Cuisine actuelle et "menu truffe".

sur N 7 7,5 km par ② – ✉ 26780 Châteauneuf-du-Rhône

XXX **Pavillon de l'Étang** VISA AE

N7 – ✆ 04 75 90 76 82 – Fax 04 75 90 72 39 – Fermé merc. soir, dim. soir et lundi

Rest – *(nombre de couverts limité, prévenir)* Menu 25/70 € bc – Carte 33/58 €

◆ Le cadre bucolique et l'amabilité de l'accueil sont les atouts majeurs de cette maison isolée en pleine campagne. Cadre raffiné et chaleureux. Menu "truffe" en saison.

par ② 9 km par N 7 et D 844, rte Donzère – ✉ 26780 Malataverne

Domaine du Colombier 25, VISA AE

– ✆ *04 75 90 86 86 – domainecolombier@voila.fr – Fax 04 75 90 79 40*

22 ch – †60/84 € ††70/90 €, ☕ 13 € – 3 suites – ½ P 93/136 € –

Rest – Menu 26 € (déj. en sem.), 41/72 € – Carte 60/71 €

◆ Grande demeure entièrement refaite dont les chambres, pimpantes ou plus luxueuses avec mobilier de style, se caractérisent par leur raffinement. Belle piscine et jardin fleuri. Salles à manger contemporaines (une voûtée) et cour-terrasse entourée de verdure.

MONTENACH – 57 Moselle – 307 J2 – rattaché à Sierck-les-Bains

---

MONTEUX – 84 Vaucluse – 332 C9 – rattaché à Carpentras

MONTFAUCON – 25 Doubs – 321 G3 – rattaché à Besançon

MONTFAVET – 84 Vaucluse – 332 C10 – rattaché à Avignon

MONTFORT-EN-CHALOSSE – 40 Landes – 335 F12 – 1 210 h. – alt. 110 m – ✉ 40380 Aquitaine 3 B3

Paris 744 – Aire-sur-l'Adour 57 – Dax 19 – Hagetmau 27 – Mont-de-Marsan 43 – Orthez 29

Office de tourisme, 25 place Foch ✆ 05 58 98 58 50, Fax 05 58 98 58 01

Musée de la Chalosse★.

Aux Tauzins rest, ch, 25, VISA

rte Hagetmau – ✆ 05 58 98 60 22 – auxtauzins@wanadoo.com – Fax 05 58 98 45 79 – Fermé 1er-15 oct., 15 janv.-15 fév., dim. soir et lundi sauf juil.-août

16 ch – †52 € ††66 €, ☕ 7,50 € – **Rest** – *(fermé lundi midi en juil.-août)* Menu 22 € (sem.)/40 € – Carte 29/52 €

◆ Grande bâtisse aux chambres simples et bien tenues ; la plupart disposent d'un balcon avec vue sur les vallons de la Chalosse. Beau jardin avec minigolf. Restaurant réservé aux non-fumeurs le dimanche et les jours fériés. Salle champêtre et panoramique, plaisante terrasse sous la glycine et spécialités régionales.

MONTFORT-L'AMAURY – 78 Yvelines – 311 G3 – 3 137 h. – alt. 185 m – ✉ 78490 Île de France 18 **A2**

Paris 46 – Dreux 36 – Houdan 18 – Mantes-la-Jolie 31 – Rambouillet 19 – Versailles 29

Syndicat d'initiative, 6 rue Amaury ✆ 01 34 86 87 96

du Domaine du Tremblay à Le Tremblay-sur-Mauldre Place de l'Eglise, E : 8 km, ✆ 01 34 94 25 70.

Église★ - Ancien cimetière★ - Ruines du château ≤★.

Saint-Laurent sans rest — 10, VISA

2 pl. Lebreton – ✆ 01 34 57 06 66 – reception@hotelsaint-laurent.com – Fax 01 34 86 12 27 – Fermé 1er-21 août

12 ch – †85/145 € ††120/170 €, ☕ 11 €

◆ Superbe hôtel particulier du 17e s., rénové avec goût. Certaines chambres disposent d'une terrasse privative ; d'autres, sous les combles, ont conservé leurs poutres d'origine.

MONTGIBAUD – 19 Corrèze – 329 J2 – 241 h. – alt. 460 m – ✉ 19210 24 **B2**

Paris 434 – Arnac-Pompadour 15 – Limoges 47 – St-Yrieix-la-Perche 23 – Tulle 21 – Uzerche 25

Le Tilleul de Sully — VISA

– ✆ 05 55 98 01 96 – Fax 05 55 98 01 96 – Fermé 1er-7 janv., 11-24 fév., mardi soir de mi-nov. à mi-mars, dim. soir et lundi sauf fériés

Rest – *(nombre de couverts limité, prévenir)* Menu 17 € (sem.)/32 € – Carte 30/40 €

◆ Auberge de campagne située près d'un vieux tilleul, point de repère des pélerins en route pour St-Jacques. Salle rustique agrémentée d'un cantou. Cuisine traditionnelle.

MONTGRÉSIN – 60 Oise – 305 G6 – rattaché à Chantilly

LES MONTHAIRONS – 55 Meuse – 307 D4 – rattaché à Verdun

MONTHERMÉ – 08 Ardennes – 306 K3 – 2 791 h. – alt. 180 m – ✉ 08800 Champagne Ardenne 14 **C1**

Paris 247 – Charleville-Mézières 18 – Fumay 21

Office de tourisme, place Jean-Baptiste Clément ✆ 03 24 54 46 73, Fax 03 24 54 87 88

Roche aux Sept Villages ≤★★ S : 3 km - Roc de la Tour ≤★★ E : 3,5 km puis 20 mn - Longue Roche ≤★★ NO : 2,5 km puis 30 mn - Roche à Sept Heures ≤★ N : 2 km - Roche de Roma ≤★ S : 4 km - Vallée de la Semoy★ : Croix d'enfer ≤★ E.

Roches de Laifour★ NO : 6 km.

Franco-Belge — rest, 20, VISA

2 r. Pasteur – ✆ 03 24 53 01 20 – le.franco.belge@wanadoo.fr – Fermé déc.

15 ch – †42 € ††44/55 €, ☕ 6 € – **Rest** – *(fermé vend. soir d'oct. à mars et dim. soir)* Menu 13 € (déj. en sem.), 22/31 € – Carte 25/36 €

◆ Aimable hôtel familial situé face à la vieille ville, sur la rive droite du célèbre méandre de la Meuse. Les modestes chambres, d'une tenue méticuleuse, sont peu à peu rénovées. Restaurant "rétro" prolongé d'une terrasse fleurie dressée sous une treille.

MONTHIEUX – 01 Ain – 328 C5 – 578 h. – alt. 295 m – ✉ 01390 43 **E1**

Paris 443 – Lyon 31 – Bourg-en-Bresse 38 – Meximieux 26 – Villefranche-sur-Saône 19

Le Gouverneur — ch, rest, 70, VISA

– ✆ 04 72 26 42 00 – info@golfgouverneur.fr – Fax 04 72 26 42 20 – Fermé 17-30 déc. et vacances de fév.

46 ch – †85/110 € ††110/125 €, ☕ 11 € – 7 suites – **Rest** – Menu 36 € – Carte 34/51 €

◆ Ancien domaine du gouverneur de la Dombes (233 ha). Chambres fonctionnelles dans une bâtisse récente, club-house dans une aile du 14e s., golfs (9 et 18 trous), pêche. Jolie salle à manger moderne ouverte sur les greens ; menus traditionnels.

MONTI – **06 Alpes-Maritimes** – **341** F5 – **rattaché à Menton**

MONTIGNAC – **24 Dordogne** – **329** H5 – **3 023 h.** – **alt. 77 m** – ✉ **24290**
Périgord 4 **D1**

Paris 513 – Brive-la-Gaillarde 39 – Limoges 126 – Périgueux 54 – Sarlat-la-Canéda 25

Office de tourisme, place Bertran-de-Born ✆ 05 53 51 82 60, Fax 05 53 50 49 72

Grottes de Lascaux★★ SE : 2 km.

Le Thot, espace cro-magnon★ S : 7 km - Église★★ de St-Amand de Coly E : 7 km.

Relais du Soleil d'Or ch, ch, 20/60,
16 r. 4 Septembre – ✆ 05 53 51 80 22 – soleil-or@wanadoo.fr – Fax 05 53 50 27 54 – Fermé de fin janv. à fin fév., dim. soir et lundi du 1er nov. au 20 mars
30 ch – 65/98 € 65/98 €, 12 € – ½ P 70/89 €
Rest – Menu 25/54 € – Carte 37/56 €
Rest *Le Bistrot* – Menu 12,50 € (déj.) – Carte 16/34 €
◆ Ex-relais de poste au centre de la petite cité périgourdine. Les chambres, confortables, sont sobrement contemporaines à l'annexe ; la plupart donnent sur un paisible parc. Restaurant-véranda proposant une carte traditionnelle. Au Bistrot, repas simple.

Hostellerie la Roseraie 15,
11 pl. d'Armes – ✆ 05 53 50 53 92 – laroseraie@fr.st – Fax 05 53 51 02 23 – Ouvert 7 avril-4 nov.
14 ch – 75/105 € 78/200 €, 11 € – ½ P 78/130 € – **Rest** – *(fermé le midi en sem. hors saison)* Menu (19 € bc), 21/46 €
◆ Au cœur du village médiéval, demeure du 19e s. sur les bords de la Vézère. Les chambres, personnalisées, sont douillettes. Ravissant jardin-roseraie. Coquette salle à manger bourgeoise, agréable terrasse ombragée et carte traditionnelle.

MONTIGNAT – **23 Creuse** – **325** J3 – **rattaché à Chénérailles**

MONTIGNY – **76 Seine-Maritime** – **304** F5 – **rattaché à Rouen**

MONTIGNY-AUX-AMOGNES – **58 Nièvre** – **319** C9 – **rattaché à Nevers**

MONTIGNY-LA-RESLE – **89 Yonne** – **319** F4 – **548 h.** – **alt. 155 m** –
✉ **89230** 7 **B1**

Paris 170 – Auxerre 14 – St-Florentin 19 – Tonnerre 32

Le Soleil d'Or ch, rest, 20,

N77 – ✆ 03 86 41 81 21 – le-soleil-dor@wanadoo.fr – Fax 03 86 41 86 88
16 ch – 53 € 56 €, 9 € – ½ P 53 € – **Rest** – Menu (12 €), 22/66 € bc – Carte 42/66 €
◆ Au centre du village, en bordure de route nationale. Les chambres, pratiques, sont aménagées sur l'arrière dans les ex-granges. Restaurant contemporain, mise en place soignée et cuisine traditionnelle ; une salle plus cossue est réservée aux non-fumeurs.

MONTIGNY-LE-BRETONNEUX – **78 Yvelines** – **311** I3 – **101** 22 – **voir à Paris, Environs (St-Quentin-en-Yvelines)**

Les bonnes adresses à petit prix ?
Suivez les Bibs : Bib Gourmand rouge pour les tables et Bib Hôtel bleu pour les chambres.

MONTIGNY-LE-ROI – 52 Haute-Marne – 313 M6 – 2 211 h. – alt. 404 m – ✉ 52140 14 C3

Paris 296 – Bourbonne-les-Bains 21 – Chaumont 35 – Langres 23 – Neufchâteau 50

Moderne ♿ ch, rest, ch, 25, VISA

carr. D74 et D417 – ☎ 03 25 90 30 18 – hotel.moderne52@wanadoo.fr – Fax 03 25 90 71 80 – Fermé vend., sam. et dim. en janv. et dim. soir du 15 oct. au 9 mars

26 ch – †56 € ††77 €, ☐ 9,50 € – ½ P 71/75 € – **Rest** – Menu 18/40 € – Carte 37/48 €

♦ Situé sur un carrefour, bâtiment abritant des chambres bien tenues, insonorisées et équipées d'un mobilier moderne. Ambiance familiale. Salle à manger décorée dans le style des années 1980. Choix étoffé de menus et petite carte traditionnelle.

MONTIGNY-SUR-AVRE – 28 Eure-et-Loir – 311 C3 – 275 h. – alt. 140 m – ✉ 28270 11 B1

Paris 111 – Alençon 85 – Argentan 86 – Chartres 52 – Dreux 35 – Verneuil-sur-Avre 9

Moulin des Planches 15/80, VISA

Nord-Est : 1,5 km par D 102 – ☎ 02 37 48 25 97 – moulin.des.planches@wanadoo.fr – Fax 02 37 48 35 63 – Fermé janv., dim. soir et lundi

18 ch – †54/95 € ††60/111 €, ☐ 9 € – ½ P 75 € – **Rest** – Menu 28/39 € – Carte environ 45 €

♦ Autour de ce moulin posé sur l'Avre, tout n'est que campagne. Chambres garnies de meubles de style, avec vue sur la rivière ou - plus rarement - sur le parc. Restaurant au cadre champêtre : tomettes, poutres patinées et murs en brique. Recettes au goût du jour.

MONTIPOURET – 36 Indre – 323 H7 – 507 h. – alt. 200 m – ✉ 36230 12 C3

Paris 295 – Châteauroux 28 – Issoudun 37 – Orléans 169

à La Brande 5 km au Nord-Est par D49 et rte secondaire - ✉ 36230 Montipouret

Maison Voilà ch,

– ☎ 02 54 31 17 91 – maisonvoila@yahoo.com – Fax 02 54 31 17 91

4 ch ☐ – †40/60 € ††70/100 € – **Rest** – table d'hôte *(résidents seult)* Menu 25 €

♦ Cette ferme du 19e s. retirée en pleine campagne dispose d'un ravissant jardin planté d'arbres fruitiers. L'intérieur est chaleureux, à l'image des chambres "cosy" souvent meublées d'ancien. Repas (cuisine internationale) servis en compagnie des propriétaires, auprès de la cheminée ou sur la terrasse d'été.

MONTJEAN SUR LOIRE – 49 Maine-et-Loire – 317 D4 – 2 652 h. – alt. 44 m – ✉ 49570 Châteaux de la Loire 34 B2

Paris 324 – Angers 28 – Ancenis 30 – Châteaubriant 64 – Château-Gontier 56 – Cholet 43

Office de tourisme, rue d'Anjou ☎ 02 41 39 07 10

Auberge de la Loire avec ch VISA

2 quai des Mariniers – ☎ 02 41 39 80 20 – contacts@aubergedelaloire.com – Fax 02 41 39 80 20 – Fermé 28 août-2 sept., 20-27 déc., 2-15 janv., dim. soir de sept. à mars et merc.

8 ch – †46 € ††53 €, ☐ 9,50 € – ½ P 58 € – **Rest** – Menu 13 € (déj. en sem.), 20/54 € – Carte 37/60 €

♦ Accueillante auberge familiale des bords de Loire. On y déguste une délicieuse cuisine traditionnelle à base de produits frais, provenant notamment de la pêche locale.

MONTLIARD – 45 Loiret – 318 L3 – rattaché à Bellegarde

MONTLIOT – 21 Côte-d'Or – 320 H2 – rattaché à Châtillon-sur-Seine

MONTLIVAULT – 41 Loir-et-Cher – 318 F6 – 1 192 h. – alt. 77 m – ✉ 41350 11 **B2**

Paris 180 – Blois 13 – Olivet 58 – Orléans 56

La Maison d'à côté ch, VISA

25 rte de Chambord – ☎ 02 54 20 62 30 – contact@lamaisondacote.fr
8 ch – †55/59 € ††55/59 €, ☕ 6 € – **Rest** – *(fermé lundi du 1er oct. au 30 avril et dim. soir.)* Menu (19 € bc), 29/36 € – Carte 37/51 €

◆ Cette auberge de village judicieusement rénovée arbore tous les éléments de la contemporanéité : mobilier aux lignes épurés, équipement high-tech, climatisation. Agréable patio à l'étage. La salle à manger associe le rustique et le moderne. Cuisine traditionnelle.

MONT-LOUIS – 66 Pyrénées-Orientales – 344 D7 – 270 h. – alt. 1 565 m – ✉ 66210 Languedoc Roussillon 22 **A3**

Paris 867 – Andorra-la-Vella 90 – Font-Romeu-Odeillo-Via 10 – Perpignan 81

Syndicat d'initiative, 3 rue Lieutenant Pruneta ☎ 04 68 04 21 97

Remparts★ - Lacs des Bouillouses★.

à la Llagonne 3 km au Nord par D 118 – 263 h. – alt. 1 600 m – ✉ 66210

Corrieu rest, P VISA

– ☎ 04 68 04 22 04 – hotel.corrieu@wanadoo.fr – Fax 04 68 04 16 63 – Ouvert 10 juin-19 sept., 22 déc.-7 janv. et 12 janv.-17 mars
24 ch (½ P seult) – ½ P 54/65 € – **Rest** – *(fermé jeudi midi sauf vacances scolaires)* Menu (14,50 €), 22 € (sem.)/35 € – Carte 24/38 €

◆ La même famille vous accueille depuis 1882 dans cet ancien relais de diligences. Chambres calmes et sobrement meublées, avec les Pyrénées en toile de fond. Tennis flambant neuf. Dans la salle à manger rénovée, on sert une cuisine traditionnelle simple.

MONTLOUIS-SUR-LOIRE – 37 Indre-et-Loire – 317 N4 – 9 657 h. – alt. 60 m – ✉ 37270 Châteaux de la Loire 11 **B2**

Paris 235 – Amboise 14 – Blois 49 – Château-Renault 32 – Loches 39 – Tours 11

Office de tourisme, place François Mitterrand ☎ 02 47 45 00 16, Fax 02 47 45 10 87

Château de la Bourdaisière sans rest

– ☎ 02 47 45 16 31 – contact@chateaulabourdaisiere.com – Fax 02 47 45 09 11 – Ouvert 20 mars-15 nov. 300, P VISA
20 ch – †60/130 € ††100/256 €, ☕ 21 €

◆ Bâti par François 1er pour sa maîtresse, ce château et son superbe parc accueillirent plus tard Gabrielle d'Estrées, la favorite de Henri IV. Communs aristocratiques, à l'image des grandes chambres personnalisées. Salon agrémenté d'un herbier ; collection de plants de tomates au potager.

La Tourangelle VISA AE

47 quai Albert Baillet – ☎ 02 47 50 97 35 – Fax 02 47 50 88 57 – Fermé 25 juin-2 juil., 19-26 nov., 18-25 fév., dim. soir et lundi sauf fériés
Rest – Menu 20 € (déj. en sem.), 28/60 € – Carte 32/57 €

◆ Adossée à la roche, maison en tuffeau abritant deux salles, dont une avec vue sur la Loire. Jolie terrasse arborée. Cuisine au goût du jour et bon choix de vins de Montlouis.

MONTLUÇON – 03 Allier – 326 C4 – 41 362 h. – alt. 220 m – ✉ 03100 Auvergne 5 **B1**

Paris 327 – Bourges 97 – Clermont-Ferrand 112 – Limoges 155 – Moulins 82

Office de tourisme, 5 place Piquand ☎ 04 70 05 11 44, Fax 04 70 03 89 91

du Val de Cher à Nassigny 1 route du Vallon, N : 20 km par N 144, ☎ 04 70 06 71 15.

Intérieur★ de l'église St-Pierre (Sainte Madeleine★★) CYZ - Esplanade du château ≤★.

MONTLUÇON

Rue	Carré	N°
Barathon (R.)	CZ	2
Beaulieu (R. de)	AX	4
Blanzat (R. de)	AX	5
Château (R. du)	CZ	6
Châtelet (Pont du)	AX	8
Courtais (Bd de)	BCZ	
Desmoulins (R. C.)	AX	9
Dienat (R. du)	AX	10
Egalité (R. de l')	AX	12
Einstein (R. A.)	AX	13
Faucheroux (R.)	AX	14
Favières (Quai)	BY	15
Fontaine (R. de la)	CZ	16
Forges (R. Porte)	CZ	17
Jean-Jaurès (Pl.)	CZ	18
Menut (R. L.)	CY	22
Nègre (Av. J.)	AX	24
Notre-Dame (Pl.)	CZ	25
Notre-Dame (R.)	CZ	26
Pamparoux (R.)	AX	27
Petit (R. P.)	CY	30
Picasso (R. P.)	CY	31
Piquand (R. E.)	BZ	32
République (Av.)	BY	
St-Pierre (Pl.)	BCZ	35
St-Pierre (R. Fg)	BY	36
St-Roch (R.)	BCZ	38
Semard (R. P.)	AX	40
Serruriers (R.)	BCZ	42
Thomas (Av. A.)	AX	45
Verrerie (R. et Pl. de la)	AX	46
Victor-Hugo (R.)	AX	47
Villon (R. P.)	AX	49
Voltaire (R.)	AX	50
5 Piliers (R. des)	CZ	52

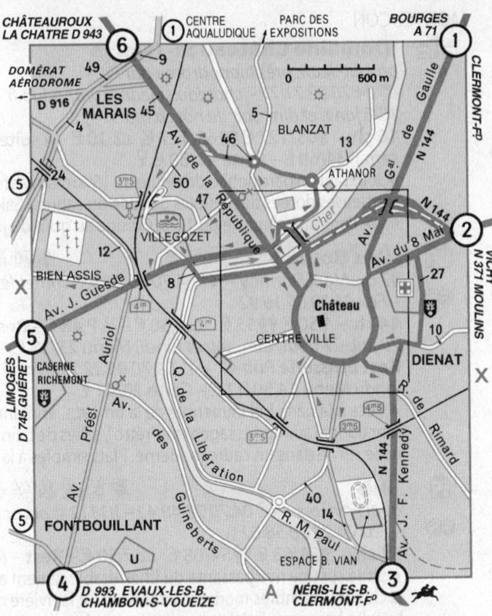

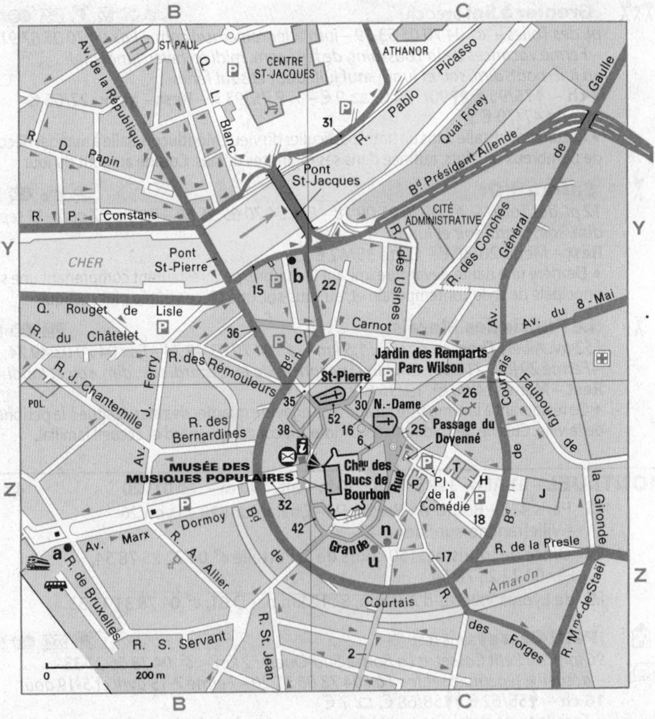

Domaine Château St-Jean ch, 25/100,
parc St-Jean, près hippodrome par ③ – VISA AE
04 70 02 71 71 – chateau.st.jean@wanadoo.fr – Fax 04 70 02 71 70 – Fermé 1er-8 janv. et dim. soir de nov. à mars
16 ch – 65/127 € 65/127 €, 10 € – 4 suites – **Rest** – Menu 22 € (déj. en sem.), 34/60 € – Carte 42/80 €
◆ Jouxtant un parc public, demeure du 15e s. maintes fois remaniée et agrandie. Chambres spacieuses dotées de meubles de style ou cannés. Salon-billard. Plaisant restaurant aménagé dans une chapelle du 12e s. Cuisine au goût du jour et belle carte des vins.

Des Bourbons rest, ch, 20, VISA AE
47 av. Marx Dormoy – 04 70 05 28 93 – hoteldesbourbons@wanadoo.fr – Fax 04 70 05 16 92 BZ **a**
44 ch – 50 € 53 €, 6,50 € – ½ P 48 € – **Rest** – *04 70 05 22 79 (fermé 29 juil.-27 août, dim. soir et lundi)* Menu 25/38 € – Carte 25/46 €
Rest *Brasserie Pub 47* – *04 70 05 22 79 (fermé 29 juil.-27 août, dim. soir et lundi)* Menu 14,50/17 € – Carte 20/41 €
◆ Face à la gare, bel immeuble de la fin 19e s. abritant des chambres rénovées : mobilier fonctionnel aux lignes sagement "rétro", salles de bains nettes et colorées. Carte traditionnelle servie dans un cadre moderne. Plats simples à la Brasserie-Pub 47.

Ibis ch, ch, 30, VISA AE
quai Favières – 04 70 28 48 42 – h1112@accor.com – Fax 04 70 28 58 62 BY **b**
63 ch – 54/63 € 54/68 €, 7,50 € – **Rest** – *(dîner seult)* Menu 17 €
◆ Situé sur une rive passante du Cher, établissement aux dernières normes de confort de la chaîne. Chambres modernes donnant sur la rivière ou sur la cour intérieure plus calme. La salle à manger, fraîche et colorée, s'agrémente de plantes vertes. Carte "Ibis".

Grenier à Sel avec ch VISA AE
pl. des Toiles – 04 70 05 53 79 – info@legrenierasel.com – Fax 04 70 05 87 91 – Fermé vacances de la Toussaint, de fév., sam. midi en hiver, lundi midi en juil.-août, dim. soir et lundi sauf juil.-août et sauf fériés CZ **n**
7 ch – 75/95 € 90/125 €, 9 € – ½ P 75/93 € – **Rest** – Menu 22/66 € – Carte 47/70 €
◆ Restaurant installé dans un hôtel particulier du vieux Montluçon. Salle à manger décorée de nombreux bibelots, raffinée dans ses moindres détails. Cuisine au goût du jour.

Safran d'Or VISA AE
12 pl. des Toiles – 04 70 05 09 18 – Fax 04 70 05 55 60 – Fermé 27 août-17 sept., dim. soir, mardi soir et lundi CZ **u**
Rest – Menu 20/30 € – Carte 35/42 €
◆ Derrière une riante devanture imitant le marbre, petit restaurant comprenant une salle principale de style contemporain et, au sous-sol, une pièce voûtée plus rustique.

Le Plaisir des Marais VISA AE
152 av. Albert Thomas, par ⑥ : 1,5 km – 04 70 03 49 74 – Fax 04 70 03 49 74 – Fermé 29 juil.-21 août, 2-8 janv., vacances de fév., mardi soir, dim. soir et lundi
Rest – Menu (14,50 €), 19/36 €
◆ Ce restaurant à la pimpante façade rose égaye le quartier des Marais situé à la périphérie de la ville. Cuisine de tradition à prix doux, décor campagnard et accueil familial.

MONTLUEL – 01 Ain – 328 D5 – 6 454 h. – alt. 190 m – ✉ 01120 43 E1

Paris 472 – Bourg-en-Bresse 59 – Chalamont 20 – Lyon 26 – Villefranche-sur-Saône 43

Office de tourisme, 150 cours de la Portelle 04 72 25 78 54, Fax 04 72 25 78 54

de Lyon à Villette-d'Anthon, S : 12 km par D 61, 04 78 31 11 33.

Petit Casset sans rest VISA AE
96 imp. du Petit Casset, à La Boisse Sud-Ouest : 2 km – 04 78 06 21 33 – accueil@lepetitcasset.fr – Fax 04 78 06 55 20 – Fermé 7-15 avril et 5-19 août
16 ch – 55/62 € 58/68 €, 7 €
◆ Façade toute simple pour cet hôtel situé en retrait de la chaussée. L'atmosphère y est accueillante et les chambres, toutes bien rénovées, donnent sur le jardin arboré.

à Ste-Croix 5 km au Nord par D 61 – **468 h.** – **alt. 263 m** – ✉ **01120**

Chez Nous ch, P VISA MC AE
– ✆ *04 78 06 61 20 – Fax 04 78 06 63 26 – Fermé 16-23 août, 21-27 nov., 2-22 janv., mardi midi, dim. soir et lundi*
Rest – Menu 21 € (sem.)/46 € – Carte 30/43 €
◆ Plaisantes salles à manger au cachet rustique rajeuni et grande terrasse ombragée de platanes où l'on sert une cuisine régionale ; formule plus simple à midi.

Hôtel Chez Nous 60, P VISA MC AE
29 ch – 46 € 50 €, 6 € – ½ P 42 €
◆ Bâtisse récente située en face du restaurant, de l'autre côté de la route. Chambres garnies d'un mobilier de style Louis XVI.

MONTMARAULT – 03 Allier – 326 E5 – 1 663 h. – alt. 480 m – ✉ 03390 5 B1

Paris 346 – Gannat 41 – Montluçon 31 – Moulins 47 – St-Pourçain-sur-Sioule 28

France avec ch rest, 15, P VISA MC
1 r. Marx Dormoy – ✆ 04 70 07 60 26 – hoteldefrance3@wanadoo.fr – Fax 04 70 07 68 45 – Fermé 26 mars-2 avril, 12 nov.-3 déc., dim. soir et lundi sauf fériés
8 ch – 44 € 44 €, 8,50 € – ½ P 71 € – **Rest** – Menu 18 € (sem.)/47 €
◆ Hôtel convivial doté de chambres meublées en style Louis-Philippe. Le fils du chef donne un nouveau souffle à la cuisine traditionnelle. Menus spéciaux (dimanche, jours fériés).

MONTMÉLARD – 71 Saône-et-Loire – 320 G12 – 333 h. – alt. 522 m – ✉ 71520 8 C3

Paris 393 – Mâcon 43 – Paray-le-Monial 34 – Montceau-les-Mines 56 – Roanne 53

Le St-Cyr avec ch rest, P VISA MC
– ✆ 03 85 50 20 76 – postmaster@lesaintcyr.fr – Fax 03 85 50 36 98 – Fermé 2-10 janv., 11-28 fév., merc. midi et vend. soir d'oct. à mai et mardi midi
7 ch – 44 € 49 €, 7 € – ½ P 46/48 € – **Rest** – Menu 12 € bc (déj. en sem.), 20/40 € – Carte 20/35 €
◆ Hôtel tout simple posé sur la montagne de St-Cyr. Sobres chambres reposantes aux noms de fleurs. Plats traditionnels et spécialités créoles rappelant les origines de la patronne.

MONTMÉLIAN – 73 Savoie – 333 J4 – 3 926 h. – alt. 307 m – ✉ 73800 46 F2
Alpes du Nord

Paris 574 – Albertville 35 – Allevard 22 – Chambéry 14 – Grenoble 49

Syndicat d'initiative, Mairie ✆ 04 79 84 07 31, Fax 04 79 84 08 20

du Granier Apremont à Apremont Chemin de Fontaine Rouge, O : 8 km par D 201, ✆ 04 79 28 21 26.

☀★★ du rocher.

George 35, P VISA MC AE
11 quai Isère, N 6 – ✆ 04 79 84 05 87 – infos@hotelgeorge.fr – Fax 04 79 84 40 14 – Fermé 29 oct.-3 nov. et 2-15 juil.
11 ch – 30 € 36 €, 5,50 € – ½ P 46 € – **Rest** – snack *(dîner seult) (résidents seult)* Menu 15 €
◆ Ancien grenier à sel du 18e s. situé en bordure de route. Les couloirs décorés de vieux outils mènent à des chambres bien insonorisées ; certaines sont rénovées. Petite restauration sans prétention qui rend principalement service aux résidents.

L'Arlequin P VISA MC AE
N 6 – ✆ 04 79 84 33 14 – arlequin.abe@wanadoo.fr – Fax 04 79 84 25 77 – Fermé 14 juil.-2 sept., 22 déc.-2 janv. et sam.
Rest – *(déj. seult)* Menu 14 € (déj. en sem.)/32 €
◆ En léger retrait d'une route passante, ce restaurant d'application d'un centre de formation vous fera partager son intérêt pour la cuisine traditionnelle.

MONTMERLE-SUR-SAÔNE – 01 Ain – 328 B4 – 2 830 h. – alt. 170 m – ✉ 01090 43 E1

Paris 419 – Bourg-en-Bresse 44 – Lyon 48 – Mâcon 34 – Villefranche-sur-Saône 13

Emile Job

12 r. Pont – ✆ 04 74 69 33 92 – contact@hotelemilejob.com – Fax 04 74 69 49 21 – Fermé 26 fév.-12 mars, 27 oct.-20 nov., dim. soir d'oct. à mai, mardi midi de juin à sept. et lundi

22 ch – 65 € 95 €, 8 € – **Rest** – Menu 22 € (sem.), 35/54 € – Carte 36/59€

◆ Sur les bords de Saône, maison régionale préservant son atmosphère familiale. Les chambres, un brin mûrissantes, sont plus fonctionnelles à l'annexe. Élégant restaurant bourgeois, agréable terrasse face à la rivière, carte classique et spécialités locales.

MONTMIRAIL – 84 Vaucluse – 332 D9 – rattaché à Vacqueyras

MONTMORENCY – 95 Val-d'Oise – 305 E7 – 101 5 – voir Paris, Environs

MONTMORILLON – 86 Vienne – 322 L6 – 6 898 h. – alt. 100 m – ✉ 86500

Poitou Vendée Charentes 39 D2

Paris 354 – Bellac 43 – Châtellerault 56 – Limoges 88 – Niort 123 – Poitiers 51

Office de tourisme, 2 place du Maréchal Leclerc ✆ 05 49 91 11 96

Église Notre-Dame : fresques★ dans la crypte Ste-Catherine.

Hôtel de France et Lucullus ch, 40, VISA

4 bd Strasbourg – ✆ 05 49 84 09 09 – lucullus.hoteldefrance@wanadoo.fr – Fax 05 49 84 58 68

35 ch – 42/60 € 45/65 €, 8,50 € – ½ P 43/53 €

Rest – *(fermé 12 nov.-4 déc., dim. soir, lundi et mardi)* Menu 20/49 € – Carte 27/41 €

Rest *Bistrot de Lucullus* – *(fermé sam. soir et dim. midi)* Menu (14 € bc) – Carte environ 25 €

◆ Près du pont sur la Gartempe, construction de pays aux chambres spacieuses, fonctionnelles et vivement colorées. Au restaurant, décor ensoleillé et cuisine soignée en osmose avec les saisons. Au Bistrot de Lucullus, repas adaptés pour une clientèle pressée.

MONTNER – 66 Pyrénées-Orientales – 344 H6 – 244 h. – alt. 127 m – ✉ 66720 22 B3

Paris 860 – Perpignan 28 – Amélie-les-Bains-Palalda 60 – Font-Romeu-Odeillo-Via 82 – Prades 37

Auberge du Cellier avec ch rest, VISA

1 r. Ste Eugénie – ✆ 04 68 29 09 78 – marinplb@cegetel.net – Fax 04 68 29 10 61 – Fermé 13-29 mars, 13-29 nov., lundi de janv. à avril, d'oct. à déc., mardi et merc.

6 ch – 48 € 53 €, 9 € – ½ P 61/82 € – **Rest** – Menu 39/65 € – Carte 54/64 €

◆ Salle à manger aménagée dans un ancien cellier et belle carte de côtes du Roussillon : ce restaurant s'inspire du monde de la vigne. Cuisine régionale revisitée.

MONTOIRE-SUR-LE-LOIR – 41 Loir-et-Cher – 318 C5 – 4 275 h. – alt. 65 m – ✉ 41800 Châteaux de la Loire 11 B2

Paris 186 – Blois 52 – La Flèche 81 – Le Mans 70 – Vendôme 19

Syndicat d'initiative, 16 place Clemenceau ✆ 02 54 85 23 30, Fax 02 54 85 23 87

Chapelle St-Gilles★ : fresques★★ - Pont ≤★.

XX **Du Cheval Rouge** avec ch

1 pl. Foch – ✆ 02 54 85 07 05 – Fax 02 54 85 17 42 – Fermé 26 mars-1er avril, 27 août-2 sept., 26 nov.-9 déc., 28 janv.-10 fév., vend. midi, mardi soir et merc.

13 ch – 35 € 48 €, 6,50 € – ½ P 52/62 € – **Rest** – *(prévenir le week-end)* Menu 18 € (sem.)/37 € – Carte 54/56 €

◆ Le temps semble s'être arrêté dans cet ancien relais de poste situé au centre du bourg. Les salles à manger présentent un cadre patiné. Cuisine classique.

à Lavardin 2 km au Sud-Est par D 108 – 262 h. – alt. 78 m – ✉ 41800

XX **Relais d'Antan**

– ✆ 02 54 86 61 33 – Fax 02 54 85 06 46 – Fermé 30 sept.-23 oct., 17 fév.-4 mars, dim. soir d'oct. à mi-mai, lundi et mardi

Rest – Menu 26/36 €

◆ Dans un pittoresque village, auberge rustique dont l'une des salles à manger est ornée de fresques d'inspiration médiévale. Agréable terrasse bordant la rive du Loir.

MONTPELLIER P – 34 Hérault – 339 I7 – 225 392 h. – Agglo. 287 981 h. – alt. 27 m – ✉ 34000 Languedoc Roussillon

23 **C2**

Paris 758 – Marseille 173 – Nice 330 – Nîmes 55 – Toulouse 242

de Montpellier-Méditerranée ✆ 04 67 20 85 00 SE par ③ : 7 km.

Office de tourisme, 30 allée Jean de L. de Tassigny ✆ 04 67 60 60 60, Fax 04 67 60 60 61

de Fontcaude à Juvignac Route de Lodève, par rte de Lodève : 8 km, ✆ 04 67 45 90 10 ; de Coulondres à Saint-Gély-du-Fesc 72 r. des Erables, par rte de Ganges : 12 km, ✆ 04 67 84 13 75 ; Montpellier Massane à Baillargues Domaine de Massane, par rte de Nîmes : 13 km, ✆ 04 67 87 87 89.

Vieux Montpellier★★ : hôtel de Varennes★ FY **M²**, hôtel des Trésoriers de la Bourse★ FY **Q**, rue de l'Ancien Courrier★ EFY **4** - Promenade du Peyrou★★ : ≤★ de la terrasse supérieure - Quartier Antigone★ - Musée Fabre★★ FY - Musée Atger★ (dans la faculté de médecine) EX - Musée languedocien★ (dans l'hôtel des trésoriers de France) FY **M¹**.

Château de Flaugergues★ E : 3 km - Château de la Mogère★ E : 5 km par D 24 DU.

Plans pages suivantes

Sofitel Antigone ch, 30/90, VISA

1 r. Pertuisanes – ✆ 04 67 99 72 72 – h1294@accor.com – Fax 04 67 65 17 50 CU **v**

88 ch – 200/240 € 200/240 €, 22 € – 1 suite – **Rest** – Menu 38 € – Carte environ 45 €

◆ Cet hôtel situé dans le quartier dessiné par Ricardo Bofill abrite des chambres contemporaines et "cosy". Toit-terrasse avec piscine, bar et fitness. Le restaurant qui occupe le 8e étage propose une cuisine traditionnelle enrichie de saveurs du Sud.

Holiday Inn Métropole ch, ch, 20/60, VISA

3 r. Clos René – ✆ 04 67 12 32 32 – himontpellier@alliance-hospitality.com – Fax 04 67 92 13 02 FZ **a**

80 ch – 140/200 € 140/200 €, 18 € – **Rest** – *(fermé sam., dim. et fériés)* Menu 18 € (déj.)/24 € – Carte 23/34 €

◆ Cet établissement datant de 1898 aurait été la résidence de la reine Hélène d'Italie. Chambres fonctionnelles. Bar anglais. Jardin-terrasse ombragé par des palmiers. Le décor du restaurant, sobre et contemporain, met en valeur les superbes moulures du plafond.

Mercure Antigone ch, ch, 25/75, VISA

285 bd aéroport international – ✆ 04 67 20 63 63 – h1544-gm@accor.com – Fax 04 67 20 63 64 DU **f**

114 ch – 70/120 € 80/140 €, 12,50 € – **Rest** – *(fermé dim.)* Menu (27 €), 32/37 € – Carte environ 40 €

◆ L'hôtel longe le quartier néo-classique Antigone. Chambres spacieuses et modernes, joliment refaites ; la plupart sont pourvues de lits "king size". Agencé en rotonde, le restaurant offre un plaisant décor colonial. Soirées gastronomiques thématiques.

MONTPELLIER

Anatole-France (R.) .... BU 3
Arceaux (Bd des) .... AU 7
Bazille (R. F.) .... BCV 12
Blum (R. Léon) .... CU 13
Broussonnet (R. A.) .... AT 18
Chancel (Av.) .... AT 25
Citadelle (Allée) .... CU 26
Clapiès (R.) .... AU 28
Comte (R. A.) .... AU 29
Délicieux (R. B.) .... CT 31
États-du-Languedoc (Av.) .... CU 35
Fabre-de-Morlhon (Bd) .... BV 36
Fg-Boutonnet (R.) .... BT 37
Fg-de-Nîmes (R. du) .... CT 41
Flahault (Av. Ch.) .... AT 43

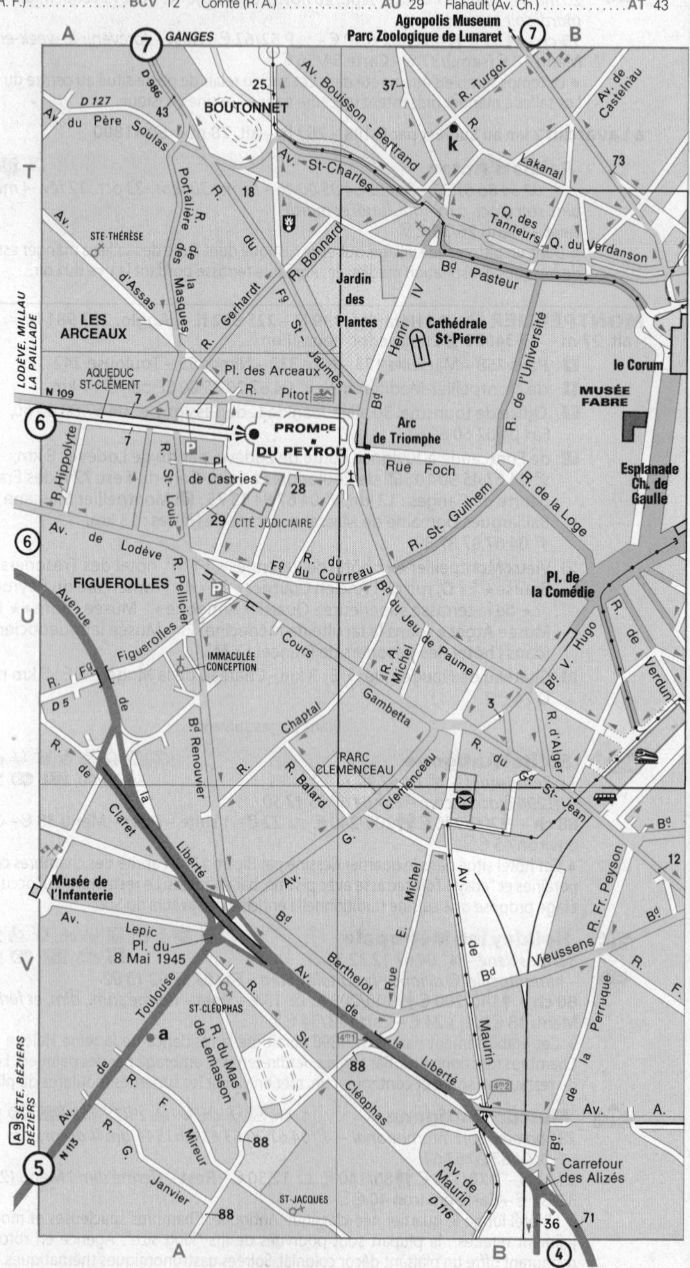

Fontaine-de-Lattes (R.) . . . . CU 44
Henri-II-de-Montmorency (Allée) CU 51
Leclerc (Av. du Mar.) . . . . CV 58
Millénaire (Pl. du) . . . . CU 62
Nombre-d'Or (Pl. du) . . . . CU 64
Ollivier (R. A.) . . . . CU 66
Le Polygone . . . . CU
Pont-de-Lattes (R. du) . . . . CU 69
Pont-Juvénal (Av.) . . . . CDU 70
Près-d'Arènes (Av. des) . . . . BV 71
Prof.-E.-Antonelli (Av.) . . . . CDV 72
Proudhon (R.) . . . . BT 73
René (R. H.) . . . . CV 74
Villeneuve-d'Angoulême (Av.) . . . . ABV 88

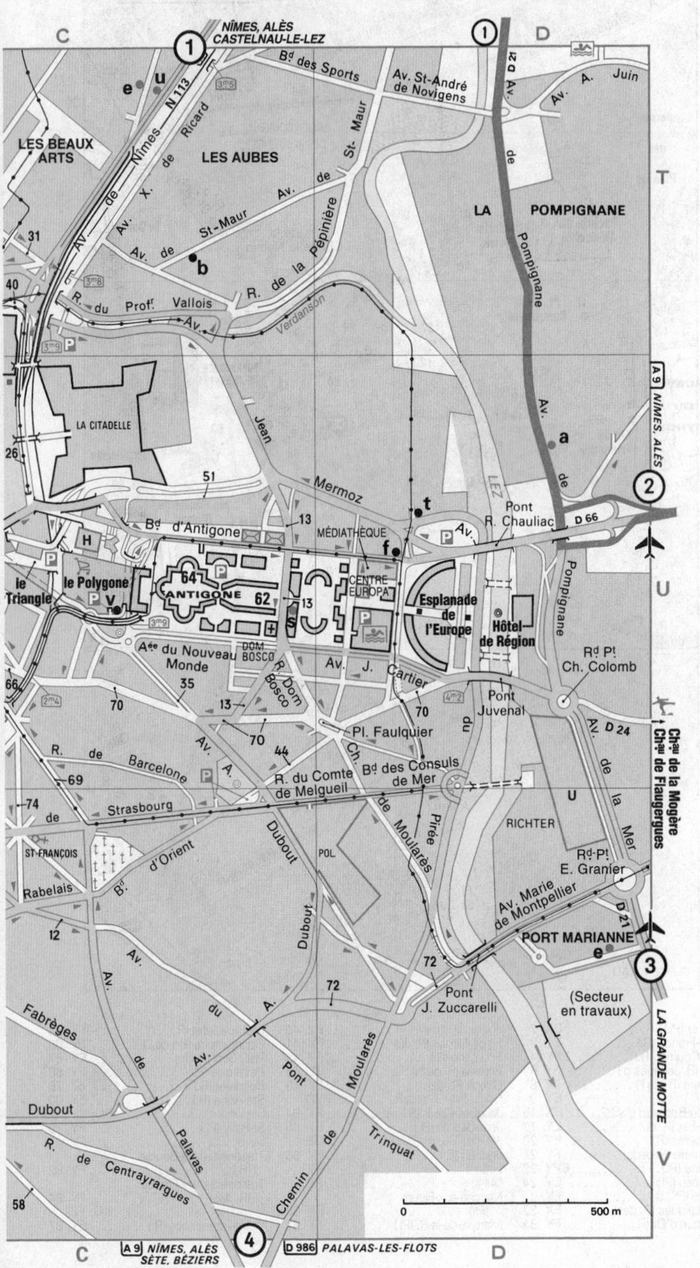

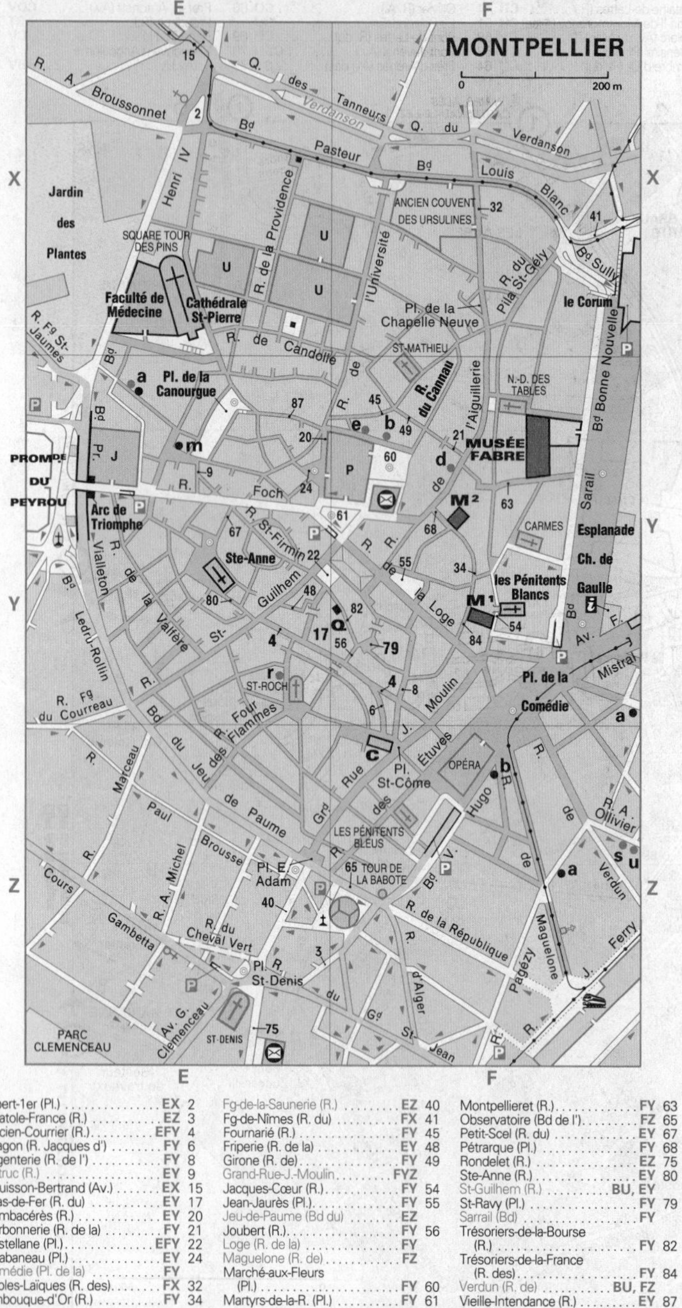

Albert-1er (Pl.) . . . . **EX** 2
Anatole-France (R.) . . . . **EZ** 3
Ancien-Courrier (R.) . . . . **EFY** 4
Aragon (R. Jacques d') . . . . **FY** 6
Argenterie (R. de l') . . . . **FY** 8
Astruc (R.) . . . . **EY** 9
Bouisson-Bertrand (Av.) . . . . **EX** 15
Bras-de-Fer (R. du) . . . . **EY** 17
Cambacérès (R.) . . . . **EY** 20
Carbonnerie (R. de la) . . . . **FY** 21
Castellane (Pl.) . . . . **EFY** 22
Chabaneau (Pl.) . . . . **EY** 24
Comédie (Pl. de la) . . . . **FY**
Écoles-Laïques (R. des) . . . . **FX** 32
Embouque-d'Or (R.) . . . . **FY** 34
Fg-de-la-Saunerie (R.) . . . . **EZ** 40
Fg-de-Nîmes (R. du) . . . . **FX** 41
Fournarié (R.) . . . . **EY** 45
Friperie (R. de la) . . . . **EY** 48
Girone (R. de) . . . . **FY** 49
Grand-Rue-J.-Moulin . . . . **FYZ**
Jacques-Cœur (R.) . . . . **FY** 54
Jean-Jaurès (Pl.) . . . . **FY** 55
Jeu-de-Paume (Bd du) . . . . **EZ**
Joubert (R.) . . . . **FY** 56
Loge (R. de la) . . . . **FY**
Maguelone (R. de) . . . . **FZ**
Marché-aux-Fleurs (Pl.) . . . . **FY** 60
Martyrs-de-la-R. (Pl.) . . . . **FY** 61
Montpellieret (R.) . . . . **FY** 63
Observatoire (Bd de l') . . . . **FZ** 65
Petit-Scel (R. du) . . . . **EY** 67
Pétrarque (Pl.) . . . . **FY** 68
Rondelet (R.) . . . . **EZ** 75
Ste-Anne (R.) . . . . **EY** 80
St-Guilhem (R.) . . . . **BU, EY**
St-Ravy (Pl.) . . . . **FY** 79
Sarrail (Bd) . . . . **FY**
Trésoriers-de-la-Bourse (R.) . . . . **FY** 82
Trésoriers-de-la-France (R. des) . . . . **FY** 84
Verdun (R. de) . . . . **BU, FZ**
Vieille-Intendance (R.) . . . . **EY** 87

Mercure Centre

218 r. Bastion Ventadour – 04 67 99 89 89 – h3043@accor.com
– Fax 04 67 99 89 88 CU **s**

120 ch – 70/110 € 80/120 €, 12 € – **Rest** – *(fermé sam. et dim.)*
Menu 35 € bc/50 € bc – Carte environ 28 €

◆ Bel intérieur résolument design, expositions de tableaux et bibliothèque mise à disposition de la clientèle. Les chambres manquent un peu d'ampleur. Cadre contemporain épuré au restaurant, cuisine méridionale et ardoise de suggestions. Petite sélection de vins du Languedoc.

New Hôtel du Midi sans rest

22 bd Victor Hugo – 04 67 92 69 61 – montpelliermidi@new-hotel.com
– Fax 04 67 92 73 63 FZ **b**

44 ch – 135 € 155 €, 12 €

◆ Belle bâtisse du début du 20e s. située en plein centre-ville. Les chambres, confortables, ont toutes été rénovées dans un esprit contemporain se mariant bien avec les murs anciens.

D'Aragon sans rest

10 r. Baudin – 04 67 10 70 00 – info@hotel-aragon.fr – Fax 04 67 10 70 01
– Fermé du 1er-15 janv. FY **a**

12 ch – 69 € 99/124 €, 11 €

◆ Cet immeuble de caractère abrite un hôtel entièrement neuf. Les chambres, bien insonorisées, sont aménagées avec goût et bénéficient des derniers équipements modernes.

Le Guilhem sans rest

18 r. J.-J. Rousseau – 04 67 52 90 90 – hotel-le-guilhem@mnet.fr
– Fax 04 67 60 67 67 EY **a**

35 ch – 87/155 € 87/155 €, 12 €

◆ Maisons des 16e et 17e s. abritant des chambres "cosy" ; le dernier étage offre une vue sur la cathédrale. Balcon-terrasse pour les petits-déjeuners. Adresse entièrement non-fumeurs.

Du Parc sans rest

8 r. A. Bège – 04 67 41 16 49 – hotelduparcmtp@wanadoo.fr
– Fax 04 67 54 10 05 BT **k**

19 ch – 42/68 € 42/68 €, 10 €

◆ Ancienne demeure seigneuriale (18e s.) voisine du centre historique. Plaisantes chambres personnalisées ; cour-terrasse où l'on petit-déjeune l'été. Accueil aimable.

Du Palais sans rest

3 r. Palais – 04 67 60 47 38 – hoteldupalais2@wanadoo.fr
– Fax 04 67 60 40 23 EY**m**

26 ch – 60 € 77 €, 10 €

◆ Bel immeuble centenaire proche du palais de justice. Les petites chambres bénéficient de délicates attentions (fleurs fraîches, chocolats, etc.). Insonorisation efficace.

Ulysse sans rest

338 av. St-Maur – 04 67 02 02 30 – hotelulysse@free.fr – Fax 04 67 02 16 50
– Fermé 20 déc.-10 janv. CT **b**

23 ch – 47/56 € 59/69 €, 9 €

◆ De coquettes chambres meublées en fer forgé vous attendent dans cet hôtel prisé des habitués pour son atmosphère sympathique. Quartier résidentiel calme. Tenue rigoureuse.

Les Troënes sans rest

17 av. É. Bertin-Sans, par av. Charles Flahaut, rte de Ganges, dir. Hôpitaux-Faculté
34090 – 04 67 04 07 76 – hotel-les-troenes@wanadoo.fr
– Fax 04 67 61 04 43

14 ch – 48/50 € 55/57 €, 8 €

◆ Reliée au centre-ville par le tramway, modeste maison des années 1960 rénovée, où l'on se sent comme chez soi. Chambres agréables, sans équipement superflu. Hôtel non-fumeurs.

XXXX ✿✿ **Le Jardin des Sens** (Jacques et Laurent Pourcel) avec ch

11 av. St-Lazare – ✆ 04 99 58 38 38 – contact@jardindessens.com – Fax 04 99 58 38 39 rest, 25, VISA MC AE — CT e

13 ch – †160/190 € ††160/270 €, ☕ 22 € – 2 suites –

Rest – *(fermé 2-15 janv., lundi midi, merc. midi et dim.) (nombre de couverts limité, prévenir)* Menu 50 € (déj. en sem.), 80 € bc (dîner sem.)/190 € – Carte 100/170 €

Spéc. Pressé de homard et jeunes légumes au jambon de canard. Filet de turbot grillé, encornets à la plancha, risotto de riz noir. Filets de pigeon rôtis, pastilla des abats au curry, jus de cacao. **Vins** Coteaux du Languedoc, Pic Saint Loup

◆ La surprenante et design salle à manger-loft (non-fumeurs) en gradins a vue sur le jardin en spirales : les cinq sens s'émerveillent, tant dans l'assiette que dans le cadre. Chambres contemporaines, très luxueuses, décorées de tableaux de la collection des Frères Pourcel. Suite avec piscine privative.

XX **Cellier Morel** VISA MC AE

Maison de la Lozère 27 r. Aiguillerie – ✆ 04 67 66 46 36 – contact@celliermorel.com – Fax 04 67 66 23 61 – Fermé 1er-21 août, lundi midi, merc. midi et dim. — FY d

Rest – Menu 38 € (déj. en sem.), 42/62 € – Carte 70/90 €

◆ Joli décor design dans une salle voûtée du 13e s. et délicieuse cour-terrasse d'un hôtel particulier du 18e s. Cuisine inventive à l'accent lozérien et vins régionaux.

XX **Castel Ronceray** P VISA MC AE

130 r. Castel Ronceray, par ⑤ – ✆ 04 67 42 46 30 – lecastelronceray@free.fr – Fax 04 67 27 41 96 – Fermé 12 août-5 sept., dim. et lundi

Rest – Menu 26 € (déj. en sem.), 40/62 € – Carte 36/56 €

◆ Maison de maître du 19e s., inattendue derrière ce rideau d'immeubles modernes. Intérieur bourgeois avec cheminée en marbre et statues à l'antique. Recettes traditionnelles.

XX **Les Vignes** VISA MC AE

2 r. Bonnier d'Alco – ✆ 04 67 60 48 42 – Fax 04 67 60 48 42 – Fermé 8-15 avril, 5-26 août, merc. soir, sam. midi et dim. — FY e

Rest – Menu 24 € (déj. en sem.), 40/55 € – Carte 44/60 €

◆ Il vous faudra descendre quelques marches pour rejoindre l'élégante salle voûtée de ce discret petit restaurant installé derrière la préfecture. Cuisine régionale.

XX **Le Petit Jardin** VISA MC AE

20 r. J.-J. Rousseau – ✆ 04 67 60 78 78 – contact@petit-jardin.com – Fax 04 67 66 16 79 – Fermé janv. et lundi — EY a

Rest – Menu (14 €), 23/46 € – Carte 38/57 €

◆ Au cœur du vieux Montpellier, sympathique restaurant dont les baies vitrées s'ouvrent largement sur un joyau caché : un jardin-terrasse aux essences rares. Cuisine régionale.

XX ✿ **L'Olivier** (Breton) VISA MC AE

12 r. A. Ollivier – ✆ 04 67 92 86 28 – Fax 04 67 92 10 65 – Fermé 24 juil.-29 août, dim. et lundi — FZ u

Rest – *(prévenir)* Menu (27 €), 35/52 € – Carte 52/67 €

Spéc. Saint-Jacques et cèpes du pays (automne). Civet de homard au banyuls. Pigeon des Costières rôti, tarte de pommes de terre renversée au foie gras. **Vins** Coteaux du Languedoc.

◆ Étroite salle agrandie par un jeu de miroirs, tables serrées pour la convivialité, cadre un brin "rétro" et cuisine classique pour ce restaurant proche de la gare.

XX **Le Séquoïa** VISA MC AE

à Port Marianne, 148 r. de Galata – ✆ 04 67 65 07 07 – Fax 04 67 64 50 23 – Fermé 23 déc.-10 janv., sam. midi, merc. et dim. — DV e

Rest – Menu 24 € bc (déj. en sem.)/38 € – Carte 42/63 €

◆ Cadre contemporain, terrasse bordant le port de plaisance, cuisine "d'ici et d'ailleurs" : une adresse "branchée" du nouveau quartier qui se dessine sur la rive gauche du Lez.

XX **Prouhèze Saveurs**

728 av.de la Pompignane – ✆ 04 67 79 43 34 – prouhezesaveurs@wanadoo.fr – Fax 04 67 79 71 94 – Fermé août, le soir du lundi au merc., sam. midi et dim. DU **a**

Rest – Menu (23 €), 31 €

◆ La famille Prouhèze a quitté l'Aubrac pour s'installer dans ce joli restaurant aux couleurs du Sud. On y savoure de bons petits plats régionaux au coin du feu l'hiver ou sur la terrasse d'été.

X **La Compagnie des Comptoirs**

51 av. Frédéric Delmas – ✆ 04 99 58 39 29 – contact@jardindessens.com – Fax 04 99 58 39 28 – Fermé 1er mai-31 août CT **u**

Rest – Carte 33/55 €

◆ Décor "tendance" s'inspirant des comptoirs français des Indes et jolie terrasse en partie dressée sous une tente bédouine. La carte dévoile les saveurs du Sud et de l'Orient.

X **Anis et Canisses**

47 av. Toulouse – ✆ 04 67 42 54 48 – Fax 04 67 56 39 17 – Fermé août, 20 déc.-14 janv., sam. midi, dim. et lundi AV **a**

Rest – Carte 28/40 €

◆ Un havre de paix sur cette avenue très animée. Aménagement intérieur soigné et charmant patio à l'ombre d'un abricotier. La cuisine honore le Languedoc et la Catalogne.

X **Kinoa**

6 r. des Sœurs Noires – ✆ 04 67 15 34 38 – restaurantkinoa@yahoo.fr – Fax 04 67 15 34 33 – Fermé 1er-13 nov., dim. et lundi EY **r**

Rest – Menu (17 € bc), 26/35 € – Carte 40/49 €

◆ Élégant cadre contemporain et jolie terrasse à l'ombre d'une placette ombragée, au pied d'une vieille église. Carte au goût du jour avec un menu allégé (sans crème, ni alcool, ni sucre).

X **Tamarillos**

2 pl. Marché aux Fleurs – ✆ 04 67 60 06 00 – Fax 04 67 60 06 01 – Fermé 10-16 avril, 25 fév.-3 mars, le midi du 20 au 31 août, lundi midi et dim. FY **b**

Rest – Menu (18 €), 29 € (déj. en sem.), 50/90 € – Carte 45/67 €

◆ Les fruits et les fleurs inspirent la cuisine et le nouveau décor haut en couleurs de cette originale adresse tenue par un jeune chef, double champion de France des desserts.

X **Verdi**

10 r. A. Ollivier – ✆ 04 67 58 68 55 – gunara1952@libero.it – Fax 04 67 58 28 47 – Fermé juil. et dim. FZ **s**

Rest – Menu 18/26 € – Carte 34/46 €

◆ Proche de la gare, petit restaurant italien, simple et décontracté, agrémenté d'affiches sur Verdi et l'opéra. Spécialités transalpines et poissons. Boutique de vins.

à Baillargues – 5 842 h. – alt. 23 m – ✉ 34670

Golf Hôtel de Massane

ch, 20/150,

au golf de Massane, Sud : 1,5 km par D 26E – ✆ 04 67 87 87 87 – contact@massane.com – Fax 04 67 87 87 90

32 ch – 98/109 € 114/130 €, 11 € – **Rest** – Menu (20 €), 25/36 € – Carte 26/46 €

◆ Vaste complexe hôtelier doté de nombreux équipements pour les loisirs et la détente. Les chambres, spacieuses et rénovées, affichent un décor d'inspiration camarguaise. Salle à manger contemporaine ouverte sur le golf. Cuisine au goût du jour et belle sélection de vins régionaux.

par ② 5 km : A9 sortie nº 29 et D172E – ✉ 34000 Montpellier

XX **Le Mas des Brousses**

540 r. Mas des Brousses – ✆ 04 67 64 18 91 – lemasdesbrousses@free.fr – Fax 04 67 64 18 89 – Fermé sam. midi, dim. soir et lundi

Rest – Menu (19 € bc), 24 € bc (déj. en sem.), 42/75 € – Carte 48/66 €

◆ Murs ocrés, tomettes et vieille cuve à grain donnent du cachet à la salle à manger de ce restaurant aménagé dans d'anciennes écuries du 18e s. Cuisine traditionnelle actualisée.

près échangeur A9-Montpellier-Sud 2 km par ④ – ✉ 34000 Montpellier

Novotel ch, ch, 30/130,
125 bis av. Palavas – ✆ 04 99 52 34 34 – h0450@accor.com – Fax 04 99 52 34 33
162 ch – 99/128 € 109/170 €, 12,50 € – **Rest** – Menu (16 €), 20 € – Carte 22/38 €
◆ Située à proximité d'un échangeur, cette halte autoroutière type abrite des chambres conformes aux standards de la chaîne. Cyberespace. Salle de restaurant sobre et actuelle. À la belle saison, service en terrasse autour de la piscine.

à Lattes 5 km par ④ – **13 768 h. – alt. 3 m** – ✉ **34970**

Office de tourisme, 679 avenue de Montpellier ✆ 04 67 22 52 91

Domaine de Soriech
face Z.A.C. Soriech, près rd-pt D 189 et D 21 – ✆ 04 67 15 19 15 – michel.loustau@domaine-de-soriech.fr – Fax 04 67 15 58 21 – Fermé vacances de fév., dim. soir et lundi
Rest – Menu 30 € (déj. en sem.), 42/75 € – Carte 57/69 €
◆ Belle villa des années 1970 inspirée des modèles californiens de l'époque. Décor design et œuvres contemporaines, palmiers et pins géants dans un ravissant parc. Carte régionale.

Le Mazerand
Mas De Causse CD 172 – ✆ 04 67 64 82 10 – Fax 04 67 20 10 73 – Fermé sam. midi, dim. soir et lundi
Rest – Menu (20 €), 27/57 € – Carte 40/70 €
◆ Dominant la plaine de Lattes, cette ex-propriété viticole réunit un mas du 19e s. restauré, une chapelle du 16e s. et de jolies terrasses étagées ombragées par des platanes.

Le Bistrot d'Ariane
à Port Ariane – ✆ 04 67 20 01 27 – Fax 04 67 15 03 25 – Fermé 24 déc.-7 janv. et dim. sauf fériés
Rest – Menu 18 € (déj. en sem.), 28/38 € – Carte 26/47 €
◆ Le cadre discrètement Art déco et l'ambiance "brasserie" séduisent la clientèle du quartier. Terrasse au bord du port de plaisance. Très belle carte de vins régionaux.

à Juvignac 6 km par ⑥, rte de Millau – **5 592 h. – alt. 32 m** – ✉ **34990**

Golf Hôtel de Fontcaude ch, 30/60,
au golf international, Nord-Ouest : 3 km –
✆ 04 67 45 90 00 – info@golfhotelmontpellier.com – Fax 04 67 45 90 20
46 ch – 83 € 110 €, 11 € – **Rest** – Menu (20 € bc), 29 € – Carte 28/45 €
◆ Un hôtel estimé des golfeurs qui testent leur swing à Juvignac. La majorité des chambres, fonctionnelles, profite de la vue sur le parcours ; certaines ont aussi une terrasse. Confortable salle de restaurant tournée vers les greens. Formule rapide au bar.

MONTPEZAT-DE-QUERCY – 82 Tarn-et-Garonne – 337 E6 – 1 378 h. – alt. 275 m – ✉ 82270 Périgord

28 **B1**

Paris 600 – Cahors 29 – Montauban 39 – Toulouse 91

Office de tourisme, boulevard des Fossés ✆ 05 63 02 05 55

Domaine de Lafon ch, rest,
4 km au Sud par rte de Mirabel, D 20 et D 69 – ✆ 05 63 02 05 09 – micheline.perrone@domainedelafon.com – Fermé 15 fév.-15 mars et 15-30 nov.
3 ch – 55/58 € 68/76 € – ½ P 57/61 € – **Rest** – table d'hôte *(dîner seult) (résidents seult)* Menu 23 € bc/55 € bc
◆ Cette maison du 19e s. jouit d'une perspective à 360° sur la campagne vallonnée. Ses chambres, agrémentées d'œuvres du propriétaire et de tissus choisis, promettent un sommeil paisible. Belle bibliothèque aménagée dans le pigeonnier. Cuisine traditionnelle.

MONTPON-MÉNESTÉROL – 24 Dordogne – 329 B5 – 5 385 h. – alt. 93 m – ✉ 24700

4 **C1**

Paris 532 – Bergerac 40 – Libourne 43 – Périgueux 56 – Ste-Foy-la-Grande 23

Office de tourisme, place Clemenceau ✆ 05 53 82 23 77, Fax 05 53 81 86 74

à Ménestérol 1 km au Nord – ✉ **24700 Montpon-Ménestérol**

Auberge de l'Eclade

rte Coutras – ✆ 05 53 80 28 64 – auberge-de-leclade@wanadoo.fr – Fax 05 53 80 28 64 – Fermé lundi soir, mardi soir et merc.

Rest – Menu 15 € (déj. en sem.), 26/50 € ♀

◆ Le décor rustique de la salle à manger rappelle que cet établissement était autrefois une grange. Agréable terrasse d'été tournée vers la campagne et cuisine traditionnelle.

MONT-PRÈS-CHAMBORD – 41 Loir-et-Cher – 318 F6 – 3 025 h. – alt. 108 m – ✉ 41250

11 **B1**

Paris 184 – Blois 12 – Bracieux 8 – Orléans 63 – Romorantin-Lanthenay 35

St-Florent sans rest

14 r. Chabardière – ✆ 02 54 70 81 00 – info@hotel-saint-florent.com – Fax 02 54 70 78 53 – Fermé déc.-fév., dim. soir et lundi en oct., nov. et mars

18 ch – †56 € ††56 €, ☕ 7 €

◆ Le village jouxte la forêt de Boulogne et le parc de Chambord. Vaste maison régionale abritant de sobres chambres claires et une fraîche salle des petits-déjeuners.

Les Délices du Saint Florent

2/8,

14 r. Chabardère – ✆ 02 54 70 73 17 – lesdelicesdusaintflorent@wanadoo.fr – Fax 02 54 70 88 50 – Fermé 19 nov.-4 déc., 19 fév.-13 mars, mardi d'oct. à mars et lundi

Rest – Menu 25/48 € – Carte 39/49 € ♀

◆ Table classico-créative tenue par jeune couple plein d'allant : elle en salle et lui aux fourneaux. Cadre clair à touches agrestes ; pressoir recyclé en comptoir d'accueil.

MONTRÉAL – 32 Gers – 336 D6 – 1 238 h. – alt. 131 m – ✉ 32250

Midi-Pyrénées

28 **A2**

Paris 725 – Agen 57 – Auch 59 – Condom 16 – Mont-de-Marsan 65 – Nérac 27

Office de tourisme, place de l'hôtel de ville ✆ 05 62 29 42 85, Fax 05 62 29 42 46

de Guinlet à EauzeS : 12 km par D 29, ✆ 05 62 09 80 84.

Chez Simone

face église – ✆ 05 62 29 44 40 – Fax 05 62 29 49 94 – Fermé 18-24 fév., dim. soir, lundi et mardi

Rest – Menu 25/53 € – Carte 37/55 € ♀

◆ Terrasse sous les platanes, goûteuse cuisine du terroir, dégustations de vins régionaux... Il règne une rare convivialité dans ce restaurant de village tenu en famille depuis trois générations.

MONTREDON – 11 Aude – 344 F3 – rattaché à Carcassonne

MONTREUIL – 62 Pas-de-Calais – 301 D5 – 2 428 h. – alt. 54 m – ✉ 62170

Nord Pas-de-Calais Picardie

30 **A2**

Paris 232 – Abbeville 49 – Arras 86 – Boulogne-sur-Mer 38 – Calais 73 – Lille 116

Office de tourisme, 21 rue Carnot ✆ 03 21 06 04 27, Fax 03 21 06 57 85

Site★ - Citadelle★ : ≤★★ - Remparts★ - Église St-Saulve★.

Château de Montreuil (Germain)

rest,

chaussée Capucins – ✆ 03 21 81 53 04 – reservations@chateaudemontreuil.com – Fax 03 21 81 36 43 – Fermé de mi-déc. à début fév., mardi midi sauf juil.-août, jeudi midi et lundi sauf fériés

12 ch – †195 € ††210 €, ☕ 18 € – 4 suites – ½ P 193 € – **Rest** – Menu 38 € (déj. en sem.), 65/85 € ♀

Spéc. Escargots gros gris et anguille fumée autour d'un œuf poché. Pigeon et foie gras de canard dans l'esprit d'un hochepot flamand. Grouse d'Ecosse rôtie (fin-août à mi-oct.).

◆ Élégante demeure à l'intérieur des remparts. Chambres raffinées, garnies de meubles de style et donnant sur un jardin à l'anglaise. La cuisine au goût du jour, mâtinée de touches exotiques et méditerranéennes, est rehaussée par une belle carte des vins. Fumoir.

Hermitage ch, 25/40, VISA AE
pl. Gambetta – ✆ 03 21 06 74 74 – contact@hermitage-montreuil.com – Fax 03 21 06 74 75
57 ch – 95/120 € 95/150 €, 15 €
Rest *Le Jéroboam* – *✆ 03 21 86 65 80 (fermé 1er janv. à début fév., lundi sauf le soir en juil.-août et dim.)* Menu 17 € (déj. en sem.)/26 € – Carte 37/62 €
◆ Cette belle bâtisse, construite sous Napoléon III, a été restaurée. Bar feutré et amples chambres au sobre mobilier contemporain. Carte dans le vent escortée de vins de petits producteurs pour le restaurant très design et conçu dans un esprit "wine bar".

Coq Hôtel ch, rest, VISA
2 pl. de la Poissonnerie – ✆ 03 21 81 05 61 – arsene.pousset@wanadoo.fr – Fax 03 21 86 46 73 – Fermé 22 déc.-8 fév.
19 ch – 110 € 130 €, 18 € – ½ P 95 € – **Rest** – *(fermé 16 déc.-8 fév. et dim. sauf juil.-août) (dîner seult)* Menu 31/45 € – Carte 44/72 €
◆ Cette maison bourgeoise dresse sa belle façade en brique rouge sur une petite place du centre. Chambres douillettes d'esprit actuel. Parquet, cheminée, meubles de famille et objets à l'effigie du coq agrémentent les deux salles à manger. Cuisine de tradition.

Darnétal avec ch rest, ch, VISA AE
pl. Poissonnerie – ✆ 03 21 06 04 87 – Fax 03 21 86 64 67 – Fermé 25 juin-8 juil., 23-31 déc., lundi et mardi
4 ch – 35 € 60 €, 5 € – **Rest** – Menu 18 € (sem.)/34 € – Carte 20/34 €
◆ Sur l'une des places de la ville haute, auberge rustique décorée d'une profusion de tableaux, bibelots anciens et cuivres. Ambiance conviviale et cuisine traditionnelle.

à La Madelaine-sous-Montreuil 3 km à l'Ouest par D 139 et rte secondaire – 156 h. – alt. 7 m – ✉ 62170

Auberge de la Grenouillère avec ch rest, VISA AE
– ✆ 03 21 06 07 22 – auberge.de.la.grenouillere@wanadoo.fr – Fax 03 21 86 36 36 – Fermé 18 déc.-3 fév., mardi et merc. sauf juil.-août
4 ch – 75/90 € 75/100 €, 10 € – **Rest** – Menu 33 € (sem.)/75 € – Carte 62/76 €
◆ Vieux buffets, cuivres et fresques anciennes représentant des grenouilles à table ornent cette ferme picarde bordant la Canche. Cuisine actuelle arrosée de vins bien choisis.

au Moulinel 9 km à l'Ouest par D 139 – ✉ 62170 St-Josse

Auberge du Moulinel VISA
– ✆ 03 21 94 79 03 – Fax 03 21 09 37 14 – Fermé 25 juin-3 juil., 7-28 janv., dim. soir, lundi et mardi sauf juil.-août
Rest – Menu 25 € (sem.)/55 € – Carte 41/71 €
◆ Cette auberge, située à l'écart des axes fréquentés, vous invite à découvrir dans l'une de ses trois plaisantes salles une cuisine au goût du jour élaborée selon le marché.

à Inxent 9 km au Nord sur D 127 – 158 h. – alt. 28 m – ✉ 62170

Auberge d'Inxent avec ch ch, VISA
318 r. de la Vallée de la Course – ✆ 03 21 90 71 19 – auberge.inxent@wanadoo.fr – Fax 03 21 86 31 67 – Fermé 25 juin-6 juil., 24 déc.-24 janv., merc. de sept. à juin et mardi
5 ch – 65 € 65 €, 9 € – ½ P 57/65 € – **Rest** – Menu 15/38 € – Carte 19/43 €
◆ Beaux meubles et chaleureuse atmosphère familiale en ce restaurant aménagé dans un ancien presbytère. Cuisine régionale assortie d'un grand choix de vins bien choisis.

MONTREUIL – 93 Seine-Saint-Denis – 311 k2 – 101 17 – voir Paris Environs

Petit-déjeuner compris ?
La tasse suit directement le nombre de chambres.

MONTREUIL-BELLAY – 49 Maine-et-Loire – 317 I6 – 4 112 h. – alt. 50 m – ✉ 49260 Châteaux de la Loire 35 C2

Paris 335 – Angers 54 – Châtellerault 70 – Chinon 39 – Cholet 61 – Poitiers 80 – Saumur 16

Office de tourisme, place du Concorde ✆ 02 41 52 32 39, Fax 02 41 52 32 35

Château★★ - Site★.

Hostellerie St-Jean

432 r. Nationale – ✆ 02 41 52 30 41 – Fax 02 41 52 89 02 – Fermé 25 fév.-10 mars, merc. soir du 15 oct. au 15 mars, dim. soir et lundi

Rest – Menu (14 €), 18/40 € – Carte 29/40 €

◆ Au centre de la petite cité fortifiée médiévale. Amabilité et simplicité au rendez-vous, dans la salle principale, intime et champêtre, ou le salon, d'un style plus actuel.

MONTREUIL-L'ARGILLÉ – 27 Eure – 304 C8 – 740 h. – alt. 170 m – ✉ 27390 33 C2

Paris 178 – L'Aigle 26 – Argentan 50 – Bernay 22 – Évreux 56 – Lisieux 33 – Vimoutiers 27

De Courteilles sans rest cuisinette

N 138, rte d'Orbec – ✆ 02 32 47 41 41 – b.borde@hoteldedecourteilles.com – Fax 02 32 47 41 51

20 ch – †47 € ††50 €, ☐ 6 €

◆ Séjour sans cérémonie dans cet hôtel récent bâti en retrait de la route. Chambres fonctionnelles équipées d'un mobilier en bois verni.

Auberge de la Truite

5 r. Grande – ✆ 02 32 44 50 47 – aubergelatruite@aol.com – Fax 02 32 44 00 66 – Fermé 1er-15 janv., lundi soir, mardi soir et merc.

Rest – Menu 18/32 € – Carte 18/44 €

◆ Authentique salle à manger normande au charme "rétro", ambiance joyeuse et cuisine généreuse font le succès de cette auberge familiale.

MONTREVEL-EN-BRESSE – 01 Ain – 328 D2 – 1 994 h. – alt. 215 m – ✉ 01340 44 B1

Paris 395 – Bourg-en-Bresse 18 – Mâcon 25 – Pont-de-Vaux 22 – St-Amour 24 – Tournus 36

Office de tourisme, place de la Grenette ✆ 04 74 25 48 74

Léa (Monnier)

10 rte d'Etrez – ✆ 04 74 30 80 84 – lea.montrevel@free.fr – Fax 04 74 30 85 66 – Fermé 28 juin-12 juil., 22 déc.-15 janv., dim. soir, lundi et merc. sauf fériés

Rest – *(nombre de couverts limité, prévenir)* Menu 25 € (déj. en sem.), 34/64 € – Carte 61/88 €

Spéc. Gâteau de foie blonds. Gratin de homard "façon Eugénie Brazier". Poularde de Bresse à la crème et aux morilles. **Vins** Mâcon-Uchizy, Mâcon-Viré-Clessé.

◆ Sous forme de bibelots ou dans l'assiette, cette pimpante auberge villageoise est tout entière vouée à la "star" locale : la fameuse volaille de Bresse !

Le Comptoir

– ✆ 04 74 25 45 53 – lea.montrevel@free.fr – Fax 04 74 30 85 66 – Fermé 28 juin-12 juil., 22 déc.-15 janv., dim. soir, mardi soir et merc.

Rest – Menu 18/31 € – Carte 21/35 €

◆ Vieux comptoir, banquettes, petites tables en pierre... Bien que récent, ce restaurant possède l'authenticité d'un café traditionnel. Cuisine de type bistrot et plats régionaux.

rte de Bourg-en-Bresse 2 km au Sud sur D 975 – ✉ 01340 Montrevel-en-Bresse

Pillebois 30,

– ✆ 04 74 25 48 44 – lepillebois@wanadoo.fr – Fax 04 74 25 48 79 – Fermé dim. d'oct. à avril

30 ch – †70 € ††75 €, ☐ 8 € – ½ P 62 €

Rest *L'Aventure* – *(fermé sam. midi et dim. soir)* Menu 17/45 € – Carte 38/47 €

◆ D'allure moderne et d'un charme assurément bressan, l'hôtel propose des chambres pas très grandes, mais fonctionnelles et bien tenues. Plaisant salon-cheminée. Au restaurant, décor dédié aux voyages et à l'aventure : pirogue, bibelots et meubles exotiques.

MONTRICHARD – 41 Loir-et-Cher – 318 E7 – 3 624 h. – alt. 62 m – ✉ 41400

Châteaux de la Loire 11 **A1**

Paris 220 – Blois 37 – Châteauroux 85 – Châtellerault 95 – Loches 33 – Tours 43 – Vierzon 80

Syndicat d'initiative, 1 rue du Pont ✆ 02 54 32 05 10, Fax 02 54 32 28 80

Donjon★ : ※★★.

Bellevue rest, VISA MC AE

24 quai République – ✆ 02 54 32 06 17 – contact@hotel-le-bellevue41.com – Fax 02 54 32 48 06

29 ch – 58/80 € 72/92 €, 9,50 € – ½ P 60/70 € – **Rest** – *(fermé 18 nov.-16 déc., dim. soir, lundi midi et vend. de nov. à avril)* Menu 17 € (sem.)/55 € – Carte 32/48 €

◆ Hôtel bien nommé : la plupart des chambres offrent en effet une vue panoramique sur le Cher. Chambres anciennes, en attente d'une rénovation. Au restaurant, belles boiseries, baies vitrées tournées sur la riante vallée et cuisine traditionnelle.

à Chissay-en-Touraine 4 km à l'Ouest par D 176 – 916 h. – alt. 63 m – ✉ 41400

Château de Chissay rest, 30/100, P VISA MC AE

– ✆ 02 54 32 32 01 – chissay@leshotelsparticuliers.com – Fax 02 54 32 43 80 – Ouvert 17 mars-11 nov.

23 ch – 125/195 € 125/195 €, 15 € – 9 suites – ½ P 118/200 € – **Rest** – Menu 25 € (déj. en sem.), 38/60 €

◆ Ce château du 15e s. entouré d'un parc a été restauré avec originalité. Spacieuses chambres de caractère, notamment la troglodytique et le duplex du donjon. Élégant restaurant (voûtes en ogives, boiseries et mobilier de style Louis XIII) et cuisine actuelle.

MONTRICOUX – 82 Tarn-et-Garonne – 337 F7 – 970 h. – alt. 113 m – ✉ 82800

29 **C2**

Paris 618 – Cahors 51 – Gaillac 39 – Montauban 25 – Villefranche-de-Rouergue 58

Les Gorges de l'Aveyron P VISA MC AE

Le Bugarel – ✆ 05 63 24 50 50 – Fax 05 63 24 50 51 – Fermé 12-30 mars, 12 nov.-14 déc., 7 janv.-8 fév., mardi et merc. sauf du 15 juin au 15 sept.

Rest – Menu (20 €), 25/37 € – Carte 57/73 €

◆ Villa contemporaine dont une partie est aménagée en restaurant. La salle à manger, confortable et lumineuse, ouvre sur un parc surplombant l'Aveyron. Table classique.

MONTROND-LES-BAINS – 42 Loire – 327 E6 – 4 031 h. – alt. 356 m – Stat. therm. : fin mars-fin nov. – Casino – ✉ 42210

Lyon et la vallée du Rhône 44 **A2**

Paris 447 – Lyon 69 – Montbrison 15 – Roanne 58 – St-Étienne 31 – Thiers 80

Office de tourisme, avenue des Sources ✆ 04 77 94 64 74, Fax 04 77 94 59 59

du Forez Domaine de Presles, S : 12 km par N 82 et D 16, ✆ 04 77 30 86 85.

Hostellerie La Poularde (Etéocle) ch, 30, VISA MC AE

2 r. de Saint Etienne – ✆ 04 77 54 40 06 – la-poularde@wanadoo.fr – Fax 04 77 54 53 14 – Fermé 5-21 août, 1er-22 janv., mardi midi, dim. soir et lundi sauf fériés

7 ch – 77/107 € 92/138 €, 20 € – 6 suites, 3 duplex – **Rest** – *(prévenir le week-end)* Menu 60 € (sem.)/120 € – Carte 78/118 €

Spéc. Les deux préparations de foie gras. Saint-Jacques et bar au four, velours aux herbes (oct. à mars). Lapin du Forez, cuisse confite au pain d'épice, rillettes croustillantes (oct. à mars). **Vins** Condrieu, Saint-Joseph.

◆ Relais de poste de 1732 dans "la" station thermale du Forez. Chambres personnalisées, appartements orientés côté piscine et duplex. Boutique de vins. Élégante salle à manger associant décor moderne et mobilier de style Louis XV. Carte des vins exceptionnelle.

Motel du Forez sans rest P P VISA MC AE

37 rte Roanne – ✆ 04 77 54 42 28 – motelduforez@wanadoo.fr – Fax 04 77 94 66 58 – Fermé 11-19 août et 22 déc.-1er janv.

18 ch – 41 € 51 €, 7 €

◆ Bâtiment des années 1950 abritant des chambres de bon confort, garnies de meubles en pin et protégées des bruits de la route. Tenue méticuleuse. Accueil familial.

rte de Feurs 5 km au Nord par N 82 et rte secondaire – ✉ 42210 St-Laurent-la-Conche

Auberge Cheval Blanc

– ✆ *04 77 28 98 90 – Fax 04 77 28 98 90 – Fermé 30 août-19 sept., 20 déc.-2 janv., dim. soir, lundi, mardi et merc. sauf fériés*
Rest – Menu 18 € (sem.)/25 € – Carte 23/34 €
◆ Cette maison particulière, située au cœur de la plaine du Forez, abrite un restaurant. Spacieux intérieur contemporain où l'on sert une cuisine régionale.

MONTROUGE – 92 Hauts-de-Seine – 311 J3 – 101 25 – voir à Paris, Environs

LE MONT-ST-MICHEL – 50 Manche – 303 C8 – 46 h. – alt. 10 m – ✉ 50170

Normandie Cotentin, Bretagne 32 **A3**

Paris 359 – Alençon 135 – Avranches 23 – Dinan 58 – Fougères 45 – Rennes 68 – St-Malo 55

Office de tourisme, boulevard Avancée ✆ 02 33 60 14 30, Fax 02 33 60 06 75

Abbaye★★★ : La Merveille★★★, Cloître★★★ - Remparts★★ - Grande-Rue★ - Jardins de l'abbaye★ - Baie du Mont-St-Michel★★.

Auberge St-Pierre

– ✆ *02 33 60 14 03 – aubergesaintpierre@wanadoo.fr – Fax 02 33 48 59 82*
21 ch – 96/138 € 110/158 €, ☕ 12 € – ½ P 88/160 € – **Rest** – Menu 21/45 € – Carte 33/52 €
◆ La demeure à pans de bois du 15e s. abrite le restaurant et de petites chambres correctement tenues. À l'annexe, elles sont plus grandes et ménagent des échappées sur la mer. Brasserie côté rue, salle à manger à l'étage ou terrasse adossée aux remparts.

La Mère Poulard avec ch

Gde Rue – ✆ 02 33 89 68 68 – hotel@merepoulard.com – Fax 02 33 89 68 69
27 ch – 100/280 € 100/370 €, ☕ 15 € – ½ P 125/215 € – **Rest** – Menu 45 € (déj.)/75 € – Carte 59/97 €
◆ La Mère Poulard ne met pas tous ses œufs dans le même panier : sur la carte, d'appétissantes recettes régionales côtoient la célébrissime omelette. Chaleureuses chambres bénéficiant, pour certaines, d'une vue panoramique.

à la Digue 2 km au Sud sur D 976 – ✉ 50170 Le Mont-St-Michel

Relais St-Michel

Mont-St-Michel, ch, ch, 20/50,
– ✆ *02 33 89 32 00 – relaissaintmichel@merepoulard.com – Fax 02 33 89 32 01*
32 ch – 120/250 € 120/250 €, ☕ 14 € – 7 suites – ½ P 115/195 € –
Rest – Menu (15 €), 30/85 € – Carte 61/80 €
◆ L'abbaye en toile de fond et l'élégant mobilier de style anglais contribuent au charme de ce relais. Les chambres sont grandes et dotées d'un balcon ou d'une terrasse. Salle de restaurant actuelle offrant la vue sur le Mont. Cuisine traditionnelle.

Mercure

ch, ch, 10/60,
– ✆ *02 33 60 14 18 – contact@hotelmercure-montsaintmichel.com – Fax 02 33 60 39 28 – Ouvert 9 fév.-11 nov.*
100 ch – 66/97 € 72/103 €, ☕ 10 €
Rest *Le Pré Salé* – Menu 18/46 € – Carte 25/71 €
◆ Bordant le Couesnon à l'amorce de la digue, complexe hôtelier dont la plupart des chambres, identiques et pratiques, ont adopté le dernier look de la chaîne. Lumineuse et grande salle à manger où vous dégusterez le fameux agneau des prés-salés.

De la Digue

rest, ch, ch,
– ✆ *02 33 60 14 02 – hotel-de-la-digue@wanadoo.fr – Fax 02 33 60 37 59 – Ouvert 30 mars-5 nov.*
35 ch – 64/68 € 78/85 €, ☕ 9,50 € – ½ P 70/80 € – **Rest** – Menu 20/45 € – Carte 33/53 €
◆ La digue relie depuis 1877 le Mont-St-Michel à la terre ferme. Hôtel littoral tout en longueur, proposant des chambres fonctionnelles de tailles variées. Sobre salle à manger ménageant une perspective sur le Mont. Cuisine traditionnelle, spécialités de la mer.

MONTSALVY – 15 Cantal – 330 C6 – 896 h. – alt. 800 m – ✉ 15120

Auvergne 5 **B3**

Paris 586 – Aurillac 31 – Entraygues-sur-Truyère 14 – Figeac 57 – Rodez 56

Office de tourisme, rue du Tour-de-Ville ✆ 04 71 49 21 43, Fax 04 71 49 65 56

Puy-de-l'Arbre ✱★ NE : 1,5 km.

L'Auberge Fleurie avec ch — ch, VISA MC AE

– ✆ *04 71 49 20 02 – info@auberge-fleurie.com – Fax 04 71 49 29 65 – Fermé 24 sept.-1er oct., 7 janv.-13 fév., dim. soir et lundi sauf juil.-août*

7 ch – 46/63 € 46/63 €, ☕ 7 € – ½ P 52/62 € – **Rest** – Menu 12 € (déj. en sem.), 28/40 € – Carte 27/41 €

◆ Le charme de l'ancien rencontre avec bonheur l'élégance du contemporain en cette coquette auberge où le chef mitonne une goûteuse cuisine du terroir actualisée. Superbe cave. Jolies chambres de style colonial, très calmes, et bon petit-déjeuner.

LES MONTS-DE-VAUX – 39 Jura – 321 E6 – rattaché à Poligny

MONTSÉGUR – 09 Ariège – 343 I7 – rattaché à Lavelanet

MONTSOREAU – 49 Maine-et-Loire – 317 J5 – 544 h. – alt. 77 m – ✉ 49730

Châteaux de la Loire 35 **C2**

Paris 292 – Angers 75 – Châtellerault 65 – Chinon 18 – Poitiers 82 – Saumur 11 – Tours 56

Office de tourisme, avenue de la Loire ✆ 02 41 51 70 22

✱★★ du belvédère.

Candes St-Martin★ : Collégiales★.

Le Bussy sans rest — P VISA MC AE

4 r. Jehanne d'Arc – ✆ 02 41 38 11 11 – hotel.lebussy@wanadoo.fr – Fax 02 41 38 18 10 – Fermé 14 déc.-31 janv.

12 ch – 55/75 € 55/75 €, ☕ 9 €

◆ La plupart des chambres de cette maison du 18e s. regardent le joli château de la Dame de Monsoreau, dont Bussy était l'amant. Salle des petits-déjeuners "troglodytique".

Diane de Méridor — VISA MC AE

12 quai Ph. de Commines – ✆ 02 41 51 71 76 – dianedemeridor@wanadoo.fr – Fax 02 41 51 17 17 – Fermé 20-30 nov., 15-31 janv., mardi et merc. sauf le soir en saison

Rest – Menu (13 €), 24/65 € bc – Carte 49/69 €

◆ Construction en tuffeau abritant une salle à manger campagnarde (cheminée et vieilles poutres), tournée vers la Loire. Côté cuisine, les poissons du fleuve sont à l'honneur.

MOOSCH – 68 Haut-Rhin – 315 G9 – 1 912 h. – alt. 390 m – ✉ 68690 1 **A3**

Paris 469 – Strasbourg 128 – Colmar 53 – Mulhouse 29 – Belfort 48

Aux Trois Rois — 20, VISA MC

35 r. du Gén. de Gaulle – ✆ 03 89 82 34 66 – contact@aux-trois-rois.com – Fax 03 89 82 39 27 – Fermé 1er-7 oct., 11-17 fév., mardi de sept. à avril et lundi

Rest – Menu (11,50 €), 35/70 € bc – Carte 32/47 €

◆ Ce restaurant se distingue par son ardoise de produits de la mer. Salle typiquement alsacienne (boiseries, vitraux) ou plus récente et non-fumeurs à l'étage. Terrasse ombragée.

MORANGIS – 91 Essonne – 312 D3 – 101 35 – voir à Paris, Environs

MOREILLES – 85 Vendée – 316 J9 – 219 h. – alt. 5 m – ✉ 85450 34 B3

Paris 443 – Nantes 103 – La Roche-sur-Yon 50 – La Rochelle 42 – Fontenay-le-Comte 43

Le Château de l'Abbaye

– *02 51 56 17 56 – daniellerenard@hotmail.com – Fax 02 51 56 30 30*

2 ch – 69/89 € 69/99 €, 11 € – 3 suites – 100/149 € – ½ P 75/115 € – **Rest** – table d'hôte *(dîner seult) (résidents seult)* Menu 34 €

◆ Un château romantique bâti sur les vestiges d'une abbaye où Richelieu officia. Chambres élégantes (mobilier ancien, objets de famille), beaux salons et accueil aux petits soins. Ambiance table d'hôte et généreuse cuisine familiale dans la salle à manger.

MORESTEL – 38 Isère – 333 F3 – 3 034 h. – alt. 220 m – ✉ 38510 45 C2

Paris 506 – Lyon 65 – Vénissieux 63 – Villeurbanne 64

Office de tourisme, 100 place des Halles 04 74 80 19 59, Fax 04 74 80 56 71

Ferme de Montin sans rest

1 km par rte de Montin – 04 74 80 52 15 – vchomard@aol.com – Fax 04 74 80 52 15

3 ch – 129 € 159 €

◆ Cette authentique ferme du 14e s. dissimule un intérieur très raffiné et, en particulier, des chambres luxueuses et romantiques à souhait. Jardin, belle piscine et le silence de la campagne tout autour...

MORET-SUR-LOING – 77 Seine-et-Marne – 312 F5 – 4 402 h. – alt. 50 m – ✉ 77250 Île de France 19 C3

Paris 74 – Fontainebleau 11 – Melun 28 – Nemours 17 – Sens 44

Office de tourisme, 4 bis place de Samois 01 60 70 41 66

de la Forteresse à Thoury-Férottes Domaine de la Forteresse, SO : 15 km par D 218 et D 22, 01 60 96 95 10.

Site★.

Auberge de la Terrasse ch, VISA AE

40 r. Pêcherie – 01 60 70 51 03 – aubergedelaterrasse@wanadoo.fr – Fax 01 60 70 51 69 – Fermé 16 oct.-6 nov.

17 ch – 38/60 € 51/73 €, 10 € – ½ P 47/58 € – **Rest** – *(fermé 16 oct.-6 nov., 9-22 fév., vend. soir, dim. soir et lundi)* Menu 21 € (sem.)/46 € – Carte 24/34 €

◆ Bâtisse ancienne longeant le Loing. Les petites chambres, insonorisées, sont simples mais très bien tenues. Salle à manger rustique et terrasse regardent la rivière plusieurs fois peinte par Alfred Sisley. Cuisine traditionnelle.

Le Relais de Pont-Loup VISA AE

14 r. Peintre Sisley – 01 60 70 43 05 – relaispontloup@wanadoo.fr – Fax 01 60 70 22 54 – Fermé mardi d' oct. à mars, dim. soir et lundi

Rest – *(prévenir le week-end)* Menu 27 € (déj. en sem.), 38/55 €

◆ Briques, poutres, cheminée et rôtissoire composent le décor de cette salle à laquelle on accède par la cuisine. Terrasse tournée vers le jardin dégringolant jusqu'au Loing.

Hostellerie du Cheval Noir avec ch VISA AE

47 av. J. Jaurès – 01 60 70 80 20 – infos@chevalnoir.fr – Fax 01 60 70 80 21 – Fermé 30 juil.-10 août, 7-24 janv., lundi midi et mardi midi

11 ch – 55 € 150 €, 12 € – 1 suite – ½ P 68/102 € – **Rest** – Menu 20 € (déj. en sem.), 30/68 € – Carte 64/114 €

◆ Des tableaux décorent la salle à manger de ce relais de poste du 18e s. bâti face à une des portes de l'ancienne place forte. Cuisine inventive jouant du sucre et des épices.

Une bonne table sans se ruiner ?
Repérez les Bibs Gourmands.

MOREY-ST-DENIS – 21 Côte-d'Or – 320 J6 – 673 h. – alt. 275 m – ✉ 21220

8 **D1**

Paris 318 – Beaune 30 – Dijon 16

Castel de Très Girard

ch, 15,

7 r. de Très Girard – ✆ 03 80 34 33 09 – info@castel-tres-girard.com – Fax 03 80 51 81 92

9 ch – †77/127 € ††113/183 €, ☐ 14 € – ½ P 105/110 € – **Rest** – Menu 22 € (déj.), 38/130 € bc – Carte 54/67 €

◆ Jolie maison de maître du 18e s. cernée par "l'or" de la Côte. Chambres personnalisées (lit à baldaquin, charpente apparente). Belle carte des vins et plats au goût du jour servis dans une salle à manger relookée, mais ayant préservé son esprit rustique.

MORGAT – 29 Finistère – 308 E5 – ✉ 29160 Crozon ▮ Bretagne

9 **A2**

Paris 590 – Brest 62 – Châteaulin 38 – Douarnenez 42 – Morlaix 84 – Quimper 52

Grandes Grottes★.

Le Grand Hôtel de la Mer

rest, 20/30,

av. Plage – ✆ 02 98 27 02 09 – thierry.regnier@vvf-vacances.fr – Fax 02 98 27 02 39 – Ouvert 7 avril-5 oct.

78 ch – †47/90 € ††54/125 €, ☐ 14 € – **Rest** – *(fermé mardi midi, sam. midi et lundi sauf le soir en juil.-août)* Menu 20/36 €

◆ Le souvenir de la Belle Époque habite cet hôtel géré par le groupe VVF. Grandes chambres assez sobres, regardant le parc planté de palmiers ou l'océan. Grande salle pour les demi-pensionnaires, décor plus intime au restaurant ; tous deux donnent sur la baie de Douarnenez.

Julia

rest, 40,

43 r. de Tréflez – ✆ 02 98 27 05 89 – contact@hoteljulia.fr – Fax 02 98 27 23 10 – Ouvert 31 mars-6 nov.

18 ch – †40/135 € ††40/135 €, ☐ 9 € – 1 suite – ½ P 60/102 € – **Rest** – *(fermé mardi midi, merc. midi, jeudi midi et lundi)* Menu 18/58 € – Carte 29/45 €

◆ Dans un quartier résidentiel calme, hôtel évoluant peu à peu vers un confort plus actuel (déjà 4 grandes chambres contemporaines et une salle de séminaires flambant neuves). Ambiance "pension de famille" dans la salle à manger en rotonde. Recettes régionales.

De la Baie sans rest

46 bd Plage – ✆ 02 98 27 07 51 – hotel.de.la.baie@presquile-crozon.com – Fax 02 98 26 29 65

26 ch – †35/65 € ††35/65 €, ☐ 7 €

◆ Petit hôtel tout simple dont les chambres, un brin vieillissantes, restent pratiques et bien tenues. Certaines regardent la mer, à l'instar de la plaisante salle des petits-déjeuners.

MORILLON – 74 Haute-Savoie – 328 N4 – rattaché à Samoëns

MORLAÀS – 64 Pyrénées-Atlantiques – 342 K2 – 3 658 h. – alt. 287 m – ✉ 64160 ▮ Aquitaine

3 **B3**

Paris 767 – Pau 15 – Tarbes 37

Office de tourisme, place Sainte-Foy ✆ 05 59 33 62 25, Fax 05 59 33 62 25

Portail★ de l'église Sainte-Foy.

Bourgneuf

ch,

3 r. Bourg Neuf – ✆ 05 59 33 44 02 – Fax 05 59 33 07 74 – Fermé 15 oct.-5 nov.

12 ch – †43 € ††47/52 €, ☐ 5 € – ½ P 42/47 € – **Rest** – *(fermé dim. soir et sam.)* Menu 15 € bc (sem.)/45 € – Carte 10/48 €

◆ Cuisine régionale servie dans un décor simple d'esprit rustique ; on propose également le plat du jour au bar. Un bâtiment récent abrite des chambres avant tout pratiques.

MORLAIX – 29 Finistère – **308** H3 – **15 990 h.** – alt. 7 m – ✉ 29600
Bretagne

9 **B1**

Paris 538 – Brest 61 – Quimper 78 – St-Brieuc 86

Office de tourisme, place des Otages ✆ 02 98 62 14 94, Fax 02 98 63 84 87

de Carantec à Carantec Rue de Kergrist, N : 13 km par D73, ✆ 02 98 67 09 14.

Vieux Morlaix★ : Viaduc★ - Grand'Rue★ - Intérieur★ de la maison de "la Reine Anne" - Vierge★ dans l'église St-Mathieu - Rosace★ dans le musée des Jacobins★.

Calvaire★★ de Plougonven★ 12 km par D 9.

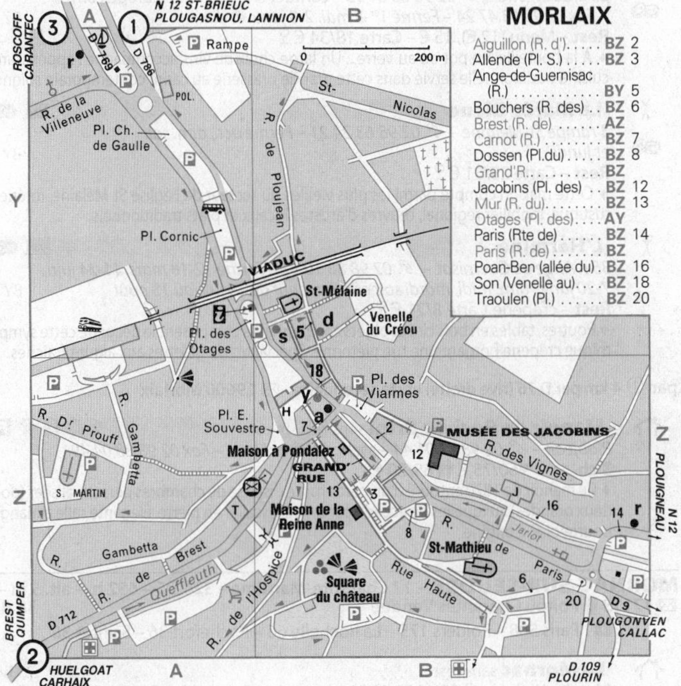

Europe sans rest — 25, VISA MC AE

1 r. Aiguillon – ✆ 02 98 62 11 99 – reservations@hotel-europe-com.fr – Fax 02 98 88 83 38 – Fermé 20 déc.-7 janv. BZ **a**

60 ch – 🛉70/120 € 🛉🛉80/250 €, ☕ 8 €

◆ De belles boiseries sculptées du 17e s. ornent le hall et l'imposant escalier de cet édifice bicentenaire. Préférez les chambres refaites, plus joliment décorées. Accueil aimable.

Du Port sans rest — VISA MC AE

3 quai de Léon – ✆ 02 98 88 07 54 – info@lhotelduport.com – Fax 02 98 88 43 80 – Fermé 20 déc.-10 janv. AY **r**

25 ch – 🛉57/70 € 🛉🛉64/78 €, ☕ 8 €

◆ Maison bretonne du 19e s. face au port de plaisance. Chambres pratiques, toutes rénovées et bien insonorisées ; certaines ont vue sur les quais et sur le viaduc.

Les Bruyères sans rest — P VISA MC AE

par rte de Plouigneau Est sur D 712 : 3 km ✉ 29610 – ✆ 02 98 88 08 68 – hotellesbruyeres@wanadoo.fr – Fax 02 98 88 66 54

32 ch – 🛉47/71 € 🛉🛉47/75 €, ☕ 7 €

◆ Construction basse au style caractéristique des années 1970. Chambres entièrement revues (mobilier pratique et couleurs gaies) et acueillante salle des petits-déjeuners.

Coat Amour
ch, VISA
rte de Paris – ✆ 02 98 88 57 02 – coatamour@wanadoo.fr
– Fax 02 98 88 57 02 BZ **r**
6 ch – 68/95 € 80/110 € – **Rest** – table d'hôte *(dîner seult) (résidents seult)* Menu 30 € bc/45 € bc
◆ Sur les hauteurs de la ville, manoir du 19e s. aux airs de malouinière entouré d'un parc arboré et fleuri. Des meubles d'antiquaires garnissent les chambres, spacieuses et cossues. La maîtresse des lieux propose une table d'hôte certains soirs de la semaine.

Brasserie de l'Europe
VISA
pl. E. Souvestre – ✆ 02 98 88 81 15 – contact@brasseriedeleurope.com
– Fax 02 98 63 47 24 – Fermé 1er-8 mai, 2-8 janv. et dim. BZ **y**
Rest – Menu (12 €), 15 € – Carte 18/34 €
◆ À la bouteille, en pot ou au verre... Un large choix de vins accompagne l'appétissante cuisine traditionnelle servie dans cette grande brasserie au cadre contemporain soigné.

La Marée Bleue
VISA
3 rampe St-Mélaine – ✆ 02 98 63 24 21 – Fermé oct., dim. soir et lundi BY **s**
Rest – Carte 23/51 €
◆ Cette maison compte parmi les plus vieilles du secteur de l'église St-Mélaine. Intérieur rustique, mobilier régional, œuvres d'artistes locaux et plats traditionnels.

L'Hermine
VISA
35 r. Ange de Guernisac – ✆ 02 98 88 10 91 – Fermé 12-18 mars, 11-24 juin, 7-20 janv., dim. midi, mardi soir et merc. sauf du 14 juil. au 15 août BY **d**
Rest – crêperie Carte 8/21 €
◆ Poutres, tables en bois ciré et objets campagnards composent le décor de cette sympathique crêperie bordant une rue piétonne. Spécialités de galettes aux algues fraîches.

par ① 4 km par D 76 (rive droite) et rte secondaire - ✉ 29600 Morlaix

Manoir de Roch ar Brini sans rest
Ploujean – ✆ 02 98 72 01 44 – rochbrini@aol.com – Fax 02 98 88 04 49
3 ch – 60/75 € 65/80 €
◆ Ce manoir de 1870 entouré d'un parc arboré dispose de chambres personnalisées (dont deux grandes) auxquelles on accède par un bel escalier en pierre. Élégante salle à manger bourgeoise d'origine.

MORNAC-SUR-SEUDRE – 17 Charente-Maritime – 324 D5 – 652 h. – alt. 5 m – ✉ 17113 Poitou Charentes Vendée 38 A3

Paris 508 – Poitiers 175 – La Rochelle 66 – Rochefort 36 – Saintes 38

Le Mornac sans rest
21 r. des Halles – ✆ 05 46 22 63 20 – le.mornac@wanadoo.fr – Fax 05 46 22 63 20 – Fermé 14 janv.-4 fév.
5 ch – 50/60 € 55/70 €
◆ Belle demeure du 18e s. convertie en maison d'hôte par un couple charmant, d'origine hollandaise. Chambres "cosy" où l'on se sent comme chez soi. Jardin, terrasse et piscine.

MORNAS – 84 Vaucluse – 332 B8 – 2 209 h. – alt. 37 m – ✉ 84550 Provence 40 A2

Paris 646 – Avignon 40 – Bollène 12 – Montélimar 47 – Nyons 46 – Orange 12

Le Manoir
AC rest, 15, P VISA AE
16 av. Jean Moulin – ✆ 04 90 37 00 79 – info@lemanoir-mornas.fr – Fax 04 90 37 10 34 – Fermé 1er janv.-12 fév., dim. soir d'oct. à mai, lundi et mardi
25 ch – 45/50 € 48/75 €, 8 € – ½ P 55/59 € – **Rest** – Menu (18 € bc), 25/45 € – Carte 31/49 €
◆ Au pied d'une vertigineuse falaise portant la célèbre forteresse, belle demeure bourgeoise (18e s.) au charme et au cachet "rétro". Chambres rénovées et de styles variés. Salle à manger rustico-provençale et patio-terrasse délicieusement ombragé. Cuisine traditionnelle.

MORSBRONN-LES-BAINS – 67 Bas-Rhin – 315 K3 – 522 h. – alt. 200 m – ✉ 67360 1 B1

Paris 489 – Haguenau 11 – Sarreguemines 68 – Strasbourg 44 – Wissembourg 28

Office de tourisme, Mairie ☎ 03 88 09 30 18, Fax 03 88 09 48 25

De la Marne 15, VISA

19 rte Haguenau – ☎ 03 88 09 30 53 – info@hoteldelamarne.com – Fax 03 88 09 35 65 – Fermé 15-31 juil., 29 oct.-4 nov. et 15 janv.-10 fév.

16 ch – †40/55 € ††55/105 €, ☐ 10 € – ½ P 60/80 €

Rest ***La Source Des Sens*** – *(fermé dim. soir et lundi)* Menu (13,50 €), 22 € (déj. en sem.), 40/90 € bc – Carte 39/59 €

♦ Cette hôtellerie familiale devient de plus en plus "tendance" : les chambres, confortables et bien équipées, adoptent un séduisant style colonial. Au restaurant, un écran plasma retransmet en direct l'activité des cuisines ; décor contemporain et recettes créatives.

MORTAGNE-AU-PERCHE – 61 Orne – 310 M3 – 4 513 h. – alt. 260 m – ✉ 61400 Normandie Vallée de la Seine 33 C3

Paris 153 – Alençon 39 – Chartres 80 – Lisieux 89 – Le Mans 73 – Verneuil-sur-Avre 40

Office de tourisme, Halle aux Grains ☎ 02 33 85 11 18, Fax 02 33 83 34 37

De Bellême Saint-Martin à Bellême Les Sablons, S : 17 km par D 938, ☎ 02 33 73 12 79.

Boiseries★ de l'église N.-Dame.

Du Tribunal VISA

4 pl. Palais – ☎ 02 33 25 04 77 – hotel.du.tribunal@wanadoo.fr – Fax 02 33 83 60 83

21 ch – †50/100 € ††50/100 €, ☐ 8,50 € – ½ P 60 € – **Rest** – Menu (13 €), 19/40 € – Carte 26/48 €

♦ Cette ravissante maison (13e et 18e s.) abrite des chambres calmes et colorées ; quatre d'entre elles sont particulièrement soignées. Élégante salle à manger bourgeoise où l'on déguste, entre autres, le boudin noir, spécialité mortagnaise. Paisible terrasse.

au Pin-la-Garenne 9 km au Sud par rte Bellême sur D 938 – 639 h. – alt. 158 m – ✉ 61400

La Croix d'Or VISA

6 r. de la Herse – ☎ 02 33 83 80 33 – Fax 02 33 83 06 03 – Fermé fév., mardi soir et merc.

Rest – Menu (9,50 €), 13,50 € (sem.)/45 € – Carte 26/57 €

♦ Accueillante auberge bordant la traversée du village. En hiver, la cheminée réchauffe agréablement la salle à manger rustique, récemment rénovée. Cuisine classique.

MORTAGNE-SUR-GIRONDE – 17 Charente-Maritime – 324 F7 – 967 h. – alt. 51 m – ✉ 17120 Poitou Vendée Charentes 38 B3

Paris 509 – Blaye 59 – Jonzac 30 – Pons 26 – La Rochelle 115 – Royan 34 – Saintes 36

Syndicat d'initiative, 1 place des Halles ☎ 05 46 90 52 90

Chapelle★ de l'Ermitage St-Martial S : 1,5 km.

La Maison du Meunier sans rest

36 quai de l'Estuaire (au Port) – ☎ 05 46 97 75 10 – info@maisondumeunier.com – Fax 05 46 92 25 54

5 ch ☐ – †45/60 € ††45/60 € – 2 suites

♦ Tableaux modernes, photos anciennes et même une vieille moto décorent cette maison de maître ayant appartenu à un meunier. Jolies chambres personnalisées et accueil charmant.

MORTAGNE-SUR-SÈVRE – 85 Vendée – 316 K6 – 5 938 h. – alt. 115 m – ✉ 85290 Poitou Vendée Charentes 34 B3

Paris 362 – Angers 74 – Bressuire 41 – Cholet 10 – Nantes 65 – La Roche-sur-Yon 61

Office de tourisme, avenue de la Gare ☎ 02 51 65 11 32, Fax 02 51 65 56 68

De France rest, 15/40, VISA

pl. Dr Pichat – ✆ 02 51 65 03 37 – a-boudreau@wanadoo.fr – Fax 02 51 65 27 83 – Fermé sam. et dim. d'oct. à mai

23 ch – 45/60 € 50/60 €, 8 € – ½ P 55 €

Rest *La Taverne* – *(fermé vend. soir, dim. soir et sam. midi d'oct. à mai)*
Menu 28/50 €

Rest *La Petite Auberge* – *(fermé vend. soir, dim. soir et sam. midi d'oct. à mai)*
Menu 14 € (déj.)/18 €

◆ Cet ancien relais de poste vous reçoit dans des chambres garnies de meubles de style ; la plupart regardent le jardin. Original décor "haute époque" et cuisine classique à la Taverne. Jolie petite salle "rétro", plat du jour et carte courte à la Petite Auberge.

MORTEAU – 25 Doubs – 321 J4 – 6 375 h. – alt. 780 m – ✉ 25500

Franche-Comté Jura 17 **C2**

Paris 468 – Basel 121 – Belfort 88 – Besançon 65 – Neuchâtel 42 – Pontarlier 31

Office de tourisme, place de la Halle ✆ 03 81 67 18 53, Fax 03 81 67 62 34

Auberge de la Roche (Feuvrier) VISA

au Pont de la Roche Sud-Ouest : 3 km par D 437 ✉ 25570 – ✆ 03 81 68 80 05 – pfeuvrier@wanadoo.fr – Fax 03 81 68 87 64 – Fermé 26 juin-9 juil., 8-29 janv., dim. soir, mardi soir et lundi sauf fériés

Rest – Menu 26 € (sem.)/75 € – Carte 57/79 €

Spéc. Escalope de foie d'oie poêlé, caramel de fruits. Grosses langoustines bretonnes décortiquées, paillasson de petits légumes, beurre d'orange. Brochette de caille désossée. **Vins** Château-Châlon, Côtes du Jura-Trousseau.

◆ Accueil chaleureux et cuisine franc-comtoise actualisée ont fait la renommée de ce restaurant situé dans la verte campagne du Haut-Doubs. Apéritif et café servis en terrasse.

à Grand'Combe-Châteleu 5 km au Sud-Ouest par D 437 et D 47 – 1 266 h. – alt. 760 m – ✉ 25570

Fermes anciennes★.

Faivre VISA

– ✆ 03 81 68 84 63 – Fax 03 81 68 87 80 – Fermé dim. soir et lundi

Rest – Menu (18 € bc), 23/60 € – Carte 21/67 €

◆ Grande maison comtoise dans un hameau pittoresque aux belles fermes anciennes. Frais intérieur rustique où l'on déguste, par exemple, le célèbre "Jésus" de Morteau.

aux Combes 7 km à l'Ouest par D 48 et rte secondaire – 598 h. – alt. 935 m – ✉ 25500

L'Auberge de la Motte ch, VISA

la Motte – ✆ 03 81 67 23 35 – auberge.de.motte@wanadoo.fr – Fax 03 81 43 67 72 – Fermé 20 nov.-20 déc., lundi (sauf hôtel) et dim. soir sauf vacances scolaires

7 ch – 42/45 € 45/48 €, 6,50 € – ½ P € – **Rest** – Menu 11 € (déj. en sem.), 18/37 € – Carte 23/46 €

◆ Ferme de style régional bâtie en 1808 et récemment restaurée pour accueillir des chambres agrémentées de boiseries et garnies de meubles contemporains. Cuisine régionale et traditionnelle sans prétention servie dans la salle à manger redécorée ou en terrasse l'été.

MORTEMART – 87 Haute-Vienne – 325 C4 – 126 h. – alt. 300 m – ✉ 87330

Limousin Berry 24 **A1**

Paris 388 – Bellac 14 – Confolens 31 – Limoges 41 – St-Junien 20

Syndicat d'initiative, Château des Ducs ✆ 05 55 68 98 98

Le Relais avec ch VISA

1 pl. Royale – ✆ 05 55 68 12 09 – dominique.pradeau189@wanadoo.fr – Fax 05 55 68 12 09 – Fermé fév., mardi sauf 14 juil.-31 août et lundi

5 ch – 42 € 50 €, 7,50 € – ½ P 56 € – **Rest** – Menu 18 € (sem.)/41 € – Carte 41/52 €

◆ Sympathique restaurant campagnard (pierres apparentes, cheminée, poutres), face aux jolies halles en bois. Goûteuse cuisine traditionnelle. Chambres simples mais coquettes.

MORTHEMER – 86 Vienne – 322 J6 – ✉ 86300
Poitou Charentes Vendée 39 **C2**

Paris 370 – Poitiers 33 – Châtellerault 70 – Buxerolles 35 – Chauvigny 17

La Passerelle
– ✆ 05 49 01 13 33 – *Fermé 1er-15 sept., dim. soir et lundi*
Rest – Menu 25/45 € – Carte 34/40 €
◆ Le majestueux château de Morthemer domine cette petite maison de pays accessible par une passerelle (d'où l'enseigne). Intérieur rustique, plats traditionnels et produits frais.

Rouge = agréable. Repérez les symboles et passés en rouge.

MORZINE – 74 Haute-Savoie – 328 N3 – 2 948 h. – alt. 960 m – Sports d'hiver : 1 000/2 100 m 6 61 – ✉ 74110 Alpes du Nord 46 **F1**

Paris 586 – Annecy 84 – Cluses 26 – Genève 58 – Thonon-les-Bains 31

Office de tourisme, place de l'Office du tourisme ✆ 04 50 74 72 72, Fax 04 50 79 03 48

Avoriaz à Avoriaz Office du Tourisme Avoriaz, E : 12 km par D 338, ✆ 04 50 74 11 07.

le Pléney★ par téléphérique, pointe du Nyon★ par téléphérique - Télésiège de Chamossière★★.

Plan page suivante

Le Samoyède
– ✆ 04 50 79 00 79 – info@hotel-lesamoyede.com – Fax 04 50 79 07 91 – *Ouvert fin juin-fin sept. et 15 déc.-15 avril* B **g**
26 ch – 50/80 € 147/220 €, 13 € – ½ P 70/170 €
Rest *L'Atelier* – *(fermé le midi en hiver sauf dim. et fériés, lundi midi, mardi midi et merc. midi en été)* Menu 35/64 € – Carte 40/58 €
Rest *La Taverne* – Menu 20/29 € – Carte 24/50 €
◆ Les vastes chambres personnalisées de ce grand chalet central sont pour la plupart orientées plein Ouest, face aux pentes enneigées. L'Atelier propose une cuisine inventive dans un cadre élégant. La Taverne, simple dans son décor, sert des plats régionaux et de type brasserie.

Le Dahu
293 chemin du Mas Métout – ✆ 04 50 75 92 92 – info@dahu.com – Fax 04 50 75 92 50 – *Ouvert 20 juin-10 sept. et 20 déc.-15 avril* B **z**
32 ch – 40/125 € 61/200 €, 13 € – 8 suites – ½ P 65/146 € –
Rest – *(fermé le midi sauf vacances scolaires d'hiver et mardi soir du 20 déc.-15 avril)* Menu 26/50 €
◆ Au calme sur la rive droite de la Dranse, hôtel familial dominant la vallée. Chambres montagnardes et "cosy", souvent dotées d'un balcon ; bel espace de remise en forme. Restaurant panoramique proposant un menu unique.

Champs Fleuris
– ✆ 04 50 79 14 44 – info@hotel-champsfleuris.fr – Fax 04 50 79 27 75 – *Ouvert 25 juin-10 sept. et 15 déc.-20 avril* A **f**
47 ch – 95/145 € 120/200 €, 12 € – 3 suites – ½ P 85/162 € –
Rest – Menu 23 € (déj. en sem.), 29/35 €
◆ Idéalement situé au pied du téléphérique du Pléney, hôtel dont les chambres, plutôt spacieuses, ont presque toutes été rénovées dans le style alpin. Salon-cheminée tourné vers les pistes. Cuisine traditionnelle servie dans une salle à manger sobrement rustique.

La Bergerie sans rest
– ✆ 04 50 79 13 69 – info@hotel-bergerie.com – Fax 04 50 75 95 71 – *Ouvert 1er juil.-16 sept. et 15 déc.-22 avril* B **h**
5 ch – 70/120 € 120/230 €, 12 €, 22 studios 160/300 €
◆ Un chalet engageant où règne une ambiance jeune et familiale : on s'y sent "comme à la maison" ! Décoration locale à l'ancienne. Piscine chauffée toute l'année.

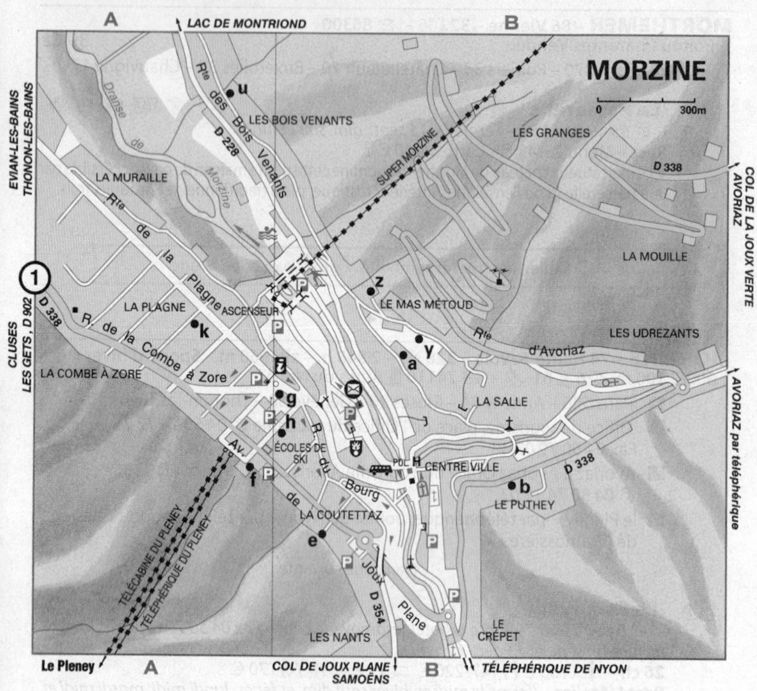

Chalet Philibert ch, rest, VISA
– ✆ 04 50 79 25 18 – info@chalet-philibert.com – Fax 04 50 79 25 81
– Fermé 25 avril-20 mai et 25 oct.-5 nov. B b
18 ch – 60/88 € 110/215 €, 12 € – ½ P 78/160 €
Rest ***Le Restaurant du Chalet*** – *(fermé 25 avril-29 juin, 1er sept.-15 déc., lundi et mardi en juil.-août) (dîner seult)* Menu (35 €), 45/60 €
◆ Chalet rénové dans le respect de la tradition savoyarde à partir de matériaux anciens glanés dans les fermes voisines. Chambres confortables, presque toutes pourvues de balcons. Atmosphère chaleureuse dans la salle à manger voûtée. Cuisine au goût du jour.

La Clef des Champs ch, rest, 20, VISA
av. Joux-Plane – ✆ 04 50 79 10 13 – hotel@clefdeschamps.com – Fax 04 50 79 08 18 – Ouvert 30 juin-2 sept. et 20 déc.-15 avril B e
30 ch – 60/70 € 70/110 €, 11 € – ½ P 65/83 € – **Rest** – Menu 25/27 €
◆ Au pied des pistes, joli chalet orné de balcons en bois découpé comme de la dentelle. Trois catégories de chambres, refaites dans le style montagnard. Dans le restaurant tout en sapin brossé, les spécialités régionales côtoient une carte internationale.

L'Hermine Blanche rest, VISA
– ✆ 04 50 75 76 55 – info@hermineblanche.com – Fax 04 50 74 72 47 – Ouvert 1er juil.-2 sept.et 20 déc.-15 avril B y
25 ch – 45/60 € 55/80 €, 8 € – ½ P 55/75 € – **Rest** – *(dîner seult)* Menu 20 €
◆ Près de la route d'Avoriaz, avenante adresse disposant de chambres simples, fraîches et accueillantes (toutes avec balcon). Agréable piscine semi-couverte et jacuzzi face au jardin. Le chef italien mitonne pour les résidents des plats de toutes origines.

Fleur des Neiges rest, VISA
– ✆ *04 50 79 01 23 – fleurneige@aol.com – Fax 04 50 75 95 75*
– Ouvert 2 juil.-9 sept. et 16 déc.-9 avril A **k**
31 ch – 50/76 € 60/130 €, 10 € – ½ P 50/80 € – **Rest** – *(dîner seult en hiver)* Menu 20 € (sem.)/30 €
◆ Entièrement refait, l'hôtel dispose de chambres douillettes (meubles en pin, boiseries claires, couettes). Côté sport et détente : fitness, sauna, tennis et piscine. En hiver, salle à manger lambrissée. En été, service dans le jardin. Menu unique.

Les Côtes cuisinette VISA
265 Chemin de la Salle – ✆ 04 50 79 09 96 – info@hotel-lescotes.com
– Fax 04 50 75 97 38 – Ouvert 1er juil.-31 août et 23 déc.-6 avril B **a**
4 ch – 55/65 € 55/65 €, 8 €, 19 studios 65/133 € – ½ P 53/79 € – **Rest** – *(dîner seult) (résidents seult)* Menu 19/23 €
◆ Ce double chalet aux balcons de bois ouvragé jouit d'une bonne exposition côté adret. Chambres et studios sobres et bien tenus. Nombreux loisirs ; belle piscine sous verrière.

L'Ours Blanc rest, VISA
– ✆ *04 50 79 04 02 – info@oursblanc-morzine.com – Fax 04 50 75 97 82 – Ouvert 1er juil.-1er sept. et 15 déc.-15 avril* – **22 ch** – 44 € 56/68 €, 9 €
– ½ P 54/66 € – **Rest** – *(dîner seult en hiver)* Menu 21 € (sem.)/25 € A **u**
◆ L'accueil familial fait l'attrait de ce chalet standard situé à l'écart du centre et orienté au Sud. Les chambres sont simples mais agréables et propres ; quelques balcons. Menu unique au restaurant ; fondue et raclette deux fois par semaine.

à Avoriaz 14 km à l'Est par D 338 – ✉ **74110**

Office de tourisme, Centre d'Accueil ✆ 04 50 74 02 11, Fax 04 50 74 24 29

Les Dromonts VISA AE
accès piétonnier – ✆ 04 50 74 08 11 – info@christophe-leroy.com
– Fax 04 50 74 02 79 – Ouvert 15 déc.-28 avril
29 ch (½ P seult) – 6 suites – ½ P 115/350 €
Rest *Table du Marché* – Menu (18 €), 29/69 € – Carte 53/71 €
◆ Chambres contemporaines et "cosy", salons intimes, bar et cheminée design : le mythique hôtel (1965) du "Brasilia des neiges" demeure une adresse originale ! Élégant cadre de bistrot chic et ardoise de suggestions actuelles à la Table du Marché.

MOSNAC – 17 Charente-Maritime – 324 G6 – rattaché à Pons

LA MOTHE-ACHARD – 85 Vendée – 316 G8 – 2 050 h. – alt. 20 m – ✉ 85150

34 **B3**

Paris 446 – Nantes 90 – La Roche-sur-Yon 25 – Challans 40 – Les Sables-d'Olonne 19

Domaine de Brandois 50, VISA AE
La Forêt, proche du jardin extraordinaire –
✆ *02 51 06 24 24 – contact@domainedebrandois.com – Fax 02 51 06 37 87*
– Fermé 7-27 janv. – **34 ch** – 70/180 € 70/180 €, 12 € – ½ P 80/140 € –
Rest – Menu (24 €), 33 € – Carte environ 35 €
◆ Ex-lycée agricole, ce petit chateau de 1868 s'est reconverti en hôtel résolument contemporain. Chambres très design ou plus sages. Vaste parc et piscine. Le cadre bourgeois du restaurant réussit le mélange de l'ancien et du moderne. Carte traditionnelle.

MOTHERN – 67 Bas-Rhin – 315 M3 – 1 933 h. – alt. 115 m – ✉ 67470

1 **B1**

Paris 512 – Haguenau 33 – Karlsruhe 28 – Strasbourg 57 – Wissembourg 25

Syndicat d'initiative, 7 rue du Kabach ✆ 03 88 94 86 67, Fax 03 88 94 84 75

A L'Ancre ch, ch, 15, VISA
2 rte Lauterbourg – ✆ 03 88 94 81 99 – ancremothern@aol.com
– Fax 03 88 54 67 74 – Fermé 1er-15 janv. et 1er-15 sept.
14 ch – 39 € 49 €, 8 € – ½ P 43 € – **Rest** – *(fermé jeudi soir et vend.)*
Menu 19/25 € – Carte 19/44 €
◆ Village ancien connu pour sa vocation batelière. Derrière un bâtiment à pans de bois, une aile récente abrite les chambres, fraîches et pratiques. Pour vous restaurer : tartes flambées à la winstub ou confortable salle à manger et recettes plus classiques.

LA MOTTE – 83 Var – 340 O5 – 2 345 h. – alt. 79 m – ✉ 83920 41 C3

Paris 864 – Cannes 54 – Fréjus 25 – Marseille 118

Office de tourisme, 25 boulevard André Bouis ✆ 04 94 84 33 76

Le Mas du Père sans rest

280 Chemin du Péré – ✆ 04 94 84 33 52 – le.mas.du.pere@club-internet.fr – Fax 04 94 84 33 52 – Fermé 15-31 déc. – **4 ch** – 72 € 72/90 € – 2 suites

◆ Coquettes chambres provençales dotées d'une terrasse privative, cuisine commune à la disposition des hôtes et piscine dans le jardin fleuri... Une maison où l'on se sent bien.

LA MOTTE-AU-BOIS – 59 Nord – 302 D3 – rattaché à Hazebrouck

MOTTEVILLE – 76 Seine-Maritime – 304 F4 – rattaché à Yvetot

MOUCHARD – 39 Jura – 321 E5 – 1 018 h. – alt. 285 m – ✉ 39330 16 B2

Paris 397 – Arbois 10 – Besançon 38 – Dole 35 – Lons-le-Saunier 48 – Salins-les-Bains 9

Chalet Bel'Air avec ch rest, VISA

7 pl. Bel Air – ✆ 03 84 37 80 34 – tourisme@waldalmour.com – Fax 03 84 73 81 18 – Fermé 12-20 juin, 20 nov.-5 déc., dim. soir, mardi et merc. sauf juil.-août

9 ch – 50/52 € 50/97 €, 9 € – ½ P 49/54 € – **Rest** – Menu 43/74 € – Carte 29/56 €

Rest *Rôtisserie* – Menu 24 € (sem.)/35 € (week-end) – Carte 19/36 €

◆ Accueil attentionné dans ce chalet à l'intérieur kitsch datant des années 1970. Carte classique et mention spéciale pour l'appétissant chariot de desserts. À la Rôtisserie, viandes rôties sous vos yeux dans l'imposante cheminée ; terrasse en surplomb de la route.

MOUDEYRES – 43 Haute-Loire – 331 G4 – 104 h. – alt. 1 177 m – ✉ 43150 6 C3

Paris 565 – Aubenas 64 – Langogne 58 – Le Puy-en-Velay 26

Le Pré Bossu VISA

– ✆ 04 71 05 10 70 – Fax 04 71 05 10 21 – Ouvert 1er mai-30 oct.

6 ch – 105 € 140 €, 15 € – ½ P 110 € – **Rest** – *(dîner seult)* Menu 38/60 €

◆ Ravissante chaumière en pierre postée à l'entrée d'un village montagnard. Salon dans la plupart des chambres ; petit-déj' près d'une belle cheminée. Au dîner, cadre campagnard intime et cuisine rustique où entrent produits du terroir et légumes du potager.

MOUGINS – 06 Alpes-Maritimes – 341 C6 – 16 051 h. – alt. 260 m – ✉ 06250

Côte d'Azur 42 E2

Paris 902 – Antibes 13 – Cannes 8 – Grasse 12 – Nice 31 – Vallauris 8

Office de tourisme, 96 avenue du Moulin de la Croix ✆ 04 93 75 87 67, Fax 04 92 92 04 03

Royal Mougins Golf Club 424 avenue du Roi, par D 35 : 3,5 km, ✆ 04 92 92 49 69 ; de Cannes Mougins 175 avenue du Golf, SO : 8 km, ✆ 04 93 75 79 13.

Site★ - Ermitage N.-D. de Vie : site★, ≤★ SE : 3,5 km - Musée de l'Automobiliste★ NO : 5 km.

Le Mas Candille ch, ch, 40, VISA

bd C. Rebuffel – ✆ 04 92 28 43 43 – candille@relaischateaux.com – Fax 04 92 28 43 40

39 ch – 310/585 € 340/615 €, 25 € – 1 suite

Rest *Le Candille* – *(fermé janv., lundi et mardi sauf le soir de juin à sept.)* Menu 52 € bc (déj.), 80/115 € – Carte 108/171 €

Rest *Pergola* – *(ouvert 1er mai-30 sept. et fermé le soir sauf juil.-août)* Carte 69/77 €

Spéc. Tatin de foie gras à l'armagnac. Bouillabaisse de langouste puce (été). Côte de veau de lait sur minute de pêche au romarin (été). **Vins** Côtes de Provence, Vin de Pays des Alpes Maritimes.

◆ Superbe mas du 18e s. et sa bastide récente au cœur d'un ravissant parc (4 ha) aux essences méridionales. Chambres raffinées, calme garanti. Spa "japonisant". Délicieuse terrasse panoramique et belle cuisine au goût du jour à la table du Candille.

De Mougins

205 av. Golf (rte Antibes) 2,5 km –
04 92 92 17 07 – info@hotel-de-mougins.com – Fax 04 92 92 17 08
50 ch – 170/275 € 170/335 €, 17 € – 1 suite – **Rest** – *(fermé dim. de nov. à avril)* Menu (29 € bc), 35 € bc/55 €

◆ Les chambres, spacieuses, cossues et provençales, occupent des mas dispersés dans un jardin fleurant bon l'oranger, la lavande et le romarin. Plaisante salle à manger complétée aux beaux jours par une terrasse ombragée d'un vieux frêne. Cuisine régionale.

Le Manoir de l'Étang

66 allée du Manoir, 3 km par rte d'Antibes –
04 92 28 36 00 – manoir.etang@wanadoo.fr – Fax 04 92 28 36 10 – Ouvert 2 avril-29 oct.
20 ch – 160/250 € 160/250 €, 20 € – 4 suites – **Rest** – *(ouvert 16 fév.-29 oct.)* Menu 29 € (déj. en sem.)/39 € – Carte 52/62 €

◆ Cette demeure du 19e s. domine un étang couvert de nénuphars en été, visible depuis la plupart des chambres. Bel intérieur mêlant l'ancien et le contemporain et parc de 4 ha. Cuisine italienne au restaurant : antipasti, pâtes et poissons de Méditerranée.

Les Muscadins

18 bd Courteline – 04 92 28 43 43 – info@lemascandille.com – Fax 04 92 28 43 40 – Ouvert 1er mars-30 nov.
11 ch – 125/330 € 125/455 €, 17 € – **Rest** – *(fermé mardi et merc.)* Menu (15 € bc) – Carte 22/49 €

◆ Cette charmante maison postée à l'entrée du village vous convie à séjourner dans des chambres joliment personnalisées et à profiter du spa et de la piscine du Mas Candille. Au restaurant, atmosphère "cosy" et carte actuelle à l'accent italien.

Arc Hôtel

1082 av. Gén. de Gaulle, rte Valbonne : 2 km – 04 93 75 77 33 – infos@archotelmougins.com – Fax 04 92 92 20 57 – Fermé 15 déc.-15 janv.
46 ch – 55/105 € 120/160 €, 9 € – ½ P 65/105 € – **Rest** – *(fermé 1er nov.-28 fév. et sam.)* Menu 19 €

◆ Hôtel des années 1980 à la tenue rigoureuse. Les chambres fonctionnelles, avec balcon ou terrasse, sont plus calmes côté jardin ; on les rénove progressivement. Cuisine simple servie dans une sobre salle ou en terrasse, au bord de la piscine.

Alain Llorca Le Moulin de Mougins avec ch

à Notre-Dame-de-Vie, Sud-Est : 2,5 km par D 3 – 04 93 75 78 24 – reservation@moulindemougins.com – Fax 04 93 90 18 55
3 ch – 140/190 € 140/190 €, 15 € – 4 suites – 300/330 € – **Rest** – *(fermé lundi de nov. à mi-mai)* Menu 48 € (déj.), 98/170 € – Carte 109/166 €

Spéc. Pizza en cubes, poulpe, chorizo, anchois. Bonbons de foie gras chaud. Turbot cuisiné en barigoule d'artichauts. **Vins** Vin de pays des Alpes-Maritimes, Côtes de Provence.

◆ Belle "cuisine du soleil" à savourer dans le cadre romantique et intime d'un moulin à huile du 16e s. ouvert sur un jardin parfumé orné de sculptures d'artistes reconnus.

La Terrasse

baie de Cannes, 4/12

31 bd Courteline – 04 92 28 36 20 – laterrasseamougins@voila.fr – Fax 04 92 28 36 21 – Fermé janv.
Rest – *(fermé mardi midi et lundi)* Menu (19 €), 25 € (déj.), 45/65 € – Carte 58/100 €

◆ Sur la terrasse ou près des baies de l'élégante salle provençale, vous jouirez d'une vue unique : campagne mouginoise, Cannes et Mercantour. Appétissante cuisine actuelle.

Le Clos St-Basile

à St-Basile (rte de Valbonne) – 04 92 92 93 03 – an.muscat@wanadoo.fr – Fax 04 92 92 19 34 – Fermé merc. midi, jeudi midi et sam. midi en juil.-août, merc. et jeudi de sept. à juin
Rest – Menu (22 €), 32 € (sem.)/55 € – Carte 48/82 €

◆ Pimpant cadre provençal et exposition-vente de peintures et sculptures modernes ; ce plaisant "restaurant-galerie" dispose aussi d'une belle terrasse ombragée de cyprès.

XX **L'Amandier de Mougins** 12/20, VISA MC AE

au village – ☎ 04 93 90 00 91 – phoue@ics.fr – Fax 04 92 92 89 95

Rest – Menu 25 € (déj.), 34/44 € – Carte 44/74 €

♦ Pressoir du 14e s. établi aux portes du vieux village cher à Picasso et Man Ray. Intérieur méridional agrémenté de mosaïques et de tableaux contemporains. Plats régionaux.

X **Brasserie de la Méditerranée** VISA MC AE

au village – ☎ 04 93 90 03 47 – lamediterrannee2@wanadoo.fr – Fax 04 93 75 72 83 – Fermé 8 janv.-12 fév. et mardi hors saison

Rest – bistrot *(prévenir)* Menu 24 € (déj.), 35/48 € – Carte 35/72 €

♦ Sur la pittoresque place centrale, sympathique restaurant au décor de style bistrot. Vous y dégusterez une cuisine au goût du jour d'inspiration méditerranéenne.

X **Le Bistrot de Mougins** VISA MC

pl. du village – ☎ 04 93 75 78 34 – Fax 04 93 75 25 52 – Fermé 27 nov.-27 déc., jeudi midi, sam. midi et merc.

Rest – *(prévenir)* Menu 21 € (déj.), 33/46 € – Carte 48/61 €

♦ Fraîche alternative aux incontournables terrasses mouginoises que ce petit restaurant-bistrot aménagé dans une agréable cave voûtée. Décor "rustique chic" et cuisine provençale.

MOUILLERON EN PAREDS – 85 Vendée – 316 K7 – 1 177 h. – alt. 101 m – ✉ 85390 Poitou Vendée Charentes

34 **B3**

Paris 426 – Nantes 95 – La Roche-sur-Yon 53 – Cholet 70 – Bressuire 40

La Boisnière sans rest P

rte de La Châtaigneraie – ☎ 02 51 51 36 39 – laboisniere@wanadoo.fr

4 ch – 60/70 € 80/90 €

♦ Priorité au confort dans cette ferme restaurée dominant le Chemin de la colline des Moulins : chambres fraîches, récentes et bien équipées, tenue méticuleuse et belle piscine.

MOULICENT – 61 Orne – 310 N3 – 266 h. – alt. 335 m – ✉ 61290

33 **C3**

Paris 148 – Caen 134 – La Ferté-Bernard 51 – Nogent-le-Rotrou 35

Château de la Grande Noë sans rest P

à l'Ouest sur D289 : 500 m, Longny-au-Perche – ☎ 02 33 73 63 30 – grandenoe@wanadoo.fr – Fax 02 33 83 62 92 – Ouvert 1er mars-30 nov.

4 ch – 70/90 € 80/95 €, 10 €

♦ Cette demeure de famille blottie dans un grand parc vous réserve un accueil soigné : chambres personnalisées de meubles et objets anciens, belle salle à manger habillée de boiseries (18e s.).

MOULIN DE MALFOURAT – 24 Dordogne – 329 D7 – rattaché à Bergerac

---

MOULINS P – 03 Allier – 326 H3 – 21 892 h. – alt. 240 m – ✉ 03000 Auvergne

6 **C1**

Paris 294 – Bourges 101 – Clermont-Ferrand 105 – Nevers 56 – Roanne 98

Office de tourisme, 11 rue François Péron ☎ 04 70 44 14 14, Fax 04 70 34 00 21

de Moulins-Les Avenelles à Toulon-sur-Allier Les Avenelles, par rte de Vichy : 7 km, ☎ 04 70 44 02 39.

Cathédrale Notre-Dame★ : triptyque★★★, vitraux★★ - Statue Jacquemart★ - Mausolée du duc de Montmorency★ (chapelle de la visitation) - Musée d'Art et d'Archéologie★★.

Plan page ci-contre

Paris sans rest 30, P VISA MC AE

21 r. Paris – ☎ 04 70 44 00 58 – hotel-de-paris.moulins@wanadoo.fr – Fax 04 70 34 05 39

DY **p**

27 ch – 64/122 € 79/122 €, 10 €

♦ Non loin de la cathédrale, belle maison centenaire dont les confortables chambres adoptent progressivement mobilier moderne et couleurs "mode". Agréable jardin-piscine.

MOULINS

Allier (Pl. d') . . . . **CDZ**
Allier (R. d') . . . . **DYZ**
Alsace-Lorraine (Av. d') . . . **BX** 3
Ancien Palais (R.) . . . . **DY** 4
Bourgogne (R. de) . . . . **BV, DY** 6
Bréchimbault (R.) . . . . **DZ** 7
Cerf-Volant (R. du) . . . . **BV** 8
Clermont-Ferrand (Rte de) **AX** 10
Desboutins (R. M.) . . . . **BX** 16
Fausses Braies (R. des) . . . **DY** 19
Flèche (R. de la) . . . . **DZ** 20
Grenier (R.) . . . . **DY** 25
Horloge (R. de l') . . . . **DZ** 26
Hôtel de Ville (Pl. de l') . . . **DY** 27
Jeu de Paume (R. du) . . . . **BV** 28
Leclerc (Av. Général) . . . . . **BX** 30
Libération (Av. de la) . . . . . **AX** 31
Montilly (Rte de) . . . . **AX** 32
Orfèvres (R. des) . . . . **DY** 33
Pascal (R. Blaise-) . . . . **CZ** 34
Péron (R. F.) . . . . **DY** 35
République (Av. de la) . . . . **BX** 36
Tanneries (R. des) . . . **BV, DV** 38
Tinland (R. M.) . . . . **CY** 39
Vert Galant (R. du) . . . . . **CDY** 40
4 Septembre (R. du) . . . . . . **DZ** 42

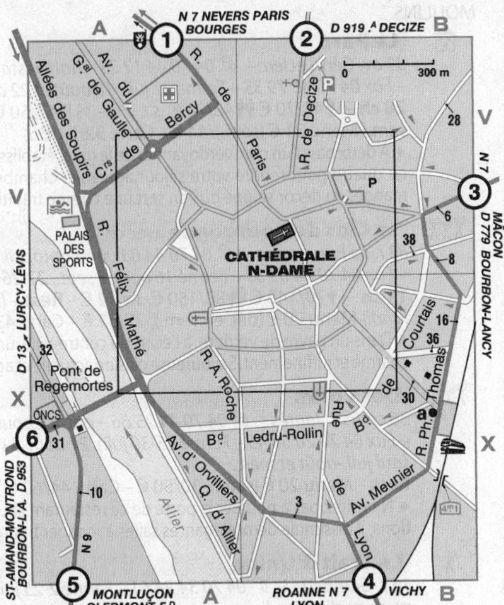

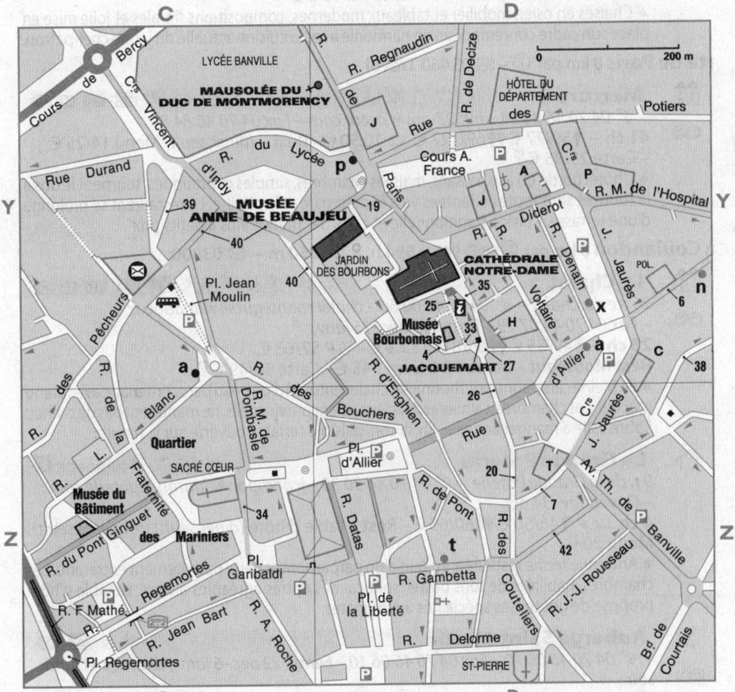

C D
Y Z
0 200 m
Cours de Bercy
Crs Vincent d'Indy
LYCÉE BANVILLE
MAUSOLÉE DU DUC DE MONTMORENCY
R. Regnaudin
R. de Paris
R. de Decize
HÔTEL DU DÉPARTEMENT
Rue des Potiers
R. du Lycée
Cours A. France
Rue Durand
MUSÉE ANNE DE BEAUJEU
JARDIN DES BOURBONS
R. Diderot
Crs J. Jaurès
R. M. de l'Hospital
CATHÉDRALE NOTRE-DAME
R. Denain
R. Voltaire
POL.
Pl. Jean Moulin
R. des Pêcheurs
Musée Bourbonnais
JACQUEMART
R. d'Allier
R. M. de Dombasle
R. des Bouchers
R. d'Enghien
R. de Blanc
R. de la Fraternité
Quartier SACRÉ CŒUR
Pl. d'Allier
R. L.
Musée du Bâtiment
R. du Pont Ginguet
des Mariniers
R. Datas
R. de Pont
R. des Couteliers
Av. Th. de Banville
R. J.-J. Rousseau
Pl. Garibaldi
Regemortes
R. F Mathé
R. Jean Bart
R. A. Roche
R. Gambetta
Pl. de la Liberté
R. Delorme
ST-PIERRE
Bd de Courtais
Pl. Regemortes

Le Parc rest, VISA

31 av. Gén. Leclerc – 04 70 44 12 25 – hotelrestaurant.leparc03@wanadoo.fr – Fax 04 70 46 79 35 – Fermé 27 juil.-18 août et 22 déc.-6 janv. BX **a**

28 ch – 40/70 € 40/70 €, 7 € – ½ P 47/50 € – **Rest** – *(fermé dim. soir et sam.)* Menu 21 € (sem.)/44 € – Carte 32/51 €

◆ À deux pas d'un parc verdoyant et de la gare, établissement où toute une famille se met en quatre pour rendre votre séjour agréable. Chambres simples et bien tenues. Salle à manger au décor soigné où l'on sert une cuisine traditionnelle "aux petits oignons".

XXX **Le Clos de Bourgogne** avec ch VISA

83 r. de Bourgogne – 04 70 44 03 00 – contact@closdebourgogne.fr – Fax 04 70 44 03 33 – Fermé 16 août-5 sept., 22-26 déc., 2-12 janv. et dim. DY **n**

11 ch – 70/140 € 80/150 €, 12 € – **Rest** – *(fermé sam. midi, dim. soir et lundi)* Menu 20 € (déj. en sem.), 27/57 € – Carte 43/54 €

◆ Dans un havre de verdure, à l'écart du centre-ville, une gentilhommière du 18e s. alliant charme et raffinement. Savoureuse cuisine actuelle et agréables chambres personnalisées.

XXX **Des Cours** 15, VISA

36 cours J. Jaurès – 04 70 44 25 66 – patrick.bourhy@wanadoo.fr – Fax 04 70 20 58 45 – Fermé 25-30 juin, 27 août-8 sept., 18 fév.-1er mars, mardi soir sauf juil.-août et merc. DY **x**

Rest – Menu 20 € (sem.), 30/50 € – Carte 44/60 €

◆ N'hésitez pas à pousser la porte de ce restaurant situé dans le quartier des administrations, il dissimule deux élégantes salles à manger bourgeoises. Cuisine au goût du jour.

X **Le Trait d'Union** VISA

16 r. Gambetta – 04 70 34 24 61 – Fermé 2-25 juil., 18-26 fév., merc. midi et lundi DZ **t**

Rest – Menu (18 €), 26/48 € – Carte 38/46 €

◆ Chaises en osier, mobilier et tableaux modernes, compositions florales et jolie mise en place : un cadre contemporain en harmonie avec la cuisine actuelle du jeune chef-patron.

rte de Paris 8 km par ① – ✉ **03460 Trevol**

Mercure ch, rest, 25/200, VISA

– 04 70 46 84 84 – h0827-gm@accor.com – Fax 04 70 46 84 80

41 ch – 59/77 € 69/127 €, 10,50 € – **Rest** – *(dîner seult)* Menu 14/25 € – Carte 25/35 €

◆ L'hôtel borde un axe passant, mais les chambres, simples et pratiques, tournent le dos à la route et sont toutes orientées vers le petit parc et la piscine. Le restaurant se prolonge d'une terrasse. Cuisine traditionnelle et carte de "grands vins à petits prix".

à Coulandon 8 km par ⑥ et D 945 – 594 h. – alt. 250 m – ✉ **03000**

Le Chalet ch, VISA

26 rte du Chalet – 04 70 46 00 66 – chalet.montegut@wanadoo.fr – Fax 04 70 44 07 09 – Fermé 15 déc.-15 janv.

28 ch – 49/55 € 66/81 €, 9 € – ½ P 57/63 €

Rest *Montégut* – Menu 18 € (sem.)/45 € – Carte 30/49 €

◆ En pleine campagne bourbonnaise, chalet entouré d'un beau parc centenaire avec étang (pêche). Les chambres, calmes et délicieusement provinciales, ne manquent pas de cachet. Sobre salle à manger actuelle. En saison, paisible terrasse ouverte sur la nature.

La Grande Poterie cuisinette

9 r. de la Grande Poterie – 04 70 44 30 39 – jcpompon@lagrandepoterie.com – Ouvert fév.-31 oct.

4 ch – 46/50 € 60/65 € – **Rest** – table d'hôte *(dîner seult) (résidents seult)* Menu 20 €

◆ Ancienne ferme restaurée, au sein d'un parc arboré et fleuri parfaitement entretenu. Les chambres, habillées de tons pastel, sont calmes et très agréables à vivre. La table d'hôte propose de goûteuses spécialités auvergnates.

X **Auberge Saint-Martin** VISA

– 04 70 46 06 10 – Fax 04 70 46 06 10 – Fermé 22 déc.-6 janv., dim. soir et lundi soir

Rest – Menu 15/23 € – Carte 21/28 €

◆ Cette auberge, également épicerie-bar-dépôt de pain, anime le village. Vous dégusterez "à la bonne franquette", dans une salle campagnarde, des petits plats traditionnels.

LE MOULLEAU – 33 Gironde – 335 D7 – rattaché à Arcachon

MOURÈZE – 34 Hérault – 339 F7 – 128 h. – alt. 200 m – ✉ 34800
Languedoc Roussillon 23 **C2**

Paris 717 – Bédarieux 22 – Clermont-l'Hérault 8 – Montpellier 50

Cirque★★.

Navas "Les Hauts de Mourèze" sans rest
Cirque dolomitique – ☎ 04 67 96 04 84 – Fax 04 67 96 25 85 – Ouvert 25 mars-1er nov.
16 ch – 🛉42/44 € 🛉🛉52/54 €, ☕ 6 €
◆ Chambres rustiques, sans téléphone ni T.V. pour plus de tranquillité, parc, et le superbe cirque dolomitique à deux pas : adresse pour épris de calme et de nature.

MOURIÈS – 13 Bouches-du-Rhône – 340 E3 – 2 752 h. – alt. 13 m – ✉ 13890 42 **E1**

Paris 713 – Avignon 36 – Arles 29 – Marseille 75 – Martigues 38

Office de tourisme, 2 rue du Temple ☎ 04 90 47 56 58, Fax 04 90 47 67 33

Terriciaë sans rest
rte de Maussane-D17 – ☎ 04 90 97 06 70 – terriciaehotel@byprovence.com – Fax 04 90 47 63 85 – Fermé 23 déc.-4 janv.
29 ch – 🛉82/114 € 🛉🛉98/130 €, ☕ 12 € – 4 suites
◆ L'enseigne évoque l'ancien nom romain de Mouriès. Chambres provençales bien tenues, donnant parfois sur la piscine. Internet (offert) au salon ; jardin d'oliviers et terrasse.

Le Vallon du Gayet ch, ch, ch,
rte Servannes – ☎ 04 90 47 50 63 – wcarre@aol.com – Fax 04 90 47 64 31
24 ch – 🛉82/93 € 🛉🛉93/108 €, ☕ 10 € – **Rest** – *(fermé lundi)* Menu 25/29 € – Carte 26/55 €
◆ Les chambres de ce mas récent niché au pied des Alpilles possèdent toutes une petite loggia de plain-pied avec le jardin, à l'exception des nouvelles, plus spacieuses. Grillades au feu de bois servies dans un cadre rustique. Terrasse sous un pin séculaire.

MOUSSEY – 10 Aube – 313 E4 – rattaché à Troyes

MOUSTIERS-STE-MARIE – 04 Alpes-de-Haute-Provence – 334 F9 – 625 h. – alt. 631 m – ✉ 04360 Alpes du Sud 41 **C2**

Paris 783 – Aix-en-Provence 90 – Digne-les-Bains 47 – Draguignan 61 – Manosque 50

Office de tourisme, place de l'Église ☎ 04 92 74 67 84, Fax 04 92 74 60 65

Site★★ - Église★ - Musée de la Faïence★.

Grand Canyon du Verdon★★★ -Lac de Ste-Croix★★.

Bastide de Moustiers ch, ch, ch,
au sud du village, par D 952 et rte secondaire – ☎ 04 92 70 47 47 – contact@bastide-moustiers.com – Fax 04 92 70 47 48 – Fermé 12-29 nov., 15 janv.-1er fév., mardi et merc. de déc. à mars et lundi de déc. à fév.
12 ch – 🛉155/330 € 🛉🛉155/330 €, ☕ 19 € – **Rest** – *(nombre de couverts limité, prévenir)* Menu 44 € (sem.)/75 €
Spéc. Soupe glacée de tomates multicolores. Agneau en deux cuissons, panisses, fenouil et jus au pèbre d'ail. Macaron citron-mascarpone. **Vins** Coteaux Varois, Côtes de Provence.
◆ Bastide (17e s.) d'un maître-faïencier convertie en auberge. Belles chambres provençales, équipements high-tech et superbe parc (élevage de daims et joli potager). Atmosphère intime dans la salle à manger au mobilier savamment dépareillé, belle terrasse.

Le Colombier sans rest
rte Castellane : 0,5 km Moustiers-Ste-Marie – ☎ 04 92 74 66 02 – infos@le-colombier.com – Fax 04 92 74 66 70 – Ouvert 3 mars-4 nov.
22 ch – 🛉62/83 € 🛉🛉62/83 €, ☕ 8,50 €
◆ Hôtel idéalement situé à l'entrée du Grand Canyon du Verdon. Chambres au décor sobre, la plupart avec terrasse privative. Jacuzzi et petite piscine à contre-courant.

Le Clos des Iris sans rest

au sud du village, par D 952 et rte secondaire – ✆ 04 92 74 63 46 – closdesiris@wanadoo.fr – Fax 04 92 74 63 59 – Fermé déc., janv. et mardi du 1er fév. au 15 mars
8 ch – †62/68 € ††62/68 €, ☐ 9 €
◆ Coquettes chambres provençales (sans TV), terrasses privatives, agréable jardin méridional, accueil charmant et convivialité : cette paisible maison ne manque pas d'atouts.

La Bonne Auberge

rte de Castellane (au Village) – ✆ 04 92 74 66 18 – labonneauberge@post.club-internet.fr – Fax 04 92 74 65 11 – Ouvert 1er avril-31 oct. et fermé dim. soir et lundi sauf été
19 ch – †49/56 € ††56/80 €, ☐ 7,50 € – ½ P 58/65 € – **Rest** – *(fermé dim. soir et lundi du 1er sept. au 15 juin, sam. midi, mardi midi et jeudi midi du 15 juin au 1er sept.)* Menu 19/38 € – Carte 34/48 €
◆ À deux tours de roues des gorges du Verdon, hôtel disposant de chambres claires et pratiques, rénovées par étapes, et d'une piscine à débordement. Sobre salle à manger d'inspiration rustique ; cuisine traditionnelle et plats régionaux.

La Ferme Rose sans rest

au sud du village, par rte Ste-Croix-du-Verdon – ✆ 04 92 75 75 75 – contact@lafermerose.com – Fax 04 92 73 73 73 – Ouvert 30 mars-15 nov. et 25 déc.-5 janv.
12 ch – †78/148 € ††78/148 €, ☐ 9,50 €
◆ Sympathique ambiance "guesthouse" dans cette ancienne ferme bâtie au pied du village. Meubles chinés, bibelots et collections diverses en font un lieu attachant.

La Bouscatière

chemin Marcel Provence – ✆ 04 92 74 67 67 – bonjour@labouscatiere.com – Fax 04 92 74 65 72
5 ch – †115/190 € ††115/190 €, ☐ 15 € – **Rest** – table d'hôte *(dîner seult) (résidents seult)* Menu 30/50 €
◆ Superbe demeure du 18e s. accrochée à la falaise. Délicieuses chambres personnalisées, jardin clos, produits régionaux à la table d'hôte. Luxe, calme et sobriété...

Les Santons

pl. Église – ✆ 04 92 74 66 48 – restaurant.les.santons@wanadoo.fr – Fax 04 92 74 63 67 – Ouvert 12 fév.-5 nov. et fermé lundi soir sauf juil.-août et mardi
Rest – *(nombre de couverts limité, prévenir)* Menu 25/34 € – Carte 47/67 €
◆ Dominé par l'imposante falaise calcaire, ce restaurant propose une cuisine traditionnelle, une ravissante salle aux couleurs du Sud et une idyllique terrasse côté village.

La Ferme Ste-Cécile

rte de Castellane, : 1,5 km – ✆ 04 92 74 64 18 – patcrespin@aol.com – Fax 04 92 74 63 51 – Fermé de fin nov. au 25 fév., dim. soir hors saison et lundi
Rest – Menu 24 € (déj.), 34/47 €
◆ Cette ancienne ferme a conservé son caractère rustique : vieilles pierres et cheminée agrémentent les salles à manger, prolongées d'une grande terrasse. Plats régionaux et bon choix de vins au verre.

Treille Muscate

pl. de l'Église – ✆ 04 92 74 64 31 – la.treille.muscate@wanadoo.fr – Fax 04 92 74 63 75 – Ouvert 11 fév.-14 nov. et fermé le soir en fév., merc. sauf le midi hors saison et jeudi sauf juil.-août
Rest – Menu 26/35 € – Carte 51/63 €
◆ Sympathique petit bistrot provençal. Une passerelle abritée par une "treille muscate" relie la salle à la jolie terrasse bordant la place de l'église, sous un platane centenaire.

Le Blacas

au sud du village, par D 952 et rte secondaire, chemin de Quinson – ✆ 04 92 74 65 59 – leblacas@wanadoo.fr – Fax 04 92 74 63 52 – Fermé mars, oct., sam. midi et vend.
Rest – Menu 32/42 € – Carte 37/49 €
◆ Une silhouette bien méridionale pour ce pavillon construit aux abords de Moustiers. Intérieur décoré dans le style du pays et agréable terrasse face à la campagne.

MOUTHIER-HAUTE-PIERRE – 25 Doubs – 321 H4 – 343 h. – alt. 450 m – ✉ 25920 Franche-Comté Jura 17 C2

Paris 442 – Baume-les-Dames 55 – Besançon 39 – Pontarlier 23 – Salins-les-Bains 42

Belvédère de Mouthier ≤★★ SE : 2,5 km - Gorges de Nouailles★ SE : 3,5 km - Belvédère du moine de la vallée★★.

La Cascade ≤ vallée, ch, rest, P, VISA

– ☎ *03 81 60 95 30 – hotellacascade@wanadoo.fr – Fax 03 81 60 94 55 – Ouvert 15 mars-2 nov.*

16 ch – 52 € 67 €, 9 € – ½ P 55/63 € – **Rest** – Menu 20 € (sem.)/47 € – Carte 44/62 €

◆ Cet hôtel tourné vers la vallée de la Loue abrite des chambres actuelles et bien tenues ; certaines ont une loggia. Tout autour : cascades, gorges, sources et belvédères. Le restaurant panoramique est exclusivement réservé aux non-fumeurs ; cuisine régionale.

MOÛTIERS – 73 Savoie – 333 M5 – 4 151 h. – alt. 480 m – ✉ 73600 Alpes du Nord 46 F2

Paris 607 – Albertville 26 – Chambéry 76 – St-Jean-de-Maurienne 85

Office de tourisme, place Saint-Pierre ☎ 04 79 24 04 23, Fax 04 79 24 56 05

Auberge de Savoie VISA

45 sq. Liberté – ☎ 04 79 24 20 15 – aubergedesavoie@wanadoo.fr – Fax 04 79 24 54 65 – Fermé mai, 27 août-2 sept.

20 ch – 52/99 € 67/119 €, 10 € – ½ P 51/80 € – **Rest** – brasserie Menu (17 €), 27/36 € – Carte 25/61 €

◆ Hôtel rénové où vous logerez dans de pimpantes chambres habillées de lambris et de moquette. Espaces communs d'esprit savoyard. Cuisine de brasserie, plats régionaux et fruits de mer (en saison) proposés dans une ambiance montagnarde ou sur la belle terrasse.

Le Coq Rouge VISA

115 pl. A. Briand – ☎ 04 79 24 11 33 – restaurant@lecoqrouge.com – Fermé 1er-22 juil., 1er-13 janv., dim. et lundi

Rest – Menu 28/44 € – Carte 38/60 €

◆ Maison de 1735 au décor plein de fantaisie : le roi de la basse-cour pare à foison la coquette salle-mezzanine avec les tableaux du patron. Terrasse abritée. Cuisine actuelle.

La Voûte VISA

172 Grande rue – ☎ 04 79 24 23 23 – vivet.falcoz.antoine@wanadoo.fr – Fax 04 79 06 04 75 – Fermé 16-30 avril, 1er-15 oct., 7-14 janv., dim. soir et lundi

Rest – Menu (10,50 €), 17 € (déj.), 24/45 € bc – Carte 28/45 €

◆ Dans une rue piétonne du centre, à 50 m de la cathédrale, devanture vitrée abritant une salle à manger rustique actualisée par des sièges contemporains. Recettes au goût du jour.

MOUZEIL – 44 Loire-Atlantique – 316 H3 – 1 213 h. – alt. 24 m – ✉ 44850 34 B2

Paris 366 – Nantes 39 – Rezé 44 – Saint-Herblain 44

Château de Cop-Choux ch,

– ☎ *02 40 97 28 52 – jan.liebreks@wanadoo.fr – Fax 02 40 97 28 52 – Ouvert de fév. à oct.*

6 ch – 80/95 € 90/105 € – **Rest** – table d'hôte *(dîner seult) (résidents seult)* Menu 33 € bc

◆ En arpentant le parc de cette propriété, vous pourrez voir les vestiges d'anciens fours à chaux transformés en étangs poissonneux. Les chambres, coquettes et personnalisées, ont été aménagées dans une aile du château. Le soir, les repas sont servis dans la belle salle à manger châtelaine.

MOUZON – 08 Ardennes – 306 M5 – 2 616 h. – alt. 160 m – ✉ 08210
Champagne Ardenne 14 C1

Paris 261 – Carignan 8 – Charleville-Mézières 41 – Longwy 62 – Sedan 17 – Verdun 64

Syndicat d'initiative, place du Colombier ✆ 03 24 26 56 11

Église Notre-Dame★.

Les Échevins VISA

33 r. Ch. de Gaulle – ✆ 03 24 26 10 90 – Fax 03 24 29 05 95 – Fermé 30 juil.-23 août, 26 déc.-10 janv., sam. midi, dim. soir et lundi

Rest – Menu (18 €), 25/37 € – Carte environ 38 €

◆ Accueillante salle de restaurant au décor rustique, aménagée à l'étage d'une maison à colombages du 17e s. Ambiance décontractée et cuisine au goût du jour.

Le rouge est la couleur de la distinction : nos valeurs sûres !

MUHLBACH-SUR-MUNSTER – 68 Haut-Rhin – 315 G8 – 725 h. – alt. 460 m – ✉ 68380 Alsace Lorraine 1 A2

Paris 462 – Colmar 24 – Gérardmer 37 – Guebwiller 45

Perle des Vosges rest, rest, rest, 100, VISA

– ✆ 03 89 77 61 34 – perledesvoges@wanadoo.fr – Fax 03 89 77 74 40 – Fermé 3 janv.-1er fev.

45 ch – 40/73 € 40/73 €, 9 € – ½ P 45/83 € – **Rest** – Menu 13/65 € – Carte 19/49 €

◆ Au pied du Hohneck, hôtel doté d'un fitness panoramique. Chambres actuelles ou de style alsacien offrant, pour la plupart, une jolie vue sur les Vosges. Un petit air solennel flotte dans la salle à manger agrandie d'une terrasse d'été ; cuisine classique.

MUIDES-SUR-LOIRE – 41 Loir-et-Cher – 318 G5 – 1 157 h. – alt. 82 m – ✉ 41500 11 B2

Paris 169 – Orléans 48 – Blois 20 – Châteauroux 109

Syndicat d'initiative, place de la Libération ✆ 02 54 87 58 36, Fax 02 54 87 58 36

Auberge du Bon Terroir VISA

20 r. 8-Mai – ✆ 02 54 87 59 24 – Fax 02 54 87 59 19 – Fermé 19 nov.-2 déc., 1er-13 janv., dim. soir d'oct. à avril, lundi et mardi sauf le soir en juil.-août et merc. midi

Rest – Menu 23 € (sem.)/56 €

◆ Répertoire traditionnel et spécialités du Val de Loire à savourer dans l'une des salles à manger ou sur la terrasse à l'ombre d'un tilleul.

MULHOUSE – 68 Haut-Rhin – 315 I10 – 110 359 h. – Agglo. 234 445 h. – alt. 240 m – ✉ 68100 Alsace Lorraine 1 A3

Paris 465 – Basel 34 – Belfort 43 – Freiburg-im-Breisgau 59 – Strasbourg 122

de Basel Mulhouse Freiburg (Euro-Airport) par ③ : 27 km, ✆ 03 89 90 31 11, ✆ 061 325 3111 de Suisse, ✆ 0761 1200 3111 d'Allemagne.

✆ 3635 (0,34 €/mn)

Office de tourisme, 9 avenue du Maréchal Foch ✆ 03 89 35 48 48, Fax 03 89 45 66 16

Parc zoologique et botanique★★ - Hôtel de Ville★★ FY H1, musée historique★★ - Vitraux★ du temple St-Étienne - Musée de l'automobile-collection Schlumpf★★★ BU - Musée français du chemin de fer★★★ AV - Musée de l'Impression sur étoffes★ FZ M6 - Electropolis : musée de l'énergie électrique★ AV M2.

Musée du Papier peint★ : collection★★ à Rixheim E : 6 km DV M7.

Plans pages suivantes

Bristol sans rest 15/50, VISA AE
18 av. Colmar – ✆ 03 89 42 12 31 – hbristol@club-internet.fr – Fax 03 89 42 50 57 FY **e**
85 ch – 60/120 € 70/160 €, 8,50 € – 5 suites
◆ À deux pas du centre historique, hôtel abritant de grandes chambres actuelles ; certaines sont rénovées, personnalisées et pourvues de salles de bains luxueuses (faïences signées Versace).

Mercure Centre ch, 10/180, VISA AE
4 pl. Gén. de Gaulle – ✆ 03 89 36 29 39 – h1264@accor.com – Fax 03 89 36 29 49 FZ **b**
96 ch – 105/160 € 115/170 €, 13 € – **Rest** – Carte 23/33 €
◆ Bâtiment des années 1970 proche du musée de l'Impression sur étoffes. Chambres fonctionnelles bien tenues, bar feutré et petit jardin-terrasse d'inspiration japonaise. Au restaurant, cuisine traditionnelle, suggestions du jour et spécialités alsaciennes.

Kyriad Centre sans rest 10/35, VISA AE
15 r. Lambert – ✆ 03 89 66 44 77 – kyriad@hotel-mulhouse.com – Fax 03 89 46 30 66 FY **a**
60 ch – 55/90 € 55/90 €, 7,50 €
◆ Chambres nettes et fonctionnelles, revues dans un esprit contemporain, particulièrement spacieuses et confortables dans la catégorie "affaires". Petit-déjeuner en terrasse l'été.

Il Cortile (D'Onghia) VISA AE
11 r. Franciscains – ✆ 03 89 66 39 79 – Fax 03 89 36 07 97 – Fermé 13-27 août, 1er-15 janv., dim. et lundi EY **a**
Rest – Menu (16 €), 23 € (déj. en sem.), 35/65 € – Carte 49/61 €
Spéc. Vitello tonnato. Risotto anisé aux gambas. Macaron pistache, glace à l'huile d'olive.
◆ Tout ici respire l'Italie : l'intérieur contemporain (appliques Murano) et la délicieuse cuisine, épurée et créative, utilisant des produits de qualité. Superbe cour-terrasse.

Poincaré II 6/30, VISA AE
6 porte Bâle – ✆ 03 89 46 00 24 – Fax 03 89 56 33 15 – Fermé 15 juil.-15 août, sam. et dim. FY **m**
Rest – bistrot Menu 26 € bc/35 € bc – Carte 31/58 €
◆ Cette séduisante salle à manger offre une vue sur le spectacle des cuisiniers qui mitonnent des plats traditionnels. Cave riche en vins de Bordeaux et de Loire ; salon-fumoir.

Oscar VISA
1 av. Maréchal Joffre – ✆ 03 89 45 25 09 – bistrot.oscar@wanadoo.fr – Fax 03 89 45 23 65 – Fermé 28 juil.-12 août, 23 déc.-6 janv., sam., dim. et fériés FZ **x**
Rest – bistrot Menu 28/35 € – Carte 20/63 €
◆ Appétissante cuisine de bistrot (ardoise du jour) servie dans une salle aux allures de brasserie cossue. Ambiance animée et service convivial. Belle carte de vins de producteurs.

La Table de Michèle VISA
16 r. Metz – ✆ 03 89 45 37 82 – michele.brouet@wanadoo.fr – Fax 03 89 45 37 82 – Fermé août, 24 déc.-2 janv., sam. midi, dim. et lundi FY **t**
Rest – bistrot Menu 17 € (déj. en sem.), 35/45 € – Carte 39/52 €
◆ Michèle joue du piano debout... en cuisine bien sûr ! Son répertoire ? Plutôt traditionnel, mais sensible aux quatre saisons. En salle, chaleur du bois brut et éclairage intime.

L'Estérel VISA AE
83 av. 1e Division Blindée – ✆ 03 89 44 23 24 – esterel.weber@hotmail.fr – Fax 03 89 64 05 63 – Fermé 23-29 avril, 1er-15 août, vacances de fév., dim. soir, merc. soir et lundi V **t**
Rest – Menu 23 € (sem.)/50 € – Carte 39/59 €
◆ À proximité du parc zoologique, petit restaurant rustique agrandi d'une véranda. Terrasse ombragée prise d'assaut à la belle saison. Carte traditionnelle aux accents du Sud.

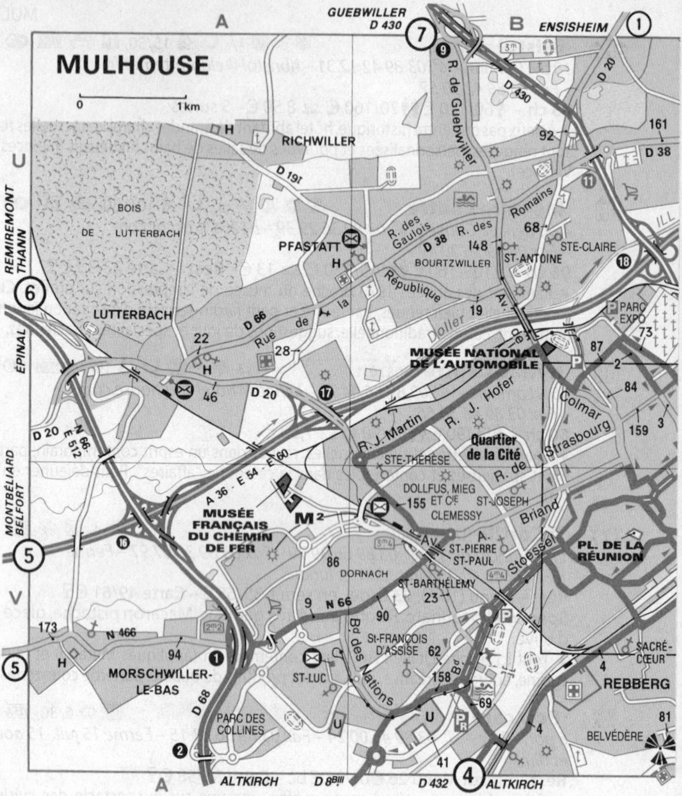

Agen (R. d')	BU	2	Brunstatt (R. de)	BV	23	Ile Napoléon (R. de l')	CU	58
Alliés (Bd des)	BCU	3	Dollfus (Av. Gustave)	CV	27	Illberg (R. de l')	BV	62
Altkrich (Av.)	BV	4	Dornach (R. de)	AU	28	Ilot (R. de l')	DU	63
Bâle (Rte de)	CU	7	Fabrique (R. de la)	CU	36	Jardin-Zoologique (R. du)	CV	64
Bartholdi (R.)	CV	8	Frères-Lumière (R. des)	BV	41	Juin (R. A.)	CU	66
Belfort (R. de)	AV	9	Gambetta (Bd Léon)	CV	42	Katz (Allée Nathan)	CU	67
Belgique (Av. de)	CU	12	Gaulle (R. du Gén.-de)	AU	46	Kingersheim (R. de)	BU	68
Bourtz (R. Sébastien)	BU	19	Hardt (R. de la)	CV	51	Lagrange (R. Léo)	BV	69
Briand (R. Aristide)	AU	22	Hollande (Av. de)	CU	57	Lefèbvre (R.)	BU	73

à Sausheim

Mercure ch, 12/90, P VISA

N 422 – 03 89 61 87 87 – h0556@accor.com – Fax 03 89 61 88 40 DU **r**

100 ch – 109/119 € 119/129 €, 13 € – **Rest** – Carte 22/40 €

◆ Construction des années 1970 située dans une zone commerciale, facile d'accès depuis les axes routiers. Grandes chambres fonctionnelles et bien tenues. Les "plus" du restaurant : la terrasse et les spécialités alsaciennes qui complètent la carte traditionnelle.

Novotel ch, 15/100, P VISA

r. Île Napoléon – 03 89 61 84 84 – h0452@accor.com – Fax 03 89 61 77 99 DU **s**

77 ch – 103/145 € 113/155 €, 11,50 € – **Rest** – Menu (15 €) – Carte 22/36 €

◆ Étape intéressante par sa situation et sa vocation pratique, cet hôtel propose des chambres conformes aux normes de la chaîne. Restaurant apprécié pour son service continu de 6 h à minuit et sa terrasse.

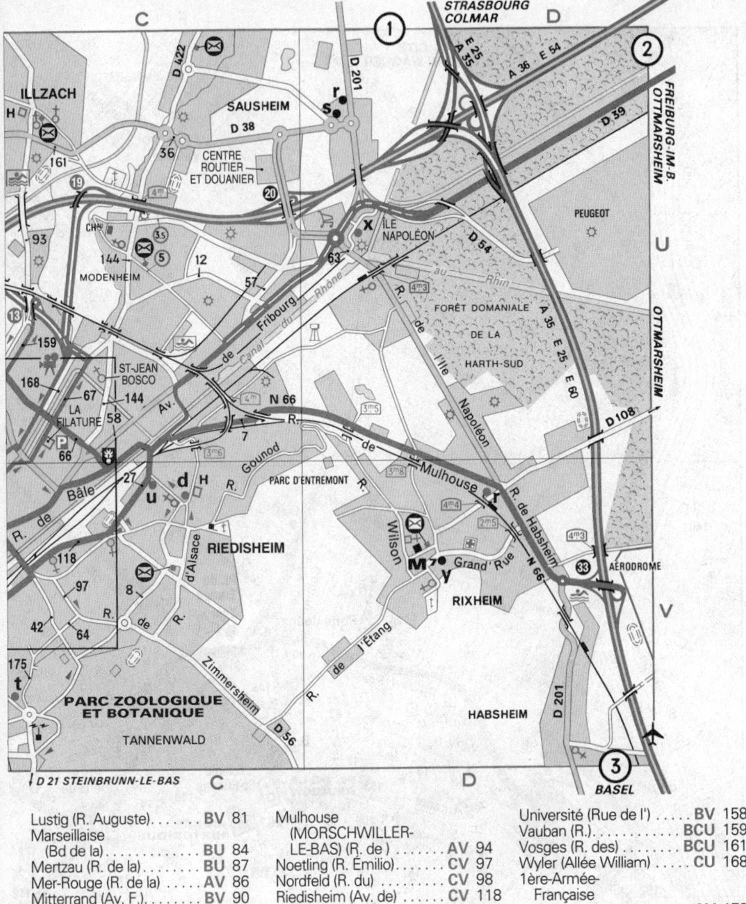

Lustig (R. Auguste) . . . . BV 81
Marseillaise
(Bd de la) . . . . BU 84
Mertzau (R. de la) . . . . BU 87
Mer-Rouge (R. de la) . . . . . AV 86
Mitterrand (Av. F.) . . . . BV 90
Mulhouse (Fg de) . . . . BU 92
Mulhouse (ILLZACH)
(R. de) . . . . CU 93
Mulhouse
(MORSCHWILLER-
LE-BAS) (R. de) . . . . AV 94
Noetling (R. Émilio) . . . . . . CV 97
Nordfeld (R. du) . . . . CV 98
Riedisheim (Av. de) . . . . . . CV 118
Sausheim (R. de) . . . . CU 144
Soultz (R. de) . . . . BU 148
Thann (R. de) . . . . BV 155
Université (Rue de l') . . . . . BV 158
Vauban (R.) . . . . BCU 159
Vosges (R. des) . . . . BCU 161
Wyler (Allée William) . . . . . CU 168
1ère-Armée-
Française
(R.) . . . . AV 173
9e-Div.-d'Infanterie-Col.
(R.) . . . . CV 175

à Baldersheim 8 km par ① – 2 206 h. – alt. 226 m – ✉ 68390

Au Cheval Blanc ch, ch, 15/30, VISA

27 r. Principale – ✆ 03 89 45 45 44 – cheval-blanc@wanadoo.fr – Fax 03 89 56 28 93 – Fermé 23 déc.-3 janv.

82 ch – 55/73 € 64/101 €, 9,50 € – ½ P 58/64 € – **Rest** – *(fermé dim. soir)* Menu (11 €), 17 € (sem.)/50 € – Carte 21/58 €

◆ Hôtel d'allure alsacienne exploité de père en fils depuis plus d'un siècle. Les chambres, garnies de meubles rustiques, offrent un confort homogène et de qualité. Salle à manger de type auberge accessible par le café du village. Nombreux menus, belle carte régionale et gibier en saison.

Au Vieux Marronnier cuisinette VISA

à 300 m. – ✆ 03 89 36 87 60 – vieux-marronnier@wanadoo.fr – Fax 03 89 56 28 93

6 suites – 96 €, 9,50 €, 8 studios 88 €

◆ Construction récente abritant studios et appartements pratiques pour de longs séjours ou des familles de passage : espace, cuisinettes bien équipées et décor contemporain.

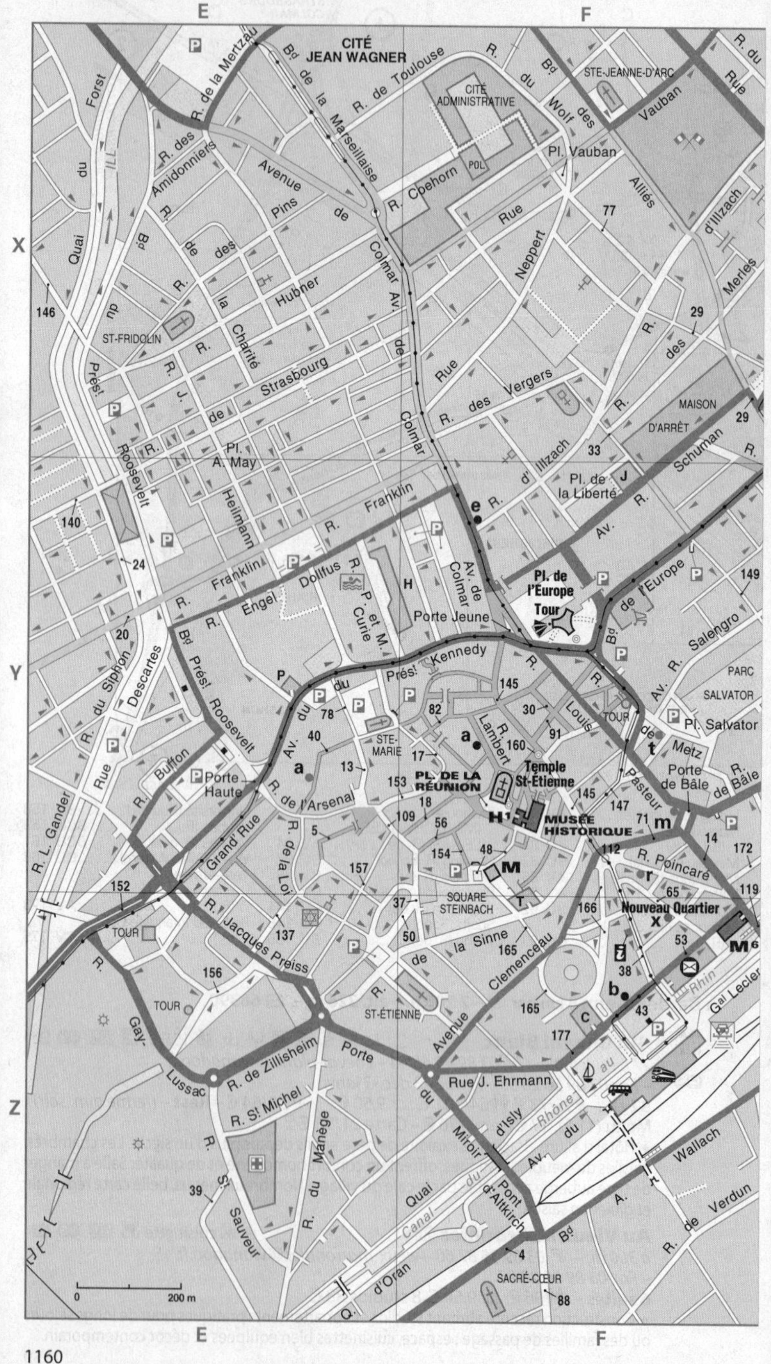
E
F
X
Y
Z
CITÉ JEAN WAGNER
CITÉ ADMINISTRATIVE
POL
STE-JEANNE-D'ARC
R. de la Mertzau
Bd de la Marseillaise
R. de Toulouse
R. du Wolf
Bd des Alliés
Rue Vauban
R. du Rhin
Quai du Forst
R. des Amidonniers
Avenue de Colmar
R. des Pins
R. Coehorn
Pl. Vauban
Rue Neppert
R. d'Illzach
R. des Merles
Bd du Prést Roosevelt
R. de la Charité
R. des Hubner
R. J. de Strasbourg
ST-FRIDOLIN
Quai du Prést Roosevelt
Rue des Vergers
Av. de Colmar
R. des Vergers
MAISON D'ARRÊT
R. Schuman
Pl. A. May
R. Heilmann
R. Franklin
R. d'Illzach
Pl. de la Liberté
Av. R. Schuman
Pl. de l'Europe
Tour
Bd de l'Europe
R. Engel Dollfus
R. P. et M. Curie
H
Porte Jeune
R. Salengro
Av. R. Salengro
PARC SALVATOR
Pl. Salvator
Bd Prést Roosevelt
Av. du Prést Kennedy
R. Louis Pasteur
TOUR
R. de Metz
Porte de Bâle
R. de Bâle
R. du Siphon
Rue Descartes
R. Buffon
Porte Haute
STE-MARIE
R. Lambert
Temple St-Étienne
PL. DE LA RÉUNION
H[1]
MUSÉE HISTORIQUE
R. de l'Arsenal
R. de la Loi
Grand' Rue
R. Poincaré
Nouveau Quartier
R. L. Gander
SQUARE STEINBACH
M
T
M[6]
R. Jacques Preiss
R. de la Sinne
Avenue Clemenceau
TOUR
ST-ÉTIENNE
R. Gay-Lussac
R. de Zillisheim
Porte du Miroir
Rue J. Ehrmann
Quai d'Isly
Canal du Rhône au Rhin
Av. du Gal Leclerc
R. St Michel
R. du Manège
R. St Sauveur
Pont d'Altkirch
Quai d'Oran
Bd Wallach
R. de Verdun
SACRÉ-CŒUR
0
200 m
a
b
c
e
m
r
t
x
J
P
4
5
13
14
17
18
20
24
29
30
33
37
38
39
40
43
48
50
53
56
65
71
77
78
82
88
91
109
112
119
137
140
145
146
147
149
152
153
154
156
157
160
165
166
172
177

MULHOUSE

Street	Grid	No.
Altkrich (Av. d')	FZ	4
Augustins (Passage des)	EY	5
Bonbonnière (R.)	EY	13
Bonnes-Gens (R. des)	FY	14
Bons-Enfants (R. des)	FY	17
Boulangers (R. des)	FY	18
Briand (Av. Aristide)	EY	20
Cloche (Quai de la)	EY	24
Colmar (Av. de)	EFXY	
Dollfus (Av. Gustave)	GY	27
Dreyfus (R. du Capit.)	FX	29
Engelmann (R.)	FY	30
Ensisheim (R. d')	FX	33
Fleurs (R. des)	FYZ	37
Foch (Av. du Mar.)	FZ	38
Fonderie (R. de la)	EZ	39
Franciscains (R. des)	EY	40
Gaulle (Pl. du Gén.-de)	FZ	43
Guillaume-Tell (Pl. et R.)	FY	48
Halles (R. des)	FZ	50
Henner (R. J.-J.)	FZ	53
Henriette (R.)	FY	56
Jardin-Zoologique (R. du)	GZ	64
Joffre (Av. du Mar.)	FYZ	65
Lambert (R.)	FY	
Lattre-de-Tassigny (Av. Mar.-de)	FY	71
Loisy (R. du Lt de)	FX	77
Lorraine (R. de la)	EY	78
Maréchaux (R. des)	FY	82
Montagne (R. de la)	FZ	88
Moselle (R. de la)	FY	91
Président-Kennedy (Av. du)	EFY	
Raisin (R. du)	EFY	109
République (Pl. de la)	FY	112
Riedisheim (Pont de)	FZ	119
Ste-Claire (R.)	EZ	137
Ste-Thérèse (R.)	EY	140
Sauvage (R. du)	FY	145
Schoen (R. Anna)	EX	146
Somme (R. de la)	FY	147
Stalingrad (R. de)	FY	149
Stoessel (Bd Charles)	EYZ	152
Tanneurs (R. des)	EFY	153
Teutonique (Passage)	FY	154
Tour-du-Diable (R.)	EZ	156
Trois-Rois (R. des)	EY	157
Victoires (Pl. des)	FY	160
Wicky (Av. Auguste)	FZ	165
Wilson (R.)	FYZ	166
Zuber (R.)	FY	172
17-Novembre (R. du)	FZ	177

à Rixheim Sud-Est par N 66 – 12 608 h. – alt. 240 m – ✉ 68170

Le Clos du Mûrier sans rest

42 Grand'Rue – ✆ 03 89 54 14 81 – Fax 03 89 64 47 08 D **y**

5 ch – 64 € 64 €, 8 €

◆ Un haut mur protège cette maison à colombages du 16e s. bien rénovée et son jardin fleuri. Chambres assez spacieuses ayant conservé leurs poutres apparentes. Kitchenette, kit de repassage, machine à laver et vélos à disposition.

Le Manoir (Runser) 20,

65 av. Gén. de Gaulle – ✆ 03 89 31 88 88 – info@runser.fr – Fax 03 89 31 88 89 – Fermé dim. sauf fériés DV **r**

Rest – Menu (20 €), 35 € bc/75 € – Carte 36/76 €

Spéc. Loup de mer en croûte de sel de Guérande. Gratin de homard à la vanille bourbon. Pigeon farci à l'ancienne en croûte de pain. **Vins** Pinot gris, Riesling.

◆ Belle demeure 1900 nichée dans un jardin clos. Intérieur contemporain (immenses toiles abstraites) et dans l'assiette, régionalisme, rythme des saisons et zestes de modernité.

Le Petit Prince 12,

100 r. Aérodrome – ✆ 03 89 64 24 85 – Fax 03 89 64 05 21 – Fermé 26 déc.-15 janv., dim. et lundi DV

Rest – *(prévenir)* Menu (14 €), 32 € – Carte environ 47 €

◆ Un séduisant tour du monde des saveurs vous attend dans cette modeste "cabane" bleue dont le décor intérieur rend hommage au Petit Prince. Terrasse avec vue sur le tarmac.

à Riedisheim 2 km au Sud-Est par D 56 et D 432

La Poste (Kieny) 30,

7 r. Gén. de Gaulle – ✆ 03 89 44 07 71 – contacts@restaurant-kieny.com – Fax 03 89 64 32 79 – Fermé 1er-20 août, dim. soir, mardi midi et lundi CV **d**

Rest – Menu 26 € (sem.)/80 € – Carte 58/74 €

Spéc. Déclinaison alsacienne. Queues de langoustines poêlées. Paupiette de noix de veau et épinards. **Vins** Riesling, Pinot gris.

◆ Relais de diligences fondé en 1850, où l'on se transmet depuis six générations les secrets d'une cuisine classique mâtinée de tradition alsacienne. Ambiance familiale chaleureuse.

Auberge de la Tonnelle

61 r. Mar.-Joffre – ✆ 03 89 54 25 77 – Fax 03 89 64 29 85 – Fermé merc. soir et dim. soir CV **u**

Rest – Menu (25 €), 27 € (sem.)/53 € – Carte 47/67 €

◆ Grande bâtisse régionale située dans un quartier résidentiel. Des verrières éclairent la salle de restaurant où l'on propose une cuisine traditionnelle sensible aux saisons.

à Zimmersheim 5 km par D 56

Jules

5 r. de Mulhouse – ✆ 03 89 64 37 80 – info@restojules.fr – Fax 03 89 64 03 86 – Fermé 10-20 août, 11-27 fév., sam. et dim.

Rest – *(prévenir)* Menu (15 €), 19 € – Carte 27/58 €

◆ Spécialités de viandes et de produits de la mer (poissonnerie attenante), belles pâtisseries maison et nombreux vins au verre : ce bistrot contemporain, très animé, fait souvent salle comble.

à Landser 11 km au Sud-Est par rte parc zoologique, Bruebach, D 21 et D 6 BIS – 1 687 h. – alt. 230 m – ✉ 68440

Hostellerie Paulus

4 pl. Paix – ✆ 03 89 81 33 30 – Fax 03 89 26 81 85 – Fermé 10-15 juil., 7-20 août, 24 déc.-2 janv., dim. soir et lundi

Rest – *(nombre de couverts limité, prévenir)* Menu 25 € (sem.)/69 € – Carte 64/73 €

Spéc. Saint-Jacques, rémoulade d'endives, caviar d'Aquitaine (automne). Filet de sole, racines anciennes, jus de veau tranché (hiver). Agneau de lait des Pyrénées, parmentier de ris d'agneau (printemps). **Vins** Riesling, Pinot gris.

◆ Aménagée avec sobriété, cette maison à colombages ornée d'un oriel n'a rien perdu de son charme en gagnant en modernité. Cuisine du terroir habilement actualisée.

à Froeningen 9 km au Sud-Ouest par D 8BIII - BV – **606 h.** – **alt. 256 m** – ✉ **68720**

Auberge de Froeningen ch,
2 rte Illfurth – ✆ 03 89 25 48 48 – aubergedefroeningen@wanadoo.fr – Fax 03 89 25 57 33 – Fermé 19-31 août, 12 -31 janv., mardi de nov. à avril, dim. soir et lundi
7 ch – †57 € ††67 €, ☐ 8 € – ½ P 67 € – **Rest** – Menu 13 € (déj. en sem.), 30/55 € – Carte 29/56 €
◆ Séduisante auberge typiquement régionale. Mobilier ancien, bonne insonorisation et tenue parfaite dans les chambres dépourvues de TV... Idéal pour se ressourcer ! Salles à manger de caractère, cuisine locale et "journée alsacienne" le jeudi.

MUNSTER – 68 Haut-Rhin – 315 G8 – 4 884 h. – alt. 400 m – ✉ 68140

Alsace Lorraine 1 **A2**

Paris 458 – Colmar 19 – Guebwiller 40 – Mulhouse 60 – St-Dié 54 – Strasbourg 96

Office de tourisme, 1 rue du Couvent ✆ 03 89 77 31 80, Fax 03 89 77 07 17

Soultzbach-les-Bains : autels★★ dans l'église E : 7 km.

Verte Vallée 25/60,
10 r. A. Hartmann, parc de la Fecht – ✆ 03 89 77 15 15 – contact@vertevallee.fr – Fax 03 89 77 17 40 – Fermé 18-24 juin, 6 janv.-3 fév.
107 ch – †80/120 € ††80/140 €, ☐ 13,50 € – ½ P 75/95 € –
Rest – Menu 23/49 € – Carte 31/51 €
◆ Grand hôtel moderne avec spa et équipements de loisirs. Confortables chambres de style alsacien ou contemporain pour les plus récentes. Agréable jardin bordé par la Fecht. Restaurant entièrement non-fumeurs (cuisine classique et riche carte des vins).

Deybach sans rest 15,
4 r. du Badischhof, rte Colmar, D 417 : 1 km – ✆ 03 89 77 32 71 – hotel.deybach@wanadoo.fr – Fax 03 89 77 52 41 – Fermé lundi hors saison et dim. soir
16 ch – †40 € ††43/52 €, ☐ 7 €
◆ L'accueil souriant et l'ambiance chaleureuse distinguent cet hôtel familial qui borde la route. Chambres fonctionnelles à la tenue scrupuleuse. Petit bar et jardin (transats).

Nouvelle Auberge 10,
rte Colmar, sur D 417, Est : 6 km – ✆ 03 89 71 07 70 – Fax 03 89 71 07 70 – Fermé 2-8 juil., vacances de la Toussaint, de fév., dim. soir, lundi et mardi
Rest – Menu 10 € (déj. en sem.), 30/57 €
◆ Ce relais de poste vous propose, au choix, son menu du jour dans la winstub du rez-de-chaussée ou sa formule gastronomique dans une jolie salle à manger située à l'étage.

A l'Agneau d'Or
2 r. St-Grégoire – ✆ 03 89 77 34 08 – info@martinfache.com – Fax 03 89 77 34 08 – Fermé 1er-15 juil., lundi et mardi
Rest – *(nombre de couverts limité, prévenir)* Menu 36/50 € – Carte 40/46 €
◆ Dans cette maison régionale blottie au cœur du village, le chef revisite à sa façon une cuisine oscillant entre tradition et terroir. Gibier en saison. Ambiance très chaleureuse.

MURAT – 15 Cantal – 330 F4 – 2 153 h. – alt. 930 m – ✉ 15300

Auvergne 5 **B3**

Paris 520 – Aurillac 48 – Brioude 59 – Issoire 74 – Le Puy-en-Velay 121 – St-Flour 23

Office de tourisme, 2 rue du faubourg Notre-Dame ✆ 04 71 20 09 47, Fax 04 71 20 21 94

Site★★ - Église★ d'Albepierre-Bredons S : 2 km.

Hostellerie Les Breuils sans rest
34 av. Dr Mallet – ✆ 04 71 20 01 25 – info@hostellerie-les-breuils.com – Fax 04 71 20 33 20 – Ouvert fin mai-15 oct.
10 ch – †65 € ††65/77 €, ☐ 7,50 €
◆ Dans cette demeure centenaire, vous trouverez des chambres spacieuses au 1er étage (mobilier de style Louis XVI), plus récentes au deuxième et familiales au dernier niveau.

à l'Est 4 km par N 122, rte de Clermont-Ferrand – ✉ 15300 Murat

XXX **Le Jarrousset**
– ☎ 04 71 20 10 69 – info@restaurant-le-jarrousset.com – Fax 04 71 20 15 26
– *Fermé déc., janv., lundi et mardi sauf juil.-août*
Rest – Menu (14 €), 22/45 € – Carte 40/52 €
◆ Cette coquette auberge en pierre propose une goûteuse cuisine actuelle privilégiant les produits régionaux. Cadre contemporain ou salle plus intime ouverte sur la campagne.

LA MURAZ – 74 Haute-Savoie – **328** K4 – **700 h.** – **alt. 630 m** – ✉ **74560** 46 **F1**

Paris 545 – Annecy 33 – Annemasse 11 – Thonon-les-Bains 41

XX **L'Angélick**
– ☎ 04 50 94 51 97 – info@angelick.com – Fax 04 50 94 59 05 – *Fermé 13-22 août, 1er-10 janv., dim. soir, lundi, mardi et le midi du merc. au vend.*
Rest – Menu 32/74 € – Carte 50/68 €
◆ Chaudes couleurs, chaises en fer forgé ou en cuir, tables bien dressées, terrasse égayée d'une insolite fontaine et cuisine inventive : une adresse presque angélique.

MURBACH – 68 Haut-Rhin – **315** G9 – **rattaché à Guebwiller**

MUR-DE-BARREZ – 12 Aveyron – **338** H1 – **880 h.** – **alt. 790 m** – ✉ **12600**
Midi-Pyrénées 29 **D1**

Paris 567 – Aurillac 38 – Rodez 73 – St-Flour 56

Office de tourisme, place de l'Église ☎ 05 65 66 10 16

Auberge du Barrez ch, rest, rest,
av. du Carladez – ☎ *05 65 66 00 76*
– *auberge.du.barrez@wanadoo.fr – Fax 05 65 66 07 98 – Fermé 7 janv.-12 fév.*
18 ch – 38/54 € 55/76 €, 7,50 € – ½ P 54/68 € – **Rest** – *(fermé dim. soir du 12 nov. au 2 avril et lundi sauf juil.-août)* Menu (18 €), 22/37 € – Carte 27/42 €
◆ Dans un jardin fleuri, cette grande maison abrite des chambres diverses en tailles, mais toutes contemporaines et fonctionnelles. Agréable salle à manger actuelle ; certaines tables ont vue sur la campagne. Cuisine traditionnelle, copieuse et bien faite.

MÛR-DE-BRETAGNE – 22 Côtes-d'Armor – **309** E5 – **2 090 h.** – **alt. 225 m** –
✉ **22530** Bretagne 10 **C2**

Paris 457 – Carhaix-Plouguer 50 – Guingamp 47 – Loudéac 20 – Pontivy 17 – St-Brieuc 44

Office de tourisme, place de l'Église ☎ 02 96 28 51 41, Fax 02 96 26 35 31

Rond-Point du lac ★ - Lac de Guerlédan★★ O : 2 km.

XXX **Auberge Grand'Maison** avec ch
1 r. Léon le Cerf – ☎ *02 96 28 51 10 – auberge-grand-maison@wanadoo.fr – Fax 02 96 28 52 30 – Fermé 8 au 23 oct., 2 au 9 janv., 15 au 28 fév., dim. soir et mardi midi hors saison et lundi*
9 ch – 48/55 € 48/98 €, 11 € – ½ P 51/77 € – **Rest** – Menu 26 € (déj. en sem.), 43/90 € – Carte 64/122 €
◆ "Grand'Maison" au cadre rustico-bourgeois vous réservant un accueil avenant. Cuisine traditionnelle actualisée et service aux petits soins. Diverses générations de chambres.

LES MUREAUX – 78 Yvelines – **311** H2 – **31 739 h.** – **alt. 28 m** –
✉ **78130** 18 **A1**

Paris 41 – Mantes-la-Jolie 19 – Pontoise 24 – Rambouillet 57 – Versailles 32

La Chaumière ch,
quartier Grand Ouest (près échangeur A 13 par rte Bouafle) – ☎ *01 34 74 72 50 – lachaumiere.lesmureaux@tiscali.fr – Fax 01 30 99 39 04*
41 ch – 61/64 € 61/64 €, 8 € – ½ P 50/56 € – **Rest** – *(fermé 28 juil.-20 août, 23 déc.-2 janv. et dim. soir)* Menu 19/28 € – Carte 21/34 €
◆ Construction des années 1980 située à proximité d'un centre commercial. Chambres fonctionnelles, équipées de leur mobilier d'origine. Lumineuse salle de restaurant, service en terrasse l'été et carte traditionnelle sans prétention.

MURON – 17 Charente-Maritime – **324** F3 – **996 h.** – **alt. 19 m** –
✉ **17430** 38 **B2**

Paris 455 – Poitiers 122 – La Rochelle 45 – Niort 47 – Rochefort 20

Le Puits Fleuri VISA

7 r. du Prieuré, près de l'église – ✆ 05 46 27 71 15 – Fax 05 46 27 71 15 – Fermé 22-31 janv., dim. soir de nov. à Pâques, sam. midi et mardi

Rest – Menu 16 € (déj. en sem.), 23/45 € – Carte 29/33 €

◆ Coquet intérieur rustique, cuisine personnalisée aux saveurs bien marquées, accueil charmant et prix très sages : cette adresse blottie au cœur du village a le vent en poupe.

MUS – 30 Gard – **339** K6 – **1 049 h.** – **alt. 53 m** – ✉ **30121** Provence 23 **C2**

Paris 737 – Arles 52 – Montpellier 37 – Nîmes 26

La Paillère

26 av. du Puits Vieux – ✆ 04 66 35 55 93 – welcome@paillere.com – Fermé fév.

6 ch – 65/80 € 65/80 € – **Rest** – table d'hôte *(dîner seult) (résidents seult)* Menu 25 €

◆ Goûtez au charme et à la tranquillité de cette maison du 17e s. Les chambres, agencées autour d'un patio verdoyant, sont personnalisées de meubles coloniaux ou provençaux. Beaux salons. Copieux petit-déjeuner et recettes méditerranéennes à la table d'hôte (sur réservation).

MUSSIDAN – 24 Dordogne – **329** D5 – **2 843 h.** – **alt. 50 m** – ✉ **24400**
Périgord 4 **C1**

Paris 526 – Angoulême 84 – Bergerac 26 – Libourne 59 – Périgueux 39

Office de tourisme, place de la République ✆ 05 53 81 73 87

Du Midi sans rest VISA

à la gare – ✆ 05 53 81 01 77 – Fax 05 53 82 90 14 – Fermé 1er-15 mai, 27 oct.-12 nov., dim. de sept. à juin, vend. et sam.

6 ch – 46/50 € 46/60 €, 7 €

◆ Amabilité de l'accueil et chambres simples (un brin désuètes) caractérisent ce petit hôtel familial situé à proximité de la gare. Jardin et piscine pour la détente.

Relais de Gabillou VISA

rte de Périgueux : 1,5 km – ✆ 05 53 81 01 42 – relaisdegabillou@hotmail.com – Fax 05 53 81 01 42 – Fermé 12 nov.-10 déc., le soir du 7 janv. au 4 fév., dim. soir hors saison et lundi

Rest – Menu (13 €), 15 € (sem.)/38 € – Carte 26/56 €

◆ Atmosphère rustique pour cette auberge de bord de route dont la salle à manger s'agrémente d'une vaste cheminée en pierre. Terrasse ombragée au calme. Plats régionaux.

Le Clos Joli VISA

4,5 km à l'Ouest par N 89 et rte secondaire – ✆ 05 53 81 00 24 – le-clos-joli@wanadoo.fr – Fax 05 53 81 00 24 – Fermé 30 oct.-8 nov., 2-17 janv., dim. soir de sept. à juin, mardi et merc.

Rest – Menu 28/48 €

◆ En pleine campagne, un ancien presbytère plein de charme avec sa jolie salle rustique et sa terrasse sous la tonnelle. Court menu-carte à l'accent du Sud, renouvelé très souvent.

à Sourzac 4 km à l'Est par N 89 – **1 032 h.** – **alt. 50 m** – ✉ **24400**

Le Chaufourg en Périgord VISA AE

– ✆ 05 53 81 01 56 – info@lechaufourg.com – Fax 05 53 82 94 87 – Fermé 7 janv.-10 fév.

5 ch – 170/275 € 170/275 €, 16 € – 4 suites – **Rest** – *(dîner seult) (résidents seult)* Carte 40/63 €

◆ Cette demeure du 17e s. au charme follement romantique apporte un soin tout particulier à son décor. Chambres au luxe discret, ambiance "guesthouse", jardin hors du temps.

MUTIGNY – 51 Marne – **306** G8 – **188 h.** – **alt. 221 m** – ✉ **51160**
Champagne Ardenne 13 **B2**

Paris 150 – Châlons-en-Champagne 33 – Épernay 9 – Reims 32

Au Nord 2 km par D 271

Manoir de Montflambert sans rest 15, VISA
– ✆ 03 26 52 33 21 – manoir-de-montflambert@wanadoo.fr – Fax 03 26 59 71 08
6 ch – 90/100 € 95/105 €
◆ Bien placé pour découvrir le vignoble champenois, ce vaste manoir du 17e s. vous propose des chambres personnalisées et un beau parc à la française agrémenté d'une pièce d'eau.

MUTZIG – 67 Bas-Rhin – **315** I5 – **5 584 h.** – **alt. 190 m** – ✉ **67190**
Alsace Lorraine 1 **A1**

Paris 479 – Obernai 11 – Saverne 30 – Sélestat 38 – Strasbourg 32

L'Ours de Mutzig ch, 40, VISA
pl. Fontaine – ✆ 03 88 47 85 55 – hotel@loursdemutzig.com – Fax 03 88 47 85 56
47 ch – 49 € 54/84 €, 9 € – **Rest** – Menu 15 € (sem.)/50 € – Carte 21/47 €
◆ Cette maison à la jolie façade bleue (1900) appartenait à la brasserie de Mutzig. Choisir les chambres récemment créées, actuelles et plaisantes. Côté restaurant, carte traditionnelle et salle à manger lumineuse agrémentée, çà et là, d'ours en... peluche.

Hostellerie de la Poste rest, VISA
3 pl. Fontaine – ✆ 03 88 38 38 38 – hostellerie.pfeiffer@wanadoo.fr
– Fax 03 88 49 82 05 – Fermé 13-27 nov.
16 ch – 45 € 45/55 €, 7 € – **Rest** – (fermé lundi) Menu 18 € (sem.)/48 € – Carte 28/46 €
◆ Dans une charmante petite ville de la vallée de la Bruche, hôtel de style régional abritant des chambres déjà anciennes, mais bien tenues. Recettes alsaciennes en harmonie avec le cadre de la plaisante salle à manger. Grande terrasse fleurie.

NACONNE – 42 Loire – **327** E5 – **rattaché à Feurs**

NAINVILLE-LES-ROCHES – 91 Essonne – **312** D4 – **457 h.** – **alt. 77 m** –
✉ 91750 19 **C2**

Paris 49 – Boulogne-Billancourt 49 – Montreuil 50 – Saint-Denis 62

Le Clos des Fontaines sans rest VISA
3 r. de l'Église – ✆ 01 64 98 40 56 – soton@closdesfontaines.com – Fax 01 64 98 40 56
5 ch – 70/90 € 88/105 €
◆ Dans un vaste parc, ancien presbytère dont les chambres, très calmes, possèdent toutes un décor personnalisé. Petit-déjeuner gourmand servi dans une salle à manger contemporaine.

NAJAC – 12 Aveyron – **338** D5 – **744 h.** – **alt. 315 m** – ✉ **12270**
Midi-Pyrénées 29 **C1**

Paris 629 – Albi 51 – Cahors 85 – Gaillac 51 – Rodez 71 – Villefranche-de-Rouergue 20

Syndicat d'initiative, place du Faubourg ✆ 05 65 29 72 05, Fax 05 65 29 72 29

La Forteresse★ : ≤★.

Les Demeures de Longcol 20, VISA
6 km au Nord-Est par D 39 et D 638 – ✆ 05 65 29 63 36 – longcol@wanadoo.fr
– Fax 05 65 29 64 28
18 ch – 110/160 € 110/160 €, 15 € – ½ P 105/130 € – **Rest** – (fermé le midi en juil. août) (nombre de couverts limité, prévenir)
◆ Domaine au cachet médiéval inscrit dans un site bucolique rafraîchi par l'Aveyron. Chambres rustiques orientalisantes, jardin soigné et piscine-belvédère à débordement. Menu unique selon le marché, parfois teinté d'exotisme et privilégiant des produits "bio".

Le Belle Rive rest, P VISA MC

3 km au Nord-Ouest par D 39 – ☎ 05 65 29 73 90 – hotel.bellerive.najac@wanadoo.fr – Fax 05 65 29 76 88 – Ouvert 1er avril-31 oct. et fermé dim. soir en oct.

23 ch – 54/58 € 54/58 €, 9 € – ½ P 54/58 € – **Rest** – *(fermé dim. soir et lundi midi en oct.)* Menu (11 €), 20/49 € – Carte 35/44 €

♦ La même famille tient depuis 5 générations cet hôtel dominant les berges de l'Aveyron. Chambres à la décoration disparate, parfois mûrissantes mais refaites par étapes. Cuisine régionale servie en salle, dans la véranda ou sur la grande terrasse ombragée.

L'Oustal del Barry avec ch ch, rest,

pl. du Bourg – ☎ 05 65 29 74 32 15, VISA MC AE

– oustaldelbarry@wanadoo.fr – Fax 05 65 29 75 32 – Ouvert 1er avril-31 oct.

18 ch – 44/47 € 54/75 €, 9 € – ½ P 57/69 € – **Rest** – *(fermé mardi midi et lundi sauf de mi-juin à mi-sept.)* Menu (16 €), 19 € (déj. en sem.), 23/49 € bc – Carte 36/58 €

♦ Accueillante auberge officiant dans un beau village perché. Cadre rustique-bourgeois bien confortable et table actuelle généreuse, fidèle au terroir local. Chambres rénovées.

NALZEN – 09 Ariège – 343 I7 – rattaché à Lavelanet

NANCY P – 54 Meurthe-et-Moselle – 307 I6 – 103 605 h. – Agglo. 331 363 h. – alt. 206 m – ✉ 54000 Alsace Lorraine 26 B2

Paris 314 – Dijon 216 – Metz 57 – Reims 209 – Strasbourg 154

de Metz-Nancy-Lorraine : ☎ 03 87 56 70 00, par ⑥ : 43 km.

☎ 3635 (0,34 €/mn)

Office de tourisme, place Stanislas ☎ 03 83 35 22 41, Fax 03 83 35 90 10

de Nancy Pulnoy à Pulnoy 10 rue du Golf, par rte de Château-Salins et D 83 : 7 km, ☎ 03 83 18 10 18 ; de Nancy à Liverdun Aingeray, NO : 17 km par D 90, ☎ 03 83 24 53 87.

Place Stanislas★★★, Arc de Triomphe★ BY **B** - Place de la Carrière★ et Palais du Gouverneur★ BX **R** - Palais ducal★★ : musée historique lorrain★★★ - Église et Couvent des Cordeliers★ : gisant de Philippe de Gueldre★★ - Porte de la Craffe★ - Église N.-D.-de-Bon-Secours★ EX - Façade★ de l'église St-Sébastien - Musées : Beaux-Arts★★ BY **M3**, Ecole de Nancy★★ DX **M4**, aquarium tropical★ du muséum-aquarium CY **M8** - Jardin botanique du Montet★ DY.

Basilique★★ de St-Nicolas-de-Port par ② : 12 km.

Plans pages suivantes

Grand Hôtel de la Reine ch, ch,

2 pl. Stanislas – ☎ 03 83 35 03 01 40/60, VISA MC AE

– sales-nancy@concorde-hotels.com – Fax 03 83 32 86 04 BY **d**

42 ch – 145/295 € 145/295 €, 19 € – 2 suites

Rest *Stanislas* – *(fermé lundi du 1er avril au 31 oct., dim. sauf le midi du 1er avril au 31 oct. et sam. midi)* Menu (26 € bc), 43 € bc/62 € – Carte 69/83 €

♦ Marie-Antoinette logea dans ce pavillon du 18e s. abritant de belles chambres meublées en style Louis XV. Hauts plafonds, lustres en cristal de Baccarat, stucs dorés et boiseries peintes ornent le fastueux restaurant ouvert sur la célèbre place Stanislas.

Park Inn ch, 30/150, VISA MC AE

11 r. R. Poincaré – ☎ 03 83 39 75 75 – info.nancy@rezidorparkinn.com – Fax 03 83 32 78 17 AY **r**

192 ch – 99/139 € 99/139 €, 12,50 €

Rest *Le Rendez Vous* – *(fermé août, 15-31 déc., sam. midi, dim. midi et midi fériés)* Menu 21/28 € – Carte 32/42 €

♦ Hôtel bénéficiant d'un emplacement privilégié, au cœur du quartier des affaires et à proximité immédiate du centre historique. Chambres spacieuses et confortables, complètement équipées. Salle à manger sobre et actuelle, ceinte de larges baies diffusant une douce lumière.

JARVILLE-LA-MALGRANGE

République (R. de la) ...... EX 76

LAXOU

Europe (Av. de l') .... DX 32
Poincaré (R. R.) .... DX 71
Résistance (Av. de la) .... CV 78
Rhin (Av. du) .... CV 79

NANCY

Adam (R. Sigisbert) .... BX 2
Albert-1er (Bd) .... DV 3
Anatole-France (Av.) .... DV 6
Armée-Patton (R.) .... DV 7
Auxonne (R. d') .... DV 8
Barrès (R. Maurice) .... CY 10
Bazin (R. H.) .... CY 13
Benit (R.) .... BY 14
Blandan (R. du Sergent) .... DX 15
Braconnot (R.) .... BX 19
Carmes (R. des) .... BY 20
Chanoine-Jacob (R.) .... AX 23
Chanzy (R.) .... AY 24
Cheval-Blanc (R. du) .... BY 25
Clemenceau (Bd G.) .... EX 26
Craffe (R. de la) .... AX 27
Croix de Bourgogne (Espl.) . AZ 28
Dominicains (R. des) ...... BY 29
Erignac (R. C.) .... BY 31
La-Fayette (Pl. de) .... BY 47
Foch (Av.) .... DV 34
Gambetta (R.) .... BY 36
Gaulle (Pl. Gén.-de) .... BX 37
Grande-Rue .... BXY
Haussonville (Bd d') .... DX 38
Haut-Bourgeois (R.) .... AX 39
Héré (R.) .... BY 40
Ile de Corse (R. de l') .... CY 41
Jeanne-d'Arc (R.) .... DEX 44
Jean-Jaurès (Bd) .... EX 43
Keller (R. Ch.) .... AX 46
Linnois (R.) .... EX 49
Louis (R. Baron) .... AXY 50
Loups (R. des) .... AX 51
Majorelle (R. Louis) .... DX 52
Mazagran (R.) .... AY 54
Mengin (Pl. Henri) .... BY 55
Mgr-Ruch (Pl.) .... CY 63
Molitor (R.) .... CZ 60
Monnaie (R. de la) .... BY 62
Mon-Désert (R. de) .... ABZ 61
Mouja (R. du Pont) .... BY 64
Nabécor (R. de) .... EX 65
Oudinot (R. Maréchal) .... EX 68
Poincaré (R. H.) .... AY 69
Poincaré (R. R.) .... AY 70
Point-Central .... BY 72
Ponts (R. des) .... BYZ 73
Primatiale (R. de la) .... CY 74

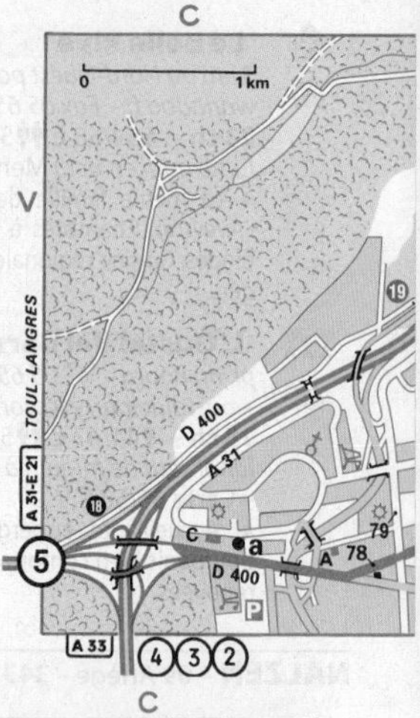

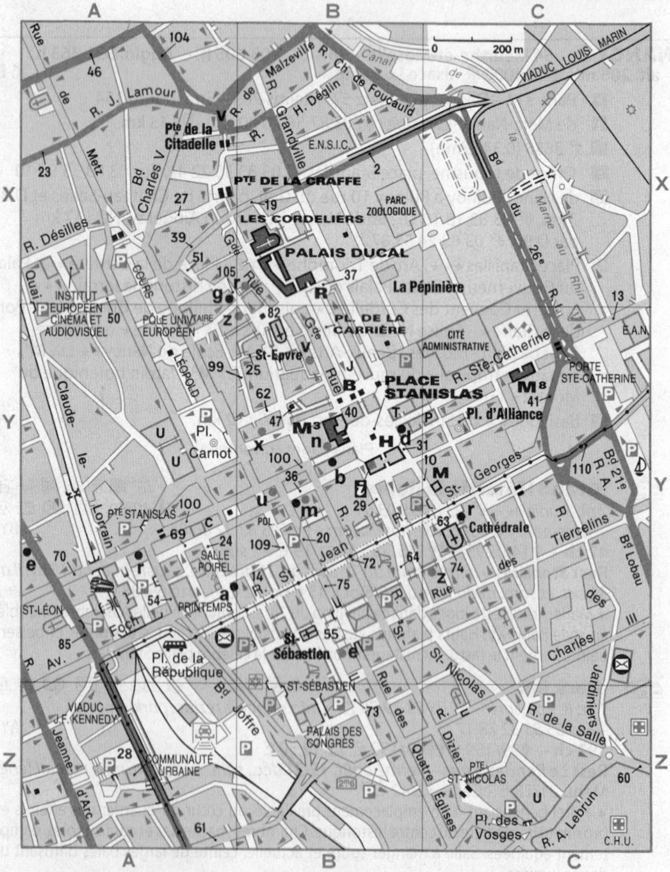

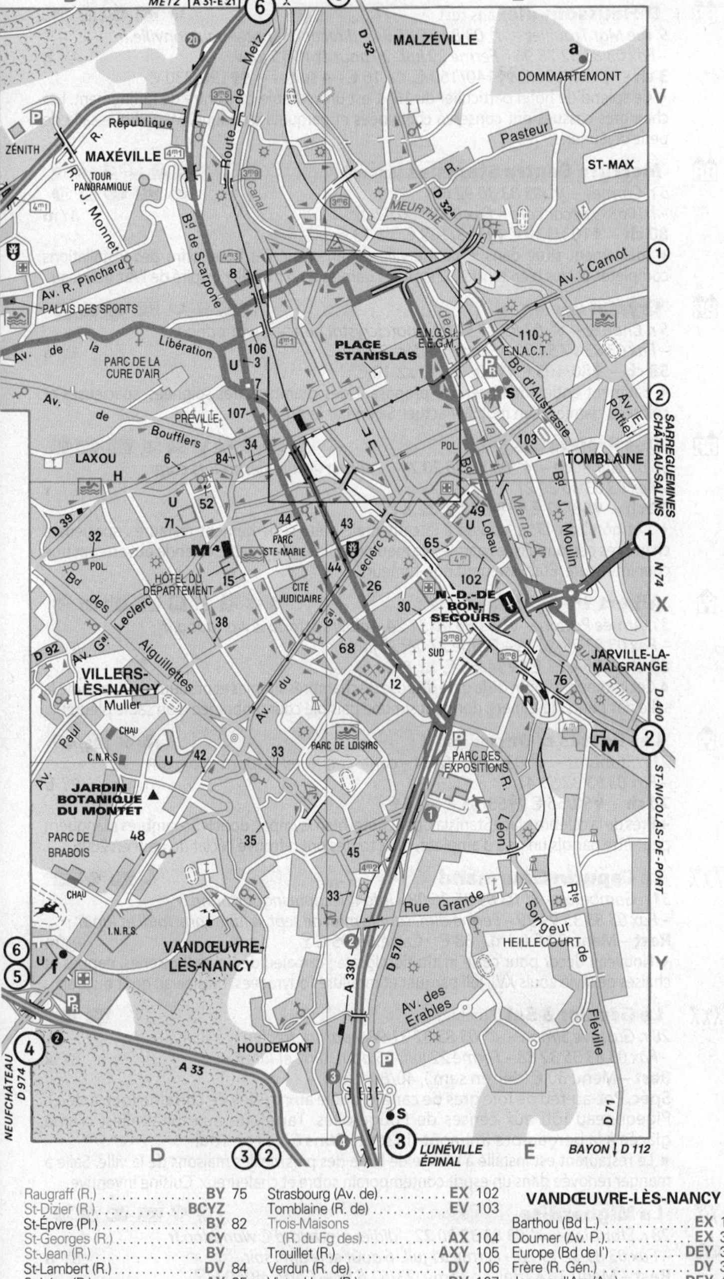

Raugraff (R.)	BY	75
St-Dizier (R.)	BCYZ	
St-Épvre (Pl.)	BY	82
St-Georges (R.)	CY	
St-Jean (R.)	BY	
St-Lambert (R.)	DV	84
St-Léon (R.)	AY	85
Source (R. de la)	AY	99
Stanislas (R.)	BY	100
Strasbourg (Av. de)	EX	102
Tomblaine (R. de)	EV	103
Trois-Maisons (R. du Fg des)	AX	104
Trouillet (R.)	AXY	105
Verdun (R. de)	DV	106
Victor-Hugo (R.)	DV	107
Visitation (R. de la)	BY	109
XXe-Corps (Av. du)	EV	110

VANDŒUVRE-LÈS-NANCY

Barthou (Bd L.)	EX	12
Doumer (Av. P.)	EX	30
Europe (Bd de l')	DEY	33
Frère (R. Gén.)	DY	35
Jeanne-d'Arc (Av.)	DEY	45
Jean-Jaurès (Av.)	DXY	42
Leclerc (Av. Gén.)	DY	48

D'Haussonville sans rest VISA AE
9, rue Mgr Trouillet – ☎ 03 83 35 85 84 – direction@hotel-haussonville.fr – Fax 03 83 32 78 96 – Fermé 29 juil.-20 août et 1er-15 janv. AX **g**
3 ch – †140/160 € ††140/160 €, ☕ 16 € – 4 suites – ††190/230 €
◆ Ce splendide hôtel particulier du 16e s. est un véritable concentré de raffinement. Les chambres cossues ont conservé cheminées et parquets d'époque. Magnifique salle de petit-déjeuner.

Mercure Centre Stanislas sans rest 18/35, VISA AE
5 r. Carmes – ☎ 03 83 30 92 60 – h1068@accor.com – Fax 03 83 30 92 92 BY **m**
80 ch – †103/139 € ††113/169 €, ☕ 13 €
◆ Idéalement situé dans le centre-ville commerçant, cet hôtel offre des installations complètes et très bien tenues. Chambres garnies d'un mobilier inspiré de l'Art nouveau.

Crystal sans rest AC VISA AE
5 r. Chanzy – ☎ 03 83 17 54 00 – hotelcrystal.nancy@wanadoo.fr – Fax 03 83 17 54 30 – Fermé 24 déc.-2 janv. AY **a**
58 ch – †80/105 € ††90/120 €, ☕ 10 €
◆ Bâtiment entièrement rénové proposant des chambres très soignées, spacieuses et colorées, garnies d'un mobilier actuel. Salon-bar feutré.

Des Prélats sans rest 50, VISA AE
56 pl. Mgr Ruch – ☎ 03 83 30 20 20 – contact@hoteldesprelats.com – Fax 03 83 30 20 21 CY **r**
42 ch – †68/72 € ††84/92 €, ☕ 8 €
◆ Cet hôtel du 17e s. adossé à la cathédrale a été superbement restauré : spacieuses chambres personnalisées garnies de meubles chinés et agréable véranda ouverte sur une cour intérieure. Établissement non-fumeurs.

Albert 1er-Astoria sans rest 20, P VISA AE
3 r. Armée Patton – ☎ 03 83 40 31 24 – albert.astoria@wanadoo.fr – Fax 03 83 28 47 78 – Fermé 27 déc.-2 janv. AY **e**
83 ch – †54/68 € ††54/68 €, ☕ 8 €
◆ Cet immeuble voisin de la gare dispose de chambres simples et pratiques qui, comme la salle des petits-déjeuners, donnent sur une paisible cour ombragée d'un saule pleureur.

Les Portes d'Or sans rest VISA
21 r. Stanislas – ☎ 03 83 35 42 34 – contact@hotel-lesportesdor.com – Fax 03 83 32 51 41 BY **b**
20 ch – †50/55 € ††55/65 €, ☕ 6 €
◆ Près de la célèbre place Stanislas, petit hôtel bien "sympa", dont les chambres manquent peut-être parfois un peu d'ampleur, mais toutes ont retrouvé l'éclat du neuf en 2006.

XXX **Le Capucin Gourmand** VISA AE
31 r. Gambetta – ☎ 03 83 35 26 98 – info@lecapucingourmand.fr – Fax 03 83 35 99 29 – Fermé dim. sauf le midi de sept. à juin, sam. midi et lundi
Rest – Menu 32 € (sem.)/68 € – Carte 69/95 € BY **m**
◆ Nouveau décor pour cette institution locale : camaïeu de beige (boiseries, nappes et chaises de style Louis XV), joli parquet et moulures ouvragées. Cuisine au goût du jour.

XXX **Le Grenier à Sel** (Frechin) VISA
28 r. Gustave Simon – ☎ 03 83 32 31 98 – patrick.frechin@free.fr – Fax 03 83 35 32 88 – Fermé 22 juil.-15 août, dim. et lundi BY **x**
Rest – Menu 30 € (déj. en sem.), 40/60 €
Spéc. Pot-au-feu de foie gras de canard poêlé aux truffes de Lorraine (oct. à déc.). Pigeonneau rôti aux cerises de Fougerolles. Tartelette aux mirabelles, crème glacée à la bergamote (mi-août-fin sept.). **Vins** Côtes de Toul
◆ Le restaurant est installé à l'étage de l'une des plus vieilles maisons de la ville. Salle à manger rénovée dans un esprit contemporain sobre et chaleureux. Cuisine inventive.

XX **La Mignardise** VISA AE
28 r. Stanislas – ☎ 03 83 32 20 22 – didier.metzelard@wanadoo.fr – Fax 03 83 32 19 20 – Fermé 31 juil.-6 août et le dim. soir BY **n**
Rest – Menu 16 € (déj. en sem.), 23/57 € bc – Carte 48/60 €
◆ Murs couleur brique, sobre mobilier moderne, bel éclairage étudié : un décor contemporain épuré et élégant, réalisé par un designer nancéien. Cuisine créative à base d'épices.

Les Agaves

2 r. Carmes – ✆ 03 83 32 14 14 – Fax 03 83 37 13 31 – Fermé 5-26 août, vacances de fév., lundi soir, merc. soir et dim. BY **u**

Rest – Menu 23 € – Carte 35/51 €

◆ Deux salles, deux "looks" : cadre actuel ou décor provençal égayé de photos des années 1950. La cuisine associe inspirations italiennes et saveurs du Sud ; vins transalpins.

Les Petits Gobelins

18 r. Primatiale – ✆ 03 83 35 49 03 – Fax 03 83 37 41 49 – Fermé 9-15 avril, 13-19 août, dim. et lundi CY **z**

Rest – Menu 22 € (sem.)/60 € – Carte 42/69 €

◆ Chaleureux restaurant (non-fumeurs) aménagé dans une maison du 18e s. bordant une rue piétonne. Le cadre est moderne et soigné, à l'image de l'agréable salon feutré. Belle carte des vins.

La Toque Blanche

1 r. Mgr Trouillet – ✆ 03 83 30 17 20 – restaurant@latoqueblanche.fr – Fax 03 83 32 60 24 – Fermé vacances de Pâques, 23 juil.-13 août, vacances de fév., dim. soir et lundi ABY **z**

Rest – Menu (17 €), 24/65 € – Carte 54/72 €

◆ Au cœur de la vieille ville, restaurant familial abritant deux salles à manger à l'ambiance intime, dont une égayée par une fresque représentant Arlequin.

V Four

10 r. St-Michel – ✆ 03 83 32 49 48 – lepicurien5@wanadoo.fr – Fax 03 83 32 49 48 – Fermé 10-19 sept., 4-12 fév., dim. soir et lundi BX **r**

Rest – *(nombre de couverts limité, prévenir)* Menu (16 €), 24/35 € – Carte 46/55 €

◆ Minuscule salle de style bistrot contemporain et cuisine au goût du jour soignée : cette adresse conviviale, située dans une petite rue piétonne, connaît un franc succès.

Chez Tanésy "Le Gastrolâtre"

23 Grande Rue – ✆ 03 83 35 51 94 – Fax 03 83 36 67 29 – Fermé 1er-10 avril, 26 août-11 sept., dim. et lundi BY **v**

Rest – Menu 22 € (déj. en sem.), 30/40 € – Carte 43/57 €

◆ Atmosphère "bistrot" dans ce petit restaurant fréquenté par les Nancéiens. On s'y presse pour déguster une cuisine qui, comme le patron, ne manque pas de caractère.

Les Pissenlits

25 bis r. Ponts – ✆ 03 83 37 43 97 – pissenlits@wanadoo.fr – Fax 03 83 35 72 49 – Fermé dim. et lundi BY **e**

Rest – Menu 16/32 € bc – Carte 24/37 €

Rest *Vins et Tartines* – bar à vins *(fermé 1er-15 août)* Carte 17/30 €

◆ Chaleureuse ambiance, vieux meubles lorrains, copieuse cuisine régionale énoncée sur tableau noir et service à guichets fermés caractérisent ce restaurant familial. Bar à vins dans une ancienne chapelle : tartines chaudes ou froides et vins choisis par la patronne.

Chez Lize

52 r. H. Déglin – ✆ 03 83 30 36 26 – Fax 03 83 30 18 93 – Fermé 16 juil.-20 août, 31 déc.-7 janv., sam. midi, dim. soir et lundi AX **v**

Rest – Menu 20 €

◆ Restaurant aménagé dans un ancien bar. La salle à manger présente le cadre rustique approprié pour servir des spécialités régionales où l'Alsace l'emporte sur la Lorraine.

Les Nouveaux Abattoirs

4 bd Austrasie – ✆ 03 83 35 46 25 – Fax 03 83 35 13 64 – Fermé sam. midi, dim. et fériés EV **s**

Rest – Menu 17/29 € – Carte 20/53 €

◆ Adresse restée fidèle au charme des années 1960 dans le quartier des "anciens-nouveaux" abattoirs. Cuisine traditionnelle mettant les viandes à l'honneur.

à Dommartemont – 630 h. – alt. 299 m – ✉ 54130

XXX **La Ferme Sainte Geneviève - L'Ermitage** VISA

2 chemin Pain de Sucre – ☎ 03 83 29 99 81 – Fermé 29 oct.-11 nov., 24 déc.-3 janv., 18 fév.-2 mars, dim. soir, merc. soir et lundi EV **a**

Rest – *(nombre de couverts limité, prévenir)* Menu 40/75 € – Carte 47/97 €

Rest *Le Bistrot* – Menu 16 € (sem.)/26 € – Carte 23/40 €

◆ Sur les hauteurs de la ville, cette maison en pierre sert une cuisine actuelle soignée dans un cadre feutré, résolument contemporain. L'été, la fraîche terrasse est un paradis. Plats régionaux et traditionnels à découvrir dans le décor "tout bois" du Bistrot.

à Jarville-la-Malgrange – 9 746 h. – alt. 210 m – ✉ 54140

X **Les Chanterelles** VISA

27 av. Malgrange – ☎ 03 83 51 43 17 – Fax 03 83 51 43 17 – Fermé 15-31 août, dim. sauf le midi d'oct. à mai et lundi EX **n**

Rest – Menu 18 € (sem.)/45 € – Carte 32/50 €

◆ Établissement bâti à quelques centaines de mètres du musée de l'Histoire du fer. Une sculpture moderne égaie la petite salle à manger où l'on sert une cuisine traditionnelle.

à Houdemont – 2 375 h. – alt. 270 m – ✉ 54180

Novotel Nancy Sud ch, 25/120, VISA AE

près centre commercial – ☎ 03 83 56 10 25 – h0408@accor.com – Fax 03 83 57 62 20 EY **s**

86 ch – 106/122 € 116/132 €, 12 € – **Rest** – Menu 25 € (sem.)/39 € – Carte 18/36 €

◆ Situé en contrebas de l'autoroute, un Novotel de la première génération, entièrement refait dans l'esprit "dernier cri" de la chaîne. Confort, modernité et espace. Salle de restaurant actuelle prolongée d'une terrasse au bord de la piscine.

à Flavigny-sur-Moselle 16 km par ③ et A 330 – 1 636 h. – alt. 240 m – ✉ 54630

XXX **Le Prieuré** (Roy) avec ch 20, VISA AE

– ☎ 03 83 26 70 45 – rjoelroy@aol.com – Fax 03 83 26 75 51 – Fermé 1er-8 mai, 20 août-5 sept., 30 déc.-6 janv., 18-29 fév., dim. soir, merc. soir et lundi

4 ch – 117 € 117 €, 12 € – **Rest** – Menu 46 € (sem.)/79 € – Carte 69/92 €

Spéc. Sauté de langoustines et foie gras chaud. Quiche de lotte au vinaigre d'échalote. Assiette mirabelles.

◆ Façade modeste dissimulant une grande salle à manger où meubles lorrains, étains et cheminée créent l'intimité. Cuisine actuelle où le poisson est roi. Chambres spacieuses.

à Vandoeuvre-lès-Nancy – 32 048 h. – alt. 300 m – ✉ 54500

Cottage-Hôtel rest, ch, 40, VISA AE

4 allée de Bourgogne – ☎ 03 83 44 69 00 – reservation@cottage.com – Fax 03 83 44 06 14 – Fermé 1er-15 août, 25 déc.-1er janv.

55 ch – 46/52 € 46/52 €, 7 € – ½ P 43 € – **Rest** – *(fermé dim. soir)* Menu 13/22 € – Carte 23/36 €

◆ Chambres fonctionnelles réparties dans des bâtiments récents, près de l'hippodrome. Le bar et le salon affichent un style colonial discret. Cuisine traditionnelle simple, goûteuse et généreuse, à découvrir dans une jolie salle à manger-véranda.

à Méréville 16 km par ③, A 330, D 570 et D 115 – 1 349 h. – alt. 250 m – ✉ 54850

La Maison Carrée 25/80, VISA AE

12 r. du Bac – ☎ 03 83 47 09 23 – hotel@maisoncarree.com – Fax 03 83 47 50 75 – Fermé 23 déc.-7 janv. et dim. soir de nov. à mars

23 ch – 65/68 € 78/86 €, 8,50 € – ½ P 66/68 € – **Rest** – *(fermé 26-30 déc., dim. soir et lundi)* Menu 21 € (sem.)/60 € – Carte 30/54 €

◆ Hôtel dont les chambres, réaménagées en 2006, donnent côté piscine, jardin et Moselle ; celles du 1er étage ont un balcon. Salle des petits-déj' dotée de beaux meubles bretons. À 100 m, restaurant logé dans une ex-maison de passeur d'eau. Terrasse riveraine.

à Neuves-Maisons **14 km par ④ – 6 849 h. – alt. 230 m – ✉ 54230**

XX **L'Union** VISA MC AE

1 imp. A. Briand – ✆ 03 83 47 30 46 – Fax 03 83 47 33 42 – Fermé 16-31 juil., dim. soir, lundi et mardi

Rest – Menu 20/36 € – Carte 35/46 € ♀

◆ Restaurant installé dans une jolie petite maison colorée, autrefois café du village. Les deux salles à manger, dont une terrasse couverte, sont d'une agréable simplicité.

NANS-LES-PINS – 83 Var – 340 J5 – 3 159 h. – alt. 380 m – ✉ 83860 40 B3

Paris 794 – Aix-en-Provence 44 – Brignoles 26 – Marseille 42 – Toulon 71

Office de tourisme, 2 cours Général-de-Gaulle ✆ 04 94 78 95 91, Fax 04 94 78 60 07

de la Sainte-Baume "La Mouchouane", N : 4 km par D 80, ✆ 04 94 78 60 12.

Domaine de Châteauneuf ch, ch, rest, rest, 20/30, P P VISA MC AE

Nord : 3 km sur N 560 – ✆ 04 94 78 90 06 – chateauneuf@relaischateaux.com – Fax 04 94 78 63 30 – Ouvert 31 mars-4 nov.

29 ch – 120/370 € 150/370 €, 19 € – 1 suite – ½ P 140/380 € –

Rest – *(fermé le midi en sem.)* Menu 47 € (déj.), 50/58 € – Carte 53/70 € ♀

◆ Napoléon 1er aurait séjourné dans cette demeure du 18e s. entourée d'un parc situé au coeur d'un golf. Chambres de style décorées avec goût. Fresques dans l'un des salons. Élégant cadre classique dans la salle de restaurant et terrasse sous les frondaisons.

XX **Château de Nans** avec ch P VISA MC AE

sur D 560 à 3 km (rte d'Auriol) – ✆ 04 94 78 92 06 – info@chateau-de-nans.com – Fax 04 94 78 60 46 – Hôtel : ouvert 1er avril-1er oct., rest : fermé 26 nov.-3 déc., 15 fév.-15 mars, mardi sauf juil.-août et lundi

5 ch – 107 € 122/183 € – **Rest** – Menu 48/59 € – Carte environ 49 €

◆ Cuisine à l'accent chantant, potager aux senteurs méridionales et jolie salle à manger-véranda. Castel du 19e s. joliment restauré face au golf de la Ste-Baume. Agréables chambres personnalisées ; celles de la tour sont originales. Terrain de pétanque.

NANTERRE – 92 Hauts-de-Seine – 311 J2 – 101 14 – voir Paris, Environs

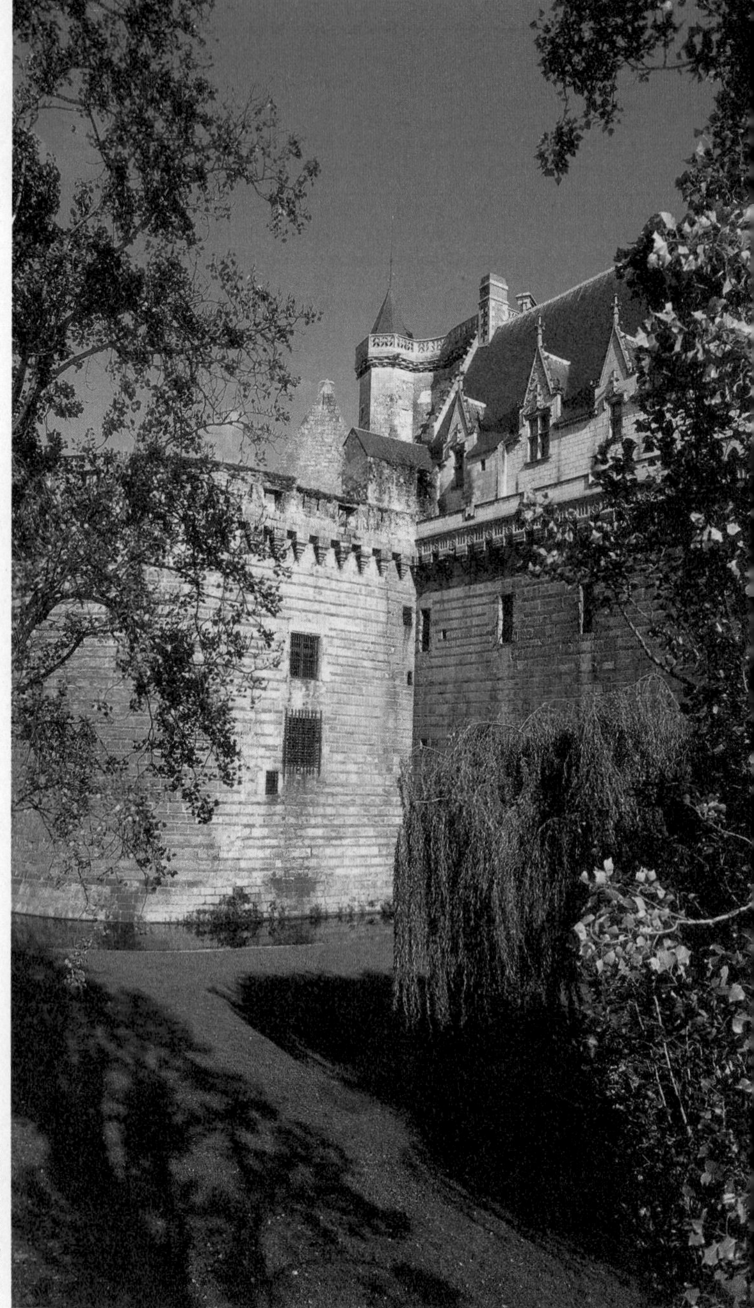
A. Le Bot/PHOTONONSTOP

Le château des Ducs

NANTES

P **Département :** 44 Loire-Atlantique 34 **B2**
Carte Michelin LOCAL : n° **316** G4
Paris 381 – Angers 88 – Bordeaux 325 – Quimper 233 – Rennes 109
Population : 270 251 h
Pop. agglomération : 544 932 h
Altitude : 8 m – **Code Postal :** ✉ 44000
Bretagne

RENSEIGNEMENTS PRATIQUES

Office de tourisme

3 cours Olivier de Clisson et pl. St-Pierre ✆ 0 892 464 044, Fax 02 40 89 11 99, office@nantes-tourisme.com

Transports

Auto-train ✆ 3635 (0,34 €/mn)

Aéroport

International Nantes-Atlantique ✆ 02 40 84 80 00, par D 85 : 8,5 km **BX**

LOISIRS

Quelques golfs

- 18 de Nantes Erdre, Chemin du Bout des Landes N : 6 km par D 69, ✆ 02 40 59 21 21 ✉ 44000 **BV**
- 18 de Carquefou, Boulevard de l'Epinay N : 9 km par D 337, ✆ 02 40 52 73 74 ✉ 44470 à Carquefou **DV**
- 18 de Nantes, RD 81 NO : par D965 et D 81 : 16 km, ✆ 02 40 63 25 82 ✉ 44360 à Vigneux-de-Bretagne **AV**

A VOIR

SOUVENIRS DES DUCS DE BRETAGNE

Château★★ : tour de la Couronne d'Or★★, puits★★ **HY** - Intérieur★★ de la Cathédrale St-Pierre-et-St-Paul : tombeau de François II★★ , cénotaphe de Lamoricière★ **HY**

NANTES DU 18e S.

Ancienne île Feydeau★ **GZ**

LA VILLE DU 19e S.

Passage Pommeraye★ **GZ** 150 - Quartier Graslin★ **FZ**- Cours Cambronne★ **FZ**- Jardin des Plantes★ **HY**

MUSÉES

Musée des Beaux-Arts★★ **HY** - Muséum d'histoire naturelle★★ **FZ** M^4 - Musée Dobrée★ **FZ** - Musée archéologique★M^3 - Musée Jules-Verne★ **BX** M^1

Grand Hôtel Mercure ch, ch, cuisinette
4 r. Couëdic – 02 51 82 10 00 15/100, VISA AE
– H1985@accor.com – Fax 02 51 82 10 10 p. 7 GZ **m**
152 ch – 87/175 € 97/185 €, 14 € – 10 suites – **Rest** – *(fermé dim.)* Menu 16/30 €
♦ Belle façade du 19e s., hall sous verrière, piano-bar "cosy" et chambres garnies de meubles de style Art déco et de photos évoquant les voyages. Au restaurant, décor de bistrot contemporain, cuisine ad hoc et sélection de vins au verre.

La Pérouse sans rest VISA AE
3 allée Duquesne – 02 40 89 75 00 – information@hotel-laperouse.fr
– Fax 02 40 89 76 00 p. 7 GY **k**
46 ch – 69/139 € 79/149 €, 12,50 €
♦ Architecture d'avant-garde, décor contemporain, mobilier design volontairement "minimaliste" : cet hôtel au style très épuré ne vous laissera pas indifférent.

Novotel Cité des Congrès ch, ch, ch,
3 r. Valmy – 02 51 82 00 00 18, VISA AE
– h1571@accor.com – Fax 02 51 82 07 40 p. 7 HZ **t**
103 ch – 76/135 € 90/135 €, 13 € – 2 suites – **Rest** – Carte 22/27 €
♦ L'hôtel jouxte la Cité des Congrès. Grandes chambres rénovées ; certaines offrent un joli coup d'œil sur le canal St-Félix. Coin jeux pour enfants. Au restaurant, grill visible de tous, carte "Novotel" et suggestions du jour.

Mercure Île de Nantes ch, ch, 15/70,
15 bd A. Millerand 44200 – 02 40 95 95 95 P VISA AE
– H0555@accor.com – Fax 02 40 48 23 83 – Fermé 24-31 déc. p. 5 CX **a**
100 ch – 80/135 € 90/145 €, 14 € – **Rest** – *(fermé vend. soir, sam., dim. et fériés)* Menu (17 €), 24 € bc – Carte 28/37 €
♦ Hôtel des années 1970 dont le décor rend hommage à Jules Vernes (nombreuses gravures illustrant ses romans). Chambres spacieuses ; la moitié offre une vue sur la Loire. Esprit "Nautilus" et cuisine traditionnelle au restaurant ; bar à vins.

Holiday Inn Garden Court ch, rest, ch, rest,
1 bd Martyrs Nantais 44200 15/30, VISA AE
– 02 40 47 77 77 – holiday.inn.nantes@wanadoo.fr
– Fax 02 40 47 36 52 p. 7 HZ **v**
108 ch – 101/105 € 108/111 €, 13,50 € – **Rest** – *(fermé 24 déc.-6 janv., sam. midi et dim. midi)* Menu (17 €), 20/27 € – Carte 28/45 €
♦ Hôtel de chaîne situé sur l'île de Nantes, au pied du tramway. Certaines chambres donnent sur la Loire ; toutes sont spacieuses et disposent de grands lits. Confortable salle à manger contemporaine. En saison, service sous l'ombrage d'une pergola.

L'Hôtel sans rest VISA AE
6 r. Henri IV – 02 40 29 30 31 – lhotel@mageos.com – Fax 02 40 29 00 95
– Fermé 24 déc.-1er janv. p. 7 HY **z**
31 ch – 72/90 € 79/90 €, 8,50 €
♦ Chambres actuelles tournées vers le château ou, plus au calme, sur le jardin ; certaines bénéficient de terrasses. Salle des petits-déjeuners originale et moderne.

Jules Verne sans rest VISA AE
3 r. Couëdic – 02 40 35 74 50 – hoteljulesverne@wanadoo.fr – Fax 02 40 20 09 35
65 ch – 45/90 € 69/99 €, 10 € p. 7 GZ **h**
♦ À deux pas de la place Royale, établissement récent disposant de chambres contemporaines, sobres et soignées ; au dernier étage, elles ménagent une vue sur les toits nantais.

De France 15, P VISA AE
24 r. Crébillon – 02 40 73 57 91 – hoteldefrance.nantes@oceaniahotels.com
– Fax 02 40 69 75 75 p. 6 FZ **b**
73 ch – 89/115 € 91/115 €, 11 € – 1 suite – ½ P 75/85 € – **Rest** – *(fermé 23 juil.-19 août, 23 déc.-2 janv., sam. et dim.)* Menu (20 €), 23/33 € – Carte 28/40 €
♦ Hôtel particulier du 18e s. dont le porche est classé monument historique. Chambres de style Louis XVI ou Régence, parfois avec des commodes provenant du paquebot Pasteur. Un vaste hall sous verrière conduit à la salle à manger. Cuisine classique.

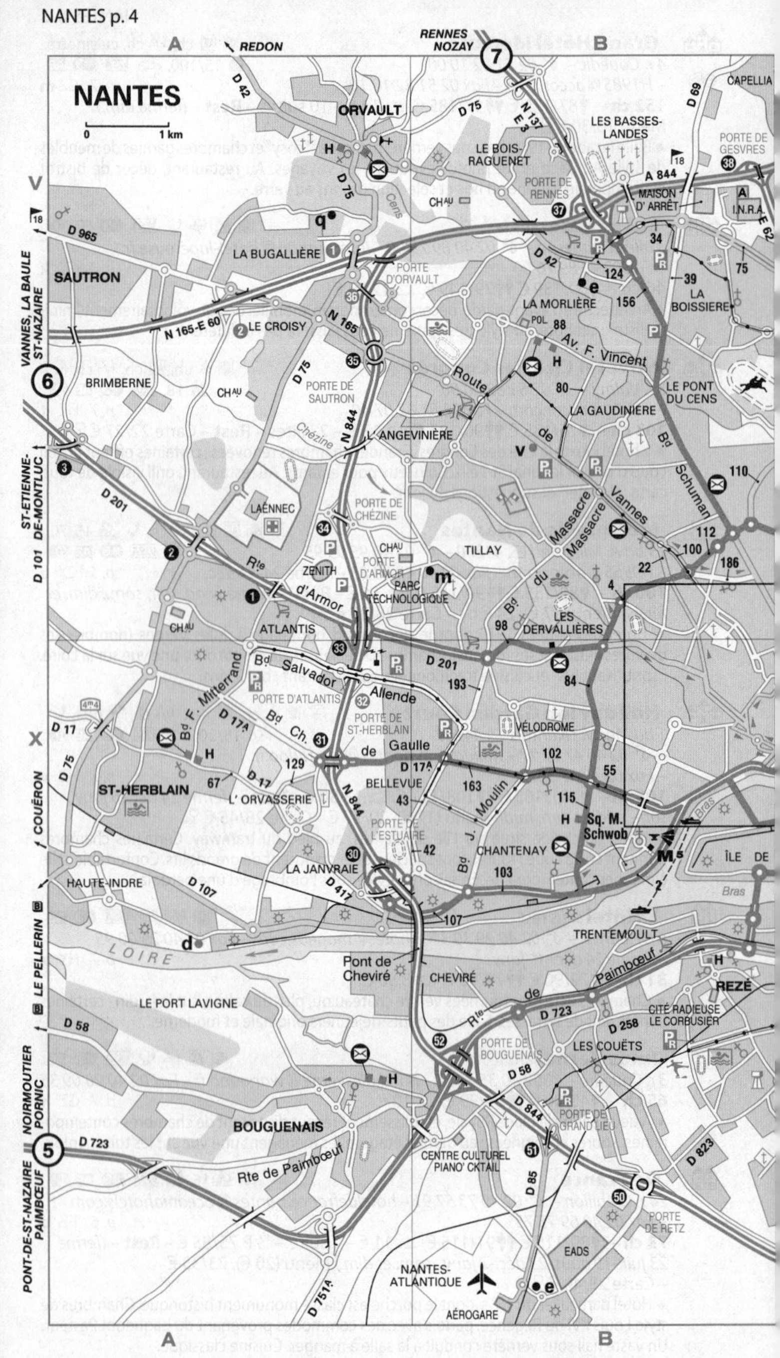
NANTES
0 1 km
A
B
V
X
REDON
RENNES NOZAY
7
ORVAULT
LES BASSES-LANDES
CAPELLIA
PORTE DE GESVRES
LE BOIS-RAGUENET
PORTE DE RENNES
MAISON D' ARRÊT
I.N.R.A.
A 844
N 137 E 3
SAUTRON
LA BUGALLIÈRE
PORTE D'ORVAULT
N 165-E 60
LE CROISY
N 165
LA MORLIÈRE
LA BOISSIÈRE
Av. F. Vincent
Route de Vannes
LE PONT DU CENS
VANNES, LA BAULE ST-NAZAIRE
6
BRIMBERNE
PORTE DE SAUTRON
N 844
L' ANGEVINIÈRE
LA GAUDINIÈRE
Bd Schuman
ST-ETIENNE-DE-MONTLUC
D 101
D 201
LAËNNEC
PORTE DE CHÉZINE
TILLAY
Massacre
ZENITH
PORTE D'ARMOR
PARC TECHNOLOGIQUE
Rte d'Armor
ATLANTIS
LES DERVALLIÈRES
Bd Salvador Allende
PORTE D'ATLANTIS
PORTE DE ST-HERBLAIN
Bd Ch. de Gaulle
VÉLODROME
Bd F. Mitterrand
ST-HERBLAIN
L' ORVASSERIE
BELLEVUE
Bd J. Moulin
Sq. M. Schwob
COUËRON
PORTE DE L'ESTUAIRE
LA JANVRAIE
CHANTENAY
HAUTE-INDRE
ÎLE DE
LE PELLERIN
LOIRE
Pont de Cheviré
CHEVIRÉ
TRENTEMOULT
Rte de Paimbœuf
REZÉ
LE PORT LAVIGNE
CITÉ RADIEUSE LE CORBUSIER
PORTE DE BOUGUENAIS
LES COUËTS
NOIRMOUTIER PORNIC
PORTE DE GRAND LIEU
BOUGUENAIS
5
PONT-DE-ST-NAZAIRE PAIMBŒUF
CENTRE CULTUREL PIANO' CKTAIL
Rte de Paimbœuf
PORTE DE RETZ
EADS
NANTES-ATLANTIQUE
AÉROGARE

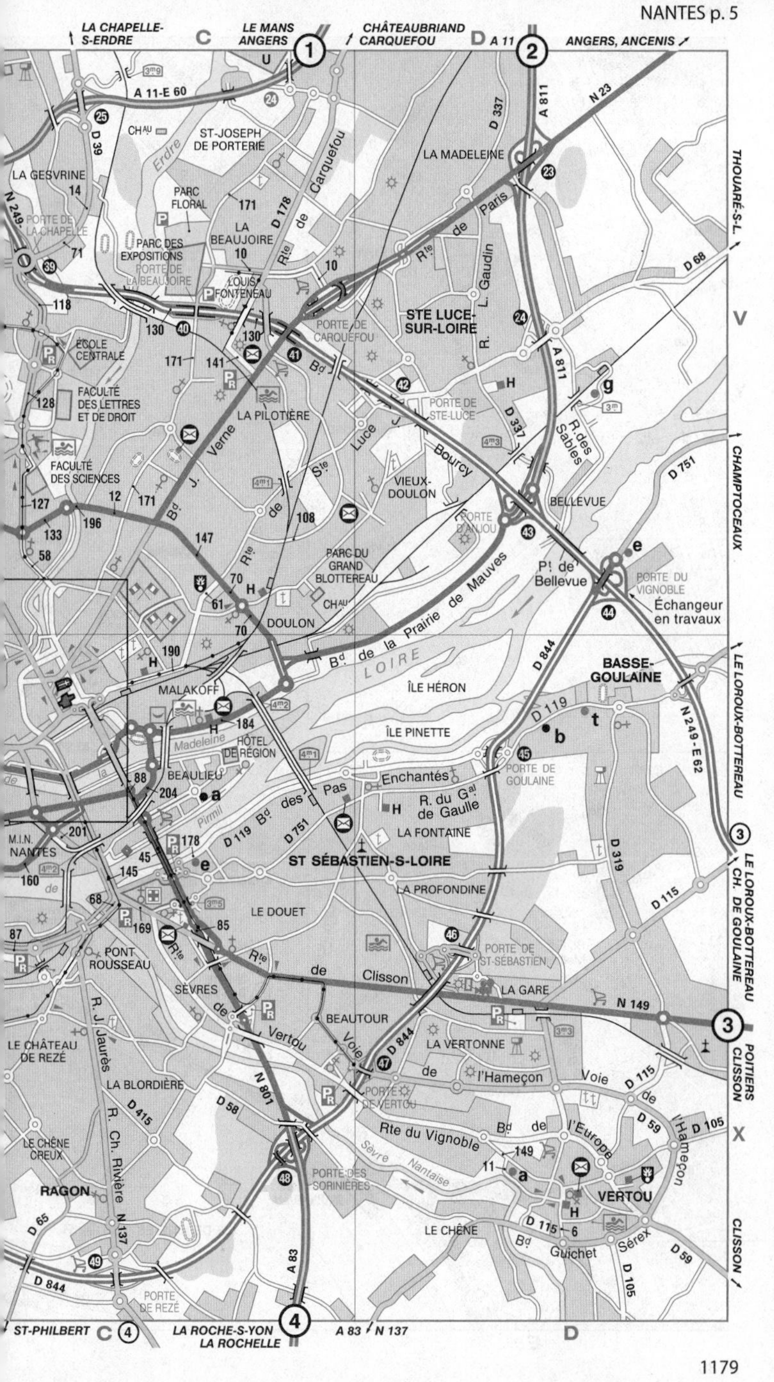
LA CHAPELLE-S-ERDRE
LE MANS ANGERS
CHÂTEAUBRIAND CARQUEFOU
A 11
ANGERS, ANCENIS
A 11-E 60
ST-JOSEPH DE PORTERIE
LA GESVRINE
PARC FLORAL
LA BEAUJOIRE
PARC DES EXPOSITIONS
PORTE DE LA BEAUJOIRE
PORTE DE LA CHAPELLE
LOUIS FONTENEAU
LA MADELEINE
Rte de Paris
STE LUCE-SUR-LOIRE
R. L. Gaudin
PORTE DE CARQUEFOU
THOUARÉ-S-L.
ÉCOLE CENTRALE
FACULTÉ DES LETTRES ET DE DROIT
FACULTÉ DES SCIENCES
LA PILOTIÈRE
Bd J. Verne
Rte de Ste Luce
PORTE DE STE-LUCE
Bd J. Bourcy
R. des Sables
VIEUX-DOULON
BELLEVUE
CHAMPTOCEAUX
PARC DU GRAND BLOTTEREAU
PORTE D'ANJOU
Bd de la Prairie de Mauves
Pt de Bellevue
PORTE DU VIGNOBLE
Échangeur en travaux
DOULON
LOIRE
MALAKOFF
ÎLE HÉRON
BASSE-GOULAINE
ÎLE PINETTE
HÔTEL DE RÉGION
BEAULIEU
Enchantés
PORTE DE GOULAINE
LE LOROUX-BOTTEREAU
R. du Gal de Gaulle
Bd des Pas
LA FONTAINE
M.I.N. NANTES
ST SÉBASTIEN-S-LOIRE
LA PROFONDINE
LE DOUET
LE LOROUX-BOTTEREAU CH. DE GOULAINE
PONT ROUSSEAU
PORTE DE ST-SÉBASTIEN
Rte de Clisson
LA GARE
SÈVRES
BEAUTOUR
Rte de Vertou
Voie
LA VERTONNE
l'Hameçon
LE CHÂTEAU DE REZÉ
R. J. Jaurès
LA BLORDIÈRE
PORTE DE VERTOU
POITIERS CLISSON
Bd de l'Europe
Rte du Vignoble
LE CHÊNE CREUX
Sèvre Nantaise
PORTE DES SORINIÈRES
RAGON
R. Ch. Rivière
VERTOU
LE CHÊNE
Bd Guichet
Sérex
CLISSON
PORTE DE REZÉ
ST-PHILBERT
LA ROCHE-S-YON LA ROCHELLE
A 83 N 137
N 249
N 23
A 811
D 337
D 178
D 39
D 68
D 751
D 844
D 119
N 249-E 62
D 319
D 115
N 149
N 801
D 415
D 58
D 59
D 105
D 65
N 137
A 83

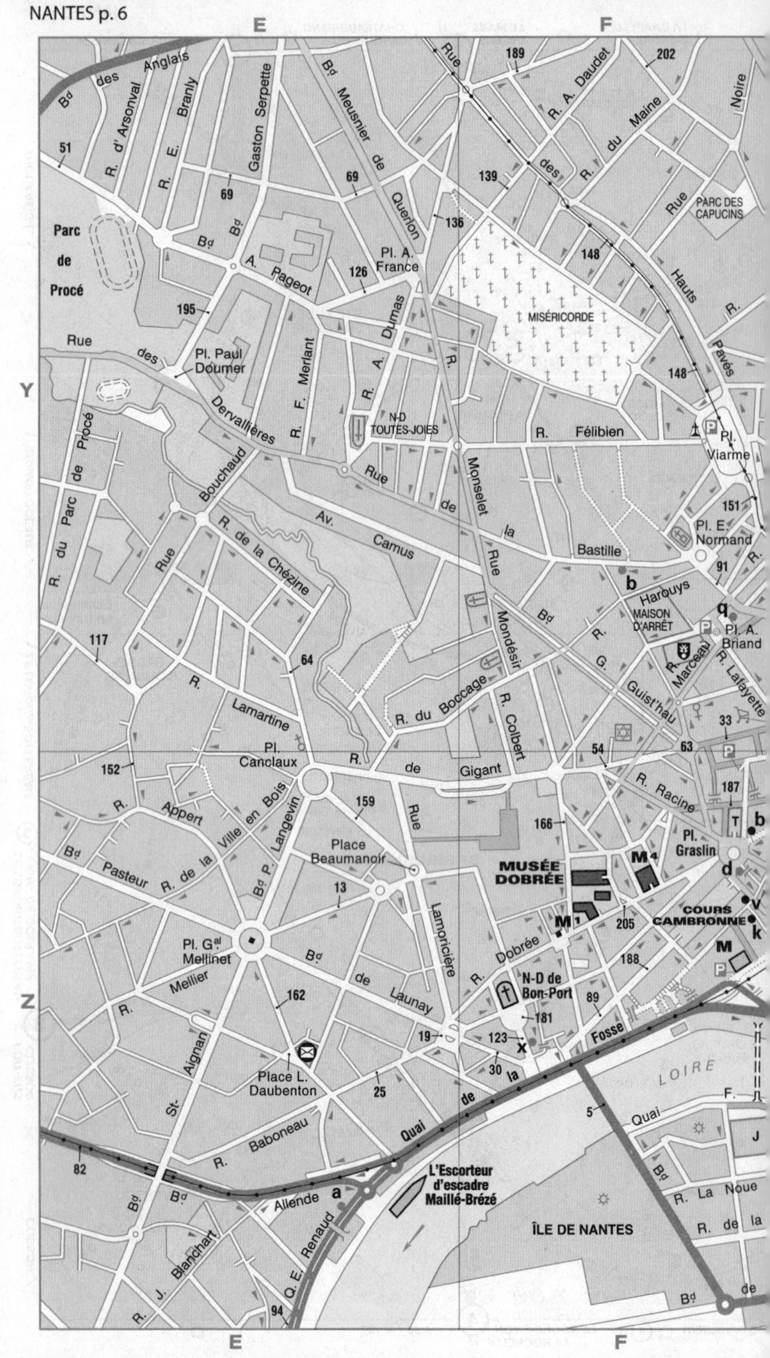
E
F
Bd des Anglais
R. d' Arsonval
R. E. Branly
Gaston Serpette
Bd Meusnier de Querlon
Rue des Hauts Pavés
R. A. Daudet
R. du Maine
Rue Noire
PARC DES CAPUCINS
Parc de Procé
Bd A. Pageot
Pl. A. France
MISÉRICORDE
Rue des Dervallières
Pl. Paul Doumer
R. F. Merlant
R. A. Dumas
N-D TOUTES-JOIES
R. Félibien
Pl. Viarme
Y
R. du Parc de Procé
Rue Bouchaud
Rue de la Bastille
Av. Camus
R. de la Chézine
Rue Monselet
Pl. E. Normand
Rue Mondésir
Harouys
MAISON D'ARRÊT
Pl. A. Briand
R. Marceau
R. Lafayette
Bd G. Guist'hau
R. Lamartine
R. du Boccage
R. Colbert
Pl. Canclaux
R. de Gigant
R. Racine
Pl. Graslin
R. Appert
R. de la Ville en Bois
Bd P. Langevin
Rue Lamoricière
Place Beaumanoir
MUSÉE DOBRÉE
COURS CAMBRONNE
Bd Pasteur
Pl. Gal Mellinet
Mellier
Bd de Launay
R. Dobrée
N-D de Bon-Port
Z
R. St-Aignan
Place L. Daubenton
Quai de la Fosse
LOIRE
Quai F.
R. Baboneau
L'Escorteur d'escadre Maillé-Brézé
Bd Allende
Q. E. Renaud
R. J. Blanchart
ÎLE DE NANTES
Bd R. La Noue
R. de la
Bd de
51
69
136
139
189
202
148
126
195
151
91
117
64
54
63
33
187
152
159
166
13
205
188
162
89
181
19
123
30
25
5
82
94
b
q
d
v
k
M
M4
M1
T
J
x
a

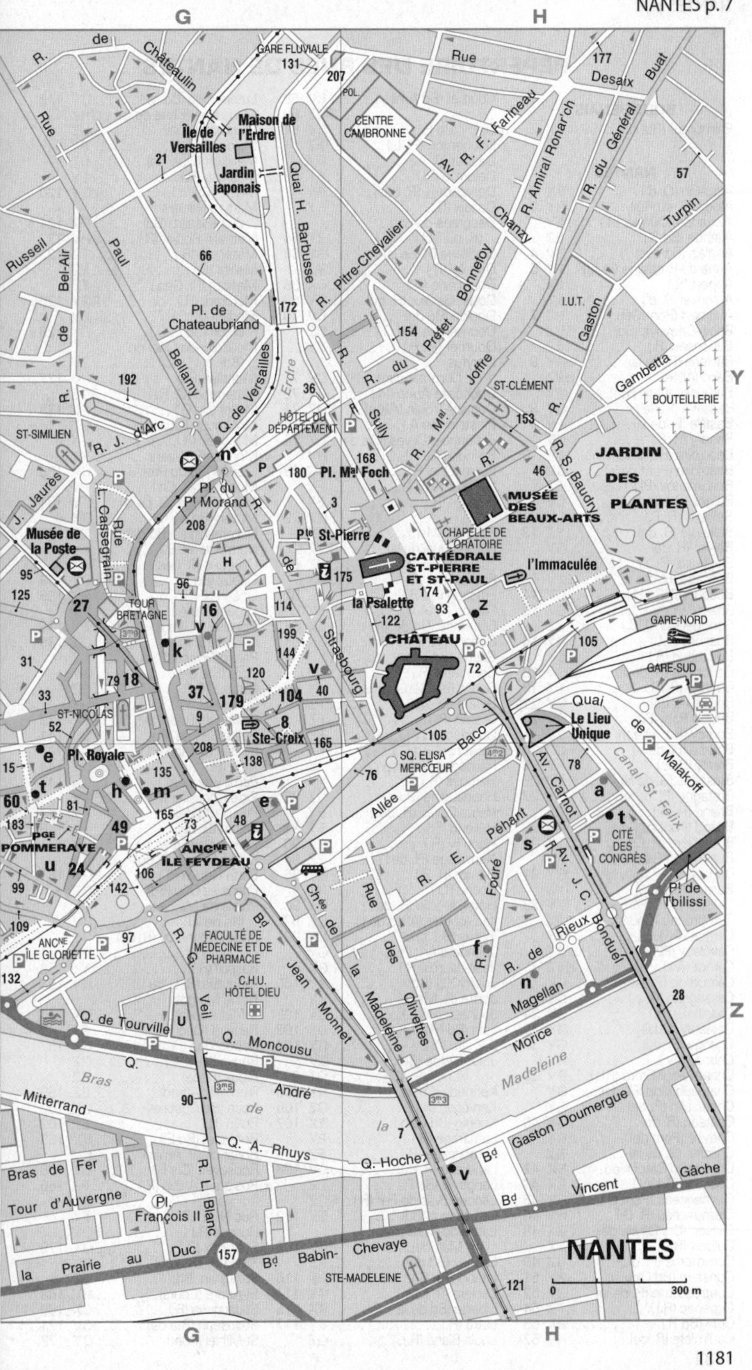
NANTES
JARDIN DES PLANTES
MUSÉE DES BEAUX-ARTS
CATHÉDRALE ST-PIERRE ET ST-PAUL
CHÂTEAU
Le Lieu Unique
Maison de l'Erdre
Île de Versailles
Jardin japonais
Musée de la Poste
Pl. Royale
Ste-Croix
la Psalette
Pl. Mal Foch
Pl. de Chateaubriand
HÔTEL DU DÉPARTEMENT
CENTRE CAMBRONNE
GARE FLUVIALE
GARE-NORD
GARE-SUD
CITÉ DES CONGRÈS
FACULTÉ DE MÉDECINE ET DE PHARMACIE
C.H.U. HÔTEL DIEU
ANCNE ÎLE FEYDEAU
ANCNE ÎLE GLORIETTE
PGE POMMERAYE
TOUR BRETAGNE
ST-NICOLAS
ST-SIMILIEN
ST-CLÉMENT
BOUTEILLERIE
STE-MADELEINE
SQ. ELISA MERCŒUR
CHAPELLE DE L'ORATOIRE
l'Immaculée
Pl. François II
Pl de Tbilissi
Q. de Versailles
Quai H. Barbusse
R. Pitre-Chevalier
Allée Baco
Quai de Malakoff
Canal St Félix
Q. de Tourville
Q. Moncousu
Q. André Mitterrand
Q. A. Rhuys
Q. Hoche
Bd Gaston Doumergue
Bd Vincent Gâche
Bd Babin-Chevaye
Bd Jean Monnet
Chée de la Madeleine
Rue des Olivettes
Q. Magellan
Q. Morice
Av. Carnot
Av. J. C. Bonduel
R. de Rieux
R. E. Péhant
R. Fouré
R. L. Blanc
R. G. Veil
R. Paul Bellamy
R. J. Jaurès
R. J. d'Arc
Rue L. Cassegrain
R. de Strasbourg
R. Sully
R. du Préfet Bonnefoy
R. Mal Joffre
R. S. Baudry
R. Gaston Turpin
R. Gambetta
Av. R. F. Farineau
R. Amiral Ronar'ch
R. du Général Buat
Rue Desaix
R. Chanzy
R. de Châteaulin
Rue Russeil
R. de Bel-Air
R. Tour d'Auvergne
Bras de Fer
la Prairie au Duc
Bras de la Madeleine
Erdre
I.U.T.
POL.
G
H
Y
Z
0
300 m

RÈPERTOIRE DES RUES DE NANTES

BOUGUENAIS

Paimbœuf (Rte de) BX

NANTES

Aiguillon (Q. d') BX 2
Albert (R. du Roi) GY 3
Alexandre-Dumas (R.) EY
Allende (Bd S.) EZ
Anglais (Bd des) BV 4
Anne-de-Bretagne (Pont) FZ 5
Appert (R.) EZ
Arsonval (R. d') EY
Audibert (Pont Gén.) HZ 7
Babin-Chevaye (Bd) GHZ
Baboneau (R.) EZ
Bâclerie (R. de la) GY 8
Baco (Allée) HYZ
Barbusse (Quai H.) GY
Barillerie (R. de la) GY 9
Bastille (R. de la) EFY
Baudry (R. S.) HY
Beaujoire (Bd de la) CV 10
Beaujoire (Pont de la) CV
Beaumanoir (Pl.) EZ
Belges (Bd des) CV 12
Bellamy (R. P.) GY
Belleville (R. de) EZ 13
Bel-Air (R. de) GY
Blanchart (R. J.) EZ
Boccage (R. du) EFY
Bocquerel (Bd H.) CV 14
Boileau (R.) GZ 15
Bonduel (Av. J. C.) HZ
Bossuet (R.) GY 16
Bouchaud (R.) EY
Boucherie (R. de la) GY 18
Bouhier (Pl. R.) EZ 19
Bouille (R. de) GY 21
Bouley Paty (Bd) BV 22
Bourcy (Bd Joseph) CDV
Bourse (Pl. de la) GZ 24
Branly (R. É.) EY
Brasserie (R. de la) EZ 25
Bretagne (Pl. de la) GY 27
Briand (Pl. A.) FY
Briand (Pont A.) HZ 28
Brunellière (R. Ch.) FZ 30
Buat (R. du Gén.) HY
Budapest (R. de) GY 31
Bureau (Bd L.) FZ
Calvaire (R. du) FY 33
Cambronne (Cours) FZ
Camus (Av.) EY
Canclaux (Pl.) EZ
Carnot (Av.) HYZ
Carquefou (Rte de) CV
Cassegrain (R. L.) GY
Cassin (Bd R.) BV 34
Ceineray (Quai) GY 36
Change (Pl. du) GY 37
Chanzy (Av.) HY
Chapelle-sur-Erdre (Rte) BV 39
Chateaubriand (Pl. de) GY
Châteaulin (R. de) GY
Château (R. du) GY 40
Cheviré (Pont de) ABX
Chézine (R. de la) EY
Cholet (Bd Bâtonnier) BX 42
Churchill (Bd W.) BX 43
Clemenceau (Pont G.) CX 45
Clemenceau (R. G.) HY 46
Clisson (Crs Olivier de) GZ 48
Colbert (R.) FYZ
Commerce (Pl. du) GZ 49
Constant (Bd Clovis) EY 51
Contrescarpe (R. de la) GY 52
Copernic (R.) FZ 54
Coty (Bd R.) BX 55
Coulmiers (R. de) HY 57
Courbet (Bd Amiral) CV 58
Crébillon (R.) FGZ 60
Dalby (Bd E.) CV 61
Daubenton (Pl. L.) EZ
Daudet (R. A.) FY
Delorme (Pl.) FY 63
Dervallières (R. des) EY
Desaix (R.) HY
Desgrées-du-Lou
(R. du Col.) EY 64
Distillerie (R. de la) GY 66
Dobrée (R.) FZ
Dos-d'Ane (R.) CX 68
Douet Garnier (R. du) EY 69
Doulon (Bd de) CV 70
Doumergue (Bd G.) HZ
Doumer (Pl. P.) EY
Dreyfus
(R. Commandant A.) CV 71
Duchesse-Anne (Pl.) HY 72
Duguay-Trouin (Allée) GZ 73
Einstein (Bd A.) BV 75
Estienne-d'Orves (Crs d') HZ 76
Farineau (R. F.) HY
Favre (Quai F.) HYZ 78
La-Fayette (R.) FY
Félibien (R.) FY
Feltre (R. de) GY 79
Foch (Pl. Mar.) HY
Fosse (Quai de la) EFZ
Fosse (R. de la) GZ 81
Fouré (R.) HZ
Frachon (Bd B.) EZ 82
France (Pl. A.) EY
Fraternité (Bd de la) BX 84
Gabory (Bd E.) CX 85
Gâche (Bd V.) HZ
Gambetta (R.) HY
Gaulle (Bd Gén.-de) CX 87
Gigant (R. de) EFZ
Graslin (Pl.) FZ
Guinaudeau (R.) FZ 89
Guist'hau (Bd G.) FY
Hameçon (Voie de l') CDX
Harouys (R.) FY
Haudaudine (Pont) GZ 90
Hauts-Pavés (R. des) FY
Hélie (R. F.) FY 91
Henri IV (R.) HY 93
Hermitage (R. de l') EZ 94
Herriot (R. É.) GY 95
Hoche (Q.) HZ
Hôtel-de-Ville (R. de l') GY 96
Ile Gloriette (Allée de l') GZ 97
Ingres (Bd J.) BX 98
Jeanne-d'Arc (R.) GY
Jean-Jaurès (R.) FGY
Jean XXIII (Bd) BV 100
Joffre (R. Mar.) HY
Jouhaux (Bd L.) BX 102
Juin (Bd Mar.) BX 103
Juiverie (R. de la) GY 104
Jules-Verne (Bd) CV
J.-J. Rousseau (R.) FGZ 99
Kennedy (Cours J.-F.) HY 105
Kervégan (R.) GZ 106
Koenig (Bd Gén.) BX 107
Lamartine (R.) EY
Lamoricière (R.) EZ
Landreau (R. du) CV 108
Langevin (Bd P.) EZ
Lanoue Bras-de-Fer (R.) FGZ
Le Lasseur (Bd) BV 112
Lattre-de-Tassigny
(R. Mar.-de) FGZ 109
Launay (Bd de) EZ
Lauriol (Bd G.) BV 110
Leclerc (R. Mar.) GY 114
Liberté (Bd de la) BX 115
Littré (R.) EY 117
Louis-Blanc (R.) GZ
Luther-King (Bd M.) CV 118
Madeleine (Chée de la) GHZ
Magellan (Quai) HZ
Maine (R. du) FY
Malakoff (Quai de) HZ
Marceau (R.) FY
Marne (R. de la) GY 120
Martyrs-Nantais-
de-la-Résist. (Bd) HZ 121
Mathelin-Rodier (R.) HY 122
Mazagran (R.) FZ 123
Mellier (R.) EZ
Mellinet (Pl. Gén.) EZ
Mercœur (R.) FGY 125
Merlant (R. F.) EY
Merson (Bd L.-O.) EY 126
Meusnier-de-Querlon
(Bd) EY
Michelet (Bd) CV 127
Mitterrand (Q. F.) FGZ
Mollet (Bd G.) CV 128
Moncousu (Quai) GZ
Mondésir (R.) FY
Monnet (Bd Jean) GZ
Monod (Bd du Prof.-J.) CV 130
Monselet (R. Ch.) EFY
Motte Rouge (Q. de la) GY 131
Moulin (Bd J.) BX
Nations-Unies (Bd des) GZ 132
Normand (Pl. E.) FY
Olivettes (R. des) HZ
Orieux (Bd E.) CV 133
Orléans (R. d') GZ 135
Pageot (Bd A.) EY
Painlevé (R. Paul) EY 136
Paix (R. de la) GZ 138
Parc de Procé (R. du) EY
Paris (Rte de) DV
Pasteur (Bd) EZ
Péhant (R. E.) HY
Pelleterie (R. de la) EFY 139
Petite Baratte (R.) CV 141
Petite-Hollande (Pl.) GZ 142
Pilori (Pl. du) GY 144
Pirmil (Pont de) CX 145
Pitre-Chevalier (R.) GHY
Poilus (Bd des) CV 147
Poitou (R. du) FY 148
Pommeraye (Pas.) GZ
Pont-Morand (Pl. du) GY
Porte-Neuve (R.) FGY 151
Prairie-au-Duc (Bd) FGZ
Prairie de Mauves
(Bd de la) DV
Préfet Bonnefoy (R. du) HY
Racine (R.) FZ
Raspail (R.) EYZ 152
Refoulais (R. L. de la) HY 153
Reine Margot
(Allée de la) HY 154
Renaud (Quai E.) EZ
République (Pl. de la) GZ 157
Rhuys (Quai A.) GZ
Rieux (R. de) HZ
Riom (R. Alfred) EZ 159
Roch (Bd Gustave) CX 160
Rollin (R.) EZ 162
Romanet (Bd E.) BX 163
Ronar'ch (R. Amiral) HY
Roosevelt (Crs F.) GZ 165
Rosière d'Artois (R.) FZ 166
Royale (Pl.) GZ
Rue Noire (R.) FY
Russeil (R.) FGY
Ste-Croix (R.) GY 179
Ste-Luce (Rte de) CV
St-Aignan (Bd) EZ
St-André (Cours) HY 168
St-Jacques (R.) CX 169
St-Joseph (Rte de) CV 171
St-Mihiel (Pont) GY 172

St-Pierre (Cours) . . . . HY 174
St-Pierre (Pl.) . . . . GY 175
St-Rogatien (R.) . . . . HY 177
St-Sébastien (Côte) . . . . . . CX 178
Salengro (Pl. R.) . . . . GY 180
Sanitat (Pl. du) . . . . FZ 181
Santeuil (R.) . . . . GY 183
Sarrebrück (Bd de) . . . . CX 184
Say (R. L.) . . . . BV 186
Schuman (Bd R.) . . . . BV
Scribe (R.) . . . . FZ 187
Serpette (Bd G.) . . . . EY
Sibille (R. M.) . . . . FZ 188
Simon (R. Jules) . . . . EY 189
Stalingrad (Bd de) . . . . CX 190
Strasbourg (R. de) . . . . GY
Sully (R.) . . . . HY
Talensac (R.) . . . . GY 192
Tbilissi (Pt de) . . . . ZH
Tertre (Bd du) . . . . BX 193
Thomas (Bd A.) . . . . EY 195
Tortière (Pont de la) . . . . . . CV 196
Tourville (Quai de) . . . . GZ
Turpin (R. Gaston) . . . . HY
Vannes (Rte de) . . . . BV
Veil (R. G.) . . . . GZ
Verdun (R. de) . . . . GY 199
Versailles (Quai de) . . . . GY
Vertou (Rte de) CX
Viarme (Pl.) . . . . FY
Victor-Hugo (Bd) . . . . CX 201
Villebois-Mareuil (R.) . . . . . . FY 202
Ville-en-Bois (R. de la) . . . . . EZ
Viviani (R. René) . . . . CX 204
Voltaire (R.) . . . . FZ 205
Waldeck-Rousseau (Pl.) . GHY 207
50-Otages (Crs des) . . . . GYZ 208

ORVAULT

Ferrière (Av. de la) . . . . BV 80
Goupil (Av. A.) . . . . BV 88
Mendès-France (Bd) . . . . BV 124
Rennes (Rte de) . . . . BV 156
Vannes (Rte de) . . . . BV
Vincent (Av. F.) . . . . BV

REZÉ

Gaulle (Bd Gén.-de) . . . . . . CX 87
Jean-Jaurès (R.) CX
Rivière (R. Ch.) CX

STE-LUCE-SUR-LOIRE

Bellevue (Pont de) . . . . DV
Gaudin (R. L.) . . . . DV
Sables (R. des) . . . . DV

ST-HERBLAIN

Allende (Bd S.) . . . . ABX
Armor (Rte d') . . . . AV
Dr-Boubée (R. du) . . . . AX 67
Gaulle (Av. Ch.-de) . . . . AX
Massacre (Bd du) . . . . BV
Mitterrand (Bd F.) . . . . AX
Monnet (R. J.) . . . . AX 125

ST-SÉBASTIEN-SUR-LOIRE

Clisson (Rte de) . . . . CDX
Gaulle (R. du Gén.-de) . . . . . DX
Pas-Enchantés (Bd des) . . CDX

VERTOU

Arnaud (R. A.) . . . . DX 6
Beauséjour (R.) . . . . DX 11
Europe (Bd de l') . . . . DX
Guichet Sérex (Bd) . . . . DX
Pont de l'Arche (R. du) . . . . DX 149
Vignoble (Rte du) . . . . DX

Graslin sans rest — VISA AE

1 r. Piron – ☎ 02 40 69 72 91 – info@hotelgraslin.com – Fax 02 40 69 04 44 — p. 6 FZ **v**

47 ch – †60/75 € ††65/80 €, ☕ 8 €

◆ Dans le cœur animé de la ville, cet hôtel bénéficie d'une bonne insonorisation. Les chambres, au mobilier en pin, sont fonctionnelles. Formule buffet au petit-déjeuner.

Pommeraye sans rest — 30, VISA AE

2 r. Boileau – ☎ 02 40 48 78 79 – info@hotel-pommeraye.com – Fax 02 40 47 63 75 — p. 7 GZ **t**

50 ch – †47/82 € ††55/87 €, ☕ 8,40 €

◆ Bel emplacement à deux pas du célèbre passage Pommeraye et des boutiques de la rue Crébillon. Chambres agréablement refaites, colorées et dotées de meubles modernes.

Des Colonies sans rest — VISA AE

5 r. Chapeau Rouge – ☎ 02 40 48 79 76 – hoteldescolonies@free.fr – Fax 02 40 12 49 25 — p. 7 GZ **e**

38 ch – †52/64 € ††59/71 €, ☕ 8 €

◆ Des expositions d'œuvres d'art égayent le petit hall d'accueil de cet hôtel situé dans une rue peu passante. Chambres relookées dans un esprit contemporain.

Fourcroy sans rest

11 r. Fourcroy – ☎ 02 40 44 68 00 – Fax 02 40 44 68 21 – Fermé 22 déc.-6 janv. — p. 6 FZ **k**

19 ch – †33 € ††36 €, ☕ 5,50 €

◆ Adresse modeste nichée dans une petite rue. Chambres au mobilier éclectique, plus récent au dernier étage. Pour clients attentifs à l'accueil et à leurs économies.

L'Atlantide (Guého) — ≤ la Loire et Nantes, AC VISA AE

16 quai E. Renaud (4e étage) ✉ 44100 – ☎ 02 40 73 23 23 – jygueho@club-internet.fr – Fax 02 40 73 76 46 – Fermé 17-20 mai, 28 juil.-28 août, 23 déc.-3 janv., sam. midi, dim. et fériés — p. 6 EZ **a**

Rest – Menu 30 € (déj.), 40/100 € – Carte 66/81 €

Spéc. Jambonnettes de grenouilles meunière et brandade d'anguille fumée (mars à juin). Saint-Jacques poêlées et foie gras d'oie en paupiette de chou (déc. à mars). Poitrines de pigeonneau rôties à la broche, rouelles de homard (avril à sept.). **Vins** Muscadet de Sèvre-et-Maine, Anjou blanc.

◆ Belle vue sur le fleuve et la ville depuis ce restaurant contemporain situé au sommet d'un immeuble moderne. Cuisine inventive et attrayante carte de vins de Loire.

XX L'Océanide

2 r. P. Bellamy – ✆ 02 40 20 32 28 – Fax 02 40 48 08 55 – Fermé 23 juil.-20 août, dim. et lundi p. 7 GY **n**

Rest – Menu 19/55 € – Carte 30/59 €

◆ Joli comptoir, boiseries, banquettes, lustres à pendeloques et marines font le décor de ce restaurant où l'on propose une cuisine de la mer et une belle carte des vins.

XX La Poissonnerie

4 r. Léon Maître – ✆ 02 40 47 79 50 – lestroisas@orange.fr – Fermé août, 22 déc.-2 janv., sam. midi, dim. et lundi p. 7 GZ **e**

Rest – Carte 29/65 €

◆ L'enseigne annonce la couleur : ce restaurant honore l'océan tant dans le décor - tons bleus, objets marins - que pour la cuisine, vouée aux poissons. Bon choix de muscadets.

XX Félix

1 r. Lefèvre Utile – ✆ 02 40 34 15 93 – contact@felixbrasserie.com – Fax 02 40 34 46 23 p. 7 HZ **a**

Rest – Menu (15 €) – Carte 32/43 €

◆ Brasserie prisée des Nantais qui apprécient son cadre résolument contemporain, la terrasse tournée vers le canal St-Félix et sa séduisante cuisine actuelle.

XX La Cigale

4 pl. Graslin – ✆ 02 51 84 94 94 – lacigale@lacigale.com – Fax 02 51 84 94 95

Rest – Menu 17/27 € – Carte 20/62 € p. 6 FZ **d**

◆ Inaugurée en 1895, l'incontournable brasserie ne compte plus ses clients célèbres. Le superbe cadre (mosaïques, boiseries) témoigne de l'ivresse ornementale du Modern Style.

XX Le Rive Gauche

10 côte St-Sébastien ✉ 44200 – ✆ 02 40 34 38 52 – rive.gauche@wanadoo.fr – Fax 02 40 33 21 20 – Fermé 9-15 avril, 22 juil.-19 août, 24-30 déc., sam. midi, dim. soir et lundi p. 5 CX **e**

Rest – Menu 22 € (déj. en sem.), 30/62 € – Carte 48 €

◆ Longue maison basse dont la véranda offre une vue sur les quais, la Loire et l'île Beaulieu. Cadre actuel et mise en place soignée au service d'une cuisine au goût du jour.

XX La Courtine

15 r. Strasbourg – ✆ 02 40 48 13 30 – contact@la-courtine.com – Fax 02 40 48 13 30 – Fermé dim. soir et lundi sauf juil.-août p. 7 GY **v**

Rest – Menu (12,50 €), 14,50/38 € – Carte 32/52 €

◆ Beige, gris, noir et blanc : les quatre couleurs décorent cette salle à manger voisine du château. On y propose une cuisine traditionnelle intelligemment actualisée.

X Maison Baron Lefèvre

33 r. de Rieux – ✆ 02 40 89 20 20 – baron.lefevre@wanadoo.fr – Fax 02 40 89 20 22 – Fermé 1er-15 août, dim. et lundi p. 7 HZ **n**

Rest – Menu (15 €), 18 € (déj. en sem.)/25 € – Carte 36/58 €

◆ Cette ancienne boutique de maraîchers accueille un restaurant contemporain et un espace épicerie où l'on trouve jambons, vins et autres savoureux produits.

X Christophe Bonnet

6 r. Mazagran – ✆ 02 40 69 03 39 – info@christophebonnet.com – Fermé 29 juil.-3 sept., 1er-7 janv., dim. et lundi p. 6 FZ **x**

Rest – Menu 30 € bc (déj. en sem.), 38/120 €

◆ Décor moderne et coloré dans ce restaurant proche de l'église N.-D.-de-Bon-Port. Les saveurs originales de la cuisine sont en parfaite harmonie avec l'esprit du lieu.

X Les Temps Changent

1 pl. A. Briand – ✆ 02 51 72 18 01 – les.temps.changent@wanadoo.fr – Fax 02 51 88 91 82 – Fermé vacances de Pâques, 30 juil.-20 août, 1er-7 janv., sam. et dim. p. 6 FY **q**

Rest – Menu 24/69 € – Carte 31/41 €

◆ Les suggestions saisonnières présentées sur l'un des menus confirment l'enseigne de ce bistrot qui change d'ambiance le soir et devient plus "cosy". La carte des vins compte 200 références.

X **Le Paludier**

2 r. Santeuil – ✆ 02 40 69 44 06 – restpaludiernant@aol.com – Fax 02 40 71 76 69 – Fermé 1er-20 août, lundi midi et dim. p. 7 GZ **u**

Rest – Menu (15 € bc), 22/34 € – Carte 29/39 € ♀

◆ Salle à manger de style 1930 colorée et dotée d'un mobilier de bistrot ; au sous-sol, plaisante pièce voûtée. Plats traditionnels et produits de la mer.

X **Le Gressin**

40 bis r. Fouré – ✆ 02 40 48 26 24 – legressin@wanadoo.fr – Fax 02 40 48 26 24 – Fermé 5-20 août, lundi soir et dim. p. 7 HZ **f**

Rest – Menu 13,50 € (déj.), 18/24 € ♀

◆ Restaurant de quartier récemment rénové : pierres apparentes, mobilier rustique, jonc de mer, expositions de tableaux, etc. Les menus, traditionnels, évoluent avec les saisons.

X **A ma Table**

11 r. Fouré – ✆ 02 40 47 01 18 – amatable@aliceadsl.fr – Fax 02 51 83 86 74 – Fermé 1er au 20 août, sam. et dim. p. 7 HZ **s**

Rest – Menu 15/20 € ♀

◆ Nostalgiques du petit-beurre Nantais, sachez que ce bistrot jouxte les anciennes usines Lu. Vieilles photos du quartier, affiches "rétro" et cuisine du marché.

X **Les Capucines**

11 bis r. Bastille – ✆ 02 40 20 41 58 – Fax 02 51 72 02 96 – Fermé 30 juil.-19 août, sam. midi, lundi soir et dim. p. 6 FY **b**

Rest – Menu 11,50 € (déj. en sem.), 17/32 € – Carte 29/40 € ♀

◆ Restaurant de quartier à la pimpante façade jaune. Salle à manger colorée et deux salons ouverts sur un patio. Cuisine traditionnelle selon le marché et recettes du Sud-Ouest.

Environs

à la Chapelle-sur-Erdre 9 km par D 39-CV, sortie n° 25 autoroute A 11 – 16 391 h. – alt. 29 m – ✉ 44240

Westotel ch, rest, 15/250, VISA

34 r. Vrière – ✆ 02 51 81 36 36 – westotel@wanadoo.fr – Fax 02 51 12 35 99

317 ch – †74/102 € ††74/102 €, ☕ 17 € – 9 suites – **Rest** – Menu (23 €), 32 € – Carte 30/67 €

◆ Vaste complexe hôtelier incluant centre de congrès et amphithéâtre. La plupart des chambres, modernes, ont un balcon et dominent la piscine entourée de plantes exotiques. Ambiance "club de vacances" au restaurant. Une partie est aménagée en serre tropicale.

au Bord de l'Erdre 11 km par D 178 ou sortie n° 24 autoroute A 11 et rte de la Chantrerie - CV

XXX **Manoir de la Régate** 20, VISA

155 rte Gachet ✉ 44300 Nantes – ✆ 02 40 18 02 97 – info@manoir-regate.com – Fax 02 40 25 23 36 – Fermé 26-30 déc., dim. soir et lundi

Rest – Menu 19 € (déj. en sem.), 26/67 € – Carte 48/70 € ♀

◆ Hall ouvrant sur une série de salles à manger au confort bourgeois, dans un beau bâtiment du 19e s. La terrasse offre une vue sur le château de la Gascherie et le parc.

XX **Auberge du Vieux Gachet** VISA

rte Gachet ✉ 44470 Carquefou – ✆ 02 40 25 10 92 – Fax 02 40 18 03 92 – Fermé dim. soir, merc. soir et lundi

Rest – Menu 16 € (déj. en sem.), 31/60 € – Carte 50/59 € ♀

◆ Une sympathique auberge où l'on se croit à la campagne à deux pas de la ville. Vieilles poutres, cheminées et, en été, agréable terrasse en bordure de l'Erdre.

rte d'Angers sur N 23 ou sortie n° 23 autoroute A 11- DV – ✉ 44470 Carquefou

Novotel Carquefou ch, rest, 15/50, VISA

Rond Point Belle Etoile : 11 km – ✆ 02 28 09 44 44 – H0410@accor.com – Fax 02 28 09 44 54

79 ch – †60/97 € ††60/103 €, ☕ 12 € – **Rest** – Carte 16/33 € ♀

◆ Proche des axes routiers, hôtel des années 1970 rajeuni : plus d'espace, couleurs gaies, mobilier contemporain et chambres réparties autour d'un jardin fleuri. La salle à manger moderne offre d'un côté la vue sur les cuisines, de l'autre une échappée sur la piscine.

bord de Loire 11 km par sortie n° 24 autoroute A11 et rte des Sables DV – ✉ 44980 Ste-Luce-sur-Loire

XX **Manoir du Petit Plessis** 20/50, P VISA
– ✆ 02 28 01 41 38 – DMarienadi@aol.com – Fax 02 28 01 41 39 p. 5 DV **g**
Rest – Menu 19 € (déj. en sem.), 29/37 € – Carte 36/46 €
♦ Petite folie de 1850 et ses dépendances nichées dans un joli parc agrémenté de pièces d'eau. Salles à manger à l'étonnant décor mi-baroque, mi-exotique. Recettes originales.

rte des Bords de Loire sur D 751 DV, sortie 44 Porte du Vignoble

XXX **Villa Mon Rêve** P VISA AE
à 9 km ✉ *44115 Basse-Goulaine – ✆ 02 40 03 55 50 – contact@villa-mon-reve.com – Fax 02 40 06 05 41 – Fermé 19 nov.-2 déc., vacances de fév., dim. soir et mardi* p. 5 DV **e**
Rest – Menu 30/47 € – Carte 42/68 €
♦ Entre la Loire et les cultures maraîchères, maison 1900 devancée par une terrasse ombragée. Atmosphère intemporelle, cuisine du terroir et très beau choix de muscadets.

XX **Auberge Nantaise** AC VISA AE
à 13 km, au Bout des Ponts ✉ *44450 St. Julien de Concelles – ✆ 02 40 54 10 73 – Fax 02 40 36 83 28 – Fermé 20-31 juil., dim. soir et lundi*
Rest – Menu 15 € bc (sem.)/50 € – Carte 43/51 €
♦ À l'étage, salle à manger actuelle dont les baies vitrées surplombent la Loire. Au rez-de-chaussée, cadre coloré. Carte régionale : grenouilles, poissons au beurre blanc, etc.

XX **La Divate** P VISA AE
à 11 km, à Boire-Courant ✉ *44450 St Julien de Concelles – ✆ 02 40 54 19 66 – Fax 02 40 36 58 39 – Fermé 20 août-7 sept., vacances de fév., dim. soir, lundi soir, mardi soir et merc.*
Rest – Menu (13 €), 15 € (sem.)/38 € – Carte 44/51 €
♦ Spécialités des bords de Loire à déguster dans cette petite maison de pays postée sur la digue du fleuve. Pierre et bois créent un joli cadre champêtre.

à Basse-Goulaine 10 km par D 119 – 7 499 h. – alt. 22 m – ✉ 44115

L'Orangerie du Parc sans rest P
195 r. Grignon, (D 119) – ✆ 02 40 54 91 30 – lorangerieduparc@voila.fr – Fax 02 40 54 91 30 p. 5 DX **b**
5 ch – 59/64 € 71/77 €
♦ L'orangerie de cette demeure de 1850, ex-propriété d'un ministre de Napoléon, abrite de belles chambres, toutes de plain-pied et harmonieusement décorées d'ancien et de moderne.

XX **Du Pont** P VISA AE
147 r. Grignon (D 119) – ✆ 02 40 03 58 62 – Fax 02 40 06 20 80 – Fermé 27 juil.-22 août, vacances de fév., mardi soir, merc. soir, dim. soir et lundi p. 5 DX **t**
Rest – Menu 17 € (déj. en sem.), 25/39 € – Carte 34/40 €
♦ Restaurant à la façade verdoyante abritant une salle à manger parée de couleurs vives et une autre plus sobre. Appétissante cuisine mi-traditionnelle, mi-régionale.

à Haute-Goulaine 14 km par ③ et D 119 – 4 925 h. – alt. 41 m – ✉ 44115

XXX **Manoir de la Boulaie** (Saudeau) P VISA AE
33 r. Chapelle St Martin – ✆ 02 40 06 15 91 – l.saudeau@manoir-de-la-boulaie.fr – Fax 02 40 54 56 83 – Fermé 30 juil.-24 août, 17 déc.-11 janv., dim. soir, lundi et merc.
Rest – Menu 32 € (déj. en sem.), 61 € (dîner)/105 € – Carte 84/99 €
Spéc. Yaourt aux champignons et foie gras (automne-hiver). Tronçon de rouget aux huîtres, compotée de chorizo, écume noisette. Cataplana d'agneau cuisiné dans un bouquet de thym et romarin. **Vins** Muscadet de Sèvre-et-Maine, Savennières.
♦ Cette jolie demeure bourgeoise des années 1920, entourée d'un parc et de vignes, est très prisée des Nantais pour sa délicieuse cuisine inventive. Bon choix de muscadets.

à La Haie-Fouassière **15 km par ③, N 149 et D 74 – 3 337 h. – alt. 25 m – ✉ 44690**

XX **Le Cep de Vigne** VISA AE

à la Gare Nord : 1 km par D 74 – ✆ 02 40 36 93 90 – Fax 02 51 71 60 69 – Fermé dim. soir, lundi soir, mardi soir et merc.

Rest – Menu (15 €), 22 € bc (sem.)/50 € – Carte 45/69 € ♀

◆ Façade agrémentée de céramiques illustrant le thème de la vigne. Salle à manger rajeunie et agrandie d'une véranda ; deux salons rustiques. Sélection de muscadets.

à Vertou **10 km par D 59 sortie porte de Vertou – 20 268 h. – alt. 32 m – ✉ 44120**

Office de tourisme, place du Beau Verger ✆ 02 40 34 12 22, Fax 02 40 34 06 86

XX **Monte-Cristo** VISA AE

Chaussée des Moines – ✆ 02 40 34 40 36 – restel3@wanadoo.fr – Fax 02 40 03 26 20 – Fermé 13-19 août, 26 déc.-8 janv., merc. soir, dim. soir et lundi

p. 5 DX **a**

Rest – Menu 23 € (sem.)/48 € – Carte 41/87 € ♀

◆ Les premières lignes du Comte de Monte-Cristo ont été écrites par A. Dumas en ces lieux. L'agréable salle à manger et la terrasse s'ouvrent largement sur la Sèvre.

à Château-Thébaud **18 km par ③, N149, D74 et D63 – 2 484 h. – alt. 58 m – ✉ 44690**

X **Auberge la Gaillotière** P VISA

– ✆ 02 28 21 31 16 – Fax 02 28 21 31 17 – Fermé mi-fév. à mi-mars, 29 juil.-14 août, mardi soir et merc.

Rest – Menu 13 € (déj. en sem.), 18/25 € ♀

◆ Ancien chai isolé au milieu du vignoble nantais. Plats traditionnels, concoctés en fonction du marché, et vins locaux sont proposés dans un cadre rustique sans fioriture.

rte de La Roche-sur-Yon **12 km par ④ et D 178 – ✉ 44840 Les Sorinières**

Abbaye de Villeneuve ch, rest, 80, P VISA AE

– ✆ 02 40 04 40 25 – villeneuve@leshotelsparticuliers.com – Fax 02 40 31 28 45

24 ch – 90 € 170/225 €, 15 € – ½ P 90/158 € – **Rest** – Menu 25 € (déj. en sem.), 35/70 € ♀

◆ Demeure du 18e s. née d'une abbaye médiévale. Hall décoré... de pierres tombales. Chambres souvent meublées d'ancien, plus petites et rustiques au 2e étage. Le chemin du restaurant passe par un cloître. Salle à manger "châtelaine" ouverte sur le parc.

à Pont-Saint-Martin **12 km au Sud par D 65 – 4 754 h. – alt. 10 m – ✉ 44860**

Château du Plessis-Atlantique sans rest P VISA

– ✆ 02 40 26 81 72 – chateauduplessis@wanadoo.fr – Fax 02 40 32 76 67

3 ch – 90/110 € 120/175 €

◆ De beaux jardins fleuris entourent ce château remanié aux 15e et 17e s. Les chambres, agrémentées d'un superbe linge de maison, ont chacune leur histoire. Petit-déjeuner "châtelain".

à l'aéroport International Nantes-Atlantique **sortie 51 porte de Grandlieu-Bouguenais – ✉ 44340 Bouguenais**

Océania ch, 15/75, P VISA AE

– ✆ 02 40 05 05 66 – oceania.nantes@oceaniahotels.com – Fax 02 40 05 12 03

p. 4 BX **e**

87 ch – 124 € 124 €, 12 € – 2 suites – ½ P 135 € – **Rest** – *(fermé sam. midi et dim. midi)* Menu 20/28 € – Carte 27/39 € ♀

◆ Imposante façade contemporaine rythmée par des pilastres. Chambres modernes et pratiques. Une navette relie l'hôtel à l'aéroport. Sympathique salon avec cheminée, grande salle à manger et terrasse au bord de la piscine.

à Bouaye 15 km par D 751A - AX – 5 251 h. – alt. 16 m – ✉ 44830

Office de tourisme, 2 place du Bois Jacques ☎ 02 40 65 53 55

Kyriad ch, 15/80, VISA AE

rte de Nantes – ☎ *02 40 65 43 50 – info@champsdavaux.com – Fax 02 40 32 64 83 – Fermé 21 déc.-5 janv.*

44 ch – 64/68 € 64/68 €, 10 € – ½ P 56/60 €

Rest ***Les Champs d'Avaux*** – *(fermé vend. soir, sam. midi de nov. à mars et dim. soir)* Menu 19 € (sem.)/55 € – Carte 30/62 €

◆ Toutes les chambres de ce bâtiment moderne ont été revues dans un style actuel ; certaines ouvrent de plain-pied sur le jardin. Boulodrome et aire de jeux pour enfants. Agréable restaurant orienté sur la verdure. Plats traditionnels et régionaux.

à Haute-Indre 10 km à l' Ouest par D 107, sortie porte de l'Estuaire – ✉ 44610 Indre

Belle Rive VISA

8 pl. Jean Saillant – ☎ *02 40 86 01 07 – Fax 02 40 86 01 07 – Fermé 14 juil.-17 août, 24-28 déc., dim. soir, lundi soir, mardi soir et merc.* p. 4 AX **d**

Rest – Menu 15 € (déj. en sem.), 22/29 €

◆ Restaurant proche du petit port de Haute-Indre aménagé sur la Loire. Sobre décor égayé par des lambris peints en bleu. Cuisine du marché parfois assaisonnée d'épices.

à Coueron 15 km par D 107, sortie porte de l'Estuaire – 17 808 h. – alt. 13 m – ✉ 44220

François II 10, VISA

5 pl. Aristide Briand – ☎ *02 40 38 32 32 – Fax 02 40 38 32 32 – Fermé 1er-8 mai, 30 juil.-23 août, 2-6 janv., 18-24 fév., dim. soir, mardi soir, jeudi soir et lundi*

Rest – Menu 11,50 € (déj. en sem.), 20/40 € – Carte 31/44 €

◆ L'enseigne rend hommage au duc de Bretagne, père d'Anne, mort à Couëron. Pierres apparentes, tapis et voilages composent le décor de la salle à manger. Généreuse et goûteuse cuisine traditionnelle.

à St-Herblain 8 km à l'Ouest – 43 726 h. – alt. 8 m – ✉ 44800

La Marine ch, 15, VISA AE

espl. Bégraisière par la Porte de Chézine – ☎ *02 40 95 26 66 – hotelmarine@wanadoo.fr – Fax 02 40 46 85 70* p. 4 BV **m**

24 ch – 48/52 € 55/59 €, 7,50 € – ½ P 68 € – **Rest** – *(fermé dim.)* Menu (12 €), 17/28 €

◆ Accueil charmant en cette demeure nichée au cœur d'un grand et paisible jardin. Les chambres, vastes et confortables, sont dotées de meubles de style. Salle à manger-véranda ouverte sur des espaces verts ; cuisine traditionnelle.

Les Caudalies VISA AE

229 rte de Vannes – ☎ *02 40 94 35 35 – restaurant.les-caudalies@wanadoo.fr – Fax 02 40 40 89 90 – Fermé 27 juil.-27 août, 15-25 fév., dim. soir, lundi et merc.* p. 4 BV **v**

Rest – Menu 18 € (sem.)/38 € – Carte 22/38 €

◆ Au bord de la route, villa des années 1980 accueillant deux petites salles à manger empreintes de sobriété. La cuisine du marché vagabonde à travers les régions françaises.

rte de Vannes 21 km par ⑥ et N 165 – ✉ 44360 Vigneux-de-Bretagne

Brit Hôtel Atlantel ch, rest, ch, 15/120, VISA AE

les 4 Nations – ☎ *02 40 57 10 80 – atlantel@brithotel.fr – Fax 02 40 57 13 30*

86 ch – 60/78 € 65/85 €, 8,50 € – **Rest** – Carte 23/36 €

◆ Proche d'un axe fréquenté. Les chambres, fonctionnelles, sont toutes de plain-pied avec le jardin ; certaines offrent une échappée sur un pré. Salle à manger pimpante et spacieuse ; terrasse tournée vers la piscine.

à Orvault 6 km par N 137 sortie porte de Rennes – **23 554 h. – alt. 45 m –** ✉ **44700**

Le Domaine d'Orvault ch, rest, ch, 20/50, VISA
24 chemin des Marais-du-Cens – ✆ 02 40 76 84 02 – contact@domaine-orvault.com – Fax 02 40 76 04 21 *p. 4* BV **e**
41 ch – 84 € 96 €, 20 € – ½ P 78 € – **Rest** – *(fermé 24 déc.-2 janv., dim. sauf le midi de mi-nov. à mars et sam. midi)* Menu (22 €), 26/48 €
◆ Cette villa nichée dans la verdure ne date, malgré les apparences, que des années 1970. Grandes chambres diversement meublées, jouissant de la vue reposante sur le parc. Restaurant ouvert sur le domaine et belle terrasse ombragée de tilleuls. Carte classique.

Du Parc sans rest 20, VISA
92 r. de la Garenne – ✆ 02 40 63 04 79 – parc.hotel@wanadoo.fr – Fax 02 40 63 62 99 – Fermé 1er-20 août et 23 déc.-2 janv. *p. 4* AV **q**
30 ch – 60 € 60 €, 11,50 €
◆ Sobre décor actuel, literie neuve, insonorisation efficace et tenue sans reproche caractérisent les chambres de cette construction récente entourée d'un joli sous-bois.

NANTILLY – **70 Haute-Saône – 314** B8 – **rattaché à Gray**

NANTUA – **01 Ain – 328** G4 – **3 902 h. – alt. 479 m –** ✉ **01130**
Franche-Comté Jura 45 **C1**

Paris 476 – Aix-les-Bains 79 – Annecy 67 – Bourg-en-Bresse 52 – Genève 67 – Lyon 93

Office de tourisme, place de la Déportation ✆ 0474750005, Fax 0474750683

Église St-Michel★ : Martyre de St-Sébastien★★ par E. Delacroix - Lac★.

La cuivrerie★ de Cerdon.

L'Embarcadère ch, 30, VISA
av. Lac – ✆ 04 74 75 22 88 – contact@hotelembarcadere.com – Fax 04 74 75 22 25 – Fermé 20 déc.-5 janv.
49 ch – 57/71 € 57/71 €, 9,50 € – ½ P 63/70 € – **Rest** – Menu 24 € (sem.)/62 € – Carte 43/73 €
◆ Toutes les chambres de cet hôtel situé au bord du lac ont été rénovées (tons chauds et mobilier récent). Une passerelle couverte dessert le restaurant. La belle vue panoramique sur le plan d'eau et les montagnes est l'atout maître de la salle à manger récemment rajeunie.

à Brion Nord-Ouest : 5 km par N 84 et D 979 – **559 h. – alt. 475 m –** ✉ **01460**

Bernard Charpy VISA
1 r. Croix-Chalon – ✆ 04 74 76 24 15 – Fax 04 74 76 22 36 – Fermé 14-21mai, 30 juil.-27 août, 26 déc.-3 janv., merc. soir, dim. et lundi
Rest – Menu 19 € (déj. en sem.)/40 € – Carte 36/51 €
◆ Utilement situé près de l'échangeur de l'autoroute, ce restaurant propose une attrayante cuisine traditionnelle et un beau choix de produits de la mer. Cadre de style chalet.

à La Cluse Nord-Ouest : 3,5 km par N 84 – ✉ **01460 Montréal-la-Cluse**

Lac Hôtel sans rest VISA
22 av. Bresse – ✆ 04 74 76 29 68 – alblanc@club-internet.fr – Fax 04 74 76 13 70 – Fermé 24 déc.-1er janv.
28 ch – 36/42 € 39/45 €, 6 €
◆ Chambres pratiques, tenue rigoureuse, prix "mini" et bonne insonorisation sont les atouts de cet hôtel construit au voisinage d'un nœud routier. Accès Internet à disposition.

LA NAPOULE – **06 Alpes-Maritimes – 341** C6 – **voir à Mandelieu**

NARBONNE – 11 Aude – 344 J3 – 46 510 h. – alt. 13 m – ✉ 11100

Languedoc Roussillon 22 **B3**

Paris 787 – Béziers 28 – Carcassonne 61 – Montpellier 96 – Perpignan 64

3635 (0,34 €/mn)

Office de tourisme, place Salengro 04 68 65 15 60, Fax 04 68 65 59 12

Cathédrale St-Just-et-St-Pasteur★★ (Trésor : tapisserie représentant la Création★★) - Donjon Gilles Aycelin★ ☀★ **H** - Choeur★ de la basilique St-Paul - Palais des Archevêques★ BY : musée d'Art et d'Histoire★ - Musée archéologique★ - Musée lapidaire★ BZ - Pont des marchands★.

Plan page ci-contre

Novotel
ch, ch, 15/80, VISA

Z. I. Plaisance 3 km par ③, rte Perpignan – 04 68 42 72 00 – h0412@accor-hotels.com – Fax 04 68 42 72 10

96 ch – 92/124 € 105/124 €, 12,50 € – **Rest** – Carte 17/33 €

◆ Cet hôtel de chaîne, prodigue de rénovations, offre une halte pratique sur la route de l'Espagne. Chambres de bon confort. Restaurant actuel, agréable terrasse sous pergola et jardin planté d'ifs et de pins. Vins régionaux.

La Résidence sans rest
VISA

6 r. 1er Mai – 04 68 32 19 41 – hotellaresidence@free.fr – Fax 04 68 65 51 82 – Fermé 20 janv.-15 fév. AY **r**

26 ch – 53/65 € 86/96 €, 8 €

◆ Jean Marais, Louis de Funès, Georges Brassens, Michel Serrault : prestigieux livre d'or, gage de qualité pour cet hôtel de tradition aménagé dans une demeure du 19e s.

de France sans rest
VISA

6 r. Rossini – 04 68 32 09 75 – accueil@hotelnarbonne.com – Fax 04 68 65 50 30 – Fermé 15 fév.-15 mars BZ **s**

15 ch – 31/33 € 45/65 €, 7 €

◆ Chambres sobres et bien entretenues, réparties de chaque côté d'une petite cour intérieure. À 500 m, visitez le musée archéologique (collection de peintures romaines).

La Table St-Crescent (Giraud)
VISA

68 av. Gén. Leclerc, au Palais du Vin par ③ – 04 68 41 37 37 – saint-crescent@wanadoo.fr – Fax 04 68 41 01 22 – Fermé 25 fév.-9 mars, 1er-15 sept., sam. midi, dim. soir et lundi

Rest – Menu (20 € bc), 37 € (sem.)/69 € bc – Carte 54/85 €

Spéc. Foie gras de canard des Landes mi-cuit. Oeuf mollet en kadaïf. Côte de bœuf en cocotte, foie gras, jus au balsamique. **Vins** Pic Saint-Loup, Corbières.

◆ Élégant décor design à l'intérieur de ce vieil oratoire du Moyen Âge. Terrasse entourée de vignes. Séduisante cuisine inventive et vins honorant le Languedoc-Roussillon.

Le Petit Comptoir
VISA

4 bd Mar. Joffre – 04 68 42 30 35 – lepetitcomptoir@aol.com – Fax 04 68 41 52 71 – Fermé 1er-15 août, 1er-7 janv., dim. et lundi AY **b**

Rest – Menu 15 € (déj. en sem.), 25/35 € – Carte 32/55 €

◆ Bonnes recettes traditionnelles aux accents du Sud, service efficace et attentionné : ce sympathique restaurant aux allures de bistrot des années 1930 affiche souvent complet.

Open Cook-La Table en Place
VISA

2 bis pl. Forum (ancienne pl. Bistan) – 04 68 43 60 50 – table.en.place@wanadoo.fr – Fax 04 68 43 61 94 – Fermé merc. soir hors saison, sam. midi et dim. BY **b**

Rest – Carte 19/34 €

◆ Organisé autour d'un grand comptoir en direct des cuisines, ce restaurant très design propose une cuisine créative, subtile harmonie de tradition, d'inventivité et d'exotisme.

L'Estagnol
VISA

5 bis cours Mirabeau – 04 68 65 09 27 – fabricemeynadier@wanadoo.fr – Fax 04 68 32 23 38 – Fermé lundi soir et dim. BZ **t**

Rest – Menu (11 €), 17/30 € – Carte 16/41 €

◆ Jolie vue sur le canal depuis le 1er étage de cette brasserie actuelle. Cuisine d'inspiration régionale préparée avec les produits provenant du marché couvert voisin.

NARBONNE

Anatole-France (Av.) ...... AYZ 2
Ancienne Porte de Béziers (R. de l') ...... BY 4
Ancien Courrier (R. de l') ... BY 3
Blum (Sq. Th.-Léon) .... BY 6
Cabirol (R.) .... AZ 7
Chennebier (R.) .... AY 9
Concorde (Pont de la) ...... AY 10
Condorcet (Bd) .... BY 12
Courier (R. P.-L.) .... BZ 13
Crémieux (R. B.) .... BZ 15
Deymes (R. du Lt.-Col.) .... BY 16
Droite (R.) .... BY
Escoute (Pont de l') .... AY 17
Fabre (R. Gustave) .... AY 18
Foch (Av. Mar.) .... BY 19
Garibaldi (R.) .... BY 20
Gaulle (Bd Gén.-de) .... BY 21
Gauthier (R. Armand) ...... BY 22
Hôtel de Ville (Pl. de l') .... BYZ
Jacobins (R. des) .... BZ 23
Jean-Jaurès (R.) .... AY 24
Joffre (Bd Mar.) .... AYZ 25
Liberté (Pont de la) .... BZ 27
Lion d'Or (R. du) .... AY 28
Louis-Blanc (R.) .... BY 29
Luxembourg (R. du) .... AZ 30
Major (R. de la) .... BZ 31
Maraussan (R.) .... AZ 32
Marchands (Pont des) ...... BZ 36
Michelet (R.) .... BY 33
Mirabeau (Cours) .... BZ 35
Pyrénées (Av. des) .... AY 37
Pyrénées (Pl. des) .... AZ 39
Rabelais (R.) .... AZ 40
République (Crs de la) ..... BZ 41
Salengro (Pl. R.) .... BY 43
Sermet (Av. E.) .... BY 44
Toulouse (Av. de) .... AZ 45
Voltaire (Pont) .... AY 47

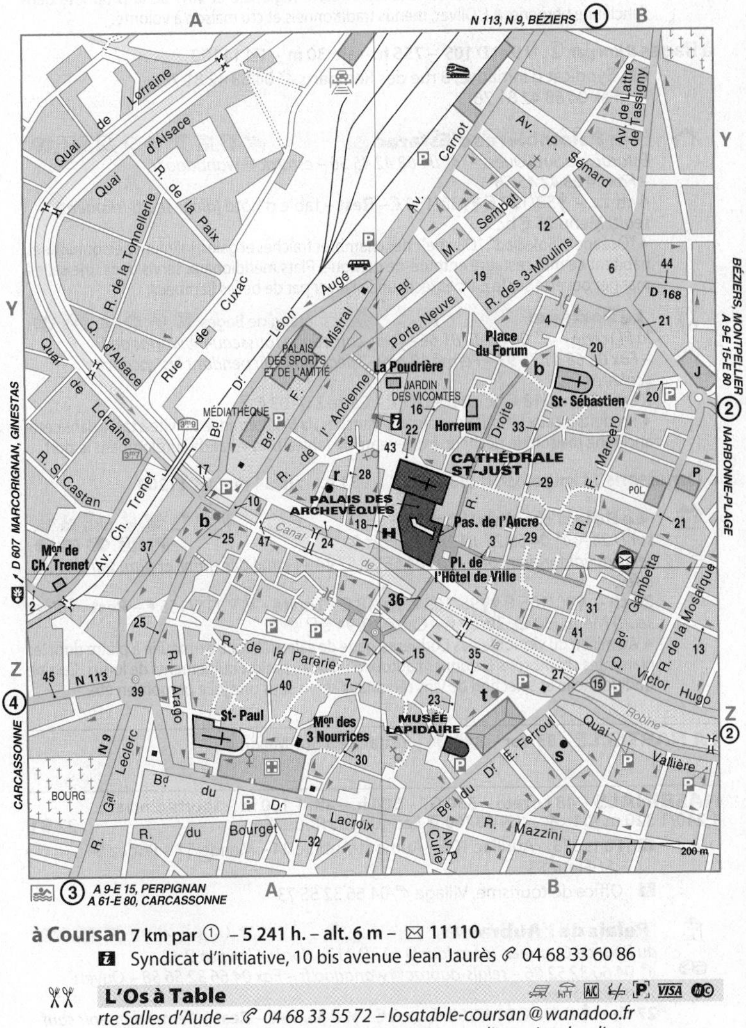

à Coursan 7 km par ① – **5 241 h. – alt. 6 m –** ✉ **11110**

Syndicat d'initiative, 10 bis avenue Jean Jaurès ☎ 04 68 33 60 86

L'Os à Table

rte Salles d'Aude – ☎ 04 68 33 55 72 – losatable-coursan@wanadoo.fr – Fax 04 68 33 35 39 – Fermé 17-23 sept., 2-7 janv., dim. soir et lundi

Rest – Menu 24 € (sem.)/46 € – Carte 30/50 €

◆ Dans une maison particulière bâtie à l'entrée d'un village traversé par l'Aude, lumineuses salles à manger aux tons pastel. Cuisine traditionnelle et beau choix de vins locaux.

à l'Hospitalet 10 km par ② rte de Narbonne-Plage (D 168) – ✉ 11100

Château l'Hospitalet rest, 12/80,
– ✆ 04 68 45 28 50 – resa-narbonne@monalisahotels.com – Fax 04 68 45 28 78 *VISA*
22 ch – 90/180 € 90/180 €, 11 €
Rest – *(ouvert 1er mai-15 nov. et fermé lundi, mardi, merc. et jeudi)* Menu 36/80 € bc – Carte 48/61 €
Rest *L'Olivet* – Menu 18 € bc (déj.)/29 € bc
◆ Cette hôtellerie liée à un domaine vinicole comprend plusieurs musées et ateliers de métiers d'art. Belle décoration intérieure. Carte régionale et vins de la propriété dans l'ancienne bergerie. À L'Olivet, menus traditionnels et cru maison à volonté.

à Bages 8 km par ③, N 9 et D 105 – 755 h. – alt. 30 m – ✉ 11100

Syndicat d'initiative, 8 rue des Remparts ✆ 04 68 42 81 76, Fax 04 68 42 81 76

Les Palombières d'Estarac *VISA*
Estarac, au Sud-Ouest – ✆ 04 68 42 45 56 – estarac@wanadoo.fr – *Fax 04 68 42 45 56*
4 ch – 58/120 € 68/130 € – **Rest** – table d'hôte *(dîner seult) (résidents seult)* Menu 25 € bc
◆ "Océane", "Soleillad", "Olivine" : des chambres fraîches et gaies, joliment personnalisées, habitent ce mas restauré entouré de garrigue. Plats méridionaux servis dans une salle à manger ouverte sur le parc et réchauffée l'hiver par de belles flambées.

Le Portanel étang de Bages, 18, *VISA*
la Placette – ✆ 04 68 42 81 66 – jean-christophe.rousseau4@wanadoo.fr – *Fax 04 68 41 75 93 – Fermé 19 nov.-2 déc., dim. soir pendant les vacances scolaires*
Rest – Menu (18 € bc), 25/38 € bc – Carte 31/103 €
◆ Produits locaux ultra-frais et saveurs franches : la Méditerranée s'invite à table dans cette ancienne maison de pêcheur. Expo-vente de tableaux et véranda surplombant le port.

à Ornaisons 14 km par ④, N 113 et D 24 – 951 h. – alt. 34 m – ✉ 11200

Le Relais du Val d'Orbieu rest, 15,
sur D 24 – ✆ 04 68 27 10 27 – contact@relaisduvaldorbieu.com – *Fax 04 68 27 52 44 – Fermé déc.-janv. et dim. soir de nov. à fév.* *VISA*
20 ch – 80/105 € 95/165 €, 18 € – 1 suite – ½ P 115/155 € – **Rest** – *(dîner seult)* Menu (30 €), 39/59 € – Carte 49/94 €
◆ Au milieu du vignoble des Corbières, gage de calme absolu, ex-moulin à plâtre dont les plaisantes chambres s'ordonnent autour d'un beau patio. Équipements de loisirs. Cuisine traditionnelle et sélection de vins régionaux servis sous une jolie pergola en été.

LA NARTELLE – 83 Var – 340 O6 – rattaché à Ste-Maxime

NASBINALS – 48 Lozère – 330 G7 – 504 h. – alt. 1 180 m – Sports d'hiver : 1 240/1 320 m 1 – ✉ 48260 Languedoc Roussillon

22 **B1**

Paris 573 – Aurillac 105 – Aumont-Aubrac 24 – Mende 57 – Rodez 64 – St-Flour 53

Office de tourisme, Village ✆ 04 66 32 55 73

Relais de l'Aubrac rest, 30, *VISA*
au Pont de Gournier, (carrefour D 12 - D 112), Nord : 4 km par D 12 – ✆ 04 66 32 52 06 – relais-aubrac@wanadoo.fr – *Fax 04 66 32 56 58 – Ouvert 10 mars-15 nov.*
27 ch – 47/58 € 47/58 €, 8 € – ½ P 45/58 € – **Rest** – *(fermé dim. soir sauf vacances scolaires)* Menu 17/34 € – Carte 19/34 €
◆ Cette grande maison estimée des randonneurs et des pêcheurs jouxte un pont franchissant le Bès. Ambiance familiale, chambres fonctionnelles, petit-déj' sous véranda. Repas régional (spécialité d'aligot) dans un cadre rustique ou en terrasse. Service aimable.

NATZWILLER – 67 Bas-Rhin – 315 H6 – 624 h. – alt. 500 m – ✉ 67130 2 C1

Paris 422 – Barr 25 – Molsheim 31 – St-Dié 43 – Strasbourg 59

Auberge Metzger avec ch 15,

55 r. Principale – ☎ 03 88 97 02 42 – auberge.metzger@wanadoo.fr – Fax 03 88 97 93 59 – Fermé 26 juin-9 juil., 8-29 janv., dim. soir et lundi

16 ch – 54 € 62/75 €, 9,50 € – ½ P 71/82 € – **Rest** – Menu 13,50 € (déj. en sem.), 19/55 € – Carte 24/47 €

◆ Cette façade fleurie abrite une sympathique auberge familiale plébiscitée pour sa goûteuse cuisine régionale. Une cour pavée accueille la terrasse. Confortables chambres.

NAVARRENX – 64 Pyrénées-Atlantiques – 342 H5 – 1 133 h. – alt. 125 m – ✉ 64190 3 B3

Paris 787 – Pau 43 – Mourenx 15 – Oloron-Ste-Marie 23 – Orthez 22 – Peyrehorade 44

Office de tourisme, place des Casernes ☎ 05 59 66 14 93, Fax 05 59 66 54 80

Du Commerce 30,

pl. Casernes – ☎ 05 59 66 50 16 – hotel.du.commerce@wanadoo.fr – Fax 05 59 66 52 67 – Fermé janv.

26 ch – 41/43 € 48/52 €, 7 € – ½ P 40/53 € – **Rest** – Menu 11 € (déj. en sem.), 16/29 € – Carte 26/44 €

◆ Demeures béarnaises situées au cœur d'une bastide fondée en 1316. Préférez le bâtiment récent pour ses chambres rénovées et confortables ; les autres sont mûrissantes. La salle à manger offre un cachet campagnard rehaussé de couleurs vives. Cuisine régionale.

NEAUPHLE-LE-CHÂTEAU – 78 Yvelines – 311 H3 – 2 771 h. – alt. 185 m – ✉ 78640 Île de France 18 A2

Paris 38 – Dreux 42 – Mantes-la-Jolie 32 – Rambouillet 24 – Versailles 21

Syndicat d'initiative, 14 place du Marché ☎ 01 34 89 78 00

Domaine du Verbois 15/60,

38 av. République – ☎ 01 34 89 11 78 – verbois@hotelverbois.com – Fax 01 34 89 57 33 – Fermé 6-17 août et 23-29 déc.

22 ch – 98 € 110/180 €, 12 € – ½ P 101/116 € – **Rest** – *(fermé dim. soir)* Menu 34/47 €

◆ Cette demeure bourgeoise de la fin du 19e s. isolée dans un parc vous propose de ravissantes chambres personnalisées, meublées en différents styles du 18e s. Élégante salle à manger avec cheminée en marbre et miroirs dorés, et délicieuse terrasse ombragée.

Le Clos Saint-Nicolas sans rest

33 r. St-Nicolas – ☎ 01 34 89 76 10 – mariefrance.drouelle@wanadoo.fr – Fax 01 34 89 76 10

3 ch – 85 € 85 €

◆ Ambiance paisible dans cette belle maison du 19e s. avec jardin. Grandes chambres au décor bourgeois, délicieux petit-déjeuner servi en véranda parmi citronniers et orangers.

La Griotte

58 av. République – ☎ 01 34 89 19 98 – restaurantlagriotte@free.fr – Fax 01 34 89 68 86 – Fermé 1er-21 août, dim. et lundi

Rest – Menu 28/33 € – Carte 33/48 €

◆ Maison ancienne et salle à manger aux tons pastel donnant sur un joli jardin fleuri. À la belle saison, la pergola s'ombrage de chèvrefeuille. Cuisine personnalisée.

NÉGREVILLE – 50 Manche – 303 C3 – 734 h. – alt. 70 m – ✉ 50260 32 A1

Paris 342 – Caen 108 – Saint-Lô 72 – Cherbourg 22 – Équeurdreville-Hainneville 28

au Nord-Est 5 km par D 146 et D 62 – ✉ 50260 Négreville

Château de Pont Rilly sans rest

– ☎ 02 33 40 47 50 – chateau-pont-rilly@wanadoo.fr

5 ch – 150 € 150 €

◆ Château du 18e s. en parfait état, mis en valeur par son vaste parc à la française. Mobilier ancien et cadre rustique font le charme du lieu. Belles chambres avec cheminée.

NÉRAC – 47 Lot-et-Garonne – **336** D5 – **6 787 h.** – **alt. 65 m** – ✉ **47600**
Aquitaine 4 **C2**

Paris 702 – Agen 28 – Bordeaux 127 – Condom 22 – Marmande 53

Office de tourisme, 7 avenue Mondenard ✆ 05 53 65 27 75, Fax 05 53 65 97 48

d'Albret à Barbaste Le Pusocq, NO : 8 km par D 930, ✆ 05 53 65 53 69.

Du Château VISA MC AE

7 av. Mondenard – ✆ *05 53 65 09 05* – *Fax 05 53 65 89 78*

15 ch – 33 € 44 €, 6 € – ½ P 39 € – **Rest** – *(fermé vend. soir, sam. midi et dim. soir d'oct. à mai)* Menu 12,50 € (déj. en sem.), 19/40 € – Carte 39/46 €

♦ Au cœur de la pimpante capitale du pays d'Albret, demeure ancienne en pierres blanches, dont de nombreuses chambres sont rénovées. Restaurant à la mise en place soignée où se mitonnent des petits plats fleurant bon le Sud-Ouest.

NÉRIS-LES-BAINS – 03 Allier – **326** C5 – **2 708 h.** – **alt. 364 m** – **Stat. therm. : début avril-fin oct.** – **Casino** – ✉ **03310** Auvergne 5 **B1**

Paris 336 – Clermont-Ferrand 86 – Montluçon 9 – Moulins 73

Office de tourisme, avenue Marx Dormoy ✆ 04 70 03 11 03

de Sainte-Agathe Villebret, par rte de Montluçon : 4 km, ✆ 04 70 03 21 77.

NÉRIS-LES-BAINS

Arènes (Bd des) 2
Boisrot-Desserviers (R.) 3
Constans (R.) 5
Cuvier (R.) 7
Dormoy (Av. Marx) 8
Gaulle (R. du Gén.-de) 9
Kars (R. des) 10
Marceau (R.) 12
Migat (R. du Capitaine) 14
Molière (R.) 15
Parmentier (R.) 18
Reignier (Av.) 19
République (Pl. de la) 21
Rieckötter (R.) 23
St-Joseph (R.) 25
Thermes (Pl. des) 27
Voltaire (R.) 29

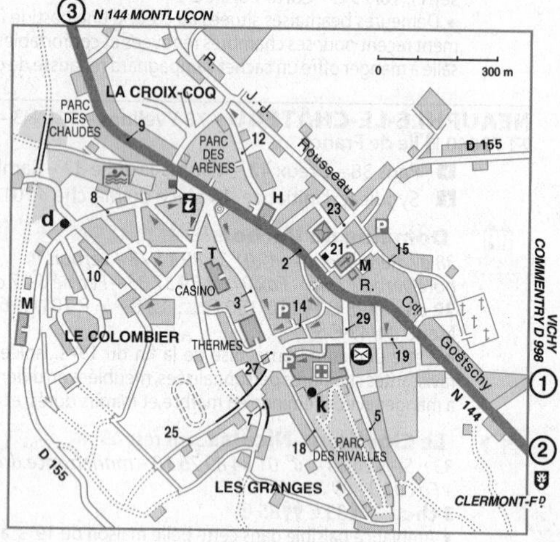

Mona Lisa ch, cuisinette 45, P VISA MC AE

40 r. Boisrot-Desserviers – ✆ *04 70 08 79 80* – *dir.neris@monalisahotels.com* – *Fax 04 70 08 79 81*

59 ch – 66/85 € 66/85 €, 10 € – ½ P 63/73 € – **Rest** – Menu 16 € bc (déj. en sem.), 20/34 € – Carte 27/43 €

♦ La façade Belle Époque de cet établissement posté face au casino abrite un intérieur flambant neuf aux chambres dernier cri, équipées de l'ADSL et climatisées. Au restaurant, sobre mise en place et mobilier design en accord avec la cuisine actuelle du chef.

Le Garden rest, ch, 25, P VISA MC AE

12 av. Marx Dormoy – ✆ *04 70 03 21 16* – *hotel.le.garden@wanadoo.fr* – *Fax 04 70 03 10 67* – *Fermé 28 janv.-8 mars* **d**

19 ch – 45/60 € 45/60 €, 6 € – ½ P 46/52 € – **Rest** – *(fermé dim. soir et lundi de nov. à mars)* Menu 15 € (sem.)/37 € – Carte 23/63 €

♦ Près du centre de la station, grande villa dans un jardin fleuri, transformée en hôtel. Chambres contemporaines régulièrement rénovées. Cuisine simple servie dans une coquette salle à manger appréciée pour sa luminosité et sa gaieté.

Parc des Rivalles rest, rest,
r. Parmentier – 04 70 03 10 50 – rivalles.hotel@wanadoo.fr – Fax 04 70 03 11 05 – Ouvert 8 avril-1er oct. k
22 ch – 48 € 50 €, 7 € – **Rest** – Menu 14 € (dîner), 17/28 € – Carte 20/40 €
◆ Situé dans un jardin au sein d'un quartier calme, établissement traditionnel bien entretenu proposant des chambres assez grandes et agréablement aménagées. Trois petites salles de restaurant au charme désuet, bien protégées des bruits de l'animation estivale.

NÉRONDES – 18 Cher – 323 M5 – 1 618 h. – alt. 200 m – ✉ 18350 12 D3

Paris 240 – Bourges 37 – Montluçon 84 – Nevers 33 – St-Amand-Montrond 44
la Vallée de Germigny à Saint-Hilaire-de-Gondilly Domaine de Villefranche, NE : 9 km par D 6, 02 48 80 23 43.

Le Lion d'Or avec ch rest,
pl. Mairie – 02 48 74 87 81 – Fax 02 48 74 92 63 – Fermé 1er-14 mars, 22-29 août, 22-28 oct., 4-28 fév., soirs fériés, dim. soir et merc.
10 ch – 42/49 € 45/53 €, 7,50 € – ½ P 52 € – **Rest** – Menu 19 € (sem.)/37 € – Carte 46/57 €
◆ Au centre du bourg, cette auberge familiale vous accueille dans sa coquette salle à manger rustique ; cuisine tradtionnelle. Chambres rénovées, plus calmes sur l'arrière.

NESTIER – 65 Hautes-Pyrénées – 342 O6 – 165 h. – alt. 500 m – ✉ 65150 28 A3

Paris 789 – Auch 74 – Bagnères-de-Luchon 45 – Lannemezan 14 – St-Gaudens 24

Relais du Castéra avec ch rest, 10/20,
– 05 62 39 77 37 – Fax 05 62 39 77 29 – Fermé 2-10 juin, 2-31 janv., dim. soir, mardi soir et lundi
6 ch – 46/60 € 46/65 €, 8 € – ½ P 49/66 € – **Rest** – Menu 18 € (déj. en sem.), 25/46 € – Carte 43/56 €
◆ Auberge de style campagnard où l'aménagement soigné rend l'atmosphère des plus agréables. La cuisine puise son inspiration dans le terroir. Chambres coquettes et calmes.

NEUF-BRISACH – 68 Haut-Rhin – 315 J8 – 2 197 h. – alt. 197 m – ✉ 68600
Alsace Lorraine 2 C2

Paris 475 – Basel 63 – Belfort 80 – Colmar 17 – Freiburg-im-Breisgau 35 – Mulhouse 40
Office de tourisme, place d'Armes 03 89 72 56 66, Fax 03 89 72 91 73

L'Epicurien
16 r. Bâle – 03 89 72 31 22 – lepicurien.wurtz@wanadoo.fr – Fax 03 89 72 31 30 – Fermé mardi soir, dim. soir et lundi
Rest – Menu (16 €), 23 € (déj. en sem.), 33/50 € – Carte 27/49 €
◆ Ce restaurant central propose une cuisine régionale où pointent des touches créatives. Cadre contemporain chaleureux : mobilier en rotin, tableaux modernes et couleurs ocre.

à Biesheim Nord : 3 km par D 468 – 2 315 h. – alt. 189 m – ✉ 68600

Aux Deux Clefs rest, rest, 12,
– 03 89 30 30 60 – info@deux-clefs.com – Fax 03 89 72 92 94 – Fermé 30 juil.-5 août et 26 fév.-4 mars
28 ch – 55 € 82 €, 10 € – ½ P 62/80 € – **Rest** – *(fermé dim. soir)* Menu 20/48 € – Carte 28/49 €
◆ Belle maison régionale donnant sur un accueillant jardin. Les chambres, assez spacieuses, sont fonctionnelles et bien tenues. Deux cadres pour vos repas : restaurant cossu (plafond en marqueterie), ou brasserie proposant une carte traditionnelle simplifiée.

NEUFCHÂTEAU – 88 Vosges – 314 C2 – 7 533 h. – alt. 300 m – ✉ 88300
Alsace Lorraine 26 B3

Paris 321 – Belfort 158 – Chaumont 57 – Épinal 75 – Langres 78 – Verdun 106
Office de tourisme, 3 rue de la 1ère Armée Française 03 29 94 10 95, Fax 03 29 94 10 89
Escalier★ de l'hôtel de ville **H** - Groupe en pierre★ dans l'église St-Nicolas **K**.

L'Eden ch, ch, 25/125, VISA

r. 1ère Armée Française – ☎ 03 29 95 61 30 – hotel-eden@wanadoo.fr – Fax 03 29 94 03 42

27 ch – 55/65 € 60/70 €, 7,50 € – ½ P 49 € – **Rest** – *(fermé 1er-13 janv., dim. soir et lundi midi)* Menu 24/45 € – Carte 45/56 €

◆ Construction récente proposant des chambres confortables de différentes tailles, certaines équipées de baignoires à remous. Le bar accueille aussi la clientèle locale. Salle à manger de style néo-classique à dominante de bleu et ocre ; cuisine au goût du jour.

Romain VISA

rte de Chaumont – ☎ 03 29 06 18 80 – Fax 03 29 06 18 80 – Fermé 20 août-2 sept., 18 fév.-2 mars, dim. et lundi sauf fériés

Rest – Menu 12,50 € (déj. en sem.), 16/27 € – Carte 23/44 €

◆ Restaurant situé au bord de la route. Salle à manger vaste, claire et actuelle. Carte traditionnelle où se glissent quelques spécialités lyonnaises.

à Rouvres-la-Chétive **Sud-Est : 10 km par D 166 – 391 h. – alt. 390 m – ✉ 88170**

Frezelle avec ch ch, VISA

– ☎ 03 29 94 51 51 – frezelle@wanadoo.fr – Fax 03 29 94 69 10 – Fermé 21 déc.-6 janv. – **7 ch** – 43/45 € 43/59 €, 8 € – ½ P 40/49 € – **Rest** – *(fermé sam.)* Menu 14 € (déj. en sem.), 15 € (dîner)/35 € – Carte 23/53 €

◆ Pour une étape sans chichi, grande salle de restaurant en partie lambrissée dont le décor, d'origine, date des années 1970. En complément, chambres modestes mais bien tenues offrant le calme de leur environnement villageois.

NEUFCHÂTEL-EN-BRAY – 76 Seine-Maritime – 304 I3 – 5 103 h. – alt. 99 m – ✉ 76270 Normandie Vallée de la Seine

33 **D1**

Paris 133 – Rouen 50 – Abbeville 57 – Amiens 72 – Dieppe 40 – Gournay-en-Bray 37

Office de tourisme, 6 place Notre-Dame ☎ 02 35 93 22 96, Fax 02 32 97 00 62

de Saint-Saëns à Saint-Saëns Domaine du Vaudichon, SO : 17 km par N 28 et D 929, ☎ 02 35 34 25 24.

Forêt d'Eawy★★ 10 km au SO.

Les Airelles avec ch ch, VISA

2 passage Michu (près église) – ☎ 02 35 93 14 60 – les-airelles-sarl@wanadoo.fr – Fax 02 35 93 89 03 – Fermé 21 oct.-5 nov., 25 fév.-12 mars, dim. soir sauf juil-août et lundi sauf d'avril à sept.

14 ch – 45/67 € 45/67 €, 7 € – ½ P 51/62 € – **Rest** – *(fermé dim. soir et lundi sauf juil.-août)* Menu 16 € (sem.)/35 € – Carte 30/53 €

◆ Avenante demeure traditionnelle du centre-ville. Au choix : deux salles de restaurant sobrement contemporaines ou terrasse d'été dressée dans l'agréable petit jardin.

à Mesnières-en-Bray **Nord-Ouest : 5,5 km par D 1 – 706 h. – alt. 65 m – ✉ 76270**

Château★.

Auberge du Bec Fin VISA

1 r. du Château – ☎ 02 35 94 15 15 – Fax 02 35 94 42 14 – Fermé 1er-10 sept., dim. soir, merc. soir et lundi

Rest – Menu 16 € (sem.)/33 € – Carte 37/59 €

◆ Maison typée vous conviant à satisfaire votre gourmandise sur le mode traditionnel dans une chaleureuse salle rustique (non-fumeurs) basse sous plafond. Dîner aux chandelles.

NEUFCHÂTEL-SUR-AISNE – 02 Aisne – 306 G6 – 492 h. – alt. 59 m – ✉ 02190

37 **D2**

Paris 163 – Laon 46 – Reims 22 – Rethel 33 – Soissons 60

de Menneville à Menneville La Haie Migaut, SO : 3 km, ☎ 03 23 79 79 88.

Le Jardin VISA

22 r. Principale – ☎ 03 23 23 82 00 – lejardint@wanadoo.fr – Fax 03 23 23 84 05 – Fermé 2-12 sept., 7-30 janv., dim. soir, lundi et mardi

Rest – Menu 17 € (déj. en sem.), 23/49 € – Carte 38/62 €

◆ Sol "gazon", murs fleuris, plantes vertes, véranda tournée vers les massifs de fleurs : tout ici n'est que jardin ! Menus composés selon le marché.

NEUILLÉ-LE-LIERRE – **37 Indre-et-Loire** – **317** O3 – **582 h.** – **alt. 92 m** – ✉ **37380** 11 **B2**

Paris 217 – Amboise 16 – Château-Renault 10 – Montrichard 34 – Reugny 5 – Tours 27

XX **Auberge de la Brenne** avec ch

19 r. République – *✆ 02 47 52 95 05* – *hotel.brenne@wanadoo.fr* – *Fax 02 47 52 29 43* – *Fermé 4 fév.-21 mars*

5 ch – †58/80 € ††58/80 €, ☕ 11 € – ½ P 77 € – **Rest** – *(fermé dim. soir du 15 sept. au 15 juin, mardi soir et merc.) (prévenir le week-end)* Menu 20 € (sem.)/45 € – Carte 38/60 €

◆ Cette engageante auberge de village abrite une jolie salle à manger où l'on sert une cuisine traditionnelle. À 50 m, agréables chambres bourgeoises récemment aménagées.

NEUILLY-LE-REAL – **03 Allier** – **326** H4 – **1 303 h.** – **alt. 260 m** – ✉ **03340** 6 **C1**

Paris 313 – Mâcon 128 – Moulins 16 – Roanne 82 – Vichy 48

XX **Logis Henri IV**

– *✆ 04 70 43 87 64* – *Fermé 2-10 sept., 18 fév.-1er mars, dim. soir et lundi*

Rest – Menu 20 € (déj. en sem.), 30/48 €

◆ Tomettes et colombages donnent du caractère à la salle à manger de cet ancien relais de chasse du 16e s. Cuisine traditionnelle.

NEUILLY-SUR-SEINE – **92 Hauts-de-Seine** – **311** J2 – **101** 15 – **voir à Paris, Environs**

NEUVÉGLISE – **15 Cantal** – **330** F5 – **1 022 h.** – **alt. 938 m** – ✉ **15260** 5 **B3**

Paris 528 – Aurillac 78 – Espalion 66 – St-Chély-d'Apcher 42 – St-Flour 17

Office de tourisme, le Bourg ✆ 04 71 23 85 43

Château d'Alleuze★★ : site★★ NE : 14 km, **Auvergne.**

à Cordesse **Est : 1,5 km sur D 921** – ✉ **15260 Neuvéglise**

X **Relais de la Poste** avec ch

– *✆ 04 71 23 82 32* – *relais.poste@wanadoo.fr* – *Fax 04 71 23 86 23* – *Ouvert 1er avril-5 nov.*

9 ch – †50/60 € ††50/65 €, ☕ 8 € – ½ P 53/61 € – **Rest** – Menu 15 € (déj. en sem.), 25/43 € – Carte 20/47 €

◆ Maison récente au décor rustique agrémenté d'une cheminée et d'un pan de mur habillé de belles boiseries. Aire de jeux pour enfants. Cuisine régionale simple mais copieuse.

NEUVES-MAISONS – **54 Meurthe-et-Moselle** – **307** H7 – **rattaché à Nancy**

NEUVILLE-DE-POITOU – **86 Vienne** – **322** H4 – **4 058 h.** – **alt. 116 m** – ✉ **86170** 39 **C1**

Paris 335 – Châtellerault 36 – Parthenay 41 – Poitiers 16 – Saumur 82 – Thouars 51

Office de tourisme, 28 place Joffre ✆ 05 49 54 47 80

XX **St-Fortunat**

4 r. Bangoura-Moridé – *✆ 05 49 54 56 74* – *fabien.dupont@voila.fr* – *Fax 05 49 53 18 02* – *Fermé 13-26 août, 1er-15 janv., dim. soir et lundi*

Rest – Menu (13,50 €), 19/32 €

◆ Ancienne ferme relookée avec goût : la salle à manger, qui marie le rustique et le contemporain, se double d'une véranda côté cour. Terrasse ombragée. Cuisine actuelle.

NEUVILLE-ST-AMAND – **02 Aisne** – **306** B4 – **rattaché à St-Quentin**

NEUZY – **71 Saône-et-Loire** – **320** E11 – **rattaché à Digoin**

NÉVACHE – 05 Hautes-Alpes – 334 H2 – 290 h. – alt. 1 640 m –
✉ 05100 41 **C1**

Paris 693 – Briançon 21 – Le Monêtier-les-Bains 35 – Montgenèvre 25

Office de tourisme, Ville Haute ✆ 04 92 21 38 19

Le Chalet d'En Hô
hameau des Chazals – ✆ 04 92 20 12 29 – chaletdenho@aol.com – Fax 04 92 20 59 70 – Ouvert 2 juin-15 sept., 27 oct.-3 nov. et 22 déc.-12 avril

14 ch – 45/55 € 99/124 €, 14 € – ½ P 80 € – **Rest** – *(dîner seult)* Menu 25 €

◆ Lambris, mobilier en mélèze et tissus provençaux créent une douillette atmosphère dans les chambres de ce chalet (non-fumeurs) entouré par une paisible et séduisante nature. Le coquet décor de la salle à manger évoque les activités montagnardes d'antan.

Une nuit douillette sans se ruiner ?
Repérez les Bibs Hôtel.

NEVERS P – 58 Nièvre – 319 B10 – 40 932 h. – Agglo. 100 556 h. – alt. 194 m – Pèlerinage de Ste-Bernadette d'Avril à Octobre : couvent St-Gildard – ✉ 58000
Bourgogne 7 **A2**

Paris 236 – Bourges 70 – Clermont-Ferrand 161 – Orléans 167

Office de tourisme, rue Sabatier Palais Ducal ✆ 03 86 68 46 00

du Nivernais à Magny-Cours Le Bardonnay, E : 2 km par D 200, ✆ 03 86 58 18 30.

Circuit automobile permanent à Magny-Cours ✆ 03 86 21 80 00, par ④ : 12 km.

Cathédrale St-Cyr-et-Ste-Julitte★★ - Palais ducal★ - Église St-Étienne★ - Façade★ de la Chapelle Ste-Marie - Porte du Croux★ - Faïences de Nevers★ du musée municipal Frédéric Blandin **M**[1].

Circuit de Nevers-Magny-Cours : musée Ligier F1★.

Plan page ci-contre

Mercure Pont de Loire
ch, ch, 80,

quai Médine – ✆ 03 86 93 93 86 – h3480@accor.com – Fax 03 86 59 43 29 Z **a**

59 ch – 85 € 98 €, 11 € – **Rest** – Menu 21/30 € – Carte 25/35 €

◆ Hôtel plaisamment situé au bord de la Loire. Confortable bar doté d'un piano. Chambres bien rénovées ; certaines offrent une belle perspective sur le fleuve. Salle à manger panoramique joliment refaite. Cuisine et carte des vins inspirées par la région.

De Diane
ch,

– ✆ 03 86 57 28 10 – diane.nevers@wanadoo.fr – Fax 03 86 59 45 08 – Fermé 21 déc.-6 janv. Z **b**

30 ch – 74/82 € 86/96 €, 11 € – **Rest** – *(fermé vend. midi et dim.)* Menu 17/27 € – Carte 24/30 €

◆ Cette demeure ancienne proche de la gare abrite des chambres de bonne ampleur, rajeunies et meublées avec soin. La salle des petits-déjeuners occupe une tour du 14e s. Au restaurant, cuisine classique et cadre empreint de sobriété.

Clos Ste-Marie sans rest
25 r. Petit Mouësse – ✆ 03 86 71 94 50 – clos.ste.marie@wanadoo.fr – Fax 03 86 71 94 69 – Fermé 24 déc.-2 janv. et dim. soir de nov. à mars X **n**

17 ch – 65/67 € 69/105 €, 9 €

◆ Cette discrète bâtisse abritait jadis un relais de poste. Vastes chambres rustiques, régulièrement rafraîchies, colorées et bien insonorisées en façade. Terrasse-jardin.

Ibis
ch, ch, ch, 20/40,

rte de Moulins, par ④ – ✆ 03 86 37 56 00 – h0947@accor.com – Fax 03 86 37 64 48

56 ch – 55/67 € 55/72 €, 7,50 € – **Rest** – *(dîner seult)* Menu (14,50 €), 17 €

◆ Hôtel situé sur la rive gauche à proximité du pont de Loire. Les chambres, aux normes de la chaîne, sont plus calmes côté parking. Lumineuse salle à manger plutôt coquette : sièges en rotin, lustres en fer forgé et couleurs gaies.

NEVERS

Ardilliers (R. des) . . . . Y 2
Banlay (R. du) . . . . V 3
Barre (R. de la). . . . . Y 4
Bourgeois (R. Mlle) . . . . V 5
Champ-de-Foire (R. du) . . . . Z 6
Charnier (R. du) . . . . Y 7
Chauvelles (R. des) . . . . V 8
Cloître-St-Cyr (R. du) . . . . Z 9
Colbert (Av.). . . . . Y 10
Coquille (Pl. G.) . . . . Y 12
Docks (R. des). . . . . V 13
Fer (R. du) . . . . Y 47
Fonmorigny (R.). . . . . Y 48
Francs-Bourgeois (R. des) . . . . . Y 14
Gaulle (Av. Gén.-de) . . . . YZ
Gautron-du-Coudray (Bd) . . . . . Y 15
Jacobins (R. des) . . . . Z 16
Lattre-de-Tassigny (Bd Mar.-de) V 17
Mancini (Pl.). . . . . Y 50
Mantoue (Quai de) . . . . Z 18
Marceau (Av.) . . . . Y 19
Midi (R. du) . . . . Z 20
Mirangron (R.) . . . . Y 49
Mitterrand (R. F.). . . . . YZ
Nièvre (R. de). . . . . Y 21
Ouches (R. des) . . . . YZ 22
Pelleterie (R. de la) . . . . Y 24
Petit-Mouësse (R. du). . . . . X 26
Porte-du-Croux (R. de la). . . . . . Z 51
Préfecture (R. de la) . . . . Y 27
Récollets (R. des) . . . . Z 52
Remigny (R. de) . . . . Y 28
Renardats (R. des) . . . . V 30
République (Bd de la) . . . . X 32
République (Pl. de la). . . . . Z 34
Roy (R. C.) . . . . Y 36
St-Martin (R.) . . . . Y 38
St-Sébastien (Pl.) . . . . Y 39
Tillier (R. C.) . . . . Z 40
Vaillant-Couturier (R. Paul) . . . . V 42
14-Juillet (R. du). . . . . Z 45

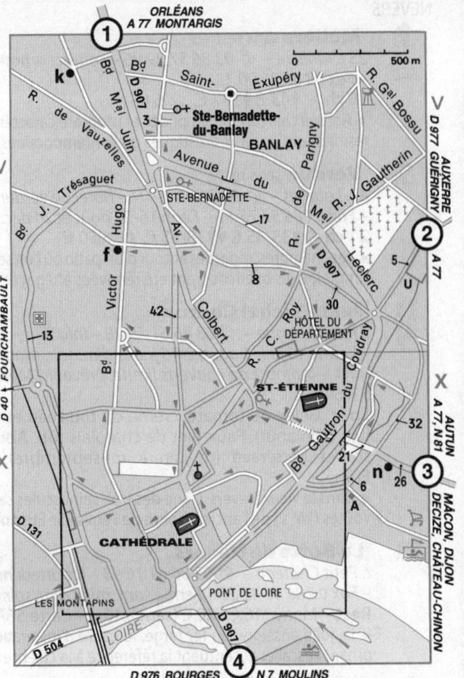

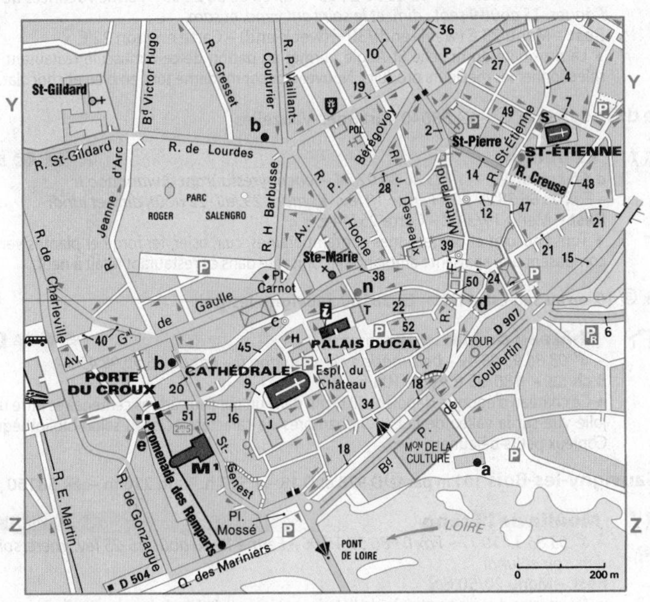

Molière sans rest
25 r. Molière – ✆ 03 86 57 29 96 – contact@hotel-moliere-nevers.com – Fax 03 86 36 00 13 V **k**
18 ch – 43 € 47 €, 6 €
◆ Accueil chaleureux, simplicité et propreté caractérisent cet hôtel situé dans un quartier résidentiel. Chambres rustiques ou contemporaines, plus quiètes sur l'arrière.

Verdun sans rest
4 r. Lourdes – ✆ 03 86 61 30 07 – hotel.de.verdun@wanadoo.fr – Fax 03 86 57 75 61 – Fermé 6-26 août et 24 déc.-6 janv. Y **b**
21 ch – 33/45 € 38/55 €, 6,50 €
◆ Les chambres, réparties autour d'un patio où l'on sert le petit-déjeuner en été, sont assez simples, mais beaucoup ont été rénovées et égayées de couleurs provençales.

Jean-Michel Couron
21 r. St-Étienne – ✆ 03 86 61 19 28 – info@jm-couron.com – Fax 03 86 36 02 96 – Fermé 16 juil.-6 août, 2-15 janv., dim. soir, mardi midi et lundi Y **r**
Rest – *(nombre de couverts limité, prévenir)* Menu 20 € (sem.)/48 € – Carte 51/64 €
Spéc. Gelée de tomate, crème de tourteau et feuille craquante de sarrazin (fin juin à fin août). Faux-filet de charolais rôti. Abricots rôtis, marmelade d'orange, sorbet betterave (mi-juin à mi-septembre). **Vins** Pouilly-sur-Loire, Pouilly-Fumé.
◆ Dans le vieux Nevers. L'une des trois minuscules salles à manger est aménagée sous les voûtes (14e s.) de l'ancien cloître de l'église St-Étienne. Belle cuisine inventive.

La Botte de Nevers
r. Petit Château – ✆ 03 86 61 16 93 – labottedenevers@wanadoo.fr – Fax 03 86 36 42 22 – Fermé sam. midi, dim. soir et lundi Y **n**
Rest – Menu (16 €), 20 € (sem.)/46 € – Carte 56/64 €
◆ La jolie enseigne en fer forgé, le cadre d'inspiration médiévale et les quelques épées ornant l'escalier accentuent la référence à la célèbre estocade du duc de Nevers.

L'Assiette
7 bis r. F. Gambon – ✆ 03 86 36 24 99 – Fax 03 86 36 24 99 – Fermé vacances de Pâques, 15 août-9 sept., dim. et le soir sauf vend. et sam. Y **d**
Rest – Menu 23 € (week-end)/30 € (week-end) – Carte environ 22 €
◆ La proximité du marché St-Arigle permet au patron de ce minuscule restaurant d'y sélectionner les meilleurs produits. Nouveau décor moderne tout en bleu et chocolat.

rte d'Orléans par ① – ✉ 58640 Varennes-Vauzelles

Le Bengy
à 4,5 km sur N 7 – ✆ 03 86 38 02 84 – lebengyrestaurant@wanadoo.fr – Fax 03 86 38 29 00 – Fermé 10 fév.-13 mars, 29 juil.-22 août, dim. et lundi
Rest – Menu 19/31 € – Carte 25/44 €
◆ Tons chocolat et beige, lignes contemporaines, cuir, osier, fer forgé et plantes vertes composent une apaisante ambiance japonisante dans ce restaurant refait à neuf.

par ③ 10 km au Sud-Est et N81 – ✉ 58160 Sauvigny-les-Bois

Château de Marigny sans rest
– ✆ 03 86 90 98 49 – belz.marigny@wanadoo.fr – Fax 03 86 90 98 45
3 ch – 80/95 € 90/105 €
◆ Ce château d'époque Napoléon III niché dans un parc aux arbres centenaires offre une jolie vue sur la vallée de la Loire. Chambres de caractère et beau salon-bibliothèque. Copieux petits-déjeuners.

à Sauvigny-les-Bois 10 km par ③ D 978 et D 18 – 1 527 h. – alt. 210 m – ✉ 58160

Moulin de l'Étang
– ✆ 03 86 37 10 17 – Fax 03 86 37 12 06 – Fermé 1er-20 août, 15-25 fév., merc. soir, dim. soir et lundi
Rest – Menu 20/50 €
◆ Aux portes du village et près de l'étang, ancienne laiterie abritant une salle à manger rustique (poutres, vieille horloge et exposition de tableaux). Cuisine au goût du jour.

rte de Moulins 3 km par ④, sur N 7 – ✉ 58000 Challuy

XX **La Gabare**
171 rte de Lyon – ☎ 03 86 37 54 23 – la-gabare58000@yahoo.fr – Fax 03 86 37 64 49 – Fermé 22 juil.-13 août et dim. soir
Rest – Menu 18 € (sem.)/26 € – Carte 34/49 €
◆ Cette vieille ferme joliment restaurée abrite deux salles rustiques : poutres apparentes, murs colorés et grande cheminée. Terrasse agréablement fleurie aux beaux jours.

à Magny-Cours 12 km par ④, rte Moulins – **1 486 h.** – **alt. 205 m** – ✉ **58470**

Holiday Inn ch, 20/110,
Ferme du domaine de Bardonnay – ☎ 03 86 21 22 33 – himagnycours@alliance-hospitality.com – Fax 03 86 21 22 03
70 ch – 🚹94/300 € 🚹🚹94/300 €, ☕ 17 € – **Rest** – Menu 17 € – Carte 24/47 € 🍷
◆ À côté du circuit automobile et du golf. La ferme d'origine a été agrandie d'une aile moderne où se répartissent les chambres ; certaines ont vue sur la piscine ou les greens. Lumineuse salle à manger ouvrant sur une vaste terrasse. Cuisine traditionnelle.

La Renaissance rest,
au village - 2 r. Paris – ☎ 03 86 58 10 40 – hotel.la.renaissance@wanadoo.fr – Fax 03 86 21 22 60 – Fermé 5-20 août, 5 fév.-5 mars, dim. soir et lundi
9 ch – 🚹84 € 🚹🚹84/153 €, ☕ 12,50 € – **Rest** – *(fermé sam. midi, dim. soir et lundi)* Menu 40/85 € – Carte 75/109 €
◆ Cet ancien relais de diligences (1870) situé sur la traversée du village abrite des chambres de styles variés : contemporain, rustique ou "bonbonnière". Cuisine régionale à déguster dans deux élégantes salles à manger ou sur la terrasse en grès du Morvan.

NEVEZ – 29 Finistère – 308 I8 – 2 466 h. – alt. 40 m – ✉ 29920 — 9 B2

Paris 547 – Rennes 196 – Quimper 40 – Lorient 51 – Lanester 51

Office de tourisme, place de l' Église ☎ 02 98 06 87 90, Fax 02 98 06 73 09

X **Le Bistrot de l'Écailler**
au port de Kerdruc – ☎ 02 98 06 78 60 – Ouvert avril-fin sept. et fermé mardi et merc. sauf fériés et le soir en juil.-août
Rest – Menu 40 € – Carte 33/51 € 🍷
◆ Un joli bistrot marin et sa petite terrasse sur le port, au bord de l'Aven. Superbes plateaux de fruits de mer, ardoise du jour, homard-frites et carte des vins judicieuse.

NEXON – 87 Haute-Vienne – 325 E6 – 2 325 h. – alt. 359 m – ✉ 87800 — 24 B2

Paris 416 – Limoges 27 – Saint-Junien 56 – Panazol 27 – Isle 27

Office de tourisme, 6 place de l'Église ☎ 05 55 58 28 44

XX **Les Chaumières** avec ch rest,
Domaine des Landes, à 2km par D11 – ☎ 05 55 58 25 26 – Fax 05 55 58 25 26
3 ch ☕ – 🚹70/76 € 🚹🚹70/76 € – **Rest** – *(fermé mardi soir, dim. soir et lundi) (prévenir)* Menu 29 €
◆ Joli cottage au toit de chaume dans un jardin planté d'arbres séculaires. Chaleureux intérieur bourgeois, accueil attentif et carte dans l'air du temps, inspirée par les saisons.

NEYRAC-LES-BAINS – 07 Ardèche – 331 H5 – ✉ 07380 — 44 A3

Paris 606 – Alès 92 – Aubenas 16 – Montélimar 56 – Privas 45 – Le Puy-en-Velay 75

Du Levant ch, rest,
– ☎ 04 75 36 41 07 – info@hotel-levant.com – Fax 04 75 36 48 09 – Ouvert Pâques à déc.
14 ch – 🚹46/58 € 🚹🚹46/58 €, ☕ 7 € – ½ P 65 € – **Rest** – *(fermé 20 nov.-20 déc., merc. du 20 déc. au 30 mai, lundi et mardi)* Menu 18 € bc (déj. en sem.), 24/55 € 🍷
◆ Proche des thermes, hôtel dirigé par la même famille depuis six générations. Chambres bien rénovées (murs blancs et mobilier acajou). Lumineux restaurant et sa terrasse ombragée où l'on propose des plats du marché et une belle carte des vins (250 références).

NÉZIGNAN-L'ÉVÊQUE – 34 Hérault – 339 F8 – rattaché à Pézenas

H. Le Gac/ MICHELIN

Le vieux Nice

NICE

Ⓟ **Département :** 06 Alpes-Maritimes 42 **E2**

Carte Michelin LOCAL : n° **341** E5 **115** 26 27

▶ Paris 927 – Cannes 33 – Genova 192 – Lyon 471 – Marseille 189 – Torino 210

Population : 342 738 h

Pop. agglomération : 888 784 h

Altitude : 6 m – **Code Postal :** ✉ 06000

▮ Côte d'Azur

RENSEIGNEMENTS PRATIQUES

Offices de tourisme

5, promenade des Anglais ✆ 08 92 70 74 07 (0,34 €/mn), Fax 04 92 14 46 49
Av. de Thiers (près gare SNCF) ✆ 08 92 70 74 07 (0,34 €/mn), Fax 04 93 16 85 16
Aéroport de Nice (T.1) ✆ 08 92 70 74 07 (0,34 €/mn), Fax 04 93 21 44 50

Transports

Auto-train ✆ 3635 (0,34 €/mn)

Transports maritimes

Pour la Corse : SNCM - Ferryterranée quai du Commerce ✆ 0 825 888 088 (0,15 €/mn) **JZ**
CORSICA FERRIES Port de Commerce ✆ 04 92 00 42 93, Fax 04 92 00 42 94

Aéroport

✈ Nice-Côte-d'Azur ✆ 0820 423 333 (0,12 €/mn), 7 km **AU**

LOISIRS

Casino

Ruhl, 1 promenade des Anglais **FZ**
Le Palais de la Méditerannée, 15 promenade des Anglais **FZ**

A VOIR

LE FRONT DE MER ET LE VIEUX NICE

Site ★★ - Promenade des Anglais ★★ - ⩽ ★★ du château - Intérieur ★ de l'église St-Martin - St-Augustin **HY** - Église St-Jacques ★ **HZ** - Escalier monumental ★ du palais Lascaris **HZ** V - Intérieur ★ de la cathédrale Ste-Réparate **HZ** - Décors ★ de la chapelle de l'Annonciation **HZ** B - Retables ★ de la chapelle de la Miséricorde ★ **HZ** D

CIMIEZ

Musée Marc-Chagall ★★ **GX** - Musée Matisse ★★ **HV** M^{4} - Monastère franciscain ★ : primitifs niçois ★★ dans l'église **HV** K - Site archéologique gallo-romain ★

LES QUARTIERS OUEST

Musée des beaux-Arts (Jules Chéret) ★★ **DZ** - Musée d'Art naïf A.Jakovsky ★ **AU** M^{10} - Serre géante ★ du Parc Phoenix ★ **AU** - Musée des Arts asiatiques ★★

PROMENADE DU PAILLON

Musée d'Art moderne et d'Art contemporain ★★ **HY** M^{2} - Palais des Arts, du Tourisme et des Congrès (Acropolis) ★ **HJX**

AUTRES CURIOSITÉS

Cathédrale orthodoxe russe St-Nicolas ★ **EXY** - Mosaique ★ de Chagall dans la faculté de droit **DZ** U - Musée Masséna ★ **FZ** M^{3}

Negresco 20/200, VISA

37 prom. des Anglais – ☎ 04 93 16 64 00 – direction@hotel-negresco.com – Fax 04 93 88 35 68 p. 6 FZ **k**

121 ch – †280/560 € ††280/560 €, ☕ 34 € – 12 suites

Rest *Chantecler* – voir ci-après

Rest *La Rotonde* – Menu (25 €), 34 € – Carte 29/77 €

◆ Bâti en 1913 par Henri Negresco, fils d'aubergiste roumain, ce palace, ou plutôt cet "hôtel-musée" mythique et majestueux, regorge d'oeuvres d'art exceptionnelles et cultive la démesure. Le bistrot La Rotonde est installé dans un rare décor de carrousel, chevaux de bois et automates.

Palais Maeterlinck littoral, cuisinette 25/80, P VISA

30 bd Maeterlinck (Basse Corniche) ✉ 06300 – ☎ 04 92 00 72 00 – info@palais-maeterlinck.com – Fax 04 92 04 18 10 – Ouvert mars-oct. p. 5 CU **t**

16 ch – †245/1100 € ††245/1100 €, ☕ 30 € – 13 suites, 11 duplex

Rest *Mélisande* – *☎ 04 92 00 72 01* – Menu 43/75 € – Carte 60/127 €

◆ Dans l'ancienne villa du poète flamand s'unissent styles baroque et néo-classique florentin. Piscine et jardin sont agencés en balcon au-dessus de la mer. Au Mélisande, belle collection de tableaux orientalistes du 19e s. et superbe terrasse dominant le littoral.

Palais de la Méditerranée ch, ch, rest, 20/500, VISA

13 prom. des Anglais – ☎ 04 92 14 77 00 – reservation@lepalaisdelamediterranee.com – Fax 04 92 14 77 14 p. 6 FZ **g**

181 ch – †280/810 € ††280/810 €, ☕ 30 € – 7 suites

Rest *Le Padouk* – (au 3e étage) – Menu 35 € (déj. en sem.), 50/75 € – Carte 69/83 €

Rest *Pingala Bar* – *(déj. seult.)* Carte environ 30 €

◆ Ce légendaire bâtiment doté d'une façade Art déco classée abrite un hôtel flambant neuf doté de chambres spacieuses, sobrement contemporaines et luxueuses. Carte d'inspiration méridionale et asiatique au Padouk. Cuisine niçoise toute simple dans le cadre "trendy" du Pingala Bar.

Radisson SAS ch, ch, 15/200, VISA

223 prom. des Anglais – ☎ 04 97 17 71 77 – info.nice@radissonsas.com – Fax 04 93 71 21 71 p. 4 AU **n**

318 ch – †135/700 € ††135/700 €, ☕ 22 € – 13 suites – **Rest** – Menu 35 € (déj. en sem.)/90 € bc – Carte 43/73 €

◆ Architecture moderne abritant un hôtel dans l'air du temps : grandes chambres thématiques soignées (Urban, Chili, Océan), bar design, beau fitness et terrasse-piscine sur le toit. Confortable restaurant égayé de tons azur et citron ; cuisine à l'accent local.

Méridien ch, 15/300, VISA

1 prom. des Anglais – ☎ 04 97 03 44 44 – reservation.nice@lemeridien.com – Fax 04 97 03 44 45 p. 6 FZ **d**

318 ch – †190/420 € ††190/420 €, ☕ 22 € – 10 suites

Rest *Le Colonial Café* – *☎ 04 97 03 40 36* – Carte 40/82 €

Rest *La Terrasse du Colonial* – *☎ 04 97 03 40 37 (fermé fév.) (déj. seult sauf de mai à oct.)* Carte 40/82 € carte réduite en semaine

◆ Au programme de ce palace : piscine chauffée sur le toit, face à la baie des Anges, belles chambres aux couleurs du Sud, institut de beauté, salles de réunions high-tech. Décor ethnique et plats du monde au Colonial Café. Superbe vue sur mer à la Terrasse.

Sofitel ch, 35/80, VISA

2 parvis de l'Europe – ☎ 04 92 00 80 00 – h1119@accor.com – Fax 04 93 26 27 00 p. 7 JX **t**

152 ch – †190/260 € ††190/260 €, ☕ 23 €

Rest *L'Oliveraie* – Menu (25 €), 32 € – Carte 36/59 €

◆ Sur le site d'Acropolis, établissement abritant des chambres modernes, soignées et bien équipées ; très belle piscine panoramique perchée sur le toit. Décor contemporain, agréable terrasse et cuisine régionale "light" à l'Oliveraie.

RÉPERTOIRE DES RUES DE NICE

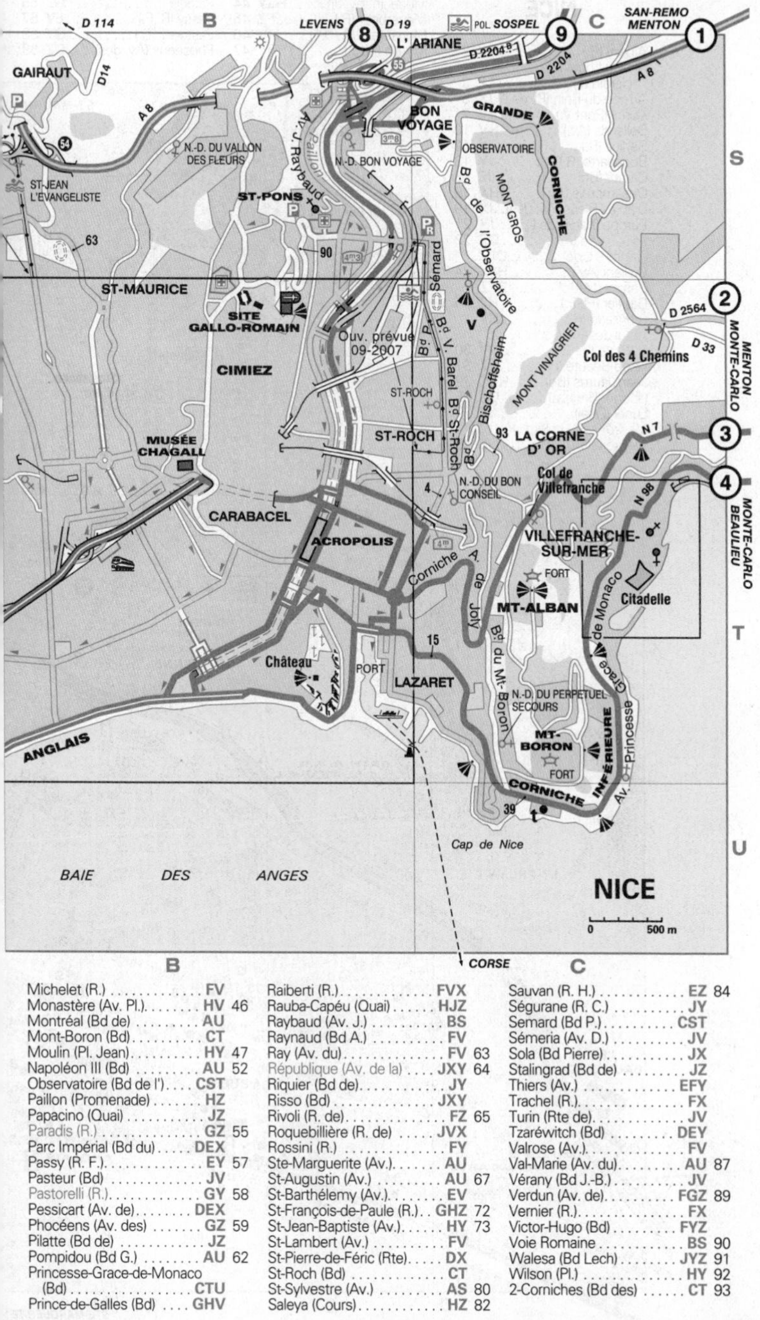

B
C
D 114
LEVENS
D 19
POL. SOSPEL
SAN-REMO
MENTON
L' ARIANE
D 2204
A 8
GAIRAUT
D14
BON VOYAGE
GRANDE
CORNICHE
OBSERVATOIRE
N.-D. DU VALLON DES FLEURS
N.-D. BON VOYAGE
Av. J. Raybaud
Paillon
MONT GROS
ST-JEAN L'EVANGELISTE
ST-PONS
63
90
Sémard
Bd de l'Observatoire
ST-MAURICE
SITE GALLO-ROMAIN
D 2564
MENTON MONTE-CARLO
Ouv. prévue 09-2007
Bd V. Barel
Bd St-Roch
MONT VINAIGRIER
D 33
Col des 4 Chemins
CIMIEZ
ST-ROCH
Bischoffsheim
93
LA CORNE D' OR
N 7
MUSÉE CHAGALL
Col de Villefranche
N 98
N.-D. DU BON CONSEIL
CARABACEL
ACROPOLIS
VILLEFRANCHE-SUR-MER
MONTE-CARLO BEAULIEU
Corniche A. de Joly
FORT
MT-ALBAN
Bd du Mt-Boron
Citadelle
15
Château
PORT
LAZARET
N.-D. DU PERPETUEL SECOURS
Av. Princesse Grace de Monaco
MT-BORON
INFÉRIEURE
ANGLAIS
FORT
CORNICHE
39
Cap de Nice
BAIE DES ANGES
NICE
0
500 m
CORSE
S
T
U

NICE

Alberti (R.) . . . . GHY 2
Alsace-Lorraine (Jardin d') . . . . EZ 3
Armée-du-Rhin (Pl. de l') JX 5
Auriol (Pont V.) . . . . JV 7
Bellanda (Av.) . . . . HV 10
Berlioz (R.) . . . . FY 12
Bonaparte (R.) . . . . JY 13
Carnot (Bd) . . . . JZ 15
Desambrois (Av.) . . . . GHX 18
Diables-Bleus (Av. des) . JX 19
Europe (Parvis de l') . . . JX 21
Félix-Faure (Av.) . . . . GZ 22
France (R. de) . . . . DFZ
Gallieni (Av.) . . . . HJX 24
Gambetta (Bd) . . . . . . EXZ
Gautier (Pl. P.) . . . . HZ 25
Gioffredo (R.) . . . . HY
Hôtel-des-Postes (R. de l') . . . . HY 30
Ile-de-Beauté (Pl.) . . . . . JZ 31
Jean-Jaurès (Bd) . . . . HYZ 32
Liberté (R. de la) . . . . . . GZ 35
Lunel (Quai) . . . . JZ 37
Masséna (Pl. et Espace) GZ
Masséna (R.) . . . . FGZ 43
Médecin (Av. J.) . . . . . FGY 44
Meyerbeer (R.) . . . . FZ 45
Monastère (Av. Pl.) . . . . HV 46
Moulin (Pl. J.) . . . . HY 47
Paradis (R.) . . . . GZ 55
Passy (R. F.) . . . . EY 57
Pastorelli (R.) . . . . GY 58
Phocéens (Av. des) . . . . GZ 59

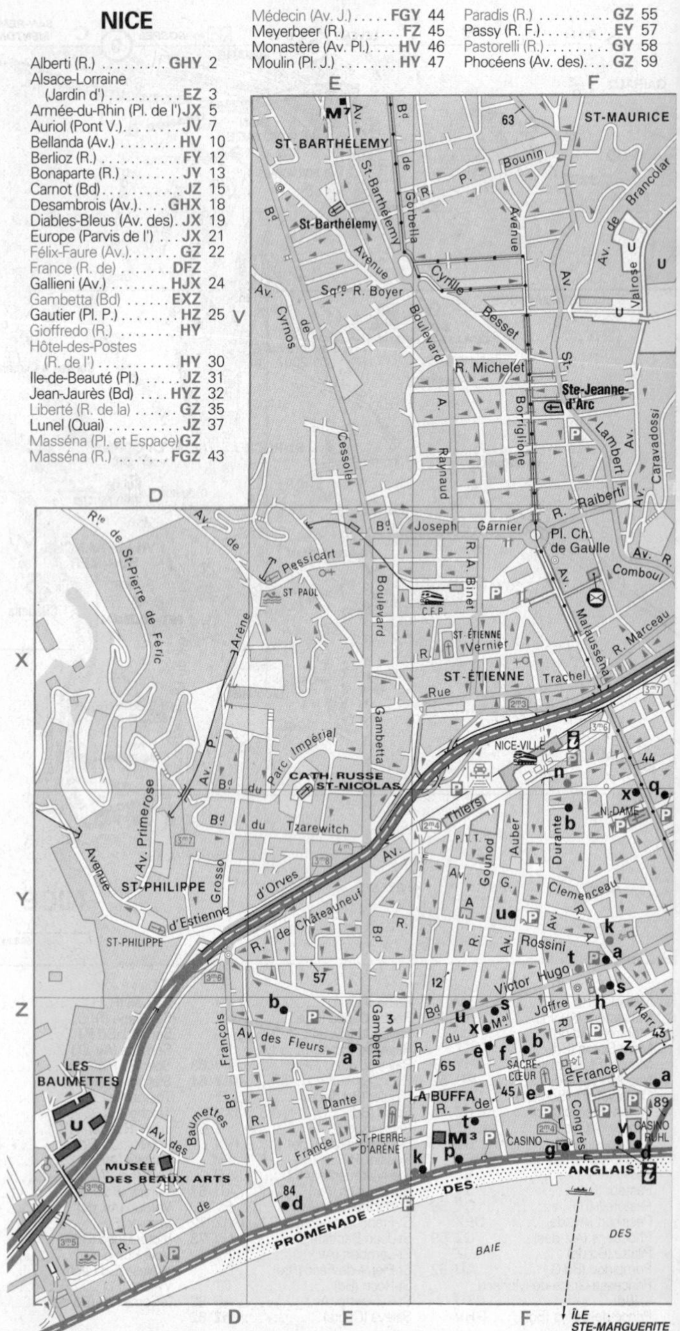

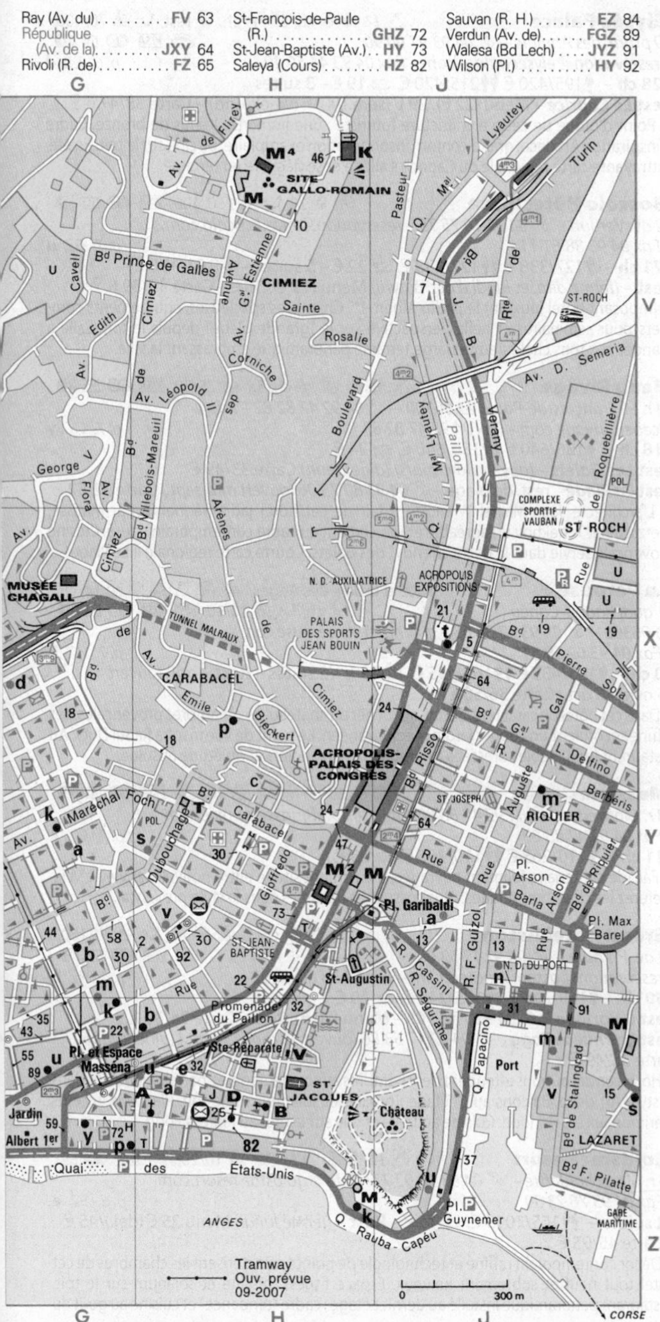

SITE GALLO-ROMAIN
CIMIEZ
Bd Prince de Galles
MUSÉE CHAGALL
TUNNEL MALRAUX
CARABACEL
ST-ROCH
COMPLEXE SPORTIF VAUBAN
ACROPOLIS EXPOSITIONS
N. D. AUXILIATRICE
PALAIS DES SPORTS JEAN BOUIN
ACROPOLIS-PALAIS DES CONGRÈS
ST JOSEPH
RIQUIER
Pl. Garibaldi
ST-JEAN-BAPTISTE
St-Augustin
Promenade du Paillon
Pl. et Espace Masséna
Ste-Réparate
ST-JACQUES
Château
Jardin Albert 1er
Quai des États-Unis
ANGES
Q. Rauba-Capéu
Pl. Guynemer
Port
LAZARET
GARE MARITIME
N. D. DU PORT
Pl. Max Barel
Pl. Arson
Bd Pierre Sola
Av. D. Semeria
Paillon
CORSE
Tramway
Ouv. prévue 09-2007
300 m

Élysée Palace ch, ch, rest, 70/100,
59 prom. des Anglais – 04 93 97 90 90
– reservation@elyseepalace.com – Fax 04 93 44 50 40 p. 6 EZ **d**
128 ch – 195/420 € 215/420 €, 19 € – 3 suites
Rest *Le Caprice* – Menu (22 €), 29 € (sem.)/42 € (week-end) – Carte 38/47 €
◆ Point d'orgue de cette architecture futuriste : une immense Vénus de bronze. Cadre d'inspiration Art déco, grand confort, insonorisation exemplaire, piscine sur le toit. En été, l'attrayante carte régionale du Caprice s'allège et se déguste en terrasse.

Boscolo Hôtel Plaza 250/400,
12 av. Verdun – 04 93 16 75 75 – reservation@nice.boscolo.com
– Fax 04 93 88 61 11 p. 7 GZ **u**
171 ch – 127/338 € 127/338 €, 22 € – 5 suites – ½ P 91/196 € –
Rest – *(fermé dim. et lundi d'oct. à avril)* Menu (19 €), 38 € – Carte 39/59 €
◆ Imposant hôtel jouxtant le jardin Albert-1er. Chambres spacieuses, équipements complets pour séminaires et belle perspective sur la "grande bleue" depuis le toit. Salle à manger aux tons chaleureux et large terrasse panoramique embrassant la ville.

Beau Rivage ch, 25/30,
24 r. St-François-de-Paule 06300 – 04 92 47 82 82 – info@nicebeaurivage.com – Fax 04 92 47 82 83 p. 7 GZ **y**
118 ch – 180/640 € 180/640 €, 24 €
Rest *Les Galets* – *(ouvert nov.-mars) (dîner seult)* Carte 33/49 €
Rest *La Plage* – rest. de plage – *04 93 80 75 06 (ouvert mai-sept.)* Carte 32/52 €
◆ L'architecte Jean-Michel Wilmotte a fait de cet hôtel jadis fréquenté par Matisse, Nietzsche et Tchekhov un agréable établissement au cadre contemporain épuré. Cuisine provençale servie dans le décor "trendy" des Galets. Courte carte régionale à La Plage.

La Pérouse Nice et la Baie des Anges, ch,
11 quai Rauba-Capéu ch, 20/30,
06300 – 04 93 62 34 63 – lp@hotel-la-perouse.com
– Fax 04 93 62 59 41 p. 7 HZ **k**
60 ch – 165/455 € 165/455 €, 23 € – 2 suites – **Rest** – grill *(ouvert 15 avril-15 oct.)* Carte 36/50 €
◆ Dans cet hôtel de caractère, arrimé au rocher du château, des chambres provençales très raffinées côtoient un coquet jardin méditerranéen. Le point de vue inspira Raoul Dufy. Au restaurant (grill), tables dressées à l'ombre des citronniers et quiétude absolue.

Masséna sans rest 20,
58 r. Gioffredo – 04 92 47 88 88 – info@hotel-massena-nice.com
– Fax 04 92 47 88 89 p. 7 GZ **k**
111 ch – 110/265 € 110/265 €, 23 €
◆ Façade centenaire joliment ouvragée, idéalement située entre nouvelle et vieille ville. Préférez les chambres refaites, plus cossues et décorées dans le style provençal.

Grand Hôtel Aston ch, ch, 20/160,
12 av. F. Faure – 04 92 17 53 00
– reservation@aston.3ahotels.com – Fax 04 93 80 40 02 p. 7 HZ **b**
150 ch – 165/245 € 165/245 €, 20 €
Rest *L'Horloge* – *04 92 17 53 09* – Menu (20 €), 24 € – Carte 24/39 €
Rest *Le Phileas Fogg* – *04 92 17 53 86 (ouvert 15 mai-15 sept.) (dîner seult)* Carte 33/49 €
◆ Hôtel central où vous attendent des chambres aux couleurs gaies, parfois meublées dans le style Art déco. Balcons au 6e étage ; piscine et solarium sur le toit. Plats aux accents méridionaux à L'Horloge. Cuisine actuelle et vue sur la mer au Phileas Fogg.

Goldstar Resort 10/20,
45 r. Maréchal Joffre – 04 93 16 92 77 – info@goldstar-resort.com
– Fax 04 93 76 23 30 p. 6 FZ **e**
52 suites – 165/1015 €, 15 € – **Rest** – *(fermé lundi)* Menu 25 € (déj.)/45 € – Carte 45/95 €
◆ Décor contemporain raffiné et technologie de pointe caractérisent les chambres de cet hôtel tout neuf et sobrement luxueux. Espace fitness, piscine et solarium sur le toit. Restaurant panoramique installé au dernier étage ; cadre "tendance" et cuisine au goût du jour.

Hi Hôtel ch, ch, VISA

3 av. Fleurs – ✆ 04 97 07 26 26 – hi@hi-hotel.net – Fax 04 97 07 26 27 p. 6 EZ **a**

37 ch – ♦195/415 € ♦♦215/425 € – 1 suite – **Rest** – self Menu 35 €

◆ Attention les yeux ! Cet hôtel conçu par une designer est l'antithèse d'une adresse traditionnelle. Espaces, matériaux, couleurs, mobilier, équipements : tout est novateur. Originaux plats froids à base de produits "bio", proposés en libre-service.

Nice Riviera sans rest 30, VISA

45 r. Pastorelli – ✆ 04 93 92 69 60 – info@hotel-nice-riviera.com – Fax 04 93 92 69 22 p. 7 GY **b**

122 ch – ♦125/165 € ♦♦155/205 €, 17 €

◆ Cet hôtel entièrement restauré propose d'élégantes chambres colorées (rouge et jaune), disposant parfois d'une terrasse ensoleillée. Petite piscine intérieure, sauna et jacuzzi.

Boscolo Park Hôtel sans rest 150, VISA

6 av. Suède – ✆ 04 97 03 19 00 – manager@park.boscolo.com – Fax 04 93 82 29 27 p. 6 FZ **a**

104 ch – ♦110/469 € ♦♦110/700 €, 25 €

◆ Chambres de style Art déco, classiques ou méridionales ; les plus agréables donnent sur le jardin Albert-1er et la "grande bleue". Salles de séminaires bien équipées.

Mercure Centre Notre Dame sans rest 90, VISA

28 av. Notre-Dame – ✆ 04 93 13 36 36 – h1291@accor.com – Fax 04 93 62 61 69 p. 6 FXY **q**

201 ch – ♦125/155 € ♦♦135/170 €, 15 €

◆ Deux bâtiments dont un, au cœur d'un joli jardin, qui abrite des chambres rénovées dans un style mi-Art déco, mi-contemporain. Institut de beauté et piscine sur le toit-terrasse.

Splendid ch, rest, 15/85, VISA

50 bd V. Hugo – ✆ 04 93 16 41 00 – info@splendid-nice.com – Fax 04 93 16 42 70 p. 6 FZ **u**

127 ch – ♦145/245 € ♦♦145/245 €, 16 € – 15 suites – ½ P 205/250 € – **Rest** – Menu 19/30 € – Carte 30/50 €

◆ La minipiscine et le solarium qui coiffent cet hôtel offrent une vue sur "Nissa la bella". Chambres de tailles diverses, refaites et souvent dotées de balcons. Spa. Restaurant et terrasse panoramiques perchés sur le toit.

Le Grimaldi sans rest VISA

15 r. Grimaldi – ✆ 04 93 16 00 24 – zedde@le-grimaldi.com – Fax 04 93 87 00 24 p. 6 FY **s**

46 ch – ♦80/155 € ♦♦90/195 €, 20 €

◆ Mobilier provençal, fer forgé et beaux tissus Pierre Frey personnalisent joliment les chambres ; petites terrasses au dernier étage. Espace hall-bar-salon très "cosy".

Villa Victoria sans rest VISA

33 bd V. Hugo – ✆ 04 93 88 39 60 – contact@villa-victoria.com – Fax 04 93 88 07 98 – Fermé 20-28 déc. p. 6 FZ **s**

38 ch – ♦75/135 € ♦♦90/155 €, 13 €

◆ Bel immeuble ancien aménagé dans un esprit méridional. Préférez les chambres avec balcon donnant sur le joli jardin méditerranéen ; celles côté rue sont bien insonorisées.

Windsor ch, VISA

11 r. Dalpozzo – ✆ 04 93 88 59 35 – contact@hotelwindsornice.com – Fax 04 93 88 94 57 p. 6 FZ **f**

57 ch – ♦85/170 € ♦♦85/170 €, 11 € – ½ P 75/118 € – **Rest** – *(fermé de mi-nov. à mi-déc. et dim.) (dîner seult)* Menu 29/31 €

◆ Cet hôtel séduit par ses 25 "chambres d'artistes", hymne à l'art contemporain, dont une signée du peintre niçois Ben. Jardin exotique, espace de relaxation (hammam, massages, sauna). Petite restauration servie au bar et, en été, parmi les palmiers et bougainvillées.

Mercure Promenade des Anglais sans rest VISA

2 r. Halévy – ✆ 04 93 82 30 88 – h0360@accor.com – Fax 04 93 82 18 20 p. 6 FZ

122 ch – ♦95/270 € ♦♦105/280 €, 15 €

◆ Hôtel installé dans l'immeuble du casino Ruhl. Chambres confortables et refaites, décorées sur le thème du jeu. Salle des petit-déjeuner avec vue sur la Promenade des Anglais.

Petit Palais sans rest — Nice et la mer,
17 av. E. Bieckert – ✆ 04 93 62 19 11 – reservation@petitpalaisnice.com – Fax 04 93 62 53 60 p. 7 HX **p**
25 ch – †80/140 € ††85/155 €, ☕ 13 €
◆ Sacha Guitry habita cette villa 1900 perchée sur la colline de Cimiez. La majorité des chambres offre une vue plongeante sur les toits du vieux Nice et la baie des Anges.

Brice — ch, 15, VISA MC AE
44 r. Mar. Joffre – ✆ 04 93 88 14 44 – info@nice-hotel-brice.com – Fax 04 93 87 38 54 p. 6 FZ **x**
58 ch – †90/116 € ††110/136 €, ☕ 10 € – ½ P 95 € – **Rest** – *(ouvert de juin à sept. et fermé lundi) (dîner seult)* Menu (16 €), 20 € – Carte 30/45 €
◆ Les chambres, protégées des bruits de la circulation par un jardin-terrasse fleuri, sont fonctionnelles et bien tenues. Décor asiatique au bar et borne Internet à disposition. Cuisine familiale sans chichis servie à l'extérieur lorsque le soleil le permet.

Alba sans rest — VISA MC AE
41 av. Jean Médecin – ✆ 04 93 88 02 88 – reservation@hotellalba.com – Fax 04 93 88 55 03 p. 6 FY
33 ch – †90/110 € ††110/160 €, ☕ 12 €
◆ Rénovation réussie pour cet établissement du centre-ville dont les chambres, très bien équipées et insonorisées, affichent un décor plutôt "in" (tons gris et marron).

Aria sans rest — VISA MC AE
15 av. Auber – ✆ 04 93 88 30 69 – reservation@aria-nice.com – Fax 04 93 88 11 35 p. 6 FY **u**
30 ch – †75/99 € ††89/119 €, ☕ 12 € – 4 suites
◆ Au cœur du "quartier des musiciens", chambres de bonne ampleur, insonorisées et dotées d'un mobilier classique ou de style provençal ; certaines donnent sur un petit square.

De Flore sans rest — VISA MC AE
2 r. Maccarani – ✆ 04 92 14 40 20 – info@hoteldeflore-nice.fr – Fax 04 92 14 40 21 p. 6 FZ **z**
61 ch – †89/170 € ††99/220 €, ☕ 12 € – 3 suites
◆ Meubles en fer forgé, sièges en osier et couleurs du Midi dans des chambres gaies et fonctionnelles. Patio pour prendre le petit-déjeuner dans un cadre azuréen.

Anis Hôtel — 50, VISA MC AE
50 av. Lanterne ✉ 06200 – ✆ 04 93 18 29 00 – info@hotel-anis.com – Fax 04 93 83 31 16 p. 5 AU
42 ch – †110/135 € ††110/135 €, ☕ 8,50 € – **Rest** – *(fermé dim. soir et lundi)* Menu 17 € (sem.), 25/34 € – Carte 24/53 €
◆ Cette adresse nichée dans un secteur résidentiel cumule les atouts : chambres rénovées et bien insonorisées, agréable piscine, tranquillité et prix plus que corrects. La cuisine régionale s'apprécie en terrasse ou dans une salle aux teintes méridionales.

Durante sans rest — cuisinette VISA MC AE
16 av. Durante – ✆ 04 93 88 84 40 – info@hotel-durante.com – Fax 04 93 87 77 76 – Fermé janv. p. 6 FY **b**
28 ch – †70/150 € ††70/150 €, ☕ 10 €
◆ L'hôtel, entièrement non-fumeurs, profite du calme de l'impasse : dormez fenêtres ouvertes dans de coquettes chambres tournées vers un jardin embaumant l'oranger.

Nautica sans rest — 20/30, VISA MC AE
38 r. Barbéris – ✆ 04 92 00 21 21 – reservation@hotelnautica.com – Fax 04 92 00 21 22 p. 7 JXY**m**
87 ch – †75/115 € ††90/130 €, ☕ 9,50 €
◆ Cet établissement ancré à quelques encablures du port a opté pour un décor maritime. Chambres pratiques et bien insonorisées ; tenue sans reproche.

Les Cigales sans rest — VISA MC AE
16 r. Dalpozzo – ✆ 04 97 03 10 70 – infos@hotel-lescigales.com – Fax 04 97 03 10 71 p. 6 FZ **b**
19 ch – †75/110 € ††80/119 €, ☕ 11 €
◆ Cet ancien hôtel particulier à la jolie façade ouvragée dispose d'une agréable petite cour-terrasse. Chambres fonctionnelles et colorées, mansardées au dernier étage.

Mercure Marché aux Fleurs sans rest
91 quai des Etats-Unis – ✆ 04 93 85 74 19 – h0962@accor.com – Fax 04 93 13 90 94 *p. 6* GZ **p**
49 ch – 🚹85/115 € 🚹🚹95/125 €, ☕ 13 €
♦ Mobilier patiné, tons beige et chocolat habillent avec chaleur les chambres dotées de bons équipements ; six profitent de la vue sur mer. Accueil souriant et efficace.

Armenonville sans rest
20 av. Fleurs – ✆ 04 93 96 86 00 – nice@hotel-armenonville.com – Fax 04 93 44 66 53 *p. 6* EZ **b**
12 ch – 🚹74/98 € 🚹🚹74/98 €, ☕ 10 €
♦ Dans l'ex-quartier des émigrés russes, charmante villa 1900 et son joli jardin méridional. Quelques meubles provenant du Negresco personnalisent les chambres peu à peu rajeunies.

De la Fontaine sans rest
49 r. France – ✆ 04 93 88 30 38 – hotel-fontaine@webstore.fr – Fax 04 93 88 98 11 *p. 6* FZ **t**
29 ch – 🚹75/85 € 🚹🚹85/122 €, ☕ 9 €
♦ Hôtel bordant une rue commerçante et animée. Pour plus de calme, préférez les chambres donnant sur le minipatio (petit-déjeuner en saison) où murmure une fontaine.

Agata sans rest
46 bd. Carnot ✉ 06300 – ✆ 04 93 55 97 13 – info@agatahotel.com – Fax 04 93 55 67 38 *p. 7* JZ **s**
45 ch – 🚹67/105 € 🚹🚹67/105 €, ☕ 9 €
♦ Un établissement familial bien tenu, situé à quelques encablures du port de plaisance. Les chambres, un peu exiguës, possèdent un balcon ou une terrasse côté mer.

Star Hôtel sans rest
14 r. Biscarra – ✆ 04 93 85 19 03 – star-hotel@wanadoo.fr – Fax 04 93 13 04 23 – Fermé nov. *p. 7* GY **k**
24 ch – 🚹45/60 € 🚹🚹55/75 €, ☕ 6 €
♦ Petites chambres sobres et propres, parfois dotées d'un balcon. L'adresse est assez simple, mais elle bénéficie d'un emplacement central et de prix plutôt doux.

Villa la Lézardière ← Nice et Alpes, ch, ch, cuisinette
87 bd de l'Observatoire ✉ 06300 – ✆ 04 93 56 22 86 – rpaauw@free.fr – Fax 04 93 56 22 86 *p. 5* CT **v**
4 ch ☕ – 🚹80/100 € 🚹🚹90/110 € – 1 suite – **Rest** – table d'hôte *(dîner seult) (résidents seult)* Menu 35 € bc
♦ Perchée sur la Grande Corniche, cette villa de style provençal offre une vue magnifique sur la ville et les Alpes. Chambres personnalisées, piscine et grand jardin clos. Cuisine traditionnelle ou thaïlandaise.

Chantecler – Hôtel Negresco
37 prom. des Anglais – ✆ 04 93 16 64 00 – chantecler@hotel-negresco.com – Fax 04 93 88 35 68 – Fermé 6 janv.-6 fév., lundi et mardi sauf fériés *p. 6* FZ **k**
Rest – Menu 55 € bc (déj.), 90/130 € – Carte 85/120 €
Spéc. Harmonie de langouste en fouillis de légumes et royale de brocolis. Longe fondante de veau du Limousin et compotée de coings à la badiane. Rouleaux tendres de chocolat aux senteurs de réglisse. **Vins** Bellet, Vins de Pays des Alpes Maritimes.
♦ Somptueuses boiseries, tapisserie d'Aubusson, tableaux de maîtres et rideaux en damas ou en lampas de soie magnifient ce décor Régence. Cuisine au goût du jour personnalisée.

L'Ane Rouge
7 quai Deux-Emmanuel ✉ 06300 – ✆ 04 93 89 49 63 – anerouge@free.fr – Fax 04 93 26 51 42 – Fermé fév., jeudi midi et merc. *p. 7* JZ **m**
Rest – Menu (28 €), 34 € (déj. en sem.), 49/75 € – Carte 64/89 €
♦ Ce restaurant situé face au port de plaisance et au château propose une savoureuse cuisine "terre et mer" dans une chaleureuse salle à manger récemment rajeunie.

XXX **Les Viviers** AC VISA MC AE

22 r. A. Karr – ✆ 04 93 16 00 48 – viviers.bretons@wanadoo.fr – Fax 04 93 16 04 06 – Fermé 22 juil.-21 août, sam. midi et dim. p. 6 FY **k**

Rest – Menu 38/75 € – Carte 38/100 € 🍷

◆ Élégante salle aux boiseries blondes ou bistrot d'esprit 1900 : deux décors, mais une seule cuisine proposant poissons, crustacés et suggestions du jour.

XX **L'Univers-Christian Plumail** AC VISA MC AE

✿ *54 bd J. Jaurès ✉ 06300 – ✆ 04 93 62 32 22 – plumailunivers@aol.com – Fax 04 93 62 55 69 – Fermé sam. midi, lundi midi et dim.* p. 7 HZ **u**

Rest – *(prévenir)* Menu (20 €), 42/70 € – Carte 44/80 € 🍷

Spéc. Cannelloni de seiche. Rôti de loup de ligne piqué aux olives. Soufflé aux citrons du pays. **Vins** Vin de Pays des Alpes Maritimes, Bellet.

◆ Tableaux et sculptures modernes agrémentent l'intérieur de ce restaurant prisé des Niçois : on y savoure - souvent à guichets fermés - une cuisine régionale personnalisée.

XX **Jouni "Atelier du Goût"** < La Baie des Anges, AC VISA MC

60 bd. F. Pilatte – ✆ 04 97 08 14 80 – contact@jouni.fr – Fermé 20 déc.-20 janv., dim. et lundi p. 7 JZ

Rest – Menu 80/110 € – Carte 80/123 €

◆ Belle cuisine épurée dans cette demeure du 19e s. d'où la vue se perd sur la mer. Cadre Art déco, bistrot au rez-de-chaussée, gastronomie au 1er étage et terrasse sur le toit.

XX **Keisuke Matsushima** AC ⇔ 10, VISA MC AE

✿ *22 ter r. de France – ✆ 04 93 82 26 06 – info@keisukematsushima.com – Fax 04 93 16 81 02 – Fermé 1er-15 janv., dim. et lundi* p. 6 FZ **e**

Rest – Menu (28 €), 50/90 € – Carte 58/94 € 🍷

Spéc. Risotto au gorgonzola et truffe blanche d'Alba, émulsion de jaunes d'œufs. Millefeuille de bœuf au wasabi. Fraises des bois, mousse de mascarpone, coulis de rose. **Vins** Côtes de Provence, Bellet.

◆ L'ancien Kei's Passion est devenu grand et sage (cadre minimaliste et "tendance", service sérieux), mais sa cuisine reste inventive. Également table d'hôte sur réservation.

XX **Aphrodite** AC VISA MC AE

10 bd Dubouchage – ✆ 04 93 85 63 53 – reception@restaurant-aphrodite.com – Fax 04 93 80 10 41 – Fermé 1er-13 janv., dim. et lundi p. 7 HY **s**

Rest – Menu 25 € (déj.), 33/65 € – Carte 50/73 € 🍷

◆ Mobilier design épuré, bois, cuir rouge, tables blotties dans des alcôves : un décor contemporain, chic et "cosy", en totale adéquation avec la cuisine personnalisée du chef.

XX **Les Épicuriens** AC VISA MC AE

6 pl. Wilson – ✆ 04 93 80 85 00 – Fax 04 93 85 65 00 – Fermé août, sam. midi et dim. p. 7 HY **v**

Rest – Menu (19 €), 28 € (déj. en sem.) – Carte 30/50 € 🍷

◆ La carte régionale et l'appétissante ardoise de suggestions du jour attirent une clientèle fidèle dans ce chaleureux restaurant habillé de boiseries. Terrasse sur la place.

XX **L'Allegro** AC VISA MC

6 pl. Guynemer ✉ 06300 – ✆ 04 93 56 62 06 – Fax 04 93 56 38 28 – Fermé 30 juil.-26 août, 1er-7 janv., sam. midi et dim. p. 7 JZ **u**

Rest – Menu 19 € (déj.)/54 € – Carte 27/52 € 🍷

◆ Pâtes et raviolis préparés à la minute, sous vos yeux, dans un étonnant décor de trompe-l'œil et de fresques évoquant la "commedia dell'arte" : cette adresse respire l'Italie !

XX **Brasserie Flo** AC ⇔ 10/40, (soir) VISA MC AE

4 r. S. Guitry – ✆ 04 93 13 38 38 – vlouprou@groupeflo.fr – Fax 04 93 13 38 39 p. 7 GYZ **m**

Rest – brasserie Menu 15 € bc (déj. en sem.), 23/45 € 🍷

◆ Parterre de tables et troupe de serveurs fin prêts : les trois coups frappés, le rideau grenat se lève sur les cuisines de cette brasserie aménagée dans un théâtre 1930.

XX **Stéphane Viano** AC ⇝ VISA MC AE ⊕

26 bd. Victor Hugo – ✆ 04 93 82 48 63 – vianostephane@wanadoo.fr – Fax 04 93 88 35 64 – Fermé dim. *p. 6* FY **t**

Rest – Menu (18 €), 22 € (déj. en sem.), 32/58 € – Carte 30/56 € ♀

♦ Table branchée repérable à sa longue véranda dotée de chaises provençales bleues. Une 2e salle, voûtée, joue sur le contraste du noir et du blanc. Cuisine niçoise revisitée.

XX **Les Pêcheurs** AC VISA MC AE ⊕

18 quai des Docks – ✆ 04 93 89 59 61 – jbarbate@wanadoo.fr – Fax 04 93 55 47 50 – Fermé de mi-nov. à début déc., mardi soir de déc. à avril, jeudi midi de mai à oct. et merc. *p. 7* JZ **v**

Rest – Menu 28 € – Carte 42/64 € ♀

♦ Bouillabaisse, bourride, poissons grillés... Les appétissants produits de la mer compensent le décor "rustico-marin" un peu fatigué de ce restaurant familial situé sur le port.

X **Luc Salsedo** AC VISA MC

14 r. Maccarani – ✆ 04 93 82 24 12 – Fax 04 93 82 93 68 – Fermé 1er-20 janv., merc. sauf juil.-août, jeudi midi et sam. midi *p. 6* FY **h**

Rest – *(dîner seult en juil.-août sauf dim.)*
Menu (25 €), 40/55 € ♀

♦ Tons méditerranéens, fresque abstraite colorée et mobilier asiatique font le cachet de cette petite salle à manger. Recettes actuelles mâtinées d'influences provençales.

X **Bông-Laï** AC VISA MC AE ⊕

14 r. Alsace-Lorraine – ✆ 04 93 88 75 36 *p. 6* FX **n**

Rest – Menu 28/40 € – Carte 26/109 €

♦ Le décor asiatique est sans surprise, mais il règne une atmosphère intime dans ce restaurant tout en longueur. Cuisine vietnamienne familiale complétée par quelques plats chinois.

X **Mireille** AC VISA MC AE

19 bd Raimbaldi – ✆ 04 93 85 27 23 – Fermé 4-12 juin, 29 juil.-14 août, 1er-8 janv., lundi et mardi *p. 7* GX **d**

Rest – Menu 28/30 € – Carte environ 30 €

♦ En plein cœur de "Nissa" la ligure, restaurant au décor hispanique et au prénom provençal. Paella (plat unique) présentée dans une rutilante vaisselle en cuivre.

X **Lou Pistou** AC VISA MC

4 r. Raoul Bosio ✉ 06300 – ✆ 04 93 62 21 82 – Fermé sam. et dim. *p. 7* HZ **a**

Rest – bistrot Carte 22/35 € ♀

♦ Officiant à côté du palais de Justice, cette "cantine" des hommes de loi sert une cuisine niçoise simple dans une salle à manger plutôt modeste. Accueil tout sourire.

X **La Casbah** AC VISA MC

3 r. Dr Balestre – ✆ 04 93 85 58 81 – Fermé juil., août, dim. soir et lundi *p. 7* GY **a**

Rest – Carte 18/31 € ♀

♦ Ce petit restaurant familial propose un choix de couscous à base de légumes frais, semoule faite maison et viande d'agneau principalement. Pâtisseries orientales au dessert.

X **La Merenda** AC ⇝

4 r. Raoul Bosio – Fermé 5-11 mars, 25 juil.-6 août, 10-17 fév., sam. et dim. *p. 7* HZ **a**

Rest – *(nombre de couverts limité)* Carte 26/33 € ♀

♦ Tabourets inconfortables, pas de téléphone, cartes bleues et cigarettes bannies... Que dire de plus ? Que l'on fait salle comble tous les jours avec une authentique cuisine niçoise !

à l'Aire St-Michel Nord : 9 km par av. de Cimiez – ✉ 06100 Nice

X **Au Rendez-vous des Amis** VISA

176 av. Rimiez ✉ 06100 – ☎ 04 93 84 49 66 – rdvdesamis@msn.com – Fax 04 93 52 62 09 – Fermé 29 oct.-28 nov., 11-28 fév., mardi sauf juil.-août et merc.

Rest – Menu (18 €), 23 € (sem.)/29 € – Carte 30/36 €

◆ La chaleur de l'accueil et de l'ambiance ne font pas mentir l'enseigne ! Savoureux plats typiquement locaux (menu au choix volontairement restreint) et agréable terrasse ombragée.

à l'aéroport de Nice-Côte-d'Azur 7 km – ✉ 06200 Nice

Park Inn Nice ch, ch, 10/60, VISA AE

179 bd René Cassin – ☎ 04 93 18 34 00 – reservations.nice@rezidorparkinn.com – Fax 04 93 71 40 63 p. 4 AU **d**

151 ch – 🛉105/150 € 🛉🛉120/300 €, ☕ 16 € – **Rest** – Menu (17 € bc), 25 € – Carte 24/38 €

◆ Vous logerez à deux pas de l'aéroport, dans des chambres agréables, bien contemporaines et rehaussées d'une couleur différente (rouge, vert, bleu, jaune) selon les étages. Restaurant moderne (carte traditionnelle) et service snack en été au bord de la piscine.

Novotel Arenas ch, ch, 25/150, VISA AE

455 prom. des Anglais – ☎ 04 93 21 22 50 – h0478@accor.com – Fax 04 93 21 63 50 p. 4 AU **e**

131 ch – 🛉90/200 € 🛉🛉90/200 €, ☕ 12 € – **Rest** – Carte 18/36 € 🍷

◆ Les chambres adoptent progressivement un style "tendance" : mobilier moderne assorti de teintes gris et chocolat. Bonne insonorisation et multiples salles de conférences. Salle de restaurant plus intime qu'à l'ordinaire et cuisine traditionnelle.

à St-Isidore par ⑦ : 13 km – ✉ 06200

Servotel ch, 15/40, P VISA AE

30 av. A. Verola – ☎ 04 93 29 99 00 – info@servotel-nice.fr – Fax 04 93 29 99 01

84 ch – 🛉67/120 € 🛉🛉77/210 €, ☕ 12 € – ½ P 63/80 € – **Rest** – *(fermé dim. midi, sam. et midi fériés)* Menu 22/33 € – Carte 40/60 € 🍷

◆ Un établissement neuf proche d'un centre commercial. Chambres fonctionnelles bien pensées pour la clientèle d'affaires. Salon-cheminée et équipements pour séminaires. Salle à manger contemporaine aux couleurs du Sud et cuisine traditionnelle simple.

NIEDERBRONN-LES-BAINS – 67 Bas-Rhin – 315 J3 – 4 319 h. – alt. 190 m – Stat. therm. : début avril-fin nov. – Casino – ✉ 67110 Alsace Lorraine 1 B1

Paris 460 – Haguenau 23 – Sarreguemines 55 – Saverne 40 – Strasbourg 52

Office de tourisme, 6 place de l'Hôtel de Ville ☎ 03 88 80 89 70, Fax 03 88 80 37 01

Mercure sans rest 20/40, VISA AE

av. Foch – ☎ 03 88 80 84 48 – h5548@accor.com – Fax 03 88 80 84 40

60 ch – 🛉53/88 € 🛉🛉59/96 €, ☕ 11 € – 5 suites

◆ Cet établissement abrite de grandes chambres et des suites rénovées dans un style épuré. Bonne insonorisation. Bar-salon design. Agréable jardin calme et arboré.

Muller ch, rest, 20/50, P VISA AE

av. Libération – ☎ 03 88 63 38 38 – hotel.muller@wanadoo.fr – Fax 03 88 63 38 39

43 ch – 🛉50/60 € 🛉🛉59/72 €, ☕ 9 € – ½ P 50/58 € – **Rest** – *(prévenir le week-end)* Menu 9,50 € (sem.)/35 € – Carte 24/37 € 🍷

◆ Un esprit moderne privilégiant le bois massif et les éclairages discrets prévaut dans la partie hôtel de cet établissement bien tenu. Salle à manger lambrissée ou véranda contemporaine. Cuisine classique et quelques plats de type bistrot.

Cully ch,
r. République – ✆ 03 88 09 01 42 – hotel-cully@wanadoo.fr – Fax 03 88 09 05 80 – Fermé 1er-15 fév.
35 ch – 45/47 € 50/68 €, 8,50 € – ½ P 49/52 € – **Rest** – *(fermé dim. soir et lundi)* Menu 11 € (déj. en sem.), 20/35 € – Carte 23/43 €
◆ Dans une rue passante, ensemble hôtelier composé de deux bâtiments. Chambres simples et fonctionnelles, bien tenues et progressivement rafraîchies. Cuisine traditionnelle servie dans une salle de style alsacien ou sous la tonnelle en été.

Le Bristol rest, ch,
pl. H. de Ville – ✆ 03 88 09 61 44 – hotel.lebristol@wanadoo.fr – Fax 03 88 09 01 20 – Fermé 5-20 nov. et 16 janv.-6 fév.
29 ch – 45/60 € 45/90 €, 8 € – ½ P 54/58 € – **Rest** – *(fermé merc. hors saison)* Menu 9 € (déj. en sem.), 20/31 € – Carte 20/46 €
◆ Hôtel familial situé au centre de la station thermale. La plupart des chambres ont été rénovées (mobilier en bois et couleurs gaies) et bien insonorisées. Carte traditionnelle servie dans une salle cossue, agrandie d'une véranda utilisée les jours d'affluence.

Les Acacias
35 r. Acacias – ✆ 03 88 09 00 47 – acacias@free.fr – Fax 03 88 80 83 33 – Fermé 18 août-1er sept., 27 déc.-18 janv., dim. soir de sept. à avril, sam. midi et vend.
Rest – Menu 13,50 € (déj. en sem.), 25/39 € – Carte 26/55 €
◆ Auberge au cadre rustique perchée sur une colline. Fréquentation d'habitués, ambiance décontractée et cuisine d'inspiration régionale. Agréable terrasse entourée de verdure.

NIEDERSCHAEFFOLSHEIM – 67 Bas-Rhin – 315 K4 – 1 268 h. – alt. 185 m – ✉ 67500

1 **B1**

Paris 473 – Haguenau 7 – Saverne 35 – Strasbourg 28

Au Bœuf Rouge avec ch rest, 30,
39 r. du Gén. de Gaulle – ✆ 03 88 73 81 00 – info@boeufrouge.com – Fax 03 88 73 89 71 – Fermé 10 juil.-3 août et 12-26 fév.
13 ch – 64 € 68 €, 9 € – ½ P 64/68 € – **Rest** – *(fermé dim. soir, mardi midi et lundi)* Menu 27 € (sem.)/69 € – Carte 53/64 €
◆ Depuis 1880, la même famille vous accueille avec chaleur dans cette institution alsacienne qui sait se moderniser. Salle refaite, au plafond boisé ; plats fidèles au terroir.

NIEDERSTEINBACH – 67 Bas-Rhin – 315 K2 – 155 h. – alt. 225 m – ✉ 67510

Alsace Lorraine

1 **B1**

Paris 460 – Bitche 24 – Haguenau 33 – Lembach 8 – Strasbourg 66 – Wissembourg 23

Cheval Blanc rest, ch, rest, 30,
11 r. Principale – ✆ 03 88 09 55 31 – contact@hotel-cheval-blanc.fr – Fax 03 88 09 50 24 – Fermé 20 juin-5 juil., 26 nov.-6 déc., 5 fév.-15 mars
25 ch – 45/62 € 50/71 €, 9 € – 1 suite – ½ P 54/62 € – **Rest** – *(fermé jeudi)* Menu 18 € (sem.)/54 € – Carte 24/57 €
◆ Belle auberge traditionnelle abritant des chambres coquettes, d'une tenue impeccable ; préférez celles situées à l'opposé de la route. À table, vous dégusterez une généreuse cuisine régionale dans un décor rustique alsacien agrémenté de "stubes" boisées.

à Wengelsbach Nord-Ouest : 5 km par D 190 – ✉ 67510

Au Wasigenstein
32 r. Principale – ✆ 03 88 09 50 54 – Fax 03 88 09 50 54 – Fermé de mi-janv. à mi-fév., lundi et mardi
Rest – Menu 12 € (déj. en sem.), 21/30 € – Carte 18/35 €
◆ Petite adresse familiale dans un paisible et charmant village. L'une des salles à manger, au cadre gentiment champêtre, s'agrémente d'un poêle en faïence. Belle terrasse.

NIEUIL – 16 Charente – 324 N4 – 907 h. – alt. 150 m – ✉ 16270 39 C2

Paris 434 – Angoulême 42 – Confolens 24 – Limoges 66 – Nontron 58 – Ruffec 34

à l'Est par D 739 et rte secondaire : 2 km

Château de Nieuil sans rest 30,
– ☎ 05 45 71 36 38 – chateaunieuilhotel@wanadoo.fr – Fax 05 45 71 46 45 – Ouvert 31 mars-4 nov.
12 ch – †108/225 € ††120/250 €, ☐ 16 € – 3 suites
◆ Ce château Renaissance, ancien rendez-vous de chasse de François Ier, se dresse fièrement dans un vaste parc arboré. Belles chambres de style Empire, Art déco, classique, etc.

La Grange aux Oies
dans le parc du château – ☎ 05 45 71 81 24 – info@grange-aux-oies.com – Fax 05 45 71 81 25 – Fermé 19-30 mars, 5 nov.-13 déc., lundi sauf le soir en juil.-août, dim. soir et mardi
Rest – Menu (26 € bc), 45 € bc/60 € bc – Carte 38/53 €
◆ Installé dans les écuries du château de Nieuil, ce restaurant associe avec bonheur décoration "tendance" et vieilles pierres. Cuisine dans l'air du temps, à l'image des lieux.

NIEUL – 87 Haute-Vienne – 325 E5 – 1 350 h. – alt. 396 m – ✉ 87510 24 B2

Paris 391 – Limoges 16 – Bellac 27 – Guéret 86

Les Justices avec ch rest,
3 km au Sud-Est sur rte de Limoges – ☎ 05 55 75 84 54 – Fermé dim. soir, lundi et soirs fériés
3 ch – †43 € ††43 €, ☐ 7,50 € – **Rest** – *(nombre de couverts limité, prévenir)* Menu 25/31 € – Carte 26/40 €
◆ Repas traditionnel servi dans un décor "kitsch" plutôt attachant : collections de porcelaines et de poupées vêtues dans des tons vifs, verres gravés, plantes exotiques, etc. Chambres proprettes et "rétro", avec couvre-lits en fausse fourrure.

NIEULLE-SUR-SEUDRE – 17 Charente-Maritime – 324 D5 – 643 h. – alt. 3 m – ✉ 17600 38 A2

Paris 503 – Poitiers 170 – La Rochelle 60 – Rochefort 30 – Saintes 32

Le Logis de Port Paradis
12 r. de Port Paradis – ☎ 05 46 85 37 38 – logis.portparadis@wanadoo.fr
5 ch ☐ – †56/66 € ††60/90 € – **Rest** – *(dîner seult) (résidents seult)* Menu 28 €
◆ À voir dans les jolies chambres de cette demeure typiquement charentaise : les têtes de lit fabriquées à partir de bois ou d'ardoise récupérés dans des cabanes ostréicoles. Dîner avec les propriétaires, plats du terroir et copieux petit-déjeuner 100 % "maison".

NÎMES Ⓟ – 30 Gard – 339 L5 – 133 424 h. – Agglo. 148 889 h. – alt. 39 m – ✉ 30000 Provence 23 C3

Paris 706 – Lyon 251 – Marseille 123 – Montpellier 58
de Nîmes-Arles-Camargue : ☎ 04 66 70 49 49, par ⑤ : 8 km.
Office de tourisme, 6 rue Auguste ☎ 04 66 58 38 00, Fax 04 66 58 38 01
de Nimes Vacquerolles 1075 chemin du Golf, par D 999 : 6 km, ☎ 04 66 23 33 33 ; de Nimes Campagne Route de Saint Gilles, par rte de l'Aéroport : 11 km, ☎ 04 66 70 17 37.
Arènes★★★ - Maison Carrée★★★ - Jardin de la Fontaine★★ : Tour Magne★, ≤★ - Intérieur★ de la chapelle des Jésuites DU B - Carré d'Art★ - Musée d'Archéologie★ M1 - Musée du Vieux Nîmes M3 - Musée des Beaux-Arts★ M2.

Plans pages suivantes

Imperator Concorde 40,
quai de la Fontaine – ☎ 04 66 21 90 30 – hotel.imperator@wanadoo.fr – Fax 04 66 67 70 25 AX g
60 ch ☐ – †130/220 € ††145/235 € – ½ P 95/148 € – **Rest** – Menu 30 € bc/65 € – Carte 49/62 €
◆ Une adresse pétrie de charme : cette demeure de 1929, jadis fréquentée par Ava Gardner, Hemingway, etc. s'ouvre sur un jardin clos arboré. Chambres raffinées, meubles anciens. Élégant restaurant disposé en galerie autour d'une jolie cour. Cuisine classique.

NÎMES

Briçonnet (R.)	BY	8
Cirque Romain (R. du)	AY	13
Fontaine (Quai de la)	AX	20
Gambetta (Bd)	ABX	
Gamel (Av. P.)	BZ	22
Générac (R. de)	AYZ	23
Mallarmé (R. Stéphane)	AX	34
Martyrs de la Résistance (Pl. des)	AZ	36
Mendès-France (Av. Pierre)	BZ	39
République (R. de la)	AYZ	
Ste-Anne (R.)	AY	46
Verdun (R. de)	AY	47

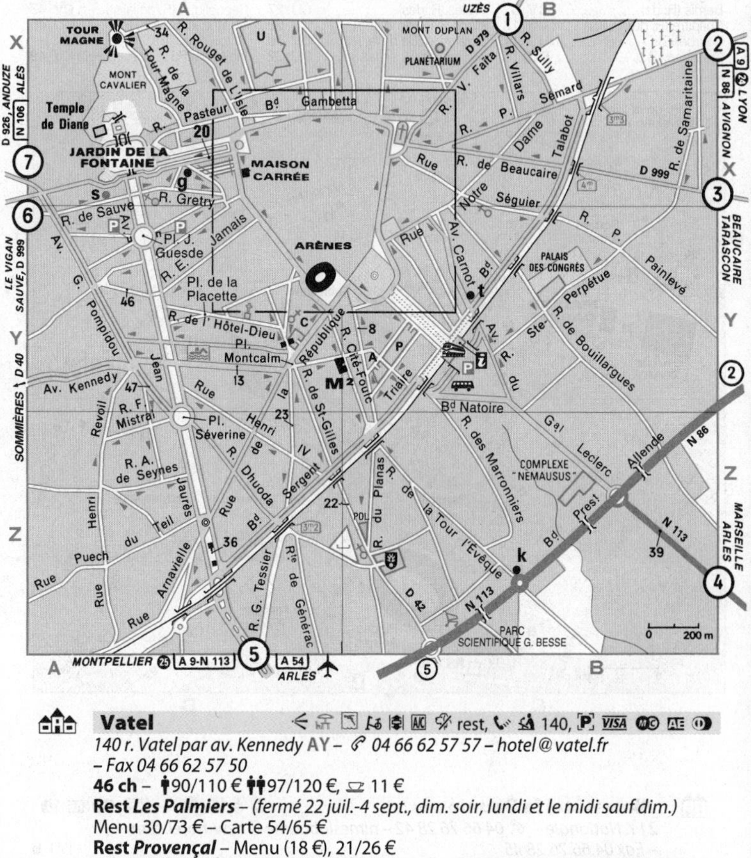

Vatel

rest, 140, VISA AE

140 r. Vatel par av. Kennedy AY – *04 66 62 57 57 – hotel@vatel.fr – Fax 04 66 62 57 50*

46 ch – 90/110 € 97/120 €, 11 €

Rest *Les Palmiers* – *(fermé 22 juil.-4 sept., dim. soir, lundi et le midi sauf dim.)* Menu 30/73 € – Carte 54/65 €

Rest *Provençal* – Menu (18 €), 21/26 €

◆ Les élèves de l'École hôtelière "planchent" pour votre bien-être. Les chambres, spacieuses et confortables, sont dotées de salles de bains en marbre. Cuisine classique aux accents du Sud et belle vue sur la ville aux Palmiers. Buffets à volonté au Provençal.

Novotel Atria Nîmes Centre

ch, 25/410, VISA AE

5 bd Prague – 04 66 76 56 56 – h0985@accor.com – Fax 04 66 76 56 59 DV **f**

119 ch – 91/150 € 91/197 €, 12,50 € – **Rest** – Menu (17 €), 23 € – Carte 23/33 €

◆ Adresse estimée de la clientèle d'affaires pour ses chambres fonctionnelles (jolie vue sur Nîmes au dernier étage) et son centre de congrès avec auditorium "dernier cri". Petit-déjeuner servi dans le patio. Restaurant souscrivant à la philosophie de la chaîne.

La Maison de Sophie sans rest

VISA

31 av. Carnot – 04 66 70 96 10 – lamaisondesophie@wanadoo.fr – Fax 04 66 36 00 47 BY **t**

8 ch – 120/150 € 120/290 €, 15 €

◆ Agréable atmosphère de maison particulière en cette demeure bourgeoise bâtie vers 1900. Les chambres, personnalisées et bien refaites, sont respectueuses du style de l'époque.

NÎMES

Arènes (Bd des) . . . . **CV** 2
Aspic (R. de l') . . . . **CUV**
Auguste (R.) . . . . **CU** 4
Bernis (R. de) . . . . **CV** 6
Chapitre (R. du) . . . . **CU** 12
Courbet (Bd Amiral) . . . . . **DUV** 14
Crémieux (R.) . . . . **DU** 16
Curaterie (R.) . . . . **DU** 17
Daudet (Bd Alphonse) . . . . . **CU** 18
Fontaine (Quai de la) . . . . . . **CU** 20
Gambetta (Bd) . . . . **CDU**
Grand'Rue . . . . **DU** 24
Guizot (R.) . . . . **CU** 26
Halles (R. des) . . . . **CU** 27
Horloge (R. de l') . . . . **CU** 28
Libération (Bd de la) . . . . **DV** 30
Madeleine (R. de la) . . . . **CU** 32
Maison Carrée (Pl. de la) . . . . **CU** 33
Marchands (R. des) . . . . **CU** 35
Nationale (R.) . . . . **CDU**
Perrier (R. Gén.) . . . . **CU**
Prague (Bd de) . . . . **DV** 42
République (R. de la) . . . . . . **CV** 43
Saintenac (Bd E.) . . . . **DU** 45
Victor-Hugo (Bd) . . . . **CUV**
Violettes (R.) . . . . **CV** 49

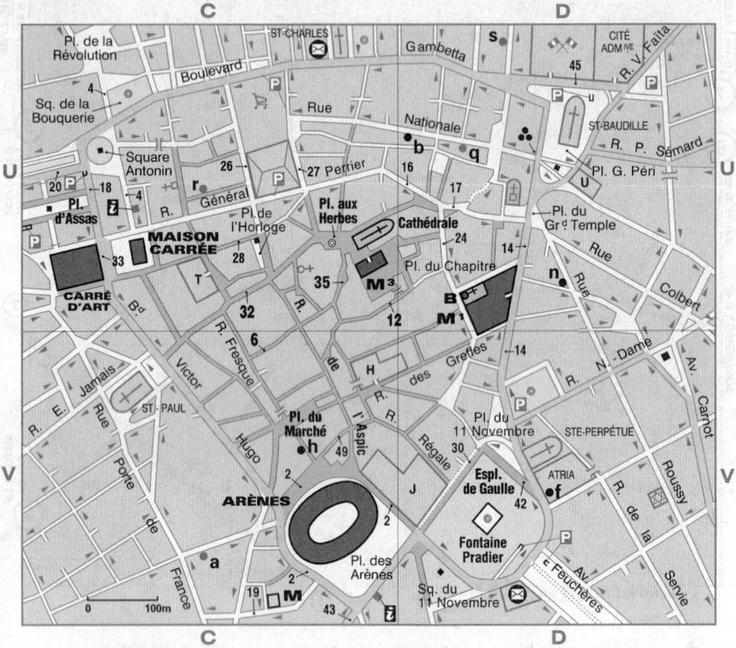

New Hôtel la Baume sans rest
21 r. Nationale – ✆ 04 66 76 28 42 – nimeslabaume@new-hotel.com
– Fax 04 66 76 28 45 DU **b**
34 ch – 105 € 135 €, ☕ 10 €
◆ Délicieuse cour carrée à ciel ouvert, salle des petits-déjeuners voûtée, magnifique escalier et chaleureuses chambres refaites avec goût : un ancien hôtel particulier bien agréable.

L'Orangerie ch, 30, VISA
755 r. Tour de l'Évêque – ✆ 04 66 84 50 57 – hr-orang@wanadoo.fr
– Fax 04 66 29 44 55 – Fermé 24-31 déc. BZ **k**
31 ch – 75/89 € 75/115 €, ☕ 9,50 € – ½ P 68 € – **Rest** – Menu (17 €), 23 € – Carte 30/38 €
◆ Maison récente aux allures de vieux mas. Les chambres, spacieuses et personnalisées, portent les couleurs du Midi ; certaines avec terrasse, d'autres avec bains bouillonnants. Au restaurant (non-fumeurs), carte traditionnelle riche en produits régionaux.

Kyriad sans rest VISA
10 r. Roussy – ✆ 04 66 76 16 20 – contact@hotel-kyriad-nimes.com
– Fax 04 66 67 65 99 DU **n**
28 ch – 60/69 € 63/77 €, ☕ 9,50 €
◆ Rénovation réussie : façade ravalée et petites chambres pratiques et gaies (deux avec terrasse et vue sur les toits de Nîmes) décorées d'affiches évoquant la tauromachie.

Amphithéâtre sans rest

4 r. Arènes – ✆ 04 66 67 28 51 – hotel-amphitheatre@wanadoo.fr – Fax 04 66 67 07 79 – Fermé vacances de la Toussaint, janv. et vacances de fév. CV **h**

15 ch – †39/45 € ††50/70 €, ☕ 7 €

◆ À côté des arènes, façade rafraîchie, témoin de trois siècles. Demandez l'une des spacieuses chambres avec coup d'œil sur le magnifique palmier de la place du marché.

Le Lisita (Douet)

2 bd Arènes – ✆ 04 66 67 29 15 – restaurant@lelisita.com – Fax 04 66 67 25 32 – Fermé dim. et lundi CV **h**

Rest – Menu 31 € (déj.), 48/72 € – Carte 84/107 €

Spéc. Effeuillé de morue façon brandade. Filet de taureau de Camargue rôti, légumes de saison, jus à la cardamome. Fraises gariguettes sautées au miel des Cévennes, nougatine à la noisette, sorbet coco (mars à juin). **Vins** Vins Costières de Nîmes, Vin de pays d'Oc.

◆ L'institution du quartier abrite deux belles salles à manger où vieilles pierres et mobilier contemporain cohabitent à merveille. Cuisine "tendance" et belle carte des vins.

Aux Plaisirs des Halles

4 r. Littré – ✆ 04 66 36 01 02 – Fax 04 66 36 08 00 – Fermé 19-25 mai, vacances de la Toussaint et de fév., dim. et lundi CU **r**

Rest – Menu 20 € (déj. en sem.), 25/55 € – Carte 50/62 €

◆ Belle salle à manger contemporaine épurée (boiseries, mobilier design) et joli patio fleuri pour les repas d'été. Cuisine généreuse et goûteuse ; bon choix de vins régionaux.

Le Bouchon et L'Assiette

5 bis r. Sauve – ✆ 04 66 62 02 93 – Fax 04 66 62 03 57 – Fermé 14 juil.-15 août, 2-17 janv., mardi et merc. AX **s**

Rest – Menu 15 € (déj. en sem.), 25/44 € – Carte 34/41 €

◆ Un décor particulièrement soigné agrémenté de tableaux et d'objets d'antiquité, un accueil des plus sympathiques et dans l'assiette, une savoureuse cuisine de saison.

Magister

5 r. Nationale – ✆ 04 66 76 11 00 – le.magister@wanadoo.fr – Fax 04 66 67 21 05 – Fermé sam. midi et dim. sauf fériés DU **q**

Rest – Menu (20 €), 25 € (sem.)/46 € – Carte 37/53 €

◆ Une fidèle clientèle nîmoise fréquente ce restaurant aux murs "illustrés" d'œuvres originales. Carte traditionnelle personnalisée et menus à thème variant au gré des saisons.

Le Jardin d'Hadrien

11 r. Enclos Rey – ✆ 04 66 21 86 65 – Fax 04 66 21 54 42 – Fermé 19-30 août, vacances de la Toussaint et de fév. DU **s**

Rest – *(fermé lundi midi, merc. midi et dim. en juil.-août, mardi soir, dim. soir et merc. de sept. à juin)* Menu 19 € (sem.)/42 € – Carte 35/50 €

◆ À l'écart de l'animation. L'hiver, vous choisirez les poutres patinées et la chaleur de l'âtre. L'été, la véranda ou le patio ombragé d'un if majestueux.

Shogun

38 bd Victor Hugo – ✆ 04 66 27 59 88 – restaurant.shogun@wanadoo.fr – Fax 04 66 64 23 92 – Fermé 21 mai-4 juin, 30 juil.-20 août, 13-19 sept., 14-23 janv., lundi midi et dim. CUV

Rest – Menu 14 € (déj.), 34/46 € – Carte 43/63 €

◆ C'est à la découverte de la cuisine japonaise actuelle et traditionnelle, réalisée avec talent par deux chefs nippons, que vous convie ce nouveau restaurant du centre-ville.

L'Exaequo

11 r. Bigot – ✆ 04 66 21 71 96 – l.exaequo@wanadoo.fr – Fax 04 66 21 77 96 – Fermé 24 déc.-7 janv., sam. midi et dim.

Rest – Menu 19 € (déj.)/75 € – Carte environ 45 €

◆ Murs rouge et blanc, tableaux contemporains, parquet en chêne, tables en acajou et chaises modernes font le charme de ce restaurant où l'on savoure une cuisine actuelle.

à Marguerittes par ② et N 86 : 8 km – 8 181 h. – alt. 60 m – ✉ 30320

L'Hacienda ch, **P** VISA MC

Le Mas de Brignon, Sud-Est : 2 km par rte secondaire – ☎ 04 66 75 02 25 – contact@hotel-hacienda-nimes.fr – Fax 04 66 75 45 58 – Ouvert de fin fév. à début déc.

12 ch – †62/82 € ††62/142 €, ☐ 15 € – ½ P 81/121 € – **Rest** – *(dîner seult)* Menu 30/40 € – Carte 51/60 €

♦ Ce mas à débusquer au terme d'un chemin de campagne offre des chambres spacieuses, meublées dans un sympathique esprit provençal. Les deux salles à manger, l'une d'hiver (non-fumeurs) et l'autre d'été, donnent sur la piscine de l'hôtel. Cuisine traditionnelle.

à Garons par ⑤, D 42 et D 442 : 9 km – 3 692 h. – alt. 90 m – ✉ 30128

XXX ✿✿ **Alexandre** (Kayser) **P** VISA MC AE

2 rue X. Tronc – ☎ 04 66 70 08 99 – restaurant.alexandre@wanadoo.fr – Fax 04 66 70 01 75 – Fermé 19 août-5 sept., 18 fév.-5 mars, mardi de sept. à juin, dim. sauf le midi de sept. à juin et lundi

Rest – Menu 42 € bc (déj. en sem.), 59/93 € – Carte 82/114 €

Spéc. Île flottante aux truffes sur velouté de cèpes (sept. à avril). Filet de rouget de petit bateau, raviole à la picholine. Calisson de pied, langue et ris d'agneau, aligot. **Vins** Costières de Nîmes blanc et rouge.

♦ Délicieuse cuisine provençale actualisée, à déguster dans d'élégantes salles résolument contemporaines ouvrant sur un superbe jardin. Bon choix de vins du Languedoc-Roussillon.

près échangeur A9 - A54 parc hôtelier Ville Active par ⑤ : 3 km – ✉30900 Nîmes

Mercure Nîmes-Ouest ch, ch, 50/80, **P** VISA MC AE

46 r. Tony Garnier – ☎ 04 66 70 48 00 – h0558@accor.com – Fax 04 66 70 48 01 – Fermé sam. et dim.

100 ch – †78/105 € ††87/153 €, ☐ 13 € – **Rest** – Menu 17 € – Carte 22/34 €

♦ Optez pour les chambres rénovées de cet hôtel qui constitue une étape commode sur la route de l'Espagne. Équipements complets pour les séminaires. Bar joliment redécoré. Salle de restaurant aux gais coloris agrémentée d'une fresque sur la Provence.

Holiday Inn ch, ch, 500, **P** VISA MC AE

– ☎ 04 66 29 86 87 – contact@holidayinn-nimes.com – Fax 04 66 84 72 76

54 ch – †102 € ††112 €, ☐ 11 € – **Rest** – Menu (13 €), 17/26 € – Carte 25/36 €

♦ Au cœur d'une zone commerciale, architecture contemporaine abritant d'amples chambres refaites. Sympathique bar moderne. Spacieuse salle à manger dont les baies s'ouvrent sur une vaste terrasse dressée au bord de la piscine. Carte traditionnelle.

NIORT **P** – 79 Deux-Sèvres – 322 D7 – 56 663 h. – Agglo. 125 594 h. – alt. 24 m – ✉ 79000 Poitou Vendée Charentes

38 **B2**

Paris 408 – Bordeaux 184 – Nantes 142 – Poitiers 76 – La Rochelle 65

Office de tourisme, 16 rue du Petit Saint-Jean ☎ 05 49 24 18 79, Fax 05 49 24 98 90

de Niort Chemin du Grand Ormeau, S : 3 km près de l 'hippodrome, ☎ 05 49 09 01 41.

Donjon★ : salle de la chamoiserie et de la ganterie★ - Le Pilori★.

Le Marais Poitevin★★.

Plan page ci-contre

Mercure ch, ch, ch, 60, **P** VISA MC AE

80 bis av. Paris – ☎ 05 49 24 29 29 – hotel.mercure@mercure-niort.fr – Fax 05 49 28 00 90

BY **a**

79 ch – †103/150 € ††120/171 €, ☐ 12 € – **Rest** – Menu (19 €), 25/28 € – Carte 29/42 €

♦ Architecture moderne dans un cadre verdoyant. Grandes chambres bien équipées, peu à peu rénovées ; celles de l'aile récente sont dotées d'un mobilier aux lignes design. Élégante salle à manger sous véranda-verrière, et service en terrasse aux beaux jours.

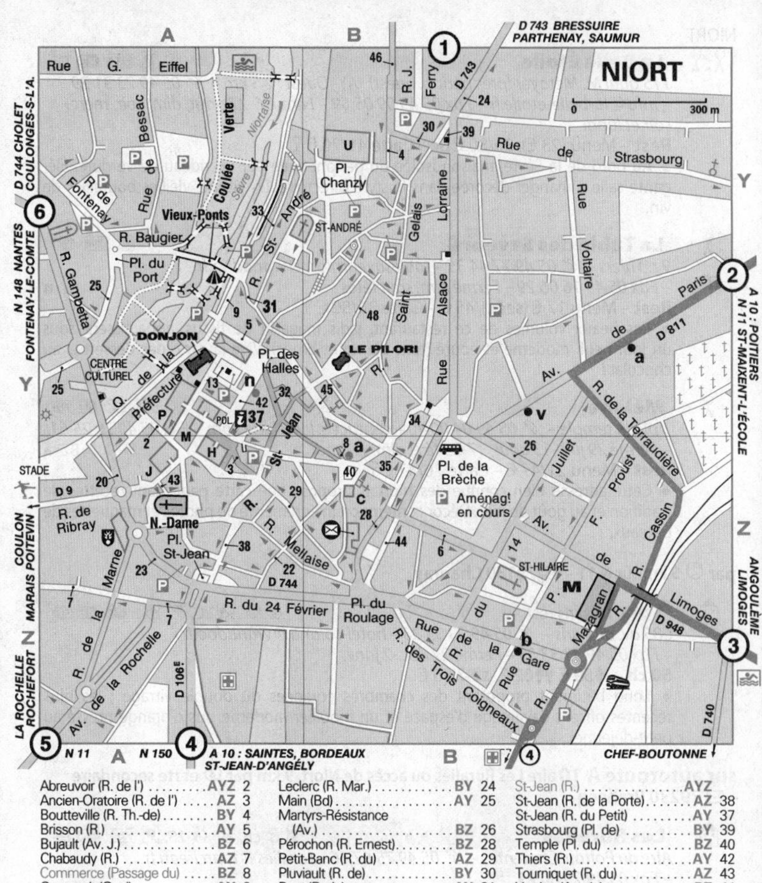

Grand Hôtel sans rest

25, VISA MC

32 av. Paris – ✆ 05 49 24 22 21 – grandhotel-niort@wanadoo.fr
– Fax 05 49 24 42 41 – Fermé 22 déc.-2 janv. BY **v**

39 ch – 55/65 € 60/70 €, 11 €

◆ Bâtiment des années 1960 aux chambres fonctionnelles. Agréable salon ; petits-déjeuners servis dans une jolie salle façon jardin d'hiver ou sur une terrasse verdoyante.

Ambassadeur sans rest

50, VISA MC AE

82 r. Gare – ✆ 05 49 24 00 38 – info@ambassadeur-hotel.com
– Fax 05 49 24 94 38 – Fermé 21 déc.-2 janv. BZ **b**

32 ch – 41/61 € 41/65 €, 7 €

◆ Mobilier contemporain, tons chaleureux et bonne isolation phonique : les chambres de cet hôtel proche de la gare ont été rénovées. Salle des petits-déjeuners de style bistrot.

Sandrina sans rest

AC P VISA MC

43, av. St-Jean d'Angély, par ④ 200 m. – ✆ 05 49 79 28 42 – hotelsandrina@wanadoo.fr – Fax 05 49 73 10 85 – Fermé 26 déc.-7 janv., vend. soir, dim. midi et sam. sauf juil.-août – **18 ch** – 48 € 50 €, 8 €

◆ Entre gare et hôpital, hôtel refait de pied en cap dans des tons clairs et actuels. Chambres simples mais coquettes, d'une tenue irréprochable. Parking fermé.

La Belle Étoile

115 quai M. Métayer (près périph. ouest) -AY- Ouest : 2,5 km – ✆ 05 49 73 31 29 – info@la-belle-etoile.fr – Fax 05 49 09 05 59 – Fermé 6-27 août, dim. soir, merc. soir et lundi

Rest – Menu (23 €), 30/80 € bc – Carte 41/70 €

◆ Au bord de la Sèvre, maison isolée du périphérique par un rideau de verdure. Élégante salle à manger décorée dans le style Directoire. En vitrine, vieilles bouteilles de vin.

La Table des Saveurs

9 r. Thiers – ✆ 05 49 77 44 35 – tablesaveurniort@wanadoo.fr – Fax 05 49 16 06 29 – Fermé dim. sauf fêtes AY **n**

Rest – Menu 17 € (sem.)/45 € – Carte 36/50 €

◆ Les beaux volumes de ce restaurant, jadis magasin de tissus, apparaissent sous un jour neuf, moderne et épuré (tons blancs et bruns). Vive la carte des desserts... au chocolat !

Mélane

1 pl. du temple – ✆ 05 49 04 00 40 – contact@lemelane.com – Fax 05 49 79 25 61 – Fermé 29 juil.-13 août, 17-25 fév., dim. et lundi BZ **a**

Rest – Menu 21/47 € – Carte 26/47 €

◆ Cette adresse bien connue des Niortais propose une carte panachant recettes de tradition et au goût du jour. Décor contemporain agrémenté de photos et maquettes de bateaux.

par ② 5 km sur N 11 – ✉ 79180 Chauray

Solana sans rest

20,

685 av. de Paris – ✆ 05 49 33 33 33 – hotel-solana@wanadoo.fr – Fax 05 49 33 33 33 – Fermé 22 déc.-2 janv.

50 ch – 59 € 62 €, 7,50 €

◆ Long bâtiment proposant des chambres équipées du double vitrage ; les plus récentes offrent davantage d'espace et un mobilier moderne. Jus d'orange pressé au petit-déjeuner.

sur autoroute A 10 aire Les Ruralies ou accès de Niort, 9 km par ③ et rte secondaire – ✉ 79230 Prahecq

Les Ruralies

ch, 25,

Aire du Poitou-Charentes – ✆ 05 49 75 67 66 – ruralies@marcireau.fr – Fax 05 49 75 80 29

50 ch – 54/56 € 59/63 €, 8 € – ½ P 59 €

Rest *Mijotière* – rest. d'autoroute Menu 21 € bc/26 € – Carte 21/35 €

◆ Commode pour l'étape autoroutière, cet hôtel met à votre disposition des chambres fonctionnelles bien insonorisées ; la moitié d'entre elles donnent sur l'arrière, plus calme. À table, cuisine traditionnelle et régionale.

rte de La Rochelle 4,5 km par ⑤ sur N 11 – ✉ 79000 Niort

Tuilerie (Coq'corico)

– ✆ 05 49 09 12 45 – tuilerie@tuilerie.com – Fax 05 49 09 16 22 – Fermé 11-24 fév., dim. soir et lundi

Rest – Menu (12 €), 17/26 € – Carte 21/43 €

◆ Restaurant aménagé dans une ancienne ferme où assiette et décor réservent une place de choix à la volaille. Qui a fait la poule, qui a fait l'œuf ? Le chef, voyons !

à St-Liguaire 4,5 km à l'Ouest par D9 et rte secondaire – ✉ 79000 Niort

La Magnolière sans rest

16 Impasse de l'Abbaye, (proche église) – ✆ 05 49 35 36 06 – a.marchadier@libertysurf.fr – Fax 05 49 79 14 28 – Fermé 22 déc.-1er janv.

3 ch – 76 € 79 €

◆ Un superbe magnolia embaume le jardin de cette élégante maison bourgeoise surplombant la Sèvre niortaise. Chambres "bonbonnières" et salon douillet orné de tableaux.

NISSAN-LEZ-ENSERUNE – 34 Hérault – 339 D9 – 2 907 h. – alt. 21 m – ✉ 34440 Languedoc Roussillon 22 B2

Paris 774 – Béziers 12 – Capestang 9 – Montpellier 82 – Narbonne 17

Office de tourisme, rue du Cinéma ✆ 04 67 37 14 12

Oppidum d'Ensérune★ : musée★, ≤★ NO : 5 km.

Résidence
ch, 15/30, VISA

35 av. Cave – ✆ 04 67 37 00 63 – contact@hotel-residence.com – Fax 04 67 37 68 63 – Fermé 15 déc.-21 janv.

18 ch – 54/66 € 56/68 €, 11 € – ½ P 62/68 € – **Rest** – Menu 22 € (déj. en sem.), 26/48 € – Carte 33/45 €

◆ Demeure bourgeoise située au cœur d'un petit village. Chambres souvent garnies de meubles anciens, plus spacieuses à l'annexe aménagée dans une maison de vigneron du 19e s. Aux beaux jours, les repas sont servis sur la jolie terrasse ombragée, face à la piscine.

Le Plô sans rest

7 av. de la Cave – ✆ 04 67 37 38 21 – patry.c@wanadoo.fr – Fax 04 67 37 38 21 – Ouvert avril-déc.

4 ch – 45/60 € 55/80 €, 7,50 €

◆ Au centre du bourg, imposante maison de maître dont les chambres se caractérisent par de beaux volumes, un décor zen et une grande luminosité. Accueil très courtois.

NITRY – 89 Yonne – 319 G5 – 371 h. – alt. 240 m – ✉ 89310 7 B1

Paris 195 – Auxerre 36 – Avallon 23 – Vézelay 31

Auberge la Beursaudière
ch, rest, 15/30, VISA AE

9 Chemin de Ronde – ✆ 03 86 33 69 69 – message@beursaudiere.com – Fax 03 86 33 69 60 – Fermé 7-25 janv.

11 ch – 70/110 € 70/110 €, 10 € – **Rest** – Menu (19 €), 25/46 € – Carte 25/59 €

◆ Chambres de caractère, salles des petits-déjeuners voûtées et pigeonnier médiéval : reconversion réussie pour cette ancienne dépendance de prieuré. Côté table, décor campagnard soigné et service en costume régional. Cuisine du terroir et cave fournie.

NOAILHAC – 81 Tarn – 338 G9 – 712 h. – alt. 222 m – ✉ 81490 29 C2

Paris 730 – Toulouse 90 – Albi 55 – Béziers 99 – Carcassonne 61 – Castres 12

Hostellerie d'Oc
VISA

av. Charles Tailhades – ✆ 05 63 50 50 37 – Fax 05 63 50 50 37 – Fermé 1er-15 sept., mi-janv.-début fév., merc. soir et lundi

Rest – Menu 10,50 € (sem.)/31 € – Carte 23/43 €

◆ Ancien relais de poste aménagé en restaurant, abritant deux salles à manger rustiques. Cuisine régionale réservant une place de choix aux produits du terroir.

NOAILLY – 42 Loire – 327 D3 – 719 h. – alt. 240 m – ✉ 42640 44 A1

Paris 395 – Lyon 98 – Roanne 13 – Vichy 68

Château de la Motte
rest, VISA

La Motte Nord, à 1,5 km – ✆ 04 77 66 64 60 – chateaudelamotte@wanadoo.fr – Fax 04 77 66 68 10 – Fermé 12-19 mars et 1er-7 oct.

6 ch – 65/97 € 72/105 €, 8 € – ½ P 60/77 € – **Rest** – table d'hôte *(fermé dim. soir) (dîner seult) (résidents seult)* Menu 24 € bc

◆ Six chambres au mobilier d'époque, baptisées d'après de grands auteurs, dans ce beau château du 18e s. La plus originale (Lamartine) possède une baignoire ronde dans la tour. Table d'hôte proposant une cuisine soignée à base de produits " bio " et locaux.

NOCÉ – 61 Orne – 310 N4 – rattaché à Bellême

NŒUX-LES-MINES – 62 Pas-de-Calais – 301 I5 – 11 966 h. – alt. 29 m –
✉ 62290 Nord Pas-de-Calais Picardie 30 **B2**

Paris 208 – Arras 28 – Béthune 5 – Bully-les-Mines 8 – Doullens 49 – Lens 17 – Lille 38

d'Olhain à Houdain Parc départemental de Nature, S : 11 km par D 65 et D 301, ✆ 03 21 02 17 03.

Les Tourterelles
ch, 15, VISA AE

374 r. Nationale – ✆ 03 21 61 65 65 – les.tourterelles@wanadoo.fr – Fax 03 21 61 65 75

22 ch – 35 € 80 €, 8,50 € – **Rest** – *(fermé sam. midi et dim. soir)* Menu (20 €), 32/43 € – Carte 41/80 €

◆ Demeure centenaire, jadis siège d'une entreprise. Chambres simples bien tenues et progressivement rénovées. L'ancienne salle du conseil d'administration abrite un élégant restaurant avec boiseries et sièges cannés de style Louis XVI. Cuisine traditionnelle.

Carrefour des Saveurs
VISA AE

94 rte Nationale – ✆ 03 21 26 74 74 – Fax 03 21 27 12 14 – Fermé 3-19 août, 3-10 janv., merc. soir, dim. soir et lundi

Rest – Menu (15 €), 19 € (sem.), 25/55 € – Carte 44/64 €

◆ Ce restaurant abrite une sobre salle à manger aux murs en pierres et briques où il fait bon s'attabler pour déguster une appétissante cuisine au goût du jour.

NOGARO – 32 Gers – 336 B7 – 1 881 h. – alt. 98 m – ✉ 32110 28 **A2**

Paris 729 – Agen 88 – Auch 63 – Mont-de-Marsan 45 – Pau 72 – Tarbes 69

Office de tourisme, 81 rue Nationale ✆ 05 62 09 13 30, Fax 05 62 08 88 21

Solenca
rest, 50, VISA AE

– ✆ 05 62 09 09 08 – info@solenca.com – Fax 05 62 09 09 07 – Fermé 11 nov.-25 déc. et lundi hors saison

47 ch – 57/62 € 62/67 €, 8 € – **Rest** – Menu 11,50 € (déj. en sem.), 14,50/39 € – Carte 25/55 €

◆ Une étape conviviale au cœur du pays gersois : chambres bien tenues et pratiques, équipées de systèmes wi-fi, et agréable piscine entourée d'un jardin arboré. Restaurant sous charpente apparente, terrasse face à la verdure et cuisine orientée terroir.

à Manciet Nord-Est : 9 km par N 124 – 764 h. – alt. 131 m – ✉ 32370

La Bonne Auberge avec ch
25, VISA AE

– ✆ 05 62 08 50 04 – Fax 05 62 08 58 84 – Fermé 2-16 janv., dim. soir et lundi

14 ch – 42 € 52 €, 8 € – ½ P 58 € – **Rest** – Menu 25 € (sem.)/50 € – Carte 35/58 €

◆ Maison centenaire abritant deux chaleureuses salles à manger : l'une, en véranda, ouverte sur la terrasse ; l'autre avec cheminée, boiseries et une belle collection d'armagnacs.

NOGENT – 52 Haute-Marne – 313 M5 – 4 343 h. – alt. 410 m – ✉ 52800
Champagne Ardenne 14 **C3**

Paris 289 – Bourbonne-les-Bains 35 – Chaumont 24 – Langres 25 – Neufchâteau 53

Syndicat d'initiative, place Général-de-Gaulle ✆ 03 25 03 69 18, Fax 03 25 31 44 70

Musée de la coutellerie de l'espace Pelletier - Musée du patrimoine coutelier.

Le Commerce
VISA

pl. Gén. de Gaulle (face Mairie) – ✆ 03 25 31 81 14 – hotelcommerce.nogent@wanadoo.fr – Fax 03 25 31 74 00 – Fermé 28 déc.-6 janv. et dim.

19 ch – 35/60 € 66/69 €, 8 € – ½ P 54 € – **Rest** – Menu 17/25 € – Carte 26/39 €

◆ Bonne étape face à la mairie et près du musée de la Coutellerie. Chambres récemment rénovées et meublées en style Louis Philippe. La cuisine régionale se déguste dans deux ambiances : un brin bourgeoise au restaurant, plus décontractée à la brasserie.

NOGENT-LE-ROI – 28 Eure-et-Loir – 311 F4 – 4 142 h. – alt. 93 m – ✉ 28210
Île de France 11 **B1**

Paris 77 – Ablis 35 – Chartres 28 – Dreux 19 – Maintenon 10 – Rambouillet 26

Syndicat d'initiative, Mairie ☎ 02 37 51 23 20

du Château de Maintenon à Maintenon 1 route de Gallardon, SE : 8 km par D 983, ☎ 02 37 27 18 09.

Relais des Remparts VISA AE

2 pl. Marché aux Légumes – ☎ 02 37 51 40 47 – Fax 02 37 51 40 47
– Fermé 1er-20 août, vacances de fév., lundi soir de nov. à fév., dim. soir, mardi soir et merc.

Rest – Menu 19 € (sem.)/36 € – Carte 25/48 €

◆ Les clés du succès de ce restaurant ? Une cuisine traditionnelle et goûteuse, un service aimable et efficace, et une confortable salle à manger harmonieusement décorée.

Capucin Gourmand AC VISA

1 r. Volaille – ☎ 02 37 51 96 00 – capucin-gourmand@wanadoo.fr
– Fax 02 37 31 90 31 – Fermé 27 août-9 sept., dim. soir, jeudi soir et lundi

Rest – Menu (14,50 €), 25/34 € – Carte 33/44 €

◆ Coquette salle de restaurant logée dans une étroite maison à colombages du 15e s. Décor en bleu et jaune agrémenté de tableaux de peintres régionaux. Cuisine traditionnelle.

NOGENT-LE-ROTROU – 28 Eure-et-Loir – 311 A6 – 11 524 h. – alt. 116 m –
✉ 28400 Normandie Vallée de la Seine 11 **B1**

Paris 146 – Alençon 65 – Chartres 54 – Châteaudun 55 – Le Mans 76

Office de tourisme, 44 rue Villette-Gaté ☎ 02 37 29 68 86

NOGENT-LE-ROTROU

Bouchers (R. des)	Z	2
Bourg-le-Comte (R.)	Z	3
Bretonnerie (R.)	Z	
Château-St-Jean (R.)	Z	
Croix-la-Comtesse (R.)	Y	
Deschanel (R.)	YZ	
Dr-Desplantes (R.)	Z	8
Foch (Av. Mar.)	Y	9
Fuye (R. de la)	YZ	10
Giroust (R.)	Y	12
Gouverneur (R.)	YZ	13
Marches-St-Jean (R. des)	Z	14
Paty (R. du)	Z	15
Poupardières (R. des)	Z	16
Prés (Av. des)	Y	
République (Pl. de la)	Z	17
Rhône (R. de)	Z	18
St-Hilaire (R.)	Y	
St-Laurent (R.)	Z	20
St-Martin (R.)	Y	
Sully (R. de)	YZ	23
Villette-Gaté (R.)	Y	25

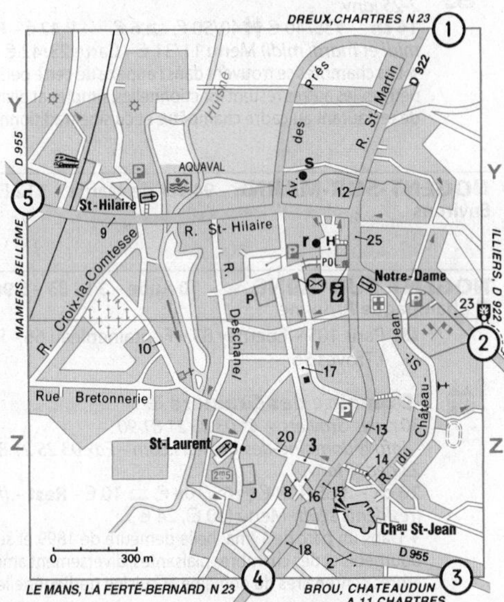

Brit Hôtel du Perche sans rest AC P VISA AE

r. de la Bruyère par ⑤ – ☎ 02 37 53 43 60 – hotelduperche@brithotel.fr
– Fax 02 37 53 43 69

40 ch – 47 € 54 €, 6 €

◆ Aux avant-postes de la ville, bâtisse moderne colorée abritant des chambres claires et douillettes, dont le mobilier patiné rappelle la Provence. Espace petit-déjeuner avenant.

Sully

20/25, VISA

51 rue Viennes – 02 37 52 15 14 – hotel.sully@wanadoo.fr – Fax 02 37 52 15 20 – Fermé 23 déc.-3 janv. Y s

42 ch – 54/59 € 58/66 €, 7 € – **Rest** – *(fermé 10-28 août, 20 déc.-7 janv., vend., sam. et dim.) (résidents seult)* Menu 14 € bc/24 € bc

◆ L'hôtel-Dieu abrite le cénotaphe du duc de Sully. Chambres sobres et fonctionnelles dans cette construction récente implantée dans un quartier nogentais calme. Salle à manger simple et familiale, bon choix de menus et plats traditionnels.

Au Lion d'Or sans rest

VISA

28 pl. St-Pol – 02 37 52 01 60 – hotelauliondor@wanadoo.fr – Fax 02 37 52 23 82 – Fermé 5-19 août Y r

18 ch – 40/46 € 55 €, 6,50 €

◆ Des chambres totalement rénovées (mobilier cérusé, tissus colorés) et dotées de salles de bains toutes neuves vous attendent dans ce petit hôtel, pratique et central.

L' Alambic

VISA

20 av. Paris, à Margon 1,5 km par ① – 02 37 52 19 03 – joel.tremeaux@wanadoo.fr – Fermé 22 juil.-20 août, merc. soir, dim. soir et lundi

Rest – Menu 14 € (sem.)/37 € – Carte 37/55 €

◆ Cet ancien routier est devenu un restaurant soigné abritant des salles aux tons acidulés (rouge, vert, jaune). Cuisine traditionnelle et une spécialité : la tête de veau.

à L'Ambition 10 km par ③ et D 955 – 28480 Vichères

Les Vallées du Perche

ch, VISA

– 02 37 29 47 58 – lesvalleesduperche@tiscali.fr – Fax 02 37 29 91 55 – Fermé 2-25 janv.

14 ch – 35/40 € 40/50 €, 6 € – ½ P 42 € – **Rest** – *(fermé dim. soir, lundi midi et mardi midi)* Menu 11/31 € – Carte 23/42 €

◆ Les chambres se trouvent dans l'annexe de cette petite auberge de pays. Certaines sont neuves, les autres restent fonctionnelles, simples et plaisantes. Bonne insonorisation. Salle de restaurant au cadre champêtre et cuisine traditionnelle.

NOGENT-SUR-MARNE – 94 Val-de-Marne – 312 D2 – 101 27 – voir Paris, Environs

NOGENT-SUR-SEINE – 10 Aube – 313 B3 – 5 963 h. – alt. 67 m – 10400

Champagne Ardenne 13 **A2**

Paris 105 – Épernay 83 – Fontainebleau 66 – Provins 19 – Sens 47 – Troyes 56

Domaine des Graviers

ch, rest, 30/150, VISA

30 r. des Graviers – 03 25 21 81 90 – info@domaine-des-graviers.com – Fax 03 25 21 81 91 – Fermé 30 juil.-15 août et 23 déc.-6 janv.

26 ch – 65/108 € 65/108 €, 10 € – **Rest** – *(fermé sam. et dim.) (dîner seult) (résidents seult)* Menu (20 €), 24 €

◆ Dans un parc de 17 ha, belle demeure de 1899 et ses dépendances abritant un salon bourgeois et des chambres plaisantes, diversement aménagées. Minigolf. Jolie vue sur les arbres centenaires du domaine et cuisine traditionnelle au restaurant.

Beau Rivage avec ch

ch, 6/25, VISA

r. Villiers-aux-Choux, près piscine – 03 25 39 84 22 – aubeaurivage@wanadoo.fr – Fax 03 25 39 18 32 – Fermé 16 août-4 sept., 18 fév.-10 mars, dim. soir et lundi

10 ch – 55 € 65 €, 8,50 € – ½ P 65 € – **Rest** – Menu (16 €), 22 € (sem.)/40 € – Carte 42/52 €

◆ Salle à manger moderne, terrasse bucolique dressée sur une berge de la Seine, cuisine soignée et chambres fraîches : quatre bonnes raisons de faire étape au Beau Rivage.

Auberge du Cygne de la Croix

22 r. Ponts – ✆ 03 25 39 91 26 – cygnedelacroix@wanadoo.fr – Fax 03 25 39 81 79 – Fermé 23 déc.-4 janv., 23 fév.-3 mars, dim. soir et lundi soir

Rest – Menu 19 € (déj. en sem.), 24/48 € – Carte 31/65 €

◆ Deux salles à manger rustiques (celle du fond est plus lumineuse), une paisible cour-terrasse et des recettes traditionnelles vous attendent dans ce relais de poste du 16e s.

NOHANT-VIC – 36 Indre – **323** H7 – rattaché à La Châtre

NOIRLAC – 18 Cher – **323** K6 – rattaché à St-Amand-Montrond

NOIRMOUTIER (ÎLE DE) – 85 Vendée – **316** C6 – voir à Île de Noirmoutier

NOISY-LE-GRAND – 93 Seine-Saint-Denis – **305** G7 – **101** 18 – voir à Paris, Environs

NOIZAY – 37 Indre-et-Loire – **317** O4 – **1 155 h.** – **alt. 56 m** – ✉ 37210 11 **B2**

Paris 230 – Amboise 11 – Blois 44 – Tours 21 – Vendôme 49

Château de Noizay

25, VISA

Rte Chançay – ✆ 02 47 52 11 01 – noizay@relaischateaux.com – Fax 02 47 52 04 64 – Fermé de mi janv. à mi mars

19 ch – 135/275 € 135/275 €, 26 € – ½ P 152/222 € – **Rest** – *(fermé le midi du mardi au jeudi)* Menu 35 € (déj. en sem.), 48/75 € – Carte 59/70 €

◆ Ce château du 16e s. niché dans un parc domine le village et son vignoble. Grandes chambres personnalisées et joliment meublées ; celles de la dépendance sont plus simples. Au restaurant, charmants salons bourgeois, cuisine d'aujourd'hui et vins de Loire.

NOLAY – 21 Côte-d'Or – **320** H8 – **1 547 h.** – **alt. 299 m** – ✉ 21340

Bourgogne 7 **A3**

Paris 316 – Autun 30 – Beaune 20 – Chalon-sur-Saône 34 – Dijon 64

Office de tourisme, 24 rue de la République ✆ 03 80 21 80 73

site★ du Château de la Rochepot E : 5 km - Site★ du Cirque du Bout-du-Monde NE : 5 km.

Du Parc

rest, VISA

3 pl. Hôtel-de-Ville – ✆ 03 80 21 78 88 – Fax 03 80 21 86 39 – Ouvert 15 mars-30 nov.

14 ch – 61/64 € 64/96 €, 10 € – ½ P 58/70 € – **Rest** – *(ouvert d'avril à nov.)* Menu 16/34 € – Carte 23/38 €

◆ Relais de poste du 16e s. aux petites chambres simplement meublées, fraîches et bien insonorisées ; au deuxième étage, elles sont dotées de charpentes apparentes. Petite salle à manger rustique agrémentée de poutres et d'une cheminée. Plaisante cour-terrasse.

De la Halle sans rest

VISA

pl. des Halles – ✆ 03 80 21 76 37 – noelle.pocheron@wanadoo.fr – Fax 03 80 21 76 37

14 ch – 36/50 € 44/52 €, 8 €

◆ Face aux halles du 14e s., deux corps de bâtiments de part et d'autre d'une cour intérieure fleurie. Chambres assez modestes mais bien tenues, plus spacieuses sur l'arrière.

LES NONIÈRES – 26 Drôme – **332** G5 – **alt. 282 m** – ✉ 26410 45 **C3**

Paris 648 – Die 25 – Gap 84 – Grenoble 73 – Valence 91

Le Mont-Barral

VISA

– ✆ 04 75 21 12 21 – mtbarral@aol.com – Fax 04 75 21 12 70 – Fermé 15 nov.-20 fév., mardi soir et merc. sauf vacances scolaires

21 ch – 46/54 € 46/54 €, 10 € – ½ P 49/55 € – **Rest** – Menu 14 € (sem.)/30 € – Carte 20/33 €

◆ Halte montagnarde fréquentée par les randonneurs de la haute Drôme. Les chambres aménagées dans l'extension récente sont plus spacieuses. Modeste salle à manger de style rustique. Carte traditionnelle escortée d'un menu consacré au terroir.

NONTRON – 24 Dordogne – **329** E2 – 3 500 h. – alt. 260 m – ✉ 24300

Limousin Berry 4 **C1**

Paris 454 – Angoulême 45 – Libourne 135 – Limoges 68 – Périgueux 50 – Rochechouart 42

Office de tourisme, avenue du Général Leclerc ✆ 05 53 56 25 50, Fax 05 53 60 34 13

Grand Hôtel

3 pl. A. Agard – ✆ 05 53 56 11 22 – grand-hotel-pelisson@wanadoo.fr – Fax 05 53 56 59 94

23 ch – †48 € ††60 €, ☕ 6 € – ½ P 57 € – **Rest** – *(fermé dim. soir d'oct. à mai)* Menu 18 € (sem.)/50 € – Carte 27/42 €

◆ Dans la cité connue pour son célèbre couteau en buis, ancien relais de poste à l'atmosphère "vieille France"; les chambres, campagnardes, sont régulièrement entretenues. Plats régionaux servis dans un cadre rustique ou sur une terrasse ouverte sur le jardin.

NONZA – 2B Haute-Corse – **345** F3 – voir à Corse

NORT-SUR-ERDRE – 44 Loire-Atlantique – **316** G3 – 5 885 h. – alt. 13 m – ✉ 44390

34 **B2**

Paris 372 – Ancenis 27 – Châteaubriant 37 – Nantes 32 – Rennes 82 – St-Nazaire 65

Office de tourisme, 12 place du Bassin ✆ 02 51 12 60 74, Fax 02 40 72 17 03

Bretagne avec ch

rest,

41 r. A. Briand – ✆ 02 40 72 21 95 – hotel-de-bretagne@wanadoo.fr – Fax 02 40 72 25 07 – Fermé dim. soir et lundi

7 ch – †37 € ††52 €, ☕ 10 € – ½ P 55 € – **Rest** – Menu (12,50 €), 15 € (sem.)/32 € – Carte 27/42 €

◆ Au cœur d'une bourgade traversée par le canal de Nantes à Brest, chaleureux restaurant contemporain égayé de tons pastel et sa terrasse fleurie. Chambres fonctionnelles.

NOTRE-DAME-DE-BELLECOMBE – 73 Savoie – **333** M3 – 510 h. – alt. 1 150 m – Sports d'hiver : 1 150/2 070 19 – ✉ 73590

Alpes du Nord 46 **F1**

Paris 585 – Albertville 25 – Annecy 54 – Chambéry 76 – Chamonix-Mont-Blanc 43

Office de tourisme, Chef-lieu ✆ 04 79 31 61 40, Fax 04 79 31 67 09

Ferme de Victorine

Le Planay, Est : 3 km par rte des Saisies – ✆ 04 79 31 63 46 – Fax 04 79 31 79 91 – Fermé 15 juin-6 juil., 11 nov.-18 déc., dim. soir et lundi d' avril à juin et de sept. à déc.

Rest – Menu 20 € (sem.)/43 € – Carte 30/57 €

◆ Conversion réussie pour la ferme de Victorine, la grand-mère : beau bar avec vue sur l'étable et ses laitières et attachante ambiance paysanne dans la salle à manger. Goûteuse cuisine traditionnelle et du terroir.

NOTRE-DAME-DE-BONDEVILLE – 76 Seine-Maritime – **304** G5 – rattaché à Rouen

NOTRE-DAME-DE-GRAVENCHON – 76 Seine-Maritime – **304** D5 – 8 618 h. – alt. 35 m – ✉ 76330 Normandie Vallée de la Seine

33 **C2**

Paris 176 – Bolbec 14 – Le Havre 40 – Rouen 51 – Yvetot 25

Pascal Saunier

ch, rest, cuisinette 20,

1 r. Amiral Grasset – ✆ 02 35 38 60 67 – info@hotelpascalsaunier.com – Fax 02 35 38 30 64 – Fermé 22 déc.-5 janv.

29 ch – †65/100 € ††72/100 €, ☕ 9 € – ½ P 75 € – **Rest** – *(fermé août, 22 déc.-5 janv., vend. soir, sam. et dim.)* Menu 35 € – Carte 40/57 €

◆ Entourée d'un jardin, grande demeure à colombages (1930) abritant des chambres vastes, lumineuses et simplement meublées. Petit-déjeuner sous forme de buffet. Les baies vitrées du restaurant offrent une perspective sur le complexe de Port-Jérôme.

NOTRE-DAME-DE-MONTS – 85 Vendée – 316 D6 – 1 528 h. – alt. 6 m – ✉ 85690 34 A3

▶ Paris 457 – Challans 22 – Nantes 72 – Noirmoutier-en-l'Ile 26 – La Roche-sur-Yon 66

ℹ Office de tourisme, 6 rue de la Barre ☎ 02 51 58 84 97, Fax 02 51 58 15 56

◉ La Barre-de-Monts : Centre de découverte du Marais breton-vendéen N : 6 km **Poitou Vendée Charentes.**

L'Orée du Bois

14 r. Frisot – ☎ 02 51 58 84 04 – hoteloreedubois@aol.com – Fax 02 51 58 81 78 – Ouvert 1er avril-30 sept.

30 ch – 50/63 € 54/66 €, ☕ 7,50 € – ½ P 53/58 € – **Rest** – *(résidents seult)* Menu 18/26 €

◆ Les chambres, claires et pratiques, sont logées dans trois bâtiments d'un quartier résidentiel, ordonnés autour d'une piscine. Celles du rez-de-chaussée possèdent une terrasse.

NOTRE-DAME D'ORSAN – 18 Cher – 323 J6 – rattaché au Châtelet

NOTRE-DAME-DU-GUILDO – 22 Côtes-d'Armor – 309 I3 – 3 187 h. – alt. 52 m – ✉ 22380 10 C1

▶ Paris 427 – Rennes 94 – Saint-Brieuc 49 – Saint-Malo 32

Château du Val d' Arguenon sans rest

1 km à l' Est par D 786 ✉ 22380 St-Cast – ☎ 02 96 41 07 03 – chateau@chateauduval.com – Fax 02 96 41 02 67 – Ouvert 1er avril-30 sept.

6 ch ☕ – 85/130 € 90/150 €

◆ Cette belle demeure de famille (16e-18e s.) se niche dans un parc qui descend jusqu'à la mer. Intérieur plein de cachet avec meubles de style dans les chambres et le salon.

NOTRE-DAME-DU-HAMEL – 27 Eure – 304 D8 – 194 h. – alt. 200 m – ✉ 27390 33 C2

▶ Paris 158 – L'Aigle 21 – Argentan 48 – Bernay 28 – Évreux 55 – Lisieux 40 – Vimoutiers 28

Le Moulin de la Marigotière

D 45 – ☎ 02 32 44 58 11 – contact@moulin-marigotiere.com – Fax 02 32 44 40 12 – Fermé 11-24 fév., lundi soir sauf juil.-août, dim. soir, mardi soir et merc.

Rest – Menu 26 € (déj. en sem.), 37/66 € – Carte 45/73 €

◆ Ex-moulin converti en restaurant où l'on vient faire des repas traditionnels dans une atmosphère bourgeoise avec, pour toile de fond, un joli parc où se glisse la Charentonne.

NOTRE-DAME-DU-PÉ – 72 Sarthe – 310 H8 – 313 h. – alt. 73 m – ✉ 72300 35 C2

▶ Paris 262 – Angers 51 – La Flèche 28 – Nantes 140

La Reboursière

1 km au Sud par D 134 et rte secondaire – ☎ 02 43 92 92 41 – gilles-chappuy@wanadoo.fr – Fax 02 43 92 92 41

3 ch ☕ – 55 € 65 € – ½ P 56 € – **Rest** – *(dîner seult) (résidents seult)* Menu 23 € bc

◆ Ancienne ferme (milieu 19e s.) restaurée entourée d'un parc, gage de calme pour les hôtes séjournant dans l'une de ses grandes chambres garnies de meubles anciens. Cuisine traditionnelle servie avec le sourire dans un cadre rustique de bon aloi.

NOUAN-LE-FUZELIER – 41 Loir-et-Cher – 318 J6 – 2 319 h. – alt. 113 m – ✉ 41600 12 C2

▶ Paris 177 – Blois 59 – Cosne-sur-Loire 74 – Gien 56 – Lamotte-Beuvron 8 – Orléans 44

ℹ Syndicat d'initiative, place de la Gare ☎ 02 54 88 76 75

Les Charmilles sans rest

D 122-rte Pierrefitte-sur-Sauldre – 02 54 88 73 55 – hotel.lescharmilles@tele2.fr – Fax 02 54 88 74 55 – Fermé fév. – **12 ch** – 41/44 € 48/54 €, 7 € – 1 suite

◆ Maison bourgeoise du début du 20e s. nichée dans un parc agrémenté d'un étang. Vous occuperez des chambres aux tons frais, assez spacieuses et bien tenues.

Le Dahu

14 r. H. Chapron – 02 54 88 72 88 – ledahu.restaurant@wanadoo.fr – Fax 02 54 88 21 28 – Fermé 14-29 mars, 14-29 nov., 9 janv.-7 fév., lundi soir et mardi soir de nov. à avril, merc. et jeudi

Rest – Menu 28/37 € – Carte 39/53 €

◆ Au milieu d'un exubérant jardin (terrasse en été), ancienne bergerie transformée en restaurant. On se sent vraiment à la campagne dans la salle rustique à charpente apparente.

NOUILHAN – 65 Hautes-Pyrénées – 342 M4 – 175 h. – alt. 196 m – 65500

28 **A2**

Paris 771 – Pau 47 – Tarbes 24 – Toulouse 144

Les 3 B avec ch — 10/25,

8 rte des Pyrénées, D 935 – 05 62 96 79 78 – restaurantdes3b@wanadoo.fr

7 ch – 40 € 40/45 €, 5 € – ½ P 45 € – **Rest** – *(fermé le merc. soir)* Menu 11 € (déj. en sem.), 18/34 €

◆ Ancienne ferme familiale convertie en restaurant. On y propose, dans un cadre simple et chaleureux, une généreuse cuisine traditionnelle réalisée avec des produits frais. Les chambres, toutes neuves, sont agréables et pratiques.

LE NOUVION-EN-THIÉRACHE – 02 Aisne – 306 E2 – 2 917 h. – alt. 185 m – 02170

37 **D1**

Paris 198 – Avesnes-sur-Helpe 20 – Guise 21 – Hirson 25 – St-Quentin 49 – Vervins 27

Syndicat d'initiative, Hôtel de Ville 03 23 97 98 06, Fax 03 23 97 98 04

Paix

37 r. J. Vimont-Vicary – 03 23 97 04 55 – la.paix.pierrart@wanadoo.fr – Fax 03 23 98 98 39 – Fermé 13-27 août, 28 déc.-2 janv, 15-29 fév. et dim. soir

15 ch – 53/64 € 53/68 €, 11 € – ½ P 51/59 € – **Rest** – *(fermé sam. midi et lundi)* Menu (16 €), 19 € (sem.)/50 € – Carte 41/49 €

◆ Hôtel bien tenu dont les chambres sont diversement aménagées ; quelques-unes ont été rénovées dans un style plus moderne. Accueil familial. Briques, miroirs, tons pastel et bibelots composent le plaisant décor de la spacieuse salle à manger.

NOUZERINES – 23 Creuse – 325 J2 – rattaché à Boussac

NOVALAISE – 73 Savoie – 333 H4 – rattaché à Aiguebelette-le-Lac

---

NOVES – 13 Bouches-du-Rhône – 340 E2 – 4 440 h. – alt. 97 m – 13550

Provence

42 **E1**

Paris 688 – Arles 38 – Avignon 14 – Carpentras 33 – Cavaillon 17 – Marseille 86 – Orange 36

Syndicat d'initiative, place Jean Jaurès 04 90 92 90 43, Fax 04 90 92 90 43

Auberge de Noves (Lalleman) — 30,

rte Châteaurenard, 2 km par D 28 – 04 90 24 28 28 – resa@aubergedenoves.com – Fax 04 90 24 28 00 – Fermé de fin oct. à mi-déc.

19 ch – 150/320 € 150/320 €, 22 € – 4 suites – ½ P 172/257 € – **Rest** – *(fermé dim. soir, lundi hors saison et sam. midi)* Menu 45 € (déj. en sem.), 80/115 € – Carte 82/122 €

Spéc. Marbré de foie de canard au sanqué d'échalote. Baron d'agneau fourré ail et romarin. Tarte au citron meringuée. **Vins** Lirac blanc, Coteaux d'Aix-en-Provence.

◆ Cette noble demeure du 19e s. nichée dans un vaste parc abrite des chambres spacieuses et diversement décorées. Élégante salle à manger et charmante terrasse. Recettes de tradition enrichies de saveurs provençales ; à midi, carte moins étoffée.

NOYAL-MUZILLAC – 56 Morbihan – 308 Q9 – 1 920 h. – alt. 52 m – ✉ 56190 10 C3

Paris 456 – La Baule 44 – St-Nazaire 52 – Vannes 30

Manoir de Bodrevan rest, VISA MC AE
au Nord-Est : 2 km par D 153 et rte secondaire – ✆ 02 97 45 62 26 – contact@manoir-bodrevan.com
6 ch – 105/140 € 107/147 €, 13 € – **Rest** – *(fermé merc. soir d'oct. à avril) (dîner seult) (résidents seult)* Menu 28 €
◆ Ex-pavillon de chasse, charmant hôtel inséré dans un écrin de verdure. Accueil cordial, atmosphère décontractée et chambres personnalisées offrant confort et raffinement

NOYAL-SUR-VILAINE – 35 Ille-et-Vilaine – 309 M6 – rattaché à Rennes

NOYANT-DE-TOURAINE – 37 Indre-et-Loire – 317 M6 – rattaché à Ste-Maure-de-Touraine

NOYANT-LA-GRAVOYÈRE – 49 Maine-et-Loire – 317 D2 – 1 761 h. – alt. 95 m – ✉ 49520 34 B2

Paris 321 – Angers 51 – Laval 52 – Nantes 81

Le Petit Manoir P VISA MC AE
Le Prieuré de St-Blaise – ✆ 02 41 61 20 70 – lepetitmanoir49@hotmail.com – Fermé sam. midi, dim. soir, lundi soir, mardi et merc.
Rest – Menu (16 € bc), 23/65 € – Carte 37/53 €
◆ Un tandem familial anglo-français tient cette table occupant une bâtisse au cachet certain, tour à tour prieuré (13e s.), manoir (17e s.) et ferme. Cuisine actuelle inspirée des voyages du chef. Cadre agreste dedans comme dehors.

NOYELLES-SUR-MER – 80 Somme – 301 D6 – rattaché à St- Valéry-sur-Somme

NOYON – 60 Oise – 305 J3 – 14 471 h. – alt. 52 m – ✉ 60400

Nord Pas-de-Calais Picardie 37 C2

Paris 108 – Amiens 67 – Compiègne 29 – Laon 53 – St-Quentin 47 – Soissons 40

Office de tourisme, 1 place de l'Hôtel de Ville ✆ 03 44 44 21 88, Fax 03 44 93 08 53

Cathédrale Notre-Dame★★ - Abbaye d'Ourscamps★ 5 km par N 32.

Le Cèdre sans rest 40, P VISA MC AE
8 r. Évêché – ✆ 03 44 44 23 24 – reservation@hotel-lecedre.com – Fax 03 44 09 53 79
35 ch – 63 € 74 €, 7,50 €
◆ Construction récente en briques rouges en parfaite harmonie avec la cité. Les chambres sont chaleureuses et bien rénovées ; la plupart offrent une vue sur la cathédrale.

Saint Eloi avec ch ch, 50, P VISA MC AE
81 bd Carnot – ✆ 03 44 44 01 49 – reception@hotelsainteloi.fr – Fax 03 44 09 20 90 – Fermé 1er-15 août, sam. midi et dim. soir
22 ch – 50 € 67 €, 8 € – ½ P 68 € – **Rest** – Menu 42/57 €
◆ Restaurant aménagé avec élégance dans une belle demeure du 19e s. En salle : moulures, luminosité et confortables sièges de style Louis XV. Chambres logées dans une annexe.

Dame Journe AC VISA MC
2 bd Mony – ✆ 03 44 44 01 33 – Fax 03 44 09 59 68 – Fermé 3-15 sept., 2-8 janv., dim. soir, mardi soir, merc. soir et lundi
Rest – Menu 20 € (sem.)/45 € – Carte 25/65 €
◆ Fréquenté par des habitués, ce restaurant dispose d'un cadre chaleureux et soigné : fauteuils de style Louis XVI et boiseries. Bon choix de menus ; cuisine traditionnelle.

NUAILLÉ – 49 Maine-et-Loire – 317 E6 – rattaché à Cholet

NUEIL-LES-AUBIERS – 79 Deux-Sèvres – 316 M6 – 2 116 h. – alt. 120 m – ✉ 79250
38 **B1**

Paris 364 – Bressuire 15 – Cholet 29 – Poitiers 100

Le Moulin de la Sorinière ch, rest,

au sud-ouest : 2 km par D 33 et C 3, rte de Cerizay
– ✆ 05 49 72 39 20 – moulin-soriniere@wanadoo.fr
– Fax 05 49 72 90 78 – Fermé 16-30 avril, 2-8 nov., 2-10 janv.

8 ch – †44/45 € ††47/48 €, ☐ 8 € – ½ P 68 € – **Rest** – *(fermé dim. soir et lundi)* Menu 15 € (sem.)/29 € – Carte 28/37 €

◆ Le potager et la rivière Argent qui traverse le jardin participent au charme bucolique de ce moulin du 19e s. restauré. Chambres rustiques, plus spacieuses et récentes à l'annexe. Cuisine au goût du jour servie auprès de la cheminée ou sur la terrasse d'été.

NUITS-ST-GEORGES – 21 Côte-d'Or – 320 J7 – 5 573 h. – alt. 243 m – ✉ 21700
Bourgogne 8 **D1**

Paris 320 – Beaune 22 – Chalon-sur-Saône 45 – Dijon 22 – Dole 67

Office de tourisme, 3 rue Sonoys ✆ 03 80 62 11 17

La Gentilhommière ch, 30/100,

rte Meuilley, Ouest : 1,5 km – ✆ 03 80 61 12 06
– contact@lagentilhommiere.fr – Fax 03 80 61 30 33 – Fermé de mi-déc. à début fév.

20 ch – †95 € ††95/200 €, ☐ 13 €

Rest ***Le Chef Coq*** – *(fermé merc. midi, sam. midi et mardi)* Menu 23 € (déj. en sem.), 45/60 € – Carte 53/65 €

◆ Pavillon de chasse du 16e s. aux chambres rustiques ou personnalisées ("Afrique", "nature", "orient", etc.) ; certaines donnent sur le parc traversé par une rivière. Au restaurant, cuisine au goût du jour et belle carte de vins de Bourgogne (vieux millésimes).

Hostellerie St-Vincent ch, 25/40,

r. Gén. de Gaulle – ✆ 03 80 61 14 91 – hostellerie.st.vincent@club-internet.fr
– Fax 03 80 61 24 65 – Fermé vacances de Noël

23 ch – †70 € ††74 €, ☐ 11 € – ½ P 68/104 €

Rest ***L'Alambic*** – *✆ 03 80 61 35 00 (fermé dim. soir de fin nov. à mars et lundi midi)* Menu 22/44 € – Carte 26/54 €

◆ Maison récente abritant des chambres pratiques et bien insonorisées. Le restaurant, où trône un superbe alambic, occupe un caveau bâti avec des pierres de l'ancienne prison de Beaune ! Très belle sélection de vins locaux.

La Cabotte

24 Grand Rue – ✆ 03 80 61 20 77 – lacabotte@wanadoo.fr – Fax 03 80 61 20 77
– Fermé sam. midi, dim. soir, mardi midi et lundi

Rest – *(nombre de couverts limité, prévenir)* Menu 27/48 € – Carte 37/58 €

◆ La salle à manger - poutres et pierres apparentes, éclairage moderne et mobilier rustique - a vue sur le spectacle des cuisines. Plats au goût du jour inspirés par le terroir.

à Curtil-Vergy Nord-Ouest : 7 km par D 25, D 35 et rte secondaire – 85 h. – alt. 350 m – ✉ 21220

Manassès sans rest

r. Guillaume de Tavanes – ✆ 03 80 61 43 81 – hotel.manasses@freesurf.fr
– Fax 03 80 61 42 79 – Ouvert mars-nov.

12 ch – †75/100 € ††75/100 €, ☐ 10 €

◆ Cette belle maison régionale renfermant une collection de meubles rustiques abrite aussi un musée de la vigne. Le prince de Galles en personne y a séjourné !

NYONS – 26 Drôme – 332 D7 – 6 723 h. – alt. 271 m – ✉ 26110
Provence 44 **B3**

Paris 653 – Alès 109 – Gap 106 – Orange 43 – Sisteron 99 – Valence 98

Office de tourisme, place de la Libération ✆ 04 75 26 10 35, Fax 04 75 26 01 57

Vieux Nyons★ : Rue des Grands Forts★ - Pont Roman (vieux Pont)★.

NYONS

Autiero (Pl.) 2
Chapelle (R. de la) 3
Digue (Promenade de la)...... 4
Liberté (R. de la)............. 6
Maupas (R.) 8
Petits Forts ....
(R. des) 10
Randonne (R.) 12
Résistance (R.de la).......... 14

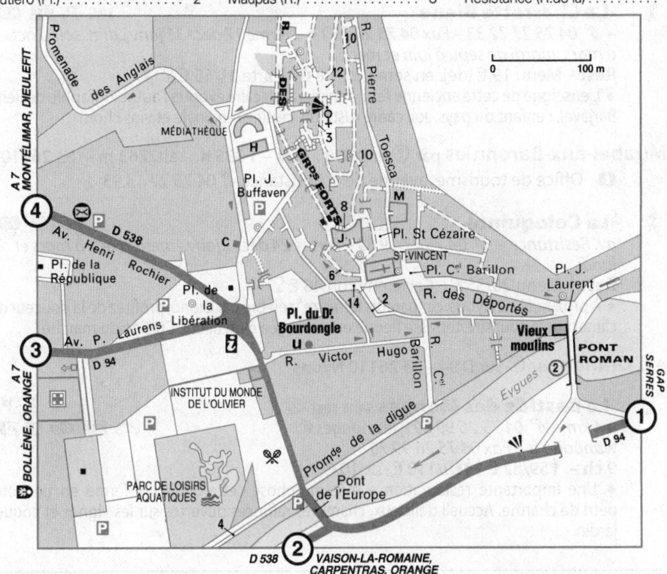

La Caravelle sans rest

8 r. Antignans, par prom. Digue – ℘ 04 75 26 07 44 – Fax 04 75 26 07 40 – Ouvert 1er avril-30 oct.

11 ch – 75/85 € 75/95 €, 8,50 €

◆ Villa 1900 d'une surprenante architecture et jardin planté de catalpas. Chambres soignées (non-fumeurs), parfois décorées de hublots provenant d'un ancien navire de guerre.

La Picholine rest, 10/15,

prom. Perrière par prom. des Anglais, Nord : 1 km – ℘ 04 75 26 06 21 – picholine26@wanadoo.fr – Fax 04 75 26 40 72 – Fermé 15 oct.-7 nov. et 4-27 fév.

16 ch – 56/62 € 56/62 €, 8 € – ½ P 55/68 € – **Rest** – *(fermé lundi d'oct. à avril et mardi)* Menu 24/41 € – Carte 27/41 €

◆ Halte paisible sur les hauteurs de Nyons parmi les oliviers et les pavillons résidentiels. Chambres tout en couleurs, parfois dotées d'un balcon. Les larges baies vitrées du restaurant ouvrent sur le jardin et la terrasse.

Le Petit Caveau

9 r. V. Hugo – ℘ 04 75 26 20 21 – Fax 04 75 26 07 28 – Fermé mi-déc. à mi-janv., merc. soir sauf de juil. à sept., dim. soir et lundi **u**

Rest – *(nombre de couverts limité, prévenir)* Menu 23/50 € – Carte environ 45 €

◆ À deux pas de la place principale, charmante salle voûtée où règne une ambiance intimiste et raffinée. Cuisine actuelle aux accents méridionaux. Bon choix de vins au verre.

aux Pilles par ① : 6 km sur D94 – 226 h. – alt. 303 m – ✉ 26110

La Fleur de Thym

Le Village – ℘ 04 75 27 77 91 – fleur.thym@tiscali.fr – Fermé 29 oct.-7 nov., 18-28 fév., jeudi midi, dim. soir et lundi

Rest – Menu 38/73 € bc – Carte 50/63 €

◆ Deux coquettes salles aux couleurs de la Provence et une mini terrasse composent le cadre chaleureux de ce restaurant. Cuisine actuelle et beau choix de côtes-du-rhône.

rte de Gap par ① : 7 km sur D 94 – ✉ 26110 Nyons

La Charrette Bleue
– ✆ *04 75 27 72 33 – Fax 04 75 27 76 14 – Fermé 17 déc.-31 janv., dim. soir d'oct. à mars, mardi de sept. à juin et merc.*
Rest – Menu 19 € (déj. en sem.), 24/38 € – Carte 31/55 €
◆ L'enseigne de cette ancienne ferme en pierre calcaire évoque l'autobiographie de René Barjavel, l'enfant du pays. Joli cadre rustique, cuisine régionale et vins choisis.

à Mirabel-aux-Baronnies par ② et D 538 : 7 km – 1 335 h. – alt. 263 m – ✉ 26110

Office de tourisme, avenue de la Résistance ✆ 04 75 27 13 93

La Coloquinte
av. Résistance – ✆ 04 75 27 19 89 – Fermé 24 déc.-2 janv., merc. d'oct. à mars et lundi
Rest – Menu 20/35 € – Carte environ 46 €
◆ À proximité de Nyons, ce "paradis terrestre" célébré par Giono, profitez de la douceur du climat sur la courette-terrasse fleurie et ombragée d'un tilleul. Cuisine du marché.

rte d'Orange par ③ sur D 94 – ✉ 26110 Nyons

La Bastide des Monges sans rest
à 4 km – ✆ 04 75 26 99 69 – lesmonges@wanadoo.fr – Fax 04 75 26 99 70
9 ch – †59/82 € ††69/110 €, ☕ 10 €
◆ Une importante restauration a métamorphosé cette ancienne ferme en un hôtel pétri de charme. Accueil délicieux, chambres raffinées ouvertes sur les vignes et coquet jardin.

OBERHASLACH – 67 Bas-Rhin – 315 H5 – 1 505 h. – alt. 270 m – ✉ 67280

Alsace Lorraine 1 **A1**

Paris 482 – Molsheim 16 – Saverne 32 – St-Dié 57 – Strasbourg 45

Syndicat d'initiative, 22 rue du Nideck ✆ 03 88 50 90 15, Fax 03 88 48 75 24

Hostellerie St-Florent ch, rest, ch, 15,
– ✆ 03 88 50 94 10 – hotel.stflorent@wanadoo.fr – Fax 03 88 50 99 61 – Fermé janv., dim. soir et lundi
20 ch – †43 € ††48 €, ☕ 7 € – ½ P 49 € – **Rest** – Menu 10 € (déj. en sem.), 19/45 € – Carte 23/47 €
◆ Maison alsacienne proposant des chambres lumineuses au mobilier d'inspiration Louis-Philippe, mansardées au 3e étage. Élégante salle à manger de style rhénan agrémentée d'un plafond à caissons et de boiseries.

OBERLARG – 68 Haut-Rhin – 315 H12 – 143 h. – alt. 525 m – ✉ 68480 1 A3

Paris 462 – Mulhouse 44 – Belfort 46 – Montbéliard 42

Auberge de la Source de la Largue
19 r. Principale – ✆ 03 89 40 85 10 – Fax 03 89 08 19 86 – Fermé mardi, merc. et jeudi
Rest – Menu 20 € – Carte 22/35 €
◆ Petite auberge de village tenue par la même famille depuis quatre générations. Vous dégusterez ici une vraie cuisine de terroir : friture de carpes, tête de veau, tripes, etc.

OBERNAI – 67 Bas-Rhin – 315 I6 – 10 471 h. – alt. 185 m – ✉ 67210

Alsace Lorraine 1 **A2**

Paris 488 – Colmar 50 – Molsheim 12 – Sélestat 27 – Strasbourg 31

Office de tourisme, place du Beffroi ✆ 03 88 95 64 13, Fax 03 88 49 90 84

Place du Marché★★ - Hôtel de ville★ **H** - Tour de la Chapelle★ **L** - Ancienne halle aux blés★ **D** - Maisons anciennes★.

OBERNAI

Chanoine Gyss (R. du) . . . . . . A 2
Chapelle (R. de la) . . . . A 3
Dietrich (R.) . . . . A 4
Étoile (Pl. de l') . . . . A 5
Fines Herbes (Pl. des) . . . . AB 6
Juifs (Ruelle des) . . . . A 8
Marché (R. du) . . . . B 12
Sainte-Odile (R.) . . . . A 16

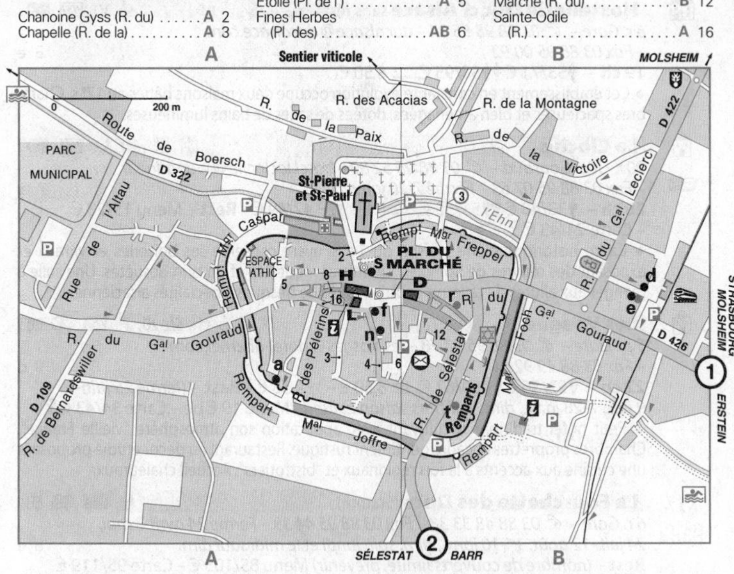

Le Parc ch, rest, 60/120, VISA MC AE

169 rte Ottrott, à l'Ouest par D 426 – ☎ 03 88 95 50 08 – info@hotel-du-parc.com – Fax 03 88 95 37 29 – Fermé 9 déc.-15 janv.

56 ch – †110/130 € ††130/290 €, ☕ 16 € – ½ P 125/160 €

Rest *La Table* – *(fermé dim. soir, lundi et le midi sauf dim.)* Menu 45 € (dîner)/75 € – Carte 66/86 €

Rest *Stub* – *(fermé dim. midi et lundi) (déjeuner seult)* Carte 32/41 €

◆ Les chambres de cette grande demeure à pans de bois offrent plusieurs niveaux de confort et de décoration. Fitness, spa et massages à thèmes (alsacien, latino, indien...). Atmosphère raffinée et cuisine classique à La Table. Spécialités régionales à la Stub.

A la Cour d'Alsace ch, ch, rest, 25/60, VISA MC AE

3 r. Gail – ☎ 03 88 95 07 00 – info@cour-alsace.com – Fax 03 88 95 19 21 – Fermé 24 déc.-1er fév. A **a**

42 ch – †77/138 € ††122/285 €, ☕ 16 € – ½ P 100/133 €

Rest *Jardin des Remparts* – *(fermé 29 juil.-2 sept., du lundi au merc., le midi du jeudi au sam. et dim. soir)* Menu 48/82 €

Rest *Caveau de Gail* – Menu 29/43 €

◆ Construction alsacienne typique jouxtant les remparts de la charmante cité. Confortables chambres meublées avec recherche. Au Jardin des Remparts, cadre feutré et cuisine au goût du jour sensible aux saisons. Le Caveau de Gail est une sympathique winstub.

Le Colombier sans rest VISA MC AE

6 r. Dietrich – ☎ 03 88 47 63 33 – info@hotel-colombier.com – Fax 03 88 47 63 39 A **n**

36 ch – †84 € ††84 €, ☕ 10,50 € – 8 suites

◆ Derrière une façade respectueuse du style régional, se dissimule un intérieur au "look" résolument contemporain. Chambres parfois dotées de balcons ; d'autres avec colombages.

Les Jardins d'Adalric sans rest

19 r. Mar. Koenig par ① – ☎ 03 88 47 64 47 – jardins.adalric@wanadoo.fr – Fax 03 88 49 91 80 25/30, VISA MC AE

46 ch – †58/85 € ††68/95 €, ☕ 12 €

◆ Bâtiment moderne légèrement excentré dont l'agréable terrasse ouvre sur la piscine et le jardin bordé d'un ruisseau. Chambres soignées et coquette salle des petits-déjeuners.

Hostellerie Duc d'Alsace sans rest — 30, VISA

6 r. Gare – ✆ 03 88 95 55 34 – ducalsace@ducalsace.com – Fax 03 88 95 00 92 — B **e**

19 ch – 53/71 € 58/95 €, 8,50 €

◆ Cet établissement en constante évolution occupe deux maisons bâties au 17e s. Chambres spacieuses et bien aménagées, dotées de salles de bains lumineuses.

La Cloche — rest, VISA

90 r. Gén. Gouraud – ✆ 03 88 95 52 89 – hotel.lacloche@wanadoo.fr – Fax 03 88 95 07 63 – Fermé 7-20 janv. — A **s**

20 ch – 33/48 € 51/55 €, 8 € – ½ P 47/49 € – **Rest** – Menu 15/28 € – Carte 24/43 €

◆ Cadre historique d'une maison du 14e s. ayant conservé ses boiseries et vitraux et exposant des œuvres de Spindler. Chambres modestes et un brin désuètes. Une salle à manger aux allures de taverne, l'autre égayée de fresques. Spécialités alsaciennes.

Les Vosges — ch, 20, VISA AE

5 pl. Gare – ✆ 03 88 95 53 78 – les-vosges@hotel-obernei.com – Fax 03 88 49 92 65 — B **d**

22 ch – 52/56 € 60/62 €, 8,50 € – ½ P 55 € – **Rest** – *(fermé 25 juin-9 juil., 7-28 janv., dim. soir hors saison et lundi)* Menu 19 € bc – Carte 34/43 €

◆ Petit hôtel traditionnel cultivant avec application son atmosphère "vieille France". Chambres proprettes et cadre gentiment rustique. Restaurant au décor étudié proposant une cuisine aux accents à la fois régionaux et "bistrotiers". Accueil chaleureux.

La Fourchette des Ducs (Stamm) — VISA AE

6 r. Gare – ✆ 03 88 48 33 38 – Fax 03 88 95 44 39 – Fermé 24 avril-3 mai, 24 juil.-12 août, 1er-10 janv., dim. soir, lundi et le midi sauf dim. — B **e**

Rest – *(nombre de couverts limité, prévenir)* Menu 85/105 € – Carte 95/119 €

Spéc. Duo de langoustines en tartare et gelée, mousse de chou-fleur. Raviole de purée de potimarron, truffe et beurre noisette (sept. à mars). Pigeonneau d'Alsace, suprêmes et cuisses, réduction au chocolat. **Vins** Riesling, Pinot gris.

◆ Salles feutrées (non-fumeurs) : l'une, avec boiseries de "style anglais", signée Lalique, Bugatti et Spindler, l'autre contemporaine. Cuisine recherchée : alsacienne, mais au goût du jour.

Le Bistro des Saveurs (Schwartz) — VISA

35 r. Sélestat – ✆ 03 88 49 90 41 – Fax 03 88 49 90 51 – Fermé 16 juil.-7 août, 22 oct.-8 nov., 11-28 fév., lundi et mardi — B **t**

Rest – Menu 42/78 € bc – Carte 46/74 €

Spéc. Carotte fondante au caillé de munster-cumin (oct. à mars). Pâté de foie gras d'oie "Maréchal de Contades". Picon-bière "Yolande Haag" (dessert). **Vins** Edelzwicker, Pinot noir.

◆ Maison du 16e s. joliment rénovée : plaisant mobilier régional, pierres et poutres d'époque. Appétissante cuisine panachant recettes d'aujourd'hui et produits du terroir.

La Cour des Tanneurs — VISA

ruelle du canal de l'Ehn – ✆ 03 88 95 15 70 – Fax 03 88 95 43 84 – Fermé 22 déc.-2 janv., 1er-10 juil., mardi et merc. — B **r**

Rest – Menu 20 € (déj. en sem.), 25/35 € – Carte 22/48 €

◆ Faites une halte au pays des cigognes dans cette petite salle à manger agrémentée d'une fresque murale. Cuisine au goût du jour accompagnée de vins soigneusement choisis.

à Ottrott **Ouest : 4 km par D 426 – 1 513 h. – alt. 268 m – ✉ 67530**

Office de tourisme, 46 rue Principale ✆ 03 88 95 83 84

Couvent de Ste-Odile : ✻★★ de la terrasse, chapelle de la Croix★ SO : 11 km - pèlerinage 13 décembre.

Hostellerie des Châteaux — ch, 30/100, VISA AE

Ottrott-le-Haut – ✆ 03 88 48 14 14 – leschateaux@wanadoo.fr – Fax 03 88 48 14 18 – Fermé fév.

61 ch – 120 € 120/500 €, 16 € – ½ P 128/203 € – **Rest** – *(fermé 23 juil.-6 août, fév. et lundi hors saison)* Menu 36 € (sem.)/80 € – Carte 59/95 €

◆ Cette hostellerie honore l'Alsace et son art décoratif si dévoué au bois, depuis le confort douillet des chambres jusqu'à l'atmosphère raffinée des salons. Restaurant cossu divisé en quatre salles ; bar feutré. Cuisine classique aux accents régionaux.

Beau Site 🅿 VISA MC AE

Ottrott-le-Haut – ✆ 03 88 48 14 30 – lebeausiteott@wanadoo.fr – Fax 03 88 48 14 18 – Fermé fév.

18 ch – †84 € ††89/162 €, ☕ 11 € – ½ P 88/125 € – **Rest** – *(Fermé 28 juin-13 juil. et lundi hors saison)* Menu 21/54 € – Carte 32/50 € 🍷

◆ Grande maison de style alsacien à oriel et colombages. Intérieur soigné avec mobilier de style. Trois chambres superbes. Le restaurant inspiré des "winstubs" vous invite à découvrir les gourmandises du terroir tout en admirant des œuvres de Spindler.

A l'Ami Fritz ch, AC ch, 20, 🅿 VISA MC AE

Ottrott-le-Haut – ✆ 03 88 95 80 81 – ami-fritz@wanadoo.fr – Fax 03 88 95 84 85 – Fermé 14-31 janv.

21 ch – †73/96 € ††73/123 €, ☕ 12 € – 1 suite – ½ P 73/90 € – **Rest** – *(fermé 2-11 juil., 14-31 janv. et merc.)* Menu 22 € (sem.)/60 € – Carte 34/53 € 🍷

◆ Maison régionale aux chambres confortables et personnalisées. L'enseigne, clin d'œil au roman d'Erckmann-Chatrian, porte aussi le nom des propriétaires. Restaurant chaleureux (plafond de style Renaissance, boiseries et parquet anciens) et goûteux plats du pays.

Le Clos des Délices 15/35, 🅿 VISA MC

17 rte Klingenthal, Nord-Ouest : 1 km par D 426 – ✆ 03 88 95 81 00 – contact@leclosdesdelices.com – Fax 03 88 95 97 71

23 ch ☕ – †83 € ††67/120 € – 1 suite – ½ P 74/99 € – **Rest** – *(fermé 18 fév.-12 mars, dim. soir et merc.)* Menu 25/56 € – Carte 33/55 € 🍷

◆ Maison de pays adossée à la forêt vosgienne, au pied du domaine skiable. Salon "british", chambres confortables, belle piscine intérieure et joli parc invitant à la promenade. Table classique au cadre chic et feutré et terrasse au vert, meublée en fer forgé.

Aux Chants des Oiseaux sans rest AC 🅿 VISA MC AE

Ottrott-le-Haut – ✆ 03 88 95 87 39 – ami-fritz@wanadoo.fr – Fax 03 88 95 84 85 – Fermé 2-11 juil. et 7 janv.-8 fév.

16 ch – †72/81 € ††72/103 €, ☕ 12 €

◆ En pleine nature, construction de style régional abondamment fleurie. Chambres plaisantes et colorées, récemment rénovées. Salle des petits-déjeuners tournée vers le jardin.

Domaine Le Moulin ch, AC rest, 15, 🅿 🅿 VISA MC

rte Klingenthal, Nord-Ouest : 1 km par D 426 – ✆ 03 88 95 87 33 – domaine.le.moulin@wanadoo.fr – Fax 03 88 95 98 03 – Fermé 3-21 janv.

23 ch – †56 € ††70 €, ☕ 13 € – 3 suites – ½ P 65/74 € – **Rest** – *(fermé sam. midi, dim. soir et lundi midi)* Menu (15 €), 30 € bc (déj. en sem.), 40/55 € – Carte 25/55 € 🍷

◆ La route des Vins passe par cet hôtel derrière lequel s'étend un parc boisé de 40 ha avec rivière et étang. Spacieuses chambres fonctionnelles, appartements de grand confort. Restaurant au décor "printanier". Terrasse face à la forêt. Carte régionale.

à Boersch Ouest : 4 km par D 322 – 2 107 h. – alt. 225 m – ✉ 67530

Syndicat d'initiative, 1 place de l'Hôtel de ville ✆ 03 88 95 93 41, Fax 03 88 95 84 64

Le Chatelain 🅿 VISA MC

– ✆ 03 88 95 83 33 – contact@lechatelain.com – Fax 03 88 95 80 63 – Fermé 4 janv.-13 fév., mardi midi, jeudi midi et lundi

Rest – Carte 20/45 € 🍷

Rest *Winstub* – Carte 20/45 € 🍷

◆ Propriété de viticulteurs convertie en restaurant au décor rustique ; cuisine classique. Dégustation de vins et petit musée du tonnelier dans les caves du 18e s. Recettes du terroir, tartes flambées et cadre soigné à la Winstub.

Les bonnes adresses à petit prix ?
Suivez les Bibs : Bib Gourmand rouge pour les tables
et Bib Hôtel bleu pour les chambres.

OBERSTEIGEN – 67 Bas-Rhin – **315** H5 – ✉ **67710** Alsace Lorraine 1 **A1**

Paris 466 – Molsheim 27 – Sarrebourg 32 – Saverne 16 – Strasbourg 39 – Wasselonne 13

Vallée de la Mossig★ E : 2 km.

Hostellerie Belle Vue rest, rest,
– ✆ 03 88 87 32 39 – hostellerie.belle-vue@ 20/40,
wanadoo.fr – Fax 03 88 87 37 77 – Ouvert 6 avril-2 janv. et fermé dim. soir et lundi hors saison sauf fériés

20 ch – †68/78 € ††68/78 €, ☕ 8 € – 4 suites – ½ P 72 € – **Rest** – Menu 25/45 € – Carte 29/54 €

◆ Cette hostellerie proche de la forêt de Saverne profite d'un magnifique panorama sur la vallée. Confortables chambres. Billard, jardin et piscine. Grande salle de restaurant de style régional avec boiseries et poutres apparentes. Terrasse d'été bien fleurie.

OBERSTEINBACH – 67 Bas-Rhin – **315** K2 – **184 h.** – **alt. 239 m** – ✉ **67510** Alsace Lorraine 1 **B1**

Paris 458 – Bitche 22 – Haguenau 35 – Strasbourg 68 – Wissembourg 25

Anthon avec ch
40 r. Principale – ✆ 03 88 09 55 01 – info@restaurant-anthon.fr – Fax 03 88 09 50 52 – Fermé janv., mardi et merc.

7 ch – †48/60 € ††60/98 €, ☕ 10 € – ½ P 72 € – **Rest** – Menu 24/61 € – Carte 36/54 €

◆ Maison à colombages (1860) abritant une élégante salle à manger en rotonde tournée vers le jardin. Cuisine du terroir. Chambres rafraîchies, dont deux conservent une boiserie d'alcôve intégrant les lits.

OBJAT – 19 Corrèze – **329** J4 – **3 372 h.** – **alt. 131 m** – ✉ **19130** 24 **B3**

Paris 467 – Brive-la-Gaillarde 21 – Limoges 79 – Tulle 45 – Uzerche 30

Office de tourisme, place Jules-Ferry ✆ 05 55 25 96 73, Fax 05 55 25 97 45

De France rest,
av. G. Clemenceau, (vers la gare) – ✆ 05 55 25 80 38 – hoteldefrance.objat@ wanadoo.fr – Fax 05 55 25 91 87 – Fermé 15 sept.-5 oct., 24 déc.-2 janv. et sam. hors saison

27 ch – †34 € ††44 €, ☕ 9 € – ½ P 42/52 € – **Rest** – Menu 14 € (sem.)/42 € – Carte 24/52 €

◆ Accueil charmant assuré dans cet hôtel familial proche de la gare. Les chambres, simples et fonctionnelles, sont progressivement pourvues de la climatisation. Salle de restaurant rénovée ouverte sur une cour intérieure ; spécialités régionales au menu.

ODENAS – 69 Rhône – **327** G3 – **735 h.** – **alt. 300 m** – ✉ **69460** 43 **E1**

Paris 427 – Bourg-en-Bresse 54 – Lyon 47 – Mâcon 33 – Villefranche-sur-Saône 15

Christian Mabeau
261 rte du Beaujolais – ✆ 04 74 03 41 79 – chrisvie@hotmail.fr – Fax 04 74 03 49 40 – Fermé 27 août-16 sept., dim. soir et lundi sauf midi férié

Rest – Menu 46/63 € – Carte 53/58 €

◆ Cette façade discrète dissimule un charmant restaurant où se confrontent styles rustique et contemporain. En été, installez-vous sur la terrasse en bordure des vignes.

OFFRANVILLE – 76 Seine-Maritime – **304** G2 – **rattaché à Dieppe**

OGNES – 02 Aisne – **306** B5 – **rattaché à Chauny**

Ce symbole en rouge ?
La tranquillité même, juste le chant des oiseaux au petit matin…

L'OIE – 85 Vendée – **316** J7 – **835 h.** – **alt. 102 m** – ✉ **85140** 34 **B3**

Paris 394 – Cholet 40 – Nantes 62 – Niort 94 – La Roche-sur-Yon 29

Le Grand Turc rest, 20, VISA AE
33 r. Nationale – ✆ 02 51 66 08 74 – legrandturc@wanadoo.fr – Fax 02 51 66 14 13 – Fermé 31 mars-16 avril, 23 déc.-7 janv. et week-ends hors saison
19 ch – 52 € 65 €, 7,50 € – ½ P 58 € – **Rest** – *(fermé sam. soir hors saison et dim.)* Menu 19/35 € – Carte 24/39 €
◆ L'enseigne évoque le mamelouk Amakuc, chef de la garde de Napoléon Ier lors du passage de l'Empereur à l'auberge. À l'arrière, chambres fonctionnelles et bien tenues. Une salle dédiée à la cuisine traditionnelle, une autre à la formule buffet et au plat du jour.

OINGT – 69 Rhône – **327** G4 – **523 h.** – **alt. 550 m** – ✉ **69620** 43 **E1**

Paris 446 – Lyon 35 – Roanne 60 – Tarare 21 – Villefranche-sur-Saône 16

Donjon VISA
64 petite rue du Marché – ✆ 04 74 71 20 24 – s.ledonjon@chello.fr – Fax 04 74 71 10 91 – Fermé 1er-20 janv., mardi et merc.
Rest – Menu 21 € (sem.)/48 €
◆ Le Donjon porte bien son nom : posté aux abords du chemin de ronde du village médiéval, sa terrasse ménage un beau panorama sur le vignoble et la vallée. Cuisine traditionnelle.

OINVILLE-SOUS-AUNEAU – 28 Eure-et-Loir – **311** G5 – **279 h.** – **alt. 150 m** – ✉ **28700** 12 **C1**

Paris 77 – Chartres 20 – Montigny-le-Bretonneux 50 – Orléans 88

Chambres d'Hôte Caroline Lethuillier sans rest
2 r. Prunus, à Cherville O: 2km – ✆ 02 37 31 72 80 – info@cherville.com – Fax 02 37 31 38 56
4 ch – 46/52 € 55/59 €
◆ Tomettes, poutres, décoration à thème et pièces de mobilier familial : les chambres, logées dans les anciens greniers de la ferme, ont du cachet. Délicieux petit-déjeuner maison.

OIRON – 79 Deux-Sèvres – **322** F3 – **945 h.** – **alt. 95 m** – ✉ **79100**
Poitou Vendée Charentes 39 **C1**

Paris 326 – Loudun 15 – Parthenay 41 – Poitiers 56 – Thouars 12

Château★★.

Relais du Château avec ch ch, VISA
17 pl. Marronniers – ✆ 05 49 96 54 96 – relaisduchateau@aol.fr – Fax 05 49 96 54 45 – Fermé 1er-8 janv., 29 janv.-12 fév., lundi (sauf hôtel), dim. soir et soirs fériés
13 ch – 36 € 36/41 €, 6 € – ½ P 39/41 € – **Rest** – Menu 15 € (sem.)/40 € – Carte 28/42 €
◆ Le village abrite le château de Madame de Montespan. Sur la place, salle à manger rustique assez lumineuse, ouverte sur une cour-terrasse. Cuisine traditionnelle.

OISLY – 41 Loir-et-Cher – **318** F7 – **310 h.** – **alt. 120 m** – ✉ **41700** 11 **A1**

Paris 208 – Tours 61 – Blois 27 – Châteauroux 80 – Romorantin-Lanthenay 32

St-Vincent VISA
✆ 02 54 79 50 04 – Fax 02 54 79 50 04 – Fermé 5-10 août, 10 déc.-20 janv., lundi soir, mardi et merc.
Rest – Menu 25 € (sem.)/33 € – Carte 53/76 €
◆ La cuisine au goût du jour, subtilement épicée, attire les gourmets en ce restaurant rustique dont l'enseigne célèbre le patron des vignerons. Dégustations de vins du pays.

OIZON – 18 Cher – **323** L2 – **752 h.** – **alt. 230 m** – ✉ **18700** 12 **C2**

▶ Paris 179 – Bourges 54 – Cosne-sur-Loire 35 – Gien 29 – Orléans 66 – Salbris 38 – Vierzon 50

Les Rives de l'Oizenotte

à l'étang de Nohant, Est : 1 km – ☎ 02 48 58 06 20 – oizenotte.g@infonie.fr – Fax 02 48 58 28 97 – Fermé 17 déc.-18 janv., dim. soir de la Toussaint à Pâques, lundi et mardi

Rest – *(nombre de couverts limité, prévenir)* Menu 18 € (sem.)/27 €

◆ Ambiance bucolique dans ce sympathique restaurant installé au bord d'un étang. Amusante décoration sur le thème de la pêche. Cuisine toute simple.

OLEMPS – 12 Aveyron – **338** H4 – **rattaché à Rodez**

OLÉRON (ÎLE D') – 17 Charente-Maritime – **324** C4 – **voir à Île d'Oléron**

OLETTE – 66 Pyrénées-Orientales – **344** E7 – **345 h.** – **alt. 616 m** – ✉ **66360** 22 **B3**

▶ Paris 887 – Font-Romeu-Odeillo-Via 29 – Perpignan 61 – Prades 16

ℹ Syndicat d'initiative, place Victoire ☎ 04 68 97 08 62

La Fontaine

3 r. de la Fusterie – ☎ 04 68 97 03 67 – Fax 04 68 97 09 18 – Fermé janv., mardi soir et merc.

6 ch – 🛉47 € 🛉🛉47 €, ☕ 6 € – ½ P 40 € – **Rest** – Menu (11,50 €), 14 € (sem.)/48 € – Carte 25/42 €

◆ Sur la place du village, cette maison du 19e s. attire le regard avec sa jolie façade rose. Les chambres, toutes non-fumeurs et équipées de meubles en pin, sont bien tenues. Cuisine fidèle au terroir catalan, servie dans un cadre coloré de style rustique.

OLIVET – 45 Loiret – **318** I4 – **rattaché à Orléans**

LES OLLIÈRES-SUR-EYRIEUX – 07 Ardèche – **331** J5 – **797 h.** – **alt. 200 m** – ✉ **07360** 44 **B3**

▶ Paris 593 – Le Cheylard 28 – Lamastre 33 – Montélimar 53 – Privas 19 – Valence 34

ℹ Office de tourisme, le pont ☎ 04 75 66 30 21

Le Truffolier avec ch

D 120 – ☎ 04 75 66 20 32 – letruffolier@wanadoo.fr – Fax 04 75 66 20 63 – Fermé 5-12 juin, 25 sept.-9 oct., 14-31 janv., dim. soir hors saison et lundi sauf fériés

7 ch – 🛉41/57 € 🛉🛉46/58 €, ☕ 7 € – ½ P 42/50 € – **Rest** – Menu 15 € (sem.)/36 € – Carte 24/47 € 🍷

◆ Salle à manger d'esprit rustique, cuisine traditionnelle sans prétention : cette auberge familiale de la vallée de l'Eyrieux vous accueille en toute simplicité.

OLLIOULES – 83 Var – **340** K7 – **12 198 h.** – **alt. 52 m** – ✉ **83190**
Côte d'Azur 40 **B3**

▶ Paris 829 – Aix-en-Provence 80 – Marseille 59 – Toulon 8

ℹ Office de tourisme, 116 rue Philippe de Hauteclocque ☎ 04 94 63 11 74, Fax 04 94 63 33 72

Gorges d'Ollioules★.

L'Assiette Gourmande

pl. H. Duprat, (parvis de l'église) – ☎ 04 94 63 04 61 – Fermé mardi et merc. de sept. à juin et le midi en juil.-août

Rest – *(nombre de couverts limité, prévenir)* Menu 24/33 € – Carte 28/56 €

◆ Vous apprécierez la cuisine de caractère de cette maison, sur la terrasse s'il fait beau, ou bien à l'intérieur : petite salle colorée de style provençal et mezzanine.

OLMETO – 2A Corse-du-Sud – 345 C9 – voir à Corse

OLMETO PLAGE – 2A Corse-du-Sud – 345 C9 – rattaché à Olmeto

OLORON-STE-MARIE – 64 Pyrénées-Atlantiques – 342 I5 – 10 992 h. – alt. 224 m – ✉ 64400 Aquitaine 3 **B3**

- Paris 809 – Bayonne 105 – Mont-de-Marsan 101 – Pau 34
- Office de tourisme, rue de la Poste ☏ 05 59 39 98 00
- Portail★★ de l'église Ste-Marie.

OLORON-STE-MARIE

Barthou (R. Louis) . . . . B
Bellevue (Promenade) . . . . B 2
Biscondau (R. du) . . . . B 3
Bordelongue (R. A.) . . . . . . B 4
Camou (R.) . . . . B
Casamayor-Dufaur (R.) . . . . A 5
Cathédrale (R. de la) . . . . . . A 6
Dalmais (R.) . . . . B 7
Derême (Av. Tristan) . . . . . . A 8
Despourrins (R.) . . . . A 9
Gabe (Pl. Amédée) . . . . B 10
Gambetta (Pl.) . . . . B 12
Jaca (Pl.) . . . . A 13
Jeliote (R.) . . . . B 14
Lattre-de-Tassigny (Av. du Mar.de) . . . . A 23
Mendiondou (Pl. Léon) . . . . B 15
Moureu (Av. Charles et Henri) . . . . A 16
Oustalots (Pl. des) . . . . A 18
Pyrénées (Bd des) . . . . A 19
Résistance (Pl. de la) . . . . . . B 20
St-Grat (R.) . . . . A 22
Toulet (R. Paul-Jean) . . . . . . A 24
Vigny (Av. Alfred de) . . . . . . A 26
4-Septembre (Av. du) . . . . . A 28
14-Juillet (Av. du) . . . . A 30

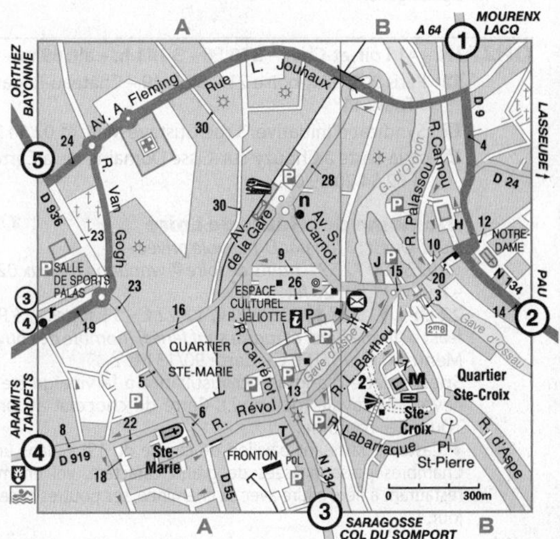

 **Alysson** ch, 15/35,
bd Pyrénées – ☏ 05 59 39 70 70 – alysson.hotel@wanadoo.fr – Fax 05 59 39 24 47 A **r**
50 ch – 🛉72/120 € 🛉🛉80/150 €, ☕ 10,50 € – ½ P 70/80 € – **Rest** – *(fermé 23 déc.-10 janv., sam. sauf le soir en été et vend. soir)* Menu 27/42 € – Carte 47/72 € 🍷

◆ Hôtel moderne abritant des chambres spacieuses et fonctionnelles (certaines avec baignoire "balnéo") et des salles de réunions bien équipées. Boiseries blondes et mobilier contemporain caractérisent la vaste salle à manger ouverte sur le jardin.

La Paix sans rest
24 av. Sadi-Carnot – ☏ 05 59 39 02 63 – hoteldelapaixoloron@tiscali.fr – Fax 05 59 39 98 20 A **n**
24 ch – 🛉41/49 € 🛉🛉41/53 €, ☕ 6,50 €

◆ Cette adresse familiale située dans le quartier de la gare a bénéficié d'une cure de jouvence : chambres gaies, colorées et fort bien tenues.

à Herrere par ② : 8 km – 369 h. – alt. 283 m – ✉ 64680

Domaine de l'Aragon ch,
rte Pau – ☏ 05 59 39 24 63 – info@domaine-aragon.com – Fax 05 59 39 24 84
9 ch – 🛉60/75 € 🛉🛉70/90 €, ☕ 8 € – **Rest** – *(dîner seult) (résidents seult)* Menu 26/30 € 🍷

◆ Maison bourgeoise entourée d'un agréable jardin planté de vieux arbres. Décoration soignée et meubles de style caractérisent les chambres, plus confortables au 1er étage.

OMONVILLE-LA-PETITE – 50 Manche – 303 A1 – 132 h. – alt. 33 m – ✉ 50440 32 A1

Paris 380 – Barneville-Carteret 45 – Cherbourg 25 – Nez de Jobourg 7 – St-Lô 101

La Fossardière sans rest

au hameau de la Fosse – ☎ 02 33 52 19 83 – Fax 02 33 52 73 49 – Ouvert 15 mars-15 nov.

10 ch – 41 € 64 €, ☕ 9 €

◆ Chambres de tailles variées, réparties dans plusieurs maisons constituant un paisible hameau proche du village où repose J. Prévert. Petit-déjeuner servi dans l'ex-boulangerie.

ONZAIN – 41 Loir-et-Cher – 318 E6 – 3 141 h. – alt. 69 m – ✉ 41150 11 A1

Paris 201 – Amboise 21 – Blois 19 – Château-Renault 24 – Montrichard 23 – Tours 44

Syndicat d'initiative, 3 rue Gustave Marc ☎ 02 54 20 78 52

de la Carte à Chouzy-sur-Cisse Domaine de la Carte, SO : 6 km par N 152, ☎ 02 54 20 49 00.

Domaine des Hauts de Loire ch, ch, 70,

Nord-Ouest : 3 km par D 1 et voie privée – ☎ 02 54 20 72 57 – hauts.de.loire@wanadoo.fr – Fax 02 54 20 77 32 – Fermé 1er déc.-20 fév.

22 ch – 130 € 205/270 €, ☕ 22 € – 11 suites – ½ P 203/248 € –

Rest – *(fermé lundi et mardi sauf fériés) (nombre de couverts limité, prévenir)*

Menu (50 €), 75/150 € – Carte 90/131 €

Spéc. Salade d'anguille croustillante à la vinaigrette d'échalote. Paupiette de lièvre à la royale (oct.-nov.). Carré de chocolat au praliné. **Vins** Sauvignon de Touraine, Touraine.

◆ Castel et ravissant pavillon de chasse du 19e s. dans un vaste parc arboré (étang). Chambres personnalisées de grand caractère, vol en montgolfière, pêche, etc. Le restaurant a fière allure avec sa cheminée, ses poutres et ses tentures ; carte au goût du jour.

Château des Tertres sans rest

Ouest : 1,5 km par D 58 – ☎ 02 54 20 83 88 – contact@chateau-tertres.fr – Fax 02 54 20 89 21 – Ouvert 30 mars-22 oct.

18 ch – 70 € 70/130 €, ☕ 10 €

◆ Gentilhommière du Second Empire entourée d'un magnifique parc de 5 ha. Chambres de style Napoléon III ou Louis-Philippe, originales et contemporaines dans un cottage attenant.

OPIO – 06 Alpes-Maritimes – 341 C5 – 1 922 h. – alt. 300 m – ✉ 06650 42 E2

Paris 911 – Cannes 17 – Digne-les-Bains 125 – Draguignan 74 – Grasse 9 – Nice 31

Syndicat d'initiative, 1 rond point Font-Neuve ☎ 04 93 77 70 11

Le Mas des Géraniums

1 km à San Peyre, Est sur D 7 – ☎ 04 93 77 23 23 – Fermé 26 nov.-3 janv., jeudi midi en juil. août, mardi hors saison et merc.

Rest – Menu 18 € (déj. en sem.), 34/40 € – Carte 39/65 €

◆ Repas traditionnel dans un cadre "rusti-cosy" ou sur la terrasse ombragée et fleurie, avec le vieux village pour toile de fond. Tonnelle, haut palmier et oliviers au jardin.

ORADOUR-SUR-GLANE – 87 Haute-Vienne – 325 D5 – 2 025 h. – alt. 275 m – ✉ 87520 Limousin Berry 24 B2

Paris 408 – Angoulême 85 – Bellac 26 – Confolens 33 – Limoges 25 – Nontron 66

Office de tourisme, place du Champ de Foire ☎ 05 55 03 13 73

"Village martyr" dont la population a été massacrée en juin 1944.

La Glane
8 pl. Gén. de Gaulle – ☎ 05 55 03 10 43 – Fax 05 55 03 15 42
10 ch – 🚹40 € 🚹🚹44 €, ☕ 8,50 € – ½ P 38 € – **Rest** – *(fermé 15 déc.-1er avril et lundi)* Menu (10 €), 23/32 € – Carte 18/31 €
◆ Sur la place centrale animée du village reconstruit, hôtel abritant des petites chambres modestes mais bien tenues. Restaurant rustique où l'on mange au coude à coude. Buffets de hors-d'œuvre et de desserts et plats principaux simples à base de grillades.

Le Milord
10 av. du 10-Juin – ☎ 05 55 03 10 35 – Fax 05 55 03 21 76 – Fermé dim. soir et merc. soir
Rest – Menu 12,50 € (sem.)/39 € – Carte 17/33 €
◆ Salle à manger de type brasserie avec banquettes en velours beige, tables simplement dressées et assez serrées. Cuisine traditionnelle sans fioriture mais généreuse.

ORADOUR-SUR-VAYRES – 87 Haute-Vienne – 325 C6 – 1 636 h. – alt. 322 m – ✉ 87150
24 **A2**

Paris 433 – Limoges 40 – Saint-Junien 23 – Panazol 45 – Isle 36

La Bergerie des Chapelles
– ☎ 05 55 78 29 91 – info@domainedeschapelles.com – Fax 05 55 71 70 19 – Fermé nov.
7 ch – 🚹45/55 € 🚹🚹60/90 €, ☕ 8 € – ½ P 60/65 € – **Rest** – *(fermé lundi de sept. à juin)* Menu 18 € (déj.), 25/37 € bc – Carte environ 31 €
◆ En pleine campagne, bergerie vénérable rénovée pour vous loger au calme dans un cadre "cosy". Belles salles d'eau et terrasses ouvrant sur le parc. Repas au goût du jour dans un cadre rustique modernisé : murs sombres égayés de grandes peintures de moutons.

ORANGE – 84 Vaucluse – 332 B9 – 27 989 h. – alt. 97 m – ✉ 84100
Provence
42 **E1**

Paris 655 – Alès 84 – Avignon 31 – Carpentras 24 – Nîmes 56

Office de tourisme, 5 cours Aristide Briand ☎ 04 90 34 70 88, Fax 04 90 34 99 62

d'Orange Route de Camaret, par rte du Mt-Ventoux : 4 km, ☎ 04 90 34 34 04.

Théâtre antique★★★ - Arc de Triomphe★★ - Colline St-Eutrope ≤★.

Plan page suivante

Park Inn
rte Caderousse par ⑤ – ☎ 04 90 34 24 10 – info.orange@rezidorparkinn.com – Fax 04 90 34 85 48
99 ch – 🚹55/119 € 🚹🚹55/129 €, ☕ 12 € – ½ P 59/72 € – **Rest** – Menu 21/25 € – Carte 25/41 €
◆ Établissement proposant des chambres au décor provençal soigné. Joyeux salon et service très attentionné séduiront aussi bien la clientèle d'affaires que les touristes. Le restaurant s'ouvre sur la piscine de l'hôtel, au bord de laquelle on déjeune en été.

Arène
pl. Langes – ☎ 04 90 11 40 40 – reservation@hotel-arene.fr – Fax 04 90 11 40 45 AY **a**
35 ch – 🚹56/105 € 🚹🚹90/160 €, ☕ 8 € – ½ P 65 € – **Rest** – *(Fermé de mi-nov. à mi-déc. et lundi)* Menu 12 € bc (déj. en sem.), 19/60 €
◆ Situées sur une place piétonne, à l'ombre des platanes, grandes maisons de 1800 dont celle entièrement rénovée abrite des chambres provençales ou "executive". Cuisine italienne ou régionale ? À vous de choisir dans l'un des deux restaurants.

Le Glacier sans rest
46 cours A. Briand – ☎ 04 90 34 02 01 – info@le-glacier.com – Fax 04 90 51 13 80 – Fermé 21 déc.-7 janv., vend., sam. et dim. du 16 nov. au 25 fév. AY **r**
28 ch – 🚹48/60 € 🚹🚹48/75 €, ☕ 7 €
◆ Ambiance familiale dans cet hôtel géré de père en fils depuis trois générations. Petites chambres en partie rénovées dans le style provençal et toutes climatisées (sauf trois).

ORANGE

Arc de Triomphe (Av. de l') AY
Artaud (Av. A.) ABY
Blanc (R. A.) BZ
Briand (Crs A.) AYZ
Caristie (R.) BY 2
Châteauneuf (R. de) BZ 3
Clemenceau (Pl. G.) BY 4
Concorde (R. de la) BY
Contrescarpe (R. de la) BY
Daladier (Bd E.) ABY
Fabre (Av. H.) BY
Frères-Mounet (Pl. des) BY 5
Guillaume-le-Taciturne (Av.) BY
Herbes (Pl. aux) BY 7
Lacour (R.) AY
Leclerc (Av. Gén.) BZ
Levade (R. de la) BY
Mistral (Av. F.) BY 9
Noble (R. du) ABY
Pourtoules (Cours) BZ
Pourtoules (R.) BZ 12
Princes d'Orange-Nassau (Mtée des) AZ
République (Pl. de la) BY 14
République (R. de la) BY 16
Roch (R. Madeleine) BZ 18
St-Clement (R.) AZ
St-Florent (R.) BY 20
St-Jean (R.) AY
St-Martin (R.) AY 22
Tanneurs (R. des) AY 24
Thermes (Av. des) AZ
Tourre (R. de) AZ 26
Victor-Hugo (R.) AY

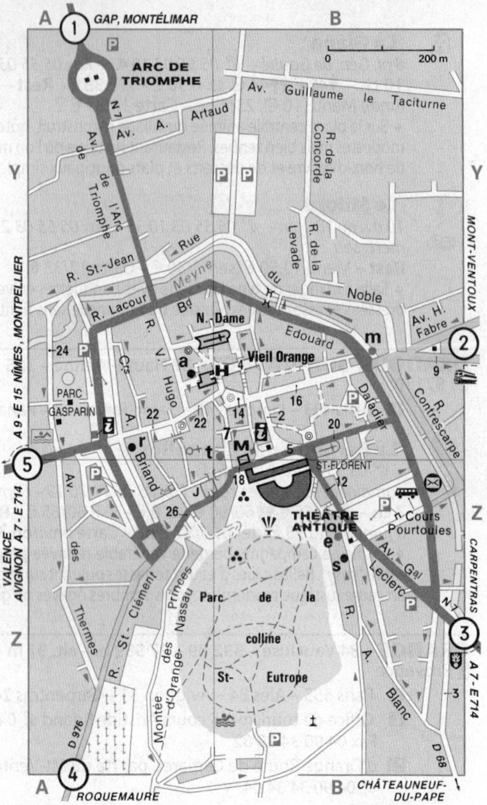

St-Jean sans rest

1 cours Pourtoules – ✆ 04 90 51 15 16 – hotel.saint-jean@wanadoo.fr – Fax 04 90 11 05 45 – Fermé 20-27 déc. BZ **s**

22 ch – 45/90 € 45/90 €, 7 €

◆ Ancien relais de poste adossé à la colline St-Eutrope et voisin du théâtre antique. Original salon taillé dans la roche et chambres d'ampleur variée, meublées diversement.

Le Parvis

55 cours Pourtoules – ✆ 04 90 34 82 00 – le-parvis2@wanadoo.fr – Fax 04 90 51 18 19 – Fermé 11 nov.-5 déc., 13 janv.-1er fév., dim. et lundi BZ **e**

Rest – Menu (17 €), 26/44 € – Carte 31/43 €

◆ Parquet ciré, cadre sans fausse note et tableaux contemporains confèrent une atmosphère élégante à ce restaurant. Cuisine provençale assaisonnée d'une pincée de modernité.

Le Monteverdi

443 bd E. Daladier – ✆ 04 90 29 53 77 – Fax 04 90 29 53 77 BY **m**

Rest – Menu 15 € (déj. en sem.)/25 € – Carte 39/62 €

◆ Dans un décor tendance et "cosy" (tons orange, aubergine et marron, plusieurs tables d'hôte et espace lounge), le chef propose une goûteuse cuisine bien ancrée dans son époque.

X **Le Forum** 16, VISA MC

3 r. de Mazeau – ✆ 04 90 34 01 09 – Fax 04 90 34 01 09 – Fermé 20 août-10 sept., 18-26 fév., sam. midi, dim. soir et lundi BY **t**

Rest – Menu 17/65 € – Carte 28/61 €

◆ Petit établissement dissimulé dans une étroite ruelle, à deux pas du théâtre antique. Élégant décor d'inspiration provençale pour une cuisine traditionnelle composée de produits frais.

par ① N 7 et rte secondaire : 4 km – ✉ 84100 Orange

Le Mas des Aigras AC ch, P VISA MC

Chemin des Aigras – ✆ 04 90 34 81 01 – masdesaigras@free.fr – Fax 04 90 34 05 66 – Fermé 23 oct.-8 nov., 18 déc.-10 janv., mardi et merc. d'oct. à avril sauf fériés

12 ch – 70/110 € 70/110 €, 12 € – ½ P 75/95 € – **Rest** – *(fermé lundi midi, merc. midi et sam. midi de mai à sept. sauf fériés)* Menu 18 € (déj. en sem.), 28/52 € – Carte 40/50 €

◆ Plaisante étape (pour non-fumeurs !) à deux pas de la N 7 : joli mas en pierre niché au milieu des vignes et des champs. Chambres égayées de couleurs provençales. Coquette salle à manger ; cuisine régionale utilisant des produits biologiques.

à Sérignan-du-Comtat par ①, N 7 et D 976 : 8 km – 2 254 h. – alt. 80 m – ✉ 84830

XXX **Le Pré du Moulin** (Alonso) avec ch P VISA MC AE

rte Ste-Cécile les Vignes – ✆ 04 90 70 14 55 – predumoulin@libertysurf.fr – Fax 04 90 70 05 62 – Fermé 26 fév.-8 mars, 29 oct.-8 nov., dim. et lundi d'oct. à avril

11 ch – 95/215 € 110/230 € – ½ P 92/144 € – **Rest** – *(fermé dim. soir sauf juil.-août, mardi midi et lundi)* Menu 29/105 € bc – Carte 64/95 €

Spéc. Raviole ouverte de truffes du Tricastin et artichauts sautés (janv.-fév.). Mitonnée de pigeon farci au chou et foie gras. Soufflé au Grand Marnier. **Vins** Gigondas, Cairanne.

◆ L'ex-école du village réunit premiers de la classe et bonnets d'âne autour d'une délicieuse cuisine du marché. Élégante salle à manger et terrasse ombragée. Chambres d'ampleur et de décoration variées ; certaines disposent d'un balcon ou d'une terrasse.

ORBEC – 14 Calvados – 303 O5 – 2 564 h. – alt. 110 m – ✉ 14290

Normandie Vallée de la Seine 33 **C2**

Paris 173 – L'Aigle 38 – Alençon 80 – Argentan 53 – Bernay 18 – Caen 85 – Lisieux 21

Office de tourisme, 6 rue Grande ✆ 02 31 32 56 68, Fax 02 31 32 04 37

Vieux manoir★.

XXX **Au Caneton** VISA MC AE

32 r. Grande – ✆ 02 31 32 73 32 – Fax 02 31 62 48 91 – Fermé 3-17 sept., 2-14 janv., dim. soir et lundi sauf fériés et mardi du 11 nov. à Pâques

Rest – *(nombre de couverts limité, prévenir)* Menu 20 € (sem.)/75 € – Carte 51/77 €

◆ Au centre du village, maison du 17e s. abritant deux salles à manger feutrées, décorées de cuivres et d'une collection d'assiettes anciennes. Cuisine classique.

X **L'Orbecquoise** VISA MC

60 r. Grande – ✆ 02 31 62 44 99 – herve.doual@wanadoo.fr – Fax 02 31 62 44 99 – Fermé 28 juin-13 juil., 15-30 nov., merc. sauf midi du 14 juil. au 14 sept. et jeudi

Rest – Menu 17/30 € – Carte 34/43 €

◆ Auberge rustique aménagée dans une demeure du 17e s. Une exposition de photos anciennes de la ville égaie les murs de la salle à manger. Cuisine régionale.

ORBEY – 68 Haut-Rhin – 315 G8 – 3 548 h. – alt. 550 m – Sports d'hiver : voir "Le Bonhomme" – ✉ 68370 Alsace Lorraine 1 **A2**

Paris 434 – Colmar 23 – Gérardmer 42 – Munster 21 – St-Dié 37 – Sélestat 35

Office de tourisme, 48 rue du Général-de-Gaulle ✆ 03 89 71 30 11, Fax 03 89 71 34 11

Bois Le Sire et son Motel 25, VISA AE

20 r. Ch. de Gaulle – ✆ 03 89 71 25 25 – boislesire@bois-le-sire.fr – Fax 03 89 71 30 75 – Fermé 3 janv.-8 fév.

35 ch – 🕴45/61 € 🕴🕴52/68 €, ☕ 9,50 €, 1 studio – ½ P 57/62 € – **Rest** – *(fermé dim. soir hors saison et lundi sauf juil.-août)* Menu 9,50 € (déj. en sem.), 16/46 € – Carte 24/47 € ♀

◆ Deux bâtiments abritant des chambres fonctionnelles ; choisissez de préférence celles du motel, plus grandes et plus calmes. Espace forme, sauna et jacuzzi. Boiseries et mobilier de style au restaurant, où l'on sert une cuisine traditionnelle toute simple.

Aux Bruyères ch, rest, VISA AE

35 r. Ch. de Gaulle – ✆ 03 89 71 20 36 – beaulieu@auxbruyeres.com – Fax 03 89 71 35 30 – Ouvert 30 mars-28 oct. et 15-31 déc.

29 ch – 🕴40 € 🕴🕴40/65 €, ☕ 8 € – ½ P 40/54 € – **Rest** – *(fermé merc. midi et jeudi midi en saison)* Menu (11 €), 13,50/29 € – Carte 21/38 € ♀

◆ Cette maison, qui fait aussi salon de thé, possède des chambres pratiques (tranquilles et spacieuses côté jardin) et un bel appartement familial aménagé sous les combles. Sobre salle à manger, terrasse d'été et cuisine aux accents régionaux.

à Basses-Huttes Sud : 4 km par D 48 – ✉ 68370 Orbey

Wetterer ch, VISA AE

– ✆ 03 89 71 20 28 – info@hotel-wetterer.com – Fax 03 89 71 36 50 – Fermé 11-30 mars, 4-30 nov., lundi et mardi en déc.-janv. et merc.

15 ch – 🕴35/45 € 🕴🕴44/60 €, ☕ 7,50 € – ½ P 44/47 € – **Rest** – Menu 16/30 € – Carte 18/36 € ♀

◆ Au cœur d'un superbe paysage de montagnes et de forêts - quiétude garantie ! -, cet hôtel des années 1960 dispose de chambres fonctionnelles et bien tenues. Restaurant au cadre rustico-bourgeois (poutres, cheminée et argenterie) et carte traditionnelle.

à Pairis Sud-Ouest : 3 km sur D 48ᴵᴵ – ✉ 68370 Orbey

Lac Noir★ : ≤★ 30 mn O : 5 km.

Bon Repos VISA

– ✆ 03 89 71 21 92 – au-bon-repos@wanadoo.fr – Fax 03 89 71 24 51 – Fermé mars et 8 janv.-10 fév. sauf week-ends, 18 oct.-25 déc. et mercredi.

17 ch – 🕴43/47 € 🕴🕴43/47 €, ☕ 8 € – ½ P 47/51 € – **Rest** – *(fermé le midi sauf dim.)* Menu 16/34 € – Carte 19/41 € ♀

◆ Petite auberge familiale avec jardin sur la route des lacs. Chambres simples et pratiques ; celles de l'annexe, plus paisibles, sont orientées vers une forêt de sapins. Salle à manger de style rustique pour une cuisine régionale.

ORCHIES – 59 Nord – 302 H5 – 7 472 h. – alt. 40 m – ✉ 59310 — 31 C2

Paris 219 – Denain 28 – Douai 20 – Lille 29 – Tournai 20 – Valenciennes 30

Syndicat d'initiative, 42 rue Jules Roch ✆ 03 20 64 86 32, Fax 03 20 64 86 32

Le Manoir ch, rest, 15/30, VISA AE

Hameau de Manneville, D 549 : Ouest par route Seclin – ✆ 03 20 64 68 68 – contact@manoir.net – Fax 03 20 64 68 69 – Fermé 30 juil.-26 août

34 ch – 🕴62/102 € 🕴🕴70/110 €, ☕ 11,50 € – ½ P 66/81 € – **Rest** – *(fermé 30 juil.-26 août, 24-31 déc., vend. soir, sam. midi, dim. soir et soirs fériés)* Menu (17€), 23/46 € – Carte 27/57 € ♀

◆ Cet établissement pris entre l'A 23 et une route passante propose des chambres actuelles bénéficiant d'une bonne insonorisation. Relié à l'hôtel par un passage couvert, le restaurant du Manoir abrite un bar feutré et trois intimes salles à manger rustiques.

La Chaumière VISA AE

Sud : 3 km D 957, rte Marchiennes – ✆ 03 20 71 86 38 – Fax 03 20 61 65 91 – Fermé 1er-12 sept., fév., dim. soir et lundi

Rest – Menu 29/75 € bc – Carte 39/53 € ♀

◆ Des bibelots animaliers (nombreux chevaux) agrémentent le cadre agreste de ce restaurant. Cuisine traditionnelle, beau plateau de fromages et joli choix de bordeaux.

ORCIÈRES – 05 Hautes-Alpes – 334 F4 – 810 h. – alt. 1 446 m – Sports d'hiver : à Orcières-Merlette 1 850/2 650 m 2 26 – ✉ 05170 Alpes du Sud 41 C1

Paris 676 – Briançon 109 – Gap 32 – Grenoble 113 – La Mure 73

Office de tourisme, Merlette ✆ 04 92 55 89 89

Vallée du Drac Blanc★★ NO : 14 km.

à Merlette **Nord : 5 km par D 76 – ✉ 05170 Orcières**

Les Gardettes avec ch — ch, VISA

– ✆ *04 92 55 71 11 – info@gardettes.com – Fax 04 92 55 77 26*
– Ouvert 1er déc.-24 avril et 15 juin-10 sept.
15 ch – 48/93 € 48/93 €, 7 € – ½ P 42/70 € – **Rest** – Menu 21/30 € – Carte 23/35 €

◆ Restaurant familial abrité dans une ancienne étable : joli décor typiquement montagnard et plats régionaux relevés d'une touche personnelle. Chambres modestes.

ORCINES – 63 Puy-de-Dôme – 326 F8 – rattaché à Clermont-Ferrand

ORCIVAL – 63 Puy-de-Dôme – 326 E8 – 244 h. – alt. 840 m – ✉ 63210 Auvergne 5 B2

Paris 441 – Aubusson 82 – Clermont-Ferrand 27 – Le Mont-Dore 17 – Ussel 55

Office de tourisme, le bourg ✆ 04 73 65 89 77, Fax 04 73 65 89 78

Basilique Notre-Dame★★.

Roche sans rest — VISA

– ✆ *04 73 65 82 31 – Fax 04 73 65 94 15 – Fermé 11 nov.-25 déc. et lundi hors saison*
9 ch – 35 € 45 €, 6 €

◆ Cet établissement situé face à la basilique abrite des chambres petites et bien tenues, assez simples mais progressivement rafraîchies. Jardinet sur l'arrière.

ORGELET – 39 Jura – 321 D7 – 1 686 h. – alt. 500 m – ✉ 39270 16 B3

Paris 434 – Besançon 104 – Lons-le-Saunier 20 – Bourg-en-Bresse 68 – Oyonnax 42

La Valouse — VISA

face Eglise – ✆ 03 84 25 54 80 – lavalouse@wanadoo.fr – Fax 03 84 25 54 70 – (fermé dim. soir)Fermé 23 déc.-13 janv.
14 ch – 53 € 73 €, 8 € – ½ P 65 € – **Rest** – *(fermé vend. soir, sam. midi et dim. soir du 1er sept. au 1er mai)* Menu (15 € bc), 17 € (déj. en sem.), 28/48 € – Carte 31/45 €

◆ Cet hôtel familial, entièrement non-fumeurs, sort d'une rénovation complète. Les chambres, simples et bien insonorisées, sont modernes et colorées. Cuisine du terroir actualisée ou plat du jour proposé au café attenant.

ORGEVAL – 78 Yvelines – 311 H2 – 101 11 – voir à Paris, Environs

ORGON – 13 Bouches-du-Rhône – 340 F3 – 2 642 h. – alt. 90 m – ✉ 13660 Provence 42 E1

Paris 712 – Aix-en-Provence 58 – Avignon 29 – Marseille 72

Office de tourisme, avenue Georges Coste ✆ 04 90 73 09 54

Le Mas de la Rose — ch, 25, VISA

4 km au Sud-Ouest par D24b – ✆ 04 90 73 08 91 – contact@mas-rose.com – Fax 04 90 73 31 03 – Fermé 5 janv.-29 fév.
8 ch – 130/250 € 130/250 €, 18 € – 1 suite – ½ P 130/190 € – **Rest** – *(fermé dim. et lundi) (dîner seult) (prévenir) (résidents seult)* Menu 47 €

◆ Dans un site bucolique, anciennes bergeries (17e s) converties avec esthétisme en hébergement de charme. Chambres provençales personnalisées. Superbe jardin paysager avec piscine. Menu du marché proposé dans un cadre rustique-contemporain raffiné.

Domaine de Saint-Véran sans rest
1,5 km au Nord par D 26 – ☎ 04 90 73 32 86 – d1jour@wanadoo.fr – Fax 04 90 73 39 57 – Fermé janv. et fév.
5 ch – 70 € 80/100 €
◆ Belle maison nichée dans un vaste parc planté de pins parasols et de cyprès. Intérieur décoré avec goût par la propriétaire, chambres personnalisées, salon "cosy", piscine...

Le Côté Jardin
4 pl. Albert Gérard – ☎ 04 90 73 31 07 – lecotejardin@wanadoo.fr – Fermé 29 oct.-14 nov., 18-29 fév., mardi de nov. à mars, lundi et merc.
Rest – Menu 21/34 € – Carte 31/48 €
◆ Il faut descendre quelques marches pour rejoindre ce restaurant installé dans une ancienne forge. Tableaux en expo-vente, terrasse ombragée et sympathique cuisine provençale.

ORLÉANS P – 45 Loiret – 318 I4 – 113 126 h. – Agglo. 263 292 h. – alt. 100 m – ✉ 45000 Châteaux de la Loire 12 C2

Paris 132 – Caen 311 – Clermont-Ferrand 295 – Le Mans 143 – Tours 118

Office de tourisme, 2 place de l'Étape ☎ 02 38 24 05 05

de Limère à Ardon 1411 allée de la Pomme de Pin, S : 9 km par D 326, ☎ 02 38 63 89 40 ; d'Orléans Donnery à Donnery Domaine de la Touche, E :17 km par N 460, ☎ 02 38 59 25 15 ; de Marcilly à Marcilly-en-Villette Domaine de la Plaine, SE par D 14 et D 108 : 18 km, ☎ 02 38 76 11 73.

Cathédrale Ste-Croix★★ : boiseries★★ - Maison de Jeanne d'Arc★ V - Quai Fort-des-Tourelles ≤★ EZ 60 - Musée des Beaux-Arts★★ M[1] - Musée Historique et Archéologique★ M[2] - Muséum★.

Olivet : parc floral de la Source★★ SE : 8 km CZ.

Plans pages suivantes

Mercure ch, ch, ch, 25/75, P
44 quai Barentin – ☎ 02 38 62 17 39 – h0581@accor.com – Fax 02 38 53 95 34 DZ **t**
111 ch – 106/142 € 119/155 €, 15 € – **Rest** – Menu (23 €), 28/33 € bc – Carte 31/38 €
◆ Hôtel aux vastes chambres insonorisées ; celles des étages supérieurs offrent une vue sur la Loire. Le décor du hall-salon-bar s'inspire de la navigation fluviale. Restaurant au cadre marin et collection d'assiettes sur le thème de la batellerie.

D'Arc sans rest
37 r. République – ☎ 02 38 53 10 94 – hotel.darc@wanadoo.fr – Fax 02 38 81 77 47 EY **g**
35 ch – 79/115 € 93/145 €, 10 €
◆ Originale façade (arche inspirée de l'Art nouveau) pour cet hôtel aux chambres rafraîchies, meublées dans le style Louis-Philippe. L'ascenseur, d'époque, est digne d'un musée.

Des Cèdres sans rest
17 r. Mar. Foch – ☎ 02 38 62 22 92 – contact@hoteldescedres.com – Fax 02 38 81 76 46 DY **b**
32 ch – 55/80 € 60/90 €, 8 €
◆ Dans une rue peu passante, hôtel dont les chambres et parties communes ont retrouvé l'éclat du neuf ces dernières années. Salon-véranda ouvert sur un jardin planté de cèdres.

D'Orléans sans rest
6 r. A. Crespin – ☎ 02 38 53 35 34 – hotel.orleans@wanadoo.fr – Fax 02 38 53 68 20 EY **t**
18 ch – 52/65 € 66/76 €, 7 €
◆ Deux bâtiments disposés autour d'une cour et reliés entre eux par la salle des petits-déjeuners. Les chambres, sobres et pratiques, sont régulièrement entretenues.

Marguerite sans rest
14 pl. Vieux Marché – ☎ 02 38 53 74 32 – hotel.marguerite@wanadoo.fr – Fax 02 38 53 31 56 DZ **f**
25 ch – 45 € 50 €, 6 €
◆ Entrée rénovée, couloirs refaits, insonorisation renforcée, literie neuve et chambres relookées (à choisir en priorité) : cet hôtel améliore progressivement son confort.

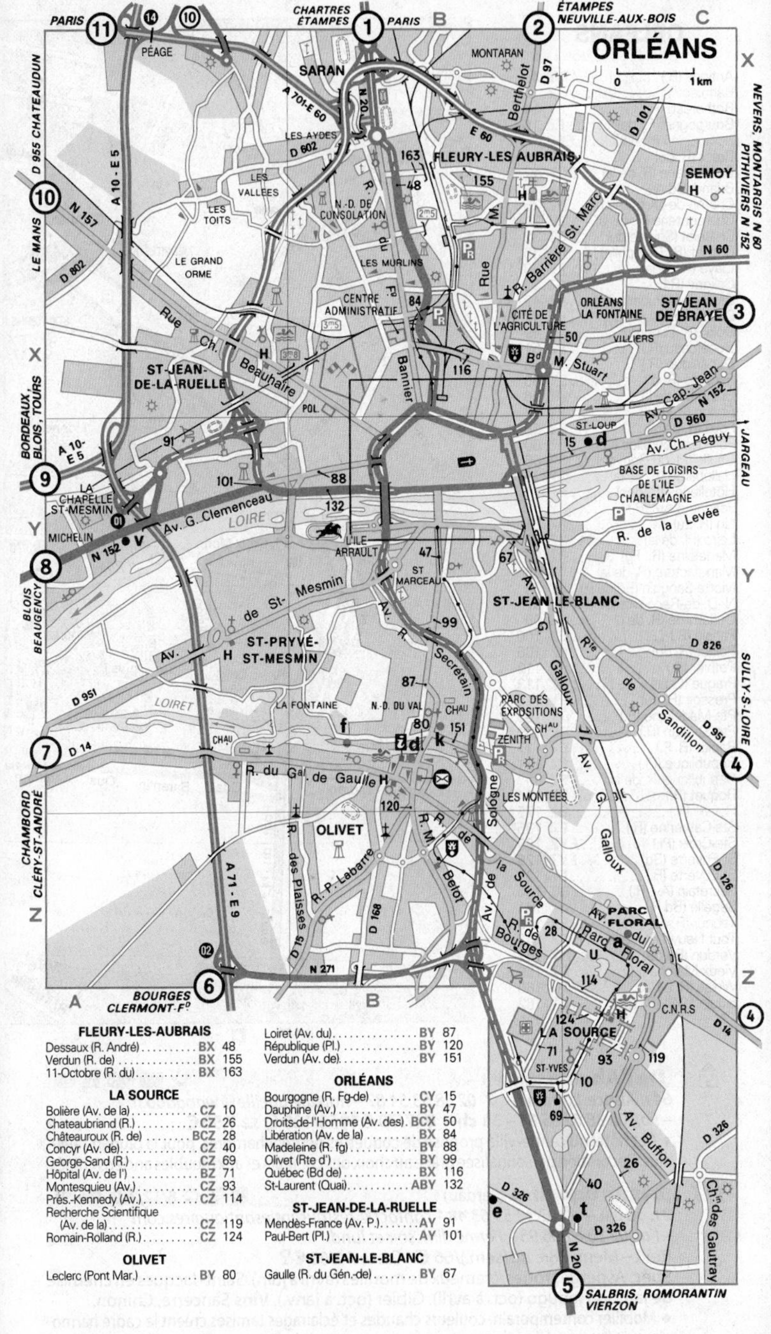

FLEURY-LES-AUBRAIS

Dessaux (R. André) .... BX 48
Verdun (R. de) .... BX 155
11-Octobre (R. du) .... BX 163

LA SOURCE

Bolière (Av. de la) .... CZ 10
Chateaubriand (R.) .... CZ 26
Châteauroux (R. de) .... BCZ 28
Concyr (Av. de) .... CZ 40
George-Sand (R.) .... CZ 69
Hôpital (Av. de l') .... BZ 71
Montesquieu (Av.) .... CZ 93
Prés.-Kennedy (Av.) .... CZ 114
Recherche Scientifique (Av. de la) .... CZ 119
Romain-Rolland (R.) .... CZ 124

OLIVET

Leclerc (Pont Mar.) .... BY 80
Loiret (Av. du) .... BY 87
République (Pl.) .... BY 120
Verdun (Av. de) .... BY 151

ORLÉANS

Bourgogne (R. Fg-de) .... CY 15
Dauphine (Av.) .... BY 47
Droits-de-l'Homme (Av. des) .... BCX 50
Libération (Av. de la) .... BX 84
Madeleine (R. fg) .... BY 88
Olivet (Rte d') .... BY 99
Québec (Bd de) .... BX 116
St-Laurent (Quai) .... ABY 132

ST-JEAN-DE-LA-RUELLE

Mendès-France (Av. P.) .... AY 91
Paul-Bert (Pl.) .... AY 101

ST-JEAN-LE-BLANC

Gaulle (R. du Gén.-de) .... BY 67

ORLÉANS

Antigna (R.) . . . . DY 4
Bannier (R.) . . . . DY
Bothereau (R. R.). . . . . FY 14
Bourgogne (Fg de) . . . . . . FZ 15
Bourgogne (R. de). . . . . . EFZ
Brésil (R. du) . . . . FY 16
Bretonnerie (R. de la) . . . DEY 17
Briand (Bd A.) . . . . FY 19
Champ-de-Mars (Av.) . . . . DZ 25
Charpenterie (R. de la) . . . EZ 34
Châtelet (Square du) . . . . . EZ 32
Chollet (R. Théophile) . . . . EY 36
Claye (R. de la). . . . . FY 38
Coligny (R.). . . . . FZ 39
Croix-de-la-Pucelle (R.) . . . EZ 43
Dauphine (Av.). . . . . EZ 47
Dolet (R. Étienne) . . . . EZ 49
Ducerceau (R.). . . . . EZ 51
Dupanloup (R.) . . . . EFY 53
Escures (R. d'). . . . . EY 55
Étape (Pl. de l') . . . . EY 56
Ételon (R. de l') . . . . FY 57
Folie (R. de la) . . . . FZ 58
Fort-des-Tourelles (Q.). . . . EZ 60
Gaulle (Pl. du Gén.-de) . . . DZ 65
Hallebarde (R. de la). . . . . DY 70
Hôtelleries (R. des) . . . . . . EZ 71
Jeanne d'Arc (R.) . . . . EY
Lin (R. au). . . . . EZ 81
Loire (Pl. de la). . . . . EZ 85
Madeleine (R. Fg) . . . . DZ 88
Manufacture (R. de la) . . . FY 89
Motte-Sanguin (Bd de la) . FZ 95
N.-D.-de-Recouvrance (R.) DZ 97
Oriflamme (R. de l'). . . . . . FZ 98
Parisie (R.) . . . . EZ 100
Poirier (R. du). . . . . EZ 106
Pothier (R.). . . . . EZ 112
Prague (Quai) . . . . DZ 113
Pressoir (R. du) . . . . FY 115
Pte-Madeleine (R.) . . . . . . DY 108
Pte-St-Jean (R.). . . . . DY 109
Rabier (R. F.) . . . . EY 117
République (Pl.) . . . . EZ 121
République (R. de la). . . . . EY
Roquet (R.) . . . . EZ 124
Royale (R.) . . . . EZ 125
Ste-Catherine (R.) . . . . EZ 135
Ste-Croix (Pl.) . . . . EYZ 139
St-Euverte (Bd) . . . . FYZ 126
St-Euverte (R.) . . . . FY 127
Secrétain (Av. R.) . . . . DZ 140
Segellé (Bd P.). . . . . FY 141
Tabour (R. du) . . . . EZ 145
Tour Neuve (R. de la). . . . . FZ 147
Verdun (Bd de) . . . . DY 152
Vieux-Marché (Pl.). . . . . . . DZ 159
Weiss (R. L.) . . . . FY 160
6-Juin 1944 (Pl. du) . . . . . . FY 162

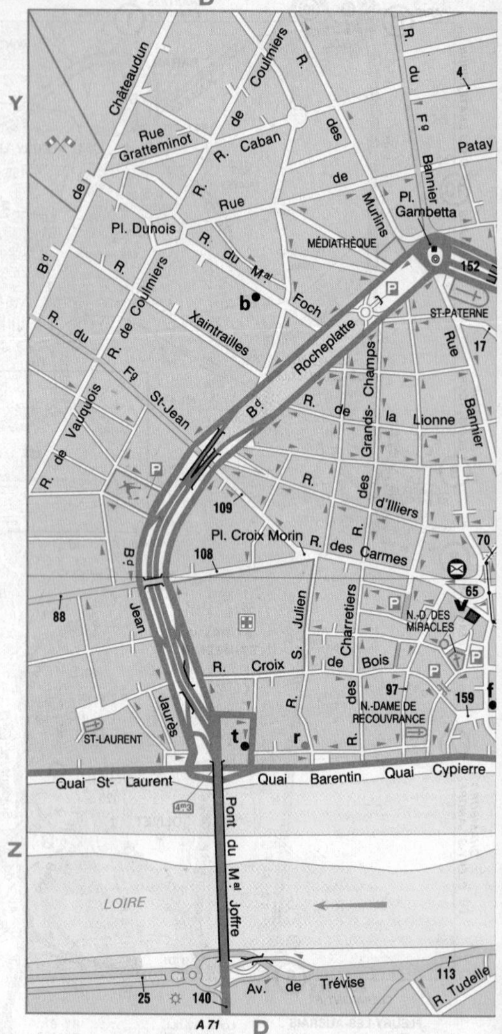

De l'Abeille sans rest
64 r. Alsace-Lorraine – ✆ 02 38 53 54 87 – hoteldelabeille@wanadoo.fr – Fax 02 38 62 65 84 – **31 ch** – 47/79 € 58/100 €, ☕ 7,50 € EY **k**
◆ Cet hôtel du centre-ville propose de coquettes petites chambres, pour la plupart rajeunies. Décoration personnalisée grâce au choix des couleurs et aux meubles anciens chinés.

Les Antiquaires (Bardau) 8/12, VISA
2 r. au Lin – ✆ 02 38 53 63 48 – contact@restaurantlesantiquaires.com – Fax 02 38 62 06 95 – Fermé dim. soir et lundi EZ **d**
Rest – Menu 38 € bc (sem.)/66 € – Carte 44/69 €
Spéc. Asperges rôties, crémeux de morilles (avril à juin). Saint-Jacques en chemise de jambon jabugo (oct. à avril). Gibier (oct. à janv.). **Vins** Sancerre, Chinon.
◆ Mobilier contemporain, couleurs chaudes et éclairages tamisés créent le cadre harmonieux et l'atmosphère cossue de ce restaurant situé dans une ruelle proche des quais.

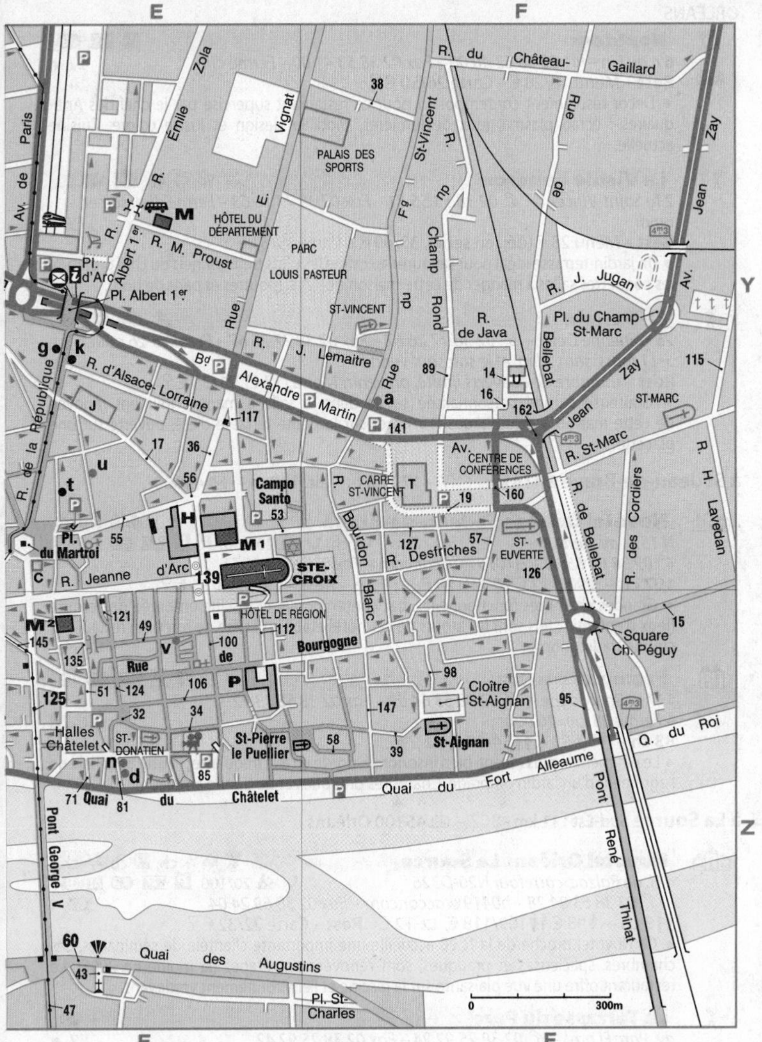

XX **L'Épicurien**

54 r. Turcies – ✆ 02 38 68 01 10 – Fax 02 38 68 19 02 – Fermé 15 août-10 sept., 25 déc.-1er janv., sam. midi du 1er juin au 15 sept., dim. et lundi DZ **r**

Rest – Menu 25 € (sem.)/58 € – Carte 41/70 €

◆ Les épicuriens se retrouvent dans cette maison ancienne où tons jaunes, poutres apparentes et dessins à thème fruitier égaient les salles à manger rustiques. Cuisine actuelle.

XX **Eugène** 6/20, VISA

24 r. Ste-Anne – ✆ 02 38 53 82 64 – Fax 02 38 54 31 89 – Fermé 29 avril-9 mai, 29 juil.-19 août, 23 déc.-7 janv., sam. midi, lundi midi et dim.

Rest – Menu 23/54 € bc – Carte 39/60 € EY **u**

◆ Cette petite adresse est bien connue des Orléanais qui s'y pressent pour déguster une belle cuisine aux saveurs méridionales dans un cadre aussi plaisant que chaleureux.

XX **Nextdoor**

6 r. au Lin – ✆ 02 38 62 40 00 – Fax 02 38 53 41 00 – Fermé dim. EZ **n**

Rest – Menu 18/28 € – Carte 26/50 € ♀

◆ Décor résolument contemporain pour ce restaurant supervisé par le chef des Antiquaires : écran plasma, jeux de lumières, mobilier design et lustre coloré. Cuisine actuelle.

XX **La Vieille Auberge** 40,

2 fg Saint-Vincent – ✆ 02 38 53 55 81 – Fax 02 38 77 16 63 – Fermé dim. soir et lundi FY **a**

Rest – Menu 25 € (déj. en sem.), 35/49 € – Carte 35/61 € ♀

◆ Un jardin-terrasse idéal pour savourer au calme les plats traditionnels du chef prolonge les coquettes salles à manger de cette maison du 17e s. (poutres et pans de bois).

X **La Dariole**

25 r. Etienne Dolet – ✆ 02 38 77 26 67 – Fax 02 38 77 26 67 – Fermé 6-26 août, 5-11 mars, sam., dim. et le soir sauf vend. EZ **v**

Rest – *(nombre de couverts limité, prévenir)* Menu (17 €), 21/33 € ♀

◆ Goûteuse cuisine personnalisée servie dans la salle à manger joliment rénovée de cette maison à colombages (15e s.) et sur la petite terrasse d'été, ouverte sur une placette.

à St-Jean-de-Braye Est : 4 km - CXY – 17 758 h. – alt. 108 m – ✉ 45800

Novotel Orléans St-Jean-de-Braye ch, ch, 20/100,

N 152 - av. Verdun –

✆ 02 38 84 65 65 – H1075@accor.com – Fax 02 38 84 66 61

107 ch – 🛉90/112 € 🛉🛉90/128 €, ☕ 12 € – **Rest** – Carte 18/33 € ♀

◆ Grandes chambres fonctionnelles, bar contemporain et piscine entourée de verdure (jeux d'enfants) : tels sont les atouts de cet hôtel établi en lisière de forêt. Au restaurant, cuisine traditionnelle.

Promotel sans rest

117 fg Bourgogne – ✆ 02 38 53 64 09 – Fax 02 38 53 13 22 – Fermé 28 juil.-26 août CY **d**

83 ch – 🛉50/58 € 🛉🛉54/68 €, ☕ 7 €

◆ Le bâtiment le plus récent, bien insonorisé, borde un axe fréquenté ; l'autre bénéficie de l'agrément d'un jardin ombragé. Chambres pratiques et de bonne ampleur.

à La Source Sud-Est : 11 km - BCZ – ✉ 45100 Orléans

Novotel Orléans La Source ch, ch, ch, 20/100,

r. H. de Balzac, carrefour N20-D326 – ✆ 02 38 63 04 28 – h0419@accor.com – Fax 02 38 69 24 04 CZ **t**

119 ch – 🛉98 € 🛉🛉109/118 €, ☕ 12 € – **Rest** – Carte 22/32 € ♀

◆ Ce Novotel proche de la N 20 accueille une importante clientèle de séminaires. Les chambres, spacieuses et pratiques, sont rénovées par étapes (la moitié en 2006). Le restaurant offre une vue plaisante sur la piscine et l'environnement verdoyant.

X **La Terrasse du Parc**

av. Parc FLoral – ✆ 02 38 25 92 24 – Fax 02 38 25 92 42 CZ **a**

Rest – Menu 18/26 € ♀

◆ Grâce à sa terrasse et aux grandes baies vitrées de sa salle à manger, ce restaurant bénéficie d'une vue privilégiée sur le parc floral. Délicieuse cuisine au goût du jour.

au parc de Limère Sud-Est : 13 km par N 20 et D 326 – ✉ 45160 Ardon

Domaine des Portes de Sologne cuisinette 20/220,

200 allée 4 vents – ✆ 02 38 49 99 99 – resa@portes-de-sologne.com – Fax 02 38 49 99 00 BZ **e**

114 ch – 🛉102/132 € 🛉🛉114/144 €, ☕ 11 € – 120 suites – 🛉🛉160 € – ½ P 93/108 € – **Rest** – Menu (18 €), 25/42 € – Carte 40/58 € ♀

◆ En pleine campagne, complexe hôtelier proche d'un golf et d'un centre de balnéothérapie. Chambres sobres, charmants cottages (duplex familiaux) et équipements pour séminaires. Restaurant moderne et cossu avec cheminée ; terrasse d'été.

à Olivet Sud : 5 km par av. Loiret et bords du Loiret – 19 195 h. – alt. 100 m – ✉ 45160
Châteaux de la Loire

Office de tourisme, 236 rue Paul Genain ✆ 02 38 63 49 68, Fax 02 38 63 50 45

XXX **Le Rivage** avec ch
635 r. Reine Blanche – ✆ 02 38 66 02 93 – hotel-le-rivage.jpb@wanadoo.fr – Fax 02 38 56 31 11 – Fermé 25 déc.-20 janv. BY **f**
17 ch – 80/90 € 80/95 €, 13 € – ½ P 87/95 € – **Rest** – *(fermé sam. midi et dim. soir de nov. à Pâques)* Menu 28 € (sem.)/58 € – Carte 51/79 €
◆ Belles villas, vieux moulins : profitez pleinement du spectacle bucolique des berges du Loiret depuis cette lumineuse salle à manger-véranda ou de la terrasse à fleur d'eau.

XXX **Laurendière** 80,
68 av. Loiret – ✆ 02 38 51 06 78 – laurendiere@wanadoo.fr – Fax 02 38 56 36 20 – Fermé 2-18 juil., 18-28 fév., lundi soir, mardi soir et merc. BY **k**
Rest – Menu 21/45 € – Carte 36/60 €
◆ Cuisine traditionnelle inspirée et belle carte des vins (nombreux crus de Loire) incitent les gourmets à s'attabler dans la salle à manger colorée de cette maison régionale.

XX **L'Eldorado**
10 r. M. Belot – ✆ 02 38 64 29 74 – eldorado45@wanadoo.fr – Fax 02 38 69 14 33 – Fermé 1er-16 août, vacances de fév., sam. midi, dim. soir, lundi et mardi BY **d**
Rest – Menu 24 € (déj. en sem.), 32/43 € – Carte 44/53 €
◆ La charmante terrasse dressée au bord du Loiret et un joli jardin qui dégringole jusqu'à la rivière sont les deux atouts de cette ex-guinguette. Sobres salles à manger.

à la Chapelle-St-Mesmin Ouest : 4 km - AY – 8 967 h. – alt. 101 m – ✉ 45380

Orléans Parc Hôtel sans rest 40,
55 rte Orléans – ✆ 02 38 43 26 26 – lucmar@aol.com – Fax 02 38 72 00 99 – Fermé 22 déc.-6 janv. AY **v**
33 ch – 59 € 75/130 €, 10 €
◆ Chambres sobres et de bon confort (à choisir côté Loire), salon et salle des petits-déjeuners accueillants. Le beau parc ombragé qui longe le fleuve invite à la flânerie.

ORLY (Aéroports de Paris) – 91 Essonne – 312 D3 – 101 26 – voir à Paris, Environs

ORMOY-LA-RIVIÈRE – 91 Essonne – 312 B5 – rattaché à Étampes

ORNAISONS – 11 Aude – 344 I3 – rattaché à Narbonne

ORNANS – 25 Doubs – 321 G4 – 4 037 h. – alt. 355 m – ✉ 25290
Franche-Comté Jura 16 **B2**

Paris 428 – Baume-les-Dames 42 – Besançon 26 – Morteau 48 – Pontarlier 37

Office de tourisme, 7 rue Pierre Vernier ✆ 03 81 62 21 50, Fax 03 81 62 02 63

Grand Pont ≤★ - O : Vallée de la Loue★★ - Le Château ≤★ N : 2,5 km - Dino-Zoo★ N : 12 km.

De France
r. P. Vernier – ✆ 03 81 62 24 44 – contact@hoteldefrance-ornans.com – Fax 03 81 62 12 03 – Fermé 12-25 nov., 21 déc.-27 janv., vend. soir et dim. soir de nov. à avril
25 ch – 60/65 € 80/85 €, 8 € – 1 suite – ½ P 73/75 € – **Rest** – *(fermé vend. soir, sam. midi, dim. soir de nov. à avril et lundi midi)* Menu 23 € (sem.), 27/43 € – Carte 41/54 €
◆ Hôtel traditionnel au cœur de la "perle de la Loue" (vieilles maisons sur pilotis). Chambres de tailles variées, peu à peu rénovées, et parcours privé de pêche à la mouche. Face à la rivière et son Grand Pont, agréable restaurant au cadre rustico-bourgeois.

Le Jardin de Gustave
28 r. Édouard Bastide – ✆ 03 81 62 21 47 – Fax 03 81 62 21 47
3 ch – 🛉60/78 € 🛉🛉60/78 € – **Rest** – table d'hôte *(dîner seult) (résidents seult)* Menu 25 € bc
◆ Un accueil des plus sympathiques vous attend dans cette maison. Les chambres baptisées Champêtre et Gustavienne ouvrent leurs fenêtres sur le jardin et la Loue. Celle nommée Jungle surprend par son joli décor exotique. Petit-déjeuner personnalisé et cuisine au goût du jour.

Courbet VISA MC AE
34 r. P. Vernier – ✆ 03 81 62 10 15 – restaurantlecourbet@wanadoo.fr – Fax 03 81 62 13 34 – Fermé 18 fév.-15 mars, dim. soir, mardi midi sauf juil.-août et lundi
Rest – Menu 18/38 € – Carte 32/40 € ♀
◆ Tons pastel et copies de tableaux du "maître" en salle, belle terrasse bordant la Loue, cuisine selon le marché : sympathique adresse à deux pas de la maison natale de Courbet.

OROUET – 85 Vendée – 316 E7 – rattaché à St-Jean-de-Monts – ✉ 85160

ORPIERRE – 05 Hautes-Alpes – 334 C7 – 256 h. – alt. 682 m – ✉ 05700
Alpes du Sud 40 **B2**

Paris 689 – Château-Arnoux 47 – Digne-les-Bains 72 – Gap 55 – Serres 20 – Sisteron 33

Office de tourisme, le Village ✆ 04 92 66 30 45, Fax 04 92 66 32 52

aux Bégües Sud-Ouest : 4,5 km – ✉ 05700 Orpierre

Le Céans rest, rest, P P VISA MC AE
rte Princes d'Orange – ✆ 04 92 66 24 22 – le.ceans@gmail.com – Fax 04 92 66 28 29 – Ouvert 15 mars-1er nov.
21 ch – 🛉41/47 € 🛉🛉51/57 €, 7 €, 4 chalets – ½ P 51/55 € – **Rest** – *(fermé merc. sauf du 16 avril au 30 sept.)* Menu 16/35 € – Carte 22/31 € ♀
◆ Au sein d'un hameau du massif des Baronnies, petites chambres rénovées et pavillons familiaux dispersés dans un parc agreste descendant jusqu'à la rivière. À table, ambiance "pension de famille" et cuisine ménagère d'orientation régionale. Terrasse côté rue.

ORSCHWILLER – 67 Bas-Rhin – 315 I7 – 535 h. – alt. 240 m – ✉ 67600 2 **C1**

Paris 441 – Colmar 22 – St-Dié 44 – Sélestat 7 – Strasbourg 61

Le Fief du Château ch, rest, 15, P VISA MC AE
– ✆ 03 88 82 56 25 – fiefduchateau@evc.net – Fax 03 88 82 26 24 – Fermé 3-9 mars, 25 juin-1er juil., 4-11 nov. et merc.
8 ch – 🛉40 € 🛉🛉45 €, 7 € – ½ P 45 € – **Rest** – Menu 18/32 € – Carte 31/41 € ♀
◆ Jolie façade fleurie pour cette maison régionale (fin 19e s.) d'un village typique de la route des Vins d'Alsace. Chambres simples et rafraîchies. Restaurant d'esprit rustique, accueil sympathique et cuisine alsacienne.

ORTHEZ – 64 Pyrénées-Atlantiques – 342 H4 – 10 121 h. – alt. 55 m – ✉ 64300
Aquitaine 3 **B3**

Paris 765 – Bayonne 74 – Dax 39 – Mont-de-Marsan 57 – Pau 47

Office de tourisme, rue Bourg-Vieux ✆ 05 59 69 37 50

de Salies-de-Béarn à Salies-de-Béarn Quartier Hélios, par rte de Bayonne : 17 km, ✆ 05 59 38 37 59.

Pont Vieux★.

Au Temps de la Reine Jeanne ch, ch, 20, VISA MC AE
44 r. Bourg-Vieux – ✆ 05 59 67 00 76 – reine.jeanne.orthez@wanadoo.fr – Fax 05 59 69 09 63
30 ch – 🛉55/75 € 🛉🛉60/95 €, 8 € – ½ P 84/104 € – **Rest** – *(fermé dim. soir du 1er oct. au 4 avril)* Menu 13 € (déj. en sem.)/33 € – Carte 31/58 € ♀
◆ Demeures des 18e et 19e s. abritant de petites chambres disposées autour d'un patio couvert ; d'autres, modernes, plus amples et confortables occupent le bâtiment voisin. Plaisant restaurant rustique. Recettes traditionnelles ; "dîners jazz" en saison.

ORVAULT – 44 Loire-Atlantique – 316 G4 – rattaché à Nantes

OSNY – 95 Val-d'Oise – 305 D6 – 106 5 – 101 2 – voir à Paris, Environs (Cergy-Pontoise)

OSTHOUSE – 67 Bas-Rhin – 315 J6 – 946 h. – alt. 155 m – ✉ 67150 1 B2

Paris 502 – Obernai 17 – Offenburg 35 – Sélestat 23 – Strasbourg 32

A La Ferme sans rest

10 r. Château – ✆ 03 90 29 92 50 – hotelalaferme@wanadoo.fr – Fax 03 90 29 92 51

7 ch – 83/86 € 86/130 €, ☕ 14 €

◆ Calme garanti dans les pimpantes et spacieuses chambres aux décors personnalisés, réparties entre une ferme du 18e s. et les anciennes étables. Service attentionné en sus.

XX **A l'Aigle d'Or**

– ✆ 03 88 98 06 82 – hotelalaferme@wanadoo.fr – Fax 03 88 98 81 75 – Fermé 1er-18 août, vacances de Noël, vacances de Février, lundi et mardi

Rest – Menu 33 € (sem.)/35 € – Carte 40/66 €

Rest *Winstub* – Menu (9,50 €) – Carte 21/38 €

◆ Toute une famille se met en quatre pour vous accueillir dans ce restaurant bourgeois, élégant et chaleureux (boiseries, beau plafond à caissons peints) ; table classique. Ambiance détendue et décor assez cossu à la Winstub où l'on propose des plats alsaciens.

OSTWALD – 67 Bas-Rhin – 315 K5 – rattaché à Strasbourg

OTTROTT – 67 Bas-Rhin – 315 I6 – rattaché à Obernai

OUCHAMPS – 41 Loir-et-Cher – 318 E7 – 803 h. – alt. 92 m – ✉ 41120 11 A1

Paris 199 – Blois 18 – Montrichard 19 – Romorantin-Lanthenay 40 – Tours 57

Château de Fougères-sur-Bièvre★ NO : 5 km, Châteaux de la Loire.

Relais des Landes rest, 25,

Nord : 1,5 km – ✆ 02 54 44 40 40 – info@relaisdeslandes.com – Fax 02 54 44 03 89 – Ouvert 1er mars-25 nov.

28 ch – 98/118 € 98/145 €, ☕ 14 € – ½ P 104/125 € – **Rest** – *(fermé le midi sauf sam., dim. et fériés)* Menu 38/45 € – Carte 40/55 €

◆ Belle gentilhommière du 17e s. entourée d'un vaste parc (plan d'eau). Chambres personnalisées en partie refaites ; charpente apparente dans certaines. Bar "cosy". Belle salle à manger rustique avec cheminée et égayée d'une fresque ; véranda tournée sur le jardin.

OUCQUES – 41 Loir-et-Cher – 318 E5 – 1 313 h. – alt. 127 m – ✉ 41290 11 B2

Paris 160 – Beaugency 30 – Blois 27 – Châteaudun 30 – Orléans 62 – Vendôme 21

Syndicat d'initiative, Mairie ✆ 02 54 23 11 00, Fax 02 54 23 11 04

XX **Du Commerce** avec ch rest,

9 r. de Beaugency – ✆ 02 54 23 20 41 – hotelrestaurantcommerce@wanadoo.fr – Fax 02 54 23 02 88 – Fermé 20 déc.-5 janv., 5-13 mars, dim. soir et lundi sauf juil.-août

11 ch – 58 € 64 €, ☕ 9 € – ½ P 61 € – **Rest** – *(prévenir le week-end)* Menu 20/60 € – Carte 45/65 €

◆ Accueil attentionné dans cette salle à manger tendance "seventies" où l'on déguste une cuisine au goût du jour bien tournée. Chambres très colorées et bien tenues.

OUESSANT (ÎLE D') – 29 Finistère – 308 A4 – voir à Île d' Ouessant

OUHANS – 25 Doubs – 321 H5 – 334 h. – alt. 600 m – ✉ 25520 17 C2

Paris 450 – Besançon 48 – Pontarlier 18 – Salins-les-Bains 40

Source de la Loue★★★ N : 2,5 km puis 30 mn - Belvédère du Moine de la Vallée ✻★★ NO : 5 km - Belvédère de Renédale ≤★ NO : 4 km puis 15 mn, Jura.

Les Sources de la Loue VISA AE

au village – ☎ 03 81 69 90 06 – hotel-des-sources-loue@wanadoo.fr – Fax 03 81 69 93 17 – Fermé mars (sauf rest.), 20-30 sept., 20 déc.-1er fév., sam. midi et dim. soir hors saison

15 ch – 46 € 54 €, 7,50 € – ½ P 50 € – **Rest** – Menu 12/30 €

◆ Dans le centre du village, grande bâtisse carrée abritant des chambres plutôt grandes, meublées simplement, bien tenues et bénéficiant d'un double vitrage. Au restaurant, décor campagnard, terrasse d'été et cuisine franc-comtoise.

OUILLY-DU-HOULEY – 14 Calvados – 303 N4 – rattaché à Lisieux

OUISTREHAM – 14 Calvados – 303 K4 – 8 679 h. – Casino : Riva Bella – ✉ 14150

Normandie Cotentin 32 B2

Paris 234 – Arromanches-les-Bains 33 – Bayeux 44 – Cabourg 20 – Caen 16

Office de tourisme, place Alfred Thomas ☎ 02 31 97 18 63, Fax 02 31 96 87 33

Église St-Samson★.

Du Phare VISA

10 pl. Gén. de Gaulle – ☎ 02 31 97 13 13 – hotelduphare@wanadoo.fr – Fax 02 31 97 14 57 – Fermé 24 déc.-3 janv.

19 ch – 51/60 € 51/60 €, 6,50 € – **Rest** – *(fermé le soir d'oct. à Paques et le merc. de mi-sept. à fin mai)* Menu (11 €), 21 € – Carte 9,50/24 €

◆ Situation stratégique près des écluses et face au terminal du ferry pour cette adresse proposant à prix modique des chambres toutes identiques, rénovées dans un style actuel. Restauration simple de type brasserie servie dans une véranda qui devient terrasse en été.

Le Normandie avec ch VISA AE

71 av. M. Cabieu, au port d'Ouistreham – ☎ 02 31 97 19 57 – hotel@lenormandie.com – Fax 02 31 97 20 07 – Fermé 23 déc.-20 janv., dim. soir et lundi de nov. à fév.

22 ch – 63/70 € 63/70 €, 10 € – ½ P 68 € – **Rest** – Menu 21 € (sem.)/73 € bc – Carte 41/63 €

◆ Restaurant installé dans une maison régionale proche du port. Choisissez votre table dans la salle à manger colorée et lumineuse ou dans l'élégante véranda.

à Riva-Bella – ✉ 14150 Ouistreham

Riva Bella rest, VISA AE

av. Cdt Kieffer – ☎ 02 31 96 40 40 – ouistreham@thalazur.fr – Fax 02 31 96 45 45 – Fermé 17-25 déc.

89 ch – 105 € 140/160 €, 12 € – ½ P 84/109 € – **Rest** – Menu (16 € bc), 29 € – Carte 32/56 €

◆ En bord de plage et face à la mer, vaste complexe hôtelier abritant également un centre de thalassothérapie. Chambres spacieuses et sobres, certaines avec vue sur les flots. Piscine gratuite après 17h. L'offre du restaurant panoramique comporte des forfaits buffets et des menus curistes ou "allégés".

Mercure ch, ch, 15/100, VISA AE

37 rue des Dunes – ☎ 02 31 96 20 20 – h1967@accor.com – Fax 02 31 97 10 10

49 ch – 70/75 € 80/85 €, 10 € – ½ P 57/62 € – **Rest** – Menu (11 €), 15/21 € – Carte 21/39 €

◆ Le décor des chambres de ce bâtiment moderne situé à quelque pas du port s'inspire des cabines de croisière. Au restaurant, murs colorés agrémentés de photos de bateaux et cuisine traditionnelle.

De la Plage sans rest P VISA AE
39 av. Pasteur – ✆ 02 31 96 85 16 – info-hoteldelaplage@wanadoo.fr – Fax 02 31 97 37 46 – Ouvert 1er mars-15 nov.
16 ch – 57/69 € 59/69 €, 8,50 €
◆ Villa anglo-normande fin 19e s. dans une rue calme proche de la plage. Chambres coquettes (quelques-unes plus spacieuses et familiales). Salon refait et joli jardin.

à Hermanville-sur-Mer 5 km à l'Ouest par D35A et D 35 – 2 661 h. – alt. 13 m – ✉ 14880

Syndicat d'initiative, place du Cuirassé Courbet ✆ 02 31 97 20 15

Le Canada sans rest P VISA AE
183 r. Amiral Wietzel – ✆ 02 31 97 23 48 – contact@hotellecanada.com – Fax 02 31 08 00 19 – Fermé janv.
18 ch – 35/75 € 35/75 €, 7,50 €
◆ Derrière la façade à colombages, vous trouverez des chambres au confort simple, rénovées dans des tons vifs et bien tenues. Préférez celles situées sur l'arrière, sachant qu'aucune n'offre de vue sur la mer.

LES OURSINIÈRES – 83 Var – 340 L7 – rattaché au Pradet

OUZOUER-SUR-LOIRE – 45 Loiret – 318 L5 – 2 524 h. – alt. 140 m – ✉ 45570 12 **C2**

Paris 151 – Gien 16 – Montargis 45 – Orléans 54 – Pithiviers 55 – Sully-sur-Loire 9

L'Abricotier VISA
106 r. Gien – ✆ 02 38 35 07 11 – Fax 02 38 35 07 11 – Fermé 23 juil.-13 août, dim. soir, merc. soir et lundi
Rest – *(nombre de couverts limité, prévenir)* Menu (16 €), 22/36 € – Carte 45/49 €
◆ Accueil courtois, atmosphère provinciale feutrée et goûteuse cuisine traditionnelle inspirée par le marché sont les atouts de cette auberge située au centre du village.

OYONNAX – 01 Ain – 328 G3 – 24 162 h. – alt. 540 m – ✉ 01100 45 **C1**
Franche-Comté Jura

Paris 484 – Bourg-en-Bresse 60 – Nantua 19

Syndicat d'initiative, 1 rue Bichat ✆ 04 74 77 94 46, Fax 04 74 77 68 27

La Toque Blanche 15, VISA AE
11 pl. Émile Zola – ✆ 04 74 73 42 63 – la.toqueblanche@club-internet.fr – Fax 04 74 73 76 48 – Fermé 1er-21 août, 2-10 janv., sam. midi, dim. soir et lundi
Rest – Menu 19 € (déj. en sem.), 23 € bc/60 € – Carte 43/62 €
◆ Salle de restaurant au décor soigné, égayé de chaudes tonalités. Confluences géographiques obligent, la table marie la Bresse, le Jura et le Lyonnais.

au Lac Genin Sud-Est : 10 km par D 13 – ✉ 01130 Charix

Site★ du lac.

Auberge du Lac Genin avec ch ch, P VISA AE
– ✆ 04 74 75 52 50 – lacgenin@wanadoo.fr – Fax 04 74 75 51 15 – Fermé 15 oct.-30 nov., dim. soir et lundi
3 ch – 45 € 55 €, 5 € – **Rest** – Menu 11,50/19 € – Carte 18/33 €
◆ Cette auberge située au bord du lac est fréquentée par les "accros" de nature et de calme. Grillades au feu de bois cuites sous vos yeux. Terrasse prisée. Chambres modestes.

OZOIR-LA-FERRIÈRE – 77 Seine-et-Marne – 312 F3 – 106 33 – 101 30 – voir à Paris, Environs

PACY-SUR-EURE – 27 Eure – 304 I7 – 4 751 h. – alt. 40 m – ✉ 27120

Normandie Vallée de la Seine 33 **D2**

Paris 81 – Dreux 38 – Évreux 20 – Louviers 33 – Mantes-la-Jolie 28 – Rouen 62 – Vernon 14

Office de tourisme, place Dufay ✆ 02 32 26 18 21, Fax 02 32 36 96 67

Altina

& ch, 25, P VISA MC AE

rte Paris – ✆ 02 32 36 13 18 – altinasa@aol.com – Fax 02 32 26 05 11

29 ch – 55/63 € 55/63 €, 8 € – ½ P 55 € – **Rest** – Menu (11 €), 13 € (déj. en sem.), 17/38 € – Carte 23/55 €

◆ Construit dans une zone commerciale, cet établissement propose de grandes chambres sobrement actuelles. Bar-salon fleuri et orné de cactus. Menus simples à prix doux et accueil charmant vous attendent au restaurant, récemment revu.

L' Etape de la Valllée

ch, ch, P VISA MC AE

1 rue Edouard Isambard – ✆ 02 32 36 12 77 – etapedelavallee@wanadoo.fr – Fax 02 32 36 22 74 – Fermé mars

15 ch – 50/65 € 60/79 €, 10 € – ½ P 61/72 € – **Rest** – *(fermé oct., dim. soir et lundi)* Menu 19 € (déj. en sem.), 27/46 € – Carte 29/65 €

◆ Grande villa bourgeoise à fière allure bâtie au bord de la rivière. Deux types de chambres : douillettes et personnalisées à l'avant ; plus fonctionnelles et toutes identiques à l'arrière. Table traditionnelle au cadre chaleureux ; vue sur l'Eure par les baies vitrées.

à Cocherel Nord-Ouest : 6,5 km par D 836 – ✉ 27120 Houlbec-Cocherel

La Ferme de Cocherel avec ch

P VISA MC AE

8 r. Aristide Briand – ✆ 02 32 36 68 27 – info@lafermedecocherel.fr – Fax 02 32 26 28 18 – Fermé 3-20 sept., 2-24 janv., lundi soir, mardi et merc.

3 ch – 115 € 115 €, 12 € – ½ P 109/121 € – **Rest** – *(nombre de couverts limité, prévenir)* Menu 39 € – Carte 70/115 €

◆ Profitez de l'intimité de l'âtre ou de la plaisante salle en rotonde de cette maison de pays au jardin fleuri. Carte classique de saison, beau choix de fromages. Non-fumeurs.

PADIRAC – 46 Lot – 337 G2 – 168 h. – alt. 360 m – ✉ 46500 29 **C1**

Paris 531 – Brive-la-Gaillarde 50 – Cahors 68 – Figeac 41 – Gramat 10 – St-Céré 17

Syndicat d'initiative, place de l'Église ✆ 05 65 33 47 17, Fax 05 65 33 47 17

Gouffre de Padirac★★ N : 2,5 km, Périgord Quercy.

Padirac Hôtel

P VISA MC AE

au Gouffre de Padirac – ✆ 05 65 33 64 23 – padirac-hotel@wanadoo.fr – Fax 05 65 33 72 03 – Ouvert 1er avril-4 nov.

22 ch – 24 € 45 €, 7 € – ½ P 34/45 € – **Rest** – Menu 11,50/38 € – Carte 12/42 €

◆ Idéalement placé sur le site même du célèbre gouffre, hôtel aux chambres sans luxe mais bien tenues. Accueil d'une simplicité familiale. Sobre salle à manger et terrasse arborée, cuisine traditionnelle et service snack ; glacier en été.

Auberge de Mathieu

P VISA MC

rte gouffre, à 2 km – ✆ 05 65 33 64 68 – cathy.pinquie@wanadoo.fr – Fax 05 65 33 64 68 – Ouvert 2 avril-14 nov.

6 ch – 46 € 46/58 €, 6,50 € – ½ P 50 € – **Rest** – Menu (15 €), 18/36 € – Carte 24/52 €

◆ À quelques centaines de mètres de l'entrée du gouffre, une auberge qui "ne se met pas Martel en tête" : service sans manières et chambres simples parfaitement tenues. Salle à manger couleur pastel et terrasse ombragée ; restauration rapide et repas régionaux.

Passée en rouge, la mention « Rest » repère l'établissement auquel est attribué notre distinction, (étoile) ou (Bib Gourmand).

PAILHEROLS – 15 Cantal – **330** E5 – **153 h.** – **alt. 1 000 m** – ✉ **15800** 5 **B3**

Paris 558 – Aurillac 32 – Entraygues-sur-Truyère 45 – Murat 39 – Vic-sur-Cère 14

Auberge des Montagnes ch,
– ✆ 04 71 47 57 01 – aubdesmont@aol.com – Fax 04 71 49 63 83 – Fermé 18-30 mars et 12 nov.-20 déc.

23 ch – 48/65 € 48/65 €, 7 € – ½ P 46/55 € – **Rest** – (fermé 10 oct.-20 déc. et mardi) Menu 15 € (sem.)/34 € – Carte 25/31 €

◆ De nombreux loisirs (hammam, mur d'escalade, etc.) ponctueront vos journées dans cette coquette ferme restaurée. Jolies chambres "tout bois", plus spacieuses à l'annexe. Chaleureuses salles à manger dont une en véranda ; cuisine du terroir copieuse et soignée.

PAIMPOL – 22 Côtes-d'Armor – **309** D2 – **7 932 h.** – **alt. 15 m** – ✉ **22500** 10 **C1**
Bretagne

Paris 494 – Guingamp 29 – Lannion 33 – St-Brieuc 46

Office de tourisme, place de la république ✆ 02 96 20 83 16

Abbaye de Beauport★ 2 km par D 786 - Tour de Kerroc'h ★ 3 km par D 789 puis 15 mn.

Pointe de Minard★★ 11 km par D 786.

K'Loys sans rest
21 quai Morand – ✆ 02 96 20 40 01 – k-loys.com – Fax 02 96 20 72 68

17 ch – 85 € 180 €, 8 €

◆ Ancienne demeure d'armateur tournée vers le port. Communs dotés de meubles de style ou bretons, salon "cosy", chambres au décor classique et petit-déjeuner sous véranda.

Goëlo sans rest
quai Duguay-Trouin – ✆ 02 96 20 82 74 – contact@legoelo.com – Fax 02 96 20 58 93 – Fermé 19 nov.-2 déc. et 4-10 fév.

32 ch – 45/50 € 51/75 €, 6,50 €

◆ Bâtiment récent ancré sur les quais du port de plaisance. Presque toutes les chambres, petites mais confortables, profitent d'une rénovation (tons chauds, mobilier neuf).

De la Marne avec ch rest, ch,
30 r. Marne – ✆ 02 96 20 82 16 – hotel.marne22.restaurant@wanadoo.fr – Fax 02 96 20 92 07 – Fermé 15-29 oct., 18 fév.-3 mars, dim. soir et lundi

10 ch – 58 € 58/78 €, 8,50 € – ½ P 68 € – **Rest** – Menu 26/75 € bc

◆ Pas loin de la gare, maison en pierres vous réservant un accueil avenant. Salle aux tons ensoleillés, cuisine actuelle non dénuée de personnalité et chambres néo-rustiques.

La Vieille Tour
13 r. Église – ✆ 02 96 20 83 18 – Fax 02 96 20 90 41 – Fermé 20-30 juin, lundi en juil.-août, dim. soir et merc. de sept. à juin

Rest – Menu 27/67 € – Carte 39/62 €

◆ Accueillante auberge rustique (16e s.) installée au cœur de la vieille ville. Salles à manger superposées, mise de table personnalisée et cuisine traditionnelle de saison.

La Cotriade
16 quai Armand Dayot – ✆ 02 96 20 81 08 – henricuisine@aol.com – Fax 02 96 55 02 51 – Fermé 29 juin-13 juil., 24 août-2 sept., 28 oct.-7 nov., 23-30 déc., 15 fév.-3 mars, vend. soir, sam. midi, lundi et le midi du 13 juil. au 24 août

Rest – Menu 22 € (sem.)/50 € – Carte 40/60 €

◆ Lumineuse salle à manger agrémentée de marines, terrasse dressée à même le port, accueil charmant et goûteuse cuisine de la mer mitonnée en fonction des arrivages.

à la Pointe de l'Arcouest Nord : 6 km – ✉ **22620 Ploubazlanec**

★★.

Le Barbu Île de Bréhat, ch,
– ✆ 02 96 55 86 98 – hotel.lebarbu@wanadoo.fr – Fax 02 96 55 73 87 – Fermé 7 janv.-3 fév.

21 ch – 60/110 € 60/110 €, 12 € – ½ P 106 € – **Rest** – Menu 29/115 € – Carte 32/82 €

◆ Cette imposante maison jouxte l'embarcadère pour "l'île des fleurs et des corsaires". Chambres tournées vers la mer ou en rez-de-jardin. Coquillages et crustacés à déguster en admirant la vue magnifique sur la baie et Bréhat.

près du pont de Lézardrieux Ouest : 5 km par D 786 – ✉ 22500 Paimpol

Le Relais Brenner ch,
r. St-Julien – ✆ 02 96 22 29 95 – direction-relaisbrenner@wanadoo.fr – Fax 02 96 22 22 72
16 ch – 65 € 80/99 €, 9 € – 2 suites – **Rest** – *(ouvert avril-sept. et fermé mardi midi, dim. soir et lundi)* Menu 35/55 € – Carte 32/52 €
◆ Les chambres du Relais sont spacieuses et décorées avec soin ; certaines bénéficient de la vue sur l'estuaire du Trieux. Vous profiterez aussi d'un parc arboré et fleuri. Repas traditionnel dans une salle panoramique claire et confortable.

PAIMPONT – 35 Ille-et-Vilaine – 309 I6 – 1 395 h. – alt. 159 m – ✉ 35380
Bretagne 10 **C2**

Paris 393 – Bruz 37 – Cesson-Sévigné 54 – Rennes 42
Syndicat d'initiative, 5 esplanade de Brocéliande ✆ 02 99 07 84 23, Fax 02 99 07 84 27

La Corne de Cerf sans rest
Le Cannée, 2 km au Sud – ✆ 02 99 07 84 19 – Fax 02 99 07 84 19 – Fermé janv.
3 ch – 47 € 55 €
◆ La forêt de Brocéliande se trouve à deux pas de cette longère décorée dans l'esprit "maison d'artistes". Chambres printanières dotées d'une très bonne literie. Ravissant jardin.

Rouge = agréable. Repérez les symboles et passés en rouge.

PAIRIS – 68 Haut-Rhin – 315 G8 – **rattaché à Orbey**

LE PALAIS – 56 Morbihan – 308 M10 – **voir à Belle-Ile-en-Mer**

PALAVAS-LES-FLOTS – 34 Hérault – 339 I7 – 5 421 h. – alt. 1 m – Casino – ✉ 34250 Languedoc Roussillon 23 **C2**

Paris 763 – Aigues-Mortes 26 – Montpellier 17 – Nîmes 60 – Sète 33
Office de tourisme, Phare de la Méditerranée ✆ 04 67 07 73 34, Fax 04 67 07 73 58
Ancienne cathédrale★ de Maguelone SO : 4 km.

Amérique Hôtel sans rest
av. F. Fabrège – ✆ 04 67 68 04 39 – hotel.amerique@wanadoo.fr – Fax 04 67 68 07 83 – Fermé 2-7 janv.
49 ch – 45/78 € 45/78 €, 6 €
◆ Hôtel des années 1970 composé de deux bâtiments séparés par une avenue qui conduit à la mer. Chambres fonctionnelles conservant le style d'origine. Piscine et jacuzzi.

Brasilia sans rest
9 bd Joffre – ✆ 04 67 68 00 68 – hotel@brasilia-palavas.com – Fax 04 67 68 40 41
22 ch – 54/101 € 54/101 €, 5 €
◆ Cet hôtel situé sur le front de mer abrite des chambres simples que vous choisirez de préférence avec balcon donnant sur la "grande bleue" ou sur le phare.

L'Escale
5 bd Sarrail (rive gauche) – ✆ 04 67 68 24 17 – rizzotti@club-internet.fr – Fax 04 67 68 24 17 – Fermé merc. sauf juil.-août
Rest – Menu 20 € (déj. en sem.), 27/65 € – Carte 39/85 €
◆ L'élégante salle à manger et la véranda offrent une belle perspective sur la plage et les flots. La cuisine au goût du jour est largement inspirée par la proximité de la mer.

LE PALLET – 44 Loire-Atlantique – 316 H5 – **rattaché à Clisson**

LA PALMYRE – 17 Charente-Maritime – 324 C5 – ✉ 17570 38 A3

Paris 519 – La Rochelle 80 – Royan 16

Office de tourisme, 2 avenue de Royan ✆ 05 46 22 41 07, Fax 05 46 22 52 69

Palmyr'hotel

– ✆ *05 46 23 65 65 – resa-palmyre@monalisahotels.com – Fax 05 46 22 44 13 – Ouvert avril-nov.*

46 ch – 55/139 € 55/139 €, 8 €, 14 duplex – **Rest** – *(ouvert avril-fin oct.)* Menu 23/36 € – Carte 25/35 €

◆ À proximité du zoo, de la forêt et des plages, ensemble hôtelier proposant des chambres fonctionnelles, presque toutes dotées d'un balcon. Quelques duplex. Décor sobre et actuel dans la salle à manger et terrasse prise d'assaut aux beaux jours

LES PALUDS-DES-NOVES – 13 Bouches-du-Rhône – 340 E3 – rattaché à St-Rémy-de-Provence

LA PALUD-SUR-VERDON – 04 Alpes-de-Haute-Provence – 334 G10 – 297 h. – alt. 930 m – ✉ 04120 Alpes du Sud 41 C2

Paris 796 – Castellane 25 – Digne-les-Bains 65 – Draguignan 60 – Manosque 68

Syndicat d'initiative, le Château ✆ 04 92 77 32 02, Fax 04 92 77 32 02

Belvédères : Trescaïre★★, 5 km, l'Escalès★★★, 7 km par D952 puis D 23 - Point Sublime★★★, ≤ sur le Grand Canyon du Verdon NE : 7,5 km puis 15 mn.

Des Gorges du Verdon

rte de la Maline Sud : 1 km – ch, 25,

✆ *04 92 77 38 26 – bog@worldonline.fr – Fax 04 92 77 35 00 – Ouvert 6 avril-21 oct.*

27 ch – 100/150 € 100/150 € – 3 suites – ½ P 80/170 € – **Rest** – *(dîner seult)* Menu 33 €

◆ Hôtel perché sur une colline à proximité d'un village prisé des randonneurs. Les paisibles chambres s'égayent de tissus colorés ; duplex familiaux et belles suites. Menu unique inspiré par la région et servi dans un cadre en harmonie avec la cuisine.

Auberge des Crêtes sans rest

Est : 1 km sur D 952 – ✆ *04 92 77 38 47 – aubergedescretes@wanadoo.fr – Fax 04 92 77 30 40 – Ouvert 8 avril-30 sept.*

12 ch – 57/61 € 59/63 €, 7,50 €

◆ Les varappeurs apprécieront cette étape où ils se remettront de leurs émotions dans des chambres simples et bien tenues, mansardées à l'étage.

PAMIERS – 09 Ariège – 343 H6 – 13 417 h. – alt. 280 m – ✉ 09100 Midi-Pyrénées 29 C3

Paris 745 – Auch 147 – Carcassonne 76 – Castres 106 – Foix 20 – Toulouse 70

Office de tourisme, boulevard Delcassé ✆ 05 61 67 52 52

De France ch, rest, 35,

5 cours J Rambaud – ✆ *05 61 60 20 88 – contact@hoteldefrancepamiers.com – Fax 05 61 67 29 48*

31 ch – 45/55 € 50/60 €, 7 € – ½ P 45/55 € – **Rest** – *(fermé lundi midi, sam. et dim.)* Menu 16 € (déj. en sem.), 25/60 € – Carte 42/58 €

◆ Cure de jouvence bénéfique pour cet hôtel proche du centre-ville : les chambres sont progressivement revues dans un esprit contemporain et garnies d'un mobilier en bois. Au restaurant, poutres apparentes, murs blanchis et goûteuse cuisine personnalisée.

De la Paix rest, ch, rest,

4 pl. A. Tournier – ✆ *05 61 67 12 71 – Fax 05 61 60 61 02*

15 ch – 50/55 € 53/60 €, 7 € – ½ P 55 € – **Rest** – *(fermé 15 déc.-15 janv. et dim.)* Menu 20/35 € – Carte 37/55 €

◆ Cet ancien relais de poste dispose de chambres colorées, équipées de meubles rustiques ou fonctionnels. Chaleureuse atmosphère d'antan dans la salle à manger ornée de remarquables plafonds moulurés d'origine (1760).

PANISSIÈRES – **42 Loire** – **327** F5 – **2 860 h.** – **alt. 641 m** – ✉ **42360** 44 **A1**

Paris 448 – Lyon 62 – Saint-Étienne 65 – Villeurbanne 66

Office de tourisme, 1 rue de la République ✆ 04 77 28 67 70, Fax 04 77 28 82 18

La Ferme des Roses ⇂ ch, P

Le Clair – ✆ *04 77 28 63 63* – *jednostka.arabians@free.fr* – *Fax 04 77 28 63 63*

5 ch – 42 € 52/57 € – ½ P 42/45 € – **Rest** – table d'hôte *(dîner seult) (résidents seult)* Menu 16 € bc

◆ Cette ancienne ferme (1813) est connue pour sa grande convivialité et pour les deux passions du patron : les chevaux arabes qu'il entraîne pour la compétition et les roses. Chambres contemporaines très bien équipées. Cuisine du terroir arrosée de gouleyants vins du Forez.

PANZOULT – **37 Indre-et-Loire** – **317** L6 – **564 h.** – **alt. 40 m** – ✉ **37220** 11 **A3**

Paris 285 – Joué-lès-Tours 37 – Orléans 161 – Tours 43

Domaine de Beauséjour sans rest P VISA

– ✆ *02 47 58 64 64* – *info@domainedebeausejour.com* – *Fax 02 47 95 27 13*

3 ch – 67/77 € 77/85 €

◆ Cette maison et sa dépendance offrent un beau panorama sur le vignoble de Chinon et la vallée de la Vienne. Chambres récentes meublées d'ancien. Surprenante terrasse troglodyte.

LE PARADOU – **13 Bouches-du-Rhône** – **340** D3 – **rattaché à Maussane-les-Alpilles**

PARAMÉ – **35 Ille-et-Vilaine** – **309** J3 – **voir à St-Malo**

PARAY-LE-MONIAL – **71 Saône-et-Loire** – **320** E11 – **9 191 h.** – **alt. 245 m** – ✉ **71600** Bourgogne 7 **B3**

Paris 360 – Mâcon 67 – Montceau-les-Mines 37 – Moulins 67 – Roanne 55

Office de tourisme, 25 avenue Jean-Paul II ✆ 03 85 81 10 92, Fax 03 85 81 36 61

Basilique du Sacré-Cœur★★ - Hôtel de ville★ H.

PARAY-LE-MONIAL

Alsace-Lorraine (Pl.) 2
Billet (R.) 3
Chapelains (Allée des) 5
Charolles (Av. de) 6
Commerce (Quai du) 7
Dauphin-Louis (Bd) 8
Desrichard (R. Louis) 9
Deux ponts (R.) 12
Dr-Griveaud (R.) 13
Four (R. du) 14
Gaulle (Av. Ch.-de) 15
Guignault (Pl.) 17
Industrie (Quai de l') 18
Jean-Jaurès (Cours) 20
Lamartine (Pl.) 21
Paix (R. de la) 23
Regnier (Bd H.-de) 26
République (R.) 27
St-Vincent (R.) 28
Victor-Hugo (R.) 29
Visitation (R.) 30

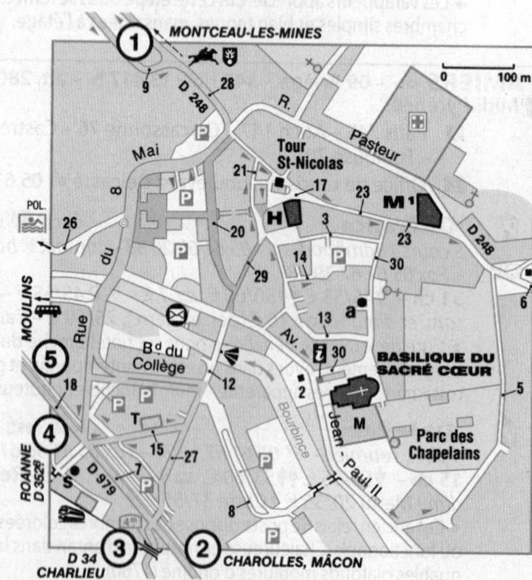

Le Parada sans rest 30,
Z.A.C. Champ Bossu, par ①, rte Montceau – ☎ 03 85 81 91 71 – leparada@wanadoo.fr – Fax 03 85 81 91 70
30 ch – 44/53 € 52/67 €, 7 €
◆ Aux portes de la ville, entouré d'un terrain clos, hôtel récent dont les amples chambres bien insonorisées sont dotées de TV grand écran. On petit-déjeune dans une véranda en verre fumé. Borne de paiement et de délivrance des clés mise en service le soir.

Terminus
27 av. Gare – ☎ 03 85 81 59 31 – hotel.terminus@club-internet.fr – Fax 03 85 81 38 31 – Fermé vacances de la Toussaint et dim. s
16 ch – 43 € 58 €, 7 € – ½ P 48 € – **Rest** – *(dîner seult)* Menu (13 €), 17/25 € – Carte 27/42 €
◆ Typique hôtel de gare 1900, bien rénové et facilement repérable à sa façade rose bonbon et turquoise. Hall d'époque et bonnes chambres aux futuristes salles de bains "monobloc". À table, cuisine traditionnelle dont la seule prétention est de nourrir son homme.

Grand Hôtel de la Basilique rest, rest,
18 r. Visitation – ☎ 03 85 81 11 13 – resa@hotelbasilique.com – Fax 03 85 88 83 70 – Ouvert 1er avril-28 oct. a
56 ch – 33/43 € 43/51 €, 6,50 € – ½ P 39/58 € – **Rest** – Menu 12,50/40 € bc – Carte 17/35 €
◆ Cinq générations de la même famille se sont succédé à la tête de cet établissement présentant des chambres refaites par étapes, souvent tournées vers la basilique. Repas servis dans une salle à manger fleurie sentant bon la campagne et la tradition.

à Sermaize-du-Bas 12,5 km par ③ par D 34 puis D 458 à Poisson dir. St -Julien-de-Civry – ✉ 71600 Poisson

Ch d' Hôte M. Mathieu sans rest
– ☎ 03 85 81 06 10 – mp.mathieu@laposte.net – Fax 03 85 81 06 10 – Ouvert 16 mars-10 nov.
5 ch – 45 € 60 €
◆ Ancien et agreste relais de chasse en pierres dorées où vous logerez dans des chambres nettes personnalisées par des meubles chinés et desservies par une tour ronde dotée d'un escalier à vis.

à Poisson 8 km par ③ sur D 34 – 590 h. – alt. 300 m – ✉ 71600

La Poste et Hôtel La Reconce avec ch ch, rest, rest,
– ☎ 03 85 81 10 72 – la.reconce@wanadoo.fr – Fax 03 85 81 64 34 – Fermé 1er-15 oct., 1er fév.-4 mars, lundi et mardi sauf le soir en juil.-août
7 ch – 56 € 66 €, 11 € – 1 suite – **Rest** – Menu (18 €), 27 € (sem.)/83 € bc – Carte 28/59 €
◆ Bâtisse charolaise ancienne où vous goûterez une cuisine traditionnelle actualisée, valorisant le terroir. Menu tout poisson le vendredi. Terrasse sous les platanes et, dans une maison indépendante séparée par un bar-tabac, calmes chambres joliment aménagées.

par ⑤ 4 km sur N 79 – ✉ 71600 Paray-le-Monial

Le Charollais rest, 15,
– ☎ 03 85 81 03 35 – candussol@aol.com – Fax 03 85 81 50 31
20 ch – 37/79 € 46/79 €, 7 € – **Rest** – grill Menu (12 €), 19 € – Carte 18/45 €
◆ En bord de route, grill-restaurant devançant une bâtisse dotée de chambres fraîches et nettes, diversenent aménagées et tournées vers un parc avec jeux d'enfants. Bœuf charolais et pizzas au feu de bois servis sous une grande charpente. Véranda et terrasse.

PARC du FUTUROSCOPE – 86 Vienne – 322 I4 – rattaché à Poitiers

---

PARCEY – 39 Jura – 321 C4 – rattaché à Dole

H. Le Gac/MICHELIN

La place de la Concorde

PARIS et ENVIRONS

40 km autour de Paris

Département : 75 Ville-de-Paris cartes 18-21
Population : 2 125 246 h
Pop. agglomération : 9 644 507 h
Altitude : 30 m – **Code Postal :** ✉ 75000

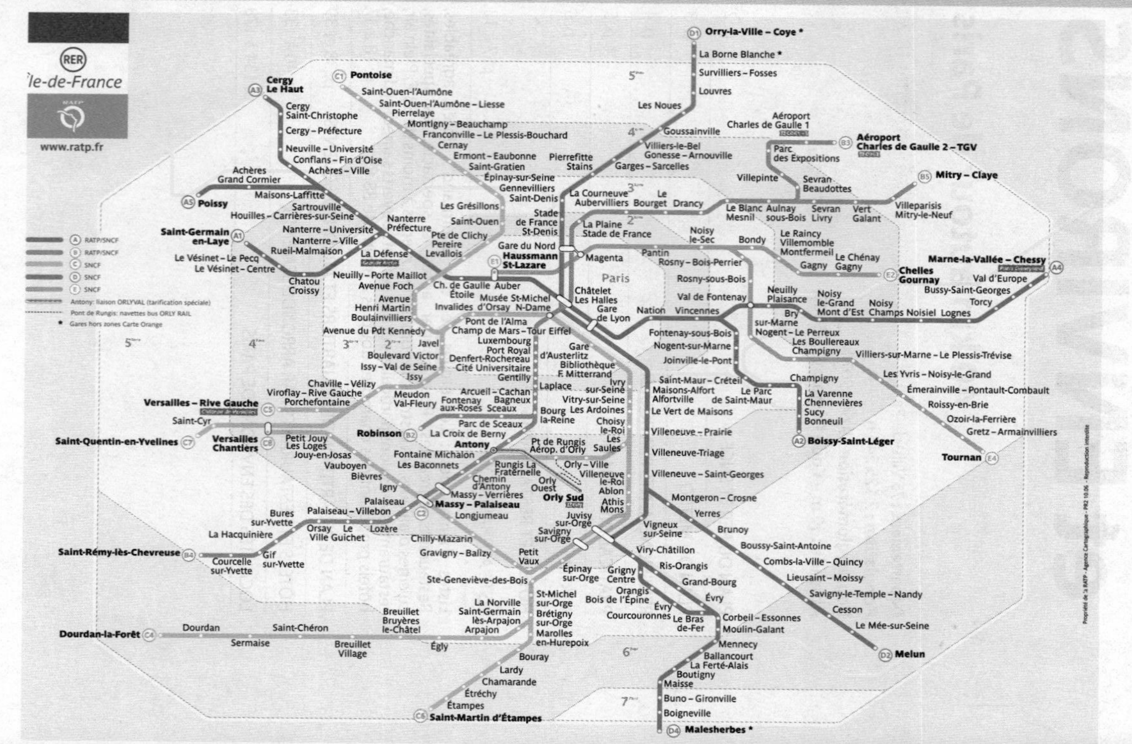
RER
Île-de-France
RATP
www.ratp.fr
A RATP/SNCF
B RATP/SNCF
C SNCF
D SNCF
E SNCF
Antony: liaison ORLYVAL (tarification spéciale)
Pont de Rungis: navettes bus ORLY RAIL
* Gares hors zones Carte Orange
D1 Orry-la-Ville – Coye *
La Borne Blanche *
Survilliers – Fosses
Louvres
Les Noues
Goussainville
Villiers-le-Bel Gonesse – Arnouville
Garges – Sarcelles
Pierrefitte Stains
La Courneuve Aubervilliers
Le Bourget
Drancy
Le Blanc Mesnil
Aulnay sous-Bois
Sevran Livry
Vert Galant
Villeparisis Mitry-le-Neuf
B5 Mitry – Claye
Sevran Beaudottes
Villepinte
Parc des Expositions
Aéroport Charles de Gaulle 1
B3 Aéroport Charles de Gaulle 2 – TGV
La Plaine Stade de France
Stade de France St-Denis
Saint-Denis
C1 Pontoise
Saint-Ouen-l'Aumône
Saint-Ouen-l'Aumône – Liesse
Pierrelaye
Montigny – Beauchamp
Franconville – Le Plessis-Bouchard
Cernay
Ermont – Eaubonne
Saint-Gratien
Épinay-sur-Seine
Gennevilliers
Les Grésillons
Saint-Ouen
Pte de Clichy
Pereire Levallois
A3 Cergy Le Haut
Cergy Saint-Christophe
Cergy – Préfecture
Neuville – Université
Conflans – Fin d'Oise
Achères – Ville
Achères Grand Cormier
A5 Poissy
Maisons-Laffitte
Sartrouville
Houilles – Carrières-sur-Seine
Nanterre Préfecture
Nanterre – Université
Nanterre – Ville
Rueil-Malmaison
Chatou Croissy
Saint-Germain en-Laye A1
Le Vésinet – Le Pecq
Le Vésinet – Centre
La Défense
Neuilly – Porte Maillot
Avenue Foch
Avenue Henri Martin
Boulainvilliers
Avenue du Pdt Kennedy
Javel
Boulevard Victor
Issy – Val de Seine
Issy
Gare du Nord
Haussmann St-Lazare
E1
Magenta
Paris
Ch. de Gaulle Étoile
Auber
Musée d'Orsay
St-Michel N-Dame
Invalides
Châtelet Les Halles
Gare de Lyon
Pont de l'Alma
Champ de Mars – Tour Eiffel
Luxembourg
Port Royal
Denfert-Rochereau
Cité Universitaire
Gentilly
Gare d'Austerlitz
Bibliothèque F. Mitterrand
Ivry sur-Seine
Vitry-sur-Seine
Les Ardoines
Choisy le-Roi
Les Saules
Orly – Ville
Villeneuve le-Roi
Ablon
Athis Mons
Juvisy sur-Orge
Savigny sur-Orge
Laplace
Arcueil – Cachan
Bagneux
Bourg la-Reine
Fontenay aux-Roses
Sceaux
Parc de Sceaux
La Croix de Berny
Antony
Robinson B2
Pt de Rungis Aérop. d'Orly
Rungis La Fraternelle
Chemin d'Antony
Orly Ouest
Orly Sud
Massy – Verrières
Massy – Palaiseau
Longjumeau
Fontaine Michalon
Les Baconnets
Chaville – Vélizy
Viroflay – Rive Gauche
Porchefontaine
Meudon Val-Fleury
C5 Versailles – Rive Gauche
Saint-Cyr
C7 Saint-Quentin-en-Yvelines
C8 Versailles Chantiers
Petit Jouy Les Loges
Jouy-en-Josas
Vauboyen
Bièvres
Igny
Palaiseau
Palaiseau – Villebon
Lozère
Orsay Ville
Le Guichet
Bures sur-Yvette
La Hacquinière
Gif sur-Yvette
Courcelle sur-Yvette
B4 Saint-Rémy-lès-Chevreuse
Chilly-Mazarin
Gravigny – Balizy
Petit Vaux
Épinay sur-Orge
Ste-Geneviève-des-Bois
St-Michel sur-Orge
Brétigny sur-Orge
Marolles en-Hurepoix
La Norville Saint-Germain lès-Arpajon
Arpajon
Breuillet Bruyères le-Châtel
Breuillet Village
Égly
C4 Dourdan-la-Forêt
Dourdan
Sermaise
Saint-Chéron
Bouray
Lardy
Chamarande
Étréchy
Étampes
C6 Saint-Martin d'Étampes
Vigneux sur-Seine
Viry-Châtillon
Ris-Orangis
Grand-Bourg
Évry
Grigny Centre
Orangis Bois de l'Épine
Évry Courcouronnes
Le Bras de-Fer
Corbeil – Essonnes
Moulin-Galant
Mennecy
Ballancourt
La Ferté-Alais
Boutigny
Maisse
Buno – Gironville
Boigneville
D4 Malesherbes *
Montgeron – Crosne
Yerres
Brunoy
Boussy-Saint-Antoine
Combs-la-Ville – Quincy
Lieusaint – Moissy
Savigny-le-Temple – Nandy
Cesson
Le Mée-sur-Seine
D2 Melun
Maisons-Alfort Alfortville
Le Vert de Maisons
Villeneuve – Prairie
Villeneuve-Triage
Villeneuve – Saint-Georges
Saint-Maur – Créteil
Le Parc de Saint-Maur
Champigny
La Varenne Chennevières
Sucy Bonneuil
A2 Boissy-Saint-Léger
Nation
Vincennes
Fontenay-sous-Bois
Nogent-sur-Marne
Joinville-le-Pont
Val de Fontenay
Neuilly Plaisance
Bry sur-Marne
Noisy le-Grand Mont d'Est
Noisy Champs
Noisiel
Lognes
Torcy
Bussy-Saint-Georges
Val d'Europe
A4 Marne-la-Vallée – Chessy
Nogent – Le Perreux
Les Boullereaux Champigny
Villiers-sur-Marne – Le Plessis-Trévise
Les Yvris – Noisy-le-Grand
Émerainville – Pontault-Combault
Roissy-en-Brie
Ozoir-la-Ferrière
Gretz – Armainvilliers
E4 Tournan
Pantin
Noisy le-Sec
Bondy
Rosny – Bois-Perrier
Rosny-sous-Bois
Le Raincy Villemomble Montfermeil
Gagny
Le Chénay Gagny
E2 Chelles Gournay
Propriété de la RATP - Agence Cartographique - PR2 10.06 - Reproduction interdite

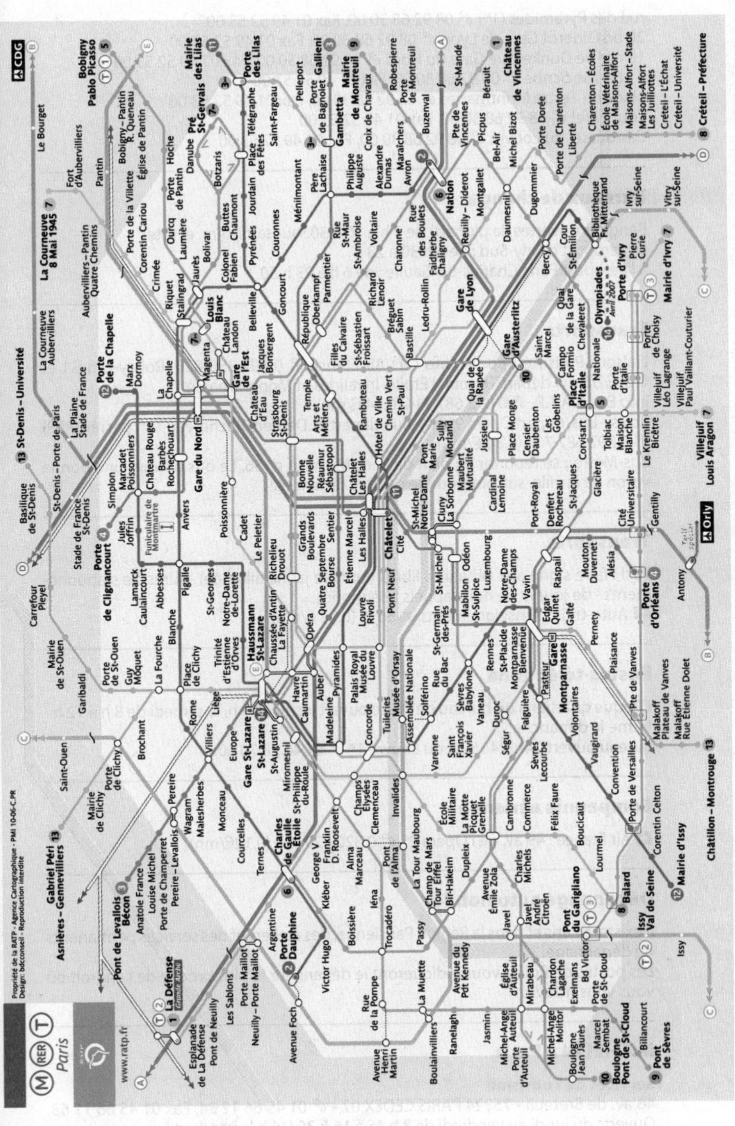
Paris
www.ratp.fr
Propriété de la RATP - Agence Cartographique - PMI 10-06-C.PR
Design: bdcconseil - Reproduction interdite
CDG
Orly
La Défense
Pont de Levallois Bécon
Asnières – Gennevilliers Gabriel Péri
St-Denis – Université
La Courneuve 8 Mai 1945
Porte de la Chapelle
Bobigny Pablo Picasso
Mairie des Lilas
Gallieni
Mairie de Montreuil
Château de Vincennes
Créteil – Préfecture
Mairie d'Ivry
Villejuif Louis Aragon
Porte d'Orléans
Châtillon – Montrouge
Mairie d'Issy
Balard
Pont de Sèvres
Boulogne Pont de St-Cloud
Porte Dauphine
Charles de Gaulle Étoile
Gare St-Lazare
Gare du Nord
Gare de l'Est
Châtelet
Gare de Lyon
Gare d'Austerlitz
Gare Montparnasse
Nation
Bibliothèque Fr. Mitterrand
Olympiades

RENSEIGNEMENTS PRATIQUES

Offices de tourisme

rue des Pyramides (1er) ✆ 08 92 68 30 00, Fax 01 49 52 53 00
20 bd Diderot Gare de Lyon ✆ 08 92 68 30 00, Fax 01 49 52 53 00
18 rue de Dunkerque Gare du Nord ✆ 08 92 68 30 00, Fax 01 49 52 53 00
11 bis rue Scribe ✆ 08 92 68 30 00, Fax 01 49 52 53 00
place du Tertre Montmartre ✆ 08 92 68 30 00, Fax 01 49 52 53 00
Tour Eiffel ✆ 08 92 68 30 00, Fax 01 49 52 53 00
Carroussel du Louvre ✆ 08 92 68 30 00, Fax 01 49 52 53 00

Bureaux de change

Banques ouvertes (la plupart) de 9 h à 16 h 30 sauf sam., dim. et fêtes
à l'aéroport d'Orly-Sud : de 6 h 30 à 23 h
à l'aéroport Paris-Charles-de-Gaulle : de 6 h à 23 h 30

Transports

Liaisons Paris Aéroports : Info cars Air France ✆ 0 892 350 820 (Roissy-C-d-G1 et C-d-G2/Orly) départ Terminal Étoile, Invalides et Montparnasse.
Info Bus R.A.T.P. ✆ 0 892 687 714 (0,34 €/mn).
Roissy-Bus, départ Opéra 9e Orly-Bus, départ pl. Denfert-Rochereau 14e : par rail (RER) ✆ 0 892 687 714 (0,34 €/mn).
Bus-Métro : se reporter au plan de Paris Michelin nº 56. Le bus permet une bonne vision de la ville, surtout pour de courtes distances.

Transports

Taxi : faire signe aux véhicules libres (lumière jaune allumée) - Aires de stationnements - de jour et de nuit : appels téléphonés.
Auto-train : renseignements ✆ 3635 (0,34 €/mn)

Postes-téléphone

Chaque quartier a un bureau de Poste ouvert jusqu'à 19 h, le samedi de 8 h à 12 h - fermé le dimanche.
Bureau ouvert 24h/24 : 52 r. du Louvre 1er ✆ 01 40 28 76 00

Compagnie aérienne

Air France : 49 av. de l'Opéra 2e ✆ 0 820 820 820 (0,12€/mn)

Dépannage automobile

Il existe, à Paris et dans la Région Parisienne, des ateliers et des services permanents de dépannage.
Les postes de Police vous indiqueront le dépanneur le plus proche de l'endroit où vous vous trouvez.

MICHELIN à Paris

Services de Tourisme
46 av. de Breteuil - 75324 PARIS CEDEX 07 - ✆ 01 45 66 12 34, Fax 01 45 66 11 63. Ouverts du lundi au vendredi de 8 h 45 à 16 h 30 (16 h le vendredi).
Boutique Michelin 14 av. de l'Opéra - 75002 PARIS (métro Pyramides) ✆ 01 42 68 05 20, Fax 01 47 42 10 50. Ouverte le lundi de 13 h à 19 h et du mardi au samedi de 10 h à 19 h et Espace Michelin au 1er étage du BHV Rivoli, r. de Rivoli 75004 PARIS (métro Hôtel de Ville).

PRACTICAL INFORMATION

Tourist information

Paris "Welcome" Office (Office de Tourisme de Paris) : ✆ 0 892 683 000 (0,34 €/mn) Pyramides (Main Office) 25 r. des Pyramides 1st, Gare de Lyon 20 bd Diderot, Gare du Nord 18 r. de Dunkerque, Opéra-grand magasin 11bis rue Scribe 9th, Montmartre place du Tertre 18th, Tour Eiffel 7th, Carroussel du Louvre 1st.

Foreign exchange office

Banks : close at 4.30 pm and at week-end
Orly Sud Airport : daily 6.30 am to 11 pm
Charles-de-Gaulle Airport : daily 6 am to 11.30 pm

Transport

Airports : Roissy-Charles-de-Gaulle ✆ 01 48 62 22 80 – Orly Aérogare ✆ 01 49 75 15 15
Bus-Underground : for full details see the Michelin Plan de Paris n°56. The Underground is quicker but the bus is better for sightseeing and more pratical for the short distances
Taxis : may be hailed in the street when showing the illuminated sign-available, day and night all taxi ranks or called by telephon

Postal service

Local post offices : open Mondays to Fridays 8 am to 7 pm ; Saturdays 8 am to noon
General Post Office, 52 r. du Louvre 1st : open 24 hours ✆ 01 40 28 76 00

Airlines

AMERICAN AIRLINES : Roissy-Charles-de-Gaulle airport T2a ✆ 01 55 17 43 41
DELTA AIRLINES : 2 r. Robert Esnault-Pelterie 7th ✆ 0 811 640 005
UNITED AIRLINES : Roissy-Charles- de-Gaulle airport, T1 gate 36 ✆ 0 810 72 72 72
BRITISH AIRWAYS : Roissy-Charles- de-Gaulle airport, T2b ✆ 0 825 825 400
AIR FRANCE : 49 av. de l'Opéra 2nd ✆0 820 820 820

Breakdown service

Some garages in central and outer Paris operate a 24-hour breakdown service. If you break down, the police are usually able to help by indicating the nearest one.

Tipping

In France, in addition to the usual people who are tipped (the barber or ladies'hairdresser, hat-check girl, taxi-driver, doorman, porter, et al.), the ushers in Paris theaters ans cinemas, as well as the custodians of the "men's" and "ladies" in all kinds of establishments, expect a small gratuity
In restaurants, the tip ("service") is always included in the bill to the tune of 15. However you may choose to leave in addition the small change in your plate, especially if it is a place you would like to come back to, but there is no obligation to do so.

A VOIR

PERSPECTIVES CÉLÈBRES PARIS VU D'EN HAUT

⩽★★★ depuis l'Obélisque de la place de la Concorde : Champs-Élysées, Arc-de-Triomphe, Grande Arche de la Défense. - ⩽★★ depuis l'Obélisque de la place de la Concorde : La Madeleine, Assemblée Nationale. - ⩽★★★ depuis la terrasse du Palais de Chaillot : Tour Eiffel, École Militaire, Trocadéro. - ⩽★★ depuis le pont Allexandre III : Invalides, Grand et Petit Palais - Tour Eiffel★★★ - Tour Montparnasse★★★ - Tour Notre-Dame★★★ - Dôme du Sacré-Cœur★★★ - Plate-forme de l'Arc-de-Triomphe★★★

QUELQUES MONUMENTS HISTORIQUES

Le Louvre★★★ (cour carrée, colonnade de Perrault, la pyramide) - Tour Eiffel★★★ - Notre-Dame★★★ - Sainte-Chapelle★★★ - Arc de Triomphe★★★ - Invalides★★★ (Tombeau de Napoléon) - Palais-Royal★★ - Opéra★★ - Conciergerie★★ - Panthéon★★ - Luxembourg★★ (Palais et Jardins)

Églises :
Notre-Dame★★★ - La Madeleine★★ - Sacré-Cœur★★ - St-Germain-des-Prés★★ - St-Étienne-du-Mont★★ - St-Germain-l'Auxerrois★★

Dans le Marais :
Places des Vosges★★★ - Hôtel Lamoignon★★ - Hôtel Guénégaud★★ - Palais Soubise★★

QUELQUES MUSÉES

Le Louvre★★★ - Orsay★★★ (milieu du 19e s. jusqu'au début du 20e s.) - Art moderne★★★ (au Centre Pompidou) - Armée★★★ (aux Invalides) - Arts décoratifs★★ (107 r. de Rivoli) - Musée National du Moyen Âge et Thermes de Cluny★★ - Rodin★★ (Hôtel de Biron) - Carnavalet★★ (Histoire de Paris) - Picasso★★ - Cité des Sciences et de l'Industrie★★ (La Vilette) - Marmottan★★ (collection de peintres impressionnistes) - Orangerie★★ (des impressionnistes à 1930) - Jacquemart-André★★ - Musée des Arts et Métiers★★- Musée national des Arts asiatiques - Guimet★★★

MONUMENTS CONTEMPORAINS

La Défense★★ (C.N.I.T., la Grande Arche) - Centre Georges-Pompidou★★★ - Forum des Halles - Institut du Monde Arabe★ - Opéra Bastille - Bercy★ (palais Omnisports, Ministère des Finances) - Bibliothèque Nationale de France - Site François Mitterrand★

QUARTIERS PITTORESQUES

Montmartre★★ - Le Marais★★★ - Île St-Louis★★ - Les Quais★★ (entre le Pont des Arts et le Pont de Sully) - St-Germain-des-Prés★★ - Quartier St-Séverin★★

SHOPPING

Grands magasins :
Printemps, Galeries Lafayette (bd Haussmann), Samaritaine, B.H.V. (r. de Rivoli), Bon Marché (r. de Sèvres).

Commerces de luxe :
Au Faubourg St-Honoré (mode), Rue de la Paix et place Vendôme (joaillerie), Rue Royale (faïencerie et cristallerie), Avenue Montaigne (mode).

Occasions et antiquités :
Marché aux Puces★ (Porte de Clignancourt), Village Suisse (av. de la Motte-Picquet), Louvre des Antiquaires.

Liste alphabétique des hôtels et restaurants

A

D

L

M

P

Q

R

S

W

Y

Z

Restaurants de Paris et environs

Les tables étoilées

✿✿✿ 2007

	Alain Ducasse au Plaza Athénée - 8e	XXXXX	p. 82
	Ledoyen - 8e	XXXXX	p. 83
N	**Meurice (le) (Rest.) - 1er**	XXXXX	p. 43
	Ambroisie (L') *(Pacaud)* **- 4e**	XXXX	p. 52
	Grand Véfour (Le) - 1er	XXXX	p. 43
	Guy Savoy - 17e	XXXX	p. 127
	Pierre Gagnaire - 8e	XXXX	p. 83
N	**Pré Catelan - 16e**	XXXX	p. 125
	Arpège *(Passard)* **- 7e**	XXX	p. 69
N	**Astrance** *(Barbot)* **- 16e**	XXX	p. 121

✿✿ 2007

➡ **En rouge** *les espoirs 2007 pour* ✿✿✿

	Ambassadeurs (Les) - 8e	XXXXX	p. 82
	Apicius - 8e	XXXXX	p. 83
	Bristol (Le) (Rest.) - 8e	XXXXX	p. 82
	"Cinq" (Le) - 8e	XXXXX	p. 82
	Lasserre - 8e	XXXXX	p. 83
	Taillevent - 8e	XXXXX	p. 83
	Carré des Feuillants - 1er	XXXX	p. 43
	Michel Rostang - 17e	XXXX	p. 128
N	**Élysées** *(Les)* **- 8e**	XXX	p. 84
	Hélène Darroze-La Salle à Manger - 6e	XXX	p. 63
	Relais Louis XIII - 6e	XXX	p. 63
	Senderens - 8e	XXX	p. 84
	Table de Joël Robuchon (La) - 16e	XXX	p. 121

✿ 2007

➡ **En rouge** *les espoirs 2007 pour* ✿✿

Bib Gourmand

Hotels agréables

Restaurants agréables

1er arrondissement

Espadon (L') XXXXX p. 43
Meurice (le) XXXXX p. 43
Grand Véfour (Le) XXXX p. 43

4e arrondissement

Ambroisie (L') XXXX p. 52

5e arrondissement

Tour d'Argent XXXXX p. 56

7e arrondissement

Atelier de Joël Robuchon (L') X p. 71

8e arrondissement

Alain Ducasse au Plaza Athénée XXXXX p. 82
Ambassadeurs (Les) XXXXX p. 82
Apicius XXXXX p. 83
Bristol (Le) XXXXX p. 82
"Cinq" (Le) XXXXX p. 82
Lasserre XXXXX p. 83
Ledoyen XXXXX p. 83
Taillevent XXXXX p. 83
Laurent XXXX p. 83

16e arrondissement

Grande Cascade XXXX p. 125
Pré Catelan XXXX p. 125

ENVIRONS

Auvers-sur-Oise

Auberge Ravoux X p. 136

Maisons-Laffitte

Tastevin XXX p. 153

Ozoir-la-Ferrière

Gueulardière (La) XXX p. 161

Saint-Germain-en-Laye

Cazaudehore XXX p. 168

Sénart

Pouilly (Le) XXX p. 170

Versailles

Trois Marches (Les) XXXX p. 176

Souper après le spectacle

Dôme (Le) - 14e (0 h30) XXX p. 108
Drouant - 2e (0 h) XXX p. 47
Fouquet's - 8e (0 h) XXX p. 84
Al Ajami - 8e (0 h) XX p. 88
Atelier Maître Albert - 5e (1 h) XX p. 57
Ballon des Ternes - 17e (0 h) XX p. 129
Bofinger - 4e (1 h) XX p. 52
Brasserie Flo - 10e (0 h) XX p. 98
Coupole (La) - 14e (1 h) XX p. 109
Esplanade (L') - 7e (1 h) XX p. 71
Gallopin - 2e (0 h) XX p. 48
Ginger - 8e (0 h) XX p. 87
Île (L') *Issy-les-Moulineaux* **(0 h)** XX p. 150
Petit Riche (Au) - 9e (0 h15) XX p. 94
Pied de Cochon (Au) - 1er (jour et nuit) XX p. 44
Sens par la Compagnie des Comptoirs - 8e (0 h) XX p. 87
Terminus Nord - 10e (1 h) XX p. 98
Vaudeville - 2e (1 h) XX p. 48
Village d'Ung et Li Lam - 8e (0 h) XX p. 88
Vin et Marée - 1er (0 h30) XX p. 44
Ami Jean (Chez l') - 7e (0 h) X p. 74

Les plats traditionnels

Une andouillette

Du boudin

Une bouillabaisse

Un cassoulet

Une choucroute

Un confit

Un coq au vin

Des coquillages, crustacés, poissons

Des escargots

Des fromages

Une grillade

De la tête de veau

Une paëlla

Des soufflés

Des tripes

Cuisine d'ailleurs

Antilles, Réunion, Seychelles

Belge

Chinoise, Thaïlandaise et Vietnamienne

Coréenne

Espagnole

Franco-Mauricienne

Grecque

Hongroise

Indienne

Italienne

Japonaise

Libanaise

Nord-Africaine

Portugaise

Russe

Scandinave

Tibétaine

Turque

Les bistrots

Les brasseries

Menus à moins de 33 €

1er arrondissement

2e arrondissement

3e arrondissement

4e arrondissement

5e arrondissement

6e arrondissement

7e arrondissement

8e arrondissement

9e arrondissement

10e arrondissement

11e arrondissement

12e arrondissement

Ô Rebelle	X	p. 103
Pataquès	X	p. 103

13e arrondissement

Petit Marguery	XX	p. 105
Auberge Etchegorry	X	p. 106
Avant Goût (L')	X	p. 105
Ourcine (L')	X	p. 106
Sukhothaï	X	p. 106

14e arrondissement

Coupole (La)	XX	p. 109
Vin et Marée	XX	p. 109
Amuse Bouche (L')	X	p. 110
Bonne Table (A la)	X	p. 110
Cerisaie (La)	X	p. 109
Château Poivre	X	p. 110
Millésimes 62	X	p. 110
O à la Bouche (L')	X	p. 109
Petites Sorcières (Les)	X	p. 109
Régalade (La)	X	p. 109

15e arrondissement

Caroubier	XX	p. 114
Erawan	XX	p. 114
Fontanarosa	XX	p. 114
Alchimie (L')	X	p. 116
Ami Marcel (L')	X	p. 115
Bélisaire (Le)	X	p. 116
Beurre Noisette	X	p. 115
Clos Morillons	X	p. 115
Copreaux (Le)	X	p. 114
Fleur de Sel	X	p. 115
Gastroquet	X	p. 115
Marché (Du)	X	p. 115
Mûrier (Le)	X	p. 116
Tcham	X	p. 116
Troquet (Le)	X	p. 115

16e arrondissement

Butte Chaillot (La)	XX	p. 124
Géraud (Chez)	XX	p. 124
Petite Tour (La)	XX	p. 123
6 New-York	XX	p. 124
A et M Restaurant	X	p. 124
Oscar	X	p. 124
Rosimar	X	p. 124

17e arrondissement

Graindorge	XX	p. 128
Léon (Chez)	XX	p. 129
Café d'Angel (Le)	X	p. 130
Clou (Le)	X	p. 130
Entredgeu (L')	X	p. 130
Paris XVII	X	p. 130
Soupière (La)	X	p. 129
Table des Oliviers	X	p. 129

18e arrondissement

Clair de la Lune (Au)	XX	p. 132
Moulin de la Galette (Le)	XX	p. 132

19e arrondissement

Hermès (L')	X	p. 133

20e arrondissement

Allobroges (Les)	XX	p. 133

ENVIRONS

Antony

Tour de Marrakech (La)	X	p. 134

Argenteuil

Ferme d'Argenteuil (La)	XXX	p. 135

Asnières-sur-Seine

Petite Auberge (La)	XX	p. 135

Bois-Colombes

Chefson (Le)	X	p. 136

Carrières-sur-Seine

Panoramic de Chine (Le)	XX	p. 139

Chatou

Canotiers (Les)	XX	p. 143

Clichy

Barrière de Clichy (La)	XX	p. 144

Dampierre-en-Yvelines

Auberge St-Pierre	XX	p. 147

Enghien-les-Bains

Auberge d'Enghien (L')	X	p. 148

Evry

Canal	X	p. 149

Gagny

Vilgacy (Le)	XX	p. 149

La Garenne-Colombes

Instinct (L')	XX	p. 149

Restaurants de plein air

Restaurants avec salons particuliers

1er arrondissement

2e arrondissement

3e arrondissement

4e arrondissement

5e arrondissement

6e arrondissement

7e arrondissement

8e arrondissement

9e arrondissement

10e arrondissement

11e arrondissement

13e arrondissement

15e arrondissement

16e arrondissement

17e arrondissement

Restaurants ouverts samedi et dimanche

1er arrondissement

2e arrondissement

3e arrondissement

4e arrondissement

5e arrondissement

6e arrondissement

7e arrondissement

8e arrondissement

9e arrondissement

10e arrondissement

11e arrondissement

Hôtels proposant des chambres doubles à moins de 88 €

ARRONDISSEMENTS ET QUARTIERS

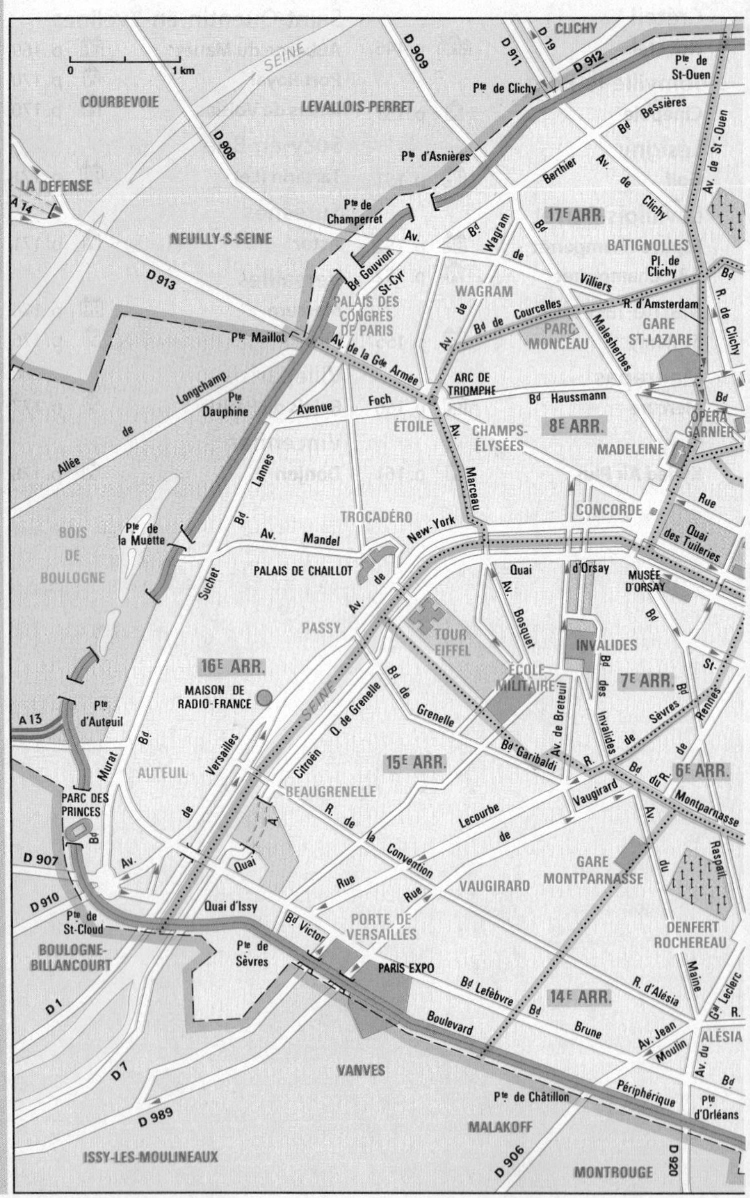

G12 : Ces lettres et chiffres correspondent au carroyage du **plan Michelin** **Paris n° 54**, **Paris avec répertoire** n° **55**, **Paris du Nord au Sud** n° **56**, et **Paris par Arrondissement** n° **57**

En consultant ces quatre publications vous trouverez également les parkings les plus proches des établissements cités.

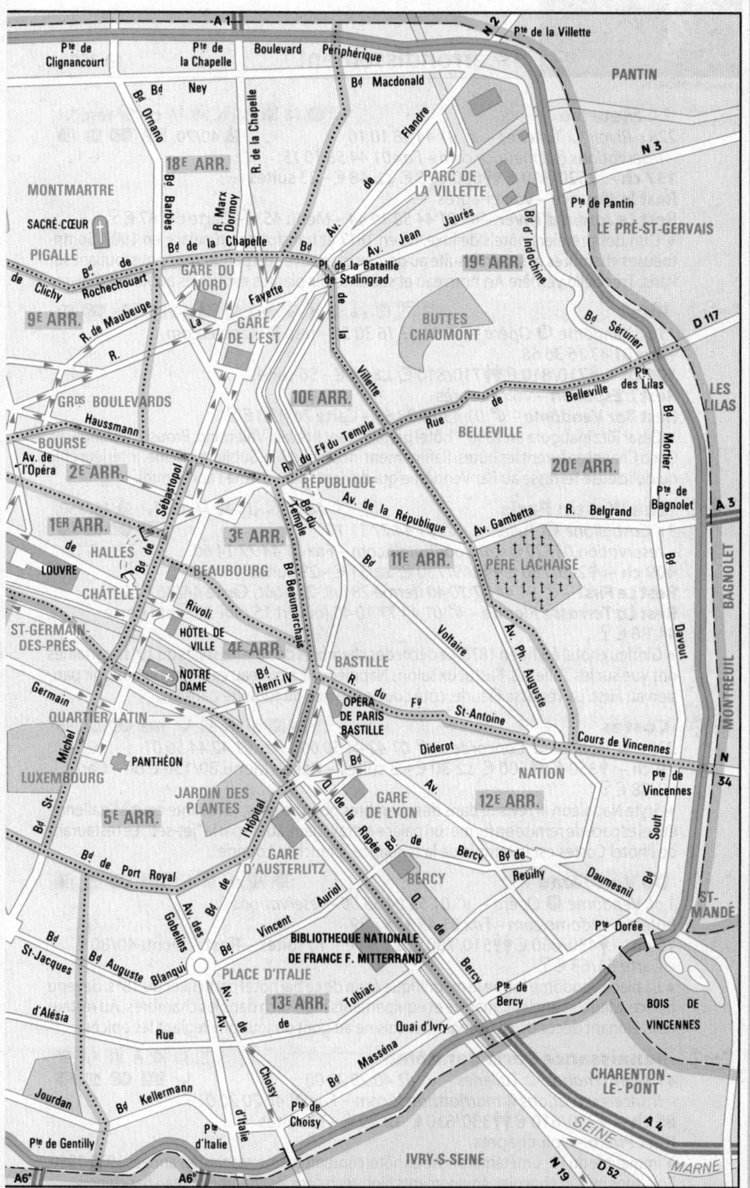

S. Sauvignier/MICHELIN

Palais-Royal, Louvre-Tuileries, Châtelet

1er arrondissement ✉ 75001

Le Meurice
228 r. Rivoli Ⓜ Tuileries – ✆ 01 44 58 10 10 – reservations@lemeurice.com – Fax 01 44 58 10 15 G 12
ch., rest., 40/70, VISA MC AE D

137 ch – 520/610 € 620/725 €, ☕ 48 € – 23 suites
Rest *le Meurice* – voir ci-après
Rest *Le Jardin d'Hiver* – ✆ 01 44 58 10 44 – Menu 45 € – Carte 64/87 €

◆ L'un des premiers hôtels de luxe, né en 1817 et transformé en palace en 1907. Somptueuses chambres et superbe suite au dernier étage avec un panorama époustouflant sur Paris. Très belle verrière Art nouveau et soixante-dix plantes exotiques au Jardin d'Hiver.

Ritz
15 pl. Vendôme Ⓜ Opéra – ✆ 01 43 16 30 30 – resa@ritzparis.com – Fax 01 43 16 36 68 G 12
rest., 30/80, VISA MC AE

106 ch – 710/810 € 710/810 €, ☕ 44 € – 56 suites
Rest *L'Espadon* – voir ci-après
Rest *Bar Vendôme* – ✆ 01 43 16 33 63 – Carte 74/130 €

◆ César Ritz inaugura en 1898 "l'hôtel parfait" dont il rêvait. Valentino, Proust, Hemingway, Coco Chanel en furent les hôtes. Raffinement incomparable. Sublime piscine. Intérieur chic ou délicieuse terrasse au Bar Vendôme qui devient salon de thé l'après-midi.

The Westin Paris
3 r. Castiglione Ⓜ Tuileries – ✆ 01 44 77 11 11 – reservation.01729@starwoodhotels.com – Fax 01 44 77 14 60 G 12
ch., ch., 15/350, VISA MC AE D

409 ch – 249/730 € 249/730 €, ☕ 31 € – 29 suites
Rest *Le First* – ✆ 01 44 77 10 40 *(fermé 28 juil.-27 août)* Carte 44/86 €
Rest *La Terrasse Fleurie* – ✆ 01 44 77 10 40 *(ouvert 15 mai-30 sept.)* Carte 44/86 €

◆ Glorieux hôtel édifié en 1878. Le décor des chambres décline les styles du 19e s.; certaines ont vue sur les Tuileries. Fastueux salons Napoléon III. Nouveau cadre façon boudoir parisien au First. La Terrasse Fleurie, côté cour, est isolée du tumulte parisien.

Costes
239 r. St-Honoré Ⓜ Concorde – ✆ 01 42 44 50 00 – Fax 01 42 44 50 01 G 12
ch., VISA MC AE D

79 ch – 350 € 500 €, ☕ 30 € – 3 suites – **Rest** – Menu 80/150 € bc – Carte 52/88 €

◆ Style Napoléon III revisité dans des chambres pourpre et or, ravissante cour à l'italienne et bel espace de remise en forme : un palace extravagant, adulé par la "jet-set". Le restaurant de l'hôtel Costes est le temple de la tendance "branchée Lounge".

De Vendôme
1 pl. Vendôme Ⓜ Opéra – ✆ 01 55 04 55 00 – reservations@hoteldevendome.com – Fax 01 49 27 97 89 G 12
ch., VISA MC AE D

19 ch – 430/660 € 510/780 €, ☕ 30 € – 10 suites – **Rest** – Menu 40/80 € – Carte 51/63 €

◆ La place Vendôme forme le magnifique écrin de ce bel hôtel particulier du 18e s. devenu palace. Meubles anciens, marbre et équipements high-tech dans les chambres. Au restaurant, élégant décor de style anglais et cuisine au goût du jour privilégiant les épices.

Renaissance Paris Vendôme
4 r. Mont-Thabor Ⓜ Tuileries – ✆ 01 40 20 20 00 – francereservations@marriotthotels.com – Fax 01 40 20 20 01 G 12
VISA MC AE D

85 ch – 330/610 € 330/610 €, ☕ 29 € – 12 suites
Rest *Pinxo* – voir ci-après

◆ Immeuble du 19e s. métamorphosé en hôtel contemporain revisitant les années 1930-1950. Bois, tons miel et chocolat, équipements high-tech dans les chambres. Beau bar chinois.

Castille Paris ch, 30, VISA

33 r. Cambon Ⓜ Madeleine – ✆ 01 44 58 44 58 – reservations@castille.com – Fax 01 44 58 44 00 G 12

86 ch – †380/780 € ††380/780 €, ☕ 28 € – 21 suites, 2 duplex

Rest *Il Cortile* – 37 r. Cambon , *✆ 01 44 58 45 67 (fermé août, 24-30 déc., sam. et dim.)* Menu (38 €), 48 € (déj.)/95 € – Carte 55/82 €

◆ Côté "Opéra", précieux décor d'inspiration vénitienne ; côté "Rivoli", cadre chic repensé : épuré ou noir et blanc graphique en écho à la maison Chanel voisine. Il Cortile sert une cuisine italienne dans une salle façon "villa d'Este". Beau patio-terrasse.

Louvre ch, ch, 20/80, VISA

pl. A. Malraux Ⓜ Palais Royal Musée du Louvre – ✆ 01 44 58 38 38 – hoteldulouvre@hoteldulouvre.com – Fax 01 44 58 38 01 H 13

132 ch – †215/550 € ††215/550 €, ☕ 21 € – 45 suites

Rest *Brasserie Le Louvre* – brasserie – *✆ 01 42 96 27 98* – Menu 35 € (déj.)/38 € (dîner) – Carte 45/68 €

◆ Un des premiers grands hôtels parisiens, où logea le peintre Pissarro. Certaines chambres jouissent d'une perspective unique sur l'avenue de l'Opéra et le palais Garnier. La brasserie Le Louvre joue la tradition tant dans le décor "1900" que dans l'assiette.

Regina ch, 20/60, VISA

2 pl. Pyramides Ⓜ Tuileries – ✆ 01 42 60 31 10 – reservation@regina-hotel.com – Fax 01 40 15 95 16 H 13

107 ch – †350/420 € ††420/480 €, ☕ 30 € – 13 suites – **Rest** – Menu 25 € (sem.) – Carte 30/50 €

◆ De sa création en 1900, cet hôtel a conservé son superbe hall Art nouveau. Chambres riches en mobilier ancien, plus calmes côté patio ; certaines ont vue sur la tour Eiffel. Salle à manger avec jolie cheminée "Majorelle" et cour-terrasse très prisée en été.

Cambon sans rest VISA

3 r. Cambon Ⓜ Concorde – ✆ 01 44 58 93 93 – info@hotelcambon.com – Fax 01 42 60 30 59 G 12

43 ch – †250/270 € ††280/530 €, ☕ 16 €

◆ Entre jardin des Tuileries et rue St-Honoré, plaisantes chambres où cohabitent mobilier contemporain, jolies gravures et tableaux anciens. Clientèle fidèle.

Royal St-Honoré sans rest VISA

221 r. St-Honoré Ⓜ Tuileries – ✆ 01 42 60 32 79 – rsh@hroy.com – Fax 01 42 60 47 44 G 12

67 ch – †320/370 € ††370/420 €, ☕ 21 € – 5 suites

◆ Sur le site de l'ancien hôtel de Noailles, immeuble cossu du 19e s. aux chambres raffinées et soignées. Décor Louis XVI refait dans la salle des petits-déjeuners et bar "cosy".

Meliá Vendôme sans rest 20, VISA

8 r. Cambon Ⓜ Concorde – ✆ 01 44 77 54 00 – melia.vendome@solmelia.com – Fax 01 44 77 54 01 G 12

83 ch – †335 € ††335 €, ☕ 25 €

◆ Élégante adresse à l'atmosphère feutrée tout de rouge et d'or. Chambres au mobilier de style, salon coiffé d'une verrière Belle Époque, bar chic et bel espace petit-déjeuner.

Washington Opéra sans rest VISA

50 r. Richelieu Ⓜ Palais Royal – ✆ 01 42 96 68 06 – hotel@washingtonopera.com – Fax 01 40 15 01 12 G 13

36 ch – †195/245 € ††215/275 €, ☕ 15 €

◆ Ancien hôtel particulier de la marquise de Pompadour. Chambres de style Directoire ou gustavien. La terrasse du 6e étage offre une belle vue sur le jardin du Palais-Royal.

Mansart sans rest VISA

5 r. Capucines Ⓜ Opéra – ✆ 01 42 61 50 28 – mansart@espritfrance.com – Fax 01 49 27 97 44 G 12

57 ch – †130/325 € ††150/325 €, ☕ 12 €

◆ Jouxtant la place Vendôme, cet hôtel rend hommage à Mansart, architecte de Louis XIV. Chambres classiques meublées en style Empire ou Directoire. Hall-salon plus actuel.

Opéra Richepanse sans rest
14 r. Chevalier de St-George Ⓜ *Madeleine – ✆ 01 42 60 36 00 – hotel@richepanse.com – Fax 01 42 60 13 03* G 12
35 ch – 240/350 € 240/350 €, ☕ 16 € – 3 suites
◆ Bel établissement au cadre résolument Art déco. Chambres harmonieuses et bien équipées ; certaines donnent sur la Madeleine. Salle voûtée au sous-sol pour le petit-déjeuner.

Novotel Paris Les Halles ch, 15/80,
8 pl. M.-de-Navarre Ⓜ *Châtelet – ✆ 01 42 21 31 31 – h0785@accor.com – Fax 01 40 26 05 79* H 14
280 ch – 179/330 € 199/350 €, ☕ 17 € – 5 suites – **Rest** – *(fermé sam. midi et dim. midi)* Carte 24/36 €
◆ Situation centrale, face au Forum des Halles avec l'église St-Eustache à l'horizon, équipements pour séminaires, chambres rénovées et "zen" : de bons points de cet hôtel moderne. Courte carte actuelle au restaurant et bar ouvert non-stop.

Britannique sans rest
20 av. Victoria Ⓜ *Châtelet – ✆ 01 42 33 74 59 – mailbox@hotel-britannique.fr – Fax 01 42 33 82 65* J 14
39 ch – 129/143 € 156/199 €, ☕ 15 €
◆ Créé sous le règne de Victoria par une famille anglaise, cet hôtel superpose les influences impériales. Chambres cossues à l'exotisme raffiné et charmant salon. "So british" !

Thérèse sans rest
5 r. Thérèse Ⓜ *Pyramides – ✆ 01 42 96 10 01 – info@hoteltherese.com – Fax 01 42 96 15 22* G 13
43 ch – 145/158 € 145/306 €, ☕ 13 €
◆ Le charme de cette adresse tient à son décor contemporain soigné : tableaux, objets chinés, boiseries et tons pastel. Salle des petits-déjeuners voûtée (anciennes caves).

Relais St-Honoré sans rest
308 r. St Honoré Ⓜ *Tuileries – ✆ 01 42 96 06 06 – relaissainthonore@wanadoo.fr – Fax 01 42 96 17 50* G 12
15 ch – 196 € 196/330 €, ☕ 12 €
◆ Dans cet immeuble du 17e s., le petit-déjeuner est servi uniquement dans les chambres ; elles sont calmes, meublées d'ancien et ornées de poutres peintes (sauf au 1er étage).

Grand Hôtel de Champagne sans rest
17 r. J.-Lantier Ⓜ *Châtelet – ✆ 01 42 36 60 00 – champaigne@hotelchampaigneparis.com – Fax 01 45 08 43 33* J 14
43 ch – 155/180 € 189/329 €, ☕ 13,50 €
◆ Dans les murs du plus vieil immeuble (édifié en 1562) de la rue J.-Lantier, chambres bourgeoises dégageant une atmosphère d'antan avec leurs pierres et poutres apparentes.

Molière sans rest
21 r. Molière Ⓜ *Palais Royal Musée du Louvre – ✆ 01 42 96 22 01 – info@hotel-moliere.fr – Fax 01 42 60 48 68* G 13
32 ch – 137/160 € 160/280 €, ☕ 12 €
◆ L'enseigne célèbre Molière qui serait né dans cette rue en 1622. Statues à son effigie dans le salon ; mobilier de style et ambiance "cosy" dans les chambres assez spacieuses.

Relais du Louvre sans rest
19 r. Prêtres-St-Germain-l'Auxerrois Ⓜ *Louvre Rivoli – ✆ 01 40 41 96 42 – contact@relaisdulouvre.com – Fax 01 40 41 96 44* H 14
18 ch – 99 € 160/198 €, ☕ 13 € – 1 suite
◆ Étroite façade du 18e s. abritant un hôtel de caractère, paisible et bien tenu. Chambres colorées, conciliant raffinement et confort moderne. Belle suite au dernier étage.

Place du Louvre sans rest
21 r. Prêtres-St-Germain-L'Auxerrois Ⓜ *Louvre Rivoli – ✆ 01 42 33 78 68 – hotel.place.louvre@esprit-de-france.com – Fax 01 42 33 09 95* H 14
20 ch – 103 € 138/169 €, ☕ 11 €
◆ À l'ombre de l'église St-Germain-l'Auxerrois, chambres coquettes portant le nom d'un peintre. Petit-déjeuner servi dans une cave voûtée (14e s.) jadis reliée au Louvre.

Aux Ducs de Bourgogne sans rest
19 r. Pont-Neuf Ⓜ *Châtelet – ✆ 01 42 33 95 64* 15, VISA MC AE
– bourgogne@paris-hotel-capital.com – Fax 01 40 39 01 25 H 14
50 ch – †120/195 € ††195/230 €, ☕ 13 €
◆ Cet immeuble du 19e s. dispose de petites chambres bien insonorisées et garnies de meubles de style. Salles de bains récentes et fonctionnelles. Agréable salon bourgeois.

Louvre Ste-Anne sans rest VISA MC AE
32 r. Ste-Anne Ⓜ *Pyramides – ✆ 01 40 20 02 35 – contact@louvre-ste-anne.fr – Fax 01 40 15 91 13* G 13
20 ch – †107/122 € ††128/184 €, ☕ 12 €
◆ Dans la rue bordée de restaurants japonais, un hôtel qui propose des chambres aux tons pastel, un peu exiguës mais bien agencées. Salle voûtée pour les petits-déjeuners.

XXXXX ✿✿✿ **le Meurice** – Hôtel Le Meurice 25/120, VISA MC AE
228 r. Rivoli Ⓜ *Tuileries – ✆ 01 44 58 10 55 – restaurant@lemeurice.com – Fax 01 44 58 10 76 – Fermé 28 juil.-26 août, vacances de fév., sam. et dim.* G 12
Rest – Menu 75 € (déj.)/190 € – Carte 164/262 €
Spéc. Vapeur de Saint-Jacques aux truffes, nage au corail de homard (automne-hiver). Noix de ris de veau rôtie (automne-hiver). Fraises soufflées, crème normande vanillée au "caviar" de fruits (été).
◆ Salle à manger directement inspirée des Grands Appartements du château de Versailles. Signée par un chef talentueux, la superbe cuisine prend parfois des accents asiatiques : un palace pour gourmets.

XXXXX ✿ **L'Espadon** – Hôtel Ritz 15/300, VISA MC AE
15 pl. Vendôme Ⓜ *Opéra – ✆ 01 43 16 30 80 – food-bev@ritzparis.com – Fax 01 43 16 33 75* G 12
Rest – Menu 75 € (déj.), 145/265 € bc – Carte 121/221 €
Spéc. Araignée de mer, riviera de mangue au jus d'agrumes. Turbot en tronçon rôti à la fleur de sel. Rosette d'agneau en écrin d'herbes, pommes soufflées.
◆ Salle submergée d'ors et de drapés, décor éblouissant conservant le souvenir de ses célèbres convives, plaisante terrasse dans un jardin fleuri et belle cuisine inventive. Tellement "ritzy" !

XXXX ✿✿✿ **Le Grand Véfour** 2/20, VISA MC AE
17 r. Beaujolais Ⓜ *Palais Royal – ✆ 01 42 96 56 27 – grand.vefour@wanadoo.fr – Fax 01 42 86 80 71 – Fermé 14-22 avril, 30 juil.-27 août, 24 déc.-1er janv., vend. soir, sam. et dim.* G 13
Rest – Menu 78 € (déj.)/256 € – Carte 177/207 €
Spéc. Ravioles de foie gras à l'émulsion de crème truffée. Pigeon Prince Rainier III. Tourte d'artichaut et légumes confits.
◆ Dans les jardins du Palais-Royal, somptueux salons Directoire décorés de splendides "fixés sous verre". La cuisine, inspirée et inventive, est digne de ce monument historique.

XXXX ✿✿ **Carré des Feuillants** (Dutournier) 6/44, VISA MC AE
14 r. Castiglione Ⓜ *Tuileries – ✆ 01 42 86 82 82 – carre.des.feuillants@wanadoo.fr – Fax 01 42 86 07 71 – Fermé août, sam. et dim.* G 12
Rest – Menu 65 € (déj.)/165 € – Carte 127/158 €
Spéc. Homard bleu en feuille de riz (automne-hiver). Tendron de veau de lait dans son jus truffé (printemps-été). Ravioles de mangue aux fruits de la passion.
◆ Sur le site du couvent des Feuillants, restaurant moderne rehaussé d'œuvres d'art contemporaines. Carte dans l'air du temps au bel accent gascon, superbes vins et armagnacs.

XXXX ✿ **Goumard** 4/18, VISA MC AE
9 r. Duphot Ⓜ *Madeleine – ✆ 01 42 60 36 07 – goumard.philippe@wanadoo.fr – Fax 01 42 60 04 54* G 12
Rest – Menu 46/60 € bc (déj.) – Carte 67/142 €
Spéc. Tranches de tomate, balsamique blanc et crevettes tigrées au romarin (juin à oct.). Aiguillette de Saint-Pierre doré (juin à sept.). Homard bleu rôti.
◆ Cette vénérable maison parisienne, plus que centenaire, a conservé son cadre Art déco signé par de grands artistes : Majorelle, Lalique et Labouret. Belle cuisine de la mer.

XXX Gérard Besson

5 r. Coq Héron Ⓜ *Louvre Rivoli – ✆ 01 42 33 14 74 – gerard.besson4@libertysurf.fr – Fax 01 42 33 85 71 – Fermé 13 juil.-19 août, lundi midi, sam. midi et dim.* H 14

Rest – Menu 56 € (déj.), 105/125 € – Carte 100/157 € ♀

Spéc. Fricassée de homard "Georges Garin". Gibier (fin sept. à fin déc.). Fenouil confit aux épices.

◆ Camaïeu de beiges, natures mortes et toile de Jouy dans cet élégant restaurant proche des Halles. Cuisine classique revisitée, spécialités de gibiers et très beau livre de cave.

XXX Macéo

10/40, VISA

15 r. Petits-Champs Ⓜ *Bourse – ✆ 01 42 97 53 85 – info@maceorestaurant.com – Fax 01 47 03 36 93 – Fermé en août, sam. midi et dim.* G 13

Rest – Menu (27 €), 30/36 € – Carte 46/61 € ♀

◆ Cadre Second Empire vivifié, associant miroirs d'époque et mobilier contemporain. Cuisine au goût du jour, menu végétarien et carte de vins du monde. Salon-bar convivial.

XX Palais Royal

110 Galerie de Valois - Jardin du Palais Royal Ⓜ *Bourse – ✆ 01 40 20 00 27 – palaisrest@aol.com – Fax 01 40 20 00 82 – Fermé 20 déc.-10 janv. et dim.* G 13

Rest – Carte 36/64 € ♀

◆ Sous les fenêtres de l'appartement de Colette, salle de restaurant inspirée du style Art déco et son idyllique terrasse "grande ouverte" sur le jardin du Palais-Royal.

XX Pierre au Palais Royal

10 r. Richelieu Ⓜ *Palais Royal – ✆ 01 42 96 09 17 – pierreaupalaisroyal@wanadoo.fr – Fax 01 42 96 26 40 – Fermé 5-26 août, sam. midi, dim. et fériés* H 13

Rest – Menu (31 €), 38 € ♀

◆ Tons aubergine, gravures évoquant le Palais-Royal voisin, tables bien dressées : un sobre et plaisant décor pour une cuisine actuelle évoluant selon les arrivages du marché.

XX Au Pied de Cochon

6 r. Coquillière Ⓜ *Châtelet-Les Halles – ✆ 01 40 13 77 00 – de.pied-de-cochon@blanc.net – Fax 01 40 13 77 09* H 14

Rest – brasserie Menu (19 €), 24 € – Carte 30/65 € ♀

◆ Mythique brasserie parisienne qui, depuis son ouverture en 1946, régale aussi les noctambules. Longue carte ad hoc ; une formule et un menu servis le soir à partir de minuit.

XX Le Soufflé

36 r. Mont-Thabor Ⓜ *Tuileries – ✆ 01 42 60 27 19 – c_rigaud@club-internet.fr – Fax 01 42 60 54 98 – Fermé 29 juil.-19 août, 10-24 fév., dim. et fériés* G 12

Rest – Menu (23 € bc), 30/33 € – Carte 34/54 € ♀

◆ Cela fait plus de 40 ans que cette maison bourgeoise, proche des Tuileries, se consacre à son péché mignon : le soufflé. Salé ou sucré, un menu lui est totalement dédié !

XX Delizie d'Uggiano

20, VISA

18 r. Duphot Ⓜ *Madeleine – ✆ 01 40 15 06 69 – losapiog@wanadoo.fr – Fax 01 40 15 03 90 – Fermé 10-20 août, sam. midi et dim.* G 12

Rest – Menu (36 €), 42 € (déj.) – Carte 55/85 € ♀

◆ À l'étage, salle à manger principale et son joli décor inspiré de la Toscane. Au rez-de-chaussée, bar à vins et épicerie fine. Le tout voué à une cuisine "italianissime".

XX Saudade

34 r. Bourdonnais Ⓜ *Pont Neuf – ✆ 01 42 36 30 71 – Fax 01 42 36 30 71 – Fermé dim.* H 14

Rest – Menu 20 € (déj. en sem.) – Carte 27/52 € ♀

◆ Pour un repas au Portugal... en plein Paris, rendez-vous dans cette salle de restaurant décorée d'azulejos. Plats typiques et vins lusitaniens à déguster au son du fado.

XX Vin et Marée

165 r. St-Honoré Ⓜ *Palais Royal – ✆ 01 42 86 06 96 – Fax 01 42 86 06 97*

Rest – Menu 40/59 € ♀ H 13

◆ Deux salles de restaurant aux tons bleu et blanc ; la plus grande, située à l'étage, ménage une vue sur le Palais-Royal. Produits de la mer présentés chaque jour sur ardoise.

Pinxo – Hôtel Renaissance Paris Vendôme
9 r. Alger Ⓜ Tuileries – ✆ 01 40 20 72 00 – Fax 01 40 20 72 02 – Fermé août G 12
Rest – Menu 32 € bc (déj. en sem.) – Carte 37/58 €
◆ Mobilier épuré, tons noir et blanc, cuisine à la vue de tous : un décor sobre et chic pour "pinxer" (prendre avec les doigts) d'excellents petits plats à la mode Dutournier !

Kinugawa 8/12, (soir)
9 r. Mont Thabor Ⓜ Tuileries – ✆ 01 42 60 65 07 – higashiuchi.kinugawa@free.fr – Fax 01 42 60 57 36 – Fermé 24 déc.-8 janv., dim. et fériés G 12
Rest – Menu 30 € (déj. en sem.), 75/125 € – Carte 35/85 €
◆ À l'étage, cuisine japonaise servie dans une salle à manger contemporaine très "nippone" : tableaux, lignes épurées et sobres tonalités. Bar à sushis au rez-de-chaussée.

L'Atelier Berger 6/15,
49 r. Berger Ⓜ Louvre Rivoli – ✆ 01 40 28 00 00 – atelierberger@wanadoo.fr – Fax 01 40 28 10 65 – Fermé sam. midi et dim. H 14
Rest – Menu 36 € – Carte 36/49 €
◆ Face au jardin des Halles, salle à manger moderne (à l'étage) où la clientèle du quartier apprécie un menu-carte au goût du jour. Bar et fumoir au rez-de-chaussée.

Willi's Wine Bar
13 r. Petits-Champs Ⓜ Bourse – ✆ 01 42 61 05 09 – info@williswinebar.com – Fax 01 47 03 36 93 – Fermé en août et dim. G 13
Rest – Menu (20 €), 25 € (déj.)/34 € – Carte 28/42 €
◆ Une collection d'affiches créées pour le lieu par des artistes contemporains décore ce bar à vins très convivial. Cuisine bistrot et nombreux crus attentivement sélectionnés.

Bistrot St-Honoré
10 r. Gomboust Ⓜ Pyramides – ✆ 01 42 61 77 78 – Fax 01 42 61 74 10 – Fermé 10-20 août, 24 déc.-2 janv., sam. et dim. G 13
Rest – bistrot Menu 28 € – Carte 32/72 €
◆ D'allure typiquement parisienne, ce petit bistrot rustique célèbre la Bourgogne à travers une cuisine généreuse et des vins de terroir. Cadre chaleureux et ambiance décontractée.

Baan Boran
43 r. Montpensier Ⓜ Palais Royal – ✆ 01 40 15 90 45 – Fax 01 40 15 90 45 – Fermé sam. midi et dim. G 13
Rest – Menu 14,50 € (déj.)/45 € (dîner) – Carte 26/48 €
◆ Escale asiatique face au théâtre du Palais-Royal : spécialités thaïlandaises préparées au "wok" et servies dans un cadre actuel égayé par de nombreuses orchidées.

Chez La Vieille "Adrienne"
1 r. Bailleul Ⓜ Louvre Rivoli – ✆ 01 42 60 15 78 – Fax 01 42 33 85 71 – Fermé 30 juil.-19 août, sam., dim. et le soir sauf jeudi et vend. H 14
Rest – *(prévenir)* Menu 27 € (déj.), 43/56 €
◆ Cette maison du 16e s. est un conservatoire de la cuisine traditionnelle. Pot-au-feu, rognons, foies de veau, etc. dans un cadre patiné et une ambiance bon enfant. Non-fumeurs.

Cristina's Tapas by Mavrommatis
18 r. Duphot Ⓜ Madeleine – ✆ 01 42 97 53 04 – Fermé lundi soir, mardi soir et dim. G 12
Rest – Bar à tapas Menu (16 €) – Carte 22/40 €
◆ Grèce, Italie, Espagne, Maghreb, Provence : toutes les saveurs de la Méditerranée réunies dans ce bar à tapas. Restaurant à l'étage et cave de dégustation (charcuterie ibérique).

Lescure
7 r. Mondovi Ⓜ Concorde – ✆ 01 42 60 18 91 – Fermé 2-29 août, 21 déc.-2 janv., sam. et dim. G 11
Rest – Menu 23 € – Carte 21/33 €
◆ Auberge rustique voisine de la place de la Concorde. On y déguste au coude à coude, à la table commune, de copieuses spécialités du Sud-Ouest.

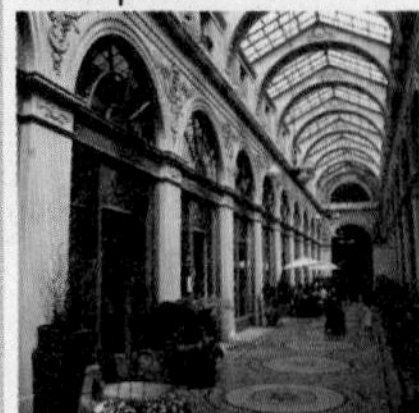
S. Sauvignier/MICHELIN

Bourse

2e arrondissement ✉ 75002

Park Hyatt 15/50, VISA AE
5 r. Paix Ⓜ Opéra – ✆ 01 58 71 12 34 – vendome@hyattintl.com – Fax 01 58 71 12 35 G 12
143 ch – ♦580/650 € ♦♦690/760 €, ☕ 44 € – 35 suites
Rest *Les Orchidées* – *✆ 01 58 71 10 61 (déjeuner seult)* Carte 78/144 €
Rest *Le Pur' Grill* – *✆ 01 58 71 10 60 (dîner seult)* Carte 83/146 €
◆ Ensemble de cinq immeubles haussmanniens transformés en palace "design" : décor contemporain signé Ed Tuttle, collection d'art moderne, spa et équipements high-tech. Carte au goût du jour à déguster sous la verrière des Orchidées. Ambiance feutrée au Pur'Grill.

Westminster ch, 15/40, VISA AE
13 r. Paix Ⓜ Opéra – ✆ 01 42 61 57 46 – resa.westminster@warwickhotels.com – Fax 01 42 60 30 66 G 12
80 ch – ♦280/630 € ♦♦280/630 €, ☕ 28 € – 21 suites
Rest *Le Céladon* – voir ci-après
Rest *Le Petit Céladon* – *✆ 01 47 03 40 42 (fermé août) (week-end seult)* Menu 51 € bc
◆ Cet hôtel adopta le nom de son plus fidèle client, le duc de Westminster, en 1846. Chambres et appartements luxueux. La décoration du hall change avec les saisons. Le Céladon devient Petit Céladon le week-end : menu-carte simplifié et service décontracté.

Édouard VII 15/25, VISA AE
39 av. Opéra Ⓜ Opéra – ✆ 01 42 61 56 90 – info@edouard7hotel.com – Fax 01 42 61 47 73 G 13
64 ch – ♦405/495 € ♦♦445/595 €, ☕ 23 € – 4 suites
Rest *Angl' Opéra* – voir ci-après
◆ Le prince de Galles Édouard VII aimait séjourner ici lors de ses passages à Paris. Chambres spacieuses et feutrées. Boiseries sombres et vitraux décorent le bar.

Mercure Stendhal sans rest VISA AE
22 r. D. Casanova Ⓜ Opéra – ✆ 01 44 58 52 52 – h1610@accor.com – Fax 01 44 58 52 00 G 12
20 ch – ♦215/345 € ♦♦215/345 €, ☕ 17 €
◆ Sur les traces du célèbre écrivain, séjournez dans la suite "Rouge et Noir" de cette demeure de caractère. Chambres coquettes et personnalisées, bar-salon douillet avec cheminée.

L'Horset Opéra sans rest VISA AE
18 r. d'Antin Ⓜ Opéra – ✆ 01 44 71 87 00 – lopera@paris-hotels-charm.com – Fax 01 42 66 55 54 G 13
54 ch ☕ – ♦180/245 € ♦♦200/275 €
◆ Tentures colorées, boiseries chaleureuses et mobilier choisi font le cachet des chambres de cet hôtel de tradition situé à deux pas du palais Garnier. Atmosphère "cosy" au salon.

Noailles sans rest 20, VISA AE
9 r. Michodière Ⓜ 4 Septembre – ✆ 01 47 42 92 90 – goldentulip.denoailles@wanadoo.fr – Fax 01 49 24 92 71 G 13
59 ch – ♦180/240 € ♦♦180/330 €, ☕ 15 € – 2 suites
◆ Élégance très contemporaine derrière une jolie façade ancienne. Chambres zen et épurées, ouvertes pour la plupart sur le patio-terrasse. Salon "trendy" (apéritifs jazz le jeudi).

États-Unis Opéra sans rest 25, VISA
16 r. d'Antin Ⓜ Opéra – ✆ 01 42 65 05 05 – us-opera@wanadoo.fr – Fax 01 42 65 93 70 G 13
45 ch – †100/180 € ††140/240 €, ☕ 11 €
◆ Cet immeuble des années 1930 propose des chambres rénovées, confortables et actuelles. Accueillant bar de style anglais où l'on sert le petit-déjeuner.

Victoires Opéra sans rest VISA
56 r. Montorgueil Ⓜ Etienne Marcel – ✆ 01 42 36 41 08 – hotel@victoiresopera.com – Fax 01 45 08 08 79 G 14
27 ch – †180/244 € ††192/335 €, ☕ 12 €
◆ Dans une rue piétonne très à la mode et souvent animée. L'établissement abrite des chambres contemporaines sobres et élégantes (salles de bains en marbre). Accueil charmant.

Malte Opéra sans rest VISA
63 r. Richelieu Ⓜ 4 Septembre – ✆ 01 44 58 94 94 – hotel.malte@astotel.com – Fax 01 42 86 88 19 G 13
64 ch – †176/220 € ††176/220 €, ☕ 11 €
◆ Face à la Bibliothèque nationale, chambres de tailles variées, meublées dans le style Louis XV, grands duplex (avec vélo d'appartement) et salon cossu ouvert sur un patio fleuri.

Favart sans rest VISA
5 r. Marivaux Ⓜ Richelieu Drouot – ✆ 01 42 97 59 83 – favart.hotel@wanadoo.fr – Fax 01 40 15 95 58 F 13
37 ch ☕ – †92/111 € ††125/137 €
◆ Le peintre Goya séjourna dans ce charmant hôtel où règne une atmosphère intemporelle. Les chambres de la façade principale, tournées vers l'Opéra-Comique, sont les plus agréables.

Baudelaire Opéra sans rest VISA
61 r. Ste Anne Ⓜ 4 Septembre – ✆ 01 42 97 50 62 – resa@paris-hotel.net – Fax 01 42 86 85 85 G 13
24 ch – †136 € ††167 €, ☕ 8 €, 5 duplex
◆ Dans la "rue japonaise" de Paris, cet établissement dispose de chambres coquettes (petits balcons aux derniers étages), de bons équipements et d'une insonorisation efficace.

Vivienne sans rest VISA
40 r. Vivienne Ⓜ Grands Boulevards – ✆ 01 42 33 13 26 – paris@hotel-vivienne.com – Fax 01 40 41 98 19 F 14
45 ch – †58/115 € ††73/115 €, ☕ 9 €
◆ Chambres de bonne ampleur, dotées de meubles de style ou simplement pratique. Certaines ont un balcon, d'autres une terrasse (une seule avec vue sur les toits de Paris).

La Fontaine Gaillon 12/40, VISA
pl. Gaillon Ⓜ 4 Septembre – ✆ 01 47 42 63 22 – Fax 01 47 42 82 84 – Fermé 4-26 août, sam. et dim. G 13
Rest – Menu 38 € (déj.) – Carte 47/66 €
◆ Superbe hôtel particulier du 17e s., terrasse dressée autour de la fontaine, cuisine de la mer et sélection de vins supervisée par Gérard Depardieu... Tout le monde en parle !

Le Céladon – Hôtel Westminster 15/40, VISA
15 r. Daunou Ⓜ Opéra – ✆ 01 47 03 40 42 – christophemoisand@leceladon.com – Fax 01 42 61 33 78 – Fermé août, sam. et dim. G 12
Rest – Menu 48 € (déj.), 72 € bc/110 € – Carte 82/111 €
Spéc. Pâté froid de lapin de garenne (15 sept. au 15 janv.). Langoustines bretonnes en tempura au carry. Veau fermier, ris confit, onglet grillé.
◆ Le décor, très raffiné, associe style Régence, tableaux anciens et notes orientales (vases en céladon : porcelaine chinoise vert pâle). Belle cuisine dans l'air du temps.

Drouant 2/25, VISA
16 pl. Gaillon Ⓜ 4 Septembre – ✆ 01 42 65 15 16 – reservations@drouant.com – Fax 01 49 24 02 15 G 13
Rest – Menu 42 € (déj. en sem.)/52 € – Carte environ 70 €
◆ Élégant décor moderne préservant des éléments anciens et carte actuelle (assiettes à partager) : nouveau départ signé Antoine Westermann pour le mythique restaurant du Goncourt.

XX Gallopin

40 r. N.-D.-des-Victoires Ⓜ Bourse – ✆ 01 42 36 45 38 – administration@brasseriegallopin.com – Fax 01 42 36 10 32 G 14

Rest – Menu (23 €), 28/34 € bc – Carte 28/73 € ♀

◆ Arletty, Raimu et le précieux décor victorien ont fait la renommée de cette adresse située face au palais Brongniart. Ambiance décontractée ; plats de brasserie simples et bons.

XX Vaudeville

29 r. Vivienne Ⓜ Bourse – ✆ 01 40 20 04 62 – Fax 01 40 20 14 35 G 14

Rest – Menu 24/31 € – Carte 30/64 €

◆ Cette grande brasserie est devenue la "cantine" de nombreux journalistes et s'anime à la sortie des théâtres. Cadre Art déco rutilant et carte proposant les classiques du genre.

XX Le Versance

16 r. Feydeau Ⓜ Bourse – ✆ 01 45 08 00 08 – contact@leversance.fr – Fax 01 45 08 47 99 – Fermé août, sam. midi, dim. et lundi F 14

Rest – Menu (32 € bc), 38 € bc – Carte 40/71 € ♀

◆ Dans un écrin gris-blanc épuré, où l'ancien (poutres, vitraux) rencontre le moderne (mobilier design), savourez la cuisine au goût du jour d'un chef globe-trotter. Salon-fumoir.

X Chez Georges

1 r. Mail Ⓜ Bourse – ✆ 01 42 60 07 11 – Fermé août, sam. et dim. G 14

Rest – Carte 42/65 € ♀

◆ Cet authentique bistrot parisien a conservé son décor 1900 : zinc, banquettes, stucs et miroirs. Table ancrée dans la tradition, vins bien choisis et accueil aux petits soins.

X Aux Lyonnais

32 r. St-Marc Ⓜ Richelieu Drouot – ✆ 01 42 96 65 04 – auxlyonnais@online.fr – Fax 01 42 97 42 95 – Fermé 22 juil.-21 août, 23 déc.-2 janv., sam. midi, dim. et lundi F 13

Rest – *(prévenir)* Menu 30 € – Carte 40/52 € ♀

◆ Ce bistrot fondé en 1890 propose de savoureuses recettes lyonnaises intelligemment réactualisées. Cadre délicieusement "rétro" : zinc, banquettes, miroirs biseautés, moulures.

X Voyageurs du Monde

51 bis r. Ste-Anne Ⓜ Pyramides – ✆ 01 42 86 17 17 – restaurant@vdm.com – Fax 01 42 86 17 88 – Fermé vacances de Pâques, août, vacances de Noël, sam. et dim.

Rest – Menu 23 € (déj.), 46/70 € bc – Carte environ 46 € ♀ G 13

◆ Attenant à l'agence de voyage de même nom, ce restaurant "cosy" propose un délicieux tour du monde des saveurs. À midi, le menu honore une destination différente chaque jour.

X Mellifère

8 r. Monsigny Ⓜ 4 Septembre – ✆ 01 42 61 21 71 – mellifere@free.fr – Fax 01 42 61 31 71 – Fermé lundi soir, sam. midi et dim. G 13

Rest – Menu 30 € (déj.)/34 € – Carte environ 43 € ♀

◆ Les habitués des Bouffes Parisiens fréquentent cette "petite adresse de quartier" située juste à côté du théâtre. Intérieur bistrot et cuisine du marché à l'accent basque.

X Le Mesturet

77 r. de Richelieu Ⓜ Bourse – ✆ 01 42 97 40 68 – lemesturet@wanadoo.fr – Fax 01 42 97 40 68 – Fermé sam. midi, dim. et jours fériés G 13

Rest – Menu (20 €), 26 € – Carte 27/37 € ♀

◆ Vrais produits du terroir, généreuses recettes de tradition, judicieuse carte des vins et accueil charmant : ce bistrot décoré à l'ancienne fait très souvent salle comble.

X Pierrot

18 r. Étienne Marcel Ⓜ Etienne Marcel – ✆ 01 45 08 00 10 – Fax 01 42 77 35 92 – Fermé 30 juil.-19 août et dim. H 15

Rest – Menu (28 €), 40/50 € – Carte 33/50 € ♀

◆ Ce bistrot du Sentier vous fera découvrir les saveurs et les produits de l'Aveyron : viande fermière de l'Aubrac, confit de canard, foie gras maison, etc. Terrasse-trottoir.

X Angl' Opéra – Hôtel Edouard VII

39 av. Opéra Ⓜ Opéra – ✆ 01 42 61 86 25 – resto@anglopera.com – Fax 01 42 61 47 73 – Fermé 12-22 août, sam. et dim.

Rest – Menu (22 €) – Carte 43/47 € ♀ G 13

◆ Le restaurant Angl'Opéra surprend les papilles avec sa "fusion food" qui joue avec les produits d'ici ou d'ailleurs et les épices. Décor contemporain élégant et chaleureux.

X **L'Ecaille de la Fontaine** VISA MC AE

15 r. Gaillon M 4 Septembre – ✆ 01 47 42 02 99 – Fax 01 47 42 82 84 – Fermé 4-26 août, 23-30 déc., sam. et dim. G 13

Rest – *(nombre de couverts limité, prévenir)* Menu (23 €), 29 € – Carte 31 € ♀

◆ Huîtres et coquillages à emporter ou à déguster sur place, dans une jolie petite salle intimiste, décorée de photos souvenirs de Gérard Depardieu, propriétaire des lieux.

X **Le Saint Amour** VISA AE

8 r. Port Mahon M 4 Septembre – ✆ 01 47 42 63 82 – hervbrun@hotmail.fr – Fax 01 47 42 63 82 – Fermé 1er-15 août, sam. et dim. G 13

Rest – Menu (25 €), 34 € ♀

◆ Banquettes et tables en bois exotique ou chaleureux décor "provincial" : deux ambiances pour une généreuse cuisine traditionnelle (poissons en provenance directe de Bretagne).

H. Le Gac/MICHELIN

Le Marais, Beaubourg

3e arrondissement ✉ 75003

 **Pavillon de la Reine** sans rest 25, VISA MC AE

28 pl. Vosges M Bastille – ✆ 01 40 29 19 19 – contact@pavillon-de-la-reine.com – Fax 01 40 29 19 20 J 17

41 ch – †360 € ††415 €, ☕ 25 € – 15 suites

◆ Derrière l'un des 36 pavillons en brique de la place des Vosges, deux bâtisses, dont une du 17e s., abritant des chambres raffinées côté cour ou jardin (privé).

 **Murano** ch, VISA MC AE

13 bd du Temple M Filles du Calvaire – ✆ 01 42 71 20 00 – paris@muranoresort.com – Fax 01 42 71 21 01 H 17

42 ch – †350/650 € ††400/650 €, ☕ 38 € – 9 suites – **Rest** – Menu (28 €), 35 € (déj. en sem.) – Carte 39/105 €

◆ Nouvel hôtel "tendance", le Murano affiche sa singularité : décor design immaculé ou jeu de couleurs, équipements high-tech, bar pop-art (150 références de vodka), etc. Côté restaurant, cadre contemporain coloré, cuisine du monde et un D.J. aux platines.

 **Villa Beaumarchais** sans rest

15, VISA MC AE

5 r. Arquebusiers M Chemin Vert – ✆ 01 40 29 14 00 – beaumarchais@leshotelsdeparis.com – Fax 01 40 29 14 01 H 17

50 ch – †380/480 € ††380/980 €, ☕ 26 €

◆ En retrait de l'animation du boulevard Beaumarchais. Chambres raffinées, garnies de meubles travaillés à la feuille d'or ; toutes donnent sur un joli jardin d'hiver.

 **Du Petit Moulin** sans rest VISA MC AE

29 r. du Poitou M St-Sébastien Froissart – ✆ 01 42 74 10 10 – contact@hoteldupetitmoulin.com – Fax 01 42 74 10 97 H 16

17 ch – †180/350 € ††180/350 €, ☕ 15 €

◆ Christian Lacroix a imaginé pour cet hôtel du Marais un décor inédit et raffiné jouant des contrastes entre tradition et modernité. Chaque chambre est "mise en scène" d'une façon différente. Bar "cosy".

Little Palace
4 r. Salomon de Caus Ⓜ *Réaumur Sébastopol – ✆ 01 42 72 08 15 – info@littlepalacehotel.com – Fax 01 42 72 45 81* G 15
49 ch – 153/218 € 172/250 €, 13 € – 4 suites – **Rest** – *(fermé 27 juil.-27 août, 21 déc.-2 janv., vend. soir, sam. et dim.)* Carte 27/38 €
◆ Cet immeuble 1900 bordant un charmant petit square a fait peau neuve. Jolies chambres contemporaines à choisir de préférence aux 5e et 6e étages, avec balcon et vue sur Paris. Belles boiseries brunes et ouvragées, tons clairs et mobilier épuré au restaurant.

Meslay République sans rest
3 r. Meslay Ⓜ *République – ✆ 01 42 72 79 79 – hotel.meslay@wanadoo.fr – Fax 01 42 72 76 94* G 16
39 ch – 84/116 € 106/138 €, 9,50 €
◆ À deux pas de la place de la République, belle façade ouvragée et classée (1840) abritant des chambres actuelles et bien insonorisées. Cave voûtée pour les petits-déjeuners.

Des Archives sans rest
87 r. des Archives Ⓜ *Temple – ✆ 01 44 78 08 00 – contact@hoteldesarchives.com – Fax 01 44 78 08 10* H 16
19 ch – 145/175 € 175/205 €, 12 €
◆ De petites chambres contemporaines joliment décorées caractérisent ce charmant hôtel proche des Archives Nationales. Hall-salon moderne agrémenté d'un mobilier rouge.

Austin's sans rest
6 r. Montgolfier Ⓜ *Arts et Métiers – ✆ 01 42 77 17 61 – austins.amhotel@wanadoo.fr – Fax 01 42 77 55 43* G 16
29 ch – 99/105 € 135/145 €, 7,50 €
◆ Dans une rue calme, face au musée des Arts et Métiers. Les chambres, toutes rénovées, sont chaleureuses et gaies ; certaines ont conservé leurs poutres apparentes d'origine.

Ambassade d'Auvergne 10/40,
22 r. Grenier St-Lazare Ⓜ *Rambuteau – ✆ 01 42 72 31 22 – info@ambassade-auvergne.com – Fax 01 42 78 85 47* H 15
Rest – Menu (20 € bc), 28 € – Carte 30/45 €
◆ De vrais ambassadeurs d'une province riche de traditions et de saveurs : cadre et meubles auvergnats, produits, recettes et vins du "pays", fouchtra !

Le Petit Pamphlet
15 r. St Gilles Ⓜ *Chemin-Vert – ✆ 01 42 71 22 21 – Fermé 5-25 août, 1er-10 janv., lundi midi, sam. midi et dim.* J 17
Rest – Menu 31 €
◆ Une collection d'affiches et gravures pamphlétaires décore cette petite salle de bistrot contemporain. Court menu-carte, suggestions hebdomadaires et convivialité garantie.

Au Bascou
38 r. Réaumur Ⓜ *Arts et Métiers – ✆ 01 42 72 69 25 – Fax 01 42 72 69 25 – Fermé août, 24 déc.-2 janv., sam. et dim.* G 16
Rest – Menu (18 €), 16 € (déj.) – Carte environ 33 €
◆ Venez découvrir dans ce bistrot aux murs joliment patinés les chauds accents de la cuisine basque. Produits du terroir reçus en direct du pays, accueil enthousiaste.

Auberge Chez Rosito
4 r. Pas de la Mule Ⓜ *Bastille – ✆ 01 42 76 04 44 – Fax 01 42 76 04 44 – Fermé 7-18 août, sam. midi et dim.* J 17
Rest – Carte 32/51 €
◆ Cette discrète façade abrite un restaurant aux allures d'auberge campagnarde simple et chaleureuse. Vins corses, à l'instar de la cuisine axée sur le gibier, le poisson et le cochon.

404
69 r. des Gravilliers Ⓜ *Arts et Métiers – ✆ 01 42 74 57 81 – 404resto@wanadoo.fr – Fax 01 42 74 03 41* H 16
Rest – Menu (17 € bc), 30/77 € – Carte environ 30 €
◆ Réputé pour ses tajines et couscous, ce restaurant branché s'avère dépaysant à souhait avec ses tables basses, divans, lanternes et sa terrasse-patio inspirés du Maroc.

S. Sauvignier/MICHELIN

Île de la Cité, Île St-Louis, Hôtel de Ville, St-Paul

4e arrondissement ✉ 75004

Jeu de Paume sans rest 25, VISA MC AE
54 r. St-Louis-en-l'Île Ⓜ Pont Marie – ✆ 01 43 26 14 18 – info@jeudepaumehotel.com – Fax 01 40 46 02 76 K 16
30 ch – †165/255 € ††255/900 €, ☕ 18 €
◆ Au cœur de l'île St-Louis, cette halle du 17e s., jadis vouée au jeu de paume, est devenue un hôtel de caractère utilisant malicieusement les volumes. Un lieu original.

Bourg Tibourg sans rest VISA MC AE
19 r. Bourg Tibourg Ⓜ Hôtel de Ville – ✆ 01 42 78 47 39 – hotel@bourgtibourg.com – Fax 01 40 29 07 00 J 16
30 ch – †160 € ††220/250 €, ☕ 14 €
◆ Chambres joliment personnalisées (néogothique, baroque ou orientaliste) et excellent petit-déjeuner caractérisent cette charmante adresse. Une petite perle en plein Marais.

Villa Mazarin sans rest VISA MC AE
6 r. des Archives Ⓜ Hôtel de Ville – ✆ 01 53 01 90 90 – resa@villamalraux.com – Fax 01 53 01 90 91 J 15
26 ch – †130/400 € ††130/400 €, ☕ 12 €, 3 studios
◆ Équipements high-tech (wi-fi, écrans plats), meubles modernes et de style : cette confortable maison proche de l'hôtel de ville allie subtilement tradition et contemporanéité.

Caron de Beaumarchais sans rest VISA MC AE
12 r. Vieille-du-Temple Ⓜ Hôtel de Ville – ✆ 01 42 72 34 12 – hotel@carondebeaumarchais.com – Fax 01 42 72 34 63 J 16
19 ch – †125/162 € ††125/162 €, ☕ 12 €
◆ Le père de Figaro vécut dans cette rue du Marais historique ; la décoration bourgeoise de ce bel établissement lui rend un hommage fidèle. Petites chambres douillettes.

Duo sans rest VISA MC AE
11 r. Temple Ⓜ Hôtel de Ville – ✆ 01 42 72 72 22 – duo@duoparis.com – Fax 01 42 72 03 53 J 15
56 ch – †115/155 € ††170/350 €, ☕ 14 € – 2 suites
◆ La seconde aile aménagée de façon "tendance" (tons chauds ou acidulés) donne un nouvel élan à cet hôtel de caractère, tenu par la même famille depuis trois générations. Fitness.

Bretonnerie sans rest VISA MC
22 r. Ste-Croix-de-la-Bretonnerie Ⓜ Hôtel de Ville – ✆ 01 48 87 77 63 – hotel@bretonnerie.com – Fax 01 42 77 26 78 J 16
29 ch – †116/180 € ††116/180 €, ☕ 9,50 €
◆ Quelques chambres de cet hôtel particulier du Marais (17e s.) sont dotées de lits à baldaquin et de poutres apparentes. Bon petit-déjeuner servi dans une salle voûtée.

Beaubourg sans rest VISA MC AE
11 r. S. Le Franc Ⓜ Rambuteau – ✆ 01 42 74 34 24 – htlbeaubourg@hotellerie.net – Fax 01 42 78 68 11 H 15
28 ch – †115/140 € ††125/140 €, ☕ 8 €
◆ Dans une ruelle nichée derrière le Centre Georges-Pompidou. Les chambres, accueillantes et bien insonorisées, sont parfois assorties de poutres et de pierres apparentes.

Lutèce sans rest VISA MC AE
65 r. St-Louis-en-l'Île Ⓜ Pont Marie – ✆ 01 43 26 23 52 – hotel.lutece@free.fr – Fax 01 43 29 60 25 K 16
23 ch – †150 € ††195 €, ☕ 12 €
◆ La clientèle américaine apprécie le charme de cette hostellerie ancrée sur l'île St-Louis. Intérieur campagnard actualisé, chambres revues, belles boiseries anciennes au salon.

Deux Îles sans rest
59 r. St-Louis-en-l'Île Ⓜ Pont Marie – ☎ 01 43 26 13 35 – hotel.2iles@free.fr – Fax 01 43 29 60 25 K 16
17 ch – 🛉157 € 🛉🛉178 €, ☕ 12 €
◆ À quelques pas du glacier le plus couru de la capitale, chambres meublées en rotin, confortables et plutôt paisibles ; salons "cosy" (dont un voûté et doté d'une cheminée).

Castex sans rest
5 r. Castex Ⓜ Bastille – ☎ 01 42 72 31 52 – info@castexhotel.com – Fax 01 42 72 57 91 K 17
30 ch – 🛉95/118 € 🛉🛉120/220 €, ☕ 10 €
◆ Mise en scène très Grand Siècle en cette demeure rénovée de pied en cap : toile de Jouy, tomettes et mobilier Louis XIII font oublier la faible ampleur des chambres.

Nice sans rest
42 bis r. Rivoli Ⓜ Hôtel de Ville – ☎ 01 42 78 55 29 – contact@hoteldenice.com – Fax 01 42 78 36 07 J 16
23 ch – 🛉50/75 € 🛉🛉85/105 €, ☕ 7 €
◆ Bibelots, gravures, tapis kilims et meubles anciens tant dans les chambres que dans les salons : une atmosphère particulière complétée par une bonne insonorisation.

XXXX ✿✿✿ **L'Ambroisie** (Pacaud) 12,
9 pl. des Vosges Ⓜ St-Paul – ☎ 01 42 78 51 45 – Fermé 31 juil.-26 août, vacances de fév., dim. et lundi J 17
Rest – Carte 185/272 €
Spéc. Feuillantine de langoustines aux graines de sésame, sauce curry. Navarin de homard et pommes de terre fondantes au romarin. Tarte fine sablée au chocolat, glace vanille.
◆ Sous les arcades de la place des Vosges, un décor royal et une cuisine subtile touchant à la perfection : l'ambroisie n'est-elle pas la nourriture des dieux de l'Olympe ?

XX ✿ **Benoît** 10/20,
20 r. St-Martin Ⓜ Châtelet – ☎ 01 42 72 25 76 – restaurant.benoit@wanadoo.fr – Fax 01 42 72 45 68 – Fermé 21 juil.-20 août et 22 déc.-1er janv. J 15
Rest – Menu 38 € (déj.) – Carte 54/83 €
Spéc. Tête de veau sauce ravigote. Escargots en coquille aux fines herbes. Cassoulet maison.
◆ Alain Ducasse supervise ce bistrot chic et animé. Vous y dégusterez une cuisine ancrée dans la tradition, respectueuse de l'âme de cette authentique et belle maison.

XX **Coconnas**
2 bis pl. des Vosges Ⓜ Chemin Vert – ☎ 01 42 78 58 16 – Fax 01 42 78 16 28 – Fermé vacances de fév., lundi et mardi J 17
Rest – Menu 27 € (déj.) – Carte 42/69 €
◆ Situation prestigieuse et enseigne historique (Coconnas aurait participé au complot de Vincennes) pour ce restaurant au cadre d'inspiration médiévale. Carte traditionnelle.

XX **Bofinger** 15/30, (soir)
5 r. Bastille Ⓜ Bastille – ☎ 01 42 72 87 82 – eberne@groupeflo.fr – Fax 01 42 72 97 68 J 17
Rest – Menu 24 € (déj. en sem.)/31 € – Carte 28/68 €
◆ Illustres clients et remarquable décor font de cette brasserie créée en 1864 un lieu de mémoire consacré. Coupole délicatement ouvragée et, à l'étage, salle décorée par Hansi.

XX **Le Dôme du Marais**
53 bis r. Francs-Bourgeois Ⓜ Rambuteau – ☎ 01 42 74 54 17 – ledomedumarais@hotmail.com – Fax 01 42 77 78 17 – Fermé 1er-4 mai, 8-31 août, dim. et lundi
Rest – Menu (17 €), 23 € (déj. en sem.), 35/100 € bc – Carte 42/56 € H 16 J 16
◆ On dresse les tables sous le joli dôme de l'ancienne salle des ventes du Crédit municipal et dans un second espace d'esprit jardin d'hiver. Cuisine au goût du jour.

Mon Vieil Ami
69 r. St-Louis-en-l'Île Ⓜ Pont Marie – ✆ 01 40 46 01 35 – mon.vieil.ami@wanadoo.fr – Fax 01 40 46 01 35 – Fermé 1er-20 août, 1er-20 janv., lundi et mardi K 16
Rest – Carte environ 39 €
◆ Vieilles poutres et décor actuel donnent des allures d'auberge "tendance" à cette adresse. Goûteuses recettes traditionnelles mâtinées de modernité et de clins d'œil à l'Alsace.

Le Fin Gourmet
42 r. Saint-Louis en l'Île Ⓜ Pont-Marie – ✆ 01 43 26 79 27 – Fax 01 43 26 96 08 – Fermé mardi midi et lundi K 16
Rest – Menu 20 € (déj.)/35 € bc (dîner) – Carte environ 45 €
◆ On se laisse prendre par le charme de ce restaurant mi-historique mi-contemporain, dirigé par une équipe jeune et passionnée. Présentation soignée et cuisine modernisée.

Bistrot du Dôme
2 r. Bastille Ⓜ Bastille – ✆ 01 48 04 88 44 – Fax 01 48 04 00 59 – Fermé 1er -21 août J 17
Rest – Carte 36/46 €
◆ Décor de Slavik et rez-de-chaussée éclairé par les grappes de raisin d'une simili-treille pour ce bistrot marin mettant à l'honneur les produits de la pêche.

L'Enoteca
25 r. Charles V Ⓜ St-Paul – ✆ 01 42 78 91 44 – enoteca@enoteca.fr – Fax 01 44 59 31 72 – Fermé 11-20 août J 16
Rest – *(prévenir)* Menu (14 € bc) – Carte 26/46 €
◆ L'atout de ce restaurant logé dans des murs du 16e s. est sa superbe carte des vins : environ 500 références uniquement transalpines. Plats italiens et ambiance très animée.

L'Osteria
10 r. Sévigné Ⓜ St-Paul – ✆ 01 42 71 37 08 – osteria@noos.fr – Fermé août, lundi midi, sam. et dim. J 16
Rest – *(prévenir)* Carte 33/92 €
◆ Ni enseigne, ni menu sur la façade de cette "trattoria" appréciée par une clientèle fidèle et "people" (autographes et dessins aux murs). Goûteuse cuisine italienne de saison.

Isami
4 quai Orléans Ⓜ Pont-Marie – ✆ 01 40 46 06 97 – Fermé 5-27 août, vacances de Noël, dim. et lundi K 16
Rest – *(nombre de couverts limité, prévenir)* Menu (20 €) – Carte 40/80 €
◆ Une adresse nippone confidentielle où l'on sert probablement l'un des meilleurs poissons crus de Paris (spécialités de sushi et shirashi). Quelques calligraphies en décor.

Fleurs de Thym
19 r. François Miron Ⓜ St-Paul – ✆ 01 48 87 01 02 – Fermé dim.
Rest – Menu 17 € (déj. en sem.) – Carte 24/30 € J 16
◆ Ce chaleureux restaurant libanais propose une cuisine authentique et goûteuse (mezze, grillades, pâtisseries), accompagnée des vins du pays. Petite salle à l'étage plus intime.

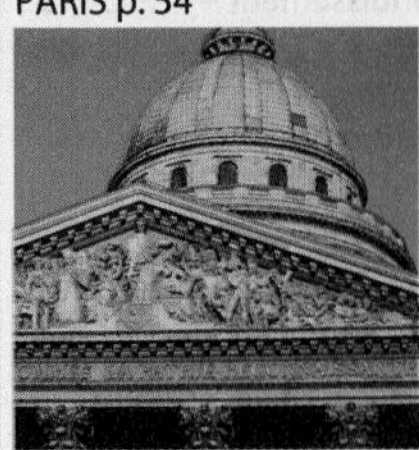
Ph. Gajic/MICHELIN

Panthéon, Jardin des plantes, Mouffetard

5e arrondissement ✉ 75005

Villa Panthéon sans rest
41 r. Écoles Ⓜ Maubert Mutualité – ✆ 01 53 10 95 95 – pantheon@leshotelsdeparis.com – Fax 01 53 10 95 96 K 14
59 ch – †260/310 € ††260/710 €, ☕ 25 €
◆ Parquet, tentures colorées, mobilier en bois exotique et lampes d'inspiration Liberty : réception, chambres et bar (bon choix de whiskys) sont décorés dans l'esprit "british".

Les Rives de Notre-Dame sans rest
15 quai St-Michel Ⓜ St-Michel – ✆ 01 43 54 81 16 – hotel@rivesdenotredame.com – Fax 01 43 26 27 09 J 14
10 ch – †130/243 € ††130/550 €, ☕ 14 €
◆ Maison du 16e s. superbement conservée, dont les spacieuses chambres de style provençal s'ouvrent toutes sur la Seine et Notre-Dame. "Penthouse" au dernier étage.

Royal St-Michel sans rest
3 bd St-Michel Ⓜ St-Michel – ✆ 01 44 07 06 06 – hotelroyalsaintmichel@wanadoo.fr – Fax 01 44 07 36 25 K 14
39 ch – †180/240 € ††195/290 €, ☕ 18 €
◆ Sur le "Boul' Mich", face à la fontaine Saint-Michel : toute l'ambiance du Quartier latin est aux portes de cet hôtel abritant des chambres modernes et rénovées.

Panthéon sans rest
19 pl. Panthéon Ⓜ Luxembourg – ✆ 01 43 54 32 95 – reservation@hoteldupantheon.com – Fax 01 43 26 64 65 L 14
36 ch – †125/255 € ††145/285 €, ☕ 12 €
◆ Chambres de style "cosy" ou d'inspiration Louis XVI avec vue sur le dôme du "temple de la Renommée". Plaisant salon et salle de petits-déjeuners voûtée.

Grands Hommes sans rest
17 pl. Panthéon Ⓜ Luxembourg – ✆ 01 46 34 19 60 – reservation@hoteldesgrandshommes.com – Fax 01 43 26 67 32 L 14
31 ch – †185/215 € ††195/255 €, ☕ 12 €
◆ Posté face au Panthéon, plaisant hôtel rénové dans le style Directoire (meubles chinés). Plus de la moitié des chambres a vue sur la dernière demeure des "grands hommes".

Tour Notre-Dame sans rest
20 r. Sommerard Ⓜ Cluny la Sorbonne – ✆ 01 43 54 47 60 – tour-notre-dame@magic.fr – Fax 01 43 26 42 34 K 14
48 ch – †129/176 € ††139/190 €, ☕ 12 €
◆ Très bel emplacement pour cet hôtel quasiment accolé au musée de Cluny. Chambres de bon confort, récemment rénovées ; celles sur l'arrière sont plus calmes.

Grand Hôtel St-Michel sans rest
19 r. Cujas Ⓜ Luxembourg – ✆ 01 46 33 33 02 – grand.hotel.st.michel@wanadoo.fr – Fax 01 40 46 96 33 K 14
40 ch – †105/130 € ††140/170 €, ☕ 12 € – 5 suites
◆ Cet immeuble haussmannien rénové abrite des chambres feutrées, garnies de meubles peints. Salon de style Napoléon III ; salle voûtée pour les petits-déjeuners.

Notre Dame sans rest
1 quai St-Michel Ⓜ St-Michel – ✆ 01 43 54 20 43 – hotel.denotredame@libertysurf.fr – Fax 01 43 26 61 75 K 14
26 ch – †150 € ††199 €, ☕ 7 €
◆ Les douillettes petites chambres de cet hôtel sont toutes refaites, climatisées et bien équipées ; la majorité bénéficie d'une vue sur la cathédrale Notre-Dame.

Relais St-Jacques sans rest 10, VISA MC AE
3 r. Abbé de l'Épée Ⓜ Luxembourg – ☎ 01 53 73 26 00 – nevers.luxembourg@wanadoo.fr – Fax 01 43 26 17 81 L 14
22 ch – †170/255 € ††170/480 €, ☕ 17 €
◆ Chambres de styles variés (Directoire, Louis-Philippe, etc.), salle des petits-déjeuners sous verrière, salon Louis XV et bar 1925... Un inventaire (chic) à la Prévert !

St-Christophe sans rest VISA MC AE
17 r. Lacépède Ⓜ Place Monge – ☎ 01 43 31 81 54 – saintchristophe@wanadoo.fr – Fax 01 43 31 12 54 L 15
31 ch – †97/120 € ††107/132 €, ☕ 8 €
◆ Le naturaliste Lacépède a donné son nom à la rue, rappelant la proximité du Jardin des Plantes. Petites chambres d'esprit rustique ; toutes sont non-fumeurs.

Sully St-Germain sans rest VISA MC AE
31 r. Écoles Ⓜ Maubert Mutualité – ☎ 01 43 26 56 02 – sully@sequanahotels.com – Fax 01 43 29 74 42 K 15
61 ch – †105/150 € ††110/160 €, ☕ 12 €
◆ Est-ce le voisinage du musée du Moyen Âge ? Toujours est-il que l'établissement présente un décor d'inspiration médiévale. Salon sous verrière.

Jardin de Cluny sans rest VISA MC AE
9 r. Sommerard Ⓜ Maubert Mutualité – ☎ 01 43 54 22 66 – hotel.decluny@wanadoo.fr – Fax 01 40 51 03 36 K 14
40 ch – †99/169 € ††119/239 €, ☕ 14 €
◆ Chambres fonctionnelles, garnies de meubles en rotin. Salle des petits-déjeuners voûtée, agrémentée d'une "Dame à la Licorne" (l'originale est à deux pas, au musée de Cluny).

Select sans rest VISA MC AE
1 pl. Sorbonne Ⓜ Cluny la Sorbonne – ☎ 01 46 34 14 80 – info@selecthotel.fr – Fax 01 46 34 51 79 K 14
67 ch – †129/225 € ††129/241 €, ☕ 6 €
◆ Hôtel résolument contemporain au cœur du Paris estudiantin. Bar et salons répartis autour d'un patio abritant un jardin de cactus. Certaines chambres ont vue sur les toits.

Du Levant sans rest VISA MC AE
18 r. Harpe Ⓜ St-Michel – ☎ 01 46 34 11 00 – hlevant@club-internet.fr – Fax 01 46 34 25 87 K 14
47 ch – †73/100 € ††118/145 €, ☕ 8 €
◆ Les chambres de cet hôtel bâti en 1875 au cœur du Quartier latin ont été rénovées. Photos des années 1920 dans les couloirs, fresque dans la salle des petits-déjeuners.

Albe sans rest VISA MC AE
1 r. Harpe Ⓜ St-Michel – ☎ 01 46 34 09 70 – albehotel@wanadoo.fr – Fax 01 40 46 85 70 K 14
45 ch – †135/140 € ††160/215 €, ☕ 13 €
◆ Plaisante décoration moderne dans cet hôtel proposant des chambres un peu petites, mais bien agencées et gaies. Quartier latin, île de la Cité... Paris est à vos pieds !

Agora St-Germain sans rest VISA MC AE
42 r. Bernardins Ⓜ Maubert Mutualité – ☎ 01 46 34 13 00 – resa@agora-paris-hotel.com – Fax 01 46 34 75 05 K 15
39 ch – †135/169 € ††169/189 €, ☕ 11 €
◆ Voisin de l'église St-Nicolas-du-Chardonnet, cet hôtel s'est refait une jeunesse. Chambres "cosy", plus calmes côté cour. Charmante salle des petits-déjeuners (murs en pierres).

Dacia-Luxembourg sans rest VISA MC AE
41 bd St-Michel Ⓜ Cluny la Sorbonne – ☎ 01 53 10 27 77 – info@hoteldacia.com – Fax 01 44 07 10 33 K 14
38 ch – †95/132 € ††110/153 €, ☕ 10 €
◆ Nombreuses rénovations dans cet établissement chaleureux du Quartier latin. Beaux jetés de lit en piqué blanc dans des chambres bien équipées (deux avec baldaquin).

Henri IV sans rest
9 r. St-Jacques Ⓜ St-Michel – ✆ 01 46 33 20 20 – info@hotel-henri4.com – Fax 01 46 33 90 90 K14
23 ch – 157 € 175 €, 12 €
♦ Joliment refaites, les chambres de cet hôtel donnent presque toutes sur le chevet de l'église St-Séverin. Tomettes, meubles anciens et cheminée font le charme du salon.

Minerve sans rest
20, VISA
13 r. des Écoles Ⓜ Maubert Mutualité – ✆ 01 43 26 26 04 – minerve@hotellerie.net – Fax 01 44 07 01 96 L 15
54 ch – 88/154 € 102/154 €, 8 €
♦ Cet immeuble bâti en 1864 propose son plaisant salon d'accueil (pierres apparentes et mobilier de style) et ses petites chambres de caractère fort bien tenues.

Pierre Nicole sans rest
39 r. Pierre Nicole Ⓜ Port Royal – ✆ 01 43 54 76 86 – hotelpierre-nicole@voila.fr – Fax 01 43 54 22 45 – Fermé 28 juil.-27 août M 13
33 ch – 80 € 90 €, 7 €
♦ L'enseigne rend hommage au moraliste de Port-Royal. Chambres pratiques, sans ampleur, mais fort bien tenues et à prix sages. Le jardin du Luxembourg est tout proche.

St-Jacques sans rest
35 r. Écoles Ⓜ Maubert Mutualité – ✆ 01 44 07 45 45 – hotelsaintjacques@wanadoo.fr – Fax 01 43 25 65 50 K 15
38 ch – 58/88 € 100/130 €, 9 €
♦ Confort moderne et charme d'antan caractérisent les chambres de cet hôtel dont la bibliothèque recèle des ouvrages des 18e et 19e s. Salle des petits-déjeuners décorée façon cabaret des années folles.

Familia sans rest
11 r. Écoles Ⓜ Cardinal Lemoine – ✆ 01 43 54 55 27 – familia.hotel@libertysurf.fr – Fax 01 43 29 61 77 L-K 15
30 ch – 76 € 87/117 €, 6 €
♦ En toile de fond, Notre-Dame et le Collège des Bernardins. Chambres rustiques ornées de fresques "sépias" figurant les monuments de Paris. Salle des petits-déjeuners familiale.

Devillas sans rest
4 bd Saint Marcel Ⓜ St-Marcel – ✆ 01 43 31 37 50 – info@hoteldevillas.com – Fax 01 43 31 96 03 M16
39 ch – 79/89 € 79/89 €, 10 €
♦ Chambres rénovées et bien agencées dans cet hôtel situé sur un boulevard voisin de l'hôpital de La Pitié-Salpêtrière. Pour plus de calme, réservez sur l'arrière.

Tour d'Argent
Notre-Dame, 15/55, VISA
15 quai Tournelle Ⓜ Maubert Mutualité – ✆ 01 43 54 23 31 – resa@latourdargent.com – Fax 01 44 07 12 04 – Fermé 31 juillet-4 sept. et lundi K 16
Rest – Menu 70 € (déj.), 200 € bc/230 € bc – Carte 132/427 €
Spéc. Caneton "Tour d'Argent". Noisette d'agneau des Tournelles. Poire "Vie Parisienne".
♦ La salle à manger "en plein ciel" offre une vue somptueuse sur Notre-Dame. Cave exceptionnelle, fameux canards de Challans et clients célèbres depuis le 16e s.

La Truffière
4 r. Blainville Ⓜ Place Monge – ✆ 01 46 33 29 82 – restaurant.latruffiere@wanadoo.fr – Fax 01 46 33 64 74 – Fermé 23-30 déc., dim. et lundi L 15
Rest – Menu 20 € (déj. en sem.)/92 € – Carte 70/132 €
♦ Cette maison du 17e s. abrite trois salles à manger : l'une rustique (poutres) et les deux autres voûtées. Cuisine traditionnelle inspirée par le Sud-Ouest ; belle carte des vins.

Mavrommatis
12/20, VISA
42 r. Daubenton Ⓜ Censier Daubenton – ✆ 01 43 31 17 17 – info@mavrommatis.fr – Fax 01 43 36 13 08 – Fermé 15 août-15 sept., dim. et lundi M 15
Rest – Menu 35/48 € – Carte 41/57 €
♦ L'ambassade de la cuisine grecque à Paris. Pas de folklore mais un cadre sobre, élégant et confortable où l'accueil se montre attentionné. Terrasse d'été bordée d'oliviers.

Marty

AC 30/60, VISA MC

20 av. Gobelins Ⓜ Les Gobelins – ✆ 01 43 31 39 51 – restaurant.marty@wanadoo.fr – Fax 01 43 37 63 70 M 15

Rest – Menu 33 € – Carte 36/58 €

◆ Boiseries en acajou, lustres, vitraux, meubles chinés et tableaux composent le plaisant décor "années 1930" de ce restaurant. Carte traditionnelle et produits de la mer.

Atelier Maître Albert

AC VISA MC AE

1 r. Maître Albert Ⓜ Maubert Mutualité – ✆ 01 56 81 30 01 – ateliermaitrealbert@guysavoy.com – Fax 01 53 10 83 23 – Fermé 1er-15 août, vacances de Noël, sam. midi et dim. midi K 15

Rest – Menu 28 € (déj. en sem.) – Carte 39/51 €

◆ Une monumentale cheminée médiévale et les rôtissoires (viandes à la broche) trônent dans ce bel intérieur design signé J.-M. Wilmotte. Alléchante carte pensée par Guy Savoy.

L'Équitable

VISA MC AE

47 bis r. Poliveau Ⓜ St-Marcel – ✆ 01 43 31 69 20 – equitable.restaurant@wanadoo.fr – Fax 01 43 37 85 52 – Fermé août, mardi midi et lundi M16

Rest – Menu 21 € (déj. en sem.)/32 €

◆ Avec son décor rustique (pierres et poutres apparentes) et sa généreuse cuisine de tradition, ce restaurant entretient une plaisante ambiance d'auberge provinciale.

Les Délices d'Aphrodite

AC VISA MC AE

4 r. Candolle Ⓜ Censier Daubenton – ✆ 01 43 31 40 39 – info@mavrommatis.fr – Fax 01 43 36 13 08 M 15

Rest – Menu (18 €) – Carte 29/44 €

◆ Cette taverne conviviale régale de spécialités gréco-chypriotes aux parfums ensoleillés. Photos de paysages locaux, lierre dégringolant du plafond... Un avant-goût de vacances !

La Table de Fabrice

AC VISA MC AE

13 quai de la Tournelle Ⓜ Pont-Marie – ✆ 01 44 07 17 57 – Fax 01 77 10 25 78 – Fermé 15-30 août, sam. midi et dim. K 16

Rest – Menu 40 € – Carte environ 75 €

◆ Petite table sympathique dans un édifice du 17e s. À l'étage, atmosphère provinciale et vue sur les quais de Seine. Menu unique et suggestions à l'ardoise au fil des saisons.

Moissonnier

VISA MC AE

28 r. Fossés-St-Bernard Ⓜ Jussieu – ✆ 01 43 29 87 65 – Fax 01 43 29 87 65 – Fermé août, dim. et lundi K 15

Rest – Menu 24 € (déj. en sem.) – Carte 27/44 €

◆ Le décor typique de ce bistrot n'a pas changé depuis des lustres : zinc rutilant, murs patinés, banquettes... Cuisine d'ascendance lyonnaise et "pots" de beaujolais.

Coco de Mer

VISA MC AE

34 bd St-Marcel Ⓜ St-Marcel – ✆ 01 47 07 06 64 – resto@pierre-frichot.com – Fax 01 43 31 45 75 – Fermé en août, une sem. en janv., lundi midi et dim. M 16

Rest – Menu 15 € bc (déj. en sem.)/30 €

◆ Marre de la grisaille ? Direction les Seychelles : ti-punch pieds nus dans le sable fin de la véranda et recettes des îles d'où l'on fait arriver le poisson chaque semaine.

Au Moulin à Vent

VISA MC

20 r. Fossés-St-Bernard Ⓜ Jussieu – ✆ 01 43 54 99 37 – alexandra.damas@au-moulinavent.fr – Fax 01 40 46 92 23 – Fermé 6-27 août, 1er-7 janv., sam. midi, dim. et lundi K 15

Rest – Carte 42/59 €

◆ Depuis 1948, rien n'a changé dans ce bistrot parisien : joli décor rétro patiné par les ans et cuisine traditionnelle (spécialités : viande de Salers et "lyonnaiseries").

Buisson Ardent

AC VISA MC

25 r. Jussieu Ⓜ Jussieu – ✆ 01 43 54 93 02 – info@lebuissonardent.fr – Fax 01 46 33 34 77 – Fermé août, sam. midi et dim. L 15

Rest – Menu 29/45 €

◆ Ambiance bon enfant en ce petit restaurant de quartier fréquenté à midi par les universitaires de Jussieu. Fresques originales datant de 1923. Plats "bistrotiers" bien mitonnés.

Louis Vins

9 r. Montagne-Ste-Geneviève Ⓜ Maubert Mutualité – ✆ 01 43 29 12 12 K 15

Rest – Menu (24 €), 27 €

◆ Chaleureux décor d'esprit 1900 (comptoir en noyer, miroirs, fresques) où l'on s'attable autour d'une généreuse cuisine de bistrot et d'une belle sélection de vins.

Balzar

AC VISA MC AE D

49 r. Écoles Ⓜ Cluny la Sorbonne – ✆ 01 43 54 13 67 – Fax 01 44 07 14 91 K 14

Rest – Carte 26/64 €

◆ Une "institution" à deux pas de la Sorbonne : cette brasserie est devenue, avec son immuable cadre 1930, la "cantine" des universitaires et intellectuels du Quartier latin.

Ribouldingue

VISA MC

10 r. St-Julien le Pauvre Ⓜ Maubert Mutualité – ✆ 01 46 33 98 80 – Fermé août, dim. et lundi K 14

Rest – Menu 27 €

◆ Osé, ce sympathique bistrot d'abats qui sert des "canailleries" (groins, tétines, cervelles, langues...) préparées traditionnellement ou revisitées. Les amateurs sont conquis !

Reminet

VISA MC

3 r. Grands Degrés Ⓜ Maubert Mutualité – ✆ 01 44 07 04 24 – Fermé 11 août-1er sept., mardi et merc. K 15

Rest – Carte 35/44 €

◆ Le Reminet jouxte les quais et les îles du cœur historique. Longue salle à manger dont le cadre bistrot s'égaye de jeux de lumière créés par lustres, bougies et miroirs.

Table Corse

VISA MC AE

8 r. Tournefort Ⓜ Place Monge – ✆ 01 43 31 15 00 – Fax 01 43 31 12 51 – Fermé août, 24 déc.-1er janv. et dim. L 15

Rest – *(dîner seult)* Carte 34/51 €

◆ L'enseigne de ce petit restaurant aménagé dans une vieille maison du Quartier latin le proclame : la cuisine corse y joue les vedettes ! Décor sans fioriture.

Petit Pontoise

AC VISA MC AE D

9 r. Pontoise Ⓜ Maubert Mutualité – ✆ 01 43 29 25 20 K 15

Rest – Carte 29/47 €

◆ À deux pas des quais de la Seine et de Notre-Dame, bistrot de quartier décoré dans le style des années 1950. Plats présentés sur ardoise. Clientèle d'habitués.

Papilles

8/15, VISA MC

30 r. Gay Lussac Ⓜ Luxembourg – ✆ 01 43 25 20 79 – Fax 01 43 25 24 35 – Fermé 1er-21 août, 1er-8 janv. et dim. L 14

Rest – Menu 29 € – Carte 31/35 €

◆ Bistrot, cave et épicerie : d'un côté des casiers à vins, de l'autre des étagères garnies de bocaux de plats du Sud-Ouest et au milieu... on déguste une cuisine du marché !

Christophe

VISA MC

8 r. Descartes Ⓜ Maubert-Mutualité – ✆ 01 43 26 72 49 – Fax 01 46 33 93 41 – Fermé 15 août-1er sept. et lundi L 15

Rest – Menu (12 €), 19 € (déj.) – Carte 31/53 €

◆ Ce bistrot très simplement aménagé cache bien son jeu : on y goûte une cuisine personnalisée où poisson et porc figurent au panthéon des produits, tous excellents.

Lhassa

VISA MC

13 r. Montagne Ste-Geneviève Ⓜ Maubert Mutualité – ✆ 01 43 26 22 19 – Fax 01 42 17 00 08 – Fermé lundi K 15

Rest – Menu 11 € (déj. en sem.), 15/21 € – Carte 17/25 €

◆ Comme son nom le laisse deviner, ce petit restaurant est entièrement dédié au Tibet : tissus colorés, objets artisanaux, photos du dalaï-lama et plats typiques du pays.

S. Sauvignier/MICHELIN

St-Germain-des-Près, Quartier Latin, Luxembourg

6e arrondissement ✉ 75006

Lutetia 10/180, VISA MC AE
45 bd Raspail Ⓜ Sèvres Babylone – ✆ 01 49 54 46 46 – lutetia-paris@lutetia-paris.com – Fax 01 49 54 46 00 K 12
220 ch – 230/950 € 230/950 €, 25 € – 11 suites
Rest *Paris* – voir ci-après
Rest *Brasserie Lutetia* – ✆ 01 49 54 46 76 – Menu (35 €), 42/60 € – Carte 53/70 €
◆ Édifié en 1910, ce célèbre palace de la rive gauche n'a rien perdu de son éclat : raffinement "rétro", lustres Lalique, sculptures de César, Arman, etc. Chambres rénovées. Rendez-vous du "Tout-Paris", la Brasserie Lutetia sert une belle carte de fruits de mer.

Victoria Palace sans rest 20, VISA MC AE
6 r. Blaise-Desgoffe Ⓜ St-Placide – ✆ 01 45 49 70 00 – info@victoriapalace.com – Fax 01 45 49 23 75 L 11
62 ch – 320/382 € 320/610 €, 18 €
◆ Petit palace au charme indéniable : toiles de Jouy, mobilier Louis XVI et salles de bains en marbre dans les chambres, tableaux, velours rouge et porcelaines dans les salons.

D'Aubusson sans rest 15/35, P VISA MC AE
33 r. Dauphine Ⓜ Odéon – ✆ 01 43 29 43 43 – reservations@hoteldaubusson.com – Fax 01 43 29 12 62 J 13
49 ch – 295/465 € 295/465 €, 23 €
◆ Hôtel particulier (17e s.) de caractère : chambres élégantes, parquets Versailles, tapisseries d'Aubusson... et, en fin de semaine, soirées jazz au Café Laurent.

Relais Christine sans rest 20, VISA MC AE
3 r. Christine Ⓜ St-Michel – ✆ 01 40 51 60 80 – contact@relais-christine.com – Fax 01 40 51 60 81 J 14
35 ch – 360 € 410 €, 25 €, 16 duplex
◆ Bel hôtel particulier bâti sur le site d'un couvent du 13e s. (la salle des petits-déjeuners occupe l'ancienne cuisine voûtée). Jolies chambres personnalisées et soignées.

Bel Ami St-Germain-des-Prés sans rest 10/30, VISA MC AE
7 r. St-Benoit Ⓜ St-Germain des Prés – ✆ 01 42 61 53 53 – contact@hotel-bel-ami.com – Fax 01 49 27 09 33 J 13
115 ch – 270/540 € 270/540 €, 23 €
◆ Bel immeuble du 19e s. voisin des cafés de Flore et des Deux Magots. Aménagement résolument contemporain à tendance "zen" et équipements high-tech : design et très "in".

Buci sans rest VISA MC AE
22 r. Buci Ⓜ Mabillon – ✆ 01 55 42 74 74 – hotelbuci@wanadoo.fr – Fax 01 55 42 74 44 J 13
21 ch – 190/230 € 215/400 €, 18 € – 3 suites
◆ L'hôtel a vue sur le marché animé de cette rue pittoresque. Ciels de lit, meubles de style anglais... Chambres élégantes, rénovées et parfaitement insonorisées. Piano-bar.

L'Abbaye sans rest VISA MC AE
10 r. Cassette Ⓜ St-Sulpice – ✆ 01 45 44 38 11 – hotel.abbaye@wanadoo.fr – Fax 01 45 48 07 86 K 12
40 ch – 211/228 € 211/228 € – 4 suites
◆ Charme d'hier et confort d'aujourd'hui dans un ancien couvent (18e s.) : agréable véranda, duplex avec terrasse et coquettes chambres parfois tournées sur le ravissant patio.

Littré sans rest — 8/20, VISA AE
9 r. Littré Ⓜ *Montparnasse Bienvenüe – ☎ 01 53 63 07 07 – hotellittre@hotellittreparis.com – Fax 01 45 44 88 13* L 11
79 ch – 265/315 € 315/350 €, ☕ 20 € – 11 suites
◆ À mi-chemin de Saint-Germain-des-Prés et de Montparnasse, immeuble classique dont les chambres, assez spacieuses, sont toutes joliment aménagées. Confortable bar anglais.

L'Hôtel — VISA AE
13 r. Beaux Arts Ⓜ *St-Germain des Prés – ☎ 01 44 41 99 00 – stay@l-hotel.com – Fax 01 43 25 64 81* J 13
16 ch – 255/640 € 255/640 €, ☕ 18 € – 4 suites
Rest *Le Restaurant* – *☎ 01 44 41 99 01 (fermé août, 23-28 déc., dim. et lundi)*
Menu 50/70 € bc – Carte 60/66 €
◆ Vertigineux "puits de lumière", décor exubérant signé Garcia (baroque, Empire, Orient) : l'Hôtel, unique, cultive la nostalgie avec bonheur. Oscar Wilde s'y éteignit. Tons or et vert, lanternes anciennes et verrière composent le ravissant cadre du restaurant.

Esprit Saint-Germain sans rest — VISA AE
22 r. Saint-Sulpice Ⓜ *Mabillon – ☎ 01 53 10 55 55 – contact@espritsaintgermain.com – Fax 01 53 10 55 56* K 13
31 ch – 310/550 € 310/550 €, ☕ 26 € – 1 suite
◆ Chambres élégantes et contemporaines mariant avec bonheur coloris rouge, chocolat et beige, tableaux et meubles modernes ; salles de bains agrémentées de murs en ardoise.

Madison sans rest — VISA AE
143 bd St-Germain Ⓜ *St-Germain des Prés – ☎ 01 40 51 60 00 – resa@hotel-madison.com – Fax 01 40 51 60 01* J 13
54 ch – 162/350 € 220/415 €, ☕ 15 €
◆ Camus aimait fréquenter cet établissement aux chambres élégantes ; certaines offrent une perspective sur l'église St-Germain-des Prés. Joli salon Louis-Philippe.

Relais Médicis sans rest — VISA AE
23 r. Racine Ⓜ *Odéon – ☎ 01 43 26 00 60 – reservation@relaismedicis.com – Fax 01 40 46 83 39* K 13
16 ch ☕ – 142/172 € 148/258 €
◆ Une touche provençale égaye les chambres de cet hôtel proche du théâtre de l'Odéon ; celles donnant sur le patio sont plus au calme. Meubles chinés chez les antiquaires.

Left Bank St-Germain sans rest — VISA AE
9 r. Ancienne Comédie Ⓜ *Odéon – ☎ 01 43 54 01 70 – lb@paris-hotels-charm.com – Fax 01 43 26 17 14* K 13
31 ch ☕ – 150/230 € 160/250 €
◆ Damas, toile de Jouy, meubles de style Louis XIII et colombages président au décor de cet immeuble du 17e s. Quelques chambres offrent une échappée sur Notre-Dame.

La Villa d'Estrées et Résidence des Arts sans rest
17 r. Gît le Cœur Ⓜ *Saint-Michel –* cuisinette VISA AE
☎ 01 55 42 71 11 – resa@villadestrees.com – Fax 01 55 42 71 00 J14
21 ch – 205/305 € 205/325 €, ☕ 10 €
◆ Le style Napoléon III, revisité par un disciple de Garcia, imprègne chaque détail de la décoration de ces deux bâtiments. Chambres ou appartements, "cosy" et bien équipés.

Villa sans rest — 15, VISA AE
29 r. Jacob Ⓜ *St-Germain des Prés – ☎ 01 43 26 60 00 – hotel@villa-saintgermain.com – Fax 01 46 34 63 63* J 13
31 ch – 220/285 € 220/285 €, ☕ 16 €
◆ Les murs datent du 19e s., mais l'intérieur est résolument contemporain : meubles design, couleurs vives ou tons pastel plus reposants. Original.

Sénat sans rest — VISA AE
10 r. Vaugirard Ⓜ *Luxembourg – ☎ 01 43 54 54 54 – reservations@hotelsenat.com – Fax 01 43 54 54 55* K 14
41 ch – 185/385 € 185/385 €, ☕ 15 €
◆ Comme son nom l'indique, cet hôtel aménagé dans un immeuble du 19e s. est situé à proximité du Sénat. Ses chambres offrent un décor moderne, élégant et chaleureux.

Relais St-Germain cuisinette VISA AE

9 carr. de l'Odéon Ⓜ *Odéon* – ✆ *01 43 29 12 05* – *hotelrsg@wanadoo.fr* – *Fax 01 46 33 45 30* K 13

22 ch ☕ – 🚹210 € 🚹🚹275/420 €

Rest ***Le Comptoir*** – voir ci-après

◆ Trois immeubles du 17e s. abritent cet hôtel raffiné où poutres patinées, étoffes chatoyantes et meubles anciens participent au plaisant cachet des chambres.

St-Grégoire sans rest VISA AE

43 r. Abbé Grégoire Ⓜ *St-Placide* – ✆ *01 45 48 23 23* – *hotel@saintgregoire.com* – *Fax 01 45 48 33 95* L 12

20 ch – 🚹185/230 € 🚹🚹230/260 €, ☕ 14 €

◆ Cet établissement vaut pour son accueillant décor bourgeois. Deux chambres bénéficient d'une petite terrasse verdoyante. Sympathique salle des petits-déjeuners voûtée.

Millésime Hôtel sans rest VISA AE

15 r. Jacob Ⓜ *St-Germain des Prés* – ✆ *01 44 07 97 97* – *reservation@millesimehotel.com* – *Fax 01 46 34 55 97* J 13

22 ch – 🚹190/210 € 🚹🚹190/375 €, ☕ 16 €

◆ Tons ensoleillés, mobilier et tissus choisis apportent une note chaleureuse aux ravissantes chambres de cet hôtel rénové. Bel escalier du 17e s.

Ste-Beuve sans rest VISA AE

9 r. Ste-Beuve Ⓜ *Notre-Dame des Champs* – ✆ *01 45 48 20 07* – *saintebeuve@wanadoo.fr* – *Fax 01 45 48 67 52* L 12

22 ch – 🚹138/288 € 🚹🚹138/288 €, ☕ 15 €

◆ L'endroit ressemble à une maison particulière : ambiance intime, sofas moelleux, flambées dans la cheminée... Les chambres mêlent avec goût l'ancien et le contemporain.

Au Manoir St-Germain-des-Prés sans rest VISA AE

153 bd St-Germain Ⓜ *St-Germain des Prés* – ✆ *01 42 22 21 65* – *reservation@hotelaumanoir.com* – *Fax 01 45 48 22 25* J 12

33 ch ☕ – 🚹150/190 € 🚹🚹160/270 €

◆ Mobilier de style, toile de Jouy, fresques et boiseries composent l'atmosphère bourgeoise de cet hôtel situé face au Flore et aux Deux Magots, célèbres cafés germanopratins.

Villa des Artistes sans rest VISA AE

9 r. Grande Chaumière Ⓜ *Vavin* – ✆ *01 43 26 60 86* – *hotel@villa-artistes.com* – *Fax 01 43 54 73 70* L 12

59 ch – 🚹105 € 🚹🚹132/184 €, ☕ 14 €

◆ L'enseigne rend hommage aux artistes qui ont fait l'histoire du quartier Montparnasse. Chambres agréables, donnant souvent sur la cour. Verrière pour les petits-déjeuners.

Artus sans rest VISA AE

34 r. de Buci Ⓜ *Mabillon* – ✆ *01 43 29 07 20* – *info@artushotel.com* – *Fax 01 43 29 67 44* J13

27 ch ☕ – 🚹235/410 € 🚹🚹245/410 €

◆ Captant l'air du temps, cet hôtel apporte sa touche intimiste : chambres modernes ornées d'antiquités, jolie cave voûtée, bar design, peintures des galeries voisines exposées.

Relais St-Sulpice sans rest 20, VISA AE

3 r. Garancière Ⓜ *St-Sulpice* – ✆ *01 46 33 99 00* – *relaisstsulpice@wanadoo.fr* – *Fax 01 46 33 00 10* K 13

26 ch – 🚹175/210 € 🚹🚹175/210 €, ☕ 12 €

◆ La façade du 19e s. de ce séduisant hôtel dissimule des chambres au décor "ethnique" mariant styles africain et asiatique ; celles sur l'arrière sont particulièrement calmes.

De Fleurie sans rest VISA AE

32 r. Grégoire de Tours Ⓜ *Odéon* – ✆ *01 53 73 70 00* – *bonjour@hotel-de-fleurie.fr* – *Fax 01 53 73 70 20* K 13

29 ch – 🚹135/150 € 🚹🚹170/190 €, ☕ 12 €

◆ Pimpante façade du 18e s. agrémentée de "statues nichées". Chambres bourgeoises aux tonalités douces, agrémentées de boiseries ; préférez celles côté cour, plus tranquilles.

Prince de Conti sans rest
8 r. Guénégaud Ⓜ *Odéon – ☎ 01 44 07 30 40 – princedeconti@wanadoo.fr – Fax 01 44 07 36 34* J 13
26 ch – 🚹165/280 € 🚹🚹165/280 €, ☕ 13 €
◆ Immeuble du 18e s. jouxtant l'hôtel de la Monnaie : charmant salon transformé en cabinet de curiosités, chambres raffinées et duplex lumineux décorés d'objets précieux.

Clos Médicis sans rest
56 r. Monsieur Le Prince Ⓜ *Odéon – ☎ 01 43 29 10 80 – message@closmedicis.com – Fax 01 43 54 26 90* K 14
38 ch – 🚹131/155 € 🚹🚹165/245 €, ☕ 13 € – 1 suite
◆ L'hôtel est entouré par les magnifiques demeures de cette rue "princière". Son intérieur contemporain aux tons chauds ne laisse guère supposer que les murs datent de 1773.

Odéon Hôtel sans rest
3 r. Odéon Ⓜ *Odéon – ☎ 01 43 25 90 67 – odeon@odeonhotel.fr – Fax 01 43 25 55 98* K 13
33 ch – 🚹130/170 € 🚹🚹180/270 €, ☕ 12 €
◆ Façade, poutres et murs en pierres apparentes témoignent de l'ancienneté de la maison (17e s.). Les chambres sont toutes personnalisées et certaines ont vue sur la Tour Eiffel.

De l'Odéon sans rest
13 r. St-Sulpice Ⓜ *Odéon – ☎ 01 43 25 70 11 – hotelodeon@wanadoo.fr – Fax 01 43 29 97 34* K 13
28 ch – 🚹200/250 € 🚹🚹250/280 €, ☕ 14 €
◆ L'intérieur de cette maison du 16e s., pour le moins éclectique, est pétri de charme : lits anciens en cuivre ou à baldaquin, bibelots chinés dans les brocantes, etc. Minijardin luxuriant.

Prince de Condé sans rest
39 r. Seine Ⓜ *Mabillon – ☎ 01 43 26 71 56 – princedeconde@wanadoo.fr – Fax 01 46 34 27 95* J 13
11 ch – 🚹195/280 € 🚹🚹195/280 €, ☕ 13 €
◆ Chambres "cosy" agrémentées de gravures, élégante cave voûtée, salon-bibliothèque intime. Les esthètes apprécieront les nombreuses galeries de peintures installées dans la rue.

Régent sans rest
61 r. Dauphine Ⓜ *Odéon – ☎ 01 46 34 59 80 – hotel.leregent@wanadoo.fr – Fax 01 40 51 05 07* J 13
24 ch – 🚹170 € 🚹🚹238 €, ☕ 14 €
◆ Façade longiligne datant de 1769. Les chambres sont feutrées et bien équipées. Salle des petits-déjeuners en sous-sol, avec murs en pierres apparentes.

Bréa sans rest
14 r. Bréa Ⓜ *Vavin – ☎ 01 43 25 44 41 – brea.hotel@wanadoo.fr – Fax 01 44 07 19 25* L 12
23 ch – 🚹120/175 € 🚹🚹130/210 €, ☕ 14 €
◆ Deux bâtiments reliés par une verrière aménagée en un plaisant salon-jardin d'hiver. Ambiance méditerranéenne dans les chambres, plutôt spacieuses et bien équipées.

Pas de Calais sans rest
59 r. Saints-Pères Ⓜ *St-Germain des Prés – ☎ 01 45 48 78 74 – infos@hotelpasdecalais.com – Fax 01 45 44 94 57* J 12
38 ch – 🚹125/145 € 🚹🚹145/165 €, ☕ 12 €
◆ Ce discret hôtel situé sur une rue passante abrite des chambres coquettes, personnalisées et rajeunies au fil des ans ; charpente apparente au dernier étage.

Dauphine St-Germain sans rest
36 r. Dauphine Ⓜ *Odéon – ☎ 01 43 26 74 34 – hotel@dauphine-st-germain.com – Fax 01 43 26 49 09* J 13
30 ch – 🚹164/198 € 🚹🚹184/292 €, ☕ 15 €
◆ Les grands couturiers tiennent boutique dans le lacis de ruelles voisinant cet immeuble du 17e s. Atmosphère d'autrefois, mais confort actuel. Salles de bains en marbre.

De Sèvres sans rest
22 r. Abbé-Grégoire Ⓜ *St-Placide – ☎ 01 45 48 84 07 – info@hoteldesevres.com – Fax 01 42 84 01 55* K 11-12
31 ch – †85/110 € ††95/120 €, ☐ 10 €
◆ Cet hôtel, niché dans une rue calme proche du Bon Marché, propose des chambres fonctionnelles et colorées. La salle des petits-déjeuners donne sur une courette fleurie.

Paris – Hôtel Lutetia 15/40, VISA
45 bd Raspail Ⓜ *Sèvres Babylone – ☎ 01 49 54 46 90 – lutetia-paris@lutetia-paris.com – Fax 01 49 54 46 00 – Fermé août, sam., dim. et fériés* K 12
Rest – Menu 55 € bc (déj.), 75/135 € – Carte 94/107 €
Spéc. Saint-Jacques marinées au caviar d'esturgeon blanc (oct. à avril). Homard cuit en carapace (juin à nov.). Agneau de lait des Pyrénées (janv. à mai).
◆ Fidèle au style de l'hôtel, la salle de restaurant Art déco, signée Sonia Rykiel, reproduit l'un des salons du paquebot Normandie. Talentueuse cuisine au goût du jour.

Jacques Cagna (soir) VISA
14 r. Grands Augustins Ⓜ *St-Michel – ☎ 01 43 26 49 39 – jacquescagna@hotmail.com – Fax 01 43 54 54 48 – Fermé 27 juil.-24 août, lundi midi, sam. midi et dim.* J 14
Rest – Menu 45 € (déj.)/100 € – Carte 81/199 €
Spéc. Foie gras de canard poêlé aux fruits de saison caramélisés. Noix de ris de veau en croûte de sel. Gibier (saison).
◆ Dans l'une des plus anciennes maisons du vieux Paris, confortable salle à manger ornée de poutres massives, boiseries du 16e s. et tableaux flamands. Cuisine raffinée.

Relais Louis XIII (Martinez) 12/20, VISA
8 r. Grands Augustins Ⓜ *Odéon – ☎ 01 43 26 75 96 – contact@relaislouis13.com – Fax 01 44 07 07 80 – Fermé 1er-10 mai, 29 juil.-20 août, 22 déc.-3 janv., dim. et lundi* J 14
Rest – Menu 50 € (déj.), 75/100 € – Carte 110/126 €
Spéc. Ravioli de homard, foie gras et crème de cèpes. Coffre de canard rôti entier, cuisse confite. Millefeuille, crème légère à la vanille bourbon.
◆ Dans une maison du 16e s., trois intimes salles à manger de style Louis XIII où règnent balustres, tissus à rayures et pierres apparentes. Subtile cuisine au goût du jour.

Hélène Darroze-La Salle à Manger VISA
4 r. d'Assas Ⓜ *Sèvres Babylone – ☎ 01 42 22 00 11 – reservation@helenedarroze.com – Fax 01 42 22 25 40* K 12
Rest – *(1er étage) (fermé le midi du 22 juil. au 27 août, lundi sauf le soir du 22 juil. au 27 août et dim.)* Menu 72 € (déj.), 175/235 € – Carte 92/192 €
Rest *Le Salon* – *(fermé 22 juil. au 27 août, dim. et lundi)* Menu (35 €), 45/88 € – Carte 59/105 €
Rest *Le Boudoir* – *(fermé 22 juil. au 27 août, dim. et lundi)* Carte 81/127 €
Spéc. Foie gras de canard des Landes grillé au feu de bois. Cochon de lait de race basque sous toutes ses formes (mai à oct). Chocolat, coriandre, chicorée et vanille bourbon.
◆ Près du Bon Marché, décor contemporain haut en couleur où l'on régale d'une délicieuse cuisine et de vins du Sud-Ouest. Au rez-de-chaussée du restaurant, Hélène Darroze tient Salon et propose tapas et petits plats au rustique accent des Landes.

Lapérouse 2/50, VISA
51 quai Grands Augustins Ⓜ *St-Michel – ☎ 01 43 26 68 04 – restaurantlaperouse@wanadoo.fr – Fax 01 43 26 99 39 – Fermé août, sam. midi et dim.* J 14
Rest – Menu (30 € bc), 45 € bc (déj.), 95/120 € – Carte 72/97 €
◆ Fondé en 1766, rendez-vous du Tout-Paris dès la fin du 19e s. et réputé pour ses petits salons discrets : l'esprit de cet élégant restaurant est entretenu avec passion.

Sensing VISA
19 r. Bréa Ⓜ *Vavin – ☎ 01 43 27 08 80 – sensing@orange.fr – Fax 01 43 26 99 27 – Fermé 29 juil.-27 août, lundi midi et dim.* L 12
Rest – Menu 55 € (déj.), 95/140 €
◆ Une courte carte, contemporaine et épurée, qui valorise d'excellents produits et un cadre mi-design, mi-rococo : ce restaurant piloté par Guy Martin ne manque pas de personnalité.

XX **Bastide Odéon** (soir) VISA MC AE

7 r. Corneille Ⓜ Odéon – ✆ 01 43 26 03 65 – bastide.odeon@wanadoo.fr – Fax 01 44 07 28 93 – Fermé 4 août-3 sept., dim. et lundi K 13

Rest – Menu 26 € (déj.)/38 € ♀

◆ Proche du Luxembourg, agréable et confortable salle de restaurant dont le décor rappelle l'intérieur d'une bastide provençale. Spécialités méditerranéennes.

XX **Méditerranée** 4/25, VISA MC AE

2 pl. Odéon Ⓜ Odéon – ✆ 01 43 26 02 30 – la.mediterranee@wanadoo.fr – Fax 01 43 26 18 44 K 13

Rest – Menu (27 €), 32 € – Carte 38/61 € ♀

◆ Deux salles à manger agrémentées de fresques évoquant la "grande bleue" et une véranda tournée sur le théâtre de l'Europe servent de cadre à une cuisine méditerranéenne.

XX **Yugaraj** VISA MC AE

14 r. Dauphine Ⓜ Odéon – ✆ 01 43 26 44 91 – contact@yugaraj.com – Fax 01 46 33 50 77 – Fermé août, jeudi midi et lundi J 14

Rest – Menu (19 €), 30 € – Carte 37/60 € ♀

◆ Boiseries, panneaux décoratifs, soieries et objets d'art anciens donnent à ce haut lieu de la gastronomie indienne des airs de musée. Carte très bien renseignée.

XX **Alcazar** 10/42, VISA MC AE

62 r. Mazarine Ⓜ Odéon – ✆ 01 53 10 19 99 – contact@alcazar.fr – Fax 01 53 10 23 23 J 13

Rest – Menu (26 € bc), 30 € bc (déj. en sem.)/40 € – Carte 36/59 € ♀

◆ Le célèbre cabaret s'est converti en vaste restaurant "branché" au cadre design, agrémenté de photos d'artistes. Tables avec vue sur les fourneaux, cuisine actuelle.

XX **Les Bouquinistes** VISA MC AE

53 quai Grands Augustins Ⓜ St-Michel – ✆ 01 43 25 45 94 – bouquinistes@guysavoy.com – Fax 01 43 25 23 07 – Fermé août, 23 déc.-3 janv., sam. midi et dim. J 14

Rest – Menu (25 € bc), 28 € bc (déj.), 60/100 € – Carte 51/60 € ♀

◆ Face aux bouquinistes des quais, une cuisine originale dans un cadre qui ne l'est pas moins : mobilier design, lampes colorées et peintures abstraites.

X **Yen** VISA MC AE

22 r. St-Benoît Ⓜ St-Germain des Prés – ✆ 01 45 44 11 18 – restau.yen@wanadoo.fr – Fax 01 45 44 19 48 – Fermé dim. J 13

Rest – Menu (31 €), 55 € (dîner) – Carte 39/59 € ♀

◆ Deux salles à manger au décor japonais très épuré, un peu plus chaleureux à l'étage. La carte fait la part belle à la spécialité du chef : le soba (nouilles de sarrasin).

X **La Rotonde** VISA MC AE

105 bd Montparnasse Ⓜ Vavin – ✆ 01 43 26 68 84 – Fax 01 46 34 52 40 L 12

Rest – Menu (15 € bc), 35 € – Carte 35/67 € ♀

◆ Lisez au verso de la carte l'histoire de cette typique brasserie parisienne qui, depuis 1903, a reçu de nombreux hôtes célèbres. Adresse idéale pour souper après le théâtre.

X **La Marlotte** VISA MC AE

55 r. Cherche-Midi Ⓜ St-Placide – ✆ 01 45 48 86 79 – info@lamarlotte.com – Fax 01 45 44 34 80 – Fermé 1er-21 août et dim. K 12

Rest – Menu (22 € bc) – Carte 33/50 € ♀

◆ Près du Bon Marché, sympathique adresse de quartier où l'on croise éditeurs et politiciens. Salle des repas tout en longueur, décor rustique et cuisine traditionnelle.

X **L'Épi Dupin** VISA MC

11 r. Dupin Ⓜ Sèvres Babylone – ✆ 01 42 22 64 56 – lepidupin@wanadoo.fr – Fax 01 42 22 30 42 – Fermé août, lundi midi, sam. et dim. K 12

Rest – *(nombre de couverts limité, prévenir)* Menu (24 € bc), 32 € ♀

◆ Poutres et pierres pour le caractère, tables serrées pour la convivialité et délicieuse cuisine pour se régaler : ce restaurant de poche a conquis le quartier du Bon Marché.

L'Espadon Bleu (soir) VISA
25 r. Grands Augustins Ⓜ St-Michel – 01 46 33 00 85 – jacquescagna@hotmail.com – Fax 01 43 54 54 48 – Fermé août, lundi midi, sam. midi et dim. J 14
Rest – Menu (23 €), 30 € – Carte 42/74 €
◆ Sympathique maison spécialisée dans les produits de la mer. Les espadons, bien sûr de la fête, ornent les murs peints aux couleurs du Sud ainsi que les tables en mosaïque.

Le Comptoir – Hôtel Relais-St-Germain VISA
9 carr. de l'Odéon Ⓜ Odéon – 01 44 27 07 97 – Fax 01 46 33 45 30 K 13
Rest – *(nombre de couverts limité, prévenir)* Menu 42 € (dîner) – Carte 30/50 € le midi
◆ Dans ce sympathique bistrot de poche, Yves Camdeborde régale ses clients d'une généreuse cuisine traditionnelle ménageant une place aux produits du Sud-Ouest. Authentique décor des années 1930.

Emporio Armani Caffé VISA
149 bd St-Germain Ⓜ St-Germain des Prés – 01 45 48 62 15 – contact@emporioarmanicaffe.fr – Fax 01 45 48 53 17 – Fermé dim. J 13
Rest – Carte 47/80 €
◆ Au premier étage de la boutique du grand couturier, un "caffé" chic à l'italienne, confortable et joliment relooké. Clientèle "rive gauche" et cuisine transalpine.

Joséphine "Chez Dumonet" VISA
117 r. Cherche-Midi Ⓜ Duroc – 01 45 48 52 40 – Fax 01 42 84 06 83 – Fermé sam. et dim. L 11
Rest – Carte 29/89 €
◆ Authentique représentant des années folles avec zinc, banquettes et décor de bistrot patiné. On y propose une belle carte des vins et une cuisine traditionnelle.

Ze Kitchen Galerie VISA
4 r. Grands Augustins Ⓜ St-Michel – 01 44 32 00 32 – zekitchen.galerie@wanadoo.fr – Fax 01 44 32 00 33 – Fermé sam. midi et dim. J 14
Rest – Menu (26 € bc), 34 € (déj.), 50/70 € – Carte 52/55 €
◆ Ze Kitchen est "Ze" adresse "tendance" des quais rive gauche : cadre épuré égayé d'œuvres d'artistes contemporains, mobilier design et cuisine "mode" élaborée sous vos yeux.

Allard VISA
1 r. l'Eperon Ⓜ St-Michel – 01 43 26 48 23 – Fax 01 46 33 04 02 – Fermé 29 juil.-20 août J 14
Rest – Menu (24 €), 32 € – Carte 35/78 €
◆ Recettes façon grand-mère, atmosphère conviviale, zinc d'époque, gravures et tableaux illustrant des scènes de la vie bourguignonne font le charme de ce bistrot 1900.

Rôtisserie d'en Face VISA
2 r. Christine Ⓜ Odéon – 01 43 26 40 98 – rotisface@aol.com – Fax 01 43 54 22 71 – Fermé sam. midi et dim. J 14
Rest – Menu (25 €), 28 € (déj.)/42 € – Carte 39/68 €
◆ En face de quoi ? Du restaurant de Jacques Cagna qui a créé ici un sympathique "bistrot de chef". Cadre aux tons ocre, sobrement élégant. Atmosphère décontractée.

Fish La Boissonnerie VISA
69 r. de Seine Ⓜ Odéon – 01 43 54 34 69 – Fermé 13-20 août, 22-28 déc. et lundi
Rest – Menu (10,50 €), 22 € (déj.)/33 € (dîner) J 13
◆ Le vin et les poissons dominent dans le décor de ce "gastropub" où l'on déguste une authentique cuisine de produits, à prix d'amis et en toute simplicité. Très belle cave.

Azabu VISA
3 r. A. Mazet Ⓜ Odéon – 01 46 33 72 05 – Fax 01 77 11 06 19 – Fermé 10-25 juin, 18-28 nov., dim. midi et lundi J 13
Rest – Menu 14,50 € (déj. en sem.), 33/59 € – Carte 34/52 €
◆ Bonne cuisine japonaise actuelle servie dans une petite salle à manger sobre et contemporaine, à table ou au bar face au teppan-yaki (table de cuisson).

La Table de Fès
5 r. Ste-Beuve Ⓜ *Notre-Dame des Champs – ✆ 01 45 48 07 22 – Fermé 21 juil.-27 août et dim.* L 12
Rest – *(dîner seult)* Carte 47/68 €
◆ Salle de restaurant décorée de fresques (oasis, désert, jardin) et agrémentée d'objets provenant du Maroc. Authentique cuisine du pays axée sur le couscous. Adresse non-fumeurs.

La Table d'Erica
6 r. Mabillon Ⓜ *Mabillon – ✆ 01 43 54 87 61 – table-erica@proximedia.fr – Fermé août, lundi midi et dim.* K13
Rest – Menu 13 € (déj.), 29/45 € bc – Carte 27/49 €
◆ Franchissez la passerelle pour rejoindre La Table d'Erica. Dépaysement garanti autour d'une - courte - carte typiquement créole : poisson des îles, poulet boucané, colombo, etc.

S. Sauvignier/MICHELIN

Tour Eiffel, École Militaire, Invalides

7e arrondissement ✉ 75007

Pont Royal sans rest 35,
7 r. Montalembert Ⓜ *Rue du Bac – ✆ 01 42 84 70 00 – hpr@hroy.com – Fax 01 42 84 71 00* J 12
65 ch – 390/450 € 390/450 €, 26 € – 10 suites
◆ Tons audacieux et boiseries en acajou dans les chambres : on peut vouloir vivre la bohème germanopratine tout en appréciant le confort d'un "hôtel littéraire" raffiné !

Duc de Saint-Simon sans rest
14 r. St-Simon Ⓜ *Rue du Bac – ✆ 01 44 39 20 20 – duc.de.saint.simon@wanadoo.fr – Fax 01 45 48 68 25* J 11
34 ch – 220 € 375 €, 15 €
◆ Couleurs gaies, boiseries, objets et meubles anciens : l'atmosphère est celle d'une belle demeure d'autrefois. Accueil courtois et quiétude ajoutent à la qualité du lieu.

Montalembert ch, 20,
3 r. Montalembert Ⓜ *Rue du Bac – ✆ 01 45 49 68 68 – welcome@montalembert.com – Fax 01 45 49 69 49* J 12
56 ch – 199/350 € 199/450 €, 20 € – 8 suites – **Rest** – Carte 32/71 €
◆ Bois sombres, cuirs, verre, acier, coloris tabac, prune, lilas, etc. : les chambres réunissent tous les ingrédients de la contemporanéité. Salle à manger au cadre design, terrasse protégée par un rideau de buis et cuisine "en deux tailles"... selon l'appétit !

K+K Hotel Cayré sans rest
4 bd Raspail Ⓜ *Rue du Bac – ✆ 01 45 44 38 88 – reservations@kkhotels.fr – Fax 01 45 44 98 13* J 12
125 ch – 310/401 € 338/650 €, 24 €
◆ La discrète facade hausmannienne contraste avec les élégantes chambres design. Espace remise en forme (sauna), salon cossu et bar proposant une petite restauration de style bistrot.

Bourgogne et Montana sans rest
3 r. Bourgogne Ⓜ *Assemblée Nationale – ✆ 01 45 51 20 22 – bmontana@bourgogne-montana.com – Fax 01 45 56 11 98* H 11
28 ch – 160/175 € 185/335 €, 15 € – 4 suites
◆ Raffinement et esthétisme imprègnent chaque pièce de ce discret hôtel daté du 18e s. Les chambres du dernier étage ménagent une superbe perspective sur le Palais-Bourbon.

Le Tourville sans rest
16 av. Tourville Ⓜ Ecole Militaire – ✆ 01 47 05 62 62 – hotel@tourville.com – Fax 01 47 05 43 90 J 9
30 ch – †150/170 € ††195/330 €, ☕ 18 €
◆ Couleurs acidulées, heureux mélange de mobilier moderne et de style et tableaux dans des chambres raffinées. Salon décoré par l'atelier David Hicks. Service attentionné.

Verneuil sans rest
8 r. Verneuil Ⓜ Rue du Bac – ✆ 01 42 60 82 14 – info@hotelverneuil.com – Fax 01 42 61 40 38 J 12
26 ch – †136 € ††163/210 €, ☕ 13 €
◆ Vieil immeuble du "carré rive gauche" aménagé dans l'esprit d'une maison particulière. Élégantes chambres (gravures). Au n° 5 bis, un mur tagué signale la maison de Gainsbourg.

Lenox Saint-Germain sans rest
9 r. Université Ⓜ St-Germain des Prés – ✆ 01 42 96 10 95 – hotel@lenoxsaintgermain.com – Fax 01 42 61 52 83 J 12
32 ch – †125/170 € ††125/192 €, ☕ 14 € – 2 suites
◆ Un luxe discret s'est glissé dans ces chambres, pas très grandes mais joliment aménagées. Fresques "égyptiennes" dans la salle des petits-déjeuners. Bar de style Art déco.

D'Orsay sans rest
5/12,
93 r. Lille Ⓜ Solférino – ✆ 01 47 05 85 54 – orsay@espritfrance.com – Fax 01 45 55 51 16 H 11
41 ch – †133/152 € ††175/330 €, ☕ 11 €
◆ L'hôtel occupe deux beaux immeubles de la fin du 18e s. soigneusement rénovés. Jolies chambres personnalisées et chaleureux salon avec vue sur un charmant et verdoyant patio.

Eiffel Park Hôtel sans rest
17 bis r. Amélie Ⓜ La Tour Maubourg – ✆ 01 45 55 10 01 – reservation@eiffelpark.com – Fax 01 47 05 28 68 J 9
36 ch – †130/165 € ††135/185 €, ☕ 12 €
◆ Les meubles peints "à l'ancienne" et les objets chinois et indiens vous plongeront dans une atmosphère exotique. Terrasse d'été, salon "cosy" avec cheminée. Accueil soigné.

Le Walt sans rest
37 av. de La Motte Picquet Ⓜ Ecole Militaire – ✆ 01 45 51 55 83 – lewalt@inwoodhotel.com – Fax 01 47 05 77 59 J 9
25 ch – †260/310 € ††280/330 €, ☕ 13 €
◆ Un imposant portrait façon Renaissance à la tête du lit et des meubles contemporains font toute l'originalité des chambres de cet hôtel voisin de l'École militaire.

Les Jardins d'Eiffel sans rest
8 r. Amélie Ⓜ La Tour Maubourg – ✆ 01 47 05 46 21 – paris@hoteljardinseiffel.com – Fax 01 45 55 28 08 H 9
81 ch – †165/185 € ††165/185 €, ☕ 14 €
◆ Dans une rue calme, établissement composé de deux bâtiments reliés par un patio où l'on prend le petit-déjeuner en été. Chambres gaiement colorées ; certaines ont un balcon.

Relais Bosquet sans rest
19 r. Champ-de-Mars Ⓜ Ecole Militaire – ✆ 01 47 05 25 45 – hotel@relaisbosquet.com – Fax 01 45 55 08 24 J 9
40 ch – †108/155 € ††125/175 €, ☕ 13 €
◆ Cet hôtel discret dissimule un intérieur joliment meublé dans le style Directoire. Chambres rénovées, toutes décorées avec le même souci du détail, et délicates attentions.

Tour Eiffel Invalides sans rest
35 bd La Tour Maubourg Ⓜ La Tour Maubourg – ✆ 01 45 56 10 78 – invalides@my-paris-hotel.com – Fax 01 47 05 65 08 H 10
30 ch – †89/209 € ††99/309 €, ☕ 13 €
◆ Dominante de rouge brique et de blanc, meubles de style Louis XVI et reproductions de tableaux impressionnistes caractérisent les chambres de cet immeuble du 19e s.

Muguet sans rest
11 r. Chevert Ⓜ Ecole Militaire – ✆ 01 47 05 05 93 – muguet@wanadoo.fr – Fax 01 45 50 25 37 J 9
43 ch – †100 € ††130 €, ☕ 9,50 €
◆ Adresse nichée dans une rue tranquille. Hall contemporain et chambres garnies d'un mobilier de style Louis-Philippe (sept ont vue sur la tour Eiffel ou les Invalides).

Splendid sans rest
29 av. Tourville Ⓜ Ecole Militaire – ✆ 01 45 51 29 29 – reservation@hotel-splendid-paris.com – Fax 01 44 18 94 60 J 9
45 ch – †145/165 € ††165/185 €, ☕ 12 € – 3 suites
◆ Immeuble haussmannien abritant d'élégantes chambres garnies d'un sobre mobilier contemporain. La plupart ont vue sur la tour Eiffel. Atmosphère douillette au salon-bar.

Londres Eiffel sans rest
1 r. Augereau Ⓜ Ecole Militaire – ✆ 01 45 51 63 02 – info@londres-eiffel.com – Fax 01 47 05 28 96 J 8
30 ch – †130 € ††165/205 €, ☕ 12 €
◆ Près des allées du Champ-de-Mars, hôtel aux couleurs ensoleillées et à l'ambiance "cosy". Le second bâtiment, accessible par une courette, dispose de chambres plus calmes.

Du Cadran sans rest
10 r. Champ-de-Mars Ⓜ Ecole Militaire – ✆ 01 40 62 67 00 – info@cadranhotel.com – Fax 01 40 62 67 13 J 9
42 ch – †125/165 € ††135/178 €, ☕ 10 €
◆ À deux pas du marché animé de la rue Clerc. Les chambres sont modernes et rehaussées de petites touches d'esprit Louis XVI. Belle cheminée du 17e s. dans le salon-bibliothèque.

St-Germain sans rest
88 r. Bac Ⓜ Rue du Bac – ✆ 01 49 54 70 00 – info@hotel-saint-germain.fr – Fax 01 45 48 26 89 J 11
29 ch – †150/210 € ††150/230 €, ☕ 12 €
◆ Empire, Louis-Philippe, design, objets anciens, peintures contemporaines : le charme de la diversité. Confortable bibliothèque, patio agréable en été.

Derby Eiffel Hôtel sans rest
5 av. Duquesne Ⓜ Ecole Militaire – ✆ 01 47 05 12 05 – derbyeiffelhotel@wanadoo.fr – Fax 01 47 05 43 43 J 9
43 ch – †120/135 € ††135/155 €, ☕ 12 €
◆ Un rien d'élégance "british" flotte dans cet hôtel proche de l'École militaire. Boiseries acajou, fauteuils en cuir, tableaux et mobilier de style composent un décor raffiné.

De Varenne sans rest
44 r. Bourgogne Ⓜ Varenne – ✆ 01 45 51 45 55 – info@hoteldevarenne.com – Fax 01 45 51 86 63 J 10
24 ch – †130/150 € ††150/170 €, ☕ 10 €
◆ Situation plutôt calme pour cet hôtel garni de meubles de style Empire ou Louis XVI. En été, petits-déjeuners servis dans une courette verdoyante.

France sans rest
102 bd La Tour Maubourg Ⓜ Ecole Militaire – ✆ 01 47 05 40 49 – hoteldefrance@wanadoo.fr – Fax 01 45 56 96 78 J 9
60 ch – †80 € ††98/100 €, ☕ 9 €
◆ Établissement composé de deux bâtiments abritant des chambres bien tenues et progressivement revues. Côté rue, elles donnent sur l'Hôtel des Invalides.

Champ-de-Mars sans rest
7 r. Champ-de-Mars Ⓜ Ecole Militaire – ✆ 01 45 51 52 30 – reservation@hotelduchampdemars.com – Fax 01 45 51 64 36 J 9
25 ch – †79/85 € ††85/89 €, ☕ 7 €
◆ Entre Champ-de-Mars et Invalides, petite adresse à l'atmosphère anglaise : façade vert sapin, chambres "cosy" et décoration soignée style "Liberty".

Bersoly's sans rest
28 r. Lille Ⓜ Musée d'Orsay – ✆ 01 42 60 73 79 – hotelbersolys@wanadoo.fr – Fax 01 49 27 05 55 – Fermé août J 13
16 ch – 🚹86/100 € 🚹🚹100/145 €, ☕ 10 €
◆ Nuits impressionnistes dans un immeuble du 17e s. : chaque chambre rend hommage à un peintre dont les œuvres sont exposées au musée d'Orsay voisin (Renoir, Gauguin...).

Lévêque sans rest
29 r. Cler Ⓜ Ecole Militaire – ✆ 01 47 05 49 15 – info@hotel-leveque.com – Fax 01 45 50 49 36 J 9
50 ch – 🚹60 € 🚹🚹90/115 €, ☕ 8 €
◆ Dans une pittoresque rue piétonne, petite adresse aux chambres pratiques et claires, idéale pour découvrir le Paris traditionnel. Salle des petits-déjeuners de style bistrot.

Arpège (Passard) 8/14, VISA
84 r. Varenne Ⓜ Varenne – ✆ 01 45 51 47 33 – arpege.passard@wanadoo.fr – Fax 01 44 18 98 39 – Fermé sam. et dim. J 10
Rest – Menu 130 € (déj.)/340 € (dîner) – Carte 122/294 €
Spéc. Légumes du potager. Aiguillettes de homard des îles Chausey au savagnin. Millefeuille au miel du jardin.
◆ Bois précieux, décor de verre signé Lalique : préférez l'élégante salle contemporaine au caveau, et dégustez l'éblouissante cuisine "légumière" d'un chef-poète du terroir.

Le Divellec
107 r. Université Ⓜ Invalides – ✆ 01 45 51 91 96 – ledivellec@noos.fr – Fax 01 45 51 31 75 – Fermé 27 juil.-27 août, sam. et dim. H 10
Rest – Menu 55 € (déj.)/70 € (déj.) – Carte 105/175 €
Spéc. Homard bleu à la presse avec son corail. Blanc de turbot braisé aux truffes. Risotto de langoustines aux asperges vertes.
◆ L'océan (ou presque) à deux pas des Invalides. La clientèle aisée apprécie cette institution du quartier des ministères. Un restaurant au décor un brin suranné, voué aux produits de la mer.

Pétrossian
144 r. Université Ⓜ Invalides – ✆ 01 44 11 32 32 – Fax 01 44 11 32 35 – Fermé en août, dim. et lundi H 10
Rest – Menu 35 € (déj. en sem.), 45/250 € – Carte 56/149 €
◆ Les Pétrossian régalent les Parisiens du caviar de la Caspienne depuis 1920. À l'étage de la boutique, élégante salle de restaurant et cuisine inventive.

La Maison des Polytechniciens 4/15, VISA
12 r. Poitiers Ⓜ Solférino – ✆ 01 49 54 74 54 – info@maisondesx.com – Fax 01 49 54 74 84 – Fermé 27 juil.-27 août, 22 déc.-2 janv., sam., dim. et fériés H 12
Rest – *(nombre de couverts limité, prévenir)* Menu 36 € – Carte 43/66 €
◆ Même si les "corpsards" l'apprécient, nul besoin de sortir de la botte pour fréquenter la salle à manger du bel hôtel de Poulpry (1703), à deux pas du musée d'Orsay.

Les Ombres Paris, VISA
27 quai Branly Ⓜ Alma-Marceau – ✆ 01 47 53 68 00 – Fax 01 47 53 68 18 H 8
Rest – Menu 35 € (déj.)/95 € – Carte 57/95 €
◆ Aérien, design et tout vitré : sur le toit-terrasse du musée du Quai Branly, ce restaurant fait un clin d'œil à la Tour Eiffel et à ses jeux d'ombres et lumières. Carte actuelle.

Le Chamarré
13 bd La Tour-Maubourg Ⓜ Invalides – ✆ 01 47 05 50 18 – chantallaval@wanadoo.fr – Fax 01 47 05 91 21 – Fermé sam. midi et dim. H 10
Rest – Menu 40 € (déj.), 65/150 € – Carte 75/89 €
Spéc. Poulpe aux deux saveurs. Cochon de lait fermier. Savarin punché au rhum.
◆ Décor contemporain chic (boiseries exotiques), accueil aimable et cuisine associant avec brio saveurs françaises et mauriciennes (l'un des chefs est originaire de l'île).

Violon d'Ingres (Constant)

135 r. St-Dominique Ⓜ Ecole Militaire – ☎ 01 45 55 15 05 – violondingres@wanadoo.fr – Fax 01 45 55 48 42 – Fermé 30 juil.-22 août, 1er-7 janv., dim. et lundi J 8

Rest – Menu 45/60 €

Spéc. Millefeuille de langue et foie gras façon Lucullus. Pithiviers de gibier à plume (saison). Volaille des Landes rôtie à la broche.

◆ Des boiseries réchauffent l'atmosphère de cette salle devenue le rendez-vous élégant de gourmets attirés par la cuisine très personnelle du virtuose qui officie au "piano".

Les Ormes (Molé)

22 r. Surcouf Ⓜ La Tour Maubourg – ☎ 01 45 51 46 93 – molestephane@noos.fr – Fax 01 45 50 30 11 – Fermé 1er-15 août, 7-14 janv., dim. et lundi H 9

Rest – Menu (32 €), 38 € (déj. en sem.), 49/65 €

Spéc. Foie gras d'oie en brioche. Jarret de veau, gnocchi de pomme de terre. Lièvre à la royale (mi-oct. à mi-déc.).

◆ Adieu le Bellecour, bonjour les Ormes ! Stéphane Molé a repris de main de maître cette institution proche des Invalides. Cadre élégant, plats traditionnels.

Cigale Récamier

4 r. Récamier Ⓜ Sèvres Babylone – ☎ 01 45 48 86 58 – Fermé dim. K 12

Rest – Carte 38/48 €

◆ Originale carte de soufflés salés et sucrés, renouvelée chaque mois, en cette adresse "littéraire" où se retrouvent auteurs et éditeurs. Agréable terrasse au calme.

Vin sur Vin

20 r. de Monttessuy Ⓜ Pont de l'Alma – ☎ 01 47 05 14 20 – Fermé 29 avril-8 mai, 28 juil.-27 août, 22 déc.-6 janv., lundi sauf le soir de mi-sept. à fin-mars, sam. midi et dim. H 8

Rest – *(nombre de couverts limité, prévenir)* Carte 65/89 €

Spéc. Saint-Jacques d'Erquy (oct. à mars). Canard sauvage (saison). Assiette de légumes de saison.

◆ Accueil aimable, élégant décor, délicieuse cuisine traditionnelle et carte des vins étoffée (600 appellations) : vingt sur vingt pour ce restaurant proche de la tour Eiffel !

Tante Marguerite 6/20,

5 r. Bourgogne Ⓜ Assemblée Nationale – ☎ 01 45 51 79 42 – tante.marguerite@bernard-loiseau.com – Fax 01 47 53 79 56 – Fermé août, sam., dim. et fériés H 11

Rest – Menu 34 € (déj.), 40/65 € – Carte 45/63 €

◆ Cette tante-là fait l'unanimité à la Chambre ! À deux pas du Palais-Bourbon, elle propose dans un décor cossu et feutré une goûteuse cuisine traditionnelle.

Ferme St-Simon

6 r. St-Simon Ⓜ Rue du Bac – ☎ 01 45 48 35 74 – fermestsimon@wanadoo.fr – Fax 01 40 49 07 31 – Fermé 30 juil.-19 août, sam. midi et dim. J 11

Rest – Menu 32 € (déj.)/35 € – Carte 50/68 €

◆ Boiseries, chaleureuses tentures murales et mobilier de type bistrot composent le cadre rajeuni de ce restaurant où l'on propose une cuisine au goût du jour.

Chez les Anges 6/12,

54 bd de la Tour Maubourg Ⓜ La Tour Maubourg – ☎ 01 47 05 89 86 – mail@chezlesanges.com – Fax 01 47 05 45 56 – Fermé sam. et dim. J 10

Rest – Menu (25 €), 34 € – Carte 34/65 €

◆ Ambiance chic et branchée, décor contemporain épuré et long comptoir où l'on peut s'attabler définissent le cadre de ce restaurant proposant une cuisine actuelle, goûteuse et sincère.

New Jawad

12 av. Rapp Ⓜ Ecole Militaire – ☎ 01 47 05 91 37 – Fax 01 45 50 31 27 H 8

Rest – Menu 16/40 € (dîner) – Carte 21/42 €

◆ Spécialités culinaires pakistanaises et indiennes, service soigné et cadre cossu caractérisent ce restaurant situé à proximité du pont de l'Alma.

XX **Beato**

AC VISA MC AE

8 r. Malar Ⓜ *Invalides – ✆ 01 47 05 94 27 – beato.rest@wanadoo.fr – Fax 01 45 55 64 41 – Fermé 15 juil.-15 août, 24 déc.-1er janv. et dim.* H 9

Rest – Menu (21 €), 27 € (déj.) – Carte 40/65 € ♀

◆ Fresques, colonnes pompéiennes et sièges néo-classiques : décor italien version bourgeoise pour un restaurant chic. Plats de Milan, de Rome et d'ailleurs.

XX **Thiou**

AC VISA MC AE

49 quai d'Orsay Ⓜ *Invalides – ✆ 01 40 62 96 50 – Fax 01 40 62 97 30 – Fermé août, sam. midi et dim.* H 9

Rest – Carte 44/84 € ♀

◆ Thiou est le surnom de la médiatique cuisinière de ce restaurant fréquenté par des célébrités. Recettes thaïlandaises servies dans une confortable salle sagement exotique.

XX **La Cuisine**

AC VISA MC AE D

14 bd La Tour-Maubourg Ⓜ *Invalides – ✆ 01 44 18 36 32 – lacuisine@lesrestos.com – Fax 01 44 18 30 42 – Fermé sam. midi* H 10

Rest – Menu (24 €), 31 € (déj. en sem.)/42 € – Carte 42/72 € ♀

◆ Voilà une Cuisine qui soigne son décor : murs ensoleillés, tableaux, miroirs, banquettes et chaises capitonnées accompagnent chaleureusement les bons petits plats du chef.

XX **Caffé Minotti**

(soir) VISA MC AE

33 r. Verneuil Ⓜ *Rue du Bac – ✆ 01 42 60 04 04 – caffeminotti@wanadoo.fr – Fax 01 42 60 04 05 – Fermé 29 juil.-22 août, 23 déc.-2 janv., dim. et lundi* J 12

Rest – Menu (29 €), 39 € – Carte 43/69 € ♀

◆ Décor contemporain cossu (étonnant lustre rouge en verre de Murano) et tout le soleil de l'Italie dans l'assiette : vous allez souvent garer votre Vespa devant le Caffé !

XX ✿ **Auguste** (Orieux)

AC VISA MC AE D

54 r. Bourgogne Ⓜ *Varenne – ✆ 01 45 51 61 09 – Fax 01 45 51 27 34 – Fermé août, sam. et dim.* J 10

Rest – Menu 35 € (déj.) – Carte 49/67 € ♀

Spéc. Fine gelée iodée aux huîtres creuses et bulots. Noix de ris de veau au vin jaune. Soufflé au chocolat pur Caraïbes.

◆ Nouveaux atours (tableaux contemporains, mobilier design, éclairage modulable) pour ce restaurant logé au cœur du quartier des ministères. Belle cuisine séduisant une clientèle fidèle.

XX **Le Bamboche**

AC VISA MC

15 r. Babylone Ⓜ *Sèvres Babylone – ✆ 01 45 49 14 40 – lebamboche@aol.com – Fax 01 45 49 14 44 – Fermé 23 juil.-6 août et dim. midi* K 11

Rest – Menu 35 € – Carte 58/70 € ♀

◆ Plaisante adresse à deux pas du Bon Marché. Le sobre décor contemporain des salles à manger contraste avec la créativité de la cuisine concoctée par le chef. Service attentif.

XX **D'Chez Eux**

AC VISA MC AE D

2 av. Lowendal Ⓜ *Ecole Militaire – ✆ 01 47 05 52 55 – contact@chezeux.com – Fax 01 45 55 60 74 – Fermé 29 juil.-27 août et dim.* J 9

Rest – Carte 46/73 €

◆ Copieuses assiettes inspirées de l'Auvergne et du Sud-Ouest, ambiance "auberge provinciale" et serveurs en blouse : la recette séduit depuis plus de 40 ans !

XX **L'Esplanade**

AC VISA MC AE D

52 r. Fabert Ⓜ *La Tour Maubourg – ✆ 01 47 05 38 80 – Fax 01 47 05 23 75* J 9

Rest – Carte 37/78 € ♀

◆ Belle situation face aux Invalides pour l'une des adresses des frères Costes. Chaudes tonalités et décor de boulets et canons inspiré par l'illustre voisinage.

X ✿ **L'Atelier de Joël Robuchon**

AC VISA MC

5 r. Montalembert Ⓜ *Rue du Bac – ✆ 01 42 22 56 56 – latelierdejoelrobuchon@wanadoo.fr – Fax 01 42 22 97 91 – Accueil de 11h30 à 15h30 et de 18h30 à minuit. Réservations uniquement pour certains services : se renseigner* J 12

Rest – Menu 110 € – Carte 52/93 € ♀

Spéc. Langoustine en papillote croustillante au basilic. Caille farcie de foie gras et caramélisée, pomme-purée truffée. Merlan frit colbert, beurre aux herbes.

◆ Concept original dans un décor chic signé Rochon : pas de tables, mais de hauts tabourets alignés face au comptoir où l'on déguste une belle cuisine actuelle, déclinable en assiettes de dégustation façon tapas. Service voiturier à midi et les samedis et dimanches soirs.

Gaya Rive Gauche par Pierre Gagnaire

44 r. Bac Ⓜ *Rue du Bac – ✆ 01 45 44 73 73* AC 15/20, VISA MC AE *– p.gagnaire@wanadoo.fr – Fax 01 45 44 73 73 – Fermé 21 juil.-20 août, 22 déc.-6 janv., sam. midi et dim.* J 12

Rest – Carte 58/97 € ♀

◆ Une nouvelle vie pour ce restaurant de la rive gauche repris par Pierre Gagnaire. Dans un beau décor conçu par Christian Ghion, on se régale de recettes plus créatives les unes que les autres, sublimant les produits de la mer.

Au Bon Accueil

AC VISA MC AE

14 r. Monttessuy Ⓜ *Pont de l'Alma – ✆ 01 47 05 46 11 – Fax 01 45 56 15 80 – Fermé 4-19 août, sam. et dim.* H 8

Rest – Menu 27 € (déj.)/31 € – Carte 34/69 € ♀

◆ À l'ombre de la tour Eiffel, salle à manger de style actuel et petit salon attenant où l'on sert une appétissante cuisine au goût du jour, sensible au rythme des saisons.

Les Fables de La Fontaine

AC VISA MC

131 r. Saint-Dominique Ⓜ *Ecole Militaire – ✆ 01 44 18 37 55* J 8

Rest – Menu 32 (déj.) 42 € ♀

Spéc. Menu du marché

◆ Savoureux hommage à la mer dans ce bistrot de poche (tons bruns, banquettes, carrelage) et sur sa terrasse d'été. Courte carte bien pensée et belle sélection de vins au verre.

Nabuchodonosor

AC VISA MC

6 av. Bosquet Ⓜ *Alma Marceau – ✆ 01 45 56 97 26 – rousseau.e@wanadoo.fr – Fax 01 45 56 98 44 – Fermé 28 juil.-21 août, sam. midi et dim.* H 9

Rest – Menu 28 € (déj. en sem.), 31/45 € bc (dîner) – Carte 39/62 € ♀

◆ L'enseigne célèbre la plus grosse bouteille de champagne existante. Murs terre de Sienne, panneaux de chêne et nabuchodonosors à titre de décor. Cuisine du marché.

Bistrot de Paris

10/30, (soir) VISA MC AE

33 r. Lille Ⓜ *Musée d'Orsay – ✆ 01 42 61 16 83 – Fax 01 49 27 06 09 – Fermé août, 24 déc.-1er janv., sam. midi, lundi soir et dim.* J 12

Rest – Carte 22/62 € ♀

◆ Cet ancien "bouillon" eut André Gide pour pensionnaire. Le décor 1900 revu par Slavik scintille de cuivres et miroirs. Tables serrées, cuisine "bistrotière".

Vin et Marée

AC VISA MC AE

71 av. Suffren Ⓜ *La Motte Picquet Grenelle – ✆ 01 42 72 31 23 – vin-et-maree@orange.fr – Fax 01 40 24 00 23* K 8

Rest – Menu 24 € – Carte 33/51 € ♀

◆ Cadre moderne cossu (banquettes, miroirs et cuivres) aux couleurs ensoleillées et ambiance chaleureuse. La carte, présentée sur ardoise, propose uniquement des produits de la mer.

Les Olivades

AC VISA MC AE

41 av. Ségur Ⓜ *Ségur – ✆ 01 47 83 70 09 – Fax 01 42 73 04 75 – Fermé août, sam. midi, lundi midi, dim. et fériés* K 9

Rest – Menu (20 €), 25 € (déj. en sem.), 40/60 € – Carte 40/67 € ♀

◆ Ce lieu fleure bon l'huile d'olive avec son appétissante cuisine d'inspiration méridionale. Décor sage et plaisant : tons pastel, tableaux modernes et mobilier rustique.

Thoumieux avec ch

AC rest, VISA MC AE

79 r. St-Dominique Ⓜ *La Tour Maubourg – ✆ 01 47 05 49 75 – thoumieux@thoumieux.com – Fax 01 47 05 36 96* H 9

10 ch – †120 € ††130 €, ☐ 10 € – **Rest** – Menu 15 € bc (déj. en sem.)/30 € (sem.) – Carte 26/62 € ♀

◆ Authentique brasserie parisienne : vaste salle à manger aux tables alignées, avec banquettes rouges et miroirs. Côté cuisine, les préparations "en pincent" pour le Sud-Ouest.

Clos des Gourmets

VISA MC

16 av. Rapp Ⓜ *Alma Marceau – ✆ 01 45 51 75 61 – Fax 01 47 05 74 20 – Fermé 10-25 août, dim. et lundi* H 8

Rest – Menu (26 €), 29 € (déj. en sem.)/35 €

◆ Nombre d'habitués apprécient cette adresse discrète, décorée dans des tons ensoleillés. La carte, appétissante, varie en fonction du marché.

Le Perron
6 r. Perronet Ⓜ St-Germain des Prés – ☎ 01 45 44 71 51 – Fax 01 45 44 71 51 – Fermé 1er-20 août et dim. J 12

Rest – Menu 25 € (déj. en sem.) – Carte 31/43 €

♦ Discrète trattoria au cœur de Saint-Germain-des-Prés. Cadre rustique avec pierres et poutres apparentes. Cuisine italienne à dominante sarde et vénitienne.

Florimond
19 av. La Motte-Picquet Ⓜ Ecole Militaire – ☎ 01 45 55 40 38 – Fax 01 45 55 40 38 – Fermé 30 avril-5 mai, 30 juil.-18 août, 23 déc.-6 janv., sam. et dim. J 9

Rest – Menu 21 € (déj.)/36 € – Carte 36/53 €

♦ Couleurs ensoleillées et boiseries décorent ce coquet restaurant de poche (non-fumeurs) qui emprunte son nom au jardinier de Monet à Giverny. Goûteuse cuisine du marché.

Pasco
74 bd La Tour Maubourg Ⓜ La Tour Maubourg – ☎ 01 44 18 33 26 – restaurant.pasco@wanadoo.fr – Fax 01 44 18 34 06 – Fermé lundi J 9

Rest – Menu (19 €), 24 € – Carte 27/54 €

♦ Murs de briques, tons ocres et atmosphère décontractée au service d'une cuisine du marché qui puise ses fondamentaux dans les recettes du répertoire méditerranéen.

Fontaine de Mars
129 r. St-Dominique Ⓜ Ecole Militaire – ☎ 01 47 05 46 44 – cafedelalma@wanadoo.fr – Fax 01 47 05 11 13 J 9

Rest – Menu 23 € (déj. en sem.), 32/66 € – Carte 32/66 €

♦ L'enseigne de ce plaisant bistrot des années 1930 évoque la jolie fontaine voisine dédiée au dieu guerrier. Terrasse sous les arcades ; cuisine traditionnelle et du Sud-Ouest.

Café de l'Alma
5 av. Rapp Ⓜ Alma Marceau – ☎ 01 45 51 56 74 – cafedelalma@wanadoo.fr – Fax 01 45 51 10 08 H 8

Rest – Carte 34/69 €

♦ Salle à manger chic et résolument contemporaine signée François Champsaur, coqueluche de la décoration intérieure. Recettes au goût du jour et cuisine bourgeoise.

35 ° Ouest
35 r. Verneuil Ⓜ Rue du Bac – ☎ 01 42 86 98 88 – 35degresouest@orange.fr – Fax 01 42 86 00 65 – Fermé août, dim. et lundi J 12

Rest – Menu (29 € bc) – Carte 53/77 €

♦ "Fish and chic", ce nouveau restaurant pour clientèle cravatée. Cadre contemporain sans faute de goût (tons gris et vert, beau comptoir en bois) et cuisine de la mer inventive.

Le Soleil
153 r. Grenelle Ⓜ La Tour Maubourg – ☎ 01 45 51 54 12 – Fermé août, vacances de Noël, dim. et lundi J 9

Rest – Carte 37/79 €

♦ Le soleil et la mer s'invitent aux tables de cette adresse conviviale dont le décor évoque les pays de la Méditerranée. Plats traditionnels à l'accent du Sud. Très bon accueil.

Aida
4/6,

1 r. Pierre Leroux Ⓜ Vaneau – ☎ 01 43 06 14 18 – Fax 01 43 06 14 18 – Fermé 2 sem. en août, 2 sem. en fév., sam. midi, dim. midi, mardi midi et lundi K 11

Rest – Menu 35 € (déj. en sem.), 68/140 €

♦ Univers ultra zen dans ce discret restaurant japonais : comptoir et salon privé tamisés par un doux éclairage. Cave riche en bourgognes, composée par le chef, passionné de vin.

P'tit Troquet
28 r. Exposition Ⓜ Ecole Militaire – ☎ 01 47 05 80 39 – Fax 01 47 05 80 39 – Fermé 1er-28 août, sam. midi, lundi midi et dim. J 9

Rest – *(nombre de couverts limité, prévenir)* Menu 30 € – Carte environ 36 €

♦ Pour sûr, il est p'tit, ce bistrot ! Mais que d'atouts il renferme : cadre coquet agrémenté de vieilles "réclames", ambiance sympathique et goûteuse cuisine du marché. Adresse réservée aux non-fumeurs.

L'Affriolé

17 r. Malar Ⓜ Invalides – ✆ 01 44 18 31 33 – Fermé 30 juil.-20 août, dim. et lundi H 9

Rest – Menu (23 €), 29 € (déj.)/34 €

◆ Des suggestions annoncées sur l'ardoise du jour et un menu-carte qui change tous les mois : le chef de ce bistrot suit de près les arrivages du marché... et les saisons !

Chez l'Ami Jean

27 r. Malar Ⓜ La Tour Maubourg – ✆ 01 47 05 86 89 – Fax 01 45 55 41 82 – Fermé août, 23 déc.-2 janv., dim. et lundi H 9

Rest – Menu 30/50 €

◆ L'Ami Jean vous régale d'une généreuse cuisine du marché et du Sud-Ouest (spécialités de gibier en saison) dans un chaleureux décor évoquant le pays Basque.

Miyako

121 r. Université Ⓜ Invalides – ✆ 01 47 05 41 83 – Fax 01 45 55 13 18 – Fermé 4 août-3 sept., sam. midi et dim. H 9

Rest – Menu 13 € (déj. en sem.), 15/35 € – Carte 15/32 €

◆ Dans le quartier du Gros-Caillou, un petit voyage culinaire au pays du Soleil Levant, avec des brochettes au charbon de bois et les inévitables - et très prisés - sushis.

Oudino

17 r. Oudinot Ⓜ Vaneau – ✆ 01 45 66 05 09 – Fax 01 45 66 53 35 – Fermé 6-19 août, 24 déc.-2 janv., sam. midi et dim. K 11

Rest – Menu (16 €) – Carte 24/45 €

◆ Agréable pause gourmande au voisinage des ministères : salle à manger aux discrètes touches Art déco et propositions culinaires dans le registre bistrot à découvrir sur l'ardoise.

Al Dente

38 r. Varenne Ⓜ Rue du Bac – ✆ 01 45 48 79 64 – Fermé août, dim. et lundi J 11

Rest – Carte 27/48 €

◆ Cette trattoria au décor moderne (banquettes rouges et mobilier en bois sombre) propose une cuisine italienne qui balaie la Botte du Nord au Sud. Simple, léger, al dente.

Léo Le Lion

23 r. Duvivier Ⓜ Ecole Militaire – ✆ 01 45 51 41 77 – Fax 01 45 51 41 77 – Fermé août, 25 déc.-1er janv., dim. et lundi J 9

Rest – Carte 36/46 €

◆ Bistrot des années 1930 et son gril à feu de bois. Dans l'assiette, le poisson se taille la part du lion toute l'année et, en saison, le gibier invite à rugir de plaisir !

Sa Mi In

74 av. Breteuil Ⓜ Sèvres-Lecourbe – ✆ 01 47 34 58 96 – han@samiin.com – Fax 01 47 34 58 96 – Fermé sam. midi et dim. midi K 10

Rest – Menu 14 € (déj.), 36/49 € – Carte 30/71 €

◆ Ambiance "zen" en ce petit restaurant authentiquement coréen : décor raffiné et intimiste, cuisine goûteuse aux notes parfumées. Menu végétarien.

Café Constant

139 r. Saint-Dominique Ⓜ Ecole Militaire – ✆ 01 47 53 73 34 – Fax 01 45 55 48 42 – Fermé dim. et lundi J 8

Rest – Menu 27 €

◆ Cette annexe de Christian Constant affiche une simplicité toute conviviale. Pour profiter à prix tout doux d'une bonne cuisine du marché où l'on reconnaît la patte du chef.

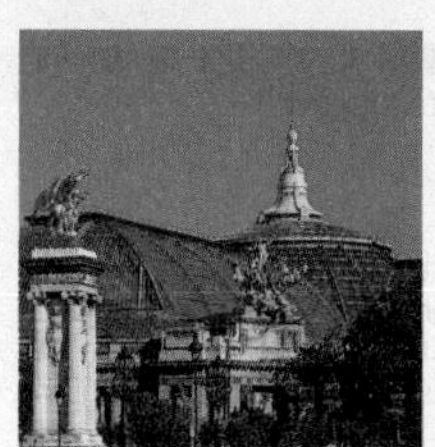
S. Sauvignier/MICHELIN

Champ-Elysées, Concorde, Madeleine

8e arrondissement ✉ 75008

Plaza Athénée
25 av. Montaigne Ⓜ Alma Marceau – ✆ 01 53 67 66 65 – reservation@plaza-athenee-paris.com – Fax 01 53 67 66 66 G 9
145 ch – 575 € 705/790 €, 35 € – 43 suites
Rest *Alain Ducasse au Plaza Athénée* et ***Le Relais Plaza*** – voir ci-après
Rest *La Cour Jardin* – rest.-terrasse – *✆ 01 53 67 66 02 (ouvert 15 mai-15 sept.)*
Carte 78/114 €
◆ Styles classique ou Art déco dans les chambres luxueuses, thés "musicaux" à la galerie des Gobelins, étonnant bar design : le palace parisien par excellence ! À la belle saison, on ouvre la charmante et verdoyante terrasse de la Cour Jardin.

Four Seasons George V
ch, ch, rest, 30/240, VISA MC AE
31 av. George V Ⓜ George V – ✆ 01 49 52 70 00 – par.lecinq@fourseasons.com – Fax 01 49 52 70 10 F 8
184 ch – 680 € 710 €, 35 € – 61 suites
Rest *Le Cinq* – voir ci-après – **Rest *La Galerie*** – Carte 84/129 €
◆ Entièrement refait dans le style du 18e s., le "V" dispose de chambres luxueuses et immenses (pour Paris s'entend), de belles collections d'œuvres d'art et d'un spa superbe. Les tables de la Galerie sont dressées dans la ravissante cour intérieure en été.

Le Bristol
30/100, VISA MC AE
112 r. Fg St-Honoré Ⓜ Miromesnil – ✆ 01 53 43 43 00 – resa@lebristolparis.com – Fax 01 53 43 43 01 – Réouverture annoncée le 22 mars après travaux
124 ch – 590/610 € 640/1130 €, 51 € – 38 suites F 10
Rest *Le Bristol* – voir ci-après
◆ Palace de 1925 agencé autour d'un magnifique jardin. Luxueuses chambres, principalement de style Louis XV ou Louis XVI, et exceptionnelle piscine "bateau" au dernier étage.

Crillon
ch, ch, 30/60, VISA MC AE
10 pl. Concorde Ⓜ Concorde – ✆ 01 44 71 15 00 – crillon@crillon.com – Fax 01 44 71 15 02 G 11
119 ch – 615/1160 € 615/1160 €, 47 € – 28 suites
Rest *Les Ambassadeurs* – voir ci-après
Rest *L'Obélisque* – ✆ 01 44 71 15 15 – Menu 50/89 € bc
◆ Les salons de cet hôtel particulier du 18e s. ont conservé leur fastueuse ornementation. Les chambres, habillées de boiseries, sont magnifiques. Le palace à la française !

Prince de Galles
ch, 25/100, VISA MC AE
33 av. George V Ⓜ George V – ✆ 01 53 23 77 77 – hotel.prince.de.galles@luxurycollection.com – Fax 01 53 23 78 78 G 8
138 ch – 349/660 € 389/710 €, 38 € – 30 suites
Rest *Jardin des Cygnes* – *✆ 01 53 23 78 50 (fermé dim. soir)* Menu 51 € (déj.), 59/95 € – Carte 74/105 €
◆ C'est à l'intérieur que ce luxueux hôtel de l'entre-deux-guerres dévoile son style Art déco, à l'image du patio en mosaïque. Chambres décorées avec un goût sûr. Au Jardin des Cygnes, salle (jolie fontaine) à l'atmosphère aristocratique et belle cour-terrasse.

Royal Monceau
rest, 15/200, VISA MC AE
37 av. Hoche Ⓜ Charles de Gaulle-Etoile – ✆ 01 42 99 88 00 – reservations@royalmonceau.com – Fax 01 42 99 89 90 E 8
203 ch – 560 € 660/890 €, 45 € – 38 suites
Rest *Le Jardin* et ***Le Carpaccio*** – voir ci-après
◆ Ce palace (1928) achève sa rénovation complète, une "nouvelle peau" signée Jacques Garcia. Superbe hall-salon, chambres reposantes, centre de remise en forme avec piscine.

Fouquet's Barrière

46 av. Georges V Ⓜ Georges V – ✆ 01 40 69 60 00 – hotelfouquets@lucienbarriere.com – Fax 01 40 69 60 05 F 8

91 ch – †690 € ††690 €, ☕ 30 € – 15 suites, 1 duplex

Rest *Fouquet's* – voir ci-après

Rest *Le Diane* – *(fermé sam. et dim.)* Menu 165 € – Carte 71/146 € 🍷

◆ Le dernier-né des hôtels du groupe Barrière est un sérieux prétendant au titre de palace. 16 000 m² de luxe : décor signé Garcia, haute technologie, spa, jardin. Au Diane, la sobriété feutrée est rehaussée de niches lumineuses garnies de fleurs ; cuisine actuelle.

Hilton Arc de Triomphe

ch, 15/800,

51 r. Courcelles Ⓜ Courcelles – ✆ 01 58 36 67 00 – info_adt@hilton.com – Fax 01 58 36 67 77 E 9

438 ch – †290/680 € ††290/730 €, ☕ 30 € – 25 suites

Rest *Safran* – *✆ 01 58 36 67 96* – Carte 35/63 € 🍷

◆ Inspiré des paquebots des années 1930, cet hôtel en restitue avec succès l'esprit luxueux et raffiné : élégantes chambres Art déco signées J. Garcia, patio-fontaine, fitness, etc. Au Safran, cuisine au goût du jour influencée par les saveurs et parfums d'Asie.

Lancaster

7 r. Berri Ⓜ George V – ✆ 01 40 76 40 76 – reservations@hotel-lancaster.fr – Fax 01 40 76 40 00 F 9

46 ch – †310 € ††410/590 €, ☕ 32 € – 11 suites

Rest *La Table du Lancaster* – voir ci-après

◆ B. Pastoukhoff payait ses séjours en peignant des tableaux, contribuant à enrichir le décor de cet ex-hôtel particulier dont M. Dietrich appréciait aussi le luxe discret.

Vernet

rest,

25 r. Vernet Ⓜ Charles de Gaulle-Etoile – ✆ 01 44 31 98 00 – reservations@hotelvernet.com – Fax 01 44 31 85 69 F 8

42 ch – †430/470 € ††550/630 €, ☕ 35 € – 9 suites

Rest *Les Elysées* – voir ci-après

◆ Bel immeuble des années folles dont la façade en pierres de taille est agrémentée de balcons en fer forgé. Chambres de style Empire ou Louis XVI. Grill-bar branché.

Napoléon

ch, 8/80,

40 av. Friedland Ⓜ Charles de Gaulle-Etoile – ✆ 01 56 68 43 21 – napoleon@hotelnapoleon.com – Fax 01 56 68 44 40 F 8

101 ch – †440/590 € ††440/590 €, ☕ 26 € – **Rest** – *(fermé août, le soir et le week-end)* Carte 49/76 € 🍷

◆ À deux pas de l'Étoile chère à l'Empereur, hôtel-musée à la gloire de Napoléon (autographes, figurines, tableaux d'époque). Chambres cossues de style Directoire ou Empire. Courte carte actuelle servie dans le cadre intimiste (belles boiseries) du restaurant.

Astor Saint Honoré

ch, rest, 12/30,

11 r. d'Astorg Ⓜ St-Augustin – ✆ 01 53 05 05 05 – reservation@astor.3ahotels.com – Fax 01 53 05 05 30 F 11

128 ch – †290/350 € ††350/460 €, ☕ 25 € – 4 suites

Rest *L'Astor* – *✆ 01 53 05 05 20 (fermé août, sam. et dim.)* Menu 48/76 € – Carte 53/67 € 🍷

◆ Styles Regency et Art déco revisités : un mariage pour le meilleur seulement, qui a donné naissance à un hôtel "cosy". Quelques petites terrasses. Élégant restaurant coiffé d'une verrière diffusant une douce lumière. Carte classique personnalisée.

San Régis

12 r. J. Goujon Ⓜ Champs-Elysées Clemenceau – ✆ 01 44 95 16 16 – message@hotel-sanregis.fr – Fax 01 45 61 05 48 G 9

33 ch – †330 € ††435/715 €, ☕ 32 € – 11 suites – **Rest** – *(fermé août et dim.)* Menu 40 € (déj.) – Carte 44/69 € 🍷

◆ Hôtel particulier de 1857 remanié avec goût : un bel escalier (vitraux et statues) conduit aux ravissantes chambres garnies de meubles chinés ici et là. Le restaurant - une vraie bonbonnière - occupe un luxueux salon-bibliothèque feutré et confidentiel.

Sofitel Arc de Triomphe

ch., ch., 6/60, VISA AE

14 r. Beaujon Ⓜ Charles de Gaulle-Etoile – ✆ 01 53 89 50 50 – h1296@accor.com – Fax 01 53 89 50 51 F 8

128 ch – 230/400 € 230/610 €, 27 € – 6 suites

Rest ***Le Clovis*** – *✆ 01 53 89 50 53 (fermé 29 juil.-28 août, 23 déc.-1er janv., sam., dim. et fériés)* Menu 39 € (déj.)/70 € – Carte 55/96 €

◆ L'immeuble est haussmannien, la décoration s'inspire du 18e s. et les aménagements sont du 21e s. Chambres élégantes ; tentez de réserver l'étonnant "concept room". Au Clovis : service attentif, cadre et recettes ancrés dans l'air du temps.

Hyatt Regency

ch., ch., 10/20, VISA AE

24 bd Malhesherbes Ⓜ Madeleine – ✆ 01 55 27 12 34 – madeleine@hyattintl.com – Fax 01 55 27 12 35 F 11

86 ch – 290/465 € 350/525 €, 28 €

Rest ***Café M*** – *(fermé lundi soir, sam. et dim.)* Menu 50 € (déj.) – Carte 52/64 €

◆ Un cadre très contemporain, à la fois sobre et chaleureux habille cet hôtel : hall-salon sous verrière (réalisée par Eiffel), belles chambres personnalisées. Sauna, hammam. La savoureuse cuisine, au goût du jour, donne envie de prendre ses quartiers au Café M.

De Vigny

ch., ch., VISA AE

9 r. Balzac Ⓜ George V – ✆ 01 42 99 80 80 – reservation@hoteldevigny.com – Fax 01 42 99 80 40 F 8

26 ch – 290/395 € 320/440 €, 28 € – 11 suites

Rest ***Baretto*** – *(fermé 13-19 août)* Menu 50/110 € bc – Carte 51/74 €

◆ Près des Champs-Élysées, hôtel discret et raffiné aux chambres "cosy" personnalisées (quelques lits à baldaquins). Salon cossu où crépitent de belles flambées. Ambiance chic et feutrée, cadre d'esprit Art déco et cuisine traditionnelle au Baretto.

Champs-Élysées Plaza sans rest

VISA AE

35 r. de Berri Ⓜ George V – ✆ 01 53 53 20 20 – info@champselyseesplaza.com – Fax 01 53 53 20 21 F 9

32 ch – 390/890 € 390/890 €, 22 € – 11 suites

◆ Les chambres spacieuses et élégantes de cet hôtel (entièrement non-fumeurs) proche des "Champs" sont toutes pourvues d'une cheminée et d'une salle de bains de style Art déco.

Marriott

ch., ch., 12/220, VISA AE

70 av. Champs-Élysées Ⓜ Franklin D. Roosevelt – ✆ 01 53 93 55 00 – mhrs.pardt.ays@marriotthotels.com – Fax 01 53 93 55 01 F 9

174 ch – 395/565 € 395/565 €, 29 € – 18 suites

Rest ***Sur les Champs*** – *✆ 01 53 93 55 44 (fermé sam. midi et dim. midi)* Menu 39 € – Carte 37/68 €

◆ Un Américain à Paris : efficacité d'outre-Atlantique et confort ouaté dans les chambres donnant pour partie sur "la plus belle avenue du monde". Le décor du restaurant Sur les Champs (réverbères, fresques) évoque le Paris d'autrefois façon Oncle Sam !

California

ch., 20/100, VISA AE

16 r. Berri Ⓜ George V – ✆ 01 43 59 93 00 – cal@hroy.com – Fax 01 45 61 03 62 F 9

162 ch – 415/440 € 415/440 €, 30 € – 12 suites – **Rest** – *(fermé août, sam. et dim.) (déj. seult)* Menu 39/55 € – Carte 39/47 €

◆ Les esthètes seront comblés : plusieurs milliers de tableaux ornent les murs de cet ancien palace des années 1920. Autre collection : les 200 whiskies du piano-bar ! Un ravissant patio-terrasse (fontaine, mosaïques, verdure) prolonge la salle de restaurant.

De la Trémoille

ch., ch., 8/20, VISA AE

14 r. Trémoille Ⓜ Alma Marceau – ✆ 01 56 52 14 00 – reservation@hotel-tremoille.com – Fax 01 40 70 01 08 G 9

88 ch – 325/460 € 380/540 €, 24 € – 5 suites

Rest ***Senso*** – *(fermé août, sam. midi et dim.)* Menu (32 €), 39 € bc (déj.) – Carte 46/69 €

◆ L'hôtel a fait peau neuve : décor contemporain associant avec bonheur ancien et design, équipements de pointe et salles de bains en marbre et céramiques du Portugal. Salle à manger moderne (exposition-vente de tableaux) et cuisine dans l'air du temps.

Claridge Bellman sans rest 12, VISA
37 r. François 1er Ⓜ Franklin Roosevelt – ✆ 01 47 23 54 42 – resa@claridgebellman.com – Fax 01 47 23 08 84 G 9
42 ch – 225/525 € 225/525 €, ☕ 22 €
◆ Mélange de raffinement cossu et de luxe moderne dans cet hôtel au charme classique. Grandes chambres personnalisées (tapisseries, boiseries, meubles chinés, lits à baldaquin).

Bedford ch, rest, 15/50, VISA
17 r. de l'Arcade Ⓜ Madeleine – ✆ 01 44 94 77 77 – reservation@hotel-bedford.com – Fax 01 44 94 77 97 F 11
135 ch – 165 € 210 €, ☕ 15 € – 10 suites – **Rest** – *(Fermé 30 juil.-26 août, sam. et dim.) (déj. seult)* Menu (32 €), 41 € – Carte 55/72 €
◆ L'hôtel, construit en 1860 dans l'élégant quartier de la Madeleine, dispose de chambres de taille variée et aménagées avec goût. Cadre 1900 avec profusion de motifs décoratifs en stuc et belle coupole : la salle de restaurant est le vrai joyau du Bedford.

De Sers ch, ch, 12/25, VISA
41 av. Pierre 1er de Serbie Ⓜ George V – ✆ 01 53 23 75 75 – contact@hoteldesers.com – Fax 01 53 23 75 76 G 8
45 ch – 480/550 € 480/650 €, ☕ 29 € – 6 suites – **Rest** – *(fermé août et dim.)* Carte 40/160 €
◆ Renaissance réussie pour cet hôtel particulier de la fin du 19e s. : si le hall a gardé son caractère d'origine, les chambres sont résolument contemporaines. Cuisine au goût du jour servie dans une salle à manger design ou, en été, sur l'agréable terrasse.

François 1er sans rest 15, VISA
7 r. Magellan Ⓜ George V – ✆ 01 47 23 44 04 – hotel@hotel-francois1er.fr – Fax 01 47 23 93 43 F 8
40 ch – 300/780 € 350/1000 €, ☕ 22 € – 2 suites
◆ Marbre de Carrare, moulures, bibelots chinés, meubles anciens et tableaux à foison : un décor luxueux très réussi, signé Pierre-Yves Rochon. Copieux petit-déjeuner (buffet).

Le Faubourg Sofitel Demeure Hôtels ch, VISA
15 r. Boissy d'Anglas Ⓜ Concorde – ✆ 01 44 94 14 14 – h1295@accor.com – Fax 01 44 94 14 28 G 11
163 ch – 395/558 € 530/714 €, ☕ 28 € – 7 suites, 3 duplex
Rest *Café Faubourg* – *✆ 01 44 94 14 24 (fermé 1er-20 août, sam. et dim.)* Carte 51/62 €
◆ Ce Sofitel est aménagé dans deux demeures des 18e et 19e s. Chambres équipées high-tech, bar dans l'esprit des années 1930 et salon sous verrière. Décoration "tendance", reposant jardin intérieur et cuisine au goût du jour au Café Faubourg.

Montaigne sans rest VISA
6 av. Montaigne Ⓜ Alma Marceau – ✆ 01 47 20 30 50 – contact@hotel-montaigne.com – Fax 01 47 20 94 12 G 9
29 ch – 200/300 € 300/450 €, ☕ 20 €
◆ Grilles en fer forgé, belle façade fleurie et gracieux décor "cosy" font le caractère de cet hôtel. L'avenue est conquise par les boutiques des grands couturiers.

Daniel ch, ch, VISA
8 r. Frédéric Bastiat Ⓜ St-Philippe du Roule – ✆ 01 42 56 17 00 – danielparis@relaischateaux.com – Fax 01 42 56 17 01 F 9
22 ch – 320/450 € 380/450 €, ☕ 30 € – 4 suites – **Rest** – *(fermé 26 juil.-24 août, sam. et dim.)* Menu 80 € – Carte 45/67 €
◆ Cet hôtel a le goût des voyages ! Meubles et objets ramenés du monde entier, associés à la toile de Jouy, campent un décor raffiné et chaleureux pour globe-trotters parisiens.

Bradford Élysées sans rest VISA
10 r. St-Philippe-du-Roule Ⓜ St-Philippe du Roule – ✆ 01 45 63 20 20 – hotel.bradford@astotel.com – Fax 01 45 63 20 07 F 9
50 ch – 257/303 € 257/303 €, ☕ 20 €
◆ Cheminées en marbre, moulures, lits en laiton, décor "rétro" et ascenseur centenaire : un conservatoire de l'irrésistible charme parisien... la modernité en plus (écrans LCD).

Royal sans rest
33 av. Friedland Ⓜ *Charles de Gaulle-Etoile – ✆ 01 43 59 08 14 – rh@royal-hotel.com – Fax 01 45 63 69 92* F 8
58 ch – 🚹250 € 🚹🚹330/360 €, ☕ 21 €
◆ Les chambres - en partie refaites - offrent une atmosphère feutrée (décor classique actualisé, excellente insonorisation) ; certaines ménagent une vue sur l'Arc de Triomphe.

Sofitel Champs-Élysées
8 r. J. Goujon Ⓜ *Champs-Elysées Clemenceau – ✆ 01 40 74 64 64 – h1184-re@accor.com – Fax 01 40 74 79 66* G 9
42 ch – 🚹365/430 € 🚹🚹480/600 €, ☕ 25 € – 2 suites
Rest *Les Signatures* – *✆ 01 40 74 64 94 (fermé 30 juil.-19 août, 24 déc.-1er janv., sam. et dim.) (déj. seult)* Menu (35 €), 48 € 🍷
◆ Hôtel particulier Second Empire partagé avec le Press Club de France. Confortables chambres de style contemporain ; équipements "dernier cri". Centre d'affaires. Cadre épuré et jolie terrasse au restaurant Les Signatures, fréquenté par les journalistes.

Radisson SAS Champs-Élysées
78 av. Marceau Ⓜ *Charles de Gaulle-Etoile – ✆ 01 53 23 43 43 – reservations.paris@radissonsas.com – Fax 01 53 23 43 44* F 8
46 ch – 🚹280/550 € 🚹🚹280/650 €, ☕ 26 €
Rest *La Place* – *(fermé 30 juil.-19 août, 25 déc.-2 janv., sam. et dim.)*
Carte 57/72 € 🍷
◆ Hôtel récent occupant l'ancien siège social de Louis Vuitton. Chambres contemporaines et reposantes, équipements high-tech (TV à écran plasma) et insonorisation performante. Carte dans l'air du temps et petite terrasse côté cour au restaurant La Place.

Powers sans rest
52 r. François 1er Ⓜ *Franklin D. Roosevelt – ✆ 01 47 23 91 05 – contact@hotel-powers.com – Fax 01 49 52 04 63* G 9
50 ch – 🚹360/550 € 🚹🚹360/550 €, ☕ 25 €
◆ Les chambres, bien aménagées, ont l'âme bourgeoise : moulures, cheminées, horloges en bronze, lustres à pendeloques, etc. Salons "cosy" et bar façon club anglais.

Franklin Roosevelt sans rest
18 r. Clément-Marot Ⓜ *Franklin D. Roosevelt – ✆ 01 53 57 49 50 – hotel@hroosevelt.com – Fax 01 53 57 49 59* G 9
45 ch – 🚹270 € 🚹🚹270 €, ☕ 19 € – 3 suites
◆ Cet hôtel au charme victorien a fière allure : bois précieux, chintz, cuir et marbre - utilisés à profusion - contribuent à créer un décor raffiné. Agréable bar.

Chateaubriand sans rest
6 r. Chateaubriand Ⓜ *George V – ✆ 01 40 76 00 50 – welcome@hotelchateaubriand.com – Fax 01 40 76 09 22* F 9
28 ch – 🚹205/389 € 🚹🚹205/389 €, ☕ 18 €
◆ Peintures originales, mobilier chiné aux quatre coins du monde, salles de bains en marbre : chaque chambre a son charme bien à elle. Petits-déjeuners face à la cour intérieure.

Relais Monceau sans rest
85 r. Rocher Ⓜ *Villiers – ✆ 01 45 22 75 11 – relaismonceau@wanadoo.fr – Fax 01 45 22 30 88* E 11
51 ch – 🚹175 € 🚹🚹175 €, ☕ 11 €
◆ Entre parc Monceau et gare St-Lazare, établissement moderne aux chambres contemporaines dotées d'un cachet rustique. Salon-bibliothèque, bar ouvert sur un agréable petit patio.

Marignan
12 r. Marignan Ⓜ *Franklin D. Roosevelt – ✆ 01 40 76 34 56 – Fax 01 40 76 34 34* G 9
57 ch – 🚹395/540 € 🚹🚹455/620 €, ☕ 22 €, 16 duplex – **Rest** – *(déj. seult)*
Carte 32/57 € 🍷
◆ À deux pas des Champs-Élysées, belles chambres personnalisées (mobilier de style Directoire) et confortables duplex pensés pour la clientèle d'affaires (espace de travail).

Pershing Hall ch, VISA

49 r. P. Charon M George V – ☎ 01 58 36 58 00 – info@pershinghall.com – Fax 01 58 36 58 01 G 9

20 ch – †336/420 € ††336/420 €, ☐ 26 € – 6 suites – **Rest** – Carte 55/87 €

◆ Demeure du général Pershing, club de vétérans et enfin hôtel de charme imaginé par Andrée Putman. Intérieur chic, insolite et ravissant jardin vertical. Derrière le rideau de perles de verre, cadre "tendance" et carte très au goût du jour ; soirées "lounge".

Chambiges Élysées sans rest VISA

8 r. Chambiges M Alma Marceau – ☎ 01 44 31 83 83 – reservation@hotelchambiges.com – Fax 01 40 70 95 51 G 9

26 ch ☐ – †265/340 € ††265/340 € – 8 suites

◆ Boiseries, tentures et tissus choisis, meubles de style : atmosphère romantique et "cosy" dans cet hôtel entièrement rénové. Chambres douillettes et joli jardinet intérieur.

Le A sans rest VISA

4 r. d' Artois M St-Philippe du Roule – ☎ 01 42 56 99 99 – hotel-le-a@wanadoo.fr – Fax 01 42 56 99 90 F 9

16 ch – †345/472 € ††345/472 €, ☐ 23 € – 10 suites

◆ F. Hybert, plasticien, et F. Méchiche, architecte d'intérieur, ont imaginé cet hôtel (-musée ?) design en noir et blanc. Salon-bibliothèque et lounge-bar incitent au cocooning.

De l'Arcade sans rest 12/25, VISA

9 r. Arcade M Madeleine – ☎ 01 53 30 60 00 – reservation@hotel-arcade.com – Fax 01 40 07 03 07 F 11

41 ch – †146/180 € ††188/234 €, ☐ 11 €, 4 duplex

◆ Marbre et boiseries dans le hall et les salons, coloris tendres et mobilier choisi dans les chambres font le charme de cet hôtel élégant et discret, proche de la Madeleine.

Monna Lisa VISA

97 r. La Boétie M St-Philippe du Roule – ☎ 01 56 43 38 38 – contact@hotelmonnalisa.com – Fax 01 45 62 39 90 F 9

22 ch – †170/220 € ††180/235 €, ☐ 17 €

Rest *Caffe Ristretto* – *(fermé sam. et dim.)* Carte 44/65 €

◆ Ce bel hôtel (immeuble de 1860) constitue une véritable vitrine de l'audacieux design transalpin. Chambres plus vastes côté rue. Voyage gourmand à travers les spécialités de la péninsule italienne dans le cadre délicieusement contemporain du Caffe Ristretto.

Le 123 sans rest VISA

123 r. du Faubourg St Honoré M St-Philippe-du-Roule – ☎ 01 53 89 01 23 – hotel.le123@astotel.com – Fax 01 45 61 09 07 F 9

41 ch – †250/420 € ††298/468 €, ☐ 22 €

◆ Décor dans l'air du temps, mélanges des styles, des matières et des couleurs : chambres, ornées de croquis de mode, personnalisées, souvent originales et vraiment séduisantes.

Le Lavoisier sans rest VISA

21 r. Lavoisier M St-Augustin – ☎ 01 53 30 06 06 – info@hotellavoisier.com – Fax 01 53 30 23 00 F 11

27 ch – †179/270 € ††179/270 €, ☐ 14 € – 3 suites

◆ Chambres contemporaines, petit salon-bibliothèque intime faisant office de bar et salle voûtée pour les petits-déjeuners caractérisent cet hôtel du quartier St-Augustin.

Élysées Mermoz sans rest 15, VISA

30 r. J. Mermoz M Franklin D. Roosevelt – ☎ 01 42 25 75 30 – hotel@emhotel.com – Fax 01 45 62 87 10 F 10

22 ch – †104/149 € ††132/189 €, ☐ 12 € – 5 suites

◆ Couleurs ensoleillées ou camaïeu de gris dans les chambres, boiseries vernies et pierre de lave dans les salles de bains, salon en rotin sous verrière : un hôtel "cosy".

Queen Mary sans rest VISA

9 r. Greffulhe M Madeleine – ☎ 01 42 66 40 50 – reservations@hotelqueenmary.com – Fax 01 42 66 94 92 F 12

36 ch – †165/215 € ††189/349 €, ☐ 18 €

◆ Agréable patio, coquette salle des petits-déjeuners, chambres feutrées et carafe de Xérès en cadeau de bienvenue vous attendent dans cet hôtel raffiné à l'esprit "british".

Le Vignon "8" sans rest
23 r. Vignon Ⓜ Madeleine – ☎ 01 47 42 93 00 – reservation@hotelvignon.com – Fax 01 47 42 04 60 F 12
28 ch – †260/390 € ††260/390 €, ☕ 20 €
◆ Hôtel chaleureux et feutré à deux pas de la place de la Madeleine. Chambres "cosy" ; celles du dernier étage ont été refaites dans un style résolument contemporain.

Mercure Opéra Garnier sans rest
4 r. de l'Isly Ⓜ St Lazare – ☎ 01 43 87 35 50 – h1913@accor.com – Fax 01 43 87 03 29 F 12
140 ch – †155/250 € ††155/250 €, ☕ 15 €
◆ Hôtel de chaîne pratique situé entre la gare St-Lazare et les grands magasins. Chambres fonctionnelles et buffet de petits-déjeuners servi dans un jardinet intérieur en été.

Champs-Élysées Friedland sans rest
177 r. Fg St-Honoré Ⓜ Charles de Gaulle-Etoile – ☎ 01 45 63 64 65 – friedland@my-paris-hotel.com – Fax 01 45 63 88 96 F 9
40 ch – †149/289 € ††149/319 €, ☕ 20 €
◆ Un établissement proche de la salle Pleyel qui se rénove peu à peu : petites chambres bourgeoises correctement insonorisées et dotées d'équipements actuels (écrans LCD).

Élysées Céramic sans rest
34 av. Wagram Ⓜ Ternes – ☎ 01 42 27 20 30 – info@elysees-ceramic.com – Fax 01 46 22 95 83 E 8
57 ch – †175/185 € ††200/210 €, ☕ 10 €
◆ La façade Art nouveau en grès cérame (1904) est une merveille d'architecture. L'intérieur n'est pas en reste (meubles et décor inspirés du même style) ; quelques balcons.

Atlantic sans rest
44 r. Londres Ⓜ St-Lazare – ☎ 01 43 87 45 40 – contact@atlanticparis.fr – Fax 01 42 93 06 26 E 12
82 ch – †150 € ††195 €, ☕ 16 €
◆ Ondulations, tableaux et maquettes de bateaux... Quelques discrètes touches marines animent le décor contemporain de cet hôtel. Salon et bar sous une vaste verrière.

Astoria Opéra sans rest
42 r. Moscou Ⓜ Rome – ☎ 01 42 93 63 53 – hotel.astoria@astotel.com – Fax 01 42 93 30 30 D 11
86 ch – †124/186 € ††165/186 €, ☕ 11 €
◆ La clientèle d'affaires, entre autres, plébiscite ces coquettes chambres du quartier de l'Europe. Salon agrémenté de toiles modernes. Petits-déjeuners servis sous verrière.

La Flèche d'Or sans rest
29 r. d'Amsterdam Ⓜ St-Lazare – ☎ 01 48 74 06 86 – info@hotelflechedor.com – Fax 01 48 74 06 04 E 12
61 ch – †74/445 € ††79/450 €, ☕ 10 €
◆ L'enseigne de cet hôtel proche de la gare St-Lazare évoque un célèbre train de luxe. Chambres bien tenues, récemment rafraîchies. Salon aussi confortable qu'une voiture Pullman de la Flèche d'Or !

Mayflower sans rest
3 r. Chateaubriand Ⓜ George V – ☎ 01 45 62 57 46 – mayflower@escapade-paris.com – Fax 01 42 56 32 38 F 9
24 ch – †140 € ††175/195 €, ☕ 12 €
◆ Chambres simples, mais confortables (quelques salles de bains en marbre). Petits-déjeuners proposés dans un espace égayé d'une fresque évoquant la destinée des Pilgrim Fathers.

West-End sans rest
7 r. Clément-Marot Ⓜ Alma Marceau – ☎ 01 47 20 30 78 – contact@hotel-west-end.com – Fax 01 47 20 34 42 G 9
49 ch ☕ – †280/453 € ††280/453 €
◆ Vieilles lithographies, tableaux originaux et équipements actuels vous attendent dans les chambres sobres et chic (certaines voient la tour Eiffel) de ce paisible hôtel.

Cordélia sans rest

11 r. Greffulhe Ⓜ Madeleine – ☎ 01 42 65 42 40 – hotelcordelia@wanadoo.fr – Fax 01 42 65 11 81 F 12

30 ch – 130/160 € 145/185 €, ☕ 14 €

◆ Établissement abritant de chaleureuses chambres de taille variable, une sympathique salle voûtée pour les petits-déjeuners et un salon intime avec cheminée et boiseries.

Alison sans rest

21 r. de Surène Ⓜ Madeleine – ☎ 01 42 65 54 00 – hotel.alison@wanadoo.fr – Fax 01 42 65 08 17 F 11

35 ch – 80/145 € 112/145 €, ☕ 9 €

◆ Hôtel familial dans une rue calme proche du théâtre de la Madeleine. Hall agrémenté de tableaux contemporains et chambres propres et fonctionnelles, mansardées au 6e étage.

Newton Opéra sans rest

11 bis r. de l'Arcade Ⓜ Madeleine – ☎ 01 42 65 32 13 – newtonopera@easynet.fr – Fax 01 42 65 30 90 F 11

31 ch – 130/160 € 130/165 €, ☕ 16 €

◆ Plaisantes petites chambres égayées de tons vifs, coquet salon de lecture et accueil personnalisé (une carafe de Mandarine impériale vous attend en cadeau de bienvenue).

Madeleine Haussmann sans rest

10 r. Pasquier Ⓜ Madeleine – ☎ 01 42 65 90 11 – mh@hotels-emeraude.com – Fax 01 42 68 07 93 F 11

35 ch – 99/180 € 100/250 €, ☕ 12 €, 1 duplex

◆ Chambres plutôt exiguës, mais bien tenues et garnies d'un mobilier de bonne facture. Un appartement au 7e étage. Salle des petits-déjeuners voûtée, salon "cosy" (accès Internet).

Le "Cinq" – Hôtel Four Seasons George V 8/20,

31 av. George V Ⓜ George V – ☎ 01 49 52 71 54 – par.lecinq@fourseasons.com – Fax 01 49 52 71 81 F 8

Rest – Menu 75 € (déj.), 110/220 € – Carte 130/288 €

Spéc. Tarte d'artichaut et de truffe noire. Fricassée de langoustines, lasagne au vieux parmesan. Côte de veau de lait fermier aux câpres de Pantelleria.

◆ Superbe salle de restaurant - majestueuse évocation du Grand Trianon - ouverte sur un ravissant jardin intérieur. Atmosphère élégante, belle cave et cuisine classique.

Les Ambassadeurs – Hôtel Crillon 12/40,

10 pl. Concorde Ⓜ Concorde – ☎ 01 44 71 16 16 – restaurants@crillon.com – Fax 01 44 71 15 02 – Fermé août, 1er-8 janv., dim. et lundi G 11

Rest – Menu 75 € (déj. sem.)/200 € – Carte 154/255 €

Spéc. Blanc à manger d'œuf, truffe noire (janv. à mars). Pigeonneau désossé, foie gras, jus à l'olive. Comme un vacherin, au parfum de saison.

◆ Cette splendide salle à manger - l'ancienne salle de bal d'un hôtel particulier du 18e s. - sert d'écrin à une cuisine inventive raffinée et à une magnifique carte des vins.

Alain Ducasse au Plaza Athénée – Hôtel Plaza Athénée

25 av. Montaigne Ⓜ Alma Marceau – ☎ 01 53 67 65 00 – adpa@alain-ducasse.com – Fax 01 53 67 65 12 – Fermé 13 juil.-21 août, 21-31 déc., lundi midi, mardi midi, merc. midi, sam. et dim. G 9

Rest – Menu 220/320 € – Carte 180/325 €

Spéc. Caviar osciètre d'Iran, langoustines rafraîchies, nage réduite, bouillon parfumé. Volaille de Bresse, sauce albuféra aux truffes d'Alba (15 oct. au 31 déc.). Fraises des bois en coupe glacée, sablé coco.

◆ Somptueux décor Régence relooké dans un esprit "design et organza", plats inventifs d'une équipe talentueuse "coachée" par A. Ducasse et 1001 vins choisis : la vie de palace !

Le Bristol – Hôtel Bristol

112 r. Fg St-Honoré Ⓜ Miromesnil – ☎ 01 53 43 43 00 – resa@lebristolparis.com – Fax 01 53 43 43 01 – Réouverture annoncée le 22 mars après travaux F 10

Rest – Menu 90 € (déj.)/190 € – Carte 118/207 €

Spéc. Macaroni farcis, truffe, artichaut et foie gras, gratinés au parmesan. Anguille des Sargasses sautée meunière. Poularde de Bresse cuite en vessie aux écrevisses.

◆ Avec ses boiseries anciennes, la salle à manger d'hiver ressemble à un petit théâtre. Celle d'été regarde le délicieux jardin de l'hôtel. Brillante cuisine personnalisée.

Ledoyen

10/20, VISA AE

carré Champs-Élysées Ⓜ Champs-Elysées Clemenceau – ☎ 01 53 05 10 01 – pavillon.ledoyen@ledoyen.com – Fax 01 47 42 55 01 – Fermé 28 juil.-26 août, lundi midi, sam. et dim. G 10

Rest – Menu 85 € (déj.), 198/284 € bc – Carte 148/244 €

Spéc. Grosses langoustines bretonnes, émulsion d'agrumes. Blanc de turbot de ligne braisé, pommes rattes truffées. Ris de veau en brochette de bois de citronnelle, jus d'herbes.

◆ Délicieuse carte "terre et mer", superbe décor Napoléon III et vue sur les jardins dessinés par Hittorff en ce pavillon néo-classique édifié en 1792 sur les Champs-Élysées.

Taillevent

5/25, VISA AE

15 r. Lamennais Ⓜ Charles de Gaulle-Etoile – ☎ 01 44 95 15 01 – mail@taillevent.com – Fax 01 42 25 95 18 – Fermé 28 juil.-27 août, sam., dim. et fériés F 9

Rest – *(nombre de couverts limité, prévenir)* Menu 70 € (déj.), 140/190 € – Carte 124/198 €

Spéc. Rémoulade de tourteau à l'aneth. Selle d'agneau princier en rognonnade. Tarte inversée au chocolat et au café.

◆ Boiseries, œuvres d'art... L'ex-hôtel particulier (19e s.) du duc de Morny est devenu un lieu de mémoire de la haute gastronomie française. Belle cuisine et cave somptueuse.

Apicius (Vigato)

10/25, VISA AE

20 rue d'Artois Ⓜ St-Philippe du Roule – ☎ 01 43 80 19 66 – restaurant-apicius@wanadoo.fr – Fax 01 44 40 09 57 – Fermé août, sam. et dim. F 9

Rest – Menu 140/150 € – Carte 79/156 €

Spéc. Compote de cèpes frais et grillés, sabayon à la truffe blanche d'Alba (oct. à déc.). Milieu de gros turbot rôti, jus tranché aux épices. Soufflé au chocolat noir et chantilly sans sucre.

◆ Tableaux flamands du 19e s. et sculptures indiennes du 17e s. ornent cet élégant restaurant installé dans un hôtel particulier. Carte au goût du jour et superbe livre de cave.

Lasserre

6/40, VISA AE

17 av. F.-D.-Roosevelt Ⓜ Franklin D. Roosevelt – ☎ 01 43 59 53 43 – lasserre@lasserre.fr – Fax 01 45 63 72 23 – Fermé août, sam. midi, lundi midi, mardi midi, merc. midi et dim. G 10

Rest – Menu 75 € (déj.)/185 € – Carte 122/206 €

Spéc. Macaroni aux truffes noires et foie gras. Selle d'agneau de lait au serpolet et artichauts poivrades. Tarte soufflée au chocolat.

◆ Une institution du Paris gourmand. Salle à manger néo-classique, draperies, objets luxueux à foison et étonnant toit ouvrant. Répertoire classique et riche carte des vins.

Laurent

6/60, VISA AE

41 av. Gabriel Ⓜ Champs Elysées Clemenceau – ☎ 01 42 25 00 39 – info@le-laurent.com – Fax 01 45 62 45 21 – Fermé sam. midi, dim. et fériés G 10

Rest – Menu 75/160 € – Carte 132/213 €

Spéc. Araignée de mer dans ses sucs en gelée, crème de fenouil. Grosses langoustines "tandoori" poêlées, copeaux d'avocat à l'huile d'amande. Flanchet de veau braisé, blettes à la moelle et au jus.

◆ À deux pas des "Champs", cet ancien pavillon de chasse de Louis XIV avec ses élégantes terrasses ombragées, compte de nombreux fidèles. Cuisine de tradition et belle carte des vins.

Pierre Gagnaire

VISA AE

6 r. Balzac Ⓜ George V – ☎ 01 58 36 12 50 – p.gagnaire@wanadoo.fr – Fax 01 58 36 12 51 – Fermé 21 juil.-20 août, 22 déc.-6 janv., dim. midi et sam. F 8

Rest – Menu 95 € (déj. en sem.)/245 € – Carte 231/332 €

Spéc. Langoustines de quatre façons. Pièce d'agneau de Lozère. Grand dessert Pierre Gagnaire.

◆ Le sobre et chic décor contemporain (boiseries blondes, œuvres d'art moderne) s'efface devant la partition débridée jouée par un chef-jazzman envoûtant. Musique, maestro !

XXXX **Le Jardin** – Hôtel Royal Monceau

37 av. Hoche Ⓜ Charles de Gaulle-Etoile – ✆ 01 42 99 98 70 – lejardin@royalmonceau.com – Fax 01 42 99 89 94 – Fermé août, lundi midi, sam. et dim. E 8

Rest – Menu 59 € (déj.), 95/125 € – Carte 86/126 €

Spéc. Langoustines rôties, confit d'oignons doux, râpée de truffe noire. Bar de ligne étuvé aux palourdes. Suprêmes de palombe dorés, foie gras.

◆ Évocation d'une élégante tente d'inspiration napoléonienne côté décor et subtiles saveurs méditerranéennes dans l'assiette. Terrasse et jardin très agréables aux beaux jours.

XXX **Les Élysées** – Hôtel Vernet

25 r. Vernet Ⓜ Charles de Gaulle-Etoile – ✆ 01 44 31 98 98 – reservations@hotelvernet.com – Fax 01 44 31 85 69 – Fermé 28 juil.-27 août, lundi midi, sam. et dim. F 8

Rest – Menu 59 € (déj.), 94/130 € – Carte 89/142 €

Spéc. Tranche d'aubergine potagère, copeaux de foie gras, sorbet tomate. Homard bleu cuit sur sel aux aromates, jus au naturel, fenouil, artichaut, gnocchi. Epaule d'agneau de Lozère fondante à l'orientale, gratin de tomate, figue.

◆ Cuisine inventive et maîtrisée, reposant sur des bases classiques, à déguster sous la splendide verrière Belle Époque signée Eiffel, qui baigne la salle à manger d'une douce lumière.

XXX **La Table du Lancaster** – Hôtel Lancaster 15,

7 r. Berri Ⓜ George V – ✆ 01 40 76 40 18 – restaurant@hotel-lancaster.fr – Fax 01 40 76 40 00 – Fermé août F 9

Rest – Menu 60 € (déj. en sem.)/120 € – Carte 75/135 €

Spéc. Cuisses de grenouilles au satay. Langouste grillée indonésienne (printemps-été). Grillon de ris de veau, pissalat d'anchois.

◆ Astucieuse et inventive cuisine supervisée par Michel Troisgros et plaisant cadre contemporain (estampes chinoises) ouvrant sur le jardin : une vraie Table pour le Lancaster.

XXX **Maison Blanche**

15 av. Montaigne Ⓜ Alma Marceau – ✆ 01 47 23 55 99 – info@maison-blanche.fr – Fax 01 47 20 09 56 – Fermé sam. midi et dim. midi G 9

Rest – Carte 74/133 €

◆ Sur le toit du théâtre des Champs-Élysées, loft-duplex design dont l'immense verrière regarde le dôme doré des Invalides. Le Languedoc influence la cuisine des Frères Pourcel.

XXX **Fouquet's** 10/80,

99 av. Champs Élysées Ⓜ George V – ✆ 01 47 23 50 00 – fouquets@lucienbarriere.com – Fax 01 47 23 60 02 F 8

Rest – Menu 78/110 € bc – Carte 72/128 €

◆ Depuis sa création (1899), cette mythique adresse qui borde "la plus belle avenue du monde" a vu passer le Tout-Paris. Bel intérieur classé, terrasse prisée et carte de brasserie.

XXX **Senderens** 8/20,

9 pl. Madeleine Ⓜ Madeleine – ✆ 01 42 65 22 90 – restaurant@senderens.fr – Fax 01 42 65 06 23 – Fermé sam. et dim. en juil.-août G 11

Rest – Carte 73/91 €

Rest *Bar le Passage* – ✆ 01 42 65 56 66 – Carte environ 30 €

Spéc. Homard bleu et mangue en salade au basilic. Canard "Apicius" rôti au miel et aux épices. Coulant de samana, cerises amarena.

◆ Mariage réussi du mobilier design et des boiseries Art nouveau Majorelle dans cette luxueuse brasserie, toujours très animée. Cuisine créative ; belles associations mets et vins. Au Bar Le Passage : ambiance de salon-fumoir et carte éclectique proposant alcools, cigares, tapas, sushis, etc.

XXX ✿ **Copenhague**

142 av. Champs-Élysées Ⓜ *George V – ✆ 01 44 13 86 26 – floradanica@wanadoo.fr – Fax 01 44 13 89 44 – Fermé 28 juil.-20 août, sam., dim. et fériés* F 8

Rest – *(1er étage)* Menu 55 € (déj.), 73/115 € – Carte 79/114 €

Rest *Flora Danica* – Menu 35 € – Carte 40/82 €

Spéc. Foie gras poché à la bière. Dos de cabillaud demi-sel au bouillon mousseux de palourdes. Noisettes de renne légèrement fumées et rôties, sauce venaison.

◆ Cuisine scandinave, élégant design nordique, vue sur les Champs-Élysées et terrasse tournée vers un ravissant jardin pour ce restaurant installé dans la Maison du Danemark. Au Flora Danica, les produits de la boutique et la carte mettent le saumon à l'honneur.

XXX ✿ **Le Chiberta**

15, VISA

3 r. Arsène-Houssaye Ⓜ *Charles de Gaulle-Etoile – ✆ 01 53 53 42 00 – chiberta@guysavoy.com – Fax 01 45 62 85 08 – Fermé 1er-21 août, sam. midi et dim.* F 8

Rest – Menu 60/100 € – Carte 77/98 €

Spéc. Crème de carottes citronnelle-gingembre, langoustines éclatées. Tronçon de turbot cuit sur l'arête, ratte du Touquet. Saveur praliné-citron vert.

◆ Hauts tabourets et comptoir en ardoise ou décor signé J.-M. Wilmotte (boiseries sombres, "murs à bouteilles") : deux ambiances pour une carte inventive supervisée par Guy Savoy.

XXX ✿ **Le Carpaccio** – Hôtel Royal Monceau

6/15, VISA

37 av. Hoche Ⓜ *Charles de Gaulle-Etoile – ✆ 01 42 99 98 90 – ilcarpaccio@royalmonceau.com – Fax 01 42 99 89 94 – Fermé août* E 8

Rest – Carte 68/122 €

Spéc. Carpaccio de filet de bœuf. Risotto au safran et poêlée de champignons de saison. Foie de veau à la vénitienne.

◆ Franchissez le hall de l'hôtel Royal Monceau pour vous attabler dans un élégant décor évoquant la "Sérénissime" (lustres en verre de Murano). Goûteuse cuisine italienne.

XXX **El Mansour**

VISA

7 r. Trémoille Ⓜ *Alma Marceau – ✆ 01 47 23 88 18 – Fax 01 40 70 13 53 – Fermé lundi midi et dim.* G 9

Rest – Carte 45/68 €

◆ Salle à manger revêtue de chaleureuses boiseries et égayée de petites notes orientales : un restaurant marocain feutré au cœur du Triangle d'Or. Généreux plats nord-africains.

XXX **Le Marcande**

VISA

52 r. Miromesnil Ⓜ *Miromesnil – ✆ 01 42 65 19 14 – info@marcande.com – Fax 01 42 65 76 85 – Fermé 6-20 août, 24 déc.-1er janv., vend. soir d'oct. à avril, sam. sauf le soir de mai à sept. et dim.* F 10

Rest – Menu (34 €), 40/91 € bc – Carte 44/86 €

◆ Le point fort de ce discret restaurant fréquenté par une clientèle d'affaires ? Son agréable patio-terrasse donnant sur deux salles mi-bourgeoises, mi-contemporaines.

XXX **Indra**

VISA

10 r. Cdt-Rivière Ⓜ *St-Philippe du Roule – ✆ 01 43 59 46 40 – toutounat@wanadoo.fr – Fax 01 42 25 00 32 – Fermé sam. midi et dim.* F 9

Rest – Menu 40 € (déj.), 44/65 € – Carte 40/59 €

◆ L'un des premiers restaurants indiens de France (1976) dont le cadre ravissant - murs en patchwork, boiseries ouvragées - invite à un voyage culinaire au pays des Maharadjas.

XX **Spoon**

VISA

12 r. Marignan Ⓜ *Franklin D. Roosevelt – ✆ 01 40 76 34 44 – spoonfood@hotelmarignan.fr – Fax 01 40 76 34 37 – Fermé 28 juil.-27 août, 22 déc.-2 janv., sam. et dim.* G 9

Rest – Menu 45 € (déj.)/85 € – Carte 49/79 €

◆ Un concept d'Alain Ducasse : décor contemporain "zen" (mobilier design, bois exotique, cuisine-spectacle), originale carte modulable et cave empruntant aux cinq continents.

XX **La Luna**

VISA

69 r. Rocher Ⓜ *Villiers – ✆ 01 42 93 77 61 – laluna75008@yahoo.fr – Fax 01 40 08 02 44 – Fermé 1er-22 août et dim.* E 11

Rest – Carte 67/100 €

◆ Du poisson à la carte ! Dans un cadre Art déco et une atmosphère paisible, recettes aux parfums et saveurs iodés au rythme des arrivages de l'Atlantique.

XX **Le Relais Plaza** – Hôtel Plaza Athénée

25 av. Montaigne Ⓜ Alma Marceau – ✆ 01 53 67 64 00 – reservation@plaza-athenee-paris.com – Fax 01 53 67 66 66 – Fermé 25 juil.-25 août G 9

Rest – Menu 50 € – Carte 63/143 € ♀

◆ La "cantine" chic et intime des maisons de couture voisines. Atmosphère intemporelle et très beau décor des années 1930 inspiré du paquebot Normandie. Cuisine classique épurée.

XX **Tante Louise**

41 r. Boissy-d'Anglas Ⓜ Madeleine – ✆ 01 42 65 06 85 – tantelouise@bernard-loiseau.com – Fax 01 42 65 28 19 – Fermé août, sam., dim. et fériés F 11

Rest – Menu 34 € (déj.), 40/65 € – Carte 47/66 € ♀

◆ L'enseigne évoque la "Mère" parisienne qui tenait naguère ce restaurant au discret cadre Art déco. Carte traditionnelle agrémentée de quelques recettes bourguignonnes.

XX **Les Saveurs de Flora**

36 av. George V Ⓜ George V – ✆ 01 40 70 10 49 – Fax 01 47 20 52 87 – Fermé août, vacances de fév., sam. midi et dim. G 8

Rest – Menu (28 €), 36 € – Carte 56/88 € ♀

◆ Flora, la maîtresse de maison, vous reçoit dans un cadre "tendance" et feutré où le contemporain côtoie le rétro. Cuisine inventive métissant tradition et saveurs d'ailleurs.

XX **Chez Catherine**

3 r. Berryer Ⓜ George V – ✆ 01 40 76 01 40 – Fax 01 40 76 03 96 – Fermé 28 juil.-21 août, sam., dim. et fériés F 9

Rest – Menu (42 €), 48 € (déj.), 55/74 € ♀

◆ Élégante salle à manger contemporaine ouverte sur les cuisines et en partie coiffée d'une verrière : une adresse chic et "cosy" où déguster des recettes actuelles.

XX **1728**

8 r. d'Anjou Ⓜ Madeleine – ✆ 01 40 17 04 77 – restaurant1728@wanadoo.fr – Fax 01 42 65 53 87 – Fermé 1er-15 août, sam. midi, dim. et fériés G 11

Rest – Carte 50/129 € ♀

◆ Hôtel particulier (18e s.) où La Fayette vécut de 1827 à sa mort. Cuisine actuelle sous influences internationales servie dans d'élégants salons : boiseries, mobilier de style.

XX **La Table d'Hédiard**

21 pl. Madeleine Ⓜ Madeleine – ✆ 01 43 12 88 99 – latablehediard@hediard.fr – Fax 01 43 12 88 98 – Fermé août et dim. F 11

Rest – Carte 47/69 € ♀

◆ Décor un brin exotique et cuisine aux mille épices : vous êtes conviés à un "safari" culinaire... après avoir parcouru les appétissants rayons de la célèbre épicerie de luxe.

XX **Le Sarladais**

2 r. Vienne Ⓜ St-Augustin – ✆ 01 45 22 23 62 – Fax 01 45 22 23 62 – Fermé 28 avril- 8 mai, août, 24-31 déc., sam. sauf le soir du 22 sept. au 31 avril, dim. et fériés E 11

Rest – Menu 29 € (dîner), 35/54 € – Carte 47/117 € ♀

◆ Lambris, tons chauds, compositions florales et expo-vente de tableaux : un cadre qui se prête à la dégustation des solides recettes périgourdines mitonnées par le chef.

XX **Fermette Marbeuf 1900**

5 r. Marbeuf Ⓜ Alma Marceau – ✆ 01 53 23 08 00 – fermettemarbeuf@blanc.net – Fax 01 53 23 08 09 G 9

Rest – Menu (20 €), 25 € (déj. en sem.)/30 € – Carte 31/65 € ♀

◆ Le décor Art nouveau de la salle à manger-verrière, où vous réserverez votre table, date de 1898 et a été retrouvé par hasard lors de travaux de rénovation. Plats classiques.

XX **Marius et Janette**

4 av. George V Ⓜ Alma Marceau – ✆ 01 47 23 41 88 – Fax 01 47 23 07 19 G 8

Rest – Menu 46 € bc (déj.)/48 € – Carte 60/140 € ♀

◆ Une adresse vouée aux produits de la mer dont le nom évoque l'Estaque. Décor façon "yacht" et, pour les beaux jours, agréable terrasse sur l'avenue.

XX **Stella Maris** (Yoshino)
4 r. Arsène Houssaye Ⓜ *Charles de Gaulle-Etoile – ✆ 01 42 89 16 22 – stella.maris.paris@wanadoo.fr – Fax 01 42 89 16 01 – Fermé 10-20 août, sam. midi, dim. et fériés le midi* F 8
Rest – Menu 43 € (déj.), 85/130 € – Carte 100/140 €
Spéc. Fondant de foie gras de canard et carotte (mars à sept.). Saumon mi-cuit à l'émulsion de citron confit. Tourte de pigeon (automne).
◆ Un plaisant restaurant près de l'Arc de Triomphe : cuisine française au goût du jour joliment troussée par un habile chef japonais, décor épuré et accueil charmant.

XX **Sens par la Compagnie des Comptoirs**
23 r. de Ponthieu Ⓜ *Franklin D. Roosevelt –* (soir)
✆ 01 42 25 95 00 – resacdcparis@wanadoo.fr – Fax 01 42 25 95 02 – Fermé 1er-21 août, sam. midi et dim. F 9
Rest – Menu 45 € (déj. en sem.), 75 € bc/90 € bc – Carte 44/74 €
◆ Adresse parisienne des Frères Pourcel occupant une vaste salle sous verrière doublée d'une mezzanine (bar et billard). Décor contemporain aux tons gris et cuisine ensoleillée.

XX **Ginger** (soir)
11 r. de la Trémoille Ⓜ *Alma Marceau – ✆ 01 47 23 37 32 – Fax 01 47 23 00 26* G 9
Rest – Menu (19 €) – Carte 31/52 €
◆ Laos, Cambodge, Vietnam... Saveurs et parfums d'Asie se pressent sur la carte bien inspirée de ce restaurant au nom piquant. Décor minimaliste, service discret et souriant.

XX **Ratn**
9 r. de la Trémoille Ⓜ *Alma Marceau – ✆ 01 40 70 01 09 – Fax 01 40 70 01 22* G 9
Rest – Menu (21 €), 39 € – Carte 39/48 €
◆ Une authentique adresse indienne : décor traditionnel sobrement chic (tissus dorés, panneaux de bois sculptés) et cuisine utilisant les épices avec justesse. Service aimable.

XX **Le Stresa**
7 r. Chambiges Ⓜ *Alma Marceau – ✆ 01 47 23 51 62 – Fermé 1er-8 mai, août, 20 déc.-3 janv., sam. et dim.* G 9
Rest – *(prévenir)* Carte 56/105 €
◆ Trattoria du Triangle d'Or fréquentée par une clientèle très "jet-set". Tableaux de Buffet, compressions de César... les artistes aussi apprécient cette cuisine italienne.

XX **Bistrot du Sommelier** 10/12,
97 bd Haussmann Ⓜ *St-Augustin – ✆ 01 42 65 24 85 – bistrot-du-sommelier@noos.fr – Fax 01 53 75 23 23 – Fermé 28 juil.-26 août, 22 déc.-1er janv., sam. et dim.* F 11
Rest – Menu (32 €), 39 € (déj.), 60 € bc/100 € bc – Carte 46/68 €
◆ Le bistrot de Philippe Faure-Brac, honoré du titre de meilleur sommelier du monde en 1992, compose un hymne à Bacchus, nourri du feu roulant de dives bouteilles.

XX **Rue Balzac** 15,
8 r. Lord Byron Ⓜ *George V – ✆ 01 53 89 90 91 – ruebalzac@wanadoo.fr – Fax 01 53 89 90 94 – Fermé 1er-20 août, sam. midi et dim. midi* F 8
Rest – Carte 32/88 €
◆ Cuisine actuelle en deux versions (petits ou grands modèles) et décor contemporain réussi : le restaurant créé par Johnny Hallyday et Claude Bouillon est devenu incontournable.

XX **L'Angle du Faubourg**
195 r. Fg St-Honoré Ⓜ *Ternes – ✆ 01 40 74 20 20 – angledufaubourg@cavestaillevent.com – Fax 01 40 74 20 21 – Fermé 28 juil.-27 août, sam., dim. et fériés* E 9
Rest – Menu 35/70 € (dîner) – Carte 45/71 €
Spéc. Etrilles farcies en gelée. Foie de canard poêlé au banyuls. Macaron aux fruits de saison.
◆ À l'angle des rues du Faubourg-St-Honoré et Balzac. Ce "bistrot" moderne, qui n'a pas l'âme faubourienne, propose une cuisine classique habilement actualisée. Cadre épuré.

XX **Market**

15 av. Matignon Ⓜ *Franklin D. Roosevelt – ✆ 01 56 43 40 90 – prmarketsa@aol.com – Fax 01 43 59 10 87* F 10

Rest – Menu (34 €), 43 € (déj.), 55/85 € – Carte 48/82 € ♀

◆ Emplacement prestigieux, décor de bois et de marbre, masques africains logés dans des niches et cuisine métissée (française, italienne et asiatique) : une adresse "trendy".

XX **Maxan**

4/15,

37 r. Miromesnil Ⓜ *Miromesnil – ✆ 01 42 65 78 60 – Fax 01 49 24 96 17 – Fermé 6-21 août, lundi soir, sam. midi et dim.* F 10

Rest – Menu (30 €), 38/45 € (dîner) – Carte 39/68 € ♀

◆ Le décor contemporain réalisé par Pierre Pozzi est d'une grande sobriété (murs blancs ou ornés de rayures multicolores, mobilier de type bistrot). Plats classiques actualisés.

XX **Village d'Ung et Li Lam**

10 r. J. Mermoz Ⓜ *Franklin D. Roosevelt – ✆ 01 42 25 99 79 – Fax 01 42 25 12 06 – Fermé sam. midi et dim. midi* F 10

Rest – Menu (19 €), 35 € – Carte 25/40 € ♀

◆ Ung et Li vous accueillent dans un cadre asiatique original : aquariums suspendus et sol en pâte de verre avec inclusions de sable. Cuisine sino-thaïlandaise.

XX **Al Ajami**

58 r. François 1er Ⓜ *George V – ✆ 01 42 25 38 44 – ajami@free.fr – Fax 01 42 25 38 39* G 9

Rest – Menu (19 €), 24 € (sem.)/41 € – Carte 29/52 € ♀

◆ Cette ambassade de la cuisine libanaise est la déclinaison parisienne d'une enseigne créée à Beyrouth en 1920. Décor orientalisant, ambiance familiale et clientèle d'habitués.

X **Dominique Bouchet**

10/12,

11 r. Treilhard Ⓜ *Miromesnil – ✆ 01 45 61 09 46 – dominiquebouchet@yahoo.fr – Fax 01 42 89 11 14 – Fermé août, vacances de fév., sam., dim. et fériés* E 10

Rest – Menu (43 €), 90 € – Carte 55/87 € ♀

Spéc. Escargots petits gris, tarte aux olives. Encornets poêlés, picadillos et chorizo. Gigot d'agneau de sept heures à la cuillère.

◆ Décor contemporain de bon goût, ambiance conviviale et savoureuse cuisine du marché reposant sur des bases traditionnelles : succès mérité pour ce petit bistrot "tendance".

X **Bistro de l'Olivier**

13 r. Quentin Bauchart Ⓜ *George V – ✆ 01 47 20 78 63 – Fax 01 47 20 74 58 – Fermé août, sam. midi et dim.* G 8

Rest – *(nombre de couverts limité, prévenir)* Menu (27 €), 34 € – Carte 65/75 € ♀

◆ Carrés provençaux et tableaux évoquant le Sud égayent la salle à manger très chaleureuse de ce restaurant situé près de l'avenue George V. Cuisine méditerranéenne.

X **Chez Cécile la Ferme des Mathurins**

17 r. Vignon Ⓜ *Madeleine – ✆ 01 42 66 46 39 – cecile@chezcecile.com – Fermé août et dim.* F12

Rest – bistrot Menu 33 € (déj.)/36 € ♀

◆ Plats traditionnels aussi copieux que soignés, délicieuse ambiance bon enfant et clientèle d'habitués : on joue souvent à guichets fermés dans cet authentique bistrot parisien.

X **Le Cou de la Girafe**

7 r. Paul Baudry Ⓜ *St-Philippe-du-Roule – ✆ 01 56 88 29 55 – contact@coudelagirafe.com – Fax 01 42 25 28 82 – Fermé 1er-20 août et dim.* F 9

Rest – Menu (24 €), 30 € (déj.) – Carte 35/57 € ♀

◆ Décor feutré signé Pierre-Yves Rochon (bois, tons jaune et chocolat) et cuisine dans l'air du temps caractérisent ce bistrot très en vue.

X **Café Lenôtre-Pavillon Elysée**

20/80,

10 av. Champs-Elysées Ⓜ *Champs-Elysées Clemenceau – ✆ 01 42 65 85 10 – Fax 01 42 65 76 23 – Fermé 1er-20 août, 1er-7 fév., lundi soir de nov. à fév. et dim. soir* G 10

Rest – Carte 42/65 € ♀

◆ Cet élégant pavillon bâti sur les Champs-Élysées pour l'Exposition universelle de 1900 abrite, outre une boutique et une école de cuisine, un restaurant résolument contemporain.

Cap Vernet

82 av. Marceau Ⓜ Charles de Gaulle-Etoile – ✆ 01 47 20 20 40 – Fax 01 47 20 95 36 – Fermé sam. midi et dim. F 8

Rest – Carte 45/61 € ♀

◆ On embarque à bord de ce "navire" moderne et feutré (bastingages, coursives) pour une plaisante croisière culinaire autour du poisson. Produits de qualité travaillés avec soin.

L'Appart'

9 r. Colisée Ⓜ Franklin D. Roosevelt – ✆ 01 53 75 42 00 – de.appart@blanc.net – Fax 01 53 75 42 09 – Fermé sam. midi et dim. en août F 9

Rest – Menu 23 € (déj.)/30 € (dîner) – Carte 29/57 € ♀

◆ Salon, bibliothèque ou cuisine ? Choisissez une des pièces de cet "appartement" reconstitué pour déguster des recettes actuelles. Brunch dominical et accueil charmant.

Toi

27 r. Colisée Ⓜ Franklin D. Roosevelt – ✆ 01 42 56 56 58 – restaurant.toi@wanadoo.fr – Fax 01 42 56 09 60 F 9

Rest – Menu (22 €), 69 € (dîner) – Carte 28/74 € ♀

◆ Couleurs vives (rouge, orange) et mobilier design : décor d'esprit "seventies" pour ce restaurant-bar "tendance" et chaleureux proposant une cuisine actuelle et créative.

Devez

5 pl. de l'Alma Ⓜ Alma Marceau – ✆ 01 53 67 97 53 – contact@devezparis.com – Fax 01 47 23 09 48 G 8

Rest – Carte 34/65 € ♀

◆ Amoureux de sa terre d'origine, le patron - également éleveur - mitonne une cuisine au goût du jour axée sur la viande d'Aubrac. Bel intérieur contemporain et table d'hôte.

L'Atelier des Compères

56 r. Galilée Ⓜ George V – ✆ 01 47 20 75 56 – contact@atelierdescomperes.com – Fermé août, 24 déc.-2 janv., sam., dim. et fériés F 8

Rest – *(nombre de couverts limité, prévenir)* Menu 33 € (déj.), 40/55 € ♀

◆ Insolite "guinguette" chic installée dans une cour pavée dont on ouvre le toit en été. Sur l'ardoise : d'appétissantes recettes renouvelées chaque jour, au gré des arrivages.

La Maison de L'Aubrac

37 r. Marbeuf Ⓜ Franklin D. Roosevelt – ✆ 01 43 59 05 14 – Fax 01 42 25 29 87 G 9

Rest – Menu 40/55 € – Carte 35/56 € ♀

◆ Décor de ferme aveyronnaise, copieux plats rustiques honorant la race bovine et très belle cave : un vrai petit coin d'Aubrac... L'animation des Champs-Élysées voisins en plus.

Bocconi

10bis r. Artois Ⓜ St-Philippe-du-Roule – ✆ 01 53 76 44 44 – bocconi@wanadoo.fr – Fax 01 45 61 10 08 – Fermé sam. midi et dim. F 9

Rest – Carte 37/73 € ♀

◆ Sobre salle à manger de style contemporain et agréable terrasse d'été pour cette trattoria dont la carte propose une sélection de recettes typiquement italiennes.

Le Boucoléon

10 r. Constantinople Ⓜ Europe – ✆ 01 42 93 73 33 – Fax 01 42 93 95 44 – Fermé 12-26 août, sam. midi, dim. et fériés E 11

Rest – *(nombre de couverts limité, prévenir)* Carte 34/43 €

◆ Affiches et souvenirs de rugby - la passion du patron - ornent ce petit bistrot de quartier où l'on déguste de solides plats préparés avec des produits basques et du Sud-Ouest.

Le Bistrot de Marius

6 av. George V Ⓜ Alma Marceau – ✆ 01 40 70 11 76 – Fax 01 40 70 17 08 G 8

Rest – Carte 35/65 € ♀

◆ Petites tables serrées et simplement dressées, décoration provençale vivement colorée et cuisine de la mer : on se croirait dans un restaurant du vieux port, peuchère !

Daru

AC (soir) VISA MC AE

19 r. Daru Ⓜ *Courcelles – ✆ 01 42 27 23 60 – restaurant.daru@orange.fr – Fax 01 47 54 08 14 – Fermé août et dim.* E 9

Rest – Menu (24 €), 34 € (déj.) – Carte 45/70 €

◆ Fondée en 1918, la maison Daru fut la première épicerie russe de Paris. Elle continue de régaler ses hôtes de zakouskis, blinis et caviars, dans une salle rouge et noire.

Cô Ba Saigon

AC VISA MC AE

181 r. Fg St-Honoré Ⓜ *Charles de Gaulle-Etoile – ✆ 01 45 63 70 37 – khanguyen@cobasaigon.fr – Fax 01 45 63 70 37 – Fermé 1er-19 août et dim.* F 9

Rest – Menu (19 €), 29 € (dîner) – Carte 27/39 €

◆ La belle Cô Ba fut représentée sur un timbre-poste émis en Indochine coloniale. Décor en rouge et noir et cuisine vietnamienne (plus élaborée le soir). Choix de thés parfumés.

Shin Jung

AC VISA MC

7 r. Clapeyron Ⓜ *Rome – ✆ 01 45 22 21 06 – Fax 01 42 94 10 96 – Fermé dim. midi et midi fériés* D 11

Rest – Menu 28 € (dîner)/36 € (dîner) – Carte 20/38 €

◆ Salle de restaurant un rien "zen", dont les murs sont agrémentés de calligraphies. Cuisine sud-coréenne et spécialités de poissons crus. Accueil sympathique.

S. Sauvignier/MICHELIN

Opéra, Grands Boulevards

9e arrondissement

✉ 75009

Intercontinental Le Grand Hôtel

AC ch, 20/120, P VISA MC AE

2 r. Scribe Ⓜ *Opéra – ✆ 01 40 07 32 32 – legrand.reservations@ichotelsgroup.com – Fax 01 42 66 12 51* F 12

450 ch – †335/650 € ††335/650 €, ☕ 35 € – 28 suites

Rest ***Café de la Paix*** – voir ci-après

◆ Le célèbre palace, inauguré en 1862, a rouvert ses portes en 2003 après une rénovation complète. Esprit Second Empire judicieusement préservé et confort d'aujourd'hui.

Scribe

AC ch, 20/150, VISA MC AE

1 r. Scribe Ⓜ *Opéra – ✆ 01 44 71 24 24 – h0663@accor.com – Fax 01 42 65 39 97* F 12

208 ch – †540/685 € ††540/685 €, ☕ 28 € – 5 suites

Rest ***Les Muses*** – voir ci-après

Rest ***Jardin des Muses*** – *✆ 01 44 71 24 19 (fermé le soir en août)* Menu (26 €), 32 € – Carte 40/50 €

◆ Cet immeuble haussmannien abrite un hôtel apprécié pour son luxe discret. En 1895, le public y découvrait en première mondiale le cinématographe des Frères Lumière. Décor de style anglais et cuisine du terroir au Jardin des Muses, situé au sous-sol du Scribe.

Millennium Opéra

ch, AC ch, 80, VISA MC AE

12 bd Haussmann Ⓜ *Richelieu Drouot – ✆ 01 49 49 16 00 – opera@mill-cop.com – Fax 01 49 49 17 00* F 13

157 ch – †400/900 € ††400/900 €, ☕ 25 € – 6 suites

Rest ***Brasserie Haussmann*** – *✆ 01 49 49 16 64* – Menu (18 € bc) – Carte 28/50 €

◆ Cet hôtel de 1927 n'a rien perdu de son lustre des années folles. Chambres garnies de meubles Art déco et aménagées avec un goût sûr. Équipements modernes. Cadre judicieusement revisité et actualisé, et plats typiques du genre à la Brasserie Haussmann.

Ambassador 15/250, VISA

16 bd Haussmann Ⓜ *Richelieu Drouot* – 01 44 83 40 40 – *ambass@concorde-hotels.com* – *Fax 01 44 83 40 57* F 13

290 ch – 360/500 € 360/500 €, 24 € – 4 suites

Rest ***16 Haussmann*** – voir ci-après

◆ Panneaux de bois peint, lustres en cristal, meubles et objets anciens décorent cet élégant hôtel des années 1920. Les chambres rénovées (2e et 3e étages) offrent un sobre décor contemporain, les autres sont plus classiques.

Lorette Opéra sans rest VISA

36 r. Notre-Dame de Lorette Ⓜ *St-Georges* – 01 42 85 18 81 – *hotel.lorette@astotel.com* – *Fax 01 42 81 32 19* E 13

84 ch – 115/210 € 185/210 €, 11 €

◆ Dans cet hôtel entièrement rénové, style contemporain et pierres de taille se mélangent en toute harmonie. Agréables et grandes chambres au décor moderne épuré.

Villa Opéra Drouot sans rest VISA

2 r. Geoffroy Marie Ⓜ *Grands Boulevards* – 01 48 00 08 08 – *drouot@leshotelsdeparis.com* – *Fax 01 48 00 80 60* F 14

29 ch – 199/289 € 235/298 €, 20 €, 2 duplex

◆ Laissez-vous surprendre par le subtil mélange d'un décor baroque et du confort très cossu en ces chambres agrémentées de tentures, velours, soieries et boiseries.

Pavillon de Paris sans rest VISA

7 r. Parme Ⓜ *Liège* – 01 55 31 60 00 – *mail@pavillondeparis.com* – *Fax 01 55 31 60 01* D 12

30 ch – 215/240 € 270/296 €, 16 €

◆ Décor contemporain d'esprit "zen" et technologie de pointe (accès à Internet par la TV, fax et boîte vocale) caractérisent les chambres de cet hôtel sobrement luxueux.

Mercure Opéra Lafayette sans rest cuisinette VISA

49 r. La Fayette Ⓜ *Le Peletier* – 01 42 85 05 44 – *h2802-gm@accor.com* – *Fax 01 49 95 06 60* F 14

94 ch – 99/199 € 109/214 €, 14 € – 7 suites

◆ Cet hôtel prend le tournant de la modernité sans rien perdre de son élégance. Style épuré (chambres refaites), petit-déjeuner dans un cadre de jardin d'hiver. Espace bien-être.

St-Pétersbourg sans rest 25, VISA

33 r. Caumartin Ⓜ *Havre Caumartin* – 01 42 66 60 38 – *info@hotelpeters.com* – *Fax 01 42 66 53 54* F 12

100 ch – 149/175 € 189/221 €

◆ Les chambres, meublées dans le style Louis XVI, sont souvent spacieuses et orientées côté cour. Salon assez cossu, éclairé par une verrière colorée.

Astra Opéra sans rest VISA

29 r. Caumartin Ⓜ *Havre Caumartin* – 01 42 66 15 15 – *hotel.astra@astotel.com* – *Fax 01 42 66 98 05* F 12

82 ch – 222/267 € 257/303 €, 20 €

◆ Immeuble haussmannien abritant des chambres assez amples et confortables. Le joli salon sous verrière reçoit régulièrement des expositions d'art contemporain.

Richmond Opéra sans rest VISA

11 r. Helder Ⓜ *Chaussée d'Antin* – 01 47 70 53 20 – *paris@richmond-hotel.com* – *Fax 01 48 00 02 10* F 13

59 ch – 134/149 € 154/225 €, 10 €

◆ Les chambres, spacieuses et élégantes, donnent presque toutes sur la cour. Le salon est bourgeoisement décoré dans le style Empire.

Carlton's Hôtel sans rest VISA

55 bd Rochechouart Ⓜ *Anvers* – 01 42 81 91 00 – *carltons@club-internet.fr* – *Fax 01 42 81 97 04* D 14

111 ch – 127/137 € 134/180 €, 9 €

◆ Le point fort de cet établissement est sa position dominante offrant un panorama sur tout Paris. Chambres confortables, bien insonorisées côté boulevard.

Opéra Cadet sans rest 50, VISA AE
24 r. Cadet Ⓜ Cadet – ✆ 01 53 34 50 50 – infos@operacadet.com – Fax 01 53 34 50 60 F 14
85 ch – †120/169 € ††133/195 €
◆ Laissez votre voiture dans le garage, installez-vous dans cet hôtel contemporain et vivez la capitale à pied. Pour plus de tranquillité, préférez les chambres côté jardin.

Opéra Franklin sans rest VISA AE
19 r. Buffault Ⓜ Cadet – ✆ 01 42 80 27 27 – info@operafranklin.com – Fax 01 48 78 13 04 E 14
67 ch – †139/163 € ††152/176 €, 13 €
◆ Dans une rue paisible, chambres garnies d'un élégant mobilier inspiré des campagnes militaires de l'époque napoléonienne. Insolite trompe-l'œil naïf à l'accueil.

Caumartin Opéra sans rest VISA AE
27 r. Caumartin Ⓜ Havre Caumartin – ✆ 01 47 42 95 95 – hotel.caumartin@astotel.com – Fax 01 47 42 88 19 F 12
40 ch – †155/210 € ††165/210 €, 14 €
◆ Chambres contemporaines meublées en bois blond et joliment décorées. Agréable salle des petits-déjeuners ornée de peintures hautes en couleur.

Grand Hôtel Haussmann sans rest VISA AE
6 r. Helder Ⓜ Opéra – ✆ 01 48 24 76 10 – ghh@club-internet.fr – Fax 01 48 00 97 18 F 13
59 ch – †134/156 € ††148/174 €, 14 €
◆ Cette discrète façade dissimule des chambres de tailles variées, douillettes, personnalisées et rénovées par étapes. Presque toutes donnent sur l'arrière.

Blanche Fontaine sans rest VISA AE
34 r. Fontaine Ⓜ Blanche – ✆ 01 44 63 54 95 – tryp.blanche.fontaine@solmelia.com – Fax 01 42 81 05 52 D 13
65 ch – †140/200 € ††190/250 €, 17 € – 5 suites
◆ À l'écart de l'animation citadine, hôtel dont les chambres, spacieuses, sont régulièrement rafraîchies. Agréable salle des petits-déjeuners.

Anjou Lafayette sans rest VISA AE
4 r. Riboutté Ⓜ Cadet – ✆ 01 42 46 83 44 – hotel.anjou.lafayette@wanadoo.fr – Fax 01 48 00 08 97 E 14
39 ch – †98/150 € ††118/170 €, 11,50 €
◆ Près du verdoyant square Montholon orné de grilles du Second Empire, chambres de bon confort, insonorisées et entièrement rénovées dans un style contemporain.

Trois Poussins sans rest cuisinette VISA AE
15 r. Clauzel Ⓜ St-Georges – ✆ 01 53 32 81 81 – h3p@les3poussins.com – Fax 01 53 32 81 82 E 13
40 ch – †110/139 € ††119/154 €, 10 €
◆ Élégantes chambres offrant plusieurs niveaux de confort. Vue sur Paris depuis les derniers étages. Salle des petits-déjeuners joliment voûtée. Petite cour-terrasse.

Opéra d'Antin sans rest VISA AE
75 r. Provence Ⓜ Chaussée d'Antin – ✆ 01 48 74 12 99 – reservation@hoteloperadantin.com – Fax 01 48 74 16 14 F 12
30 ch – †150/180 € ††150/260 €, 11 €
◆ Hôtel restauré proche des célèbres Galeries Lafayette. Salle des petits-déjeuners aménagée sous une verrière et plaisantes chambres optant pour le style Art déco.

Celte La Fayette sans rest VISA AE
25 r. Buffault Ⓜ Cadet – ✆ 01 49 95 09 49 – reservation@parishotelcelte.com – Fax 01 49 95 01 88 E 14
50 ch – †135 € ††155/250 €, 12 €
◆ Dans une rue calme, au cœur du quartier des banques et des assurances. Les chambres, régulièrement rénovées, sobres et modernes, donnent presque toutes sur une cour.

Langlois sans rest VISA MC AE
63 r. St-Lazare Ⓜ Trinité – ✆ 01 48 74 78 24 – info@hotel-langlois.com – Fax 01 49 95 04 43 E 12
24 ch – †84/114 € ††97/130 €, ☕ 11 € – 3 suites
◆ Bâti en 1870, l'immeuble abrita d'abord une banque puis un hôtel à partir de 1896. Art nouveau, Art déco ou années 1950, toutes les chambres ont un caractère bien marqué.

Mercure Monty sans rest 50, VISA MC AE
5 r. Montyon Ⓜ Grands Boulevards – ✆ 01 47 70 26 10 – hotel@mercuremonty.com – Fax 01 42 46 55 10 F 14
69 ch – †75/215 € ††90/230 €, ☕ 13 €
◆ Belle façade des années 1930, cadre Art déco à l'accueil et équipements standard de la chaîne caractérisent ce Mercure situé dans la perspective des Folies Bergère.

du Pré sans rest VISA MC AE
10 r. P. Sémard Ⓜ Poissonnière – ✆ 01 42 81 37 11 – hotel@duprehotels.com – Fax 01 40 23 98 28 E 15
40 ch – †95/100 € ††115/125 €, ☕ 10 €
◆ Chambres modernes joliment colorées, salon garni de canapés Chesterfield, salle des petits-déjeuners et bar de style bistrot.

Résidence du Pré sans rest VISA MC AE
15 r. P. Sémard Ⓜ Poissonnière – ✆ 01 48 78 26 72 – residence@duprehotels.com – Fax 01 42 80 64 83 E 15
40 ch – †90/95 € ††102/110 €, ☕ 10 €
◆ Non loin de son frère jumeau, cet hôtel propose des chambres de même confort que celui-ci. Salon, salle des petits-déjeuners et coin bar au cadre contemporain.

Acadia sans rest VISA MC AE
4 r. Geoffroy Marie Ⓜ Grands Boulevards – ✆ 01 40 22 99 99 – hotel.acadia@astotel.com – Fax 01 40 22 01 82 F 14
36 ch – †124/186 € ††165/186 €, ☕ 11 €
◆ Dans un quartier animé - de nuit comme de jour - ce petit immeuble abrite des chambres bien équipées et bénéficiant d'un double vitrage. Tenue sans reproche.

Axel sans rest VISA MC AE
15 r. Montyon Ⓜ Grands Boulevards – ✆ 01 47 70 92 70 – adebeaupte@my-paris-hotel.com – Fax 01 47 70 43 37 F 14
40 ch – †145/165 € ††145/165 €, ☕ 13 €
◆ Dans cet hôtel situé au cœur d'un quartier très animé le soir, choisir une chambre donnant côté cour ; elles sont toutes rénovées dans un sobre style contemporain (couettes).

Peyris sans rest VISA MC
10 r. Conservatoire Ⓜ Poissonnière – ✆ 01 47 70 50 83 – info@hotel-peyris.com – Fax 01 40 22 95 91 F 14
50 ch – †99 € ††130 €, ☕ 12 €
◆ Les chambres sont dotées d'aménagements fonctionnels et de décors aux tons jaune et bleu. Salon garni d'un mobilier Napoléon III. Accueil aimable.

Amour ch, ch, VISA MC AE
8 r. Navarin Ⓜ Pigalle – ✆ 01 48 78 31 80 – Fax 01 48 74 14 09 E13
20 ch – †90 € ††120 €, ☕ 10 € – **Rest** – Carte 20/40 € 🍷
◆ Cet amour d'hôtel imaginé par le graphiste André et ses amis offre un univers décalé, branché et ludiquement libertin. Chaque chambre porte l'empreinte d'un artiste contemporain. Restaurant-bar au mobilier "sixties" récupéré, terrasse luxuriante, cuisine de bistrot.

Monterosa sans rest VISA MC
30 r. La Bruyère Ⓜ St-Georges – ✆ 01 48 74 87 90 – hotel.monterosa@wanadoo.fr – Fax 01 42 81 01 12 – Fermé 21-28 déc. E 13
36 ch – †110 € ††135 €, ☕ 8 €
◆ Après totale rénovation, cet hôtel, habillé de boiseries, de tons jaune-rouge et de tableaux, offre une atmosphère très intime en plein quartier de la Nouvelle Athènes.

Riboutté-Lafayette sans rest
5 r. Riboutté Ⓜ Cadet – ✆ 01 47 70 62 36 – hotel.riboutte-lafayette@wanadoo.fr – Fax 01 48 00 91 50 E 14
24 ch – 🚹70/78 € 🚹🚹72/90 €, ☕ 6 €
◆ Il règne une atmosphère provinciale dans ce salon décoré de bibelots, de plantes vertes et de fleurs. Chambres simples, agrémentées de meubles chinés dans les brocantes.

Villa Opéra Lamartine sans rest
39 r. Lamartine Ⓜ Cadet – ✆ 01 48 78 78 58 – lamartineopera@wanadoo.fr – Fax 01 48 74 65 15 – **28 ch** – 🚹90/99 € 🚹🚹119/159 €, ☕ 12 € E 14
◆ À deux pas de Notre-Dame-de-Lorette, cet hôtel revisite avec élégance le Paris des Romantiques. Chambres cossues, petit-déjeuner servi sous une belle voûte en pierre.

Relais du Pré sans rest
16 r. P. Sémard Ⓜ Poissonnière – ✆ 01 42 85 19 59 – relais@duprehotels.com – Fax 01 42 85 70 59 E 15
34 ch – 🚹85/90 € 🚹🚹98/105 €, ☕ 10 €
◆ Proche de ses deux grands frères, cet hôtel propose les mêmes chambres - modernes et pimpantes - que ses aînés. Bar et salon contemporains, assez "cosy".

Café de la Paix – -Intercontinental Le Grand Hôtel 10/450,
12 bd Capucines Ⓜ Opéra – ✆ 01 40 07 36 36 – legrand.reservations@ichotelsgroup.com – Fax 01 40 07 36 13 F 12
Rest – Menu 45 € (déj.)/85 € – Carte 50/106 € 🍷
◆ Belles fresques, lambris dorés et mobilier inspiré du style Second Empire : cette luxueuse et célèbre brasserie, ouverte de 7 h à minuit, reste le rendez-vous du Tout-Paris.

Les Muses – Hôtel Scribe
1 r. Scribe Ⓜ Opéra – ✆ 01 44 71 24 26 – h0663-re@accor.com – Fax 01 44 71 24 64 – Fermé août, sam., dim. et fériés F 12
Rest – Menu 45 € (déj.), 75/95 € – Carte environ 80 € 🍷
Spéc. Foie gras de canard rôti. Filet de bar de ligne poêlé au beurre demi-sel. Agneau de Lozère tout simplement rôti.
◆ Au sous-sol de l'hôtel, salle de restaurant agrémentée d'une fresque et de quelques toiles évoquant le quartier de l'Opéra au 19e s. Cuisine au goût du jour.

16 Haussmann – Hôtel Ambassador
16 bd Haussmann Ⓜ Richelieu Drouot – ✆ 01 48 00 06 38 – 16haussmann@concorde-hotels.com – Fax 01 44 83 40 57 – Fermé 4-25 août, sam. midi et dim. F 13
Rest – Menu (35 €), 32 € (dîner)/41 € (déjeuner) – Carte 52/60 € 🍷
◆ Bleu "parisien", jaune doré, bois blond-roux, sièges rouges signés Starck et larges baies vitrées donnant sur le boulevard, dont l'animation fait partie du décor.

Au Petit Riche 6/50,
25 r. Le Peletier Ⓜ Richelieu Drouot – ✆ 01 47 70 68 68 – aupetitriche@wanadoo.fr – Fax 01 48 24 10 79 – Fermé dim. F 13
Rest – Menu (24 €), 27/35 € bc – Carte 30/56 € 🍷
◆ Chevalier ou Mistinguett retrouveraient intact le charme de ces gracieux salons "à la mode du 19e s.". Cuisine d'inspiration tourangelle et beau choix de vins de Loire.

Bistrot Papillon
6 r. Papillon Ⓜ Cadet – ✆ 01 47 70 90 03 – Fax 01 48 24 05 59 – Fermé 1er-9 mai, 5-31 août, 23 déc.-2 janv., sam. sauf le soir d'oct. à avril et dim. E 15
Rest – Menu 27 € – Carte 36/48 € 🍷
◆ Il règne une atmosphère provinciale dans ce restaurant aux murs habillés de boiseries ou tendus de tissu. Carte classique complétée de plats choisis selon le marché.

Jean
8 r. St-Lazare Ⓜ Notre Dame de Lorette – ✆ 01 48 78 62 73 – chezjean@wanadoo.fr – Fax 01 48 78 66 04 – Fermé 7-15 avril, 28 juil.-28 août, sam. et dim.
Rest – Menu 39/78 € (dîner) – Carte 50/66 € 🍷 E 12
Spéc. Rouget saisi, potiron, poivron rouge, yaourt au raifort. Poitrine de cochon fermier cuite huit heures. Epaule d'agneau, maïs, aubergine et condiments au genièvre (hiver).
◆ Comptoir, lambris blonds, belle mosaïque au sol, banquettes et cuivres composent un chaleureux et élégant décor de brasserie. Salon d'esprit oriental. Séduisante cuisine créative.

Carte Blanche

6 r. Lamartine Ⓜ Cadet – ✆ 01 48 78 12 20 – rest.carteblanche@free.fr – Fax 01 48 78 12 21 – Fermé 1er-20 août, sam. midi et dim. E14

Rest – Menu 25/38 € – Carte environ 42 €

◆ Les patrons ont voyagé et cela se voit : objets et photos ramenés des quatre coins du globe, vaisselle exotique et bonne cuisine métissant influences françaises et étrangères.

Romain

40 r. St-Georges Ⓜ St. Georges – ✆ 01 48 24 58 94 – restaurant_romain@yahoo.fr

Rest – *(Fermé août, dim. et lundi)* Menu 33 € – Carte 35/66 € E 13

◆ Ce restaurant niché derrière Notre-Dame-de-Lorette propose une courte carte italienne (excellente charcuterie, pâtes "maison") assortie à un livre de cave également transalpin.

La Petite Sirène de Copenhague

47 r. N.-D. de Lorette Ⓜ St-Georges – ✆ 01 45 26 66 66 – Fermé 29 juil.- 27 août, 24 déc.-2 janv., sam. midi, dim., lundi E 13

Rest – *(prévenir)* Menu 28 € (déj.)/32 € – Carte 48/64 €

◆ Harengs aigre-doux et saumon fumé figurent en tête des spécialités danoises servies dans cette sympathique ambassade de la patrie d'Andersen. Accueil aux petits soins.

Casa Olympe

48 r. St Georges – Ⓜ St Georges – ✆ 01 42 85 26 01 – Fax 01 45 26 49 33 – Fermé 1er-12 mai, 1er-25 août, 22 déc.-3 janv., sam. et dim. E 13

Rest – *(nombre de couverts limité, prévenir)* Menu (29 €), 38/55 €

◆ Deux petites salles soignées où l'on déguste à touche-touche les plats traditionnels qu'Olympe - Dominique Versini, égérie culinaire des années 1980 - interprète "à sa sauce".

L'Oenothèque

20 r. St-Lazare Ⓜ Notre Dame de Lorette – ✆ 01 48 78 08 76 – Fax 01 40 16 10 27 – Fermé 1er-8 mai, 13 août-2 sept., 25 déc.-1er janv., sam. et dim. E 13

Rest – Carte 29/50 €

◆ Adresse de quartier associant un restaurant simple et une boutique de vins. Bon choix de bouteilles pour accompagner les petits plats traditionnels présentés sur l'ardoise.

I Golosi

6 r. Grange Batelière Ⓜ Richelieu Drouot – ✆ 01 48 24 18 63 – i.golosi@wanadoo.fr – Fax 01 45 23 18 96 – Fermé 5-20 août, sam. soir et dim. F 14

Rest – Carte 25/48 €

◆ Au 1er étage, design italien dont le "minimalisme" est compensé par la jovialité du service. Au rez-de-chaussée, café, boutique et coin dégustation. Cuisine transalpine.

Le Pré Cadet

10 r. Saulnier Ⓜ Cadet – ✆ 01 48 24 99 64 – Fax 01 47 70 55 96 – Fermé 1er-8 mai, 1er-21 août, 22 déc.-1erjanv., sam. midi et dim. F 14

Rest – *(nombre de couverts limité, prévenir)* Menu 30 € – Carte 34/47 €

◆ Exposition - peinture ou sculpture - qui change chaque mois et plats traditionnels, dont la tête de veau, font le succès de ce restaurant-galerie. Belle carte de cafés.

Dell Orto

45 r. St-Georges Ⓜ St-Georges – ✆ 01 48 78 40 30 – Fermé août, 24 déc.-2 janv., dim. et lundi E 13

Rest – *(dîner seult)* Carte 32/62 €

◆ Agréable décor façon trattoria chic, ambiance chaleureuse, et aux fourneaux, un chef italien qui rehausse délicatement la cuisine de son pays de saveurs venues d'ailleurs.

Da Claudio

10 av. Trudaine Ⓜ Anvers – ✆ 01 48 78 55 81 – Fax 01 48 78 06 01 – Fermé août, sam. midi et dim. D 14

Rest – Carte 27/42 €

◆ Les généreuses saveurs du Sud de l'Italie sont à l'honneur dans ce restaurant à la discrète décoration d'esprit bistrot (murs crème, banquettes, tableaux en exposition-vente).

Le Paprika

28 av. Trudaine Ⓜ Anvers – ✆ 01 44 63 02 91 – domi@le-paprika.com – Fax 01 44 63 09 62 E 14

Rest – Menu 14 € (déj. en sem.), 17/30 € ♀

◆ Salle à manger d'esprit Art déco et authentique cuisine hongroise en ce restaurant situé à l'écart du tumulte de Pigalle. Musique tzigane certains soirs et petite boutique de produits magyars.

Relais Beaujolais

3 r. Milton Ⓜ Notre Dame de Lorette – ✆ 01 48 78 77 91 – Fermé août, sam., dim. et fériés E 14

Rest – bistrot Carte 29/47 €

◆ Cet authentique bistrot propose spécialités lyonnaises et vins choisis du Beaujolais dans une atmosphère conviviale. Rue Milton, le Paradis perdu... retrouvé.

Radis Roses

68 r. Rodier Ⓜ Anvers – ✆ 01 48 78 03 20 – radisroses@tele2.fr – Fermé 1er-15 août, dim. sauf le soir en hiver et lundi E 14

Rest – *(prévenir)* Menu (24 €), 33 € ♀

◆ Cette sympathique petite adresse, un rien "tendance", propose une cuisine qui revisite habilement les spécialités de la Drôme. Accueil charmant ; décor sobre et de bon goût.

Spring

28 r. Tour d'Auvergne Ⓜ Cadet – ✆ 01 45 96 05 72 – freshsnail@free.fr E 14

Rest – *(Fermé dim.) (dîner seult) (nombre de couverts limité, prévenir)* Menu 32/36 € (Menu du marché unique) ♀

◆ Ambiance de quartier, menu unique composé selon le marché et l'inspiration du chef, vins sélectionnés chez les petits producteurs : une table d'hôte pleine de personnalité.

Sizin

47 r. St-Georges Ⓜ St-Georges – ✆ 01 44 63 02 28 – ekilic@free.fr – Fermé août E 13

Rest – Carte 20/30 € ♀

◆ Gravures anciennes et faïences d'Iznik donnent le ton : c'est du côté de la Turquie et de ses richesses gastronomiques que vous emmène cet accueillant restaurant.

Le Zinc des Cavistes

5 r. fg Montmartre Ⓜ Grands Boulevards – ✆ 01 47 70 88 64 – Fax 01 44 79 01 83 – Fermé sam. midi, dim. et fériés F 14

Rest – bar à vins Menu (15 €) – Carte 24/38 € ♀

◆ Très prisé à l'heure du déjeuner, le Zinc des Cavistes sert des plats "bistrotiers" et des formules de type casse-croûte. Bon choix de vins au verre ; atmosphère décontractée.

Ph. Gagic/MICHELIN

Gare de l'Est, Gare du Nord, Canal St-Martin

10e arrondissement ✉ 75010

Mercure Terminus Nord sans rest

12 bd Denain Ⓜ Gare du Nord – 30/130, ✆ 01 42 80 20 00 – h2761@accor.com – Fax 01 42 80 63 89 E 16

236 ch – †105/235 € ††120/250 €, ☕ 14 €

◆ Une habile rénovation a redonné à cet hôtel de 1865 son éclat d'antan. Vitraux Art nouveau, décor "british" et atmosphère "cosy" lui donnent un air de belle demeure victorienne.

Holiday Inn Paris Opéra
38 r. Échiquier Ⓜ Bonne Nouvelle – ✆ 01 42 46 92 75 – information@hi-parisopera.com – Fax 01 42 47 03 97 F 15
92 ch – 155/205 € 255/309 €, 20 € – **Rest** – Menu (17 €), 22 € (déj.)/39 € – Carte 36/48 €
◆ À deux pas des Grands Boulevards et de sa kyrielle de théâtres et brasseries, hôtel abritant de vastes chambres décorées dans l'esprit de la Belle Époque. La salle à manger est un petit joyau 1900 : mosaïques, verrière, boiseries et beau mobilier Art nouveau.

Albert 1er sans rest
162 r. Lafayette Ⓜ Gare du Nord – ✆ 01 40 36 82 40 – paris@albert1erhotel.com – Fax 01 40 35 72 52 E 16
55 ch – 100/108 € 118/125 €, 13 €
◆ Hôtel dont les chambres, modernes et bien aménagées, sont équipées d'un double vitrage et bénéficient d'efforts constants de rénovation. Atmosphère conviviale.

Mercure Terminus Est sans rest
5 r. du 8 Mai 1945 Ⓜ Gare de l' Est – ✆ 01 55 26 05 05 – h3126-re@accor.com – Fax 01 55 26 05 00 E 16
180 ch – 165/210 € 175/280 €, 14 € – 20 suites
◆ Hôtel entièrement rénové abritant des chambres spacieuses et modernes dont l'esprit "zen" procure confort et repos. Statues et vitraux ornent la salle de petits-déjeuners.

Paris-Est sans rest
4 r. 8 Mai 1945 Ⓜ Gare de l'Est – ✆ 01 44 89 27 00 – hotelparisest-bestwestern@autogrill.net – Fax 01 44 89 27 49 E 16
45 ch – 104/126 € 104/126 €, 10 €
◆ Bien que jouxtant la gare, cet établissement propose des chambres calmes, car tournées vers une arrière-cour ; elles sont refaites et insonorisées.

Opéra Grands Boulevards sans rest
42 r. Petites-Écuries Ⓜ Bonne Nouvelle – ✆ 01 42 46 91 86 – reservation@parishotelopera.com – Fax 01 40 22 90 85 F 15
49 ch – 135/150 € 155/215 €, 12 €
◆ Comme l'indique l'enseigne, les Grands Boulevards sont proches, mais la plupart des chambres donnent sur une cour. Joli mobilier et tonalités harmonieuses.

Paix République sans rest
2 bis bd St-Martin Ⓜ République – ✆ 01 42 08 96 95 – hotelpaix@wanadoo.fr – Fax 01 42 06 36 30 G 16
45 ch – 83/118 € 95/199 €, 9 €
◆ Plus calmes côté rue que côté boulevard, chambres aux tons pastel garnies de meubles rustiques ou en bois stratifié. Profonds sièges en cuir dans le coin salon.

Du Nord sans rest
47 r. Albert Thomas Ⓜ Jacques Bonsergent – ✆ 01 42 01 66 00 – contact@hoteldunord-leparivelo.com – Fax 01 42 01 92 10 F 16
24 ch – 65/76 € 65/76 €, 7 €
◆ Cet hôtel situé dans une rue tranquille se distingue par son cachet rustique et le charme de ses petites chambres personnalisées. Belle salle voûtée pour le petit-déjeuner. Vélo prêté gratuitement.

Alane sans rest
72 bd Magenta Ⓜ Gare de l'Est – ✆ 01 40 35 83 30 – alanehotel@wanadoo.fr – Fax 01 46 07 44 03 F 16
32 ch – 65/96 € 70/106 €, 7,50 €
◆ Hôtel pratique car situé face à la gare de l'Est. Petites chambres bien tenues, décorées sans fantaisie ; celles du dernier étage sont mansardées. Agréable salon habillé de rotin.

Ibis sans rest
197 r. Lafayette Ⓜ Château Landon – ✆ 01 44 65 70 00 – h1823@accor.com – Fax 01 44 65 70 07 E 17
165 ch – 79/87 € 79/87 €, 7 €
◆ Espace et équipements modernes sont les atouts de cet hôtel de chaîne. Les chambres du dernier étage, côté rue, offrent une vue sur le Sacré-Cœur.

XX **Brasserie Flo** (soir) VISA

7 cour Petites-Écuries Château d'Eau – 01 47 70 13 59 – Fax 01 42 47 00 80 F 15

Rest – Menu 21/31 € – Carte 28/80 €

◆ Au sein de la pittoresque cour des Petites-Écuries. Le beau décor de boiseries sombres, vitres colorées et panneaux peints évoquant l'Alsace, date du début du 20e s.

XX **Terminus Nord** 6/12, VISA

23 r. Dunkerque Gare du Nord – 01 42 85 05 15 – Fax 01 40 16 13 98 E 16

Rest – Menu (24 €), 31 € – Carte 29/69 €

◆ Haut plafond, fresques, affiches et sculptures se reflètent dans les miroirs de cette brasserie où Art déco et Art nouveau s'unissent pour le meilleur. Clientèle cosmopolite.

X **Chez Casimir** VISA

6 r. Belzunce Gare du Nord – 01 48 78 28 80 – Fermé sam. et dim. E 15

Rest – Menu (22 €), 29 €

◆ Esprit cent pour cent bistrot dans la cuisine - simple mais franche - et dans le décor (boiseries, cuivres, serviettes à carreaux, etc.) de cette sympathique adresse.

X **Chez Michel** VISA

10 r. Belzunce Gare du Nord – 01 44 53 06 20 – Fermé 29 juil.-20 août, lundi midi, sam. et dim. E 15

Rest – Menu 30 € – Carte 45/65 €

◆ Ce bistrot au look franchement "rétro" (quelques clins d'œil aux origines bretonnes du chef) est couru pour ses nombreuses et bonnes spécialités de gibier proposées en saison.

X **Mme Shawn** VISA AE

34 r. Y. Toudic Jacques Bonsergent – 01 42 08 05 07 – reservation@mmeshawn.com – Fax 01 42 02 25 60 G 17

Rest – Menu (15 € bc), 17 € bc (déj.)/35 € (dîner) – Carte 25/35 €

◆ Bouddhas en panneaux de pierre, mobilier importé, paravents en bambou : un décor actuel et soigné vous attend dans cette authentique adresse thaïlandaise. Accueil sympathique.

X **Et dans mon cœur il y a...** VISA AE

56 r. Lancry Jacques Bonsergent – 01 42 38 07 37 – reservation@etdansmoncoeur.com – Fax 01 42 02 52 60 – Fermé sam. midi et dim. soir F 17

Rest – Menu (16 € bc), 20 € bc (déj.) – Carte 31/45 €

◆ Un restaurant "tendance" aménagé comme une bibliothèque. Lovez-vous dans ses moelleux fauteuils ou installez-vous dans l'espace bar Belle Époque pour déguster une cuisine actuelle.

H. Le Gac/MICHELIN

Nation, Voltaire, République

11e arrondissement ✉ 75011

Les Jardins du Marais ch, ch, ch, cuisinette
74 r. Amelot Ⓜ St-Sébastien Froissart – ☎ 01 40 21 20 00 – resabastille@homeplazza.com – Fax 01 47 00 82 40 10/80, VISA MC AE H 17
201 ch – 🛉100/200 € 🛉🛉190/350 €, ☕ 22 € – 64 suites – **Rest** – *(fermé sam. midi et dim.)* Carte 27/39 €
◆ Bâtiments en partie classés, tournés vers un grand jardin intérieur, gage de tranquillité. Hall et bar très design ; confortables chambres de style Art déco. Ambiance zen et "tendance" au restaurant (sous verrière), carte actuelle et délicieuse terrasse d'été.

Le Général sans rest VISA MC AE
5 r. Rampon Ⓜ République – ☎ 01 47 00 41 57 – info@legeneralhotel.com – Fax 01 47 00 21 56 G 17
47 ch – 🛉138/158 € 🛉🛉168/268 €, ☕ 12 €
◆ Décoration et mobilier contemporains soignés caractérisent ce séduisant hôtel (non-fumeurs) voisin de la République. Connexion wi-fi, petit "business center" et agréable fitness.

Marais Bastille sans rest VISA MC AE
36 bd Richard Lenoir Ⓜ Bréguet Sabin – ☎ 01 48 05 75 00 – maraisbastille@wanadoo.fr – Fax 01 43 57 42 85 J 18
36 ch – 🛉145 € 🛉🛉145 €, ☕ 10 €
◆ L'hôtel longe le boulevard qui couvre une partie du canal St-Martin depuis 1860. Meubles en chêne ou en merisier dans les chambres, confortables et de bonne ampleur.

Patio Saint Antoine sans rest cuisinette
289bis r. Fg St-Antoine Ⓜ Nation – ☎ 01 40 09 40 00 – nation@homeplazza.com – Fax 01 40 09 11 55 15/50, VISA MC AE K 20
89 ch – 🛉230 € 🛉🛉250 €, ☕ 18 €
◆ Les chambres, contemporaines et refaites, bénéficient du calme et de la verdure de deux patios-jardins. Beau buffet de petit-déjeuner dans une salle aux tons chaleureux.

Le Standard Design Hôtel sans rest VISA MC AE
29 r. des Taillendiers Ⓜ Bastille – ☎ 01 48 05 30 97 – reservation@standard-hotel.com – Fax 01 47 00 29 26 J 18
34 ch – 🛉90/120 € 🛉🛉130/165 €, ☕ 10 €
◆ Intérieur résolument contemporain tout en noir et blanc, rehaussé de touches colorées dans les chambres. Nombreux objets créés par des designers... Un lieu original et "trendy".

Croix de Malte sans rest VISA MC AE
5 r. Malte Ⓜ Oberkampf – ☎ 01 48 05 09 36 – hotelcroixdemalte@orange.fr – Fax 01 43 57 02 54 H 17
29 ch – 🛉75/90 € 🛉🛉80/95 €, ☕ 10 €
◆ Mobilier coloré, (faux) perroquet et petits-déjeuners dans un "jardin d'hiver" : il règne ici une ambiance tropicale ! Salles de bains en mezzanine au dernier étage.

Grand Hôtel Français sans rest VISA MC AE
223 bd Voltaire Ⓜ Nation – ☎ 01 43 71 27 57 – grand-hotel-francais@wanadoo.fr – Fax 01 43 48 40 05 K 20
36 ch – 🛉105/115 € 🛉🛉105/120 €, ☕ 10 €
◆ Accueil souriant dans cet hôtel installé dans un immeuble d'angle de style haussmannien. Les chambres, bien rénovées, sont confortables et assez feutrées.

Beaumarchais sans rest
3 r. Oberkampf Ⓜ Oberkampf – ✆ 01 53 36 86 86 – reservation@hotelbeaumarchais.com – Fax 01 43 38 32 86 H 17
31 ch – 75/90 € 110/130 €, 12 €
◆ Jolies chambres contemporaines aux couleurs chatoyantes, verdoyante cour intérieure, œuvres d'artistes du quartier et petit-déjeuner à toute heure : une adresse pleine de vie !

Lyon Mulhouse sans rest
8 bd Beaumarchais Ⓜ Bastille – ✆ 01 47 00 91 50 – hotelyonmulhouse@wanadoo.fr – Fax 01 47 00 06 31 J 17
40 ch – 65/140 € 78/140 €, 6 €
◆ Rénovation réussie pour cet ex-relais de diligence, hôtel depuis 1920. Chambres douillettes et bien tenues (trois ont une vue imprenable sur Paris), tableaux de peintres locaux.

Prince Eugène sans rest
247 bd Voltaire Ⓜ Nation – ✆ 01 43 71 22 81 – hotelprinceeugene@wanadoo.fr – Fax 01 43 71 24 71 K 21
35 ch – 64/69 € 71/82 €, 8 €
◆ L'enseigne rend honneur au fils adoptif de Napoléon Ier. Chambres actuelles, munies d'un double vitrage efficace ; celles du 6e étage, mansardées, sont plus grandes.

Nord et Est sans rest
49 r. Malte Ⓜ Oberkampf – ✆ 01 47 00 71 70 – info@hotel-nord-est.com – Fax 01 43 57 51 16 G 17
45 ch – 77 € 92 €, 8 € – 1 suite
◆ La chaleureuse ambiance familiale a su fidéliser les clients de cet hôtel proche de la République. Les chambres déjà rénovées sont plaisantes ; les autres restent bien tenues.

Grand Prieuré sans rest
20 r. Grand Prieuré Ⓜ Oberkampf – ✆ 01 47 00 74 14 – gprieure@yahoo.fr – Fax 01 49 23 06 64 G 17
32 ch – 59/65 € 68/76 €, 5,50 €
◆ Vous passerez des nuits sans histoire dans cette rue tranquille voisine du canal St-Martin. Accueil aimable et chambres un brin démodées, mais assez spacieuses et très propres.

L'Aiguière
37 bis r. Montreuil Ⓜ Faidherbe Chaligny – ✆ 01 43 72 42 32 – contact@laiguiere.com – Fax 01 43 72 96 36 – Fermé sam. midi, dim. et fériés K 20
Rest – Menu (25 € bc), 33/65 € bc – Carte 64/96 €
◆ Adresse appréciée des amateurs de vin pour son beau livre de cave. Joli cadre d'inspiration gustavienne (collection d'aiguières) et cuisine actuelle évoluant avec les saisons.

Vin et Marée
276 bd Voltaire Ⓜ Nation – ✆ 01 43 72 31 23 – K 21
Rest – Menu 24 € – Carte 33/51 €
◆ Les plats inscrits sur l'ardoise de cette brasserie sont renouvelés en fonction de la marée du jour. Échappée sur les cuisines depuis l'arrière-salle au décor nautique.

Mansouria
11 r. Faidherbe Ⓜ Faidherbe Chaligny – ✆ 01 43 71 00 16 – Fax 01 40 24 21 97 – Fermé 13-19 août, lundi midi, mardi midi et dim. K 19
Rest – Menu 30/46 € bc – Carte 31/50 €
◆ Tenu par une ancienne ethnologue, figure parisienne de la cuisine marocaine. Fins et parfumés, les plats sont préparés par des femmes et servis dans un décor mauresque.

Le Chateaubriand
129 av. Parmentier Ⓜ Goncourt – ✆ 01 43 57 45 95 – Fermé 15 août-9 sept., 17 déc.-3 janv., sam. midi, dim. et lundi J19/F17
Rest – Menu (14 €), 19 € (déj.)/39 € (dîner) – Carte environ 39 € le midi
◆ Assez simple à midi, plus élaborée mais tout aussi réussie le soir : la cuisine va à l'essentiel tout en sublimant les produits... À découvrir dans ce bistrot aux allures rétro.

Au Petit Monsieur

50 r. Amelot Ⓜ Chemin Vert – ✆ 01 43 55 54 04 – aupetitmonsieur@wanadoo.fr – Fax 01 43 14 77 03 – Fermé août, sam. midi, dim. et lundi H 17

Rest – Menu (26 € bc) – Carte 29/50 €

◆ Parmi les plats inscrits sur la carte de ce charmant bistrot : d'originales "bouchées fines" (tapas) et des assiettes de charcuterie (Corse, Italie...). Service très aimable.

Le Temps au Temps

13 r. Paul Bert Ⓜ Faidherbe Chaligny – ✆ 01 43 79 63 40 – Fax 01 43 79 63 40 – Fermé août, 24 déc.-1er janv., dim. et lundi K 19/K 20

Rest – Menu 30 €

◆ On mange un peu au coude à coude dans ce bistrot dont le décor simpliste s'efface volontiers devant la cuisine gourmande et créative du jeune chef-patron. Fumeurs, s'abstenir !

Repaire de Cartouche

99 r. Amelot Ⓜ St-Sébastien Froissart – ✆ 01 47 00 25 86 – Fax 01 43 38 85 91 – Fermé août, vacances de fév., 1 sem. en mai, dim. et lundi H 17

Rest – Menu 16 € (déj. en sem.)/25 € (déj.) – Carte 33/52 €

◆ Cartouche, l'impétueux bandit d'honneur, se serait réfugié ici en 1713, après avoir déserté l'armée : les fresques du restaurant retracent son épopée. Séduisante carte des vins.

Auberge Pyrénées Cévennes

106 r. Folie-Méricourt Ⓜ République – ✆ 01 43 57 33 78 – Fermé 30 juil.-20 août, sam. midi et dim. G 17

Rest – Menu 29 € – Carte 27/60 €

◆ Charcuterie suspendue au plafond, nappes à carreaux, généreux plats "canailles" et "lyonnaiseries" à prix doux, ambiance plus que chaleureuse : pisse-vinaigre, s'abstenir !

Le Marsangy

73 av. Parmentier Ⓜ Parmentier – ✆ 01 47 00 94 25 – Fax 01 47 00 94 25 – Fermé 1er-8 mai, 1er-15 août, 24 déc.-4 janv., sam. midi et dim. G 18

Rest – Menu (22 €), 28 € – Carte 29/35 €

◆ Dans ce bistrot qui porte le nom de son village natal (situé en Bourgogne), le chef-patron mitonne une cuisine du marché qui lui ressemble énormément : généreuse et franche.

Astier

44 r. J.-P. Timbaud Ⓜ Parmentier – ✆ 01 43 57 16 35 – restaurant.astier@wanadoo.fr G 18

Rest – *(prévenir)* Menu (20 €), 30 €

◆ Une ambiance décontractée règne dans ce typique bistrot où le service est parfois gentiment débordé et l'atmosphère bruyante. Ardoise de suggestions et richissime carte des vins.

Villaret

13 r. Ternaux Ⓜ Parmentier – ✆ 01 43 57 75 56 – Fermé août, sam. midi et dim. H 18

Rest – Menu 27 € (déj.)/50 € (dîner) – Carte 35/53 €

◆ Convivialité, cuisine du marché, plats "canailles", beau choix de bourgognes et de côtes-du-rhône : ce bistrot au cadre simple mais caractéristique a tout pour séduire !

S. Sauvignier/MICHELIN

Bastille, Bercy, Gare de Lyon

12e arrondissement ✉ 75012

Sofitel Paris Bercy

1 r. Libourne Ⓜ Cour St-Emilion – ✆ 01 44 67 34 00 – h2192@accor.com – Fax 01 44 67 34 01 NP 20

ch, ch, 250, VISA AE

376 ch – 380 € 380 €, 25 € – 10 suites, 10 duplex

Rest *Café Ké* – *(fermé 1er-20 août, 25-30 déc., sam. et dim.)* Menu (25 €), 33 € – Carte 40/61 €

◆ Imposante façade en verre, cadre contemporain (tons brun, beige et bleu) et équipements modernes. Quelques chambres ménagent une vue sur Paris. Le Café Ké offre une halte sympathique au cœur du "village" de Bercy ; carte au goût du jour et brunch le dimanche.

Novotel Gare de Lyon

ch, ch, 75, VISA AE

2 r. Hector Malot Ⓜ Gare de Lyon – ✆ 01 44 67 60 00 – h1735@accor.com – Fax 01 44 67 60 60 L 18

253 ch – 185/236 € 195/250 €, 14 € – **Rest** – *(fermé sam. midi, dim. midi et fériés)* Carte 18/36 €

◆ Bâtiment récent donnant sur une place calme. Chambres conformes aux dernières normes Novotel (terrasses au 6e étage). Piscine ouverte 24 h sur 24 et espace enfant bien aménagé. Décor dans l'air du temps au restaurant Côté Jardin (cuisine traditionnelle).

Novotel Bercy

ch, ch, 80, VISA AE

85 r. Bercy Ⓜ Bercy – ✆ 01 43 42 30 00 – h0935@accor.com – Fax 01 43 45 30 60 M 19

151 ch – 130/195 € 130/203 €, 14 € – **Rest** – Carte 23/37 €

◆ Les chambres lumineuses de ce Novotel déclinent le dernier style de la chaîne (gamme "Novation"). À vos pieds : le parc de Bercy qui a remplacé la "petite ville pinardière". Salle à manger-véranda et terrasse prisée à la belle saison. Carte traditionnelle.

Mercure Gare de Lyon sans rest

2 pl. Louis Armand Ⓜ Gare de Lyon – ✆ 01 43 44 84 84 – h2217@accor.com – Fax 01 43 47 41 94 L 18

15/90, VISA AE

315 ch – 87/247 € 99/257 €, 15 €

◆ L'architecture récente de cet hôtel contraste avec le beffroi de la gare de Lyon auquel elle s'adosse. Chambres meublées en bois cérusé et bien insonorisées. Bar à vins.

Paris Bastille sans rest

25, VISA AE

67 r. Lyon Ⓜ Bastille – ✆ 01 40 01 07 17 – infosbastille@wanadoo.fr – Fax 01 40 01 07 27 K 18

37 ch – 159/240 € 168/240 €, 12 €

◆ Confort moderne, mobilier actuel et teintes choisies caractérisent les chambres de cet hôtel rajeuni, situé face à l'Opéra.

Claret

ch, 10/20, VISA AE

44 bd Bercy Ⓜ Bercy – ✆ 01 46 28 41 31 – resa@hotel-claret.com – Fax 01 49 28 09 29 M 19

52 ch – 90/109 € 129/149 €, 10 € – ½ P 66/89 € – **Rest** – *(fermé sam., dim. et fériés)* Menu 19 € (déj.), 21/29 € – Carte 29/34 €

◆ Cet ex-relais de poste est l'un des derniers vestiges du Bercy d'antan. Les chambres "cosy" ont conservé leurs poutres apparentes. Plats de bistrot et recettes lyonnaises servis dans une salle à manger égayée de jolies couleurs ocre et terre, prolongée d'une terrasse.

Terminus-Lyon sans rest
VISA
19 bd Diderot Ⓜ Gare de Lyon – ✆ 01 56 95 00 00 – info@hotelterminuslyon.com – Fax 01 43 44 09 00 L 18
60 ch – †78/118 € ††108/118 €, ☕ 9 €
◆ Face à la gare de Lyon, adresse familiale bien tenue. Les chambres, sobres, sont plus grandes côté boulevard, mais plus calmes côté cour. Commande possible de plateau-repas.

Pavillon Bercy Gare de Lyon sans rest
209 r. Charenton Ⓜ Dugommier – ✆ 01 43 40 80 30 20, VISA
– bercy@leshotelsdeparis.com – Fax 01 43 40 81 30 M 20
48 ch – †139/164 € ††149/174 €, ☕ 11 €
◆ Ce récent immeuble d'angle se trouve au pied du métro et à deux pas de la mairie du 12e arrondissement. Petites chambres fonctionnelles et gaies, mobilier en bois blond.

L'Oulette
VISA
15 pl. Lachambeaudie Ⓜ Cour St-Emilion – ✆ 01 40 02 02 12 – info@l-oulette.com – Fax 01 40 02 04 77 – Fermé sam. et dim. N 20
Rest – Menu 43/70 € bc – Carte 48/73 €
◆ Dans le quartier moderne de Bercy, ce restaurant résolument contemporain propose une cuisine actuelle aux accents du Sud-Ouest. Terrasse abritée derrière des thuyas.

Au Trou Gascon
VISA
40 r. Taine Ⓜ Daumesnil – ✆ 01 43 44 34 26 – Fax 01 43 07 80 55 – Fermé août, sam. et dim. M 21
Rest – Menu 38 € (déj.)/50 € – Carte 52/60 €
Spéc. Gambas poêlées, royale de foie gras, cappuccino de châtaignes (automne-hiver). Filet de pigeonneau cuit rosé, cuisse compotée, légumes façon tajine (été). Soufflé glacé litchi.
◆ Le décor de cet ancien bistrot 1900 marie moulures d'époque, mobilier design et tons gris. À la carte, produits des Landes, de la Chalosse et de l'océan ; vins du Sud-Ouest.

Le Janissaire
VISA
22 allée Vivaldi Ⓜ Daumesnil – ✆ 01 43 40 37 37 – karamanmus@hotmail.com – Fax 01 43 40 38 39 – Fermé sam. midi et dim. M 20
Rest – Menu 13 € (déj. en sem.), 23/42 € – Carte 21/40 €
◆ Ambiance et cuisine placées sous le signe de la Turquie, comme l'indique l'enseigne désignant un soldat d'élite de l'infanterie ottomane. Franchissez la Sublime Porte !

Ô Rebelle
VISA
24 r. Traversière Ⓜ Gare de Lyon – ✆ 01 43 40 88 98 – info@o-rebelle.fr – Fax 01 43 40 88 99 – Fermé 13 août-2 sept., 24 déc.-2 janv., sam. midi et dim. L 18
Rest – Menu 30/38 € – Carte 46/57 €
◆ Cuisine inventive proposant d'originales associations de saveurs, vins du Nouveau Monde et d'ailleurs, cadre contemporain "cosy" : plus globe-trotter que rebelle !

Jean-Pierre Frelet
VISA
25 r. Montgallet Ⓜ Montgallet – ✆ 01 43 43 76 65 – marie_rene. frelet@club-internet.fr – Fermé 7-22 avril, 1er-18 août, sam. midi et dim. L 20
Rest – Menu (19 €), 27 € (dîner) – Carte 38/46 €
◆ Un petit restaurant de quartier comme on les aime : convivial et authentique, au décor minimaliste (banquettes et tables serrées) et servant une généreuse cuisine du marché.

Pataquès
VISA
40 bd Bercy Ⓜ Bercy – ✆ 01 43 07 37 75 – pataquesbercy@aol.com – Fax 01 43 07 36 64 – Fermé dim. M 19
Rest – Menu 30 € – Carte 30/42 €
◆ Ce bistrot est la "cantine" du ministère de l'Économie et des Finances. Plats méridionaux "avé l'assent" et cadre lumineux vous mènent tout droit au pays de Cézanne.

Quincy
28 av. Ledru-Rollin Ⓜ Gare de Lyon – ✆ 01 46 28 46 76 – Fax 01 46 28 46 76 – Fermé 12 août-12 sept., sam., dim. et lundi L 17
Rest – Menu 50/70 € – Carte 46/71 €
◆ Une ambiance chaleureuse règne dans ce bistrot rustique où vous est servie une cuisine roborative qui, comme "Bobosse", le jovial patron, ne manque pas de caractère.

La Biche au Bois VISA AE
45 av. Ledru-Rollin Ⓜ Gare de Lyon – ✆ 01 43 43 34 38 – Fermé 22 juil.-22 août, 24 déc.-2 janv., lundi midi, sam. et dim. K 18
Rest – Menu 24 € – Carte environ 30 €
◆ On mange au coude à coude dans ce discret restaurant, mais l'atmosphère animée et le service attentionné font son charme. Copieuse cuisine traditionnelle et gibier en saison.

Le Lys d'Or AC VISA AE
5 pl. Col-Bourgoin Ⓜ Reuilly Diderot – ✆ 01 44 68 98 88 – Fax 01 44 68 98 80 L19
Rest – Menu 22/26 € – Carte 20/39 €
◆ Dans ce cadre luxuriant (vrai jardin intérieur avec rivières et fontaines), vous découvrirez l'art culinaire chinois à travers quatre régions : Sichuan, Shanghai, Canton, Pékin.

La Gazzetta VISA AE
29 r. de Cotte Ⓜ Ledru Rollin – ✆ 01 43 47 47 05 – team@lagazzetta.fr – Fax 01 43 47 47 17 – Fermé 5-27 août, dim. soir et lundi K19
Rest – Menu (14 €), 29 € (dîner) – Carte 36/40 €
◆ Adresse dédiée à la Méditerranée. Son concept "tout en un" - restaurant, bar à vins, café (presse étrangère à disposition) - en fait un repaire branché. Belle cuisine du Sud.

L'Auberge Aveyronnaise AC VISA AE
40 r. Lamé Ⓜ Cour St-Emilion – ✆ 01 43 40 12 24 – lesaubergistes@hotmail.fr – Fax 01 43 40 12 15 – Fermé 1er-15 août N 20
Rest – Menu (19 €), 24/30 € – Carte 28/41 €
◆ Sans surprise, ce bistrot-brasserie moderne, solidement ancré dans le terroir rouergat, vous régale de spécialités aveyronnaises. Grandes salles néo-rustiques et belle terrasse.

Jodhpur Palace VISA
42 allée Vivaldi Ⓜ Daumesnil – ✆ 01 43 40 72 46 – jodhpur-palace@yahoo.fr – Fax 01 43 40 17 02 M20
Rest – Menu 24 € bc/35 € bc – Carte 20/42 €
◆ L'Inde et ses saveurs parfumées s'invitent à la table de ce "palace" oriental au décor exotique, sobre et très rafraîchissant. Calme terrasse. Accueil aimable, prix sages.

S. Sauvignier/MICHELIN

Place d'Italie, Gare d'Austerlitz, Bibliothèque Nationale de France

13e arrondissement ✉ 75013

Holiday Inn Bibliothèque de France sans rest AC 25, VISA AE
21 r. Tolbiac Ⓜ Bibliothèque F. Mitterrand – ✆ 01 45 84 61 61 – hibdf@wanadoo.fr – Fax 01 45 84 43 38 P 18
71 ch – 87/187 € 127/187 €, 13 €
◆ Dans une rue passante, à 20 m de la station de métro, immeuble abritant des chambres confortables, équipées d'un double vitrage et bien tenues. Restauration d'appoint le soir.

Park and Suites sans rest cuisinette 25, VISA AE
15 r. de Tolbiac Ⓜ Bibliothèque F. Mitterrand – ✆ 01 53 61 62 00 – contacttolbiac@parkandsuites.com – Fax 01 53 61 62 01 P 18
70 ch – 114/142 € 114/142 €, 14 €
◆ Pour une nuit ou un long séjour, ce nouvel hôtel vous propose ses grandes chambres ou ses studios, contemporains et bien équipés. Buffet complet au petit-déjeuner.

Mercure Place d'Italie sans rest
25 bd Blanqui Ⓜ Place d'Italie – 20, VISA
01 45 80 82 23 – h1191@accor.com – Fax 01 45 81 45 84 P 15
50 ch – 147/187 € 155/195 €, 14 €
◆ À proximité de la Manufacture des Gobelins, cet établissement dispose de chambres fonctionnelles, chaleureuses et bien insonorisées.

Demeure sans rest VISA
51 bd St-Marcel Ⓜ Les Gobelins – 01 43 37 81 25 – la_demeure@netcourrier.com – Fax 01 45 87 05 03 M 16
37 ch – 155 € 155 €, 13 € – 6 suites
◆ Accueil soigné dans cette maison familiale de caractère. Chambres contemporaines, salon "cosy" et bon petit-déjeuner buffet. Belle collection de vieilles photos de Paris.

Résidence Vert Galant sans rest VISA
43 r. Croulebarbe Ⓜ Les Gobelins – 01 44 08 83 50 – hotel-vert.galant@gmail – Fax 01 44 08 83 69 N 15
15 ch – 90 € 100 €, 7 €
◆ La campagne au cœur de Paris : plaisante résidence aux chambres coquettes et calmes, donnant toutes sur un jardin privé bordé de ceps de vignes où l'on petit-déjeune en été.

La Manufacture sans rest VISA
8 r. Philippe de Champagne Ⓜ Place d'Italie – 01 45 35 45 25 – lamanufacture.paris@wanadoo.fr – Fax 01 45 35 45 40 N 16
56 ch – 120/230 € 120/230 €, 10 €
◆ Élégant décor, bonne tenue et accueil charmant sont les atouts de cet hôtel où les chambres manquent parfois d'ampleur. Ambiance provençale dans la salle des petits-déjeuners.

Touring Hôtel Magendie sans rest 30, VISA
2 r. Magendie Ⓜ Corvisart – 01 43 36 13 61 – magendie@vvf-vacances.fr – Fax 01 43 36 47 48 N 14
112 ch – 66 € 78 €, 7 €
◆ Dans un secteur résidentiel tranquille, une adresse pratique avec ses petites chambres fonctionnelles et bien insonorisées. Le décor actuel joue la carte du minimalisme.

Arts sans rest VISA
8 r. Coypel Ⓜ Place d'Italie – 01 47 07 76 32 – arts@escapade-paris.com – Fax 01 43 31 18 09 N 16
37 ch – 56/69 € 56/74 €, 6,50 €
◆ Cet hôtel fréquenté par une clientèle d'habitués est à deux pas de la place d'Italie. Préférez une chambre rénovée ; les autres sont assez modestes. Prix sages... pour Paris !

Chez Jacky VISA
109 r. du Dessous-des-Berges Ⓜ Bibliothèque F. Mitterrand – 01 45 83 71 55 – Fax 01 45 86 57 73 – Fermé 30 juil.-26 août, 24-30 déc., sam., dim. et fériés P 18
Rest – Menu 43 € bc – Carte 45/86 €
◆ Nouveau cadre tout en jaune et bois pour ce restaurant qui cultive son statut d'auberge provinciale bien française. Cuisine traditionnelle servie avec une grande gentillesse.

Petit Marguery VISA
9 bd Port-Royal Ⓜ Les Gobelins – 01 43 31 58 59 – marguery@wanadoo.fr – Fax 01 43 36 73 34 – Fermé août, dim. et lundi M 15
Rest – Menu 24 € (déj.), 30/35 €
◆ Sympathiques salles à manger "rétro" où règne une aimable convivialité. Les plats "bistrotiers" typiques et les gibiers (en saison) sont appréciés par de nombreux fidèles.

L'Avant Goût VISA
26 r. Bobillot Ⓜ Place d'Italie – 01 53 80 24 00 – Fax 01 53 80 00 77 – Fermé dim. et lundi P 15
Rest – *(nombre de couverts limité, prévenir)* Menu 31/42 € – Carte 35/43 €
◆ Ce bistrot moderne est souvent bondé. Les raisons du succès ? La cuisine du marché, le bon choix de vins au verre et l'ambiance décontractée vous en donnent un avant-goût.

Auberge Etchegorry 20, VISA MC AE D

41 r. Croulebarbe Ⓜ Les Gobelins – ✆ 01 44 08 83 51 – Fax 01 44 08 83 69 – Fermé 2-22 août, dim. et lundi N 15

Rest – Menu 26/55 € bc – Carte 32/43 €

◆ Une brochure vous contera l'histoire du quartier et de ce sympathique restaurant basque. Accrochés au plafond, saucissons, jambons, piments d'Espelette et ails donnent le la.

L'Ourcine

92 r. Broca Ⓜ Les Gobelins – ✆ 01 47 07 13 65 – Fax 01 47 07 18 48 – Fermé dim. et lundi N 14

Rest – Menu (22 €), 30 €

◆ D'une moderne sobriété, ce bistrot très convivial sait rester simple tout en proposant une cuisine inspirée, évoluant avec les saisons et présentée à l'ardoise.

Sukhothaï VISA MC

12 r. Père Guérin Ⓜ Place d'Italie – ✆ 01 45 81 55 88 – Fermé 6-26 août, lundi midi et dim. P 15

Rest – Menu (11 € bc), 20/24 € – Carte 19/32 €

◆ L'enseigne évoque l'ancienne capitale d'un royaume thaïlandais (13e et 14e s.). Cuisine chinoise et thaï servie sous l'œil bienveillant de Bouddha (sculptures artisanales).

J.-P. Clapham/MICEHLIN

Montparnasse, Denfert-Rochereau

14e arrondissement ✉ 75014

Méridien Montparnasse ch, ch, rest,

19 r. Cdt Mouchotte Ⓜ Montparnasse Bienvenüe 25/2000, VISA MC AE D

– ✆ 01 44 36 44 36 – meridien.montparnasse@lemeridien.com – Fax 01 44 36 49 00 M 11

918 ch – 205/410 € 205/410 €, 25 € – 35 suites

Rest *Montparnasse'25* – voir ci-après

Rest *Justine* – ✆ 01 44 36 44 00 – Menu 39/56 € bc – Carte 41/58 €

◆ La plupart des chambres de ce building en verre et béton ont été relookées ; elles sont spacieuses et très modernes. Belle vue sur la capitale depuis les derniers étages. À la table de Justine, décor façon jardin d'hiver, terrasse verdoyante, formules buffets.

Concorde Montparnasse ch, ch, 80,

40 r. Cdt Mouchotte Ⓜ Gaîté – ✆ 01 56 54 84 00 – montparnasse@concorde-hotels.com – Fax 01 56 54 84 84 P VISA MC AE D M 11

354 ch – 350 € 350 €, 15 € – **Rest** – Menu 34 € – Carte 37/49 €

◆ Cet hôtel flambant neuf, campé sur la place de Catalogne, a mis toutes les chances de son côté : chambres calmes et raffinées, jardin intérieur, fitness, bar. Le restaurant - bois exotiques et tissus colorés - propose buffets et plats à la carte.

Aiglon sans rest VISA MC AE D

232 bd Raspail Ⓜ Raspail – ✆ 01 43 20 82 42 – aiglon@espritfrance.com – Fax 01 43 20 98 72 M 12

38 ch – 92/153 € 118/153 €, 9,50 € – 9 suites

◆ La façade discrète cache un intérieur contemporain dans les tons prune. Chambres peu à peu revues, pourvues d'un double vitrage efficace, et parfois assez petites.

Villa Royale Montsouris sans rest
144 r. Tombe-Issoire Ⓜ Porte d'Orléans – ✆ 01 56 53 89 89 – montsouris@leshotelsdeparis.com – Fax 01 56 53 89 80 R 12
36 ch – 🚹110/150 € 🚹🚹120/200 €, ☕ 20 €
◆ Dépaysement garanti dans ce bel hôtel savamment décoré dans les styles andalou et mauresque. Chambres un peu petites, mais très "cosy", baptisées de noms de villes marocaines.

Lenox Montparnasse sans rest
15 r. Delambre Ⓜ Vavin – ✆ 01 43 35 34 50 – hotel@lenoxmontparnasse.com – Fax 01 43 20 46 64 M 12
52 ch – 🚹165 € 🚹🚹165/260 €, ☕ 16 €
◆ Établissement fréquenté par le milieu de la mode et de l'élégance. Chambres de style, mignonnes salles de bains, agréables suites au 6e étage. Bar et salons plaisants.

Nouvel Orléans sans rest
25 av. Gén. Leclerc Ⓜ Mouton Duvernet – ✆ 01 43 27 80 20 – nouvelorleans@aol.com – Fax 01 43 35 36 57 P 12
46 ch – 🚹90/155 € 🚹🚹90/155 €, ☕ 10 €
◆ Décryptage de l'enseigne : hôtel entièrement rénové et situé à 800 m de la porte d'Orléans. Mobilier contemporain et chaleureux tissus colorés décorent les chambres.

Delambre sans rest
35 r. Delambre Ⓜ Edgar Quinet – ✆ 01 43 20 66 31 – delambre@club-internet.fr – Fax 01 45 38 91 76 M 12
30 ch – 🚹85/115 € 🚹🚹85/160 €, ☕ 9 €
◆ André Breton séjourna dans cet hôtel situé dans une rue tranquille proche de la gare Montparnasse. Décor d'esprit contemporain ; chambres sobres et gaies, souvent spacieuses.

Mercure Raspail Montparnasse sans rest
207 bd Raspail Ⓜ Vavin – ✆ 01 43 20 62 94 – h0351@accor.com – Fax 01 43 27 39 69 M 12
63 ch – 🚹110/210 € 🚹🚹115/215 €, ☕ 14,50 €
◆ Faites étape dans cet immeuble haussmannien proche des célèbres brasseries du quartier Montparnasse. Chambres actuelles garnies de meubles modernes en bois clair.

Apollinaire sans rest
39 r. Delambre Ⓜ Edgar Quinet – ✆ 01 43 35 18 40 – infos@hotel-apollinaire.com – Fax 01 43 35 30 71 M 12
36 ch – 🚹95/110 € 🚹🚹110/135 €, ☕ 7,50 €
◆ L'enseigne rend hommage au poète qui fréquentait écrivains et artistes à Montparnasse. Les chambres, colorées, sont fonctionnelles et bien tenues. Confortable salon.

Midi sans rest
4 av. René Coty Ⓜ Denfert Rochereau – ✆ 01 43 27 23 25 – info@midi-hotel-paris.com – Fax 01 43 21 24 58 M 11
45 ch – 🚹70/88 € 🚹🚹80/158 €, ☕ 10 €
◆ Proximité de la place Denfert-Rochereau, chambres refaites, insonorisées et parfois dotées de baignoires hydromassantes : ne cherchez plus Midi... à quatorze heures !

Châtillon Hôtel sans rest
11 square Châtillon Ⓜ Porte d'Orléans – ✆ 01 45 42 31 17 – chatillon.hotel@wanadoo.fr – Fax 01 45 42 72 09 P 11
31 ch – 🚹64 € 🚹🚹70/76 €, ☕ 7 €
◆ Adresse fréquentée par des habitués, sensibles au calme du lieu : les chambres, assez spacieuses et bien tenues, donnent sur un square au bout d'une impasse. Accueil familial.

Istria sans rest
29 r. Campagne Première Ⓜ Raspail – ✆ 01 43 20 91 82 – hotel.istria@wanadoo.fr – Fax 01 43 22 48 45 M 12
26 ch – 🚹80/170 € 🚹🚹85/180 €, ☕ 10 €
◆ Aragon immortalisa cet hôtel dans "Il ne m'est Paris que d'Elsa". Petites chambres simples, agréable salon, salle des petits-déjeuners dans une jolie cave voûtée.

Daguerre sans rest
94 r. Daguerre Ⓜ Gaîté – ✆ 01 43 22 43 54 – hoteldaguerre@wanadoo.fr – Fax 01 43 20 66 84 N 11
30 ch – 75/85 € 85/120 €, ☕ 10 €
◆ Immeuble du début du 20e s. abritant des chambres un peu menues, mais bien meublées. Plaisante salle des petits-déjeuners dressée dans l'ancienne cave (pierres apparentes).

Apollon Montparnasse sans rest
91 r. Ouest Ⓜ Pernety – ✆ 01 43 95 62 00 – apollonm@wanadoo.fr – Fax 01 43 95 62 10 N 10-11
33 ch – 71/82 € 86/89 €, ☕ 8,50 €
◆ Proximité de la gare Montparnasse et des navettes Air France, accueil courtois et chambres coquettes sont les atouts de cet hôtel bordant une rue assez calme.

Paix sans rest
225 bd Raspail Ⓜ Raspail – ✆ 01 43 20 35 82 – resa@hoteldelapaix.com – Fax 01 43 35 32 63 M 12
39 ch – 72/94 € 75/106 €, ☕ 8 €
◆ Hôtel meublé dans le goût des années 1970, où vous trouverez des chambres fonctionnelles et bien tenues, progressivement redécorées dans un style actuel. Accueil charmant.

Cécil sans rest
47 r. Beaunier Ⓜ Porte d' Orléans – ✆ 01 45 40 93 53 – cecil-hotel@wanadoo.fr – Fax 01 45 40 43 26 R 12
25 ch – 65 € 78 €, ☕ 8 €
◆ Un hôtel pétri de charme dans une rue tranquille proche du parc Montsouris. Meubles et objets chinés confèrent à chaque chambre sa personnalité. Salon-bibliothèque, jardinet.

Montparnasse'25 – Hôtel Méridien Montparnasse
19 r. Cdt Mouchotte Ⓜ Montparnasse Bienvenüe – ✆ 01 44 36 44 25 – meridien.montparnasse@lemeridien.com – Fax 01 44 36 49 03 – Fermé 7-15 avril, 7 juil.-2 sept., sam., dim. et fériés M 25
Rest – Menu 49 € (déj. en sem.), 60/110 € – Carte 91/109 €
Spéc. Langoustines à l'huile de vanille (printemps). Sole, filets en bourride au vin du Jura et cèpes (automne). Ris de veau rôti au comté.
◆ Le cadre contemporain sur fond de laque noire peut surprendre, mais ce restaurant s'avère confortable et chaleureux. Cuisine au goût du jour, superbes chariots de fromages.

Le Duc
243 bd Raspail Ⓜ Raspail – ✆ 01 43 20 96 30 – Fax 01 43 20 46 73 – Fermé 31 juil.-22 août, 24 déc.-2 janv., sam. midi, dim. et lundi M 12
Rest – Menu 46 € (déj.) – Carte 48/138 €
Spéc. Poissons crus. Langoustines rôties au gingembre. Homard à l'orange.
◆ Cuisine de la mer alliant qualité et simplicité servie dans un décor de confortable cabine de yacht avec lambris d'acajou, appliques à thème marin et cuivres rutilants.

Le Dôme
108 bd Montparnasse Ⓜ Vavin – ✆ 01 43 35 25 81 – Fax 01 42 79 01 19 – Fermé dim. et lundi en août LM 12
Rest – Carte 51/119 €
◆ L'un des temples de la bohème littéraire et artistique des années folles, devenu une brasserie chic tendance "rive gauche", au cadre Art déco préservé. Produits de la mer.

Maison Courtine (Charles)
157 av. Maine Ⓜ Mouton Duvernet – ✆ 01 45 43 08 04 – yves.charles@wanadoo.fr – Fax 01 45 45 91 35 – Fermé 3-27 août, 24 déc.-3 janv., lundi midi, sam. midi et dim. N 11
Rest – Menu 38/43 €
Spéc. Escalopes de foie gras de canard poêlées aux raisins. Canard sauvage rôti entier au poivre long (oct. à fév.). Médaillon de veau de lait et lentilles blondes de la Planèze.
◆ Tour de France des terroirs côté cuisine, intérieur contemporain aux couleurs vives et mobilier de style Louis-Philippe côté décor : la maison compte nombre de fidèles.

XX **Pavillon Montsouris**

20 r. Gazan Ⓜ Cité Universitaire – ✆ 01 43 13 29 00 – Fax 01 43 13 29 02 – Fermé vacances de fév. et dim. soir de mi-sept. à Pâques R 14

Rest – Menu 49/75 € ♀

◆ Ce pavillon créé à la Belle Époque dans le parc Montsouris offre le calme de la campagne en plein Paris. Jolie verrière, décor d'esprit colonial et terrasse face à la verdure.

XX **La Coupole**

102 bd Montparnasse Ⓜ Vavin – ✆ 01 43 20 14 20 – jtosi@groupeflo.fr – Fax 01 43 35 46 14 L 12

Rest – Menu 24/31 € – Carte 30/75 € ♀

◆ Le cœur de Montparnasse bat encore dans cette immense brasserie Art déco inaugurée en 1927. Les 32 piliers sont ornés d'œuvres d'artistes de l'époque. Ambiance animée.

XX **Vin et Marée**

108 av. Maine Ⓜ Gaité – ✆ 01 43 20 29 50 – vin.maree@wanadoo.fr N 11

Rest – Menu (19 €), 25 € – Carte 39/53 € ♀

◆ Les produits de la mer, spécialités de la maison, sont dévoilés chaque jour sur l'ardoise, selon le bon plaisir de Neptune. Salles à manger décorées dans le style marin.

XX **Monsieur Lapin**

11 r. R. Losserand Ⓜ Gaîté – ✆ 01 43 20 21 39 – Fax 01 43 21 84 86 – Fermé août, sam. midi et lundi N 11

Rest – *(nombre de couverts limité, prévenir)* Menu (25 €), 34/45 € – Carte 43/66 € ♀

◆ Tel le personnage d'Alice au pays des merveilles, Monsieur Lapin est partout : dans la décoration de la salle à manger comme sur la carte qui l'accommode à moult sauces.

XX **Les Vendanges**

40 r. Friant Ⓜ Porte d'Orléans – ✆ 01 45 39 59 98 – guy.tardif@wanadoo.fr – Fax 01 45 39 74 13 – Fermé 28 juil.-26 août, 23 déc.-1er janv., sam. sauf le soir de nov. à janv. et dim. R 11

Rest – Menu (25 €), 35 € ♀

◆ La façade ornée de grappes de raisins annonce la couleur : un très beau livre de cave (bon choix de vins de propriétaires) accompagne la cuisine classique, orientée Sud-Ouest.

X **Les Petites Sorcières**

12 r. Liancourt Ⓜ Denfert Rochereau – ✆ 01 43 21 95 68 – Fax 01 43 21 95 68 – Fermé 13 juil.-16 août, lundi midi, sam. midi et dim. N 12

Rest – Menu (22 €), 33 € – Carte 30/39 € ♀

◆ C'est, dit-on, le rendez-vous des sorcières parisiennes : elles s'y retrouvent lors de sabbats gourmands, laissent de nombreux bibelots et repartent en enfourchant leur balai.

X **La Régalade**

49 av. J. Moulin Ⓜ Porte d'Orléans – ✆ 01 45 45 68 58 – la_regalade@yahoo.fr – Fax 01 45 40 96 74 – Fermé 26 juil.-20 août, lundi midi, sam. et dim. R 11

Rest – *(prévenir)* Menu 32 €

◆ Un accueil tout sourire, une savoureuse cuisine du terroir, un cadre sobre : voici les atouts de ce sympathique petit bistrot voisin de la porte de Châtillon.

X **L'O à la Bouche**

124 bd Montparnasse Ⓜ Vavin – ✆ 01 56 54 01 55 – loalabouche2@wanadoo.fr – Fax 01 43 21 07 87 – Fermé 5-27 août, lundi de mai à oct. et dim. M 12

Rest – Menu 22 € (déj.)/33 € – Carte 36/44 € ♀

◆ Il règne un esprit "bistrot" et une sympathique ambiance dans ce restaurant au décor discrètement méditerranéen. La lecture de la carte vous mettra... l'eau à la bouche !

X **La Cerisaie**

70 bd E. Quinet Ⓜ Edgar Quinet – ✆ 01 43 20 98 98 – Fax 01 43 20 98 98 – Fermé 14 juil.-20 août, 23 déc.-6 janv., sam. et dim. N 13

Rest – *(prévenir)* Menu (23 €), 31 € – Carte 31/37 € ♀

◆ Restaurant de poche (non-fumeurs) situé en plein quartier "breton". Chaque jour, le patron écrit sur l'ardoise les plats du Sud-Ouest qu'il a consciencieusement mitonnés.

L'Amuse Bouche

VISA

186 r. Château Ⓜ Mouton Duvernet – ✆ 01 43 35 31 61 – Fermé 1er-20 août, dim. et lundi N 11

Rest – Menu (21 € bc), 32 € ♀

◆ Tables serrées et murs orange vif ornés de casseroles... Un petit restaurant simple où l'on découvre une goûteuse cuisine traditionnelle et des spécialités de soufflés.

Bistrot du Dôme

VISA AE

1 r. Delambre Ⓜ Vavin – ✆ 01 43 35 32 00 – Fermé dim. et lundi en août M 12

Rest – Carte 35/46 € ♀

◆ "L'annexe" du Dôme, spécialisée elle aussi dans les produits de la mer. Ambiance décontractée dans la grande salle à manger au plafond orné de feuilles de vignes.

A La Bonne Table

VISA AE

42 r. Friant Ⓜ Porte d'Orléans – ✆ 01 45 39 74 91 – Fax 01 45 43 66 92 – Fermé 8-29 juil., 23 déc.-6 janv., 27 fév.-4 mars, sam. midi et dim. R 11

Rest – Menu 25 € (déj.)/29 € – Carte 31/46 € ♀

◆ Le chef, d'origine japonaise, prépare une cuisine française traditionnelle relevée de son savoir-faire nippon. Confortable salle à manger en longueur, d'esprit "rétro".

Severo

VISA

8 r. Plantes Ⓜ Mouton Duvernet – ✆ 01 45 40 40 91 – Fermé 7-15 avril, 21 juil.-20 août, 22 déc.-2 janv., sam. et dim. N 11

Rest – Carte 28/46 € ♀

◆ Les produits d'Auvergne (viandes, charcuteries) jouent les vedettes sur l'ardoise du jour de ce chaleureux bistrot. Quant à la carte des vins, elle fait preuve d'éclectisme.

De Bouche à Oreille

VISA

34 r. Gassendi Ⓜ Denfert Rochereau – ✆ 01 43 27 73 14 – baobenoit@hotmail.com – Fax 01 43 25 14 23 – Fermé 1er-15 août, lundi midi, sam. midi et dim. N 12

Rest – Carte 30/49 € ♀

◆ Ambiance simple et conviviale, cadre d'esprit bistrot, goûteux plats traditionnels inscrits sur tableau noir : une sympathique petite adresse de quartier qui mérite le détour.

Château Poivre

VISA AE

145 r. Château Ⓜ Pernety – ✆ 01 43 22 03 68 – chateaupoivre@noos.fr – Fax 01 43 22 82 13 – Fermé 10-23 août, 23 déc.-3 janv., dim., lundi et fériés N 11

Rest – Menu 19 € – Carte 22/53 € ♀

◆ Luminaire design et chaudes teintes jaune ou orangée rajeunissent cette salle à manger de style "rétro". Copieuse cuisine d'esprit méridional à prix doux et vins du Languedoc.

Millésimes 62

VISA AE

13 pl. Catalogne Ⓜ Gaité – ✆ 01 43 35 34 35 – millesime62@wanadoo.fr – Fax 01 43 20 26 21 – Fermé 5-26 août et 24 déc.-2 janv. M 11

Rest – Menu 26 € ♀

◆ À proximité des grands hôtels et des théâtres de Montparnasse, avenant restaurant au décor contemporain. Vous y apprécierez une goûteuse cuisine du marché à prix serrés.

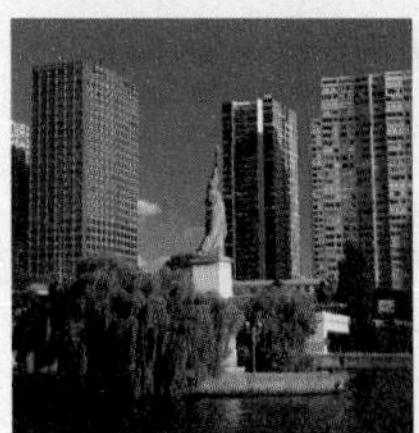
H. Le Gac/MICHELIN

Porte de Versailles, Vaugirard, Beaugrenelle

15e arrondissement ✉ 75015

Sofitel Porte de Sèvres ch, ch, rest, 450,
8 r. L. Armand Ⓜ Balard – ✆ 01 40 60 30 30 – h0572@accor.com – Fax 01 40 60 30 00 N 5
608 ch – †310/390 € ††310/390 €, ☐ 25 € – 12 suites
Rest ***Relais de Sèvres*** – voir ci-après
Rest ***Brasserie*** – *✆ 01 40 60 33 77 (fermé sam. midi et dim. midi)* Menu (21 €), 26 € – Carte 30/58 €
◆ Face à l'héliport, hôtel proposant des chambres insonorisées, en partie refaites dans un élégant style contemporain. Joli panorama sur l'Ouest parisien aux derniers étages. Brasserie au cadre évoquant les années folles : mosaïques, coupole, banquettes, etc.

Hilton ch, 15/220, VISA
18 av. Suffren Ⓜ Bir-Hakeim – ✆ 01 44 38 56 00 – Fax 01 44 38 56 10 J 7
434 ch – †469 € ††469 €, ☐ 28 € – 27 suites – **Rest** – Menu (24 €), 33 € – Carte 33/64 €
◆ L'ensemble de l'établissement a bénéficié d'une cure de jouvence en 2005. Chambres assez grandes, sobres et modernes. Les derniers étages ménagent une vue sur la "dame de fer". Au restaurant, cuisine internationale dans un cadre simple, tendance bistrot.

Novotel Paris Tour Eiffel ch, ch, 500,
61 quai de Grenelle Ⓜ Charles Michels – ✆ 01 40 58 20 00 – h3546@accor.com – Fax 01 40 58 24 44 K 6
752 ch – †260/350 € ††290/380 €, ☐ 20 € – 12 suites
Rest ***Benkay*** – voir ci-après
Rest ***Tour Eiffel Café*** – *✆ 01 40 58 20 75* – Menu (25 €) – Carte 29/46 €
◆ L'hôtel, entièrement rénové, dispose de confortables chambres contemporaines (bois, teintes claires), majoritairement tournées vers la Seine. Centre de conférences high-tech. Plaisant décor épuré, carte au goût du jour et espace épicerie fine au Tour Eiffel Café.

Mercure Paris Suffren Tour Eiffel 30/100,
20 r. Jean Rey Ⓜ Bir-Hakeim – ✆ 01 45 78 50 00 – h2175@accor.com – Fax 01 45 78 91 42 J 7
405 ch – †150/300 € ††165/415 €, ☐ 21 € – **Rest** – Carte 30/38 €
◆ Rénovation complète et soignée, et décoration sur le thème "nature et jardin" pour cet hôtel parfaitement insonorisé. Certaines chambres regardent la tour Eiffel. Salle à manger ouverte sur l'agréable terrasse entourée d'arbres et de verdure.

Novotel Vaugirard ch, ch, 25/300, VISA
257 r. Vaugirard Ⓜ Vaugirard – ✆ 01 40 45 10 00 – h1978@accor.com – Fax 01 40 45 10 10 M 9
187 ch – †120/185 € ††120/205 €, ☐ 14 € – **Rest** – Carte 25/36 €
◆ Au cœur du 15e arrondissement, ce vaste établissement propose de grandes chambres modernes, pourvues du double vitrage. Au Novotel Café, décor actuel, terrasse d'été entourée de verdure, service non-stop et suggestions du jour cuites à la plancha.

Océania sans rest 5/20, VISA
52 r. Oradour sur Glane Ⓜ Porte de Versailles – ✆ 01 56 09 09 09 – oceania.paris@oceaniahotels.com – Fax 01 56 09 09 19 P 6
232 ch – †160/270 € ††175/285 €, ☐ 15 € – 18 suites
◆ Ce nouvel hôtel a pensé à tout pour offrir un confort moderne dans un cadre élégant et actuel. Chambres bien équipées, espace détente complet, terrasse-jardin exotique.

Mercure Tour Eiffel sans rest 25/40,
64 bd Grenelle Ⓜ Dupleix – ☎ 01 45 78 90 90
– hotel@mercuretoureiffel.com – Fax 01 45 78 95 55 K 7
77 ch – 🛉190/300 € 🛉🛉190/330 €, ☕ 19 €
◆ Le bâtiment principal abrite des chambres aménagées selon les standards de la chaîne ; dans l'aile récente, elles offrent un confort supérieur et de nombreux petits "plus".

Mercure Porte de Versailles sans rest 50/250,
69 bd Victor Ⓜ Porte de Versailles –
☎ 01 44 19 03 03 – h1131@accor.com – Fax 01 48 28 22 11 N 7
91 ch – 🛉90/275 € 🛉🛉105/290 €, ☕ 16 €
◆ Face au parc des Expositions, immeuble des années 1970 où vous choisirez de préférence l'une des chambres rénovées ; les autres sont sobrement fonctionnelles.

Holiday Inn Paris Montparnasse sans rest 30,
10 r. Gager Gabillot Ⓜ Vaugirard –
☎ 01 44 19 29 29 – reservations@hiparis-montparnasse.com
– Fax 01 44 19 29 39 M 9
60 ch – 🛉72/240 € 🛉🛉72/240 €, ☕ 13 €
◆ Bâtisse moderne située dans une rue calme. Hall relooké et salon contemporain sous une pyramide de verre. Préférez les chambres refaites, joliment décorées.

Eiffel Cambronne sans rest
46 r. Croix-Nivert Ⓜ Av. Emile Zola – ☎ 01 56 58 56 78 – hotel@
eiffelcambronne.com – Fax 01 56 58 56 79 L 8
31 ch – 🛉119/169 € 🛉🛉119/320 €, ☕ 12 €
◆ Coloris ensoleillés et fauteuils moelleux au salon, literie neuve et couettes immaculées dans les chambres. On sert le petit-déjeuner dans un patio coiffé d'une verrière.

Mercure Paris XV sans rest 30,
6 r. St-Lambert Ⓜ Boucicaut – ☎ 01 45 58 61 00 – h0903@accor.com
– Fax 01 45 54 10 43 M 7
56 ch – 🛉105/145 € 🛉🛉114/150 €, ☕ 12 €
◆ Adresse située à 800 m de la porte de Versailles. Accueil et salons sont aménagés dans le style contemporain, de même que les chambres, confortables et bien tenues.

Alizé Grenelle sans rest
87 av. É. Zola Ⓜ Charles Michels – ☎ 01 45 78 08 22 – info@alizeparis.com
– Fax 01 40 59 03 06 L 7
50 ch – 🛉88/131 € 🛉🛉91/132 €, ☕ 11 €
◆ Cette façade en briques des années 1930 abrite des chambres fonctionnelles et pourvues d'une insonorisation efficace. Salon équipé d'un accès Internet haut débit.

Beaugrenelle St-Charles sans rest
82 r. St-Charles Ⓜ Charles Michels – ☎ 01 45 78 61 63 – info@
beaugrenelleparis.com – Fax 01 45 79 04 38 K 7
49 ch – 🛉79/122 € 🛉🛉86/123 €, ☕ 11 €
◆ Une rénovation complète est venue réveiller cet hôtel situé au pied du métro St-Charles, à deux pas du centre Beaugrenelle. Chambres fraîches et insonorisées.

Carladez Cambronne sans rest
3 pl. Gén. Beuret Ⓜ Vaugirard – ☎ 01 47 34 07 12 – carladez@club-internet.fr
– Fax 01 40 65 95 68 M 9
27 ch – 🛉74/86 € 🛉🛉76/91 €, ☕ 7,50 € – 1 suite
◆ L'hôtel a pris des couleurs après sa rénovation : bleu, saumon ou vert dans les petites chambres fraîches et bien tenues. Le sourire est compris dans l'addition.

Aberotel sans rest
24 r. Blomet Ⓜ Volontaires – ☎ 01 40 61 70 50 – aberotel@wanadoo.fr
– Fax 01 40 61 08 31 L 9
28 ch – 🛉60/111 € 🛉🛉70/135 €, ☕ 8 €
◆ Une adresse prisée : plaisant salon orné de peintures sur bois évoquant les cartes à jouer, coquettes chambres et cour intérieure où l'on petit-déjeune en été.

Lilas Blanc sans rest
5 r. Avre Ⓜ La Motte Picquet Grenelle – ✆ 01 45 75 30 07 – hotellilasblanc@minitel.net – Fax 01 45 78 66 65 – Fermé 23 juil.-26 août et 21-28 déc. K 8
32 ch – †67/72 € ††75/82 €, ☕ 7 €
◆ Dans une rue calme le soir, hôtel proposant des petites chambres colorées, sobrement meublées en stratifié ; celles du rez-de-chaussée sont moins lumineuses.

Val Girard sans rest
14 r. Pételᛘ Ⓜ Vaugirard – ✆ 01 48 28 53 96 – valgirar@club-internet.fr – Fax 01 48 28 69 94 – Fermé 19-26 déc. M 8
39 ch – †85/93 € ††86/120 €, ☕ 8 €
◆ Hôtel familial proche de la mairie d'arrondissement. Chambres rajeunies, simplement aménagées et parfois dotées de meubles en rotin. Petit-déjeuner servi en véranda.

Benkay – Novotel Paris Tour Eiffel 6/32, VISA
61 quai de Grenelle Ⓜ Bir-Hakeim – ✆ 01 40 58 21 26 – h3546@accor.com – Fax 01 40 58 21 30 K 6
Rest – Menu 30 € (déj.), 75/125 € – Carte 42/131 € 🍷
◆ Serveuses japonaises, comptoir à sushis et teppan-yaki : dans les murs du Novotel Paris Tour Eiffel, une authentique adresse nipponne... Avec vue sur la Seine en prime.

Chen-Soleil d'Est 4/14, VISA
15 r. Théâtre Ⓜ Charles Michels – ✆ 01 45 79 34 34 – Fax 01 45 79 07 53 – Fermé août et dim. K 6
Rest – Menu 40 € (déj. en sem.), 75/160 € – Carte 55/225 € 🍷
◆ Glissez-vous sous les immeubles du front de Seine pour y découvrir un authentique petit coin d'Asie : cuisine au "wok" et à la vapeur, meubles et boiseries importés de Chine.

Le Quinzième Cuisine Attitude VISA
14 r. Cauchy Ⓜ Javel – ✆ 01 45 54 43 43 – resa@lequinzieme.com – Fax 01 45 57 22 96 – Fermé 11-20 août, sam. midi et dim. L 5
Rest – Menu (30 €), 35 € (déj. en sem.)/95 € – Carte 45/90 € 🍷
◆ Cadre design, ambiance "branchée", table d'hôte avec vue sur les fourneaux et goûteuse cuisine actuelle : la formule imaginée par Cyril Lignac suite à l'émission "Oui Chef !" s'avère fort séduisante !

Harumi VISA
99 r. Blomet Ⓜ Vaugirard – ✆ 01 42 50 22 27 – contactharumi@wanadoo.fr – Fax 01 42 50 22 27 – Fermé 15 juil.-15 août, dim. soir et lundi M 8
Rest – Menu (16 €), 38 € – Carte 48/52 € 🍷
◆ Le Japon, pays d'origine de la patronne qui exerce ses talents aux fourneaux, influence la cuisine au goût du jour et le décor de cet élégant restaurant. Bon choix de vins.

La Dînée VISA
85 r. Leblanc Ⓜ Balard – ✆ 01 45 54 20 49 – postmaster@ladinee.com – Fax 01 40 60 73 76 – Fermé sam. et dim. M 5
Rest – Menu (32 €), 36 € 🍷
◆ Cette salle de restaurant actuelle agrémentée de tableaux contemporains propose des recettes au goût du jour soignées. Cuisine "à la plancha" servie dans le bistrot attenant.

La Gauloise 16, VISA
59 av. La Motte-Picquet Ⓜ La Motte Picquet Grenelle – ✆ 01 47 34 11 64 – Fax 01 40 61 09 70 K 8
Rest – Menu (22 €) – Carte 32/50 € 🍷
◆ Cette brasserie des années 1900 a dû voir passer bon nombre de personnalités, à en juger par les photos dédicacées tapissant les murs. Plaisante terrasse sur le trottoir.

XX **Thierry Burlot** AC VISA MC AE

8 r. Nicolas Charlet Ⓜ *Pasteur* – ✆ *01 42 19 08 59 – Fax 01 45 67 09 13 – Fermé sam. midi et dim.* L 10

Rest – Menu (29 €), 35/59 € – Carte 41/51 € ♀

♦ Atmosphère paisible et feutrée dans un cadre assez sobre, ponctué de photos réalisées par le maître des lieux. La cuisine, au goût du jour, suit le fil des saisons.

XX **Caroubier** AC VISA MC AE

82 bd Lefebvre Ⓜ *Porte de Vanves* – ✆ *01 40 43 16 12 – Fax 01 40 43 16 12 – Fermé 21 juil.-20 août et lundi* P 8

Rest – Menu 15 € (déj. en sem.)/28 € – Carte 27/45 € ♀

♦ Décor contemporain rehaussé de touches orientales, chaleureuse ambiance familiale et accueil prévenant au service d'une cuisine marocaine généreuse et gorgée de soleil.

XX **Fontanarosa** AC VISA MC

28 bd Garibaldi Ⓜ *Cambronne* – ✆ *01 45 66 97 84 – contact@fontanarosa-ristorante.eu – Fax 01 47 83 96 30* L 9

Rest – Menu (17 €), 21 € (déj. en sem.)/30 € – Carte 31/69 € ♀

♦ Oublié le métro aérien et l'agitation parisienne ! Cette trattoria dissimule un vrai petit coin de Sardaigne : délicieux patio-terrasse, plats et bon choix de vins de là-bas.

XX **L'Épopée** VISA MC AE

89 av. É. Zola Ⓜ *Charles Michels* – ✆ *01 45 77 71 37 – Fax 01 45 77 71 37 – Fermé 22 juil.-22 août, sam. midi et dim.* L 7

Rest – Menu (28 €), 34/40 € ♀

♦ Loin de prétendre à des développements épiques, ce petit restaurant favorise la convivialité. Les habitués reviennent pour sa belle carte des vins et ses plats traditionnels.

XX **Erawan** AC VISA MC AE

76 r. Fédération Ⓜ *La Motte Picquet Grenelle* – ✆ *01 47 83 55 67 – Fax 01 47 34 85 98 – Fermé 5-20 août et dim.* K 8

Rest – Menu (12,50 € bc), 23/38 € – Carte 20/52 €

♦ Bois sculptés, tons pastel et objets asiatiques composent le cadre feutré de ce restaurant. Goûteux plats thaïlandais, service assuré en costume du pays et accueil charmant.

XX **Le Père Claude** AC VISA MC AE

51 av. de la Motte Picquet Ⓜ *La Motte-Picquet Grenelle* – ✆ *01 47 34 03 05 – lepereclaude@free.fr – Fax 01 40 56 97 84* K 8

Rest – Carte 34/69 € ♀

♦ Pièces rôties à la broche, recettes de tradition et spécialités de tapas : cette institution du quartier du Champ-de-Mars répondra à toutes vos envies gourmandes. Cadre feutré et belle terrasse d'été.

X **Stéphane Martin** AC VISA MC

67 r. Entrepreneurs Ⓜ *Charles Michels* – ✆ *01 45 79 03 31 – resto.stephanemartin@free.fr – Fax 01 45 79 44 69 – Fermé 30 juil.-21 août, 23 déc.-2 janv., dim. et lundi* L 7

Rest – Menu (17 €), 22 € (déj. en sem.)/35 € – Carte 36/49 € ♀

♦ Chaleureux restaurant décoré dans l'esprit d'une bibliothèque (fresque figurant des rayonnages de livres), où l'on propose une cuisine au goût du jour inspirée par le marché.

X **Kim Anh** AC VISA MC AE

51 av. Emile Zola Ⓜ *Charles Michels* – ✆ *01 45 79 40 96 – Fax 01 40 59 49 78 – Fermé vacances de Pâques, 6-20 août et lundi* L 7

Rest – *(dîner seult)* Menu 34 € – Carte 40/69 € ♀

♦ Un rideau d'arbustes protège le restaurant des rumeurs de l'avenue. Son cadre ne paie pas de mine, mais vous serez séduits par sa cuisine vietnamienne, alléchante et parfumée.

X **Le Copreaux** AC VISA MC

15 r. Copreaux Ⓜ *Volontaires* – ✆ *01 43 06 83 35 – Fermé 1er-20 août, dim. et lundi* M 9

Rest – Menu (16 €), 27 € bc – Carte 27/40 € ♀

♦ Petite adresse (non-fumeurs) à la charmante atmosphère provinciale, servant une cuisine familiale dans un cadre rustique et chaleureux. Exposition de tableaux.

Bistro d'Hubert VISA MC AE JCB

41 bd Pasteur Ⓜ Pasteur – ✆ 01 47 34 15 50 – message@bistrodhubert.com – Fax 01 45 67 03 09 – Fermé sam. midi, lundi midi et dim. L 10

Rest – Menu (26 €), 34 € – Carte 40/72 € ♀

◆ Bocaux et bonnes bouteilles sur les étagères, nappes à carreaux, vue directe sur les fourneaux et les cuivres rutilants : le décor de ce bistrot évoque une ferme landaise.

Beurre Noisette VISA MC AE

68 r. Vasco de Gama Ⓜ Lourmel – ✆ 01 48 56 82 49 – Fermé 30 juil.-19 août, 31 déc.-6 janv., dim. et lundi N 6

Rest – Menu 22 € (déj. en sem.), 32/42 € ♀

◆ Cuisine au goût du jour mitonnée avec soin et suggestions, au gré du marché, à découvrir sur ardoise. Bon choix de vins au verre. Deux salles contemporaines aux tons chauds.

L'Ami Marcel AC VISA MC AE

33 r. Georges Pitard Ⓜ Plaisance – ✆ 01 48 56 62 06 – lamimarcel@lamimarcel.com – Fax 01 48 56 62 06 – Fermé 30 juil.-20 août, dim. et lundi N 10

Rest – Menu (26 €), 32 € – Carte 26/37 € ♀

◆ Ce bistrot de quartier conjugue bonne cuisine traditionnelle, prix doux et accueil sympathique. Quelques détails choisis (bar en zebrano, tableaux) personnalisent le décor.

Clos Morillons VISA MC

50 r. Morillons Ⓜ Convention – ✆ 01 48 28 04 37 – Fax 01 48 28 70 77 – Fermé 6-19 août, dim. soir et lundi N 8

Rest – Menu (18 € bc), 26 € ♀

◆ Murs jaune pâle, mobilier en rotin et bambou, et tables simplement dressées (plaque de verre et argenterie) en ce restaurant proposant une cuisine au goût du jour.

Le Troquet VISA MC

21 r. F. Bonvin Ⓜ Cambronne – ✆ 01 45 66 89 00 – Fax 01 45 66 89 83 – Fermé 2-10 mai, 5-27 août, 24 déc.-1er janv., dim. et lundi L 9

Rest – Menu 28 € (déj. en sem.), 30/40 € ♀

◆ Authentique "troquet" parisien : menu unique proposé sur ardoise, salle à manger de style "rétro" et goûteuse cuisine du marché. Pour les titis... et les autres !

Gastroquet VISA MC AE

10 r. Desnouettes Ⓜ Convention – ✆ 01 48 28 60 91 – Fax 01 45 33 23 70 – Fermé août, sam. soir de mars à juil. et dim. N 7

Rest – Menu 22 € (déj.)/29 € (dîner) – Carte 49/58 € ♀

◆ La cuisine traditionnelle mijotée avec soin en ce "gastronomique troquet" familial séduit gourmands du quartier et visiteurs du parc des Expositions de la porte de Versailles.

Villa Corse AC VISA MC AE

164 bd Grenelle Ⓜ La Motte Picquet Grenelle – ✆ 01 53 86 70 81 – lavillacorse@wanadoo.fr – Fax 01 53 86 90 73 – Fermé dim. K 8

Rest – Carte 49/56 €

◆ Chacune des trois charmantes salles de ce restaurant corse offre une atmosphère différente : bibliothèque, bar-salon et "terrasse". Savoureuse cuisine et vins insulaires.

Du Marché 10, VISA MC

59 r. Dantzig Ⓜ Porte de Versailles – ✆ 01 48 28 31 55 – Fax 01 48 28 18 31 – Fermé août, dim. et lundi N 8

Rest – Menu 29/32 € ♀

◆ Près du parc Georges-Brassens, ce sympathique bistrot dont le cadre évoque les années 1950 propose ses bons petits plats traditionnels servis "à la bonne franquette".

Fleur de Sel VISA MC JCB

32 bd Montparnasse Ⓜ Falguière – ✆ 01 45 48 52 03 – restaurant.fleurdesel@wanadoo.fr – Fax 01 45 48 52 17 – Fermé sam. midi, dim. et midi fériés L 11

Rest – Menu 20/25 € – Carte 38/44 € ♀

◆ Ce bistrot sert une cuisine du marché assortie de plats du Sud-Ouest et de suggestions du jour inscrites sur tableau noir. Aux murs, vieilles affiches publicitaires et photos.

L 'Alchimie

34 r. Letellier Ⓜ *La Motte Piquet Grenelle – ✆ 01 45 75 55 95 – Fermé 29 juil.-20 août, 24 déc.-1er janv., dim. et lundi* L 8

Rest – Menu (23 €), 28 € ♀

◆ Ce restaurant du quartier Grenelle séduit par sa goûteuse cuisine traditionnelle évoluant en fonction des produits de saison, son cadre sobre et son accueil prévenant.

Le Mûrier

42 r. Olivier de Serres Ⓜ *Convention – ✆ 01 45 32 81 88 – lepimpecmartin@yahoo.fr – Fermé 13-19 août, sam. et dim.* N 8

Rest – Menu (16 €), 19 € (déj.), 21/25 € ♀

◆ Sympathique pause-repas dans ce restaurant proche des boutiques de la rue de la Convention. Salle à manger ornée de vieilles affiches et recettes traditionnelles.

Le Bélisaire

2 r. Marmontel Ⓜ *Vaugirard – ✆ 01 48 28 62 24 – Fax 01 48 28 62 24 – Fermé 8-15 avril, 29 juil.-21 août, 23-30 déc., sam. midi et dim.* M 8

Rest – Menu 20 € (déj. en sem.)/30 € ♀

◆ Ce bistrot au cadre soigné s'est bâti une solide réputation dans le quartier Convention grâce à la bonne tenue de sa cuisine au goût du jour et à la qualité de son accueil.

Le Dirigeable

37 r. d' Alleray Ⓜ *Vaugirard – ✆ 01 45 32 01 54 – Fermé 1er-20 août, 23 déc.-2 janv., dim. et lundi* M 9

Rest – Menu (16 €), 19 € (déj. en sem.) – Carte 28/45 € ♀

◆ Ambiance décontractée, cadre sans prétention et petits plats de tradition à prix attractifs : embarquez sans tarder pour une croisière à bord du Dirigeable !

Tcham

89 r. Croix-Nivert Ⓜ *Commerce – ✆ 01 45 30 38 14 – kobiz128@hotmail.com – Fax 01 45 30 38 14 – Fermé 23 déc.-2 janv. et dim.* L 8

Rest – Menu (10 €), 20/26 € bc – Carte 23/35 € ♀

◆ Rendez-vous dans ce restaurant sobrement contemporain pour découvrir la cuisine traditionnelle coréenne dont la spécialité nationale : le Bibimbap. Menus plus élaborés le soir.

Banyan

24 pl. E. Pernet Ⓜ *Félix Faure – ✆ 01 40 60 09 31 – lebanyan@noos.fr – Fax 01 40 60 09 20 – Fermé 6-20 août et dim.* L 7

Rest – Menu (14 €), 35/55 € – Carte 33/53 € ♀

◆ Dépaysement des papilles assuré en ce petit restaurant thaïlandais qui concocte une cuisine subtilement parfumée. Plaisant cadre contemporain et accueil familial.

G. Targat/MICHELIN

Étoile, Trocadéro, Passy, Bois de Boulogne, Auteuil

16e arrondissement ✉ 75016

Raphael ch, 10/70, VISA MC AE
17 av. Kléber ✉ 75116 Ⓜ Kléber – ✆ 01 53 64 32 00 – reservation@raphael-hotel.com – Fax 01 53 64 32 01 F7
61 ch – †335/475 € ††335/570 €, ☕ 37 € – 25 suites
Rest *La Salle à Manger* – *(fermé août, sam. et dim.)* Menu 50 € bc (déj.)/60 € bc (dîner) – Carte 62/76 €
Rest *Les Jardins Plein Ciel* – rest.-terrasse – *✆ 01 53 64 32 30 (ouvert de mai à sept. et fermé sam. midi et dim.)* Menu 70 € (déj.)/90 € (dîner)
◆ Superbe galerie habillée de boiseries, chambres raffinées, toit-terrasse panoramique et bar anglais "mondain" sont les trésors du Raphael (1925). Belle Salle à Manger d'esprit "palace". Vue sur Paris et cuisine traditionnelle aux Jardins Plein Ciel (7e étage).

St-James Paris ch, 25, P VISA MC AE
43 av. Bugeaud ✉ 75116 Ⓜ Porte Dauphine – ✆ 01 44 05 81 81 – contact@saint-james-paris.com – Fax 01 44 05 81 82 F5
38 ch – †370 € ††480 €, ☕ 28 € – 10 suites – **Rest** – *(fermé sam., dim. et fériés) (résidents seult)* Menu 48 €
◆ Bel hôtel particulier élevé en 1892 par Mme Thiers au sein d'un jardin arboré. Escalier majestueux, chambres spacieuses et bar-bibliothèque à l'atmosphère de club anglais.

Sofitel Le Parc 40/250, VISA MC AE
55 av. R. Poincaré ✉ 75116 Ⓜ Victor Hugo – ✆ 01 44 05 66 66 – h2797@accor.com – Fax 01 44 05 66 00 G6
116 ch – †210/580 € ††230/580 €, ☕ 26 € – 5 suites
Rest *Le Relais du Parc* – voir ci-après
◆ Les chambres, élégantes et délicieusement "british", sont bien équipées (système wi-fi) et réparties autour d'une terrasse-jardin. Décor du bar en partie signé Arman.

Sofitel Baltimore 15/50, VISA MC AE
88 bis av. Kléber ✉ 75116 Ⓜ Boissière – ✆ 01 44 34 54 54 – h2789-re@accor.com – Fax 01 44 34 54 44 G7
102 ch – †405/505 € ††490/1035 €, ☕ 25 €
Rest *Table du Baltimore* – voir ci-après
◆ Mobilier épuré, tissus "tendance", photos anciennes de la ville de Baltimore : le décor contemporain des chambres contraste avec l'architecture de cet immeuble du 19e s.

Costes K. sans rest VISA MC AE
81 av. Kléber ✉ 75116 Ⓜ Trocadéro – ✆ 01 44 05 75 75 – resak@hotelcostesk.com – Fax 01 44 05 74 74 G7
83 ch – †300 € ††350/550 €, ☕ 20 €
◆ Signé Ricardo Bofill, cet hôtel ultra-moderne est une invite discrète à la sérénité avec ses vastes chambres aux lignes épurées ordonnées autour d'un joli patio japonisant.

Square ch, ch, 20, VISA MC AE
3 r. Boulainvilliers ✉ 75016 Ⓜ Mirabeau – ✆ 01 44 14 91 90 – hotel.square@wanadoo.fr – Fax 01 44 14 91 99 K5
22 ch – †270/350 € ††270/350 €, ☕ 20 € – 2 suites
Rest *Zébra Square* – *✆ 01 44 14 91 91* – Menu (26 € bc), 33 € bc – Carte 33/56 €
◆ Fleuron de l'architecture contemporaine face à la Maison de la Radio. Courbes, couleurs, équipements high-tech et toiles abstraites : un hymne à l'art moderne ! Décor design zébré, cave-bibliothèque et carte dans l'air du temps côté restaurant.

Trocadero Dokhan's sans rest
117 r. Lauriston ✉ 75116 Ⓜ Trocadéro – ☎ 01 53 65 66 99 – welcome@dokhans.com – Fax 01 53 65 66 88 G 6
45 ch – †430/510 € ††430/560 €, ☕ 25 € – 4 suites
◆ On ne peut qu'être séduit par ce bel hôtel particulier (1910) à l'architecture palladienne et au décor intérieur néoclassique. Boiseries céladon du 18e s. au salon.

Sezz sans rest
6 av. Frémiet ✉ 75016 Ⓜ Passy – ☎ 01 56 75 26 26 – mail@hotelsezz.com – Fax 01 56 75 26 16 J 6
22 ch – †270/325 € ††320/700 €, ☕ 25 € – 5 suites
◆ Relooké, cet hôtel s'inscrit parfaitement dans la modernité : décor design épuré (tons gris, vases géants, grands espaces), technologie et service personnalisé. Hammam, jacuzzi.

La Villa Maillot sans rest 15,
143 av. Malakoff ✉ 75116 Ⓜ Porte Maillot – ☎ 01 53 64 52 52 – resa@lavillamaillot.fr – Fax 01 45 00 60 61 F 6
39 ch – †260/340 € ††290/390 €, ☕ 26 € – 3 suites
◆ À proximité de la porte Maillot. Couleurs douces, grand confort et bonne isolation phonique pour les chambres. Verrière ouverte sur la verdure pour les petits-déjeuners.

Majestic sans rest
29 r. Dumont d'Urville ✉ 75116 Ⓜ Kléber – ☎ 01 45 00 83 70 – management@majestic-hotel.com – Fax 01 45 00 29 48 F 7
27 ch – †260 € ††360 €, ☕ 18 € – 3 suites
◆ À deux pas des Champs-Élysées, cette discrète façade des années 1960 abrite des chambres calmes, au confort bourgeois, bien dimensionnées et impeccablement tenues.

Pergolèse sans rest
3 r. Pergolèse ✉ 75116 Ⓜ Argentine – ☎ 01 53 64 04 04 – hotel@pergolese.com – Fax 01 53 64 04 40 E 6
40 ch – †190/300 € ††220/456 €, ☕ 18 €
◆ Derrière une sage façade du "beau 16e", un intérieur design mariant avec bonheur acajou, briques de verre, chromes et couleurs vives. Petits-déjeuners face à un agréable patio.

Élysées Régencia sans rest 20,
41 av. Marceau ✉ 75116 Ⓜ George V – ☎ 01 47 20 42 65 – info@regencia.com – Fax 01 49 52 03 42 G 8
43 ch – †170/310 € ††190/330 €, ☕ 18 €
◆ Hôtel joliment rénové dans un style design : chambres modernes et raffinées (bleu, fuschia ou anis) ; élégants salon, bar et bibliothèque (tons rouge et boiserie chocolat).

Régina de Passy sans rest cuisinette
6 r. Tour ✉ 75116 Ⓜ Passy – ☎ 01 55 74 75 75 – regina@gofornet.com – Fax 01 45 25 23 78 H-J 6
63 ch – †153 € ††153 €, ☕ 15 €
◆ Immeuble des années 1930 à deux pas des boutiques de la rue de Passy. Chambres de style Art déco ou contemporaines ; certaines offrent une échappée sur la tour Eiffel.

Waldorf Trocadero sans rest
97 r. Lauriston ✉ 75116 Ⓜ Boissière – ☎ 01 45 53 83 30 – trocadero@hotelswaldorfparis.com – Fax 01 47 55 92 52 G 7
44 ch – †320/340 € ††340/415 €, ☕ 20 €
◆ Cet ancien hôtel particulier situé entre l'Arc de Triomphe et le Trocadéro offre des aménagements récents et un joli décor contemporain. Chambres d'ampleurs variées.

Garden Élysée sans rest
12 r. St-Didier ✉ 75116 Ⓜ Boissière – ☎ 01 47 55 01 11 – garden.elysee@wanadoo.fr – Fax 01 47 27 79 24 G 7
46 ch – †200/355 € ††240/580 €, ☕ 23 €
◆ En retrait de la rue, au calme d'une verdoyante cour intérieure où l'on sert le petit-déjeuner en été, chambres actuelles et joli salon habillé de boiseries.

Alexander sans rest
102 av. V. Hugo ✉ 75116 Ⓜ Victor Hugo – ✆ 01 56 90 61 00 – info@hotelalexanderparis.com – Fax 01 56 90 61 01 G 6
61 ch – 🚹363 € 🚹🚹693 €, ☕ 25 €
◆ Immeuble bourgeois sur une avenue chic. Bonne ampleur, intérieurs cossus et récent rafraîchissement caractérisent les chambres ; celles sur l'arrière sont plus calmes.

Kléber sans rest 20, VISA
7 r. Belloy ✉ 75116 Ⓜ Boissière – ✆ 01 47 23 80 22 – kleberhotel@wanadoo.fr – Fax 01 49 52 07 20 G 7
23 ch – 🚹129/199 € 🚹🚹139/299 €, ☕ 14 € – 1 suite
◆ Les salons de cet hôtel construit en 1853 abritent meubles de style Louis XV, fresques originales et toiles anciennes. Murs de pierres apparentes et parquet dans les chambres.

Bassano sans rest
15 r. Bassano ✉ 75116 Ⓜ George V – ✆ 01 47 23 78 23 – info@hotel-bassano.com – Fax 01 47 20 41 22 G 8
28 ch – 🚹150/260 € 🚹🚹170/280 €, ☕ 18 € – 3 suites
◆ Ambiance douillette, mobilier en fer forgé, tissus ensoleillés : cette "maison d'ami" évoque la Provence alors que les Champs-Élysées sont à quelques centaines de mètres.

Étoile Résidence Impériale sans rest
155 av. de Malakoff ✉ 75116 Ⓜ Porte Maillot – ✆ 01 45 00 23 45 – res.imperiale@wanadoo.fr – Fax 01 45 01 88 82 E 6
37 ch – 🚹129/219 € 🚹🚹149/249 €, ☕ 14 €
◆ Chambres à thème ("Afrique", "Asie", etc.) récemment rénovées et bien insonorisées ; certaines ont gardé leurs poutres apparentes, d'autres sont de plain-pied avec le patio.

Passy Eiffel sans rest
10 r. Passy ✉ 75016 Ⓜ Passy – ✆ 01 45 25 55 66 – contact@passyeiffel.com – Fax 01 42 88 89 88 J 6
49 ch – 🚹110/140 € 🚹🚹119/150 €, ☕ 11 €
◆ Dans une rue animée, hôtel familial disposant de chambres pratiques et bien tenues donnant sur la rue (certaines regardent la tour Eiffel) ou sur un joli patio fleuri.

Chambellan Morgane sans rest 20, VISA
6 r. Keppler ✉ 75116 Ⓜ George V – ✆ 01 47 20 35 72 – chambellan-morgane@wanadoo.fr – Fax 01 47 20 95 69 GF 8
20 ch – 🚹156/175 € 🚹🚹156/175 €, ☕ 12 €
◆ Petit hôtel de caractère dont les chambres portent les couleurs de la Provence et profitent toutes du calme ambiant. Agréable salon Louis XVI décoré de boiseries peintes.

Victor Hugo sans rest
19 r. Copernic ✉ 75116 Ⓜ Victor Hugo – ✆ 01 45 53 76 01 – resa@hotel-victor-hugo.com – Fax 01 45 53 69 93 G 7
75 ch – 🚹150/203 € 🚹🚹168/360 €, ☕ 16 €
◆ Face aux réservoirs de Passy, hôtel ayant bien évolué : chambres refaites, mobilier de style, salles de bains neuves et, aux derniers étages, balcons offrant une vue dégagée.

Les Jardins du Trocadéro sans rest
35 r. Franklin ✉ 75116 Ⓜ Trocadéro – ✆ 01 53 70 17 70 – jardintroc@aol.com – Fax 01 53 70 17 80 H 6
17 ch – 🚹139/299 € 🚹🚹159/399 €, ☕ 18 € – 1 suite
◆ Cet édifice bâti sous Napoléon III offre un intérieur de caractère. "Turqueries" sur les portes, tissus choisis et meubles de style compensent la petite taille des chambres.

Floride Étoile sans rest 30, VISA
14 r. St-Didier ✉ 75116 Ⓜ Boissière – ✆ 01 47 27 23 36 – floride.etoile@wanadoo.fr – Fax 01 47 27 82 87 G 7
63 ch – 🚹120/225 € 🚹🚹145/225 €, ☕ 14 €
◆ À quelques pas du Trocadéro. Chambres fonctionnelles rénovées ; celles côté cour sont plus petites mais aussi plus tranquilles. Salon fleuri, meublé avec goût.

Résidence Foch sans rest
10 r. Marbeau ✉ 75116 Ⓜ Porte Maillot – ☎ 01 45 00 46 50 – residence@foch.com – Fax 01 45 01 98 68 F 6
25 ch – 140/150 € 140/250 €, ☕ 12 €
◆ Voisin de l'aristocratique avenue Foch, ce petit hôtel familial héberge une agréable salle de petits-déjeuners et des chambres fonctionnelles, régulièrement entretenues.

Du Bois sans rest
11 r. Dôme ✉ 75116 Ⓜ Kléber – ☎ 01 45 00 31 96 – reservations@hoteldubois.com – Fax 01 45 00 90 05 F 7
41 ch – 120/185 € 145/215 €, ☕ 14 €
◆ Cet hôtel "cosy" a élu domicile dans la rue la plus montmartroise du 16e où Baudelaire rendit son dernier soupir. Chambres coquettes et claires, salon de style géorgien.

Windsor Home sans rest
3 r. Vital ✉ 75016 Ⓜ La Muette – ☎ 01 45 04 49 49 – whparis@wanadoo.fr – Fax 01 45 04 59 50 H 6
8 ch – 110/150 € 120/160 €, ☕ 11 €
◆ Cette charmante demeure centenaire devancée d'un jardinet est aménagée comme une maison particulière : meubles anciens, moulures, coloris lumineux et touches contemporaines.

Marceau Champs Élysées sans rest
37 av. Marceau ✉ 75016 Ⓜ George V – ☎ 01 47 20 43 37 – info@hotelmarceau.com – Fax 01 47 20 14 76 G 8
30 ch – 138/158 € 148/168 €, ☕ 12 €
◆ Sur une avenue passante, façade classique abritant des chambres actuelles, équipées de salles de bains en marbre. Espace salon-petits-déjeuners au 1er étage.

Gavarni sans rest
5 r. Gavarni ✉ 75116 Ⓜ Passy – ☎ 01 45 24 52 82 – reservation@gavarni.com – Fax 01 40 50 16 95 J 6
25 ch – 100/200 € 150/450 €, ☕ 13 €
◆ Cet immeuble de briques rouges vous propose des chambres certes petites mais coquettes et bien équipées ; celles des deux derniers étages sont plus cossues.

Queen's Hôtel sans rest
4 r. Bastien Lepage ✉ 75016 Ⓜ Michel Ange Auteuil – ☎ 01 42 88 89 85 – info@hotel-queens-hotel.com – Fax 01 40 50 67 52 K 4
22 ch – 88/92 € 112/145 €, ☕ 10 €
◆ Des tableaux d'artistes contemporains égayent le joli hall ainsi que la plupart des chambres ; leur coquet aménagement fait vite oublier la petitesse des surfaces.

Nicolo sans rest
3 r. Nicolo ✉ 75116 Ⓜ Passy – ☎ 01 42 88 83 40 – hotel.nicolo@wanadoo.fr – Fax 01 42 24 45 41 J 6
28 ch ☕ – 118 € 126/177 €
◆ On accède à ce vénérable hôtel par une paisible arrière-cour. Meubles indonésiens ou d'antiquaires et bibelots asiatiques agrémentent les chambres, pour la plupart rénovées.

Boileau sans rest
81 r. Boileau ✉ 75016 Ⓜ Exelmans – ☎ 01 42 88 83 74 – info@hotel-boileau.com – Fax 01 45 27 62 98 M 3
31 ch – 55/75 € 65/95 €, ☕ 8,50 €
◆ Toiles et bibelots chinés contant Bretagne et Maghreb, minipatio fleuri et meubles rustiques : une adresse sympathique aux chambres discrètement personnalisées.

Au Palais de Chaillot sans rest
35 av. R. Poincaré ✉ 75116 Ⓜ Trocadéro – ☎ 01 53 70 09 09 – palaisdechaillot-hotel@magic.fr – Fax 01 53 70 09 08 G 6
28 ch – 110 € 125/145 €, ☕ 9 €
◆ Bel emplacement près du Trocadéro pour cet hôtel aux couleurs du Sud. Petites chambres fraîches et fonctionnelles. Salle des petits-déjeuners garnie de meubles en rotin.

Le Hameau de Passy sans rest
48 r. Passy ✉ 75016 Ⓜ La Muette – ✆ 01 42 88 47 55 – hameau.passy@wanadoo.fr – Fax 01 42 30 83 72 J 5-6
32 ch – 114/119 € 125/137 €
◆ Une impasse mène à ce discret hameau et à sa charmante cour intérieure envahie de verdure. Nuits calmes assurées dans des chambres petites, mais actuelles et bien tenues.

Hiramatsu (midi)
52 r. Longchamp ✉ 75116 Ⓜ Trocadéro – ✆ 01 56 81 08 80 – paris@hiramatsu.co.jp – Fax 01 56 81 08 81 – Fermé 28 juil.-26 août, 29 déc.-6 janv., sam. et dim. G7
Rest – *(nombre de couverts limité, prévenir)* Menu 48 € (déj.), 95/130 € – Carte 103/140 €
Spéc. Foie gras de canard aux choux frisés, jus de truffe. Feuilleté de homard au parfum de truffe, jus d'estragon. Fines lamelles d'agneau, compotée d'oignons blancs, jus de truffe.
◆ L'équipe de l'Hiramatsu a pris ses quartiers dans le 16e arrondissement : nouveau décor et cuisine inventive toujours aussi talentueuse. La haute gastronomie à la japonaise !

Relais d'Auteuil (Pignol)
31 bd. Murat ✉ 75016 Ⓜ Michel Ange Molitor – ✆ 01 46 51 09 54 – pignol.p@wanadoo.fr – Fax 01 40 71 05 03 – Fermé août, vacances de Noël, lundi midi, sam. midi et dim. L 3
Rest – Menu 55 € (déj.), 118/148 € – Carte 110/164 €
Spéc. Amandine de foie gras. Grosse sole de ligne. Côte de veau de lait.
◆ Le cadre associe touches modernes et mobilier de style. La cuisine, bourgeoise de facture classique, semble marquer le pas. Très beau livre de cave et service feutré.

La Table de Joël Robuchon
16 av. Bugeaud ✉ 75116 Ⓜ Victor Hugo – ✆ 01 56 28 16 16 – latabledejoelrobuchon@wanadoo.fr – Fax 01 56 28 16 78 F 6
Rest – Menu 55 € bc (déj.)/150 € – Carte 55/152 €
Spéc. Oeuf mollet et friand au caviar oscietre. Caille farcie de foie gras et caramélisée avec pomme purée truffée. Chocolat sensation.
◆ Cuisine d'inspiration classique subtilement revisitée par Joël Robuchon, carte d'assiettes de dégustation façon tapas et cadre élégant : c'est un vrai plaisir de se mettre à Table !

La Table du Baltimore – Hôtel Sofitel Baltimore
1 r. Léo Delibes ✉ 75016 Ⓜ Boissière – ✆ 01 44 34 54 34 – h2789-fb@accor.com – Fax 01 44 34 54 44 – Fermé 28 juil.-27 août, sam. et dim. G 7
Rest – Menu 48 € bc (déj.), 50/95 € bc – Carte 46/64 €
Spéc. Tourteau effiloché au parfum d'aneth. Saint-Jacques cuites au plat, bouillon à la citronnelle (saison). Chocolat en ganache moelleuse.
◆ Le cadre du restaurant associe boiseries anciennes, mobilier contemporain, couleurs chaleureuses et collection de dessins. Belle cuisine au goût du jour.

Le Pergolèse (Gaborieau)
40 r. Pergolèse ✉ 75116 Ⓜ Porte Maillot – ✆ 01 45 00 21 40 – le-pergolese@wanadoo.fr – Fax 01 45 00 81 31 – Fermé 4-26 août, sam. et dim. F 6
Rest – Menu 30 € (déj.), 38/80 € – Carte 68/124 €
Spéc. Ravioli de langoustines en duxelles, émulsion de crustacés au foie gras. Aiguillette de Saint-Pierre meunière, cannelloni aux multi-saveurs (hiver). Double côte de veau rôtie en cocotte.
◆ Tentures jaunes, boiseries claires et sculptures insolites jouent avec les miroirs et forment un décor élégant à deux pas de la sélecte avenue Foch. Belle cuisine classique revisitée.

Astrance (Barbot)
4 r. Beethoven ✉ 75016 Ⓜ Passy – ✆ 01 40 50 84 40 – Fermé 1er-6 mars, août, vacances de la Toussaint, sam., dim. et lundi J 7
Rest – *(nombre de couverts limité, prévenir)* Menu 70 € (déj.), 170/270 € bc
Spéc. Galette de champignons de Paris, foie gras mariné au verjus, citron confit. Endive caramélisée, beurre de spéculoos, condiment banane. Selle d'agneau grillée, aubergine laquée au miso.
◆ Proposée dans un cadre intimiste à travers un "menu surprise", cuisine inventive signée par un chef au sommet de son art. Vins et service en harmonie. L'Astrance brille de mille feux.

XXX **Pavillon Noura**

21 av. Marceau ✉ 75116 Ⓜ Alma Marceau – ✆ 01 47 20 33 33 – noura@noura.fr – Fax 01 47 20 60 31 G 8

Rest – Menu 36 € (déj. en sem.), 56/64 € – Carte 37/54 €

◆ Jolie salle aux murs ornés de fresques levantines. Le Liban se laisse découvrir à travers ses mezzés, ses petits plats chauds ou froids et ses traditionnels verres d'arack.

XXX **Les Arts**

9 bis av. d'Iéna ✉ 75116 Ⓜ Iéna – ✆ 01 40 69 27 53 – maison.des.am@sodexho.prestige.fr – Fax 01 40 69 27 08 – Fermé 28 juil.-28 août, 23 déc.-1er janv., sam., dim. et fériés G 7

Rest – Menu 38 € – Carte 61/79 € 🍷

◆ Hôtel particulier bâti en 1892 devenu maison des "gadzarts" depuis 1925. Salle à manger (colonnades, moulures, tableaux) et jardin-terrasse sont désormais ouverts au public.

XXX **Passiflore** (Durand)

✿ *33 r. Longchamp ✉ 75016 Ⓜ Trocadéro – ✆ 01 47 04 96 81 – passiflore@club-internet.fr – Fax 01 47 04 32 27 – Fermé 14 juil.-20 août, sam. midi et dim.* G 7

Rest – Menu 35 € (déj.)/54 € (dîner) – Carte 63/95 € 🍷

Spéc. Ravioles de homard. Tête de veau aux huîtres (oct. à avril). Tournedos de pied de cochon.

◆ Sobre et élégant décor d'inspiration ethnique (camaïeu de jaune et boiseries), cuisine classique personnalisée : ce "comptoir" du beau Paris fait voyager les papilles.

XXX **Port Alma**

10 av. New York ✉ 75116 Ⓜ Alma Marceau – ✆ 01 47 23 75 11 – restaurantportalma@wanadoo.fr – Fax 01 47 20 42 92 – Fermé 24 déc.-2 janv. et dim. H 8

Rest – Menu (25 €), 29 € (déj.)/39 € (dîner) – Carte 28/105 € 🍷

◆ Sur les quais de Seine, salle à manger-véranda aux poutres bleues, faisant la part belle aux saveurs de la mer. Fraîcheur des produits et accueil souriant.

XX **Cristal Room Baccarat**

11 pl. des Etats-Unis ✉ 75116 Ⓜ Boissière – ✆ 01 40 22 11 10 – cristalroom@baccarat.fr – Fax 01 40 22 11 99 – Fermé dim. G 7

Rest – *(prévenir)* Menu 120 € – Carte 55/117 € 🍷

◆ M.-L. de Noailles tenait salon dans cet hôtel particulier investi par la maison Baccarat. Décor "starckien", plats actuels et prix V.I.P. : la beauté n'est pas raisonnable !

XX **Le Relais du Parc** – Hôtel Sofitel Le Parc

✿ *55 av. R. Poincaré ✉ 75116 Ⓜ Victor Hugo – ✆ 01 44 05 66 10 – le.relaisduparc@accor.com – Fax 01 44 05 66 39 – Fermé 7-25 août, 22 déc.-5 janv., sam. midi du 15 sept. au 6 mai, dim. et lundi* G 6

Rest – Carte 65/83 € 🍷

Spéc. Coquillettes aux truffes, jambon, jus d'un rôti. Jarret de veau fondant, os à moelle, gnocchi de pomme de terre (hiver). Baudroie piquée de chorizo, légumes de couscous, condiments, pois chiches, harissa.

◆ Au rez-de-chaussée d'un hôtel particulier de la Belle Époque, élégante salle à manger contemporaine ouverte sur une ravissante cour-terrasse arborée. Cuisine soignée évoluant au gré des saisons.

XX **Tsé Yang**

6/15,

25 av. Pierre 1er de Serbie Ⓜ Iéna – ✆ 01 47 20 70 22 – Fax 01 47 20 75 34 G 8

Rest – Menu 49/59 € – Carte 37/66 € 🍷

◆ Deux architectes-décorateurs ont relooké cette ambassade "chic" de la cuisine traditionnelle chinoise : noir dominant, plafond à caissons doré, jolie mise en place, etc.

XX **La Table de Babette**

10/20,

32 r. Longchamp ✉ 75016 Ⓜ Trocadéro – ✆ 01 45 53 00 07 – tabledebabette@wanadoo.fr – Fax 01 45 53 00 15 – Fermé 15-31 août, sam. midi et dim. G 7

Rest – Menu (28 €), 38 € (déj.)/45 € – Carte 47/77 € 🍷

◆ Babette vous invite à découvrir la cuisine antillaise qu'elle revisite à sa façon, avec finesse et sensibilité. Salle à manger "cosy" et ambiance musicale en fin de semaine.

XX **Giulio Rebellato** AC VISA MC AE

136 r. Pompe ✉ 75116 Ⓜ Victor Hugo – ✆ 01 47 27 50 26
– Fermé août G 6

Rest – Carte 48/60 € ♀

◆ Beaux tissus, gravures anciennes et scintillements des miroirs président à un chaleureux intérieur d'inspiration vénitienne signé Garcia. Recettes de l'Italie septentrionale.

XX **Tang** AC (soir) VISA MC AE

125 r. de la Tour ✉ 75116 Ⓜ Rue de la Pompe – ✆ 01 45 04 35 35
– charlytang16@yahoo.fr – Fax 01 45 04 58 19 – Fermé 29 juil.-21 août, 23 déc.-3 janv., dim. et lundi H 5

Rest – Menu 39 € (déj. en sem.), 75/98 € – Carte 56/152 € ♀

◆ Derrière les larges baies vitrées, une salle haute sous plafond, dont le décor classique est rehaussé de touches asiatiques. Spécialités chinoises et thaïlandaises.

XX **La Petite Tour** AC VISA MC AE D

11 r. de la Tour ✉ 75116 Ⓜ Passy – ✆ 01 45 20 09 97 – Fax 01 45 20 09 31
– Fermé 25 juil.-20 août, sam. midi et dim. H 6

Rest – Menu 28 € – Carte 43/77 € ♀

◆ Cette discrète adresse abrite une salle à manger tout en longueur récemment redécorée dans un esprit actuel. Tables bien espacées et registre culinaire classique.

XX **Paul Chêne** AC (soir) VISA MC AE D

123 r. Lauriston ✉ 75116 Ⓜ Trocadéro – ✆ 01 47 27 63 17 – Fax 01 47 27 53 18
– Fermé vacances de Pâques, août, 24-31 déc., sam. et dim. G 6

Rest – Menu 38/48 € – Carte 42/75 € ♀

◆ Cette adresse a gardé son âme des années 1950 : vieux zinc, confortables banquettes, tables serrées... et ambiance animée. Plats traditionnels dont le fameux merlan en colère.

XX **Roland Garros** (midi) VISA MC AE D

2 bis av. Gordon Bennett ✉ 75016 Ⓜ Porte d'Auteuil – ✆ 01 47 43 49 56
– contact@laffiche.fr – Fax 01 40 71 83 24 – Fermé 1er-27 août, 23 déc.-3 janv., sam. et dim. d'oct. à avril et dim. soir de mai à sept. L 2

Rest – Menu (40 € bc), 50 € bc – Carte 45/86 € ♀

◆ Dans l'enceinte du stade, un havre de verdure et de bien-être qui - heureusement - n'est pas réservé qu'aux licenciés de la FFT ! Carte actuelle supervisée par Marc Veyrat.

XX **Conti** AC VISA MC AE D

72 r. Lauriston ✉ 75116 Ⓜ Boissière – ✆ 01 47 27 74 67 – Fax 01 47 27 37 66
– Fermé 4-26 août, 24 déc.-1er janv., sam., dim. et fériés G 7

Rest – Menu 32 € (déj.) – Carte 39/64 € ♀

◆ Les deux couleurs fétiches de Stendhal se retrouvent dans le décor de ce restaurant où brillent miroirs et lustres de cristal. Cuisine italienne et belle carte des vins.

XX **Marius** VISA MC AE

82 bd Murat ✉ 75016 Ⓜ Porte de St-Cloud – ✆ 01 46 51 67 80
– Fax 01 40 71 83 75 – Fermé août, sam. midi et dim. M 2

Rest – Carte 45/67 € ♀

◆ Chaises en velours jaune, murs clairs, stores en bois et grands miroirs caractérisent la salle à manger-véranda de ce restaurant dédié aux produits de la mer. Vins choisis.

XX **L'Acajou** AC VISA MC AE

35bis r. La Fontaine ✉ 75016 Ⓜ Jasmin – ✆ 01 42 88 04 47 – Fax 01 42 88 95 12
– Fermé août, sam. midi et dim. K 5

Rest – Menu (28 €), 35/40 € bc – Carte 50/68 € ♀

◆ Cuisine au goût du jour bien ficelée, décor moderne préservant d'anciennes boiseries et accueil convivial : l'ex-Fontaine d'Auteuil a bénéficié d'un sérieux coup de jeune.

XX **Le Vinci** AC (soir) VISA MC AE

23 r. P. Valéry ✉ 75116 Ⓜ Victor Hugo – ✆ 01 45 01 68 18 – levinci@wanadoo.fr
– Fax 01 45 01 60 37 – Fermé 28 juil.-26 août, sam. et dim. F 7

Rest – Carte 47/63 € ♀

◆ Goûteuse cuisine italienne, sympathique intérieur coloré et service aimable : un petit établissement très prisé à deux pas de la commerçante et huppée avenue Victor-Hugo.

Essaouira

135 r. Ranelagh ✉ 75016 Ⓜ Ranelagh – ✆ 01 45 27 99 93 – Fax 01 45 27 56 36 – Fermé août, lundi midi et dim. J 4

Rest – Menu 15 € (déj. en sem.) – Carte 35/47 € ♀

◆ L'ancienne Modagor a prêté son nom à ce restaurant marocain décoré d'une fontaine en mosaïque, de tapis et d'objets artisanaux. Couscous, tajines et méchoui comme là-bas !

Chez Géraud

31 r. Vital ✉ 75016 Ⓜ La Muette – ✆ 01 45 20 33 00 – Fax 01 45 20 46 60 – Fermé 28 juil.-28 août, 25 déc.-2 janv., sam. et dim. H 5

Rest – Menu 30 € – Carte 50/72 € ♀

◆ La façade, puis la fresque intérieure, toutes deux en faïence de Longwy, attirent l'œil. Cadre de bistrot chic assorti à une cuisine privilégiant le gibier en saison.

La Butte Chaillot

110 bis av. Kléber ✉ 75116 Ⓜ Trocadéro – ✆ 01 47 27 88 88 – buttechaillot@guysavoy.com – Fax 01 47 27 41 46 – Fermé 6-26 août et sam. midi d'avril à sept. G 7

Rest – Menu 33/50 € – Carte 37/57 € ♀

◆ Près du palais de Chaillot, restaurant de type bistrot version 21e s. : décor contemporain couleur cuivre, mobilier moderne et cuisine au goût du jour.

6 New-York

6 av. New-York ✉ 75016 Ⓜ Alma Marceau – ✆ 01 40 70 03 30 – 6newyork@wanadoo.fr – Fax 01 40 70 04 77 – Fermé août, sam. midi et dim. H 8

Rest – Menu 30 € – Carte 48/58 € ♀

◆ Si l'enseigne vous renseigne sur l'adresse, elle ne vous dit pas que ce bistrot chic concocte une cuisine en parfaite harmonie avec le cadre : résolument moderne et épurée.

A et M Restaurant

136 bd Murat ✉ 75016 Ⓜ Porte de St-Cloud – ✆ 01 45 27 39 60 – am-bistrot-16@wanadoo.fr – Fax 01 45 27 69 71 – Fermé août, sam. midi et dim. M 3

Rest – Menu 30 € – Carte 29/49 € ♀

◆ Restaurant contemporain "tendance", situé à deux pas de la Seine : sobriété du décor aux tons crème et havane, éclairage design et cuisine au goût du jour soignée.

Le Petit Pergolèse

38 r. Pergolèse ✉ 75016 Ⓜ Porte Maillot – ✆ 01 45 00 23 66 – Fax 01 45 00 44 03 – Fermé août, sam. et dim. F 6

Rest – Carte 31/61 € ♀

◆ On mange un peu au coude à coude dans ce bistrot chic du 16e arrondissement. Décor contemporain, cuisine visible de tous et répertoire culinaire dans l'air du temps.

Table Lauriston

129 r. Lauriston ✉ 75016 Ⓜ Trocadéro – ✆ 01 47 27 00 07 – Fax 01 47 27 00 07 – Fermé 4-28 août, sam. midi et dim. G 6

Rest – Carte 39/63 € ♀

◆ Cette table des beaux quartiers mise sur la simplicité et la qualité : une belle cuisine traditionnelle à déguster avec bonne humeur dans un décor de bistrot actuel.

Rosimar

26 r. Poussin ✉ 75016 Ⓜ Michel Ange Auteuil – ✆ 01 45 27 74 91 – Fax 01 45 20 75 05 – Fermé août, 24-31 déc., sam., dim. et fériés K 3

Rest – Menu 32/34 € bc ♀

◆ Cette salle à manger agrandie de miroirs contient toutes les saveurs de l'Espagne traditionnelle. "Hombre" ! Une sympathique petite affaire familiale !

Oscar

6 r. Chaillot ✉ 75016 Ⓜ Iéna – ✆ 01 47 20 26 92 – Fax 01 47 20 27 93 – Fermé 6-19 août, sam. midi et dim. G 8

Rest – Menu 21 € – Carte 30/46 € ♀

◆ Discrète façade, tables serrées, ardoise de suggestions du jour : le degré zéro du marketing et pourtant le "cœur de cible" de ce bistrot s'étend bien au-delà du quartier !

au Bois de Boulogne – ✉ 75016

XXXX ✿✿✿ **Pré Catelan**

rte Suresnes – ☎ 01 44 14 41 14 – leprecatelan-restaurant@lenotre.fr – Fax 01 45 24 43 25 – Fermé 28 oct.-6 nov., 17 fév.-11 mars, dim. sauf le midi de mai à oct. et lundi H 2

Rest – Menu 75 € (déj. en sem.), 140/180 € – Carte 151/200 €

Spéc. La tomate. La langoustine. Le café "expresso".

◆ Sur des bases classiques magnifiant le produit, une cuisine inventive parfaitement accomplie. Au cœur du bois, un élégant pavillon Napoléon III, magnifique écrin pour ces réalisations gourmandes.

XXXX ✿ **Grande Cascade** 6/47

allée de Longchamp – ☎ 01 45 27 33 51 – grandecascade@wanadoo.fr – Fax 01 42 88 99 06 – Fermé vacances de fév.

Rest – Menu 70/165 € – Carte 130/170 €

Spéc. Fleurs de courgette ivres de girolles, coques et couteaux (15 juin au 30 sept.). Homard de Nouvelle-Ecosse façon newburg (juin à sept.). Pomme de ris de veau cuite lentement, olives, câpres et croûtons frits.

◆ Un des paradis de la capitale, au pied de la Grande Cascade (10 m !) du bois de Boulogne. Cuisine raffinée, servie dans le beau pavillon 1850 ou sur l'exquise terrasse.

S. Sauvignier/MICHELIN

Palais des Congrès, Wagram, Ternes, Batignolles

17e arrondissement ✉ 75017

Méridien Étoile ch, ch, 10/800

81 bd Gouvion St-Cyr Ⓜ Neuilly-Porte Maillot – ☎ 01 40 68 34 34 – guest.etoile@lemeridien.com – Fax 01 40 68 31 31 E 6

1008 ch – 225/450 € 225/450 €, 25 € – 17 suites

Rest *L'Orenoc* – *☎ 01 40 68 30 40 (fermé 24 juil.-24 août, 24-31 déc., dim. et lundi)* Menu 38 € – Carte 56/74 €

Rest *La Terrasse du Jazz* – *☎ 01 40 68 30 85 (fermé vacances de Pâques, 1er-23 juil., vend. et sam.) (déj. seult.)* Menu 40 € (buffet)

◆ Gigantesque hôtel comprenant un club de jazz, un bar, des boutiques et un luxueux centre de conférences. Granit noir et camaïeu de beige dans les chambres contemporaines. Cuisine actuelle et chaleureux décor colonial à l'Orenoc. Carte simple et buffets à la Terrasse.

Concorde La Fayette ch, 10/1200

3 pl. Gén. Koenig Ⓜ Porte Maillot – ☎ 01 40 68 50 68 – booking@concorde-hotels.com – Fax 01 40 68 50 43 E 6

931 ch – 160/450 € 160/450 €, 25 € – 19 suites

Rest *La Fayette* – *☎ 01 40 68 51 19* – Menu 38/71 € bc (week-ends) – Carte 47/72 €

◆ Intégrée au palais des congrès, cette tour de 33 étages offre une vue imprenable sur Paris depuis la plupart des chambres, spacieuses et confortables, et le bar panoramique. Repas servis sous forme de buffets à volonté au restaurant La Fayette.

Splendid Étoile ch, ch, 20, VISA

1bis av. Carnot Ⓜ Charles de Gaulle-Etoile – ☎ 01 45 72 72 00 – hotel@hsplendid.com – Fax 01 45 72 72 01 F 7

50 ch – †270 € ††270 €, ☕ 19 € – 7 suites

Rest *Le Pré Carré* – *☎ 01 46 22 57 35 (fermé sam. midi et dim.)* Menu 34 € (dîner) – Carte 34/69 €

◆ Belle façade classique agrémentée de balcons ouvragés. Grandes chambres de caractère, meublées Louis XV ; certaines regardent l'Arc de Triomphe. Deux miroirs reflètent à l'infini l'élégant décor du restaurant : boiseries sombres, lumières tamisées et orchidées.

Ampère ch, ch, 25/60, VISA

102 av. Villiers Ⓜ Pereire – ☎ 01 44 29 17 17 – resa@hotelampere.com – Fax 01 44 29 16 50 D 8

96 ch – †200/530 € ††200/530 €, ☕ 16 €

Rest *Le Jardin d'Ampère* – *☎ 01 44 29 16 54 (fermé 31 juil.-19 août et dim. soir)* Menu (30 €), 34 € – Carte environ 53 €

◆ Confortable piano-bar ouvert sur la verdure, connexion wi-fi et douillettes chambres contemporaines en partie tournées vers la cour intérieure composent un hôtel bien agréable. Cadre soigné et jolie terrasse au Jardin d'Ampère ; dîners-concerts aux beaux jours.

Balmoral sans rest VISA

6 r. Gén. Lanrezac Ⓜ Charles de Gaulle-Etoile – ☎ 01 43 80 30 50 – hotel@hotelbalmoral.fr – Fax 01 43 80 51 56 E 7

57 ch – †125/135 € ††145/175 €, ☕ 10 €

◆ Accueil personnalisé et calme ambiant caractérisent cet hôtel ancien (1911) situé à deux pas de l'Étoile. Chambres aux couleurs vives ; élégantes boiseries dans le salon.

Regent's Garden sans rest P VISA

6 r. P. Demours Ⓜ Ternes – ☎ 01 45 74 07 30 – Fax 01 40 55 01 42 E 7

40 ch – †109/279 € ††109/279 €, ☕ 13 €

◆ Hôtel particulier, commande de Napoléon III pour son médecin, séduisant par son raffinement. Vastes chambres de style, donnant parfois sur le jardin, très agréable l'été.

Novotel Porte d'Asnières ch, ch, rest, 10/40, VISA

34 av. Porte d'Asnières Ⓜ Pereire – ☎ 01 44 40 52 52 – h4987@accor.com – Fax 01 44 40 44 23 C 9

139 ch – †156/186 € ††166/196 €, ☕ 15 € – **Rest** – Menu (24 €) – Carte 26/37 €

◆ Architecture moderne proche du périphérique, mais très bien insonorisée. À partir du 7e étage, les chambres profitent de la vue sur les toits parisiens. Salle de restaurant au décor contemporain où l'on propose des recettes de type brasserie.

Banville sans rest VISA

166 bd Berthier Ⓜ Porte de Champerret – ☎ 01 42 67 70 16 – info@hotelbanville.fr – Fax 01 44 40 42 77 D 8

38 ch – †150/270 € ††150/380 €, ☕ 18 €

◆ Immeuble de 1926 aménagé avec beaucoup de goût. Élégants salons, chambres personnalisées et particulièrement raffinées (influences provençales) ; soirée "live music" le mardi.

Villa Alessandra sans rest 15, VISA

9 pl. Boulnois Ⓜ Ternes – ☎ 01 56 33 24 24 – alessandra@leshoteldeparis.com – Fax 01 56 33 24 30 E 8

49 ch – †244/289 € ††314/483 €, ☕ 20 €

◆ Cet hôtel des Ternes bordant une ravissante placette retirée est apprécié pour sa tranquillité. Chambres aux couleurs du Sud, avec lits en fer forgé et meubles en bois peint.

Waldorf Arc de Triomphe sans rest VISA

36 r. Pierre Demours Ⓜ Ternes – ☎ 01 47 64 67 67 – arc@hotelswaldorfparis.com – Fax 01 40 53 91 34 D 8

45 ch – †340/430 € ††370/460 €, ☕ 20 €

◆ Chambres contemporaines et feutrées, joliment refaites, beau fitness, petite piscine avec sauna et hammam : détente assurée après une journée de visite ou de travail.

Amarante Arc de Triomphe sans re...
25 r. Th.-de-Banville Ⓜ *Pereire – ✆ 01 47 63 76 69 – amarante-arcdetric... – Fax 01 43 80 63 96*
50 ch – †160/240 € ††180/280 €, ☕ 22...
◆ Cet hôtel abrite des chambres de style Direc... Elles sont mansardées au dernier étage ; certain...

Princesse Caroline sans rest
1bis r. Troyon Ⓜ *Charles de Gaulle-Etoile – ✆ 01... hotelprincessecaroline.fr – Fax 01 42 27 49 53*
53 ch – †155/215 € ††155/215 €, ☕ 15 €
◆ Dans une ruelle voisine de l'Étoile, cet établissem... Murat, sœur de Napoléon Ier. Chambres bourgeoises, lumin... cour.

Champerret Élysées sans rest
129 av. Villiers Ⓜ *Porte de Champerret – ✆ 01 47 64 44 00... champerret-elysees.fr – Fax 01 47 63 10 58*
45 ch – †91/140 € ††91/140 €, ☕ 15 €
◆ Les internautes apprécieront les chambres colorées (plus... de ce "cyberhôtel" : ADSL, système wi-fi, double ligne téléphoni... disposition.

Magellan sans rest
17 r. J B Dumas Ⓜ *Porte de Champerret – ✆ 01 45 72 44 51 – paris@... hotelmagellan.com – Fax 01 40 68 90 36*
72 ch – †136 € ††142 €, ☕ 13 €
◆ Chambres fonctionnelles et spacieuses, aménagées dans un bel imm... et son petit pavillon au fond du jardinet où l'on petit-déjeune en été. Salon d... déco.

Mercure Wagram Arc de Triomphe sans rest
3 r. Brey Ⓜ *Charles de Gaulle-Etoile – ✆ 01 56 68 00 01 – h2053@accor.com – Fax 01 56 68 00 02*
43 ch – †120/230 € ††120/240 €, ☕ 14 € E 8
◆ Entre l'Étoile et les Ternes, chaleureuse réception et petites chambres douillettes habillées de tissus chatoyants et de boiseries claires évoquant l'univers marin.

Tilsitt Étoile sans rest
23 r. Brey Ⓜ *Charles de Gaulle-Etoile – ✆ 01 43 80 39 71 – info@tilsitt.com – Fax 01 47 66 37 63*
38 ch – †125/139 € ††139/155 €, ☕ 12 € E 8
◆ Mignonnes chambres "cosy" (quelques terrassettes), plaisante salle des petits-déjeuners et salon-bar design... Le tout dans une rue calme du quartier de l'Étoile.

Monceau Élysées sans rest
108 r. Courcelles Ⓜ *Courcelles – ✆ 01 47 63 33 08 – monceau-elysees@wanadoo.fr – Fax 01 46 22 87 39*
29 ch – †135/158 € ††158/210 €, ☕ 10 € E 9
◆ Près du parc Monceau, cet hôtel propose des chambres personnalisées (couleur saumon et tissus imprimés ou style plus actuel). Petits-déjeuners sous une voûte en pierres.

Guy Savoy
18 r. Troyon Ⓜ *Charles de Gaulle-Etoile – ✆ 01 43 80 40 61 – reserv@guysavoy.com – Fax 01 46 22 43 09 – Fermé août, 24 déc.-2 janv., sam. midi, dim. et lundi*
Rest – Menu 230/285 € – Carte 112/223 € E 8
Spéc. Soupe d'artichaut à la truffe noire, brioche feuilletée aux champignons et truffes. "Côte" de gros turbot à l'oeuf en salade et soupe. Ris de veau rissolés, "petits chaussons" de pommes de terre et truffes.
◆ Verre, cuir et wengé, œuvres signées des grands noms de l'art contemporain, sculptures africaines, cuisine raffinée et inventive : "l'auberge du 21e s." par excellence.

Rostang — AC 6/20, VISA MC AE
nequin Ternes – 01 47 63 40 77 – rostang@relaischateaux.com
47 63 82 75 – Fermé 1er-21 août, lundi midi, sam. midi et dim. D 8
Menu 70 € (déj.)/175 € – Carte 124/202 €
"Menu truffes" (15 déc. au 15 mars). Foie gras chaud de canard rôti d'une fine
de sésame dorée. Canette au sang servie saignante en deux services.
series, figurines de Robj, œuvres de Lalique et vitrail Art déco composent ce décor à
luxueux et insolite. Belle cuisine maîtrisée et magnifique carte des vins.

rmani — AC 5/15, VISA MC AE
Gén. Lanrezac Charles de Gaulle-Etoile – 01 43 80 13 91 – sasormani@wanadoo.fr – Fax 01 40 55 07 37 – Fermé 4-20 août, sam., dim. et fériés E 7
st – Menu 44 € (déj.), 75/150 € bc – Carte 53/176 €
Charme latin dans ce restaurant proche de la place de l'Étoile : couleurs rouges dominantes, lustres de Murano, ambiance "dolce vita" et cuisine italienne.

Pétrus — AC 15, VISA MC AE
12 pl. Mar. Juin Pereire – 01 43 80 15 95 – Fax 01 47 66 49 86 – Fermé 5-21 août D 8
Rest – Carte 34/65 €
◆ Exit la pêche du jour, place à la modernité : nouveau cadre épuré toujours aussi soigné, service particulièrement attentif et saveurs actuelles sur fond de répertoire classique.

La Braisière (Faussat) — AC VISA MC AE
54 r. Cardinet Malesherbes – 01 47 63 40 37 – labraisiere@free.fr D 9
– Fax 01 47 63 04 76 – Fermé août, 1er-8 janv., sam. midi et dim.
Rest – Menu 33 € (déj.) – Carte 50/58 €
Spéc. Gâteau de pommes de terre au foie gras. Gibier (oct. à janv.). Tarte mirliton aux fruits de saison.
◆ Confortable salle à manger moderne, sobre et de bon goût. La carte a une jolie pointe d'accent du Sud-Ouest, même si elle évolue au gré du marché et selon l'inspiration du chef.

XX **Dessirier** — AC VISA MC AE
9 pl. Mar. Juin Pereire – 01 42 27 82 14 – dessirier@michelrostang.com D 8
– Fax 01 47 66 82 07 – Fermé 13-19 août
Rest – Carte 51/90 €
◆ L'un des six "bistrots" de Michel Rostang. Le beau banc d'écailler rappelle la vocation marine de la carte, l'intérieur façon brasserie est élégant et l'ambiance pleine de vie.

XX **Timgad** — AC VISA MC AE
21 r. Brunel Argentine – 01 45 74 23 70 – contact@timgad.fr E 7
– Fax 01 40 68 76 46
Rest – Menu 45/60 € bc – Carte 38/71 €
◆ Retrouvez un peu de la splendeur passée de la cité de Timgad : le décor mauresque raffiné des salles fut réalisé par des stucateurs marocains. Cuisine parfumée du Maghreb.

XX **Graindorge** — VISA MC AE
15 r. Arc de Triomphe Charles de Gaulle-Etoile – 01 47 54 00 28 – le.graindorge@wanadoo.fr – Fax 01 47 54 00 28 – Fermé 1er-15 août, sam. midi et dim. E 7
Rest – Menu (24 €), 28 € (déj. en sem.)/32 € – Carte 43/56 €
◆ Sélection de bières ou carte des vins, généreuse cuisine flamande ou attrayants plats du marché : à vous de choisir selon l'humeur du jour ! Joli cadre Art déco.

XX **Meating** — VISA MC AE
122 av. de Villiers Pereire – 01 43 80 10 10 – chezmichelpereire@wanadoo.fr D 8
– Fax 01 43 80 31 42
Rest – Carte 33/84 €
◆ Dans le décor branché de ce "steackhouse" des quartiers chics, le chef américain sélectionne de belles viandes et les cuit "au degré près". Recettes classiques également.

XX **L'Atelier Gourmand** — AC 10, VISA MC AE
20 r. de Tocqueville Villiers – 01 42 27 03 71 – Fax 01 42 27 03 71 – Fermé 14-20 mai, 1er-21 août, sam. sauf le soir du 15 sept. au 15 juin et dim. D 10
Rest – Menu (29 €), 36 €
◆ Tons orange et vert, bibelots anciens et toiles modernes composent l'étonnant décor italianisant de cet ex-atelier de peintre (19e s.). Cuisine classique bien interprétée.

Ballon des Ternes
15, VISA MC AE

103 av. Ternes Ⓜ Porte Maillot – ✆ 01 45 74 17 98 – leballondesternes@fr.oleane.com – Fax 01 45 72 18 84 – Fermé 1er-21 août E 6

Rest – Carte 36/63 €

◆ Non, vous n'avez pas trop bu de "ballons" ! La table dressée à l'envers au plafond fait partie du plaisant décor 1900 de cette brasserie voisine du Palais des Congrès.

Chez Léon
15, VISA MC AE

32 r. Legendre Ⓜ Villiers – ✆ 01 42 27 06 82 – chezleon32@wanadoo.fr – Fax 01 46 22 63 67 – Fermé 30 juil.-24 août, 24-31 déc., sam. et dim.

Rest – Menu 26 € – Carte 28/52 € D 10

◆ "Le" bistrot des Batignolles, plébiscité depuis de nombreuses années par une cohorte de fidèles. Cuisine traditionnelle soignée servie dans trois salles, dont une à l'étage.

La Maison de Charly
AC VISA MC AE

97 bd Gouvion-St-Cyr Ⓜ Porte Maillot – ✆ 01 45 74 34 62 – Fax 01 45 74 35 36 – Fermé août et lundi E 6

Rest – Menu (33 €), 42 €

◆ Façade ocre devancée d'oliviers, élégant décor mauresque, palmier sous verrière et trio couscous-tajines-pastillas sérieusement exécuté : une sympathique parenthèse orientale.

Caïus
AC VISA MC AE

6 r. d'Armaillé Ⓜ Charles de Gaulle-Etoile – ✆ 01 42 27 19 20 – Fax 01 40 55 00 93 E 7

Rest – Menu 38 €

◆ Chaque jour, le chef de ce beau bistrot inscrit sur la monumentale ardoise de nouvelles recettes personnalisées à l'aide d'épices ou de produits "oubliés". Décor moderne épuré.

Bath's
AC VISA MC AE

25 r. Bayen Ⓜ Ternes – ✆ 01 45 74 74 74 – contact@baths.fr – Fax 01 45 74 71 15 – Fermé août, dim. et fériés FG

Rest – Menu 25 € (déj.) – Carte 40/60 €

Spéc. Cassolette d'œufs brouillés. Tatin de pieds de porcs. Riz au lait.

◆ Sculptures du patron et tableaux contemporains ponctuent le cadre actuel de ce restaurant où dominent les tons orange et noir. Goûteuse cuisine du marché.

Montefiori
AC VISA MC AE

19 r. de l'Etoile Ⓜ Charles de Gaulle-Étoile – ✆ 01 55 37 90 00 – montesiori@wanadoo.fr – Fermé 1er-20 août, 24 déc.-1er janv., dim. et lundi E 8

Rest – Menu (17 €), 22 € (déj. en sem.) – Carte 31/66 €

◆ Rendez-vous dans cette ancienne boulangerie à la façade classée pour déguster, dans un décor contemporain rouge et vert, des spécialités italiennes de qualité.

La Soupière
AC VISA MC AE

154 av. de Wagram Ⓜ Wagram – ✆ 01 42 27 00 73 – Fax 01 46 22 27 09 – Fermé 1er-19 août, sam. midi et dim. D 9

Rest – Menu 32/60 € – Carte 36/57 €

◆ On soulèverait le couvercle de cette "Soupière" rien que pour son menu "champignons" (en saison) et son accueil attentionné. Carte classique sur fond de jardin en trompe-l'œil.

Table des Oliviers
AC 10/20, VISA MC

38 r. Laugier Ⓜ Pereire – ✆ 01 47 63 85 51 – latabledesoliviers@wanadoo.fr – Fax 01 47 63 85 81 – Fermé 26 fév.-3 mars, 30 juil.-20 août, lundi midi, sam. midi et dim. D 7-8

Rest – Menu (22 €), 30 € – Carte 48/53 €

◆ Socca le jeudi, bouillabaisse le vendredi, etc. : ici, la cuisine provençale a le goût de l'huile d'olive et du basilic... Peuchère, il ne manque plus que le chant des cigales !

Bistrot de l'Étoile Niel
VISA MC AE

75 av. Niel Ⓜ Pereire – ✆ 01 42 27 88 44 – gensdarmesb@aol.com – Fax 01 42 27 32 12 – Fermé sam. midi et dim. D 8

Rest – Menu (25 €), 29 € (déj. en sem.) – Carte 31/48 €

◆ Un bistrot moderne à la fois chic et chaleureux. La cuisine est orientée produits de la mer et panache influences bourgeoises, touches modernes et notes épicées.

Le Café d'Angel
AC VISA MC

16 r. Brey Ⓜ Charles de Gaulle-Etoile – ✆ 01 47 54 03 33 – Fax 01 47 54 03 33 – Fermé 30 juil.-20 août, 24 déc.-6 janv., sam., dim. et fériés E 8

Rest – Menu 20/24 € – Carte 40/48 €

◆ Cette petite adresse a la nostalgie des bistrots parisiens d'antan : intérieur "rétro" avec banquettes en skaï, faïences aux murs et plats traditionnels énoncés sur ardoise.

Caves Petrissans
VISA MC AE

30 bis av. Niel Ⓜ Pereire – ✆ 01 42 27 52 03 – cavespetrissans@noos.fr – Fax 01 40 54 87 56 – Fermé 28 juil.-27 août, sam., dim. et fériés D 8

Rest – *(prévenir)* Menu (29 €), 34 € – Carte 38/55 €

◆ Céline, Abel Gance et Roland Dorgelès fréquentaient ces caves plus que centenaires, à la fois boutique de vins et restaurant. Cuisine "bistrotière" bien ficelée. Ambiance animée.

Le Clou
VISA MC AE

132 r. Cardinet Ⓜ Malesherbes – ✆ 01 42 27 36 78 – le.clou@wanadoo.fr – Fax 01 42 27 89 96 – Fermé 13-26 août et dim. C 10

Rest – Menu 21 € (déj. en sem.), 28/32 €

◆ Ce bistrot de quartier concilie convivialité et raffinement : tables à touche-touche, service voiturier et vins prestigieux. franches recettes du terroir (poitevin notamment), service voiturier et vins prestigieux.

Paris XVII
VISA MC

41 r. Guersant Ⓜ Porte Maillot – ✆ 01 45 74 75 27 – Fermé 17-23 avril, 31 juil.-20 août, 25 déc.-1er janv., dim. et lundi D 7

Rest – Menu 20 € bc/30 € bc – Carte 20/31 €

◆ La cuisine "bistrotière" du chef, mitonnée en fonction du marché, est suggérée sur ardoise. Un modeste restaurant familial fort éloigné de la "branchitude" parisienne...

L'Huîtrier
AC VISA MC AE

16 r. Saussier-Leroy Ⓜ Ternes – ✆ 01 40 54 83 44 – Fax 01 40 54 83 86 – Fermé dim. de juin à août, dim. soir en sept. et lundi E 8

Rest – Carte 29/69 €

◆ À l'entrée, le banc d'écailler vous mettra l'eau à la bouche. Vous dégusterez là huîtres et fruits de mer, au coude à coude, dans une salle à manger sagement contemporaine.

L'Entredgeu
VISA MC

83 r. Laugier Ⓜ Porte de Champerret – ✆ 01 40 54 97 24 – Fax 01 40 54 96 62 – Fermé 1er-22 août, 24 déc.-1er janv., dim. et lundi D 7

Rest – Menu 22 € (déj. en sem.)/30 €

◆ Accueil souriant, décor aux accents du Sud-Ouest, ambiance animée, menu sur ardoise et cuisine du marché : entraînez-vous à prononcer son nom, l'Entredgeu en vaut la peine !

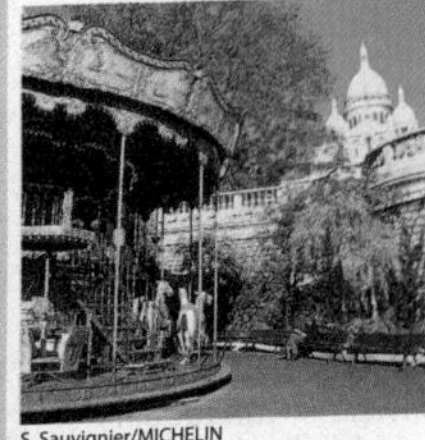

S. Sauvignier/MICHELIN

Montmartre, Pigalle

18e arrondissement
✉ 75018

Terrass'Hôtel
AC ch, 25/100, VISA MC AE

12 r. J. de Maistre Ⓜ Place de Clichy – ✆ 01 46 06 72 85 – reservation@terrass-hotel.com – Fax 01 42 52 29 11 C 13

85 ch – 260/290 € 295/340 €, 19 € – 15 suites

Rest *Le Diapason* – ✆ *01 44 92 34 00 (fermé sam. midi et dim. soir)* Menu 29 € (déj.)/55 € bc (dîner) – Carte 43/64 €

◆ Au pied du Sacré-Cœur. Vue imprenable sur Paris depuis les chambres des étages supérieurs, côté rue. Intérieur soigné et chaleureux ; salon doté d'une belle cheminée. Décor contemporain épuré (tons sable, gris et noir) au Diapason doté d'un espace spécialement dédié au vin.

Kube sans rest
1 passage Ruelle Ⓜ La Chapelle – ✆ 01 42 05 20 00 – paris@kubehotel.com – Fax 01 42 05 21 01 C16
41 ch – 🚹250 € 🚹🚹300/750 €, ☕ 25 €
◆ La façade du 19e s. dissimule un hôtel du 21e s. résolument design et high-tech. Le bar entièrement construit en glace (-5°) constitue une expérience insolite, à ne surtout pas rater!

Relais Montmartre sans rest
6 r. Constance Ⓜ Abbesses – ✆ 01 70 64 25 25 – contact@relaismontmartre.fr – Fax 01 70 64 25 00 D 13
26 ch – 🚹150/190 € 🚹🚹150/190 €, ☕ 12 €
◆ À proximité de Pigalle, retrouvez le charme - inattendu dans ce quartier très vivant - d'une demeure villageoise et paisible. Coquet décor classique et équipements modernes.

Mercure Montmartre sans rest
3 r. Caulaincourt Ⓜ Place de Clichy – ✆ 01 44 69 70 70 – h0373@accor.com – Fax 01 44 69 70 71 20/70, D 12
305 ch – 🚹141/198 € 🚹🚹151/216 €, ☕ 14 €
◆ Hôtel à deux pas du célèbre bal du Moulin-Rouge. Préférez l'une des chambres logées aux trois derniers étages de l'hôtel pour profiter de la vue sur les toits de "Paname".

Holiday Inn Garden Court Montmartre sans rest
23 r. Damrémont Ⓜ Lamarck Caulaincourt – ✆ 01 44 92 33 40 – hiparmm@aol.com – Fax 01 44 92 09 30 20, C 13
54 ch – 🚹130/170 € 🚹🚹150/190 €, ☕ 13 €
◆ Dans une rue montmartroise pentue, bâtiment récent abritant des chambres fraîches et fonctionnelles. Salle des petits-déjeuners ornée d'un joli trompe-l'œil.

Timhotel sans rest
11 r. Ravignan Ⓜ Abbesses – ✆ 01 42 55 74 79 – montmartre.manager@timhotel.fr – Fax 01 42 55 71 01 D 13
59 ch – 🚹75/160 € 🚹🚹75/160 €, ☕ 8,50 €
◆ Sur l'une des plus charmantes places du quartier, hôtel coquettement rénové. Les chambres des 5e et 6e étages offrent une vue imprenable sur la capitale.

Roma Sacré Coeur sans rest
101 r. Caulaincourt Ⓜ Lamarck Caulaincourt – ✆ 01 42 62 02 02 – hotel.roma@wanadoo.fr – Fax 01 42 54 34 92 C 14
57 ch – 🚹75/95 € 🚹🚹85/110 €, ☕ 7,50 €
◆ Tout le charme de Montmartre : un jardin sur le devant, des escaliers sur le côté et le Sacré-Cœur au-dessus ! Des couleurs vives égaient les chambres rajeunies.

Damrémont sans rest
110 r. Damrémont Ⓜ Jules Joffrin – ✆ 01 42 64 25 75 – hotel.damremont@wanadoo.fr – Fax 01 46 06 74 64 – **35 ch** – 🚹60/85 € 🚹🚹65/95 €, ☕ 7 € B 13
◆ Près de Montmartre, chambres fonctionnelles plus calmes côté cour, pas très spacieuses, mais régulièrement entretenues et plutôt gaies. Petit salon.

A Beauvilliers
10/15,
52 r. Lamarck Ⓜ Lamarck Caulaincourt – ✆ 01 42 55 05 42 – Fermé dim. et lundi
Rest – Menu (25 €), 35 € (déj.), 45/63 € – Carte 61/74 € C 14
◆ Un nouveau chef est à la tête de cette institution montmartroise. Cuisine au goût du jour personnalisée et élégant décor bourgeois. Plaisante terrasse pour les beaux jours.

Le Cottage Marcadet
151 bis r. Marcadet Ⓜ Lamarck Caulaincourt – ✆ 01 42 57 71 22 – contact@cottagemarcadet.com – Fermé août, dim. et dim.
Rest – Menu (28 €), 35/100 € – Carte 57/89 € C 13
◆ Changement de chef pour ce restaurant proposant désormais une carte bien dans l'air du temps. Salle à manger rafraîchie, dotée d'un mobilier de style Louis XVI.

Le Moulin de la Galette
83 r. Lepic Ⓜ Abbesses – ✆ 01 46 06 84 77 – moulindelagalette@yahoo.fr – Fax 01 46 06 84 78
Rest – Menu 33 € bc/60 € – Carte 38/57 € C 13
◆ Moulin dès 1622, puis bal populaire peint par Renoir et Toulouse-Lautrec, chanté par Lucienne Delyle, c'est aujourd'hui un plaisant restaurant doté d'une charmante terrasse.

XX **Au Clair de la Lune** VISA AE

9 r. Poulbot Ⓜ Abbesses – ☎ 01 42 58 97 03 – Fax 01 42 55 64 74 – Fermé 19 août-16 sept., lundi midi et dim. D 14

Rest – Menu 30 € – Carte 37/67 €

◆ L'ami Pierrot vous ouvre la porte de son auberge située juste derrière la place du Tertre. Ambiance conviviale sur fond de fresques représentant le vieux Montmartre.

X **L'Oriental** VISA

76 r. Martyrs Ⓜ Pigalle – ☎ 01 42 64 39 80 – Fax 01 42 64 39 80 D 13-D4

Rest – Menu 14,50 € bc (déj. en sem.)/34 € – Carte 27/39 €

◆ Accueil tout sourire et joli cadre orientalisant (tables garnies de zelliges et moucharabiehs) en ce restaurant nord-africain au cœur de l'animation cosmopolite de Pigalle.

X **L'Étrier** AC VISA

154 r. Lamarck Ⓜ Guy Môquet – ☎ 01 42 29 14 01 – Fax 01 46 27 19 15 – Fermé 6-26 août, 1er-7 janv., dim. et lundi C 12

Rest – Menu (18 €), 20 € (déj. en sem.), 35/48 € – Carte 25/50 € ♀

◆ Atmosphère de bistrot (comptoir, tables proches) dans ce restaurant de poche où les patrons renouvellent régulièrement les plats, traditionnels et inscrits sur une ardoise.

Ph. Gajic/MICHELIN

La Villette-Cité des Sciences, Buttes Chaumont

19e arrondissement ✉ 75019

Holiday Inn ch, AC ch, 15/140, P VISA AE

216 av. J. Jaurès Ⓜ Porte de Pantin – ☎ 01 44 84 18 18 – hilavillette@alliance-hospitality.com – Fax 01 44 84 18 20 C 21

182 ch – †205/400 € ††250/480 €, ☕ 17 € – **Rest** – *(fermé sam., dim. et fériés)* Menu (16 €), 26 € (déj.)/27 € (dîner) – Carte 21/50 € ♀

◆ Construction moderne face à la Cité de la Musique. Les chambres, spacieuses et insonorisées, offrent un confort actuel. Station de métro à quelques mètres. Sobre salle à manger de style brasserie et petite terrasse isolée de la rue par un rideau de verdure.

Laumière sans rest VISA

4 r. Petit Ⓜ Laumière – ☎ 01 42 06 10 77 – lelaumiere@wanadoo.fr – Fax 01 42 06 72 50 D 19

54 ch – †56/68 € ††57/76 €, ☕ 8 €

◆ En manque d'espaces verts ? Cet hôtel qui a bénéficié d'une cure de jouvence, vous invite à profiter de son riant jardinet et du parc des Buttes-Chaumont tout proche.

Abricôtel sans rest VISA AE

15 r. Lally Tollendal Ⓜ Jaurès – ☎ 01 42 08 34 49 – abricotel@wanadoo.fr – Fax 01 42 40 83 95 D 18

39 ch – †49/55 € ††55/65 €, ☕ 7 €

◆ Cette petite affaire familiale donnant sur une rue animée abrite des chambres simples et de faible ampleur, mais fonctionnelles et à prix sages.

Crimée sans rest AC VISA AE

188 r. Crimée Ⓜ Crimée – ☎ 01 40 36 75 29 – hotelcrimee19@wanadoo.fr – Fax 01 40 36 29 57 C 18

31 ch – †55/64 € ††60/68 €, ☕ 6,50 €

◆ Adresse située à 300 m du canal de l'Ourcq. Les chambres, bien insonorisées, climatisées et équipées d'un mobilier fonctionnel, sont parfois tournées sur un jardinet.

XX **Relais des Buttes** VISA

86 r. Compans Ⓜ Botzaris – ✆ 01 42 08 24 70 – Fax 01 42 03 20 44 – Fermé août, 24 déc.-3 janv., sam. midi et dim. E 20

Rest – Menu 34 € – Carte 43/57 €

◆ À deux pas du parc des Buttes-Chaumont. L'hiver, on apprécie la cheminée de la salle à manger, l'été, la paisible cour-terrasse et, toute l'année, les plats classiques.

X **La Cave Gourmande** AC VISA

10 r. Gén. Brunet Ⓜ Botzaris – ✆ 01 40 40 03 30 – lacavegourmande@wanadoo.fr – Fax 01 40 40 03 30 – Fermé 5-26 août, vacances de fév., sam. midi et dim. E 20

Rest – Menu (31 €), 36 €

◆ Ambiance conviviale, décor de casiers à bouteilles, tables en bois et plats du marché font bon ménage dans ce sympathique bistrot voisin du parc des Buttes-Chaumont.

X **L'Hermès** VISA

23 r. Mélingue Ⓜ Pyrénées – ✆ 01 42 39 94 70 – lhermes@wanadoo.fr – Fermé 8-16 avril, 5 août-4 sept., 25 fév.-3 mars, merc. midi, dim. et lundi F20

Rest – Menu 16 € (déj. en sem.)/30 € – Carte 32/52 €

◆ Délicieuse atmosphère provinciale (tons ocre, bois, nappage écossais) et généreuse cuisine bistrotière proposée à l'ardoise : une bonne petite adresse aux allures de guinguette.

X **La Violette** 6/10, VISA

11 av. Corentin Cariou Ⓜ Corentin Cariou – ✆ 01 40 35 20 45 – restolaviolette@free.fr – Fermé 14-20 mai, 6-12 août, 25 déc.-2 janv., sam. et dim. B19

Rest – *(nombre de couverts limité, prévenir)* Menu (17 €) – Carte 35/46 €

◆ Accueil aimable, convivialité, décor tendance (teintes noir et blanc, banquette violette, murs couverts de casiers à bouteilles) et goûteux petits plats dans l'air du temps.

S. Sauvignier/MICHELIN

Père Lachaise, Belleville

20e arrondissement ✉ 75020

Palma sans rest AC VISA AE

77 av. Gambetta Ⓜ Gambetta – ✆ 01 46 36 13 65 – hotel.palma@wanadoo.fr – Fax 01 46 36 03 27 G 21

32 ch – 59/67 € 68/75 €, 6 €

◆ Cet hôtel jouxte la place Gambetta et le célèbre cimetière du Père-Lachaise. Les chambres, petites et un brin désuètes, conservent leur style des années 1970.

XX **Les Allobroges** VISA AE

71 r. Grands-Champs Ⓜ Maraîchers – ✆ 01 43 73 40 00 – Fax 01 40 09 23 22 – Fermé 16-22 avril, août, 24 déc.-2 janv., dim., lundi et fériés K 22

Rest – Menu 21/34 €

◆ Sortez des "quartiers battus" pour découvrir ce sympathique restaurant proche de la porte de Montreuil. Décor à la fois sobre et coquet ; délicieuses recettes au goût du jour.

X **Le Bistrot des Soupirs "Chez les On"** VISA

49 r. Chine Ⓜ Gambetta – ✆ 01 44 62 93 31 – Fax 01 44 62 77 83 – Fermé 1er-6 mai, 30 juil.-19 août, 24 déc.-1er janv., dim. et lundi G 21

Rest – Menu (28 €), 35 € bc (déj.) – Carte 28/43 €

◆ Ce sympathique bistrot où trône un comptoir en chêne propose des petits plats "canailles" (gibier en saison) et une intéressante sélection de vins de propriétaires.

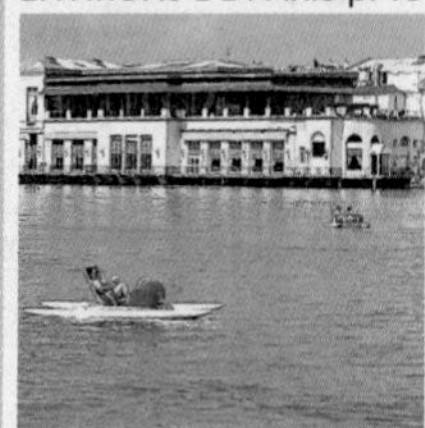
Ph. Gajic/MICHELIN

Environs de Paris

cartes 18-21

"40 km autour de Paris"

ALFORTVILLE – **94 Val-de-Marne** – **312** D3 – **101** 27 – **36 232 h.** – **alt. 32 m** – ✉ **94140** 21 **C2**

▶ Paris 9 – Créteil 6 – Maisons-Alfort 2 – Melun 40

Chinagora

ch, ch, 15/200, VISA MC AE

1 pl. du Confluent France-Chine – ✆ 01 43 53 58 88 – hotel@chinagora.fr – Fax 01 49 77 57 17

183 ch – †84 € ††92 €, ☐ 9 € – 4 suites – **Rest** – Menu (12 €) – Carte 16/102 €

◆ Où confluent la Chine et la France : complexe d'architecture "mandchoue" et chambres de style occidental, ouvrant presque toutes sur un jardin exotique. Grande galerie marchande. Restaurant proposant des spécialités coréennes.

ANTONY – **92 Hauts-de-Seine** – **311** J3 – **101** 25 – **59 855 h.** – **alt. 80 m** – ✉ **92160** 20 **B3**

▶ Paris 13 – Bagneux 6 – Corbeil-Essonnes 28 – Nanterre 23 – Versailles 16

ℹ Syndicat d'initiative, place Auguste Mounié ✆ 01 42 37 57 77, Fax 01 46 66 30 80

◉ Sceaux : parc★★ et musée de l'Île-de-France★ N : 4 km - Châtenay-Malabry : église St-Germain-l'Auxerrois★, Maison de Chateaubriand★ NO : 4 km, **Île de France.**

Alixia sans rest

20, P VISA MC AE

1 r. Providence – ✆ 01 46 74 92 92 – alixia-antony@netgdi.com – Fax 01 46 74 50 55

40 ch – †69/120 € ††69/127 €, ☐ 9 €

◆ Hôtel récent situé dans une rue tranquille. Les chambres sur l'arrière sont très calmes et bénéficient de la climatisation ; toutes sont aménagées avec soin.

XX L'Amandier

15, VISA MC

8 rue Église – ✆ 01 46 66 22 02 – colpart.eric@neuf.fr – Fermé août, sam. midi, dim. soir et lundi

Rest – Menu 39/55 € ♀

◆ Ce restaurant du vieil Antony abrite une spacieuse et confortable salle à manger mi-classique, mi-contemporaine. La carte, au goût du jour, est renouvelée régulièrement.

X Les Philosophes

VISA MC AE

53 av. Division Leclerc – ✆ 01 42 37 23 22 – Fermé août, sam. midi, dim. soir et lundi

Rest – Menu (16 €) – Carte 23/33 € ♀

◆ Une jeune équipe pleine d'allant vous accueille à cette table installée en bordure de la nationale. Cuisine réalisée selon le marché ; cadre actuel minimaliste et coloré.

X La Tour de Marrakech

VISA MC AE

72 av. Division Leclerc – ✆ 01 46 66 00 54 – Fax 01 46 66 12 99 – Fermé août et lundi

Rest – Menu 23 €

◆ Toute la magie du Maroc concentrée ici : du décor éminemment mauresque aux plats du pays mitonnés avec doigté, sans oublier l'accueil et le service prévenants.

ARGENTEUIL – **95 Val-d'Oise** – **305** E7 – **101** 14 – **93 961 h.** – **alt. 33 m** – ✉ **95100**
Île de France 20 **B1**

Paris 16 – Chantilly 38 – Pontoise 20 – St-Germain-en-Laye 19

La Ferme d'Argenteuil VISA

2 bis r. Verte – ✆ 01 39 61 00 62 – lafermedargenteuil@wanadoo.fr – Fax 01 30 76 32 31 – Fermé août, lundi soir, mardi soir et dim.

Rest – Menu 32 € – Carte 52/67 €

◆ Le vin d'Argenteuil, le "picolo", a eu ses heures de gloire. Il souffle encore aujourd'hui un petit air de campagne dans ce restaurant. Accueil aimable, cuisine classique.

ASNIÈRES-SUR-SEINE – **92 Hauts-de-Seine** – **311** J2 – **101** 15 – **75 837 h.** – **alt. 37 m** – ✉ **92600** Île de France 20 **B1**

Paris 10 – Argenteuil 6 – Nanterre 8 – Pontoise 26 – St-Denis 8 – St-Germain-en-Laye 20

Van Gogh 4/10, VISA

2 quai Aulagnier (accès par Cimetière des Chiens) – ✆ 01 47 91 05 10 – levangogh@wanadoo.fr – Fax 01 47 93 00 93 – Fermé sam. midi et dim. soir

Rest – Menu 39 € – Carte 43/86 €

◆ Accueil personnalisé, service prévenant, poisson reçu en direct de l'Atlantique et jolie terrasse face à la Seine, en ce lieu où Van Gogh immortalisa le restaurant de la Sirène.

La Petite Auberge VISA

118 r. Colombes – ✆ 01 47 93 33 94 – Fax 01 47 93 33 94 – Fermé août, dim. soir et lundi

Rest – Menu 30/43 €

◆ Petite auberge de bord de route à l'ambiance sympathique. Objets anciens, tableaux et collection d'assiettes décorent la salle à manger rustique. Cuisine traditionnelle.

AULNAY-SOUS-BOIS – **93 Seine-Saint-Denis** – **305** F7 – **101** 18 – **80 021 h.** – **alt. 46 m** – ✉ **93600** 21 **D1**

Paris 19 – Bobigny 9 – Lagny-sur-Marne 23 – Meaux 30 – St-Denis 16 – Senlis 38

Novotel ch, ch, 10/200, VISA

carrefour de l'Europe N 370 – ✆ 01 58 03 90 90 – h0387@accor.com – Fax 01 58 03 90 99

139 ch – 80/150 € 80/150 €, 12 € – **Rest** – Carte 24/36 €

◆ Hôtel classique de la chaîne composé d'un café (carte brasserie), d'un jardin avec piscine, et d'une "cyberterrasse". Chambres en partie réaménagées. Salle de restaurant moderne ; aux beaux jours, les tables sont dressées côté verdure.

Auberge des Saints Pères (Cahagnet) 10, VISA

212 av. Nonneville – ✆ 01 48 66 62 11 – info@auberge-des-saints-peres.com – Fax 01 48 66 67 44 – Fermé 19-23 mars, 6-25 août, 29 oct.-3 nov., merc. soir, sam. et dim.

Rest – Menu 38/60 € – Carte 50/67 €

Spéc. Aile de raie rôtie à l'andouille. Carré d'agneau aux grains de café et cardamome. Petites bouchées feuilletées au chocolat, crème glacée au poivre.

◆ Cette maison d'angle cache un intérieur feutré et bourgeois qui tranche avec la cuisine inventive du chef, bien présentée et relevée par les herbes de son jardin aromatique.

AUVERS-SUR-OISE – **95 Val-d'Oise** – **305** E6 – **106** 6 – **101** 3 – **6 820 h.** – **alt. 30 m** – ✉ **95430** Île de France 18 **B1**

Paris 36 – Beauvais 52 – Chantilly 35 – Compiègne 84 – L'Isle-Adam 7 – Pontoise 10

Office de tourisme, rue de la Sansonne ✆ 01 30 36 10 06, Fax 01 34 48 08 47

Maison de Van Gogh★ - Parcours-spectacle "voyage au temps des Impressionnistes"★ au château de Léry.

XXX **Hostellerie du Nord** avec ch AC ch, 25, P VISA MC

6 r. Gén. de Gaulle – ✆ 01 30 36 70 74 – contact@hostelleriedunord.fr – Fax 01 30 36 72 75 – Fermé dim. soir

8 ch – 98/128 € 128/188 €, 14 € – **Rest** – *(fermé sam. midi et lundi)* Menu 45 € bc (déj. en sem.), 57/67 € – Carte 68/75 €

◆ Cet ancien relais de poste reçut jadis des peintres de renom. Les œuvres d'art ornant la salle à manger et les chambres témoignent de ce riche passé. Cuisine traditionnelle.

X **Auberge Ravoux** VISA MC AE

face Mairie – ✆ 01 30 36 60 60 – info@vangoghfrance.com – Fax 01 30 36 60 61 – Ouvert mars à oct. et fermé merc. soir, jeudi soir, dim. soir, lundi et mardi

Rest – *(nombre de couverts limité, prévenir)* Menu (28 €), 35 €

◆ Atmosphère chaleureuse et cuisine simple des cafés d'artistes du 19e s. dans l'auberge où Van Gogh logea au crépuscule de sa vie. Visitez la petite chambre du peintre.

BAGNOLET – 93 Seine-Saint-Denis – **305** F7 – **101** 17 – **32 511 h.** – **alt. 96 m** – ✉ **93170** 21 **C2**

Paris 8 – Bobigny 6 – Lagny-sur-Marne 32 – Meaux 39

Novotel Porte de Bagnolet AC ch, 500, VISA MC AE

av. République, échangeur porte de Bagnolet – ✆ 01 49 93 63 00 – h0380@accor.com – Fax 01 43 60 83 95

609 ch – 89/200 € 89/290 €, 14 € – **Rest** – Menu 22 € – Carte 16/27 €

◆ En bordure du périphérique, l'un des premiers hôtels de la chaîne, entièrement rénové dans un style contemporain. Chambres fonctionnelles et modernes. Hommes d'affaires, groupes et touristes du monde entier se croisent au restaurant, ouvert assez tard le soir.

BOIS-COLOMBES – 92 Hauts-de-Seine – **311** J2 – **101** 15 – **23 885 h.** – **alt. 37 m** – ✉ **92270** 20 **B1**

Paris 12 – Nanterre 6 – Pontoise 25 – St-Denis 11 – St-Germain-en-Laye 19

X **Le Chefson** VISA MC AE

17 r. Ch. Chefson – ✆ 01 42 42 12 05 – Fax 01 47 80 51 68 – Fermé août, vacances de fév., lundi soir, mardi soir, sam. et dim.

Rest – bistrot *(nombre de couverts limité, prévenir)* Menu (17 €), 23/32 €

◆ On se bouscule parfois dans ce restaurant dont la salle à manger, il est vrai, est de petite capacité. Ambiance "bistrot" et cuisine traditionnelle simple et copieuse.

BOUGIVAL – 78 Yvelines – **311** I2 – **101** 13 – **8 432 h.** – **alt. 40 m** – ✉ **78380**
Île de France 20 **A2**

Paris 21 – Rueil-Malmaison 5 – St-Germain-en-Laye 6 – Versailles 8 – Le Vésinet 5

Syndicat d'initiative, 7 rue du Général Leclerc ✆ 01 39 69 21 23

Holiday Inn ch, AC ch, 15/200, VISA MC AE

10-12 r. Y. Tourgueneff (N 13) – ✆ 01 30 08 18 28 – holidayinn.parvb@hotels-res.com – Fax 01 30 08 18 38

181 ch – 90/225 € 90/225 €, 16 € – **Rest** – Menu (23 €), 29/44 € – Carte 25/44 €

◆ Façade "années 1970", mais intérieur totalement rénové et restructuré autour d'un patio. Chambres spacieuses ; une dizaine, au mobilier de style, ont vue sur la Seine. Côté restaurant, décor ensoleillé et cuisine traditionnelle aux accents du Sud.

Villa des Impressionnistes sans rest 25/50, VISA MC AE

15 quai Rennequin Sualem (N 13) – ✆ 01 30 08 40 00 – villa.impression@wanadoo.fr – Fax 01 39 18 58 89

45 ch – 100/125 € 125/160 €, 12 €, 3 duplex

◆ Bibelots et mobilier choisis, couleurs vives et reproductions de toiles : le charmant décor de cet hôtel récent évoque le passé impressionniste des quais bougivalais.

XXX **Le Camélia** (Conte) 6/18, VISA AE
7 quai G. Clemenceau – 01 39 18 36 06 – info@lecamelia.com – Fax 01 39 18 00 25 – Fermé 8-16 avril, 28 juil.-28 août, 23 déc.-2 janv., dim. et lundi
Rest – Menu 42/68 € – Carte 84/105 €
Spéc. Salade de homard breton (été). Lièvre à la royale (saison). Millefeuille.
◆ Pimpante façade proche de la datcha-musée d'Ivan Tourgueniev. Cuisine classique, servie dans un cadre contemporain, chaleureux et coloré. Belle sélection de vins français.

BOULOGNE-BILLANCOURT – 92 Hauts-de-Seine – **311** J2 – **101** 24 – **106 360 h.** – **alt. 35 m** – **92100** Île de France 20 **B2**

Paris 10 – Nanterre 9 – Versailles 11

Musée départemental Albert-Kahn★ : jardins★ - Musée Paul Landowski★.

Radisson SAS ch, rest, 10/120, VISA AE
33 av. E. Vaillant – 01 46 08 85 00 – info.boulogne@radissonsas.com – Fax 01 46 08 85 01
170 ch – 165/295 € 165/295 €, 22 €
Rest *A O C* – *(fermé 4-26 août, sam. et dim.)* Menu (25 €), 30 € – Carte 39/62 €
◆ Cet hôtel flambant neuf situé à deux pas du Parc des Princes dispose de belles chambres contemporaines et cossues, pourvues d'équipements technologiques de pointe. Le restaurant, design et "trendy", ouvre sur un joli patio-terrasse planté de vignes ; appétissante cuisine au goût du jour.

Mercure Porte de St-Cloud ch, ch, 150, VISA AE
37 pl. René Clair – 01 49 10 49 10 – h6188@accor.com – Fax 01 46 08 26 16
180 ch – 120/198 € 128/210 €, 15 €
Rest *L'Entracte* – *01 49 10 49 50 (fermé le soir du 14 juil. au 15 août, vend. soir, sam. et dim.)* Menu (21 €), 27 € – Carte 25/47 €
◆ Immeuble moderne en verre vous logeant dans des chambres de bon confort. Business-center complet et lounge-bar orné de photos de stars par le studio Harcourt. Des fresques où apparaissent quelque 400 personnalités du monde du spectacle égayent L'Entracte.

Acanthe sans rest 15/30, VISA AE
9 rd-pt Rhin et Danube – 01 46 99 10 40 – hotel-acanthe@akamail.com – Fax 01 46 99 00 05
69 ch – 180/215 € 180/215 €, 14 €
◆ Voisin des studios de Boulogne et des insolites jardins du musée Albert-Kahn, hôtel insonorisé disposant de jolies chambres contemporaines. Agréable patio fleuri. Billard.

Tryp ch, ch, 20/80, VISA AE
20 r. Abondances – 01 48 25 80 80 – tryp.paris.boulogne@solmelia.com – Fax 01 48 25 33 13
75 ch – 105/200 € 105/200 €, 16 € – **Rest** – *(fermé sam., dim. et fériés)* Menu (22 €), 28/35 €
◆ Dans un quartier calme de la ville qui faillit devenir le XXIe arrondissement de Paris, hôtel proposant des chambres actuelles, souvent dotées de balcons. Coin salon-bar. Restaurant lumineux et contemporain agrémenté de tableaux ; cuisine traditionnelle.

Sélect Hôtel sans rest 15, P VISA AE
66 av. Gén.-Leclerc – 01 46 04 70 47 – reception@select-hotel.fr – Fax 01 46 04 07 77
61 ch – 120 € 140 €, 10 €
◆ Sur la nationale conduisant de Paris à Versailles, établissement bien insonorisé dont les sobres chambres adoptent un mobilier et un décor d'inspiration Art nouveau.

Paris sans rest VISA AE
104 bis r. Paris – 01 46 05 13 82 – contact@hotel-paris-boulogne.com – Fax 01 48 25 10 43
31 ch – 73 € 80 €, 8 €
◆ Situé à un angle de rue, immeuble ancien en briques abritant de petites chambres avant tout pratiques et bien insonorisées. Accueil familial aimable et tenue méticuleuse.

Bijou Hôtel sans rest VISA
15 r. V. Griffuelhes, pl. Marché – ✆ 01 46 21 24 98 – Fax 01 46 21 12 98
50 ch – 61 € 66/70 €, 9 €
◆ Une attachante atmosphère provinciale flotte dans cet immeuble d'angle mettant à votre disposition des chambres proprettes bien équipées, d'esprit rustique ou plus actuelles.

Olympic Hôtel sans rest VISA
69 av. V. Hugo – ✆ 01 46 05 20 69 – olympic.hotel@free.fr – Fax 01 46 04 04 07 – Fermé 21 juil.-12 août
36 ch – 64 € 69/79 €, 7 €
◆ Immeuble du début du 20e s. proche de l'intéressant musée des Années 30. Chambres peu spacieuses mais fonctionnelles. Petit-déjeuner servi dans une courette l'été.

Au Comte de Gascogne (Charvet) 10, VISA
89 av. J.-B. Clément – ✆ 01 46 03 47 27 – aucomtedegasc@aol.com – Fax 01 46 04 55 70 – Fermé 3-20 août, lundi soir, sam. midi et dim.
Rest – Menu 58 € (déj.)/115 € – Carte 85/129 €
Spéc. Grande assiette de foies gras. Ragoût de homard aux pommes de terre safranées. Pigeon cuit en cocotte, petits pois à la française (avril à sept.).
◆ Décorée dans le style des jardins d'hiver, cette salle envahie de plantes exotiques luxuriantes est une oasis de fraîcheur qu'appréciait Lino Ventura. Cuisine au goût du jour.

L'Auberge VISA
86 av. J.-B. Clément – ✆ 01 46 05 67 19 – legoux.cyrille@9business.fr – Fax 01 46 05 14 24 – Fermé 1er-13 août, sam. midi, dim. soir et lundi
Rest – Menu (30 €), 35 €
◆ Décor illustrant le thème des fruits et légumes et ustensiles en cuivres composent le décor de cette coquette auberge où le chef mitonne une cuisine au goût du jour.

LE BOURGET – **93 Seine-Saint-Denis** – **305** F7 – **101** 17 – **12 110 h.** – **alt. 47 m** – ✉ **93350** Île de France 21 **C1**

Paris 13 – Bobigny 6 – Chantilly 38 – Meaux 41 – St-Denis 8 – Senlis 38
Musée de l'Air et de l'Espace★★.

Kyriad Prestige ch, 15/60, VISA
aéroport du Bourget - Zone aviation d'affaires – ✆ 01 49 34 10 38 – lebourget@kyriadprestige.fr – Fax 01 49 34 10 35
86 ch – 97/140 € 97/140 €, 12 € – **Rest** – Menu 19/24 € – Carte 29/43 €
◆ Au cœur de l'aéroport du Bourget, cet hôtel, fréquenté par le personnel des compagnies aériennes et les voyageurs en transit, rénove progressivement ses chambres. Au restaurant, formules buffets à volonté dans un cadre sobre et moderne.

Novotel ch, ch, 12/200, VISA
2 r. Perrin, ZA pont Yblon au Blanc-Mesnil ✉ 93150 – ✆ 01 48 67 48 88 – h0388@accor-hotels.com – Fax 01 45 91 08 27
143 ch – 100/210 € 105/220 €, 12 € – **Rest** – Menu 24 € – Carte 19/29 €
◆ Hôtel en zone industrielle proche de l'aéroport, mais relativement préservé par son espace vert. Déclinaison du modèle "Novation" dans les chambres refaites. Des photos illustrant l'histoire de l'aviation décorent le restaurant. Terrasse et piscine.

BOURG-LA-REINE – **92 Hauts-de-Seine** – **311** J3 – **101** 25 – **18 251 h.** – **alt. 56 m** – ✉ **92340** 20 **B2**

Paris 10 – Boulogne-Billancourt 12 – Évry 24 – Versailles 18
Office de tourisme, 1 boulevard Carnot ✆ 01 46 61 36 41, Fax 01 46 61 61 08
L'Hay-les-Roses : roseraie★★ E : 1,5 km, Île de France.

Alixia sans rest — cuisinette 15, VISA

82 av. Gén. Leclerc – ✆ 01 46 60 56 56 – alixia-bourglareine@netgdi.com – Fax 01 46 60 57 34

40 ch – 69/89 € 69/96 €, 9 €

◆ Façade avenante sur la N 20, à deux pas du ravissant parc de Sceaux. Chambres contemporaines, bien équipées et insonorisées. Plateaux-repas sur demande.

BRIE-COMTE-ROBERT – 77 Seine-et-Marne – 312 E3 – 101 39 – 13 397 h. – alt. 90 m – ✉ 77170 Île de France 19 C2

- Paris 30 – Brunoy 10 – Évry 20 – Melun 18 – Provins 63
- Syndicat d'initiative, rue Gambetta ✆ 01 64 05 30 09
- Clément Ader à Gretz-Armainvilliers Domaine du Château Péreire, NE : 12 km par D 216, ✆ 01 64 07 34 10 ; de Marolles en Brie à Marolles-en-Brie Mail de la Justice, NO : 6 km, ✆ 01 45 95 18 18 ; ASPTT Paris Golf des Corbuches à Lésigny Ferme des Hyverneaux, N : 6 km par N 104, ✆ 01 60 02 07 26 ; du Réveillon à Lésigny Ferme des Hyverneaux, N : 6 km par N 104, ✆ 01 60 02 17 33.
- Verrière★ du chevet de l'église.

A la Grâce de Dieu VISA

79 r. Gén. Leclerc (N 19) – ✆ 01 64 05 00 76 – gracedie@wanadoo.fr – Fax 01 64 05 60 57

16 ch – 45 € 55/70 €, 8 € – ½ P 70 € – **Rest** – *(fermé dim. soir)* Menu 22 € (sem.)/36 € – Carte 39/53 € ♀

◆ Au 17e s., ce relais de poste était l'ultime halte avant de possibles rencontres avec les bandits de grands chemins. Enseigne restée certes fataliste, mais confort actuel. Restaurant aux allures d'auberge provinciale (mobilier de style Louis XIII, fresque).

BRY-SUR-MARNE – 94 Val-de-Marne – 312 E2 – 101 18 – 15 000 h. – alt. 40 m – ✉ 94360 21 D2

- Paris 16 – Créteil 12 – Joinville-le-Pont 5 – Nogent-sur-Marne 3 – Vincennes 9
- Syndicat d'initiative, 2 grande rue Charles-de-Gaulle ✆ 01 48 82 30 30

XX **L'Auberge du Pont de Bry** VISA

3 av. Gén. Leclerc – ✆ 01 48 82 27 70 – Fermé août, 1er-15 janv., merc. soir, dim. soir et lundi

Rest – Menu 35 € – Carte 40/59 € ♀

◆ Discrète auberge située sur un rond-point, face au pont de Bry. La salle à manger, au cadre moderne, est prolongée d'une véranda. Cuisine au goût du jour.

CARRIÈRES-SUR-SEINE – 78 Yvelines – 311 J2 – 101 14 – 12 050 h. – alt. 52 m – ✉ 78420 20 A1

- Paris 19 – Argenteuil 8 – Nanterre 7 – Pontoise 28 – St-Germain-en-Laye 7
- de l'Île Fleurie Carrières sur Seine, ✆ 01 39 52 61 61.

XX **Le Panoramic de Chine** VISA

1 r. Fermettes – ✆ 01 39 57 64 58 – Fax 01 39 15 17 68 – Fermé août, 24-30 déc., dim. soir et lundi soir

Rest – Menu (12 €), 15 € (sem.)/28 € – Carte 24/44 € ♀

◆ L'entrée "en pagode" de cette maison des années 1920 invite à goûter sa copieuse cuisine asiatique. Terrasse agréable aux beaux jours.

CERGY-PONTOISE P – 95 Val-d'Oise – 305 D6 – 106 5 – 101 2 – 178 656 h. – ✉ 95 Île de France 18 B1

- Paris 35 – Mantes-la-Jolie 40 – Pontoise 3 – Rambouillet 60 – Versailles 33
- de Cergy-Pontoise à Vauréal 2 allée de l'Obstacle d'Eau, O : 7 km par D 922, ✆ 01 34 21 03 48 ; d'Ableiges à Ableiges Chaussée Jules César, NO : 14 km par rte d'Ableiges, ✆ 01 30 27 97 00 ; de Gadancourt à Gadancourtpar rte de Rouen : 20 km, ✆ 01 34 66 12 97.

CERGY-PRÉFECTURE

Arts (Pl. des) .... Z 2
Boucle (R. de la) .... Y 3
Bourgognes (R. des) .... Z 5
Chênes Émeraude .... Y 13
Columbia (Square) .... Y 14
Diapason (Square du) .... Y 17
Écureuil (R. de l') .... Y 19
Étoile (Allée de l') .... Y 21
Galeries (R. des) .... Y 24
Gare (R. de la) .... Z 25
Grouettes (Av. des) .... Z 33
Herbes (R. aux) .... Y 34
Italiens (R. des) .... Y 39
Marché Neuf (R. du) .... Y 43
Pays de France (R. des) .... Y 52
Pergola (Pl. de la) .... Z 53
Platanes (Allée des) .... Z 59
Préfecture (Parvis de la) .... Z 63
Préfecture (R. de la) .... Z 64
Prieuré (R. du) .... Z 66
Théâtre (Allée du) .... Z 71
Traversière (R.) .... Y 74
Verger (R. du) .... Z 77
Villarceaux (R. de) .... Z 81

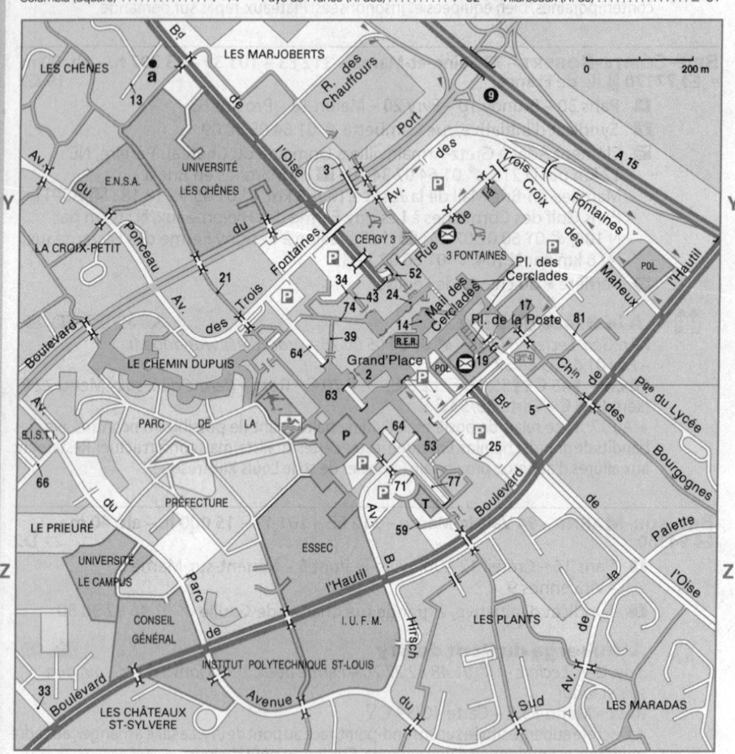

Cergy – 54 781 h. – alt. 30 m – ✉ 95000

Mercure sans rest — 20/40, VISA AE
3 r. Chênes Émeraude par bd Oise – ☎ 01 34 24 94 94 – h3452@accor.com – Fax 01 34 24 95 15 — Y a
56 ch – †85/112 € ††85/252 €, ☕ 12,50 €
◆ Derrière sa façade refaite, construction récente aux vastes chambres très bien équipées et dotées d'un mobilier de style. Celles sur l'arrière profitent d'un plus grand calme.

Cormeilles-en-Vexin par ① : 10 km – 863 h. – alt. 111 m – ✉ 95830

Maison Cagna — P VISA AE
Rte de Dieppe – ☎ 01 34 66 61 56 – saintejeanne@hotmail.com – Fax 01 34 66 40 31 – Fermé 29 juil.-27 août, 23-27 déc., 28 janv.-4 fév., dim. sauf fériés et lundi
Rest – Menu 32 € (déj. en sem.)/65 € bc
Spéc. Ravioles de grosses crevettes à l'estragon. Saint-Jacques grillées, patates douces et huile de sésame (hiver). Escalopes de ris de veau sauce albuféra.
◆ Les enfants Cagna veillent aux destinées de cette jolie maison du Vexin. Chaleureux cadre campagnard (pierres et poutres apparentes) rehaussé de touches actuelles. Cuisine raffinée.

CERGY-PONTOISE

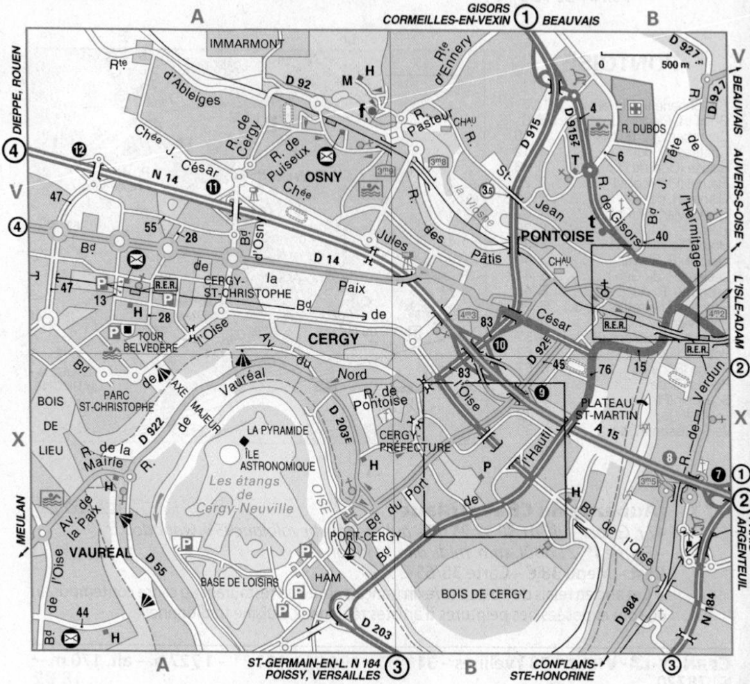

Hérouville au Nord-Est par D 927 : 8 km – 598 h. – alt. 120 m – ✉ 95300

X **Les Vignes Rouges** AC VISA

pl. Église – ☎ 01 34 66 54 73 – Fax 01 34 66 20 88 – Fermé 1er-10 mai, 1er-24 août, 25 déc.-15 janv., dim. soir, lundi et mardi

Rest – Menu 38 € – Carte 45/61 €

♦ L'enseigne de cette maison francilienne évoque une œuvre de Van Gogh. Véranda tournée vers l'église, exposition de tableaux d'un peintre local et plats traditionnels.

Méry-sur-Oise – 8 929 h. – alt. 29 m – ✉ 95540

i Syndicat d'initiative, 30 avenue Marcel Perrin ☎ 01 34 64 85 15

XXX **Le Chiquito** AC P VISA AE

rte Pontoise 1,5 km par D 922 – ☎ 01 30 36 40 23 – lechiquito@free.fr – Fax 01 30 36 42 22 – Fermé 2-7 janv., sam. midi, dim. soir et lundi

Rest – Menu 55 € ♀

♦ Cadre élégant - trois salles à manger tendues de toile de Jouy, une véranda d'esprit Belle Époque - et cuisine au goût du jour ont assis la réputation de cette adresse.

Osny – 14 309 h. – alt. 37 m – ✉ 95520

XX **Moulin de la Renardière** P VISA AE

r. Gd Moulin – ☎ 01 30 30 21 13 – severine@e-lecs.net – Fax 01 34 25 04 98 – Fermé dim. soir et lundi AV **f**

Rest – Menu (28 € bc), 34 € ♀

♦ Ancien moulin niché dans un parc. Attablez-vous dans la salle à grains égayée d'une belle cheminée ou sur la terrasse ombragée, au bord de la rivière.

Pontoise – 27 494 h. – alt. 48 m – ✉ 95000

Office de tourisme, 6 place du Petit Martroy ✆ 01 30 38 24 45, Fax 01 30 73 54 84

PONTOISE

Bretonnerie (R. de la)	D 7
Butin (R. Pierre)	DE 8
Canrobert (Av. du Mar.)	D 10
Château (R. du)	E 12
Écluse (Quai de l')	E 18
Flamel (Pl. Nicolas)	E 22
Gisors (R. de)	D 30
Grand Martroy (Pl. du)	D 32
Hôtel de Ville (R. de l')	E 36
Hôtel Dieu (R. de l')	E 37
Lavoye (R. Pierre)	D 40
Leclerc (R. du Gén.)	E 41
Lecomte (R. A.)	E 42
Parc aux Charrettes (Pl. du)	D 50
Petit Martroy (Pl. du)	D 56
Pierre aux Poissons (R. de la)	D 57
Pothuis (Quai du)	E 62
Roche (R. de la)	E 67
Rouen (R. de)	D 69
Souvenir (Pl. du)	D 70
Thiers (R.)	D 72
Vert Buisson (R. du)	E 80

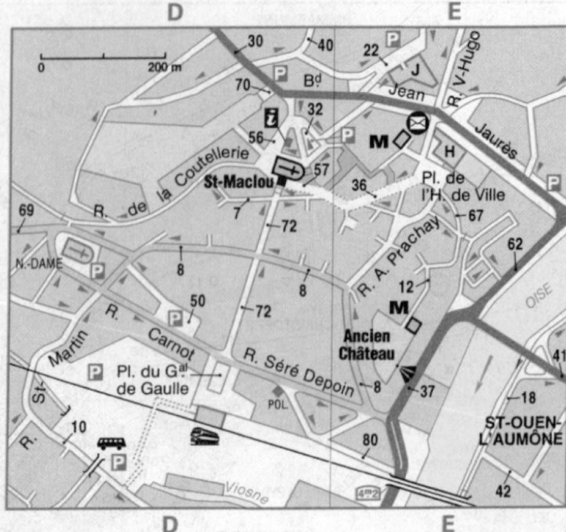

Auberge du Cheval Blanc

XX — VISA

47 r. Gisors – ✆ 01 30 32 25 05 – aubergeduchevalblanc95@wanadoo.fr – Fermé 1er-21 août, sam. midi, dim. et lundi BV **t**

Rest – Menu 38 € – Carte 38/65 €

◆ Cet ancien relais de poste du Vexin français abrite un restaurant au cadre contemporain où sont exposées des peintures d'artistes régionaux. Cuisine traditionnelle.

CERNAY-LA-VILLE – 78 Yvelines – 311 H3 – 106 29 – 101 31 – 1 727 h. – alt. 170 m – ✉ 78720 18 **B2**

Paris 45 – Chartres 52 – Longjumeau 31 – Rambouillet 12 – Versailles 25

Abbaye★ des Vaux-de-Cernay O : 2 km, **Île de France.**

Abbaye des Vaux de Cernay

ch, rest, 25/200, VISA

Ouest : 2,5 km par D 24 – ✆ 01 34 85 23 00 – reception.cernay@leshotelsparticuliers.com – Fax 01 34 85 11 60

54 ch – 115/280 € 115/280 €, 18 € – 3 suites – ½ P 123/205 € –

Rest – Menu 30 € (déj. en sem.), 48/85 €

◆ Abbaye cistercienne du 12e s. restaurée au 19e s. par la famille Rothschild. Vastes chambres, vestiges gothiques et promenades méditatives dans le parc. Ambiance feutrée dans la salle de restaurant coiffée de superbes voûtes.

La Ferme des Vallées sans rest

6/50, VISA

Ouest : 3,5 km par D24 – ✆ 01 30 46 32 42 – vallees@leshotelsparticuliers.com – Fax 01 30 46 32 23 – Fermé 1er-20 août

30 ch – 85/245 € 85/250 €, 15 €

◆ Cette ancienne ferme nichée sur le domaine de l'abbaye des Vaux de Cernay abrite des chambres mansardées et diversement meublées ; elles sont plus simples à l'annexe (bergerie).

à La Celle-les-Bordes Sud : 4 km par D 72 – 842 h. – alt. 125 m – ✉ 78720

L'Auberge de l'Élan

X — VISA

5 r. du Village – ✆ 01 34 85 15 55 – aubergelan@wanadoo.fr – Fax 01 34 85 15 55 – Fermé 17 août-3 sept., mardi et merc.

Rest – Menu 35 € (sem.)/100 € bc

◆ Cette vieille maison de village a été rénovée mais a conservé son chaleureux cachet rustique. La cuisine, traditionnelle, valorise les produits régionaux. Épicerie attenante.

CHARENTON-LE-PONT – 94 Val-de-Marne – **312** D3 – **101** 26 – **26 582 h.** – **alt. 45 m** – ✉ 94220 21 **C2**

Paris 8 – Alfortville 3 – Ivry-sur-Seine 4

Novotel Atria ch, 6/240, VISA

5 pl. Marseillais (r. Paris) – ✆ 01 46 76 60 60 – h1549@accor.com – Fax 01 49 77 68 00

132 ch – 110/165 € 110/173 €, 13 € – 1 suite – **Rest** – Menu 33 € bc/55 € bc – Carte 18/36 €

◆ Cet hôtel propose des chambres conformes au style de la chaîne et des équipements complets pour réunions et séminaires (du bureau individuel à la grande salle de conférences). Salle de restaurant contemporaine et cuisine traditionnelle.

CHÂTEAUFORT – 78 Yvelines – **311** I3 – **101** 22 – **1 453 h.** – **alt. 153 m** – ✉ 78117 20 **A3**

Paris 28 – Arpajon 28 – Chartres 75 – Versailles 15

National à Guyancourt 2 avenue du Golf, NO : 7 km par D 36, ✆ 01 30 43 36 00.

La Belle Époque (Delaune) VISA

10 pl. Mairie – ✆ 01 39 56 95 48 – Fax 01 39 56 99 93 – Fermé 30 juil.-21 août, 23 déc.-7 janv., dim. et lundi

Rest – Menu 35/58 € – Carte 56/69 €

Spéc. Grosses langoustines rôties. Rognons de veau poêlés, pommes macaire. Gâteau au chocolat noir.

◆ Accueil charmant, élégant décor de style Belle Époque, terrasse ombragée avec vue sur la vallée de Chevreuse et délicieuse cuisine au goût du jour : que du plaisir !

CHATOU – 78 Yvelines – **311** I2 – **101** 13 – **28 588 h.** – **alt. 30 m** – ✉ 78400
Île de France 20 **A1**

Paris 17 – Maisons-Laffitte 8 – Pontoise 31 – St-Germain-en-Laye 6 – Versailles 13

Office de tourisme, place de la Gare ✆ 01 30 71 30 89

de l'Île Fleurie à Carrières sur Seine , ✆ 01 39 52 61 61.

Les Canotiers VISA

16 av. Mar. Foch – ✆ 01 30 71 58 69 – didier.focus@wanadoo.fr – Fax 01 47 51 70 09 – Fermé août, vacances de Noël, sam. midi, dim. soir et lundi

Rest – Menu (18 €), 25 €

◆ Près de l'île où Renoir peignit le Déjeuner des canotiers, venez goûter une cuisine au goût du jour dans une salle comtemporaine ornée de toiles abstraites peintes par la patronne.

CHENNEVIÈRES-SUR-MARNE – 94 Val-de-Marne – **312** E3 – **101** 28 – **17 837 h.** – **alt. 108 m** – ✉ 94430 21 **D2**

Paris 18 – Créteil 14 – Melun 35 – Nogent-sur-Marne 8

L'Ecu de France VISA

31 r. Champigny – ✆ 01 45 76 00 03 – info@ecudefrance.com – Fax 01 45 93 12 05 – Fermé dim. soir et lundi

Rest – Menu 39 € – Carte 59/102 €

◆ Cette auberge, bâtie en 1717, abrite de charmantes salles à manger rustiques. Agréables terrasses fleuries en bord de Marne. Carte de tradition empreinte de touches actuelles.

CLAMART – 92 Hauts-de-Seine – **311** J3 – **101** 25 – **48 572 h.** – **alt. 102 m** – ✉ 92140 20 **B2**

Paris 10 – Boulogne-Billancourt 7 – Issy-les-Moulineaux 4 – Nanterre 15 – Versailles 13

Syndicat d'initiative, 22 rue Paul Vaillant Couturier ✆ 01 46 42 17 95

La Brèche du Bois sans rest VISA MC AE
7 pl. J. Hunebelle – ✆ 01 46 42 29 06 – brechebois@aol.com – Fax 01 46 42 00 05
30 ch – 🚹54/58 € 🚹🚹63/72 €, ☕ 6,50 €
◆ Cette ancienne guinguette proche du centre-ville héberge des chambres pratiques, plus calmes sur l'arrière. Les sentiers du bois de Clamart sont aux portes de l'hôtel.

Trosy sans rest P VISA MC AE
41 r. P. Vaillant-Couturier – ✆ 01 47 36 37 37 – hoteltrosy@aol.com – Fax 01 47 36 88 38
40 ch – 🚹55/60 € 🚹🚹60/70 €, ☕ 7 €
◆ Cet immeuble moderne propose des chambres fonctionnelles bien tenues ; demandez-en une côté cour pour bénéficier du calme. Réception courtoise et ambiance familiale.

CLICHY – 92 Hauts-de-Seine – **311** J2 – **101** 15 – **50 179 h.** – **alt. 30 m** – ✉ 92110 20 **B1**

Paris 9 – Argenteuil 8 – Nanterre 9 – Pontoise 26 – St-Germain-en-Laye 21

Office de tourisme, 61 rue Martre ✆ 01 47 15 31 61, Fax 01 47 15 30 45

Holiday Inn 10/100, VISA MC AE
2 r. 8 mai 1945 – ✆ 01 76 68 77 00 – hipclichy@ichotelsgroup.com – Fax 01 76 68 77 01
275 ch – 🚹120/250 € 🚹🚹120/250 €, ☕ 18 € – **Rest** – Menu (22 €) – Carte 19/40 € 🍷
◆ Malgré la proximité du périphérique, l'excellente insonorisation préserve l'hôtel de tout bruit. L'architecture moderne abrite des espaces harmonieux aux équipements de pointe.

Sovereign sans rest VISA MC AE
14 r. Dagobert – ✆ 01 47 37 54 24 – sovereign.clichy@orange.fr – Fax 01 47 30 05 80
42 ch – 🚹81 € 🚹🚹81 €, ☕ 9 €
◆ Accueil charmant, bar-salon-billard de style anglais, chambres bien équipées et salles de bains rénovées comptent parmi les atouts de cet hôtel. À noter : deux étages sont non-fumeurs.

Europe sans rest 10/100, P VISA MC AE
52 bd Gén. Leclerc – ✆ 01 47 37 13 10 – europe.hotel@wanadoo.fr – Fax 01 40 87 11 06
83 ch – 🚹100/130 € 🚹🚹100/150 €, ☕ 10 €
◆ Cet immeuble en briques (1920) a bénéficié d'une cure de jouvence. Les chambres, confortables, arborent un décor reposant et "tendance". Espace détente complet et de qualité.

Résidence Europe sans rest VISA MC AE
15 rue Pierre Curie – ✆ 01 47 37 12 13 – europe.hotel@wanadoo.fr – Fax 01 40 87 11 06
28 ch – 🚹100/130 € 🚹🚹100/150 €, ☕ 10 €
◆ Dans une rue tranquille, établissement proposant des chambres rénovées et meublées en bois cérusé. Salles des petits-déjeuners au décor "marin".

La Romantica 8/20, VISA MC AE
73 bd J. Jaurès – ✆ 01 47 37 29 71 – laromantica@wanadoo.fr – Fax 01 47 37 76 32 – Fermé sam. midi et dim.
Rest – Menu 38 € (déj.), 45/81 € (dîner) – Carte 43/94 € 🍷
◆ La façade un peu défraîchie dissimule une salle à manger agréable et feutrée, et un jardin où l'on dresse la terrasse aux beaux jours. Cuisine italienne et superbe carte des vins.

La Barrière de Clichy 15, VISA MC AE
1 r. Paris – ✆ 01 47 37 05 18 – labarrieredeclichy@free.fr – Fax 01 47 37 77 05 – Fermé 28 juil.-26 août, sam., dim. et fériés
Rest – Menu 31/40 € – Carte 52/71 € 🍷
◆ La clientèle fidèle est séduite par le cadre élégant, soigné et épuré de ce restaurant. Plats saisonniers et dans l'air du temps ; le menu du marché change chaque jour.

COLOMBES – **92 Hauts-de-Seine** – **312** C2 – **101** 14 – **83 100 h.** – **alt. 38 m** – ✉ **92700**

Paris 19 – Nanterre 9 – Boulogne-Billancourt 19 – Montreuil 23 – Argenteuil 4

Courtyard by Marriott 15/40,
91 bd Charles de Gaulle – ✆ 01 47 69 59 49 – cy.colombes@courtyard.com – Fax 01 47 69 59 20
150 ch – 99/169 € 99/169 €, 15 € – **Rest** – Carte environ 22 €
◆ Ce bâtiment neuf est doté de chambres fonctionnelles et d'un fitness. Son hall, réchauffé par une cheminée, accueille un "market" (pour une restauration self-service). Le chef prépare devant vous une cuisine actuelle rythmée par les saisons et le marché.

CONFLANS-STE-HONORINE – **78 Yvelines** – **311** I2 – **101** 3 – **33 327 h.** – **alt. 25 m** – ✉ **78700** Île de France 18 **B1**

Paris 38 – Mantes-la-Jolie 39 – Poissy 10 – Pontoise 8 – Versailles 27

Office de tourisme, 1 rue René Albert ✆ 01 34 90 99 09, Fax 01 39 19 80 77

≤★ de la terrasse du parc du château - Musée de la Batellerie.

Au Bord de l'Eau
15 quai Martyrs-de-la-Résistance – ✆ 01 39 72 86 51 – Fermé 10-24 août, 21 déc.-4 janv. et lundi sauf fériés
Rest – *(déjeuner seult sauf sam.)* Menu 29 € (déj. en sem.), 40/54 €
◆ Plaques d'identité de bateaux et appareils de navigation : l'intérieur de ce restaurant familial posté sur les quais de Seine rend hommage à la batellerie conflanaise.

CORBEIL-ESSONNES – **91 Essonne** – **312** D4 – **101** 37 – **39 378 h.** – **alt. 37 m** – ✉ **91100** 18 **B2**

Paris 36 – Fontainebleau 37 – Créteil 27 – Évry 6 – Melun 24

Syndicat d'initiative, 36 rue Saint-Spire ✆ 01 64 96 23 97

Blue Green Golf de Villeray à Saint-Pierre-du-PerrayE : 6 km, ✆ 01 60 75 17 47 ; de Greenparc à Saint-Pierre-du-Perray Route de Villepècle, NE : 6 km par D 947, ✆ 01 60 75 40 60.

Aux Armes de France (Pacheco) 6/15,
1 bd J. Jaurès sur N 7 – ✆ 01 64 96 24 04 – auxarmesdefrance@wanadoo.fr – Fax 01 60 88 04 00 – Fermé sam. midi, merc. et dim.
Rest – Menu 38/80 € bc – Carte 82/115 €
Spéc. Oeuf mollet, langoustine, macaronade et foie gras. Pomme de ris de veau braisé au malaga. Superposition au chocolat.
◆ Bouquets de fleurs, sièges de style Directoire, lustres en fer forgé et argenterie composent le plaisant décor de cet ancien relais de poste. Brillante cuisine au goût du jour.

au Coudray-Montceaux **Sud-Est : 6 km par N 7** – **2 800 h.** – **alt. 81 m** – ✉ **91830**

Mercure ch, 15/200,
rte Milly-la-Forêt – ✆ 01 64 99 00 00 – h0977@accor-hotels.com – Fax 01 64 93 95 55
125 ch – 121 € 131 €, 13 € – **Rest** – Menu 34 € bc – Carte 21/31 €
◆ Tir à l'arc, golf, handball, etc. : en plus de belle salles de réunion, cet hôtel propose une multitude d'équipements sportifs appréciés des hommes d'affaires et des familles. Salle à manger-véranda moderne et sa terrasse ouvrant sur la forêt et la campagne.

COURBEVOIE – **92 Hauts-de-Seine** – **311** J2 – **101** 15 – **69 694 h.** – **alt. 28 m** – ✉ **92400** Île de France 20 **B1**

Paris 10 – Asnières-sur-Seine 4 – Levallois-Perret 4 – Nanterre 5 – St-Germain-en-Laye 17

George Sand sans rest
18 av. Marceau – ✆ 01 43 33 57 04 – george-sand@wanadoo.fr – Fax 01 47 88 59 38
31 ch – 130 € 130 €, 9 €
◆ Adoptez cet hôtel à jolie façade Art déco pour son intérieur raffiné évoquant l'univers de George Sand, son mobilier du 19e s. et son salon romantique où l'on écoute du Chopin.

Central sans rest
99 r. Cap. Guynemer – ✆ 01 47 89 25 25 – central-ladefense@wanadoo.fr – Fax 01 46 67 02 21
55 ch – †84/88 € ††84/88 €, ☐ 7 €
◆ Près de la Défense, cet hôtel familial a repris des couleurs. Des espaces communs aux chambres (insonorisées), il a été relooké dans un esprit actuel agréable.

Quartier Charras

Mercure La Défense 5 ch, ch, 150,
18 r. Baudin – ✆ 01 49 04 75 00 – h1546@accor.com – Fax 01 47 68 83 32
515 ch – †170/200 € ††185/215 €, ☐ 14 €
Rest ***Le Bistrot de l'Echanson*** – *✆ 01 49 04 75 85 (fermé vend. soir, dim. midi et sam.)* Carte 19/33 €
◆ Imposante architecture en arc de cercle abritant des chambres fonctionnelles et bien équipées ; à partir du 8e étage, certaines offrent une vue sur Paris ou la Défense. Ambiance chaleureuse et intéressante carte des vins au bar-restaurant le Bistrot de l'Échanson.

au Parc de Bécon

X **Les Trois Marmites**
215 bd St-Denis – ✆ 01 43 33 25 35 – Fax 01 43 33 25 35 – Fermé août, sam., dim. et fériés
Rest – *(déjeuner seult)* Menu (32 €), 37/53 €
◆ La clientèle d'affaires apprécie ce petit restaurant de quartier proche des quais, face au parc de Bécon et au musée Roybet-Fould (œuvres de Carpeaux). Carte traditionnelle.

CRÉTEIL P – 94 Val-de-Marne – 312 D3 – 101 27 – 82 154 h. – alt. 48 m – ✉ 94000
Île de France 21 **C2**

Paris 14 – Bobigny 22 – Évry 32 – Lagny-sur-Marne 29 – Melun 35

de Marolles-en-Brie à Marolles-en-Brie Mail de la Justice, SE : 10 km, ✆ 01 45 95 18 18 ; d'Ormesson à Ormesson-sur-Marne Chemin du Belvédère, E : 15 km, ✆ 01 45 76 20 71.

Hôtel de ville★ : parvis★.

Novotel ch, rest, 10/60,
au lac – ✆ 01 56 72 56 72 – h0382@accor.com – Fax 01 56 72 56 73
110 ch – †72/150 € ††72/150 €, ☐ 13 € – **Rest** – Menu 28/32 €
◆ L'atout majeur de ce Novotel est son emplacement face au lac (base de loisirs et parcours de jogging). Les chambres, rénovées, donnent pour moitié sur le plan d'eau. Restaurant au cadre résolument design, animé par des écrans plasma. Cuisine traditionnelle.

DAMPIERRE-EN-YVELINES – 78 Yvelines – 311 H3 – 101 31 – 1 051 h. – alt. 100 m – ✉ 78720
18 **B2**

Paris 38 – Chartres 57 – Longjumeau 32 – Rambouillet 16 – Versailles 21

Office de tourisme, 9 Grande Rue ✆ 01 30 52 57 30, Fax 01 30 52 52 43

de Forges-les-Bains à Forges-les-Bains Route du Général Leclerc, SE : 14 km, ✆ 01 64 91 48 18.

Château de Dampierre★★, Île de France.

XXX **Auberge du Château "Table des Blot"** avec ch
1 Grande rue – ✆ 01 30 47 56 56 – Fax 01 30 47 51 75 – Fermé 20 août-2 sept., 24-30 déc., vacances de fév., dim. soir, lundi et mardi
11 ch – †80/90 € ††80/120 €, ☐ 8 € – **Rest** – Menu 35 € (sem.)/70 € – Carte 57/60 €
Spéc. Dés de thon fumé, mi-cuit à la plancha, chutney et saumon mariné. Travers de cochon confit aux épices (avril à sept.). Chocolat en soufflé, l'autre mi-cuit, le dernier en mousse.
◆ Auberge du 17e s. où meubles anciens, objets chinés et sièges de style recouverts de tissus modernes s'harmonisent parfaitement. Cuisine traditionnelle personnalisée.

XX **Les Écuries du Château**

au château – ☎ 01 30 52 52 99 – contact@lesecuriesduchateau.com – Fax 01 30 52 59 90 – Fermé 30 juil.-24 août, 18 fév.-5 mars, mardi, merc. et le soir sauf vend. et sam.

Rest – Menu (26 €), 38/45 € – Carte environ 48 €

◆ Ces anciennes écuries transformées en restaurant bénéficient du voisinage du château de Dampierre. Plaisante salle à manger ; cuisine traditionnelle et gibier du domaine en saison.

XX **Auberge St-Pierre**

1 r. Chevreuse – ☎ 01 30 52 53 53 – Fax 01 30 52 58 57 – Fermé août, vacances de fév., dim. soir, mardi soir et lundi

Rest – Menu (25 €), 30 €

◆ Maison à colombages située presque en face du château. Salon agrémenté d'un vieux piano mécanique et salle à manger gentiment campagnarde réchauffée par une cheminée.

LA DÉFENSE – 92 Hauts-de-Seine – **311** J2 – **101** 14 – ✉ **92400** Paris 20 **B1**

Paris 10 – Courbevoie 1 – Nanterre 4 – Puteaux 2

Quartier★★ : perspective★ du parvis.

Sofitel Grande Arche

ch, ch, rest, 10/100, VISA

11 av. Arche, sortie Défense 6

✉ 92081 – ☎ 01 47 17 50 00 – h3013@accor.com – Fax 01 47 17 55 66

352 ch – 355/435 € 408/500 €, 25 € – 16 suites

Rest *Avant Seine* – rôtisserie – *☎ 01 47 17 59 99 (fermé 4-26 août, 22 déc.-1er janv., vend. soir, sam., dim. et fériés)* Menu (31 €) – Carte 50 €

◆ Belle architecture en proue de navire, toute de verre et de pierre ocre. Chambres spacieuses et élégantes, salons et auditorium très bien équipés (avec cabines de traduction). Décor design de qualité et cuisine à la broche au restaurant l'Avant Seine.

Renaissance

ch, ch, 160, VISA

60 Jardin de Valmy, par bd circulaire, sortie La Défense 7 ✉ 92918 – ☎ 01 41 97 50 50 – rhi.parld.exec.sec@renaissancehotels.com – Fax 01 41 97 51 51

324 ch – 210/260 € 210/260 €, 24 € – 3 suites – **Rest** – *(fermé sam. midi et dim. midi)* Menu 29 € (déj.)/43 € bc – Carte 35/52 €

◆ Au pied de la Grande Arche en marbre de Carrare, construction contemporaine abritant des chambres bien équipées et décorées avec raffinement. Fitness complet. Côté restaurant, cadre tout bois, atmosphère de brasserie "rétro" et vue sur les jardins de Valmy.

Hilton La Défense

ch, ch, ch, 5/60, VISA

2 pl. Défense ✉ 92053 – ☎ 01 46 92 10 10 – parldhirm@hilton.com – Fax 01 46 92 10 50

139 ch – 190/560 € 190/560 €, 26 € – 9 suites

Rest *Les Communautés* – *☎ 01 46 92 10 30 (fermé 10-20 août, sam. et dim.) (déjeuner seult)* Menu 57 € – Carte 56/71 €

Rest *L'Échiquier* – club-house – *☎ 01 46 92 10 35* – Menu (26 €), 32 € (déj.) – Carte 36/58 €

◆ Hôtel entièrement rénové, situé dans l'enceinte du CNIT. Certaines chambres, design et chaleureuses, ont été pensées pour le bien-être de la clientèle d'affaires. Cuisine au goût du jour et et jolie vue aux Communautés. Carte traditionnelle à l'Échiquier.

Sofitel Centre

ch, 10/80, VISA

34 cours Michelet, par bd circulaire sortie La Défense 4 ✉ 92060 Puteaux – ☎ 01 47 76 44 43 – h0912@accor.com – Fax 01 47 76 72 10

150 ch – 365 € 425 €, 25 € – 1 suite

Rest *La Tavola* – *☎ 01 47 76 72 30 (fermé 13 juil.-21 août, 21 déc.-2 janv., sam., dim. et fériés) (déj. seult)* Menu 58/75 € – Carte environ 70 €

Rest *L'Italian Lounge* – *☎ 01 47 76 72 40 (fermé vend. soir, dim. midi, sam. et fériés)* Menu 41/64 €

◆ Architecture en arc de cercle nichée parmi les tours de la Défense. Chambres spacieuses et bien équipées, relookées dans un esprit "tendance". Cadre actuel, table méditerranéenne et joli choix de vins à la Tavola. Ambiance plus décontractée à l'Italian Lounge.

Novotel La Défense ch, ch, 130,
2 bd Neuilly, sortie Défense 1 – 01 41 45 23 23 – h0747@accor.com – Fax 01 41 45 23 24
280 ch – 105/320 € 105/450 €, 15 € – **Rest** – buffet Menu 19/30 € – Carte 18/31 €
◆ Sculpture et architecture : la Défense, vrai musée de plein air, est aux pieds de cet hôtel. Chambres pratiques ; certaines regardent Paris. Bar relooké dans un esprit "tendance". Décor contemporain dans la salle à manger dotée d'un espace buffet.

DRAVEIL – **91 Essonne** – **312** D3 – **101** 36 – **28 093 h.** – **alt. 55 m** – ✉ **91210** 21 **C3**

Paris 23 – Corbeil Essonnes 11 – Créteil 14 – Versailles 30

Syndicat d'initiative, rue du Docteur Francois 01 69 03 09 39

Gibraltar 10,
61 av. Libert – 01 69 42 32 05 – legibraltars@wanadoo.fr – Fax 01 69 52 06 82 – Fermé dim. soir et lundi
Rest – Menu 30 € (sem.)/38 € – Carte 34/67 €
◆ Cap sur Gibraltar... au bord de la Seine ! L'été, agréable terrasse face au fleuve, et l'hiver, salle agrémentée d'un vivier et d'une fresque évoquant une cabine de bateau.

ENGHIEN-LES-BAINS – **95 Val-d'Oise** – **305** E7 – **101** 5 – **10 368 h.** – **alt. 45 m** – **Stat. therm.** – **Casino** – ✉ **95880** Île de France 20 **B1**

Paris 17 – Argenteuil 7 – Chantilly 34 – Pontoise 22 – St-Denis 7 – St-Germain-en-Laye 25

Office de tourisme, 81 rue du Général-de-Gaulle 01 34 12 41 15, Fax 01 39 34 05 76

de Domont Montmorency à Domont Route de Montmorency, N : 8 km, 01 39 91 07 50.

Lac★ - Deuil-la-Barre : chapiteaux historiés★ de l'église Notre-Dame NE : 2 km.

Grand Hôtel Barrière ch, rest,
85 r. Gén. de Gaulle – 01 39 34 10 00 20/40,
– grandhotelenghien@lucienbarriere.com – Fax 01 39 34 10 01
36 ch – 210/235 € 210/235 €, 18 € – 7 suites
Rest ***L'Aventurine*** – *(fermé 6-19 août, merc. midi, jeudi midi, vend. midi, lundi et mardi)* Menu 45/95 € – Carte 53/75 €
◆ Cet établissement, sorti d'une cure de jouvence, a gardé son âme de grand hôtel de ville thermale. Hall feutré, bar "cosy" et chambres élégantes. Agréable restaurant avec boiseries, tentures soyeuses et fauteuils de style Louis-Philippe. Terrasse verdoyante.

Du Lac ch, rest, ch, 10/100,
89 r. Gén. de Gaulle – 01 39 34 11 00 – hoteldulac@lucienbarriere.com – Fax 01 39 34 11 01
138 ch – 170/195 € 170/195 €, 14 € – 3 suites – **Rest** – *(fermé sam. midi)* Menu (21 €), 28/55 € bc (week-end) – Carte 35/62 €
◆ Cet hôtel récent propose de confortables chambres modernes ; côté lac, elles bénéficient d'une agréable vue, côté jardin, elles sont plus au calme. Chaleureuse salle à manger dont le décor rappelle les brasseries 1930 ; plaisante terrasse face au plan d'eau.

L'Auberge d'Enghien
32 bd d'Ormesson – 01 34 12 78 36 – auberge-enghein@wanadoo.fr – Fax 01 34 12 22 78 – Fermé août, 23-31 déc., dim. soir et lundi
Rest – Menu (28 €), 32/57 € bc – Carte 42/56 €
◆ Ce restaurant du centre-ville est apprécié pour sa cuisine au goût du jour soignée. Les trois salles à manger (dont une non-fumeurs) sont sagement rustiques. Accueil souriant.

ÉVRY P – **91 Essonne** – **312** D4 – **101** 37 – ✉ **91000** Île de France 18 **B2**

Paris 32 – Chartres 80 – Créteil 30 – Étampes 36 – Fontainebleau 36 – Melun 23

Cathédrale de la Résurrection ★ - 5 mai-janv. Epiphanies (Exposition).

Mercure ch, ch, rest, 15/100, VISA

52 bd Coquibus (face cathédrale) – 01 69 47 30 00 – h1986@accor-hotels.com – Fax 01 69 47 30 10

114 ch – 112 € 122 €, 12 € – **Rest** – *(fermé 20 juil.-20 août, vacances de Noël, vend. soir, sam., dim. et fériés)* Menu (19 €), 22 € – Carte 20/30 €

◆ Sur un boulevard passant, face à l'étonnante cathédrale de la Résurrection, hôtel aux chambres assez grandes, bien insonorisées et équipées d'un espace bureau très fonctionnel. Ambiance "paquebot" et carte typique d'un Mercure au restaurant en rotonde.

à Courcouronnes – 13 954 h. – alt. 80 m – ✉ 91080

de Bondoufle à Bondoufle Départementale 31, O : 3 km, 01 60 86 41 71.

Canal 15, VISA

31 r. Pont Amar (près hôpital) – 01 60 78 34 72 – Fax 01 60 79 22 70 – Fermé août, sam. et dim.

Rest – Menu 20/29 € – Carte 25/46 €

◆ Petite brasserie un brin "rétro" dont on apprécie la franche cuisine mettant à l'honneur les cochonnailles (dont un bon pied de porc). Produits frais uniquement.

à Lisses – 7 206 h. – alt. 86 m – ✉ 91090

Espace Léonard de Vinci 12/85, VISA

av. Parcs – 01 64 97 66 77 – contact@leonard-de-vinci.com – Fax 01 64 97 59 21

73 ch – 100 € 110 €, 10 € – **Rest** – Menu 25/27 € bc – Carte 29/49 €

◆ Terrains de football, squash, piscines, sauna, hammam, jacuzzi, fitness, centre de balnéothérapie... Et des chambres pratiques pour vous remettre d'une journée bien remplie ! Espace brasserie ou restaurant classique plus cossu. Soirées jazz le samedi soir.

GAGNY – 93 Seine-Saint-Denis – 305 G7 – 101 18 – 36 715 h. – alt. 70 m – ✉ 93220 21 **D1**

Paris 17 – Bobigny 11 – Raincy 3 – St-Denis 18

Syndicat d'initiative, 1 avenue Jean-Jaurès 01 43 81 49 09

Le Vilgacy VISA

45 av. H. Barbusse – 01 43 81 23 33 – Vilgacy@wanadoo.fr – Fax 01 43 81 23 33 – Fermé 10-17 avril, 30 juil.-22 août, 25 fév.-4 mars, dim. soir, mardi soir et lundi

Rest – Menu (20 €), 25/33 € – Carte 41/59 €

◆ Vous serez accueilli dans l'agréable décor contemporain des deux salles (tableaux en exposition-vente) ou dans le jardin-terrasse en été. Généreuse cuisine traditionnelle.

LA GARENNE-COLOMBES – 92 Hauts-de-Seine – 311 J2 – 101 14 – 24 067 h. – alt. 40 m – ✉ 92250 20 **B1**

Paris 13 – Argenteuil 7 – Asnières-sur-Seine 5 – Courbevoie 2 – Nanterre 4 – Pontoise 27

Syndicat d'initiative, 24 rue d'Estienne-d'Orves 01 47 85 09 90, Fax 01 42 42 07 17

L'Instinct VISA

1 r. Voltaire – 01 56 83 82 82 – Fax 01 47 82 09 53 – Fermé 6-20 août, sam. midi, lundi soir et dim.

Rest – *(prévenir)* Menu (25 €), 30/37 €

◆ Face au marché couvert, restaurant au cadre résolument moderne et coloré. Salle claire et lumineuse et très beau bar en bois pour l'apéritif. Cuisine au goût du jour.

GOUSSAINVILLE – 95 Val-d'Oise – 305 F6 – 101 7 – 27 356 h. – alt. 95 m – ✉ 95190 18 **B1**

Paris 29 – Chantilly 24 – Pontoise 34 – Senlis 33

de Gonesse à Gonesse 5 avenue Pierre Salvi, S : 8 km par D 47, 01 39 87 02 70 ; de Plessis Bellefontaine à BellefontaineN : 11km, 01 34 71 05 02.

Médian sans rest

2 av. F. de Lesseps (par D 47) – ✆ 01 39 88 93 93 – goussainville@medianhotels.com – Fax 01 39 88 75 65

49 ch – 105/120 € 105/160 €, 12 € – 6 suites

♦ Sur un rond-point au trafic soutenu et à proximité de l'aéroport de Roissy, hôtel bénéficiant d'une bonne isolation phonique. Chambres pratiques bien tenues.

GRESSY – **77 Seine-et-Marne** – **312** F2 – **101** 10 – **813 h.** – **alt. 98 m** – ✉ **77410** 19 **C1**

Paris 32 – Meaux 20 – Melun 56 – Senlis 35

Le Manoir de Gressy

– ✆ 01 60 26 68 00 – information@manoirdegressy.com – Fax 01 60 26 45 46 – Fermé 29 juil.-19 août et 22 déc.-1er janv.

87 ch – 130/230 € 130/260 €, 19 € – **Rest** – Menu 46 € – Carte 46/56 €

♦ Sur le site d'une ferme fortifiée du 18e s., manoir mariant les styles avec bonheur. Chaque chambre possède son propre décor ; toutes s'ouvrent sur le jardin et la piscine. Murs patinés, parquets et mobilier d'inspiration provençale dans la salle à manger.

ISSY-LES-MOULINEAUX – **92 Hauts-de-Seine** – **311** J3 – **101** 25 – **52 647 h.** – **alt. 37 m** – ✉ **92130** Île de France 20 **B2**

Paris 8 – Boulogne-Billancourt 3 – Clamart 4 – Nanterre 11 – Versailles 14

Office de tourisme, esplanade de l'Hôtel de Ville ✆ 01 41 23 87 00, Fax 01 40 95 67 33

Musée de la Carte à jouer★.

La Table des Montquartiers

5 Chemin Montquartiers – ✆ 01 46 44 05 45 – contact@crayeres-montquartiers.com – Fax 01 46 45 66 55 – Fermé août, 24 déc.-2 janv., sam., dim. et fériés

Rest – *(déj. seult)* Menu 30/40 €

♦ Outre son cadre inhabituel, les galeries d'une ancienne carrière de craie, et sa belle cuisine au goût du jour, ce restaurant propose un choix exceptionnel de vins.

River Café

Pont d'Issy, 146 quai Stalingrad – ✆ 01 40 93 50 20 – info@lerivercafe.net – Fax 01 41 46 19 45 – Fermé sam. midi

Rest – Menu (27 €), 32/38 €

♦ Insolite restaurant aménagé dans une ex-barge pétrolière amarrée face à l'île St-Germain. Intérieur colonial, terrasse sur la berge, voiturier... À l'abordage, mille sabords !

L'Île

Parc Île St-Germain, 170 quai Stalingrad – ✆ 01 41 09 99 99 – n.senecal@restaurant-lile.com – Fax 01 41 09 99 19

Rest – Menu (20 €), 39 € bc/77 € bc – Carte 32/62 €

♦ C'est la fleur au fusil que l'on rejoint cette caserne postée sur une île de la Seine : un restaurant "tendance" y a élu domicile, aussitôt investi par une armée de Robinson.

Manufacture

20 espl. Manufacture (face au 30 r. E. Renan) – ✆ 01 40 93 08 98 – Fax 01 40 93 57 22 – Fermé 1er-15 août, sam. midi et dim.

Rest – Menu (26 €), 32 €

♦ Reconversion réussie pour l'ancienne manufacture de tabac (1904) qui abrite logements, boutiques et ce restaurant design complété d'une belle terrasse. Carte dans l'air du temps.

Coquibus

16 av. République – ✆ 01 46 38 75 80 – coquibus2@wanadoo.fr – Fax 01 41 08 95 80 – Fermé août et dim.

Rest – Menu 20 € (déj. en sem.)/29 € – Carte 29/41 €

♦ Boiseries, tableaux colorés et coqs en terre cuite donnent des airs de brasserie des années 1930 à ce restaurant du centre-ville. Cuisine traditionnelle et fruits de mer.

JANVRY – **91 Essonne** – **312** B4 – **101** 33 – **530 h.** – **alt. 160 m** – ✉ **91640** 18 **B2**

Paris 35 – Briis s/s Forges 4 – Dourdan 20 – Palaiseau 19

Bonne Franquette VISA

1 rue du Marchais – ✆ 01 64 90 72 06 – info@bonnefranquette.fr – Fax 01 64 90 53 63 – Fermé 9-23 avril, 13 août-10 sept., 24 déc.-7 janv., sam. midi, dim. soir et lundi

Rest – Menu 33 €

◆ Ex-relais de poste situé face au château (17e s.) d'un joli village francilien. Deux grandes ardoises annoncent la cuisine du jour servie dans un chaleureux décor rustique.

JOINVILLE-LE-PONT – **94 Val-de-Marne** – **312** D3 – **101** 27 – **17 117 h.** – **alt. 49 m** – ✉ **94340** 21 **D2**

Paris 12 – Créteil 7 – Lagny-sur-Marne 22 – Maisons-Alfort 5 – Vincennes 6

Office de tourisme, 23 rue de Paris ✆ 01 42 83 41 16, Fax 01 49 76 92 98

Kyriad Prestige ch, ch, 80, VISA AE

16 av. Gén. Gallieni – ✆ 01 48 83 11 99 – joinvillelepont@kyriadprestige.fr – Fax 01 48 89 51 58

89 ch – 96/116 € 96/116 €, 12 € – **Rest** – Menu (19 €), 26 € – Carte 30/47 €

◆ Architecture contemporaine abritant des chambres spacieuses et insonorisées, agencées pour les loisirs (coin salon) ou pour le travail (bureau et fauteuil idoine). Agréable salle à manger moderne et repas proposés sous forme de buffets.

Cinépole sans rest VISA AE

8 av. Platanes – ✆ 01 48 89 99 77 – cinepole@wanadoo.fr – Fax 01 48 89 43 92

34 ch – 57/59 € 57/59 €, 7 €

◆ L'enseigne de l'hôtel évoque les anciens studios de cinéma de Joinville. Chambres pratiques et bien tenues. Minipatio où l'on sert les petits-déjeuners en été.

LE KREMLIN-BICÊTRE – **94 Val-de-Marne** – **312** D3 – **101** 26 – **23 724 h.** – **alt. 60 m** – ✉ **94270** 21 **C2**

Paris 5 – Boulogne-Billancourt 11 – Évry 28 – Versailles 23

Novotel Porte d' Italie ch, 30/60, VISA AE

22 r. Voltaire – ✆ 01 45 21 19 09 – h5586@accor.com – Fax 01 45 21 12 60

168 ch – 90/160 € 90/180 €, 14 € – **Rest** – Carte 18/36 €

◆ Cette construction récente à la sobre façade de granit poli vous mettra à 5 minutes de la place d'Italie. Vastes chambres aménagées aux dernières normes de la chaîne. Décor "tendance" plein de couleur au restaurant. Cuisine traditionnelle.

Express by Holiday Inn sans rest 30, VISA AE

1-3 r. Elisée Reclus – ✆ 01 47 26 26 26 – reservation@porteditalie.hiexpress.com – Fax 01 47 26 16 66 – **89 ch** – 115 € 125 €, 9 €

◆ Discrète façade de briques roses pour cet hôtel situé à proximité immédiate des quartiers Sud de la capitale. Petites chambres habillées de bois clair et de tissus bariolés.

LÉSIGNY – **77 Seine-et-Marne** – **312** E3 – **101** 29 – **7 647 h.** – **alt. 95 m** – ✉ **77150** 19 **C2**

Paris 33 – Brie-Comte-Robert 9 – Évry 29 – Melun 27 – Provins 65

du Réveillon Ferme des Hyverneaux, S : 2 km, ✆ 01 60 02 17 33 ; ASPTT Paris Golf des Corbuches Ferme des Hyverneaux, S : 2 km, ✆ 01 60 02 07 26.

au golf **par rte secondaire, Sud : 2 km ou par Francilienne : sortie n° 19** – ✉ **77150 Lésigny**

Golf ch, rest, 6/100, VISA AE

ferme des Hyverneaux – ✆ 01 60 02 25 26 – reservation@parisgolfhotel.com – Fax 01 60 02 03 84

48 ch – 54/108 € 54/120 €, 12 € – **Rest** – *(fermé vend. soir et dim. soir de nov. à mars)* Menu 20 €

◆ Cette abbaye du 12e s. agrandie d'une aile moderne dispose de chambres actuelles, gaiement colorées, donnant sur la cour intérieure ou sur le golf. Charpente massive, pierres apparentes et mobilier contemporain composent le cadre du restaurant.

LEVALLOIS-PERRET – 92 Hauts-de-Seine – 311 J2 – 101 15 – 54 700 h. – alt. 30 m – ✉ 92300 20 B1

Paris 9 – Argenteuil 8 – Nanterre 8 – Pontoise 27 – St-Germain-en-Laye 20

Evergreen Laurel
ch, ch, 150/450,
8 pl. G. Pompidou – ☎ 01 47 58 88 99 – elhpar@evergreenhotels.com – Fax 01 47 58 88 99
VISA AE
338 ch – 330 € 330 €, 19 €
Rest ***Café Laurel*** – Menu (19 €), 26 € (sem.)/28 € (week-end) – Carte 32/56 €
◆ Luxe, élégance et luminosité : un hôtel neuf pensé pour la clientèle d'affaires. Les chambres, dotées d'un plaisant mobilier en bois de rose, sont spacieuses. Plats traditionnels sous l'immense verrière du Café Laurel.

Espace Champerret sans rest
VISA AE
26 r. Louise Michel – ☎ 01 47 57 20 71 – espace.champerret.hotel@wanadoo.fr – Fax 01 47 57 31 39
39 ch – 55/80 € 60/90 €, 7,50 €
◆ Une cour, où l'on sert le petit-déjeuner en été, sépare les deux bâtiments de cet hôtel ; celui sur l'arrière est plus calme. Chambres rénovées, insonorisées et bien tenues.

Parc sans rest
VISA AE
18 r. Baudin – ☎ 01 47 58 61 60 – Fax 01 47 48 07 92 – Fermé août et 24 déc.-1er janv.
52 ch – 69 € 90/120 €, 8 €
◆ Établissement abritant des chambres au mobilier fonctionnel ou de style ; trois d'entre elles sont de plain-pied avec une cour intérieure. Entretien suivi et accueil charmant.

ABC Champerret sans rest
VISA AE
63 r. Danton – ☎ 01 47 57 01 55 – reservation@abcchamphotel.com – Fax 01 47 57 54 23
39 ch – 50/63 € 60/79 €, 7,50 €
◆ Pratique pour la clientèle d'affaires, hôtel disposant de chambres nettes, garnies de meubles façon "bambou". L'été, le petit-déjeuner est servi dans le patio fleuri.

Mandalay
VISA AE
35 r. Carnot – ☎ 01 47 57 68 69 – Fax 01 40 89 76 05 – Fermé 1er-20 août, 24 déc.-2 janv., dim. et lundi
Rest – Menu (29 €), 34 € – Carte 41/53 €
◆ Subtile inspiration ethnique tant dans le décor que dans l'assiette : la cuisine, inventive, emprunte parfums et épices aux cinq continents. Ambiance animée et conviviale.

Les Autodidactes
VISA
9 Place Jean Zay – ☎ 01 47 39 54 02 – autodidactes.restaurant@wanadoo.fr – Fax 01 47 39 59 99 – Fermé août, 24 déc.-1er janv., sam., dim. et fériés
Rest – *(déj. seult)* Menu (35 €) – Carte 39/62 €
◆ Le patron, également artiste peintre, expose ses tableaux très colorés dans la salle de restaurant. Agréable terrasse ombragée et courte carte évoluant au gré du marché.

LIVRY-GARGAN – 93 Seine-Saint-Denis – 305 G7 – 101 18 – 37 288 h. – alt. 60 m – ✉ 93190 21 D1

Paris 19 – Aubervilliers 14 – Aulnay-sous-Bois 4 – Bobigny 8 – Meaux 26 – Senlis 42

Office de tourisme, 5 place François Mitterrand ☎ 01 43 30 61 60, Fax 01 43 30 48 41

La Petite Marmite
VISA
8 bd République – ☎ 01 43 81 29 15 – Fax 01 43 02 69 59 – Fermé 8-29 août, dim. soir et merc.
Rest – Menu 32 €
◆ Une clientèle d'habitués se régale d'une cuisine traditionnelle à la table bistrotière de ce restaurant imitant une chaumière. Terrasse avec fresques bucoliques dans la cour.

LES LOGES-EN-JOSAS – **78 Yvelines** – **311** I3 – **101** 23 – **1 451 h.** – **alt. 160 m** – ✉ **78350** 20 **A2**

Paris 21 – Bièvres 7 – Chevreuse 13 – Palaiseau 12 – Versailles 6

de Saint-Marc à Jouy-en-Josas Chemin de Viltain, E par D120 et N 446 : 6 km, ✆ 01 30 97 25 25.

Le Relais de Courlande ch, 100,

23 av. Div. Leclerc – ✆ 01 30 83 84 00 – hotel@relais-de-courlande.com – Fax 01 39 56 06 72

53 ch – †105/149 € ††105/189 €, ☕ 11 € – ½ P 84/104 € – **Rest** – *(fermé dim. soir et lundi)* Menu (15 €), 35/58 € – Carte 49/76 € ♀

◆ Ancienne ferme du 17e s. et tour de garde postée dans le jardin jouxtent un bâtiment plus récent qui abrite des chambres fonctionnelles ou rajeunies. Poutres, cheminée et mobilier Louis XIII agrémentent la salle à manger installée dans une étable restaurée.

LONGJUMEAU – **91 Essonne** – **312** C3 – **101** 35 – **19 957 h.** – **alt. 78 m** – ✉ **91160** 20 **B3**

Paris 20 – Chartres 70 – Dreux 84 – Évry 15 – Melun 41 – Orléans 113 – Versailles 27

XX **St-Pierre** VISA

42 r. F. Mitterrand – ✆ 01 64 48 81 99 – saint-pierre@wanadoo.fr – Fax 01 69 34 25 53 – Fermé 9-16 avril, 29 juil.-21 août, lundi soir, merc. soir, sam. midi et dim.

Rest – Menu 32/45 € – Carte 30/57 € ♀

◆ Ce restaurant mitonne une cuisine nourrie des saveurs du Sud-Ouest, utilisant des produits en arrivage direct du Gers. Coquette salle à manger rustique.

MAISONS-ALFORT – **94 Val-de-Marne** – **312** D3 – **101** 27 – **51 103 h.** – **alt. 37 m** – ✉ **94700** Île de France 21 **C2**

Paris 10 – Créteil 4 – Évry 34 – Melun 39

XX **La Bourgogne** VISA

164 r. J. Jaurès – ✆ 01 43 75 12 75 – restaurant.labourgogne@wanadoo.fr – Fax 01 43 68 05 86 – Fermé 10-22 août, 24 déc.-1er janv., sam. midi et dim.

Rest – Menu 28/49 € bc (soir) – Carte 34/68 € ♀

◆ Atmosphère d'auberge provinciale et solide cuisine traditionnelle sont les atouts de ce restaurant qui sert, comme le précise l'enseigne, des spécialités bourguignonnes.

MAISONS-LAFFITTE – **78 Yvelines** – **311** I2 – **101** 13 – **21 856 h.** – **alt. 38 m** – ✉ **78600** Île de France 20 **A1**

Paris 21 – Mantes-la-Jolie 38 – Poissy 9 – Pontoise 17 – St-Germain-en-Laye 8 – Versailles 19

Office de tourisme, 41 avenue de Longueil ✆ 01 39 62 63 64, Fax 01 39 12 02 89

Château★.

XXX **Tastevin** (Blanchet) VISA

✿ *9 av. Eglé – ✆ 01 39 62 11 67 – Fax 01 39 62 73 09 – Fermé 29 juil.-22 août, 24 fév.-12 mars, lundi et mardi*

Rest – Menu 45 € (déj. en sem.), 63/80 € – Carte 63/100 € ♀

Spéc. Escalope de foie gras de canard au vinaigre de cidre. Saint-Jacques (oct. à mars). Sanciaux aux pommes (sept. à mars).

◆ Accueillante maison de maître du "lotissement Laffitte". Service attentionné, cuisine classique et belle carte des vins : "tastez" donc ce restaurant mansonnin.

Ce symbole en rouge ?
La tranquillité même, juste le chant des oiseaux au petit matin...

MARLY-LE-ROI – **78 Yvelines** – **312** B2 – **101** 12 – **16 759 h.** – **alt. 90 m** – ✉ **78160** 20 **A2**

Paris 24 – Bougival 5 – St-Germain-en-Laye 5 – Versailles 9

Office de tourisme, avenue des Combattants ✆ 01 39 16 16 01

Le Village AC VISA MC AE

3 Grande Rue – ✆ 01 39 16 28 14 – tomohirouido@club-internet.fr – Fax 01 39 58 62 60 – Fermé 30 juil.-19 août, sam. midi, dim. soir et lundi

Rest – *(nombre de couverts limité, prévenir)* Menu 35/70 € – Carte 76/123 €

◆ Cet avenant restaurant du vieux Marly abrite une salle à manger ornée d'une fresque. Le chef, d'origine japonaise, propose une goûteuse cuisine française personnalisée.

MARNE-LA-VALLÉE – **Île-de-France** – **312** E2 – **101** 19 – **246 607 h.** – ✉ **77206** Île de France 19 **C2**

Paris 27 – Meaux 29 – Melun 40

de Bussy-Saint-Georges à Bussy-Saint-Georges Promenade des Golfeurs, ✆ 01 64 66 00 00 ;

Disneyland Paris à Magny-le-Hongre Allée de la Mare Houleuse, ✆ 01 60 45 68 90 ;

de Torcy à Torcy Base Régionale de loisirs, N : 5 km, ✆ 01 64 80 80 90.

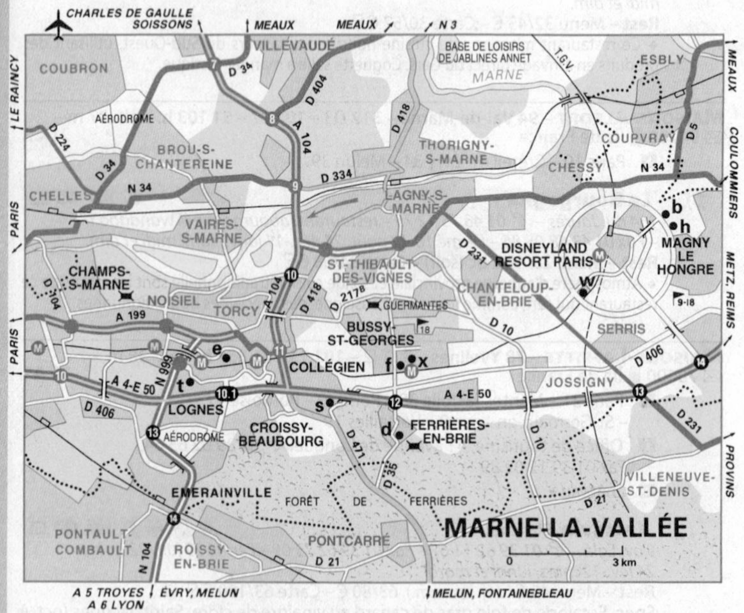

à Bussy-St-Georges – **9 194 h.** – **alt. 105 m** – ✉ **77600**

Marne La Vallée sans rest 6/120, VISA MC AE

39 bd Lagny – ✆ 01 64 66 35 65 – reservations@hibussy.com – Fax 01 64 66 03 10 **f**

120 ch – †160/175 € ††175/190 €, ☕ 15 €

◆ En bordure d'une large avenue, chambres spacieuses à la tenue sans défaut, équipées d'un double vitrage. Agréable bar.

Tulip Inn Marne la Vallée ch, ch, 12/40,
44 bd A. Giroust – *01 64 66 11 11*
– *tulip.reservations@wanadoo.fr* – *Fax 01 64 66 29 05* x
87 ch – 109/119 € 119/129 €, 10 € – **Rest** – *(fermé sam. midi et dim. midi)* Menu (13,50 €), 18 €
◆ Intégré à un grand ensemble immobilier, face à la station RER, hôtel aux chambres fonctionnelles et bien insonorisées. Bar décoré dans l'esprit "Louisiane". Salle à manger décorée de fresques évoquant l'Italie. Sur la carte, pâtes et pizzas.

à Collégien – 2 983 h. – alt. 105 m – ✉ 77090

Novotel ch, ch, 10/180,
– *01 64 80 53 53* – *h0385@accor.com* – *Fax 01 64 80 48 37* s
195 ch – 96/105 € 107/116 €, 12 € – **Rest** – Menu 25/29 € – Carte 25/29 €
◆ Ce Novotel accueille les visiteurs du parc Disneyland et les hommes d'affaires. Les chambres rénovées arborent un joli décor contemporain (mobilier en bois, belles teintes). Le restaurant ne déroge pas aux normes de la chaîne, mais son cadre design est réussi.

à Disneyland Resort Paris accès par autoroute A 4 et bretelle Disneyland – ✉ 77777

Disneyland Paris ★★★ (voir Guide Vert Île-de-France)-Centrale de réservations hôtels : (00 33) 08 25 30 60 30 (0,15 €/mn), Fax (00 33) 01 64 74 57 50 - Les hôtels du Parc Disneyland Resort Paris pratiquent des forfaits journaliers comprenant le prix de la chambre et l'entrée aux parcs à thèmes - Ces prix variant selon la saison, nous vous suggérons de prendre contact avec la centrale de réservation.

à Ferrières-en-Brie – 1 655 h. – alt. 108 m – ✉ 77164

St-Rémy ch, 20/40,
24 r. J. Jaurès – *01 64 76 74 00* – *rkhater@hotel-st-remy.fr*
– *Fax 01 64 76 74 01* d
25 ch – 61 € 70 €, 7 € – ½ P 60 € – **Rest** – *(fermé sam. et dim.)* Menu 35 € – Carte 34/51 €
◆ Découvrez à l'étage de cette pimpante maison du 19e s. la jolie salle des fêtes créée par la famille Rothschild. Petites chambres de bon confort au décor épuré. Coquette salle à manger égayée de couleurs chaudes et cuisine au goût du jour.

à Lognes – 14 215 h. – alt. 97 m – ✉ 77185

Suites Inn ch, rest, ch, cuisinette
57-61 r. Tour d'Auvergne – 2/150,
01 60 06 12 12 – *direction@leroidulac.com* – *Fax 01 60 06 12 00* e
63 ch – 100/180 € 100/180 €, 12 € – 26 suites – **Rest** – *(fermé vend. soir, sam. et dim.)* Menu 19/30 € – Carte 22/40 €
◆ Ce complexe hôtelier moderne propose des chambres contemporaines, assez originales, toutes tournées vers le lac ; certaines possèdent un balcon. Squash, sauna et hammam. Au restaurant, cuisine aux accents du Sud et belle terrasse dominant le plan d'eau.

à Magny-le-Hongre – 1 791 h. – alt. 117 m – ✉ 77700

Holiday Inn ch, 12/150,
20 av. de la Fosse des Pressoirs – *01 64 63 37 37*
– *valdefrance@ichotelsgroup.com* – *Fax 01 64 63 37 38* h
396 ch – 220 € 230 €, 10 € – **Rest** – *(dîner seult)* Menu 25 € bc
◆ L'univers du cirque compose le thème du décor intérieur haut en couleurs de cet hôtel construit près de Disneyland Paris. Au restaurant, piste centrale, colonnes et fresques évoquent l'atmosphère d'un chapiteau.

Mövenpick Dream Castle ch,
40 av. Fosse des Pressoirs – 12/150,
01 64 17 90 00 – *assistant.gm@dreamcastle-hotel.com*
– *Fax 01 64 17 90 01* b
400 ch – 238 € 238/360 €, 15 € – **Rest** – Menu 28 € – Carte 21/41 €
◆ L'architecture et la décoration intérieure de cet hôtel récent font référence à l'univers des châteaux. Chambres élégantes et spacieuses ; salles de bains fonctionnelles. Des buffets à thème (asiatique, italien, oriental, etc.) vous attendent à l'heure des repas.

à Serris – 2 320 h. – alt. 129 m – ✉ 77700

L'Élysée Val d'Europe
7 cours Danube, (face gare RER) – ✆ 01 64 63 33 33 – info@hotelelysee.com – Fax 01 64 63 33 30 w
152 ch – 🛉120/160 € 🛉🛉120/160 €, ☕ 12 € – **Rest** – Menu (16 €), 21/30 € – Carte 20/30 € ♀
◆ Belle architecture de style haussmannien dans un nouveau quartier. Élégant salon et jardin original coiffé d'une verrière façon Baltard. Chambres spacieuses et bien pensées. Brasserie au cadre actuel servant plats ad hoc et grillades ; formule rapide au bar.

MASSY – 91 Essonne – 312 C3 – 101 25 – 37 712 h. – alt. 78 m – ✉ 91300 20 **B3**

Paris 19 – Arpajon 19 – Évry 20 – Palaiseau 4 – Rambouillet 45

Mercure 13/75,
21 av. Carnot (Gare T. G. V.) – ✆ 01 69 32 80 20 – h1176@accor-hotels.com – Fax 01 69 32 80 25
116 ch – 🛉130/140 € 🛉🛉140/150 €, ☕ 13 € – **Rest** – *(fermé août, vacances de Noël, vend. soir, sam. et dim.)* Menu (18 €), 23 € – Carte 28/35 € ♀
◆ Situation idéale entre gares TGV et RER pour cet hôtel contemporain. Chambres fonctionnelles (30 ont été rajeunies) bien insonorisées et toutes dotées de salles d'eau neuves. Restaurant au cadre moderne ; cuisine traditionnelle de saison.

MAUREPAS – 78 Yvelines – 311 H3 – 101 21 – 19 586 h. – alt. 165 m – ✉ 78310 18 **B2**

Paris 40 – Houdan 29 – Palaiseau 35 – Rambouillet 17 – Versailles 21

France Miniature★ NE : 3km, Île de France.

Mercure ch, 25/80,
N 10 – ✆ 01 30 51 57 27 – h0378@accor.com – Fax 01 30 66 70 14
91 ch – 🛉77/111 € 🛉🛉82/121 €, ☕ 12 € – **Rest** – *(fermé vend. soir, dim. soir, sam. et fériés)* Carte 19/29 € ♀
◆ La petite route qui part de la N 10 vous conduira jusqu'à cet hôtel dont les chambres, spacieuses et bien insonorisées, sont peu à peu rénovées. Le restaurant fonctionne sur le mode "bar à vins" : plats et tapas annoncés sur ardoise, vin au verre.

LE MESNIL-AMELOT – 77 Seine-et-Marne – 312 E1 – 101 9 – 565 h. – alt. 80 m – ✉ 77990 19 **C1**

Paris 34 – Bobigny 25 – Goussainville 15 – Meaux 28 – Melun 67

Radisson SAS ch, ch, 25/250,
rue de la Chapelle – ✆ 01 60 03 63 00 – radisson.sas@hotels-res.com – Fax 01 60 03 74 40
240 ch – 🛉105/220 € 🛉🛉105/220 €, ☕ 18 € – **Rest** – Menu (22 €) – Carte 30/50 € ♀
◆ Escale pratique à proximité de l'aéroport de Roissy : nombreux équipements de loisirs et de séminaires, vaste hall, salon-bar et chambres actuelles. Ambiance animée dans la grande brasserie au décor moderne ; les entrées y sont servies sous forme de buffets.

MEUDON – 92 Hauts-de-Seine – 311 J3 – 101 24 – 43 663 h. – alt. 100 m – ✉ 92190
Île de France 20 **B2**

Paris 11 – Boulogne-Billancourt 4 – Clamart 4 – Nanterre 12 – Versailles 10

Terrasse★ : ※★ - Forêt de Meudon★.

L'Escarbille (Douysset) 4/20,
8 r. Vélizy – ✆ 01 45 34 12 03 – contact@lescarbille.fr – Fax 01 46 89 04 75 – Fermé 13-28 août, 24 déc.-2 janv., 25 fév.-10 mars, sam. midi, dimanche soir et lundi
Rest – Menu 38 € ♀
Spéc. Salade de lentilles. Pigeon en crapaudine. Variation de chocolat noir et orange.
◆ Cette adresse qui jouxte la gare mise sur la justesse d'une cuisine dans l'air du temps, respectueuse de la tradition et des produits. Accueil charmant ; jardinet-terrasse.

au sud à Meudon-la-Forêt – ✉ 92360

Mercure Ermitage de Villebon ch, ch, 15/90, VISA AE
rte Col. Moraine – ☎ 01 46 01 46 86
– mercure.meudon@wanadoo.fr – Fax 01 46 01 46 99
65 ch – 125/145 € 133/145 €, 12 € – **Rest** – Menu (21 €), 27/40 € – Carte 49/63 €
◆ À l'orée de la forêt de Meudon et au bord de la voie rapide, hôtel bien insonorisé dont les chambres sont décorées dans un esprit Directoire. Salle à manger bourgeoise dans une maison de la fin du 19e s. et plaisante terrasse entourée d'un rideau de verdure.

MONTMORENCY – **95 Val-d'Oise** – **305** E7 – **101** 5 – **20 599 h.** – **alt. 82 m** – ✉ **95160** Île de France 18 **B1**

Paris 19 – Enghien-les-Bains 4 – Pontoise 24 – St-Denis 9
Office de tourisme, 1 avenue Foch ☎ 01 39 64 42 94
Collégiale St-Martin★.
Château d'Écouen★★ : musée de la Renaissance★★ (tenture de David et de Bethsabée★★★).

Au Cœur de la Forêt VISA
av. Repos de Diane et accès par chemin forestier – ☎ 01 39 64 99 19
– Fax 01 34 28 17 52 – Fermé août, 11-21 fév., jeudi soir, dim. soir et lundi
Rest – Menu 43 €
◆ La romantique avenue du Repos de Diane vous conduira "Au Cœur de la Forêt". Coquette salle à manger au décor chaleureux. Cuisine traditionnelle simple, produits choisis.

MONTREUIL – **93 Seine-Saint-Denis** – **311** K2 – **101** 17 – **90 674 h.** – **alt. 70 m** – ✉ **93100** Île de France 21 **C2**

Paris 11 – Bobigny 10 – Boulogne-Billancourt 18 – Argenteuil 28 – Saint-Denis 15
Office de tourisme, 1 rue Kléber ☎ 01 41 58 14 09, Fax 01 41 58 14 13

Villa9Trois 5/20, VISA AE
28 r. Colbert – ☎ 01 48 58 17 37 – villa9trois@clubinternet.fr – Fermé dim. soir
Rest – Menu 34/40 € – Carte 41/50 €
◆ Havre de verdure en pleine banlieue, cette villa à l'intérieur design vous reçoit pour un repas chic et décontracté, bien dans l'air du temps. Grande terrasse dans le jardin.

MONTROUGE – **92 Hauts-de-Seine** – **311** J3 – **101** 25 – **37 733 h.** – **alt. 75 m** – ✉ **92120** 20 **B2**

Paris 5 – Boulogne-Billancourt 8 – Longjumeau 18 – Nanterre 16 – Versailles 16

Mercure ch, ch, 15/100, VISA AE
13 r. F.-Ory – ☎ 01 58 07 11 11 – h0374@accor.com – Fax 01 58 07 11 21
181 ch – 130/155 € 145/175 €, 14 € – 6 suites – **Rest** – *(fermé sam. et dim.)* Menu (18 €), 25 € – Carte 25/37 €
◆ En léger retrait du périphérique, vaste construction abritant des chambres fonctionnelles de notre temps, climatisées et bien insonorisées. Salle à manger actuelle égayée de lithographies sur le thème des légumes (clin d'œil au passé maraîcher de Montrouge).

MORANGIS – **91 Essonne** – **312** D3 – **101** 35 – **10 611 h.** – **alt. 85 m** – ✉ **91420** 21 **C3**

Paris 21 – Évry 14 – Longjumeau 5 – Versailles 23

Sabayon VISA AE
15 r. Lavoisier – ☎ 01 69 09 43 80 – von.moos.claude@wanadoo.fr
– Fax 01 64 48 27 28 – Fermé août, 23-26 déc., sam. midi, lundi soir, mardi soir, merc. soir et dim.
Rest – Menu 40/80 €
◆ Ce restaurant est un rayon de soleil dans une ZI un peu grise : murs ocre, plafonds laqués jaune, toiles contemporaines et plantes vertes. Cuisine dans l'air du temps.

NANTERRE 🅿 – 92 Hauts-de-Seine – **311** J2 – **101** 14 – **84 281 h.** – **alt. 35 m** – ✉ **92000** 20 **B1**

Paris 13 – Beauvais 81 – Rouen 124 – Versailles 15

Syndicat d'initiative, 4 rue du Marché ✆ 01 47 21 58 02, Fax 01 47 25 99 02

Mercure La Défense Parc ch, ch, 130, VISA AE
r. des 3 Fontanot – ✆ 01 46 69 68 00 – h1982@accor.com – Fax 01 47 25 46 24
160 ch – 185/230 € 200/245 €, 19 € – **Rest** – *(fermé 18 juil.-21 août, 25 déc.-2 janv., vend. soir, dim. midi et sam.)* Menu 29/45 € bc – Carte 21/85 €
◆ Immeuble moderne et son annexe situés à côté du parc André Malraux. Meubles design, équipement complet : demandez une chambre rénovée. Cuisine du monde à déguster dans une chaleureuse et confortable salle à manger dotée d'une ligne de mobilier contemporain.

Quality Inn ch, ch, 30, VISA AE
2 av. B. Frachon – ✆ 01 46 95 08 08 – shgl@wanadoo.fr – Fax 01 46 95 01 24
85 ch – 138/178 € 158/178 €, 14 € – **Rest** – *(fermé août, 24 déc.-2 janv., vend. soir, sam. et dim.)* Menu (21 €), 26 € – Carte 37/50 €
◆ Construction de 1992 dont les chambres, plus ou moins spacieuses, sont joliment meublées et bénéficient d'un double vitrage. Chaleureuse et lumineuse salle de restaurant d'esprit colonial. Chaises cannées, tables rondes et cuisine traditionnelle.

NEUILLY-SUR-SEINE – 92 Hauts-de-Seine – **311** J2 – **101** 15 – **59 848 h.** – **alt. 34 m** – ✉ **92200** Île de France 20 **B1**

Paris 9 – Argenteuil 10 – Nanterre 6 – Pontoise 29 – St-Germain-en-Laye 18 – Versailles 17

Courtyard by Marriott ch, ch, 140, VISA AE
58 bd V. Hugo – ✆ 01 55 63 64 65 – cy.parcy.dosm@courtyard.com – Fax 01 55 63 64 66
173 ch – 175/425 € 175/425 €, 19 € – 69 suites – **Rest** – Carte 25/50 €
◆ Près de l'hôpital américain, cet immeuble des années 1970 répond aux exigences du confort moderne dans un cadre verdoyant. Belles chambres, salons et bar "cosy", terrasses. Restaurant façon bistrot, luxueux et convivial ; cuisine de brasserie et repas à thème.

Paris Neuilly sans rest VISA AE
1 av. Madrid – ✆ 01 47 47 14 67 – h0883@accor.com – Fax 01 47 47 97 42
74 ch – 225/240 € 235/255 €, 16 €
◆ Hôtel aux chambres diversement décorées. Petits-déjeuners servis dans le patio couvert orné d'une fresque représentant le château de Madrid bâti par François 1er en 1528.

Jardin de Neuilly sans rest VISA AE
5 r. P. Déroulède – ✆ 01 46 24 51 62 – hotel.jardin.de.neuilly@wanadoo.fr – Fax 01 46 37 14 60
30 ch – 99/169 € 169/214 €, 15 €
◆ Hôtel particulier du 19e s. à 300 m de la Porte Maillot. Chambres personnalisées, dotées d'un mobilier chiné. Certaines donnent côté jardin : la campagne aux portes de Paris !

De la Jatte sans rest VISA AE
4 bd Parc – ✆ 01 46 24 32 62 – hoteldelajatte@wanadoo.fr – Fax 01 46 40 77 31
69 ch – 95/130 € 95/160 €, 12 € – 2 suites
◆ Sur l'île de la Jatte, autrefois plébiscitée par les peintres, aujourd'hui lieu de résidence "branché". Décor design (couleurs "tendance", bois sombre), plaisante véranda.

Neuilly Park Hôtel sans rest VISA AE
23 r. M. Michelis – ✆ 01 46 40 11 15 – hotel@neuillypark.com – Fax 01 46 40 14 78
30 ch – 145/165 € 155/175 €, 11 €
◆ Cet hôtel du quartier des Sablons a achevé sa rénovation : meubles de style Art nouveau et tissus tendus personnalisent les menues chambres. Accueil charmant.

Foc Ly VISA AE
79 av. Ch. de Gaulle – ✆ 01 46 24 43 36 – Fax 01 46 24 48 46 – Fermé 1er-21 août
Rest – Carte 28/62 €
◆ Deux lions encadrent l'entrée de ce restaurant qui déploie en façade sa "terrasse-pagode". Intérieur repensé dans un esprit contemporain. Cuisines thaï et chinoise.

La Truffe Noire (Hardy)
2 pl. Parmentier – 01 46 24 94 14 – patchef.hardy@wanadoo.fr – Fax 01 46 24 94 60 – Fermé 7-15 avril, 28 juil.-20 août, sam. et dim.
Rest – Menu 38/115 € (dîner) – Carte 55/141 €
Spéc. "Croque-truffe". Homard, risotto de truffes de saison, émulsion coraillée. Lièvre à la royale (oct. à déc.).
◆ Cette jolie maison récemment rénovée célèbre le "diamant noir" mais aussi - en hommage à Parmentier qui fit aux "Sablons" ses premiers essais de culture - la pomme de terre.

Jarrasse L'Ecailler de Paris 20,
4 av. de Madrid – 01 46 24 07 56 – Fax 01 40 88 35 60 – Fermé 13-19 août
Rest – *(prévenir)* Menu 38 € – Carte 45/84 €
◆ Salles entièrement refaites dans un style contemporain : matériaux modernes et tons pastel procurent une atmosphère reposante. Cuisine de produits de la mer, banc d'écailler.

Les Feuilles Libres 6,
34 r. Perronet – 01 46 24 41 41 – laporte@laporterestaurants.com – Fermé sam. midi et dim.
Rest – Menu (25 €), 40 € – Carte 43/54 €
◆ Atmosphère de maison particulière dans ce restaurant au décor à la fois sobre et chic. Salons cossus, caves à vin et à cigares. Cuisine au goût du jour.

Entrées Libres
49 r. Madeleine Michelis – 01 46 24 00 84 – laporte@laporterestaurants.com – Fermé dim.
Rest – Menu (18 €) – Carte 31/47 €
◆ Entrée libre, mais nombre de places limité dans ce bistrot égayé de briquettes et de miroirs : pensez-donc à réserver pour déguster œufs mimosa, tartare ou andouillette.

Le Bistrot d'à Côté Neuilly
4 r. Boutard – 01 47 45 34 55 – bistrot@michelrostang.com – Fax 01 47 45 15 08 – Fermé sam. midi et dim. – **Rest** – Menu (30 €), 36 €
◆ Service décontracté, boiseries, collection de moulins à café, ardoises de suggestions du jour et vin servi "à la ficelle" (on paie ce que l'on boit) : un "vrai-faux bistrot".

A la Coupole
3 r. Chartres – 01 46 24 82 90 – pascalroudin@free.fr – Fermé août, sam., dim. et fériés – **Rest** – Menu 30 € bc/45 € bc – Carte 26/55 €
◆ Des véhicules miniatures réalisés à Madagascar à partir de métal récupéré égayent la sobre salle à manger de ce restaurant familial. Cuisine traditionnelle, huîtres en saison.

Aux Saveurs du Marché
4 rue de l'Eglise – 01 47 45 72 11 – auxsaveursdumarche@wanadoo.fr – Fax 01 46 37 72 13 – Fermé 30 juil.-22 août, 25 fév.-3 mars, sam. et dim.
Rest – bistrot Menu 35 € (déj.), 45/70 € – Carte 41/50 €
◆ Proche du marché, bistrot rétro avec banquettes en velours et original plafond fait de bois et glaces. Plats "canailles" à lire sur ardoises. On est au coude à coude le midi.

Il Punto
2 r. Gén. H. Bertier – 01 46 24 21 06 – Fax 01 47 47 46 71 – Fermé sam. midi
Rest – Carte 36/51 €
◆ Invitation au "giro" mais à celui de la cuisine italienne ! Décor soigné et confortable pour une salle à manger partagée entre Venise et le sud de l'Italie.

NOGENT-SUR-MARNE – **94 Val-de-Marne** – **312** D2 – **101** 27 – **28 191 h.** – **alt. 59 m** – ✉ **94130** Île de France 21 **D2**

Paris 14 – Créteil 10 – Montreuil 6 – Vincennes 6

Office de tourisme, 5 avenue de Joinville 01 48 73 73 97, Fax 01 48 73 75 90

Mercure Nogentel ch, ch, ch, 15/200,
8 r. Port – 01 48 72 70 00 – h1710@accor.com – Fax 01 48 72 86 19 – **60 ch** – 116 € 138 €, 14 €
Rest *Le Canotier* – *(fermé 6-20 août et dim. soir)* Menu 40 €
◆ Hôtel des bords de Marne proposant des chambres actuelles. L'esprit de Nogent flotte encore sur la berge, le long de la promenade fleurie. La spacieuse salle à manger du Canotier (décor marin) ouvre sur le port de plaisance ; table traditionnelle.

NOISY-LE-GRAND – **93 Seine-Saint-Denis** – **305** G7 – **101** 18 – **58 217 h.** – **alt. 82 m** – ✉ **93160** Île de France 21 **D2**

Paris 19 – Bobigny 17 – Lagny-sur-Marne 14 – Meaux 38

Syndicat d'initiative, 167 rue Pierre Brossolette ☎ 01 43 04 51 55, Fax 01 43 03 79 48

Mercure ch, 20/250, VISA

2 bd Levant – ☎ 01 45 92 47 47 – h1984@accor.com – Fax 01 45 92 47 10

192 ch – †106/111 € ††113/117 €, ☕ 12 € – **Rest** – *(fermé sam., dim. et fériés)* Carte 22/27 €

◆ Immeuble moderne dont la façade vitrée permet de suivre le ballet des ascenseurs panoramiques. Chambres spacieuses et fonctionnelles. Restaurant-brasserie avec un pan de mur constellé d'étoiles multicolores. Terrasse dans la cour intérieure.

Novotel Atria ch, 15/200, VISA

2 allée Bienvenue-quartier Horizon – ☎ 01 48 15 60 60 – h1536@accor.com – Fax 01 43 04 78 83

144 ch – †80/111 € ††89/122 €, ☕ 12 € – **Rest** – Menu (19 €), 24 € – Carte 18/36 €

◆ Bâtiment contemporain dans un quartier d'affaires. Si le bar est de la dernière génération, les chambres, bien équipées, demeurent classiques. Spacieuse salle à manger où l'on sert la carte "Lenôtre". Jardin avec aire de jeux pour enfants.

L'Amphitryon VISA

56 av. A. Briand – ☎ 01 43 04 68 00 – Fax 01 43 04 68 10 – Fermé 5-26 août, vacances de fév., sam. midi et dim. soir

Rest – Menu 26 € (sem.)/41 € – Carte 46/54 €

◆ Murs couleur melon et vaisselle chamarrée donnent le ton de cette élégante salle de restaurant. La cuisine, traditionnelle, est servie rapidement et avec le sourire.

ORGEVAL – **78 Yvelines** – **311** H2 – **101** 11 – **4 801 h.** – **alt. 100 m** – ✉ **78630** 18 **B1**

Paris 32 – Mantes-la-Jolie 28 – Pontoise 22 – St-Germain-en-Laye 11 – Versailles 22

de Villennes à Villennes-sur-Seine Route d'Orgeval, N : 2 km, ☎ 01 39 08 18 18.

Moulin d'Orgeval rest, 30, VISA

r. Abbaye, Sud : 1,5 km – ☎ 01 39 75 85 74 – contact@moulindorgeval.com – Fax 01 39 75 48 52

14 ch – †130 € ††150 €, ☕ 15 € – **Rest** – *(fermé 21 déc.-4 janv. et dim. soir)* Menu (34 €), 44/68 € – Carte 47/103 €

◆ Calme et détente dans ce vieux moulin entouré d'un parc arboré (5 ha) baigné par un étang. Chambres personnalisées, parfois meublées d'ancien ; bar de style anglais. Salle de restaurant rustique et agréable terrasse au bord de l'eau ; recettes traditionnelles.

ORLY (AÉROPORTS DE PARIS) – **91 Essonne** – **312** D3 – **101** 26 – **21 646 h.** – **alt. 89 m** – ✉ **94390** 21 **C3**

Paris 16 – Corbeil-Essonnes 24 – Créteil 14 – Longjumeau 15 – Villeneuve-St-Georges 9

Aérogare Sud ☎ 03 36 68 15 15

Hilton Orly ch, 10/280, VISA

près aérogare, Orly Sud ✉ 94544 – ☎ 01 45 12 45 12 – rm.orly@hilton.com – Fax 01 45 12 45 00

351 ch – †99/215 € ††114/230 €, ☕ 19 € – **Rest** – brasserie en semaine Menu 35 € (sem.) – Carte 30/44 €

◆ Dans cet hôtel des années 1960 : intérieur design, chambres sobres et élégantes, équipements de pointe pour les réunions et services adaptés à la clientèle d'affaires. Décor actuel, plats de brasserie ou formule buffet au restaurant.

Mercure ch, 15/40,
Aérogare ✉ 94547 – ✆ 01 49 75 15 50 – h1246@accor.com – Fax 01 49 75 15 51
192 ch – 145 € 155 €, 13,50 € – **Rest** – Menu 24 € – Carte environ 32 €
◆ Adresse convenant particulièrement à la clientèle aéroportuaire qui trouve là un ensemble de services très pratiques entre deux avions. Chambres bien tenues. Cadre tendance bistrot, plats de brasserie et carte des vins "Mercure".

à Orly-ville – 20 470 h. – alt. 71 m – ✉ 94310

Kyriad Air Plus ch, rest,
58 voie Nouvelle – ✆ 01 41 80 75 75 – airplus@club-internet.fr – Fax 01 41 80 12 12
72 ch – 63/73 € 63/73 €, 7,50 € – **Rest** – *(fermé août, 20-31 déc., sam. et dim.)* Menu 12/30 € – Carte 22/33 €
◆ C'est ici que loge le personnel des compagnies aériennes. Ambiance "aéronautique" au pub anglais ; les adeptes du jogging foulent les allées du parc Méliès. Le décor du restaurant est dévolu à l'avion (les équipages entre deux vols apprécient l'adresse).

voir aussi à **Rungis**

OZOIR-LA-FERRIÈRE – **77 Seine-et-Marne** – **312** F3 – **106** 33 – **101** 30 – **20 707 h.** – **alt. 110 m** – ✉ **77330** 19 **C2**

Paris 34 – Coulommiers 42 – Lagny-sur-Marne 22 – Melun 29 – Sézanne 84

Syndicat d'initiative, 43 avenue du Général-de-Gaulle ✆ 01 64 40 10 20

La Gueulardière 25,
66 av. Gén. de Gaulle – ✆ 01 60 02 94 56 – auberge@la-gueulardiere.com – Fax 01 60 02 98 51 – Fermé dim. soir
Rest – Menu (28 €), 38/48 € – Carte 60/93 €
◆ Cette auberge du centre-ville sert une cuisine classique dans deux élégantes salles à manger ou sur la terrasse d'été, dressée sous une pergola.

LE PERREUX-SUR-MARNE – **94 Val-de-Marne** – **312** E2 – **101** 18 – **30 080 h.** – **alt. 50 m** – ✉ **94170** 21 **D2**

Paris 16 – Créteil 12 – Lagny-sur-Marne 23 – Villemomble 6 – Vincennes 7

Office de tourisme, 75 avenue Ledru Rollin ✆ 01 43 24 26 58

Les Magnolias (Chauvel)
48 av. Bry – ✆ 01 48 72 47 43 – contact@lesmagnolias.com – Fax 01 48 72 22 28 – Fermé août, 1er-7 janv., sam. midi, dim. et lundi
Rest – Menu (37 €), 52/85 €
Spéc. Saumon fumé-rôti glacé à l'anis. Steak haché restructuré. Puzzle de chocolat noir à l'écorce de ceylan.
◆ Le cadre résolument moderne, agrémenté de spots, de tableaux contemporains et de boiseries, incite à découvrir une cuisine inventive et ludique.

Les Lauriers
5 av. Neuilly-Plaisance – ✆ 01 48 72 45 75 – garnierisabel@hotmail.com – Fermé août, vacances de Pâques, 24 déc.-1er janv., merc. soir, sam. midi, dim. soir et lundi
Rest – Menu (25 €), 34 € bc/80 € – Carte 43/100 €
◆ Ce restaurant occupe un pavillon dans un quartier résidentiel. La salle regorge de tableaux, gravures et dessins et les tables sont joliment dressées ; cuisine traditionnelle.

POISSY – **78 Yvelines** – **311** I2 – **101** 12 – **35 841 h.** – **alt. 27 m** – ✉ **78300**
Île de France 18 **B1**

Paris 32 – Mantes-la-Jolie 29 – Pontoise 16 – St-Germain-en-Laye 6

Office de tourisme, 132 rue du Général-de-Gaulle ✆ 01 30 74 60 65

Bethemont Chisan Country Club 12 rue du Parc de Béthemont, par rte d'Orgeval : 5 km, ✆ 01 39 08 13 70 ; de Villennes à Villennes-sur-Seine Route d'Orgeval, par rte de Vernouillet : 6 km, ✆ 01 39 08 18 18 ;

de Feucherolles à Feucherolles Sainte Gemme, par rte de Plaisir : 13 km, ✆ 01 30 54 94 94.

Collégiale Notre-Dame★ - Villa Savoye★.

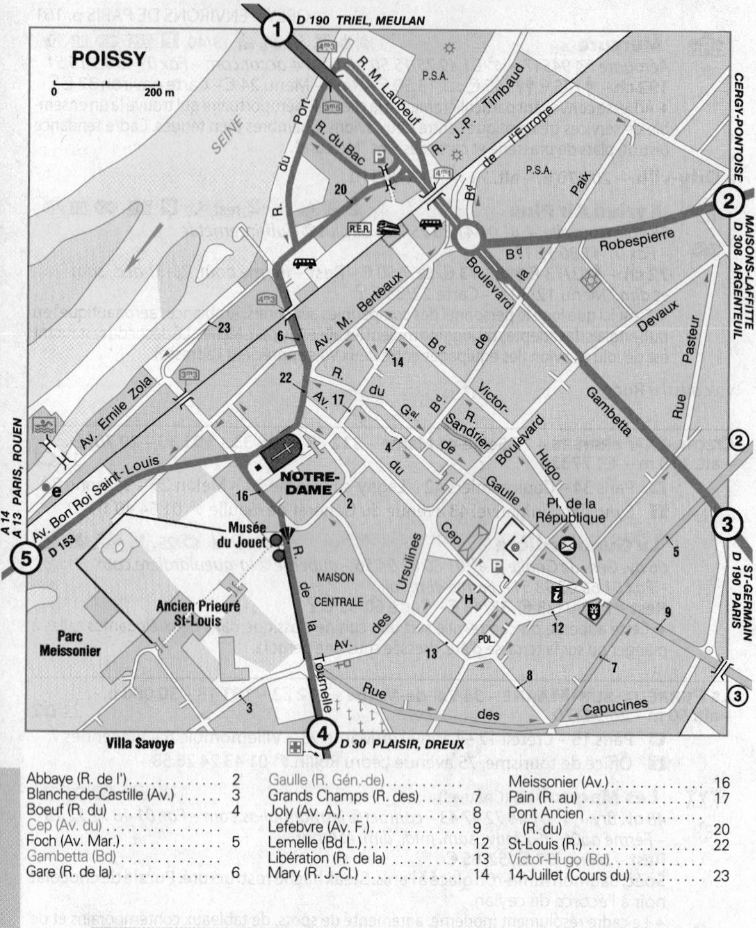

POISSY

Abbaye (R. de l')	2	Gaulle (R. Gén.-de)		Meissonier (Av.)	16
Blanche-de-Castille (Av.)	3	Grands Champs (R. des)	7	Pain (R. au)	17
Boeuf (R. du)	4	Joly (Av. A.)	8	Pont Ancien (R. du)	20
Cep (Av. du)		Lefebvre (Av. F.)	9		
Foch (Av. Mar.)	5	Lemelle (Bd L.)	12	St-Louis (R.)	22
Gambetta (Bd)		Libération (R. de la)	13	Victor-Hugo (Bd)	
Gare (R. de la)	6	Mary (R. J.-Cl.)	14	14-Juillet (Cours du)	23

XX **Bon Vivant** VISA AE

30 av. É. Zola – ✆ 01 39 65 02 14 – Fax 01 39 65 28 05 – Fermé 16-22 avril, 1er-20 août, 25 déc.-1er janv., dim. soir et lundi e

Rest – Menu 35/50 € bc – Carte 43/66 € ♀

◆ De la guinguette 1900, ce restaurant a conservé l'ambiance conviviale et la terrasse en bord de Seine. Cadre rustique et carte traditionnelle privilégiant le poisson.

LE PRÉ ST-GERVAIS – 93 Seine-Saint-Denis – 305 F7 – 101 16 – 16 377 h. – alt. 82 m – ✉ 93310

21 **C1**

Paris 8 – Bobigny 6 – Lagny-sur-Marne 33 – Meaux 38 – Senlis 47

X **Au Pouilly Reuilly** VISA AE

68 r. A. Joineau – ✆ 01 48 45 14 59 – Fermé sam. midi et dim.

Rest – Menu 28 € – Carte 33/68 € ♀

◆ Décor de bistrot au charme "rétro" d'avant-guerre, joyeuse ambiance et cuisine roborative, où les abats sont à l'honneur. Le rendez-vous du "Tout-Paris".

Rouge = agréable. Repérez les symboles X et passés en rouge.

PUTEAUX – 92 Hauts-de-Seine – **311** J2 – **101** 14 – **40 780 h.** – **alt. 36 m** – ✉ **92800** 20 **B1**

Paris 11 – Nanterre 4 – Pontoise 30 – St-Germain-en-Laye 17 – Versailles 15

Vivaldi sans rest
5 r. Roque de Fillol – ✆ 01 47 76 36 01 – vivaldi@hotelvivaldi.com – Fax 01 47 76 11 45
27 ch – 125 € 140 €, 9 €
◆ Dans une rue tranquille près de l'hôtel de ville, immeuble à la façade cossue abritant des chambres rénovées, équipées d'un mobilier fonctionnel. Petit-déjeuner dans le patio.

Princesse Isabelle sans rest
72 r. J. Jaurès – ✆ 01 47 78 80 06 – princesse.isa@wanadoo.fr – Fax 01 47 75 25 20
29 ch – 100/120 € 120/140 €, 16 €
◆ Hôtel proposant des chambres actuelles, parfois habillées de boiseries. Le hall d'accueil abrite un coin salon agrémenté d'une cheminée et un bar animé d'un piano mécanique.

La Table d'Alexandre
7 bd Richard Wallace – ✆ 01 45 06 33 63 – latabledalexandre@9business.fr – Fax 01 41 38 27 42 – Fermé 3-27 août, sam. et dim.
Rest – Menu 25 € – Carte environ 34 €
◆ À quelques foulées de la sportive île de Puteaux, cuisine traditionnelle actualisée servie dans un cadre sympathique : tons ocre, éclairage étudié et jolies chaises paillées.

ROISSY-EN-FRANCE (AÉROPORTS DE PARIS) – 95 Val-d'Oise – **305** G6 – **101** 8 – **2 367 h.** – **alt. 85 m** – ✉ **95700** 19 **C1**

Paris 26 – Chantilly 28 – Meaux 38 – Pontoise 39 – Senlis 28

Charles-de-Gaulle ✆ 03 36 68 15 15.

Office de tourisme, 40 avenue Charles-de-Gaulle ✆ 01 34 29 43 14, Fax 01 34 29 43 33

Z. I. Paris Nord II – ✉ 95912

Hyatt Regency ch, ch, rest, 300,
351 av. Bois de la Pie – ✆ 01 48 17 12 34 – cdg@hyattintl.com – Fax 01 48 17 17 17
376 ch – 145/365 € 145/365 €, 26 € – 12 suites – **Rest** – Menu 46/65 € (soir) – Carte 51/68 €
◆ Architecture contemporaine idéalement située près de l'aéroport. Grandes chambres feutrées aux équipements ultramodernes à l'attention d'une clientèle d'affaires. Buffets ou carte classique au restaurant, coiffé d'une verrière.

à l'aérogare nº 2

Sheraton ch, ch, 2/65,
– ✆ 01 49 19 70 70 – Fax 01 49 19 70 71
254 ch – 239/599 € 239/599 €, 30 €
Rest *Les Étoiles* – *✆ 01 41 84 64 54 (fermé 21 juil.-26 août, sam., dim. et fériés)* Menu 57 € – Carte 77/88 €
Rest *Les Saisons* – Menu 47 € – Carte environ 51 €
◆ Descendez de l'avion ou du TGV et montez dans ce "paquebot" à l'architecture futuriste. Décor d'Andrée Putman, vue sur le tarmac, calme absolu et chambres raffinées. Carte au goût du jour et beau cadre contemporain aux Étoiles. Plats de brasserie aux Saisons.

à Roissypole

Hilton ch, 15/500,
– ✆ 01 49 19 77 77 – cdghitwsal@hilton.com – Fax 01 49 19 77 78
385 ch – 149/509 € 149/509 €, 24 €
Rest *Le Gourmet* – *✆ 01 49 19 77 95 (fermé juil.-août, 23-31 déc., sam., dim. et fériés)* Menu (43 €), 47 €
Rest *Les Aviateurs* – *✆ 01 49 19 77 95* – Menu (37 €) – Carte 30/60 €
◆ Architecture audacieuse, espace et lumière caractérisent cet hôtel. Ses équipements de pointe en font un lieu propice au travail comme à la détente. Cuisine au goût du jour au Gourmet. Côté Aviateurs, petite carte de brasserie.

Sofitel ch, ch, 10/100,
Zone centrale Ouest – *01 49 19 29 29 – h0577@accor.com – Fax 01 49 19 29 00*
344 ch – 275/555 € 320/640 €, 25 € – 4 suites
Rest *L'Escale* – Carte 25/72 €
◆ Accueil personnalisé, atmosphère feutrée, salles de séminaires, bar élégant et chambres soignées sont les atouts de cet hôtel bâti entre les deux aérogares. Restaurant au cadre nautique et cuisine de la mer : une plaisante "Escale" entièrement vouée à Neptune.

à Roissy-Ville

Courtyard by Marriott ch, 12/230,
allée du Verger – *01 34 38 53 53*
– alexander.krips@courtyard.com – Fax 01 34 38 53 54
300 ch – 119/300 € 119/300 €, 20 € – 4 suites – **Rest** – Menu (27 €), 35 € – Carte 32/54 €
◆ Derrière sa façade blanche à colonnades, cet établissement offre des équipements modernes parfaitement adaptés à une clientèle d'affaires transitant par Paris. Carte brasserie autour d'un thème, servie dans la vaste salle à manger au décor soigné.

Millennium ch, ch, 18/150,
allée du Verger – *01 34 29 33 33 – sales.cdg@mill-cop.com – Fax 01 34 29 03 05*
239 ch – 95/280 € 95/280 €, 20 € – **Rest** – Menu (17 €) – Carte environ 30 €
◆ Bar, pub irlandais, fitness, belle piscine, salles de séminaires, chambres spacieuses et un étage spécialement aménagé pour la clientèle d'affaires : un hôtel bien équipé. Cuisine internationale et buffets à la brasserie, ou plats rapides servis côté bar.

Dorint by Novotel ch, 8/200,
Allée des Vergers – *01 30 18 20 00 – h5418@accor.com – Fax 01 34 29 95 60*
288 ch – 185/485 € 190/495 €, 17 € – 1 suite – **Rest** – Menu (18 €), 23 € – Carte 19/36 €
◆ Le dernier né du parc hôtelier de Roissy offre des services performants : vaste espace séminaires avec régie intégrée, coin enfants et wellness center très complet. Au Novotel Café et Côté Jardin, 24 h sur 24, cuisine de brasserie signée Lenôtre.

Country Inn and Suites ch, 15/95,
allée du Verger – *01 30 18 21 00 – info.paris@rezidorcountryinn.com – Fax 01 30 18 20 18*
180 ch – 135/400 € 135/400 €, 16 € – **Rest** – *(fermé dim. midi et sam.)* Carte 25/46 €
◆ L'ancien château de Roissy, brûlé pendant la Révolution, a servi de modèle à ce bâtiment de forme hexagonale abritant un jardin intérieur. Bar de style anglais. Cuisine française et plats d'outre-Atlantique font bon ménage sur la carte du restaurant.

Mercure ch, 30/90,
allée des Vergers – *01 34 29 40 00 – h1245@accor.com – Fax 01 34 29 00 18*
203 ch – 120/180 € 130/190 €, 13 € – **Rest** – Menu 23 € – Carte 27/43 €
◆ Cet hôtel offre un décor soigné : cadre provençal dans le hall, zinc à l'ancienne au bar et spacieuses chambres habillées de bois clair. Carte traditionnelle, présentée dans une salle à manger agrémentée d'une galerie sur le thème de la boulangerie et du pain.

ROSNY-SOUS-BOIS – **93 Seine-Saint-Denis** – **305** F7 – **101** 17 – **39 105 h.** – **alt. 80 m** – ✉ 93110 21 **D2**

Paris 14 – Bobigny 8 – Le Perreux-sur-Marne 5 – St-Denis 16

AS Golf de Rosny-sous-Bois 12 rue Raspail, 01 48 94 01 81.

Quality Hôtel ch, ch, 15/100,
4 r. Rome – *01 48 94 33 08*
– qualityhotel.rosny@wanadoo.fr – Fax 01 48 94 30 05
97 ch – 90/182 € 90/195 €, 11,50 € – ½ P 148/162 €
Rest *Le Vieux Carré* – *(fermé août, vacances de Noël, vend. soir, sam. et dim.)* Menu 20/25 € – Carte 27/37 €
◆ Adossé au golf, hôtel dont l'architecture et la décoration intérieure s'inspirent de la Louisiane. Chambres spacieuses et confortables. L'enseigne et le mobilier du restaurant le Vieux Carré sont des clins d'œil à la Nouvelle-Orléans ; terrasse côté greens.

RUEIL-MALMAISON – **92 Hauts-de-Seine** – **311** J2 – **101** 14 – **73 469 h.** – **alt. 40 m** – ✉ **92500** Île de France 20 **A1**

Paris 16 – Argenteuil 12 – Nanterre 3 – St-Germain-en-Laye 9 – Versailles 12

Office de tourisme, 160 avenue Paul Doumer ✆ 01 47 32 35 75

de Rueil-Malmaison 25 Boulevard Marcel Pourtout, ✆ 01 47 49 64 67.

Château de Bois-Préau★ - Buffet d'orgues★ de l'église - Malmaison : musée★★ du château.

Novotel Atria ch, rest, ch, rest, 20/180,
21 av. Ed. Belin – ✆ 01 47 16 60 60 – h1609@accor.com – Fax 01 47 51 09 29
118 ch – 197/230 € 207/240 €, 15 € – **Rest** – Carte 19/36 €
◆ Immeuble moderne du quartier d'affaires Rueil 2000, à deux pas de la gare RER. Les chambres contemporaines bénéficient d'un bon équipement. Centre de conférences. Fitness. Au restaurant, cadre actuel et cuisine de type brasserie, soucieuse de votre équilibre.

Cardinal sans rest 15,
1 pl. Richelieu – ✆ 01 47 08 20 20 – quality-hotel.cardinal@wanadoo.fr – Fax 01 47 08 35 84
64 ch – 175/200 € 175/300 €, 13 €
◆ Construction récente située à proximité des châteaux et des parcs. Chambres actuelles ou de style rustique, certaines avec mezzanine pour les familles. Salon-bar confortable.

Le Bonheur de Chine 10,
6 allée A. Maillol, (face 35 av. J. Jaurès à Suresnes) – ✆ 01 47 49 88 88 – bonheurdechine@wanadoo.fr – Fax 01 47 49 48 68 – Fermé lundi
Rest – Menu 20 € (déj. en sem.), 35/56 € – Carte 27/70 €
◆ Mobilier et autres éléments de décor en provenance d'Extrême-Orient composent le cadre authentique de ce restaurant où confluent toutes les saveurs de la cuisine chinoise.

RUNGIS – **94 Val-de-Marne** – **312** D3 – **101** 26 – **5 424 h.** – **alt. 80 m** – ✉ **94150** 21 **C3**

Paris 14 – Antony 5 – Corbeil-Essonnes 30 – Créteil 13 – Longjumeau 12

à Pondorly **accès : de Paris, A6 et bretelle d'Orly ; de province, A6 et sortie Rungis** – ✉ **94150 Rungis**

Holiday Inn ch, 15/200,
4 av. Ch. Lindbergh – ✆ 01 49 78 42 00 – hiorly@alliance-hospitality.com – Fax 01 45 60 91 25
169 ch – 172 € 172 €, 18 € – **Rest** – *(fermé 14 juil.-15 août)* Menu (22 €), 27 € – Carte environ 32 €
◆ Au bord de l'autoroute, établissement de grand confort. Ses spacieuses chambres, bien insonorisées, offrent un équipement moderne et des teintes harmonieuses. Salle à manger actuelle rehaussée de discrètes touches Art déco ; plats traditionnels.

Novotel ch, 15/150,
Zone du Delta, 1 r. Pont des Halles – ✆ 01 45 12 44 12 – h1628@accor.com – Fax 01 45 12 44 13
181 ch – 79/175 € 79/175 €, 13 € – **Rest** – Carte 17/36 €
◆ Les confortables chambres de ce vaste bâtiment de verre affichent un décor contemporain et sont dotées d'un double vitrage. Piscine bordée d'une terrasse. La salle de restaurant, tout comme le Novotel Café, a opté pour un style design et coloré.

SACLAY – **91 Essonne** – **312** C3 – **101** 24 – **2 883 h.** – **alt. 147 m** – ✉ **91400** 20 **A3**

Paris 27 – Antony 14 – Chevreuse 13 – Montlhéry 16 – Versailles 12

Novotel ch, ch, 160,
r. Charles Thomassin – ✆ 01 69 35 66 00 – h0392@accor.com – Fax 01 69 41 01 77
136 ch – 101/124 € 101/134 €, 12 € – **Rest** – Menu 25 € – Carte 18/36 €
◆ Cour pavée, maison bourgeoise du 19e s. et ancien corps de ferme : vous êtes au Novotel Saclay ! Chambres conformes aux standards de la chaîne, équipements sportifs complets. Agréable restaurant ouvert sur la piscine et le bois planté d'arbres centenaires.

St-Cloud – 92 Hauts-de-Seine – 311 J2 – 101 14 – 28 157 h. – alt. 63 m – ✉ 92210
Île de France 20 **B2**

Paris 12 – Nanterre 7 – Rueil-Malmaison 6 – St-Germain 16 – Versailles 10

du Paris Country Club 1 rue du Camp Canadien, (Hippodrome), ☎ 01 47 71 39 22.

Parc★★ (Grandes Eaux★★) - Église Stella Matutina★.

Villa Henri IV
25, P, VISA, MC, AE

43 bd République – ☎ 01 46 02 59 30 – reception@villa-henri4.com – Fax 01 49 11 11 02

36 ch – †90/100 € ††104/114 €, ☕ 7 €

Rest *Le Bourbon* – *(fermé 28 juil.-28 août, dim. soir et sam.)* Menu (16 €), 21 € (sem.)/35 € ⚲

◆ Le charme de l'ancien dans cette villa clodoaldienne aux chambres garnies de meubles de style ; toutes sont bien insonorisées. Une atmosphère d'auberge provinciale cossue émane de ce restaurant dont l'enseigne fait référence au riche passé de St-Cloud.

Quorum
ch, rest, ch, P, VISA, MC, AE

2 bd République – ☎ 01 47 71 22 33 – hotel-quorum@club-internet.fr – Fax 01 46 02 75 64

58 ch – †90/130 € ††99/180 €, ☕ 8 € – **Rest** – *(fermé août, sam. et dim.)* Menu (17 €) – Carte 22/36 € ⚲

◆ Le beau parc de Saint-Cloud (450 ha) est à deux pas de ce bâtiment récent qui abrite des chambres rénovées, fonctionnelles et équipées d'un double vitrage. Salle à manger actuelle dotée de meubles en bambou et cuisine traditionnelle sans prétention.

Le Garde-Manger
VISA, MC

21 r. Orléans – ☎ 01 46 02 03 66 – restaurant@legardemanger.com – Fax 01 46 02 11 55

Rest – *(prévenir)* Carte 27/34 € ⚲

◆ Accueil souriant, service décontracté mais efficace et cuisine généreuse sont les atouts de ce petit bistrot de quartier. On y mange au coude à coude.

St-Denis – 93 Seine-Saint-Denis – 305 F7 – 101 16 – 85 832 h. – alt. 33 m – ✉ 93200
Île de France 21 **C1**

Paris 11 – Argenteuil 12 – Beauvais 70 – Bobigny 11 – Chantilly 31 – Pontoise 27 – Senlis 44

Office de tourisme, 1 rue de la République ☎ 01 55 87 08 70, Fax 01 48 20 24 11

Basilique★★★ - Stade de France★.

St-Germain-en-Laye – 78 Yvelines – 311 I2 – 101 13 – 38 423 h. – alt. 78 m – ✉ 78100
Île de France 20 **A1**

Paris 25 – Beauvais 81 – Dreux 66 – Mantes-la-Jolie 36 – Versailles 13

Office de tourisme, 38 rue au Pain ☎ 01 34 51 05 12, Fax 01 34 51 36 01

de Joyenval à Chambourcy Chemin de la Tuilerie, par rte de Mantes : 6 km par D 160, ☎ 01 39 22 27 50.

Terrasse★★ - Jardin anglais★ - Château★ : musée des Antiquités nationales★★ - Musée Maurice Denis★.

Plan page ci-contre

Pavillon Henri IV
rest, 30/120, P, VISA, MC, AE

21 r. Thiers – ☎ 01 39 10 15 15 – reservation@pavillonhenri4.fr – Fax 01 39 73 93 73 BYZ **t**

42 ch – †125/130 € ††140/550 €, ☕ 14 € – **Rest** – *(fermé 5-24 août, 22-28 déc., sam. midi et dim. soir)* Menu 45 € bc (déj. en sem.), 65/95 € – Carte 53/96 € ⚲

◆ Achevée en 1604 sous l'impulsion d'Henri IV, cette belle bâtisse vit naître le futur roi Louis XIV. Atmosphère bourgeoise et meubles de style dans les salons et les chambres. La salle à manger offre un superbe panorama sur la vallée de la Seine et Paris.

ST-GERMAIN-EN-LAYE

Bonnenfant (R. A.) . . . . AZ 3
Coches (R. des) . . . . AZ 4
Denis (R. M.). . . . . AZ 5
Detaille (Pl. É.). . . . . AY 6
Gde-Fontaine (R. de la). . . . . AZ 10
Giraud-Teulon (R.) . . . . BZ 9
Loges (Av. des). . . . . AY 14
Malraux (Pl. A.) . . . . BZ 16
Marché-Neuf (Pl. du) . . . . . . AZ
Mareil (Pl.). . . . . AZ 19
Pain (R. au) . . . . AZ 20
Paris (R. de). . . . . AZ
Poissy (R. de) . . . . AZ 22
Pologne (R. de) . . . . AY 23
Surintendance (R. de la). . . . . AY 28
Victoire (Pl. de la). . . . . AY 30
Vieil-Abreuvoir (R. du) . . . . . . AZ 32
Vieux-Marché (R. du) . . . . AZ 33

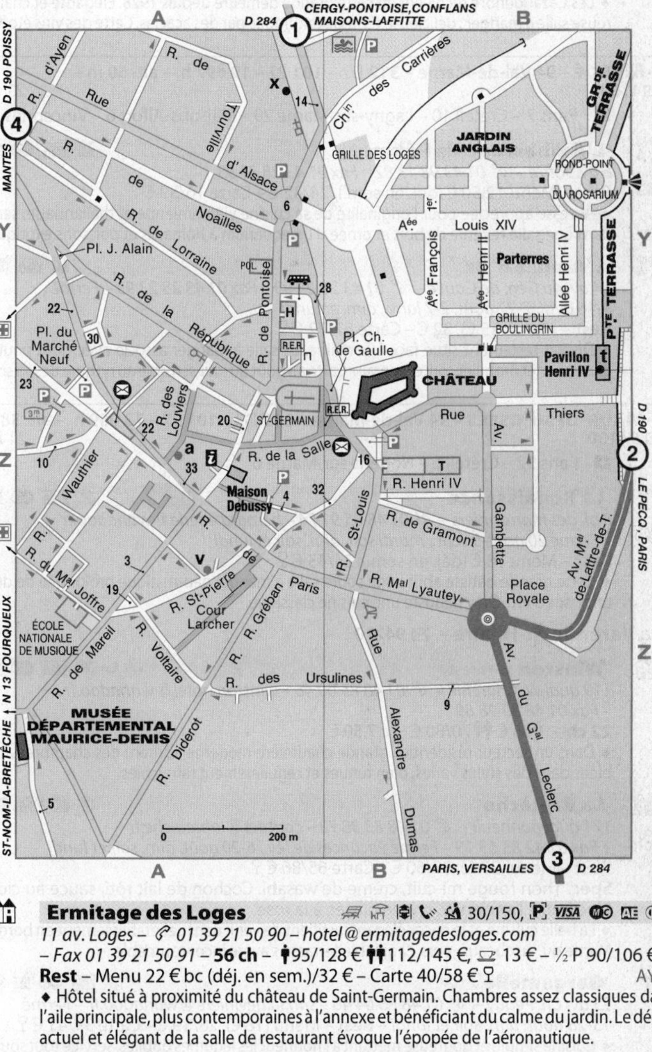

Ermitage des Loges 30/150, VISA
11 av. Loges – ✆ 01 39 21 50 90 – hotel@ermitagedesloges.com – Fax 01 39 21 50 91 – **56 ch** – †95/128 € ††112/145 €, ☐ 13 € – ½ P 90/106 € –
Rest – Menu 22 € bc (déj. en sem.)/32 € – Carte 40/58 € AY **x**
◆ Hôtel situé à proximité du château de Saint-Germain. Chambres assez classiques dans l'aile principale, plus contemporaines à l'annexe et bénéficiant du calme du jardin. Le décor actuel et élégant de la salle de restaurant évoque l'épopée de l'aéronautique.

par ① et D 284 : 2,5 km – ✉ 78100 St-Germain-en-Laye

La Forestière rest, 30, VISA
1 av. Prés. Kennedy – ✆ 01 39 10 38 38 – cazaudehore@relaischateaux.com – Fax 01 39 73 73 88 – **25 ch** – †155/170 € ††195/210 €, ☐ 18 € – 5 suites
Rest *Cazaudehore* – voir ci-après
◆ Séduisante maison entourée d'un jardin en lisière de forêt. Le choix des coloris et un mobilier de belle facture personnalisent les chambres, toutes "cosy". Soirées jazz.

Cazaudehore 15/20, VISA AE

Hôtel La Forestière, 1 av. Prés. Kennedy – 01 30 61 64 64 – cazaudehore@relaischateaux.com – Fax 01 39 73 73 88 – Fermé dim. soir de nov. à avril et lundi sauf fériés

Rest – Menu 55 € bc (déj. en sem.)/68 € bc – Carte 52/87 €

◆ Les Cazaudehore reçoivent en cette grande demeure depuis 1928. Élégante et chaleureuse salle à manger ; délicieuse terrasse ombragée par des acacias. Carte des vins étoffée.

ST-MANDÉ – **94 Val-de-Marne** – **312** D2 – **101** 27 – **19 697 h.** – **alt. 50 m** – ✉ **94160** 21 **C2**

Paris 7 – Créteil 10 – Lagny-sur-Marne 29 – Maisons-Alfort 6 – Vincennes 2

L'Ambassade de Pékin VISA AE

6 av. Joffre – 01 43 98 13 82 – Fax 01 43 28 31 93

Rest – Menu 12,50 € (déj. en sem.), 24/32 € – Carte 16/59 €

◆ Adresse appréciée pour l'originalité de sa cuisine vietnamienne et thaïlandaise, servie dans une salle revêtue de bois et ornée d'un aquarium à homards et poissons exotiques.

L'Ambre d'Or VISA

44 av. du Gén. de Gaulle – 01 43 28 23 93 – Fax 01 43 28 23 93 – Fermé 8-16 avril, 7-27 août, 2-7 janv., dim. et lundi

Rest – Menu (25 €), 32 € – Carte 57/72 €

◆ Discret restaurant situé face à la mairie. La salle à manger associe avec goût poutres anciennes et mobilier contemporain. Carte au goût du jour sensible au rythme des saisons.

ST-MAUR-DES-FOSSÉS – **94 Val-de-Marne** – **312** D3 – **101** 27 – **73 069 h.** – **alt. 38 m** – ✉ **94100** 21 **D2**

Paris 12 – Créteil 6 – Nogent-sur-Marne 6

La Renaissance VISA AE

8 pl. des Marronniers – 01 48 85 91 74 – bernard.ederle@wanadoo.fr – Fermé 20 août-5 sept., mardi soir, dim. soir et lundi

Rest – Menu 16 € (déj. en sem.), 24/45 €

◆ Cette grande bâtisse abrite une sobre salle à manger néo-rustique prolongée de deux terrasses d'été. On y déguste une cuisine classique.

à La Varenne-St-Hilaire – ✉ **94210**

Winston sans rest VISA AE

119 quai W. Churchill – 01 48 85 00 46 – winston.hotel@wanadoo.fr – Fax 01 48 89 98 89

22 ch – 65 € 70/80 €, 7,50 €

◆ Dans un secteur résidentiel, grande chaumière moderne abritant des chambres meublées dans des styles variés, bien tenues et régulièrement rafraîchies.

La Bretèche VISA

171 quai Bonneuil – 01 48 83 38 73 – contact@labreteche.fr – Fax 01 42 83 63 19 – Fermé vacances de fév., 6-20 août, dim. soir et lundi

Rest – Menu (27 €), 35/60 € – Carte 65/86 €

Spéc. Thon rouge mi-cuit, crème de wasabi. Cochon de lait rôti, sauce au cidre. Macaron à l'ancienne, crème glacée à la rose.

◆ La belle cuisine et le décor élégant justifient de venir dans cet établissement en bord de Marne où, aux beaux jours, l'agréable terrasse s'avère incontournable.

Gargamelle VISA AE

23 av. Ch. Péguy – 01 48 86 04 40 – sarl.la.deviniere@wanadoo.fr – Fermé 13-28 août, dim. soir et lundi – **Rest** – Menu (18 €), 28/39 € – Carte 39/41 €

◆ Cuisine simple et goûteuse mettant à l'honneur les légumes oubliés, service tout sourire et jolie terrasse sont les atouts de ce restaurant logé dans un ancien café-épicerie.

Entre Terre et Mer VISA

15 r. St-Hilaire – 01 55 97 04 98 – Fax 01 55 96 08 04 – Fermé 23 juil.-19 août, dim. soir et lundi

Rest – Carte 34/55 €

◆ Restaurant de poche où il fait bon jeter l'ancre pour déguster une cuisine de la mer fraîche et bien tournée. Coquet décor coloré, agrémenté de tableaux d'artistes locaux.

ST-OUEN – 93 Seine-Saint-Denis – **305** F7 – **101** 16 – **39 722 h.** – **alt. 36 m** – ✉ 93400 21 **C1**

Paris 9 – Bobigny 12 – Chantilly 46 – Meaux 49 – Pontoise 26 – St-Denis 5

Office de tourisme, 7 impasse Simon ☎ 01 58 61 22 90

Manhattan ch, 10/40, VISA

115 av. G. Péri – ☎ 01 41 66 40 00 – reservation@hotel-le-manhattan.com – Fax 01 41 66 40 66

126 ch – 148/225 € 158/225 €, 12 € – **Rest** – *(fermé 30 juil.-26 août, sam., dim. et fériés)* Menu (19 €), 23 € – Carte 29/41 €

◆ Cette architecture moderne en verre et pierre abrite des chambres claires et pratiques ; elles sont plus calmes sur l'arrière. Salle à manger-véranda perchée au 8e étage de l'hôtel ; carte traditionnelle.

Le Coq de la Maison Blanche 6/10, VISA

37 bd J. Jaurès – ☎ 01 40 11 01 23 – Fax 01 40 11 67 68 – Fermé dim.

Rest – Menu 32 € – Carte 36/58 €

◆ Cuisine bourgeoise digne des "Mères" d'antan, authentique décor de 1950, service efficace et habitués de longue date : on se croirait dans un film de M. Audiard !

Le Soleil VISA

109 av. Michelet – ☎ 01 40 10 08 08 – lesoleil2@wanadoo.fr – Fax 01 40 10 16 85 – Fermé août, mardi soir, jeudi soir, dim. soir, lundi et merc.

Rest – Menu 28/50 € – Carte 34/56 €

◆ Sympathique bistrot dont l'amusant décor éclectique (meubles et bibelots chinés) rappelle la proximité du Marché aux Puces. Table généreuse, répertoire traditionnel.

ST-QUENTIN-EN-YVELINES – 78 Yvelines – **311** H3 – **101** 21 – **116 082 h.** Île de France 18 **B2**

Paris 33 – Houdan 33 – Palaiseau 28 – Rambouillet 21 – Versailles 14

Blue Green Golf St-Quentin-en-Yvelines à Trappes Base de loisirs, ☎ 01 30 50 86 40 ; National à Guyancourt 2 avenue du Golf, ☎ 01 30 43 36 00.

Montigny-le-Bretonneux – **35 216 h.** – **alt. 162 m** – ✉ **78180**

Auberge du Manet ch, ch, VISA

61 av. Manet – ☎ 01 30 64 89 00 – mail@aubergedumanet.com – Fax 01 30 64 55 10

31 ch – 85/100 € 85/130 €, 12 €, 4 duplex – ½ P 140 € – **Rest** – Menu 37/42 € – Carte 45 €

◆ Propriété de l'abbaye de Port-Royal-des-Champs au 17e s., domaine agricole sous la Révolution, et aujourd'hui auberge à l'atmosphère chaleureuse. Chambres confortables. Salle à manger-véranda et plaisante terrasse champêtre au bord d'une mare aux canards.

Holiday Inn Garden Court ch, 20/60, VISA

r. J.-P. Timbaud (rte Bois d'Arcy sur D 127) – ☎ 01 30 14 42 00 – higcsaintquentin@alliance-hospitality.com – Fax 01 30 14 42 42

81 ch – 120/149 € 120/149 €, 13 € – **Rest** – *(fermé vend. soir, dim. midi et sam.)* Menu (22 €), 27 € – Carte 29/37 €

◆ Dans le quartier du Pas-du-Lac, établissement moderne aux chambres fonctionnelles, assez petites. Agréable salle à manger-véranda, terrasse d'été et cuisine au goût du jour.

Mercure ch, ch, 20/70, VISA

9 pl. Choiseul – ☎ 01 39 30 18 00 – h1983@accor.com – Fax 01 30 57 15 22

74 ch – 125/145 € 135/155 €, 13 € – **Rest** – *(fermé 22 déc.-2 janv., vend. soir, dim. midi et sam.)* Carte 22/30 €

◆ Intégré à un ensemble immobilier, hôtel dont les chambres sont d'une discrète élégance. Agréable salon-bar feutré avec écran plasma. Le restaurant est décoré sur le thème aéronautique. Plats traditionnels et terrasse ombragée.

Voisins-le-Bretonneux – 12 153 h. – alt. 163 m – ✉ 78960

Vestiges de l'abbaye Port-Royal des Champs★ SO : 4 km.

Novotel St-Quentin Golf National

au Golf National, Est : 2 km par D 36 ✉ 78114 – ✆ 01 30 57 65 65 – h1139@accor.com – Fax 01 30 57 65 00

ch, ch, 15/180, VISA

131 ch – 129/155 € 139/165 €, 13 € – **Rest** – Menu 18/36 € – Carte 24/36 €

◆ Environnement calme du golf, chambres modernes et nombreux équipements destinés à la clientèle d'affaires caractérisent cet hôtel. Carte au goût du jour commune au restaurant, au Novotel Café et au bar. Décor contemporain, terrasse.

Port Royal sans rest

20 r. H. Boucher – ✆ 01 30 44 16 27 – didiercadoret@wanadoo.fr – Fax 01 30 57 52 11 – Fermé 3-17 août, 26 déc.-1er janv.

VISA

40 ch – 70 € 70 €, 8 €

◆ À l'orée de la vallée de Chevreuse, cette maison moderne abrite des chambres scrupuleusement entretenues et sobrement meublées. Agréable jardin fleuri et arboré.

Relais de Voisins

av. Grand-Pré – ✆ 01 30 44 11 55 – Fax 01 30 44 02 04 – Fermé 21 juil.-20 août et 24 déc.-7 janv.

ch, 35, VISA

54 ch – 79 € 79 €, 6 € – **Rest** – *(fermé dim. soir)* Menu 14/25 €

◆ Construit sur l'emplacement d'une ancienne ferme, dont les murs d'enceinte (16e s.) ont été conservés, hôtel récent proposant de petites chambres très simplement meublées. Restaurant fonctionnel et coloré où l'on sert une cuisine traditionnelle.

STE-GENEVIÈVE-DES-BOIS – 91 Essonne – 312 C4 – 101 35 – 32 125 h. – alt. 78 m – ✉ 91700 Île de France

18 **B2**

Paris 27 – Arpajon 10 – Corbeil-Essonnes 18 – Étampes 30 – Évry 10 – Longjumeau 9

La Table d'Antan

38 av. Gde Charmille du Parc, près H. de Ville – ✆ 01 60 15 71 53 – table-antan@wanadoo.fr – Fermé 31 juil.-27 août, mardi soir, merc. soir, dim. soir et lundi

VISA

Rest – Menu 28/48 € – Carte 39/58 €

◆ Atmosphère chaleureuse et décor bourgeois pour cet aimable restaurant égaré dans un ensemble résidentiel. Cuisine classique et spécialités du Sud-Ouest. Carte de whiskies.

SÉNART – 312 E4 – 101 39 – 93 069 h. Île de France

19 **C2**

Paris 38 – Boulogne-Billancourt 50 – Montreuil 39 – Argenteuil 67 – Saint-Denis 50

le Plessis-Picard – ✉ 77550

La Mare au Diable

– ✆ 01 64 10 20 90 – mareaudiable@wanadoo.fr – Fax 01 64 10 20 91 – Fermé mardi soir, dim. soir et lundi

VISA

Rest – Menu 25 € (sem.)/47 € – Carte 56/70 €

◆ Cette demeure du 15e s. tapissée d'ampélopsis fut fréquentée par George Sand. L'intérieur, agrémenté de solives patinées et d'une cheminée, ne manque pas de caractère.

Pouilly-le-Fort – ✉ 77240

Le Pouilly

1 r. de la Fontaine – ✆ 01 64 09 56 64 – lepouilly@wanadoo.fr – Fax 01 64 09 56 64 – Fermé 13 août-8 sept., 22-28 déc., dim. soir et lundi

VISA

Rest – Menu 28 € bc (déj. en sem.), 43/65 € – Carte 74/84 €

Spéc. Foie gras de canard poché laqué au gingembre. Cochon "cul noir" aux épices douces. Soupe chocolat, espumas au fenouil.

◆ En cette vieille ferme briarde, pierres apparentes, tapisseries et cheminée composent un décor plein de charme. Terrasse dressée dans le jardin. Savoureuse cuisine actuelle.

St-Pierre-du-Perray – 5 801 h. – alt. 88 m – ✉ 91280

18 de Greenparc route de Villepècle, ✆ 01 60 75 40 60.

Novotel ch, rest, 10/90,
golf de Greenparc – ✆ 01 69 89 75 75 – h1783@accor.com – Fax 01 69 89 75 50 VISA
78 ch – 112 € 120 €, 13 € – **Rest** – Carte 22/28 €
◆ Hôtel moderne assurant repos et détente : golf, piscine, fitness. Les chambres "Harmonie" donnent pour moitié sur la verdure. Certaines ont un balcon. Salle à manger et salon contemporains, largement ouverts sur le jardin. Carte "Novotel" traditionnelle.

SUCY-EN-BRIE – 94 Val-de-Marne – 312 E3 – 101 28 – 24 812 h. – alt. 96 m – ✉ 94370

21 D2

Paris 21 – Créteil 6 – Chennevières-sur-Marne 4

Château de Gros Bois★ : mobilier★★ S : 5 km, Île de France.

quartier les Bruyères Sud-Est : 3 km – ✉ 94370 Sucy-en-Brie

Le Tartarin 30, VISA
carrefour de la Patte d'Oie – ✆ 01 45 90 42 61 – tartarin@neuf.fr – Fax 01 45 90 52 55 – Fermé août
12 ch – 50 € 50/130 €, 7 € – **Rest** – *(fermé le soir de dim. à jeudi et lundi)* Menu 20/47 € – Carte 32/49 €
◆ Depuis trois générations, la même famille vous reçoit dans cet ancien rendez-vous de chasse posté à l'orée de la forêt. Il y règne une chaleureuse atmosphère campagnarde. Salle à manger très cynégétique (trophées, animaux naturalisés). Cuisine traditionnelle.

XX **Le Clos de Sucy** VISA
17 r. Porte – ✆ 01 45 90 29 29 – leclosdesucy@wanadoo.fr – Fax 01 45 90 29 29 – Fermé 30 juil.-21 août, dim. soir et lundi
Rest – Menu (22 €), 31/40 € – Carte 43/52 €
◆ Cloisons à pans de bois, poutres apparentes et tonalités lie de vin : la salle à manger est à la fois cossue et campagnarde. Cuisine de tradition revisitée.

XX **Terrasse Fleurie** VISA
1 r. Marolles – ✆ 01 45 90 40 07 – Fax 01 45 90 40 07 – Fermé 1er-24 août, dim. soir, lundi soir, mardi soir, jeudi soir et merc.
Rest – Menu 24/36 €
◆ Aménagé dans un pavillon, restaurant dont la cuisine, simple et généreuse, se savoure dans la salle à manger rustique ou sur l'agréable terrasse fleurie.

SURESNES – 92 Hauts-de-Seine – 311 J2 – 101 14 – 39 706 h. – alt. 42 m – ✉ 92150

Île de France

20 B2

Paris 12 – Nanterre 4 – Pontoise 32 – St-Germain-en-Laye 13 – Versailles 14

Office de tourisme, 50 boulevard Henri Sellier ✆ 01 41 18 18 76, Fax 01 41 18 18 78

Fort du Mont Valérien (Mémorial National de la France combattante).

Novotel ch, ch, 25/100, VISA
7 r. Port aux Vins – ✆ 01 40 99 00 00 – h1143@accor.com – Fax 01 45 06 60 06
108 ch – 90/180 € 90/190 €, 15 € – 3 suites – **Rest** – buffet *(fermé vend. soir, sam. et dim.)* Carte 19/36 €
◆ Cet hôtel situé dans une rue calme proche des quais a entièrement fait peau neuve. Les chambres arborent un décor contemporain aux tons clairs, sobre et reposant. Cuisine traditionnelle au restaurant ou formule snack-bar au Novotel Café.

Astor sans rest VISA
19 bis r. Mt Valérien – ✆ 01 45 06 15 52 – info@hotelastor.fr – Fax 01 42 04 65 29
50 ch – 50/75 € 50/75 €, 6 €
◆ À 200 m du Mont Valérien - lieu de mémoire de la Résistance - établissement familial aux petites chambres sans luxe, propres et équipées d'un double vitrage efficace.

XX **Les Jardins de Camille** 30/40, VISA MC AE
70 av. Franklin Roosevelt – 01 45 06 22 66 – lesjardinsdecamille@free.fr – Fax 01 47 72 42 25 – Fermé dim. soir
Rest – Menu 38/78 € – Carte 54/78 €
◆ Magnifique vue sur Paris et la Défense depuis la salle et l'une des terrasses de cette ancienne ferme transformée en restaurant. Belle carte de vins bourguignons.

THIAIS – **94 Val-de-Marne** – **312** D3 – **101** 26 – **28 232 h.** – **alt. 60 m** – ✉ **94320** 21 **C2**

Paris 18 – Créteil 7 – Évry 27 – Melun 37

X **Ophélie la Cigale Gourmande** AC VISA MC
82 av. Versailles – 01 48 92 59 59 – luclamass@aol.com – Fax 01 48 53 91 53 – Fermé 30 juil.-24 août, 25 déc.-1er janv., merc. soir, sam. midi, dim. soir et lundi
Rest – Menu (28 €), 33/45 €
◆ Un petit coin de Provence aux portes de Paris ! Décor tout simple mais pimpant et coloré, goûteuse cuisine méditerranéenne mitonnée avec des produits frais.

TREMBLAY-EN-FRANCE – **93 Seine-Saint-Denis** – **305** G7 – **101** 18 – **33 885 h.** – **alt. 60 m** – ✉ **93290** 21 **D1**

Paris 24 – Aulnay-sous-Bois 7 – Bobigny 13 – Villepinte 4

au Tremblay-Vieux-Pays

XX **Le Cénacle** AC 8, VISA MC AE
1 r. Mairie – 01 48 61 32 91 – Fax 01 48 60 43 89 – Fermé 4 août-2 sept., sam., dim. et fériés
Rest – Menu 38/65 € – Carte 51/67 €
◆ La façade animée de stores rouges abrite deux belles salles : poutres peintes, tons ocre, tableaux impressionnistes, sièges Louis XV et vivier à crustacés. Plats traditionnels.

TRIEL-SUR-SEINE – **78 Yvelines** – **311** I2 – **101** 10 – **11 097 h.** – **alt. 20 m** – ✉ **78510** 18 **B1**
Île de France

Paris 39 – Mantes-la-Jolie 27 – Pontoise 18 – Rambouillet 55 – St-Germain-en-Laye 12

Église St-Martin★.

X **St-Martin** VISA MC
2 r. Galande (face Poste) – 01 39 70 32 00 – Fermé 30 juil.-19 août, 24 déc.-1er janv., merc. et dim.
Rest – *(nombre de couverts limité, prévenir)* Menu 27/50 € – Carte 30/51 €
◆ À côté d'une jolie église gothique du 13e s., restaurant proposant une cuisine traditionnelle actualisée dans un coquet décor d'inspiration rustique.

VANVES – **92 Hauts-de-Seine** – **311** J3 – **101** 25 – **25 414 h.** – **alt. 61 m** – ✉ **92170** 20 **B2**

Paris 7 – Boulogne-Billancourt 5 – Nanterre 13

Syndicat d'initiative, 2 rue Louis Blanc 01 47 36 03 26

Mercure Paris Porte de Versailles Expo ch, AC ch, 20/180, VISA MC AE
36-38 r. Moulin – 01 46 48 55 55 – h0375@accor.com – Fax 01 46 48 56 56
388 ch – 145/220 € 155/230 €, 14 € – **Rest** – Menu 20/25 € – Carte 22/40 €
◆ Face au parc des expositions, bâtiment des années 1980 abritant des chambres bien insonorisées. Peu à peu rénovées, elles adoptent un décor actuel. Restaurant-atrium fonctionnel, idéal pour un repas rapide (carte "Mercure" traditionnelle et banc d'écailler).

XXX **Pavillon de la Tourelle** 4/22, P VISA MC AE
10 r. Larmeroux – 01 46 42 15 59 – pavillontourelle@wanadoo.fr – Fax 01 46 42 06 27 – Fermé 23 juil.-20 août, vacances de fév., dim. soir et lundi
Rest – Menu (32 €), 37/89 € bc – Carte 58/68 €
◆ Bordant le parc, ce pavillon surmonté d'une tourelle abrite un élégant restaurant : tons pastel, sièges de style Louis XVI et tables joliment dressées. Cuisine traditionnelle.

VAUCRESSON – **92 Hauts-de-Seine** – **311** I2 – **101** 23 – **8 141 h.** – **alt. 160 m** – ✉ **92420** 20 **A2**

Paris 18 – Mantes-la-Jolie 44 – Nanterre 11 – St-Germain-en-Laye 11 – Versailles 5

Stade Francais 129 av. de la Celle St Cloud, N : 2 km, ✆ 01 47 01 15 04.

Etang de St-Cucufa★ NE : 2,5 km - Institut Pasteur - Musée des Applications de la Recherche★ à Marnes-la-Coquette SO : 4 km, **Île de France.**

voir plan de Versailles

XXX **Auberge de la Poularde** P VISA MC AE

36 bd Jardy (près autoroute) D 182 – ✆ 01 47 41 13 47 – auberge.lapoularde@free.fr – Fax 01 47 41 13 47 – Fermé août, vacances de fév., dim. soir, mardi soir et merc. U **a**

Rest – Menu 30 € – Carte 33/65 €

◆ Accueil aimable et service impeccable distinguent cette auberge à la charmante atmosphère provinciale. La carte, classique, met la poularde de Bresse à l'honneur.

VÉLIZY-VILLACOUBLAY – **78 Yvelines** – **311** J3 – **101** 24 – **20 342 h.** – **alt. 164 m** – ✉ **78140** 20 **B2**

Paris 19 – Antony 12 – Chartres 81 – Meudon 8 – Versailles 6

Holiday Inn ch, ch, 170, P VISA MC AE

av. Europe, près centre commercial Vélizy II – ✆ 01 39 46 96 98 – hivelizy@alliance-hospitality.com – Fax 01 34 65 95 21

182 ch – †210/365 € ††210/365 €, ☕ 17 € – **Rest** – Menu 27/34 € (semaine) – Carte 29/41 € ♀

◆ Les chambres de cet hôtel, spacieuses et confortables, sont bien insonorisées et régulièrement rajeunies. Préférez celles tournant le dos à l'autoroute. Des poutres apparentes coiffent la confortable salle à manger de l'Holiday Inn.

VERSAILLES P – **78 Yvelines** – **311** I3 – **101** 23 – **85 726 h.** – **alt. 130 m** – ✉ **78000**
Île de France 20 **A2**

Paris 22 – Beauvais 94 – Dreux 59 – Évreux 90 – Melun 65 – Orléans 129

Office de tourisme, 2 bis avenue de Paris ✆ 01 39 24 88 88, Fax 01 39 24 88 89

du Stade Français à Vaucresson 129 av. de la Celle St Cloud, par rte de Rueil : 7 km, ✆ 01 47 01 15 04 ; de Saint-Aubin à Saint-Aubin Route du Golf, par rte de Chevreuse : 17 km, ✆ 01 69 41 25 19 ; de Feucherolles à Feucherolles Sainte Gemme, par rte de Mantes (D 307) : 17 km, ✆ 01 30 54 94 94 ; du haras de jardy à Marnes-la-Coquette Boulevard de Jardy, NE : 9 km, ✆ 01 47 01 35 80.

Château★★★ - Jardins★★★ (Grandes Eaux★★★ et fêtes de nuit★★★ en été) - Ecuries Royales★ - Trianon★★ - Musée Lambinet★ Y **M.**

Jouy-en-Josas : la "Diège"★ (statue) dans l'église, 7 km par ③.

Plans pages suivantes

Trianon Palace ch, 15/200, P VISA MC AE

1 bd Reine – ✆ 01 30 84 50 00 – reservation.01104@westin.com – Fax 01 30 84 50 01 X **r**

170 ch – †260/450 € ††260/450 €, ☕ 28 € – 22 suites

Rest *Les Trois Marches* – voir ci-après

Rest *Café Trianon* – Menu 50/70 € – Carte 37/68 € ♀

◆ L'architecture classique de ce luxueux hôtel situé en lisière du parc du château s'accorde avec un élégant décor du début du 20e s. Bel espace de remise en forme. Le Café Trianon séduit les Versaillais par sa cuisine traditionnelle et sa jolie verrière.

Sofitel Château de Versailles ch, ch, 120, VISA MC AE

2 bis av. Paris – ✆ 01 39 07 46 46 – h1300@accor.com – Fax 01 39 07 46 47 Y **a**

146 ch – †325/515 € ††325/515 €, ☕ 23 € – 6 suites – **Rest** – *(fermé juil.-août, 24 déc.-1er janv., vend. soir, dim. soir et sam.)* Carte 43/59 € ♀

◆ Des anciens manèges d'artillerie, il n'a été conservé que le portail. Vastes chambres rénovées, agrémentées de meubles de style et de lithographies. Salle à manger ornée de lambrequins en toile de Jouy et cuisine associant saveurs d'ici et d'ailleurs.

VERSAILLES

Bellevue (Av. de) . . . . U 2
Coste (R.) . . . . V 9
Dr-Schweitzer (Av. du) . . . . . . U 12
Franchet-d'Esperey (Av. du Mar.) . . . . U 15
Glatigny (Bd de) . . . . U 19
Leclerc (Av. du Gén.) . . . . V 22
Marly-le-Roi (R. de) . . . . U 26
Mermoz (R. Jean) . . . . V 27
Moxouris (R.) . . . . U 29
Napoléon III (Rte) . . . . U 30
Pelin (R. L.) . . . . U 32
Porchefontaine (Av.) . . . . V 33
Pottier (R.) . . . . U 35
Rocquencourt (Av. de) . . . . . . U 39
St-Antoine (Allée) . . . . V 40
Sports (R. des) . . . . U 43
Vauban (R.) . . . . V 45

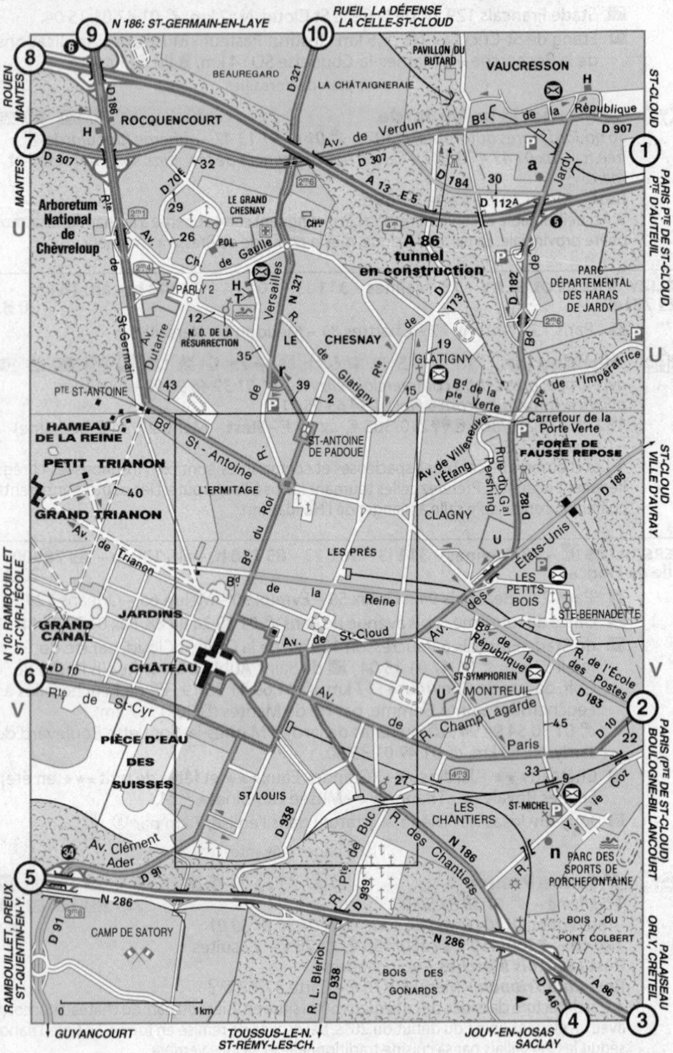

 **Le Versailles** sans rest

7 r. Ste-Anne – ✆ 01 39 50 64 65 – info@hotel-le-versailles.fr – Fax 01 39 02 37 85 Y **p**

25, VISA MC AE

45 ch – 🛉108/130 € 🛉🛉118/140 €, ☕ 12 €

◆ Chambres spacieuses et fonctionnelles, calme et accueil attentif : autant de raisons expliquant le succès de ce plaisant hôtel auprès de la clientèle d'affaires.

VERSAILLES

Carnot (R.) . . . . Y
Chancellerie (R. de la) . . . . . . Y 3
Clemenceau (R. Georges) . Y 7
Cotte (R. Robert de) . . . . . . Y 10
États-Généraux (R. des) . . . Z
Europe (Av. de l') . . . . Y 14
Foch (R. du Mar.) . . . . XY
Gambetta (Pl.) . . . . Y 17
Gaulle (Av. du Gén.-de-) . . YZ 18
Hoche (R.) . . . . Y
Indép.-Américaine (R. de l') Y 20
Leclerc (R. du Gén.) . . . . . . Z 24
Mermoz (R. Jean) . . . . Z 27
Nolhac (R. Pierre-de-) . . . . . Y 31
Orangerie (R. de l') . . . . YZ
Paroisse (R. de la) . . . . Y
Porte-de-Buc (R. de la) . . . . Z 34
Rockfeller (Av.) . . . . Y 37
Royale (R.) . . . . Z
Satory (R. de) . . . . YZ 42
Vieux-Versailles (R. du) . . . YZ 47

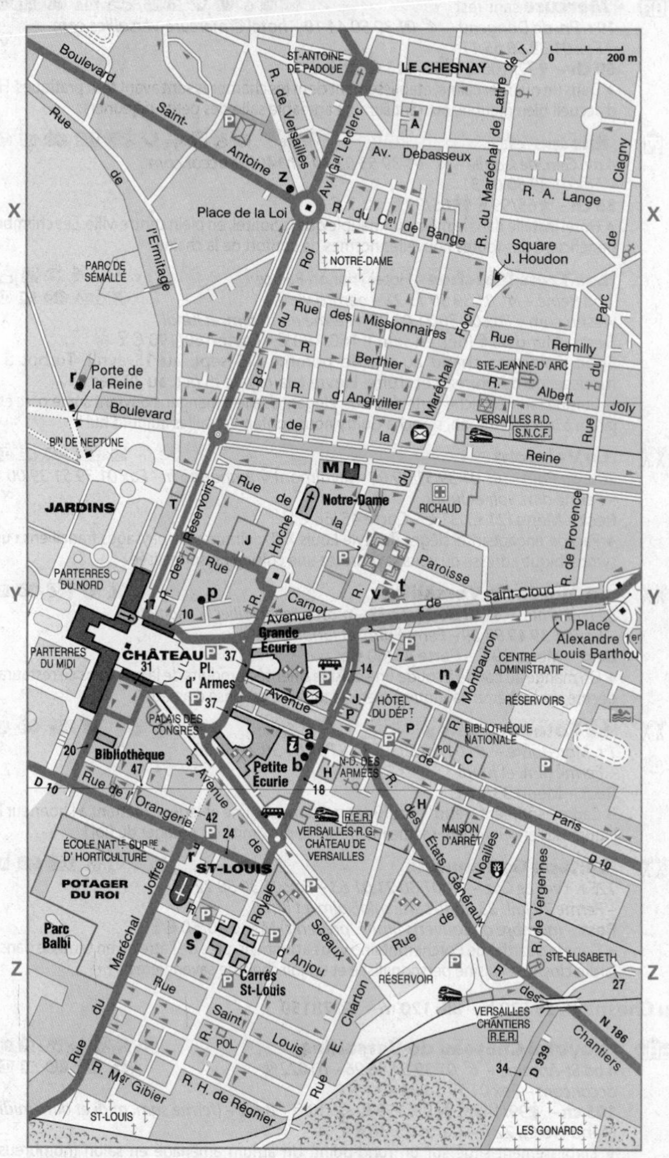

La Résidence du Berry sans rest
– ✆ *01 39 49 07 07 – resa@hotel-berry.com – Fax 01 39 50 59 40* Z **s**
39 ch – 125 € 135/190 €, 12 €
◆ Entre carrés St-Louis et potager du Roi, ce bel immeuble du 18e s. abrite des petites chambres intimes et joliment personnalisées. Espace bar-billard élégant et "cosy".

Mercure sans rest
19 r. Ph. de Dangeau – ✆ 01 39 50 44 10 – hotel@mercure-versailles.com – Fax 01 39 50 65 11 Y **n**
60 ch – 72/105 € 72/113 €, 9 €
◆ Dans un quartier calme, établissement dont les chambres sont avant tout pratiques. Hall d'accueil bien meublé, ouvrant sur une agréable salle des petits-déjeuners.

Ibis sans rest
4 av. Gén. de Gaulle – ✆ 01 39 53 03 30 – h1409@accor.com – Fax 01 39 50 06 31 Y **b**
85 ch – 65/99 € 65/99 €, 7 €
◆ Hôtel installé dans le même immeuble que le Sofitel, en plein centre-ville. Les chambres bénéficient des toutes nouvelles normes de confort de la chaîne.

Les Trois Marches – Hôtel Trianon Palace
1 bd Reine – ✆ 01 39 50 13 21 – gerard.vie@westin.com – Fax 01 30 21 01 25 – Fermé août, dim. et lundi X **r**
Rest – Menu 58 € (déj. en sem.), 160/180 € – Carte 160/190 €
Spéc. Foie gras chaud au vin de pomme (15 sept. au 15 avril). Turbot à la mousseline de poireau et truffe. Lièvre à la royale (5 oct. au 30 déc.).
◆ Cuisine raffinée, riche carte des vins, élégante salle à manger s'ouvrant sur le parc et le jardin à la française : ah, si Sacha Guitry nous contait Versailles aujourd'hui !

Le Valmont
20 r. au Pain – ✆ 01 39 51 39 00 – levalmont@wanadoo.fr – Fax 01 39 51 39 00 – Fermé dim. soir et lundi Y **v**
Rest – Menu (21 €), 31 € – Carte 45/66 €
◆ Façade engageante, sièges de style Louis XVI, peintures de paysages franciliens : une sympathique adresse où vous savourerez une cuisine personnalisée.

La Marée de Versailles
22 r. au Pain – ✆ 01 30 21 73 73 – mareedeversailles@tiscali.fr – Fax 01 39 49 98 29 – Fermé dim. et lundi Y **t**
Rest – Menu 39 € – Carte 46/60 €
◆ On mange au coude à coude une cuisine orientée produits de la mer dans ce restaurant décoré sur le thème nautique. En été, la terrasse est prise d'assaut.

Le Potager du Roy
1 r. Mar.-Joffre – ✆ 01 39 50 35 34 – Fax 01 30 21 69 30 – Fermé dim. et lundi Z **r**
Rest – Menu 33/40 €
◆ Cadre gentiment "rétro" et cuisine traditionnelle fine et légère, mettant à l'honneur les légumes : l'enseigne elle-même insiste sur la proximité du potager du Roi !

L'Étape Gourmande
125 r. Yves Le Coz – ✆ 01 30 21 01 63 – Fax 01 39 50 22 65 – Fermé 29 juil.-23 août, sam. midi, dim. et lundi V **n**
Rest – *(nombre de couverts limité, prévenir)* Menu 40/50 €
◆ Dans le quartier de Porchefontaine vous attendent, près de l'âtre ou en terrasse dans le jardin clos, une cuisine personnalisée et un joli choix de savennières.

au Chesnay – 28 530 h. – alt. 120 m – ✉ 78150

Novotel Château de Versailles ch, 90,
4 bd St-Antoine – ✆ 01 39 54 96 96 – h1022@accor.com – Fax 01 39 54 94 40 X **z**
105 ch – 99/149 € 99/159 €, 12 € – **Rest** – *(fermé sam. midi et dim. midi)* Menu (18 €), 22 € – Carte 22/36 €
◆ Établissement situé sur un rond-point. Un atrium aménagé en salon (nombreuses plantes vertes) dessert des chambres fonctionnelles et bien insonorisées. Au restaurant, intérieur moderne de style bistrot, carte de la chaîne et service non-stop.

LE VÉSINET – **78 Yvelines** – **311** I2 – **101** 13 – **15 921 h.** – **alt. 44 m** – ✉ **78110** 20 **A1**

Paris 19 – Maisons-Laffitte 9 – Pontoise 23 – St-Germain-en-Laye 4 – Versailles 12

Syndicat d'initiative, 3 avenue des Pages ☏ 01 30 15 47 80, Fax 01 30 15 47 77

Auberge des Trois Marches rest, 12, VISA

15 r. J. Laurent (pl. Église) – ☏ 01 39 76 10 30 – Fax 01 39 76 62 58 – Fermé 10-23 août
15 ch – †85 € ††95/110 €, ☐ 9,50 € – **Rest** – *(fermé dim. soir et lundi midi)* Menu (25 €), 30/44 € ♀

◆ Discrète auberge située dans un quartier à l'ambiance villageoise (église, marché). Chambres fonctionnelles, refaites par étapes. Tenue sans reproche et accueil sympathique. Une fresque évoquant les années 1930 décore la salle de restaurant.

VILLE D'AVRAY – **92 Hauts-de-Seine** – **311** J3 – **101** 24 – **11 415 h.** – **alt. 130 m** – ✉ **92410** 20 **B2**

Paris 14 – Antony 16 – Boulogne-Billancourt 5 – Neuilly-sur-Seine 10 – Versailles 6

Les Étangs de Corot ch, ch, rest, 110, VISA

53 r. Versailles – ☏ 01 41 15 37 00 – reservation@etangsdecorot.com – Fax 01 41 15 37 99
49 ch – †150/195 € ††155/330 €, ☐ 20 €
Rest *Cabassud - Les Paillotes* – *(ouvert vend. soir, dim. midi et sam. hors saison) (dîner seult sauf sam. et dim. de mai à sept.) (prévenir)* Carte 43/56 € ♀
Rest *Le Café des Artistes et des Pêcheurs* – ☏ *01 41 15 37 90* – Menu (26 € bc) – Carte 29/37 € ♀

◆ Ce ravissant hameau bâti au bord d'un étang inspira le peintre Camille Corot. Restauré et agrandi, il abrite aujourd'hui un bel hôtel et une galerie d'art. Carte au goût du jour et élégant décor au Cabassud. Esprit bistrot au Café des Artistes et des Pêcheurs.

VILLENEUVE-LA-GARENNE – **92 Hauts-de-Seine** – **311** J2 – **101** 15 – **22 349 h.** – **alt. 30 m** – ✉ **92390** 21 **C1**

Paris 13 – Nanterre 14 – Pontoise 23 – St-Denis 3 – St-Germain-en-Laye 24

Les Chanteraines VISA

av. 8 Mai 1945 – ☏ 01 47 99 31 31 – leschanteraines@wanadoo.fr – Fax 01 41 21 31 17 – Fermé août, sam. et dim.
Rest – Menu 35 € – Carte 47/65 €

◆ Ce restaurant est aménagé dans le complexe contemporain qui jouxte le parc des Chanteraines. Cuisine au goût du jour servie dans la vaste salle à manger donnant sur le lac.

VILLENEUVE-LE-ROI – **94 Val-de-Marne** – **312** D3 – **101** 26 – **18 292 h.** – **alt. 100 m** – ✉ **94290** 21 **C3**

Paris 20 – Créteil 9 – Arpajon 29 – Corbeil-Essonnes 21 – Évry 16

Beau Rivage VISA

17 quai de Halage – ☏ 01 45 97 16 17 – Fax 01 49 61 02 60 – Fermé 15 août-4 sept., mardi soir, merc. soir, dim. soir et lundi
Rest – Menu 37/55 € ♀

◆ Comme son nom l'indique, le Beau Rivage borde la rivière ; attablez-vous près des baies vitrées pour jouir de la vue sur la Seine. Cadre moderne et cuisine traditionnelle.

VILLEPARISIS – **77 Seine-et-Marne** – **312** E2 – **101** 19 – **21 296 h.** – **alt. 72 m** – ✉ **77270** 19 **C1**

Paris 26 – Bobigny 15 – Chelles 10 – Tremblay-en-France 5

Relais du Parisis sans rest VISA

2 av. Jean Monnet – ☏ 01 64 27 83 83 – relaisduparisis@wanadoo.fr – Fax 01 64 27 94 49
44 ch – †49/65 € ††49/65 €, ☐ 7 €

◆ Cet hôtel situé dans une zone industrielle proche d'une rocade héberge de petites chambres fonctionnelles, meublées simplement.

XX **La Bastide** VISA MC

15 av. J. Jaurès – ✆ 01 60 21 08 99 – la-bastide@cegetel.net – Fax 01 60 21 08 99 – Fermé 5-27 août, 24 fév.-4 mars, lundi soir, sam. midi et dim.

Rest – *(prévenir le week-end)* Menu 28/38 € – Carte 41/64 €

◆ Il règne en ce discret restaurant du centre-ville une sympathique ambiance d'auberge provinciale. Cadre rustique avec poutres et cheminée. Cuisine traditionnelle.

VINCENNES – 94 Val-de-Marne – **312** D2 – **101** 17 – **43 595 h.** – **alt. 51 m** – ✉ 94300 21 **C2**

Paris 7 – Créteil 11 – Lagny-sur-Marne 26 – Meaux 47 – Melun 45 – Senlis 48

Office de tourisme, 11 avenue de Nogent ✆ 01 48 08 13 00, Fax 01 43 74 81 01

Château★★ - Bois de Vincennes★★ : Zoo★★, Parc floral de Paris★★, Musée des Arts d'Afrique et d'Océanie★, **Paris.**

St-Louis sans rest 25, VISA MC AE

2 bis r. R. Giraudineau – ✆ 01 43 74 16 78 – saint-louis@paris-hotel-capital.com – Fax 01 43 74 16 49

25 ch – †88/125 € ††109/155 €, ☕ 13 €

◆ Cet immeuble proche du château abrite des chambres plaisantes, récemment rénovées. Quelques-unes, de plain-pied avec le jardinet, ont leur salle de bains en sous-sol.

Daumesnil Vincennes sans rest VISA MC AE

50 av. Paris – ✆ 01 48 08 44 10 – info@hotel-daumesnil.com – Fax 01 43 65 10 94

50 ch – †78/99 € ††92/180 €, ☕ 11 €

◆ Une jolie décoration d'inspiration provençale égaye cet hôtel situé sur une avenue passante. Salle des petits-déjeuners aménagée dans une véranda ouverte sur un minipatio.

Donjon sans rest VISA MC

22 r. Donjon – ✆ 01 43 28 19 17 – info@hotel-donjon-vincennes.fr – Fax 01 49 57 02 04 – Fermé 20 juil.-25 août

25 ch – †58/65 € ††65/80 €, ☕ 7 €

◆ Établissement du centre-ville proposant des chambres assez exiguës, mais proprettes. Salle des petits-déjeuners et salon agréablement meublés.

X **La Rigadelle** AC VISA MC

26 r. Montreuil – ✆ 01 43 28 04 23 – Fax 01 43 28 04 23 – Fermé 21 juil.-16 août, 24 déc.-2 janv., dim. et lundi

Rest – *(nombre de couverts limité, prévenir)* Menu (23 €), 32/49 € – Carte 40/59 €

◆ La salle de restaurant, coquette, est minuscule mais judicieusement agrandie par des miroirs. Vous y découvrirez une cuisine au goût du jour privilégiant les poissons.

VIRY-CHÂTILLON – 91 Essonne – **312** D3 – **101** 36 – **30 257 h.** – **alt. 34 m** – ✉ 91170 21 **C3**

Paris 26 – Corbeil-Essonnes 15 – Évry 8 – Longjumeau 10 – Versailles 29

XX **Dariole de Viry** AC VISA MC

21 r. Pasteur – ✆ 01 69 44 22 40 – la-dariole-de-viry@wanadoo.fr – Fermé sam. midi, dim. soir et lundi

Rest – Menu 32/60 € bc – Carte 31/60 €

◆ Une discrète façade peinte en bleu abrite cette salle de restaurant agrémentée d'une exposition de tableaux. La cuisine, traditionnelle, est sensible au rythme des saisons.

X **Marcigny** AC VISA MC

27 r. D. Casanova – ✆ 01 69 44 04 09 – Fermé sam. midi, dim. soir et lundi

Rest – Menu 22 € (déj. en sem.)/32 €

◆ Le Marcigny qui porte le nom d'un village bourguignon, affiche souvent complet. Ambiance conviviale, service attentionné, plats traditionnels et charolais, et pain maison.

PARVILLE – 27 Eure – 304 G7 – rattaché à Évreux

PASSENANS – 39 Jura – 321 D6 – rattaché à Poligny

PATRIMONIO – 2B Haute-Corse – 345 F3 – voir à Corse

PAU P – 64 Pyrénées-Atlantiques – 342 J5 – 78 732 h. – Agglo. 181 413 h. – alt. 207 m – Casino – ✉ 64000 Aquitaine 3 **B3**

Paris 773 – Bayonne 112 – Bordeaux 198 – Toulouse 198 – Zaragoza 236

de Pau-Pyrénées : ✆ 05 59 33 33 00, par ① : 12 km.

Office de tourisme, place Royale ✆ 05 59 27 27 08, Fax 05 59 27 03 21

Pau Golf Club à Billère Rue du Golf, ✆ 05 59 13 18 56 ; de Pau-Artiguelouve à Artiguelouve Domaine de Saint-Michel, par rte de Lourdes : 11 km, ✆ 05 59 83 09 29.

Circuit automobile de Pau-Arnos ✆ 05 59 77 11 36, 20 km par ⑦.

Boulevard des Pyrénées ※★★★ DEZ - Château★★ : tapisseries★★★ - Musée des Beaux-Arts★ EZ **M.**

Plans pages suivantes

Parc Beaumont ch,
1 av. Edouard VII – ✆ 05 59 11 84 00 – manager@hotel-parc-beaumont.com – Fax 05 59 11 85 00 FZ **b**
69 ch – †185/340 € ††185/340 €, ☕ 19 € – 11 suites
Rest *Le Jeu de Paume* – Menu (29 €), 38/80 € – Carte 56/91 €
◆ Verre, métal et bois structurent l'architecture contemporaine de cet hôtel-paquebot bordant le parc Beaumont. Grandes chambres avec mobilier design et balcon. Détente "zen" au Spa Bambou. Vaste et lumineuse salle à manger bénéficiant d'une jolie vue sur la verdure.

Villa Navarre ch, ch, 30,
59 av. Trespoey – ✆ 05 59 14 65 65 – h5677@accor-hotels.com – Fax 05 59 14 65 64 BX **a**
23 ch – †149/250 € ††164/265 €, ☕ 17 € – 7 suites – **Rest** – *(fermé dim. soir)* Menu (23 €), 30 € – Carte 39/51 €
◆ Atmosphère délicieusement "british" dans cette belle maison de maître de 1865 et son aile récente nichées au cœur d'un parc de 2 ha. Chambres amples et soignées. L'agréable salle à manger s'ouvre sur la nature ; registre culinaire traditionnel.

La Palmeraie ch, ch, 15/50,
1 passage Europe – ✆ 05 59 14 14 14 – h2103@accor-hotels.com – Fax 05 59 14 14 10 BV **f**
36 ch – †109 € ††131 €, ☕ 15 € – **Rest** – *(fermé 27 juil.-26 août, 22 déc.-6 janv., vend. soir, sam. et dim.)* Menu 23 € – Carte 25/40 €
◆ Hôtel moderne dans un environnement verdoyant, à deux tours du roue du Zénith. Chambres spacieuses et fonctionnelles, décorées dans des tons pastel. La salle de restaurant, à la fois sobre et élégante, est plaisante. Terrasse ombragée. Cuisine traditionnelle.

Continental 15/30,
2 r. Mar. Foch – ✆ 05 59 27 69 31 – hotel@bestwerstern-continental.com – Fax 05 59 27 99 84 EZ **a**
77 ch – †59/92 € ††69/115 €, ☕ 9,50 € – ½ P 82/117 € – **Rest** – *(fermé sam. et dim.)* Menu (12 €), 20/35 € – Carte 18/36 €
◆ Hall et salons du "grand hôtel" palois, inauguré en 1912, cultivent une certaine nostalgie. La moitié des chambres a été rafraîchie, l'autre affiche un style "années 1980". Salle à manger égayée de couleurs et de miroirs. Cuisine traditionnelle.

De Gramont sans rest
3 pl. Gramont – ✆ 05 59 27 84 04 – hotelgramont@wanadoo.fr – Fax 05 59 27 62 23 – Fermé 22 déc.-5 janv. DZ **t**
34 ch – †54/66 € ††74/130 €, ☕ 9 €
◆ Ce relais de poste du 17e s. serait le plus vieil hôtel de Pau. Majorité de chambres refaites (tons et tissus contemporains, meubles chinés). Copieux buffet de petit-déjeuner.

BILLÈRE

Baron Séguier (Av. du) . . . . **AX** 7
Château d'Este (Av. du) . . . **AX** 23
Claverie (R.) . . . . **AX** 24
Entrepreneurs (R. des) . . . . **AX** 57
Galas (R. de) . . . . **BV** 70
Golf (R. du) . . . . **AX** 81
J.J. Rousseau (R.) . . . . **AX** 145
Lalanne (Av.) . . . . **AVX** 91
Lavoir (R. du) . . . . **AX** 95
Lons (Av. de) . . . . **ABV** 100
Piedmont (R.) . . . . **AX** 129
Pilar (R.) . . . . **BV** 130
Plaine (R. de la) . . . . **AX** 132

BIZANOS

Albert 1er (Av.) . . . . **BCX** 2
Clemenceau (R. G.) . . . . . . **BX** 27
Foch (R. Maréchal) . . . . . . **BX** 64
Larribau (Chemin) . . . . **CX** 93
Pic du Midi (R. du) . . . . . . **CX** 127
République (Av. de la) . . . . **CX** 138

GELOS

Barthou (R. L.) . . . . **BX** 9
Gélos (Av. de) . . . . **BX** 80
Leclerc (Av. du Maréchal) . **BX** 96
Vallée Heureuse (Av. de la) **BX** 162

JURANÇON

Cambot (Av. G.) . . . . **AX** 17
Corps Franc Pommiès (Av. du) . . . . **AX** 36
Espagne (Pont d') . . . . **AX** 58
Gaulle (R. Ch.-de) . . . . **AX** 77
Ollé-Laprune . . . . **AX** 115

LESCAR

Carrérot (Av.) . . . . **AV** 19
Coustettes (Chemin des) . . **AV** 42
Lacau (R.) . . . . **AV** 89
Santos-Dumont (Av.) . . . . . **AV** 147
Vigné (Côte du) . . . . **AV** 168

LONS

Ampère (Av. André-Marie) . **AV** 3
Ariste (R.) . . . . **AV** 6
Château (R. du) . . . . **AV** 22
Dassault (Av. Marcel) . . . . . **AX** 45
Écoles (R. des) . . . . **AV** 51
Église (R. de l') . . . . **AV** 53
Frères Farman (Bd des) . . . **AV** 67
Frères Mongolfier (Av. des) **AX** 68
Mairie (R. de la) . . . . **AV** 103
Moulin (Av. du) . . . . **AV** 110
Pau (Av. de) . . . . **AV** 125
Souvenir (R. du) . . . . **AV** 152

PAU

Bérard (Cours Léon) . . . . . **BV** 12

Le Bourbon sans rest
12 pl. Clemenceau – ✆ 05 59 27 53 12 – contact@hotel-lebourbon.com – Fax 05 59 82 90 99 EZ **d**
33 ch – †50/53 € ††60/63 €, ☕ 6,50 €
♦ Établissement situé dans un quartier animé par de nombreux cafés. Préférez les agréables chambres rénovées (la plupart ont vue sur les palmiers de la place).

Central sans rest
15 r. L. Daran – ✆ 05 59 27 72 75 – contact@hotelcentralpau.com – Fax 05 59 27 33 28 – Fermé 24 déc.-2 janv. EZ **t**
28 ch – †39/49 € ††50/60 €, ☕ 6,50 €
♦ Central, cet hôtel l'est en effet ! Ampleurs et décors varient suivant les chambres ("cosy" ou surannées), mais toutes sont bien tenues. Connexion wi-fi dans certaines.

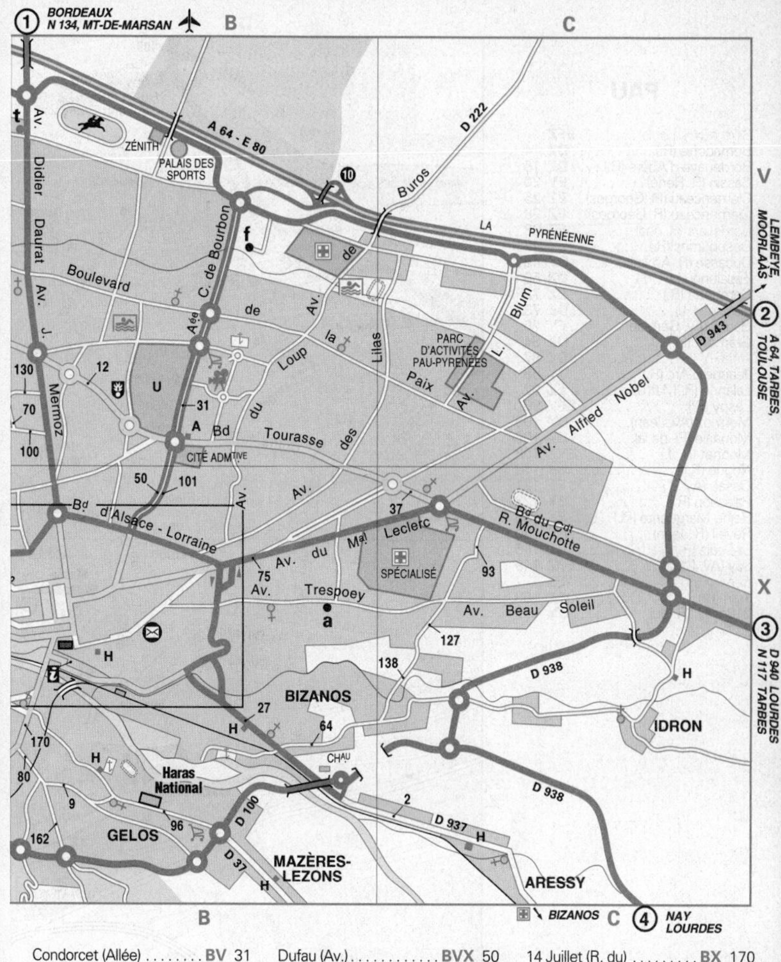

Condorcet (Allée) . . . . BV 31
Corps Franc Pommiès et du 49e R.I. (Bd) . . . . . CX 37
Dufau (Av.) . . . . BVX 50
Gaulle (Av. Gén.-de) . . . . . . BV 75
Lyautey (Cours) . . . . BVX 101
14 Juillet (R. du) . . . . BX 170

XXX Au Fin Gourmet

24 av. G. Lacoste (face gare) – ✆ 05 59 27 47 71 – contact@restaurant-aufingourmet.com – Fax 05 59 82 96 77 – Fermé 25 juil.-10 août, 25 fév.-3 mars, dim. soir, merc. midi et lundi EZ **v**

Rest – Menu 18 € (déj. en sem.), 35/74 € bc – Carte 47/51 €

◆ Un lieu très agréable au pied du funiculaire : pavillon sous verrière évoquant un jardin d'hiver et salle plus ancienne revue dans le même esprit. Cuisine au goût du jour.

XX Chez Pierre

16 r. L. Barthou – ✆ 05 59 27 76 86 – restaurant.pierre@wanadoo.fr – Fax 05 59 27 08 14 – Fermé 1er-14 août, 1er-14 janv., sam. midi, lundi midi et dim. EZ **x**

Rest – Menu 34 € – Carte 46/73 €

◆ L'endroit reflète le climat "british" de Pau, ville de cure au 19e s. : fauteuils club au bar, murs tendus de tissus à motifs cachemire, ambiance feutrée. Plats classiques.

PAU

Barthou (R. Louis) . . . . EFZ
Bernadotte (R.) . . . . DZ 14
Bordenave-d'Abère (R.) . . . . DZ 15
Cassin (R. René) . . . . EY 20
Clemenceau (Pl. Georges) . . EZ 25
Clemenceau (R. Georges) . . FZ 28
Cordeliers (R. des) . . . . EZ 33
Despourrins (R.) . . . . EY 47
Ducasse (R. Amiral) . . . . DY 48
Espalungue (R. d') . . . . DZ 59
Gambetta (R.) . . . . EZ 72
Gassion (R.) . . . . DZ 73
Gaulle (Av. Gén.-de) . . . . FY 75
Gramont (Pl.) . . . . DZ 84
Henri-IV (R.) . . . . DZ 87
Jeanne-d'Arc (R.) . . . . DY 88
Lalanne (R. Mathieu) . . . . . . EZ 92
Lespy (R.) . . . . EFY 98
Mermoz (Av. Jean) . . . . DY 105
Monnaie (Pl. de la) . . . . DZ 106
Monnet (R. J.) . . . . EYZ 108
Nogue (R.) . . . . EY 113
Ossau (Av. d') . . . . EZ 121
Palassou (R.) . . . . EY 123
Reine-Marguerite (Pl.) . . . . . EZ 135
Réveil (R. Jean) . . . . EY 140
St-Louis (R.) . . . . EZ 146
Say (Av. L.) . . . . EFZ 149
Serviez (R.) . . . . EZ
Tran (R.) . . . . EZ 158
218e-R.I. (R. du) . . . . DY 172

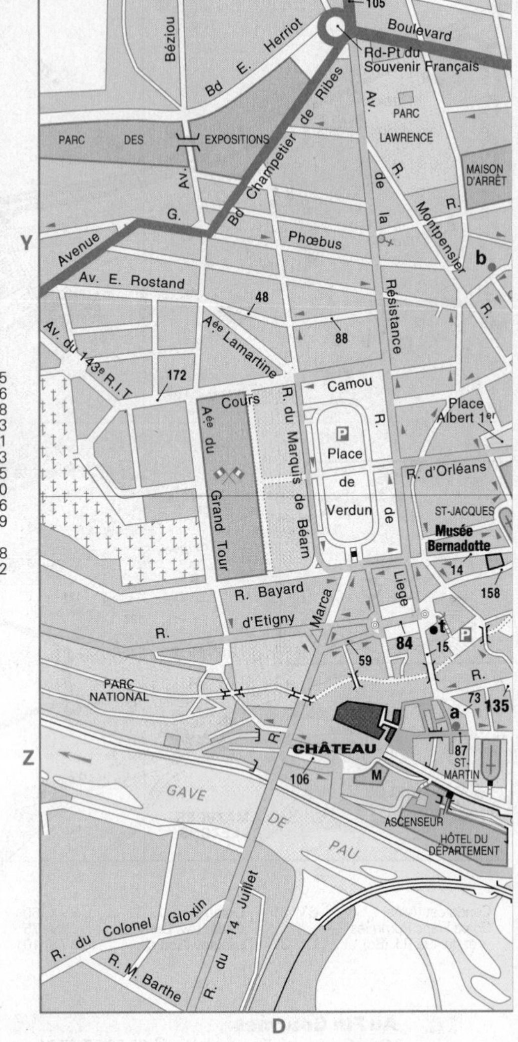

XX **Le Fer à Cheval** avec ch 15, VISA

1 av. Martyrs du Pont Long ✉ 64140 Lons
– ✆ 05 59 32 17 40
– feracheval@club-internet.fr
– Fax 05 59 72 97 53
– Fermé vacances de la Toussaint, dim. soir et merc. soir BV **t**

10 ch – 50/60 € 60/70 €, 7 € – ½ P 64 € –
Rest – Menu 21 € bc (sem.)/50 € (week-end) – Carte 51/61 €

◆ Cet ancien relais de poste proche de l'hippodrome dissimule derrière son imposante façade un intérieur feutré. Agréable terrasse ombragée par des tilleuls. Cuisine du pays.

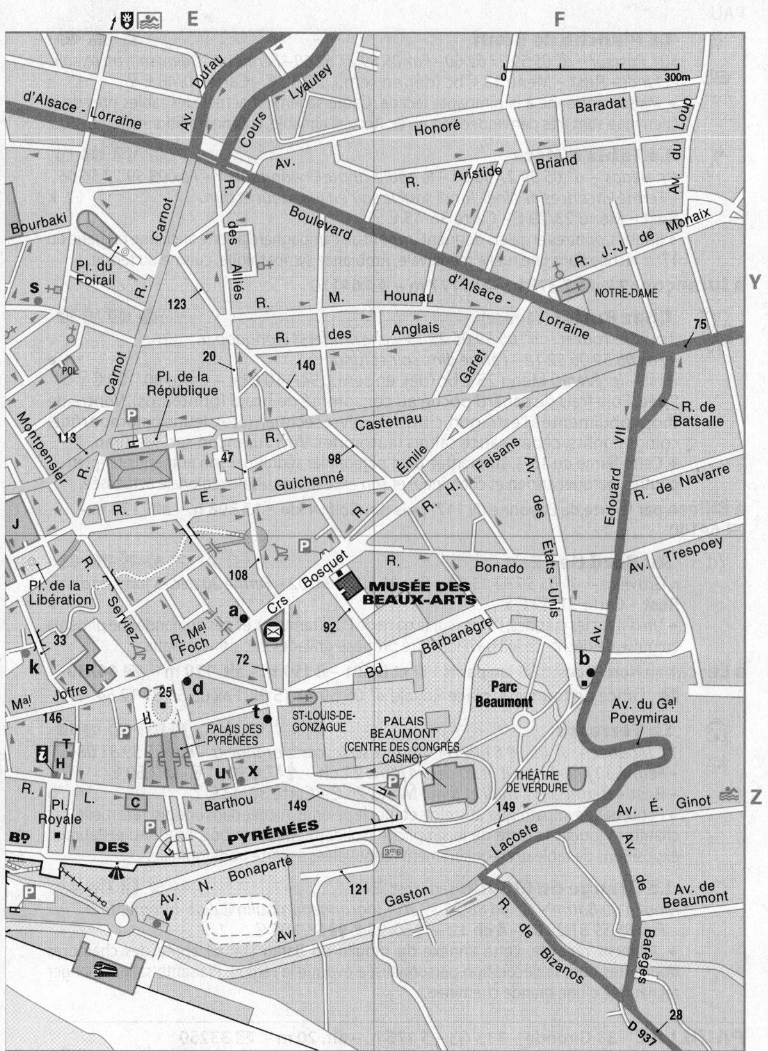

La Michodière

34 r. Pasteur – ✆ 05 59 27 53 85 – lamichodiere@wanadoo.fr – Fax 05 59 33 60 09 – Fermé 22 juil.-20 août et dim. DY **b**

Rest – Menu 14 € (sem.)/25 € – Carte 28/49 €

◆ La façade en galets abrite deux salles à manger dont une, lambrissée, est animée par le spectacle des cuisiniers s'activant aux fourneaux. Cadre actuel et plats du marché.

Henri IV

18 r. Henri IV – ✆ 05 59 27 54 43 – Fermé 4-10 sept., 24 déc.-7 janv., merc. midi, sam. midi et dim. DZ **a**

Rest – Menu 20 € (déj.)/23 € (dîner)

◆ Appétissante cuisine régionale servie dans une salle à manger rustique réchauffée par une belle cheminée ou sur l'agréable terrasse dressée côte rue piétonne.

La Planche de Bœuf

30 r. Pasteur – ✆ 05 59 27 62 60 – Fax 05 59 27 62 60 – Fermé août, dim. soir, merc. soir et lundi – **Rest** – Menu 13 € bc (déj. en sem.), 23/32 € – Carte 30/48 € ♀ EY **s**

◆ Maison ancienne à la pimpante façade. Cadre sagement actuel ; les tables près de la cheminée sont très demandées en hiver. Accueil aimable, cuisine traditionnelle.

La Table d'Hôte

1 r. Hédas – ✆ 05 59 27 56 06 – la-table-dhote@wanadoo.fr – Fax 05 59 27 56 06 – Fermé vacances de Noël, lundi sauf le soir en juil.-août et dim. EZ **k**

Rest – Menu 23/29 € – Carte 36/45 € ♀

◆ Briques, poutres et galets donnent un petit air campagnard à cette ancienne tannerie du 17e s. nichée dans une ruelle médiévale. Ambiance sympathique, cuisine du terroir.

à Jurançon : 2 km – 7 378 h. – alt. 177 m – ✉ 64110

Chez Ruffet (Carrade)

3 av. Ch. Touzet – ✆ 05 59 06 25 13 – chez.ruffet@wanadoo.fr – Fax 05 59 06 52 18 – Fermé dim. soir et lundi AX **e**

Rest – *(prévenir)* Menu 25 € bc (déj. en sem.), 54/110 € bc – Carte 90/100 € ♀

Spéc. Foie frais de canard poché au consommé de bœuf (printemps). Ventre de thon condimenté à l'estragon, citron et poivre séchuan (été). Jeune palombe rôtie, coings confits, cèpes, sauce salmis (automne). **Vins** Jurançon sec, Madiran.

◆ Cette ferme du 18e s. surmontée d'un pigeonnier séduit par son authenticité (pierres, poutres, parquet ancien et cheminée) et son excellente cuisine régionale actualisée.

à Billère par ⑥, rte de Bayonne (N 117) puis dir. Golf : 4 km – 13 398 h. – alt. 170 m – ✉ 64140

Au Bord de l'Eau

r. Gravière – ✆ 05 59 62 15 62 – Fax 05 59 62 50 02 – Fermé 20 déc.-5 janv. et dim.

Rest – Carte 31/49 € ♀ AX **v**

◆ Un œil sur les cuisines, l'autre sur le gave de Pau (terrasse), et des guirlandes de piments en guise de décor : ce joli pavillon vitré propose grillades et cuisine basque.

à Lescar au Nord-Ouest : 7,5 km par N 117 et D 601 – 8 191 h. – alt. 179 m – ✉ 64230

Office de tourisme, place Royale ✆ 05 59 81 15 98, Fax 05 59 81 12 54

La Terrasse

20,

1 r. Maubec – ✆ 05 59 81 02 34 – laterrasselescar@orange.fr – Fax 05 59 81 08 77 – Fermé 30 juil.-19 août et 20 déc.-4 janv. **22 ch** – 47 € 51 €, 7,50 €

– **Rest** – *(fermé sam. midi et dim.)* Menu 26 € – Carte 30/42 € ♀ AV **b**

◆ Petite halte sympathique, autrefois étape de pèlerins, nichée dans une discrète ruelle. Les chambres jouent la carte de la simplicité (solide mobilier en bois brut). Au restaurant, expositions de tableaux régulièrement renouvelées et carte traditionnelle.

La Grange du Moulin sans rest

Moulin du Batan – ✆ 06 88 25 39 20 – lagrangedumoulin@club-internet.fr – Fax 05 59 81 29 01 – **4 ch** – 60/95 € 68/105 €

◆ Joliment rénovée, cette annexe du moulin du Batan (14e s.) abrite des chambres douillettes dont la décoration personnalisée évoque la région. Plaisante salle à manger réchauffée d'une grande cheminée.

PAUILLAC – 33 Gironde – 335 G3 – 5 175 h. – alt. 20 m – ✉ 33250

Aquitaine 3 **B1**

Paris 625 – Arcachon 113 – Blaye 16 – Bordeaux 54 – Lesparre-Médoc 23

Office de tourisme, La Verrerie ✆ 05 56 59 03 08, Fax 05 56 59 23 38

château Mouton Rothschild★ : musée★★ NO : 2 km.

Château Cordeillan Bages

ch,

1 km au Sud par D 2 – ✆ 05 56 59 24 24 – cordeillan@relaischateaux.fr – Fax 05 56 59 01 89 – Fermé 2 déc.-13 fév.

28 ch – 145/492 € 145/492 €, 22 € – **Rest** – *(fermé sam. midi, mardi midi et lundi)* Menu 70 € (déj.)/145 € (dîner) – Carte 80/110 € ♀

Spéc. Pâte de concombre au caviar, galette d'épeautre. Bar "âge de pierre" au cacao. Tarte au citron déstructurée. **Vins** Graves, Saint-Estèphe.

◆ Cette belle chartreuse du 17e s. alanguie au cœur du vignoble est également le siège de l'école du bordeaux. Chambres "cosy" et raffinées ouvrant côté cour. Élégant restaurant (non-fumeurs) et terrasse face aux vignes ; brillante cuisine inventive.

France et Angleterre 25, VISA
3 quai Albert Pichon – ✆ 05 56 59 01 20 – contact@hoteldefrance-angleterre.com – Fax 05 56 59 02 31 – Fermé 20 déc.-15 janv.
29 ch – †55/60 € ††55/60 €, ☕ 9 € – ½ P 53/65 € – **Rest** – *(fermé dim. de nov. à fév.)* Menu 15 € (déj. en sem.), 20/39 € – Carte 33/53 €
◆ Bâtisse du 19e s. située sur les quais. Chambres pratiques bien rénovées ; en façade, elles offrent une jolie vue sur la Gironde. Salle à manger actuelle et véranda où l'on sert cuisine traditionnelle et plats du terroir.

Vignoble 20/60, VISA
3 quai Albert Pichon – Fermé 20 déc.-15 janv.
20 ch – †83/98 € ††86/101 €, ☕ 9 € – ½ P 71/88 €
◆ Cette annexe moderne abrite des chambres fonctionnelles, décorées sur le thème du vignoble. Balcon ou terrasse de plain-pied avec un coin de verdure. Espace séminaire complet.

Café Lavinal VISA
à Bages pl. Desquet – ✆ 05 57 75 00 09 – cafelavinal@bordeauxsaveurs.com – Fax 05 57 75 00 10 – Fermé 26 déc.-5 fév. et dim. soir
Rest – Menu (13 €), 25 € – Carte 22/43 €
◆ Joli bistrot "néo-rétro" créé en 2006 au centre de Pauillac. Chef argentin officiant à vue dans un registre traditionnel. Ardoise du jour et vins locaux de propriété.

PAVILLON (COL DU) – 69 Rhône – 327 F3 – rattaché à Cours

PAYRAC – 46 Lot – 337 E3 – 564 h. – alt. 320 m – ✉ 46350 28 B1

Paris 530 – Brive-la-Gaillarde 53 – Cahors 48 – Figeac 60 – Sarlat-la-Canéda 32

Syndicat d'initiative, route Nationale 20 ✆ 05 65 37 94 27

Hostellerie de la Paix rest, 20, VISA
– ✆ 05 65 37 95 15 – host.la.paix@escalotel.com – Fax 05 65 37 90 37 – Fermé 2 janv.-20 fév.
50 ch – †43/55 € ††49/62 €, ☕ 8 € – ½ P 43/50 € – **Rest** – Menu 15/28 € – Carte 17/52 €
◆ Attrayante façade de pierre pour cet ancien relais de poste dont les chambres, rénovées, tournent presque toutes le dos à la route. Salles de restaurant (dont une non-fumeurs) et véranda où l'on propose des recettes du Quercy (poulet au verjus, tourin, etc.).

PÉAULE – 56 Morbihan – 308 Q9 – 2 206 h. – alt. 82 m – ✉ 56130 10 C3

Paris 436 – Ploërmel 44 – Redon 26 – La Roche-Bernard 11 – Vannes 37

Auberge Armor Vilaine ch, VISA
pl. Ste-Anne (près église) – ✆ 02 97 42 91 03 – Fax 02 97 42 82 27 – Fermé vacances de la Toussaint, 18 fév.-3 mars
19 ch – †36 € ††42 €, ☕ 6,50 € – ½ P 48 € – **Rest** – *(fermé dim. soir, lundi soir et vend. soir sauf juil.-août)* Menu 12 € (sem.)/40 € – Carte 23/37 €
◆ Maison de style breton située au centre du village. Les petites chambres, meublées simplement, sont bien tenues. Hall agrémenté d'une imposante cheminée en granit. Faïences et cuivres ornent le restaurant où l'on sert essentiellement des produits du terroir.

PÉGOMAS – 06 Alpes-Maritimes – 341 C6 – 5 794 h. – alt. 18 m – ✉ 06580 42 E2

Paris 896 – Cannes 12 – Draguignan 59 – Grasse 9 – Nice 41 – St-Raphaël 38

Office de tourisme, 287 avenue de Grasse ✆ 04 93 42 85 17

Le Bosquet sans rest cuisinette VISA
chemin des Périssols - rte Mouans-Sartoux – ✆ 04 92 60 21 20 – hotel.lebosquet@wanadoo.fr – Fax 04 92 60 21 49
16 ch – †45 € ††48/65 €, ☕ 6,50 €, 7 studios
◆ Accueil empressé, atmosphère paisible du parc arboré, tenue méticuleuse et confitures maison : un petit hôtel où l'on se sent bien. Chambres ou studios.

L'Écluse

au bord de la Siagne, Ouest : 1,5 km par rte secondaire – ☎ 04 93 42 22 55 – ecluse@wanadoo.fr – Fax 04 93 40 72 65 – Fermé nov., en sem. du 30 sept. au 15 avril et lundi du 16 avril au 30 sept.

Rest – Menu (17 €), 25/30 € – Carte 31/38 €

◆ Restaurant apprécié pour sa simplicité, son ambiance décontractée et sa grande terrasse au bord de l'eau qui lui donne un petit air de guinguette. Cuisine traditionnelle.

à St-Jean Sud-Est : 2 km par D 9 – ✉ 06550 La Roquette-sur-Siagne

Les Chasseurs sans rest cuisinette

1175 av. République – ☎ 04 92 19 18 00 – hoteldeschasseurs@wanadoo.fr – Fax 04 92 19 19 61 – Fermé 15 nov.-15 déc.

17 ch – †30/40 € ††45/55 €, ☕ 6 €

◆ Chambres simples, déjà anciennes, mais d'une tenue sans défaut ; celles sur l'arrière sont plus calmes. Une étape à prix doux... à deux tours de roue de Cannes !

PEILLON – 06 Alpes-Maritimes – 341 F5 – 1 227 h. – alt. 200 m – ✉ 06440

Côte d'Azur 42 **E2**

Paris 947 – Contes 14 – L'Escarène 14 – Menton 38 – Monaco 29 – Nice 20 – Sospel 34

Syndicat d'initiative, 4 Carriera centrale ☎ 04 93 91 98 34

Village★ - Fresques★ dans la chapelle des Pénitents Blancs.

Auberge de la Madone (Millo) ch, ch, 10/20,

– ☎ 04 93 79 91 17 – aubergemadone@wanadoo.fr – Fax 04 93 79 99 36 – Fermé 2 nov.-24 déc., 9-31 janv. et merc.

14 ch – †90/200 € ††98/220 €, ☕ 17 € – 3 suites – ½ P 120/180 € –

Rest – Menu 48 € (sem.)/100 €

Spéc. Tourte de blanc et vert de blettes, escalope de foie gras grillée. Filet de rougets à la peillonnaise de légumes, sauce aux agrumes de Menton. Agneau cuit en duo. **Vins** Vin de pays des Alpes Maritimes, Bellet.

◆ Cette auberge de caractère entourée d'un jardin fleuri abrite des chambres soignées et calmes. Belle cuisine régionale servie dans une coquette salle à manger provençale ou sur la jolie terrasse tournée vers le délicieux village perché sur son piton rocheux.

Lou Pourtail

(accueil à l'Auberge de la Madone) – ☎ 04 93 79 91 17 – Fax 04 93 79 99 36 – Fermé 2 nov.-24 déc. et merc.

6 ch – †40/68 € ††40/68 €, ☕ 15 € – **Rest** – *(ouvert mai-sept.) (déjeuner seult)* Menu 18/30 €

◆ Le charme d'une maison ancienne - murs chaulés, voûtes ou hauts plafonds, mobilier campagnard - à l'entrée du village-crèche. Chambres simples, sans TV. Petite salle à manger rustique et, à la belle saison, tables dressées dans le jardin. Produits du terroir.

PEISEY-NANCROIX – 73 Savoie – 333 N4 – 614 h. – alt. 1 320 m – ✉ 73210

Alpes du Nord 45 **D2**

Paris 635 – Albertville 55 – Bourg-St-Maurice 13

Office de tourisme, place de Roscanvel ☎ 04 79 07 88 67

La Vanoise ch,

à Plan Peisey, : 4 km – ☎ 04 79 07 92 19 – hotel-la-vanoise@wanadoo.fr – Fax 04 79 07 97 48 – Ouvert 1er juil.-2 sept. et 18 déc.-21 avril

34 ch – †60/65 € ††80/90 €, ☕ 11 € – ½ P 60/83 € –

Rest – Menu 20/27 €

◆ Jolie vue sur le dôme de Bellecôte depuis ce bâtiment abritant d'agréables chambres régionales (bois, tissus colorés) ; celles orientées au Sud ont un balcon. Chaleureux lambris, recettes savoyardes et belle flambée : pas de doute, vous êtes à la montagne !

L'Armoise

à Plan Peisey, Ouest : 4,5 km – ☎ 04 79 07 94 24 – Fax 04 79 07 94 24 – Ouvert 7 juil.-31 août, 20 déc.-21 avril et fermé dim.

Rest – Menu 18 € (déj.), 27/44 € – Carte 32/52 €

◆ Adresse simple et sans prétention en plein cœur de la petite station. Un menu traditionnel et le plat du jour à midi ; beau choix de spécialités savoyardes le soir.

PELVOUX (Commune de) – **05 Hautes-Alpes** – **334** G3 – **404 h.** – **alt. 1 260 m** – **Sports d'hiver : 1 250/2 300 m** ⛷ **7** – ✉ **05340**
Alpes du Sud 41 **C1**

Paris 702 – L'Argentière-la-Bessée 11 – Briançon 22 – Gap 84 – Guillestre 32

Route des Choulières : ≤★★ E.

Ailefroide – **alt. 1 510 m** – ✉ **05340 Pelvoux**

Pré de Madame Carle : paysage★★ NO : 6 km.

Chalet Hôtel d'Ailefroide ≤ rest, VISA

– *☎ 04 92 23 32 01 – contact@chalethotel-ailefroide.com – Fax 04 92 23 49 97 – Ouvert mi-juin-mi-sept.*

24 ch – 35/48 € 38/64 €, 7,50 € – ½ P 38/48 € – **Rest** – Menu 17 € (déj.), 20/22 € – Carte 22/30 €

◆ Petite adresse bien connue des randonneurs. Vous serez hébergé dans des chambres simples et pas très grandes ; certaines sont relookées à la mode montagnarde. Sauna, jacuzzi. Près de la cheminée ou dans le jardin, table conviviale et roborative.

PÉNESTIN – **56 Morbihan** – **308** Q10 – **1 527 h.** – **alt. 20 m** – ✉ **56760** 10 **C3**

Paris 458 – La Baule 29 – Nantes 84 – La Roche-Bernard 18 – St-Nazaire 43 – Vannes 48

Syndicat d'initiative, allée du Grand Pré ☎ 02 99 90 37 74

Pointe du Bile ≤★ S : 5 km, **Bretagne.**

Loscolo ≤ VISA

Pointe de Loscolo, Sud-Ouest : 4 km – ☎ 02 99 90 31 90 – Fax 02 99 90 32 14 – Ouvert Pâques-1er nov.

14 ch – 49/95 € 57/107 €, 14 € – ½ P 76/101 € – **Rest** – *(fermé merc.) (dîner seult) (résidents seult)* Menu 33 €

◆ Vous êtes chez l'inventeur de la machine à ouvrir les huîtres ! Séjour calme et iodé dans des chambres sobrement aménagées, presque toutes tournées vers le large. Salle à manger aux douces tonalités et cuisine aux saveurs océanes.

PENHORS – **29 Finistère** – **308** E7 – **rattaché à Pouldreuzic**

PENNEDEPIE – **14 Calvados** – **303** N3 – **rattaché à Honfleur**

PENVÉNAN – **22 Côtes-d'Armor** – **309** C2 – **2 434 h.** – **alt. 70 m** – ✉ **22710** 9 **B1**

Paris 521 – Guingamp 34 – Lannion 16 – St-Brieuc 70 – Tréguier 8

Syndicat d'initiative, 12 place de l'église ☎ 0296928109

Le Crustacé VISA

2 r de la poste – ☎ 02 96 92 67 46 – Fermé 11-22 nov., 1er-17 janv., lundi en juil.-août, dim. soir, mardi soir et merc. de sept. à juin

Rest – Menu 16/34 € – Carte 26/50 €

◆ En face de l'église, petit restaurant familial où l'on cultive le sens de l'accueil dans une salle rustique, simple et bien tenue. Cuisine traditionnelle et produits de la mer.

PENVINS – **56 Morbihan** – **308** O9 – **rattaché à Sarzeau**

PERI – **2A Corse-du-Sud** – **345** C7 – **voir à Corse**

PÉRIGNAC – **Char.-Mar.** – **324** H6 – **rattaché à Pons**

PÉRIGNAT-LÈS-SARLIÈVE – **63 Puy-de-Dôme** – **326** F8 – **rattaché à Clermont-Ferrand**

PÉRIGNY – **86 Vienne** – **322** H5 – **rattaché à Poitiers**

PÉRIGUEUX P – 24 Dordogne – 329 F4 – 30 193 h. – alt. 86 m – ✉ 24000

Périgord 4 **C1**

- Paris 482 – Agen 138 – Bordeaux 128 – Limoges 96 – Poitiers 198
- Office de tourisme, 26 place Francheville ✆ 05 53 53 10 63, Fax 05 53 09 02 50
- de Périgueux à Marsac-sur-l'Isle Domaine de Saltgourde, par rte d'Angoulême : 5 km, ✆ 05 53 53 02 35.
- Cathédrale St-Front★★, église Saint-Étienne de la Cité★ - Quartier St-Front★★★: rue Limogeanne★ BY , escalier★ Renaissance de l'hôtel de Lestrade (rue de la sagesse) BY - Galerie Daumesnil★ face au n° 3 de la rue Limogeanne - Musée du Périgord★ CY **M²**.

PÉRIGUEUX

Abreuvoir (R. de l') . . . . **CY** 2
Amphithéâtre (R. de l') . . . . **AZ** 3
Arènes (Bd des) . . . . **AZ** 6
Aubergerie (R.) . . . . **BZ** 9
Barbecane (R.) . . . . **CY** 12
Barbusse (Av. Henri) . . . . . . **AY** 13
Bride (R. de la) . . . . **BZ** 15
Bugeaud (Pl.) . . . . **BZ**
Calvaire (R. du) . . . . **BZ** 16
Cavaignac (Av.) . . . . **AZ** 18
Cité (R. de la) . . . . **ABZ** 23
Clarté (R. de la) . . . . **BZ** 24
Clautre (Pl. de la) . . . . **BZ** 26
Clos-Chassaing . . . . **BY** 27
Coderc (Pl. du) . . . . **BYZ** 28
Condé (R.) . . . . **BZ** 29
Constitution (R. de la) . . . . **CY** 30
Daumesnil (Av. et Pl.) . . . . **BCZ** 32
Daumesnil (Galerie) . . . . . **BYZ** 31
Durand (Rd-Pt Charles) . . . . **AZ** 34
Eguillerie (R.) . . . . **BY** 35
Fénelon (Cours) . . . . **BZ**
Goudeau (Pl. Émile) . . . . . . **CY** 36
Hôtel de Ville (Pl. de l') . . . **BZ** 37
Lammary (R.) . . . . **BY** 38
Limogeanne (R.) . . . . **BY**
Maurois (Pl. André) . . . . **BY** 39
Miséricorde (R. de la) . . . . . **BY** 40
Mobiles-de-Coulmiers (R.) . **AY** 41
Montaigne (Bd M.) . . . . . . **BYZ**
Montaigne (Cours et Pl. M.) . . . . . . **BYZ**
Notre-Dame (R.) . . . . **CY** 42
Port-de-Graule (R. du) . . . **CYZ** 44
Port (Allée du) . . . . **AY** 43
Président-Wilson (R. du) . . . **AY**
République (R. de la) . . . . **BYZ** 45
Sagesse (R. de la) . . . . **BY** 46
Ste-Marthe (R.) . . . . **CZ** 50
St-Pierre-ès-Liens (R.) . . . **ABZ** 47
St-Roch (R.) . . . . **BZ** 48
St-Silain (Pl.) . . . . **BY** 49
Sully (R. de) . . . . **BZ** 53
Taillefer (R.) . . . . **BZ**
Talleyrand-Périgord (R.) . . . . **CZ** 54
Théâtre (Espl. du) . . . . **BY** 55
Turenne (R. de) . . . . **AZ** 60
15e-Régt-de-Tirailleurs-Algériens (R. du) . . . . **AZ** 61
50e-Régt-d'Infanterie (Av. du) . . . . **AZ** 62

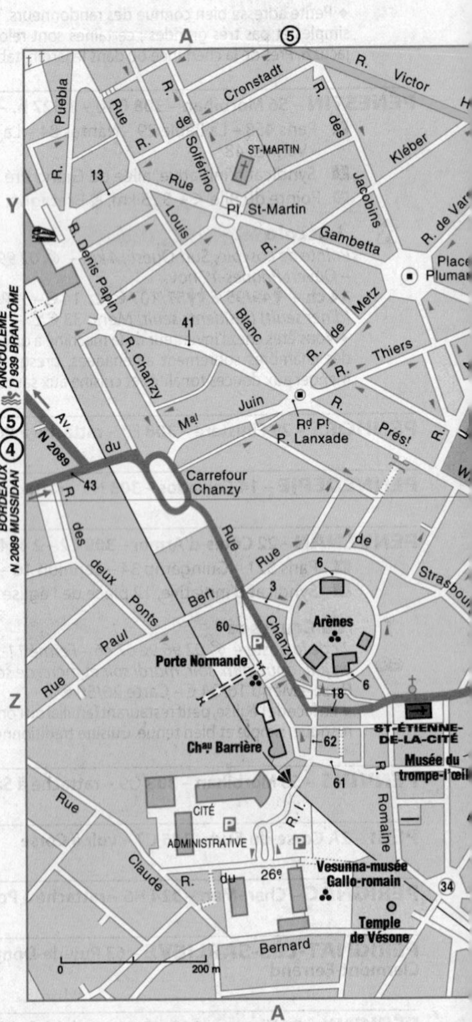

Mercure sans rest — 50, VISA AE
7 pl. Francheville – ✆ 05 53 06 65 00 – h6237@accor.com – Fax 05 53 07 20 33 BZ
66 ch – 🛉78/98 € 🛉🛉90/110 €, ☕ 12 €
◆ Adossé à une façade en pierre de taille classée, cet hôtel flambant neuf jouit d'une bonne situation, face à un jardin et à un multiplex. Agréables chambres contemporaines.

Bristol sans rest — 15, P VISA AE
37 r. A. Gadaud – ✆ 05 53 08 75 90 – hotel@bristolfrance.com – Fax 05 53 07 00 49 – Fermé 22 déc.-8 janv. BY **u**
29 ch – 🛉58/66 € 🛉🛉63/71 €, ☕ 7,50 €
◆ Cet hôtel proche du centre-ville et des curiosités touristiques abrite des chambres assez bien insonorisées et dotées d'un mobilier rustique ou de style Empire.

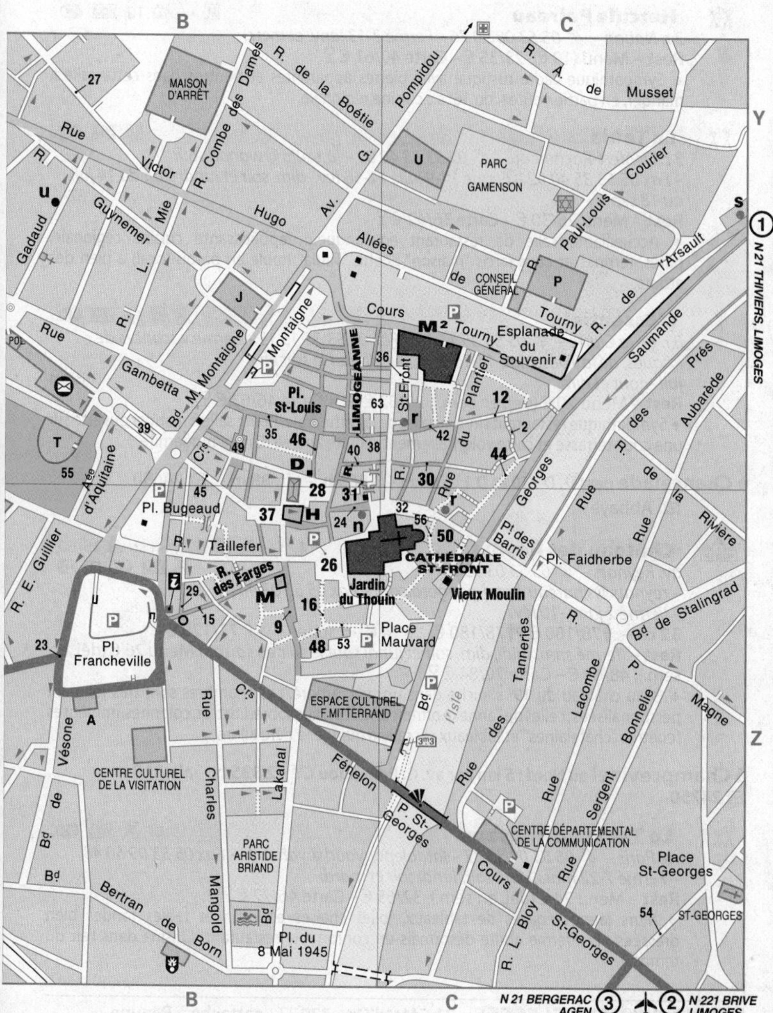

XXX **Le Rocher de l'Arsault** 10/25, VISA AE

15 r. L'Arsault – ✆ 05 53 53 54 06 – rocher.arsault@wanadoo.fr – Fax 05 53 08 32 32 – Fermé 2-29 juil. CY **s**

Rest – Menu (20 €), 27/79 € – Carte 32/101 €

◆ Longue bâtisse adossée au rocher où l'un des murs de la coquette salle à manger colorée laisse apparaître la pierre. Agréables salons particuliers. Cuisine du terroir.

XX **Le Clos St-Front** VISA AE

5, 7 r. de la Vertu – ✆ 05 53 46 78 58 – leclossaintfront@wanadoo.fr – Fax 05 53 46 78 20 – Fermé 5-25 fév., dim. soir et lundi hors saison CY **r**

Rest – Menu 26 € (déj. en sem.), 36/60 € bc

◆ Maison du 16e s. proche du musée du Périgord. Salle à manger agrémentée de poutres, meubles Louis XVI et cheminée d'époque, jardin-terrasse ombragé et cuisine du marché.

XX **Hercule Poireau** 10, VISA

2 r. Nation – ✆ 05 53 08 90 76 – Fermé 2-13 janv. et merc. CZ **r**

Rest – Menu (19 €), 23/35 € – Carte 40/61 €

◆ Sympathique cadre rustique avec pierres apparentes et poutres dans cette salle à manger, en partie voûtée, du 16e s. ; cuisine régionale.

XX **La Taula** VISA

3 r. Denfert-Rochereau – ✆ 05 53 35 40 02 – la.taula@wanadoo.fr – Fax 05 53 35 40 02 – Fermé 1er-9 juil., 11-18 fév., dim. soir et lundi sauf du 14 juil. au 18 sept. BZ

Rest – Menu 26/30 € – Carte 36/42 €

◆ Accueillante salle de restaurant en longueur, appétissante cuisine régionale, pâtés, terrines et cous farcis "maison" : cette "Taula" (table en patois local) a bien des atouts.

X **L'Essentiel** VISA

8 r. de la Clarté – ✆ 05 53 35 15 15 – Fax 05 53 35 15 15 – Fermé vacances de Pâques, de la Toussaint, 1er-15 janv., lundi sauf le soir en juil.-août et dim. BZ **n**

Rest – Menu 20 € (déj. en sem.), 29/62 € bc – Carte 46/63 €

◆ Sympathique restaurant situé au pied de la cathédrale. Petite salle à manger ouverte sur une cour-terrasse et carte volontairement réduite ancrée dans la modernité.

à Chancelade par ⑤, D 710 et D 1 : 5,5 km – 3 865 h. – alt. 88 m – ✉ 24650

Abbaye★.

Château des Reynats rest, 15/60, VISA AE

av. Reynats – ✆ 05 53 03 53 59 – reynats@chateau-hotel-perigord.com – Fax 05 53 03 44 84 – Fermé 2 janv.-10 fév.

32 ch – 78/180 € 78/180 €, 14 € – 5 suites – ½ P 77/128 € –

Rest – *(fermé sam. midi, dim. soir et lundi sauf le soir en saison)* Menu 26 € (déj. en sem.), 48/65 € – Carte 70/84 €

◆ Beau château du 19e s. niché dans un parc arboré. Les chambres sont très joliment personnalisées ; celles de l'annexe offrent un décor plus sobre. Lustres, colonnes, immenses fenêtres "châtelaines" et tableaux : la salle à manger a fière allure.

à Champcevinel au Nord : 5 km par av. G. Pompidou CY – 2 335 h. – alt. 210 m – ✉ 24750

XXX **La Table du Pouyaud** VISA

rte Paris – ✆ 05 53 09 53 32 – latablepouyaud@yahoo.fr – Fax 05 53 09 50 48 – Fermé 7-22 mars, dim. soir, lundi soir et mardi

Rest – Menu 24 € (déj. en sem.), 32/65 € – Carte 46/77 €

◆ Murs jaunes égayés de tableaux, jolies chaises en rotin et tables rondes bien dressées : l'ex-ferme abrite désormais un confortable restaurant. Cuisine dans l'air du temps.

PERNAND-VERGELESSES – 21 Côte-d'Or – 320 J7 – rattaché à Beaune

PERNES-LES-FONTAINES – 84 Vaucluse – 332 D10 – 10 170 h. – alt. 75 m – ✉ 84210 Provence 42 E1

Paris 685 – Apt 43 – Avignon 23 – Carpentras 6 – Cavaillon 20

Office de tourisme, place Gabriel Moutte ✆ 04 90 61 34 04

Porte Notre-Dame★.

L'Hermitage sans rest 25, P VISA MC AE ①

614 Grande Rte de Carpentras – ✆ 04 90 66 51 41 – hotel.lhermitage@libertysurf.fr – Fax 04 90 61 36 41 – Ouvert 1er mars-15 nov.

20 ch – †68/79 € ††68/79 €, ☕ 9,50 €

◆ Belle demeure datant de 1890 au milieu d'un parc. Ambiance méditerranéenne colorée dans les chambres, confort bourgeois et meubles de style dans les salons.

Au Fil du Temps (Robert) AC VISA MC

pl. L. Giraud (face centre culturel) – ✆ 04 90 66 48 61 – fildutemp@wanadoo.fr – Fax 04 90 66 48 61 – Fermé 30 oct.-7 nov., 20 déc.-9 janv., 19-27 fév., mardi de sept. à juin, sam. midi de juil. à sept. et merc.

Rest – *(nombre de couverts limité, prévenir)* Menu 33 € (déj. en sem.), 50/70 € 🍷

Spéc. Saumon mariné à la badiane. Millefeuille de bœuf et foie gras. Moelleux au chocolat. **Vins** Vacqueyras, Côtes du Ventoux.

◆ Cette auberge toute simple située au cœur de la "perle du Comtat" abrite une salle à manger sagement provençale. Vous y savourerez une cuisine du Sud actualisée.

au Nord-Est 4 km par D 1 et rte secondaire – ✉ 84210 Pernes-les-Fontaines

Mas La Bonoty avec ch P VISA MC AE ①

chemin de la Bonoty – ✆ 04 90 61 61 09 – infos@bonoty.com – Fax 04 90 61 35 14 – Fermé 12 nov.-7 déc. et 8 janv.-10 fév.

8 ch ☕ – †62/85 € ††75/95 € – ½ P 66/80 € – **Rest** – *(fermé mardi sauf le soir d'avril à sept. et lundi)* Menu (22 €), 37/63 € – Carte 48/61 € 🍷

◆ Près du village aux 36 fontaines, bergerie du 17e s. au charme préservé : pierres et poutres dans la salle à manger, sol en tomettes et mobilier campagnard dans les chambres.

PÉRON – 01 Ain – 328 I3 – 1 579 h. – alt. 524 m – ✉ 01630 45 C1

Paris 521 – Annecy 53 – Bellegarde-sur-Valserine 19 – Bourg-en-Bresse 89 – Gex 21

Auberge Communale La Fruitière avec ch VISA MC

39 pl. St-Antoine – ✆ 04 50 56 83 70 – Fax 04 50 56 83 74 – Fermé 12-19 avril et 11-29 août

7 ch – †44 € ††46/48 €, ☕ 6 € – ½ P 66 € – **Rest** – *(fermé mardi et merc.)* Menu 13 € (déj. en sem.), 25/43 € – Carte 30/48 € 🍷

◆ Berthes à lait peintes et grosse baratte en bois témoignent du passé de cette ancienne fruitière entièrement rénovée. Coquette salle à manger moderne et chambres neuves.

PÉRONNAS – 01 Ain – 328 E3 – rattaché à Bourg-en-Bresse

PÉRONNE – 80 Somme – 301 K8 – 8 380 h. – alt. 52 m – ✉ 80200 Nord Pas-de-Calais Picardie 37 C1

Paris 141 – Amiens 58 – Arras 48 – Doullens 54 – St-Quentin 30

Office de tourisme, 1 rue Louis XI-B.P 146 ✆ 03 22 84 42 38, Fax 03 22 85 51 25

Historial de la Grande Guerre★★.

Plan page suivante

Hostellerie des Remparts rest, VISA MC AE ①

23 r. Beaubois – ✆ 03 22 84 01 22 – hotel-des-remparts2@wanadoo.fr – Fax 03 22 84 31 96 a

17 ch – †65 € ††75 €, ☕ 8,50 € – ½ P 75 € – **Rest** – Menu 17 € bc (déj. en sem.), 22/29 € – Carte 39/56 € 🍷

◆ Cette grande bâtisse régionale adossée aux remparts propose ses deux salles à manger au décor délicieusement suranné et de confortables chambres.

PÉRONNE

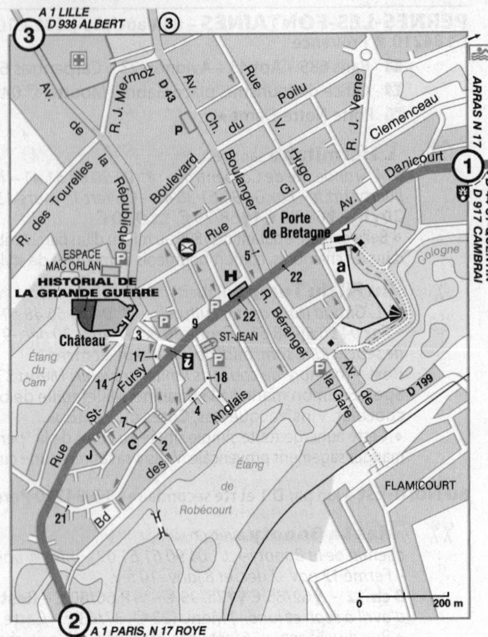

La Quenouille
4 av. Australiens, N 17 par ① – ✆ 03 22 84 00 62 – Fax 03 22 84 67 50 – Fermé dim. soir et lundi
Rest – Menu (11,50 €), 15/30 € – Carte 15/38 €
◆ Il règne une charmante atmosphère "vieille France" en ce restaurant aménagé dans une maison du début du 20e s. entourée de verdure. Terrasse en façade. Carte traditionnelle.

à Rancourt par ① et N 17 : 10 km – 144 h. – alt. 143 m – ✉ 80360

Le Prieuré 50/110, VISA
– ✆ 03 22 85 04 43 – contact@hotel-le-prieure.fr – Fax 03 22 85 06 69
27 ch – 63/71 € 66/72 €, 16 € – ½ P 62/65 € – **Rest** – Menu 14/42 € – Carte 27/53 €
◆ Architecture d'inspiration mauresque abritant des chambres personnalisées, plus spacieuses sur l'arrière. Au détour d'une arche, découvrez le bar écossais. La brique et la pierre blanche des murs ajoutent à l'élégance du restaurant garni de sièges Louis XVI.

Aire d'Assevillers sur A 1 par ②, rte d'Amiens (N 29) et rte secondaire : 15 km – ✉ 80200 Péronne

Mercure 60/90, VISA
– ✆ 03 22 85 78 30 – mercure-peronne@wanadoo.fr – Fax 03 22 85 78 31
74 ch – 70/98 € 80/120 €, 11 € – **Rest** – grill Menu (16 €), 21 € – Carte 22/30 €
◆ Imposant bâtiment des années 1970. Grandes chambres fonctionnelles, meublées dans le goût de l'époque ou rénovées et bien agencées. Bonne insonorisation. Au programme du restaurant : grillades, buffet d'entrées et service continu de 11 à 23 heures.

Grand luxe ou sans prétention ?
Les ✗ et les ⌂ notent le confort.

PÉROUGES – 01 Ain – 328 E5 – 1 103 h. – alt. 290 m – ✉ 01800

Lyon et la vallée du Rhône 44 **B1**

Paris 460 – Bourg-en-Bresse 39 – Lyon 37 – Villefranche-sur-Saône 58

Syndicat d'initiative, entrée de la Cité ✆ 04 74 61 01 14, Fax 04 72 61 84 60

de la Sorelle à Villette-sur-Ain Domaine de Gravagneux, N : 12 km par D 984, ✆ 04 74 35 47 27.

Cité★★ : place de la Halle★★★.

Ostellerie du Vieux Pérouges rest, 30,

– *✆ 04 74 61 00 88 – thibaut@ostellerie.com*

– Fax 04 74 34 77 90 – Fermé 12-25 fév.

13 ch – 130 € 175/205 €, 15 € – 2 suites – **Rest** – Menu 39/70 € – Carte 48/105 €

◆ Admirables façades de style gothico-Renaissance. Chambres alliant mobilier ancien (lit à baldaquin dans certaines) et confort moderne. Restaurant au cadre médiéval et plats du terroir : volaille, morilles à la crème, écrevisses, brochet et la fameuse galette.

Le Pavillon

13 ch – 80/90 € 110/120 €, 15 €

◆ À quelques mètres de l'Ostellerie, le Pavillon abrite des chambres plus simplement meublées et avant tout pratiques ; celles de l'annexe offrent un meilleur niveau de confort.

PERPIGNAN P – 66 Pyrénées-Orientales – 344 I6 – 105 115 h. – Agglo. 162 678 h. – alt. 60 m – Casino : à Port-Barcarès – ✉ 66000

Languedoc Roussillon 22 **B3**

Paris 848 – Andorra-la-Vella 170 – Béziers 94 – Montpellier 156 – Toulouse 204

de Perpignan-Rivesaltes : ✆ 04 68 52 60 70, par ① : 6 km.

Office de tourisme, place Armand Lanoux ✆ 04 68 66 30 30, Fax 04 68 66 30 26

Le Castillet★ - Loge de mer★ BY **K** - Hôtel de ville★ BY **H** - Cathédrale St-Jean★ - Palais des rois de Majorque★ - Musée numismatique Joseph-Puig★ - Place Arago : maison Julia★.

Plans pages suivantes

Villa Duflot ch, 15/80,

rd-pt Albert Donnezan, par ④, dir.autoroute : 3 km – ✆ 04 68 56 67 67

– contact@villa-duflot.com – Fax 04 68 56 54 05

25 ch – 120/160 € 120/200 €, 13 € – ½ P 108/128 € – **Rest** – Menu (25 € bc), 31 € bc (déj. en sem.)/40 € – Carte 38/44 €

◆ Cadre lumineux et élégant (statues contemporaines), grandes chambres au mobilier Art déco côté patio ou côté parc : un petit havre de verdure... en pleine zone commerciale ! Charme méridional de la cuisine et du restaurant ouvert sur la piscine.

Park Hôtel ch, ch, 50,

18 bd J. Bourrat – ✆ 04 68 35 14 14 – contact@parkhotel-fr.com

– Fax 04 68 35 48 18 CY **y**

69 ch – 65/130 € 75/180 €, 10 € – 1 suite

Rest *Chapon Fin* – *(fermé 12-26 août, 2-20 janv., lundi midi, vend. midi, sam. midi et dim.)* Menu 25 € (déj. en sem.), 49/100 € – Carte 72/109 €

◆ L'Espagne s'invite dans cet hôtel proche du square Bir Hakeim. Chambres colorées - certaines dotées de pittoresques lits majorquins - et très bien tenues. Belles boiseries et faïences assistent aux repas du Chapon Fin, préparés avec des produits du terroir.

Le Mas des Arcades ch,

840 av. d'Espagne, par ④ : 2 km sur N 9 100,

✉ 66100 – ✆ 04 68 85 11 11 – contact@hotel-mas-des-arcades.fr

– Fax 04 68 85 21 41

102 ch – 70/75 € 70/120 €, 10 € – 3 suites – **Rest** – *(fermé sam. midi)* Menu (20 €), 28/48 € – Carte 32/46 €

◆ Grand bâtiment des années 1970 répondant parfaitement aux attentes de la clientèle de séminaire. Chambres confortables avec balcons ; piscine découverte et courts de tennis. Restaurant et sa terrasse sous verrière ; plats traditionnels et grillades en été.

PERPIGNAN

Alsace-Lorraine (R.) . . . . . **BY** 2
Anciens-Combattants-d'Indochine (Pl. des) . . **BY** 3
Ange (R. de l') . . . . **BZ** 4
Arago (Pl.) . . . . **BZ** 5
Argenterie (R. de l') . . . . . **BY** 6
Barre (R. de la) . . . . **BY** 7
Bartissol (R. E.) . . . . **BY** 8
Batllo (Quai F.) . . . . **BY** 9
Castillet (R. du) . . . . **BY** 21
Clemenceau (Bd G.) . . . . . **BY**
Cloche d'Or (R. de la) . . **BYZ** 22
Côte des Carmes (R.) . . . **CZ** 23
Fabriques d'En Nabot (R. des) . . . . **BY** 24
Fabriques d'En Nadal (R. des) . . . . **BY** 25
Fontaine-Neuve (R.) . . . . **CZ** 26
Fontfroide (R.) . . . . **BY** 27
Gambetta (Pl.) . . . . **BY** 28
Grande la Monnaie (R.) . . . **BZ** 31
Lattre-de-Tassigny (Quai de) . . . . **BZ** 32
Loge (R. et Pl. de la) . . . . **BY** 33
Louis-Blanc (R.) . . . . . . **ABY** 34
Marchands (R. des) . . . . . **BY** 35
Mermoz (Av. J.) . . . . **CZ** 36
Mirabeau (R.) . . . . **BY** 37
Payra (R. J.) . . . . **BY** 38
Péri (Pl. Gabriel) . . . . **BZ** 39
Petite la Monnaie (R.) . . . . **BZ** 40
Porte d'Assaut (R.) . . . . . **BZ** 41
Porte de Canet (R.) . . . . . **CZ** 42
Remparts la Réal (R. des) **BZ** 43
République (Pl. de la) . . . **BZ** 44
Résistance (Pl. de la) . . . **BY** 45
Révolution Française (R. de la) . . . . **CY** 46
Rigaud (Pl.) . . . . **BZ** 47
Sadi-Carnot (Quai) . . . . . **BY** 50
St-Jean (R.) . . . . **BY** 52
Théâtre (R. du) . . . . **BZ** 55
Trois-Journées (R. des) . . **BY** 58
Vauban (Quai) . . . . **BY** 60
Verdun (Pl. de) . . . . **BY** 64
Victoire (Pl. de la) . . . . . . **BY** 67
Vielledent (R. J.) . . . . **CZ** 69
Waldeck-Rousseau (R.) . **CZ** 72

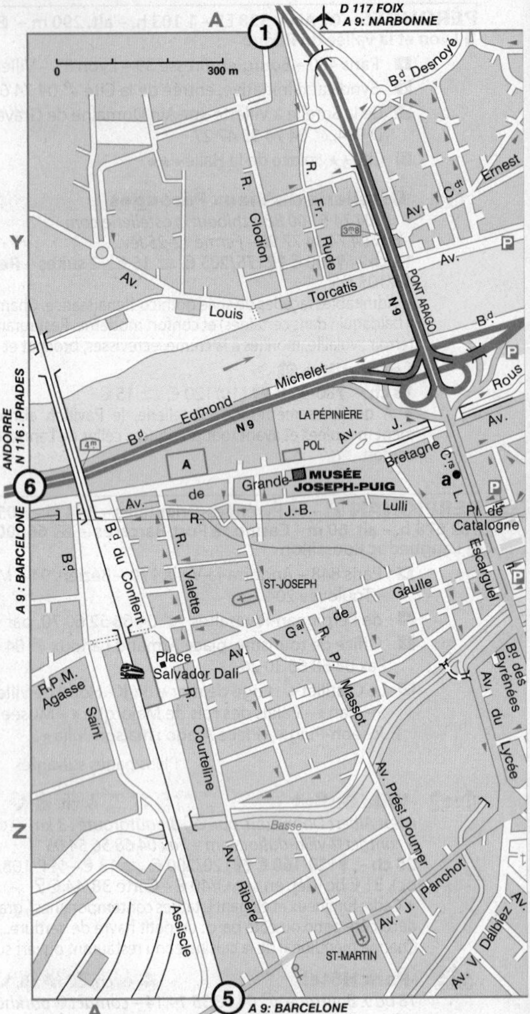

New Christina ch, VISA

51 cours Lassus – ✆ 04 68 35 12 21
– info@hotel-newchristina.com – Fax 04 68 35 67 01
– Fermé 21 déc.-7 janv. CY **w**

25 ch – †66 € ††71 €, ☕ 10 € – ½ P 68 € –
Rest – *(fermé 21-déc.-13 janv., vend. soir, sam. et dim.) (dîner seult) (résidents seult)*
Menu 20/25 €
– Carte 23/34 € 🍷

♦ Chambres fonctionnelles d'allure simple (murs crépis, mobilier en bois cérusé). Pour la détente : petite piscine sur le toit, jacuzzi, hammam et bar.
Salle à manger façon "bistrot moderne" et recettes traditionnelles présentées sur ardoise.

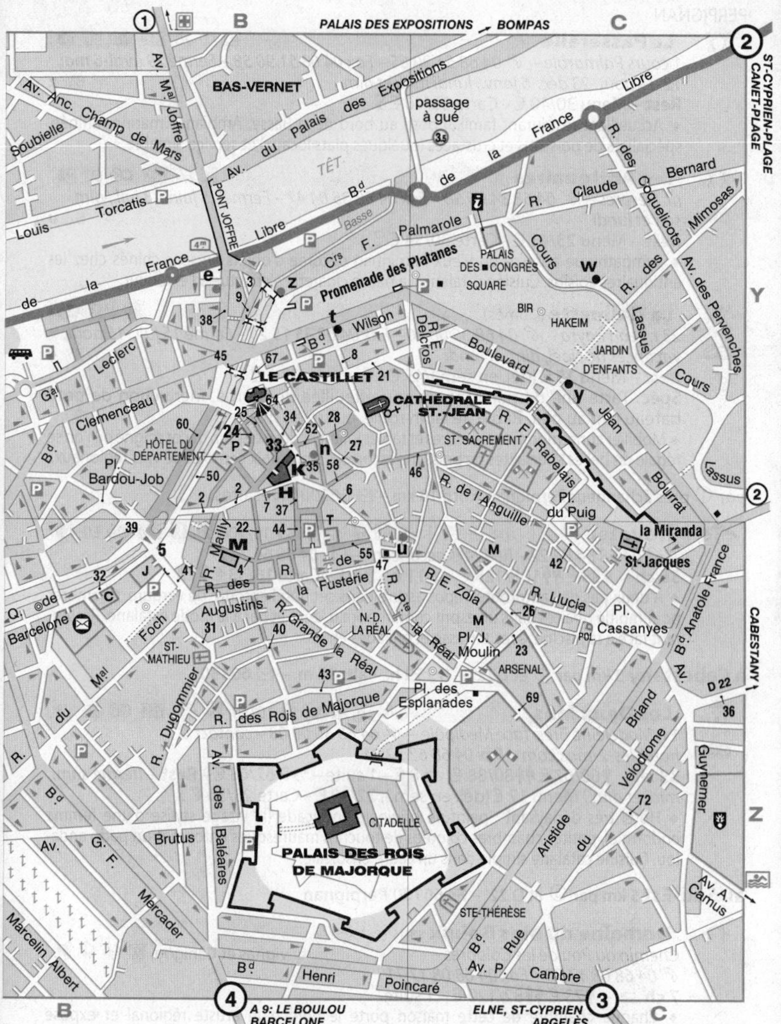

Ibis

20/50, VISA

16 cours Lazare Escarguel – ✆ 04 68 35 62 62 – h1045-gm@accor.com – Fax 04 68 35 13 38

AY **a**

100 ch – †68 € ††68 €, ☕ 7 € – **Rest** – buffet *(fermé sam. midi et dim. midi)* Menu (13 €), 16 € – Carte 25/34 €

◆ Entre vieille ville et "centre du monde" (selon Salvador Dali), chambres rénovées selon les standards Ibis, bien tenues et insonorisées. Salon-bar assez cossu. Cuisine de buffets et plats simples servis dans un cadre frais et coloré.

Kyriad sans rest

15/40, VISA

8 bd Wilson – ✆ 04 68 59 25 94 – kyriad.perpignan@wanadoo.fr – Fax 04 68 61 57 70

BY **t**

38 ch – †69/120 € ††75/140 €, ☕ 9 € – 11 suites

◆ Nouvelle enseigne pour l'ex-Windsor entièrement rénové. Mobilier fonctionnel en bois roux dans les chambres. Une suite décorée à la catalane. Cour intérieure ornée d'une fontaine.

XX **La Passerelle** 20, VISA

1 cours Palmarole – ✆ 04 68 51 30 65 – Fax 04 68 51 90 58 – Fermé 29 avril-6 mai, 12-19 août, 23 déc.-6 janv., lundi midi et dim. BY **z**

Rest – Menu 30/40 € – Carte 33/46 € ♀

◆ Accueillant restaurant familial posé au bord de la Basse. Ambiance marine raffinée, spécialités de poissons et crustacés (quelques plats locaux) et service aimable.

XX **Les Antiquaires** VISA

pl. Desprès – ✆ 04 68 34 06 58 – Fax 04 68 35 04 47 – Fermé 25 juin-13 juil., dim. soir et lundi BZ **u**

Rest – Menu 23/41 € – Carte 30/54 € ♀

◆ Sympathique adresse du vieux Perpignan décorée d'objets anciens chinés chez les antiquaires voisins. Cuisine catalane. La pause cigarette s'effectue à l'extérieur.

XX **La Galinette** (Comes) VISA

23 r. Jean Payra – ✆ 04 68 35 00 90 – Fax 04 68 35 15 20 – Fermé 15 juil.-15 août, vacances de Noël, dim. et lundi BY **e**

Rest – Menu 15 € (déj. en sem.)/45 € – Carte 46/58 € ♀

Spéc. Tarte fine de poivrons rouges, effeuillée de morue. Merluchon de petit bateau cuit au plat. Râble de lapin roulé, cuisse en rillettes.

◆ Mobilier contemporain, moulures et tables joliment dressées : un décor soigné où l'on se régale de belles spécialités de poissons escortées d'un choix complet de vins régionaux.

par ① près échangeur Perpignan-Nord 10 km – ✉ 66600 Rivesaltes

Novotel ch, ch, 15/100, VISA

– ✆ 04 68 64 02 22 – h0424@accor.com – Fax 04 68 64 24 27

56 ch – 95 € 105/125 €, 11 € – **Rest** – Carte 16/33 € ♀

◆ À deux pas de l'autoroute, repos assuré dans cet hôtel entouré de verdure. Chambres pour moitié refaites dans un esprit contemporain "zen" et bar à la mode catalane. Restaurant face à la piscine, avec terrasse et grillades en été.

à Cabestany **5 km par ③ et D22ᶜ – 8 259 h. – alt. 35 m – ✉ 66330**

Les Deux Mas ch, 10/30, VISA

1 r. Madeleine Brès, face Médipôle – ✆ 04 68 50 08 08 – contact@hotel-les-2-mas.com – Fax 04 68 62 32 54

33 ch – 60/67 € 80/88 €, 8 € – 1 suite – ½ P 62/68 € – **Rest** – *(fermé sam. midi et dim.)* Menu 17 € (déj. en sem.), 22/39 € – Carte 25/56 € ♀

◆ Hôtel très dépaysant : peinture originale en façade (le visage stylisé d'une femme endormie), petites chambres colorées de touches mauresques entourant un patio andalou. Cuisine catalane simple dans un cadre ensoleillé.

au Sud-Est **5 km par ③ et D 22ᶜ – ✉ 66100 Perpignan**

Domaine du Mas Boluix sans rest

Chemin du Pou de les Colobres – ≤ vignes et Canigou,

✆ 04 68 08 17 70 – Fax 04 68 08 17 71

7 ch – 73 € 82/120 € – 1 suite

◆ Chaque chambre de cette maison porte le nom d'un artiste régional et expose une de ses œuvres. À l'étage, vous jouirez d'une superbe vue sur les vignes et le Canigou.

LE PERREUX-SUR-MARNE – 94 Val-de-Marne – 312 E2 – **106** 20 – **101** 18 – **voir à Paris, Environs**

PERRIER – 63 Puy-de-Dôme – 326 G9 – **rattaché à Issoire**

LE PERRIER – 85 Vendée – 316 E6 – **rattaché à Challans**

Le rouge est la couleur de la distinction : nos valeurs sûres !

PERROS-GUIREC – 22 Côtes-d'Armor – 309 B2 – 7 614 h. – alt. 60 m – Casino A – ✉ 22700 Bretagne 9 B1

Paris 527 – Lannion 12 – St-Brieuc 76 – Tréguier 19

Office de tourisme, 21 place de l'Hôtel de Ville ☎ 02 96 23 21 15, Fax 02 96 23 04 72

Nef romane★ de l'église B - Pointe du château ≤★ - Table d'orientation ≤★ B E - Sentier des douaniers★★ - Chapelle N.-D. de la Clarté★ 3 km par ② - Sémaphore ≤★ 3,5 km par ②.

Ploumanach★★ : parc municipal★★, rochers★★ - Sentier des Douaniers★★.

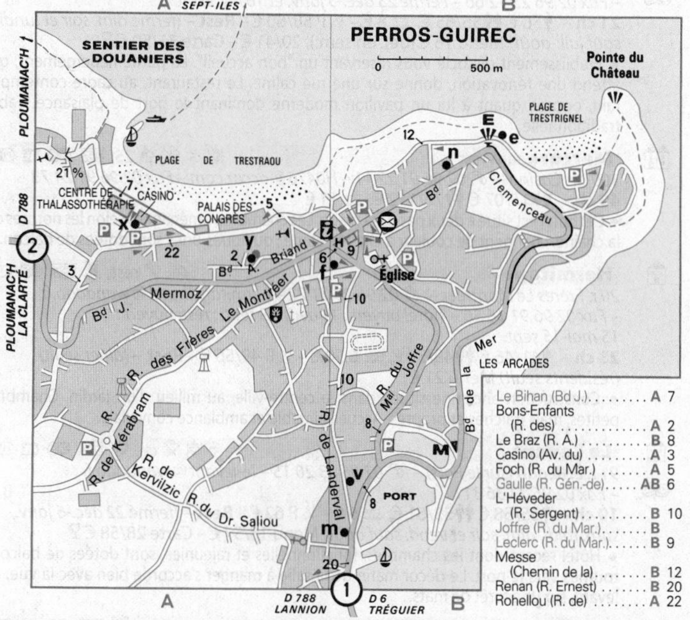

L'Agapa

≤ mer et les îles, rest, 35,

12 r. des Bons Enfants – ☎ 02 96 49 01 10 – hotel@lagapa.com – Fax 02 96 91 16 36 VISA AE A y

49 ch – 🛉120/180 € 🛉🛉160/380 €, ☕ 18 € – 1 suite – ½ P 150/230 €

Rest *Le Belouga* – Menu (26 € bc), 55/72 € – Carte 50/121 €

◆ Ce palace en verre, acier et granit se dresse face à la mer et vous convie à un séjour-cocooning dans un cadre design à la fois "zen" et high-tech. L'unité principale et deux villas se partagent les chambres. Superbe spa. Cuisine du moment servie dans une rotonde-belvédère au décor "tendancissime".

Le Manoir du Sphinx

≤ mer et les îles, VISA AE

67 chemin de la Messe – ☎ 02 96 23 25 42 – lemanoirdusphinx@wanadoo.fr – Fax 02 96 91 26 13 – Fermé 21 nov.-5 déc. et 20 janv.-27 fév. B e

20 ch – 🛉108/111 € 🛉🛉116/127 €, ☕ 10 € – ½ P 102/120 € – **Rest** – *(fermé dim. soir d'oct. à mars, lundi midi et vend. midi sauf fériés)* Menu 30/50 € – Carte 42/59 €

◆ Ravissante villa 1900 surplombant la mer. Ses chambres, d'esprit "british", contemplent à loisir la baie et les îles, et son charmant jardin dégringole jusqu'aux rochers. Salle à manger-véranda panoramique au cadre bourgeois ; carte actuelle à dominante océane.

Les Feux des Iles ch, P VISA MC AE
53 bd Clemenceau – ☎ 02 96 23 22 94 – feuxdesiles2@wanadoo.fr – Fax 02 96 91 07 30 – Fermé 1er-10 mars, 28 sept.-15 oct., 20 déc.-7 janv., vend. soir et dim. soir du 15 nov. au 15 mars B **n**
18 ch – 90/100 € 100/120 €, 11 € – ½ P 85/103 € – **Rest** – *(dîner seult sauf dim.)* Menu 22/62 € – Carte 32/56 €
◆ Hôtel familial composé d'une maison en pierres et d'une aile récente dont les chambres, plus amples et actuelles, ont vue sur mer et parfois accès direct au jardin. Salle à manger tournée vers les "feux" (phares) îliens ; repas traditionnel où entre la marée.

Au Bon Accueil rest, P VISA MC AE
11 r. Landerval – ☎ 02 96 23 25 77 – au-bon-accueil@wanadoo.fr – Fax 02 96 23 12 66 – Fermé 23 déc.-5 janv. et 16 fév.-6 mars B **v**
21 ch – 56 € 56/65 €, 8 € – ½ P 58/60 € – **Rest** – *(fermé dim. soir et lundi sauf juil.-août)* Menu 16 € (déj. en sem.), 20/41 € – Carte 31/50 €
◆ Établissement dissocié vous réservant un "bon accueil". La partie hébergement, qui attend une rénovation, donne sur une rue calme. Le restaurant, au cadre contemporain, occupe quant à lui un pavillon moderne dominant le port de plaisance. Table traditionnelle.

Mercure sans rest 25, VISA MC AE
100 av. Casino – ☎ 02 96 91 22 11 – H0476@accor.com – Fax 02 96 91 24 78
49 ch – 71/107 € 76/112 €, 11 € A **x**
◆ Cet hôtel est situé à deux pas de la plage. Les chambres, aménagées selon les normes de la chaîne, changent de couleur à chaque étage ; quelques-unes sont dotées de balcon.

Hermitage rest, P VISA MC AE
20 r. Frères Le Montréer – ☎ 02 96 23 21 22 – hermitage.hotel@wanadoo.fr – Fax 02 96 91 16 56 – hôtel ouvert : 1er avril-28 sept. ; rest. ouvert : 15 mai-15 sept. B **f**
23 ch – 41/46 € 49/57 €, 6,50 € – ½ P 49/56 € – **Rest** – *(dîner seult) (résidents seult)* Menu 21 €
◆ Construction ancienne située dans le centre-ville, au milieu d'un jardin. Chambres petites, mais fraîches et propres. Accueil aimable et ambiance conviviale.

Le Levant ch, VISA MC AE
91 r. E. Renan (sur le Port) – ☎ 02 96 23 20 15 – le-levant@wanadoo.fr – Fax 02 96 23 36 31 B **m**
19 ch – 55/58 € 55/61 €, 6 € – ½ P 62 € – **Rest** – *(fermé 22 déc.-6 janv., sam. midi, dim. soir et vend. sauf août)* Menu 18/57 € – Carte 28/58 €
◆ Hôtel récent dont les chambres, fonctionnelles et rajeunies, sont dotées de balcons tournés vers le port. Le décor marin de la salle à manger s'accorde bien avec la vue, au levant, sur une forêt de mâts.

La Clarté (Jaguin) P VISA MC AE
24 r.Gabriel Vicaire, à La Clarté par ② – ☎ 02 96 49 05 96 – laclarte22@aol.com – Fax 02 96 91 41 36 – Fermé 1er-8 oct., 30 déc.-8 fév., merc. soir et dim. soir sauf 14 juil.-25 août et lundi
Rest – Menu 24 € (déj. en sem.), 38/70 € – Carte 49/58 €
Spéc. Saint-Jacques des Côtes d'Armor (oct. à mars). Lotte au cidre et aux primeurs du pays (mai à oct.). Fraises de Plougastel et tomate, sorbet framboise et poivron rouge (juin à sept.).
◆ Un faubourg de Perros-Guirec situé en direction de Ploumanach sert de cadre à cette table offrant les plaisirs d'un repas au goût du jour dans un décor néo-rustique chaleureux.

à Ploumanach 6 km par ② – ✉ 22700 Perros-Guirec
Rochers★★ - Parc municipal★★.

Castel Beau Site mer et plage, P VISA MC
Plage St-Guirec – ☎ 02 96 91 40 87 – infos@castelbeausite.com – Fax 02 96 91 66 37 – Fermé janv.
40 ch – 65/115 € 65/115 €, 9 € – ½ P 68/93 € – **Rest** – *(fermé le midi sauf juil.-août et dim.)* Menu (24 €), 30/45 € – Carte 33/54 €
◆ Rénovée dans l'esprit contemporain, cette bâtisse en granit des années 1930 où logeaient les armées domine l'estran et procure une vue "carte postale". Chambres modernes. Salle à manger ample et claire, cultivant un certain exotisme ; cuisine du moment.

Parc

174 pl. St-Guirec – ✆ 02 96 91 40 80 – hotel.du.parclacotriade@wanadoo.fr – Fax 02 96 91 60 48 – Ouvert 1er mars-11 nov. et 21 déc.-6 janv. et fermé dim. soir, mardi soir et merc. en oct., nov. et mars

10 ch – †46/52 € ††46/52 €, ☕ 7 € – ½ P 52/56 € – **Rest** – Menu 14,50 € (sem.)/37 € – Carte 24/43 € ♀

◆ Au centre du village, avec la plage et les célèbres rochers à quelques encablures, maison familiale en granit rose vous hébergeant dans ses petites chambres sobres et nettes. Cuisine de la mer servie en terrasse ou dans une salle à manger lumineuse.

PERTUIS – 84 Vaucluse – 332 G11 – 17 833 h. – alt. 246 m – ✉ 84120

Provence 40 **B2**

▶ Paris 747 – Aix-en-Provence 23 – Apt 36 – Avignon 76 – Digne-les-Bains 97 – Manosque 36

ℹ Office de tourisme, place Mirabeau ✆ 04 90 79 15 56

Sevan 80, VISA AE

rte Manosque, Est : 1,5 km – ✆ 04 90 79 19 30 – hotel-sevan@orange.fr – Fax 04 90 79 35 77

46 ch – †65/120 € ††75/135 €, ☕ 11 € – ½ P 68/93 €

Rest *L'Olivier* – *✆ 04 90 79 08 19* – Menu (18 €), 25/32 € – Carte 43/57 € ♀

Rest *La Paillote* – *(fermé 17 déc.-23 janv. et mardi)* Carte 22/32 € ♀

◆ Complexe hôtelier des années 1970 au pied du Luberon. Préférez les chambres rénovées dans un lumineux style provençal ou celles donnant sur le parc. Salle à manger coiffée d'une charpente apparente et terrasse au bord de la piscine.

Le Boulevard VISA AE

50 bd Pecout – ✆ 04 90 09 69 31 – Fax 04 90 09 09 48 – Fermé 2-12 juil., vacances de fév., dim. soir, mardi soir et merc.

Rest – *(nombre de couverts limité, prévenir)* Menu (12 €), 18/35 € – Carte 33/46 €

◆ Restaurant du centre-ville aménagé à l'étage d'une jolie maison ancienne aux volets bleus. Salle à manger discrètement rustique et tables soigneusement dressées.

PESMES – 70 Haute-Saône – 314 B9 – 1 057 h. – alt. 205 m – ✉ 70140

Franche-Comté Jura 16 **B2**

▶ Paris 362 – Besançon 40 – Dijon 51 – Dole 26 – Gray 20

ℹ Office de tourisme, 19 rue Jacques Prévost ✆ 03 84 31 23 37, Fax 03 84 31 23 37

La Maison Royale sans rest ← Vallée de l'Ognon, 80,

– ✆ 03 84 31 23 23 – Fax 03 84 31 23 23 – Ouvert 1er avril-15 oct.

5 ch ☕ – †60 € ††70 €

◆ Maison forte du 15e s. admirablement restaurée. Les chambres, personnalisées, offrent une vue magnifique sur la vallée de l'Ognon. Salons, bibliothèque et billard.

PESSAC – 33 Gironde – 335 H6 – rattaché à Bordeaux

LA PETITE-FOSSE – 88 Vosges – 314 K3 – 59 h. – alt. 490 m – ✉ 88490

27 **D3**

▶ Paris 405 – Épinal 65 – St-Dié-des-Vosges 13 – Ste-Marie-aux-Mines 18 – Strasbourg 90

Auberge du Spitzemberg ← VISA

Ouest : 4 km par D 45 et voie forestière – ✆ 03 29 51 20 46 – Fax 03 29 51 10 12

10 ch – †48 € ††48/61 €, ☕ 7 € – ½ P 46 € – **Rest** – *(fermé lundi soir et mardi du 15 oct. au 15 mars)* Menu 15 € (sem.)/25 € – Carte 18/29 € ♀

◆ Auberge dissimulée dans la forêt vosgienne, proche de nombreux sentiers balisés : une étape idéale pour les randonneurs. Chambres bien insonorisées. Minigolf. Cheminée, mobilier régional et objets paysans : la salle à manger a conservé son cachet campagnard.

PETITE HETTANGE – 57 Moselle – 307 I2 – rattaché à Malling

LA PETITE-PIERRE – 67 Bas-Rhin – 315 H3 – 612 h. – alt. 340 m – ✉ 67290

Alsace Lorraine 1 A1

Paris 433 – Haguenau 41 – Sarreguemines 48 – Sarre-Union 24 – Strasbourg 57

Office de tourisme, 2a rue du Château ✆ 03 88 70 42 30, Fax 03 88 70 41 08

La Clairière

ch, rest, rest, 70,

63 rte d'Ingwiller (D 7) : 1,5 km – ✆ 03 88 71 75 00 – info@laclairiere.com – Fax 03 88 70 41 05 – Fermé 7-20 janv.

50 ch – 93 € 120 €, 15 € – ½ P 92 € – **Rest** – Menu 22/49 € – Carte 30/49 €

◆ Lové au cœur de la forêt, hôtel moderne dédié au bien-être. Spa de 950 m² et piscine ouverte face à la terrasse en teck. "Parcours challenge" pour les clients en séminaires. Bar "british". Chambres spacieuses. Au restaurant, cadre actuel, cuisine saine et vins "bio".

Lion d'Or

rest, 20/50,

– ✆ 03 88 01 47 57 – contact@liondor.com – Fax 03 88 01 47 50 – Fermé 2-11 juil.

42 ch – 53/65 € 75/98 €, 11 € – ½ P 71/83 € – **Rest** – Menu 19 € (sem.)/96 € bc – Carte 28/59 €

◆ L'adresse est dans la ville ancienne. Les chambres, équipées d'un mobilier varié, sont progressivement rénovées. Centre d'arbrothérapie (soins à base de produits naturels). La salle à manger, habillée de boiseries, offre la vue sur la cité ; cuisine régionale.

Des Vosges

ch, rest, rest, ch, 20,

30 r. Principale – ✆ 03 88 70 45 05 – hotel-des-vosges@wanadoo.fr – Fax 03 88 70 41 13 – Fermé 16-27 juil. et 15 fév.-10 mars

30 ch – 55 € 64/80 €, 9,50 € – ½ P 62/68 € – **Rest** – *(fermé mardi hors saison)* Menu 24 € (sem.)/54 € – Carte 28/55 €

◆ Hôtel proposant des chambres personnalisées ; certaines optent pour un style sagement alsacien. Plats traditionnels, truites du vivier, bonnes bouteilles et jus de pomme maison à déguster dans une salle à manger rustique (non-fumeurs) tournée vers la forêt.

Aux Trois Roses

ch, 30,

19 r. Principale – ✆ 03 88 89 89 00 – hotel.3roses@wanadoo.fr – Fax 03 88 70 41 28 – Fermé 7-18 janv.

40 ch – 47/80 € 47/105 €, 11 € – ½ P 54/82 € – **Rest** – *(fermé dim. soir et lundi)* Menu 18/48 € – Carte 25/52 €

◆ Cette belle façade (18e s.) située au centre du village abrite des chambres confortables, parfois dotées de balcons. Salon de détente agrémenté d'une cheminée. Salles à manger actuelle, alsacienne ou revêtue de boiseries et cuisine vosgienne.

à Graufthal 11 km au Sud-Ouest par D 178 et D 122 – ✉ 67320 Eschbourg

Le Cheval Blanc

19 r. Principale – ✆ 03 88 70 17 11 – auchevalblanc@wanadoo.fr – Fax 03 88 70 12 37 – Fermé 3-17 sept., 2-19 janv., lundi soir, merc. soir et mardi

Rest – Menu (22 €), 27 € – Carte 29/52 €

◆ Cette engageante auberge décorée dans un esprit rustique concocte des recettes fidèles à la région. Joli poêle en faïence dans l'une des salles de restaurant.

Au Vieux Moulin avec ch

ch,

– ✆ 03 88 70 17 28 – kavi.moulin@wanadoo.fr – Fax 03 88 70 11 25 – Fermé 15-24 fév., 1er-10 mars et 25 juin-8 juil.

14 ch – 40 € 40/70 €, 7 € – ½ P 45/58 € – **Rest** – *(fermé mardi soir)* Menu (10 €), 13 € (sem.)/32 € – Carte 16/43 €

◆ Dans ce hameau dont Erckmann et Chatrian ont vanté la sérénité, maison réservant un accueil chaleureux. Une cuisine familiale à l'accent alsacien vous attend dans la salle à manger entièrement redécorée. Chambres modestes. Plan d'eau privé (pêche).

LE PETIT-PRESSIGNY – 37 Indre-et-Loire – 317 O7 – 366 h. – alt. 80 m – ✉ 37350 11 B3

Paris 290 – Le Blanc 38 – Châtellerault 36 – Châteauroux 68 – Poitiers 73 – Tours 61

La Promenade (Dallais)

– ✆ 02 47 94 93 52 – Fax 02 47 91 06 03 – *Fermé 24 sept.-9 oct., 2 janv.-3 fév., dim. soir, lundi et mardi*

Rest – Menu 36/78 € – Carte 48/90 €

Spéc. Petits poireaux grillés en vinaigrette et ravioles de jaune de poule truffées (été). Variation autour de la tomate (été). Lard paysan, embeurrée de chou vert, boudin noir et croustillant de couenne. **Vins** Touraine, Cheverny

♦ Auberge de village au surprenant décor contemporain agrémenté d'œuvres d'art. Savoureuse cuisine actuelle aux accents tourangeaux et séduisante carte des vins.

LE PETIT QUEVILLY – 76 Seine-Maritime – 304 G5 – rattaché à Rouen

PETRETO-BICCHISANO – 2A Corse-du-Sud – 345 C9 – voir à Corse

PEYRAT-LE-CHÂTEAU – 87 Haute-Vienne – 325 H6 – 1 081 h. – alt. 426 m – ✉ 87470 Limousin Berry 25 C2

Paris 409 – Aubusson 45 – Guéret 52 – Limoges 53 – Tulle 81 – Ussel 79 – Uzerche 58

Office de tourisme, 1 rue du Lac ✆ 05 55 69 48 75, Fax 05 55 69 47 82

au Lac de Vassivière – ✉ 23460 Royère-de-Vassivière

Centre d'art contemporain de l'île de Vassivière★★ - Centre d'art contemporain de l'île de Vassivière★★.

Au Golf du Limousin ch, rest,

au Lac de Vassivière – ✆ *05 55 69 41 34 – hotel-golfdulimousin@wanadoo.fr – Fax 05 55 69 49 16 – Ouvert 16 fév.-14 nov.*

17 ch – 41/47 € 41/47 €, 7,50 € – ½ P 60/69 € – **Rest** – Menu 20 € (déj. en sem.), 28/42 € – Carte 25/45 €

♦ Cet hôtel perché à 650 m d'altitude ménage une vue sur le lac. Les chambres, simples et bien tenues, offrent suffisamment d'ampleur et sont mansardées au 2e étage. Cuisine traditionnelle servie dans une agréable salle à manger ou sur la terrasse d'été.

PÉZENAS – 34 Hérault – 339 F8 – 7 443 h. – alt. 15 m – ✉ 34120 Languedoc Roussillon 23 C2

Paris 734 – Agde 22 – Béziers 24 – Lodève 39 – Montpellier 55 – Sète 38

Office de tourisme, place Gambetta ✆ 04 67 98 36 40

Vieux Pézenas★★ : Hôtels de Lacoste★, d'Alfonce★, de Malibran★.

Le Pré Saint Jean

18 av. Mar. Leclerc – ✆ *04 67 98 15 31 – leprest.jean@wanadoo.fr – Fax 04 67 98 89 23 – Fermé vacances de la Toussaint, de fév., jeudi soir sauf juil. août, dim. soir et lundi*

Rest – Menu 23/45 € – Carte 33/58 €

♦ Cette discrète façade bordant une route passante dissimule une accueillante salle de style jardin d'hiver. Cuisine régionale actualisée et belle sélection de vins du pays.

à Nézignan-l'Évêque Sud : 5 km par N 9 et D 13 – 960 h. – alt. 40 m – ✉ 34120

Hostellerie de St-Alban ch, rest, 50,

31 rte Agde – ✆ *04 67 98 11 38 – info@saintalban.com – Fax 04 67 98 91 63 – Ouvert 14 fév.-13 nov.*

13 ch – 74/84 € 89/180 €, 14 € – ½ P 84/130 € – **Rest** – *(fermé jeudi midi et merc. du 14 fév. au 31 mars et du 15 oct. au 14 nov.)* Menu 22 € (déj. en sem.)/30 € – Carte 36/59 €

♦ Jolie maison de maître du 19e s. nichée dans un coquet jardin fleuri. Espace, couleur et mobilier en fer forgé caractérisent les chambres, parfois très originales. Au restaurant, murs immaculés, œuvres contemporaines et carte traditionnelle à l'accent du Sud.

PÉZILLA-LA-RIVIÈRE – 66 Pyrénées-Orientales – 344 H6 – 2 754 h. – alt. 75 m – ✉ 66370 22 **B3**

Paris 857 – Argelès-sur-Mer 35 – Le Boulou 25 – Perpignan 12 – Prades 35

L'Aramon Gourmand

rte Baho, D 614 – ✆ 04 68 92 43 59 – philippe.coste66@wanadoo.fr – Fax 04 68 92 43 59 – Fermé 2-13 janv., mardi soir et merc.

Rest – Menu (13 € bc), 26/36 € ♀

◆ Mets traditionnels et saveurs du Roussillon à apprécier dans une avenante salle rouge et jaune dotée de chaises robustes en bois ou à l'ombre des mûriers-platanes. Cave à vue.

PFAFFENHOFFEN – 67 Bas-Rhin – 315 J3 – 2 468 h. – alt. 170 m – ✉ 67350
Alsace Lorraine 1 **B1**

Paris 457 – Haguenau 16 – Sarrebourg 55 – Sarre-Union 50 – Saverne 30 – Strasbourg 37

Musée de l'Imagerie peinte et populaire alsacienne★.

De l'Agneau avec ch — ch, 15, VISA AE

– ✆ 03 88 07 72 38 – gisele.ernwein@wanadoo.fr – Fax 03 88 72 20 24 – Fermé 1er-7 mars, 19-26 juin, 4-25 sept., dim. soir, mardi sauf le midi de sept. à mai et lundi

12 ch – †50 € ††50/68 €, ☕ 13 € – ½ P 55/79 € – **Rest** – Menu 13 € (déj. en sem.), 25/65 € bc – Carte 37/54 € ♀

◆ Élégant restaurant sis dans une ancienne bergerie du 18e s. Au choix : cuisine actuelle prenant parfois l'accent du Sud, plats du terroir ou menu minceur. Chambres coquettes.

PFULGRIESHEIM – 67 Bas-Rhin – 315 K5 – rattaché à Strasbourg

PHALSBOURG – 57 Moselle – 307 O6 – 4 499 h. – alt. 365 m – ✉ 57370
Alsace Lorraine 27 **D2**

Paris 435 – Metz 110 – Sarrebourg 17 – Sarreguemines 50 – Strasbourg 59

Office de tourisme, 30 place d'Armes ✆ 03 87 24 42 42, Fax 03 87 24 42 87

Erckmann-Chatrian — ch, rest, 25, VISA

pl. d'Armes – ✆ 03 87 24 31 33 – hotel.rest.e-chatrian@wanadoo.fr – Fax 03 87 24 27 81

16 ch – †60 € ††69 €, ☕ 13 € – **Rest** – *(fermé mardi midi et lundi)* Menu 15/56 € – Carte 38/67 € ♀

◆ Maison ancienne dont la façade fleurie ne manque pas de cachet. Les chambres, de bonnes dimensions, sont pourvues de meubles de style et parfois d'un coin salon. Repas traditionnel à apprécier dans une salle aux boiseries sombres ou dans une ambiance brasserie.

Au Soldat de l'An II (Schmitt) avec ch — ch, ch, VISA AE

1 rte Saverne – ✆ 03 87 24 16 16 – info@soldatan2.com – Fax 03 87 24 18 18

7 ch – †120 € ††120/150 €, ☕ 18 € – **Rest** – *(fermé 28 fév.-8 mars, 31 juil.-9 août, 31 oct.-8 nov., 2-17 janv., mardi midi, dim. soir et lundi)* Menu 40 € bc (déj. en sem.)/98 € bc – Carte 79/95 € ♀

Spéc. Dégustation de foie gras d'Alsace. Poissons sauvages. Gibier (juin à janv.).
Vins Riesling, Muscat d'Alsace.

◆ Les bibelots et le "soldat" gardant l'entrée de cette ex-grange évoquent l'épopée des patriotes au pantalon tricolore. Plats au goût du jour et belle carte de vins d'Alsace. Chambres tout confort dans la maison voisine.

à Bonne-Fontaine Est : 4 km par N 4 et rte secondaire – ✉ 57370 Danne-et-Quatre-Vents

Notre-Dame de Bonne Fontaine — 40, VISA AE

212 rte Bonne Fontaine – ✆ 03 87 24 34 33 – ndbonnefontaine@aol.com – Fax 03 87 24 24 64 – Fermé 7-26 janv. et 17-24 fév.

34 ch – †51/60 € ††61/76 €, ☕ 9 € – ½ P 57/65 € – **Rest** – Menu 16/45 € bc – Carte 17/41 € ♀

◆ La même famille tient depuis plusieurs générations cet hôtel niché dans un site forestier proche d'un centre de pèlerinage. Chambres sobres ; jolies balades sylvestres au programme. Restaurant-véranda et terrasse ombragée ; table traditionnelle régionale.

PHILIPPSBOURG – 57 Moselle – 307 Q5 – 531 h. – alt. 215 m – ✉ 57230 27 **D1**

Paris 450 – Haguenau 29 – Strasbourg 58 – Wissembourg 42

Office de tourisme, 186 rue de Baerenthal ✆ 03 87 06 56 12, Fax 03 87 06 51 48

Du Tilleul

117, rte de Niederbronn – ✆ 03 87 06 50 10 – au.tilleul.issler@wanadoo.fr – Fax 03 87 06 58 89 – Fermé janv., lundi soir, mardi soir et merc.

Rest – Menu 11,50 € (déj. en sem.), 17/50 € – Carte 27/50 €

◆ L'entrée de cette auberge familiale abrite un bar qui sert des plats du jour, tandis que l'agréable salle à manger de style rustique propose une cuisine traditionnelle.

à l'étang de Hanau Nord-Ouest : 5 km par N 62 et rte secondaire – ✉ 57230 Philippsbourg

Étang★, Alsace Lorraine.

Beau Rivage sans rest 25,

– ✆ 03 87 06 50 32 – Fax 03 87 06 57 46 – Fermé nov. et fév.

22 ch – 40/49 € 59/89 €, 7,50 €

◆ Les chambres de cet hôtel isolé dans la campagne ouvrent sur la forêt ou un étang. Mobilier alsacien dans certaines ; celles tournées vers le "beau rivage" ont souvent un balcon.

PIANA – 2A Corse-du-Sud – 345 A6 – voir à Corse

PIBRAC – 31 Haute-Garonne – 343 F3 – rattaché à Toulouse

PIERRE-BUFFIÈRE – 87 Haute-Vienne – 325 F6 – 1 106 h. – alt. 330 m – ✉ 87260 24 **B2**

Paris 415 – Limoges 22 – Brantôme 84 – Guéret 107 – Tulle 67

Office de tourisme, place du 8 Mai 1945 ✆ 05 55 00 94 33

La Providence ch,

pl. Adeline – ✆ 05 55 00 60 16 – laprovidence@hotel-limoges.net – Fax 05 55 00 98 69 – Fermé 25-30 nov., 7 janv.-7 fév., dim. soir et lundi du 18 nov. au 4 fév.

14 ch – 53/82 € 53/100 €, 9 € – **Rest** – Menu 19/68 € – Carte 35/77 €

◆ Cet établissement familial borde la place centrale d'un village limousin. Les chambres, confortables et actuelles, sont tenues avec soin. Le restaurant propose une cuisine traditionnelle sans prétention dans une salle à manger garnie de meubles rustiques.

PIERREFITTE-EN-AUGE – 14 Calvados – 303 N4 – rattaché à Pont-L'Évêque

PIERREFITTE-SUR-SAULDRE – 41 Loir-et-Cher – 318 J6 – 851 h. – alt. 125 m – ✉ 41300 12 **C2**

Paris 185 – Orléans 52 – Aubigny-sur-Nère 23 – Blois 73 – Bourges 55 – Salbris 13

Syndicat d'initiative, 10 place de l'Église ✆ 02 54 88 67 15, Fax 02 54 88 67 15

Lion d'Or

1 pl. Eglise – ✆ 02 54 88 62 14 – Fax 02 54 88 62 14 – Fermé 5-26 sept., 9-30 janv., merc. soir et jeudi soir hors saison, lundi et mardi sauf fériés

Rest – Menu 31/39 €

◆ Murs à pans de bois, poutres et collection de faïences anciennes composent l'authentique cadre rustique de cette maison solognote. Jolie terrasse-jardin. Carte traditionnelle.

PIERREFONDS – 60 Oise – 305 I4 – 1 945 h. – alt. 81 m – ✉ 60350

Nord Pas-de-Calais Picardie 37 **C2**

Paris 82 – Beauvais 78 – Compiègne 15 – Soissons 31 – Villers-Cotterêts 18

Office de tourisme, rue Louis d'Orléans 03 44 42 81 44, Fax 03 44 42 86 31

Château★★ - St-Jean-aux-Bois : église★ O : 6 km.

Aux Blés d'Or avec ch

8 r. J. Michelet – 03 44 42 85 91 – auxblesdor@aol.com – Fax 03 44 42 98 94

6 ch – 45 € 56/63 €, 8 € – ½ P 60 € – **Rest** – *(fermé dim. soir, mardi soir et merc.)* Menu 18/39 €

◆ Cet ancien moulin, dont les belles poutres soulignent l'authenticité, est situé entre le lac et le superbe château. Salle à manger néo-rustique. Accueil prévenant.

à Chelles 4,5 km à l'Est par D 85 – 384 h. – alt. 75 m – ✉ 60350

Relais Brunehaut avec ch

rest, cuisinette

3 r. Église – 03 44 42 85 05 – Fax 03 44 42 83 30

11 ch – 50/70 € 70/120 €, 8,50 € – ½ P 65 € – **Rest** – *(fermé 15 janv.-13 fév., merc. et jeudi du 16 nov. au 14 avril, lundi et mardi)* Menu 24 € (sem.)/44 € bc – Carte 36/50 €

◆ Le moulin, avec sa roue à aubes, et l'auberge s'ordonnent autour d'une belle cour fleurie. Le premier abrite d'agréables chambres, la seconde, une salle à manger rustique.

à St-Jean-aux-Bois : 6 km par D 85 – 349 h. – alt. 71 m – ✉ 60350

Auberge A la Bonne Idée avec ch

ch, rest,

3 r. Meuniers – 03 44 42 84 09 20,

– a-la-bonne-idee.auberge@wanadoo.fr – Fax 03 44 42 80 45

– Fermé 7 janv.-4 fév., dim. soir et lundi d'oct. à avril

21 ch – 65/105 € 65/150 €, 9 € – ½ P 79/130 € – **Rest** – Menu 30 € (sem.)/69 € – Carte 66/73 €

◆ Restaurant situé dans un charmant village. Intérieur campagnard (poutres, vieilles pierres, cheminée), terrasse tournée vers le jardin fleuri et carte classique.

PIERREFORT – 15 Cantal – 330 F5 – 1 002 h. – alt. 950 m – ✉ 15230 5 **B3**

Paris 540 – Aurillac 64 – Entraygues-sur-Truyère 55 – Espalion 62 – St-Flour 29

Office de tourisme, 29 avenue Georges Pompidou 04 71 23 38 04

Du Midi

5 av. G. Pompidou – 04 71 23 30 20 – hoteldumidi.pierrefort@wanadoo.fr – Fax 04 71 23 39 34 – Fermé 24 déc.-13 janv.

13 ch – 45/48 € 47/50 €, 6 € – ½ P 45/49 € – **Rest** – Menu (11 €), 14,50 € (sem.)/36 € – Carte 28/49 €

◆ Espace réunions, jeux pour enfants, salle à langer : cette adresse centrale convient à la clientèle d'affaires comme aux familles. Petites chambres printanières et ambiance sympathique. Plaisantes salles à manger voûtées et cuisine régionale bien faite.

PIERRELATTE – 26 Drôme – 332 B7 – 11 943 h. – alt. 50 m – ✉ 26700

Lyon et la vallée du Rhône 44 **B3**

Paris 624 – Bollène 17 – Montélimar 23 – Nyons 45 – Orange 33 – Pont-St-Esprit 17

Office de tourisme, place du Champ de Mars 04 75 04 07 98, Fax 04 75 98 40 65

Ferme aux crocodiles★, S : 4 km par N 7 jusqu'à l'échangeur avec la D 59.

Du Tricastin sans rest

r. Caprais-Favier – 04 75 04 05 82 – hoteltriscastin@orange.fr – Fax 04 75 04 19 36

13 ch – 38/40 € 42/45 €, 6,50 €

◆ Dans une rue calme proche du centre-ville, pimpante façade abritant des chambres correctement équipées. Tenue irréprochable et service attentionné.

Du Centre sans rest

6 pl. Église – 04 75 04 28 59 – info@hotelducentre26.com – Fax 04 75 96 97 97 – Fermé 23 déc.-2 janv. – **26 ch** – 54 € 54 €, 9 €

◆ Toutes simples mais de bonne taille, les chambres de cette ancienne abbaye sont progressivement rénovées. Agréable salle des petits-déjeuners. Accueil très aimable.

XX **Gourmand-Gourmet** VISA

6 pl. Église – 04 75 96 83 10 – fredericdumoulin@wanadoo.fr – Fax 04 75 96 46 18 – Fermé 1er-9 sept., sam. et dim.
Rest – Menu 20 € (sem.)/40 € – Carte 39/55 €
◆ Ce restaurant occupe lui aussi les murs de l'abbaye. Plafond mouluré et tons jaunes décorent la salle à manger où l'on apprécie une cuisine inventive.

PIERRE-PERTHUIS – **89 Yonne** – **319** F7 – **rattaché à Vézelay**

PIETRANERA – **2B Haute-Corse** – **345** F3 – **voir à Corse (Bastia)**

LES PILLES – **26 Drôme** – **332** E7 – **rattaché à Nyons**

PINEY – **10 Aube** – **313** F3 – **1 226 h.** – **alt. 116 m** – ✉ **10220** 13 **B3**

Paris 192 – Troyes 22 – St-Dizier 149 – Sézanne 80
Office de tourisme, chemin départemental 79 03 25 43 38 88

Le Tadorne ch, ch, 12/25, VISA

1 pl.de la Halle – 03 25 46 30 35 – le.tadorne@wanadoo.fr – Fax 03 25 46 36 49 – Fermé 24 déc.-28 janv.,24 fév.-11 mars et dim. soir d'oct. à mars
26 ch – 57 € 62 €, 7,50 € – ½ P 60 € – **Rest** – Menu 10,50 € bc (déj. en sem.), 18/49 € – Carte 23/41 €
◆ Poutres et colombages habillent ces jolies maisons articulées autour d'une terrasse-piscine. Les petites chambres, souvent dotées d'un coin-salon, sont parfois climatisées. Le bois domine dans la salle à manger campagnarde dotée d'une mezzanine.

LE PIN-LA-GARENNE – **61 Orne** – **310** M4 – **rattaché à Mortagne-au-Perche**

PINSOT – **38 Isère** – **333** J5 – **rattaché à Allevard**

PIOGGIOLA – **2B Haute-Corse** – **345** C4 – **voir à Corse**

PIOLENC – **84 Vaucluse** – **332** B8 – **4 296 h.** – **alt. 40 m** – ✉ **84420** 40 **A2**

Paris 659 – Avignon 36 – Marseille 123 – Montélimar 50

X **Auberge de l'Orangerie** avec ch rest, VISA

4 r. de l'Ormeau – 04 90 29 59 88 – orangerie@orangerie.net – Fax 04 90 29 67 74 – Fermé 19-30 déc.
5 ch – 44/47 € 60/72 €, 9 € – **Rest** – *(fermé mardi d'oct. à avril, dim. soir et lundi)* Menu (19 € bc), 23 € bc/43 € – Carte 35/60 €
◆ Cet ancien relais de poste abrité derrière de hauts murs possède une salle à manger dotée d'un superbe plafond voûté. Carte au goût du jour, enrichie de spécialités régionales et guadeloupéennes. Chambres simples mais décorées avec originalité.

PIRIAC-SUR-MER – **44 Loire-Atlantique** – **316** A3 – **1 898 h.** – **alt. 7 m** – ✉ **44420**
Bretagne 34 **A2**

Paris 462 – La Baule 17 – Nantes 88 – La Roche-Bernard 33 – St-Nazaire 31
Office de tourisme, 7 rue des Cap-Horniers 02 40 23 51 42, Fax 02 40 23 51 19
Pointe du Castelli ≤★ SO : 1 km.

De la Poste VISA

26 r. Plage – 02 40 23 50 90 – hoteldelaposte.piriac@wanadoo.fr – Fax 02 40 23 68 96 – Ouvert 9 fév. -5 nov.
14 ch – 49/69 € 49/69 €, 10 € – ½ P 52/62 € – **Rest** – *(fermé lundi midi)* Menu 15 € (déj. en sem.)/37 € – Carte 29/55 €
◆ Au centre d'un petit port de pêche, pittoresque avec son bel ensemble de maisons du 17e s., villa des années 1930 aux chambres progressivement rafraîchies. Cuisine "terre et mer" à déguster dans la chaleureuse salle à manger (non-fumeurs) ou en terrasse.

PISCIATELLO – 2A Corse-du-Sud – **345** C8 – **voir à Corse (Ajaccio)**

PITHIVIERS – 45 Loiret – **318** K2 – **9 242 h.** – **alt. 115 m** – ✉ **45300**
Châteaux de la Loire 12 **C1**

Paris 82 – Chartres 74 – Fontainebleau 46 – Montargis 46 – Orléans 44

Office de tourisme, 1 mail Ouest ✆ 02 38 30 50 02, Fax 02 38 30 55 00

Le Relais de la Poste VISA MC AE

10 Mail Ouest – ✆ 02 38 30 40 30 – le-relais-de-la-poste@wanadoo.fr – Fax 02 38 30 47 79

41 ch – 48 € 52 €, ☕ 7 € – ½ P 46 € – **Rest** – *(fermé dim. soir)* Menu 17/30 €

◆ Cette grande bâtisse du centre-ville, jadis relais de poste, abrite des chambres de bonne ampleur, toutes lambrissées et garnies de meubles rustiques. Boiseries blondes et cheminée rendent la salle à manger très chaleureuse. Cuisine traditionnelle.

Aux Saveurs Lointaines VISA MC

1 pl. Martroi – ✆ 02 38 30 18 18 – hung-son.nguyen@wanadoo.fr – Fermé 13-26 août, dim. soir et lundi

Rest – Menu 11,50 € (déj. en sem.) – Carte 13/27 €

◆ Rideaux en bambou, objets en paille tressée et mobilier en teck et fer forgé décorent ce restaurant familial dédié à la cuisine vietnamienne. Spécialités de fruits exotiques.

PIZAY – 69 Rhône – **327** H3 – **rattaché à Belleville**

PLAGE DE CALALONGA – 2A Corse-du-Sud – **345** E11 – **voir à Corse (Bonifacio)**

PLAILLY – 60 Oise – **305** G6 – **1 580 h.** – **alt. 100 m** – ✉ **60128** 19 **C2**

Paris 40 – Beauvais 69 – Chantilly 16 – Compiègne 46 – Meaux 36 – Pontoise 48 – Senlis 16

La Gentilhommière VISA MC AE

25 r. G. Bouchard, (derrière église) – ✆ 03 44 54 30 20 – Fax 03 44 54 31 27 – Fermé 6-28 août, 18 fév.-3 mars, sam. midi, dim. soir et lundi

Rest – Menu 22 € (déj. en sem.), 31/41 € – Carte 47/61 €

◆ Maison ancienne voisine de l'église. Cheminée, poutres et cuivres soulignent le caractère rustique de la salle à manger. Carte traditionnelle. Lieu non-fumeurs.

LA PLAINE-SUR-MER – 44 Loire-Atlantique – **316** C5 – **2 517 h.** – **alt. 26 m** – ✉ **44770** 34 **A2**

Paris 438 – Nantes 58 – Pornic 9 – St-Michel-Chef-Chef 7 – St-Nazaire 28

Office de tourisme, place du Fort Gentil ✆ 02 40 21 52 52

Pointe de St-Gildas★ O : 5 km, **Poitou Vendée Charentes.**

Anne de Bretagne (Vételé) ch, 15/30, VISA MC AE

au Port de Gravette Nord-Ouest : 3 km – ✆ 02 40 21 54 72 – bienvenue@annedebretagne.com – Fax 02 40 21 02 33 – Fermé janv. à mi-fév.

19 ch – 115/270 € 115/270 €, ☕ 17 € – ½ P 130/207 € – **Rest** – *(fermé mardi sauf le soir en saison, dim. soir de mi-oct. à début mai et lundi)* Menu (24 €), 29 € (déj. en sem.), 53/115 €

Spéc. Déclinaison d'huîtres de pleine mer. Pavé de bar basse température, sardines et huîtres en tartare (juin à sept.). Pigeonneau du pays de Retz désossé et cuit à l'unilatéral. **Vins** Muscadet-Côtes de Grand Lieu, Fiefs Vendéens.

◆ Maison blanche tournée vers les flots. Bar, salon et chambres (vue sur mer à l'avant et terrasses côté piscine) optent pour le style marin. Beau restaurant moderne et sans tabac. Cuisine panachant recettes actuelles et saveurs iodées ; riche carte des vins.

PLAISIANS – 26 Drôme – 332 E8 – 175 h. – alt. 612 m – ✉ 26170 44 **B3**

Paris 690 – Carpentras 44 – Nyons 33 – Vaison-la-Romaine 27

Auberge de la Clue

pl. Église – ☎ 04 75 28 01 17 – Fax 04 75 28 29 17 – Ouvert avril-15 oct., week-end et fériés de nov. à mars sauf fév. et fermé lundi

Rest – Carte 26/42 € ♀

◆ Les adeptes de cette sympathique adresse viennent parfois de loin pour savourer sa goûteuse cuisine de terroir. Salle aux couleurs provençales, terrasse face au mont Ventoux.

PLANCOËT – 22 Côtes-d'Armor – 309 I3 – 2 589 h. – alt. 41 m – ✉ 22130 10 **C2**

Paris 417 – Dinan 17 – Dinard 20 – St-Brieuc 46 – St-Malo 26

Syndicat d'initiative, 1 rue des Venelles ☎ 02 96 84 00 57

Crouzil et Hôtel L'Ecrin avec ch rest, VISA AE

20, les quais – ☎ 02 96 84 10 24 – jean-pierre.crouzil@wanadoo.fr – Fax 02 96 84 01 93 – Fermé 1er-15 oct., 21 janv.-4 fév., dim. soir sauf juil.-août, mardi sauf le soir en juil.-août et lundi

7 ch – †80 € ††110/168 €, ☕ 25 € – ½ P 140 € – **Rest** – *(prévenir le week-end)* Menu 37 € (déj. en sem.), 63/126 € – Carte 55/100 € ♀

Spéc. Saint-Jacques poêlées, nappées de verjus. Homard breton rôti, brûlé au lambic. Turbot rôti sur l'os, étuvée de poireaux et mousseline de rattes.

◆ Plancoët, son eau minérale et son hostellerie du siècle dernier abritant une élégante salle où l'on régale d'une talentueuse cuisine "terre-mer". Chambres personnalisées.

PLAN-D'AUPS – 83 Var – 340 J6 – 764 h. – alt. 670 m – ✉ 83640
Provence 40 **B3**

Paris 795 – Aix-en-Provence 46 – Brignoles 37 – Marseille 44 – Toulon 72

Office de tourisme, place de la Mairie ☎ 04 42 62 57 57, Fax 04 42 62 57 57

Lou Pebre d'Aï avec ch & ch, rest, VISA AE

– ☎ 04 42 04 50 42 – lou.pebre.dai@wanadoo.fr – Fax 04 42 04 50 71 – Fermé 1er fév.-18 mars, merc. sauf le soir du 15 mai au 15 sept. et mardi soir du 15 sept. au 15 mai

11 ch – †50/72 € ††50/72 €, ☕ 6,50 € – ½ P 53/64 € – **Rest** – Menu (16 €), 26/46 € – Carte 30/50 €

◆ Dans un village dominé par l'escarpement de la Ste-Baume. Plaisant décor campagnard au restaurant et terrasse prolongée par un jardin. Cuisine aux parfums du terroir.

PLAN-DE-CUQUES – 13 Bouches-du-Rhône – 340 H5 – **rattaché à Marseille**

PLAN-DE-LA-TOUR – 83 Var – 340 O5 – 2 380 h. – alt. 69 m – ✉ 83120 41 **C3**

Paris 859 – Cannes 68 – Draguignan 36 – Fréjus 28 – St-Tropez 24 – Ste-Maxime 10

Office de tourisme, 1 rue du 19 mars 1962 ☎ 04 94 43 01 50, Fax 04 94 43 75 08

Mas des Brugassières sans rest VISA

Sud : 1,5 km par rte Grimaud – ☎ 04 94 55 50 55 – mas.brugassieres@free.fr – Fax 04 94 55 50 51 – Ouvert 25 mars-10 oct.

14 ch – †70/87 € ††78/95 €, ☕ 8 € – 1 suite

◆ Joli mas au cœur des Maures. La plupart des chambres ont été rénovées avec goût, dans la note provençale. Certaines disposent d'une terrasse ; d'autres donnent sur le jardin.

à Courruero Sud : 3,5 km par rte Grimaud – ✉ 83120 Plan-de-la-Tour

Parasolis sans rest cuisinette

– ☎ 04 94 43 76 05 – hotelparasolis@wanadoo.fr – Fax 04 94 43 77 09 – Ouvert 20 mars-30 sept.

9 ch – †65/85 € ††75/110 €, ☕ 10 €, 3 studios

◆ En pleine nature, petit ensemble plagiant le style régional. Bar-salon rustique et sobres chambres de plain-pied avec terrasses privatives ; beau jardin planté d'essences provençales.

PLAN-DU-VAR – **06 Alpes-Maritimes** – **341** E4 – ✉ **06670 Levens** 41 **D2**

Paris 941 – Antibes 38 – Cannes 48 – Nice 32 – Puget-Théniers 35 – Vence 26

Gorges de la Vésubie★★★ NE - Défilé du Chaudan★★ N : 2 km.

Bonson : site★, ⩤★★ de la terrasse de l'église, **Côte d'Azur.**

XX **Cassini** 6/20, VISA AE

231 av. Porte des Alpes, N 202 – ✆ 04 93 08 91 03 – restaurantcassini@wanadoo.fr – Fax 04 93 08 45 48 – Fermé 5-25 nov., 4-24 fév., mardi soir, merc. soir, jeudi soir du 15 sept. au 15 juin, dim. soir et lundi

Rest – Menu 36/48 € – Carte 24/42 €

◆ Sur la traversée du village, auberge tenue par la même famille depuis 4 générations. Pour passer le cap des 80 ans, la salle a retrouvé l'éclat du neuf. Choix traditionnel.

PLANPRAZ – **74 Haute-Savoie** – **328** O5 – **rattaché à Chamonix-Mont-Blanc**

PLAPPEVILLE – **57 Moselle** – **307** H4 – **rattaché à Metz**

PLASCASSIER – **06 Alpes-Maritimes** – **341** C6 – **rattaché à Valbonne**

PLATEAU D'ASSY – **74 Haute-Savoie** – **328** N5 – ✉ **74480**
Alpes du Nord 46 **F1**

Paris 597 – Annecy 83 – Bonneville 41 – Chamonix-Mont-Blanc 23 – Megève 20

Office de tourisme, 1133,av. Jacques Arnaud ✆ 04 50 58 80 52, Fax 04 50 93 83 74

✳★★★ - Église★ : décoration★★ - Pavillon de Charousse ✳★★ O : 2,5 km puis 30 mn - Lac Vert★ NE : 5 km - Plaine-Joux ⩤★★ NE : 5,5 km.

Tourisme sans rest VISA

6 r. d'Anterne ✉ 74190 – ✆ 04 50 58 80 54 – hotel.le.tourisme@wanadoo.fr – Fax 04 50 93 82 11 – Fermé 18 juin-4 juil., 15 oct.-8 nov. et lundi

15 ch – 20 € 28/39 €, 5,50 €

◆ Cet hôtel-bar-P.M.U. propose des chambres simples et bien tenues, dont la moitié ouvre sur le mont Blanc. Plaisante terrasse panoramique où l'on petit-déjeune l'été.

PLÉLO – **22 Côtes-d'Armor** – **309** E3 – **2 631 h.** – **alt. 110 m** – ✉ **22170** 10 **C1**

Paris 470 – Lannion 54 – Rennes 118 – Saint-Brieuc 22

Au Char à Bancs ch, VISA

au nord 1 km sur D84 – ✆ 02 96 74 13 63 – charabanc@wanadoo.fr – Fax 02 96 74 13 03 – Fermé janv.

5 ch – 59/82 € 65/90 € – **Rest** – *(fermé en sem. de sept. à juin et le mardi en juil.-août)* Carte environ 22 €

◆ Cet ancien moulin (17e s.) et ses dépendances ont du charme à revendre : chambres "cosy", logées sous des poutres séculaires, et jolies salles de bain "rétro". L'auberge ne sert que les produits de la ferme (potée, galettes, etc.). Accueil familial.

PLÉNEUF-VAL-ANDRÉ – **22 Côtes-d'Armor** – **309** G3 – **3 680 h.** – **alt. 52 m** – **Casino : la Rotonde au Val-André** – ✉ **22370** 10 **C1**

Paris 446 – Dinan 43 – Erquy 9 – Lamballe 16 – St-Brieuc 28 – St-Cast 30 – St-Malo 51

Office de tourisme, 1 cours Winston Churchill ✆ 02 96 72 20 55, Fax 02 96 63 00 34

de Pleneuf-Val-André Rue de la plage des Vallées, E : 1 km par D 515, ✆ 02 96 63 01 12.

au Val-André 2 km à l'Ouest – ✉ 22370 Pléneuf-Val-André **Bretagne**

Pointe de Pléneuf★ N 15 mn - Le tour de la Pointe de Pléneuf ←★★ N 30 mn.

Georges sans rest

131 r. Clemenceau – ☎ 02 96 72 23 70 – hotel-georges@g-partouche.fr – Fax 02 96 72 23 72 – **24 ch** – 59/75 € 69/99 €, 9 €

◆ Cet hôtel situé au centre de la station balnéaire a été entièrement rénové dans un esprit contemporain chic : boiseries foncées, tons crème et mobilier design.

Grand Hôtel du Val André

ch, rest,

80 r. Amiral Charner – ☎ 02 96 72 20 56 40,

– accueil@grand-hotel-val-andre.fr – Fax 02 96 63 00 24 – Fermé 2 janv.-2 fév.

39 ch – 68/78 € 91/101 €, 9,50 € – ½ P 85/96 € – **Rest** – *(fermé mardi midi, dim. soir et lundi sauf juil.-août)* Menu 28 € (sem.), 38/48 € – Carte 37/66 €

◆ Hôtel bâti en 1895 en bord de plage. Les chambres, rénovées peu à peu, s'égayent de tissus chatoyants ; celles de la façade offrent une vue sur la mer. Cuisine au goût du jour soignée, privilégiant le poisson, à déguster dans la salle à manger panoramique.

Au Biniou

121 r. Clemenceau – ☎ 02 96 72 24 35 – Fax 02 96 63 03 23 – Fermé fév., mardi soir et merc. sauf juil.-août

Rest – Menu 25/31 € – Carte 38/49 €

◆ Façade contemporaine, bel intérieur d'esprit marin mariant boiseries et tissus bleu clair, cuisine créative d'inspiration régionale : ce Biniou-là sonne juste !

LE PLESSIS-PICARD – 77 Seine-et-Marne – 312 E4 – voir à Paris, Environs (Sénart)

PLESTIN-LES-GRÈVES – 22 Côtes-d'Armor – 309 A3 – 3 415 h. – alt. 45 m – ✉ 22310 Bretagne 9 B1

Paris 528 – Brest 79 – Guingamp 46 – Lannion 18 – Morlaix 24 – St-Brieuc 77

Syndicat d'initiative, place de la Mairie ☎ 02 96 35 61 93, Fax 02 96 54 12 54

Lieue de Grève★ - Corniche de l'Armorique★ N : 2 km.

Les Panoramas sans rest

rte Corniche Nord : 5,5 km par D 42 – ☎ 02 96 35 63 76 – hotel.les.panoramas@wanadoo.fr – Fax 02 96 35 09 10 – Fermé janv. et fév.

13 ch – 35 € 40/45 €, 6 €

◆ Grand bâtiment rénové abritant des chambres fonctionnelles ; celles en façade ouvrent sur la baie. À proximité, plage de St-Efflam et sentiers de la côte des Bruyères.

PLÉVEN – 22 Côtes-d'Armor – 309 I4 – 565 h. – alt. 80 m – ✉ 22130 10 C2

Paris 431 – Dinan 24 – Dinard 28 – St-Brieuc 38 – St-Malo 34

Ruines du château de la Hunaudaie★ SO : 4 km, **Bretagne.**

Manoir de Vaumadeuc sans rest

– ☎ 02 96 84 46 17 – manoir@vaumadeuc.com – Fax 02 96 84 40 16 – Ouvert de Pâques à la Toussaint

13 ch – 80/100 € 180/225 €, 12 €

◆ Manoir du 15e s. niché dans un parc. Boiseries, cheminée et meubles de style composent un majestueux décor de caractère ; les chambres du 2e étage sont "cosy" et mansardées.

PLEYBER-CHRIST – 29 Finistère – 308 H3 – 2 790 h. – alt. 131 m – ✉ 29410 Bretagne 9 B1

Paris 548 – Brest 55 – Châteaulin 47 – Morlaix 12 – Quimper 67 – St-Pol-de-Léon 26

De la Gare

2 r. Parmentier – ☎ 02 98 78 43 76 – hotelgare@wanadoo.fr – Fax 02 98 78 49 78 – Fermé 23 déc.-5 janv et dim. soir sauf juil.-août

8 ch – 47/50 € 49/53 €, 7 € – ½ P 48/50 € – **Rest** – *(fermé sam. midi et dim. soir sauf juil.-août)* Menu 13 € (déj. en sem.), 20/35 € – Carte 19/38 €

◆ Étape familiale pratique située face à la gare. Chambres fonctionnelles, peu spacieuses mais très bien tenues, et sympathique petit salon donnant sur un jardin. Le restaurant est ultra simple, mais la cuisine traditionnelle se révèle généreuse et les prix tout doux.

PLOBSHEIM – 67 Bas-Rhin – 315 K6 – rattaché à Strasbourg

PLOEMEUR – 56 Morbihan – 308 K8 – 18 304 h. – alt. 45 m – ✉ 56270 9 B2

Paris 509 – Concarneau 51 – Lorient 6 – Quimper 68 – Vannes 65

Office de tourisme, 25 place de l'Église ✆ 02 97 85 27 88

de Ploemeur-Océan Saint Jude Kerham, O : 8 km par D 162, ✆ 02 97 32 81 82.

à Lomener 4 km au Sud par D 163 – ✉ 56270 Ploemeur

Le Vivier ← île de Groix, ✆ P VISA MC AE

9 r. De Bergervir – ✆ 02 97 82 99 60 – info@levivier-lomener.com – Fax 02 97 82 88 89 – Fermé 20 déc.-7 janv.

14 ch – †70 € ††80 €, ☕ 8 € – ½ P 85/93 € – **Rest** – *(fermé dim. soir sauf juil.-août)* Menu 24 € (sem.)/45 € – Carte 43/66 € ♀

◆ Cette maison ancrée sur un rocher semble vouée à Neptune : superbe vue sur l'océan et l'île de Groix depuis les chambres modernes et accueillantes (deux avec terrasse). Le restaurant, qui a presque "les pieds dans l'eau", privilégie les produits de la pêche.

PLOËRMEL – 56 Morbihan – 308 Q7 – 7 525 h. – alt. 93 m – ✉ 56800 10 C2

Paris 417 – Lorient 88 – Loudéac 47 – Rennes 68 – Vannes 46

Office de tourisme, 5 rue du Val ✆ 02 97 74 02 70

du Lac-au-Duc Le Clos Hazel, N : 2 km par D 8, ✆ 02 97 73 64 64.

Le Roi Arthur ← & ch, AC rest, cuisinette ✆ 20/100, P VISA MC AE

au lac au Duc : 1,5 km par D 8 – ✆ 02 97 73 64 64 – info@hotelroiarthur.com – Fax 02 97 73 64 50 – Fermé 18 fév.-3 mars

46 ch – †83/89 € ††96/139 €, ☕ 13 €, 12 duplex – ½ P 83/104 € – **Rest** – Menu 18 € (déj. en sem.), 28/47 € – Carte 38/50 € ♀

◆ En quête du Graal ? Il se cache peut-être ici, dans ce parc agrémenté d'un lac et d'un golf. Confortables chambres personnalisées et bel espace "bien-être". Clin d'œil à la légende : prenez place autour d'une table ronde pour déguster des plats bien de notre temps.

Le Thy sans rest P VISA MC

8 bd Foch – ✆ 02 97 74 05 21 – info@le-thy.com – Fax 02 97 74 02 97

7 ch – †50/60 € ††50/60 €, ☕ 5 €

◆ Cette adresse atypique abrite un café, un petit cabaret et des chambres originales honorant différents artistes : Van Gogh, Bonnard, Klimt, Hopper, Tàpies, etc.

PLOGOFF – 29 Finistère – 308 D6 – 1 563 h. – alt. 70 m – ✉ 29770 9 A2

Paris 610 – Audierne 11 – Douarnenez 32 – Pont-l'Abbé 43 – Quimper 48

Ker-Moor ← P VISA MC

2,5 km rte Audierne – ✆ 02 98 70 62 06 – kermoor.h.rest@wanadoo.fr – Fax 02 98 70 32 69 – Fermé 15-22 janv.

16 ch – †45/85 € ††45/85 €, ☕ 8,50 € – ½ P 60/70 € – **Rest** – *(fermé 15 janv.-20 fév., dim. soir et lundi)* Menu 17 € (sem.)/40 € – Carte 21/58 €

◆ Seule la route sépare cette maison néo-bretonne de l'océan. Le mobilier et la vue varient selon les chambres ; certaines ont même une terrasse orientée vers les flots. Goûtez le ragoût de homard au cidre, spécialité maison, tout en admirant la baie d'Audierne.

PLOMBIÈRES-LES-BAINS – 88 Vosges – 314 G5 – 1 906 h. – alt. 429 m – Stat. therm. : mi mars-mi nov. – Casino – ✉ 88370 Alsace Lorraine 27 C3

Paris 378 – Belfort 79 – Épinal 38 – Gérardmer 43 – Vesoul 54 – Vittel 61

Office de tourisme, place Maurice Janot ✆ 03 29 66 01 30

La Feuillée Nouvelle ←★ 5 km par ② - Vallée de la Semousse★.

Plan page ci-contre

Le Prestige Impérial & ch, ✆ 20/100, P VISA MC AE

av. Etats-Unis – ✆ 03 29 30 07 07 – residences.napoleon@plombieres-les-bains.com – Fax 03 29 30 07 33 a

80 ch – †55/70 € ††70/100 €, ☕ 12,50 € – 2 suites – ½ P 64/79 € – **Rest** – Menu 20/45 € – Carte 22/33 € ♀

◆ Ce bâtiment du Second Empire relié aux thermes de la ville a été entièrement revu dans un esprit contemporain. Décor dernier cri dans les chambres. Le restaurant, qui a conservé son grandiose cadre d'époque, propose une cuisine au goût du jour.

PLOMBIÈRES-LES-BAINS

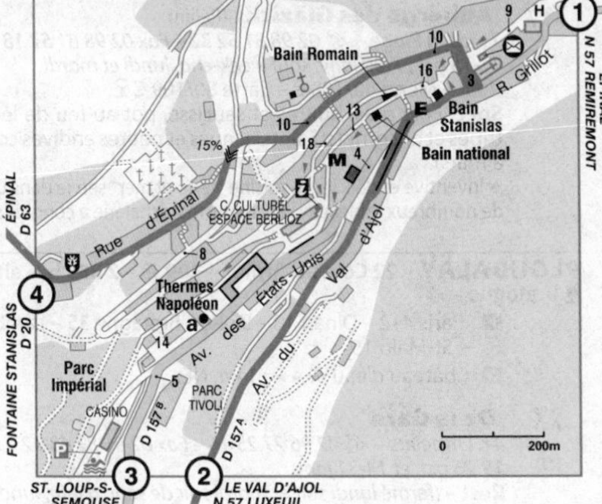

près de la Fontaine Stanislas par ④ et D 20 : 4 km – alt. 600
– ✉ 88370 Plombières-les-Bains

De la Fontaine Stanislas rest, VISA AE
1 Fontaine Stanislas – ✆ 03 29 66 01 53 – hotel.fontaine.stanislas@wanadoo.fr – Fax 03 29 30 04 31 – Ouvert 1er avril-15 oct.
26 ch – 36 € 52/56 €, 7 € – ½ P 52/58 € – **Rest** – Menu 18/40 € – Carte 18/52 €
◆ La source jaillit d'un rocher couvert d'inscriptions (18e s.). Hébergement calme, agréable jardin, belle vue sur la vallée et magnifique forêt de hêtres. Mets traditionnels et régionaux proposés dans deux salles dont l'une est tournée vers la nature vosgienne.

PLOMEUR – 29 Finistère – **308** F7 – **3 203 h.** – alt. 33 m – ✉ 29120
Bretagne 9 **A2**

Paris 579 – Douarnenez 39 – Pont-l'Abbé 6 – Quimper 26
Office de tourisme, 2 place de l'Église ✆ 02 98 82 09 05

La Ferme du Relais Bigouden sans rest VISA
à Pendreff, rte Guilvinec : 2,5 km – ✆ 02 98 58 01 32 – Fax 02 98 82 09 62
16 ch – 49 € 49/54 €, 7 €
◆ Ancienne ferme du pays bigouden abritant des chambres sobres et confortables, toutes tournées vers le jardin. La salle des petits-déjeuners a conservé son cachet d'origine.

PLOMODIERN – 29 Finistère – **308** F5 – **2 076 h.** – alt. 60 m – ✉ 29550 9 **A2**

Paris 559 – Brest 60 – Châteaulin 12 – Crozon 25 – Douarnenez 18 – Quimper 28
Syndicat d'initiative, place de l'Église ✆ 02 98 81 27 37
Retables★ de la chapelle Ste-Marie-du-Ménez-Hom N : 3,5 km - Charpente★ de la chapelle St-Côme NO : 4,5 km.
Ménez-Hom ★★★ N : 7 km par D 47, **Bretagne.**

Pors-Morvan VISA
3 km à l'Est par rte secondaire – ✆ 02 98 81 53 23 – hotel-porsmorvan@wanadoo.fr – Fax 02 98 81 28 61 – Ouvert avril-sept., vacances de la Toussaint et de Noël
12 ch – 48/50 € 48/50 €, 6 € – ½ P 55 € – **Rest** – crêperie Carte environ 15 €
◆ Les amoureux de la nature apprécieront cette ancienne ferme (1830) dont les dépendances abritent de petites chambres profitant du calme de la campagne. Joli jardin avec étang. Grange convertie en crêperie rustique (belles cheminée et charpente en bois).

Auberge des Glazicks (Bellin) 12, VISA

7 r. de la Plage – ☎ 02 98 81 52 32 – Fax 02 98 81 57 18 – Fermé 1er-15 mars, 1er-15 oct., 7-30 janv. sauf week-end, lundi et mardi

Rest – Menu 40/100 € – Carte 80/109 €

Spéc. Foie gras, huîtres et saucisse, pot-au-feu de légumes (été). Tartelette de tripes et encornets. Saint-Jacques et petites endives confites au boudin noir (nov. à mars).

◆ Inventive et délicieuse cuisine "terre et mer" servie dans une coquette salle égayée par de nombreux tableaux : l'ancienne maréchalerie a conquis ses galons gourmands.

PLOUBALAY – 22 Côtes-d'Armor – 309 J3 – 2 385 h. – alt. 32 m – ✉ 22650

Bretagne 10 **C1**

Paris 412 – Dinan 18 – Dol-de-Bretagne 35 – Lamballe 36 – St-Brieuc 56 – St-Malo 15

Château d'eau ★★ : 1 km NE.

De la Gare VISA

4 r. Ormelets – ☎ 02 96 27 25 16 – Fax 02 96 82 63 22 – Fermé 25 juin-3 juil., 15-25 oct. et 14-31 janv.

Rest – *(fermé lundi soir et mardi soir de sept. à juin, lundi midi et mardi midi en juil.-août et merc.)* Menu 22/48 € – Carte 33/61 €

◆ Cuisine actuelle où entrent marée et terroir bretons, servie dans deux salles : esprit rustique pour l'une et vue sur le jardinet pour l'autre. Accueil et service avenants.

PLOUBAZLANEC – 22 Côtes-d'Armor – 309 D2 – 3 321 h. – alt. 60 m – ✉ 22620

Bretagne 10 **C1**

Paris 497 – Rennes 145 – Saint-Brieuc 49 – Lannion 36 – Plérin 44

Les Agapanthes sans rest VISA

1 r. Adrien Rebours – ☎ 02 96 55 89 06 – contact@hotel-les-agapanthes.com – Fax 02 96 55 79 79 – Fermé 1er-14 janv.

9 ch – 40/68 € 40/68 €, 6,50 €

◆ Ce petit hôtel remis à neuf, situé au cœur du village, occupe une maison typée donnant sur un jardin et sa terrasse tournés vers la baie. Chambres avenantes ; accueil gentil.

PLOUER-SUR-RANCE – 22 Côtes-d'Armor – 309 J3 – 2 723 h. – alt. 62 m – ✉ 22490

Bretagne 10 **D2**

Paris 397 – Dinan 13 – Dol-de-Bretagne 20 – Lamballe 53 – St-Brieuc 70 – St-Malo 23

Manoir de Rigourdaine sans rest VISA AE

rte de Langrolay puis rte secondaire : 3 km – ☎ 02 96 86 89 96 – hotel.rigourdaine@wanadoo.fr – Fax 02 96 86 92 46 – Ouvert 30 mars-11 nov.

19 ch – 62/76 € 62/82 €, 7 €

◆ Dominant l'estuaire de la Rance, ancienne ferme joliment restaurée où poutres ancestrales, cheminée et mobilier campagnard composent un décor de caractère. Calme garanti !

PLOUGASTEL-DAOULAS – 29 Finistère – 308 E4 – 12 248 h. – alt. 113 m – ✉ 29470

Bretagne 9 **A2**

Paris 596 – Brest 12 – Morlaix 60 – Quimper 64

Office de tourisme, 4 bis place du Calvaire ☎ 02 98 40 34 98, Fax 02 98 40 68 85

Calvaire★★ - Site★ de la chapelle St-Jean NE : 5 km - Kernisi ★ SO : 4,5 km.

Pointe de Kerdéniel ★★ SO : 8,5 km puis 15 mn.

Le Chevalier de l'Auberlac'h VISA AE

5 r. Mathurin Thomas – ☎ 02 98 40 54 56 – chevalierauberlach@voila.fr – Fax 02 98 40 65 16 – Fermé lundi sauf le midi en juil.-août et dim. soir

Rest – Menu 14,50 € (déj. en sem.), 20 € bc/36 € – Carte 28/49 €

◆ Vitraux, poutres, cheminée, lustre en fer forgé et armure soulignent l'orientation "médiévale" du décor du restaurant. Agréable petite terrasse d'été dans un jardin de curé.

PLOUGONVEN – 29 Finistère – 308 I3 – 3 051 h. – alt. 176 m – ✉ 29640

Bretagne 9 **B1**

Paris 535 – Lannion 38 – Morlaix 12 – Rennes 183

La Grange de Coatélan ch,

Coatélan, 4 km à l'Ouest par D 109 – ✆ 02 98 72 60 16 – la-grange-de-coatelan@wanadoo.fr – Fax 02 98 72 60 16 – Fermé vacances scolaires de Noël et lundi

5 ch – 40/58 € 48/68 € – **Rest** – *(prévenir) (dîner seult)* Menu 20 €

♦ Cette ferme bretonne du 16e s. située en pleine campagne est gage de calme absolu. Les chambres, personnalisées, sont aménagées dans les dépendances. À table, cuisine du terroir (menu unique) servie dans le cadre rustique d'une ancienne grange.

PLOUGOUMELEN – 56 Morbihan – 308 N9 – 1 762 h. – alt. 27 m – ✉ 56400

9 **A3**

Paris 475 – Vannes 14 – Auray 10 – Lorient 49

Crêperie de Keroyal 35, VISA

Ouest : 1 km par rte secondaire – ✆ 02 97 24 03 81 – creperie-keroyal@wanadoo.fr – Fax 02 97 24 03 81 – Fermé 12-29 mars, 12 nov.-20 déc., mardi midi et lundi hors saison

Rest – Menu 20 € – Carte 12/28 € carte le week-end

♦ Dans cette ex-chaumière, on se régale de galettes et de crêpes essentiellement préparées avec des produits "bio". Espace non-fumeurs avec vue sur le Sal. Jeux d'enfants.

PLOUGRESCANT – 22 Côtes-d'Armor – 309 C1 – 1 402 h. – alt. 53 m – ✉ 22820

Bretagne 9 **B1**

Paris 514 – Guingamp 38 – Lannion 23 – Rennes 162

Manoir de Kergrec'h sans rest VISA

– ✆ 02 96 92 59 13 – kergrec.h@wanadoo.fr – Fax 02 96 92 51 27

9 ch – 100 € 110 €

♦ Ancien manoir épiscopal (17e s.) agrémenté d'un vaste parc descendant jusqu'à la mer. Salon cossu, chambres dotées de meubles familiaux et petit-déjeuner soigné dans un cadre plaisant.

PLOUHINEC – 56 Morbihan – 308 L8 – 4 143 h. – alt. 10 m – ✉ 56680 9 B2

Paris 503 – Lorient 18 – Pontivy 62 – Quiberon 30 – Vannes 42

Kerlon VISA

Nord-Est : 1,5 km par D 158 et rte secondaire – ✆ 02 97 36 77 03 – hotel-de-kerlon@wanadoo.fr – Fax 02 97 85 81 14 – Ouvert fin mars-7 nov.

16 ch – 46/56 € 51/61 €, 8 € – ½ P 53/59 € – **Rest** – *(dîner seult) (résidents seult)* Menu 17 €

♦ Mer ou campagne ? La proximité de l'océan et le calme du ravissant jardin réconcilieront les indécis ! Ferme du 19e s. bien restaurée aux chambres simples et bien tenues. Salle à manger rustique ; poissons et viandes de l'élevage maison (volailles, agneaux).

PLOUIDER – 29 Finistère – 308 F3 – 1 751 h. – alt. 74 m – ✉ 29260 9 A1

Paris 582 – Brest 36 – Landerneau 21 – Morlaix 46 – St Pol de Léon 28

La Butte ch, rest, 20, VISA AE

10 r. de la Mer – ✆ 02 98 25 40 54 – info@labutte.fr – Fax 02 98 25 44 17 – Fermé 21 janv.-13 fév.

24 ch – 57/83 € 62/89 €, 10 € – ½ P 64/84 € – **Rest** – *(fermé dim. soir et lundi)* Menu 22 € (sem.)/62 € – Carte 32/81 €

♦ Cette construction récente abrite des chambres de bonne ampleur, fonctionnelles et bien tenues. Celles qui donnent sur le jardin profitent de la vue sur la baie de Goulven. À table, la cuisine traditionnelle valorise les produits de la mer et du terroir.

PLOUIGNEAU – 29 Finistère – 308 I3 – 4 138 h. – alt. 156 m – ✉ 29610 9 B1

Paris 530 – Rennes 177 – Quimper 96 – Lannion 32 – Morlaix 14

Manoir de Lanleya sans rest
4 km au Nord par D 64 et rte secondaire – ☎ 02 98 79 94 15 – manoir.lanleya@wanadoo.fr – Fax 02 98 79 94 15
5 ch – 61 € 66 €
◆ Ce manoir du 16e s. (non-fumeurs) a été remarquablement restauré : jolies chambres meublées d'ancien, courette fleurie et délicieux jardin longé par une rivière... Accueil charmant.

PLOUMANACH – 22 Côtes-d'Armor – 309 B2 – rattaché à Perros-Guirec

PLUMELEC – 56 Morbihan – 308 P7 – 2 337 h. – alt. 166 m – ✉ 56420 10 C2

Paris 443 – Vannes 26 – Lorient 68 – Pontivy 42 – Quimper 130 – Rennes 92

au Sud-Est : 8 km par D 10 et rte secondaire

Le Moulin de Callac rest,
– ☎ 02 97 67 12 65 – moulindecallac@wanadoo.fr – Fax 02 97 67 17 75 – Fermé 30 nov.-11 fév.
5 ch – 45/50 € 50/55 € – **Rest** – table d'hôte *(dîner seult) (résidents seult)* Menu 17 € bc
◆ Belle longère isolée dans un parc de 3 ha doté d'un étang (pêche possible). Petites chambres plutôt coquettes. Mobilier breton, collection de théières et faïences de Quimper décorent la salle à manger. Cuisine mitonnée par la maîtresse de maison.

LE POËT-LAVAL – 26 Drôme – 332 D6 – rattaché à Dieulefit

LE POINÇONNET – 36 Indre – 323 G6 – rattaché à Châteauroux

POINCY – 77 Seine-et-Marne – 312 G2 – rattaché à Meaux

POINTE DE L'ARCOUEST – 22 Côtes-d'Armor – 309 D2 – rattaché à Paimpol

POINTE DE MOUSTERLIN – 29 Finistère – 308 G7 – rattaché à Fouesnant

POINTE DE ST-MATHIEU – 29 Finistère – 308 C5 – rattaché au Conquet

POINTE DU GROUIN – 35 Ille-et-Vilaine – 309 K2 – rattaché à Cancale

POINTE-DU-RAZ ★★★ – 29 Finistère – 308 C6 – ✉ 29770 Plogoff

Bretagne 9 A2

Paris 614 – Douarnenez 37 – Pont-l'Abbé 48 – Quimper 53

✳★★.

à La Baie des Trépassés par D 784 et rte secondaire : 3,5 km :
✉ 29770 Cleden-Cap-Sizun

De La Baie des Trépassés rest, VISA
– ☎ 02 98 70 61 34 – hoteldelabaie@aol.com – Fax 02 98 70 35 20 – Fermé 12 nov.-15 fév.
27 ch – 34/66 € 34/66 €, 9 € – ½ P 64/71 € – **Rest** – *(fermé lundi sauf de juin à sept. et vacances scolaires)* Menu 17/57 € – Carte 50/100 €
◆ Site très fréquenté le jour par les touristes, mais calme le soir. Petites chambres à moitié redécorées ; les plus agréables profitent de la vue sur le large. Les tables serrées du restaurant contemplent la pointe du Raz. Cuisine traditionnelle inspirée par la mer.

POINT-SUBLIME – 04 Alpes-de-Haute-Provence – 334 G10 – ✉ 04120 Rougon ▮ Alpes du Sud 41 C2

◘ Paris 803 – Castellane 18 – Digne-les-Bains 71 – Draguignan 53 – Manosque 76

◙ ⋞★★★ sur Grand Canyon du Verdon 15 mn - Couloir Samson★★ S : 1,5 km - Rougon ⋞★ N : 2,5 km - Clue de Carejuan★ E : 4 km.

◙ Belvédères SO : de l'Escalès★★★ 9 km, de Trescaïre★★ 8 km, du Tilleul★★ 10 km, des Glacières★★ 11 km, de l'Imbut★★ 13 km.

✕ **Auberge du Point Sublime** avec ch ⋞ P VISA MC

– ✆ 04 92 83 60 35 – point.sublime@wanadoo.fr – Fax 04 92 83 74 31 – Ouvert de Pâques à mi-oct.

13 ch – †51/57 € ††51/57 €, ☕ 8 € – ½ P 52/55 € – **Rest** – *(fermé jeudi midi sauf 14 juil.-15 août et merc.)* Menu (15 €), 22/30 € – Carte 41/51 €

◆ À proximité du belvédère, sympathique auberge familiale où vous prendrez vos repas (cuisine régionale) dans un joli cadre rustique ou sur la terrasse ombragée. Chambres simples.

Hôtels et restaurants bougent chaque année.
Chaque année, changez de guide Michelin !

POISSON – 71 Saône-et-Loire – 320 E11 – rattaché à Paray-le-Monial

POISSY – 78 Yvelines – 311 I2 – 106 17 – 101 12 – voir à Paris, Environs

POITIERS P – 86 Vienne – 322 H5 – 83 448 h. – Agglo. 119 371 h. – alt. 116 m – ✉ 86000 ▮ Poitou Vendée Charentes 39 C1

◘ Paris 335 – Angers 134 – Limoges 126 – Nantes 215 – Niort 76 – Tours 102

✈ de Poitiers-Biard-Futuroscope : ✆ 05 49 30 04 40 AV.

ℹ Office de tourisme, 45 place Charles-de-Gaulle ✆ 05 49 41 21 24, Fax 05 49 88 65 84

18 de Poitiers à Mignaloux-Beauvoir 635 route de Beauvoir, par rte de Lussac-les-Châteaux : 8 km, ✆ 05 49 55 10 50 ;

27 du Haut-Poitou à Saint-Cyr Parc des Loisirs de Saint Cyr, par rte de Châtellerault : 22 km, ✆ 05 49 62 53 62.

◙ Église N.-D.-la-Grande★★ : façade★★★ - Église St-Hilaire-le-Grand★★ - Cathédrale St-Pierre★ - Église Ste-Radegonde★ **D** - Baptistère St-Jean★ - Grande salle★ du Palais de Justice **J** - Boulevard Coligny ⋞★ - Musée Ste-Croix★★ - Statue N-D-des-Dunes : ⋞★.

◙ Parc du Futuroscope★★★ : 12 km par ①.

Plans pages suivantes

Le Grand Hôtel sans rest 20/50, VISA MC AE

28 r. Carnot – ✆ 05 49 60 90 60 – grandhotelpoitiers@wanadoo.fr – Fax 05 49 62 81 89 CZ **k**

42 ch – †66/69 € ††76/84 €, ☕ 12 € – 5 suites

◆ Central mais bénéficiant du calme d'une cour, l'hôtel présente un chaleureux cadre d'esprit Art déco. Chambres confortables et grande terrasse où l'on petit-déjeune en été.

De l'Europe sans rest 15, P VISA MC AE

39 r. Carnot – ✆ 05 49 88 12 00 – reservations@hotel-europe-poitiers.com – Fax 05 49 88 97 30 CZ **n**

88 ch – †51/81 € ††56/85 €, ☕ 7 €

◆ À deux pas des rues piétonnes, trois bâtiments répartis autour d'une cour intérieure (le plus vieux date de 1810). Chambres de divers styles : contemporain, Louis-Philippe, oriental, etc.

POITIERS

Street	Grid	No.
Aérospatiale (R. de l')	AV	3
Allende (R. Salvador)	BX	7
Blaiserie (R. de la)	AV	9
Ceuille-Mirebalaise (R.)	AV	19
Coligny (Bd)	BX	23
Demi-Lune (Carr. de la)	AV	27
Fg-Ceuille-Mirebalaise (R. du)	AV	29
Fg-du-Pont-Neuf (R. du)	BX	30
Fg-St-Cyprien (R. du)	AX	31
Fief-de-Grimoire (R.)	AX	33
Gibauderie (R. de la)	BX	39
Guynemer (R.)	AX	43
Maillochon (R. de)	AX	54
Miletrie (R. de la)	BX	57
Montbernage (R. de)	BV	58
Montmidi (R. de)	AX	62
Pierre-Levée (R.)	BX	69
Rataudes (R. des)	AX	70
Schuman (Av. R.)	BV	88
Vasles (Rte de)	AX	93

Come Inn ch, ch, 15/30, P VISA

13 r. Albin Haller, Z.I. République 2 – 05 49 88 42 42 – come-inn@wanadoo.fr – Fax 05 49 88 42 44 – Fermé 16 juil.-5 août et vacances de Noël AV **d**

44 ch – 43 € 49 €, 7 € – **Rest** – *(fermé vend. soir, sam. et dim.)* Menu 15 €

◆ Avec ses chambres sobres et fonctionnelles, cet hôtel constitue une adresse pratique dans une zone d'activité proche de l'autoroute Aquitaine. Menu traditionnel servi dans une salle de restaurant au sobre décor actuel.

Gibautel sans rest 25, P VISA

2 r. de la Providence, rte Nouaillé – 05 49 46 16 16 – hotel.gibautel@wanadoo.fr – Fax 05 49 46 85 97 BX **b**

36 ch – 42/48 € 52/54 €, 7 €

◆ Chambres simples, formules buffets pour les petits-déjeuners et prix serrés : une étape utile dans un quartier excentré comptant plusieurs établissements hospitaliers.

POITIERS

Rue	Carré	N°
Abbé-Frémont (Bd)	DY	2
Alexandre (R. J.)	DZ	4
Blossac (R. de)	CZ	10
Boncenne (R.)	CDY	12
Bouchet (R. Jean)	DY	14
Bretonnerie (R. de la)	DY	16
Carnot (R.)	CZ	17
Chaine (R. de la)	DY	20
Champagne (R. de)	DY	21
Clos-des-Carmes (Pl. du)	DY	22
Coligny (Bd)	DZ	23
Cordeliers (R. des)	DY	25
Descartes (R. René)	DY	28
Fg-du-Pont-Neuf	DZ	30
Gabillet (R. H.)	DY	34
Gambetta (R.)	DY	35
Gaulle (Pl. Ch.-de)	DY	36
Grand-Rue	DY	
Grignon-de-Montfort (R.)	DY	40
Hôtel-Dieu (R. de l')	DY	45
Intendant-le-Nain (R. de l')	DY	46
Jeanne-d'Arc (Bd)	DY	48
Jean-de-Berry (Pl.)	DY	47
Leclerc (Pl. du Mar.)	DZ	49
Libération (Av. de la)	CZ	50
Liberté (Av. de la)	BV	51
Liberté (Pl. de la)	DY	52
Macé (R. Jean)	DY	53
Marché-Notre-Dame (R. du)	DYZ	55
Marne (R. de la)	CY	56
Mouton (R. du)	DY	63
Oudin (R. H.)	DY	67
Puygarreau (R. du)	DZ	70
Rat (R. Pierre)	DY	71
Riffault (R.)	DY	74
St-Cyprien (R.)	DZ	76
St-Germain (R.)	DY	77
Solférino (Bd)	CY	89
Thezard (R. Léopold)	CZ	90
Tison (Bd de)	CZ	92
Verdun (Bd de)	CY	94
3-Rois (R. des)	DY	95
125e-R.-I. (R. du)	CZ	97

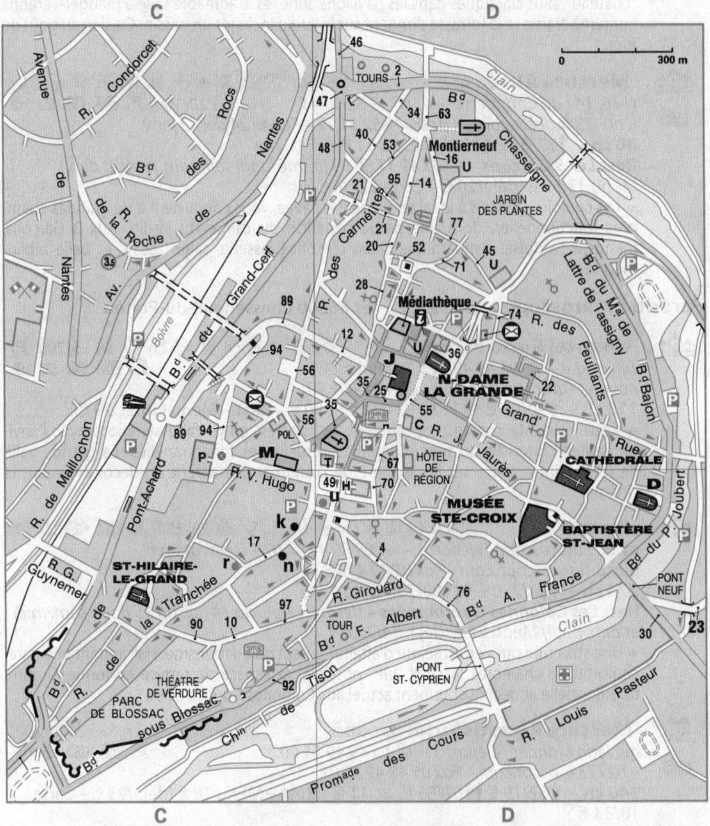

XXX **Maxime** AC ⊕ 3/20, VISA MC AE D

4 r. St-Nicolas – ✆ 05 49 41 09 55 – maxime-86@tiscali.fr – Fax 05 49 41 09 55 – Fermé 14 juil.-15 août, sam. sauf le soir de nov. à fév. et dim. DZ **u**

Rest – Menu (15 €), 20 € (sem.)/71 € bc – Carte 46/53 € ♀

♦ À deux pas du musée de Chièvres, restaurant tout en couleurs mais dégageant une ambiance feutrée. Accueil charmant. La carte oscille entre néo-classicisme et goût du jour.

XX **Le Poitevin** AC VISA MC AE

76 r. Carnot – ✆ 05 49 88 35 04 – Fax 05 49 52 88 05 – Fermé 16 avril-2 mai, 9-29 juil. et dim. soir CZ **r**

Rest – Menu (11 €), 22/35 € – Carte 34/65 € ♀

♦ Dans une rue jalonnée par de nombreux commerces, restaurant composé de trois petites salles à manger, d'esprit rustique ou plus contemporain. Plats traditionnels et régionaux.

à Chasseneuil-du-Poitou 9 km par ① – ✉ 86360 Chasseneuil-du-Poitou – 3 845 h. – alt. 75 m

Office de tourisme, place du Centre ✆ 05 49 52 83 64

Château Clos de la Ribaudière ch, rest, 20/100, VISA AE
10 pl. Champ de Foire, au village – ✆ 05 49 52 86 66 – ribaudiere@ribaudiere.com – Fax 05 49 52 86 32
39 ch – †75/85 € ††90/180 €, 13 € – ½ P 88/98 € – **Rest** – Menu 24 € (déj. en sem.), 29/51 € – Carte 34/75 €
◆ Demeure du 19e s. et son parc au bord du Clain. Chambres spacieuses, bourgeoises côté "château", plus classiques dans les pavillons annexes. L'agréable salle à manger-véranda contemporaine et la terrasse donnent sur le jardin incluant un bassin. Cuisine au goût du jour.

Mercure Alisée ch, ch, rest, 20/100, VISA AE
N 10, 14 r du Commerce – ✆ 05 49 52 90 41 – h0425@accor.com – Fax 05 49 52 51 72 – Fermé 24 déc.-2 janv.
80 ch – †77/83 € ††93/98 €, 11 €
Rest ***Les 3 Garçons*** – *✆ 05 49 37 86 09 (fermé lundi soir, sam. midi et dim.)*
Menu 13,50 € (déj.)/20 € – Carte 22/34 €
◆ Les couloirs, décorés à la façon d'une rue pavée, vous conduisent à de grandes chambres fonctionnelles, dont une partie bénéficie du calme du jardin. Aux 3 Garçons, menus à l'ardoise, sympathique cadre d'esprit brasserie, salon "cosy" et belle bibliothèque.

Parc du Futuroscope 12 km par ① – ✉ 86360 Chasseneuil-du-Poitou

Novotel Futuroscope ch, ch, 25/200, VISA AE
Téléport 4 – ✆ 05 49 49 91 91 – contact@novotel-futuroscope.fr – Fax 05 49 49 91 90
110 ch – †90/98 € ††112/182 €, 11,50 € – **Rest** – Menu (16 €), 29 €
◆ Cette élégante construction en verre et acier est en parfaite symbiose avec l'environnement futuriste du parc. Chambres actuelles et fonctionnelles. La grande salle de restaurant ouverte sur la piscine et le piano-bar présentent un décor évoquant le cinéma.

Plaza ch, ch, 20/250, VISA AE
av.du Futuroscope Téléport 1 – ✆ 05 49 49 07 07 – reservation@plaza-futuroscope.com – Fax 05 49 49 55 49
274 ch – †90/250 € ††100/250 €, 17 €
Rest ***Les Colonnes Gourmandes*** – *(fermé le midi du 14 juil. au 15 août, sam. midi et dim. midi)* Menu 20 € (déj.), 34/70 €
◆ Une structure qui sied au séjour d'affaires autant qu'au tourisme. Hall imitant une gare, confortables chambres (accueil "VIP" possible) et espace de remise en forme. Cuisine traditionnelle et décor sobrement actuel aux Colonnes Gourmandes.

Mercure Aquatis Futuroscope ch, ch, 30/200, VISA AE
av. Jean Monnet Téléport 3 – ✆ 05 49 49 55 00 – h2773@accor.com – Fax 05 49 49 55 01
140 ch – †62/79 € ††67/85 €, 11 € – **Rest** – Menu 16 € (déj.)/23 € – Carte 18/33 €
◆ Une silhouette épurée contrastant avec les singulières architectures du Futuroscope. Chambres pratiques, plus spacieuses dans l'aile récente. Vaste restaurant orné de colonnes, arcades et statues ; plats traditionnels et petite carte "assiettes et rôtisserie".

Ibis Futuroscope ch, ch, 50/65, VISA AE
av. Thomas Edison – ✆ 05 49 49 90 00 – h1193@accor.com – Fax 05 49 49 90 09
140 ch – †48/62 € ††48/62 €, 7 € – **Rest** – Menu (12,50 €), 17 € – Carte 24/33 €
◆ Chambres fonctionnelles, bar-salon confortable, salles de conférences... Cet Ibis séduira autant la clientèle d'affaires que les amoureux de la quatrième dimension. Côté table, décor marin et repas sous forme de buffets privilégiant les produits de l'océan.

à Lavoux 15 km par ② et D 1 – 1 008 h. – alt. 126 m – ✉ 86800

Logis du Château du Bois Dousset
– ✆ 05 49 44 20 26 – Fax 05 49 44 20 26
3 ch – †70/80 € ††70/80 € – **Rest** – table d'hôte *(dîner seult) (résidents seult)* Menu 30 € bc
◆ Domaine familial de 400 ha comprenant un château, un magnifique jardin à la française et un pavillon Louis XIII. Dans ce dernier : confortables chambres de plain-pied et somptueuse suite. À table, vous dégusterez légumes du potager et spécialités du Poitou.

rte de Limoges 10 km par ③, N 147 et rte secondaire – ✉ 86550 Mignaloux

Manoir de Beauvoir ch, ch,cuisinette
635 rte de Beauvoir, au golf – 20/100, VISA
✆ 05 49 55 47 47 – resa-poitiers@monalisahotels.com – Fax 05 49 55 31 95
45 ch – †59/99 € ††59/99 €, 11 € – 4 suites – ½ P 63/83 € –
Rest – Menu 22/35 € – Carte 28/48 €
◆ Les chambres se trouvent dans la maison bourgeoise datant du 19e s., les appartements avec kitchenette dans la "résidence". Parc de 90 ha et golf de 18 trous. La table du Manoir vous donne le choix entre la salle habillée de boiseries et celle plus "british" du club-house.

rte de Ligugé 4 km au Sud du plan par D 4 – ✉ 86280 St-Benoît

L'Orée des Bois avec ch VISA
r. Naintré – ✆ 05 49 57 11 44 – oreedesbois@free.fr – Fax 05 49 43 21 40 – Fermé sam. midi, dim. soir et lundi AX s
12 ch – †44 € ††50 €, 7 € – ½ P 54 € – **Rest** – Menu 17 € (sem.)/45 € – Carte 45/56 €
◆ Une maison tapissée de vigne vierge au cœur de la vallée du Clain. Deux salles à manger décorées dans le goût rustique, où l'on déguste une cuisine traditionnelle.

rte d'Angoulême 6 km par ⑤, sortie Hauts-de-Croutelle – ✉ 86240 Croutelle

La Chênaie VISA
Les Hauts de Croutelle, Lieu dit La Berlanderie, rue du Lejat – ✆ 05 49 57 11 52 – restaurantlachenaie@wanadoo.fr – Fax 05 49 57 11 51 – Fermé 22 juil.-6 août, vacances de fév., dim. soir et lundi
Rest – Menu 20 € (sem.)/40 € – Carte 40/83 €
◆ Ancienne ferme joliment restaurée, située en léger retrait de la N 10. Salle à manger assez cossue ouvrant sur un jardin planté de chênes séculaires. Cuisine au goût du jour.

rte de Niort 7 km par ⑤ – ✉ 86240 Ligugé

Le Bois de la Marche ch, rest, ch,
intersection N 10-N 11 – 20/120, VISA
✆ 05 49 53 10 10 – boisdelamarche@wanadoo.fr – Fax 05 49 55 32 25
53 ch – †49/84 € ††63/94 €, 10 € – ½ P 56/76 € – **Rest** – Menu 19 € (sem.)/40 € – Carte 25/45 €
◆ À quelques tours de roue du "plus ancien monastère d'Occident" (Ligugé), vaste bâtiment et son parc arboré. Chambres refaites par étapes, souvent meublées dans le style Louis XV. Plats traditionnels et périgourdins servis sur l'immense terrasse aux beaux jours.

à Périgny 17 km par ⑥, N 149 et rte secondaire – ✉ 86190 Vouillé

Château de Périgny 15/100,
– ✆ 05 49 51 80 43 – info@chateau-perigny.com VISA
– Fax 05 49 51 90 09
39 ch – †70/122 € ††101/142 €, 13 € – 5 suites – ½ P 86/89 € –
Rest – Menu 25 € (déj. en sem.), 30/66 € – Carte 49/77 €
◆ Château Renaissance s'élevant dans un vaste parc. Jolies chambres meublées d'ancien, plus actuelles dans les dépendances. Le restaurant donne sur un ravissant patio où l'on dresse des tables à la belle saison. Recettes au goût du jour.

POLIGNY – 39 Jura – 321 E5 – 4 511 h. – alt. 373 m – ✉ 39800

Franche-Comté Jura 16 **B3**

Paris 397 – Besançon 57 – Dole 45 – Lons-le-Saunier 30 – Pontarlier 63

Office de tourisme, 20 place des Déportés ✆ 03 84 37 24 21, Fax 03 84 37 22 37

Collégiale★ - Culée de Vaux★ S : 2 km - Cirque de Ladoye ★★ S : 2 km.

aux Monts de Vaux **Sud-Est : 4,5 km par rte de Genève – ✉ 39800 – Poligny**
<.

Hostellerie des Monts de Vaux rest,
– *03 84 37 12 50 – mtsvaux@hostellerie.com – Fax 03 84 37 09 07 – Fermé 28 oct.-28 déc., mardi sauf le soir en juil.-août et merc. midi*
8 ch – 120/140 € 155/240 €, 14 €, 2 duplex – ½ P 155/180 € –
Rest – Menu 30 € (déj.)/72 € – Carte 41/74 €
◆ Au sein d'un parc dominant la "reculée" de Vaux. Les chambres de cette ancienne ferme, au décor bourgeois, recèlent un charme certain. Nouvelle salle de séminaires. Cuisine classique et du terroir valorisée par une très belle sélection de vins régionaux.

à Passenans **Sud-Ouest : 11 km par N 83 et D 57 – 296 h. – alt. 320 m – ✉ 39230**

Revermont ch, 25,
– *03 84 44 61 02 – schmit-revermont@wanadoo.fr – Fax 03 84 44 64 83 – Fermé 22 déc.-1er mars*
28 ch – 62/64 € 79/99 €, 11 € – ½ P 74/81 € – **Rest** – Menu (15 €), 21/46 € – Carte 27/61 €
◆ Imposante construction des années 1970 bâtie à flanc de colline, face au vignoble. Chambres pratiques ; les plus agréables (avec balcon ou terrasse) donnent côté piscine. Salle à manger rustique (poutres, pierres, cheminée) et cuisine franc-comtoise actualisée.

POLIGNY – 05 Hautes-Alpes – 334 E4 – 230 h. – alt. 1 062 m – ✉ 05500 41 C1

Paris 658 – Gap 19 – Marseille 199 – Vizille 71

Le Chalet des Alpages
Les Forestons, 1,5 km à l'Ouest – 04 92 23 08 95 – patrick.potut@wanadoo.fr
5 ch – 90 € 110 € – **Rest** – table d'hôte *(dîner seult) (résidents seult)* Menu 20 € bc
◆ Cette propriété de 6 000 m² réunit de nombreux atouts : chambres de style montagnard, parfois avec balcon, salle de fitness, bain norvégien à l'extérieur et vue dégagée sur le col du Noyer, la barrière de Féraud et le Vieux Chaillol. La cuisine mêle les saveurs locales à celles de la Provence.

POLLIAT – 01 Ain – 328 D3 – 2 019 h. – alt. 260 m – ✉ 01310 44 B1

Paris 415 – Bourg-en-Bresse 12 – Lyon 74 – Mâcon 26 – Villefranche-sur-Saône 53

De la Place avec ch rest,
51 pl. de la Mairie – 04 74 30 40 19 – Fax 04 74 30 42 34 – Fermé 23 juil.-14 août, 2-14 janv., dim. soir, jeudi soir et lundi
7 ch – 41/48 € 45/51 €, 7,50 € – ½ P 48/52 € – **Rest** – Menu 18/55 € – Carte 27/47 €
◆ Salle à manger assez sobre et plaisante (tons lumineux, mobilier rustique ou en fer forgé) ; l'on y sert, avec le sourire, de goûteux plats bressans. Chambres simples et bien tenues.

POLMINHAC – 15 Cantal – 330 D5 – 1 156 h. – alt. 650 m – ✉ 15800 5 B3

Paris 553 – Aurillac 15 – Murat 34 – Vic-sur-Cère 5
Syndicat d'initiative, rue de la Gare 04 71 47 48 36, Fax 04 71 47 48 36

Au Bon Accueil rest,
– *04 71 47 40 21 – info@hotel-bon-accueil.com – Fax 04 71 47 40 13 – Fermé 15 oct.-1er déc., dim. soir et lundi sauf vacances scolaires*
23 ch – 36/46 € 41/53 €, 6 € – ½ P 37/44 € – **Rest** – Menu 10/24 €
◆ L'architecture est certes banale, mais l'adresse mérite bien son nom : sourire et amabilité sont au rendez-vous. Chambres nettes, avant tout pratiques. Le restaurant s'ouvre sur la vallée de la Cère et son cadre montagneux ; cuisine régionale.

LA POMARÈDE – 11 Aude – 344 C2 – 158 h. – alt. 304 m – ✉ 11400 22 A2

Paris 728 – Auterive 49 – Carcassonne 49 – Castres 38 – Gaillac 72 – Toulouse 57

Hostellerie du Château de la Pomarède (Garcia) avec ch
– *✆ 04 68 60 49 69* 15, VISA
– hostellerie-lapomarede@wanadoo.fr – Fax 04 68 60 49 71
7 ch – 85/110 € 85/170 €, 15 € – **Rest** – *(fermé 29 oct.-28 nov., vacances de fév., dim. soir de déc. à avril, lundi et mardi)* Menu 18 € (déj. en sem.), 35/110 € bc – Carte 41/85 €
Spéc. Thon mi-cuit, copeaux de foie gras, légumes sautés, crème d'arachide (mai à sept.). Saint-Jacques à la crème de topinambour, bouillon truffé (oct. à fév.). Pigeonneau de Puylaurens en deux cuissons. **Vins** Corbières, Cabardès.
◆ Élégante salle à manger sous poutres, terrasse panoramique et grandes chambres modernes dans la dépendance d'un château "cathare" du 11e s. Cuisine inventive et vins régionaux.

POMMEUSE – 77 Seine-et-Marne – 312 H3 – rattaché à Coulommiers

POMMIERS – 69 Rhône – 327 H4 – 1 804 h. – alt. 315 m – ✉ 69480 43 E1

Paris 442 – Lyon 32 – Villeurbanne 45 – Vénissieux 45 – Caluire-et-Cuire 36

Les Terrasses de Pommiers Monts du Lyonnais, VISA
La Buisante – ✆ 04 74 65 05 27 – Fax 04 74 65 05 27 – Fermé 29 oct.-11 nov., lundi sauf le midi du 1er mars au 28 août et mardi
Rest – Menu 19 € bc (déj. en sem.), 26/39 € – Carte 33/52 €
◆ Belle vue sur la vallée de la Saone et les monts du Lyonnais par les vitres de la serre parquetée où l'on s'attable en été. Salle hivernale "en dur". Carte actuelle de saison.

PONS – 17 Charente-Maritime – 324 G6 – 4 427 h. – alt. 39 m – ✉ 17800

Poitou Vendée Charentes 38 B3

Paris 493 – Blaye 64 – Bordeaux 97 – Cognac 24 – La Rochelle 99 – Royan 43 – Saintes 22

Syndicat d'initiative, place de la République ✆ 05 46 96 13 31, Fax 05 46 96 34 52

Donjon★ de l'ancien château - Hospice des Pèlerins★ SO par D 732 - Boiseries★ du château d'Usson 1 km par D 249.

De Bordeaux ch, VISA
1 av. Gambetta – ✆ 05 46 91 31 12 – info@hotel-de-bordeaux.com
– Fax 05 46 91 22 25 – Fermé 22 déc.-6 janv., sam. midi et dim. soir d'oct. à mars
16 ch – 46 € 60 €, 10 € – ½ P 52 € – **Rest** – Menu 15 € (sem.)/48 €
◆ Dans une rue du centre-ville, hôtel centenaire remis au goût du jour proposant de coquettes chambres contemporaines et un bar d'esprit anglais. Le décor du restaurant, ouvert sur un charmant patio-terrasse, s'accorde avec la créativité de la cuisine. Vaste choix de cognacs.

Auberge Pontoise avec ch VISA
23 av. Gambetta – ✆ 05 46 94 00 99 – aubergepontoise@hotmail.fr
– Fax 05 46 91 33 40
20 ch – 42/62 € 47/98 €, 8 € – ½ P 50/59 € – **Rest** – *(fermé dim. soir sauf juil.-août)* Menu 13 € (déj. en sem.), 18/42 € – Carte 38/56 €
◆ Cette ancienne biscuiterie abrite une salle à manger confortable et lumineuse, où l'on s'attablera autour de petits plats traditionnels. Chambres simplement décorées.

à Pérignac Nord-Est : 8 km par rte de Cognac – 966 h. – alt. 41 m – ✉ 17800

La Gourmandière VISA
42 av. de Cognac – ✆ 05 46 96 36 01 – lagourmandiere.perignac@wanadoo.fr
– Fax 05 46 95 50 71 – Fermé 22 nov.-6 déc., 24 janv.-7 fév., mardi et merc. de mi-sept. à mi-juin et dim. soir de mi-juin à mi-sept.
Rest – Menu 26/58 € – Carte 36/53 €
◆ Une charmante maison de village redécorée par ses jeunes propriétaires dans un style actuel et chaleureux. Agréable terrasse dressée côté jardin et cuisine au goût du jour.

à Mosnac Sud : 11 km par rte de Bordeaux et D 134 – 448 h. – alt. 23 m – ✉ 17240

Moulin du Val de Seugne ch,
– ✆ *05 46 70 46 16 – moulin@valdeseugne.com – Fax 05 46 70 48 14 – Fermé 2 janv.-9 fév.* 25, VISA MC AE
10 ch – †98/158 € ††98/158 €, ☕ 12 € – ½ P 78/108 € – **Rest** – Menu 19/69 € – Carte 40/82 € ♀
◆ Élégante hostellerie au bord de la Seugne. Chambres raffinées, garnies de meubles anciens et dotées de luxueuses salles de bains. Salon ouvert sur le mécanisme du moulin. Plaisant restaurant et terrasse tournés vers la rivière. Boutique de produits régionaux.

PONT (LAC DE) – 21 Côte-d'Or – **320** G5 – **rattaché à Semur-en-Auxois**

PONTAILLAC – 17 Charente-Maritime – **324** D6 – **rattaché à Royan**

PONT-A-MOUSSON – 54 Meurthe-et-Moselle – **307** H5 – 14 592 h. – alt. 180 m – ✉ 54700 Alsace Lorraine 26 **B2**

Paris 325 – Metz 31 – Nancy 30 – Toul 48 – Verdun 66

Office de tourisme, 52 place Duroc ✆ 03 83 81 06 90, Fax 03 83 82 45 84

Place Duroc★ - Anc. abbaye des Prémontrés★.

Bagatelle sans rest VISA MC AE
47 r. Gambetta – ✆ 03 83 81 03 64 – bagatelle@wanadoo.fr – Fax 03 83 81 12 63 – Fermé 23 déc.-3 janv. et dim. de nov. à fév.
18 ch – †48 € ††60 €, ☕ 7,50 €
◆ Les chambres, rénovées ou conservant leur aménagement des années 1980, sont moins sonores côté cour. La silhouette de l'abbaye des Prémontrés se profile au-dessus du jardin.

Le Fourneau d'Alain VISA MC
64 pl. Duroc, (1er étage) – ✆ 03 83 82 95 09 – Fax 03 83 82 95 09 – Fermé 1er-7 mai, 1er-15 août, dim. soir, merc. soir et lundi
Rest – Menu 26/51 € – Carte 29/43 € ♀
◆ Restaurant sagement contemporain installé sur la place principale, à l'étage d'une des maisons à arcades du 16e s. Tables bien dressées et service sans tralala.

à Blénod-lès-Pont-à-Mousson Sud : 2 km par N 57 – 4 899 h. – alt. 189 m – ✉ 54700

Auberge des Thomas VISA MC
100 av. V. Claude, (N 57) – ✆ 03 83 81 07 72 – Fax 03 83 81 07 72 – Fermé 16-23 avril, 30 juil.-13 août, 12-19 nov., 2-7 janv., dim. soir et merc.
Rest – *(nombre de couverts limité, prévenir)* Menu (25 €), 32 € – Carte 33/51 € ♀
◆ Occupant une maison tapissée de lierre, auberge de bord de route au décor ensoleillé. Terrasse dans une petite cour-jardin. Accueil convivial et atmosphère détendue.

PONTARLIER – 25 Doubs – **321** I5 – 18 360 h. – alt. 838 m – ✉ 25300 Franche-Comté Jura 17 **C2**

Paris 462 – Besançon 60 – Dole 88 – Lausanne 67 – Lons-le-Saunier 82

Office de tourisme, 14 bis rue de la Gare ✆ 03 81 46 48 33, Fax 03 81 46 83 32

Pontarlier Les Étraches La Grange des Pauvres, E : 8 km par D 47, ✆ 03 81 39 14 44.

Portail★ de l'ancienne chapelle des Annonciades.

Grand Taureau ✻★★ par ② : 11 km.

Plan page ci-contre

Du Parc sans rest VISA MC AE
1 r. Moulin Parnet – ✆ 03 81 46 85 92 – hotelduparc.pont@wanadoo.fr – Fax 03 81 46 36 15 – Fermé 31 déc.-16 janv. et dim. soir de nov. à mars A s
18 ch – †40/50 € ††45/75 €, ☕ 6,50 €
◆ Construction des années 1980 proche du centre-ville. Petites chambres rajeunies et bien équipées ; celles sur l'arrière garantissent des nuits plus calmes.

PONTARLIER

Arçon (Pl. d') . . . . A 2
Augustins (R. des) . . . . B 3
Bernardines (Pl. des) . . . . . . AB 4
Capucins (R. des) . . . . A 7
Crétin (Pl.) . . . . B 8
Écorces (R. des) . . . . A 12
Gambetta (R.) . . . . B 13
Halle (R. de la) . . . . B 15
Industrie (R. de l') . . . . B 16
Latttre-de-Tassigny (Pl. Mar.-de) . . . . B 19
Mathez (R. Jules) . . . . B 26
Mirabeau (R.) . . . . B 27
Moulin Parnet (R. du) . . . . A 29
Pagnier (Pl. J.) . . . . B 30
République (R. de la) . . . . . . AB
Ste-Anne (R.) . . . . AB 35
St-Étienne (R. du Fg) . . . . B
St-Pierre (Pl.) . . . . A
Salengro (Pl. R.) . . . . A 36
Tissot (R.) . . . . AB 37
Vannolles (R. de) . . . . B 38
Vieux-Château (R. du) . . . . A 39
Villingen-Schwenningen (Pl. de) . . . . A 40

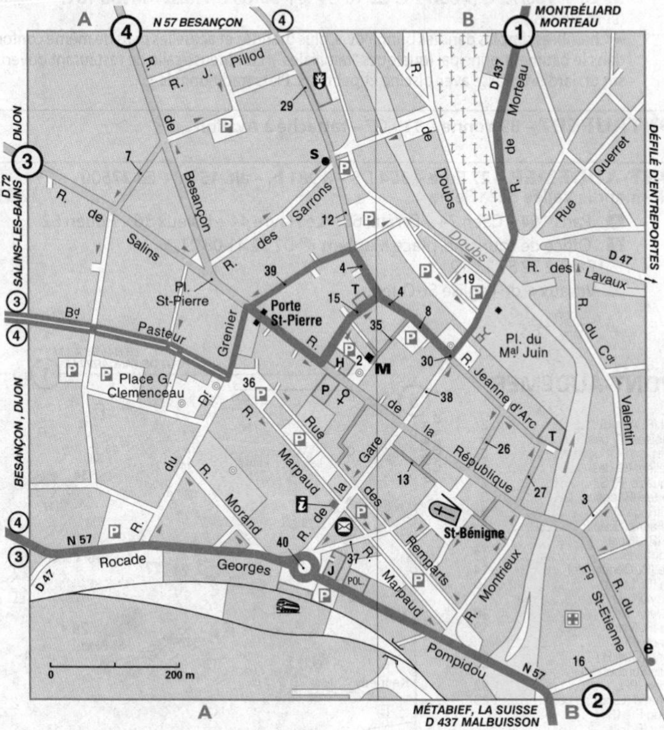

XX **L'Alchimie** VISA MC

1 av. Armée de l'Est – ✆ 03 81 46 65 89 – restau-lalchimie@wanadoo.fr – Fax 03 81 39 08 75 – Fermé 16-25 avril, 15 juil.-1er août., 2-10 janv., dim. soir et merc. B **e**

Rest – Menu 20 € (déj. en sem.), 36/49 € – Carte 48/54 € ♀

◆ Le chef-alchimiste prépare ses petits plats inventifs en "transmutant" produits régionaux, épices et saveurs exotiques. Cadre coloré rehaussé de touches asiatiques.

à Doubs par ④ : 2 km – 2 266 h. – alt. 813 m – ✉ 25300

X **Le Doubs Passage** ⇸ P VISA MC AE

11 Gde Rue, D 130 – ✆ 03 81 39 72 71 – ledoubspassage@wanadoo.fr – Fax 03 81 39 72 71 – Fermé 20 août-3 sept., dim. soir, merc. soir et lundi

Rest – Menu 17/30 € – Carte 22/38 € ♀

◆ Auberge familiale bordant le Doubs. La salle à manger (non-fumeurs) est joliment décorée : parquet verni, éclairage discret, plantes vertes et fleurs à profusion. Cuisine traditionnelle.

PONTAUBAULT – 50 Manche – 303 D8 – 445 h. – alt. 25 m – ✉ 50220 32 **A3**

▶ Paris 345 – Avranches 9 – Dol-de-Bretagne 35 – Fougères 38 – Rennes 78 – St-Malo 60

Treize Assiettes ch, 20/50, VISA
Nord : 1 km sur D 43[E] (ancienne rte d'Avranches) – ☎ 02 33 89 03 03 – 13assiettes@wanadoo.fr – Fax 02 33 89 03 06
39 ch – ♦60/72 € ♦♦60/72 €, ☕ 10 € – ½ P 55/60 € – **Rest** – Menu 18 € (sem.)/63 € ♀
◆ Chambres simples dans les bungalows, plus grandes et actuelles mais de même confort dans le bâtiment principal (quelques "familiales"). Lumineuse salle de restaurant ouverte sur un jardin-terrasse avec piscine et palmiers. Plats traditionnels.

PONTAUBERT – 89 Yonne – 319 G7 – **rattaché à Avallon**

PONT-AUDEMER – 27 Eure – 304 D5 – 8 981 h. – alt. 15 m – ✉ 27500
Normandie Vallée de la Seine 32 **B3**

▶ Paris 164 – Caen 74 – Évreux 68 – Le Havre 44 – Lisieux 36 – Rouen 52

ℹ Office de tourisme, place Maubert ☎ 02 32 41 08 21, Fax 02 32 57 11 12

◉ Vitraux★ de l'église St-Ouen.

PONT-AUDEMER

Canel (R. Alfred) 2
Carmélites (R. des) 3
Clemencin (R. Paul) 5
Cordeliers (R. des) 6
Delaquaize (R. S.) 7
Déportés (R. des) 8
Épée (R. de l') 9
Félix-Faure (Quai) . . . . . .
Ferry (R. Jules) . . . . . .
Gambetta (R.) 13
Gaulle (Pl. Général-de) 14
Gillain (Pl. Louis) 16
Goulley (Pl. J.) . . . . . .
Jean-Jaurès (R.) 18
Joffre (R. Mar.) 19
Kennedy (Pl.) . . . . . .
Leblanc (Quai R.) 20
Maquis-Surcouf (R.) 21
Maubert (Pl.) 22
Mitterrand (Quai François) 23
N.-D.-du-Pré (R.) . . . . . .
Pasteur (Bd) . . . . . .
Place-de-la-Ville (R.) 24
Pot-d'Étain (Pl. du) 25
Président-Coty (R. du) 26
Président-Pompidou (Av. du) . . . . . .
République (R. de la) 27
Sadi-Carnot (R.) . . . . . .
St-Ouen (Impasse) 29
Seule (R. de la) 30
Thiers (R.) 32
Verdun (Pl. de) 34
Victor-Hugo (Pl.) 35

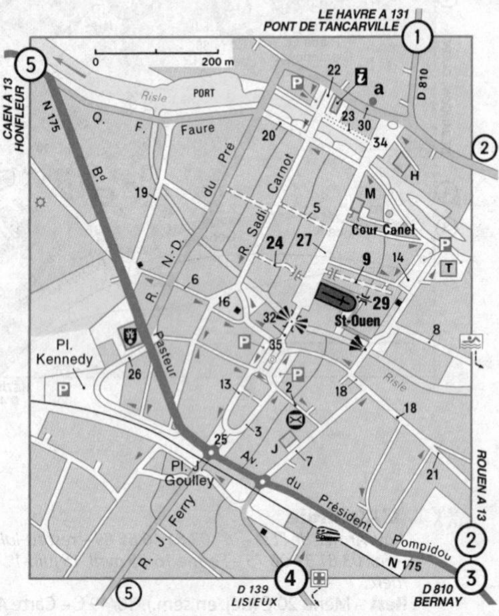

Belle Isle sur Risle ch, VISA
112 rte Rouen, par ② – ☎ 02 32 56 96 22 – hotelbelle-isle@wanadoo.fr – Fax 02 32 42 88 96 – Ouvert 20 mars-11 nov. et 26 déc.-2 janv.
20 ch – ♦110/123 € ♦♦220/243 €, ☕ 15 € – ½ P 129/192 € – **Rest** – *(fermé lundi midi, mardi midi et merc. midi)* Menu 29 € (déj. en sem.), 38/62 € – Carte 50/65 € ♀
◆ Sur un îlot de la Risle, ce joli manoir (1856) couvert de verdure se fond dans le paysage d'un superbe parc (2 ha, pêche fluviale). Chambres d'ampleurs variées, bien personnalisées. Le restaurant profite d'une paisible terrasse réaménagée au milieu d'arbres bicentenaires.

XX **Erawan**
4 r. Sëule – ✆ 02 32 41 12 03 – Fermé août et merc. a
Rest – Menu 20 € (déj.), 25/40 € – Carte 25/41 €
◆ Carte "cent pour cent" thaïlandaise et cadre aux trois quarts normand : étonnant contraste, et mariage des cultures réussi en ce charmant restaurant des bords de la Risle.

au Sud-Est par ② et D 39 : 5 km – ✉ 27500 Pont-Audemer

XXX **Au Jardin d'Eden**
rte Condé-s-Risle – ✆ 02 32 57 01 52 – Fax 02 32 41 42 01 – Fermé 15 janv.-2 fév., mardi soir d'oct. à fév., lundi sauf juil.-août et dim. soir
Rest – Menu 30 € (sem.)/62 € – Carte 58/82 €
◆ C'est sur une presqu'île artificielle posée au milieu d'un grand lac que se trouve cette belle maison normande convertie en restaurant. Décor contemporain et carte traditionnelle.

à Campigny par ③ et D 29 : 6 km – 803 h. – alt. 121 m – ✉ 27500

XXX **Le Petit Coq aux Champs** avec ch
– ✆ 02 32 41 04 19 – le.petit.coq.aux.champs@wanadoo.fr – Fax 02 32 56 06 25 – Fermé 19-24 nov., janv., dim. soir et lundi de nov. à mars
13 ch – †135/155 € ††135/155 €, ☕ 11 € – **Rest** – Menu (29 € bc), 43 € bc/68 € – Carte 39/86 €
◆ Accueil chaleureux et joli décor rustique en cette chaumière normande. Belle terrasse face au parc fleuri. Cuisine classique et carte des vins étoffée. Chambres confortables.

PONTAULT-COMBAULT – 77 Seine-et-Marne – 312 E3 – 101 29 – voir à Paris, Environs

PONTAUMUR – 63 Puy-de-Dôme – 326 D7 – 769 h. – alt. 535 m – ✉ 63380

5 **B2**

Paris 398 – Aubusson 49 – Clermont-Ferrand 42 – Le Mont-Dore 49 – Montluçon 68

Office de tourisme, avenue du Pont ✆ 04 73 79 73 42

Poste
av. Marronnier – ✆ 04 73 79 90 15 – hotel-poste2@wanadoo.fr – Fax 04 73 79 73 17 – Fermé 15 déc.-1er fév., dim. soir, lundi et mardi
rest, 25
15 ch – †40/43 € ††40/50 €, ☕ 7,50 € – ½ P 42/45 € – **Rest** – Menu 17 € (sem.)/48 € – Carte 28/42 €
◆ Au centre du bourg, bâtiment des années 1970 dont les chambres, fonctionnelles, ont conservé leur mobilier d'origine. Préférez celles de l'arrière, plus au calme. Restaurant rustique où dominent le bois et la pierre. Cuisine faite avec les produits d'Auvergne.

PONT-AVEN – 29 Finistère – 308 I7 – 2 960 h. – alt. 18 m – ✉ 29930

Bretagne

9 **B2**

Paris 536 – Carhaix-Plouguer 65 – Concarneau 15 – Quimper 36 – Quimperlé 20

Office de tourisme, 5 place de l'Hôtel de Ville ✆ 02 98 06 04 70

Promenade au Bois d'Amour★.

Les Ajoncs d'Or
rest
1 pl. Hôtel de Ville – ✆ 02 98 06 02 06 – ajoncsdor@aol.com – Fax 02 98 06 18 91 – Fermé 29 oct.-6 nov., 7-29 janv., 18-26 fév., dim. soir et lundi d'oct. à mai
20 ch – †54 € ††54 €, ☕ 7,50 € – ½ P 56 € – **Rest** – Menu 24/44 € – Carte 28/47 €
◆ Gauguin aurait logé dans cette maison bretonne (1892) lors de son dernier séjour à Pont-Aven. Coquettes chambres insonorisées portant des noms de peintres ; accueil charmant. Repas traditionnel dans une salle claire égayée de tableaux (expo-vente) ou dehors.

XXX **Moulin de Rosmadec** (Sebilleau) avec ch VISA MC

près pont centre ville – ✆ 02 98 06 00 22 – moulinderosmadec@wanadoo.fr – Fax 02 98 06 18 00 – Fermé 8-26 oct., vacances de fév., dim. soir et lundi midi sauf juil.-août et jeudi

4 ch – †85/90 € ††85/90 €, ☕ 10 € – 1 suite – **Rest** – Menu 30/72 € – Carte 61/72 € ♀

Spéc. Croquant de langoustines. Homard grillé "Rosmadec". Crêpes soufflées au citron.

◆ Cuivres, faïences et mobilier bretons décorent l'une des salles de cet étonnant moulin du 15e s. ; l'autre, en véranda, ouvre sur le jardin et l'Aven. Séduisante cuisine "terre et mer".

rte de Concarneau **Ouest : 4 km par D 783 – ✉ 29930 Pont-Aven**

XXX **La Taupinière** (Guilloux) AC P VISA MC AE

– ✆ 02 98 06 03 12 – la.taupiniere@wanadoo.fr – Fax 02 98 06 16 46 – Fermé 12-20 mars, 23 sept.-17 oct., lundi et mardi

Rest – Menu 53/85 € – Carte 65/85 € ♀

Spéc. Gâteau de tourteau aux agrumes (printemps-été). Queues de langoustines aux cheveux d'ange. Filet de bar de ligne à la rhubarbe (été).

◆ Cette chaumière abrite une salle à manger élégante, animée par le spectacle des fourneaux. Cuisine classique faisant la part belle aux produits de la mer et joli livre de cave.

Grand luxe ou sans prétention ?
Les X et les 🏠 notent le confort.

PONTCHARTRAIN – 78 Yvelines – 311 H3 – ✉ 78760 18 A2

Paris 37 – Dreux 42 – Mantes-la-Jolie 32 – Montfort-l'Amaury 10 – Versailles 20

Isabella à Plaisir Sainte Appoline, E : 3 km, ✆ 01 30 54 10 62.

Domaine de Thoiry★★ NO : 12 km, **Île de France.**

🏠 **L'Arpège** P VISA MC AE D

41 rte Paris – ✆ 01 34 89 02 45 – Fax 01 34 89 58 24 – Fermé 28 juil.-26 août

11 ch – †70 € ††85 €, ☕ 9 € – ½ P 115 € – **Rest** – *(fermé sam. midi, dim. et lundi)* Menu 32 € – Carte 45/49 € ♀

◆ Cet ancien relais de poste propose deux types de chambres : modernes et pratiques ou un brin campagnardes. Salon " cosy " et piano-bar jazzy le week-end. Plaisante salle à manger où règne une atmosphère feutrée ; carte au goût du jour.

XX **Bistro Gourmand** VISA MC AE

7 rte Pontel N 12 – ✆ 01 34 89 25 36 – bistro.gourmand@free.fr – Fax 08 72 64 48 31 – Fermé 6-12 mars, 30 juil.-22 août, dim. soir et lundi

Rest – Menu 27/48 € – Carte 54/66 € ♀

◆ Dans un nouveau décor associant sièges bleu électrique et tons rouges, la carte de ce restaurant fait la part belle aux produits de la mer et aux suggestions saisonnières.

à Ste-Apolline **Est : 3 km par N 12 et D 134 – ✉ 78370 Plaisir**

XXX **La Maison des Bois** P VISA MC AE

– ✆ 01 30 54 23 17 – Fax 01 30 68 92 26 – Fermé merc. soir en août, dim. soir et jeudi

Rest – Menu 36 € (déj. en sem.) – Carte 45/73 €

◆ Aménagées dans une demeure rustique, deux salles à manger cossues ; la plus vaste, au caractère campagnard un peu moins affirmé, s'ouvre sur le jardin. Carte traditionnelle.

PONT-DE-BRIQUES – 62 Pas-de-Calais – 301 C3 – rattaché à Boulogne-sur-Mer

PONT-DE-CHAZEY-VILLIEU – 01 Ain – 328 E5 – rattaché à Meximieux

PONT-DE-CHERUY – 38 Isère – 333 E3 – 4 540 h. – alt. 220 m – ✉ 38230

44 **B1**

Paris 486 – Belley 57 – Bourgoin-Jallieu 22 – Grenoble 89 – Lyon 35 – Meximieux 22

Bergeron rest, P VISA MC AE
près église – ✆ 04 78 32 10 08 – bergeron.hotel@wanadoo.fr – Fax 04 78 32 11 70
17 ch – 40 € 46 €, 5,50 € – ½ P 55 € – **Rest** – *(fermé sam. et dim.) (dîner seult) (résidents seult)* Menu 10 €
◆ Adresse modeste mais bien tenue. Les chambres, d'esprit rustique, sont plus spacieuses dans la maison principale. Annexe, plus simple, située à environ 100 m. Le soir, menu unique proposé aux résidents dans une salle de restaurant campagnarde.

PONT-DE-CLAIX – 38 Isère – 333 H7 – rattaché à Grenoble

PONT-DE-DORE – 63 Puy-de-Dôme – 326 H7 – rattaché à Thiers

PONT-DE-FILLINGES – 74 Haute-Savoie – 328 L4 – rattaché à Bonne

PONT-DE-L'ARCHE – 27 Eure – 304 G6 – 3 499 h. – alt. 20 m – ✉ 27340

Normandie Vallée de la Seine

33 **D2**

Paris 114 – Les Andelys 30 – Elbeuf 15 – Évreux 36 – Louviers 12 – Rouen 19

De la Tour sans rest P VISA MC AE
41 quai Foch – ✆ 02 35 23 00 99 – hotel-de-la-tour@wanadoo.fr – Fax 02 35 23 46 22
18 ch – 63 € 63 €, 7 €
◆ Deux pimpantes maisons mitoyennes adossées aux remparts. Dans les chambres personnalisées, couleurs vives, mobilier de style et tenue sans reproche. Accueil familial.

La Pomme P VISA MC
aux Damps 1,5 km au bord de l'Eure – ✆ 02 35 23 00 46 – Fax 02 35 23 52 09 – Fermé 23 juil.-19 août, mardi soir, dim. soir et merc.
Rest – Menu 27 € (sem.)/59 € – Carte 44/96 €
◆ Aménagée dans une belle chaumière normande sur les bords de l'Eure, salle de restaurant au cadre douillet et gentiment champêtre. Cuisine au goût du jour.

PONT-DE-L'ISÈRE – 26 Drôme – 332 C3 – rattaché à Valence

LE PONT-DE-PACÉ – 35 Ille-et-Vilaine – 309 L6 – rattaché à Rennes

PONT-DE-PANY – 21 Côte-d'Or – 320 I6 – ✉ 21410

8 **C2**

Paris 291 – Avallon 87 – Beaune 42 – Dijon 22 – Saulieu 53

Château La Chassagne ch, ch, rest, cuisinette 25, P VISA MC AE
au Nord par D 33 et rte secondaire : 2 km – ✆ 03 80 49 76 00 – info@chassagne.com – Fax 03 80 49 76 19 – Ouvert 1er avril-fin oct.
7 ch – 150 € 215 €, 20 € – 4 suites – ½ P 200/265 € – **Rest** – *(fermé mardi midi et lundi)* Menu 45 € – Carte 35/55 €
◆ Entouré d'un parc, château du 19e s. dont l'aménagement intérieur résolument moderne présente toutes les garanties de confort. Ambiance chinoise dans quelques chambres. Lustres à pendeloques, tons pastel et tissus printaniers caractérisent le restaurant.

PONT-DE-POITTE – 39 Jura – 321 E7 – 582 h. – alt. 450 m – ✉ 39130
Franche-Comté Jura 16 B3

Paris 423 – Champagnole 34 – Genève 92 – Lons-le-Saunier 17

Ain avec ch
rest, VISA MC AE

18 pl. Fontaine – ☎ 03 84 48 30 16 – hoteldelain@wanadoo.fr – Fax 03 84 48 36 95 – Fermé 28 déc.-28 janv., vend. soir et dim. soir

9 ch – 37 € 42 €, ☕ 7 € – ½ P 45 € – **Rest** – Menu 11,50 € (déj. en sem.), 18/43 € – Carte 30/46 €

◆ Maison en pierre jouissant d'un environnement verdoyant à proximité de l'Ain. Salle à manger rustico-bourgeoise et terrasse d'été pour une cuisine régionale sans prétention.

PONT-DE-ROIDE – 25 Doubs – 321 K2 – 4 781 h. – alt. 351 m – ✉ 25150
Franche-Comté Jura 17 C2

Paris 478 – Belfort 36 – Besançon 77 – La Chaux-de-Fonds 55 – Porrentruy 29

Des Voyageurs sans rest
P VISA MC AE

15 pl. Gén. de Gaulle – ☎ 03 81 96 92 07 – hotel-des-voyageurs-pdr@wanadoo.fr – Fax 03 81 92 27 80 – Fermé dim.

16 ch – 40 € 42 €, ☕ 6 €

◆ Accueil souriant au bar de ce modeste hôtel situé au cœur du village. Les chambres, plus calmes côté cour, adoptent peu à peu un style actuel.

La Tannerie
VISA MC AE

1 pl. Gén. de Gaulle – ☎ 03 81 92 48 21 – dominique.autran@wanadoo.fr – Fax 03 81 92 47 79 – Fermé 27 juin-5 juil., 31 oct.-7 nov., 24 déc.-2 janv., jeudi soir, dim. soir et merc.

Rest – Menu 10 € (déj. en sem.), 16/30 € – Carte 23/47 €

◆ Ce restaurant abrite deux salles à manger joliment campagnardes. Petite terrasse surplombant la rivière et le vieux pont en pierre. Plats traditionnels et truites du vivier.

PONT-DE-SALARS – 12 Aveyron – 338 I5 – 1 414 h. – alt. 700 m – ✉ 12290
29 D1

Paris 651 – Albi 86 – Millau 47 – Rodez 25 – St-Affrique 56 – Villefranche-de-Rouergue 71

Office de tourisme, 34 avenue de Rodez ☎ 05 65 46 89 90, Fax 05 65 46 81 16

Des Voyageurs
rest, P VISA MC

1 av. Rodez – ☎ 05 65 46 82 08 – hotel-des-voyageurs@wanadoo.fr – Fax 05 65 46 89 99 – Ouvert 1er mars-24 oct. et fermé dim. et lundi d'oct. à juin

27 ch – 41 € 55 €, ☕ 7,50 € – ½ P 42/50 € – **Rest** – *(fermé 24 oct.-14 nov., 20 janv.-1er mars, le soir de nov. à janv., dim. soir et lundi d'oct. à juin)* Menu (11,50 € bc), 15 € bc (sem.)/35 € – Carte 20/54 €

◆ Accueil aimable garanti en cet établissement situé au cœur du village. Chambres claires et spacieuses, rénovées en façade ; les autres, de style années 1970, attendent leur tour. Deux salles à manger (rustique ou actuelle) où l'on sert une cuisine du terroir.

PONT-DE-VAUX – 01 Ain – 328 C2 – 2 004 h. – alt. 177 m – ✉ 01190
44 B1

Paris 380 – Bourg-en-Bresse 40 – Lons-le-Saunier 69 – Mâcon 24

Office de tourisme, 2 rue de Lattre de Tassigny ☎ 03 85 30 30 02, Fax 03 85 30 68 69

Le Raisin avec ch
rest, rest, P VISA MC AE

2 pl. M Poisat – ☎ 03 85 30 30 97 – hotel.leraisin@wanadoo.fr – Fax 03 85 30 67 89 – Fermé 7 janv.-7 fév., dim. soir sauf juil.-août, mardi midi et lundi

18 ch – 54/59 € 59/64 €, ☕ 9 € – **Rest** – Menu 23/62 € – Carte 47/66 €

◆ Maison traditionnelle de la Bresse savoyarde abritant une élégante salle à manger rustique. Goûteuse cuisine régionale. Chambres spacieuses et calmes sur l'arrière.

Les Platanes avec ch — ch, P VISA AE

– ✆ *03 85 30 32 84 – hotel-des-platanes@wanadoo.fr – Fax 03 85 30 32 15*
– Fermé 20 fév.-20 mars, vend. midi et jeudi
8 ch – ♦48 € ♦♦51/54 €, ☕ 8 € – ½ P 42/46 € – **Rest** – Menu 13 € (sem.)/48 € – Carte 27/44 € ♀

♦ Salle à manger au cadre champêtre, belle terrasse sous les platanes, cuisine bressane généreuse et chambres rénovées font de cette auberge une sympathique étape.

à **St-Bénigne** **Nord-Est : 2 km sur D 2 – 817 h. – alt. 208 m – ✉ 01190**

St-Bénigne — P VISA

– ✆ *03 85 30 96 48 – Fax 03 85 30 96 48 – Fermé 22-29 oct., 17déc.-7 janv., 18 fév.-3 mars, le soir sauf sam. et lundi*
Rest – Menu 12 € (déj. en sem.), 26/34 € – Carte 22/37 € ♀

♦ Auberge abritant un café et deux salles à manger : l'une rustique, l'autre plus coquette. Les habitués goûtent sa cuisine régionale et la spécialité maison : les grenouilles.

PONT-D'HÉRAULT – 30 Gard – 339 H5 – rattaché au Vigan

PONT-D'OUILLY – 14 Calvados – 303 J6 – 1 050 h. – alt. 65 m – ✉ 14690

Normandie Cotentin — 32 **B2**

Paris 230 – Briouze 24 – Caen 41 – Falaise 20 – Flers 21 – Villers-Bocage 37 – Vire 39

Syndicat d'initiative, rue de la 5ème République ✆ 02 31 69 29 86

Roche d'Oëtre★★ S : 6,5 km.

à **St-Christophe** **2 km au Nord par D 23 – ✉ 14690 Pont-d'Ouilly**

Auberge St-Christophe avec ch — P VISA AE

– ✆ *02 31 69 81 23 – aubergesaintchristophe@wanadoo.fr*
– Fax 02 31 69 26 58 – Fermé 20 août-4 sept., 14 fév.-7 mars, dim. soir et lundi
7 ch – ♦52 € ♦♦52 €, ☕ 10 € – ½ P 56 € – **Rest** – Menu 22 € (sem.), 33/51 € – Carte 43/57 € ♀

♦ Plaisante maison tapissée de vigne vierge, bénéficiant du calme de la campagne. La salle à manger se complète d'une terrasse sur jardin. Cuisine traditionnelle et accueil familial.

PONT-DU-BOUCHET – 63 Puy-de-Dôme – 326 D7 – ✉ 63770 Les Ancizes-Comps

5 **B2**

Paris 390 – Clermont-Ferrand 39 – Pontaumur 13 – Riom 36 – St-Gervais-d'Auvergne 18

Méandre de Queuille★★ NE : 11,5 km puis 15 mn, Auvergne.

La Crémaillère — P VISA AE

Pont du Bouchet – ✆ *04 73 86 80 07 – la-cremaillere63@wanadoo.fr*
– Fax 04 73 86 93 17 – Fermé 15 déc.-21 janv., vend. soir, dim. soir et sam. hors saison
16 ch – ♦42 € ♦♦44 €, ☕ 7 € – ½ P 40/45 € – **Rest** – Menu 13,50 € (sem.)/37 € – Carte 20/37 € ♀

♦ Bâtisse isolée dans un agréable jardin sur la rive du plan d'eau des Fades-Besserve. Chambres meublées simplement ; celles de la façade principale donnent côté lac. Salle à manger campagnarde et cuisine régionale utilisant les produits de la ferme familiale.

PONT-DU-CASSE – 47 Lot-et-Garonne – 336 G4 – rattaché à Agen

PONT-DU-CHAMBON – 19 Corrèze – 329 N4 – rattaché à Marcillac-la-Croisille

PONT-DU-CHÂTEAU – 63 Puy-de-Dôme – 326 G8 – 8 874 h. – alt. 365 m – ✉ 63430 Auvergne
5 B2

Paris 418 – Billom 13 – Clermont-Ferrand 16 – Riom 21 – Thiers 37

Syndicat d'initiative, 95 avenue Docteur Besserve ✆ 04 73 83 37 42

L'Estredelle
ch, 30/50, VISA

24 r. Pont – ✆ 04 73 83 28 18 – estredelle@wanadoo.fr – Fax 04 73 83 55 23 – Fermé 22 juil.-5 août, 24 déc.-6 janv., dim. soir et soirs fériés

44 ch – 43 € 46 €, 6,50 € – ½ P 41 € – **Rest** – *(fermé vend. soir en hiver)* Menu 14/30 € – Carte 21/41 €

◆ Hôtel récent dans l'ancien quartier de la batellerie. Chambres fonctionnelles, réparties dans trois pavillons ; huit d'entre elles (à réserver en priorité) dominent l'Allier. Le restaurant et la terrasse offrent un joli coup d'œil sur un pont du 18e s.

Pierre Villeneuve
VISA AE

r. Poste – ✆ 04 73 83 50 03 – Fax 04 73 83 59 36 – Fermé 29 juil.-22 août, dim. soir, lundi et mardi

Rest – Menu 19 € (déj. en sem.), 29/43 € – Carte 27/56 €

◆ Cette ancienne maison de marchand de vins abrite un restaurant contemporain prolongé d'une salle d'esprit "jardin d'hiver". Collection d'antiques moulins à café.

Auberge du Pont
14, VISA

70 av. Dr Besserve – ✆ 04 73 83 00 36 – info@auberge-du-pont.com – Fax 04 73 83 36 71 – Fermé 15-30 août, dim. soir et merc.

Rest – Menu (13 €), 16 € (déj. en sem.), 26/55 € – Carte 25/57 €

◆ Ex-relais de batellerie (1809) au bord de l'Allier. Murs couleur brique, boiseries vert pâle et parquet patiné décorent la salle à manger. Terrasse tournée sur le pont.

PONT-DU-GARD – 30 Gard – 339 M5 – ✉ 30210 Vers-Pont-du-Gard Provence
23 D2

Paris 688 – Alès 48 – Arles 40 – Avignon 26 – Nîmes 25 – Orange 38 – Pont-St-Esprit 41

Pont-aqueduc romain★★★.

Colombier
ch, VISA AE

Est : 1 km par D 981 (rive droite) – ✆ 04 66 37 05 28 – hotelresto.colombier@free.fr – Fax 04 66 37 35 75

18 ch – 40 € 50 €, 8 € – ½ P 45 € – **Rest** – Menu 18/26 € – Carte 20/33 €

◆ Maison centenaire et sa jolie galerie-terrasse où l'on sert les petits-déjeuners. Les chambres situées à l'étage sortent d'une efficace cure de rajeunissement. Salle à manger au décor provençal et cuisine traditionnelle sans fioriture dans les assiettes.

à Castillon-du-Gard Nord-Est : 4 km par D 19 et D 228 – 943 h. – alt. 90 m – ✉ 30210

Le Vieux Castillon
30/60, VISA AE

r. Turion Sabatier – ✆ 04 66 37 61 61 – vieuxcastillon@relaischateaux.com – Fax 04 66 37 28 17 – Fermé 2 janv. à mi-fév.

29 ch – 205/320 € 205/320 €, 17 € – 3 suites – ½ P 182/252 € – **Rest** – *(fermé lundi midi et mardi midi)* Menu 50 € (déj. en sem.), 75/109 € – Carte 74/106 €

Spéc. Langoustines en croûte de pomme de terre. Filet de rouget barbet saisi minute. Carré d'agneau rôti "comme on l'aime en Provence". **Vins** Vin de Pays d'Oc, Costières de Nîmes.

◆ Patios et terrasses étagées font le charme de cet hôtel situé au cœur d'un village médiéval perché. Chambres personnalisées. Poutres apparentes et couleurs provençales président au décor de la salle à manger où l'on propose une goûteuse cuisine gorgée de soleil.

L'Amphitryon
VISA

pl. 8 Mai 1945 – ✆ 04 66 37 05 04 – Fermé 25 nov.-12 déc., 15 fév.-6 mars, mardi sauf juil.-août et merc.

Rest – Menu 21 € (déj.), 40/60 € – Carte 52/68 €

◆ Voûtes et pierre brute pour ces salles à manger aménagées dans une ancienne bergerie. Joli patio pour les repas d'été. Cuisine régionale actualisée et ambiance conviviale.

à Collias Ouest : 7 km par D 981, D 112 et D 3 – **829 h.** – **alt. 45 m** – ✉ **30210**

Hostellerie Le Castellas ch, VISA MC AE

Grand'rue – ✆ 04 66 22 88 88 – info@lecastellas.fr – Fax 04 66 22 84 28 – Fermé 3-12 déc., 7 janv.-12 fév.

16 ch – †80/130 € ††90/230 €, ☕ 17 € – 1 suite – ½ P 135/205 € – **Rest** – *(fermé merc. de nov. à mars)* Menu (30 €), 40 € (déj. en sem.), 55/150 € – Carte 85/110 €

Spéc. Contraste de foie gras en trois versions. Saint-Jacques aux cocos de Paimpol (oct. à mars). Moelleux au chocolat pur Caraïbes, griottines épicées. **Vins** Côtes du Rhône Villages, Vin de pays d'Oc.

◆ Maisons gardoises en pierres de taille réparties autour d'un patio où Art déco, rustique provençal, galets, ocres et sépias composent un hymne à l'imagination. Belles salles voûtées ouvertes sur le jardin ; goûteuse cuisine inventive aux parfums de la garrigue.

PONT-EN-ROYANS – 38 Isère – 333 F7 – 917 h. – alt. 197 m – ✉ 38680

Alpes du Nord 43 **E2**

Paris 604 – Grenoble 63 – Lyon 143 – Valence 45

Office de tourisme, Grande rue ✆ 04 76 36 09 10, Fax 04 76 36 09 24

Du Musée de l'Eau rest, 15/50, VISA MC

pl. Breuil – ✆ 04 76 36 15 53 – musee-eau@wanadoo.fr – Fax 04 76 36 97 32

31 ch – †33/36 € ††42/48 €, ☕ 6 € – ½ P 47 € – **Rest** – *(fermé lundi de nov. à mars)* Menu (13 €), 16/33 € – Carte 21/31 €

◆ Grand bâtiment rénové surplombant la Bourne. Petites chambres dotées de mobilier design ; certaines ouvrent sur la montagne et le village suspendu. Salle à manger aux lignes épurées, prolongée d'une terrasse avec brumisateurs. Bar à eaux.

LE PONTET – 84 Vaucluse – 332 C10 – rattaché à Avignon

PONT-ÉVÈQUE – 38 Isère – 333 C4 – rattaché à Vienne

PONTGIBAUD – 63 Puy-de-Dôme – 326 E8 – 776 h. – alt. 735 m – ✉ 63230

Auvergne 5 **B2**

Paris 432 – Aubusson 68 – Clermont-Ferrand 23 – Le Mont-Dore 37 – Riom 26 – Ussel 68

Office de tourisme, rue du Commerce ✆ 04 73 88 90 99, Fax 04 73 88 90 09

Poste avec ch rest, rest, VISA MC

pl. République – ✆ 04 73 88 70 02 – Fax 04 73 88 79 74 – Fermé 1er-13 janv., 18-29 fév., dim. soir et lundi

10 ch – †39/45 € ††39/45 €, ☕ 6 € – ½ P 39/45 € – **Rest** – Menu 11 € bc (déj. en sem.), 18/32 € – Carte 22/30 €

◆ Maison régionale séculaire au cœur d'un bourg tranquille. Parquet peint de Hongrie bien ciré, lustres et tables bourgeoises dans la salle à manger ornée de tableaux floraux.

à La Courteix Est : 4 km sur D 941B – ✉ **63230 St-Ours**

L'Ours des Roches VISA MC AE

– ✆ 04 73 88 92 80 – oursdesroches@wanadoo.fr – Fax 04 73 88 75 07 – Fermé 2-18 janv., mardi d'oct. à mars, dim. soir et lundi sauf fériés

Rest – Menu 20 € bc (déj. en sem.), 25/58 €

◆ Restaurant aménagé sous les voûtes d'une ancienne bergerie. Décor original né de l'insolite mélange du rustique et du contemporain.

PONTHIERRY – 77 Seine-et-Marne – 312 E4 – ✉ 77310 St-Fargeau-Ponthierry

19 **C2**

Paris 44 – Corbeil-Essonnes 12 – Étampes 35 – Fontainebleau 20 – Melun 12

Auberge du Bas Pringy VISA MC AE

à Pringy - N 7 – ✆ 01 60 65 57 75 – Fax 01 60 65 48 57 – Fermé 30 juil.-29 août, 19 fév.-7 mars, lundi soir et mardi sauf fériés

Rest – Menu 24 € (sem.)/50 € – Carte 35/60 €

◆ Auberge de bord de route abritant une salle à manger campagnarde. Aux beaux jours, la terrasse est dressée dans un cadre fleuri et verdoyant. Cuisine traditionnelle.

PONTIVY ⛟ – 56 Morbihan – **308** N6 – **13 508 h.** – **alt. 99 m** – ✉ 56300

Bretagne 10 **C2**

- Paris 460 – Lorient 59 – Rennes 110 – St-Brieuc 58 – Vannes 53
- Syndicat d'initiative, 61 rue du Gal-de-Gaulle ✆ 02 97 25 04 10
- de Rimaison à Bieuzy, S : 15 km par D 768, ✆ 02 97 27 74 03.
- Maisons anciennes★.

PONTIVY

Anne-de-Bretagne (Pl.) . . . . Y 2
Caïnain (R.) . . . . Z 3
Couvent (Q. du) . . . . Y 4
Dr-Guépin (R. du) . . . . Y 5
Fil (R. du) . . . . Y 6
Friedland (R. de) . . . . Y 8
Gaulle (R. du Gén.-de) . . . . Y 9
Le Goff (R.) . . . . Z 16
Jean-Jaurès (R.) . . . . Z 10
Lamennais (R. J.-M. de) . . . . . . Z 13
Lorois (R.) . . . . Y 17
Marengo (R.) . . . . Z 19
Martray (Pl. du) . . . . Y 20
Mitterrand (R. François) . . . . . Z 24
Nationale (R.) . . . . YZ
Niémen (Q.) . . . . Y 27
Plessis (Q. du) . . . . YZ 29
Pont (R. du) . . . . Y 28
Presbourg (Q.) . . . . Y 32
Récollets (Q. des) . . . . Y 33
Viollard (Bd) . . . . Z 38

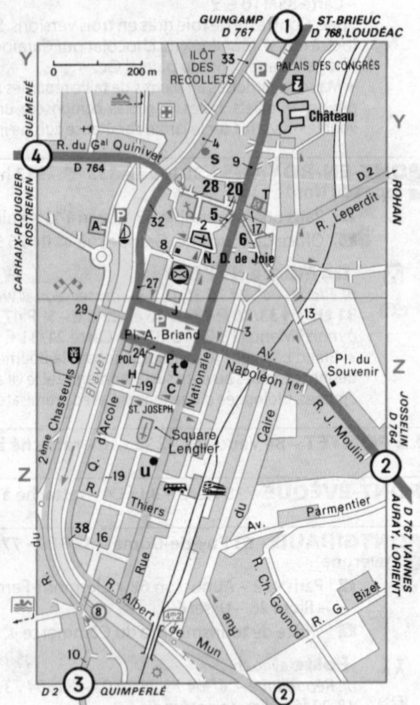

Rohan sans rest 40, VISA AE

90 r. Nationale – ✆ 02 97 25 02 01 – contact@hotelpontivy.com – Fax 02 97 25 02 85 – Fermé 22 déc.-1er janv. Z **u**

16 ch – 56/78 € 70/155 €, ☕ 9,50 €

◆ Belle demeure fin 19e s. sur la rue principale de "Napoléonville". Chambres refaites avec goût dans divers styles et thèmes (oriental, romantique, cinéma, BD...). Cour arborée.

L'Europe sans rest VISA AE

12 r. F. Mitterrand – ✆ 02 97 25 11 14 – hoteleuropepontivy@wanadoo.fr – Fax 02 97 25 48 04 – Fermé 26 déc.-2 janv. Z **t**

18 ch – 60/130 € 70/150 €, ☕ 10 €

◆ Avenante maison bourgeoise d'époque Napoléon III. Chambres au mobilier de style ou plus moderne au dernier étage. Belle salle des petits-déjeuners dressée sous une verrière.

Pommeraie VISA AE

17 quai Couvent – ✆ 02 97 25 60 09 – restaurant.lapommeraie@wanadoo.fr – Fax 02 97 25 75 93 – Fermé 9-16 avril, 17 août-3 sept., dim. et lundi Y **s**

Rest – Menu 19 € (déj. en sem.), 25/56 € ♀

◆ Façade jaune, tons chaleureux dans la pimpante salle et courette fleurie : ce restaurant longeant le Blavet est une vraie symphonie de couleurs. Plats au goût du jour.

à Quelven par ③, D 2 et rte de Guern (D 2[B]) : 10 km – ✉ 56310 Guern

Auberge de Quelven — 70, P, VISA, MC

à la Chapelle – ☏ 02 97 27 77 50 – Fax 02 97 27 77 50 – Fermé merc.

7 ch – †50 € ††55 €, ☕ 6 € – **Rest** – Carte 10/18 €

◆ Dans un paisible hameau, face à une chapelle de la fin du 15e s., longue maison en granit hébergeant des petites chambres sobres et bien tenues. Accueil jovial. La carte du restaurant-crêperie de style rustique est dédiée aux galettes et crêpes bretonnes.

PONT-L'ABBÉ – 29 Finistère – 308 F7 – 7 849 h. – alt. 5 m – ✉ 29120

Bretagne — 9 **A2**

Paris 573 – Douarnenez 33 – Quimper 20

Office de tourisme, 10 place de la République ☏ 02 98 82 37 99, Fax 02 98 66 10 82

Manoir de Kerazan★ 3 km par ② - Calvaire★★ de la chapelle N.-D.-de-Tronoën O : 8 km.

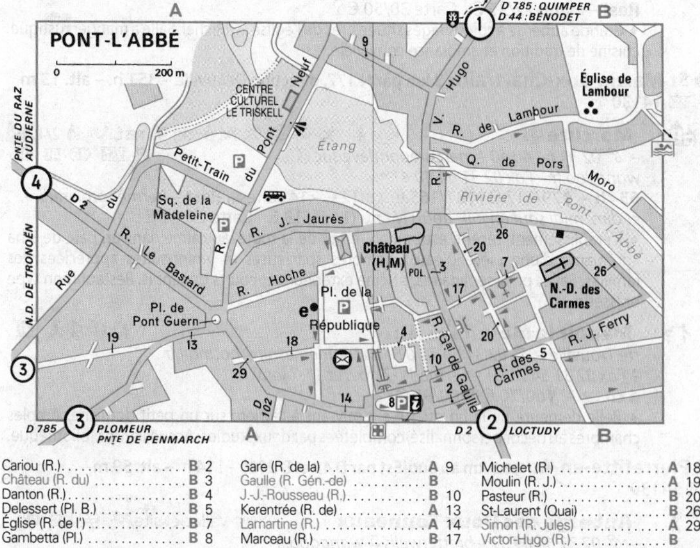

Cariou (R.)	B	2	Gare (R. de la)	A	9	Michelet (R.)	A	18
Château (R. du)	B	3	Gaulle (R. Gén.-de)	B		Moulin (R. J.)	A	19
Danton (R.)	B	4	J.-J.-Rousseau (R.)	B	10	Pasteur (R.)	B	20
Delessert (Pl. B.)	B	5	Kerentrée (R. de)	A	13	St-Laurent (Quai)	B	26
Église (R. de l')	B	7	Lamartine (R.)	A	14	Simon (R. Jules)	A	29
Gambetta (Pl.)	B	8	Marceau (R.)	B	17	Victor-Hugo (R.)	B	

De Bretagne — ch, VISA, MC, AE

24 pl. République – ☏ 02 98 87 17 22 – Fax 02 98 82 39 31 – Fermé 15 janv.-15 fév. et dim. soir hors saison — A **e**

18 ch – †48/62 € ††57/67 €, ☕ 8 € – ½ P 66/80 € – **Rest** – *(fermé lundi sauf soir en saison)* Menu (13 €), 17 € (déj. en sem.), 26/48 € – Carte 29/59 €

◆ Cet établissement du centre-ville propose des chambres petites (parfois plus grandes en façade), fraîches et meublées simplement. Cuisine de la mer dans une salle à manger rustique régionale ou sur la terrasse dressée dans la cour intérieure.

PONT-LES-MOULINS – 25 Doubs – 321 I3 – rattaché à Baume-les-Dames

---

PONT-L'ÉVÊQUE – 14 Calvados – 303 N4 – 4 133 h. – alt. 12 m – ✉ 14130

Normandie Vallée de la Seine — 32 **A3**

Paris 190 – Caen 49 – Le Havre 43 – Rouen 78 – Trouville-sur-Mer 12

Office de tourisme, 16 rue Saint-Michel ☏ 02 31 64 12 77, Fax 02 31 64 76 96

de Saint-Julien, SE : 3 km par D 579, ☏ 02 31 64 30 30.

La belle époque de l'automobile★ au Sud par D 48.

Le Lion d'Or sans rest 25/150, VISA

8 pl. Calvaire – ☎ 02 31 65 01 55 – info@leliondorhotel.com – Fax 02 31 64 90 10

25 ch – 60/120 € 80/160 €, 10 €

◆ Hôtel tout neuf posté à l'entrée du centre-ville, dont les deux ailes abritent des chambres majoritairement en duplex, toutes parquetées et très correctement équipées. Billard et bar-salon où est servi le petit-déjeuner.

XXX **Auberge de l'Aigle d'Or** VISA

68 r. Vaucelles – ☎ 02 31 65 05 25 – thierryduhamel@wanadoo.fr – Fax 02 31 65 12 03 – Fermé 2-8 juil., 7-24 janv., mardi et merc. du 11 nov. à Pâques et dim. soir d'oct. à mai – **Rest** – Menu 26 € (sem.)/49 € – Carte 40/63 €

◆ Ancien relais de poste du 16e s. hébergeant trois petites salles à manger où poutres et cheminée créent une atmosphère "cosy". La cuisine est sensible au rythme des saisons.

XX **Auberge de la Touques** VISA

pl. Église – ☎ 02 31 64 01 69 – Fax 02 31 64 89 40 – Fermé 26 nov.-4 déc., 7 janv.-5 fév., lundi sauf juil.-août et mardi d'oct. à mai sauf vacances scolaires et fériés

Rest – Menu 22/35 € – Carte 30/50 €

◆ Grande auberge à colombages située près de l'église St-Michel. Salle à manger rustique, cuisine de tradition et ambiance conviviale.

à St-Martin-aux-Chartrains 3 km par N 177, direction Deauville – 351 h. – alt. 13 m – ✉ 14130

Mercure ch, rest, 2/120, VISA

– ☎ 02 31 64 40 40 – mercurepontleveque@wanadoo.fr – Fax 02 31 64 40 41

63 ch – 79/117 € 87/165 €, 12 € – 14 suites – **Rest** – *(fermé sam. midi et dim. midi sauf en juil.-août)* Menu (14 €), 19 € – Carte 24/41 €

◆ L'établissement, récent, est bâti en retrait de la route, au calme dans un parc de 3 ha agrémenté d'une pièce d'eau. Chambres spacieuses et junior-suites appréciées des familles. Salles pour séminaires, piscine extérieure et courts de tennis. Restauration type brasserie.

Manoir le Mesnil sans rest

rte Trouville – ☎ 02 31 64 71 01 – manoirlemesnil@hotmail.fr – Fax 02 31 64 71 01 – Fermé 1er-7 nov. et 1er-7 janv.

4 ch – 60/70 € 60/95 €

◆ Belle demeure de la fin du 19e s. s'ouvrant à l'arrière sur un petit domaine. Amples chambres au décor personnalisé, complétées par deux studios. Accueillante bibliothèque.

à Pierrefitte-en-Auge 5 km au Sud-Est par D 48 et D 280[A] – 114 h. – alt. 59 m – ✉ 14130

X **Auberge des Deux Tonneaux** Vallée et site, VISA

– ☎ 02 31 64 09 31 – brettetwells@wanadoo.fr

Rest – *(fermé dim. soir et lundi)* Menu 26/36 € – Carte 31/45 €

◆ Ravissante chaumière augeronne qui domine la campagne. Plaisant cadre rustique, service "à la bonne franquette" et carte-menu mettant à l'honneur les produits du terroir.

PONT-L'ÉVÊQUE – 60 Oise – 305 I3 – rattaché à Noyon

PONTLEVOY – 41 Loir-et-Cher – 318 E7 – 1 460 h. – alt. 99 m – ✉ 41400

Châteaux de la Loire 11 **A1**

Paris 211 – Amboise 25 – Blois 27 – Montrichard 9 – Tours 52

Syndicat d'initiative, 5 rue du Collège ☎ 02 54 32 60 29

Ancienne abbaye★.

XX **De l'École** avec ch ch, VISA

12 rte Montrichard – ☎ 02 54 32 50 30 – Fax 02 54 32 33 58 – Fermé 13 nov.-7 déc., 19 fév.-23 mars, dim. soir et lundi

11 ch – 50 € 57 €, 11 € – ½ P 65 € – **Rest** – *(prévenir le week-end)* Menu 22/52 € – Carte 30/52 €

◆ Jolie maison ligérienne abritant deux salles rustiques dont une avec cheminée. En été, jardin fleuri où murmure une fontaine. Savoureux plats du terroir. Chambres anciennes.

PONTMAIN – 53 Mayenne – 310 C4 – 893 h. – alt. 164 m – ✉ 53220 34 B1

Paris 324 – Domfront 41 – Fougères 18 – Laval 51 – Mayenne 46

Syndicat d'initiative, 5 rue de la Grange ✆ 02 43 05 07 74

Auberge de l'Espérance

9 r. Grange – ✆ 02 43 05 08 10 – pontmain@ladapt.net – Fax 02 43 05 03 19 – Fermé 22 déc.-3 janv.

11 ch – 33 € 36 €, 5 € – ½ P 40 € – **Rest** – Menu 10 € (sem.)/16 €

◆ Centre d'aide par le travail proposant des chambres fonctionnelles et bien tenues. Attentions particulières en faveur des personnes handicapées. En vous restaurant sur place, vous joindrez l'agrément d'une étape pratique à l'utilité d'un geste de solidarité.

PONTOISE – 95 Val-d'Oise – 305 D6 – 106 5 – 101 3 – voir à Paris, Environs (Cergy-Pontoise)

PONT-RÉAN – 35 Ille-et-Vilaine – 309 L6 – ✉ 35580 Guichen 10 D2

Paris 361 – Châteaubriant 57 – Fougères 67 – Nozay 60 – Rennes 16 – Vitré 56

Auberge de Réan avec ch

rest, rest,

– ✆ 02 99 42 24 80 – auberge.de.rean@wanadoo.fr – Fax 02 99 42 28 66 – Fermé vacances de fév., dim. soir et lundi

9 ch – 37 € 47 €, 6 € – ½ P 58 € – **Rest** – Menu (15 € bc), 27/45 € – Carte 30/60 €

◆ Maison bretonne postée face au pont de pierre (18e s.) qui enjambe la Vilaine. Plaisante salle à manger aux couleurs ensoleillées et jolie terrasse tournée vers la rivière.

PONT-ST-PIERRE – 27 Eure – 304 H5 – 935 h. – alt. 15 m – ✉ 27360
Normandie Vallée de la Seine 33 D2

Paris 106 – Les Andelys 20 – Évreux 47 – Louviers 23 – Pont-de-l'Arche 12 – Rouen 22

Boiseries★ de l'église - Côte des Deux-Amants ≤★★ SO : 4,5 km puis 15 mn - Ruines de l'abbaye de Fontaine-Guérard★ NE : 3 km.

La Bonne Marmite avec ch

ch, 30,

10 r. R.Raban – ✆ 02 32 49 70 24 – la.bonne.marmite@wanadoo.fr – Fax 02 32 48 12 41 – Fermé 24 juil.-13 août, 20 fév.-19 mars, dim. soir, mardi midi et lundi sauf fériés

9 ch – 66/80 € 68/99 €, 9 € – ½ P 69/115 € – **Rest** – Menu (18 €), 27/85 € bc – Carte 45/78 €

◆ Ex-relais de poste converti en hostellerie où plafond à caissons et tapisseries agrémentent la salle à manger. Cuisine classique et belle carte des vins (vieux bordeaux).

Auberge de l'Andelle

– ✆ 02 32 49 70 18 – Fax 02 32 49 59 43 – Fermé 23 déc.-4 janv. et mardi soir

Rest – Menu 21/59 € – Carte 34/61 €

◆ La pimpante façade, le cadre rustique égayé d'une cheminée en pierre et l'exiguïté des lieux recélant de multiples recoins font le charme de cette auberge. Carte traditionnelle.

PONT-STE-MARIE – 10 Aube – 313 E4 – rattaché à Troyes

PONT-SCORFF – 56 Morbihan – 308 K8 – 2 623 h. – alt. 42 m – ✉ 56620
Bretagne 9 B2

Paris 503 – Lanester 13 – Lorient 13 – Rennes 152

Syndicat d'initiative, rue de Lorient ✆ 02 97 32 50 27

Laurent Le Berrigaud

Le Moulin des Princes – ✆ 02 97 32 42 07 – laurent.le-berrigaud@wanadoo.fr – Fax 02 97 32 50 02 – Fermé 1er-21 janv. et merc.

Rest – Menu (24 € bc), 37 € (sem.)/75 € bc – Carte 52/63 €

◆ Ce restaurant qui longe la rivière affiche un joli décor associant vieilles pierres et œuvres d'art (peintures et sculptures). Terrasse au fil de l'eau et cuisine au goût du jour.

LES PONTS-NEUFS – 22 Côtes-d'Armor – 309 G3 – ✉ 22400
Morieux 10 **C2**

Paris 441 – Dinan 51 – Dinard 52 – Lamballe 9 – St-Brieuc 15 – St-Malo 58

La Cascade
sur D 786 – ✆ 02 96 32 82 20 – la.cascade.jamme@wanadoo.fr – Fax 02 96 32 70 74 – Fermé dim. soir, mardi soir et lundi du 15 juin au 15 sept. et merc. soir et jeudi soir du 16 sept. au 14 juin
Rest – Menu 20 € (déj. en sem.), 28/40 €
◆ De la salle à manger de ce restaurant, vous profiterez de la vue sur l'étang. Cadre associant joliment le rustique et le contemporain et attractive cuisine au goût du jour

LE PORGE – 33 Gironde – 335 E5 – 1 507 h. – alt. 8 m – ✉ 33680 3 **B1**

Paris 624 – Andernos-les-Bains 18 – Bordeaux 47 – Lacanau-Océan 21 – Lesparre-Médoc 54

Office de tourisme, 3 place Saint-Seurin ✆ 05 56 26 54 34, Fax 05 56 26 59 48

La Vieille Auberge
15 av. Bordeaux – ✆ 05 56 26 50 40 – lavieilleauberge33680@wanadoo.fr – Fax 05 56 03 46 77 – Fermé 7 janv.-8 fév., lundi soir, mardi soir et merc. sauf de juin à sept.
Rest – Menu 14 € bc (déj. en sem.)/25 € – Carte 38/61 €
◆ Une terrasse ombragée devance ces agréables salles rustiques (une avec cheminée) ornées de belles photos villageoises. Plats traditionnels ou régionaux et suggestions du jour.

PORNIC – 44 Loire-Atlantique – 316 D5 – 11 903 h. – alt. 20 m – Casino : le Môle – ✉ 44210 Poitou Vendée Charentes 34 **A2**

Paris 429 – Nantes 49 – La Roche-s-Yon 89 – Les Sables-d'Olonne 93 – St-Nazaire 30

Office de tourisme, place de la Gare ✆ 02 40 82 04 40, Fax 02 40 82 90 12

de Pornic Avenue Scalby Newby, O : 1km, ✆ 02 40 82 06 69.

Alliance
rest, ch, 70,
plage de la Source, Sud : 1 km – ✆ 02 40 82 21 21 – info.resa@thalassopornic.com – Fax 02 40 82 80 89 – Fermé 1er-15 déc.
118 ch – †110/210 € ††130/210 €, ☕ 15 € – 2 suites – **Rest** – Menu (23 €), 32 € – Carte 38/49 €
◆ Centre de thalassothérapie et complexe hôtelier moderne dont les chambres, amples et rénovées, sont dotées de terrasses souvent tournées vers l'océan. Joli décor contemporain et vue unique sur le large dans la salle à manger en rotonde ; cuisine classique et diététique.

Beau Soleil sans rest
70 quai Leray – ✆ 02 40 82 34 58 – beausoleil@annedebretagne.com – Fax 02 40 82 43 00
17 ch – †51/107 € ††51/107 €, ☕ 8,50 €
◆ Bâtisse moderne face au port. Chambres peu spacieuses, mais fonctionnelles et bien tenues. Petits-déjeuners servis dans la vaisselle de la faïencerie de Pornic.

Les Alizés sans rest
44 r. Général de Gaulle – ✆ 02 40 82 00 51 – Fax 02 40 82 87 32
29 ch – †52/63 € ††52/63 €, ☕ 8 €
◆ Dans une rue passante, construction récente abritant des chambres avant tout pratiques. Préférez celles donnant sur l'arrière, plus au calme.

Relais St-Gilles sans rest
7 r. F. de Mun – ✆ 02 40 82 02 25 – Ouvert 1er avril-30 sept.
25 ch – †44/54 € ††50/106 €, ☕ 7,50 €
◆ Relais de poste (1850) proche du port et du château pornicais, jadis propriété du sanguinaire Gilles de Rais. Chambres rajeunies ; certaines sont garnies de meubles de style.

Beau Rivage
plage Birochère, Sud-Est : 2,5 km – ✆ 02 40 82 03 08 – info@restaurant-beaurivage.com – Fax 02 51 74 04 24 – Fermé 15 déc.-31 janv., mardi sauf juil.-août et lundi
Rest – Menu (26 €), 34/70 € – Carte 47/127 €
◆ Maquettes de bateaux, coquillages et autres bibelots marins décorent ce restaurant ouvert sur l'océan. Produits de la pêche et belle sélection de muscadets. Boutique gourmande.

Le Bistrot
pl. Petit Nice – ✆ 02 40 82 51 25 – Fax 02 40 64 94 81 – Fermé de mi-nov. à mi-déc., merc. soir d'oct. à mars, dim. soir hors saison et hors vacances scolaires et jeudi
Rest – Menu (13 €) – Carte environ 31 €
◆ À l'intérieur, décor de bistrot contemporain et touches marines ; à l'extérieur, terrasse dressée face au château. Dans l'assiette, recettes iodées et plats traditionnels.

à Ste-Marie Ouest : 3 km – ✉ 44210 Pornic

Les Sablons rest,
13 r. Sablons – ✆ 02 40 82 09 14 – contact@hotelesablons.com – Fax 02 40 82 04 26
28 ch – 55/71 € 65/88 €, 9 € – ½ P 57/75 € – **Rest** – *(fermé 17 déc.-15 janv., dim. soir, mardi midi et lundi du 15 sept. au 1er juin)* Menu 20/41 € – Carte 28/52 €
◆ Construction des années 1970 à mi-chemin du village et de la plage. Chambres rénovées ; celles du 1er étage sont plus spacieuses et bénéficient de terrasses. Salle à manger colorée et fleurie et, en été, tables agréablement dressées côté jardin.

PORNICHET – 44 Loire-Atlantique – 316 B4 – 9 668 h. – alt. 12 m – Casino – ✉ 44380 Bretagne 34 A2

Paris 444 – La Baule 6 – Nantes 70 – St-Nazaire 11

Office de tourisme, 3 boulevard de la République ✆ 02 40 61 33 33, Fax 02 40 11 60 88

Sud Bretagne 20/40,
42 bd République – ✆ 02 40 11 65 00 – contact@hotelsudbretagne.com – Fax 02 40 61 73 70
25 ch – 100/150 € 120/180 €, 13 € – 4 suites – **Rest** – *(fermé dim. hors saison)* Menu (32 €), 40/50 € – Carte 43/71 €
◆ Hôtel géré par la même famille depuis 1912. Chaque chambre est joliment décorée selon un thème précis auquel se réfèrent tissus, meubles et objets. Piscine, espace de fitness. Salle à manger soignée, coquette terrasse, faïence bretonne et cuisine iodée.

Villa Flornoy ch, ch, rest, 20,
7 av. Flornoy, près Hôtel de Ville – ✆ 02 40 11 60 00 – hotflornoy@aol.com – Fax 02 40 61 86 47 – Ouvert 4 fév.-19 nov.
30 ch – 60/86 € 68/100 €, 9 € – ½ P 60/77 € – **Rest** – *(ouvert 1er avril-30 sept.) (dîner seult)* Menu 22/26 €
◆ Dans un quartier résidentiel, grande villa aménagée dans un esprit "cottage" : tons pastel, mobilier de style, porcelaine anglaise. Jolies chambres personnalisées. Nouvelle salle de restaurant.

Ibis ch, rest, ch, 35,
66 bd Océanides – ✆ 02 51 73 13 13 – h1171@accor.com – Fax 02 40 61 74 74
88 ch – 60/121 € 60/161 €, 8,50 € – ½ P 56/86 € – **Rest** – Menu 14,50 € bc (déj. en sem.)/21 € – Carte 20/47 €
◆ Cet Ibis dont les chambres sont toutes rénovées offre plus d'espace qu'à l'accoutumée et un accès direct au centre de thalassothérapie. Le restaurant propose aux curistes des menus élaborés par une diététicienne, ainsi qu'une carte plus traditionnelle.

Le Régent ch, rest, ch, 30, VISA

150 bd Océanides – ✆ 02 40 61 04 04 – hotel@le-regent.fr – Fax 02 40 61 06 06 – Fermé 13 nov.-15 fév.

22 ch – †72/115 € ††72/115 €, ☕ 10 € – ½ P 70/92 € – **Rest** – *(fermé dim. soir)* Menu (19 €), 27/35 € – Carte 32/48 € ♀

◆ Maison du début du 20e s. ayant l'Atlantique pour horizon. Chambres régulièrement refaites et agréables salles de bains au décor marin. Deux salles à manger : l'une avec échappée sur l'océan, l'autre dotée de boiseries et d'une cheminée. Produits bretons.

PORQUEROLLES (ÎLE DE) – 83 Var – 340 M7 – voir à Île de Porquerolles

PORT-CAMARGUE – 30 Gard – 339 J7 – rattaché au Grau-du-Roi

PORT-CROS (ÎLE DE) – 83 Var – 340 N7 – voir à Île de Port-Cros

PORT-DE-CARHAIX – 29 Finistère – 308 J5 – rattaché à Carhaix

PORT-DE-GAGNAC – 46 Lot – 337 H2 – rattaché à Bretenoux

PORT-DE-LA-MEULE – 85 Vendée – 316 B7 – voir à Île d'Yeu

PORT-DE-LANNE – 40 Landes – 335 D13 – 700 h. – alt. 28 m – ✉ 40300

3 **B3**

Paris 747 – Bayonne 29 – Biarritz 37 – Dax 23 – Mont-de-Marsan 77 – Peyrehorade 7

La Vieille Auberge sans rest VISA

– ✆ 05 58 89 16 29 – vieille.auberge@wanadoo.fr – Fax 05 58 89 12 89 – Ouvert début mai à fin sept.

8 ch – †49 € ††61/72 €, ☕ 7 € – 2 suites

◆ Cette ravissante auberge rustique (non-fumeurs) abrite un petit musée des traditions locales. Les chambres occupent des cottages disséminés dans le jardin fleuri. Accueil charmant.

PORT-DE-SALLES – 86 Vienne – 322 J7 – rattaché à l'Isle-Jourdain

PORT-DE-SECHEX – 74 Haute-Savoie – 328 L2 – rattaché à Thonon-les-Bains

PORTEL-DES-CORBIÈRES – 11 Aude – 344 I4 – 1 053 h. – alt. 32 m – ✉ 11490

22 **B3**

Paris 810 – Perpignan 50 – Béziers 50 – Carcassonne 61 – Narbonne 18

Domaine de la Pierre Chaude sans rest

Les Campets, rte Durban – ✆ 04 68 48 89 79 – lescampets@aol.com – Fax 04 68 48 89 79 – Fermé janv. et fév.

6 ch ☕ – †72/85 € ††80/100 €

◆ Ancien chai du 18e s. entouré de garrigue. Spacieuses chambres méridionales (fer forgé, mosaïques, terres cuites, murs chaulés), grande terrasse fleurie et petit-déjeuner maison.

La Bergerie VISA

au Château de Lastours, Sud : 2 km par route secondaire – ✆ 04 68 48 64 77 – pgspringer@yahoo.fr – Fax 04 68 45 83 07 – Fermé 1er-15 janv., lundi et mardi hors saison

Rest – Menu 22 € (sem.), 29/38 € – Carte environ 35 € ♀

◆ Ex-bergerie nichée sur le domaine viticole du Château de Lastours, AOC Corbières. Vins de la propriété et cuisine actuelle servis dans une belle salle à manger voûtée.

PORT-EN-BESSIN – 14 Calvados – 303 H3 – 2 139 h. – alt. 10 m – ✉ 14520 Port-en-Bessin-Huppain Normandie Cotentin 32 B2

Paris 275 – Bayeux 10 – Caen 41 – Cherbourg 92 – St-Lô 43

Office de tourisme, 40 quai Baron Gérard ✆ 02 31 22 45 80

La Chenevière 6/40, VISA

Sud : 1,5 km par D 6 – ✆ 02 31 51 25 25 – cheneviere@lacheneviere.fr – Fax 02 31 51 25 20 – Fermé 2 janv.-28 fév.

29 ch – 192/462 € 192/462 €, ☕ 19 € – **Rest** – *(fermé le midi sauf sam. et dim.)* Menu 35 € (déj. week-ends), 50/110 €

◆ Noble demeure du 19e s. et sa dépendance entourées d'un beau parc. Chambres décorées sur le thème des fleurs ; suites plus contemporaines. La salle à manger bourgeoise possède l'âme de ces belles maisons qui savent recevoir. Menus "poisson" et "végétarien".

Mercure ch, ch, 20/80, VISA

sur le Golf, Ouest : 2 km par D 514 – ✆ 02 31 22 44 44 – h1215@accor.com – Fax 02 31 22 36 77 – Fermé 20 déc.-15 janv.

70 ch – 70/135 € 80/145 €, ☕ 11 € – ½ P 71/87 € – **Rest** – Menu 25/35 € – Carte 30/50 €

◆ Complexe hôtelier idéalement situé à l'orée du golf. Nuits calmes dans des chambres rénovées, pratiques et actuelles. Salle à manger-véranda proposant une cuisine traditionnelle et club-house où l'on sert une petite carte de type brasserie.

L' Écailler (Carbone) VISA

2 r. Bayeux (au port) – ✆ 02 31 22 92 16 – lecailler@msn.com – Fax 02 31 22 90 38 – Fermé 1er janv.-18 fév., dim. soir et mardi midi sauf juil.-août et lundi

Rest – Menu (26 €), 34 € – Carte 45/117 €

Spéc. Homard en trois façons. Déclinaison de la Saint-Jacques (oct. à mai). Agneau de pré-salé en deux cuissons.

◆ Joli décor marin pour le plaisir des yeux, coquillages, crustacés et poissons frais pour celui des papilles : mettez donc le cap sur ce restaurant ancré face au port !

LES PORTES-EN-RÉ – 17 Charente-Maritime – 324 B2 – voir à Île de Ré

PORT-GOULPHAR – 56 Morbihan – 308 L11 – voir à Belle-Ile-en-Mer

PORT-GRIMAUD – 83 Var – 340 O6 – ✉ 83310 Cogolin Côte d'Azur 41 C3

Paris 867 – Brignoles 63 – Fréjus 27 – Hyères 47 – St-Tropez 9 – Ste-Maxime 8 – Toulon 66

≤★ de la tour de l'Église oecuménique.

Giraglia ≤ golfe, rest, 25, VISA

sur la plage – ✆ 04 94 56 31 33 – message@hotelgiraglia.com – Fax 04 94 56 33 77 – Ouvert de mi-mai à début oct.

48 ch – 260/390 € 260/420 €, ☕ 19 € – 1 suite – **Rest** – Menu 15 € (déj.)/52 €

◆ Côté golfe ou côté marina, chambres provençales rénovées, souvent dotées de balcons. En saison, coches d'eau pour se déplacer dans la station. Le restaurant et ses terrasses fleuries ouvrent plein cadre sur la "grande bleue" ; cuisine "mer et Sud".

Suffren sans rest VISA

16 pl. Marché – ✆ 04 94 55 15 05 – lesuffren@hotelleriedusoleil.com – Fax 04 94 55 15 06 – Ouvert 31 mars-13 oct.

19 ch ☕ – 90/160 € 90/250 €

◆ La majorité des chambres de cet hôtel entièrement refait donne sur le port de la cité lacustre. Plaisant intérieur aux meubles patinés, égayé de couleurs vives ; balcons.

PORTICCIO – 2A Corse-du-Sud – 345 B8 – voir à Corse

PORTIRAGNES – 34 Hérault – 339 F9 – 2 278 h. – alt. 10 m – ✉ 34420 23 **C2**

Paris 762 – Montpellier 72 – Agde 13 – Béziers 13 – Narbonne 51

Office de tourisme, avenue Jean Moulin ☎ 04 67 90 84 31, Fax 04 67 90 88 07

Mirador

à Portiragnes-Plage, 4 bd Front de Mer – ☎ 04 67 90 91 33 – hotel_le_mirador@hotmail.com – Fax 04 67 90 88 80 – Ouvert 1er fév.-31 oct.

18 ch – 49/69 € 52/108 €, ☕ 7 € – ½ P 51/65 €

Rest ***Saveurs du Sud*** – *☎ 04 67 90 97 67 (fermé merc. midi, jeudi midi en juil.-août, lundi midi et mardi midi)* Menu (15 €), 20/50 € – Carte 37/83 €

◆ Près du rivage, hôtel familial entièrement rénové proposant des chambres fonctionnelles. Préférez celles dotées de terrasses orientées vers les flots. Cuisine traditionnelle aux accents du Sud servie dans une salle à manger-véranda contemporaine.

PORTIVY – 56 Morbihan – 308 M9 – rattaché à Quiberon

PORT-JOINVILLE – 85 Vendée – 316 B7 – voir à Île d'Yeu

PORT LA NOUVELLE – 11 Aude – 344 J4 – 4 859 h. – alt. 2 m – ✉ 11210

Languedoc Roussillon 22 **B3**

Paris 813 – Montpellier 120 – Carcassonne 81 – Perpignan 49 – Béziers 60

Syndicat d'initiative, place Paul Valéry ☎ 04 68 48 00 51

Méditerranée ch, rest,

bd Front-de-Mer – ☎ 04 68 48 03 08 – hotel.mediterranee@wanadoo.fr – Fax 04 68 48 53 81 – Fermé 26 oct.-8 nov. et 15 janv.-15 fév.

30 ch – 62/80 € 62/90 €, ☕ 8 € – ½ P 60/70 € – **Rest** – *(fermé vend. du 9 nov. au 31 mars)* Menu 13 € (sem.)/48 € – Carte 22/53 €

◆ Construction balnéaire bâtie le long de la promenade, face à la plage. Chambres de bonne ampleur et correctement équipées, à choisir avec balcon côté mer pour profiter de la vue. Cuisine axée sur les produits de la pêche au restaurant. Terrasse-trottoir.

PORT-LESNEY – 39 Jura – 321 E4 – 414 h. – alt. 251 m – ✉ 39330

Franche-Comté Jura 16 **B2**

Paris 401 – Arbois 12 – Besançon 36 – Dole 39 – Lons-le-Saunier 51 – Salins-les-Bains 10

Château de Germigney ch, 25,

r. Edgar-Faure – ☎ 03 84 73 85 85 – germigney@relaischateaux.com – Fax 03 84 73 88 88 – Fermé 2 janv.-2 fév.

20 ch – 125/295 € 125/295 €, ☕ 15 € – ½ P 138/223 € – **Rest** – *(fermé lundi midi et mardi midi)* Menu 39 € (déj.), 59/95 € – Carte 66/81 €

Spéc. Grenouilles en jambonnettes, risotto au citron (mars-avril). Poularde de Bresse cuite en terrine lutée. Marbré mi-cuit au chocolat. **Vins** Côtes du Jura, Arbois.

◆ Manoir blotti dans un superbe parc doté d'une piscine écologique (eau venant d'un étang et filtrée naturellement). Grandes chambres personnalisées et salon feutré. Cuisine unissant pour le meilleur la Provence au Jura, servie dans une salle voûtée, à l'orangerie ou sur la terrasse.

Le Bistrot "Pontarlier"

pl. 8 Mai 1945 – ☎ 03 84 37 83 27 – germigney@relaischateaux.com – Fax 03 84 73 88 88 – Fermé 2 janv.-2 fév. et du lundi au jeudi de mi-sept. au 1er mai

Rest – bistrot Menu 22 € – Carte 25/41 €

◆ Au bord de la Loue, repas "canaille" dans une salle bistrotière foisonnante de bibelots chinés, cannes à pêche et objets divers, ou dehors, à l'ombre d'un tulipier de Virginie.

PORT-LEUCATE – 11 Aude – 344 J5 – rattaché à Leucate

PORT-LOUIS – 56 Morbihan – 2 808 h. – alt. 5 m – ✉ 56290 9 **B2**

Paris 505 – Vannes 50 – Lorient 19 – Pontivy 61 – Quimper 84

Office de tourisme, 1 rue de la Citadelle ☎ 02 97 82 14 75

Avel Vor (Gahinet) 20, VISA

25 r. Locmalo – ☎ 02 97 82 47 59 – Fax 02 97 82 47 59 – Fermé 25 juin-3 juil., 1er-18 oct., 7-22 janv., dim. soir, mardi soir et lundi

Rest – Menu 25 € (sem.), 41/85 € – Carte 64/81 €

Spéc. Tarte croustillante de légumes et homard. La petite pêche inattendue façon bouillabaisse. Sablé breton aux fruits rôtis.

◆ Ambitieuse table au goût du jour où souffle un "vent de mer" (avel vor en breton) : voisinage du port, poissons fraîchement pêchés, cadre contemporain boisé d'esprit nautique.

PORT-MANECH – 29 Finistère – 308 I8 – ✉ 29920 Nevez ▌Bretagne 9 **B2**

Paris 545 – Carhaix-Plouguer 73 – Concarneau 18 – Quimper 44 – Quimperlé 29

Du Port ch, VISA

30 r. Aven – ☎ 02 98 06 82 17 – hotel.du.port@wanadoo.fr – Fax 02 98 06 62 70 – Ouvert 1er avril-1er nov.

31 ch – 50/65 € 53/65 €, 7 € – ½ P 51/58 € – **Rest** – *(fermé sam. midi et merc. en juil.-août) (dîner seult sauf juil.-août)* Menu 19/46 € – Carte 25/86 €

◆ Là où se rejoignent les estuaires de l'Aven et du Belon : plus breton que ça... Les chambres, toutes meublées simplement, sont plus grandes à l'annexe. Cuisine familiale proposée dans une véranda ou en terrasse, face au petit port. Fruits de mer en saison.

PORT-MORT – 27 Eure – 304 I6 – 820 h. – alt. 19 m – ✉ 27940 33 **D2**

Paris 89 – Les Andelys 11 – Évreux 33 – Rouen 55 – Vernon-sur-Eure 12

Auberge des Pêcheurs VISA

– ☎ 02 32 52 60 43 – auberge-des-pecheurs@wanadoo.fr – Fax 02 32 52 07 62 – Fermé 19-28 août, 20 janv.-10 fév., dim. soir, lundi soir et mardi

Rest – Menu 21 € bc (sem.)/29 € bc

◆ La Seine méandre à quelques encablures de cette auberge. Grande salle à manger agréablement rénovée et prolongée par une véranda tournée sur le jardin. Registre traditionnel.

PORT NAVALO – 56 Morbihan – 308 N9 – rattaché à Arzon

PORTO – 2A Corse-du-Sud – 345 B6 – voir à Corse

PORTO-POLLO – 2A Corse-du-Sud – 345 B9 – voir à Corse

PORTO-VECCHIO – 2A Corse-du-Sud – 345 E10 – voir à Corse

PORTSALL – 29 Finistère – 308 C3 – ✉ 29830 ▌Bretagne 9 **A1**

Paris 616 – Rennes 263 – Quimper 98 – Brest 29 – Landerneau 46

La Demeure Océane sans rest VISA

20 r. Bar Al Lan – ☎ 02 98 48 77 42 – la-demeure-oceane@wanadoo.fr – Fax 02 98 48 04 15

7 ch – 55/65 € 60/70 €

◆ Maison bourgeoise (début 20e s.) située au-dessus du port, dans un quartier calme. Joli salon-véranda côté jardin, chambres avec vue océane et salle à manger d'esprit anglais.

PORT-SUR-SAÔNE – 70 Haute-Saône – 314 E6 – 2 773 h. – alt. 228 m – ✉ 70170 16 **B1**

Paris 347 – Besançon 61 – Bourbonne-les-Bains 46 – Épinal 75 – Gray 51 – Vesoul 13

Office de tourisme, rue de la Rézelle ☎ 03 84 78 10 66

à Vauchoux Sud : 3 km par D 6 – 115 h. – alt. 210 m – ✉ 70170

XXX **Château de Vauchoux** (Turin)
rte de la vallée de la Saône – ☎ 03 84 91 53 55 – Fax 03 84 91 65 38 – Fermé 18-28 fév., merc. midi, lundi et mardi
Rest – *(prévenir)* Menu 60/110 €
Spéc. Foie gras au pain d'épice. Pigeonneau de grain rôti "Edwige Feuillère". Assiette gourmande "Plaisir des Gâtines". **Vins** Charcenne, Arbois.
♦ Cet ex-pavillon de chasse abrite une belle salle de style Louis XV, dont une partie voûtée d'ogives. Joli parc agrémenté de massifs d'hortensias. Cuisine classique maîtrisée.

PORT-VENDRES – 66 Pyrénées-Orientales – 344 J7 – 5 881 h. – alt. 3 m – ✉ 66660 Languedoc Roussillon 22 B3

Paris 881 – Perpignan 32
Office de tourisme, 1 quai François Joly ☎ 04 68 82 07 54, Fax 04 68 82 62 95
Tour Madeloc ★★ SO : 8 km puis 15 mn.

Le Cèdre port et mer, ch, ch, VISA AE
29 rte Banyuls – ☎ 04 68 82 01 05 – contact@hotel-le-cedre.com – Fax 04 68 82 22 13 – Fermé 15 nov.-1er fév.
19 ch – †58/90 € ††58/100 €, ☐ 9 € – 1 suite – ½ P 63/90 € – **Rest** – *(fermé merc. de sept. à juin et mardi)* Menu 27/46 € – Carte 34/56 €
♦ Vue étendue sur le port et la mer, palmiers et vieux cèdre du Liban, jolie piscine : le jardin de cet hôtel est très séduisant. Chambres modernes et agréablement colorées. Coquet restaurant et charmante terrasse ; carte et menus composés de plats du terroir.

XX **Côte Vermeille** 10, VISA AE
quai Fanal, direction la criée – ☎ 04 68 82 05 71 – Fax 04 68 82 05 71 – Fermé 2-8 juil., 19-25 nov., 1er-20 janv., dim. d'oct. à juin, mardi midi en juil.-août et lundi
Rest – Menu 25 € (déj. en sem.), 35/55 € – Carte 44/55 €
♦ Restaurant ancré sur le port de pêche, à proximité de la criée. Décor marin rehaussé de toiles contemporaines en expo-vente. Produits de la mer accomodés à la mode catalane.

LA POTERIE – 22 Côtes-d'Armor – 309 H4 – rattaché à Lamballe

POUANÇAY – Vienne – 322 F2 – 275 h. – alt. 73 m – ✉ 86120 39 C1

Paris 348 – Poitiers 75 – Saumur 29 – Bressuire 56 – Thouars 26

XX **Trésor Belge**
1 allée du Jardin Secret – ☎ 05 49 98 72 25 – info@tresorbelge.com – Fermé 4-12 juin, 3-11 sept., 1er janv.-5 fév., lundi et mardi
Rest – *(nombre de couverts limité, prévenir)* Menu 25/37 € – Carte 32/44 €
♦ Une "ambassade" de la cuisine flamande où l'on déguste en toute convivialité de belles spécialités belges arrosées des incontournables bières (plus de 40 sortes différentes !).

POUGUES-LES-EAUX – 58 Nièvre – 319 B9 – 2 493 h. – alt. 198 m – Casino – ✉ 58320 Bourgogne 7 A2

Paris 225 – Auxerre 123 – Bourges 65 – Nevers 12
Syndicat d'initiative, 42 avenue de Paris ☎ 03 86 58 75 69

Des Sources sans rest VISA AE
r. Mignarderie – ☎ 03 86 90 11 90 – contact@hoteldessources.fr – Fax 03 86 90 11 91
29 ch – †55/110 € ††60/120 €, ☐ 10 €
♦ Cet hôtel bénéficie d'un environnement calme dans un quartier résidentiel situé à deux pas du casino. Chambres de bonne ampleur et fonctionnelles. Accueil convivial.

POUILLON – 40 Landes – 335 F13 – 2 685 h. – alt. 28 m – ✉ 40350 3 B3

Paris 742 – Dax 16 – Mont-de-Marsan 69 – Orthez 28 – Peyrehorade 15

Syndicat d'initiative, Mairie ✆ 05 58 98 38 93, Fax 05 58 98 38 93

L'Auberge du Pas de Vent

– ✆ 05 58 98 34 65 – sophiedubern@cegetel.net – Fax 05 58 98 34 65 – Fermé 28 oct.-9 nov., 23-26 déc., 22 fév.-7 mars, dim. soir, mardi soir et merc.

Rest – Menu 12 € bc (déj. en sem.), 20/34 € – Carte 35/46 €

◆ Le chef de cette sympathique auberge champêtre réalise une cuisine régionale qui remet à l'honneur de vieilles recettes de grand-mère. Terrain de "quilles de Neuf" attenant.

POUILLY-EN-AUXOIS – 21 Côte-d'Or – 320 H6 – 1 502 h. – alt. 390 m – ✉ 21320 Bourgogne 8 C2

Paris 270 – Avallon 66 – Beaune 42 – Dijon 44 – Montbard 59

Office de tourisme, le village ✆ 03 80 90 74 24

du Château de Chailly Chailly s/Armançon, O : 6 km par D 977, ✆ 03 80 90 30 40.

Poste avec ch

pl. Libération – ✆ 03 80 90 86 44 – Fax 03 80 90 75 99 – Fermé 9-16 janv., dim. soir et lundi

6 ch – 46/53 € 46/53 €, 6 € – ½ P 60 € – **Rest** – Menu (12,50 € bc), 17/50 € bc – Carte 23/43 €

◆ Auberge en pierre officiant sur la place centrale de cette petite localité bourguignonne. Salle à manger-véranda classico-campagnarde et choix traditionnel à composantes régionales. Chambres spacieuses rénovées dans l'esprit rustique.

à Chailly-sur-Armançon Ouest : 6,5 km par D 977bis – 201 h. – alt. 387 m – ✉ 21320

Château de Chailly ch, ch, rest, 20/80,

– ✆ 03 80 90 30 30 – reservation@chailly.com – Fax 03 80 90 30 00 – Fermé 1er-10 mars, 17 déc.-18 janv. et 11-23 fév.

37 ch – 215/295 € 260/340 €, 20 € – 8 suites

Rest *L'Armançon* – *(fermé lundi) (dîner seult)* Menu 60/100 €

Rest *Le Rubillon* – *(fermé le soir sauf lundi)* Menu 33 € (déj.), 45/50 €

◆ Une riche façade Renaissance, une autre rappelant son rôle défensif au Moyen-Âge : ce château agrémenté d'un vaste parc et d'un superbe golf offre à ses hôtes un cadre fastueux. Table classique et décor de même à l'Armançon. Terrasse tournée vers la piscine, buffets et plats traditionnels au Rubillon.

à Ste-Sabine Sud-Est : 8 km par N 81, D 977bis et D 970 – 172 h. – alt. 365 m – ✉ 21320

Hostellerie du Château Ste-Sabine 15/50,

– ✆ 03 80 49 22 01 – chateau-ste-sabine@wanadoo.fr – Fax 03 80 49 20 01 – Fermé 2 janv.-17 fév.

30 ch – 80/186 € 80/210 €, 10 € – ½ P 74/135 € – **Rest** – Menu 25 € (déj. en sem.), 35/64 € bc – Carte 50/60 €

◆ Élégant château du 17e s. bâti sur le site d'un monastère du 11e s. Chambres d'esprit rustique et duplex aménagés dans les tours. Parc (étang) où vivent des animaux en liberté. Cuisine de saison servie face au plan d'eau ou sous les voûtes de l'ancien cloître.

POUILLY-LE-FORT – 77 Seine-et-Marne – 312 E4 – voir à Paris, Environs (Sénart)

POUILLY-SOUS-CHARLIEU – 42 Loire – 327 D3 – 2 720 h. – alt. 264 m – ✉ 42720 44 A1

Paris 393 – Charlieu 5 – Digoin 43 – Roanne 15 – Vichy 75

Loire

– ✆ 04 77 60 81 36 – restoloire@yahoo.fr – Fax 04 77 60 76 06 – Fermé 17 sept.-7 oct., 2-12 janv., 18 fév.-8 mars, mardi sauf le soir en juil.-août, dim. soir et lundi

Rest – Menu 22 € (sauf dim.)/68 € – Carte 30/65 €

◆ Cette auberge servait jadis fritures et grenouilles ; c'est aujourd'hui un élégant restaurant doté d'une terrasse dressée côté jardin où l'on propose une carte traditionnelle.

POUILLY-SUR-LOIRE – 58 Nièvre – 319 A8 – 1 718 h. – alt. 168 m – ✉ 58150
Bourgogne 7 **A2**

Paris 200 – Bourges 58 – Clamecy 54 – Cosne-sur-Loire 18 – Nevers 38 – Vierzon 80

Syndicat d'initiative, 61 rue Waldeck-Rousseau ✆ 03 86 39 03 75

Relais de Pouilly ch, ch, P VISA

rte Mesves-sur-Loire, Sud : 3 km par D 28A – ✆ 03 86 39 03 00 – sarl.relais-de-pouilly@wanadoo.fr – Fax 03 86 39 07 47

24 ch – 48/64 € 67/72 €, 9 € – ½ P 65/69 € – **Rest** – Menu (14 €), 18/32 € – Carte 22/43 €

◆ Établissement voisin de la cité vigneronne et d'une aire d'autoroute (accès piétonnier). Chambres actuelles et insonorisées donnant sur la Loire, aire de jeux, VTT. Restaurant ouvert sur le jardin, carte régionale, buffets, grillades et sélection de pouillys.

Coq Hardi-Relais Fleuri avec ch ch, rest, P VISA

42 av. Tuilerie – ✆ 03 86 39 12 99 – le-relais-fleuri-sarl@wanadoo.fr – Fax 03 86 39 14 15 – Fermé de mi-déc. à mi-janv., mardi de nov. à avril et merc.

9 ch – 58/88 € 58/88 €, 11 € – **Rest** – Menu 23/60 € – Carte 58/75 €

◆ Hostellerie dont le charmant jardin s'étend jusqu'à la Loire. Lumineuse véranda et belle terrasse ombragée ; vins locaux et bourgognes. Chambres plus actuelles à l'annexe.

POUJOLS – 34 Hérault – 339 E6 – rattaché à Lodève

POULDREUZIC – 29 Finistère – 308 E7 – 1 814 h. – alt. 51 m – ✉ 29710 9 **A2**

Paris 587 – Audierne 17 – Douarnenez 17 – Pont-l'Abbé 15 – Quimper 25

Syndicat d'initiative, rue de la Mer ✆ 02 98 54 49 90, Fax 02 98 54 36 81

Ker Ansquer ch, cuisinette P VISA

à Lababan 2 km au Nord-Ouest par D 2 – ✆ 02 98 54 41 83 – francoise.ansquer@wanadoo.fr – Fax 02 98 54 32 24 – Ouvert 1er avril-1er oct.

10 ch – 61/67 € 61/74 €, 8 € – 5 suites – ½ P 59/72 € – **Rest** – *(fermé le midi sauf sam. et dim.) (prévenir)* Menu 23/61 €

◆ Cette maison en granit du pays du Cheval d'orgueil abrite sculptures régionales, mobilier breton et chambres campagnardes. Ambiance "guesthouse". Le restaurant a beaucoup de cachet : cheminée, tables en bois brut et meubles peints de scènes religieuses naïves.

à Penhors Ouest: 4 km par D 40 – ✉ 29710 Pouldreuzic

Breiz Armor rest, 20/50, P VISA

à la plage – ✆ 02 98 51 52 53 – breiz-armor@wanadoo.fr – Fax 02 98 51 52 30 – Ouvert 1er avril-début oct. et vacances de Noël

26 ch – 66/77 € 66/77 €, 8 €, 6 studios – ½ P 67/75 € – **Rest** – *(fermé 15 oct.-10 nov., 2 janv.-15 mars et lundi)* Menu 15 € (déj. en sem.), 20/49 € – Carte 25/59 €

◆ Ensemble moderne tourné vers l'océan. Chambres nettes et nombreux petits "plus" : joli musée (coquillages, oiseaux), billard, solarium, fitness, sauna, vélos, buanderie, etc. À table, belle vue sur le large, saveurs marines et spécialités du pays bigouden.

LE POULDU – 29 Finistère – 308 J8 – ✉ 29360 Clohars-Carnoet
Bretagne 9 **B2**

Paris 521 – Concarneau 37 – Lorient 25 – Moëlan-sur-Mer 10 – Quimper 61 – Quimperlé 14

St-Maurice : site★ et ★ du pont NE : 7 km.

Le Panoramique ch, rest, P VISA

au Kérou-plage – ✆ 02 98 39 93 49 – poulduramique@wanadoo.fr – Fax 02 98 96 90 16 – Ouvert avril-nov.

25 ch – 43/58 € 43/58 €, 8 € – **Rest** – crêperie *(ouvert juil.-août) (dîner seult)* Carte environ 16 €

◆ Hôtel proposant des chambres nettes et pratiques. Petit-déjeuner dans une salle lumineuse avec vue sur mer, salons de lecture et de détente, avec bar et TV. Au sous-sol, crêperie ornée de lambris et d'une peinture murale montrant le port.

POURVILLE-SUR-MER – 76 Seine-Maritime – 304 G2 – rattaché à Dieppe

POUZAUGES – 85 Vendée – 316 K7 – 5 385 h. – alt. 225 m – ✉ 85700 34 B3

Paris 398 – Nantes 99 – La Roche-sur-Yon 56 – Cholet 42 – Bressuire 31

Office de tourisme, 28 place de l'Église ☎ 02 51 91 82 46, Fax 02 51 57 01 69

au Sud

La Gare des Gourmets

15, VISA

La Gare de Pouzauges ✉ 85700 La Meilleray-Tillay – ☎ 02 51 65 83 09 – Fax 02 51 65 80 13 – Fermé 29 juil.-4 sept., sam. et dim. de mai à sept., dim. soir, jeudi soir et lundi d'oct. à avril

Rest – Menu 17/33 € – Carte 25/43 €

◆ Ne vous fiez pas à la modeste façade de ce restaurant bordant la route : demandez bien une table en salle "gastro" et vous vous régalerez d'une généreuse cuisine traditionnelle.

POUZAY – 37 Indre-et-Loire – 317 M6 – rattaché à Ste-Maure-de-Touraine

PRADES – 66 Pyrénées-Orientales – 344 F7 – 5 800 h. – alt. 360 m – ✉ 66500

Languedoc Roussillon 22 B3

Paris 892 – Mont-Louis 36 – Olette 16 – Perpignan 46 – Vernet-les-Bains 11

Office de tourisme, 4 rue des Marchands ☎ 04 68 05 41 02, Fax 04 68 05 21 79

de Marcevol à Arboussols Le Hameau de Marcevol, NE : 10 km par D 35, ☎ 04 68 96 18 08.

Abbaye St-Michel-de-Cuxa★★ S : 3 km - Village d'Eus★ NE : 7 km.

Pradotel sans rest

25, VISA

av. Festival, sur la rocade – ☎ 04 68 05 22 66 – Fax 04 68 05 23 22

39 ch – 48/60 € 52/70 €, 8 €

◆ Bâtiment contemporain et fonctionnel. À l'arrière, belle perspective sur le Canigou depuis les balcons. Nouveauté : des terrasses pour les chambres de plain-pied côté piscine.

Hexagone

ch, VISA

rd-pt de Molitg, sur la rocade – ☎ 04 68 05 31 31 – hotelhexagone@cegetel.net – Fax 04 68 05 24 89

30 ch – 50/62 € 53/65 €, 7 € – ½ P 45/53 € – **Rest** – *(fermé dim.) (dîner seult)* Menu 15/23 €

◆ Une adresse pratique pour l'étape dans la petite cité courue pour son festival de musique. Chambres identiques, simples et correctement tenues.

Le Jardin d'Aymeric

VISA

3 av. Gén. de Gaulle – ☎ 04 68 96 53 38 – jardin.aymeric@wanadoo.fr – Fax 04 68 96 08 72 – Fermé 25 juin-9 juil., vacances de fév., merc. soir du 15 oct. au 15 avril, dim. soir et lundi

Rest – Menu 20/50 € – Carte 27/54 €

◆ Décor actuel, exposition de tableaux et compositions florales font de ce restaurant une bonne adresse pour goûter une cuisine catalane revisitée. Bon choix de vins.

à Clara au Sud 5 km par D 35 – ✉ 66500

Les Loges du Jardin d'Aymeric

ch, VISA

– ☎ 04 68 96 08 72 – jardin.aymeric@wanadoo.fr – Fermé janv.

3 ch – 55/75 € 65/85 € – ½ P 60/70 € – **Rest** – table d'hôte *(fermé mardi soir et merc. d'oct. à mai) (réservation indispensable)* Menu 30/50 €

◆ Maison d'hôte nichée dans un paisible village, au pied du Canigou. Chambres spacieuses, à la fois sobres et colorées. Agréable piscine dans un petit jardin fleuri. Cuisine régionale et familiale dans une salle au charme mi-rustique, mi-local.

LE PRADET – 83 Var – 340 L7 – 10 975 h. – alt. 1 m – ✉ 83220
Côte d'Azur 41 **C3**

Paris 842 – Draguignan 76 – Hyères 11 – Toulon 10

Office de tourisme, place Général-de-Gaulle ☎ 04 94 21 71 69, Fax 04 94 08 56 96

Musée de la mine de Cap Garonne : grande salle★, 3 km au Sud par D 86.

aux Oursinières Sud : 3 km par D 86 – ✉ 83220 Le Pradet

L'Escapade sans rest VISA MC
– ☎ 04 94 08 39 39 – info@hotel-escapade.com – Fax 04 94 08 31 30 – Ouvert 7 avril-7 oct.
8 ch – 115 € 165/215 €, 13 € – 1 suite
◆ À 100 m de la mer, petites maisons nichées dans un beau jardin. La jolie salle des petits-déjeuners borde la piscine. Chambres décorées "à la tyrolienne". Bon accueil.

La Chanterelle VISA MC
Le Pradet – ☎ 04 94 08 52 60 – Fermé 5 nov.-7 déc., 8 janv.-9 mars, lundi et mardi de sept. à avril
Rest – Menu 37/47 € – Carte 48/55 €
◆ Un plafond en bois sculpté agrémente la salle à manger ; aux murs, vitraux colorés représentant des natures mortes. Plaisant jardin fleuri. Cuisine régionale actualisée.

PRALOGNAN-LA-VANOISE – 73 Savoie – 333 N5 – 756 h. – alt. 1 425 m
– Sports d'hiver : 1 410/2 360 m 1 13 – ✉ 73710 Alpes du Nord 45 **D2**

Paris 634 – Albertville 53 – Chambéry 103 – Moûtiers 28

Office de tourisme, avenue Chasseforêt ☎ 04 79 08 73 22, Fax 04 79 08 76 74

Site★ - Parc national de la Vanoise★★ - La Chollière★ SO : 1,5 km puis 30 mn - Mont Bochor ≤★ par téléphérique.

Les Airelles rest, P VISA MC AE
les Darbelays, Nord : 1 km – ☎ 04 79 08 70 32 – hotellesairelles@free.fr – Fax 04 79 08 73 51 – Ouvert 3 juin-15 sept. et 23 déc.-20 avril
21 ch – 60/70 € 75/95 €, 8 € – ½ P 49/71 € – **Rest** – Menu 23/30 € – Carte 20/31 €
◆ Avenant chalet des années 1980 situé à l'orée de la forêt des Granges. Chambres lambrissées en partie refaites, dont les balcons offrent une belle vue sur les montagnes. Table régionale chaleureuse et spécialités fromagères (tartiflettes, fondues, gratins...).

Du Grand Bec rest, VISA MC
– ☎ 04 79 08 71 10 – grand_bec@wanadoo.fr – Fax 04 79 08 72 22 – Ouvert 4 juin-14 sept. et 21 déc.-9 avril
39 ch – 55 € 60 €, 10 € – ½ P 52/72 € – **Rest** – Menu 20/40 € – Carte 21/42 €
◆ La crête du Grand Bec veille sur cette construction régionale postée à l'entrée de la station. Chambres montagnardes avec balcon (12 ont un salon). Restaurant aux tons chauds et terrasse tournée vers le village et les sommets. Table traditionnelle et savoyarde.

De la Vanoise ch, 30, P VISA MC AE
– ☎ 04 79 08 70 34 – hotel@la-vanoise.com – Fax 04 79 08 75 79 – Ouvert de mi-juin à mi-sept. et 20 déc.-24 avril
32 ch – 45/86 € 70/108 €, 9 € – ½ P 55/93 € – **Rest** – Menu 18 € (déj.)/22 € (dîner) – Carte 16/35 €
◆ Au centre de la station, près des remontées mécaniques, grande bâtisse typée dont toutes les chambres, lambrissées, ont un balcon. Ambiance familiale. Repas traditionnel, savoyard ou végétarien dans une salle habillée de bois blond et de tissus fleuris.

PRA-LOUP – 04 Alpes-de-Haute-Provence – 334 H6 – rattaché à Barcelonnette

LE PRARION – 74 Haute-Savoie – 328 N5 – rattaché aux Houches

PRATS-DE-MOLLO-LA-PRESTE – 66 Pyrénées-Orientales – 344 F8 – 1 080 h. – alt. 740 m – ✉ 66230 Languedoc Roussillon 22 B3

Paris 905 – Céret 32 – Perpignan 64

Office de tourisme, le Foiral ☎ 04 68 39 70 83

Ville haute★.

Bellevue AC rest, P, VISA, MC, AE

pl. le Foiral – ☎ 04 68 39 72 48 – lebellevue@fr.st – Fax 04 68 39 78 04 – Fermé 1er déc.-15 fév., mardi et merc. sauf du 1er avril au 30 oct.

17 ch – 40/48 € 46/53 €, 9,50 € – ½ P 40/48 € – **Rest** – Menu 20/50 € – Carte 31/53 €

◆ Cette bâtisse régionale jouit d'une belle situation sur la place du foirail d'où l'on voit les remparts de la cité médiévale et la montagne. Chambres simples, parfois rajeunies. La carte aligne d'appétissantes recettes catalanes ; salle à manger aux tons pastel.

à La Preste : 8 km – Stat. therm. : début avril-mi nov. – ✉ 66230 Prats-de-Mollo-la-Preste

Ribes vallée du Tech, rest, P, VISA, MC

– ☎ 04 68 39 71 04 – info@hotel-ribes.com – Fax 04 68 39 78 02 – Ouvert 1er avril-20 oct.

19 ch – 29/51 € 44/57 €, 6 € – ½ P 38/43 € – **Rest** – Menu (10 € bc), 16/27 € – Carte 24/35 €

◆ La ferme, isolée au milieu des prés, est devenue une sympathique hôtellerie familiale. Chambres refaites par étapes, modestes mais bien tenues. Restaurant campagnard tourné vers la vallée ; cuisine catalane en partie élaborée avec des produits d'élevage maison.

Le Val du Tech VISA, MC

– ☎ 04 68 39 71 12 – val.du.tech@wanadoo.fr – Fax 04 68 39 78 07 – Ouvert de fin avril à fin oct.

30 ch – 32/35 € 46/52 €, 6 € – ½ P 45/48 € – **Rest** – Menu 16/24 €

◆ Curistes et randonneurs apprécient ce petit hôtel situé à flanc de colline et à deux pas des thermes. Chambres très simples (certaines sans douche ni wc). Cuisine traditionnelle servie dans une grande salle à manger au cadre sagement rustique et catalan.

LE PRAZ – 73 Savoie – 333 M5 – rattaché à Courchevel

LES PRAZ-DE-CHAMONIX – 74 Haute-Savoie – 328 O5 – rattaché à Chamonix-Mont-Blanc

PRAZ-SUR-ARLY – 74 Haute-Savoie – 328 M5 – 1 081 h. – alt. 1 036 m – Sports d'hiver : 1 036/2 070 m 12 – ✉ 74120 46 F1

Paris 602 – Albertville 28 – Chambéry 79 – Chamonix-Mont-Blanc 37 – Megève 5

Office de tourisme, 54 route du Val d'Arly ☎ 04 50 21 90 57, Fax 04 50 21 98 08

La Griyotire P, VISA, MC

rte La Tonnaz – ☎ 04 50 21 86 36 – hotel@griyotire.com – Fax 04 50 21 86 34 – Ouvert 21 juin-9 sept. et 16 déc.-9 avril

16 ch – 90/105 € 90/150 €, 10 € – ½ P 85/93 € – **Rest** – *(dîner seult.)* Menu (20 €), 30 € – Carte 27/48 €

◆ Cet élégant chalet savoyard, à la fois central et paisible, dispose de très belles chambres "cosy" et d'un salon-cheminée cossu. Hammam, sauna et massages. Au restaurant : chaleureux cadre montagnard, spécialités savoyardes et plats classiques.

PRÉCY-SUR-OISE – 60 Oise – 305 F5 – 3 120 h. – alt. 33 m – ✉ 60460 36 B3

Paris 56 – Beauvais 36 – Chantilly 10 – Compiègne 47 – Creil 12 – Pontoise 37 – Senlis 18 – Église★ de St-Leu-d'Esserent NE : 3,5 km.

Le Condor AC VISA, MC, AE

14 r. Wateau (D 92) – ☎ 03 44 27 60 77 – Fax 03 44 27 62 18 – Fermé 1er-15 août, 11-24 fév., mardi et merc.

Rest – Menu 19 € (sem.)/35 €

◆ Élégante auberge dont la salle à manger, agencée autour d'un petit patio, favorise l'intimité. Décoration intérieure rajeunie et cuisine traditionnelle à prix doux.

PREIGNAC – 33 Gironde – **335** J7 – **rattaché à Langon**

PRENOIS – 21 Côte-d'Or – **320** J5 – **rattaché à Dijon**

LE PRÉ-ST-GERVAIS – 93 Seine-Saint-Denis – **305** F7 – **101** 16 – **voir à Paris, Environs**

LA PRESTE – 66 Pyrénées-Orientales – **344** F8 – **rattaché à Prats-de-Mollo**

PRINGY – 74 Haute-Savoie – **328** J5 – **rattaché à Annecy**

PRIVAS P – 07 Ardèche – 331 J5 – 9 170 h. – alt. 300 m – ✉ 07000

Lyon et la vallée du Rhône 44 **B3**

Paris 596 – Montélimar 34 – Le Puy-en-Velay 91 – Valence 41

Office de tourisme, 3 place du Général-de-Gaulle ✆ 04 75 64 33 35, Fax 04 75 64 73 95

Site★.

Plan page ci-contre

La Chaumette ch, 10/30,

av. Vanel – ✆ 04 75 64 30 66 – hotelchaumette@wanadoo.fr – Fax 04 75 64 88 25 – Fermé 2-13 janv. B **e**

36 ch – 50/73 € 55/86 €, 11,50 € – ½ P 61/69 € – **Rest** – *(fermé dim. sauf le soir de juin à mi-oct. et sam. midi)* Menu 19 € (déj. en sem.), 28/45 € – Carte 38/54 €

◆ Cet hôtel à l'ambiance "Sud", établi en face du Conseil Général, vous réserve un accueil aimable. Espaces communs aux tons ocre et chambres refaites par étapes. Repas au goût du jour dans un cadre méridional contemporain ou sur la terrasse dominant la piscine.

Les Châtaigniers

Plaine du Lac – ✆ 04 75 66 39 60 – hotel.chataigniers@free.fr – Fax 04 75 64 68 76

52 ch – 46/49 € 49/52 €, 7 € – ½ P 41/48 € – **Rest** – *(fermé 25 déc. -1er janv.)* Menu 16 € (déj. en sem.), 18/25 € – Carte 21/36 €

◆ Avec ses chambres fonctionnelles et climatisées, cet hôtel constitue une étape toute trouvée sur la route du massif du Coiron. Petit-déjeuner servi au bar ou en terrasse. Une carte de recettes traditionnelles est proposée dans la lumineuse salle à manger.

Le Gourmandin

angle r. P. Filliat – ✆ 04 75 64 51 52 – Fax 04 75 64 77 83 – Fermé 15-30 août, dim. soir et lundi B **v**

Rest – Menu (11,50 €), 16,50/38 € – Carte 21/28 €

◆ Salle contemporaine aux couleurs ensoleillées, fréquentée à midi par la clientèle d'affaires, davantage par les touristes le soir. On y sert une cuisine à l'accent régional.

à Lyas 7 km par ① et D 2 – 517 h. – alt. 350 m – ✉ 07000

Château de Liviers ch, 15,

rte Cheylard, D2 – ✆ 04 75 64 64 00 – chateau.liviers@wanadoo.fr – Fax 04 75 64 38 00 – Fermé janv. sauf week ends

5 ch – 60/65 € 60/65 € – ½ P 50/53 € – **Rest** – table d'hôte *(dîner seult) (résidents seult)* Menu 20 € bc

◆ Cette ancienne place forte des chevaliers de Malte se dresse sur un éperon rocheux, au cœur d'une forêt, face à Privas. Les chambres, sobres, profitent du calme du lieu, de même que la bibliothèque riche de quelque 3 000 livres et bandes dessinées. La table d'hôte sert de bons produits du terroir.

à Chomérac 8 km par ③ et D 2 – 2 450 h. – alt. 169 m – ✉ 07210

Du Molière

av. Vercors – ✆ 04 75 65 07 07 – Fax 04 75 65 93 48 – Fermé dim. soir et lundi soir

Rest – Menu 15 € (sem.)/42 € – Carte 30/54 €

◆ Villa abritant une petite salle en forme de rotonde où l'on sert une cuisine actuelle dans un décor coloré, égayé d'œufs d'autruche peints et de fleurs. Jardin-terrasse.

PRIVAS

Bacconnier (R. L.) .... B 2	Durand (R. H.) .... B 10	Mobiles (Bd des) .... B 20
Boeufs (Pl. aux) .... A 3	Esplanade (Cours de l') ...... B 9	Ouvèze (Chemin de la) ...... B 22
Champ de Mars (Pl. du) ..... B 5	Faugier (Av. C.) .... A 12	Petit Tournon (Av. du) .... B 24
Coux (Av. de) .... B 7	Filliat (R. P.) .... B 14	République (R. de la) .... B 26
	Foiral (Pl. du) .... A 16	St-Louis (Cours) .... A 28
	Gaulle (Pl. Ch.-de) .... B 17	Vanel (Av. du) .... B 30
	Hôtel de Ville (Pl. de l') ...... B 18	

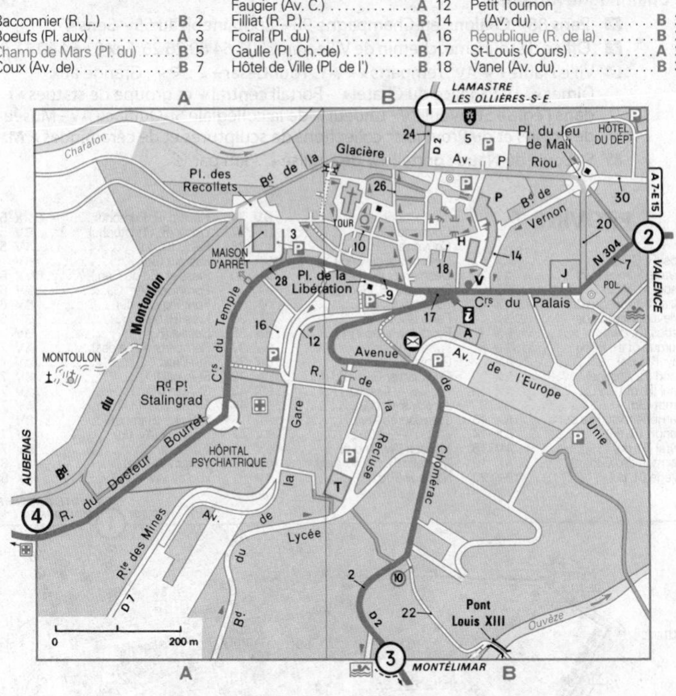

à Rochessauve 11 km par ③, D 2 et D 999 – 300 h. – alt. 300 m – ✉ 07210

Château de Rochessauve

– ✆ *04 75 65 07 06 – vialley@wanadoo.fr – Fermé 1er janv.-15 mars*
5 ch ☕ – 🛉90/100 € 🛉🛉100/110 € – **Rest** – table d'hôte *(fermé jeudi) (dîner seult) (résidents seult)* Menu 35 € bc

◆ Les montagnes ardéchoises servent d'écrin à ce château très tranquille dont les chambres dégagent une atmosphère raffinée. Les repas, composés de produits du terroir, sont servis dans la salle à manger décorée d'objets de collection ou dans le patio en été.

PROJAN – 32 Gers – 336 A8 – 142 h. – alt. 157 m – ✉ 32400 28 A2

Paris 742 – Pau 42 – Tarbes 60 – Toulouse 169

Le Château de Projan 5/10, VISA

– ✆ *05 62 09 46 21 – chateaudeprojan@libertysurf.fr – Fax 05 62 09 44 08 – Fermé 26 oct.-8 nov., 21-28 déc., 1er fév.-5 mars et dim. soir hors saison*
7 ch – 🛉95/100 € 🛉🛉100/150 €, ☕ 10 € – ½ P 80/100 € – **Rest** – *(dîner seult) (résidents seult)* Menu 28/80 € 🍷

◆ Ambiance "guesthouse" en ce château blotti dans un parc au sommet d'une colline. Beau mobilier ancien et tableaux contemporains décorent chambres et salons. Lumineuse salle à manger prolongée d'une terrasse où l'on sert des plats régionaux. Cours de cuisine.

PROPRIANO – 2A Corse-du-Sud – 345 C9 – voir à Corse

PROVINS – 77 Seine-et-Marne – 312 I4 – 11 667 h. – alt. 91 m – ✉ 77160
Champagne Ardenne 19 **D2**

- Paris 88 – Châlons-en-Champagne 98 – Fontainebleau 55 – Sens 47
- Office de tourisme, chemin de Villecran ✆ 01 64 60 26 26, Fax 01 64 60 11 97
- Ville Haute★★ AV : remparts★★ AY, Tour César★★ : ≤★ , Grange aux Dîmes★ AV **E** - Place du Chatel★ - Portail central★ et groupe de statues★★ dans l'église St-Ayoul BV - Choeur★ de la collégiale St-Quiriace AV - Musée de Povins et du Provinois : collections de sculptures et de céramiques★ **M.**
- St-Loup-de-Naud : portail★★ de l'église★ 7 km par ④.

PROVINS

Rue	Plan	N°
Alips (R. Guy)	AX	
Anatole-France (Av.)	AV	2
Arnoul (R. Victor)	BX	3
Balzac (Pl. Honoré-de)	BVX	4
Bellevue (Rampe de)	BX	
Bordes (R. des)	BX	7
Bourquelot (R. Félix)	BV	8
Bray (Rte de)	AX	
Briand (R. Aristide)	BX	
Canal (R. du)	AX	
Carnot (Bd)	BX	
Champbenoist (Rte de)	BX	13
Changis (R. de)	BX	14
Châtel (Pl. du)	AV	18
Chomton (Bd Gilbert)	AX	19
Collège (R. du)	ABV	23
Cordonnerie (R. de la)	BV	24
Courloison (R.)	BV	27
Couverte (R.)	AV	28
Delort (Rue du Gén.)	BVX	29
Desmarets (R. Jean)	AV	30
Dromigny (R. Georges)	AX	
Esternay (R. d')	BX	
Ferté (Av. de la)	BV	33
Fourtier-Masson (R.)	BX	35
Friperie (R. de la)	BV	37
Garnier (R. Victor)	BX	39
Gd-Quartier-Gén. (Bd du)	BX	42
Hugues-le-Grand (R.)	BX	43
Jacobins (R. des)	BV	44
Jean-Jaurès (Av.)	BX	
Leclerc (Pl. du Mar.)	BV	47
Malraux (Av. André)	AVY	
Michelin (R. Maximilien)	AX	
Nanteuil (Rte de)	BV	
Nocard (R. Edmond)	BVX	54
Opoix (R. Christophe)	BV	57
Palais (R. du)	AV	59
Pasteur (Bd)	BV	
Plessier (Bd du Gén.)	BVX	64
Pompidou (Av. G.)	BV	67
Pont-Pigy (R. du)	BV	68
Prés (R. des)	BV	69
Rebais (R.)	BV	
Remparts (Allée des)	AV	72
Ste-Croix (R.)	BV	
St-Ayoul (Pl.)	BV	73
St-Jean (R.)	AV	74
St-Quiriace (Pl.)	AV	77
St-Syllas (Rampe)	BV	
Souvenir (Av. du)	BV	78
Val (R. du)	BV	79
Verdun (Av. de)	BV	82
Voulzie (Av. de la)	BX	85

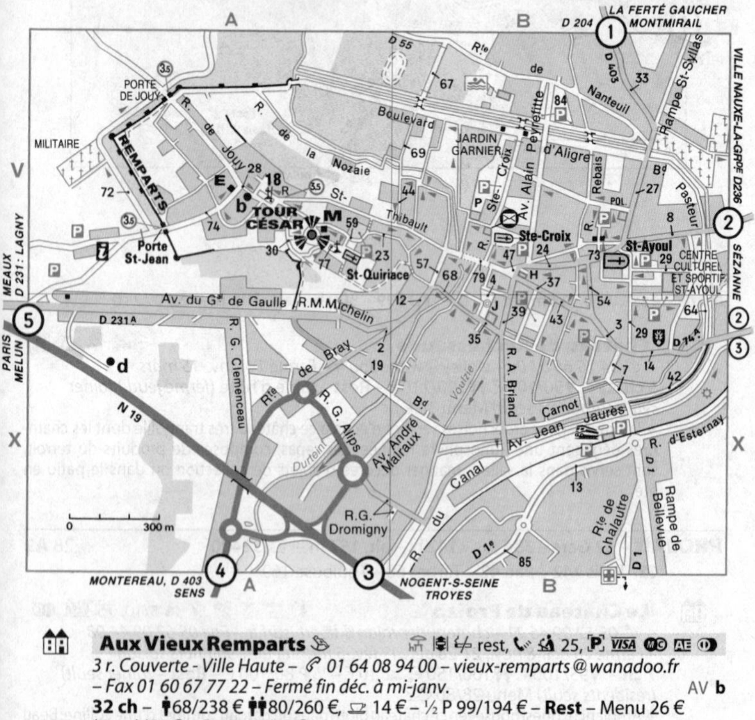

Aux Vieux Remparts
rest, 25, VISA

3 r. Couverte - Ville Haute – ✆ 01 64 08 94 00 – vieux-remparts@wanadoo.fr – Fax 01 60 67 77 22 – Fermé fin déc. à mi-janv. AV **b**

32 ch – †68/238 € ††80/260 €, ☐ 14 € – ½ P 99/194 € – **Rest** – Menu 26 € (sem.)/70 € – Carte 57/89 €

◆ Situé au cœur de la ville haute, cet établissement propose un hébergement fonctionnel ; chambres rénovées (mobilier et murs patinés), celles de l'ancienne maison ont du charme. Deux salles à manger : l'une d'inspiration "moyenâgeuse", l'autre sobrement rustique.

Ibis ch, ch, 25, VISA

77 av. Gén. de Gaulle – 01 60 67 66 67 – h0856@accor.com – Fax 01 60 67 86 67 AX **d**

51 ch – 67/72 € 67/72 €, 7 € – **Rest** – *(dîner seult)* Menu 18 € – Carte environ 25 €

◆ Dans un quartier calme, architecture évoquant le style médiéval de la ville haute. Chambres rénovées peu à peu dans l'esprit "dernière tendance" Ibis. Au restaurant, décor néo-rustique et cuisine traditionnelle ne dérogent pas aux coutumes de la chaîne.

PRUNETE – **2B Haute-Corse** – **345** F6 – **voir à Corse (Cervione)**

PUGIEU – **01 Ain** – **328** G6 – **rattaché à Belley**

PUJAUDRAN – **32 Gers** – **336** I8 – **rattaché à L'Isle-Jourdain**

PUJOLS – **47 Lot-et-Garonne** – **336** G3 – **rattaché à Villeneuve-sur-Lot**

PUJOLS – **33 Gironde** – **335** K6 – **604 h.** – **alt. 60 m** – ✉ **33350** 4 **C2**

Paris 560 – Bordeaux 51 – Mérignac 68 – Pessac 63

Les Gués Rivières rest,

5 pl. Gén. de Gaulle – 05 57 40 74 73 – margotte.olivier@wanadoo.fr – Fax 05 57 40 73 26

4 ch – 58 € 65 € – **Rest** – table d'hôte *(dîner seult) (résidents seult)* Menu (18 €), 23 €

◆ Cette maison, ouvrant ses portes sur la place centrale du village, offre des chambres colorées et meublées avec goût. Petits-déjeuners gargantuesques et cuisine régionale servis, si le temps le permet, sur la superbe terrasse face aux vignobles et à St-Émilion.

PULIGNY-MONTRACHET – **21 Côte-d'Or** – **320** I8 – **rattaché à Beaune**

PULVERSHEIM – **68 Haut-Rhin** – **315** H9 – **2 266 h.** – **alt. 235 m** – ✉ **68840** 1 **A3**

Paris 473 – Belfort 51 – Colmar 34 – Guebwiller 13 – Mulhouse 11 – Thann 18

à l'Écomusée **2,5 km au Nord-Ouest** – ✉ **68190 Ungersheim**

Les Loges de l'Écomusée ch,cuisinette 250, VISA

– 03 89 74 44 95 – hotel.loges@ecomusee-alsace.fr – Fax 03 89 74 44 68 – Fermé 6 janv.-11 fév.

30 ch – 66/76 € 80/99 €, 10 studios

Rest ***La Taverne*** – *03 89 74 44 49 (fermé dim. soir, lundi et mardi du 6 nov. au 19 déc.)* Menu 20 € – Carte 21/38 €

◆ Reconstitution d'un village traditionnel aux portes de l'Écomusée. Chambres modernes, réparties dans des maisons à colombages décorées à l'alsacienne. Esprit mi-brasserie, mi-winstub et cuisine régionale (truites du vivier, vins locaux) à l'immense Taverne.

PUTEAUX – **92 Hauts-de-Seine** – **311** J2 – **101** 14 – **voir à Paris, Environs**

PUYCELCI – **81 Tarn** – **338** C7 – **495 h.** – **alt. 258 m** – ✉ **81140** 29 **C2**

Paris 637 – Albi 44 – Gaillac 25 – Montauban 40 – Rodez 107 – Toulouse 62

Office de tourisme, chapelle Saint-Roch 05 63 33 19 25, Fax 05 63 33 19 25

L'Ancienne Auberge ch, 25, VISA

– 05 63 33 65 90 – caddack@aol.com – Fax 05 63 33 21 12

9 ch – 70/150 € 70/150 €, 12 € – **Rest** – *(fermé dim. soir et lundi)* Menu 21/37 € – Carte 28/48 €

◆ Auberge de caractère installée dans les murs d'une demeure du 13e s., au cœur d'un vieux village fortifié. Chambres personnalisées. Magnifique cheminée dans le salon. Des arcades en pierre divisent l'espace du restaurant, par ailleurs décoré de vitraux.

LE PUY-DE-DÔME – 63 Puy-de-Dôme – 326 E8 – voir à Clermont-Ferrand

LE PUY-EN-VELAY – 43 Haute-Loire – 331 F3 – 20 490 h. – alt. 629 m – Pèlerinage (15 août) – ✉ 43000 Lyon et la vallée du Rhône 6 C3

Paris 539 – Clermont-Ferrand 129 – Mende 87 – St-Étienne 76

Office de tourisme, place du Clauzel ✆ 04 71 09 38 41, Fax 04 71 05 22 62

du Puy-en-Velay à Ceyssac Sénilhac, O : 7 km par D 590, ✆ 04 71 09 17 77.

Site★★★ - L'île au trésors★★★ BY : cathédrale Notre-Dame★★★, cloître★★ - Trésor d'Art religieux★★ dans la salle des États du Velay - St-Michel d'Aiguilhe★★ AY - Peinture des arts libéraux★ de la chapelle des Sacrements - Ancienne cité★ - Rocher Corneille ≤★ - Musée Crozatier : collection lapidaire★, dentelles★.

Polignac★ : ✻★ 5 km par ③.

Plan page ci-contre

Du Parc rest, rest, rest, 15, VISA MC AE

4 av. C. Charbonnier – ✆ 04 71 02 40 40 – francoisgagnaire@wanadoo.fr – Fax 04 71 02 18 72 AZ **s**

21 ch – 54/57 € 58/62 €, 7 €

Rest *François Gagnaire* – voir ci-après

◆ Tout près du beau jardin Vinay, cet hôtel propose des chambres confortables et bien équipées. Pour se détendre, salon "cosy" avec espace bar et cave à cigares. Prix sages.

Regina ch, rest, 10/40, VISA MC AE

34 bd Mar. Fayolle – ✆ 04 71 09 14 71 – contact@hotelrestregina.com – Fax 04 71 09 18 57 BZ **d**

26 ch – 50/66 € 66/104 €, 9,50 € – ½ P 60 € – **Rest** – Menu (17 €), 22 € (sem.), 27/59 € bc – Carte 37/55 €

◆ Ce bel immeuble datant de 1905 rénove peu à peu ses chambres : personnalisées, parfois originales, elles sont chaleureuses et très souvent spacieuses (certaines avec jacuzzi). Salle à manger feutrée, contemporaine et haute en couleurs. Cuisine traditionnelle.

Le Brivas ch, ch, 15/40, P VISA MC AE

2 av. Charles Massot à Vals-près-le-Puy, par D 31 AZ ✉ 43750 – ✆ 04 71 05 68 66 – brivas@wanadoo.fr – Fax 04 71 05 65 88 – Fermé 16 déc.-15 janv., vend. soir, dim. soir du 15 oct. au 15 avril et sam. midi

48 ch – 55/78 € 55/78 €, 8 € – ½ P 52/63 € – **Rest** – Menu (14,50 €), 18/38 € – Carte 22/40 €

◆ Bâtiment moderne dans une banlieue résidentielle au Sud du Puy. Aménagements fonctionnels dans le style des chaînes hôtelières. Jardin-terrasse au bord d'une rivière. Lumineux restaurant où l'on sert une cuisine traditionnelle utilisant les produits régionaux.

Le Val Vert ch, 20, P VISA MC AE

6 av. Baptiste Marcet, rte Mende par ② : 1,5 km sur N 88 – ✆ 04 71 09 09 30 – info@hotelvalvert.com – Fax 04 71 09 36 49 – Fermé 25 déc.-9 janv.

23 ch – 45/52 € 45/57 €, 9 € – ½ P 50 € – **Rest** – *(fermé sam. midi d'oct. à mai)* Menu (11 €), 18 € (sem.)/40 € – Carte 39/47 €

◆ La route qui conduit à Mende, très passante, est effectivement verdoyante. Chambres colorées en partie refaites ; certaines sont décorées à l'italienne. Bonne insonorisation. De larges baies vitrées tournées vers le village éclairent la coquette salle à manger.

Dyke Hôtel sans rest VISA MC

37 bd Mar. Fayolle – ✆ 04 71 09 05 30 – dyke.hotel@wanadoo.fr – Fax 04 71 02 58 66 – Fermé 22 déc.-8 janv. BZ **r**

15 ch – 35/45 € 40/51 €, 6,50 €

◆ Dans la ville veillée par ses fameux dykes basaltiques, hôtel doté de petites chambres simples. Bien que toutes insonorisées, celles côté ruelle sont plus calmes. Accueil cordial.

Tournayre VISA MC AE

12 r. Chênebouterie – ✆ 04 71 09 58 94 – info@restaurant-tournayre.com – Fax 04 71 02 68 38 – Fermé 2-9 sept., 2 janv.- 1er fév., merc. soir, dim. soir et lundi AY **f**

Rest – Menu 22/70 € – Carte 43/72 €

◆ Croisées d'ogives, pierres apparentes, boiseries et fresques composent le décor de cette ancienne chapelle (16e s.) où l'on goûte une cuisine auvergnate généreuse et bien faite.

LE PUY-EN-VELAY

Rue	Carreau	N°
Aiguières (R. Porte)	AZ	2
Becdelièvre (R.)	AY	3
Bouillon (R. du)	BY	5
Card.-de-Polignac (R.)	BY	8
Chamarlenc (R. du)	AY	10
Charbonnier (Av. C.)	AZ	12
Chaussade (R.)	BZ	
Chênebouterie (R.)	AY	13
Clair (Bd A.)	AZ	14
Collège (R. du)	BZ	17
Consulat (R. du)	AY	19
Courrerie (R.)	AZ	20
Crozatier (R.)	BZ	23
Dr-Chantemesse (Bd)	AY	24
Fayolle (Bd Mar.)	BZ	
Foch (Av. Mar.)	BZ	
For (Pl. du)	BY	27
Gambetta (Bd)	AY	29
Gaulle (Av. Gén.-de)	ABZ	30
Gouteyron (R.)	AY	31
Grangevieille (R.)	AY	32
Martouret (Pl. du)	ABZ	34
Monteil (R. A.-de)	AY	35
Pannessac (R.)	AY	
Philibert (R.)	AY	36
Pierret (R.)	BZ	37
Plot (Pl. du)	AZ	38
Raphaël (R.)	AY	39
République (Bd de la)	BY	40
Roche-Taillade (R.)	AY	42
Saint-François-Régis (R.)	BY	43
Saint-Georges (R.)	BY	45
Saint-Gilles (R.)	AZ	
Saint-Jean (R. du Fg)	BY	46
Saint-Louis (Bd)	AZ	
Saint-Maurice (Pl.)	AY	47
Séguret (R.)	AY	48
Tables (Pl. des)	AY	49
Tables (R. des)	AY	52
Vallès (R. J.)	BY	54
Vaneau (R.)	AY	55
Verdun (R.)	BY	58

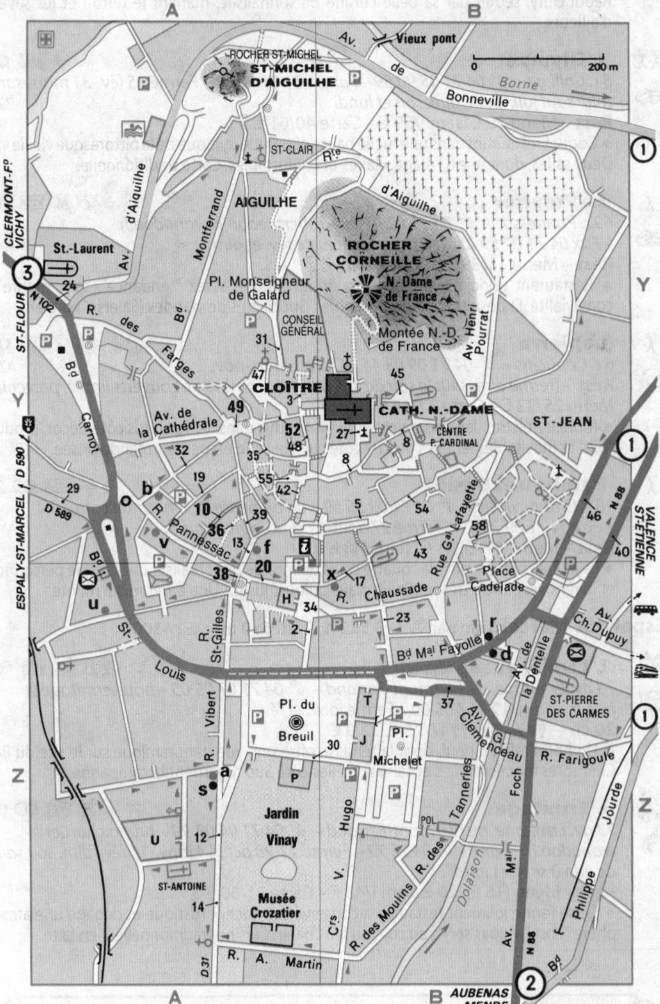

François Gagnaire – Hôtel Du Parc

4 av. C. Charbonnier – ✆ 04 71 02 75 55 – francoisgagnaire@wanadoo.fr – Fax 04 71 02 18 72 – Fermé 26 juin-12 juil., 6-16 nov., 2-18 janv., dim. sauf le midi de sept. à juin, mardi midi et lundi AZ **a**

Rest – Menu (24 €), 30 € (sem.)/80 € – Carte 59/80 €

Spéc. Gaspacho de lentilles vertes du Puy, coquillages et condiments (printemps). Souris d'agneau confite aux écorces d'orange (automne-hiver). Tarte contemporaine à la lentille, sorbet myrtille, yaourt acidulé (printemps-été). **Vins** Saint-Pourçain, Boudes.

◆ Ce restaurant au cadre contemporain et raffiné, égayé de lithographies de Raoul Dufy, séduit par sa belle cuisine personnalisée, mariant le terroir et les saveurs d'ailleurs.

L'Olympe

8 r. Collège – ✆ 04 71 05 90 59 – Fax 04 71 05 90 59 – Fermé 15 fév.-31 mars, sam. midi sauf juil.-août, dim. soir et lundi BZ **x**

Rest – Menu 15 € (sem.)/59 € – Carte 40/61 €

◆ Coquet restaurant dans une ruelle pavée et pentue, typique de la pittoresque vieille ville. Deux salles, dont une à l'étage, claires et confortables. Carte traditionnelle.

Le Poivrier

69 r. Pannessac – ✆ 04 71 02 41 30 – robert.redon@wanadoo.fr – Fax 04 71 02 59 25 – Fermé vacances de fév. et dim. AY **v**

Rest – Menu 15/39 € – Carte 30/39 €

◆ Restaurant relooké dans un style design épuré, assez "tendance", sans perdre en convivialité. Exposition de photographies. Spécialités de viandes (Salers, Charolais).

Lapierre

6 r. Capucins – ✆ 04 71 09 08 44 – Ouvert mars-nov. AZ **u**

Rest – *(fermé dim. sauf le soir de juil. à sept.) (nombre de couverts limité, prévenir)* Menu 25/32 € – Carte 32/44 €

◆ Mobilier bistrot, lambris peints et tissus tendus dans les tons gris côté décor, produits "bio" et inévitables lentilles du Puy côté cuisine : une étape gourmande prisée.

Bambou et Basilic

18 r. Grangevieille – ✆ 04 71 09 25 59 – delphineabrial@hotmail.com – Fax 04 71 09 25 59 – Fermé 27 août-11 sept., dim. et lundi AY **b**

Rest – Menu (17 €), 21 € (sem.)/48 €

◆ La jeune chef s'inspire des quatre coins du monde pour réaliser une cuisine personnelle et inventive, parfois très originale mais toujours juste... Une adresse qui monte.

à Espaly-St-Marcel 3 km par ③ – 3 552 h. – alt. 650 m – ✉ 43000

L'Ermitage sans rest

25, VISA

73 av. Ermitage, rte Clermont-Ferrand – ✆ 04 71 07 05 05 – hotel.ermitage@free.fr – Fax 04 71 07 05 00 – Fermé janv. et fév.

20 ch – 47/75 € 47/75 €, 9 €

◆ Un hôtel refait à neuf, dont la terrasse offre une vue panoramique sur le site du Puy. Chambres fonctionnelles et calmes ; celles côté Sud regardent la campagne.

L'Ermitage

73 av. Ermitage, rte Clermont-Ferrand – ✆ 04 71 04 08 99 – bruno.chartier@wanadoo.fr – Fax 04 71 04 25 72 – Fermé 22-28 oct., 14 janv.-11 fév., dim. soir sauf de juin à sept. et lundi

Rest – Menu (15 €), 20 € (sem.)/43 € – Carte 31/50 €

◆ Cette ferme joliment restaurée a conservé son cachet rustique et dégage une atmosphère "cosy". Repas servis au coin du feu l'hiver. Cuisine traditionnelle bien faite.

Nous essayons d'être le plus exact possible dans les prix que nous indiquons. Mais tout bouge ! Lors de votre réservation, pensez à vous faire préciser le prix du moment.

PUY-GUILLAUME – 63 Puy-de-Dôme – 326 H7 – 2 624 h. – alt. 285 m – ✉ 63290

6 **C2**

Paris 374 – Clermont-Ferrand 53 – Lezoux 27 – Riom 35 – Thiers 15 – Vichy 21

Relais Hôtel de Marie

ch, VISA

av. E. Vaillant – ✆ 04 73 94 18 88 – hotel.marie@wanadoo.fr – Fax 04 73 94 73 98 – Fermé 22 août-3 sept., vacances de la Toussaint, dim. soir et lundi

15 ch – †30/45 € ††30/45 €, ☕ 5,50 € – ½ P 34/40 € – **Rest** – Menu 17/32 € – Carte 20/38 € ♀

◆ Pratique pour l'étape, immeuble récemment ravalé et modernisé, abritant des petites chambres actuelles et fonctionnelles, plus calmes côté parking. Salle de restaurant simple et fraîche où l'on sert des plats traditionnels et régionaux.

PUY-L'ÉVÊQUE – 46 Lot – 337 C4 – 2 159 h. – alt. 130 m – ✉ 46700

Périgord

28 **B1**

Paris 601 – Agen 71 – Cahors 31 – Gourdon 41 – Sarlat-la-Canéda 52 – Villeneuve-sur-Lot 43

Syndicat d'initiative, place de la Truffière ✆ 05 65 21 37 63

Bellevue

vallée du Lot, ch, VISA

pl. Truffière – ✆ 05 65 36 06 60 – hotelbellevue.puyleveque@wanadoo.fr – Fax 05 65 36 06 61 – Fermé 18 nov.-3 déc. et 8 janv.-6 fév.

11 ch – †85 € ††85 €, ☕ 9 € – ½ P 62/76 €

Rest *Côté Lot* – *(fermé dim. sauf le midi hors saison, jeudi soir sauf juil.-août et lundi)* Menu 25 € (déj. en sem.), 45/72 €

Rest *L'Aganit* – brasserie *(fermé dim. sauf le midi hors saison, jeudi soir sauf juil.-août et lundi)* Menu 12,50 € (déj. en sem.), 20/30 € – Carte 20/32 €

◆ L'hôtel, bâti sur un éperon dominant le Lot, mérite bien son nom. Les chambres, spacieuses, sont contemporaines et personnalisées. Cuisine inventive et vue étendue sur la vallée au restaurant Côté Lot. Véranda, plats du terroir et esprit brasserie à l'Aganit.

à Touzac 8 km à l'Ouest par D 8 – 341 h. – alt. 75 m – ✉ 46700

Château de Bonaguil★★ N : 10,5 km.

De la Source Bleue

ch, 25, VISA

– ✆ 05 65 36 52 01 – sourcebleue@wanadoo.fr – Fax 05 65 24 65 69 – Ouvert 6 avril-15 nov.

16 ch – †72/82 € ††89/120 €, ☕ 9 € – ½ P 69/93 € – **Rest** – *(ouvert 6 avril-31 déc. et fermé merc. en saison) (dîner seult sauf dim.)* Menu 23 € (déj.), 27/37 € – Carte 24/39 € ♀

◆ Dans une jolie bambouseraie au bord du Lot, ex-moulins du 14e s. convertis en hôtel où vous séjournerez dans d'élégantes chambres, claires, épurées, apaisantes. Une dépendance du 17e s. abrite le restaurant : belle charpente et murs en pierre, carte classique.

à Mauroux 12 km au Sud-Ouest par D 8 et D 5 – 417 h. – alt. 213 m – ✉ 46700

Syndicat d'initiative, le Bourg ✆ 05 65 30 66 70, Fax 05 65 36 49 64

Hostellerie le Vert

ch, ch, VISA

– ✆ 05 65 36 51 36 – info@hotellevert.com – Fax 05 65 36 56 84 – Ouvert 1er avril-30 oct.

7 ch – †85/130 € ††85/130 €, ☕ 9 € – ½ P 81/103 € – **Rest** – *(fermé jeudi) (dîner seult.)* Menu 36/42 € – Carte 34/48 € ♀

◆ Ambiance chaleureuse dans cette ferme quercynoise du 14e s. perdue en pleine nature. Dans les chambres, personnalisées, cohabitent mobilier de style et meubles campagnards. Plats traditionnels servis sous les poutres rustiques de la salle à manger.

à Anglars-Juillac 8 km à l'Est par D 811 et D 67 – 331 h. – alt. 98 m – ✉ 46140

Clau del Loup avec ch

VISA

Métairie Haute, D 8 – ✆ 05 65 36 76 20 – Fax 05 65 36 76 29 – Fermé 6-23 nov.

5 ch – †90/100 € ††90/100 €, ☕ 9 € – ½ P 85/90 € – **Rest** – *(fermé mardi soir et merc. sauf de juil. à sept.)* Menu 30/70 € – Carte 50/55 € ♀

◆ Belle demeure (1818) dans un jardin arboré et fleuri. Cuisine actuelle servie dans une ravissante salle à manger ou en terrasse, sous de vieux platanes. Chambres confortables.

PUYMIROL – 47 Lot-et-Garonne – 336 G4 – 864 h. – alt. 153 m – ✉ 47270
Aquitaine 4 **C2**

Paris 649 – Agen 17 – Moissac 35 – Villeneuve-sur-Lot 30 – Syndicat d'initiative, 7 place Maréchal Leclerc ✆ 05 53 67 80 40, Fax 05 53 95 32 38

Michel Trama rest, 25, VISA

52 r. Royale – ✆ 05 53 95 31 46 – trama@aubergade.com – Fax 05 53 95 33 80 – Fermé 30 oct.-18 nov., 28 janv.-10 fév., dim. soir hors saison, lundi sauf le soir en saison et mardi midi

9 ch – †250/470 € ††250/470 €, ☕ 30 € – 1 suite – **Rest** – Menu 76 € (sem.)/215 € – Carte 112/203 €

Spéc. Papillote de pomme de terre à la truffe. Hamburger de foie gras chaud aux cèpes. Assiette des cinq sens (dessert). **Vins** Côtes de Duras, Buzet.

♦ Belles maisons des 13e (ex-résidence des comtes de Toulouse) et 17e s. à l'intérieur contemporain. Insolite "mur des senteurs", étonnante salle baroque signée Garcia, terrasse-cloître, cave à cigares étoffée et délicieuse cuisine inventive : sensoriel !

PUYRAVAULT – 17 Charente-Maritime – 324 F3 – rattaché à Surgères

PUY-ST-PIERRE – 05 Hautes-Alpes – 334 H3 – rattaché à Briançon

PUY-ST-VINCENT – 05 Hautes-Alpes – 334 G4 – 267 h. – alt. 1 325 m – Sports d'hiver : 1 400/2 700 m 16 – ✉ 05290 Alpes du Sud 41 **C1**

Paris 700 – L'Argentière-la-Bessée 10 – Briançon 21 – Gap 83 – Guillestre 30

Office de tourisme, les Alberts ✆ 04 92 23 35 80, Fax 04 92 23 45 23

Les Prés ≤★ SE : 2 km - Église★ de Vallouise N : 4 km.

La Pendine ≤ VISA

aux Prés, Est : 1 km par D 404 – ✆ 04 92 23 32 62 – contact@lapendine.com – Fax 04 92 23 46 63 – Ouvert 22 juin-5 sept. et 15 déc.-10 avril

25 ch – †45/61 € ††52/91 €, ☕ 8 € – ½ P 53/65 € – **Rest** – Menu 20 € (déj. en sem.), 26/36 € – Carte 24/47 €

♦ Cet hôtel perché sur les hauteurs du village a été joliment rénové : façade habillée de bois et chambres sobrement décorées dans le style montagnard (certaines avec balcon). Plats traditionnels et alpins à déguster au restaurant ou en terrasse l'été.

Saint-Roch ≤ vallée et montagnes, VISA

aux Prés, Est : 1 km par D 404 – ✆ 04 92 23 32 79 – info@hotel-st-roch.com – Fax 04 92 23 45 11 – Ouvert 20 juin-31 août et 20 déc.-1er avril

15 ch – †83/84 € ††83/84 €, ☕ 10 € – ½ P 75/90 € – **Rest** – self le midi en hiver Menu 26/45 €

♦ Construction des années 1970 située au pied des pistes de cette station de la Vallouise. Amples chambres simplement meublées ; celles exposées au Sud possèdent un balcon. Beau panorama depuis le restaurant et sa terrasse ; à midi en hiver, formule self-service.

PYLA-SUR-MER – 33 Gironde – 335 D7 – ✉ 33115 Pays Basque 3 **B2**

Paris 648 – Arcachon 8 – Biscarrosse 34 – Bordeaux 66

Office de tourisme, rond-point du Figuier ✆ 05 56 54 02 22, Fax 05 56 22 58 84

Dune du Pilat★★.

Voir plan d'Arcachon agglomération.

Maminotte sans rest VISA

av. Acacias – ✆ 05 57 72 05 05 – hotel-maminotte@wanadoo.fr – Fax 05 57 72 06 06 AY **n**

12 ch – †55/75 € ††70/98 €, ☕ 8,50 €

♦ Dans un quartier pavillonnaire en retrait de la plage, villa offrant tout simplement des chambres rustiques, souvent rafraîchies. Certaines possèdent un balcon côté pinède.

Gérard Tissier VISA

bd Océan – ✆ 05 56 54 07 94 – restgt@club-internet.fr – Fax 05 56 83 20 98 – Fermé 5 nov.-5 fév., mardi sauf le soir en juil.-août et lundi AY **e**

Rest – Menu (20 €), 30/55 € – Carte 42/76 €

♦ Une belle terrasse ombragée devance ce restaurant dont la cuisine traditionnelle privilégie poissons et viandes. À l'intérieur, salle classico-rustique, feutrée et fleurie.

Côte du Sud avec ch ch,

4 av. Figuier – ✆ 05 56 83 25 00 – cote.du.sud@wanadoo.fr – Fax 05 56 83 24 13 – Fermé 1er déc.-31 janv. AY s

8 ch – 59/130 € 59/130 €, 7,50 € – **Rest** – Menu 22 € (sem.)/28 € – Carte 31/75 €

◆ Restaurant apprécié pour sa jolie décoration à tendance "ethnique", sa vaste terrasse installée presque sur la plage et sa cuisine iodée. Quelques chambres au cadre exotique.

QUARRÉ-LES-TOMBES – 89 Yonne – 319 G7 – 723 h. – alt. 457 m – ✉ 89630

Bourgogne 7 **B2**

Paris 233 – Auxerre 73 – Avallon 18 – Château-Chinon 49 – Clamecy 49 – Dijon 118

Syndicat d'initiative, rue des Écoles ✆ 03 86 32 22 20

Du Nord rest, cuisinette 25/70,

25 pl. Église – ✆ 03 86 32 29 30 – Fax 03 86 32 29 31

8 ch – 45/55 € 60/75 €, 8 € – 2 suites – ½ P 55/65 €

Rest*St-Georges* – *(fermé 3 nov.-10 fév., merc. soir et jeudi)* Menu 20 € (sem.)/34 € – Carte 31/35 €

◆ Cette hôtellerie postée face à la célèbre église a été rénovée avec goût. Chambres garnies de jolis meubles anciens. Celles de la maison principale sont climatisées. Au Saint-Georges, atmosphère de bistrot "rétro", cuisine traditionnelle et produits du terroir.

Le Morvan avec ch ch, ch,

6 r. Ecoles – ✆ 03 86 32 29 29 – etiennelemorvan@wanadoo.fr – Fax 03 86 32 29 28 – Fermé 1er-11 oct., 7 janv.-28 fév., lundi et mardi

8 ch – 46/66 € 52/72 €, 9,50 € – ½ P 55/62 € – **Rest** – Menu 21/48 € – Carte 35/54 €

◆ Cette modeste façade dissimule une sympathique auberge où l'on déguste une cuisine soignée dans le cadre plaisant d'une salle sous poutres apparentes. Chambres confortables.

aux Lavaults 5 km au Sud-Est par D 10 – ✉ 89630 Quarré-les-Tombes

Auberge de l'Âtre (Salamolard) avec ch ch, 30,

– ✆ 03 86 32 20 79 – laubergedelatr@free.fr – Fax 03 86 32 28 25 – Fermé 16 juin-1er juil., 11 fév.-11 mars, mardi et merc.

7 ch – 58/72 € 72/95 €, 9,50 € – **Rest** – *(prévenir)* Menu 30 € (déj. en sem.), 46/54 € – Carte 41/70 €

Spéc. Oeufs pochés en meurette. Pigeonneau rôti au miel et hydromel du Morvan. Soufflé au marc de Bourgogne. **Vins** Bourgogne-Vézelay, Coulanges-la-Vineuse.

◆ Ferme morvandelle en pleine campagne. Attablez-vous près de l'âtre dans un joli cadre rustique ou sur la terrasse-véranda donnant sur le jardin fleuri. Plats classiques de saison fleurant bon le terroir.

QUATRE-ROUTES-D'ALBUSSAC – 19 Corrèze – 329 L5 – alt. 600 m – ✉ 19380 Albussac

25 **C3**

Paris 492 – Aurillac 72 – Brive-la-Gaillarde 27 – Mauriac 67 – St-Céré 36 – Tulle 18

Roche de Vic ✳★ S : 2 km puis 15 mn, **Berry Limousin.**

Roche de Vic

– ✆ 05 55 28 15 87 – roche.vic@wanadoo.fr – Fax 05 55 28 01 09 – Fermé 1er janv.-14 mars, lundi sauf juil.-août et fériés

11 ch – 42 € 50/60 €, 7 € – ½ P 48/50 € – **Rest** – *(fermé 1er-8 oct., dim. soir d'oct. à déc. et de mars à mi-avril)* Menu (13 €), 17 € (déj. en sem.), 22/40 € – Carte 31/54 €

◆ Maison de pays des années 1950. Chambres très bien tenues, sobrement meublées dans le goût de l'époque ; l'orientation côté jardin (jeux pour enfants) est plus séduisante. Recettes régionales à déguster avant ou après la découverte du panorama à la Roche de Vic.

LES QUATRE ROUTES DU LOT – 46 Lot – 337 F2 – 580 h. – alt. 127 m – ✉ 46110 29 C1

Paris 508 – Brive-la-Gaillarde 24 – Cahors 86 – Figeac 67 – Sarlat-la-Canéda 52

Au Vieux Four avec ch ch, VISA MC

– ✆ 05 65 32 01 98 – stephanie.teillard@wanadoo.fr – Fermé 24-30 juin, 1er-9 sept. et lundi

5 ch – 49 € 49 €, 6,50 € – ½ P 64 € – **Rest** – Menu 25/34 € – Carte 23/43 €

◆ Le four en briques de l'ancienne boulangerie dans laquelle est aménagé ce restaurant agrémente l'une des deux salles à manger rustiques et fleuries. Goûteuse cuisine actuelle.

QUÉDILLAC – 35 Ille-et-Vilaine – 309 J5 – 966 h. – alt. 85 m – ✉ 35290 10 C2

Paris 389 – Dinan 30 – Lamballe 45 – Loudéac 57 – Ploërmel 46 – Rennes 39

Le Relais de la Rance avec ch P VISA MC AE

6 r. Rennes – ✆ 02 99 06 20 20 – relaisdelarance@21s.fr – Fax 02 99 06 24 01 – Fermé 20 déc.-20 janv., vend. soir et dim. soir

13 ch – 50/67 € 50/67 €, 9,50 € – **Rest** – Menu 21/70 € – Carte 41/57 €

◆ Maison villageoise en granit abritant deux élégantes salles à manger et des chambres agréablement rénovées. Goûteuse cuisine traditionnelle ; un menu est dédié au terroir.

LES QUELLES – 67 Bas-Rhin – 315 G6 – rattaché à Schirmeck

QUELVEN – 56 Morbihan – 308 M6 – rattaché à Pontivy

QUENZA – 2A Corse-du-Sud – 345 D9 – voir à Corse

QUESTEMBERT – 56 Morbihan – 308 Q9 – 5 727 h. – alt. 100 m – ✉ 56230

Bretagne 10 C3

Paris 445 – Ploërmel 32 – Redon 34 – Rennes 96 – La Roche-Bernard 23 – Vannes 29

Office de tourisme, place Charles-de-Gaulle ✆ 02 97 26 56 00, Fax 02 97 26 54 55

Le Bretagne et sa Résidence (Orillac) avec ch ch, P VISA MC AE

r. St-Michel – ✆ 02 97 26 11 12 – lebretagne@wanadoo.fr – Fax 02 97 26 12 37 – Fermé 12-26 mars, 8-29 janv., dim. soir de nov. à mars et lundi

9 ch – 70/120 € 70/150 €, 15 € – ½ P 90/125 € – **Rest** – *(prévenir)* Menu (28 €), 34 € (sem.)/100 € – Carte 69/142 €

Spéc. Huîtres en paquet. Raviole de langoustines. Pomme de ris de veau en cocotte. **Vins** Muscadet.

◆ Ce restaurant vous reçoit dans son élégante salle habillée de boiseries ou dans son exubérant jardin d'hiver ; cuisine inventive. Chambres très confortables dans l'annexe.

QUETTEHOU – 50 Manche – 303 E2 – 1 475 h. – alt. 14 m – ✉ 50630

Normandie Cotentin 32 A1

Paris 345 – Barfleur 10 – Cherbourg 29 – St-Lô 66 – Valognes 16

Office de tourisme, place de la Mairie ✆ 02 33 43 63 21, Fax 02 33 43 63 21

Demeure du Perron sans rest P VISA MC

– ✆ 02 33 54 56 09 – hotel@demeureduperron.com – Fax 02 33 43 69 28 – Fermé dim. du 15 nov. au 31 mars

20 ch – 50/70 € 50/70 €, 6 €

◆ Pavillons disséminés dans un agréable jardin où l'on petit-déjeune en été. Chambres parfaitement tenues, mais diverses en taille et en styles (récentes ou plus rustiques).

Auberge de Ket Hou VISA MC AE

17 r. de Gaulle – ✆ 02 33 54 40 23 – aubergedekethou@wanadoo.fr – Fax 02 33 54 02 11 – Fermé dim. soir sauf juil.-août, fériés et lundi

Rest – Menu 14,50 € (déj. en sem.), 19/38 € – Carte 27/48 €

◆ Cette auberge de village située au bord de la route départementale propose une cuisine traditionnelle dans un cadre champêtre où dominent les vieilles pierres et le bois.

LA QUEUE-EN-BRIE – 94 Val-de-Marne – 312 E3 – 101 29 – voir à Paris, Environs

QUEYRIÈRES – 43 Haute-Loire – 331 G3 – 285 h. – alt. 1 110 m – ✉ 43260 6 C3

Paris 563 – Clermont-Ferrand 149 – Le Puy-en-Velay 22 – Saint-Étienne 67 – Firminy 51

La Boria delh Castel ch,

Le Bourg – ✆ 04 71 57 70 81 – la-boria@wanadoo.fr – Fax 04 71 57 70 81 – Ouvert 1er avril-4 nov.

4 ch – 40 € 50 € – ½ P 41 € – **Rest** – *(dîner seult) (résidents seult)* Menu 16 €

◆ Vieille ferme en pierre restaurée, au pied du rocher basaltique. Chambres avenantes, minimusée d'artisanat et table d'hôte misant sur des plats rustiques à composantes "bio".

QUIBERON – 56 Morbihan – 308 M10 – 5 073 h. – alt. 10 m – Casino – ✉ 56170 Bretagne 9 B3

Paris 505 – Auray 28 – Concarneau 98 – Lorient 47 – Vannes 47

Office de tourisme, 14 rue de Verdun ✆ 02 97 50 07 84, Fax 02 97 30 58 22

Côte sauvage★★ NO : 2,5 km.

Plan page suivante

Sofitel Thalassa ch, ch, rest,

pointe de Goulvars – ✆ 02 97 50 20 00 25, VISA

– h0557@accor.com – Fax 02 97 50 46 32 – Fermé 3-28 janv. B a

131 ch – 140/195 € 150/419 €, 22 € – 2 suites – ½ P 130/264 € – **Rest** – Menu 50 € – Carte 59/80 €

◆ Séjour iodé dans ce complexe hôtelier agréablement situé face à la plage et directement relié à l'institut de thalassothérapie. Chambres plus spacieuses côté océan. Classique et diététique, la cuisine de cet établissement répond à l'appel du grand large.

Sofitel Diététique ch, ch, rest,

pointe de Goulvars – ✆ 02 97 50 20 00 – h0562@accor.com – Fax 02 97 30 47 63 – Fermé 6-28 janv. VISA B v

74 ch (pension seulement en saison) – 2 suites – P 249/254 € – **Rest** – rest. diététique Menu 50 €

◆ Cet hôtel, entièrement rénové, accueille les curistes de l'institut de thalassothérapie (accès direct). Chambres tournées vers le large. Menus diététiques.

Europa rest, 20, VISA

à Port-Haliguen, Est : 2 km par D 200 – ✆ 02 97 50 25 00 – europa.hotel@wanadoo.fr – Fax 02 97 50 39 30 – Ouvert 2 avril-4 nov.

50 ch – 56/126 € 88/143 €, 11,50 € – 2 suites – ½ P 81/109 € – **Rest** – *(ouvert 2 avril-30 sept. et fermé lundi midi et mardi midi)* Menu 25/65 € – Carte 42/65 €

◆ Plage à 50 m, vaste jardin, fitness, piscine intérieure, chambres équipées de balcons et pour moitié tournées vers la baie de Quiberon : cet hôtel a de sérieux atouts. Le restaurant et sa terrasse s'ouvrent sur l'océan. Cuisine régionale et produits de la mer.

Bellevue rest, VISA

r. Tiviec – ✆ 02 97 50 16 28 – bienvenue@bellevuequiberon.com – Fax 02 97 30 44 34 – Ouvert avril-sept. B d

38 ch – 52/99 € 59/116 €, 9,50 € – ½ P 56/89 € – **Rest** – Menu 23/30 € – Carte 27/38 €

◆ Architecture passe-partout, mais intérieur printanier : gamme étendue de couleurs dans des chambres équipées de terrasses ; certaines offrent une échappée sur l'océan. Menu du jour et petite carte au registre traditionnel servis dans un cadre lumineux.

Roch Priol VISA

r. Sirènes – ✆ 02 97 50 04 86 – hotelrochpriol@aol.com – Fax 02 97 30 50 09 – Ouvert 16 fév.-14 nov. B h

45 ch – 55/79 € 55/79 €, 8 € – ½ P 53/67 € – **Rest** – Menu (13 €), 16/36 € – Carte 21/47 €

◆ Accueil personnalisé et tenue méticuleuse caractérisent cet hôtel situé dans un quartier résidentiel. Chambres sobrement aménagées, mais claires et rajeunies par étapes. Cuisine de style pension inspirée par l'océan et servie dans une avenante salle à manger.

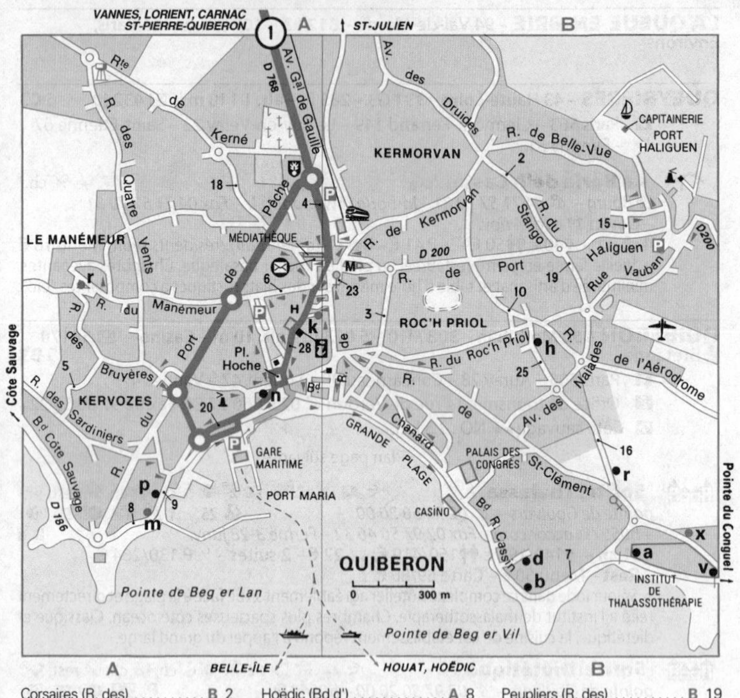

Corsaires (R. des) . . . . B 2	Hoëdic (Bd d') . . . . A 8	Peupliers (R. des) . . . . B 19
France (Bd A.) . . . . B 3	Houat (Quai de) . . . . A 9	Port Maria
Gare (R. de la) . . . . AB 4	Korrigans (R. des) . . . . B 10	(R. de) . . . . A 20
Genêts (R. des) . . . . A 5	Mané (R. du) . . . . B 15	Repos (Pl. du) . . . . B 23
Golvan (R. V.) . . . . A 6	Marronniers (Av. des) . . . . . . B 16	Sirènes (R. des) . . . . B 25
Goviro (Bd du) . . . . B 7	Petit Pont d'Eau (R. du) . . . . A 18	Verdun (R. de) . . . . A 28

La Petite Sirène sans rest — cuisinette P VISA MC

15 bd R. Cassin – 02 97 50 17 34 – info@hotel-lapetitesirene.fr – Fax 02 97 50 03 73 – Ouvert fin mars-7 oct. et 26 oct.-7 nov. B **b**

14 ch – 60/80 € 60/80 €, 10,50 €

◆ Cet hôtel ancré à la pointe de Beg er Vil abrite des chambres équipées d'un mobilier pratique, de salles de bains rénovées et de loggias tournées vers le large.

Ibis — ch, 25, P VISA MC AE D

av. Marronniers, pointe de Goulvars – 02 97 30 47 72 – H0909@accor-hotels.com – Fax 02 97 30 55 78 B **r**

75 ch – 59/115 € 59/115 €, 9 €, 20 duplex – ½ P 57/85 € –
Rest – Menu (17 €), 22 € – Carte 37/42 €

◆ Le décor des chambres de cet hôtel de chaîne a été actualisé. Ses petits "plus" : duplex, piscine couverte, fitness et forfait thalassothérapie. Petite note marine dans la salle à manger. Carte assez travaillée et cuisine diététique sur demande.

Le Neptune — VISA MC AE

4 quai de Houat à Port Maria – 02 97 50 09 62 – neptune.quiberon@wanadoo.fr – Fax 02 97 50 41 44 – Fermé 8 janv.-15 fév. A **p**

21 ch – 50/62 € 59/67 €, 7,50 € – ½ P 61/65 € –
Rest – *(fermé 6 nov.-15 fév., merc. sauf le soir en saison et sam. midi)*
Menu 18/29 € – Carte 23/39 €

◆ Hôtel familial situé face à la criée. Les chambres, meublées en style rustique, sont régulièrement rajeunies. Balcon côté port, promesse de calme sur l'arrière. Coquette salle à manger colorée et cuisine régionale rendant un hommage appuyé à Neptune.

Des Druides VISA

6 r. Port Maria – ✆ 02 97 50 14 74 – contact@hotel-des-druides.com – Fax 02 97 50 35 72 – Ouvert mi-fév. à mi-nov. A **n**

31 ch – 55/79 € 59/118 €, 9,50 € – ½ P 56/85 € – **Rest** – *(ouvert avril-sept.)* Menu 18/29 € – Carte 28/35 €

◆ Le décor de cet hôtel central privilégie les tons blanc et bleu. Petites chambres bien tenues offrant, aux étages supérieurs, une vue étendue sur la plage. Les plats de fruits de mer et de poissons préparés ici valent bien toutes les potions druidiques !

Le Verger de la Mer VISA

bd Goulvars – ✆ 02 97 50 29 12 – vergerdelamer@wanadoo.fr – Fax 02 97 50 29 06 – Fermé janv., fév., dim. soir hors saison, mardi sauf le midi hors saison et merc. B **x**

Rest – Menu 22/36 € – Carte 32/56 €

◆ Cette discrète façade voisine de l'institut de thalassothérapie dissimule un plaisant restaurant : salle à manger fraîche et colorée et cuisine dans l'air du temps.

La Chaumine VISA

36 pl. Manémeur – ✆ 02 97 50 17 67 – Fax 02 97 50 17 67 – Ouvert 21 mars-11 nov. et fermé dim. soir sauf juil.-août et lundi A **r**

Rest – Menu 16 € (déj. en sem.), 26/48 € – Carte 26/49 €

◆ Bâtisse de style régional ancrée dans un ancien quartier de pêcheurs. On y savoure au coude à coude les plats du pays qui évoluent en fonction du marché et de la marée.

à St-Pierre-Quiberon 5 km au Nord par D 768 – 2 165 h. – alt. 12 m – ✉ 56510

Pointe du Percho ≤ ★ au NO : 2,5 km.

De la Plage ≤ ch, rest,cuisinette 25, VISA

quai d'Orange – ✆ 02 97 30 92 10 – bienvenue@hotel-la-plage.com – Fax 02 97 30 99 61 – Ouvert début avril-fin sept.

43 ch – 49/114 € 92/170 €, 10 € – ½ P 58/88 € – **Rest** – *(dîner seult sauf dim.)* Menu 23/30 € – Carte 30/41 €

◆ Enseigne-vérité pour ce sympathique hôtel familial : la plage est à vos pieds ! Chambres agréablement rénovées ; celles s'ouvrant côté baie disposent d'un balcon. Au restaurant, carte traditionnelle, saveurs iodées et beau panorama sur l'Atlantique.

à Portivy Nord : 6 km par D 768 et rte secondaire – ✉ 56510 St-Pierre-Quiberon

Le Petit Hôtel du Grand Large ≤ VISA

11 quai St-Ivy – ✆ 02 97 30 91 61 – Fermé 12 nov.-4 fév.

6 ch – 70/90 € 90/110 €, 8 € – ½ P 95/125 € – **Rest** – *(fermé mardi et merc. sauf juil.-août)* Menu 35 €

◆ Toutes les chambres de cette charmante auberge familiale, joliment refaites par une décoratrice, donnent sur les flots ou le petit port de la Côte Sauvage. Les produits du terroir (poissons sauvages notamment) ont la faveur du chef-patron de ce bistrot marin.

QUIÉVRECHAIN – 59 Nord – 302 K5 – rattaché à Valenciennes

QUILINEN – 29 Finistère – 308 G6 – rattaché à Quimper

QUILLAN – 11 Aude – 344 E5 – 3 542 h. – alt. 291 m – ✉ 11500

Languedoc Roussillon 22 **A3**

Paris 797 – Andorra la Vella 113 – Carcassonne 52 – Foix 64 – Limoux 28 – Perpignan 76

Office de tourisme, boulevard Charles-de-Gaulle ✆ 04 68 20 07 78, Fax 04 68 20 04 91

Défilé de Pierre Lys★ S : 5 km.

Cartier rest, VISA

31 bd Ch. de Gaulle – ✆ 04 68 20 05 14 – infos@hotelcartier.com – Fax 04 68 20 22 57
28 ch – 🛉35 € 🛉🛉46/65 €, ☕ 8 € – ½ P 53 € – **Rest** – *(fermé 15 déc.-20 mars et sam. midi sauf de juil. à sept.)* Menu 18/28 € – Carte 20/37 €
◆ Hôtel familial occupant un immeuble du début du 20e s. situé sur un boulevard passant. Chambres simples, mais bien tenues et insonorisées. Salle de restaurant rustique avec cheminée, où l'on sert des spécialités audoises : lapin à l'ail, cassoulet, rouzolle.

Canal avec ch VISA

36 bd Ch. de Gaulle – ✆ 04 68 20 08 62 – hotel-canal@wanadoo.fr – Fax 04 68 20 27 96 – Fermé 15-30 oct., dim. soir et lundi
13 ch – 🛉32/35 € 🛉🛉35/42 €, ☕ 7 € – ½ P 43/45 € – **Rest** – Menu 12 € (sem.)/32 € – Carte 24/41 € 🍷
◆ Sur l'artère principale de la ville, maison régionale où l'on déguste, en toute convivialité et dans un cadre sobre, une cuisine traditionnelle et locale. Chambres modestes.

QUIMPER 🅿 – 29 Finistère – 308 G7 – 63 238 h. – Agglo. 120 441 h. – alt. 41 m – ✉ 29000 Bretagne 9 B2

- Paris 564 – Brest 73 – Lorient 67 – Rennes 215 – St-Brieuc 130
- de Quimper-Cornouaille : ✆ 02 98 94 30 30, par ⑥ : 8 km AX.
- Office de tourisme, 7 rue de la Déesse ✆ 02 98 53 04 05, Fax 02 98 53 31 33
- Cathédrale St-Corentin★★ - Le vieux Quimper★ : Rue Kéréon★ ABY - Jardin de l'Évêché ≤★ BZ **K** - Mont-Frugy ≤★ ABZ - Musée des Beaux-Arts★★ BY **M**[1] - Musée départemental breton★ BZ **M**[2] - Musée de la faïence★ AX **M**[3] - Descente de l'Odet★★ en bateau 1 h 30 - Festival de Cornouaille★ (fin juillet).

Plan page ci-contre

Océania 20/100, 🅿 VISA

17 r. Poher, zone de Kerdrézec par rte de Bénodet – ✆ 02 98 90 46 26 – oceania.quimper@oceaniahotels.com – Fax 02 98 53 01 96
92 ch – 🛉95/125 € 🛉🛉95/125 €, ☕ 12 € – **Rest** – Menu (17 €), 20/25 € – Carte 22/31 € 🍷
◆ Hôtel de chaîne dans un secteur commercial, judicieusement entouré d'un îlot de verdure. Grandes chambres rénovées ; les "Océane" sont joliment design et très bien équipées. Salle à manger contemporaine aux tables un peu serrées. Terrasse près de la piscine.

Gradlon sans rest VISA

30 r. Brest – ✆ 02 98 95 04 39 – contact@hotel-gradlon.com – Fax 02 98 95 61 25 – Fermé de mi-déc. à mi-janv. BY **a**
22 ch – 🛉69/155 € 🛉🛉69/155 €, ☕ 12 €
◆ Agréables chambres personnalisées, donnant pour la plupart sur une jolie courette fleurie, tout comme la véranda où l'on sert les petits-déjeuners. Accueil familial attentionné.

Le Logis du Stang sans rest 🅿 VISA

allée de Stang-Youen, par r. Ch.Le Goffic, Est du plan – ✆ 02 98 52 00 55 – logis-du-stang@wanadoo.fr – Fax 02 98 52 00 55 – Fermé 20 déc.-5 fév.
3 ch ☕ – 🛉48/58 € 🛉🛉63/80 €
◆ Ce manoir du 19e s. entouré d'un ravissant jardin clos a été rénové avec goût. Trois chambres réellement délicieuses, dont deux dans l'ancienne grange, et accueil aux petits soins.

Les Acacias 🅿 VISA

85 bd Creac'h Gwen – ✆ 02 98 52 15 20 – acacias-qper@wanadoo.fr – Fax 02 98 10 11 48 – Fermé 16 août-4 sept., dim. soir et sam. BX **b**
Rest – Menu 18 € (sem.)/48 € – Carte 38/57 € 🍷
◆ Restaurant aménagé dans une engageante maison contemporaine agrémentée d'un jardin bien fleuri. Cuisine classique servie dans une salle à manger moderne et lumineuse.

L'Ambroisie 12, VISA

49 r. Elie Fréron – ✆ 02 98 95 00 02 – gilbert.guyon@wanadoo.fr – Fax 02 98 95 00 02 – Fermé vacances de la Toussaint et lundi sauf août
Rest – Menu 24 € (déj. en sem.), 36/73 € – Carte 61/69 € 🍷 BY **u**
◆ Petite salle à manger contemporaine décorée d'originales peintures sur bois ; on y savoure une cuisine régionale actualisée privilégiant les produits locaux.

QUIMPER

Astor (R.) . . . . **AYZ** 2
Bécharles (Av. de) . . . . **BV** 3
Beurre (Pl. au) . . . . **BY** 4
Boucheries (R. des) . . . . **BY** 6
Chapeau-Rouge (R. du) . . . . . **AY** 9
Concarneau (R. de) . . . . **BX** 10
Créac'h Gwen (Bd de) . . . . . . **BX** 12
Gare (Av. de la) . . . . **BX** 15
Guéodet (R. du) . . . . **BY** 16
Gutenberg (Bd) . . . . **BX** 17
Le Hars (R. Th.) . . . . **BZ** 24
Jacob (Pont Max) . . . . **AZ** 18
Kéréon (R.) . . . . **ABY**
Kerguélen (Bd Amiral de) . . . . **BZ** 23
Libération (Av. de la) . . . . **BX** 25
Locmaria (Allées) . . . . **AZ** 26
Luzel (R.) . . . . **BY** 28
Mairie (R. de la) . . . . **BY** 29
Moulin-Vert (R. du) . . . . **AV** 30
Parc (R. du) . . . . **ABZ** 34
Pont-l'Abbé (R. de) . . . . **AX** 35
Potiers (Ch. des) . . . . **BX** 37
Poulguinan (Bd de) . . . . **AX** 38
Résistance-et-du-Gén.-de-Gaulle (Pl. de la) . . . . **AZ** 40
Ronarc'h (R. Amiral) . . . . **AZ** 42
Ste-Catherine (R.) . . . . **BZ** 48
Ste-Thérèse (R.) . . . . **BZ** 50
St-Corentin (Pl.) . . . . **BZ** 43
St-François (R.) . . . . **BZ** 45
St-Mathieu (R.) . . . . **AZ** 47
Sallé (R. du) . . . . **BY** 52
Steir (Quai du) . . . . **AZ** 53
Terre-au-Duc (Pl.) . . . . **AY** 54
Tour-d'Auvergne (R. de la) . . . **BX** 58
Ty-Nay (Rte de) . . . . **BV** 60

LOCRONAN PLOGONNEC
BRIEC
MORLAIX BREST CHÂTEAULIN
0 500 m
GOURVILY
KERFEUNTEUN
CUZON
MOULIN VERT
PARC DES EXPOSITIONS
CITÉ ADMINISTRATIVE
Croix des Gardiens
DOUARNENEZ
TERRE NOIRE
POINTE DU RAZ AUDIERNE
GOURMELEN
Z.I. DE L'HIPPODROME
ST-BRIEUC CORAY
PENHARS
VELODROME
LOCMARIA
CORNOUAILLE
les 4 Chemins
LE BRADEN
ERGUÉ-ARMEL
RENNES LORIENT
PRAT-MARIA
I.U.T.
Bd Flandres-Dunkerque 1940
PONT-L'ABBÉ PLUGUFFAN
PORT DU CORNIGUEL
FOUESNANT BÉNODET
CONCARNEAU

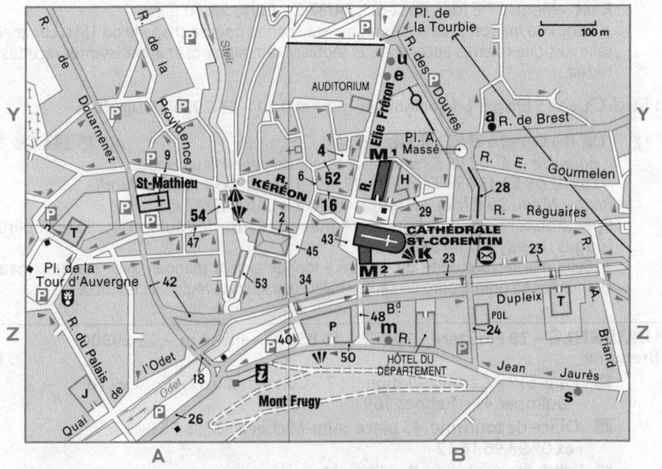

X **Fleur de Sel**

1 quai Neuf – ✆ 02 98 55 04 71 – Fax 02 98 55 04 71 – Fermé 24 déc.-5 janv., sam. midi, dim. et fériés AX **v**

Rest – Menu 21 € (sauf samedi soir)/36 € – Carte 28/54 € ♀

◆ Dans un quartier pittoresque, cette adresse (réservée aux non-fumeurs) propose des plats traditionnels dans une salle à manger largement ouverte sur le cours de l'Odet.

X **Ailleurs**

43 r. Elie Fréron – ✆ 02 98 95 56 32 – Fax 02 98 95 56 32 – Fermé sam. midi, dim. et lundi BY **e**

Rest – Carte 36/49 € ♀

◆ Épris de voyages, le chef réalise une cuisine du monde (à dominante asiatique) rythmée par les saisons. La carte des vins, tout aussi dépaysante, escorte cette escapade exotique.

X **L'Assiette**

5 bis r. J. Jaurès – ✆ 02 98 53 03 65 – Fermé 30 juil.-19 août, lundi soir, merc. soir et dim. BZ **s**

Rest – Menu (13,50 €), 17/22 € – Carte 27/33 € ♀

◆ Sympathique adresse familiale entre gare et centre-ville. Décor mi-bistrot, mi-brasserie et tables joliment dressées. Recettes traditionnelles simples et fraîches.

X **La VIIe Vague**

72 r. J. Jaurès – ✆ 02 98 53 33 10 – Fax 02 98 52 23 85 – Fermé 1er-15 août, sam. et dim. BZ **m**

Rest – Menu (14,50 €), 19 € (déj. en sem.)/25 € – Carte 25/51 € ♀

◆ Décor "tendance" sobre et reposant, paisible terrasse et séduisante cuisine du terroir (le soir, carte thématique basée sur le chiffre 7) : cette table a le vent en poupe.

à Ty-Sanquer 7 km au Nord par D 770 – ✉ 29000 Quimper

XX **Auberge de Ti-Coz** 12, P VISA

– ✆ 02 98 94 50 02 – restaurant-ty-coz@wanadoo.fr – Fax 02 98 94 56 37 – Fermé 17 sept.-9 oct., mardi soir et merc. soir de sept. à juin, dim. soir et lundi sauf fériés

Rest – Menu 19 € (déj. en sem.), 25/56 € – Carte 30/48 € ♀

◆ Charmante petite auberge locale au cadre actuel où le chef concocte une cuisine traditionnelle actualisée (épices, produits du Sud, légumes d'antan, etc.). Vins de propriétaires.

à Quilinen 11 km par ① et D 770 – ✉ 29510 Landrevarzec

X **Auberge de Quilinen**

– ✆ 02 98 57 93 63 – aubergedequilinen@wanadoo.fr – Fax 02 98 57 94 49 – Fermé 6-28 août, mardi soir, merc. soir, dim. soir et lundi

Rest – Menu 17 € (déj. en sem.), 24/37 € – Carte 28/40 € ♀

◆ Coquette maison située dans un hameau connu pour sa chapelle du 15e s. Lumineuse salle rustique (pierres apparentes et mobilier campagnard) et appétissantes recettes du terroir.

au Sud-Ouest 5 km par bd Poulguinan - AX - et D 20 – ✉ 29700 Pluguffan

XXX **La Roseraie de Bel Air** (Hénaff) P VISA AE

r. Boissière – ✆ 02 98 53 50 80 – roseraie-de-bel-air@wanadoo.fr – Fax 02 98 53 43 65 – Fermé 21-28 mai, 10 sept.-4 oct., dim. et lundi

Rest – Menu 25 € (déj. en sem.), 48/86 € – Carte 47/73 € ♀

Spéc. Poissons de petits bateaux. Agneau de l'anse de Pouldon (avril à sept.). Fruits rouges du pays (printemps-été).

◆ Belle maison bretonne du 19e s. La longue salle à manger, avec ses deux hautes cheminées en granit, offre un cadre chaleureux. Cuisine régionale revisitée.

QUIMPERLÉ – 29 Finistère – 308 J7 – 10 850 h. – alt. 30 m – ✉ 29300

Bretagne 9 **B2**

Paris 517 – Carhaix-Plouguer 57 – Concarneau 32 – Pontivy 76 – Quimper 49 – Rennes 169

Office de tourisme, 45 place Saint-Michel ✆ 02 98 96 04 32, Fax 02 98 96 16 12

Église Ste-Croix★★ - Rue Dom-Morice★.

Le Vintage sans rest

20 r. Bremond d'Ars – ✆ 02 98 35 09 10 – bistrodelatour@wanadoo.fr – Fax 02 98 35 09 29

10 ch – 58 € 80 €, 10,50 €

◆ Cette belle façade du 19e s. dissimule un hôtel contemporain voué au culte du vin. Chambres personnalisées par des fresques originales et un mobilier actuel.

Le Bistro de la Tour

2 r. Dom Morice – ✆ 02 98 39 29 58 – bistrodelatour@wanadoo.fr – Fax 02 98 39 21 77 – Fermé dim. midi en juil.-août, dim. soir hors saison, lundi sauf le soir en juil.-août et sam. midi

Rest – Menu (20 €), 29/53 € bc – Carte 38/51 €

◆ Ce bistrot "rétro" et cossu (bibelots, tableaux, bouteilles) sert de généreux petits plats oscillant entre tradition et terroir. Belle carte des vins. Épicerie fine attenante.

La Cigale Egarée

Villeneuve-Braouic par rte de Lorient – ✆ 02 98 39 15 53 – Fermé vacances de la Toussaint, dim. et lundi

Rest – *(nombre de couverts limité, prévenir)* Menu (17 €), 21 € (déj. en sem.), 32/62 €

◆ Au fond d'une Z.I., table atypique occupant une maison ocre sur jardin. Cuisine d'avant-garde servie dans un joli décor néo-provençal : cette cigale-là s'est vraiment égarée !

au Nord-Est 6 km par rte d'Arzano et D 22 – ✉ 29300 Arzano

Château de Kerlarec ch, rest,

– ✆ 02 98 71 75 06 – chateau-de-kerlarec@wanadoo.fr – Fax 02 98 71 74 55

6 ch – 70/90 € 78/110 € – ½ P 50/70 € – **Rest** – table d'hôte *(dîner seult) (résidents seult)* Menu 20/25 €

◆ Les propriétaires de ce château du Second Empire, passionnés de brocante, ont joliment meublé les chambres et les autres pièces de leurs trouvailles de styles et d'époques divers. La table d'hôte (uniquement sur demande) propose crêpes, plateaux de fruits de mer et recettes du terroir.

QUINCIÉ-EN-BEAUJOLAIS – 69 Rhône – 327 G3 – 1 121 h. – alt. 325 m – ✉ 69430

43 **E1**

Paris 428 – Beaujeu 6 – Bourg-en-Bresse 55 – Lyon 57 – Mâcon 33 – Roanne 66

Le Mont-Brouilly ch, rest, ch, 20/30,

Le Pont des Samsons, 2,5 km à l'Est par D 37 – ✆ 04 74 04 33 73 – contact@hotelbrouilly.com – Fax 04 74 04 30 10 – Fermé 23-30 déc., 3 fév.-2 mars, dim. soir d'oct. à mai et lundi

29 ch – 59/65 € 65/69 €, 8 € – ½ P 60/70 € – **Rest** – Menu 19 € (déj. en sem.), 22/50 € – Carte 32/47 €

◆ Au pied du mont Brouilly, entourée de vignes, hôtel des années 1980 où l'on s'endort dans des chambres fonctionnelles toutes identiques. Vaste salle à manger offrant une vue sympathique sur le jardin ; à table, recettes traditionnelles.

QUINÉVILLE – 50 Manche – 303 E2 – 292 h. – alt. 29 m – ✉ 50310

Normandie Cotentin

32 **A1**

Paris 338 – Barfleur 21 – Carentan 31 – Cherbourg 37 – St-Lô 59

Office de tourisme, 17 avenue de la Plage ✆ 02 33 94 46 70

Château de Quinéville ch, rest,

– ✆ 02 33 21 42 67 – chateau.quineville@wanadoo.com – Fax 02 33 21 05 79 – Fermé 1er janv.-31 mars

30 ch – 95/125 € 95/125 €, 11 € – ½ P 77 € – **Rest** – *(ouvert 1er avril-1er nov.) (dîner seult)* Menu 31 € – Carte 27/41 €

◆ Les chambres, en général assez sobres, sont plus grandes et récentes dans les ex-écuries que dans le château (18e s.). Parc avec vestiges romains, tour du 14e s., serres et étang. Salle à manger de caractère face à un bel écrin de verdure. Plats traditionnels.

QUINGEY – 25 Doubs – 321 F4 – 1 049 h. – alt. 275 m – ✉ 25440 16 B2

Paris 397 – Besançon 23 – Dijon 84 – Dole 36 – Gray 54

La Truite de la Loue avec ch — rest, VISA MC

– ✆ 03 81 63 60 14 – *latruitedelaloue@wanadoo.fr – Fax 03 81 63 84 77*
– Fermé 8-31 janv., 26 fév.-7 mars, mardi soir et merc. de nov. à avril
10 ch – 38/44 € 38/50 €, 8 € – ½ P 45 € – **Rest** – Menu 18 € (sem.)/43 € – Carte 19/53 €

♦ Petite salle de restaurant campagnarde dont les fenêtres ouvrent sur la Loue. Cuisine régionale et spécialités de truites directement capturées dans le vivier de la maison.

QUINSON – 04 Alpes-de-Haute-Provence – 334 E10 – 350 h. – alt. 370 m – ✉ 04500 Alpes-du-Sud 41 C2

Paris 804 – Aix-en-Provence 76 – Brignoles 44 – Castellane 72 – Digne-les-Bains 62

Syndicat d'initiative, rue Saint-Esprit ✆ 04 92 74 01 12

Relais Notre-Dame ch, P VISA MC

– ✆ 04 92 74 40 01 – *relais-notre-dame@club-internet.fr – Fax 04 92 74 02 10*
– Hôtel: fermé 15 nov.-30 mars; rest.: fermé 15 déc.-15 fév.
13 ch – 40/42 € 50/59 €, 7 € – ½ P 50/56 € – **Rest** – *(fermé le soir 15 nov.-30 mars, lundi soir et mardi)* Menu (22 €), 16 € (déj. en sem.), 23/40 €

♦ Sur la route des gorges du Verdon, hôtel familial et son joli jardin, voisins du musée de la Préhistoire. Chambres de style rustico-provençal (sans TV) dont deux refaites. Agréable restaurant et verdoyante terrasse au calme ; plats régionaux, truffe en saison.

QUINTIN – 22 Côtes-d'Armor – 309 E4 – 2 611 h. – alt. 180 m – ✉ 22800 Bretagne 10 C2

Paris 463 – Lamballe 35 – Loudéac 31 – St-Brieuc 18

Office de tourisme, 6 place 1830 ✆ 02 96 74 01 51, Fax 02 96 74 06 82

Du Commerce VISA MC

2 r. Rochonen – ✆ *02 96 74 94 67 – hotelducommerce@cegetel.net*
– Fax 02 96 74 00 94 – Fermé 20 mars-5 avril, 25 août-3 sept., 22 déc.-7 janv.
11 ch – 45/55 € 50/66 €, 9 € – ½ P 53/60 € – **Rest** – *(fermé vend. midi du 14 juil. au 15 août, vend. soir du 15 août au 14 juil., dim. soir et lundi)* Menu 14 € (sem. sauf en saison)/42 € – Carte 42/58 €

♦ Cette imposante maison en granit qui daterait du 18e s. était autrefois un relais de diligence. Les chambres, non-fumeurs et personnalisées, sont soigneusement entretenues. Salle à manger rustique (sans tabac) dotée d'une cheminée aux armes des ducs de Bretagne.

RABAT-LES-TROIS-SEIGNEURS – 09 Ariège – 343 H7 – rattaché à Tarascon-sur-Ariège

RAISMES – 59 Nord – 302 I5 – rattaché à Valenciennes

RAMATUELLE – 83 Var – 340 O6 – 2 131 h. – alt. 136 m – ✉ 83350 Côte d'Azur 41 C3

Paris 873 – Fréjus 35 – Le Lavandou 34 – St-Tropez 10 – Ste-Maxime 15 – Toulon 70

Office de tourisme, place de l'Ormeau ✆ 04 98 12 64 00, Fax 04 94 79 12 66

Col de Collebasse ≤★ S : 4 km.

Le Baou — ≤ village, ch, rest, P VISA MC AE

av. Gustave Etienne – ✆ *04 98 12 94 20 – hostellerie.lebaou@wanadoo.fr*
– Fax 04 98 12 94 21 – Ouvert de mi-mai à début oct.
35 ch – 190/235 € 190/350 €, 19 €, 8 duplex
Rest ***La Terrasse*** – *(dîner seult)* Menu 55/72 € – Carte 72/89 €

♦ Le Baou (sommet, en provençal) porte bien son nom : il domine l'anse de Pampelonne. Chambres spacieuses et contemporaines ; toutes possèdent un balcon et profitent de la vue. Élégante salle à manger et terrasse panoramique tournée vers le village et la mer.

La Ferme d'Hermès sans rest — cuisinette P VISA MC
Sud-Est : 2,5 km par rte l'Escalet et chemin privé – ✆ 04 94 79 27 80 – lafermedhermes@aol.com – Fax 04 94 79 26 86 – Ouvert 1er avril-1er nov. et 27 déc.-10 janv.
9 ch – 115/165 € 115/235 €, 13 €
◆ Grand mas isolé au cœur du vignoble. Tomettes, poutres et jardin planté d'oliviers, de lauriers roses et de lavande : un vrai concentré de Provence ! Délicieux accueil.

La Vigne de Ramatuelle sans rest — AC P VISA MC AE
rte La Croix-Valmer, 3 km – ✆ 04 94 79 12 50 – contact@hotel-vignederamatuelle.com – Fax 04 94 79 13 20 – Ouvert 1er avril-15 oct.
14 ch – 95/255 € 95/255 €, 14,50 €
◆ Au milieu des vignes, villa aux murs ocre conciliant charme, tranquillité et atmosphère de maison privée. Meubles chinés, bibelots et vieux livres personnalisent les chambres.

La Forge — AC VISA MC
r. Victor Léon – ✆ 04 94 79 25 56 – laforge-ramatuelle@wanadoo.fr – Fax 04 94 79 29 54 – Ouvert 1er avril-30 oct. et fermé le midi en juil.-août et merc.
Rest – Menu 37 € – Carte 52/64 €
◆ L'ancienne forge (témoins : le soufflet et l'enclume) abrite désormais une salle de restaurant au cadre méridional soigné. Ambiance conviviale et terrasse en teck côté rue.

L'Ecurie du Castellas et H. Lou Castellas avec ch
rte Moulins de Paillas – campagne de Ramatuelle, P VISA MC
✆ 04 94 79 11 59 – lecurieducastellas@wanadoo.fr – Fax 04 94 79 21 04
16 ch – 76/91 € 98/140 € – **Rest** – Menu 33/46 € – Carte 52/63 €
◆ Votre regard se focalisera-t'il sur le décor provençal, sur le panorama de rêve dominant la campagne et la mer, ou sur l'appétissante cuisine régionale ? Les trois, pardi !

par rte de St-Tropez 4 km – ✉ 83350 Ramatuelle

Villa Marie — Spa AC ch, rest, P VISA MC AE
chemin Val Rian – ✆ 04 94 97 40 22 – contact@villamarie.fr – Fax 04 94 97 37 55 – Ouvert 27 avril-8 oct.
42 ch – 250/850 € 250/850 €, 29 € – **Rest** – Carte 65/117 €
◆ Raffinement, luxe et charme réunis sous le même toit en cette villa enchanteresse nichée dans une pinède dominant la baie de Pampelonne. Séduisant restaurant : camaïeu de beige, mobilier original, terrasse ombragée, vue sur le littoral et cuisine ensoleillée.

à la Bonne Terrasse 5 km à l'Est par D 93 et rte de Camarat – ✉ 83350 Ramatuelle

Chez Camille — P VISA MC
– ✆ 04 98 12 68 98 – Ouvert 31 mars-7 oct. et fermé vend. midi et mardi
Rest – *(prévenir en saison et le week-end)* Menu 36/68 €
◆ Depuis 1913, pères et fils se succèdent en cuisine dans ce restaurant agréablement situé "les pieds dans l'eau". On y vient pour la bouillabaisse et les poissons grillés.

RAMBERVILLERS – 88 Vosges – 314 H2 – 5 999 h. – alt. 287 m – ✉ 88700

27 **C3**

Paris 407 – Epinal 27 – Lunéville 36 – Nancy 68 – St-Dié-des-Vosges 29

Syndicat d'initiative, 2 place du 30 Septembre ✆ 03 29 65 49 10, Fax 03 29 65 25 20

Mirabelle — VISA MC
6 r. Église – ✆ 03 29 65 37 37 – Fermé 16 août-15 sept., 10 janv.-10 fév., le soir du dim. au jeudi et merc.
Rest – Menu 13 € (déj. en sem.), 35 € bc/57 € bc – Carte 26/56 €
◆ Tête de veau et desserts à la mirabelle figurent parmi les spécialités de ce restaurant aménagé dans une maison bourgeoise. Cadre contemporain, tons chauds, mobilier régional.

RAMBOUILLET ⟨SP⟩ – 78 Yvelines – 311 G4 – 24 758 h. – alt. 160 m – ✉ 78120
Île de France 18 **A2**

▶ Paris 53 – Chartres 42 – Mantes-la-Jolie 50 – Orléans 93 – Versailles 35

ℹ Office de tourisme, place de la Libération ☎ 01 34 83 21 21

⛳18 de Forges-les-Bains à Forges-les-Bains Route du Général Leclerc, E : 22 km par D 906 et D 24, ☎ 01 64 91 48 18.

◉ Boiseries★ du château - Parc★★ : laiterie de la Reine★ Z **B** - chaumière aux coquillages★ Z **E** - Bergerie nationale★ Z - Forêt de Rambouillet★.

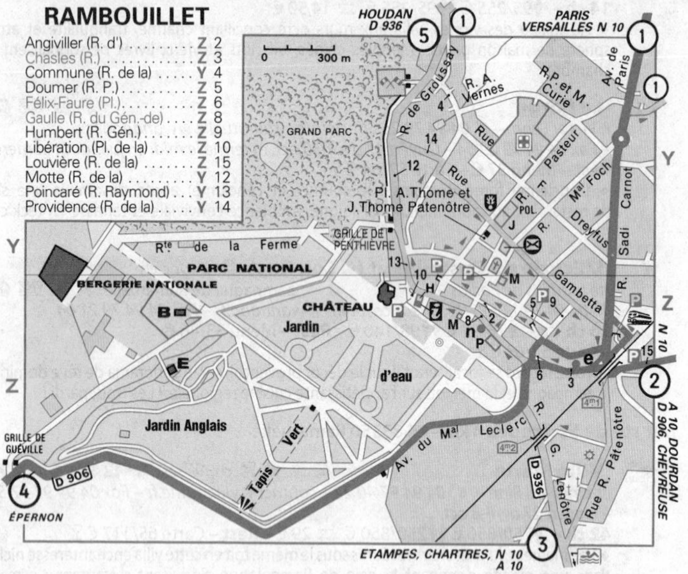

Mercure Relays du Château sans rest 300,
1 pl. Libération – ☎ 01 34 57 30 00 – relays@mercure-rambouillet.com – Fax 01 30 46 23 91 Z
– **83 ch** – 🛉96/120 € 🛉🛉104/165 €, ☕ 12,50 €

◆ Face au château, ex-relais de poste (16e s.) superbement rénové : l'intérieur mêle avec goût les touches anciennes et modernes. Chambres bien équipées et d'un grand confort.

✗ **Cheval Rouge**
78 r. Gén. de Gaulle – ☎ 01 30 88 80 61 – cpommier@aol.com – Fax 01 34 83 91 60 – Fermé dim. soir et mardi Z **n**
Rest – Menu 26 € (sem.)/32 € – Carte 29/76 € 𝕐

◆ Adresse appréciée pour son cadre d'inspiration provençale et sa cuisine traditionnelle. À midi en semaine, la salle à manger-véranda propose une formule de type brasserie.

✗ **L'Huître sur le Zinc**
15 r. Chasles – ☎ 01 30 46 22 58 – lhuitresurlezinc@wanadoo.fr – Fermé 10-17 avril, 6-27 août, 17 déc.-2 janv. Z **e**
Rest – Menu 35 € (déj. sauf dim.) – Carte 44/94 € 𝕐

◆ Ce restaurant cuisine exclusivement des produits de la mer issus de la poissonnerie adjacente tenue par le frère du chef-patron. Agréable décor marin et beau jardin-terrasse.

à Gazeran 5 km par ④ – 1 156 h. – alt. 162 m – ✉ 78125

XXX **Villa Marinette** avec ch
20 av. Gén. de Gaulle – ✆ 01 34 83 19 01 – villamarinette@wanadoo.fr – Fax 01 30 88 83 65 – Fermé 20 août-10 sept., 2-15 janv., mardi midi, dim. soir et lundi
5 ch – 🛉80/95 € 🛉🛉80/95 €, ☕ 10 € – **Rest** – Menu 25 € (déj. en sem.)/55 € – Carte 41/58 € ♀
◆ La salle à manger, chaleureuse et soignée, et la terrasse dressée dans le délicieux jardin clos invitent à découvrir les goûteuses recettes mitonnées par le chef. Chambres "cosy".

RAMONVILLE-ST-AGNE – 31 Haute-Garonne – 343 G3 – rattaché à Toulouse

RANCÉ – 01 Ain – 328 C5 – 498 h. – alt. 282 m – ✉ 01390 43 E1

▶ Paris 437 – Bourg-en-Bresse 44 – Lyon 32 – Villefranche-sur-Saône 13

X **De Rancé**
– ✆ 04 74 00 81 83 – jeanmarc.martin3@wanadoo.fr – Fax 04 74 00 87 08 – Fermé 7-19 janv., dim. soir, mardi soir et lundi
Rest – Menu 14,50 € (sem.)/58 € – Carte 29/73 € ♀
◆ Dans un hameau situé à proximité de la route des étangs. Vaste salle à manger rustique insensible aux phénomènes de modes où l'on propose une cuisine dombiste.

RANCOURT – 80 Somme – 301 K7 – rattaché à Péronne

RANDAN – 63 Puy-de-Dôme – 326 H6 – 1 360 h. – alt. 407 m – ✉ 63310

Auvergne 6 C2

▶ Paris 367 – Clermont-Ferrand 41 – Gannat 22 – Riom 26 – Thiers 32 – Vichy 15

ℹ Syndicat d'initiative, 11 place de la Mairie ✆ 04 70 41 50 02, Fax 04 70 56 14 79

◎ Villeneuve-les-Cerfs : pigeonnier★ O : 2 km.

XX **Centre** avec ch
pl. Halle – ✆ 04 70 41 50 23 – jay-lefort@wanadoo.fr – Fax 04 70 56 14 78 – Fermé 15 oct.-8 déc., dim. soir, mardi soir et merc. sauf juil.-août
8 ch – 🛉40 € 🛉🛉40/65 €, ☕ 7 € – ½ P 35 € – **Rest** – Menu 12 € (sem.)/28 € – Carte 20/35 € ♀
◆ À deux pas du domaine royal de Randan, belle façade en briques et décor agreste plus ou moins prononcé (poutres, cheminée) selon les salles à manger. Chambres actuelles.

RÂNES – 61 Orne – 310 H3 – 964 h. – alt. 237 m – ✉ 61150

Normandie Cotentin 32 B3

▶ Paris 212 – Alençon 40 – Argentan 20 – Bagnoles-de-l'Orne 20 – Falaise 34

ℹ Syndicat d'initiative, Mairie ✆ 02 33 39 73 87, Fax 02 33 39 79 77

St-Pierre
6 r. Libération – ✆ 02 33 39 75 14 – info@hotelsaintpierreranes.com – Fax 02 33 35 49 23
12 ch – 🛉48 € 🛉🛉58 €, ☕ 8 € – ½ P 60 € – **Rest** – *(fermé vend. soir)* Menu (16 € bc), 24/43 € – Carte 30/35 € ♀
◆ Belle maison régionale dont les petites chambres rustiques soignées sont personnalisées et chaleureusement colorées. La cuisine, inspirée du terroir, met à l'honneur les tripes et les cuisses de grenouilles. Accueil chaleureux.

RAON-L'ÉTAPE – 88 Vosges – 314 J2 – 6 749 h. – alt. 284 m – ✉ 88110 27 C2

▶ Paris 380 – Épinal 45 – Nancy 70 – Neufchâteau 115 – St-Dié 19 – Sarrebourg 59

ℹ Office de tourisme, rue Jules Ferry ✆ 03 29 41 28 65, Fax 03 29 41 28 66

XX **Relais Lorraine Alsace** avec ch

31 r. J. Ferry – ✆ 03 29 41 61 93 – relaislorrainealsace@wanadoo.fr – Fax 03 29 41 93 09 – Fermé nov.

10 ch – 54/61 € 54/61 €, 6 € – ½ P 50 € – **Rest** – *(fermé lundi)*
Menu (15 €), 17 € (sem.)/35 € – Carte 21/45 €

◆ Salle à manger cossue dévolue aux repas traditionnels, café-brasserie et, à l'étage, ambiance orientale et spécialités marocaines (en fin de semaine). Chambres confortables.

RASTEAU – 84 Vaucluse – **332** C8 – **rattaché à Vaison-la-Romaine**

LE RAULY – 24 Dordogne – **329** D7 – **rattaché à Bergerac**

LE RAYOL-CANADEL-SUR-MER – 83 Var – **340** N7 – **700 h.** – **alt. 100 m** – ✉ **83820** 41 **C3**

Paris 886 – Fréjus 49 – Hyères 35 – Le Lavandou 13 – St-Tropez 27

Office de tourisme, place Michel Goy ✆ 04 94 05 65 69, Fax 04 94 05 51 80

Le Bailli de Suffren < Iles d'Hyères, 10/25,

Le Rayol – ✆ 04 98 04 47 00 – infos@lebaillidesuffren.com – Fax 04 98 04 47 99 – Ouvert 14 avril-15 oct.

53 ch – 184/430 € 184/430 €, 22 €

Rest ***Praya*** – Menu 55/70 € – Carte 64/74 €

Rest ***L'Escale*** – *(ouvert 15 mai-30 sept.) (déjeuner seult sauf juin, juil. et août)*
Carte 38/49 €

◆ Superbe vue sur les îles d'Hyères depuis ce bel hôtel dominant sa plage privée. Les chambres, spacieuses et raffinées, sont dotées de balcons ou de terrasses. Salle à manger feutrée et terrasse panoramique à La Praya. Déjeuner au bord de la mer à l'Escale.

RÉ (ÎLE DE) – 17 Charente-Maritime – **324** B2 – **voir à Île de Ré**

RÉALMONT – 81 Tarn – **338** F8 – **2 850 h.** – **alt. 212 m** – ✉ **81120** 29 **C2**

Paris 704 – Albi 21 – Castres 24 – Graulhet 18 – Lacaune 57 – St-Affrique 84 – Toulouse 78

Office de tourisme, 8 place de la République ✆ 05 63 79 05 45, Fax 05 63 79 05 36

XX **Les Secrets Gourmands**

72 av. Gén. de Gaulle (N 112) – ✆ 05 63 79 07 67 – les-secrets-gourmands@wanadoo.fr – Fax 05 63 79 07 69 – Fermé 27 août-3 sept., 7-27 janv., dim. soir et mardi

Rest – Menu 19 € (sem.)/50 € – Carte 36/46 €

◆ Trois petites salles à manger raffinées, rehaussées de tableaux contemporains, ouvertes sur une agréable terrasse d'été. Goûteuse cuisine actuelle et un menu consacré au terroir.

REDON – 35 Ille-et-Vilaine – **309** J9 – **9 499 h.** – **alt. 10 m** – ✉ **35600**
Bretagne 10 **C3**

Paris 410 – Nantes 78 – Rennes 65 – St-Nazaire 53 – Vannes 59

Office du Tourisme, pl. de la République ✆ 02 99 71 06 04, Fax 02 99 71 01 59

Tour★ de l'église St-Sauveur.

Plan page ci-contre

Bel Hôtel sans rest

42 av. J. Burel à St-Nicolas-de-Redon, par ② – ✆ 02 99 71 10 10 – belhotel@wanadoo.fr – Fax 02 99 72 33 03 – Fermé 24 déc.-2 janv.

33 ch – 42/52 € 42/52 €, 6,50 €

◆ Ce hôtel situé dans une zone commerciale dispose de chambres fonctionnelles, bien tenues et parfois agrémentées d'un mobilier de style. Petit-déjeuner sous forme de buffet.

REDON

Bonne-Nouvelle (Bd) . . . . Y 2
Bretagne (Pl. de) . . . . Y 3
Desmars (R. Joseph) . . . . Y 5
Douves (Pont des). . . . . Z 6
Douves (R. des) . . . . YZ
Duchesse-Anne (Pl.) . . . . Y 7
Duguay-Trouin (Quai). . . . . Z 8
Duguesclin (R.) . . . . YZ 9
Enfer (R. d') . . . . Z 13
États (R. des) . . . . Y 14
Foch (R. du Mar.). . . . . Y 16
Gare (Av. de la) . . . . Y 17
Gascon (Av. E.) . . . . Y 19
Grande-R. . . . . Z 23
Jeanne-d'Arc (R.) . . . . Z 25
Jeu-de-Paume (R. du) . . . . Z 26
Liberté (Bd de la) . . . . Y 30
Martin (R. du Capit.) . . . . Y 31
Notre-Dame (R.) . . . . Y 32
Parlement (Pl. du) . . . . Y 33
Plessis (R. du) . . . . Z 34
Port (R. du). . . . . Z 36
Poulard (R. Lucien) . . . . Z 37
Richelieu (R.) . . . . Y 39
St-Nicolas (Pont) . . . . Z 43
Victor-Hugo (R.) . . . . Y 50

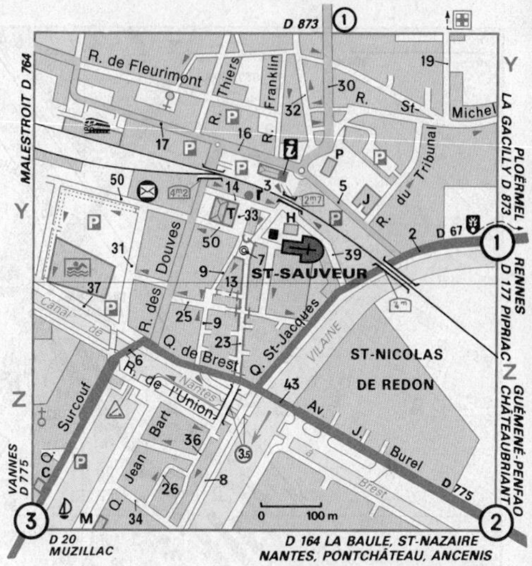

La Bogue

3 r. Etats – ✆ 02 99 71 12 95 – labogue@wanadoo.fr – Fax 02 99 71 12 95 – Fermé dim. soir et lundi Y **r**

Rest – Menu 21/55 € – Carte 31/51 €

◆ Face aux halles, cette maison des 16e et 17e s. abrite un intérieur rustique rafraîchi il y a peu. Cuisine traditionnelle et, en saison, spécialités à base de marrons.

rte de La Gacilly 3 km par ① et D 873 – ✉ 35600 Redon

Moulin de Via

– ✆ 02 99 71 05 16 – Fax 02 99 71 08 36 – Fermé 1er-15 mars, 1er-16 sept., 1er-20 janv., jeudi soir et merc. d'oct. à juin, dim. soir, mardi soir et lundi

Rest – Menu 22/65 € – Carte environ 40 €

◆ Mobilier champêtre, poutres et cheminée participent au charme campagnard de cet ancien moulin à eau blotti dans la verdure. Terrasse ombragée grande ouverte sur le jardin.

REICHSTETT – 67 Bas-Rhin – 315 K5 – rattaché à Strasbourg

REILHAC – 43 Haute-Loire – 331 C3 – rattaché à Langeac

REIMS – 51 Marne – 306 G7 – 187 206 h. – Agglo. 215 581 h. – alt. 85 m – ✉ 51100 Champagne Ardenne

13 **B2**

- Paris 144 – Bruxelles 218 – Châlons-en-Champagne 48 – Lille 208
- Reims-Champagne : ✆ 03 26 07 15 15, D 74 : 6 km U.
- Office de tourisme, 2 r. Guillaume de Machault ✆ 03 26 77 45 00
- de Reims-Champagne à Gueux Château des Dames de France, par rte de Paris : 9 km, ✆ 03 26 05 46 10.
- Cathédrale Notre-Dame★★★ - Basilique St-Rémi★★ : intérieur★★★ - Palais du Tau★★ BY **V** - Caves de Champagne★★ BCX, CZ - Place Royale★ - Porte Mars★ - Hôtel de la Salle★ BY **R** - Chapelle Foujita★ - Bibliothèque★ de l'ancien Collège des Jésuites BZ **C** - Musée St-Rémi★★ CZ **M4** - Musée-hôtel Le Vergeur★ BX **M3** - Musée des Beaux-Arts★ BY **M2**.
- Fort de la Pompelle (casques allemands★) 9 km par ③.

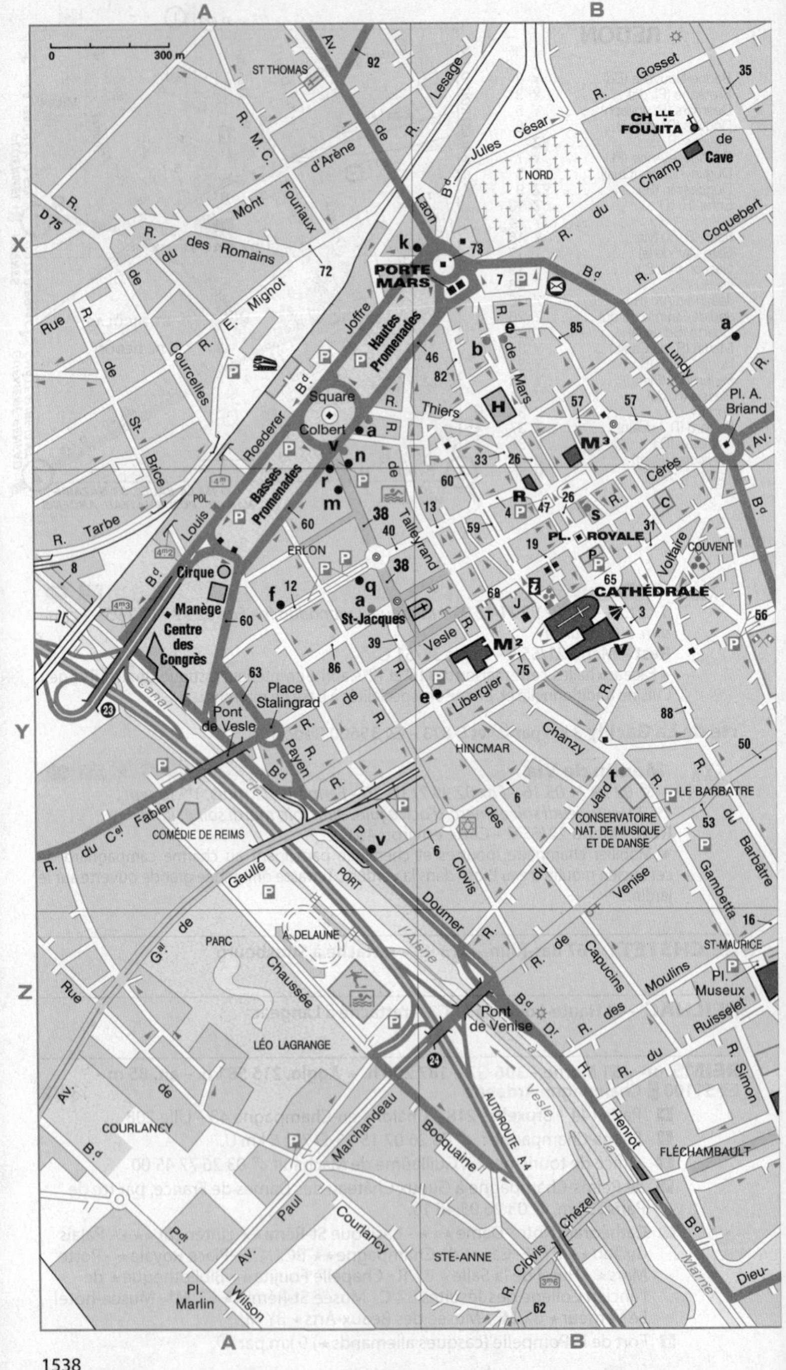

A
B
0
300 m
ST THOMAS
Av.
92
R. Gosset
35
R. M. C.
de R. Lesage
CH LLE FOUJITA
de Cave
Jules César
Bd
NORD
Champ
d'Arène
Laon
R. du
Coquebert
R.
Mont
Fouriaux
D 75
X
R. du des Romains
72
k
73
PORTE MARS
7
Bd
R.
de
Mignot
E.
Joffre
Hautes Promenades
R. e de Mars
85
a
Rue
R.
Courcelles
R.
b
46
82
Lundy
R.
de
Bd
Square Colbert
a
R.
Thiers
H
57
57
Pl. A. Briand
Av.
Roederer
St-Brice
v
n
M3
33
26
Cères
Bd
POL.
4m
Basses Promenades
r
m
de
60
R
26
R.
C
13
4
47
S
Louis
38
40
Talleyrand
59
31
R. Tarbe
60
ERLON
PL. ROYALE
COUVENT
4m2
19
Voltaire
8
Bd
Cirque
38
P
Manège
f
12
q
a
68
65
CATHÉDRALE
4m3
St-Jacques
J
T
3
56
60
Centre des Congrès
39
Vesle
R.
M2
V
86
R.
75
63
Place Stalingrad
de
e
Libergier
R.
88
23
Canal
Pont de Vesle
R.
R.
R.
HINCMAR
Chanzy
50
Y
Payen
Bd
R.
de
t
Jard
R.
LE BARBATRE
6
Fabien
R. du Cel
P.
v
CONSERVATOIRE NAT. DE MUSIQUE ET DE DANSE
53
du Barbâtre
COMÉDIE DE REIMS
des
6
Gaulle
PORT
Clovis
du
Venise
Gambetta
R.
Doumer
16
de
A. DELAUNE
l'Aisne
R.
R. de
Capucins
ST-MAURICE
Gal
PARC
Chaussée
Moulins
Pl. Museux
Z
Rue
Bd
Pont de Venise
Dr
R. des
Ruisselet
LÉO LAGRANGE
24
H.
R. du
R. Simon
Av.
de
AUTOROUTE A4
Vesle
la
COURLANCY
Marchandeau
Bocquaine
Henrot
FLÉCHAMBAULT
Bd
Paul
Chézel
Bd
Pdt
Courlancy
R. Clovis
STE-ANNE
Av.
3m6
Marne
Dieu-
Pl. Marlin
Wilson
62
A
B

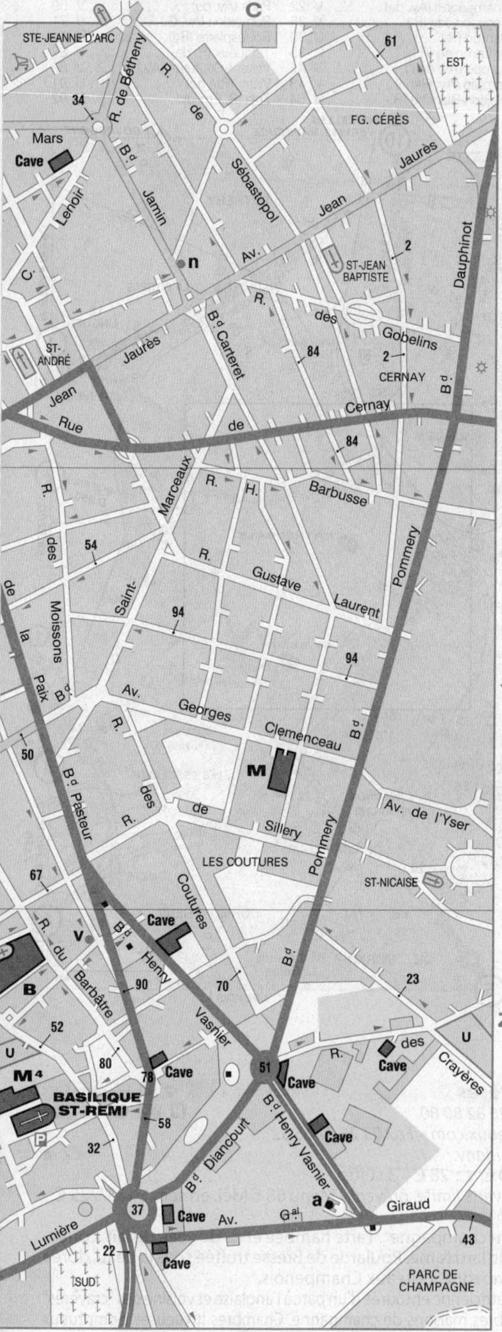
C
STE-JEANNE D'ARC
R. de Bétheny
R. de Sébastopol
61
EST
34
FG. CÉRÈS
Mars
Cave
Bd Jamin
Lenoir
Jean Jaurès
Av.
n
2
ST-JEAN BAPTISTE
Dauphinot
R. des Gobelins
ST-ANDRÉ
Jaurès
Bd Carteret
84
2
CERNAY
Jean
Rue de Cernay
84
Marceaux
R. H. Barbusse
R. des Moissons
54
R. Gustave Laurent
Pommery
de la Paix
Saint-
94
94
Bd
Av. Georges Clemenceau
50
R. des
M
Bd Pasteur
R. de Sillery
Av. de l'Yser
LES COUTURES
Couturès
ST-NICAISE
67
Cave
R. du Barbâtre
V
B
Bd Henry Vasnier
90
70
23
52
80
U
U
R. des Crayères
M4
BASILIQUE ST-REMI
78
Cave
51
Cave
Cave
58
32
Bd Diancourt
Bd Henry Vasnier
a
37
Cave
Av. Gal Giraud
43
Lumière
22
Cave
SUD
PARC DE CHAMPAGNE
X
Y
Z
C

REIMS

REIMS

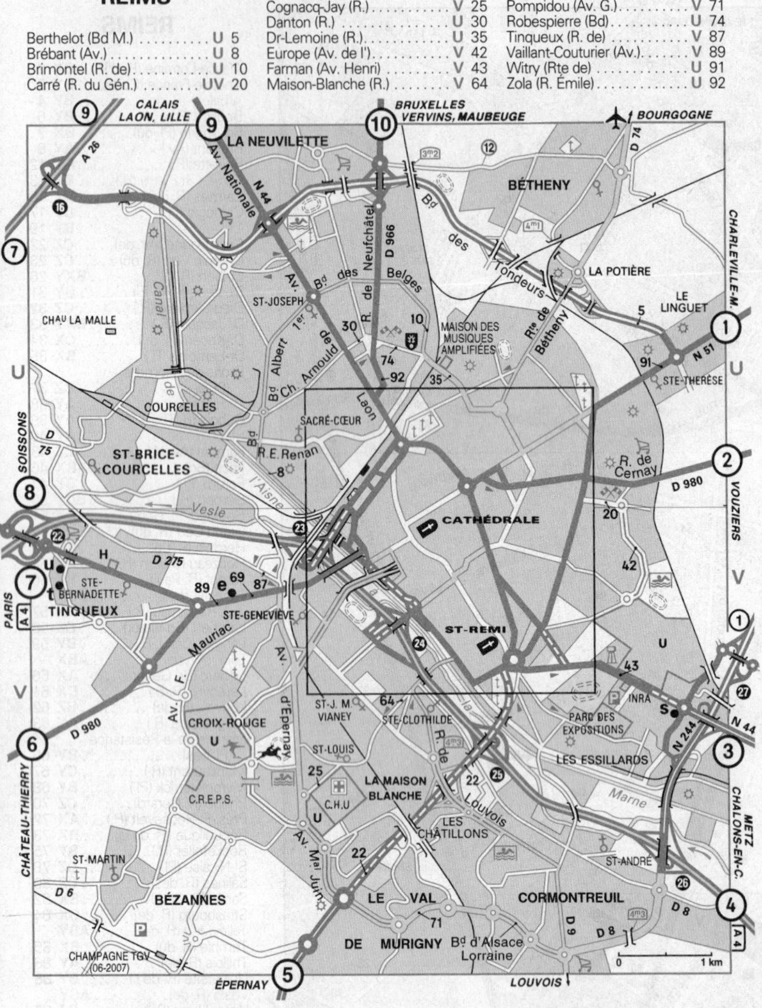

Château les Crayères

rest,

64 bd Vasnier – ✆ 03 26 82 80 80
– crayeres@relaischateaux.com – Fax 03 26 82 65 52
– Fermé de mi-déc. à mi-janv. CZ **a**

17 ch – †285 € ††410 €, ☕ 28 € – 3 suites –

Rest – *(nombre de couverts limité, prévenir)* Menu 68 € (déj. en sem.), 135/225 € – Carte 122/170 €

Spéc. Menu "Autour du champagne". Tarte flambée et ris de veau de lait, coriandre, oignons au goût de lard fumé. Poularde de Bresse truffée sous la peau, dorée à la broche. **Vins** Champagne, Coteaux Champenois.

◆ Ravissante demeure patricienne entourée d'un parc à l'anglaise et voisine des "crayères" gallo-romaines des célèbres maisons de champagne. Chambres luxueuses. Somptueux décor en salle, terrasse dressée dans la cour d'honneur et cuisine au goût du jour.

L'Assiette Champenoise (Lallement) ch,
à Tinqueux, rest, rest, 10/20, VISA
40 av. Paul Vaillant-Couturier 51430 – 03 26 84 64 64
– assiette.champenoise@wanadoo.fr – Fax 03 26 04 15 69 V **e**
40 ch – 140/190 € 140/190 €, 14 € – 15 suites –
Rest – *(fermé 11-26 fév., merc. midi et mardi)* Menu 65 € (déj. en sem.), 120/140 € – Carte 104/116 €

Spéc. Langoustines royales rôties, citron, en gelée. Turbot breton, Château-Chalon, cacahuètes. Cochon noir de Gascogne glacé aux épices. **Vins** Champagne, Bouzy.

◆ Dans un parc fleuri, ravissante maison de maître prolongée d'une aile récente abritant de plaisantes chambres rénovées ; certaines bénéficient d'un salon. Élégante salle à manger (tons pastel), agréable terrasse et délicieuse cuisine au goût du jour.

De la Paix ch, ch, 10/200,
9 r. Buirette – 03 26 40 04 08 – reservation@hotel-lapaix.fr – Fax 03 26 47 75 04 VISA AY **q**
169 ch – 115/175 € 115/175 €, 12 € – 1 suite –
Rest – Carte 25/65 €

◆ Rénové et agrandi, cet hôtel dispose de chambres contemporaines complètant celles agréablement meublées dans des tons de bois clairs. Beau salon-bar, piscine et fitness. Restaurant d'esprit taverne proposant une carte brasserie (choucroute et fruits de mer).

Holiday Inn Garden Court ch, ch, 30,
46 r. Buirette – 03 26 78 99 99 – higcreims@alliance-hospitality.com – Fax 03 26 78 99 90 VISA AY **f**
80 ch – 110/125 € 110/125 €, 12 € – 2 suites – **Rest** – Menu 19 € – Carte 26/41 €

◆ Situation pratique entre le centre des congrès et la pétillante place Drouet-d'Erlon (cafés, restaurants, cinémas). Chambres actuelles. Un ascenseur vitré mène à la salle à manger panoramique située au 7e étage de l'Holiday Inn. Cuisine traditionnelle.

Mercure-Cathédrale ch, 15/80, VISA
31 bd P. Doumer – 03 26 84 49 49 – h1248@accor.com
– Fax 03 26 84 49 84 AY **v**
126 ch – 67/160 € 72/168 €, 13 € – **Rest** – *(fermé sam. midi, dim. midi et le midi du 14 juil. au 26 août et du 22 déc. au 6 janv.)* Menu (18 €), 25/30 € – Carte 27/32 €

◆ Grand bâtiment posté au bord du boulevard longeant le canal. Hall décoré à la gloire du champagne. Chambres spacieuses, bien équipées et insonorisées. Le restaurant, situé à l'étage, profite de la vue sur les péniches amarrées.

Le Grand Hôtel des Templiers sans rest
22 r. Templiers – 03 26 88 55 08 VISA
– hotel.templiers@wanadoo.fr – Fax 03 26 47 80 60 BX **a**
18 ch – 190/280 € 190/280 €, 25 €

◆ Luxe et raffinement sont au rendez-vous dans cette belle demeure du 19e s. : mobilier de style, opulence des tissus, salon-bar bourgeois et chambres feutrées.

Grand Hotel de l'Univers rest, 15/100, VISA
41 bd Foch – 03 26 88 68 08 – contact@hotel-univers-reims.com
– Fax 03 26 40 95 61 AX **a**
42 ch – 64/94 € 69/105 €, 11,50 € – **Rest** – *(fermé dim. soir du 18 nov. au 10 mars)* Menu 18 € (sem.), 23/45 € – Carte 35/51 €

◆ Bordant un boulevard arboré, établissement au cadre d'inspiration Art déco. Chambres confortables, équipées du double vitrage et d'un système wi-fi. Salon-bar "cosy". Le restaurant est habillé d'élégantes boiseries sombres. Cuisine de tradition.

Grand Hotel Continental sans rest VISA
93 pl. Drouet-d'Erlon – 03 26 40 39 35 – grand-hotel-continental@wanadoo.fr
– Fax 03 26 47 51 12 – Fermé 21 déc.-7 janv. AXY **r**
50 ch – 59/180 € 72/180 €, 12 €

◆ Belle façade de la fin du 19e s. abritant un plaisant salon bourgeois sous un haut plafond mouluré et des chambres de divers styles, desservies par un magnifique escalier.

Crystal sans rest
86 pl. Drouet-d'Erlon – ✆ 03 26 88 44 44 – hotelcrystal@wanadoo.fr – Fax 03 26 47 49 28 – Fermé 24 déc.-3 janv. AXY **n**
31 ch – 52/60 € 60/70 €, 9 €
◆ Sympathique maison blottie dans un jardin fleuri où l'on sert le petit-déjeuner dès l'arrivée des beaux jours. Petites chambres rajeunies et bien tenues.

Porte Mars sans rest
2 pl. République – ✆ 03 26 40 28 35 – hotel.porte-mars@wanadoo.fr – Fax 03 26 88 92 12 AX **k**
24 ch – 71 € 79 €, 11 €
◆ Les chambres, habillées de boiseries, sont parfaitement insonorisées et climatisées. Salon "cosy" où le feu crépite dans la cheminée. Petit-déjeuner gourmand servi sous une verrière.

Grand Hôtel du Nord sans rest
75 pl. Drouet-d'Erlon – ✆ 03 26 47 39 03 – grandhoteldunord-reims@wanadoo.fr – Fax 03 26 40 92 26 AY **m**
50 ch – 52/61 € 60/74 €, 8,50 €
◆ Sur une place animée, fière façade ravalée. Chambres en majorité rénovées (mobilier rustique). Le décor du hall et de l'espace petits-déjeuners a été revu dans un style actuel.

De la Cathédrale sans rest
20 r. Libergier – ✆ 03 26 47 28 46 – hoteldelacathedrale@wanadoo.fr – Fax 03 26 88 65 81 BY **e**
17 ch – 53/60 € 60/66 €, 7 €
◆ Immeuble d'angle abritant des chambres de dimensions modestes, mais confortables. Tenue sans défaut. Au bout de la rue apparaît, majestueuse, la cathédrale Notre-Dame.

Foch (Louazé)
37 bd Foch – ✆ 03 26 47 48 22 – mjackylouaze@aol.com – Fax 03 26 88 78 22 – Fermé 23 juil.-20 août, 11-25 fév., sam. midi, dim. soir et lundi AX **a**
Rest – Menu 33 € (sem.)/75 € – Carte 65/93 €
Spéc. Raviole virtuelle de Saint-Jacques et huîtres Marennes-Oléron (mi-oct. à fin avril). Bar cuit entier en terre d'argile de Vallauris. Homard bleu cuit dans sa coque (mai à sept.). **Vins** Champagne.
◆ Le restaurant borde les Promenades, ces cours ombragés dessinés au 18e s. Chaleureuse salle à manger habillée de boiseries et salon intime. Fine cuisine au goût du jour.

Le Millénaire (Laplaige)
4 r. Bertin – ✆ 03 26 08 26 62 – contact@lemillenaire.com – Fax 03 26 84 24 13 – Fermé sam. midi et dim. BY **s**
Rest – Menu 28 € (sem.)/72 € – Carte 66/87 €
Spéc. Oeuf mollet aux cèpes et crème de champignons (mi-août à fin sept.). Marmite de turbot, bar et homard sauce américaine. Escalopes de ris de veau. **Vins** Champagne.
◆ Salle à manger contemporaine rehaussée d'expositions de tableaux en ce restaurant voisin de la place Royale ; l'on y propose une savoureuse cuisine dans l'air du temps.

Continental
95 pl. Drouet d'Erlon – ✆ 03 26 47 01 47 – lecontinental-restaurant@wanadoo.fr – Fax 03 26 40 95 60 AXY **r**
Rest – Menu 19 € bc (sem.)/65 € bc – Carte 30/53 €
◆ Bordant une longue place piétonne, table au goût du jour relookée dans l'esprit champenois. Un monumental cep de vigne doré trône en salle. Bar à champagne ; terrasse sur cour.

La Vigneraie
14 r. Thillois – ✆ 03 26 88 67 27 – lavigneraie@wanadoo.fr – Fax 03 26 40 26 67 – Fermé 23 juil.-20 août, 24 fév.-11 mars, dim. soir, merc. midi et lundi AY **a**
Rest – *(nombre de couverts limité, prévenir)* Menu (17 €), 23 € (déj. en sem.), 30/62 € – Carte 50/67 €
◆ Restaurant dont la façade vitrée dissimule une coquette salle à manger de style contemporain aux murs ensoleillés. Cuisine au goût du jour et belle carte des vins.

Flo

96 pl. Drouet d'Erlon – ✆ 03 26 91 40 50 – ljugand@groupeflo.fr – Fax 03 26 91 40 54 AX **v**

Rest – brasserie Menu 30 € – Carte 27/55 €

◆ Joli cadre d'inspiration Art déco, nombreux havres d'intimité et terrasse en rotonde prise d'assaut aux beaux jours caractérisent cette grande brasserie, ex-cercle militaire.

Au Petit Comptoir

17 r. Mars – ✆ 03 26 40 58 58 – aupetitcomptoir@wanadoo.fr – Fax 03 26 47 26 19 – Fermé 7-18 août, 23 déc.-8 janv., dim. et lundi BX **b**

Rest – Menu 15 € bc (déj. en sem.), 29/37 €

◆ Sobre intérieur actuel pour ce restaurant décoré sur le thème du champagne. Généreuse cuisine de bistrot mise au goût du jour, vins d'ici et du monde.

Brasserie Le Boulingrin

48 r. Mars – ✆ 03 26 40 96 22 – boulingrin@wanadoo.fr – Fax 03 26 40 03 92 – Fermé dim. BX **e**

Rest – Menu 18 € bc/24 € – Carte 23/40 €

◆ Cette brasserie de 1925 a préservé son plaisant cadre Art déco, notamment ses jolies fresques bachiques. C'est l'un des lieux de rendez-vous des Rémois.

Le Jamin

18 bd Jamin – ✆ 03 26 07 37 30 – eurl-jamin@wanadoo.fr – Fax 03 26 02 09 64 – Fermé 13-31 août, 14-28 janv., dim. soir et lundi CX **n**

Rest – Menu (12,50 € bc), 20 € bc/30 € – Carte 27/39 €

◆ Petit restaurant de quartier où vous prendrez vos repas dans un sage décor actuel. Les suggestions du jour sont indiquées sur l'ardoise ; cuisine traditionnelle.

Les Charmes

11 r. Brûlart – ✆ 03 26 85 37 63 – jgoyeux@club-internet.fr – Fax 03 26 36 21 00 – Fermé vacances de printemps, 23 juil.-23 août, 1er-6 janv., sam. midi, lundi soir et dim. CZ **v**

Rest – Menu 14,50 € (déj. en sem.), 30/38 €

◆ Proche des grandes caves de champagne et de la basilique St-Remi, sympathique salle de restaurant familiale (non-fumeurs) agrémentée de peintures sur bois. Bon choix de whiskies.

La Table Anna

6 r. Gambetta – ✆ 03 26 89 12 12 – latableanna@wanadoo.fr – Fax 03 26 89 12 12 – Fermé 15-23 avril, 24 juil.-18 août, 25 déc.-1er janv., dim. soir et lundi BY **t**

Rest – Menu (13 € bc), 23/37 € – Carte 30/36 €

◆ Le "chef-artiste-étalagiste" est l'auteur de certains tableaux accrochés aux murs et compose lui-même ses vitrines. Confort simple et atmosphère familiale. Menus attrayants.

rte de Châlons-en-Champagne 3 km vers ③ – ✉ 51100 Reims

Mercure-Parc des Expositions

– ✆ 03 26 05 00 08 – h0363@accor.com – Fax 03 26 85 64 72 ch, ch, 15/100, V **s**

101 ch – 69/105 € 76/115 €, 13 € – **Rest** – *(Fermé déc., sam. midi, dim. midi et midi fériés)* Menu 25 € – Carte 28/44 €

◆ Construction des années 1970 abritant des chambres rafraîchies, de style contemporain ou au décor plus simple et fonctionnel. Le restaurant, agrandi d'une véranda, est égayé par une fresque sur le vignoble champenois.

à Sillery 11 km par ③ et D 8E – 1 655 h. – alt. 90 m – ✉ 51500

Relais de Sillery

– ✆ 03 26 49 10 11 – Fax 03 26 49 12 07 – Fermé 19 fév.-11 mars, 12 août-23 sept., 2-8 janv., mardi soir, dim. soir, et lundi

Rest – Menu 21 € (sem.)/49 € – Carte 41/57 €

◆ La salle à manger dispose d'un cadre élégant tandis que la plaisante terrasse d'été offre la vue sur la Vesle et un beau jardin à l'anglaise. Appétissants plats classiques.

à Montchenot 11 km par ⑤ – ✉ 51500 – Villiers-Allerand

XXX **Grand Cerf** (Giraudeau et Champion)
50 rte N 51 – ✆ 03 26 97 60 07 – Fax 03 26 97 64 24 – *Fermé 13-31 août, 11-25 fév., dim. soir, mardi soir et merc.*
Rest – Menu 34 € (sem.)/88 € – Carte 80/108 €
Spéc. Homard-melon (mai à sept.) ou homard-poire (oct. à avril). Saint-Pierre sauce verjutée. Ris de veau en écailles de châtaignes, sauce aux truffes (sept. à mars). **Vins** Champagne, Coteaux Champenois.
◆ L'auberge, située au pied de la Montagne de Reims, héberge deux élégantes salles habillées de boiseries, dont une en véranda ouverte sur le jardin. Belle cuisine classique.

par ⑦ 6 km, autoroute A 4 sortie Tinqueux – ✉ 51430 Tinqueux

Novotel ch, ch, 10/150, V u
– ✆ 03 26 08 11 61 – h0428@accor.com – Fax 03 26 08 72 05
127 ch – 97 € 108 €, 13 € – **Rest** – Carte 22/33 €
◆ À proximité de l'échangeur autoroutier, hôtel des années 1970 abritant des chambres plaisamment refaites dans un esprit contemporain. L'agréable terrasse d'été du restaurant, dressée face à la piscine, est fort prisée.

Tip Top Hôtel sans rest
1 av. AFN – ✆ 03 26 83 84 85 – info@tiptop-hotel.com – Fax 03 26 49 58 25 V t
66 ch – 57 € 62 €, 7 €
◆ Hôtel récent proche de l'autoroute. Concept à la fois fonctionnel et chaleureux utilisant des matériaux de qualité pour voyageurs à la recherche d'une étape "tip-top".

REIPERTSWILLER – 67 Bas-Rhin – 315 I3 – 933 h. – alt. 230 m – ✉ 67340

Alsace Lorraine 1 A1

Paris 450 – Bitche 19 – Haguenau 33 – Sarreguemines 48 – Saverne 32 – Strasbourg 54

La Couronne rest, 25,
13 r. Wimmenau – ✆ 03 88 89 96 21 – sb.kuhm@wanadoo.fr – Fax 03 88 89 98 22 – *Fermé 25 juin-5 juil., 13-30 nov., 11-28 fév.*
16 ch – 47/51 € 51/60 €, 9 € – ½ P 55/59 € – **Rest** – *(fermé merc. soir sauf de juin à sept., dim. soir d'oct. à fév., merc., jeudi et le soir en janv.-fév., lundi et mardi)* Menu 18 € (déj. en sem.), 29/49 € – Carte 30/59 €
◆ Derrière les murs de cette maison de style régional se cache un intérieur moderne décoré avec soin. Chambres fonctionnelles ouvertes sur la nature. Goûteuse cuisine classique servie dans un ravissant décor d'inspiration Art nouveau composé de boiseries en noyer.

LA REMIGEASSE – 17 Charente-Maritime – 324 C4 – voir à Île d'Oléron

REMIREMONT – 88 Vosges – 314 H4 – 8 538 h. – alt. 400 m – ✉ 88200

Alsace Lorraine 27 C3

Paris 413 – Belfort 70 – Colmar 80 – Épinal 28 – Mulhouse 81 – Vesoul 66

Office de tourisme, 2 rue Charles-de-Gaulle ✆ 03 29 62 23 70, Fax 03 29 23 96 79

Rue Ch.-de-Gaulle★ - Crypte★ de l'abbatiale St-Pierre.

Plan page ci-contre

Du Cheval de Bronze sans rest
59 r. Ch. de Gaulle – ✆ 03 29 62 52 24 – hotel-du-cheval-de-bronze@wanadoo.fr – Fax 03 29 62 34 90 – *Fermé nov.* B s
35 ch – 24/56 € 44/56 €, 7 €
◆ Hôtel aménagé dans un ancien relais de poste installé sous les pittoresques arcades du centre-ville. Chambres modestes mais bien tenues ; certaines ont été rénovées.

XX **Le Clos Heurtebise**
13 chemin des Capucins par r. Capit. Flayelle B – ✆ 03 29 62 08 04 – Fax 03 29 62 38 80 – *Fermé 1er-15 janv., dim. soir et lundi sauf fériés*
Rest – Menu 18 € (sem.)/60 € – Carte 43/56 €
◆ Aux portes de la cité des chanoinesses, restaurant au cadre rustique, devancé d'une terrasse tournée vers la forêt. Cuisine traditionnelle et spécialités de poissons.

REMIREMONT

Abbaye (Pl. de l') . . . . A 2
Calvaire (Av. du). . . . . A 3
Courtine (R. de la) . . . . A
Écoles (R. des) . . . . A 5
États-Unis (R. des) . . . . A 6
Franche-Pierre (R.) . . . . A 7
Gaulle (R. Ch.-de) . . . . AB
Prêtres (R. des) . . . . B 14
Utard (Pl. H.) . . . . A 15
Xavée (R. de la) . . . . A 16
5e-et-15e-B.C.P. (R. des) . . . . B 18

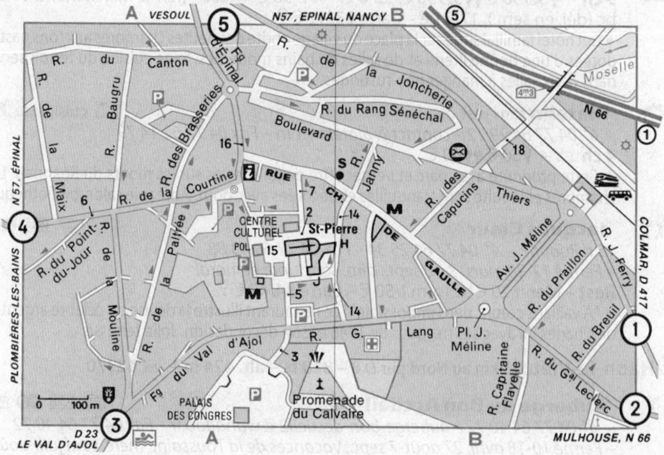

à St-Étienne-lès-Remiremont 2 km par ① – 4 057 h. – alt. 400 m – ✉ 88200

Le Chalet Blanc avec ch — 30, P VISA MC

34 r. Pêcheurs (face centre commercial) – ✆ 03 29 26 11 80 – lechaletblanc@hotmail.com – Fax 03 29 26 11 81 – Fermé 10-30 août

7 ch – 52/66 € 64/73 €, 7,50 € – ½ P 60/66 € – **Rest** – *(fermé sam. midi, dim. soir et lundi)* Menu 20 € (sem.)/65 € – Carte 53/58 €

◆ Accueil chaleureux, agréable salle lambrissée et cuisine au goût du jour : cette villa située dans une zone commerciale mérite le détour. Chambres modernes d'esprit colonial.

REMOULINS – 30 Gard – 339 M5 – 1 996 h. – alt. 27 m – ✉ 30210

Provence — 23 **D2**

- Paris 685 – Alès 50 – Arles 37 – Avignon 23 – Nîmes 23 – Orange 34 – Pont-St-Esprit 40
- Office de tourisme, place des Grands Jours ✆ 04 66 37 22 34

à St-Hilaire-d'Ozilhan 4,5 km au Nord-Est par D792 – 640 h. – alt. 55 m – ✉ 30210

L'Arceau — P VISA MC AE

1 r. Arceau – ✆ 04 66 37 34 45 – contact@hotel-arceau.com – Fax 04 66 37 33 90 – Fermé 30 nov.-14 fév., dim. soir, mardi midi et lundi hors saison

23 ch – 65/70 € 60/65 €, 8 € – ½ P 60 € – **Rest** – Menu 25/50 € – Carte 36/63 €

◆ Demeure du 18e s. à belle façade en pierre dans un village entouré par la garrigue. Les chambres, simples et assez grandes, sont bien tenues. Salle à manger néo-rustique égayée de tons provençaux, terrasse ombragée et cuisine mi-traditionnelle, mi-régionale.

RENAISON – 42 Loire – 327 C3 – 2 653 h. – alt. 387 m – ✉ 42370

Lyon et la Vallée du Rhône — 44 **A1**

- Paris 385 – Chauffailles 43 – Lapalisse 39 – Roanne 11 – St-Étienne 90 – Thiers 74 – Vichy 56
- Syndicat d'initiative, 50 route de Roanne ✆ 04 77 62 17 07
- Bourg★ de St-Haon-le-Châtel N : 2 km - Barrage de la Tache : rocher-belvédère★ O : 5 km.

Central

8 r. 10 Août 1944 – ✆ 04 77 64 25 39 – Fax 04 77 62 13 09 – Fermé fév.
9 ch – 🚹32/50 € 🚹🚹32/50 €, ☕ 6 € – ½ P 50 € – **Rest** – *(fermé merc.)* Menu 11 € bc (déj. en sem.), 17/31 € – Carte 23/42 € 🍷
♦ Cet hôtel familial situé sur la place du village abrite des petites chambres aux tons pastel, dotées d'une bonne literie et de salles de bains modernes. Sage cuisine du terroir servie dans deux salles à manger néo-rustiques.

Platelin sans rest

cuisinette

– ✆ 04 77 64 29 12 – contact@platelin.com – Fax 04 77 62 14 79
4 ch ☕ – 🚹60 € 🚹🚹60 €
♦ Cette propriété avec parc et verger offre de jolies vues sur les monts du Roannais. Les chambres et la suite sont tranquilles et décorées avec goût. Agréable salon-bibliothèque.

Jacques Cœur

15 r. Roanne – ✆ 04 77 64 25 34 – Fax 04 77 64 43 88
– Fermé 12-28 mars, 3-18 sept., dim. soir, lundi et mardi
Rest – Menu 20 € bc (sem.)/50 € – Carte 34/49 € 🍷
♦ "À vaillans cœurs, riens impossible" : ce restaurant illustre la devise du célèbre argentier de Charles VII avec ses fresques de 1946 et son décor design. Jolie terrasse.

St-Haon-le-Vieux **3 km au Nord par D 8 – 810 h. – alt. 424 m –** ✉ **42370**

Auberge du Bon Accueil

– ✆ 04 77 64 40 72 – auberge-bon-accueil2@wanadoo.fr – Fax 04 77 64 40 72
– Fermé 10-18 avril, 27 août-7 sept., vacances de la Toussaint, merc. sauf juil.-août, lundi et mardi
Rest – Menu (13 €), 20/45 € – Carte 25/51 € 🍷
♦ Cette auberge postée en bordure de la route départementale est devancée par un petit jardin. Sobre salle à manger rustique et cuisine traditionnelle bien tournée.

RENNES P – **35 Ille-et-Vilaine** – **309** L6 – **206 229 h.** – **Agglo. 272 263 h.** – **alt. 40 m** – ✉ **35000** Bretagne 10 **D2**

Paris 349 – Angers 129 – Brest 246 – Caen 185 – Le Mans 155 – Nantes 108

de Rennes-St-Jacques : ✆ 02 99 29 60 00, par ⑦ : 7 km.

Office de tourisme, 11 rue Saint-Yves ✆ 02 99 67 11 11, Fax 02 99 67 11 00

de la Freslonnière à Le Rheupar rte de Ploërmel : 7 km, ✆ 02 99 14 84 09 ; de Cicé Blossac à Bruz Domaine de Cicé-Blossac, par rte de Redon : 10 km, ✆ 02 99 52 79 79 ; de Cesson-Sévigné à Cesson-Sévigné Île de Tizé, E : 11 km par D 96, ✆ 02 99 83 26 74 ; de Rennes Saint-Jacques à Saint-Jacques-de-la-Lande Le Temple du Cerisier, par rte de Redon : 11 km, ✆ 02 99 30 18 18.

Le Vieux Rennes★★ - Jardin du Thabor★★ - Palais de justice★★ - Retable★★ à l'intérieur★ de la cathédrale St-Pierre AY - Musées : de Bretagne★, des Beaux-Arts★ BY **M.**

Plans pages suivantes

Mercure Colombier

ch, ch, 15/150,

1 r. Cap. Maignan – ✆ 02 99 29 73 73
– h1249@accor.com – Fax 02 99 29 54 00 ABZ **m**
142 ch – 🚹90/136 € 🚹🚹100/148 €, ☕ 14 € – **Rest** – Carte 21/30 € 🍷
♦ Le décor du hall évoque les chevaliers de la Table ronde et la forêt de Brocéliande. Chambres confortables, modernes et bien équipées. Nombreux aménagements pour séminaires.

Le Coq-Gadby

ch, rest, 150,

156 r. Antrain – ✆ 02 99 38 05 55 – lecoq-gadby@wanadoo.fr
– Fax 02 99 38 53 40 DU **x**
12 ch – 🚹118 € 🚹🚹145/165 €, ☕ 18 € – 1 suite
Rest ***La Coquerie*** – *(fermé 30 juil.-21 août, 2-15 janv., dim. et lundi)* Menu 33 € (déj.), 46/74 € – Carte 48/60 € 🍷
♦ Cette vénérable demeure abrite de jolies chambres raffinées et personnalisées, un bel espace "détente et soins" et plusieurs salons de réception. Séduisante salle à manger égayée de coqs et autres bibelots ; ses baies vitrées s'ouvrent sur le jardin.

RENNES

Bourgeois (Bd L.) . . . . DV 3
Canada (Av. du). . . . . CV 6
Churchill (Av. Sir W.). . . . . . . CU 13
Combes (Bd E.) . . . . DV 14
Duchesse-Anne (Bd de la) . DU 15
Guilloux (R. L.) . . . . CU 23
Laennec (Bd) . . . . DU 31
Leroux (Bd Oscar) . . . . DV 36
Lorient (R. de). . . . . CU 38
Maginot (Av. du Sergent) . . DU 39
Pompidou (Bd G.) . . . . CV 55
St-Brieuc (R. du) . . . . CU 64
St-Jean-Baptiste de la Salle (Bd) . . . . CU 70
Strasbourg (Bd de) . . . . DU 83
Ukraine (Allée d') . . . . CV 84
Vitré (Bd de) . . . . DU 87
Yser (Bd de l') . . . . CV 88
3-Croix (Bd des) . . . . CU 89

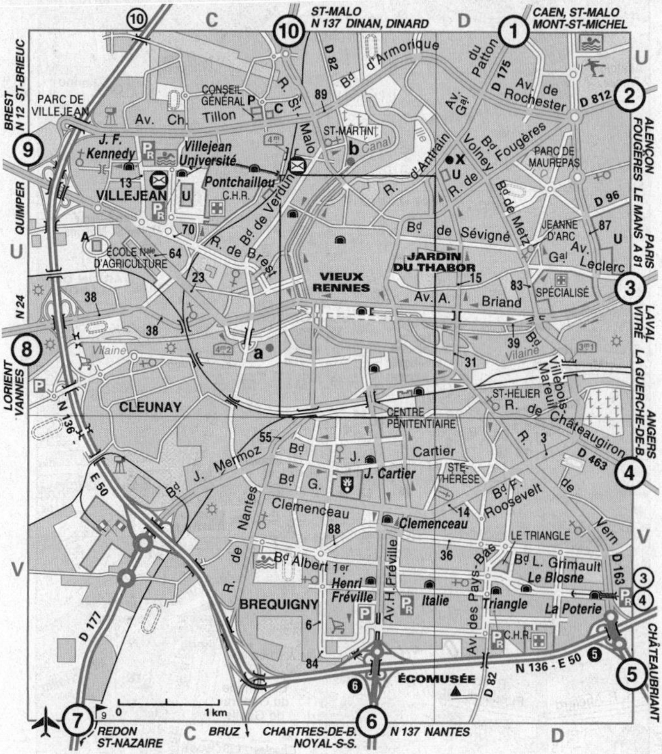

Anne de Bretagne sans rest 20, VISA
12 r. Tronjolly – ✆ 02 99 31 49 49 – hotelannedebretagne@wanadoo.fr – Fax 02 99 30 53 48 – Fermé 21-31 déc. AZ **q**
42 ch – 83 € 94/98 €, 10 €
◆ Cette construction des années 1970 profite d'une récente cure de jouvence : hall moderne, bar agréable, chambres chaleureuses et bien équipées (six avec baignoire à remous).

Mercure Place de Bretagne sans rest VISA
6 r. Lanjuinais – ✆ 02 99 79 12 36 – h2027@accor.com – Fax 02 99 79 65 76 AY **n**
48 ch – 55/110 € 70/132 €, 13 €
◆ En plein cœur de Rennes, hôtel contemporain aménagé derrière une façade centenaire réhabilitée. Bois blond et chaleureux tissus coordonnés agrémentent les chambres.

Mercure Pré Botté sans rest 20, VISA
r. Paul Louis Courier – ✆ 02 99 78 82 20 – h1056@accor.com – Fax 02 99 78 82 21 – Fermé 21 déc.-1er janv. BZ **t**
104 ch – 55/185 € 60/230 €, 14 €
◆ La décoration intérieure sur le thème de la presse rappelle que cet immeuble hébergeait autrefois l'imprimerie du journal Ouest-France. Chambres avant tout pratiques.

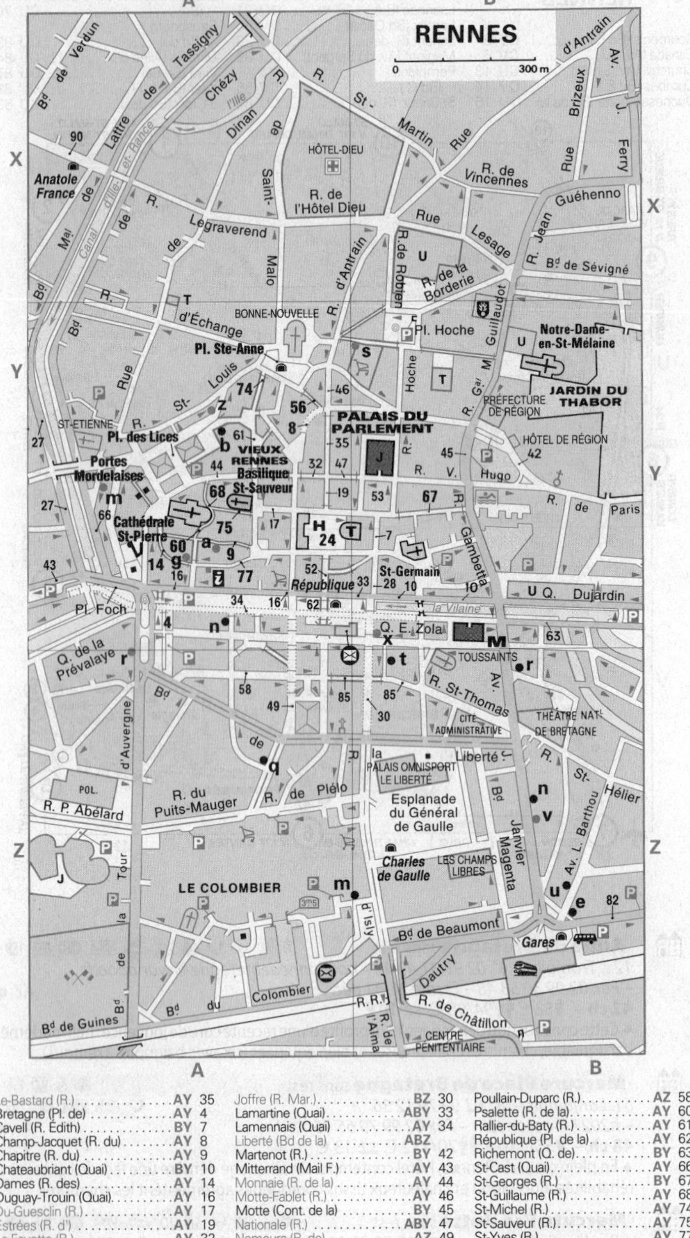

RENNES
0
300 m
A
B
X
Y
Z
Bd de Verdun
Tassigny
de Lattre
Chézy
l'Ille
Canal d'Ille-et-Rance
Dinan
R. de Saint-Malo
R. St-Martin
Rue
d'Antrain
Av. J. Ferry
Rue Brizeux
HÔTEL-DIEU
R. de l'Hôtel Dieu
R. de Vincennes
Rue Guéhenno
R. Jean Guéhenno
Anatole France
Mal
R. de Legraverend
Rue Lesage
R. de Robien
R. de la Borderie
Bd de Sévigné
R. d'Échange
BONNE-NOUVELLE
Pl. Hoche
Hoche
Guillaudot
R. Gal M.
Notre-Dame-en-St-Melaine
Pl. Ste-Anne
St-Louis
Rue St-Louis
JARDIN DU THABOR
PRÉFECTURE DE RÉGION
PALAIS DU PARLEMENT
HÔTEL DE RÉGION
ST-ETIENNE
Pl. des Lices
VIEUX RENNES
Basilique St-Sauveur
Portes Mordelaises
R. V. Hugo
R. de Paris
Cathédrale St-Pierre
Gambetta
St-Germain
République
Pl. Foch
Q. Dujardin
la Vilaine
Q. E. Zola
TOUSSAINTS
Q. de la Prévalaye
R. St-Thomas
CITÉ ADMINISTRATIVE
THÉÂTRE NATL DE BRETAGNE
Bd d'Auvergne
Bd de la Liberté
PALAIS OMNISPORT LE LIBERTÉ
Liberté
R. St-Hélier
POL.
R. P. Abélard
R. du Puits-Mauger
R. de Plélo
Esplanade du Général de Gaulle
Bd Magenta
Janvier
Av. L. Barthou
Charles de Gaulle
LES CHAMPS LIBRES
LE COLOMBIER
Bd de la Tour d'Auvergne
d'Isly
Bd de Beaumont
Gares
Dautry
Bd du Colombier
R. de Châtillon
R. de l'Alma
Bd de Guines
CENTRE PÉNITENTIAIRE

Britannia sans rest 20, VISA AE
Z. I. St Grégoire, bd la Robiquette, au Nord par rte St-Malo-CU-
✉ 35760 St-Grégoire – ✆ 02 99 54 03 03 – hotel.britannia@wanadoo.fr
– Fax 02 99 54 03 80 – Fermé 24 déc.-8 janv.
29 ch – †47/75 € ††47/86 €, ☕ 8,50 €
◆ Bâtiment moderne situé dans une zone commerciale sur la route de St-Malo. Les chambres s'y avèrent chaleureuses, bien conçues et dotées d'une isolation phonique efficace.

Président sans rest VISA AE
27 av. Janvier – ✆ 02 99 65 42 22 – hotelpresident@wanadoo.fr
– Fax 02 99 65 49 77 – Fermé 20 juil.-6 août et 21 déc.-7 janv. BZ **n**
34 ch – †69 € ††72 €, ☕ 8 €
◆ Le Président ose le mélange des styles : hall d'inspiration Art déco, salle des petits-déjeuners moderne et confortables chambres bourgeoisement meublées et insonorisées.

Des Lices sans rest VISA
7 pl. Lices – ✆ 02 99 79 14 81 – hotel.lices@wanadoo.fr – Fax 02 99 79 35 44
45 ch – †59 € ††63/66 €, ☕ 8,50 €
◆ La fameuse place des Lices, avec ses maisons à colombages et son marché couvert, est à vos pieds. Chambres modernes égayées de tons pastel et parfois dotées d'un petit balcon.

Astrid sans rest VISA AE
32 av. L. Barthou – ✆ 02 99 30 82 38 – hotelastrid@wanadoo.fr
– Fax 02 99 31 88 55 – Fermé 23 déc.-3 janv. BZ **u**
30 ch – †45/59 € ††48/75 €, ☕ 7 €
◆ Hall et salon rénovés, chambres fonctionnelles, colorées et soigneusement entretenues et coin petit-déjeuner donnant sur une courette verdoyante : une étape bien pratique.

Brest sans rest 15, VISA AE
15 pl. Gare – ✆ 02 99 30 35 83 – hotel.de.brest@wanadoo.fr – Fax 02 99 30 08 60
– Fermé 21 déc.-2 janv. BZ **e**
48 ch – †55/59 € ††59/69 €, ☕ 7,50 €
◆ Ce bâtiment ancien perpétue la tradition des hôtels de gare en proposant des chambres bien tenues, judicieusement rajeunies par de gaies tonalités et facturées à prix doux.

Garden Hôtel sans rest VISA AE
3 r. Duhamel – ✆ 02 99 65 45 06 – gardenhotel@wanadoo.fr – Fax 02 99 65 02 62
25 ch – †59 € ††68 €, ☕ 8 € BZ **r**
◆ Les chambres de cet hôtel familial portent toutes le nom d'une fleur ; certaines donnent sur un patio où l'on sert le petit-déjeuner à la belle saison.

La Fontaine aux Perles (Gesbert) VISA AE
quartier de la Poterie, 96 r. Poterie, par ④ – ✆ 02 99 53 90 90 – restaurant@lafontaineauxperles.com – Fax 02 99 53 47 77 – Fermé dim. sauf le midi de sept. à juil. et lundi
Rest – Menu 25 € (déj. en sem.), 35/75 € – Carte 63/88 €
Spéc. Mimosa de ris de veau et foie gras. Galette de blanc de barbue à l'andouille. Carré d'agneau aux cocos de Paimpol.
◆ Nouveau cadre moderne et raffiné pour ce manoir et ses originaux salons thématiques (champagne, vin, Stade Rennais). Cuisine personnalisée. Exquise terrasse dans un jardin arboré.

L'Escu de Runfao VISA AE
11 r. Chapître – ✆ 02 99 79 13 10 – escuderunfao@wanadoo.fr
– Fax 02 99 79 43 80 – Fermé 4-24 août, 21 fév.-2 mars, dim. de juil. à sept., sam. midi et dim. soir d'oct. à juin AY **a**
Rest – Menu 29 € (sem.)/89 € – Carte 65/83 €
◆ Dans une rue pittoresque du vieux Rennes, maison à colombages du 17e s. élégamment réactualisée sans perdre son cachet (poutres, cheminées). Cuisine actuelle et attrayante sélection de bordeaux.

L'Ouvrée VISA AE
18 pl. Lices – ✆ 02 99 30 16 38 – restaurantlouvree@wanadoo.fr – Fax 02 99 30 16 38
– Fermé 10-17 avril, 24 juil.-16 août, sam. midi, dim. soir et lundi AY **z**
Rest – Menu 14,50/32 € – Carte 30/41 €
◆ Cette maison (1659) coiffée d'un toit en carène fut épargnée par le grand incendie de 1720. Salle confortable et colorée. Cuisine classique ; belle carte de digestifs.

Le Four à Ban
4 r. St-Mélaine – ✆ 02 99 38 72 85 – fouraban@wanadoo.fr – Fax 02 99 63 19 44 – Fermé 14-31 juil., lundi soir et dim. BY **s**
Rest – Menu 19 € (déj. en sem.), 25/49 € – Carte 39/51 € ♀
◆ Cette maison du 17e s. abritait jadis un four public. Étonnant décor où poutres et cheminée préservées côtoient des éléments contemporains. Goûteuse cuisine actuelle.

Puits des Saveurs
262 r. Chateaugiron, par ④ – ✆ 02 99 53 18 14 – Fax 02 99 53 16 45 – Fermé 23 juil.-19 août, sam. midi et dim.
Rest – Menu 31 € (sem.)/52 € – Carte 44/52 € ♀
Rest ***Bistro des Saveurs*** – *(fermé sam. midi et dim.)* Menu (13,50 €), 17/36 € – Carte 28/42 € ♀
◆ Bien qu'excentré, ce restaurant attire la clientèle du centre-ville grâce à son élégant et chaleureux décor et à sa cuisine "bistrotière" personnalisée. Boiseries, zinc et verre composent le séduisant cadre du savoureux Bistro.

Le Florian
11 r. A. Rébillon – ✆ 02 99 14 25 14 – restaurant.le-florian@wanadoo.fr – Fax 02 99 14 26 00 – Fermé 4-27 août, 22 déc.-3 janv., dim. soir et lundi
Rest – Menu (16 € bc), 20 € bc (déj. en sem.), 24/50 € – Carte 35/59 € ♀ CU **b**
◆ Bâtisse contemporaine dont les larges baies s'ouvrent sur les berges du canal d'Ille et Rance. En été, agréable terrasse au bord de l'eau. Recettes au goût du jour.

Le Guehennec
33 r. Nantaise – ✆ 02 99 65 51 30 – Fax 02 99 65 68 26 – Fermé sam. midi, lundi soir et dim. AY **m**
Rest – Menu 19 € (déj. en sem.), 28/42 € – Carte 54/70 € ♀
◆ Boiseries blondes et mobilier contemporain couleur chocolat s'accordent à merveille pour rendre ce petit restaurant très accueillant. Cuisine actuelle inspirée du marché.

Le Quatre B
4 pl. Bretagne – ✆ 02 99 30 42 01 – quatreb@wanadoo.fr – Fax 02 99 30 42 01 – Fermé lundi midi, sam. midi et dim. AYZ **r**
Rest – Menu (13 € bc), 19/29 € – Carte 32/41 € ♀
◆ Cuisine dans le tempo actuel et cadre contemporain épuré : murs blancs ou anthracite, luminaires design, banquettes bordeaux, chaises modernes, grandes toiles à thème floral.

Le Galopin
21 av. Janvier – ✆ 02 99 31 55 96 – legalopin@club-internet.fr – Fax 02 99 31 08 95 – Fermé fériés BZ **v**
Rest – Menu 16 € (sem.)/62 € bc – Carte 25/62 € ♀
◆ Cette brasserie bien connue des Rennais depuis plus d'un demi-siècle jouit d'une bonne réputation grâce à la qualité de ses produits et à sa plaisante atmosphère "rétro".

Léon le Cochon
1 r. Mar. Joffre – ✆ 02 99 79 37 54 – Fax 02 99 79 07 35 – Fermé dim. en juil.-août
Rest – Menu (12 € bc) – Carte 27/40 € ♀ BY **x**
◆ Il fait un temps de cochon ? Entrez chez Léon et savourez belles cochonnailles et petits plats "bistrotiers" au cours d'un repas entre copains... comme cochons !

Le Petit Sabayon
16 r. Trente – ✆ 02 99 35 02 04 – lepetitsabayon@free.fr – Fermé 20 août-3 sept., vacances de fév., sam. midi, dim. soir et lundi CU **a**
Rest – *(nombre de couverts limité, prévenir)* Menu 15 € (déj. en sem.), 23/30 € – Carte 28/40 € ♀
◆ Restaurant quasi confidentiel mais bien sympathique à dénicher dans un quartier calme. Les habitués s'y régalent d'une appétissante cuisine du marché. Salle non-fumeurs.

La Table d'Eugénie
2 r. Dames – ✆ 02 99 30 78 18 – ehergue@yahoo.fr – Fax 02 99 79 07 38 – Fermé 11-18 mars, 10-17 janv., le midi en août, sam. midi, lundi midi et dim. AY **g**
Rest – Menu 16 € (déj.), 32/38 € ♀
◆ On se presse dans ce bistrot de poche logé dans une maison du vieux Rennes. Sobre décor mariant pierres apparentes et mobilier actuel en wengé. Cuisine au goût du jour.

à St-Grégoire 3 km au Nord par D82 – 7 644 h. – alt. 45 m – ✉ 35760

XXX **Le Saison** (Etcheverry) P VISA AE
imp. Vieux Bourg (près de l'église) – ✆ 02 99 68 79 35 – contact@le-saison.com – Fax 02 99 68 92 71 – Fermé 1er-20 août, dim. soir et lundi
Rest – Menu 23 € (déj. en sem.), 34/62 € – Carte 60/78 €
Spéc. Ormeaux au jus de carotte et citron vert (oct. à fév.). Anneau de homard au beurre salé. Carrés de chocolat manjari, pulpe de framboise, catalane glacée.
◆ Cette longère reconstruite à l'identique est entourée d'un jardin. Belle cuisine au goût du jour servie dans un élégant cadre moderne et épuré ou sur l'agréable terrasse.

rte de Fougères 5 km par ② – ✉ 35510 Cesson-Sévigné

XX **Le Sarment de Vigne** VISA AE
N 12 (direction Thorigné) – ✆ 02 99 62 00 13 – contact@lesarmentdevigne.com – Fax 02 99 62 00 13 – Fermé 28 juil.-22 août, sam. midi, dim. soir et lundi
Rest – Menu 19 € (déj. en sem.), 26/43 € – Carte 37/56 €
◆ Les goûteuses recettes traditionnelles de ce sympathique restaurant (coquette salle à manger rustique) évoluent au gré du marché ; grillades cuites sous vos yeux.

à Cesson-Sévigné 6 km par ③ – 14 344 h. – alt. 28 m – ✉ 35510

Germinal rest, 20, P VISA AE
9 cours Vilaine, au bourg – ✆ 02 99 83 11 01 – le-germinal@wanadoo.fr – Fax 02 99 83 45 16 – Fermé 23 déc.-3 janv.
20 ch – 65 € 95 €, 9,50 € – **Rest** – *(fermé lundi du 14 juil. au 31 août et dim.)* Menu 19 € (déj. en sem.), 28/48 € – Carte 42/65 €
◆ Hôtel aménagé dans un ancien moulin posé sur un bras de la Vilaine. Chambres et espaces communs rénovés. Belle salle à manger-véranda rajeunie dans l'esprit contemporain et superbe terrasse moderne, tournées vers la rivière. Table traditionnelle.

à Noyal-sur-Vilaine 12 km par ③ – 4 698 h. – alt. 75 m – ✉ 35530

XXX **Auberge du Pont d'Acigné** (Guillemot) P VISA AE
rte d'Acigné : 3 km – ✆ 02 99 62 52 55 – pont.d.acigne@wanadoo.fr – Fax 02 99 62 21 70 – Fermé 31 juil.-22 août, 2-10 janv., sam. midi, dim. soir et lundi
Rest – Menu 24 € (déj. en sem.), 32/49 € – Carte 63/111 €
Spéc. Saint-Jacques poêlées (oct. à mars). Menu "Tout truffe" (janv. à mars). Crumble banane fraise glacé, mousse de fenouil confit (mai à sept.).
◆ Belle cuisine régionale revisitée à déguster dans une jolie salle ou sur la terrasse dressée au bord de la Vilaine ; vue sur le village et la campagne. Accueil prévenant.

XX **Hostellerie Les Forges** avec ch rest, ch, 30, P VISA AE
– ✆ 02 99 00 51 08 – Fax 02 99 00 62 02 – Fermé 4-26 août, 18-24 fév., vend. soir, dim. soir et soirs fériés
11 ch – 40/44 € 44/55 €, 6,50 € – ½ P 45/57 € – **Rest** – Menu 13 € (déj. en sem.), 18/34 € – Carte 32/42 €
◆ Engageante auberge de bord de route dont l'une des deux salles à manger offre un décor rustique agrémenté d'une jolie cheminée. Chambres confortables et rajeunies.

à Chartres-de-Bretagne 10 km par ⑥ – 6 467 h. – alt. 37 m – ✉ 35131

La Chaussairie sans rest 15/30, P VISA AE
30 av. Chaussairie, sur ancienne rte de Nantes – ✆ 02 99 41 14 14 – interhoteldelachaussairie@wanadoo.fr – Fax 02 99 41 33 44 – Fermé 26 déc.-2 janv.
36 ch – 38/54 € 40/61 €, 8 €
◆ Les chambres de cet hôtel profitent d'une récente cure de jouvence : couleurs chaleureuses, salles de bains neuves, bonne insonorisation et quelques terrasses privées.

XX **La Braise** P VISA AE
2 av. Chaussairie – ✆ 02 99 41 21 29 – Fax 02 99 41 33 80 – Fermé 6-20 août, 16-26 fév., sam. midi, dim. soir et lundi soir
Rest – Menu 20/60 € – Carte 36/61 €
◆ Campagnarde, marine ou rouge : les trois salles à manger optent pour des décors très différents. Cuisine traditionnelle et grillades cuites sur les braises de la cheminée.

rte de St-Nazaire 8 km par ⑦ – ✉ 35170 Bruz

Kerlann ch, rest, ch, 15/40, VISA

– ✆ 02 99 05 95 80 – contact@kerlann.fr – Fax 02 99 05 94 10
– Fermé 22 déc.-2 janv.

52 ch – 75/113 € 75/165 €, 10 € – 3 suites – **Rest** – *(fermé sam., dim. et fériés)* Menu 23 € – Carte 22/32 €

◆ Bâtiment moderne situé entre l'aéroport et le golf de Cicé. Les chambres, réparties autour d'un patio, sont confortables et colorées. Suites inspirées par l'Asie. Petite restauration servie dans un décor mariant touches baroques et feutrées.

Le Rheu 8 km par ⑧ et D 224 – 5 733 h. – alt. 30 m – ✉ 35650

La Muse Bouche et Relais Fleuri avec ch rest, VISA

Les Landes d'Apigné – ✆ 02 99 14 60 14
– la.musebouche@laposte.net – Fax 02 99 14 60 03 – Fermé 1er-15 août

22 ch – 45 € 50 €, 6 € – ½ P 56/59 € – **Rest** – *(fermé dim.)* Menu (11 €), 15 € (sem.)/40 € – Carte 18/42 €

◆ C'est sur des tables en bois et dans un cadre frais que vous apprécierez une cuisine soignée et "cent pour cent maison". Formule plus simple au bar. Chambres sans fioriture.

rte de Lorient 6 km par ⑧, N 24 – ✉ 35650 Le Rheu

Manoir du Plessis avec ch ch, 20, VISA

– ✆ 02 99 14 79 79 – info@manoirduplessis.fr – Fax 02 99 14 69 60 – Fermé 6-15 août, 30 déc.-7 janv., 18 fév.-3 mars, sam. midi, dim. soir et lundi

5 ch – 90 € 95 €, 9 € – **Rest** – Menu 17 € (déj. en sem.), 28/38 € – Carte 42/49 €

◆ Maison de maître entourée d'un parc. Parquets, boiseries, cheminées, sièges de style Louis XVI et belle terrasse créent les meilleures conditions pour apprécier votre repas.

au Pont-de-Pacé 10 km par ⑨ – ✉ 35740 Pacé

La Griotte VISA

r. Dr Léon – ✆ 02 99 60 15 15 – restolagriotte@wanadoo.fr – Fax 02 99 60 26 84
– Fermé 1er-7 mars, 30 juil.-23 août, dim. soir, mardi soir et merc.

Rest – Menu (15 €), 19 € (sem.)/60 € – Carte 27/53 €

◆ Réparti en plusieurs salons ouverts sur le jardin, le restaurant est installé dans une demeure du 19e s. située en léger retrait d'un axe passant. Belle carte des vins.

rte de St-Malo 6,5 km par ⑩ sortie St-Grégoire – ✉ 35760 St-Grégoire

Oceania 20/60, VISA

Espace Performance Alphasis – ✆ 02 99 23 78 78 – oceania-rennes@oceaniahotels.com – Fax 02 99 23 78 33

70 ch – 75/97 € 82/104 €, 12 € – **Rest** – *(fermé 20 juil.-25 août, 25 déc.-1er janv., vend. soir, sam., dim. et fériés)* Menu (16 €), 20 € – Carte 26/33 €

◆ Au cœur d'un quartier affairé, bâtiment récent abritant des chambres bien équipées ; celles de la nouvelle aile sont évidemment les plus fraîches. Espace forme payant. Restauration sous forme de buffets dans la salle à manger-véranda ou en terrasse.

LA RÉOLE – 33 Gironde – 335 K7 – 4 187 h. – alt. 44 m – ✉ 33190 4 C2

Paris 649 – Bordeaux 74 – Casteljaloux 42 – Duras 25 – Libourne 45 – Marmande 33

Office de tourisme, 18 rue Peysseguin ✆ 05 56 61 13 55, Fax 05 56 71 25 40

Aux Fontaines VISA

8 r. Verdun – ✆ 05 56 61 15 25 – Fax 05 56 61 15 25 – Fermé 12-29 nov., vacances de fév., merc. soir sauf juil.-août, dim. soir et lundi

Rest – *(nombre de couverts limité, prévenir)* Menu 17/47 €

◆ Adossée à une colline, cette grande demeure du centre-ville abrite un restaurant où l'on déjeune l'été sur la terrasse, dressée dans un joli jardin. Cuisine traditionnelle.

RESTONICA (GORGES DE LA) – 2B Haute-Corse – 345 D6 – voir à Corse (Corte)

RETHONDES – 60 Oise – 305 I4 – rattaché à Compiègne

REUGNY – 03 Allier – 326 C4 – 272 h. – alt. 204 m – ✉ 03190 5 B1

Paris 312 – Bourbon-l'Archambault 43 – Montluçon 15 – Montmarault 45 – Moulins 64

Table de Reugny VISA

– *04 70 06 70 06 – info@restaurant-reugny.com – Fax 04 70 06 77 52 – Fermé 16 août-5 sept., 26 déc.-16 janv., dim. soir, lundi et mardi*

Rest – Menu 16 € (sem.)/46 € – Carte 36 €

◆ Altière façade en bordure de route. Confortable salle de restaurant contemporaine et terrasse tournée vers le jardin. Tables dressées avec soin et cuisine généreuse.

REUILLY-SAUVIGNY – 02 Aisne – 306 D8 – 213 h. – alt. 78 m – ✉ 02850 37 C3

Paris 109 – Épernay 34 – Château-Thierry 16 – Reims 50 – Soissons 46 – Troyes 116

Auberge Le Relais (Berthuit) avec ch ch, VISA AE

2 r. Paris – 03 23 70 35 36 – auberge.relais.de.reuilly@wanadoo.fr – Fax 03 23 70 27 76 – Fermé 19 août-6 sept., 27 janv.-29 fév., mardi et merc.

7 ch – 69/87 € 74/92 €, 13 € – **Rest** – Menu 30 € (sem.)/77 € – Carte 69/93 €

Spéc. Velouté de carottes aux langoustines et copeaux de parmesan. Coquilles Saint-Jacques (oct. à mars). Suprêmes de pigeonneau, cuisses farcies de citron et coriandre, jeunes légumes. **Vins** Coteaux champenois rouge, Champagne.

◆ Nouvel intérieur actuel et élégant, belle véranda entourée de verdure, fine cuisine mariant habilement tradition et modernité : cette coquette auberge cumule de nombreux atouts.

REVEL – 31 Haute-Garonne – 343 K4 – 7 985 h. – alt. 210 m – ✉ 31250

Midi-Pyrénées 29 C2

Paris 727 – Carcassonne 46 – Castelnaudary 21 – Castres 28 – Gaillac 62 – Toulouse 54

Office de tourisme, place Philippe VI de Valois 05 34 66 67 68, Fax 05 34 66 67 21

du Midi rest, VISA AE

34 bd Gambetta – 05 61 83 50 50 – contact@hotelrestaurantdumidi.com – Fax 05 61 83 34 74 – Fermé 18-26 nov.

17 ch – 49 € 55 €, 7 € – ½ P 43 € – **Rest** – *(fermé 12 nov.-6 déc., 5-20 mars, dim. soir et lundi midi d'oct. à mai sauf fériés)* Menu 23 € (sem.)/45 € – Carte 32/45 €

◆ Situé sur un boulevard fréquenté, ce relais de poste du 19e s. propose des chambres diversement meublées, plus calmes sur l'arrière. Lumineuse salle à manger où l'on déploie une table alliant terroir et tradition.

à St-Ferréol 3 km au Sud-Est par D 629 – ✉ 31250

Bassin de St-Ferréol★.

La Comtadine ch, VISA

– *05 61 81 73 03 – contact@lacomtadine.com – Fax 05 61 81 73 03 – Fermé 23 déc.-6 janv.*

8 ch – 72/84 € 72/84 €, 9 € – ½ P 67/73 € – **Rest** – *(dîner seult) (résidents seult)* Menu 25 € bc

◆ À quelques pas du lac, tranquille petit hôtel restauré et entièrement non-fumeurs. Lumineuses chambres contemporaines agrémentées de meubles chinés. Au restaurant, la cuisine prend l'accent du terroir.

REVENTIN-VAUGRIS – 38 Isère – 333 C5 – rattaché à Vienne

RÉVILLE – 50 Manche – **303** E2 – **1 168 h.** – **alt. 12 m** – ✉ **50760** 32 **A1**

Paris 351 – Carentan 44 – Cherbourg 30 – St-Lô 72 – Valognes 22

La Pernelle ✻★★ du blockhaus O : 3 km - Pointe de Saire : blockhaus ≤★ SE : 2,5 km, **Normandie Cotentin.**

La Villa Gervaiserie sans rest

17 rte Monts – ☎ 02 33 54 54 64 – la.gervaiserie@wanadoo.fr – Fax 02 33 54 73 00 – Ouvert 25 mars-14 nov.

10 ch – 85 € 85/112 €, 8 €

◆ Toutes les chambres bénéficient d'un balcon ou d'une terrasse regardant la mer et l'île de Tatihou. Plaisant décor actuel et accueil aux petits soins. Beau jardin arboré.

Au Moyne de Saire avec ch

– ☎ 02 33 54 46 06 – au.moyne.de.saire@wanadoo.fr – Fax 02 33 54 14 99 – Fermé 1er-10 mars, 22 oct.-8 nov., 1er fév.-1er mars et merc. hors saison

12 ch – 48/58 € 48/58 €, 7 € – ½ P 50 € – **Rest** – Menu 16/40 € – Carte 27/53 €

◆ Convivialité assurée dans cette charmante auberge familiale arborant un cadre sobre et de bon goût. Cuisine traditionnelle et normande ; petites chambres proprettes.

REY – 30 Gard – **339** G4 – **rattaché au Vigan**

REZÉ – 44 Loire-Atlantique – **316** G4 – **rattaché à Nantes**

LE RHEU – 35 Ille-et-Vilaine – **309** L6 – **rattaché à Rennes**

LE RHIEN – 70 Haute-Saône – **314** H6 – **rattaché à Ronchamp**

RHINAU – 67 Bas-Rhin – **315** K7 – **2 348 h.** – **alt. 158 m** – ✉ **67860** 1 **B2**

Paris 525 – Marckolsheim 26 – Molsheim 38 – Obernai 28 – Sélestat 28 – Strasbourg 39

Office de tourisme, 35 rue du Rhin ☎ 03 88 74 68 96, Fax 03 88 74 83 28

Au Vieux Couvent (Albrecht)

– ☎ 03 88 74 61 15 – Fax 03 88 74 89 19 – Fermé 2-20 juil., 15-20 oct., 18 fév.-7 mars, lundi soir sauf juil.-août, mardi et merc.

Rest – Menu 35 € (sem.)/88 € – Carte 69/103 €

Spéc. Brochet du Rhin, légumes de notre jardin et beurre mousseux aux herbes. Eclaté de canard sauvage, chou rouge et purée de potimarron (sept. à nov.). Festival de desserts. **Vins** Riesling, Pinot noir.

◆ L'enseigne de ce restaurant familial invite au recueillement, le cadre y contribue. Accueil charmant. Cuisine personnalisée utilisant légumes du potager et herbes aromatiques.

RIANS – 83 Var – **340** J4 – **3 628 h.** – **alt. 406 m** – ✉ **83560** 40 **B3**

Paris 770 – Aix-en-Provence 40 – Avignon 100 – Manosque 33 – Marseille 69 – Toulon 77

Office de tourisme, place du Posteuil ☎ 04 94 80 33 37

La Roquette

rte Manosque : 1 km – ☎ 04 94 80 32 58 – Fax 04 94 80 32 58 – Fermé 27 juin-4 juil., 19-26 nov., 2-12 janv., dim. soir, merc. et le soir en hiver sauf vend. et sam.

Rest – Menu 26/45 €

◆ Demeure familiale convertie en restaurant. Trois salles à manger discrètement provençales disposées en enfilade. Répertoire traditionnel, variant au rythme des saisons.

Rouge = agréable. Repérez les symboles et passés en rouge.

RIBEAUVILLÉ – 68 Haut-Rhin – 315 H7 – 4 929 h. – alt. 240 m – Casino – ✉ 68150 Alsace Lorraine 2 C2

▶ Paris 439 – Colmar 16 – Mulhouse 60 – St-Dié 42 – Sélestat 14

Grand'Rue★★ : tour des Bouchers★.

Riquewihr★★★ - Château du Haut-Ribeaupierre : ※★★ - Château de St-Ullrich★ : ※★★.

RIBEAUVILLÉ

Abbé-Kemp (R. de l') . . . . A 2
Château (R. du) . . . . A 3
Flesch (R.) . . . . B 5
Fontaine (R. de la) . . . . A 6
Frères-Mertian (R. des) . . . . . . A 7
Gaulle (Av. du Gén.-de) . . . . . . B 9
Gouraud (Pl.) . . . . B 10
Grand'Rue . . . . AB
Grand'Rue de l' Eglise . . . . . . A 21
Halles-aux-Blés (R.) . . . . . . B 12
Hôtel de Ville (Pl. de l') . . . . . . A 13
Ortlieb (R.) . . . . B 14
Ste-Marie-aux-Mines (Rte) . . . . A 15
Sinne (Pl. de la) . . . . A 16
Synagogue (R. de la) . . . . . . B 17
Tanneurs (R. des) . . . . B 18

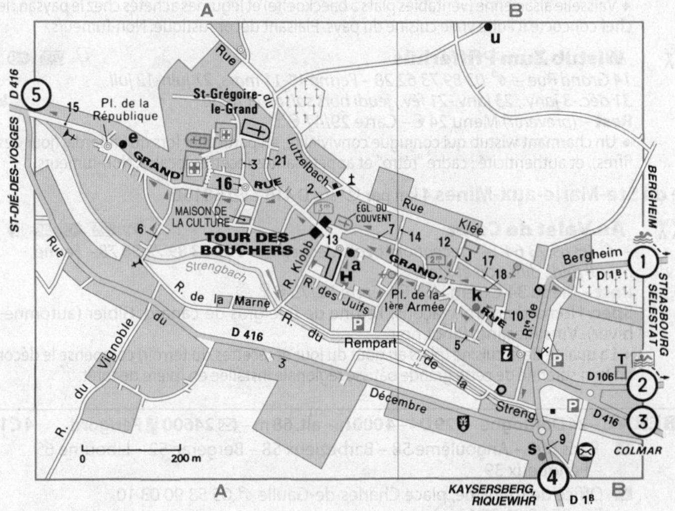

Le Clos St-Vincent ≶ la plaine d'Alsace, ch, rest, VISA AE
rte Bergheim, Nord-Est : 1,5 km par rte secondaire
– ✆ 03 89 73 67 65 – reception.leclos@wanadoo.fr – Fax 03 89 73 32 20
– Ouvert 16 mars-11 nov. B u
20 ch – †95/200 € ††105/230 €, ☕ 15 € – 4 suites – ½ P 85/155 € –
Rest – *(fermé mardi soir) (dîner seult)* Menu 45 €
◆ Admirez en toute quiétude la superbe vue sur la plaine d'Alsace depuis cette maison de 1960 cernée par les vignes. Vastes chambres confortables, dont neuf récemment rénovées. Salle à manger et terrasse offrent un splendide panorama. Cuisine traditionnelle.

Le Ménestrel sans rest VISA AE
27 av. Gén. de Gaulle par ④ – ✆ 03 89 73 80 52 – menestrel2@wanadoo.fr
– Fax 03 89 73 32 39
28 ch – †63/73 € ††73/99 €, ☕ 13 €
◆ Chambres agréablement refaites dans un style actuel (lits de 1,60m de large). Le patron, chef-pâtissier, prépare lui-même les viennoiseries et confitures du petit-déjeuner.

La Tour sans rest VISA AE
1 r. Mairie – ✆ 03 89 73 72 73 – info@hotel-la-tour.com – Fax 03 89 73 38 74
– Fermé 1er janv.-15 mars A a
31 ch – †63/85 € ††69/94 €, ☕ 8 €
◆ Ex-propriété viticole aux chambres pratiques et gaies ; les plus récentes affichent un décor vosgien au goût du jour. Certaines, très calmes, regardent une jolie cour intérieure.

Cheval Blanc rest, VISA MC AE

122 Grand Rue – 03 89 73 61 38 – cheval-blanc-ribeauville@wanadoo.fr – Fax 03 89 73 37 03 – Fermé 12-22 nov. et 12 janv.-12 fév. A **e**

24 ch – 36/49 € 40/56 €, 7,50 € – ½ P 40/51 € – **Rest** – *(fermé mardi midi et merc.)* Menu 18/44 € – Carte 26/50 €

♦ La façade de cette bâtisse régionale se couvre de fleurs en saison. Intérieur de style rustique. Chambres modestes, plus tranquilles sur l'arrière ; salon-cheminée. Au restaurant, cadre alsacien un brin original et cuisine ancrée dans la tradition.

Au Relais des Ménétriers VISA MC

10 av. Gén. de Gaulle – 03 89 73 64 52 – Fax 03 89 73 69 94 – Fermé 1er-11 mars, 16-31 juil., jeudi soir, dim. soir et lundi B **s**

Rest – Menu 11,50 € (déj. en sem.), 22/35 € – Carte 32/43 €

♦ Vaisselle alsacienne (véritables plats à baeckoeffe) et légumes achetés chez le paysan : le chef concocte ici une vraie cuisine du pays. Plaisant décor rustique. Non-fumeurs.

Wistub Zum Pfifferhüs VISA MC

14 Grand Rue – 03 89 73 62 28 – Fermé 1er-11 mars, 27 juin-12 juil., 31 déc.-3 janv., 23 janv.-21 fév., jeudi hors saison et merc. B **k**

Rest – *(prévenir)* Menu 24 € – Carte 29/47 €

♦ Un charmant wistub qui conjugue convivialité, en particulier lors du Pfifferdaj (jour des fifres), et authenticité : cadre "rétro" et appétissantes recettes locales. Non-fumeurs.

rte de Ste-Marie-aux-Mines 4 km par ⑤ sur D 416 – ✉ 68150

Au Valet de Cœur P VISA MC AE

– 03 89 73 64 14 – reception@valetdecoeur.fr – Fax 03 89 73 88 78 – Fermé mardi midi, dim. soir et lundi

Rest – Menu 34 € (sem.)/62 € – Carte 52/75 €

Spéc. Homard en trois façons. Terrine de foie gras de canard. Gibier (automne-hiver). **Vins** Riesling, Pinot noir.

♦ La qualité de la cuisine (plats au goût du jour et recettes du terroir) compense le décor un brin suranné de cette grande bâtisse régionale installée en lisière de forêt.

RIBÉRAC – 24 Dordogne – 329 D4 – 4 000 h. – alt. 68 m – ✉ 24600 Périgord 4 C1

Paris 505 – Angoulême 58 – Barbezieux 58 – Bergerac 52 – Libourne 65 – Périgueux 39

Office de tourisme, place Charles-de-Gaulle 05 53 90 03 10, Fax 05 53 91 35 13

Rêv'Hôtel sans rest 25, P VISA MC

rte de Périgueux, à 1,5 km – 05 53 91 62 62 – contact@rev-hotel.fr – Fax 05 53 91 48 96

29 ch – 40/60 € 45/65 €, 5 €

♦ Construction récente implantée dans une petite Z.A.C. Les chambres, fonctionnelles et bien tenues, sont toutes en rez-de-chaussée.

LES RICEYS – 10 Aube – 313 G6 – 1 376 h. – alt. 180 m – ✉ 10340 Champagne Ardenne 13 B3

Paris 210 – Bar-sur-Aube 48 – St-Florentin 58 – Tonnerre 37 – Troyes 46

Office de tourisme, 14 place des Héros de la Résistance 03 25 29 15 38

Le Magny avec ch ch, P VISA MC

rte Tonnerre, D 452 – 03 25 29 38 39 – lemagny@wanadoo.fr – Fax 03 25 29 11 72 – Fermé 26-31 août, mardi et merc. sauf de mai à sept.

12 ch – 60/72 € 60/72 €, 8 € – ½ P 61/67 € – **Rest** – *(fermé mardi d'oct. à avril et merc.)* Menu 15/40 € – Carte 27/43 €

♦ Dans le fief du célèbre vin rosé, restaurant campagnard aménagé dans une maison en pierre restaurée avec soin. Accueil aimable. Carte traditionnelle. Chambres confortables.

RICHELIEU – 37 Indre-et-Loire – 317 K6 – 2 165 h. – alt. 40 m – ✉ 37120 Châteaux de la Loire 11 A3

Paris 299 – Joué-lès-Tours 60 – Orléans 175 – Poitiers 66

Office de tourisme, 6 Grande-Rue 02 47 58 13 62, Fax 02 47 58 29 86

La Maison sans rest

6 r. Henri Proust – 02 47 58 29 40 – lamaisondemichele@yahoo.com – Fax 02 47 58 29 40 – Ouvert 15 avril-fin sept.

4 ch – 85 € 100 €

◆ Beaux volumes, mobilier ancien, papier peint à rayures et grands lits caractérisent les chambres de cette belle maison bourgeoise. Joli jardin agrémenté d'une bambouseraie.

RIEC-SUR-BELON – **29 Finistère** – **308** I7 – **4 008 h.** – **alt. 65 m** – ✉ **29340** 9 **B2**

Paris 529 – Carhaix-Plouguer 61 – Concarneau 20 – Quimper 43 – Quimperlé 13

Office de tourisme, 2 rue des Gentilshommes 02 98 06 97 65, Fax 02 98 06 93 73

au Port de Belon **4 km au Sud par C 3 et C 5** – ✉ **29340 Riec-sur-Belon**

Chez Jacky VISA

– 02 98 06 90 32 – chez.jacky@wanadoo.fr – Fax 02 98 06 49 72 – Ouvert Pâques-fin sept. et fermé dim. soir et lundi

Rest – *(prévenir en saison)* Menu 17/76 € – Carte 24/54 €

◆ Avenante maison d'ostréiculteur au bord du Belon. Salle à manger rustique où l'on ne sert que des produits de la mer du cru. Terrasse avec vue. Bassin d'affinage d'huîtres.

RIEDISHEIM – **68 Haut-Rhin** – **315** I10 – **rattaché à Mulhouse**

RIEUMES – **31 Haute-Garonne** – **343** E4 – **2 601 h.** – **alt. 270 m** – ✉ **31370** 28 **B2**

Paris 712 – Toulouse 39 – Auch 56 – Foix 75

Auberge les Palmiers ch, ch, VISA AE

13 pl. Foirail – 05 61 91 81 01 – auberge_lespalmiers@yahoo.fr – Fax 05 61 91 56 36 – Fermé 20 août-10 sept. et 24 déc-6 janv.

12 ch – 55/65 € 60/80 €, 7 € – ½ P 58/70 € – **Rest** – *(fermé dim. soir et lundi)* Menu (11 €), 14 € (déj. en sem.), 21/30 € – Carte 34/43 €

◆ Mobilier rustique et touches contemporaines se marient avec bonheur dans cette accueillante maison du 19e s. (non-fumeurs). Le "plus" : la junior suite et son sauna particulier. Cuisine traditionnelle et plats régionaux proposés dans un cadre plutôt coquet.

RIEUPEYROUX – **12 Aveyron** – **338** F5 – **2 157 h.** – **alt. 750 m** – ✉ **12240** 29 **C1**

Paris 632 – Albi 54 – Carmaux 38 – Millau 94 – Rodez 36 – Villefranche-de-Rouergue 24

Office de tourisme, 3 place du Gitat 05 65 65 60 00

Du Commerce ch, 20, VISA AE

60 r. l'Hom – 05 65 65 53 06 – hotel.j.b.delmas@wanadoo.fr – Fax 05 65 81 43 72 – Fermé janv. et 24-30 sept.

22 ch – 44 € 50 €, 7 € – ½ P 50 € – **Rest** – *(fermé vend. soir, dim. soir et lundi soir sauf du 16 juin au 14 sept.)* Menu 13 € (déj. en sem.), 18/32 € – Carte 24/36 €

◆ Hôtel familial proposant des chambres peu à peu rénovées ; toutes sont bien tenues et celles qui s'ouvrent sur le jardin et la piscine offrent plus de calme. Au restaurant, découvrez le tripoux du Ségala, le veau de lait de l'Aveyron ou le confit de canard à la tripade.

RIGNY – **70 Haute-Saône** – **314** B8 – **rattaché à Gray**

RILLIEUX-LA-PAPE – **69 Rhône** – **327** I5 – **rattaché à Lyon**

RIMBACH-PRÈS-GUEBWILLER – **68 Haut-Rhin** – **315** G9 – **rattaché à Guebwiller**

RIMONT – 09 Ariège – **343** F7 – **501 h.** – **alt. 525 m** – ✉ **09420** 28 **B3**

Paris 765 – Auch 136 – Foix 32 – St-Gaudens 56 – St-Girons 14 – Toulouse 92

Domaine de Terrac ch,

4 km à l'Est par D 117 et rte secondaire – ✆ 05 61 96 39 60 – domainedeterrac@wanadoo.fr – Fermé 15 nov.-15 déc.

5 ch – †65/80 € ††70/85 € – ½ P 57/68 € – **Rest** – table d'hôte *(dîner seult) (résidents seult)* Menu 22 € bc

◆ Cette ferme merveilleusement restaurée n'aura aucun mal à vous séduire. Ses chambres concilient charme et tranquillité ; deux d'entre elles ont une terrasse dominant la vallée. Côté restauration, la propriétaire propose des plats régionaux, végétariens et indiens.

De la Poste VISA AE

pl. 8-Mai – ✆ 05 61 96 33 23 – restaurantdelaposte@wanadoo.fr – Fax 05 61 96 33 23 – Fermé 8-26 oct., 5-25 nov., 16-25 fév., lundi soir, mardi soir et merc. soir sauf juil.-août

Rest – Menu 12 € (sem.)/30 € – Carte 32/47 €

◆ La façade un peu "rétro" dissimule une salle de restaurant rustique et colorée qui dégage une ambiance chaleureuse. Cuisine traditionnelle, simple et sans fausse note.

RIOM – 63 Puy-de-Dôme – **326** F7 – **18 548 h.** – **alt. 363 m** – ✉ **63200**
Auvergne 5 **B2**

Paris 407 – Clermont-Ferrand 15 – Montluçon 102 – Thiers 45 – Vichy 39

Office de tourisme, 16 rue du Commerce ✆ 04 73 38 59 45, Fax 04 73 38 25 15

Église N.-D.-du-Marthuret★ : Vierge à l'Oiseau★★★ - Maison des Consuls★ **K** - Cour★ de l'hôtel Guimeneau **B** - Ste-Chapelle★ du palais de justice **N** - Cour★ de l'hôtel de ville **H** - Tour de l'Horloge★ **R** - Musées : Régional d'Auvergne★ **M**[1], Mandet★ **M**[2].

Mozac : chapiteaux★★, trésor★★ de l'église★ 2 km par ④ - Marsat : Vierge noire★★ dans l'église SO : 3 km par D 83.

RIOM

Bade (Fg de la) 2
Chabrol (R.) 3
Châtelguyon (Av. de) 4
Commerce (R. du) ....
Croisier (R.) 6
Daurat (R.) 7
Delille (R.) 8
Fédération (Pl. de la) 9
Hellénie (R.) 10
Horloge (R. de l') ....
Hôtel des Monnaies (R. de l') 12
Hôtel de Ville (R. de l') 13
Laurent (Pl. J.-B.) 14
Layat (Fg) 15
Libération (Av. de la) 16
Madeline (Av. du Cdt) 17
Marthuret (R. du) 18
Martyrs de la Résistance (Pl. des) 19
Menut (Pl. Marinette) 20
Pré Madame (Promenade du) 21
République (Bd de la) 22
Reynouard (Av. J.) 23
Romme (R. G.) 26
St-Amable (R.) 27
St-Louis (R.) 29
Soanen (Pl. Jean) 32
Soubrany (R.) 34
Taules (Coin des) 36

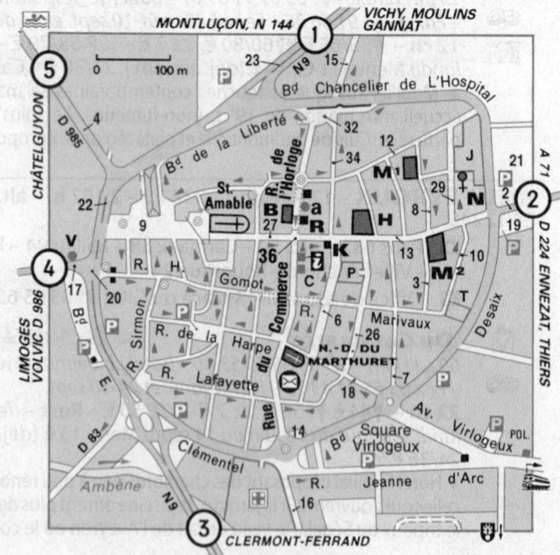

Le Moulin de Villeroze VISA

144 rte Marsat, Sud-Ouest du Plan par D 83 – ✆ 04 73 38 62 23 – Fax 04 73 38 62 23 – Fermé 20 août-5 sept., merc. soir, dim. soir et lundi

Rest – Menu 21/46 € – Carte 43/65 €

◆ Ce moulin bâti à la fin du 19e s. abrite deux chaleureuses salles à manger contemporaines coiffées de poutres apparentes. Terrasse ombragée. Carte dans l'air du temps.

Le Magnolia

11 av. Cdt Madeline – ✆ 04 73 38 08 25 – magnolia-gastronomie@wanadoo.fr – Fax 04 73 38 09 29 – Fermé 26 fév.-12 mars et 23 juil.-15 août, dim. soir, sam. midi et lundi **v**

Rest – Menu 24/42 € – Carte 38/40 €

◆ Le restaurant a été entièrement relooké dans un style moderne : ciment brossé, boiseries exotiques, murs bordeaux et mise en place originale. Cuisine au goût du jour.

Le Flamboyant

21 bis r. Horloge – ✆ 04 73 63 07 97 – restaurant.leflamboyant@wanadoo.fr – Fax 04 73 63 07 97 – Fermé 2-24 sept., 26 déc.-10 janv., dim. soir et lundi

Rest – Menu 20 € bc (déj. en sem.), 26 € bc/50 € bc – Carte 43/50 € **a**

◆ Plaisant restaurant au décor contemporain, sobre et coloré, et appétissante cuisine au goût du jour présentée dans une jolie vaisselle personnalisée signée Elisabeth Monroy.

par ② 2 km dir. A 71 et Aigueperse – ✉ 63200 Riom

Anémotel

30,

Z.A.C. Les Portes de Riom – ✆ 04 73 33 71 00 – anemotel.riom@wanadoo.fr – Fax 04 73 64 00 60

43 ch – 56 € 56 €, 6,50 € – ½ P 49 € – **Rest** – *(fermé 24 déc.-2 janv.)* Menu 12 € (sem.)/27 € – Carte 20/27 €

◆ Pratique pour l'étape, hôtel récent disposant de chambres spacieuses et garnies de meubles en bois clair (vaste plan de travail). Collections d'assiettes et de tableaux décorent le lumineux restaurant ouvert sur la terrasse et le jardin. Cuisine traditionnelle.

RIOM-ÈS-MONTAGNES – 15 Cantal – 330 D3 – 2 842 h. – alt. 840 m – ✉ 15400

5 **B3**

Paris 506 – Aurillac 80 – Clermont-Ferrand 91 – Ussel 46

Office de tourisme, 1 avenue Fernand Brun ✆ 04 71 78 07 37, Fax 04 71 78 16 87

St-Georges

ch,

5 r. Cap. Chevalier – ✆ 04 71 78 00 15 – hotel.saint-georges@wanadoo.fr – Fax 04 71 78 24 37 – Fermé 15-30 janv.

14 ch – 30/33 € 42/48 €, 6 € – ½ P 38/43 € – **Rest** – *(fermé dim. soir et lundi midi du 15 sept. au 15 juin)* Menu (10 €), 13,50 € (déj. en sem.), 20/25 € – Carte 22/36 €

◆ Au centre du village, maison en pierre de la fin du 19e s. disposant de petites chambres refaites, pourvues d'équipements complets et fort bien tenues. Accueil courtois. À table, décor rustico-bourgeois et carte mettant à l'honneur les spécialités cantaliennes.

RIORGES – 42 Loire – 327 D3 – rattaché à Roanne

RIOZ – 70 Haute-Saône – 314 E8 – 1 134 h. – alt. 267 m – ✉ 70190

16 **B2**

Paris 386 – Besançon 24 – Gray 48 – Vesoul 24

Syndicat d'initiative, ancienne Gare ✆ 03 84 91 84 98

Le Logis Comtois avec ch

111 r. Charles de Gaulle – ✆ 03 84 91 83 83 – Fax 03 84 91 83 83 – Fermé 17 déc.-29 janv., dim. soir et lundi midi

17 ch – 41 € 44 €, 8,50 € – ½ P 39/43 € – **Rest** – Menu (10 € bc), 13,50/29 € – Carte 18/33 €

◆ Auberge campagnarde toute simple abritant une salle à manger lambrissée ; plats traditionnels. Petites chambres simples mais bien tenues dans l'annexe située à 150 m.

RIQUEWIHR – 68 Haut-Rhin – 315 H8 – 1 212 h. – alt. 300 m – ✉ 68340

Alsace Lorraine

2 **C2**

Paris 442 – Colmar 15 – Gérardmer 52 – Ribeauvillé 5 – St-Dié 46 – Sélestat 19

Office de tourisme, 2 rue de la 1ère Armée ✆ 03 89 49 08 40, Fax 03 89 49 08 49

Village★★★.

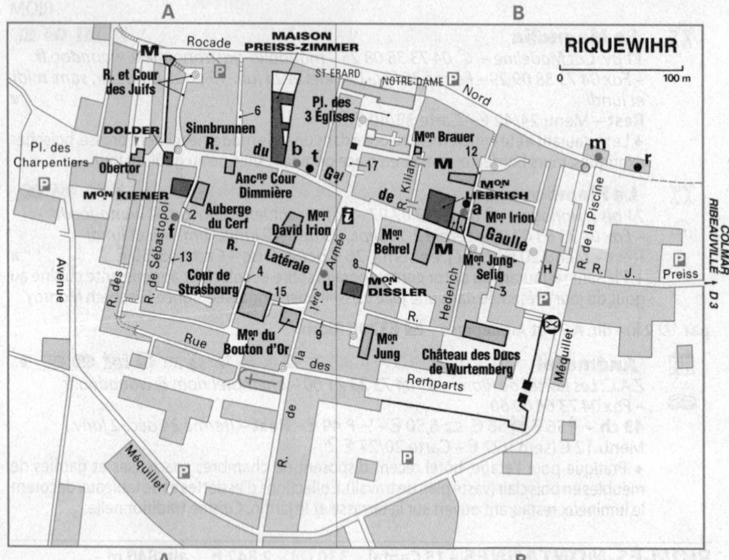

Cerf (R. du) . . . . A 2
Château (Cour du) . . . . B 3
Cheval (R. du) . . . . A 4
Cordiers (R. des) . . . . A 6
Couronne (R. de la) . . . . B 8
Dinzheim (R. de) . . . . A 9
Écuries (R. des) . . . . B 12
St-Nicolas (R.) . . . . A 13
Strasbourg (Cour de) . . . . A 15
3-Églises (R. des) . . . . B 17

Hôtel Le Schoenenbourg sans rest 20,
r. Schoenenbourg – ✆ 03 89 49 01 11
– schoenenbourg@calixo.net – Fax 03 89 47 95 88
– Fermé 7 janv.-2 fév. B **r**
58 ch – 🚹73/117 € 🚹🚹75/215 €, ☕ 11 €
◆ Adossées au vignoble, constructions des années 1980 disposant de chambres confortables, sobrement décorées, et de bons équipements dont une grande piscine chauffée et au calme.

Riquewihr sans rest 15,
rte Ribeauvillé – ✆ 03 89 86 03 00 – reservation@hotel-riquewihr.fr
– Fax 03 89 47 99 76 – Fermé 1er janv. à mi-fév. B
43 ch – 🚹60/105 € 🚹🚹60/115 €, ☕ 10 €, 6 duplex
◆ Vaste maison de style néo-alsacien au bord d'une route traversant les vignes. Chambres fonctionnelles bien tenues, copieux buffet de petits-déjeuners et minifitness.

L'Oriel sans rest
3 r. Ecuries Seigneuriales – ✆ 03 89 49 03 13 – info@hotel-oriel.com
– Fax 03 89 47 92 87 B **a**
19 ch – 🚹67 € 🚹🚹77/97 €, ☕ 11,50 €, 3 duplex
◆ Dans une ruelle tranquille, jolie façade du 16e s. ornée d'un oriel. Chambres rustiques personnalisées (quelques lits bateau), plus cossues à l'annexe. Caveau transformé en bar.

Le B. Espace Suites sans rest
48 r. Gén. de Gaulle – ✆ 03 89 86 54 55 – suites@jlbrendel.com
– Fax 03 89 47 87 30 – Fermé 9 janv.-8 fév. A **t**
4 ch – 🚹130/150 € 🚹🚹210/230 €, ☕ 14 €
◆ Quatre chambres dans une ex-propriété de vigneron à la belle façade lie-de-vin. Leur décoration marie avec art charme des murs anciens, meubles design, luxe et raffinement.

XXX **Table du Gourmet** (Brendel)
5 r. 1e Armée – 03 89 49 09 09 – table@jlbrendel.com – Fax 03 89 49 04 56 – Fermé 2 janv.-13 fév., merc. sauf le soir d'avril à mi-nov., jeudi midi et mardi
Rest – Menu 38 € (sem.)/90 € – Carte 51/85 € A **u**
Spéc. Mousseron St-Georges (printemps). Jambonnettes de grenouilles en beignet de maïs (été). Carré de porcelet rôti et laqué (automne). **Vins** Gewurztraminer, Riesling.
◆ L'original décor contemporain rouge et noir annonce la couleur d'une cuisine délicieusement ludique, réalisée avec de beaux produits parfois insolites (plantes aromatiques).

XXX **Auberge du Schoenenbourg**
r. Piscine – 03 89 47 92 28 – auberge-schoenenbourg@wanadoo.fr – Fax 03 89 47 89 84 – Fermé 7 janv.-8 fév., merc. de nov. à mai et le midi sauf dim.
Rest – Menu 35 € (sem.)/81 € – Carte 46/75 € B **m**
◆ Maison familiale agrandie d'une terrasse largement ouverte sur le vignoble et les remparts. Herbes aromatiques et légumes du jardin parfument les plats que mitonne le chef.

XX **Le Sarment d'Or** avec ch — rest, ch, VISA
4 r. Cerf – 03 89 86 02 86 – info@riquewihr-sarment-dor.com – Fax 03 89 47 99 23 – Fermé 13 janv.-11 fév. A **f**
9 ch – 60/80 € 60/80 €, 8 € – ½ P 67/78 € – **Rest** – *(fermé 1er-9 juil., dim. soir, mardi midi et lundi)* Menu (15 €), 20/48 € – Carte 36/56 €
◆ Dans cette demeure du 17e s., bois blond, poutres apparentes, cheminée et mobilier choisi composent le séduisant décor d'une cuisine traditionnelle soignée. Chambres douillettes.

X **La Grappe d'Or** — 7, VISA
1 r. Ecuries Seigneuriales – 03 89 47 89 52 – rest.grappe.or@wanadoo.fr – Fax 03 89 47 85 91 – Fermé 25 juin-10 juil., 6 janv.-5 fév., jeudi et vend. sauf le soir de mai à oct. B **a**
Rest – Menu 19/35 € – Carte 24/44 €
◆ Cette accueillante maison de 1554 héberge deux salles à manger aux murs patinés, l'une agrémentée d'outils agrestes et l'autre d'un joli poêle en faïence. Plats du terroir.

X **d'Brendelstub**
48 r. Gén. de Gaulle – 03 89 86 54 54 – stub@jlbrendel.com – Fax 03 89 47 87 30 – Fermé 9 janv.-8 fév. et merc. A **b**
Rest – Menu 29 € – Carte environ 35 €
◆ Spécialités du terroir, cuissons au feu de bois ou à la rôtissoire, bel éventail de vins alsaciens au verre, joli cadre de winstub contemporaine et soirées musicales à thèmes.

à Zellenberg 1 km à l'Est par D 3 – 391 h. – alt. 300 m – ✉ 68340

XXX **Maximilien** (Eblin) — 20, VISA
19a rte Ostheim – 03 89 47 99 69 – Fax 03 89 47 99 85 – Fermé 27 août-10 sept., vacances de fév., vend. midi, dim. soir et lundi
Rest – Menu 31 € (déj. en sem.), 43/79 € – Carte 62/79 €
Spéc. Goujonnettes de grenouilles en tempura, fricassée de cèpes et escargots au pesto. Baeckeoffa de homard et pied de veau (oct. à mars). Poitrine de pigeon et homard en coque, réduction à l'orange. **Vins** Sylvaner, Riesling.
◆ Parmi les atouts de cette demeure alsacienne ancrée à flanc de coteau : un élégant intérieur largement ouvert sur les vignes, de bons petits plats et un beau choix de vins.

X **Auberge du Froehn** — VISA
5 rte Ostheim – 03 89 47 81 57 – Fax 03 89 47 80 28 – Fermé 26 fév.-14 mars, 25 juin-4 juil., 19-28 nov., 24 déc.-3 janv., mardi et merc.
Rest – Menu 11 € (déj. en sem.), 19/36 € – Carte 26/40 €
◆ Le nom de cette auberge typique évoque le vignoble (et le grand cru éponyme) que surplombe le village. Décor de caveau rustique, atmosphère conviviale et cuisine régionale.

RISCLE – 32 Gers – 336 B8 – 1 675 h. – alt. 105 m – ✉ 32400 — 28 **A2**

Paris 739 – Aire-sur-l'Adour 17 – Auch 71 – Mont-de-Marsan 49 – Pau 59 – Tarbes 55

Syndicat d'initiative, 6 place du foirail 05 62 69 74 01

Le Pigeonneau

36 av. Adour – ✆ 05 62 69 85 64 – Fax 05 62 69 85 64 – Fermé 1er-15 juil., 21-31 janv., dim. soir, lundi et mardi

Rest – Menu 15 € (déj. en sem.) – Carte 31/47 €

◆ Sol carrelé à l'ancienne et tons ocre renforcent le côté chaleureux de ce restaurant (non-fumeurs) de la vallée de l'Adour. Cuisine au goût du jour et plats à base de pigeonneau.

RISOUL – **05 Hautes-Alpes** – **334** H5 – **622 h.** – **alt. 1 117 m** – ✉ **05600** 41 **C1**

Paris 716 – Briançon 37 – Gap 61 – Guillestre 4 – St-Véran 35

Office de tourisme, Risoul 1850 ✆ 04 92 46 02 60, Fax 04 92 46 01 23

Belvédère de l'Homme de Pierre ✻★★ S : 15 km **Alpes du sud.**

La Bonne Auberge

rest, rest, rest, VISA

au village – ✆ 04 92 45 02 40 – bonneauberge@yahoo.fr – Fax 04 92 45 13 12 – Ouvert 1er juin-15 sept., 27 déc.-31 mars et fermé la sem. en janv. et merc. du 1er juin-15 sept.

25 ch – 54 € 54/59 €, 7,50 € – ½ P 49/52 € – **Rest** – *(dîner seult en hiver)* Menu 15 € (sem.)/24 € – Carte 21/29 €

◆ Grand chalet en léger retrait du village. Des chambres, jolie perspective sur la place forte de Mont-Dauphin, créée par Vauban. Décor assez sobre et ambiance pension de famille dans la salle de restaurant offrant un beau panorama sur le Guillestrois.

RIVA-BELLA – **14 Calvados** – **303** K4 – **voir à Ouistreham-Riva-Bella**

RIVE-DE-GIER – **42 Loire** – **327** G6 – **14 383 h.** – **alt. 225 m** – ✉ **42800**
Lyon et la vallée du Rhône 44 **B2**

Paris 494 – Lyon 38 – Montbrison 65 – Roanne 105 – St-Étienne 23 – Thiers 128 – Vienne 27

Hostellerie La Renaissance avec ch

VISA AE

41 r. A. Marrel – ✆ 04 77 75 04 31 – restaurant.larenaissance@wanadoo.fr – Fax 04 77 83 68 58 – Fermé 2-7 janv., dim. soir, merc. soir et lundi

5 ch – 48 € 60 €, 10 € – **Rest** – Menu (22 €), 27/79 € – Carte 52/84 €

◆ Meubles rustiques, objets contemporains et tableaux colorés composent le décor de cette salle à manger tournée vers le jardin-terrasse. Cuisine traditionnelle bien réalisée.

à Ste-Croix-en-Jarez 10 km au Sud-Est par D 30 – 351 h. – alt. 450 m – ✉ 42800

Le Prieuré avec ch

rest, VISA AE

– ✆ 04 77 20 20 09 – prieure.bl@orange.fr – Fax 04 77 20 20 80 – Fermé 2 janv.-12 fév.

4 ch – 52 € 58 €, 9 € – ½ P 56 € – **Rest** – *(fermé lundi)* Menu 15 € (sem.)/46 €

◆ Restaurant situé à l'entrée de cet insolite village qui occupe les bâtiments d'une ancienne chartreuse. Salle à manger champêtre. Cuisine régionale et charcuteries maison.

RIVEDOUX-PLAGE – **17 Charente-Maritime** – **324** C3 – **voir à Île de Ré**

LA RIVIÈRE – **33 Gironde** – **335** J5 – **rattaché à Libourne**

LA RIVIÈRE-ST-SAUVEUR – **14 Calvados** – **303** N3 – **rattaché à Honfleur**

LA RIVIÈRE-THIBOUVILLE – **27 Eure** – **304** E7 – **alt. 72 m** – ✉ **27550 Nassandres** 33 **C2**

Paris 140 – Bernay 15 – Évreux 34 – Lisieux 39 – Pont-Audemer 34 – Rouen 51

Le Soleil d'Or 40, VISA

– *02 32 45 00 08 – domainedusoleildor@hotmail.com – Fax 02 32 46 89 68*
13 ch – 54 € 54/90 €, 10 € – 1 suite – ½ P 52/78 € – **Rest** – *(fermé dim.)*
Menu (12 €), 20 € – Carte 29/39 €

◆ Enlacée par les paisibles bras de la Risle, grande maison où grimpe la vigne vierge. Spacieuses chambres contemporaines et superbe salon "tendance". Bien accordée avec la salle à manger résolument design, la cuisine a opté pour un style bistrot "branché".

Le Manoir du Soleil d'Or VISA

23 Côte de Paris – 02 32 44 90 31 – Fax 02 32 44 90 31
– Fermé 23 juil.-6 août, dim. soir et lundi
Rest – Menu (19 € bc), 23/50 € – Carte 36/49 €

◆ Ce petit castel normand offre une vue imprenable sur la vallée de la Risle depuis sa terrasse et son élégante salle à manger. Cuisine actuelle.

L'Auberge de la Vallée VISA

7 rte Brionne-Nassandres – 02 32 44 21 73 – Fax 02 32 44 21 73 – Fermé août, 25 déc.-1er janv., vacances scolaires de fév., dim. soir, mardi soir, merc. soir et lundi
Rest – Menu 12,50 € (sem.)/23 € – Carte 24/28 €

◆ Ce restaurant installé dans une belle maison à colombages abrite deux salles à manger champêtres, agrémentées d'une collection de paniers en osier. Cuisine au goût du jour.

RIXHEIM – 68 Haut-Rhin – 315 I10 – rattaché à Mulhouse

ROAIX – 84 Vaucluse – 332 D8 – rattaché à Vaison-la-Romaine

ROANNE – 42 Loire – 327 D3 – 38 896 h. – Agglo. 104 892 h. – alt. 265 m – ✉ 42300 Lyon et la Vallée du Rhône 44 **A1**

- Paris 395 – Clermont-Ferrand 115 – Lyon 84 – St-Étienne 85
- Roanne-Renaison : 04 77 66 83 55, par D 9 AV : 5 km.
- Office de tourisme, place de Lattre de Tassigny 04 77 71 51 77, Fax 04 77 71 07 11
- du Roannais à Villerestpar rte de Thiers : 7 km, 04 77 69 70 60.
- Musée Joseph-Déchelette : Faïences révolutionnaires★.
- Belvédère de Commelle-Vernay ★ : 7 km au S par quai Sémard BV.

Plan page suivante

Troisgros rest, VISA

pl. Gare – 04 77 71 66 97 – info@troisgros.com – Fax 04 77 70 39 77 – Fermé 31 juil.-15 août, vacances de fév., lundi midi d'oct. à fév., mardi et merc. CX **r**
11 ch – 175 € 330 €, 26 €, 5 duplex – **Rest** – *(nombre de couverts limité, prévenir)* Menu 90 € (déj. en sem.), 145/185 € – Carte 150/190 €
Spéc. Bain-marie de fenouil aux couteaux. Grillons de ris de veau "pissalat", fenouil grillé. Mille-feuillets croustillants au cacao. **Vins** Condrieu, Volnay.

◆ Un hôtel de gare... façon 21e s. : superbes chambres design, bibliothèque gourmande et collections de toiles contemporaines. Au restaurant Troisgros, trois étoiles depuis 1968, excellence d'une astucieuse cuisine au goût du jour et belle carte des vins.

Le Grand Hôtel sans rest 60, VISA

18 cours République, (face gare) – 04 77 71 48 82 – granotel@wanadoo.fr – Fax 04 77 70 42 40 – Fermé 1er-20 août, 22 déc.-6 janv. CX **f**
31 ch – 58/75 € 68/87 €, 11 €

◆ Ce bâtiment du début du 20e s. abrite des chambres plaisantes, soigneusement rénovées (mobilier actuel, fer forgé, rotin, couleurs ensoleillées), et un salon-bar feutré.

L'Astrée VISA

17 bis cours République, (face gare) – 04 77 72 74 22 – simonfalcoz@yahoo.fr – Fermé 30 juil.-19 août, 18-29 fév., sam. et dim. CX **f**
Rest – Menu 28 € (sem.)/70 € – Carte 40/70 €

◆ Confortable et plaisant décor contemporain avec boiseries et œuvres de peintres de la région, cuisine personnalisée : Astrées et Céladons adorent !

ROANNE

Alsace-Lor. (R.) . . . . CY 2
Anatole-France (R.) . . . . CY 3
Benoît (Bd C.) . . . . AV 5
Cadore (R. de) . . . . CX 7
Carnot (R.) . . . . BV 8
Clemenceau (Pl. G.) . . . . DX 10
Clermont (R. de) . . . . CY 12
Dourdein (R. A.) . . . . AV 14
Edgar-Quinet (Bd) . . . . BV 15
Foch (R. Mar.) . . . . CDY
Gaulle (Av. Ch.-de) . . . . AV 16
Gaulle (Bd Ch.-de) . . . . BV 17
Gaulle (R. Ch.-de) . . . . CY 18
Hoche (R.) . . . . AV 19
Hôtel de Ville (Pl.) . . . . DY 20
Jean-Jaurès (R.) . . . . CDY
Joffre (Bd Mar.) . . . . BV 21
Lattre-de-T. (Pl. de) . . . . CX 22
Libération (Av. de la) . . . . DY 23
Loire (Levée de la) . . . . DY 24
Marne (Av. de la) . . . . BV 26
Renaison (Levée du) . . . . DY 28
République (Cours de la) . . . . CXY 32
Roche (R. A.) . . . . DX 34
Semard (Q. P.) . . . . BV 35
Thiers (Bd de) . . . . AV 36
Thomas (Bd A.) . . . . AV 38
Vachet (R. J.) . . . . AV 40
Villemontais (R. de) . . . . AV 42

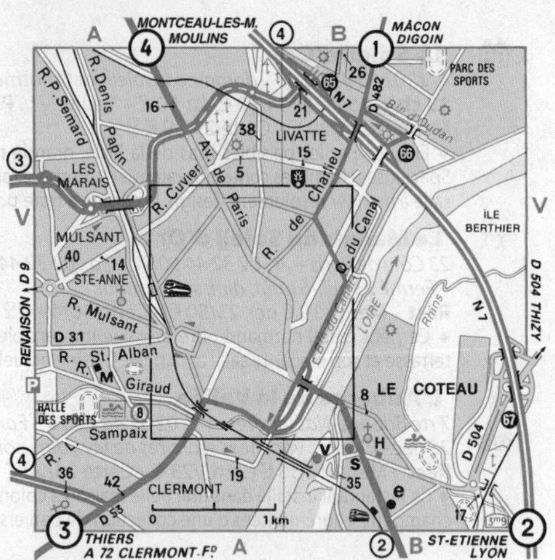

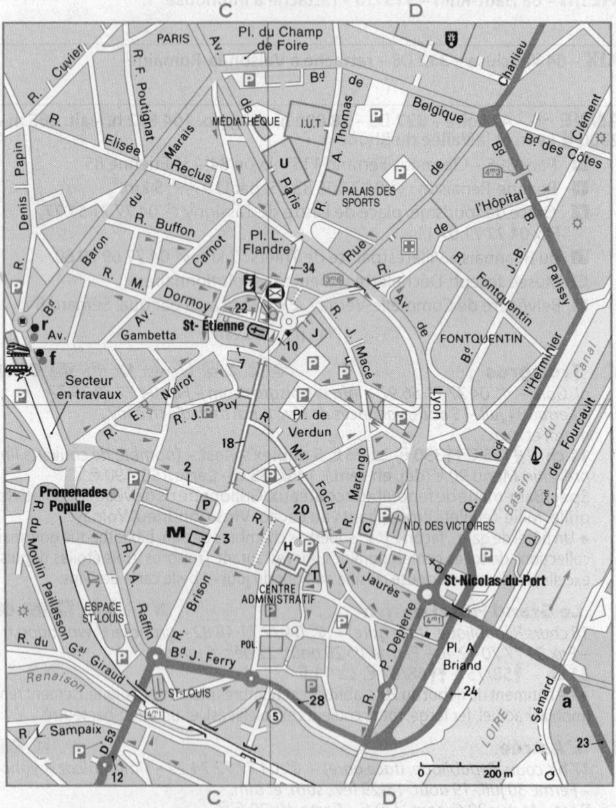

Le Relais Fleuri

Allée Claude Barge – ✆ 04 77 67 18 52 – relaisfleuri@wanadoo.fr – Fermé 11 fév.-2 mars, dim. soir, mardi soir et merc. BV **v**

Rest – Menu 20/46 € – Carte 31/44 €

◆ L'une des salles à manger de ce coquet restaurant est dressée sous un plaisant dôme vitré ; l'été, il s'ouvre largement sur le jardin. Cuisine au goût du jour.

Le Central

20 cours République (face gare) – ✆ 04 77 67 72 72 – restaurant.lecentral@wanadoo.fr – Fax 04 77 72 57 67 – Fermé 29 juil.-20 août, 23 déc.-1er janv., dim. et lundi CX **r**

Rest – bistrot *(prévenir)* Menu (20 €), 25/28 € – Carte 36/47 €

◆ Des rayonnages de produits gourmands composent le décor original de ce "bistrot-épicerie" où vous découvrirez une cuisine simple et goûteuse. Convivialité assurée !

au Coteau (rive droite de la Loire) – **7 375 h. – alt. 350 m – ✉ 42120**

Artaud 15/100, VISA

133 av. Libération – ✆ 04 77 68 46 44 – hotel.restaurant.artaud@wanadoo.fr – Fax 04 77 72 23 50 – Fermé 30 juil.-20 août, 23 déc.-1er janv., lundi midi et dim.

18 ch – †65/85 € ††65/85 €, ☕ 9 € – ½ P 60/80 € – **Rest** – Menu 20 € bc (sem.)/58 € – Carte 26/54 € BV **e**

◆ Hôtel géré par la même famille depuis trois générations. Chambres au décor actuel ou meublées dans le plus pur style des années 1980. Cuisine traditionnelle servie dans une salle à manger au cadre contemporain rehaussé de tableaux.

Ibis ch, ch, 40, VISA

53 bd Ch. de Gaulle, ZI Le Coteau - BV – ✆ 04 77 68 36 22 – h0708@accor.com – Fax 04 77 71 24 99

74 ch – †51/65 € ††51/65 €, ☕ 7,50 € – **Rest** – Menu (10 €), 18 € – Carte 20/27 €

◆ Commode pour l'étape et en constante évolution, cet hôtel met à votre disposition des chambres entièrement revues selon le dernier "look" de la chaîne. Restaurant moderne égayé de couleurs vives, terrasse dressée face à la piscine et cuisine simple.

L'Auberge Costelloise (Souchon) VISA

2 av. Libération – ✆ 04 77 68 12 71 – Fax 04 77 72 26 78 – Fermé 1er-7 mai, 12 août-3 sept., 26 déc.-2 janv., dim. et lundi DY **a**

Rest – Menu 25 € (sem.)/66 € – Carte 47/80 €

Spéc. Foie gras poêlé au coulis de betterave rouge. Homard breton aux agrumes et basilic. Tourte de pigeon. **Vins** Côte Roannaise, Vin de Pays d'Urfé.

◆ Au bord de la Loire, élégant restaurant contemporain égayé d'expositions de tableaux et complété d'une minivéranda. Vous y savourerez une généreuse cuisine classique.

Ma Chaumière VISA

3 r. St-Marc – ✆ 04 77 67 25 93 – ma-chaumiere@wanadoo.fr – Fax 04 77 23 35 94 – Fermé 1er-15 août, dim. soir et lundi BV **s**

Rest – Menu (10 € bc), 17/46 € – Carte 24/47 €

◆ Adresse toute simple qui justifie son nom par son atmosphère sympathique, son accueil gracieux et ses petits plats traditionnels adroitement mitonnés.

à Commelle-Vernay 6 km au Sud par D43 – **2 792 h. – alt. 340 m – ✉ 42120**

Château de Bachelard sans rest

– ✆ 04 77 71 93 67 – dhnoirard@chateaubachelard.com

5 ch ☕ – †85 € ††95 €

◆ Au sein d'une propriété de 18 ha avec étang de pêche, superbe manoir où les hôtes se sentent d'emblée comme chez eux. Chambres personnalisées et accueil d'une grande gentillesse.

à Riorges 3 km à l'Ouest par D 31 - AV – **10 074 h. – alt. 295 m – ✉ 42153**

Le Marcassin avec ch VISA

rte St-Alban-les-Eaux – ✆ 04 77 71 30 18 – lemarcassin@wanadoo.fr – Fax 04 77 23 11 22 – Fermé 21-31 août, vacances de fév., dim. soir et sam.

9 ch – †51 € ††59 €, ☕ 7 € – ½ P 67 € – **Rest** – Menu 26/55 € – Carte 32/47 €

◆ Restaurant au cadre contemporain raffiné où domine le bois blond : plafond à caissons et murs habillés de lambris. Vitrines décorées d'arbres nains. Cuisine soignée.

à Villerest 6 km par ③ – **4 243 h. – alt. 363 m** – ✉ **42300**

Office de tourisme, Seigne ✆ 04 77 69 67 21

Domaine de Champlong sans rest
– ✆ 04 77 69 78 78 – hotel.champlong@wanadoo.fr – Fax 04 77 69 35 45
– Fermé 23 déc.-2 janv., fév. et dim. du 1er oct. au 1er mai
23 ch – 65/85 € 65/85 €, 9 €
◆ Bâtiment récent bénéficiant du calme de la campagne, à deux pas d'un golf. Les chambres, spacieuses et actuelles, disposent de balcons ou de terrasses privatives.

XXX **Château de Champlong**
près golf – ✆ 04 77 69 69 69 – chateauchamplong@wanadoo.fr
– Fax 04 77 69 71 08 – Fermé 17-30 nov., 9-29 fév., dim. soir, lundi et mardi
Rest – Menu 25 € (sem.)/62 € – Carte 51/63 €
◆ Belle demeure du 18e s. dans un parc. La "salle des peintures" vaut le coup d'œil : tableaux d'époque, joli parquet et grande cheminée. Élégants salons. Recettes originales.

ROBION – 84 Vaucluse – 332 D10 – 3 844 h. – alt. 140 m – ✉ 84440 — 42 E1

Paris 713 – Aix-en-Provence 69 – Avignon 31 – Marseille 82

Office de tourisme, place Clément Gros ✆ 0490766044, Fax 0490765404

Mas la Fausseranne
chemin des mulets, Nord-Ouest : 4 km par D 31 et voie secondaire –
✆ 04 90 20 93 48 – fausseranne@wanadoo.fr – Fax 04 90 20 93 48
3 ch – 65 € 72 € – **Rest** – *(dîner seult) (résidents seult)* Menu 30 € bc
◆ Cette ancienne magnanerie se blottit à l'ombre des platanes. Un vieil escalier en pierre mène aux chambres spacieuses et confortables qui ont toutes vue sur le Luberon. Repas servis sous la tonnelle fleurie ou dans la chaleureuse salle à manger rustique.

X **L'Escanson**
450 av. Aristide Briand – ✆ 04 90 76 59 61 – info@lescanson.fr
– Fax 04 90 76 59 61 – Fermé 1er-22 janv., le midi en juil., merc. midi et mardi
Rest – Menu 14 € (déj. en sem.), 23/35 € – Carte 31/40 €
◆ Tons pastel et fer forgé donnent un cachet provençal à la lumineuse salle de ce petit restaurant. Cuisine traditionnelle toute en simplicité. Plaisante terrasse ombragée.

ROCAMADOUR – 46 Lot – 337 F3 – 614 h. – alt. 279 m – ✉ 46500
Périgord — 29 C1

Paris 531 – Brive-la-Gaillarde 54 – Cahors 60 – Figeac 47 – St-Céré 31

Office de tourisme, lieu-dit L'Hospitalet ✆ 05 65 33 22 00, Fax 05 65 33 22 01

Site★★★ - Remparts ✻★★★ - Tapisseries★ dans l'hôtel de ville - Vierge noire★ dans la chapelle Notre-Dame - Musée d'Art sacré★ M1 - Musée du Jouet ancien automobile : voitures à pédales - L'Hospitalet ✻★★ : Féerie du rail : maquette★ par ②.

Plan page ci-contre

au château

Château — ch, ch, 50,
rte château – ✆ 05 65 33 62 22 – hotelchateaurocamadour@wanadoo.fr
– Fax 05 65 33 69 00 – Ouvert 25 mars-8 nov. — AZ **r**
58 ch – 70/75 € 72/82 €, 9,50 € – ½ P 70/82 € – **Rest** – *(fermé lundi midi sauf fériés)* Menu (14,50 €), 23/42 € – Carte 32/58 €
◆ Loin de l'agitation touristique, hôtel contemporain aux chambres spacieuses et fonctionnelles. Calme ambiant, piscine, tennis et jardin sont fort appréciés. Le restaurant, à 50 m, sert des plats régionaux ; décor actuel et terrasse sous les chênes truffiers.

Relais Amadourien
20 ch – 46/48 € 48/52 €, 7,50 € – ½ P 54/58 € — AZ **r**
◆ L'annexe de l'hôtel du Château, de style motel à la toiture pentue, accueille en saison principalement les groupes. Chambres simples, bien tenues.

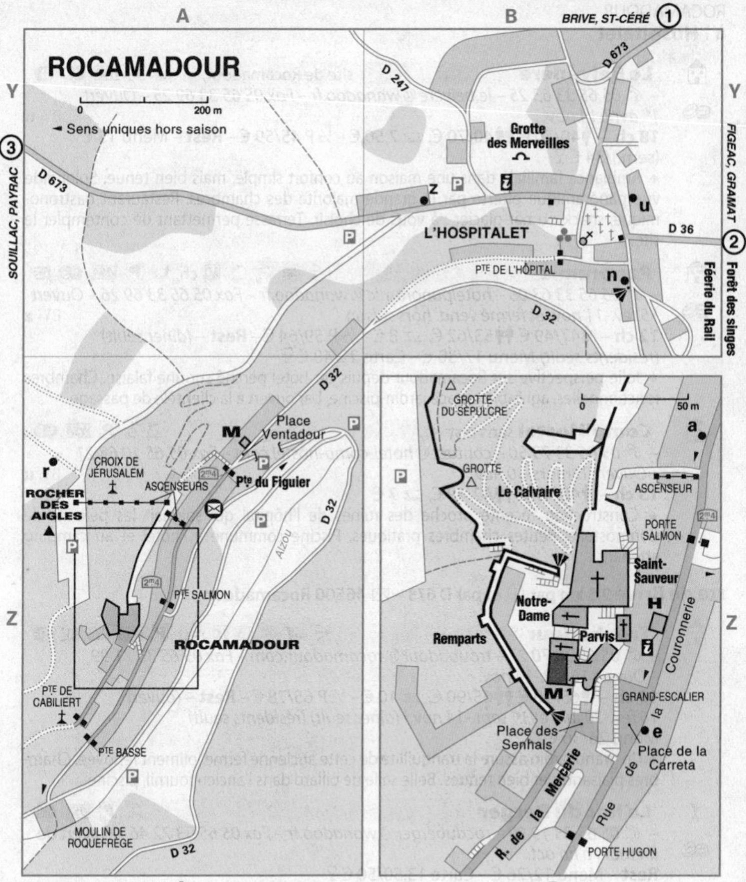

dans la cité

Beau Site – ✆ 05 65 33 63 08 – *info@bestwern-beausite.com* – *Fax 05 65 33 65 23* – *Ouvert 4 fév.-11 nov.* BZ **a**

38 ch – 43/90 € 70/150 €, 11 € – ½ P 65/77 €

Rest *Jehan de Valon* – Menu 18 € (déj.), 24/54 € – Carte 29/54 €

◆ Au cœur de la cité, maison du 15e s. hébergeant un joli hall d'inspiration médiévale et des chambres de caractère. À l'annexe, le décor est plus actuel. Au restaurant, plats traditionnels, vins du Sud-Ouest et du monde, et belle vue sur la vallée de l'Alzou.

Le Terminus des Pélerins – ✆ 05 65 33 62 14 – *hotelterm.pelerinsroc@wanadoo.fr* – *Fax 05 65 33 72 10* – *Ouvert 31 mars-4 nov.* BZ **e**

12 ch – 43/52 € 49/63 €, 7 € – ½ P 59/66 € – **Rest** – *(fermé jeudi soir et vend. sauf de juil. à sept.)* Menu (15 €), 23/29 € – Carte 33/71 €

◆ Au pied de la falaise escarpée, petit hôtel familial à l'accueil chaleureux. Chambres nettes, bien équipées. De la terrasse, profitez du "spectacle" de la vallée. La salle à manger, aérée, invite à s'attabler autour de consistants plats du terroir.

à l'Hospitalet

Le Belvédère
site de Rocamadour, P VISA
– 05 65 33 63 25 – le.belvere@wanadoo.fr – Fax 05 65 33 69 25 – Ouvert 1er avril-14 nov. BY **n**

18 ch – 40/70 € 40/70 €, 7,50 € – ½ P 45/59 € – **Rest** – Menu 15 € (sem.)/34 €

◆ Ambiance familiale dans une maison au confort simple, mais bien tenue. Splendide vue panoramique offerte par la grande majorité des chambres. Restaurant gastronomique, snack ou bar-glacier : à vous de choisir. Terrasse permettant de contempler le site.

Panoramic
ch, P VISA
– 05 65 33 63 06 – hotelpanoramic@wanadoo.fr – Fax 05 65 33 69 26 – Ouvert 15 fév.-11 nov. et fermé vend. hors saison BY **z**

12 ch – 47/49 € 53/62 €, 8 € – ½ P 59/64 € – **Rest** – *(dîner seult) (résidents seult)* Menu 17/30 € – Carte 25/48 €

◆ Jolie perspective sur Rocamadour depuis cet hôtel perché sur une falaise. Chambres fonctionnelles, agréable espace jardin-piscine, bar ouvert à la clientèle de passage.

Comp'Hostel sans rest
P VISA
– 05 65 33 73 50 – contact@hotel-comp-hostel.com – Fax 05 65 10 68 21 – Ouvert 1er mars-30 nov. BY **u**

13 ch – 42/49 € 42/49 €, 7 €

◆ Construction récente proche des ruines de l'hôpital qui soignait les pélerins de Compostelle. Petites chambres pratiques. Piscine commune à l'hôtel et au camping attenant.

rte de Brive 2,5 km par ① et par D 673 – ✉ 46500 Rocamadour

Troubadour
rest, P VISA
– 05 65 33 70 27 – troubadour@rocamadour.com – Fax 05 65 33 71 99 – Ouvert 16 fév.-14 nov.

10 ch – 65/90 € 65/90 €, 10 € – ½ P 65/78 € – **Rest** – *(ouvert 16 fév.-30 juin et 1er sept.-14 nov.) (dîner seult) (résidents seult)* Menu 26/36 €

◆ Un grand jardin assure la tranquillité de cette ancienne ferme joliment rénovée. Chambres plaisantes et bien tenues. Belle salle de billard dans l'ancien fournil, piscine.

Le Roc du Berger
P VISA
– 05 65 33 19 99 – rocduberger@wanadoo.fr – Fax 05 65 33 72 46 – Ouvert de fin mars à fin oct.

Rest – Menu 12/26 € – Carte 13,50/50 €

◆ Terrasse sous les chênes truffiers, ambiance animée, service à la bonne franquette et, sur la table, des produits fermiers exclusivement régionaux et préparés au feu de bois.

à la Rhue 6 km par ① rte de Brive par D 673, N 140 et rte secondaire – ✉ 46500 Rocamadour

Domaine de la Rhue sans rest
P VISA
– 05 65 33 71 50 – domainedelarhue@wanadoo.fr – Fax 05 65 33 72 48 – Ouvert 8 avril-20 oct.

14 ch – 70/78 € 70/130 €, 8 €

◆ Grandes chambres personnalisées aménagées dans d'élégantes écuries du 19e s. Superbe salon rustique doté d'une cheminée. L'été, petit-déjeuner en terrasse et piscine.

rte de Payrac 4 km par ③, D 673 et rte secondaire – ✉ 46500 Rocamadour

Les Vieilles Tours
15, P VISA
– 05 65 33 68 01 – les.vieillestours@wanadoo.fr – Fax 05 65 33 68 59 – Ouvert 31 mars-7 nov.

17 ch (½ P seult en saison) – 72 € 115 €, 12 € – ½ P 82/107 € – **Rest** – *(dîner seult)* Menu 39 € – Carte 41/66 €

◆ En pleine campagne, ferme rénovée flanquée d'un fauconnier du 13e s. abritant la plus belle chambre. Intérieur campagnard, jardin avec vue sur la vallée. Deux salles à manger dont une d'esprit rustique ; cuisine au goût du jour.

LA ROCHE-BERNARD – 56 Morbihan – 308 R9 – 796 h. – alt. 38 m – ✉ 56130
Bretagne 10 C3

Paris 444 – Nantes 70 – Ploërmel 55 – Redon 28 – St-Nazaire 37 – Vannes 42

Office de tourisme, 14 rue du Docteur Cornudet ✆ 02 99 90 67 98, Fax 02 99 90 67 99

de la Bretesche à Missillac Domaine de la Bretesche, SE : 11 km, ✆ 02 51 76 86 86.

Pont du Morbihan★.

Le Manoir du Rodoir 40, VISA

rte Nantes – ✆ 02 99 90 82 68 – lemanoirdurodoir@wanadoo.fr – Fax 02 99 90 76 22 – Fermé 21 déc.-11 fév.

24 ch – ♦75/108 € ♦♦75/108 €, ☕ 12 € – ½ P 71/89 € – **Rest** – *(fermé le midi du 14 juil. au 31 août, sam. midi, lundi midi et dim.)* Menu 21 € (déj. en sem.), 32/55 € – Carte environ 43 € ♀

♦ Un parc de 2 ha entoure cette ex-fonderie entièrement restaurée. Chambres spacieuses et confortables, mansardées au 2e étage. Restaurant coiffé d'une belle charpente et véranda tournée vers le bocage. Cuisine d'aujourd'hui sensible aux influences de l'océan.

Auberge des Deux Magots VISA

pl. Bouffay – ✆ 02 99 90 60 75 – aubergelesdeuxmagots.roche-bernard@wanadoo.fr – Fax 02 99 90 87 87 – Fermé 25 juin-1er juil., 29 oct.-4 nov., 20 déc.-15 janv., dim. soir et lundi sauf juil.-août

15 ch – ♦45/55 € ♦♦45/75 €, ☕ 7 € – **Rest** – *(fermé dim. soir et lundi)* Menu 14 € (sem.)/55 € – Carte 29/62 € ♀

♦ Trois maisons régionales composent cette jolie auberge villageoise à la façade fleurie. Charme désuet dans des chambres au décor classique ou rustique. Petites salles à manger recelant une collection de mignonnettes. Dans l'assiette, poissons et fruits de mer.

L'Auberge Bretonne (Thorel) avec ch VISA AE

2 pl. Duguesclin – ✆ 02 99 90 60 28 – aubbretonne@relaischateaux.com – Fax 02 99 90 85 00 – Fermé 14 nov.-15 janv. sauf hôtel et sauf fêtes

11 ch – ♦95/130 € ♦♦130/280 €, ☕ 17 € – ½ P 190/275 € – **Rest** – *(fermé lundi midi, mardi midi, vend. midi et jeudi)* Menu 35 € (déj. en sem.), 105/137 € – Carte 100/180 € ♀

Spéc. Solette de la baie aux noisettes et au romarin. Léger bouillon d'asperges et truffe de Saint-Jacques en surprise (nov. à fév.). Homard rôti au jus, coffre traité comme un parmentier.

♦ Ces trois maisons bretonnes fleuries abritent un élégant restaurant aménagé dans une galerie entourant un potager. Cuisine créative "terre et mer" ; cave où n'entrent que des flacons de producteurs triés sur le volet.

ROCHECORBON – 37 Indre-et-Loire – 317 N4 – rattaché à Tours

ROCHEFORT – 17 Charente-Maritime – 324 E4 – 25 797 h. – alt. 12 m – Stat. therm. : mi mars-début déc. – ✉ 17300 Poitou Vendée Charentes 38 B2

Paris 475 – Limoges 221 – Niort 62 – La Rochelle 38 – Royan 40 – Saintes 44

Accès Pont de Matrou : passage gratuit.

Office de tourisme, avenue Sadi-Carnot ✆ 05 46 99 08 60, Fax 05 46 99 52 64

du pays Rochefortais à Saint-Laurent-de-la-Prée 1608 route Impériale, NO : 7 km par N 137, ✆ 05 46 84 56 36.

Quartier de l'Arsenal★ - Corderie royale★★ - Maison de Pierre Loti★ AZ - Musée d'Art et d'Histoire★ AZ **M²** - Les Métiers de Mercure★ (musée) BZ **D.**

Plan page suivante

La Corderie Royale rest, 40/120, VISA AE

r. Audebert (près Corderie Royale) – ✆ 05 46 99 35 35 – corderie.royale@wanadoo.fr – Fax 05 46 99 78 72 – Fermé fév., dim. soir et lundi du 6 nov. au 2 avril BY **h**

45 ch – ♦58/165 € ♦♦75/165 €, ☕ 10 € – 3 suites – ½ P 74/115 € – **Rest** – Menu 25 € (déj. en sem.), 36/87 € bc – Carte 46/67 € ♀

♦ Une étape chargée d'histoire, dans les murs de l'ancienne artillerie royale, au bord de la Charente et du port. Chambres spacieuses et de bon confort. La salle à manger-véranda et la terrasse regardent la rivière ; cuisine au goût du jour.

ROCHEFORT

Audry-de-Puyravault (R.) . . . ABZ
Combes (R. Emile). . . . . . . ABZ 5
Courbet (R. Amiral) . . . . BZ 2
La-Fayette (Av.) . . . . ABZ
Fosse-aux-Mâts (Av. de la). . BZ 8
Galliéni (R.) . . . . BY 9
Gaulle (Av. Ch.-de) . . . . ABZ
Grimaux (R. Édouard) . . . . ABZ 10
Laborit (R. Henri) . . . . AY 15
Lesson (R.) . . . . BZ 18
République (R. de la) . . . . . ABZ
Résistance (Bd de la) . . . . . . AZ
Rochambeau (Av.) . . . . AZ 23
11-Novembre-1918 (Av. du). BZ 28
14-Juillet (R. du) . . . . AZ 29

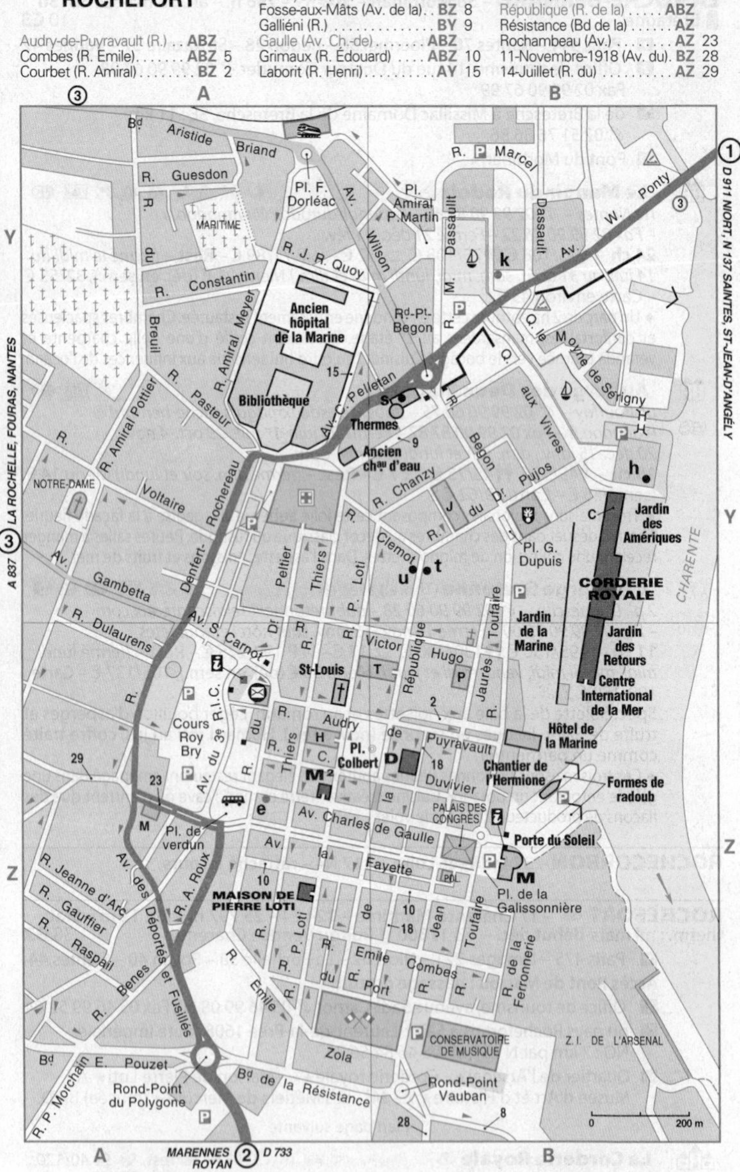

Les Remparts rest, 50, VISA

43 av. C. Pelletan (aux Thermes) – ☎ 05 46 87 12 44 – hotel.remparts.rochefort@eurothermes.com – Fax 05 46 83 92 62 – **73 ch** – 52/65 € 54/67 €, 8 € – ½ P 51/58 € – **Rest** – Menu (13 €), 19 € – Carte 24/37 € BY **s**

◆ Cette construction des années 1980 régulièrement rafraîchie bénéficie d'un accès direct aux thermes et à la source de l'Empereur. Les chambres sont grandes et fonctionnelles. Vaste salle de restaurant plutôt sobre et recettes traditionnelles.

Roca Fortis sans rest VISA MC AE
14 r. République – ✆ 05 46 99 26 32 – hotel-rocafortis@wanadoo.fr – Fax 05 46 99 26 62 BY **t**
16 ch – 🚹39/59 € 🚹🚹39/59 €, ☕ 6 €
◆ Deux maisons régionales autour d'une cour-terrasse où l'on petit-déjeune en été. Intérieur joliment rénové (mobilier chiné, tons actuels) ; chambres très calmes sur l'arrière.

Palmier sur Cour sans rest
55 r. République – ✆ 05 46 99 55 54 – palmiersurcour@wanadoo.fr – Fermé 15 déc.-11 fév. BY **u**
3 ch ☕ – 🚹53/58 € 🚹🚹58/64 €
◆ Les hôtes n'hésitent pas à revenir dans cette demeure du 19e s., emballés par le calme et le raffinement des chambres, les goûteux petits-déjeuners et l'accueil attentif.

Le Tourne-Broche VISA MC
56 av. Ch. de Gaulle – ✆ 05 46 87 14 32 – letournebroche@free.fr – Fermé 24 juin-12 juil., 24 déc.-10 janv., dim. soir, lundi et mardi AZ **e**
Rest – Menu 28/42 € – Carte 41/59 €
◆ Au sein d'une maison édifiée pour les officiers de Colbert, restaurant familial sachant valoriser son cadre authentique : cheminée, tournebroche et tables joliment dressées.

par ② 3 km rte de Royan avant pont de Martrou – ✉ 17300 Rochefort

La Belle Poule P VISA MC AE
– ✆ 05 46 99 71 87 – belle-poule@wanadoo.fr – Fax 05 46 83 99 77 – Fermé 9-30 nov.
20 ch – 🚹52 € 🚹🚹56 €, ☕ 8,50 € – ½ P 50 € – **Rest** – *(fermé dim. soir et vend.)* Menu 25/41 € – Carte 38/47 €
◆ À proximité du pont transbordeur de Martrou, bâtisse des années 1980 entourée d'un jardin. Chambres confortables et bien tenues. De belles maquettes navales rehaussent le décor champêtre du restaurant et s'accordent avec sa cuisine du large.

ROCHEFORT-EN-TERRE – 56 Morbihan – 308 Q8 – 693 h. – alt. 40 m – ✉ 56220 Bretagne 10 **C2**

- Paris 431 – Ploërmel 34 – Redon 26 – Rennes 82 – La Roche-Bernard 27 – Vannes 36
- Office de tourisme, place des Halles ✆ 02 97 43 33 57
- Site★ - Maisons anciennes★.

Le Pélican avec ch VISA MC
pl. Halles – ✆ 02 97 43 38 48 – le.pelican@wanadoo.fr – Fax 02 97 43 42 01 – Fermé 21 janv.-14 fév., dim. soir et lundi
7 ch ☕ – 🚹58 € 🚹🚹65/68 € – ½ P 45/55 € – **Rest** – Menu 17/45 €
◆ Restaurant de caractère (cheminée, boiseries, meubles rustiques) dans une demeure des 16e et 18e s. de ce ravissant bourg breton. Cuisine du terroir. Chambres récentes.

ROCHEFORT-SUR-NENON – 39 Jura – 321 D4 – rattaché à Dôle

LA ROCHEFOUCAULD – 16 Charente – 324 M5 – 3 228 h. – alt. 75 m – ✉ 16110 Poitou Vendée Charentes 39 **C3**

- Paris 446 – Angoulême 23 – Confolens 44 – Limoges 83 – Nontron 38 – Ruffec 40
- Office de tourisme, 1 rue des Tanneurs ✆ 05 45 63 07 45, Fax 05 45 63 08 54
- Château★★.

La Vieille Auberge 20/80, P VISA MC
1 r. Vitrac – ✆ 05 45 62 02 72 – balmorevieilleauberge@wanadoo.fr – Fax 05 45 63 01 88 – Fermé 24-31 déc., vend. soir et dim. soir de nov. à mars
25 ch – 🚹38/50 € 🚹🚹38/50 €, ☕ 6 € – ½ P 42/49 € – **Rest** – Menu (10,50 €), 14,50 € (sem.)/36 € – Carte 18/47 €
◆ Au pays de la charentaise, déjà produite sous Louis XIV, relais de poste du 16e s. dont la façade s'agrémente d'une tourelle. Ambiance auberge et chambres rustiques. Restaurant résolument campagnard et carte traditionnelle émaillée de spécialités régionales.

ROCHEGUDE – 26 Drôme – 332 B8 – 1 236 h. – alt. 121 m – ✉ 26790 44 B3

Paris 641 – Avignon 46 – Bollène 8 – Carpentras 34 – Nyons 31 – Orange 17

Château de Rochegude 25,
– ☎ 04 75 97 21 10 – *chateauderochegude@wanadoo.fr – Fax 04 75 04 89 87 – Fermé mardi midi, dim. soir et lundi de nov. à Pâques*

24 ch – 136/430 € 136/430 €, 20 € – 1 suite – **Rest** – Menu (22 € bc), 31 € (déj. en sem.), 35/85 € – Carte 59/94 €

◆ Cette forteresse du 11e s., remaniée au 18e s., domine les vignobles des Côtes du Rhône. Élégantes chambres personnalisées (meubles de style, tissus provençaux) et parc. Restaurant aux tons ensoleillés, agréable terrasse, cuisine actuelle et cave étoffée.

LA ROCHE-L'ABEILLE – 87 Haute-Vienne – 325 E7 – rattaché à St-Yrieix-la-Perche

ROCHE-LEZ-BEAUPRÉ – 25 Doubs – 321 G3 – rattaché à Besançon

LA ROCHELLE P – 17 Charente-Maritime – 324 D3 – 76 584 h. – Agglo. 116 157 h. – alt. 1 m – Casino AX – ✉ 17000 Poitou Vendée Charentes 38 A2

Paris 472 – Angoulême 150 – Bordeaux 183 – Nantes 141 – Niort 65

Accès à l'Île de Ré par le pont par ③. **Péage** en 2006 : auto (AR) 16,50 (saison) 9,00 (hors saison), auto et caravane 27,00 (saison), 15,00 (hors saison), camion 18,00 à 45,00, moto 2,00, gratuit pour piétons et vélos.Renseignements par Régie d'Exploitation des Ponts : ☎ 05 46 00 51 10, Fax 05 46 43 04 71.

de la Rochelle-Île-de-Ré : ☎ 05 46 42 30 26, NO : 4,5 km AV.

Office de tourisme, place de la Petite Sirène ☎ 0546411468

de La Prée La Rochelle à MarsillyN : 11 km par D 105, ☎ 05 46 01 24 42.

Vieux Port★★ : tour St-Nicolas★, ✻★★ de la tour de la Lanterne★ - Le quartier ancien★★ : hôtel de ville★ Z **H**, Hôtel de la Bourse★ Z **C**, Porte de la Grosse Horloge★ Z **N**, Grande-rue des Merciers★ - Maison Henry II★, arcades★ de la rue du Minage, rue Chaudrier★, rue du Palais★, rue de l'Escale★ - Aquarium★★ CDZ - Musées : Nouveau Monde★ CDY**M7**, Beaux-Arts★ CDY **M2** - d'Orbigny-Bernon★ (histoire rochelaise et céramique) Y **M8**, Automates★ (place de Montmartre★★) Z **M1**, maritime★ : Neptunéa C **M5** - Muséum d'Histoire naturelle★★ Y.

Plans pages suivantes

Champlain-France Angleterre sans rest 15,
30 r. Rambaud – ☎ *05 46 41 23 99 – larochelle@hotelchamplain.com – Fax 05 46 41 15 19* CY **b**

36 ch – 80/105 € 110/120 €, 12 € – 4 suites

◆ Cet ancien hôtel particulier est doté d'un bien agréable et romantique jardin. Bel escalier central menant à des chambres spacieuses et garnies de meubles de style.

Résidence de France 50,
43 r. Minage – ☎ *05 46 28 06 00 – info@hotel-larochelle.com – Fax 05 46 28 06 03* DY **x**

5 ch – 110/170 € 110/170 €, 15 € – 11 suites – 150/330 € – ½ P 87/117 € – **Rest** – *(fermé dim. et lundi sauf juil.-août)* Menu (19 €), 25 €

◆ Un bel édifice du 16e s. abrite cet établissement (intégré à une résidence hôtelière). Décoration soignée, espace et sérénité. Expositions d'œuvres d'artistes locaux. Mobilier d'inspiration 18e s. dans la salle de restaurant ouverte sur un patio-terrasse.

Masqhôtel sans rest 40,
17 r. Ouvrage à Cornes – ☎ *05 46 41 83 83 – info@masqhotel.com – Fax 05 46 07 04 43* DZ **t**

76 ch – 120/170 € 120/260 €, 13 €

◆ Des toiles contemporaines indonésiennes ponctuent les murs de ce nouvel hôtel situé dans une rue calme voisine de la gare. Mobilier design, ambiance minimaliste chic et high-tech.

LA ROCHELLE

Novotel — ch, ch, 15/120,

av. Porte Neuve – 05 46 34 24 24 – h0965@accor.com – Fax 05 46 34 58 32

94 ch – 105/141 € 125/158 €, 12,50 € – **Rest** – Menu 25 € bc/27 € bc – Carte 24/39 € — CY **t**

♦ Rénovation complète et réussie pour cet imposant immeuble en verre entouré d'un parc : chambres contemporaines et "zen", pourvues d'équipements dernier cri. Salle à manger largement ouverte sur la piscine (plats traditionnels) et petite restauration non-stop au bar.

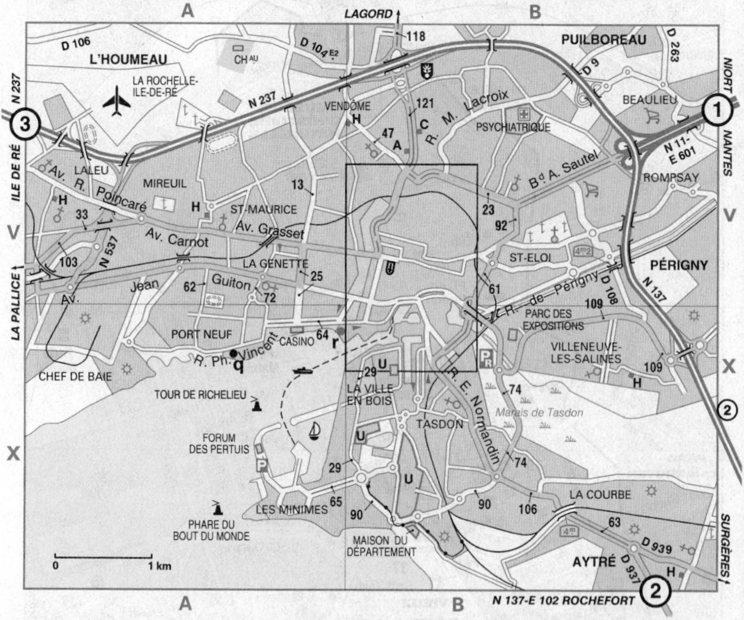

De la Monnaie sans rest — 15,

3 r. Monnaie – 05 46 50 65 65 – info@hotel-monnaie.com – Fax 05 46 50 63 19

31 ch – 82/90 € 100/115 €, 13 € – 4 suites — CZ **z**

♦ Près de la tour de la Lanterne, hôtel particulier du 17e s. Chambres de bonne ampleur, tournées sur la jolie cour intérieure pavée où l'on petit-déjeune aux beaux jours.

Les Brises sans rest — les îles,

chemin digue Richelieu (r. P. Vincent) – 05 46 43 89 37 – infos@hotellesbrises.com – Fax 05 46 43 27 97 — AX **q**

48 ch – 62/65 € 81/122 €, 11 € – 2 suites

♦ La terrasse au bord de la mer - on y petit-déjeune l'été - et la vue sur le port valent, à elles seules, une visite. Chambres peu à peu rénovées, à réserver côté océan (balcons).

Mercure Océanide — ch, 180,

quai L. Prunier – 05 46 50 61 50 – h0569@accor.com – Fax 05 46 41 24 31

123 ch – 105/135 € 120/150 €, 13 € – **Rest** – Menu (16 €), 20 € – Carte 28/43 € — DZ **e**

♦ Lifting complet pour cet hôtel jouxtant l'Aquarium et le musée maritime Neptunéa. Chambres pratiques et actuelles, et belle structure pour séminaires. Entièrement non-fumeurs. Au restaurant, vue sur le port, décor d'esprit brasserie et carte traditionnelle.

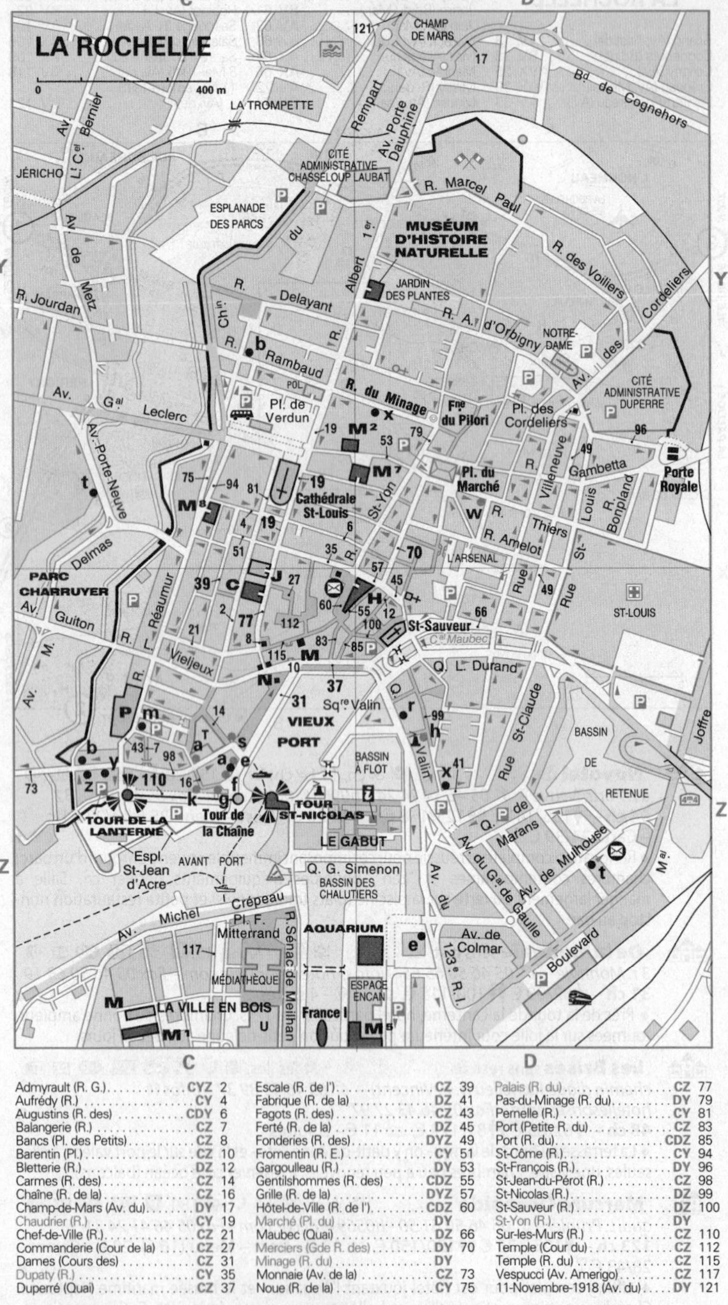

Street	Grid	No.
Admyrault (R. G.)	CYZ	2
Aufrédy (R.)	CY	4
Augustins (R. des)	CDY	6
Balangerie (R.)	CZ	7
Bancs (Pl. des Petits)	CZ	8
Barentin (Pl.)	CZ	10
Bletterie (R.)	DZ	12
Carmes (R. des)	CZ	14
Chaîne (R. de la)	CZ	16
Champ-de-Mars (Av. du)	DY	17
Chaudrier (R.)	CY	19
Chef-de-Ville (R.)	CZ	21
Commanderie (Cour de la)	CZ	27
Dames (Cours des)	CZ	31
Dupaty (R.)	CY	35
Duperré (Quai)	CZ	37
Escale (R. de l')	CZ	39
Fabrique (R. de la)	DZ	41
Fagots (R. des)	CZ	43
Ferté (R. de la)	DZ	45
Fonderies (R. des)	DYZ	49
Fromentin (R. E.)	CY	51
Gargoulleau (R.)	DY	53
Gentilshommes (R. des)	CDZ	55
Grille (R. de la)	DYZ	57
Hôtel-de-Ville (R. de l')	CDZ	60
Marché (Pl. du)	DY	
Maubec (Quai)	DZ	66
Merciers (Gde R. des)	DY	70
Minage (R. du)	DY	
Monnaie (Av. de la)	CZ	73
Noue (R. de la)	CY	75
Palais (R. du)	CZ	77
Pas-du-Minage (R. du)	DY	79
Pernelle (R.)	CY	81
Port (Petite R. du)	CZ	83
Port (R. du)	CDZ	85
St-Côme (R.)	CY	94
St-François (R.)	DY	96
St-Jean-du-Pérot (R.)	CZ	98
St-Nicolas (R.)	DZ	99
St-Sauveur (R.)	DZ	100
St-Yon (R.)	DY	
Sur-les-Murs (R.)	CZ	110
Temple (Cour du)	CZ	112
Temple (R. du)	CZ	115
Vespucci (Av. Amerigo)	CZ	117
11-Novembre-1918 (Av. du)	DY	121

Trianon et de la Plage rest, 20, VISA MC AE

6 r. Monnaie – 05 46 41 21 35 – trianonlarochelle@wanadoo.fr – Fax 05 46 41 95 78 – Fermé 22 déc.-1er fév. CZ **b**

25 ch – 67/75 € 75/95 €, 8 € – ½ P 73/80 € – **Rest** – *(fermé sam. midi et dim. du 15 oct. au 15 mars)* Menu 19/35 € – Carte 22/47 €

◆ Cet hôtel particulier du 19e s. au confort bourgeois est dans la même famille depuis 1920. Salle des petits-déjeuners façon jardin d'hiver. Chambres plus calmes sur l'arrière. Atmosphère feutrée dans la salle de restaurant ; cuisine traditionnelle.

Saint Jean d'Acre sans rest VISA MC AE

4 pl. Chaine – 05 46 41 73 33 – info@hotel-la-rochelle.com – Fax 05 46 41 10 01

60 ch – 60/70 € 75/194 €, 10 € CZ **a**

◆ Deux maisons du 18e s. idéalement situées pour profiter de l'animation rochelaise. Chambres bien insonorisées, peu à peu rénovées. Une suite avec terrasse dominant le vieux port.

Le Yachtman ch, 80, VISA MC AE

23 quai Valin – 05 46 41 20 68 – leyachtman@wanadoo.fr – Fax 05 46 41 81 24

44 ch – 84/160 € 94/160 €, 12 € – ½ P 75/108 € – **Rest** – *(fermé 18-29 déc., dim. soir sauf de juil. à sept.)* Menu (14 €), 18/30 € DZ **r**

◆ Face aux tours du vieux port, cette adresse bénéficie d'un "plus" : sa sympathique piscine logée dans le patio. Chambres simples et pratiques. Le restaurant affirme clairement sa vocation océane : mobilier, bibelots et cuisine de la mer.

Terminus Vieux Port sans rest VISA MC AE

pl. Cdt de la Motte Rouge – 05 46 50 69 69 – contact@hotelterminus-larochelle.com – Fax 05 46 41 73 12 DZ **x**

33 ch – 44/65 € 56/71 €, 6 €

◆ Point de départ idéal pour découvrir la ville, bâtiments anciens reliés par une verrière aménagée en salon. Ambiance familiale, chambres refaites dans un esprit sobre et frais.

La Maison du Palmier sans rest VISA MC AE

23 pl. Mar. Foch – 05 46 50 31 96 – lamaisondupalmier@free.fr – Fax 05 46 50 31 96 CZ **m**

4 ch – 95/135 € 95/135 €, 10 €

◆ L'appel au voyage résonne dans les belles chambres thématiques de cette charmante demeure du 18e s. articulée autour d'une courette et de son grand palmier... Un lieu reposant.

Aux Remparts sans rest

5 r. Monnaie – 05 46 50 29 70 – julie_maqueda@hotmail.com CZ **y**

4 ch – 70/120 € 70/120 €

◆ Maison de maître du 19e s. entre la plage et le vieux port. Décor contemporain sobre et de bon goût, équipements modernes. Jolie suite sous les toits et mignonne cour fleurie.

Richard Coutanceau entrée du port, VISA MC AE

plage de la Concurrence – 05 46 41 48 19 – coutanceau@relaischateaux.com – Fax 05 46 41 99 45 AX **r**

Rest – Menu 48/88 € – Carte 61/107 €

Spéc. Langoustines rôties en crémeux de fenouil. Civet de homard étuvé dans un beurre de crustacés. Filets de rougets croustillants sur fondue de roma. **Vins** Vin de pays de la Vendée, Vin de pays de la Vienne.

◆ Salle à manger en rotonde, élégante et contemporaine, grande ouverte sur le port et l'océan : cet écrin feutré et raffiné sublime une savoureuse cuisine de la mer.

Les Flots VISA MC AE

1 r. Chaîne – 05 46 41 32 51 – contact@les-flots.com – Fax 05 46 41 90 80

Rest – Menu 26 € (déj.), 35/79 € – Carte 39/77 € CZ **g**

◆ Estaminet du 18e s. au pied de la tour de la Chaîne. Décor mêlant rustique, moderne et esprit marin. Cuisine de l'océan personnalisée et beau livre de cave (900 références).

Le Comptoir du Sud VISA MC AE

4 pl. Chaîne – 05 46 41 06 08 – contact@lecomptoirdusud.com – Fax 05 46 41 90 80 CZ **e**

Rest – Menu 28 €

◆ Petites notes méridionales dans le décor et sur la carte de ce restaurant dressant sa terrasse face à la tour de la Chaîne. Intéressante sélection de vins du bassin méditerranéen.

Le Comptoir des Voyages
22 r. St-Jean-du-Pérot – ✆ 05 46 50 62 60 – contact@lecomptoirdesvoyages.com – Fax 05 46 41 90 80 CZ **a**
Rest – Menu 28 € ♀
◆ Voyage immobile mais gourmand dans le chaleureux cadre contemporain de ce "comptoir" : vins du monde et cuisine mijotée avec les épices rapportées de terres lointaines.

Les Orchidées
24 r. Thiers – ✆ 05 46 41 07 63 – s.hottlet@wanadoo.fr – Fax 05 46 50 05 16
Rest – Menu (19 €), 24 € – Carte 47/69 € ♀ DY **w**
◆ Un bistrot familial du quartier des halles, en retrait de l'agitation touristique. Le chef réalise des plats traditionnels et expose ses orchidées (son autre passion) en salle.

La Part des Anges
13 r. Chaîne – ✆ 05 46 55 73 36 – Fermé dim. et lundi CZ **k**
Rest – Menu (21 €), 26 € – Carte 28/50 € ♀
◆ Un bistrot qui se démarque des adresses "attrape-touristes" du secteur : bonne cuisine du marché suggérée à l'ardoise, vins judicieusement choisis et ambiance conviviale.

André
pl. Chaîne – ✆ 05 46 41 28 24 – barandre@wanadoo.fr – Fax 05 46 41 64 22
Rest – Menu 31/37 € bc – Carte 26/42 € ♀ CZ **f**
◆ Depuis trois générations, la même famille officie dans cette institution locale réputée pour sa cuisine de la mer. Dix salles au décor nautique très affirmé (objets insolites).

A Côté de chez Fred
30-32 rue St-Nicolas – ✆ 05 46 41 65 76 – barregilles@wanadoo.fr – Fermé le dim. de nov. à mars DZ **h**
Rest – Carte 24/48 € ♀
◆ Un patron jovial tient cette sympathique adresse relookée à la façon d'un bistrot contemporain (mobilier en teck). Sur l'ardoise, recettes du marché honorant la marée du jour.

à Aytré 5 km par ② – **7 725 h.** – ✉ **17440**

La Maison des Mouettes
1 r. Claires, (1er étage) – ✆ 05 46 44 29 12 – la-maison-des-mouettes@wanadoo.fr – Fax 05 46 34 66 01
Rest – Menu 35/75 € – Carte 51/65 € ♀
Rest *Version Original* – Menu 22/30 € – Carte 25/41 € ♀
◆ Cette grande villa de bord de mer abrite au 1er étage une confortable salle à manger, moderne et soignée, qui ménage un superbe panorama. Cuisine au goût du jour. Ambiance lounge, décor "tendance", carte simple et appétissante au Version Original.

LA ROCHE-POSAY – 86 Vienne – 322 K4 – 1 445 h. – alt. 112 m – Stat. therm. : fin janv.-mi déc. – Casino – ✉ 86270 Poitou Vendée Charentes 39 D1

Paris 325 – Le Blanc 29 – Châteauroux 76 – Loches 49 – Poitiers 61 – Tours 92

Office de tourisme, 14 boulevard Victor Hugo ✆ 05 49 19 13 00, Fax 05 49 86 27 94

du Connetable Parc Thermal, S : 2 km par D 3, ✆ 05 49 86 25 10.

Les Loges du Parc sans rest
10 pl. République – ✆ 05 49 19 40 50 cuisinette
– loges@la-roche-posay.info – Fax 05 49 19 40 51 – Ouvert 31 mars-21 oct.
42 ch – 🛉80/102 € 🛉🛉97/123 €, ☕ 10 € – 2 suites
◆ Vaste ensemble Belle Époque proposant une prestation hôtelière classique ou des séjours en résidence. Deux belles suites sur les thèmes du jazz et de l'Égypte ; nombreux loisirs.

St-Roch ch, ch,
4 cours Pasteur – ✆ 05 49 19 49 00 – contact@la-roche-posay.info – Fax 05 49 19 49 40 – Fermé 15 déc.-21 janv.
37 ch – 🛉47/75 € 🛉🛉64/101 €, ☕ 8 € – ½ P 57/70 € – **Rest** – Menu (18 €), 24/30 € – Carte 24/30 € ♀
◆ Les curistes apprécient cet établissement central pour son accès direct aux thermes Saint-Roch. Chambres fonctionnelles ; certaines regardent le jardin. Cuisine traditionnelle servie dans une salle fraîche et lumineuse, disposant d'un coin jeux pour enfants.

LE ROCHER – 07 Ardèche – 331 H6 – rattaché à Largentière

ROCHESERVIÈRE – 85 Vendée – 316 G6 – 2 241 h. – alt. 58 m – ✉ 85620 34 B3

Paris 415 – La Roche-sur-Yon 34 – Nantes 34 – Saint-Herblain 42

Office de tourisme, 1 rue Malcoute ✆ 02 51 94 94 05

Le Château du Pavillon sans rest

r. Gué-Baron – ✆ 02 51 06 55 99 – ggilann@aol.com – Fax 02 51 06 55 99 – Ouvert 29 avril-13 oct.

4 ch – 80/120 € 110/190 €, 8,50 €

◆ Charme, élégance et confort se conjuguent en ce château de 1885, dressé au sein d'un parc avec étang. Chambres romantiques à souhait et nursery pour les enfants de moins de 10 ans.

ROCHESSAUVE – 07 Ardèche – 331 J5 – rattaché à Privas

LA ROCHE-SUR-FORON – 74 Haute-Savoie – 328 K4 – 8 538 h. – alt. 548 m – ✉ 74800 Alpes du Nord 46 F1

Paris 553 – Annecy 34 – Bonneville 8 – Genève 26 – Thonon-les-Bains 42

Office de tourisme, place Andrevetan ✆ 04 50 03 36 68, Fax 04 50 03 31 38

Vieille ville★★.

Le Foron sans rest VISA

imp. de l'Étang, (Z.I. du Dragiez), N 203 – ✆ 04 50 25 82 76 – lf7405@inter-hotel.com – Fax 04 50 25 81 54 – Fermé 15 déc.-15 janv. et dim.

26 ch – 55 € 65 €, 7,50 €

◆ Petit hôtel situé dans la zone industrielle de la Roche-sur-Foron, pour une étape avant tout pratique. Les chambres sont fonctionnelles, insonorisées et bien tenues.

Le Marie-Jean 10, VISA

590 r. Plaine, (à 2 km par rte Bonneville) – ✆ 04 50 03 33 30 – contact@restaurant-lemariejean.com – Fax 04 50 25 99 98 – Fermé dim. soir, mardi midi et lundi

Rest – Menu 25 € (sem.), 35/55 € – Carte 62/72 €

◆ Cette maison bourgeoise de 1890 abrite une salle contemporaine soignée (joli plafond à caissons, tableaux, élégant sol en pierre) complétée d'un petit salon. Cuisine actuelle.

LA ROCHE-SUR-YON Ⓟ – 85 Vendée – 316 H7 – 49 262 h. – alt. 75 m – ✉ 85000 Poitou Vendée Charentes 34 B3

Paris 418 – Cholet 69 – Nantes 68 – Niort 91 – La Rochelle 77

Office de tourisme, rue Clemenceau ✆ 02 51 36 00 85

de La Domangère à Nesmy La Roche-sur-Yon, S : 8 km par D 746 et D 85, ✆ 02 51 07 65 90.

Plan page suivante

Mercure ch, 15/100, VISA

117 bd A. Briand – ✆ 02 51 46 28 00 – h1552@accor.com – Fax 02 51 46 28 98 AZ u

67 ch – 87/97 € 96/107 €, 11,50 € – **Rest** – *(fermé dim. soir)* Menu (15 €), 19/25 € bc – Carte 24/42 €

◆ À mi-chemin entre gare et place Napoléon, cet hôtel abrite des chambres spacieuses, fonctionnelles et bien insonorisées. Salle des petits-déjeuners sous verrière. Recettes traditionnelles simples au restaurant ou en terrasse, sous un toit en voiles de bateau.

Napoléon sans rest 40, VISA

50 bd A. Briand – ✆ 02 51 05 33 56 – hotel-nap@wanadoo.fr – Fax 02 51 62 01 69 – Fermé 27 avril-1er mai, 1er-4 nov., 22 déc.-6 janv. AY r

29 ch – 56/72 € 67/82 €, 8,50 €

◆ La proximité d'un boulevard animé ne gêne en rien la tranquillité des chambres, amples et bien tenues. Copieux petits-déjeuners servis dans un cadre de style Empire.

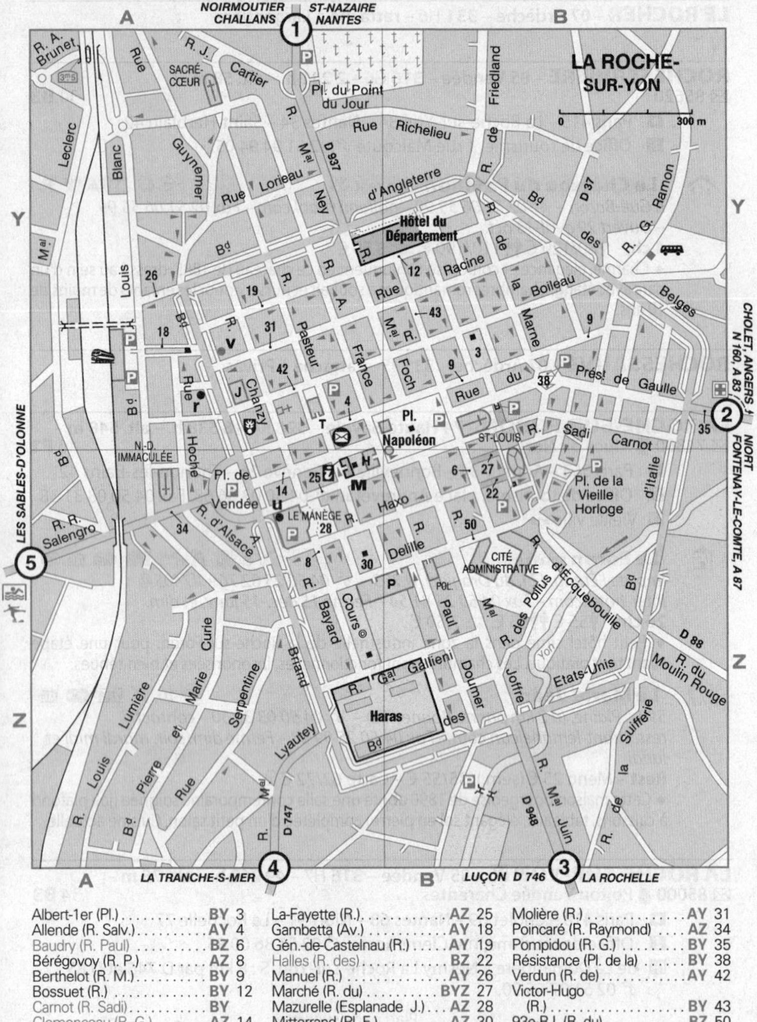

Albert-1er (Pl.) . . . . **BY** 3	La-Fayette (R.) . . . . **AZ** 25	Molière (R.) . . . . **AY** 31
Allende (R. Salv.) . . . . **AY** 4	Gambetta (Av.) . . . . **AY** 18	Poincaré (R. Raymond) . . . . **AZ** 34
Baudry (R. Paul) . . . . **BZ** 6	Gén.-de-Castelnau (R.) . . . . **AY** 19	Pompidou (R. G.) . . . . **BY** 35
Bérégovoy (R. P.) . . . . **AZ** 8	Halles (R. des) . . . . **BZ** 22	Résistance (Pl. de la) . . . . . **BY** 38
Berthelot (R. M.) . . . . **BY** 9	Manuel (R.) . . . . **AY** 26	Verdun (R. de) . . . . **AY** 42
Bossuet (R.) . . . . **BY** 12	Marché (R. du) . . . . **BYZ** 27	Victor-Hugo (R.) . . . . **BY** 43
Carnot (R. Sadi) . . . . **BY**	Mazurelle (Esplanade J.) . . . **AZ** 28	93e-R.I. (R. du) . . . . **BZ** 50
Clemenceau (R. G.) . . . . **AZ** 14	Mitterrand (Pl. F.) . . . . **AZ** 30	

Logis de la Couperie sans rest

5 km à l'Est par ②, rte de Niort rt D 80 – ☎ 02 51 24 10 18 – Fax 02 51 46 05 59

4 ch – 84/106 € 86/110 €, ☕ 9 €

◆ Beaux salons-bibliothèque, jardin potager, parc et étang : cette maison regorge de lieux propices au repos. Chambres personnalisées et garnies de meubles régionaux anciens.

Le Rivoli VISA AE

31 bd A. Briand – ☎ 02 51 37 43 41 – rivoli4@wanadoo.fr – Fax 02 51 46 20 92

– Fermé 30 juil.-12 août, lundi soir, sam. midi et dim. AY **v**

Rest – Menu 21/38 € – Carte 30/37 €

◆ Couleurs vives, banquette zébrée, chaises bistrot et nappes aux motifs psychédéliques : le décor joue la carte de l'originalité. La cuisine, traditionnelle, est plus sage.

par ⑤ 4 km et ancienne rte des Sables-d'Olonne – ✉ 85000 La Roche-sur-Yon

Auberge de la Borderie

Le Petit Bois Massuyeau, N 2160 – ✆ 02 51 08 95 95 – restaurant.la.borderie@wanadoo.fr – Fax 02 51 62 25 78 – Fermé 29 juil.-20 août, 3-10 mars, merc. soir, dim. soir et lundi

Rest – Menu 16 € (sem.)/36 € – Carte 31/54 €

♦ Deux salles à manger rustiques (objets du terroir, vieux fourneaux) et une terrasse ensoleillée vous attendent dans cette auberge champêtre. Cuisine traditionnelle.

ROCHETAILLÉE – 42 Loire – 327 F7 – rattaché à St-Étienne

ROCHETAILLÉE-SUR-SAÔNE – 69 Rhône – 327 I4 – 1 134 h. – alt. 170 m – ✉ 69270 Lyon et la vallée du Rhône

43 **E1**

Paris 449 – Lyon 13 – Bourg-en-Bresse 55 – Mâcon 64 – Villefranche-sur-Saône 24

De Paris

face église – ✆ 04 78 22 33 62 – contact@hotel-restaurant-de-paris.com – Fax 04 72 42 20 13 – Ouvert mi-mars-mi-déc. et fermé mardi soir et merc.

Rest – Menu 17 € (déj. en sem.), 26/37 € – Carte 37/78 €

♦ Accueillant restaurant proche du musée de l'Automobile Henri Malartre. Élégant fumoir, salle à manger très chaleureuse (cheminée) et belle terrasse d'été. Cuisine actuelle.

LA ROCHETTE – 73 Savoie – 333 J5 – 3 098 h. – alt. 360 m – ✉ 73110 Alpes du Nord

46 **F2**

Paris 588 – Albertville 41 – Allevard 9 – Chambéry 28 – Grenoble 47

Office de tourisme, Maison des Carmes ✆ 04 79 25 53 12

Vallée des Huiles★ NE.

Du Parc

64 r. Neuve – ✆ 04 79 25 53 37 – hotelduparc.rochette@wanadoo.fr – Fax 04 79 65 07 60 – Fermé 24-30 mars et 25 août-2 sept.

10 ch – †55 € ††64/72 €, ☕ 8 € – ½ P 62 € – **Rest** – *(fermé dim. soir)* Menu 17 € (déj. en sem.), 28/38 € – Carte 28/49 €

♦ Au débouché de la vallée des Huiles, accueillante petite affaire familiale disposant de chambres agréablement rénovées. Cuisine traditionnelle servie dans une salle à manger égayée de tons pastel et, à la belle saison, sur une terrasse verdoyante.

La Fresque

6 pl. St-Jean – ✆ 04 79 65 78 05 – delphine.orisio@wanadoo.fr – Fermé lundi soir sauf juil.-août, dim. soir et mardi

Rest – *(nombre de couverts limité, prévenir)* Menu 17 € (déj. en sem.), 33/66 €

♦ Pierres apparentes et fresques inspirées d'Alphonse Mucha ornent les murs de cette ancienne pâtisserie. Atmosphère douillette, cuisine au goût du jour, volontiers inventive.

ROCLES – 03 Allier – 326 F4 – 373 h. – alt. 420 m – ✉ 03240

5 **B1**

Paris 320 – Bourbon-l'Archambault 22 – Montluçon 41 – Moulins 35 – Saint-Amand-Montrond 64

Auberge de la Tour

– ✆ 04 70 47 39 47 – auberge.delatour@wanadoo.fr – Fax 04 70 47 39 47 – Fermé 10-27 sept., 18 fév.-6 mars et lundi sauf fériés

Rest – Menu 16/40 € – Carte 26/44 €

♦ Cette belle bâtisse reconnaissable à sa tour fait face à une église du 12e s. Lumineuse salle-véranda où se dégustent des plats traditionnels aux accents du terroir. Terrasse.

RODEZ Ⓟ – 12 Aveyron – 338 H4 – 23 707 h. – alt. 635 m – ✉ 12000
Midi-Pyrénées 29 **C1**

- Paris 623 – Albi 76 – Aurillac 87 – Clermont-Ferrand 213
- de Rodez-Marcillac : ✆ 05 65 76 02 00, par ③ : 12 km.
- Office de tourisme, place Foch ✆ 05 65 75 76 77
- du Grand Rodez à Onet-le-Château Route de Marcillac, N : 4 km par D 901, ✆ 05 65 78 38 00.
- Clocher★★★ de la cathédrale N.-Dame★★ - Musée Fenaille★★ BZ M[1] - Tribunes en bois★ de la chapelle des Jésuites.

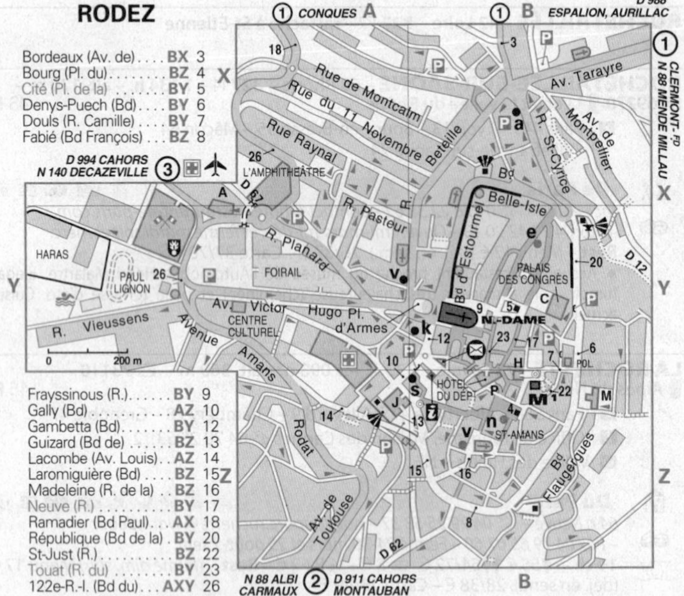

La Ferme de Bourran sans rest
r. Berlin, à Bourran 1,5 km par ③ – ✆ 05 65 73 62 62 – contact@fermedebourran.com – Fax 05 65 73 14 15
7 ch – †102/153 € ††120/180 €, ☕ 15 €
♦ Sept chambres occupent cette ancienne ferme perchée sur une verte colline. Décoration contemporaine, confort, calme et équipements dernier cri. Petit-déjeuner en table d'hôte.

Biney sans rest
r. Victoire-Massol – ✆ 05 65 68 01 24 – hotel.biney@wanadoo.fr – Fax 05 65 75 22 98 BY **k**
26 ch – †70 € ††80/140 €, ☕ 15 € – 2 suites
♦ Meubles en bois peint, jolis tissus colorés, literie confortable... : les chambres, certes parfois un peu petites, sont personnalisées et plutôt coquettes. Hammam et sauna.

La Tour Maje sans rest
bd Gally – ✆ 05 65 68 34 68 – delassaux.bernard@wanadoo.fr – Fax 05 65 68 27 56 BZ **s**
40 ch – †53 € ††57 €, ☕ 7 € – 3 suites
♦ Hôtel des années 1970 adossé à une tour du 14e s. où sont aménagées des suites de style rustique (murs en pierres apparentes). Chambres sobres, sagement provençales au 5e étage.

Ibis sans rest 15, VISA
46 r. St-Cyrice – ☎ 05 65 76 10 30 – h2748gm@accor.com – Fax 05 65 76 10 33 BX **a**
45 ch – 61/67 € 61/67 €, ☐ 7 €
♦ Au cœur d'un quartier totalement restauré, hôtel de chaîne disposant de petites chambres fonctionnelles, parfois dotées d'un balcon. Salle de réunions et salon-bar.

Du Midi rest, rest, VISA
1 r. Béteille – ☎ 05 65 68 02 07 – hotel.du.midi@wanadoo.fr – Fax 05 65 68 66 93 – Fermé vacances de Noël ABY **v**
34 ch – 46/48 € 50/54 €, ☐ 6,50 € – ½ P 49 € – **Rest** – *(fermé dim. midi)* Menu 11/26 € – Carte 24/40 €
♦ À deux pas de la cathédrale, adresse bien située pour découvrir la ville à pied. Chambres simples et pratiques, calmes côté cour et pourvues d'un bon double vitrage côté rue. Au restaurant, plats traditionnels, salades, grillades et l'incontournable aligot.

Deltour sans rest VISA
6 r. Bruxelles, à Bourran, 1,5 km par ③ – ☎ 05 65 73 03 03 – hoteldeltourrodezb@wanadoo.fr – Fax 05 65 73 03 05
39 ch – 34/45 € 34/45 €, ☐ 5,50 € – 3 suites
♦ Ce tout nouvel hôtel répond aux attentes d'une clientèle d'affaires : chambres fonctionnelles et claires conciliant confort, insonorisation et décoration sobre.

XX **Les Jardins de l'Acropolis** VISA
r. Athènes à Bourran, par ③ : 1,5 km – ☎ 05 65 68 40 07 – acropolys@wanadoo.fr – Fax 05 65 68 40 67 – Fermé 1er-22 août, lundi soir et dim.
Rest – Menu 17 € bc (déj. en sem.), 23/46 € – Carte 45/54 €
♦ Dans un quartier d'affaires animé, cette adresse doit son succès à sa goûteuse cuisine actuelle et au cachet de ses deux élégantes salles contemporaines revêtues de boiseries.

XX **Goûts et Couleurs** (Fau) VISA
38 r. Bonald – ☎ 05 65 42 75 10 – jean-luc.fau@wanadoo.fr – Fax 05 65 42 75 10 – Fermé 29 avril-9 mai, 2-12 sept., 6-31 janv., merc. soir (sauf juin-juil.-août et déc.), dim. et lundi BY **e**
Rest – Menu 33/75 € – Carte 44/75 €
Spéc. Carpaccio de gambas à l'huile de fleurs de sureau (juin à sept.). Compotée de lièvre à la royale en raviole de châtaigne. Chocolats aux herbes et aux fleurs, sorbet cacao. **Vins** Marcillac, Gaillac.
♦ Les goûts et les couleurs se marient avec créativité dans l'assiette et dans la salle exposant les tableaux du patron-artiste. Terrasse d'été prisée ; belle carte de vins du Sud.

XX **Le St-Amans** VISA
12 r. Madeleine – ☎ 05 65 68 03 18 – Fermé mars, dim. soir et lundi BZ **v**
Rest – Menu 18 € (déj. en sem.)/28 € – Carte 32/44 €
♦ Laque noire et grands miroirs sur les murs, chaises en cuir, lumière diffuse et tables espacées composent le cadre "japonisant" de ce restaurant. Goûteuse cuisine actuelle.

X **Le Parfum des Délices** 15, VISA
24 pl. Bourg – ☎ 05 65 68 95 00 – Fax 05 65 68 08 25 – Fermé 15-30 août, le soir du mardi au jeudi, dim. et lundi BZ **n**
Rest – Menu (12,50 €), 20/35 € – Carte environ 39 €
♦ Trois espaces (salle, cave voûtée, terrasse) au cadre contemporain - murs aubergine, bois sombres - pour une cuisine jouant avec les épices et les aromates. Salon de thé.

rte d'Espalion par ① et D 988

Causse Comtal ch, rest, 20/80, VISA
à 12 km – ☎ 05 65 74 90 98 – contact@caussecomtal.com – Fax 05 65 46 92 69 – Fermé vend., sam. et dim. de nov. à Pâques
120 ch – 81/87 € 81/87 €, ☐ 12 € – 3 suites – **Rest** – *(dîner seult)* Menu 22/36 €
♦ Isolée en plein causse, construction moderne agrémentée d'une grosse tour en pierre, intéressante pour ses nombreux équipements de loisirs. Chambres pratiques et colorées. Salle de restaurant fraîche et gaie, petite terrasse d'été et recettes traditionnelles.

à Olemps 3 km à l'Ouest par ② – 3 020 h. – alt. 580 m – ✉ 12510

Les Peyrières ch, **P** VISA

22 r. Peyrières – ☎ 05 65 68 20 52 – hotel-les-peyrieres@wanadoo.fr – Fax 05 65 68 47 88 – Fermé 29 déc.-2 janv.

51 ch – †50/65 € ††75 €, ☐ 9 € – ½ P 55/65 € – **Rest** – *(fermé dim. soir et lundi midi)* Menu (15 €), 20 € (sem.)/45 € – Carte 39/49 €

◆ Grande villa contemporaine tout en longueur, située dans la banlieue résidentielle de Rodez. Chambres simples et bien tenues ; accueil aimable. Trois salles à manger où l'on déguste des plats traditionnels. Terrasse face à la piscine.

rte de Conques au Nord AX **D 901**

Hostellerie de Fontanges 20/100, **P** VISA

à 4 km – ☎ 05 65 77 76 00 – fontanges.hotel@wanadoo.fr – Fax 05 65 42 82 29

43 ch – †55 € ††79/83 €, ☐ 9,50 € – 5 suites – ½ P 79 € – **Rest** – *(fermé sam. midi et dim. de nov. à Pâques)* Menu 24 € (sem.)/40 € – Carte 44/50 €

◆ Belle et vaste demeure des 16e et 17e s. blottie dans un parc attenant à un golf. Chambres rénovées, assez sobres, et suites personnalisées par un mobilier de style. Salle à manger "châtelaine" agrandie d'une véranda ; cuisine régionale et carte des vins étoffée.

Château de Labro sans rest **P** VISA

Onet Village, à 7 km par D 901 et D 586 – ☎ 05 65 67 90 62 – chateau.labro@wanadoo.fr – Fax 05 65 67 45 79

7 ch ☐ – †80/130 € ††100/200 €

◆ Chambres romantiques (beaux meubles chinés), salles de bains modernes, petit-déjeuner servi parmi les objets de brocante, piscine dans l'ancien verger... Ce château et son parc sont tout simplement divins.

ROISEY – 42 Loire – 327 H7 – 698 h. – alt. 510 m – ✉ 42520 44 **B2**

▶ Paris 512 – Annonay 26 – St-Étienne 46 – Tournon-sur-Rhône 57 – Vienne 28

La Chanterelle ≤ chaîne montagneuse, **P** VISA

Sagnemorte – ☎ 04 74 87 47 27 – Fax 04 74 48 37 44 – Fermé 2-25 janv., lundi, mardi et merc. sauf juil.-août et fériés

Rest – *(nombre de couverts limité, prévenir)* Menu 18 € (sem.)/38 € – Carte 24/38 €

◆ Dans un parc boisé bien aménagé, cet accueillant chalet offre un superbe panorama sur la vallée du Rhône. Cadre actuel ; cuisine traditionnelle évoluant au fil des saisons.

ROISSY-EN-FRANCE – 95 Val-d'Oise – 305 G6 – 101 – voir à Paris, Environs

---

ROLLEBOISE – 78 Yvelines – 311 F1 – 401 h. – alt. 20 m – ✉ 78270 18 **A1**

▶ Paris 65 – Dreux 45 – Mantes-la-Jolie 9 – Rouen 72 – Vernon 15 – Versailles 56

La Corniche de Rolleboise ≤ vallée de la Seine, ch, 30, **P** VISA

5 rte Corniche – ☎ 01 30 93 20 00 – corniche@wanadoo.fr – Fax 01 30 42 27 44

35 ch – †100/150 € ††100/150 €, ☐ 12,50 € – ½ P 91/116 € –

Rest – Menu 31/55 € – Carte 43/58 €

◆ Dominant les méandres de la Seine, une "folie" de Léopold II de Belgique pour son dernier amour. Optez sans hésitation pour les chambres rénovées. Piscine d'été panoramique. Jolie vue sur le fleuve depuis le restaurant, contemporain et feutré, et sa terrasse.

ROMAGNIEU – 38 Isère – 333 G4 – 1 235 h. – alt. 298 m – ✉ 38480 45 **C2**

▶ Paris 539 – Grenoble 57 – Chambéry 35 – Lyon 109

Auberge les Forges de la Massotte **P** VISA

ouest 2 km, sortie ⑩ sur l'A 3, ouest 2 km, sortie ⑩ sur l'A 43 – ☎ 04 76 31 53 00 – lesforgesdelamassotte@wanadoo.fr – Fax 04 76 31 53 02 – Fermé vacances de la Toussaint, merc. et dim. – **5 ch** – †55 € ††65 €, ☐ 8 € – ½ P 62 € – **Rest** – *(dîner seult) (résidents seult)* Menu 27 €

◆ Cette accueillante auberge occupe les murs d'une ancienne forge. On y propose des chambres coquettes et un menu du marché servi dans une jolie salle rustique. Relais équestre.

ROMANÈCHE-THORINS – 71 Saône-et-Loire – 320 I12 – 1 717 h. – alt. 187 m – ✉ 71570 Lyon et la vallée du Rhône 8 C3

Paris 406 – Chauffailles 46 – Lyon 55 – Mâcon 17 – Villefranche-sur-Saône 24

"Le Hameau du vin" ★ - Parc zoologique et d'attractions Touroparc★.

Les Maritonnes ch, 30, VISA

rte Fleurie – 03 85 35 51 70 – contact@maritonnes.com – Fax 03 85 35 58 14 – Fermé 15-30 oct. et 20 fév.-10 mars

25 ch – 80/140 € 80/140 €, 13 € – ½ P 68/118 €

Rest – *(fermé mardi midi et merc. midi sauf en été)* Menu 28/70 € – Carte 42/72 €

Rest ***L'espace Bistrot*** – *(fermé mardi midi et merc. midi sauf en été)* Menu 15 € – Carte 17/24 €

◆ Cet hôtel voisinant avec un musée viticole occupe une corpulente maison tapissée de vigne vierge et nichée dans son parc fleuri. Au restaurant, plats traditionnels se mariant bien avec le célèbre cru local : le moulin-à-vent. Repas simplifié à l'Espace Bistrot.

ROMANS-SUR-ISÈRE – 26 Drôme – 332 D3 – 32 667 h. – alt. 162 m – ✉ 26100 Lyon et la vallée du Rhône 43 E2

Paris 558 – Die 78 – Grenoble 81 – St-Étienne 121 – Valence 20 – Vienne 73

Office de tourisme, place Jean Jaurès 04 75 02 28 72

de Valence Saint-Didier à Saint-Didier-de-Charpeypar rte de Crest : 15 km, 04 75 59 67 01.

Tentures★★ de la collégiale St-Barnard - Collection de chaussures★ du musée international de la chaussure - Musée diocésain d'Art sacré★ à Mours-St-Eusèbe, 4 km par ①.

Plan page suivante

L'Orée du Parc sans rest VISA

6 av.Gambetta, par ② – 04 75 70 26 12 – hotoree-parc@wanadoo.fr – Fax 04 75 05 08 23 – Fermé 14-21 oct. et 26 déc.-6 janv.

10 ch – 80/111 € 83/115 €, 10 €

◆ Cette belle maison bourgeoise des années 1920 abrite de jolies chambres aux noms de fleurs, personnalisées dans l'esprit contemporain. Bons petits-déjeuners servis sous la véranda ou au jardin (piscine). Établissement entièrement non-fumeurs.

Mandrin VISA

70 r. St-Nicolas – 04 75 02 93 55 – emmanuel.destrait@wanadoo.fr – Fax 04 75 02 93 55 – Fermé 31 juil.-20 août, 26 fév.-3 mars, dim. et lundi sauf fériés

Rest – Menu 19 € (sem.)/45 € (week-end) – Carte 24/32 €

◆ Mandrin, le célèbre contrebandier, aurait trouvé refuge dans cette maison datant de 1754. Sol en terre cuite, poutres, colombages et galets roulés donnent une atmosphère moyenâgeuse à la salle de restaurant. Carte traditionnelle ; paella sur commande.

à l'Est 4 km par ② et N 92 – ✉ 26750 St-Paul-lès-Romans

Karene ch, 15/30, VISA

– 04 75 05 12 50 – contact@hotelkarene.com – Fax 04 75 05 25 17 – Fermé 23 déc.-6 janv.

23 ch – 58/60 € 65/75 €, 9,50 € – ½ P 65 € – **Rest** – *(fermé vend., sam. et dim.) (dîner seult) (résidents seult)* Menu 15,50/25 €

◆ En retrait de la route, ancien siège d'entreprise reconverti en hôtel et mettant à votre disposition des chambres fonctionnelles ; quelques-unes sont climatisées. Accueil aimable et repas traditionnel dans une salle ornée de reproductions de toiles de Van Gogh.

à Châtillon-St-Jean 11 km par ② – 888 h. – alt. 198 m – ✉ 26750

Maison Forte de Clérivaux sans rest

– 04 75 45 32 53 – contact@clerivaux.com – Fax 04 75 71 45 43 – Fermé 3 janv.-3 mars

4 ch – 55 € 60 € – 1 suite

◆ Dans un site agreste, ensemble des 16e et 17e s. harmonieusement rénové en préservant son cachet ancien. Terrasses et beau jardin où l'on petit-déjeune sous la treille en été.

ROMANS-SUR-ISÈRE

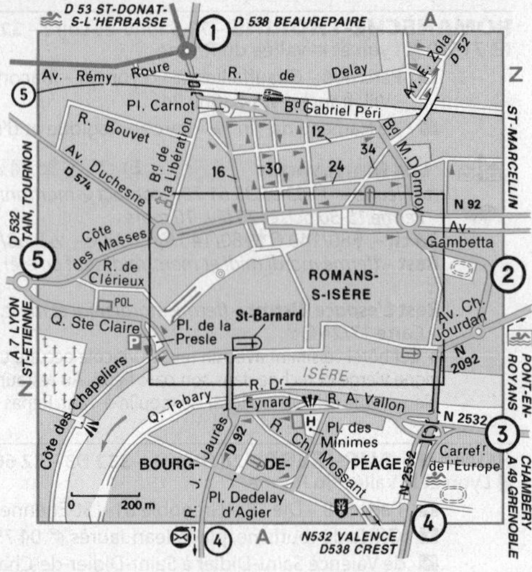

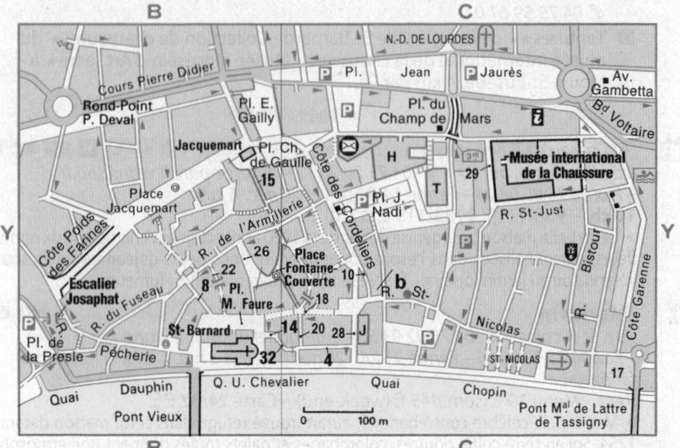

à Granges-lès-Beaumont 6 km par ⑤ – **948 h. – alt. 155 m –** ✉ **26600**

Les Cèdres (Bertrand)

– ✆ 04 75 71 50 67 – Fax 04 75 71 64 39 – Fermé 10-18 avril, 20 août-5 sept., 24 déc.-4 janv., dim. soir de sept. à mai, lundi et mardi

Rest – *(nombre de couverts limité, prévenir)* Menu 38 € (déj. en sem.), 54/110 €

Spéc. Dos de bar cuit à la râpée de truffes de la Drôme (hiver). Escalope de foie gras de canard poêlé et cigarette craquante de rôtie de pigeon (printemps-été). Moelleux aux abricots. **Vins** Crozes-Hermitage, Hermitage.

◆ Maison villageoise accueillante vous conviant aux plaisirs d'un délicieux repas au goût du jour dans un cadre cossu. Belle cave rhodanienne. Salon-cheminée et jardin bichonné.

à St-Paul-lès-Romans 8 km par ② – **1 502 h. – alt. 171 m –** ✉ **26750**

La Malle Poste

– ✆ 04 75 45 35 43 – lamalle.poste@wanadoo.fr – Fax 04 75 71 40 48 – Fermé 6-26 août, 1er-14 janv., dim. soir et lundi – **Rest** – Menu 30/56 €

◆ Ici, on fait régulièrement le marché-gare à Lyon. Résultat : une cuisine au goût du jour originale, à arroser d'un vin choisi parmi plus de 350 références. Restaurant entièrement non-fumeurs.

ROMANSWILLER – 67 Bas-Rhin – **315** I5 – **rattaché à Wasselonne**

ROMILLY-SUR-SEINE – 10 Aube – **313** C2 – **14 616 h.** – **alt. 76 m** – ✉ **10100** 13 **B2**

Paris 124 – Châlons-en-Champagne 76 – Nogent-sur-Seine 18 – Sens 65 – Troyes 39

Office de tourisme, 27 rue Saint-Laurent ✆ 03 25 39 42 07, Fax 03 25 39 88 03

Auberge de Nicey rest, 6/20, VISA

24 r. Carnot – ✆ 03 25 24 10 07 – contact@denicey.com – Fax 03 25 24 47 01 – Fermé 22-27 déc.

24 ch – 75/88 € 95/108 €, 12 € – ½ P 85 € – **Rest** – *(fermé dim. sauf le soir en août, lundi mid et sam. midi)* Menu 22 € (sem.)/45 € – Carte 39/62 €

◆ À deux pas de la gare, établissement de bon confort abritant des chambres fonctionnelles et bien insonorisées ; celles de l'annexe sont plus grandes. Deux élégantes salles à manger en enfilade, ornées de tableaux colorés. Répertoire culinaire traditionnel.

ROMORANTIN-LANTHENAY – 41 Loir-et-Cher – **318** H7 – **18 350 h.** – **alt. 93 m** – ✉ 41200 Châteaux de la Loire 12 **C2**

Paris 202 – Blois 42 – Bourges 74 – Orléans 67 – Tours 95 – Vierzon 38

Office de tourisme, place de la Paix ✆ 02 54 76 43 89, Fax 02 54 76 96 24

Maisons anciennes★ **B** - Vues des ponts★ - Musée de Sologne★ **M²**.

ROMORANTIN-LANTHENAY

Brault (R. Porte) 2
Capucins (R. des) 4
Clemenceau (R. Georges) 6
Four-à-Chaux (R. du) 8
Gaulle (Pl. Gén.-de) 10
Hôtel Dieu (Mail de l') 18
Ile-Marin (Quai de l') 13
Jouanettes (R. des) 14
Lattre-de-Tassigny (Av. du Mar. de) 15
Limousins (R. des) 17
Milieu (R. du) 20
Orléans (Fg d') 22
Paix (Pl. de la) 23
Pierre (R. de la) 24
Prés.-Wilson (R. du) 26
Résistance (R. de la) 28
St-Roch (Fg) 30
Sirène (R. de la) 33
Tour (R. de la) 34
Trois-Rois (R. des) 36
Verdun (R. de) 37

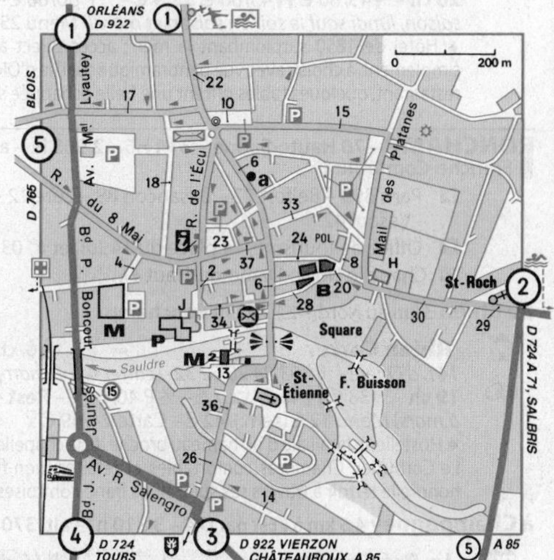

Grand Hôtel du Lion d'Or (Clément) ch, ch, VISA

69 r. Clemenceau – ✆ 02 54 94 15 15 – liondor@relaischateaux.com – Fax 02 54 88 24 87 – Fermé 11-23 nov. et 17 fév.-28 mars **a**

13 ch – 165 € 165/390 €, 23 € – 3 suites – **Rest** – *(fermé mardi midi) (nombre de couverts limité, prévenir)* Menu 95/155 € – Carte 110/142 €

Spéc. Cuisses de grenouilles à la rocambole. Pigeon farci entre chair et peau, façon babylonienne. Fraises confites au vin rouge, cornet de glace au lait (mai à oct.). **Vins** Pouilly Fumé, Bourgueil.

◆ Hôtel particulier d'époque Renaissance bâti par un compagnon de François Ier. Les chambres sont garnies d'un mobilier mêlant volontiers l'ancien et le moderne. Cuisine classique et belle sélection de vins de la Loire dans trois salles ou en terrasse l'été.

Pyramide ch, ch, 30, P VISA
r. Pyramide par ① – ✆ 02 54 76 26 34 – lapyramide@wanadoo.fr – Fax 02 54 76 22 28
66 ch – †46/70 € ††54/70 €, ☕ 8 € – ½ P 45 € – **Rest** – *(fermé 20 déc.-8 janv.)* Menu 16 € (sem.)/29 € – Carte 23/39 € ♀
◆ Construction moderne voisine d'un complexe culturel. Chambres fonctionnelles agrémentées de lambris et de tentures colorées. Lumineuse salle à manger complétée d'une terrasse dressée sur l'arrière du restaurant.

Lanthenay avec ch rest, rest, VISA AE
9 r. Notre Dame du Lieu, par ① et D 922 : 2,5 km – ✆ 02 54 76 09 19 – Fax 02 54 76 72 91 – Fermé 23 déc.-6 janv., dim. soir et lundi
10 ch – †50 € ††55 €, ☕ 8 € – ½ P 50/56 € – **Rest** – *(nombre de couverts limité, prévenir)* Menu 23 € (sem.)/55 € – Carte 40/59 € ♀
◆ Dans un hameau pittoresque, étape sympathique où les plaisirs de la table rivalisent avec la quiétude des chambres rustiques. La salle à manger est plus intime que la véranda.

RONCE-LES-BAINS – 17 Charente-Maritime – 324 D5 – ✉ 17390 La Tremblade

Poitou Vendée Charentes 38 **A2**

Paris 505 – Marennes 9 – Rochefort 31 – La Rochelle 68 – Royan 27
Office de tourisme, place Brochard ✆ 05 46 36 06 02, Fax 05 46 36 38 17

Le Grand Chalet ← île d'Oléron, P VISA AE
2 av. La Cèpe – ✆ 05 46 36 06 41 – frederic.moinardeau@wanadoo.fr – Fax 05 46 36 38 87 – Fermé 4 nov.-9 fév.
26 ch – †43/80 € ††43/80 €, ☕ 9 € – ½ P 50/68 € – **Rest** – *(fermé dim. soir hors saison, lundi sauf le soir en saison et mardi)* Menu 25/45 € – Carte 33/56 € ♀
◆ Hôtel de 1850 surplombant la mer ; accès direct à la plage. Chambres meublées simplement, à choisir avec vue panoramique sur l'île d'Oléron ou tournées sur le jardin. Au restaurant, quelques tables offrent une belle échappée sur le large. Carte traditionnelle.

RONCHAMP – 70 Haute-Saône – 314 H6 – 2 965 h. – alt. 380 m – ✉ 70250

Franche-Comté Jura 17 **C1**

Paris 399 – Belfort 22 – Besançon 88 – Lure 12 – Luxeuil-les-Bains 31 – Vesoul 42
Office de tourisme, 14 place du 14 Juillet ✆ 03 84 63 50 82
Chapelle Notre-Dame-du-Haut★★.

au Rhien 3 km au Nord – ✉ 70250 Ronchamp

Rhien Carrer ch, ch, 25, P VISA
14 r. d'Orière – ✆ 03 84 20 62 32 – carrer@ronchamp.com – Fax 03 84 63 57 08
19 ch – †38 € ††46 €, ☕ 7 € – ½ P 40/54 € – **Rest** – *(fermé dim. soir d'oct. à mars)* Menu 12 € (sem.)/42 € – Carte 24/49 € ♀
◆ Hostellerie familiale d'un hameau proche de la chapelle N.-D.-du-Haut, chef-d'œuvre de Le Corbusier. Chambres confortables et refaites (non-fumeurs). La carte du restaurant honore le terroir à travers ses spécialités franc-comtoises. Terrasse d'été.

à Champagney 4,5 km à l'Est par D 4 – 3 310 h. – alt. 370 m – ✉ 70290

Le Pré Serroux ch, 10/30, P VISA AE
4 av. Gén. Brosset – ✆ 03 84 23 13 24 – lepreserroux@wanadoo.fr – Fax 03 84 23 24 33 – Fermé 23 déc.-14 janv. et dim. soir
25 ch – †60 € ††65 €, ☕ 15 € – ½ P 51 € – **Rest** – *(fermé sam. midi, lundi midi et dim.)* Menu 15 € (déj. en sem.), 20/40 € – Carte 28/39 € ♀
◆ L'hôtel, qui a subi une réfection totale, voisine avec la maison de la Négritude. Les chambres de bon confort, le jardin, le fitness et la piscine invitent à la détente. La salle à manger a conservé un petit air "rétro". Terrasse d'été. Carte traditionnelle.

RONCQ – 59 Nord – 302 G3 – rattaché à Lille

LE ROND-D'ORLÉANS – 02 Aisne – 306 B5 – rattaché à Chauny

ROOST-WARENDIN – 59 Nord – 302 G5 – rattaché à Douai

ROPPENHEIM – 67 Bas-Rhin – 315 M3 – 942 h. – alt. 117 m – ✉ 67480 1 B1

Paris 503 – Haguenau 25 – Karlsruhe 41 – Strasbourg 48 – Wissembourg 35

A l'Agneau

11 r. Principale – ✆ 03 88 86 40 08 – Fermé 22 juil.-13 août, 23 déc.-24 janv., dim., lundi et le midi sauf sam.

Rest – Menu 14 € (déj.), 24/52 € – Carte 22/56 €

◆ Maison alsacienne typique où l'on vient pour la table généreuse (cuisine traditionnelle et grillades) et aussi pour l'ambiance très joviale. Vitrine de produits régionaux.

ROQUEBRUNE-CAP-MARTIN – 06 Alpes-Maritimes – 341 F5 – 11 692 h. – alt. 70 m – ✉ 06190 Côte d'Azur 42 E2

Paris 953 – Menton 3 – Monaco 9 – Monte-Carlo 7 – Nice 26

Office de tourisme, 218 avenue Aristide Briand ✆ 04 93 35 62 87, Fax 04 93 28 57 00

Village perché★★ : rue Moncollet★, ✻★★ du donjon★ - Cap Martin ≤★★ X - ≤★★ du belvédère du Vistaëro SO : 4 km.

Site★ de Gorbio N : 8 km par D 50.

Plans : voir à Menton.

Vista Palace ≤ Monaco et la côte, ch, 80,

Grande Corniche par ③ rte La Turbie D 2564 : 4 km – ✆ 04 92 10 40 00 – info@vistapalace.com – Fax 04 93 35 18 94 – Fermé fév.

64 ch – 147/350 € 147/350 €, 25 € – 4 suites

Rest ***Le Vistaero*** – *✆ 04 92 10 40 20* – Menu 30 € (déj. en sem.), 55/75 € – Carte 52/89 €

Rest ***La Corniche*** – *(ouvert 15 mai-15 sept.) (déjeuner seult)* Menu 25 € – Carte 38/52 €

◆ En surplomb de la Riviera, hôtel ultra-moderne à l'architecture audacieuse et au luxueux décor. Centre de beauté, piscine panoramique, parc botanique en terrasses. Au Vistaero, cuisine au goût du jour et vue à couper le souffle. Recettes du Sud à la Corniche.

Victoria sans rest ≤

7 prom. Cap-Martin – ✆ 04 93 35 65 90 – Fax 04 93 28 27 02 – Fermé 8 janv.-8 fév.

32 ch – 79/114 € 79/114 €, 10 € AV **k**

◆ Hôtel intégré à un immeuble résidentiel cossu. Chambres souvent meublées en rotin et bambou, avec balcon côté mer. Salon-bar décoré dans le style colonial. Accueil charmant.

Alexandra sans rest ≤

93 av. W. Churchill – ✆ 04 93 35 65 45 – accueil@hotel-alexandra.net – Fax 04 93 57 96 51 AV **a**

40 ch – 49/92 € 60/136 €, 10 €

◆ Dans cette construction balnéaire à balcons, typique des années 1960-70, demandez les chambres avec vue sur la "grande bleue" (derniers étages) ; on les rafraîchit par étapes.

Le Roquebrune sans rest ≤

100 av. J. Jaurès, par ③ et N 98, rte de Monaco par basse corniche – ✆ 04 93 35 00 16 – info@le-roquebrune.com – Fax 04 93 28 98 36

5 ch – 100/125 € 155/195 €

◆ On vous reçoit comme des amis dans cette coquette maison surplombant les flots. Les chambres, toutes neuves, sont raffinées et reposantes (certaines avec terrasse-jardinet).

Les Deux Frères avec ch ≤ ch,

pl. Deux Frères, au village par ③ : 3,5 km – ✆ 04 93 28 99 00 – info@lesdeuxfreres.com – Fax 04 93 28 99 10 – Fermé 24 nov.-3 déc.

12 ch – 75 € 100/180 €, 9 € – ½ P 94 € – **Rest** – *(fermé 12 nov.-12 déc., 19-26 mars, dim. soir, mardi midi et lundi)* Menu 28 € bc (déj.)/48 €

◆ Restaurant aménagé dans l'ex-école communale, sur une placette-belvédère dominant la mer ; plats au goût du jour. Jolies chambres thématiques ("Afrique", "mariage", etc.).

L'Hippocampe ≤ baie et littoral,

44 av. W. Churchill – ✆ 04 93 35 81 91 – contact@hippocampe-restaurant.com – Fax 04 93 35 81 91 – Fermé 1er nov.-12 janv., le soir d'oct. à mai et lundi

Rest – *(prévenir)* Menu 30/38 € – Carte 35/70 € AV **h**

◆ Cet établissement familial "les pieds dans l'eau" réserve, à midi, l'une de ses terrasses aux baigneurs. Spécialité de filet de sole en brioche (bouillabaisse et coq au vin sur commande).

LA ROQUEBRUSSANNE – 83 Var – 340 K5 – 1 672 h. – alt. 365 m – ✉ 83136 41 C3

Paris 810 – Aix-en-Provence 61 – Aubagne 48 – Brignoles 15 – Toulon 35

Office de tourisme, 15 rue Georges Clemenceau ✆ 04 94 86 82 11

Auberge de la Loube VISA

– *✆ 04 94 86 81 36 – Fax 04 94 86 86 79*

8 ch – †70/80 € ††70/80 €, ☕ 6,50 € – ½ P 65/70 € – **Rest** – *(fermé le soir du dim. au merc. du 16 oct. au 14 avril)* Menu 25/35 €

◆ Devant l'église, bâtisse ancienne aux couleurs ensoleillées, aménagée dans le style provençal. Chambres progressivement rénovées. Sympathique salle à manger agrémentée de meubles en bois peint, de tableaux et d'objets chinés. Terrasse ombragée. Cuisine traditionnelle.

LA ROQUE-D'ANTHÉRON – 13 Bouches-du-Rhône – 340 G3 – 4 446 h. – alt. 183 m – ✉ 13640 Provence 42 E1

Paris 726 – Aix-en-Provence 29 – Cavaillon 34 – Manosque 60 – Marseille 58

Office de tourisme, 3 cours Foch ✆ 04 42 50 70 74, Fax 04 42 50 70 76

Abbaye de Silvacane★★ E : 2 km.

Mas de Jossyl & ch, AC 25/60, P VISA AE

– *✆ 04 42 50 71 00 – jossyl.mas@wanadoo.fr – Fax 04 42 50 75 94 – Fermé 3-11 mars et 23 août-2 sept.*

28 ch – †56/108 € ††58/122 €, ☕ 11 € – ½ P 49/89 € – **Rest** – *(fermé 3-13 mars, 23 août-4 sept., dim. soir, lundi midi et mardi midi sauf du 22 juil. au 22 août)* Menu 14 € (déj. en sem.), 20/35 € – Carte 28/41 €

◆ Face au parc du château de Florans (17ᵉ s.), construction récente de style régional abritant des chambres spacieuses, fonctionnelles et insonorisées. Accueil familial. Lumineuse salle à manger rénovée et terrasse environnée d'oliviers et de lauriers roses.

ROQUEFORT-LES-PINS – 06 Alpes-Maritimes – 341 D6 – 5 239 h. – alt. 184 m – ✉ 06330 42 E2

Paris 912 – Cannes 18 – Grasse 14 – Nice 25

Syndicat d'initiative, Route départementale 2085 ✆ 04 93 09 67 54

Auberge du Colombier 25, P VISA AE

au Colombier, rte de Nice, sur D 2085 – ✆ 04 92 60 33 00 – info@auberge-du-colombier.com – Fax 04 93 77 07 03 – Fermé 8 janv.-10 fév.

20 ch – †45/90 € ††55/100 €, ☕ 8 € – 2 suites – ½ P 65/93 € – **Rest** – *(fermé mardi d'oct. à mars)* Menu (29 € bc), 39 € – Carte environ 65 € ♀

◆ Maison nichée dans un parc arboré dominant la vallée. Les chambres, progressivement refaites, sont garnies de meubles en bois patiné. La salle à manger rustique et l'agréable terrasse tournée vers la végétation servent de cadre à une cuisine traditionnelle.

Auberge du Clos des Pins P VISA AE

35 rte Notre Dame – ✆ 04 93 77 00 23 – Fax 04 93 77 00 23 – Fermé 1ᵉʳ-14 mars, 21 oct.-8 nov., 11-27 fév., sam. midi, lundi midi et merc.

Rest – Menu (22 € bc), 34 € – Carte 40/61 € ♀

◆ Auberge charmante tournée vers un rond-point à jets d'eau. Salon-cheminée, salle champêtre provençale, jolie terrasse et carte actuelle signée par un tandem australo-vosgien.

LA ROQUE-GAGEAC – 24 Dordogne – 329 I7 – 449 h. – alt. 85 m – ✉ 24250 Périgord 4 D3

Paris 535 – Brive-la-Gaillarde 71 – Cahors 53 – Périgueux 71 – Sarlat-la-Canéda 9

Office de tourisme, le Bourg ✆ 05 53 29 17 01

Site★★.

La Belle Étoile avec ch AC rest, ch, VISA AE

– *✆ 05 53 29 51 44 – hotel.belle-etoile@wanadoo.fr – Fax 05 53 29 45 63 – Ouvert 1ᵉʳ avril-7 nov.*

15 ch – †50 € ††65/75 €, ☕ 8,50 € – ½ P 75 € – **Rest** – *(fermé merc. midi et lundi)* Menu 25/40 €

◆ Plats traditionnels et cuisine au goût du jour à savourer dans de belles salles à manger ou sous la treille de la terrasse dressée face à la Dordogne. Chambres confortables.

Auberge La Plume d'Oie avec ch
– *05 53 29 57 05 – walker.marc@wanadoo.fr – Fax 05 53 31 04 81 – Fermé 20 nov.-20 déc., 5 janv.-14 fév., mardi midi, dim. soir sauf en août et lundi sauf le soir en août* – **4 ch** – 75/85 € 75/85 €, 12 € – **Rest** – *(nombre de couverts limité, prévenir)* Menu 45/60 € – Carte 107/121 €

◆ Cette demeure ancienne bien restaurée abrite un coquet restaurant (non-fumeurs) : pierres, poutres et vue sur le trafic des gabares ; cuisine au goût du jour. Fumoir.

rte de Vitrac Sud-Est par D 703 – ✉ **24250 La Roque-Gageac**

Le Périgord rest, rest, VISA AE
à 3 km – 05 53 28 36 55 – hotelleperigord@wanadoo.fr – Fax 05 53 28 38 73 – Fermé 2 janv.-28 fév. – **39 ch** – 53/63 € 53/63 €, 11 € – ½ P 62 € – **Rest** – Menu 23/49 € – Carte 32/51 €

◆ Au pied de la bastide de Domme, maison d'allure régionale entourée d'un grand jardin. Chambres d'esprit rustique, simples et bien tenues. Bonnes recettes traditionnelles et - enseigne oblige - un menu périgourdin. Salle à manger-véranda et terrasse d'été.

Les Prés Gaillardou VISA
à 4 km – 05 53 59 67 89 – restau.presgaillardou@wanadoo.fr – Fax 05 53 31 07 37 – Fermé merc.
Rest – Menu (14 €), 26/36 € – Carte 33/53 €

◆ Murs en pierres, belle cheminée et poutres agrémentent les trois petites salles à manger de cette ancienne ferme. Jardin clos, agréable terrasse et cuisine du terroir.

ROQUEMAURE – 30 Gard – 339 N4 – 4 848 h. – alt. 19 m – ✉ 30150
Provence 23 **D2**

Paris 665 – Alès 76 – Avignon 18 – Nîmes 47 – Orange 12 – Pont-St-Esprit 32

Office de tourisme, 1 cours Bridaine 04 66 90 21 01, Fax 04 66 90 21 01

Le Clément V VISA AE
6 r. P. Semard, rte Nîmes – 04 66 82 67 58 – hotel.clementv@wanadoo.fr – Fax 04 66 82 84 66 – Fermé 26 déc.-15 janv.
21 ch – 62/72 € 67/77 €, 8 € – ½ P 50/55 € – **Rest** – *(dîner seult)* Menu 19/25 €

◆ Le château de Roquemaure fut la dernière demeure du pape Clément V. Construction des années 1970 colorée. À l'arrière, les chambres sont spacieuses mais sans balcon.

LA ROQUE-SUR-PERNES – 84 Vaucluse – 332 D10 – 447 h. – alt. 250 m – ✉ 84210
42 **E1**

Paris 697 – Avignon 34 – Marseille 99 – Salon-de-Provence 49

Château la Roque village et vallée, VISA AE
– *04 90 61 68 77 – chateaularoque@wanadoo.fr – Fax 04 90 61 68 78*
4 ch – 100/240 € 100/240 €, 15 € – ½ P 100/170 € – **Rest** – *(fermé dim.) (dîner seult) (résidents seult)* Menu 40/60 €

◆ La restauration de ce château médiéval a magnifiquement préservé son authenticité. Chambres spacieuses. Terrasses en restanques et piscine chauffée dominent la vallée. Repas concoctés par le maître des lieux, servis dans la salle templière ou dans le jardin.

ROQUETTE-SUR-SIAGNE – 06 Alpes-Maritimes – 341 C6 – 4 445 h. – alt. 12 m – ✉ 06550
42 **E2**

Paris 912 – Marseille 165 – Nice 44 – Antibes 20 – Cannes 12

La Terrasse VISA AE
484 av. République – 04 92 19 04 88 – resterrasse.roq@wanadoo.fr – Fermé 24-31 déc., sam. midi et dim.
Rest – Menu (18 € bc), 21 € bc (déj. en sem.), 27/50 € – Carte 43/59 €

◆ Bois exotiques, plantes vertes et palmiers : dans une lumineuse salle à l'ambiance "Sud", on découvre avec plaisir une cuisine créative très soignée... à prix tout doux !

ROSAY – 78 Yvelines – 311 G2 – rattaché à Mantes-la-Jolie

ROSBRUCK – 57 Moselle – 307 M4 – rattaché à Forbach

ROSCOFF – 29 Finistère – **308** H2 – **3 550 h.** – **alt. 7 m** – **Casino** – ✉ **29680**
Bretagne 9 **B1**

Paris 563 – Brest 66 – Landivisiau 27 – Morlaix 27 – Quimper 100

Office de tourisme, 46 rue Gambetta ☎ 02 98 61 12 13, Fax 02 98 69 75 75

Église N.-D.-de-Croaz-Batz★ - Jardin exotique★.

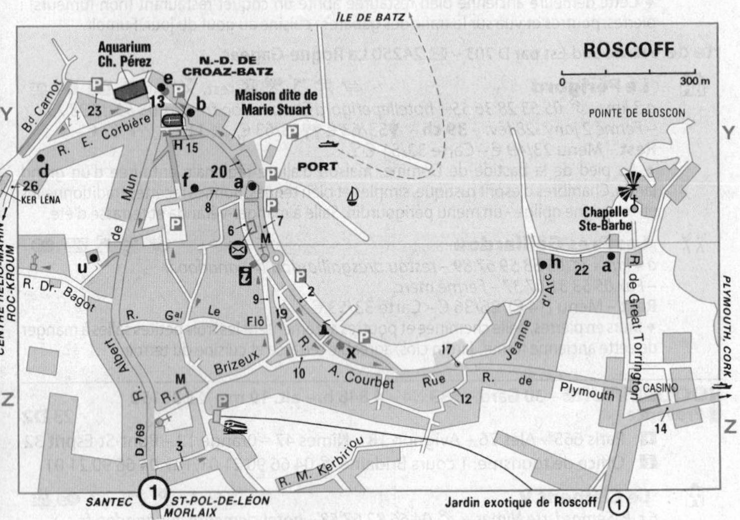

Le Brittany ← ch, rest, 30, VISA AE
bd Ste Barbe – ☎ 02 98 69 70 78
– hotel.brittany@wanadoo.fr – Fax 02 98 61 13 29 – Ouvert 24 mars-11 nov.
25 ch – 115/255 € 115/255 €, 17 € – 2 suites – ½ P 133/204 € Z **a**
Rest ***Le Yachtman*** – *(fermé lundi soir hors vacances scolaires) (dîner seult.) (nombre de couverts limité, prévenir)* Menu 39/79 € – Carte 63/85 €
Spéc. Homard breton tiède, kouign amann aux oignons rosés. Lieu de ligne poêlé sur peau, cocos paimpolais. Soupe de fraise du Léon et gâteau breton (été).
◆ Beau manoir du 17e s. entièrement démonté puis reconstruit à l'identique sur le port de Roscoff. Très jolies chambres (mobilier ancien ou contemporain) et accueil aux petits soins. Vue sur l'île de Batz et cuisine de la mer soignée dans l'élégante salle du Yachtman.

Talabardon ← ch, 40, VISA AE
pl. Église – ☎ 02 98 61 24 95 – hotel.talabardon@wanadoo.fr – Fax 02 98 61 10 54 – Ouvert début mars-15 nov. Y **b**
37 ch – 60/108 € 86/148 €, 12 € – ½ P 67/108 € – **Rest** – *(fermé dim. soir et jeudi)* Menu 26/46 € – Carte 30/49 €
◆ Les chambres les plus prisées de cet hôtel familial regardent le port. On les rénove progressivement dans un style épuré : mobilier design et décoration tout en sobriété. Au restaurant, poissons et crustacés se dégustent avec la mer en toile de fond.

Thalasstonic ← ch, rest, VISA AE
r. V. Hugo (Y) – ☎ 02 98 29 20 20 – thalasstonic.roscoff@thalasso.com – Fax 02 98 29 20 19 – Fermé 2-24 déc. – **74 ch** – 67/80 € 70/132 €, 11 € – ½ P 70/83 € – **Rest** – Menu 24/29 € – Carte 21/34 €
◆ Les curistes trouvent ici un accès direct au centre de thalassothérapie, les services ad hoc et des chambres pratiques (les plus spacieuses ont un balcon côté Sud). Coucher de soleil sur l'île de Batz, menu de type pension et formule diététique au restaurant.

La Résidence sans rest
14 r. Johnnies – ✆ 02 98 69 74 85 – Fax 02 98 69 78 63 – Ouvert 1er avril-15 nov. Y **f**
31 ch – 🚹38/58 € 🚹🚹45/78 €, ☕ 7 €
◆ Entre le port et l'église, construction traditionnelle isolée de la rue par un jardin joliment fleuri. Chambres soignées, pourvues de balcons au Sud. Adresse non-fumeurs.

Armen Le Triton sans rest
r. Dr Bagot – ✆ 02 98 61 24 44 – resa@hotel-letriton.com – Fax 02 98 69 77 97 – Fermé 5 janv.-28 fév. Z **u**
44 ch – 🚹40/50 € 🚹🚹49/63 €, ☕ 7 €
◆ Séjour au calme et à deux pas de la thalassothérapie dans cet établissement où les chambres sont plus spacieuses côté tennis. Petits-déjeuners face à l'agréable jardin.

Aux Tamaris sans rest
49 r. É. Corbière – ✆ 02 98 61 22 99 – contact@hotel-aux-tamaris.com – Fax 02 98 69 74 36 – Ouvert 15 fév.-15 nov. Y **d**
26 ch – 🚹47/52 € 🚹🚹52/75 €, ☕ 7 €
◆ Maison bretonne de 1935 abritant des chambres décorées sur les thèmes de la mer et de la campagne ; certaines ont vue sur les flots. Salle des petits-déjeuners panoramique.

Du Centre
le Port – ✆ 02 98 61 24 25 – contact@chezjanie.com – Fax 02 98 61 15 43 – Ouvert 16 fév.-11 nov. Y **a**
16 ch – 🚹59/89 € 🚹🚹69/108 €, ☕ 9 € – **Rest** – *(fermé mardi sauf du 16 juin au 19 sept.)* Menu 16/24 € – Carte 24/32 € 🍷
◆ Cet hôtel voisin de la poste n'est qu'à une encablure du port. Chambres agencées avec goût : décor épuré, mobilier sobre et murs gris égayés d'extraits de poèmes. Fruits de mer, grillades et salades composent la carte de ce bar-restaurant tourné vers la Manche.

Ibis sans rest
17 pl. Lacaze Duthiers, (pl. de l'église) – ✆ 02 98 61 22 61 – h1109@accor.com – Fax 02 98 61 11 94 Y **e**
40 ch – 🚹61/79 € 🚹🚹61/79 €, ☕ 7 €
◆ Dans le centre de Roscoff, petites chambres conformes aux normes de la chaîne profitant, pour certaines, de la vue sur la Manche. Peu de charme, mais bonne tenue et prix doux.

Bellevue sans rest
r. Jeanne d'Arc – ✆ 02 98 61 23 38 – hotelbellevue.roscoff@wanadoo.fr – Fax 02 98 61 11 80 – Ouvert de mi-mars à mi-nov. Z **h**
18 ch – 🚹52/59 € 🚹🚹58/75 €, ☕ 7,50 €
◆ Échappée sur la mer depuis la salle du petit-déjeuner et la plupart des chambres, un peu exiguës, simples et bien tenues. Les autres regardent un patio fleuri. Bar-pub attenant.

XXX **Le Temps de Vivre** (Crenn)
pl. Église – ✆ 02 98 61 27 28 – contact@letempsdevivre.net – Fax 02 98 61 19 46 – Fermé 5-18 mars, 1er-15 oct., 1er-7 janv., dim. soir sauf 14 juil.-31 août, mardi sauf le soir en juil.-août et lundi Y **e**
Rest – Menu 39 € (sem.)/98 € – Carte 57/111 €
Spéc. Huîtres tièdes, foie gras et jus de pomme. Chou farci au tourteau et aux oignons rosés de Roscoff. Bar à l'artichaut (mai à déc.).
◆ La Manche en toile de fond, un cadre élégant, la cuisine inventive axée sur la pêche locale et une belle carte des vins : quatre raisons de prendre le temps de vivre !

Le Temps de Vivre
pl. Église – ✆ 02 98 19 33 19 – contact@letempsdevivre.net – Fax 02 98 19 33 00 – Fermé 5-18 mars, 1er-15 oct., 1er-7 janv.
15 ch – 🚹95/140 € 🚹🚹185/266 €, ☕ 14,50 €
◆ Grandes chambres très épurées et raffinées (pierre, wengé, chêne), logées dans des maisons de corsaires réparties autour d'un patio fleuri ; certaines regardent la mer.

XX **L'Écume des Jours**
quai d'Auxerre – ✆ 02 98 61 22 83 – michel.quere2@wanadoo.fr – Fax 02 98 61 22 83 – Fermé 8 déc.-1er fév., mardi sauf en août et merc. Z **x**
Rest – Menu (15 € bc), 25/52 € – Carte 28/58 € 🍷
◆ La salle principale de cette ex-maison d'armateur (16e s.) a conservé son caractère d'antan et ses deux cheminées anciennes. Terrasse face au port et cuisine régionale soignée.

ROSENAU – 68 Haut-Rhin – 315 J11 – 1 840 h. – alt. 230 m – ✉ 68128 1 B3

Paris 492 – Altkirch 25 – Basel 15 – Belfort 70 – Colmar 59 – Mulhouse 24

Au Lion d'Or

5 r. Village Neuf – ☎ 03 89 68 21 97 – baumlin@auliondor-rosenau.com – Fax 03 89 70 68 05 – Fermé vacances de la Toussaint, 24 déc.-6 janv., vacances de fév., lundi et mardi

Rest – Menu 13 € (déj. en sem.), 24/35 € – Carte 24/39 €

♦ Salle à manger chaleureuse (boiseries blondes) et agréable terrasse dans cette sympathique auberge tenue par la même famille depuis 1928. Belle sélection de vins au verre.

ROSHEIM – 67 Bas-Rhin – 315 I6 – 4 548 h. – alt. 190 m – ✉ 67560

Alsace Lorraine 1 A2

Paris 485 – Erstein 20 – Molsheim 9 – Obernai 6 – Sélestat 33 – Strasbourg 31

Office de tourisme, 94 rue du Général-de-Gaulle ☎ 03 88 50 75 38

Église St-Pierre et St-Paul★.

Hostellerie du Rosenmeer (Maetz)

rest, 15/25,

45 av. Gare, Nord-Est : 2 km sur D 35 – ☎ 03 88 50 43 29 – info@le-rosenmeer.com – Fax 03 88 49 20 57 – Fermé 23 juil.-8 août, 15 fév.-10 mars

20 ch – 40/50 € 61/98 €, 9,50 € – ½ P 76/85 €

Rest – *(fermé dim. soir, merc. et lundi)* Menu 34 € bc (déj. en sem.), 46/115 € bc – Carte 45/70 €

Rest *Winstub d'Rosemer* – *(fermé dim. et lundi)* Menu 9,50 € (déj. en sem.)/36 € bc – Carte 21/42 €

Spéc. Assiette de légumes oubliés confits aux aromates (août à nov.). Marinade tiède d'asperges de Dorlisheim (avril à juin). Vacherin glacé du 21e siècle. **Vins** Sylvaner, Riesling.

♦ Au bord du ruisseau qui lui a donné son nom, hôtel récent d'inspiration alsacienne. Belles chambres au deuxième étage. Chaleureuse salle à manger (larges baies, boiseries) et savoureuse cuisine inventive inspirée du terroir : gourmets, retenez l'adresse !

Auberge du Cerf

120 r. Gén. de Gaulle – ☎ 03 88 50 40 14 – Fax 03 88 50 40 14 – Fermé 21 janv.-4 fév., dim. soir et lundi

Rest – Menu 12 € (déj. en sem.), 16/40 € – Carte 26/49 €

♦ Au centre de la cité vigneronne, cette auberge fleurie héberge deux petites salles à manger assez plaisantes. Cuisine classique et régionale.

La Petite Auberge avec ch

rest, cuisinette

41 r. Gén. de Gaulle – ☎ 03 88 50 40 60 – restaurant.petite.auberge@wanadoo.fr – Fax 03 88 48 00 90 – Fermé 25 juin-8 juil., 9-17 fév., merc. et jeudi

7 ch – 45 € 45 €, 6 € – ½ P 45/54 € – **Rest** – Menu 20/48 € – Carte 25/47 €

♦ Dans la rue principale, maisonnette alsacienne typique abritant un restaurant de style rustique. À 50 m, l'hôtel (les Lys) propose des chambres équipées de cuisinettes.

LA ROSIÈRE – 14 Calvados – 303 I4 – rattaché à Arromanches-les-Bains

LA ROSIÈRE 1850 – 73 Savoie – 333 O4 – alt. 1 850 m – Sports d'hiver : 1 100/2 600 m 20 – ✉ 73700 Montvalezan Alpes du Nord 45 D2

Paris 657 – Albertville 76 – Bourg-St-Maurice 22 – Chambéry 125

Relais du Petit St-Bernard

montagnes,

– ☎ 04 79 06 80 48 – info@petit-saint-bernard.com – Fax 04 79 06 83 40 – Ouvert 1er juil.-31 août et 16 déc.-27 avril – **20 ch** – 36/40 € 44/49 €, 7 € – ½ P 48/70 € – **Rest** – Menu 14,50/19 € – Carte 18/52 €

♦ Au ras des pistes, gros chalet cumulant les fonctions de pension de famille, de taverne-restaurant et de magasin de souvenirs. Chambres rustiques sobres, parfois dotées d'un balcon panoramique. Repas de type brasserie dans un décor lambrissé, avec les sommets enneigés pour toile de fond.

LES ROSIERS-SUR-LOIRE – 49 Maine-et-Loire – 317 H4 – 2 242 h. – alt. 22 m – ✉ 49350 Châteaux de la Loire 35 C2

Paris 304 – Angers 32 – Baugé 27 – Bressuire 66 – Cholet 80 – La Flèche 45 – Saumur 18

Syndicat d'initiative, place du Mail ✆ 02 41 51 90 22

XXX **La Toque Blanche**

rte Angers – ✆ 02 41 51 80 75 – Fax 02 41 38 06 38 – Fermé 14-30 nov., 5-20 janv., mardi et merc. – **Rest** – Menu 24 € bc (sem.)/49 €

◆ Plaisante salle à manger à la fois moderne et chaleureuse offrant une vue sur la Loire grâce à ses larges fenêtres en ogive. Plats traditionnels et recettes régionales.

XX **Val de Loire** avec ch rest, VISA

pl. Église – ✆ 02 41 51 80 30 – Fax 02 41 51 95 00 – Fermé 15 fév.-15 mars, jeudi soir, dim. soir et lundi sauf juil.-août – **9 ch** – 42 € 47/50 €, 8 € – ½ P 65/70 € – **Rest** – Menu 13 € (sem.)/40 € – Carte 41/48 €

◆ Plantes aromatiques et fleurs apportent un zeste d'originalité à la cuisine traditionnelle de cette hostellerie familiale. Salle à manger au cadre rajeuni et chambres simples.

ROSNY-SOUS-BOIS – 93 Seine-Saint-Denis – 305 F7 – 101 17 – voir à Paris, Environs

ROSOY – 89 Yonne – 319 C3 – rattaché à Sens

ROSPEZ – 22 Côtes-d'Armor – 309 B2 – rattaché à Lannion

ROSTRENEN – 22 Côtes-d'Armor – 309 C5 – 3 616 h. – alt. 216 m – ✉ 22110 9 B2

Paris 485 – Quimper 71 – St-Brieuc 58 – Carhaix-Plouguer 22 – Pontivy 38

Office de tourisme, 4 rue de la Marne ✆ 02 96 29 02 72

XX **L'Eventail des Saveurs** VISA

3 pl. Bourg Coz – ✆ 02 96 29 10 71 – leventail-des-saveurs@wanadoo.fr – Fax 02 96 29 34 75 – Fermé mardi soir de sept. à avril, dim. soir, merc. soir et lundi **Rest** – Menu (14 €), 25/45 € – Carte 35/50 €

◆ Un bel éventail de savoureuses recettes régionales actualisées et, côté décor, une palette de couleurs vives assurent le succès de ce restaurant réservé aux non-fumeurs.

ROUBAIX – 59 Nord – 302 H3 – 96 984 h. – alt. 27 m – ✉ 59100 Nord Pas-de-Calais Picardie 31 C2

Paris 232 – Kortrijk 23 – Lille 15 – Tournai 20

Office de tourisme, 12 place de la Liberté ✆ 03 20 65 31 90, Fax 03 20 65 31 83

18 du Sart à Villeneuve-d'Ascq 5 rue Jean Jaurès, S : 5 km, ✆ 03 20 72 02 51 ;

18 de Brigode à Villeneuve-d'Ascq 36 avenue du Golf, S : 6 km, ✆ 03 20 91 17 86 ;

36 de Bondues à Bondues Château de la Vigne, par D 9 : 8 km, ✆ 03 20 23 20 62.

Centre des archives du monde du travail BX **M**[1] - La Piscine, Musée d'Art et d'Industrie★★ - Chapelle d'Hem★ (murs-vitraux★★ de Manessier) 5 km, voir plan de Lille JS **B.**

Accès et sorties : voir plan de Lille

Plans pages suivantes

Le Grand Hôtel ch, rest, 10/100, VISA AE

22 av. J. Lebas – ✆ 03 20 73 40 00 – h1250@accor.com – Fax 03 20 73 22 42 BX **r**

93 ch – 100 € 110 €, 14 € – **Rest** – *(fermé août, vend. soir, dim. midi et sam.) (dîner seult)* Menu 23 €

◆ Monumental hall de réception, décoration soignée (moulures, colonnes) : un bel intérieur répond à la superbe architecture du 19e s. de cet hôtel bordant une avenue passante. Une grande verrière éclaire le restaurant de style Belle Époque. Carte traditionnelle.

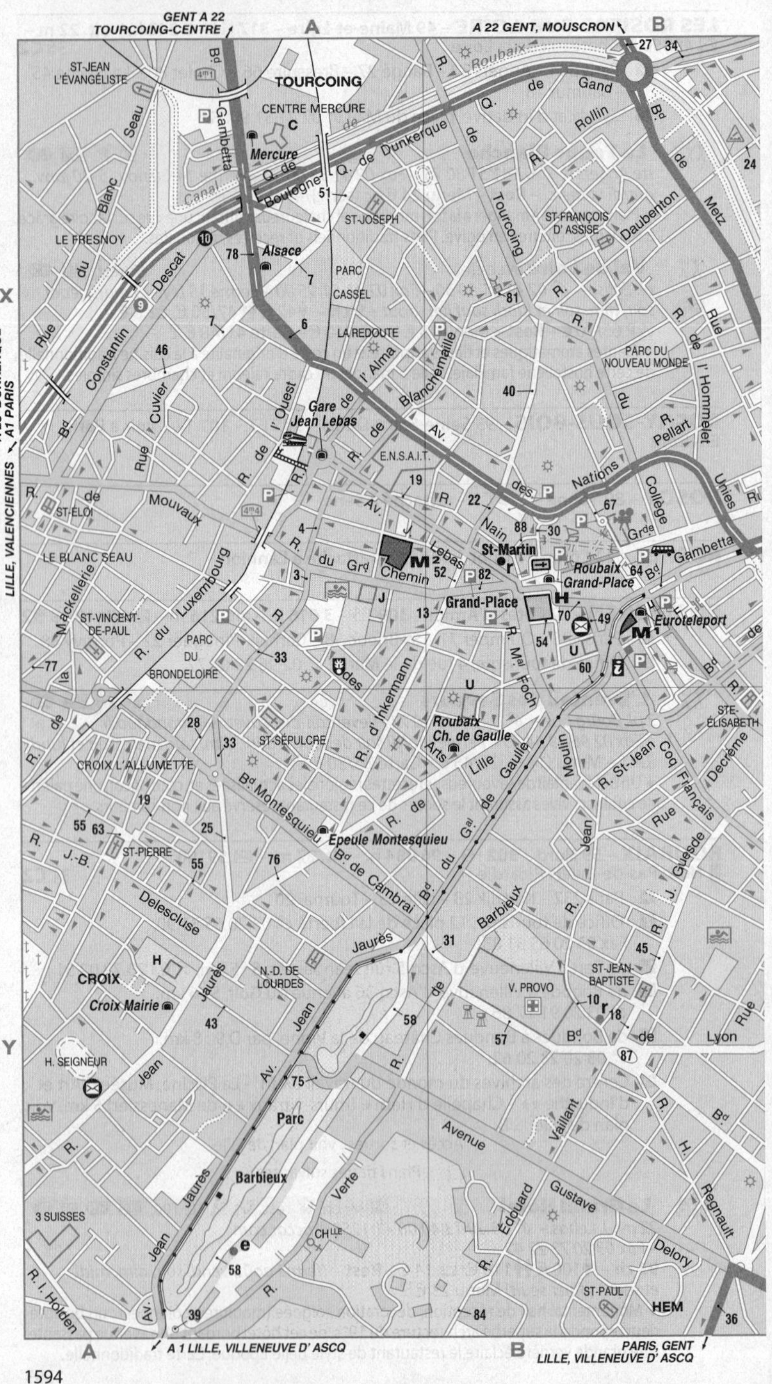
GENT A 22
TOURCOING-CENTRE
A 22 GENT, MOUSCRON
TOURCOING
CENTRE MERCURE
Mercure
Alsace
ST-JEAN L'ÉVANGÉLISTE
LE FRESNOY
ST-JOSEPH
PARC CASSEL
LA REDOUTE
ST-FRANÇOIS D'ASSISE
PARC DU NOUVEAU MONDE
Gare Jean Lebas
E.N.S.A.I.T.
ST-ÉLOI
LE BLANC SEAU
St-Martin
Roubaix Grand-Place
Grand-Place
Euroteleport
ST-VINCENT-DE-PAUL
PARC DU BRONDELOIRE
Roubaix Ch. de Gaulle
ST-SÉPULCRE
CROIX L'ALLUMETTE
STE-ÉLISABETH
Epeule Montesquieu
ST-PIERRE
N.-D. DE LOURDES
CROIX
Croix Mairie
ST-JEAN-BAPTISTE
V. PROVO
H. SEIGNEUR
Parc Barbieux
3 SUISSES
ST-PAUL
HEM
A 25 DUNKERQUE
A1 PARIS
LILLE, VALENCIENNES
A 1 LILLE, VILLENEUVE D' ASCQ
PARIS, GENT
LILLE, VILLENEUVE D' ASCQ

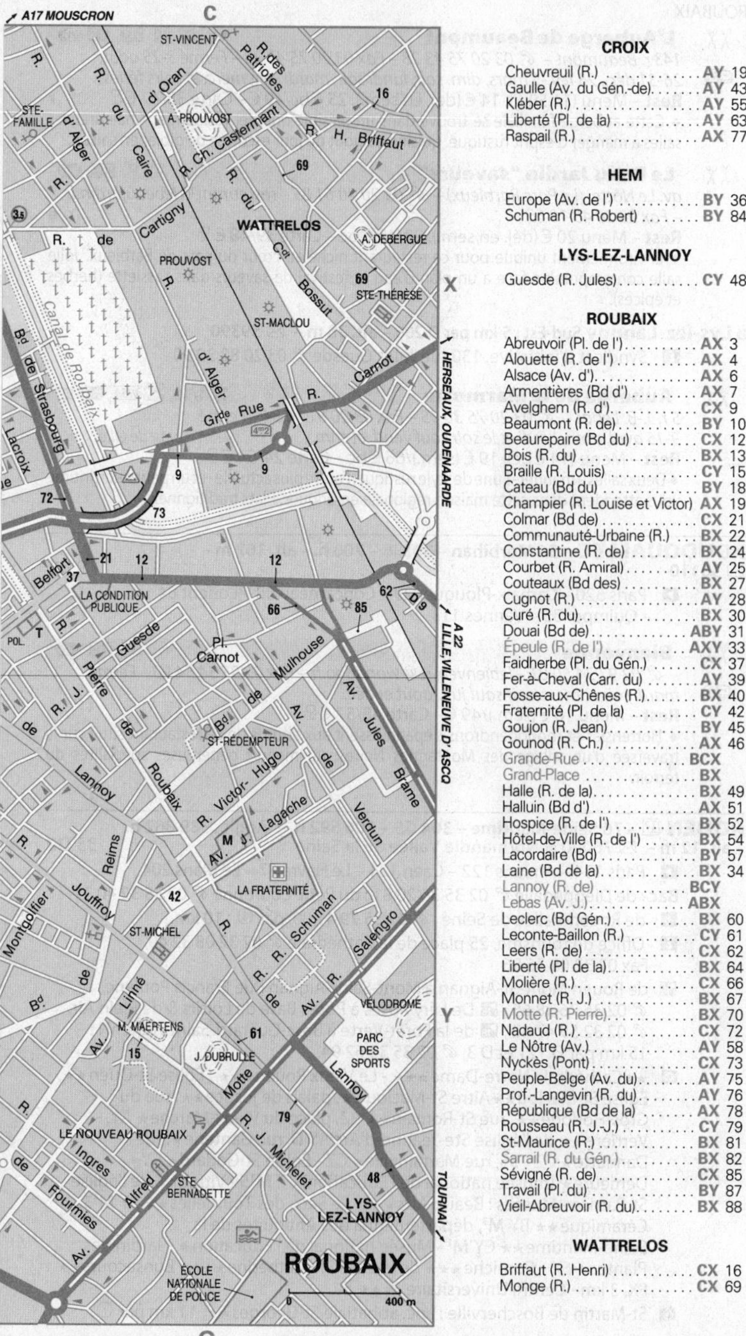

CROIX

Cheuvreuil (R.)	AY	19
Gaulle (Av. du Gén.-de)	AY	43
Kléber (R.)	AY	55
Liberté (Pl. de la)	AY	63
Raspail (R.)	AX	77

HEM

Europe (Av. de l')	BY	36
Schuman (R. Robert)	BY	84

LYS-LEZ-LANNOY

Guesde (R. Jules)	CY	48

ROUBAIX

Abreuvoir (Pl. de l')	AX	3
Alouette (R. de l')	AX	4
Alsace (Av. d')	AX	6
Armentières (Bd d')	AX	7
Avelghem (R. d')	CX	9
Beaumont (R. de)	BY	10
Beaurepaire (Bd du)	CX	12
Bois (R. du)	BX	13
Braille (R. Louis)	CY	15
Cateau (Bd du)	BY	18
Champier (R. Louise et Victor)	AX	19
Colmar (Bd de)	CX	21
Communauté-Urbaine (R.)	BX	22
Constantine (R. de)	BX	24
Courbet (R. Amiral)	AY	25
Couteaux (Bd des)	BX	27
Cugnot (R.)	AY	28
Curé (R. du)	BX	30
Douai (Bd de)	ABY	31
Épeule (R. de l')	AXY	33
Faidherbe (Pl. du Gén.)	CX	37
Fer-à-Cheval (Carr. du)	AY	39
Fosse-aux-Chênes (R.)	BX	40
Fraternité (Pl. de la)	CY	42
Goujon (R. Jean)	BY	45
Gounod (R. Ch.)	AX	46
Grande-Rue	BCX	
Grand-Place	BX	
Halle (R. de la)	BX	49
Halluin (Bd d')	AX	51
Hospice (R. de l')	BX	52
Hôtel-de-Ville (R. de l')	BX	54
Lacordaire (Bd)	BY	57
Laine (Bd de la)	BX	34
Lannoy (R. de)	BCY	
Lebas (Av. J.)	ABX	
Leclerc (Bd Gén.)	BX	60
Leconte-Baillon (R.)	CY	61
Leers (R. de)	CX	62
Liberté (Pl. de la)	BX	64
Molière (R.)	CX	66
Monnet (R. J.)	BX	67
Motte (R. Pierre)	BX	70
Nadaud (R.)	CX	72
Le Nôtre (Av.)	AY	58
Nyckès (Pont)	CX	73
Peuple-Belge (Av. du)	AY	75
Prof.-Langevin (R. du)	AY	76
République (Bd de la)	AX	78
Rousseau (R. J.-J.)	CY	79
St-Maurice (R.)	BX	81
Sarrail (R. du Gén.)	BX	82
Sévigné (R. de)	CX	85
Travail (Pl. du)	BY	87
Vieil-Abreuvoir (R. du)	BX	88

WATTRELOS

Briffaut (R. Henri)	CX	16
Monge (R.)	CX	69

XX **L'Auberge de Beaumont**

143 r. Beaumont – ✆ 03 20 75 43 28 – Fax 03 20 75 43 28 – Fermé 3-25 août, 26-31 déc., 25 fév.-5 mars, dim. soir, lundi soir, mardi soir, merc. et soirs fériés

Rest – Menu (11,50 €), 14 € (déj. en sem.), 25 € bc/49 € – Carte 38/47 € BY **r**

◆ Cette auberge familiale se trouve dans un paisible quartier résidentiel. Chaleureuses salles à manger d'esprit rustique. Cuisine au goût du jour escortée de gibier en saison.

XX **Le Beau Jardin "saveurs"**

av. Le Nôtre, (Le Parc Barbieux) – ✆ 03 20 20 61 85 – restaurant@lebeaujardin.fr – Fax 03 20 45 10 65 AY **e**

Rest – Menu 20 € (déj. en sem.), 29/40 € bc – Carte 39/48 €

◆ Environnement unique pour ce restaurant niché au cœur du parc de Barbieux. Jolie salle contemporaine face à un plan d'eau et festival de saveurs dans l'assiette (herbes et épices).

à Lys-lez-Lannoy Sud-Est : 5 km par D 206 – alt. 28 m – ✉ 59390

Syndicat d'initiative, 130 rue Jules Guesde ✆ 03 20 82 30 90

XX **Auberge de la Marmotte** 4/10,

5 r. J.-B. Lebas – ✆ 03 20 75 30 95 – Fax 03 20 81 16 34 – Fermé 9-15 avril, août, lundi et le soir sauf vend. et sam. *plan de Lille* JS **f**

Rest – Menu (14 € bc), 19 € (sem.)/66 € bc – Carte 24/54 €

◆ Deux salles à manger - l'une de style rustique, l'autre plus actuelle - et un petit salon intime vous attendent dans cette maison régionale en briques. Plats traditionnels.

ROUDOUALLEC – 56 Morbihan – 308 I6 – 700 h. – alt. 167 m – ✉ 56110 9 **B2**

Paris 520 – Carhaix-Plouguer 29 – Concarneau 38 – Lorient 64 – Quimper 35 – Vannes 113

XX **Bienvenue**

– ✆ 02 97 34 50 01 – lebienvenue@wanadoo.fr – Fax 02 97 34 54 90 – Fermé mardi soir et merc. soir sauf juil.-août et déc.

Rest – Menu 16 € (sem.)/49 € – Carte 48/57 €

◆ Hortensias et rhododendrons s'épanouissent aux abords de ce restaurant situé sur la traversée d'un village des Montagnes Noires. Au menu : généreuses spécialités du terroir.

ROUEN P – 76 Seine-Maritime – 304 G5 – 106 592 h. – Agglo. 389 862 h. – alt. 12 m – ✉ 76000 Normandie Vallée de la Seine 33 **D2**

Paris 134 – Amiens 122 – Caen 124 – Le Havre 87 – Le Mans 204

Bac : de Dieppedalle ✆ 02 35 36 20 81 ; du Petit-Couronne ✆ 02 35 32 40 21.

de Rouen-Vallée de Seine : ✆ 02 35 79 41 00, par ③ : 10 km.

Office de tourisme, 25 place de la Cathédrale ✆ 02 32 08 32 40, Fax 02 32 08 36 56

de Rouen Mont-St-Aignan à Mont-Saint-Aignan Rue Francis Poulenc, ✆ 02 35 76 38 65 ; De Léry Poses à Poses Base de Loisirs & de Plein Air, ✆ 02 32 59 47 42 ; de la Forêt-Verte à Bosc-Guérard-Saint-AdrienN : 15 km par D 121 et D 3, ✆ 02 35 33 62 94.

★★Cathédrale Notre-Dame★★★ - Le Vieux Rouen★★★ : Église St-Ouen★★, Église St-Maclou★★ Aître St-Maclou★★, palais de justice★★, rue du Gros-Horloge★★, rue St-Romain★★ BZ, place du Vieux-Marché★ AY, - Verrière★★ de l'église Ste-Jeanne-d'Arc AY **D**, rue Ganterie★, rue Damiette★ CZ - 35, rue Martainville★ CZ - Église St-Godard★ BY - Demeure★ (musée national de l'Éducation) CZ **M¹5** - Vitraux★ de l'église St-Patrice - Musées : Beaux-Arts★★★, Le Secq des Tournelles★★ BY **M¹3**, Céramique★★ BY **M³**, départemental des Antiquités de la Seine-Maritime★★ CY **M¹** - Musée national de l'Éducation★ - Jardin des Plantes★ EX - Corniche★★★ de la Côte Ste-Catherine★★★ - Bonsecours★★ FX, 3 km - Centre Universitaire ✻★★ EV.

St-Martin de Boscherville : anc. abbatiale St-Georges★★, 11 km par ⑦.

Plans pages suivantes

Mercure Centre sans rest 20,
7 r. Croix de Fer – ✆ 02 35 52 69 52 – h1301@accor.com – Fax 02 35 89 41 46
125 ch – †80/129 € ††80/139 €, ☕ 13 € – 4 suites BZ **f**
◆ Atout majeur de l'hôtel : sa situation au cœur du vieux Rouen. Chambres refaites, décorées sur le thème de la littérature ; certaines jouissent d'une échappée sur la cathédrale.

Mercure Champ de Mars ch, ch, 15/100,
12 av. A. Briand – ✆ 02 35 52 42 32 – h1273@accor.com – Fax 02 35 08 15 06 CZ **j**
139 ch – †110 € ††135 €, ☕ 12 € – **Rest** – *(fermé 15 juil.-19 août, dim. midi et sam.)* Menu (18 €), 22 € – Carte 28/36 €
◆ Sur un boulevard passager longeant la Seine, hôtel proposant, notamment à la clientèle d'affaires, des chambres rénovées et très confortables. Restaurant contemporain tourné vers le Champ-de-Mars. Cuisine traditionnelle. Soirée jazz au bar certains vendredis.

Dandy sans rest
93 bis r. Cauchoise – ✆ 02 35 07 32 00 – contact@hotels-rouen.net – Fax 02 35 15 48 82 AY **p**
18 ch – †68 € ††80 €, ☕ 9,50 €
◆ Dans une rue piétonne menant à la place du Vieux-Marché, chambres "cosy" meublées en style Louis XV ; elles sont plus calmes sur l'arrière. Bar confortable décoré à la normande.

Du Vieux Marché sans rest rest,
15 r. Pie – ✆ 02 35 71 00 88 – hotelduvieuxmarche@wanadoo.fr – Fax 02 35 70 75 94 AY **h**
48 ch – †95/110 € ††110/115 €, ☕ 14 €
◆ Joliment restauré en 2001, cet ensemble de maisons propose des équipements très complets et des chambres - aucune ne donne sur la rue - au décor d'esprit "british".

De Dieppe rest, ch,
pl. B. Tissot (face gare SNCF) – ✆ 02 35 71 96 00 – hotel.dieppe@hoteldedieppe.fr – Fax 02 35 89 65 21 BY **z**
41 ch – †85/95 € ††95/115 €, ☕ 10 € – ½ P 95/130 €
Rest *Le Quatre Saisons* – *(fermé 5-25 août et sam. midi)* Menu (15 €), 25/48 € – Carte 38/67 €
◆ Depuis 1880, c'est la même famille qui accueille le voyageur et lui propose ses chambres soignées au décor personnalisé. Le canard rouennais étant la spécialité du restaurant, dessins et objets figurant le palmipède personnalisent son élégant décor.

De l'Europe ch,
87 r. aux Ours – ✆ 02 32 76 17 76 – europe-hotel@wanadoo.fr – Fax 02 32 76 17 77 AZ **e**
26 ch – †62/85 € ††69/95 €, ☕ 11,50 € – ½ P 57/70 € –
Rest – *(fermé 23 juil.-23 août, 22 déc.-7 janv., sam., dim. et fériés)* Menu 24 €
◆ Belle situation dans le quartier historique pour ce bâtiment moderne. Chambres actuelles et fonctionnelles avec, pour certaines, vue sur les tours de la cathédrale. Ambiance conviviale et décor coloré au restaurant qui propose une cuisine traditionnelle.

De la Cathédrale sans rest
12 r. St-Romain – ✆ 02 35 71 57 95 – contact@hotel-de-la-cathedrale.fr – Fax 02 35 70 15 54 BZ **m**
26 ch – †46/72 € ††56/89 €, ☕ 7,50 €
◆ Calme du patio fleuri, douceur des chambres, peut-être - comme Pierre Corneille ou Jean-Paul Sartre avant vous - trouverez-vous l'inspiration dans cette jolie maison du 17e s. ?

Le Vieux Carré sans rest
34 r. Ganterie – ✆ 02 35 71 67 70 – vieux-carre@mcom.fr – Fax 02 35 71 19 17
13 ch – †60 € ††60 €, ☕ 7 € BY **t**
◆ Délicieuse atmosphère de maison d'hôte dans cette demeure à colombages (1715) située au cœur de la vieille ville. Hall "cosy", salon de thé et petites chambres coquettes.

Le Cardinal sans rest
1 pl. Cathédrale – ✆ 02 35 70 24 42 – hotelcardinal.rouen@wanadoo.fr – Fax 02 35 89 75 14 – Fermé 14 déc.-16 janv. BZ **r**
18 ch – †49/62 € ††60/78 €, ☕ 7,50 €
◆ Voisin de la cathédrale Notre-Dame, chef d'œuvre de l'art gothique, hôtel familial proposant de petites chambres rénovées. L'été, petit-déjeuner en terrasse.

ROUEN

Rue	Carré	N°
Alliés (Av. des)	DX	4
Ango (R. Jean)	EV	7
Béthencourt (Quai de)	EV	14
Bicheray (Av. du Cdt)	DV	15
Boisguilbert (Quai de)	EV	18
Bois-des-Dames (Av. du)	EV	17
Bonsecours (Rte de)	EV	21
Briand (R. Aristide)	DX	33
Brossolette (Bd)	DX	34
Bruyères (Rond-Point des)	EX	36
Caen (Av. de)	EV	37
Canteleu (Rte de)	DV	39
Carnot (Av.)	DV	40
Chasselièvre (R.)	EV	52
Clères (Chemin de)	EV	54
Coquelicots (R. des)	EX	55
Corneille (R. Pierre)	EX	58
Corniche (Rte de la)	FV	60
Darnétal (Rte de)	FV	64
Duclair (R. de)	DV	69
Elbeuf (R. d')	EX	75
Europe (Av. de l')	EV	78
Europe (Bd de l')	EVX	79
La-Fayette (R.)	EV	103
Felling (Av. de)	EX	82
Fond-du-Val (Allée du)	EV	85
France (Quai de)	DV	87
Gaulle (Bd Charles-de)	DX	88
Grand'Mare (Av. de la)	FV	92
Grand-Cours (Av. du)	EX	91
Jean-Jaurès (Av.)	DX	97
Jean-Jaurès (Bd)	DV	99
Leclerc-de-Hauteclocque (Av. du Gén.)	DX	106
Leclerc (Av. Général)	DV	105
Lesseps (Bd Ferdinand-de)	EV	107
Maréchal-Juin (Av. du)	FV	109
Martyrs-de-la-Résistance (R. des)	DV	110
Mont-Riboudet (Av. du)	EV	112
Nansen (R.)	DV	114
Paris (Rte de)	FX	158
Pène (R. Annie-de)	FV	118
Quatre-Mares (Grande R. de)	EX	122
Renard (R. du)	EV	125
République (R. de la)	FV	126
République (R. de la BONSECOURS)	EX	160
Rondeaux (Av. Jean)	EV	131
Roosevelt (Bd Franklin)	DX	132
Ste-Lucie (Rond-Point)	DX	135
Siegfried (Bd André)	EV	142
Sotteville (R. de)	EX	145
Verdun (Bd de)	EV	150
Verdun (Bd de GRAND-QUEVILLY)	DX	165
11-Novembre (Bd du)	EX	157

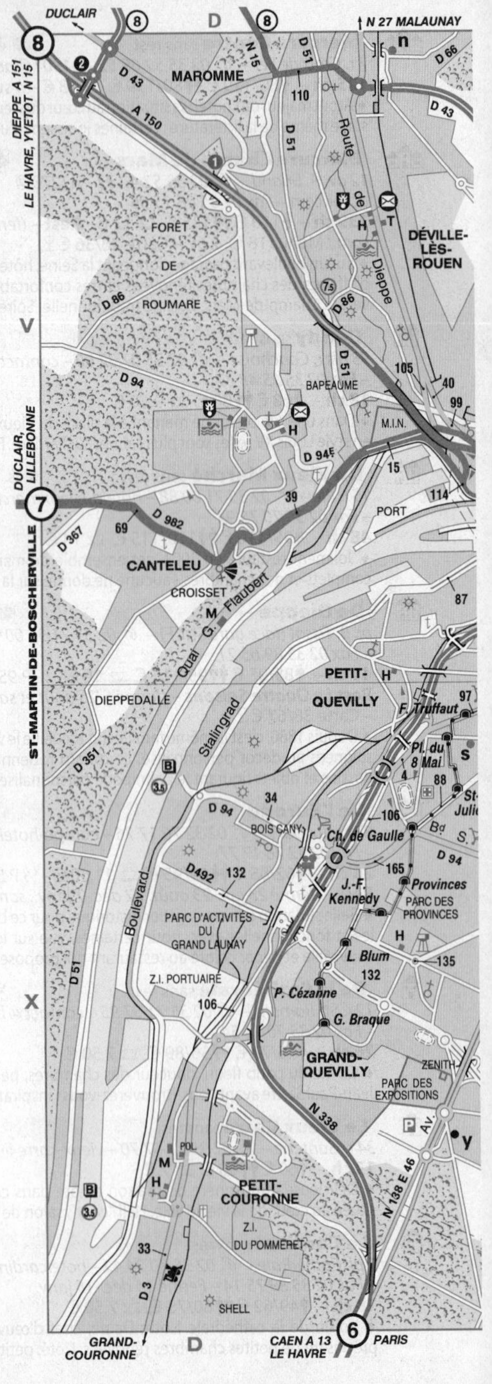

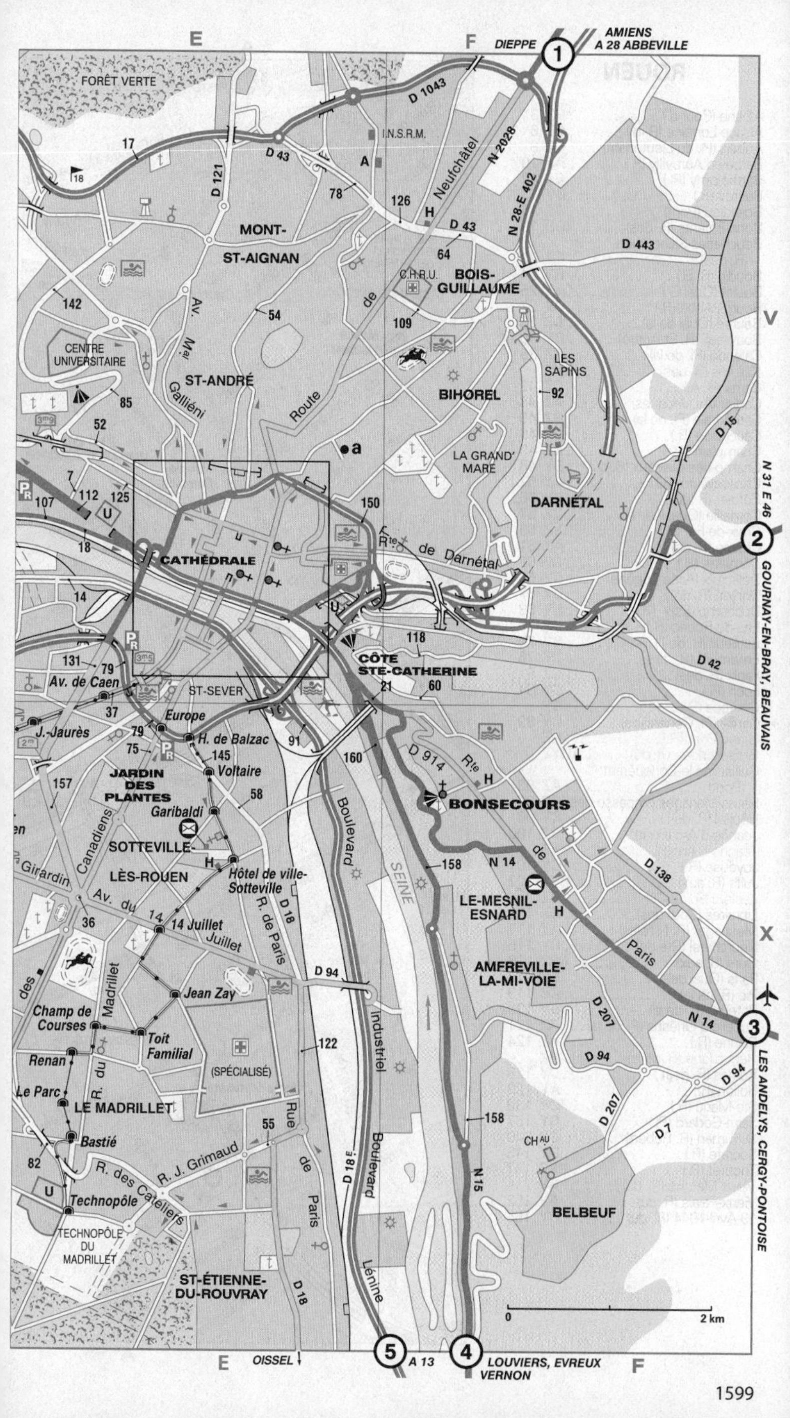
DIEPPE
AMIENS
A 28 ABBEVILLE
FORÊT VERTE
MONT-
ST-AIGNAN
CENTRE
UNIVERSITAIRE
ST-ANDRÉ
BOIS-
GUILLAUME
BIHOREL
LES
SAPINS
LA GRAND'
MARE
DARNÉTAL
CATHÉDRALE
CÔTE
STE-CATHERINE
ST-SEVER
JARDIN
DES
PLANTES
SOTTEVILLE-
LÈS-ROUEN
BONSECOURS
LE-MESNIL-
ESNARD
AMFREVILLE-
LA-MI-VOIE
LE MADRILLET
TECHNOPÔLE
DU
MADRILLET
ST-ÉTIENNE-
DU-ROUVRAY
BELBEUF
SEINE
Route de Neufchâtel
Av. Mal Galliéni
Rte de Darnétal
Rte de Paris
Boulevard Industriel
Boulevard Lénine
R. de Paris
Rue de Paris
Av. du 14 Juillet
Av. de Caen
R. J. Grimaud
R. des Cateliers
N 31 E 46
GOURNAY-EN-BRAY, BEAUVAIS
LES ANDELYS, CERGY-PONTOISE
OISSEL
A 13
LOUVIERS, EVREUX
VERNON
0
2 km

ROUEN

Albane (Cour d') **BZ** 3
Alsace-Lorraine (R. d') **CZ** 6
Aubert (Pl. du Lieutenant) **CZ** 9
Barbey-d'Aurevilly (R.) **AZ** 10
Barthélemy (Pl.) **BZ** 12
Belfroy (R.) **BY** 13
Boieldieu (Pont) **BZ** 16
Bons-Enfants (R. des) **ABY** 19
Boucheries-Saint-Ouen (R. des) **CZ** 22
Boudin (R. E.) **BY** 24
Boulet (Quai G.) **AY** 25
Bourg-l'Abbé (R.) **CY** 27
Bourse (Quai de la) **BZ** 28
Bouvreuil (R. St-André) **BY** 30
Calende (Pl. de la) **BZ** 35
Carmes (R. des) **BYZ**
Carrel (R. A.) **CZ** 42
Cartier (Av. Jacques) **AZ** 43
Cathédrale (Pl. de la) **BZ** 45
Cauchoise (R.) **AY** 46
Champlain (Av.) **BZ** 49
Champ-des-Oiseaux (R. du) **BY** 48
Chasselièvre (R.) **AY** 52
Cordier (R. du) **BY** 56
Corneille (Quai Pierre) **BZ** 57
Croix-de-Fer (R.) **BYZ** 59
Crosne (R. de) **AY** 61
Damiette (R.) **CZ** 63
Delacroix (Allée Eugène) **BY** 66
Donjon (R. du) **BY** 67
Duchamp (Espl. M.) **BY** 68
Eau-de-Robec (R.) **CZ** 70
Écureuil (R. de l') **BY** 72
Ernemont (R. d') **CY** 76
Faulx (R. des) **CZ** 81
Foch (Pl.) **BY** 84
Ganterie (R.) **BY**
Gaulle (Pl. Général-de) **CY** 89
Grand-Pont (R.) **BZ**
Gros-Horloge (R. du) **ABYZ**
Guillaume-le-Conquérant (Pont) **AZ** 93
Hauts-Mariages (Impasse des) **CZ** 94
Hôpital (R. de l') **BY** 96
Jeanne-d'Arc (Pont) **AZ** 100
Jeanne-d'Arc (R.) **BYZ**
Joyeuse (R.) **CY** 101
Juifs (R. aux) **BYZ** 102
Leclerc (R. du Gén.) **BZ**
Libraires (Cour des) **BZ** 108
Mesnager (R. Nicolas) **AY** 111
Neufchatel (Rte de) **CY** 115
Ours (R. aux) **ABZ** 116
Paris (Quai de) **BZ** 117
Pie (R. de la) **AY** 119
Poterne (R. de la) **BY** 120
Pucelle-d'Orléans (Pl. de la) **AZ** 121
Racine (R.) **AY** 124
République (R. de la) **BZ**
Requis (R. des) **CY** 128
Rollon (R.) **AY** 129
Ste-Marie (R.) **CY** 138
Saint-Godard (Pl.) **BY** 137
Schuman (R. Robert) **CS** 140
Socrate (R.) **BY** 143
Thouret (R.) **BYZ** 147
Vieux-Marché (Pl. du) **AY**
Vieux-Palais (R. du) **AY** 152
19-Avril-1944 (Pl. du) **BY** 155

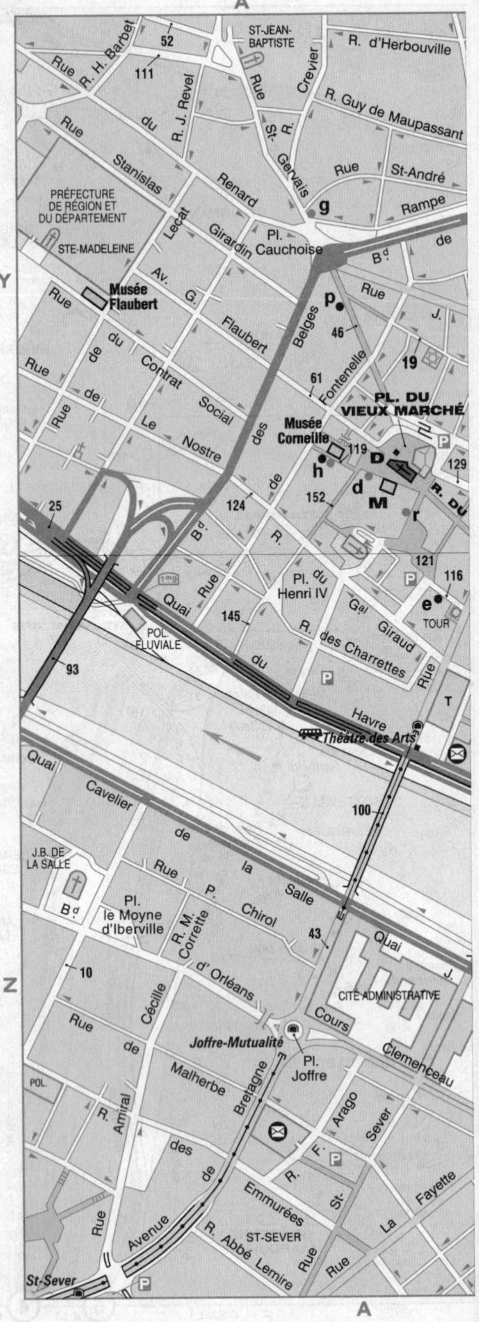

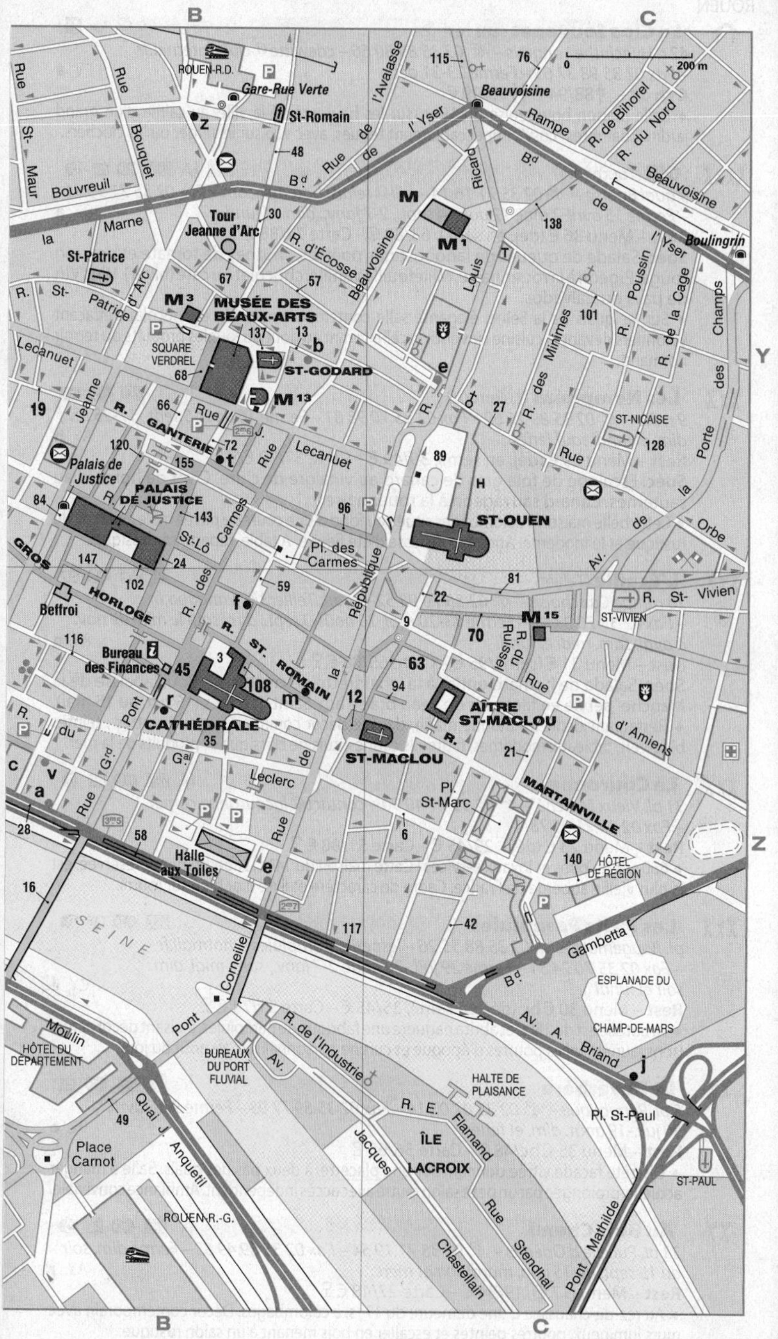
ROUEN-R.D.
Gare-Rue Verte
St-Romain
Beauvoisine
Boulingrin
Tour Jeanne d'Arc
St-Patrice
MUSÉE DES BEAUX-ARTS
SQUARE VERDREL
ST-GODARD
Rue Lecanuet
R. Ganterie
Palais de Justice
PALAIS DE JUSTICE
GROS HORLOGE
Beffroi
Bureau des Finances
CATHÉDRALE
R. St-Romain
Pl. des Carmes
Rue de la République
ST-OUEN
ST-NICAISE
ST-VIVIEN
AÎTRE ST-MACLOU
ST-MACLOU
R. Martainville
Pl. St-Marc
Halle aux Toiles
HÔTEL DE RÉGION
SEINE
Pont Corneille
ESPLANADE DU CHAMP-DE-MARS
Av. A. Briand
Bd Gambetta
HÔTEL DU DÉPARTEMENT
BUREAUX DU PORT FLUVIAL
R. de l'Industrie
HALTE DE PLAISANCE
Pl. St-Paul
ST-PAUL
Place Carnot
Quai J. Anquetil
ÎLE LACROIX
Rue Stendhal
Pont Mathilde
ROUEN-R.-G.

Le Clos Jouvenet sans rest
42 r. Hyacinthe Langlois – ✆ 02 35 89 80 66 – cdewitte@club-internet.fr – Fax 02 35 98 37 65 – Fermé 23-31 déc. EV **a**
4 ch – 88/94 € 93/99 €
◆ Belle maison bourgeoise du 19e s. sur les hauteurs de la ville, au calme d'un grand jardin. Chambres "cosy", impeccablement tenues, avec vue sur le verger ou les clochers.

Gill (Tournadre)
9 quai Bourse – ✆ 02 35 71 16 14 – gill@relaischateaux.com – Fax 02 35 71 96 91 – Fermé 15 avril-2 mai, 12 août-4 sept., 2-7 janv., dim. et lundi BZ **a**
Rest – Menu 36 € (déj. en sem.), 63/88 € – Carte 74/88 €
Spéc. Salade de queues de langoustines poêlées, chutney de tomate et poivron rouge. Pigeon à la rouennaise. Millefeuille vanille, chocolat ou café (hiver). **Vins** Vin de pays du Calvados.
◆ Sur les quais de la Seine, élégante salle contemporaine sable et chocolat s'effaçant volontiers devant la cuisine : inventive, celle-ci met au goût du jour les produits du terroir normand.

Les Nymphéas (Kukurudz)
9 r. Pie – ✆ 02 35 89 26 69 – Fax 02 35 70 98 81 – Fermé 16 août-5 sept., 17-25 fév., dim. et lundi sauf fériés AY **h**
Rest – Menu 29 € (déj. en sem.), 39/49 € – Carte 57/92 €
Spéc. Escalope de foie gras de canard au vinaigre de cidre. Civet de homard au sauternes. Canard sauvageon à la rouennaise.
◆ Cette belle maison à colombages située au fond d'une courette pavée mêle avec soin le rustique et le moderne. Agréable terrasse d'été fleurie. À table, répertoire classique.

L'Écaille (Tellier)
26 rampe Cauchoise – ✆ 02 35 70 95 52 – marc.Tellier3@wanadoo.fr – Fax 02 35 70 83 49 – Fermé 13-20 mai, 20 août-3 sept., dim. sauf le midi de nov. à avril, sam. midi et lundi AY **g**
Rest – Menu 31 € (sem.)/95 € – Carte 65/88 €
Spéc. Salade de homard entier à la vinaigrette de crustacés. "Bouillabaisse de la Manche" servie en filets. Ris de veau braisé aux Saint-Jacques (15 oct. au 15 mai).
◆ Restaurant dédié au monde marin, dans le décor comme dans les assiettes ; teintes bleu-vert, tableaux modernes, fauteuils cannés, cuisine classique et produits de la mer.

La Couronne
31 pl. Vieux Marché – ✆ 02 35 71 40 90 – contact@lacouronne.com.fr – Fax 02 35 71 05 78 AY **d**
Rest – Menu 23 € (déj.), 29/45 € – Carte 51/88 €
◆ 660 ans de bons et loyaux services ! Cette maison du 14e s., superbement préservée, est la plus vieille auberge de France. Cadre de caractère et livre d'or bien sûr fourni.

Les P'tits Parapluies
pl. Rougemare – ✆ 02 35 88 55 26 – lespetits-parapluies@hotmail.fr – Fax 02 35 70 24 31 – Fermé 29 juil.-20 août, 2-7 janv., sam. midi, dim. soir et lundi CY **e**
Rest – Menu 30 € bc (déj. en sem.), 35/45 € – Carte 51/74 €
◆ La bâtisse est du 16e s. et abrita naguère une fabrique de parapluies. Plaisant décor actuel (tons jaunes), jolies poutres d'époque et cuisine personnalisée, au goût du jour.

Le Reverbère
5 pl. République – ✆ 02 35 07 03 14 – Fax 02 35 89 77 93 – Fermé 9-15 avril, 30 juil.-19 août, dim. et fériés BZ **e**
Rest – Menu 35 € bc/48 € – Carte 36/65 €
◆ Discrète façade vitrée donnant sur une placette, à deux pas des quais. Salle à manger actuelle, prolongée par un petit salon feutré avec accès indépendant. Ambiance conviviale.

Au Bois Chenu
23 pl. Pucelle d'Orléans – ✆ 02 35 71 19 54 – Fax 02 35 89 49 83 – Fermé dim. soir du 15 sept. au 15 juin, mardi soir et merc. AY **r**
Rest – Menu (17 €), 19/34 € – Carte 27/48 €
◆ Au rez-de-chaussée d'une demeure du 17e s. à colombages. Décor contemporain avec murs lumineux, poutres peintes et escalier en bois menant à un salon rustique.

X **Le 37**

37 r. St-Étienne-des-Tonneliers – ☎ 02 35 70 56 65 – Fax 02 35 71 96 91 – Fermé 22 avril-2 mai, 29 juil.-28 août, dim. et lundi BZ **v**

Rest – Carte 33/37 €

◆ Décor design d'esprit "zen", ambiance décontractée et, au piano, un chef qui concocte une cuisine bien dans l'air du temps : le 37 ? Un numéro gagnant !

à Franqueville-St-Pierre Sud-Est par ③ et N 14 : 9 km – 5 099 h. – alt. 140 m – ✉ 76520

Le Vert Bocage rest, VISA

rte Paris – ☎ 02 35 80 14 74 – vert.bocage@wanadoo.fr – Fax 02 35 80 55 73 – Fermé 12-27 août, 1er-14 janv. et dim. soir

19 ch – 45/48 € 48/52 €, 5,50 € – ½ P 49/52 € – **Rest** – *(fermé dim. soir et lundi)* Menu 20 € (sem.)/40 € – Carte 25/42 €

◆ En bordure de la nationale et à proximité de l'aéroport de Boos, étape aux chambres amples, fraîches et insonorisées. Le nom du restaurant évoque la campagne normande, mais la table est plutôt influencée par la mer. Deux formules : grill ou classique.

au Parc des Expositions Sud par N 138 : 6 km – ✉ 76800 St-Étienne-du-Rouvray

Novotel ch, 25/150, VISA

r. Mare aux Sangsues – ☎ 02 32 91 76 76 – h0432@accor.com – Fax 02 32 91 76 86 DX **y**

134 ch – 92/105 € 110/127 €, 12 € – **Rest** – Carte 20/29 €

◆ Hôtel de bon confort, agréablement posté en lisière de forêt. Chambres peu à peu réactualisées ; double vitrage efficace. Salle à manger ample et lumineuse. L'été, terrasse dressée au bord de la piscine.

au Petit Quevilly Sud-Ouest : 3 km – 22 332 h. – alt. 5 m – ✉ 76140

XXX **Les Capucines** VISA

16 r. J. Macé – ☎ 02 35 72 62 34 – capucines@cegetel.net – Fax 02 35 03 23 84 – Fermé 1er-21 août, sam. midi, dim. soir et lundi DX **s**

Rest – Menu 27/52 € – Carte 38/62 €

◆ Derrière la façade pimpante, grande salle de restaurant colorée et soignée, agrémentée de tableaux. Les quatre petits salons sont réservés aux repas d'affaires.

à Montigny par ⑦, D 94E et D 86 : 10 km – 1 114 h. – alt. 110 m – ✉ 76380

Le Relais de Montigny ch, 50,

r. Lieutenant Aubert – ☎ 02 35 36 05 97 – info@le-relais-de-montigny.com – Fax 02 35 36 19 60 – Fermé 20 déc.-6 janv. VISA

21 ch – 54 € 75/85 €, 10 € – ½ P 68/72 € – **Rest** – *(fermé sam. midi)* Menu 22 € (sem.)/37 € – Carte 29/37 €

◆ Sur les hauteurs, bâtiment des années 1960 dont les chambres donnant sur le jardin fleuri sont à réserver en priorité (grandes, calmes et dotées de balcon). Pause repas dans une lumineuse salle à manger complétée d'une terrasse verdoyante. Carte traditionnelle.

à Notre-Dame-de-Bondeville Nord-Ouest : 8 km – 7 652 h. – alt. 25 m – ✉ 76960

X **Les Elfes** VISA

303 r. Longs Vallons – ☎ 02 35 74 36 21 – elfes2@wanadoo.fr – Fax 02 35 75 27 09 – Fermé 16 juil.-15 août, dim. soir et merc. DV **n**

Rest – Menu (16 €), 21 € (déj. en sem.), 23/41 € – Carte 29/91 €

◆ Des carreaux de couleur égayent le cadre néo-campagnard de cette auberge régionale située en contrebas d'une ligne de chemin de fer. Cuisine traditionnelle.

ROUFFACH – 68 Haut-Rhin – 315 H9 – 4 187 h. – alt. 204 m – ✉ 68250

Alsace Lorraine 1 **A3**

Paris 479 – Basel 61 – Belfort 57 – Colmar 16 – Guebwiller 10 – Mulhouse 28 – Thann 26

Office de tourisme, place de la République ☎ 03 89 78 53 15, Fax 03 89 49 75 30

Alsace Golf Club Moulin de Biltzheim, E : 2 km par D 8, ☎ 03 89 78 52 12.

Château d'Isenbourg rest, 30, VISA AE
– ☎ 03 89 78 58 50 – isenbourg@grandesetapes.fr – Fax 03 89 78 53 70
41 ch – 118/422 € 118/422 €, 23 € – 2 suites – ½ P 143/295 € –
Rest – Menu (23 €), 29 € (déj. en sem.), 46/84 € – Carte 47/92 €
◆ Ce château du 18e s., bordé de vignes, domine la vieille ville. Grandes chambres cossues un peu anciennes ; équipement sportif (fitness, tennis) complété depuis peu par un spa. Deux ambiances pour les repas : cave voûtée du 14e s. ou salle à manger classique.

A la Ville de Lyon sans rest 30, VISA AE
r. Poincaré – ☎ 03 89 49 65 51 – villedelyon@villes-et-vignoble.com – Fax 03 89 49 76 67
48 ch – 49/120 € 49/120 €, 8,50 €
◆ Façade d'inspiration Renaissance. Les chambres refaites dans un esprit campagnard actuel se révèlent coquettes, les anciennes restent fonctionnelles. Piscine en mosaïque.

Philippe Bohrer 20, VISA AE
r. Poincaré – ☎ 03 89 49 62 49 – villedelyon@villes-et-vignoble.com – Fax 03 89 49 76 67 – Fermé 4-25 mars, 22 juil.-5 août, lundi midi, merc. midi et dim.
Rest – Menu 27 € (sem.)/80 € – Carte 52/63 €
Rest *Brasserie Chez Julien* – ☎ *03 89 49 69 80* – Menu 10/30 € –Carte 27/51 €
Spéc. Escalope de foie de canard poêlée, raviole de betterave rouge. Pigeon poché et gratiné au raifort (saison). Déclinaison de rhubarbe à la fraise (saison).
Vins Pinot gris, Gewurztraminer.
◆ Dans un beau décor de bois blond, façon "rustique chic", vous dégusterez une cuisine inventive et personnalisée, associée à une cave bien composée (nombreux vins d'Alsace). Ambiance élégante et conviviale à la Brasserie Chez Julien, aménagée dans un cinéma.

à Bollenberg Sud-Ouest : 6 km par N 83 et rte secondaire – ✉ 68250 Westhalten

Auberge au Vieux Pressoir VISA AE
– ☎ 03 89 49 60 04 – info@bollenberg.com – Fax 03 89 49 76 16 – Fermé 21-26 déc. et dim. soir de mi-nov. à mi-mars
Rest – Menu 25 € (sem.)/71 € bc – Carte 27/87 €
◆ Belles armoires et collection d'armes anciennes président au décor alsacien de cette maison de vignerons. Cuisine régionale soignée et dégustations de vins de la propriété.

ROUFFIAC-TOLOSAN – 31 Haute-Garonne – 343 H3 – rattaché à Toulouse

---

LE ROUGET – 15 Cantal – 330 B5 – 901 h. – alt. 614 m – ✉ 15290 5 **A3**

Paris 549 – Aurillac 25 – Figeac 41 – Laroquebrou 15 – St-Céré 37 – Tulle 74

Des Voyageurs VISA AE
– ☎ 04 71 46 10 14 – info@hotel-des-voyageurs.com – Fax 04 71 46 93 89 – Fermé 23-27 déc. et 11 fév.-9 mars
24 ch – 48/54 € 48/63 €, 7,50 € – ½ P 48/54 € – **Rest** – *(fermé dim. soir du 1er oct. au 15 avril)* Menu 13 € (sem.), 21/31 € – Carte 18/37 €
◆ Bâtisse en pierre dont la présence anime ce village cantalien. La vue depuis les chambres, en cours de rénovation, comblera les amoureux de la nature. Derrière ses fourneaux, le chef prépare une cuisine mi-terroir, mi-traditionnelle. Agréable terrasse d'été.

ROUGIVILLE – 88 Vosges – 314 J3 – rattaché à St-Dié-des-Vosges

---

ROULLET – 16 Charente – 324 K6 – rattaché à Angoulême

LE ROURET – 06 Alpes-Maritimes – 341 D5 – 3 428 h. – alt. 350 m – ✉ 06650

42 **E2**

Paris 913 – Cannes 19 – Grasse 10 – Nice 28 – Toulon, 136

Le Clos St-Pierre (Ettlinger)

pl. Église – ✆ 04 93 77 39 18 – ettlingercath@aol.com – Fax 04 93 77 39 90 – Fermé 3-27 déc., mardi et merc.

Rest – *(nombre de couverts limité, prévenir) (menu unique)* Menu 31 € (déj. en sem.), 45/54 €

Spéc. Tartare de loup ou de sar du pays (juin à mi-oct.). Risotto piémontais, jambon espagnol et râpée de truffes d'Alba (nov.-déc.). Escalope de foie gras poêlé dans une soupe de châtaignes (nov. à mars). **Vins** Vin de Pays des Alpes Maritimes, Côtes de Provence.

◆ Sur la place de l'Église, cette conviviale auberge sert une goûteuse cuisine méditerranéenne (menu unique, différent chaque jour). Bel intérieur provençal et jolie terrasse.

Petit-déjeuner compris ?
La tasse suit directement le nombre de chambres.

LES ROUSSES – 39 Jura – 321 G8 – 2 927 h. – alt. 1 110 m – Sports d'hiver : 1 100/1 680 m 40 – ✉ 39220 Franche-Comté Jura

16 **B3**

Paris 461 – Genève 45 – Gex 29 – Lons-le-Saunier 64 – Nyon 25 – St-Claude 31

Office de tourisme, rue Pasteur ✆ 03 84 60 02 55, Fax 03 84 60 52 03

des Rousses Route du Noirmont, E : 1 km par D 29, ✆ 03 84 60 06 25 ;

du Mont Saint-Jean, E : 1 km par D 29, ✆ 03 84 60 09 71.

Gorges de la Bienne★ O : 3 km.

France

25, VISA

323 r. Pasteur – ✆ 03 84 60 01 45 – hoteldefrance-lesrousses@wanadoo.fr – Fax 03 84 60 04 63 – Fermé 23 avril-12 mai et 11 nov.-15 déc.

28 ch – 63/70 € 68/112 €, 11,50 € – ½ P 80/93 € – **Rest** – Menu 20/49 € – Carte 26/59 €

◆ Grand bâtiment de type régional. Intérieur lambrissé et décoration des années 1980 dans les chambres, un brin désuètes mais propres. Spacieuse salle à manger néo-rustique où l'on sert une cuisine mi-classique, mi-actuelle.

Chamois

10, VISA

230 montée du Noirmont – ✆ 03 84 60 01 48 – lechamois@wanadoo.fr – Fax 03 84 60 39 38 – Fermé 10 avril-3 mai, dim. soir et lundi du 1er oct. au 15 déc.

13 ch – 60 € 60/97 €, 10 € – **Rest** – Menu 18 € (sem.)/49 € – Carte 35/55 €

◆ Isolé au-dessus de la station des Rousses, ce chalet (non-fumeurs) dissimule un aménagement contemporain et chaleureux où domine le bois. Chambres très calmes, avec lecteur DVD. À table, jolie vue sur la nature, mise en place soignée et cuisine créative.

Redoute

ch, VISA

357 rte Blanche – ✆ 03 84 60 00 40 – info@hotellaredoute.com – Fax 03 84 60 04 59 – Fermé 23 avril-11 mai et 29 oct.-14 déc.

25 ch – 55/68 € 55/68 €, 7 € – ½ P 52/63 € – **Rest** – Menu (12,50 €), 16/26 € – Carte 20/41 €

◆ Situation intéressante dans le village, malgré la proximité de la route, pour cet hôtel familial. Décor sans fioriture dans les chambres propres, lumineuses et insonorisées. Grande salle à manger rustique avec poutres et lustres en fer forgé (plats du terroir).

Du Village sans rest

VISA

344 r. Pasteur – ✆ 03 84 34 12 75 – auloupblanc@free.fr – Fax 03 84 34 12 76

10 ch – 44/50 € 48/58 €, 8 €

◆ Petit hôtel central et fonctionnel disposant de chambres fraîches et colorées. La salle des petits-déjeuners fait aussi office de salon. Réception fermée entre 12 h et 17 h.

à la Cure Sud-Est : 2,5 km par N 5, rte de Genève – ✉ 39220 Les Rousses – alt. 1 155 m

XX **Arbez Franco-Suisse** avec ch — rest, P VISA MC AE
– ✆ *03 84 60 02 20 – hotel.arbez@netgdi.com – Fax 03 84 60 08 59 – Fermé 2-9 avril et 5 nov.-1er déc. (sauf hôtel)*
10 ch – †49 € ††59 €, ☕ 8,50 € – ½ P 55 € – **Rest** – *(fermé dim. soir, lundi et mardi hors saison)* Menu 26/33 € – Carte 39/74 €
Rest *Brasserie* – *(fermé dim. soir, lundi, mardi sauf de janv. à mars et en juil.-août)* Menu (13 €), 16 € – Carte 15/32 €
◆ Cette auberge frontalière propose une cuisine régionale dans une salle (non-fumeurs) où règne une ambiance un peu désuète, mais sympathique. Dans les chambres, simples et lambrissées, on dort en Suisse ou en France ! Spécialités fromagères à la Brasserie.

par D 25 Sud-Ouest : 5 km – ✉ 39200 Prémanon

Darbella — P VISA MC
551 rte Darbella – ✆ 03 84 60 78 30 – hotelladarbella@wanadoo.fr – Fax 03 84 60 76 01 – Ouvert 1er juin-1er oct. et 1er déc.-30 avril
16 ch – †39/65 € ††52/75 €, ☕ 6 € – ½ P 45/62 € – **Rest** – *(fermé lundi et mardi hors saison)* Menu 20/30 € – Carte 19/41 €
◆ Skieurs et randonneurs apprécieront cet hôtel proche d'un téléski qui rejoint le domaine des Rousses. Chambres rajeunies et bien tenues, certaines conçues pour les familles. Petite salle à manger rustique où l'on sert une cuisine franc-comtoise et fromagère.

ROUSSILLON – 84 Vaucluse – 332 E10 – 1 161 h. – alt. 360 m – ✉ 84220

Provence — 42 **E1**

▶ Paris 720 – Apt 11 – Avignon 46 – Bonnieux 12 – Carpentras 41 – Cavaillon 25 – Sault 31

ℹ Office de tourisme, place de la poste ✆ 04 90 05 60 25, Fax 04 90 05 63 31

◉ Site★★.

Les Sables d'Ocre sans rest — AC P VISA MC
rte d'Apt – ✆ 04 90 05 55 55 – sablesdocre@free.fr – Fax 04 90 05 55 50 – Ouvert 1er avril-31 oct.
20 ch – †64/77 € ††64/77 €, ☕ 10 €, 2 duplex
◆ Au cœur du pays de l'ocre, ce mas récent à l'aspect engageant allie confort moderne et décoration provençale. Le mobilier en métal peint apporte une note gaie à l'ensemble.

Mamaison sans rest — P VISA MC
quartier les Devens, Sud 4km par D 149 – ✆ 04 90 05 74 17 – mamaisonprovence@free.fr – Fax 04 90 05 74 63 – Ouvert 1er mars- fin-oct.
5 ch ☕ – †82/155 € ††82/155 €
◆ Ce mas ancien, amoureusement rénové par un couple d'artistes peintres, dégage une atmosphère chaleureuse. Spacieuses chambres meublées d'ancien. Beau jardin agrémenté d'arbres fruitiers et grande piscine.

XX **David et H. le Clos de la Glycine** avec ch — falaises et vallée,
pl. Poste – ✆ 04 90 05 60 13 — ch, AC ch, VISA MC AE
– le.clos.de.la.glycine@wanadoo.fr – Fax 04 90 05 75 80 – Fermé de mi-janv. à mi-fév., dim. soir et merc. sauf de mai à sept.
8 ch – †100/150 € ††100/170 €, ☕ 13 € – 1 suite – ½ P 107/142 € –
Rest – *(prévenir le week-end)* Menu 33/47 € – Carte 51/58 €
◆ Dans le village perché, au-dessus de la Chaussée des géants. Salle à manger joliment redécorée et agréable terrasse ; cuisine ensoleillée. Chambres personnalisées.

X **Le Piquebaure-Côté Soleil** — P VISA MC
quartier les Estrayas, rte Gordes – ✆ 04 90 05 79 65 – Fermé 11 nov.-15 déc., janv., mardi de juin à sept. et merc.
Rest – Menu 31/55 € – Carte 40/53 €
◆ Ce restaurant (non-fumeurs) empreinte son nom à l'un des rochers qui jalonnent le circuit de l'Ocre. Poutres apparentes, murs chaulés et agrémentés de tableaux. Cuisine du marché.

ROUSSILLON – 38 Isère – 333 B5 – 7 437 h. – alt. 200 m – ✉ 38150 44 B2

Paris 505 – Annonay 24 – Grenoble 92 – St-Étienne 68 – Tournon-sur-Rhône 44 – Vienne 19

Office de tourisme, place de l'Edit ✆ 04 74 86 72 07, Fax 04 74 29 74 76

Médicis sans rest

r. Fernand Léger – ✆ 04 74 86 22 47 – info@hotelmedicis.fr – Fax 04 74 86 48 05

15 ch – 51 € 60 €, 9 €

◆ Dans un quartier pavillonnaire calme, hôtel récent aux chambres spacieuses et fonctionnelles ; sol carrelé, mais bonne isolation phonique. Salon équipé d'une TV grand écran.

Europa

rte Valence – ✆ 04 74 11 10 80 – eth-resa@hotmail.com – Fax 04 74 86 15 11

26 ch – 37/40 € 45/50 €, 6 € – ½ P 42 €

Rest *L'Émeraude* – *✆ 04 74 86 46 69 (fermé sam. midi et dim. soir)* Menu 16/59 € – Carte 30/41 €

◆ La partie hôtel de cet établissement des années 1970 est progressivement rénovée. Préférez les chambres en façade, insonorisées et climatisées. Le restaurant, au cadre simple, semble avoir fait fi du temps et de la mode. Dans l'assiette, cuisine du marché.

ROUTOT – 27 Eure – 304 E5 – 1 115 h. – alt. 140 m – ✉ 27350

Normandie Vallée de la Seine 33 C2

Paris 148 – Bernay 45 – Évreux 68 – Le Havre 57 – Pont-Audemer 19 – Rouen 36

La Haye-de-Routot : ifs millénaires★ N : 4 km.

L'Écurie

pl. Mairie – ✆ 02 32 57 30 30 – patrick.bourgeois1@club.fr – Fax 02 32 57 30 30 – Fermé 1er-10 août, 2-11 janv., jeudi soir d'oct. à mars, dim. soir et lundi

Rest – Menu 20 € (sem.)/38 € – Carte 41/55 €

◆ Cet ancien relais de poste situé face aux halles abrite un salon réchauffé par une belle cheminée en pierre et une salle à manger rustique. Cuisine traditionnelle.

ROUVRES-EN-XAINTOIS – 88 Vosges – 314 E3 – 299 h. – alt. 330 m – ✉ 88500 26 B3

Paris 357 – Épinal 42 – Lunéville 58 – Mirecourt 9 – Nancy 51 – Neufchâteau 34 – Vittel 19

Burnel

au village – ✆ 03 29 65 64 10 – hotelburnel@burnel.fr – Fax 03 29 65 68 88 – Fermé 17-31 déc. et dim. soir hors saison

22 ch – 48 € 60/75 €, 10 € – 2 suites – ½ P 48 € – **Rest** – *(fermé dim. soir hors saison, sam. midi et lundi midi)* Menu 14 € (sem.)/48 € – Carte 31/56 €

◆ Chambres spacieuses, très confortables et garnies d'un mobilier contemporain. Certaines donnent sur le jardinet fleuri de l'établissement. Coquette salle à manger où l'on sert une cuisine classique variant selon le marché.

ROUVRES-LA-CHÉTIVE – 88 Vosges – 314 C3 – rattaché à Neufchâteau

ROUVROIS-SUR-OTHAIN – 55 Meuse – 307 E2 – rattaché à Longuyon (M.-et-M.)

ROYAN – 17 Charente-Maritime – 324 D6 – 17 102 h. – alt. 20 m – Casino : Royan Pontaillac A – ✉ 17200 Poitou Vendée Charentes 38 A3

Paris 504 – Bordeaux 121 – Périgueux 183 – Rochefort 40 – Saintes 38

Office de tourisme, 1 boulevard de la Grandière ✆ 05 46 05 04 71, Fax 05 46 06 67 76

18 de Royan à Saint-Palais-sur-Mer Maine Gaudin, par rte de St-Palais-sur-Mer : 7 km, ✆ 05 46 23 16 24.

Front de mer★ - Église Notre-Dame★ **E** - Corniche★ et Conche★ de Pontaillac.

ROYAN

Alsace-Lorraine (R.) . . . . B 3
Briand (Bd A.) . . . . B 5
Conche-du-Chay (Av. de la). A 6
Desplats (R. du Colonel) . . . B 7
Dr-Audouin (Bd du) . . . . B 8
Dr-Gantier (Pl. du) . . . . C 9
Dugua (R. P.) . . . . B 10
Europe (Cours de l') C
Façade de Foncillon . . . . . . B 12
Foch (Pl. Mar.) . . . . C 15
Foncillon (R. de) . . . . B 16
Font-de-Cherves (R.) . . . . . . B 17
Gambetta (R.) . . . . B
Gaulle (Pl. Ch.-de) . . . . B 19
Germaine-de-la-Falaise (Bd) . . . . AB 20
Grandière (Bd de la) . . . . C 21
Leclerc (Av. Mar.) . . . . C 26
Libération (Av. de la) . . . . . . C 28
Loti (R. Pierre) . . . . B
Notre-Dame (R.) . . . . B 32
Parc (Av. du) . . . . C 35
République (Bd de la) . . . . . B 40
Rochefort (Av. de) . . . . B 42
Schuman (Pl. R.) . . . . B 45
Semis (Av. des) . . . . C 46
Thibeaudeau (Rd-Pt du Cdt.) B 48
5-Janvier-1945 (Bd du) . . . . B 52

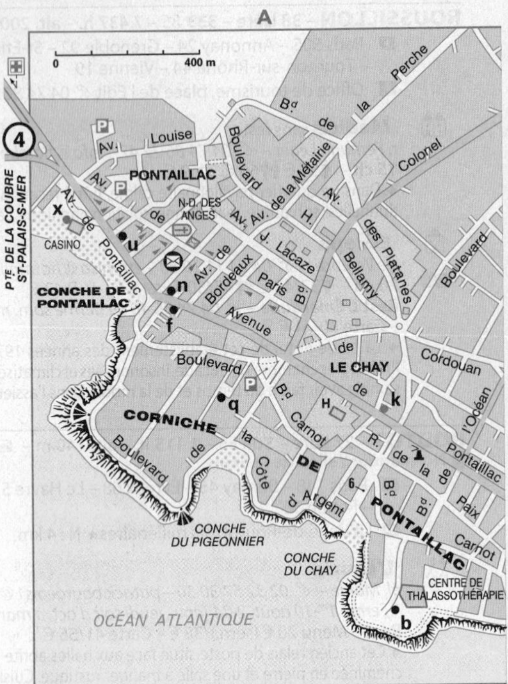

Novotel — mer, ch, rest, 15/130, P
bd Carnot - Conche du Chay – ✆ 05 46 39 46 39 – H1173@accor.com – Fax 05 46 39 46 46 VISA MC AE D — A **b**
83 ch – 119/181 € 144/181 €, 14,50 € – ½ P 115/134 € –
Rest – Menu (20 €), 25/30 € – Carte 29/56 €
◆ Parmi les atouts de cet hôtel : une belle situation en surplomb de la plage, un centre de thalassothérapie et d'agréables chambres (balcons) revues dans un style contemporain. Carte traditionnelle de qualité et panorama iodé singularisent cette table Novotel.

Family Golf Hôtel sans rest — P VISA MC AE D
28 bd Garnier – ✆ 05 46 05 14 66 – family-golf-hotel@wanadoo.fr – Fax 05 46 06 52 56 – Ouvert 15 mars-30 nov. — C **m**
30 ch – 60/86 € 70/106 €, 9,50 €
◆ Cette adresse du front de mer bénéficie de rénovations régulières. Chambres de bonne ampleur pour moitié tournées vers l'océan ; terrasse pour les petits-déjeuners estivaux.

Les Bleuets sans rest — AC VISA MC AE
21 façade de Foncillon – ✆ 05 46 38 51 79 – info@hotel-les-bleuets.com – Fax 05 46 23 82 00 – Fermé 22 déc.-1er janv. — B **d**
16 ch – 50/88 € 50/88 €, 7 €
◆ Discrète décoration marine, plaisantes chambres rénovées, vue sur les flots (balcons) ou le jardin : un sympathique établissement à trouver entre port et centre-ville.

Rêve de Sable sans rest — VISA MC
10 pl. Foch – ✆ 05 46 06 52 25 – revedesable@wanadoo.fr – Fax 05 46 06 49 87 — C **z**
11 ch – 48/78 € 50/118 €, 7 €
◆ La plage et le cœur de Royan sont à deux pas de ce petit hôtel familial. Chambres claires et bien équipées, plus calmes et fraîches sur l'arrière (les autres donnent côté mer).

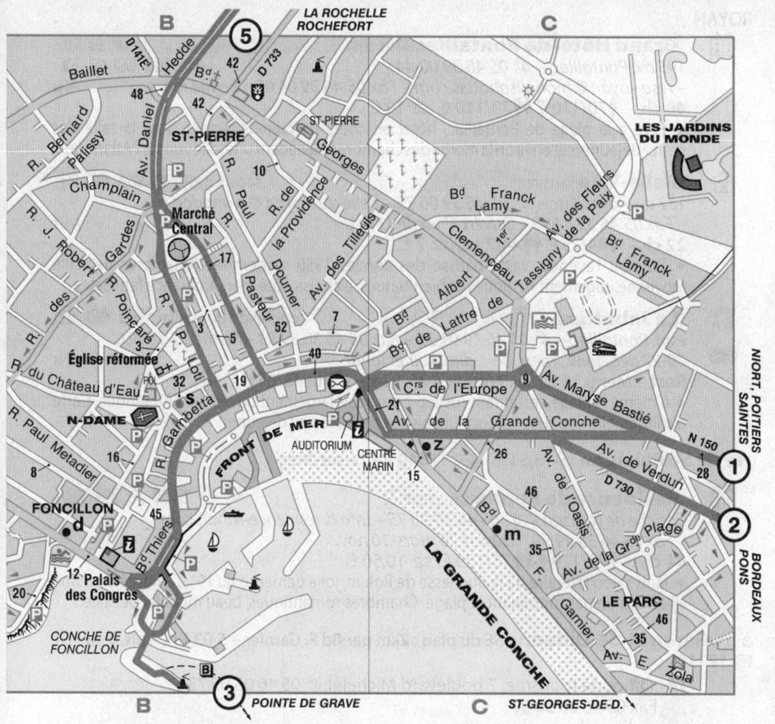

Les Filets Bleus

14 r. Notre-Dame – ✆ 05 46 05 74 00 – Fermé 20-30 oct., 2-10 janv., 20-28 fév., sam. midi et lundi en juil.-août, lundi midi et dim. de sept. à juin B **s**

Rest – Menu (13 €), 16 € (déj. en sem.), 23/58 € – Carte 29/59 €

◆ Restaurant dédié aux produits de la pêche et décoré à la façon d'un bateau : tons bleu et blanc, bois, hublots, lampes tempête, etc. Menu spécial homard en saison.

Le Relais de la Mairie

1 r. Chay – ✆ 05 46 39 03 15 – Alain.gedoux@wanadoo.fr – Fax 05 46 39 03 15 – Fermé 12 mars-3 avril, 12 nov.-7 déc., jeudi soir, dim. soir et lundi A **k**

Rest – Menu (12,50 €), 16/34 € – Carte 28/58 €

◆ Intérieur sobre et lumineux, tables agréablement dressées, cuisine traditionnelle et service familial : une adresse plutôt confidentielle appréciée par les gens de la région.

à Pontaillac – ✉ 17640

Pavillon Bleu et Résidence de Santonge

rest, VISA

12 allée des Algues – ✆ 05 46 39 00 00 – le.pavillon.bleu@wanadoo.fr – Fax 05 46 39 07 00 – Ouvert 31 mars-29 sept. A **q**

37 ch – 36/44 € 46/64 €, 7 € – 5 suites – ½ P 47/56 € –

Rest – Menu 16/32 € – Carte 19/52 €

◆ Un important programme de rénovation redonne progressivement des couleurs à cet établissement familial. Les chambres déjà refaites sont plus actuelles et agréables. Cuisine traditionnelle iodée et belle sélection de vins de Bordeaux au restaurant.

Miramar sans rest

173 av. Pontaillac – ✆ 05 46 39 03 64 – miramaroyan@wanadoo.fr – Fax 05 46 39 23 75 A **n**

27 ch – 55/105 € 55/140 €, 9,50 €

◆ Bâtiment des années 1950 bien entretenu, que seule une route sépare de la plage la plus en vue de Royan. Chambres assez spacieuses, à choisir côté mer.

Grand Hôtel de Pontaillac sans rest 50,
195 av. Pontaillac – ✆ 05 46 39 00 44 VISA
– resa-royan@monalisahotels.com – Fax 05 46 39 04 05 – Fermé mars A **u**
40 ch – 70/110 € 70/110 €, 10 €
◆ Face à la plage de Pontaillac, hôtel en cours de rajeunissement dont la salle des petits-déjeuners et environ la moitié des chambres ménagent une jolie vue sur l'Atlantique.

Belle-Vue sans rest cuisinette VISA
122 av. Pontaillac – ✆ 05 46 39 06 75 – belle-vueroyan@wanadoo.fr
– Fax 05 46 39 44 92 – Ouvert 1er avril-31 oct. A **f**
22 ch – 44/73 € 44/73 €, 7 €
◆ Bordant l'avenue, vaste bâtisse des années 1950 modernisée. Chambres de taille moyenne, sagement rustiques et bien tenues, à choisir côté mer. Ambiance familiale.

La Jabotière Conche de Pontaillac, VISA
espl. Pontaillac – ✆ 05 46 39 91 29 – Fax 05 46 38 39 93 – Fermé 12-18 oct., 20-27 déc., janv., merc. soir, dim. soir et lundi A **x**
Rest – Menu 16 € (déj. en sem.), 26/52 € – Carte 45/65 €
◆ À même la plage, restaurant rustico-bourgeois largement ouvert sur l'Atlantique. Carte traditionnelle et poissons ; formule bistrot proposée au déjeuner.

rte de St-Palais par ④ : 3,5 km – ✉ 17640 Vaux-sur-Mer

Résidence de Rohan sans rest VISA
Conche de Nauzan – ✆ 05 46 39 00 75 – info@residence-rohan.com
– Fax 05 46 38 29 99 – Ouvert 26 mars-10 nov.
44 ch – 75/129 € 75/129 €, 10,50 €
◆ Jadis salon littéraire de la duchesse de Rohan, jolie demeure du 19e s. complétée d'une villa dans un parc dominant la plage. Chambres romantiques, beau mobilier de style.

à St-Georges-de-Didonne SE du plan : 2km par Bd F. Garnier – 5 034 h. – alt. 7 m – ✉ 17110

Office de tourisme, 7 boulevard Michelet ✆ 05 46 05 09 73, Fax 05 46 06 36 99

Colinette et Costabela VISA
16 av. Gde Plage – ✆ 05 46 05 15 75 – infos@colinette.net – Fax 05 46 06 54 17
21 ch – 49/60 € 70/110 €, 7 € – ½ P 50/70 € – **Rest** – *(Fermé 15 déc.-1er fév.) (dîner seult) (résidents seult)* Menu 19 €
◆ Entre pinède et plage, maison des années 1930 aux allures de pension de famille. Chambres lumineuses et fonctionnelles, plus spacieuses à l'annexe.

ROYAT – 63 Puy-de-Dôme – 326 F8 – 4 658 h. – alt. 450 m – Stat. therm. : début avril-mi oct. – Casino B – ✉ 63130 Auvergne 5 **B2**

Paris 423 – Aubusson 89 – La Bourboule 47 – Clermont-Ferrand 5 – Le Mont-Dore 40

Syndicat d'initiative, 1 avenue Auguste Rouzaud ✆ 04 73 29 74 70, Fax 04 73 35 81 07

Nouveau Golf de Charade, SO : 6 km, ✆ 04 73 35 73 09 ; des Volcans à Orcines La Bruyère des Moines, N : 9 km, ✆ 04 73 62 15 51.
Circuit automobile de Charade, St-Genès-Champanelle ✆ 04 73 29 52 95.

Église St-Léger★.

Accès et sorties : voir plan de Clermont-Ferrand agglomération.

Plan page ci-contre

Royal St-Mart 25, VISA
av. Gare – ✆ 04 73 35 80 01 – contact@hotel-auvergne.com – Fax 04 73 35 75 92 – Fermé début déc.-fin janv. B **n**
55 ch – 55/110 € 65/120 €, 8,50 € – ½ P 50/90 € – **Rest** – *(ouvert début mai-mi-oct.)* Menu 27/30 € – Carte 24/46 €
◆ Depuis 1853, c'est la même famille qui vous accueille dans cette demeure ombragée de cèdres. Chambres diversement aménagées ; préférez celles côté jardin. Salon bourgeois. Salle à manger-véranda orientée vers la pelouse-terrasse. Registre culinaire classique.

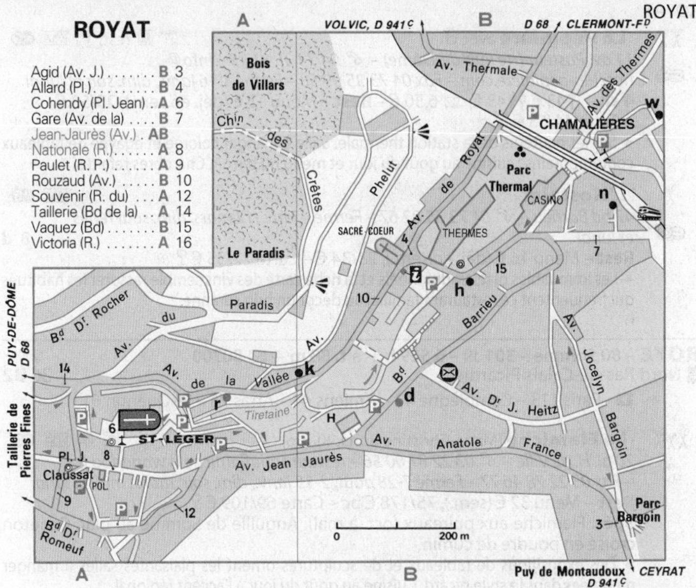

Métropole

bd Vaquez – ✆ 04 73 35 80 18 – contact@metropole-hotel.com – Fax 04 73 35 66 67 – Ouvert 26 avril-6 oct. — B h

62 ch – 58/98 € 69/115 €, 9 € – 4 suites – ½ P 68/83 € – **Rest** – *(ouvert 6 mai-22 sept.)* Menu 27/29 € – Carte 21/64 €

◆ Face aux sources, ex-palace de la fin du 19e s. au charme "rétro". Chambres spacieuses, hautes sous plafond, dotées d'un mobilier de style. Superbe salon sous coupole. Une discrète atmosphère 1900 règne au restaurant. Carte inscrite dans la tradition.

Le Chatel

rest, ch, VISA AE

20 av. Vallée – ✆ 04 73 29 53 00 – info@hotel-le-chatel.com – Fax 04 73 29 53 29 – Fermé 1er déc.-15 janv., vend., sam. et dim. de nov. à avril — B k

26 ch – 51 € 55 €, 8 € – 4 suites – ½ P 47 € – **Rest** – *(ouvert avril-oct.)* Menu 20 € (sem.)/40 € – Carte 30/43 €

◆ Face à un parc où ruisselle la Tiretaine, bâtisse ancienne abritant des chambres bien tenues. Certaines, plus amples, occupent une maison voisine. Suites rénovées. Plaisante salle à manger. Cuisine traditionnelle et régionale escortée de formules diététiques.

Château de Charade sans rest

5 km au Sud-Ouest par D 941 et D 5 – ✆ 04 73 35 91 67 – gaba@chateau-de-charade.com – Fax 04 73 29 92 09 – Ouvert 31 mars-7 nov.

5 ch – 66/74 € 66/74 €, 6 €

◆ Ce château du 18e s. en lisière du golf de Royat possède des chambres garnies de meubles anciens regardant toutes le parc. Pour la détente : agréable salon et billard.

La Belle Meunière avec ch

rest, VISA AE

25 av. Vallée – ✆ 04 73 35 80 17 – la-belle-meniere@wanadoo.fr – Fax 04 73 35 67 85 – Fermé vacances de Pâques, 16-31 août, dim. soir et lundi — A r

6 ch – 48/80 € 55/95 €, 10 € – ½ P 65/95 € – **Rest** – Menu 25/70 € – Carte 38/80 €

◆ En bord de Tiretaine, table inventive fusionnant l'Auvergne et l'Asie, dans un cadre d'esprit Napoléon III, semé de notes Art nouveau (vitraux) et de chinoiseries. L'idylle entre la Belle Meunière et le général Boulanger inspire le décor (19e s.) des chambres.

La Pépinière avec ch — rest, VISA

11 av. Pasteur (rte Puy-de-Dôme) – ✆ 04 73 35 81 19 – info@hotel-la-pepiniere.com – Fax 04 73 35 99 58 – Fermé 1er-6 janv., dim. soir et lundi

4 ch – 43 € 43 €, 6,50 € – **Rest** – Menu 13 € (déj. en sem.), 25/53 € – Carte 44/53 €

◆ Sur les hauteurs de la station thermale. Salle à manger colorée et égayée de tableaux contemporains ; cuisine au goût du jour et menu du terroir. Chambres refaites.

L'Hostalet — VISA

47 bd Barrieu – ✆ 04 73 35 82 67 – Fermé 4 janv.-12 mars, dim. sauf fériés et lundi B **d**

Rest – Menu 16 € (déj. en sem.), 23/34 € – Carte 22/35 €

◆ Les immuables plats traditionnels et la riche carte des vins semble rassurer les habitués qui fréquentent ce restaurant familial au décor un brin suranné.

ROYE – 80 Somme – 301 J9 – 6 529 h. – alt. 88 m – ✉ 80700

Nord Pas-de-Calais Picardie 36 **B2**

Paris 113 – Compiègne 42 – Amiens 44 – Arras 75 – St-Quentin 61

La Flamiche (Marie-Christine Borck-Klopp) — VISA

20 pl. H. de Ville – ✆ 03 22 87 00 56 – restaurantlaflamiche@wanadoo.fr – Fax 03 22 78 46 77 – Fermé 7-28 août, 2-15 janv., dim. soir, mardi midi et lundi

Rest – Menu 32 € (sem.), 75/178 € bc – Carte 69/109 €

Spéc. Flamiche aux poireaux (oct. à mai). Anguille de Somme au plat. Caneton croisé en poudre de cumin.

◆ Des expositions de tableaux et de sculptures ornent les plaisantes salles à manger meublées dans le style picard. Cuisine au goût du jour à l'accent régional.

Le Florentin Hôtel Central avec ch — rest, VISA

36 r. Amiens – ✆ 03 22 87 11 05 – Fax 03 22 87 42 74 – Fermé 13-27 août, dim. soir et lundi

8 ch – 40 € 46 €, 6 € – **Rest** – Menu 16/42 € – Carte 30/50 €

◆ La façade en briques rouges dissimule un restaurant au décor d'inspiration italienne : colonnes, moulures, marbres et fresques. Cuisine traditionnelle. Chambres confortables.

Hostellerie La Croix d'Or — VISA

123 r. St-Gilles – ✆ 03 22 87 11 57 – Fax 03 22 87 09 81 – Fermé 24 déc.-6 janv., dim. soir, lundi soir, mardi soir et sam. midi

Rest – Menu (10 €), 15/45 € – Carte 41/59 €

◆ Une plaisante atmosphère campagnarde règne en les murs de cette auberge située à l'entrée de la ville. On y déguste une goûteuse cuisine classique.

ROYE – 70 Haute-Saône – 314 H6 – rattaché à Lure

LE ROZIER – 48 Lozère – 330 H9 – 153 h. – alt. 400 m – ✉ 48150

Languedoc Roussillon 22 **B1**

Paris 632 – Florac 57 – Mende 63 – Millau 23 – Sévérac-le-Château 23 – Le Vigan 72

Syndicat d'initiative, le bourg ✆ 05 65 62 60 89, Fax 05 65 62 60 27

Terrasses du Truel ≤★ E : 3,5 km - Gorges du Tarn★★★.

Chaos de Montpellier-le-Vieux★★★ S : 11,5 km - Corniche du Causse Noir ≤★★ SE : 13 km puis 15 mn.

Grand Hôtel de la Muse et du Rozier — 25, VISA

à La Muse (D 907) rive droite du Tarn

✉ 12720 Peyreleau (Aveyron) – ✆ 05 65 62 60 01 – info@hotel-delamuse.fr – Fax 05 65 62 63 88 – Ouvert 1er avril-15 nov.

35 ch – 65/80 € 85/145 €, 12 € – 3 suites – ½ P 81/111 € – **Rest** – *(fermé lundi midi, mardi midi, merc. midi et jeudi midi)* Menu 30/75 € – Carte 51/88 €

◆ Une plage privée au bord du Tarn est aménagée dans le jardin de ce grand hôtel centenaire. Intérieur contemporain très "zen", en harmonie avec les sublimes paysages environnants. Table créative respectueuse du terroir avec, en terrasse, la rivière pour décor.

Doussière sans rest 15, P VISA

– ✆ 05 65 62 60 25 – *galtier.christine@libertysurf.fr* – *Fax 05 65 62 65 48* – *Ouvert Pâques-10 nov.*

20 ch – †35/56 € ††42/57 €, ☕ 7,50 €

♦ Dans le village, deux bâtiments situés de part et d'autre de la Jonte. Les chambres de l'annexe sont plus anciennes. Vue plaisante au petit-déjeuner ; espace de remise en forme.

ROZ-SUR-COUESNON – **35 Ille-et-Vilaine** – **309** M3 – **952 h.** – **alt. 65 m** – ✉ **35610** 10 **D1**

Paris 365 – Fougères 49 – Rennes 68 – Saint-Malo 44

La Bergerie sans rest P

La Poultière, 2 km au Nord-Ouest – ✆ *02 99 80 29 68* – *Fax 02 99 80 29 68* – *Fermé 11-23 mars*

5 ch ☕ – †43/45 € ††47/50 €

♦ Cette longère du 17e s. séduit par son calme, son accueil d'une rare gentillesse et la qualité de ses prestations : chambres bien équipées, cuisine à disposition, salon TV et mini-bar.

RUE – **80 Somme** – **301** D6 – **3 075 h.** – **alt. 9 m** – ✉ **80120**
Nord Pas-de-Calais Picardie 36 **A1**

Paris 212 – Abbeville 28 – Amiens 77 – Berck-Plage 22 – Le Crotoy 8

Office de tourisme, 54 rue Porte de Becray ✆ 03 22 25 69 94, Fax 03 22 25 76 26

Chapelle du St-Esprit★ : intérieur★★.

Le Lion d'Or rest, ch, P VISA

5 r. Barrière – ✆ *03 22 25 74 18* – *Fax 03 22 25 66 63* – *Fermé 15 déc.-3 janv.*

16 ch – †46 € ††56/59 €, ☕ 7 € – ½ P 59 € – **Rest** – Menu (11 €), 25 € – Carte 21/39 €

♦ Maison à pans de bois au centre de la petite capitale du Marquenterre. Les chambres sont pratiques et toutes identiques ; préférez celles sur l'arrière, plus calmes. Convivialité, confort et cuisine classique vous donnent rendez-vous au restaurant.

à St-Firmin Ouest : 3 km par D 4 – ✉ 80550 Le Crotoy

Auberge de la Dune ch, ch, P VISA

– ✆ *03 22 25 01 88* – *contact@auberge-de-la-dune.com* – *Fax 03 22 25 66 74* – *Fermé 3-31 déc.*

11 ch – †60 € ††60 €, ☕ 10 € – ½ P 56 € – **Rest** – *(fermé merc. midi sauf vacances scolaires)* Menu (13 €), 17 € (sem.)/32 € – Carte 21/40 €

♦ Cette petite auberge, isolée au milieu des champs, se trouve à deux tours de roue du parc ornithologique. Sobres chambres actuelles et pratiques ; tenue méticuleuse. Salle à manger campagnarde. Cuisine traditionnelle et quelques spécialités picardes.

RUEIL-MALMAISON – **92 Hauts-de-Seine** – **311** J2 – **101** 14 – **voir à Paris, Environs**

RUILLÉ-FROID-FONDS – **53 Mayenne** – **310** F7 – **rattaché à Château-Gontier**

RULLY – **71 Saône-et-Loire** – **320** I8 – **1 463 h.** – **alt. 220 m** – ✉ **71150** 8 **C3**

Paris 332 – Autun 43 – Beaune 20 – Chalon-sur-Saône 16 – Le Creusot 32

Le Vendangerot avec ch P VISA

6 pl. Ste-Marie – ✆ *03 85 87 20 09* – *Fax 03 85 91 27 18* – *Fermé 1er fév.-15 mars, mardi et merc.*

14 ch – †51 € ††51 €, ☕ 7 € – **Rest** – Menu 18 € (sem.)/45 € – Carte 46/60 €

♦ Face à un jardin public, auberge de village à la façade fleurie. Salle à manger décorée de vieilles photos sur la viticulture. Spécialités régionales. Chambres au cachet ancien.

RUMILLY – 74 Haute-Savoie – 328 I5 – 11 230 h. – alt. 334 m – ✉ 74150

Alpes du Nord 45 **C1**

Paris 530 – Aix-les-Bains 21 – Annecy 19 – Bellegarde-sur-Valserine 37 – Genève 64

Office de tourisme, 4 place de l'Hôtel de Ville ☎ 04 50 64 58 32, Fax 04 50 01 03 53

Boîte à Sel

27 r. Pont-Neuf – ☎ 04 50 01 02 52 – Fax 04 50 01 42 11 – Fermé 20 juil.-15 août, dim. soir et lundi soir – **Rest** – Menu 12,50 € (déj. en sem.), 22/29 € – Carte 22/37 €

◆ Modeste restaurant d'une rue commerçante proposant une cuisine traditionnelle façon bistrot. Trompe-l'œil paysager en toile de fond et aimable accueil.

RUNGIS – 94 Val-de-Marne – 312 D3 – 101 26 – voir à Paris, Environs

RUOMS – Ardèche – 331 I7 – 2 132 h. – alt. 121 m – ✉ 07120

Lyon Drôme Ardèche 44 **A3**

Paris 651 – Alès 54 – Aubenas 24 – Pont-St-Esprit 49

Syndicat d'initiative, rue Alphonse Daudet ☎ 04 75 93 90 15

Labeaume★ O : 4 km - Défilé de Ruoms★.

Le Savel avec ch

rte Brasseries – ☎ 04 75 39 60 02 – hotel-le-savel@wanadoo.fr – Fax 04 75 39 76 02 – Rest. : ouvert 1er mai-15 sept. et fermé lundi

14 ch – †42/64 € ††42/64 €, ☕ 7 € – ½ P 43/54 € – **Rest** – *(dîner seult) (nombre de couverts limité, prévenir)* Menu 17/23 € – Carte 24/32 €

◆ Maison bourgeoise (1890) et son parc peu à peu rénovés par leurs nouveaux propriétaires, passionnés par les produits du terroir. Repas dans un cadre "rétro" et chambres proprettes.

RUPT-SUR-MOSELLE – 88 Vosges – 314 H5 – 3 637 h. – alt. 424 m – ✉ 88360

27 **C3**

Paris 423 – Belfort 58 – Colmar 80 – Épinal 38 – Mulhouse 68 – St-Dié 63 – Vesoul 61

Relais Benelux-Bâle

69 r. Lorraine – ☎ 03 29 24 35 40 – contact@benelux-bale.com – Fax 03 29 24 40 47 – Fermé 29 juil.-7 août, 21 déc.-7 janv. et dim. soir

10 ch – †38/50 € ††43/60 €, ☕ 7 € – **Rest** – Menu (9 €), 12 € (déj. en sem.), 16/45 € – Carte 25/51 €

◆ En bordure de route, chalet assez avenant, correctement insonorisé. Chambres sobres et bien équipées. Le restaurant, tenu depuis 1921 par la même famille, propose une cuisine traditionnelle et régionale. Agréable terrasse.

Centre rest, 20,

r. Église – ☎ 03 29 24 34 73 – hotelcentreperry@wanadoo.fr – Fax 03 29 24 45 26 – Fermé 1er-8 mai, 4-12 juin, 6-16 oct., 24 déc.-8 janv., dim. soir et lundi sauf juil.-août et sam. midi – **8 ch** – †45 € ††54 €, ☕ 7,50 € – ½ P 50 € – **Rest** – Menu 13 € (déj. en sem.), 24/47 € – Carte 31/50 €

◆ À côté de l'église, maison mosellane très sobrement aménagée mettant à votre disposition des chambres simples et nettes. Atmosphère familiale. La rôtissoire installée dans la salle à manger n'a plus qu'un rôle décoratif. Cuisine traditionnelle.

RUSTREL – 84 Vaucluse – 332 F10 – 614 h. – alt. 400 m – ✉ 84400

Provence 40 **B2**

Paris 747 – Aix-en-Provence 66 – Marseille 94 – Salon-de-Provence 70

La Forge sans rest

Notre-Dame-des-Anges, 2 km par rte d'Apt et rte secondaire – ☎ 04 90 04 92 22 – laforge@laforge.com.fr – Fax 04 90 04 95 22 – Ouvert 1er mars-15 nov.

5 ch – †52 € ††78/133 €, ☕ 5 €

◆ Aux confins du Colorado provençal, ancienne fonderie partiellement réaménagée en accueillante maison d'hôte. Grandes chambres décorées dans un style original et coloré. Jardin bien fleuri et belle piscine.

RUYNES-EN-MARGERIDE – 15 Cantal – 330 H4 – 648 h. – alt. 920 m – ✉ 15320

5 **B3**

▶ Paris 521 – Aurillac 85 – Le Puy-en-Velay 81 – St-Chély-d'Apcher 33 – St-Flour 15

ℹ Office de tourisme, le bourg ☎ 04 71 23 43 32, Fax 04 71 23 41 59

Moderne

ch, P, VISA, MC, AE

– *☎ 04 71 23 41 17 – info@moderne-hotel.com – Fax 04 71 23 49 82 – Ouvert 4 mars-21 oct.*

20 ch – †34/45 € ††34/45 €, ☕ 6,50 € – ½ P 43/48 € – **Rest** – Menu (9,50 €), 12/35 € – Carte 17/26 €

◆ Hostellerie traditionnelle tenue par la même famille depuis 1912. Les chambres, un brin vieillissantes, demeurent spacieuses et fonctionnelles. Le restaurant, bien que rajeuni, a conservé un petit côté "seventies" qui ne fait en rien obstacle à sa convivialité.

LES SABLES-D'OLONNE – 85 Vendée – 316 F8 – 15 532 h. – alt. 4 m – Casinos : des Pins CY, des Atlantes AZ – ✉ 85100

Poitou Vendée Charentes

34 **A3**

▶ Paris 456 – Cholet 107 – Nantes 102 – Niort 115 – La Roche-sur-Yon 36

ℹ Office de tourisme, 1 promenade Joffre ☎ 02 51 96 85 85, Fax 02 51 96 85 71

⛳ des Olonnes à Olonne-sur-Mer, par rte de la Roche-sur-Yon : 6 km, ☎ 02 51 33 16 16 ;

⛳ de Port-Bourgenay à Talmont-Saint-Hilaire, S : 17 km, ☎ 02 51 23 35 45.

◉ Le Remblai★.

LES SABLES D'OLONNE

Arago (Bd) . . . . BY 4	Castelnau (Bd de) . . . . BY 12	Ile Vertine (Bd de l') . . . . AY 32
Baudry (R. P.) . . . . BY 5	Château-d'Olonne (Rte de) . . CY 13	Nouch (Corniche du) . . . . AY 43
Beauséjour (R.) . . . . BY 7	Dr-Canteleau (R. du) . . . . AY 19	Nouettes (R. des) . . . . CY 44
Briand (Av. A.) . . . . CY 9	Dr-Schweitzer (R. du) . . . . CY 22	Président-Kennedy (Prom.) . . . . CY 48
	Doumer (Av. P.) . . . . CY 23	Rhin-et-Danube (Av.) . . . . CY 50
	Estienne-d'Orves (Rd-Pt H. d') AY 25	St-Nicolas (R.) . . . . AY 55
	Fricaud (R. D.) . . . . BY 26	Sauniers (R. des) . . . . AY 57
	Gabaret (Av. A.) . . . . BY 27	Souvenir Français (Bd du) . . . AY 58
	Godet (Prom. G.) . . . . BY 29	

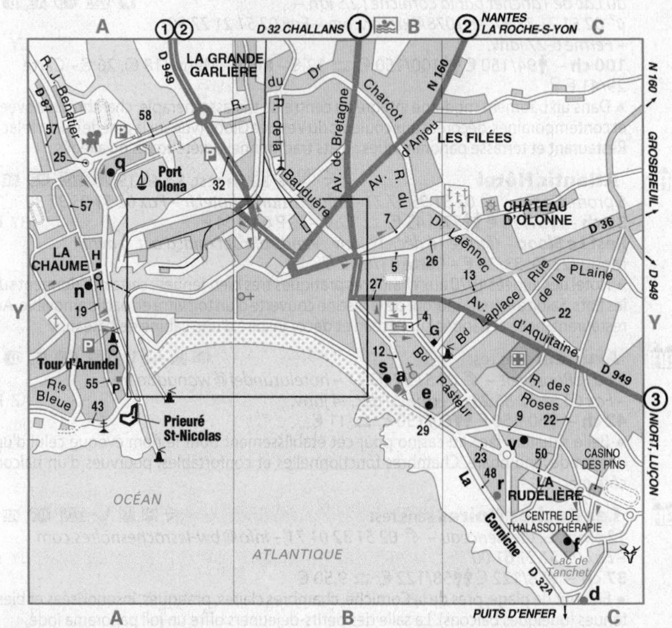

LES SABLES D'OLONNE

Bauduère (R. de la) . . . . BZ 6
Bisson (R.) . . . . AZ 8
Caisse-d'Épargne (R. de la) . . AZ 10
Collineau (Pl. du Gén.) . . . . . . BZ 14
Commerce (Pl. du) . . . . AZ 15
Digue (Pl. de la) . . . . BZ 17
Dingler (Quai) . . . . AZ 18
Église (Pl. de l') . . . . AZ 24
Gabaret (Av. A.) . . . . BZ 27
Gaulle (R. Gén.-de) . . . . BZ
Guynemer (R.) . . . . BZ
Halles (R. des) . . . . AZ 30
Hôtel-de-Ville (R. de l') . . . . . . AZ
Leclerc (R. Mar.) . . . . ABZ 33
Liberté (Pl. de la) . . . . BZ 35
Louis-XI (Pl.) . . . . BZ 36
Nationale (R.) . . . . BZ
Navarin (Pl.) . . . . AZ 40
Palais-de-Justice (Pl.) . . . . AZ 46
Roosevelt (Bd F.) . . . . AZ 53
Travot (R.) . . . . BZ 60

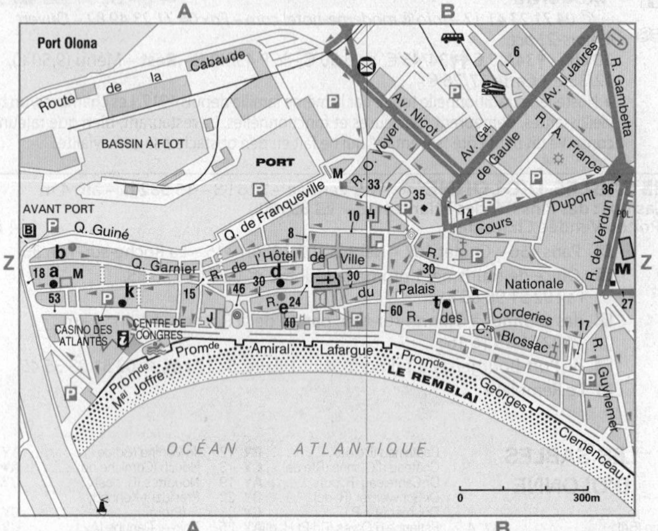

Mercure

ch, rest, 30/120,

au Lac de Tanchet par la corniche : 2,5 km – 02 51 21 77 77 – H1078@accor.com – Fax 02 51 21 77 80 – Fermé 6-27 janv. CY **f**

100 ch – 94/150 € 100/150 €, 12 € – **Rest** – Menu (18 €), 26 € – Carte 29/41 €

♦ Dans un bâtiment moderne intégré au centre de thalassothérapie, chambres rénovées et contemporaines, décorées aux couleurs du Vendée Globe (vue sur la pinède ou sur le lac). Restaurant et terrasse panoramiques ; plats traditionnels, diététiques ou allégés.

Atlantic Hôtel

rest, 15/20,

5 prom. Godet – 02 51 95 37 71 – info@atlantichotel.fr – Fax 02 51 95 37 30
30 ch – 57/78 € 77/145 €, 12 € – ½ P 64/104 € BY **e**
Rest *Le Sloop* – *(fermé 16 déc.-1er janv., vend., dim. et midi d'oct. à avril)*
Menu (23 €), 33/36 € – Carte 31/67 €

♦ Hôtel des années 1970 aux chambres pratiques très bien tenues ; certaines donnent sur les flots. Salon aménagé autour de la piscine couverte d'un toit vitré en partie amovible. Au restaurant, belle échappée sur l'océan et décor inspiré d'une cabine de bateau.

Arundel sans rest

8 bd F. Roosevelt – 02 51 32 03 77 – hotelarundel@wanadoo.fr – Fax 02 51 32 86 28 – Fermé 20 déc.-4 janv. AZ **k**

42 ch – 60/150 € 60/150 €, 11 €

♦ Belle situation face au casino pour cet établissement dont le nom évoque celui d'un donjon devenu phare. Chambres fonctionnelles et confortables, pourvues d'un balcon côté mer.

Les Roches Noires sans rest

12 prom. G. Clemenceau – 02 51 32 01 71 – info@bw-lesrochesnoires.com – Fax 02 51 21 61 00 BY **s**

37 ch – 58/122 € 58/122 €, 9,50 €

♦ En bout de plage, près de la Corniche, chambres claires, pratiques, insonorisées et bien tenues (quelques balcons). La salle des petits-déjeuners offre un joli panorama iodé.

Admiral's sans rest 25, VISA
pl. Jean-David Nau à Port Olona – ☎ 02 51 21 41 41 – hotel.admiral@wanadoo.fr – Fax 02 51 32 71 23 AY **q**
33 ch – †59/88 € ††59/88 €, ☕ 9 €
◆ Construction récente proche des salines. Chambres spacieuses et calmes, dotées de loggias ; certaines ont vue sur le port de plaisance d'où s'élance le Vendée Globe.

Le Calme des Pins sans rest rest, VISA
43 av. A. Briand – ☎ 02 51 21 03 18 – calmedespins@wanadoo.fr – Fax 02 51 21 59 85 – Ouvert 15 mars-15 oct. CY **v**
45 ch – †56/64 € ††59/85 €, ☕ 9 €
◆ Dans un secteur résidentiel, deux constructions récentes encadrant une jolie villa 1900 qui abrite des chambres rénovées (les autres, plus anciennes, restent parfaitement tenues).

Antoine VISA
60 r. Napoléon – ☎ 02 51 95 08 36 – antoinehotel@club-internet.fr – Fax 02 51 23 92 78 – Ouvert de mi-mars à mi-oct. AZ **a**
20 ch (½ P seult en été) – †52/65 € ††52/65 €, ☕ 8 € – ½ P 50/55 € –
Rest – *(dîner seult) (résidents seult)* Menu 23 €
◆ Une ancienne propriété d'armateur (18e s.) située à mi-chemin du port et de la plage. Chambres simples et de bonne ampleur, tournées vers un petit patio. Atmosphère familiale.

Les Embruns sans rest VISA
33 r. Lt Anger – ☎ 02 51 95 25 99 – info@hotel-lesembruns.com – Fax 02 51 95 84 48 – Ouvert 2 mars-6 nov. et fermé dim. d'oct. à avril
21 ch – †42/52 € ††42/57 €, ☕ 7 € AY **n**
◆ Adresse confidentielle dans le quartier pittoresque de la Chaume, où l'on vous réserve un accueil tout sourire. Les chambres sont petites, mais coquettes et bien tenues.

Arc en Ciel sans rest VISA
13 r. Chanzy – ☎ 02 51 96 92 50 – info@arcencielhotel.com – Fax 02 51 96 94 87 – Ouvert 8 avril-23 sept. BZ **t**
37 ch – †59/90 € ††59/90 €, ☕ 9,50 €
◆ À deux pas de la plage, cet hôtel propose des chambres pratiques aux tons pastel et une salle de petit-déjeuner au cadre Belle Époque bien préservé. Salon avec borne Internet.

Maison Richet sans rest VISA
25 r. de la Patrie – ☎ 02 51 32 04 12 – infos@maison-richet.fr – Fax 02 51 23 72 63 – Fermé 1er déc.-31 janv. AZ **d**
17 ch – †55/65 € ††55/65 €, ☕ 9 €
◆ Charmante adresse familiale où règne une atmosphère de maison d'hôte. Chambres coquettes et reposantes, joli patio et salon douillet avec collections de guides et de globes.

Beau Rivage ≤ Océan et les Sables, VISA
1 bd de Lattre de Tassigny, près Lac de Tanchet (par la corniche) – ☎ 02 51 32 03 01 – b.rivage@wanadoo.fr – Fax 02 51 32 46 48 – Fermé 1er-18 oct., 7-31 janv. CY **d**
Rest – *(fermé lundi midi en juil.-août, dim. soir et lundi de sept. à juin sauf fériés)* Menu 42 € (déj. en sem.), 67/95 € – Carte 81/133 €
Rest ***Bistrot "la Mytiliade"*** – *☎ 02 51 95 47 47 (fermé lundi midi en juil.-août, dim. soir, merc. soir, et lundi de sept. à juin sauf fériés)* Menu 22 € (sem.)/38 € – Carte 34/43 €
◆ Grâce à ses larges baies vitrées, ce restaurant profite pleinement du spectacle de l'océan. Les fumeurs ne s'adonneront à leur plaisir qu'au fumoir. Cuisine de la mer. Au Bistrot (rez-de-chaussée), décor contemporain chic et recettes aux saveurs iodées.

Villa Dilecta (Vallée) ≤ 10, VISA
15 bd Kennedy – ☎ 02 51 23 85 68 – Fax 02 51 23 89 53 – Fermé 24 sept.-7 oct., 2-8 janv., 25 fév.-9 mars, dim. soir et mardi sauf juil.-août et lundi CY **r**
Rest – *(nombre de couverts limité, prévenir)* Menu 30 € (déj. en sem.), 50/109 € – Carte 61/88 €
Spéc. Royale au salpicon de homard, raviole de foie gras, bouillon iodé. Encornets farcis à la chair de tourteau. Brochette de filet de sole et queues de langoustines à la rossini. **Vins** Fiefs Vendéens.
◆ L'esprit Art déco de la salle à manger rappelle que cette élégante villa date de la Belle Époque. La cuisine, savoureuse, évolue en fonction des saisons et des produits de la mer.

XX **Loulou Côte Sauvage** VISA AE

19 rte Bleue à La Chaume AY – ✆ 02 51 21 32 32 – louloucotesauva@aol.com – Fax 02 51 23 97 86 – Fermé 19 nov.-10 déc., vacances de fév., dim. soir, merc. soir sauf juil.-août et lundi

Rest – Menu 25 € (sem.), 31/58 € – Carte 39/74 €

◆ Ces anciens viviers accrochés au rocher abritent aujourd'hui un restaurant largement ouvert sur l'océan et la côte sauvage. Copieuses assiettes aux saveurs iodées.

XX **Le Puits d'Enfer** AC VISA

56 bd de Lattre de Tassigny, par la corniche – ✆ 02 51 21 52 77 – puits.enfer@wanadoo.fr – Fax 02 51 21 52 77 – Fermé 1er-10 déc., 7-14 janv., 15 fév.-5 mars, dim. soir, merc. soir et lundi

Rest – Menu (16 €), 19 € (sem.)/39 € – Carte 43/55 €

◆ Face à la mer, restaurant au décor contemporain "zen" (bois, ardoise, mobilier design). La cuisine, dans l'air du temps, utilise les épices et les produits du marché. Non-fumeurs.

XX **Le Clipper** AC 12, VISA AE

19bis quai Guiné – ✆ 02 51 32 03 61 – leclipper@wanadoo.fr – Fax 02 51 95 21 28 – Fermé 15-22 mars, 12-21 nov., 2-20 déc., merc. sauf en saison et mardi AZ **b**

Rest – Menu 16 € (déj. en sem.), 24/39 € – Carte 41/75 €

◆ Parmi les nombreux restaurants du port, cette maison se distingue par son décor : parquet couleur acajou et chaises Louis XVI. Plats traditionnels et produits de la mer.

X **La Pilotine** VISA

7 et 8 prom. Clemenceau – ✆ 02 51 22 25 25 – pvp.pilotine@tele2.fr – Fax 02 51 96 96 10 – Fermé 29 oct.-7 nov., dim. soir et mardi de sept. à juin, et lundi BY **a**

Rest – Menu 15 € (déj. en sem.), 22/45 € – Carte 41/69 €

◆ Cuisine à prix doux, soignée et basée sur les produits de la pêche, dans ce restaurant du front de mer. Décoration simple et tables un peu serrées, mais accueil charmant.

X **La Flambée** VISA AE

81 r. des Halles – ✆ 02 51 96 92 35 – thiburce@wanadoo.fr – Fax 02 51 96 92 35 – Fermé sam. midi, dim. soir et lundi AZ **e**

Rest – Menu 25/36 € – Carte 34/53 €

◆ Dans le quartier des halles un peu excentré, une adresse où l'on choie ses hôtes : bonne cuisine de saison valorisant le terroir, accueil attentionné et atmosphère chaleureuse.

à l'anse de Cayola **Sud-Est : 7 km par la Corniche – ✉ 85180 Château-d'Olonne**

XXX **Cayola** mer, AC 12, P VISA

76 prom. Cayola – ✆ 02 51 22 01 01 – Fax 02 51 22 08 28 – Fermé 1er-29 janv., dim. soir et lundi sauf fériés

Rest – Menu 35/85 € – Carte 51/69 €

Spéc. Araignée de mer en croustillant de betterave. Sole de petit bateau en bouillon crèmeux de laitue. Turbot sauvage rôti sur l'os, mousseline à l'estragon.

◆ Installé derrière les larges baies vitrées, en tête-à-tête avec l'océan, goûtez le plaisir d'une cuisine dans l'air du temps. Véranda face à la piscine à débordements.

SABLES-D'OR-LES-PINS – 22 Côtes-d'Armor – 309 H3 – ✉ 22240 Fréhel

Bretagne 10 **C1**

Paris 437 – Dinan 42 – Dol-de-Bretagne 60 – Lamballe 26 – St-Brieuc 39 – St-Malo 40

des Sables-d'Or à Fréhel Sables d'Or les Pins, S : 1 km, ✆ 02 96 41 42 57.

La Voile d'Or - La Lagune (Hellio) ch, P VISA AE

– ✆ 02 96 41 42 49 – la-voile-dor@wanadoo.fr – Fax 02 96 41 55 45 – Fermé 12-28 nov. et 1er janv.-13 fév.

22 ch – 75/137 € 75/180 €, 13,50 € – ½ P 90/110 € – **Rest** – *(fermé mardi midi, merc. midi et lundi)* Menu 25 € (déj. en sem.), 47/99 € – Carte 67/86 €

Spéc. Coquilles Saint-Jacques (oct. à avril). Homard parfumé au vadouvan et hibiscus (juin à sept.). Soufflé aux fruits de saison.

◆ Aux portes de la station, chambres sobrement décorées ou rénovées dans un plaisant style contemporain ; certaines regardent l'aber. Beau restaurant design tourné d'un côté sur la lagune, de l'autre sur le spectacle des cuisines. Goûteuses recettes régionales.

Le Manoir St-Michel sans rest

Est : 1,5 km par D 34 – ✆ 02 96 41 48 87 – manoir-st-michel@fournel.de – Fax 02 96 41 41 55 – Ouvert 30 mars-5 nov.

17 ch – †50/113 € ††47/110 €, ☕ 6 €, 3 duplex

◆ Dominant la plage, beau manoir du 16e s. entouré d'un vaste parc avec plan d'eau (pêche autorisée). Les chambres, spacieuses et douillettes, gardent leur charme d'antan.

Diane

ch,

– ✆ 02 96 41 42 07 – hoteldiane@wanadoo.fr – Fax 02 96 41 42 67 – Ouvert 1er avril-5 nov.

27 ch – †68/79 € ††68/99 €, ☕ 10 € – ½ P 69/84 € – **Rest** – Menu (17 €), 22/45 € – Carte 31/58 €

◆ Sur l'axe principal de la localité et à deux pas de la mer, grande bâtisse dans le style du pays abritant des chambres fonctionnelles. Plats au goût du jour parfumés aux herbes du jardin, servis dans une salle à manger rustique et sous une véranda.

Manoir de la Salle sans rest

r. Lac, Sud-Ouest : 1 km par D 34 ✉ 22240 – ✆ 02 96 72 38 29 – christian.labruyere@manoirdelasalle.com – Fax 02 96 72 00 57 – Ouvert 24 mars-30 sept.

14 ch – †38/70 € ††65/120 €, ☕ 8,50 €

◆ En léger retrait de la route, noble demeure du 16e s. et ses petites dépendances. Salle des petits-déjeuners au caractère préservé ; chambres modernes, sobrement décorées.

Morgane sans rest

allée Acacias – ✆ 02 96 41 46 90 – Fax 02 96 41 57 85 – Ouvert 15 mai-15 sept.

19 ch – †60/70 € ††60/90 €, ☕ 10 €

◆ Un jardin planté de pins apporte fraîcheur et calme à cet hôtel familial. Chambres meublées de façon ancienne mais bien tenues. Petit-déjeuner servi à volonté au salon-véranda.

SABLÉ-SUR-SARTHE – 72 Sarthe – 310 G7 – 12 716 h. – alt. 29 m – ✉ 72300

Châteaux de la Loire 35 **C1**

Paris 252 – Angers 64 – La Flèche 27 – Laval 44 – Le Mans 61 – Mayenne 60

Office de tourisme, place Raphaël-Elizé ✆ 02 43 95 00 60, Fax 02 43 92 60 77

de Sablé Solesmes Domaine de l'Outinière, S : 6 km par D 159, ✆ 02 43 95 28 78.

à Solesmes Nord-Est : 3 km par D 22 – 1 384 h. – alt. 28 m – ✉ 72300

Statues des "Saints de Solesmes"★★ dans l'église abbatiale★ (chant grégorien) - Pont ≤★.

Le Grand Hôtel

rest, 10/20,

16 pl. Dom Guéranger – ✆ 02 43 95 45 10 – solesmes@grandhotel.com – Fax 02 43 95 22 26 – Fermé 26 déc.-2 janv.

30 ch – †85 € ††106/127 €, ☕ 12 € – 2 suites – ½ P 93/103 € – **Rest** – *(fermé sam. midi et dim. soir de nov. à mars)* Menu (20 €), 25 € (sem.)/64 € – Carte 45/65 €

◆ Face à l'abbaye St-Pierre où vous pourrez entendre des chants grégoriens, confortable hôtel aux chambres spacieuses et colorées, parfois dotées d'un balcon. Décor actuel, cuisine classique modernisée et desserts gourmands vous attendent au restaurant.

au Golf Sud-Ouest : 5 km par rte de Pincé (D 159) et rte secondaire – ✉ 72300 Sablé-sur-Sarthe

Le Martin Pêcheur

– ✆ 02 43 95 97 55 – mare.marechal@wanadoo.fr – Fax 02 43 92 37 10 – Fermé mardi soir en hiver, dim. soir et lundi soir

Rest – Menu (12,50 €), 21/35 €

◆ Entre forêt et rivière, grande bâtisse moderne bordant un golf 27 trous. Confortable salle à manger actuelle et agréable terrasse dominant le parcours ; carte traditionnelle.

Un hôtel charmant pour un séjour très agréable ?
Réservez dans un hôtel avec pavillon rouge : ... .

SABLET – 84 Vaucluse – 332 D8 – 1 282 h. – alt. 147 m – ✉ 84110 40 A2

Paris 670 – Avignon 41 – Marseille 127 – Montélimar 67

Syndicat d'initiative, 8 rue du Levant ✆ 04 90 46 82 46

XX Les Abeilles

4 rte de Vaison – ✆ 04 90 12 38 96 – js@abeilles-sablet.com – Fax 04 90 12 12 70 – Fermé 15 nov.-27 déc., 12-20 fév., dim. sauf le midi du 1er avril au 10 sept. et lundi

Rest – Menu 28 € (déj. en sem.), 38/50 € – Carte environ 52 €

◆ Cet ancien café à cédé la place à un chaleureux restaurant où l'on prend plaisir à déguster une cuisine de tradition aux accents régionaux. Belle salle contemporaine et charmante terrasse.

SABRES – 40 Landes – 335 G10 – 1 107 h. – alt. 78 m – ✉ 40630

Aquitaine 3 B2

Paris 676 – Arcachon 92 – Bayonne 111 – Bordeaux 94 – Mimizan 41 – Mont-de-Marsan 36

Ecomusée★ de la grande Lande NO : 4 km.

Auberge des Pins

ch, ch, 25, VISA AE

– ✆ 05 58 08 30 00 – aubergedespins@wanadoo.fr – Fax 05 58 07 56 74 – Fermé 4-10 nov. et 8-31 janv.

25 ch – †55/58 € ††62/130 €, ☕ 13 € – ½ P 60/95 € – **Rest** – *(fermé dim. soir et lundi sauf le soir en juil.-août et fériés)* Menu 19 € (déj. en sem.), 25 € (soir)/65 € – Carte 47/70 €

◆ Grande maison landaise à colombages dans un beau parc arboré. Jolies chambres rénovées et personnalisées ; celles de l'annexe sont plus simples. Salon "cosy". Boiseries et mobilier régional ancien font le cachet du restaurant. Cuisine du pays.

SACHÉ – 37 Indre-et-Loire – 317 M5 – rattaché à Azay-le-Rideau

SACLAY – 91 Essonne – 312 C3 – 101 24 – Voir à Paris, Environs

SAGELAT – 24 Dordogne – 329 H7 – 325 h. – alt. 78 m – ✉ 24170 4 D1

Paris 571 – Sarlat-la-Canéda 32 – Bergerac 52 – Brive-la-Gaillarde 86 – Périgueux 63

Le Branchat

VISA

– ✆ 05 53 28 98 80 – info@lebranchat.com – Fax 05 53 59 22 52 – Ouvert Pâques-Toussaint

6 ch ☕ – †53/72 € ††53/72 € – **Rest** – table d'hôte *(dîner seult) (résidents seult)* Menu 25 €

◆ En saison, les cavaliers peuvent faire étape dans ce beau lieu tranquille. Aménagées à l'étage, les chambres, qui possèdent de beaux volumes, s'agrémentent de mobilier ancien ou en bois peint.

X Auberge de la Nauze avec ch

VISA

Fongauffier – ✆ 05 53 28 44 81 – aubergedelanauze@wanadoo.fr – Fax 05 53 29 99 18 – Fermé 20-30 juin, 1er-15 déc., vacances de fév., lundi soir, mardi soir et sam. midi de sept. à juin et lundi midi en juil.-août

8 ch – †36/38 € ††36/48 €, ☕ 6 € – ½ P 38/48 € – **Rest** – Menu 13 € (déj. en sem.), 19/48 € – Carte 25/63 €

◆ Appétissante cuisine traditionnelle dans cette maison en pierre du pays dont la salle à manger habillée de poutres se prolonge d'une terrasse. Chambres aux tons pastel.

SAIGNON – 84 Vaucluse – 332 F10 – rattaché à Apt

SAILLAGOUSE – 66 Pyrénées-Orientales – 344 D8 – 820 h. – alt. 1 309 m – ✉ 66800 Languedoc Roussillon 22 A3

Paris 855 – Bourg-Madame 10 – Font-Romeu-Odeillo-Via 12 – Mont-Louis 12 – Perpignan 93

Office de tourisme, Mairie ✆ 04 68 04 15 47, Fax 04 68 04 19 58

Gorges du Sègre★ E : 2 km.

Planes (La Vieille Maison Cerdane)
– ✆ 04 68 04 72 08 – *hotelplanes@wanadoo.fr – Fax 04 68 04 75 93 – Fermé 5-23 mars et 5 nov.-16 déc.*
19 ch – 40/51 € 47/60 €, 8 € – ½ P 50/59 € – **Rest** – Menu 23/45 €
◆ Cet ancien relais de diligences situé au cœur du village est une véritable institution. Chambres peu à peu refaites. Généreuse cuisine du pays servie dans l'agréable décor régional du restaurant. Au bar-brasserie : plats de comptoir et spécialités maison.

Planotel
– *Ouvert juin-sept. et vacances scolaires*
20 ch – 47/57 € 50/66 €, 9 € – ½ P 52/65 €
◆ Bâtisse des années 1970, idéale pour se détendre au calme. Toutes les chambres bénéficient d'une récente rénovation et de balcons (sauf deux). Piscine avec toit coulissant.

à Llo Est : 3 km par D 33 – 133 h. – alt. 1 424 m – ✉ 66800
Site★.

L'Atalaya
rest,
– ✆ 04 68 04 70 04 – *atalaya66@aol.com – Fax 04 68 04 01 29*
– Ouvert Pâques-3 nov. et 20 déc.-10 janv.
13 ch – 80/96 € 100/124 €, 12 € – ½ P 85/114 € – **Rest** – *(dîner seult) (résidents seult)*
◆ Perchée sur la montagne cerdane, jolie auberge restituant le charme raffiné et personnalisé des maisons d'hôte. Piscine panoramique. Carte classique et du terroir ; cadre romantique (mobilier catalan, piano, jarres de fruits) et magnifique vue jusqu'à l'Espagne.

ST-AFFRIQUE – 12 Aveyron – 338 J7 – 7 507 h. – alt. 325 m – ✉ 12400

Languedoc Roussillon 29 **D2**

Paris 662 – Albi 81 – Castres 92 – Lodève 66 – Millau 25 – Rodez 80

Office de tourisme, boulevard de Verdun ✆ 05 65 98 12 40, Fax 05 65 98 12 41

Roquefort-sur-Soulzon : caves de Roquefort★, rocher St-Pierre ≤★.

Le Moderne
54 av. A. Pezet – ✆ 05 65 49 20 44 – hotel-restaurant-le-moderne@wanadoo.fr – Fax 05 65 49 36 55 – Fermé 15-21 oct. et 23 déc.-19 janv.
Rest – Menu (15 €), 19/56 € – Carte 30/58 €
◆ Les amateurs de fromage aimeront cette maison qui propose un plateau composé d'au moins 12 roqueforts issus de différentes caves. L'ensemble de la carte est régional.

ST-AFFRIQUE-LES-MONTAGNES – 81 Tarn – 338 F9 – 600 h. – alt. 244 m – ✉ 81290

29 **C2**

Paris 741 – Albi 55 – Carcassonne 53 – Castres 12 – Toulouse 75

Domaine de Rasigous
ch,
Sud : 2 km par D 85 – ✆ 05 63 73 30 50 – info@domainederasigous.com – Fax 05 63 73 30 51 – Ouvert 16 mars-14 nov.
5 ch – 68/85 € 100/125 €, 12 € – 2 suites – **Rest** – *(fermé merc.) (dîner seult) (résidents seult)* Menu 29 €
◆ La situation isolée, le cadre verdoyant et le nombre restreint des chambres font de cette demeure du 19e s. un havre de sérénité. Intérieur décoré avec recherche, ambiance "guesthouse".

ST-AGNAN – 58 Nièvre – 319 H8 – 163 h. – alt. 525 m – ✉ 58230

7 **B2**

Paris 242 – Autun 53 – Avallon 33 – Clamecy 63 – Nevers 98 – Saulieu 15

La Vieille Auberge
ch, rest,
– ✆ 03 86 78 71 36 – *LVAsaintagnan@aol.com – Fax 03 86 78 71 57 – Ouvert 14 fév.-14 nov.*
8 ch – 45 € 45/60 €, 8 € – ½ P 50/55 € – **Rest** – *(fermé lundi et mardi)* Menu 20/32 € – Carte 21/35 €
◆ Près d'un lac, ancien café-épicerie converti en auberge familiale. Les chambres, pimpantes et colorées, sont dotées d'une bonne literie. Salle à manger rustique agrémentée d'une cheminée en pierre. Service aux petits soins et cuisine authentiquement régionale.

ST-AGRÈVE – 07 Ardèche – 331 I3 – 2 688 h. – alt. 1 050 m – ✉ 07320
Lyon et la vallée du Rhône 44 **A2**

Paris 582 – Aubenas 68 – Lamastre 21 – Privas 64 – Le Puy-en-Velay 51 – St-Étienne 69

Office de tourisme, Grand'Rue ✆ 04 75 30 15 06, Fax 04 75 30 60 93

Mont Chiniac ≤★★.

Domaine de Rilhac (Sinz) avec ch
Sud-Est : 2 km par D 120, D 21 et rte secondaire – ✆ 04 75 30 20 20 – hotel_rilhac@yahoo.fr – Fax 04 75 30 20 00 – Fermé 20 déc.-mi-mars, mardi soir, jeudi midi et merc.

7 ch – †84/114 € ††84/114 €, ☕ 14 € – ½ P 99/120 € – **Rest** – Menu 23 € (déj. en sem.), 38/70 € – Carte 54/64 €

Spéc. Tartare de truite fario et lentilles à l'huile de noix. Carpaccio de bœuf au vin rouge, tatin d'échalote. Nougat glacé aux marrons confits. **Vins** Viognier de l'Ardèche, Cornas.

◆ Repos assuré dans cette ancienne ferme ardéchoise perdue dans la campagne. Coquettes chambres provençales. Cuisine au goût du jour à savourer face au Gerbier-de-Jonc.

Les Cévennes avec ch
rest, rest, VISA

10 pl. République – ✆ 04 75 30 10 22 – Fax 07 75 30 10 22 – Fermé 16-23 sept., 11-25 nov. et vend. sauf juil.-août

6 ch – †49 € ††49 €, ☕ 9 € – ½ P 55/63 € – **Rest** – *(fermé jeudi soir et vend. sauf juil.-août)* Menu (12 €), 14 € (sem.)/36 € – Carte 32/42 €

◆ Ambiance conviviale dans cet hôtel-restaurant familial modeste mais bien tenu. Plats du terroir dans la salle "tout bois" ou repas rapides au café. Chambres neuves.

ST-AIGNAN – 41 Loir-et-Cher – 318 F8 – 3 542 h. – alt. 115 m – ✉ 41110
Châteaux de la Loire 11 **A2**

Paris 221 – Blois 41 – Châteauroux 65 – Romorantin-Lanthenay 36 – Tours 62 – Vierzon 70

Office de tourisme, 60 rue Constant Ragot ✆ 02 54 75 22 85, Fax 02 54 75 50 26

Crypte★★ de l'église★ - Zoo Parc de Beauval★ S : 4 km.

Hostellerie Le Clos du Cher
Nord : 1 km par D 675 ✉ 41140 – ✆ 02 54 75 00 03 – accueil@closducher.com – Fax 02 54 75 03 79

10 ch – †63 € ††92 €, ☕ 10 € – ½ P 64/78 € –

Rest – *(fermé 20 nov.-3 déc., 8 janv.-4 fév., dim. soir et jeudi du 15 oct. au 31 mars)* Menu 16 € (déj. en sem.), 28/40 € – Carte 38/56 €

◆ Maison de maître datant du 19e s. entourée d'un parc arboré. Les chambres portent des noms de châteaux ; elles sont un peu désuètes mais bien tenues. La salle de restaurant, aménagée dans les anciens communs, a été redécorée dans des tons ensoleillés.

Grand Hôtel
25, VISA

7-9 quai J.-J Delorme – ✆ 02 54 75 18 04 – grand.hotel.st.aignan@wanadoo.fr – Fax 02 54 75 12 59 – Fermé 10 fév.-5 mars, 18 nov.-3 déc., dim. et lundi hors saison

18 ch – †47/56 € ††47/62 €, ☕ 8 € – ½ P 47/58 € – **Rest** – *(fermé mardi midi, dim. soir et lundi)* Menu 17 € (sem.)/37 € – Carte 28/44 €

◆ En bordure du Cher, mais aussi de la route, grande demeure à la façade tapissée de vigne vierge. Chambres simples, souvent avec vue sur la rivière. Plaisante salle à manger : sage décor rustique, lustres en roue de charrette et cheminée. Carte traditionnelle.

ST-ALBAN-DE-MONTBEL – 73 Savoie – 333 H4 – rattaché à Aiguebelette-le-Lac

Hôtels et restaurants bougent chaque année.
Chaque année, changez de guide Michelin !

ST-ALBAN-LES-EAUX – 42 Loire – 327 C3 – 953 h. – alt. 410 m – ✉ 42370

44 **A1**

Paris 390 – Lapalisse 45 – Montbrison 56 – Roanne 12 – St-Étienne 86 – Thiers 56 – Vichy 61

Le Petit Prince

Le Bourg – ✆ 04 77 65 87 13 – Fax 04 77 65 96 88 – Fermé 2-16 janv., 20 août-4 sept., 5-11 nov., dim. soir, lundi et mardi

Rest – Menu 22 € (sem.)/52 € – Carte 29/57 €

◆ L'histoire de cette maison de vignerons bâtie en 1534 vous est contée sur la carte du restaurant. Cuisine au goût du jour, arrosée d'un cru de la Côte Roannaise.

ST-ALBAN-LEYSSE – 73 Savoie – 333 I4 – rattaché à Chambéry

ST-ALBAN-SUR-LIMAGNOLE – 48 Lozère – 330 I6 – 1 598 h. – alt. 950 m – ✉ 48120

23 **C1**

Paris 552 – Espalion 72 – Mende 40 – Le Puy-en-Velay 75 – St-Chély-d'Apcher 12

Syndicat d'initiative, le Château route de l'hôpital ✆ 04 66 31 57 01

Relais St-Roch

rest, VISA

Château de la Chastre – ✆ 04 66 31 55 48 – rsr@relais-saint-roch.fr – Fax 04 66 31 53 26 – Ouvert 6 avril-1er nov.

9 ch – 98/198 € 98/198 €, 14 € – ½ P 108/158 €

Rest *La Petite Maison* – voir ci-après

◆ Cette gentilhommière du 19e s. en granit rose vous accueille dans de coquettes chambres personnalisées et bien équipées. Confortable salon ; belle piscine chauffée au jardin.

La Petite Maison

VISA

av. Mende – ✆ 04 66 31 56 00 – rsr@relais-saint-roch.fr – Fax 04 66 31 53 26 – Ouvert 6 avril-1er nov. et fermé lundi sauf le soir en juil.-août, mardi midi et merc. midi

Rest – Menu (22 €), 29/69 € – Carte 43/79 €

◆ Table régionale à l'ambiance chaleureuse et romantique. Spécialités de viande de bison et de friture de truitelles ; superbe choix de whiskies, dont le patron fait collection.

ST-AMAND-MONTROND – 18 Cher – 323 L6 – 11 447 h. – alt. 160 m – ✉ 18200 Limousin Berry

12 **C3**

Paris 282 – Bourges 52 – Châteauroux 65 – Montluçon 56 – Nevers 70

Office de tourisme, place de la République ✆ 02 48 96 16 86, Fax 02 48 96 46 64

Abbaye de Noirlac★★ 4 km par ⑥.

Château de Meillant★★ 8 km par ①.

Plan page suivante

Mercure L'Amandois

ch, rest, ch, 30, VISA

7 r. H. Barbusse – ✆ 02 48 63 72 00 – h1890@accor.com – Fax 02 48 96 77 11

B r

43 ch – 48/62 € 57/73 €, 8 € – **Rest** – Menu (14,50 €), 16/30 € – Carte 20/37 €

◆ Relais de chaîne à l'esprit familial disposant de seize nouvelles chambres modernes et fort bien équipées ; les autres sont plus simples et néanmoins confortables. Salle à manger relookée. À table, prestations Mercure habituelles, effectuées avec le sourire.

à Noirlac par ⑥ et D 35 : 4 km – ✉ **18200 Bruère-Allichamps**

Auberge de l'Abbaye de Noirlac

VISA

– ✆ 02 48 96 22 58 – aubergeabbayenoirlac@free.fr – Fax 02 48 96 86 63 – Ouvert 22 fév.-18 nov. et fermé mardi soir et merc. sauf juil.-août.

Rest – Menu 20 € (sem.)/32 € – Carte 37/49 €

◆ Petite auberge sise dans une chapelle des voyageurs du 12e s. Salle à manger avec poutres et tomettes ; terrasse tournée vers l'abbaye cistercienne. Cuisine du terroir.

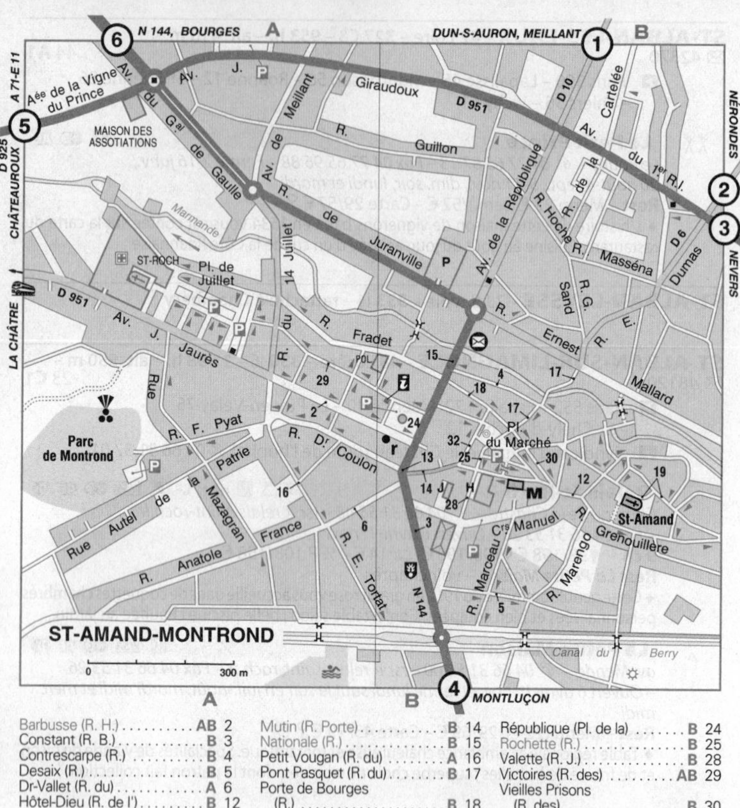

Barbusse (R. H.)	AB	2	Mutin (R. Porte)	B	14	République (Pl. de la)	B	24
Constant (R. B.)	B	3	Nationale (R.)	B	15	Rochette (R.)	B	25
Contrescarpe (R.)	B	4	Petit Vougan (R. du)	A	16	Valette (R. J.)	B	28
Desaix (R.)	B	5	Pont Pasquet (R. du)	B	17	Victoires (R. des)	AB	29
Dr-Vallet (R. du)	A	6	Porte de Bourges (R.)	B	18	Vieilles Prisons (R. des)	B	30
Hôtel-Dieu (R. de l')	B	12	Porte Verte (R.)	B	19	Zola (R. Emile)	B	32
Mutin (Pl.)	B	13						

à Bruère-Allichamps par ⑥ : 8,5 km – 573 h. – alt. 170 m – ✉ 18200

Les Tilleuls ch, P VISA MC

rte Noirlac – ☎ 02 48 61 02 75 – Fax 02 48 61 08 41 – Fermé 19-26 juin, 16-23 oct., 21-31 déc., 5 janv.-4 mars, vend. soir et dim. soir hors saison et lundi

11 ch – 52/54 € 52/54 €, 8,50 € – ½ P 54/57 € – **Rest** – Menu 24/37 € – Carte 42/56 €

♦ Sur la route touristique longeant le Cher, bâtisse située au calme, face à la campagne. Chambres petites et sobres, mais bien entretenues. En vous attablant aux Tilleuls, vous vous offrirez une halte gourmande à un prix très digeste. Terrasse dans le jardin.

ST-AMARIN – 68 Haut-Rhin – 315 G9 – 2 440 h. – alt. 410 m – ✉ 68550 1 A3

Paris 461 – Belfort 52 – Colmar 53 – Épinal 76 – Gérardmer 40 – Mulhouse 30

Office de tourisme, rue Charles-de-Gaulle ☎ 03 89 82 13 90, Fax 03 89 82 76 44

Auberge du Mehrbächel ≤ le massif du Rossberg, rest, 25, P VISA MC AE

à l'Est, 4 km par rte du Mehrbächel – ☎ 03 89 82 60 68 – kornacker@wanadoo.fr – Fax 03 89 82 66 05 – Fermé 28 juin-10 juil. et 26 oct.-6 nov.

23 ch – 45 € 65 €, 9 € – ½ P 50 € – **Rest** – *(fermé lundi soir, jeudi soir et vend.)* Menu 17 € (sem.)/45 € – Carte 29/42 €

♦ Cette ancienne ferme tenue par la même famille depuis 1886 bénéficie d'une situation privilégiée sur le passage d'un GR. Intérieur rustique ; confort actuel. Le restaurant propose quelques spécialités alsaciennes à partager avec les randonneurs.

ST-AMBROIX – 30 Gard – 339 K3 – 3 365 h. – alt. 142 m – ✉ 30500 23 C1

Paris 686 – Alès 20 – Aubenas 56 – Mende 111

Office de tourisme, 17 rue de l'Hôtel de Ville ☎ 04 66 24 33 36, Fax 04 66 24 05 83

à St-Brès Nord : 1,5 km par D 904 – 533 h. – alt. 156 m – ✉ 30500

Auberge Le St-Brès avec ch
– *☎ 04 66 24 10 79 – karinelievin@aol.com – Fax 04 66 24 38 30*
5 ch – 43 € 48 €, ☐ 7 € – ½ P 60/73 € – **Rest** – *(fermé merc. et jeudi hors saison)* Menu 12 € (déj. en sem.), 15/30 € – Carte 24/37 €
◆ Cette bâtisse en pierres du pays située en bordure d'une route départementale abrite une modeste salle à manger rustique et des chambres simples. Plats traditionnels.

à St-Victor-de-Malcap Sud-Est par D 51 : 2 km – 538 h. – alt. 140 m – ✉ 30500

La Bastide des Senteurs avec ch ch, ch, rest,
– *☎ 04 66 60 24 45 – subileau@bastide-senteurs.com – Fax 04 66 60 26 10 – Ouvert 1er mars-30 oct.*
14 ch – 72/132 € 72/132 €, ☐ 10 € – ½ P 85/95 € – **Rest** – *(fermé sam. midi)* Menu 33/72 € – Carte 50/72 €
◆ Magnanerie joliment restaurée dans un village isolé. Cadre méridional, terrasse panoramique, belle cuisine inventive, côtes-du-rhône et crus du Languedoc. Chambres coquettes et boutique de vins.

à Larnac Sud-Ouest : 3,5 km par rte d'Alès – ✉ 30960 Les Mages

Le Clos des Arts sans rest 15,
Domaine Villaret – ☎ 04 66 25 40 91 – contact@closdesarts.com – Fax 04 66 25 40 92 – **13 ch** – 49/56 € 49/56 €, ☐ 7 €
◆ Cette ancienne filature du 17e s. accueille des chambres spacieuses, neuves et sobres, une mignonne salle de petit-déjeuner voûtée et une galerie d'art (sculptures).

ST-AMOUR-BELLEVUE – 71 Saône-et-Loire – 320 I12 – 460 h. – alt. 306 m – ✉ 71570 8 C3

Paris 402 – Bourg-en-Bresse 48 – Lyon 63 – Mâcon 13 – Villefranche-sur-Saône 32

Auberge du Paradis
Le Plâtre Durand – ☎ 03 85 37 10 26 – info@aubergeduparadis.fr – Fermé janv.
7 ch – 85 € 140 €, ☐ 13 € – **Rest** – *(fermé dim. soir, lundi et mardi)* Menu 24 € (déj. en sem.)/40 €
◆ Les chambres, originales et contemporaines, portent des noms d'épices et sont décorées avec goût et caractère. Petit-déjeuner maison copieux et de qualité. Accueil tout sourire. Au restaurant, la cuisine et le décor (meubles chinés) cultivent les mélanges.

Chez Jean Pierre
Le Plâtre Durand – ☎ 03 85 37 41 26 – restaurant-jeanpierre@wanadoo.fr – Fax 03 85 37 18 40 – Fermé 20 déc.-10 janv., dim. soir, merc. et jeudi
Rest – Menu 20 € (sem.)/48 € – Carte 38/55 €
◆ Sympathique auberge de campagne nichée dans un village viticole. Salle à manger avec vivier à homard, cheminée en faïence bleue et gros billot de boucher. Terrasse fleurie et ombragée.

ST-ANDIOL – 13 Bouches-du-Rhône – 340 E3 – 2 605 h. – alt. 55 m – ✉ 13670 42 E1

Paris 692 – Avignon 19 – Aix-en-Provence 63 – Arles 36 – Marseille 80

Syndicat d'initiative, avenue Alphonse Daudet ☎ 04 90 95 48 95, Fax 04 32 61 08 79

Le Berger des Abeilles
Nord : 2 km par N 7 et D 74E (rte Cabanes) – ☎ 04 90 95 01 91 – abeilles13@aol.com – Fax 04 90 95 48 26 – Ouvert 2 avril-1er janv.
8 ch ☐ – 75/85 € 95/130 € – ½ P 102/122 € – **Rest** – *(fermé merc. midi, lundi et mardi)* Menu 25/58 € – Carte 42/57 €
◆ Isolé en pleine campagne, petit mas provençal abritant des chambres rustiques bien tenues ; trois d'entre elles ouvrent de plain-pied sur le paisible jardin. Salle à manger aux tons ensoleillés et terrasse ombragée par un majestueux platane. Cuisine régionale.

ST-ANDRÉ-DE-ROQUELONGUE – 11 Aude – 344 I4 – 828 h. – alt. 72 m – ✉ 11200

22 **B3**

Paris 821 – Béziers 53 – Montpellier 112 – Perpignan 71

Demeure de Roquelongue

53 av. de Narbonne – ☎ 04 68 45 63 57 – demeure-de-roquelongue@wanadoo.fr – Fax 04 68 45 63 57 – Ouvert 1er avril-14 nov.

5 ch – 70/110 € 80/120 € – **Rest** – table d'hôte *(dîner seult) (résidents seult)* Menu 30 € bc

◆ Cette belle maison de vignerons (1885) possède un ravissant patio verdoyant. Chambres décorées avec un goût sûr, mobilier chiné, salles de bains à l'ancienne et salon "cosy".

ST-ANDRÉ-LEZ-LILLE – 59 Nord – 302 G4 – rattaché à Lille

ST-ANDRÉ-LES-VERGERS – 10 Aube – 313 E4 – rattaché à Troyes

ST-ANTHÈME – 63 Puy-de-Dôme – 326 K9 – 809 h. – alt. 950 m – ✉ 63660

6 **C2**

Paris 461 – Ambert 23 – Clermont-Ferrand 100 – Feurs 50 – Montbrison 24 – St-Étienne 57

Office de tourisme, place de l'Aubépin ☎ 04 73 95 47 06, Fax 04 73 95 41 06

à Raffiny Sud : 5 km par D 261 – ✉ 63660 St-Romain

Au Pont de Raffiny

– ☎ 04 73 95 49 10 – hotel.pont.raffiny@wanadoo.fr – Fax 04 73 95 80 21 – Fermé 7 janv.-5 mars, dim. soir et lundi sauf juil.-août

11 ch – 33 € 42/47 €, 7 € – ½ P 43/45 € – **Rest** – Menu (12 €), 17 € (sem.)/32 € – Carte 26/34 €

◆ Dans la traversée du hameau, auberge campagnarde en pierre hébergeant de douillettes chambres lambrissées. À 50 m, deux chalets avec jardinets privatifs. Piscine et espace forme. Spacieux restaurant rustique (poutres, cheminée, fontaine...), recettes régionales.

ST-ANTOINE-L'ABBAYE – 38 Isère – 333 E6 – 910 h. – alt. 339 m – ✉ 38160

Lyon et la vallée du Rhône

43 **E2**

Paris 553 – Grenoble 66 – Romans-sur-Isère 26 – St-Marcellin 12 – Valence 49

Office de tourisme, le bourg ☎ 04 76 36 44 46, Fax 04 76 36 40 49

Abbatiale★.

Auberge de l'Abbaye

Mail de l'Abbaye – ☎ 04 76 36 42 83 – leydierl@wanadoo.fr – Fax 04 76 36 46 13 – Fermé 7 janv.-7 fév., dim. soir, lundi et mardi

Rest – Menu 19/50 €

◆ Jolie maison (14e s.) au cœur du village médiéval. Chaleureux intérieur de style Louis XIII et terrasse donnant sur l'abbatiale pour déguster une cuisine classique.

ST-ARCONS-D'ALLIER – 43 Haute-Loire – 331 D3 – 164 h. – alt. 560 m – ✉ 43300

6 **C3**

Paris 515 – Brioude 37 – Mende 87 – Le Puy-en-Velay 34 – St-Flour 60

Les Deux Abbesses

ch, rest,

– ☎ 04 71 74 03 08 – abbesses@relaischateaux.com – Fax 04 71 74 05 30 – Ouvert 15 mars-15 nov.

5 ch (½ P seult) – 7 suites – ½ P 210/310 € – **Rest** – *(dîner seult) (nombre de couverts limité, prévenir)* Menu 50 €

◆ Ravissantes chambres éparpillées parmi plusieurs maisons d'un magnifique village médiéval perché. Ambiance romantique, jardin soigné, salle de massage, piscine-belvédère. Menu du marché servi le soir au château. Mets classiques revisités ou teintés d'exotisme.

ST-AUBAN – 04 Alpes-de-Haute-Provence – 334 D8 – rattaché à Château-Arnoux

ST-AUBIN-DE-LANQUAIS – 24 Dordogne – **329** E7 – **256 h.** – **alt. 110 m** – ✉ 24560 4 **C1**

Paris 548 – Bergerac 13 – Bordeaux 101 – Périgueux 56

L'Agrybella sans rest
Pl. de l'Église – ✆ 05 53 58 10 76 – legall.ma@wanadoo.fr – Ouvert 15 fév.-30 oct.
5 ch – 75 € 75 €
◆ Accolée à l'église, cette accueillante demeure du 18e s. abrite d'originales chambres à thème baptisées Coloniale, Rétro, Marine, Périgourdine et Surprise (suite dédiée au cirque). Une pleine réussite.

ST-AUBIN-DE-MÉDOC – 33 Gironde – **335** G5 – **4 990 h.** – **alt. 29 m** – ✉ 33160 3 **B1**

Paris 592 – Angoulème 132 – Bayonne 193 – Bordeaux 19 – Toulouse 261

Le Pavillon de St-Aubin ch, VISA
rte Lacanau – ✆ 05 56 95 98 68 – pavillon.saintaubin@wanadoo.fr – Fax 05 56 05 96 65 – Fermé 13-26 août, 1er-13 janv. et dim. soir
12 ch – 65/80 € 70/80 €, 8 € – **Rest** – *(fermé sam. midi et lundi)* Menu 35/49 €
◆ Cet hôtel moderne d'inspiration coloniale constitue une sympathique étape avant un périple en haut Médoc. Chambres fonctionnelles et joliment colorées. Plaisant restaurant : tons ensoleillés, cheminée, bibelots et tables bien dressées. Cuisine traditionnelle.

ST-AUBIN-DE-SCELLON – 27 Eure – **304** C6 – **314 h.** – **alt. 172 m** – ✉ 27230 33 **C2**

Paris 152 – Le Havre 64 – Lisieux 21 – Rouen 70

Les Clématites sans rest
1 km au SE par D 41 – ✆ 02 32 45 46 52 – la.charterie@wanadoo.fr
4 ch – 55 € 60 €
◆ Sémillantes chambres aux motifs décoratifs inspirés des toiles de Jouy, aménagées dans une ancienne maison de notable entourée de dépendances typées et d'un jardin anglais.

ST-AUBIN-SUR-MER – 14 Calvados – **303** J4 – **1 810 h.** – **Casino** – ✉ 14750
Normandie Cotentin 32 **B2**

Paris 252 – Arromanches-les-Bains 19 – Bayeux 29 – Cabourg 32 – Caen 20
Office de tourisme, 1 rue Pasteur ✆ 02 31 97 30 41, Fax 02 31 96 18 92

Le Clos Normand rest, VISA AE
Digue Guynemer – ✆ 02 31 97 30 47 – clos-normand@wanadoo.fr – Fax 02 31 96 46 23 – Ouvert 17 mars-11 nov.
29 ch – 60/90 € 106/132 €, 10 € – ½ P 62/78 € – **Rest** – *(fermé merc. et jeudi midi du 17 mars au 6 avril et du 1er au 25 oct.)* Menu 24/65 € – Carte 38/58 €
◆ Grande bâtisse idéalement située face à la Manche. Les chambres, majoritairement orientées côté mer, offrent un décor d'esprit nautique. Salle à manger (non-fumeurs) au cadre rustique et agréable terrasse, abritée et tournée vers la plage. Carte de poissons.

ST-AVÉ – 56 Morbihan – **308** O8 – **rattaché à Vannes**

ST-AVOLD – 57 Moselle – **307** L4 – **16 922 h.** – **alt. 260 m** – ✉ 57500
Alsace Lorraine 27 **C1**

Paris 372 – Metz 46 – Saarbrücken 33 – Sarreguemines 29 – Strasbourg 127
Office de tourisme, 28 rue des Américains ✆ 03 87 91 30 19, Fax 03 87 92 98 02
de Faulquemont à Faulquemont Avenue Jean Monnet, SO : 16 km par D 20, ✆ 03 87 81 30 52.
Groupe sculpté★ dans l'église St-Nabor.
Mine-image★ de Freyming-Merlebach NE : 10 km.

Europe rest, 25, VISA

7 r. Altmayer – ✆ 03 87 92 00 33 – sodextel@wanadoo.fr – Fax 03 87 92 01 23

34 ch – 60 € 68 €, 10,50 € – ½ P 81 € – **Rest** – *(fermé sam. midi, dim. soir et lundi)* Menu 25 € (sem.)/55 € – Carte 40/72 €

◆ Près du centre-ville, hostellerie familiale proposant des chambres bien aménagées, en majorité spacieuses. À l'étage, le chaleureux restaurant se pare de tons jaune et orangé. Cuisine traditionnelle concoctée selon le marché et belle carte des vins.

Domaine du Moulin sans rest VISA

13 r. de la vallée, à Dourd'hal : ouest 2 km par N3 et D103p Saint-Avold – ✆ 03 87 92 55 15 – gitesdefrance@fr.st – Fax 03 87 92 55 15

5 ch – 60 € 70 €

◆ Cet ancien moulin dépendait autrefois de l'abbaye de Longeville. Restauré avec soin et de beaux matériaux, il abrite des chambres coquettes et rustiques. Accueil convivial.

au Nord : 2,5 km sur N 33 (près échangeur A 4) – ✉ 57500 St-Avold

Novotel ch, ch, 25/150, VISA

– ✆ 03 87 92 25 93 – h0433@accor.com – Fax 03 87 92 02 47

61 ch – 68/99 € 68/105 €, 11,50 € – **Rest** – Menu (15 €), 19 € (sem.)/26 € – Carte 16/33 €

◆ À l'orée de la forêt, Novotel disposant de grandes chambres régulièrement rafraîchies ; les meilleures - et les plus calmes - donnent sur la piscine. Parcours de santé. Côté restaurant, l'étape est sans surprise. Terrasse d'été face aux arbres.

ST-AY – 45 Loiret – 318 H4 – 2 966 h. – alt. 100 m – ✉ 45130 12 C2

Paris 140 – Orléans 13 – Blois 48 – Châteaudun 52 – Pithiviers 55 – Vendôme 63

Syndicat d'initiative, Mairie ✆ 02 38 88 44 44, Fax 02 38 88 82 14

La Grande Tour 10/30, VISA

21 rte Nationale (N152) – ✆ 02 38 88 83 70 – contact@lagrandetour.com – Fax 02 38 80 68 05 – Fermé 20 août-2 sept., 11-17 fév., merc. soir, dim. soir et lundi

Rest – Menu 23 € (sem.)/65 € – Carte 46/50 €

◆ "La Pompadour" séjourna dans cet ancien relais de poste dont le cachet a été soigneusement préservé. Terrasse ouverte sur le jardin et sa fontaine. Cuisine au goût du jour.

ST-AYGULF – 83 Var – 340 P5 – ✉ 83370 Côte d'Azur 41 C3

Paris 872 – Brignoles 69 – Draguignan 35 – Fréjus 6 – St-Raphaël 9 – Ste-Maxime 14

Office de tourisme, place de la Poste ✆ 04 94 81 22 09

Catalogne sans rest VISA

290 av. Corniche d'Azur – ✆ 04 94 81 01 44 – hotel.catalogne@wanadoo.fr – Fax 04 94 81 32 42 – Ouvert 1er avril-15 oct.

32 ch – 70/100 € 70/120 €, 10 €

◆ Cet hôtel construit en 1969 à 100 m de la calanque des Corailleurs dispose de chambres assez spacieuses et confortables ; certaines ont une terrasse côté jardin.

ST-BARD – 23 Creuse – 325 L5 – 101 h. – alt. 640 m – ✉ 23260 25 D2

Paris 423 – Limoges 158 – Guéret 63 – Ussel 54 – Aubusson 23

Château de Chazelpaud ch,

N 141 – ✆ 05 55 67 33 03 – albrightpatrick@aol.com – Fax 05 55 67 30 25 – Ouvert 1er avril-30 sept.

4 ch – 65 € 70/85 € – 1 suite – **Rest** – table d'hôte *(dîner seult) (réservation indispensable) (résidents seult)* Menu 25 € bc

◆ Mosaïque à l'italienne, hauteurs sous plafond hors normes, grandes chambres personnalisées (fresques dans les salles de bains) : une "folie" néo-Renaissance de toute beauté. Salle à manger lambrissée, ornée d'une magnifique cheminée sculptée.

ST-BEAUZEIL – 82 Tarn-et-Garonne – 337 B5 – 132 h. – alt. 181 m – ✉ 82150 28 B1

Paris 631 – Agen 32 – Cahors 55 – Montauban 64 – Villeneuve-sur-Lot 23

Château de l'Hoste ch, ch,
rte Agen (D 656) – ✆ 05 63 95 25 61 – mail@chateaudelhoste.com – Fax 05 63 95 25 50 50, VISA AE
26 ch – 60/97 € 88/180 € – **Rest** – Menu (24 € bc), 30 € (déj.), 34/45 € – Carte 36/47 €
◆ Jolie gentilhommière du 17e s. au cœur d'un parc boisé perdu dans la campagne quercynoise. Chambres non-fumeurs, plaisantes et confortables. La salle à manger mêle ambiances champêtre et aristocratique ; terrasse dressée dans le parc.

ST-BÉNIGNE – 01 Ain – 328 C2 – rattaché à Pont-de-Vaux

ST-BENOÎT-SUR-LOIRE – 45 Loiret – 318 K5 – 1 876 h. – alt. 126 m – ✉ 45730 Châteaux de la Loire 12 C2

Paris 166 – Bourges 92 – Châteauneuf-sur-Loire 10 – Gien 32 – Montargis 43 – Orléans 42

Office de tourisme, 44 rue Orléanaise ✆ 02 38 35 79 00

Basilique★★.

Germigny-des-Prés : mosaïque★★ de l'église★ NO : 6 km.

Labrador sans rest 30/50, VISA AE
7 pl. de l'Abbaye – ✆ 02 38 35 74 38 – hoteldulabrador@wanadoo.fr – Fax 02 38 35 72 99 – Fermé 26 déc.-8 janv. – **40 ch** – 57/60 € 64/68 €, 8 €
◆ Face à la basilique romane, hôtel composé de plusieurs bâtiments de style régional. Les chambres de l'aile récente bénéficient de la tranquillité du jardin. Salon de thé.

Grand St-Benoît VISA AE
7 pl. St-André – ✆ 02 38 35 11 92 – hoteldulabrador@wanadoo.fr – Fax 02 38 35 13 79 – Fermé 21 août-4 sept., 23 déc.-8 janv., sam. midi, dim. soir et lundi
Rest – *(nombre de couverts limité, prévenir)* Menu 17 € (sem.)/46 € – Carte 43/56 €
◆ Poutres apparentes et meubles contemporains en salle et terrasse dressée sur une place piétonne du village où repose le poète Max Jacob. Cuisine au goût du jour soignée.

ST-BERTRAND-DE-COMMINGES – 31 Haute-Garonne – 343 B6 – 237 h. – alt. 581 m – ✉ 31510 Midi-Pyrénées 28 B3

Paris 783 – Bagnères-de-Luchon 33 – Lannemezan 23 – St-Gaudens 17 – Tarbes 68

du Comminges à Montréjeau Capélé, N : 9 km par N125, ✆ 05 61 95 90 20.

Site★★ - Cathédrale Ste-Marie-de-Comminges★ : cloître★★, boiseries★★ et trésor★ - Basilique Saint-Just★ de Valcabrère (chevet★) NE : 2 km.

à Valcabrère Est : 2 km par D 26 – 139 h. – alt. 460 m – ✉ 31510

Le Lugdunum VISA
1 km au Sud sur N 125 – ✆ 05 61 94 52 05 – Fax 05 61 94 52 06 – Fermé janv.
Rest – *(fermé du lundi au jeudi et dim. soir en période scolaire et fermé dim. soir et lundi pendant les vacances scolaires) (prévenir)* Menu 37/55 € – Carte 59/107 €
◆ Le chef a reconstitué, en partenariat avec le CNRS, les recettes de la Rome antique telles que les préparait Apicius. Décor ad hoc et explications à l'appui : dépaysement garanti !

ST-BOIL – 71 Saône-et-Loire – 320 I10 – 406 h. – alt. 240 m – ✉ 71390 8 C3

Paris 357 – Chalon-sur-Saône 23 – Cluny 27 – Montceau-les-Mines 37 – Mâcon 50

Auberge du Cheval Blanc avec ch ch, VISA
– ✆ 03 85 44 03 16 – Fax 03 85 44 07 25 – Fermé 15 fév.-20 mars et merc.
10 ch – 72 € 72/120 €, 11 € – ½ P 77 € – **Rest** – *(dîner seult)* Menu 39 €
◆ Deux bâtiments séparés par la route : d'un côté, maison bourgeoise (1870) aux chambres fraîches et de l'autre, auberge familiale servant une solide cuisine régionale.

ST-BONNET-EN-CHAMPSAUR – 05 Hautes-Alpes – 334 E4 – 1 466 h. – alt. 1 025 m – ✉ 05500 Alpes du Sud
41 C1

Paris 652 – Gap 16 – Grenoble 90 – La Mure 50

Office de tourisme, place Grenette ✆ 04 92 50 02 57, Fax 04 92 50 02 57

la Crémaillère

4 rte de la Motte – ✆ 04 92 50 00 60 – alacremaillere@wanadoo.fr – Fax 04 92 50 01 57 – Ouvert fév.-oct.

21 ch – 56 € 63 €, 9 € – ½ P 62 € – **Rest** – Menu 25/34 € – Carte 28/42 €

◆ À l'orée du Parc national des Écrins, grand chalet (non-fumeurs) paisible entouré d'un beau jardin. Chambres avenantes, souvent orientées au Sud, avec le massif du Champsaur et le pic de l'Aiguille pour toile de fond. Repas axé terroir dans une salle claire et ample ou en terrasse.

ST-BONNET-LE-CHÂTEAU – 42 Loire – 327 D7 – 1 562 h. – alt. 870 m – ✉ 42380 Lyon et la vallée du Rhône
44 A2

Paris 484 – Ambert 48 – Montbrison 31 – Le Puy-en-Velay 66 – St-Étienne 34

Syndicat d'initiative, 23 avenue Paul Doumer ✆ 04 77 50 52 48, Fax 04 77 50 52 49

Chevet de la collégiale ★ - Chemin des Murailles★.

Le Béfranc

ch, VISA

7 rte d'Augel – ✆ 04 77 50 54 54 – info@hotel-lebefranc.com – Fax 04 77 50 73 17 – Fermé 22-29 oct., 4 fév.-4 mars, dim. soir et lundi sauf juil.-août

17 ch – 40 € 46 €, 7 € – ½ P 45/53 € – **Rest** – Menu 13 € bc (déj. en sem.), 18/36 € – Carte 19/32 €

◆ Aux portes d'une localité surnommée "la perle du Forez", hébergement des plus "honnêtes", mettant à profit les anciens locaux de la gendarmerie ! Chambres proprettes. À l'heure de passer à table, choix de préparations traditionnelles.

La Calèche

VISA

2 pl. Cdt Marey – ✆ 04 77 50 15 58 – Fax 04 77 50 15 58 – Fermé 27 nov.-6 déc., 2-10 janv., 19 fév.-6 mars, lundi soir du 15 nov.-15 mars, dim. soir, mardi soir et merc.

Rest – Menu 21 € (sem.)/49 € – Carte 36/47 €

◆ Le restaurant, aménagé dans une maison classée (17e s.) dispose de trois salles à manger joliment colorées. Le chef y concocte une cuisine dans l'air du temps personnalisée.

ST-BONNET-LE-FROID – 43 Haute-Loire – 331 I3 – 194 h. – alt. 1 126 m – ✉ 43290
6 D3

Paris 555 – Annonay 27 – Le Puy-en-Velay 58 – St-Étienne 51 – Valence 68 – Yssingeaux 31

Office de tourisme, le Bourg ✆ 04 71 65 64 41

Le Clos des Cimes

VISA AE

le village – ✆ 04 71 59 93 72 – contact@regismarcon.fr – Fax 04 71 59 93 40 – Ouvert 1er avril-21 déc. et fermé lundi soir de nov. à mai, mardi et merc.

12 ch – 160/175 € 160/175 €, 20 €

Rest *Régis et Jacques Marcon* – voir ci-après

Rest *Bistrot la Coulemelle* – *✆ 04 71 65 63 62 (ouvert 11 fév.-20 déc. et fermé dim. soir hors saison, lundi et mardi)* Menu 25/35 €

◆ Le Clos abrite des chambres personnalisées, aussi raffinées que "cosy", tournées vers la vallée. De goûteux plats du terroir (une formule avec dégustation d'entrées et trilogie de desserts) vous attendent dans le décor rustique chic du bistrot la Coulemelle.

Le Fort du Pré

ch, rest, cuisinette

– ✆ 04 71 59 91 83 – info@le-fort-du-pre.fr 15/60, VISA AE

– Fax 04 71 59 91 84 – Fermé 29 août-3 sept., 20 déc.-1er mars, dim. soir et lundi sauf juil.-août

28 ch – 59/64 € 66/71 €, 9 € – 4 suites – ½ P 60/85 € – **Rest** – Menu 19 € (sem.)/65 € – Carte 33/54 €

◆ Ferme restaurée intéressante pour ses activités de loisirs (piscine couverte, fitness, salle de jeux). Simples et colorées, les chambres restent avant tout pratiques. Salle à manger-véranda ouverte sur la nature pour une table de qualité valorisant le terroir.

Régis et Jacques Marcon ← paysages de l'Ardèche,
Sur les hauteurs du village 10/15, (soir)
– 04 71 59 93 72 – contact@regismarcon.fr – Fax 04 71 59 93 40
– Ouvert 1er avril-21 déc. et fermé lundi soir de nov. à mai, mardi et merc.
Rest – *(prévenir)* Menu 110/160 € – Carte 134/154 €
Spéc. Homard bleu aux lentilles vertes du Puy, façon cassoulet. Agneau au praliné de cèpes. Le menu "champignons" (printemps et automne). **Vins** Saint-Joseph, Viognier de l'Ardèche.
◆ Le restaurant - associant merveilleusement la pierre, le bois et le verre - a vue sur les massifs alentour, écrin idéal d'une cuisine envoûtante inspirée par les produits de la terre auvergnate (champignons).

André Chatelard 25,
– 04 71 59 96 09 – restaurant-chatelard@wanadoo.fr – Fax 04 71 59 98 75
– Fermé 20 janv.-20 mars, mardi sauf juil.-août, dim. soir et lundi
Rest – Menu 19 € (sem.)/72 € – Carte 29/56 €
◆ Dans ce coquet village entre Velay et Vivarais, restaurant d'esprit rustique où l'on sert une cuisine régionale goûteuse et soignée. À noter, la nurserie pour les tout-petits.

ST-BRÈS – 30 Gard – 339 K3 – rattaché à St-Ambroix

ST-BREVIN-LES-PINS – 44 Loire-Atlantique – 316 C4 – 9 594 h. – alt. 9 m – Casino – ✉ 44250 Poitou Vendée Charentes 34 **A2**

Paris 442 – Nantes 57 – Saint-Herblain 62 – Saint-Nazaire 15
Office de tourisme, 10 rue de l'Église 02 40 27 24 32

Du Beryl ch, rest, 10/80,
55 bd de l'Océan – 02 28 53 20 00 – resa.stbrevin@hotelduberyl.com
– Fax 02 28 53 20 20 – **34 ch** – 85/105 € 85/105 €, 15 € –
Rest – Menu 19 € (déj. en sem.), 24/35 € – Carte 21/35 €
◆ Sur le front de mer, bâtiment moderne construit à l'emplacement de l'ancien casino. Décor contemporain pour les chambres, spacieuses et bien équipées. Le restaurant, aux murs habillés de bois, s'ouvre sur l'océan ; intéressantes propositions culinaires.

ST-BRIAC-SUR-MER – 35 Ille-et-Vilaine – 309 J3 – 2 054 h. – alt. 30 m – ✉ 35800 10 **C1**

Paris 411 – Dinan 24 – Dol-de-Bretagne 34 – Lamballe 41 – St-Brieuc 62 – St-Malo 13
Office de tourisme, 49 Grande Rue 02 99 88 32 47

à Lancieux (22 Côtes-d'Armor) 2 km au Sud-Ouest par D 786 – 1 220 h. – alt. 24 m – ✉ 22770

Office de tourisme, square Jean Conan 02 96 86 25 37

Des Bains sans rest cuisinette
20 r. Poncel – 02 96 86 31 33 – bertrand.mehouas@wanadoo.fr
– Fax 02 96 86 22 85 – Fermé le dim. de déc. à mars
12 ch – 55/60 € 60/98 €, 8 €
◆ Cet hôtel familial proche du rivage a été fondé en 1894. Chambres fonctionnelles ; certaines sont dotées d'une cuisinette. Petits-déjeuners servis sous une véranda.

ST-BRICE-EN-COGLÈS – 35 Ille-et-Vilaine – 309 N4 – 2 395 h. – alt. 105 m – ✉ 35460 10 **D2**

Paris 343 – Avranches 34 – Fougères 17 – Rennes 57 – St-Malo 65
Office de tourisme, 7 place Charles-de-Gaulle 02 99 97 85 44

Le Lion d'Or ch, rest, 40,
r. Chateaubriant – 02 99 98 61 44 – le-lion-dor3@wanadoo.fr
– Fax 02 99 97 85 66
34 ch – 50/60 € 50/60 €, 8,50 € – ½ P 45/48 € – **Rest** – *(fermé dim. soir du 15 sept. au 15 mai)* Menu 16 € (sem.)/40 € – Carte 23/36 €
◆ Ex-relais de diligences et ses dépendances, complété de bungalows abritant les plus agréables chambres. Préférez celles tournées vers le jardin. Confortable restaurant et sa véranda servant des plats traditionnels et du terroir. À midi, espace brasserie.

ST-BRIEUC Ⓟ – 22 Côtes-d'Armor – 309 F3 – 46 087 h. – Agglo. 121 237 h. – alt. 78 m – ✉ 22000 Bretagne

10 C2

Paris 451 – Brest 144 – Quimper 127 – Rennes 101 – St-Malo 71

de St-Brieuc-Armor : ✆ 02 96 94 95 00, 10 km par ①.

Office de tourisme, 7 rue Saint-Gouéno ✆ 08 25 00 22 22, Fax 02 96 61 42 16

Club la Crinière à Lamballe Manoir de la Ville Gourio, par rte de Lamballe et D 786 : 15 km, ✆ 02 96 32 72 60.

Cathédrale St-Étienne★ - Tertre Aubé ≤★ BV.

Plan page ci-contre

De Clisson sans rest — 15, Ⓟ VISA MC AE
36 r. Gouët – ✆ 02 96 62 19 29 – contact@hoteldeclisson.com – Fax 02 96 61 06 95 — AY **e**
25 ch – †55/88 € ††72/120 €, ☕ 8,50 €
◆ Cette bâtisse blanche, à l'écart du centre, vous réserve un accueil charmant. Chambres diversement meublées ; celles avec baignoire "balnéo" sont plus spacieuses. Joli jardin.

Ker Izel sans rest — VISA MC AE
20 r. Gouët – ✆ 02 96 33 46 29 – bienvenue@hotel-kerizel.com – Fax 02 96 61 86 12 — AY **a**
22 ch – †36/43 € ††50/57 €, ☕ 6,50 €
◆ Cette maison bretonne qui serait le plus vieil hôtel de St-Brieuc se met sans réticence au goût du jour : chambres rajeunies, piscine neuve et calme jardin. Accueil familial.

Champ de Mars sans rest — VISA MC
13 r. Gén. Leclerc – ✆ 02 96 33 60 99 – hoteldemars@wanadoo.fr – Fax 02 96 33 60 05 – Fermé 15 déc.-6 janv. — BZ **s**
21 ch – †44/50 € ††51/57 €, ☕ 8 €
◆ Emplacement pratique pour cet hôtel du centre-ville, proche d'un grand parking public. Chambres sobres et fonctionnelles, toutes identiques.

Aux Pesked (Aumont) — 15, Ⓟ VISA MC AE
59 r. Légué – ✆ 02 96 33 34 65 – Fax 02 96 33 65 38 – Fermé 24 avril-1er mai, 27 août-10 sept., 1er-14 janv., sam. midi, dim. soir et lundi — AV **a**
Rest – Menu (19 €), 23 € (déj. en sem.), 33/53 € – Carte 49/54 €
Spéc. Langoustines rôties au tandoori (avril à sept.). Saint-Jacques saisies au velouté de petits pois (oct. à avril). Filet de bar rôti aux champignons.
◆ La vallée du Gouët en toile de fond, une fine carte actuelle inspirée du marché fait honneur aux Pesked (poissons en breton) dans une chaleureuse salle à manger contemporaine.

Amadeus — VISA MC
22 r. Gouët – ✆ 02 96 33 92 44 – lamadeus@wanadoo.fr – Fax 02 96 61 42 05 – Fermé 5-20 août, 17 fév.-2 mars, lundi midi, sam. midi et dim. — AY **b**
Rest – Menu 20 € (déj. en sem.), 33/62 € – Carte 39/54 €
◆ Bien située, adresse familiale dont la coquette salle est coiffée d'un beau plafond à solives. Cuisine au goût du jour à l'accent méridional et... Amadeus en fond musical !

Youpala Bistrot (Baudic) — VISA MC
5 r. Paslane de Champeaux, Sud-Ouest par bd Charner – ✆ 02 96 94 50 74 – infos@youpala-bistrot.com – Fax 02 96 75 46 50 – Fermé 4-19 juin, 2-15 janv., lundi et mardi
Rest – *(nombre de couverts limité, prévenir)* Menu (17 €), 22 € (déj.), 45/55 € bc
Spéc. Menu du marché.
◆ Bistrot convivial limitant son offre à un menu du marché, où la marée bretonne est mise à l'honneur par un chef créatif. Cadre rustique-moderne. Prestation simplifiée à midi.

Au Petit Bouchon Briochin — VISA MC
10 r. J. Ferry – ✆ 02 96 94 05 34 – giorgi.jeanmarc@neufbusiness.fr – Fax 02 96 75 23 69 – Fermé 27 fév. -8 mars, 1er-18 août, merc. soir, sam. midi et dim. — AX **n**
Rest – Menu (11 € bc), 19/30 €
◆ Cochonnailles et plats du terroir sont généreusement servis dans ce petit restaurant décoré de vieilles cartes postales régionales et de tableaux. Ambiance bon enfant.

ST-BRIEUC

Street	Grid	No.
Abbé-Garnier (R.)	AX	2
Armor (Av. d')	BZ	3
Chapitre (R. du)	AZ	4
Charbonnerie (R.)	AY	5
Corderie (R. de la)	AX	13
Ferry (R. Jules)	AX	16
Gambetta (Bd)	AV	17
Gaulle (Pl. Gén.-de)	AY	18
Glais-Bizoin (R.)	ABY	20
Le Gorrec (R. P.)	AZ	28
Hérault (Bd)	AV	23
Jouallan (R.)	AY	26
Libération (Av. de la)	BZ	29
Lycéens-Martyrs (R.)	AZ	32
Martray (Pl. du)	AY	33
Quinquaine (R.)	AY	38
Résistance (Pl. de la)	AY	39
Rohan (R. de)	AYZ	40
St-Gilles (R.)	AY	43
St-Gouéno (R.)	AY	44
St-Guillaume (R.)	BZ	46
Victor-Hugo (R.)	BX	50
3-Frères-Le-Goff (R.)	AY	52
3-Frères-Merlin (R.)	AY	53

à Sous-la-Tour Nord-Est : 3 km par Port Légué et D 24 BV – ✉ 22190 Plérin

XX **La Vieille Tour** (Adam) AC VISA MC

75 r. de la Tour – ☎ 02 96 33 10 30 – ugho777@aol.com – Fax 02 96 33 38 76 – Fermé 20 août-11 sept., vacances de fév., sam. midi, dim. soir et lundi

Rest – *(nombre de couverts limité, prévenir)* Menu 26 € (sem.)/75 € – Carte 56/104 €

Spéc. "Mac'Adam" de foie gras chaud aux Saint-Jacques et cèpes (sept. à déc.). Turbot sauvage au thym et laurier. Variation sur les fruits rouges, crème glacée à l'estragon (juin à août).

◆ Face au chenal, maison de pays rajeunie pour vous convier aux plaisirs de la table dans un cadre design jouant sur la lumière et les matières (verre, wengé, cuir, fer, grès).

à Cesson Est : 3 km par r. Genève BV – ✉ 22000

XXX **La Croix Blanche** VISA MC

61 r. de Genève – ☎ 02 96 33 16 97 – Fax 02 96 62 03 50 – Fermé 1er-20 août, 18 fév.-2 mars, dim. soir et lundi

Rest – Menu 22/84 € – Carte 47/51 €

◆ Ce restaurant situé dans un quartier résidentiel abrite plusieurs salles à manger confortables et personnalisées, ouvrant sur le jardin. Appétissante cuisine au goût du jour.

XX **Manoir le Quatre Saisons** VISA MC

61 chemin Courses – ☎ 02 96 33 20 38 – manoirlequatresaisons@hotmail.com – Fax 02 96 33 77 38 – Fermé 11-26 mars, 15-30 oct., dim. soir et lundi

Rest – Menu 20 € (sem.)/77 €

◆ Auberge de pays tapie dans un vallon rejoignant la mer. Cuisine traditionnelle servie dans deux pimpantes salles à manger aux jolis détails Art nouveau.

ST-CALAIS – 72 Sarthe – 310 N7 – 3 785 h. – alt. 155 m – ✉ 72120

Châteaux de la Loire 35 **D1**

Paris 188 – La Ferté-Bernard 33 – Le Mans 47 – Tours 66 – Vendôme 32

Office de tourisme, place de l'Hôtel de ville ☎ 02 43 35 82 95, Fax 02 43 35 15 13

Façade★ de l'église Notre-Dame.

X **À St-Antoine** VISA MC AE

pl. St-Antoine – ☎ 02 43 35 01 56 – asaintantoine@wanadoo.fr – Fax 02 43 35 01 56 – Fermé 15 fév.-1er mars, dim. soir et merc.

Rest – Menu 13/32 € – Carte 20/38 €

◆ Installée dans l'ex-café du village, tout près de l'église, petite salle à manger rénovée simplement et meublée dans le style bistrot. Cuisine traditionnelle.

Rte de la Ferté-Bernard 3 km au Nord par D 1

Château de la Barre ch, VISA MC

– ☎ 02 43 35 00 17 – info@chateaudelabarre.com – Fermé 15 janv.-15 fév.

5 ch – 130 € 150/220 € – **Rest** – *(dîner seult) (résidents seult)* Menu 60 € bc

◆ Ce beau château entouré d'un parc de 40 ha appartient à la même famille depuis le 15e s. Les chambres, raffinées et personnalisées, possèdent d'authentiques meubles anciens. Cuisine bourgeoise servie dans une salle à manger agrémentée d'un superbe vaisselier.

ST-CANNAT – 13 Bouches-du-Rhône – 340 G4 – 4 634 h. – alt. 216 m – ✉ 13760

Provence 40 **B3**

Paris 731 – Aix-en-Provence 17 – Cavaillon 39 – Manosque 65 – Marseille 46

Syndicat d'initiative, 3 avenue Pasteur ☎ 04 42 57 34 65

au Sud par rte d'Éguilles et rte secondaire : 2 km – ✉ 13760 St-Cannat

XX **Mas de Fauchon** avec ch ch, AC ch, P VISA MC AE

quartier Fauchon – ☎ 04 42 50 61 77 – mas-de-fauchon@wanadoo.fr – Fax 04 42 57 22 56

15 ch – 110/240 € 110/240 €, 15 € – 1 suite – **Rest** – Menu 30 € (déj. en sem.), 46/60 € – Carte 50/76 €

◆ En pleine campagne, bergerie du 17e s. restaurée avec goût. Coquette salle à manger rustique et ravissante terrasse ombragée. Chambres provençales dont sept flambant neuves.

ST-CAPRAISE-DE-LALINDE – 24 Dordogne – 329 E6 – rattaché à Lalinde

ST-CAST-LE-GUILDO – 22 Côtes-d'Armor – 309 I3 – 3 187 h. – alt. 52 m – ✉ 22380 Bretagne 10 C1

Paris 427 – Avranches 91 – Dinan 32 – St-Brieuc 50 – St-Malo 31

Office de tourisme, place Charles-de-Gaulle ☎ 02 96 41 81 52, Fax 02 96 41 76 19

de Saint-Cast Pen-Guen Chemin du Golf, S : 4 km, ☎ 02 96 41 91 20.

Pointe de St-Cast ≤★★ - Pointe de la Garde ≤★★ - Pointe de Bay ≤★ S : 5 km.

Ker Flore VISA MC

au bourg, près église – ☎ 02 96 81 03 79 – ker.flore@wanadoo.fr – Fermé 11 juin-6 juil., janv., mardi soir, merc. soir sauf juil.-août et lundi

Rest – Menu (12 €), 18/25 € – Carte 25/43 €

◆ Cadre champêtre égayé de murs ensoleillés et d'objets chinés pour ce restaurant (non-fumeurs) où l'on déguste des plats traditionnels, réalisés en fonction du marché.

ST-CÉRÉ – 46 Lot – 337 H2 – 3 515 h. – alt. 152 m – ✉ 46400 Périgord 29 C1

Paris 531 – Aurillac 62 – Brive-la-Gaillarde 51 – Cahors 80 – Figeac 44 – Tulle 54

Office de tourisme, 13 avenue Francois de Maynard ☎ 05 65 38 11 85

de Montal à Saint-Jean-LespinasseO : 3 km par D 807, ☎ 05 65 10 83 09.

Site★ - Tapisseries de Jean Lurçat★ au casino - Atelier-musée Jean Lurçat★ - Château de Montal★★ O : 3 km.

Cirque d'Autoire★ : ≤★★ par Autoire (site★) O : 8 km.

Les Trois Soleils de Montal (Bizat) ch, rest, rest, 50, VISA MC

rte de Gramat, 2 km par D 673 – ☎ 05 65 10 16 16 – lestroissoleils@wanadoo.fr – Fax 05 65 38 30 66 – Fermé 3-20 déc., 2-31 janv.

26 ch – †70/119 € ††86/119 €, ☐ 14 € – 4 suites – ½ P 92/112 € –

Rest – *(fermé dim. soir, mardi midi et lundi d'oct. à mars, lundi midi d'avril à sept.)* Menu 29 € (déj. en sem.), 39/65 € – Carte 54/88 €

Spéc. Lobe de foie gras rôti aux poires et épices douces. Lièvre à la cuiller (automne). Baba de glace vanille. **Vins** Gaillac doux, Cahors.

◆ Des tapisseries de Lurçat et des toiles du 19e s. habillent les murs de ce complexe hôtelier proche du château de Montal. Chambres feutrées. Savoureuse cuisine servie dans une élégante salle à manger.

De France ch, VISA MC AE

rte d'Aurillac – ☎ 05 65 38 02 16 – lefrance-hotel@wanadoo.fr – Fax 05 65 38 02 98 – Fermé 17 déc.-27 janv.

18 ch – †43 € ††53 €, ☐ 7 € – ½ P 51/53 € – **Rest** – *(dîner seult sauf dim.)* Menu 23/38 € – Carte 33/56 €

◆ Proche de la galerie du "Casino" (œuvres de J. Lurçat). Sobres chambres d'esprit rustique ; préférez celles donnant sur le jardin. Restaurant aménagé à la façon d'un salon de maison particulière. Terrasse ombragée. Plats traditionnels et saveurs du Quercy.

Touring sans rest VISA MC AE

pl. République – ☎ 05 65 38 30 08 – bennesa46@aol.com – Fax 05 65 38 18 67 – Fermé 1er janv.-1er mars

28 ch – †39 € ††39/45 €, ☐ 7 €

◆ Bien situé, cet imposant hôtel familial au sage décor eut pour hôte Pierre Benoit qui y écrivit quelques romans dans les années 1920-1930. Réception au premier étage.

Villa Ric avec ch ≤ plateau du Quercy, ch, VISA MC

rte Leyme par D 48 : 2,5 km – ☎ 05 65 38 04 08 – hotel.jpric@libertysurf.fr – Fax 05 65 38 00 14 – Ouvert 7 avril-5 nov.

5 ch – †75 € ††75/105 €, ☐ 10 € – ½ P 75/105 € – **Rest** – *(dîner seult) (nombre de couverts limité, prévenir)* Menu 35/58 €

◆ Villa aux couleurs pastel nichée à flanc de colline, dans un cadre reposant. Cuisine au goût du jour servie dans une salle à manger raffinée. Chambres coquettes.

ST-CERGUES – 74 Haute-Savoie – 328 K3 – 2 513 h. – alt. 615 m – ✉ 74140

46 **F1**

Paris 547 – Annecy 54 – Annemasse 9 – Bonneville 25 – Genève 19 – Thonon-les-Bains 21

De France avec ch — rest, 25, VISA AE

1044 r. Allobroges – ✆ 04 50 43 50 32 – hoteldefrance74@wanadoo.fr – Fax 04 50 94 66 45 – Fermé 30 mars-16 avril, 17 août-3 sept., dim. soir, merc. midi et lundi

18 ch – †52/62 € ††55/65 €, ☐ 9 € – ½ P 58/63 € – **Rest** – Menu 16 € (sem.)/50 € – Carte 38/65 €

♦ Cette maison tenue par la même famille depuis quatre générations soigne son décor, son accueil et sa cuisine. Élégant restaurant, joli jardin-terrasse et chambres actuelles.

Rouge = agréable. Repérez les symboles et passés en rouge.

ST-CHAMAS – 13 Bouches-du-Rhône – 340 F4 – 6 595 h. – alt. 15 m – ✉ 13250

Provence

40 **A3**

Paris 738 – Arles 43 – Marseille 50 – Martigues 26 – Salon-de-Provence 16

Office de tourisme, montée des Pénitents ✆ 04 90 50 90 54, Fax 04 90 50 90 10

Le Rabelais — VISA AE

8 r. A. Fabre (centre ville) – ✆ 04 90 50 84 40 – le.rabelais@wanadoo.fr – Fax 04 90 50 84 40 – Fermé dim. soir hors saison et lundi

Rest – Menu 25 € (déj. en sem.)/37 € – Carte environ 42 €

♦ Près de l'ancienne fabrique de poudre, restaurant installé dans la jolie salle voûtée du 17e s. d'un vieux moulin à blé. Agréable terrasse fleurie. Cuisine inventive.

ST-CHAMASSY – 24 Dordogne – 329 G6 – 443 h. – alt. 185 m – ✉ 24260

4 **C3**

Paris 529 – Bergerac 42 – Brive-la-Gaillarde 77 – Périgueux 49 – Sarlat-la-Canéda 33

Auberge La Vieille Cure — VISA

– ✆ 05 53 07 24 24 – Fax 05 53 54 39 44 – Ouvert début mars-fin nov. et fermé lundi

Rest – Menu 23/47 € – Carte 40/59 €

♦ Ancien presbytère d'un paisible village périgourdin. Cadre plaisant : vieilles pierres, horloge et cheminée. Côté cuisine : plats régionaux et grillades aux sarments.

ST-CHAMOND – 42 Loire – 327 G7 – 37 378 h. – alt. 388 m – ✉ 42400

Lyon et la vallée du Rhône

44 **B2**

Paris 505 – Feurs 55 – Lyon 50 – Montbrison 53 – St-Étienne 11 – Vienne 38

Office de tourisme, 23 avenue de la Libération ✆ 04 77 31 04 41, Fax 04 77 22 04 34

Plan page ci-contre

Les Ambassadeurs — rest, VISA AE

28 av. Libération – ✆ 04 77 22 85 80 – pierrelecroisey@aol.com – Fax 04 77 31 96 95 – Fermé 3-13 août

BZ **a**

16 ch – †51 € ††65 €, ☐ 8,50 € – ½ P 49 € – **Rest** – *(fermé 30 avril-6 mai, 20 juil.-13 août, sam. midi, dim. soir et vend.)* Menu (16 € bc), 19 € (sem.)/69 € – Carte 35/80 €

♦ A. Pinay et A. Prost figurent parmi les plus illustres "ambassadeurs" de la ville. L'hôtel, qui occupe un immeuble des années 1970, a rajeuni la plupart de ses chambres. Salle à manger décorée dans un esprit actuel sobre et plaisant ; cuisine classique.

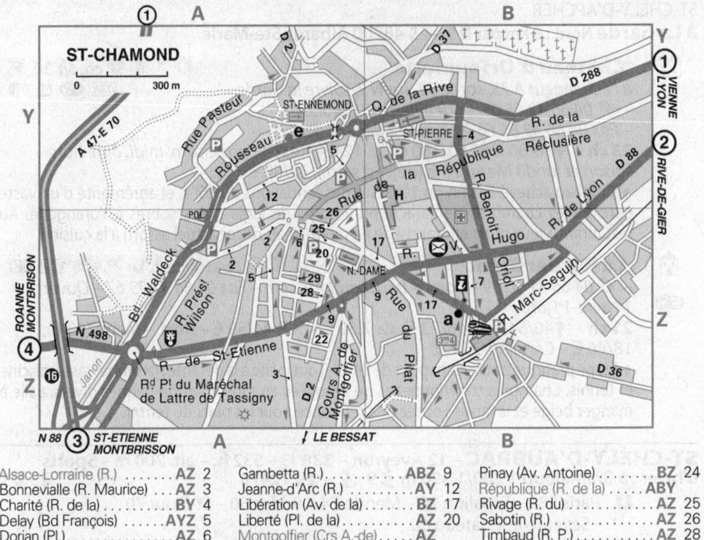

Alsace-Lorraine (R.)	AZ	2	Gambetta (R.)	ABZ	9	Pinay (Av. Antoine)	BZ	24
Bonnevialle (R. Maurice)	AZ	3	Jeanne-d'Arc (R.)	AY	12	République (R. de la)	ABY	
Charité (R. de la)	BY	4	Libération (Av. de la)	BZ	17	Rivage (R. du)	AZ	25
Delay (Bd François)	AYZ	5	Liberté (Pl. de la)	AZ	20	Sabotin (R.)	AZ	26
Dorian (Pl.)	AZ	6	Montgolfier (Crs A.-de)	AZ		Timbaud (R. P.)	AZ	28
Dugas-Montbel (R.)	BZ	7	Morel (Pl. Germain)	AZ	22	Trois Frères (R. des)	AZ	29

XXX **La Maison des Chanoines** VISA

52 bd Waldeck Rousseau – ✆ 04 77 29 33 25 – contact@leschanoines.com – Fax 04 77 29 33 29 – Fermé dim. soir et lundi YA **e**

Rest – Menu 21/88 € ♀

◆ Élégante maison du 16e s. agrémentée de toits en tuile et de colonnades. À l'intérieur, décor contemporain, couleurs vives et œuvres d'art. Cuisine au goût du jour.

à l'Horme par ② : 3 km – 4 639 h. – alt. 320 m – ✉ 42152

Vulcain sans rest 20, P VISA

1 r. du Puits Gillier – ✆ 04 77 22 17 11 – hvln@voila.fr – Fax 04 77 29 07 95

30 ch – 41/62 € 48/62 €, ☕ 7,50 €

◆ L'enseigne rend hommage aux forges et aciéries de St-Chamond. Chambres fonctionnelles bien tenues et 7 000 m² d'espaces verts compensent la proximité de la voie ferrée.

ST-CHARTIER – 36 Indre – 323 H7 – rattaché à La Châtre

ST-CHÉLY-D'APCHER – 48 Lozère – 330 H6 – 4 316 h. – alt. 1 000 m – ✉ 48200

22 **B1**

Paris 540 – Aurillac 106 – Mende 45 – Le Puy-en-Velay 85 – Rodez 114 – St-Flour 36

Office de tourisme, place du 19 mars 1962 ✆ 04 66 31 03 67, Fax 04 66 31 30 30

Les Portes d'Apcher 100, P VISA

1,5 km au Nord sur N 9 – ✆ 04 66 31 00 46 – Fax 04 66 31 28 85 – Fermé 21 déc.-25 janv. et vend. soir du 1er oct. au 30 avril

16 ch – 52 € 52 €, ☕ 7 € – ½ P 47 € – **Rest** – Menu 16/47 € – Carte 17/48 € ♀

◆ Proximité de l'autoroute, vue étendue sur l'Aubrac et la Margeride : voici au moins deux bonnes raisons pour faire étape dans cet hôtel simple et actuel. Saveurs du terroir à déguster dans une salle à manger en rotonde, coiffée d'une charpente apparente.

à La Garde Nord : 9 km par N 9 – ✉ 48200 Albaret-Ste-Marie

Château d'Orfeuillette ch, 30, VISA AE
à l'échangeur A 75, sortie 32, sur N 9, suivre la Garde – ✆ 04 66 42 65 65 – orfeuillette48@aol.com – Fax 04 66 42 65 66 – Fermé 22 déc.-26 déc.
23 ch – 60/80 € 60/180 €, 12 € – **Rest** – *(fermé sam. midi, dim. hors saison et lundi)* Menu 29 € (déj. en sem.), 32/60 €
◆ Château achevé à la fin du 19e s. sur des fondations du 16e s. et agrémenté d'un vaste parc. Belles chambres de caractère au corps de logis ; plus sobres à l'orangerie. Au restaurant, vieux murs et grand âtre en pierre, mais décor actuel assorti à la cuisine.

Le Rocher Blanc rest, rest, VISA
– ✆ 04 66 31 90 09 – hotel@lerocherblanc.com – Fax 04 66 31 93 67 – Ouvert 1er avril-1er janv.
21 ch – 46/54 € 46/73 €, 7,50 € – ½ P 44/59 € – **Rest** – Menu (13 €), 18/46 € – Carte 19/35 €
◆ Étape pratique pour s'échapper de l'A 75. Tout incite à la détente : jardin, terrasse, piscine et tennis. Chambres traditionnelles ou rénovées en s'inspirant de thèmes divers. Salle à manger beige et lavande ; optez de préférence pour les plats du terroir.

ST-CHÉLY-D'AUBRAC – 12 Aveyron – 338 J3 – 532 h. – alt. 700 m – Sports d'hiver : à Brameloup 1 200/1 390 m 9 – ✉ 12470 29 D1

Paris 589 – Espalion 20 – Mende 74 – Rodez 50 – St-Flour 70 – Sévérac-le-Château 60

Office de tourisme, route d'Espalion ✆ 05 65 44 21 15, Fax 05 65 48 55 41

Voyageurs ch, VISA
av. Aubrac – ✆ 05 65 44 27 05 – contact@hotel-conserverie-aubrac.com – Fax 05 65 44 21 67 – Ouvert 7 avril-29 juin, 8 juil.-14 oct. et fermé merc. sauf juil.-août
7 ch – 44/49 € 44/49 €, 6,50 € – ½ P 45/47 € – **Rest** – *(Ouvert 8 juil.-30 sept. et fermé merc. d'avril à juin, sept. et merc. midi en juil.)* Menu 16 € (sem.)/27 € – Carte 33/38 €
◆ Les villages perdus dans la campagne réservent de belles surprises ! Il en est ainsi de ce petit hôtel familial et de ses chambres impeccables, simples et coquettes. À table, cuisine familiale à l'accent aveyronnais (tripoux, aligot...). Conserverie artisanale.

ST-CHÉRON – 91 Essonne – 312 B4 – 4 444 h. – alt. 100 m – ✉ 91530 18 B2

Paris 42 – Chartres 54 – Dourdan 10 – Étampes 21 – Fontainebleau 58 – Orléans 91

à St-Évroult Sud : 1,5 km par V 6 – ✉ 91530 St-Chéron

Auberge de la Cressonnière 6/10, VISA AE
– ✆ 01 64 56 60 55 – la.cressonniere@wanadoo.fr – Fax 01 64 56 56 37 – Fermé 20 août-10 sept., 22 janv.-5 fév., jeudi soir, dim. soir et lundi
Rest – Menu 21 € (déj. en sem.), 27/45 € – Carte 37/53 €
◆ Au bord de l'Orge, auberge au cadre rustique, mitonnant des petits plats inspirés par la région aveyronnaise. Un superbe tracteur à vapeur trône dans le jardin fleuri.

ST-CHRISTOL – 84 Vaucluse – 332 F9 – alt. 856 m – ✉ 84390 40 B2

Paris 737 – Carpentras 53 – Cavaillon 63 – Marseille 113

Le Lavandin cuisinette 25/90, VISA AE
rte d'Apt, 3 km au Sud-Ouest – ✆ 04 90 75 09 18 – le-lavandin2@wanadoo.fr – Fax 04 90 75 09 17 – Fermé janv. et fév.
32 ch – 55 € 65/140 €, 10 € – **Rest** – *(fermé lundi et mardi)* Menu (17 €), 20/32 €
◆ Sur le plateau d'Albion, entre champs de lavande et forêt de chênes, hôtel récent aux chambres propres et fonctionnelles ; certaines s'agrémentent d'une terrasse privative, d'autres peuvent accueillir les familles. Au restaurant, cuisine traditionnelle et régionale.

ST-CHRISTOPHE-LA-GROTTE – 73 Savoie – 333 H5 – rattaché aux Échelles

ST-CIERS-DE-CANESSE – 33 Gironde – 335 H4 – 718 h. – alt. 40 m – ✉ 33710

3 **B1**

Paris 548 – Blaye 10 – Bordeaux 45 – Jonzac 54 – Libourne 41

Citadelle de Blaye★ NO : 8 km, **Pyrénées Aquitaine.**

La Closerie des Vignes ch, ch, ch, VISA

Village Arnauds, Nord : 2 km par D 250 et D 135 – ☎ 05 57 64 81 90 – la-closerie-des-vignes@wanadoo.fr – Fax 05 57 64 94 44 – Ouvert 1er avril-31 oct.

9 ch – 80/90 € 80/90 €, 9,50 € – ½ P 74/78 € – **Rest** – *(fermé mardi) (dîner seult)* Menu 29/35 € – Carte 32/38 €

◆ Pavillon récent cerné par les vignes de Blaye. Chambres calmes, de bonne ampleur, dotées d'un mobilier contemporain épuré. Salle à manger lambrissée avec vue sur les ceps et le jardin. La cuisine, traditionnelle, joue la carte de la simplicité.

ST-CIRQ-LAPOPIE – 46 Lot – 337 G5 – 207 h. – alt. 320 m – ✉ 46330

Périgord

29 **C1**

Paris 574 – Cahors 26 – Figeac 44 – Villefranche-de-Rouergue 37

Office de tourisme, place du Sombral ☎ 05 65 31 29 06, Fax 05 65 31 29 06

Site★★ - Vestiges de l'ancien château ≤★★ - Le Bancourel ≤★ - Bouziès : chemin de halage du Lot★ NO : 6,5 km.

Auberge du Sombral "Les Bonnes Choses" sans rest VISA

– ☎ 05 65 31 26 08 – Fax 05 65 30 26 37 – Ouvert 2 avril-10 nov. et fermé merc. – **8 ch** – 50 € 75 €, 7,50 €

◆ Cette maison ancienne joliment restaurée borde une placette animée de ce ravissant village médiéval qui surplombe le Lot. Les chambres, plutôt petites, sont plaisantes.

Le Gourmet Quercynois VISA

– ☎ 05 65 31 21 20 – Fax 05 65 31 36 78 – Fermé mi-nov. à mi-déc. et janv.

Rest – Menu (14 €), 20/34 € – Carte 31/42 €

◆ Ce restaurant convivial aménagé dans une maison du 17e s. propose une cuisine du terroir mettant à l'honneur le canard. Petit musée du vin et boutique de produits régionaux.

à Tour-de-Faure Est : 2 km par D 8 – 350 h. – alt. 137 m – ✉ 46330

Les Gabarres sans rest VISA

– ☎ 05 65 30 24 57 – Fax 05 65 30 25 85 – Ouvert 7 avril-20 oct.

28 ch – 51/52 € 51/52 €, 8 €

◆ Au pied du village perché, près du Lot, construction récente dont l'enseigne évoque la batellerie d'autrefois. Les chambres ont toutes été rénovées.

ST-CLAIR – 83 Var – 340 N7 – rattaché au Lavandou

ST-CLAR – 32 Gers – 336 G6 – 868 h. – alt. 150 m – ✉ 32380

Midi-Pyrénées

28 **B2**

Paris 706 – Agen 49 – Auch 37 – Toulouse 79

Office de tourisme, place de la Mairie ☎ 05 62 66 34 45

La Garlande sans rest

pl. de la Mairie – ☎ 05 62 66 47 31 – nicole.cournot@wanadoo.fr – Fax 05 62 66 47 70 – Ouvert 23 mars-4 nov. – **3 ch** – 47/65 € 54/65 €

◆ Cette demeure, qui se dresse face à la halle du 13e s., recèle de belles et paisibles chambres (meubles anciens, tapisseries, tomettes, parquets...). Salon de lecture et ravissant jardin de curé, très fleuri.

ST-CLAUDE – 39 Jura – 321 F8 – 12 303 h. – alt. 450 m – ✉ 39200

Franche-Comté Jura

16 **B3**

Paris 465 – Annecy 88 – Genève 60 – Lons-le-Saunier 59

Office de tourisme, 1 avenue de Belfort ☎ 03 84 45 34 24, Fax 03 84 41 02 72

de la Valserine à Mijoux La Pellagrue, par rte de Genève : 24 km, ☎ 04 50 41 31 56.

Site★★ - Cathédrale St-Pierre★ : stalles★★ Z - Exposition de pipes, de diamants et de pierres fines Z **E.**

Georges du Flumen★ par ② - Route de Morez ≤★★ 7 km par ①.

ST-CLAUDE

Abbaye (Pl. de l') ...... Z 2
Belfort (Av. de) .... Y 3
Christin (Pl.) .... Y 5
Gambetta (R.) .... Z 6
Janvier (R. A.) .... Z 7
Lamartine (R.) .... Y 9
Louis-XI (Pl.) .... Z 12
Marché (R. du) .... Z 20
Pré (R. du) .... YZ
République (Bd de la) .. Y 23
Rosset (R.) .... Z 24
Victor-Hugo (R.) .... Y 25
Voltaire (Pl.) .... Y 26
9-Avril-1944 (Pl. du) .... Y 27

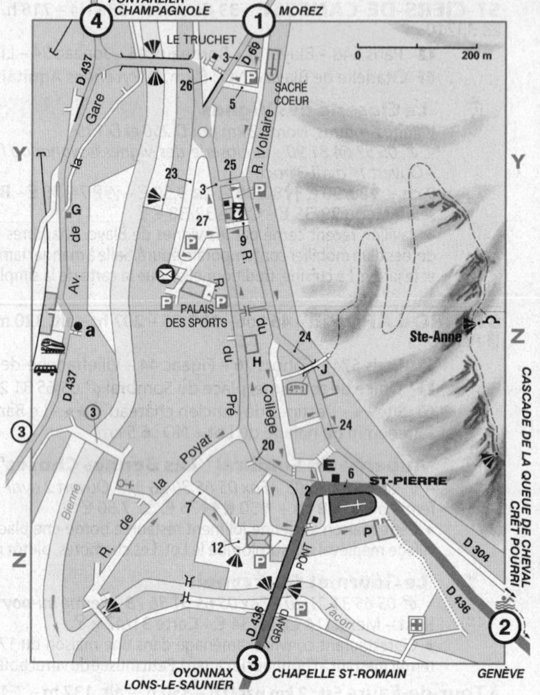

Jura — rest, ch, VISA

40 av. Gare – ✆ 03 84 45 24 04 – jura.hotel@wanadoo.fr – Fax 03 84 45 58 10 — Z a

35 ch – 46/56 € 50/62 €, 7,50 € – ½ P 47/53 € – **Rest** – *(fermé 24-31 déc. et dim. soir)* Menu 17 € (sem.)/30 €

◆ Pratique, cet hôtel sans prétention surplombant la rivière qui se trouve juste en face de la gare. Chambres modestes, pour moitié non-fumeurs ; certaines ont une miniterrasse. Beau panorama sur la ville et la Bienne par les fenêtres du restaurant.

ST-CLÉMENT-DES-BALEINES – 17 Charente-Maritime – 324 A2 – voir à Île de Ré

ST-CLOUD – 92 Hauts-de-Seine – 311 J2 – 101 14 – voir à Paris, Environs

ST-CONSTANT – 15 Cantal – 330 B6 – 553 h. – alt. 260 m – ✉ 15600 — 5 A3

Paris 573 – Aurillac 48 – Decazeville 17 – Figeac 23 – Rodez 55 – Tulle 98

Église de Maurs : statues★ et buste-reliquaire★ NO : 4,5 km, **Auvergne.**

Auberge des Feuillardiers — VISA

– ✆ *04 71 49 10 06 – Fax 04 71 49 11 43 – Fermé 24 août-5 sept., 18 fév.-3 mars et merc.*

Rest – *(nombre de couverts limité, prévenir)* Menu 14/40 € – Carte 20/47 €

◆ À l'écart de la rumeur de la route, restaurant au cadre campagnard, dont la présence anime le hameau. En cuisine, le chef rajeunit les recettes du terroir.

ST-CRÉPIN-ET-CARLUCET – 24 Dordogne – 329 I6 – 407 h. – alt. 262 m – ✉ 24590 Périgord 4 D3

Paris 519 – Bordeaux 196 – Brive-la-Gaillarde 40 – Sarlat-la-Canéda 12

Les Charmes de Carlucet sans rest

Carlucet – ✆ 05 53 31 22 60 – lescharmes@carlucet.com – Fax 05 53 31 22 60 – Ouvert 1er mars- mi-nov.

4 ch – 74/89 € 84/109 €, 5 €

◆ Cette tranquille propriété périgourdine, parfaitement restaurée, accueille des chambres sobres et spacieuses, mansardées pour deux d'entre elles. Accueil attentionné.

Ce symbole en rouge ?
La tranquillité même, juste le chant des oiseaux au petit matin…

ST-CYPRIEN – 24 Dordogne – 329 H6 – 1 522 h. – alt. 80 m – ✉ 24220 Périgord 4 D3

Paris 540 – Bergerac 53 – Cahors 68 – Fumel 51 – Périgueux 57 – Sarlat-la-Canéda 22

Office de tourisme, place Charles-de-Gaulle ✆ 05 53 30 36 09, Fax 05 53 28 55 05

de Lolivarie à Siorac-en-Périgord, O : 13 km par D 703, ✆ 05 53 30 22 69.

rte de Sarlat Est : 2,5 km par D 703 – ✉ 24200 St-Cyprien

Le Jardin d'Épicure

sur D 703 – ✆ 05 53 30 40 95 – Fax 05 53 30 40 96 – Fermé mi-nov. à mi-déc., jeudi midi, sam. midi et merc.

Rest – Menu 18 € (déj. en sem.), 36/60 € bc – Carte 45/52 €

◆ Ancienne métairie transformée en salle de restaurant claire, ouverte sur une terrasse fleurie, où l'on déguste une cuisine personnalisée d'inspiration régionale.

à Allas-les-Mines Sud-Ouest : 5 km par D 703 et C 204 – 224 h. – alt. 85 m – ✉ 24220

Gabarrier

– ✆ 05 53 29 22 51 – Fax 05 53 29 47 12 – Fermé 15 nov.-début fév. et merc. sauf d'avril à sept.

Rest – *(nombre de couverts limité, prévenir)* Menu 28/65 € – Carte 40/65 €

◆ Maison de pays proche du pont enjambant la Dordogne. Cuisine du terroir servie l'été dans la véranda au bord de la rivière, l'hiver dans la salle à manger de style rustique.

ST-CYPRIEN – 66 Pyrénées-Orientales – 344 J7 – 8 573 h. – alt. 5 m – Casino – ✉ 66750 Languedoc Roussillon 22 B3

Paris 859 – Céret 31 – Perpignan 17 – Port-Vendres 20

Office de tourisme, quai A. Rimbaud ✆ 04 68 21 01 33, Fax 04 68 21 98 33

de Saint-Cyprien à Saint-Cyprien-Plage Mas d'Huston, N : 1 km, ✆ 04 68 37 63 63.

à St-Cyprien-Plage Nord-Est : 3 km par D 22 – ✉ 66750 St-Cyprien

Mas d'Huston ch, ch, rest, 15/60,

au golf – ✆ 04 68 37 63 63 – masdhustonhotel@opengolfclub.com – Fax 04 68 37 64 64 – Fermé 11 nov.-10 déc.

50 ch – 100/160 € 100/160 €, 14 € – ½ P 85/115 €

Rest *Le Mas* – *(fermé 11 nov.-10 déc.) (dîner seult)* Menu 32 € bc/48 € bc

Rest *L'Eagle* – brasserie *(déj. seult)* Menu (15 €), 26/34 €

◆ La rénovation de l'hôtel a été confiée à Henri Quinta qui a habillé les chambres contemporaines (avec balcon ou terrasse) de ses fameuses Toiles du Soleil, rayées et très colorées. Carte classique et décor "trendy" au Mas. Cuisine simple et cadre moderne à l'Eagle.

à St-Cyprien-Sud 3 km – ✉ 66750 St-Cyprien

L'Île de la Lagune ≤ ch, AC, 30, P
bd de l'Almandin – ☎ 04 68 21 01 02 – contact@hotel-ile-lagune.com – Fax 04 68 21 06 28 – Fermé 18 fév.-4 mars VISA MC AE
18 ch – †123/170 € ††145/215 €, ☐ 16 € – 4 suites – ½ P 125/160 €
Rest ***L'Almandin*** – *(fermé lundi et mardi du 1er oct. au 30 avril)* Menu 28 € bc (déj. en sem.), 48/100 € – Carte 71/86 € ♀
Spéc. Blinis de pommes de terre aux anchois façon Collioure. Carré d'agneau catalan, tatin d'échalotes confites, brochette de rognon de veau, jus au romarin. Pain perdu aux épices, sorbet raisin, jus au banyuls. **Vins** Côtes du Roussillon, Collioure.
◆ Architecture récente de style hispano-mauresque sur un îlot-marina. Chambres fonctionnelles avec balcon. En été, vedette gratuite pour la plage. Au restaurant, goûteuse cuisine de saison revisitant à sa manière le terroir ; terrasse-véranda.

La Lagune ≤ ch,cuisinette P VISA MC
– ☎ *04 68 21 24 24 – contact@hotel-lalagune.com – Fax 04 68 37 00 00 – Ouvert 5 mai-30 sept.*
36 ch – †53/82 € ††62/97 €, ☐ 8 €, 14 studios – ½ P 61/81 € –
Rest – Menu (14 €), 19 € (déj.), 26/29 €
◆ Directement sur la plage, hôtel inséré dans un complexe résidentiel conçu pour une clientèle "club". Chambres avant tout pratiques avec vue sur la piscine ou la lagune. Billard. En saison, animations musicales et repas servis en terrasse. Cuisine simple.

ST-CYR-EN-TALMONDAIS – 85 Vendée – 316 H9 – 301 h. – alt. 31 m – ✉ 85540

34 **B3**

▶ Paris 444 – La Rochelle 57 – Luçon 14 – La Roche-sur-Yon 30 – Les Sables-d'Olonne 38

ℹ Syndicat d'initiative, Mairie ☎ 02 51 30 82 82, Fax 02 51 30 88 29

Auberge de la Court d'Aron P VISA MC
– ☎ *02 51 30 81 80 – d.orizet@wanadoo.fr – Fax 02 51 30 89 50 – Fermé 10-25 nov., vacances de fév., lundi soir en juil.-août, dim. soir et merc. hors saison*
Rest – Menu (13 €), 20/45 € – Carte 26/42 € ♀
◆ Auberge installée dans les anciennes écuries du château éponyme. Selon la saison, profitez de la chaleureuse salle rustique, de la terrasse dressée dans une grange ou du jardin.

ST-CYR-SUR-MER – 83 Var – 340 J6 – 8 898 h. – alt. 10 m – ✉ 83270

Côte d'Azur

40 **B3**

▶ Paris 810 – Bandol 8 – Le Beausset 10 – Brignoles 70 – Marseille 40 – Toulon 23

ℹ Office de tourisme, place de l'Appel du 18 Juin ☎ 04 94 26 73 73, Fax 04 94 26 73 74

18 de Frégate Route de Bandol, S : 3 km par D 559, ☎ 04 94 29 38 00.

Les Lecques – ✉ 83270 St-Cyr-Sur-Mer

Grand Hôtel des Lecques ≤ AC, 25/40, P VISA MC AE
24 av. Port – ☎ 04 94 26 23 01 – info@lecques-hotel.com – Fax 04 94 26 10 22 – Fermé 12 nov.-22 déc. et fév.
60 ch – †71/187 € ††71/187 €, ☐ 12,50 € – ½ P 76/134 € –
Rest – Menu 30/47 € (dîner) – Carte 52/61 € ♀
◆ Élégante demeure "Belle Époque" au milieu d'un luxuriant parc fleuri. Les chambres aux tons ensoleillés des derniers étages, côté façade, sont plus agréables. Dans un décor de jardin d'hiver ou sur une belle terrasse, dégustez une cuisine traditionnelle.

Petit Nice rest, P P VISA MC
– ☎ *04 94 32 00 64 – petitnice@icm.fr – Fax 04 94 32 00 99 – Ouvert 16 mars-5 nov.* – **31 ch** (½ P seult en saison) – †55 € ††55 €, ☐ 8,50 € – ½ P 68 € – **Rest** – *(dîner seult) (residents seult)*
◆ Le calme du beau jardin arboré fait l'attrait de cette avenante pension. Petites chambres au décor actuel ; celles de l'annexe sont plus simples mais plus spacieuses. Les baies du restaurant, en partie sous charpente, s'ouvrent sur la piscine et la verdure.

rte de Bandol par D 559 : 4 km – ✉ **83270 St-Cyr-sur-Mer**

Dolce Frégate ≤ littoral, ch, – ☎ 04 94 29 39 39 ch, 20/180, VISA
– info_fregate@dolce.com – Fax 04 94 29 39 40
100 ch – 239/339 € 239/339 €, 22 € – 33 suites
Rest ***Le Mas des Vignes*** – ☎ *04 94 29 39 47 (dîner seult)* Menu 55/65 € – Carte 52/74 €
Rest ***Restanque*** – ☎ *04 94 29 38 18 (déj. seult sauf juil.-août)* Menu 35 €
♦ Au milieu des vignes, domaine abritant hôtel, golf 27 trous, complexe de loisirs et centre de conférences. Calme, sobriété et décoration provençale partout. Couleurs ensoleillées et terrasse panoramique au Mas des Vignes. Repas décontracté à la Restanque.

ST-DALMAS-DE-TENDE – **06 Alpes-Maritimes** – **341** G3 – **rattaché à Tende**

ST-DALMAS-VALDEBLORE – **06 Alpes-Maritimes** – **341** E3 – **voir à Valdeblore**

ST-DENIS-DE-L'HÔTEL – **45 Loiret** – **318** J4 – **2 621 h.** – **alt. 115 m** – ✉ **45550** 12 **C2**

Paris 153 – Orléans 19 – Gien 48 – Montargis 52 – Pithiviers 37

Le Dauphin sans rest VISA
3 av. Fontaines – ☎ *02 38 46 29 29* – *hotel.le.dauphin@wanadoo.fr*
– Fax 02 38 59 07 63 – Fermé 2 sem. en août et 26 déc.-3 janv.
21 ch – 46 € 52 €, 6,50 €
♦ Sur la route des châteaux de la Loire, sympathique hôtel familial proposant de petites chambres chaleureuses et bien tenues, équipées de meubles rustiques ou fonctionnels.

ST-DENIS-LE-FERMENT – **27 Eure** – **304** K6 – **rattaché à Gisors**

ST-DENIS-LÈS-REBAIS – **77 Seine-et-Marne** – **312** I2 – **780 h.** – **alt. 149 m** – ✉ **77510** 19 **D2**

Paris 72 – Chelles 58 – Meaux 35 – Noisy-le-Grand 57

Brie Champagne sans rest
22 Chantareine – ☎ *01 64 65 46 45* – *contact@chambres-brie-champagne.com*
– Fax 01 64 65 46 45
3 ch – 52 € 62 €
♦ Une glycine et une vigne vierge habillent la façade de cette ancienne ferme de 1750. Chambres typiquement briardes. Petit-déjeuner au coin du feu ou sous la tonnelle.

ST-DENIS-SUR-LOIRE – **41 Loir-et-Cher** – **318** F6 – **rattaché à Blois**

ST-DÉSIRAT – **07 Ardèche** – **331** K2 – **707 h.** – **alt. 130 m** – ✉ **07340** 43 **E2**

Paris 533 – Lyon 71 – Privas 83 – Saint-Étienne 53 – Valence 44

La Désirade ≤ rest,
– ☎ 04 75 34 21 88 – contact@desirade-fr.com – Fermé déc.
6 ch – 35 € 49 € – ½ P 43 € – **Rest** – table d'hôte *(fermé dim. et merc.) (dîner seult) (prévenir)* Menu (15 €), 18 €
♦ À deux pas du musée de l'alambic, maison de famille (1860) et son beau jardin-terrasse ombragé. Coquettes chambres aux noms de fleurs évocateurs. Bonne tenue, accueil charmant. La maîtresse des lieux propose une table d'hôte valorisant le terroir.

ST-DIDIER – **35 Ille-et-Vilaine** – **309** N6 – **rattaché à Chateaubourg**

ST-DIDIER – **84 Vaucluse** – **332** D9 – **rattaché à Carpentras**

ST-DIDIER-DE-LA-TOUR – **38 Isère** – **333** F4 – **rattaché à La Tour-du-Pin**

ST-DIDIER-EN-VELAY – 43 Haute-Loire – 331 H2 – 2 891 h. – alt. 830 m – ✉ 43140 6 D3

Paris 538 – Le Puy-en-Velay 55 – St-Étienne 25 – St-Agrève 45

Office de tourisme, 11 rue Hôtel de Ville ✆ 04 71 66 25 72, Fax 04 71 61 25 83

Auberge du Velay 4/10, VISA

Grand'place – ✆ 04 71 61 01 54 – Fax 04 71 61 15 80 – Fermé 1 sem. début janv., dim. soir et lundi – **Rest** – Menu 17 € bc (déj. en sem.), 25/65 € bc – Carte 43/54 €

◆ Auberge avenante connue depuis 300 ans pour sa cuisine du terroir, désormais teintée de créativité par le nouveau chef-patron arrivé en 2005. Mise de table originale (étains).

ST-DIÉ-DES-VOSGES – 88 Vosges – 314 J3 – 22 569 h. – alt. 350 m – ✉ 88100 Alsace Lorraine 27 C3

Paris 397 – Colmar 53 – Épinal 53 – Mulhouse 108 – Strasbourg 97

Office de tourisme, 8 quai du Mal de L. de Tassigny ✆ 03 29 42 22 22, Fax 03 29 42 22 23

Cathédrale St-Dié★ - Cloître gothique★.

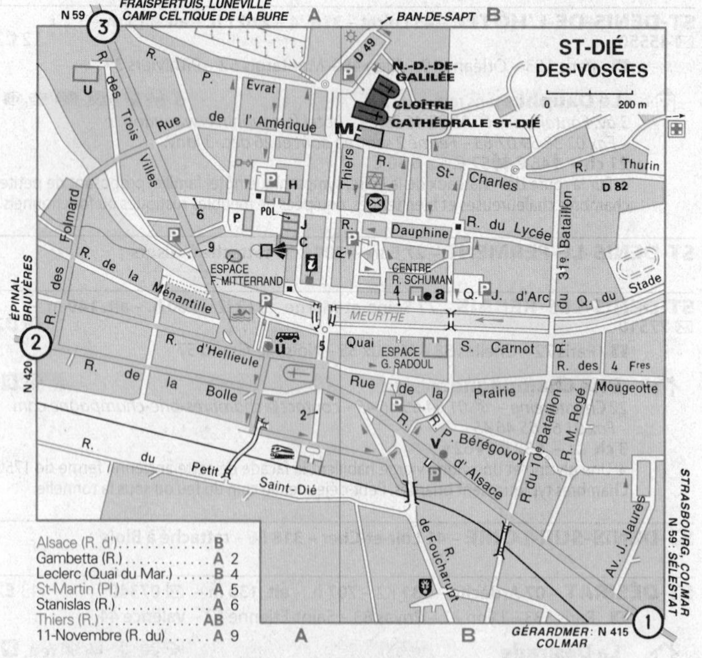

Ibis ch, ch, ch, rest, 12, VISA

5 quai Jeanne d'Arc – ✆ 03 29 42 24 22 – h1102@accor.com – Fax 03 29 55 49 15
58 ch – 53/67 € 53/67 €, 7 € – **Rest** – Menu (12,50 €), 18 € B a

◆ Sur les berges de la Meurthe, hôtel de chaîne dont les chambres, d'ampleur limitée, sont peu à peu rénovées ; préférez celles avec vue sur la rivière. Au restaurant, atmosphère de bistrot et petite carte ad hoc. Bar décoré sur le thème de la bière.

Voyageurs VISA

22 r. Hellieule – ✆ 03 29 56 21 56 – lesvoyageurs88@wanadoo.fr – Fermé dim. soir et lundi A u

Rest – Menu (15 €), 19/29 € – Carte 30/41 €

◆ Proche de l'étonnante tour de la Liberté construite en 1989, lumineuses salles à manger égayées de tons jaunes. Cuisine traditionnelle et menu du marché.

La Table de Manaïs avec ch
64 r. Alsace – ☎ 03 29 56 11 71 – Fax 03 29 56 45 06 – Fermé dim. B **v**
10 ch – 45/48 € 47/50 €, 8,50 € – ½ P 58 € – **Rest** – Carte 32/47 €
◆ L'enseigne contracte les prénoms des deux filles du patron de ce restaurant situé sur une avenue commerçante. Chaleureux décor rénové et cuisine classique. Petites chambres.

à Rougiville **Ouest : 6 km par ② – ✉ 88100 Taintrux**

Le Haut Fer rest, VISA AE
– ☎ 03 29 55 03 48 – le.haut.fer@wanadoo.fr – Fax 03 29 55 23 40 – Fermé 1er-16 janv.
16 ch – 48 € 50 €, 7 € – ½ P 50 € – **Rest** – *(fermé dim. soir et lundi sauf juil.-août)* Menu 12 € (déj. en sem.), 16/36 € – Carte 18/36 €
◆ Cet établissement installé dans une ancienne scierie tient son nom de la lame qui débitait les troncs d'arbres. Chambres côté Sud tournées vers la campagne. Tennis, piscine. Esprit jardin d'hiver au restaurant. Carte classique étoffée de produits de la mer.

Les bonnes adresses à petit prix ?
Suivez les Bibs : Bib Gourmand rouge pour les tables
et Bib Hôtel bleu pour les chambres.

ST-DISDIER – 05 Hautes-Alpes – 334 D4 – 141 h. – alt. 1 024 m – ✉ 05250

Alpes du Nord 40 **B1**

Paris 643 – Gap 46 – Grenoble 81 – La Mure 41

Défilé de la Souloise★ N.

La Neyrette 40, VISA AE
– ☎ 04 92 58 81 17 – info@la-neyrette.com – Fax 04 92 58 89 95 – Fermé 16-30 avril et 15 oct.-1er fév.
12 ch – 54/63 € 65/74 €, 8 € – ½ P 59/64 € – **Rest** – *(dîner seult)* Menu 21/33 € – Carte 27/41 €
◆ Sympathique petite auberge dans un jardin avec plan d'eau où l'on peut ferrer sa truite pour le dîner ! Chambres décorées sur le thème des fleurs de montagne. La salle à manger rustique occupe les murs d'un ancien moulin et la truite figure sur tous les menus.

ST-DIZIER – 52 Haute-Marne – 313 J2 – 30 900 h. – alt. 147 m – ✉ 52100

Champagne Ardenne 14 **C2**

Paris 212 – Bar-le-Duc 26 – Chaumont 74 – Nancy 99 – Troyes 86

Office de tourisme, 4 avenue de Belle-Forêt-sur-Marne ☎ 03 25 05 31 84, Fax 03 25 06 95 51

Plan page suivante

Gentilhommière 14, VISA AE
29 r. J. Jaurès – ☎ 03 25 56 32 97 – Fax 03 25 06 32 66 – Fermé 29 juil.-20 août, 17-25 fév., sam. midi, dim. soir et lundi A **u**
Rest – Menu 20/30 € – Carte 38/50 €
◆ L'originale façade de la maison met en scène deux mannequins costumés dans un petit balcon-vitrine. Chaleureuse salle à manger prolongée par une minivéranda très lumineuse.

à Chamouilley **8 km par ②, D 8A et D 172 – 883 h. – alt. 161 m – ✉ 52410**

Le Moulin ch,cuisinette
– ☎ 03 25 55 81 93 – lemoulinchamouilley@wanadoo.fr – Fax 03 25 55 81 93 – Fermé 31 déc.-6 janv.
5 ch – 49 € 56/70 € – **Rest** – table d'hôte *(dîner seult) (résidents seult)* Menu 29 € bc
◆ La qualité de l'accueil, le confort des chambres - décorées avec goût - et la tranquillité constituent les atouts principaux de cet ancien moulin restauré. Table d'hôte sur réservation.

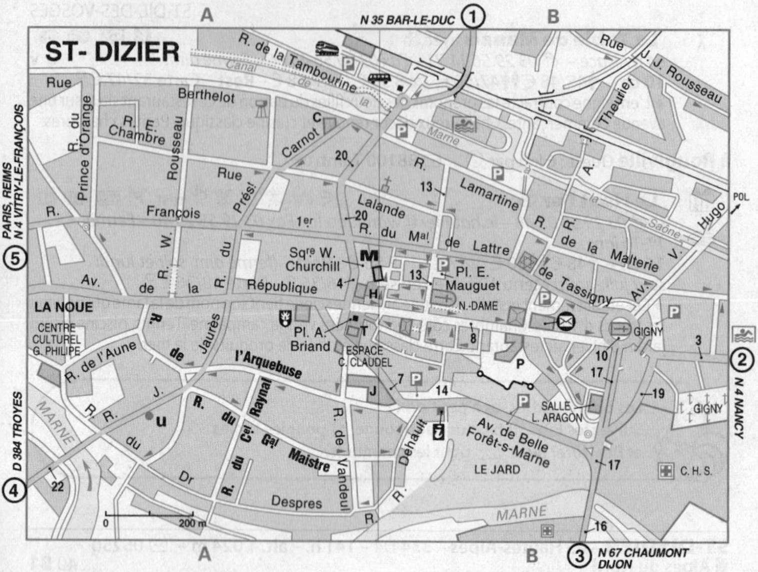

ST-DIZIER

Alsace-Lorraine (Av. d') . . . . . . **B** 3
Cartier (Av. M.) . . . . **A** 4
Commune de Paris (R. de la) . . . . **AB** 7
Gambetta (R.) . . . . **B** 8
Gaulle (Pl. du Gén.-de) . . . . **B** 10
Giros (R. E.) . . . . **B** 13
Liberté (Pl. de la) . . . . **B** 14
Pasteur (Av.) . . . . **B** 17
Paul Bert (R.) . . . . **B** 16
République (Av. de la) . . . . **A**
Tanneurs (R. des) . . . . **B** 19
Verdun (Av. de) . . . . **A** 20
Vergy (R. de) . . . . **A** 22

Le rouge est la couleur de la distinction : nos valeurs sûres !

ST-DONAT-SUR-L'HERBASSE – **26 Drôme** – **332** C3 – **3 132 h.** – **alt. 202 m** – ✉ **26260** ▮ **Lyon et la vallée du Rhône** 43 **E2**

▶ Paris 545 – Grenoble 92 – Hauterives 20 – Romans-sur-Isère 13 – Valence 27

ℹ Office de tourisme, 32 avenue Georges Bert ✆ 04 75 45 15 32, Fax 04 75 45 20 42

XXX **Chartron** avec ch

av. Gambetta – ✆ 04 75 45 11 82 – info@restaurant-chartron.com – Fax 04 75 45 01 36 – Fermé 26 avril-10 mai, 6-24 sept., 2-10 janv., merc. sauf le soir en juil.-août et mardi

7 ch – 🛉60 € 🛉🛉65/72 €, ☕ 9 € – ½ P 70 € – **Rest** – Menu (28 €), 42/50 € 🍷

◆ Grande bâtisse en pierre agrandie d'une rotonde vitrée. Vaste salle à manger contemporaine ; cuisine au goût du jour et menus "truffes" en saison. Chambres au décor moderne.

X **La Mousse de Brochet**

Pl. de la Marne – ✆ 04 75 45 10 47 – Fax 04 75 45 10 47 – Fermé 21 juin-13 juil., 21 janv.-13 fév., le soir en sem. de sept. à mai, dim. soir et lundi

Rest – Menu 17 € (sem.)/54 € 🍷

◆ Après avoir admiré les orgues de la collégiale, faites halte dans cet ancien café au décor un peu "bonbonnière" pour y déguster la mousse de brochet, spécialité de la maison.

ST-DOULCHARD – **18 Cher** – **323** K4 – **rattaché à Bourges**

ST-DYÉ-SUR-LOIRE – 41 Loir-et-Cher – 318 F6 – 945 h. – alt. 96 m – ✉ 41500
Châteaux de la Loire 11 **B2**

Paris 173 – Beaugency 21 – Blois 17 – Orléans 52 – Romorantin-Lanthenay 45

Office de tourisme, 73 rue Nationale ✆ 02 54 81 65 45, Fax 02 54 81 68 07

Manoir Bel Air ch, rest, 15/80, VISA

1 rte d'Orléans – ✆ 02 54 81 60 10 – manoirbelair@free.fr – Fax 02 54 81 65 34 – Fermé de mi-janv. à mi-fév.

47 ch – 40/60 € 75/200 €, 7 € – ½ P 68/75 € – **Rest** – Menu 28/52 € – Carte 34/76 €

◆ Cette demeure bourgeoise du 17e s. fut la propriété d'un courtier en vins, puis d'un gouverneur de la Guadeloupe. Chambres spacieuses et jardin dominent la Loire. Grande salle à manger panoramique tournée vers le fleuve. Décor d'inspiration bourgeoise.

SAINTE voir après la nomenclature des Saints

ST-ÉMILION – 33 Gironde – 335 K5 – 2 345 h. – alt. 30 m – ✉ 33330
Aquitaine 4 **C1**

Paris 584 – Bergerac 58 – Bordeaux 40 – Langon 49 – Libourne 9 – Marmande 59

Office de tourisme, place des Créneaux ✆ 05 57 55 28 28, Fax 05 57 55 28 29

Site★★ - Église monolithe★ - Cloître des Cordeliers★ - ≤★ de la tour du château du Roi.

Hostellerie de Plaisance ch, 20, VISA AE

5 pl. Clocher – ✆ 05 57 55 07 55 – contact@hostelleriedeplaisance.com – Fax 05 57 74 41 11 – Ouvert 14 mars-16 déc.

21 ch – 140/590 € 140/590 €, 24 € – 3 suites – **Rest** – *(fermé sam. midi du 1er nov. au 31 mars, dim. et lundi)* Menu 52/110 € – Carte 97/115 €

Spéc. Lasagne de foie gras de canard et champignons des bois à l'émulsion de truffe. Langoustine royale, écume thaïe, risotto poêlé et purée de petits pois (mai à juil.). Cochon de lait laqué et homard, croustillant de pomme de terre et jus de cochon au cumbawa (juin à août). **Vins** Côtes de Castillon, Saint-Emilion.

◆ Au cœur de la cité, belle demeure du 14e s. en pierre blonde, confortable et soignée, où se nichent de douillettes chambres personnalisées. Festival de saveurs et superbe carte de saint-émilion au restaurant dont quelques tables offrent une échappée sur les toits du village.

Palais Cardinal ch, ch, 40, VISA

pl. 11-novembre-1918 – ✆ 05 57 24 72 39 – hotel@palais-cardinal.com – Fax 05 57 74 47 54 – Ouvert avril-nov.

27 ch – 65 € 76/150 €, 13 € – ½ P 70/135 € – **Rest** – *(fermé jeudi midi et merc.)* Menu (17 €), 24/38 €

◆ L'hôtel occupe une partie de la résidence d'un cardinal du 14e s. Les chambres de l'aile récente sont grandes et raffinées. Joli jardinet et agréable piscine. Au restaurant, mobilier de style, cuisine traditionnelle et saint-émilion de la propriété familiale.

Au Logis des Remparts sans rest 10/20, VISA AE

18 r. Guadet – ✆ 05 57 24 70 43 – contact@logisdesremparts.com – Fax 05 57 74 47 44 – Fermé 20 déc.-28 janv.

16 ch – 72/155 € 72/155 €, 12,50 € – 1 suite

◆ Chambres contemporaines personnalisées, dans deux maisons des 14e et 17e s. Véranda pour les petits-déjeuners, terrasse et jolie piscine au jardin, en lisière des vignes.

Auberge de la Commanderie sans rest 15, VISA

r. Cordeliers – ✆ 05 57 24 70 19 – contact@aubergedelacommanderie.com – Fax 05 57 74 44 53 – Fermé 24 déc.-18 fév.

17 ch – 65/95 € 65/95 €, 9,50 €

◆ Ancienne commanderie du 17e s. vous logeant dans de pimpantes petites chambres remises en phase avec l'époque ; celles de l'annexe, plus grandes, conviennent aux familles.

Le Tertre
r. Tertre de la Tente – ✆ 05 57 74 46 33 – Fax 05 57 74 49 87 – Fermé 11 nov.-7 fév., jeudi en fév.-mars et merc.
Rest – Menu 20 € (déj. en sem.), 27/65 € – Carte 41/79 €
◆ Accolé à l'église, restaurant champêtre agrémenté d'un vivier à crustacés et, au fond, d'un petit caveau creusé dans la roche. Table régionale et belle carte de saint-émilion.

rte de Libourne 4 km par D 243 – ✉ 33330 St-Émilion

Château Grand Barrail ch, ch, rest, 10/40,
– ✆ 05 57 55 37 00
– welcome@grand-barrail.com – Fax 05 57 55 37 49 – Fermé 27 nov.-28 déc.
33 ch – 180/320 € 180/320 €, 22 € – 5 suites, 4 duplex – **Rest** – *(fermé dim. soir, mardi midi et lundi de nov. à mars)* Menu 30 € (déj. en sem.), 40/61 € – Carte 57/67 €
◆ Château (19e s.) restauré avec goût, au milieu d'un parc perdu parmi la vigne et doté d'un étang. Chambres raffinées, beau spa, fitness et piscine d'été. Décor mauresque dans l'une des 3 superbes salles à manger ; cuisine d'aujourd'hui et riche choix de vins.

ST-ÉTIENNE – 42 Loire – 327 F7 – 180 210 h. – Agglo. 291 960 h. – alt. 520 m – ✉ 42000 Lyon et la vallée du Rhône 44 A2

Paris 517 – Clermont-Ferrand 147 – Grenoble 154 – Lyon 61 – Valence 122
de St-Étienne-Bouthéon : ✆ 04 77 55 71 71, par ⑤: 15 km.
Office de tourisme, 16 avenue de la Libération ✆ 08 92 70 05 42, Fax 04 77 49 39 03
de St-Étienne 62 rue Saint Simon, par rte d'Annonay et D 501 : 18 km, ✆ 04 77 32 14 63.
Le Vieux St-Etienne★ - Musée d'Art moderne★★ T M² - Puits Couriot, musée de la mine★ AY - Musée d'Art et d'Industrie★★ - Site de la Manufacture des Armes et Cycles de St-Étienne : planétarium★.

Plans pages suivantes

Mercure Parc de l'Europe ch, 25/120,
r. Wuppertal, Sud-Est du plan, par cours Fauriel –
✆ 04 77 42 81 81 – h1252@accor.com – Fax 04 77 42 81 89 V a
120 ch – 92/111 € 102/121 €, 13 €
Rest *La Ribandière* – *(fermé 28 juil.-20 août, 21 déc.-2 janv., sam., dim. et fériés)* Menu (23 €), 28/36 € – Carte 30/49 €
◆ Cure de jouvence réussie pour cet hôtel dont le décor s'inspire de l'art théâtral : chambres personnalisées, salles de bains neuves, joli salon et bar feutré. Le restaurant, contemporain, met en valeur les produits du Forez et les vins des côtes du Rhône.

Albatros ch, 20/60,
face au golf par r. Revollier T – ✆ 04 77 41 41 00 – hotel.albatros.42@wanadoo.fr – Fax 04 77 38 28 16 – Fermé 6-26 août, 22 déc.-7 janv., sam. et dim. d'oct. à avril
41 ch – 78/85 € 89/105 €, 12 € – 3 suites – ½ P 66 € –
Rest – Menu 20/27 € – Carte 32/37 €
◆ Hôtel récent, bien situé sur une colline face au golf municipal et à la plaine du Forez. Meubles en rotin et rideaux fleuris dans les chambres. Bar côté piscine. La salle à manger moderne en rotonde domine les greens. Cuisine traditionnelle.

Du Midi sans rest
19 bd Pasteur – ✆ 04 77 57 32 55 – contact@hotelmidi.fr – Fax 04 77 57 28 00 – Fermé 23 juil.-26 août – **33 ch** – 58/79 € 65/79 €, 8 € V e
◆ Deux bâtiments reliés entre eux par un plaisant salon doté d'une originale cheminée. Chambres un peu petites, mais pratiques et insonorisées. Tenue sans reproche.

Terminus du Forez rest, ch, 30,
31 av. Denfert-Rochereau – ✆ 04 77 32 48 47 – hotel.forez@wanadoo.fr – Fax 04 77 34 03 30 CY h
67 ch – 59/69 € 59/69 €, 8 € – **Rest** – *(fermé 23 juil.-19 août, sam. midi et dim. soir)* Menu (12 €), 15/30 € – Carte 24/38 €
◆ Cet hôtel aime le mélange des genres : chambres égyptiennes ou néoclassiques, salons à thème et fumoir. Escalier-promenade pour découvrir le Forez. Le bistrot soigne son cachet "rétro" : cadre de style victorien, boiseries et sol en ardoise.

ST-ÉTIENNE

Aciéries (R. des) . . . . T 2
Barrouin (R.) . . . . T 13
Crozet-Boussingault (R.) . . . . . V 22
Daguerre (Bd) . . . . UV 24
Déchaud (R. H.) . . . . V 25
Dr-F.-Merlin (R. du) . . . . T 30
Drs-Charcot (R. des) . . . . V 31
Drs-H.-et-B.-Muller (R. des) . . . T 32
Dunkerque (R. de) . . . . V 36
Fraissinette (Bd A.-de) . . . . . . V 45
Franchet-d'Esperey (Bd Mar.) U 46
Gauthier-Dumont (R.) . . . . U 48
Grignard (R. V.) . . . . T 55
Marx (Bd Karl) . . . . UV 67
Oddé (R. C.) . . . . T 78
Ogier (R. J.-B.) . . . . U 79
Paré (R. A.) . . . . V 131
Passementiers (R. des) . . . . . . V 82
Pasteur (Bd) . . . . V 83
Péri (R. G.) . . . . V 84
Pompidou (Bd G.) . . . . T 88
Revollier (R. J.-F.) . . . . T 92
Robespierre (R.) . . . . V 95
Rochetaillée (Av. de) . . . . V 98
Scheurer-Kestner (R.) . . . . T 104
Terrenoire (R. de) . . . . U 110
Valbenoite (Bd) . . . . UV 119
Verdun (Av. de) . . . . T 120
Vivaraize (R. de la) . . . . V 125
8-Mai-1945 (Bd du) . . . . T 127
11-Novembre (R. du) . . . . V 128
38e-R.-I. (Bd du) . . . . U 130

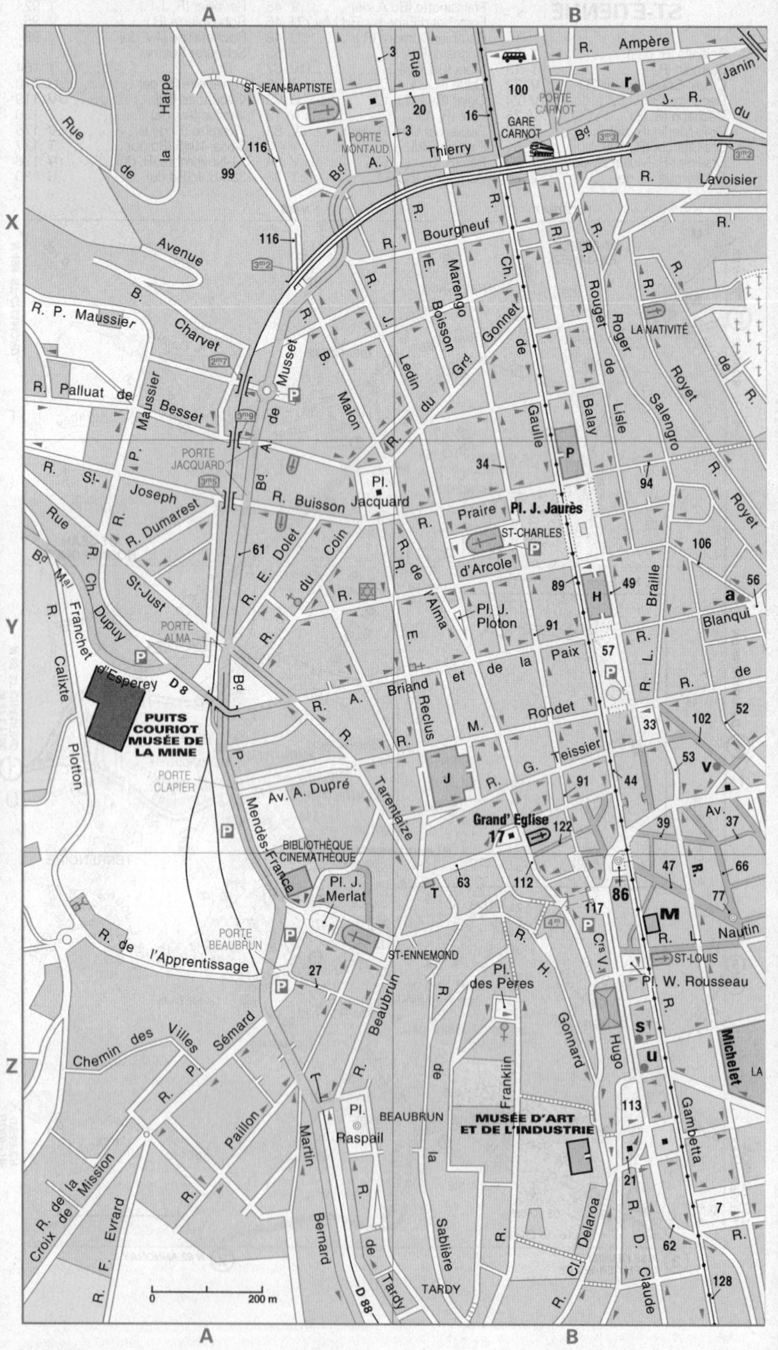

A
B
X
Y
Z
R. Ampère
Janin
J. R.
du
100
PORTE CARNOT
GARE CARNOT
Bd
Thierry
16
3
Rue
20
ST-JEAN-BAPTISTE
PORTE MONTAUD
A.
Rue de la Harpe
116
99
Avenue
B. Charvet
R. P. Maussier
R. Palluat de Besset
P. Maussier
R. Lavoisier
R. Bourgneuf
R. E. Marengo
Boisson
Ch. de Gaulle
R. Rouget de Lisle
R. Roger Salengro
R. Royet
R. de
LA NATIVITÉ
R. J. Ledin
R. B. Malon
Gonnet
Grd
R. du
Bd A. de Musset
R. Balay
P
34
94
PORTE JACQUARD
R. St-Joseph
R. Dumarest
R. Buisson
Pl. Jacquard
Praire
Pl. J. Jaurès
ST-CHARLES
d'Arcole
R. Royet
106
56
a
Blanqui
Braille
49
89
H
Rue
Bd Mal Franchet d'Esperey
R. Ch. Dupuy
St-Just
R. E. Dolet
du Coin
61
R. R. de l'Alma
Pl. J. Ploton
91
PORTE ALMA
R. Calixte Plotton
D 8
PUITS COURIOT MUSÉE DE LA MINE
R. A. Briand
E. Reclus
et de la Paix
57
R. L.
R. de
R. M. Rondet
33
102
52
R.
R. G. Teissier
53
V
J
Tarentaize
PORTE CLAPIER
Bd P. Mendès-France
Av. A. Dupré
91
44
Grand' Eglise
17
122
Av.
39
37
BIBLIOTHÈQUE CINÉMATHÈQUE
Pl. J. Merlat
63
T
112
86
47
R.
66
77
117
4m
M
R. L. Nautin
PORTE BEAUBRUN
R. de l'Apprentissage
ST-ENNEMOND
27
R. H. Gonnard
Crs V. Hugo
Pl. des Pères
ST-LOUIS
Pl. W. Rousseau
R.
Michelet
LA
s
u
Chemin des Villes
R. P. Sémard
R. Paillon
R. Beaubrun
R. de la Sablière
Franklin
113
Gambetta
Pl. Raspail
BEAUBRUN
MUSÉE D'ART ET DE L'INDUSTRIE
R. de la Mission
Croix de
R. F. Evrard
R.
Martin Bernard
R. de Tardy
D 88
TARDY
Cl. Delaroa
21
R. D. Claude
62
7
R.
128
0
200 m

ST-ÉTIENNE

Rue	Carré	N°
Albert-1er (Bd)	ABX	3
Anatole-France (Pl.)	BZ	7
Badouillère (R. de la)	CZ	9
Barbusse (R. H.)	CZ	12
Bérard (R. P.)	BCY	14
Bergson (R.)	BX	16
Boivin (Pl.)	BY	17
Chavanelle (Pl.)	CZ	18
Clovis-Hugues (R.)	BX	20
Comte (Pl. Louis)	BZ	21
Denfert-Rochereau (Av.)	CY	26
Descours (R.)	AZ	27
Dorian (Pl.)	BY	33
Dormoy (R. M.)	BXY	34
Dupré (R. G.)	BY	37
Durafour (R. A.)	CZ	38
Escoffier (R. D.)	BY	39
Fougerolle (R.)	CZ	41
Fourneyron (Pl.)	CY	42
Foy (R. Gén.)	BY	44
Frappa (R. J.)	BZ	47
Gambetta (R.)	BZ	
Gaulle (R. Ch.-de)	BXY	
Gérentet (R.)	BY	49
Gervais (R. E.)	CY	50
Gillet (R. F.)	BY	52
Grand Moulin (R. du)	BY	53
Guesde (Pl. J.)	BY	56
Hôtel-de-Ville (Pl. de l')	BY	57
Jacob (R.)	CX	58
Krumnow (Bd F.)	AY	61
Leclerc (R. du Gén.)	BZ	62
Libération (Av. de la)	BCY	
Loubet (Av. du Président E.)	BZ	63
Martyrs-de-Vingré (R. des)	BYZ	66
Michelet (R.)	BYZ	
Moine (Pl. Antonin)	CYZ	68
Moulin (Pl. J.)	CY	72
Mulatière (R. de la)	CZ	75
Neuve (Pl.)	BZ	77
Peuple (Pl. du)	BZ	86
Pointe-Cadet (R.)	BCZ	87
Président-Wilson (R.)	BY	89
République (R. de la)	BCY	
Résistance (R. de la)	BY	91
Rivière (R. du Sergent)	CX	93
Robert (R.)	BY	94
Ruel (R. A.)	AX	99
Sadi-Carnot (Pl.)	BX	100
St-Jean (R.)	BY	102
Sauzéa (Cours H.)	CY	103
Servet (R. M.)	BY	106
Stalingrad (Square de)	CY	109
Théâtre (R. du)	BYZ	112
Thomas (Pl. A.)	BZ	113
Tilleuls (R. des)	AX	116
Ursules (Pl. des)	BZ	117
Valbenoite (Bd)	CZ	119
Villeboeuf (Pl.)	CZ	123
Ville (R. de la)	BY	122
11-Novembre (R. du)	BZ	128

XXX **Nouvelle** (Laurier) AC VISA MC AE

✿ *30 r. St-Jean – ✆ 04 77 32 32 60 – Fax 04 77 41 77 00 – Fermé 6-20 août, dim. sauf le midi d'oct. à mai et lundi* BY **v**

Rest – Menu 30 € bc (déj. en sem.), 35/75 € – Carte 53/73 € ♀

Spéc. Nage d'huîtres (oct. à fév.). Filet de biche au grué de cacao (oct. à fév.). Foie gras de canard poêlé au concombre, melon et pimprenelle (juin à sept.). **Vins** Vin de Pays d'Urfé, Côtes de Forez.

◆ Meubles contemporains, tons gris et marron, verrière et tableaux anciens : un cadre à la fois "zen" et chaleureux, bien approprié pour découvrir la cuisine inventive du chef.

XXX **André Barcet** AC ⇔ 15, VISA MC AE

19bis cours V. Hugo – ✆ 04 77 32 43 63 – restaurantbarcet@wanadoo.fr – Fax 04 77 32 23 93 – Fermé 15 juil.-5 août, dim. soir et merc. BZ **u**

Rest – Menu 35/66 € – Carte 48/72 € ♀

◆ Élégante façade proche des halles. Un salon cossu de style anglais devance une salle à manger soignée, agrémentée de bouquets de fleurs, où l'on propose une carte classique.

XXX **Le Chantecler** AC ⇔ 10, VISA MC AE

5 cours Fauriel ✉ 42100 – ✆ 04 77 25 48 55 – Fax 04 77 37 62 75 CZ **q**

Rest – Menu 24 € (sem.)/45 € – Carte 27/49 € ♀

◆ Face au conservatoire Massenet, célèbre compositeur stéphanois, ce "coq" chante un répertoire classique au "piano" et offre un décor bourgeois avec fresque ou murs rouges.

XX **Régency** AC VISA MC AE D

17 bd J. Janin – ✆ 04 77 74 27 06 – alexis.bessette@laposte.net – Fax 04 77 74 98 24 – Fermé août, 1er-9 janv., sam. et dim. BX **r**

Rest – Menu 28/45 € – Carte 33/47 € ♀

◆ Pimpante façade dissimulant une salle colorée : tons acidulés jaune et orangé, belles voûtes en briques rouges. Le marché et la saison influencent la composition de la carte.

XX **Evohé** VISA MC AE D

10 pl. Villeboeuf – ✆ 04 77 32 70 22 – Fax 04 77 32 91 52 – Fermé 1er-25 août, lundi soir, sam. midi et dim. CZ **n**

Rest – Menu 19 € bc (sem.)/32 € bc – Carte 26/41 € ♀

◆ Face à un carré de verdure, près de la maison de la Culture. Les murs colorés sont agrémentés de tableaux (exposition-vente) et la disposition des tables préserve l'intimité.

X **Corne d'Aurochs** VISA MC

18 r. Michel Servet – ✆ 04 77 32 27 27 – bruno.billamboz@wanadoo.fr – Fax 04 77 32 72 56 – Fermé 29 avril-8 mai, 14 juil.-27 août, lundi midi, sam. midi et dim. – **Rest** – Menu 16 € (déj.), 19/36 € – Carte 20/47 € ♀ BY **a**

◆ Ce bistrot à la devanture en bois, offre un intérieur original avec collection de fouets à pâtisserie et lithographies de la fête du livre. "Lyonnaiseries" côté cuisine.

X **L'Escargot d'Or** VISA MC AE D

5 cours V. Hugo – ✆ 04 77 41 24 04 – Fax 04 77 37 27 79 – Fermé 14-20 mai, 30 juil.-20 août, dim. soir et lundi BZ **s**

Rest – Menu 14 € (sem.)/33 € – Carte 23/43 € ♀

◆ Ce petit restaurant, aménagé au premier étage d'un bar, est décoré dans un esprit contemporain sobre et de bon goût. Cuisine traditionnelle bien présentée.

à l'Étrat Nord : 5 km par D 11 – alt. 460 m – ✉ 42580

XX **Yves Pouchain** P VISA MC

rte St-Héand – ✆ 04 77 93 46 31 – Fax 04 77 93 90 71 – Fermé merc. soir, dim. soir et lundi – **Rest** – Menu (18 € bc), 20/52 € – Carte 41/51 € ♀

◆ Dans cette ferme datant de 1879, collection de poupées anciennes, vieux fourneau, fresque, lustres en bois, pierres et poutres constituent un décor de caractère.

à Rochetaillée Sud-Est : 8 km par D 8 – ✉ 42100

XX **Yves Genaille** AC VISA MC AE

– ✆ 04 77 32 88 48 – restaurant.genaille@wanadoo.fr – Fax 04 77 46 06 41 – Fermé 9-15 avril, août, vacances de fév., le soir hors saison, sam. midi, dim. soir, mardi soir et lundi – **Rest** – *(prévenir)* Menu 24 € (déj. en sem.), 30/60 € – Carte 47/58 € ♀

◆ Des citations à thème culinaire ornent un mur de la salle joliment aménagée dans un style contemporain. Vue plongeante sur le Gouffre d'Enfer. Cuisine actuelle et rôtissoire.

à St-Victor-sur-Loire **Ouest : 10 km par ④ et D 25 (vers Firminy) – ✉ 42230**

Auberge La Grange d'Ant'

lieu-dit Bécizieux – ✆ 04 77 90 45 36 – Fax 04 77 90 45 36 – Ouvert 1er avril-15 nov. et fermé dim. soir, lundi, mardi et merc.

Rest – *(nombre de couverts limité, prévenir)* Menu 18/46 € – Carte 40/63 €

◆ À 15 mn du centre-ville, cette ancienne grange restaurée conserve une agréable rusticité (pierres, poutres et cheminée). Cuisine personnalisée ; important choix de menus.

à St-Priest-en-Jarez **Nord-Ouest : 4 km -T – 5 812 h. – alt. 605 m – ✉ 42270**

Clos Fleuri 12/50,

76 av. A. Raimond – ✆ 04 77 74 63 24 – f.deville@closfleuri.fr – Fax 04 77 79 06 70 – Fermé 12-20 août, 2-8 janv., merc. soir, dim. soir et lundi T **u**

Rest – Menu 20 € (déj. en sem.), 27/63 € – Carte 49/59 €

◆ Cette grande villa fleurie vous accueille dans une élégante salle à manger meublée en rotin ou sur ses terrasses ombragées. Registre culinaire traditionnel.

Du Musée 20,

Musée d'Art Moderne-la Terrasse – ✆ 04 77 79 24 52 – Fax 04 77 79 92 07 – Fermé 6-19 août, dim. sauf le midi de sept. à juin, merc. soir sauf juil.-août et lundi T **s**

Rest – Menu (13 €), 17 € (déj.), 20/25 €

◆ Nourritures de l'esprit puis gastronomiques... ou vice-versa selon l'appétit : le bistrot du musée d'Art moderne sert son menu du marché dans un décor résolument contemporain.

à La Fouillouse **Nord-Ouest : 8,5 km par N 82 – 4 234 h. – alt. 438 m – ✉ 42480**

La Route Bleue

Le Vernay – ✆ 04 77 30 12 09 – Fax 04 77 30 27 16 – Fermé 14 juil.-20 août, vacances de fév. et sam.

Rest – *(déjeuner seult)* Menu 15 € (sem.)/33 € – Carte 26/52 €

◆ La façade couverte de vigne vierge abrite un restaurant familial, surtout fréquenté par une clientèle d'habitués. Cuisine traditionnelle à déguster dans un cadre sans chichi.

ST-ÉTIENNE-DE-BAÏGORRY – 64 Pyrénées-Atlantiques – 342 D5 – 1 525 h. – alt. 163 m – ✉ 64430 Pays Basque 3 A3

Paris 813 – Biarritz 51 – Cambo-les-Bains 31 – Pau 116 – St-Jean-Pied-de-Port 11

Office de tourisme, place de l'Église ✆ 05 59 37 47 28, Fax 05 59 37 49 58

Église St-Etienne★.

Arcé

rte col d'Ispéguy – ✆ 05 59 37 40 14 – reservations@hotel-arce.com – Fax 05 59 37 40 27 – Ouvert avril-nov.

20 ch – 65/71 € 115/135 €, 10 € – 3 suites – ½ P 95/100 € –

Rest – *(fermé merc. midi et lundi du 15 sept. au 15 juil. sauf vacances scolaires et fériés) (prévenir le week-end)* Menu 26/39 € – Carte environ 40 €

◆ Coquette auberge basque de la vallée des Aldudes. Chambres rajeunies et joliment meublées. Une passerelle conduit à la piscine, sur l'autre rive. Agréable jardin. Le restaurant occupe un ancien trinquet. Belle terrasse ombragée dressée au bord de la rivière.

ST-ÉTIENNE-DE-FURSAC – 23 Creuse – 325 G4 – rattaché à La Souterraine

ST-ÉTIENNE-LÈS-REMIREMONT – 88 Vosges – 314 H4 – rattaché à Remiremont

ST-EUTROPE-DE-BORN – 47 Lot-et-Garonne – 336 G2 – rattaché à Cancon

ST-EVROULT-NOTRE-DAME-DU-BOIS – 61 Orne – 310 L2 – 430 h. – alt. 355 m – ✉ 61550 Normandie Vallée de la Seine

33 **C2**

Paris 155 – Argentan 42 – Caen 91 – Lisieux 52

Le Relais de l'Abbaye ch, 30, VISA MC AE

r. principale – ☎ 02 33 84 19 00 – le.relais.de.labbaye@wanadoo.fr – Fax 02 33 84 19 04

11 ch – 34 € 42 €, 7 € – **Rest** – *(fermé dim. soir et vend.)* Menu 10 € (déj. en sem.), 20/38 €

◆ Dans la rue principale d'un village connu pour son ancienne abbatiale normande, hôtel entièrement rénové. Chambres fonctionnelles et bien insonorisées. Restaurant logé sous une originale verrière pyramidale. Cuisine traditionnelle.

ST-FARGEAU – 89 Yonne – 319 B6 – 1 814 h. – alt. 175 m – ✉ 89170 Bourgogne

7 **A2**

Paris 180 – Auxerre 45 – Clamecy 48 – Gien 41

Office de tourisme, 3 place de la République ☎ 03 86 74 10 07

Château★.

XX **La Demoiselle** VISA MC

2-4 pl. République – ☎ 03 86 74 10 58 – frederic-dupuy@wanadoo.fr – Fax 03 86 74 10 58 – Fermé 23 déc.-31 janv., le soir sauf vend. et sam. de nov. à avril, merc. soir d'avril à juin, dim. soir et lundi

Rest – Menu (14 €), 18/38 € – Carte 24/58 €

◆ Face au château, bâtisse du 19e s. rénovée, conservant de belles poutres et une cheminée en briques. Sous un éclairage tamisé, vous apprécierez sa cuisine régionale.

ST-FÉLIX-LAURAGAIS – 31 Haute-Garonne – 343 J4 – 1 301 h. – alt. 332 m – ✉ 31540 Midi-Pyrénées

29 **C2**

Paris 716 – Auterive 46 – Carcassonne 58 – Castres 38 – Gaillac 71 – Toulouse 43

Syndicat d'initiative, place de la Mairie ☎ 05 62 18 96 99

Site★.

XXX **Auberge du Poids Public** (Taffarello) avec ch

– ☎ 05 62 18 85 00 – poidspublic@wanadoo.fr – Fax 05 62 18 85 05 – Fermé janv. et vacances de la Toussaint AC 4/15, VISA MC AE

12 ch – 60/98 € 65/140 €, 11 € – 1 suite – ½ P 67/108 € – **Rest** – *(fermé dim. soir sauf juil.-août)* Menu 29 € (sauf fêtes)/69 € – Carte 53/88 €

Spéc. Caviar d'Aquitaine dans baba aux épices. Foie gras chaud cuit à la plancha. Croquant au chocolat coulant. **Vins** Cabardès, Minervois.

◆ Joli décor mi-rustique, mi-contemporain, collection de vieux outils, vue panoramique sur la campagne et belle cuisine actuelle attentive au terroir : une bien charmante auberge ! Côté chambres, optez pour la perspective sur la plaine du Lauragais.

ST-FERRÉOL – 31 Haute-Garonne – 343 K4 – rattaché à Revel

ST-FIRMIN – 80 Somme – 301 C6 – rattaché à Rue

ST-FLORENT – 2B Haute-Corse – 345 E3 – voir à Corse

ST-FLORENTIN – 89 Yonne – 319 F3 – 5 748 h. – alt. 120 m – ✉ 89600 Bourgogne

7 **B1**

Paris 169 – Auxerre 32 – Chaumont 145 – Dijon 172 – Sens 45 – Troyes 51

Syndicat d'initiative, 10 rue de la Terrasse ☎ 03 86 35 11 86

Vitraux★ de l'église E.

Les Tilleuls rest, ch, VISA

3 r. Decourtive – 03 86 35 09 09 – lestilleuls.stflorentin@wanadoo.fr – Fax 03 86 35 36 90 – Fermé 12-19 nov., 26 déc.-3 janv., 11 fév.-10 mars, dim. soir et lundi de mi-sept. à mi-juin

9 ch – 42/47 € 49/60 €, 9,50 € – **Rest** – *(fermé dim. soir de mi-sept. à mi-juin et lundi)* Menu 16 € (déj. en sem.), 24/39 € – Carte 40/50 €

◆ Hôtel familial aménagé dans les murs d'un couvent des Capucins datant de 1635. Confortables chambres donnant parfois sur le jardin ombragé de tilleuls. Agréable restaurant agrémenté de poutres colorées ; verdoyante terrasse. Cuisine traditionnelle.

La Grande Chaumière avec ch ch, VISA AE

3 r. Capucins – 03 86 35 15 12 – lagrandechaumiere@wanadoo.fr – Fax 03 86 35 33 14 – Fermé 20 déc.-18 janv., 1er-15 sept., jeudi midi et merc. sauf de juin à août

10 ch – 58/130 € 75/130 €, 12 € – ½ P 89 € – **Rest** – Menu 28 € (déj. en sem.), 41/55 € – Carte 58/83 €

◆ Élégante demeure de pays dont la décoration mêle avec goût le moderne et les matériaux anciens (superbe sol dallé). Chambres confortables. Belle terrasse face au jardin.

ST-FLOUR – 15 Cantal – 330 G4 – 6 625 h. – alt. 783 m – 15100

Auvergne 5 **B3**

Paris 513 – Aurillac 70 – Issoire 67 – Le Puy-en-Velay 94 – Rodez 111

Office de tourisme, 17 bis place d'Armes 04 71 60 22 50, Fax 04 71 60 05 14

Site★★ - Cathédrale★ - Brassard★ dans le musée de la Haute Auvergne **H.**

Plan page suivante

Ville basse

Grand Hôtel de l'Étape ch, 15/150, VISA AE

18 av. République, par ② – 04 71 60 13 03 – info@hotel-etape.com – Fax 04 71 60 48 05

23 ch – 56 € 72 €, 9 € – ½ P 51/61 € – **Rest** – *(fermé dim. soir et lundi sauf du 14 juil. au 20 août)* Menu (14 € bc), 21/46 € – Carte 29/45 €

◆ Immeuble des années 1970 au fonctionnement familial. Chambres assez grandes et pratiques, mais désuètes ; préférez celles avec vue sur la montagne. L'allure "seventies" du restaurant cache une authentique table régionale où la majorité des légumes viennent du potager maison.

Auberge de La Providence ch, rest, VISA

1 r. Château d'Alleuze, par D 40 (sud du plan) – 04 71 60 12 05 – info@auberge-providence.com – Fax 04 71 60 33 94 – Fermé 15 oct.-15 déc., vend. soir, sam. et dim. du 15 déc. au 15 mars B **t**

12 ch – 52/70 € 52/70 €, 8,50 € – ½ P 45/58 € – **Rest** – *(fermé vend., sam. hors saison et dim.) (dîner seult)* Menu (20 €), 25 € – Carte 29/39 €

◆ Accueil sympathique en cette auberge familiale légèrement excentrée. Chambres modestes mais très bien tenues et insonorisées (deux avec terrasse). L'imposant buffet en bois patiné donne du cachet au restaurant campagnard ; recettes simples à l'accent régional.

St-Jacques rest, VISA AE

8 pl. Liberté – 04 71 60 09 20 – info@hotelsaintjacques.com – Fax 04 71 60 33 81 – Fermé 10 nov.-3 janv., vend. soir et sam. midi de janv. à Pâques B **s**

28 ch – 44 € 52 €, 6,50 €

Rest – Carte 20/33 €

Rest *Grill* – grill Menu (11,50 €) – Carte 19/33 €

◆ Bordant une placette, ancien relais sur la route de Compostelle. Quelques chambres destinées aux familles ; jolie vue sur la ville haute depuis la piscine. Au restaurant, décor coloré et cuisine de l'Océan Indien. Esprit bistrot et plats traditionnels côté Grill.

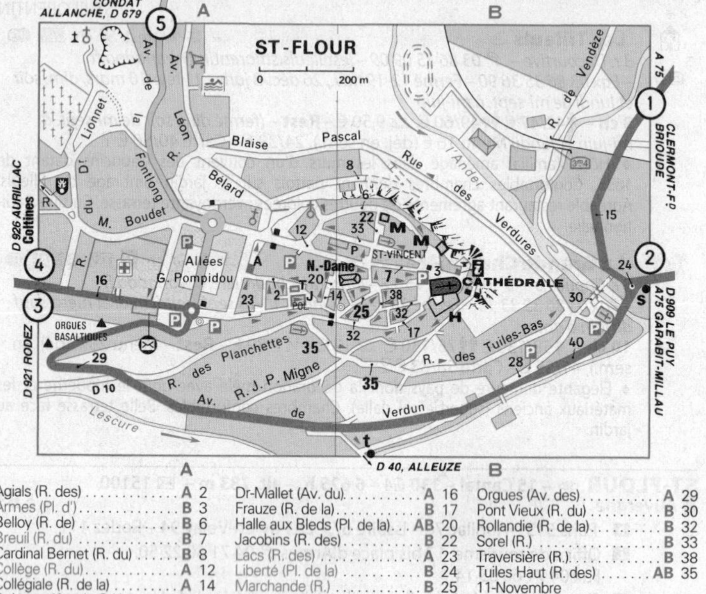

Agials (R. des) . . . . A 2
Armes (Pl. d') . . . . B 3
Belloy (R. de) . . . . B 6
Breuil (R. du) . . . . B 7
Cardinal Bernet (R. du) . . . . . . B 8
Collège (R. du) . . . . A 12
Collégiale (R. de la) . . . . A 14
Delorme (Av. du Cdt) . . . . B 15
Dr-Mallet (Av. du) . . . . A 16
Frauze (R. de la) . . . . B 17
Halle aux Bleds (Pl. de la) . . AB 20
Jacobins (R. des) . . . . B 22
Lacs (R. des) . . . . A 23
Liberté (Pl. de la) . . . . B 24
Marchande (R.) . . . . B 25
Odilon-de-Mercoeur (Pl.) . . . . B 28
Orgues (Av. des) . . . . A 29
Pont Vieux (R. du) . . . . B 30
Rollandie (R. de la) . . . . B 32
Sorel (R.) . . . . B 33
Traversière (R.) . . . . B 38
Tuiles Haut (R. des) . . . . AB 35
11-Novembre (Av. du) . . . . B 40

à St-Georges par ②, N 9 et rte secondaire : 5 km – 939 h. – alt. 860 m – ✉ 15100

Le Château de Varillettes 🐁 ≤ 🔔 ✂ ⇸ rest, 🐕 rest, – ✆ 04 71 60 45 05 – *varillettes@leshotelsparticuliers.com – Fax 04 71 60 34 27 – Ouvert 14 avril-14 oct.*
12 ch – †115/150 € ††115/250 €, ☕ 15 € – ½ P 103/120 € –
Rest – Menu 30/48 €

♦ Profitez du charme de l'ancien, le confort en plus, en ce château du 15ᵉ s., ex-résidence d'été des évêques de St-Flour. Le must : une chambre avec vue sur le jardin médiéval. La salle à manger, voûtée et dotée d'une vénérable cheminée, a du caractère.

ST-FORT-SUR-GIRONDE – 17 Charente-Maritime – 324 F7 – 904 h. – alt. 28 m – ✉ 17240 38 B3

▶ Paris 518 – Poitiers 186 – La Rochelle 115 – Saintes 45 – Cognac 51

Château des Salles 🐁 🔔 🐕 📞 P VISA MC
1,5 km au Nord-Est par D 125 – ✆ 05 46 49 95 10 – chateaudessalles@wanadoo.fr – Fax 05 46 49 02 81 – Ouvert 1ᵉʳ avril-1ᵉʳ nov. – **5 ch** – †74/78 € ††78/120 €, ☕ 9,50 € – ½ P 80/95 € – **Rest** – *(dîner seult) (résidents seult)* Menu 27/35 € 🍷

♦ Joli château du 15ᵉ s. plusieurs fois remanié. Il règne une atmosphère de maison de famille dans les chambres, meublées d'ancien, et au salon (piano et livres à disposition). Cuisine du marché à base de produits du terroir et du potager, et vins du domaine.

ST-FRONT – 43 Haute-Loire – 331 G4 – 509 h. – alt. 1 223 m – ✉ 43550 6 C3

▶ Paris 570 – Clermont-Ferrand 156 – Le Puy-en-Velay 27 – Firminy 69 – Le Chambon-Feugerolles 73

La Vidalle d'Eyglet 🐁 ≤ Plateau du Mezenc, 🪑 ⇸ 🐕
La Vidalle, 7 km au Sud par D39, D500 et rte secondaire – ✆ 04 71 59 55 58 – info@vidalle.fr – Fax 04 71 59 55 58 – **5 ch** ☕ – †75/95 € ††75/95 € –
Rest – table d'hôte *(fermé juil.-août) (dîner seult) (résidents seult)* Menu 25 €

♦ Jolie ferme restaurée posée au milieu des champs. Chambres très coquettes, salon-bibliothèque, atelier de peinture (stages). L'hiver, on peut quitter la maison skis aux pieds ! Table d'hôte dans une délicieuse salle campagnarde (poêle en fonte, vaisselier...).

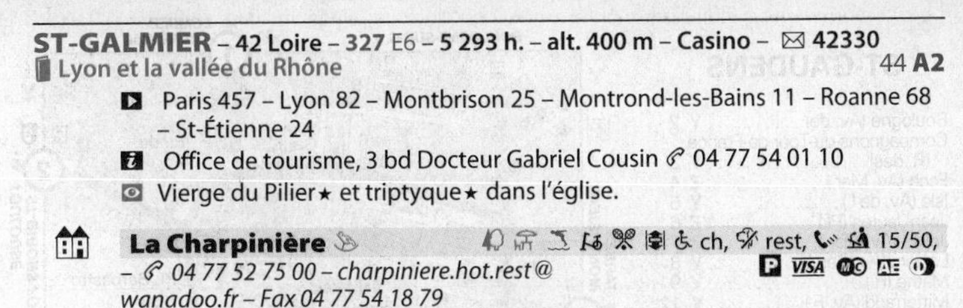

ST-GALMIER – 42 Loire – 327 E6 – 5 293 h. – alt. 400 m – Casino – ✉ 42330

Lyon et la vallée du Rhône 44 **A2**

Paris 457 – Lyon 82 – Montbrison 25 – Montrond-les-Bains 11 – Roanne 68 – St-Étienne 24

Office de tourisme, 3 bd Docteur Gabriel Cousin ✆ 04 77 54 01 10

Vierge du Pilier★ et triptyque★ dans l'église.

La Charpinière

ch, rest, 15/50, VISA AE

– ✆ 04 77 52 75 00 – charpiniere.hot.rest@wanadoo.fr – Fax 04 77 54 18 79

49 ch – 75/113 € 75/113 €, 11,50 € – ½ P 66/88 €

Rest *La Closerie de la Tour* – *(fermé dim. soir de nov. à mars)* Menu 24/49 € – Carte 25/52 €

◆ Un agréable parc entoure cette gentilhommière tapissée de vigne vierge, intéressante pour ses équipements de loisirs. Chambres avant tout pratiques. Restaurant de style jardin d'hiver et véranda-terrasse face à la verdoyante nature. Cuisine actuelle.

Hostellerie du Forez

rest, rest, 30, VISA AE

6 r. Didier Guetton – ✆ 04 77 54 00 23 – contact@hostellerieduforez.com – Fax 04 77 54 07 49

17 ch – 49/51 € 56/60 €, 8 € – ½ P 62/64 € – **Rest** – *(fermé 13-27 août, 26 déc.-8 janv., dim. soir et lundi midi)* Menu (13 €), 15 € (sem.)/24 € – Carte 23/37 €

◆ Dans la localité où jaillit la source d'eau minérale Badoit, petite affaire familiale progressivement rénovée. Chambres fonctionnelles, bien tenues. La salle à manger est largement ouverte sur la vallée de la Coise. Carte traditionnelle.

Le Bougainvillier

VISA AE

Pré Château – ✆ 04 77 54 03 31 – bougain@wanadoo.fr – Fax 04 77 94 95 93 – Fermé 23 juil.-20 août, 18 fév.-3 mars, merc. soir, dim. soir et lundi

Rest – *(prévenir)* Menu 28 € (sem.)/58 € – Carte 55/67 €

◆ Dans les murs d'une maison bourgeoise, trois salles parquetées dont une en rotonde donnant sur le jardin. Décor moderne soigné ; cuisine au goût du jour.

ST-GATIEN-DES-BOIS – 14 Calvados – 303 N3 – 1 163 h. – alt. 149 m – ✉ 14130

32 **A3**

Paris 195 – Caen 58 – Le Havre 36 – Deauville 10 – Honfleur 13 – Lisieux 27

Le Clos Deauville St-Gatien

50, VISA AE

4 r. Brioleurs – ✆ 02 31 65 16 08 – hotel@clos-st-gatien.fr – Fax 02 31 65 10 27

58 ch – 74/176 € 74/176 €, 13 € – ½ P 77/128 €

Rest *Le Michels* – Menu (20 €), 29/70 € – Carte 38/78 €

◆ Ancienne ferme et ses dépendances au cœur d'un jardin arboré. Les nombreux équipements de loisirs et de séminaires permettent de joindre l'utile à l'agréable. Poutres et colombages préservés font le charme du restaurant.

ST-GAUDENS – 31 Haute-Garonne – 343 C6 – 10 845 h. – alt. 405 m – ✉ 31800 Midi-Pyrénées

28 **B3**

Paris 766 – Bagnères-de-Luchon 48 – Tarbes 68 – Toulouse 94

Office de tourisme, 2 rue Thiers ✆ 05 61 94 77 61, Fax 05 61 94 77 50

Boulevards des Pyrénées ≤★ - Belvédères★.

Plan page suivante

Du Commerce

ch, ch, 10/20, VISA AE

av. Boulogne – ✆ 05 62 00 97 00 – hotel.commerce@wanadoo.fr – Fax 05 62 00 97 01 – Fermé 22 déc.-14 janv. Y e

48 ch – 53 € 70 €, 8,50 € – ½ P 49/61 € – **Rest** – Menu (17 €), 19 € (sem.)/35 € – Carte 26/50 €

◆ Construction moderne à deux pas du centre-ville. Les chambres, fonctionnelles, sont diversement meublées et presque toutes climatisées. Au restaurant, couleurs ensoleillées, mélange d'ancien et de contemporain et carte où le cassoulet figure en bonne place.

ST-GAUDENS

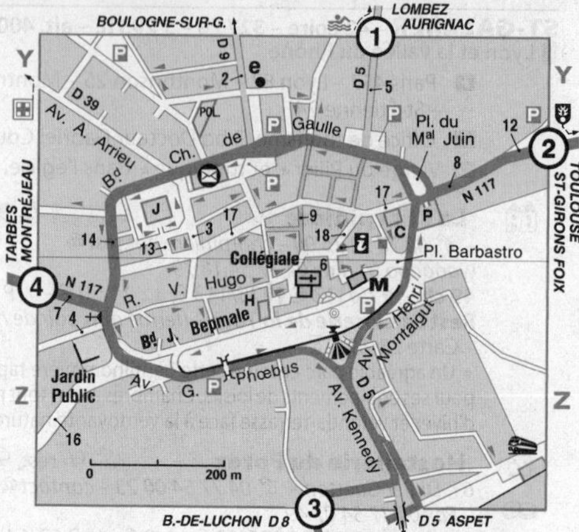

ST-GENIEZ-D'OLT – 12 Aveyron – 338 J4 – 1 841 h. – alt. 410 m – ✉ 12130
Midi-Pyrénées 29 **D1**

Paris 612 – Espalion 28 – Florac 80 – Mende 68 – Rodez 46 – Sévérac-le-Château 25

Office de tourisme, 4 rue du Cours ☎ 05 65 70 43 42, Fax 05 65 70 47 05

Hostellerie de la Poste
3 pl. Gén de Gaulle – ☎ 05 65 47 43 30 – hotel@hoteldelaposte12.com – Fax 05 65 47 42 75 – Ouvert 1er avril-1er nov.
50 ch – 🚹35/37 € 🚹🚹45/53 €, ☕ 9 € – ½ P 47/53 €
Rest ***Le Rive Gauche*** – Menu 23/50 € – Carte 54/58 € 🍷
◆ Diverses générations de chambres, d'ampleur et de confort disparates, dans cet hôtel central réparti entre plusieurs bâtiments. Cadre de verdure ; clientèle de groupes. Au Rive Gauche, carte régionale présentée en salles ou sur la terrasse côtoyant la piscine.

ST-GENIS-POUILLY – 01 Ain – 328 J3 – 6 383 h. – alt. 445 m – ✉ 01630 46 **F1**

Paris 524 – Bellegarde-sur-Valserine 28 – Bourg-en-Bresse 100 – Genève 12 – Gex 10

des Serves Route de Meyrin, E : 2 km par D 984, ☎ 04 50 42 16 48.

L'Amphitryon
Nord : 2 km sur D 984 et rte de Crozet – ☎ 04 50 20 64 64 – Fax 04 50 42 06 98 – Fermé 1er-18 août, 1er-18 janv., mardi soir, dim. soir et lundi
Rest – Menu 16 € (déj. en sem.), 32 € bc/50 € – Carte 38/60 € 🍷
◆ Derrière la sage façade de ce pavillon récent se cache une surprenante salle à manger : fresques, voûtes et statuettes de style antique. Cuisine classique et cave fournie.

ST-GENIX-SUR-GUIERS – 73 Savoie – 333 G4 – 1 817 h. – alt. 235 m – ✉ 73240 45 **C2**

Paris 513 – Belley 22 – Chambéry 34 – Grenoble 58 – Lyon 74

Office de tourisme, rue du Faubourg ☎ 04 76 31 63 16, Fax 04 76 31 71 30

à Champagneux Nord-Ouest : 4 km par N 516 – 379 h. – alt. 214 m – ✉ 73240

Bergeronnettes
ch,cuisinette
près église – ☎ 04 76 31 50 30 – gourjux@aol.com – Fax 04 76 31 61 29 – Fermé 25 déc.-31 janv. – **18 ch** – 🚹60/125 € 🚹🚹60/125 €, ☕ 15 € – ½ P 62/85€ –
Rest – *(fermé dim. soir sauf juil.-août)* Menu 13,50/35 €
◆ Hôtel de campagne alangui dans un cadre verdoyant. Une aile récente regroupe les spacieuses chambres. Petits-déjeuners sous forme de buffet. Restaurant (non-fumeurs) actuel, cuisine régionale simple et terrasse dressée sous un chapiteau.

ST-GEORGES – 15 Cantal – 330 G4 – rattaché à St-Flour

ST-GEORGES-DE-DIDONNE – 17 Charente-Maritime – 324 D6 – rattaché à Royan

ST-GEORGES-D'ESPÉRANCHE – 38 Isère – 333 D4 – 2 840 h. – alt. 400 m – ✉ 38790

44 **B2**

Paris 496 – Bourgoin-Jallieu 25 – Grenoble 92 – Lyon 40 – Vienne 22

XX **Castel d'Espéranche** VISA MC AE

14 rte Lafayette – ✆ 04 74 59 18 45 – info@castel-esperanche.com – Fax 04 74 59 04 40 – Fermé 29 oct.-7 nov., 5-25 mars, lundi, mardi et merc.

Rest – Menu 24/52 € – Carte 48/58 €

◆ Restaurant installé en partie dans une tour de garde du 13e s. dont quelques vestiges agrémentent les salles à manger. Cuisine régionale et menu "du Moyen-Âge".

ST-GEORGES-SUR-CHER – 41 Loir-et-Cher – 318 D8 – 2 155 h. – alt. 70 m – ✉ 41400

11 **A1**

Paris 225 – Blois 40 – Orléans 102 – Tours 40

Prieuré de la Chaise sans rest VISA MC

8 r. Prieuré – ✆ 02 54 32 59 77 – prieuredelachaise@yahoo.fr – Fax 02 54 32 69 49

6 ch – 60 € 60 €

◆ Adresse pleine de charme que ce château du 16e s. entouré d'un parc. Tomettes et meubles anciens dans les chambres. Salle à manger où crépitent en hiver de belles flambées.

ST-GEORGES-SUR-LOIRE – 49 Maine-et-Loire – 317 E4 – 3 011 h. – alt. 50 m – ✉ 49170 Châteaux de la Loire

35 **C2**

Paris 311 – Ancenis 35 – Angers 19 – Châteaubriant 64 – Château-Gontier 57 – Cholet 50

Château de Serrant★★★ NE : 2 km.

XX **Le Relais d'Anjou** VISA MC

r. Nationale – ✆ 02 41 39 13 38 – relais-anjou@wanadoo.fr – Fax 02 41 39 13 69 – Fermé 3-12 juil., 3-23 janv., mardi soir, dim. soir et lundi

Rest – Menu 32/62 € – Carte 48/64 €

◆ Un salon dessert la salle principale située à l'arrière. Murs crépis à demi lambrissés, nombreuses bouteilles et beau pressoir en guise de décor.

X **Tête Noire** VISA MC

27 r. Nationale – ✆ 02 41 39 13 12 – Fermé 1er-20 août, 5-18 fév., dim. soir et sam.

Rest – Menu 20/74 € – Carte 27/40 €

◆ Accueillant restaurant familial (non-fumeurs) au gentil décor rustique. Les fresques illustrent le thème de la chasse à courre. Grande tradition dans l'assiette.

ST-GERMAIN-DE-JOUX – 01 Ain – 328 H3 – 476 h. – alt. 507 m – ✉ 01130

45 **C1**

Paris 487 – Bellegarde-sur-Valserine 13 – Belley 61 – Bourg-en-Bresse 63 – Nantua 13

XX **Reygrobellet** avec ch VISA MC

N 84 – ✆ 04 50 59 81 13 – reygrobellet@orange.fr – Fax 04 50 59 83 74 – Fermé 4-15 mars, 30 juin-18 juil., 22 oct.-8 nov., merc. soir, dim. soir et lundi

10 ch – 48/53 € 58/63 €, 8 € – ½ P 55/60 € – **Rest** – Menu 21 € (déj. en sem.), 37/59 €

◆ Cette maison familiale proche d'un axe assez passant propose une restauration traditionnelle dans une salle à manger campagnarde. Chambres simples, progressivement rénovées.

ST-GERMAIN-DES-VAUX – **50 Manche** – **303** A1 – **457 h.** – **alt. 59 m** –
✉ **50440** 32 **A1**

Paris 383 – Barneville-Carteret 48 – Cherbourg 28 – Nez de Jobourg 7 – St-Lô 104

Baie d'Ecalgrain★★ S : 3 km - Port de Goury★ NO : 2 km.

Nez de Jobourg★★ S : 7,5 km puis 30 mn - ≤★★ sur anse de Vauville SE : 9,5 km par Herqueville, **Normandie Cotentin.**

Moulin à Vent

Est : 1,5 km sur D 45 – ✆ 02 33 52 75 20 – contact@le-moulin-a-vent.fr – Fax 02 33 52 22 57 – Fermé 3 sem. en fév. et merc.

Rest – *(prévenir)* Menu 26 € (déj.)/33 € – Carte 28/39 €

◆ Cette auberge fleurie isolée au bout de la presqu'île du Cotentin offre une jolie vue littorale. Menu inscrit sur l'ardoise du jour et carte composée selon la pêche.

ST-GERMAIN-DE-TALLEVENDE – **14 Calvados** – **303** G7 – **rattaché à Vire**

ST-GERMAIN-DU-BOIS – **71 Saône-et-Loire** – **320** L9 – **1 765 h.** – **alt. 210 m** –
✉ **71330** Bourgogne 8 **D3**

Paris 367 – Chalon-sur-Saône 33 – Dole 58 – Lons-le-Saunier 29 – Mâcon 75 – Tournus 40

Hostellerie Bressane avec ch

2 rte Sens – ✆ 03 85 72 04 69 – la.terrinee4@wanadoo.fr – Fax 03 85 72 07 75 – Fermé 1er-7 sept., vacances de fév., dim. soir et lundi

9 ch – 46 € 50 €, 5,50 € – ½ P 52 € – **Rest** – Menu 12 € (déj. en sem.), 20/35 € – Carte 29/40 €

◆ Intérieur régional pittoresque d'un hôtel particulier du 18e s. De belles fresques 1900 égaient l'une des salles. Cuisine régionale revisitée avec soin. Chambres rénovées.

ST-GERMAIN-EN-LAYE – **78 Yvelines** – **311** I2 – **101** 13 – **voir à Paris, Environs**

ST-GERMAIN-LÈS-ARLAY – **39 Jura** – **321** D6 – **503 h.** – **alt. 255 m** –
✉ **39210** 16 **B3**

Paris 398 – Besançon 74 – Chalon-sur-Saône 58 – Dole 46 – Lons-le-Saunier 11

Hostellerie St-Germain avec ch

– ✆ 03 84 44 60 91 – hoststgermain@wanadoo.fr – Fax 03 84 44 63 64 – Fermé 19 nov.-2 déc., mardi sauf le soir en juil. août et lundi

7 ch – 52 € 52/72 €, 7 € – ½ P 59 € – **Rest** – Menu 22/59 € – Carte 33/56 €

◆ Cette adresse vaut le détour pour sa cuisine régionale valorisée par une belle carte de vins du Jura. Cadre rustico-bourgeois. Chambres bien tenues, plus calmes côté terrasse.

ST-GERMAIN-L'HERM – **63 Puy-de-Dôme** – **326** I10 – **515 h.** – **alt. 1 050 m** –
✉ **63630** 6 **C2**

Paris 476 – Ambert 27 – Brioude 33 – Clermont-Ferrand 66 – St-Étienne 107

Office du Tourisme, rue du Commerce ✆ 04 73 72 05 95

de France

– ✆ 04 73 72 00 27 – hoteldefrance63@wanadoo.fr – Fax 04 73 72 02 33 – Fermé nov., janv., merc. en oct. et de déc. à mai

20 ch – 27/44 € 35/51 €, 6,50 € – ½ P 36/43 € – **Rest** – Menu 12 € (sem.), 18/26 €

◆ Cette maison en pierre abritait autrefois un relais de diligences. Chambres désuètes, plus accueillantes au 2e étage. Bar à clientèle locale. Salle à manger campagnarde doublée d'une véranda. Au menu, potée auvergnate, charcuteries et poissons de rivière.

ST-GERMER-DE-FLY – 60 Oise – 305 B4 – 1 761 h. – alt. 105 m – ✉ 60850
Nord Pas-de-Calais Picardie 36 **A2**

Paris 92 – Les Andelys 40 – Beauvais 26 – Gisors 21 – Gournay-en-Bray 8 – Rouen 58

Syndicat d'initiative, place de Verdun ✆ 03 44 82 62 74, Fax 03 44 82 23 56

Église★ - ≤★ de la D 129 SE : 4 km.

Auberge de l'Abbaye
– ✆ 03 44 82 50 73 – Fax 03 44 82 64 54 – Fermé dim. soir, mardi soir et merc.

Rest – Menu 13,50 € bc (sem.)/31 €

◆ Face à l'abbaye, bâtisse tapissée de vigne vierge. Grande salle à manger avec poutres apparentes. Cuisine traditionnelle et régionale. Salon de thé.

ST-GERVAIS – 33 Gironde – 335 I4 – 1 219 h. – alt. 39 m – ✉ 33240 3 **B1**

Paris 543 – Bordeaux 29 – Mérignac 38 – Pessac 44

Au Sarment
50 r. la Lande – ✆ 05 57 43 44 73 – ausarment33@free.fr – Fax 05 57 43 90 28 – Fermé 1er-5 mars, 19 août-3 sept., sam. midi, dim. soir et lundi

Rest – Menu 25 € (déj. en sem.), 35/55 € – Carte 48/65 €

◆ Le chef, d'origine antillaise, rehausse ses bons petits plats de saveurs créoles. L'intérieur de cette belle maison de pays, clair et sobre, donne sur une terrasse ombragée.

ST-GERVAIS-D'AUVERGNE – 63 Puy-de-Dôme – 326 D6 – 1 272 h. – alt. 725 m – ✉ 63390 Auvergne 5 **B2**

Paris 377 – Aubusson 72 – Clermont-Ferrand 55 – Gannat 41 – Montluçon 47 – Riom 39

Office de tourisme, rue du Général Desaix ✆ 04 73 85 80 94

Castel Hôtel 1904
– ✆ 04 73 85 70 42 – castel.hotel.1904@orange.fr – Fax 04 73 85 84 39 – Ouvert 1er avril-11 nov.

17 ch – 65/79 € 65/79 €, 9 € – ½ P 53 € – **Rest** – Menu 15/55 €

◆ Demeure du 17e s. transformée en relais hôtelier en 1904. Quelques pièces ont été conservées telles qu'à l'origine. Mobilier de style dans les chambres. Salle à manger au délicieux charme suranné ; cuisine classique et petits plats régionaux.

Le Relais d'Auvergne
rte Châteauneuf – ✆ 04 73 85 70 10 – relais.auvergne.hotel@wanadoo.fr – Fax 04 73 85 85 66 – Ouvert de mars à nov. et fermé dim. soir et lundi d'oct. à mars

12 ch – 47/48 € 47/48 €, 6,50 € – ½ P 46 € – **Rest** – Menu 13 € (déj. en sem.), 17/34 € – Carte 23/39 €

◆ Adresse idéale pour partir à la découverte de la vallée de la Sioule. Chambres étroites, mais actuelles et gaiement colorées. La salle à manger, rénovée, a conservé son cachet rustique d'origine. Recettes traditionnelles et spécialités locales.

ST-GERVAIS-EN-VALLIÈRE – 71 Saône-et-Loire – 320 J8 – 305 h. – alt. 203 m – ✉ 71350 7 **A3**

Paris 324 – Beaune 16 – Chalon-sur-Saône 24 – Dijon 57 – Mâcon 84 – Nevers 164

à Chaublanc 3 km au Nord-Est par D 94 et D 183 – ✉ 71350 St-Gervais-en-Vallière

Le Moulin d'Hauterive
ch, rest, rest, 20,

– ✆ 03 85 91 55 56 – info@moulinhauterive.com – Fax 03 85 91 89 65 – Fermé 1er déc.-12 fév., dim. soir sauf juil.-août et lundi

10 ch – 70/132 € 102/132 €, 15 € – 10 suites, 5 duplex – ½ P 99/133 € – **Rest** – *(fermé le midi du mardi au jeudi sauf juil.-août)* Menu 25 € (déj. en sem.), 37/62 € – Carte 54/73 €

◆ Isolé en pleine nature, ce vieux moulin à farine bordant la Dheune fut bâti au 12e s. par les moines de l'abbaye de Cîteaux. Chambres personnalisées ; beaux meubles anciens. Deux salles à manger cossues et jolie terrasse au bord de l'eau ; boutique de vins.

ST-GERVAIS-LES-BAINS – 74 Haute-Savoie – 328 N5 – 5 276 h. – alt. 820 m – Sports d'hiver : 1 400/2 000 m 🚡2 ⛷25 ⛷ – Stat. therm. : toute l'année – Casino – ✉ 74170 Alpes du Nord 46 **F1**

Paris 597 – Annecy 84 – Bonneville 42 – Chamonix-Mont-Blanc 25 – Megève 12

☎ 3635 (0,34 €/mn)

Office de tourisme, 43 rue du Mont-Blanc ☎ 04 50 47 76 08, Fax 04 50 47 75 69

Route du Bettex★★★ 8 km par ③ puis D 43.

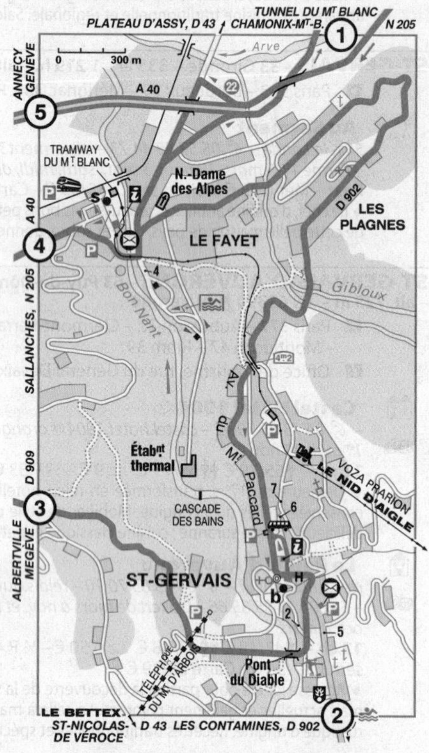

Val d'Este

pl. Église – ☎ 04 50 93 65 91 – hotelvaldeste@voila.fr – Fax 04 50 47 76 29 – Fermé 12 nov.-15 déc. **b**

14 ch – 🛉50/82 € 🛉🛉52/82 €, ☕ 7,50 € – ½ P 52/70 €

Rest *Le Sérac* – voir ci-après

◆ Au cœur de la station, bâtisse abritant des chambres bien insonorisées et peu à peu rénovées. Celles qui donnent sur les montagnes sont équipées d'une baignoire.

Le Sérac – Hôtel Val d' Este

– ☎ 04 50 93 80 50 – Fax 04 50 93 86 31 – Fermé 12 nov.-2 déc., jeudi midi et merc. sauf vacances de Noël, du 18 juil. au 23 août et merc. midi du 13 fév. au 20 mars **b**

Rest – Menu 22/58 € – Carte 45/64 €

◆ Cuisine mariant habilement saveurs régionales et méditerranéennes, avec les sommets en toile de fond. Les amateurs de chocolat seront séduits par la carte des desserts !

Le Fayet – ✉ **74190**

Office de tourisme, 104 avenue de la gare ✆ 04 50 93 64 64

Deux Gares cuisinette VISA

près gare – ✆ 04 50 78 24 75 – hotel.2gares@wanadoo.fr – Fax 04 50 78 15 47 – Fermé 29 avril-6 mai, 23-30 sept. et 28 oct.-15 déc. s

24 ch – 38/41 € 46/49 €, 7,50 € – 2 suites – ½ P 41/45 € – **Rest** – *(dîner seult) (résidents seult)* Menu 15 €

◆ Face à la gare de départ du fameux tramway du Mont-Blanc. Petites chambres sobres en cours de rénovation : n'hésitez pas à demander les plus récentes. Belle piscine couverte.

au Bettex **8 km au Sud-Ouest par D 43 ou par télécabine, station intermédiaire – ✉ 74170 St-Gervais-les-Bains**

Arbois-Bettex ≤ Massif Mont-Blanc, ch, VISA

– ✆ 04 50 93 12 22 – arboisbettex@wanadoo.fr – Fax 04 50 93 14 42 – Ouvert 7 juil.-31 août et 22 déc.-20 avril

33 ch (½ P seult en hiver) – 75 € 95 €, 12 € – ½ P 150 € – **Rest** – Menu 30/40 € – Carte 36/56 €

◆ Superbe vue sur le massif du Mont-Blanc depuis ce chalet voisin des télécabines. Chambres fonctionnelles. Vaste salon "à l'autrichienne" et salle de remise en forme. Salades, buffet, grillades et rôtis à midi ; plats savoyards au dîner. Terrasse exposée plein Sud.

Autres ressources hôtelières voir : **Les Houches** *(au Prarion) et* **Megève** *(sommet du Mont d'Arbois)*

ST-GILLES – 30 Gard – 339 L6 – 11 626 h. – alt. 10 m – ✉ 30800

Provence 23 **D2**

Paris 724 – Arles 18 – Beaucaire 27 – Lunel 31 – Montpellier 64 – Nîmes 20

Office de tourisme, 1 place Frédéric Mistral ✆ 04 66 87 33 75, Fax 04 66 87 16 28

Façade★★ et crypte★ de l'église - Vis de St-Gilles★.

Cours AC VISA AE

10 av. F. Griffeuille – ✆ 04 66 87 31 93 – hotel-le-cours@wanadoo.fr – Fax 04 66 87 31 83 – Ouvert 13 mars- 11 déc.

33 ch – 42/58 € 52/72 €, 7,50 € – ½ P 46/57 € – **Rest** – Menu 12,50 € (sem.)/32 € – Carte 20/39 €

◆ Cet hôtel familial voisin du port de plaisance aménagé sur le canal du Rhône propose des petites chambres pratiques, rénovées et bien tenues. Aux beaux jours, fi de la salle à manger-véranda, attablez-vous sur la terrasse dressée à l'ombre des platanes.

ST-GILLES-CROIX-DE-VIE – 85 Vendée – 316 E7 – 6 797 h. – alt. 12 m – Casino : Le Royal Concorde – ✉ 85800 Poitou Vendée Charentes

34 **A3**

Paris 462 – Cholet 112 – Nantes 79 – La Roche-sur-Yon 44 – Les Sables-d'Olonne 29

Office de tourisme, boulevard de l'Égalité ✆ 02 51 55 03 66, Fax 02 51 55 69 60

des Fontenelles à L'Aiguillon-sur-Vie Route de Coëx, E : 11 km par D 6, ✆ 02 51 54 13 94.

Le Casier VISA

pl. Vieux Port – ✆ 02 51 55 01 08 – Fermé 20 déc.-1er mars, dim. soir, mardi et merc. de nov. à mars et lundi – **Rest** – Menu (19 € bc) – Carte 20/38 €

◆ Décor de bistrot marin très convivial, cuisine iodée simple et bien faite : le patron de cette ex-charcuterie proche des quais a troqué le tablier pour la toque, avec succès !

à Coex **14 km à l' Est par D 6** – ✉ **85220**

Carpe Diem AC VISA AE

Golf des Fontenelles, 2 km à l' Ouest par D 6 – ✆ 02 51 49 13 98 – carpediemvendee@aol.com – Fermé 1er-15 janv., dim. soir et lundi sauf juil.-août

Rest – Menu (15 €), 20/39 € – Carte 34/53 €

◆ Sur le parcours de golf, restaurant avec vue sur les greens (terrasse face au trou n°9), décor contemporain et cuisine saisonnière jouant avec les épices. Adresse non-fumeurs.

à Sion-sur-l'Océan Ouest : 5 km par la Corniche Vendéenne – ✉ 85270

Frédéric sans rest
25 r. Estivants – ✆ 02 51 54 30 20 – info@hotel-frederic.com – Fax 02 51 54 11 68
13 ch – 🚹62 € 🚹🚹62/109 €, ☕ 12 €
◆ Cette jolie villa des années 1930 a été modernisée tout en conservant son cachet d'antan. Choisir une chambre avec vue sur l'océan. Bar à huîtres au délicieux cadre "rétro".

ST-GINGOLPH – 74 Haute-Savoie – 328 N2 – 565 h. – alt. 385 m – ✉ 74500

Alpes du Nord 46 **F1**

Paris 560 – Annecy 102 – Évian-les-Bains 19 – Montreux 21 – Thonon-les-Bains 28

Aux Ducs de Savoie
r. 23 Juillet 44 – ✆ 04 50 76 73 09 – abare@wanadoo.fr – Fax 04 50 76 74 31 – Fermé 18 fév.-4 mars, mardi sauf juil.-août et lundi sauf fériés
Rest – Menu 20 € (sem.)/60 € – Carte 35/66 €
◆ Les atouts de ce chalet situé en aplomb du village et entouré de platanes : une terrasse ombragée face au lac et une cuisine traditionnelle, préparée dans les règles de l'art.

ST-GIRONS – 09 Ariège – 343 E7 – 6 254 h. – alt. 398 m – ✉ 09200

Midi-Pyrénées 28 **B3**

Paris 774 – Auch 123 – Foix 45 – St-Gaudens 43 – Toulouse 101
Office de tourisme, place Alphonse Sentein ✆ 05 61 96 26 60

Eychenne rest,
8 av. P. Laffont – ✆ 05 61 04 04 50 – hotel-eychenne@wanadoo.fr – Fax 05 61 96 07 20 – Fermé déc., janv., dim. soir et lundi de nov. à fin mars
41 ch – 🚹50/125 € 🚹🚹67/195 €, ☕ 10 € – ½ P 64/132 € – **Rest** – *(fermé mardi midi, dim. soir et lundi)* Menu 27/55 € – Carte 38/57 €
◆ Ex-relais de poste où règne une plaisante atmosphère bourgeoise. Souci du détail et meubles anciens dans les chambres ; certaines ont vue sur les Pyrénées. Accueil personnalisé. Cuisine traditionnelle et belle terrasse au cœur d'un ravissant jardin.

Château de Beauregard rest, rest, ch,
av. Résistance – ✆ 05 61 66 66 66 – chateaudebeauregard@wanadoo.fr – Fax 05 34 14 07 93
8 ch – 🚹60/100 € 🚹🚹60/100 €, ☕ 10 € – 2 suites – ½ P 60/90 €
Rest ***Auberge d'Antan*** – *✆ 05 61 66 66 64 (fermé mars, nov., mardi et merc. sauf été) (dîner seult sauf week-end)* Menu 29/33 €
◆ Ce petit château et son pavillon de chasse, bâtis au 19e s., bénéficient du calme d'un joli parc agrémenté d'une roseraie. Chambres au charme "rétro" et cossu (mobilier chiné). À l'Auberge d'Antan, décor rustique et plats de grand-mère préparés au feu de bois.

La Clairière 12/40,
av. Résistance – ✆ 05 61 66 66 66 – contact@domainedebeauregard.com – Fax 05 34 14 30 30
19 ch – 🚹50/65 € 🚹🚹50/65 €, ☕ 8 € – ½ P 55/65 € – **Rest** – *(fermé nov., vend. soir, dim. soir et lundi)* Menu (19 €), 28/64 € bc – Carte 28/40 €
◆ Dans un parc, insolite construction moderne dotée d'un toit de bardeaux tombant jusqu'au sol. Les petites chambres ont été confortablement refaites. Au restaurant, cuisine au goût du jour et cave riche en vins du Languedoc-Roussillon.

ST-GRÉGOIRE – 35 Ille-et-Vilaine – 309 L6 – rattaché à Rennes

ST-GUÉNOLÉ – 29 Finistère – 308 E8 – ✉ 29760 Penmarch

Bretagne 9 **A2**

Paris 587 – Douarnenez 47 – Guilvinec 8 – Pont-l'Abbé 14 – Quimper 34
Office de tourisme, Pl. du Mar. Davout ✆ 02 98 58 81 44, Fax 02 98 58 86 62
Musée préhistorique★ - ≤★★ du phare d'Eckmühl★ S : 2,5 km - Église★ de Penmarch SE : 3 km - Pointe de la Torche ≤★ NE : 4 km.

Sterenn ⚘ ← pointe de Penmarch, AC rest, P VISA MC
plage de la Joie – ✆ 02 98 58 60 36 – contactsterenn@free.fr – Fax 02 98 58 71 28 – Ouvert 27 mai-30 sept.
16 ch – †48/95 € ††48/95 €, ☕ 10 € – ½ P 75/95 € – **Rest** – *(résidents seult)* Menu 18/58 € – Carte 26/69 € ♀
◆ Face à la plage, grande bâtisse récente coiffée d'un toit d'ardoise. Chambres sobres et nettes, et la nature préservée de la Côte sauvage pour écrin.

Les Ondines ⚘ ♿ ✆ VISA MC AE
r. Pasteur rte phare d'Eckmühl – ✆ 02 98 58 74 95 – hotel@lesondines.com – Fax 02 98 58 73 99 – Ouvert 2 avril-12 nov. et fermé mardi sauf juil.-août
14 ch – †49/65 € ††49/65 €, ☕ 8 € – ½ P 49/59 € – **Rest** – Menu 15/37 € – Carte 23/59 €
◆ On accède par une impasse à cette construction bretonne ancrée à deux pas de la mer, à l'extrême pointe du pays bigouden. Plaisantes chambres au décor marin. Salle à manger-véranda où l'océan règne sur les repas : même la choucroute n'y échappe pas !

La Mer avec ch ♿ rest, ✆ VISA MC
184 r. F. Péron – ✆ 02 98 58 62 22 – Fax 02 98 58 53 86 – Fermé 11 nov.-2 déc., 20 janv.-10 fév.
10 ch – †49/51 € ††49/65 €, ☕ 8,50 € – ½ P 69/77 € – **Rest** – *(fermé dim. soir, mardi soir hors saison et lundi)* Menu 20 € (sem.)/76 € – Carte 47/62 €
◆ Ce restaurant situé au 1er étage d'une maison de pays offre une jolie vue sur la baie. Les recettes régionales mettent à l'honneur la bonne pêche locale. Chambres simples.

ST-GUILHEM-LE-DESERT – 34 Hérault – 339 G6 – 245 h. – alt. 89 m – ✉ 34150

23 **C2**

Paris 726 – Montpellier 41 – Lodève 31 – Millau 90
Office de tourisme, 2 rue de la Font du Portal ✆ 04 67 57 44 33

Le Guilhaume d'Orange ♿ ch, AC ch, ✆ VISA MC
2 av. Guillaume d'Orange – ✆ 04 67 57 24 53 – contact@guilhaumedorange.com – Fax 04 67 57 24 53 – Fermé mardi soir hors saison
10 ch – †65/95 € ††65/95 €, ☕ 7 € – ½ P 55/67 € – **Rest** – *(fermé mardi soir et merc.)* Menu 19/26 € ♀
◆ Les propriétaires ont restauré cette vieille bâtisse en respectant son cachet d'origine. Jolies chambres sobrement décorées à l'ancienne et dotées du confort moderne. La conviviale salle à manger se double en été d'une agréable terrasse panoramique. Cuisine simple et familiale.

L'Auberge Sur le Chemin AC VISA MC
38 r. Font du Portal – ✆ 04 67 57 75 05 – aubergesurlechemin@wanadoo.fr – Fermé 15 nov.-1er déc., 8-25 janv., lundi sauf juil.-août, mardi soir, merc.sauf vacances scolaires et du mardi au jeudi du 1er déc.-20 fév.
Rest – Menu 20 € (déj.)/60 € – Carte 35/59 € ♀
◆ Vieille maison dont les murs en pierres couverts de vigne vierge abritent une belle salle voûtée des 11e et 12e s. Cuisine traditionnelle et petite cave régionale.

ST-GUIRAUD – 34 Hérault – 339 F6 – rattaché à Clermont-l'Hérault

ST-HAON – 43 Haute-Loire – 331 E4 – 370 h. – alt. 1 000 m – ✉ 43340

Auvergne

6 **C3**

Paris 559 – Langogne 25 – Mende 68 – Le Puy-en-Velay 29

Auberge de la Vallée avec ch ⚘ ← ⅟ rest, VISA MC
– ✆ 04 71 08 20 73 – aubergevallee43@wanadoo.fr – Fax 04 71 08 29 21 – Fermé 31 déc.-20 mars, dim. soir et lundi d'oct. à avril
10 ch – †35/38 € ††40/46 €, ☕ 7,50 € – ½ P 44 € – **Rest** – Menu 16/36 € – Carte 23/49 € ♀
◆ Auberge familiale modeste établie dans un village d'altitude. Grande salle de mise simple où l'on vient faire des repas traditionnels connotés terroir. Chambres proprettes.

ST-HAON-LE-VIEUX – 42 Loire – 327 C3 – rattaché à Renaison

ST-HERBLAIN – 44 Loire-Atlantique – 316 G4 – rattaché à Nantes

ST-HILAIRE-DE-BRETHMAS – 30 Gard – 339 J4 – rattaché à Alès

ST-HILAIRE-DES-LOGES – 85 Vendée – 316 L9 – 1 840 h. – alt. 48 m – ✉ 85240

35 C3

Paris 444 – Nantes 130 – La Roche-sur-Yon 77 – Niort 34 – Bressuire 53

Le Pantagruelion

VISA

9 r. Octroi – ✆ 02 51 00 59 19 – lepantagruelion@wanadoo.fr – Fax 02 51 51 29 55 – Fermé 2-9 janv., sam. midi, dim. soir et merc.

Rest – Menu 20/52 € – Carte 33/40 €

◆ Plafond poutré, murs en pierre et sol en jonc tressé : un cadre rustique agréable pour déguster une appétissante cuisine traditionnelle valorisant les producteurs régionaux.

ST-HILAIRE-D'OZILHAN – 30 Gard – 339 M5 – rattaché à Remoulins

ST-HILAIRE-DU-HARCOUËT – 50 Manche – 303 F8 – 4 368 h. – alt. 70 m – ✉ 50600 Normandie Cotentin

32 A3

Paris 339 – Alençon 100 – Avranches 27 – Caen 102 – Fougères 29 – Laval 66 – St-Lô 69

Office de tourisme, avenue du Maréchal Leclerc ✆ 02 33 79 38 88, Fax 02 33 79 38 89

Centre d'Art Sacré★.

Le Cygne et Résidence

ch, ch, VISA AE

rte Fougères – ✆ 02 33 49 11 84 – contact@hotel-le-cygne.fr – Fax 02 33 49 53 70 – Fermé 18 fév.-3 mars, dim. soir et vend. d'oct. à Pâques – **30 ch** – 46/52 € 58/65 €, 8 € – ½ P 58/78 € – **Rest** – Menu 16/72 € bc – Carte 33/52 €

◆ Hébergement familial partagé entre une plaisante résidence bourgeoise et une construction récente. Chambres sobrement agencées, plus calmes sur l'arrière. À table, produits de la mer, recettes normandes et belle carte des vins. Terrasse côté jardin.

ST-HILAIRE-LE-CHÂTEAU – 23 Creuse – 325 I5 – 276 h. – alt. 453 m – ✉ 23250

25 C1

Paris 385 – Guéret 27 – Le Palais-sur-Vienne 56 – Limoges 64

à l'Est 3 km par N141 (rte Aubenas), D10 et rte secondaire ✉ 23250 St-Hilaire-le-Château

Château de la Chassagne sans rest

cuisinette

La Chassagne – ✆ 05 55 64 55 75 – m.fanton@tiscali.fr – Fax 05 55 64 18 97

4 ch – 95/110 € 95/120 €

◆ Beau château des 15e et 17e s. niché dans un parc où paissent des chevaux. Un escalier à vis dessert des chambres raffinées, dont une laisse admirer une superbe charpente.

ST-HILAIRE-ST-FLORENT – 49 Maine-et-Loire – 317 I5 – rattaché à Saumur

ST-HIPPOLYTE – 25 Doubs – 321 K3 – 1 045 h. – alt. 380 m – ✉ 25190 Franche-Comté Jura

17 C2

Paris 490 – Basel 93 – Belfort 48 – Besançon 89 – Montbéliard 32 – Pontarlier 71

Office de tourisme, place de l'Hôtel de Ville ✆ 03 81 96 58 00

Site★ - Vallée du Dessoubre★ S.

Le Bellevue

ch, 20, VISA

rte Maîche – ✆ 03 81 96 51 53 – hotel.bellevue@free.fr – Fax 03 81 96 52 40 – Fermé 2-16 janv., vend. soir d'oct. à avril, dim. soir sauf hôtel en saison et lundi midi – **16 ch** – 51 € 54/57 €, 9,50 € – ½ P 57 € – **Rest** – Menu 25/45 € – Carte 32/55 €

◆ Hostellerie ancienne au bord du Dessoubre. La plupart des chambres, rénovées, offrent un coup d'œil sur la montagne et la forêt. Selon la saison, poisson de rivière ou gibier à déguster dans une charmante salle à manger ou sur une terrasse panoramique.

ST-HIPPOLYTE – 68 Haut-Rhin – 315 I7 – 1 060 h. – alt. 234 m – ✉ 68590
Alsace Lorraine 2 C1

Paris 439 – Colmar 21 – Ribeauvillé 8 – St-Dié 42 – Sélestat 10 – Villé 18

Château du Haut-Koenigsbourg★★ : ✵★★ NO : 8 km.

Le Parc ch, rest, ch, 15/80,
6 r. Parc – ✆ 03 89 73 00 06 – hotel-le-parc@wanadoo.fr – Fax 03 89 73 04 30 – Fermé 25 juin-6 juil. et 7 janv.-1er fév.
26 ch – 72/85 € 85/140 €, 12 €, 5 duplex – ½ P 84/120 €
Rest – *(fermé dim. soir, lundi et mardi)* Menu (30 €), 42/62 €
Rest *Winstub Rabseppi-Stebel* – *(fermé lundi midi et mardi midi)* Menu 20 € – Carte 27/38 €
◆ Profusion de couleurs, à l'intérieur comme à l'extérieur, dans cet hôtel situé face à un parc. Chambres raffinées, progressivement rénovées, et bons équipements de loisirs. Cuisine dans l'air du temps au restaurant. Spécialités et vins du cru à la Winstub.

Hostellerie Munsch Aux Ducs de Lorraine ch, rest, 35,
– ✆ 03 89 73 00 09 – hotel.munsch@wanadoo.fr – Fax 03 89 73 05 46 – Fermé 15-30 nov. et mi-janv. à mi-fév.
40 ch – 50/68 € 77/120 €, 11,50 € – ½ P 80/100 € – **Rest** – *(fermé de mi-janv. à mi-fév., 15-30 nov., 30 juil.-9 août, mardi soir et merc.)* Menu 16 € (déj. en sem.), 22/55 € – Carte 23/54 €
◆ Dans cette imposante auberge d'allure régionale, les chambres personnalisées (parfois avec balcon) donnent tantôt sur le château du Haut-Koenigsbourg, tantôt sur les vignes. Boiseries sculptées, terrasse fleurie, carte traditionnelle et vins maison au restaurant.

ST-HONORÉ-LES-BAINS – 58 Nièvre – 319 G10 – 763 h. – alt. 300 m – Stat. therm. : début avril-fin oct. – Casino – ✉ 58360 Bourgogne 7 B2

Paris 303 – Château-Chinon 28 – Luzy 22 – Moulins 69 – Nevers 67 – St-Pierre-le-Moutier 68

Syndicat d'initiative, 13 rue Henri Renaud ✆ 03 86 30 71 70

Lanoiselée
4 av. J. Mermoz – ✆ 03 86 30 75 44 – lanoiselee@tele2.fr – Fax 03 86 30 75 66 – Ouvert mars-nov.
18 ch – 55 € 55 €, 8 € – ½ P 50/55 € – **Rest** – *(Ouvert 1er avril-28 oct. et fermé mardi)* Menu 19/27 €
◆ Sur l'avenue menant aux thermes, imposante bâtisse blanche à l'ambiance "pension de famille". Les chambres, fonctionnelles, portent des noms d'opéras. Une atmosphère un brin nostalgique des meilleures heures du thermalisme règne au restaurant.

Auberge du Pré Fleuri avec ch
– ✆ 03 86 30 74 96 – Fax 03 86 30 64 61 – Ouvert mars-nov. et fermé dim. soir sauf d'avril à sept. et lundi
9 ch – 47 € 53 €, 8 € – ½ P 49/53 € – **Rest** – Menu 17/34 € – Carte 27/40 €
◆ Ce restaurant du quartier thermal est aménagé dans une verrière en rotonde tournée sur le jardin ; cuisine traditionnelle. Chambres au décor déjà ancien, mais confortables.

ST-HUBERT – 57 Moselle – 307 I3 – 197 h. – alt. 220 m – ✉ 57640 27 C1

Paris 336 – Luxembourg 63 – Metz 21 – Saarbrücken 69

La Ferme de Godchure sans rest
r. Principale – ✆ 03 87 77 03 96 – godchure@wanadoo.fr
4 ch – 65/82 € 65/82 €
◆ Aux portes d'un village agreste, ex-ferme cistercienne dont la grange a été convertie en maison d'hôte de charme. Chambres personnalisées, bon accueil et service aux petits soins.

ST-ISIDORE – 06 Alpes-Maritimes – 341 E5 – rattaché à Nice

ST-JACQUES-DES-BLATS – 15 Cantal – 330 E4 – 325 h. – alt. 990 m – ✉ 15800 5 B3

Paris 536 – Aurillac 32 – Brioude 76 – Issoire 91 – St-Flour 39

L'Escoundillou ch, P VISA MC

rte gare – ☎ 04 71 47 06 42 – hotel.escoundillou@cantal.com – Fax 04 71 47 00 97 – Fermé 9-15 avril, 15 nov.-25 déc., vend. soir et sam. du 1er oct. au 15 nov.

12 ch – 40/43 € 43/46 €, 7 € – ½ P 43/46 € – **Rest** – Menu 13/23 €

♦ Au bord d'une pittoresque route de campagne, petite cachette ("escoundillou" en patois) idéale pour ceux qui aiment la verdure. Chambres fraîches et nettes. Cuisine cantalienne servie dans une salle claire et sobre.

Le Brunet rest, P VISA MC

– ☎ 04 71 47 05 86 – hotel.brunet@wanadoo.fr – Fax 04 71 47 04 27 – Fermé 5 oct.-20 déc.

15 ch – 46/54 € 46/54 €, 6,50 € – ½ P 43/47 € – **Rest** – Menu 16/27 €

♦ En contrebas du village, bâtiments récents construits dans le style du pays. Chambres bien agencées, souvent dotées de balcons tournés vers la vallée de la Cère. Spécialités auvergnates servies dans un cadre sobre ou sur la terrasse d'été dressée face au pré.

Le Griou 30, P VISA MC

– ☎ 04 71 47 06 25 – hotel.griou@wanadoo.fr – Fax 04 71 47 00 16 – Fermé 15 oct.-15 déc.

16 ch – 42/52 € 42/62 €, 7 € – ½ P 42/46 € – **Rest** – Menu 14/29 €

♦ Coquette pension dont le jardin, surplombant la rivière, se fond dans la nature environnante. Certaines chambres bénéficient d'une belle échappée sur les monts du Cantal. Salle à manger donnant sur la campagne. Pountis et potées auvergnates à l'honneur.

ST-JAMES – 50 Manche – 303 E8 – 2 917 h. – alt. 100 m – ✉ 50240

Normandie Cotentin 32 A3

Paris 357 – Avranches 21 – Fougères 29 – Rennes 69 – St-Lô 78 – St-Malo 61

Office de tourisme, 21 rue de la Libération ☎ 02 33 89 62 12

Cimetière américain.

Normandie VISA MC

2 pl. Bagot – ☎ 02 33 48 31 45 – Fax 02 33 48 31 37 – Fermé 21 déc.-7 janv.

10 ch – 45/50 € 45/50 €, 6,50 € – ½ P 49/53 € – **Rest** – *(fermé dim. soir)* Menu 16/24 € – Carte 20/38 €

♦ Auberge de village située aux confins de la Bretagne et de la Normandie. Les chambres, sobrement meublées, sont plus grandes au 1er étage. Restaurant au cadre rustique dont la carte privilégie les fruits de mer. À midi, plats du jour servis au bar animé.

ST-JEAN – 06 Alpes-Maritimes – 341 C6 – rattaché à Pégomas

ST-JEAN-AUX-AMOGNES – 58 Nièvre – 319 D9 – 466 h. – alt. 230 m – ✉ 58270 7 B2

Paris 252 – Bourges 81 – Château-Chinon 51 – Clamecy 61 – Nevers 16

Le Relais de Bourgogne VISA MC

– ☎ 03 86 58 61 44 – Fax 03 86 58 61 44 – Fermé 2-21 janv., dim. soir et merc.

Rest – Menu 20/41 € – Carte 33/46 €

♦ Derrière la façade rénovée de cette maison de village, chaleureux intérieur campagnard et véranda ouverte sur un sympathique jardin-terrasse. Plats traditionnels.

ST-JEAN-AUX-BOIS – 60 Oise – 305 I4 – rattaché à Pierrefonds

ST-JEAN-CAP-FERRAT – 06 Alpes-Maritimes – 341 E5 – 1 895 h. – alt. 12 m – ✉ 06230 Côte d'Azur 42 E2

Paris 935 – Menton 25 – Nice 8

Office de tourisme, 59 avenue Denis Semeria ☎ 04 93 76 08 90

Site de la Villa Ephrussi-de-Rothschild ★★ M : musée Île de France ★★, jardins ★★ - Phare ✳ ★★ - Pointe de St-Hospice : ≤ ★ de la chapelle, sentier ★ - Promenade Maurice-Rouvier ★.

ST-JEAN-CAP-FERRAT

Les flèches noires indiquent les sens uniques supplémentaires l'été

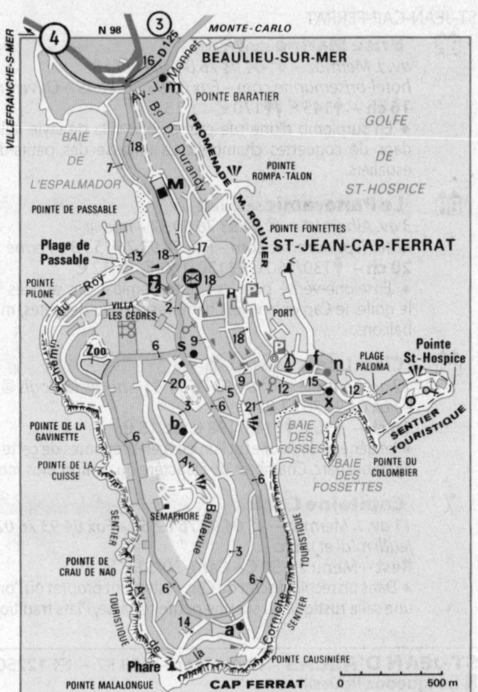

Grand Hôtel du Cap Ferrat ≤ mer, P ⊠ AC
71 bd Gén.de Gaulle au Cap-Ferrat ch, 15, P VISA MC AE
– ☎ 04 93 76 50 50 – reserv@grand-hotel-cap-ferrat.com – Fax 04 93 76 04 52 – Fermé 2 janv.-2 mars a
44 ch – †220/1075 € ††220/1075 €, ☕ 30 € – 9 suites
Rest – Menu 55 € (déj. en sem.)/95 € – Carte 98/176 € ♀
Rest *Club Dauphin* – rest. de piscine – *☎ 04 93 76 50 21 (ouvert avril-oct.) (déj. seult)* Carte 84/106 € ♀
◆ Vous traverserez le superbe parc en funiculaire privé - et climatisé ! - pour rejoindre le bassin à débordement de ce luxueux palace (1908) dominant la Méditerranée. Restaurant raffiné, sublime terrasse et cuisine classique. Repas face à la piscine au Club Dauphin.

Royal Riviera ≤ Spa ch, AC 35/100,
3 av. J. Monnet – ☎ 04 93 76 31 00 – resa@royal-riviera.com – Fax 04 93 01 23 07 – Fermé 2 déc.-13 janv. P VISA MC AE m
94 ch – †320/1130 € ††320/1130 €, ☕ 34 € – 2 suites – ½ P 369/1179 €
Rest *Le Panorama* – *(dîner seult en juil.-août)* Menu 49 € – Carte 68/115 € ♀
Rest *La Pergola* – rest. de piscine (buffet-grill) *(ouvert juil.-août) (déj. seult)* Carte 51/71 € ♀
◆ Palace bâti en 1904 et son beau jardin au bord de l'eau. Chambres raffinées, tournées pour la plupart vers le large (décor provençal contemporain à l'Orangerie). Élégantes salles à manger feutrées au Panorama. Buffets et grillades à la Pergola (brunch le dimanche).

Voile d'Or ≤ port et golfe, AC 20,
au port – ☎ 04 93 01 13 13 – reservation@lavoiledor.fr – Fax 04 93 76 11 17 – Ouvert avril-oct. VISA MC AE f
45 ch – †162/829 € ††229/829 €, ☕ 32 € – **Rest** – *(dîner seult de juin à sept.)* Menu 68 € (déj.)/80 € – Carte 78/130 € ♀
◆ Idéalement situé face au port de plaisance, avec piscines en bord de mer et décor soigné : l'hôtel, ancré sur un rocher, est la promesse d'un agréable séjour. Salle à manger panoramique, belle terrasse d'été et table classique. Petite restauration sur la plage.

Brise Marine sans rest ≤ Cap et golfe, VISA
av. J. Mermoz – 04 93 76 04 36 – info@ hotel-brisemarine.com – Fax 04 93 76 11 49 – Ouvert mars-oct. **x**
16 ch – 145 € 170 €, 13 €
◆ En surplomb d'une rue calme, jolie villa de style italien (1878) recevant ses clients dans de coquettes chambres. La terrasse des petits-déjeuners domine le jardin en espaliers.

Le Panoramic sans rest ≤ Cap et golfe, VISA
3 av. Albert 1er – 04 93 76 00 37 – info@ hotel-lepanoramic.com – Fax 04 93 76 15 78 – Fermé 15 nov.-25 déc. **s**
20 ch – 130/160 € 130/160 €, 12 €
◆ Enseigne-vérité pour cet hôtel familial des années 1950 : vue exceptionnelle sur le golfe, le Cap et la ville. Chambres un peu désuètes, mais bien tenues et pourvues de balcons.

Clair Logis sans rest 15, VISA
12 av. Centrale – 04 93 76 51 81 – hotelclairlogis@orange.fr – Fax 04 93 76 51 82 **b**
16 ch – 95 € 115/198 €, 15 €
◆ Le général de Gaulle fut l'un des célèbres hôtes de cette villa provençale nichée dans un agréable parc. Chambres de caractère ou confort plus modeste à l'annexe.

Capitaine Cook VISA
11 av. J. Mermoz – 04 93 76 02 66 – Fax 04 93 76 02 66 – Fermé 5 nov.-26 déc., jeudi midi et merc. **n**
Rest – Menu 25/30 € – Carte 30/51 €
◆ Dans un recoin discret du Cap, restaurant propret où l'on mange au coude à coude dans une salle rustique ou sur une petite terrasse. Plats traditionnels aux saveurs iodées.

ST-JEAN D'ALCAS – 12 Aveyron – 338 K7 – ✉ 12250
Languedoc Roussillon 29 **D2**

Paris 677 – Toulouse 170 – Rodez 118 – Millau 35 – Saint-Affrique 14

Le Moulin de Gauty sans rest
– 05 65 97 51 90 – contact@moulindegauty.com
3 ch – 60/100 € 68/110 €
◆ En pleine nature, ancien moulin propice au repos et à la détente. Chambres de style contemporain épuré et beau jardin traversé par une rivière. VTT à disposition et piscine.

ST-JEAN-D'ANGÉLY – 17 Charente-Maritime – 324 G4 – 7 681 h. – alt. 25 m – ✉ 17400 Poitou Vendée Charentes 38 **B2**

Paris 444 – La Rochelle 72 – Niort 48 – Royan 69 – Saintes 36

Office de tourisme, 8 rue du Grosse Horloge 05 46 32 04 72, Fax 05 46 32 20 80

Plan page ci-contre

De la Place ch, VISA
pl. Hôtel de Ville – 05 46 32 69 11 – infobox@hoteldelaplace.net – Fax 05 46 32 08 44 – Fermé vacances de la Toussaint et 1er-21 fév. B **a**
10 ch – 48 € 57 €, 6,50 € – ½ P 64/74 € – **Rest** – Menu 13 € (déj. en sem.), 17/26 € – Carte 30/45 €
◆ Au cœur de la ville et proche du centre historique, établissement familial disposant de chambres simples et bien insonorisées. Un programme de rénovation est en cours. Cuisine au goût du jour servie dans une agréable salle de type bistrot.

Le Scorlion VISA
5 r. Abbaye – 05 46 32 52 61 – robertcr@hotmail.com – Fax 05 46 59 99 90 – Fermé 30 avril-7 mai, 12 nov.-1er janv., 12-25 fév., merc. soir d'oct. à mai, dim. soir et lundi A **e**
Rest – Menu (12 €), 17 € (déj. en sem.), 27/35 € – Carte 43/52 €
◆ Dans les murs de l'ex-abbaye royale, restaurant sympathique et confortable, mariant avec bonheur l'ancien et le contemporain. Répertoire culinaire au goût du jour.

ST-JEAN-D'ANGÉLY

Abbaye (R. de l') . . . . **A** 2
Aguesseau (R. d') . . . . **A** 3
Bancs (R. des) . . . . **A** 4
Bourcy (R. Pascal) . . . . **B** 6
Cumont (Bd P.-de) . . . . **B** 8
Dubreuil (R. L. A.) . . . . **A** 10
Gambetta (R.) . . . . **A**
Grosse Horloge (R.) . . . . **B** 12
Gymnase (R. du) . . . . **B** 13
Hôtel de Ville (Pl. de l') . . . . . . **B** 14
Jacobins (R. des) . . . . **B** 16
Libération (Square de la) . . . . . **B** 17
Maréchal-Leclerc (Av. du) . . . . **B** 19
Maréchaux (R. des) . . . . **AB** 20
Porte de Niort (R. de la) . . . . . **B** 24
Port Mahon (Av. du) . . . . **AB** 25
Regnaud (R.) . . . . **A** 27
Remparts (R. des) . . . . **B** 28
Rose (R.) . . . . **B** 29
Taillebourg (Fg) . . . . **A**
Texier (R. Michel) . . . . **A** 31
Tourneur (R. L.) . . . . **B** 32
Tour Ronde (R.) . . . . **B** 33
Verdun (R. de) . . . . **A** 35
3-Frères-Gautreau (R. des) . . . **A** 37
4-Septembre (R. du) . . . . **B** 39
11-Novembre (R. du) . . . . **AB** 40

ST-JEAN-DE-BLAIGNAC – 33 Gironde – 335 K6 – 401 h. – alt. 50 m – ✉ 33420 4 **C1**

■ Paris 592 – Bergerac 56 – Bordeaux 40 – Libourne 17 – La Réole 29

XX **Auberge St-Jean** A/C ⚐ VISA MC AE

– ✆ 05 57 74 95 50 – Fax 05 57 84 51 57 – *Fermé 17-28 nov., mardi soir et merc.*

Rest – Menu 35/65 € – Carte 82/94 € ♀

◆ Ex-relais de poste tourné vers la Dordogne. Un salon feutré orné de vieux cuivres donne accès à deux salles de bon goût, dont une terrasse fermée. Repas classique actualisé.

ST-JEAN-DE-BRAYE – 45 Loiret – 318 I4 – rattaché à Orléans

ST-JEAN-DE-LUZ – 64 Pyrénées-Atlantiques – 342 C4 – 13 247 h. – alt. 3 m – Casino ABY – ✉ 64500 ▮ Aquitaine 3 **A3**

■ Paris 785 – Bayonne 24 – Biarritz 18 – Pau 129 – San Sebastián 31

■ Office de tourisme, place du Maréchal Foch ✆ 05 59 26 03 16, Fax 05 59 26 21 47

■ de Chantaco Route d'Ascain, par rte d'Ascain : 2 km, ✆ 05 59 26 14 22 ;

■ de la Nivelle à Ciboure Place William Sharp, S : 3 km par D 704, ✆ 05 59 47 18 99.

■ Port★ – Église St-Jean-Baptiste★★ – Maison Louis-XIV★ **N** – Corniche basque★★ par ④ – Sémaphore de Socoa ←★★ 5 km par ④.

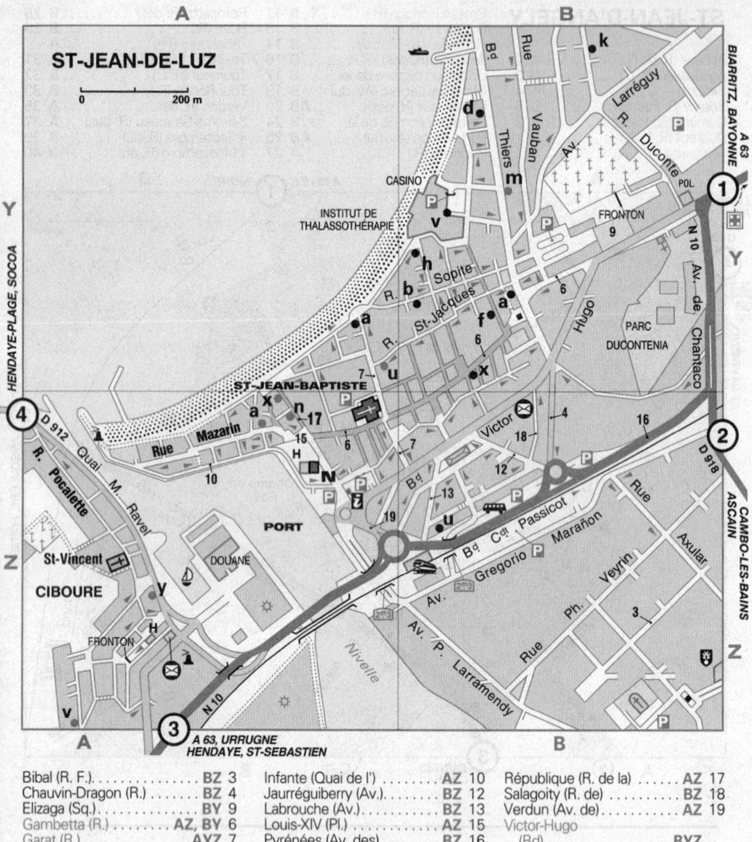

Bibal (R. F.) .... **BZ** 3	Infante (Quai de l') .... **AZ** 10	République (R. de la) .... **AZ** 17
Chauvin-Dragon (R.) .... **BZ** 4	Jaurréguiberry (Av.) .... **BZ** 12	Salagoity (R. de) .... **BZ** 18
Elizaga (Sq.) .... **BY** 9	Labrouche (Av.) .... **BZ** 13	Verdun (Av. de) .... **AZ** 19
Gambetta (R.) .... **AZ, BY** 6	Louis-XIV (Pl.) .... **AZ** 15	Victor-Hugo (Bd) .... **BYZ**
Garat (R.) .... **AYZ** 7	Pyrénées (Av. des) .... **BZ** 16	

Parc Victoria

ch, rest, 20,

5 r. Cépé par bd Thiers et rte Quartier du Lac –
05 59 26 78 78 – parcvictoria@relaischateaux.com – Fax 05 59 26 78 08 – Ouvert 15 mars-14 nov.

13 ch – 135/335 € 160/335 €, 19 € – 5 suites – ½ P 132/220 €

Rest *Les Lierres* – *(fermé mardi hors saison)* Menu 39/80 € – Carte 62/80 €

◆ Belle villa fin 19e s. et ses annexes nichées dans un ravissant parc arboré avec piscine. Mobilier Art déco omniprésent dans les chambres. Un pavillon noyé dans la verdure abrite deux petites salles à manger-véranda (cadre de jardin d'hiver ou style 1930).

Grand Hôtel

ch, ch, rest, 15/45,

43 bd Thiers – 05 59 26 35 36 – direction@luzgrandhotel.fr – Fax 05 59 51 99 84 – Fermé janv. BY **d**

52 ch – 160/730 € 160/730 €, 28 €

Rest *Rosewood* – *(fermé lundi soir, mardi soir et le midi)* Menu 60/80 € – Carte 68/89 €

Rest *La Rôtisserie* – *(fermé le soir du merc. au dim.)* Menu (30 €), 40/60 €

Spéc. Saveurs autour du tourteau, caviar de hareng. Dos de merluchon à la plancha, boudin noir. Agneau des Pyrénées rôti, polenta au fromage de brebis.

◆ Ce "grand hôtel" balnéaire de la Belle Époque séduit par son élégant mobilier, ses équipements actuels et ses chambres raffinées. Spa haut de gamme tout neuf. Goûteuses recettes "tendance" servies au Rosewood le soir. Rôtisserie à l'heure du déjeuner.

Hélianthal ch, ch, rest, 15/200,
pl. M. Ravel – ☎ 05 59 51 51 51 – helianthal@helianthal.fr – Fax 05 59 51 51 54 – Fermé 25 nov.-23 déc. VISA BY **v**
100 ch – 94/205 € 94/246 €, 15 € – ½ P 105/197 € –
Rest – Menu 40/42 €
◆ Hôtel où séjourne essentiellement une clientèle de curistes fréquentant le centre de thalassothérapie. L'esprit des années 1930 règne sur les chambres. Le décor du restaurant, égayé d'une fresque marine, s'inspire du style "paquebot" ; terrasse côté baie.

La Devinière sans rest VISA
5 r. Loquin – ☎ 05 59 26 05 51 – la.deviniere.64@wanadoo.fr – Fax 05 59 51 26 38 BY **f**
10 ch – 120/160 € 120/160 €, 11 €
◆ Tableaux, bibelots, photos et livres anciens (bibliothèque) agrémentent cette charmante maison basque aux chambres personnalisées. Ravissant jardinet et coquet salon de thé.

Zazpi Hôtel sans rest VISA
21 bd Thiers – ☎ 05 59 26 07 77 – info@zazpihotel.com – Fax 05 59 26 27 77 BY
6 ch – 160/450 € 160/450 €, 15 € – 1 suite
◆ Hôtel particulier 1900 doté de sept ("zazpi" en basque) chambres design équipées high-tech et nommées d'après les sept provinces euskariennes. Minipiscine et solarium sur le toit.

La Marisa sans rest VISA
16 r. Sopite – ☎ 05 59 26 95 46 – info@la-marisa.com – Fax 05 59 51 17 06 – Fermé 6 janv.-7 fév. BY **b**
15 ch – 65/95 € 85/145 €, 10 €
◆ Accueil chaleureux dans cet hôtel qui abrite des chambres garnies de meubles chinés chez les brocanteurs ou ramenés d'Asie. Agréable patio fleuri. Délicieux petit-déjeuner.

De la Plage ch, ch, ch, VISA
prom. J. Thibaud – ☎ 05 59 51 03 44 – hoteldelaplage-reservation@wanadoo.fr – Fax 05 59 51 03 48 – Fermé 10-28 mars, 12 nov.-21 déc. et 7 janv.-15 fév.
22 ch – 76/122 € 76/122 €, 9 € – ½ P 70/94 € AY **a**
Rest *Le Brouillarta* – *☎ 05 59 51 29 51 (fermé 31 déc.-7 fév., dim. soir et lundi sauf juil.-août)* Menu 28/50 € – Carte 28/50 €
◆ Belle situation face à la plage pour cette grande bâtisse aux chambres bien refaites ; celles s'ouvrant côté mer auront votre préférence. Ambiance bistrot et joli panorama sur la baie de Saint-Jean-de-Luz au Brouillarta. Plats du terroir, salades et grillades.

Les Almadies sans rest VISA
58 r. Gambetta – ☎ 05 59 85 34 48 – hotel.lesalmadies@wanadoo.fr – Fax 05 59 26 12 42 – Fermé 12 nov.-2 déc. et 10-17 fév. BY **x**
7 ch – 75/105 € 95/125 €, 10 €
◆ L'enseigne de ce charmant petit hôtel évoque la pointe des Almadies (Sénégal). Chambres neuves, joliment meublées et bien insonorisées.

Colbert sans rest VISA
3 bd Cdt Passicot – ☎ 05 59 26 31 99 – contact@hotelcolbertsaintjeandeluz.com – Fax 05 59 51 05 61 – Fermé 3 déc.-4 janv. BZ **u**
34 ch – 65/121 € 69/136 €, 11 €
◆ D'importants travaux ont donné une seconde jeunesse à cet hôtel proche de la gare. Chambres sobrement décorées mais confortables. Petit-déjeuner servi sous forme de buffet.

La Réserve ch, cuisinette 15/50, P
rd-pt Ste-Barbe, Nord : 2 km par bd Thiers – ☎ 05 59 51 32 00 – lareserve@wanadoo.fr – Fax 05 59 51 32 01 – Fermé 12 nov.-31 janv. VISA
41 ch – 78/148 € 78/198 €, 14,50 € – **Rest** – *(fermé dim. soir et lundi hors saison)* Menu (26 €), 33/39 € – Carte 38/49 €
◆ Au sommet des falaises, vaste domaine avec jardin et piscine dominant l'océan. Chambres fonctionnelles sobres ou plus classiques. Studios prisés des familles. Cadre balnéaire au restaurant dont la belle terrasse se tourne vers les greens et la côte.

Villa Bel Air rest, rest, VISA
prom. J. Thibaud – 05 59 26 04 86 – belairhotel@wanadoo.fr – Fax 05 59 26 62 34 – Ouvert 30 mars-12 nov. BY **h**
21 ch – 75/100 € 120/150 €, 8 € – ½ P 73/108 € – **Rest** – *(ouvert 4 juin-30 sept. et fermé dim.)* Menu 22 € (déj.)/26 € (dîner) – Carte 23/30 €
◆ Cette grande villa balnéaire basque (1850) cultive un appréciable esprit "pension de famille". Petit salon campagnard et chambres bien tenues, en majorité tournées vers la plage. Les baies vitrées de la salle à manger ouvrent sur la promenade maritime.

Les Goëlands rest, VISA AE
4 av. Etcheverry – 05 59 26 10 05 – hotel.les.goelands@wanadoo.fr – Fax 05 59 51 04 02 BY **k**
35 ch – 50/80 € 55/120 €, 7,50 € – ½ P 68/90 € –
Rest – *(ouvert 11 avril-1er nov.) (résidents seult)* Menu 22 €
◆ Atmosphère de "pension de famille" coquette et calme d'un quartier résidentiel caractérisent ces deux charmantes villas basques (1902), rénovées et désormais non-fumeurs.

Maria Christina sans rest VISA
13 r. Paul Gélos par bd Thiers et rte quartier du Lac – 05 59 26 81 70 – mariachristina@wanadoo.fr – Fax 05 59 26 36 04 – Ouvert 16 mars-12 nov.
11 ch – 46/63 € 64/94 €, 7,50 €
◆ Murs colorés, parquets flottants et boiseries décorent les petites chambres de cette maison luzienne. Grand salon ouvrant sur un patio fleuri où pousse un citronnier.

Villa Argi-Eder sans rest
av. Napoléon III, 3 km par ①, N 10 et rte secondaire – 05 59 54 81 65 – villa-argi-eder.@wanadoo.fr – Fax 05 59 51 26 51
4 ch – 50/55 € 50/55 €, 5 €
◆ À deux pas de la plage, chambres vastes et tranquilles dotées de grandes baies vitrées ouvertes sur des terrasses privatives où vous pourrez prendre votre petit-déjeuner en saison.

Le Kaïku VISA
17 r. République – 05 59 26 13 20 – Fax 05 59 51 07 47 – Fermé 15-30 nov., 15-30 janv., mardi et merc. sauf juil. août AZ **x**
Rest – Menu 35 € – Carte 34/58 €
◆ Installé pour partie en sous-sol dans la plus vieille maison de Saint-Jean-de-Luz (16e s.), ce restaurant est une institution locale. Produits de la mer et plats du terroir.

Zoko Moko VISA
6 r. Mazarin – 05 59 08 01 23 – zokomoko@hotmail.com – Fax 05 59 51 01 77 – Fermé 12 nov.-4 déc., sam. midi, dim. soir et lundi AZ
Rest – *(dîner seult sauf dim. et fériés du 10 juil. au 5 sept.)* Menu (17 €), 23 € (déj. en sem.), 39/46 €
◆ Élégant décor contemporain et cuisine méridionale mâtinée de saveurs exotiques pour ce "coin tranquille" (zoko moko en basque) aménagé dans une maison luzienne du 18e s.

Petit Grill Basque "Chez Maya" VISA AE
2 r. St-Jacques – 05 59 26 80 76 – Fax 05 59 26 80 76 – Fermé 20 déc.-20 janv., jeudi midi hors saison et merc. AY **u**
Rest – Menu 20/40 € – Carte 20/40 €
◆ Sympathique auberge au décor basque authentique et patiné : fresques et assiettes de Louis Floutier, cuivres et amusant système de ventilation manuelle. Cuisine régionale.

Olatua VISA AE
30 bd Thiers – 05 59 51 05 22 – olatua@wanadoo.fr – Fax 05 59 51 32 99 BY **m**
Rest – Menu 18 € (déj. en sem.), 27/29 €
◆ Cette grande brasserie égayée de couleurs vives et de plantes vertes propose une cuisine basque revisitée. Aux beaux jours, pensez à réserver une table dans le jardinet.

Taverne Basque VISA
5 r. République – 05 59 26 01 26 – Fermé 7-31 janv., le midi du dim. au mardi en juil.-août, lundi et mardi de sept. à juin AZ **n**
Rest – Menu 22 € (le midi en été)/39 €
◆ En centre-ville, cuisine basque actualisée et composée de produits locaux, à apprécier dans une salle à manger de mise sobre, où flotte une atmosphère cordiale. Terrasse d'été.

à Urrugne par ③ : **4 km – 7 043 h. – alt. 34 m –** ✉ **64122**

Office de tourisme, place René Soubelet ✆ 05 59 54 60 80, Fax 05 59 54 63 49

Château d'Urtubie sans rest

– ✆ 05 59 54 31 15 – *chateaudurtubie@wanadoo.fr – Fax 05 59 54 62 51 – Ouvert 1er avril-31 oct.*

10 ch – 70/150 € 70/150 €, ☕ 10 €

◆ Sur la route de l'Espagne, château fort du 14e s. remanié au fil du temps. Aujourd'hui musée et hostellerie, il abrite des chambres de caractère garnies de meubles de style.

à Socoa 3 km par ④ – ✉ **64122**

Chambres d'hôtes Iguski-Begui sans rest

8 chemin d'Atalaya – ✆ 06 63 08 03 93 – info@iguski-begui.com – Fax 05 59 47 21 19

4 ch – 65 € 65 €, ☕ 5 €

◆ Dans cette grande maison avec vue sur la Rhune et la baie de St-Jean-de-Luz, chaque chambre cultive sa personnalité. Si vous voulez voir le phare de Socoa, choisissez Sémaphore.

CIBOURE – 64 Pyrénées-Atlantiques – 6 283 h. – alt. 3 m – ✉ **64500** 3 **A3**

Paris 772 – Bordeaux 212 – Pau 130 – Donostia-San Sebastián 33 – Irun 15

Office de tourisme, 27 quai Maurice Ravel ✆ 05 59 47 64 56, Fax 05 59 47 64 55

Chapelle N.-D. de Socorri : site★ 5 km par ③.

voir plan de St-Jean-de-Luz

Chez Dominique

15 quai M. Ravel – ✆ 05 59 47 29 16 – Fax 05 59 47 29 16 – Fermé 15 fév.-15 mars, dim. soir, lundi et mardi sauf du 15 juil. au 31 août AZ **y**

Rest – Menu 26 € – Carte 48/63 €

◆ Le quai abrite la maison natale de Maurice Ravel (n°27) et cet accueillant restaurant au joli cadre marin éclairé de lamparos. Produits de l'océan et vins régionaux.

Pantxua

au port de Socoa, par ④ : 4 km – ✆ 05 59 47 13 73 – Fax 05 59 47 01 54 – Fermé déc.-janv., mardi sauf le soir en saison et lundi soir

Rest – Menu 15/55 € – Carte 33/61 €

◆ De nombreuses toiles de peintres basques ornent les murs de la salle à manger. Quant à la véranda et la terrasse, elles s'ouvrent sur le vivant tableau offert par la baie.

Chez Mattin

63 r. E. Baignol – ✆ 05 59 47 19 52 – Fax 05 59 47 05 57 – Fermé 15 janv.-début mars, dim. soir sauf du 14 juil. au 31 août et lundi AZ **v**

Rest – Menu 35/40 € – Carte 27/44 €

◆ Ambiance très familiale au sein de ce restaurant de quartier aménagé dans une vieille maison de pays. Le choix de poissons dépend de la marée ; plats typiquement locaux.

ST-JEAN-DE-MAURIENNE – 73 Savoie – 333 L6 – 8 902 h. – alt. 556 m – ✉ **73300** Alpes du Nord 46 **F2**

Paris 635 – Albertville 62 – Chambéry 75 – Grenoble 105

Office de tourisme, place de la Cathédrale ✆ 04 79 83 51 51, Fax 04 79 83 42 10

Ciborium★ et stalles★★ de la cathédrale St-Jean-Baptiste.

Nord rest,

pl. Champ de Foire – ✆ 04 79 64 02 08 – info@hoteldunord.net – Fax 04 79 59 91 31 – Fermé 1er-15 avril, 29 oct.-11 nov., dim. soir sauf juil.-août, fév. et lundi midi

19 ch – 41 € 48 €, ☕ 7 € – ½ P 42 € – **Rest** – Menu 17 € (sem.)/49 € – Carte 31/56 €

◆ Ancien relais de poste situé à deux pas de la cathédrale et du musée Opinel. Les chambres, spacieuses, ont toutes été refaites. Repas traditionnels actualisés, servis sous les belles voûtes en pierre de l'ex-écurie. Produits savoyards à l'honneur ; bonne cave.

St-Georges sans rest

334 r. République – ☎ 04 79 64 01 06 – info@hotel-saintgeorges.com – Fax 04 79 59 84 84

22 ch – †43/47 € ††55/60 €, ☕ 8 €

◆ Ce vénérable hôtel (1866) proche du centre a profité d'une rénovation intégrale sous l'impulsion de ses propriétaires. Chambres pratiques, plus calmes à l'arrière.

Dorhotel sans rest — 10/40, P, VISA

r. L. Sibué – ☎ 04 79 83 23 83 – info@dorhotel.com – Fax 04 79 83 23 00

41 ch – †40 € ††47 €, ☕ 8 €

◆ À 500 m de la gare, hôtel pratique aux chambres fonctionnelles. Formule buffet pour le petit-déjeuner, servi dans une salle assez vaste et actuelle.

ST-JEAN-DE-MOIRANS – 38 Isère – 333 G5 – 2 680 h. – alt. 226 m – ✉ 38430

45 **C2**

Paris 547 – Chambéry 46 – Grenoble 24 – Lyon 87 – Valence 84

Beauséjour avec ch — rest, rest, P, VISA

Sud-Ouest : 2 km sur N 85, direction Grenoble – ☎ 04 76 35 30 38 – restaurant-beausejour@wanadoo.fr – Fax 04 76 35 59 80 – Fermé 1er-20 août, dim. soir et sam.

6 ch – †48 € ††68/75 €, ☕ 7 € – ½ P 57 € – **Rest** – Menu 19 € bc (déj. en sem.), 27/55 € – Carte 38/51 € 🍷

◆ Cette maison régionale était autrefois un relais de chevaux. Cuisine au goût du jour proposée dans deux confortables salles à manger ou en terrasse, à l'ombre d'un platane.

ST-JEAN-DE-MONTS – 85 Vendée – 316 D7 – 6 886 h. – alt. 16 m – Casino : La Pastourelle – ✉ 85160 Poitou Vendée Charentes

34 **A3**

Paris 451 – Cholet 123 – Nantes 73 – La Roche-sur-Yon 61 – Les Sables-d'Olonne 47

Office de tourisme, 67 esplanade de la Mer ☎ 02 51 59 60 61, Fax 02 51 59 62 28

de Saint-Jean-de-Monts Avenue des Pays de la Loire, O : 2 km, ☎ 02 51 58 82 73.

Mercure — ch, 30, P, VISA

16 av. Pays de Monts – ☎ 02 51 59 15 15 – hotelmercurestjean@wanadoo.fr – Fax 02 51 59 91 03 – Fermé 6 janv.-10 fév.

44 ch – †92/151 € ††92/151 €, ☕ 14 € – ½ P 82/112 € – **Rest** – Menu 24 € (sem.)/39 € – Carte 27/52 € 🍷

◆ Curistes et vacanciers apprécieront la proximité de la plage, du golf et du centre de thalassothérapie. Chambres de bon confort possédant toutes un balcon. Au choix, cuisine traditionnelle ou allégée. La vue sur les pins est comprise dans l'addition !

De la Forêt sans rest — VISA

13 r. Pouvreau – ☎ 02 51 58 00 36 – infos@hotel-de-la-foret.fr – Fax 02 51 59 14 65 – Ouvert 10 avril-16 sept.

16 ch – †59/97 € ††59/97 €, ☕ 10 €

◆ Ce paisible hôtel en lisière de forêt sort d'une rénovation complète. Les chambres, réparties dans plusieurs maisons autour d'une minipiscine, sont plaisantes et insonorisées.

L'Espadon — 15/50, P, VISA

8 av. forêt – ☎ 02 51 58 03 18 – info@hotel-espadon.com – Fax 02 51 59 16 11

27 ch – †49/68 € ††49/68 €, ☕ 8 € – ½ P 51/64 € – **Rest** – *(fermé déc., janv., dim. soir, mardi midi et lundi d'oct. à Pâques)* Menu (14,50 €), 19/25 € – Carte 22/37 € 🍷

◆ Sur une large avenue menant à la plage, construction des années 1970 abritant des chambres assez petites mais bien tenues (la plupart avec balcon). Cuisine iodée proposée dans deux salles à manger agréablement lumineuses.

Le Robinson ch, 20, VISA

28 bd Gén. Leclerc – 02 51 59 20 20 – infos@hotel-lerobinson.com – Fax 02 51 58 88 03 – Fermé déc. et janv.

74 ch – 44/72 € 59/80 €, 8 € – ½ P 47/63 € – **Rest** – Menu 15 € (sem.)/41 € – Carte 23/45 €

◆ Les chambres, logées dans plusieurs bâtiments, autour du patio-terrasse, offrent différents niveaux de confort. Belle piscine intérieure et petite salle de musculation. Trois salles à manger accueillent les convives autour de produits de la mer.

La Cloche d'Or rest, VISA

26 av. Tilleuls – 02 51 58 00 58 – lacloche@club-internet.fr – Fax 02 51 58 82 85 – Fermé 17 déc.-9 fév.

21 ch – 38/73 € 38/73 €, 7,50 € – ½ P 41/63 € – **Rest** – *(fermé dim. soir, mardi midi et lundi d'oct. à mars)* Menu (9 €), 12/31 € – Carte 24/40 €

◆ Accueil aux petits soins dans cette tranquille maison familiale, à mi-chemin entre le centre-ville et la plage. Chambres un peu étroites, mais pratiques et bien tenues. Salle à manger sobrement rustique et cuisine traditionnelle.

Le Petit St-Jean VISA

128 rte Notre-Dame de Monts – 02 51 59 78 50 – Fermé 5 nov.-14 déc., dim. soir sauf juil.-août, lundi et mardi

Rest – Menu 26/35 € – Carte 28/37 €

◆ Pierres, poutres, bibelots, cuivres et meubles anciens composent le sympathique décor de cette auberge où l'on déguste une cuisine traditionnelle influencée par la marée.

La Quich'Notte VISA

200 rte Notre-Dame-de-Monts – 02 51 58 62 64 – ferdi.quichnotte@hotmail.fr – Ouvert 1er avril-30 sept. et fermé mardi midi, sam. midi et lundi hors saison

Rest – Menu 17/35 € – Carte 27/44 €

◆ Cuisine du terroir (spécialités de grenouilles et anguilles) servie dans une chaleureuse bourrine vendéenne datant du 19e s. La rotonde vitrée est utilisée les jours d'affluence.

à Orouët Sud-Est : 7 km sur D 38 – ✉ 85160

La Chaumière rest, cuisinette VISA

103 av. Orouët – 02 51 58 67 44 – hotelchaumiere@wanadoo.fr – Fax 02 51 58 98 12 – Fermé 1er déc.-31 janv. et dim. d'oct. à mars

24 ch – 46/64 € 46/82 €, 9,50 €, 8 studios – **Rest** – *(fermé dim. soir et lundi d'oct. à mars)* Menu (11,50 €), 14,50 € (déj. en sem.), 17/30 € – Carte 18/38 €

◆ Longue bâtisse aux auvents couverts de chaume, appréciable pour son grand jardin et sa piscine découvrable. Chambres assez petites, mais fraîches et bien tenues (quelques balcon). Salles à manger néo-rustiques sous charpente et cuisine traditionnelle.

ST-JEAN-DE-SIXT – 74 Haute-Savoie – 328 L5 – 1 005 h. – alt. 963 m – ✉ 74450

Alpes du Nord 46 **F1**

Paris 561 – Annecy 28 – Bonneville 22 – Chamonix-Mont-Blanc 76 – La Clusaz 4 – Genève 48

Office de tourisme, Chef-lieu 04 50 02 70 14

Défilé des Étroits★ NO : 3 km.

Beau Site ch, rest, VISA

– 04 50 02 24 04 – hotelbeausite@hotmail.com – Fax 04 50 02 35 82 – Ouvert 10 juin-10 sept. et 22 déc.-10 avril

15 ch – 40/58 € 55/70 €, 7 € – ½ P 43/59 € – **Rest** – Menu 15 € (sem.), 18/22 € – Carte 19/26 €

◆ Cet hôtel-pension propose deux styles de chambres : savoyard avec lambris et tissus chaleureux, ou moderne et avant tout fonctionnel. Dans tous les cas, calme assuré. Les baies vitrées du restaurant dévoilent un joli panorama sur le village. Cuisine familiale.

ST-JEAN-DU-BRUEL – 12 Aveyron – 338 M6 – 642 h. – alt. 520 m – ✉ 12230
Languedoc Roussillon 29 **D2**

Paris 676 – Lodève 43 – Millau 40 – Montpellier 97 – Rodez 108 – Le Vigan 36

Office de tourisme, 32 Grand'Rue ☎ 05 65 62 23 64

Gorges de la Dourbie★★ NE : 10 km.

Du Midi-Papillon
rest, VISA

– ☎ 05 65 62 26 04 – Fax 05 65 62 12 97 – Ouvert 31 mars-11 nov.

18 ch – †34/61 € ††34/61 €, ☕ 5 € – ½ P 39/54 € – **Rest** – Menu 14 € (déj. en sem.), 22/38 € – Carte 19/39 €

◆ Au bord de la Dourbie, maison ancienne romantique et douillette, alliant le charme du bien recevoir au confort de chambres joliment personnalisées. Pour les papilles, savoureuse cuisine du terroir ; pour l'œil, belle vue sur la rivière et le pont médiéval.

ST-JEAN-EN-ROYANS – 26 Drôme – 332 E3 – 2 895 h. – alt. 250 m – ✉ 26190
Alpes du Nord 43 **E2**

Paris 584 – Die 62 – Romans-sur-Isère 28 – Grenoble 71 – St-Marcellin 20 – Valence 44

Office de tourisme, 13 place de l'Église ☎ 04 75 48 61 39, Fax 04 75 47 54 44

au col de la Machine Sud-Est : 11 km par D 76 – alt. 1 011 m – ✉ 26190

Combe Laval★★★.

Du Col de la Machine
rest, rest, 10/25, VISA

– ☎ 04 75 48 26 36 – jfaravello@aol.com – Fax 04 75 48 29 12 – Fermé 12 nov.-25 déc., mardi soir et merc. sauf juil.-août et vacances scolaires

12 ch – †47/50 € ††52/55 €, ☕ 9 € – ½ P 56/58 € – **Rest** – Menu 18 € (sem.)/40 € – Carte 29/47 €

◆ Au début de l'héroïque parcours de Combe Laval, bâtisse régionale tenue par la même famille depuis 1848 et entourée d'un jardin en lisière de forêt. Chambres actuelles. Salle à manger agréablement relookée dans un esprit chalet. Accueil et service soignés.

ST-JEAN-LE-THOMAS – 50 Manche – 303 C7 – 395 h. – alt. 20 m – ✉ 50530
32 **A2**

Paris 350 – Avranches 16 – Granville 18 – St-Lô 71 – St-Malo 82 – Villedieu-les-Poêles 37

Syndicat d'initiative, 21 place Pierre le Jaudet ☎ 02 33 70 90 71

Des Bains
ch, VISA

– ☎ 02 33 48 84 20 – hdesbains@aol.com – Fax 02 33 48 66 42 – Ouvert 1er avril-1er nov.

30 ch – †45/47 € ††65/70 €, ☕ 7 € – ½ P 51/60 € – **Rest** – *(fermé merc. midi et jeudi midi sauf du 1er au 20 août, mardi midi et merc. en oct.)* Menu (11,50 €), 17/32 € – Carte 14/42 €

◆ Depuis 1912, la même famille vous accueille dans cet ensemble de maisons villageoises. Chambres à la mode d'antan, simplement meublées. Piscine entourée d'un jardin. Grande salle rustique largement fleurie et dotée d'un joli comptoir. Cuisine "mer et bocage".

ST-JEAN-PIED-DE-PORT – 64 Pyrénées-Atlantiques – 342 E6 – 1 417 h. – alt. 159 m – ✉ 64220 Pays Basque
3 **B3**

Paris 817 – Bayonne 54 – Biarritz 55 – Pau 106 – San Sebastián 96

Office de tourisme, place Charles-de-Gaulle ☎ 05 59 37 03 57, Fax 05 59 37 34 91

Trajet des pèlerins★ de St-Jacques.

ST-JEAN-PIED-DE-PORT

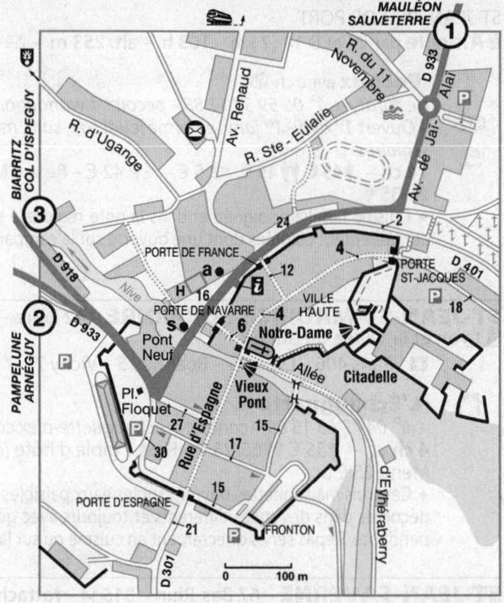

Les Pyrénées (Arrambide) ch, 20, VISA

pl. Ch. de Gaulle – ✆ 05 59 37 01 01 – pyrenees@relaischateaux.com – Fax 05 59 37 18 97 – Fermé 20 nov.-22 déc., 5-28 janv., lundi soir de nov. à mars et mardi du 20 sept. au 30 juin sauf fériés a

16 ch – 100/105 € 165/190 €, 16 € – 4 suites – ½ P 135/185 € –
Rest – *(prévenir en saison et le week-end)* Menu 42/88 € – Carte 65/105 €
Spéc. Assiette de langoustines "en quatre façons". Saumon frais de l'Adour grillé béarnaise (mars à juil.). Poêlée de ris d'agneau de lait aux poivrons et aux cèpes.
Vins Jurançon sec, Irouléguy.

◆ Cet ex-relais de diligences vous accueille dans de vastes chambres raffinées et dotées de belles salles de bains. Agréable piscine entourée d'une végétation luxuriante. Cuisine basque gourmande à déguster dans une salle contemporaine ou sous la véranda.

Central VISA

pl. Ch. de Gaulle – ✆ 05 59 37 00 22 – Fax 05 59 37 27 79 – Ouvert 2 mars-30 nov. et fermé mardi de mars à juin – **12 ch** – 54/58 € 59/70 €, 8 € – ½ P 57/68 € –
Rest – Menu 19/44 € – Carte 30/58 € s

◆ Enseigne-vérité pour cet hôtel situé à deux pas de la citadelle. Un escalier bicentenaire conduit aux chambres : certaines sont anciennes et d'autres rajeunies. Rénovation réussie de la salle à manger-véranda qui, comme la petite terrasse, surplombe la Nive.

à Estérençuby Sud : 8 km par D 301 – 382 h. – alt. 229 m – ✉ 64220

Artzain Etchea VISA

Rte d'Iraty, 1km – ✆ 05 59 37 11 55 – info@artzain-etchea.fr – Fax 05 59 37 20 16 – Ouvert 2 mars-21 nov. et fermé mardi et merc. de nov. à avril

11 ch – 50 € 50 €, 5 € – 3 suites – ½ P 45 € – **Rest** – Menu 24/32 €

◆ Cette grande bâtisse blanche postée à flanc de montagne domine la Nive. Chambres sobres et bien tenues, parfois dotées de balcons. Forfaits pêche et chasse. Salle à manger agrémentée d'une charpente apparente et de photos pastorales. Cuisine du Pays basque.

Les Sources de la Nive VISA

à Béherobie, Sud : 4 km par rte secondaire – ✆ 05 59 37 10 57 – source.nive@wanadoo.fr – Fax 05 59 37 39 06 – Fermé janv. et mardi hors saison

26 ch – 40 € 40 €, 8 € – ½ P 42 € – **Rest** – Menu 14 € (sem.)/30 € – Carte 21/40 €

◆ Ce petit établissement isolé sur les bords de la Nive séduira les amoureux de nature et de calme. Chambres au confort modeste. Annexe rénovée. Les tables dressées près des fenêtres de la salle à manger bénéficient d'une vue bucolique sur la rivière.

à Aincille par ① et D 18 : 7 km – 103 h. – alt. 253 m – ✉ 64220

Pecoïtz avec ch rest, VISA

rte d'Iraty – ☎ 05 59 37 11 88 – pecoitz@wanadoo.fr – Fax 05 59 37 35 42 – Ouvert 1er avril- 1er janv. et fermé jeudi soir, sam. midi et vend. sauf vacances scolaires

14 ch – †45 € ††45 €, ☕ 5 € – ½ P 42 € – **Rest** – Menu 15 € (sem.)/34 € – Carte 26/35 €

◆ Cuisine familiale soignée et dans la note régionale servie dans deux salles à manger agréablement colorées dont une ouverte sur la campagne. Chambres simples mais bien tenues.

ST-JEAN-ST-MAURICE-SUR-LOIRE – 42 Loire – 327 D4 – ✉ 42155

Lyon et la Vallée du Rhône 44 **A1**

Paris 406 – Lyon 95 – Roanne 15 – Vichy 79

L'Échauguette ch,

– ☎ 04 77 63 15 89 – contact@echauguette-alex.com

4 ch ☕ – †55 € ††65/75 € – **Rest** – table d'hôte *(dîner seult) (résidents seult)* Menu 25 € bc

◆ Ces trois maisonnettes ouvrent sur les eaux paisibles du lac de Villerest. Les chambres, décorées dans des styles différents et toujours avec goût, disposent d'une entrée indépendante. Repas servis directement en cuisine ou sur la terrasse si le temps le permet.

ST-JEAN-SAVERNE – 67 Bas-Rhin – 315 I4 – rattaché à Saverne

ST-JEAN-SUR-VEYLE – 01 Ain – 328 C3 – 958 h. – alt. 200 m – ✉ 01290

44 **B1**

Paris 402 – Bourg-en-Bresse 32 – Mâcon 12 – Villefranche-sur-Saône 45

La Petite Auberge VISA

Le Bourg – ☎ 03 85 31 53 92 – lapetiteaubergeperonnet@wanadoo.fr – Fermé 1er-10 sept., 2-9 janv., mardi soir, dim. soir et lundi

Rest – Menu 20/40 € – Carte 41/50 €

◆ Cette belle maison bressane à colombages abrite une salle à manger (réservée aux non-fumeurs) égayée d'expositions de tableaux d'artistes locaux. Spécialités régionales.

ST-JOACHIM – 44 Loire-Atlantique – 316 C3 – 3 772 h. – alt. 5 m – ✉ 44720

Bretagne 34 **A2**

Paris 435 – Nantes 61 – Redon 40 – St-Nazaire 14 – Vannes 64

Tour de l'île de Fédrun★ O : 4,5 km - Promenade en chaland★★.

Mare aux Oiseaux (Guérin) avec ch 20, VISA AE

Île de Fedrun – ☎ 02 40 88 53 01 – courriel@mareauxoiseaux.fr – Fax 02 40 91 67 44 – Fermé 3-26 mars, 8-22 janv. et lundi midi

10 ch – †120/150 € ††120/150 €, ☕ 14 € – **Rest** – Menu 36/80 € – Carte 70 €

Spéc. Grosse anguille fumée à la tourbe, en croûte de sel. Dos de sandre aux beurres nantais. Le tout amande, litchis et pamplemousse. **Vins** Muscadet de Sèvre et Maine, Savennières.

◆ Jolie chaumière et son jardin fleuri sur une "île" entourée par les marais de Brière. Plaisant décor "ornithologique" actuel et cuisine inventive. Chambres personnalisées.

ST-JOSSE – 62 Pas-de-Calais – 301 C5 – 1 052 h. – alt. 35 m – ✉ 62170

Nord Pas-de-Calais Picardie 30 **A2**

Paris 223 – Lille 144 – Arras 94 – Boulogne-sur-Mer 39 – Abbeville 49

Le Relais de St Josse VISA

– ☎ 03 21 94 61 75 – pascalou.loumi@orange.fr – Fax 03 21 84 88 72 – Fermé janv., merc. soir et dim. soir hors saison et jeudi sauf fériés

Rest – Menu 18 € (déj. en sem.), 26/35 € – Carte 28/36 €

◆ Estimable restaurant occupant une maison blanche coiffée de tuiles rouges. Cuisine actuelle soignée, servie dans une avenante salle parquetée et pourvue d'une bibliothèque.

ST-JOUIN-BRUNEVAL – 76 Seine-Maritime – 304 A4 – 1 576 h. – alt. 110 m – ✉ 76280 33 C1

▶ Paris 202 – Fécamp 25 – Le Havre 20 – Rouen 92

XX **Le Belvédère** ← mer, ♿ P VISA MC AE D

– ☎ 02 35 20 13 76 – *Fermé 7 janv.-7 fév., merc. soir, dim. soir et jeudi*

Rest – Menu 21 € (sem.)/38 € – Carte 31/52 € ♀

◆ Tout en savourant plats traditionnels et spécialités de la mer, vous jouirez d'une vue panoramique impressionnante sur les falaises et le grand large. Décor contemporain soigné.

ST-JULIEN-AUX-BOIS – 19 Corrèze – 329 N5 – 501 h. – alt. 594 m – ✉ 19220 25 C3

▶ Paris 524 – Aurillac 53 – Brive-la-Gaillarde 66 – Mauriac 29 – St-Céré 60 – Tulle 50 – Ussel 63

X **Auberge de St-Julien-aux-Bois** avec ch P VISA MC AE

– ☎ 05 55 28 41 94 – auberge_st_julien@hotmail.com – Fax 05 55 28 37 85 – *Fermé vacances fév., dim. soir et merc. hors saison*

6 ch – †40 € ††47/55 €, ☕ 7 € – ½ P 44/48 € – **Rest** – *(fermé merc. midi en juil.-août)* Menu 14/45 € – Carte 20/37 € ♀

◆ Maison villageoise à l'âme "verte" : cuisine assez originale et saine, à base de produits "bio", desserts à la mode allemande, cadre champêtre. Chambres coquettes et fleuries.

ST-JULIEN-CHAPTEUIL – 43 Haute-Loire – 331 G3 – 1 804 h. – alt. 815 m – ✉ 43260 Lyon et la vallée du Rhône 6 C3

▶ Paris 559 – Lamastre 52 – Privas 88 – Le Puy-en-Velay 20 – St-Agrève 32 – Yssingeaux 17

Office de tourisme, place Saint-Robert ☎ 04 71 08 77 70

Site★ - Montagne du Meygal★ : Grand Testavoyre ✻★★ NE : 14 km puis 30 mn.

XX **Vidal** VISA MC AE

18 pl. Marché – ☎ *04 71 08 70 50 – info@restaurant-vidal.com – Fax 04 71 08 40 14 – Fermé 14 janv.-1er mars*

Rest – *(fermé mardi soir hors saison, dim. soir et lundi)* Menu 26/70 € – Carte 57/75 € ♀

Rest *Bistrot de Justin* – bistrot *(fermé sam. et dim.) (déj. seult)* Menu (14 € bc), 18 € bc ♀

◆ Table dont la cuisine classico-actuelle autant que le décor rustique (fresque) chantent le terroir vellave. Carte nommant ses fournisseurs. Bons menus aux intitulés régionaux. À midi, en semaine, bistrot couru des Capitoliens pour ses plats régionaux simples.

ST-JULIEN-DE-CREMPSE – 24 Dordogne – 329 E6 – rattaché à Bergerac

ST-JULIEN-D'EMPARE – 12 Aveyron – 338 E3 – rattaché à Capdenac-Gare

ST-JULIEN-EN-CHAMPSAUR – 05 Hautes-Alpes – 334 E5 – 275 h. – alt. 1 050 m – ✉ 05500 41 C1

▶ Paris 658 – Gap 17 – Grenoble 95 – La Mure 55 – Orcières 21

XX **Les Chenets** avec ch AC rest, VISA MC AE

– ☎ *04 92 50 03 15 – les-chenets@wanadoo.fr – Fax 04 92 50 73 06 – Fermé 9-30 avril, 12 nov.-27 déc., dim. soir et merc. hors saison*

18 ch – †25/29 € ††37/43 €, ☕ 6,50 € – ½ P 41/44 € – **Rest** – Menu 20/36 € – Carte 33/51 €

◆ Au cœur du verdoyant Champsaur, accueillant restaurant dont le décor soigné associe harmonieusement bois, pierre et verre. Apétissante cuisine traditionnelle. Quelques chambres pour dépanner.

ST-JULIEN-EN-GENEVOIS – 74 Haute-Savoie – 328 J4 – 9 140 h. – alt. 460 m – Casino – ✉ 74160

46 **F1**

Paris 525 – Annecy 35 – Bonneville 36 – Genève 11 – Nantua 56 – Thonon-les-Bains 47

Office de tourisme, 2 place du Crêt ☎ 04 50 04 71 63, Fax 04 50 04 89 76

à Archamps Est : 5 km par A40 sortie 13.1 – 1 235 h. – alt. 535 m – ✉ 74160

Porte Sud de Genève ch, 20/300,
parc d'affaire international – ☎ 04 50 31 16 06
– hotel-portesudgva@site-archamps.com – Fax 04 50 31 29 71
90 ch – 77/97 € 89/112 €, ☕ 13 € – **Rest** – *(fermé sam. midi et dim. midi)* Menu 23 € – Carte 28/45 €

◆ Hôtel moderne installé au cœur d'une technopole franco-suisse. Les chambres, contemporaines, sont à la fois reposantes et idéalement pensées pour la clientèle d'affaires. Salle à manger lumineuse, terrasse dressée dans le jardin et recettes traditionnelles.

à Bossey Est : 7 km par N 206 – 545 h. – alt. 438 m – ✉ 74160

La Ferme de l'Hospital (Noguier)
– ☎ 04 50 43 61 43 – jjnoguier@wanadoo.fr – Fax 04 50 95 31 53 – Fermé 1er-15 mars, 30 juil.-20 août, dim. et lundi
Rest – *(prévenir)* Menu 47/70 € – Carte 68/86 €
Spéc. Cailles, morilles, foie gras en ravioli, émulsion des bois (sept. à mars). Omble du lac Léman meunière, girolles du pays (juin à sept.). Déroulé de canard au foie gras, jus à la lie de mondeuse (sept. à janv.). **Vins** Chignin-Bergeron, Mondeuse d'Arbin.

◆ Cette ferme du 17e s. fut propriété de l'hôpital de Genève. Intérieur de caractère et agréable terrasse. Belle cuisine au goût du jour et vins judicieusement sélectionnés.

rte d'Annecy Sud : 9,5 km par N 201 – ✉ 74350 Cruseilles

Rey sans rest
au Col du Mont Sion – ☎ 04 50 44 13 29 – resa@hotelrey.com
– Fax 04 50 44 05 48 – Fermé 21 déc.-6 janv.
30 ch – 55/68 € 58/140 €, ☕ 7 €

◆ Séparé de la route par un cadre de verdure, l'hôtel abrite des chambres fonctionnelles et gaies, plus calmes sur l'arrière. Petit-déjeuner servi dans la véranda côté jardin.

ST-JULIEN-LE-FAUCON – 14 Calvados – 303 M5 – 582 h. – alt. 40 m – ✉ 14140

33 **C2**

Paris 192 – Caen 41 – Falaise 32 – Lisieux 14

Auberge de la Levrette
48 r. Lisieux – ☎ 02 31 63 81 20 – Fax 02 31 63 97 05 – Fermé 25 juin-1er juil., 23 déc.-16 janv., lundi et mardi sauf fériés
Rest – Menu 25/38 € – Carte 35/56 €

◆ Autrefois important relais de poste, maison à colombages de 1550, typique du Pays d'Auge. Salle à manger égayée d'une cheminée d'époque. Cuisine traditionnelle de saison.

ST-JULIEN-MOLIN-MOLETTE – 42 Loire – 327 G8 – rattaché à Annonay

ST-JULIEN-SUR-CHER – 41 Loir-et-Cher – 318 H8 – 663 h. – alt. 110 m – ✉ 41320

12 **C2**

Paris 227 – Blois 51 – Bourges 66 – Châteauroux 62 – Vierzon 25

Les Deux Pierrots
9 r. Nationale – ☎ 02 54 96 40 07 – Fermé août, lundi et mardi
Rest – Menu 25 € (déj.)/38 € (dîner) – Carte environ 35 €

◆ Cette auberge villageoise vous accueille l'hiver dans une salle de style rustique agrémentée de poutres apparentes ; profitez l'été de celle ouverte sur le jardin potager.

ST-JULIEN-VOCANCE – 07 Ardèche – 241 h. – alt. 680 m – ✉ 07690 44 B2

Paris 553 – Saint-Étienne 56 – Valence 68 – Annonay 18

XX **Julliat**

Le Marthouret – ☎ *04 75 34 71 61 – contact@restaurant-julliat.com – Fax 04 75 34 79 19 – Fermé 2-10 janv., 18 fév.-5 mars, merc. sauf juil.-août et mardi soir*

Rest – Menu 17 € (déj. en sem.), 24/75 € – Carte 38/53 €

◆ Heureux mariage d'une décoration contemporaine et des vieilles pierres dans cette maison ancienne joliment restaurée où l'on sert une appétissante cuisine au goût du jour.

ST-JUNIEN – 87 Haute-Vienne – 325 C5 – 10 666 h. – alt. 240 m – ✉ 87200

Limousin Berry 24 A2

Paris 416 – Angoulême 73 – Bellac 34 – Confolens 27 – Limoges 32

Office de tourisme, place du Champ de Foire ☎ 05 55 02 17 93, Fax 05 55 02 94 31

de Saint-Junien Les Jouberties, O : 4 km, ☎ 05 55 02 96 96.

Collégiale★ B.

Le Relais de Comodoliac 30,

22 av. Sadi-Carnot – ☎ *05 55 02 27 26 – comodoliac@wanadoo.fr – Fax 05 55 02 68 79 – Fermé 23 fév.-4 mars*

29 ch – †52 € ††58/62 €, ☐ 7 € – ½ P 60/65 € – **Rest** – *(fermé dim. soir d'oct. à avril)* Menu 16 € (sem.)/42 € – Carte 28/49 €

◆ À l'entrée Ouest de la ville, construction horizontale datant des années 1970, séparée de la route par un joli jardin. Chambres fonctionnelles. Agréable salle à manger-véranda ouverte sur une petite terrasse verdoyante. Carte traditionnelle.

au Sud : 2 km par rte de Rochechouart, D 675 et rte secondaire – ✉ 87200 St-Junien

XXX **Lauryvan** 28,

– ☎ *05 55 02 26 04 – lauryvan@nomade.fr – Fax 05 55 02 25 29 – Fermé 24 sept.-8 oct., 2-7 janv., vacances de fév., dim. soir, lundi et soirs fériés*

Rest – Menu 30 € (sem.)/74 € bc – Carte 33/52 €

◆ Plats du terroir à prix doux et mets classiques actualisés servis dans un pavillon (non-fumeurs le dimanche et jours fériés) en sous-bois, près d'un étang. Terrasse au jardin.

ST-JUSTIN – 40 Landes – 335 J11 – 888 h. – alt. 90 m – ✉ 40240 3 B2

Paris 694 – Aire-sur-l'Adour 38 – Casteljaloux 49 – Dax 84 – Mont-de-Marsan 25 – Pau 89

Office de tourisme, place des Tilleuls ☎ 05 58 44 86 06, Fax 05 58 44 86 06

X **France** avec ch

pl. Tilleuls – ☎ *05 58 44 83 61 – Fax 05 58 44 83 89 – Fermé 19 nov.-3 déc. et dim. soir*

8 ch – †39 € ††42/48 €, ☐ 6,50 € – **Rest** – Menu 26/32 € – Carte 36/47 €

Rest *Bistrot* – *(fermé sam. soir, dim. et fériés)* Menu 13 €

◆ Bâtisse du pays s'ouvrant sous les arcades de la place médiévale où l'on dresse la terrasse en saison. Copieuse cuisine traditionnelle. Confitures maison au petit-déjeuner. Au Bistrot, ambiance de café villageois et menu inscrit sur l'ardoise du jour.

ST-JUST-ST-RAMBERT – 42 Loire – 327 E7 – 13 192 h. – alt. 380 m – ✉ 42170

44 A2

Paris 542 – St Etienne 17 – Lyon 81 – Montbrison 18 – Roanne 74

Office de tourisme, 7 place de la Paix ☎ 04 77 52 05 14, Fax 04 77 52 15 91

XXX **Le Neuvième Art** (Roure)

pl. 19 Mars 1962 – ☎ *04 77 55 87 15 – le.neuvieme.art@wanadoo.fr – Fax 04 77 55 80 77 – Fermé 10 août-2 sept., 20-27 déc., 18 fév.-3 mars, dim. et lundi*

Rest – *(nombre de couverts limité, prévenir)* Menu 55/92 € – Carte 70/84 €

Spéc. Brochette de grosses langoustines en kadaïf. Tromperie sur un foie gras à la vanille, gelée de coing. Suggestion d'une promenade en sous-bois (dessert). **Vins** Vin de Pays d'Urfé, Côtes du Forez.

◆ Cette ancienne gare réserve de belles surprises : une table qui regorge de créativité et de saveurs, un joli cadre design - quasi minimaliste - et un service aux petits soins.

ST-LARY – 09 Ariège – 343 D7 – 136 h. – alt. 692 m – ✉ 09800 28 B3

Paris 786 – Bagnères-de-Luchon 48 – St-Gaudens 36 – St-Girons 24 – Salies-du-Salat 197

Auberge de l'Isard
ch, VISA MC

– *✆ 05 61 96 72 83 – aubergeisard@aol.com – Fax 05 61 96 73 71 – Ouvert début mars à début déc. et fermé lundi sauf juil.-août*

8 ch – †38/40 € ††40/42 €, ☕ 6 € – **Rest** – Menu (10 €), 17/27 € – Carte 21/43 €

◆ Sympathique auberge bien tenue où l'on trouve aussi le bar du village et une boutique de produits du terroir. Décor rustique dans les chambres correctement équipées. Le restaurant, séparé de l'hôtel par un torrent, sert une carte traditionnelle assez étoffée.

ST-LARY-SOULAN – 65 Hautes-Pyrénées – 342 N8 – 1 024 h. – alt. 820 m – Sports d'hiver : 1 680/2 450 m 2 30 – Stat. therm. : début avril-fin oct. – ✉ 65170 Midi-Pyrénées 28 A3

Paris 830 – Arreau 12 – Auch 103 – Bagnères-de-Luchon 44 – St-Gaudens 66 – Tarbes 74

Office de tourisme, 37 rue Vincent Mir ✆ 05 62 39 50 81, Fax 05 62 39 50 06

La Pergola
ch, 25, P VISA MC AE

25 r. Vincent Mir – ✆ 05 62 39 40 46 – jean-pierre.mir@wanadoo.fr – Fax 05 62 40 06 55 – Fermé nov.

21 ch – †59/73 € ††65/107 €, ☕ 10 € – 2 suites – ½ P 60/87 €

Rest ***L'Enclos des Saveurs*** – Menu 29/49 € – Carte 46/56 €

◆ Paisible maison agrémentée d'un jardin bichonné. Grandes chambres personnalisées avec raffinement ; sept sont dotées d'une terrasse ou d'un balcon tourné vers les cimes. Accueil aux petits soins. Carte au goût du jour et menu du terroir à l'Enclos des Saveurs.

Les Arches sans rest
15, P VISA MC AE

15 av. Thermes – ✆ 05 62 49 10 10 – contact@hotel-les-arches.com – Fax 05 62 49 10 15 – Fermé 5-19 nov. – **30 ch** – †50/64 € ††50/64 €, ☕ 7,50 €

◆ Construction moderne vous logeant dans des chambres fonctionnelles de mise simple mais bien tenues. Salle des petits-déjeuners conviviale et salon agréable où crépite un feu de bûches quand le froid sévit.

Aurélia
20, P VISA MC

à Vieille-Aure, au Nord : 1,5 km sur D 19 – ✆ 05 62 39 56 90 – hotel-aurelia@wanadoo.fr – Fax 05 62 39 43 75 – Fermé 23 sept.-14 déc.

18 ch – †39/43 € ††47/52 €, ☕ 7,50 €, 2 duplex – ½ P 47/52 € – **Rest** – *(dîner seult) (résidents seult)*

◆ À 600 m du centre de remise en forme, hôtel à l'ambiance familiale, intéressant pour ses activités de loisirs. Chambres bien tenues, mansardées au 3ᵉ étage ; deux duplex.

De la Neste
AC rest, ch, VISA MC

– ✆ 05 62 39 42 79 – hoteldelaneste@wanadoo.fr – Fax 05 62 39 58 77 – Fermé 10-31 mai et nov. – **17 ch** – †48/55 € ††48/55 €, ☕ 8 € – 3 suites – ½ P 49/58 € – **Rest** – *(dîner seult) (résident seult)* Menu 24 €

◆ Cet hôtel entièrement non-fumeurs, rénové en 2004, est avantageusement situé en bordure de rivière, à côté d'un centre "thermo-ludique" et pas loin du téléphérique ni du village. Chambres égayées de clichés montagnards ; six sont mansardées.

Pons "Le Dahu"
rest, 30, P VISA MC

4 r. Coudères – ✆ 05 62 39 43 66 – contact@hotelpons.com – Fax 05 62 40 00 86 – Fermé 20 avril-15 mai

39 ch – †50/55 € ††65 €, ☕ 7,50 € – ½ P 53/58 € – **Rest** – Menu 14 € (sem.)/20 € – Carte 19/32 €

◆ Constructions des années 1950 situées dans un quartier résidentiel proche du téléphérique et du centre. Les plus grandes chambres, toutes dotées d'un balcon, sont à l'annexe. Repas traditionnel goûteux et copieux dans une atmosphère de pension de famille.

La Grange
P VISA MC

– ✆ 05 62 40 07 14 – contact@angleterre-arreau.com – Fax 05 62 98 69 60 – Fermé 9-29 avril, 29 oct.-30 nov., mardi et merc. sauf le soir en saison

Rest – Menu (15 €), 19/40 € – Carte 31/50 €

◆ Cette ancienne grange s'est transformée en un confortable et coquet restaurant au chaleureux décor de bois. En hiver, belles flambées dans la cheminée. Menus régionaux.

ST-LATTIER – 38 Isère – 333 E7 – 1 031 h. – alt. 170 m – ✉ 38840 43 **E2**

Paris 571 – Grenoble 67 – Romans-sur-Isère 13 – St-Marcellin 15 – Valence 34

Le Lièvre Amoureux cuisinette VISA MC AE

La Gare – ✆ 04 76 64 50 67 – contact@lelievreamoureux.com – Fermé 1er-16 janv. et lundi de la Toussaint à Pâques

5 ch – 60 € 70/130 €, ☕ 8,50 € – ½ P 74 € – **Rest** – table d'hôte *(nombre de couverts limité, prévenir)* Menu 30 € (déj. en sem.), 45/50 €

◆ Cet ancien relais de chasse a été habilement rénové pour faire place à trois belles chambres, spacieuses et personnalisées, et deux duplex. Une grande cheminée veille sur la table d'hôte où l'on déguste de savoureux produits du terroir dauphinois.

Auberge du Viaduc avec ch P VISA MC

N 92 (hameau de la rivière) – ✆ 04 76 64 51 65 – auberge.du.viaduc@wanadoo.fr – Fax 04 76 64 30 93 – Fermé 28 nov.-10 janv., dim. soir de nov. à mars, merc. midi d'avril à oct., mardi (sauf hôtel) et lundi

7 ch – 82 € 82/122 €, ☕ 10 € – ½ P 85 € – **Rest** – *(nombre de couverts limité, prévenir)* Menu 28/54 € – Carte 42/62 €

◆ Demeure familiale ancienne, ouverte sur un agréable jardin. Salles à manger intimes, avec une véranda et un feu de bois en hiver. Joli mobilier régional dans les chambres.

Brun avec ch P VISA MC

Les Fauries, N 92 – ✆ 04 76 64 54 08 – restaurantbrun@wanadoo.fr – Fax 04 76 64 31 78 – Fermé 15-31 oct., 18 fév.-5 mars et dim. soir

10 ch – 42 € 50 €, ☕ 6,50 € – ½ P 42 € – **Rest** – Menu 13 € (déj. en sem.), 27/48 €

◆ Restaurant champêtre agrandi d'une belle terrasse sous les tilleuls, au bord de l'Isère. Les chambres se trouvent dans un bâtiment distant de 400 m.

ST-LAURENT-DE-CERDANS – 66 Pyrénées-Orientales – 344 G8 – 1 218 h. – alt. 675 m – ✉ 66260 Languedoc Roussillon 22 **B3**

Paris 901 – Céret 28 – Perpignan 60

Syndicat d'initiative, 7 rue Joseph Nivert ✆ 04 68 39 55 75

au Sud-Ouest par D 3 et rte secondaire : 6,5 km – ✉ 66260 St-Laurent-de-Cerdans

Domaine de Falgos ch, cuisinette 12/60, P VISA MC AE

– ✆ 04 68 39 51 42 – contact@falgos.com – Fax 04 68 39 52 30 – Ouvert 16 mars-11 nov.

25 ch – 93/129 € 135/206 €, ☕ 16 € – 7 suites – **Rest** – Menu 26 € bc (déj.), 35/42 € (dîner) – Carte 25/42 €

◆ Isolée sur la frontière espagnole, ancienne ferme d'altitude devenue complexe hôtelier : spacieuses chambres "cosy" bien équipées, parcours de golf et bel espace remise en forme. Carte brasserie à midi et traditionnelle le soir. Terrasse d'été face aux greens.

ST-LAURENT-DE-LA-SALANQUE – 66 Pyrénées-Orientales – 344 I6 – 7 932 h. – alt. 2 m – ✉ 66250 22 **B3**

Paris 845 – Elne 26 – Narbonne 62 – Perpignan 19 – Quillan 80 – Rivesaltes 12

Syndicat d'initiative, place Gambetta ✆ 04 68 28 31 03

Fort de Salses★★ NO : 9 km, Languedoc Roussillon.

Le Commerce avec ch rest, 25, VISA MC

2 bd Révolution – ✆ 04 68 28 02 21 – contact@lecommerce66.com – Fax 04 68 28 39 86 – Fermé 5-27 mars, 29 oct.-20 nov., dim. soir sauf juil.-août et lundi

11 ch – 40/51 € 51/55 €, ☕ 8,50 € – ½ P 52 € – **Rest** – Menu 16 € (sem.)/40 € – Carte 34/54 €

◆ Au centre de la localité, cuisine du terroir servie dans une salle à manger rustique aux tons jaunes. Petites chambres garnies d'un mobilier catalan.

ST-LAURENT-DE-MURE – 69 Rhône – 327 J5 – 4 694 h. – alt. 252 m – ✉ 69720 43 E1

Paris 478 – Lyon 19 – Pont-de-Chéruy 16 – La Tour-du-Pin 38 – Vienne 38

Hostellerie Le St-Laurent ch, VISA

8 r. Croix Blanche – ✆ 04 78 40 91 44 – le.st.laurent@wanadoo.fr – Fax 04 78 40 45 41 – Fermé 29 juil.-19 août, 26 déc.-5 janv., vend. soir, dim. soir, sam. et soirs fériés

30 ch – 64/118 € 64/118 €, 8,50 € – **Rest** – Menu 24 € (sem.)/60 € – Carte 39/53 €

◆ Belle demeure dauphinoise du 18e s. au cœur d'un parc arboré. Les chambres, simples et d'ampleurs variées, sont plus petites à l'annexe. Lorsque le temps le permet, les repas se prennent sur la terrasse, à l'ombre d'un tilleul tricentenaire.

ST-LAURENT-DES-ARBRES – 30 Gard – 339 N4 – 1 743 h. – alt. 60 m – ✉ 30126 23 D2

Paris 673 – Alès 70 – Avignon 20 – Nîmes 47 – Orange 22

Office de tourisme, Tour Ribas ✆ 04 66 50 10 10

Le Saint Laurent sans rest VISA

pl. Arbre – ✆ 04 66 50 14 14 – info@lesaintlaurent.biz – Fax 04 66 50 46 30

9 ch – 75/95 € 75/155 €, 15 € – 1 suite

◆ Cette ex-maison de viticulteur blottie dans le village a beaucoup de cachet. Décoration soignée, meubles anciens, chambres "cosy" et jolie cour intérieure... Un vrai petit cocon.

ST-LAURENT-DU-PONT – 38 Isère – 333 H5 – 4 222 h. – alt. 410 m – ✉ 38380 Alpes du Nord 45 C2

Paris 560 – Chambéry 29 – Grenoble 34 – La Tour-du-Pin 42 – Voiron 15

Office de tourisme, 1 place de la Mairie ✆ 04 76 06 22 55, Fax 04 76 06 21 21

Gorges du Guiers Mort★★ SE : 2 km - Site★ de la Chartreuse de Curière SE : 4 km.

Des Voyageurs VISA

16 r. Pasteur – ✆ 04 76 55 21 05 – Fax 04 76 55 12 68 – Fermé dim. soir du 21 août au 13 juil.

9 ch – 45 € 45/60 €, 7,50 € – ½ P 40/48 € – **Rest** – Menu 17/40 € – Carte 20/41 €

◆ Cette grosse maison familiale située au cœur du village propose des petites chambres sobrement décorées, propres et bien insonorisées. Restaurant sans chichi où l'on mitonne des plats traditionnels. Bar-brasserie-salon de thé. Accueil prévenant.

La Blache VISA

av. Gare – ✆ 04 76 55 29 57 – Fermé 15-30 août et 15 fév.-1er mars, dim. soir, lundi et mardi

Rest – Menu 22/55 € – Carte 26/51 €

◆ Mobilier original et décor contemporain dans cette ancienne gare située à proximité des gorges du Guiers Mort. La carte est judicieusement renouvelée au gré des saisons.

ST-LAURENT-DU-VAR – 06 Alpes-Maritimes – 341 E5 – 27 141 h. – alt. 18 m – ✉ 06700 Côte d'Azur 42 E2

Paris 919 – Antibes 16 – Cagnes-sur-Mer 5 – Cannes 26 – Grasse 31 – Nice 10 – Vence 16

Syndicat d'initiative, 1 promenade des Flots Bleus ✆ 04 93 31 31 21, Fax 04 93 14 92 83

Corniche du Var★ N.

Voir plan de NICE Agglomération

au Cap 3000

Novotel ch, 150/150, VISA

40 av. Verdun – ✆ 04 93 19 55 55 – h0414@accor.com – Fax 04 93 19 55 59

103 ch – 80/140 € 80/150 €, 13 € – **Rest** – Carte 22/36 €

◆ Proche de l'aéroport de Nice-Côte-d'Azur, dans une zone commerciale satellite, établissement hôtelier moderne et récemment actualisé. À table : havre de verdure côté terrasse, ou fraîcheur de la salle à manger climatisée fort appréciée les jours de "cagnard".

au Port St-Laurent

Holiday Inn Resort
prom. Flots Bleus – 04 93 14 80 00 – resort@wanadoo.fr – Fax 04 93 07 21 24
ch, 15/300, VISA
124 ch – 175/235 € 195/255 €, 18 €
Rest ***Calypso*** – *04 93 14 80 01* – Menu 21/32 € – Carte 27/41 €
◆ Directement sur la plage, hôtel de standing international au modernisme soigné. Les chambres, spacieuses et bien équipées, ont vue sur le large ou sur l'arrière-pays. Ambiance balnéaire, cuisine traditionnelle et viandes à la broche au Calypso.

La Mousson
VISA
prom. Flots Bleus – 04 93 31 13 30 – barthelemi.eric@wanadoo.fr – Fax 04 93 07 27 49 – Fermé 2 sem. en nov., 1 sem. en janv., lundi sauf juil.-août et dim.
Rest – Menu (23 €), 29 € (déj.)/41 € – Carte 34/50 €
◆ Saveurs thaïlandaises et épices exotiques vous transportent au royaume de Siam le temps d'un repas, agréablement installé dans ce restaurant situé sur le front de mer.

ST-LAURENT-DU-VERDON – 04 Alpes-de-Haute-Provence – 334 E10 – 74 h. – alt. 468 m – 04500

41 **C2**

Paris 806 – Brignoles 49 – Castellane 70 – Digne-les-Bains 59 – Manosque 37

Le Moulin du Château
ch, rest, VISA
– *04 92 74 02 47 – info@moulin-du-chateau.com – Fax 04 92 74 02 97 – Ouvert 1er mars-début nov.*
10 ch – 75/96 € 78/99 €, 9 € – ½ P 78/87 € – **Rest** – *(fermé lundi et jeudi) (dîner seult) (résidents seult)* Menu 30 €
◆ Contournez le château pour dénicher ce charmant moulin (17e s.) transformé en hôtel. Salon aménagé face à la meule. Chambres spacieuses et actuelles. Ambiance conviviale.

ST-LAURENT-LA-GÂTINE – 28 Eure-et-Loir – 311 F3 – 401 h. – alt. 134 m – 28210

11 **B1**

Paris 77 – Évreux 66 – Orléans 121 – Versailles 57

Clos Saint Laurent sans rest
6 r. Église – 02 37 38 24 02 – james@clos-saint-laurent.com
4 ch – 63 € 68/85 €
◆ Cet ancien corps de ferme abrite trois grandes chambres décorées avec goût dans un style rustique et chic à la fois. Charmante salle des petits-déjeuners et jardin-terrasse.

ST-LAURENT-NOUAN – 41 Loir-et-Cher – 318 G5 – 3 686 h. – alt. 84 m – 41220

12 **C2**

Paris 161 – Beaugency 9 – Blois 28 – Orléans 40 – Romorantin-Lanthenay 44

Office de tourisme, 58 route Nationale 02 54 87 01 31, Fax 02 54 87 01 95

Les Bordes
ch, 30, VISA
Nord-Est : 6 km par D 925 et rte secondaire – 02 54 87 72 13 – golf.les.bordes@wanadoo.fr – Fax 02 54 87 78 61 – Fermé 12 fév.-13 mars
40 ch – 150/190 € 170/210 €, 12 € – ½ P 165/180 € –
Rest – Menu 45/85 € – Carte 50/65 €
◆ Ce domaine estimé des golfeurs jouit d'une situation idyllique au milieu de 600 ha de bois et étangs. Jolies chambres, simples et rustiques, réparties dans neuf cottages. Repas servis sous une belle charpente ou, en été, sur la terrasse parmi la verdure.

Verger sans rest
VISA
rte de Blois – 02 54 87 22 22 – hotel.le.verger@wanadoo.fr – Fax 02 54 87 22 82
14 ch – 40/45 € 50/55 €, 5 €
◆ Sur la route des châteaux, maison du 19e s. et sa cour intérieure où coule une fontaine. Chambres et studios au calme, assez spacieux et équipés d'une bonne literie.

ST-LAURENT-SUR-SAÔNE – 01 Ain – 328 C3 – rattaché à Mâcon

ST-LÉONARD-DE-NOBLAT – 87 Haute-Vienne – 325 F5 – 4 764 h. – alt. 347 m – ✉ 87400 Limousin Berry
24 B2

Paris 407 – Aubusson 68 – Brive-la-Gaillarde 99 – Guéret 62 – Limoges 21

Office de tourisme, place du Champ de Mars ☏ 05 55 56 25 06

Église★ : clocher★★.

Relais St-Jacques

6 bd A. Pressemane – ☏ 05 55 56 00 25 – relaisstjacques@aol.com – Fax 05 55 56 19 87 – Fermé 22 oct.-28 nov., 24 déc.-6 janv., 11 fév.-2 mars, dim. soir et lundi d'oct. à mai

7 ch – †46/49 € ††46/49 €, ☕ 6,50 € – ½ P 46/49 € – **Rest** – Menu 15/34 € – Carte 30/43 €

◆ Bâtisse traditionnelle sur le boulevard contournant le centre. Petites chambres fraîches, modestement meublées et bien entretenues. Salle à manger simple où l'on sert une cuisine traditionnelle et des plats du terroir. Accueil charmant.

Le Grand St-Léonard avec ch

15, VISA

23 av. Champs de Mars – ☏ 05 55 56 18 18 – grandsaintleonard@wanadoo.fr – Fax 05 55 56 98 32 – Fermé 20 déc.-22 janv., lundi sauf le soir du 15 juin au 15 sept. et mardi midi

14 ch – †55/58 € ††55/60 €, ☕ 10 € – ½ P 78 € – **Rest** – Menu 25 € (sem.)/60 € – Carte 53/61 €

◆ Ex-relais de poste à l'ambiance provinciale pieusement conservée. Repas classique dans un cadre rustique soigné ; collections de moules à gâteaux et de vaisselle en Limoges. Chambres au charme provincial, parfois désuètes.

Gay Lussac

VISA

18 r. Egalité – ☏ 05 55 56 98 45 – Fermé 25 déc.-7 janv., dim. et lundi hors saison

Rest – Menu 12 € (déj. en sem.), 18/33 € – Carte 26/49 €

◆ L'enseigne rend hommage au célèbre physicien et chimiste, enfant du pays. L'une des salles à manger offre un plaisant cadre coloré. Carte appétissante axée sur les viandes.

ST-LIGUAIRE – 79 Deux-Sèvres – 322 C7 – rattaché à Niort

ST-LÔ Ⓟ – 50 Manche – 303 F5 – 20 090 h. – alt. 20 m – ✉ 50000 Normandie Cotentin
32 A2

Paris 296 – Caen 62 – Cherbourg 80 – Laval 154 – Rennes 141

Office de tourisme, place Général-de-Gaulle ☏ 02 33 77 60 35, Fax 02 33 77 60 36

Centre Manche à Saint-Martin-d'Aubigny Le Haut Boscq, par D900 : 20 km, ☏ 02 33 45 24 52.

Haras national★ - Tenture des Amours de Gombaut et Macée du musée des Beaux-Arts.

Plan page ci-contre

Mercure

ch, rest, 10/30, VISA

1 av. Briovère – ☏ 02 33 05 10 84 – h1072@accor.com – Fax 02 33 56 46 92

67 ch – †75/81 € ††85/91 €, ☕ 12 € – **Rest** – *(fermé sam. midi et dim. soir)* Menu 20/43 € – Carte 39/54 € — A v

◆ Face aux remparts, deux hôtels ont été réunis pour composer cet ensemble assez contemporain. Les chambres, neuves ou récemment refaites, offrent un bon confort. Au restaurant, la cuisine, traditionnelle, prend l'accent régional.

Armoric sans rest

Ⓟ VISA

15 r. Marne – ☏ 02 33 05 61 32 – Fax 02 33 05 12 68 — B a

20 ch – †40 € ††42 €, ☕ 6 €

◆ Derrière une façade un peu passe-partout, découvrez des chambres personnalisées et bien tenues. Celles de l'étage sont mieux équipées (quelques baignoires balnéo).

Gonivière

VISA

rd-pt 6 Juin, (1er étage) – ☏ 02 33 05 15 36 – Fax 02 33 05 01 72 – Fermé 16-30 août, 24 déc.-2 janv., sam. midi et dim. — A r

Rest – Menu 19/49 € – Carte 29/53 €

◆ Tons pastel, tableaux contemporains et meubles cérusés composent le cadre de cet accueillant restaurant situé au-dessus d'un bar-brasserie. Carte traditionnelle.

ST-LÔ

Rue	Carré	N°
Alsace-Lorraine (R.)	A	2
Baltimore (R. de)	A	3
Beaucoudray (R. de)	A	5
Belle (R. du)	A	7
Briovère (Av. de)	A	8
Champ-de-Mars (Pl.)	B	9
Feuillet (R. Octave)	A	12
Gaulle (Pl. Gén.-de)	A	13
Gerhardt (R. Gén.)	B	14
Grimouville (R. de)	A	16
Havin (R.)	A	17
Houssin-Dumanoir (R.)	A	18
Lattre-de-T. (R. Mar.-de)	B	19
Leclerc (R. Mar.)	B	
Mesnilcroc (R. du)	B	22
Neufbourg (R. du)	B	23
Notre-Dame (Parvis)	A	24
Noyers (R. des)	A	27
Poterne (R. de la)	A	28
Ste-Croix (Pl.)	B	30
St-Thomas (R.)	A	
Torteron (R.)	A	
Vieillard-de-Boismartin (R.)	B	31
80e-et-136e-Territorial (R. des)	A	33

XX **Le Péché Mignon** VISA MC AE

84 r. Mar. Juin – ☎ 02 33 72 23 77 – restaurant-le-peche-mignon@wanadoo.fr – Fax 02 33 72 27 58 – Fermé 16 juil.-5 août, 25 fév.-2 mars et lundi B e

Rest – Menu 15/50 € – Carte 28/42 € 🍷

◆ L'adresse se trouve à proximité du haras national. Deux petites salles à manger, simples mais confortables, où l'on sert une cuisine traditionnelle mâtinée de modernité.

au Calvaire par ② **et D 972 : 7 km – ✉ 50810 St-Pierre-de-Semilly**

XXX **La Fleur de Thym** P VISA MC AE

– ☎ 02 33 05 02 40 – lafleurdethym@club-internet.fr – Fax 02 33 56 29 32 – Fermé 13-31 août, 2-16 janv., sam. midi, dim. soir et lundi

Rest – Menu (18 €), 26/52 € – Carte 43/94 € 🍷

◆ Cette ancienne ferme possède une terrasse d'été ombragée bien préservée des bruits de la route voisine. Répertoire culinaire classique rehaussé de saveurs du Sud.

ST-LOUBÈS – 33 Gironde – 335 I5 – 7 090 h. – alt. 28 m – ✉ 33450 3 B1

▶ Paris 568 – Bordeaux 18 – Créon 20 – Libourne 18 – St-André-de-Cubzac 15

X **Le Coq Sauvage** avec ch AC rest, 10/30, VISA MC AE

à Cavernes, Nord-Ouest : 4 km – ☎ 05 56 20 41 04 – coq.sauvage@wanadoo.fr – Fax 05 56 20 44 76 – Fermé 12-26 août et 23 déc.-13 janv.

6 ch – 🛉50 € 🛉🛉55 €, ☕ 5,50 € – ½ P 48/59 € – **Rest** – *(fermé sam. sauf le soir d'avril à sept. et dim.)* Menu 17 € bc – Carte 31/47 € 🍷

◆ Maison au charme rustique installée sur le port de plaisance, avec la Dordogne en toile de fond. Plats régionaux servis dans un agréable patio en été. Chambres au calme.

Grand luxe ou sans prétention ?
Les X et les 🏠 notent le confort.

ST-LOUIS – 68 Haut-Rhin – 315 J11 – 19 961 h. – alt. 250 m – ✉ 68300 1 B3

Paris 498 – Altkirch 29 – Basel 5 – Belfort 76 – Colmar 65 – Ferrette 24 – Mulhouse 30

Hôtellerie La Cour du Roy

ch, ch, 8/50, VISA

1 r. Lectoure – ☎ 03 89 70 33 33 – contact@hotelfp-saintlouis.com – Fax 03 89 70 33 30 – Fermé 24-30 déc.

30 ch – †49/109 € ††49/109 €, ☕ 10 € – 1 suite – **Rest** – *(fermé sam. midi, dim. soir et lundi)* Menu (16 €), 21 € (sem.)/40 € – Carte 31/37 €

◆ Ancien dépôt de bière construit en 1906 dans un style néo-Renaissance, la charmante Maison Katz abrite aujourd'hui des chambres résolument contemporaines. Au restaurant, décor à la fois moderne et cossu, agréable bar sous charpente et cour-terrasse en été.

Ibis

ch, ch, 15, VISA

17 r. Gén. de Gaulle – ☎ 03 89 69 06 58 – h5612@accor.com – Fax 03 89 69 45 03

65 ch – †52/115 € ††52/125 €, ☕ 7 € – **Rest** – *(fermé dim.)* Menu 13 € bc

◆ Cet hôtel récent à la façade en briques rouges vous mettra à quelques pas des cinémas et du théâtre de la Coupole. Chambres fonctionnelles, spacieuses et bien tenues. Repas simple et rapide au restaurant où vous sélectionnerez votre menu sur un écran tactile.

Berlioz sans rest

VISA

r. Henner (près gare) – ☎ 03 89 69 74 44 – info@hotelberlioz.com – Fax 03 89 70 19 17 – Fermé 22 déc.-3 janv.

23 ch – †55 € ††65 €, ☕ 7 €

◆ Petit immeuble des années 1930 aux chambres pratiques, bien équipées et parfaitement tenues. Copieux petits-déjeuners à déguster dans un agréable salon.

Le Trianon

15, VISA

46 r. Mulhouse – ☎ 03 89 67 03 03 – Fermé dim. soir et merc.

Rest – Menu 21 € (déj. en sem.), 28/62 € – Carte 38/54 €

◆ Face à une placette, un ancien centre des impôts devenu restaurant. Tables soigneusement dressées, cuisine classique et belle carte des vins.

à Huningue Est : 2 km par D 469 – 6 097 h. – alt. 245 m – ✉ 68330

Tivoli

ch, ch, 30, VISA

15 av. Bâle – ☎ 03 89 69 73 05 – info@tivoli.fr – Fax 03 89 67 82 44

41 ch – †57/80 € ††62/95 €, ☕ 9,90 € – ½ P 62/85 €

Rest Philippe Schneider – *(fermé 23 juil.-15 août, 23 déc.-6 janv., sam. et dim.)* Menu 24/45 € – Carte 44/57 €

◆ L'hôtel est situé à deux pas des frontières suisse et allemande. Les chambres rénovées adoptent un "look" contemporain ; les autres restent actuelles et bien tenues. Restaurant assez cossu (carte au goût du jour) ou salle plus "tendance" (menu sur ardoise).

à Village-Neuf Nord-Est : 3 km par N 66 et D 21 – 3 108 h. – alt. 240 m – ✉ 68128

Office de tourisme, 81 rue Vauban ☎ 03 89 70 04 49, Fax 03 89 67 30 80

Au Cerf

VISA

72 r. Gén. de Gaulle – ☎ 03 89 67 12 89 – Fax 03 89 69 85 57 – Fermé 14 juil.-10 août, 24 déc.-2 janv., jeudi soir, dim. soir et lundi

Rest – Menu 9,50 € (déj. en sem.), 18/39 € – Carte 24/49 €

◆ Près de la Petite Camargue alsacienne, auberge familiale au cadre rustique ponctué de trophées de chasse. Plats traditionnels et, en saison, spécialités d'asperges et de gibier.

à Hésingue Ouest : 4 km par D 419 – 1 921 h. – alt. 290 m – ✉ 68220

Au Bœuf Noir

VISA

– ☎ 03 89 69 76 40 – j.giuggiola@tiscali.fr – Fax 03 89 67 77 29 – Fermé 18-25 mars, 18-31 août, sam. midi, dim. et lundi

Rest – Menu 28 € (déj. en sem.), 32/72 € – Carte 55/67 €

◆ À proximité d'un carrefour animé, accueillante salle de restaurant agrémentée de tableaux réalisés par le patron-artiste. Cuisine au goût du jour soignée.

ST-LOUP-DE-GONOIS – 45 Loiret – 318 O3 – 102 h. – alt. 125 m – ✉ 45210

12 D2

Paris 115 – Montereau-Fault-Yonne 44 – Orléans 92 – Sens 40

Le Pressoir sans rest — cuisinette P

par D32 – ✆ 02 38 92 10 50

3 ch – †38 € ††46 €

◆ Les chambres de cette maison isolée au milieu des champs associent avec goût objets anciens et tableaux contemporains. En été, petit-déjeuner face à la campagne est un enchantement.

ST-LOUP-DE-VARENNES – 71 Saône-et-Loire – 320 J9 – rattaché à Chalon-sur-Saône

ST-LUNAIRE – 35 Ille-et-Vilaine – 309 J3 – rattaché à Dinard

ST-LYPHARD – 44 Loire-Atlantique – 316 C3 – 3 178 h. – alt. 12 m – ✉ 44410 Bretagne

34 A2

Paris 447 – La Baule 17 – Nantes 73 – Redon 43 – St-Nazaire 22

Office de tourisme, rue de Bretagne ✆ 02 40 91 41 34

Clocher de l'église ✳★★.

Les Chaumières du Lac et Auberge Les Typhas

rte Herbignac – ✆ 02 40 91 32 32 — 30, P VISA MC AE

– jclogodin@leschaumieresdulac.com – Fax 02 40 91 30 33 – Fermé 23 déc.-11 fév.

20 ch – †64/74 € ††64/74 €, ☕ 10 € – ½ P 67/70 € – **Rest** – *(fermé merc. midi et mardi)* Menu 20 € (déj. en sem.), 29/42 € – Carte 49/60 €

◆ Hameau de chaumières récentes inscrit dans le Parc naturel régional de Brière. Vastes chambres dotées de ciels de lit. Plaisante salle à manger rénovée, en jaune et blanc. Cuisine au goût du jour.

rte de St-Nazaire Sud : 3 km par D 47 – ✉ 44410 St-Lyphard

XX **Auberge le Nézil** — 15, P VISA MC AE

– ✆ 02 40 91 41 41 – aubergelenezil@wanadoo.fr – Fax 02 40 91 45 39 – Fermé 1er-8 oct., 12 nov.-10 déc., 27 janv.-4 fév., merc. soir d'oct. à mai, dim. soir et lundi

Rest – Menu (20 €), 25 € (déj. en sem.), 29/46 € – Carte 35/58 €

◆ Pimpante auberge à la lisière des marais de Grande Brière. Intérieur rustique rénové. Goûteuse cuisine traditionnelle servie, l'été, sur l'agréable terrasse-jardin.

à Bréca Sud : 6 km par D 47 et rte secondaire – ✉ 44410 St-Lyphard

XX **Auberge de Bréca** — VISA MC AE

– ✆ 02 40 91 41 42 – aubergedebreca@wanadoo.fr – Fax 02 40 91 37 41 – Fermé 7-25 janv., merc. soir de nov. à avril, dim. soir et jeudi sauf juil.-août

Rest – Menu 28/55 € – Carte 35/54 €

◆ Cette chaumière briéronne (1903) abrite aujourd'hui un restaurant chaleureux agrandi d'une belle véranda. En saison, jardin fleuri et terrasse tournée vers les marais.

à Kerbourg Sud-Ouest : 6 km par D 51 (rte de Guérande) – ✉ 44410 St-Lyphard

XX ✿ **Auberge de Kerbourg** (Jeanson) — P VISA MC AE

– ✆ 02 40 61 95 15 – Fax 02 40 61 95 36 – Fermé 20 déc.-14 fév., mardi midi, dim. soir et lundi

Rest – *(prévenir en saison)* Menu 35 € (déj. en sem.), 40/70 € – Carte 53/69 €

Spéc. Alose de Loire (printemps). Baliste du Croisic (automne). Lièvre à la royale (saison).

◆ Belle maison de 1753 coiffée d'un toit de chaume fleuri en saison. Charmant accueil, intérieur campagnard soigné et originale cuisine au goût du jour incitent à s'attarder.

ST-MACAIRE – 33 Gironde – 335 J7 – rattaché à Langon

ST-MACLOU – 27 Eure – 304 C5 – 463 h. – alt. 114 m – ✉ 27210 32 A3

Paris 179 – Le Grand-Quevilly 67 – Le Havre 35 – Rouen 73

La Crémaillère avec ch
– *✆ 02 32 41 17 75 – Fax 02 32 42 50 90 – Fermé 27 juin-6 juil., 14-23 nov., 28 fév.-9 mars, mardi soir et merc.*
3 ch – 28/30 € 36/46 €, 6,50 € – ½ P 41 € – **Rest** – Menu 12,50 € (déj. en sem.), 20/37 € – Carte 27/49 €
◆ Charmante petite auberge fleurie située au cœur du village. Boiseries et couleurs gaies dans l'agréable salle à manger ouverte sur la terrasse d'été. Cuisine régionale créative.

ST-MAIXENT-L'ÉCOLE – 79 Deux-Sèvres – 322 E6 – 6 602 h. – alt. 85 m – ✉ 79400 Poitou Vendée Charentes 38 B2

Paris 383 – Angoulême 106 – Niort 24 – Parthenay 30 – Poitiers 52

Syndicat d'initiative, avenue Gambetta ✆ 05 49 05 54 05, Fax 05 49 05 76 25

du Petit Chêne à Mazières-en-Gâtine, O : 20 km par D 6, ✆ 05 49 63 20 95.

Église abbatiale★ - Musée du sous-officier (série d'uniformes★).

Le Logis St-Martin rest, ch, VISA
chemin Pissot – ✆ 05 49 05 58 68 – contact@logis-saint-martin.com – Fax 05 49 76 19 93 – Fermé 5-11 nov., janv. et lundi
11 ch – 95/120 € 120/165 €, 16 € – ½ P 124/139 € – **Rest** – *(fermé sam. midi, mardi midi et lundi)* Menu (28 €), 48/95 € bc – Carte 60/80 €
◆ Cette noble gentilhommière du 17e s. restaurée avec goût est nichée dans un parc bordé par la Sèvre niortaise. Chambres personnalisées. Au restaurant, cadre raffiné et "cosy", plats classiques préparés devant le client et bon choix de vins, même au verre.

ST-MAIXME-HAUTERIVE – 28 Eure-et-Loir – 311 D4 – 349 h. – alt. 194 m – ✉ 28170 11 B1

Paris 105 – Chartres 31 – Évreux 61 – Orléans 112

La Rondellière ch, P
11 r. Mairie – ✆ 02 37 51 68 26 – jeanpaul.langlois@wanadoo.fr – Fax 02 37 51 08 53
4 ch – 32 € 40 € – **Rest** – table d'hôte *(dîner seult) (résidents seult)* Menu 15 € bc
◆ Les chambres, spacieuses et bien aménagées, sont logées dans les anciens greniers à foin de cette ferme pratiquant la culture de céréales. Calme garanti et accueil sympathique. Cuisine élaborée avec les produits du potager à la table d'hôte (sur réservation).

ST-MALO – 35 Ille-et-Vilaine – 309 J3 – 50 675 h. – alt. 5 m – Casino AXY – ✉ 35400 Bretagne 10 D1

Paris 404 – Avranches 68 – Dinan 32 – Rennes 70 – St-Brieuc 71

de Dinard-Pleurtuit-St-Malo : ✆ 02 99 46 18 46, par ③ : 14 km.

Office de tourisme, esplanade Saint-Vincent ✆ 02 99 56 64 48, Fax 02 99 56 67 00

Remparts★★★ - Château★★ : musée d'Histoire de la ville et d'Ethnographie du pays malouin★ M², tour Quic-en-Groigne★ DZ E - Fort national★ : ≤★★ 15 mn - Vitraux★ de la cathédrale St-Vincent - Mystères de la mer★★ (aquarium) par ③ - Rothéneuf : musée-manoir Jacques-Cartier★, 3 km par ① - St Servan sur Mer : corniche d'Aleth ≤★, tour Solidor★, échapées du parc des Corbières★, belvédère du Rosais★.

Plans pages suivantes

Intra muros

Central ch, rest, 50, VISA
6 Gde rue – ✆ 02 99 40 87 70 – centralbw@wanadoo.fr – Fax 02 99 40 47 57
50 ch – 60/80 € 78/130 €, 11 € – 3 suites – **Rest** – Menu 30 € – Carte 32/53 € DZ n
◆ Afin de goûter pleinement le charme de St-Malo intra-muros, installez-vous au cœur de la cité corsaire, dans l'une des chambres fonctionnelles refaites du Central. Au restaurant : produits de la mer et murs décorés de matériel de pêche.

Ajoncs d'Or sans rest
10 r. Forgeurs – ✆ 02 99 40 85 03 – hotel-ajoncs-dor@wanadoo.fr – Fax 02 99 40 80 70 – Fermé déc. et janv. DZ **a**
22 ch – 60/95 € 95/130 €, 13 €
◆ Dans une rue relativement tranquille, chambres bien équipées et plaisamment personnalisées. Peintures ou photos signées d'artistes locaux animent la salle du petit-déjeuner.

Du Louvre sans rest 15,
2 r. Marins – ✆ 02 99 40 86 62 – contact@hoteldulouvre-saintmalo.com – Fax 02 99 40 86 93 – Fermé 3 janv.-3 fév. DZ **b**
50 ch – 55/115 € 60/125 €, 11 €
◆ Décor résolument contemporain pour cet hôtel rénové de pied en cap. Bois sombre, murs pastel et luminaires actuels habillent les chambres et la salle des petits-déjeuners.

De la Cité sans rest
26 r. Ste-Barbe – ✆ 02 99 40 55 40 – hotelcite-stmalo@wanadoo.fr – Fax 02 99 40 10 04 DZ **v**
41 ch – 49/80 € 63/213 €, 12 €
◆ Ce bel immeuble jouxtant les remparts abrite des chambres nettes et insonorisées ; certaines offrent une échappée sur la mer, d'autres, spacieuses, accueillent les familles.

Quic en Groigne sans rest
8 r. d'Estrées – ✆ 02 99 20 22 20 – rozenn.roualec@wanadoo.fr – Fax 02 99 20 22 30 – Fermé 6-20 janv. DZ **u**
15 ch – 48/53 € 55/67 €, 8,50 €
◆ Cet hôtel aménagé dans une maison ancienne porte le joli nom de la tour accolée au château. Chambres actuelles et véranda pour le petit-déjeuner. Accueil souriant.

Du Palais sans rest
8 r. Toullier – ✆ 02 99 40 07 30 – hotel-du-palais@wanadoo.fr – Fax 02 99 40 29 53 – Fermé 26 déc.-7 janv. DZ **k**
17 ch – 43/59 € 49/62 €, 7 €
◆ Près du palais de justice, vous aurez le choix entre les chambres situées en façade, donnant sur une placette pavée, et celles logées à l'arrière, au cadre frais et coloré.

San Pedro sans rest
1 r. Ste-Anne – ✆ 02 99 40 88 57 – hotelsanpedro@wanadoo.fr – Fax 02 99 40 46 25 – Ouvert 1er mars-15 nov. DZ **f**
12 ch – 46/50 € 55/68 €, 7,50 €
◆ Ce petit hôtel vous mettra à deux pas de la plage de Bon Secours. Chambres minuscules mais bien pensées et impeccablement tenues. Salle à manger décorée sur le thème marin.

Le Chalut (Foucat)
8 r. Corne de Cerf – ✆ 02 99 56 71 58 – Fax 02 99 56 71 58 – Fermé lundi et mardi DZ **d**
Rest – *(nombre de couverts limité, prévenir)* Menu 24 € (déj. en sem.), 37/50 € – Carte 39/61 €
Spéc. Bar de ligne et artichaut au vinaigre de banyuls. Saint-Pierre aux champignons sauvages. Soufflé glacé au pur malt.
◆ Belle façade évoquant la vie des marins, intérieur convivial et cuisine raffinée axée sur les produits de la mer : trois bonnes raisons pour ne pas prendre le large !

A la Duchesse Anne (Thirouard)
5 pl. Guy La Chambre – ✆ 02 99 40 85 33 – Fax 02 99 40 00 28 – Fermé déc., janv., dim. soir hors saison, lundi midi et merc. DZ **e**
Rest – Menu 72 € – Carte 44/66 €
Spéc. Filets de maquereaux frais au vin blanc. Homard à l'armoricaine. Tarte tatin.
◆ Vraie institution gourmande créée en 1922 dans les remparts malouins. Original décor "rétro" (joli sol en mosaïque) et belle cuisine classique mettant le homard à l'honneur.

Delaunay
6 r. Ste-Barbe – ✆ 02 99 40 92 46 – bdelaunay@wanadoo.fr – Fermé 20 nov.-20 déc., 15 janv.-28 fév., lundi d'oct. à mars et dim. sauf fériés DZ **x**
Rest – *(dîner seult)* Menu 29 € – Carte 33/55 €
◆ Au milieu de nombreux restaurants, pimpante devanture en bois abritant une petite salle claire et actuelle, agrémentée de nombreux tableaux. Carte dans l'air du temps.

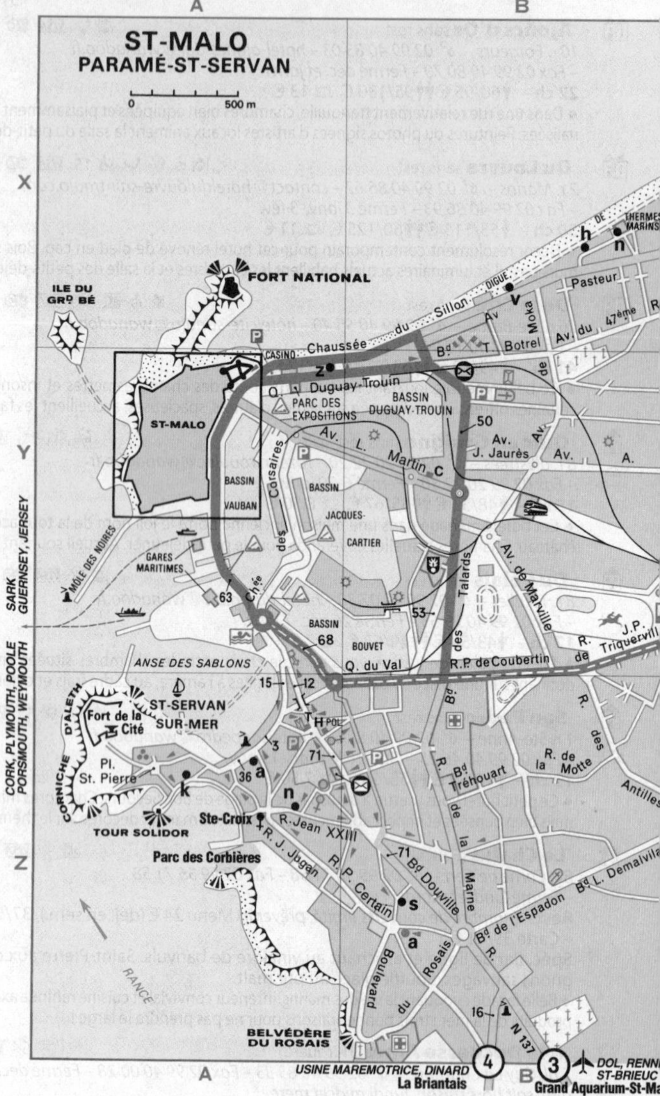

Gilles

2 r. Pie qui boit – ☎ 02 99 40 97 25 – Fax 02 99 40 97 25 – Fermé 20 nov.-14 déc., 18 fév.-3 mars, jeudi du 20 oct. au 30 avril et merc. DZ t

Rest – *(nombre de couverts limité, prévenir)* Menu (20 €), 24/37 €

◆ La superbe promenade sur les remparts vous a ouvert l'appétit ? Ce discret restaurant (non-fumeurs) aux vitres garnies de rideaux brodés vous propose sa carte actuelle soignée.

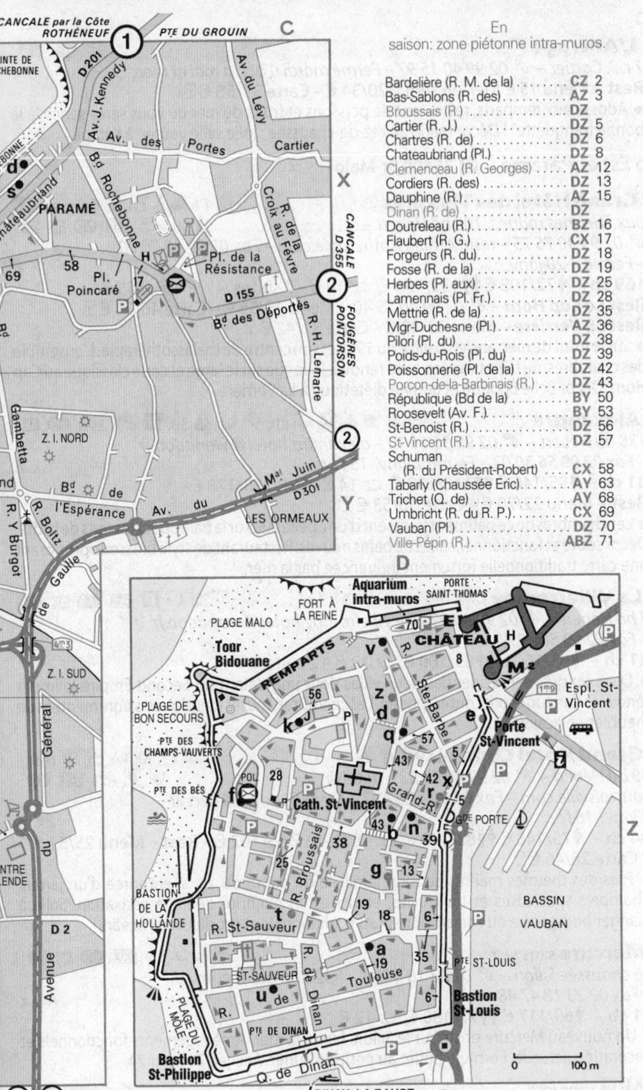

Le Bistro de Jean

VISA MC

6 r. Corne de Cerf – ✆ 02 99 40 98 68 – Fax 02 99 40 98 68 – Fermé 24 déc.-7 janv., 25 fév.-1er mars, merc. midi, sam. midi et dim. DZ **z**

Rest – Menu (14 €), 19 € – Carte 29/43 € ♀

◆ Un comptoir en zinc devance la salle à manger de ce sympathique bistrot. Tables dressées simplement, ardoise annonçant les suggestions du jour et bon choix de vins au verre.

L'Ancrage

7 r. J. Cartier – ✆ 02 99 40 15 97 – Fermé mardi d'oct. à mai et merc. DZ **r**

Rest – Menu 15 € (déj. en sem.), 20/34 € – Carte 37/56 €

◆ Adossé aux remparts, restaurant de poissons et fruits de mer où vous serez servis "à la bonne franquette" ! Décor marin au rez-de-chaussée ; jolie salle voûtée à l'étage.

St-Malo Est et Paramé – ✉ 35400 St-Malo

Grand Hôtel des Thermes

aux Thermes marins, 100 bd Hébert – ✆ 02 99 40 75 75 – resa@thalassotherapie.com – Fax 02 99 40 76 00 – Fermé 7-20 janv. BX **n**

169 ch – 72/108 € 133/190 €, 18 € – 7 suites – ½ P 103/245 €

Rest *Le Cap Horn* – *✆ 02 99 40 75 40* – Menu 28/55 € – Carte 46/71 €

Rest *La Verrière* – Menu 33/42 € – Carte 31/42 €

◆ Sur le front de mer, ancien palace du 19e s. et son centre de thalassothérapie. L'ensemble des chambres, de tailles variées, a été rénové. Jolie vue sur le large et carte classique au Cap Horn. Décor Belle Époque et cuisine diététique à La Verrière.

Alexandra

138 bd Hébert – ✆ 02 99 56 11 12 – alexandra.hotel@wanadoo.fr – Fax 02 99 56 30 03 – Fermé 2 janv.-15 fév. BX **h**

31 ch – 95/140 € 110/180 €, 14 € – ½ P 118/178 € –

Rest – Menu 22/70 € – Carte 30/53 €

◆ Les chambres de ce bâtiment jouissent d'une belle vue sur la baie ou sur les toits de la cité. Décor sobre et fonctionnel, salles de bains neuves. Restaurant de style brasserie proposant une carte traditionnelle fortement influencée par la mer.

La Villefromoy sans rest

7 bd Hébert – ✆ 02 99 40 92 20 – villefromoy.hotel@wanadoo.fr – Fax 02 99 56 79 49 CX **s**

21 ch – 85/160 € 85/160 €, 12 € – 2 suites

◆ Dans un quartier résidentiel, deux villas dont une datant du Second Empire joliment rénovées dans un esprit contemporain. Les chambres, toutes identiques, s'agrémentent de meubles en acajou.

Grand Hôtel Courtoisville

69 bd Hébert – ✆ 02 99 40 83 83 – hotel@courtoisville.com – Fax 02 99 40 57 83 – Fermé 7 nov.-26 déc. et 5 janv.-16 fév. BX **a**

44 ch – 75/148 € 83/148 €, 18 € – ½ P 65/102 € – **Rest** – Menu 25/31 € – Carte 26/46 €

◆ Près des thermes marins, pension familiale du début du 20e s. entourée d'un jardin. Chambres spacieuses et tranquilles, équipées en majorité de lits à relaxation. Salle à manger bourgeoise où l'on savoure plats traditionnels et produits de l'océan.

Mercure sans rest

36 chaussée Sillon – ✆ 02 23 18 47 47 – h3225@accor.com – Fax 02 23 18 47 48 AY **z**

51 ch – 69/117 € 77/180 €, 12 €

◆ Un nouveau Mercure posté sur le Sillon, face à la mer. Aménagements fonctionnels et décoration actuelle. Formule buffet au petit-déjeuner. Accueil 24 h sur 24.

Alba sans rest

17 r. Dunes – ✆ 02 99 40 37 18 – info@hotelalba.com – Fax 02 99 40 96 40 BX **v**

22 ch – 70/180 € 70/180 €, 12 €

◆ Cette villa bénéficie d'un bel emplacement face à la plage. Les chambres offrent toutes un élégant cadre contemporain, et pour moitié une vue sur la mer.

Brocéliande sans rest

43 chaussée Sillon – ✆ 02 99 20 62 62 – logis.broceliande@wanadoo.fr – Fax 02 99 40 42 47 – Fermé 1er janv.-15 mars et 15-20 nov. BX **v**

9 ch – 90/140 € 100/160 €, 12 €

◆ Ancienne demeure bourgeoise tenue comme une maison d'hôte. Chaque chambre, décorée de tapisseries Laura Ashley, porte le nom d'un héros de Brocéliande. Accueil attentionné.

Les Acacias sans rest
8 bd Hébert – ✆ 02 99 56 01 19 – hotel.acacias@wanadoo.fr – Fax 02 99 56 17 81 CX **d**
24 ch – †46/90 € ††46/90 €, ☕ 7 €
◆ Villa classique de bord de mer appréciée pour sa grande terrasse panoramique. Chambres nettes, dotées d'un mobilier "minimaliste" ; quelques-unes ont été refaites.

à St-Servan-sur-Mer – ✉ **35400 St-Malo**

Manoir du Cunningham sans rest
9 pl. Mgr Duchesne – ✆ 02 99 21 33 33 – cunningham@wanadoo.fr – Fax 02 99 21 33 34 – Ouvert de mi-mars à mi nov. AZ **a**
13 ch – †90/120 € ††170/190 €, ☕ 10 €
◆ Avenante bâtisse aux allures de manoir face à l'anse des Sablons. Les chambres, baptisées de noms d'îles, sont plaisantes et bien meublées ; la plupart donnent sur la mer.

Valmarin sans rest
7 r. Jean XXIII – ✆ 02 99 81 94 76 – levalmarin@wanadoo.fr – Fax 02 99 81 30 03 – Fermé janv. AZ **n**
12 ch – †95/135 € ††95/135 €, ☕ 10 €
◆ Cette élégante malouinière du 18e s. abrite des chambres personnalisées portant le nom d'hommes célèbres natifs de la région. Les plus agréables s'ouvrent sur le parc arboré.

La Rance sans rest
15 quai Sébastopol (port Solidor) – ✆ 02 99 81 78 63 – hotel-la-rance@wanadoo.fr – Fax 02 99 81 44 80 AZ **k**
11 ch – †55/82 € ††55/82 €, ☕ 8 €
◆ Petit établissement au confort moderne, où vous serez reçu comme chez des amis. Chambres dotées de beaux meubles anciens. Salon décoré sur le thème de la marine à voiles.

L'Ascott sans rest
35 r. Chapitre – ✆ 02 99 81 89 93 – informations@ascotthotel.com – Fax 02 99 81 77 40 – Fermé janv. BZ **s**
10 ch – †80/95 € ††95/150 €, ☕ 11 €
◆ Le mariage est heureux entre le décor contemporain (meubles design) et les attributs anciens (lustres à pendeloques et tableaux) de cette coquette demeure bourgeoise.

Le St-Placide (Mobihan)
6 pl. Poncel – ✆ 02 99 81 70 73 – imobihan@wanadoo.fr – Fax 02 99 81 89 49 – Fermé 26 juin-11 juil., 12-21 nov., 18-27 fév., mardi et merc. sauf le soir en juil.-août BZ **a**
Rest – Menu (18 €), 24 € (déj. en sem.), 42/68 € – Carte 48/66 €
Spéc. Araignée de mer, Saint-Jacques, céleri (saison). Agneau, coco de Paimpol. La route du rhum (dessert).
◆ En secteur résidentiel, maison régionale de 1907 flanquée d'une véranda moderne. Préparations savoureusement inventives servies dans un décor contemporain tout en sinuosités.

rte de Rennes par ③ et av. Gén. de Gaulle : 3 km – ✉ **35400 St-Malo**

La Grassinais ch, rest, ch, 20,
12 allée Grassinais – ✆ 02 99 81 33 00 – manoirdelagrassinais@wanadoo.fr – Fax 02 99 81 60 90 – Fermé 20 déc.-20 janv.
29 ch – †50/69 € ††50/80 €, ☕ 8 € – ½ P 61/72 € – **Rest** – *(fermé sam. midi, dim. soir et lundi hors saison)* Menu (19 €), 24/60 €
◆ En périphérie de St-Malo, ancienne ferme rattrapée par l'urbanisation et joliment restaurée. Elle abrite des chambres actuelles, confortables et rajeunies. Chaleureuse salle à manger rustique (non-fumeurs) ; recettes traditionnelles mitonnées avec soin.

ST-MANDÉ – **94 Val-de-Marne** – **312** D2 – **101** 27 – **voir à Paris, Environs**

ST-MARC-A-LOUBAUD – 23 Creuse – 325 I5 – 122 h. – alt. 705 m – ✉ 23460

25 **C2**

Paris 411 – Aubusson 24 – Guéret 54 – Limoges 78 – Tulle 87 – Ussel 57

Les Mille Sources 4/20, VISA

– *05 55 66 03 69 – Fax 05 55 66 03 69 – Ouvert fin mars à mi nov. et fermé dim. soir et lundi sauf vacances scolaires*

Rest – *(prévenir)* Menu 32/48 € – Carte 44/54 €

◆ Ex-ferme habilement réaménagée où vous serez accueilli comme chez des amis. Carnards de Challans et gigots rôtissent dans la cheminée d'époque de la très jolie salle rustique.

ST-MARCEL – 36 Indre – 323 F7 – rattaché à Argenton-sur-Creuse

ST-MARCEL – 71 Saône-et-Loire – 320 J9 – rattaché à Chalon-sur-Saône

ST-MARCEL-EN-DOMBES – 01 Ain – 328 C5 – 1 059 h. – alt. 265 m – ✉ 01390

43 **E1**

Paris 440 – Bourg-en-Bresse 36 – Lyon 30 – Meximieux 21 – Villefranche-sur-Saône 26

La Colonne VISA

– *04 72 26 11 06 – Fax 04 72 08 59 24 – Fermé 22 déc.-15 janv., lundi soir et mardi*

Rest – Menu 16 € (déj. en sem.), 20/35 € – Carte 21/39 €

◆ L'enseigne évoque la colonne en pierre du 16e s. qui trône au milieu de la salle à manger (boiseries en chêne et plafond à la française). Cuisine régionale. Jardin-terrasse.

ST-MARCEL-LÈS-ANNONAY – 07 Ardèche – 331 J2 – 1 189 h. – alt. 450 m – ✉ 07100

44 **B2**

Paris 540 – Lyon 78 – Privas 108 – Saint-Étienne 38 – Valence 70

Auberge du Lac 10/20, VISA AE

Le Ternay – 04 75 67 12 03 – contact@aubergedulac.fr – Fax 04 75 34 90 20 – Fermé 1er-15 janv.

12 ch – 80 € 145 €, 12 € – **Rest** – *(fermé janv., dim. soir et lundi)* Menu 20 € (déj. en sem.), 30/40 €

◆ Face au barrage, ancienne auberge métamorphosée en maison luxueuse et "cosy". Chambres personnalisées sur le thème des fleurs, très bien équipées. Solarium. Salle à manger provençale dominée par une terrasse en bois d'où l'on admire le lac et le Pilat.

ST-MARCEL-LÈS-SAUZET – 26 Drôme – 332 B6 – rattaché à Montélimar

ST-MARCELLIN – 38 Isère – 333 E7 – 6 955 h. – alt. 282 m – ✉ 38160

Lyon et la vallée du Rhône

43 **E2**

Paris 570 – Die 76 – Grenoble 55 – Valence 46 – Vienne 71 – Voiron 47

Office de tourisme, 2 avenue du Collège 04 76 38 53 85, Fax 04 76 38 17 32

La Tivollière VISA AE

Château du Mollard – 04 76 38 21 17 – Fax 04 76 38 94 51 – Fermé 30 juil.-6 août, 1er-20 janv., jeudi soir, dim. soir et lundi

Rest – Menu 19 € (sem.)/41 € – Carte 30/49 €

◆ Restaurant au décor moderne assez inattendu, aménagé dans un château du 15e s. dominant la ville. La terrasse ombragée offre une petite échappée sur le Vercors.

ST-MARTIN-AUX-CHARTRAINS – 14 Calvados – 303 N4 – rattaché à Pont-L'Évêque

ST-MARTIN-DE-BELLEVILLE – 73 Savoie – 333 M5 – 2 532 h. – alt. 1 450 m – Sports d'hiver : 1 450/2 850 m 9 37 – ✉ 73440 Alpes du Nord 46 F2

Paris 624 – Albertville 44 – Chambéry 93 – Moûtiers 20

Office de tourisme, immeuble L'Épervière ✆ 04 79 00 20 00, Fax 04 79 08 91 71

St-Martin

ch, ch, rest, 30, VISA MC AE

– ✆ 04 79 00 88 00 – hotelsaintmartin@wanadoo.fr – Fax 04 79 00 88 39 – Ouvert 11 déc.-19 avril

27 ch – 138/390 € 196/390 €, 17 € – 5 suites – ½ P 98/195 €

Rest ***Le Grenier*** – Menu 30/50 € – Carte 32/70 €

◆ Ce coquet chalet à toiture de lauzes respire le bon goût. Chaleureux décor de bois et équipements modernes dans les chambres, toutes dotées d'un balcon. Cuisine du terroir et suggestions du jour annoncées sur de grandes ardoises du pays ; cadre savoyard.

L'Edelweiss

VISA MC

– ✆ 04 79 08 96 67 – hoteledelweiss@wanadoo.fr – Fax 04 79 08 90 40 – Ouvert 10 juil.-28 août et 18 déc.-22 avril

16 ch – 80/100 € 110/145 €, 12 € – ½ P 80/100 € – **Rest** – Menu 28/33 € – Carte 37/57 €

◆ L'esprit montagnard fleurit à l'Edelweiss où vous préfèrerez les quelques chambres rénovées, bien que toutes soient très bien tenues. Sauna apprécié des skieurs. Table traditionnelle accessible en période estivale.

La Bouitte (Meilleur) avec ch

VISA MC AE

à St-Marcel, Sud-Est : 2 km – ✆ 04 79 08 96 77 – info@la-bouitte.com – Fax 04 79 08 96 03 – Ouvert début juil.-fin-août et mi-déc.-fin-avril

5 ch – 145/160 € 230/242 €, 17 € – 1 suite – **Rest** – *(fermé lundi en été)* Menu 49/155 € – Carte 102/132 €

Spéc. Cèpes, risotto carnaroli et sots l'y laisse. Omble chevalier des lacs savoyards mariné à l'huile d'olive et chénopodes (juil.-août). Ris de veau en lasagnes. **Vins** Chignin-Bergeron, Mondeuse d'Arbin.

◆ Joli décor de vieux chalet, cuisine "salée-sucrée" inventive et utilisant les herbes alpestres, superbes chambres montagnardes : cette "bouitte" offre un délicieux concentré de Savoie !

Étoile des Neiges

VISA MC

– ✆ 04 79 08 92 80 – hoteledelweiss@wanadoo.fr – Fax 04 79 08 90 40 – Ouvert 18 déc.-23 avril

Rest – Menu 28/33 € – Carte 37/57 €

◆ Table traditionnelle se complétant d'une terrasse agréable lorsque perce le soleil. Salles au cadre montagnard, réchauffées par une cheminée centrale ; mezzanine à l'étage.

Le Montagnard

VISA MC

– ✆ 04 79 01 08 40 – info@le-montagnard.com – Ouvert 30 juin-2 sept. et 15 déc.-1er mai

Rest – Carte 27/52 €

◆ Bois brut, murs chaulés, mobilier massif et vieux outils composent le chaleureux décor montagnard de cette table sympathique et animée perchée sur les hauts du village. Cuisine du terroir.

ST-MARTIN-DE-LONDRES – 34 Hérault – 339 H6 – 1 894 h. – alt. 194 m – ✉ 34380 Languedoc Roussillon 23 C2

Paris 744 – Montpellier 25 – Le Vigan 37

Office de tourisme, place de la Mairie ✆ 04 67 55 09 59, Fax 04 67 55 96 27

Les Muscardins

VISA MC AE

19 rte Cévennes – ✆ 04 67 55 75 90 – trousset@les-muscardins.fr – Fax 04 67 55 70 28 – Fermé 18 fév.-5 mars, lundi et mardi sauf fériés

Rest – Menu (29 €), 42/71 €

◆ La salle à manger et son petit salon d'attente ont été entièrement redécorés dans des tons chaleureux ; tableaux colorés aux murs. Cuisine au goût du jour. Service traiteur.

au Sud **12 km par D 32, D 127 et D 127**[E6] – ✉ **34380 Argelliers**

Auberge de Saugras avec ch
– ✆ *04 67 55 08 71 – auberge.saugras@wanadoo.fr – Fax 04 67 55 04 65 – Fermé 6-22 août, 24 déc.-16 janv., lundi midi en juil.-août, mardi sauf le soir en juil.-août et merc.*
7 ch – 🚹42/85 € 🚹🚹42/85 €, ☕ 8 € – ½ P 55/80 € – **Rest** – *(prévenir)* Menu 15 € (sem.)/50 € – Carte 25/92 € 🍷
◆ Difficile d'accès car isolé dans la nature, ce mas du 12e s. aux murs de pierres brutes offre une généreuse cuisine du terroir. Plaisante terrasse. Chambres rénovées.

ST-MARTIN-D'ENTRAUNES – 06 Alpes-Maritimes – 341 B3 – 88 h. – alt. 1 050 m – ✉ 06470

41 **C2**

Paris 778 – Barcelonnette 50 – Castellane 66 – Digne-les-Bains 104 – Nice 108

Hostellerie de la Vallière
– ✆ *04 93 05 59 59 – Fax 04 93 05 59 60 – Ouvert 15 avril-15 oct.*
10 ch – 🚹44 € 🚹🚹44 €, ☕ 7 € – ½ P 45/55 € – **Rest** – *(fermé jeudi midi sauf juil.-août)* Menu 19 € – Carte 22/30 € 🍷
◆ Randonneurs et chasseurs de repos apprécieront cette auberge colorée tournée vers le massif du Mercantour. Décor champêtre et confort sommaire dans les chambres (sans TV). Repas traditionnel (on ne sert pas de poisson) dans une salle prolongée par une petite terrasse.

ST-MARTIN-DE-RÉ – 17 Charente-Maritime – 324 B2 – voir à Île de Ré

ST-MARTIN-DE-VALGALGUES – 30 Gard – 339 J3 – rattaché à Alès

ST-MARTIN-DU-FAULT – 87 Haute-Vienne – 325 E5 – rattaché à Limoges

ST-MARTIN-DU-TOUCH – 31 Haute-Garonne – 343 G3 – rattaché à Toulouse

ST-MARTIN-DU-VAR – 06 Alpes-Maritimes – 341 E5 – 2 197 h. – alt. 110 m – ✉ 06670

41 **D2**

Paris 938 – Antibes 34 – Cannes 44 – Nice 28 – Puget-Théniers 40 – Vence 22

Jean-François Issautier
rte de Nice (D 6202) : 3 km – ✆ 04 93 08 10 65 – jf.issautier@wanadoo.fr – Fax 04 93 29 19 73 – Fermé 22 oct.-1er nov., début janv. à début fév., dim. soir, lundi et mardi
Rest – Menu 42/110 € – Carte 84/117 € 🍷
Spéc. Courgette-fleur du pays farcie (printemps-été). Pied de cochon cuit croustillant. "Cul" d'agneau rôti rosé. **Vins** Bellet, Côtes de Provence.
◆ Adresse discrète isolée de la route par une haie de conifères. Cuisine classique et régionale proposée dans une grande salle haute sous plafond et bourgeoisement décorée.

ST-MARTIN-EN-BRESSE – 71 Saône-et-Loire – 320 K9 – 1 639 h. – alt. 192 m – ✉ 71620

8 **C3**

Paris 353 – Beaune 48 – Chalon-sur-Saône 18 – Dijon 86 – Dôle 56 – Lons-le-Saunier 48

Au Puits Enchanté 30,
1 pl. René Cassin – ✆ 03 85 47 71 96 – chateau.jacky@wanadoo.fr – Fax 03 85 47 74 58 – Fermé 5-14 mars, 1er-10 oct., janv., lundi sauf le soir de mars à oct., dim. soir et mardi
13 ch – 🚹45 € 🚹🚹45 €, ☕ 8 € – ½ P 48/53 € – **Rest** – Menu 19/43 € – Carte 27/45 € 🍷
◆ Cet hôtel familial situé au centre d'un bourg de la Bresse bourguignonne propose des chambres un peu exiguës, mais bien tenues. Petits-déjeuners servis sous la véranda. Au restaurant, la région inspire le chef tant au niveau de l'assiette que du verre.

ST-MARTIN-LA-MÉANNE – 19 Corrèze – 329 M4 – 365 h. – alt. 500 m – ✉ 19320

25 C3

Paris 510 – Aurillac 67 – Brive-la-Gaillarde 54 – Mauriac 48 – St-Céré 53 – Tulle 32 – Ussel 65

Barrage du Chastang ★ SE : 5 km, Berry Limousin.

Des Voyageurs avec ch

– ✆ *05 55 29 11 53 – info@hotellesvoyageurs.com – Fax 05 55 29 27 70 – Ouvert 17 mars-11 nov. et fermé dim. soir et lundi sauf de mai à sept.*

8 ch – 42/45 € 42/53 €, 7 € – ½ P 43/52 € – **Rest** – Menu 17/36 € – Carte 33/45 €

◆ Charmante auberge en pierre où le temps s'arrête à la faveur d'une cuisine du terroir servie dans un cadre campagnard ou, en été, dans le jardin prolongé d'un étang (pêche).

ST-MARTIN-LE-BEAU – 37 Indre-et-Loire – 317 O4 – 2 481 h. – alt. 55 m – ✉ 37270 Châteaux de la Loire

11 B2

Paris 231 – Amboise 9 – Blois 45 – Loches 34 – Tours 20

Auberge de la Treille avec ch

2 r. d'Amboise – ✆ 02 47 50 67 17 – auberge-de-la-treille@wanadoo.fr – Fax 02 47 50 20 14 – Fermé 19-27 mars, dim. soir et lundi

8 ch – 48 € 48/60 €, 7 € – ½ P 50 € – **Rest** – Menu 20/40 € – Carte 34/44 €

◆ À deux tours de roue de l'Aquarium de Touraine. Trois accueillantes petites salles à manger séparées par de beaux murs à colombages. Chambres simples, lumineuses et colorées.

ST-MARTIN-LE-GAILLARD – 76 Seine-Maritime – 304 I2 – 315 h. – alt. 60 m – ✉ 76260 Normandie Vallée de la Seine

33 D1

Paris 168 – Amiens 99 – Dieppe 27 – Eu 12 – Neufchâtel-en-Bray 34 – Rouen 87

Moulin du Becquerel

Nord-Ouest : 1,5 km sur D 16 – ✆ 02 35 86 74 94 – moulindubecquerel@free.fr – Fax 02 35 86 99 78 – Fermé 20 janv.-10 mars, dim. soir, lundi, mardi et merc. sauf fériés

Rest – Menu 28/43 €

◆ Une rivière s'écoule au pied de cette avenante maison normande. Intérieur rustique et agréable terrasse ouverte sur la campagne. La cuisine, traditionnelle, évolue selon le marché.

ST-MARTIN-LE-VINOUX – 38 Isère – 333 H6 – rattaché à Grenoble

ST-MARTIN-OSMONVILLE – 76 Seine-Maritime – 304 H4 – 824 h. – alt. 160 m – ✉ 76680

33 D1

Paris 162 – Rouen 32 – Amiens 89 – Dieppe 46 – Neufchâtel-en-Bray 18

Auberge de la Varenne

2 rte de la Libération – ✆ 02 35 34 13 80 – Fax 02 35 34 59 82 – Fermé dim. soir, jeudi soir et lundi

Rest – Menu 16 € (sem.)/42 € bc

◆ Murs décorés de photos de la région et meubles de style rustique caractérisent ces trois petites salles à manger ; l'une d'elles possède une cheminée en pierre et une cave à vins.

Première distinction : l'étoile ✿.
Elle couronne les tables pour lesquelles on ferait des kilomètres !

ST-MARTIN-VÉSUBIE – **06 Alpes-Maritimes** – **341** E3 – **1 098 h.** – **alt. 1 000 m** – ✉ **06450** Côte d'Azur 41 **D2**

Paris 845 – Antibes 73 – Barcelonnette 111 – Cannes 83 – Menton 88 – Nice 66

Office de tourisme, place Félix Faure ✆ 04 93 03 21 28

Venanson : ≤★, fresques★ de la chapelle St-Sébastien S : 4,5 km.

Le Boréon★★ (cascade★) N : 8 km - Cirque★★ du vallon de la Madone de Fenestre NE : 12 km.

Gelas sans rest

27 r. Docteur Cagnoli – ✆ 04 93 03 21 81 – contact@hotel-gelas.com – Fax 04 93 03 24 87 – Fermé nov.

10 ch – 66 € 66 €, 8 €

◆ Accueil charmant dans cette maison familiale rénovée par un passionné de ski ; chambres lambrissées et petit-déjeuner dans un décor célébrant la glisse ou en terrasse.

X **La Trappa**

7 pl. du Marché – ✆ 04 93 03 29 23 – Fermé 12-25 mars, 28 oct.-12 nov., dim. soir et lundi

Rest – Menu 19/26 € – Carte 24/38 €

◆ Table niçoise œuvrant dans la ruelle piétonne principale, où l'on dresse une terrasse en été. Salle rustico-champêtre. Compagnon du Tour de France aux fourneaux.

ST-MATHIEU-DE-TRÉVIERS – **34 Hérault** – **339** I6 – **3 713 h.** – **alt. 81 m** – ✉ **34270** 23 **C2**

Paris 761 – Marseille 176 – Montpellier 22 – Nice 334 – Nîmes 53 – Toulouse 261

XX **Lennys**

266 av. Louis Cancel, D 17 – ✆ 04 67 55 37 97 – restaurant.lennys@wanadoo.fr – Fax 04 67 54 71 82 – Fermé 3-23 sept., 31 déc.-7 janv., sam. midi, dim. sauf le midi hors saison et lundi

Rest – Menu 18 € (déj. en sem.), 42/82 € – Carte 63/70 €

◆ Sympathique auberge proche du pic St-Loup qui donne également son nom au vin local : le pic-saint-loup. Cadre méridional, terrasse ombragée et appétissante cuisine au goût du jour.

SAINT-MATHURIN – **85 Vendée** – **316** F8 – **1 256 h.** – **alt. 30 m** – ✉ **85150** 34 **A3**

Paris 451 – Nantes 95 – La Roche-sur-Yon 29 – Challans 66 – Les Sables-d'Olonne 10

Le Château de la Millière sans rest

La Millière – ✆ 02 51 22 73 29 – chateaudelamilliere@club-internet.fr – Fax 02 51 22 73 29 – Ouvert 28 avril-30 sept.

5 ch – 85 € 85 €, 7,50 €

◆ Un vaste parc - piscine, barbecue, étangs, allées cavalières - sublime ce château romantique (19e s.) où l'on a préservé un décor de caractère tout en assurant un confort actuel.

ST-MAUR-DES-FOSSÉS – **94 Val-de-Marne** – **312** D3 – **101** 27 – **voir à Paris, Environs**

ST-MAXIMIN – **30 Gard** – **339** L5 – **630 h.** – **alt. 110 m** – ✉ **30700** 23 **D2**

Paris 706 – Montpellier 81 – Alès 39 – Avignon 35 – Nîmes 28 – Orange 47

Château de St-Maximin sans rest.

r.du Château – ✆ 04 66 03 44 16 – chateaustmaximin@wanadoo.fr – Fax 04 66 03 42 98 – Fermé janv. et fév.

4 ch – 160/250 € 160/250 € – 2 suites

◆ Racine, jadis hôte des lieux, aurait pu écrire que vos "nuits seront plus belles que vos jours" dans cette superbe demeure de pierres blondes. Chambres personnalisées.

ST-MAXIMIN-LA-STE-BAUME – 83 Var – 340 K5 – 12 402 h. – alt. 289 m – ✉ 83470 Provence 40 B3

Paris 793 – Aix-en-Provence 44 – Marseille 51 – Toulon 55

Office de tourisme, Hôtel de Ville ✆ 04 94 59 84 59, Fax 04 94 59 82 92

Couvent Royal

ch, 15/200, VISA MC AE

pl. Jean Salusse – ✆ 04 94 86 55 66 – contact@hotelfp-saintmaximin.com – Fax 04 94 59 82 82

66 ch – †90/95 € ††110/115 €, ☕ 12 € – ½ P 135/140 € – **Rest** – *(fermé dim. soir de nov. à mai)* Menu (26 €), 35 € (sem.)/45 € – Carte 43/52 €

◆ Hôtellerie originale, accolée à une basilique du 13e s. Chambres douillettes mettant à profit d'anciennes cellules de moines. Piscine, spa et fitness panoramiques. Repas traditionnel servi dans la belle salle capitulaire ou dans le joli cloître.

ST-MÉDARD – 46 Lot – 337 D4 – 153 h. – alt. 170 m – ✉ 46150 28 B1

Paris 571 – Cahors 17 – Gourdon 34 – Villeneuve-sur-Lot 59

Gindreau (Pélissou)

VISA MC AE

– ✆ 05 65 36 22 27 – le.gindreau@wanadoo.fr – Fax 05 65 36 24 54 – Fermé 5-28 mars, 15 oct.-7 nov., merc. midi de janv. à mars, lundi et mardi

Rest – *(prévenir le week-end)* Menu 37/100 € – Carte 55/98 €

Spéc. Truffes fraîches (déc. à mars). Agneau fermier du Quercy. Soufflé à la truffe flambé au marasquin (nov. à juil.). **Vins** Cahors, Vins de Pays du Comté Tolosan.

◆ Ancienne école de village élégamment recomposée en deux salles aux couleurs chatoyantes. Des marronniers ombragent la terrasse, située face à la vallée du Vert.

ST-MÉDARD-EN-JALLES – 33 Gironde – 335 G5 – 25 566 h. – alt. 22 m – ✉ 33160 3 B1

Paris 591 – Blaye 62 – Bordeaux 18 – Jonzac 97 – Libourne 48 – Saintes 129

Tournebride

VISA MC AE

à Hastignan, Ouest : 2 km sur D 107 – ✆ 05 56 05 09 08 – Fax 05 56 05 09 08 – Fermé 3-31 août, merc. soir, dim. soir et lundi

Rest – Menu (13 €), 18/34 € – Carte 23/35 €

◆ Salle à manger rajeunie et joliment égayée d'une fresque représentant le bassin d'Arcachon. Le décor de la seconde décline une thématique sur la vigne. Spécialités régionales.

ST-MICHEL-EN-L'HERM – 85 Vendée – 316 I9 – 1 931 h. – alt. 9 m – ✉ 85580 34 B3

Paris 453 – La Rochelle 46 – Luçon 15 – La Roche sur Yon 47 – Les Sables-d'Olonne 54

Syndicat d'initiative, 5 place de l'Abbaye ✆ 02 51 30 21 89

La Rose Trémière

15, VISA MC AE

4 r. Église – ✆ 02 51 30 25 69 – rose.tremiere@wanadoo.fr – Fax 02 51 97 63 25 – Fermé 8-24 oct., vacances de fév., lundi soir et mardi sauf en juil.-août, dim. soir et merc.

Rest – Menu 12 € (déj. en sem.), 22/41 € – Carte 29/45 €

◆ Maison ancienne abritant une agréable salle non-fumeurs au décor rustique soigné. On s'attable autour de la cheminée centrale pour savourer de bons petits plats traditionnels.

ST-MICHEL-ESCALUS – 40 Landes – 335 D11 – 231 h. – alt. 23 m – ✉ 40550 3 B2

Paris 721 – Bayonne 67 – Bordeaux 135 – Dax 30

La Bergerie-St-Michel sans rest

St-Michel, par D 142, rte de Castets – ✆ 05 58 48 74 04 – bergerie-saintmichel@wanadoo.fr – Fax 05 58 48 74 04 – Ouvert 1er juin-30 sept.

3 ch ☕ – †75/95 € ††95/125 €

◆ La forêt landaise entoure cette ancienne ferme magnifiquement restaurée. Chambres de grand confort décorées de tableaux contemporains. Copieux petits-déjeuners.

ST-MICHEL-MONT-MERCURE – 85 Vendée – 316 K7 – 1 729 h. – alt. 284 m – ✉ 85700 Poitou Vendée Charentes 34 B3

Paris 383 – Bressuire 36 – Cholet 35 – Nantes 85 – Pouzauges 7 – La Roche-sur-Yon 52

✳★★ du clocher de l'église.

Château de la Flocellière ch, rest, VISA

La Flocellière, 2 km à l'Est – ✆ 02 51 57 22 03 – flocelliere.chateau@wanadoo.fr – Fax 02 51 57 75 21 – Fermé 2-31 janv.

6 ch – †135/210 € ††135/210 €, ☕ 12 € – **Rest** – table d'hôte *(dîner seult) (résidents seult)* Menu 54 € bc

◆ Ce lieu chargé d'histoire était au Moyen Âge une importante forteresse du bas Poitou. Il abrite aujourd'hui des chambres vastes et tranquilles avec vue sur le parc ; celles du donjon sont splendides. Dîners à thème médiéval ou Renaissance dans une époustouflante salle à manger du 16e s.

Auberge du Mont Mercure 30, VISA

près église – ✆ 02 51 57 20 26 – contact@aubergemontmercure.com – Fax 02 51 57 78 67 – Fermé vacances de la Toussaint, de fév., lundi soir de sept. à juin, mardi soir et merc.

Rest – Menu 14 € (sem.)/33 € – Carte 20/34 € ♀

◆ Perchée au sommet de la colline, cette auberge (non-fumeurs) ménage un large panorama sur le bocage vendéen. Recettes traditionnelles soignées à base de produits régionaux.

ST-MIHIEL – 55 Meuse – 307 E5 – 5 260 h. – alt. 228 m – ✉ 55300 Alsace Lorraine 26 B2

Paris 287 – Metz 63 – Nancy 66 – Bar-le-Duc 35 – Toul 52 – Verdun 36

Office de tourisme, rue du Palais Abbatial ✆ 03 29 89 06 47, Fax 03 29 89 06 47

de Madine à Nonsard Base de Loisirs, NE : 25 km par D 901 et D 179, ✆ 03 29 89 56 00.

Sépulcre★★ dans l'église St-Étienne - Pâmoison de la Vierge★ dans l'église St-Michel.

à Heudicourt-sous-les-Côtes Nord-Est : 15 km par D 901 et D 133 – 188 h. – alt. 240 m – ✉ 55210

Butte de Montsec : ✳★★, monument★ S : 13 km.

Lac de Madine ch, ch, 40/60, VISA

– ✆ 03 29 89 34 80 – hotel-lac-madine@wanadoo.fr – Fax 03 29 89 39 20 – Fermé 21-28 déc., 2 janv.-10 fév.

44 ch – †52/88 € ††52/88 €, ☕ 9,50 € – ½ P 54/75 € – **Rest** – *(fermé lundi midi)* Menu 23/53 € – Carte 37/61 € ♀

◆ Près d'un lac, maison ancienne rénovée vous logeant dans des chambres fraîches et actuelles. Dix avec baignoire "balnéo" et celles de l'annexe, de plain-pied, ont un jardin. Restaurant néo-rustique dont la jolie charpente ménage un puits de lumière. Terrasse ombragée.

ST-NAZAIRE – 44 Loire-Atlantique – 316 C4 – 65 874 h. – Agglo. 136 886 h. – alt. 4 m – ✉ 44600 Bretagne 34 A2

Paris 435 – La Baule 19 – Nantes 61 – Vannes 79

Accès Pont de Saint-Nazaire : passage gratuit.

Office de tourisme, boulevard de la Légion d'Honneur ✆ 02 40 22 40 65, Fax 02 40 22 19 80

de Savenay à Savenay Le Chambeau, par rte de Nantes : 27 km, ✆ 02 40 56 88 05 ; de Guérande à Guérande Ville Blanche, par rte de Guérande : 22 km, ✆ 02 40 60 24 97.

Base de sous-marins★ - Forme-écluse "Louis-Joubert"★ - Terrasse panoramique★ B - Pont routier de St-Nazaire-St-Brévin★ par ①.

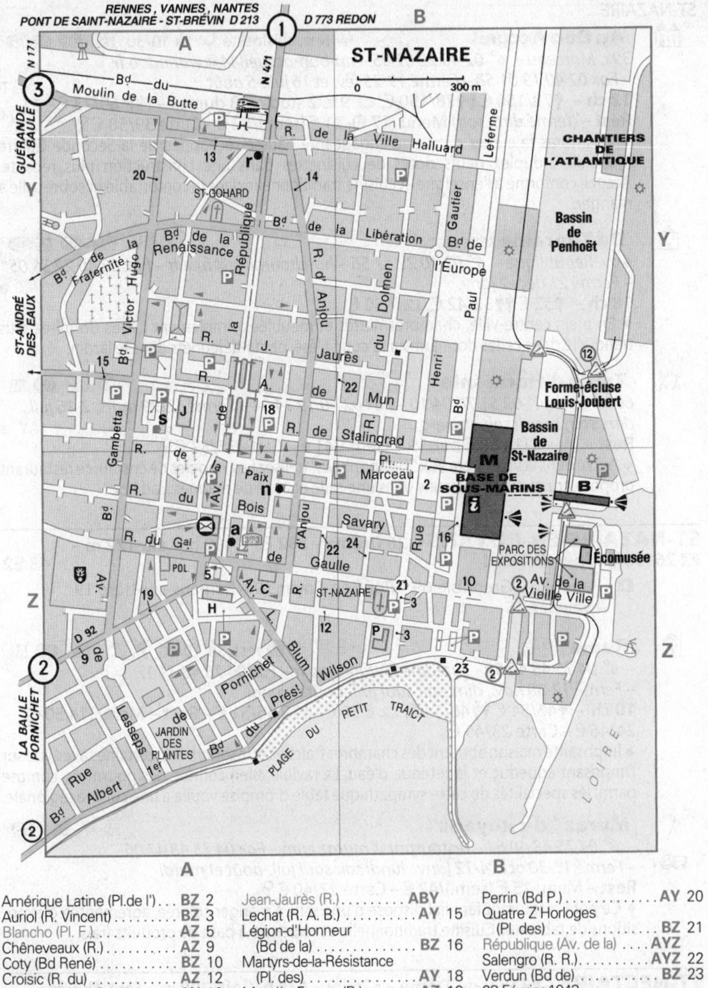

Amérique Latine (Pl.de l') . . . **BZ** 2
Auriol (R. Vincent) . . . . **BZ** 3
Blancho (Pl. F.) . . . . **AZ** 5
Chêneveaux (R.) . . . . **AZ** 9
Coty (Bd René) . . . . **BZ** 10
Croisic (R. du) . . . . **AZ** 12
Herminier (Av. Cdt-l') . . . . **AY** 13
Ile-de-France (R. de l') . . . . . . **AY** 14
Jean-Jaurès (R.) . . . . **ABY**
Lechat (R. A. B.) . . . . **AY** 15
Légion-d'Honneur (Bd de la) . . . . **BZ** 16
Martyrs-de-la-Résistance (Pl. des) . . . . **AY** 18
Mendès-France (R.) . . . . **AZ** 19
Paix (R. de la) . . . . **AYZ**
Perrin (Bd P.) . . . . **AY** 20
Quatre Z'Horloges (Pl. des) . . . . **BZ** 21
République (Av. de la) . . . . **AYZ**
Salengro (R. R.) . . . . **AYZ** 22
Verdun (Bd de) . . . . **BZ** 23
28-Février-1943 (R. du) . . . . **BZ** 24

Le Berry

ch, rest, VISA MC AE

1 pl. Pierre Semard – ✆ 02 40 22 42 61
– berry.hotel@wanadoo.fr
– Fax 02 40 22 45 34 – Fermé 22 déc.-7 janv. AY **r**

29 ch – †75/130 € ††82/140 €, ☕ 10 €
Rest – *(fermé dim. midi et sam.)* Menu 20/29 € – Carte 34/61 €
Rest *Brasserie* – *(fermé dim. midi et sam.)* Menu 14,50 € – Carte 23/43 €

◆ L'établissement, récent, est construit face à la gare. Chambres rénovées de style "cabine de bateau" ou offrant un festival de couleurs. Au restaurant, cadre feutré, vivier à homards et cuisine traditionnelle. Plats du jour servis à la brasserie.

Au Bon Accueil rest, cuisinette 10/30, VISA MC AE D
39 r. Marceau – ✆ 02 40 22 07 05 – au-bon-accueil44@wanadoo.fr – Fax 02 40 19 01 58 – Fermé 19-25 fév. et 16 juil.-5 août AZ **n**
12 ch – 78/150 € 78/150 €, 9 €, 2 studios, 3 duplex – ½ P 69/73 € – **Rest** – *(fermé dim. soir)* Menu (17 €), 21 € (sem.)/52 € – Carte 39/58 €
◆ Chambres rajeunies dans une engageante bâtisse réchappée de la Seconde Guerre mondiale ; duplex neufs dotés de cuisinettes dans une construction plus récente. Accueil conforme à l'enseigne et cuisine traditionnelle dans la confortable et sobre salle à manger.

De Touraine sans rest VISA MC AE D
4 av. République – ✆ 02 40 22 47 56 – hoteltouraine@free.fr – Fax 02 40 22 55 05 – Fermé 21 déc.-2 janv. AZ **a**
18 ch – 32 € 32/42 €, 7,50 €
◆ En plein centre-ville, chambres nettes et meublées simplement ; vous dormirez plus tranquille dans celles donnant sur la cour. L'été, petits-déjeuners dans le jardin.

Table d'Harmonie VISA MC AE
60 r. Paix – ✆ 02 51 76 04 10 – Fax 02 40 19 14 64 – Fermé 12-29 mars, 2-16 juil., dim. soir, mardi soir et merc. AY **s**
Rest – Menu (12,50 € bc), 19 € (sem.)/41 € – Carte 35/57 €
◆ Ancré dans la ville chère aux "Tintinophiles" (relisez Les 7 boules de cristal), ce restaurant propose crustacés et poissons dans une salle égayée de marines... ad hoc !

ST-NAZAIRE-EN-ROYANS – 26 Drôme – 332 E3 – 498 h. – alt. 172 m – ✉ 26190 Alpes du Nord 43 **E2**

Paris 576 – Grenoble 69 – Pont-en-Royans 9 – Romans-sur-Isère 19 – Valence 35

Rome rest, 10/20, P VISA MC AE
– ✆ 04 75 48 40 69 – soredine@wanadoo.fr – Fax 04 75 48 31 17 – Fermé 12-30 nov., dim. soir sauf juil.-août et lundi
10 ch – 46/54 € 46/54 €, 6,50 € – ½ P 46/51 € – **Rest** – Menu (14,50 €), 24/46 € – Carte 23/45 €
◆ Imposante maison abritant des chambres fraîches et insonorisées, certaines avec vue sur l'imposant aqueduc et la retenue d'eau. La raviole, bien connue des gourmets, compte parmi les spécialités de cette sympathique table drômoise vouée à une cuisine régionale.

Muraz "du Royans" VISA MC
– ✆ 04 75 48 40 84 – restaurant@muraz.com – Fax 04 75 48 47 06 – Fermé 1er-30 oct., 4-12 janv., lundi soir sauf juil.-août et mardi
Rest – Menu 15 € (sem.)/42 € – Carte 27/40 €
◆ Ce petit restaurant familial dispose d'une salle à manger colorée, agrémentée d'expositions de tableaux. Cuisine traditionnelle et régionale à base de produits frais.

ST-NECTAIRE – 63 Puy-de-Dôme – 326 E9 – 675 h. – alt. 700 m – Stat. therm. – Casino – ✉ 63710 Auvergne 5 **B2**

Paris 453 – Clermont-Ferrand 43 – Issoire 27 – Le Mont-Dore 24

Office de tourisme, les Grands Thermes ✆ 04 73 88 50 86, Fax 04 73 88 40 48

Église★★ : trésor★★ - Puy de Mazeyres ✻★ E : 3 km puis 30 mn.

Mercure ch, ch, 30, VISA MC AE D
Les Bains Romains – ✆ 04 73 88 57 00 – h1814-gm@accor.com – Fax 04 73 88 57 02
71 ch – 78/87 € 90/99 €, 11 € – ½ P 70/79 € – **Rest** – *(fermé 13 nov.-20 déc.)* Menu (16 €), 24 € – Carte 29/38 €
◆ Cet imposant édifice, vieux de 200 ans, a été joliment rajeuni. Chambres actuelles. Jardin agrémenté d'un bel arboretum. Haut plafond, colonnes, moulures, parquet à chevrons et mobilier contemporain : la salle de restaurant ne manque pas d'allure.

ST-NEXANS – 24 Dordogne – 329 E7 – rattaché à Bergerac

ST-NICOLAS-LA-CHAPELLE – 73 Savoie – 333 L3 – rattaché à Flumet

ST-OMER – 62 Pas-de-Calais – 301 G3 – 15 747 h. – alt. 23 m – ✉ 62500

Nord Pas-de-Calais Picardie 30 **B2**

- Paris 257 – Arras 77 – Boulogne-sur-Mer 52 – Calais 43 – Ieper 57 – Lille 65
- Office de tourisme, 4 rue du Lion d'Or ✆ 03 21 98 08 51, Fax 03 21 98 08 07
- Saint-Omer Golf Club à Acquin Chemin des Bois, par rte de Boulogne-sur-Mer : 15 km, ✆ 03 21 38 59 90.
- Quartier de la cathédrale★★ : cathédrale Notre-Dame★★ - Hôtel Sandelin et musée★ AZ - Anc. chapelle des Jésuites★ AZ **B** - Jardin public★ AZ - Musée Henri-Dupuis : collection de coquillages★ **M.**
- Ascenseur à bateaux des Fontinettes★ SE : 5,5 km - Coupole d'Helfaut-Wizernes★★, S : 5 km.

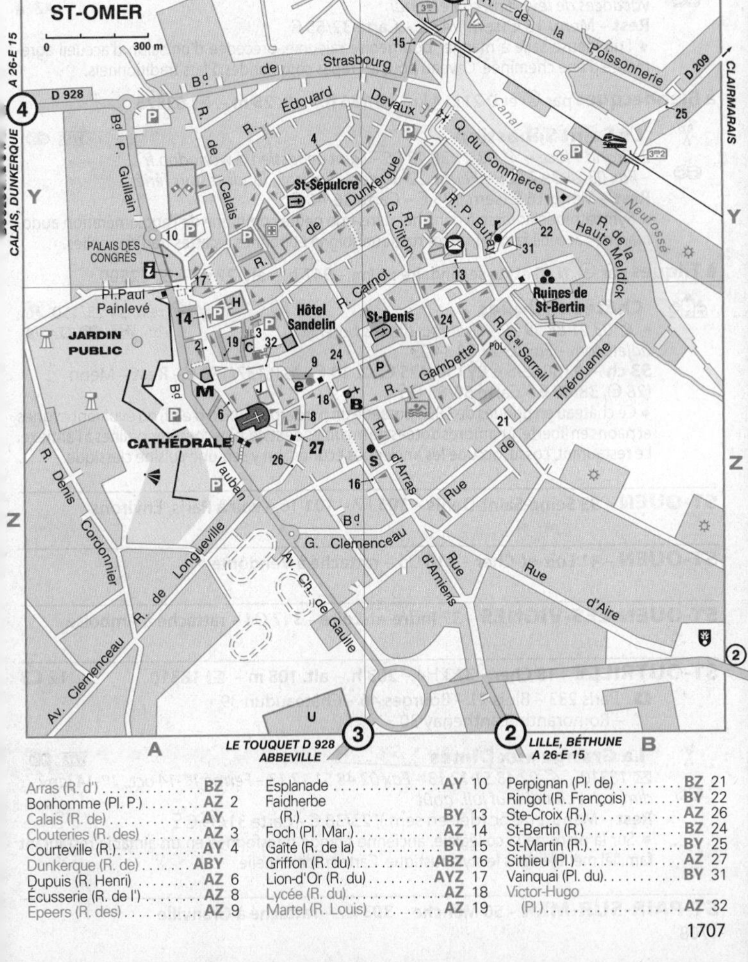

Arras (R. d') . . . BZ	Esplanade . . . AY 10	Perpignan (Pl. de) . . . BZ 21
Bonhomme (Pl. P.) . . . AZ 2	Faidherbe (R.) . . . BY 13	Ringot (R. François) . . . BY 22
Calais (R. de) . . . AY	Foch (Pl. Mar.) . . . AZ 14	Ste-Croix (R.) . . . AZ 26
Clouteries (R. des) . . . AZ 3	Gaîté (R. de la) . . . BY 15	St-Bertin (R.) . . . BZ 24
Courteville (R.) . . . AY 4	Griffon (R. du) . . . ABZ 16	St-Martin (R.) . . . BY 25
Dunkerque (R. de) . . . ABY	Lion-d'Or (R. du) . . . AYZ 17	Sithieu (Pl.) . . . AZ 27
Dupuis (R. Henri) . . . AZ 6	Lycée (R. du) . . . AZ 18	Vainquai (Pl. du) . . . BY 31
Écusserie (R. de l') . . . AZ 8	Martel (R. Louis) . . . AZ 19	Victor-Hugo (Pl.) . . . AZ 32
Epeers (R. des) . . . AZ 9		

St-Louis rest, rest, VISA AE

25 r. Arras – 03 21 38 35 21 – contact@hotel-saintlouis.com – Fax 03 21 38 57 26 – Fermé 21 déc.-5 janv. BZ **s**

30 ch – 57 € 70 €, 7,50 € – ½ P 57 € – **Rest** – *(fermé le midi du 15 juil. au 15 août, sam. midi et dim. midi)* Menu 14 € (sem.)/26 € – Carte 20/33 €

◆ Cet hôtel qui a succédé à un relais de poste officie à proximité du quartier de la cathédrale. Préférez les chambres situées dans l'annexe, récemment rénovée. Salle de restaurant agencée dans un esprit "brasserie moderne". Carte traditionnelle.

Le Bretagne 3/120, VISA AE

2 pl. Vainquai – 03 21 38 25 78 – accueil@hotellebretagne.com – Fax 03 21 93 51 22 BY **r**

75 ch – 60 € 82 €, 9 € – **Rest** – *(fermé 2-14 janv., le midi du 5 au 19 août, sam. midi, dim. soir et les soirs fériés)* Menu (12,50 €), 23/29 € bc

◆ Cette imposante bâtisse moderne agréablement située en centre-ville abrite des chambres impeccablement tenues. Banquettes en velours rouge, miroirs et appliques donnent une allure de brasserie parisienne au restaurant ; cuisine traditionnelle.

Le Cygne VISA

8 r. Caventou – 03 21 98 20 52 – Fax 03 21 95 57 12 – Fermé 13 août-2 sept., vacances de fév., dim. soir et lundi AZ **e**

Rest – Menu 18 € (sem.)/47 € – Carte 32/55 €

◆ Lumineuse salle à manger bourgeoise rajeunie, précédée d'un salon d'accueil agrémenté d'une cheminée. Caveau pour les repas commandés. Plats traditionnels.

à Blendecques par ② et D 211 : 4 km – 5 186 h. – alt. 25 m – ✉ 62575

Le Saint Sébastien VISA

2 Grand-Place – 03 21 38 13 05 – saint-sebastien@wanadoo.fr – Fax 03 21 39 77 85 – Fermé 22-30 déc., dim. soir, lundi et soirs fériés

Rest – Menu 16 € (sem.)/35 € – Carte 36/46 €

◆ Sympathique adresse à dénicher dans une petite commune de l'agglomération audomaroise : accueil familial, décor rustique soigné et bonnes recettes traditionnelles.

à Tilques par ④, N 43 et rte secondaire : 6 km – 947 h. – alt. 27 m – ✉ 62500

Château Tilques rest, 25/150, VISA AE

– 03 21 88 99 99 – chateau-tilques.hotel@najeti.com – Fax 03 21 38 34 23

53 ch – 130/295 € 130/425 €, 19 € – ½ P 137/150 € – **Rest** – Menu (28 €), 38/88 € – Carte 59/83 €

◆ Ce château en briques de 1891 possède un parc arboré (plan d'eau) où évoluent cygnes et paons en liberté. Chambres dotées de meubles de style, plus contemporaines à l'annexe. Le restaurant, cossu, occupe les anciennes écuries ; on y sert une cuisine classique.

ST-OUEN – 93 Seine-Saint-Denis – 305 F7 – 101 16 – voir à Paris, Environs

ST-OUEN – 41 Loir-et-Cher – 318 D5 – rattaché à Vendôme

ST-OUEN-LES-VIGNES – 37 Indre-et-Loire – 317 O4 – rattaché à Amboise

ST-OUTRILLE – 18 Cher – 323 H4 – 203 h. – alt. 108 m – ✉ 18310 12 C3

Paris 233 – Blois 71 – Bourges 46 – Châteaudun 39 – Romorantin-Lanthenay 30

La Grange aux Dîmes VISA

✉ 18310 – 02 48 51 12 13 – Fax 02 48 51 12 13 – Fermé 1er-14 oct., 1er-14 janv., dim. soir et lundi sauf juil.-août

Rest – Menu 11 € bc (déj. en sem.), 23/38 € – Carte 31/39 €

◆ Sur la place de la collégiale, ancienne grange transformée en un aimable restaurant familial meublé dans le style rustique. Carte traditionnelle.

ST-PAIR-SUR-MER – 50 Manche – 303 C7 – rattaché à Granville

ST-PALAIS – 64 Pyrénées-Atlantiques – 342 F5 – 1 701 h. – alt. 50 m – ✉ 64120
Pays Basque 3 B3

Paris 788 – Bayonne 52 – Biarritz 63 – Dax 60 – Pau 74 – St-Jean-Pied-de-Port 32

Office de tourisme, place Charles-de-Gaulle ✆ 05 59 65 71 78, Fax 05 59 65 69 15

La Maison d'Arthezenea
ch, ch, P

42 r. du Palais de Justice – ✆ 05 59 65 85 96 – francois.barthaburu@wanadoo.fr – Fax 05 59 65 85 96

4 ch – 60/65 € 65/70 € – **Rest** – table d'hôte Menu 25 € bc

◆ Dans un joli jardin, demeure en pierre où tout est fait pour qu'on se sente comme chez soi. Les chambres, garnies de meubles anciens, se distinguent par leur couleur et leur nom. La table d'hôte sert de belles spécialités (foie gras maison, ris d'agneau et palombe flambée en saison).

Trinquet avec ch
AC rest, VISA

– ✆ 05 59 65 73 13 – hoteltrinquet.saintpalais@wanadoo.fr – Fax 05 59 65 83 84 – Fermé mars, 17-30 sept., 27 déc.-2 janv., dim. soir et lundi

9 ch – 50/54 € 50/54 €, 7,50 € – ½ P 52/55 € – **Rest** – Menu (12 €) – Carte 21/42 €

◆ Sur la place centrale, vieille maison rajeunie et dotée d'un authentique trinquet (salle de pelote basque) de 1891. Appétissant repas du terroir dans un décor actualisé. Chambres toutes remises à neuf.

ST-PALAIS-SUR-MER – 17 Charente-Maritime – 324 D6 – 3 343 h. – alt. 5 m –
✉ 17420 Poitou Vendée Charentes 38 A3

Paris 512 – La Rochelle 82 – Royan 6

Office de tourisme, 1 avenue de la République ✆ 05 46 23 22 58, Fax 05 46 23 36 73

La Grande Côte★★ NO : 3 km - Zoo de la Palmyre★★ NO : 10 km.

Primavera
ch, P VISA AE

12 r. Brick, par av. Gde Côte – ✆ 05 46 23 20 35 – contact@hotel-primavera.com – Fax 05 46 23 28 78 – Fermé 15 nov.-15 déc. et vacances de fév.

42 ch – 72/129 € 72/250 €, 14 € – **Rest** – *(fermé mardi midi, merc. midi et lundi)* Menu 23/43 € – Carte 34/74 €

◆ Élégante "folie" 1900 dont l'architecture s'inspire du style roman et ses deux annexes superbement situées dans un paisible parc surplombant la mer. Chambres de bon confort. Restaurant bourgeois, en partie panoramique, et cuisine traditionnelle iodée.

Ma Maison de Mer
ch, P VISA

21 av. du Platin – ✆ 05 46 23 64 86 – reservations@mamaisondemer.com – Fax 05 46 23 64 86

6 ch – 65/89 € 95/185 € – **Rest** – table d'hôte *(fermé mardi, jeudi, sam. et dim.) (dîner seult) (résidents seult)* Menu 29 € bc

◆ Au cœur d'un jardin et d'une pinède, et à 300 m de la plage. Une famille anglaise tient cette demeure bourgeoise dont le beau décor marin - entre autres - dégage un charme fou. Petits-déjeuners préparés avec des produits frais du marché.

Les Agapes
AC VISA

8 r. M. Vallet – ✆ 05 46 23 10 23 – patrick.morin25@wanadoo.fr – Fax 05 46 23 09 23 – Fermé 29 oct.-6 nov., janv., dim. soir du 15 nov. à juin, lundi de Pâques à août, merc. midi et mardi du 15 nov. au 4 avril

Rest – Menu 24/46 € – Carte 47/53 €

◆ Intérieur actuel et agréable terrasse dans cette maison voisine du marché. En cuisine, le chef concocte de fines recettes traditionnelles qu'il revisite parfois à sa façon.

Le Flandre
P VISA

av. Tamaris, rte de la Palmyre – ✆ 05 46 23 36 16 – yves.minot@wanadoo.fr – Fax 05 46 23 48 95 – Fermé déc.-janv., mardi et merc. sauf juil.-août

Rest – Menu (16 €), 20/37 € – Carte 25/59 €

◆ Plafond façon coque de bateau renversée, vivier à homard et produits de la mer dans l'assiette : ce restaurant niché dans la forêt de la Palmyre affirme son ancrage maritime.

ST-PAL-DE-MONS – 43 Haute-Loire – 331 H2 – 1 748 h. – alt. 840 m – ✉ 43620

6 **D3**

Paris 517 – Clermont-Ferrand 180 – Le Puy-en-Velay 57 – Saint-Étienne 38 – Saint-Chamond 44

Les Feuillantines rest, 25, VISA

La Vialatte – ☎ 04 71 75 63 25 – contact@lesfeuillantines.com – Fax 04 71 75 63 24 – Fermé 6-26 août, 1er-6 janv., vend. soir (sauf hotel) d'oct. à mai, dim. soir et lundi midi

12 ch – 57/62 € 57/62 €, 7,50 € – ½ P 55/60 € – **Rest** – Menu (15 €), 18 € (sem.)/45 € – Carte 27/45 €

◆ Cet hôtel inauguré en 2006 vous propose des chambres majoritairement tournées vers la vallée et les massifs. Elles offrent espace et confort fonctionnel (certaines avec balcon). Les grandes baies vitrées du restaurant ménagent un joli panorama agreste.

ST-PARDOUX-LA-CROISILLE – 19 Corrèze – 329 M4 – 157 h. – alt. 410 m – ✉ 19320

25 **C3**

Paris 497 – Aurillac 79 – Brive-la-Gaillarde 49 – Mauriac 47 – St-Céré 65 – Tulle 23 – Ussel 56

Beau Site rest, 30, P VISA

– ☎ 05 55 27 79 44 – contact@hotel-lebeausite-correze.com – Fax 05 55 27 69 52 – Ouvert 1er mai-7 oct. et fermé lundi soir sauf juil.-août

28 ch – 59 € 59 €, 8 € – ½ P 54/68 € – **Rest** – *(fermé mardi midi et merc. midi)* Menu (15 €), 19 € (sem.), 27/45 € – Carte 30/46 €

◆ Face à la forêt, bâtisse régionale (1935) dotée de bons équipements de loisirs disséminés dans un parc nanti d'un étang. Chambres au décor actuel coloré ou plus modestes. Salles à manger tournées sur la nature. Goûteuse cuisine traditionnelle et du terroir.

ST-PATRICE – 37 Indre-et-Loire – 317 K5 – rattaché à Langeais

ST-PAUL – 06 Alpes-Maritimes – 341 D5 – 2 847 h. – alt. 125 m – ✉ 06570

Côte d'Azur

42 **E2**

Paris 922 – Antibes 18 – Cagnes-sur-Mer 7 – Cannes 28 – Grasse 22 – Nice 21 – Vence 4

Office de tourisme, 2 rue Grande ☎ 04 93 32 86 95, Fax 04 93 32 60 27

Site★ - Remparts★ - Fondation Maeght★★.

Le Saint-Paul rest, VISA AE

86 r. Grande, (au village) – ☎ 04 93 32 65 25 – stpaul@relaischateaux.com – Fax 04 93 32 52 94 – Fermé janv.

19 ch – 200/330 € 200/430 €, 28 € – 2 suites – **Rest** – *(fermé mardi et merc. de nov. à mars, mardi midi, merc. midi et jeudi midi en avril et oct.)* Menu 48 € (déj. en sem.), 68/92 € – Carte 92/102 €

Spéc. Paupiette d'aubergine et cabillaud à l'émietté d'araignée de mer. Lasagne de homard et pousses de salade poêlées. Courgette boule farcie et côte d'agneau rôtie au jus de thym. **Vins** Bellet, Côtes de Provence.

◆ Belles pierres, fresques champêtres, fontaine et meubles colorés : voici le décor raffiné de cette demeure du 16e s. perchée dans le village médiéval. Élégante salle à manger voûtée et terrasse verdoyante ; cuisine pleine de saveurs, rythmée par les saisons.

La Colombe d'Or ch, P VISA AE

pl. Ch. de Gaulle – ☎ 04 93 32 80 02 – contact@la-colombe-dor.com – Fax 04 93 32 77 78 – Fermé 26 oct.-21 déc. et 10-20 janv.

15 ch – 220/275 € 220/275 €, 15 € – 11 suites – ½ P 155/185 € – **Rest** – Carte 32/81 €

◆ Prisé des artistes et des célébrités, cet hôtel-musée abrite une superbe collection de peintures et sculptures modernes. Cadre "vieille Provence" et chambres personnalisées. Terrasse délicieusement ombragée et confortable restaurant décoré avec un goût sûr.

Le Mas de Pierre ch, rest,
2320 rte des Serres, 2 km au Sud – 10/100,
04 93 59 00 10 – info@lemasdepierre.com – Fax 04 93 59 00 59 – Fermé 30 nov.-5 janv.
48 ch – 220/790 € 220/790 €, 28 € – 6 suites – ½ P 195/290 € –
Rest – Menu (39 €), 44 € (déj.)/95 € – Carte 63/95 €
◆ Chambres raffinées, réparties dans cinq bastides, autour d'une superbe piscine agrémentant un beau jardin méridional. Luxe, confort et ressourcement (spa). Repas servis dans deux salles soignées ou en plein air. Choix traditionnel le soir ; rôtisserie à midi.

par rte de La Colle-sur-Loup – ✉ 06570 St-Paul

Mas d'Artigny ch, ch, 130,
rte des Hauts de St-Paul : 3 km – 04 93 32 84 54
– mas@grandesetapes.fr – Fax 04 93 32 95 36
55 ch – 159/469 € 159/469 €, 25 € – 30 suites – ½ P 248/558 € –
Rest – Menu 43 € (déj.), 70 € (dîner)/89 € (dîner) – Carte 50/68 €
◆ Dans la pinède, dominant la baie des Anges, ce complexe hôtelier voit les choses en grand : appartements avec piscine privée, superbe et immense spa, parc orné de sculptures. Salle à manger et terrasse panoramiques ; registre culinaire à dominante littorale.

La Grande Bastide sans rest
1350 rte de la Colle – 04 93 32 50 30 – stpaullgb@voila.fr – Fax 04 93 32 50 59
– Fermé 26 nov.-20 déc. et 15 janv.-15 fév.
14 ch – 130/180 € 150/295 €, 17 €
◆ Ce mas du 18e s., joliment rénové, vous réserve un accueil tout sourire. Chambres de style provençal avec balcon, vue sur la piscine ou la verdure, copieux petits-déjeuners.

Les Vergers de St Paul sans rest
940 rte de la Colle – 04 93 32 94 24 – h.vergers@wanadoo.fr
– Fax 04 93 32 91 07 – **17 ch** – 125/145 € 135/175 €, 14 €
◆ Hôtel niché dans un jardin à l'entrée du village de St-Paul. Autour de la piscine, chambres harmonieuses (murs blancs, tissus rayés, parquet) avec terrasse ou balcon.

Le Hameau sans rest cuisinette
0.5 km – 04 93 32 80 24 – lehameau@wanadoo.fr – Fax 04 93 32 55 75
– Ouvert 15 fév.-15 nov. – **15 ch** – 105/190 € 120/190 €, 14 € – 2 suites
◆ Cadre rustique, jardins en terrasses et petites chambres joliment meublées font le charme de cette ferme entourée de coquettes maisonnettes blanches. Hammam, jacuzzi.

Hostellerie des Messugues sans rest 15,
quartier Gardettes par rte Fondation Maeght : 500 m
– 04 93 32 53 32 – info@messugues.com – Fax 04 93 32 94 15
– Ouvert 2 avril-30 oct.
15 ch – 85 € 130 €, 10 €
◆ Au calme d'une pinède, villa provençale, bien rénovée, et son originale piscine. Petite curiosité dans les couloirs : les portes des chambres proviennent d'une prison du 19e s. !

au Sud 4 km par D 2 et rte secondaire - ✉ **06570 St-Paul**

Les Bastides de St-Paul sans rest
880 chemin Blaquières (D 336 - axe Cagnes-Vence) – 04 92 02 08 07
– bastides@tiscali.fr – Fax 04 93 20 50 41
20 ch – 77/130 € 85/130 €, 10 €
◆ En léger retrait d'une route passante, ce discret mas aux couleurs du Sud propose des chambres spacieuses, fonctionnelles et bien insonorisées. Piscine en forme de trèfle.

ST-PAUL-DES-LANDES – 15 Cantal – 330 B5 – 1 100 h. – alt. 554 m – ✉ 15250

5 **A3**

Paris 544 – Aurillac 13 – Figeac 59 – St-Céré 49

Voyageurs
– 04 71 46 38 43 – lesvoyageurs15@ifrance.com – Fax 04 71 46 38 08 – Fermé 22 déc.-3 janv., 23 fév.-3 mars, sam. de sept. à mai et lundi soir
Rest – Menu 10,50 € (déj. en sem.), 14/26 €
◆ Cette auberge située sur la traversée du bourg entretient une atmosphère conviviale. Préparations "cent pour cent maison" à goûter dans une salle rustique ou en terrasse, l'été.

ST-PAUL-DOUEIL – 31 Haute-Garonne – 343 B8 – rattaché à Bagnères-de-Luchon

ST-PAUL-LÈS-DAX – 40 Landes – 335 E12 – rattaché à Dax

ST-PAUL-LÈS-ROMANS – 26 Drôme – 332 D3 – rattaché à Romans-sur-Isère

ST-PAUL-TROIS-CHATEAUX – 26 Drôme – 332 B7 – 7 277 h. – alt. 90 m – ✉ 26130 Lyon et la vallée du Rhône

44 **B3**

Paris 628 – Montélimar 28 – Nyons 39 – Orange 33 – Vaison-la-Romaine 34 – Valence 73

Office de tourisme, le Courreau ✆ 04 75 96 59 60, Fax 04 75 96 90 20

Cathédrale St-Paul★ - Barry ≤★★ S : 8 km.

Villa Augusta ch, ch, VISA AE

14 r. Serre Blanc – ✆ 04 75 97 29 29 – info@villaaugusta-hotel.com – Fax 04 75 97 29 27

24 ch – 95/110 € 145/400 €, 18 €

Rest ***La Table d'Augusta*** – *✆ 04 75 97 29 28 (fermé dim. soir)* Menu (25 €), 37 € bc (déj. en sem.), 42/85 € – Carte 61/70 €

◆ Belle maison de maître du 19ᵉ s. dans un ravissant jardin arboré. La décoration mêle avec art les couleurs vives et les styles ancien et contemporain ; chambres non-fumeurs. Élégante salle de restaurant moderne, délicieuse terrasse et cuisine au goût du jour.

L'Esplan rest, 15, VISA AE

pl. l'Esplan – ✆ 04 75 96 64 64 – saintpaul@esplan-provence.com – Fax 04 75 04 92 36 – Fermé 22 déc.-13 janv.

36 ch – 66/94 € 66/111 €, 10 € – ½ P 73/85 € – **Rest** – *(fermé dim. soir du 1er oct. au 30 avril) (dîner seult)* Menu 23/49 €

◆ Hôtel particulier du 16ᵉ s. à dénicher au cœur du bourg. Intérieur contemporain produisant son effet et chambres soignées aux couleurs ensoleillées. Restaurant égayé de tons pastel. Recettes originales valorisant herbes, fleurs et plantes du potager maison.

Vieille France-Jardin des Saveurs ≤ VISA AE

1,2 km rte La Garde Adhémar – ✆ 04 75 96 70 47 – vieillefrance.jardindessaveurs@wanadoo.fr – Fax 04 75 96 70 47 – Fermé 23 avril-2 mai, 12 nov.-12 déc., merc. midi, lundi et mardi sauf juil.-août

Rest – *(nombre de couverts limité, prévenir)* Menu 25 € (déj. en sem.)/47 €

◆ Mas provençal dans la campagne. Chaleureux décor contemporain, plaisante terrasse ombragée, goûteuse cuisine méridionale et belle carte de côtes-du-rhône. Menu truffe en saison.

La Chapelle VISA

imp. L. de Bimard – ✆ 04 75 96 60 88 – Fax 04 75 96 60 88 – Fermé 10-28 juin, 1er-7 janv., dim. soir et mardi soir d'oct. à juin, mardi midi en juil.-août et lundi

Rest – *(nombre de couverts limité, prévenir)* Menu 25 € (déj. en sem.), 33/46 € – Carte 41/55 €

◆ Agréable terrasse fleurie dressée parmi les ruines de l'ancienne chapelle de l'évêché. Petite salle à manger voûtée et chaleureuse. Cuisine soignée au goût du jour.

ST-PÉ-DE-BIGORRE – 65 Hautes-Pyrénées – 342 L4 – 1 257 h. – alt. 330 m – ✉ 65270 Midi-Pyrénées

28 **A3**

Paris 859 – Pau 33 – Tarbes 32 – Toulouse 184

Office de tourisme, place des Arcades ✆ 05 62 41 88 10

Le Grand Cèdre ch,

6 r. du Barry – ✆ 05 62 41 82 04 – chp@legrandcedre.fr

4 ch – 70 € 70 € – **Rest** – table d'hôte *(dîner seult) (résidents seult)* Menu 25 € bc

◆ Cette maison du 17ᵉ s., veillée par un cèdre tricentenaire, renferme des chambres personnalisées par de beaux meubles anciens. Parc et tonnelle de rosiers. Petits plats faits maison à déguster dans une salle à manger rustique (sur réservation).

ST-PÉE-SUR-NIVELLE – 64 Pyrénées-Atlantiques – 342 C4 – 4 331 h. – alt. 30 m – ✉ 64310 3 A3

Paris 785 – Bayonne 22 – Biarritz 17 – Cambo-les-Bains 17 – Pau 129 – St-Jean-de-Luz 14

Office de tourisme, chemin Karrika ☎ 05 59 54 11 69

à Ibarron rte de St-Jean-de-Luz : 1,5 km – ✉ 64310 St-Pée-sur-Nivelle

Le Fronton

– ☎ 05 59 54 10 12 – jean-batiste.Daguerre@wanadoo.fr – Fax 05 59 54 18 09 – Fermé 17 fév. au 22 mars, dim. soir sauf juil.-août, mardi d'oct. à avril et lundi

Rest – Menu 24 € (sem.)/45 € – Carte 43/73 €

◆ La salle à manger de cette maison basque traditionnelle est aménagée à la façon d'un jardin d'hiver. Vous y goûterez une copieuse cuisine classique et des plats régionaux.

ST-PÉRAY – 07 Ardèche – 331 L4 – 6 502 h. – alt. 124 m – ✉ 07130 43 E2

Paris 562 – Lamastre 35 – Privas 39 – Tournon-sur-Rhône 15 – Valence 4

Office de tourisme, 45 rue la République ☎ 04 75 40 46 75, Fax 04 75 40 55 72

Ruines du château de Crussol : site★★★ et ≤★★ SE : 2 km.

Saint-Romain-de-Lerps ✻★★★ NO : 9,5 km par D 287, Vallée du Rhône.

à Soyons Sud : 7 km par N 86 – 1 721 h. – alt. 106 m – ✉ 07130

Domaine de Soyons

ch, rest, 30,

N 86, 670 rte de Nîmes – ☎ 04 75 60 83 55 – info@ledomainedesoyons.fr – Fax 04 75 60 85 21 – Fermé 2-8 janv.

12 ch – †89/144 € ††104/179 €, ☐ 16 € – ½ P 90/132 € – **Rest** – Menu (20 €), 25 € (déj.), 33/39 € – Carte 56/75 €

◆ Une chaleureuse atmosphère règne dans cette belle demeure du 19e s. entourée d'un parc verdoyant (cèdre tricentenaire). Chambres garnies d'un mobilier de style Empire. Goûteuses recettes actuelles servies dans une agréable salle à manger prolongée d'une véranda.

La Châtaigneraie

– Fermé 2-8 janv.

16 ch – †89/104 € ††122/149 €, ☐ 18 €

◆ Cette ancienne ferme, dépendance de la Musardière, abrite de grandes chambres au décor provençal avec lits à baldaquin, et d'autres plus menues, dotées d'une petite véranda.

ST-PÈRE – 89 Yonne – 319 F7 – rattaché à Vézelay

ST-PÉREUSE – 58 Nièvre – 319 F9 – 286 h. – alt. 355 m – ✉ 58110 7 B2

Paris 289 – Autun 54 – Château-Chinon 15 – Clamecy 57 – Nevers 53

Auberge de la Madonette

– ☎ 03 86 84 45 37 – bosco7@wanadoo.fr – Fax 03 86 84 46 69 – Fermé mardi soir et merc. sauf juil.-août

Rest – Menu (10,50 €), 26/45 € – Carte 27/44 €

◆ L'entrée de cette sympathique auberge est décorée de costumes et objets locaux. La salle à manger, joliment rustique, donne sur un beau jardin fleuri. Cuisine du terroir.

ST-PHILBERT-DE-GRAND-LIEU – 44 Loire-Atlantique – 316 G5 – 6 253 h. – alt. 10 m – ✉ 44310 Poitou Vendée Charentes 34 B2

Paris 405 – Nantes 27 – Niort 150 – Rennes 138 – La Roche-sur-Yon 50 – Tours 218

Office de tourisme, place de l'Abbatiale le Prieuré ☎ 02 40 78 73 88, Fax 02 40 78 83 42

La Bosselle ch, 20, VISA

– 02 40 78 73 47 – Fax 02 40 78 01 85

14 ch – †52 € ††57 €, 7,50 € – ½ P 62 € – **Rest** – Menu 11,50 € (déj. en sem.), 22/36 € – Carte 25/38 €

♦ Établissement familial proche de l'abbatiale. Les chambres, récentes, sont simples mais bien agencées. Au restaurant, grillades préparées dans la cheminée, produits du terroir et spécialités de poissons du lac pêchés à la bosselle (nasse).

ST-PIERRE-DE-CHARTREUSE – 38 Isère – 333 H5 – 770 h. – alt. 885 m – Sports d'hiver : 900/1 800 m 1 13 – ✉ 38380 Alpes du Nord 46 F2

Paris 571 – Belley 62 – Chambéry 39 – Grenoble 28 – La Tour-du-Pin 52 – Voiron 25

Office de tourisme, place de la Mairie 04 76 88 62 08, Fax 04 76 88 68 78

Terrasse de la Mairie ≤★ - Prairie de Valombré ≤★ 0 : 4 km - Site★ de Perquelin E : 3 km - La Correrie : musée Cartusien★ du couvent de la Grande Chartreuse NO : 3,5 km - Décoration★ de l'église de St-Hugues-de-Chartreuse S : 4 km.

Beau Site ≤ rest, 25, VISA

– 04 76 88 61 34 – hotel.beausite@libertysurf.fr – Fax 04 76 88 64 69 – *Fermé 2 avril-2 mai et 15 oct.-26 déc.*

26 ch – †58/65 € ††61/75 €, 9,50 € – ½ P 61/72 € –
Rest – *(fermé 8 janv.-11 fév., mardi midi, dim. soir et lundi)* Menu 16/34 € – Carte 21/44 €

♦ Cette grande maison centenaire recèle une collection d'œuvres du peintre régional Arcabas. Chambres sobres et confortables, toutes rénovées, et piscine avec vue sur la vallée. Spacieuse salle à manger (non-fumeurs), terrasse panoramique et plats traditionnels.

ST PIERRE DE JARDS – 36 Indre – 323 H4 – 137 h. – alt. 148 m – ✉ 36260 12 C3

Paris 232 – Bourges 35 – Issoudun 22 – Romorantin-Lanthenay 40 – Vierzon 21

Les Saisons Gourmandes VISA

pl. Tilleuls – 02 54 49 37 67 – Fax 02 54 49 37 67 – Fermé 22 oct.-8 nov., 7-31 janv., lundi soir, mardi soir et merc. sauf juil.-août

Rest – Menu 20/38 € – Carte 28/43 €

♦ Maison berrichonne du début du 20e s. reconvertie en restaurant. On y sert, en terrasse ou sous les poutres d'origine peintes en "bleu berrichon", des plats classiques.

ST-PIERRE-DE-MANNEVILLE – 76 Seine-Maritime – 304 F5 – 774 h. – alt. 6 m – ✉ 76113 Normandie Vallée de la Seine 33 C2

Paris 150 – Évreux 72 – Rouen 18 – Sotteville-lès-Rouen 20

Manoir de Villers sans rest ≤

30 rte de Sahurs – 02 35 32 07 02 – contact@manoirdevillers.com – Fax 02 35 32 07 02 – Fermé 15 déc.-15 janv.

3 ch – †130/160 € ††140/160 €, 9 €

♦ Ce fabuleux manoir des 16e et 19e s. ressemble à un musée. Décor d'époque dans les pièces communes ouvertes à la visite. Chambres parquetées garnies de beaux meubles anciens.

ST-PIERRE-D'ENTREMONT – 73 Savoie – 333 I5 – 372 h. – alt. 640 m – ✉ 73670 Alpes du Nord 46 F2

Paris 564 – Belley 63 – Chambéry 26 – Les Echelles 12 – Grenoble 38 – Lyon 104

Office de tourisme, Maison Intercommunale 04 79 65 81 90, Fax 04 79 65 88 78

Cirque de St-Même★★ SE : 4,5 km - Gorges du Guiers Vif★★ et Pas du Frou★★ O : 5 km - Château du Gouvernement★ : ≤★ SO : 3 km.

Château de Montbel
– ✆ 04 79 65 81 65 – hotel-chateau-montbel@club-internet.com – Fax 04 79 65 89 49 – Fermé 14-27 avril, 27 oct.-15 déc., dim. soir et lundi hors saison
12 ch – 🛉36/38 € 🛉🛉44/48 €, ☕ 7 € – ½ P 46/50 € – **Rest** – *(fermé lundi midi en saison)* Menu 17 € (sem.)/32 € 🍷
◆ Hôtel à l'atmosphère chaleureuse dans un petit village de montagne situé aux confins du Dauphiné et de la Savoie. Chambres simples et bien entretenues. Meubles rustiques, cadre lambrissé et cheminée font le cachet du restaurant. Cuisine traditionnelle.

ST-PIERRE-DES-CHAMPS – 11 Aude – 344 G4 – 127 h. – alt. 146 m –
✉ 11220 22 **B3**

Paris 808 – Perpignan 84 – Carcassonne 41 – Narbonne 41

La Fargo
– ✆ 04 68 43 12 78 – lafargo@club-internet.fr – Fax 04 68 43 29 20 – Ouvert fin mars-oct.
6 ch – 🛉65/85 € 🛉🛉65/85 €, ☕ 7 € – **Rest** – *(fermé mardi midi et lundi) (dîner seult sauf juil.-août et week-end)* Carte 30/47 € 🍷
◆ Cette ancienne forge isolée dans les Corbières assure un séjour reposant et oxygénant (lieu non-fumeurs). Chambres joliment meublées et épurées, avec des touches indonésiennes. Plaisante terrasse ombragée et salle à manger d'inspiration rustique.

ST-PIERRE-D'OLÉRON – 17 Charente-Maritime – 324 C4 – voir à Île d'Oléron

ST-PIERRE-DU-PERRAY – 91 Essonne – 312 D4 – 101 38 – voir à Paris, Environs (Sénart)

ST-PIERRE-LA-NOAILLE – 42 Loire – 327 D2 – rattaché à Charlieu

ST-PIERRE-LE-MOÛTIER – 58 Nièvre – 319 B11 – 2 029 h. – alt. 214 m –
✉ 58240 Bourgogne 7 **A3**

Paris 264 – Bourges 71 – Château-Chinon 85 – Montluçon 81 – Moulins 32 – Nevers 26

Office de tourisme, 11 place de l'Église ✆ 03 86 37 21 25, Fax 03 86 90 80 69

La Vigne avec ch
rte Decize – ✆ 03 86 37 41 66 – hotel-restaurant-la-vigne@wanadoo.fr – Fax 03 86 37 28 90 – Fermé 20-30 nov., 1er-21 janv., dim. soir et lundi
12 ch – 🛉49 € 🛉🛉55 €, ☕ 6,50 € – ½ P 51 € – **Rest** – *(prévenir le week-end)* Menu (14 €), 17 € (sem.)/38 € – Carte 26/33 € 🍷
◆ Jolie maison nivernaise et son parc agrémenté d'une pièce d'eau. Plats régionaux servis dans un décor campagnard ou sur la terrasse, à l'ombre des tilleuls. Bungalows.

ST-PIERRE-LÈS-AUBAGNE – 13 Bouches-du-Rhône – 340 I6 – rattaché à Aubagne

ST-PIERREMONT – 88 Vosges – 314 H2 – 162 h. – alt. 251 m –
✉ 88700 27 **C2**

Paris 366 – Lunéville 24 – Nancy 56 – St-Dié 43

Le Relais Vosgien
– ✆ 03 29 65 02 46 – relais.vosgien@wanadoo.fr – Fax 03 29 65 02 83
20 ch – 🛉58 € 🛉🛉71 €, ☕ 11 € – 4 suites – ½ P 70 € – **Rest** – *(fermé vend. soir hors saison et dim. soir)* Menu 18,50 € (déj. en sem.), 26/70 € – Carte 42/63 € 🍷
◆ À la campagne, près d'un étang, ancienne ferme rénovée où règne une ambiance familiale. La maison fait aussi station-service et bar-tabac. Chambres plus récentes côté jardin. Plats traditionnels servis dans une salle à manger rustique ou en terrasse.

ST-PIERRE-QUIBERON – 56 Morbihan – 308 M9 – rattaché à Quiberon

ST-PIERRE-SUR-DIVES – 14 Calvados – 303 L5 – 3 977 h. – alt. 30 m – ✉ 14170 Normandie Cotentin 33 C2

Paris 194 – Caen 35 – Hérouville-Saint-Clair 34 – Lisieux 27

Syndicat d'initiative, rue Saint-Benoist ✆ 02 31 20 97 90, Fax 02 31 20 36 02

Auberge de la Dives avec ch — ch, P VISA MC

27 bd Collas – ✆ 02 31 20 50 50 – auberge-de-la-dives@wanadoo.fr – Fax 02 31 20 50 50 – Fermé 15-30 nov., 27 janv.-13 fév., lundi soir et mardi

5 ch – †35 € ††39 €, ☕ 6 € – ½ P 54 € – **Rest** – Menu (14 €), 19/36 € – Carte 29/46 €

◆ Cette coquette auberge vaut le détour : plaisante salle à manger champêtre, petite terrasse au bord de la rivière et cuisine traditionnelle soignée. Chambres propres et gaies.

ST-POL-DE-LÉON – 29 Finistère – 308 H2 – 7 121 h. – alt. 60 m – ✉ 29250 Bretagne 9 B1

Paris 557 – Brest 62 – Brignogan-Plages 31 – Morlaix 21 – Roscoff 6

Office de tourisme, place de l'Evêché ✆ 02 98 69 05 69, Fax 02 98 69 01 20

de Carantec à Carantec Rue de Kergrist, S : 10 km par D 58, ✆ 02 98 67 09 14.

Clocher★★ de la chapelle du Kreisker★ : ❋★★ de la tour - Ancienne cathédrale★ - Rocher Ste-Anne : ≤★ dans la descente.

France sans rest — 20, P VISA MC AE

29 r. Minimes – ✆ 02 98 29 14 14 – hotel.de.france.finistere@wanadoo.fr – Fax 02 98 29 10 57 – **22 ch** – †35/50 € ††44/55 €, ☕ 6,50 €

◆ Dans une rue assez tranquille, élégante demeure régionale datant des années 1930. Chambres fonctionnelles et bien tenues ; optez pour celles donnant sur le jardin.

Auberge La Pomme d'Api — VISA MC

49 r. Verderel – ✆ 02 98 69 04 36 – yannick.lebeaudour@free.fr – Fax 02 98 29 06 53 – Fermé dim. soir et lundi sauf juil.-août

Rest – Menu (17 € bc), 23 € bc (déj. en sem.), 35/65 € bc – Carte 57/74 €

◆ Poutres, pierres et cheminée monumentale font le cachet rustique de cette maison bretonne du 16e s. Cuisine "terre-mer" mêlant produits du terroir, épices et saveurs exotiques.

ST-PONS – 04 Alpes-de-Haute-Provence – 334 H6 – rattaché à Barcelonnette

ST-PONS-DE-THOMIÈRES – 34 Hérault – 339 B8 – 2 287 h. – alt. 301 m – ✉ 34220 Languedoc Roussillon 22 B2

Paris 750 – Béziers 54 – Carcassonne 64 – Castres 54 – Lodève 73 – Narbonne 53

Office de tourisme, place du Foirail ✆ 04 67 97 06 65, Fax 04 67 97 95 09

Grotte de la Devèze★ SO : 5 km.

Les Bergeries de Pondérach — P VISA MC AE

1 km par rte de Narbonne – ✆ 04 67 97 02 57 – bergeriesponderach@wanadoo.fr – Fax 04 67 97 29 75 – Ouvert 25 mars-5 nov.

7 ch – †75/89 € ††75/105 €, ☕ 12 € – ½ P 85/92 € – **Rest** – *(fermé le midi sauf dim. et fériés)* Menu 30 € (dîner), 33 € (déj.)/40 €

◆ Bergerie du 17e s. - ex-dépendance d'une maison de maître - dont les chambres s'ouvrent sur la campagne. Sympathique restaurant rustique. Terrasse dans la cour intérieure.

ST-PORCHAIRE – 17 Charente-Maritime – 324 E5 – 1 335 h. – alt. 16 m – ✉ 17250 38 B2

Paris 474 – La Rochelle 56 – Niort 77 – Rochefort 27 – Royan 36 – Saintes 16

Le Bruant avec ch — rest, ch, P VISA MC

76 r. Nationale – ✆ 05 46 94 65 36 – lebruantotel@aol.com – Fax 05 46 94 71 00 – Fermé 25 fév.-9 mars et 5-25 nov., dim. soir et lundi

4 ch – †40 € ††55 €, ☕ 8 € – **Rest** – Menu 19/37 € – Carte 20/38 €

◆ Cette maison charentaise incarne peut-être l'auberge du 21e s. : décor campagnard chic très "tendance" et soigné dans les moindres détails, belle terrasse fleurie. Les chambres (tons clairs, sculptures d'animaux, fleurs) sont des nids modernes.

ST-PORQUIER – 82 Tarn-et-Garonne – 337 D7 – 1 023 h. – alt. 95 m – ✉ 82700 28 B2

Paris 651 – Colomiers 60 – Montauban 18 – Toulouse 55

Les Hortensias sans rest
– ✆ 05 63 68 73 62 – Fax 05 63 68 73 62
3 ch – 60 € 60 €
◆ Les chambres de cette maison en briques roses s'égayent de jolies couleurs. Vous apprécierez aussi l'ancien chai où est servi le petit-déjeuner et l'agréable jardin fleuri.

ST-PÔTAN – 22 Côtes-d'Armor – 309 I3 – 735 h. – alt. 55 m – ✉ 22550 10 C1

Paris 429 – Rennes 79 – Saint-Brieuc 46 – Saint-Malo 35

Auberge du Manoir VISA
31 r. du 19 mars 1962 – ✆ 02 96 83 72 58 – Fermé 13-26 nov., 18 fév.-2 mars, dim. soir sauf juil.-août, mardi soir et merc.
Rest – Menu (13 € bc), 26/48 € – Carte 38/53 €
◆ Agréable étape gourmande en cette accueillante maison située sur la traversée du village : attrayants plats du jour le midi côté bar et carte traditionnelle plus élaborée à découvrir dans la salle à manger néo-rustique.

ST-POURÇAIN-SUR-SIOULE – 03 Allier – 326 G5 – 5 266 h. – alt. 234 m – ✉ 03500 Auvergne 5 B1

Paris 325 – Montluçon 66 – Moulins 33 – Riom 61 – Roanne 79 – Vichy 28
Office de tourisme, 29 rue Marcellin Berthelot ✆ 04 70 45 32 73, Fax 04 70 45 60 27
de Briailles 15 rue de Metz, E : 3 km, ✆ 04 70 45 49 49.
Église Ste-Croix★ - Musée de la Vigne et du Vin★.

Le Chêne Vert 40, VISA AE
bd Ledru-Rollin – ✆ 04 70 47 77 00 – hotel.chenevert@wanadoo.fr – Fax 04 70 47 77 39 – Fermé 7-21 janv. et dim. hors saison
29 ch – 45/52 € 53/61 €, 8 € – **Rest** – *(fermé 7-29 janv., dim. soir hors saison et lundi sauf le soir en saison)* Menu 19 € (sem.)/42 € – Carte 26/41 €
◆ Deux types de chambres : contemporaines ou plus anciennes - style années 1970 - en attente d'une prochaine rénovation. Une petite galerie expose des produits régionaux. Pimpante salle à manger et agréable terrasse. Cuisine classique et vins du pays.

ST-PRIEST-BRAMEFANT – 63 Puy-de-Dôme – 326 H6 – 647 h. – alt. 290 m – ✉ 63310 6 C2

Paris 365 – Clermont-Ferrand 49 – Riom 34 – Thiers 26 – Vichy 13

Château de Maulmont ch, rest, cuisinette 40, VISA AE
Sud : 1,5 km sur D 59 – ✆ 04 70 59 03 45 – info@chateau-maulmont.com – Fax 04 70 59 11 88 – Fermé 6 janv.-9 fév.
19 ch – 80/180 € 80/180 €, 16 € – 3 suites – ½ P 74/144 € –
Rest – *(fermé mardi midi, dim. soir et lundi)* Menu 42/95 € – Carte 68/78 €
Spéc. Foie gras de canard au chutney de fraises (mai à sept.). Filet de rumsteak du Bourbonnais (mai à sept.). Le tout chocolat. **Vins** Saint-Pourçain blanc et rouge.
◆ Ce joli château fut remanié au 19e s. par Madame Adélaïde, sœur de Louis-Philippe. Meubles d'époque, boiseries sculptées, jardin à la française, etc. : tout y est ! Joli décor lambrissé de chêne en salle, belle terrasse et savoureuse cuisine au goût du jour.

ST-PRIEST-EN-JAREZ – 42 Loire – 327 F7 – rattaché à St-Étienne

Le rouge est la couleur de la distinction : nos valeurs sûres !

ST-PRIEST-TAURION – 87 Haute-Vienne – 325 F5 – 2 613 h. – alt. 255 m –
✉ 87480 Limousin Berry 24 **B2**

Paris 387 – Bellac 47 – Bourganeuf 33 – Limoges 15 – La Souterraine 53

- ≤★ du parc de Montméry N : 9 km par D 44.

Relais du Taurion avec ch VISA

– ☎ *05 55 39 70 14 – Fax 05 55 39 67 63 – Fermé 15 déc.-15 janv., dim. soir et lundi soir*

8 ch – 50 € 55 €, 9 € – ½ P 52 € – **Rest** – *(fermé lundi)* Menu 20 € (sem.), 27/35 € – Carte 36/49 €

◆ Cette demeure bourgeoise entourée d'un grand jardin vous convie à un repas traditionnel dans une pimpante salle égayée de fleurs fraîches et de tableaux ou en terrasse. Petites chambres rustiques. Établissement non-fumeurs.

ST-PRIVAT-DES-VIEUX – 30 Gard – 339 J4 – rattaché à Alès

ST-PRIX – 71 Saône-et-Loire – 320 E8 – 225 h. – alt. 464 m – ✉ 71990 7 **B2**

Paris 308 – Dijon 107 – Le Creusot 41 – Montceau-les-Mines 54

Chez Franck et Francine VISA

Le Bourg – ☎ 03 85 82 45 12 – chez-franck-et-francine@wanadoo.fr – Fermé 1er-30 janv., dim. soir et lundi

Rest – *(nombre de couverts limité, prévenir)* Menu 34/55 €

◆ Restaurant de village à l'ambiance familiale. Salle à manger au décor sans prétention, agencée autour d'une cheminée. Cuisine au goût du jour personnalisée.

ST-PUY – 32 Gers – 336 E6 – 603 h. – alt. 171 m – ✉ 32310 28 **A2**

Paris 731 – Agen 52 – Auch 32 – Toulouse 107

La Lumiane ch, VISA

Grande rue – ☎ 05 62 28 95 95 – info@lalumiane.com – Fax 05 62 28 59 67

5 ch – 45/57 € 50/62 € – ½ P 45/51 € – **Rest** – table d'hôte *(dîner seult) (résidents seult)* Menu 20 € bc

◆ Cette maison de notable du 17e s., voisine de l'église du 12e s., abrite de belles chambres "rustiques chic", un salon de lecture empreint de sérénité et un agréable jardin fleuri. La cuisine servie à la table d'hôte fait la part belle aux produits du terroir.

ST-QUAY-PORTRIEUX – 22 Côtes-d'Armor – 309 F3 – 3 114 h. – alt. 25 m – Casino – ✉ 22410 Bretagne 10 **C1**

Paris 470 – Étables-sur-Mer 3 – Guingamp 29 – Lannion 54 – Paimpol 26 – St-Brieuc 22

Office de tourisme, 17 bis rue Jeanne d'Arc ☎ 02 96 70 40 64, Fax 02 96 70 39 99

des Ajoncs d'Or, O : 7 km, ☎ 02 96 71 90 74.

Ker Moor sans rest ≤ côte et mer, 20, VISA AE

13 r. Prés. Le Sénécal – ☎ 02 96 70 52 22 – contact@ker-moor.com – Fax 02 96 70 50 49 – Ouvert 1er mars-15 nov. et 15-31 déc.

27 ch – 102/159 € 102/159 €, 12 €

◆ Cette villa centenaire d'inspiration mauresque est perchée au sommet d'une petite falaise. Les chambres disposent de balcons et d'une jolie vue sur le large.

Gerbot d'Avoine rest, VISA AE

bd Littoral – ☎ 02 96 70 40 09 – gerbotdavoine@wanadoo.fr – Fax 02 96 70 34 06 – Fermé 15 nov.-15 déc., 5 janv.-5 fév. et lundi de fév. à Pâques

20 ch – 46/50 € 50/58 €, 7 € – ½ P 58 € – **Rest** – *(fermé mardi midi, merc. midi et lundi hors saison)* Menu 20 € (sem.)/40 € – Carte 32/57 €

◆ Dans la station balnéaire, maison bretonne aux chambres donnant en partie sur la Manche. Deux salles à manger dont une profitant d'une échappée sur la mer... Là où, précisément, la cuisine du chef puise son inspiration.

XX **Le Saint-Quay** avec ch
72 bd. Foch – ✆ 02 96 70 40 99 – Fax 02 96 70 34 04 – Fermé 13-28 nov., 15-31 janv. et mardi
7 ch – 45/55 € 51/58 €, ☕ 7 € – **Rest** – Menu 21/65 € – Carte 38/72 €
◆ Petit restaurant familial au sobre cadre néo-rustique où l'on goûte une cuisine traditionnelle présentée sur tableau noir. Chambres simples et rénovées.

ST-QUENTIN – 02 Aisne – 306 B3 – 59 066 h. – Agglo. 103 781 h. – alt. 74 m – ✉ 02100 Nord Pas-de-Calais Picardie 37 C2

Paris 165 – Amiens 81 – Charleroi 161 – Lille 113 – Reims 99

Office de tourisme, 27 rue Victor Basch ✆ 03 23 67 05 00, Fax 03 23 67 78 71

de Saint-Quentin-Mesnil à Mesnil-Saint-Laurent Rue de Chêne de Cambrie, SE : 10 km par D 12, ✆ 03 23 68 19 48.

Basilique★ - Hôtel de ville★ - Collection de portraits de Maurice Quentin de La Tour★★ au musée Antoine-Lécuyer.

Plan page suivante

Le Grand Hôtel sans rest 45, VISA AE
6 r. Dachery – ✆ 03 23 62 69 77 – grand-hotel2@wanadoo.fr – Fax 03 23 62 53 52 BZ **n**
24 ch – 72 € 90 €, ☕ 9 €
◆ Cette grande bâtisse construite au pied de la colline propose des chambres spacieuses et fonctionnelles desservies par un ascenseur panoramique.

Des Canonniers sans rest cuisinette 20, VISA AE
15 r. Canonniers – ✆ 03 23 62 87 87 – info@hotel-canonniers.com – Fax 03 23 62 87 86 – Fermé 1er-15 août et dim. AZ **m**
7 ch – 50/85 € 60/115 €, ☕ 12 €
◆ Cette demeure bourgeoise de 1754 est située dans une rue bordée d'anciens hôtels particuliers. Grandes chambres personnalisées. Belle série de salons habillés de boiseries.

Ibis ch, ch, 12, VISA AE
14 pl. Basilique – ✆ 03 23 67 40 40 – H1641@accor.com – Fax 03 23 67 84 90 ABZ **r**
76 ch – 51/65 € 51/65 €, ☕ 7 € – **Rest** – Menu 15/19 €
◆ Cet hôtel bénéficie d'un emplacement idéal au cœur même de la ville, à deux pas de tous les sites touristiques. Préférez les chambres rénovées. Plaisant restaurant décoré de BD encadrées. Carte traditionnelle se conformant aux standards de la chaîne.

Mémorial sans rest VISA AE
8 r. Comédie – ✆ 03 23 67 90 09 – contact@hotel-memorial.com – Fax 03 23 62 34 96 AZ **b**
18 ch – 50/78 € 63/83 €, ☕ 8 €
◆ Bien située, construction régionale ancienne tournée sur une grande cour intérieure. Demandez de préférence les chambres qui ont été rajeunies. Salon au confort bourgeois.

XX **Villa d'Isle** VISA AE
111-113 r. d'Isle – ✆ 03 23 67 08 09 – contact@villadisle.fr – Fax 03 23 67 06 07 – Fermé 1er-15 août, sam. midi, dim. soir et lundi BZ **h**
Rest – Menu 29 € bc/50 € bc – Carte 32/46 €
◆ Cette belle bâtisse ancienne rénovée panache habilement traces du passé (grand escalier, verrière, hauts plafonds, parquets) et touches actuelles. Cuisine traditionnelle.

XX **Auberge de l'Ermitage** 85, VISA
331 rte Paris, par ⑤ : 3 km – ✆ 03 23 62 42 80 – auberge.ermitage@wanadoo.fr – Fax 03 23 64 29 28 – Fermé 2-23 août, 17-24 fév., sam. midi, dim. soir et merc.
Rest – Menu 28/52 € – Carte environ 61 €
◆ Il vous faudra quitter Saint-Quentin pour découvrir cette auberge où l'on sert des petits plats traditionnels dans un décor rustique soigné coiffé d'un plafond à la française.

ST-QUENTIN

Aumale (R. d') . . . . **AZ** 2
Basch (R. Victor) . . . . **AYZ** 3
Basilique (Pl. de la) . . . . . . **ABY** 4
Campions (Pl. des) . . . . **AZ** 5
Croix-Belle-Porte (R.) . . . . . . **AY** 6
Dufour-Denelle (Pl.) . . . . **AZ** 7
États-Généraux (R. des) . . . . **AY** 8
Foy (R. du Gén.) . . . . **AZ** 10
Gaulle (Av. du Gén.-de) . . . . **BZ** 13
Gouvernement (R. du) . . . . . **BY** 15
Héros-du-2-Septembre-1945 (Pl. des) . . . . **BZ** 16
Herriot (R. Édouard) . . . . **BZ** 17
Hôtel-de-Ville (Pl. de l') . . . . . **AZ** 18
Isle (R. d') . . . . **BZ**
Leclerc (R. Gén.) . . . . **BZ** 21
Lyon (R. de) . . . . **BZ** 24
Mulhouse (Pl.) . . . . **BY** 25
Ovres (R. E.) . . . . **BY** 26
Paringault (R.) . . . . **ABY** 27
Pompidou (R. G.) . . . . **AY** 28
Prés.-J.-F.-Kennedy (R. du) . . **AY** 29
Raspail (R.) . . . . **AY**
Rémicourt (Av. de) . . . . **BY** 31
St-André (R.) . . . . **AY** 32
Sellerie (R. de la) . . . . **BZ** 33
Le Sérurier (R.) . . . . **AY** 23
Sous-Préfecture (R. de la) . . **BZ** 34
Thomas (R. A.) . . . . **AY** 36
Toiles (R. des) . . . . **BZ** 37
Verdun (Bd) . . . . **AZ** 38
Zola (R. Émile) . . . . **AZ**
8-Octobre (Pl. du) . . . . **BZ** 41

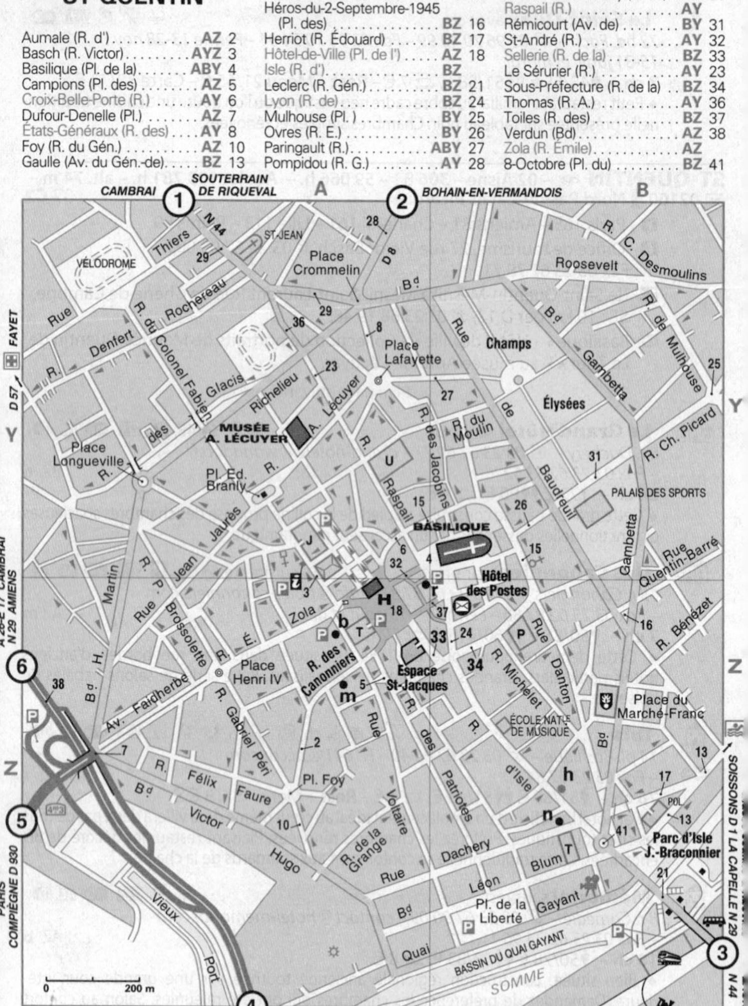

à Neuville-St-Amand par ③ et D 12 : 3 km – 908 h. – alt. 82 m – ✉ 02100

Château – ✆ 03 23 68 41 82 – chateaudeneuville.st.amand@wanadoo.fr – Fax 03 23 68 46 02 – Fermé 30 juil.-21 août, 22 déc.-8 janv., sam. midi, dim. soir et lundi

15 ch – 🚹64 € 🚹🚹75 €, ☕ 10 € – **Rest** – Menu 27 € (sem.)/64 € – Carte 32/64 €

◆ Un parc bien entretenu entoure cette maison de maître restaurée, lui procurant une appréciable quiétude. Chambres rénovées ; préférez celles en rez-de-jardin. Le restaurant meublé en style Louis XIII domine, comme la terrasse d'été, l'agréable domaine arboré.

à Holnon par ⑥ et N 29 : 6 km – 1 334 h. – alt. 102 m – ✉ 02760

Le Pot d'Étain ♿ ch, rest, 30, P VISA MC AE

N 29 – ✆ 03 23 09 34 35 – info@lepotdetain.fr – Fax 03 23 09 34 39
30 ch – 56 € 62/86 €, 9,50 € – ½ P 68 € – **Rest** – Menu 23 € bc (sem.)/43 € – Carte 37/53 €

♦ À l'entrée du bourg, pavillon aux allures d'hacienda complété d'un motel abritant des chambres fonctionnelles et bien insonorisées. Vaste salle à manger d'esprit rustique complétée d'une terrasse en été. Carte et menus traditionnels.

ST-QUENTIN-EN-YVELINES – **78 Yvelines** – **311** H3 – **106** 29 – **101** 21 – **voir à Paris, Environs**

ST-QUENTIN-LA-POTERIE – **30 Gard** – **339** L4 – **rattaché à Uzès**

ST-QUENTIN-SUR-LE-HOMME – **50 Manche** – **303** E8 – **rattaché à Avranches**

ST-QUIRIN – **57 Moselle** – **307** N7 – **873 h.** – **alt. 305 m** – ✉ **57560**
Alsace Lorraine 27 **D2**

Paris 433 – Baccarat 40 – Lunéville 56 – Phalsbourg 34 – Sarrebourg 19 – Strasbourg 91

Syndicat d'initiative, Mairie de Saint-Quirin ✆ 03 87 08 60 34, Fax 03 87 08 66 44

XX **Hostellerie du Prieuré** avec ch ♿ ch, ch, 30, P VISA MC

163 r. Gén. de Gaulle – ✆ 03 87 08 66 52 – tbllorraine@aol.com – Fax 03 87 08 66 49 – Fermé vacances de la Toussaint et de fév.
8 ch – 43 € 45 €, 6,50 € – ½ P 60 € – **Rest** – *(fermé sam. midi, mardi soir et merc.)* Menu (17 €), 23/68 € – Carte 29/62 €

♦ Face à la mairie, deux maisons de village entièrement réhabilitées. Jolis meubles d'ébénisterie dans les chambres. Salle à manger colorée et appétissants plats de tradition.

ST-RAPHAËL – **83 Var** – **340** P5 – **30 671 h.** – **Casino** Z – ✉ **83700**
Côte d'Azur 41 **C3**

Paris 870 – Aix-en-Provence 121 – Cannes 42 – Fréjus 4 – Toulon 93

Office de tourisme, rue Waldeck Rousseau ✆ 04 94 19 52 52, Fax 04 94 83 85 40

Esterel Latitudes 745 Boulevard Darby, E : 5 km, ✆ 04 94 52 68 30 ;

de Cap Estérel BP 940 - Cap Estérel, E : 3 km, ✆ 04 94 82 55 00.

Collection d'amphores★ dans le musée archéologique **M.**

Accès et sorties : voir plan de Fréjus.
Plan page suivante

Continental sans rest ♿ AC 20, VISA MC AE

100 prom. René Coty – ✆ 04 94 83 87 87 – info@hotels-continental.com – Fax 04 94 19 20 24 – Ouvert 1er mars-5 nov. et 15 déc.-5 janv. Z **e**
44 ch – 72/110 € 99/220 €, 13 €

♦ Face à la plage, au cœur de l'animation, hôtel occupant le 1er étage d'une vaste bâtisse néoclassique blanche. Chambres claires et confortables à choisir de préférence côté mer.

La Marina ♿ AC 15/80, VISA MC AE

port Santa-Lucia par ① – ✆ 04 94 95 31 31 – hotel@bestwestern-lamarina.com – Fax 04 94 82 21 46
100 ch – 93/195 € 93/195 €, 11 € – **Rest** – Menu 23/31 € – Carte 28/42 €

♦ Hôtel excentré, aménagé autour d'une piscine et procurant une vue sur le port de plaisance. Chambres pratiques de tailles variables, à dominante de bleu ou rouge, souvent pourvues d'un balcon. Restaurant doté d'une terrasse au bord du quai. Choix traditionnel.

ST-RAPHAËL

Aicard (R. J.) . . . . Z 2
Albert-1er (Quai) . . . . Z 3
Allongue (R. Marius) . . . . Y 5
Barbier (R. J.) . . . . Z 6
Basso (R. Léon) . . . . Y 7
Baux (R. Amiral) . . . . Y 9
Carnot (Pl.) . . . . Y 10
Coty (Promenade René) . . . . . Z 13
Doumer (Av. Paul) . . . . Z 14
Gambetta (R.) . . . . Y 15
Gounod (R. Ch.) . . . . Z 17
Guilbaud (Cours Cdt) . . . . Y 18
Karr (R. A.) . . . . Y 21
Libération (Bd de la) . . . . Z 22
Liberté (R. de la) . . . . Y 23
Martin (Bd Félix) . . . . YZ 24
Péri (Pl. Gabriel) . . . . Y 26
Remparts (R. des) . . . . Y 28
Rousseau (R. W.) . . . . Y 30
Vadon (R. H.) . . . . Z 31

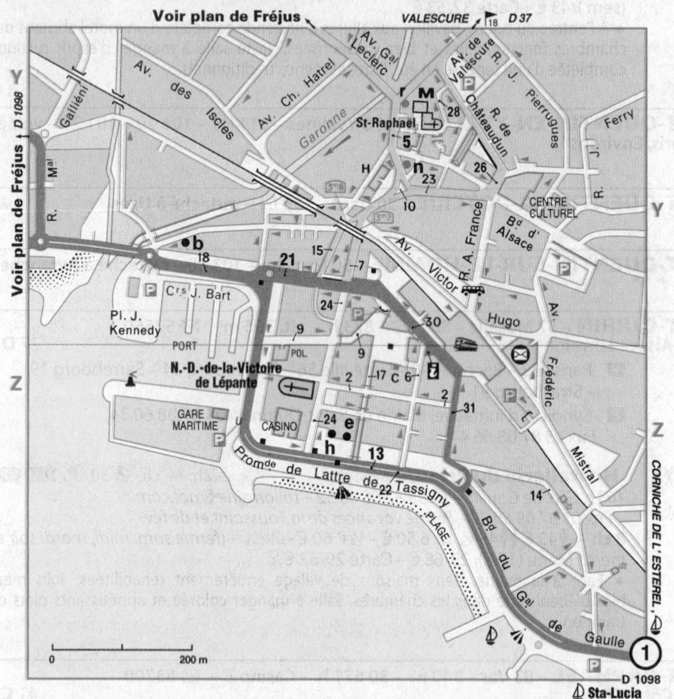

Excelsior
25, VISA

193 bd F. Martin (prom. R.Coty) – 04 94 95 02 42 – info@excelsior-hotel.com – Fax 04 94 95 33 82 Z h

36 ch – 130/180 € 130/180 €, 11 € – **Rest** – Menu (21 €), 27 € (déj. en sem.), 30/39 € – Carte 36/57 €

◆ Sur le front de mer, à deux pas du grand casino, bel ensemble hôtelier du début du 20e s. dont les chambres, tournées vers la piscine ou le port, ont retrouvé l'éclat du neuf. Cuisine régionale servie dans deux salles au cadre actuel ou en terrasse, face à la Méditerranée.

Santa Lucia sans rest
VISA

418 Corniche D'Or, par ① – 04 94 95 23 00 – contact@hotelsantalucia.fr – Fax 04 94 19 49 79 – Fermé 20 déc.-1er fév.

12 ch – 63/133 € 78/148 €

◆ Hôtel familial au décor de paquebot où chaque chambre recréé l'atmosphère d'un pays différent (Maroc, Italie, Japon...). Préférez celles sur l'arrière avec vue sur la mer.

Provençal sans rest
VISA

195 r. Garonne – 04 98 11 80 00 – reception@hotel-provencal.com – Fax 04 98 11 80 13 Y b

24 ch – 52/75 € 52/75 €, 7 €

◆ En retrait du port et de son animation, établissement entièrement rénové abritant des chambres actuelles et fonctionnelles, dotées d'une bonne isolation phonique.

XXX **L'Arbousier**
6 av. Valescure – ✆ 04 94 95 25 00 – Fax 04 94 83 81 04 – Fermé 20 déc.-6 janv., mardi sauf soir en saison et lundi Y r
Rest – Menu 29 € (déj. en sem.), 38/60 € – Carte 65/74 €
◆ Maison de la vieille ville où l'on goûte une cuisine méridionale dans une salle douillette aux tons ensoleillés ou sur la jolie terrasse de la cour ombragée, meublée en fer forgé.

X **Le Sémillon**
12 r. Republique – ✆ 04 94 40 56 77 – contact@le-semillon.com – Fax 04 94 40 56 77 – Fermé 5-18 mars, 5-11 nov., 7-20 janv., dim. soir, mardi sauf le soir en saison et lundi Y n
Rest – Menu 27/50 € bc – Carte 30/52 €
◆ Minuscule mais sympathique adresse aménagée à la façon d'un bistrot ; on y mange au coude à coude. Plats et suggestions du marché écrits sur ardoise. Terrasse-trottoir.

à Valescure 5 km au Nord-Est – ✉ 83700

Golf de Valescure ch, ch, rest,
av. Paul L'Hermite, (au golf) – 15/25,
✆ 04 94 52 85 00 – info@valescure.com – Fax 04 94 82 41 88
40 ch – †105/145 € ††138/188 €, ☕ 12 € – ½ P 108/133 €
Rest *Les Pins Parasols* – *(fermé 10 nov.-21 déc. et 5 janv.-15 fév.) (dîner seult)* Menu 35/41 € – Carte 45/61 €
Rest *Club House* – club-house *(déjeuner seult)* Menu (20 € bc), 25 € bc – Carte 16/35 €
◆ Construction récente dotée de confortables chambres rénovées, avec terrasses ouvrant sur la pinède ou le golf. Cuisine à l'accent provençal aux Pins Parasols. Le Club House occupe le Pavillon de la Norvège de l'Exposition universelle de 1900.

XX **Le Jardin de Sébastien**
rte du golf – ✆ 04 94 44 66 56 – Fax 04 94 44 66 56 – Fermé 18-22 juin, 2-16 nov., 11-17 fév., jeudi soir et dim. soir hors saison, jeudi midi en saison et lundi
Rest – Menu 26/54 € – Carte 48/54 €
◆ Près du golf, maison particulière récente, calme et agréable. Terrasse aménagée dans un joli petit jardin avec fontaine. Cuisine au goût du jour, d'inspiration régionale.

X **Le Sud**
16 bd Darby, rte du golf – ✆ 04 94 44 67 86 – Fax 04 94 44 68 73 – Fermé 1er-10 juin, 20 déc.-2 janv., mardi, merc. sauf juil.-août, sam. midi, dim. midi et lundi midi
Rest – Menu 16 € (déj. en sem.), 30/40 €
◆ Dans un centre commercial de plein air, restaurant ensoleillé, orné de peintures et de photos anciennes. Terrasse entourée d'un jardin. Alléchante carte provençale actualisée.

au Dramont 6 km par ① – ✉ 83530 Agay

Sol e Mar ← Île d'Or et cap du Dramont, ch, rest,
rte Corniche d'Or – ✆ 04 94 95 25 60 – resa-agay@monalisahotels.com – Fax 04 94 83 83 61 – Ouvert 25 mars-5 nov.
45 ch – †70/150 € ††70/150 €, ☕ 10 € – 5 suites – ½ P 73/113 € –
Rest – *(fermé le midi de mi-juin à mi-sept. sauf dim.)* Menu (27 €), 33/38 € – Carte 34/46 €
◆ Un vrai hôtel balnéaire : chambres tournées pour la plupart vers les îles d'Or, plage-solarium et bassin d'eau de mer à débordement creusé dans la roche du rivage. Restaurant panoramique coiffé d'un toit ouvrant et complété par une belle terrasse surplombant la "grande bleue".

ST-RÉMY – 71 Saône-et-Loire – **320** J9 – **rattaché à Chalon-sur-Saône**

ST-RÉMY-DE-CHARGNAT – 63 Puy-de-Dôme – **326** G9 – **rattaché à Issoire**

ST-RÉMY-DE-PROVENCE – 13 Bouches-du-Rhône – **340** D3 – **9 806 h.** – **alt. 59 m** – ✉ **13210** Provence 42 **E1**

- Paris 702 – Arles 25 – Avignon 20 – Marseille 89 – Nîmes 45
- Office de tourisme, place Jean Jaurès ✆ 04 90 92 05 22, Fax 04 90 92 38 52
- de Servanes à Mouriès Domaine de Servanes, SE : 17 km, ✆ 04 90 47 59 95.
- Le plateau des Antiques★★ : Mausolée★★, Arc municipal★, Glanum★ 1 km par ③ - Cloître★ de l'ancien monastère de St-Paul-de-Mausole par ③ - Hôtel de Sade : dépôt lapidaire★ **L** - Donation Mario Prassinos★ **S.**
- ✻★★ de la Caume 7 km par ③.

ST-RÉMY-DE-PROVENCE

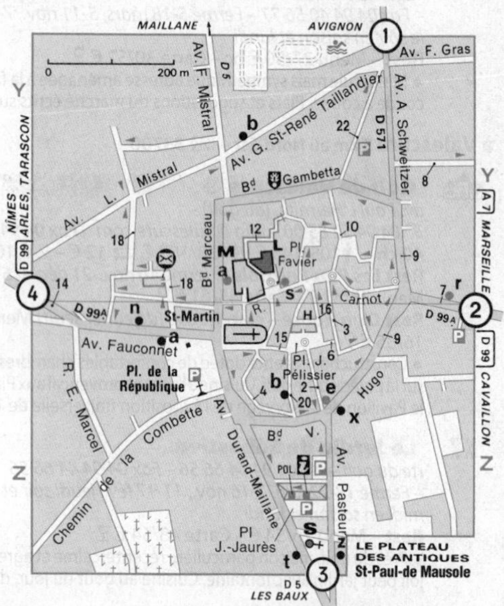

Hostellerie du Vallon de Valrugues

chemin Canto Cigalo, par ② : 1 km – ✆ 04 90 92 04 40 – resa@vallondevalrugues.com – Fax 04 90 92 44 01 – Fermé 4-24 fév. 30, P VISA MC AE

38 ch – 190/280 € 190/280 €, 23 € – 15 suites – ½ P 185/420 €

Rest *Pierre Reboul* – voir ci-après

◆ Dans un quartier résidentiel, grande villa azuréenne entourée d'un beau jardin arboré. Somptueux décor, chambres aux couleurs provençales et équipements de loisirs complets.

Le Château des Alpilles

ch, ch, rest,

Ouest : 2 km par D 31 – ✆ 04 90 92 03 33 – chateau.alpilles@wanadoo.fr – Fax 04 90 92 45 17 – Ouvert 16 mars-4 nov., 3 déc.-4 janv. et fermé mardi du 3 au 24 déc. et merc. sauf été 20, P VISA MC AE

15 ch – 175/192 € 195/329 €, 18 € – 5 suites – **Rest** – *(fermé merc. hors saison)* Menu 24 € (déj. en sem.)/40 € – Carte 35/59 €

◆ Stucs, moulures, miroirs d'époque, meubles anciens et design signent le décor mi-ancien mi-moderne de cette demeure du 19e s., sise dans un parc arboré. La maison attenante loge deux jolies suites. Cuisine régionale servie dans une salle à manger cossue.

Les Ateliers de l'Image

ch, ch, 12/85,

36 bd V. Hugo – ✆ 04 90 92 51 50 – info@hotelphoto.com – Fax 04 90 92 43 52 – Fermé de mi-déc. à fin fév. P VISA MC AE Z **x**

28 ch – 155 € 165 €, 19 €, 4 duplex – **Rest** – *(mardi et merc.)* Menu (28 € bc), 42 € (dîner) – Carte 37/54 €

◆ La photographie est reine dans cet "hôtel-atelier" : expositions, galerie, labo photo... Belles chambres contemporaines et originale suite-cabane aménagée dans un arbre. À table, vous aurez le choix entre le sushi bar et une carte fleurant bon la Provence.

Gounod sans rest
18 pl.de la République – ☎ 04 90 92 06 14 – contact@hotel-gounod.com – Fax 04 90 92 56 54 – Fermé 24 déc.-1er janv. et 25 fév.-25 mars Z **a**
25 ch – 90/125 € 125/215 € – 4 suites
◆ Charles Gounod séjourna dans ces murs en 1863 pour composer son opéra Mireille. Atmosphère feutrée, joli décor d'inspiration baroque, agréable jardin et élégant salon de thé.

Le Mas des Carassins ch, rest,
1 chemin Gaulois, par ③ : 1 km – ☎ 04 90 92 15 48 – info@masdescarassins.com – Fax 04 90 92 63 47 – Fermé 2-16 déc., 7 janv.-8 mars
12 ch – 89/111 € 99/122 € – 2 suites – **Rest** – *(fermé vend.) (dîner seult) (résidents seult)* Menu 28 €
◆ Au milieu des champs de lavande et d'oliviers, petit mas du 19e s. aménagé avec goût. Jolies chambres provençales, jardin fleuri, piscine et accueil très attentionné.

Castelet des Alpilles sans rest
6 pl. Mireille – ☎ 04 90 92 07 21 – hotel.castel.alpilles@wanadoo.fr – Fax 04 90 92 52 03 – Ouvert 1er avril-5 nov. Z **t**
19 ch – 64/68 € 75/94 €, 9 €
◆ Maison bourgeoise du début du 20e s. et son aile récente. Chambres progressivement actualisées ; certaines regardent les Alpilles. Petit-déjeuner servi l'été dans le jardin.

Sous les Figuiers sans rest
3 av. Taillandier – ☎ 04 32 60 15 40 – hotel.souslesfiguiers@wanadoo.fr – Fax 04 32 60 15 39 – Fermé 6 janv.-17 mars Y **b**
13 ch – 55/75 € 68/125 €, 11 €
◆ La plupart des chambres, décorées avec goût et simplicité (objets et meubles chinés), disposent d'une terrasse privative ombragée d'un figuier centenaire. Atelier de peinture.

L'Amandière sans rest
av. Plaisance du Touch par ① puis rte Noves : 1 km – ☎ 04 90 92 41 00 – Fax 04 90 92 48 38
26 ch – 56/66 € 56/66 €, 7,50 €
◆ Au calme, bâtisse régionale et son agréable jardin. Chambres rustiques avec balcon ou terrasse. À deux pas : parcours santé et balade le long du canal des Alpilles.

Van Gogh sans rest
1 av. J. Moulin par ② – ☎ 04 90 92 14 02 – vangoghhot@aol.com – Fax 04 90 92 09 05 – Ouvert 15 mars-30 oct.
21 ch – 48/75 € 48/75 €, 7,50 €
◆ Les chambres de cette villa bâtie tout en longueur sont décorées dans la note provençale et donnent toutes sur le petit jardin-terrasse. Celles du 1er étage sont mansardées.

Du Soleil sans rest
35 av. Pasteur – ☎ 04 90 92 00 63 – info@hotelsoleil.com – Fax 04 90 92 61 07 – Ouvert de mi-mars à mi-nov. Z **z**
21 ch – 55/72 € 55/83 €, 7 €
◆ Ancienne usine où l'on transformait les chardons "cardères" en brosses à carder la laine, ordonnée autour d'une vaste cour fermée (terrasse, jardin, piscine). Chambres paisibles.

Cheval Blanc sans rest
6 av. Fauconnet – ☎ 04 90 92 09 28 – ramon.joelle@wanadoo.fr – Fax 04 90 92 69 05 – Ouvert 2 mars-30 oct. Z **n**
22 ch – 45 € 52 €, 6 €
◆ Chambres colorées rajeunies, véranda ou terrasse pour le petit-déjeuner et prix doux font l'attrait de cette maison familiale à la fois calme et proche du vieux St-Rémy.

La Maison du Village sans rest
10 r. du 8 mai 1945 – ☎ 04 32 60 68 20 – contact@lamaisonduvillage.com – Fax 04 32 60 68 21 – Fermé 15-30 déc. Z **b**
5 ch – 150 € 150/190 €, 12 €
◆ Cette maison du 18e s. est un petit joyau. Les chambres et les salles de bains, décorées par la propriétaire, sont toutes superbes et la cour-terrasse est vraiment délicieuse.

Mas de Figues ch,

Vieux chemin d'Arles, 3 km par chemin de la Combette – ☎ 04 32 60 00 98 – info@masdesfigues.com – Fax 04 32 60 00 95

6 ch – 🚹90/130 € 🚹🚹100/220 €, ☕ 17 € – **Rest** – table d'hôte *(dîner seult) (prévenir)* Menu 25/35 € 🍷

◆ Entourée de lavandes et d'oliviers, vieille bastide provençale à l'intérieur soigné de style traditionnel. Les personnages d'Alphonse Daudet ont donné leur nom aux chambres plaisamment dotées de lits à baldaquin.

Pierre Reboul – Hostellerie du Vallon de Valrugues

chemin Canto Cigalo, par ② : 1 km – ☎ 04 90 90 63 40 – restaurant-pierre-reboul@orange.fr – Fax 04 90 92 44 01 – Fermé fév., lundi de sept. à juin et dim. soir

Rest – Menu 45 € (dèj. en sem.), 55/110 € – Carte 76/93 € 🍷

Spéc. Huîtres et bulle d'iode pétillante. Foie gras poêlé aux pommes et fruits de la passion. Truffes (déc. à mars).

◆ Pierre Reboul réalise une délicieuse cuisine créative. À découvrir dans une salle à manger élégante et feutrée, ouverte sur une ravissante terrasse fleurie et ombragée.

La Maison Jaune (Perraud)

15 r. Carnot – ☎ 04 90 92 56 14 – lamaisonjaune@wanadoo.fr – Fax 04 90 92 56 32 – Fermé 8 janv.-8 mars, dim. soir en hiver, mardi midi de juin à sept. et lundi Y **s**

Rest – *(nombre de couverts limité, prévenir)* Menu 35/64 € – Carte 56/82 € 🍷

Spéc. Grecque de légumes à l'huile d'olive au safran (avril-mai). Filets d'anchois frais marinés aux cocos et cébettes (juin à sept.). Tranches de cèpes, lard paysan et persil plat (oct.-nov.). **Vins** Vin de pays des Bouches du Rhône, Coteaux d'Aix-en-Provence-les-Baux.

◆ Le joyau de cette belle demeure du 16e s. ? La grande terrasse ombragée de l'étage, meublée en teck et dominant la vieille ville. Goûteuse cuisine provençale actuelle.

Alain Assaud

13 bd Marceau – ☎ 04 90 92 37 11 – Ouvert 15 mars-15 nov. et fermé jeudi midi, sam. midi et merc. Y **a**

Rest – Menu 26/42 € – Carte 41/64 € 🍷

◆ Plaisante salle de restaurant rustique - avec pierres et poutres apparentes - où l'on sert une cuisine soignée à l'accent du Sud. Il n'est pas rare qu'on s'y bouscule !

Le Bistrot Découverte

19 bd Victor Hugo – ☎ 04 90 92 34 49 – Fax 04 90 92 34 49 – Fermé 25-31 août, janv., fév., dim. soir sauf juil.-août et lundi Z **e**

Rest – Menu (14 €), 28 € – Carte 24/42 € 🍷

◆ Ambiance et décor résolument bistrot pour ce restaurant où vous pourrez déguster une cuisine de tradition provençale. Le patron, ex-sommelier, a composé une attrayante carte des vins.

L'Aile ou la Cuisse

5 r. Commune – ☎ 04 32 62 00 25 – laileoulacuisse@orange.fr – Fermé 10 janv.-10 fév. et le midi en sem. du 10 sept. au 30 nov.

Rest – Menu (17 €), 35 € (dîner) – Carte 39/56 € 🍷

◆ Bel intérieur feutré, simple et chic, ravissant patio-terrasse et savoureuse cuisine bistrotière : ce restaurant logé dans le réfectoire d'un ancien couvent cumule les atouts.

aux Paluds-des-Noves 9 km par ② et D 30 – ✉ 13550 Noves

Mas de Jauffret sans rest cuisinette

2 km par rte de St-Andiol et D 30A – ☎ 04 32 61 09 76 – masdejauffret@aol.com – Fax 04 32 61 09 76

5 ch ☕ – 🚹75/110 € 🚹🚹75/110 €

◆ Idéal pour se ressourcer : ce mas du 18e s. entouré de vergers respire le calme et la sérénité. Jolies chambres personnalisées, salon-bibliothèque "cosy", terrasse dressée sous un platane centenaire, piscine à l'ancienne...

au Domaine de Bournissac 11 km par ②, D 30 et D 29 – ✉ 13550
Paluds-des-Noves

La Maison (Peyre) – ch, 30, VISA MC AE
– ✆ 04 90 90 25 25 – *bournissac@wanadoo.fr* – *Fax 04 90 90 25 26*
– *Fermé 3 janv.-12 fév.*
13 ch – 110/230 € 130/260 €, 15 € – ½ P 165/285 € – **Rest** – *(fermé lundi et mardi d'oct. à avril)* Menu 43/110 €
Spéc. Escargots "petits gris" en déclinaison (printemps-automne). Pavé de loup rôti sur peau à la réduction de banyuls. Pigeon fermier rôti sur coffre.
◆ Sur une colline, parmi les vignes et les oliviers, beau mas dominant Luberon, Alpilles et Ventoux. Chambres raffinées. Boutique de produits locaux. Élégante salle à manger, ravissant patio-terrasse installé sous un figuier et délicieuse cuisine régionale.

à Verquières 11 km par ②, D 30 et D 29 – 801 h. – alt. 48 m – ✉ 13670

Le Croque Chou VISA MC AE
pl. Église – ✆ 04 90 95 18 55 – *folzfamily@le-croque-chou.fr* – *Fax 04 32 61 15 05*
– *Fermé 4-10 oct., 2-9 janv., 19 fév.-5 mars, lundi et mardi*
Rest – *(prévenir)* Menu (26 € bc), 45/122 € bc – Carte 50/68 €
◆ Sur la place du village, bergerie du 18e s. tapissée de lierre. Plaisante salle à manger non-fumeurs logée sous des poutres apparentes et terrasse verdoyante. Cuisine actuelle.

par ④ 4,5 km et rte des Baux D 27 – ✉ 13210 St-Rémy-de-Provence

Domaine de Valmouriane P VISA MC AE
– ✆ 04 90 92 44 62 – *info@valmouriane.com*
– *Fax 04 90 92 37 32* – *Fermé 4 nov.-7 déc. et 15-26 janv.*
12 ch – 125/305 € 125/335 €, 16 € – ½ P 140/190 € – **Rest** – Menu 30 € bc (déj. en sem.), 32/75 € – Carte 45/67 €
◆ Entre pins, vignes et oliviers, bergerie du 18e s. dont les chambres, spacieuses et personnalisées, ont vue sur les Alpilles. Bar à l'anglaise avec piano et cheminée. "Espace bien-être". Salle de restaurant voûtée et terrasse ombragée très tranquille.

à Maillane 7 km au Nord-Ouest par D 5 – 1 880 h. – alt. 14 m – ✉ 13910

L'Oustalet Maïanen VISA MC AE
– ✆ 04 90 95 74 60 – *christian-garino@wanadoo.fr* – *Fax 04 90 95 76 17* – *Fermé 26 juin-3 juil., déc., janv., mardi midi en juil.-août, sam. midi d'avril à sept., dim. soir sauf juil.-août, mardi et merc. d'oct. à mars et lundi*
Rest – Menu (18 €), 25/49 € – Carte 36/58 €
◆ Adresse sympathique que ce restaurant situé face à la maison du poète Mistral. Chaleureux et sobre décor rustique, terrasse sous la treille et goûteuse cuisine régionale.

ST-RIQUIER – 80 Somme – **301** E7 – rattaché à Abbeville

ST-ROMAIN-LE-PUY – 42 Loire – **327** D6 – rattaché à Montbrison

---

ST-ROME-DE-TARN – 12 Aveyron – **338** J6 – 715 h. – alt. 360 m 29 **D2**

Paris 660 – Millau 21 – Rodez 68 – Toulouse 170
Syndicat d'initiative, avenue Denis Affre ✆ 05 65 62 50 89

Les Raspes ch, VISA MC
– ✆ 05 65 58 11 44 – *lesraspes@wanadoo.fr* – *Fax 05 65 58 11 45* – *Fermé 25 oct.-5 nov.*
15 ch – 45/55 € 60/75 €, 8,50 € – ½ P 65/75 € – **Rest** – *(fermé vacances de la Toussaint, de fév., dim. soir et lundi sauf le midi en saison)* Menu 18 € bc (déj.), 30/50 € – Carte 31/55 €
◆ Cette maison traditionnelle en pierre, située dans le village perché, était à l'origine un couvent. Les cellules sont aujourd'hui des chambres douillettes, sobres et soignées. Jolie salle à manger et terrasse où l'on goûte une cuisine locale aux accents du Sud.

SAINTS – 77 Seine-et-Marne – 312 H3 – 1 173 h. – alt. 119 m – ✉ 77120 19 C2

Paris 63 – Aulnay-sous-Bois 64 – Créteil 57 – Montreuil 57

La Bastide de l'Aubetin sans rest

3 r. du Chardon – ☎ 01 64 03 27 86 – evelyne.pyla@free.fr – Fax 01 64 03 27 86 – Fermé déc. et janv.

3 ch – 100 € 100 €

◆ Cette belle demeure briarde donne sur un charmant jardin arboré et fleuri, un potager et un verger. Ses chambres, aux couleurs harmonieuses, associent meubles anciens et récents.

ST-SATUR – 18 Cher – 323 N2 – rattaché à Sancerre

ST-SATURNIN – 72 Sarthe – 310 J6 – rattaché à Le Mans

ST-SATURNIN-DE-LUCIAN – 34 Hérault – 339 F6 – rattaché à Clermont-l'Hérault

ST-SATURNIN-LÈS-APT – 84 Vaucluse – 332 F10 – 2 341 h. – alt. 420 m – ✉ 84490 Provence 42 E1

Paris 728 – Apt 9 – Avignon 55 – Carpentras 44 – Manosque 50

Domaine des Andéols avec ch cuisinette

D2 – ☎ 04 90 75 50 63 – info@domaine-des-andeols.fr – Fax 04 90 75 43 22 – Fermé 3 janv.-9 mars

9 suites – 210/950 €, 25 € – **Rest** – *(fermé lundi midi, mardi midi, merc. midi, jeudi midi du 16 juin au 15 sept. et mardi du 16 sept. au 15 juin)* Menu 39/58 €

◆ Un lieu magique au cœur du Luberon : table inventive au cadre "ultradesign" avec cuisines à vue, appartements-maisons soigneusement personnalisés et piscine intérieure se complétant d'un hammam.

ST-SAUD-LACOUSSIÈRE – 24 Dordogne – 329 F2 – 868 h. – alt. 370 m – ✉ 24470 4 C1

Paris 443 – Brive-la-Gaillarde 105 – Châlus 23 – Limoges 57 – Nontron 16 – Périgueux 62

Hostellerie St-Jacques

– ☎ 05 53 56 97 21 – hostellerie.st.jacques@wanadoo.fr – Fax 05 53 56 91 33 – Ouvert 1er mars-25 nov. et fermé lundi midi, mardi midi, merc. midi du 16 juin-14 sept., dim. soir, lundi et mardi du 15 sept.-15 juin

12 ch – 75/200 € 75/200 €, 11 € – 2 suites – ½ P 84/140 € – **Rest** – Menu 25 € bc (déj. en sem.), 32/64 € – Carte 57/74 €

◆ Ancienne halte des pèlerins de Compostelle, cette maison tapissée de verdure n'est en rien austère : chambres personnalisées par un décor précieux, piscine et jardin fleuri. Salle à manger prolongée d'une terrasse ombragée. Repas traditionnel et belle carte des vins.

ST-SAUVES-D'AUVERGNE – 63 Puy-de-Dôme – 326 D9 – rattaché à La Bourboule

ST-SAUVEUR-D'AUNIS – 17 Charente-Maritime – 324 E2 – 1 069 h. – alt. 19 m – ✉ 17540 38 B2

Paris 451 – La Rochelle 25 – Niort 43 – Poitiers 117

Le Logis de l'Aunis sans rest

8 r. de Ligoure – ☎ 05 46 09 02 14 – jocelyne.ecarot@wanadoo.fr

3 ch – 71/85 € 71/85 €

◆ La maîtresse des lieux a du goût. Les chambres sont toutes décorées avec originalité, de même que la véranda aux tonalités de l'île de Ré. Jardin fleuri, potager et piscine.

ST-SAUVEUR-DE-MONTAGUT – 07 Ardèche – 331 J5 – 1 248 h. – alt. 218 m – ✉ 07190 44 B3

Paris 597 – Le Cheylard 24 – Lamastre 29 – Privas 24 – Valence 38

Syndicat d'initiative, quartier de la Tour ☎ 04 75 65 43 13

Le Montagut avec ch VISA MC

pl. Église – ✆ 04 75 65 40 31 – lemontagut@aol.com – Fermé 18 sept.-5 oct. et lundi sauf juil.-août – **4 ch** – †35 € ††35 €, ☕ 5,50 € – **Rest** – *(fermé mardi soir, merc. soir et lundi sauf juil.-août)* Menu (15 € bc), 20 € (sem.)/40 € – Carte 32/38 € ♀

◆ Auberge familiale œuvrant dans un village ardéchois. Carte régionale servie dans la salle à manger, repas plus simples proposés au bar. Vaste terrasse sous auvent.

ST-SAVIN – 65 Hautes-Pyrénées – 342 L7 – rattaché à Argelès-Gazost

---

ST-SAVIN – 86 Vienne – 322 L5 – 1 009 h. – alt. 76 m – ✉ 86310

Poitou Vendée Charentes 39 **D1**

Paris 344 – Poitiers 44 – Belac 62 – Châtellerault 48 – Montmorillon 19

Office de tourisme, 20 place de la Libération ✆ 05 49 48 11 00

Peintures murales★★★ de l'Abbaye★★.

De France ♿ ch, ch, P VISA MC

38 pl. République – ✆ 05 49 48 19 03 – hotel-saint-savin@wanadoo.fr – Fax 05 49 48 97 07

15 ch – †44 € ††48 €, ☕ 8,50 € – ½ P 44 € – **Rest** – *(fermé dim. soir, lundi midi, merc. midi et sam. midi)* Menu (15 €), 17 € (sem.)/27 € – Carte 25/42 € ♀

◆ L'hôtel occupe une maison de pays qui s'élève sur la place du village. Chambres fonctionnelles, souvent spacieuses et sobrement décorées. Des tons ensoleillés égayent la salle de restaurant où l'on goûte des recettes traditionnelles et régionales.

Christophe Cadieu AC 15/25, VISA MC

15 r. de l'Abbaye – ✆ 05 49 48 17 69 – Fax 05 49 48 17 69 – Fermé 25 juin-2 juil., 17 sept.-1er oct., 2-14 janv., dim. soir, merc. soir, lundi

Rest – Menu 19 € (déj. en sem.), 36/51 € – Carte 45/57 € ♀

Spéc. Tourteau en gelée. Bar sauvage rôti au four. Poire pochée au jus de sangria.

◆ Non loin de l'abbaye, ancienne grange convertie en un confortable restaurant. Décor rustique soigné, tables joliment dressées et appétissante cuisine dans l'air du temps.

ST-SEINE-L'ABBAYE – 21 Côte-d'Or – 320 I5 – 355 h. – alt. 451 m – ✉ 21440

Bourgogne 8 **C2**

Paris 289 – Autun 78 – Dijon 28 – Châtillon-sur-Seine 57 – Montbard 48

Office de tourisme, place de l'Église ✆ 03 80 35 07 63

Dolce Chantilly à Salives Larçon, N : 32 km par D 16, ✆ 03 80 75 68 54.

La Poste P VISA MC

– ✆ 03 80 35 00 35 – postesoleildor@wanadoo.fr – Fax 03 80 35 07 64 – Fermé 23 déc.-4 janv., fév., merc. sauf le soir de Pâques au 1er nov. et mardi

15 ch – †43/48 € ††48/58 €, ☕ 8,50 € – ½ P 60/65 € – **Rest** – Menu 16 € (sem.)/32 € – Carte 25/49 € ♀

◆ Louis XIV aurait séjourné dans cet ancien relais de poste apprécié pour le calme de son jardin ombragé. Les chambres, bien tenues, sont assez spacieuses. Le restaurant doté d'une belle cheminée a conservé toute sa rusticité. Cuisine traditionnelle et régionale.

ST-SERNIN-SUR-RANCE – 12 Aveyron – 338 H7 – 530 h. – alt. 300 m – ✉ 12380

Languedoc Roussillon 29 **D2**

Paris 694 – Albi 50 – Castres 69 – Lacaune 29 – Rodez 83 – St-Affrique 32

Syndicat d'initiative, route d'Albi ✆ 05 65 97 60 19, Fax 05 65 97 60 77

Carayon cuisinette 30, P VISA MC AE

– ✆ 05 65 98 19 19 – contact@hotel-carayon.fr – Fax 05 65 99 69 26 – Fermé mardi midi, dim. soir, lundi sauf juil.-août et fériés

74 ch – †37/49 € ††37/72 €, ☕ 8 € – ½ P 47/77 € – **Rest** – Menu 15 € (sem.)/54 € – Carte 25/45 € ♀

◆ Divers types de chambres dans cet hôtel centré sur les loisirs. 55 occupent l'unité principale et 19, les annexes du parc (pigeonnier, maison de pêcheur, chalet et pavillon). Copieux repas du terroir servis dans deux salles claires et amples ou en terrasse.

ST-SERVAN-SUR-MER – 35 Ille-et-Vilaine – 309 K3 – rattaché à St-Malo

ST-SEURIN-D'UZET – 17 Charente-Maritime – 324 F6 – 572 h. – alt. 47 m – ✉ 17120 38 B3

Paris 516 – Poitiers 183 – La Rochelle 113 – Rochefort 67 – Saintes 49

Blue Sturgeon

3 r. de la Cave – ✆ 05 46 74 17 18 – reservation@bluesturgeon – Ouvert mars-oct.

5 ch – 🛉95/115 € 🛉🛉95/115 €, ☕ 15 € – **Rest** – *(résidents seult)* Menu 15 € bc (déj.)/35 € ♀

◆ Le propriétaire, anglais et décorateur, a joliment restauré cette grange viticole du 17e s. Mélange d'ancien et de contemporain (dont les tableaux "maison"), jardin et plan d'eau. Belle hauteur sous plafond et poutres peintes dans la salle à manger.

ST-SIFFRET – 30 Gard – 339 L4 – rattaché à Uzès

ST-SILVAIN-BELLEGARDE – 23 Creuse – 325 K5 – 216 h. – alt. 535 m – ✉ 23190 25 D1

Paris 413 – Limoges 148 – Guéret 53 – Montluçon 75 – Ussel 66

Les Trois Ponts ch, ch, VISA

– ✆ 05 55 67 12 14 – info@lestroisponts.nl – Fax 05 55 67 12 14 – Fermé fév.

4 ch ☕ – 🛉53 € 🛉🛉75 € – 1 suite – **Rest** – table d'hôte *(réservation indispensable) (résidents seult)* Menu 12,50 € bc (déj.)/25 € bc (dîner)

◆ Deux Hollandais ont rénové cet ancien moulin au bord de la Tardes en préservant son authenticité. Douillettes chambres d'esprit provençal. Aménagements pour la détente. Ambiance conviviale garantie autour de la superbe table des propriétaires.

ST-SORLIN-D'ARVES – 73 Savoie – 333 K6 – 325 h. – alt. 1 550 m – ✉ 73530

Alpes du Nord 45 C2

Paris 657 – Albertville 84 – Le Bourg-d'Oisans 50 – Chambéry 97 – St-Jean-de-Maurienne 22

Office de tourisme, Champrond ✆ 04 79 59 71 77, Fax 04 79 59 75 50

Site★ de l'église de St-Jean-d'Arves SE : 2,5 km.

Col de la Croix de Fer ❋★★ O : 7,5 km puis 15 mn - Col du Glandon ⋞★ puis Combe d'Olle★★ O : 10 km.

Beausoleil rest, VISA

Le Pré – ✆ 04 79 59 71 42 – info@hotel-beausoleil.com – Fax 04 79 59 75 25 – Ouvert 1er juil.-2 sept. et 10 déc.-22 avril

21 ch – 🛉45/55 € 🛉🛉56/68 €, ☕ 10 € – ½ P 66/80 € – **Rest** – Menu (13 €), 18/24 € – Carte 21/39 € ♀

◆ Au pied des pistes, dans le haut du bourg, ce chalet aux chambres fraîches et fonctionnelles est un véritable havre de paix. Salle à manger au cadre moderne, terrasse panoramique et cuisine savoyarde.

ST-SORNIN – 17 Charente-Maritime – 324 E5 – 328 h. – alt. 16 m – ✉ 17600

Poitou Vendée Charentes 38 B2

Paris 500 – La Rochelle 56 – Poitiers 167 – Rochefort 26

La Caussolière ch,

10 r. du Petit Moulin – ✆ 05 46 85 44 62 – reservations@caussoliere.com – Fax 05 46 85 44 62 – Fermé 15 nov.-15 déc.

4 ch ☕ – 🛉52/72 € 🛉🛉67/87 € – **Rest** – table d'hôte *(ouvert de mai à sept.) (dîner seult) (résidents seult)* Menu 30 € bc

◆ Cette ex-ferme du 19e s. s'ouvre sur un superbe jardin agrémenté d'un bassin. Les chambres, "cosy", disposent toutes d'une entrée indépendante. Accueil convivial. La table valorise les produits du marché et du terroir (fruits de mer en saison).

ST SULIAC – 35 Ille-et-Vilaine – 309 K3 – 853 h. – alt. 30 m – ✉ 35430
Bretagne 10 **D1**

Paris 396 – Rennes 62 – Saint-Malo 14 – Granville 87 – Dinan 26

X **La Ferme du Boucanier** VISA MC

2 r. de l'Hôpital – ☎ 02 23 15 06 35 – simonpitou@wanadoo.fr – Fax 02 99 19 51 32 – Fermé 15-30 nov., merc. midi et mardi

Rest – *(dîner seult en hiver)* Menu (15 €), 19 € (déj. en sem.), 26/44 € – Carte 31/49 €

◆ Vieille maison (17e s.) à débusquer dans une rue pentue, entre port et clocher. Terrasse, salle ancienne et rustique, recettes actuelles notées chaque jour à l'ardoise.

ST-SULPICE – 81 Tarn – 338 C8 – 4 801 h. – alt. 112 m – ✉ 81370 29 **C2**

Paris 666 – Albi 46 – Castres 54 – Montauban 44 – Toulouse 32

Office de tourisme, 11 avenue Rhin et Danube ☎ 05 63 41 89 50

de Palmola à Buzet-sur-Tarn Route d'Albi, O : 9 km par N 88, ☎ 05 61 84 20 50.

XX **Auberge de la Pointe** P VISA MC AE

D 988 – ☎ 05 63 41 80 14 – Fax 05 63 41 90 24 – Fermé 2-25 oct., 9-31 janv., jeudi soir et mardi de sept. à juin, jeudi midi et sam. midi en juil.-août et merc.

Rest – Menu (12 €), 19/38 € – Carte 31/43 €

◆ Ancien relais de poste à la façade rosée et au bel intérieur rustique. La terrasse ombragée dominant le Tarn vaut qu'on s'y attarde ! Plats traditionnels.

ST-SULPICE-LE-VERDON – 85 Vendée – 316 H6 – 609 h. – alt. 65 m – ✉ 85260 Poitou Vendée Charentes 34 **B3**

Paris 430 – Nantes 45 – Angers 130 – Cholet 51 – La Roche-sur-Yon 31

XXX **Thierry Drapeau Logis de la Chabotterie**

– ☎ 02 51 09 59 31 – restaurant.thierrydrapeau@wanadoo.fr – Fax 02 51 09 59 27 – Fermé 2-8 juil., 20 août-2 sept., 26-30 déc., 18 fév.-2 mars, dim. soir, mardi midi et lundi VISA MC

Rest – Menu 35 € bc (déj. en sem.), 55/85 € bc – Carte 53/62 €

Spéc. Tête de cèpe grillée, son pied en galette de pomme de terre et salpicon de foie gras (sept. à oct.). Caneton croisé de Challans, garniture de saison. Gaufrette roulée en crème de kamok, glace capuccino aux vieux rhum. **Vins** Fiefs Vendéens.

◆ Dans l'enceinte d'une demeure-musée près de laquelle il fut mis fin à la guerre de Vendée, savoureuse cuisine actuelle et décor rustique (non-fumeurs) sous une belle charpente.

ST-SULPICE-SUR-LÈZE – 31 Haute-Garonne – 343 F5 – 1 639 h. – alt. 200 m – ✉ 31410 28 **B2**

Paris 709 – Auterive 14 – Foix 53 – St-Gaudens 66 – Toulouse 36

XX **La Commanderie** VISA MC

pl. Hôtel de Ville – ☎ 05 61 97 33 61 – la-commanderie2@wanadoo.fr – Fax 05 61 97 32 60 – Fermé 15-30 sept., 24-30 déc., vacances de fév., mardi et merc.

Rest – Menu 19 € (déj. en sem.)/35 €

◆ Beau décor fait d'ancien et de contemporain, service souriant et subtil mélange des saveurs dans l'assiette ; le tout dans une ex-commanderie de Templiers... Une réussite !

ST-SYLVESTRE-CAPPEL – 59 Nord – 302 C3 – rattaché à Cassel

ST-SYLVESTRE-SUR-LOT – 47 Lot-et-Garonne – 336 G3 – rattaché à Villeneuve-sur-Lot

ST-SYMPHORIEN – 72 Sarthe – 310 I6 – 500 h. – alt. 135 m – ✉ 72240 35 C1

Paris 231 – Laval 65 – Le Mans 28 – Nantes 201

Relais de la Charnie avec ch

4 pl. Louis des Cars – ✆ 02 43 20 72 06 – relais.charnie@wanadoo.fr – Fax 02 43 20 70 59 – Fermé 2-20 août, 17 fév.-3 mars, dim. soir et lundi

6 ch – 45 € 45/58 €, 6,50 € – ½ P 56 € – **Rest** – Menu 15 € (déj. en sem.), 19/30 € – Carte 30/64 €

◆ Une ambiance un brin "vieille France" règne dans la salle à manger de cet ancien relais de poste agrémentée d'une grande cheminée. On y déguste une cuisine traditionnelle relevée d'une touche inventive. Chambres simples et d'une tenue irréprochable.

ST-THÉGONNEC – 29 Finistère – 308 H3 – 2 267 h. – alt. 83 m – ✉ 29410

Bretagne 9 B1

Paris 549 – Brest 50 – Châteaulin 50 – Morlaix 13 – Quimper 70 – St-Pol-de-Léon 28

Enclos paroissial★★ - Guimiliau : Enclos paroissial★★, SO : 7,5 km.

Auberge St-Thégonnec rest, rest,

6 pl Mairie – ✆ 02 98 79 61 18 – contact@aubergesaintthegonnec.com – Fax 02 98 62 71 10 – Fermé 20 déc.-15 janv.

19 ch – 80/90 € 90/120 €, 12 € – ½ P 75/90 € – **Rest** – *(fermé 20 déc.-1er fév., dim. sauf le midi d'avril à août, lundi midi et sam. midi)* Menu 24 € (sem.), 27/45 € – Carte 50/65 €

◆ Maison bretonne face à l'église et son célèbre enclos. Chambres contemporaines ouvrant, pour la plupart, sur le jardin. Plats traditionnels soignés et décor d'esprit régional (meubles et tableaux) caractérisent le restaurant, entièrement non-fumeurs.

Ar Presbital Koz ch,

18 r. Lividic – ✆ 02 98 79 45 62 – andre.prigent@wanadoo.fr – Fax 02 98 79 48 47

6 ch – 44 € 50 € – ½ P 44 € – **Rest** – table d'hôte *(fermé dim. et fériés) (résidents seult) (dîner seult)* Menu 20 € bc

◆ Une douce quiétude règne entre les murs de cet ancien presbytère (1750) décoré avec goût par sa propriétaire. La demeure sent bon la cire et les chambres sont très douillettes. Cuisine traditionnelle subtilement relevée d'épices à la table d'hôte (sur demande).

ST-THIBAULT – 18 Cher – 323 N2 – rattaché à Sancerre

ST-TROJAN-LES-BAINS – 17 Charente-Maritime – 324 C4 – voir à Île d'Oléron

ST-TROPEZ – 83 Var – 340 O6 – 5 444 h. – alt. 4 m – ✉ 83990

Côte d'Azur 41 C3

Paris 872 – Aix-en-Provence 123 – Cannes 73 – Draguignan 47 – Fréjus 34 – Toulon 69

Office de tourisme, quai Jean Jaurès ✆ 04 94 97 45 21, Fax 04 94 97 82 66

de Sainte-Maxime à Sainte-Maxime Route du Débarquement, par rte de Ste-Maxime : 16 km, ✆ 04 94 55 02 02 ; Gassin Golf Country Club à Gassin Route de Ramatuelle, S : 9 km par D 93, ✆ 04 94 55 13 44.

Port★★ - Musée de l'Annonciade★★ - Môle Jean Réveille ≤★ - Citadelle★ : ≤★ des remparts, ★★ du musée de la Citadelle - Chapelle Ste-Anne ≤★ S : 1 km par av. P. Roussel.

Plan page suivante

Byblos 80,

av. P. Signac – ✆ 04 94 56 68 00 – saint-tropez@byblos.com – Fax 04 94 56 68 01 – Ouvert de mi-avril à mi-oct. Z d

52 ch – 300/700 € 390/700 €, 34 € – 44 suites

Rest *Bayader* – *✆ 04 94 56 68 19 (fermé dim. et lundi sauf juil.-août) (dîner seult)* Menu 48 € – Carte 57/93 €

Rest *Spoon Byblos* – *✆ 04 94 56 68 20 (fermé mardi et merc. sauf juil.-août) (dîner seult)* Carte 54/100 €

◆ Un hameau de maisons colorées coupé de jardins et de patios : cette luxueuse crèche provençale compte parmi les lieux exclusifs de St-Tropez. Cocktails de couleurs et saveurs du Sud au Bayader. Cuisine créative, vins du monde et cadre design au Spoon Byblos.

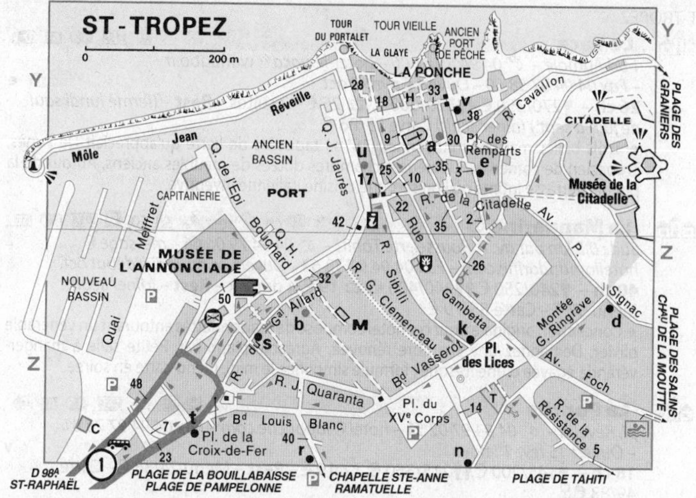

En saison: zone piétonne dans la vieille ville.

Aire du Chemin (R.)	Y 2	Herbes (Pl. aux)	Y 17	Péri (Quai Gabriel)	Z 32
Aumale (Bd d')	Y 3	Hôtel de ville (Pl. de l')	Y 18	Ponche (R. de la)	Y 33
Belle Isnarde (Rte de la)	Z 5	Laugier (R. V.)	Y 22	Portail Neuf (R. du)	YZ 35
Blanqui (Pl. Auguste)	Z 7	Leclerc (Av. Général)	Z 23	Remparts (R. des)	Y 38
Clocher (R. du)	Y 9	Marché (R. du)	Y 25	Roussel (Av. Paul)	Z 40
Commerçants (R. des)	Y 10	Miséricorde (R.)	Z 26	Suffren (Quai)	Y 42
Grangeon (Av.)	Z 14	Mistral (Quai Frédéric)	Y 28	8-Mai-1945 (Av. du)	Z 48
Guichard (R. du Cdt)	Y 15	Ormeau (Pl. de l')	Y 30	11-Novembre (Av. du)	Z 50

Résidence de la Pinède ≤ golfe de St-Tropez,
à la plage de la Bouillabaisse par ① : 1 km ch,
– ☎ 04 94 55 91 00 – reservation@residencepinede.com – Fax 04 94 97 73 64 – Ouvert 3 mai-7 oct.
35 ch – 345/360 € 410/885 €, 26 € – 4 suites – **Rest** – *(dîner seult)* Menu 95 € (sem.)/160 € – Carte 107/173 €
Spéc. Tarte fine de primeurs tendres relevée de tempura d'anchois. Suprême de volaille de Bresse cuit en vessie, macaroni truffés au parmesan. Millefeuille aux framboises, chiboust à la rose. **Vins** Côtes de Provence blanc et rouge.
◆ Cette élégante demeure postée au bord de la mer allie luxe et bien-être. Chambres cossues et personnalisées. Plage privée avec ponton. Salle à manger raffinée, habillée de boiseries, et agréable terrasse dressée sous les pins et tournée vers la "grande bleue".

La Bastide de St-Tropez ch,
rte Carles : 1 km par av. P. Roussel - Z – 15,
☎ 04 94 55 82 55 – bst@wanadoo.fr – Fax 04 94 97 21 71 – Fermé 2 janv.-8 fév.
18 ch – 230/470 € 230/590 €, 21 € – 8 suites – **Rest** – *(fermé lundi et mardi du 8 oct. au 4 avril)* Menu 50 € – Carte 71/91 €
◆ Belle décoration intérieure, grandes chambres pourvues de terrasses ou balcons et piscine entourée d'un luxuriant jardin contribuent au charme de ces cinq mas provençaux. Petite salle à manger et véranda coquettement décorées. Terrasse ouverte sur la verdure.

Domaine de l'Astragale ch, ch, rest,
par ① : 1,5 km, chemin de la Gassine 25,
✉ 83580 Gassin – ☎ 04 94 97 48 98 – message@lastragale.com – Fax 04 94 97 16 01 – Ouvert de mi-mai à début oct.
34 ch – 300/380 € 300/420 €, 19 € – **Rest** – Menu 52 € (dîner) – Carte 66/76 €
◆ Villa agrandie de bâtiments colorés agencés autour de la piscine. Spacieuses chambres avec balcon ou terrasse. Les repas sont servis l'hiver dans une petite salle à manger bourgeoise, et, l'été, sous un pavillon de plein air.

Le Yaca

1 bd Aumale – ✆ 04 94 55 81 00 – hotel-le-yaca@wanadoo.fr – Fax 04 94 97 58 50 – Ouvert 6 avril-9 oct. Y **e**

26 ch – 270/350 € 320/600 €, 25 € – 2 suites – **Rest** – *(fermé lundi sauf de juin à sept.) (dîner seult)* Carte 55/86 €

◆ Trois belles maisons mitoyennes (18ᵉ s.) tapissées de lierre qu'appréciait De Funès, Tropézien de comédie... Luxueuses chambres dotées de meubles anciens. Autour de la piscine, terrasse intime où l'on sert une cuisine italienne inventive.

La Mandarine

ch, rest, 50,

Sud : 0,5 km par av. P. Roussel, rte Tahiti – ✆ 04 94 79 06 66 – message@hotellamandarine.com – Fax 04 94 97 33 67 – Ouvert de mi-mai à début oct.

40 ch – 240/250 € 240/400 €, 19 €, 4 duplex – **Rest** – *(dîner seult)* Menu 52 € – Carte 55/79 €

◆ Conception originale pour cet hôtel composé de maisonnettes entourant un vénérable olivier. Demandez une chambre rénovée. Agréable piano-bar. Petite salle à manger-véranda égayée d'une fresque ; formule simplifiée le midi, menu-carte en soirée.

La Ponche

pl. Révelin – ✆ 04 94 97 02 53 – hotel@laponche.com – Fax 04 94 97 78 61 – Ouvert 15 fév.-1ᵉʳ nov. Y **v**

18 ch – 145/200 € 215/350 €, 19 € – **Rest** – Menu 24/38 € – Carte 49/83 €

◆ Romy Schneider et bien d'autres célébrités ont séjourné dans ce charmant hôtel composé d'anciennes maisons de pêcheurs colorées du pittoresque quartier de la Ponche. L'esprit provençal s'épanouit dans le décor et dans l'assiette du restaurant.

Y sans rest

av. Paul Signac – ✆ 04 94 55 55 15 – hotel-le-y@wanadoo.fr – Fax 04 94 55 55 19 – Fermé 10 avril-15 mai, 10-30 nov., 8-31 janv. Z

11 ch – 295/355 € 355/475 €, 25 €, 2 duplex

◆ Cette bâtisse provençale postée au pied de la citadelle abrite des chambres très confortables et dotées d'équipements modernes (écran plasma, isolation phonique parfaite).

La Mistralée

1 av. Gén. Leclerc – ✆ 04 98 12 91 12 – contact@hotel-mistralee.fr – Fax 04 94 43 48 43 Z **t**

9 ch – 190/790 € 190/790 €, 20 € – 1 suite – **Rest** – *(fermé 7 nov.-15 déc.)* Carte 50/76 €

◆ Ex-pied-à-terre d'Alexandre de Paris, cette villa (1870) entourée d'un jardin a gardé l'empreinte décorative, d'esprit baroque, du coiffeur des stars. Chambres personnalisées. Cuisine d'inspiration méditerranéenne et orientale au restaurant.

La Maison Blanche sans rest

pl. Lices – ✆ 04 94 97 52 66 – hotellamaisonblanche@wanadoo.fr – Fax 04 94 97 89 23 – Fermé fév. Z **k**

9 ch – 180/390 € 180/780 €, 30 €

◆ Ce bel hôtel particulier fut naguère la propriété d'un médecin tropézien. Décor design immaculé, bar à champagne et exquise terrasse : la maison entame sa seconde vie.

Pastis sans rest

61 av. Gén. Leclerc, par ① – ✆ 04 98 12 56 50 – reception@pastis-st-tropez.com – Fax 04 94 96 99 82

9 ch – 200/350 € 350/600 €, 30 €

◆ Mobilier ancien, provençal, oriental, contemporain, tableaux, objets d'art : chaque pièce de cet hôtel est superbe et unique. Chambres plus calmes côté piscine et joli jardin.

Lices sans rest

av. Augustin Grangeon – ✆ 04 94 97 28 28 – contact@hoteldeslices.com – Fax 04 94 97 59 52 – Fermé 12 nov.-27 déc. et 7 janv.-31 mars Z **n**

41 ch – 85/95 € 125/260 €, 14 €

◆ Proche de la célèbre place des Lices, établissement des années 1970 offrant un hall-salon spacieux et des chambres nettes au mobilier fonctionnel.

Villa les Chamerops sans rest
Sud : rte Belle Isnarde, dir. plage de Tahiti – ✆ 04 94 97 57 18 – info@villa-chamerops.com – Fax 04 94 97 58 30 – Ouvert 16 mars-15 oct.
10 ch – 150/305 € 150/458 €, 13 €
◆ Hôtel récent nommé d'après une variété de palmier nain. Grandes chambres aux décors actuels sobres, majoritairement de plain-pied, et toutes braquées vers la piscine.

Mouillage sans rest
port du Pilon – ✆ 04 94 97 53 19 – contact@hotelmouillage.fr – Fax 04 94 97 50 31 – Fermé 5 janv.-5 fév.
12 ch – 100/230 € 100/230 €, 15 €
◆ Jetez l'ancre à une encablure du port du Pilon dans cet hôtel aux chatoyantes couleurs provençales. Chambres garnies d'un mobilier venu d'ailleurs : Maroc, Asie, etc.

Playa sans rest
57 r. Allard – ✆ 04 98 12 94 44 – playahotel@aol.com – Fax 04 98 12 94 45 Z **s**
16 ch – 90/235 € 90/235 €, 12 €
◆ Au pied de l'établissement, boutiques et restaurants à volonté ! Chambres décorées avec une sobriété de bon aloi. Vous petit-déjeunerez dans le patio coiffé d'une verrière.

Lou Cagnard sans rest
av. P. Roussel – ✆ 04 94 97 04 24 – Fax 04 94 97 09 44 – Fermé 1er nov.-28 déc. Z **r**
19 ch – 50/120 € 60/120 €, 9 €
◆ Cette vieille maison tropézienne refait progressivement ses chambres, simplement meublées. En été, les petits-déjeuners se prennent à l'ombre des mûriers. Accueil familial.

Le Girelier
quai Jean Jaurès – ✆ 04 94 97 03 87 – Fax 04 94 97 43 86 – Ouvert 15 mars-30 oct. et fermé lundi sauf juil.-août Y **u**
Rest – *(dîner seult en juil.-août)* Menu 40 € – Carte 39/90 €
◆ Le va-et-vient des yachts sert de toile de fond à ce restaurant privilégiant les saveurs iodées. Décoration de style bistrot, personnalisée par des objets marins.

Le Banh Hoï
12 r. Petit St-Jean – ✆ 04 94 97 36 29 – banh-hoi@wanadoo.fr – Fax 04 98 12 91 47 – Ouvert 29 mars-11 nov. Y **a**
Rest – *(dîner seult)* Carte 48/55 €
◆ Lumière tamisée, murs et plafonds laqués de noir et objets décoratifs asiatiques composent le cadre de cette maison où l'on propose une cuisine vietnamienne et thaïlandaise.

Le Petit Charron
6 r. Charrons – ✆ 04 94 97 73 78 – c-benoit@wanadoo.fr – Fax 04 94 56 55 78 – Fermé 1er-15 août, 15 nov.-15 déc., 15 janv.-15 fév. et dim. Z **b**
Rest – *(nombre de couverts limité, prévenir)* Menu 40/44 € – Carte environ 45 €
◆ La simplicité caractérise ce petit restaurant familial réservé aux non-fumeurs : décor "bistrotier", fanions et affiches de la Nioulargue et goûteuse cuisine régionale.

au Sud-Est par av. Foch - Z – ✉ 83990 St-Tropez

La Bastide Rouge sans rest
à 1,5 km – ✆ 04 94 97 41 24 – labastiderouge@wanadoo.fr – Fax 04 94 97 73 40 – Ouvert 6 avril-7 oct.
23 ch – 200/380 € 200/380 €, 19 €
◆ Murs blancs, tomettes, rideaux en lin, mobilier actuel, salles de bains en faïence de Salernes caractérisent le décor des chambres de ces maisons nichées dans un joli jardin.

Benkiraï rest,
11 chemin du Pinet, à 3 km – ✆ 04 94 97 04 37 – info@hotel-benkirai.com – Fax 04 94 97 04 98 – Ouvert 15 mars-19 oct.
40 ch – 320/450 € 660/900 €, 24 € – **Rest** – Menu 70 € – Carte 52/66 €
◆ Les chambres épurées de cet hôtel flambant neuf sont l'œuvre du designer Patrick Jouin. Presque toutes possèdent un balcon ou une terrasse sur la belle piscine et son bar. Salle à manger très contemporaine pour découvrir les subtilités de la cuisine thaïe.

La Bastide des Salins sans rest
à 4 km – 04 94 97 24 57 – info@labastidedessalins.com – Fax 04 94 54 89 03 – Ouvert mars-oct.
14 ch – 200/320 € 200/320 €, 25 €
◆ Ancienne bastide isolée dans un grand jardin arboré et fleuri, impeccablement tenu. Chambres spacieuses, plaisantes dans leur sobriété. Salon de caractère. Belle piscine.

Le Levant sans rest
à 2,5 km – 04 94 97 33 33 – lelevant@hotelleriedusoleil.com – Fax 04 94 97 76 13 – Ouvert 10 avril-6 oct.
28 ch – 80/140 € 80/220 €, 15 €
◆ Les chambres, réparties dans des bungalows et régulièrement entretenues, sont toutes de plain-pied avec le luxuriant jardin ou la piscine. Salon cossu.

au Sud-Est par av. Paul Roussel et rte de Tahiti

Château de la Messardière ch, rest, 80,
à 2 km ✉ 83990 – 04 94 56 76 00 – hotel@messardiere.com – Fax 04 94 56 76 01 – Ouvert 23 mars-5 nov.
75 ch – 200/480 € 420/750 €, 28 € – 42 suites – **Rest** – *(ouvert 23 mai-5 nov. et fermé lundi soir sauf de juin à août)* Menu 50 € (déj.), 64/95 € – Carte 81/99 €
◆ Dans une pinède de 10 ha dominant la baie, château du 19e s. et luxueuses villas groupées autour d'un patio. Festival de couleurs ocre et de touches orientales. Élégante salle à manger provençale et terrasse fleurie offrant un magnifique panorama sur la mer.

Ferme d'Augustin sans rest
à 4 km ✉ 83350 – 04 94 55 97 00 – info@fermeaugustin.com – Fax 04 94 97 59 76 – Ouvert 6 avril-14 oct.
46 ch – 120/170 € 180/440 €, 14 €
◆ À 100 m de la plage de Tahiti, bâtiments entourés par la verdure et les fleurs. Préférez les jolies chambres rénovées. Salon décoré de bibelots. Accueil familial attentionné.

St-Vincent ch, ch,
à 4 km ✉ 83350 – 04 94 97 36 90 – hotelsaintvincent@wanadoo.fr – Fax 04 94 54 80 37 – Ouvert 29 mars-14 oct.
20 ch – 138/148 € 185/235 € – **Rest** – rest. de piscine (grill) Carte 30/38 €
◆ Dans la quiétude d'un vignoble, quatre maisons provençales égayées de lauriers-roses. Chambres spacieuses, pourvues parfois de terrasses. Beau jardin. Recettes aux saveurs ensoleillées, grillades et salades à déguster autour de la piscine.

Mas Bellevue ch, rest,
à 2 km ✉ 83990 – 04 94 97 07 21 – masbellevue@wanadoo.fr – Fax 04 94 97 61 07 – Ouvert 31 mars -5 nov.
44 ch – 90/455 € 90/455 € – ½ P 120/485 € – **Rest** – rest. de piscine (grill) au déj. Carte 38/61 €
◆ Accessible par un chemin, mas provençal escorté de bungalows nichés dans un joli parc. Grandes chambres avec balcon. Piscines panoramiques. Salle à manger rustique et terrasse où l'on sert une minicarte à midi et un choix plus étoffé au dîner.

La Figuière ch, ch,
à 4 km ✉ 83350 – 04 94 97 18 21 – la.figuiere@wanadoo.fr – Fax 04 94 97 68 48 – Ouvert 5 avril-7 oct. – **40 ch** – 100/150 € 200/250 €, 12 € – **Rest** – rest. de piscine (grill) Carte 33/85 €
◆ Au milieu des vignes, ferme restaurée aux chambres personnalisées sobrement décorées et dotées de meubles anciens ; celles en duplex sont plus récentes. Au bord de la piscine, terrasse dressée à l'ombre des mûriers avec cuisine-gril visible de tous.

rte de Ramatuelle par ① et D 93le – ✉ **83350 Ramatuelle**

La Romarine ch, ch, cuisinette
sur rte secondaire, à 3 km – 04 94 97 32 26 – hromarine@aol.com – Fax 04 94 97 44 45 – Ouvert 1er avril-15 oct.
18 ch – 105/140 € 160/235 €, 12 € – 9 suites
Rest ***grill de piscine*** – *(ouvert juil.-août)* Carte 23/38 €
◆ Dans un parc conçu pour la détente et les loisirs, hôtel-village composé de chambres spacieuses et de villas particulièrement bien équipées pour les familles. Repas simples servis sous les parasols de la terrasse, face à la piscine.

Les Bouis mer, ch, ch, rest, VISA

sur rte secondaire, à 6 km – ☎ 04 94 79 87 61 – hotellesbouis@aol.com – Fax 04 94 79 85 20 – Hôtel : ouvert 26 mars-24 oct. ; rest. : ouvert 6 avril-14 sept.

21 ch – 150/215 € 175/235 €, ☕ 13 €, 2 duplex – **Rest** – rest. de piscine (grill) *(déj. seult) (résidents seult)* Carte 18/25 €

◆ Belle situation sur les hauteurs de l'arrière-pays tropézien pour cet hôtel entouré de pins parasols. Chambres nettes et fraîches. Sympathique patio. Plats familiaux et grillades sont proposés sur la terrasse bordant la piscine.

Deï Marres sans rest VISA

sur rte secondaire, à 3 km – ☎ 04 94 97 26 68 – hoteldeimarres@wanadoo.fr – Fax 04 94 97 62 76 – Ouvert 15 mars-15 oct.

24 ch – 84/135 € 99/185 €, ☕ 10 €

◆ Avis aux amateurs : cet hôtel familial au cadre verdoyant dispose de quatre courts de tennis. Pour plus d'espace et de confort, réservez de préférence une chambre à l'annexe.

Auberge de l'Oumède avec ch ch, rest, VISA

sur rte secondaire, à 7 km – ☎ 04 94 44 11 11 – contact@aubergedeloumede.com – Fax 04 94 79 93 63 – Ouvert Pâques -10 oct.

3 ch – 198/385 € 198/385 €, ☕ 19 € – **Rest** – *(fermé merc. sauf juil.-août) (dîner seult)* Carte 69/96 €

◆ Au bord d'un chemin entouré de vignes, accueillante salle à manger prolongée par une véranda et une terrasse sous les mûriers. Cuisine dans l'air du temps. Trois belles chambres provençales autour de la piscine chauffée.

par ① et rte secondaire – ✉ 83580 Gassin

Villa Belrose golfe de St-Tropez, ch, rest, VISA

bd Crêtes, à 3 km – ☎ 04 94 55 97 97 – info@villabelrose.com – Fax 04 94 55 97 98 – Ouvert 6 avril-21 oct.

40 ch – 190/480 € 260/790 €, ☕ 30 € – 3 suites – **Rest** – *(fermé le midi en juil.-août)* Menu 55 € (déj.), 90/175 € bc – Carte 84/139 €

Spéc. Bar de ligne roulé autour d'un os à moelle (été). Caneton de Vendée, hure persillée et foie gras de canard (printemps). Les grands crus de chocolat. **Vins** Coteaux Varois, Côtes de Provence.

◆ Emplacement exceptionnel pour cet hôtel-villa formant trois terrasses face à la mer. Intérieur cossu et chambres de grand confort. Élégant restaurant décoré dans l'esprit florentin et plaisante terrasse offrant un joli point de vue sur le golfe.

ST-VAAST-LA-HOUGUE – 50 Manche – 303 E2 – 2 097 h. – alt. 4 m – ✉ 50550

Normandie Cotentin 32 **A1**

Paris 347 – Carentan 41 – Cherbourg 31 – St-Lô 68 – Valognes 19

Office de tourisme, 1 place Gal-de-Gaulle ☎ 02 33 23 19 32, Fax 02 33 54 41 37

La Granitière sans rest VISA

74 r. Mar. Foch – ☎ 02 33 54 58 99 – contact@hotel-la-granitiere.com – Fax 02 33 20 34 91

10 ch – 54 € 54/110 €, ☕ 8,50 €

◆ Station balnéaire et port de pêche, "St-Va" abrite cette belle demeure ancienne en granit gris, où l'on se sent comme chez des amis. Chambres personnalisées et salon "cosy".

France et Fuchsias rest, 25, VISA

20 r. Mar. Foch – ☎ 02 33 54 40 41 – reception@france-fuchsias.com – Fax 02 33 43 46 79 – Fermé 3 janv.-28 fév., mardi midi et lundi sauf juil.-août et mardi soir de nov. à mars

36 ch – 45/108 € 45/108 €, ☕ 9,50 €, 1 duplex – ½ P 55/86 € – **Rest** – Menu (20 €), 27/42 € – Carte 46/83 €

◆ Fuchsias, palmiers, mimosas et eucalyptus agrémentent le jardin de cet hôtel familial. Les chambres, au confort simple, sont plus spacieuses et récentes à l'annexe. Salle à manger-véranda, jolie terrasse et bonne cuisine traditionnelle orientée terroir.

Le Chasse Marée
8 pl. Gén. de Gaulle – ✆ 02 33 23 14 08 – Fermé 12 nov.-1er déc., 7-27 janv., lundi et mardi sauf juil.-août
Rest – Menu 15 € (déj. en sem.), 19/28 € – Carte 26/59 €
◆ Photos de bateaux, fanions laissés par les clients navigateurs, terrasse sur le port, produits de la pêche locale : une charmante petite adresse où l'on se sent simplement bien.

ST-VALÉRY-EN-CAUX – 76 Seine-Maritime – 304 E2 – 4 782 h. – alt. 5 m – Casino – ✉ 76460 Normandie Vallée de la Seine 33 C1

Paris 190 – Bolbec 46 – Dieppe 35 – Fécamp 33 – Le Havre 80 – Rouen 59 – Yvetot 31

Office de tourisme, quai d'Aval ✆ 02 35 97 00 63, Fax 02 35 97 32 65

Falaise d'Aval ←★ O : 15 mn.

Du Casino 20/120,
14 av. Clemenceau – ✆ 02 35 57 88 00 – contact@hotel-casino-saintvalery.com – Fax 02 35 57 88 88
76 ch – †73/81 € ††82/90 €, ☕ 10 € – ½ P 71/75 € – **Rest** – Menu 21/38 € – Carte 31/47 €
◆ Cet hôtel entièrement rénové abrite des chambres spacieuses, décorées dans un style contemporain sobre et reposant ; la moitié d'entre elles profite de la vue sur le port. Cadre actuel, tables simplement dressées et cuisine au goût du jour au restaurant.

Les Remparts sans rest
4 r. des Bains – ✆ 02 35 97 16 13 – Fax 02 35 97 19 89 – Fermé 2-7 janv. et dim. soir en janv. et fév.
15 ch – †38 € ††42/54 €, ☕ 6,50 €
◆ Sympathique petit hôtel proche de la mer et des falaises. Chambres parfaitement tenues, garnies de meubles anciens (style années 1930). Accueil très aimable.

Port
quai d'Amont – ✆ 02 35 97 08 93 – Fax 02 35 97 28 32 – Fermé dim. soir, jeudi soir et lundi
Rest – Menu 21/38 € – Carte 40/72 €
◆ Derrière la façade engageante, deux petites salles à manger non-fumeurs d'où l'on peut admirer le spectacle des bateaux franchissant le goulet du port. Produits de la mer.

au Sud-Est 7 km par D 20 et D 70 - ✉ 76740 Ermenouville

Château du Mesnil Geoffroy sans rest
– ✆ 02 35 57 12 77 – contact@chateau-mesnil-geoffroy.com – Fax 02 35 57 10 24
5 ch – †75/85 € ††75/140 €, ☕ 10 €
◆ Château agrémenté d'un parc avec roseraie. Chambres Louis XV et décor d'époque (18e s.) au petit-déjeuner. Le samedi soir, table d'hôte revisitant des mets du siècle des lumières.

rte de Fécamp 3 km vers le Bourg-Ingouville par D 925 et D 68 – ✉ 76460 Ingouville-sur-Mer

Les Hêtres avec ch
24 r. des Fleurs – ✆ 02 35 57 09 30 – leshetres@wanadoo.fr – Fax 02 35 57 09 31 – Fermé 7 janv.-7 fév., merc. midi et mardi d'oct. à mars et lundi sauf de Pâques à sept.
5 ch – †90/160 € ††90/160 €, ☕ 17 € – **Rest** – Menu 40/85 €
◆ Longère de caractère (17e s.) entourée d'un jardin bichonné. Repas inventif dans un décor raffiné : mobilier ancien, poutres et superbe cheminée de pierre. Chambres avenantes.

ST-VALÉRY-SUR-SOMME – 80 Somme – 301 C6 – 2 686 h. – alt. 27 m – ✉ 80230 Nord Pas-de-Calais Picardie 36 A1

Paris 206 – Abbeville 18 – Amiens 71 – Blangy-sur-Bresle 45 – Le Tréport 25

Office de tourisme, 2 place Guillaume-Le-Conquérant ✆ 03 22 60 93 50, Fax 03 22 60 80 34

Digue-promenade★ - Chapelle des Marins ←★ - Ecomusée Picarvie★ - La baie de Somme★★.

Du Port et des Bains rest, ch,
1 quai Balvet – 03 22 60 80 09 – hotel.hpb@wanadoo.fr – Fax 03 22 60 77 90 – Fermé 20 nov.-8 déc. et 2-26 janv.
16 ch – 55 € 72 €, 9 € – ½ P 61 € – **Rest** – Menu 16 € (sem.)/35 €
◆ Bien situé près du port, cet hôtel offre une jolie perspective sur la baie. Coloris vifs et meubles en rotin dans les chambres. Des peintures évoquant St-Valéry au début du 20e s. ornent le restaurant. Plats traditionnels et de la mer.

Le Relais Guillaume de Normandy rest,
46 quai Romerel – 03 22 60 82 36 – relaisguillaumedenormandy@akeonet.com – Fax 03 22 60 81 82 – Fermé 23 déc.-10 janv. et mardi sauf du 10 juil.-21 août
14 ch – 51 € 61/71 €, 8 € – ½ P 62/70 € – **Rest** – Menu 18/40 € – Carte 22/48 €
◆ Guillaume partit du port valéricain conquérir l'Angleterre. Ce joli manoir en briques face à la baie de Somme abrite des chambres pratiques, parfois refaites. La salle à manger panoramique offre une agréable vue sur la mer ; terrasse d'été et carte classique.

Le Nicol's
15 r. La Ferté – 03 22 26 82 96 – nicols@wanadoo.fr – Fax 03 22 26 09 45 – Fermé dim. soir et lundi du 12 nov. au 14 mars, merc. soir et jeudi sauf de juil. à sept.
Rest – Menu 12,50 € bc (déj. en sem.), 15/48 € – Carte 23/60 €
◆ Dans une rue commerçante du centre, derrière une belle façade régionale, salle rustique et chaleureuse où l'on fait des repas traditionnels enrichis de saveurs iodées.

à Noyelles-sur-Mer – 742 h. – alt. 7 m – 80860

Auberge du Château de Nolette ch,
4 rte Ponthoile – 03 22 23 24 15 – hotel.hpb@wanadoo.fr – Fax 03 22 23 21 81 – Ouvert 16 mars-14 nov.
10 ch – 55 € 72 €, 9 € – ½ P 61 € – **Rest** – Menu 16 € (sem.)/35 €
◆ Idéalement située pour une découverte de la baie de Somme, cette ferme-château du 17e s. agrémentée d'un jardin vous reçoit dans des chambres rénovées et personnalisées. Plaisante salle à manger-véranda ; cuisine traditionnelle.

ST-VALLIER – 26 Drôme – 332 B2 – 4 154 h. – alt. 135 m – 26240

Lyon et la vallée du Rhône 43 **E2**

Paris 526 – Annonay 21 – St-Étienne 61 – Tournon-sur-Rhône 16 – Valence 35 – Vienne 41

Office de tourisme, avenue Désiré Valette 04 75 23 45 33, Fax 04 75 23 44 19

d'Albon à Saint-Rambert-d'Albon Château de Senaud, N : 9 km par N 7 et D 122, 04 75 03 03 90.

Le Bistrot d'Albert et Hôtel Terminus avec ch
116 av. J. Jaurès, rte Lyon – 04 75 23 01 12 – bistrot.albert@wanadoo.fr – Fax 04 75 23 38 82 – Fermé 13-29 août et vacances de fév.
10 ch – 54 € 58 €, 7 € – **Rest** – Menu 14,50/28 € – Carte 24/32 €
◆ Belle hauteur sous plafond, lumineuse véranda et goûteuse cuisine du marché : ambiance conviviale assurée dans ce bistrot voisin de la gare. Petites chambres pratiques.

au Nord-Est par N 7, D 122 et D 132 : 8 km – **26140 Albon**

Domaine des Buis
rte de St-Martin-des-Rosiers – 04 75 03 14 14 – info@domaine-des-buis.com – Fax 04 75 03 14 14 – Ouvert 1er mars-30 nov.
8 ch – 79/139 € 130/149 €, 10 € – **Rest** – *(dîner seult) (résidents seult)* Menu 30 €
◆ Dans un parc entouré de collines, demeure du 18e s. aux senteurs de cèdre et de magnolia. Chambres spacieuses, garnies de mobilier anglais. Atmosphère "guesthouse". Dîner concocté par la maîtresse de maison et servi dans une salle à manger très raffinée.

ST-VALLIER – 71 Saône-et-Loire – 320 G10 – rattaché à Montceau-les-Mines

ST-VALLIER-DE-THIEY – 06 Alpes-Maritimes – 341 C5 – 2 261 h. – alt. 730 m – ✉ 06460 Côte d'Azur 42 **E2**

- Paris 907 – Cannes 29 – Castellane 52 – Draguignan 57 – Grasse 12 – Nice 47
- Syndicat d'initiative, 10 place du Tour ✆ 04 93 42 78 00
- Pas de la Faye ←★★ NO : 5 km - Grotte de Beaume Obscure★ S : 2 km - Col de la Lèque ←★ SO : 5 km.

Le Relais Impérial ch, 40, VISA MC AE D

(2 et 4 pl. Cavalier Fabre), rte Napoléon – ✆ 04 92 60 36 36 – info@relaisimperial.com – Fax 04 92 60 36 39

28 ch – †38/44 € ††44/74 €, ☕ 7 € – ½ P 45/60 €

Rest – Menu (15 €), 18 € (déj. en sem.), 25/39 € – Carte 26/42 € ♀

Rest *Le Grill du Relais* – pizzeria Menu (14 €), 19 € – Carte 22/36 € ♀

◆ Petites chambres rustiques rénovées par étapes dans ce relais séculaire posté sur la route Napoléon (l'Empereur s'est arrêté ici le 2 mars 1815). Repas traditionnel dans un décor de style Louis XIII ou côté véranda. Pizzas et plats simples au Grill du Relais.

ST-VÉRAN – 05 Hautes-Alpes – 334 J4 – 267 h. – alt. 2 042 m – la plus haute commune d'Europe – Sports d'hiver : 1 750/3 000 m 15 – ✉ 05350 Alpes du Sud 41 **C1**

- Paris 729 – Briançon 49 – Guillestre 32
- Office de tourisme, la ville ✆ 04 92 45 82 21, Fax 04 92 45 84 52
- Vieux village★★ - Musée du Soum★.

L'Astragale rest, rest, 20, P VISA MC

– ✆ 04 92 45 87 00 – astragale@queyras.com – Fax 04 92 45 87 10 – Ouvert 15 juin-9 sept. et 21 déc.-5 avril

21 ch – †86/160 € ††100/236 €, ☕ 14 € – ½ P 72/140 € – **Rest** – *(dîner seult)* Menu 24/26 € ♀

◆ Cadre d'esprit montagnard, grandes chambres confortables (toutes dotées d'un magnétoscope), vue sur les sommets : ce chalet récent régulièrement relooké ne manque pas de charme. Cheminée dans la salle à manger (non-fumeur) très chaleureuse ; salon de thé.

ST-VÉRAND – 71 Saône-et-Loire – 320 I12 – 182 h. – alt. 300 m – ✉ 71570 8 **C3**

- Paris 401 – Bourg-en-Bresse 49 – Lyon 66 – Mâcon 14 – Villefranche-sur-Saône 35

Auberge du St-Véran rest, P VISA MC AE D

– ✆ 03 85 23 90 90 – direction@auberge-saint-veran.com – Fax 03 85 23 90 91 – Fermé 7-27 janv., lundi et mardi hors saison

11 ch – †53 € ††65 €, ☕ 10 € – ½ P 70 € – **Rest** – Menu 15 € (déj. en sem.), 30/48 € – Carte 30/55 € ♀

◆ Au cœur des vignobles, ancien moulin à eau au charme campagnard et aux confortables chambres portant le nom de crus du terroir. Restaurant d'esprit rustique ouvert sur une terrasse face à la piscine. Cuisine traditionnelle, bon choix de mâcons et de beaujolais.

ST-VIANCE – 19 Corrèze – 329 J4 – 1 413 h. – alt. 119 m – ✉ 19240 Périgord 24 **B3**

- Paris 479 – Limoges 90 – Tulle 45 – Brive-la-Gaillarde 12 – Sarlat-la-Canéda 67

Auberge sur Vézère P VISA MC

Le Bourg – ✆ 05 55 84 28 23 – aubergesurvezere@wanadoo.fr – Fax 05 55 84 42 47 – Fermé 21 déc.-29 janv. et dim. sauf juil.-août

10 ch – †55/60 € ††60/65 €, ☕ 7,50 € – ½ P 53/80 € – **Rest** – *(fermé sam. midi, dim. soir et lundi) (prévenir)* Menu 19 € (déj. en sem.), 31/33 € ♀

◆ À l'entrée du village, petite auberge de pays tenue par un sympathique couple franco-britannique. Chambres fonctionnelles et bien équipées. Menu-carte actuel proposé dans une salle à manger d'esprit provençal ou sous les arbres de la terrasse.

ST-VICTOR-DE-MALCAP – 30 Gard – 339 K3 – rattaché à St-Ambroix

ST-VICTOR-SUR-LOIRE – 42 Loire – 327 E7 – rattaché à St-Étienne

ST-VINCENT – 43 Haute-Loire – 331 F3 – 831 h. – alt. 605 m – ✉ 43800 6 C3

Paris 543 – La Chaise-Dieu 37 – Le Puy-en-Velay 18 – St-Étienne 76

XX **La Renouée** 20, VISA

à Cheyrac, 2 km au Nord par D 103 – ☎ 04 71 08 55 94 – Fax 04 71 08 15 89 – Fermé vacances de la Toussaint, 2 janv.-2 mars, mardi soir, merc. soir et jeudi soir du 29 oct. au 31 mars, dim. soir et lundi

Rest – Menu 19 € (sem.)/40 € – Carte 21/36 €

◆ Maison centenaire devancée par un jardinet. Grande cheminée en pierre et beau vaisselier rustique en merisier dans la salle principale. Carte régionale teintée de créativité.

ST-VINCENT-DE-TYROSSE – 40 Landes – 335 D13 – 5 360 h. – alt. 24 m – ✉ 40230 3 B3

Paris 743 – Anglet 32 – Bayonne 29 – Bordeaux 157

Office de tourisme, placette du Midi ☎ 05 58 77 12 00, Fax 05 58 77 26 86

XXX **Le Hittau** VISA AE

1 r. du Nouaou – ☎ 05 58 77 11 85 – duccanaya@aol.com – Fax 05 58 77 19 61 – Fermé 26 juin-4 juil., 29 oct.-14 nov., 20 fév.-14 mars, mardi sauf du 14 juil. au 30 août et merc.

Rest – Menu 30/65 €

◆ Cette ancienne bergerie ne manque pas de cachet avec sa charpente apparente et sa cheminée monumentale. Agréable terrasse-jardin. Cuisine au goût du jour utilisant les produits régionaux.

ST-VINCENT-SUR-JARD – 85 Vendée – 316 G9 – 871 h. – alt. 10 m – ✉ 85520 Poitou Vendée Charentes 34 B3

Paris 454 – Luçon 34 – La Rochelle 70 – La Roche-sur-Yon 35 – Les Sables-d'Olonne 23

Syndicat d'initiative, route du Jard ☎ 02 51 33 62 06

L' Océan ch, rest, rest, VISA

Sud : 1 km (près maison de Clemenceau) – ☎ 02 51 33 40 45 – hotel.locean@wanadoo.fr – Fax 02 51 33 98 15 – Fermé 12 nov.-25 fév. et merc. d'oct. à mars

35 ch – 51/79 € 51/79 €, 7 € – ½ P 52/70 € – **Rest** – Menu 21/40 € – Carte 26/45 €

◆ Non loin de la plage, imposante villa balnéaire tenue par la même famille depuis trois générations. Chambres simples, jardin ombragé de pins et véranda pour le petit-déjeuner. Au restaurant, carte traditionnelle valorisant les produits de l'océan.

X **Le Chalet St-Hubert** VISA

rte de Jard – ☎ 02 51 33 40 33 – lechaletsthubert@orange.fr – Fax 02 51 33 41 94

Rest – Menu 16/31 € – Carte 26/81 €

◆ Maison ancienne dotée d'une salle lambrissée où l'on sert une cuisine traditionnelle orientée produits de la mer. Les fumeurs s'adonnent à leur plaisir au bar ou dans la cour.

ST-YBARD – 19 Corrèze – 329 K3 – rattaché à Uzerche

ST-YORRE – 03 Allier – 326 H6 – rattaché à Vichy

ST-YRIEIX-LA-PERCHE – 87 Haute-Vienne – 325 E7 – 7 251 h. – alt. 360 m – ✉ 87500 Limousin Berry 24 B2

Paris 430 – Brive-la-Gaillarde 63 – Limoges 40 – Périgueux 63 – Rochechouart 52 – Tulle 76

Office de tourisme, 58 boulevard de l'Hôtel de Ville ☎ 05 55 08 20 72, Fax 05 55 08 10 05

Collégiale du Moûtier★.

à la Roche l'Abeille Nord-Est : 12 km par D 704 et 17A – 561 h. – alt. 400 m – ✉ 87800

XXX **Le Moulin de la Gorce** (Bertranet) avec ch

2 km au Sud par D 17 – ☎ 05 55 00 70 66 – moulingorce@relaischateaux.fr – Fax 05 55 00 76 57 – Ouvert 12 mars-5 nov. et fermé lundi midi et mardi midi sauf fériés

10 ch – 80 € 150/220 €, ☕ 18 € – **Rest** – Menu (48 €), 50 € bc (déj. en sem.)/68 €

Spéc. Tartine de pied de cochon et foie gras de canard poêlé. Lièvre à la royale (saison). Crêpes roulées, beurre vanillé aux écorces de citron. **Vins** Bergerac.

◆ Joli moulin du 16e s. et ses dépendances en bordure d'étang, dans un agréable parc champêtre. Intérieur de caractère et belle cuisine classique. Chambres personnalisées.

ST-ZACHARIE – 83 Var – 340 J5 – 4 184 h. – alt. 265 m – ✉ 83640 40 B3

Paris 786 – Aix-en-Provence 37 – Brignoles 31 – Marseille 34 – Rians 40 – Toulon 63

Office de tourisme, rue Jean-Jaurès ☎ 04 42 32 63 28

XX **Urbain Dubois**

rte St-Maximin sur N 560 : 1 km – ☎ 04 42 72 94 28 – urbain-dubois@wanadoo.fr – Fax 04 42 72 94 28 – Fermé dim. soir, mardi midi, merc. midi et lundi sauf fériés

Rest – Menu 22 € (déj. en sem.), 40/72 € – Carte 55/65 €

◆ Ancienne fabrique de céramique disposant d'une coquette salle de restaurant rustique et d'une jolie terrasse égayée d'une fresque villageoise. Recettes inventives.

STE-ANNE-D'AURAY – 56 Morbihan – 308 N8 – 1 844 h. – alt. 42 m – ✉ 56400

Bretagne 9 A3

Paris 475 – Auray 7 – Hennebont 33 – Locminé 27 – Lorient 44 – Quimperlé 58 – Vannes 16

Office de tourisme, 1 rue de Vannes ☎ 02 97 57 69 16, Fax 02 97 57 79 22

Trésor★ de la basilique - Pardon (26 juil.).

Myriam sans rest

35 bis r. Parc – ☎ 02 97 57 70 44 – hotellemoderne@aol.com – Fax 02 97 57 67 94 – Ouvert 2 mai-30 sept.

30 ch – 48/56 € 48/56 €, ☕ 7 €

◆ Construction des années 1970 dans un paisible quartier résidentiel. Chambres simples, sobrement rajeunies. Salle des petits-déjeuners égayée de bibelots marins.

Moderne ch,

8 r. Vannes – ☎ 02 97 57 66 55 – hotellemoderne@aol.com – Fax 02 97 57 67 94 – Fermé 21 déc.-13 janv. et sam. du 15 oct. au 30 mars

34 ch – 41/56 € 41/56 €, ☕ 7 € – ½ P 44/52 € – **Rest** – Menu 12,50 € (déj. en sem.), 19/35 € – Carte 22/34 €

◆ Pèlerins et touristes apprécient la situation de cet hôtel qui fait face à la basilique. Les chambres sont petites, mais claires et bien rénovées. Restaurant revu dans le style bistrot, grande salle pour les groupes et cuisine traditionnelle sans prétention.

XXX **L'Auberge** avec ch ch, rest,

– ☎ 02 97 57 61 55 – auberge-jl-larvoir@wanadoo.fr – Fax 02 97 57 69 10 – Fermé janv.

17 ch – 40/70 € 60/90 €, ☕ 10 € – 2 suites – ½ P 65/80 € – **Rest** – Menu 20 € (sem.)/70 € – Carte 38/62 €

◆ Auberge récente de style régional possédant de beaux meubles bretons. Terrasse plein Sud sur jardin. Nouvelles chambres (deux suites) au confort actuel. Cuisine au goût du jour.

STE-ANNE-DU-CASTELLET – 83 Var – 340 J6 – rattaché au Castellet

STE-ANNE-LA-PALUD (Chapelle de) – 29 Finistère – 308 F6 – alt. 65 m –
✉ 29550 Bretagne 9 **A2**

Paris 584 – Brest 68 – Châteaulin 20 – Crozon 27 – Douarnenez 12 – Quimper 24

Pardon (fin août).

 **De La Plage** rest, rest, VISA

à la plage – ✆ *02 98 92 50 12 – laplage@relaischateaux.com – Fax 02 98 92 56 54 – Ouvert 31 mars-4 nov.*

26 ch – 105/128 € 175/313 €, 18 € – 4 suites – ½ P 158/228 € – **Rest** – *(fermé mardi midi, merc. midi et vend. midi)* Menu 50/90 € – Carte 64/110 €

◆ Isolée à même la grève, cette demeure ouvre ses fenêtres sur la baie de Douarnenez. Chambres et suites meublées d'ancien ou contemporaines. Belles balades en perspective. Repas en tête-à-tête avec la mer, dans deux sobres salles à manger. Cuisine littorale.

STE-CÉCILE – 71 Saône-et-Loire – 320 H11 – 251 h. – alt. 250 m –
✉ 71250 8 **C3**

Paris 391 – Charolles 35 – Cluny 8 – Mâcon 22 – Roanne 73

L'Embellie VISA

– ✆ *03 85 50 81 81 – sarl.delagrange@wanadoo.fr – Fax 03 85 50 81 81 – Fermé 11 juin-1er juil., 19 nov.-2 déc., 18 fév.-2 mars, dim. soir sauf juil.-août, mardi soir et merc.*

Rest – Menu (11,50 €), 14 € (déj. en sem.), 16/43 € – Carte 21/46 €

◆ Restaurant installé dans une ancienne étable en pierres conservant son cachet rustique : poutres, meubles en frêne et cheminée où crépitent de bonnes flambées hivernales. Agréable terrasse d'été ombragée d'où l'on aperçoit le Carmel (couvent). Repas classique.

STE-CÉCILE-LES-VIGNES – 84 Vaucluse – 332 C8 – 2 100 h. – alt. 108 m –
✉ 84290 40 **A2**

Paris 646 – Avignon 47 – Bollène 13 – Nyons 26 – Orange 17 – Vaison-la-Romaine 19

La Farigoule VISA

26 cours M. Trintignant – ✆ *04 90 30 89 89 – farigoule.raphael@wanadoo.fr – Fax 04 90 30 78 00 – Fermé 5 mars-2 avril et 19 nov.-3 déc.*

9 ch – 47 € 59 €, 7 € – ½ P 53/63 € – **Rest** – *(fermé dim. soir et lundi sauf juil.-août)* Menu 18 € (sem.)/36 € – Carte 38/46 €

◆ Sympathique auberge fraîchement refaite et située au centre d'une bourgade nichée dans le vignoble des Côtes du Rhône. Petites chambres pratiques. Salle à manger claire, tonnelle en fer forgé et terrasse protégée par une dense végétation. Plats régionaux.

STE-COLOMBE – 84 Vaucluse – 332 E9 – rattaché à Bédoin

STE-CROIX – 01 Ain – 328 D5 – rattaché à Montluel

STE-CROIX-EN-JAREZ – 42 Loire – 327 G7 – rattaché à Rive-de-Gier

STE-CROIX-EN-PLAINE – 68 Haut-Rhin – 315 I8 – rattaché à Colmar

STE-ÉNIMIE – 48 Lozère – 330 I8 – 509 h. – alt. 470 m – ✉ 48210
Languedoc Roussillon 23 **C1**

Paris 612 – Florac 27 – Mende 28 – Meyrueis 30 – Millau 57 – Sévérac-le-Château 49

Office de tourisme, le village ✆ 04 66 48 53 44, Fax 04 66 48 47 70

≤★★ sur le canyon du Tarn S : 6,5 km par D 986.

Auberge du Moulin ch, VISA

r. Combe – 04 66 48 53 08 – Fax 04 66 48 58 16 – Ouvert de fin mars à mi-nov. et fermé dim. soir et lundi midi sauf juil.-août et fériés

10 ch – 53/63 € 55/65 €, 8 € – ½ P 52/60 € – **Rest** – Menu 18/38 €

◆ Cette belle demeure en pierres se dresse au cœur d'un village très touristique inscrit dans un site extraordinaire. Chambres proprettes, pour moitié tournées vers le Tarn. À l'immense salle du restaurant, préférez la paisible terrasse qui domine la rivière.

STE-EULALIE – 07 Ardèche – 331 H5 – 253 h. – alt. 1 233 m – ✉ 07510 44 A3

Paris 587 – Aubenas 47 – Langogne 47 – Privas 51 – Le Puy-en-Velay 48 – Thueyts 36

Syndicat d'initiative, la Mairie 04 75 38 89 78, Fax 04 75 38 87 37

Du Nord ch, 10, VISA AE

– 04 75 38 80 09 – hotelnord.mouyon@wanadoo.fr – Fax 04 75 38 85 50 – Ouvert 24 mars-11 nov. et fermé mardi soir et merc. sauf juil.-août

15 ch – 49/57 € 49/57 €, 7,50 € – ½ P 50/54 € – **Rest** – Menu 19/35 € – Carte 25/32 €

◆ Sympathique hostellerie appréciée des pêcheurs qui viennent ferrer le poisson dans la Loire toute proche. Chambres confortables, régulièrement rénovées. Cuisine du terroir, ambiance familiale et cadre néo-rustique caractérisent le restaurant.

STE-EULALIE-D'OLT – 12 Aveyron – 338 J4 – 327 h. – alt. 425 m – ✉ 12130 29 D1

Paris 615 – Espalion 25 – Rodez 45 – Sévérac-le-Château 28

Office de tourisme, rue Fon Sainte-Anne 05 65 47 82 68

Au Moulin d'Alexandre avec ch

– 05 65 47 45 85 – Fax 05 65 52 73 78 – Fermé 30 avril-13 mai, 1er-14 oct. et dim. soir de la Toussaint à Pâques

9 ch – 48 € 48 €, 8 € – ½ P 50 € – **Rest** – Menu 12 € (déj. en sem.), 23/29 € – Carte 31/36 €

◆ Ce moulin du 16e s. participe à l'animation de ce charmant village aveyronnais : bar-tabac, restaurant et hôtel. La salle des repas conserve une agréable rusticité (cheminée, poutres et pierres). Les chambres offrent un confort plutôt modeste.

STE-EUPHÉMIE – 01 Ain – 328 B5 – 1 118 h. – alt. 247 m – ✉ 01600 43 E1

Paris 435 – Bourg-en-Bresse 49 – Dijon 168 – Lyon 36

Au Petit Moulin VISA

– 04 74 00 60 10 – Fax 04 74 00 60 10 – Fermé 4 fév.-6 mars, merc. en hiver, lundi en été, dim. soir et mardi

Rest – Menu 11,50 € bc (déj. en sem.), 23/29 € – Carte 29/35 €

◆ Sur la carte de cette modeste auberge de campagne voisine de la Dombes : grenouilles, poissons d'eau douce et volailles, soigneusement mitonnés et généreusement servis.

STE-FEYRE – 23 Creuse – 325 I4 – rattaché à Guéret

STE-FLORINE – 43 Haute-Loire – 331 B1 – 3 002 h. – alt. 440 m – ✉ 43250 6 C2

Paris 465 – Brioude 16 – Clermont-Fd 55 – Issoire 19 – Murat 60 – Le Puy-en-Velay 77

Le Florina avec ch ch, VISA AE

pl. Hôtel de Ville – 04 73 54 04 45 – leflorina@wanadoo.fr – Fax 04 73 54 02 62 – Fermé 23 déc.-15 janv.

14 ch – 33 € 39/57 €, 6,50 € – ½ P 39/47 € – **Rest** – *(fermé dim. soir)* Menu (9 €), 14/25 € – Carte 17/36 €

◆ Ce bâtiment récent abrite un sobre restaurant proposant une cuisine régionale. Chambres fonctionnelles ou, à réserver en priorité, plus colorées et personnalisées.

STE-FOY-LA-GRANDE – 33 Gironde – 335 M5 – 2 788 h. – alt. 10 m – ✉ 33220

Aquitaine 4 C1

- Paris 555 – Bordeaux 71 – Langon 59 – Marmande 44 – Périgueux 67
- Office de tourisme, 102 rue de la République ✆ 05 57 46 03 00, Fax 05 57 46 16 62
- Chateau des Vigiers Golf Club à MonestierSE : 9 km par D 18, ✆ 05 53 61 50 33.

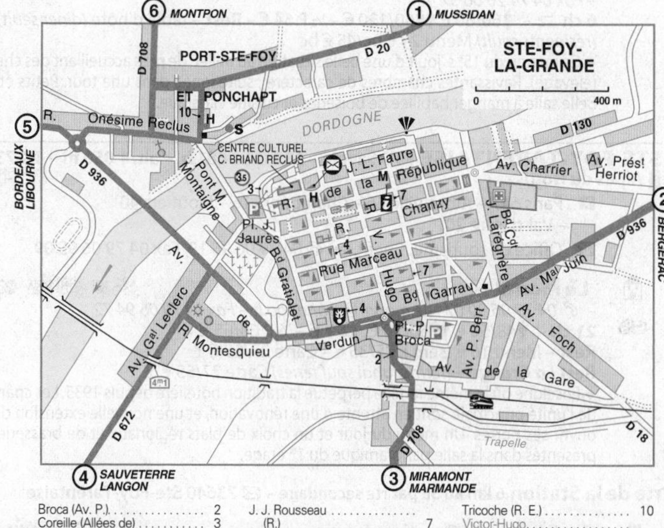

Broca (Av. P.)	2	J. J. Rousseau (R.)	7	Tricoche (R. E.)	10
Coreille (Allées de)	3	République (R. de la)		Victor-Hugo (R.)	
Frères-Reclus (R. des)	4				

Au Fil de l'Eau

à Port-Ste-Foy – ✆ 05 53 24 72 60 – Fax 05 53 24 94 97 – Fermé 18 mars-2 avril, 18 nov.-3 déc. et 2 janv.-12 fév., merc. soir de janv. à mars, dim. soir sauf juil.-août et lundi s

Rest – Menu 14 € (déj. en sem.), 20/53 € – Carte 42/66 €

◆ La maison est d'allure un peu banale, certes, mais il fait bon s'y attabler, notamment en été, sur la sémillante terrasse dominant la Dordogne. Cuisine régionale actualisée.

au Sud-Est : 8 km sur D 18 – ✉ 24240 Monestier

Château des Vigiers

ch, ch, cuisinette 15/45, VISA AE

au golf des Vigiers – ✆ 05 53 61 50 00 – reserve@vigiers.com – Fax 05 53 61 50 20 – Fermé 15 déc.-15 janv.

36 ch – 150/300 € 150/300 €, 22 €, 11 duplex – ½ P 100/210 €

Rest *Les Fresques* – *✆ 05 53 61 50 39 (ouvert 1er mai-30 sept. et fermé mardi et merc.) (dîner seult)* Menu 45/70 € – Carte 50/62 €

Rest *Brasserie Le Chai* – *✆ 05 53 61 50 39 (fermé 15 déc.-15 janv.)* Menu (15 € bc), 20 € (déj. en sem.), 32/38 € – Carte environ 38 €

◆ Ce château du 16e s. et ses dépendances s'inscrivent dans un parc aménagé en golf. Chambres spacieuses et personnalisées. Élégant décor, cuisine au goût du jour et vins de la propriété au restaurant Les Fresques. La Brasserie met à profit un ancien chai.

par ⑤ et rte secondaire – ✉ 33220 Port-Ste-Foy

L'Escapade

VISA AE

La Grâce – ✆ 05 53 24 22 79 – info@escapade-dordogne.com – Fax 05 53 57 45 05

12 ch – 48 € 52 €, 7 € – ½ P 55 € – **Rest** – *(ouvert 1er fév.-15 oct. et fermé dim. soir et vend. en fév.-mars) (dîner seult) (prévenir)* Menu 20/30 € – Carte 32/84 €

◆ Sur la route de Compostelle, ancienne ferme à tabac (17e s.) voisinant avec un centre équestre. Chambres rustiques, sauna, piscine d'été et silence de la campagne. Spécialités régionales servies dans une salle champêtre ou en terrasse.

STE-FOY-L'ARGENTIÈRE – 69 Rhône – 327 F5 – 1 167 h. – alt. 430 m – ✉ 69610 44 A2

Paris 487 – Lyon 49 – Saint-Étienne 52 – Villeurbanne 52

Manoir de Tourville ch,
8 km au Nord par D 483 et rte secondaire – ✆ 04 74 26 66 57 – tourville@manoirdetourville.com – Fax 04 74 26 66 57
6 ch – 60/80 € 60/120 € – ½ P 54 € – **Rest** – table d'hôte *(dîner seult) (résidents seult)* Menu 24 € bc/45 € bc
♦ Ce manoir du 15e s. jouit d'une belle situation au milieu de prés accueillant des chevaux (élevage). Ravissantes chambres de caractère ; suite logée dans une tour. Petits étangs. Belle salle à manger habillée de boiseries et cuisine classique.

STE-FOY-TARENTAISE – 73 Savoie – 333 O4 – 681 h. – alt. 1 050 m – ✉ 73640 Alpes du Nord 45 D2

Paris 647 – Albertville 66 – Chambéry 116 – Moûtiers 40 – Val-d'Isère 20

Office de tourisme, Chef-Lieu ✆ 04 79 06 95 19, Fax 04 79 06 95 09

Le Monal VISA AE
– ✆ 04 79 06 90 07 – le.monal@wanadoo.fr – Fax 04 79 06 94 72
21 ch – 48/50 € 60/70 €, 7 € – ½ P 60/65 €
Rest – Menu 16 € (sem.), 25/35 € – Carte 27/55 €
Rest *La Grange* – *(fermé lundi sauf fériés)* Carte 27/55 €
♦ Enseigne où la même famille perpétue la tradition hôtelière depuis 1935. Les chambres de l'unité principale sont en attente d'une rénovation, et une nouvelle extension devrait ouvrir ses portes. Un menu du jour et un choix de plats régionaux et de brasserie sont présentés dans la salle panoramique du 1er étage.

rte de la Station 6 km au SE par rte secondaire – ✉ 73640 Ste-Foy-Tarentaise

La Ferme du Baptieu P
Le Baptieu (D4) – ✆ 04 79 06 97 52 – contact.baptieu@lafermedubaptieu.com – Fax 04 79 06 97 52 – Ouvert juil.-août et déc.-avril
5 ch – 147/168 € 147/168 € – 1 suite – **Rest** – table d'hôte *(ouvert déc.-avril) (dîner seult)* Menu 35 €
♦ Ce chalet du 18e s. a un charme fou : meubles et objets chinés, boiseries chaleureuses, tissus colorés. Chaque chambre possède une superbe salle de bain et un balcon ouvrant sur la montagne. Table gourmande autour des spécialités savoyardes et méditerranéennes.

STE-GEMME-MORONVAL – 28 Eure-et-Loir – 311 E3 – rattaché à Dreux

STE-GENEVIÈVE-DES-BOIS – 91 Essonne – 312 C4 – 101 35 – voir à Paris, Environs

STE-GENEVIÈVE-SUR-ARGENCE – 12 Aveyron – 338 I2 – 1 027 h. – alt. 800 m – ✉ 12420 29 D1

Paris 571 – Aurillac 56 – Chaudes-Aigues 34 – Espalion 40

Syndicat d'initiative, Mairie ✆ 05 65 66 19 75, Fax 05 65 66 19 75

Barrage de Sarrans★ N : 8 km, Midi-Pyrénées.

Des Voyageurs avec ch VISA
– ✆ 05 65 66 41 03 – Fax 05 65 66 10 94 – Fermé 20 sept-10 oct., 23 déc.-2 janv., dim. soir et sam. sauf juil.-août
14 ch – 41 € 41 €, 6 € – ½ P 40 € – **Rest** – Menu 10,50 € (déj. en sem.), 12,50/30 €
♦ Cet ex-relais de diligences accueille les voyageurs depuis 1872. Le décor rustique du restaurant ouvert sur un jardin se prête bien aux plats régionaux préparés à l'ancienne. Chambres simples et pratiques.

STE HERMINE – **85 Vendée** – **316** J8 – **2 256 h.** – **alt. 28 m** – ✉ **85210** 34 **B3**

Paris 433 – Nantes 93 – La Roche-sur-Yon 35 – La Rochelle 59 – Les Herbiers 44

Office de tourisme, la Gare ✆ 02 51 27 39 32, Fax 02 51 27 39 32

Clem'otel ch, 20, P VISA

parc Atlantique Vendée, 2 km au Sud sur N 137 – ✆ 02 51 28 46 94 – clem.otel@wanadoo.fr – Fax 02 51 28 46 81

49 ch – †50 € ††62 €, ☕ 7 € – ½ P 50 € – **Rest** – Menu (11,50 €), 15/22 € – Carte 17/27 € ♀

◆ Nouvel hôtel doté de chambres claires et bien insonorisées. Palmiers et tournesols donnent une allure exotique au patio central. À table, régalez-vous de grillades (préparées sous vos yeux) ou de plats du terroir dans un décor mi-contemporain, mi-rustique.

STE-LUCIE-DE-PORTO-VECCHIO – **2A Corse-du-Sud** – **345** F9 – **voir à Corse**

STE-LUCIE-DE-TALLANO – **2A Corse-du-Sud** – **345** D9 – **voir à Corse**

STE-MAGNANCE – **89 Yonne** – **319** H7 – **353 h.** – **alt. 310 m** – ✉ **89420**
Bourgogne 7 **B2**

Paris 224 – Avallon 15 – Auxerre 65 – Dijon 68 – Saulieu 24

Tombeau★ dans l'église.

Auberge des Cordois P VISA

N 6 – ✆ 03 86 33 11 79 – Fermé 25 juin-4 juil., 12-21 nov., 7 janv.-1er fév., lundi soir, mardi et merc.

Rest – Menu 26/37 € – Carte 31/45 € ♀

◆ Près du hameau éponyme, maison bicentenaire repérable à sa façade jaune. Petites salles rustiques actualisées par des tons ocre et violet. Terrasse pavée. Mets et vins locaux.

STE-MARGUERITE (ÎLE) – **06 Alpes-Maritimes** – **341** D6 – **voir à Île Sainte-Marguerite**

STE-MARIE – **44 Loire-Atlantique** – **316** D5 – **rattaché à Pornic**

STE-MARIE-AUX-MINES – **68 Haut-Rhin** – **315** H7 – **5 816 h.** – **alt. 350 m** –
✉ **68160** Alsace Lorraine 1 **A2**

Paris 422 – Colmar 43 – St-Dié 25 – Sélestat 23

Tunnel de Ste-Marie-aux-Mines : fermé pour travaux jusqu'à fin 2007- Renseignements : www.bison-fute.equipement.gouv.fr.

Office de tourisme, 86 rue Wilson ✆ 03 89 58 80 50, Fax 03 89 58 67 92

Aux Mines d'Argent avec ch ch, VISA AE

8 r. Dr Weisgerber, (près H. de Ville) – ✆ 03 89 58 55 75 – Fax 03 89 58 65 49

9 ch – †30/45 € ††30/55 €, ☕ 10 € – ½ P 45 € – **Rest** – Menu 15/32 € – Carte 18/40 € ♀

◆ Lambris, mobilier alsacien, gravures sur bois (scènes de la vie minière) : une authentique wistub dans une maison du 16e s. Terrasse au bord d'un ruisseau et carte régionale.

STE-MARIE-DE-RÉ – **17 Charente-Maritime** – **324** C3 – **voir à Île de Ré**

STE-MARIE-DE-VARS – **05 Hautes-Alpes** – **334** I5 – **rattaché à Vars**

STE-MARIE-SICCHÉ – **2A Corse-du-Sud** – **345** C8 – **voir à Corse**

STE-MARINE – **29 Finistère** – **308** G7 – **rattaché à Bénodet**

STE-MAURE – 10 Aube – 313 E3 – rattaché à Troyes

STE-MAURE-DE-TOURAINE – 37 Indre-et-Loire – 317 M6 – 3 909 h. – alt. 85 m – ✉ 37800 Châteaux de la Loire
11 **B3**

Paris 273 – Le Blanc 71 – Châtellerault 39 – Chinon 32 – Loches 31 – Thouars 73 – Tours 40

Office de tourisme, rue du Château ✆ 02 47 65 66 20, Fax 02 47 34 04 28

Hostellerie des Hauts de Ste-Maure ch, ch, rest, 10/20, VISA AE
av. Gén. de Gaulle
– ✆ 02 47 65 50 65 – hauts-de-ste-maure@wanadoo.fr – Fax 02 47 65 60 24
– Fermé janv. et dim. d'oct. à mai
26 ch – 94/145 € 94/145 €, 12 € – ½ P 118 €
Rest *La Poste* – *✆ 02 47 65 51 18 (fermé lundi midi et dim. d'oct. à mai)*
Menu 39/70 € – Carte 49/59 €

◆ Ancien relais de poste hébergeant des chambres traditionnelles ; une dépendance abrite les plus confortables, amples et coquettes. Jardin, potager et minimusée de voitures. Mets classiques, belle carte de chinons et élégant cadre rustique au restaurant.

à Pouzay Sud-Ouest : 8 km – 755 h. – alt. 51 m – ✉ 37800

Au Gardon Frit 60, VISA
– ✆ 02 47 65 21 81 – Fax 02 47 65 21 81 – Fermé 17-26 avril, 18 sept.-3 oct., 15-24 janv., mardi et merc. sauf fériés
Rest – Menu 12,50 € (déj. en sem.), 23/37 € – Carte 21/52 €

◆ Point de "gardon frit" sur la carte, mais des produits de la mer. Ce restaurant doublé d'un bar-tabac dispose d'une salle à manger au décor marin et d'une belle cour-terrasse.

rte de Chinon Ouest : 2,5 km par D 760 – ✉ 37800 Noyant-de-Touraine

La Ciboulette VISA
face échangeur A 10, sortie nº 25 – ✆ 02 47 65 84 64 – laciboulette@wanadoo.fr – Fax 02 47 65 89 29 – Fermé lundi soir, mardi soir et dim. soir d'oct. à mars sauf vacances scolaires et fériés
Rest – Menu (16 €), 19/25 € – Carte 28/55 €

◆ Établissement situé près de l'échangeur autoroutier. Salle à manger sobrement décorée et réchauffée en hiver par une cheminée ; terrasse d'été dressée face à une petite vigne.

à Noyant-de-Touraine Ouest : 5 km – 646 h. – alt. 92 m – ✉ 37800

Château de Brou 15, VISA AE
au Nord : 2 km par rte secondaire – ✆ 02 47 65 80 80
– info@chateau-de-brou.fr – Fax 02 47 65 82 92 – Fermé 12-29 nov., 3 janv.-7 fév., dim. et lundi d'oct. à avril
10 ch – 115/165 € 115/165 €, 15 € – 2 suites – ½ P 180/230 €
– Rest – *(fermé lundi d'oct. à avril et dim.) (dîner seult)* Menu 45/65 €
– Carte 48/68 €

◆ Beau château du 15e s. isolé dans un vaste parc. Remarquable décor historique au service d'un très grand confort. Ravissant pigeonnier aménagé en suite. Chapelle du 19e s. Élégante petite salle à manger agrémentée d'une jolie cheminée ; carte traditionnelle.

STE-MAXIME – 83 Var – 340 O6 – 11 785 h. – alt. 10 m – Casino – ✉ 83120 Côte d'Azur
41 **C3**

Paris 872 – Cannes 59 – Draguignan 34 – Fréjus 20 – Toulon 72

Office de tourisme, 1 promenade Simon-Loriere ✆ 04 94 55 75 55, Fax 04 94 55 75 56

de Sainte-Maxime Route du Débarquement, N : 2 km, ✆ 04 94 55 02 02 ;

de Beauvallon Boulevard des Collines, par rte de Toulon : 4 km, ✆ 04 94 96 16 98.

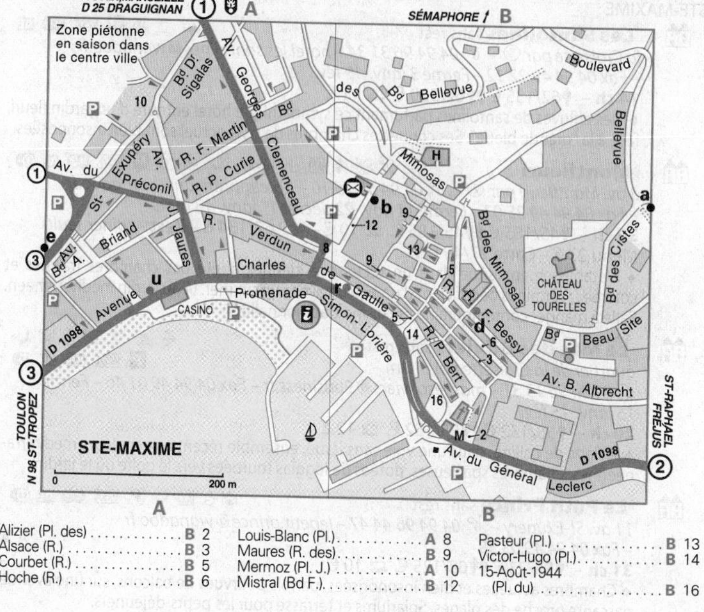

Alizier (Pl. des) . . . . B 2	Louis-Blanc (Pl.) . . . . A 8	Pasteur (Pl.) . . . . B 13
Alsace (R.) . . . . B 3	Maures (R. des) . . . . B 9	Victor-Hugo (Pl.) . . . . B 14
Courbet (R.) . . . . B 5	Mermoz (Pl. J.) . . . . A 10	15-Août-1944
Hoche (R.) . . . . B 6	Mistral (Bd F.) . . . . B 12	(Pl. du) . . . . B 16

Le Beauvallon — golfe de St-Tropez, rest, 15/150,
5 km par ③ rte de St-Tropez
04 94 55 78 88 – reservation@lebeauvallon.com – Fax 04 94 55 78 78 – Ouvert 20 avril-fin oct.
65 ch – 205/830 € 205/830 €, 29 € – 5 suites
Rest *Les Colonnades* – *(dîner seult)* Menu 80/95 € – Carte 43/86 €
Rest *Beauvallon Beach* – *(déj. seult sauf en juil.-août)* Carte 48/87 €
◆ Luxueux hôtel de 1913 paressant au milieu d'un parc de 4 ha (pins parasols et palmiers) face au rivage. Chambres élégantes et spacieuses. Salle de style Art déco, belle terrasse et cuisine du moment aux Colonnades. Jolie vue littorale au Beauvallon Beach.

Villa Grimaldi sans rest — baie,
44 bd Cistes – 04 98 12 93 79 – info@villa-grimaldi.com – Fax 04 98 12 93 89 – Ouvert 1er avril-30 sept.
3 ch – 143/434 €, 20 € – 3 suites — B a
◆ Dans un jardin dominant la baie, belle villa des années 1920 construite pour la famille Grimaldi. Espace, calme, décor soigné et original, œuvres d'art moderne et antiquités.

Hostellerie la Belle Aurore — golfe de St-Tropez,
5 bd Jean Moulin par ③ – 04 94 96 02 45 – info@belleaurore.com – Fax 04 94 96 63 87 – Ouvert 31 mars-14 oct.
16 ch – 140/420 € 140/420 €, 16 € – 1 suite – ½ P 124/264 € –
Rest – *(fermé merc. sauf juil.-août)* Menu 38/80 € – Carte 75/91 €
◆ "Les pieds dans l'eau", construction en pierre à allure de bastide provençale, disposant de chambres joliment rénovées, avec terrasse ou balcon. La salle à manger, construite en rotonde au-dessus des flots, offre une vue imprenable sur le golfe de St-Tropez.

Villa les Rosiers sans rest
4 chemin de Guerrevieille Beauvallon-Grimaud, 5 km par ③ – 04 94 55 55 20 – info@villa-les-rosiers.com – Fax 04 94 55 55 33 – Ouvert 16 mars-31 oct. et 23 déc.-9 janv.
11 ch – 140/440 € 140/440 €, 22 €
◆ Tableaux et sculptures contemporains personnalisent cette villa récente, ouverte sur la mer. Chambres décorées avec élégance et sobriété ; certaines ont une terrasse.

Les Santolines sans rest
la Croisette par ③ – ✆ 04 94 96 31 34 – hotel.les.santolines@wanadoo.fr – Fax 04 94 49 22 12 – Fermé 3 janv.-1er fév.
14 ch – 🚹62/135 € 🚹🚹62/320 €, ☕ 11 €
◆ Des effluves de santolines parfument ce sympathique hôtel entouré d'un jardin fleuri, face à la "grande bleue". Ses coquettes chambres de style actuel sont bien insonorisées.

Montfleuri ch, ch, 25,
3 av. Montfleuri par ② – ✆ 04 94 55 75 10 – hotelmontfleuri@wanadoo.fr – Fax 04 94 49 25 07 – Fermé 11 nov.-22 déc. et 1er janv.-13 mars
30 ch – 🚹45/185 € 🚹🚹45/185 €, ☕ 10 € – ½ P 67/134 € – **Rest** – *(dîner seult)* Menu 27 € – Carte 27/49 €
◆ L'établissement, situé dans un secteur résidentiel, abrite des chambres fraîches et colorées ; certaines bénéficient d'un balcon avec vue sur mer. Beau jardin méditerranéen. Salle à manger contemporaine et cuisine traditionnelle.

Le Mas des Oliviers sans rest
quartier de la Croisette par : 1 km – ✆ 04 94 96 13 31 – masdesoliviers@9business.fr – Fax 04 94 49 01 46 – Fermé 15 janv.-15 fév.
20 ch – 🚹55/152 € 🚹🚹55/152 €, ☕ 12 €
◆ À flanc de colline, dans une voie sans issue, ensemble récent aux couleurs méditerranéennes. Chambres spacieuses, dotées de loggias tournées vers le golfe ou le jardin.

Le Petit Prince sans rest
11 av. St-Exupéry – ✆ 04 94 96 44 47 – lepetit.prince@wanadoo.fr – Fax 04 94 49 03 38 A **e**
31 ch – 🚹55/73 € 🚹🚹68/125 €, ☕ 10 €
◆ Chambres actuelles et bien insonorisées, parfois pourvues de balcons, sur une avenue passante proche des plages. Solariums et terrasse pour les petits-déjeuners.

Croisette sans rest
2 bd Romarins par ③ – ✆ 04 94 96 17 75 – contact@hotel-la-croisette.com – Fax 04 94 96 52 40 – Ouvert 16 mars-14 oct.
18 ch – 🚹70/170 € 🚹🚹70/170 €, ☕ 11 €
◆ Lauriers roses, palmiers et figuiers entourent cette villa située dans un quartier pavillonnaire. Chambres fraîches et soignées ; certaines offrent la vue sur le large.

Hôtellerie de la Poste sans rest 30,
11 bd F. Mistral – ✆ 04 94 96 18 33 – laposte@hotelleriedusoleil.com – Fax 04 94 55 58 63 – Fermé 7-27 déc. B **b**
28 ch ☕ – 🚹65/130 € 🚹🚹65/200 €
◆ Devant la poste, construction de 1932 disposant d'un vaste espace d'accueil avec salon, bar et salle des petits-déjeuners. Chambres rajeunies, plus calmes côté piscine.

La Gruppi
av. Ch. de Gaulle – ✆ 04 94 96 03 61 – lagruppi@lagruppi.com – Fax 04 94 49 16 86 – Fermé mardi soir et merc. B **r**
Rest – Menu 23/32 € – Carte 45/59 €
◆ Attablez-vous sur la terrasse couverte ou dans la pimpante salle à manger de l'étage pour y déguster des spécialités de la mer à la mode provençale.

Le Dauphin
16 av. Ch. de Gaulle – ✆ 04 94 96 31 56 – Fax 04 94 96 81 31 – Fermé 14 nov. au 5 janv., lundi soir du 5 janv. au 4 avril et merc. A **u**
Rest – Menu 17 € (déj. en sem.), 30/38 € – Carte 40/54 €
◆ Un jeune couple a repris les rênes de ce petit restaurant situé face à la plage, derrière le casino. Décor simple et frais, tables bien alignées, cuisine traditionnelle.

au Nord-Est par av. Clemenceau et rte du Débarquement – ✉ **83120 Ste-Maxime**

Jas Neuf sans rest 30,
112 av. Débarquement – ✆ 04 94 55 07 30 – info@hotel-jasneuf.com – Fax 04 94 49 09 71 – Fermé janv.
24 ch – 🚹66/154 € 🚹🚹66/154 €, ☕ 9,50 €
◆ Maison de style régional proche de la belle plage de la Nartelle où les troupes alliées débarquèrent en 1944. Chambres coquettes, pour la plupart dotées de terrasses.

à La Nartelle par ② : 4 km – ✉ 83120 Ste-Maxime

Hostellerie de la Nartelle sans rest

48 av. Général Touzet du Vigier – ✆ 04 94 96 73 10 – hostel.nartelle@wanadoo.fr – Fax 04 94 96 64 79 – Ouvert 22 mars-10 nov.

18 ch – 60/119 € 60/119 €, ☕ 9 €

◆ Vous choisirez de préférence les chambres du 1er étage pour profiter au mieux de la vue sur la plage depuis votre grand balcon. Hôtel sobrement décoré.

à Val d'Esquières Nord-Ouest : 6 km par rte des Issambres – ✉ 83520 Roquebrune-sur-Argens

La Villa

à la Garonnette – ✆ 04 94 49 40 90 – contact@lavilla83.com – Fax 04 94 49 40 85 – Fermé fév.

12 ch – 60/135 € 65/270 €, ☕ 7,50 € – 4 suites

Rest *La table* – *(ouvert juin-sept.)* Menu 18/27 € – Carte 24/46 €

◆ Près des plages, hôtel rénové abritant de petites chambres personnalisées, fraîches et bien tenues ; certaines disposent d'une vue sur mer. Tons chaleureux et fauteuils en rotin composent le plaisant cadre du restaurant. Cuisine provençale mitonnée avec soin.

STE-MENÉHOULD – 51 Marne – 306 L8 – 4 979 h. – alt. 137 m – ✉ 51800

Champagne Ardenne 14 **C2**

Paris 221 – Bar-le-Duc 50 – Châlons-en-Champagne 48 – Reims 80 – Verdun 48

Syndicat d'initiative, 5 place du Général Leclerc ✆ 03 26 60 85 83, Fax 03 26 60 27 22

<★ de la butte appelée "Le château" - Château de Braux-Ste-Cohière★ O : 5,5 km.

Le Cheval Rouge 30,

1 r. Chanzy – ✆ 03 26 60 81 04 – rouge.cheval@wanadoo.fr – Fax 03 26 60 93 11 – Fermé 17 déc.-7 janv.

24 ch – 45 € 45 €, ☕ 7,50 € – ½ P 50 €

Rest – *(fermé dim. soir et lundi)* Menu 18/60 € – Carte 45/63 €

Rest *La Brasserie* – Menu 12 € – Carte 18/31 €

◆ Ce bâtiment de 1873, proche de l'hôtel de ville, vous assure des nuits tranquilles dans ses chambres impeccablement tenues. Salle de restaurant agrémentée d'une imposante cheminée où l'on sert une cuisine classique. Côté brasserie, décor d'esprit bistrot et petits plats de tradition.

à Futeau Est : 13 km par N 3 et D 2 – 154 h. – alt. 190 m – ✉ 55120

L'Orée du Bois avec ch ch,

1 km au Sud – ✆ 03 29 88 28 41 – oreedubois@free.fr – Fax 03 29 88 24 52 – Fermé 18 nov.-21 déc., 2-27 janv., lundi midi, mardi midi de Pâques à fin sept., dim. soir, lundi et mardi d'oct. à Pâques

14 ch – 82/130 € 82/150 €, ☕ 12 € – ½ P 92/120 € – **Rest** – Menu 25 € (sem.), 45/65 € – Carte 53 €

◆ En lisière de la forêt d'Argonne, engageante auberge abritant deux salles à manger tournées vers la campagne. Chambres amples et confortables (réservez-en une récente).

STE-MÈRE-ÉGLISE – 50 Manche – 303 E3 – 1 585 h. – alt. 28 m – ✉ 50480

Normandie Cotentin 32 **A2**

Paris 321 – Bayeux 57 – Cherbourg 39 – St-Lô 42

Office de tourisme, 6 rue Eisenhower ✆ 02 33 21 00 33, Fax 02 33 21 39 29

au Sud-Ouest 6 km par D 67 et D 70 - ✉ 50360 Picauville

Château de L'Isle Marie sans rest

– ✆ 02 33 21 37 25 – info@islemarie.com – Fax 02 33 21 42 22 – Ouvert 2 mars-2 nov.

5 ch – 125/155 € 125/155 €, ☕ 10 €

◆ Ce somptueux château médiéval qui appartient à la même famille depuis des siècles se dresse au fond d'un immense domaine. Grand confort, romantisme et authenticité : un lieu unique.

STE-PREUVE – 02 Aisne – 306 F5 – 85 h. – alt. 115 m – ✉ 02350 37 D2

Paris 188 – Saint-Quentin 69 – Laon 29 – Reims 49 – Soissons 62

Domaine du Château de Barive
Sud-Ouest : 3,2 km – cuisinette 15/100, P VISA MC AE
✆ 03 23 22 15 15 – contact@lesepicuriens.com – Fax 03 23 22 08 39
19 ch – †120/350 € ††120/350 €, ☕ 18 €
Rest *Les Epicuriens* – Menu 36/90 € – Carte 63/90 €
◆ Ce bel édifice du 19e s. niché dans un vaste parc profite du calme de la campagne picarde. Chambres "cosy" ; celles du 2e étage sont mansardées (charpente apparente). Salle à manger bourgeoise et véranda façon jardin d'hiver. Cuisine classique.

SAINTES – 17 Charente-Maritime – 324 G5 – 25 595 h. – alt. 15 m – ✉ 17100 38 B3

Poitou Vendée Charentes

Paris 469 – Bordeaux 117 – Poitiers 138 – Rochefort 42 – Royan 38

Office de tourisme, 62 cours National ✆ 05 46 74 23 82, Fax 05 46 92 17 01

de Saintonge Fontcouverte, par rte de Niort : 5 km, ✆ 05 46 74 27 61.

Abbaye aux Dames : église abbatiale★ - Vieille ville★ - Arc de Germanicus★ B - Église St-Eutrope : église inférieure★ E - Amphithéâtre gallo-romain★ - Musée des Beaux-Arts★ : Musée du Présidial M5 - Musée Archéologique : char de parade★.

Plan page ci-contre

Relais du Bois St-Georges
r. Royan (D 137) – ✆ 05 46 93 50 99 – info@relaisdubois.com – Fax 05 46 93 34 93 — ch, ch, 50, P VISA MC — Y d
27 ch – †78/80 € ††220/250 €, ☕ 16 €, 3 duplex
Rest – Menu 36/135 € bc – Carte 54/74 €
Rest *La Table du Bois* – Menu (22 € bc), 26 € bc
◆ Bâti sur le site d'un ancien chai, cet hôtel propose des chambres personnalisées, parfois très originales : capitaine Némo, Tombouctou, Monte Cristo... Parc avec étang. La salle à manger rustique ouvre sur la nature. Ambiance "cosy" et formule bistrot à la Table du Bois.

Des Messageries sans rest
r. Messageries – ✆ 05 46 93 64 99 – info@hotel-des-messageries.com – Fax 05 46 92 14 34 — VISA MC AE — AZ r
33 ch – †50/60 € ††57/80 €, ☕ 8 €
◆ Près du quartier historique, ex-relais de diligences datant de 1792. Chambres en partie refaites dans un style actuel. Produits du terroir au petit-déjeuner. Accueil charmant.

L'Avenue sans rest
114 av. Gambetta – ✆ 05 46 74 05 91 – contact@hoteldelavenue.com – Fax 05 46 74 32 16 – Fermé 23 déc.-2 janv. — P VISA MC — BZ s
15 ch – †37 € ††55 €, ☕ 7 €
◆ Accueil souriant garanti dans cet immeuble des années 1970 bordant un axe passant. Les chambres, personnalisées et chaleureuses, donnent sur l'arrière et sont calmes.

Le Saintonge
complexe Saintes-Végas, rte Royan – ✆ 05 46 97 00 00 – sasercol@wanadoo.fr – Fax 05 46 97 21 46 – Fermé dim. soir et lundi soir — AC P VISA MC AE — Y f
Rest – Menu (20 €), 26/46 € – Carte 58/71 €
◆ Dans le complexe de "Saintes-Vegas" (amphithéâtre, salons et discothèques), lumineuse salle de restaurant en rotonde au cadre plutôt élégant. Cuisine classique.

Le Bistrot Galant
28 r. St-Michel – ✆ 05 46 93 08 51 – bistrot.galant@club-internet.fr – Fax 05 46 90 95 58 – Fermé dim. et lundi — VISA MC AE — AZ e
Rest – Menu (13 €), 16/33 € – Carte 34/38 €
◆ Dans une rue calme, derrière une façade vitrée, deux petites salles à manger décorées dans des tons assez gais, où l'on propose une carte dans l'air du temps.

SAINTES

Saveurs de l'Abbaye avec ch — ch, VISA

1 pl. Saint Palais – ✆ 05 46 94 17 91 – info@saveurs-abbaye.com – Fax 05 46 94 47 54 – Fermé 29 oct.-12 nov. et 11-25 fév. BZ **t**

8 ch – 42 € 45 €, 6 € – **Rest** – *(fermé dim. soir et lundi)* Menu 12 € (déj. en sem.), 20/30 € – Carte 26/34 €

◆ Une engageante maison familiale, à deux pas de l'Abbaye aux Dames. Salle d'esprit bistrot contemporain et cuisine ad hoc associant produits régionaux, herbes et épices. Chambres modernes avec une touche de personnalisation ("Couleurs d'Asie", "Côté Mer", etc.).

STE-SABINE – **21 Côte-d'Or** – **320** H6 – **rattaché à Pouilly-en-Auxois**

STE-SAVINE – **10 Aube** – **313** E4 – **rattaché à Troyes**

Grand luxe ou sans prétention ?
Les X et les notent le confort.

STES-MARIES-DE-LA-MER – 13 Bouches-du-Rhône – 340 B5 – 2 478 h. – alt. 1 m – Provence

40 **A3**

Paris 778 – Marseille 129 – Nîmes 67 – Arles 39 – Istres 84

Office de tourisme, 5 avenue Van Gogh ✆ 04 90 97 82 55, Fax 04 90 97 71 15

Plan page ci-contre

Le Galoubet sans rest

VISA

rte Cacharel – ✆ 04 90 97 82 17 – info@hotelgaloubet.com – Fax 04 90 97 71 20 – Fermé 16-28 déc. et 7 janv.-15 fév. B **s**

20 ch – †50/54 € ††65/72 €, ☕ 6 €

♦ Ce sympathique hôtel familial abrite des chambres rustico-provençales ; au 1er étage, quatre ont un balcon avec vue dégagée sur la Réserve des Impériaux. Tenue méticuleuse.

Mas des Rièges sans rest

VISA

par rte Cacharel et rte secondaire : 1 km – ✆ 04 90 97 85 07 – hoteldesrieges@wanadoo.fr – Fax 04 90 97 72 26 – Fermé 15 nov.-15 déc. et 5 janv.-5 fév.

20 ch – †58/64 € ††68/74 €, ☕ 7,50 €

♦ Architecture typiquement camarguaise entourée de marais, chambres (sauf une) avec terrasse privative, ravissant jardin méridional, centre équestre et institut de beauté.

Pont Blanc sans rest

VISA

chemin du Pont Blanc, par rte Arles – ✆ 04 90 97 89 11 – hotel.du.pont.blanc@wanadoo.fr – Fax 04 90 97 87 00 – Fermé 25 nov.-26 déc. A **z**

15 ch – †45/55 € ††45/63 €, ☕ 5,50 €

♦ Chaque chambre de cette paisible bâtisse blanche dispose d'une vue sur la piscine et d'un jardinet à l'arrière, sauf trois (dont deux duplex) occupant une cabane de gardian.

Le Mas des Salicornes

ch, VISA

rte d'Arles – ✆ 04 90 97 83 41 – info@hotel-salicornes.com – Fax 04 90 97 85 70 – Ouvert 15 mars-11 nov. A **y**

22 ch ☕ – †56/67 € ††68/79 € – 6 suites – ½ P 58/63 € – **Rest** – *(ouvert 1er avril-11 nov. et fermé dim. sauf juil.-août) (dîner seult)* Menu 23 €

♦ Constructions de plain-pied respectant le style local. Certaines chambres sont rénovées, six occupent une aile récente et toutes bénéficient de terrasses privatives. Restaurant au cadre rustico-provençal proposant un menu du jour d'inspiration régionale.

Le Bleu Marine sans rest

VISA

15 av. Dr Cambon – ✆ 04 90 97 77 00 – hbleumar@aol.com – Fax 04 90 97 76 00 – Ouvert 5 avril-14 oct. B **t**

26 ch – †35/64 € ††40/64 €, ☕ 5,50 €

♦ Le blanc et le bleu sont les couleurs fétiches de cet hôtel proche d'un camping. Chambres insonorisées et sagement décorées. Huit d'entre elles possèdent balcon ou terrasse.

Le Fangassier sans rest

VISA

rte Cacharel – ✆ 04 90 97 85 02 – fangassier@camargue.fr – Fax 04 90 97 76 05 – Fermé 15 nov.-21 déc. et 6 janv.-8 fév. B **e**

23 ch – †40/56 € ††40/56 €, ☕ 6 €

♦ Préférez les chambres de l'arrière, dotées d'une petite terrasse au rez-de-chaussée, ou celles du dernier étage, mansardées et plus douillettes. Décor rustique sobre et frais.

Les Arcades sans rest

VISA

r. P. Herman – ✆ 04 90 97 73 10 – contact@hotel-lesarcades.fr – Fax 04 90 97 75 23 – Ouvert 2 mars-10 nov. B **n**

17 ch – †40/61 € ††40/61 €, ☕ 6 €

♦ Ce bâtiment récent en angle de rue n'est qu'à quelques pas du centre-ville. Les chambres des étages, plus amples et au décor actuel, offrent une bonne insonorisation.

STES-MARIES -DE-LA-MER

Aubanel (R. Théodore) . . . . . . A 2
Bizet (R. Georges) . . . . A 6
Carrière (R. Marcel) . . . . B 8
Châteaubriand (R.) . . . . A 10
Château d'eau (R. du) . . . . A 12
Crin Blanc (R.) . . . . A 15
Eglise (Pl. de l') . . . . A 17
Espelly (R.) . . . . A 18
Etang (R. de l') . . . . A 20
Ferrade (R. de la) . . . . B 22
Fouque (R. du Capitaine) . . . . A 23
Gambetta (Av. Léon) . . . . AB 25
Lamartine (Pl.) . . . . A 27
Marquis-de-Baroncelli (Pl.) . . . . A 28
Médina (R. François) . . . . B 29
Pénitents Blancs (R. des) . . . . A 30
Portalet (Pl.) . . . . A 32
Razeteurs (R. des) . . . . A 34

Le Mirage sans rest
r. C. Pelletan – ✆ 04 90 97 80 43 – lemirage@camargue.fr – Fax 04 90 97 72 22 – Ouvert 7 avril-14 oct. B v
27 ch – 🕴40/48 € 🕴🕴46/59 €, ☕ 6 €
◆ Hôtel familial installé dans un ancien cinéma. Préférez les chambres rénovées du 2e étage. Les autres sont plus simples, notamment celles du rez-de-chaussée côté rue.

rte du Bac du Sauvage **Nord-Ouest : 4 km par D 38 – ✉ 13460 Les Stes-Maries-de-la-Mer**

Le Mas de la Fouque ch, rest,
– ✆ 04 90 97 81 02 – info@masdelafouque.com
– Fax 04 90 97 96 84 – Ouvert 21 mars-11 nov.
17 ch – 180/300 € 180/300 €, 20 € – 6 suites – ½ P 160/220 € –
Rest – Menu 45 € (déj.)/55 € (dîner) – Carte environ 50 €
◆ Cadre de rêve pour ce mas entouré d'étangs et isolé dans la Camargue. Spacieuses chambres raffinées. Héliport. Spa épuré. Restaurant au décor exotique et chic, ouvert sur le parc. Plats régionaux à base de produits naturels ou "bio". Terrasse sous un gazebo balinais.

L'Estelle ch, rest,
rte Petit Rhône (D38) – ✆ 04 90 97 89 01 – reception@hotelestelle.com
– Fax 04 90 97 80 36 – Ouvert 24 mars-25 nov. et 22 déc.-5 janv.
19 ch – 145/210 € 160/380 € – 1 suite – ½ P 115/225 € –
Rest – *(fermé lundi midi et mardi midi)* Menu 35/85 € – Carte 52/93 €
◆ Ravissant jardin et confortables chambres provençales avec vue sur la piscine à débordement ou les étangs : un hôtel plein de charme, au bord du Petit-Rhône. Restaurant méridional, agréable terrasse et, à midi, quelques tables dressées sur une presqu'île.

rte d'Arles **Nord-Ouest par D 570 – ✉ 13460 Les Stes-Maries-de-la-Mer**

Pont des Bannes ch, 30,
à 1 km – ✆ 04 90 97 81 09 – contact@pontdesbannes.net – Fax 04 90 97 89 28
– Fermé 13 nov.-8 déc. et 4-24 fév.
27 ch – 130/166 € 130/166 € – ½ P 101/126 € –
Rest – *(fermé dim. soir, mardi midi et lundi du 11 nov. au 31 mars)* Menu 25/45 € – Carte 31/57 €
◆ Hôtel de caractère dont les chambres, d'esprit rustique ou contemporain, sont logées dans des cabanes de gardians au milieu des marais. Centre équestre. Tomettes, poutres, cheminée et baies vitrées ouvertes sur la piscine composent le cadre du restaurant.

Mas Ste-Hélène étang,
à 800 m. – ✆ 04 90 97 83 29 – Fax 04 90 97 89 28
13 ch – 130/166 € 130/166 € – ½ P 101/126 €
Rest Repas voir ***Pont des Bannes*** – voir ci-dessus
◆ Le Mas Ste-Hélène, situé sur une presqu'île de l'étang des Launes, abrite des chambres avec terrasse idéale pour observer la faune et la flore. Accueil au Pont des Bannes.

Les Rizières sans rest
à 2,5 km – ✆ 04 90 97 91 91 – contact@lesrizieres-camargue.com
– Fax 04 90 97 70 77 – Fermé 1er déc.-1er janv.
27 ch – 64/94 € 64/94 €, 8 €
◆ Les chambres se répartissent autour du patio. Quelques-unes, à l'instar du hall et de la salle des petits-déjeuners, sont rénovées. Les autres conservent leur style rustique.

Hostellerie du Pont de Gau avec ch ch,
à 5 km – ✆ 04 90 97 81 53 – hotellerie-du-pont-de-gau@wanadoo.fr
– Fax 04 90 97 98 54 – Fermé 3 janv.-12 fév. et merc. du 15 nov. à Pâques sauf vacances scolaires
9 ch – 51 € 51 €, 8 € – ½ P 65 € – **Rest** – Menu 20/50 € – Carte 45/59 €
◆ À côté du Parc ornithologique, salle à manger avec poutres apparentes, cheminée et trompe-l'œil, et agréable véranda aux tons bleu et blanc. Goûteux plats du terroir.

Ce guide vit avec vous : vos découvertes nous intéressent.
Faites-nous part de vos satisfactions comme de vos déceptions.
Coup de colère ou coup de cœur : écrivez-nous !

LES SAISIES – 73 Savoie – 333 M3 – Sports d'hiver : 1 600/1 870 m 24 – ✉ 73620

45 **D1**

Paris 597 – Albertville 29 – Annecy 61 – Bourg-St-Maurice 53 – Chamonix-Mont-Blanc 55 – Megève 23

Office de tourisme, avenue des Jeux Olympiques ✆ 04 79 38 90 30, Fax 04 79 38 96 29

Le Calgary ch, rest, rest, VISA AE

– ✆ 04 79 38 98 38 – contact@hotelcalgary.com – Fax 04 79 38 98 00 – Ouvert 17 juin-7 sept. et 16 déc.-20 avril

40 ch – 80/95 € 130/185 €, 11 € – ½ P 99/126 € –

Rest – *(dîner seult sauf vacances scolaires)* Menu 25 € (dîner) – Carte 31/45 €

◆ L'enseigne de ce chalet à la "tyrolienne" rend hommage aux victoires remportées par l'enfant du pays, Franck Piccard, lors des JO de 1988. Chambres spacieuses et confortables. Cuisine classique enrichie de spécialités savoyardes, servie dans un cadre sobre.

Nous essayons d'être le plus exact possible dans les prix que nous indiquons. Mais tout bouge ! Lors de votre réservation, pensez à vous faire préciser le prix du moment.

SALBRIS – 41 Loir-et-Cher – 318 J7 – 6 029 h. – alt. 104 m – ✉ 41300

Châteaux de la Loire

12 **C2**

Paris 187 – Blois 65 – Bourges 62 – Montargis 102 – Orléans 64 – Vierzon 24

Office de tourisme, rue du Général Girault ✆ 02 54 97 22 27, Fax 02 54 97 22 27

de Nançay à Nançay Domaine de Samord, SE : 15 km, ✆ 02 48 51 86 55.

Domaine de Valaudran ch, 15/60, VISA AE

Sud-Ouest : 1,5 km par rte Romorantin – ✆ 02 54 97 20 00 – info@hotelvalaudran.com – Fax 02 54 97 12 22 – Fermé 22 déc.-3 janv., fév. et dim. d'oct. à avril

32 ch – 69/106 € 92/106 €, 13 € – ½ P 80 € – **Rest** – *(fermé sam. midi, dim. et lundi d'oct. à avril)* Menu 32/38 € – Carte 50/65 €

◆ Gentilhommière du 19e s. en briques et tuffeau au cœur d'un parc arboré. Les chambres, refaites, s'agrémentent d'un sage décor moderne ; certaines sont mansardées. Servie dans un cadre élégant, cuisine au goût du jour utilisant les produits du potager.

Le Parc 15, VISA

8 av. Orléans – ✆ 02 54 97 18 53 – reservation@leparcsalbris.com – Fax 02 54 97 24 34 – Fermé 21 déc.-6 janv.

23 ch – 43/70 € 54/96 €, 9,50 € – ½ P 53/66 € – **Rest** – *(fermé dim. soir, mardi midi et lundi de déc. à mars) (prévenir)* Menu 24/54 € – Carte 29/54 €

◆ Demeure bourgeoise agrémentée d'un joli parc avec potager. Chambres progressivement rénovées et salons bien agencés. Au restaurant, ambiance rustique, flambées hivernales dans la cheminée et cuisine classique volontiers potagère à la belle saison.

La Sauldraie rest, VISA

81 av. Orléans – ✆ 02 54 97 17 76 – lasauldraie@wanadoo.fr – Fax 02 54 97 29 67 – Fermé 4-19 mars, 9-24 sept., 24-31 déc. et dim. soir hors saison

11 ch – 47 € 47 €, 9 € – 1 suite – **Rest** – *(fermé dim. soir et lundi hors saison)* Menu 24/45 € – Carte 50/61 €

◆ Un parc et un petit bois entourent cette grande maison familiale. Les chambres, de styles variés, sont plus simples dans l'annexe. Plaisante salle à manger au cadre classique "cosy" et pièce plus sobre mais tournée vers le jardin. La Sologne inspire les menus.

SALERS – 15 Cantal – 330 C4 – 401 h. – alt. 950 m – ✉ 15140

Auvergne 5 **B3**

Paris 509 – Aurillac 43 – Brive-la-Gaillarde 100 – Mauriac 20 – Murat 43

Office de tourisme, place Tyssandier d'Escous ✆ 04 71 40 70 68, Fax 04 71 40 70 94

Grande-Place★★ - Église★ - Esplanade de Barrouze ≤★.

Le Bailliage ch, VISA MC AE

r. Notre-Dame – ✆ 04 71 40 71 95 – info@salers-hotel-bailliage.com – Fax 04 71 40 74 90 – Fermé 15 nov.-6 fév.

24 ch – 59 € 65/90 €, 9,50 € – 2 suites – ½ P 58/90 € –

Rest – Menu 14/42 € – Carte 18/46 €

◆ Cette demeure régionale propose de grandes chambres personnalisées et rénovées avec goût ; elles ont vue sur le jardin ou la campagne. Chaleureuse salle de restaurant et jolie terrasse pour déguster une appétissante cuisine auvergnate.

Demeure de Jarriges – Le Baillage VISA MC AE

à 300 m – ✆ 04 71 40 71 95 – info@salers-hotel-bailliage.com – Fax 04 71 40 74 90 – Fermé 25 nov.-6 fév.

5 ch – 75/90 € 75/90 €, 9,50 € – ½ P 65/85 €

◆ Chambres "cosy", où règne une atmosphère de maison de famille et jardin verdoyant, idéal pour le farniente.

Le Gerfaut sans rest ≤ cuisinette 25, VISA MC AE

rte Puy Mary, Nord Est : 1 km par D 680 – ✆ 04 71 40 75 75 – info@salers-hotel-gerfaut.com – Fax 04 71 40 73 45 – Ouvert 16 avril-14 oct.

25 ch – 40/75 € 45/75 €, 8 € –

◆ Sur les hauteurs du bourg, hôtel moderne et fonctionnel où vous dormirez paisiblement. Les chambres, refaites et dotées de balcons ou de terrasses, donnent sur la vallée.

Saluces sans rest VISA MC

r. Martille – ✆ 04 71 40 70 82 – contact@hotel-salers.fr – Fax 04 71 40 71 70 – Fermé 15 nov.-15 déc.

8 ch – 50/58 € 50/58 €, 8 €

◆ Chambres simples et raffinées, mobilier chiné, petit-déjeuner sous le marronnier ou face au beau cantou du salon, etc. : le tout dans l'ex-propriété du marquis de Lur Saluces.

à Fontanges Sud : 5 km par D 35 – 241 h. – alt. 692 m – ✉ 15140

Auberge de l'Aspre ≤ VISA MC AE

– ✆ 04 71 40 75 76 – auberge-aspre@wanadoo.fr – Fax 04 71 40 75 27 – Fermé 15 nov.-5 fév., dim. soir, merc. soir et lundi d'oct. à mai

8 ch – 53 € 53 €, 9 € – ½ P 58 € – **Rest** – Menu 18/35 € – Carte 16/44 €

◆ En pleine nature, ancienne ferme dont les chambres, actuelles et colorées, possèdent d'originales salles de bains en mezzanine. Carte régionale servie dans une salle à manger rustique complétée d'une véranda ouverte sur le jardin et d'une terrasse abritée.

au Theil Sud-Ouest : 6 km par D 35 et D 37 – ✉ 15140 St-Martin-Valmeroux

Hostellerie de la Maronne ≤ rest, rest, VISA MC AE

– ✆ 04 71 69 20 33 – maronne@maronne.com – Fax 04 71 69 28 22 – Ouvert 1er avril-2 nov.

17 ch – 85/125 € 85/125 €, 11 € – 4 suites – ½ P 85/110 € –

Rest – *(fermé le midi sauf sam. et dim.)* Menu 30/50 €

◆ Cette maison auvergnate de la fin du 19e s. se trouve en pleine campagne. Chambres spacieuses et fraîches, salon-bibliothèque et jardin fleuri. La salle à manger, sobrement élégante, bénéficie d'une vue bucolique sur les prés et les collines alentour.

SALIES-DE-BÉARN – 64 Pyrénées-Atlantiques – 342 G4 – 4 759 h. – alt. 50 m – Stat. therm. : début mars-mi déc. – Casino – ✉ 64270 Aquitaine

3 **B3**

Paris 762 – Bayonne 60 – Dax 36 – Orthez 17 – Pau 64 – Peyrehorade 26

Office de tourisme, rue des Bains ✆ 05 59 38 00 33

Sauveterre-de-Béarn : site★, ≤★★ du vieux pont, S : 10 km.

Du Golf ch,

rte Orthez : 1 km – ✆ 05 59 65 02 10 – contact@hotel-restaurant-du-golf.com – Fax 05 59 38 16 41 – Fermé 22 déc.-5 janv.

29 ch – †55/65 € ††60/75 €, ☕ 8 € – ½ P 50/58 € – **Rest** – Menu 15 € bc – Carte 20/25 €

◆ Situation plaisante face au golf, en léger retrait de la route. Chambres fonctionnelles ; préférez celles dotées de balcons tournés vers les greens. Le restaurant, ouvert sur le parc et égayé de fresques réalisées par des enfants, propose des menus simples.

Maison Léchémia

rest,

Quartier du Bois, 3 km au Nord-Ouest par rte de Caresse et rte secondaire – ✆ 05 59 38 08 55 – Fax 05 59 38 08 55

3 ch ☕ – †40 € ††53 € – **Rest** – table d'hôte *(dîner seult) (résidents seult)* Menu 23 € bc

◆ Cette ancienne ferme isolée dans la campagne conjugue accueil chaleureux et confort. Ses chambres ne sont pas très grandes, mais décorées avec goût ; celle avec mezzanine est la préférée des familles. À table, produits du jardin servis sur la terrasse ou devant la cheminée.

La Demeure de la Presqu'île

rest,

22 av. des Docteurs-Foix – ✆ 05 59 38 06 22 – info@demeurepresquile.com – Fax 05 59 38 06 22

4 ch ☕ – ††61/69 € – **Rest** – table d'hôte *(dîner seult) (résidents seult)* Menu 23 €

◆ Cette belle demeure entourée d'un parc, près du centre-ville, dispose de chambres spacieuses, garnies de meubles anciens, et de suites familiales. Côté table d'hôte, repas concoctés par un ancien pâtissier et servis, si le temps le permet, sous un magnifique magnolia.

à Castagnède Sud-Ouest : 8 km par D 17, D 27 et D 384 – **211 h.** – **alt. 38 m** – ✉ **64270**

La Belle Auberge avec ch

– ✆ 05 59 38 15 28 – Fax 05 59 65 03 57 – Fermé 1er-15 juin, mi-déc. à fin janv., dim. soir et lundi soir sauf juil.-août

14 ch – †39 € ††46 €, ☕ 6,50 € – ½ P 42 € – **Rest** – Menu 12/22 € – Carte 17/31 €

◆ Ce paisible hameau du Béarn abrite une sympathique auberge au cadre campagnard où l'on sert une cuisine du terroir soignée. Chambres sobres. Belle piscine et jardin fleuri.

SALIES-DU-SALAT – 31 Haute-Garonne – 343 D6 – 1 943 h. – alt. 300 m – Stat. therm. : début avril-fin oct. – Casino – ✉ 31260 Midi-Pyrénées

28 **B3**

Paris 751 – Bagnères-de-Luchon 73 – St-Gaudens 27 – Toulouse 79

Office de tourisme, boulevard Jean Jaurès ✆ 05 61 90 53 93, Fax 05 61 90 49 39

du Parc sans rest

12/24,

6 r. d'Austerlitz – ✆ 05 61 90 51 99 – Fax 05 61 90 43 07

23 ch – †40 € ††47 €, ☕ 6 €

◆ Dans le parc du casino, construction bien entretenue datant des années 1920. Chambres pratiques et insonorisées. Formule buffet au petit-déjeuner, service en terrasse l'été.

SALIGNAC-EYVIGUES – 24 Dordogne – 329 I6 – 1 008 h. – alt. 297 m – ✉ 24590 Périgord

4 **D1**

Paris 509 – Brive-la-Gaillarde 34 – Cahors 84 – Périgueux 70 – Sarlat-la-Canéda 18

Syndicat d'initiative, place du 19 Mars 1962 ✆ 05 53 28 81 93, Fax 05 53 28 85 26

au Nord-Ouest 3 km par D 62B et rte secondaire – ✉ **24590 Salignac-Eyvigues**

La Meynardie

– ✆ 05 53 28 85 98 – lameynardie24@wanadoo.fr – Fax 05 53 28 82 79 – Ouvert avril-oct. et fermé mardi sauf le soir en juil.-août et merc.

Rest – Menu 13 € (déj. en sem.), 20/43 € – Carte 35/71 €

◆ Poutres, pierres, sol en galets et cheminée datée de 1603 composent le cadre rustique d'origine de cette ferme périgourdine isolée dans la campagne. Terrasse sous la treille.

à Laval Nord : 7 km rte de Brive-la-Gaillarde – ✉ 24590 Salignac-Eyvigues

Coulier ch, ch, P VISA MC AE

sur D 60 – ✆ 05 53 28 86 46 – hotel.coulier@wanadoo.fr – Fax 05 53 28 26 33 – Fermé 15 nov.-25 fév., vend. soir et sam. hors saison

13 ch – †41/47 € ††50/56 €, ☕ 7 € – ½ P 51/54 € – **Rest** – Menu (16 €), 25 €

◆ Maison rurale plaisamment restaurée et aménagée avec le souci de satisfaire les hôtes. Les petites chambres, bien tenues, bénéficient du double vitrage. Salle à manger rénovée dans un esprit contemporain. Agréable terrasse. Cuisine classique et régionale.

SALINS-LES-BAINS – 39 Jura – 321 F5 – 3 333 h. – alt. 340 m – Stat. therm. : fin fév.-début déc. – Casino – ✉ 39110 Franche-Comté Jura

16 **B2**

Paris 419 – Besançon 41 – Dole 43 – Lons-le-Saunier 52 – Poligny 24 – Pontarlier 46

Office de tourisme, place des Salines ✆ 03 84 73 01 34, Fax 03 84 37 92 85

Site★ - Fort Belin★.

Grand Hôtel des Bains ch, 10/25, P VISA MC

pl. Alliés – ✆ 03 84 37 90 50 – hotel.bains@wanadoo.fr – Fax 03 84 37 96 80 – Fermé janv.

31 ch – †62/82 € ††62/82 €, ☕ 9 € – ½ P 57/67 € – **Rest** – *(fermé lundi hors saison)* Menu 20/30 €

◆ Nouvelle décoration contemporaine pour cet hôtel de 1860 abritant un superbe salon classé. Chambres fonctionnelles, piscine thermale et fitness indépendant. Restaurant rustique et cuisine sensible aux influences régionales. Espace brasserie pour repas plus simples.

Résidence Charles Sander sans rest cuisinette 20, VISA MC

26 r. République – ✆ 03 84 73 36 40 – residencesander@wanadoo.fr – Fax 03 84 73 36 46 – Fermé janv. et dim. sauf juil.-août

14 ch – †55/62 € ††62/85 €, ☕ 7,50 €

◆ Belle maison ancienne dotée de chambres neuves et chaleureuses (une seule sans cuisinette). Les amateurs de vins régionaux feront une halte à l'épicerie fine du rez-de-chaussée.

rte de Champagnole Sud : 5 km par D 467 – ✉ 39110 Salins-les-Bains

Le Relais de Pont d'Héry VISA MC

– ✆ 03 84 73 06 54 – claude.troussard@wanadoo.fr – Fax 03 84 73 19 00 – Fermé 18-24 juin, 29 oct.-11 nov., 11-24 fév., mardi de sept. à juin et lundi

Rest – Menu 18 € (déj. en sem.), 33/70 € bc – Carte 32/58 €

◆ Adresse réputée pour sa cuisine régionale modernisée et sa superbe carte de vins jurassiens et bourguignons, choisis par le fils de la maison, meilleur sommelier régional.

SALLANCHES – 74 Haute-Savoie – 328 M5 – 14 383 h. – alt. 550 m – ✉ 74700 Alpes du Nord

46 **F1**

Paris 585 – Annecy 72 – Bonneville 29 – Chamonix-Mont-Blanc 28 – Megève 14

Office de tourisme, 31 quai de l'Hôtel de Ville ✆ 04 50 58 04 25, Fax 04 50 58 38 47

★★ sur le Mt-Blanc - Chapelle de Médonnet : ★★ - Cascade d'Arpenaz★ N : 5 km.

Hostellerie des Prés du Rosay ch, rest, rest, 15, P VISA MC AE

285 rte Rosay – ✆ 04 50 58 06 15 – contact@hotellerie-pres-du-rosay.com – Fax 04 50 58 48 70

15 ch – †61/66 € ††76/82 €, ☕ 9 € – ½ P 68/71 € – **Rest** – *(fermé 29 avril-15 mai, 28 oct.-13 nov., dim. et lundi)* Menu 16 € (déj. en sem.)/25 € – Carte 27/46 €

◆ Chalet contemporain situé dans un quartier résidentiel. Les chambres, simples et fonctionnelles (literie récente, système wi-fi), ouvrent sur la campagne alpine. Au restaurant, décor coquet, vue bucolique sur les prés et cuisine traditionnelle.

Auberge de l'Orangerie

carrefour de la Charlotte, par rte Passy (D 13) : 2,5 km – ✆ 04 50 58 49 16 – orangerie74@orange.fr – Fax 04 50 58 54 63 – Fermé 11-24 juin

8 ch – †49/51 € ††54/56 €, ☕ 8,50 € – **Rest** – *(fermé 7-28 janv., dim. soir, mardi midi, merc. midi, jeudi midi et lundi)* Menu (30 €), 44/60 € – Carte 49/65 € ♀

◆ Accueil charmant, confortables chambres de style montagnard (bonne literie avec couette) parfois dotées d'un balcon : cette sympathique maison régionale cumule les atouts. À table, convivialité, cuisine traditionnelle et spécialités locales (salle non-fumeurs).

XX **La Chaumière**

73 ancienne rte Combloux – ✆ 04 50 58 00 59 – Fax 04 50 58 70 70 – Fermé 2-31 juil., 29 oct.-7 nov., dim. soir, lundi et mardi

Rest – Menu 25/35 € – Carte 41/47 € ♀

◆ Ferme (1850), relais de poste et enfin auberge postée en bordure de route. Intérieur rustique coloré, agrémenté de meubles savoyards. Cuisine traditionnelle.

X **Le St-Julien**

53 r. Chenal – ✆ 04 50 58 02 24 – Fermé 18 juin-5 juil., 6-21 janv., dim. soir, lundi et merc.

Rest – Menu 21/37 € – Carte 31/38 € ♀

◆ Avenante façade fleurie en été. Salle à manger entièrement lambrissée d'épicéa, où l'on sert une cuisine axée sur les produits de saison assortie de quelques plats régionaux.

X **Au Fil des Saisons**

131 r. Pellissier – ✆ 04 50 90 59 80 – Fax 04 50 90 59 80 – Fermé 1er-18 juil., 18-28 nov., dim. soir, mardi soir et merc.

Rest – *(nombre de couverts limité, prévenir)* Menu 20/30 € – Carte 30/49 € ♀

◆ Cuisine régionale personnalisée, à la fois simple et goûteuse, coquet décor montagnard et service sans fausse note : on comprend le succès de ce restaurant de poche (non-fumeurs).

SALLES-LA-SOURCE – 12 Aveyron – 338 H4 – 1 800 h. – alt. 450 m – ✉ 12330

Midi-Pyrénées 29 **C1**

▶ Paris 670 – Toulouse 160 – Rodez 13 – Villefranche-de-Rouergue 71 – Onet-le-Château 11

Gîtes de Cougousse sans rest

à Cougousse 4 km au Nord Ouest par D 901 – ✆ 05 65 71 85 52 – gites.de.cougousse@wanadoo.fr – Ouvert 1er avril-15 oct.

4 ch ☕ – †45 € ††52 €

◆ Belle et grande demeure du 15e s. (non-fumeurs) et son jardin avec rivière et potager. Chambres calmes et personnalisées, salon rustique aménagé dans l'ancienne cuisine. Gîtes.

LES SALLES-SUR-VERDON – 83 Var – 340 M3 – 186 h. – alt. 440 m – ✉ 83630

Alpes du Sud 41 **C2**

▶ Paris 790 – Brignoles 57 – Draguignan 49 – Digne-les-Bains 60 – Manosque 62

ℹ Office de tourisme, place Font Freye ✆ 04 94 70 21 84, Fax 04 94 84 22 57

◉ Lac de Ste-Croix★★.

Auberge des Salles

18 r. Ste-Catherine – ✆ 04 94 70 20 04 – auberge.des.salles@wanadoo.fr – Fax 04 94 70 21 78 – Ouvert 1er avril-30 sept.

30 ch – †48/75 € ††48/75 €, ☕ 7 € – ½ P 65/96 € – **Rest** – *(fermé dim. soir et lundi sauf du 16 juin au 31 août)* Menu 15/22 € – Carte 23/37 € ♀

◆ Les amateurs de sports nautiques apprécient cet hôtel situé sur les rives du lac de Ste-Croix. Mobilier rustique dans les chambres. Spacieuse salle à manger-véranda et terrasse surplombant les eaux émeraude du plan d'eau. Menus variés et service pizzeria.

SALON-DE-PROVENCE – 13 Bouches-du-Rhône – 340 F4 – 37 129 h. – alt. 80 m – ✉ 13300 Provence 40 B3

Paris 720 – Aix-en-Provence 37 – Arles 46 – Avignon 50 – Marseille 54

Office de tourisme, 56 cours Gimon ✆ 04 90 56 27 60, Fax 04 90 56 77 09

de Miramas à Miramas Mas de Combe, SO : 10 km, ✆ 04 90 58 56 55 ;

Pont Royal Country Club à Mallemort Domaine de Pont Royal, NE : 16 km par N 538 et D 17, ✆ 04 90 57 40 79.

Musée de l'Empéri★★.

SALON-DE-PROVENCE

Ancienne Halle (Pl.) . . . . BY 2
Capucins (Bd des) . . . . BZ 3
Carnot (Cours) . . . . AY 4
Centuries (Pl. des) . . . . BY 6
Clemenceau (Bd Georges) . . AY 7
Coren (Bd Léopold) . . . . AY 8
Craponne (Allées de) . . . . BZ 10
Crousillat (Pl.) . . . . BY 12
Farreyroux (Pl.) . . . . BZ 13
Ferrage (Pl.) . . . . BZ 14
Fileuses de Soie (R. des) . . . . AY 15
Frères J. et R.-Kennedy (R. des) . . . . AY
Gambetta (Pl.) . . . . BZ 18
Gimon (Cours) . . . . BZ
Horloge (R. de l') . . . . BY 20
Ledru-Rollin (Bd) . . . . AY 22
Massenet (R.) . . . . AY 23
Médicis (Pl. C. de) . . . . BZ 24
Mistral (Bd Frédéric) . . . . BY 26
Moulin d'Isnard (R.) . . . . BY 27
Nostradamus (Bd) . . . . AY 28
Pasquet (Bd) . . . . BZ 30
Pelletan (Cours Camille) . . . . . AY 32
Raynaud-d'Ursule (R.) . . . . BZ 34
République (Bd de la) . . . . AY 33
St-Laurent (Square) . . . . BY 35
Victor-Hugo (Cours) . . . . BY 38

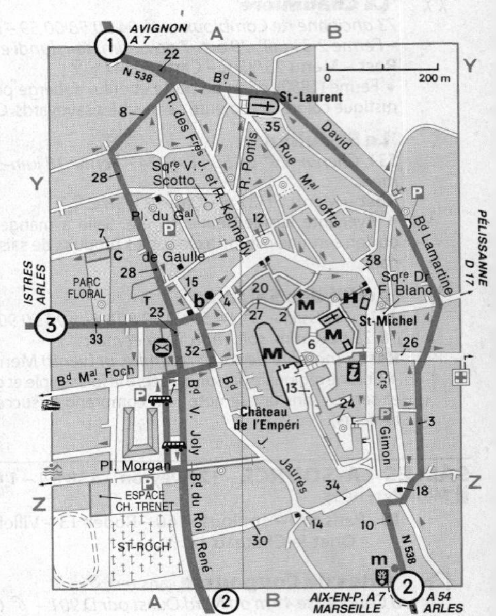

Angleterre sans rest
98 cours Carnot – ✆ 04 90 56 01 10 – hoteldangleterre@wanadoo.fr – Fax 04 90 56 71 75 AY **b**

26 ch – †43/47 € ††48/56 €, ☕ 6,50 €

◆ Cet hôtel voisin des musées abritait autrefois un couvent. Chambres sobrement décorées ; certaines sont climatisées. Salle des petits-déjeuners (buffet) sous coupole vitrée.

XXX **Le Mas du Soleil** avec ch
38 chemin St-Côme, (Est - BY - par D 17) – ✆ 04 90 56 06 53 – mas.du.soleil.@ wanadoo.fr – Fax 04 90 56 21 52

10 ch – †110/120 € ††140/285 €, ☕ 13 € – ½ P 105/195 € – **Rest** – *(fermé dim. soir et lundi sauf fériés)* Menu 35 € (sem.)/87 € – Carte 55/90 €

◆ Villa méridionale dans un secteur résidentiel. Cadre lumineux et sobre aménagement intérieur au restaurant qui, comme les confortables chambres, ouvre sur le jardin.

XX **Le Craponne**
146 allées Craponne – ✆ 04 90 53 23 92 – Fax 04 90 53 23 86 – Fermé 12 août-3 sept., 23 déc.-3 janv., merc. soir, dim. soir et lundi BZ **m**

Rest – Menu 23 € (sem.)/36 € – Carte 30/54 € 🍷

◆ L'enseigne évoque le bienfaiteur de la Crau. Boiseries sombres, murs citron et mobilier campagnard. À la belle saison, repas dans une courette fleurie. Accueil familial.

au Nord-Est 5 km par D 17 BY puis D 16 – ✉ 13300 Salon-de-Provence

Abbaye de Sainte-Croix ch, ch, 100,
– ✆ *04 90 56 24 55 – saintecroix@relaischateaux.com – Fax 04 90 56 31 12 – Fermé mi-déc. à mi-janv., mi-fév. à mi-mars et en sem. de nov. à mars*
VISA AE

21 ch – 135/257 € 135/300 €, 22 € – 4 suites – ½ P 143/237 € – **Rest** – *(fermé de nov. à mars et en sem. d'avril à mi-mai et en oct.)* Menu 45 € (déj. en sem.)/70 € (dîner) – Carte environ 75 €

◆ Au sein d'un parc isolé dans la garrigue, abbaye du 12e s. dominant Salon. Chambres actuelles ou ex-cellules d'esprit rustique. Salle à manger provençale et terrasse panoramique ombragée. Cuisine au goût du jour le soir, choix plus limité à midi.

à la Barben 8 km au Sud-Est par ②, D 572 et D 22E – 555 h. – alt. 105 m – ✉ 13330

La Touloubre avec ch 40, VISA
29 chemin Salatier – ✆ 04 90 55 16 85 – latouloubre@wanadoo.fr – Fax 04 90 55 17 99 – Fermé 3 sem. en fév., dim. soir et lundi

7 ch – 55/105 € 55/105 €, 8 € – ½ P 56 € – **Rest** – Menu 19 € (sem.), 24/40 € – Carte 28/60 €

◆ Des platanes ombragent la vaste terrasse de cette auberge de village située au bord d'une route tranquille. Grande salle à manger de style campagnard. Chambres récentes.

au Sud 5 km par ②, N 538, N 113 et D 19 (direction Grans) – ✉ 13250 Cornillon-Confoux

Devem de Mirapier sans rest cuisinette 15/30,
rte Grans – ✆ 04 90 55 99 22 – contact@mirapier.com – Fax 04 90 55 86 14 – Fermé 15 déc.-15 janv., sam. et dim. du 15 oct. au 15 mars
VISA AE

15 ch – 80/95 € 100/165 €, 10 €

◆ Un chemin cahoteux conduit à cette maison entourée de pins et de garrigue. Les chambres, en rez-de-jardin, sont relookées par étapes ; trois accueillent les familles.

SALT-EN-DONZY – 42 Loire – 327 E5 – rattaché à Feurs

SALVAGNAC – 81 Tarn – 338 C7 – 927 h. – alt. 231 m 29 C2

Paris 657 – Albi 44 – Montauban 33 – Toulouse 49

Office de tourisme, les Sourigous ✆ 05 63 33 57 84, Fax 05 63 33 58 78

Le Relais des Deux Vallées ch, VISA AE
Grand rue – ✆ 05 63 33 61 90 – relais-2-vallees@wanadoo.fr – Fax 05 63 33 61 91 – Fermé 27-30 août et 26 nov.-10 déc.

10 ch – 38 € 42 €, 6 € – ½ P 43 € – **Rest** – *(fermé lundi)* Menu 11 € bc (déj. en sem.), 25/40 € – Carte 20/42 €

◆ Petit hôtel familial situé sur la place du village. Chambres mignonnettes, garnies de meubles en bois ou en fer forgé ; certaines bénéficient d'une terrasse. La salle à manger ouvre ses baies vitrées sur la campagne. Cuisine traditionnelle simple et goûteuse.

SALVAGNY – 74 Haute-Savoie – 328 N4 – rattaché à Samoëns

SAMATAN – 32 Gers – 336 H9 – 1 832 h. – alt. 170 m – ✉ 32130 28 B2

Paris 703 – Auch 37 – Gimont 18 – L'Isle-Jourdain 21 – Rieusmes 206

Office de tourisme, 3 rue du chamoine Dieuzaide ✆ 05 62 62 55 40, Fax 05 62 62 50 26

du Château de Barbet à Lombez Route de Boulogne, SO : 5 km, ✆ 05 62 62 08 54.

Les Logis du Canard sans rest VISA
La Rente, D 632 – ✆ 05 62 62 49 81 – contact@aucanardgourmand.com

5 ch – 60/80 € 70/110 €

◆ Profusion de couleurs, bibelots et tableaux, mélange de l'ancien et du moderne... Qu'elles soient contemporaines ou de style ethnique, les chambres sont toutes raffinées et "cosy". Accueil charmant.

Au Canard Gourmand

La Rente, sur D 632 – ✆ 05 62 62 49 81 – contact@aucanardgourmand.com – Fermé lundi soir et mardi – **Rest** *– (nombre de couverts limité, prévenir)*
Menu 12 € bc (déj. en sem.), 24/35 € bc – Carte 30/39 €
◆ Appétissante enseigne et bibelots à la gloire du canard : ce restaurant original, décoré façon jardin d'hiver, rend hommage au palmipède. Cuisine actuelle. L'été, bar à tapas.

LE SAMBUC – 13 Bouches-du-Rhône – 340 D4 – ✉ 13200 — 40 A3

Paris 742 – Arles 25 – Marseille 117 – Stes-Marie-de-la-Mer 50 – Salon-de-Provence 68

Le Mas de Peint — ch, VISA AE

2,5 km par rte Salins – ✆ 04 90 97 20 62 – hotel@masdepeint.net – Fax 04 90 97 22 20 – Ouvert 17 mars-10 nov. et 22 déc.-6 janv.
11 ch – 205/340 € 205/381 €, 22 € – **Rest** – *(fermé mardi midi, jeudi midi et merc.) (nombre de couverts limité, prévenir)* Menu 43 € (déj.)/55 € (dîner) – Carte 25/70 €
◆ Taureaux, chevaux blancs et gardians parcourent le domaine de 500 ha où se niche cette ravissante demeure du 17e s. à l'ambiance "guesthouse" : un concentré de Camargue ! Le chef prépare d'appétissants petits plats composés selon la cueillette du potager.

SAMOËNS – 74 Haute-Savoie – 328 N4 – 2 323 h. – alt. 710 m – Sports d'hiver : 720/2 480 m 8 70 – ✉ 74340 Alpes du Nord — 46 F1

Paris 581 – Annecy 75 – Chamonix-Mont-Blanc 60 – Genève 53 – Thonon-les-Bains 56

Office de tourisme, place de la Gare ✆ 04 50 34 40 28, Fax 04 50 34 95 82

Place du Gros Tilleul★ - Jardin alpin Jaÿsinia★.

La Rosière ★★ N : 6 km - Cascade du Rouget★★ S : 10 km - Cirque du Fer à Cheval★★ E : 13 km.

Neige et Roc — rest, cuisinette, 40, VISA AE

– ✆ 04 50 34 40 72 – resa@neigeetroc.com – Fax 04 50 34 14 48 – Ouvert 10 juin-14 sept. et 23 déc.-16 avril
50 ch – 80/120 € 80/120 €, 12 € – ½ P 70/110 € – **Rest** – *(fermé le midi en hiver)* Menu 22 € (déj. en sem.), 28/50 € – Carte 41/56 €
◆ Grand chalet abritant des chambres douillettes dotées de balcons. Un autre bâtiment héberge de jolis studios avec cuisinette. Piscines d'été et d'hiver ; jacuzzi. Poutres et lustres en fer forgé égaient le restaurant. Carte traditionnelle et régionale.

Les Glaciers — ch, rest, 15, VISA AE

– ✆ 04 50 34 40 06 – contact@hotel-les-glaciers.com – Fax 04 50 34 16 75 – Ouvert 15 juin-15 sept. et 20 déc.-15 avril
44 ch – 89/122 € 110/160 €, 15 € – ½ P 90/110 € – **Rest** – *(dîner seult en hiver)* Menu 23/32 €
◆ Imposante bâtisse du centre de la station. Boiseries claires et meubles en pin dans les chambres ; équipements de loisirs complets. Lac privé à 6 km : pêche et jet-ski. Ample restaurant à l'ambiance "pension de famille". Cuisine d'inspiration régionale.

Edelweiss — montagnes, rest, VISA AE

Nord-Ouest : 1,5 km par rte Plampraz – ✆ 04 50 34 41 32 – hotel-edelweiss@wanadoo.fr – Fax 04 50 34 18 75 – Fermé 22 avril-16 mai et 28 oct.-22 déc.
20 ch – 56/68 € 66/78 €, 8 € – ½ P 52/62 € – **Rest** – *(dîner seult)* Menu 20/38 € – Carte 31/37 €
◆ L'edelweiss figure parmi les 5 000 espèces du jardin alpin créé par Mme Cognacq-Jay et situé à proximité de ce chalet-hôtel simple et confortable. Vue panoramique sur le village et la vallée. Salle à manger orientée plein Sud et prolongée d'une terrasse. Cuisine traditionnelle.

Gai Soleil — rest, cuisinette VISA

– ✆ 04 50 34 40 74 – hotel.gai-soleil@wanadoo.fr – Fax 04 50 34 10 78 – Ouvert 9 juin-15 sept. et 22 déc.-15 avril – **22 ch** – 60/98 € 62/98 €, 10 € – ½ P 66/85 € – **Rest** – *(dîner seult)* Menu 21/23 € – Carte 28/35 €
◆ À l'entrée du village, construction plagiant le style "chalet" et abritant des chambres sobres, ouvrant sur un grand balcon. Décor savoyard dans certaines d'entre elles.

Le Monde à L'Envers

pl. Criou – ✆ 04 50 34 19 36

– Fermé 27 mai-27 juin et 15 oct.-7 déc., merc. midi sauf vacances scolaires et mardi

Rest – Menu (17 € bc) – Carte 30/40 €

◆ Clins d'œil au voyage dans le décor - objets du monde entier - et dans la cuisine, séduisante d'originalité (heureux mariages de produits classiques et exotiques) et de finesse.

à Morillon **Ouest : 4,5 km – 498 h. – alt. 687 m – Sports d'hiver : 700/2 200 m 5 74 – ✉ 74440**

Office de tourisme, Chef-lieu ✆ 04 50 90 15 76

Morillon rest, VISA

– ✆ 04 50 90 10 32 – infos@hotellemorillon.com – Fax 04 50 90 70 08

– Ouvert 16 juin-14 sept. et 21 déc.-14 avril

22 ch – 65/130 € 65/130 €, 8 € – ½ P 60/95 € – **Rest** – *(dîner seult)* Menu 24/35 €

◆ Boiseries sculptées, meubles régionaux et fauteuils au coin du feu illustrent l'esprit "montagne" de ce plaisant chalet. Petites chambres souvent pourvues de larges balcons. Spécialités des alpages à déguster dans une sympathique ambiance et un cadre ad hoc.

SAMOUSSY – 02 Aisne – 306 E5 – rattaché à Laon

SANARY-SUR-MER – 83 Var – 340 J7 – 16 995 h. – alt. 1 m – ✉ 83110

Côte d'Azur 40 **B3**

Paris 824 – Aix-en-Provence 75 – La Ciotat 23 – Marseille 55 – Toulon 13

Chapelle N.-D.-de-Pitié ←★.

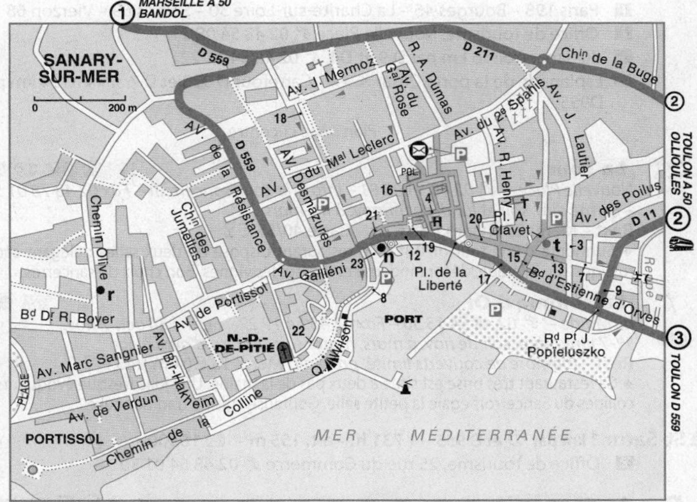

Avenir (Bd de l')	3	Giboin (R.)	13	Pacha (Pl. Michel)	19
Blanc (R. Louis)	4	Granet (R.)	15	Péri (R. Gabriel)	20
Clemenceau (Av. G.)	7	Gueirard (R. L.)	16	Prudhomie (R. de la)	21
Esménard (Quai M.)	8	Jean-Jaurès (Av.)	17	Sœur-Vincent (Montée)	22
Europe-Unie (Av. de l')	9	Lyautey (Av. Mar.)	18	Tour (Pl. de la)	23
Gaulle (Quai Charles-de)	12				

Soleil et Jardin Le Parc sans rest 10/25,
445 av. Europe Unie, par ② – ✆ 04 94 25 80 08
– hotelsanarysoleiljardin@wanadoo.fr – Fax 04 94 26 63 90
27 ch – 110/165 € 190/230 €, 15 €
◆ À deux pas de la plage, cette avenante bâtisse régionale abrite des chambres neuves, bien équipées et coquettement aménagées. Excellente insonorisation. Accueil tout sourire.

La Tour
quai Gén. de Gaulle – ✆ 04 94 74 10 10 – la.tour.sanary@wanadoo.fr
– Fax 04 94 74 69 49 n
24 ch – 58/84 € 61/110 €, 7,50 € – ½ P 66/90 € – **Rest** – *(Fermé 1er déc.-15 janv., mardi sauf juil.-août et merc.)* Menu 32/46 € – Carte 35/59 €
◆ Accolée à une tour de guet datant du 11e s., construction ancienne dont la plupart des chambres jouissent de la vue sur le port. Salle à manger au cadre classique et terrasse d'où l'on aperçoit l'arrivée des pêcheurs. Sur la table, fruits de mer et poissons.

Synaya sans rest
92 chemin Olive – ✆ 04 94 74 10 50 – hotelsynaya@wanadoo.fr
– Fax 04 94 34 70 30 – Ouvert 16 mars-7 nov. r
11 ch – 65/120 € 65/120 €, 9 €
◆ Loin de l'agitation estivale du centre-ville, petit hôtel à l'ambiance familiale, agrémenté d'un jardin planté de palmiers et citronniers. Chambres simples, entièrement rénovées.

San Lazzaro
10 pl. Albert Cavet – ✆ 04 94 88 41 60 – Fax 04 94 74 07 84 – Fermé le midi en juil.-août, dim. soir, mardi hors saison et lundi t
Rest – Menu 30/42 € – Carte 44/56 €
◆ Sur une charmante place de village, petit restaurant familial bien sympathique avec son cadre contemporain d'un rouge éclatant et ses menus fleurant bon l'Italie et la Provence.

SANCERRE – 18 Cher – 323 M3 – 1 799 h. – alt. 342 m – ✉ 18300
Limousin Berry 12 **D2**

Paris 198 – Bourges 46 – La Charité-sur-Loire 30 – Salbris 69 – Vierzon 68

Office de tourisme, Nouvelle Place ✆ 02 48 54 08 21

du Sancerrois: 6 km par D 9 et D4, ✆ 02 48 54 11 22.

Esplanade de la porte César ★★ - Carrefour D 923 et D 7 ★★ O : 4 km par D955.

Plan page ci-contre

La Tour
Nouvelle Place – ✆ 02 48 54 00 81 – info@la-tour-sancerre.fr – Fax 02 48 78 01 54 – Fermé dim. soir et lundi de mi-nov. à mi-mars e
Rest – Menu 25 € (sem.)/80 € bc – Carte 40/57 €
◆ Surmonté d'une tour du 14e s., le restaurant dispose de deux salles : élégant cadre rustique ou, à l'étage, décor moderne et vue sur les vignes. Bon choix de sancerres.

La Pomme d'Or
pl. Mairie – ✆ 02 48 54 13 30 – Fax 02 48 54 19 22 – Fermé 30 oct.-7 nov., 1er-7 janv., dim. soir de nov. à mars, mardi soir et merc. d'avril à oct. s
Rest – *(nombre de couverts limité, prévenir)* Menu 18 € (sem.)/45 €
◆ Ce restaurant très prisé est situé à deux pas de la mairie. Une jolie fresque évoquant les collines du Sancerrois égaie la petite salle. Goûteuse cuisine traditionnelle.

à St-Satur 3 km par ① et D 955 – 1 731 h. – alt. 155 m – ✉ 18300

Office de tourisme, 25 rue du Commerce ✆ 02 48 54 01 30

La Chancelière sans rest
5 r. Hilaire-Amagat – ✆ 02 48 54 01 57 – jaudibert@wanadoo.fr
6 ch – 100 € 120 €
◆ La terrasse de cette maison de maître du 18e s. jouit d'une belle vue sur Sancerre et son vignoble. Tomettes, poutres apparentes et meubles anciens donnent du caractère aux chambres.

SANCERRE

Marché-aux-Porcs (R. du) 5
Nouvelle Place 6
Paix (R. de la) 8
Panneterie (R. de la). 9
Pavé-Noir (R. du) 12
Porte-César (R.) 13
Porte-Serrure (R.) 15
Puits-des-Fins (R. du) 16
St-André (R.) 18
St-Jean (R.) 20
St-Père (R.) 22
Trois-Piliers (R. des) 23

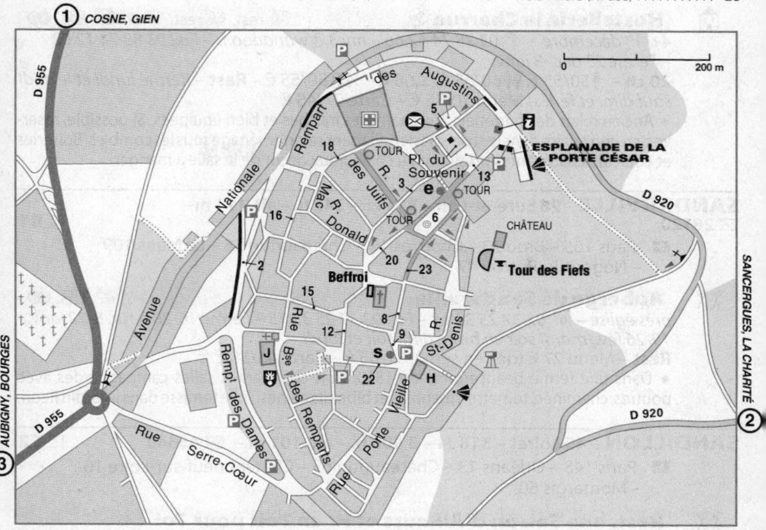

à Chavignol **4 km par ① et D 183 – ✉ 18300**

La Côte des Monts Damnés

– ✆ 02 48 54 01 72 – restaurantcmd@wanadoo.fr – Fax 02 48 54 14 24 – Fermé 25 juin-5 juil., fév., dim. soir, lundi soir sauf juil.-août, mardi soir et merc.

Rest – *(prévenir)* Menu 27/50 €

◆ Dans la montée du village vinicole, pimpante auberge campagnarde réputée pour sa cuisine régionale et sa riche cave de sancerres. Dégustez-y le fameux crottin de Chavignol !

à St-Thibault **4 km par ① et D 4 – ✉ 18300**

de la Loire sans rest

2 quai Loire – ✆ 02 48 78 22 22 – contact@hotel-de-la-loire.com – Fax 02 48 78 22 29

12 ch – 68/88 € 78/98 €, 12 €

◆ En bord de Loire, agréables chambres à thème : "provençale", "africaine"... et "Georges Simenon" ! Le créateur de Maigret y écrivit deux romans. Pains et confitures maison.

SANCY – **77 Seine-et-Marne** – **312** G2 – **306 h.** – **alt. 142 m** – ✉ **77580** 19 **C2**

Paris 55 – Château-Thierry 48 – Coulommiers 14 – Meaux 13 – Melun 50

Château de Sancy 20/50,

1 pl. Église – ✆ 01 60 25 77 77 – infos@chateaudesancy.com – Fax 01 60 25 60 55

21 ch – 123/170 € 123/237 €, 14 € – ½ P 140/160 € – **Rest** – Menu 25 € (sem.)/69 €

◆ Les nombreux équipements de loisirs proposés sur le domaine de cette gentilhommière du 18e s. invitent à la détente. Chambres douillettes, plus fonctionnelles au pavillon. Salle à manger bourgeoise à l'atmosphère intime pour une cuisine sensible aux saisons.

SAND – 67 Bas-Rhin – **315** J6 – **1 073 h.** – **alt. 159 m** – ✉ **67230** 1 **B2**

▶ Paris 501 – Barr 15 – Erstein 7 – Molsheim 26 – Obernai 16 – Sélestat 22 – Strasbourg 34

Hostellerie la Charrue rest, rest, ch, P VISA MC

4 r. 1er décembre – ☎ 03 88 74 42 66 – nnc3@wanadoo.fr – Fax 03 88 74 12 02 – Fermé 23 déc.-8 janv.

20 ch – 50/55 € 60/65 €, ☕ 8 € – ½ P 50/55 € – **Rest** – *(fermé lundi et le midi sauf dim. et fériés)* Menu 20/35 € – Carte 27/45 €

◆ Ancien relais de charretiers aux chambres fraîches et bien équipées. Si possible, réservez-en une refaite dans le style alsacien. Plaisant salon aménagé sous les combles. Boiseries et couleurs chatoyantes président au chaleureux décor de la salle à manger.

SANDARVILLE – 28 Eure-et-Loir – **311** E5 – **342 h.** – **alt. 171 m** – ✉ 28120 11 **B1**

▶ Paris 105 – Brou 23 – Chartres 16 – Châteaudun 36 – Le Mans 109 – Nogent-le-Rotrou 47

XX **Auberge de Sandarville** VISA MC

près église – ☎ 02 37 25 33 18 – Fax 02 37 25 35 18 – Fermé 16-28 août, 8-22 janv., 19-26 fév., mardi soir en hiver, dim. soir et lundi

Rest – Menu 27 € (déj. en sem.), 31/55 € – Carte 45/58 €

◆ Dans une ferme beauceronne de 1850, trois charmantes salles campagnardes avec poutres, cheminée, tomettes, meubles et bibelots chinés. Jolie terrasse dans le jardin fleuri.

SANDILLON – 45 Loiret – **318** J4 – **3 405 h.** – **alt. 101 m** – ✉ 45640 12 **C2**

▶ Paris 148 – Orléans 13 – Châteaudun 65 – Châteauneuf-sur-Loire 16 – Montargis 60

XX **Rest. une Saison d'Ailleurs et H. un Toit pour Toi** avec ch P VISA MC

2 r. Villette – ☎ 02 38 41 00 22 – 1toitpourtoi@wanadoo.fr – Fax 02 38 41 07 74 – Fermé 1er-13 janv.

12 ch – 48 € 64 €, ☕ 8 € – ½ P 64 € – **Rest** – *(fermé mardi midi et lundi)* Menu 24 € (déj. en sem.), 39/47 € – Carte 44/50 €

◆ Une étonnante cuisine inventive vous attend dans cette sympathique auberge familiale située à l'orée de la Sologne. Espace bistrot pour repas plus simples (carte de brasserie). Chambres en partie mises au goût du jour.

SANILHAC – 07 Ardèche – **331** H6 – **rattaché à Largentière**

SAN-MARTINO-DI-LOTA – 2B – **345** F3 – **Voir à Corse (Bastia)**

SAN-PEIRE-SUR-MER – 83 Var – **340** P5 – **rattaché aux Issambres**

SANTA-GIULIA (GOLFE DE) – 2A Corse-du-Sud – **345** E10 – **voir à Corse (Porto-Vecchio)**

SANT'ANTONINO – 2B Haute-Corse – **345** C4 – **voir à Corse**

SANTENAY – 21 Côte-d'Or – **320** I8 – **904 h.** – **alt. 225 m** – **Casino** – ✉ **21590** Bourgogne 7 **A3**

▶ Paris 330 – Autun 39 – Beaune 18 – Chalon-sur-Saône 25 – Le Creusot 29 – Dijon 63

ℹ Office de tourisme, rue de la Gare ☎ 03 80 20 63 15

XX **Le Terroir** VISA MC

pl. Jet d'Eau – ☎ 03 80 20 63 47 – Restaurant.le.Terroir@wanadoo.fr – Fax 03 80 20 66 45 – Fermé 6 déc.-10 janv., merc. soir de nov. à mars, dim. soir et jeudi sauf du 16 juil. au 15 août – **Rest** – Menu 20/46 € – Carte 32/49 €

◆ Cette table officiant au centre du village vous régale de ses plats du terroir dans un décor rustico-moderne assez réussi. Caveau voûté (15e s.) foisonnant de crus régionaux.

LE SAPPEY-EN-CHARTREUSE – 38 Isère – 333 H6 – 942 h. – alt. 1 014 m – Sports d'hiver : au Sappey et au Col de Porte 1 000/1 700 m 11 – ✉ 38700

Alpes du Nord 45 **C2**

Paris 577 – Chambéry 61 – Grenoble 14 – St-Pierre-de-Chartreuse 14 – Voiron 37

Syndicat d'initiative, la Mairie ✆ 04 76 88 84 05

Charmant Som ★★★ NO : 9 km puis 1 h.

Le Dagobert

pl. Église – ✆ 04 76 88 80 26 – Fax 04 76 88 80 26 – Fermé 15-30 nov., mardi de nov. à mars, dim. soir et merc.

Rest – Menu 19 € (déj. en sem.), 22/42 € – Carte 31/53 €

◆ Précédée d'un petit bar à vin, salle à manger d'esprit rustique agrémentée d'une cheminée. Agréable terrasse ombragée pour les beaux jours. Cuisine traditionnelle.

SARE – 64 Pyrénées-Atlantiques – 342 C5 – 2 184 h. – alt. 70 m – ✉ 64310

Pays Basque 3 **A3**

Paris 794 – Biarritz 26 – Cambo-les-Bains 19 – Pau 138 – St-Jean-de-Luz 14

Office de tourisme, le bourg ✆ 05 59 54 20 14

Arraya

ch, VISA AE

– ✆ 05 59 54 20 46 – hotel@arraya.com – Fax 05 59 54 27 04 – Ouvert 30 mars-6 nov.

20 ch – 84/120 € 84/120 €, 10 € – ½ P 77/95 € – **Rest** – *(fermé lundi midi, jeudi midi et dim. soir sauf du 2 juil. au 17 sept.)* Menu 21/31 € – Carte 40/49 €

◆ Ancien relais de Compostelle à l'architecture typique du pays. Bel intérieur champêtre et coquettes chambres basques. Ravissant jardin. Le décor régional du restaurant a du caractère ; terrasse ombragée, plats du terroir et boutique de produits locaux.

Pikassaria

ch, rest, VISA

au Sud par VO : 2km – ✆ 05 59 54 21 51 – Fax 05 59 54 27 40 – Fermé 11 nov.-23 déc., 6 janv.-23 fév., 9 mars-1er avril

18 ch – 45/57 € 45/57 €, 6,50 € – ½ P 47/50 € – **Rest** – *(fermé mardi midi, merc. midi et lundi)* Menu 15/28 € – Carte 23/37 €

◆ Bâtisse de conception locale dans un plaisant environnement naturel, au pied du col de Saint-Ignace. Chambres d'ampleur variable, certaines avec vue sur la montagne. La table du Pikassaria défend hardiment les couleurs de la cuisine euzkadienne.

Baratxartea

ch, rest, rest, VISA

quartier Ihalar, à l'Est : 2 km – ✆ 05 59 54 20 48 – contact@hotel-baratxartea.com – Fax 05 59 47 50 84 – Ouvert 15 mars-11 nov. et fermé mardi sauf du 1er juil. au 15 sept. – **22 ch** – 39/50 € 40/55 €, 8 € – ½ P 39/52 € –

Rest – *(fermé lundi midi et mardi hors saison)* Menu 16 € – Carte 18/28 €

◆ À l'écart du bourg, maison familiale dont le nom basque signifie "entre les jardins". Les chambres sont petites, simples, bien tenues, plus récentes à l'annexe. Restaurant au cadre campagnard agrandi d'une lumineuse véranda (espace non-fumeurs) ; cuisine régionale.

Olhabidea avec ch

rest, ch, VISA

quartier sainte-catherine – ✆ 05 59 54 21 85 – Fax 05 59 54 21 85 – Fermé 1er-8 juil., déc., janv., dim. soir et mardi hors saison et lundi

3 ch – 75 € 75 € – **Rest** – *(en été dîner seult) (nombre de couverts limité, prévenir)* Menu 35 €

◆ Cette ancienne ferme noyée dans la verdure possède un charme fou. Vous y découvrirez chaque jour un nouveau menu à base de produits du terroir. À l'étage, un balcon en bois dessert les chambres vastes et douillettes, décorées d'œuvres d'artistes locaux.

SARLAT-LA-CANÉDA – 24 Dordogne – 329 I6 – 9 707 h. – alt. 145 m – ✉ 24200

Périgord 4 **D3**

Paris 526 – Bergerac 74 – Brive-la-Gaillarde 52 – Cahors 60 – Périgueux 77

Office de tourisme, rue Tourny ✆ 05 53 31 45 45, Fax 05 53 59 19 44

du Domaine de Rochebois Route de Montfort, S : 8 km par D 46, ✆ 05 53 31 52 52.

Vieux Sarlat★★★ : place du marché aux trois Oies★ Y, hôtel Plamon★ Y, hôtel de Maleville★ Y - Maison de La Boétie★ Z - Quartier Ouest★.

Décor★ et mobilier★ du château de Puymartin NO : 7 km par ④.

SARLAT-LA-CANÉDA

Rue	Carré	N°
Albusse (R. d')	YZ	2
Allende (Pl. Salvador)	Y	3
Arlet (Bd Henri)	YZ	
La Boétie (R. de)	Z	21
Bouquerie (Pl. de la)	Y	
Breuil (R. du)	X	
Brossard (Av.)	V	4
Cahors (R. de)	X	
Cahuet (R. Alberic)	YZ	
Chanoines (Cour des)	Z	6
Consuls (R. des)	Y	7
Cordil (R. du)	Z	8
Delpeyrat (R. J.-Baptiste)	X	10
Desmouret (Chemin de)	V	
Escande (R. J.-Joseph)	Z	
Faure (R. Émile)	X, Z	12
Fénelon (R.)	Y	
Fontaines (Cour des)	Z	13
Frères Chambon (R. des)	Z	16
Gabin (R. Jean)	V	17
Gallière (R.)	X	
Gambetta (Av.)	V	18
Gaubert (R.)	V	
Gaulle (Av. du Gén.-de)	Y	20
Grande Rigaudie (Pl. de la)	Z	
Jean-Jaurès (R.)	V	
J.-J.-Rousseau (R.)	Y	
Lakanal (R.)	Z	22
Landry (R.)	Y	25
Leclerc (Av. du Gén.)	X, Z	26
Leroy (Bd Eugène)	Y	
Libération (Pl. de la)	X	
Liberté (Pl. de la)	Y	27
Liberté (R. de la)	YZ	30
Marché aux Oies (Pl. du)	Y	
Monges (Chemin des)	V	
Montaigne (R.)	Z	
Montfort (R. Sylvia)	V	31
Moulin (R. Jean)	V	32
Nessmann (Bd Victor)	Y	
Papucie (R.)	Y	34
Pasteur (Pl.)	X	
Peyrou (Pl. du)	Z	35
Plantier (Chemin du)	X	
Présidial (R. du)	Y	36
République (R. de la)	YZ	
Rossignol (R. Pierre)	X	38
Rousset (R.)	Z	39
Salamandre (R. de la)	Y	40
Ségogne (Pass. Henri-de)	Z	42
Selves (Av. de)	V	43
Siège (R. du)	Z	
Thiers (Av.)	X	
Tourny (R.)	Z	44
Trappe (R. de la)	X	46
Trois Conils (R. des)	Z	47
Troubadour Cayrels (R. du)	V	48
Tunnel (R. du)	X	50
Turenne (R. de)	Z	51
Victor-Hugo (R.)	Y	52
Voltaire (Bd)	X, Z	
8-Mai-1945 (Square du)	Y	
11-Novembre (Pl. du)	Y	
14-Juillet (Pl. du)	Z	
19-Mars-1962 (Pl. du)	V	54
26-Juin-1944 (R. du)	V	55

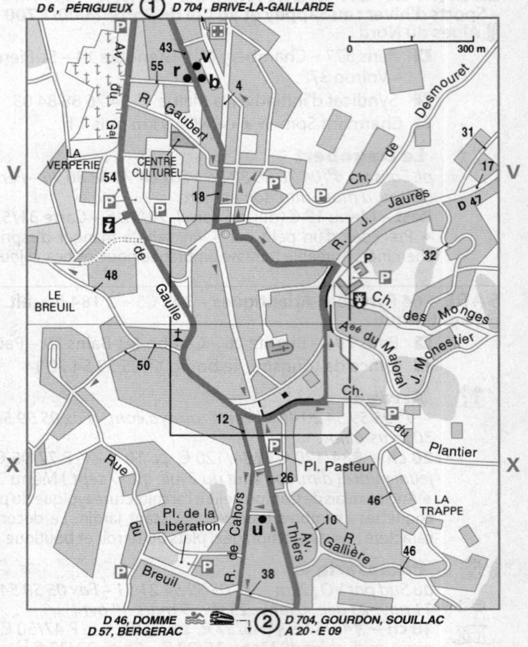

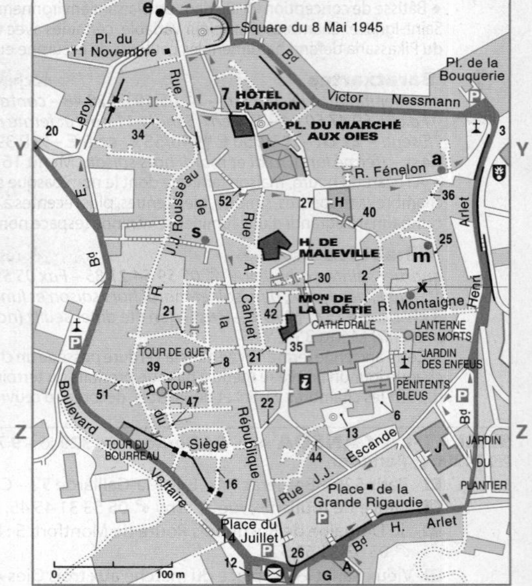

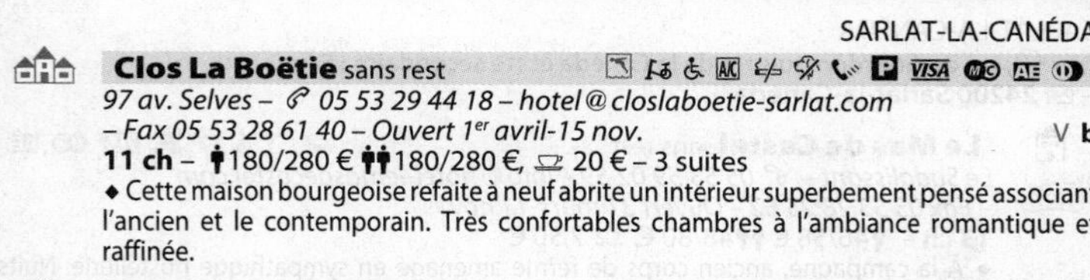

Clos La Boëtie sans rest

97 av. Selves – ✆ 05 53 29 44 18 – hotel@closlaboetie-sarlat.com – Fax 05 53 28 61 40 – Ouvert 1er avril-15 nov. V **b**

11 ch – †180/280 € ††180/280 €, ☕ 20 € – 3 suites

◆ Cette maison bourgeoise refaite à neuf abrite un intérieur superbement pensé associant l'ancien et le contemporain. Très confortables chambres à l'ambiance romantique et raffinée.

De Selves sans rest — rest, 12/40,

93 av. Selves – ✆ 05 53 31 50 00 – hotel@selves-sarlat.com – Fax 05 53 31 23 52 – Fermé 6 janv.-13 fév. V **v**

40 ch – †62/86 € ††72/180 €, ☕ 10 €

◆ Construction moderne aux chambres actuelles et fonctionnelles ; certaines bénéficient de loggias en bow-windows ouvertes sur le jardin. La piscine se découvre l'été. Sauna.

La Madeleine — ch, 15,

1 pl. Petite Rigaudie – ✆ 05 53 59 10 41 – hotel.madeleine@wanadoo.fr – Fax 05 53 31 03 62 – Fermé 1er janv.-15 fév. Y **e**

39 ch – †59/89 € ††66/102 €, ☕ 9,50 € – ½ P 65/89 € – **Rest** – *(ouvert 15 mars-15 nov. et fermé lundi midi et mardi midi sauf juil.-août)* Menu 27/46 € – Carte 37/126 € ♀

◆ Cette belle demeure (19e s.) restaurée et située aux portes de la vieille ville compte parmi les doyennes de l'hôtellerie sarladaise. Fringantes chambres bien équipées. Restaurant confortable et aéré, récemment relooké. Cuisine régionale.

Compostelle sans rest

66 av. Selves – ✆ 05 53 59 08 53 – info@hotel-compostelle-sarlat.com – Fax 05 53 30 31 65 – Ouvert 1er fév.-15 nov. V **r**

23 ch – †60/82 € ††125/150 €, ☕ 8 €

◆ À 400 m du centre historique, établissement ancien agrandi d'une aile moderne. Deux types de chambres, de style 1970 ou plus actuelles. Accueil familial.

Mas del Pechs sans rest

à l'Est, par chemin des Monges -VX- : 1,5 km – ✆ 05 53 31 12 11 – contact@sarlat-hotel.com – Fax 05 53 31 16 99 – Ouvert 12 mars-11 nov.

18 ch – †45/59 € ††50/64 €, ☕ 6,50 €

◆ Bâtiment de style motel dans un quartier résidentiel situé sur les hauteurs de Sarlat. Les chambres, fonctionnelles et fraîches, sont toutes de plain-pied avec le jardin.

XX **Le Présidial**

6 r. Landry – ✆ 05 53 28 92 47 – Fax 05 53 59 43 84 – Ouvert 1er avril-31 oct. et fermé lundi midi et dim. Y **m**

Rest – Menu 26/40 € – Carte 42/59 € ♀

◆ Un coquet jardin fleuri devance cette demeure du 17e s., ancien siège du tribunal d'appel des bailliages (présidial). Décor bourgeois, terrasse ombragée et cuisine régionale.

XX **Le Quatre Saisons**

2 Côte Toulouse – ✆ 05 53 29 48 59 – Fax 05 53 59 53 74 – Fermé 25-30 juin, mardi et merc. Y **s**

Rest – Menu (19 €), 26/40 € – Carte 23/31 € ♀

◆ Attrayant restaurant proche de l'hôtel de Maleville (16e s.). Spécialités du terroir et plats traditionnels servis dans un plaisant cadre contemporain et sur deux terrasses.

X **Rossignol**

15 r. Fénelon – ✆ 05 53 31 02 30 – Fax 05 53 31 02 30 – Fermé lundi Y **a**

Rest – Menu 16/60 € – Carte 35/51 € ♀

◆ La salle à manger, bien que rénovée, conserve un petit air champêtre avec son mobilier en bois et ses cuivres accrochés aux murs. Cuisine familiale et régionale.

X **Le Relais de Poste**

imp. Vieille Poste – ✆ 05 53 59 63 13 – Fax 05 53 59 63 15 – Fermé 1er janv.-29 mars et merc. YZ **x**

Rest – Menu (15 €), 19/37 € – Carte 30/62 € ♀

◆ Dans une vieille bâtisse de la ville haute, restaurant empreint d'un charme rustique (poutres et pierres apparentes, fer forgé) où l'on se régale de copieuses assiettes du terroir.

par ②, rte de Gourdon puis rte de la Canéda et rte secondaire : 5 km – ✉ 24200 Sarlat-la-Canéda

Le Mas de Castel sans rest
Le Sudalissant – ✆ 05 53 59 02 59 – info@hotel-lemasdecastel.com – Fax 05 53 28 25 62 – Ouvert 31 mars-11 nov.
13 ch – †46/58 € ††48/80 €, ☕ 7,50 €
◆ À la campagne, ancien corps de ferme aménagé en sympathique hostellerie. Nuits paisibles dans des chambres confortables, rustiques et bien tenues ; six sont en rez-de-jardin.

par ②, rte de Bergerac et rte secondaire : 3 km – ✉24200 Sarlat-la-Canéda

Relais de Moussidière sans rest
Moussidière Basse – ✆ 05 53 28 28 74 – contact@moussidiere.com – Fax 05 53 28 25 11 – Ouvert 1er avril-31 oct. 25,
35 ch – †85/100 € ††90/140 €, ☕ 10 €
◆ Jouxtant une chartreuse, maison de caractère bâtie à flanc de rocher et dotée d'un parc avec étang. Chambres confortables et personnalisées. Terrasses en gradins.

par ② , rte de Souillac – ✉ 24200 Sarlat-la-Canéda

Abbys sans rest
ZA E. Vialard – ✆ 05 53 30 85 50 – contact@abbys-hotel.com – Fax 05 53 30 85 51
30 ch – †33/38 € ††33/38 €, ☕ 5 €
◆ Cet établissement récent conviendra à ceux qui cherchent un hôtel avant tout pratique et non ruineux. Chambres de plain-pied, modernes, bien équipées et sobrement décorées.

SARLIAC-SUR-L'ISLE – 24 Dordogne – 329 G4 – 885 h. – alt. 102 m – ✉ 24420

4 C1

Paris 473 – Brive-la-Gaillarde 65 – Limoges 86 – Périgueux 15

Chabrol avec ch
– ✆ 05 53 07 83 39 – Fax 05 53 07 86 53 – Fermé 4 sept.-3 oct., dim. soir et lundi
10 ch – †28/35 € ††35/40 €, ☕ 5 € – **Rest** – Menu 14 € (déj. en sem.)/46 € – Carte 20/44 €
◆ Modeste auberge familiale composée de deux bâtiments anciens. Plats régionaux mitonnés par la patronne et servis dans une salle rustique. Chambres simples d'une tenue méticuleuse ; préférez celles de l'annexe, rajeunies. Bar à l'ambiance toute locale.

SARPOIL – 63 Puy-de-Dôme – 326 H10 – rattaché à Issoire

SARRAS – 07 Ardèche – 331 K2 – 1 829 h. – alt. 133 m – ✉ 07370

43 E2

Paris 527 – Annonay 20 – Lyon 72 – St-Étienne 60 – Tournon-sur-Rhône 18 – Valence 36

De la D 506 coup d'œil★★ sur le défilé de St-Vallier★ S : 5 km, **Vallée du Rhône.**

Le Vivarais avec ch
– ✆ 04 75 23 01 88 – levivarais@free.fr – Fax 04 75 23 49 73 – Fermé 1er-20 août, 18 fév.-7 mars, dim. soir, lundi soir et mardi
6 ch – †45 € ††45/52 €, ☕ 7 € – **Rest** – Menu 17 € (sem.), 35/52 € – Carte 36/51 €
◆ Cette hostellerie traditionnelle abrite une salle à manger au confort bourgeois et des chambres bien entretenues, pratiques pour une étape sur la route du soleil.

SARREBOURG – 57 Moselle – 307 N6 – 13 330 h. – alt. 282 m – ✉ 57400

Alsace Lorraine

27 D2

Paris 426 – Épinal 86 – Lunéville 59 – Metz 95 – St-Dié 72 – Strasbourg 73

Office de tourisme, chapelle des Cordeliers ✆ 03 87 03 11 82, Fax 03 87 07 13 93

du Pays de Sarrebourg Route de Winkelhof, O : 2 km, ✆ 03 87 23 01 02.

Vitrail★ dans la chapelle des Cordeliers **B.**

SARREBOURG

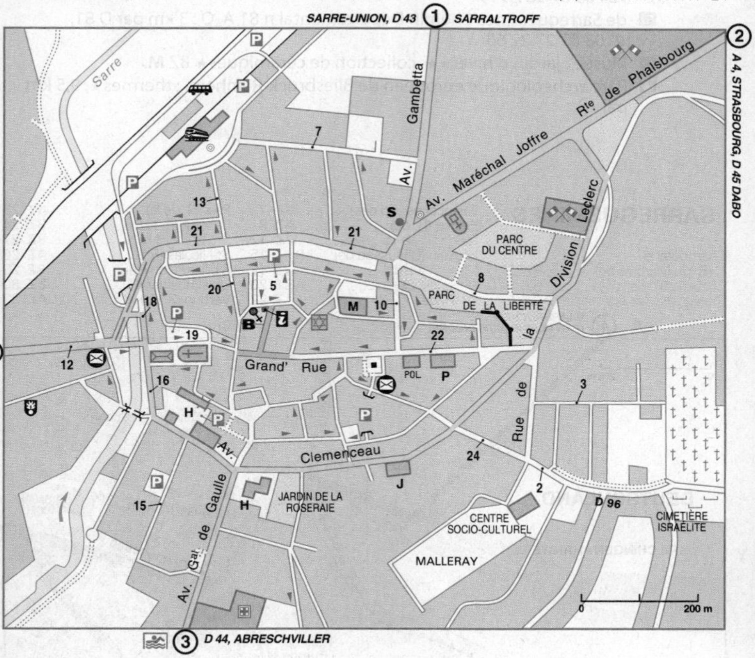

SARRE-UNION, D 43 ① SARRALTROFF
② A 4, STRASBOURG, D 45 DABO
④ NANCY, N 4 D 27, MORHANGE
③ D 44, ABRESCHVILLER

Sarre
Av. Gambetta
Rte de Phalsbourg
Av. Maréchal Joffre
Leclerc
PARC DU CENTRE
Rue de la Division
PARC DE LA LIBERTÉ
Grand' Rue
Av. Clemenceau
Av. Gal de Gaulle
JARDIN DE LA ROSERAIE
CENTRE SOCIO-CULTUREL
MALLERAY
CIMETIÈRE ISRAÉLITE
D 96
0 200 m

Les Cèdres ⌂ ch, 15/60, [P] VISA MC AE

Zone de loisirs par ③ et chemin d'Imling : 3 km – ✆ 03 87 03 55 55 – info@hotel-lescedres.fr – Fax 03 87 03 66 33 – Fermé 21 déc.-2 janv.

44 ch – †54/90 € ††54/90 €, ☐ 7,50 € – ½ P 70 € – **Rest** – *(fermé sam. midi et dim. soir)* Menu 14 € (déj. en sem.), 21/45 € – Carte 24/56 €

◆ Étape tranquille au cœur d'une zone de loisirs, près d'une forêt et d'un étang, dans cet hôtel récent aux chambres claires et fonctionnelles. Salle à manger moderne et spacieuse, largement ouverte sur la nature environnante ; table régionale.

Mathis AC VISA MC AE

7 r. Gambetta – ✆ 03 87 03 21 67 – Fax 03 87 23 00 64 – Fermé 15 juil.- 3 août, 1er-15 janv., dim. soir, mardi soir et lundi s

Rest – Menu 30/75 € – Carte 47/73 €

Spéc. Presskopf de cuissot de porcelet (oct. à avril). Dos de bar sauvage rôti, risotto, jus de crustacés (mars à août). Dos de sandre braisé à l'étuvée de carottes et dés de paleron de bœuf (déc. à mai). **Vins** Chasselas d'Alsace, Pinot blanc.

◆ Décor de table soigné, comme il se doit au pays du cristal et de la faïence, accueil chaleureux et plaisirs d'une assiette inventive : un restaurant aux multiples atouts.

Une nuit douillette sans se ruiner ?
Repérez les Bibs Hôtel.

SARREGUEMINES – 57 Moselle – 307 N4 – 23 202 h. – alt. 210 m – ✉ 57200

Alsace Lorraine 27 **D1**

- Paris 396 – Metz 70 – Nancy 96 – Saarbrücken 18 – Strasbourg 106
- Office de tourisme, 11 rue rue du Maire Massing ✆ 03 87 98 80 81, Fax 03 87 98 25 77
- de Sarreguemines Chemin Départemental n 81 A, O : 3 km par D 81, ✆ 03 87 27 22 60.
- Musée : jardin d'hiver★★, collection de céramiques★ BZ **M.**
- Parc archéologique européen de Bliesbruck-Reinheim : thermes★, 9,5 km par ①.

SARREGUEMINES

Chamborand (R. du Marquis-de) . . . . . . **BZ** 2
Chapelle (R. de la) . . . . **BZ** 3
Cremer (R. des Généraux) **ABZ** 6
Faïenceries (Bd des) . . . . **BZ** 7
France (R. de) . . . . **AZ** 8
Gare (Av. de la) . . . . **BZ** 12
Louvain (Chaussée de) . . . **BYZ** 15
Marché (Pl. du) . . . . **AZ** 17
Nationale (R.) . . . . **ABZ** 20
Or (R. de l') . . . . **AZ** 22
Paix (R. de la) . . . . **AY** 23
Pasteur (R. L.) . . . . **BZ** 24
Ste-Croix (R.) . . . . **BZ** 27
St-Nicolas (R.) . . . . **AZ** 26
Sibille (Pl. du Gén.) . . . . **BZ** 28
Utzschneider (R.) . . . . **BZ** 30
Verdun (R. de) . . . . **AZ** 33

Auberge St-Walfrid (Schneider)
par ③ et rte Grosbliederstroff : 2 km – 22,
03 87 98 43 75 – stwalfrid@free.fr – Fax 03 87 95 76 75 – Fermé 17 fév.-3 mars
11 ch – 95 € 95 €, 12 € – **Rest** – *(fermé sam. midi, lundi midi et dim.)*
Menu 25 € (sem.)/70 € – Carte 62/84 €
Spéc. Escalope de foie gras de canard poêlée. Brochette de langoustines et grosse sole. Gibier (saison). **Vins** Vin de Moselle.
◆ Belle maison en pierre où, depuis cinq générations, la même famille cultive l'art de recevoir. Le décor associe plaisamment rustique et contemporain. Chambres soignées. Salle à manger ornée de tableaux colorés et d'objets en faïence. Goûteuse cuisine régionale.

Amadeus sans rest
7 av. Gare – 03 87 98 55 46 – amadeushotel@aol.com – Fax 03 87 98 66 92 – Fermé 13-19 août, 23 déc.-6 janv. et sam. BZ **r**
39 ch – 52/56 € 58/60 €, 7,50 €
◆ Cure de jouvence réussie pour cet immeuble des années 1930 situé à côté de la gare. Chambres de tailles diverses, repensées dans un esprit contemporain coloré.

Union
rest, ch,
28 r. Geiger – 03 87 95 28 42 – union.hotel@wanadoo.fr – Fax 03 87 98 25 21 BY **a**
28 ch – 46/58 € 53/63 €, 6,50 € – ½ P 40/43 € – **Rest** – *(fermé 23 déc.-1er janv., sam. et dim.)* Menu 13,50/30 € – Carte 23/39 €
◆ Union : un nom précurseur dans cette ville frontalière. Chambres fonctionnelles ; certaines sont équipées de meubles conçus par un ébéniste alsacien. Boiseries et faïences - de Sarreguemines - décorent la salle de restaurant. Cuisine régionale.

Thierry Breininger-Le Vieux Moulin
135 r. France, par ③ : 1,5 km – 03 87 98 22 59 – Fax 03 87 28 12 63 – Fermé 10-18 janv. et jeudi sauf déc.
Rest – Menu 20/70 € – Carte 53/68 €
Spéc. Effeuillé de foie gras et artichauts aux kumquats. Saint-Jacques au bouillon de céleri-branche (oct. à mars). Pastilla de pigeonneau, jus à la cannelle.
◆ Discrète auberge abritant une salle de restaurant spacieuse et cossue, habillée de boiseries et de poutres. Cuisine inventive variant avec les saisons et belle sélection de vins.

Le Casino des Sommeliers
4 r. Col. Cazal – 03 87 02 90 41 – Fax 03 87 02 90 28 – Fermé 1er-16 sept., 17-31 déc., dim. et lundi BZ **n**
Rest – Carte 28/45 €
◆ Dans une ancienne dépendance des faïenceries, trois intimes petites salles agrémentées de jolies fresques colorées. Plats de type bistrot. Agréable terrasse.

rte de Bitche par ① : 11 km sur N 62 – 57200 Sarreguemines

Pascal Dimofski
– 03 87 02 38 21 – pascal.dimofski@gmail.com – Fax 03 87 02 21 36 – Fermé 13 août-4 sept., 15 fév.-1er mars, lundi et mardi
Rest – Menu 25/68 € – Carte 55/83 €
◆ À l'orée d'un bois, auberge campagnarde où poutres, cheminée et fauteuils design en cuir composent un décor original. Cuisine personnalisée et carte des vins bien balancée.

SARRE-UNION – 67 Bas-Rhin – 315 G3 – 3 356 h. – alt. 240 m – 67260
1 **A1**

Paris 407 – Metz 81 – Nancy 84 – St-Avold 37 – Sarreguemines 24 – Strasbourg 83

rte de Strasbourg Sud-Est : 10 km par N 61 – 67260 Burbach

Windhof
– 03 88 01 72 35 – bernard.kehne@wanadoo.fr – Fax 03 88 01 72 71 – Fermé 30 juil.-20 août, 1er-14 janv., dim. soir, mardi soir et lundi
Rest – Menu 12 € (déj. en sem.), 19/65 € – Carte 34/59 €
◆ Quittez l'autoroute pour une halte gourmande dans cette maison cossue. Une salle agrémentée de boiseries et des plats mi-classiques, mi-traditionnels vous y attendent.

SARS-POTERIES – 59 Nord – 302 M6 – 1 541 h. – alt. 181 m – ✉ 59216
Nord Pas-de-Calais Picardie 31 **D3**

Paris 258 – Avesnes-sur-Helpe 12 – Charleroi 46 – Lille 107 – Maubeuge 15 – St-Quentin 77

Office de tourisme, 20 rue du Gal-de-Gaulle ✆ 03 27 59 35 49, Fax 03 27 59 36 23

Musée du Verre★.

Marquais sans rest
– ✆ 03 27 61 62 72 – hoteldumarquais@aol.com – Fax 03 27 57 47 35 – Fermé 1er-15 janv.
11 ch – 46 € 50 €, 8 €
◆ Deux pétillantes sœurs jumelles - d'environ 70 ans ! - tiennent à la perfection ce petit hôtel. Mobilier ancien et couleurs "bonbon" dans les chambres. Pas de TV : repos garanti.

L'Auberge Fleurie avec ch — ch, VISA AE
67 r. Gén. de Gaulle (D 962) – ✆ 03 27 61 62 48 – fauberge@wanadoo.fr – Fax 03 27 61 56 66 – Fermé 20 août-4 sept., 2-16 janv., lundi (sauf hôtel) et dim. soir
8 ch – 65/95 € 80/95 €, 9 € – ½ P 80/120 € – **Rest** – Menu 26 € (sem.)/80 € bc – Carte 43/82 €
◆ Accueil attentionné dans cette salle à manger rustique et soignée où l'on sert une cuisine traditionnelle. Chambres aux tons chatoyants, spacieuses et personnalisées.

SARTÈNE – 2A Corse-du-Sud – 345 C10 – voir à Corse

SARZEAU – 56 Morbihan – 308 O9 – 6 143 h. – alt. 30 m – ✉ 56370
Bretagne 9 **A3**

Paris 478 – Nantes 111 – Redon 62 – Vannes 23

Office de tourisme, rue Gal-de-Gaulle ✆ 02 97 41 82 37, Fax 02 97 41 74 95

de Rhuys à Saint-Gildas-de-RhuysO par D 780 : 7 km, ✆ 02 97 45 30 09.

Ruines★ du château de Suscinio SE : 3,5 km - Presqu'île de Rhuys★.

à Penvins Sud-Est : 7 km par D 198 – ✉ 56370 Sarzeau

Mur du Roy avec ch — rest, rest, VISA AE
– ✆ 02 97 67 34 08 – contact@lemurduroy.com – Fax 02 97 67 36 23 – Fermé 17 déc.-15 janv., mardi midi et lundi
10 ch – 52/86 € 52/86 €, 10 € – ½ P 64/81 € – **Rest** – Menu 19 € (déj. en sem.), 32/48 € – Carte 40/58 €
◆ Cuisine iodée servie dans deux vérandas égayées par un décor marin et agréablement tournées vers la terrasse, le jardin et l'océan. Petites chambres très calmes.

SASSENAY – 71 Saône-et-Loire – 320 J9 – rattaché à Chalon-sur-Saône

SASSETOT-LE-MAUCONDUIT – 76 Seine-Maritime – 304 D3 – 957 h. – alt. 89 m – ✉ 76540
33 **C1**

Paris 198 – Bolbec 29 – Fécamp 16 – Le Havre 55 – Rouen 65 – Yvetot 30

Office de tourisme, impasse de l'Église ✆ 02 35 29 79 88

Le Relais des Dalles avec ch — VISA AE
6 r. Elizabeth D' Autriche, près château – ✆ 02 35 27 41 83 – le-relais-des-dalles@wanadoo.fr – Fax 02 35 27 13 91 – Fermé 2-7 sept., 17 déc.-31 janv., lundi et mardi sauf le soir du 16 juil. au 27 août
4 ch – 70/135 € 70/135 €, 11 € – ½ P 70/100 € – **Rest** – *(prévenir le week-end)* Menu 23/55 € – Carte 30/58 €
◆ Accueillante auberge voisinant avec le château. Repas traditionnel soigné servi, selon la saison, dans un décor rustique normand ou sur la terrasse au vert. Chambres "cosy".

SAUBUSSE – **40 Landes** – **335** D13 – **742 h.** – **alt. 10 m** – **Stat. therm. : début mars-fin nov.** – ✉ **40180** 3 **B3**

Paris 736 – Bayonne 43 – Biarritz 50 – Dax 19 – Mont-de-Marsan 72

Syndicat d'initiative, rue Vieille ☎ 05 58 57 76 68

Villa Stings (Gabarrus) VISA

– ☎ 05 58 57 70 18 – villa-stings@wanadoo.fr – Fax 05 58 57 71 86 – Fermé 11-18 juin, 12-19 nov., fév., dim. soir du 17 sept. au 21 juil., merc. soir du 19 sept. au 1er mai, mardi midi du 22 juil. au 16 sept., sam. midi et lundi.

Rest – Menu 35/50 €

Spéc. Escalope de foie gras au gingembre. Dos de saumon de l'Adour aux mousserons et cocos tarbais (mai-juin). Lièvre à la royale (automne).

◆ Grande demeure en pierre du 19e s. posée au bord de l'Adour. Élégante salle à manger où l'on sert une cuisine au goût du jour privilégiant les produits de qualité.

Ne confondez pas les couverts et les étoiles !
Les couverts définissent une catégorie de standing, tandis que l'étoile couronne les meilleures tables, dans chacune de ces catégories.

SAUGUES – **43 Haute-Loire** – **331** D4 – **2 013 h.** – **alt. 960 m** – ✉ **43170**
Auvergne 6 **C3**

Paris 529 – Brioude 51 – Mende 72 – Le Puy-en-Velay 43 – St-Flour 52

Office de tourisme, cours Dr Gervais ☎ 04 71 77 71 38, Fax 04 71 77 71 38

La Terrasse rest, ch, VISA

cours Docteur Gervais – ☎ 04 71 77 83 10 – laterrasse-saugues@wanadoo.fr – Fax 04 71 77 63 79 – Fermé déc., janv., dim. soir et lundi sauf de mai à sept.

9 ch – 55 € 65 €, 8 € – ½ P 55 € – **Rest** – *(fermé dim. soir et lundi sauf juil.-août)* Menu (18 €), 25/50 € – Carte 37/43 €

◆ Au centre du village dominé par la tour des Anglais, ancienne maison de notaire tenue par la même famille depuis 1795. Chambres fraîches et nettes. Alléchants menus aux accents régionaux, proposés dans un cadre rustique avec cheminée. Beau chariot de fromages.

SAULGES – **53 Mayenne** – **310** G7 – **334 h.** – **alt. 97 m** – ✉ **53340**
Normandie Cotentin 35 **C1**

Paris 249 – Château-Gontier 37 – La Flèche 48 – Laval 33 – Le Mans 55 – Mayenne 41

Syndicat d'initiative, place Jacques Favrot ☎ 02 43 90 49 81, Fax 02 43 90 55 44

L'Ermitage ch, 15/60, VISA

3 pl. St-Pierre – ☎ 02 43 64 66 00 – info@hotel-ermitage.fr – Fax 02 43 64 66 20 – Fermé 20-30 déc.

36 ch – 59/91 € 66/97 €, 9,50 € – 1 suite – ½ P 73/89 € – **Rest** – *(fermé vend. soir et dim. soir d'oct. à mars)* Menu 23/54 € – Carte 40/46 €

◆ Cette maison ancienne relookée au-dedans vous loge côté campagne ou village et clocher. Chambres "relais" rénovées. Piscine chauffée, mini-golf et aromates au jardin. Repas classique sous la verrière moderne d'une salle rajeunie donnant sur la terrasse verte.

SAULIEU – **21 Côte-d'Or** – **320** F6 – **2 837 h.** – **alt. 535 m** – ✉ **21210**
Bourgogne 8 **C2**

Paris 248 – Autun 40 – Avallon 39 – Beaune 65 – Clamecy 78 – Dijon 73

Syndicat d'initiative, 24 rue d'Argentine ☎ 03 80 64 00 21

Basilique St-Andoche★ : chapiteaux★★ - Le Taureau★ (sculpture) par Pompon.

SAULIEU

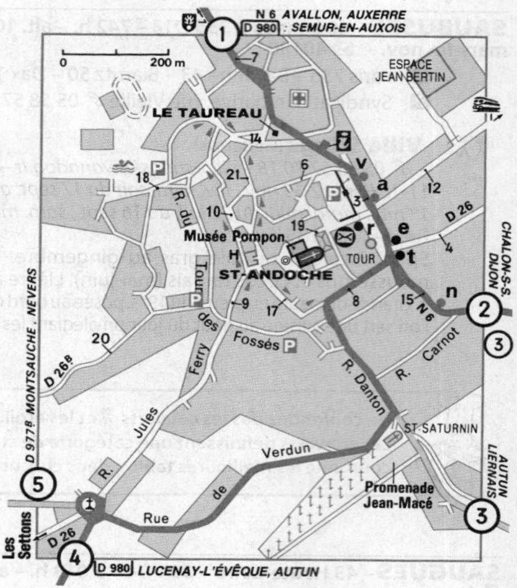

Le Relais Bernard Loiseau

2 r. Argentine – ✆ 03 80 90 53 53 – loiseau@relaischateaux.com – Fax 03 80 64 08 92 – Fermé 7 janv.-7 fév., merc. midi et mardi du 6 nov. au 19 déc. et du 19 fév. à Pâques — ch, 25, VISA — e

22 ch – 125/430 € 125/430 €, 28 € – 10 suites – **Rest** – Menu 98 € bc (déj. en sem.), 120/185 € – Carte 136/198 €

Spéc. Turbot rôti en croûte de pomme de terre, jus au vin de Beaune, poêlée de champignons. Côtes et selle d'agneau de lait, légumes et pousses de printemps glacés au jus, fondant d'agneau en navarin (printemps-été). Sélection des "grands classiques" de Bernard Loiseau. **Vins** Puligny-Montrachet, Chambolle-Musigny.

◆ Le luxueux Relais (18e s.) compose le fer de lance de cette ville-étape qui depuis des siècles fait honneur à l'hospitalité bourguignonne. Élégantes salles ouvertes sur le jardin à l'anglaise et talentueuses recettes rendant hommage au maître de Saulieu.

Hostellerie la Tour d'Auxois

sq. Alexandre Dumaine – ✆ 03 80 64 36 19 – info@tourdauxois.com – Fax 03 80 64 93 10 – Fermé fév. — rest, 15/25, VISA — r

35 ch – 97/117 € 97/117 €, 10 € – 6 suites

Rest – *(fermé dim. soir, mardi midi et lundi d'oct. à avril)* Menu 21/57 € – Carte environ 55 €

Rest *Bistrot des Ursulines* – *(déjeuner seult)* Menu (10 €), 15 € – Carte environ 26 €

◆ Nouveau départ pour cet hôtel charmant mettant à profit un ancien couvent. Jardin paysager, chambres "cosy" et copieux petits-déjeuners. Repas "terroir" sous la voûte du Bistrot. Gastronomie contemporaine dans un cadre traditionnel chaleureux et soigné.

De la Poste

1 r. Grillot – ✆ 03 80 64 05 67 – hotelposte@aol.com – Fax 03 80 64 10 82 – Ouvert 1er fév.-31 oct. — rest, 30, VISA — t

38 ch – 60/105 € 65/105 €, 8 € – ½ P € – **Rest** – Menu 18/55 € – Carte environ 57 €

◆ Sur le "grand chemin" de Paris à Lyon, ex-relais de diligences (17e s.) dont les quatre ailes typées s'ordonnent autour d'une cour carrée. Chambres classiquement aménagées. Table traditionnelle mariant les styles rustique et Belle Époque. Attachante atmosphère "vieille France".

La Borne Impériale avec ch
16 r. Argentine – ☎ 03 80 64 19 76 – Fax 03 80 64 30 63 – Fermé 10 janv.- 10 fév., lundi soir et mardi sauf juil.- août v
7 ch – †35 € ††54 €, ☕ 8,50 € – **Rest** – Menu 18 € bc/46 € – Carte 50/68 €
◆ Auberge traditionnelle où une cuisine régionale comblera votre appétit dans une salle soignée ou sur sa terrasse invitante dominant un beau jardin. Hébergement pratique à l'étage.

Auberge du Relais avec ch — rest, ch, VISA
8 r. Argentine – ☎ 03 80 64 13 16 – taverna.serge@wanadoo.fr – Fax 03 80 64 08 33 a
5 ch – †49 € ††56 €, ☕ 8,50 € – ½ P 52/59 € – **Rest** – Menu 17/38 € – Carte 28/45 €
◆ Cette auberge dont la carte privilégie le terroir officie sur la traversée du centre. Décor intérieur rustique léger et terrasse au calme. Menues chambres rénovées à l'étage.

La Vieille Auberge avec ch
15 r. Grillot – ☎ 03 80 64 13 74 – lavieilleauberge3@wanadoo.fr – Fax 03 80 64 13 74 – Fermé 3-14 mars, 1er-11 juil., 7-18 janv., mardi soir et merc. du 1er sept. au 13 juil. n
5 ch – †35 € ††35/42 €, ☕ 6 € – ½ P 47/57 € – **Rest** – Menu 12,50/33 € – Carte 23/39 €
◆ Modeste auberge oeuvrant en famille à l'approche du centre. Table régionale, salle rajeunie dans les tons jaune et orange, terrasse sur cour et chambres proprettes à l'étage.

SAULON-LA-RUE – 21 Côte-d'Or – 320 K6 – 526 h. – alt. 215 m – ✉ 21910

8 **D1**

Paris 324 – Dijon 12 – Beaune 43 – Gevrey-Chambertin 9 – Seurre 30

Château de Saulon — 15/80, VISA
rte Seurre – ☎ 03 80 79 25 25 – info@chateau-saulon.com – Fax 03 80 79 25 26 – Fermé 5-25 fév.
30 ch – †75/135 € ††75/155 €, ☕ 13 € – ½ P 72/112 € – **Rest** – *(fermé dim. soir d'oct. à mai et lundi midi)* Menu 20 € (déj. en sem.), 29/55 € – Carte 37/60 €
◆ Joli petit château du 17e s. entouré d'un parc arboré agrémenté d'une belle piscine et d'un étang privé. Les chambres sont toutes rénovées. Dans une dépendance, plaisante salle à manger où l'on sert une cuisine au goût du jour. Boutique de vins ; dégustation.

SAULT – 84 Vaucluse – 332 F9 – 1 171 h. – alt. 765 m – ✉ 84390

Alpes du Sud

42 **E1**

Paris 718 – Aix-en-Provence 86 – Apt 31 – Avignon 69 – Carpentras 42 – Digne-les-Bains 96

Office de tourisme, avenue de la Promenade ☎ 04 90 64 01 21, Fax 04 90 64 15 03

Gorges de la Nesque★★ : belvédère★★ SO : 11 km par D 942 - Mont Ventoux ❄★★★ NO : 26 km.

Hostellerie du Val de Sault — ≤ mont-Ventoux, VISA
rte St-Trinit et rte secondaire : 2 km – ☎ 04 90 64 01 41 – valdesault@aol.com – Fax 04 90 64 12 74 – Ouvert de Pâques à début nov.
11 ch – †169 € ††169 €, ☕ 11 € – 5 suites, 4 duplex – ½ P 120/135 € – **Rest** – Menu 39/42 €
◆ Parfum de lavande, vue enchanteresse, chambres avec salon et mini-terrasse ou duplex inspirés par l'Asie : un capital-séduction auquel on ne reste pas insensible. Sémillante salle à manger mariant les genres et jolie terrasse. Prestation culinaire réduite à un menu régional où pavane la truffe.

SAULXURES – 67 Bas-Rhin – 315 G6 – 457 h. – alt. 535 m – ✉ 67420 1 A2

Paris 407 – Épinal 71 – Strasbourg 67 – Lunéville 65 – Saint-Dié 30

La Belle Vue
rest, 20, VISA AE

36 r. Principale – ✆ 03 88 97 60 23 – labellevue@wanadoo.fr – Fax 03 88 47 23 71 – Fermé 20-28 mars, 26 juin-5 juil., 13-28 nov., 24-26 déc.

11 ch – †84/112 € ††84/122 €, ☐ 10,50 € – ½ P 72/91 € – **Rest** – *(fermé mardi et merc.)* Menu 20 € (sem.)/53 €

◆ La même famille tient cette auberge villageoise depuis cinq générations. Cadre soigné associant vieille charpente et décor contemporain personnalisé. Chambres de caractère.

SAUMUR – 49 Maine-et-Loire – 317 I5 – 29 857 h. – alt. 30 m – ✉ 49400
Châteaux de la Loire 35 C2

Paris 300 – Angers 67 – Le Mans 124 – Poitiers 97 – Tours 64

Office de tourisme, place de la Bilange ✆ 02 41 40 20 60

de Saumur Saint-Hilaire, O : 5 km par D 751 et D 161, ✆ 02 41 50 87 00.

Château★★ : musée d'Arts décoratifs★★, musée du Cheval★, tour du Guet ✻★ - Église N.-D.-de-Nantilly★ : tapisseries★★ - Vieux quartier★ BY : Hôtel de ville★ **H** ,tapisseries★ de l'église St-Pierre - Musée de l'école de Cavalerie★ **M**[1] - Musée des Blindés★★ au Sud.

Plan page ci-contre

Château de Verrières
20, VISA AE

53 r. d'Alsace – ✆ 02 41 38 05 15 – contact@chateau-verrieres.com – Fax 02 41 38 18 18 – Fermé fév. AY **v**

9 ch – †100/240 € ††100/280 €, ☐ 12 € – **Rest** – *(dîner seult) (résidents seult)* Menu 39 €

◆ Luxe et raffinement distinguent cette séduisante demeure du 19e s. nichée au cœur d'un parc de 2 ha proche de la prestigieuse École de cavalerie. Spacieuses chambres cossues.

St-Pierre sans rest
VISA AE

8 r. Haute-St-Pierre – ✆ 02 41 50 33 00 – contact@saintpierresaumur.com – Fax 02 41 50 38 68 BY **b**

16 ch – †85/150 € ††100/190 €, ☐ 14 €

◆ Hôtel construit sur les vestiges de maisons du 17e s. Escalier à vis, poutres massives, hautes cheminées en pierre, chambres raffinées et très belles salles de bains.

Anne d'Anjou sans rest
25, VISA AE

32 quai Mayaud – ✆ 02 41 67 30 30 – contact@hotel-anneanjou.com – Fax 02 41 67 51 00 BY **k**

45 ch – †79/120 € ††95/185 €, ☐ 13 €

◆ Bel hôtel particulier du 18e s. dont les chambres - Empire ou actuelles - sont tournées vers le fleuve ou le château. L'été, petit-déjeuner servi dans une ravissante cour.

Adagio sans rest
20, VISA AE

94 av. Gén. de Gaulle – ✆ 02 41 67 45 30 – contact@hoteladagio.com – Fax 02 41 67 74 59 – Fermé 23 déc.-1er janv. BX **t**

36 ch – †67/73 € ††81/91 €, ☐ 12 € – 2 suites

◆ L'Adagio de Saumur ? Une renaissance orchestrée avec brio. Tout est flambant neuf : mobilier contemporain, plaisant bar-salon et spacieuses chambres égayées de tons pastel.

Loire Hôtel
ch, rest, 40, VISA AE

r. Vieux Pont – ✆ 02 41 67 22 42 – loire-hotel@saumur.net – Fax 02 41 67 88 80 BY **g**

45 ch – †65/71 € ††75/85 €, ☐ 11 € – ½ P 62/85 € – **Rest** – Menu (15 €), 18/35 € – Carte 22/31 €

◆ Bâtiment moderne situé sur l'île d'Offard. Chambres fonctionnelles rénovées ; certaines offrent une agréable perspective sur le château et la Loire. Le restaurant arbore un nouveau "look", mais sa vue sur le fleuve et Saumur demeure intemporelle.

Kyriad sans rest
VISA AE

23 r. Daillé – ✆ 02 41 51 05 78 – kyriad.saumur@multi-micro.com – Fax 02 41 67 82 35 BY **d**

29 ch – †60 € ††75/115 €, ☐ 8 €

◆ En plein centre-ville, mais plutôt au calme, hôtel cultivant avec bonheur l'accueil familial et souriant. Petites chambres personnalisées avec goût ; literie de qualité.

SAUMUR

Anjou (R. d') . . . . **BZ** 2
Beaurepaire (R.) . . . . **AY** 3
Bilange (Pl. de la) . . . . **BY** 4
Cadets (Ponts des) . . . . **BX** 5
Dr-Bouchard (R. du) . . . . **AZ** 6
Dupetit-Thouars (Pl.) . . . . **BZ** 7
Fardeau (R.) . . . . **AZ** 9
Gaulle (Av. Général-de) . . . . **BX**
Leclerc (R. du Mar.) . . . . **AZ**
Nantilly (R. de) . . . . **BZ** 10
Orléans (R. d') . . . . **ABY**
Poitiers (R. de) . . . . **AZ** 12
Portail-Louis (R. du) . . . . **BY** 13
République (Pl. de la) . . . . **BY** 15
Roosevelt (R. Fr.) . . . . **BY** 16
St-Jean (R.) . . . . **BY** 18
St-Pierre (Pl.) . . . . **BY** 19
Tonnelle (R. de la) . . . . **BY** 20
Vieux-Pont (R. du) . . . . **BY** 22

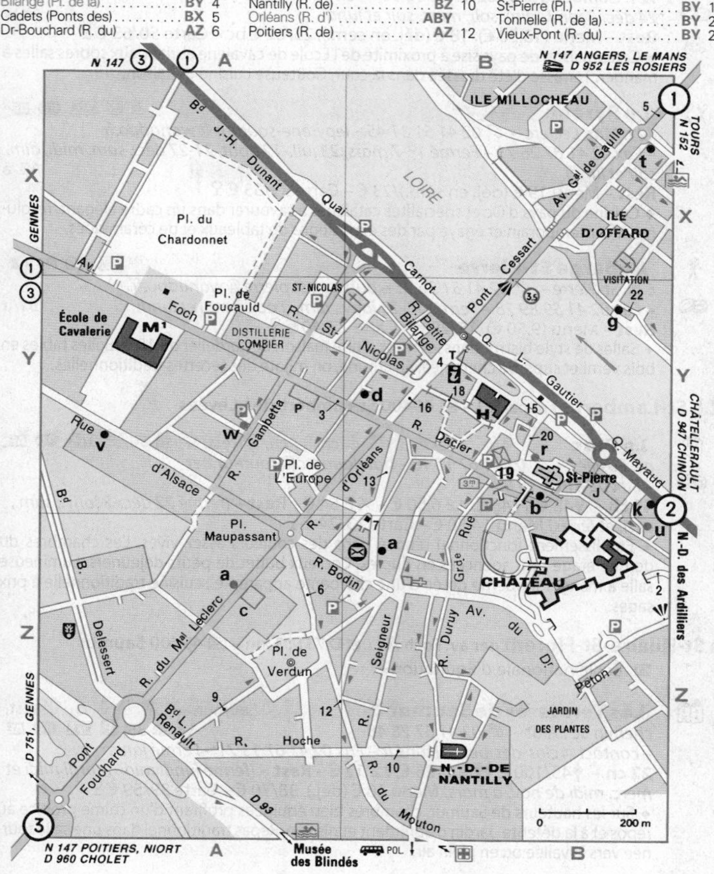

Le Volney sans rest

1 r. Volney – ✆ 02 41 51 25 41 – contact@levolney.com
– Fax 02 41 38 11 04

BZ **a**

12 ch – †30/40 € ††30/54 €, ☕ 6,50 €

◆ Situation centrale, chambres simples mais coquettes, bon accueil, entretien suivi : une bonne petite adresse pour découvrir sans trop bourse délier la "perle de l'Anjou".

Les Menestrels

11 r. Raspail – ✆ 02 41 67 71 10 – menestrel@wanadoo.fr – Fax 02 41 50 89 64
– Fermé lundi midi et dim.

BZ **u**

Rest – Menu 20 € (déj. en sem.), 30/58 € – Carte 49/70 €

◆ Bois et tuffeau décorent deux salles à manger dont une aménagée dans une ancienne chapelle, sans doute du 14e s. Cuisine au goût du jour ; belle carte des vins.

Gambetta

12 r. Gambetta – ✆ 02 41 67 66 66 – Fax 02 41 50 83 23 – Fermé 30 juil.-23 août, 24 déc.-3 janv., dim. soir, merc. soir et lundi AY **w**

Rest – Menu (13,50 €), 18 € (déj. en sem.), 25/62 € bc – Carte 50/63 €

◆ Cette maison de pays sise à proximité de l'École de cavalerie abrite deux sobres salles à manger. Terrasse d'été dressée dans la cour. Goûteuse cuisine de saison.

Le Pyrène

42 r. Mar. Leclerc – ✆ 02 41 51 31 45 – lepyrene-saumur@wanadoo.fr – Fax 02 41 67 26 71 – Fermé 1er-7 mars, 23 juil.-12 août, 21-27 déc., sam. midi, dim. soir et lundi AZ **a**

Rest – Menu 19 € (déj. en sem.)/23 € – Carte 33/55 €

◆ Cuisine du pays d'Oc et spécialités catalanes à savourer dans un cadre élégant, résolument contemporain et égayé par des expositions de tableaux et de céramiques.

Auberge St-Pierre

6 pl. St-Pierre – ✆ 02 41 51 26 25 – auberge.st.pierre@wanadoo.fr – Fax 02 41 59 89 28 – Fermé 1er-23 janv., dim. d'oct. à mai et lundi BY **r**

Rest – Menu (9,50 €), 15/28 € – Carte 23/40 €

◆ Salles de style bistrot dans les murs d'une maison de cordelier du 15e s. Belles tables en bois verni et superbe cheminée. En cuisine, on mijote des recettes traditionnelles.

Z.I. St-Lambert 3 km par ① – ✉ 49400 St-Lambert-des-Levées

Le Parc ch, ch, rest, 30,

av. Fusillés – ✆ 02 41 67 17 18 – hotelduparc@saumur.net – Fax 02 41 67 18 85

41 ch – †48 € ††48 €, ☕ 6,50 € – ½ P 54 € – **Rest** – *(fermé 22 déc.-2 janv., sam., dim. et fériés)* Menu 14,50 € – Carte 13/24 €

◆ Établissement fonctionnel rénové dans des couleurs assez vives. Les chambres du dernier étage sont agencées en duplex. Copieux buffet de petits-déjeuners. Lumineuse salle à manger moderne dotée d'une charpente apparente ; cuisine traditionnelle à prix sages.

à St-Hilaire-St-Florent par av. Foch AXY et D 751 : 3 km – ✉ 49400 Saumur

École nationale d'Équitation★.

Les Terrasses de Saumur < Saumur, ch, rest, 35,

chemin de l'Alat – ✆ 02 41 67 28 48 – contact@clos-des-benedictins.fr – Fax 02 41 67 13 71 – Fermé janv.

22 ch – †45/100 € ††60/125 €, ☕ 12 € – **Rest** – *(fermé lundi midi, mardi midi et merc. midi de nov. à mars)* Menu 28 € (déj.), 38/70 € – Carte 39/59 €

◆ Sur les hauteurs de Saumur, chambres bien équipées profitant d'un calme propice au repos et à la détente. Jardin d'agrément et piscine. Repas traditionnel dans une salle tournée vers la vallée ou en plein air.

à Chênehutte-les-Tuffeaux par av. Foch AXY et D 751 : 8 km – 1 102 h. – alt. 29 m – ✉ 49350

Prieuré < la Loire, 25,

– ✆ 02 41 67 90 14 – prieure@grandesetapes.fr – Fax 02 41 67 92 24

21 ch – †140/295 € ††140/295 €, ☕ 21 € – 1 suite – ½ P 78 € –

Rest – Menu 23 € (déj. en sem.), 32/74 € – Carte 32/64 €

◆ Belle situation dominant la Loire pour ce prieuré des 12e s. et 16e s. aux chambres coquettement personnalisées ; deux possèdent une cheminée. Restaurant au cadre bourgeois offrant une vue inoubliable sur la vallée. Légumes, poissons et vins du cru.

Les Résidences du Prieuré

– prieure@grandesetapes.fr

15 ch – †125 € ††125 €, ☕ 21 € – ½ P 78 €

◆ Chambres avec terrasse et jardinet privé, réparties dans six bungalows disséminés dans un immense parc boisé. Accueil au Prieuré.

SAUSHEIM – 68 Haut-Rhin – 315 I10 – rattaché à Mulhouse

LA SAUSSAYE – 27 Eure – 304 F6 – 1 954 h. – alt. 137 m – ✉ 27370 33 D2

Paris 130 – Évreux 40 – Louviers 20 – Pont-Audemer 49 – Rouen 25

Manoir des Saules (Monnaie) ch, ch,

2 pl. St Martin – 02 35 87 25 65 15, VISA AE
– manoirdessaules@wanadoo.fr – Fax 02 35 87 49 39 – Fermé 12 nov.-6 déc., 26 fév.-15 mars, dim. soir de sept. à avril, lundi et mardi
9 ch – 160 € 180/245 €, 18 € – **Rest** – *(nombre de couverts limité, prévenir)* Menu 58 € (sem.)/118 € – Carte 62/85 €
Spéc. Foie gras de canard au torchon. Poissons sauvages (selon pêche). Millefeuille de tarte pommes.

◆ Colombages et tourelles ornent la façade de ce charmant manoir normand doté d'un jardin. Dans les chambres, beau mobilier de style et décoration originale. Élégantes salles à manger où l'on savoure une cuisine au goût du jour soignée. Riche carte des vins.

SAUSSET-LES-PINS – 13 Bouches-du-Rhône – 340 F6 – 7 233 h. – alt. 15 m – ✉ 13960 Provence 40 B3

Paris 768 – Aix-en-Provence 41 – Marseille 37 – Martigues 13 – Salon-de-Provence 48

Syndicat d'initiative, 16 avenue du Port 04 42 45 60 65, Fax 04 42 45 60 68

Paradou-Méditerranée

au port – 04 42 44 76 76 20/60, VISA AE
– hotel.paradou@wanadoo.fr – Fax 04 42 44 78 48
41 ch – 85/110 € 92/120 €, 10 € – ½ P 70/80 € – **Rest** – *(fermé sam. midi et dim.)* Menu 32 € (sem.)/40 € – Carte 24/49 €

◆ Cet hôtel, qui dispose d'une situation idéale face à la mer, offre aussi les joies d'une piscine et d'un jardin. Chambres pourvues de balcon avec vue sur la mer. Salle à manger d'esprit provençal où l'on sert une cuisine aux saveurs méditerranéennes.

Les Girelles VISA AE

r. Frédéric Mistral – 04 42 45 26 16 – restaurant-les-girelles@wanadoo.fr – Fax 04 42 45 49 65 – Fermé 2-31 janv., lundi soir de sept. à mai, merc. midi de juin à août, dim. soir et lundi midi
Rest – Menu 29/39 € – Carte 47/77 €

◆ Véranda confortable (tables rondes, chaises à médaillon) et terrasse braquées vers la "grande bleue"; salle provençale soignée. Carte actuelle où entre naturellement la marée.

SAUTERNES – 33 Gironde – 335 I7 – 586 h. – alt. 50 m – ✉ 33210 Aquitaine 3 B2

Paris 624 – Bazas 24 – Bordeaux 49 – Langon 11

Office de tourisme, 11 rue Principale 05 56 76 69 13, Fax 05 57 31 00 67

Relais du Château d'Arche sans rest

au Nord, rte Bommes : 0,5 km – vignoble, VISA
05 56 76 67 67 – chateaudarche@wanadoo.fr – Fax 05 56 76 69 76
9 ch – 120/160 € 120/160 €, 10 €

◆ Chartreuse du 17e s. au cœur du domaine viticole du Château d'Arche, dont on peut déguster les grands crus après une visite. Chambres "cosy" et personnalisées. Salle de réception.

Saprien VISA AE

14 r. Principale – 05 56 76 60 87 – saprien@tiscali.fr – Fax 05 56 76 68 92 – Fermé 24 déc.-20 janv., 1er-6 mars, dim. soir, merc. soir, lundi et le soir en hiver sauf vend. et sam.
Rest – Menu 25/37 € – Carte 40/55 €

◆ Maison typique de vigneron et son coquet intérieur rustique (cheminée). Terrasse au pied des vignes. Bonne sélection de sauternes au verre et goûteuse cuisine régionale.

SAUVE – 30 Gard – 339 I5 – 1 690 h. – alt. 103 m – ✉ 30610 23 C2

Paris 747 – Montpellier 48 – Alès 28 – Nîmes 40 – Le Vigan 38

Office de tourisme, rue des Combes ✆ 04 66 77 57 51, Fax 04 66 77 05 99

La Magnanerie avec ch VISA

rte Nîmes – ✆ 04 66 77 57 44 – la.magnanerie@wanadoo.fr – Fax 04 66 77 02 31
9 ch – †49/57 € ††56/115 €, ☐ 7 € – ½ P 53/61 € – **Rest** – *(fermé lundi midi)* Menu (14 € bc), 26/36 € – Carte 43/48 €

◆ Les vestiges d'un aqueduc agrémentent le jardin de cette ancienne magnanerie. Salle voûtée, véranda ou terrasse selon la saison ; cuisine traditionnelle. Chambres rénovées.

SAUVETERRE – 30 Gard – 339 N4 – 1 696 h. – alt. 23 m – ✉ 30150 23 D2

Paris 669 – Alès 77 – Avignon 15 – Nîmes 49 – Orange 15 – Pont-St-Esprit 36

Château de Varenne sans rest VISA AE

pl. Saint-Jean – ✆ 04 66 82 59 45 – chateaudevarenne@wanadoo.fr – Fax 04 66 82 84 83 – Fermé 6 janv.-28 fév.
13 ch – †98/148 € ††98/300 €, ☐ 16 €

◆ Le parc à la française ajoute au charme de cette élégante demeure du 18e s. Chambres raffinées, personnalisées et agrémentées de riches tissus et objets anciens.

SAUVETERRE-DE-BEARN – 64 Pyrénées-Atlantiques – 342 G2 – 1 304 h. – alt. 69 m – ✉ 64390 Aquitaine 3 B3

Paris 777 – Pau 64 – Bayonne 60 – Orthez 22 – Peyrehorade 25 – Saint-Jean-Pied-de-Port 44

Office de tourisme, place Royale ✆ 05 59 38 58 65

La Maison de Navarre ch, rest, rest, VISA

– ✆ 05 59 38 55 28 – infos@lamaisondenavarre.com – Fax 05 59 38 55 71 – Fermé 30 août-5 sept., nov., 25 fév.-9 mars
7 ch – †53/62 € ††57/72 €, ☐ 7 € – **Rest** – *(fermé dim. soir sauf juil.-août et merc.)* Menu 18 € bc/39 € – Carte 25/39 €

◆ Charmante maison de maître nichée dans un jardin d'où l'on jouit de la vue sur les Pyrénées. Mobilier chiné, parquet et couleurs gaies rendent les chambres coquettes. Au restaurant, cadre "cosy", belle terrasse et cuisine mi-béarnaise, mi-provençale.

Domaine de Betouzet

Andrein, 3 km à l'Est par D 27 – ✆ 05 59 38 91 40 – book@betouzet.com – Fax 05 59 38 91 51 – Ouvert 20 mars-30 nov.
5 ch – †150/200 € ††150/200 €, ☐ 12 € – **Rest** – table d'hôte Menu 24 € bc (déj. en sem.), 30 € bc/45 € bc

◆ Des arbres centenaires et des haies de buis bien taillées agrémentent le parc de cette jolie gentilhommière. Chambres calmes et confortables, boudoir et espace bien-être. Repas traditionnels à la table d'hôte, près de la cheminée ; cours de cuisine.

SAUVETERRE-DE-COMMINGES – 31 Haute-Garonne – 343 C6 – 720 h. – alt. 480 m – ✉ 31510 28 B3

Paris 777 – Bagnères-de-Luchon 36 – Lannemezan 31 – Tarbes 71 – Toulouse 104

Les 7 Molles VISA AE

à Gesset, 3 km au Sud par D 9 – ✆ 05 61 88 30 87 – contact@hotel7molles.com – Fax 05 61 88 36 42 – Fermé 15 fév.-15 mars, mardi et merc. hors saison
16 ch – †64/79 € ††79/187 €, ☐ 12 € – ½ P 90/121 € – **Rest** – *(fermé le midi du mardi au jeudi en saison, mardi et merc. hors saison)* Menu 30/47 € – Carte 41/63 €

◆ Les chambres avec balcon regardent le joli jardin fleuri orné de "Sept Molles" (meules) récupérées sur des moulins en ruines. Style parfois désuet, mais confort appréciable. Belle salle à manger bourgeoise (faïence du pays sur les tables) et cuisine classique.

SAUVETERRE-DE-ROUERGUE – 12 Aveyron – 338 F5 – 832 h. – alt. 460 m – ✉ 12800 Midi-Pyrénées 29 **C1**

▶ Paris 652 – Albi 52 – Millau 88 – Rodez 30 – St-Affrique 78 – Villefranche-de-Rouergue 44

ℹ Office de tourisme, place des Arcades ✆ 05 65 72 02 52, Fax 05 65 72 02 85

◉ Place centrale★.

Le Sénéchal (Truchon) 30, VISA MC AE

– ✆ 05 65 71 29 00 – *le.senechal@wanadoo.fr* – *Fax 05 65 71 29 09 – Fermé début janv. à mi-mars, mardi midi et jeudi midi sauf juil.-août et lundi*

8 ch – †105 € ††105 €, ☕ 16 € – 3 suites – ½ P 120/150 € –

Rest – *(nombre de couverts limité, prévenir)* Menu 25 € (sem.)/120 € – Carte 63/108 € ♀

Spéc. Lobe de foie gras de canard aux pommes de terre et truffes. Côte de veau à l'ail rose de Lautrec. Desserts aux fruits de saison. **Vins** Marcillac, Vin de Pays de l'Aveyron.

◆ Une bastide royale du 13ᵉ s. sert de cadre à cette auberge reconstruite dans le style du pays. Intérieur mariant le moderne à l'ancien. Cuisine actuelle et décor original : poisson rouge en bocal à chaque table, oeuvre d'art contemporain en fer, salon design.

SAUVIGNY-LES-BOIS – 58 Nièvre – 319 C10 – rattaché à Nevers

SAUXILLANGES – 63 Puy-de-Dôme – 326 H9 – 1 082 h. – alt. 460 m – ✉ 63490 Auvergne 6 **C2**

▶ Paris 455 – Ambert 46 – Clermont-Ferrand 45 – Issoire 14 – Thiers 45 – Vic-le-Comte 20

ℹ Syndicat d'initiative, 2 place Saint-Martin ✆ 04 73 96 37 63

◉ Pic d'Usson ✳★ SO : 4 km.

Restaurant de la Mairie 40, VISA MC

11-17 pl. St-Martin – ✆ *04 73 96 80 32 – Fax 04 73 96 89 92 – Fermé 18 juin-6 juil., 24 sept.-6 oct., 21 janv.-1ᵉʳ fév., mardi soir et merc. soir d'oct. à mars, dim. soir et lundi*

Rest – Menu 20 € (sem.)/49 € – Carte 27/48 € ♀

◆ Face à la mairie, maison de village datant de 1811. Agréable salle à manger et salon avec cheminée. Appétissante cuisine mi-traditionnelle, mi-régionale.

LE SAUZE – 04 Alpes-de-Haute-Provence – 334 I6 – rattaché à Barcelonnette

SAUZON – 56 Morbihan – 308 L10 – voir à Belle-Ile-en-Mer

SAVERNE – 67 Bas-Rhin – 315 I4 – 11 201 h. – alt. 200 m – ✉ 67700 Alsace Lorraine 1 **A1**

▶ Paris 450 – Lunéville 88 – St-Avold 89 – Sarreguemines 65 – Strasbourg 39

ℹ Office de tourisme, zone piétonne - 37 Grand' Rue ✆ 03 88 91 80 47, Fax 03 88 71 02 90

◉ Château★ : façade★★ - Maisons anciennes à colombage★ **N.**

Plan page suivante

Europe sans rest VISA MC AE

7 r. Gare – ✆ *03 88 71 12 07* – *info@hotel-europe-fr.com – Fax 03 88 71 11 43 – Fermé 21 déc.-6 janv.* A **e**

28 ch – †61/66 € ††65/120 €, ☕ 9,50 €

◆ Cet hôtel dont le décor s'inspire du thème européen propose des chambres spacieuses et fonctionnelles, dotées de salles de bains modernes. Coquet salon et bar cossu.

SAVERNE

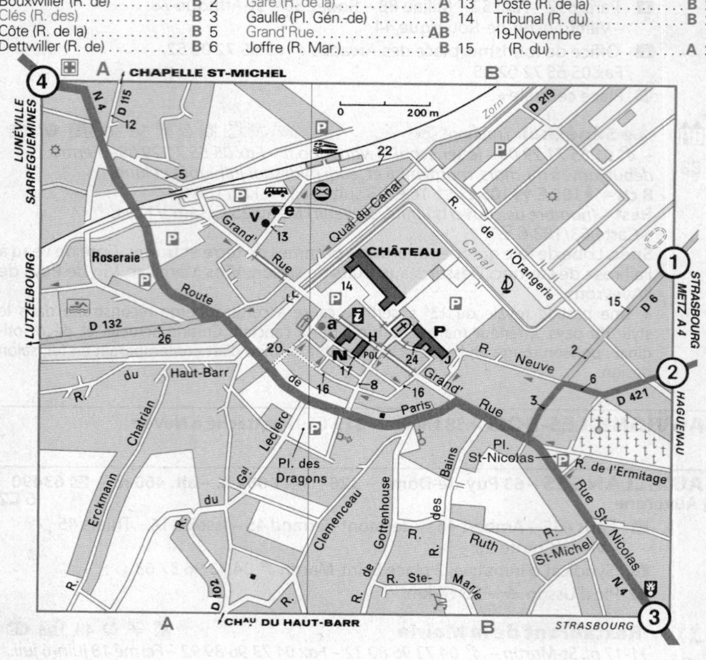

Chez Jean

3 r. Gare – ✆ 03 88 91 10 19 – chez.jean@wanadoo.fr – Fax 03 88 91 27 45 – Fermé 21 déc. au 6 janv. A v

25 ch – 62/66 € 79/83 €, 9,50 € – ½ P 68/72 €

Rest – *(fermé 17 déc.-7 janv., dim. soir et lundi)* Menu 14,50 € (déj. en sem.), 27/47 € – Carte 27/53 €

Rest *Winstub s'Rosestiebel* – *(fermé 17 déc.-7 janv., dim. soir et lundi)* Menu 14,50 € (déj. en sem.), 27/47 € – Carte 27/53 €

◆ Situé en centre-ville, hôtel aménagé avec goût dans un ancien couvent. Touche alsacienne dans les chambres douillettes, amples et bien équipées. Cuisine régionale servie dans une salle à manger habillée de boiseries. Repas conviviaux à la Winstub s'Rosestiebel.

Zum Staeffele

1 r. Poincaré – ✆ 03 88 91 63 94 – michel.jaeckel@wanadoo.fr – Fax 03 88 91 63 94 – Fermé 16 juil.-6 août, 24 déc.-7 janv., dim. soir, merc. et jeudi B a

Rest – Menu 22 € (déj. en sem.), 37/52 € – Carte 45/52 €

◆ Cette maison en pierre datant des 18e et 19e s. et située face au château des Rohan abrite une élégante salle à manger moderne où l'on savoure une cuisine inventive.

Le Clos de la Garenne avec ch

20, VISA

par rte de Haut Barr : 1,5 km – ✆ 03 88 71 20 41 – clos-garenne@wanadoo.fr – Fax 03 88 02 08 86

15 ch – 32 € 48/86 €, 10 € – ½ P 62/75 € – **Rest** – *(fermé 1er-11 mars, mardi soir, merc. midi et sam. midi)* Menu 16 € (déj. en sem.), 36/70 € – Carte 32/69 €

◆ Un joli parc arboré entoure cette maison familiale centenaire. Chaleureuse salle à manger avec cheminée en pierre. Prolongez votre séjour dans l'une des coquettes chambres.

par ② 3 km sur D 421 – ✉ 67700 Monswiller

XX **Kasbür**

– ✆ *03 88 02 14 20 – restaurant.kasbur@wanadoo.fr – Fax 03 88 02 14 21 – Fermé 1er-15 août, 1er-15 fév., dim. soir et lundi*

Rest – Menu 19 € (déj. en sem.), 38/55 €

◆ Table de longue tradition familiale (1932) nommée d'après le métier d'un aïeul : fromager-paysan. Vue agreste par les baies de la nouvelle salle et en terrasse. Carte actuelle.

à St-Jean-Saverne 4 km au Nord par D 115 – 598 h. – alt. 280 m – ✉ 67700

Kleiber ch, 20, VISA

37 Grand'Rue – ✆ 03 88 91 11 82 – info@kleiber-fr.com – Fax 03 88 71 09 64 – Fermé 22 déc.-15 janv., sam. midi et dim. soir

16 ch – †46 € ††59/75 €, ☕ 10 € – ½ P 59 € – **Rest** – Menu 22/50 € – Carte 23/48 €

◆ Au cœur du village, auberge du début du 19e s. aux intérieurs typiquement alsaciens. Petites chambres bien tenues. Cuisine principalement régionale, escortée par quelques plats "bio" ou végétariens, à déguster dans le cadre rustique de la salle à manger.

SAVIGNEUX – 42 Loire – 327 D6 – rattaché à Montbrison

SAVIGNY-LÈS-BEAUNE – 21 Côte-d'Or – 320 I7 – rattaché à Beaune

SAVIGNY-SOUS-FAYE – 86 Vienne – 322 H3 – rattaché à Lencloitre

SAVONNIÈRES – 37 Indre-et-Loire – 317 M4 – 2 558 h. – alt. 47 m – ✉ 37510

Châteaux de la Loire 11 **A1**

Paris 249 – Orléans 128 – Blois 71 – Tours 14 – Romorantin-Lanthenay 99

XX **La Maison Tourangelle** 15, VISA

9 rte Grottes Pétrifiantes – ✆ 02 47 50 30 05 – lamaisontourangelle@wanadoo.fr – Fax 02 47 50 30 94 – Fermé 24-30 août, 15 fév.-10 mars, sam. midi, dim. soir et merc.

Rest – Menu 25/55 € bc

◆ Joli décor rustique actualisé, délicieuse terrasse sur le Cher et bons petits plats traditionnels à tendance régionale pour cette charmante maison - tourangelle - du 18e s.

SCEAUX-SUR-HUISNE – 72 Sarthe – 310 M6 – 547 h. – alt. 93 m – ✉ 72160

35 **D1**

Paris 173 – Châteaudun 75 – La Ferté-Bernard 12 – Mamers 41 – Le Mans 35 – Nogent-le-Rotrou 34

XX **Le Panier Fleuri** VISA

1 av. Bretagne – ✆ 02 43 93 40 08 – Fax 02 43 93 43 86 – Fermé 18 juin-4 juil., 7-16 janv., mardi soir, dim. soir et merc.

Rest – Menu 14 € (sem.)/30 € – Carte 23/50 €

◆ Au cœur de la localité, maison du 19e s. abritant une salle tout en longueur au cadre campagnard, avec poutres et mobilier rustique. Caveau et petit salon en complément.

SCHERWILLER – 67 Bas-Rhin – 315 I7 – 2 614 h. – alt. 185 m – ✉ 67750 2 C1

Paris 439 – Barr 21 – Colmar 27 – St-Dié 42 – Sélestat 5

Office de tourisme, 30 rue de la Mairie ✆ 03 88 92 25 62

Auberge Ramstein ch, 20, VISA

1 r. Riesling – ✆ 03 88 82 17 00 – hotel.ramstein@wanadoo.fr – Fax 03 88 82 17 02 – Fermé 23 déc.-6 janv. et vacances de fév.

15 ch – †45 € ††55 €, ☕ 8 € – ½ P 58 € – **Rest** – *(fermé dim. et merc.)* Menu 23/42 € – Carte 32/42 €

◆ Sympathique demeure régionale ouverte de toutes parts sur le vignoble alsacien. Chambres spacieuses et bien équipées. Petit-déjeuner servi dans le salon. Chaleureux restaurant où se déguste une cuisine actuelle accompagnée d'une belle sélection de vins.

SCHIRMECK – 67 Bas-Rhin – 315 H6 – 2 177 h. – alt. 315 m – ✉ 67130
Alsace Lorraine 1 **A2**

Paris 412 – Nancy 101 – St-Dié 41 – Saverne 48 – Sélestat 59 – Strasbourg 53

Office de tourisme, 114 Grand'Rue ✆ 03 88 47 18 51, Fax 03 88 97 09 59

Vallée de la Bruche★ N et S.

aux Quelles 7,5 km au Sud-Ouest par N 420, D 261 et rte forestière – ✉ 67130 La Broque

Neuhauser ch, rest, 15, VISA

– ✆ *03 88 97 06 81 – hotelneuhauser@wanadoo.fr – Fax 03 88 97 14 29 – Fermé 13-27 nov. et 11-24 fév.*

15 ch – †62/77 € ††62/77 €, ☕ 10,50 €, 5 chalets – ½ P 68/98 € –
Rest – Menu 20/45 € – Carte 25/43 €

◆ Calme garanti dans cette auberge campagnarde nichée au cœur de la forêt. Chambres un brin désuètes et spacieux chalets. Restaurant avec vue sur la vallée de la Bruche. Plats régionaux et... incontournable eau-de-vie de la distillerie familiale en digestif !

LA SCHLUCHT (COL DE) – 88 Vosges – 314 K4 – voir à Col de la Schlucht

SECLIN – 59 Nord – 302 G4 – 12 089 h. – alt. 30 m – ✉ 59113
Nord Pas-de-Calais Picardie 31 **C2**

Paris 212 – Lens 26 – Lille 17 – Tournai 33 – Valenciennes 47

Office de tourisme, 70 rue Roger Bouvry ✆ 03 20 90 12 12, Fax 03 20 90 12 00

Cour★ de l'hôpital.

Auberge du Forgeron avec ch VISA

17 r. Roger Bouvry – ✆ 03 20 90 09 52 – contact@aubergeduforgeron.com – Fax 03 20 32 70 87 – Fermé 28 juil.-22 août et 24 déc.-3 janv.

16 ch – †55/65 € ††70/189 €, ☕ 9 € – 1 suite – **Rest** – *(fermé sam. midi et dim.)* Menu 24 € (déj. en sem.), 35/56 € – Carte 53/88 €

◆ Cheminée et rôtissoire réchauffent la salle à manger-véranda de cette vieille maison en briques. Cuisine dans l'air du temps et belle cave. Confort moderne dans les chambres.

SEDAN – 08 Ardennes – 306 L4 – 20 548 h. – alt. 154 m – ✉ 08200
Champagne Ardenne 14 **C1**

Paris 246 – Charleville-Mézières 25 – Metz 134 – Reims 101

Office de tourisme, place du Château ✆ 03 24 27 73 73

Château fort★★.

Plan page ci-contre

Hôtellerie le Château Fort 15/60, VISA

dans le château fort : accès Porte des Princes – ✆ 03 24 26 11 00 – contact@hotelfp-sedan.com – Fax 03 24 27 19 00 BY **a**

45 ch – †85/105 € ††95/150 €, ☕ 15 € – 1 suite, 7 duplex – ½ P 71/77 € –
Rest – *(fermé dim. soir et lundi midi)* Menu (20 € bc), 27/50 € – Carte 42/71 €

◆ L'hôtel occupe l'ex-magasin à poudre du château fort (15e s.). L'ensemble est contemporain et confortable, les chambres accueillantes et agrémentées de peintures à thème médiéval. Au restaurant, sobre décor moderne et cuisine au goût du jour.

Au Bon Vieux Temps VISA

3 pl. Halle – ✆ 03 24 29 03 70 – restaurant.au.bon.vieux.temps@wanadoo.fr – Fax 03 24 29 20 27 – Fermé 27 août-3 sept., 26-31 déc., 15 fév.-11 mars, dim. soir, merc. soir et lundi BYZ **r**

Rest – Menu 23/48 € – Carte 26/61 €

Rest *Marmiton* – *(fermé dim. et lundi) (déjeuner seult)* Menu 12/17 € – Carte 14/20 €

◆ De jolies fresques naïves (vues de Sedan et des Ardennes) ornent les murs de ce confortable restaurant proche du château. Une carte classique est présentée en bas. Esprit bistrot, choix simple et plat du jour à midi au Marmiton, perché au-dessus du Bon Vieux Temps.

SEDAN

Alsace-Lorraine (Pl. d') .... BZ 2
Armes (Pl. d') .... BY 3
Bayle (R. de) .... BY 4
Berchet (R.) .... BY 5
Blanpain (R.) .... BY 6
Capucins (Rampe) .... BY 7
Carnot (R.) .... BY 8
Crussy (Pl.) .... BY 9
Fleuranges (R. de) .... AY 10
Francs-Bourgeois (R. des) .... BY 12
Gambetta (R.) .... BY 13
Goulden (Pl.) .... BY 14
Halle (Pl. de la) .... BY 15
Horloge (R. de l') .... BY 17
Jardin (Bd du Gd) .... BY 18
Lattre-de-Tassigny (Bd Mar.-de) .... AZ 21
Leclerc (Av. du Mar.) .... BY 24
Margueritte (Av. du G.) .... ABY 26
Martyrs-de-la-Résistance (Av. des) .... AY 27
Mesnil (R. du) .... BY
Nassau (Pl.) .... BZ 31
Promenoir-des-Prêtres .... BY 33
Rivage (R. du) .... BY 34
La Rochefoucauld (R. de) .... BY 20
Rochette (Bd de la) .... BY 35
Rovigo (R.) .... BY 36
Strasbourg (R. de) .... BZ 39
Turenne (Pl.) .... BY 41
Vesseron-Lejay (R.) .... AY 42
Wuildet-Bizot (R.) .... BZ 44

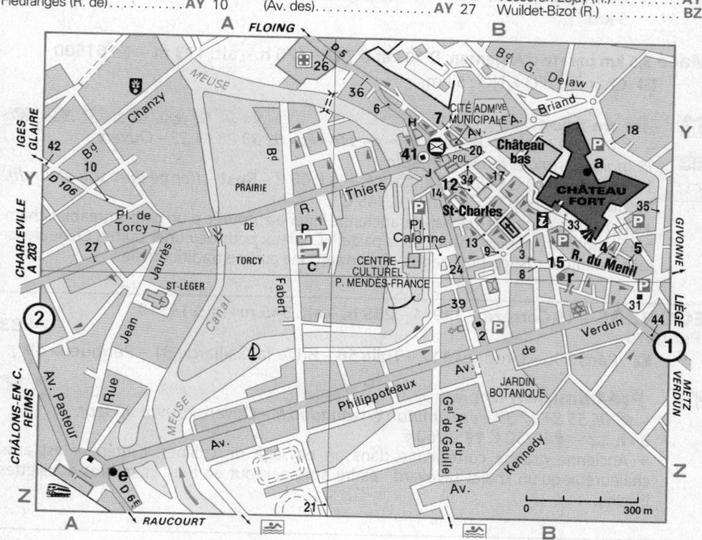

à Bazeilles par ① : 3 km – 1 879 h. – alt. 161 m – ✉ 08140

Château de Bazeilles ch, 20, VISA

– ✆ 03 24 27 09 68 – contact@chateau-bazeilles.com – Fax 03 24 27 64 20
20 ch – 74 € 92 €, ☕ 9 € – ½ P 81/102 €
Rest *L'Orangerie* – *(fermé 19-27 déc. et sam. midi)* Menu 25/50 € – Carte 35/53 €

◆ Hôtel occupant les dépendances et la conciergerie d'un château du 18e s. où se retrouvait la bourgeoisie sedanaise. Chambres spacieuses et fraîches. Repas inventif à l'Orangerie, près du feu ouvert, sous la curieuse charpente en carène renversée ou, à la belle saison, sur la terrasse tournée vers les jardins.

Auberge du Port 25, VISA

Sud : 1 km par rte Remilly-Aillicourt – ✆ 03 24 27 13 89 – auberge-du-port@wanadoo.fr – Fax 03 24 29 35 58 – Fermé 30 juil.-27 août, 24 déc.-7 janv.
20 ch – 52 € 61 €, ☕ 8 € – ½ P 55 € – **Rest** – *(fermé vend. soir du 15 oct. au 31 mars, vend. midi, sam. midi et dim. soir)* Menu 18 € (déj. en sem.), 24/45 € – Carte 43/58 €

◆ Cette paisible auberge avec son jardin en bord de Meuse ravira les amateurs de vin grâce à sa cave bien achalandée (dégustatation et vente). Chambres simples, presque toutes refaites. Restaurant-véranda doté d'une terrasse verdoyante. Table classique et beaux millésimes.

Hôtels et restaurants bougent chaque année.
Chaque année, changez de guide Michelin !

SÉES – 61 Orne – 310 K3 – 4 504 h. – alt. 186 m – ✉ 61500

Normandie Cotentin 33 **C3**

Paris 183 – L'Aigle 42 – Alençon 22 – Argentan 24 – Domfront 66 – Mortagne-au-Perche 33

Office de tourisme, place du Général-de-Gaulle ✆ 02 33 28 74 79, Fax 02 33 28 18 13

Cathédrale Notre-Dame★ : choeur et transept★★ - Forêt d'Ecouves★★ SO : 5 km.

à Macé 5,5 km par rte d'Argentan, D 303 et D 747 – 476 h. – alt. 173 m – ✉ 61500

Château d'O★ NO : 5 km.

Île de Sées rest, 30, P VISA MC

– ✆ 02 33 27 98 65 – ile-sees@ile-sees.fr – Fax 02 33 28 41 22 – Ouvert 1er mars-30 nov. et fermé dim. soir

16 ch – †53/70 € ††53/70 €, ☕ 8 € – ½ P 60 € – **Rest** – *(fermé dim. soir et lundi)* Menu 18 € (sem.)/35 € – Carte 27/45 € ♀

◆ En pleine campagne normande, ancienne laiterie entourée d'un parc. Agréables chambres rénovées (mobilier lasuré, tons pastel). Copieux petit-déjeuner buffet. Chaleureuse salle à manger rustico-bourgeoise où l'on sert une cuisine traditionnelle.

SEGONZAC – 19 Corrèze – 329 I4 – 239 h. – alt. 345 m – ✉ 19310

Périgord 24 **B3**

Paris 506 – Limoges 117 – Tulle 58 – Brive-la-Gaillarde 31 – Périgueux 69

Pré Laminon sans rest P

– ✆ 05 55 84 17 39 – prelaminon@wanadoo.fr – Ouvert 1er avril-30 sept.

3 ch ☕ – †40/50 € ††52/60 €

◆ Ancienne grange corrézienne dans un paysage de collines. L'intérieur est aussi chaleureux qu'un chalet savoyard : cadre artisanal tout en bois, chambres douillettes. Piscine.

SEGOS – 32 Gers – 336 A8 – rattaché à Aire-sur-l'Adour

SÉGURET – 84 Vaucluse – 332 D8 – rattaché à Vaison-la-Romaine

SEIGNOSSE – 40 Landes – 335 C12 – 2 427 h. – alt. 15 m – ✉ 40510 3 A3

Paris 747 – Biarritz 36 – Dax 32 – Mont-de-Marsan 85 – Soustons 11

Office de tourisme, avenue des Lacs ✆ 05 58 43 32 15, Fax 05 58 43 32 66

de Seignosse Avenue du Belvédère, O : 4 km par D 86, ✆ 05 58 41 68 30.

Golf Hôtel ch, 20, P VISA MC AE D

au golf, Ouest : 4 km par D 86 – ✆ 05 58 41 68 40 – hotelseignosse@wanadoo.fr – Fax 05 58 41 68 41 – Fermé 18 déc.-11 fév.

43 ch – †73/94 € ††98/140 €, ☕ 12 € – 2 suites – ½ P 98/119 € – **Rest** – Menu 25 € (déj.), 28/36 € – Carte 36/54 € ♀

◆ Dans la pinède, construction en bois coloré, de style Louisiane, associée à un joli parcours de golf. Immense hall sous verrière. Certaines chambres possèdent un balcon. Cuisine traditionnelle servie au restaurant le soir et, à midi, formule rapide au club-house.

Villa de l'Etang Blanc ch, P VISA MC AE D

Nord : 2,5 Km par D 185 et D 432 ; 2265, rte Etang Blanc – ✆ 05 58 72 80 15 – lavilladeetangblanc@wanadoo.fr – Fax 05 58 72 83 67 – Ouvert d'avril à oct.

10 ch – †70/100 € ††70/150 €, ☕ 15 € – ½ P 80/120 € – **Rest** – *(fermé lundi soir, dim. soir de sept. à juin, lundi midi et sam. midi)* Menu 25/45 € – Carte 34/56 € ♀

◆ Ambiance "rétro" teintée d'exotisme en cette maison charmante posée dans son jardin bichonné. Chambres et junior suites soignées. Salle à manger vitrée donnant sur l'étang et belle terrasse près du canal, au bord duquel sont amarrées les barques des pêcheurs.

SEILH – 31 Haute-Garonne – **343** G2 – **rattaché à Toulouse**

SEILHAC – 19 Corrèze – **329** L3 – **1 635 h.** – **alt. 500 m** – ✉ 19700 25 **C3**

Paris 461 – Aubusson 97 – Brive-la-Gaillarde 33 – Limoges 73 – Tulle 15 – Uzerche 16

Office de tourisme, place de l'Horloge ☎ 05 55 27 97 62

Au Relais des Monédières VISA AE

rte Tulle : 1 km – ☎ *05 55 27 04 74 – Fax 05 55 27 90 03 – Fermé 18-25 mars, 2-9 juil., 17 déc.-14 janv., vend. soir, sam. midi et dim. soir hors saison et fériés*

16 ch – 48 € 48/60 €, 7 € – ½ P 48 € – **Rest** – Menu 14 € (sem.), 22/32 €

◆ Les amateurs de pêche apprécieront cette maison familiale agrémentée d'un joli parc avec plan d'eau, face au massif des Monédières. Modestes chambres parfaitement tenues. Restaurant rustique, verdoyante terrasse sous chapiteau. Plats traditionnels et régionaux.

SEILLANS – 83 Var – **340** O4 – **2 115 h.** – **alt. 350 m** – ✉ 83440 41 **C3**

Paris 890 – Marseille 142 – Toulon 106 – Antibes 54 – Cannes 43

Syndicat d'initiative, le Valat ☎ 04 94 76 85 91

Des Deux Rocs VISA AE

1 pl. Font.d' Amont – ☎ *04 94 76 87 32 – hoteldeuxrocs@wanadoo.fr – Fax 04 94 76 88 68 – Fermé janv. et fév.*

14 ch – 63/125 € 63/125 €, 9,50 € – **Rest** – *(fermé lundi et mardi sauf de juin à sept.)* Menu 28/35 € – Carte 38/45 €

◆ Cette belle bastide du 18e s. située sur les hauteurs du bourg abrite une hostellerie de caractère. Jolies chambres personnalisées, garnies de meubles familiaux ou chinés. Repas servis auprès de la cheminée ou à l'ombre des platanes, sur la place du village.

Le Relais d'Oléa A/C VISA

1 pl. Thouron – ☎ *04 94 60 18 65 – contact@lerelaisdolea.com – Fax 04 94 60 10 92 – Fermé 3-10 juil., 6 nov.-1er déc., merc. sauf juil.-août et mardi*

Rest – Menu 28/31 € bc – Carte 30/50 €

◆ Sur les hauteurs du village, sympathique restaurant contemporain installé dans un relais de poste. Recettes au goût du jour à base de beaux produits. Terrasse sous les platanes.

SEIN (ÎLE DE) – 29 Finistère – **308** B6 – **voir à Île de Sein**

SÉLESTAT – 67 Bas-Rhin – **315** I7 – **17 179 h.** – **alt. 170 m** – ✉ 67600

Alsace Lorraine 2 **C1**

Paris 441 – Colmar 24 – Gérardmer 65 – St-Dié 44 – Strasbourg 55

Office de tourisme, boulevard Leclerc ☎ 03 88 58 87 20, Fax 03 88 92 88 63

Vieille ville★ : église Ste-Foy★, église St-Georges★, Bibliothèque humaniste★ **M.**

Ebermunster : intérieur★★ de l'église abbatiale★, 9 km par ①.

Plan page suivante

Hostellerie de l'Abbaye la Pommeraie A/C VISA AE

8 av. Mar. Foch – ☎ *03 88 92 07 84 – pommeraie@relaischateaux.com – Fax 03 88 92 08 71* BY **a**

12 ch – 141 € 157/246 €, 16 € – 2 suites

Rest *Le Prieuré* – *(fermé dim. soir et lundi midi)* Menu 51 € bc/91 € – Carte 76/88 €

Rest *S'Apfelstuebel* – Menu 27/51 € bc – Carte 34/56 €

Spéc. Foie gras en terrine et en mousse comme une crème brûlée. Filet de turbot poché, truffe d'été (saison). Filet de chevreuil rôti (mai à janv.). **Vins** Pinot blanc, Pinot noir.

◆ Dans la vieille ville, noble demeure du 17e s., jadis dépendance de l'abbaye de Baumgarten. Plaisantes chambres garnies d'un joli mobilier de style. Au Prieuré, cadre élégant et cuisine classique soignée. Décor et plats du terroir à la winstub S'Apfelstuebel.

Armes (Pl. d')	BY 2	Lattre-de-Tassigny (Pl. du Mar.de)	BY 17	Serruriers (R. des)	BY 28
Babil (R. du)	BY 4	Maire-Knol (Allée du)	BY 19	Strasbourg (Pl. Pte-de)	BY 30
Bibliothèque (R. de la)	BY 5	Marché-Vert (Pl. du)	BY 20	Tanneurs (Quai des)	BZ 33
Charlemagne (Bd)	BY 7	Paix (R. de la)	AY 22	Victoire (Pl. de la)	BZ 35
Chevaliers (R. des)	BYZ 9	Prés.-Poincaré (R. du)	BZ	Vieux-Marché aux Vins (R. du)	BY 36
Clefs (R. des)	BYZ 10	Sainte-Barbe (R.)	BZ 26	4e-Zouaves (R. du)	BZ 38
Église (R. de l')	BY 12	Schweisguth (Av.)	ABY 27	17-Novembre (R. du)	BZ 39
Gallieni (R. du Gén.)	AZ 14				
Hôpital (R. de l')	BZ 15				

Vaillant

🏠 ⊜ — rest, rest, 45, VISA MC AE

7 r. Ignace Spiess – ✆ 03 88 92 09 46 – hotel-vaillant@wanadoo.fr – Fax 03 88 82 95 01 AZ **e**

47 ch – †55/74 € ††65/95 €, ☕ 9 € – ½ P 52/72 € – **Rest** – *(fermé 22 déc.-3 janv., sam. midi et dim. soir sauf juil.-août)* Menu 15 € (sem.)/29 € – Carte 29/45 € 🍷

◆ De nombreuses œuvres d'artistes locaux s'exposent dans cet hôtel moderne bordant un parc fleuri proche du centre-ville. Chambres lumineuses et personnalisées. Restaurant au décor soigné proposant plats traditionnels et spécialités régionales.

La Vieille Tour

✕ ⊜ — AC VISA MC

8 r. Jauge – ✆ 03 88 92 15 02 – vieille.tour@wanadoo.fr – Fax 03 88 92 19 42 – Fermé 24 juil.-7 août, 18 fév.-3 mars et lundi BY **s**

Rest – Menu 11 € (déj. en sem.), 20/55 € bc – Carte 30/42 € 🍷

◆ Jolie maison alsacienne flanquée d'une "vieille tour". Salles à manger fraîchement rustiques et plats du terroir arrosés de vins proposés à prix doux.

à Rathsamhausen 5 km à l'Est par D 21 et D 209 – ✉ 67600 Baldenheim

Les Prés d'Ondine

🏠 — ch, 20, P, VISA MC AE

5 rte Baldenheim – ✆ 03 88 58 04 60 – message@presdondine.com – Fax 03 88 58 04 61

12 ch – †65/132 € ††65/132 €, ☕ 12 € – ½ P 77/80 € – **Rest** – table d'hôte *(fermé merc. soir et dim. soir) (prévenir)* Menu 32 € bc 🍷

◆ On se sent comme chez soi dans cette plaisante maison forestière du début du 20e s. : salon feutré, bibliothèque et chambres au décor inspiré par la poésie. Plats régionaux et vue sur l'Ill sont les atouts principaux de l'élégante table d'hôte.

à Baldenheim **8,5 km par ①, D 21 et D 209 – 924 h. – alt. 170 m – ✉ 67600**

XX **Couronne** (Rubine) VISA MC
r. Sélestat – ✆ 03 88 85 32 22 – la-couronne-baldenheim@wanadoo.fr – Fax 03 88 85 36 27 – Fermé 23 juil.- 9 août, 2-7 janv., jeudi soir, dim. soir et lundi
Rest – Menu 32/70 € – Carte 48/70 €
Spéc. Saint-Jacques poêlées aux cèpes. Jambonnettes de grenouilles, parmentière d'escargots. Tournedos de lotte et escalope de foie d'oie chaud au muscat.
Vins Riesling, Pinot gris.
◆ Auberge de village se distinguant par son cadre feutré, ses belles boiseries, son accueil prévenant, sa cave fournie et, pour couronner le tout, par sa table soignée.

Le Schnellenbuhl **8 km par ②, D 159 et D 424 – ✉ 67600 Sélestat**

Auberge de l'Illwald ch, ch, ch, VISA MC
– ✆ 03 90 56 11 40 – contact@illwald.fr – Fax 03 88 85 39 18 – Fermé 24 déc.-10 janv. – **7 ch** – †65/110 € ††65/110 €, ☐ 10 € – 2 suites –
Rest – ✆ 03 88 85 35 40 *(fermé 26 juin-12 juil., 24 déc.-10 janv., mardi et merc.)* Menu 15 € (déj. en sem.), 29/35 € – Carte 21/43 €
◆ Belle bâtisse typiquement régionale bordant une route de campagne. Chambres très confortables, personnalisées avec goût dans un esprit rustique chic ou plus sobrement contemporain. Chaleureuse salle à manger ornée de fresques et cuisine oscillant entre tradition et terroir.

SELLES-ST-DENIS – 41 Loir-et-Cher – 318 I7 – 1 193 h. – alt. 98 m – ✉ 41300

12 **C2**

▶ Paris 194 – Bourges 69 – Orléans 71 – Romorantin-Lanthenay 16 – Vierzon 26

XXX **L'Auberge du Cheval Blanc** avec ch ch, rest, 25, P VISA MC AE
pl. Mail – ✆ 02 54 96 36 36 – auberge@chevalblanc-sologne.com – Fax 02 54 96 13 96 – Fermé 15-23 août, 23-30 déc., 5-28 fév., dim. soir de nov. à mars, mardi soir et merc. – **7 ch** – †55 € ††55/83 €, ☐ 8 € – ½ P 84 € – **Rest** – Menu 18 € (déj. en sem.), 27/55 € – Carte 36/69 €
◆ Cette belle façade à colombages veillant sur la place centrale du village capte volontiers le regard. Élégant intérieur rustique et agréable terrasse d'été ; mets classiques.

SÉLONCOURT – 25 Doubs – 321 L2 – rattaché à Audincourt

SELONNET – 04 Alpes-de-Haute-Provence – 334 F6 – rattaché à Seyne

---

SELTZ – 67 Bas-Rhin – 315 M3 – 2 985 h. – alt. 115 m – ✉ 67470

1 **B1**

▶ Paris 508 – Haguenau 29 – Karlsruhe 33 – Strasbourg 52 – Wissembourg 31

ℹ Syndicat d'initiative, 2 avenue Général Schneider ✆ 03 88 05 59 79, Fax 03 88 05 59 77

Des Bois sans rest P VISA MC AE
36 rte Hatten – ✆ 03 88 05 56 10 – hoteldesbois@free.fr – Fax 03 88 05 56 20
15 ch – †39 € ††45/48 €, ☐ 6 €
◆ Construction récente proche d'une base nautique et de la frontière allemande. Chambres actuelles, colorées et bien insonorisées ; quelques-unes accueillent les familles.

SEMBLANÇAY – 37 Indre-et-Loire – 317 M4 – 1 692 h. – alt. 100 m – ✉ 37360

11 **B2**

▶ Paris 248 – Angers 96 – Blois 77 – Le Mans 70 – Tours 17

XX **La Mère Hamard** avec ch ch, 15, P VISA MC AE
pl. Église – ✆ 02 47 56 62 04 – reservation@lamerehamard.com – Fax 02 47 56 53 61 – Fermé 15 fév.-15 mars, mardi midi du 15 mai au 30 sept., dim. soir et lundi – **11 ch** – †65/88 € ††69/92 €, ☐ 11 € – ½ P 72/83 € –
Rest – Menu 20 € (sem.)/52 € – Carte 54/68 €
◆ Maisons régionales séparées par la rue : d'un côté, chambres rajeunies ; de l'autre, restaurant contemporain dressé avec soin. Cuisine classique et bon choix de vins de Loire.

SEMÈNE – 43 Haute-Loire – 331 H1 – rattaché à Aurec-sur-Loire

SEMNOZ (MONTAGNE DU) – 74 Haute-Savoie – 328 J6 – Voir à Montagne du Semnoz

SEMUR-EN-AUXOIS – 21 Côte-d'Or – 320 G5 – 4 453 h. – alt. 286 m – ✉ 21140

Bourgogne 8 C2

- Paris 246 – Auxerre 87 – Avallon 42 – Beaune 78 – Dijon 82 – Montbard 20
- Office de tourisme, 2 place Gaveau ✆ 03 80 97 05 96
- du Pré-Lamy à Précy-sous-Thil Le Brouillard, S : 18 km par D980, ✆ 03 80 64 46 83.
- Église N.-Dame★ - Pont Joly ≤★.

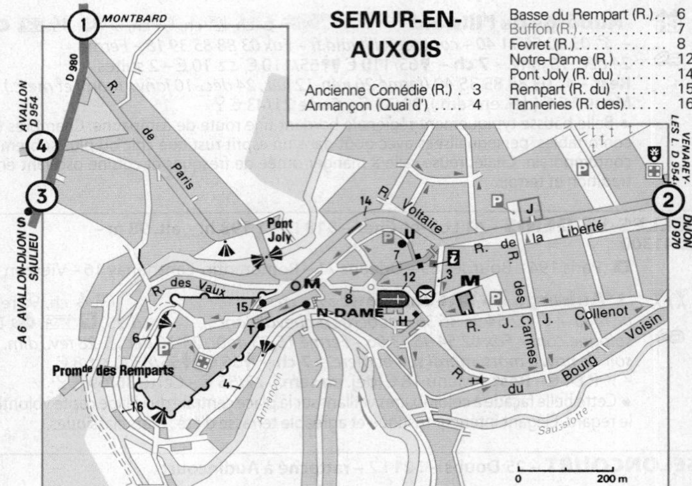

Hostellerie d'Aussois

rte Saulieu – ✆ 03 80 97 28 28 – info@hostellerie.fr – Fax 03 80 97 34 56

ch, rest, ch, 10/60, VISA AE s

43 ch – †66/78 € ††76/88 €, ☕ 12 € – ½ P 61/66 € – **Rest** – Menu 24/45 € – Carte 39/53 €

◆ Ensemble des années 1980 doté de chambres fonctionnelles refaites par étapes et tournées vers la capitale de l'Auxois ou la campagne. Restaurant au cadre actuel donnant sur la piscine et sa terrasse, avec les remparts de Semur à l'arrière-plan. Bonne table au goût du jour.

Les Cymaises sans rest

7 r. Renaudot – ✆ 03 80 97 21 44 – hotel.cymaises@libertysurf.fr – Fax 03 80 97 18 23 – Fermé 5 nov.-3 déc. et fév. u

VISA

18 ch – †53 € ††62 €, ☕ 7 €

◆ Demeure d'aspect ancien (18-19e s.) et cossu située au cœur de la cité médiévale. Calmes chambres classiquement aménagées, petit-déjeuner sous véranda, cour et jardin de repos.

au lac de Pont Est : 3 km par D 103B – ✉ 21140 Pont-et-Massène

Lac

– ✆ 03 80 97 11 11 – hoteldulacdepont@wanadoo.fr – Fax 03 80 97 29 25 – Fermé 19-26 mars, 25 nov.-31 déc., dim. et lundi d'oct. à juin

ch, VISA AE

20 ch – †40/45 € ††48/65 €, ☕ 8 € – ½ P 47/57 € – **Rest** – *(fermé dim. soir d'oct. à juin, lundi sauf le soir en juil.-août et mardi midi)* Menu 15 € (sem.)/31 €

◆ Près du lac, grande bâtisse blanche entourée de verdure et abritant des chambres fonctionnelles ou plus classiques, garnies de meubles de style ou en bois peint. Salle à manger campagnarde et, l'été, jolie terrasse meublée en teck et ombragée par une treille.

SÉNART – **312** E4 – **101** 39 – **voir à Paris, Environs**

SENLIS – **60 Oise** – **305** G5 – **16 327 h.** – **alt. 76 m** – ✉ **60300**
Île de France

36 **B3**

Paris 52 – Amiens 102 – Beauvais 56 – Compiègne 33 – Meaux 40

Office de tourisme, place du Parvis Notre Dame ✆ 03 44 53 06 40, Fax 03 44 53 29 80

d'Apremont à Apremont CD 606, NO : 5 km par N 330, ✆ 03 44 25 61 11 ;

Dolce Chantilly à Vineuil-Saint-Firmin Route d'Apremont, par rte de Chantilly : 8 km, ✆ 03 44 58 47 74 ;

Château Raray Paris Golf Club à Raray Domaine de Raray, par rte de Compiègne : 26 km, ✆ 03 44 54 70 61.

Cathédrale N.-Dame★★ - Vieilles rues★ ABY - Place du Parvis★ BY - Chapelle royale St-Frambourg★ **B** - Jardin du Roy ≤★ - Musée d'Art et d'Archéologie★.

Parc Astérix★★ S : 12 km par autoroute A1.

SENLIS

Apport-au-Pain (R.) .... **AY** 2
Boutteville (Cours) .... **BY** 5
Bretonnerie (R. de la) .... **AZ** 6
Clemenceau (Av. G.) .... **BY** 7
Cordeliers (R. des) .... **AZ** 9
Halle (Pl. de la) .... **BY** 12
Heaume (R. du) .... **AZ** 13
Leclerc (Av. Gén.) .... **BY** 15
Montagne St-Aignan (R. de la) .... **AY** 17
Montauban (Rempart du) .... **AY** 19
Moulin St-Rieul (R. du) .... **BY** 21
Odent (R.) .... **BY** 24
Parvis (Pl. du) .... **BY** 26
Poterne (R. de la) .... **BZ** 29
Poulaillerie (R. de la) .... **AY** 31
Puits-Tiphaine (R. du) .... **AY** 27
Ste-Geneviève (R.) .... **BZ** 40
St-Vincent (Rempart) .... **BZ** 36
St-Yves-à-l'Argent (R.) .... **BZ** 38
Treille (R. de la) .... **AY** 42
Vernois (Av. F.) .... **AY** 47
Vignes (R. des) .... **BZ** 49
Villevert (R. de) .... **BY** 52

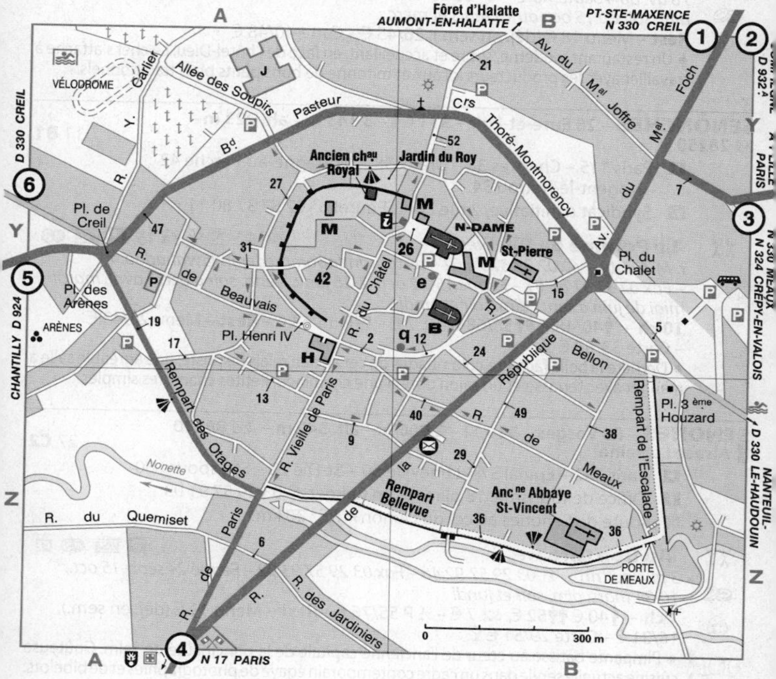

Ibis ch, ch, 50, VISA AE
par ③ 2 km sur N 324 – ✆ 03 44 53 70 50 – Fax 03 44 53 51 93
92 ch – 55/75 € 55/75 €, 7 € – **Rest** – Menu 17 € – Carte 22/32 €
◆ Hôtel pratique car situé juste à la sortie de l'autoroute. Chambres rénovées dans le bâtiment principal, mais pas à l'annexe. Restaurant à l'allure campagnarde, avec poutres apparentes et cheminée où l'on prépare les grillades.

Le Scaramouche AC VISA AE
4 pl. Notre-Dame – ✆ 03 44 53 01 26 – info@le-scaramouche.fr
– Fax 03 44 53 46 14 – Fermé 13-22 août, mardi et merc. BY **e**
Rest – Menu 29 € (sem.)/62 € – Carte 44/72 €
◆ Chaleureuse maison à la belle devanture en bois peint. Intérieur feutré agrémenté de tableaux et tapisseries ; jolie terrasse tournée vers la cathédrale Notre-Dame (12e s.).

Le Bourgeois Gentilhomme VISA AE
3 pl. Halle – ✆ 03 44 53 13 22 – Fax 03 44 53 15 11 – Fermé 29 juil.-23 août, sam. midi, dim. et lundi BY **q**
Rest – Menu 29/72 € – Carte 57/76 €
◆ Molière a inspiré son nom et sa décoration à ce restaurant sis dans une rue animée de la vieille ville. Salle à manger intime. Dégustations dans la cave voûtée du 12e s.

SENNECÉ-LÈS-MÂCON – 71 Saône-et-Loire – 320 J11 – rattaché à Mâcon

SENNECEY-LE-GRAND – 71 Saône-et-Loire – 320 J10 – 2 962 h. – alt. 200 m – ✉ 71240 Bourgogne
8 **C3**

Paris 359 – Dijon 89 – Mâcon 42 – Chalon-sur-Saône 18 – Le Creusot 53
Office de tourisme, le bourg ✆ 03 85 44 82 54, Fax 03 85 44 86 19

L'Amaryllis VISA
78 av. du 4 Septembre – ✆ 03 85 44 86 34 – Fax 03 85 44 96 92 – Fermé 2-23 janv., dim. soir du 15 oct. au 15 mars et merc.
Rest – Menu 18 € (déj. en sem.), 26/45 € – Carte 40/48 €
◆ Un restaurant moderne, sobre et accueillant, en face de l'hôtel-Dieu. Le chef s'attache à travailler avec les producteurs locaux et mitonne de bons petits plats traditionnels.

SENONCHES – 28 Eure-et-Loir – 311 C4 – 3 143 h. – alt. 223 m – ✉ 28250
11 **B1**

Paris 115 – Chartres 38 – Dreux 38 – Mortagne-au-Perche 42 – Nogent-le-Rotrou 34
Syndicat d'initiative, 2 rue Louis Peuret ✆ 02 37 37 80 11

La Pomme de Pin avec ch 15, VISA
r. M. Cauty – ✆ 02 37 37 76 62 – restaurantlapommedepin@wanadoo.fr
– Fax 02 37 37 86 61 – Fermé 15-22 oct., 2-28 janv., vend. soir d'oct. à avril, mardi midi de juin à sept., dim. soir et lundi
10 ch – 40/48 € 58/68 €, 7 € – ½ P 56/63 € – **Rest** – Menu 24/43 € – Carte 33/53 €
◆ Derrière la belle façade à colombages de cet ancien relais de poste, une agréable salle à manger avec terrasse et un salon doté d'une cheminée. Petites chambres simples.

SENONES – 88 Vosges – 314 J2 – 2 906 h. – alt. 340 m – ✉ 88210 Alsace Lorraine
27 **C2**

Paris 392 – Épinal 57 – Lunéville 50 – St-Dié 23 – Strasbourg 80
Office de tourisme, 18 place Dom Calmet ✆ 03 29 57 91 03
Route de Senones au col du Donon★ NE : 20 km.

Au Bon Gîte avec ch VISA AE
3 pl. Vaultrin – ✆ 03 29 57 92 46 – Fax 03 29 57 93 92 – Fermé 24 sept.-15 oct., 10-31 mars, dim. soir et lundi
7 ch – 40 € 52 €, 7 € – ½ P 55/76 € – **Rest** – Menu 11 € (déj. en sem.), 16/31 € – Carte 29/51 €
◆ Pimpante bâtisse au cœur de l'ancienne capitale de la principauté de Salm. Goûteuse cuisine actuelle servie dans un cadre contemporain égayé de photographies et de bibelots.

SENS – 89 Yonne – 319 C2 – 26 904 h. – alt. 70 m – ✉ 89100

Bourgogne 7 B1

Paris 116 – Auxerre 59 – Fontainebleau 54 – Montargis 50 – Troyes 71

Office de tourisme, place Jean Jaurès ✆ 03 86 65 19 49, Fax 03 86 64 24 18

du Senonais à Lixy Les Ursules, O : 22 km par D 26, ✆ 03 86 66 58 46.

Cathédrale St-Étienne★ - Trésor★★ - Musée et palais synodal★ M¹.

SENS

Alsace-Lorraine (R. d') 2
Beaurepaire (R.) 3
Chambonas (Cours) 8
Cornet (Av. Lucien) 9
Cousin (Square J.) 10
Déportés-et-de-la-Résistance (R. des) 11
Foch (Bd Mar.) 12
Garibaldi (Bd des) 13
Gateau (R. A.) 15
Grande-R. 16
Leclerc (R. du Gén.) 19
Maupéou (Bd de) 21
Moulin (Quai J.) 23
République (Pl. de la) 27
République (R. de la) 28

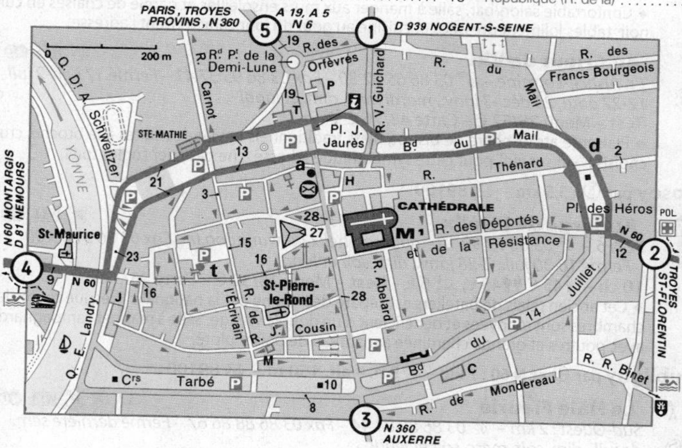

Paris et Poste
ch, rest, 20, VISA

97 r. République – ✆ 03 86 65 17 43 – hotelparisposte@wanadoo.fr – Fax 03 86 64 48 45 **a**

30 ch – 70/150 € 70/150 €, 14 € – 4 suites

Rest ***Le Sénon*** – *(fermé dim. soir et lundi)* Menu 25 € (sem.)/75 €

◆ Hostellerie de tradition à l'ambiance provinciale. Chambres spacieuses et modernes (jolies salles d'eau carrelées), dont la moitié ouvre sur un patio soigné. Au restaurant Le Sénon, mobilier contemporain coloré, agréable véranda et cuisine classique revisitée.

Virginia
ch, 10/25, P VISA

par ② rte de Troyes : 3 km – ✆ 03 86 64 66 66 – virginia.malay@wanadoo.fr – Fax 03 86 65 75 11

100 ch – 40/48 € 40/48 €, 6 € – ½ P 53/58 € – **Rest** – grill *(fermé 23 déc.-2 janv. et dim. soir)* Menu (13 €), 16/22 € – Carte 22/30 €

◆ Cet important motel au décor "Louisiane" regroupe dix pavillons de plain-pied, dont huit abritant des chambres "confort" ou "standard". Décor néo-rustique associant le bois et le crépi en salle, terrasse d'été et cuisine traditionnelle.

La Madeleine (Gauthier)
VISA

1 r. Alsace-Lorraine, (1er étage) – ✆ 03 86 65 09 31 – Fax 03 86 95 37 41 – Fermé 17 juin-2 juil., 12-27 août, 23 déc.-7 janv., mardi midi, dim. et lundi **d**

Rest – *(nombre de couverts limité, prévenir)* Menu 46 € (déj. en sem.), 57/100 € – Carte 94/118 €

Spéc. Fleur de courgette farcie au tourteau. Ris et rognon de veau au cynorhodon. Mousseline au chocolat guanaja. **Vins** Chablis, Irancy.

◆ Restaurant cossu aux teintes pastel, apprécié des gourmets qui y dégustent une cuisine dans l'air du temps. Fourneau et rayonnages d'épicerie décorent le vestibule.

XXX **La Potinière**

51 r. Cécile de Marsangy par ④ – 03 86 65 31 08 – la.potiniere@abs.m.com – Fax 03 86 64 60 19 – Fermé 27 août-9 sept., 11-24 fév., dim. soir, lundi soir et mardi

Rest – *(prévenir en saison)* Menu 29/65 € – Carte 50/64 €

◆ Ancienne guinguette dont la terrasse ombragée au bord de l'Yonne est prisée des touristes fluviaux (ponton d'accostage). Salle à manger fraîche et lumineuse. Cuisine actuelle.

XX **Le Clos des Jacobins**

49 Gde rue – 03 86 95 29 70 – lesjacobins@wanadoo.fr – Fax 03 86 64 22 98 – Fermé 24 avril-10 mai, 6-22 août, 24 déc.-9 janv., dim. soir, mardi soir et merc. **t**

Rest – Menu 28/50 € – Carte 38/66 €

◆ Confortable salon-bar, salle à manger aux murs ensoleillés et garnie de chaises en cuir noir, tables joliment dressées et cuisine au goût du jour caractérisent l'adresse.

X **Au Crieur de Vin**

1 r. Alsace-Lorraine – 03 86 65 92 80 – Fax 03 86 95 37 41 – Fermé 17 juin-2 juil., 12-27 août, 23 déc.-7 janv., mardi midi, dim. et lundi **d**

Rest – Menu 25/52 € – Carte 48/76 €

◆ Plaisante atmosphère de bistrot, plats traditionnels et viandes cuites à la broche, crus choisis : "vin sur vin" pour cette sympathique adresse à ne pas crier sur les toits.

à Rosoy par ③ : 5,5 km – 89100

Auberge de l'Hélix

52 N 6 – 03 86 97 92 10 – auberge-helix2@wanadoo.fr – Fax 03 86 97 19 00 – Fermé 16-30 juil., 2-28 janv., dim. soir et lundi

10 ch – 45 € 45 €, 6 € – **Rest** – Menu 15/32 € – Carte 23/37 €

◆ Cet ancien relais de bateliers est séparé de l'Yonne par la nationale. Presque toutes les chambres sont rénovées et bénéficient d'un double vitrage. Salle à manger campagnarde avec poutres et grande cheminée à manteau de bois sculpté.

à Subligny par ④ et N 60 : 7 km – **478 h.** – **alt. 150 m** – 89100

XX **La Haie Fleurie**

Sud-Ouest : 2 km – 03 86 88 84 44 – Fax 03 86 88 86 67 – Fermé dernière sem. de juil., dim. soir, merc. soir et jeudi

Rest – Menu 16 € (déj. en sem.), 27/49 € – Carte 36/57 €

◆ Auberge de campagne dans la traversée d'un hameau. Petit salon d'accueil ouvrant sur une avenante salle à manger rustico-moderne. Terrasse fleurie. Cuisine traditionnelle.

à Villeroy par ④ et D 81 : 7 km – **254 h.** – **alt. 184 m** – 89100

XXX **Relais de Villeroy** avec ch 15,

rte de Nemours – 03 86 88 81 77 – reservation@relais-de-villeroy.com – Fax 03 86 88 84 04 – Fermé 30 juin-11 juil., 20 déc.-9 janv. et dim. soir

8 ch – 49/59 € 49/59 €, 8 € – **Rest** – *(fermé lundi et mardi)* Menu 25 € (sem.)/40 € – Carte 28/87 €

Rest ***Bistro Chez Clément*** – *03 86 88 86 73 (fermé sam., dim. et fériés)* Menu 17 €

◆ Pimpante maison régionale aux petites chambres confortables. Dans la nouvelle véranda, on goûte des plats ancrés dans la tradition, les yeux rivés sur l'agréable jardin fleuri. Cuisine de bistrot, cadre rustique et ambiance conviviale Chez Clément.

SEPT-SAULX – 51 Marne – **306** H8 – **510 h.** – **alt. 96 m** – 51400 13 **B2**

Paris 167 – Châlons-en-Champagne 29 – Épernay 29 – Reims 26 – Rethel 51 – Vouziers 58

Le Cheval Blanc ch, 10/30,

– 03 26 03 90 27 – cheval.blanc-sept-saulx@wanadoo.fr – Fax 03 26 03 97 09 – Fermé fév., merc. midi et mardi d'oct. à mars

23 ch – 63/73 € 69/134 €, 11 € – 1 suite – ½ P 93/138 € – **Rest** – Menu 25 € (déj. en sem.), 29/87 € bc – Carte 50/61 €

◆ Au cœur du prestigieux vignoble champenois, trois bâtiments dont un ancien relais de poste. Les chambres s'ouvrent sur un grand jardin calme longé par une rivière. Restaurant au cadre cossu donnant sur une courette fleurie aménagée en terrasse l'été.

SÉREILHAC – 87 Haute-Vienne – 325 D6 – 1 595 h. – alt. 322 m – ✉ 87620

24 **B2**

Paris 405 – Confolens 50 – Limoges 19 – Périgueux 77 – St-Yrieix-la-Perche 37

Le Relais des Tuileries

aux Betoulles, 2 km au Nord-Est sur N 21 – ☎ 05 55 39 10 27 – relaistuileries@aol.com – Fax 05 55 36 09 21 – Fermé 12-30 nov., 2-29 janv., dim. soir et lundi sauf juil.-août

10 ch – 52 € 52/57 €, 9 € – ½ P 51 € – **Rest** – Menu 16 € (sem.)/45 € – Carte 26/39 €

◆ Dans un hameau, ancienne tuilerie flanquée de deux pavillons abritant, en rez-de-jardin, des chambres qui ont récemment bénéficié d'une rénovation. Menus du terroir proposés dans une salle à manger rustique agrémentée de poutres apparentes et d'une cheminée.

SÉRIGNAN – 34 Hérault – 339 E9 – 6 134 h. – alt. 7 m – ✉ 34410

23 **C2**

Paris 770 – Montpellier 70 – Béziers 12 – Narbonne 39

Office de tourisme, 32 place de la Libération ☎ 04 67 32 42 21

L'Harmonie

chemin de la Barque – ☎ 04 67 32 39 30 – lharmonie@wanadoo.fr – Fax 04 67 32 39 30 – Fermé 29 oct.-14 nov., 18 fév.-4 mars, sam. midi, mardi soir et merc.

Rest – Menu (18 € bc), 22/50 € – Carte 35/62 €

◆ Restaurant voisin de la Cigalière, vaste salle de spectacle. Décor moderne rehaussé de meubles en fer forgé, terrasse au bord de l'Orb et cuisine actuelle joliment tournée.

SÉRIGNAN-DU-COMTAT – 84 Vaucluse – 332 C8 – rattaché à Orange

SERMAIZE-DU-BAS – 71 Saône-et-Loire – 320 F11 – rattaché à Paray-le-Monial

SERMERSHEIM – 67 Bas-Rhin – 315 J6 – 829 h. – alt. 160 m – ✉ 67230

2 **C1**

Paris 506 – Lahr/Schwarzwald 41 – Obernai 21 – Sélestat 14 – Strasbourg 40

Au Relais de l'Ill sans rest

r. Rempart – ☎ 03 88 74 31 28 – relais-de-lill@wanadoo.fr – Fax 03 88 74 17 51 – Fermé 20 déc.-10 janv.

23 ch – 48/56 € 65/75 €, 7 €

◆ Hôtel familial récent, nullement gêné par les bruits de la voie rapide située à proximité. L'accueil y est chaleureux et les chambres spacieuses et bien tenues. Abord fleuri.

SERRE-CHEVALIER – 05 Hautes-Alpes – 334 H3 – alt. 2 483 m – Sports d'hiver : 1 200/2 800 m 9 67 – ✉ 05330 Alpes du Sud

41 **C1**

Paris 678 – Briançon 7 – Gap 95 – Grenoble 110 – Col du Lautaret 21

Office de tourisme, Chantemerle ☎ 04 92 24 98 98, Fax 04 92 24 98 84

✳★★.

à Chantemerle – alt. 1 350 m – ✉ 05330 St-Chaffrey

Col de Granon ✳★★ N : 12 km.

Plein Sud

– ☎ 04 92 24 17 01 – lynne@hotelpleinsud.com – Fax 04 92 24 10 21 – Fermé 24 avril-24 mai et 15 oct.-1er déc.

42 ch – 60/118 € 95/175 € – ½ P 73/116 € – **Rest** – *(dîner seult de déc. à avril)* Menu 15 € (déj.)/28 € (dîner) – Carte 27/43 €

◆ Dans cet hôtel central, optez pour les chambres côté Sud, plus grandes et dotées de loggias avec vue sur les forêts de mélèzes. Accès Internet et belle piscine découvrable. Cuisine traditionnelle et formules buffets au restaurant ; carte snack au pub.

Les Marmottes ch,

22 r. Centre – 04 92 24 11 17 – lucas.marmottes@wanadoo.fr – Fax 04 92 24 11 17

5 ch – 56/93 € 74/124 €, 6 € – ½ P 58/83 € – **Rest** – table d'hôte *(dîner seult) (résidents seult)* Menu 21 € bc

◆ Ancienne grange soigneusement convertie en maison d'hôte non-fumeurs où l'on enfile ses pantoufles. Joli salon au coin du feu et chambres personnalisées tournées vers les sommets alentours. À table, cuisine familiale bien faite (menu unique changeant chaque jour).

à Villeneuve-la-Salle – **05240 La-Salle-les-Alpes**

Eglise St-Marcellin★ de La-Salle-les-Alpes.

Le Mont Thabor sans rest

1 bis chemin Envers – 04 92 24 74 41 – hotelmonthabor@wanadoo.fr – Fax 04 92 24 99 50 – Fermé fin sept.-début déc.

27 ch – 65/150 € 75/170 €, 8 €

◆ On note quelques touches provençales dans le décor montagnard de cet hôtel tout neuf réservé aux non-fumeurs. Chambres confortables et très bien équipées, sauna, jacuzzi...

Christiania rest,

– 04 92 24 76 33 – le.christiania@wanadoo.fr – Fax 04 92 24 83 82 – Ouvert 20 juin-10 sept. et 14 déc.-14 avril

26 ch – 77/101 € 77/101 €, 9 € – ½ P 72/83 € – **Rest** – *(dîner seult)* Menu 22/26 € – Carte 28/38 €

◆ Accueil familial, bar-salon rustique réchauffé par une cheminée et chambres sagement montagnardes caractérisent cet hôtel sis au bord de la Guisane. Restaurant au cadre alpin rehaussé de vieux objets et terrasse dressée dans le jardin longé par un torrent.

au Monêtier-les-Bains – **1 009 h. – alt. 1 480 m – 05220**

L'Auberge du Choucas ch,

– 04 92 24 42 73 – auberge.du.choucas@wanadoo.fr – Fax 04 92 24 51 60 – Fermé 2-25 mai et 2 nov.-7 déc.

12 ch – 80/180 € 100/220 €, 17 €, 4 duplex – ½ P 90/205 € – **Rest** – *(fermé 16 avril-31 mai, 15 oct.-15 déc., et le midi du lundi au jeudi en avril, juin, sept. et oct.)* Menu 29/65 € – Carte 40/76 €

◆ Coquette auberge (non-fumeurs) voisine de l'église du 15e s. Les chambres et les duplex sont décorés dans le style régional ; l'annexe abrite des studettes simples. Salle à manger voûtée, agrémentée d'une belle collection de cuivres et cuisine au goût du jour.

L'Alliey

– 04 92 24 40 02 – hotel@alliey.com – Fax 04 92 24 40 60 – Ouvert 26 juin-4 sept. et 19 déc.-19 avril

22 ch – 72/105 € 79/155 €, 12 € – 2 suites – ½ P 76/115 €

Rest ***L'Antidote*** – voir ci-après

◆ Cette maison de village dissimule une adresse de charme : l'omniprésence du bois crée partout une ambiance chaleureuse. Douillettes chambres montagnardes et bel espace balnéo.

L'Antidote (Froidevaux) – Hôtel L'Alliey

– 04 92 44 09 74 – reservation@restaurant-antidote.com – Fax 04 92 43 89 09 – Fermé 1er mai-20 juin, 1er oct.-10 déc., lundi en avril, juin, sept. et dim.

Rest – *(dîner seult) (nombre de couverts limité, prévenir)* Menu 55/70 €

Spéc. Homard breton (selon saison). Carré d'agneau de Sisteron, cuisson dans une écorce de mélèze, jus de mélèze. Salade de fruit et légumes de saison (été).

◆ Le jeune couple expérimenté qui a repris les rênes de ce restaurant "court la montagne" pour dénicher les meilleurs arômes. Belle cuisine inventive.

X **Le Chazal**
Les Guibertes, Sud-Est 2,5 km par rte Briançon – ✆ 04 92 24 45 54 – Fermé 18 juin-2 juil., 1er-10 oct., 19 nov.-10 déc. et lundi hors saison
Rest – *(dîner seult sauf dim.)* Menu 25/52 € bc – Carte 35/55 €
◆ Ex-bergerie abritant deux salles à manger voûtées au cadre campagnard. Offre au goût du jour, personnalisée et souvent recomposée. Menu découverte avec accords mets-vins.

SERRIÈRES – 07 Ardèche – 331 K2 – 1 078 h. – alt. 140 m – ✉ 07340
Lyon et la vallée du Rhône

43 **E2**

Paris 514 – Annonay 16 – Privas 91 – St-Étienne 55 – Vienne 29

Syndicat d'initiative, quai Jule Roche sud ✆ 04 75 34 06 01, Fax 04 75 34 06 01

XXX **Schaeffer** avec ch
N 86 – ✆ 04 75 34 00 07 – mathe@hotel-schaeffer.com – Fax 04 75 34 08 79 – Fermé 5-16 août, 21 oct.-5 nov., 2-24 janv., sam. midi, dim. soir et lundi de sept. à juin et mardi en juil.-août
15 ch – 47/62 € 62/87 €, 7 € – **Rest** – Menu (23 €), 35/95 € – Carte environ 53 €
◆ Restaurant cossu prolongé d'une véranda tournée sur le pont suspendu qui enjambe le Rhône. Cuisine classique et belle carte de côtes-du-rhône. Chambres fonctionnelles.

SERRIS – 77 Seine-et-Marne – 312 F2 – voir à Paris, Environs (Marne-la-Vallée)

SERVIERS-ET-LABAUME – 30 Gard – 339 L4 – rattaché à Uzès

SERVON – 50 Manche – 303 D8 – 251 h. – alt. 25 m – ✉ 50170

32 **A3**

Paris 352 – Avranches 15 – Dol-de-Bretagne 30 – St-Lô 72 – St-Malo 55

XX **Auberge du Terroir** avec ch
ch, ch, rest, VISA
– ✆ 02 33 60 17 92 – aubergeduterroir@wanadoo.fr – Fax 02 33 60 35 26 – Fermé 12 nov.-8 déc., 15 fév.-10 mars, jeudi midi, sam. midi et merc.
6 ch – 50/60 € 56/65 €, 9 € – ½ P 60/65 € – **Rest** – *(prévenir)* Menu 18/42 € – Carte 30/52 €
◆ Une bonne cuisine traditionnelle vous attend dans cette charmante auberge champêtre occupant l'ex-école de filles et l'ancien presbytère du village. Chambres agréables.

SERVOZ – 74 Haute-Savoie – 328 N5 – 818 h. – alt. 816 m – ✉ 74310
Alpes du Nord

46 **F1**

Paris 598 – Annecy 85 – Bonneville 43 – Chamonix-Mont-Blanc 14 – Megève 22

Office de tourisme, Maison de l'Alpage ✆ 04 50 47 21 68, Fax 04 50 47 27 06

X **Gorges de la Diosaz** avec ch
rest, VISA
– ✆ 04 50 47 20 97 – infos@hoteldesgorges.com – Fax 04 50 47 21 08 – Fermé 2-16 mai et 12-29 nov.
6 ch – 45/60 € 55/70 €, 7 € – **Rest** – *(fermé dim. soir et lundi sauf 10 juil. au 20 août)* Menu 19 € (déj. en sem.), 26/75 € – Carte 33/48 €
◆ Ce chalet se trouve sur la route des gorges, dans un village savoyard typique. Salle à manger et terrasse avec vue sur les montagnes et cuisine régionale un brin actualisée.

Un hôtel charmant pour un séjour très agréable ?
Réservez dans un hôtel avec pavillon rouge : … .

SESSENHEIM – 67 Bas-Rhin – 315 L4 – 1 783 h. – alt. 120 m – ✉ 67770

Alsace Lorraine 1 **B1**

Paris 497 – Haguenau 18 – Strasbourg 39 – Wissembourg 44

Au Bœuf

1 r. Église – ✆ 03 88 86 97 14 – contact@auberge-au-boeuf.com – Fax 03 88 86 04 62 – Fermé lundi et mardi

Rest – Menu 28 € (sem.)/56 € – Carte 36/56 €

◆ Des bancs d'église du 18e s. agrémentent l'une des salles de cette belle maison alsacienne. Jolie terrasse, petit musée dédié à Goethe et boutique de produits du terroir.

SÈTE – 34 Hérault – 339 H8 – 39 542 h. – alt. 4 m – Casino – ✉ 34200

Languedoc Roussillon 23 **C2**

Paris 787 – Béziers 48 – Lodève 63 – Montpellier 35

Office de tourisme, 60 rue Mario Roustan ✆ 04 67 74 71 71, Fax 04 67 46 17 54

Mont St-Clair★ : terrasse du presbytère de la chapelle N.-D. de la Salette ✻★★ AZ - Le Vieux Port★ - Cimetière marin★.

Plan page ci-contre

Le Grand Hôtel

25, VISA AE

17 quai Mar. de Lattre de Tassigny – ✆ 04 67 74 71 77 – info@legrandhotelsete.com – Fax 04 67 74 29 27 – Fermé 30 déc.-6 janv. AY **t**

42 ch – †65/135 € ††65/135 €, ☕ 9 € – 1 suite – ½ P 68/90 €

Rest *Quai 17* – *✆ 04 67 74 71 91 (fermé 2-15 janv., sam. midi, le midi en juil.-août et dim.)* Menu (19 €), 25/45 € – Carte 28/56 €

◆ Près de la maison natale de G. Brassens, élégant hôtel (1882) bordant le canal. Chambres raffinées, beau mobilier de style et agréable patio sous verrière. Hauts plafonds, moulures et jolies fresques retraçant l'histoire maritime sétoise habillent la salle de restaurant. Cuisine régionale.

Port Marine

10/50, P VISA AE

Môle St-Louis – ✆ 04 67 74 92 34 – contact@hotel-port-marine.com – Fax 04 67 74 92 33 AZ **d**

46 ch – †63/76 € ††74/104 €, ☕ 9 € – 6 suites – ½ P 67/83 € –

Rest – Menu 26 € – Carte 27/37 €

◆ Architecture moderne face au môle St-Louis d'où "l'Exodus" prit la mer en 1947. Le décor des chambres évoque sobrement l'intérieur d'une cabine de bateau. Toit-solarium. Au restaurant : cuisine traditionnelle, de style brasserie à midi et de type buffet le week-end.

Paris Méditerranée

AC VISA AE

47 r. Pierre Semard – ✆ 04 67 74 97 73 – Fax 04 67 53 43 11 – Fermé 1er-17 juil., sam. midi, dim. et lundi BY **p**

Rest – Menu (21 €), 26/40 €

◆ L'original décor réalisé par la patronne s'accorde parfaitement aux recettes inventives et gourmandes que vous dégusterez dans ce restaurant un peu "décalé", mais réellement séduisant.

sur la Corniche Sud du plan par D 2 : 2 km – ✉ 34200 Sète

Les Tritons sans rest

P VISA AE

bd Joliot-Curie – ✆ 04 67 53 03 98 – info@hotellestritons.com – Fax 04 67 53 38 31

55 ch – †39/75 € ††45/89 €, ☕ 7 €

◆ Les chambres sont fonctionnelles et colorées ; climatisation et vue sur mer en façade, fraîcheur et calme sur l'arrière. Décor marin dans le hall.

Les Terrasses du Lido avec ch

25, P VISA AE

rd-pt Europe – ✆ 04 67 51 39 60 – contact@les-terrasses-du-lido.fr – Fax 04 67 51 28 90

9 ch – †62/72 € ††68/125 €, ☕ 10 € – ½ P 70/95 € – **Rest** – *(fermé dim. soir et lundi sauf juil.-août)* Menu 25/48 €

◆ Au pied du mont St-Clair, cette villa abrite une sobre salle à manger prolongée d'une terrasse côté piscine. Cuisine à l'accent régional. Chambres pratiques aux tons bleu et blanc.

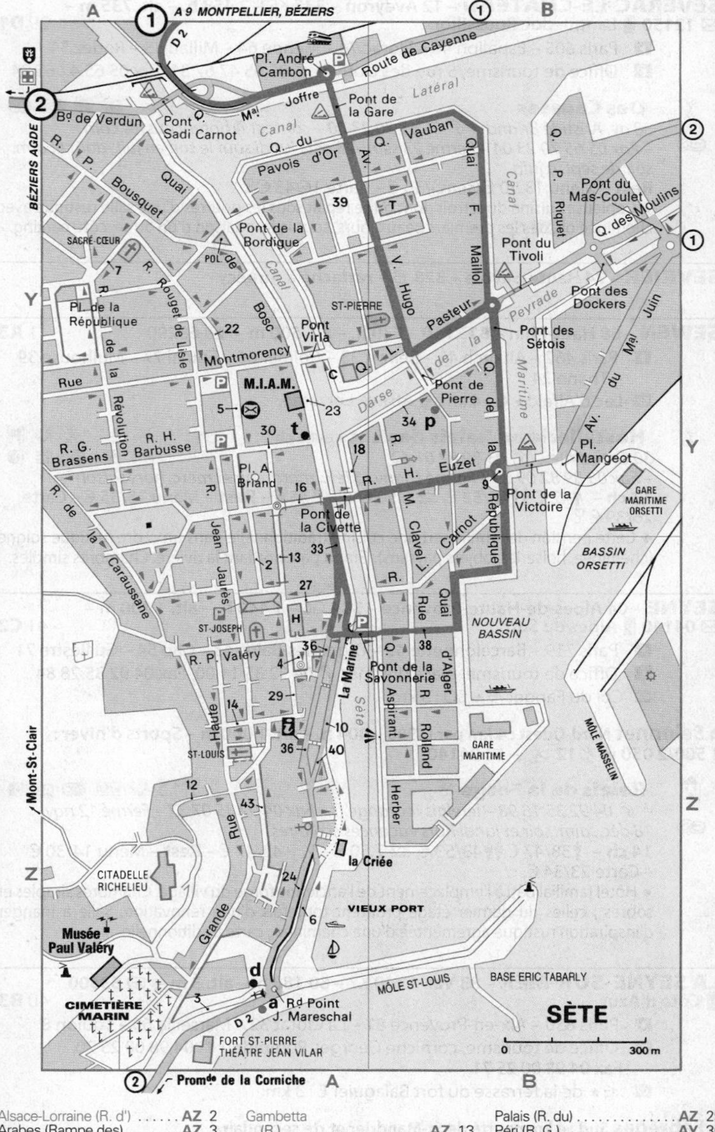
SÈTE
A 9 MONTPELLIER, BÉZIERS
BÉZIERS AGDE
Route de Cayenne
Pl. André Cambon
Pont de la Gare
Pont Sadi Carnot
Bd de Verdun
Pont de la Bordigue
Pont Virla
Pont du Tivoli
Pont des Dockers
Pont du Mas-Coulet
Pont des Sétois
Pont de Pierre
Pont de la Victoire
Pont de la Civette
Pont de la Savonnerie
Pl. République
Pl. A. Briand
Pl. Mangeot
M.I.A.M.
ST-PIERRE
SACRÉ-CŒUR
ST-JOSEPH
ST-LOUIS
GARE MARITIME ORSETTI
BASSIN ORSETTI
NOUVEAU BASSIN
GARE MARITIME
MÔLE MASSELIN
la Criée
VIEUX PORT
MÔLE ST-LOUIS
BASE ERIC TABARLY
CITADELLE RICHELIEU
Musée Paul Valéry
CIMETIÈRE MARIN
Rd Point J. Mareschal
FORT ST-PIERRE
THÉATRE JEAN VILAR
Mont-St-Clair
Promde de la Corniche
300 m

SÉVÉRAC-LE-CHÂTEAU – 12 Aveyron – 338 K5 – 2 458 h. – alt. 735 m – ✉ 12150 Languedoc Roussillon 29 D1

Paris 605 – Espalion 46 – Florac 74 – Mende 64 – Millau 33 – Rodez 51

Office de tourisme, 5 rue des Douves ✆ 05 65 47 67 31, Fax 05 65 47 65 94

Des Causses

38 av. Aristide Briand – ✆ 05 65 70 23 00 – contact@hotel-causses.com – Fax 05 65 70 23 04 – Fermé 23 sept.-23 oct., lundi sauf le soir en juil.-août et dim. soir de sept. à juin

Rest – Menu 13,50 € (sem.)/36 € – Carte 16/43 €

◆ Copieuse cuisine du terroir dont on se repaît sous les poutres d'une salle rustique avec cheminée ou, dès les premiers beaux jours, sous la frondaison d'un orme, côté parking.

SÉVRIER – 74 Haute-Savoie – 328 J5 – rattaché à Annecy

SEWEN – 68 Haut-Rhin – 315 F10 – 530 h. – alt. 500 m – ✉ 68290 1 A3

Paris 462 – Altkirch 41 – Belfort 33 – Colmar 66 – Épinal 77 – Mulhouse 39 – Thann 24

Lac d'Alfeld★ O : 4 km, Alsace Lorraine.

Hostellerie au Relais des Lacs avec ch

30 Grand'rue – ✆ 03 89 82 01 42 – Fax 03 89 82 09 29 – Fermé 6 janv.-6 fév., mardi soir et merc. hors saison

13 ch – †42 € ††45/53 €, ☕ 6,50 € – ½ P 45 € – **Rest** – Menu 25/35 € – Carte 26/39 €

◆ Cette pension de famille sert une cuisine traditionnelle dans un cadre rustique soigné (cheminée, boiseries, objets paysans). Grand parc bordant la rivière. Chambres simples.

SEYNE – 04 Alpes-de-Haute-Provence – 334 G6 – 1 440 h. – alt. 1 200 m – ✉ 04140 Alpes du Sud 41 C2

Paris 719 – Barcelonnette 43 – Digne-les-Bains 43 – Gap 54 – Guillestre 71

Office de tourisme, place d'Armes ✆ 04 92 35 11 00, Fax 04 92 35 28 84

Col du Fanget ≤★ SO : 5 km.

à Selonnet Nord-Ouest : 4 km par D 900 – 404 h. – alt. 1 060 m – Sports d'hiver : 1 500/2 050 m 12 – ✉ 04140

Relais de la Forge

– ✆ 04 92 35 16 98 – lerelais@orange.fr – Fax 04 92 35 07 37 – Fermé 12 nov.-18 déc., dim. soir et lundi hors vacances scolaires

14 ch – †38/47 € ††43/53 €, ☕ 7,50 € – ½ P 42/47 € – **Rest** – Menu 14/30 € – Carte 23/34 €

◆ Hôtel familial bâti à l'emplacement de l'ancienne forge du village. Chambres simples et sobres ; celles du dernier étage profitent toutefois d'une rénovation. Salle à manger d'inspiration rustique agrémentée d'une cheminée ; carte traditionnelle.

LA SEYNE-SUR-MER – 83 Var – 340 K7 – 60 188 h. – alt. 3 m – ✉ 83500 Côte d'Azur 40 B3

Paris 830 – Aix-en-Provence 81 – La Ciotat 32 – Marseille 60 – Toulon 8

Office de tourisme, corniche Georges Pompidou ✆ 04 98 00 25 70, Fax 04 98 00 25 71

≤★ de la terrasse du fort Balaguier E : 3 km.

à Fabrégas Sud : 4 km par rte de St-Mandrier et rte secondaire – ✉ 83500 La Seyne-sur-Mer

Chez Daniel et Julia "rest. du Rivage"

– ✆ 04 94 94 85 13 – Fax 04 94 87 25 25 – Fermé nov., dim. soir et lundi de sept. à juin sauf fériés

Rest – Menu 38/75 € – Carte 47/80 €

◆ Table familiale accueillante nichée au bord d'une jolie crique. Salle rustico-provençale, expo d'outils anciens, terrasse tournée vers le rivage et cuisine axée sur la marée.

aux Sablettes Sud-Est : 4 km – ✉ 83500 La Seyne-sur-Mer

XX **La Parenthèse**
espl. Henry Boeuf – ✆ 04 94 94 92 34 – Fax 04 94 94 92 34 – Fermé dim. soir et mardi sauf juil.-août
Rest – Menu 28 € – Carte 30/81 €
◆ Cuisine d'aujourd'hui servie dans un cadre moderne brun-blanc-rouge ou sur la terrasse estivale meublée en fer forgé, cachée par des claustras en bois et abritée du soleil.

SÉZANNE – 51 Marne – 306 E10 – 5 585 h. – alt. 137 m – ✉ 51120

Champagne Ardenne

13 **B2**

Paris 116 – Châlons-en-Champagne 59 – Meaux 78 – Melun 89 – Sens 83 – Troyes 62

Office de tourisme, place de la République ✆ 03 26 80 51 43

De la Croix d'Or A/C rest, ch, 110/20, P VISA MC AE
53 r. Notre-Dame – ✆ 03 26 80 61 10 – contact@hotel-lacroixdor.fr – Fax 03 26 80 65 20 – Fermé 2 au 13 janv., dim. soir et merc.
13 ch – 45 € 45 €, 6 € – ½ P 54 € – **Rest** – Menu 15/35 € – Carte 27/45 €
◆ Maison de pays à l'atmosphère agréablement provinciale. Les chambres, d'ampleur variée, ont bénéficié d'un rajeunissement. Plaisante salle des petits-déjeuners. Au restaurant, décor judicieusement rafraîchi et cuisine traditionnelle.

Le Relais Champenois ch, A/C rest, 15, P VISA MC AE
157 r. Notre-Dame – ✆ 03 26 80 58 03 – relaischamp@infonie.fr – Fax 03 26 81 35 32 – Fermé 21 déc.-2 janv. et dim. soir
19 ch – 38 € 73/84 €, 9 € – ½ P 65/75 € – **Rest** – Menu (17 €), 21 € (sem.)/46 € – Carte 29/51 €
◆ Façade champenoise rénovée, joliment fleurie, abritant des chambres fraîches et bien meublées, plus calmes à l'annexe (deux sont climatisées). Salles à manger champêtres agrémentées de boiseries et de poutres apparentes. Bon choix de menus traditionnels.

SIERCK-LES-BAINS – 57 Moselle – 307 J2 – 1 872 h. – alt. 147 m – ✉ 57480

Alsace Lorraine

27 **C1**

Paris 355 – Luxembourg 40 – Metz 46 – Thionville 17 – Trier 52

Office de tourisme, rue du Château ✆ 03 82 83 74 14, Fax 03 82 83 22 10

<★ du château fort.

à Montenach Sud-Est : 3,5 km sur D 956 – 410 h. – alt. 200 m – ✉ 57480

XX **Auberge de la Klauss** P VISA MC AE
1 rte de Kirschnaumen – ✆ 03 82 83 72 38 – la-klauss@wanadoo.fr – Fax 03 82 83 73 00 – Fermé 24 déc.-7 janv. et lundi
Rest – Menu 15/50 € – Carte 27/58 €
◆ Ferme de 1869 où palmipèdes et cochons évoluent en plein air. Côté auberge, joli cadre rustique, produits maison (dont un délicieux foie gras) et beau livre de cave. Vente à emporter.

à Manderen Est : 7 km par N 153 et D 64 – 383 h. – alt. 290 m – ✉ 57480

Relais du Château Mensberg ch, 20, P VISA MC AE
15 r. Château – ✆ 03 82 83 73 16 – aurelaismensberg@aol.com – Fax 03 82 83 23 37 – Fermé 1er-26 janv.
13 ch – 36/48 € 45/60 €, 9,50 € – ½ P 48/55 € – **Rest** – *(fermé lundi de janv. à mars et mardi)* Menu 18/46 € – Carte 14,50/59 €
◆ Cette ancienne ferme montant la garde au pied du château fort de Malbrouck (15e s.) vous héberge en toute simplicité dans ses petites chambres avant tout pratiques. Repas traditionnel dans trois salles agrestes, dont deux en mezzanine ; truites puisées au vivier.

SIERENTZ – **68 Haut-Rhin** – **315** I11 – **2 442 h.** – **alt. 270 m** – ✉ **68510** 1 **A3**

Paris 487 – Altkirch 19 – Basel 18 – Belfort 65 – Colmar 54 – Mulhouse 16

Syndicat d'initiative, 57 rue Rogg-Haas ✆ 03 89 81 68 58, Fax 03 89 81 60 49

Auberge St-Laurent (Arbeit) avec ch 15, VISA

1 r. Fontaine – ✆ 03 89 81 52 81 – marco.arbeit@wanadoo.fr – Fax 03 89 81 67 08 – Fermé 5-20 mars, 13-30 août, lundi et mardi

10 ch – †85/100 € ††110/130 €, ☕ 8 € – ½ P 121/136 € – **Rest** – Menu 28 € (déj. en sem.), 39/75 € – Carte 65/87 €

Spéc. Foie gras de canard et confit de choucroute. Safranée de Saint-Jacques. Pigeonneau de nid d'Alsace sauce vineuse. **Vins** Riesling, Pinot gris.

◆ Le chaleureux décor mi-rustique mi-bourgeois de cet ancien relais de poste vous invite à goûter une fine cuisine classique misant sur l'équilibre des saveurs. Plaisante terrasse. Jolies chambres personnalisées.

SIGNY-L'ABBAYE – **08 Ardennes** – **306** I4 – **1 340 h.** – **alt. 240 m** – ✉ **08460** 13 **B1**

Champagne Ardenne

Paris 208 – Charleville-Mézières 31 – Hirson 41 – Laon 74 – Rethel 23 – Rocroi 30 – Sedan 52

Syndicat d'initiative, cour Rogelet ✆ 03 24 53 10 10, Fax 03 24 53 10 10

Auberge de l'Abbaye avec ch 15/30, VISA

2 pl. A. Briand – ✆ 03 24 52 81 27 – aubergeabbaye@wanadoo.fr – Fax 03 24 53 71 72 – Fermé 1er-7 mars, 14 janv.-29 fév., mardi soir et merc.

7 ch – †38/54 € ††54/57 €, ☕ 7 € – ½ P 40/48 € – **Rest** – Menu 14/36 € – Carte 21/51 €

◆ Ex-relais de poste (17e s.) tenu par la même famille depuis 1803. Salles rustiques avec cheminées, choix classique connoté terroir (bœuf et mouton élevés "maison") et chambres à touches agrestes.

SIGNY-LE-PETIT – **08 Ardennes** – **306** H3 – **1 314 h.** – **alt. 238 m** – ✉ **08380** 13 **B1**

Paris 228 – Charleville-Mézières 37 – Hirson 15 – Chimay 959

Syndicat d'initiative, place de l'Église ✆ 03 24 53 55 44

Au Lion d'Or ch, ch, 15, VISA AE

pl. Église – ✆ 03 24 53 51 76 – blandine-bertrand@wanadoo.fr – Fax 03 24 53 36 96 – Fermé 25 juin-8 juil., 21 déc.-15 janv. et dim.

10 ch – †63 € ††63 €, ☕ 8 €, 2 duplex – ½ P 58/97 € – **Rest** – *(fermé dim. sauf midi d'oct. à mars, mardi midi et merc. midi) (prévenir dim.)* Menu 20/59 € bc

◆ Hôtel-restaurant non-fumeurs mettant à profit une maison de pays voisine d'une église fortifiée. Chambres aux décors divers ; salon réservé aux tabacomaniaques incorrigibles. "Chouette" table honorant un sympathique rapace nocturne. Carte au goût du jour.

SILLÉ-LE-GUILLAUME – **72 Sarthe** – **310** I5 – **2 585 h.** – **alt. 161 m** – ✉ **72140** 35 **C1**

Normandie Cotentin

Paris 230 – Alençon 39 – Laval 55 – Le Mans 35 – Mayenne 40

Office de tourisme, place de la Résistance ✆ 02 43 20 10 32, Fax 02 43 20 01 23

Le Bretagne avec ch rest, VISA

pl. Croix d'Or – ✆ 02 43 20 10 10 – hotelrestaurantlebretagne@wanadoo.fr – Fax 02 43 20 03 96 – Fermé 27 juil.-12 août, 24 déc.-2 janv., sam. midi d'oct. à mars, vend. soir et dim. soir

15 ch – †40/65 € ††54/70 €, ☕ 9 € – ½ P 68 € – **Rest** – Menu 16 € (sem.)/50 € – Carte 45/53 €

◆ Ancien relais de diligences (1850) situé à l'orée du Parc régional Normandie-Maine. Cuisine traditionnelle soignée, servie dans une salle à manger feutrée. Chambres agréables.

SILLERY – **51 Marne** – **306** G7 – **rattaché à Reims**

SION-SUR-L'OCÉAN – **85 Vendée** – **316** E7 – **rattaché à St-Gilles-Croix-de-Vie**

SIORAC-EN-PÉRIGORD – 24 Dordogne – 329 G7 – 893 h. – alt. 77 m – ✉ 24170 Périgord

4 C3

- Paris 548 – Sarlat-la-Canéda 29 – Bergerac 45 – Brive-la-Gaillarde 73 – Périgueux 60
- Syndicat d'initiative, le bourg ✆ 05 53 31 63 51
- de Lolivarie, S : 5km par D 51, ✆ 05 53 30 22 69.

Relais du Périgord Noir

– ✆ 05 53 31 60 02
– hotel@relais-perigord-noir.fr – Fax 05 53 31 61 05
– Ouvert 15 avril-10 oct.

ch, ch, ch, rest, VISA

44 ch – 57/72 € 57/72 €, 8,50 € – ½ P 55/60 € – **Rest** – *(dîner seult)* *(résidents seult)* Menu 23/35 €

◆ Bâtisse de 1870 pour moitié rénovée. La nouvelle décoration des chambres est coquette et colorée. Un des salons agrémenté d'objets préhistoriques, un autre d'un billard. Chaleureux restaurant décoré de fresques ; plaisante véranda. À table, canard et noix.

SISTERON – 04 Alpes-de-Haute-Provence – 334 D7 – 6 964 h. – alt. 490 m – ✉ 04200 Alpes du Sud

40 B2

- Paris 704 – Barcelonnette 100 – Digne-les-Bains 40 – Gap 52
- Office de tourisme, place de la République ✆ 04 92 61 12 03, Fax 04 92 61 19 57
- Vieux Sisteron★ - Site★★ - Citadelle★ : ≤★ - Cathédrale Notre-Dame-des-Pommiers★.

SISTERON

Rue	Carreau	N°
Arène (Av. Paul)	YZ	3
Basse des Remparts (R.)	Y	4
Combes (R. des)	Z	6
Cordeliers (R. des)	Z	8
Deleuze (R.)	YZ	9
Dr-Robert (Pl. du)	Y	10
Droite (R.)	Y	
Font-Chaude (R.)	Y	12
Gaulle (Pl. Gén.-de)	Z	13
Glissoir (R. du)	Y	14
Grande École (Pl. de la)	Z	15
Horloge (Pl. de l')	Y	16
Libération (Av. de la)	Z	17
Longue-Andrône (R.)	Y	18
Melchior-Donnet (Cours)	Y	20
Mercerie (R.)	Y	22
Moulin (Av. Jean)	Z	23
Porte-Sauve (R.)	Z	24
Poterie (R.)	Y	25
Provence (R. de)	Z	26
République (Pl. de la)	Z	28
Ste-Ursule (R.)	Z	29
Saunerie (R.)	Y	
Tivoli (Pl. du)	Y	30
Verdun (Allée de)	Z	32

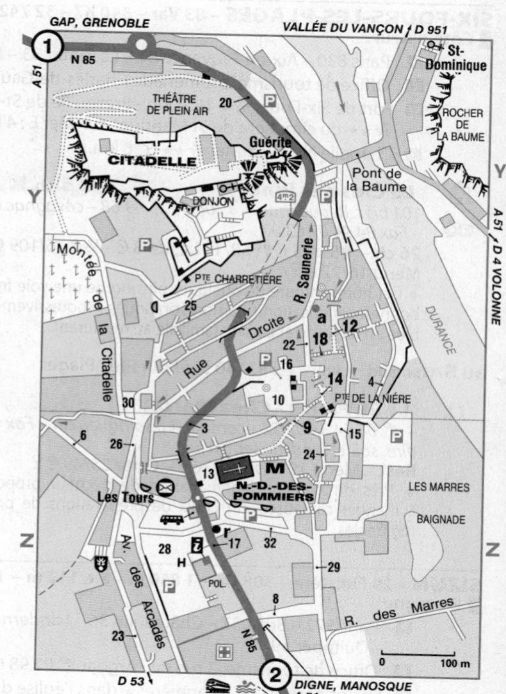

Grand Hôtel du Cours rest, VISA MC AE

pl. de l'Église – ✆ 04 92 61 04 51 – hotelducours@wanadoo.fr – Fax 04 92 61 41 73 – Ouvert 1er mars-fin nov. Z **r**

48 ch – †55 € ††85 €, ☕ 9,50 € – 2 suites – ½ P 75/93 € – **Rest** – *(ouvert 1er mars-10 déc.)* Menu (14 €), 23/29 € – Carte 28/44 € ♀

◆ Hôtel situé dans le centre historique, à deux pas des tours d'enceinte du 14e s. Les chambres ouvrant sur l'arrière sont plus spacieuses et plus calmes. Agréable salle de restaurant de style provençal, lumineuse véranda et terrasse ombragée côté place.

Les Becs Fins ch, VISA MC AE

16 r. Saunerie – ✆ 04 92 61 12 04 – becsfins@aol.com – Fax 04 92 61 28 33 – Fermé 12-22 juin, 27 nov.-15 déc., dim. soir et lundi sauf juil.-août Y **a**

Rest – Menu (16 €), 24/55 € – Carte 32/75 € ♀

◆ Sympathique petit restaurant du centre-ville et sa terrasse ombragée bordant une rue piétonne. Décor actuel refait, ambiance animée et décontractée, et cuisine traditionnelle.

au Nord-Ouest par ① et N 85 – ✉ **04200 Sisteron**

Les Chênes 20, P VISA MC AE

300 rte de Gap, à 2 km – ✆ 04 92 61 13 67 – leschenes.hotel@wanadoo.fr – Fax 04 92 61 16 92 – Fermé 20 déc.-31 janv. et dim. sauf juil.-août

23 ch – †49/53 € ††53/69 €, ☕ 8 € – ½ P 49/56 € – **Rest** – *(fermé dim.)* Menu (16 €), 19/33 € – Carte 28/39 € ♀

◆ Adresse pratique pour une étape non loin de la Durance. Les chambres, petites et fonctionnelles, sont insonorisées. Sur l'arrière, piscine et jardin planté de vieux chênes. Recettes traditionnelles à déguster dans un cadre sobre ou sur la terrasse ombragée.

SIX-FOURS-LES-PLAGES – 83 Var – 340 K7 – 32 742 h. – alt. 20 m – ✉ 83140

40 **B3**

Côte d'Azur

- Paris 830 – Aix-en-Provence 81 – La Ciotat 33 – Marseille 61 – Toulon 12
- Office de tourisme, promenade Charles-de-Gaulle ✆ 04 94 07 02 21
- Fort de Six-Fours ✻★ N : 2 km - Presqu'île de St-Mandrier★ : ✻★★ E : 5 km - ✻★★ du cimetière de St Mandrier-sur-Mer E : 4 km.
- Chapelle N.-D.-du-Mai ✻★★ S : 6 km.

Le Clos des Pins ch, ch, P VISA MC AE

101 bis r. République – ✆ 04 94 25 43 68 – cavagnac.dominique@wanadoo.fr – Fax 04 94 07 63 07

26 ch – †52/75 € ††58/131 €, ☕ 8 € – ½ P 76/109 € – **Rest** – *(dîner seult)* Menu 16/22 € ♀

◆ Cet hôtel entouré de quelques pins borde une voie fréquentée, mais bénéficie d'une bonne insonorisation. Chambres pratiques, progressivement rénovées. Jolie terrasse meublée en fer forgé et cuisine familiale au restaurant.

au Brusc Sud : 4 km – ✉ **83140 Six-Fours-les-Plages**

Le St-Pierre - Chez Marcel VISA MC AE

– ✆ 04 94 34 02 52 – contact@lesaintpierre.fr – Fax 04 94 34 18 01 – Fermé janv., dim. soir et lundi de sept. à juin

Rest – Menu 19 € (sem.)/36 € – Carte 25/49 € ♀

◆ Près du port, ancienne maison de pêcheur proposant, dans sa lumineuse salle à manger climatisée, un choix de préparations de poissons imprégnées de saveurs régionales.

SIZUN – 29 Finistère – 308 G4 – 1 850 h. – alt. 112 m – ✉ 29450

9 **B2**

Bretagne

- Paris 572 – Brest 37 – Châteaulin 36 – Landerneau 16 – Morlaix 36 – Quimper 59
- Office de tourisme, 3 rue de l'Argoat ✆ 02 98 68 88 40
- Enclos paroissial★ - Bannières★ dans l'église de Locmélar N : 5 km.

Les Voyageurs rest, 40/80, P, VISA, MC

2 r. Argoat – ✆ 02 98 68 80 35 – hotelvoyag@aol.com – Fax 02 98 24 11 49 – Fermé 10-30 sept.

22 ch – 46 € 48/50 €, 7,50 € – ½ P 46 € – **Rest** – *(fermé dim. soir et sam. d'oct. à juin)* Menu (11 €), 14 € (sem.)/25 € – Carte 27/38 €

◆ Hôtel familial voisin de l'enclos paroissial du village. Les chambres, simples et bien tenues, bénéficient de plus d'ampleur dans le bâtiment principal. Menus traditionnels à prix sages servis auprès de la cheminée, dans une salle à manger champêtre.

SOCCIA – 2A Corse-du-Sud – 345 C6 – voir à Corse

SOCHAUX – 25 Doubs – 321 L1 – 4 491 h. – alt. 310 m – ✉ 25600

Franche-Comté Jura

17 **C1**

Paris 478 – Audincourt 5 – Belfort 18 – Besançon 77 – Montbéliard 5 – Mulhouse 56

Musée de l'Aventure Peugeot★★ AX.

Voir plan de Montbéliard agglomération.

Arianis rest, ch, 60, P, VISA, MC, AE, D

11 av. Gén. Leclerc – ✆ 03 81 32 17 17 – arianis@wanadoo.fr – Fax 03 81 32 00 90

X u

65 ch – 73 € 78 €, 7 € – ½ P 93 €

Rest – *(fermé dim. soir et sam.)* Menu (14 €), 18/42 € – Carte 33/52 €

Rest *Brasserie de l'Arianis* – *(fermé dim. soir et sam.)* Menu (13 € bc), 16/24 € – Carte 23/34 €

◆ Un hôtel récent situé à côté du musée Peugeot. Les chambres sont sobres, fonctionnelles et bien équipées. Petit-déjeuner sous forme de buffet. Au restaurant, menus traditionnels et cadre moderne. Salle à manger-véranda et carte éclectique à la Brasserie.

à Étupes 3 km par ③ et D 463 – 3 543 h. – alt. 337 m – ✉ 25460

Au Fil des Saisons VISA, MC, AE

3 r. Libération – ✆ 03 81 94 17 12 – aufildessaisons@clubinternet.fr – Fax 03 81 32 36 04 – Fermé 1er-20 août, 22 déc.-7 janv., sam. midi, dim., lundi et fériés

Rest – Menu 22/29 € – Carte 31/52 €

◆ Enseigne-vérité : c'est une cuisine évoluant "au fil des saisons" et un bon choix de poissons qui composent la carte de ce restaurant familial. Salle agréablement rajeunie.

SOCOA – 64 Pyrénées-Atlantiques – 342 B2 – rattaché à St-Jean-de-Luz

SOCX – 59 Nord – 302 C2 – 980 h. – alt. 24 m – ✉ 59380

30 **B1**

Paris 287 – Lille 64 – Calais 52 – Dunkerque 20 – Roeselare 68

Au Steger VISA, MC, AE

27 rte de St-Omer – ✆ 03 28 68 20 49 – restaurant.steger@wanadoo.fr – Fax 03 28 68 27 83 – Fermé 1er-20 août et 26-30 déc.

Rest – *(déj. seult sauf sam.)* Menu 12 € (déj. en sem.)/29 € – Carte 17/41 €

◆ L'épicerie familiale convertie en restaurant aux allures de taverne, où il fait bon s'attabler autour de plats traditionnels et de recettes flamandes de qualité.

SOISSONS – 02 Aisne – 306 B6 – 29 453 h. – alt. 47 m – ✉ 02200

Nord Pas-de-Calais Picardie

37 **C2**

Paris 102 – Compiègne 39 – Laon 37 – Reims 59 – St-Quentin 61

Office de tourisme, 16 place Fernand Marquigny ✆ 03 23 53 17 37, Fax 03 23 59 67 72

Anc. Abbaye de St-Jean-des-Vignes★★ - Cathédrale St-Gervais-et-St-Protais★★.

SOISSONS

Rue	Carré	N°
Arquebuse (R. de l')	BZ	2
Château-Thierry (Av.)	BZ	4
Collège (R. du)	AY	5
Commerce (R. du)	BY	6
Compiègne (Av.)	AY	8
Desmoulins (Bd C.)	ABZ	12
Gambetta (Bd L.)	BY	14
Intendance (R. de l')	BY	15
Leclerc (Av. Gén.)	BZ	22
Marquigny (Pl. F.)	BY	23
Paix (R. de la)	BY	24
Panleu (R. de)	AY	25
Prés.-Kennedy (Av.)	AZ	26
Quinquet (R.)	ABY	28
Racine (R.)	BZ	29
République (Pl. de la)	BZ	30
St-Antoine (R.)	BY	31
St-Christophe (Pl.)	AY	32
St-Christophe (R.)	AY	33
St-Jean (R.)	AZ	34
St-Martin (R.)	BY	35
St-Quentin (R.)	BY	36
St-Rémy (R.)	AY	37
Strasbourg (Bd de)	BY	38
Villeneuve (R. de)	BZ	39

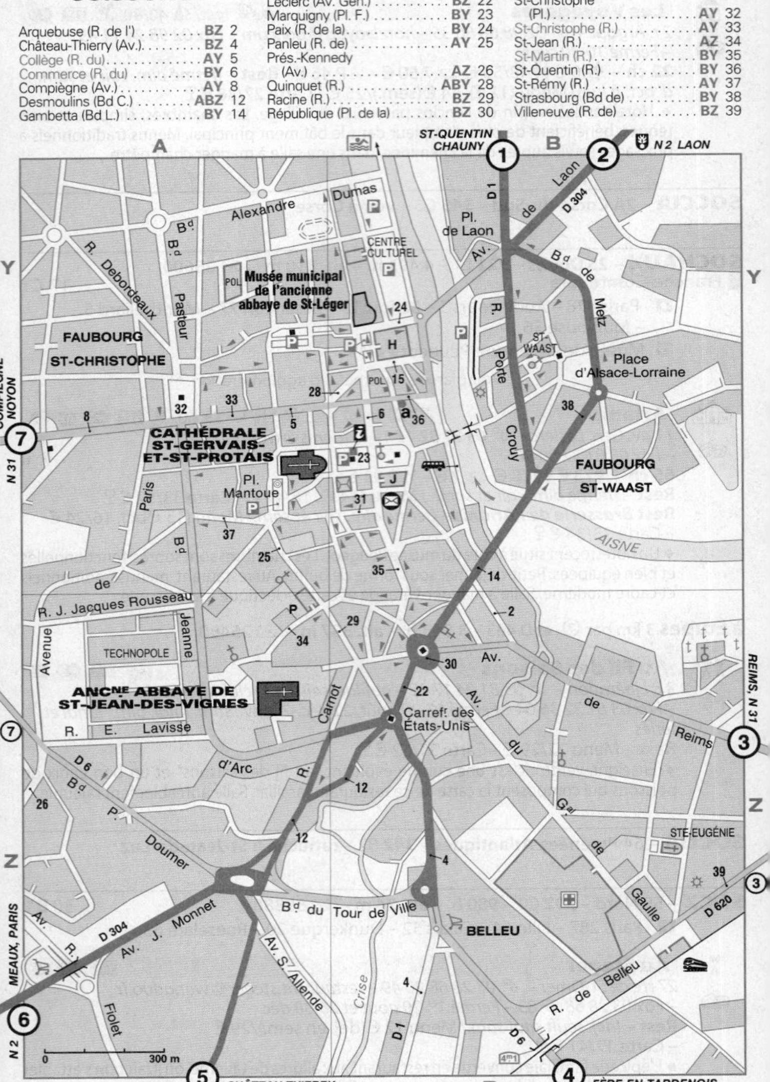

Prime ♿ ch, 🏃 25, [P] VISA MC

rte Paris, par ⑥ : 2 km – ☎ 03 23 73 33 04 – Fax 03 23 73 31 89

42 ch – †56/60 € ††56/60 €, ☕ 7,50 € – ½ P 76/80 € – **Rest** – Menu 12 € (sem.)/18 €

◆ Cet hôtel implanté aux portes de la ville abrite de petites chambres fonctionnelles pouvant dépanner. Restaurant d'étape proposant des formules buffets.

Chez Raphaël
7 r. St Quentin – ✆ 03 23 93 51 79 – chez.raphael@wanadoo.fr – Fax 03 23 93 26 50 – Fermé 5-11 mars, 20-31 août, sam. midi, dim. soir et lundi
BY **a**
Rest – Menu 20 € (déj. en sem.), 24/42 € – Carte 30/46 €
◆ Sympathique établissement situé dans une rue commerçante. Salle à manger simple et chaleureuse, aménagée dans l'esprit bistrot, où l'on propose des petits plats du terroir.

SOLAIZE – 69 Rhône – 327 I6 – 2 256 h. – alt. 232 m – ✉ 69360

44 **B2**

Paris 472 – Lyon 17 – Rive-de-Gier 25 – La Tour-du-Pin 58 – Vienne 17

Soleil et Jardin
ch, 10/100, VISA
r. République – ✆ 04 78 02 44 90 – soleiletjardin@wanadoo.fr – Fax 04 78 02 09 26
22 ch – 90/110 € 90/110 €, 9 € – **Rest** – *(fermé sam. midi)* Menu 15/26 € – Carte 28/44 €
◆ Sur la place centrale du village, cette maison abrite des chambres fonctionnelles aux tons ensoleillés ; trois d'entre elles possèdent une terrasse. Gaieté et lumière dans la salle à manger prolongée d'une terrasse fleurie ; carte traditionnelle bien composée.

SOLENZARA – 2A Corse-du-Sud – 345 F8 – voir à Corse

SOLESMES – 72 Sarthe – 310 H7 – rattaché à Sablé-sur-Sarthe

SOLIGNAC – 87 Haute-Vienne – 325 E6 – 1 367 h. – alt. 251 m – ✉ 87110

24 **B2**

Paris 400 – Bourganeuf 55 – Limoges 10 – Nontron 70 – Périgueux 90 – Uzerche 52

Office de tourisme, place Georges Dubreuil ✆ 05 55 00 42 31

St-Éloi
ch, ch, 30, VISA
66 av. St-Éloi – ✆ 05 55 00 44 52 – lesaint.eloi@wanadoo.fr – Fax 05 55 00 55 56 – Fermé 5-12 juin, 5-22 sept., janv., sam. midi, dim. soir et lundi
15 ch – 50 € 55 €, 9 € – ½ P 60/70 € – **Rest** – Menu 22 € (sem.)/42 € – Carte 31/51 €
◆ La façade en pierre et colombages dissimule un intérieur de caractère : chambres actuelles aux tons ensoleillés et salon design. Cuisine personnalisée servie dans une lumineuse salle non-fumeurs agrémentée d'une cheminée monumentale. Terrasse pittoresque.

SOMMIÈRES – 30 Gard – 339 J6 – 3 677 h. – alt. 34 m – ✉ 30250

23 **C2**

Paris 734 – Montpellier 35 – Nîmes 29

Office de tourisme, 5 quai Frédéric Gaussorgues ✆ 04 66 80 99 30, Fax 04 66 80 06 95

Auberge du Pont Romain
VISA
2 r. Emile Jamais – ✆ 04 66 80 00 58 – aubergedupontromain@wanadoo.fr – Fax 04 66 80 31 52 – Fermé nov. et 15 janv.-15 mars
19 ch – 71/108 € 71/108 €, 13 € – ½ P 85/105 € – **Rest** – *(fermé lundi midi)* Menu 25 € (déj. en sem.), 34/55 € – Carte 47/66 €
◆ Cette belle et imposante demeure en pierre du Gard abritait au 19e s. une fabrique de draps de laine. Grandes chambres rustico-bourgeoises, plus calmes côté jardin. Salle de restaurant "campagnard chic" en harmonie avec la cuisine classique servie.

De l'Estelou sans rest
15, VISA
rte d'Aubais : 200m – ✆ 04 66 77 71 08 – hoteldelestelou@free.fr – Fax 04 66 77 08 88 – Fermé 1er-20 déc. et 7-31 janv.
26 ch – 50/60 € 57/66 €, 8 €
◆ Cet hôtel installé dans l'ex-gare de Sommières (1870) a du cachet : chambres actuelles de bon goût, jolie véranda pour les petits-déjeuners et jardin-piscine au calme.

à Boisseron Sud : 3 Km par N 110 – **1 151 h.** – **alt. 32 m** – ✉ **34160**

XX **La Rose Blanche**

51 r. Maurice Chauvet – ☎ 04 67 86 60 76 – restoroseblanche@yahoo.fr – Fax 04 67 86 60 76 – Fermé 8-18 oct., 7-25 janv., dim. soir d'oct. à mars, mardi midi et lundi

Rest – Menu 25/55 € – Carte 48/65 €

◆ Dans l'ancienne salle de garde du château, meubles et tissus contemporains s'associent sans fausse note aux voûtes et murs de pierres apparentes du 12e s. Cuisine actuelle.

SONDERNACH – 68 Haut-Rhin – 315 G9 – 614 h. – alt. 540 m – ✉ 68380

1 **A2**

Paris 466 – Colmar 27 – Gérardmer 41 – Guebwiller 39 – Thann 42

X **A l'Orée du Bois** avec ch

4 rte du Schnepfenried – ☎ 03 89 77 70 21 – contact@oredubois.com – Fax 03 89 77 77 58 – Fermé 25 juin-3 juil. et 8 janv.-6 fév.

7 ch – †43 € ††50 €, ☕ 4 € – ½ P 45 € – **Rest** – *(fermé merc. midi et mardi)* Menu 13/30 € – Carte 22/35 €

◆ Chaleureuse salle à manger rustique (boiseries, poêle en faïence), carte régionale avec tartes flambées et fondues, chambres façon chalet : l'Alsace dans toute sa générosité.

SONNAC-SUR-L'HERS – 11 Aude – 344 C4 – 128 h. – alt. 362 m – ✉ 11230

22 **A3**

Paris 784 – Montpellier 218 – Carcassonne 52 – Pamiers 41 – Castelnaudary 56

Le Trésor

– ☎ 04 68 69 37 94 – contact@le-tresor.com – Fax 04 68 69 37 94

3 ch ☕ – †65/80 € ††65/80 € – 1 suite – **Rest** – table d'hôte *(fermé mardi, merc. et jeudi) (dîner seult)* Menu 22 € bc

◆ Un couple d'Anglais a repris, par passion, cette maison de pays face à l'église. Chambres propres, bonne literie. Petit-déjeuner en terrasse, jardin pour les repas. Cadre intimiste, accueil aux petits soins, produits du terroir et vins régionaux (menu unique).

SONNAZ – 73 Savoie – 333 I4 – rattaché à Chambéry

SOPHIA-ANTIPOLIS – 06 Alpes-Maritimes – 341 D6 – rattaché à Valbonne

---

SORBIERS – 42 Loire – 327 F7 – 7 399 h. – alt. 560 m – ✉ 42290

44 **A2**

Paris 513 – Feurs 49 – Lyon 58 – Montbrison 47 – St-Étienne 9 – Vienne 47

Office de tourisme, 2 avenue Charles-de-Gaulle ☎ 04 77 01 11 42, Fax 04 77 53 07 27

X **Le Valjoly**

rte St-Symphorien, D 3 – ☎ 04 77 53 60 35 – levaljoly@free.fr – Fax 04 77 53 13 60 – Fermé 30 avril-3 mai, 27 juil.-23 août, 2-11 janv., lundi et le soir sauf vend. et sam.

Rest – Menu (13 €), 16 € (sem.)/50 € – Carte 26/46 €

◆ Accueil souriant, jolie décoration florale et touches colorées compensent les nuisances de la route et le cadre simple de cette auberge proposant une cuisine traditionnelle.

Nous essayons d'être le plus exact possible dans les prix que nous indiquons. Mais tout bouge ! Lors de votre réservation, pensez à vous faire préciser le prix du moment.

SORÈZE – 81 Tarn – 338 E10 – 2 164 h. – alt. 272 m – ✉ 81540

Midi-Pyrénées

29 C2

Paris 732 – Toulouse 59 – Carcassonne 44 – Castelnaudary 26 – Castres 27 – Gaillac 64

Office de tourisme, rue Saint-Martin ✆ 05 63 74 16 28, Fax 05 63 50 86 61

Hôtellerie Abbaye Ecole Le Logis des Pères

r. Lacordaire – ch, ch, 25/200, P VISA MC AE

✆ 05 63 74 44 80 – reception@hotelfp.soreze.com – Fax 05 63 74 44 89

52 ch – 90/145 € 90/145 €, 11 € – ½ P 77/105 € – **Rest** – *(fermé mardi en hiver)* Menu 21 € (sem.)/35 € – Carte 40 €

◆ Hôtel installé dans une aile de la célèbre abbaye-école des bénédictins (17e s.) fondée en 754 par Pépin le Bref. Sobres chambres joliment décorées et parc arboré de 6 ha. Belle salle à manger contemporaine occupant l'ancien réfectoire et terrasse ombragée.

Le Pavillon des Hôtes

VISA MC AE

17 ch – 50/60 € 50/60 €, 11 € – ½ P 57/62 €

◆ Cette annexe se trouve dans une autre partie de l'abbaye. Les chambres, simples et de bon goût, sont réparties autour d'une cour intérieure et les prix restent raisonnables.

SORGES – 24 Dordogne – 329 G4 – 1 123 h. – alt. 178 m – ✉ 24420

Périgord

4 C1

Paris 463 – Brantôme 24 – Limoges 77 – Nontron 36 – Périgueux 20 – Thiviers 15

Syndicat d'initiative, le bourg ✆ 05 53 46 71 43

Auberge de la Truffe

rest, 25, P VISA MC AE

sur N 21 – ✆ 05 53 05 02 05 – contact@auberge-de-la-truffe.com – Fax 05 53 05 39 27

25 ch – 47/52 € 51/61 €, 9,50 € – ½ P 56/78 € – **Rest** – *(fermé dim. soir du 12 nov. au 25 mars, mardi midi et lundi)* Menu (12 € bc), 18 € (sem.)/100 € – Carte 25/71 €

◆ À proximité de la Maison de la Truffe, accueillante adresse villageoise disposant de chambres assez grandes et bien meublées, parfois en rez-de-jardin. Pimpante salle à manger et cuisine du terroir où "diamant noir" et foie gras tiennent le haut de l'affiche.

SOSPEL – 06 Alpes-Maritimes – 341 F4 – 2 885 h. – alt. 360 m – ✉ 06380

Côte d'Azur

41 D2

Paris 967 – Menton 19 – Nice 41 – Tende 38 – Ventimiglia 28

Office de tourisme, 19 avenue Jean Médecin ✆ 04 93 04 15 80, Fax 04 93 04 19 96

Vieux village★ : vieux pont★, vierge immaculée★ dans l'église St-Michel - Fort St-Roch★ S : 1 km par la D 2204.

Des Étrangers

ch, ch, 20, VISA MC

7 bd Verdun – ✆ 04 93 04 00 09 – sospel@sospel.net – Fax 04 93 04 12 31 – Ouvert 27 fév.-4 nov.

30 ch – 65/85 € 70/90 €, 7,50 € – ½ P 68/82 € – **Rest** – *(fermé merc. midi et mardi)* Menu 23/40 € – Carte 29/49 €

◆ Accueil sympathique dans cet hôtel géré de père en fils depuis 1883. Chambres rafraîchies à la mode provençale (fer forgé, tons pastel, murs patinés). Jacuzzi au sous-sol. À table, goûteuse cuisine régionale préparée avec les produits du potager et du marché.

SOUFFLENHEIM – 67 Bas-Rhin – 315 L4 – 4 400 h. – alt. 125 m – ✉ 67620

Alsace Lorraine

1 B1

Paris 495 – Strasbourg 47 – Haguenau 14 – Wissembourg 30

Office de tourisme, 20b Grand'Rue ✆ 03 88 86 74 90, Fax 03 88 86 60 69

Au Bœuf

VISA MC AE

48 Grand'Rue – ✆ 03 88 86 72 79 – resto@boeuf-soufflenheim.com – Fax 03 88 86 68 84

Rest – Menu 11,50 € (déj. en sem.), 19/25 € bc – Carte 23/57 €

◆ Auberge typée (17e s.) au décor alsacien renouvelé. Peintures locales naïves en salles, terrasse avant et fourneaux où plats régionaux et mets traditionnels mijotent à vue.

SOUILLAC – 46 Lot – **337** E2 – **3 671 h.** – **alt. 104 m** – ✉ **46200** 28 **B1**
Périgord

- Paris 516 – Brive-la-Gaillarde 39 – Cahors 68 – Figeac 74 – Sarlat-la-Canéda 29
- Office de tourisme, boulevard Louis-Jean Malvy ✆ 05 65 37 81 56, Fax 05 65 27 11 45
- Souillac Country Club à Lachapelle-Auzac, N : 8 km par D 15, ✆ 05 65 27 56 00.
- Anc. église abbatiale : bas-relief "Isaïe" ★★, revers du portail ★ - Musée national de l'Automate et de la Robotique ★.

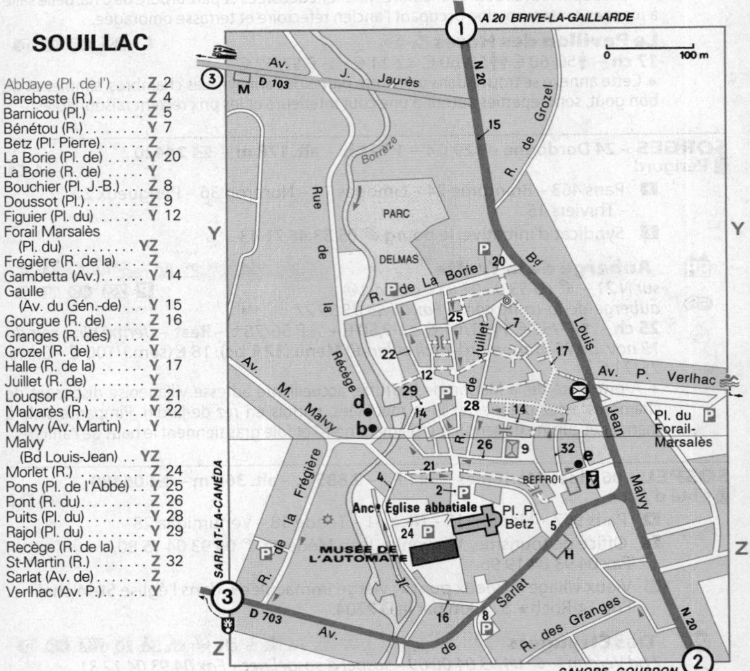

Grand Hôtel
30, VISA

1 allée Verninac – ✆ 05 65 32 78 30 – grandhotel-souillac@wanadoo.fr – Fax 05 65 32 66 34 – Ouvert 1er avril-31 oct. Z e

30 ch – †49 € ††49/70 €, ☕ 7,50 € – ½ P 48/84 € – **Rest** – Menu 19/28 € – Carte 24/50 € 🍷

◆ Le bâtiment principal, centenaire, abrite des chambres contemporaines et personnalisées ; les autres se trouvent dans l'annexe datant du 18e s. et située à 50 m. Au choix : salle à manger-véranda avec toit ouvrant ou terrasse sous les platanes.

Le Quercy sans rest
VISA

1 r. Récège – ✆ 05 65 37 83 56 – reservation@le-quercy.fr – Fax 05 65 37 07 22 – Ouvert 20 mars-15 déc. Y d

25 ch – †35/50 € ††55/60 €, ☕ 7,50 €

◆ Hôtel confortable et bien tenu, en retrait du centre animé. Les chambres, rénovées, sont pour la plupart dotées d'un balcon tourné vers la terrasse fleurie ou la piscine.

La Vieille Auberge rest, 30, VISA AE
1 r. Recège – ✆ 05 65 32 79 43 – r.veril@la-vieille-auberge.com – Fax 05 65 32 65 19 – Fermé 12 nov.-22 déc., dim. et lundi de janv. à mars
19 ch – †46/55 € ††59/70 €, ☐ 10 € – ½ P 63/75 € – **Rest** – *(fermé dim. soir et lundi soir de janv. à mars, lundi midi et sam. midi)* Menu (20 €), 28/65 € – Carte 46/68 €

Y **b**

◆ Non loin des grands axes, près d'une petite rivière, maison disposant de chambres spacieuses, mansardées au 3ᵉ étage. L'annexe propose des équipements sportifs. Spécialités périgourdines servies dans une salle à manger rustique mais rajeunie.

Les Granges Vieilles ch, VISA
rte Sarlat, par ③ : 1,5 km – ✆ 05 65 37 80 92 – contact@lesgrangesvieilles.com – Fax 05 65 37 08 18 – Ouvert 15 mars-15 nov.
11 ch – †66/93 € ††66/93 €, ☐ 9 € – ½ P 66/80 € – **Rest** – *(fermé le midi sauf dim. et fériés)* Menu (23 €), 28/40 € – Carte 39/54 €
◆ Demeure bourgeoise des années 1910 dans le calme d'un parc aux portes de cette cité animée du Périgord noir. Chambres de bonne ampleur. Les baies vitrées de la salle à manger s'ouvrent sur le domaine. Cuisine régionale.

Belle Vue sans rest VISA AE
68 av. J. Jaurès (à la gare) – ✆ 05 65 32 78 23 – hotelbellevue.souillac@wanadoo.fr – Fax 05 65 37 03 89 – Fermé fév.
26 ch – †38/48 € ††38/48 €, ☐ 6,50 €
◆ Grande bâtisse des années 1960 proche de la gare. Chambres simples mais propres. Équipements sportifs côté jardin (piscine, tennis) et petite boutique de produits régionaux.

Le Redouillé VISA
28 av. Toulouse par ② – ✆ 05 65 37 87 25 – leredouille.souillac@wanadoo.fr – Fermé 12-27 mars, 8-29 janv., dim. soir et lundi
Rest – Menu 17/40 € – Carte 36/71 €
◆ Deux salles de restaurant séparées par un salon ; l'une d'elles, très ensoleillée, est aux couleurs de la Provence. Cuisine au goût du jour. Terrasse d'été.

SOULAC-SUR-MER – 33 Gironde – 335 E1 – 2 720 h. – alt. 7 m – Casino : de la Plage – ✉ 33780 Aquitaine

3 **B1**

Paris 515 – Bordeaux 99 – Lesparre-Médoc 31 – Royan 12
Office de tourisme, 68 rue de la plage ✆ 05 56 09 86 61, Fax 05 56 73 63 76

à l'Amélie-sur-Mer Sud-Ouest : 5 km par D 101ᴱ – ✉ 33780 Soulac-sur-Mer

Des Pins rest, ch, 15/20, VISA AE
– ✆ 05 56 73 27 27 – info@hotel-des-pins.com – Fax 05 56 73 60 39 – Ouvert 24 mars-6 janv. et fermé vend. et dim. hors saison
31 ch – †45/62 € ††60/98 €, ☐ 9,50 € – ½ P 43/75 € – **Rest** – *(fermé sam. midi, dim. soir et vend. hors saison)* Menu (17 €), 20 € (déj. en sem.), 25/35 € – Carte 26/60 €
◆ À 100 m de la plage - sable fin à perte de vue - et en lisière des pins, bâtiment de la fin du 19ᵉ s. complété de deux annexes et rénové. Chambres diversement meublées. Restaurant lumineux où l'on savoure poissons et cuisine régionale.

SOULAINES-DHUYS – 10 Aube – 313 I3 – 267 h. – alt. 153 m – ✉ 10200

14 **C3**

Paris 228 – Bar-sur-Aube 18 – Chaumont 48 – Troyes 58

La Venise Verte VISA AE
r. Plessis – ✆ 03 25 92 76 10 – accueil@logis-venise-verte.com – Fax 03 25 92 73 97 – Fermé 24-30 déc.
12 ch – †55/65 € ††55/65 €, ☐ 8 € – ½ P 60 € – **Rest** – *(fermé dim. soir du 16 sept. au 1ᵉʳ avril)* Menu 15 € (sem.)/55 € bc – Carte 30/48 €
◆ Au bord de la route, hôtel accueillant et bien insonorisé. Petites chambres fraîches et pratiques. Une base idéale pour visiter le village et ses maisons à pans de bois. Lumineuse salle à manger, terrasse d'été dans la cour intérieure et plats traditionnels.

LA SOURCE – 45 Loiret – 318 I5 – rattaché à Orléans

SOURDEVAL – 50 Manche – 303 G7 – 3 038 h. – alt. 217 m – ✉ 50150 32 B2

Paris 310 – Avranches 36 – Domfront 30 – Flers 31 – Mayenne 64 – St-Lô 53 – Vire 14

Office de tourisme, jardin de l'Europe ✆ 02 33 79 35 61, Fax 02 33 79 35 59

Vallée de la Sée★ O, Normandie Cotentin.

Le Temps de Vivre ch, VISA AE

12 r. St-Martin – ✆ 02 33 59 60 41 – le-temps-de-vivre@wanadoo.fr – Fax 02 33 59 88 34 – Fermé 24-30 sept., 25 fév.-9 mars et lundi sauf août

10 ch – †32 € ††38 €, 5 € – ½ P 36/39 € – **Rest** – *(fermé dim. soir d'oct. à avril et lundi sauf août)* Menu 11/29 € – Carte 16/33 €

◆ Sur la place du village, à côté du cinéma, façade en granit embellie de jardinières fleuries. Les chambres sont petites, mais récentes et bien tenues. Plaisante salle de restaurant invitant à prendre le "temps de vivre" ; cuisine simple à prix sages.

SOURZAC – 24 Dordogne – 329 D5 – rattaché à Mussidan

SOUSCEYRAC – 46 Lot – 337 I2 – 988 h. – alt. 559 m – ✉ 46190 29 C1

Paris 548 – Aurillac 47 – Cahors 96 – Figeac 41 – Mauriac 69 – St-Céré 17

Office de tourisme, place de l'Église ✆ 05 65 33 02 20

Au Déjeuner de Sousceyrac avec ch VISA AE

– ✆ 05 65 33 00 56 – lagnes@france-flavours.com – Fax 05 65 33 04 37 – Fermé 10-24 fév., dim. soir et lundi sauf de juil. à sept.

10 ch – †40 € ††45 €, 7,50 € – ½ P 55 € – **Rest** – *(nombre de couverts limité, prévenir)* Menu 15/45 €

◆ Accueil souriant, plaisante salle à manger rénovée et colorée, et cuisine du terroir soignée sont les atouts de cette avenante maison sise sur la place du village. Chambres entièrement refaites.

Les bonnes adresses à petit prix ?
Suivez les Bibs : Bib Gourmand rouge pour les tables
et Bib Hôtel bleu pour les chambres.

SOUS-LA-TOUR – 22 Côtes-d'Armor – 309 F3 – rattaché à St-Brieuc

SOUSTONS – 40 Landes – 335 D12 – 5 743 h. – alt. 9 m – ✉ 40140
Aquitaine 3 B2

Paris 736 – Anglet 51 – Bayonne 47 – Bordeaux 150

Office de tourisme, grange de Labouyrie ✆ 05 58 41 52 62, Fax 05 58 41 30 63

Domaine de Bellegarde VISA

23 av. Ch. de Gaulle, dir. N 10 – ✆ 05 58 41 24 06 – info@qsun.co.uk – Fax 05 58 41 33 60 – Ouvert 1er avril-31 oct.

5 ch – †100/200 € ††120/270 € – ½ P 154/176 € – **Rest** – table d'hôte *(prévenir) (résidents seult)* Menu 40 € bc (déj. en sem.)/45 € bc

◆ Dressée dans un parc, belle maison mi-landaise, mi-basque abritant des chambres et suites toutes meublées dans le même style (sol en coco, lit en fer forgé...). L'une d'elles possède une terrasse, une autre un sauna privatif. Cuisine familiale au gré du marché.

LA SOUTERRAINE – 23 Creuse – 325 F3 – 5 320 h. – alt. 390 m – ✉ 23300
Limousin Berry 24 B1

Paris 344 – Bellac 41 – Châteauroux 79 – Guéret 35 – Limoges 58

Office de tourisme, place de la Gare ✆ 05 55 63 10 06

Église★.

à l'Est : **7 km par N 145, D 74 et rte secondaire** – ✉ **23300 La Souterraine**

Château de la Cazine
Domaine de la Fôt – ✆ 05 55 89 60 00 – chateau-de-la-cazine@wanadoo.fr – Fax 05 55 63 71 85
ch, rest, 30, P, VISA, MC, AE
20 ch – †60/95 € ††60/95 €, ☕ 12 € – 2 suites – ½ P 60/78 € –
Rest – Menu 18 € (déj. en sem.), 30/55 € – Carte 46/66 € ♀
Spéc. Soupe de châtaignes à l'huile de truffe. Pigeon confit. Pomme du Limousin à la cannelle, sorbet angélique.
◆ Suivez bien la signalisation pour dénicher ce charmant petit château du 19e s. et son vaste parc, promesse d'un séjour au grand calme. Au restaurant : trois salles bourgeoises, une terrasse face à la nature et une cuisine classique revisitée d'une grande finesse.

à St-Étienne-de-Fursac **Sud : 11 km par rte de Fursac (D 1) – 816 h. – alt. 322 m –** ✉ **23290**

Nougier avec ch
2 pl. de l'Église – ✆ 05 55 63 60 56 – Fax 05 55 63 65 47 – Ouvert de mi-mars à fin nov. et fermé lundi sauf le soir en juil.-août, dim. soir de sept. à juin et mardi midi
P, VISA, MC, AE
12 ch – †46/48 € ††58/70 €, ☕ 10 € – ½ P 58/65 € – **Rest** – Menu (13 €), 20/36 € – Carte 34/47 € ♀
◆ Cinquante ans et 3 générations plus tard, la même famille reçoit les hôtes dans la belle salle à manger campagnarde. Cuisine gourmande et soignée. Chambres rustiques, ravissant jardin-piscine.

SOUVIGNY – 03 Allier – 326 G3 – 1 952 h. – alt. 242 m – ✉ 03210

Auvergne 5 **B1**

▶ Paris 301 – Bourbon-l'Archambault 16 – Montluçon 70 – Moulins 13

◉ Prieuré St-Pierre★★ - Calendrier★★ dans l'église-musée St-Marc.

Auberge des Tilleuls
pl. St-Éloi – ✆ 04 70 43 60 70 – Fax 04 70 43 60 70 – Fermé 26 août-4 sept., 30 déc.-6 janv., 17 fév.-10 mars, mardi soir, merc. soir du 11 nov. au 31 mars, dim. soir et lundi sauf fériés
VISA, MC
Rest – Menu 12 € (déj. en sem.), 19/42 € – Carte 24/47 € ♀
◆ Cette pimpante auberge vous accueille dans deux salles champêtres soignées, dont une agrémentée de colombages en trompe-l'œil. Étroite terrasse ombragée à l'arrière.

SOUVIGNY-EN-SOLOGNE – 41 Loir-et-Cher – 318 J6 – 410 h. – alt. 210 m – ✉ 41600

12 **C2**

▶ Paris 171 – Gien 43 – Lamotte-Beuvron 15 – Montargis 63 – Orléans 39

Auberge de la Grange aux Oies
2 r. du Gâtinais – ✆ 02 54 88 40 08 – la-grange-aux-oies@wanaddo.fr – Fax 02 54 88 91 06 – Fermé 25 juin-1er juil., 27 août-2 sept., 24 déc.-20 janv., lundi soir, mardi et merc.
VISA, MC
Rest – Menu 25 € (sem.)/49 € – Carte 47/70 € ♀
◆ Service en costume solognot, meubles chinés et bibelots agrestes créent une agréable atmosphère campagnarde dans cette jolie maison à colombages (17e et 18e s.). Plats du terroir.

SOYAUX – 16 Charente – 324 L6 – rattaché à Angoulême

SOYONS – 07 Ardèche – 331 L4 – rattaché à St-Péray

Ne confondez pas les couverts ✗ et les étoiles ✿ !
Les couverts définissent une catégorie de standing, tandis que l'étoile couronne les meilleures tables, dans chacune de ces catégories.

STEENVOORDE – 59 Nord – 302 D3 – 4 024 h. – alt. 50 m – ✉ 59114 30 B1

▶ Paris 259 – Calais 73 – Dunkerque 33 – Hazebrouck 12 – Lille 45 – St-Omer 28

ℹ Syndicat d'initiative, place du Docteur J-M Ryckewaert ✆ 03 28 42 97 98, Fax 03 28 49 74 84

Auprès de mon Arbre

932 rte d'Eecke – ✆ 03 28 49 79 49 – Fax 03 28 49 72 29 – Fermé 24 déc.-10 janv. et le soir sauf vend. et sam.

Rest – Menu (18 €), 22/42 € ♀

◆ Cette jolie ferme recèle une cheminée et un poêle Godin dont on ne voudra plus s'éloigner... Sauf peut-être en été, pour s'attabler dans le délicieux jardin. Cuisine authentique et soignée.

STELLA-PLAGE – 62 Pas-de-Calais – 301 C5 – rattaché au Touquet

STENAY – 55 Meuse – 307 C2 – 2 952 h. – alt. 182 m – ✉ 55700 26 A1

▶ Paris 251 – Carignan 20 – Charleville-Mézières 58 – Longwy 51 – Sedan 34 – Verdun 46

ℹ Office de tourisme, 5 place Poincaré ✆ 03 29 80 64 22, Fax 03 29 80 62 59

Du Commerce

16 r. A. Briand – ✆ 03 29 80 30 62 – Fax 03 29 80 61 77 – Fermé 1er-15 janv., lundi midi, vend. soir, sam. midi et dim. soir

16 ch – †50 € ††50/65 €, ☕ 10 € – ½ P 55 € – **Rest** – Menu 14 € (déj. en sem.), 16/35 € – Carte 24/51 € ♀

◆ Proche du musée européen de la Bière, hostellerie fleurie en saison. Chambres bien équipées, parfois vivement colorées. Deux salles à manger de style rustique dont une agrémentée d'une grande cheminée. À table, plats traditionnels et recettes à la bière.

STIRING-WENDEL – 57 Moselle – 307 M3 – rattaché à Forbach

- ➜ *Dénicher la meilleure table ?*
- ➜ *Trouver l'hôtel le plus proche ?*
- ➜ *Vous repérer sur les plans et les cartes ?*
- ➜ *Décoder les symboles utilisés dans le guide...*

Suivez les Bibs rouges !

Les conseils du **Bib Chef** pour vous aider au restaurant.

Les « bons tuyaux » et les informations du **Bib Astuce** pour vous repérer dans le guide... et sur la route.

Les conseils du **Bib Groom** pour vous aider à l'hotel.

Guittot/Diaf/PHOTONONSTOP

Le vieux Strasbourg et la flèche de la cathédrale Notre-Dame

STRASBOURG

🅿 **Département :** 67 Bas-Rhin
Carte Michelin LOCAL : n° **315** K5
Paris 489 – Basel 141 – Karlsruhe 81 – Stuttgart 149
Population : 264 115 h
Pop. agglomération : 427 245 h
Altitude : 143 m – **Code Postal :** ✉ 67000
Alsace Lorraine

RENSEIGNEMENTS PRATIQUES

Offices de tourisme

17, place de la Cathédrale ✆ 03 88 52 28 28, Fax 03 88 52 28 29
Place de la Gare ✆ 03 88 32 51 49
avenue du Pont de l'Europe ✆ 03 88 61 39 23

Transports

Auto-train ✆ 3635 (0,34 €/mn)

Aéroport

Strasbourg-International ✆ 03 88 64 67 67 **AT**

LOISIRS

Quelques golfs

18 de La Wantzenau à La Wantzenau C.D. 302 ✆ 03 88 96 37 73 ;
18 Le Kempferhof Golf Club à Plobsheim 351 rue du Moulin, S : 15 km par D 468, ✆ 03 88 98 72 72.

A VOIR

QUARTIER DE LA CATHÉDRALE

Cathédrale Notre-Dame★★★ : horloge astronomique★ ⋞★ de la flèche - Place de la cathédrale★ : maison Kammerzell★ **KZ** Musée★★ du palais Rohan★ - Musée alsacien★★ **KZ** M^1 Musée de l'Œuvre Notre-Dame★★ **KZ** M^6 - Musée historique★ **KZ** M^5

LA PETITE FRANCE

Rue du Bains-aux-Plantes★★ **HJZ** - Ponts couverts★ **HZ** - Barrage Vauban ✳★★ **HZ** - Mausolée du maréchal de Saxe★★ dans l'église St-Thomas **JZ** - Musée d'Art moderne et contemporain★★ **HZ** M^3 - Promenade en vedette sur l'Ill

AUTOUR DES PLACES KLÉBER ET BROGLIE

Place Kléber★, la plus célèbre place de Strasbourg, bordée au Nord par l'Aubette **JY** Place Broglie : hôtel de ville★ **KY** H

L'EUROPE À STRASBOURG

Palais de l'Europe★ **FGU** - Nouveau palais des Droits de l'Hommes **GU** - Orangerie★ **FGU**

Régent Petite France ch, rest, 30/80, VISA AE

5 r. Moulins – 03 88 76 43 43 – rpf@regent-hotels.com – Fax 03 88 76 43 76

p. 8 JZ **f**

60 ch – 245/365 € 265/385 €, 20 € – 6 suites – **Rest** – *(fermé dim. et le midi d'oct. à mai et lundi)* Menu (32 €), 37/62 € – Carte 49/52 €

◆ Métal, verre, mobilier design et équipements high-tech composent le décor contemporain de cet hôtel aménagé dans les ex-glacières des bords de l'Ill. Élégant cadre "tendance" et jolie vue sur la rivière et la vieille ville sont les deux atouts du restaurant.

Hilton ch, ch, 25/350, P VISA AE

av. Herrenschmidt – 03 88 37 10 10 – info@hilton-strasbourg.com – Fax 03 88 36 83 27

p. 6 EU **e**

237 ch – 150/240 € 150/240 €, 23 € – 6 suites

Rest *La Table du Chef* – *03 88 37 41 42 (fermé juil.-août, sam., dim., fériés et le soir)* Menu (28 €), 34 €

Rest *Le Jardin du Tivoli* – *03 88 35 72 61* – Menu 29/32 €

◆ Ce building de verre et d'acier abrite des chambres rénovées avec soin. Hall avec boutiques, centre multimédia et bars. Cadre "british" à La Table du Chef : restaurant traditionnel à midi et bar à vins le soir. Belle terrasse au Jardin du Tivoli (buffets).

Sofitel ch, rest, 100, VISA AE

pl. St-Pierre-le-Jeune – 03 88 15 49 00 – h0568@accor.com – Fax 03 88 15 49 99

p. 8 JY **s**

155 ch – 195/255 € 250/295 €, 22 € – **Rest** – *(fermé dim.)* Menu 29 € (déj. en sem.) – Carte 44/51 €

◆ Le premier Sofitel construit en France (1964) est aujourd'hui un hôtel au confort moderne intégrant de nombreux services. Hall ouvert sur un patio. Chambres feutrées. Au restaurant, sobres boiseries et cuisine actuelle inspirée par la région.

Holiday Inn ch, ch, 300, P VISA AE

20 pl. Bordeaux – 03 88 37 80 00 – histrasbourg@alliance-hospitality.com – Fax 03 88 37 07 04

p. 7 FU **n**

170 ch – 100/210 € 100/235 €, 17 € – **Rest** – *(fermé sam. midi et dim. midi)* Menu (22 €), 26 € – Carte 24/36 €

◆ Proche des instances européennes et du palais des congrès, établissement parfaitement adapté à une clientèle d'affaires et de séminaires. Chambres bien équipées. Cuisine traditionnelle teintée de touches provençales servie dans un décor de style "Louisiane".

Régent Contades sans rest 15, VISA AE

8 av. Liberté – 03 88 15 05 05 – rc@regent-hotels.com – Fax 03 88 15 05 15

p. 9 LY **f**

47 ch – 185/235 € 205/255 €, 18 €

◆ Hôtel particulier du 19e s. au décor raffiné : bar feutré, jolies boiseries, nombreux tableaux et salle des petits-déjeuners de style Belle Époque. Chambres spacieuses.

Beaucour sans rest 25, VISA AE

5 r. Bouchers – 03 88 76 72 00 – info@hotel-beaucour.com – Fax 03 88 76 72 60

p. 9 KZ **k**

49 ch – 68/121 € 98/186 €, 12 €

◆ Réunies autour d'un patio fleuri, deux maisons alsaciennes du 18e s. élégamment aménagées. Les chambres mêlent avec goût cadre rustique régional et décor moderne.

Monopole-Métropole sans rest 15/25, VISA AE

16 r. Kuhn – 03 88 14 39 14 – infos@bw-monopole.com – Fax 03 88 32 82 55

p. 8 HY **p**

90 ch – 85/90 € 100/150 €, 12 €

◆ Proche de la gare, chambres de deux types : traditionnelles au mobilier de style ou contemporaines égayées d'œuvres d'artistes régionaux. Salons avec "minimusée" alsacien.

Novotel Centre Halles ch, ch, 15/80, VISA AE

4 quai Kléber – 03 88 21 50 50 – h0439@accor.com – Fax 03 88 21 50 51

p. 8 JY **k**

96 ch – 79/157 € 79/167 €, 14,50 € – **Rest** – *(fermé midi fériés et dim. midi)* Menu 20/32 € bc – Carte 16/33 €

◆ Dans le centre commercial des Halles. Chambres en majorité refaites dans un plaisant style actuel et nouveau fitness avec vue sur la cathédrale au 8e étage. L'original et chaleureux cadre contemporain du restaurant s'écarte des critères "Novotel" habituels.

BISCHHEIM

Marais (R. du) . . . . **CS** 121
Périgueux (Av. de) . . . . **BS** 159
Robertsau (R. de la) . . . . **BS** 179
Triage (R. du) . . . . **BS** 219

ECKBOLSHEIM

Gaulle (Av. du Gén.-de) . . . . **BS** 67
Wasselonne (Rte de) . . . . **BS** 237

HŒNHEIM

Fontaine (R. de la) . . . . **BR** 55
République (R. de la) . . . . **BR** 174

ILLKIRCH-GRAFFENSTADEN

Bürkell (Rte) . . . . **BT** 24
Ceinture (R. de la) . . . . **BT** 27
Faisanderie (R. de la) . . . . **BT** 48
Industrie (R. de l') . . . . **BT** 97
Kastler (R. Alfred) . . . . **BT** 99
Lixenbühl (R.) . . . . **BT** 115
Messmer (Av.) . . . . **BT** 138
Neuhof (Rte de) . . . . **BT** 144
Strasbourg (Rte de) . . . . **BT** 207
Vignes (R. des) . . . . **BT** 233

LINGOLSHEIM

Eckbolsheim (R. d') . . . . **BS** 44
Ostwald (R. d') . . . . **BT** 152
Près (R. des) . . . . **BS** 168

OBERHAUSBERGEN

Mittelhausbergen (Rte de) . . . . . **BS** 139
Oberhausbergen (Rte de) . . . . . . **BS** 149

OSTWALD

Foch (R. du Maréchal) . . . . **BT** 50
Gelspolsheim (R. de) . . . . **BT** 73
Leclerc (R. du Gén.) . . . . **BT** 112
Vosges (R. des) . . . . **BT** 232
23-Novembre (R. du) . . . . **BT** 246

SCHILTIGHEIM

Bischwiller (Rte de) . . . . **BS** 18
Gaulle (Rte du Gén.-de) . . . . **BS** 70
Hausbergen (Rte de) . . . . **BS** 81
Mendès-France (Av. P.) . . . . **BS** 132
Pompiers (R. des) . . . . **BS** 164

STRASBOURG

Atenheim (Rte d') . . . . **CT** 8
Austerlitz (Pont d') . . . . **BS** 9
Bauerngrund (R. de) . . . . **CT** 15
Ganzau (R. de la) . . . . **BT** 66
Holtzheim (R. de) . . . . **AS** 88
Ill (R. de l') . . . . **CS** 96
Neuhof (Rte de) . . . . **CT** 144
Plaine des Bouchers (R. de la) . . **BS** 163
Polygone (Rte du) . . . . **BS** 165
Pont (R. du) . . . . **BT** 166
Ribeauvillé (R. de) . . . . **CS** 177
Romains (Rte des) . . . . **BS** 180
Schirmeck (Rte de) . . . . **BS** 198

WOLFISHEIM

Oberhausbergen (R. d') . . . . **AS** 148
Seigneurs (R. des) . . . . **AS** 204

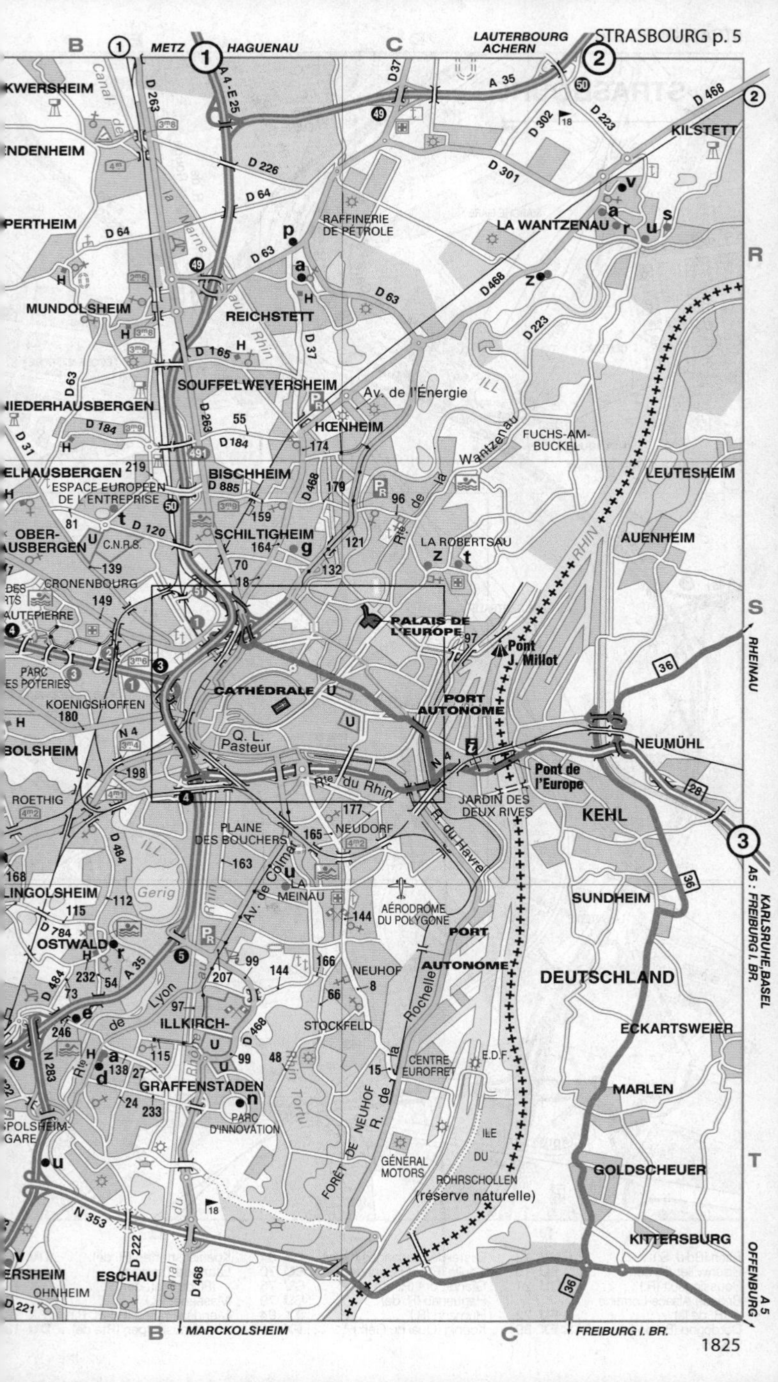
METZ
HAGUENAU
LAUTERBOURG
ACHERN
KILSTETT
LA WANTZENAU
RAFFINERIE DE PÉTROLE
REICHSTETT
MUNDOLSHEIM
SOUFFELWEYERSHEIM
HŒNHEIM
Av. de l'Énergie
FUCHS-AM-BUCKEL
BISCHHEIM
ESPACE EUROPEEN DE L'ENTREPRISE
SCHILTIGHEIM
LEUTESHEIM
AUENHEIM
LA ROBERTSAU
CRONENBOURG
PALAIS DE L'EUROPE
Pont J. Millot
CATHÉDRALE
PORT AUTONOME
Q. L. Pasteur
KOENIGSHOFFEN
PARC DES POTERIES
NEUMÜHL
Pont de l'Europe
JARDIN DES DEUX RIVES
KEHL
ROETHIG
PLAINE DES BOUCHERS
NEUDORF
LA MEINAU
AÉRODROME DU POLYGONE
SUNDHEIM
OSTWALD
DEUTSCHLAND
NEUHOF
STOCKFELD
ILLKIRCH-GRAFFENSTADEN
ECKARTSWEIER
CENTRE EUROFRET
E.D.F.
PARC D'INNOVATION
MARLEN
FORÊT DE NEUHOF
ILE DU ROHRSCHOLLEN (réserve naturelle)
GÉNÉRAL MOTORS
GOLDSCHEUER
KITTERSBURG
ESCHAU
OHNHEIM
MARCKOLSHEIM
FREIBURG I. BR.
RHEINAU
KARLSRUHE, BASEL
A5 : FREIBURG I. BR.
A 5 OFFENBURG

D
E
STRASBOURG
0
500 m
U
V
X
A4
D 263
70
STE-HÉLÈNE
Rte de Bischwiller
D 468
R. L. Pasteur
R. de l'Église Rouge
A 350
Canal de dérivation
MARCHÉ GARE
R. de Dettwiller
R. des Champs
R. de la Rotonde
R. de Hochfelden
R. du Marché-Gare
CENTRAL
139
Jacques
ÉCOLE MILITAIRE
Pl. de Haguenau
n
Av. Clemenceau
Bd des
R. du Mal Fo
R. Ob
Rte d'Oberhausbergen
CIMRE MILITAIRE
240
16
79
171
160
222
Fossé des Remparts
Bd du Prést Wilson
Pl. de la République
A 35-E 25
A 351
GARE CENTRALE
POL.
Pl. Kléber
H
CATHÉDRALE
Bd de Metz
Bd de Nancy
PETITE FRANCE
Molsheim
C
105
238
Bd de Lyon
R. de
ILL
LA LAITERIE
94
R. de la 1ère Armée
22
a
64
Quai Louis Pasteur
D 392
198
PORT
CENTRE ADMINISTRATIF
POL
163
HEYRITZ
R. de la Montagne Verte
Rte de l'Hôpital
A 35-E 25
163

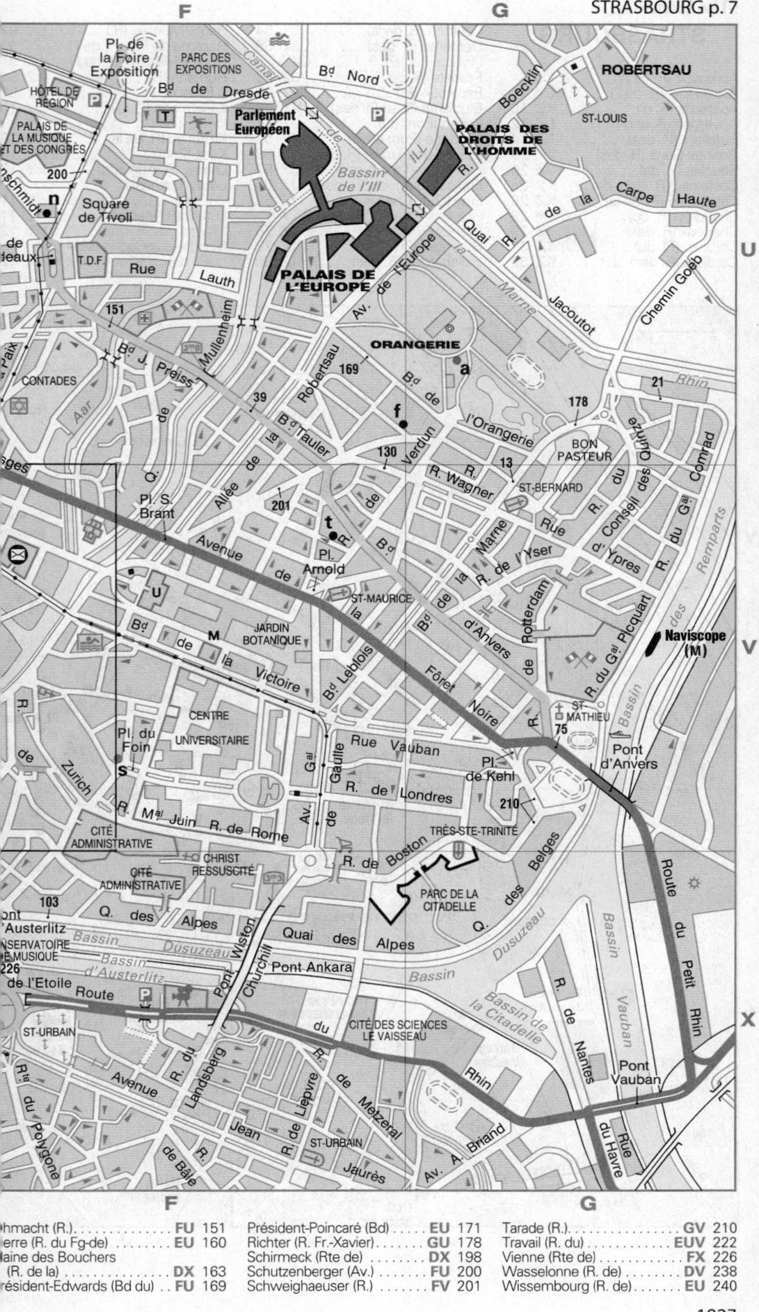

- ...hmacht (R.) . . . . **FU** 151
- ...erre (R. du Fg-de) . . . . **EU** 160
- ...aine des Bouchers (R. de la) . . . . **DX** 163
- ...résident-Edwards (Bd du) . . **FU** 169
- Président-Poincaré (Bd) . . . . . **EU** 171
- Richter (R. Fr.-Xavier) . . . . **GU** 178
- Schirmeck (Rte de) . . . . **DX** 198
- Schutzenberger (Av.) . . . . **FU** 200
- Schweighaeuser (R.) . . . . **FV** 201
- Tarade (R.) . . . . **GV** 210
- Travail (R. du) . . . . **EUV** 222
- Vienne (Rte de) . . . . **FX** 226
- Wasselonne (R. de) . . . . **DV** 238
- Wissembourg (R. de) . . . . **EU** 240

STRASBOURG

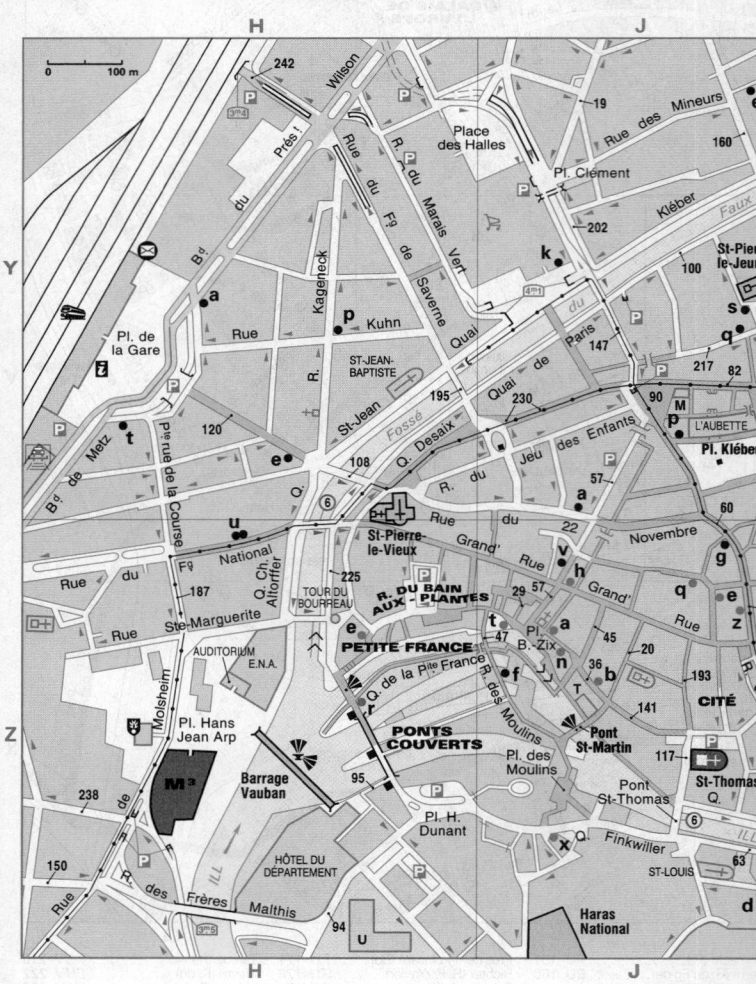

Abreuvoir (R. de l') . . . . LZ 3
Arc-en-Ciel (R. de l') . . . . . KLY 7
Austerlitz (R. d') . . . . KZ 10
Auvergne (Pont d') . . . . LY 12
Bateliers (R. des) . . . . LZ 14
Bonnes-Gens (R. des) . . . . . JY 19
Bouclier (R. du) . . . . JZ 20
Castelnau (R. Gén.-de) . . . . KY 25
Cathédrale (Pl. de la) . . . . . . KZ 26
Chaudron (R. du) . . . . KY 28
Cheveux (R. des) . . . . JZ 29
Corbeau (Pl. du) . . . . KZ 31
Cordiers (R. des) . . . . KZ 32
Courtine (R. de la) . . . . LY 34
Dentelles (R. des) . . . . JZ 36
Division-Leclerc (R.) . . . . . JKZ
Écarlate (R. de l') . . . . JZ 43
Escarpée (R.) . . . . JZ 45
Étudiants (R. et Pl. des) . . . KY 46
Faisan (Pont du) . . . . JZ 47
Fonderie (Pont de la) . . . . . KY 52
Fossés-des-Treize (R. du) . . KY 58
Fossé-des-Tanneurs (R. du) JZ 57
Francs-Bourgeois (R. des) . JZ 60
Frey (Quai Charles) . . . . JZ 63
Grandes-Arcades (R. des) JKY
Grande-Boucherie (Pl. de la) KZ 76
Gutenberg (R.) . . . . JKZ 78
Hallebardes (R. des) . . . . . . KZ 80
Haute-Montée (R.) . . . . JY 82
Homme de Fer (Pl. de l') . . JY 90
Hôpital-Militaire (R. de l') . . . LZ 91
Humann (R.) . . . . HZ 94
Ill (Quai de l') . . . . HZ 95
Kellermann (Quai) . . . . JY 10
Kléber (Pl.) . . . . JY
Krutenau (R. de la) . . . . LZ 10
Kuss (Pont) . . . . HY 10
Lamey (R. Auguste) . . . . . . LY 10
Lezay-Marnésia (Quai) . . . . LY 11
Luther (R. Martin) . . . . JZ 11
Maire Kuss (R. du) . . . . HY 12
Marché-aux-Cochons-de-Lait (Pl. du) . . . . KZ 12

De l'Europe sans rest — 30, VISA MC AE
38 r. Fossé des Tanneurs – ☎ 03 88 32 17 88 – info@hotel-europe.com – Fax 03 88 75 65 45 – Fermé 23-28 déc. p. 8 JZ **v**
61 ch – 62/136 € 114/188 €, 12 €
◆ Chambres assez spacieuses, parfois agrémentées de poutres ou de colombages. La maquette au 1/50e de la cathédrale, exposée dans le hall, est spectaculaire.

Maison Rouge sans rest — 15/30, VISA MC AE
4 r. Francs-Bourgeois – ☎ 03 88 32 08 60 – info@maison-rouge.com – Fax 03 88 22 43 73 p. 8 JZ **g**
140 ch – 71/83 € 99/175 €, 13,50 € – 2 suites
◆ Derrière une façade de pierres rouges, hôtel à l'ambiance raffinée où chaque chambre est personnalisée - 22 sont neuves - et chaque palier possède un salon superbement décoré.

Cathédrale sans rest — VISA MC AE
12 pl. Cathédrale – ☎ 03 88 22 12 12 – reserv@hotel-cathedrale.fr – Fax 03 88 23 28 00 p. 9 KZ **h**
47 ch – 55/140 € 55/150 €, 10 €
◆ Demeure séculaire juste en face de la cathédrale que l'on peut admirer de la salle des petits-déjeuners, d'une partie des confortables chambres et dans le décor même de l'hôtel.

Hannong sans rest — 20/40, VISA MC AE
15 r. 22-Novembre – ☎ 03 88 32 16 22 – info@hotel-hannong.com – Fax 03 88 22 63 87 – Fermé 2-6 janv. p. 8 JY **a**
72 ch – 78/182 € 99/182 €, 14 €
◆ La fresque de l'élégant salon Horn évoque l'histoire de cet hôtel édifié en 1920 sur le site de la faïencerie Hannong (18e s.). Parquets et tons chaleureux dans les chambres.

Diana-Dauphine sans rest — VISA MC AE
30 r. 1ère Armée – ☎ 03 88 36 26 61 – info@hotel-diana-dauphine.com – Fax 03 88 35 50 07 – Fermé 22 déc.-2 janv. p. 6 EX **a**
45 ch – 90/135 € 90/135 €, 10 €
◆ Le tramway passe au pied de l'hôtel et rejoint rapidement la cité ancienne. Chambres au beau mobilier Louis XV et Louis XVI ; salles de bains rénovées. Petit-déjeuner soigné.

Mercure Centre sans rest — VISA MC AE
25 r. Thomann – ☎ 03 90 22 70 70 – h1106@accor.com – Fax 03 90 22 70 71
98 ch – 74/145 € 74/155 €, 13,50 € p. 8 JY **q**
◆ Établissement de chaîne intéressant par sa situation centrale et la vue panoramique qu'offre la salle des petits-déjeuners au 7e étage. Chambres sobrement décorées.

Mercure Gare TGV sans rest — 18, VISA MC AE
14 pl. Gare – ☎ 03 88 15 78 15 – h2149@accor.com – Fax 03 88 15 78 16
60 ch – 69/129 € 79/149 €, 13 € p. 8 HY **a**
◆ Intérieur contemporain derrière une sage façade donnant sur la gare. Une verrière monumentale éclaire hall et salon-bar. Chambres entièrement rénovées. Bar au décor "ethnique".

Mercure sans rest — 25, VISA MC AE
3 r. Maire Kuss – ☎ 03 88 32 80 80 – h1813@accor.com – Fax 03 88 23 05 39
52 ch – 59/119 € 79/119 €, 11,50 € p. 8 HY **e**
◆ Entre gare et quartier de la Petite France, façade de verre abritant des chambres pratiques dotées d'un double vitrage efficace. Coquette salle des petits-déjeuners et patio.

Des Princes sans rest — VISA MC AE
33 r. Geiler – ☎ 03 88 61 55 19 – hoteldesprinces@aol.com – Fax 03 88 41 10 92 – Fermé 26 juil.-21 août et 2-10 janv. p. 7 FV **t**
43 ch – 98 € 110/125 €, 12,50 €
◆ Accueillant hôtel dans un quartier résidentiel calme. Chambres au mobilier actuel ; salles de bains refaites. Petit-déjeuner servi dans un décor de fresques bucoliques.

Dragon sans rest — VISA MC AE
2 r. Écarlate – ☎ 03 88 35 79 80 – hotel@dragon.fr – Fax 03 88 25 78 95
32 ch – 69/109 € 84/119 €, 11 € p. 8 JZ **d**
◆ Demeure du 17e s. tournée sur une courette tranquille. Intérieur résolument contemporain : camaïeu de gris, meubles design, chambres au style épuré et expositions d'art.

Villa d'Est sans rest 20, VISA AE
12 r. J. Kablé – 03 88 15 06 06 – res.villa@cieldenuit.com – Fax 03 88 15 06 16
48 ch – 115/125 € 115/125 €, 11 € *p. 6* EU **n**
◆ Adresse excentrée permettant un accès facile à l'autoroute. Vous aurez le choix entre deux types de chambres : sobrement actuelles ou rustiques d'inspiration alsacienne.

Cardinal de Rohan sans rest VISA AE
17 r. Maroquin – 03 88 32 85 11 – info@hotel-rohan.com – Fax 03 88 75 65 37
36 ch – 65/125 € 65/135 €, 10,50 € *p. 9* KZ **u**
◆ Hôtel situé près de la cathédrale, en plein secteur piétonnier. Chambres insonorisées et meublées dans différents styles (Louis XV, Louis XVI ou rustique). Salons cossus.

Gutenberg sans rest VISA
31 r. Serruriers – 03 88 32 17 15 – hotel.gutenberg@wanadoo.fr – Fax 03 88 75 76 67
42 ch – 59/68 € 78/88 €, 9 € *p. 9* KZ **m**
◆ Dans les murs d'une construction de 1745, chambres confortables et plutôt spacieuses, à l'exception de celles du dernier étage. Salle des petits-déjeuners sous verrière.

Le Kléber Hôtel sans rest VISA AE
29 pl. Kléber – 03 88 32 09 53 – hotel-kleber-strasbourg@wanadoo.fr – Fax 03 88 32 50 41
30 ch – 45/67 € 62/75 €, 7,50 € *p. 8* JY **p**
◆ "Meringue", "Mirabelle", "Cannelle", etc. : les chambres de ce confortable hôtel, refaites et personnalisées, arborent un décor contemporain évoquant l'univers de la pâtisserie.

Ibis sans rest VISA AE
18 r. Fg National – 03 88 75 10 10 – h0943@accor.com – Fax 03 88 75 79 60
98 ch – 57/72 € 57/72 €, 7 € *p. 8*HYZ **u**
◆ Hôtel situé à deux pas de la Petite France. Les chambres, avant tout pratiques, sont toutes non-fumeurs. Nombreuse clientèle d'affaires.

Kyriad sans rest VISA AE
2 pl. Gare – 03 88 22 30 30 – hotel-kyriad-gare@wanadoo.fr – Fax 03 88 32 17 11
70 ch – 60/85 € 60/85 €, 9 € *p. 8* HY **t**
◆ Cette imposante façade de grès rose abrite des chambres fonctionnelles et très bien tenues, plus calmes côté cour. Petit-déjeuner proposé sous forme de buffet.

Couvent du Franciscain sans rest 15, VISA AE
18 r. Fg de Pierre – 03 88 32 93 93 – info@hotel-franciscain.com – Fax 03 88 75 68 46 – Fermé 24 déc.-6 janv. *p. 8* JY **e**
43 ch – 38/39 € 66/70 €, 9 €
◆ Deux bâtiments nichés au fond d'une impasse. Préférez les chambres logées dans l'aile récente. Petits-déjeuners servis dans un caveau égayé d'une amusante fresque.

Aux Trois Roses sans rest VISA AE
7 r. Zürich – 03 88 36 56 95 – hotel3roses@aol.com – Fax 03 88 35 06 14
32 ch – 47/69 € 63/78 €, 7 € *p. 9* LZ **y**
◆ Couettes moelleuses et meubles en sapin équipent chaleureusement les chambres insonorisées de cet hôtel du début du 20e s. sis au bord de l'Ill. Sauna.

Pax ch, rest, ch, 15/60, VISA AE
24 r. Fg National – 03 88 32 14 54 – info@paxhotel.com – Fax 03 88 32 01 16 – Fermé 24 déc.-7 janv. *p. 8*HYZ **u**
106 ch – 56/71 € 71 €, 8 € – ½ P 44/57 € – **Rest** – *(fermé le dim. en janv. et fév.)* Menu 18/24 € – Carte 22/45 €
◆ L'hôtel longe une rue où ne circule que le tramway strasbourgeois. Les chambres sont sobrement aménagées. Aux beaux jours, les tables du restaurant sont dressées dans le joli patio-terrasse envahi par la vigne vierge. Cuisine régionale.

La Villa Novarina sans rest cuisinette VISA
11 r. Westercamp – 03 90 41 18 28 – clauschristine@wanadoo.fr – Fax 03 90 41 49 91
6 ch – 75/95 € 95/150 €, 14 € *p. 7*FGU **f**
◆ Cette grande maison des années 1950, proche du parc de l'Orangerie, vient de rénover ses chambres et ses studios dans un plaisant style contemporain. Goûteux petit-déjeuner, grand calme et belle piscine.

Au Crocodile (Jung)
10 r. Outre – ☎ 03 88 32 13 02 – info@au-crocodile.com – Fax 03 88 75 72 01 – Fermé 8-31 juil., 24 déc.-8 janv., dim. sauf déc. et lundi *p. 9* KY **x**
Rest – Menu 58 € (déj.), 87/127 € – Carte 87/121 €
Spéc. Sandre et laitance de carpe au beurre fumé, ventrèche et asperges rissolées. Foie de canard en croûte de sel, légumes en baeckeoffa. Fruits tropicaux et sorbet lychee à l'écume d'orange. **Vins** Riesling, Pinot noir.
◆ De splendides boiseries, des toiles classiques et le fameux crocodile ramené de la campagne d'Égypte par un capitaine alsacien : le cadre est aussi raffiné que la cuisine !

Buerehiesel
dans le parc de l'Orangerie – ☎ 03 88 45 56 65 – westermann@buerehiesel.fr – Fax 03 88 61 32 00 – Fermé 30 juil.-23 août, 31 déc.-17 janv., dim. soir, mardi soir et le midi en sem. *p. 7* GU **a**
Rest – Menu 32 € (déj.)/60 €
◆ En cuisine, Antoine Westermann a passé la main à son fils Eric dans cette belle ferme à colombages avec sa verrière moderne nichée sous les frondaisons du parc de l'Orangerie.

Maison Kammerzell et Hôtel Baumann avec ch
16 pl. Cathédrale – ☎ 03 88 32 42 14 – info@maison-kammerzell.com – Fax 03 88 23 03 92 – Fermé 18 fév.-8 mars 80/100, *p. 9* KZ **e**
9 ch – 69/73 € 97/117 €, 10 € – **Rest** – Menu 30/45 € – Carte 27/57 €
◆ Peintures murales, vitraux, sculptures sur bois et voûtes gothiques donnent à cette institution strasbourgeoise datant du 16e s. des allures de musée. Plats régionaux.

Maison des Tanneurs dite "Gerwerstub"
42 r. Bain aux Plantes – ☎ 03 88 32 79 70 – maison.des.tanneurs@wanadoo.fr – Fax 03 88 22 17 26 – Fermé 31 juil.-13 août, 30 déc.-23 janv., dim. et lundi *p. 8* JZ **t**
Rest – Menu 24 € (déj.)/30 € (déj.) – Carte 36/63 €
◆ Idéalement située au bord de l'Ill, cette typique maison alsacienne de la Petite France est l'adresse incontournable pour qui veut se régaler d'une choucroute.

L'Atable 77
77 Grand'Rue – ☎ 03 88 32 23 37 – latable77@free.fr – Fax 03 88 32 50 24 – Fermé 13-21 mai, 22 juil.-15 août, 21 janv.-4 fév., dim., lundi et midi fériés *p. 8* JZ **h**
Rest – Menu (24 €), 30/75 € bc
◆ Cadre contemporain volontairement épuré, jolie mise en place design, expositions de tableaux et appétissante cuisine au goût du jour caractérisent ce séduisant restaurant.

La Cambuse
1 r. Dentelles – ☎ 03 88 22 10 22 – Fax 03 88 23 24 99 – Fermé 15 avril-1er mai, 29 juil.-20 août, 23 déc.-7 janv., dim. et lundi *p. 8* JZ **a**
Rest – *(prévenir)* Carte 45/52 €
◆ Toute petite salle entièrement dédiée au monde marin : décor évoquant l'intérieur d'un bateau et carte de produits de la mer mariant saveurs françaises et asiatiques.

Le Violon d'Ingres
1 r. Chevalier Robert, à La Robertsau – ☎ 03 88 31 39 50 – Fax 03 88 31 46 74 – Fermé 10-16 avril, 16-31 août, sam. midi, dim. soir et lundi *p. 5* CS **z**
Rest – Menu 30/65 € – Carte 52/60 €
◆ Vieille maison alsacienne située dans le quartier de la Robertsau. Élégante salle à manger et terrasse ombragée où l'on déguste une cuisine actuelle axée sur les poissons.

L'Écrin des Saveurs
5 r. Leitersperger ✉ 67100 – ☎ 03 88 39 21 20 – Fax 03 88 39 16 05 – Fermé 1er-8 mai, 21 juil.-12 août, 22 déc.-7 janv., lundi soir, sam. midi et dim. *p. 5* BTS **u**
Rest – Menu 24 € (déj.)/38 € – Carte 33 €
◆ Le restaurant jouxte le stade de football de La Meinau. Salle à manger colorée, cuisine au goût du jour et accueil tout sourire sont les atouts de cet "écrin des saveurs".

XX **Serge and Co** (Burckel) AC VISA MC AE
14 r. Pompiers ✉ 67300 Schiltigheim – ✆ 03 88 18 96 19 – serge.burckel@wanadoo.fr – Fax 03 88 83 41 99 – Fermé sam. midi, dim. soir et lundi p. 5 BS **g**
Rest – Menu 28 € (déj. en sem.), 48/88 € ♀
Spéc. Thon rouge mariné. Grenouilles "clin d'oeil aux escargots". "Cigare" au chocolat. **Vins** Riesling, Pinot noir.
◆ "Serge" est revenu au pays après un long périple asiatique et américain. Il propose dans son plaisant restaurant contemporain une cuisine inventive inspirée par ses voyages.

XX **La Vieille Tour** AC VISA MC
1 r. A. Seyboth – ✆ 03 88 32 54 30 – lercher@hotmail.fr – Fermé dim. sauf le midi en déc. et lundi p. 8 HZ **e**
Rest – Menu (22 €), 35/58 € – Carte 42/65 € ♀
◆ Couleurs du Sud, compositions florales, jambons entiers et bocaux de fruits égayent la pimpante petite salle à manger. Recettes du marché inscrites sur ardoise.

XX **Côté Lac** AC P VISA MC
2 pl. Paris, Espace Européen de l'Entreprise ✉ 67300 Schiltigheim – ✆ 03 88 83 82 81 – info@cote-lac.com – Fax 03 88 83 82 83 – Fermé 23 déc.-2 janv., sam. midi, lundi soir, dim. et fériés p. 5 BS **t**
Rest – Menu (19 €), 24 € (déj.), 34/50 € ♀
◆ Les larges baies vitrées de cette architecture contemporaine s'ouvrent sur un petit lac. Original décor "néo-industriel chic", terrasse au bord de l'eau et cuisine actuelle.

XX **Festin de Lucullus** VISA MC
18 r. Ste-Hélène – ✆ 03 88 22 40 78 – festin-de-lucullus@tiscali.fr – Fax 03 88 22 40 78 – Fermé 13 août-3 sept., 19 fév.-5 mars, dim. et lundi p. 8 JZ **q**
Rest – Menu 14 € (déj. en sem.), 27/35 € – Carte environ 45 € ♀
◆ Dans un décor chaleureusement contemporain, discret et sympathique restaurant où l'on mitonne des petits plats goûteux composés en fonction des arrivages du marché.

XX **Pont des Vosges** VISA MC AE
15 quai Koch – ✆ 03 88 36 47 75 – pontdesvosges@noos.fr – Fax 03 88 25 16 85 – Fermé dim. p. 9 LY **h**
Rest – Carte 32/53 € ♀
◆ Restaurant dessinant un arc de cercle au rez-de-chaussée d'un immeuble ancien. La décoration de la salle à manger panache styles "rétro" et moderne. Carte d'esprit brasserie.

XX **Gavroche** AC VISA MC AE
4 r. Klein – ✆ 03 88 36 82 89 – restaurant.gavroche@free.fr – Fax 03 88 36 82 89 – Fermé 5-11 mars, 30 juil.-19 août, 24 déc.-1er janv., sam. et dim. p. 9 KZ **g**
Rest – Menu (26 €), 35 € – Carte 43/52 € ♀
◆ Surmontée de jardinières, la façade rouge du Gavroche cache une petite salle "cosy" (banquettes en bois, tons jaune paille). Goûteuse cuisine actuelle préparée au gré du marché.

XX **L'Alsace à Table** AC VISA MC AE
8 r. Francs-Bourgeois – ✆ 03 88 32 50 62 – info@alsace-a-table.fr – Fax 03 88 22 44 11 p. 8 JZ **z**
Rest – Menu (22 €), 27 € – Carte 29/58 € ♀
◆ Cette brasserie spécialisée dans les produits de la mer (banc d'huîtres et vivier) a conservé son cadre Belle Époque : fresques originales, boiseries blondes et vitraux.

XX **Brasserie Kirn** AC VISA MC AE
6/8 r. de l'Outre – ✆ 03 88 52 03 03 – brasserie@kirn.fr – Fax 03 88 52 01 00 – Fermé dim. soir p. 9 KY **f**
Rest – Menu 17 € (déj. en sem.)/30 € ♀
◆ Cette ancienne boucherie abrite une grande salle à manger décorée façon 1900, éclairée par une belle coupole centrale et agrémentée de vitraux d'art. Plats de brasserie.

XX **Le Pont aux Chats** VISA MC AE
42 r. de la Krutenau – ✆ 03 88 24 08 77 – Fax 03 88 24 08 77 – Fermé 1er-20 août, 11-24 fév., dim. soir sauf d'avril à sept. et déc., sam. midi et merc. p. 9 ZL **t**
Rest – Menu (19 €) – Carte 42/50 € ♀
◆ Heureux mariage de colombages anciens et de mobilier contemporain pour ce petit restaurant de la rive droite. Adorable terrasse sur cour intérieure. Cuisine d'aujourd'hui.

S'Burjerstuewel (Chez Yvonne) VISA
10 r. Sanglier – ✆ 03 88 32 84 15 – info@chez-yvonne.net – Fax 03 88 23 00 18
Rest – *(prévenir)* Carte 24/53 € *p. 9* KYZ **r**
◆ Atmosphère de winstub chic dans cette institution strasbourgeoise où l'on mange au coude à coude. Cuisine régionale complétée par des suggestions dans l'air du temps.

L'Amuse Bouche 15, VISA
3a r. Turenne – ✆ 03 88 35 72 82 – lamuse-bouche@wanadoo.fr – Fax 03 88 36 75 30 – Fermé 15-30 sept., sam. midi, lundi soir et dim. *p. 9* LY **t**
Rest – Menu 20 € (déj. en sem.), 36/75 € bc – Carte 30/52 €
◆ Madame concocte aux fourneaux une cuisine au goût du jour bien tournée, tandis que Monsieur vous accueille aimablement dans une sobre salle à manger aux tons pastel.

La Casserole VISA
24 r. Juifs – ✆ 03 88 36 49 68 – Fax 03 88 24 25 12 – Fermé 30 juil.-19 août, 24 déc.-2 janv., sam. midi, dim. et lundi *p. 9* KY **b**
Rest – Menu 17 € (déj. en sem.), 37/55 €
◆ La carte des vins de ce restaurant tenu par deux sommeliers propose une jolie sélection de crus à prix doux. La cuisine actuelle colle au nouveau décor, design et original.

La Vignette VISA
29 r. Mélanie, à La Robertsau – ✆ 03 88 31 38 10 – lavignetterobertsau@cegetel.net – Fax 03 88 45 48 66 – Fermé 15-30 août, 23 déc.-3 janv., sam. et dim.
Rest – Carte 28/40 € *p. 5* CS **t**
◆ Fourneau en faïence et vieilles photos du quartier caractérisent cette salle à manger sise dans une maison aux allures de guinguette. Appétissante cuisine du marché.

LES WINSTUBS : *dégustation de vins et cuisine du pays, ambiance typiquement alsacienne*

L'Ami Schutz VISA
1 r. Ponts Couverts – ✆ 03 88 32 76 98 – info@ami-schutz.com – Fax 03 88 32 38 40 – Fermé vacances de Noël *p. 8* HZ **r**
Rest – Menu (15 €), 23/47 € bc – Carte 31/55 €
◆ Entre les bras de l'Ill, winstub typique prolongée d'une terrasse ombragée de tilleuls. Ambiance chaleureuse et belles boiseries anciennes font le charme des salles à manger.

S'Muensterstuewel VISA
8 pl. Marché aux Cochons de Lait – ✆ 03 88 32 17 63 – munsterstuewel@wanadoo.fr – Fax 03 88 21 96 02 – Fermé 29 avril-13 mai, 25 août-2 sept., 27 oct.-4 nov., 1er-7 janv., sam. et dim. *p. 9* KZ **y**
Rest – Menu 30 € (déj. en sem.)/45 € bc – Carte 35/55 €
◆ Ancienne boucherie convertie en table du terroir rustiquement décorée dans le pur style winstub. Terrasse d'été au bord de la pittoresque place du Marché aux Cochons de lait.

Le Clou VISA
3 r. Chaudron – ✆ 03 88 32 11 67 – Fax 03 88 21 06 43 – Fermé merc. midi, dim. et fériés *p. 9* KY **n**
Rest – Menu 25/30 € – Carte 25/52 €
◆ Voisinage de la cathédrale, décor traditionnel et atmosphère conviviale caractérisent cette winstub courue par les célébrités de passage qui y laissent leur photo.

Au Pont du Corbeau VISA
21 q. St-Nicolas – ✆ 03 88 35 60 68 – corbeau@reperes.com – Fax 03 88 25 72 45 – Fermé 28 juil.-26 août, vacances de fév., dim. midi et sam. sauf en déc. *p. 9* KZ **b**
Rest – Menu (11 €) – Carte 24/38 €
◆ Sur les quais de l'Ill, jouxtant le musée alsacien (art populaire), maison à la décoration originale inspirée du style Renaissance régional. Spécialités du terroir.

Au Bon Vivant VISA
7 r. Maroquin – ✆ 03 88 32 77 81 – Fax 03 88 32 95 12 – Fermé jeudi et vend. de nov. à Pâques *p. 9* KZ **t**
Rest – Menu 16/30 € – Carte 26/44 €
◆ Enseigne-vérité : on vient ici pour faire bonne chère ! Les alléchants fumets provenant de la cuisine et de la rôtissoire où l'on cuit le poulet à la broche le confirment.

Fink'Stuebel avec ch

26 r. Finkwiller – ✆ 03 88 25 07 57 – finkstuebel@noos.fr – Fax 03 88 36 48 82 – Fermé 10-25 août, dim. et lundi *p. 8* JZ **x**

4 ch – 62 € 62/88 €, 8 € – **Rest** – Winstub Carte 29/55 €

◆ Colombages, parquet brut, bois peints, mobilier régional et nappes fleuries : cet endroit a tout de la winstub traditionnelle. Cuisine du pays ; foie gras à l'honneur. Nouvelles chambres d'hôte bien équipées et décorées à l'alsacienne.

Environs

à Reichstett **Nord : 7 km par D 468 et D 37 ou par A 4 et D 63 – 4 882 h. – alt. 141 m – ✉ 67116**

L'Aigle d'Or sans rest

(près église) – ✆ 03 88 20 07 87 – info@aigledor.com – Fax 03 88 81 83 75 – Fermé 3-19 août et 24 déc.-6 janv. *p. 5* BR **a**

17 ch – 59/99 € 59/99 €, 10 €

◆ Belle façade à colombages au cœur d'un village pittoresque. Chambres sans ampleur mais pleines de charme, égayées de tons chaleureux. Coquette salle des petits-déjeuners.

De Paris avec ch rest, ch, 40,

2c av. Gén. de Gaulle – ✆ 03 88 20 00 23 – horest@infonie.fr – Fax 03 88 20 30 60 – Fermé 22 déc.-2 janv. *p. 5* BR

17 ch – 36 € 46 €, 10 € – ½ P 47 € – **Rest** – *(fermé sam. et dim.)* Menu 22 € bc/29 € bc – Carte 38/56 €

◆ Agréable salle à manger dotée d'un plafond à caissons ; cuisine régionale et gibier en saison. Chambres pratiques desservies par un escalier décoré de trophées de chasse.

à La Wantzenau **Nord-Est : 12 km par D 468 – 5 462 h. – alt. 130 m – ✉ 67610**

Hôtel Au Moulin

Sud : 1,5 km par D 468 – ✆ 03 88 59 22 22 – moulin-wantzenau@wanadoo.fr – Fax 03 88 59 22 00 – Fermé 24 déc.-2 janv. *p. 5* CR **z**

20 ch – 70 € 90/110 €, 11 € – ½ P 72/75 €

Rest *Au Moulin* – voir ci-après

◆ Calme de la campagne, plaisant salon, ravissantes chambres aux tons pastel et petits-déjeuners soignés sont les atouts de cet ancien moulin posté sur une rive de l'Ill.

La Roseraie

32 r. Gare – ✆ 03 88 96 63 44 – hotel.roseraie@evc.net – Fax 03 88 96 64 95 *p. 5* CR **v**

15 ch – 48/60 € 48/80 €, 7 €

Rest *Le Jardin Secret* – *(fermé le midi sauf dim., lundi et mardi)* Menu 30/33 € – Carte 30/36 €

◆ Affaire familiale composée de deux bâtiments. Les chambres sont fraîches, sobrement meublées et bien insonorisées. Formule buffet au petit-déjeuner. Accueillant restaurant au cadre actuel (expositions de tableaux) et cuisine d'aujourd'hui.

Relais de la Poste (Daull) avec ch rest, 15,

21 r. Gén. de Gaulle – ✆ 03 88 59 24 80 – info@relais-poste.com – Fax 03 88 59 24 89 – Fermé 23-29 juil., 27 oct.-3 nov. (sauf hôtel), 2-17 janv., 11-17 fév., sam. midi, dim. soir et lundi *p. 5* CR **a**

18 ch – 80/90 € 80/130 €, 13 € – **Rest** – Menu 37 € bc (déj. en sem.), 45/150 € – Carte 63/101 €

Spéc. Millefeuille d'asperges au saumon fumé (15 mars au 15 juin). Paupiette de sandre soufflée, coulis de crustacés. Quasi de veau de sept heures, spaetzle, sauce champignons. **Vins** Riesling, Pinot noir.

◆ Authentique maison alsacienne au cadre soigné : boiseries, fresques, plafonds à caissons et véranda ouverte sur la verdure. Belle carte des vins. Chambres personnalisées.

Zimmer

23 r. Héros – ✆ 03 88 96 62 08 – zimmer-nadeau@club-internet.fr – Fax 03 88 96 37 40 – Fermé 1er-12 mars, 29 oct.-10 nov., dim. soir et lundi sauf fériés *p. 5* CR **r**

Rest – Menu (21 €), 32 € (sem.)/62 € – Carte 38/63 €

◆ Ces trois petites salles en enfilade dont le décor s'inspire du style scandinave servent de cadre à des recettes personnalisées enrichies de saveurs venues d'ailleurs.

XX **Les Semailles**

10 r. Petit-Magmod – ✆ 03 88 96 38 38 – info@semailles.fr – Fax 03 88 68 09 06 – Fermé 15 août-5 sept., 15 fév.-8 mars, dim. soir, merc. et jeudi *p. 5* CR **s**

Rest – Menu 27 € (déj. en sem.), 39/50 € – Carte 39/46 €

◆ Maison du 19e s. abritant deux petites salles : l'une est égayée de tons rouge et jaune d'or et l'autre s'ouvre sur la terrasse ombragée. Menus sensibles au rythme des saisons.

XX **Rest. Au Moulin** – Hôtel Au Moulin

Sud : 1,5 km par D 468 – ✆ 03 88 96 20 01 – philippe.clauss@wanadoo.fr – Fax 03 88 68 07 97 – Fermé 10-31 juil., 27 déc.-8 janv., dim. soir et soirs fériés *p. 5* CR **z**

Rest – Menu (20 €), 25 € (sem.)/60 € – Carte 38/67 €

◆ Restaurant installé dans les dépendances d'un ancien moulin. Salle à manger alsacienne et agréable terrasse bordant un jardin fleuri et un potager. Préparations classiques.

X **Au Pont de l'Ill**

2 r. Gén. Leclerc – ✆ 03 88 96 29 44 – aupontdelill@wanadoo.fr – Fax 03 88 96 21 18 – Fermé 8-31 août et sam. midi *p. 5* CR **u**

Rest – Menu (15 €), 22/37 € – Carte 25/52 €

◆ Fruits de mer et poissons jouent les vedettes sur la carte de cette brasserie qui abrite cinq salles aux styles différents : marin, Art nouveau, etc. Terrasse ombragée.

à Illkirch-Graffenstaden par rte de Colmar BST : 5 km ou par A 35 (sortie n° 7) – 23 815 h. – alt. 140 m – ✉ 67400

Holiday Inn Strasbourg sud

ch, ch, 15/50,

au Parc d'Innovation – ✆ 03 88 40 84 84 – contact@holiday-inn-strasbourg-sud.com – Fax 03 88 66 22 83 *p. 5* BT **n**

68 ch – †59/112 € ††59/112 €, 12 € – **Rest** – *(fermé sam. midi, dim. midi et midi fériés)* Menu (14 €), 16 € (sem.)/26 €

◆ Cet immeuble cubique héberge un hall égayé de peintures contemporaines, des chambres spacieuses et pratiques, ainsi que de bons équipements de remise en forme. Le restaurant, tourné sur la piscine couverte, propose une cuisine au goût du jour.

d'Alsace

30,

187 rte Lyon – ✆ 03 90 40 35 00 – contact@hotelalsace.com – Fax 03 90 40 35 01 – Fermé 28 déc.-1er janv. *p. 5* BT **d**

40 ch – †57/60 € ††65/70 €, 9 € – ½ P 50 € – **Rest** – *(fermé 28 déc.-1er janv., 11-19 août, sam. midi et dim.)* Menu 11/25 € – Carte 22/34 €

◆ Hôtel veillant sur la place principale. Chambres fonctionnelles, fraîches et de bonne ampleur. Celles de l'arrière sont plus calmes. Quelques fresques à thème alsacien apportent une sympathique note de fantaisie à la salle à manger rustique. Carte traditionnelle.

au Sud-Ouest par A 35 (sortie n° 7), D 484 et D 884 : 10 km – ✉ 67540 Ostwald

Mercure Strasbourg-Sud

ch, 30/60,

r. 23 Novembre – ✆ 03 90 40 51 51 – h0369@accor.com – Fax 03 90 40 51 59 *p. 5* BT **e**

97 ch – †105/119 € ††115/129 €, 13 € – **Rest** – *(fermé midi fériés, dim. midi et sam.)* Menu (20 €), 26/28 € – Carte 26/32 €

◆ Hôtel des années 1970 bordant l'autoroute, à mi-chemin entre le centre de Strasbourg et l'aéroport. Les chambres, bien insonorisées, bénéficient d'une rénovation progressive. Plaisant bar à bières. Salle à manger sobrement décorée dans le goût alsacien.

vers ④ sur N 83 : 11 km – ✉ 67400 Illkirch-Graffenstaden

Novotel Strasbourg-Sud

ch, ch, 70,

Sortie 7, Z. A. de l'Ill ✉ 67118 Geispolsheim – ✆ 03 88 66 21 56 – h0453@accor.com – Fax 03 88 67 21 63 *p. 5* BT **u**

76 ch – †102/115 € ††112/115 €, 12,50 € – **Rest** – Carte 16/27 €

◆ À proximité des grandes voies d'accès, hôtel de chaîne proposant des chambres spacieuses conformes aux nouvelles normes Novotel. Minigolf. Thématique automobile au bar et cadre contemporain au restaurant. Petit jardin des senteurs et potager.

à Fegersheim vers ④ par A 35 (sortie n° 7), N 283 et N 83 : 14 km – 4 533 h. – alt. 145 m – ✉ 67640

Auberge du Bruchrhein
24 r. Lyon – ☎ 03 88 64 17 77 – Fax 03 88 64 17 77 – Fermé 13-20 août, 18-25 fév., dim. soir et lundi p. 4 AT **x**
Rest – Menu (12,50 €), 17 € (déj. en sem.), 23/28 € – Carte 31/38 €
◆ La cuisine au goût du jour, teintée d'influences régionales, est servie avec le sourire dans un joli cadre coloré ou, en été, sur la petite terrasse. Atmosphère conviviale.

à Lipsheim vers ④ par A 35, N 83 et D 221 – 2 268 h. – alt. 146 m – ✉ 67640

Alizés sans rest 25/40, VISA
– ☎ 03 88 59 02 00 – hotellesalizes@wanadoo.fr – Fax 03 88 64 21 61 – Fermé 23 déc.-1er janv. p. 4 AT **e**
49 ch – 59 € 66 €, 10 €
◆ Maison régionale aménagée dans un esprit actuel, appréciée pour son environnement calme et champêtre. Chambres bien équipées. En arrière-plan de la piscine : la forêt.

à Blaesheim par A 35 (sortie n° 9), N 422 et D 84 : 19 km – 1 369 h. – alt. 150 m – ✉ 67113

Au Bœuf ch, rest, 80, VISA
– ☎ 03 88 68 68 99 – auboeuf.resa@wanadoo.fr – Fax 03 88 68 60 07 – Fermé 23 juil.-5 août et 3-17 janv. p. 4 AT **q**
22 ch – 57 € 72 €, 11 € – 2 suites – ½ P 60 € – **Rest** – *(fermé vend. midi et sam. midi)* Menu (8,50 €), 15/27 € – Carte 20/43 €
◆ Hostellerie villageoise dont les chambres, logées dans une aile moderne, sont grandes, confortables et bien tenues. Restaurant au charme rustique, orné d'assiettes en faïence et habillé de boiseries soigneusement astiquées, et véranda.

Schadt VISA
8 pl. de l'Église – ☎ 03 88 68 86 00 – Schadt@wanadoo.fr – Fax 03 88 68 89 83 – Fermé 23 juil.-5 août, 11-17 fév., dim. soir et lundi p. 4 AT **v**
Rest – Menu 25 € (sem.)/45 € – Carte 29/54 €
◆ Cette ancienne boulangerie abrite deux salles à manger originales : fresques, bibelots, tableaux et, à l'étage, humour coquin (curieux, tirez le rideau !). Cuisine alsacienne.

à Entzheim par A 35 (sortie n° 8), D 400 et D 392 : 12 km – 1 855 h. – alt. 150 m – ✉ 67960

Père Benoit ch, rest, rest, 30, VISA
34 rte Strasbourg – ☎ 03 88 68 98 00 – hotel.perebenoit@wanadoo.fr – Fax 03 88 68 64 56 – Fermé 30 juil.-20 août et 23 déc.-1er janv. p. 4 AT **h**
60 ch – 56/62 € 62/68 €, 8,50 € – **Rest** – *(fermé lundi midi, sam. midi et dim.)* Menu 19/24 € – Carte 22/45 €
◆ Derrière l'aéroport, ferme à colombages du 18e s., délicieusement alsacienne, et sa grande cour fleurie. Intérieur traditionnel, douillet et chaleureux. Salle à manger rustique et caveau réservé à la dégustation de tartes flambées cuites au feu de bois.

à Ostwald par rte Schirmeck D 392 et D 484 : 7 km ou par A35 (sortie n° 7) et D 484 – 10 761 h. – alt. 140 m – ✉ 67540

Château de l'Ile l'Ill, rest, 20/180, VISA
4 quai Heydt – ☎ 03 88 66 85 00 – ile@grandesetapes.fr – Fax 03 88 66 85 49 p. 5 BT **r**
60 ch – 190 € 190 €, 21 € – 2 suites – **Rest** – Menu (24 €), 30 € (déj. en sem.), 49/67 € – Carte 28/63 €
◆ Manoir du 19e s. entouré de maisons récentes à colombages dans un parc boisé de 4 ha bordant l'Ill. Chambres soignées, garnies de meubles de style. Salle à manger raffinée et cuisine classique ou winstub traditionnelle ; belle terrasse longeant la rivière.

à Lingolsheim par rte de Schirmeck (D 392) : 5 km – 16 860 h. – alt. 140 m – ✉ 67380

Kyriad sans rest 30, VISA
59 r. Mar. Foch – ☎ 03 88 76 11 00 – hotelkyriad@evc.net – Fax 03 88 77 39 31
37 ch – 49/69 € 49/76 €, 8 € p. 5 BS **a**
◆ Hôtel récent intégré à un ensemble résidentiel et commercial proche de l'aéroport. Chambres fonctionnelles, plus confortables au dernier étage.

à Mittelhausbergen **Nord-Ouest : 5 km par D 31 – 1 680 h. – alt. 155 m – ✉ 67206**

Tilleul avec ch — 20, VISA MC AE

5 rte de Strasbourg – ✆ 03 88 56 18 31 – info@autilleul.fr – Fax 03 88 56 07 23

p. 5 BS **v**

12 ch – 55/60 € 60/65 €, 12 € – ½ P 55/60 € – **Rest** – *(fermé 1er-15 août, 28 janv.-12 fév., mardi soir et merc.)* Menu 17 € (déj. en sem.), 33/38 € – Carte 39/46 €

Rest *La Stub 1888* – *(fermé 1er-15 août, 28 janv.-12 fév., mardi soir et merc.)* Menu 17 € (déj. en sem.)/22 € – Carte 22/38 €

◆ Cette auberge créée en 1888 abrite quelques chambres actuelles et un restaurant campagnard où l'on sert des recettes évoluant au gré des saisons. Atmosphère de brasserie et plats du terroir à La Stub.

à Pfulgriesheim **Nord-Ouest : 10 km par D 31 – 1 171 h. – alt. 135 m – ✉ 67370**

Bürestubel — VISA MC

8 r. Lampertheim – ✆ 03 88 20 01 92 – rest.burestubel@orange.fr – Fax 03 88 20 48 97 – Fermé 13-26 août, 11 fév.-2 mars, mardi de mars à oct., dim. de nov. à fév. et lundi

P. 4 AR **a**

Rest – Menu 16/26 € – Carte 21/41 €

◆ Jolie ferme à colombages abritant une vaste winstub. Selon les salles, décor rustique ou bourgeois avec plafonds polychromes. Tartes flambées et autres spécialités régionales.

à Plobsheim **par A35 (sortie n° 7) N 28, N 353 et D 468 : 17 km – 3 634 h. – alt. 150 m – ✉ 67115**

Le Kempferhof — 15/40, P VISA MC AE

au golf – ✆ 03 88 98 72 72 – info@golf-kempferhof.com – Fax 03 88 98 74 76 – Fermé 23 déc.-13 janv.

29 ch – 120/140 € 150/320 €, 18 € – 4 suites – ½ P 120/205 € – **Rest** – *(fermé 23 déc.-10 fév. et dim. soir)* Menu (15 €), 17 € (déj. en sem.), 38/42 € – Carte 33/43 €

◆ Belle demeure du 19e s. sur un domaine boisé de 85 ha incluant un golf 18 trous. Chambres personnalisées baptisées de noms de films célèbres. Décor design dans l'aile récente. Plaisant restaurant dressé sous une véranda et agréable terrasse face au trou n° 18.

STURZELBRONN – 57 Moselle – 307 Q4 – 189 h. – alt. 250 m – ✉ 57230

27 **D1**

Paris 449 – Strasbourg 68 – Bitche 13 – Haguenau 39 – Wissembourg 34

Au Relais des Bois — P VISA MC

13 r. Principale – ✆ 03 87 06 20 30 – denis.hoff@wanadoo.fr – Fax 03 87 06 21 22 – Fermé lundi et mardi

Rest – Menu 24 € – Carte 21/40 €

◆ Modeste adresse familiale à débusquer au cœur d'un village du Parc naturel régional des Vosges du Nord. Cadre rustique, cuisine aux accents du terroir, terrasse et jardin.

SUBLIGNY – 89 Yonne – 319 C2 – rattaché à Sens

SUCY-EN-BRIE – 94 Val-de-Marne – 312 E3 – 101 28 – voir à Paris, Environs

---

SULLY-SUR-LOIRE – 45 Loiret – 318 L5 – 5 907 h. – alt. 115 m – ✉ 45600

Châteaux de la Loire

12 **C2**

Paris 149 – Bourges 84 – Gien 25 – Montargis 40 – Orléans 51 – Vierzon 84

Office de tourisme, place de Gaulle ✆ 02 38 36 23 70

de Sully-sur-Loire Domaine de l'Ousseau, par rte de Bourges : 4 km, ✆ 02 38 36 52 08.

Château★ : charpente★★.

SULLY-SUR-LOIRE

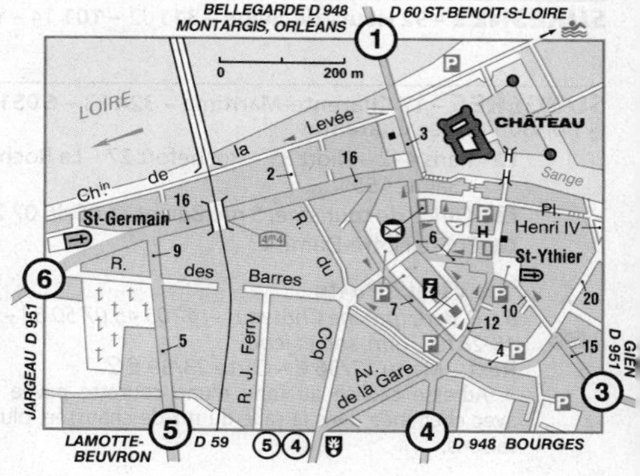

Hostellerie du Château

ch, 40, VISA

4 rte Paris à St-Père-sur-Loire, par ① : 1 km – ✆ 02 38 36 24 44 – resasylvie@wanadoo.fr – Fax 02 38 36 62 40

42 ch – 45/66 € 45/66 €, ☕ 9 € – ½ P 60/73 € – **Rest** – Menu (23 €), 27/44 € – Carte 34/72 €

◆ Construction récente abritant des chambres fonctionnelles assez plaisantes et très bien tenues ; la moitié a vue sur le château de Sully. Atmosphère un brin "british" dans la confortable salle à manger habillée de boiseries. Table traditionnelle.

aux Bordes par ①, D 948 et D 961 : 6 km – 1 445 h. – alt. 132 m – ✉ 45460

La Bonne Étoile

VISA

D 952 – ✆ 02 38 35 52 15 – Fax 02 38 35 52 15 – Fermé 1 sem. en fév., 2 sem. en sept., dim. soir et lundi

Rest – Menu 15/34 €

◆ Engageante petite auberge champêtre au bord d'une route passagère. La salle à manger, au décor rustique et coloré, est très chaleureuse. Cuisine traditionnelle.

SUPERDÉVOLUY – 05 Hautes-Alpes – **334** D4 – **Sports d'hiver : 1500/2500m** 1 28 – ✉ 05250 Alpes du Sud 40 **B1**

Paris 654 – Gap 36 – Grenoble 92 – La Mure 52

Les Chardonnelles

30, VISA

– ✆ 04 92 58 86 90 – info@hotel-chardonnelles.com – Fax 04 92 58 87 76 – Ouvert 18 juin-15 sept. et 16 déc.-24 avril

40 ch – 56/76 € 92/126 €, ☕ 9 € – ½ P 62/79 € – **Rest** – Menu (14 €), 17/32 € – Carte 25/35 €

◆ Érigé aux portes de la station, ce gros chalet est le point de départ de nombreuses randonnées. Chaleureuses chambres montagnardes, avec balcon et vue sur les sommets. Au restaurant, la cuisine alpine déploie son "écharpe" de tartiflettes, fondues et raclettes.

LE SUQUET – 06 Alpes-Maritimes – **341** E4 – **alt. 400 m** – ✉ 06450 Lantosque 41 **D2**

Paris 878 – Levens 19 – Nice 46 – Puget-Théniers 48 – St-Martin-Vésubie 21

Auberge du Bon Puits

ch,

– ✆ 04 93 03 17 65 – lebonpuits@wanadoo.fr – Fax 04 93 03 10 48 – Ouvert 15 avril-1er déc. et fermé mardi sauf du 10 juil.-31 août

8 ch – 60/65 € 62/68 €, ☕ 15 € – ½ P 65/68 € – **Rest** – Menu 25/35 € – Carte 27/38 €

◆ La route sépare cette robuste maison d'un petit parc animalier situé en bordure de la Vésubie et doté de jeux d'enfants. Chambres insonorisées et rénovées. Poutres et cheminée monumentale en pierre décorent la salle à manger. Cuisine régionale.

SURESNES – 92 Hauts-de-Seine – 311 J2 – 101 14 – voir à Paris, Environs

SURGÈRES – 17 Charente-Maritime – 324 F3 – 6 051 h. – alt. 16 m – ✉ 17700

Poitou Vendée Charentes 38 **B2**

Paris 442 – Niort 35 – Rochefort 27 – La Rochelle 38 – St-Jean-d'Angély 30 – Saintes 55

Office de tourisme, 5 rue Bersot ☎ 05 46 07 20 02, Fax 05 46 07 20 30

Église Notre-Dame★.

Le Vieux Puits

VISA

6 r. P. Bert, (proche Château) – ☎ 05 46 07 50 83 – Fermé 20 sept.-10 oct., 18-28 fév., dim. soir et jeudi

Rest – Menu 17/36 € – Carte 23/39 €

◆ Adresse cachée au fond d'une courette pavée (terrasse en été). Décor rustique avec cheminée dans la salle du rez-de-chaussée, plus conviviale. Cuisine attentive aux saisons.

à Puyravault 6 km au Nord-Ouest par D 115 et D 205 – ✉ 17700

Le Clos de la Garenne

ch, ch, P VISA

9 r. Garenne – ☎ 05 46 35 47 71 – info@closdelagarenne.com – Fax 05 46 35 47 91 – Fermé vacances de Noël

4 ch – 60 € 65 € – **Rest** – table d'hôte *(fermé merc., sam. et dim.) (dîner seult) (résidents seult)* Menu 25 € bc

◆ Chaque pièce de cet authentique logis charentais évoque une époque différente : chambre Belle Époque, grand salon 18e s., salle à manger 17e s... Beau parc de 4 ha (ânes, moutons et poules). Table familiale à l'écoute du marché et des saisons.

SURVILLIERS – 95 Val-d'Oise – 305 G6 – 3 654 h. – alt. 110 m – ✉ 95470

19 **C1**

Paris 37 – Chantilly 14 – Compiègne 48 – Meaux 39 – Pontoise 45 – Senlis 14

Novotel

ch, AC ch, 100, P VISA AE

sur D 16, par échangeur A1 Survilliers – ☎ 01 34 68 69 80 – h0459@accor.com – Fax 01 34 68 64 94

79 ch – 60/130 € 60/138 €, 12 € – **Rest** – Menu 29/48 € – Carte 18/36 €

◆ Non loin du parc Astérix, chambres fonctionnelles et insonorisées. Dans le jardin, terrain de volley-ball, jeux d'enfants et boulodrome. La salle à manger se termine en véranda côtoyant la piscine. Table en phase avec les nouveaux préceptes de la chaîne.

TAILLECOURT – 25 Doubs – 321 L2 – rattaché à Audincourt

TAIN-L'HERMITAGE – 26 Drôme – 332 C3 – 5 503 h. – alt. 124 m – ✉ 26600

43 **E2**

Paris 545 – Grenoble 97 – Le Puy-en-Velay 105 – St-Étienne 76 – Valence 18 – Vienne 59

Office de tourisme, place du 8 mai 1945 ☎ 04 75 08 06 81, Fax 04 75 08 34 59

Belvédère de Pierre-Aiguille★ N : 4 km par D 241.

Plan page ci-contre

Le Pavillon de l'Ermitage

ch, AC 10/15, P VISA AE

1 av. P. Durand – ☎ 04 75 08 65 00 – pavillon.26@wanadoo.fr – Fax 04 75 08 66 05 – Fermé 25 déc.-2 janv.

C e

44 ch – 73/78 € 84/89 €, 9 € – **Rest** – Menu (14,50 €), 23 €

◆ Grosse bâtisse abritant des chambres rénovées ; demandez-en une côté piscine, avec loggia tournée sur le coteau de l'Hermitage et les hauteurs de Tournon. Plats traditionnels servis en terrasse ou en salle... suivant l'humeur du temps !

TAIN-L'HERMITAGE

Batie (Quai de la)	C 3
Defer (Pl. H.)	C 8
Église (Pl. de l')	C 12
Gaulle (Q. Gén.-de)	C 14
Grande-Rue	B 16
Jean-Jaurès (Av.)	BC
Michel (R. F.)	C 21
Peala (R. J.)	B 24
Prés.-Roosevelt (Av.)	C 29
Rostaing (Q. A.)	C 30
Seguin (Q. M.)	B 32
Souvenir-Français (Av. du)	C 33
Taurobole (Pl. du)	BC
8-Mai-1945 (Pl. du)	BC 39

TOURNON-SUR-RHÔNE

Dumaine (R. A.)	B 9
Faure (R. G.)	B 13
Grande-Rue	B
Juventon (Av. M.)	B 19
Thiers (R.)	B 35

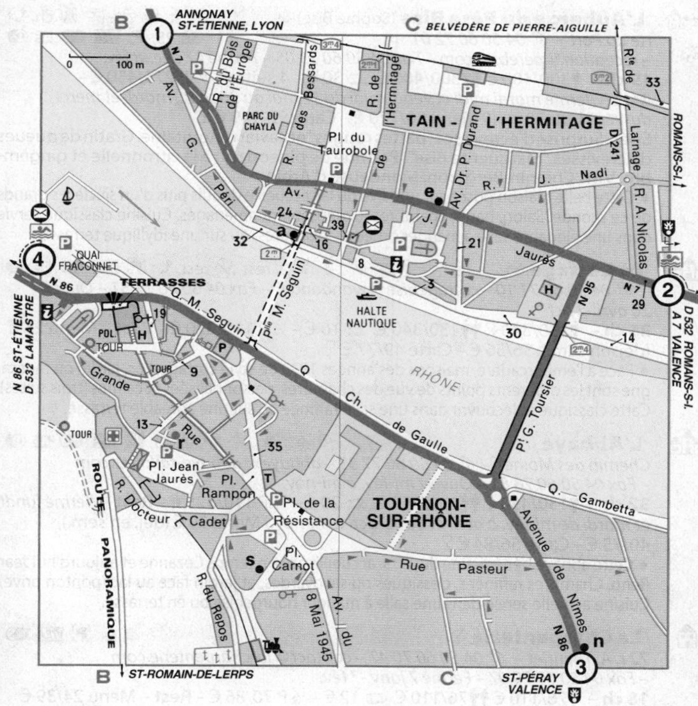

Les 2 Coteaux sans rest — AC, VISA, MC

18 r. J. Péala – ☎ 04 75 08 33 01 – hotel2coteaux@wanadoo.fr – Fax 04 75 08 44 20 – Fermé vacances de Noël — B a

18 ch – 🚹50/55 € 🚹🚹50/65 €, ☕ 9 €

◆ Cet hôtel familial rénové se situe au calme face à l'ancien pont enjambant le Rhône. Chambres pimpantes égayées de fleurs peintes ça et là sur les murs ; quelques balcons.

rte de Romans par ② : 4 km – ✉ **26600 Tain-l'Hermitage**

L'Abricotine — rest, **P** VISA MC AE

Rte de Romans – ☎ 04 75 07 44 60 – hotel.abricotine@wanadoo.fr – Fax 04 75 07 47 97

11 ch – 🚹52/64 € 🚹🚹52/64 €, ☕ 7 € – ½ P 50 € – **Rest** – *(dîner seult) (résidents seult)* Menu (17 €), 20/22 € – Carte environ 26 € 🍷

◆ Les vergers de la Drôme entourent cette construction contemporaine. Chambres coquettes et personnalisées, parfois dotées d'une terrasse ou d'un balcon. Deux menus traditionnels sont proposés dans une sobre salle à manger familiale.

TALANT – 21 Côte-d'Or – 320 J5 – rattaché à Dijon

TALLOIRES – 74 Haute-Savoie – 328 K5 – 1 448 h. – alt. 470 m – ✉ 74290

Alpes du Nord 46 **F1**

Paris 551 – Albertville 34 – Annecy 13 – Megève 49

Office de tourisme, rue A. Theuriet ✆ 04 50 60 70 64, Fax 04 50 60 76 59

Site★★ - Site★★ de l'Ermitage St-Germain★ E : 4 km.

L'Auberge du Père Bise (Sophie Bise) ch, 25,

rte du Port – ✆ 04 50 60 72 01

– reception@perebise.com – Fax 04 50 60 73 05 – Fermé 17 déc.-8 fév.

19 ch – 300/400 € 300/400 €, 30 € – 4 suites – ½ P 275/450 € – **Rest** – *(fermé mardi midi et vend. midi du 1er mai au 30 sept., mardi et merc. du 1er oct. au 30 avril)* Menu 80/170 € – Carte 97/149 €

Spéc. Surprise d'écrevisses "pattes rouges" et caviar d'Aquitaine. Gratin de queues d'écrevisses "Marguerite Bise". Poitrine de pigeon rôti à la citronnelle et gingembre. **Vins** Chignin-Bergeron, Mondeuse d'Arbin.

◆ Cette belle maison posée sur une rive du lac accueille depuis plus d'un siècle les grands de ce monde. Salon, bar et chambres luxueusement aménagés. Cuisine classique servie dans une élégante salle à manger ornée de peintures, ou sur une idyllique terrasse.

Le Cottage rest, rest,

– ✆ 04 50 60 71 10 – cottagebise@wanadoo.fr – Fax 04 50 60 77 51 – Ouvert 26 avril-2 oct.

35 ch – 130/340 € 130/340 €, 16 € – ½ P 110/220 € – **Rest** – Menu 26 € (déj. en sem.), 36/56 € – Carte 49/77 €

◆ Face à l'embarcadère, maisons des années 1930 de style cottage. Lac, jardin ou montagne sont les différents points de vue des chambres, personnalisées et calmes (trois suites). Carte classique à découvrir dans une salle raffinée ou sur une agréable terrasse.

L'Abbaye 25,

Chemin des Moines – ✆ 04 50 60 77 33 – abbaye@abbaye-talloires.com – Fax 04 50 60 78 81 – Ouvert mi-fév. à mi-nov.

32 ch – 130/450 € 130/550 €, 20 € – ½ P 110/325 € – **Rest** – *(fermé lundi et mardi de mi-fév. à avril et du 15 oct. à mi-nov.)* Menu 29 € (déj. en sem.), 40/75 € – Carte 56/84 €

◆ Cette abbaye bénédictine du 17e s. accueillit en son temps Cézanne et aujourd'hui Jean Reno. Chambres raffinées, classiques ou savoyardes, et jardin face au lac (ponton privé). Cuisine actuelle servie dans une salle à manger bourgeoise ou en terrasse.

La Charpenterie

72 r. A. Theuriet – ✆ 04 50 60 70 47 – contact@la-charpenterie.com – Fax 04 50 60 79 07 – Fermé 7 janv.-7 fév.

18 ch – 76/110 € 76/110 €, 12 € – ½ P 70/86 € – **Rest** – Menu 24/39 € – Carte 39/52 €

◆ Chalet récent orné de balcons ouvragés. Intérieur chaleureux et confortable où le bois s'impose partout. Nombreuses chambres avec terrasse. Salle de restaurant lambrissée, décorée de photos anciennes ; cuisine ancrée dans la tradition (spécialités fromagères).

XX **Villa des Fleurs** avec ch 20,

rte du Port – ✆ 04 50 60 71 14 – lavilladesfleurs@wanadoo.fr – Fax 04 50 60 74 06 – Fermé 25 nov.-10 fév., dim. soir et lundi

8 ch – 75/104 € 94/130 €, 12,50 € – ½ P 94/104 € – **Rest** – Menu 30/55 € – Carte 37/70 €

◆ Dans le bourg mais entourée de verdure, confortable villa savoyarde où l'on déguste une cuisine régionale et surtout les poissons du lac d'Annecy. Petites chambres calmes.

à Angon Sud : 2 km par D 909a – ✉ 74290 Veyrier-du-Lac

Les Grillons rest,

– ✆ 04 50 60 70 31 – accueil@hotel-grillons.com – Fax 04 50 60 72 19 – Fermé 1er mars-20 avril

30 ch – 70/115 € 80/130 €, 11 € – ½ P 55/77 € – **Rest** – *(ouvert 15 mai-15 oct.)* Menu 17 € (sem.), 35 € bc/45 € bc – Carte 18/35 €

◆ Établissement de style pension qui bénéficie d'une grande piscine, très agréable l'été. Chambres un brin désuètes mais bien tenues ; la plupart ont vue sur le lac. Simplicité est le terme qui définit le plus justement le cadre et la cuisine du restaurant.

TALMONT-SUR-GIRONDE – 17 Charente-Maritime – 324 E6 – 83 h. – alt. 20 m – ✉ 17120 Poitou Vendée Charentes 38 B3

Paris 503 – Blaye 72 – La Rochelle 93 – Royan 18 – Saintes 36

Site★ de l'église Ste-Radegonde★.

L'Estuaire avec ch — rest, ch, ch, P, P, VISA

au Caillaud, 1 av. Estuaire – ☎ 05 46 90 43 85 – Fax 05 46 90 43 88 – Hôtel : ouvert avril-sept. et fermé lundi, mardi sauf juil.-août et merc.

7 ch – 48 € 48/60 €, 7,50 € – ½ P 50 € – **Rest** – *(fermé 1er-15 oct., 15 janv.-15 fév., lundi soir, mardi soir sauf juil.-août et merc.)* Menu 20/41 € – Carte 19/47 €

◆ Belle situation face à la Gironde pour ce restaurant rustique égayé de tons pastel. Plats régionaux et produits de la pêche locale. Chambres calmes, spacieuses et bien tenues.

LA TAMARISSIÈRE – 34 Hérault – 339 F9 – rattaché à Agde

TAMNIÈS – 24 Dordogne – 329 H6 – 317 h. – alt. 200 m – ✉ 24620 4 D3

Paris 522 – Brive-la-Gaillarde 47 – Périgueux 60 – Sarlat-la-Canéda 14

Laborderie — rest, P, VISA

– ☎ 05 53 29 68 59 – hotel.laborderie@wanadoo.fr – Fax 05 53 29 65 31 – Ouvert 31 mars-4 nov.

45 ch – 30/76 € 35/88 €, 8,50 € – ½ P 42/70 € – **Rest** – *(fermé merc. midi sauf juil.-août et lundi midi)* Menu 20/43 € – Carte 22/58 €

◆ Maison périgourdine, ses trois annexes et son vaste parc tourné vers la vallée, proposant des chambres paisibles, rustiques ou actuelles. Cuisine régionale soignée servie dans une salle à manger campagnarde ou en terrasse à la belle saison.

TANCARVILLE – 76 Seine-Maritime – 304 C5 – 1 234 h. – alt. 10 m – ✉ 76430 Normandie Vallée de la Seine 33 C2

Paris 175 – Caen 86 – Le Havre 32 – Pont-Audemer 24 – Rouen 64

Accès pont de Tancarville. Péage en 2006 : auto 2,30, auto et caravane 2,90, camions et autocars 3,50 à 6,10, gratuit pour motos ☎ 02 35 39 65 60.

★ sur estuaire.

La Marine avec ch — pont suspendu et la Seine,

au pied du pont (D 982) – ☎ 02 35 39 77 15 — 20, P, VISA, AE

– hoteldelamarine2@wanadoo.fr – Fax 02 35 38 03 30 – Fermé 20 juil.-20 août, sam. midi, lundi (sauf hôtel) et dim. soir

9 ch – 60/80 € 60/80 €, 9 € – ½ P 70/80 € – **Rest** – Menu 25/65 € – Carte 61/95 €

Rest *Le Bistrot* – *(fermé sam. et dim.) (déjeuner seult)* Menu 12,50/18 €

◆ Hôtellerie des bords de Seine officiant au pied du célèbre pont de Tancarville. Traditionnelle, la cuisine du restaurant évolue au gré des arrivages du marché et de la pêche. Chambres récemment rafraîchies. Bistrot au décor boisé.

LA TANIA – 73 Savoie – 333 M5 – rattaché à Courchevel

TANINGES – 74 Haute-Savoie – 328 M4 – 3 140 h. – alt. 640 m – ✉ 74440 Alpes du Nord 46 F1

Paris 570 – Annecy 68 – Chamonix-Mont-Blanc 51 – Genève 42 – Thonon-les-Bains 46

Office de tourisme, avenue des Thézières ☎ 04 50 34 25 05, Fax 04 50 34 83 96

La Crémaillère — P, VISA

au lac de Flérier, Sud-Ouest : 1 km – ☎ 04 50 34 21 98 – Fax 04 50 34 34 88 – Fermé 25 juin-1er juil., 7 janv.-2 fév., lundi soir et merc. sauf juil.-août et dim. soir

Rest – *(nombre de couverts limité, prévenir)* Menu 25/43 € – Carte 41/60 €

◆ Belle situation au bord d'un petit lac. Attablez-vous près des baies vitrées ou, en saison, sur la terrasse panoramique, pour goûter à une cuisine plutôt traditionnelle.

TANNERON – 83 Var – **340** Q4 – **1 307 h.** – **alt. 376 m** – ✉ **83440**
Côte d'Azur 42 **E2**

Paris 903 – Cannes 20 – Draguignan 53 – Grasse 20 – Nice 49 – Saint-Raphaël 37

Syndicat d'initiative, place de la Mairie ☎ 04 93 60 71 73

Le Champfagou avec ch

pl. du Village – ☎ 04 93 60 68 30 – Fax 04 93 60 70 60 – Fermé le soir en janv. et fév., lundi en juil.-août, dim. soir, mardi soir et merc.

9 ch – 50/60 € 50/60 €, 8 € – ½ P 60 € – **Rest** – Menu 30/55 €

◆ Salle à manger sobrement méridionale et plaisante terrasse fleurie dans un paisible village réputé pour ses mimosas ; cuisine provençale revisitée. Petites chambres simples.

TANTONVILLE – 54 Meurthe-et-Moselle – **307** H8 – **600 h.** – **alt. 300 m** – ✉ 54116 26 **B2**

Paris 327 – Épinal 48 – Lunéville 35 – Nancy 29 – Toul 37 – Vittel 44

La Commanderie

1 r. Pasteur – ☎ 03 83 52 49 83 – Fax 03 83 52 49 83 – Fermé 21 août-7 sept., 2-8 janv., dim. soir, mardi soir, merc. soir et lundi

Rest – Menu 13,50 € (déj. en sem.), 30/46 € – Carte 27/56 €

◆ Cette maison du début du 20e s., ex-siège social des frères Tourtel, abrite un élégant restaurant décoré dans le style provençal. Belle terrasse agrémentée d'une fontaine.

TANUS – 81 Tarn – **338** F6 – **436 h.** – **alt. 439 m** – ✉ **81190** 29 **C2**

Paris 668 – Albi 33 – Rodez 46 – St-Affrique 62

Office de tourisme, avenue paul Bodin ☎ 05 63 76 36 71

Viaduc du Viaur★ NE : 7 km.

Des Voyageurs rest,

11 av. Paul Bodin – ☎ 05 63 76 30 06 – ddelpous@wanadoo.fr – Fax 05 63 76 37 94 – Fermé dim. soir et lundi sauf juil.-août

14 ch – 50/62 € 55/70 €, 7 € – ½ P 39/54 € – **Rest** – Menu 15 € (sem.)/32 € – Carte 19/47 €

◆ Près de l'église, hôtel tout simple bordé d'un petit jardin ombragé d'un saule pleureur. Chambres équipées d'un mobilier campagnard, plus calmes sur l'arrière. Cuisine traditionnelle et courte sélection de vins servis dans une confortable salle à manger.

TARARE – 69 Rhône – **327** F4 – **10 420 h.** – **alt. 383 m** – ✉ **69170**
Lyon et la vallée du Rhône 44 **A1**

Paris 463 – Lyon 45 – Montbrison 60 – Roanne 40 – Villefranche-sur-Saône 33

Office de tourisme, 6 place de la Madeleine ☎ 04 74 63 06 65

Burnichon rest, 25,

1,5 km à l'Est par N 7 – ☎ 04 74 63 44 01 – hotelburnichon@wanadoo.fr – Fax 04 74 05 08 52

34 ch – 37/44 € 44/50 €, 9 € – ½ P 42 € – **Rest** – *(fermé sam. soir et dim.)* Menu 13,50 € (sem.)/34 € – Carte 19/35 €

◆ Bâtisse hôtelière des années 1980 où l'on s'endort dans des chambres fonctionnelles conservant leur mobilier d'origine. À 50 m, piscine entourée de verdure. Restaurant-véranda misant sur un buffet d'entrées et une carte traditionnelle simple. Terrasse avant.

Jean Brouilly

3ter r. Paris – ☎ 04 74 63 24 56 – restaurant.jean-brouilly@wanadoo.fr – Fax 04 74 05 05 48 – Fermé 6-28 août, vacances de fév., dim. et lundi

Rest – Menu 35/72 € – Carte 43/70 €

Spéc. Rouget grillé sur galette de pomme de terre. Tournedos "Milotier". Soufflé au chocolat noir au gingembre. **Vins** Mâcon, Beaujolais.

◆ Belle demeure sur parc vous conviant à un repas classique soigné. Cadre chic, bibliothèque de littérature de bouche, cave riche en crus locaux, bourgognes et côtes-du-rhônes.

TARASCON – 13 Bouches-du-Rhône – 340 C3 – 12 668 h. – alt. 8 m – ✉ 13150
Provence 42 **E1**

Paris 702 – Arles 20 – Avignon 24 – Marseille 102 – Nîmes 27

Office de tourisme, 59 rue des Halles ✆ 04 90 91 03 52, Fax 04 90 91 22 96

Château du roi René★★ : ✻★★ - Église Ste-Marthe★ - Musée Charles-Deméry★ (Souleïado) M.

TARASCON

Rue	Plan	N°
Ancien Collège (R. de l')	Z	2
Aqueduc (R. de l')	Y	3
Arc de Boqui (R.)	Y	4
Berrurier (Pl. Colonel)	Z	5
Blanqui (R.)	Z	6
Briand (Crs Aristide)	Z	7
Château (R. du)	Y	10
Clerc de Molières (R.)	Y	13
Halles (R. des)	YZ	
Hôpital (R. de l')	Z	15
Jean-Jaurès (R.)	Y	17
Jeu de Paume (R. du)	YZ	19
Juifs (R. des)	Y	21
Ledru-Rollin (R.)	Z	23
Marché (Pl. du)	Y	25
Millaud (R. Ed.)	YZ	27
Mistral (R. Frédéric)	Z	29
Monge (R.)	Y	
Moulin (R. J.)	Z	30
Pelletan (R. E.)	Z	32
Proudhon (R.)	YZ	34
Raffin (R.)	Y	35
République (Av. de la)	Z	37
Révolution (R. de la)	YZ	39
Roi René (Bd du)	Y	40
Salaire (R.)	Z	41
Salengro (Av. R.)	Y	42
Semard (Av. P.)	Z	44
Victor-Hugo (Bd)	Z	

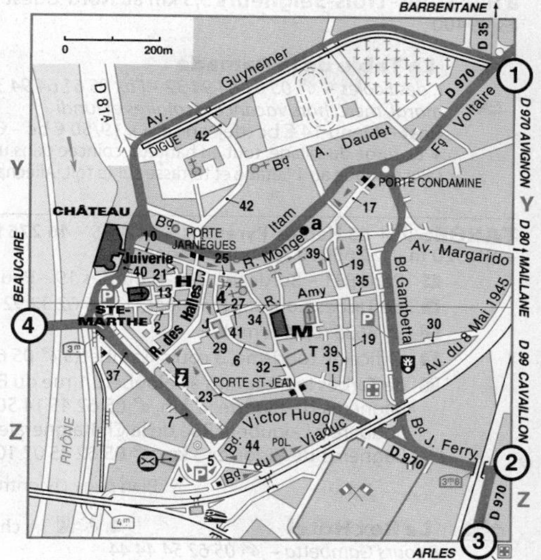

Échevins ch, rest, rest, VISA

26 bd Itam – ✆ 04 90 91 01 70 – contact@hotel-echevins.com – Fax 04 90 43 50 44 – Ouvert Pâques-Toussaint Y **a**

40 ch – 56 € 62/70 €, 10 € – ½ P 55/75 €

Rest *Mistral* – *✆ 04 90 91 27 62 (fermé sam. midi et merc.)* Menu 16/23 € – Carte environ 27 €

◆ Les "Tartarins" en route pour l'Afrique feront étape en cette demeure du 17e s. à l'ambiance familiale. Bel escalier à rampe forgée et chambres modestes mais bien tenues. Joli restaurant-véranda très coloré et cuisine traditionnelle caressée par le Mistral.

par ① 3 km par D 35 et D 970 - ✉ 13150 Tarascon

Le Mas des Comtes de Provence sans rest

Petite rte d'Arles – ✆ 04 90 91 00 13 – valo@mas-provence.com – Fax 04 90 91 02 85 VISA

7 ch – 125/175 € 125/195 €, 12,50 € – 2 suites

◆ Tout simplement superbe ! Ce mas du 15e s. recèle de magnifiques meubles anciens, dignes d'un musée. Les chambres sont de vrais petits joyaux. Parc et vaste piscine à l'avenant.

TARASCON-SUR-ARIÈGE – 09 Ariège – 343 H7 – 3 446 h. – alt. 474 m – ✉ 09400 Midi-Pyrénées 29 **C3**

Paris 777 – Ax-les-Thermes 27 – Foix 18 – Lavelanet 30

Office de tourisme, Centre Multimédia ✆ 05 61 05 94 94, Fax 05 61 05 57 79

Parc pyrénéen de l'art préhistorique★★ O : 3 km - Grotte de Niaux★★ (dessins préhistoriques) SO : 4 km - Grotte de Lombrives★ S : 3 km par N 20.

Domaine Fournié sans rest
2,5 km au Nord-Ouest par D618 rte Col de Port – ✆ 05 61 05 54 52 – contact@domaine-fournie.com – Fax 05 61 02 73 63 – Fermé 23 déc.-2 janv.
5 ch – 42 € 52 €
◆ Le décor des chambres de cette maison du 17e s. rend hommage au cinéma. Certaines s'agrémentent de meubles anciens. Salle de petit-déjeuner dotée d'une cheminée.

à Rabat-les-Trois-Seigneurs 5,5 km au Nord-Ouest par D 618 et D 223 – ✉ 09400

La Table de la Ramade VISA
r. des Ecoles – ✆ 05 61 64 94 32 – Fax 05 61 64 94 32 – Fermé 12 nov.-21 déc., mardi, merc. hors vacances scolaires et lundi
Rest – Menu 14 € bc (déj. en sem.), 19/50 € bc – Carte 26/40 €
◆ Ex-forge du village, tout en hauteur, coincée dans une ruelle étroite. Mignonne petite salle rustique au 1er étage et terrasse sur le toit. Alléchante cuisine actuelle.

TARBES – 65 Hautes-Pyrénées – **342** M5 – **46 275 h.** – **Agglo. 109 892 h.** – **alt. 320 m** – ✉ **65000** Midi-Pyrénées 28 **A3**

Paris 831 – Bordeaux 218 – Lourdes 19 – Pau 44 – Toulouse 158
de Tarbes-Lourdes-Pyrénées : ✆ 05 62 32 92 22, par ④ : 9 km.
✆ 3635 (0,34 €/mn)
Office de tourisme, 3 cours Gambetta ✆ 05 62 51 30 31, Fax 05 62 44 17 63
de Tarbes les Tumulus à Laloubère 1 rue du Bois, par rte de Bagnères-de-Bigorre : 2 km, ✆ 05 62 45 14 50 ; Hippodrome de La Loubère à Laloubère Rue de la Châtaigneraie, par rte de Bagnères-de-Bigorre : 3 km, ✆ 05 62 45 07 10.

Plan page ci-contre

Le Rex Hotel ch, rest, cuisinette 30/50, VISA AE
8 cours Gambetta – ✆ 05 62 54 44 44 – reception@lerexhotel.com – Fax 05 62 54 45 45 AZ **d**
86 ch – 100/150 € 130/165 €, 15 € – ½ P 125 € – **Rest** – *(fermé dim. soir)* Menu 16 € (sem.)/39 € – Carte 35/47 €
◆ Audacieuse architecture en verre et alu dont la façade s'anime de jeux de lumières la nuit. Communs et chambres ultra-modernes où cohabitent des créations de Starck et Panton. Lounge-bar et restaurant au cadre design. Cuisine "tendance" ; fond musical assorti.

Foch sans rest VISA AE
18 pl. Verdun – ✆ 05 62 93 71 58 – hotelfoch@wanadoo.fr – Fax 05 62 93 34 59 – Fermé 24 déc.-2 janv. AYZ **e**
30 ch – 50 € 56 €, 7,50 €
◆ Cet établissement bordant une place animée est bien insonorisé. Les chambres des deux derniers étages, spacieuses et confortables, s'ouvrent sur d'agréables balcons.

L'Ambroisie (Labarrère) VISA AE
48 r. Abbé Torné – ✆ 05 62 93 09 34 – lambroisie@wanadoo.fr – Fax 05 62 93 09 24 – Fermé 1er-8 mai, 26 août-4 sept., dim., lundi et fériés AY **n**
Rest – Menu 26 € (déj. en sem.), 34/70 € – Carte 65/74 €
Spéc. Médaillon de foie gras de canard mi-cuit. Pigeon rôti entier à l'embeurrée de choux. Biscuit au chocolat noir mi-cuit mi-cru. **Vins** Madiran, Côtes de Saint-Mont.
◆ Une "nourriture divine", à déguster dans un ancien presbytère ! La maison, qui date de 1882, abrite une belle salle à manger bourgeoise et une terrasse dressée dans un joli jardin.

Le Petit Gourmand VISA AE
62 av. B. Barère – ✆ 05 62 34 26 86 – Fax 05 62 34 26 86 – Fermé 15 août-1er sept., 1er-7 janv., sam. midi, dim. soir et lundi AY **b**
Rest – *(menu unique)* Menu 28 €
◆ Les petits gourmands apprécient cette salle de style brasserie ornée de vieilles affiches publicitaires, sa cuisine au goût du jour et ses vins du Languedoc-Roussillon.

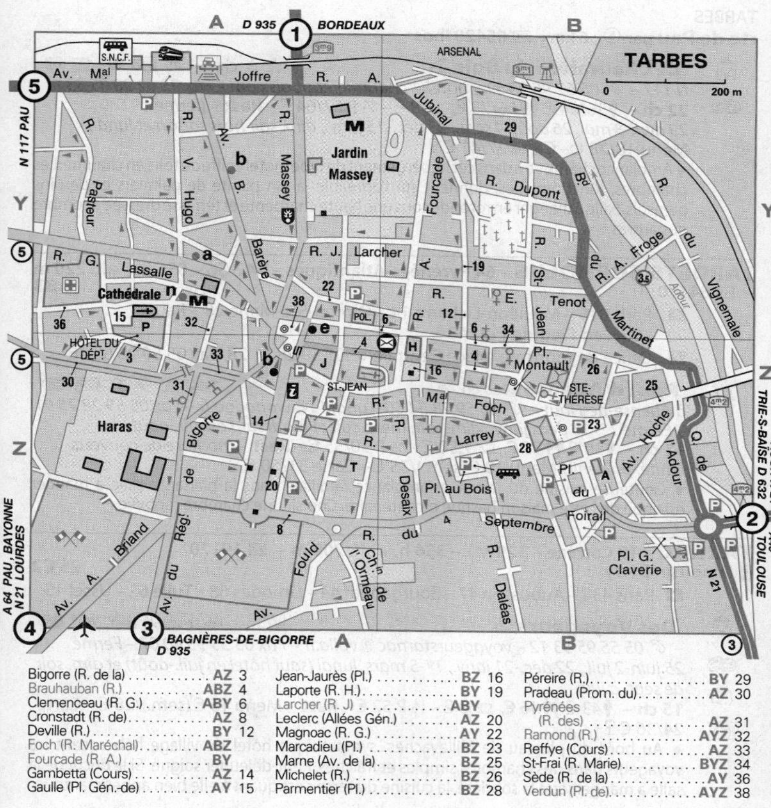

Bigorre (R. de la) . . . . AZ 3	Jean-Jaurès (Pl.) . . . . BZ 16	Péreire (R.) . . . . BY 29
Brauhauban (R.) . . . . ABZ 4	Laporte (R. H.) . . . . BY 19	Pradeau (Prom. du) . . . . AZ 30
Clemenceau (R. G.) . . . . ABY 6	Larcher (R. J) . . . . ABY	Pyrénées (R. des) . . . . AZ 31
Cronstadt (R. de) . . . . AZ 8	Leclerc (Allées Gén.) . . . . AZ 20	Ramond (R.) . . . . AYZ 32
Deville (R.) . . . . BY 12	Magnoac (R. G.) . . . . AY 22	Reffye (Cours) . . . . AZ 33
Foch (R. Maréchal) . . . . ABZ	Marcadieu (Pl.) . . . . BZ 23	St-Frai (R. Marie) . . . . BYZ 34
Fourcade (R. A.) . . . . BY	Marne (Av. de la) . . . . BZ 25	Sède (R. de la) . . . . AY 36
Gambetta (Cours) . . . . AZ 14	Michelet (R.) . . . . BZ 26	Verdun (Pl. de) . . . . AYZ 38
Gaulle (Pl. Gén.-de) . . . . AY 15	Parmentier (Pl.) . . . . BZ 28	

X **Le Fil à la Patte** AC VISA MC

30 r. G. Lassalle – ☎ 05 62 93 39 23 – lefilalapatte@cegetel.net – Fax 05 62 93 39 23 – Fermé 6-31 août, sam. midi, dim. et lundi AY **a**

Rest – Menu 15 € (déj. en sem.), 20/25 € – Carte environ 28 € ♀

◆ Cuisine du terroir et du marché à savourer dans une ambiance franchement conviviale : ce petit restaurant aux couleurs ensoleillées a déjà séduit bon nombre d'habitués.

rte de Lourdes par Juillan par ④ : 4 km sur D 921^A – ✉ 65290 Juillan

XXX **L'Aragon** avec ch rest, rest, 20, P VISA MC AE

2 ter rte de Lourdes – ☎ 05 62 32 07 07 – hotel-restaurant.laragon@wanadoo.fr – Fax 05 62 32 92 50 – Fermé sam. midi et dim. soir

12 ch – 🚹45/49 € 🚹🚹51/60 €, ☕ 7,50 € – ½ P 51/53 € – **Rest** – Menu 32/54 € – Carte 48/64 € ♀

Rest *Bistrot* – Menu (14,50 € bc), 19 € bc – Carte 30/45 € ♀

◆ Recettes au goût du jour servies dans l'élégante salle à manger rustique ou sur la terrasse ombragée. Chaque chambre propose un thème différent (rugby, golf, mer, vin, etc.). Au Bistrot : décor contemporain, tables simplement dressées et plats régionaux.

rte de Pau par ⑤ : 6 km – ✉ **65420 Ibos**

La Chaumière du Bois ch, VISA MC AE

N 117 – ✆ 05 62 90 03 51 – hotel@chaumieredubois.com – Fax 05 62 90 05 33
22 ch – †56/64 € ††66/75 €, ☕ 8 € – ½ P 57/64 € – **Rest** – *(fermé 29 avril-8 mai, 26 août-4 sept., 23 déc.-15 janv., dim. soir hors saison et lundi)* Menu 18/28 € – Carte 27/41 € ♀

◆ Ambiance champêtre dans cet hébergement de type motel coiffé de toits en chaume. Les chambres, fonctionnelles, donnent sur l'agréable jardin planté de palmiers et de pins parasols. Salle à manger en rotonde sous une haute charpente et terrasse dressée à l'ombre des arbres.

TARDETS-SORHOLUS – 64 Pyrénées-Atlantiques – 342 G6 – 656 h. – alt. 220 m – ✉ 64470

3 **B3**

Paris 816 – Mauléon-Licharre 14 – Oloron-Ste-Marie 28 – Pau 62 – St-Jean-Pied-de-Port 48

Office de tourisme, place Centrale ✆ 05 59 28 51 28, Fax 05 59 28 52 46

Pont d'Abense avec ch VISA MC

à Abense-de-Haut – ✆ 05 59 28 54 60 – uhaltia@wanadoo.fr – Fax 05 59 28 75 91 – Fermé 1er-16 déc., janv., dim. soir, merc. soir et lundi sauf en juil.-août
11 ch – †30 € ††55 €, ☕ 7,50 € – ½ P 50/55 € – **Rest** – *(nombre de couverts limité, prévenir)* Menu 19 € (sem.)/35 € – Carte 31/50 € ♀

◆ Goûteuse cuisine du terroir et ambiance familiale dans la plaisante salle à manger rustique de cette maison basque bicentenaire. Choisir une chambre rénovée.

TARNAC – 19 Corrèze – 329 M1 – 356 h. – alt. 700 m – ✉ 19170

Limousin Berry

25 **C2**

Paris 434 – Aubusson 47 – Bourganeuf 44 – Limoges 68 – Tulle 62 – Ussel 45

Des Voyageurs rest, rest, rest, VISA MC

– ✆ 05 55 95 53 12 – voyageurstarnac@voila.fr – Fax 05 55 95 40 07 – Fermé 25 juin-2 juil., 22 déc.-21 janv., 1er-5 mars, lundi (sauf hôtel en juil.-août) et dim. soir de sept. à juin
15 ch – †43 € ††46 €, ☕ 8 € – ½ P 52 € – **Rest** – Menu 15 € (sem.)/28 € – Carte 24/36 € ♀

◆ Au bord du plateau de Millevaches, sympathique hôtel de village hébergeant les voyageurs dans des chambres simples et fraîches. Petit-déjeuner soigné. Si le décor de la salle à manger joue la sobriété, la cuisine du terroir est quant à elle bien appétissante.

TASSIN-LA-DEMI-LUNE – 69 Rhône – 327 H5 – rattaché à Lyon

TAULIGNAN – 26 Drôme – 332 C7 – 1 571 h. – alt. 258 m – ✉ 26770

Provence

44 **B3**

Paris 646 – Lyon 184 – Montélimar 28 – Orange 43

La Malle Poste VISA MC

Les Grands Remparts – ✆ 04 75 53 61 87 – Fax 04 75 53 61 87 – Ouvert 8 avril-14 oct. et fermé merc.
Rest – Menu 18/40 € – Carte 18/25 € ♀

◆ Voûtes, poutres et cheminée monumentale : cette salle de restaurant ne manque pas de cachet. Et, ce qui ne gâche rien, on y déguste une cuisine au goût du jour bien mitonnée.

TAUTAVEL – 66 Pyrénées-Orientales – 344 H6 – ✉ 66720

Languedoc Roussillon

22 **B3**

Paris 859 – Carcassonne 96 – Limoux 86 – Narbonne 76 – Perpignan 32 – Quillan 58

Centre européen de préhistoire.

Le Petit Gris VISA MC

rte d'Estagel – ✆ 04 68 29 42 42 – Fax 04 68 29 40 49 – Fermé 1er-25 janv. et lundi d'oct. à mai – **Rest** – Menu 20/30 € – Carte 18/41 € ♀

◆ À l'écart du village, restaurant tout simple ouvert sur les vignes et les Pyrénées. Grande cheminée pour les grillades et les cargolades (plat local à base de petits gris).

TAVEL – 30 Gard – 339 N4 – 1 529 h. – alt. 100 m – ✉ 30126 23 D2

Paris 673 – Avignon 15 – Alès 68 – Nîmes 41 – Orange 22

Le Pont du Roy

rest, rest, VISA

Sud-Est : 3 km par D 4 et D 976 – ✆ 04 66 50 22 03 – contact@hotelpontduroy.fr – Fax 04 66 50 10 14 – Ouvert 6 avril-30 sept.

14 ch – 61/93 € 61/93 €, 7,50 € – ½ P 65/72 € – **Rest** – *(dîner seult) (résidents seult)* Menu 26/47 €

◆ Au cœur du célèbre vignoble, bâtisse de type mas ayant bénéficié d'un sérieux "lifting". Dans les chambres, tons pastel et mobilier rustique ou provençal. Joli jardin.

Les Chambres de Vincent

cuisinette

r. Grillons – ✆ 04 66 50 94 76 – nancy@chambres-de-vincent.com – Fermé 8 nov.-8 fév.

5 ch – 50/55 € 60/75 € – ½ P 66/82 € – **Rest** – table d'hôte *(fermé mardi) (dîner seult) (résidents seult)* Menu (12 €), 16/25 €

◆ Dans une ruelle étroite, maison typée s'égayant de volets turquoises. Chambres à touche méridionale et essences de garrigue au jardin. Glycine et muscat ombragent la terrasse. Cuisine provençale faite par la patronne avignonnaise ; bouillabaisse sur commande.

Auberge de Tavel avec ch

ch, VISA

Voie Romaine – ✆ 04 66 50 03 41 – info@auberge-de-tavel.com – Fax 04 66 50 24 44 – Fermé 15 nov.-1er déc. et 15 fév.-15 mars

11 ch – 50/120 € 70/160 €, 12 € – ½ P 77/101 € – **Rest** – *(fermé merc.)* Menu (22 €), 27/72 € – Carte 40/55 €

◆ Sous les poutres d'une plaisante salle à manger rustique ou en terrasse, vous partirez à la découverte d'une cuisine actuelle explorant avec bonheur le terroir provençal.

TAVERS – 45 Loiret – 318 G5 – rattaché à Beaugency

TEILHÈDE – 63 Puy-de-Dôme – 326 F7 – 374 h. – alt. 500 m – ✉ 63460 5 B2

Paris 401 – Clermont-Ferrand 31 – Cournon-d'Auvergne 32 – Vichy 45

Château des Raynauds

ch, VISA

2 km à l'Ouest par D 17 – ✆ 04 73 64 30 12 – info@chateau-raynauds.com

4 ch – 58 € 76 € – **Rest** – table d'hôte *(dîner seult) (résidents seult)* Menu 25 € bc

◆ Demeure du 17e s. nichée dans un écrin de verdure à deux pas des volcans. Un superbe escalier à vis mène aux chambres équipées de grands lits ; deux d'entre elles disposent d'une salle de bains aménagée dans la tour. La table d'hôte met à l'honneur les richesses du terroir auvergnat.

TENCE – 43 Haute-Loire – 331 H3 – 2 890 h. – alt. 840 m – ✉ 43190

Lyon et la vallée du Rhône 6 D3

Paris 564 – Lamastre 38 – Le Puy-en-Velay 46 – St-Étienne 52 – Yssingeaux 19

Syndicat d'initiative, place du Chatiague ✆ 04 71 59 81 99

Hostellerie Placide

rest, rest, VISA

av. Gare, rte d'Annonay – ✆ 04 71 59 82 76 – placide@hostellerie-placide.fr – Fax 04 71 65 44 46 – Ouvert avril-déc. et fermé lundi midi et mardi midi en juil.-août, dim. soir, lundi et mardi hors saison

12 ch – 72 € 72/100 €, 10 € – ½ P 66 € – **Rest** – Menu (15 €), 28/55 € – Carte 39/54 €

◆ Cette demeure (1902) à façade végétale servit de relais de diligence. Chambres personnalisées et "cosy" : mobilier de style ou actuel, tons chauds. À table, décor bourgeois et carte au goût du jour sur base classico-traditionnelle. L'été, apéro au jardin.

"Les Prairies" sans rest

1 r. du Prè-Long – ✆ 04 71 56 35 80 – thomas.bourgeois@freesbee.fr – Ouvert 15 avril-1er nov.

5 ch – 62 € 70 €

◆ Ces chambres d'hôte occupent une demeure en pierre de 1850, nichée au sein d'un parc arboré. Leur décor est simple et de bon goût. L'hiver, sympathiques soirées autour de la cheminée.

TENCIN – 38 Isère – 333 I6 – 897 h. – alt. 257 m – ✉ 38570 46 **F2**

Paris 604 – Chambéry 38 – Grenoble 25 – Lyon 137

Syndicat d'initiative, route du Lac Grangeneuve ✆ 0476130000, Fax 0476457192

La Tour des Sens VISA AE

La Tour, 1km rte de Theys – ✆ 04 76 04 79 67 – contact@latourdessens.fr – Fax 04 76 04 79 67 – Fermé 8-15 avril, 29 juil.-19 août, 28 oct.-2 nov., 23 déc.-3 janv., sam. midi et dim.

Rest – Menu 20 € (déj. en sem.), 33/65 € bc – Carte 42/65 €

◆ De la terrasse du restaurant, vous pourrez contempler le massif de la Chartreuse. À l'intérieur, des touches de couleurs chaudes viennent égayer le mobilier contemporain en bois sombre. Recettes inventives.

TENDE – 06 Alpes-Maritimes – 341 G3 – 1 844 h. – alt. 815 m – ✉ 06430

Côte d'Azur 41 **D2**

Paris 888 – Cuneo 47 – Menton 56 – Nice 78 – Sospel 38

Office de tourisme, avenue du 16 septembre 47 ✆ 04 93 04 73 71

de Vievola Hameau de Vievola, N : 5 km par N 204, ✆ 04 93 04 88 91.

Site★ - veille ville★ - Fresques★★★ de la chapelle Notre-Dame des fontaines★★ SE : 11 km.

L'Auberge Tendasque VISA

65 av. 16-Septembre-1947 – ✆ 04 93 04 62 26 – Fax 04 93 04 68 34 – Fermé le soir sauf vend., sam. et dim.

Rest – Menu 14,50/23 € – Carte 23/43 €

◆ Au pied du village médiéval, haute maison au toit de lauzes vous conviant à un repas régional dans un décor agreste frais. Joli plafond peint et aquarelles d'un artiste local.

à St-Dalmas-de-Tende Sud : 4 km par N 204 – ✉ 06430

Le Prieuré rest, 40, VISA

r. J. Medecin – ✆ 04 93 04 75 70 – contact@leprieure.org – Fax 04 93 04 71 58 – Fermé 25 déc.-1er janv.

24 ch – 43/59 € 49/64 €, 10 € – ½ P 46/56 € – **Rest** – Menu (11,50 €), 17/24 € – Carte 18/40 €

◆ Le hameau est célèbre pour sa gare monumentale bâtie sur les ordres de Mussolini. Cet ancien prieuré, qui accueille un ESAT, abrite des chambres simples et rustiques. Plats traditionnels servis dans une salle voûtée ou en terrasse, sous la treille.

à la Brigue Sud-Est : 6,5 km par N 204 et D 43 – 595 h. – alt. 810 m – ✉ 06430

Office de tourisme, place Saint-Martin ✆ 04 93 04 60 04

Collégiale St-Martin★.

Mirval VISA AE

– ✆ 04 93 04 63 71 – lemirval@club-internet.fr – Fax 04 93 04 79 81 – Ouvert 2 avril-30 oct.

18 ch – 45/50 € 50/70 €, 8 € – ½ P 50/60 € – **Rest** – *(fermé vend. midi)* Menu 18 € (dîner), 23/30 € – Carte environ 25 €

◆ Un joli pont de pierres enjambant une rivière poissonneuse donne accès à cette accueillante auberge (19e s.) de montagne. Chambres fonctionnelles nettes ; patron randonneur. Salle à manger contemporaine et véranda tournées vers les sommets ; cuisine régionale simple.

TERGNIER – 02 Aisne – 306 B5 – 15 069 h. – alt. 55 m – ✉ 02700 37 **C2**

Paris 136 – Compiègne 54 – Saint-Quentin 27 – Amiens 99 – Laon 29 – Soissons 37

La Mandoline VISA

45 pl. Herment – ✆ 03 23 57 08 71 – Fax 03 23 57 08 71 – Fermé dim. soir et lundi

Rest – Menu (12 €), 16 € (sem.)/45 € – Carte 40/61 €

◆ À la belle saison, la devanture fleurie permet de repérer ce restaurant ouvert à proximité du centre-ville. Recettes traditionnelles dans l'assiette.

TERMES – 48 Lozère – 330 H6 – 202 h. – alt. 1 120 m – ✉ 48310 22 B1

Paris 545 – Aurillac 112 – Chaudes-Aigues 19 – Mende 56 – St-Flour 41

Auberge du Verdy
– *☎ 04 66 31 60 97 – Ouvert 1er avril-21 déc.*
10 ch – 36 € 38/43 €, ☕ 5 € – ½ P 36 € – **Rest** – Menu 11 € bc (sem.), 13/23 € – Carte 18/24 €
◆ Grosse maison de pays des années 1990 située au pied du village. Chambres basiques assez amples et aire de jeux pour les petits. Restaurant réchauffé en hiver par une cheminée typiquement lozérienne ; viandes grillées "à la pierrade" et spécialités régionales.

TERRASSON-LAVILLEDIEU – 24 Dordogne – 329 I5 – 6 180 h. – alt. 90 m – ✉ 24120 Périgord 4 D1

Paris 497 – Brive-la-Gaillarde 22 – Lanouaille 44 – Périgueux 53 – Sarlat-la-Canéda 32

Office de tourisme, place Voltaire ☎ 05 53 50 37 56, Fax 05 53 51 01 22

Les jardins de l'imaginaire★.

L'Imaginaire (Samson) avec ch — ch, VISA
pl. Foirail, (direction église St-Sour) – ☎ 05 53 51 37 27 – reception@l-imaginaire.com – Fax 05 53 51 60 37 – Fermé 12-30 nov., 7-25 janv., lundi sauf le soir en juil.-août et dim. soir d'oct. à avril
7 ch – 79/105 € 79/149 €, ☕ 12 € – ½ P 94/129 € – **Rest** – Menu 36/58 €
Spéc. Petits boudins de brochet truffés en cappuccino d'écrevisses. Grillade de foie gras au caramel d'épices (printemps-été). Déclinaison de fraises du pays (mai à septembre). **Vins** Côtes de Bergerac, Bergerac.
◆ Hébergement tout neuf comprenant 7 chambres très confortables (parquets, climatisation...). Plaisirs des yeux et du palais rivalisent dans la belle salle à manger voûtée aménagée dans un hospice du 17e s. Mise en place élégante et cuisine au goût du jour soignée.

TERTENOZ – 74 Haute-Savoie – 328 K6 – rattaché à Faverges

TÉTEGHEM – 59 Nord – 302 C1 – rattaché à Dunkerque

TEYSSODE – 81 Tarn – 338 D9 – 338 h. – alt. 270 m – ✉ 81220 29 C2

Paris 699 – Albi 54 – Castres 27 – Toulouse 51

Domaine d'en Naudet sans rest
D 43 – ☎ 05 63 70 50 59 – contact@domainenaudet.com — cuisinette 5/15, VISA
4 ch ☕ – 71 € 83 €
◆ Cette demeure de caractère perchée sur une colline domine la campagne et jouit d'une grande tranquillité. Belles chambres rustiques chic, salle de sport, joli jardin, etc. Accueil charmant.

THANN – 68 Haut-Rhin – 315 G10 – 8 033 h. – alt. 343 m – ✉ 68800 Alsace Lorraine 1 A3

Paris 464 – Belfort 42 – Colmar 44 – Épinal 87 – Guebwiller 22 – Mulhouse 21

Office de tourisme, 7 rue de la 1re Armée ☎ 03 89 37 96 20, Fax 03 89 37 04 58

Collégiale St-Thiébaut★★ - Grand Ballon ★★★ N : 19 km.

Le Parc — 30, VISA
23 r. Kléber – ☎ 03 89 37 37 47 – reception@alsacehotel.com – Fax 03 89 37 56 23
21 ch – 67/130 € 67/180 €, ☕ 20 € – ½ P 74/131 € – **Rest** – *(fermé 7-27 janv. et le midi sauf dim.)* Menu (23 €), 38 € – Carte 42/53 €
◆ Dans un parc arboré, cette belle maison bourgeoise du début du 20e s. a des allures de petit palais : salon noble et raffiné, chambres actuelles aux détails baroques. Piscine. Lumineuse salle à manger, paisible terrasse d'été et cuisine traditionnelle.

Le Moschenross

42 r. Gén. de Gaulle – 03 89 37 00 86 – info@le-moschenross.com – Fax 03 89 37 52 81 – Fermé 1er-16 juil. et 14 au 20 janv.

23 ch – 31/44 € 35/53 €, 6,50 € – ½ P 35/43 € – **Rest** – *(fermé sam. midi et dim. soir)* Menu (9 €), 11 € (déj. en sem.), 16/46 € – Carte 30/55 €

◆ Dominé par le fameux vignoble de Rangen, cet hôtel central à la pimpante façade rouge brique dispose de chambres actuelles. Les plus calmes donnent sur l'arrière. Spacieuse salle à manger, claire et agréable. Cuisine dans l'air du temps et sans prétention.

Aux Sapins

3 r. Jeanne d'Arc – 03 89 37 10 96 – aux.sapins.hotel@free.fr – Fax 03 89 37 23 83 – Fermé 24 déc.-7 janv.

17 ch – 40/42 € 47/50 €, 7 € – ½ P 49 € – **Rest** – *(fermé 4-19 août, 24 déc.-7 janv. et sam.)* Menu 10 € (déj. en sem.), 17/35 € – Carte 25/46 €

◆ Quelques sapins ombragent cette bâtisse des années 1980, légèrement excentrée. Accueil soigné et chambres personnalisées aux tons pastel. Vous goûterez une cuisine traditionnelle dans un cadre contemporain ou dans un coquet bistrot façon winstub.

THANNENKIRCH – 68 Haut-Rhin – 315 H7 – 446 h. – alt. 520 m – 68590

Alsace Lorraine — 2 **C2**

Paris 436 – Colmar 25 – St-Dié 40 – Sélestat 17

Route★ de Schaentzel (D 48[1]) N : 3 km.

Auberge La Meunière

30 r. Ste Anne – 03 89 73 10 47 – info@aubergelameuniere.com – Fax 03 89 73 12 31 – Ouvert 21 mars-19 déc.

25 ch – 48 € 52 €, 7 € – ½ P 46/66 € – **Rest** – Menu 17/36 € – Carte 28/43 €

◆ Les styles rustique et contemporain se marient bien dans cette ravissante auberge. Les chambres, spacieuses et souvent dotées d'un balcon, offrent de belles échappées sur la campagne. Chaleureuse salle à manger, terrasse panoramique et carte saisonnière à l'accent régional.

Touring-Hôtel

2 rte du Haut Koenigsbourg – 03 89 73 10 01 – touringhotel@free.fr – Fax 03 89 73 11 79 – Fermé 3 janv.-25 mars

45 ch – 55/60 € 55/120 €, 10 € – ½ P 54/95 € – **Rest** – Menu (19 €), 25/31 € – Carte 21/46 €

◆ Grand hôtel familial blotti dans le village, au pied du massif du Taennchel. Chambres à l'alsacienne, très coquettes. Espace wellness. Buffet campagnard au petit-déjeuner. À table, on privilégie recettes et vins régionaux.

THARON-PLAGE – 44 Loire-Atlantique – 316 C5 – 44730 — 34 **A2**

Paris 437 – Challans 53 – Nantes 57 – St-Nazaire 24

Le Belem

56 av. Convention – 02 40 64 90 06 – loirat-thierry@wanadoo.fr – Fax 02 40 39 43 14 – Fermé 2 janv.-7 fév., dim. soir et lundi sauf juil.-août

Rest – Menu 17 € bc (sem.)/43 € – Carte 39/44 €

◆ Petite maison au centre d'une station balnéaire de la Côte de Jade. Salle actuelle, égayée de plantes vertes. Le chef propose, entre autres, les légumes du potager familial.

LE THEIL – 15 Cantal – 330 C4 – rattaché à Salers

LE THEIL – 03 Allier – 326 F4 – 413 h. – alt. 450 m – 03240 — 5 **B1**

Paris 343 – Clermont-Ferrand 92 – Montluçon 46 – Vichy 43

Château du Max

2 km au Nord-Ouest par D235 – 04 70 42 35 23 – chateaudumax@club-internet.fr – Fax 04 70 42 34 90 – **5 ch** – 60/65 € 70/80 € – **Rest** – table d'hôte *(dîner seult) (résidents seult)* Menu 25 € bc

◆ Château des 13e et 15e s. entouré de douves. Les chambres et les suites ont été décorées avec goût par la propriétaire, ancienne décoratrice de théâtre. À table, plats du terroir servis dans un cadre médiéval de toute beauté.

THENAY – 36 Indre – 323 E7 – 827 h. – alt. 120 m – ✉ 36800 11 B3

Paris 299 – Châteauroux 33 – Limoges 104 – Le Blanc 30 – La Châtre 49

Auberge de Thenay

– ✆ 02 54 47 99 00 – orain.pascal@wanadoo.fr – *Fermé 2-10 sept., 16-22 fév., dim. soir et lundi*

Rest – *(nombre de couverts limité, prévenir)* Menu 12 € bc (déj. en sem.), 22/32 €

◆ Il règne une ambiance joviale en cette auberge-épicerie. Le menu est composé chaque jour autour d'une viande rôtie à la broche. Beau choix de whiskies et de vins du monde.

THÉOULE-SUR-MER – 06 Alpes-Maritimes – 341 C6 – 1 296 h. – ✉ 06590

Côte d'Azur 42 E2

Paris 895 – Cannes 11 – Draguignan 58 – Nice 42 – St-Raphaël 30

Office de tourisme, 1 corniche d'Or ✆ 04 93 49 28 28

Massif de l'Estérel★★★.

à Miramar : 5 km par N 98 - rte de St-Raphaël – ✉ 06590 Théoule-sur-Mer

Côte d'Azur

Pointe de l'Esquilon ≤★★ NE : 1 km puis 15 mn.

Miramar Beach ≤ mer, ch, rest, 20/40, VISA MC AE

– ✆ *04 93 75 05 05 – reservation@mbhotel.com – Fax 04 93 75 44 83*

56 ch – †105/320 € ††135/350 €, ☐ 17 € – 1 suite – ½ P 124/231 €

Rest ***L'Étoile des Mers*** – Menu 31 € (déj.), 45/85 € – Carte 61/80 €

◆ Le charme de cet établissement tient à sa superbe situation au creux d'une calanque de roches rouges. Chambres provençales raffinées et magnifique spa décoré à l'orientale. Restaurant panoramique et service en terrasse l'été.

au port de la Rague

Riviera beach hôtel sans rest ≤ port et mer, VISA MC AE

Port de la Rague – ✆ 04 92 97 11 99 – socriviera@wanadoo.fr – Fax 04 92 97 12 10 – Fermé 1er déc.-15 janv.

10 ch ☐ – †128/228 € ††138/250 €

◆ Au port, chambres cossues à touches nautiques dont les balcons, orientés plein Sud, offrent une superbe vue balnéaire. Piscine et jacuzzi sur le toit, bar design, plage à deux pas.

THÉRONDELS – 12 Aveyron – 338 I1 – 478 h. – alt. 965 m – ✉ 12600 29 D1

Paris 561 – Aurillac 44 – Chaudes-Aigues 48 – Murat 43 – Rodez 88 – St-Flour 49

Miquel rest, VISA MC AE

– ✆ *05 65 66 02 72 – hotel-miquel@wanadoo.fr – Fax 05 65 66 19 84 – Ouvert 1er avril-15 nov.*

20 ch – †39/60 € ††44/60 €, ☐ 8 € – ½ P 39/49 € – **Rest** – *(fermé lundi sauf juil.-août et dim. soir)* Menu 23/29 €

◆ Établissement du début du 20e s. géré par la même famille depuis trois générations. Les chambres, simples et bien tenues, donnent sur le jardin ou sur la place du village. Salle de restaurant ouverte sur une petite terrasse et cuisine à l'accent aveyronnais.

THIAIS – 94 Val-de-Marne – 312 D3 – 101 26 – rattaché à Paris, Environs

THIERS – 63 Puy-de-Dôme – 326 I7 – 13 338 h. – alt. 420 m – ✉ 63300

Auvergne 6 C2

Paris 388 – Clermont-Ferrand 43 – Lyon 133 – St-Étienne 108 – Vichy 36

Office de tourisme, maison du Pirou ✆ 04 73 80 65 65, Fax 04 73 80 01 32

Site★★ - Le Vieux Thiers★ : Maison du Pirou★ **N** - Terrasse du Rempart ✳★ - Rocher de Borbes ≤★ S : 3,5 km par D 102.

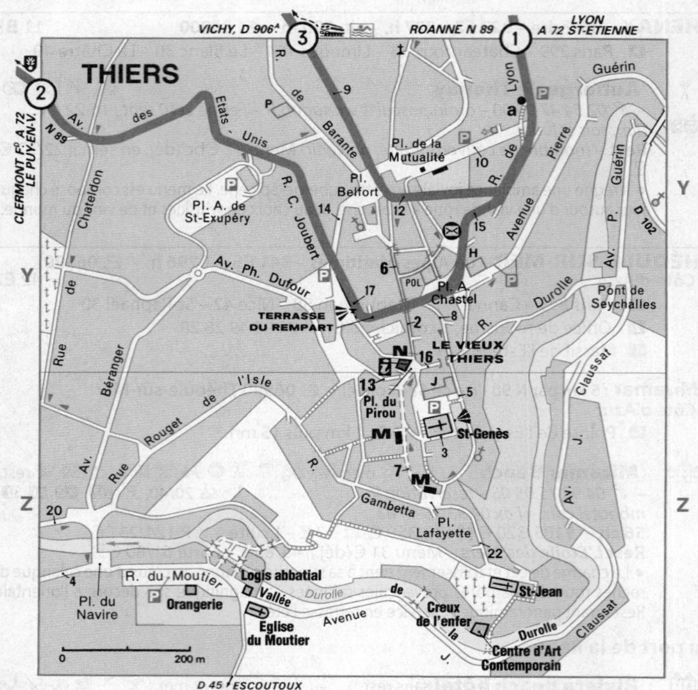

- Bourg (R. du) . . . . Y 2
- Brugière (Imp. Jean) . . . . Z 3
- Chabot (R. M.) . . . . Z 5
- Clermont (R. de) . . . . Z 4
- Conchette (R.) . . . . Y 6
- Coutellerie (R. de la) . . . . Z 7
- Dr-Dumas (R. des) . . . . Y 9
- Duchasseint (Pl.) . . . . Y 10
- Dumas (R. Alexandre) . . . . Y 8
- Grammonts (R. des) . . . . Y 12
- Grenette (R.) . . . . Z 13
- Marilhat (R. Prosper) . . . . Y 14
- Mitterrand (R. F.) . . . . Y 15
- Pirou (R. du) . . . . Y 16
- Terrasse (R.) . . . . Y 17
- Voltaire (Av.) . . . . Z 20
- 4-Septembre (R. du) . . . . Z 22

L'Aigle d'Or 20, VISA

8 r. Lyon – ✆ 04 73 80 00 50 – aigle.dor@wanadoo.fr – Fax 04 73 80 17 00 – Fermé nov., dim. soir hors saison et lundi midi Y a

18 ch – 45 € 55/60 €, 7 € – ½ P 47 € – **Rest** – Menu 12 € (déj. en sem.), 16/36 € – Carte 26/38 €

◆ Cet établissement fondé en 1836 abrite un confortable salon et des chambres bien insonorisées qui profitent de rénovations effectuées en 2001. Cadre du 19e s. et meubles rustiques dans la salle de restaurant où l'on propose une cuisine traditionnelle.

rte de Clermont-Ferrand par ② : 5 km sur N 89 – ✉ 63300 Thiers

Parc de Geoffroy ch, 15/35, VISA

av. Gén. de Gaulle – ✆ 04 73 80 87 00 – reception@parcdegeoffroy.com – Fax 04 73 80 87 01 – Fermé 3-27 janv.

31 ch – 67/85 € 67/95 €, 8 € – ½ P 55/65 € – **Rest** – *(fermé sam. midi)* Menu 19/41 € – Carte 28/40 €

◆ En retrait de la nationale, dans un parc arboré, ancienne demeure de coutelier flanquée d'une annexe moderne abritant les grandes chambres. Deux salles à manger : cheminée dans l'une, fresque dans l'autre, plus cossue. En été, terrasse verdoyante et fleurie.

à Pont-de-Dore par ② : 6 km par N 89 – ✉ 63920 Peschadoires

Eliotel ch, VISA
rte Maringues – ✆ 04 73 80 10 14 – direliotel@wanadoo.fr – Fax 04 73 80 51 02 – Fermé 30 juil.-9 août, 23 déc.-15 janv.
12 ch – 52/73 € 52/73 €, 7,50 € – ½ P 52/61 €
– **Rest** – *(fermé 27 juil.-11 août)* Menu (15 €), 17 € bc (sem.)/49 €
– Carte 27/48 €
◆ Proche de la gare, établissement commode pour l'étape. Les chambres, sobres, possèdent une bonne isolation phonique ; quatre d'entre elles ont été refaites. Petit cybercafé. Le chef, originaire d'Armorique, mitonne recettes auvergnates et spécialités bretonnes.

THIÉZAC – 15 Cantal – **330** E4 – **614 h.** – **alt. 805 m** – ✉ **15800**
Auvergne
5 **B3**

Paris 542 – Aurillac 26 – Murat 23 – Vic-sur-Cère 7
Office de tourisme, le Bourg ✆ 04 71 47 03 50
Pas de Compaing ★ NE : 3 km.

L'Elancèze 30/40, VISA AE
le bourg – ✆ 04 71 47 00 22 – info@elanceze.com – Fax 04 71 47 02 08 – Fermé 2 nov.-22 déc.
31 ch – 51/52 € 51/52 €, 9 € – ½ P 46/48 € – **Rest** – Menu 16/32 €
– Carte 16/35 €
◆ Adresse familiale située au cœur d'un bourg auvergnat. Le bâtiment principal abrite des chambres fonctionnelles, parfois dotées d'un balcon. Belle perspective sur les toits du village depuis la salle à manger où l'on sert des plats du terroir.

Belle Vallée VISA AE
10 ch – 46/47 € 46/47 €, 9 € – ½ P 44/45 €
◆ À quelques mètres de l'établissement principal, cette annexe bâtie en 1957 dispose de chambres plus simples, mais bien tenues.

Le Casteltinet rest, 15, VISA
Grand-rue – ✆ 04 71 47 00 60 – faustmacua@aol.com – Fax 04 71 47 04 08 – Ouvert début fév.-Toussaint, et fermé dim. soir et lundi sauf vacances scolaires
22 ch – 40/44 € 40/44 €, 6,50 € – ½ P 42/44 € – **Rest** – Menu 12/28 €
– Carte 26/38 €
◆ Maison récente, joliment inspirée de l'architecture locale, dont les chambres avec loggia offrent un panorama imprenable sur les monts du Cantal. Sobre salle à manger et terrasse avec vue ; cuisine traditionnelle conservant de solides assises régionales.

LE THILLOT – 88 Vosges – **314** I5 – **3 945 h.** – **alt. 495 m** – ✉ **88160**
Alsace Lorraine
27 **C3**

Paris 434 – Belfort 46 – Colmar 72 – Épinal 49 – Mulhouse 57 – St-Dié 59 – Vesoul 64
Office de tourisme, 11 avenue de Verdun ✆ 03 29 25 28 61, Fax 03 29 25 38 39

au Ménil Nord-Est : 3,5 km par D 486 – **1 117 h.** – **alt. 524 m** – ✉ **88160**

Les Sapins rest, VISA AE
60 Gde. Rue – ✆ 03 29 25 02 46 – les.sapins@voila.fr – Fax 03 29 25 80 23 – Fermé 25 juin-7 juil., 19 nov.-17 déc., dim. soir et lundi midi
22 ch – 44 € 51 €, 8,50 € – ½ P 49/61 € – **Rest** – Menu 13 € (déj. en sem.), 22/44 € – Carte 29/48 €
◆ En bord de route, bâtisse d'aspect contemporain, dont les chambres, fringantes et personnalisées, sont toutes rénovées. Table au goût du jour et au cadre actuel lumineux occupant une extension moderne (bois-béton-verre) de l'hôtel. Belle terrasse sur planches.

THIONVILLE – 57 Moselle – 307 I2 – 40 907 h. – Agglo. 130 480 h. – alt. 155 m – ✉ 57100 Alsace Lorraine

26 **B1**

Paris 339 – Luxembourg 32 – Metz 30 – Nancy 84 – Trier 77 – Verdun 88

Office de tourisme, 16 rue du vieux collège ✆ 03 82 53 33 18, Fax 03 82 53 15 55

Château de la Grange★.

THIONVILLE

Rue	Carré	N°
Afrique (Chaussée d')	**AV**	3
Amérique (Chaussée d')	**BV**	4
Asie (Chaussée d')	**AV**	6
Bel Air (Allée)	**AV**	7
Comte-de-Bertier (Av.)	**BV**	10
Europe (Chaussée d')	**AV**	13
Guentrange (Rte de)	**AV**	15
Longwy (R. de)	**AV**	18
Océanie (Chaussée d')	**BV**	25
Paul-Albert (R.)	**AV**	28
Pyramides (R. des)	**BV**	29
Romains (R. des)	**AX**	31
Terrasse (Allée de la)	**AV**	34
14-Juillet (Av. du)	**AV**	37

Saint-Hubert sans rest — 15, VISA MC AE

2 r. G. Ditsch – ✆ 03 82 51 84 22 – hotel@bestwestern-sainthubert.com – Fax 03 82 53 99 61 — DZ **s**

44 ch – †69/79 € ††72/82 €, ☕ 9 €

◆ Entre la mairie et l'église St-Maximin, hôtel d'aspect moderne disposant de chambres de bon confort, d'un bar feutré et d'une lumineuse salle des petits-déj' avec vue urbaine.

Des Oliviers sans rest — VISA MC

1 r. Four Banal – ✆ 03 82 53 70 27 – contact@hoteldesoliviers.com – Fax 03 82 53 23 34 — DY **n**

26 ch – †52 € ††55 €, ☕ 6,50 €

◆ Maison ancienne située dans une rue piétonne du centre. Hall coloré, chambres pratiques, espace breakfast moderne et petite terrasse d'été. Équipement Wifi.

THIONVILLE

Berthe-au-Grand-Pied (R.) . . DY 8
Ditsch (R. G.). . . . . DZ 12
Hoche (R. Lazare). . . . . DY 16
Luxembourg (R. du) . . . . DY 19
Marchal (Quai P.) . . . . DY 21
Marché (Pl. du). . . . . DY 22
Marie-Louise (Pl.) . . . . CZ 24
Paris (R. de). . . . . DZ 27
République (Pl.). . . . . CZ 30
St-Pierre (R. de). . . . . CZ 33

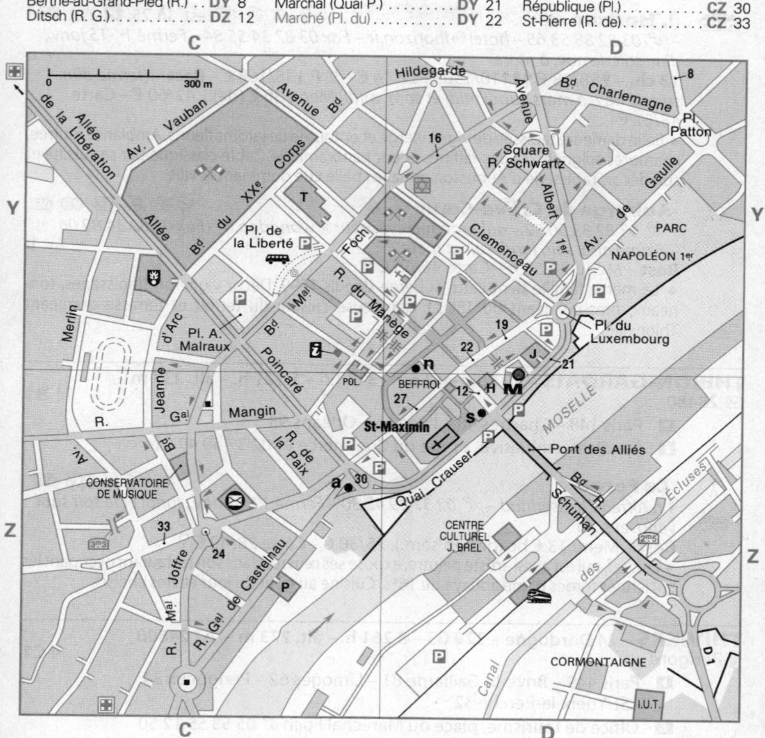

Du Parc sans rest 20, VISA MC AE

10 pl. République – ✆ 03 82 82 80 80 – contact@hoteldu-parc.com – Fax 03 82 82 71 82 CZ **a**

41 ch – †60/70 € ††60/70 €, ☕ 8,50 €

◆ Aux abords du centre-ville, immeuble du début du 20e s. tourné vers un petit parc public. Les chambres, fonctionnelles et toutes semblables, se distribuent sur six étages.

Aux Poulbots Gourmets VISA MC

9 pl. aux Fleurs – ✆ 03 82 88 10 91 – ardizzoia@club-internet.fr – Fax 03 82 88 42 76 – Fermé 23 juil.-16 août, 2-20 janv., sam. midi, dim. soir et lundi AV **p**

Rest – Menu 36/67 € bc – Carte 33/67 € 🍷

◆ Cette table auréolée d'une bonne réputation locale vous convie à un repas classico-traditionnel dans une salle à la fois lumineuse et feutrée, où flotte une ambiance cordiale.

à Yutz par ③ : 3 km – 14 687 h. – alt. 155 m – ✉ 57970

Les Alérions VISA MC AE

102 r. Nationale – ✆ 03 82 56 26 63 – Fax 03 82 56 26 65 – Fermé 16-31 août, 25 fév.-7 mars, dim. soir, mardi soir et lundi BV **t**

Rest – Menu 16 € (déj. en sem.), 22/48 € – Carte 26/55 € 🍷

◆ Enseigne se référant au blason lorrain (trois petites aigles sans bec ni pattes). Cheminée, boiseries blanchies, murs rouges et sièges de style en salles. Choix traditionnel.

au Crève-Cœur – ✉ 57100 Thionville

L'Horizon rest, 25, VISA

– ✆ 03 82 88 53 65 – hotel@lhorizon.fr – Fax 03 82 34 55 84 – *Fermé 1er-15 janv., dim. soir de nov. à mars* AV **e**

13 ch – 88/98 € 110/150 €, 14 € – ½ P 138/168 € – **Rest** – *(fermé dim. soir de nov. à mars, lundi midi et sam. midi)* Menu 38 € (déj.), 42/60 € – Carte 48/62 €

◆ Belle demeure tapissée de vigne vierge et entourée de jardins fleuris. Ambiance feutrée, chambres soignées, salons raffinés et bar panoramique. Table classique par sa cuisine et son décor. Tapisserie d'Aubusson en salle ; belle vue dominant la ville.

Auberge du Crève-Cœur VISA AE

– ✆ 03 82 88 50 52 – aubergeducrevecoeur@wanadoo.fr – Fax 03 82 34 89 06 – *Fermé dim. soir, lundi soir et merc.* AV **b**

Rest – Menu 28/50 € – Carte 46/65 €

◆ La même famille tient cette auberge depuis 1899. Décor vigneron (tapisseries, tonneaux, pressoir géant du 18e s.), généreuse cuisine du terroir et terrasse dominant Thionville.

THIRON-GARDAIS – 28 Eure-et-Loir – 311 C6 – 1 121 h. – alt. 237 m – ✉ 28480 11 **B1**

Paris 148 – Chartres 48 – Lucé 46 – Orléans 95

Syndicat d'initiative, 11 rue du Commerce ✆ 02 37 49 49 01

La Forge VISA

1 r. Alfred Chasseriaud – ✆ *02 37 49 42 30* – *Fermé 1er-15 nov., lundi et le soir sauf vend. et sam.*

Rest – Menu 13 € bc (déj. en sem.), 25/30 € – Carte 28/49 €

◆ Le chef, qui est aussi artiste peintre, expose ses œuvres dans son restaurant occupant les anciennes forges d'une abbaye du 16e s. Cuisine au goût du jour et vins choisis.

THIVIERS – 24 Dordogne – 329 G3 – 3 261 h. – alt. 273 m – ✉ 24800

Périgord 4 **C1**

Paris 449 – Brive-la-Gaillarde 81 – Limoges 62 – Périgueux 34 – St-Yrieix-la-Perche 32

Office de tourisme, place du Marechal Foch ✆ 05 53 55 12 50

De France et de Russie sans rest VISA AE

51 r. Gén. Lamy – ✆ *05 53 55 17 80* – *info@thiviers-hotel.com* – *Fax 05 53 55 01 42*

10 ch – 40/45 € 55/65 €, 7 €

◆ L'enseigne de cette demeure du 18e s. évoque la russophilie de Thiviers dont le fameux foie gras était fort apprécié à la cour du tsar. Chambres sobrement aménagées.

THIZY – 69 Rhône – 327 E3 – 2 483 h. – alt. 553 m – ✉ 69240 44 **A1**

Paris 414 – Lyon 65 – Montbrison 74 – Roanne 22

Office de tourisme, rue Eugène Dechavanne ✆ 04 74 64 35 23

La Terrasse ch, 25/80, VISA AE

Le Bourg Marmand (Nord-Est : 2 km par D 94) – ✆ *04 74 64 19 22* – *francis.arnette@wanadoo.fr* – *Fax 04 74 64 25 95* – *Fermé vacances de la Toussaint, vacances de fév. et dim. soir*

10 ch – 40 € 46 €, 6 € – ½ P 41/59 € – **Rest** – *(fermé dim. soir et lundi sauf de juin à août)* Menu 14 € (sem.)/63 € – Carte 34/58 €

◆ Ancienne usine textile convertie en hôtel. Les jolies chambres, ouvertes sur le jardin, portent le nom de plantes aromatiques et sont décorées - même parfumées - sur ce thème. Salles à manger actuelles et belle terrasse tournée vers les monts du Lyonnais.

THOIRY – 01 Ain – 328 I3 – 4 063 h. – alt. 500 m – ✉ 01710 45 **C1**

Paris 523 – Bellegarde-sur-Valserine 27 – Bourg-en-Bresse 99 – Gex 13

Holiday Inn ch, 100, VISA
au Nord-Est, angle D 89K et D 984 : 1,5 km – 04 50 99 19 99 – hi.geneve@wanadoo.fr – Fax 04 50 42 27 40
95 ch – 80/110 € 80/350 €, 14 € – ½ P 70/115 € – **Rest** – *(fermé sam. midi et dim. midi)* Menu 19 € (déj. en sem.)/24 € – Carte 27/37 €
◆ Jouxtant la frontière suisse et l'aéroport de Genève (navette gratuite), cet hôtel rénové constitue une étape de choix pour la clientèle d'affaires internationale. Confortable salle à manger en bois clair ; formules rapides à midi et buffets le soir.

Les Cépages (Delesderrier) VISA
– 04 50 20 83 85 – Fax 04 50 41 24 58 – Fermé 1er-10 mars, 17-30 sept., dim. soir, lundi et mardi
Rest – *(prévenir)* Menu 30 € (déj. en sem.), 46/90 € – Carte 62/90 €
Spéc. Raviole de foie gras de canard. Nage de homard juste saisi, sauce aux arômes d'Asie. Pigeonneau de l'Ain rôti, laqué au banyuls. **Vins** Manicle blanc, Mondeuse du Bugey.
◆ Plats classiques soignés à déguster dans une élégante salle contemporaine ou sur la terrasse, face au jardin fleuri, et à escorter d'un cru choisi sur la belle carte des vins.

THOLLON-LES-MÉMISES – 74 Haute-Savoie – 328 N2 – 593 h. – alt. 920 m – Sports d'hiver : 1 000/2 000 m 1 18 – 74500 Alpes du Nord 46 F1

Paris 588 – Annecy 95 – Évian-les-Bains 11 – Thonon-les-Bains 21
Office de tourisme, Aux Effalles 04 50 70 90 01
Pic de Mémise ★★ 30 mn.

Bellevue VISA
– 04 50 70 92 79 – hotelbellevuethollon@wanadoo.fr – Fax 04 50 70 97 63 – Ouvert 14 mai-30 sept. et 22 déc.-1er mars
35 ch – 46 € 52/100 €, 8 € – ½ P 49/54 € – **Rest** – *(fermé jeudi en sept.)* Menu 16/33 € – Carte 25/39 €
◆ Imposant chalet situé sur les hauteurs du "balcon du Léman". Chambres fonctionnelles bien tenues ; certaines sont prévues pour les familles. Sauna et jacuzzi. La terrasse du restaurant savoyard ménage une belle vue sur le village ; cuisine traditionnelle.

LE THOLY – 88 Vosges – 314 I4 – 1 556 h. – alt. 628 m – 88530 27 C3

Paris 414 – Épinal 30 – Gérardmer 11 – Remiremont 19 – St-Amé 12 – St-Dié 38
Syndicat d'initiative, 3 rue Charles-de-Gaulle 03 29 61 81 82
Grande Cascade de Tendon★ NO : 5 km, Alsace Lorraine.

Gérard rest, 15, VISA
1 pl. Général-Leclerc – 03 29 61 81 07 – contact@hotel-gerard.com – Fax 03 29 61 82 92
20 ch – 46/55 € 46/68 €, 8 € – ½ P 53/56 € – **Rest** – Menu 16 € (sem.)/33 € – Carte 27/48 €
◆ Cette hôtellerie fondée en 1804 est le point de départ de nombreuses promenades. Les chambres, plus menues au 2e étage, sont régulièrement rafraîchies. Sauna et jacuzzi. Plaisante salle à manger et sa véranda panoramique ; cuisine classique et du terroir.

La Grande Cascade cuisinette 15/50, VISA
au Nord-Ouest : 5 km sur D 11 – 03 29 66 66 66 – hotel-de-la-grande-cascade@wanadoo.fr – Fax 03 29 66 37 17 – Fermé 4-25 déc.
22 ch – 49 € 50/62 €, 7,50 € – ½ P 44 € – **Rest** – Menu 12 € (sem.), 14,50/27 €
◆ Ferme du 19e s. abritant des chambres pour la plupart petites et modestes. Demandez les plus spacieuses, ou celles qui regardent la cascade de Tendon. Studios à l'annexe. Restaurant avec vue sur la chute d'eau, cuisine traditionnelle et gibier en saison.

THONES – 74 Haute-Savoie – 328 K5 – 5 212 h. – alt. 650 m – 74230 Alpes du Nord 46 F1

Paris 560 – Lyon 171 – Annecy 21 – Genève 59 – Chambéry 73
Office de tourisme, place Avet 04 50 02 00 26, Fax 04 50 02 11 87

à La Balme-de-Thuy **2,5 km au Sud-Ouest par D 909 et rte secondaire**

Le Paddock des Aravis sans rest
Les Chenalettes, dir. Sappey – 04 50 02 98 28 – nathalie@le-paddock-des-aravis.com – Fax 04 50 02 94 52
5 ch – 85/110 €
◆ Haut perchée et isolée, cette ferme jouit d'une belle vue sur la Tournette. Tout y est douillet et raffiné : intérieur en bois clair et tons écrus, et chambres confortables.

THONON-LES-BAINS – 74 Haute-Savoie – 328 L2 – 28 927 h. – alt. 431 m – Stat. therm. : début avril-début déc. – 74200 Alpes du Nord 46 F1

Paris 568 – Annecy 75 – Chamonix-Mont-Blanc 99 – Genève 34

Office de tourisme, place du Marché 04 50 71 55 55, Fax 04 50 26 68 33

Évian Masters Golf Club à Évian-les-Bains Rive Sud du Lac de Genève, par rte d'Évian : 8 km, 04 50 75 46 66.

Les Belvédères sur le lac Léman★★ ABY - Voûtes★ de l'église St-Hippolyte - Domaine de Ripaille★ N : 2 km.

Plan page ci-contre

Arc en Ciel sans rest cuisinette 40, VISA
18 pl. Crête – 04 50 71 90 63 – info@hotel-arcenciel.com – Fax 04 50 26 27 47 – Fermé 28 avril-7 mai et 21 déc.-7 janv. BZ **k**
40 ch – 54/69 € 62/79 €, 7,50 €
◆ Près du centre-ville, hôtel moderne doté d'un jardin avec piscine. Chambres avec balcon ou terrasse, spacieuses et bien équipées ; certaines peuvent disposer d'une cuisinette.

A l'Ombre des Marronniers VISA
17 pl. Crête – 04 50 71 26 18 – info@hotel-marroniers.com – Fax 04 50 26 27 47 – Fermé 27 avril-7 mai et 21 déc.-6 janv. BZ **t**
17 ch – 44/54 € 49/60 €, 6,50 € – ½ P 45/52 € –
Rest – *(fermé 7-16 janv., dim. soir et lundi du 15 nov. au 21 mai)* Menu 13 € (sem.)/32 € – Carte 24/48 €
◆ Les chambres de cet hôtel aux allures de chalet sont quelque peu désuètes, mais fonctionnelles. Salle à manger-véranda et terrasse dressée à l'ombre des marronniers ; cuisine traditionnelle et spécialités montagnardes.

Le Prieuré (Plumex) 10/40, VISA
68 Gde rue – 04 50 71 31 89 – plumex-prieuré@wanadoo.fr – Fax 04 50 71 31 09 – Fermé 16-29 avril, 12-25 nov., dim. soir, lundi et mardi
Rest – Menu 35 € bc (déj. en sem.), 38/72 € – Carte 59/78 € AY **f**
Spéc. Saint-Jacques sur beurre de cacao (oct. à mars). Filets de perche à la manière des "gens d'en haut". Carré d'agneau sur l'os aux gousses d'ail en chemise. **Vins** Ripaille, Chignin-Bergeron.
◆ À l'entrée d'un ancien hôtel particulier, restaurant voûté, habillé de boiseries et décoré de tableaux contemporains, proposant une cuisine inventive, généreuse et soignée.

Les Alpes VISA
3bis r. des Italiens – 04 50 26 51 24 – Fax 04 50 26 51 24 – Fermé 17 juil.-10 août, dim. soir et merc. AZ **a**
Rest – *(nombre de couverts limité, prévenir)* Menu 18 € (déj. en sem.), 23/55 € – Carte 40/50 €
◆ Dans une rue commerçante de la station thermale, adresse au décor sagement campagnard (poutres, fer forgé, tableaux, compositions florales) servant une cuisine traditionnelle.

à Armoy **Sud-Est : 7 km par ② et D 26 – 940 h. – alt. 620 m – 74200**

A l'Écho des Montagnes ch, rest, VISA
– 04 50 73 94 55 – alechodesmontagnes@yahoo.fr – Fax 04 50 70 54 07 – Fermé 1er-5 oct., 20 déc.-9 fév., dim. soir et lundi d'oct. à déc. et de fév. à mai
47 ch – 28 € 46/56 €, 8,50 € – ½ P 45/49 € – **Rest** – *(fermé dim. soir et lundi)* Menu 16 € (sem.)/38 € – Carte 25/44 €
◆ Accueil familial dans cette imposante maison de la fin du 19e s. Chambres simples et fonctionnelles, un peu plus grandes à l'annexe. Expo-vente d'artisanat local. Le restaurant lambrissé est chaleureux et la cuisine régionale copieusement servie.

THONON-LES-BAINS

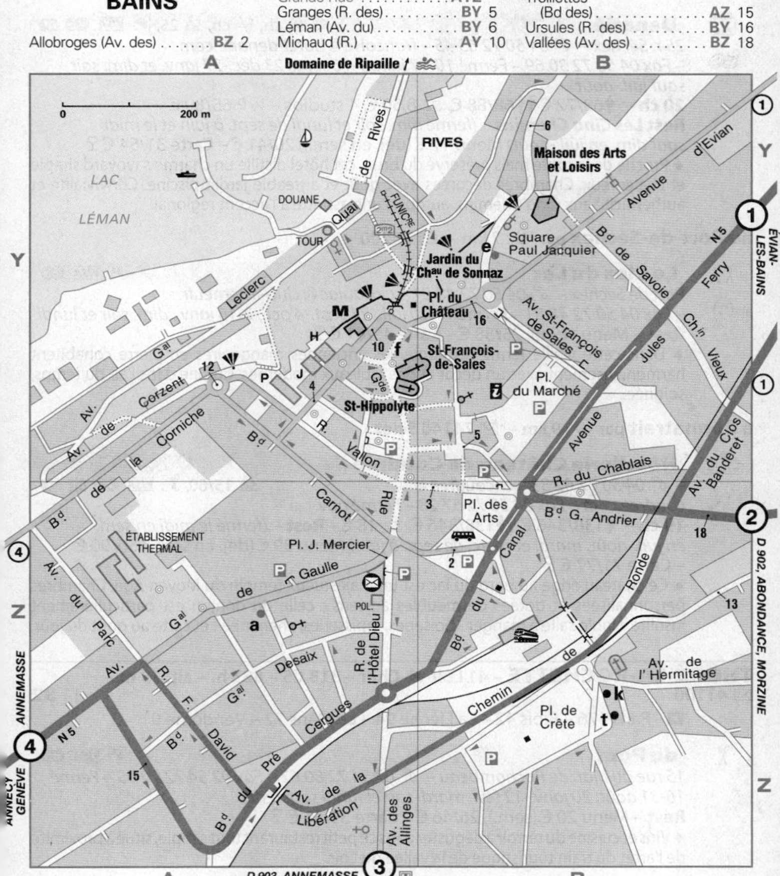

à Anthy-sur-Léman par ④ et D 33 : 6 km – 1 767 h. – alt. 400 m – ✉ 74200

L'Auberge d'Anthy

2 r. des Ecoles – ☎ 04 50 70 35 00 – info@auberge-anthy.com – Fax 04 50 70 40 90 – Fermé 12-27 mars et 1er-9 oct.

16 ch – †48/61 € ††59/71 €, ☕ 7,50 € – ½ P 57/63 €

– **Rest** – *(fermé dim. soir, mardi midi et lundi)* Menu 16 € (déj. en sem.), 25/44 € – Carte 30/48 € 🍷

◆ "Ici, on mange, on boit, et on dort" ! Telle est la devise de cette auberge de village refusant tout superflu : petites chambres sobres, bistrot campagnard et cuisine du terroir.

Le Lemanthy

r. des Pêcheurs – ☎ 04 50 70 61 50 – sarl.le.lemanthy@cegetel.net – Fax 04 50 70 62 50 – Fermé dim. soir et lundi

Rest – Menu 27/48 € – Carte 32/53 € 🍷

◆ Plus que le décor, ce qui importe ici tient dans l'assiette : la carte, soignée et volontairement réduite, privilégie les poissons du lac. Lieu non-fumeurs et belle terrasse ombragée.

aux Cinq Chemins par ④ : 7 km – ✉ 74200 Margencel

Denarié ch, ch, 25, VISA AE

25 r. Séchex – ☎ 04 50 72 63 45 – francoise@hotel-denarie.com – Fax 04 50 72 30 69 – Fermé 10-17 juin, 9-16 sept., 23 déc.-27 janv. et dim. soir sauf juil.-août

20 ch – 68/72 € 68/88 €, 8,50 €, 4 studios – ½ P 65/80 €

Rest *Les Cinq Chemins* – *(fermé dim. soir et lundi de sept. à juin et le midi sauf dim. en juil.-août)* Menu 17 € (déj. en sem.), 20/41 € – Carte 31/54 €

◆ Proche de la route mais préservé du bruit, cet hôtel distille un charme savoyard simple et chaleureux. Chambres décorées avec goût et agréable jardin-piscine. Convivialité et authenticité aux Cinq Chemins, autour d'une assiette à l'accent régional.

au Port-de-Séchex par ④ : 7 km – ✉ 74200

Le Clos du Lac VISA

Port de Séchex – ☎ 04 50 72 48 81 – closdulac@club-internet.fr – Fax 04 50 72 48 81 – Fermé 1er-10 juil., 24 sept.-4 oct., 2-16 janv., dim. soir et lundi

Rest – Menu (19 €), 25/58 € – Carte 45/61 €

◆ Dans cette vieille ferme restaurée, les anciennes mangeoires en pierre cohabitent harmonieusement avec un décor et des tableaux modernes. Cuisine dans l'air du temps, soignée.

à Bonnatrait par ④ : 9 km – ✉ 74140 Sciez

Hôtellerie Château de Coudrée 15/60, VISA AE

– ☎ 04 50 72 62 33 – chcoudree@coudree.com – Fax 04 50 72 57 28 – Fermé nov.

19 ch – 138/346 € 138/346 €, 18 € – **Rest** – *(fermé le midi en sem. en juil.-août, mardi et merc. de sept. à juin)* Menu 39 € (déj. en sem.), 56/90 € – Carte 71/77 €

◆ Ce château érigé au bord du lac est un majestueux témoin du Moyen Âge. Chambres personnalisées et dotées de meubles anciens ; celle du donjon est particulièrement insolite. Noble salle à manger - boiseries, tapisseries, cheminée - et carte au goût du jour.

THORÉ-LA-ROCHETTE – 41 Loir-et-Cher – 318 C5 – 883 h. – alt. 75 m – ✉ 41100 — 11 B2

Paris 176 – Blois 42 – La Flèche 94 – Le Mans 72 – Vendôme 9

du Pont VISA

15 rue du Mar. de Rochambeau – ☎ 02 54 72 80 62 – Fax 02 54 72 70 95 – Fermé 16-31 août, 20 janv.-12 fév., mardi soir et lundi sauf fériés

Rest – Menu 20 € (sem.), 26/46 € – Carte 33/51 €

◆ Vins et cuisine du terroir à déguster dans ce petit restaurant tout simple, situé à proximité de l'arrêt du train touristique de la vallée du Loir.

THORENC – 06 Alpes-Maritimes – 341 B5 – alt. 1 250 m – ✉ 06750 Andon — 41 C2

Paris 832 – Castellane 35 – Draguignan 64 – Grasse 40 – Nice 58 – Vence 41

Col de Bleine ≤★★ N : 4 km, Alpes du Sud.

Auberge Les Merisiers avec ch VISA AE

24 av. Belvédère – ☎ 04 93 60 00 23 – info@aubergelesmerisiers.com – Fax 04 93 60 02 17 – Fermé 12 mars-6 avril, lundi soir et mardi sauf vacances scolaires

12 ch – 45 € 45 €, 10 € – ½ P 48 € – **Rest** – Menu 25/32 € – Carte 30/44 €

◆ Pratique pour l'étape dans la montée du col de Bleine, auberge montagnarde proposant des plats régionaux servis dans un cadre simple et rustique. Petites chambres bien tenues.

LE THORONET – 83 Var – 340 M5 – 1 533 h. – alt. 120 m – ✉ 83340 — 41 C3

Paris 831 – Brignoles 24 – Draguignan 21 – St-Raphaël 51 – Toulon 62

Office de tourisme, boulevard du 17 août ☎ 04 94 60 10 94

Abbaye du Thoronet★★ O : 4,5 km, Côte d'Azur.

Hostellerie de l'Abbaye – ch, ch, rest, 25/60, VISA
chemin du Château – ✆ 04 94 73 88 81 – info@hotelthoronet.fr – Fax 04 94 73 89 24 – Fermé 17 déc.-4 fév.
23 ch – 53/69 € 53/69 €, 8 € – ½ P 52/62 € – **Rest** – *(fermé dim. soir et lundi de nov. à mars)* Menu 21 € (sem.)/39 € – Carte 33/52 €
◆ Près de la doyenne des abbayes cisterciennes de Provence, construction récente ordonnée autour d'une piscine. Chambres pratiques. Restaurant aux couleurs ensoleillées et terrasse couverte. Carte des vins valorisant les crus locaux.

THOUARCÉ – 49 Maine-et-Loire – 317 G5 – 1 682 h. – alt. 35 m – 49380 35 C2

Paris 318 – Angers 29 – Cholet 43 – Saumur 38

Syndicat d'initiative, Mairie ✆ 02 41 54 14 36, Fax 02 41 54 09 11

Château★★ de Brissac-Quincé, NE : 12 km, **Châteaux de la Loire.**

Le Relais de Bonnezeaux VISA
rte Angers : 1 km – ✆ 02 41 54 08 33 – relais.bonnezeaux@wanadoo.fr – Fax 02 41 54 00 63 – Fermé 30 déc.-16 janv., mardi soir, dim. soir et lundi
Rest – Menu (19 €), 25 € (sem.)/54 € bc – Carte 27/47 €
◆ Sur la route des Vins, restaurant aménagé dans une ex-gare de campagne. Les tables de la véranda profitent de la vue sur les vignes. Cuisine traditionnelle et crus locaux.

THOUARS – 79 Deux-Sèvres – 322 E3 – 10 656 h. – alt. 102 m – 79100

Poitou Vendée Charentes 38 B1

Paris 336 – Angers 71 – Bressuire 31 – Châtellerault 72 – Cholet 56

Office de tourisme, 3 boulevard Pierre Curie ✆ 05 49 66 17 65

Façade★★ de l'église St-Médard★ - Site★ - Maisons anciennes★.

Hôtellerie St-Jean rest, VISA
25 rte Parthenay – ✆ 05 49 96 12 60 – hotellerie-st-jean@wanadoo.fr – Fax 05 49 96 34 02 – Fermé 1er-12 mars, 11-24 fév., lundi en juil.-août et dim. soir
18 ch – 40 € 40 €, 6 € – ½ P 40 € – **Rest** – Menu 16 € (sem.)/31 € – Carte 38/52 €
◆ Bâtisse des années 1970 offrant une vue sur la vieille ville. Cadre frais, tons jaune et orangé dans les chambres impeccablement tenues ; elles sont plus calmes sur l'arrière. Salle à manger à la fois simple et pimpante, où l'on sert une cuisine classique.

Du Relais sans rest VISA
Nord : 3 km par rte Saumur – ✆ 05 49 66 29 45 – Fax 05 49 66 29 33
15 ch – 36/38 € 36/55 €, 5 €
◆ Dans la zone industrielle, importante villa aux chambres accueillantes, réparties sur trois niveaux. À l'entresol, agréable véranda où l'on sert les petits-déjeuners.

THOURON – 87 Haute-Vienne – 325 E5 – 427 h. – alt. 374 m – 87140 24 B1

Paris 380 – Bellac 23 – Guéret 79 – Limoges 28

La Pomme de Pin rest, ch, VISA
étang de Tricherie, 2,5 km au Nord-Est par D 225 – ✆ 05 55 53 43 43 – Fax 05 55 53 35 33 – Fermé 5-27 sept., 20 janv.-10 fév., merc. midi, lundi et mardi
7 ch – 60/70 € 60/70 €, 7 € – **Rest** – Menu (17 € bc), 28/42 € – Carte 32/50 €
◆ Chambres confortables aménagées dans un ensemble en pierre qui abrita un moulin et une filature alimentés par la petite rivière traversant le jardin boisé. Salle rustique réchauffée par une cheminée où le patron grille ses viandes limousines au feu de bois.

THUEYTS – 07 Ardèche – 331 H5 – 1 004 h. – alt. 462 m – 07330

Lyon et la vallée du Rhône 44 A3

Paris 603 – Privas 48 – Le Puy-en-Velay 72

Office de tourisme, place du champs de mars ✆ 04 75 36 46 79, Fax 04 75 36 46 79

Coulée basaltique★.

Les Marronniers

– ✆ 04 75 36 40 16 – *hotel.lesmarronniers@club-internet.fr* – *Fax 04 75 36 48 02* – *Ouvert 15 mars-15 déc. et fermé dim. soir et lundi sauf de mai à sept.*

18 ch – 41/45 € 41/45 €, 7 € – ½ P 46/50 € – **Rest** – Menu 17 € (sem.), 24/33 € – Carte 31/41 €

◆ Depuis 1929, la même famille accueille le voyageur dans cet hôtel agrandi d'un bar faisant snack et glacier. La majorité des chambres bénéficie d'un décor rajeuni. Salle à manger simple, séduisante terrasse ombragée et généreuse cuisine traditionnelle.

Les Platanes 10,

av. du Val-d'Ardèche – ✆ *04 75 93 78 66* – *h.r.lesplatanes@wanadoo.fr* – *Fax 04 75 36 41 67* – *Ouvert 1er mars-7 nov. et fermé dim. soir et lundi sauf saison et vacances scolaires*

25 ch – 36/43 € 39/46 €, 7 € – ½ P 43/48 € – **Rest** – Menu 16/32 € – Carte 21/41 €

◆ Cette auberge toute simple, tenue par la même famille depuis cinq générations, dispose de chambres sobrement aménagées, parfois dotées de balcons. Plats du terroir servis dans la paisible salle à manger redécorée avec soin.

THUIR – 66 Pyrénées-Orientales – 346 H7 – 7 257 h. – alt. 99 m – ✉ 66300

Languedoc Roussillon 22 **B3**

Paris 897 – Figueres 56 – Montpellier 168 – Perpignan 16

Syndicat d'initiative, 9 rue Graffan ✆ 04 68 53 45 86

Casa del Arte

rte d'Ille-sur-Têt – ✆ *04 68 53 44 78* – *casadelarte@wanadoo.fr* – *Fax 04 68 53 44 78*

6 ch – 70/75 € 75/90 € – **Rest** – table d'hôte *(dîner seult) (résidents seult)* Menu 25 €

◆ Vieux mas (14e s.) ouvrant sur un jardin agrémenté de bambous, de palmiers et d'une piscine. Éléments décoratifs inattendus dans certaines chambres : mangeoires, céramiques...

THURY – 21 Côte-d'Or – 320 H7 – 297 h. – alt. 382 m – ✉ 21340 8 C2

Paris 303 – Beaune 33 – Autun 25 – Avallon 80 – Dijon 71

Manoir Bonpassage

Sud : 1 km par D 36 et rte secondaire – ✆ *03 80 20 26 16* – *bonpassage@wanadoo.fr* – *Fax 03 80 20 26 17* – *Ouvert 1er avril-31 oct.*

9 ch – 58/79 € 58/79 €, 8 € – **Rest** – *(dîner seult) (résidents seult)* Menu 23 €

◆ Ancien corps de ferme doté de chambres sobres, en partie tournées vers la campagne (une plus récente et confortable). Piscine d'été, grand calme et ambiance "maison d'hôte".

THURY-HARCOURT – 14 Calvados – 303 J6 – 1 825 h. – alt. 45 m – ✉ 14220

Normandie Cotentin 32 **B2**

Paris 257 – Caen 28 – Condé-sur-Noireau 20 – Falaise 27 – Flers 32 – St-Lô 68 – Vire 41

Office de tourisme, 2 place Saint-Sauveur ✆ 02 31 79 70 45, Fax 02 31 79 15 42

Parc et jardins du château★ - Boucle du Hom★ NO : 3 km.

Le Relais de la Poste avec ch

rte Caen – ✆ *02 31 79 72 12* – *relaisdelaposte@ohotellerie.com* – *Fax 02 31 39 53 55* – *Fermé mars, sam. midi d'oct. à mai et vend. sauf le soir de juin à sept.*

10 ch – 56/130 € 56/130 €, 10 € – ½ P 60 € – **Rest** – Menu 15 € (déj. en sem.), 26/45 € – Carte 38/58 €

◆ Ancien relais de poste agrémenté d'une cour et d'un jardin fleuris dès les premiers beaux jours. Cuisine traditionnelle, belle carte des vins et petites chambres rénovées.

TIERCÉ – 49 Maine-et-Loire – 317 G3 – 3 605 h. – alt. 30 m – ✉ 49125 35 C2

Paris 278 – Angers 22 – Château-Gontier 34 – La Flèche 34

Syndicat d'initiative, ✆ 02 41 34 14 40

La Table d'Anjou
16 r. Anjou – ✆ 02 41 42 14 42 – latabledanjou@club-internet.fr – Fax 02 41 42 64 80 – Fermé 16 juil.-10 août, 2-10 janv., mardi soir hors saison, merc. soir, dim. soir et lundi
Rest – Menu 18 € (déj. en sem.), 24/62 € – Carte 40/72 €
◆ Au centre du village, chaleureux restaurant composé de deux lumineuses salles à manger néo-rustiques et d'une petite terrasse fleurie dressée sur l'arrière. Accueil aimable.

TIFFAUGES – 85 Vendée – 316 J5 – 1 328 h. – alt. 77 m – ✉ 85130
Poitou Vendée Charentes 34 **B3**

Paris 374 – Angers 85 – Cholet 20 – Clisson 19 – La Roche-sur-Yon 56 – Nantes 53

Manoir de la Barbacane sans rest 15, VISA
pl. Église – ✆ 02 51 65 75 59 – manoir@hotel-barbacane.com – Fax 02 51 65 71 91
16 ch – 60/90 € 63/95 €, 10 € – 3 suites
◆ À côté du château de Barbe-Bleue, demeure bourgeoise du 19e s. Préférez les chambres de l'étage, plus spacieuses, ou les nouvelles, de style contemporain. Joli jardin d'hiver.

TIGNES – 73 Savoie – 333 O5 – 2 220 h. – alt. 2 100 m – Sports d'hiver : 1 550/3 450 m 4 44 – ✉ 73320 Alpes du Nord
45 **D2**

Paris 665 – Albertville 85 – Bourg-St-Maurice 31 – Chambéry 134 – Val-d'Isère 14

Office de tourisme, ✆ 04 79 40 04 40, Fax 04 79 40 03 15

du Lac de Tignes Le Val Claret, S : 2 km, ✆ 04 79 06 37 42.

Site★★ - Barrage★★ NE : 5 km - Panorama de la Grande Motte★★ SO.

Les Suites du Montana ch, 120, VISA
Les Almes – ✆ 04 79 40 01 44 – contact@vmontana.com – Fax 04 79 40 04 03 – Ouvert mi-déc.-fin avril
1 ch – 150/190 € 150/190 € – 9 suites – 301/482 €, 18 duplex – ½ P 190/258 € – **Rest** – *(dîner seult)* Menu 47/59 €
◆ Un "hameau" de chalets abritant de grandes suites raffinées. De style savoyard, autrichien ou provençal, elles sont dotées de saunas privatifs et de balcons orientés au Sud. On tourne la broche sous vos yeux dans la rôtisserie "tout bois" ouverte sur les pistes.

Les Campanules rest, rest, VISA
– ✆ 04 79 06 34 36 – campanules@wanadoo.fr – Fax 04 79 06 35 78 – Ouvert 10 juil.-27 août et 10 nov.-3 mai
31 ch – 120/220 € 120/220 €, 18 €, 10 duplex – ½ P 105/155 € – **Rest** – Menu 27 € (déj.), 38/49 € – Carte 50/62 €
◆ Au cœur de la station, joli chalet aux chambres spacieuses et douillettes, en duplex au dernier étage. Fitness panoramique. La fresque qui orne les murs du restaurant évoque le vieux village, englouti après la mise en eau du barrage de Tignes en 1952.

Village Montana rest, 50, VISA
Les Almes – ✆ 04 79 40 01 44 – contact@vmontana.com – Fax 04 79 40 04 03 – Fermé début mai à fin juin et début sept. à début nov.
78 ch – 103/198 € 156/296 €, 12 € – 4 suites – ½ P 95/165 €
Rest – Menu 25 € – Carte 19/34 €
Rest ***La Chaumière*** – *(fermé début mai à début déc.)* Menu 19 € (déj.)/35 € – Carte 19/34 €
◆ Ces splendides chalets conjuguent tradition, confort actuel et calme dans de spacieuses chambres familiales tournées vers le domaine skiable. Le décor montagnard, la terrasse panoramique et les spécialités régionales : la Chaumière met la Savoie a l'honneur !

Le Lévanna VISA
– ✆ 04 79 06 32 94 – info@levanna.com – Fax 04 79 06 33 18 – Ouvert 11 oct.-4 mai
40 ch – 90/190 € 174/324 €, 15 € – ½ P 87/162 € – **Rest** – Menu 32 € (sem.)/108 € – Carte 27/53 €
◆ Ce grand chalet neuf situé au cœur de la station possède des chambres agrémentées de boiseries et de balcons avec vue. Jacuzzi, sauna, hammam. Pause repas dans la salle à manger montagnarde ou sur la terrasse permettant d'observer à loisir le ballet des skieurs.

Le Refuge sans rest
– ✆ *04 79 06 36 64 – info@hotel-refuge-tignes.com – Fax 04 79 06 33 78 – Ouvert 26 juin-8 sept. et 21 oct.-7 mai*
33 ch – 59/110 € 92/166 €
◆ À seulement 50 m des remontées mécaniques et face au lac, beau chalet rénové. Les balcons des chambres donnent plein Sud. Salon avec billard au dernier étage, espace forme, terrasse.

L'Arbina
– ✆ *04 79 06 34 78 – hotelarbina@aol.com – Fax 04 79 06 32 99*
– Ouvert 8 juil.-2 sept. et 20 oct.-4 mai
22 ch – 50/80 € 65/125 €, 10 € – ½ P 60/99 € –
Rest – *(ouvert 11 nov.-4 mai)* Menu (21 €), 26 € – Carte 34/62 €
◆ Au pied des pistes, hôtel familial disposant de chambres décorées dans le style montagnard contemporain. Terrasses tournées vers le glacier de la Grande Motte. Au 1er étage, restaurant dans la note provençale où l'on propose une carte traditionnelle.

Gentiana
– ✆ *04 79 06 52 46 – serge.revial@wanadoo.fr – Fax 04 79 06 35 61*
– Ouvert 1er juil.-26 août et 1er déc.-4 mai
40 ch – 72/88 € 110/166 €, 16 € – ½ P 74/116 € – **Rest** – *(dîner seult)*
Menu (24 €), 28/44 €
◆ Cet hôtel familial a bénéficié d'une cure de jouvence. Bois et tissus choisis dans les chambres parfois dotées de balcons. Salon-bar "cosy". Cuisine actuelle et plats savoyards servis dans un cadre associant lambris et tons chauds.

Le Paquis
Le Rosset – ✆ 04 79 06 37 33 – info@hotel-lepaquis.fr – Fax 04 79 06 36 59
– Ouvert 10 nov.-8 mai et 1er juil.-10 sept.
29 ch (½ P seult) – ½ P 65/98 € – **Rest** – *(ouvert 10 nov.-1er mai) (dîner seult)*
Menu (14 €), 24 € – Carte 36/48 €
◆ Sur les hauteurs de Tignes, robuste bâtisse des années 1960 proposant des chambres fonctionnelles, avec terrasses côté Sud. Dégustez la traditionnelle cuisine savoyarde dans la salle à manger dotée d'un cadre alpin, puis prenez le digestif au coin du feu.

La Ferme des 3 Capucines
Le Lavachet – ✆ 04 79 06 35 10 – Fax 04 79 06 35 10 – Ouvert déc.-début mai et juil.-août
Rest – *(prévenir)* Menu 24 € (déj. en sem.)/30 € – Carte 26/36 €
◆ Dans cette chaleureuse ferme-fromagerie savoyarde, cheminée, poutres et vieux objets font bonne escorte aux goûteuses spécialités régionales préparées avec les produits maison.

au Val Claret Sud-Ouest : 2 km – **alt. 2 100 m** – ✉ **73320 Tignes**

Le Ski d'Or
– ✆ *04 79 06 51 60 – pbg@hotel-skidor.com – Fax 04 79 06 45 49*
– Ouvert 1er déc.-2 mai
27 ch – 120/230 € 180/350 €, 15 € – ½ P 120/210 € – **Rest** – *(dîner seult)*
Menu 39/50 € – Carte 41/57 €
◆ Immeuble des années 1960 proche du funiculaire. Confortables chambres contemporaines refaites à neuf, ménageant de belles perspectives sur le domaine skiable. Recettes actuelles raffinées et plaisante salle à manger ouverte sur les cuisines.

TILQUES – **62 Pas-de-Calais** – **301** G3 – **rattaché à St-Omer**

LES TINES – **74 Haute-Savoie** – **328** O5 – **rattaché à Chamonix-Mont-Blanc**

TONNEINS – **47 Lot-et-Garonne** – **336** D3 – **9 041 h.** – **alt. 26 m** – ✉ **47400** 4 **C2**

Paris 683 – Agen 44 – Nérac 38 – Villeneuve-sur-Lot 37

Office de tourisme, 3 boulevard Charles-de-Gaulle ✆ 05 53 79 22 79, Fax 05 53 79 39 94

de Barthe à Tombebœuf Route de Villeneuve, NE : 20 km par D 120, ✆ 05 53 88 83 31.

Les Fleurs sans rest — 15, VISA MC

rte Marmande – ✆ 05 53 79 10 47 – hoteldesfleurs@wanadoo.fr – Fax 05 53 79 46 37 – Fermé 23-31 déc., 25 fév.-4 mars

26 ch – †32/50 € ††34/57 €, ☐ 7 €

◆ Sur l'axe principal de la ville, établissement abritant des chambres assez petites mais pratiques, colorées, bien aménagées, isolées de la rue et progressivement rénovées.

TONNERRE – 89 Yonne – 319 G4 – 5 979 h. – alt. 156 m – ✉ 89700

Bourgogne

7 **B1**

- Paris 199 – Auxerre 38 – Châtillon-sur-Seine 49 – Montbard 45 – Troyes 60
- Office de tourisme, place Marguerite de Bourgogne ✆ 03 86 55 14 48, Fax 03 86 54 41 82
- de Tanlay à Tanlay Parc du Château, par rte de Châtillon-s-Seine : 9 km, ✆ 03 86 75 72 92.
- Fosse Dionne★ - Intérieur★ de l'ancien hôpital : mise au tombeau★ - Château de Tanlay★★ 9 km par ①.

TONNERRE

Briand (R. Aristide)	2
Colin (R. Armand)	3
Fontenilles (R. des)	4
Fosse-Dionne (R. de la)	5
Gare (Pl. de la)	6
Garnier (R. Jean)	7
Hôpital (R. de l')	9
Hôtel-de-Ville (R. de l')	10
Marguerite-de-Bourgogne (Pl.)	12
Mitterrand (R. F.)	13
Pompidou (Av. G.)	14
Pont (R. du)	15
République (Pl. de la)	16
Roches (Ch. des)	17
Rougemont (R.)	18
St-Michel (R.)	19
St-Nicolas (R.)	20
St-Pierre (R.)	23
Tanneries (R. des)	25

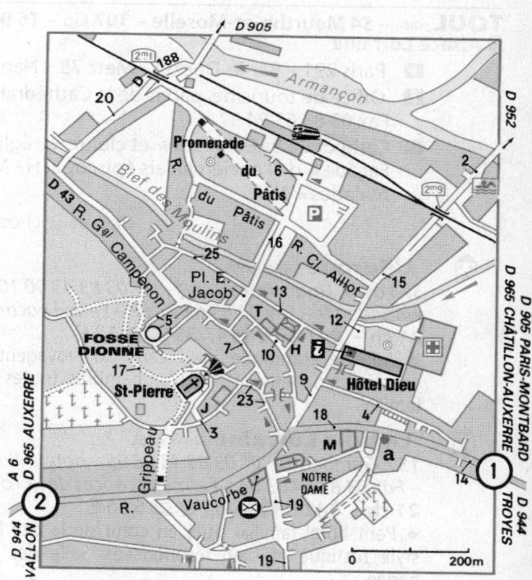

L'Auberge de Bourgogne — ch, rest, ch, 15/40, VISA MC AE

par ① et rte Dijon : 2 km – ✆ 03 86 54 41 41 – auberge.bourgogne@wanadoo.fr – Fax 03 86 54 48 28 – Fermé 17 déc.-7 janv.

39 ch – †52 € ††56 €, ☐ 10 € – ½ P 51 € – **Rest** – *(fermé sam. midi et dim. soir)* Menu 16/22 € – Carte 28/34 €

◆ Bâtiment moderne voisin des vignobles d'Épineuil. Chambres sobrement fonctionnelles ; celles situées sur l'arrière offrent une jolie vue sur la campagne. Le bœuf bourguignon figure en bonne place sur la carte du restaurant. Salle claire et spacieuse.

Le Saint Père — VISA MC

2 av. G. Pompidou – ✆ 03 86 55 12 84 – Fax 03 86 55 12 84 – Fermé 25 août-5 sept., 24 déc.-21 janv., mardi soir hors saison, dim. soir et merc. **a**

Rest – Menu 16/40 € – Carte 26/45 €

◆ Une belle collection de moulins à café trône dans la plaisante salle à manger rustique de ce restaurant qui propose une cuisine traditionnelle sous influence régionale.

TORCY – 71 Saône-et-Loire – 320 G9 – rattaché au Creusot

TORNAC – 30 Gard – 339 I4 – rattaché à Anduze

TÔTES – 76 Seine-Maritime – 304 G3 – 1 084 h. – alt. 150 m – ✉ 76890 33 D1

Paris 168 – Dieppe 34 – Fécamp 60 – Le Havre 80 – Rouen 37

Auberge du Cygne

5 r. G. de Maupassant – ✆ 02 35 32 92 03 – Fax 02 35 32 92 03 – Fermé dim. soir de nov. à mars

Rest – Menu 27/46 € – Carte 38/60 € ♀

◆ Ce relais de poste, fondé en 1611, abrite une très belle salle à manger typiquement campagnarde : vieilles poutres préservées, cheminée monumentale et collection de faïences.

TOUL – 54 Meurthe-et-Moselle – 307 G6 – 16 945 h. – alt. 209 m – ✉ 54200

Alsace Lorraine 26 B2

Paris 291 – Bar-le-Duc 62 – Metz 75 – Nancy 23 – St-Dizier 78 – Verdun 80

Office de tourisme, parvis de la Cathédrale ✆ 03 83 64 11 69, Fax 03 83 63 24 37

Cathédrale St-Étienne★★ et cloître★ - Église St-Gengoult : cloître★★ - Façade★ de l'ancien palais épiscopal H - Musée municipal★ : salle des malades★ M.

Plan page ci-contre

L'Europe sans rest

373 av. V. Hugo, (près gare) – ✆ 03 83 43 00 10 – hoteldeleurope.toul@wanadoo.fr – Fax 03 83 63 27 67 – Fermé vacances de Noël AY s

21 ch – 47/49 € 47/55 €, ☕ 12 €

◆ Adresse commode pour ceux qui voyagent par le train. Le rez-de-chaussée a conservé un petit air "rétro". Chambres toutes rénovées. Tenue sérieuse et accueil familial.

La Villa Lorraine sans rest

15 r. Gambetta – ✆ 03 83 43 08 95 – hotel.villalorraine@wanadoo.fr – Fax 03 83 64 63 64 – Fermé vacances de la Toussaint AZ a

21 ch – 42 € 45/53 €, ☕ 6,50 €

◆ Petit hôtel familial situé au cœur de la cité fortifiée. Chambres meublées dans le style rustique et bien insonorisées. Salle des petits-déjeuners agréablement aménagée.

à la Z. I. Croix de Metz 6 km par ① et rte Villey-St-Etienne – ✉ 54200 Toul

Le Dauphin (Vohmann)

rte de Villey St Etienne – ✆ 03 83 43 13 46 – christophe.vohmann@wanadoo.fr – Fax 03 83 43 81 31 – Fermé 30 juil.-21 août, merc. soir, dim. soir et lundi

Rest – Menu 30/59 € – Carte 44/75 € ♀

Spéc. Foie gras lorrain au pinot noir des Côtes de Toul. Agneau confit au miel et aux épices. Soufflé aux mirabelles séchées. **Vins** Côtes de Toul blanc et rouge.

◆ Maison moderne abritant une salle confortable (boiseries, tableaux, tables espacées). Terrasse ouverte sur un plaisant jardin. Cuisine personnalisée et vins du Toulois.

à Lucey 5 km par ⑤ et D 908 – 579 h. – alt. 260 m – ✉ 54200

Auberge du Pressoir

– ✆ 03 83 63 81 91 – Fax 03 83 63 81 38 – Fermé 15 août-3 sept., 21 déc.-2 janv., 18-24 fév., dim. soir, merc. soir et lundi

Rest – Menu 13 € (sem.)/29 € – Carte 27/46 € ♀

◆ L'ancienne gare du village abrite une salle de restaurant au sobre cadre rénové. Quelques objets paysans décorent les murs. Terrasse bien ensoleillée.

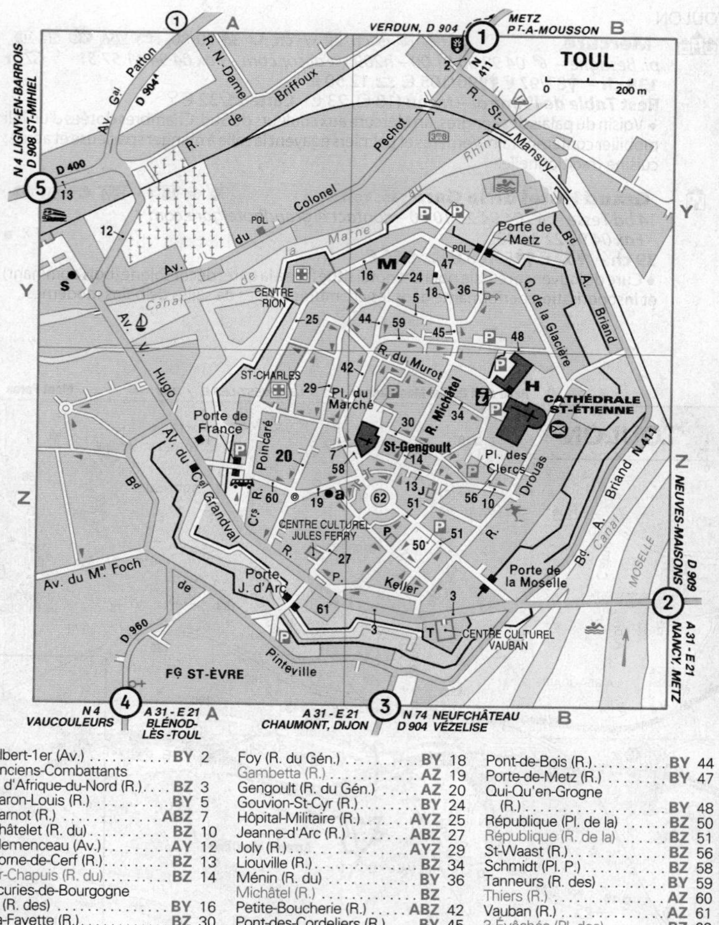

Albert-1er (Av.) . . . . **BY** 2	Foy (R. du Gén.) . . . . **BY** 18	Pont-de-Bois (R.) . . . . **BY** 44
Anciens-Combattants d'Afrique-du-Nord (R.) . . . . **BZ** 3	Gambetta (R.) . . . . **AZ** 19	Porte-de-Metz (R.) . . . . **BY** 47
Baron-Louis (R.) . . . . **BY** 5	Gengoult (R. du Gén.) . . . . . **AZ** 20	Qui-Qu'en-Grogne (R.) . . . . **BY** 48
Carnot (R.) . . . . **ABZ** 7	Gouvion-St-Cyr (R.) . . . . **BY** 24	République (Pl. de la) . . . . . . **BZ** 50
Châtelet (R. du) . . . . **BZ** 10	Hôpital-Militaire (R.) . . . . . . **AYZ** 25	République (R. de la) . . . . . . **BZ** 51
Clemenceau (Av.) . . . . **AY** 12	Jeanne-d'Arc (R.) . . . . **ABZ** 27	St-Waast (R.) . . . . **BZ** 56
Corne-de-Cerf (R.) . . . . **BZ** 13	Joly (R.) . . . . **AYZ** 29	Schmidt (Pl. P.) . . . . **BZ** 58
Dr-Chapuis (R. du) . . . . **BZ** 14	Liouville (R.) . . . . **BZ** 34	Tanneurs (R. des) . . . . **BY** 59
Écuries-de-Bourgogne (R. des) . . . . **BY** 16	Ménin (R. du) . . . . **BY** 36	Thiers (R.) . . . . **AZ** 60
La-Fayette (R.) . . . . **BZ** 30	Michâtel (R.) . . . . **BZ**	Vauban (R.) . . . . **AZ** 61
	Petite-Boucherie (R.) . . . . . **ABZ** 42	3-Évêchés (Pl. des) . . . . **BZ** 62
	Pont-des-Cordeliers (R.) . . . . **BY** 45	

TOULON 🅿 – **83 Var** – **340** K7 – **160 639 h.** – **Agglo. 519 640 h.** – **alt. 10 m** –
✉ **83000** Côte d'Azur

41 **C3**

- Paris 835 – Aix-en-Provence 86 – Marseille 66
- de Toulon-Hyères : ✆ 0 825 01 83 87, par ① : 21 km.
- ✆ 3635 (0,34 €/mn)
- pour la Corse : SNCM (avr.-oct.) 49 av. Infanterie de Marine ✆ 3260 dites "SNCM" (0,15 €/mn).
- Office de tourisme, place Raimu ✆ 04 94 18 53 00, Fax 04 94 18 53 09
- 18 de Valgarde à La Garde Chemin de Rabasson, E : 10 km par D 29, ✆ 04 94 14 01 05.
- Rade★★ - Port★ - Vieille ville★ GYZ : Atlantes★ de la mairie d'honneur **F**, Musée de la marine★ - Porte★ de la Corderie.
- Corniche du Mont Facon ⋞★ du téléphérique - Musée-mémorial du Débarquement en Provence★ et ⋞★★★ au Nord.

Mercure ch, ch, 20/80, VISA AE
pl. Besagne – ✆ 04 98 00 81 00 – h2095@accor.com – Fax 04 94 41 57 51 GZ **r**
139 ch – 🛉82/97 € 🛉🛉90/105 €, ☕ 12,50 €
Rest ***Table de l'Amiral*** – Menu (18 €), 23 € – Carte 25/32 € 🍷
◆ Voisin du palais des congrès, un Mercure aux couleurs du Sud. Chambres dotées d'un joli mobilier contemporain. Verrières et palmiers égayent la salle à manger spacieuse et aérée ; cuisine traditionnelle.

Grand Hôtel de la Gare sans rest VISA AE
14 bd Tessé – ✆ 04 94 24 10 00 – contact@grandhotelgare.com
– Fax 04 94 22 34 82 FX **a**
39 ch – 🛉52 € 🛉🛉59/68 €, ☕ 8,50 €
◆ Cure de jouvence réussie pour cet hôtel situé face à la gare : décor soigné (bois dominant) et insonorisation performante dans les chambres dotées de salles de bains modernes.

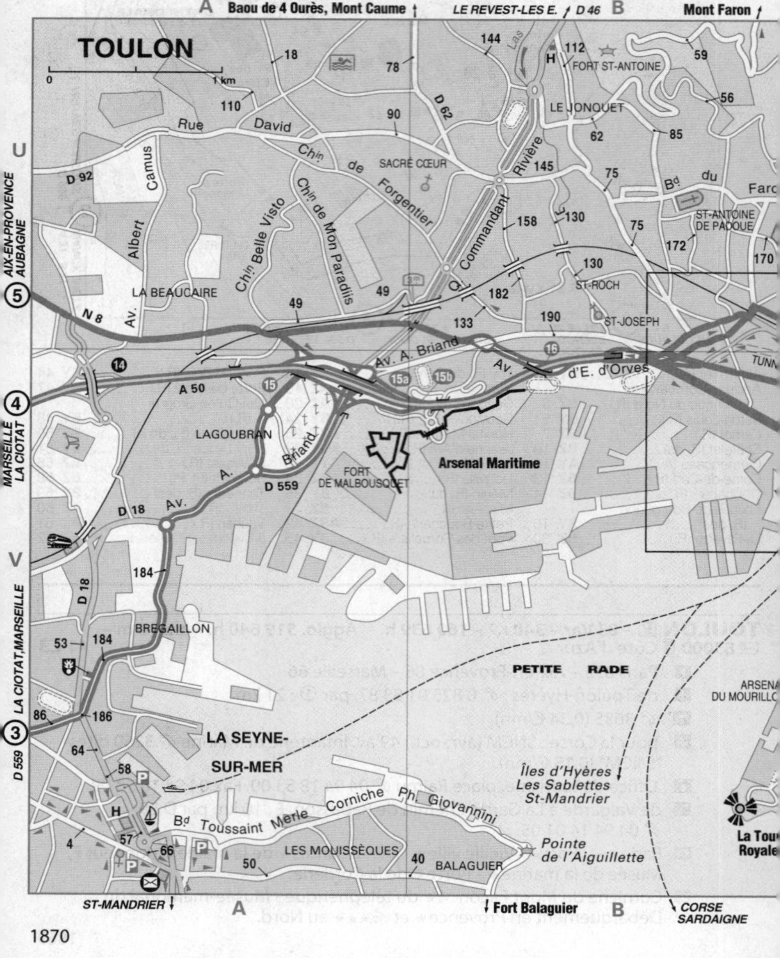

Dauphiné sans rest

10 r. Berthelot – ✆ 04 94 92 20 28 – contact@grandhoteldauphine.com – Fax 04 94 62 16 69 GY **s**

55 ch – 🚹49/54 € 🚹🚹60/64 €, ☕ 8,50 €

◆ Établissement pratique pour partir à la découverte des ruelles enchevêtrées de la vieille ville. Les chambres, bien tenues, sont progressivement rénovées.

Bonaparte sans rest

16 r. Anatole-France – ✆ 04 94 93 07 51 – reservation@hotel-bonaparte.com – Fax 04 94 93 24 55 FY **f**

29 ch – 🚹45/50 € 🚹🚹50/55 €, ☕ 7 € – 3 suites

◆ Cet immeuble du centre-ville arbore un chaleureux décor provençal. Les chambres sont plus calmes et fraîches (appréciable en été) sur l'arrière. Petit-déjeuner façon table d'hôte.

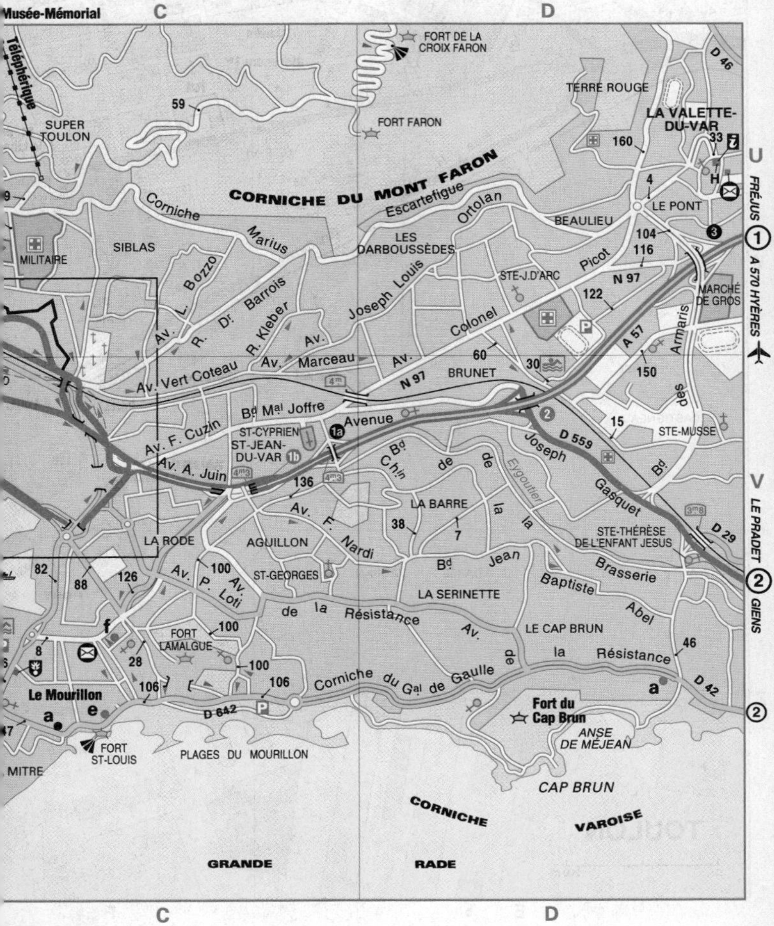

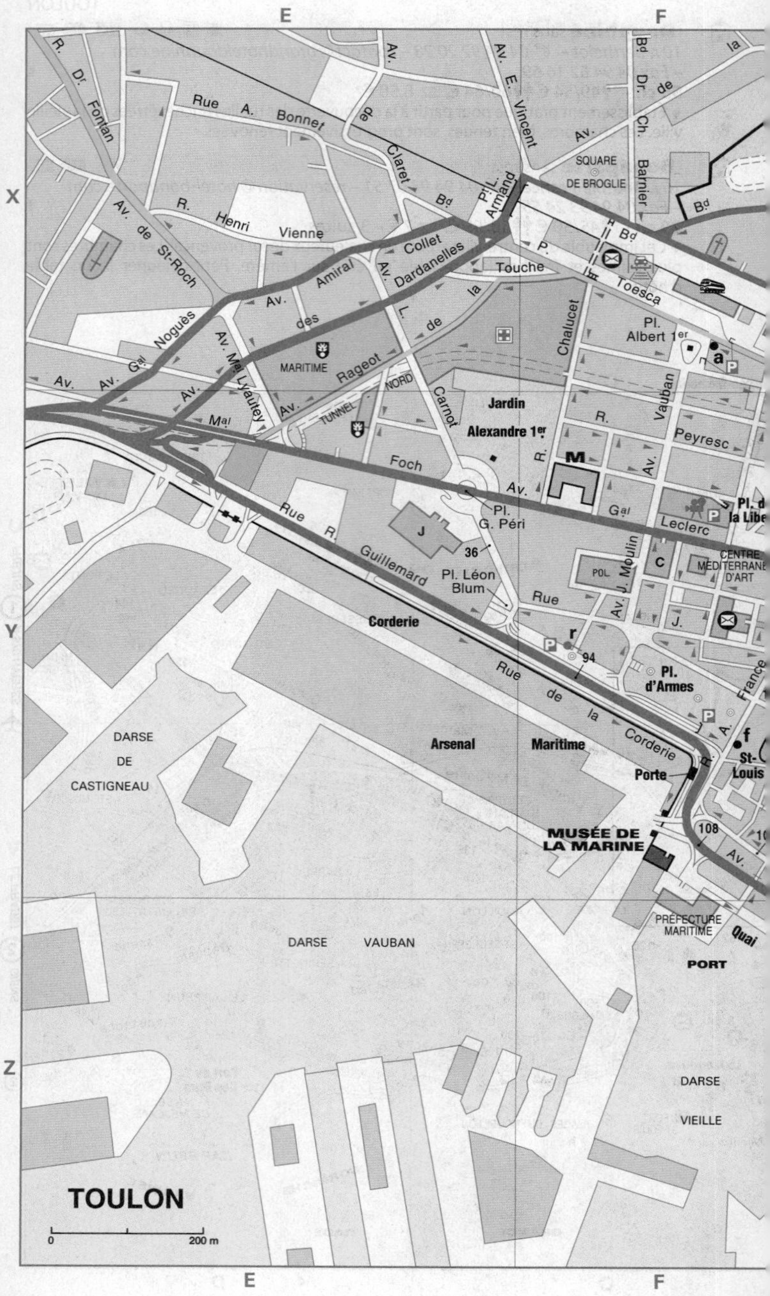
E
F
X
Y
Z
R. Dr. Fontan
Rue A. Bonnet
Av. de Claret
Av. E. Vincent
Bd Dr. Ch. Barnier
Av. de la
SQUARE DE BROGLIE
R. Henri Vienne
Av. de St-Roch
Bd Collet
Pl. L. Armand
Bd
Av. Amiral
Av. L. Dardanelles
Touche
P.
Bd Toesca
Av. des
Av. Gal Noguès
Av. Mal Lyautey
MARITIME
Av. de la Rageot
Chalucet
Pl. Albert 1er
a
P
Av.
Av. Mal
TUNNEL NORD
Carnot
Jardin
Alexandre 1er
R.
M
R. Peyresc
Vauban
Av. Foch
Av. Gal Leclerc
Pl. de la Libe
Rue R. Guillemard
J
Pl. G. Péri
36
Pl. Léon Blum
POL
Av. J. Moulin
C
CENTRE MEDITERRANE D'ART
Rue J.
Corderie
r
94
Pl. d'Armes
France
Rue de la Corderie
DARSE DE CASTIGNEAU
Arsenal Maritime
R. A.
f
St-Louis
Porte
MUSÉE DE LA MARINE
108
Av.
PRÉFECTURE MARITIME
Quai
PORT
DARSE VAUBAN
DARSE VIEILLE
TOULON
0
200 m

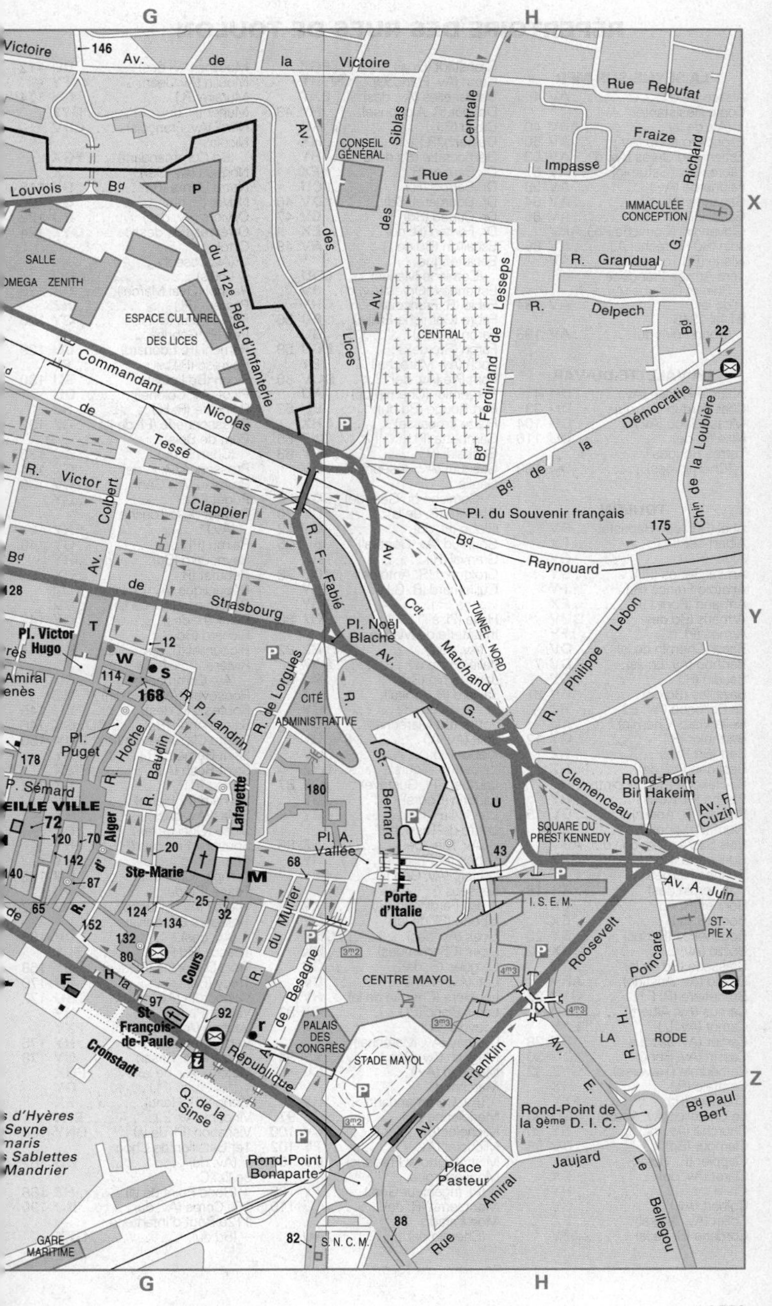

G
H
Victoire
146
Av. de la Victoire
Rue Rebufat
Fraize
Impasse
Richard
CONSEIL GÉNÉRAL
Siblas
Centrale
Rue
IMMACULÉE CONCEPTION
X
Louvois
Bd
P
du 112e Régt. d'Infanterie
SALLE OMEGA ZENITH
ESPACE CULTUREL DES LICES
Av. des Lices
CENTRAL
Bd Ferdinand de Lesseps
R. Grandual
G.
R. Delpech
Bd
22
Commandant Nicolas
Bd de la Démocratie
Chin de la Loubière
de Tessé
R. Victor Clappier
Colbert
Pl. du Souvenir français
175
Bd Raynouard
Av.
Bd
128
de Strasbourg
R. F. Fabié
Av. Cdt Marchand
TUNNEL - NORD
Y
T
Pl. Victor Hugo
12
W
S
114
168
Amiral
Pl. Noël Blache
Av. G. Clemenceau
R. Philippe Lebon
R. de Lorgues
R. P. Landrin
CITÉ ADMINISTRATIVE
R. St-Bernard
Pl. Puget
R. Hoche
R. Baudin
178
P. Sémard
EILLE VILLE
72
120
70
142
140
87
R. d'Alger
Lafayette
180
U
Rond-Point Bir Hakeim
Av. F. Cuzin
SQUARE DU PRÉST KENNEDY
20
Ste-Marie
M
68
Pl. A. Vallée
Porte d'Italie
43
Av. A. Juin
I. S. E. M.
65
124
25
32
134
152
132
80
du Murier
Cours
R.
Roosevelt
ST-PIE X
Poincaré
CENTRE MAYOL
H. la
97
St-François-de-Paule
92
r
Cronstadt
République
Av. de Besagne
PALAIS DES CONGRÈS
STADE MAYOL
Av. Franklin
LA RODE
R. H.
Av. E.
Z
Q. de la Sinse
s d'Hyères
Seyne
maris
Sablettes
Mandrier
Rond-Point de la 9ème D. I. C.
Bd Paul Bert
Rond-Point Bonaparte
Place Pasteur
Rue Amiral Jaujard
Le Bellegou
88
82
S. N. C. M.
GARE MARITIME

RÉPERTOIRE DES RUES DE TOULON

LA SEYNE-SUR-MER

Alsace (R. d') . . . . **AV** 4
Corse Résistante (Av. de la) . . . . **ABV** 40
Esprit Armando (Av.) . . . . . **AV** 50
Estienne-d'Orves (Av. d') . . **AV** 53
Fabre (Quai Saturnin) . . . . . **AV** 57
Faidherbe (Av.) . . . . **AV** 58
Gagarine (Av. Y.) . . . . **AV** 64
Garibaldi (Av.) . . . . **AV** 66
Giovannini (Corniche Ph.) **ABV**
Juin (Bd Maréchal A.) . . . . . **AV** 86
Merle (Bd Toussaint) . . . . . **AV**
1ère Armée Française Rhin et Danube (Av. de la) . . . . **AV** 184
8 Mai 1945 (Rond Point du) . . . . **AV** 186

LA VALETTE-DU-VAR

Anatole-France (Av.) . . . . . . **DU** 4
Char Verdun (Av. du) . . . . . **DU** 33
Mirasouleou (Av.) . . . . **DU** 104
Nice (R. de) . . . . **DU** 116
Terres Rouges (Chemin des) . . . . **DU** 160

TOULON

Abel (Bd Jean-Baptiste) . . . **DV**
Albert-1er (Pl.) . . . . **FX**
Alger (R. d') . . . . **GY**
Amiral Senès (Pl.) . . . . **GY**
Anatole-France (R.) . . . . **FY**
Armand (Pont L.) . . . . **EX**
Armaris (Bd des) . . . . **DUV**
Armes (Pl. d') . . . . **FY**
Barre (Chemin de la) . . . . . **DV**
Barthou (Av. Louis) . . . . **DV** 7
Baudin (R.) . . . . **GY**
Bazeilles (Bd de) . . . . **CV** 8
Le Bellegou (Av. E.) . . . . . . **HZ**
Belle Visto (Chemin) . . . . . **AU**
Berthelot (R.) . . . . **GY** 12
Bert (Bd Paul) . . . . **HZ**
Besagne (Av. de) . . . . **GZ**
Bir-Hakeim (Rond-Point) . . . **HY**
Blache (Pl. Noël) . . . . **HY**
Blondel (R. André) . . . . **DV** 15
Blum (R. Léon) . . . . **EY**
Bois Sacré (Corniche du) **ABV**
Bonaparte (Rond-Point) . . **GHZ**
Bonnes Herbes (Chemin des) . . . . **AU** 18
Bonnet (R. A.) . . . . **EX**
Bony (R. A.) . . . . **EX**
Boucheries (R. des) . . . . . . **GY** 20
Bozzo (Av. L.) . . . . **HX** 22
Brasserie (Bd de la) . . . . . . **DV**
Briand (Av. Aristide) . . . . . **ABV**
Brunetière (R. F.) . . . . **GYZ** 25
Camus (Av. Albert) . . . . **AU**
Carnot (Av. L.) . . . . **EXY**
Cartier (Av. Jacques) . . . . . **CV** 28
Cassin (Av. René) . . . . **DU** 30
Cathédrale (Traverse) . . . . **GYZ** 32
Centrale (R.) . . . . **HX**
Chalucet (R.) . . . . **FXY**
Le Chatelier (Av. André) . **ABU** 90
Churchill (Av. W.) . . . . **EY** 36
Clamour (Bd) . . . . **DV** 38
Clappier (R. Victor) . . . . **GY**
Claret (Av. de) . . . . **EX**
Clemenceau (Av. G.) . . . . . . **HY**
Colbert (Av.) . . . . **GY**
Collet (Av. Amiral) . . . . **EX**
Corderie (R. de la) . . . . **EFY**
Cronstadt (Quai) . . . . **FGZ**
Cuzin (Av. François) . . . **CV, HY**
Dardanelles (Av. des) . . . . **EXY**
Daudet (R. Alphonse) . . . . . **HY** 43
David (R.) . . . . **AU**
Delpech (R.) . . . . **HX**
Démocratie (Bd de la) . . . . **HY**
Dr. Barnier (R.) . . . . **FX**
Dr. Barrois (R.) . . . . **CU**
Dr. Bourgarel (Bd) . . . . **DV** 46
Dr. Cunéo (Bd) . . . . **CV** 47
Dr. Fontan (R. du) . . . . **EX**
Escaillon (Bd de l') . . . . **AV** 49
Escartefigue (Corniche Marius) . . . . **CDU**
Estienne-d'Orves (Av. d') . . **BV**
Fabié (R. François) . . . . . . **GHY**
Fabre (Corniche Émile) . . . **BU** 56
Faron (Bd du) . . . . **BU**
Faron (Rte de) . . . . **BCU** 59
Foch (Av. Maréchal) . . . . **EY**
Font Pré (Av. de) . . . . **DUV** 60
Forgentier (Chemin de) . . . **AU**
Fort Rouge (Bd du) . . . . **BU** 62
Fraize (Impasse) . . . . **HX**
Gambetta (Pl.) . . . . **GYZ** 65
Garibaldi (R.) . . . . **GY** 68
Gasquet (Av. Joseph) . . . . . **DV**
Gaulle (Corniche du Gén.-de) . **CDV**
Glacière (R. de la) . . . . **GY** 70
Globe (Pl. du) . . . . **GY** 72
Gouraud (Av. Général) . . . . **BU** 75
Granval (R.) . . . . **HX**
Groignard (R. Antoine) . . **ABU** 78
Guillemard (R. G.) . . . . **EY**
Hoche (R.) . . . . **GY**
Huile (Pl. à l') . . . . **GZ** 80
Infanterie de Marine (Av. de l') . . . . **CV, GZ** 82
Italie (Porte d') . . . . **HYZ**
Jacquemin (Bd) . . . . **BU** 85
Jaujard (R. Amiral) . . . . **HZ**
Jean-Jaurès (R.) . . . . **FGY**
Joffre (Bd Maréchal) . . . . . **CV**
Juin (Av. A.) . . . . **CV, HY**
Kléber (R.) . . . . **CUV**
Lafayette (Cours) . . . . **GYZ**
Lambert (Pl. Gustave) . . . . **GY** 87
Landrin (Cours) . . . . **GY**
Landrin (R. P.) . . . . **GY**
Lattre-de-Tassigny (Av. Mar.-de) . . . . . . **CV, HZ** 88
Lebon (R. Philippe) . . . . **HY**
Leclerc (Av. Gén.) . . . . **EFY**
Lesseps (Bd Ferdinand de) . . . . **HXY**
Liberté (Pl. de la) . . . . **GY**
Lices (Av. des) . . . . **GHX**
Lices (Chemin des) . . . . . . **HX**
Lorgues (R. de) . . . . **GY**
Loti (Av. Pierre) . . . . **CV**
Loubière (Chemin de la) . . . **HY**
Louis-Blanc (Pl.) . . . . **GZ** 92
Louvois (Bd) . . . . **FGX**
Lyautey (Av. Maréchal) . . **EXY**
Magnan (Av. Gén.) . . . . **FY** 94
Marceau (Av.) . . . . **CV**
Marchand (Av. Commandant) . . . . . **HY**
Méridienne (R.) . . . . **GZ** 97
Michelet (Bd Jules) . . . . . . **CV** 100
Micholet (Av. V.) . . . . **FY** 102
Mistral (Littoral Frédéric) . . **CV** 106
Monsenergue (Pl. Ingénieur-Gén.) . . . . . **FY** 108
Montserrat (R. de) . . . . **AU** 110
Mon Paradis (Chemin de) . . . . **AU**
Moulins (Av. des) . . . . **BU** 112
Moulin (Av. Jean) . . . . **FY**
Muraire (R.) . . . . **GY** 114
Murier (R. du) . . . . **GYZ**
Nardi (Av. François) . . . . . **CDV**
Nicolas (Bd Commandant) . . . . **FGX**
Noguès (Av. Gén.) . . . . **EX**
Notre Dame (R.) . . . . **GY** 118
Noyer (R. du) . . . . **GY** 120
Oliviers (Av. des) . . . . **DU** 122
Orfèvres (Pl. des) . . . . . . **GYZ** 124
Ortolan (Av. Joseph-Louis) . . . . **CDU**
Pagnol (Quai Marcel) . . . . . **CV** 126
Pasteur (Pl.) . . . . **HZ**
Pastoureau (R. H.) . . . . **GY** 128
Péri (Pl. Gabriel) . . . . **EY**
Perrichi (R. Edouard) . . . . . **CU** 129
Peyresc (R.) . . . . **FY**
Picon (Bd Louis) . . . . **BU** 130
Picot (Av. Colonel) . . . . **DU**
Poincaré (R. H.) . . . . **HZ**
Poisssonnerie (Pl. de la) . . . **GZ** 132
Pont de Bois (Chemin du) . . . . **BU** 133
Pressencé (R. F. de) . . . . . . **GZ** 134
Pruneau (Av. Gén.) . . . . **CV** 136
Puget (Pl.) . . . . **GY**
Rageot-de-la-Touche (Av.) . . . . **EXY**
Raimu (Pl.) . . . . **GY** 140
Raynouard (Bd) . . . . **HY**
Rebufat (R.) . . . . **HX**
République (Av. de la) . . . **FGZ**
Résistance (Av. de la) . . . . . **DV**
Riaux (R. des) . . . . **GY** 142
Richard (Bd G.) . . . . **HX**
Rigoumel (R. de) . . . . **BU** 144
Rivière (Av. Commandant) . . . . . **BU**
Roosevelt (Av. Franklin) . . . **HZ**
Routes (Av. des) . . . . **BU** 145
Sainte-Anne (Bd) . . . . **CU, GX** 146
Sainte-Claire-Deville (R.) . **DUV** 150
Saint-Bernard (R.) . . . . **HY**
Saint-Roch (Av.) . . . . **EX**
Seillon (R. H.) . . . . **GZ** 152
Semard (R. Pierre) . . . . **GY**
Siblas (Av. des) . . . . **HX**
Sinse (Quai de la) . . . . **GZ**
Souvenir Français (Pl. du) . . **HY**
Strasbourg (Bd de) . . . . **GY**
Temple (Chemin) . . . . **BU** 158
Tessé (Bd de) . . . . **GXY**
Thorez (Av. Maurice) . . . . . **AV** 162
Tirailleurs Sénégalais (Av. des) . . . . **CV** 166
Toesca (Bd P.) . . . . **EFX**
Trois Dauphins (Pl. des) . . . **GY** 168
Trucy (Bd) . . . . **BU** 170
Valbourdin (Av. de) . . . . **BU** 172
Vallée (Pl. A.) . . . . **HY**
Vauban (Av.) . . . . **FXY**
Vert Coteau (Av.) . . . . **HY** 175
Vezzani (Pl. César) . . . . **GY** 178
Victoire (Av. de la) . . . . . . **FGX**
Victor-Hugo (Pl.) . . . . **GY**
Vienne (R. Henri) . . . . **EX**
Vincent (Av. E.) . . . . **EFX**
Visitation (Pl. de la) . . . . . **GHY** 180
1er Bataillon de Choc (Av. du) . . . . **BU** 182
9e D.I.C. (Rond-Point de la) . . . . . . **HZ** 188
15e Corps (Av. du) . . . . **BU** 190
112e Régt d'Infanterie (Bd du) . . . . **GXY**

Le Jardin du Sommelier
20 allée Amiral Courbet – ☎ 04 94 62 03 27 – scalisi@le-jardin-du-sommelier.com – Fax 04 94 09 01 49 – Fermé sam. midi et dim. FY **r**
Rest – Menu (27 €), 34/39 €
◆ Nouveau décor où dominent le rouge et le gris pour ce confortable restaurant disposant de salles à manger non-fumeurs. Cuisine ensoleillée et vins choisis.

Au Sourd
10 r. Molière – ☎ 04 94 92 28 52 – Fax 04 94 91 59 92 – Fermé dim. et lundi
Rest – Menu 28 € – Carte 42/93 € GY **w**
◆ L'établissement fut créé par un artilleur de Napoléon III... revenu sourd de la guerre ! Ce restaurant de la vieille ville est apprécié pour ses spécialités de poissons.

au Mourillon – ✉ 83100 Toulon

Tour royale ✳★.

La Corniche ch, ch,
17 littoral F. Mistral – ☎ 04 94 41 35 12 – info@cornichehotel.com – Fax 04 94 41 24 58 CV **a**
21 ch – 85/110 € 95/125 €, 12 € – 4 suites – **Rest** – *(fermé merc. midi, dim. soir et lundi)* Menu 28/53 € – Carte 40/61 €
◆ Bâtiment des années 1960 dominant la baie de Toulon, à deux pas des belles plages du Mourillon. Chambres ouvertes sur la mer ou sur un jardin odorant. Les arbres qui poussent au milieu de la salle à manger font l'originalité du décor. Agréable patio.

Le Gros Ventre
279 littoral F. Mistral – ☎ 04 94 42 15 42 – Fax 04 94 31 40 32 – Fermé jeudi midi, mardi et merc. de sept. à juin, mardi soir et le midi en juil.-août CV **e**
Rest – Menu 28/48 € – Carte 39/62 €
◆ Face au fort St-Louis, au rez-de-chaussée d'un immeuble moderne de la "Corniche varoise". Spécialités de poissons et de boeuf pour régaler gros et petits ventres.

au Cap Brun – ✉ 83100 Toulon

Les Pins Penchés
3182 av. de la Résistance – ☎ 04 94 27 98 98 – infos@restaurant-pins-penches.com – Fax 04 94 27 98 27 – Fermé 15-30 nov., dim. soir, mardi midi et lundi DV **a**
Rest – Menu 58/68 €
◆ Superbe situation pour cette villa du 19e s. dominant la baie. Élégantes salles à manger et terrasses avec vue sur le parc (arbres classés) et au-delà, sur la Méditerranée.

au Camp-Laurent par ④ autoroute A50 sortie Ollioules : 7,5 km – ✉ 83500 La Seyne-sur-Mer

Novotel ch, 20/100,
Z.A. Capellane – ☎ 04 94 63 09 50 – info@novoteltoulon.com – Fax 04 94 63 03 76
86 ch – 75/102 € 80/102 €, 12 € – **Rest** – Menu 25 € – Carte 24/45 €
◆ Utile pour une halte dans le pays varois, ce Novotel abrite des chambres de taille correcte. Piscine et aire de jeux. Au bord de la piscine l'été, ou dans une salle à manger confortable : prestation culinaire standard, avec menus pour les juniors.

TOULON-LA-MONTAGNE – 51 Marne – 306 F9 – ✉ 51130 13 **B2**

Paris 128 – Châlons-en-Champagne 40 – Épernay 29 – Reims 58

Les Corettes
Chemin du Pâti – ☎ 03 26 59 06 92 – Fax 03 26 59 06 92 – Fermé 15 déc.-1er mars
5 ch – 52 € 60 € – **Rest** – *(dîner seult) (résidents seult)* Menu 28 € bc/35 € bc
◆ Avenante demeure dominant le village viticole. Chambres personnalisées, salon-billard et jardin fleuri. Salle à manger rustique où l'on sert une cuisine traditionnelle escortée de belles bouteilles de la cave familiale.

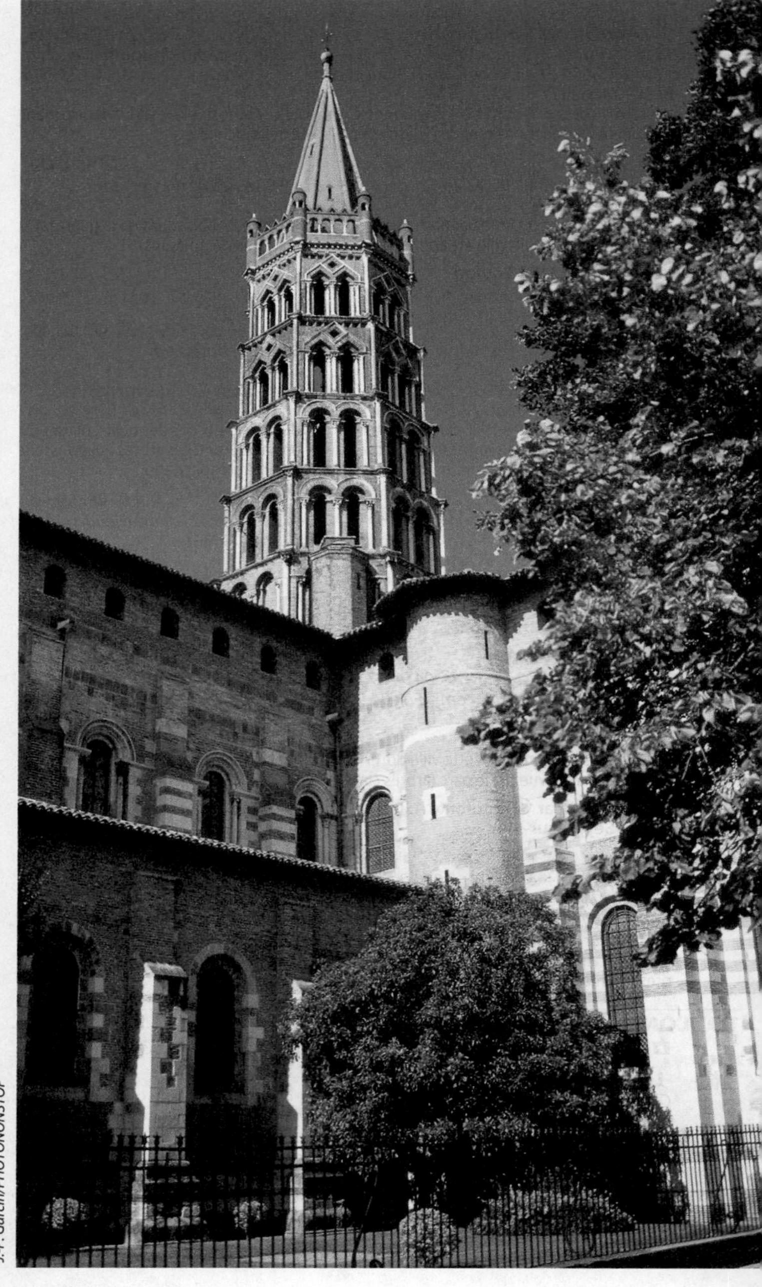

J.-P. Garcin/PHOTONONSTOP

La basilique Saint Sernin

TOULOUSE

28 **B2**

Département : 31 Haute-Garonne
Carte Michelin LOCAL : n° **343** G3
Paris 677 – Barcelona 320 – Bordeaux 244 – Lyon 535 – Marseille 405
Population : 390 350 h
Pop. agglomération : 761 090 h
Altitude : 146 m – **Code Postal :** ✉ 31000
Midi-Pyrénées

RENSEIGNEMENTS PRATIQUES

Offices de tourisme

Square du Général-de-Gaulle ✆ 05 61 11 02 22

Transports

Auto-train ✆ 3635 (0,34 €/mn)

Aéroport

Toulouse-Blagnac ✆ 0 825 380 000 (0,15 €/mn) **AS**

LOISIRS

Quelques golfs

- 18 de Toulouse La Ramée à Tournefeuille Ferme du Cousturier ✆ 05 61 07 09 09 ;
- 18 de Toulouse à Vieille-Toulouse S : 9 km par D 4, ✆ 05 61 73 45 48 ;
- 9 Saint-Gabrielà Montrabé Lieu dit "Castié", par rte de Lavaur : 10 km, ✆ 05 61 84 16 65 ;
- 36 Seilh Toulouse à Seilh Route de Grenade par rte de Seilh : 12 km, ✆ 05 62 13 14 14 ;
- 9 de Borde-Haute à Drémil-Lafage Borde-Haute par rte de Castres (N126) : 15 km, ✆ 05 62 18 84 00 ;
- 18 de Teoula à Plaisance-du-Touch 71, avenue des Landes SO : 20 km par N632, ✆ 05 61 91 98 80 ;
- 18 de Palmola à Buzet-sur-Tarn Route d'Albi NE : 22 km par N 88, ✆ 05 61 84 20 50.

À VOIR

TOULOUSE ET L'AÉRONAUTIQUE

Usine Clément-Ader à Colomiers dans la banlieue Ouest par ⑦

QUARTIERS DE LA BASILIQUE ST-SERNIN ET DU CAPITOLE

Basilique St-Sernin★★★ - Musée St-Raymond★★ - Église les Jacobins★★ (vaisseau de l'église★★) - Capitole★ - Tour d'escalier★de l'hôtel de Bernuy **EY**

DE LA PLACE DE LA DAURADE À LA CATHÉDRALE

Hôtel d'Assézat et fondation Bemberg★★ **EY** - Cathédrale St-Étienne★ - Musée des Augustins★★ (sculptures★★★) **FY**

AUTRES CURIOSITÉS

Muséum d'histoire naturelle★★ **FZ** - Musée Paul-Dupuy★ **FZ** - Musée Georges-Labit★ **DV** M^2

RÉPERTOIRE DES RUES DE TOULOUSE

Agde (Rte d') . . . . **CS**
Albi (Rte d') . . . . **CS**
Alsace-Lorraine (R. d') . . . **EXY**
Arcole (Bd) . . . . **EX**
Arcs-St-Cyprien (R. des) . . . **DV**
Arènes-Romaines (Av.) . . . . **AT** 3
Arnaud-Bernard (Pl.) . . . . . . **EX**
Arnaud-Bernard (R.) . . . . . . **EX** 4
Arts (R. des) . . . . **FY**
Astorg (R. d') . . . . **FY** 5
Aubuisson (R. d') . . . . **FY**
Austerlitz (R. d') . . . . **FX**
Barcelone (Allée) . . . . **DV**
Baronie (R.) . . . . **EY** 9
Bayard (R. de) . . . . **FX**
Bayonne (Rte de) . . . . **AT**
Béarnais (R. du) . . . . **DV**
Belfort (R.) . . . . **FX**
Biarritz (Av. de) . . . . **AT** 12
Billières (Av. E.) . . . . **DV** 13
Blagnac (Rte de) . . . . **AST**
Bonnefoy (R. Fg) . . . . **CS** 15
Bonrepos (Bd) . . . . **DV** 16
Bordebasse (R. de) . . . . **AS**
Born (R. B. de) . . . . **FX**
Boulbonne (R.) . . . . **FY** 18
Bouquières (R.) . . . . **FZ** 19
Bourse (Pl. de la) . . . . **EY** 20
Bourse (R. de la) . . . . **EY**
Brienne (Allée de) . . . . **DV**
Brunaud (Av.) . . . . **CT**
Cantegril (R.) . . . . **FY** 23
Capitole (Pl. du) . . . . **EY**
Carmes (Pl. des) . . . . **EZ**
Carnot (Bd L.) . . . . **FY**
Cartailhac (R. E.) . . . . **EX** 26
Casselardit (Av. de) . . . . **AT** 28
Castres (Av. de) . . . . **CT**
Chaîne (R. de la) . . . . **EX** 31
Changes (R. des) . . . . **EY**
Château d'Eau (Av. du) . . . . **BT** 32
Chaubet (Av. Jean) . . . . **CT**
Colombette (R. de la) . . . . . **FZ**
Concorde (R. de la) . . . . **FZ**
Cornebarrieu (Av. de) . . . . . **AS** 33
Couteliers (R. des) . . . . **EYZ**
Crêtes (Bd des) . . . . **CT**
Croix-Baragnon (R.) . . . . . . **FY**
Cugnaux (R. de) . . . . **DV** 35
Cujas (R.) . . . . **EY** 36
Dalbade (R. de la) . . . . **EZ**
Daurade (Pl. de la) . . . . **EY**
Daurade (Quai de la) . . . . . . **EY** 38
Demoiselles (Allée des) . . . **DV** 40
Denfert-Rochereau (R.) . . . **FX**
Déodat-de-Sév. (Bd) . . . . . . **BU** 43
Déville (R.) . . . . **EX**
Dr-Baylac (Pl. du) . . . . **AT** 47
Duméril (R. A.) . . . . **DV**
Duportal (Bd A.) . . . . **DV**
Eisenhower (Av. du Gén.) . **AU**
Embouchure (Bd de l') . . . . **DV**
Espagne (Rte d') . . . . **BU**
Espinasse (R.) . . . . **FZ**
Esquirol (Pl.) . . . . **EY** 54
Etats-Unis (Av. des) . . . . . . **BS** 55

Europe (Pl. de l') . . . . **DV**
La-Fayette (R.) . . . . **EY**
Fermat (R.) . . . . **FYZ**
Fer-à-Cheval (Pl. du) . . . . . . **DV**
Feuga (Allée P.) . . . . **EZ**
Filatiers (R. des) . . . . **EYZ**
Fitte (Allée Ch.-de) . . . . **DV**
Fonderie (R. de la) . . . . **EZ** 60
Fonvielle (R. M.) . . . . **FY**
France (Pl. A.) . . . . **EX**
Frères-Lion (R. des) . . . . **FY** 62
Frizac (Av.) . . . . **DV**
Fronton (Av. de) . . . . **BS**
Gambetta (R.) . . . . **EY**
Gare (Bd de la) . . . . **DV**
Garonnette (R. de la) . . . . . . **EZ**
Gatien-Arnoult (R.) . . . . **EX**
Gloire (Av. de la) . . . . **CT**
Gonin (Av. Cl.) . . . . **AS**
Grande-Bretagne (Av. de) . . **AT** 67
Grand-Rond . . . . **FZ**
Grenade (Rte de) . . . . **AS**
Griffoul-Dorval (Bd) . . . . **DV** 72
Guesde (Allée J.) . . . . **FZ**
Hauriou (Av. M.) . . . . **EZ**
Henry-de-Gorsse (R.) . . . . . **EZ** 76
Jeanne-d'Arc (Pl.) . . . . **FX**
Jean-Jaurès (Allées) . . . . . . **FX**
Jules-Chalande (R.) . . . . **EY** 79
Julien (Av. J.) . . . . **BU** 80
Lafourcade (Pl. A.) . . . . **EZ**
Laganne (R.) . . . . **DV**
Lakanal (R.) . . . . **EY**
Langer (Av. M.) . . . . **BU** 84
Languedoc (R. du) . . . . **EZ**
Lapeyrouse (R.) . . . . **FY** 85
Lardenne (Av. de) . . . . **AT**
Lascrosses (Bd) . . . . **DV**
Lautmann (R.) . . . . **EX**
Leclerc (Bd Mar.) . . . . **DV** 87
Lois (R. des) . . . . **EX**
Lombez (Av. de) . . . . **AT** 88
Lyon (Av. de) . . . . **DV**
Mage (R.) . . . . **FZ**
Magre (R. Genty) . . . . **EY** 91
Malcousinat (R.) . . . . **EY** 92
Marchands (R. des) . . . . **EY** 95
Marquette (Bd de la) . . . . . . **DV**
Matabiau (Bd) . . . . **DV**
Matabiau (R.) . . . . **DV**
May (R. du) . . . . **EY**
Mercié (R. A.) . . . . **EY** 103
Merly (R.) . . . . **FZ**
Metz (R. de) . . . . **EFY**
Minimes (Av. des) . . . . **BS** 104
Minimes (Bd des) . . . . **DV**
Mirail (Av. du) . . . . **AU**
Mistral (Allées-F.) . . . . **FZ**
Montoulieu (Pl.) . . . . **FZ**
Muret (Av. de) . . . . **DV**
Narbonne (Rte de) . . . . **BCU**
Nazareth (Gde-R.) . . . . **EFZ**
Ninau (R.) . . . . **FZ**
Occitane (Pl.) . . . . **FY**
Ozenne (R.) . . . . **FZ**
Pargaminières (R.) . . . . **EY**

Paris (Barrière de) . . . . **BS** 109
Parlement (Pl. du) . . . . **EZ**
Pauilhac (R. C.) . . . . **EFX**
Perchepinte (R.) . . . . **FZ**
Périgord (R. du) . . . . **EX**
Péri (R. G.) . . . . **FX**
Peyras (R.) . . . . **EY** 113
Peyrolières (R.) . . . . **EY**
Pharaon (R.) . . . . **EZ**
Pleau (R. de la) . . . . **FZ** 114
Poids-de-l'Huile (R.) . . . . . . **EY** 115
Polinaires (R. des) . . . . **EZ** 116
Pomme (R. de la) . . . . **EFY** 117
Pompidou (Allée) . . . . **DV** 118
Potiers (R. des) . . . . **FZ**
Pt-Guilheméry (R.) . . . . **CT** 119
Pujol (Av. C.) . . . . **CT** 121
Ramelet-Moundi (Ch. de) . **AU**
Raymond IV (R.) . . . . **FX**
Récollets (Bd des) . . . . **BU** 123
Rémusat (R. de) . . . . **EX**
République (R. de la) . . . . . . **DV** 124
Revel (Rte de) . . . . **CU** 125
Rieux (Av. J.) . . . . **DV**
Riguepels (R.) . . . . **FY** 127
Riquet (Bd) . . . . **DV**
Romiguières (R.) . . . . **EY** 129
Roosevelt (Allées) . . . . **FXY** 130
Rouaix (Pl.) . . . . **EY**
Ste-Lucie (R.) . . . . **DV**
Ste-Ursule (R.) . . . . **EY** 137
St-Antoine-du-T. (R.) . . . . . . **FY**
St-Bernard (R.) . . . . **EX**
St-Etienne (Port) . . . . **DV** 133
Saint-Exupéry (Av.) . . . . **CU**
St-Georges (Pl.) . . . . **FY**
St-Jacques (R.) . . . . **FZ**
St-Michel (Gde-R.) . . . . **DV** 134
St-Pierre (Pl.) . . . . **DV**
St-Rome (R.) . . . . **EY**
St-Sernin (Pl.) . . . . **EX**
St-Simon (Rte de) . . . . **AU** 136
Salin (Pl. du) . . . . **EZ**
Sébastopol (R. de) . . . . **DV** 139
Ségoffin (Av. V.) . . . . **BU** 140
Séjourné (Av. P.) . . . . **DV**
Semard (Bd P.) . . . . **DV** 142
Serres (Av. H.) . . . . **DV**
Seysses (Rte de) . . . . **AU**
Strasbourg (Bd de) . . . . **FX**
Suau (R. J.) . . . . **EY** 146
Suisse (Bd de) . . . . **BST**
Taur (R. du) . . . . **EX**
Temponières (R.) . . . . **EY** 147
Tolosane (R.) . . . . **FYZ**
Tounis (Quai de) . . . . **EZ**
Trentin (Bd S.) . . . . **BS** 148
Trinité (R. de la) . . . . **EY** 149
U.R.S.S. (Av. de l') . . . . **BU** 154
Vélane (R.) . . . . **FZ** 158
Verdier (Allées F.) . . . . **FZ**
Victor-Hugo (Pl.) . . . . **FX**
Wagner (Bd Richard) . . . . . . **BT** 160
Wilson (Pl. Prés.) . . . . **FY**
3-Journées (R. des) . . . . **FY** 162
3-Piliers (R. des) . . . . **EX** 164

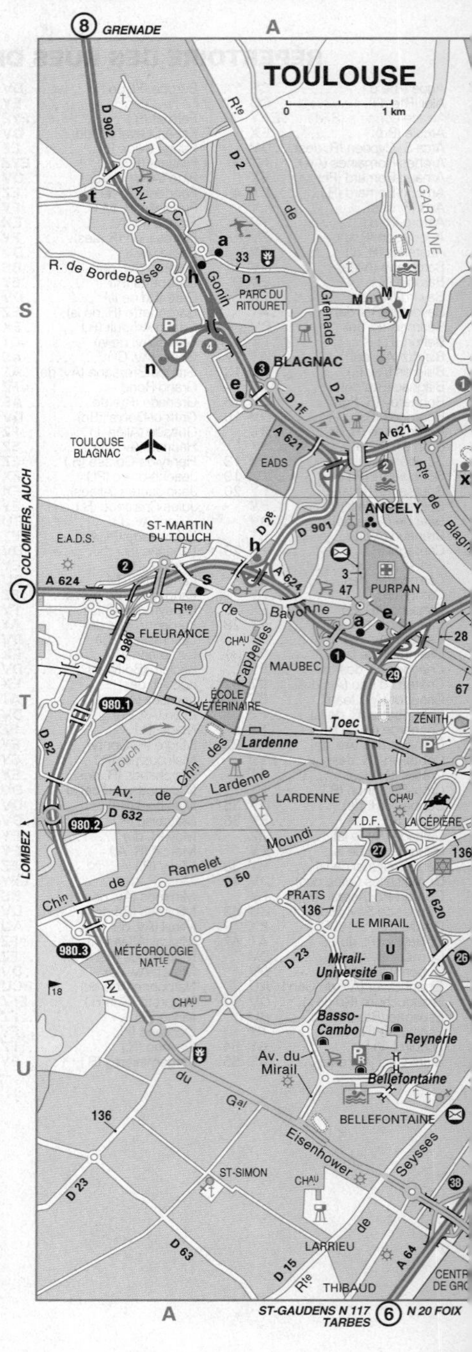
TOULOUSE
GRENADE
A
0
1 km
D 902
D 2
Rte de Grenade
GARONNE
R. de Bordebasse
Av. C. Gonin
D 1
PARC DU RITOURET
BLAGNAC
TOULOUSE BLAGNAC
A 621
EADS
ANCELY
Rte de Blagnac
D 901
D 28
E.A.D.S.
ST-MARTIN DU TOUCH
A 624
PURPAN
Rte de Bayonne
FLEURANCE
D 980
MAUBEC
Chin des Cappelles
ÉCOLE VÉTÉRINAIRE
Toec
Lardenne
ZÉNITH
D 82
Touch
Av. de Lardenne
LARDENNE
D 632
T.D.F.
LA CÉPIÈRE
Chin de Ramelet Moundi
D 50
PRATS
A 620
LE MIRAIL
METEOROLOGIE NATLE
D 23
Mirail-Université
Basso-Cambo
Reynerie
Av. du Mirail
Bellefontaine
BELLEFONTAINE
Av. du Gal Eisenhower
Seysses
ST-SIMON
LARRIEU
D 63
D 15
Rte de
A 64
THIBAUD
ST-GAUDENS N 117 TARBES
N 20 FOIX
COLOMIERS, AUCH
LOMBEZ
S
T
U

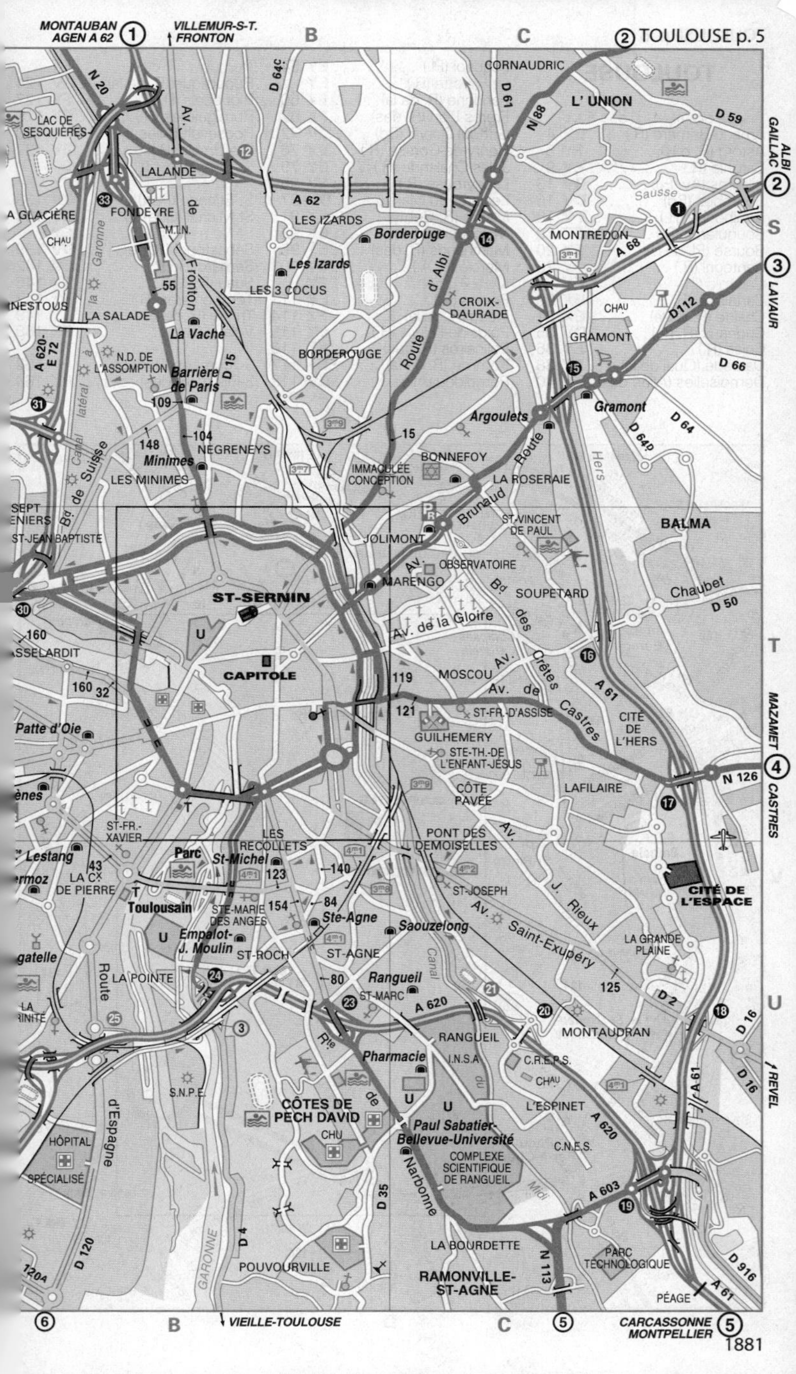
MONTAUBAN
AGEN A 62
VILLEMUR-S-T.
FRONTON
B
C
CORNAUDRIC
L' UNION
D 59
ALBI
GAILLAC
LAC DE
SESQUIÈRES
LALANDE
A 62
A GLACIÈRE
FONDEYRE
M.I.N.
LES IZARDS
Borderouge
Sausse
MONTREDON
A 68
S
Les Izards
LES 3 COCUS
CROIX-
DAURADE
D112
LAVAUR
NESTOUS
LA SALADE
La Vache
GRAMONT
A 620-
E 72
N.D. DE
L'ASSOMPTION
Barrière
de Paris
BORDEROUGE
D 66
Gramont
Argoulets
D 64
D 64p
148
NEGRENEYS
Minimes
LES MINIMES
IMMACULÉE
CONCEPTION
BONNEFOY
LA ROSERAIE
Hers
SEPT
DENIERS
ST-JEAN BAPTISTE
JOLIMONT
ST-VINCENT
DE PAUL
BALMA
MARENGO
OBSERVATOIRE
SOUPETARD
Chaubet
D 50
ST-SERNIN
Av. de la Gloire
T
SSELARDIT
CAPITOLE
MOSCOU
A 61
Av. de Castres
CITÉ
DE
L'HERS
MAZAMET
Patte d'Oie
ST-FR.-D'ASSISE
GUILHEMERY
STE-TH.-DE
L'ENFANT-JÉSUS
N 126
CASTRES
CÔTE
PAVÉE
LAFILAIRE
ST-FR.-
XAVIER
LES
RECOLLETS
PONT DES
DEMOISELLES
Lestang
Parc
St-Michel
LA Cx
DE PIERRE
ST-JOSEPH
CITÉ DE
L'ESPACE
Toulousain
STE-MARIE
DES ANGES
Ste-Agne
Saouzelong
Av. Saint-Exupéry
J. Rieux
Empalot-
J. Moulin
ST-ROCH
ST-AGNE
LA GRANDE
PLAINE
LA POINTE
Rangueil
ST-MARC
A 620
D 2
MONTAUDRAN
RANGUEIL
I.N.S.A.
Pharmacie
C.R.E.P.S.
S.N.P.E.
CÔTES DE
PECH DAVID
L'ESPINET
HÔPITAL
SPÉCIALISÉ
CHU
Paul Sabatier-
Bellevue-Université
C.N.E.S.
COMPLEXE
SCIENTIFIQUE
DE RANGUEIL
A 603
D 120
D 35
D 4
LA BOURDETTE
N 113
PARC
TECHNOLOGIQUE
D 916
POUVOURVILLE
RAMONVILLE-
ST-AGNE
PÉAGE
REVEL
VIEILLE-TOULOUSE
CARCASSONNE
MONTPELLIER

TOULOUSE

Alsace-Lorraine (R. d') . EXY
Arnaud-Bernard (R.) . . . . EX 4
Astorg (R. d') . . . . FY 5
Baronie (R.) . . . . EY 9
Billières (Av. E.). . . . . DV 13
Bonrepos (Bd) . . . . DV 16
Boulbonne (R.) . . . . FY 18
Bouquières (R.) . . . . FZ 19
Bourse (Pl. de la). . . . . . . EY 20
Cantegril (R.) . . . . FY 23
Capitole (Pl. du). . . . . EY
Cartailhac (R. E.) . . . . EX 26
Chaîne (R. de la) . . . . EX 31
Cugnaux (R. de) . . . . DV 35
Cujas (R.). . . . . EY 36
Daurade (Quai de la) . . . . EY 38
Demoiselles (Allée des). DV 40
Esquirol (Pl.) . . . . EY 54
La-Fayette (R.) . . . . EY
Fonderie (R. de la). . . . . . EZ 60
Frères-Lion (R. des) . . . . FY 62
Griffoul-Dorval (Bd) . . . . DV 72
Henry-de-Gorsse (R.) . . . EZ 76
Jules-Chalande (R.). . . . . EY 79
Lapeyrouse (R.). . . . . FY 85
Leclerc (Bd Mar.) . . . . . . DV 87
Magre (R. Genty) . . . . EY 91
Malcousinat (R.) . . . . EY 92
Marchands (R. des) . . . . EY 95
Mercié (R. A.) . . . . EY 103
Metz (R. de) . . . . EFY
Peyras (R.). . . . . EY 113
Pleau (R. de la) . . . . FZ 114
Poids-de-l'Huile (R.) . . . . EY 115
Polinaires (R. des) . . . . . . EZ 116
Pomme (R. de la) . . . . . EFY 117
Pompidou (Allée) . . . . . . DV 118
Rémusat (R. de) . . . . EX
République (R. de la) . . . DV 124
Riguepels (R.) . . . . FY 127
Romiguières (R.). . . . . EY 129
Roosevelt (Allées) . . . . FXY 130
Ste-Ursule (R.). . . . . EY 137
St-Antoine-du-T. (R.) . . . . FY
St-Etienne (Port). . . . . . . DV 133
St-Michel (Gde-R.) . . . . . DV 134
St-Rome (R.). . . . . EY
Sébastopol (R. de) . . . . . DV 139
Semard (Bd P.). . . . . DV 142
Suau (R. J.) . . . . EY 146
Temponières (R.) . . . . . . EY 147
Trinité (R. de la). . . . . EY 149
Vélane (R.). . . . . FZ 158
Wilson (Pl. Prés.). . . . . . . FY
3-Journées (R. des) . . . . FY 162
3-Piliers (R. des) . . . . EX 164

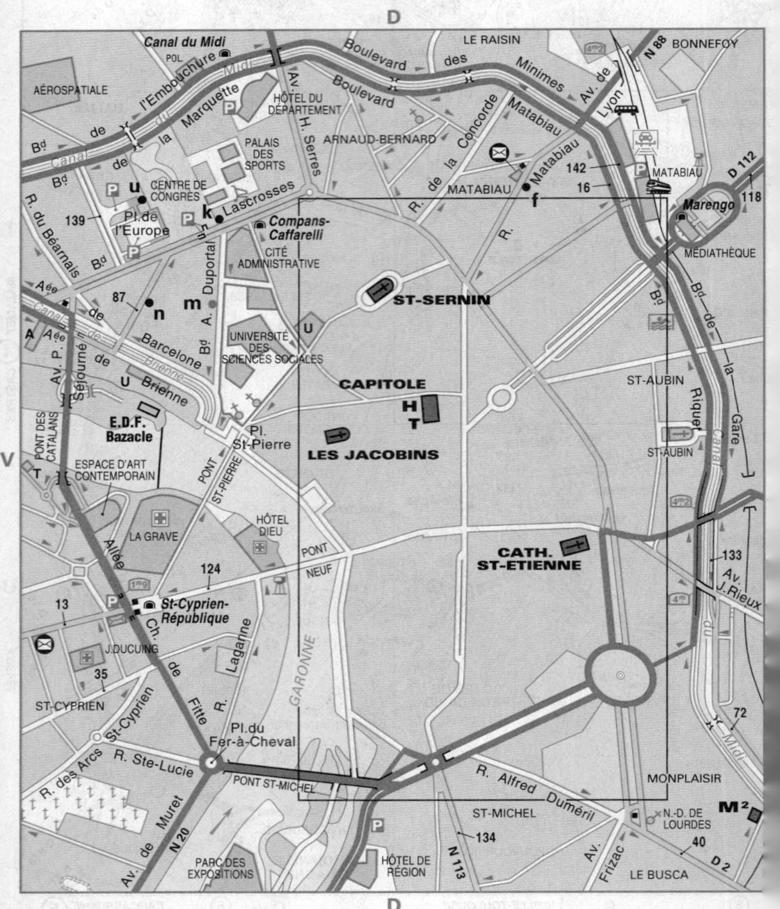

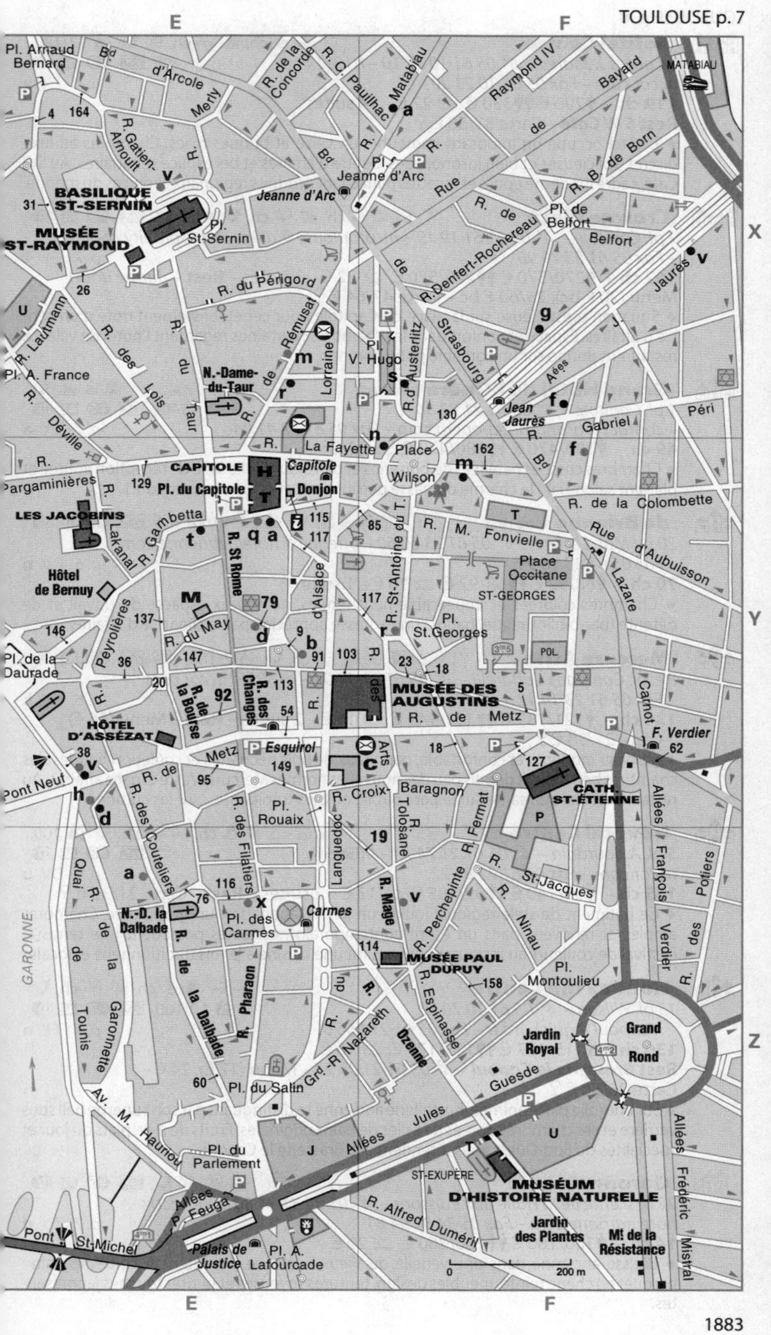

Sofitel Centre ch, ch, 12/180,
84 allées J. Jaurès – 05 61 10 23 10 – h1091@ accor.com – Fax 05 61 10 23 20 VISA *p. 7* FX **v**
119 ch – 290 € 330 €, 22 € – 14 suites
Rest *S W Café* – Carte 32/58 €
◆ L'hôtel occupe un imposant immeuble en verre et briques roses. Chambres au luxe discret, spacieuses et bien insonorisées. Centre d'affaires et bel espace séminaires. Au SW Café, cadre moderne épuré et recettes panachant produits régionaux et épices du monde.

Crowne Plaza ch, ch, 6/60, VISA
7 pl. Capitole – 05 61 61 19 19 – hicptoulouse@alliance-hospitality.com – Fax 05 61 23 79 96 *p. 7* EY **t**
162 ch – 270/570 € 270/570 €, 22 € – 3 suites – **Rest** – *(fermé août)*
Menu (20 € bc), 25/60 € bc – Carte 47/64 €
◆ Situation prestigieuse sur la place du Capitole pour cet établissement doté d'un centre d'affaires. Espace et confort dans les chambres ; certaines regardent l'hôtel de ville. Le restaurant donne sur un agréable patio florentin.

Grand Hôtel de l'Opéra sans rest
1 pl. Capitole – 05 61 21 82 66 – contact@grand-hotel-opera.com – Fax 05 61 23 41 04 15/40, VISA *p. 7* EY **a**
49 ch – 180/470 € 380/470 €, 22 €
◆ Chambres cossues habillées de boiseries et de velours, jolie salle de réception voûtée et plaisant salon-bar : le charme du passé perdure en cet ancien couvent du 17e s.

de Brienne sans rest 20/40, VISA
20 bd Mar. Leclerc – 05 61 23 60 60 – brienne@hoteldebrienne.com – Fax 05 61 23 18 94 *p. 6* DV **n**
70 ch – 68/92 € 68/92 €, 10 € – 1 suite
◆ Chambres colorées et impeccablement tenues, nombreux espaces de travail et de détente (bar-bibliothèque, patio) : une adresse appréciée par la clientèle d'affaires.

Mercure Atria ch, 2/180, VISA
8 espl. Compans Caffarelli – 05 61 11 09 09 – h1585@accor.com – Fax 05 61 23 14 12 *p. 6* DV **k**
134 ch – 121/139 € 131/149 €, 14 € – 2 suites – **Rest** – Menu (16 €) – Carte 21/38 €
◆ Mobilier moderne et confortable, panneaux de bois décoratifs et couleurs chaudes : les chambres bénéficient depuis peu des nouvelles normes Mercure. Vaste espace affaires. Au restaurant : vue apaisante sur le parc public ou plus trépidante... sur les cuisines.

Novotel Centre ch, ch, 100,
5 pl. A. Jourdain – 05 61 21 74 74 – h0906@ accor.com – Fax 05 61 22 81 22 VISA *p. 6* DV **u**
135 ch – 99/140 € 99/185 €, 13 € – 2 suites – **Rest** – Carte 21/33 €
◆ Ce bâtiment de style régional jouxte un jardin japonais et un grand parc. Chambres amples et rénovées dans un esprit contemporain ; certaines possèdent une terrasse. Festival de couleurs au restaurant proposant une cuisine à la fois traditionnelle et locale.

Holiday Inn Centre ch, ch,
13 pl. Wilson – 05 61 10 70 70 – hicapoul@guichard.fr – Fax 05 61 21 96 70 10/100, VISA *p. 7* FY **n**
130 ch – 115/177 € 115/177 €, 16 €
Rest *Brasserie le Capoul* – *05 61 21 08 27* – Menu (17 €), 24 € – Carte 26/50 €
◆ Sur une jolie place animée, hostellerie ancienne se distinguant par son superbe hall sous verrière et ses chambres dotées de salles de bains originales. Fruits de mer, plats du jour et spécialités du Sud-Ouest vous attendent à la Brasserie le Capoul.

Garonne sans rest VISA
22 descente de la Halle aux Poissons – 05 34 31 94 80 – contact@ hotelgaronne.com – Fax 05 34 31 94 81 *p. 7* EY **d**
14 ch – 160/180 € 180/260 €, 20 €
◆ Bâtisse ancienne dans une venelle du Vieux Toulouse. Bel intérieur contemporain : parquet en chêne teinté, meubles design, tentures soyeuses et petites touches japonisantes.

Des Beaux Arts sans rest
1 pl. Pont-Neuf – ✆ 05 34 45 42 42 – contact@hoteldesbeauxarts.com
– Fax 05 34 45 42 43 p. 7 EY **v**
20 ch – 🚹103 € 🚹🚹175/220 €, ☕ 16 €
◆ Maison du 18e s. aménagée avec goût aux chambres douillettes et raffinées. La plupart ont vue sur la Garonne et la n°42 possède un atout supplémentaire : une mini-terrasse.

Les Capitouls sans rest 20, VISA MC AE
29 allées J. Jaurès – ✆ 05 34 41 31 21 – info@hotel-capitouls.com
– Fax 05 61 63 15 17 p. 7 FX **g**
53 ch – 🚹126/176 € 🚹🚹138/230 €, ☕ 13,50 € – 1 suite
◆ Au pied de la station de métro Jean-Jaurès, cet ex-hôtel particulier qui a conservé un hall de caractère (voûtes en briques roses) abrite des chambres pourvues du système wi-fi.

Mermoz sans rest
50 r. Matabiau – ✆ 05 61 63 04 04 – reservation@hotel-mermoz.com
– Fax 05 61 63 15 64 p. 6 DV **f**
52 ch – 🚹120 € 🚹🚹120 €, ☕ 12 €
◆ Le décor de l'hôtel évoque sobrement les héroïques pilotes de l'Aéropostale. Chambres aux tons acidulés. Verrière fleurie ou terrasse arborée pour les petits-déjeuners.

Mercure Wilson sans rest
7 r. Labéda – ✆ 05 34 45 40 60 – h1260@accor.com
– Fax 05 34 45 40 61 p. 7 FY **m**
95 ch – 🚹98/143 € 🚹🚹108/153 €, ☕ 14 €
◆ Derrière la façade toulousaine, chambres bien équipées et égayées de teintes ensoleillées. Aux beaux jours, petits-déjeuners servis en terrasse. Garage très pratique.

Athénée sans rest 15/25,
13 bis r. Matabiau – ✆ 05 61 63 10 63 – hotel-athenee@wanadoo.fr
– Fax 05 61 63 87 80 – Fermé 23 déc.-2 janv. p. 7 FX **a**
35 ch – 🚹74/137 € 🚹🚹84/147 €, ☕ 10,50 €
◆ Sobre bâtiment situé à 500 m de la basilique St-Sernin. Chambres fonctionnelles rehaussées de couleurs gaies. Pierres et briques habillent les murs du salon.

Albert 1er sans rest 15,
8 r. Rivals – ✆ 05 61 21 17 91 – toulouse@hotel-albert1.com
– Fax 05 61 21 09 64 p. 7 EX **r**
48 ch – 🚹55/91 € 🚹🚹65/91 €, ☕ 10 €
◆ Adresse très pratique pour sillonner à pied la Ville rose. Préférez les chambres joliment relookées ; celles sur l'arrière sont plus calmes.

Ours Blanc-Centre sans rest
2 r. Porte Sardane – ✆ 05 61 21 25 97 – centre@hotel-oursblanc.com
– Fax 05 61 23 96 27 p. 7 FX **s**
44 ch – 🚹71 € 🚹🚹78 €, ☕ 7 €
◆ Emplacement privilégié pour cet hôtel proche des lieux les plus en vue. Petites chambres fonctionnelles climatisées, double vitrage efficace, entretien régulier...

Castellane sans rest 15/30,
17 r. Castellane – ✆ 05 61 62 18 82 – castellanehotel@wanadoo.fr
– Fax 05 61 62 58 04 p. 7 FX **f**
53 ch – 🚹68 € 🚹🚹68/98 €, ☕ 7,50 €
◆ Accueil sympathique dans cet hôtel ordonné autour d'un patio. Chambres simples et rénovées, parfois dotées de terrasses ; certaines conviennent particulièrement aux familles.

Les Jardins de l'Opéra 8/25,
1 pl. Capitole – ✆ 05 61 23 07 76 – contact@lesjardinsdelopera.com
– Fax 05 61 23 63 00 – Fermé août, 1er-8 janv., dim. et lundi p. 7 EY **q**
Rest – Menu (35 € bc), 42 € bc (déj. en sem.), 70/90 €
– Carte environ 92 €
◆ Élégantes salles à manger coiffées d'une verrière et séparées par un bassin dédié à Neptune. Original : la carte propose des plats en trilogie (trois mets dans la même assiette).

XXX **Michel Sarran** 4/6, VISA MC AE

21 bd A. Duportal – ✆ 05 61 12 32 32 – restaurant@michel-sarran.com – Fax 05 61 12 32 33 – Fermé 28 juil.-28 août, 1er-8 janv., merc. midi, sam. et dim. p. 6 DV **m**

Rest – *(prévenir)* Menu 45 € bc (déj. en sem.), 85/150 € bc – Carte 87/132 €

Spéc. Yaourt fermier à la truffe du Périgord, tartine et confit de porto. Saint-Pierre en croûte de champignons, crème d'oseille. Pigeon fermier en kadaïf, cuisses confites à l'encre de seiche. **Vins** Fronton, Vin de pays des Côtes Catalanes.

◆ Dans cette charmante demeure du 19e s., l'ambiance familiale - un peu comme à la maison - et le joli décor moderne épuré subliment la belle cuisine inventive préparée par le chef.

XX **7 Place St-Sernin** 6/50, VISA MC AE

7 pl. St-Sernin – ✆ 05 62 30 05 30 – restaurant.le.7.saint.sernin@wanadoo.fr – Fax 05 62 30 04 06 – Fermé sam. et dim. p. 7 EX **v**

Rest – Menu (18 € bc), 24 € bc (déj.), 34/60 € bc – Carte 45/59 €

◆ Dans les murs d'une "Toulousaine" typique, restaurant aux flamboyantes couleurs, élégamment aménagé et égayé de toiles contemporaines. Plats au goût du jour.

XX **La Corde** 6/25, VISA MC AE

4 r. Chalande – ✆ 05 61 29 09 43 – Fax 05 61 29 09 43 p. 7 EY **d**

Rest – *(fermé lundi midi, sam. midi et dim.)* Menu (18 €), 20 € (déj. en sem.), 30/100 € bc – Carte 45/94 €

◆ Cette majestueuse tour du 15e s., vestige d'un hôtel particulier où logèrent des capitouls, abrite le plus vieux restaurant de la ville rose (1881). Cuisine régionale actualisée.

XX **Brasserie Flo "Les Beaux Arts"** VISA MC AE

1 quai Daurade – ✆ 05 61 21 12 12 – s.giroussens@groupeflo.fr – Fax 05 61 21 14 80 p. 7 EY **v**

Rest – Menu 30 € – Carte 27/58 €

◆ Les Toulousains apprécient l'ambiance et le décor "rétro" de cette brasserie des bords de la Garonne, jadis fréquentée par Ingres, Matisse et Bourdelle. Carte très variée.

XX **Le 19** 6/12, VISA MC

19 descente de la Halle aux Poissons – ✆ 05 34 31 94 84 – contact@restaurantle19.com – Fax 05 34 31 94 85 – Fermé 12-20 août, 23 déc.- 8 janv., lundi midi, sam. midi et dim. p. 7 EY **h**

Rest – Menu (19 €), 28 € (déj.), 35/60 € bc – Carte 44/54 €

◆ Chaleureuses salles à manger, dont une sous croisée d'ogives du 16e s., cave à vins ouverte et fumoir arborent un style contemporain. Plats du terroir simples et généreux.

XX **Chez Laurent Orsi "Bouchon Lyonnais"** VISA MC AE

13 r. Industrie – ✆ 05 61 62 97 43 – orsi.le-bouchon-lyonnais@wanadoo.fr – Fax 05 61 63 00 71 – Fermé sam. midi et dim. p. 7 FY **f**

Rest – Menu 20/33 € – Carte 33/52 €

◆ Grand bistrot où banquettes en moleskine, tables à touche-touche et miroirs rappellent l'ambiance des brasseries des années 1930. La carte évolue entre Sud-Ouest et Lyonnais.

XX **Émile** VISA MC AE

13 pl. St-Georges – ✆ 05 61 21 05 56 – restaurant-emile@wanadoo.fr – Fax 05 61 21 42 26 – Fermé 23 déc.-7 janv., lundi sauf le soir de mai à sept. et dim. p. 7 FY **r**

Rest – Menu 18 € (déj.), 35/48 € – Carte 35/62 €

◆ Belle carte des vins, cuisine axée sur le terroir (spécialité de cassoulet) et le poisson : cette adresse pourvue d'une agréable terrasse est très prisée. Entièrement non-fumeurs.

XX **Brasserie de l'Opéra** 20/60, VISA MC AE

1 pl. Capitole – ✆ 05 61 21 37 03 – Fax 05 62 27 16 49 – Fermé dim. p. 7 EY **a**

Rest – Menu 16/25 € – Carte 29/46 €

◆ Brasserie chic au cadre 1930 où l'on croise le "tout Toulouse", et des stars qui signent leur passage d'une photo. Recettes typiques du genre, influencées par les saisons.

X **L'Adresse** VISA MC

4 r. Baronie – ✆ 05 61 22 55 48 – Fax 05 61 22 55 48 – Fermé 29 avril-8 mai, 12 août-3 sept., 24 fév.-3 mars, mardi soir, dim. et lundi p. 7 EY **b**

Rest – Menu (13,50 €), 20 € bc (déj. en sem.), 26/34 € – Carte 41/51 €

◆ Mobilier contemporain, miroirs, bibliothèque, bouteilles, ardoises de suggestions du jour... : un décor à la mode pour cette "Adresse" servant une cuisine actuelle bien mitonnée.

L'Empereur de Huê
17 r. Couteliers – ✆ 05 61 53 55 72 – Fax 05 61 53 55 72 p. 7 EZ **a**
Rest – *(fermé mardi) (dîner seult) (prévenir)* Menu 33 € (sem. sauf vend.) – Carte 39/46 €
◆ Si le décor de ce restaurant familial s'inscrit dans l'air du temps, la cuisine, quant à elle, revendique son ancrage dans la tradition vietnamienne.

Michel, Marcel, Pierre et les Autres
35 r. Rémusat – ✆ 05 61 22 47 05 – bistrot@michelmarcelpierre.com – Fax 05 61 22 47 05 – Fermé dim. et lundi p. 7 EX **m**
Rest – Menu (16 €), 22 € – Carte 29/37 €
◆ Convivialité garantie dans ce bistrot dont l'enseigne évoque un film de C. Sautet. Diffusion de matchs de rugby, maillots de sport accrochés aux murs et recettes du marché.

Brasserie du Stade
114 r. Troënes ✉ 31200 – ✆ 05 34 42 24 20 – Fax 05 34 42 24 21 – Fermé 14 juil.-20 août, 21 déc.-2 janv., lundi soir, mardi soir, sam. et dim.
Rest – Carte 31/38 € p. 4 AS **x**
◆ Grande salle de restaurant située dans l'enceinte du temple du rugby toulousain. Entre photos et trophées, on mange des petits plats soignés d'inspiration brasserie.

Cosi Fan Tutte
8 r. Mage – ✆ 05 61 53 07 24 – cosi-fan-tutte@wanadoo.fr – Fax 05 61 52 27 92 – Fermé 1er-15 août, 22 déc.-2 janv., dim. et lundi p. 7 FZ **v**
Rest – *(dîner seult) (nombre de couverts limité, prévenir)* Menu 62/72 € – Carte 64/75 €
◆ Cuisine du marché préparée à la mode transalpine et nombreux vins italiens servis dans un écrin haut en couleurs : tentures rouges, moquette "léopard" et tableaux originaux.

Rôtisserie des Carmes 4/12,
38 r. Polinaires – ✆ 05 61 53 34 88 – rotisserie@wanadoo.fr – Fermé 28 juil.-26 août, 24 déc.-2 janv., sam., dim. et fériés p. 7 EZ **x**
Rest – Menu (16 €), 21 € (déj. en sem.)/25 € – Carte 34/62 €
◆ Voisinage du marché des Carmes oblige, la petite carte et le menu du jour évoluent selon les arrivages. Le truculent patron officie dans une cuisine offerte à la vue de tous.

à Gratentour 15 km au Nord par D 4 et D 14 – 3 035 h. – alt. 174 m – ✉ 31150

Le Barry ch, 30,
47 r. Barry – ✆ 05 61 82 22 10 – le-barry@wanadoo.fr – Fax 05 61 82 22 38 – Fermé 21 déc.-1er janv., vend., sam. et dim. sauf du 1er avril au 30 sept.
22 ch – 52 € 64 €, 8 € – **Rest** – *(fermé 27 juil.-26 août, 21 déc. 1er janv., vend. soir, sam. et dim.)* Menu 13,50 € (déj.)/29 € – Carte 19/39 €
◆ À la campagne, ancienne ferme en briques roses flanquée d'une aile récente abritant de petites chambres simples. Dans le jardin, les chaises longues invitent au farniente. Salle à manger accueillante et soignée ; répertoire culinaire traditionnel.

à l'Union 7 km au Nord-Est – 12 141 h. – alt. 146 m – ✉ 31240

La Bonne Auberge 6/18,
2 bis r. Autan Blanc - N 88 – ✆ 05 61 09 32 26 – bonne.auberge.la@wanadoo.fr – Fax 05 61 09 97 53 – Fermé 5-27 août, 23 déc.-8 janv., dim. et lundi
Rest – Menu 19 € (déj. en sem.), 24/45 € – Carte 35/49 €
◆ Sur la traversée du village, cette grange convertie en restaurant ne manque pas d'allure avec son mobilier rustique, ses poutres et sa cheminée en briques. Carte dans l'air du temps.

à Rouffiac-Tolosan 12 km par ② – 1 404 h. – alt. 210 m – ✉ 31180

Ô Saveurs (Gonzalez et Biasibetti) 8/25,
8 pl. Ormeaux (au village) – ✆ 05 34 27 10 11 – o.saveurs@free.fr – Fax 05 62 79 33 84 – Fermé 29 avril-8 mai, 12 juil.-4 août, 17-26 fév., sam. midi, dim. soir et lundi
Rest – Menu 23 € (déj. en sem.), 35/78 € – Carte 63/85 €
Spéc. Fricassée de langoustines et foie frais de canard aux pleurotes et coulis de corail. Filet de St-Pierre sur risotto à la truffe de la St-Jean (été). Assiette de dégustation autour du gibier (oct. à janv.). **Vins** Fronton, Gaillac.
◆ Charmante maison et sa terrasse dressée sur la place pavée de ce pittoresque village. Dans l'assiette, une bonne dose de tradition relevée d'un zeste de créativité... Savoureux !

XX **Le Clos du Loup** avec ch — AC rest, ⇸ rest, 6/18, P VISA MC
N 88 – ✆ 05 61 09 28 39 – Fax 05 61 35 13 97 – Fermé août et dim. soir
18 ch – †62 € ††62 €, ☕ 8 € – ½ P 74 € – **Rest** – *(fermé mardi midi et lundi)*
Menu 22/30 € – Carte 34/52 € ♀
◆ Surtout, pas d'affolement ! Le loup n'est plus... Tons chatoyants et poutres dans la salle à manger gaiement rustique. Cuisine traditionnelle simple et chambres proprettes.

à Labège 6 km au Sud Est par D2 et D16, direction Gare SNCF – ✉ 31670

XXX **L'Orangerie de Labège-L'Arôme et le Grain** — ♿ AC ⇸ 6/25, P VISA
4 r. Isatis – ✆ 05 62 47 54 53 – orangeriedelabege@wanadoo.fr – Fax 05 62 47 54 51 – Fermé 5-27 août, 23-30 déc., sam. midi, dim. et lundi
Rest – Menu 25 € (déj. en sem.), 45/90 € bc – Carte 53/59 € ♀
Rest *Le Regain* – *(fermé lundi soir, mardi soir, merc. soir, sam. midi et dim.)*
Menu 20 € (déj. en sem.), 32/60 € – Carte 35/40 € ♀
◆ À l'ambiance feutrée qui règne dans cette ferme du 17e s. (salons intimes, briques roses, mobilier design) répond une savoureuse cuisine actuelle. Joli patio-terrasse. Des épices relèvent certains plats traditionnels servis à la brasserie moderne Le Regain.

à Ramonville-St-Agne 6 km au Sud-Est par N113 – 11 696 h. – alt. 162 m – ✉ 31520

Peniche Soleïado sans rest — AC ⇸
Pont de Mange-Pomme, près Pont-Sud, par D 113, direction Ferme de Cinquante – ✆ 06 86 27 83 19 – Fax 05 62 19 07 71
3 ch ☕ – †70 € ††80 €
◆ Cette péniche amarrée sur le canal du Midi dissimule un intérieur chaleureux : trois chambres certes petites, mais tout à fait exquises.

à Castanet-Tolosan 8 km par ⑤ et N 113 – 10 250 h. – alt. 164 m – ✉ 31320

X **La Table des Merville** — 6/12, VISA MC
3 pl. Richard – ✆ 05 62 71 24 25 – contact@table-des-merville.fr – Fax 05 34 66 18 56 – Fermé 8-16 avril, 29 juil.-20 août, 23 déc.-2 janv., dim. et lundi
Rest – Menu (13,50 €), 24/36 € – Carte 34/56 € ♀
◆ L'appétissante cuisine de ce restaurant familial est concoctée en fonction des arrivages du marché... et à la vue de tous. Expo-vente de tableaux modernes. Un lieu séduisant !

à Lacroix-Falgarde 13 km au Sud par D 4 – 1 485 h. – alt. 154 m – ✉ 31120

XX **Le Bellevue** — P VISA MC AE
1 av. Pyrénées – ✆ 05 61 76 94 97 – Fax 05 62 20 96 57 – Fermé 16 oct.-23 nov., 29 janv.-8 fév., merc. de sept. à avril et mardi
Rest – Menu 19 € (déj. en sem.), 27/39 € – Carte 33/56 € ♀
◆ Ancienne guinguette entourée de verdure bordant l'Ariège. Aux beaux jours, la grande terrasse à fleur d'eau a beaucoup de succès. Plats traditionnels et spécialités du Sud-Ouest.

à Tournefeuille 10 km à l'Ouest par D 632 AT – 22 758 h. – alt. 155 m – ✉ 31170

XX **L'Art de Vivre** — 10/25, P VISA MC AE
279 chemin Ramelet-Moundi – ✆ 05 61 07 52 52 – contact@lartdevivre.fr – Fax 05 61 06 41 94 – Fermé 13 août-2 sept., 31 déc.-13 janv., 18 fév.-2 mars, dim. soir, lundi soir, mardi soir et merc.
Rest – Menu 23 € (déj. en sem.), 34/54 € – Carte 53/65 € ♀
◆ Aux beaux jours, cette maison proche du golf s'agrandit d'une agréable terrasse que l'on installe au milieu du jardin bordé par un ruisseau. Table traditionnelle revisitée.

à Purpan 6 km à l'Ouest par N 124 - ✉ 31300 Toulouse

Palladia — ♿ ch, AC ⇸ ch, 2/300, P VISA MC AE
271 av. Grande Bretagne – ✆ 05 62 12 01 20 – info@hotelpalladia.com – Fax 05 62 12 01 21 p. 4 AT e
91 ch – †195 € ††195 €, ☕ 20 € – 1 suite – **Rest** – *(fermé dim. et fériés)*
Menu (24 € bc), 29 € bc/58 € bc – Carte 37/65 € ♀
◆ Imposant immeuble à égale distance de l'aéroport et du centre-ville. Aménagements particulièrement soignés. Chambres progressivement rénovées, spacieuses et confortables. Salle à manger moderne et lumineuse ; terrasse d'été dressée à l'ombre des parasols.

Novotel Aéroport ch, ch, 12/50,
23 impasse Maubec – 05 61 15 00 00 – h0445@accor.com – Fax 05 61 15 88 44 p. 4 AT a
123 ch – 79/125 € 79/131 €, 13 € – **Rest** – Carte 18/36 €
◆ Cet hôtel de chaîne abrite des chambres bien insonorisées. Espace vert, jeux pour les enfants, wi-fi et navette gratuite pour l'aéroport. Le restaurant contemporain et l'agréable terrasse regardent la piscine ; recettes actuelles, suggestions et plats allégés.

à St-Martin-du-Touch vers ⑦ – ✉ **31300 Toulouse**

Airport Hôtel sans rest 6/15,
176 rte Bayonne – 05 61 49 68 78 – airporthotel@wanadoo.fr – Fax 05 61 49 73 66 p. 4 AT s
45 ch – 65 € 83 €, 9 € – 3 suites
◆ Ce bâtiment des années 1980 en briques rouges constitue une étape pratique à proximité de l'aéroport. Chambres simples, mais bien protégées du bruit et assez confortables.

Le Cantou 8/16,
98 r. Velasquez (D 2[B]) – 05 61 49 20 21 – le.cantou@wanadoo.fr – Fax 05 61 31 01 17 – Fermé 12 août-3 sept., 22 déc.-6 janv., sam. et dim. p. 4 AT h
Rest – Menu 30 € (sem.)/56 € – Carte 43/60 €
◆ Cette coquette ferme entourée d'un immense jardin dresse sa terrasse autour d'un joli puits. Goûteuse cuisine actuelle et remarquable sélection de vins (1 300 références).

à Colomiers 10 km par ⑦, sortie n° 3 puis direction Cornebarrieu par D 63 – 28 538 h. – alt. 182 m – ✉ **31770**

L'Amphitryon (Delpech) 2/6,
chemin de Gramont – 05 61 15 55 55 – contact@lamphitryon.com – Fax 05 61 15 42 30
Rest – Menu (24 €), 32 € (déj. en sem.), 54/98 € – Carte 87/99 €
Spéc. Sardine fraîche taillée au couteau, crème de morue et caviar de hareng. Emulsion de foie gras et magret de canard mariné. Canette du Lauragais en croûte de poivre noir, coriandre et cumin. **Vins** Gaillac, Côtes du Frontonnais.
◆ Chaleureuse salle à manger-véranda moderne ouverte sur la campagne environnante, où l'on goûte une cuisine créative, parfois très originale, sublimant les produits du terroir.

à Pibrac 12 km par ⑦, sortie n° 6 – 7 440 h. – alt. 157 m – ✉ **31820**

Le Pavillon Saint Jean
1 chemin Beauregard – 05 61 06 71 71 – Fax 05 61 86 35 63 – Fermé août, vacances de fév., sam. midi, dim. soir et lundi
Rest – Menu 17 € (déj. en sem.), 26/45 € – Carte 39/57 €
◆ En léger retrait du centre, paisible maison régionale proposant une bonne cuisine traditionnelle dans un sobre cadre contemporain ou en terrasse, lorsque le soleil le permet.

à Blagnac 7 km au Nord-Ouest – 20 586 h. – alt. 135 m – ✉ **31700**

Sofitel ch, 90/90,
2 av. Didier Daurat, dir. aéroport (sortie n° 3) – 05 34 56 11 11 – h0565@accor.com – Fax 05 61 30 02 43 p. 4 AS e
100 ch – 230/290 € 230/290 €, 22 €
Rest *Le Caouec* – *(fermé sam., dim. et fériés)* Carte 42/60 €
◆ Un hôtel des années 1970 en pleine mutation : nouveaux espaces communs "tendance" et une partie des chambres relookées dans le même esprit. Navette gratuite pour l'aéroport. Petite restauration façon tapas au bar ou carte plus traditionnelle en salle.

Holiday Inn Airport ch, ch, rest, 15/150,
pl. Révolution – 05 34 36 00 20 – tlsap@ichotelsgroup.com – Fax 05 34 36 00 30 p. 4 AS h
150 ch – 135/260 € 135/260 €, 20 € – **Rest** – *(fermé dim. midi et sam.)* Menu 22/35 €
◆ Des tons à la fois apaisants et chaleureux habillent les chambres garnies d'un mobilier contemporain. Espace séminaire bien aménagé. Une navette relie l'hôtel à l'aéroport. Plaisant restaurant de type brasserie agrémenté de fresques honorant l'olivier.

Le Grand Noble ch, rest, rest,
90 av. Cornebarrieu – ✆ *05 34 60 47 47* 25/50,
– contact@le-grand-noble.com – Fax 05 34 60 47 48 – Fermé 20 déc.-2 janv.
44 ch – 60/80 € 65/85 €, 9,50 € – ½ P 55/75 € – *p. 4* AS **a**
Rest – *(fermé 27 juil.-19 août, dim. en juil.-août, vend. soir et sam.)* Menu 20/35 € – Carte 29/51 €
◆ Dans le secteur de l'aéroport, établissement abritant des chambres sobres, bien entretenues et équipées du double vitrage. La salle à manger, agencée autour d'un puits de lumière (minijardin), possède un sympathique cachet campagnard ; cuisine traditionnelle.

Le Cercle d'Oc 10/20,
6 pl. M. Dassault – ✆ *05 62 74 71 71 – cercledoc@wanadoo.fr*
– Fax 05 62 74 71 72 – Fermé 1er-19 août, 25 déc.-1er janv., sam. et dim. *p. 4* AS **t**
Rest – Menu 34 € bc (déj. en sem.), 50 € bc/58 € bc
◆ Cette jolie ferme du 18e s. est un îlot de verdure au cœur d'une zone commerciale. Élégantes salles à manger aux allures de club anglais, bar-billard et belle terrasse d'été.

Le Pré Carré 25,
aéroport Toulouse-Blagnac (2e étage) – ✆ *05 61 16 70 40 – Fax 05 61 16 70 50*
– Fermé 15 juil.-19 août, sam. et dim. *p. 4* AS **n**
Rest – *(déj. seult)* Menu 42 € – Carte environ 58 €
◆ Face aux pistes, plaisant restaurant d'aérogare installé dans l'enceinte d'une brasserie. Décor design où dominent le bois et les tons rouges. Carte au goût du jour.

Le Bistrot Gourmand
1 bd Firmin Pons – ✆ *05 61 71 96 95 – le-bistrot-gourmand@wanadoo.fr*
– Fax 05 61 15 68 21 – Fermé 4-27 août, 23 déc.-2 janv., sam. midi, dim., lundi et fériés *p. 4* AS **v**
Rest – Menu (11 €), 13/25 € – Carte 35/59 €
◆ Tournées vers le vieux village, deux salles de restaurant agencées sur deux niveaux. Sympathique terrasse à l'étage. Cuisine selon le marché et prix sages.

à Seilh **15 km par** ⑧ – **2 086 h.** – **alt. 133 m** – ✉ **31840**

Latitudes Golf de Seilh ch, ch,
rte Grenade – cuisinette 2/150,
✆ *05 62 13 14 15 – toh@latitudes-hotels.com – Fax 05 61 59 77 97*
116 ch – 85/140 € 85/140 €, 12 €, 56 studios – **Rest** – Menu 25 € – Carte 30/53 €
◆ Ce vaste complexe hôtelier ouvert sur deux parcours de golf accueille de nombreux séminaires et séjours sportifs. Possibilité de location de studios et d'appartements. Restaurant décoré sur le thème de l'Aéropostale ; cuisine aux accents du Sud-Ouest.

TOUQUES – **14 Calvados** – **303** M3 – **rattaché à Deauville**

LE TOUQUET-PARIS-PLAGE – **62 Pas-de-Calais** – **301** C4 – **5 299 h.** – **alt. 5 m** – **Casino : du Palais** BZ, **les 4 Saisons AYZ** – ✉ **62520**
Nord Pas-de-Calais Picardie 30 **A2**

Paris 242 – Abbeville 58 – Arras 99 – Boulogne-sur-Mer 30 – Calais 68
Office de tourisme, place de l'Hermitage ✆ 03 21 06 72 00, Fax 03 21 06 72 01
du Touquet Avenue du Golf, S : 2 km, ✆ 03 21 06 28 00.

Plan page ci-contre

Westminster rest, rest, 25/450,
av. Verger – ✆ *03 21 05 48 48*
– reception@westminster.fr – Fax 03 21 05 45 45 BZ **a**
115 ch – 76/225 € 104/250 €, 16 € – 1 suite
Rest *Le Pavillon* – *(fermé 2 janv.-31 mars et mardi sauf juil.-août) (dîner seult)* Menu 50/120 € bc – Carte 64/93 €
Rest *Les Cimaises* – ✆ *03 21 06 74 95* – Menu (30 € bc), 35 € – Carte 46/71 €
Spéc. Vinaigrette de langoustines et couteaux. Homard rôti dans sa coque, sauce mousseuse au curcuma. Riz au lait, œuf poché et glace caramel.
◆ Séduisant palace des années 1930 en briques roses. Hall (superbes ascenseurs), salon et chambres de style Art déco. Terrasse prisée en été. Cuisine classique revisitée et remarquable carte des vins au Pavillon. Buffets et plats de brasserie aux Cimaises.

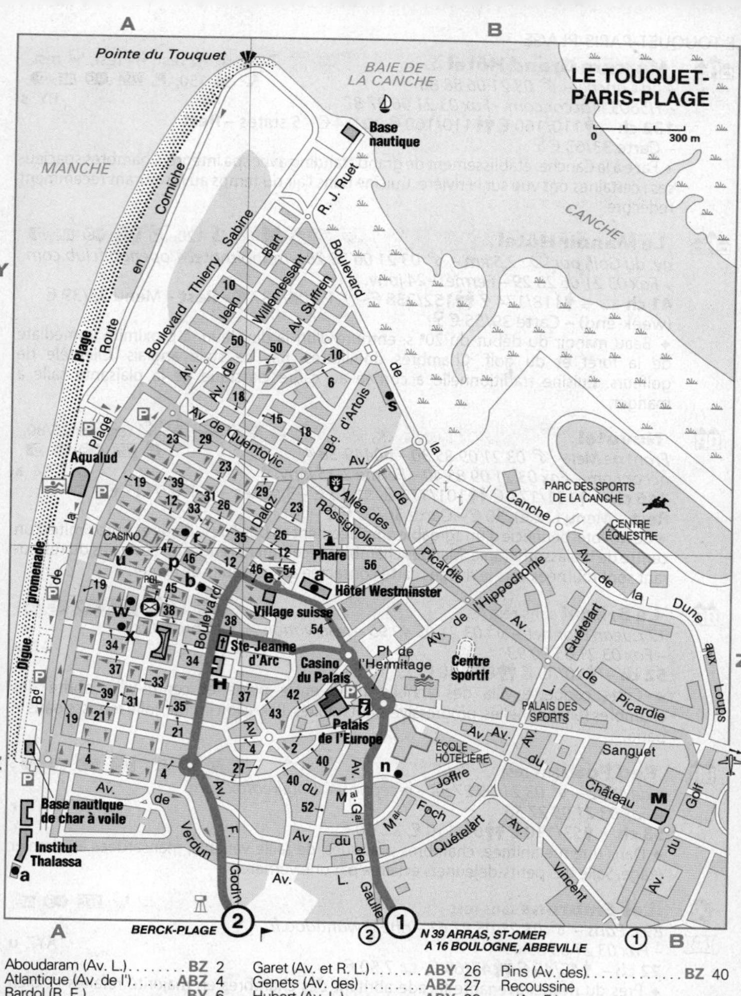

Holiday Inn

av. Mar. Foch – ✆ 03 21 06 85 85 – hotel@holidayinnletouquet.com – Fax 03 21 06 85 00

ch, rest, ch, rest, 25/120, P VISA — BZ **n**

54 ch – †145/175 € ††195/235 €, ☕ 16 € – 2 suites, 32 duplex – ½ P 105/149 €

Rest ***Le Picardy*** – Menu (19 €), 36 € ♀

◆ En lisière de forêt, bâtiment récent dont les chambres, fonctionnelles, sont desservies par une galerie fleurie ; celles de la catégorie "privilège" viennent d'être rénovées. Parquet et plantes vertes apportent une petite touche d'originalité à la belle salle à manger en rotonde. Carte traditionnelle.

Mercure Grand Hôtel rest, rest, rest,
4 bd Canche – 03 21 06 88 88 150,
– H5605@accor.com – Fax 03 21 06 87 87 BY **s**
132 ch – 110/160 € 110/160 €, 14 € – 5 suites – **Rest** – Carte 33/63 €
◆ Face à la Canche, établissement de grand standing avec spa intégré. Chambres spacieuses ; certaines ont vue sur la rivière. Cuisine dans l'air du temps au restaurant récemment redécoré.

Le Manoir Hôtel 120,
av. du Golf, par ② : 2,5 km – 03 21 06 28 28 – manoirhotel@opengolfclub.com – Fax 03 21 06 28 29 – Fermé 2-24 janv.
41 ch – 118/174 € 152/238 € – ½ P 106/137 € – **Rest** – Menu 33/39 € (week-end) – Carte 39/55 €
◆ Beau manoir du début du 20e s. entouré d'un jardin fleuri, à proximité immédiate de la forêt et du golf. Chambres douillettes. Bar de style anglais. Clientèle de golfeurs. Cuisine traditionnelle accordée au cadre classique de la plaisante salle à manger.

Novotel rest, rest, 25/80,
Front de Mer – 03 21 09 85 30 – h0449-SB@accor.com – Fax 03 21 09 85 40 – Fermé 2-15 janv. AZ **a**
146 ch – 101/171 € 101/171 €, 13 € – 3 suites – ½ P 87/117 € – **Rest** – Menu (22 €), 30 € – Carte 30/55 €
◆ Ce Novotel bénéficie d'un agréable emplacement au bord de la plage et à proximité d'un centre de thalassothérapie. Menues chambres récemment rénovées. Les baies du restaurant sont tournées vers le rivage ; carte consacrée aux produits de la mer.

Le Bristol sans rest
17 r. Jean Monnet – 03 21 05 49 95 – reservation@hotelbristol.fr – Fax 03 21 05 90 93 AZ **x**
52 ch – 70/85 € 80/140 €, 10 €
◆ Cette coquette villa des années 1920, entre plage et centre-ville, abrite des chambres fonctionnelles, progressivement refaites. Bar-salon intime, jolie terrasse dans le patio.

Red Fox sans rest
r. de Metz – 03 21 05 27 58 – reception@hotelredfox.com – Fax 03 21 05 27 56 AY **r**
53 ch – 53/110 € 65/110 €, 10 €
◆ Dans une rue animée, chambres pratiques, de taille variable, mansardées au dernier étage. Salle des petits-déjeuners éclairée par une verrière.

Les Embruns sans rest
89 r. Paris – 03 21 05 87 61 – nhe@wanadoo.fr – Fax 03 21 05 85 09 AYZ **u**
22 ch – 45/49 € 47/65 €, 7,50 €
◆ Près du rivage, avenante façade abritant des chambres en majorité refaites et bien tenues ; celles ouvrant sur l'arrière sont plus calmes. Petit salon-bibliothèque.

Windsor sans rest
7 r. Saint-Georges – 03 21 05 05 44 – reservations@hotel-windsor.fr – Fax 03 21 05 75 81 – Fermé 3-31 janv. AZ **w**
28 ch – 50/60 € 60/70 €, 8 €
◆ Cet hôtel jouxtant la plage dispose de chambres neuves dont l'ampleur varie du simple au quadruple. Plaisant salon ; salle de petit-déjeuner au plafond de stuc peint.

La Forêt sans rest
73 r. Moscou – 03 21 05 09 88 – Fax 03 21 05 59 40 – Fermé 15 déc.-15 janv. AZ **b**
10 ch – 45/59 € 53/59 €, 7 €
◆ Des chambres rénovées, fonctionnelles et tranquilles et une sympathique salle des petits-déjeuners font le succès de cet hôtel familial idéalement situé en centre-ville.

XX **Le Village Suisse**

52 av. St-Jean – ✆ 03 21 05 69 93 – Fax 03 21 05 66 97 – Fermé 20 nov.-6 déc., dim. soir d'oct. à avril, mardi midi de sept. à juin et lundi BZ **e**

Rest – Menu 26 € (sauf sam. soir)/50 € – Carte 41/67 €

◆ Cette villa construite en 1905 pour la fille d'un richissime Suisse abrite un plaisant restaurant et une belle terrasse aménagée sur le toit de boutiques d'antiquités.

XX **Le Paris**

88 r. Metz – ✆ 03 21 05 79 33 – Fermé vacances de Noël, mardi soir et dim. soir d'oct. à mars et merc. AZ **p**

Rest – Menu 17 € (sem.)/37 € – Carte 27/48 €

◆ Situation très centrale et décor contemporain mariant avec bonheur tons rouge et chocolat pour ce restaurant où vous savourerez des recettes dans l'air du temps.

à Trépied par ① : 3 km – ✉ **62780 Cucq**

Relais de l'Espérance sans rest

– ✆ 03 21 94 62 99 – contact@hotel-relais-de-l-esperance.com – Fax 03 21 94 53 10 – Fermé 22 déc.-1er fév. et dim. soir de nov. à mars

10 ch – †30/50 € ††40/60 €, ☕ 8 €

◆ Votre espoir d'un bon accueil ne sera pas déçu : non loin de l'aéroport du Touquet, des chambres actuelles et insonorisées vous attendent dans une atmosphère conviviale.

à Stella-Plage par ② : 7 km – ✉ **62780 Cucq**

Office de tourisme, 1397 place des États-Unis ✆ 03 21 09 04 32

Des Pelouses

bd E. Labrasse – ✆ 03 21 94 60 86 – hotel.des.pelouses@wanadoo.fr – Fax 03 21 94 10 11 – Fermé 20 déc.-1er fév., dim. soir et lundi hors saison et vacances scolaires

24 ch – †56/64 € ††58/71 €, ☕ 8 € – ½ P 55/60 € – **Rest** – Menu 22/35 € – Carte 25/51 €

◆ Nombreuses rénovations entreprises dans cette construction cubique située à 1 800 m de la plage. Chambres nettes, plus spacieuses sur l'arrière. Les recettes régionales figurent en bonne place sur l'appétissante carte proposée dans la sobre salle à manger.

Nous essayons d'être le plus exact possible dans les prix que nous indiquons. Mais tout bouge ! Lors de votre réservation, pensez à vous faire préciser le prix du moment.

TOURCOING – **59 Nord** – **302** G3 – **93 540 h.** – **alt. 37 m** – ✉ **59200**
Nord Pas-de-Calais Picardie 31 **C2**

Paris 234 – Kortrijk 19 – Gent 61 – Lille 17 – Oostende 81 – Roubaix 5

Office de tourisme, 9 rue de Tournai ✆ 03 20 26 89 03, Fax 03 20 24 79 80

des Flandres à Marcq-en-Barœul 159 boulevard Clémenceau, par N 350 : 9 km, ✆ 03 20 72 20 74.

Accès et sorties : voir plan de Lille

Plans pages suivantes

Novotel ch, ch, 10/250,

r. Vertuquet, au Nord près échangeur de Neuville-en-Ferrain (sortie 18) ✉ 59535 Neuville-en-Ferrain – ✆ 03 20 28 88 00 – h0451@accor.com – Fax 03 20 28 88 10 *plan de Lille* HR **e**

108 ch – †69/91 € ††69/98 €, ☕ 11,50 € – **Rest** – Menu 29 € bc/44 € bc – Carte 21/33 €

◆ Installé à 300 m de la frontière belge, hôtel bénéficiant peu à peu des nouvelles normes de la chaîne. Optez pour une chambre rénovée, plus actuelle et confortable. L'affairement des cuisines est visible depuis la salle, ouverte sur la terrasse et la piscine.

TOURCOING

Rue	Carré	N°
Allende (Bd Salvador)	BY	2
Anges (R. des)	BYZ	3
Austerlitz (R. d')	ABZ	4
Bienfaisance (R. de la)	BY	6
Brun Pain (R. du)	AY	
Buisson (R. Ferdinand)	BZ	7
Chateaubriand (R.)	CZ	8
Cherbourg (Quai de)	BZ	9
Clavell (Pl. Miss)	BY	10
Cloche (R. de la)	BY	12
Condorcet (R.)	BY	13
Courbet (R. de l'Amiral)	BY	15
Croix Blanche (R. de la)	CX	16
Croix Rouge (R. de la)	CXY	
Delobel (R.)	BY	18
Doumer (R. Paul)	BY	19
Dron (Av. Gustave)	BZ	
Duguay-Trouin (R.)	CY	21
Faidherbe (R.)	BZ	22
Famelart (R.)	BZ	24
La-Fayette (Av.)	BZ	33
Froissart (R. Jean)	AY	25
Gambetta (Bd)	BZ	27
Gand (R. de)	BXY	
Grand'Place	BY	28
Hassebroucq (Pl. V.)	BY	30
Hénaux (R. Marcel)	BXY	31
Leclerc (R. du Gén.)	BY	36
Lefrançois (Av. Alfred)	CZ	37
Marne (Av. de la)	BZ	39
Marseille (Quai de)	BZ	40
Menin (R. de)	BXY	
Millet (Av. Jean)	AY	42
Moulin Fagot (R. du)	BY	43
Nationale (R.)	ABY	
Péri (R. Gabriel)	BY	45
Petit Village (R. du)	AY	46
Pompidou (Av. G.)	BZ	48
Pont de Neuville (R. du)	CX	49
République (Pl. de la)	BY	51
Résistance (Pl. de la)	BY	52
Ribot (R. Alexandre)	BY	54
Roosevelt (R. F.)	BY	55
Roussel (Pl. Ch.-et-A.)	BY	57
St-Jacques (R.)	BY	58
Sasselange (R. Ed.)	BZ	60
Testelin (R. A.)	CX	61
Thiers (R.)	BZ	63
Tournai (R. de)	BY	64
Turenne (R.)	BZ	66
Ursulines (R. des)	BYZ	68
Victoire (Pl. de la)	BZ	69
Wailly (R. de)	BY	70
Wattine (R. Ch.)	BZ	72

WATTRELOS

Rue	Carré	N°
Vaneslander (R. M.)	CZ	67

Ibis
ch,

r. Carnot – ✆ 03 20 24 84 58 – h0642@accor.com – Fax 03 20 26 29 58 BZ **s**

102 ch – 49/63 € 49/63 €, 7 € – **Rest** – Menu (10 €), 20/31 €

◆ Cet immeuble jouit d'une situation centrale convenant à ceux qui souhaitent profiter de l'animation urbaine. Préférez les chambres refaites. La carte du restaurant propose des recettes traditionnelles françaises et quelques plats plus exotiques.

La Baratte
4/20,

395 r. Clinquet – ✆ 03 20 94 45 63 – la.baratte@wanadoo.fr – Fax 03 20 03 41 84 – Fermé 31 juil. -20 août, sam. midi, dim. soir et lundi *plan de Lille* HR **d**

Rest – Menu 20 € (sem.)/78 € bc – Carte 37/57 €

◆ Accueillante salle à manger d'esprit rustique, en partie ouverte sur le jardin, cuisine à la fois généreuse et gourmande : zéro faute pour cette ancienne boucherie familiale !

LA TOUR-D'AIGUES – 84 Vaucluse – 332 G11 – 3 860 h. – alt. 250 m – ✉ 84240

▮ Provence 40 **B2**

▶ Paris 752 – Aix-en-Provence 29 – Apt 35 – Avignon 81 – Digne-les-Bains 92

ℹ Office de tourisme, le Château ✆ 04 90 07 50 29, Fax 04 90 07 35 91

Le Petit Mas de Marie – ch, P VISA MC AE

quartier Revol, rte Pertuis : 1 km – ✆ 04 90 07 48 22 – lepetitmasdemarie@wanadoo.fr – Fax 04 90 07 34 26 – Fermé vacances de la Toussaint et de fév.

15 ch – †42/61 € ††46/65 €, ☕ 10 € – ½ P 78/97 € – **Rest** – *(fermé dim. soir et lundi d'oct. à fin mars et sam. midi)* Menu 13,50 € (déj. en sem.), 26/36 € – Carte 29/42 €

◆ Cette accueillante maison du pays d'Aigues est entourée par un paisible jardin. Chambres provençales impeccablement tenues. Salle à manger spacieuse et claire ; terrasse ouverte sur la verdure et bercée par le chant des cigales.

Auberge de la Tour

51 r. A. de Tres – ✆ 04 90 07 34 64 – Fax 04 90 07 34 64 – Fermé 29 oct.-7 nov., 2-10 janv., lundi sauf le soir en saison, sam. midi et dim. soir
Rest – Menu 11 € bc (déj. en sem.), 17/24 € – Carte 28/36 €
◆ À proximité de l'église du bourg, restaurant tout simple au décor rustique et à l'ambiance décontractée, où se mitonnent des petits plats fleurant bon la Provence.

LA TOUR-D'AUVERGNE – 63 Puy-de-Dôme – 326 D9 – 719 h. – alt. 1 000 m – ✉ 63680 Auvergne 5 B2

Paris 477 – La Bourboule 13 – Clermont-Ferrand 58 – Issoire 60
Office du Tourisme, rue de la Pavade ✆ 0473217978, Fax 0473217970

La Terrasse ch, VISA

– ✆ 04 73 21 50 29 – Fax 04 73 21 56 60 – Ouvert 11 fév.-9 mars, 1er avril-29 sept., 24 déc.-7 janv.
28 ch – 30/41 € 41/50 €, 6 € – ½ P 41/45 € – **Rest** – Menu 12/25 € – Carte 14/21 €
◆ Au cœur du village, imposante maison du début du 18e s. restaurée. La salle des petits-déjeuners a conservé son cadre d'origine. Le salon TV ressemble à un petit cinéma. Cuisine régionale sans façon à déguster dans une salle de style pension de famille.

TOUR-DE-FAURE – 46 Lot – 337 G5 – rattaché à St-Cirq-Lapopie

LA TOUR-DU-PIN – 38 Isère – 333 F4 – 6 553 h. – alt. 350 m – ✉ 38110 Lyon et la vallée du Rhône 45 C2

Paris 516 – Aix-les-Bains 57 – Chambéry 51 – Grenoble 67 – Lyon 55 – Vienne 57
Office de tourisme, rue de Châbons ✆ 04 74 97 14 87, Fax 04 74 83 34 74
du Château de Faverges à Faverges-de-la-TourE : 9 km par N 516, ✆ 04 74 88 89 51.

Le Relais de la Tour ch, ch, cuisinette

Av. Gén. de Gaulle – ✆ 04 74 83 31 31 20/70, VISA
– relais.latour@wanadoo.fr – Fax 04 74 97 87 01
60 ch – 65 € 78/98 €, 9,50 € – ½ P 65 € – **Rest** – *(fermé sam. midi et dim. soir)* Menu (15 €), 18 € – Carte 20/42 €
◆ Ce grand bâtiment des années 1970 dominant la ville a été refait à neuf. Les chambres, actuelles et confortables, bénéficient du calme jardin et de la piscine. Fitness. Décor "tendance" au restaurant (boiseries sombres, mobilier design). Carte au goût du jour.

à St-Didier-de-la-Tour Est : 3 km par N 6 – 1 419 h. – alt. 380 m – ✉ 38110

Ambroisie VISA

bord du lac – ✆ 04 74 97 25 53 – ambroisie2@wanadoo.fr – Fax 04 74 97 01 93 – Fermé jeudi midi et merc.
Rest – Menu 16 € (déj. en sem.), 36/69 € – Carte 49/105 €
◆ À la campagne, pavillon bordant un lac. Salle à manger-véranda cossue et terrasse sous les platanes où l'on sert une cuisine au goût du jour parsemée de touches provençales.

TOURNEFEUILLE – 31 Haute-Garonne – 343 G3 – rattaché à Toulouse

---

TOURNON-SUR-RHÔNE – 07 Ardèche – 332 B3 – 9 946 h. – alt. 125 m – ✉ 07300 Lyon et la vallée du Rhône 43 E2

Paris 545 – Grenoble 98 – Le Puy-en-Velay 104 – St-Étienne 77 – Valence 18 – Vienne 60
Office de tourisme, 2 place Saint-Julien ✆ 04 75 08 10 23
Terrasses★ du château B - Route panoramique★★★ B.

Plan : voir à Tain-l'Hermitage

Les Amandiers sans rest — 30, VISA AE

13 av. Nîmes – ✆ 04 75 07 24 10 – info@hotel-amandiers.com – Fax 04 75 07 06 30 – Fermé 21 déc.-6 janv. — C n

25 ch – †54/59 € ††59/69 €, ☕ 8 €

♦ Pavillon moderne fréquenté par la clientèle d'affaires en semaine. Chambres refaites, climatisées, bien insonorisées et équipées de grandes salles de bains.

Azalées — ch, rest, 25, VISA

6 av. Gare – ✆ 04 75 08 05 23 – info@hotel-azalees.com – Fax 04 75 08 18 27 – Fermé 29 oct.-5 nov. et 22 déc.-3 janv. — B s

37 ch – †48 € ††48 €, ☕ 7,50 € – **Rest** – *(fermé dim. soir du 15 oct. au 15 mars)* Menu 18/33 € – Carte 20/28 €

♦ Entre gare et centre-ville, chambres aménagées dans deux bâtiments situés de part et d'autre d'une cour ; choisir les plus récentes. Gratin de ravioles, picodon, senteurs de thym, etc. : la table affiche ouvertement son attachement au terroir. Petite terrasse.

Le Chaudron — VISA AE

7 r. St-Antoine – ✆ 04 75 08 17 90 – Fax 04 75 08 06 61 – Fermé 1er-21 août, 23 déc.-7 janv., mardi soir, jeudi soir et dim. — B r

Rest – Menu 25/35 € – Carte 30/50 €

♦ Boiseries foncées, banquettes en skaï vert et agréable terrasse composent le cadre de ce sympathique bistrot. Goûteuse cuisine du terroir et riche carte de côtes-du-rhône.

TOURNUS – 71 Saône-et-Loire – 320 J10 – 6 231 h. – alt. 193 m – ✉ 71700

Bourgogne — 8 C3

- Paris 360 – Bourg-en-Bresse 70 – Chalon-sur-Saône 28 – Mâcon 37
- Office de tourisme, 2 place Carnot ✆ 03 85 27 00 20, Fax 03 85 27 00 21
- Abbaye★★.

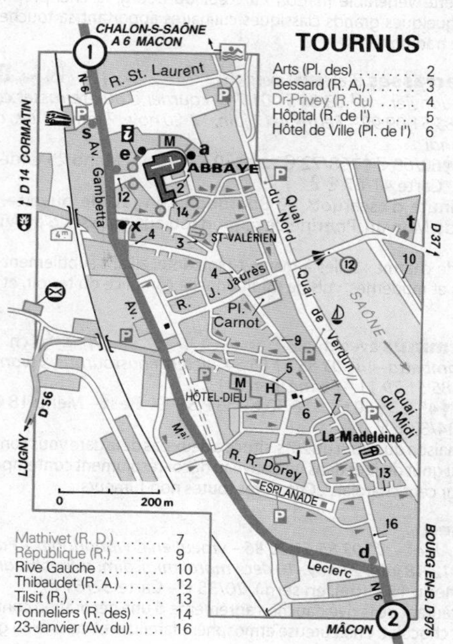

Hôtel de Greuze sans rest 15,
5 pl. Abbaye – ✆ 03 85 51 77 77 – hoteldegreuze@free.fr – Fax 03 85 51 77 23 e
21 ch – 115/300 € 145/350 €, 26 €
◆ Le clocher de St-Philibert domine cette belle demeure bressane rénovée. Décor raffiné dans les chambres, dont chacune adopte un style différent : Louis XVI, Directoire, Empire... Quelques-unes ont vue sur l'abbaye. Une adresse ne manquant pas de distinction.

Le Rempart 40/40,
2 av. Gambetta – ✆ 03 85 51 10 56 – lerempart@wanadoo.fr – Fax 03 85 51 77 22 x
34 ch – 80/120 € 95/135 €, 16 € – 11 suites – ½ P 95/155 €
Rest – Menu 30 € (déj.), 40/78 € – Carte 56/83 €
Rest *Le Bistrot* – Menu 21/25 € – Carte 26/35 €
◆ Sur l'ancien rempart de Tournus, maison du 15e s. dont presque toutes les chambres sont refaites dans un esprit contemporain (matériaux nobles, beaux équipements). Restaurant cossu ; vestiges romans et cuisine bien troussée. Petite carte du terroir au Bistrot.

La Tour du Trésorier sans rest
9 pl. Abbaye – ✆ 03 85 27 00 47 – michel.vialle@worldonline.fr – Fax 03 85 27 00 48 – Fermé janv. a
5 ch – 120/170 € 130/180 €
◆ Cette belle maison d'origine médiévale, flanquée d'une puissante tour, fait face à l'abbaye et jouxte le musée bourguignon. Accueil avenant, salon cossu et chambres de charme.

Rest. Greuze (Couturier)
1 r. A. Thibaudet – ✆ 03 85 51 13 52 – greuze@wanadoo.fr – Fax 03 85 51 75 42 – Fermé 12 nov.-8 déc. e
Rest – Menu 50 € (déj. en sem.), 95/105 € – Carte 85/129 €
Spéc. Foie gras de canard à la croque de caramel. Saint-Pierre rôti à l'os à moelle. Carré de cochon de lait rôti à la sauge. **Vins** Mâcon-Villages, Givry.
◆ Dans cette vénérable maison au cœur du bourg, le chef-propriétaire revisite avec bonheur quelques grands classiques culinaires apportant sa touche personnelle à une cuisine de tradition.

Aux Terrasses (Carrette) avec ch
18 av. 23-Janvier – ✆ 03 85 51 01 74 – courrier@aux-terrasses.com – Fax 03 85 51 09 99 – Fermé 4-12 juin, 12-20 nov., 7 janv.-5 fév., dim. soir, mardi midi et lundi d
18 ch – 60/68 € 68/72 €, 9,50 € – **Rest** – Menu 25 € (déj. en sem.), 29/58 € – Carte 41/67 €
Spéc. Minute d'escargots de Bourgogne en raviole ouverte. Sandre bardé au jambon du Morvan. Poitrine de pigeon rôti aux gousses d'ail. **Vins** Mâcon-Uchizy, Givry.
◆ Étape de charme : salles à manger pimpante, alliant subtilement touches classiques, baroques et modernes, cuisine traditionnelle complice du terroir, et chambres insonorisées.

Le Terminus avec ch ch,
21 av. Gambetta – ✆ 03 85 51 05 54 – leterminustournus@wanadoo.fr – Fax 03 85 51 79 11 – Fermé merc. s
13 ch – 45 € 60 €, 8,50 € – ½ P 59 € – **Rest** – Menu 18 € (sem.)/42 € – Carte 34/57 €
◆ Cette maison du début du 20e s. située à deux pas de la gare vous convie aux plaisirs d'une cuisine au goût du jour dans un nouveau décor résolument contemporain. Original menu "cent pour cent charolais". Chambres toutes non-fumeurs.

Meulien
1 bis av. Alpes – ✆ 03 85 51 20 86 – vmeulien@wanadoo.fr – Fax 03 85 51 20 86 – Fermé 12-18 juin, 27 nov.-10 déc., mardi midi, dim. soir et lundi t
Rest – Menu 15 € (déj. en sem.), 20/35 € – Carte 32/61 €
◆ Ce restaurant de la rive gauche s'agrémente d'une décoration contemporaine aux tons crème et chocolat. Chaleureuse atmosphère familiale et cuisine au goût du jour soignée.

au Villars 4 km au Sud par N 6 et D 210 – 235 h. – alt. 184 m – ✉ 71700

L'Auberge des Gourmets

pl. Église – ✆ *03 85 32 58 80 – laubergedesgourmets@orange.fr – Fax 03 85 51 08 32 – Fermé 6-13 juin, 29 oct.-7 nov., 24-27 déc., 7-31 janv., dim. soir, mardi soir et merc. sauf fériés*

Rest – Menu 20 € (sem.)/45 € – Carte 34/53 €

◆ Petite auberge à façade jaune où l'on vient faire des repas traditionnels personnalisés sous les poutres peintes d'une salle dont le bel appareil de pierres nues est égayé par des expositions picturales temporaires. Accueil et service avenants.

à Brancion 14 km à l'Ouest par D 14 – ✉ 71700 Martailly-les-Brancion

Donjon du château ≤★.

La Montagne de Brancion

≤ monts du Mâconnais, rest, rest, 15, VISA

au col de Brancion – ✆ *03 85 51 12 40 – lamontagnedebrancion@wanadoo.fr – Fax 03 85 51 18 64 – Ouvert de mi-mars à mi-nov.*

19 ch – 80/100 € 100/210 €, 16 € – ½ P 131/161 € – **Rest** – *(fermé lundi midi, mardi midi et merc. midi)* Menu 28 € (déj. en sem.), 48/75 € – Carte 69/97 €

◆ Cette charmante demeure perchée sur la colline face au vignoble offre une vue agréable sur les monts du Mâconnais. Chambres aux couleurs gaies, calmes et très bien tenues. Beau panorama au restaurant où l'on sert une cuisine actuelle, généreuse et goûteuse.

TOURRETTES – 83 Var – 340 P4 – 2 180 h. – alt. 350 m – ✉ 83440

Côte d'Azur

41 C3

Paris 884 – Castellane 56 – Draguignan 31 – Fréjus 35 – Grasse 26

Auberge des Pins

ch, rest, cuisinette VISA AE

Domaine Le Chevalier, Sud : 2 km sur D 19 – ✆ *04 94 76 06 36 – auberge.des.pins@wanadoo.fr – Fax 04 94 76 27 50*

8 ch – 54/59 € 54/90 €, 9 € – ½ P 62/70 € – **Rest** – *(fermé dim.)* Menu 28 € – Carte 27/46 €

◆ Dans un domaine disposant de nombreux équipements de loisirs, chambres actuelles et studios en duplex répartis dans trois pavillons. Le décor de la salle à manger rappelle en tout point le paysage alentour. Cuisine locale et grillades au feu de bois (uniquement le soir).

au Sud 6 km sur D 56 – ✉ 83440 Tourrettes

Four Seasons Resort Provence at Terre Blanche

Spa, 36, rest, ch, rest, 25/150, VISA AE

Domaine de Terre Blanche – ✆ *04 94 39 90 00 – reservations.provence@fourseasons.com – Fax 04 94 39 90 01 – Fermé 6 janv.-13 fév.*

110 suites – 265/895 €, 45 €

Rest *Faventia* – voir ci-après

Rest *Lounge* – *(fermé 8 janv.-12 fév.)* Menu (38 €), 48 € – Carte 49/76 €

Rest *Club House* – club-house *(déj. seult)* Menu (29 €), 38 € – Carte 34/54 €

Rest *Tousco Grill* – grill *(ouvert 1er juin-30 sept. et fermé mardi et merc.)* Menu 35/59 €

◆ Magnifique complexe hôtelier sur un domaine comprenant 2 golfs 18 trous, une grande demeure provençale et 45 villas abritant de vastes suites superbement aménagées. Saveurs du Sud au Lounge. Au Club House, salades et grillades. Au Tousco Grill, côté piscine, formule grill et buffets.

Faventia – Hôtel Four Seasons Resort at Terre Blanche

25/150, VISA AE

– ✆ *04 94 39 90 00 – reservations.provence@fourseasons.com – Fax 04 94 39 90 01 – Fermé 18 nov.-17 déc., 30 déc.-3 mars, dim. et lundi*

Rest – *(dîner seult)* Menu 68/120 € – Carte 83/124 €

Spéc. Tranche épaisse d'aubergine grillée, rouget de roche en persillade de cagouille (printemps). Tronçon de turbot cuit en cocotte aux feuilles de figuier (été). Déclinaison de fruits rouges et noirs (été). **Vins** Côtes de Provence.

◆ Plaisante salle à manger contemporaine, agréable terrasse dominant la vallée et offrant de belles échappées sur des villages perchés et cuisine méridionale au goût du jour.

TOURRETTES-SUR-LOUP – 06 Alpes-Maritimes – 341 D5 – 3 870 h. – alt. 400 m – ✉ 06140 Côte d'Azur 42 E2

Paris 929 – Grasse 18 – Nice 29 – Vence 6

Office de tourisme, 2 place de la Libération ☎ 04 93 24 18 93, Fax 04 93 59 24 40

Vieux village★ - ≤★ sur le village de la route des Quenières.

Résidence des Chevaliers sans rest ≤ village et côte,

rte Caire – ☎ 04 93 59 31 97 – hoteldeschevaliers06@wanadoo.fr – Fax 04 93 59 27 97 – Ouvert 1er avril-1er oct.

12 ch – †90 € ††120/200 €, ☐ 14 €

◆ Cette bâtisse en pierre joliment fleurie ménage une vue sur le village médiéval et sur la côte. Chambres de style rustique. Petit-déjeuner servi sur une plaisante terrasse.

La Demeure de Jeanne sans rest

907 rte Vence – ☎ 04 93 59 37 24 – yolande6@libertysurf.fr – Fax 04 93 24 39 95 – Ouvert mars-oct.

4 ch ☐ – †100/150 € ††100/150 €

◆ Villa typique vous logeant au calme dans ses chambres personnalisées. Jardin peuplé d'oliviers, panorama azuréen, salon très "cosy", petit-déj' au bord de la piscine l'été.

Histoires de Bastide sans rest

chemin du Moulin à Farine – ☎ 04 93 58 96 49 – histoiresdebastide@wanadoo.fr – Fax 04 93 59 08 46

4 ch – †130/190 € ††130/190 €, ☐ 15 €

◆ Ambiance provençale raffinée dans cette bastide pétrie de charme. Ravissantes chambres nommées d'après l'œuvre de Pagnol. Terrasse, belle piscine et oliviers vénérables au jardin.

Les Bacchanales

21 Grand-Rue – ☎ 04 93 24 19 19 – dufau5@wanadoo.fr – Fax 04 93 24 12 17 – Fermé 25 juin-1er juil., 15 nov.-26 déc., lundi de nov. à fév., mardi et merc.

Rest – *(nombre de couverts limité, prévenir)* Menu 26 € (déj. en sem.), 38/48 €

◆ Petit "bistrot gourmet" proposant un menu-carte à l'ardoise, ambitieux et créatif. Cadre rustico-contemporain rehaussé de tableaux très modernes réalisés par la patronne.

Médiéval

6 Grande rue – ☎ 04 93 59 31 63 – Fermé 15 déc.-15 janv., merc. et jeudi

Rest – Menu 18/28 € – Carte 38/51 €

◆ Restaurant familial situé dans une ruelle du ravissant vieux village investi par artistes et artisans. Longue salle rustique où l'on sert une généreuse cuisine traditionnelle.

TOURS Ⓟ – 37 Indre-et-Loire – 317 N4 – 132 820 h. – Agglo. 297 631 h. – alt. 60 m – ✉ 37000 Châteaux de la Loire 11 B2

Paris 237 – Angers 124 – Bordeaux 346 – Le Mans 84 – Orléans 117

de Tours-Val de Loire ☎ 02 47 49 37 00, NE : 7 km U.

Office de tourisme, 78 - 82 rue Bernard Palissy ☎ 02 47 70 37 37, Fax 02 47 61 14 22

de Touraine à Ballan-Miré Château de la Touche, SO : 10 km par D 751, ☎ 02 47 53 20 28 ; d'Ardrée à Saint-Antoine-du-Rocher, N : 12 km par D 2, ☎ 02 47 56 77 38.

Quartier de la cathédrale★★ : cathédrale St-Gatien★★, musée des Beaux-Arts★★ - La Psalette (cloître St-Gratien)★, Place Grégoire-de-Tours★ - Vieux Tours★★★ : place Plumereau★, hôtel Gouin★, rue Briçonnet★ - Quartier de St-Julien★ : musée du Compagnonnage★★, Jardin de Beaune-Semblançay★ BY **K** - Musée des Équipages militaires et du Train★ V **M**5 - Prieuré de St-Cosme★ O : 3 km V.

CHAMBRAY-LÈS-TOURS

République (Av. de la) . . . . X 88

JOUÉ-LÈS-TOURS

Martyrs (R. des) . . . . X 64
Verdun (R. de) . . . . X 102

ST-AVERTIN

Brulon (R. Léon) . . . . X 14
Lac (Av. du) . . . . X 58
Larçay (R. de) . . . . X 59

ST-CYR-SUR -LOIRE

St-Cyr (Quai de) . . . . V 91

ST-PIERRE-DES-CORPS

Jaurès (Boulevard Jean) . . . . V 57
Moulin (R. Jean) . . . . V 70

TOURS

Alouette (Av. de l') . . . . X 2
Bordeaux (Av. de) . . . . X 51
Bordiers (R. des) . . . . U 9
Boyer (R. Léon) . . . . V 10
Chevallier (R.A.) . . . . V 19
Churchill (Bd W.) . . . . V 20
Compagnons
d'Emmaüs
(Av. des) . . . . U 23
Eiffel (Av. Gustave) . . . . U 37
Gaulle (Av. Gén.-de) . . . . V 44
Giraudeau (R.) . . . . V 46
Grammont (Av. de) . . . . V 47
Groison (R.) . . . . U 54
Marmoutier
(Quai de) . . . . U 63
Monnet (Bd J.) . . . . V 69
Portillon (Quai de) . . . . U 81
Proud'hon (Av.) . . . . V 82
République
(Av. de la) . . . . X 88
St-Avertin (Rte de) . . . . X 89
St-François (R.) . . . . V 92
St-Sauveur (Pont) . . . . V 94
Sanitas (Pont du) . . . . VX 95
Tonnellé (Bd) . . . . V 97
Tranchée (Av. de la) . . . . U 98
Vaillant (R. E.) . . . . V 99
Wagner (Bd R.) . . . . V 105

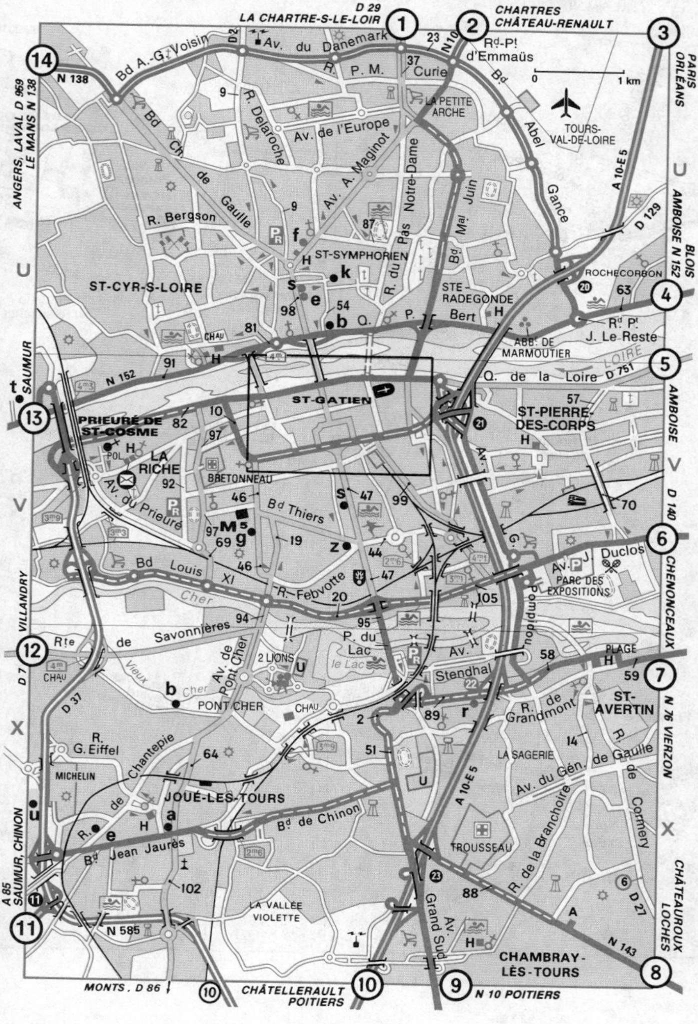

TOURS

Amandiers (R. des) . . . . **CY** 4
Berthelot (R.) . . . . **BCY** 7
Bons Enfants (R. des) . . . . **BY** 8
Bordeaux (R. de) . . . . **CZ**
Boyer (R. Léon) . . . . **AZ** 10
Briçonnet (R.) . . . . **AY** 13
Carmes (Pl. des) . . . . **BY** 16
Châteauneuf (Pl. de) . . . . . . **BY** 17
Châteaunuef (R. de) . . . . . . **AY** 18
Coeur-Navré (Passage du) . **CY** 21
Commerce (R. du) . . . . **BY**
Constantine (R. de) . . . . **BY** 24
Corneille (R.) . . . . **CY** 25
Courier (R. Paul-Louis) . . . . **BY** 27
Courteline (R. G.) . . . . **AY** 28
Cygne (R. du) . . . . **CY** 29
Descartes (R.) . . . . **BZ** 33
Dolve (R. de la) . . . . **BZ** 35
Favre (R. Jules) . . . . **BY** 38
Fusillés (R. des) . . . . **BY** 41
Gambetta (R.) . . . . **BZ** 43
Giraudeau (R.) . . . . **AZ** 46
Grammont (Av. de) . . . . **CZ**
Grand-Marché (Pl. du) . . . . **AY** 49

A B Y Z

Pont Napoléon
0 300 m
ÎLE SIMON
Pont Wilson
BIBLIOTHÈC
Gabares
Promenade des
Pl. A. France
MUSÉE DU COMPAGNONNA
Quai du Pont Neuf
Rue des Tanneurs
U
Jardin François 1er
HÔTEL GOUIN
Rue du Commerce
K
St-Ju
R. de la Victoire
R. Cerisiers
R. Bretonneau
13 73 16 27 24 71 93 56 38 41
M Z
R. du Foch
PL. PLUMEREAU
e
65 78
N. D. LA RICHE
R. du Grd Marché
68 8
R. du Mal
Pl. de la Résistance
b 103 28 49 18 17 65 55
Rue des Halles
R. des Déportés
R.
Rue Victoire
Basilique St-Martin
Pl. Rouget de l'Isle
Pl. des Halles
R. Destouches
R. Néricault
Clocheville
Nationale
43 X
85 33 96
R. Rouget de l'Isle
Bourde
Pl. G. Paillhou
Rue Pl. du 14 Juillet
POL.
R. G. la
Rue H. Barbusse
104
T
R. de la Grandière
Marceau
Rue E. Pallu
J
Rue de Charpentier
Pl. J. Meunier
R. Chanoineau
R. de la Cité A. Mame
J. Delperier
CLOCHEVILLE
R. de Courset
Boulevard Béranger
Pl. N. Frumeaud
R.
Rue
10
Boulevard Béranger
R. Jehan Fouquet
Rue Hugo
Rue Simier
G. d' Entraigu
Pl. St Éloi
U
Victor-
Rue Georget
Rue Sébastopol
b
Rue
Rue
Sanu
46

Jean Bardet ch, 30, VISA AE
57 r. Groison – ☎ 02 47 41 41 11 – sophie@jeanbardet.com – Fax 02 47 51 68 72
– Fermé dim. soir et lundi de nov. à mars U **k**
15 ch – †100/280 € ††100/280 €, ☕ 22 € – 6 suites – **Rest** – *(fermé dim. soir, mardi midi et lundi de nov. à mars, lundi midi, sam. midi et mardi d'avril à oct.)*
Menu 90 € bc/230 € bc – Carte 97/142 €
Spéc. Queues de langoustines et filet de bar dorés à la graisse d'oie. Homard bleu de l'Atlantique à la fleurette tiède de carottes. Capilotade de canard "façon royale". **Vins** Chinon, Bourgueil.
◆ Pavillon Napoléon III (jolie véranda d'époque) et son extension récente édifiée dans le style tourangeau au cœur d'un vaste parc fleuri. Belles chambres personnalisées. Élégant restaurant et agréable terrasse. Cuisine inventive ; cave et potager remarquables.

De l'Univers ch, ch, 20/170, VISA AE
5 bd Heurteloup – ☎ 02 47 05 37 12 – contact@hotel-univers.fr
– Fax 02 47 61 51 80 CZ **u**
85 ch – †197/270 € ††197/270 €, ☕ 18 € – 2 suites
Rest *La Touraine* – *(fermé le midi du 15 juil. au 26 août et dim. sauf le soir d'avril à oct.)* Menu (22 €), 29/39 € – Carte 36/60 €
◆ Fleuron de la grande galerie : les superbes fresques représentant les visiteurs célèbres de l'hôtel depuis 1846. Chambres cossues, luxueuses suites, équipement wi-fi. Cuisine traditionnelle servie dans une salle à manger claire et confortable ; bar feutré.

Mercure Centre sans rest VISA AE
29 r. E. Vaillant – ☎ 02 47 60 40 60 – h3475@accor.com – Fax 02 47 64 74 81
92 ch – †75/90 € ††92/112 €, ☕ 12 € DZ **f**
◆ Cet hôtel récent proche de la gare dispose de chambres entièrement refaites et propices au repos : espace, bonne insonorisation, atmosphère feutrée et couleurs douces.

Central Hôtel sans rest 60, VISA AE
21 r. Berthelot – ☎ 02 47 05 46 44 – bestwestern.centralhotel@wanadoo.fr
– Fax 02 47 66 10 26 – Fermé 23 déc.-1er janv. CY **r**
37 ch – †97/118 € ††118/137 €, ☕ 12 € – 2 suites
◆ Hôtel traditionnel idéalement placé au centre des curiosités et musées du vieux Tours. Toutes les chambres sont rajeunies ; certaines donnent sur un plaisant jardin intérieur.

Le Grand Hôtel sans rest 40, VISA AE
9 pl. Gén. Leclerc – ☎ 02 47 05 35 31 – contact@legrandhoteltours.com
– Fax 02 47 64 10 77 – Fermé 18 déc.-7 janv. CZ **z**
109 ch – †72/93 € ††82/113 €, ☕ 12 €
◆ Cette grande construction des années 1920 héberge des chambres d'ampleurs diverses, mais toutes confortables et bien tenues. Quelques vitraux égaient les salles de bains.

Kyriad sans rest 2/50, VISA AE
65 av. Grammont – ☎ 02 47 64 71 78 – contact@kyriadtours.com
– Fax 02 47 05 84 62 V **s**
50 ch – †76/78 € ††84/86 €, ☕ 8,50 €
◆ Préférez les chambres rénovées avec leurs couleurs chaleureuses et leurs meubles modernes. Petit-déjeuner servi dans une salle de style jardin d'hiver coiffée d'une verrière.

Du Manoir sans rest VISA AE
2 r. Traversière – ☎ 02 47 05 37 37 – manoir37@wanadoo.fr
– Fax 02 47 05 16 00 CZ **a**
19 ch – †48/54 € ††54/60 €, ☕ 7,50 €
◆ Cet hôtel particulier du 19e s. abrite des chambres refaites par étapes (à choisir en priorité), toutes bien tenues. Petits-déjeuners servis dans une jolie salle voûtée.

Au Relais St-Éloi rest, 15/30, VISA AE
8 r. Giraudeau – ☎ 02 47 38 18 19 – relais-st-eloi2@wanadoo.fr
– Fax 02 47 39 05 38 AZ **b**
56 ch – †52/57 € ††62/67 €, ☕ 8 € – **Rest** – *(fermé sam. et dim. de nov. au 15 mars)* Menu 13 € (déj. en sem.), 19/30 € – Carte 20/31 €
◆ Immeuble récent disposant de petites chambres pratiques ; certaines, avec mezzanine, conviennent particulièrement aux familles. Décor sans fioriture et entretien suivi. Salle à manger au cadre actuel ; en cuisine, on interprète un répertoire traditionnel.

Castel Fleuri sans rest — P VISA MC AE

10-12 r. Groison – ✆ 02 47 54 50 99 – hotelcastelfleuri@wanadoo.fr – Fax 02 47 54 86 59 – Fermé 3-9 mars, 22 juil.-5 août, 16-22 fév. et dim. — U b

15 ch – †39/47 € ††47/59 €, ☕ 7 €

◆ Calme, tenue irréprochable, literie neuve et prix sages constituent les points forts des petites chambres du Castel Fleuri, sobre bâtisse située dans un quartier résidentiel.

Du Théâtre sans rest — VISA MC

57 r. Scellerie – ✆ 02 47 05 31 29 – hoteldutheatre.tours@wanadoo.fr – Fax 02 47 61 20 78 — CY t

14 ch – †48/52 € ††52/68 €, ☕ 8 €

◆ Cet immeuble ancien sis face au Grand Théâtre de Tours propose des petites chambres rénovées : tons chaleureux, poutres apparentes, literie neuve et tenue rigoureuse.

Le Cygne sans rest — VISA MC AE

6 r. Cygne – ✆ 02 47 66 66 41 – hotelcygne.tours@orange.fr – Fax 02 47 66 05 13 – Fermé 21 déc.-7 janv. — CY a

16 ch – †52/64 € ††52/64 €, ☕ 7 €

◆ L'un des plus vieux hôtels de Tours (18e s.). Les chambres, refaites, ont conservé leur cachet ancien. Belle cheminée du 16e s. dans le salon. Sympathique ambiance familiale.

Charles Barrier (Lussault) — AC P VISA MC AE

101 av. Tranchée – ✆ 02 47 54 20 39 – charles_barrier@yahoo.fr – Fax 02 47 41 80 95 – Fermé sam. midi et dim. — U e

Rest – Menu 25 € (sem.), 49/85 € – Carte 69/105 €

Spéc. Pavé de mulet de Loire (mai à oct.). Suprême de géline de Touraine au gingembre rose. Pigeonneau du pays de Racan rôti en cocotte. **Vins** Vouvray, Chinon.

◆ L'élégant décor contemporain, la jolie véranda et le jardinet fleuri ajoutent à l'atmosphère raffinée de cette belle demeure bourgeoise. Cuisine traditionnelle personnalisée.

La Roche Le Roy (Couturier) — P VISA MC AE

55 rte St-Avertin – ✆ 02 47 27 22 00 – laroche.leroy@wanadoo.fr – Fax 02 47 28 08 39 – Fermé 28 juil.-25 août, 9-23 fév., dim. et lundi — X r

Rest – Menu 35 € (déj. en sem.), 55/70 € – Carte 56/74 €

Spéc. Dos de sandre rôti sur peau au pain d'épice. Fricassée de homard et abattis de volaille à l'escargot. Poitrine de pigeonneau de Racan "Apicius". **Vins** Montlouis, Bourgueil.

◆ Cette charmante gentilhommière tourangelle vous invite à goûter, dans une atmosphère intime, des spécialités culinaires renouvelées au fil des saisons. Agréable terrasse.

L'Odéon — AC VISA MC AE

10 pl. Gén. Leclerc – ✆ 02 47 20 12 65 – l.odeon@orange.fr – Fax 02 47 20 47 58 – Fermé 30 juil.-19 août et dim. — CZ r

Rest – Menu 23/34 € – Carte 30/50 €

◆ Sympathique restaurant - ouvert en 1893 - situé à proximité de la gare. Une fresque aux chatoyantes couleurs et de belles statues égaient la salle à manger de style Art déco.

La Chope — AC VISA MC AE

25 bis r. Grammont – ✆ 02 47 20 15 15 – Fax 02 47 05 70 51 – Fermé 30 juil.-12 août — CZ f

Rest – Menu (17 €), 19/24 € – Carte 28/49 €

◆ Brasserie chic décorée dans l'esprit Belle Epoque avec banquettes en velours rouge, miroirs et lampes tulipes. La carte propose un large choix de poissons et fruits de mer.

Cap Sud — VISA MC

88 r. Colbert – ✆ 02 47 05 24 81 – Fax 02 45 05 01 26 – Fermé 19 août-5 sept., dim. et lundi — CY d

Rest – Menu (16 €), 18/28 € (dîner) – Carte 28/37 €

◆ L'esprit du Sud souffle sur ce petit restaurant : chaleureux décor aux tons ensoleillés et cuisine au goût du jour à l'accent méridional. Courte carte des vins bien composée.

L'Atelier Gourmand
37 r. Étienne Marcel – ✆ 02 47 38 59 87 – mail@lateliergourmand.fr – Fax 02 47 50 14 23 – Fermé 20 déc.-7 janv., lundi midi, sam. midi et dim. AY **z**

Rest – Menu 20 € – Carte 28/32 €

◆ Cette maison (15e s.) du vieux Tours héberge une charmante petite salle à manger rustique et joliment colorée. Plaisante terrasse dressée dans une cour intérieure.

Le Rif
12 av. Maginot – ✆ 02 47 51 12 44 – Fax 02 47 51 14 50 – Fermé 1er-6 mai, 23 juil.-23 août, merc. soir de sept. à juin, dim. sauf le midi en juil.-août et lundi. U **f**

Rest – Menu (24 € bc) – Carte 20/32 €

◆ Cuisine nord-africaine assortie d'un décor typique égayé de nombreux bibelots marocains et de "lampes-poteries" diffusant une agréable lumière. Accueil aimable.

Charolais (Chez Jean-Michel)
123 r. Colbert – ✆ 02 47 20 80 20 – Fax 02 47 20 80 20 – Fermé 30 avril-9 mai, 6-27 août, 22 déc.-3 janv., sam., dim. et fériés CY **h**

Rest – Menu (12 €), 14,50 € (déj.), 21/28 € – Carte environ 28 €

◆ Coquet bistrot proposant carte traditionnelle ou menu du marché - à découvrir sur ardoise - et une intéressante sélection de vins proposés en bouteille, en pot ou au verre.

Petit Patrimoine
58 r. Colbert – ✆ 02 47 66 05 81 – Fermé dim. et lundi CY **b**

Rest – Menu 15/31 € (dîner) – Carte 22/28 €

◆ L'enseigne est un clin d'œil au livre de cuisine rédigé par la grand-mère du maître des lieux. Vieilles pierres, photos anciennes et plats du terroir font bon ménage.

Les Linottes Gourmandes
13/35,

22 r. Georges Courteline – ✆ 02 47 38 34 82 – Fermé 23 juil.-15 août, 11-18 fév., dim., lundi et fériés AY **b**

Rest – Menu (22 €), 24 €

◆ Le chef de ce restaurant installé dans une maison à colombages n'a rien d'une tête de linotte : les Tourangeaux ont été séduits par ses recettes au goût du jour soignées.

Le Bistrot de la Tranchée
103 av. Tranchée – ✆ 02 47 41 09 08 – charles-barrier@yahoo.fr – Fax 02 47 41 80 95 – Fermé 16 juil.-16 août, dim. et lundi U **s**

Rest – Menu (9 €), 12 € (déj. en sem.), 17/25 € – Carte 24/38 €

◆ Belle façade en bois, décor simple et chaleureux, plats typiques du genre et suggestions du jour inscrites sur ardoise : ce sympathique bistrot fait souvent salle comble.

La Deuvalière
18 r. Monnaie – ✆ 02 47 64 01 57 – ladeuvaliere@wanadoo.fr – Fax 02 47 64 01 57 – Fermé sam. midi, dim. et lundi BY **e**

Rest – Menu (12 €), 15 € (déj. en sem.), 27/31 €

◆ Heureux mariage entre les vieilles pierres d'une maison traditionnelle et le style contemporain (bois sombre, tons orange). Cuisines visibles des clients ; recettes actuelles.

par ② 9 km

Mercure
ch, 20/200,

r. Aviation (Z.I. Milletière) ✉ 37100 Tours – ✆ 02 47 49 55 00 – h1572@accor.com – Fax 02 47 49 55 25

93 ch – 88 € 108 €, 11 €

Rest ***Les Vignes*** – Menu (17 €), 22/26 € bc – Carte environ 22 €

◆ À proximité de l'accès autoroutier, bâtiment à l'architecture moderne abritant des chambres spacieuses et fonctionnelles. Décor très sobre mais tenue rigoureuse. Restaurant éclairé par de grandes baies vitrées et cuisine traditionnelle ancrée dans le terroir.

L'Arche de Meslay
14 r. Ailes ✉ 37210 Parçay-Meslay – ✆ 02 47 29 00 07 – Fax 02 47 29 04 04 – Fermé 29 juil.-21 août, dim. et lundi sauf fériés

Rest – Menu 14/53 € – Carte 40/59 €

◆ Colonnade dressée au centre de la salle à manger, grands miroirs et cuisines visibles de tous caractérisent ce cadre séduisant. Menus régionaux variant selon les saisons.

à Rochecorbon 6 km par ④ – 2 982 h. – alt. 58 m – ✉ 37210

Office de tourisme, place du Croissant ✆ 02 47 52 80 22

Les Hautes Roches 15, VISA

86 quai Loire – ✆ 02 47 52 88 88 – hautes.roches@wanadoo.fr – Fax 02 47 52 81 30 – Fermé 26 janv.-28 mars

15 ch – 140/270 € 140/270 €, 19 € – ½ P 160/215 € – **Rest** – *(fermé dim. soir et lundi)* Menu 48/65 € – Carte 51/67 €

Spéc. Foie gras de canard à la façon d'un nougat. Poissons au beurre blanc nantais. Tarte fine aux pommes caramélisées. **Vins** Vouvray, Bourgueil.

◆ Cet insolite castel du 18e s. surplombant la Loire était autrefois un monastère (le bar actuel occupe l'ancienne cuisine d'été). Belles chambres parfois troglodytiques. Élégante salle de restaurant et sa délicieuse terrasse panoramique tournée vers le fleuve.

à Chambray-lès-Tours 6,5 km au Sud, par rte de Poitiers - X – 10 275 h. – alt. 90 m – ✉ 37170

Novotel ch, ch, 20/200, VISA

Z.A.C. La Vrillonnerie - N 10 – ✆ 02 47 80 18 10 – h0453@accor.com – Fax 02 47 80 18 18

127 ch – 90 € 110 €, 12 € – **Rest** – Carte 18/33 €

◆ Une vaste zone d'activités commerciales entoure cet hôtel où vous choisirez de préférence l'une des chambres rénovées. Équipements conformes aux normes de la chaîne. De larges baies, orientées vers la piscine, éclairent le restaurant ; carte type "Novotel".

à Joué-lès-Tours 5 km au Sud-Ouest, par rte de Chinon – 36 517 h. – alt. 65 m – ✉ 37300

Office de tourisme, 39 avenue de la République ✆ 02 47 80 05 97

Château de Beaulieu rest, 25/80, VISA

67 r. Beaulieu – ✆ 02 47 53 20 26 – chateaudebeaulieu@wanadoo.fr – Fax 02 47 53 84 20 X b

19 ch – 65/95 € 85/135 €, 12 € – ½ P 85/110 € – **Rest** – Menu 27 € (déj. en sem.), 39/77 € – Carte 50/66 €

◆ Un parc paysager entoure cette gentilhommière du 18e s. dont la vue s'étend jusqu'à la cité tourangelle. Mobilier de style dans des chambres spacieuses (10 dans un pavillon). Élégante salle à manger bourgeoise, cuisine classique et bon choix de vins.

Mercure ch, rest, 60, VISA

parc des Bretonnières – ✆ 02 47 53 16 16 – h1788@accor.com – Fax 02 47 53 14 00 X u

75 ch – 90/110 € 90/110 €, 12 € – **Rest** – Menu 18 € (déj. en sem.), 22/30 € – Carte 25/28 €

◆ Cet hôtel a entièrement fait peau neuve : les chambres, parfaitement insonorisées, arborent un mobilier contemporain et des teintes reposantes. Espace de remise en forme complet. Salle à manger prolongée d'une terrasse côté jardin et cuisine traditionnelle à l'accent régional.

Chéops ch, rest, rest, 20, VISA

75 bd J. Jaurès – ✆ 02 47 67 72 72 – hotel.cheops@wanadoo.fr – Fax 02 47 67 85 38 X a

58 ch – 45/72 € 58/72 €, 7 € – ½ P 47/50 € – **Rest** – *(fermé 22 déc.-1er janv., vend., sam. et dim. du 15 oct. au 31 mars) (dîner seult)* Menu (13 €), 16 € – Carte 20/29 €

◆ Au centre de Joué, hôtel récent intégré à un ensemble résidentiel et commercial. Petites chambres très gaies (couleurs vives, fer forgé) et hall-salon décoré à la provençale. Salle à manger agréablement lumineuse et garnie d'un mobilier moderne.

Ariane sans rest 25, VISA

8 av. Lac par ⑪ – ✆ 02 47 67 67 60 – hotel.ariane@wanadoo.fr – Fax 02 47 67 33 36 – Fermé 14 déc.-2 janv., vend., sam. et dim. du 1er nov. au 15 mars

32 ch – 62/64 € 62/69 €, 8 €

◆ En lisière de forêt et proches d'un lac, petites chambres fraîches et fonctionnelles, garnies de meubles en rotin. Piscine bienvenue en été ; aire de jeux pour les enfants.

Chantepie sans rest
r. Poincare – ✆ 02 47 53 06 09 – chantepi@wanadoo.fr – Fax 02 47 67 89 25 – Fermé 21 déc.-7 janv., vend., sam. et dim. en hiver X e
26 ch – ♦46/51 € ♦♦51/62 €, ☕ 8 €
◆ Petit immeuble situé dans un quartier pavillonnaire assez calme. Chambres sans fioriture mais bien tenues ; certaines donnent sur un jardinet. Accueil tout sourire.

à La Guignière 4 km par ⑬, rte de Langeais – ✉ 37230 Fondettes

Manoir sans rest
N 152 – ✆ 02 47 42 04 02 – Fax 02 47 49 79 29 V t
16 ch – ♦34 € ♦♦34/39 €, ☕ 4,50 €
◆ Pavillon bénéficiant de la tranquillité d'un quartier résidentiel. Chambres rajeunies. Certaines offrent une jolie vue sur la Loire. Accueil familial.

à Vallières 8 km par ⑬, rte de Langeais – ✉ 37230 Fondettes

Auberge de Port Vallières
N 152 – ✆ 02 47 42 24 04 – Fax 02 47 49 98 83 – Fermé 20 août-3 sept., 11-24 fév., dim. soir, mardi soir, merc. soir et lundi
Rest – Menu 17 € (déj. en sem.), 25/43 € – Carte 41/51 €
◆ Une cuisine d'inspiration tourangelle vous attend dans cette sympathique maison transformée en auberge champêtre sur la levée de la Loire. Décor d'objets chinés.

TOURS-SUR-MARNE – 51 Marne – 306 G8 – 1 207 h. – alt. 79 m – ✉ 51150

13 **B2**

Paris 156 – Châlons-en-Champagne 25 – Épernay 14 – Reims 29

Touraine Champenoise avec ch
r. Magasin – ✆ 03 26 58 91 93 – touraine-champenoise@wanadoo.fr – Fax 03 26 58 95 47 – Fermé 1er-15 janv. et jeudi
8 ch ☕ – ♦70 € ♦♦82 € – **Rest** – Menu 28 € (sem.)/50 € – Carte 27/49 €
◆ Au bord du canal, maison de pays tenue par la même famille depuis 1907. Cuisine du terroir servie dans une salle à manger gaiement rustique. Chambres campagnardes simples.

TOURTOUR – 83 Var – 340 M4 – 472 h. – alt. 652 m – ✉ 83690

Côte d'Azur

41 **C3**

Paris 827 – Aups 10 – Draguignan 17 – Salernes 11

Syndicat d'initiative, Résidence le Château ✆ 04 94 70 59 47

Église ✲★.

La Bastide de Tourtour ← massif des Maures,
rte Flayosc – ch, ch, 30,
✆ 04 98 10 54 20 – bastide@bastidedetourtour.com – Fax 04 94 70 54 90
25 ch – ♦90/120 € ♦♦140/280 €, ☕ 20 € – ½ P 75 € – **Rest** – *(fermé le midi en sem. hors saison (sauf fériés))* Menu 28 € (sem.)/75 € – Carte 58/82 €
◆ Bastide provençale juchée sur une colline, au milieu des chênes et des pins. Chambres personnalisées, parfois dotées d'une loggia. Belle salle à manger voûtée (réservée aux non-fumeurs) et idyllique terrasse ombragée. Bar-fumoir. Recettes classiques.

La Petite Auberge ← massif des Maures,
rte Flayosc, par D 77 : 1,5 km – ✆ 04 98 10 26 16 – piju2@wanadoo.fr – Fax 04 98 10 26 50 – Ouvert 15 mars-15 oct.
8 ch – ♦55/110 € ♦♦55/250 €, ☕ 12 € – 3 suites – ½ P 70/165 € – **Rest** – *(fermé lundi) (dîner seult)* Menu 30 €
◆ Construction de type mas entourée d'une luxuriante végétation. Chambres spacieuses ; quatre d'entre elles, récentes et séduisantes, jouxtent la piscine. Élégante salle à manger bourgeoise avec cheminée en pierre et terrasse tournée vers le massif des Maures.

Auberge St-Pierre

Est : 3 km par D 51 et rte secondaire – 04 94 50 00 50 – aubergestpierre@wanadoo.fr – Fax 04 94 70 59 04 – Ouvert 1er avril-15 oct.
16 ch – 76 € 76/98 €, 10 € – ½ P 73/84 € – **Rest** – *(dîner seult sauf sam., dim. et fériés)* Menu 25 € (dîner)/39 € – Carte 28/62 €
◆ Au sein d'un vaste domaine agricole, auberge du 16e s. aménagée près de l'ancienne bergerie. Chambres avec loggia face à la nature. Piscine et petit fitness. Salle à manger d'esprit rustique prolongée d'une belle terrasse ouvrant sur la campagne. Cuisine traditionnelle à l'accent local.

Le Mas des Collines massif des Maures, ch,

par rte Villecroze (D 51) et rte secondaire : 2,5 km – 04 94 70 59 30 – lemasdescollines@wanadoo.fr – Fax 04 94 70 57 62
7 ch – 70/90 € 80/90 €, 5 € – ½ P 68/73 € – **Rest** – *(ouvert 21 avril-10 nov.) (dîner seult)* Menu 24/33 €
◆ Nom évocateur pour cet hôtel perdu en pleine nature. Les chambres fonctionnelles et dotées de balcons et la piscine profitent pleinement du splendide panorama.

Les Chênes Verts (Bajade) avec ch rest,

rte Villecroze, par D 51 : 2 km – 04 94 70 55 06 – Fax 04 94 70 59 35 – Fermé juin, juil., mardi et merc.
3 ch – 80/100 € 100 €, 20 € – **Rest** – *(nombre de couverts limité, prévenir)* Menu 52/135 € – Carte 83/153 €
Spéc. Truffes noires du pays. Écrevisses simplement sautées. Suprême de canard aux épices douces. **Vins** Côtes de Provence.
◆ Maison provençale un peu isolée dans un joli cadre forestier. Cuisine régionale forte en caractère (spécialités de truffes) à déguster dans deux belles salles à manger ou en terrasse.

LA TOUSSUIRE – **73 Savoie** – **333** K6 – **alt. 1 690 m** – **Sports d'hiver : 1 800/2 400 m 19** – 73300 Alpes du Nord 46 **F2**

Paris 651 – Albertville 78 – Chambéry 91 – St-Jean-de-Maurienne 16

Les Soldanelles rest,

r. Chasseurs Alpins – 04 79 56 75 29 – infos@hotelsoldanelles.com – Fax 04 79 56 71 56 – Ouvert 1er juil.-31 août et 21 déc.-24 avril
38 ch – 40/60 € 61/95 €, 9 € – ½ P 49/110 € – **Rest** – Menu (19 €), 30/48 € – Carte 27/52 €
◆ Sur les hauteurs de la station, hôtel familial abritant des chambres spacieuses et bien agencées ; réserver côté Sud pour la vue et l'ensoleillement. Élégant restaurant panoramique où l'on sert une cuisine traditionnelle aux saveurs marines.

Les Airelles rest,

– 04 79 56 75 88 – info@hotel-les-airelles.com – Fax 04 79 83 03 48 – Ouvert 1er juil.-30 août et 15 déc.-20 avril
31 ch – 60/70 € 68/78 €, 9,50 € – ½ P 75/85 € – **Rest** – Menu 21/28 € – Carte 24/29 €
◆ Les chambres fraîches et confortables font partie des nombreuses rénovations entreprises dans cette vaste construction montagnarde située au pied des remontées mécaniques. Les baies du restaurant ne vous feront rien manquer du ballet des skieurs !

TOUZAC – **46 Lot** – **337** C5 – **rattaché à Puy-l'Évêque**

TRACY-SUR-MER – **14 Calvados** – **303** I3 – **rattaché à Arromanches-les-Bains**

TRAENHEIM – **67 Bas-Rhin** – **315** I5 – **556 h.** – **alt. 200 m** – 67310 1 **A1**

Paris 471 – Haguenau 54 – Molsheim 8 – Saverne 22 – Strasbourg 25

Zum Loejelgucker

17 r. Principale – 03 88 50 38 19 – loejelgucker@traenheim.net – Fax 03 88 50 36 31 – Fermé 18 fév.-4 mars, lundi soir et mardi
Rest – Menu (11 €), 17/41 € – Carte 25/49 €
◆ Ferme alsacienne du 18e s. dans un village situé au pied des Vosges. Boiseries sombres et fresques habillent la salle à manger. Terrasse dressée dans une cour pavée fleurie.

LA TRANCHE-SUR-MER – 85 Vendée – 316 H9 – 2 510 h. – alt. 4 m – ✉ 85360
Poitou Vendée Charentes 34 **B3**

Paris 459 – La Rochelle 64 – La Roche-sur-Yon 40 – Les Sables-d'Olonne 39

Office de tourisme, rue Jules Ferry ✆ 02 51 30 33 96, Fax 02 51 27 78 71

Parc de Californie★ (parc ornithologique) E : 9 km.

Les Dunes
rest, VISA

68 av. M. Samson – ✆ 02 51 30 32 27 – info@hotel-les-dunes.com – Fax 02 51 27 78 30 – Ouvert 1er avril-30 sept.

45 ch – 38/55 € 55/101 €, 8,50 € – ½ P 52/78 € – **Rest** – Menu 18/32 € – Carte 19/47 €

◆ Établissement apprécié pour sa situation calme, sa tenue parfaite et sa superbe piscine sous verrière tournée vers la mer. Certaines chambres avec balcon profitent de la vue. Au restaurant : poissons et fruits de mer, dont les langoustes et homards du vivier.

Le Milouin
VISA

av. M. Samson – ✆ 02 51 27 49 49 – pieric12000@yahoo.fr – Fax 02 51 27 49 49 – Fermé dim. soir, lundi, jeudi, vend. de fin nov. à fin mars, mardi et merc. de fin sept. à mi juin.

Rest – Menu 18/36 € – Carte 36/54 €

◆ Salle de restaurant rustique entièrement réservée aux non-fumeurs. Aux beaux jours, service en terrasse ou sous une sympathique pergola. La carte évolue au gré des saisons.

à la Grière Est : 2 km par D 46 – ✉ 85360 La Tranche-sur-Mer

Les Cols Verts
rest, VISA

48 r. Verdun – ✆ 02 51 27 49 30 – info@hotelcolsverts.com – Fax 02 51 30 11 42 – Ouvert 7 avril-30 sept.

33 ch – 47/65 € 58/89 €, 9 € – ½ P 56/76 € – **Rest** – Menu 19/38 € – Carte 30/40 €

◆ À 150 m de la plage, hôtel des années 1970 abritant des chambres bien tenues, plus calmes et plus petites à l'annexe sise de l'autre côté du jardin. Piscine dans un bâtiment voisin. À table, plaisante terrasse et cuisine traditionnelle privilégiant la marée.

TRAVEXIN – 88 Vosges – 314 I5 – rattaché à Ventron

TRÉBEURDEN – 22 Côtes-d'Armor – 309 A2 – 3 451 h. – alt. 81 m – ✉ 22560
Bretagne 9 **B1**

Paris 525 – Lannion 10 – Perros-Guirec 14 – St-Brieuc 74

Office de tourisme, place de Crec'h Héry ✆ 02 96 23 51 64, Fax 02 96 15 44 87

Le Castel ★ 30 mn - Pointe de Bihit ★ SO : 2 km - Pleumeur-Bodou : Radôme et musée des Télécommunications★, Planétarium du Trégor★, NE : 5,5 km.

Manoir de Lan-Kerellec
la côte, rest, VISA

– ✆ 02 96 15 00 00 – lankerellec@relaischateaux.com – Fax 02 96 23 66 88 – Ouvert début mars -15 nov.

19 ch – 105/175 € 155/330 €, 22 € – ½ P 155/294 € – **Rest** – *(fermé le midi du lundi au jeudi)* Menu 38 € (déj. le week-end), 48/69 € – Carte 56/93 €

Spéc. Langoustines et condiments mangue-fenouil. Homard breton rôti aux légumes confits et polenta. Bar de ligne poêlé à la mousseline d'artichaut.

◆ Ce noble manoir breton (19e s.) tourné vers les îles abrite des chambres personnalisées. Charpente en "carène de bateau", maquette de vieux clipper, vue sur la Côte de Granit rose et cuisine littorale au goût de jour : le restaurant offre un vrai concentré de Bretagne !

Ti al Lannec
la côte, rest, rest, 30, VISA

– ✆ 02 96 15 01 01 – resa@tiallannec.com – Fax 02 96 23 62 14 – Ouvert de début mars à mi-nov.

32 ch – 85/110 € 157/248 €, 15 € – 1 suite – ½ P 134/228 € – **Rest** – Menu 26 € bc (déj. en sem.), 37/74 € – Carte 58/146 €

◆ "Maison de la lande" juchée sur une colline et dotée d'un parc arboré dégringolant jusqu'à la plage. Chambres soignées. Centre de balnéothérapie. La perspective sur la mer vaut le coup d'œil et les produits de la pêche valent... votre bon coup de fourchette !

Toëno sans rest
rte Trégastel : 1,5 km – ✆ 02 96 23 68 78 – toeno@wanadoo.fr – Fax 02 96 15 42 54
17 ch – 52/87 € 57/97 €, ☕ 9 €
◆ Construction récente dont les chambres, lumineuses et fonctionnelles, sont sobrement décorées et équipées de balcons ou terrasses ; certaines ont vue sur la Manche.

Le Quellen avec ch
18 corniche Goas Treiz – ✆ 02 96 15 43 18 – lequellen@wanadoo.fr – Fax 02 96 23 64 43 – Fermé 4-28 mars, 8-28 nov., lundi et mardi sauf juil.-août et dim. soir
6 ch – 41/51 € 46/56 €, ☕ 6,50 € – ½ P 41/47 € – **Rest** – Menu 25/60 € – Carte 33/59 €
◆ Sur la traversée de Trébeurden, restaurant servant une cuisine traditionnelle dans un cadre néo-rustique lumineux. Collection de moulins à café en salle. Chambres fonctionnelles.

TRÉBOUL – 29 Finistère – 308 E6 – rattaché à Douarnenez

TREFFORT – 38 Isère – 333 G8 – 129 h. – alt. 618 m – ✉ 38650 45 C2

Paris 598 – Grenoble 36 – Monestier-de-Clermont 9 – La Mure 43

au bord du lac Sud : 3 km par D 110[E] – ✉ 38650 Treffort

Le Château d'Herbelon
ch, 15,
– ✆ 04 76 34 02 03 – chateaudherbelon@wanadoo.fr – Fax 04 76 34 05 44 – Fermé 29 oct.-7 nov. et 17 déc.-3 mars
9 ch – 61 € 61 €, ☕ 8,50 € – ½ P 66/77 € – **Rest** – *(fermé lundi et mardi sauf juil.-août)* Menu 22/37 € – Carte 33/43 €
◆ Au bord du lac de Monteynard, demeure du 17e s. à la façade recouverte de vigne vierge et de rosiers grimpants. Chambres spacieuses. L'hiver, une imposante cheminée réchauffe la salle à manger rustique ; aux beaux jours, on dresse des tables sur la pelouse.

TREFFORT – 01 Ain – 328 F3 – 1 910 h. – alt. 280 m – ✉ 01370 44 B1

Paris 436 – Bourg-en-Bresse 18 – Lons-le-Saunier 57 – Mâcon 51 – Oyonnax 42

L'Embellie
pl. Marché – ✆ 04 74 42 35 64 – embellietreffort@aol.com – Fermé 1er-15 janv. et dim. soir
8 ch – 35/38 € 44/47 €, ☕ 5 € – ½ P 48 € – **Rest** – ✆ 04 74 42 35 05 – Menu 11 € (déj. en sem.), 18/33 €
◆ Cet ancien relais de poste situé sur la place du village dispose de chambres fonctionnelles convenant pour l'étape. Cuisine traditionnelle et plats bressans servis dans un décor actuel ou sur l'agréable terrasse. Cadre plus simple réservé au plat du jour.

TRÉGASTEL – 22 Côtes-d'Armor – 309 B2 – 2 234 h. – alt. 58 m – ✉ 22730
Bretagne 9 B1

Paris 526 – Lannion 11 – Perros-Guirec 9 – St-Brieuc 75 – Trébeurden 11 – Tréguier 26

Office de tourisme, place Sainte-Anne ✆ 02 96 15 38 38

de Saint-Samson à Pleumeur-Bodou Avenue Jacques Ferronière, S : 3 km, ✆ 02 96 23 87 34.

Rochers★★ - Île Renote★★ NE - Table d'Orientation ★.

Park Hotel Bellevue
ch, 20,
20 r. Calculots – ✆ 02 96 23 88 18 – bellevue.tregastel@wanadoo.fr – Fax 02 96 23 89 91 – Ouvert 15 avril-11 nov.
31 ch – 51/81 € 52/134 €, ☕ 11 € – ½ P 104 € – **Rest** – *(ouvert 27 avril-30 sept.) (dîner seult sauf juil.-août)* Menu (20 €), 24/49 € – Carte 32/94 €
◆ Hôtel rénové mettant à profit une demeure des années 1930 agrémentée d'un jardin. Chambres à géométrie variable (vue balnéaire pour un tiers), lounge-bar et salon-billard. Ample salle à manger moderne aux nappes colorées et sièges exotiques. Terrasse côté mer.

Beau Séjour
5 plage du Coz-Pors – ✆ 02 96 23 88 02 – daniellaveant@wanadoo.fr – Fax 02 96 23 49 73 – Fermé 15 nov.-15 déc. et janv.
16 ch – 50/77 € 60/77 €, 10 € – ½ P 60/72 € –
Rest – *(fermé mars, 1er-20 oct., 5 nov.-15 déc., janv., fév. et lundi)* Menu 25 € (sem.)/45 € – Carte 28/59 €
◆ Situation idéale près du Forum et de la plage, nombreuses chambres avec vue sur mer, copieux buffet pour le petit-déjeuner : un "beau séjour" en perspective ! Repas au goût du jour, avec la Côte de Granit rose pour toile de fond (peinture en trompe-l'œil).

De la Mer et de la Plage sans rest
plage du Coz-Pors – ✆ 02 96 15 60 00 – hoteldelamer.tregastel@laposte.net – Fax 02 96 15 31 11 – Ouvert 1er avril-15 nov.
14 ch – 42/90 € 42/90 €, 8 €
◆ Maison d'aspect régional installée en bordure de la plage, à côté du Forum. Murs clairs et tissus bleutés donnent le ton nautique du décor des chambres, nettes et fonctionnelles.

Auberge Vieille Eglise
à Trégastel-Bourg, Sud : 2,5 km (rte Lannion) – ✆ 02 96 23 88 31 – vieille.eglise@wanadoo.fr – Fax 02 96 15 33 75 – Fermé mars, dim. soir, mardi sauf juil.-août et lundi
Rest – Menu 15 € (sem.), 24/45 € – Carte 33/48 €
◆ Cette auberge bretonne très fleurie en été jouxte une jolie église en granit rose. Poutres et pierres apparentes dans l'arrière-salle, miniterrasse et ambiance provinciale.

à la plage de Landrellec **Sud : 3 km par D 788 et route secondaire – ✉ 22560 Pleumeur-Bodou**

Le Macareux
21 r. des Plages – ✆ 02 96 23 87 62 – infos@lemacareux.com – Fax 02 96 15 94 97 – Fermé 1er janv.-13 fév., 11 nov.-31 déc., dim. soir et mardi midi sauf en juil.-août et lundi
Rest – Menu 21/48 € – Carte 28/78 €
◆ Cette sympathique maison bretonne tournée vers l'estran vous convie à goûter ses spécialités de homard dans un intérieur propret à touches rustiques ou sur sa terrasse d'été.

TRÉGUIER – 22 Côtes-d'Armor – 309 C2 – 2 679 h. – alt. 40 m – ✉ 22220

Bretagne 9 **B1**

Paris 509 – Guingamp 28 – Lannion 19 – Paimpol 15 – St-Brieuc 61
Office de tourisme, 67 rue Ernest Renan ✆ 02 96 92 22 33
Cathédrale St-Tugdual★★ : cloître★.

sur le port – ✉ **22220 Tréguier**

Aigue Marine
ch, rest, rest, 80,
5 r. M. Berthelot – ✆ 02 96 92 97 00 – aiguemarine@aiguemarine.fr – Fax 02 96 92 44 48 – Fermé 21-25 déc., 2 janv.-21 fév. et dim. de nov. à mars
33 ch – 72/95 € 72/95 €, 13 € – 15 suites – ½ P 78/105 € – **Rest** – *(fermé sam. midi, dim. soir et lundi hors saison et le midi sauf dim. de juin à sept.)* Menu 30/51 € – Carte 45/54 €
◆ Hôtel propice à la détente, doté de chambres fonctionnelles côté port ou piscine et jardin ; certaines ont un balcon, d'autres accueillent les familles. Buffet soigné au petit-déjeuner. Table au gout du jour et au cadre actuel lumineux ; grand bouquet de fleurs en salle.

rte de Lannion **Sud-Ouest : 2 km par D 786 et rte secondaire – ✉ 22220 Tréguier**

Kastell Dinec'h
rest,
– ✆ 02 96 92 49 39 – kastell@club-internet.fr – Fax 02 96 92 34 03 – Ouvert 29 avril-5 oct. et 26 oct.-31 déc. et fermé mardi soir et merc. hors saison
15 ch – 80 € 90 €, 12,50 € – ½ P 80/110 € – **Rest** – *(dîner seult) (résidents seult)* Menu 36/54 €
◆ Ancienne ferme fortifiée profitant du calme de la campagne, d'un jardin bichonné et de petites chambres douillettes et "cosy" réparties dans le corps de logis et ses dépendances. Repas traditionnel servi dans un cadre rustique réchauffé par une vieille cheminée.

TRÉGUNC – **29 Finistère** – **308** H7 – **6 354 h.** – **alt. 45 m** – ✉ **29910** 9 **B2**

Paris 543 – Concarneau 7 – Pont-Aven 9 – Quimper 29 – Quimperlé 27

Office de tourisme, Kérambourg ☎ 02 98 50 22 05, Fax 02 98 50 18 48

Auberge Les Grandes Roches ch, rest, P VISA MC AE

r. Grandes Roches, 0,6 km au Nord-Est par rte secondaire – ☎ 02 98 97 62 97 – hrlesgrandesroches@club-internet.fr – Fax 02 98 50 29 19 – Fermé 18 déc.-31 janv.

17 ch – †80/130 € ††80/130 €, ☕ 12 € – ½ P 75/100 € – **Rest** – *(fermé mardi et merc.)* Menu 45 € – Carte 54/59 €

◆ Ce superbe ensemble de fermes aménagées en hôtel dans un parc où se dressent dolmen et menhir, conserve une séduisante rusticité. Chambres douillettes et de bon goût. Charmant restaurant où pierre et bois rivalisent de chaleur ; cuisine de notre temps.

TRÉLAZÉ – **49 Maine-et-Loire** – **317** G4 – **rattaché à Angers**

TRÉLON – **59 Nord** – **302** M7 – **2 828 h.** – **alt. 188 m** – ✉ **59132**
Nord Pas-de-Calais Picardie 31 **D3**

Paris 218 – Avesnes-sur-Helpe 15 – Charleroi 53 – Lille 115 – St-Quentin 68 – Vervins 35

Office de tourisme, 3 rue Clavon Collignon ☎ 03 27 57 08 18

Le Framboisier P VISA MC

rte Val Joly – ☎ 03 27 59 73 34 – Fax 03 27 57 07 47 – Fermé 19 fév.-6 mars, 16 août-4 sept., mardi soir, dim. soir et lundi

Rest – Menu (13 €), 15 € (déj. en sem.), 24/40 € – Carte 35/49 €

◆ Ancien corps de ferme bordant un axe passant. Accueillante façade, salles à manger intimes, meublées dans le style rustique et cuisine renouvelée au fil des saisons.

TREMBLAY-EN-FRANCE – **93 Seine-Saint-Denis** – **305** G7 – **101** 18 – **voir à Paris, Environs**

LE TREMBLAY-SUR-MAULDRE – **78 Yvelines** – **311** H3 – **813 h.** – **alt. 132 m** – ✉ **78490** 18 **A2**

Paris 42 – Houdan 24 – Mantes-la-Jolie 32 – Rambouillet 18 – Versailles 24

du Domaine du Tremblay Place de l'Eglise, S : par D 34, ☎ 01 34 94 25 70.

Laurent Trochain VISA MC

3 r. Gén. de Gaulle – ☎ 01 34 87 80 96 – trochain.laurent@wanadoo.fr – Fax 0134 87 91 52 – Fermé 1er-15 janv., 15-31 août, lundi et mardi

Rest – Menu 46/75 € bc – Carte 45/61 € 🍷

Spéc. Filet de bœuf et variation sur la pomme de terre. Fromages marinés dans différentes huiles. Déclinaison d'une salade de fruits et sorbets (été).

◆ Poutres et cheminée créent une ambiance chaleureuse dans cette coquette maison au décor mi-rustique, mi-bourgeois assez cossu. Belle cuisine au goût du jour personnalisée.

TRÉMEUR – **22 Côtes-d'Armor** – **309** I4 – **627 h.** – **alt. 62 m** – ✉ **22250** 10 **C2**

Paris 407 – Dinan 26 – Loudéac 54 – Rennes 57 – St-Brieuc 46 – St-Malo 56

Les Dineux AC rest, 15, P VISA MC AE

voie express N 12, Z.A. Les Dineux – ☎ 02 96 84 65 80 – les-dineux.hotel-village@wanadoo.fr – Fax 02 96 84 76 35 – Fermé 24 déc.-8 janv. et 16 fév.-3 mars

12 ch – †47/51 € ††51/58 €, ☕ 10 € – ½ P 55/58 € – **Rest** – *(fermé sam. et dim.)* Menu 17/28 € – Carte 17/25 € 🍷

◆ Les chambres de cet établissement de type motel, pour la plupart en duplex, possèdent toutes une petite terrasse avec vue sur la campagne. Lambris, plantes vertes, baies vitrées et charpente participent au cachet du restaurant ; plats traditionnels.

TRÉMOLAT – 24 Dordogne – 329 F6 – 571 h. – alt. 53 m – ✉ 24510
Périgord 4 **C3**

Paris 532 – Bergerac 34 – Brive-la-Gaillarde 87 – Périgueux 46 – Sarlat-la-Canéda 50

Syndicat d'initiative, ilot Saint-Nicolas ✆ 05 53 22 89 33

Belvédère de Racamadou★★ N : 2 km.

Vieux Logis ch, 40, VISA AE

– *✆ 05 53 22 80 06 – vieuxlogis@relaischateaux.com – Fax 05 53 22 84 89*

26 ch – 153/322 € 153/345 €, 18 € – ½ P 155/251 € – **Rest** – Menu 34 € (déj. en sem.), 49/85 € – Carte 66/113 €

Spéc. Asperges vertes en variations (printemps). Veau du pays et croustillant de pommes de terre. Fruits rouges du Périgord en vacherin (juin à sept.). **Vins** Bergerac blanc et rouge.

◆ Prieuré, ferme et enfin hôtel de caractère entouré de superbes jardins et abritant des chambres "cosy" et des salons douillets. Insolite salle à manger aménagée dans un ancien séchoir à tabac, terrasse sous les tilleuls et délicieuse carte classique.

Bistrot d'en Face VISA

– *✆ 05 53 22 80 69 – Fax 05 53 22 84 89*

Rest – Menu 13 € (déj. en sem.), 22/24 € – Carte 22/38 €

◆ Au cœur du village où fut tourné le film Le Boucher, vieilles pierres, poutres et goûteuse cuisine du terroir : ce charmant petit bistrot connaît un franc succès. Boutique.

TRÉMONT-SUR-SAULX – 55 Meuse – 307 B6 – rattaché à Bar-le-Duc

TRÉPIED – 62 Pas-de-Calais – 301 C5 – rattaché à Le Touquet-Paris-Plage

LE TRÉPORT – 76 Seine-Maritime – 304 I1 – 5 900 h. – alt. 12 m – Casino – ✉ 76470 Normandie Vallée de la Seine 33 **D1**

Paris 180 – Abbeville 37 – Amiens 92 – Blangy-sur-Bresle 26 – Dieppe 30 – Rouen 95

Office de tourisme, quai Sadi Carnot ✆ 02 35 86 05 69, Fax 02 35 86 73 96

Calvaire des Terrasses ★.

Golf Hôtel sans rest VISA

102 rte Dieppe, (D 940) – ✆ 02 27 28 01 52 – evergreen2@wanadoo.fr – Fax 02 27 28 01 51 – Fermé 17-26 déc.

10 ch – 41/47 € 44/70 €, 7,50 €

◆ Une allée arborée conduit à cette demeure de style normand entourée d'un parc. Chambres soignées, meublées dans un esprit anglais. Coquette salle rustique pour les petits-déjeuners.

Le St-Louis VISA AE

43 quai François 1er – ✆ 02 35 86 20 70 – Fax 02 35 50 67 10 – Fermé 18 nov.-22 déc.

Rest – Menu 18 € (sem.)/60 € – Carte 36/55 €

◆ La grande baie vitrée donnant directement sur les quais dévoile une sympathique salle de restaurant à l'ambiance conviviale et au cadre "brasserie". Cuisine de la mer.

TRÉVOU-TRÉGUIGNEC – 22 Côtes-d'Armor – 309 B2 – 1 144 h. – alt. 56 m – ✉ 22660 9 **B1**

Paris 524 – Guingamp 36 – Lannion 14 – Paimpol 27 – Perros-Guirec 11 – St-Brieuc 72

Syndicat d'initiative, 28 rue de Trestel ✆ 02 96 23 74 05, Fax 02 96 91 73 82

Kerbugalic Baie de Trestel, VISA AE

– *✆ 02 96 23 72 15 – kerbugalic@voila.fr – Fax 02 96 23 74 71 – Ouvert 23 mars-30 sept. et 26 oct.-8 nov.*

18 ch – 50/90 € 50/90 €, 8 € – ½ P 66/85 € – **Rest** – *(fermé le midi sauf dim., fériés et juil.-août)* Menu 25/40 € – Carte 32/55 €

◆ Face à l'estran, maison bretonne entourée d'un jardin fleuri. Les chambres de l'unité principale sont rénovées ; celles de l'annexe disposent parfois d'une terrasse-véranda privative. Table au décor moderne coloré tournée vers les flots ; carte actuelle à dominante océane.

TRIEL-SUR-SEINE – 78 Yvelines – 311 I2 – 101 10 – voir à Paris, Environs

TRIGANCE – 83 Var – 340 N3 – 150 h. – alt. 800 m – ✉ 83840 41 C2

Paris 817 – Castellane 20 – Digne-les-Bains 74 – Draguignan 43 – Grasse 70

Office de tourisme, RD 955 - ferme de la Sagne ✆ 04 94 85 68 40

Château de Trigance

vallée et montagne, rest,

accès par voie privée – ✆ 04 94 76 91 18 – chateautrigance@wanadoo.fr – Fax 04 94 85 68 99 – Ouvert 30 mars-31 oct.

P VISA AE

10 ch – 115/120 € 140/190 €, 14 € – ½ P 111/136 € – **Rest** – Menu 27 € (déj. en sem.), 37/47 € – Carte 41/62 €

◆ Perché sur un piton rocheux, hôtel de caractère occupant les murs d'un château fort. Chambres personnalisées, dotées de lits à baldaquin. Restaurant installé dans une ancienne salle d'armes creusée dans la roche. Cadre médiéval, mais cuisine au goût du jour.

Le Vieil Amandier

ch, P VISA AE

Montée de St-Roch – ✆ 04 94 76 92 92 – levieilamandier@free.fr – Fax 04 94 85 68 65 – Ouvert 25 avril-24 oct.

12 ch – 52/86 € 52/86 €, 9 € – ½ P 55/75 € – **Rest** – *(fermé mardi et merc.)* Menu 26/38 € – Carte 31/53 €

◆ Au pied du village, construction récente entourée d'un jardin déjà méditerranéen. Toutes les chambres offrent désormais des aménagements rénovés. Une belle charpente coiffe la salle à manger ; dans l'assiette, cuisine traditionnelle aux accents du Midi.

TRILBARDOU – 77 Seine-et-Marne – 312 F2 – rattaché à Meaux

LA TRINITÉ-SUR-MER – 56 Morbihan – 308 M9 – 1 530 h. – alt. 20 m – Casino – ✉ 56470 Bretagne 9 B3

Paris 488 – Auray 13 – Carnac 4 – Lorient 52 – Quiberon 23 – Quimperlé 66 – Vannes 31

Office de tourisme, cours des Quais ✆ 02 97 55 72 21, Fax 02 97 55 78 07

Pont de Kerisper ★.

Le Lodge Kerisper sans rest

P VISA

4 r. Latz – ✆ 02 97 52 88 56 – contact@lodgekerisper.com – Fax 02 97 52 76 39 – Fermé janv.

16 ch – 95/145 € 155/255 €, 12 € – 4 suites

◆ Cet hôtel aménagé dans deux longères anciennes abrite un intérieur chaleureux et épuré où se marient harmonieusement matériaux nobles, meubles chinés et tissus choisis. Plusieurs chambres possèdent une terrasse.

Petit Hôtel des Hortensias

VISA

4 pl. Mairie – ✆ 02 97 30 10 30 – leshortensias@aol.com – Fax 02 97 30 14 54 – Fermé déc. et janv. sauf vacances scolaires

6 ch – 99/150 € 99/150 €, 10,50 €

Rest *L'Arrosoir* – ✆ *02 97 30 13 58 (ouvert de mi-fév. à mi-nov. et fermé mardi midi, merc. midi, lundi hors saison et lundi midi en saison)* Carte 27/46 €

◆ La silhouette scandinave de cette charmante villa (1880) domine le port. Intérieur nautique chic, meubles et bibelots anciens, ambiance "guesthouse"... Une perle rare ! Coquet décor de bistrot marin, belle terrasse panoramique et cuisine océane à L'Arrosoir.

Ostréa

rest, P VISA AE

cours des Quais – ✆ 02 97 55 73 23 – hotel.ostrea@wanadoo.fr – Fax 02 97 55 86 43

12 ch – 50/75 € 50/75 €, 6 € – ½ P 65 € – **Rest** – Menu 12 € (déj. en sem.), 16/35 € – Carte 22/37 €

◆ Rénovation réussie pour ce petit hôtel situé face au port de plaisance : toutes les chambres, refaites, bien qu'un peu nues, sont accueillantes ; choisir celles côté rade. Le restaurant et la terrasse offrent une belle vue sur les voiliers ; carte très iodée.

XX **L'Azimut**

1 r. Men-Dû – 02 97 55 71 88 – azimut@charme-gastronomie.com – Fax 02 97 55 80 15 – Fermé 26 nov.-8 déc., 7-17 janv., 18 fév.-2 mars, mardi et merc. sauf fériés de sept. à juin et lundi en juil.-août

Rest – Menu (20 €), 25 € (déj. en sem.), 35/60 €

◆ Décor maritime tous azimuts dans la salle à manger, agréable terrasse offrant une échappée sur le port et spécialités de poissons grillés au feu de bois.

Les Chambres Marines de l'Azimut

3 r. Men-Dû – 02 97 30 17 00 – azimut@charme-gastronomie.com – Fax 02 97 55 80 15

6 ch – 60/130 € 60/130 €, 12 € – ½ P 102/117 €

◆ Ces plaisantes chambres personnalisées portent des noms de phares bretons ; certaines offrent un intérieur dans l'esprit des cabines de bateau. Salles de bains contemporaines.

TRIZAY – 17 Charente-Maritime – 324 E4 – 1 122 h. – alt. 20 m – ✉ 17250

38 **B2**

Paris 475 – Rochefort 13 – La Rochelle 52 – Royan 36 – Saintes 27

Syndicat d'initiative, 48 rue de la République 05 46 82 34 25, Fax 05 46 82 19 64

au Lac du Bois Fleuri Ouest : 2,5 km par D 238, D 123 et rte secondaire – ✉ 17250 Trizay

XXX **Les Jardins du Lac** avec ch ch, rest, 20,

– 05 46 82 03 56 – hotel@jardins-du-lac.com – Fax 05 46 82 03 55 – Fermé vacances de fév., dim. soir, lundi et mardi de nov. à mars

8 ch – 83/89 € 83/89 €, 13 € – ½ P 96/103 € – **Rest** – Menu 28 € (sem.)/44 € – Carte 52/69 €

◆ Dans un parc au-dessus du lac, deux pavillons récents reliés par une passerelle vitrée enjambant un ruisseau. Restaurant et chambres (avec terrasse ou balcon) donnent sur le plan d'eau.

LES TROIS-ÉPIS – 68 Haut-Rhin – 315 H8 – alt. 658 m – ✉ 68410

Alsace Lorraine

2 **C2**

Paris 445 – Colmar 11 – Gérardmer 51 – Munster 18 – Orbey 12

Office de tourisme, 2, Impasse Poincaré 03 89 49 80 56, Fax 03 89 49 80 68

X **Villa Rosa** avec ch rest,

4 r. Thierry Schoeré – 03 89 49 81 19 – contact@villarosa.fr – Fax 03 89 78 90 45 – Fermé 12-18 mars, 12-25 nov. et 6 janv.-10 fév.

8 ch – 52/56 € 56/60 €, 8 € – ½ P 56/60 € – **Rest** – *(fermé 12-18 mars, 1er-8 juil., 26-31 août, lundi, mardi et merc. de nov. à fév. et jeudi sauf de juin à sept.) (dîner seult) (résidents seult)* Menu (20 €), 25 €

◆ Ambiance "guesthouse" dans cette maison 1900 (non-fumeurs) entourée d'un jardin fleuri. Au restaurant, Anne-Rose concocte des plats régionaux à partir de produits "bio" et de son potager. Chambres coquettes portant des noms de roses ; séjours à thèmes.

TRONÇAIS – 03 Allier – 326 D3 – ✉ 03360

5 **B1**

Paris 305 – Bourges 75 – Montluçon 42 – Moulins 56 – St-Amand-Montrond 24

Forêt de Tronçais★★★ - Étang de St-Bonnet★ NO : 4 km - Étang de Saloup★ S : 5 km, Auvergne.

Le Tronçais rest,

– 04 70 06 11 95 – contact@letroncais.com – Fax 04 70 06 16 15 – Ouvert 11 mars-19 nov., et fermé dim. soir, mardi midi et lundi sauf du 30 avril au 30 sept.

12 ch – 42 € 53/70 €, 8 € – ½ P 51/59 € – **Rest** – Menu 22/35 € – Carte 26/42 €

◆ Un parc, un étang et la magnifique forêt de Tronçais à proximité : cette demeure aux chambres spacieuses et calmes ne peut que séduire les amoureux de la nature. Côté restaurant, la salle réserve son cadre pimpant aux non-fumeurs exclusivement.

LE TRONCHET – 35 Ille-et-Vilaine – 309 K4 – 845 h. – alt. 65 m – ✉ 35540
Bretagne

10 **D2**

Paris 391 – Saint-Malo 27 – Dinan 19 – Fougères 56 – Rennes 57 – Saint-Brieuc 82

Golf & Country Club
ch, 30,

– ✆ 02 99 58 98 99 – saintmalogolf@st-malo.com – Fax 02 99 58 10 39 – Fermé 18 nov.-1er mars

29 ch – 75/130 € 75/130 €, 10 € – ½ P 73/100 € – **Rest** – Menu (13 € bc), 16/30 € – Carte 23/38 €

◆ Au sein d'un golf, ancien prieuré du 19e s. abritant des chambres de bonne taille dont le décor très actuel se place sous le signe de la couleur. Dans le club-house, restaurant disposant d'une belle terrasse avec vue sur les greens. Cuisine traditionnelle.

Le Mesnil des Bois
ch,

Sud-Ouest par D9 et D3 : 2 km – ✆ 02 99 58 97 12 – villette@le-mesnil-des-bois.com – Fermé janv. et fév.

4 ch – 80/95 € 80/95 € – 1 suite – **Rest** – table d'hôte *(résidents seult) (dîner seult)* Menu 30 € bc/60 € bc

◆ Cette belle ferme-manoir (16e s.) isolée dans un site agreste, en lisière de forêt, appartint à la famille du corsaire Surcouf. Jolies chambres dotées de meubles anciens. Cuisine ménagère servie au dîner dans une salle pourvue d'un mobilier Renaissance batave.

TRONGET – 03 Allier – 326 F4 – 928 h. – alt. 460 m – ✉ 03240
5 **B1**

Paris 317 – Bourbon-l'Archambault 24 – Montluçon 53 – Moulins 30

Du Commerce
ch, 50,

16 rte départementale 945 – ✆ 04 70 47 12 95 – Fax 04 70 47 32 53

11 ch – 40 € 48 €, 7 € – ½ P 46 € – **Rest** – Menu 15 € (déj. en sem.), 20/36 € – Carte 30/52 €

◆ Au cœur du bourg, établissement composé de deux bâtiments. La maison mère abrite le café-restaurant ; les chambres, fonctionnelles et bien tenues, occupent l'annexe récente. Salle à manger de style classico-rustique et répertoire culinaire traditionnel.

TROO – 41 Loir-et-Cher – 318 B5 – 301 h. – alt. 60 m – ✉ 41800
Châteaux de la Loire

11 **B2**

Paris 204 – Château-du-Loir 35 – Le Mans 63 – Tours 54 – Vendôme 27

Syndicat d'initiative, Mairie ✆ 02 54 72 51 04, Fax 02 54 72 61 35

La "butte" ★ - St-Jacques des Guérets : peintures murales★ de l'église S : 1 km.

Cheval Blanc avec ch

r. A.-Arnault – ✆ 02 54 72 58 22 – Fax 02 54 72 55 44 – Fermé nov.

9 ch – 43 € 43/45 €, 7,50 € – ½ P 54 € – **Rest** – *(fermé mardi midi, dim. soir et lundi)* Menu 22 € (sem.)/50 € – Carte 43/61 €

◆ Petite auberge sur les bords du Loir, au bas du village "troo"... glodytique. Salles à manger d'esprit campagnard ; cuisine traditionnelle. Chambres un brin mûrissantes.

TROUVILLE-SUR-MER – 14 Calvados – 303 M3 – 5 411 h. – alt. 2 m – Casino AY – ✉ 14360
Normandie Vallée de la Seine

32 **A3**

Paris 201 – Caen 51 – Le Havre 43 – Lisieux 30 – Pont-l'Évêque 13

de Deauville-St-Gatien : ✆ 02 31 65 65 65, par ② : 7 km BZ.

Office de tourisme, 32 boulevard Fernand-Moureaux ✆ 02 31 14 60 70, Fax 02 31 14 60 71

de l'Amirauté à Tourgéville Route Départementale 278, par rte de Pont-L'Évêque et D 278 : 5 km, ✆ 02 31 14 42 00.

Corniche ★.

Plan page suivante

Hostellerie du Vallon sans rest
rest, 35,

12 r. Sylvestre Lasserre – ✆ 02 31 98 35 00 – hduvallon@wanadoo.fr – Fax 02 31 98 35 10

BZ **v**

62 ch – 110/160 € 110/160 €, 14,50 € – 3 suites

◆ Cette hostellerie de style normand offre un joli panorama sur les hauteurs de la ville. Chambres spacieuses dotées de balcons. Plusieurs salons et une salle de billard.

TROUVILLE-SUR-MER

Bains (R. des) . . . . **AY** 3
Carnot (R.) . . . . **AY** 5
Chalet-Cordier (R.) . . . . **BY** 6
Chapelle (R. de la) . . . . **AY** 7
Foch (Pl. Mar.) . . . . **AY** 9
Gaulle (R. Gén.-de) . . . . **BZ** 10
Lattre-de-Tassigny (Pl. Mar.-de) . . . . **AY** 12
Maigret (R. A.-de) . . . . **AY** 20
Moureaux (Bd F.) . . . . **BZ**
Moureaux (Pl. F.) . . . . **BZ** 22
Notre-Dame (R.) . . . . **BY** 23
Plage (R. de la) . . . . **AY** 26
Verdun (R. de) . . . . **BY** 29
Victor-Hugo (R.) . . . . **AY** 31

A B
X Y Z
0 200 m
MANCHE
RTE DE LA CORNICHE
1 HONFLEUR
D 513
"Les Planches"
Savignac
Promenade
R. Gal Leclerc
Musée Villa Montebello
Boulevard A. Briand
Pl. Thénard
R. Pasteur
R. d'Orléans
N.-D. DE BONSECOURS
Aquarium
R. de Paris
R. de la Cavée
Bd d'Hautpoul
CASINO
Q. Albert Ier
N.-D. DES VICTOIRES
Bd Fernand Moureaux
Rue Gambetta
Q. de la Marine
Rue Mirabeau
Quai de la Touques
Touques
DEAUVILLE
Pl. Morny
POL
P. des Belges
R. d'Aguesseau
D 535
2 Pt DE NORMANDIE HONFLEUR
3 N 177 Pt-L'ÉVÊQUE A 13 ROUEN, CAEN
4

Comment choisir entre deux adresses équivalentes ?
Dans chaque catégorie, les établissements sont classés par ordre de préférence : nos coups de cœur d'abord.

Mercure ch, ch, 15/45, VISA

pl. Foch – ☎ 02 31 87 38 38 – h1048@accor.com – Fax 02 31 87 35 41 AY **k**

80 ch – 90/155 € 90/155 €, 13 € – ½ P 65/95 € – **Rest** – *(fermé le midi sauf en saison)* Menu (16 €), 20 € – Carte 17/31 €

◆ Les chambres sont progressivement rénovées et adoptent un style actuel sobre (tons bordeaux, mobilier aux lignes épurées) ; les autres restent fonctionnelles et bien tenues. Cuisine traditionnelle et plats régionaux servis dans la cour intérieure en été.

St-James sans rest VISA

16 r. Plage – ☎ 02 31 88 05 23 – Fax 02 31 87 98 45 – Fermé janv. AY **e**

11 ch – 80/100 € 90/120 €, 14 €

◆ Proche de la plage, petite adresse familiale aux chambres coquettement personnalisées. En hiver, l'atmosphère feutrée du salon invite à s'attarder au coin du feu.

Le Flaubert sans rest VISA

2 r. Gustave Flaubert – ☎ 02 31 88 37 23 – hotel@flaubert.fr – Fax 02 31 88 21 56 – Ouvert 17 fév.-11 nov. AY **t**

33 ch – 75/82 € 75/200 €, 9 €

◆ Romantisme assuré en choisissant une chambre tournée vers la mer dans cette bâtisse des années 1930 idéalement située au pied des "planches" trouvillaises. Décor "rétro".

Le Fer à Cheval sans rest VISA

11 r. V. Hugo – ☎ 02 31 98 30 20 – le.fer.a.cheval@wanadoo.fr – Fax 02 31 98 04 00 AY **u**

34 ch – 49/78 € 71/83 €, 9 €

◆ Deux bâtisses mitoyennes abritant des chambres fonctionnelles et de douillettes suites familiales. Viennoiseries maison au petit-déjeuner et salon de thé l'après-midi.

Le Central rest, VISA

5 et 7 r. des Bains – ☎ 02 31 88 80 84 – central-hotel@wanadoo.fr – Fax 02 31 88 42 22 AY **n**

21 ch – 82/114 € 82/124 €, 8,50 € – ½ P 63/70 €

Rest *Brasserie* – ☎ 02 31 88 13 68 – Menu 19/28 € – Carte 28/38 €

◆ Sur le port, hôtel hébergeant une réception au 1er étage et, réparties entre deux bâtiments, des chambres joliment rénovées et bien insonorisées. Brasserie très animée dont le cadre s'inspire des années 1930 et vaste terrasse chauffée en hiver.

Les Sablettes sans rest VISA

15 r. P.-Besson – ☎ 02 31 88 10 66 – info@trouville-hotel.com – Fax 02 31 88 59 06 – Fermé janv. AY **r**

18 ch – 40/45 € 50/65 €, 6,50 €

◆ L'un des atouts de cette sympathique petite adresse est sa situation plutôt tranquille dans une rue du centre-ville. Chambres simples, propres et ravivées par des tons clairs.

La Petite Auberge VISA

7 r. Carnot – ☎ 02 31 88 11 07 – lapetiteauberge@wanadoo.fr – Fax 02 31 88 96 39 – Fermé mardi et merc. AY **f**

Rest – *(prévenir)* Menu 29/37 € – Carte 52/64 €

◆ Loin du flot touristique, cette auberge brandit haut les couleurs de la mer : décor refait aux tons bleus (tables en bois, assiettes aux murs), carte tradionnelle et régionale.

Les Mouettes VISA

11 r. Bains – ☎ 02 31 98 06 97 – central-hotel@wanadoo.fr AY **d**

Rest – Menu 13,50/27 € bc – Carte 16/26 €

◆ Ambiance conviviale, typique décor de bistrot, joli plafond peint en trompe-l'œil et carte proposant des recettes simples, préparées sans chichi : tripes, maquereaux, moules, etc.

Casa Cubaine VISA

1 r. Paul Besson – ☎ 02 31 88 18 10 – casa.cubaine@wanadoo.fr – Fax 02 31 14 84 13 – Fermé le merc. AY **a**

Rest – *(dîner seult)* Menu 22/35 € – Carte 30/58 €

◆ Face au casino, bar-lounge dont la véranda colorée évoque l'ambiance des îles. La langouste est à l'honneur sur la carte franco-cubaine pleine de fraîcheur et d'originalité.

TROYES P – 10 Aube – 313 E4 – 60 958 h. – Agglo. 128 945 h. – alt. 113 m – ✉ 10000 Champagne Ardenne

13 **B3**

Paris 170 – Dijon 185 – Nancy 186

de Troyes-Barberey ✆ 03 25 71 79 00, NO : 5 km AV

Office de tourisme, 16 boulevard Carnot ✆ 03 25 82 62 70, Fax 03 25 73 06 81

de la Forêt d'Orient à Rouilly-Sacey Route de Geraudot, par rte de Nancy : 11 km, ✆ 03 25 43 80 80 ; de Troyes à Chaource Château de la Cordelière, par rte de Tonnerre (D 444) : 31 km, ✆ 03 25 40 18 76.

Le Vieux Troyes★★ BZ : Ruelle des Chats★ - Cathédrale St-Pierre-et-St-Paul★★ - Jubé★★ de l'église Ste-Madeleine★ - Basilique St-Urbain★ BCY **B** - Église St-Pantaléon★ - Apothicairerie★ de l'Hôtel-Dieu CY **M⁴** - Musée d'Art Moderne★★ CY **M³** - Maison de l'Outil et de la Pensée ouvrière★★ dans l'hôtel de Mauroy★★ BZ **M²** - Musée historique de Troyes et de Champagne★ et musée de la Bonneterie dans l'hôtel de Vauluisant★ BZ **M¹** - Musée des Beaux-Arts et d'Archéologie★ dans l'abbaye St-Loup.

Plans pages suivantes

La Maison de Rhodes

ch, ch, P VISA MC AE

18 r. Linard Gonthier – ✆ 03 25 43 11 11 – message@maisonderhodes.com – Fax 03 25 43 10 43 CY **e**

11 ch – 130/230 € 130/230 €, 17 € – **Rest** – *(fermé janv.-fév.) (dîner seult)* Carte 54/62 €

◆ Belles demeures du 17e s. nichées dans une ruelle pavée. Poutres, pierres, torchis, tomettes, mobilier ancien et contemporain se marient avec élégance dans ce délicieux hôtel. Charmante salle à manger rustique ouverte sur le minuscule jardin ; carte traditionnelle.

Champ des Oiseaux sans rest

VISA MC AE D

20 r. Linard Gonthier – ✆ 03 25 80 58 50 – message@champdesoiseaux.com – Fax 03 25 80 98 34 CY **e**

12 ch – 120 € 120 €, 15 € – 1 suite

◆ Jolies chambres douillettes réparties dans trois vénérables maisons en encorbellement datant des 15e et 16e s. Charme, tranquillité et service attentionné.

Mercure sans rest

15/90, VISA MC AE D

11 r. Bas-Trévois – ✆ 03 25 46 28 28 – h3168@accor.com – Fax 03 25 46 28 27 CZ **h**

70 ch – 96/107 € 107/153 €, 13 €

◆ La décoration des chambres, spacieuses et reposantes, et le métier à tisser du 19e s. qui trône dans le hall rappellent que cet hôtel était à l'origine une usine à bonneterie.

Le Relais St-Jean sans rest

15/40, VISA MC AE D

51 r. Paillot de Montabert – ✆ 03 25 73 89 90 – infos@relais-st-jean.com – Fax 03 25 73 88 60 BZ **s**

25 ch – 85/130 € 90/135 €, 15 €

◆ Pittoresque maison à colombages bordant une rue piétonne. Chambres contemporaines ; celles du 4e étage ont conservé leurs belles poutres. Salon-bar équipé d'un billard.

Royal Hôtel

ch, VISA MC AE D

22 bd Carnot – ✆ 03 25 73 19 99 – reservation@royal-hotel-troyes.com – Fax 03 25 73 47 85 – Fermé 23 déc.-15 janv. BZ **n**

40 ch – 64/74 € 77/90 €, 9,50 € – ½ P 69/75 € – **Rest** – *(fermé sam. midi, lundi midi et dim.)* Menu (20 €), 25 € (sem.)/30 € – Carte 43/56 €

◆ Cet immeuble situé sur un boulevard fréquenté héberge des chambres simples, fonctionnelles et bien tenues. Agréable salon-bar feutré et élégante salle à manger actuelle agrémentée d'un vaisselier et d'un miroir de style Renaissance flamande.

Ibis sans rest

5/30, VISA MC AE D

r. Camille Claudel – ✆ 03 25 75 99 99 – h5546@accor.com – Fax 03 25 75 90 69 CZ **w**

77 ch – 59/65 € 59/65 €, 7 €

◆ Récent établissement bénéficiant des dernières normes Ibis en matière de confort : chambres climatisées, salles de bains new look, plaisante salle des petits-déjeuners, etc.

TROYES

Anatole-France (Av.) . . . . AX 2
Brossolette (Av. Pierre) . . . . AX 6
Buffard (Av. M.) . . . . AV 8
Chanteloup (R. de) . . . . AX 9
Clemenceau (R. G.) . . . . AV 12
Croix-Blanche (R. de la) . . . . AX 13
Croncels (R. du Faubourg) . . AX 14
Jean-Jaurès (Av.) . . . . AV 18
Lattre-de-Tassigny (Av. Mar.-de) . . . . AV 21
Leclerc (Av. Gén.) . . . . AV 22
Marots (R. des) . . . . AV 24
Noës (R. des) . . . . AX 26
Notre-Dame-des-Prés (R.) . . . . AX 27
Pasteur (R.) . . . . AV 32
Salengro (Av. Roger) . . . . AV 36
Salengro (R. Roger) . . . . AV 37
Schuman (Av. Robert) . . . . . . AV 38
Vouldy (Chaussée du) . . . . . . AX 42
1er Mai (Av. du) . . . . AV 48

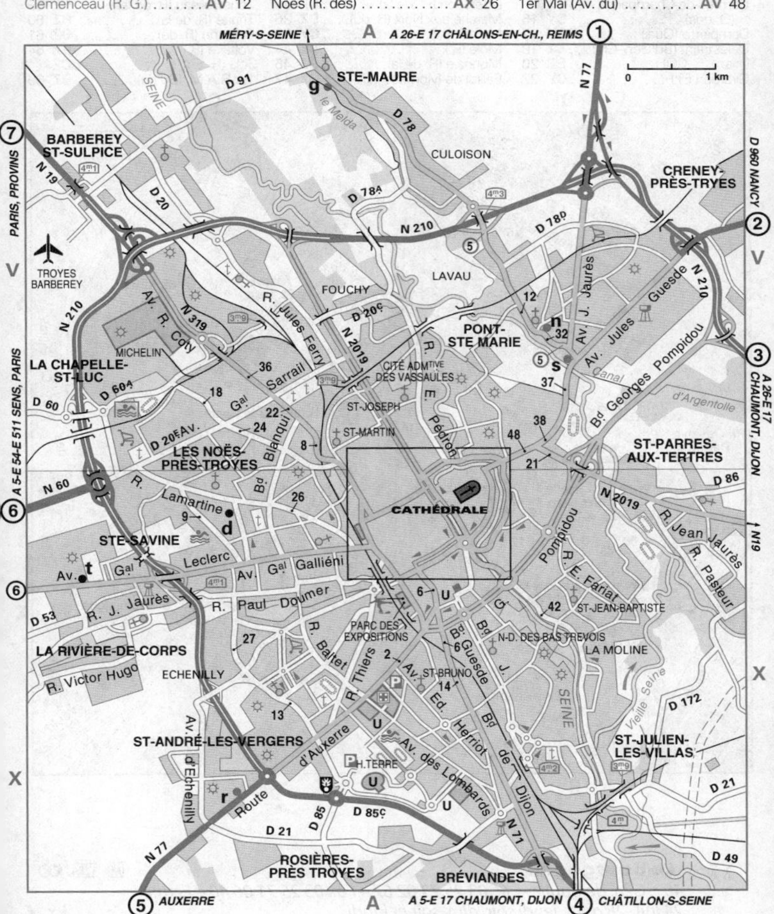

La Mignardise

12/40, VISA, MC, AE

1 ruelle des Chats – ✆ 03 25 73 15 30 – Fax 03 25 73 15 30 – Fermé dim. soir et lundi

Rest – Menu (20 €), 23/48 € – Carte 44/61 € BZ **e**

◆ Élégant intérieur (pierres, briques, bois et touches modernes), cuisine actuelle et service attentionné : on passe un bon moment dans cette maison à colombages du 16e s.

Valentino

VISA, MC, AE

35 r. Paillot de Montabert – ✆ 03 25 73 14 14 – levalentino@free.fr – Fax 03 25 41 36 75 – Fermé 19 août-4 sept., 1er-15 janv., dim. et lundi

Rest – Menu 22 € (déj. en sem.), 28/46 € – Carte 45/61 € BZ **s**

◆ Intime salle à manger mêlant avec goût l'ancien et le contemporain (pierres, poutres, mobilier et tableaux modernes). Cour-terrasse pavée et beaux mariages des saveurs dans l'assiette.

TROYES

Rue	Carreau	N°
Boucherat (R.)	CY	4
Champeaux (R.)	BZ	12
Charbonnet (R.)	BZ	13
Clemenceau (R. G.)	BCY	15
Comtes-de-Champagne (Q. des)	CY	16
Dampierre (Quai)	BCY	17
Delestraint (Bd Gén.-Ch.)	BZ	18
Driant (R. COl.)	BZ	20
Girardon (R.)	CY	22
Hennequin (R.)	CY	23
Huez (R. Claude)	BYZ	27
Israël (Pl. Alexandre)	BZ	28
Jaillant-Deschaînets (R.)	BZ	29
Jean-Jaurès (Pl.)	BZ	31
Joffre (Av. Mar.)	BZ	33
Langevin (Pl. du Prof.)	BZ	35
Libération (Pl. de la)	CZ	49
Marché aux Noix (R. du)	BZ	36
Michelet (R.)	CY	39
Molé (R.)	BZ	44
Monnaie (R. de la)	BZ	45
Paillot-de-Montabert (R.)	BZ	47
Palais-de-Justice (R.)	BZ	48
République (R. de la)	BZ	51
St-Pierre (Pl.)	CY	52
St-Rémy (Pl.)	BY	53
Siret (R. Nicolas)	CZ	79
Synagogue (R. de la)	BZ	54
Tour-Boileau (R. de la)	BZ	59
Trinité (R. de la)	BZ	60
Turenne (R. de)	BZ	61
Voltaire (R.)	BZ	64
Zola (R. Émile)	BCZ	
1er-R.A.M. (Bd du)	BZ	69

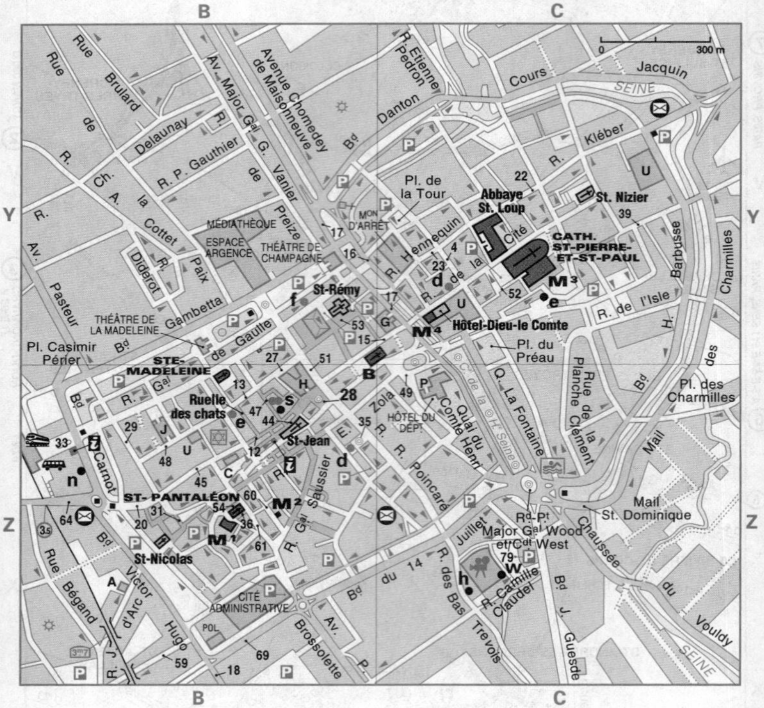

XX Le Bourgogne

AC VISA MC

40 r. Gén. de Gaulle – ✆ 03 25 73 02 67 – Fax 03 25 71 06 40 – Fermé 24 juil.-28 août, jeudi soir, dim. soir et lundi BY **f**

Rest – *(nombre de couverts limité, prévenir)* Menu 32 € (sem.)/75 € – Carte 41/69 € ♀

◆ Face aux halles, salle à manger au décor épuré réchauffée par une belle cheminée en hiver. Au menu, recettes simples et classiques, concoctées avec des produits de qualité.

XX Le Céladon

AC ⇸ VISA MC

31 r. Cité – ✆ 03 25 80 58 23 – Fax 03 25 80 58 23 – Fermé 30 juil.-22 août, 21 janv.-5 fév., sam. midi, dim. soir sauf de sept. à juin et lundi CY **d**

Rest – *(nombre de couverts limité, prévenir)* Menu 19 € (déj. en sem.), 22/26 € – Carte 50/65 € ♀

◆ Adresse confidentielle dont le décor épuré marie habilement éléments anciens et contemporains. On y propose des recettes dans l'air du temps, tout en fraîcheur et simplicité.

Le Bistroquet 8, VISA
10 r. Louis Ulbach – ✆ 03 25 73 65 65 – Fax 03 25 73 55 91 – Fermé dim. sauf le midi de sept. à juin BZ **d**
Rest – brasserie Menu (20 €), 32 € – Carte 24/50 €
◆ Banquettes bordeaux, chaises bistrot et lustres "rétro" : ce vaste restaurant occupant les murs d'un ancien cinéma a des allures de brasserie parisienne de la Belle Époque.

Au Jardin Gourmand VISA
31 r. Paillot de Montabert – ✆ 03 25 73 36 13 – Fax 03 25 73 36 13 – Fermé 12-18 mars, 3-23 sept., lundi midi et dim. BZ **s**
Rest – Menu 17 € (déj. en sem.) – Carte 25/46 €
◆ Sur la carte de ce restaurant du Vieux Troyes, les plats du terroir - dont la célèbre andouillette - côtoient des recettes plus créatives. Bon choix de vins au verre.

à Ste-Maure 7 km par D 78 – 1 211 h. – alt. 111 m – ✉ 10150

Auberge de Ste-Maure 4/25, VISA
99 rte Mery – ✆ 03 25 76 90 41 – auberge.saintemaure@wanadoo.fr – Fax 03 25 80 01 55 – Fermé 24 déc.-28 janv., mardi midi d'oct. à mars, dim. soir et lundi AV **g**
Rest – Menu 26 € (sem.)/50 € – Carte 41/64 €
◆ Élégante salle à manger coiffée d'une belle charpente et plaisante terrasse d'été au bord du Melda. Cuisine au goût du jour accompagnée d'une séduisante carte des vins.

à Pont-Ste-Marie 3 km par N 77 – 4 936 h. – alt. 110 m – ✉ 10150

Hostellerie de Pont Ste-Marie (Chavanon)
34 r. Pasteur, (près église) – ✆ 03 25 83 28 61 6/22, VISA
– chavanon3@wanadoo.fr – Fax 03 25 81 67 85 – Fermé 30 juil.-22 août, 2-17 janv., dim. soir, mardi soir et merc. AV **n**
Rest – Menu 43/119 € bc – Carte 50/76 €
Spéc. Homard au piment d'Espelette, croustillant à l'anis vert. Le cochon en folie. Pain perdu aux souvenirs d'antan.
◆ Deux maisons de village proches de la belle église du 16e s. Chaleureuse salle à manger (mélange d'ancien et de contemporain) et appétissantes recettes dans l'air du temps.

Bistrot DuPont VISA
5 pl. Ch. de Gaulle – ✆ 03 25 80 90 99 – Fax 03 25 40 82 65 – Fermé 23 juil.-12 août, jeudi soir, dim. soir et lundi AV **s**
Rest – *(prévenir)* Menu 17 € (sem.)/28 € – Carte 25/51 €
◆ Tout à côté d'un bras de la Seine, sympathique établissement de type bistrot proposant une cuisine copieuse et soignée. Ne ratez pas la spécialité maison : l'andouillette.

à Moussey 10 km par ④, N71 et D444 – 399 h. – alt. 131 m – ✉ 10800

Domaine de la Creuse sans rest
– ✆ 03 25 41 74 01 – contact@domainedelacreuse.com – Fax 03 25 73 13 87 – Fermé 22 déc.-3 janv.
5 ch – †85/100 € ††90/105 €
◆ Cette demeure champenoise traditionnelle (18e s.) s'articule autour d'une jolie cour centrale aménagée en jardin. Chambres de plain-pied, vastes et réellement délicieuses.

à St-André-les-Vergers 5 km – 11 125 h. – alt. 112 m – ✉ 10120

Syndicat d'initiative, 21 avenue Maréchal Leclerc ✆ 03 25 71 91 11

La Gentilhommière 4/10, VISA
180 rte Auxerre – ✆ 03 25 49 35 64 – gentilhommiere@wanadoo.fr – Fax 03 25 75 13 55 – Fermé 30 juil.-19 août, dim. soir, mardi soir et merc. AX **r**
Rest – Menu 19 € (sem.)/53 € – Carte 39/53 €
◆ Mobilier de style, tableaux anciens, toile de Jouy... : ce restaurant installé dans une villa récente est confortable et feutré. Deux terrasses d'été et cuisine au goût du jour.

à Ste-Savine 3 km – **10 125 h. – alt. 116 m –** ✉ **10300**

Chantereigne sans rest
128 av. Gén. Leclerc – ✆ 03 25 74 89 35 – contact@hotel-chantereigne.com – Fax 03 25 74 47 78 AX **t**
30 ch – 🛉50/52 € 🛉🛉52/54 €, ☕ 7,50 €
◆ Bâtiment en forme de fer à cheval abritant des chambres un peu exiguës, mais fonctionnelles et orientées vers l'arrière. Formule buffet à l'heure du petit-déjeuner.

Motel Savinien
87 r. Fontaine – ✆ 03 25 79 24 90 – motel.savinien@wanadoo.fr – Fax 03 25 78 04 61 AX **d**
60 ch – 🛉48/56 € 🛉🛉54/62 €, ☕ 8 € – ½ P 50/55 € – **Rest** – *(fermé dim. soir et lundi)* Menu (13 €), 15/30 € – Carte 18/44 € 🍷
◆ À l'écart du bruit, grande bâtisse des années 1970 bien entretenue. On améliore régulièrement le confort des chambres, pratiques et en partie rénovées. Sauna, jacuzzi et minifitness. Cuisine traditionnelle servie en terrasse, lorsque le temps le permet.

Les bonnes adresses à petit prix ?
Suivez les Bibs : Bib Gourmand rouge pour les tables
et Bib Hôtel bleu pour les chambres.

TULLE 🅿 **– 19 Corrèze – 329** L4 **– 15 553 h. – alt. 210 m –** ✉ **19000**
Limousin Berry 25 **C3**

Paris 475 – Aurillac 83 – Brive-la-Gaillarde 27 – Clermont-Ferrand 141

Office de tourisme, 2 place Emile Zola ✆ 05 55 26 59 61

Maison de Loyac★ Z **B** - Clocher★ de la Cathédrale Notre-Dame.

Plan page ci-contre

Mercure sans rest 20/60,
16 quai République – ✆ 05 55 26 42 00 – h5065@accor.com – Fax 05 55 20 31 17 Z **b**
48 ch – 🛉64 € 🛉🛉74/78 €, ☕ 8,50 € – 1 suite
◆ En centre-ville, cet impeccable hôtel est doté d'un hall spacieux, d'un bar confortable et de chambres chaleureuses et insonorisées, plus spacieuses côté quai de la Corrèze.

De la Gare
25 av. W. Churchill – ✆ 05 55 20 04 04 – hotel.de.la.gare@wanadoo.fr – Fax 05 55 20 15 87 – Fermé 20 août-3 sept. et vacances de fév. Y **k**
11 ch – 🛉50 € 🛉🛉50 €, ☕ 7 € – ½ P 50 € – **Rest** – *(fermé dim. soir en hiver)* Menu 15/24 € 🍷
◆ Petit hôtel familial situé face à la gare. Chambres de bonne ampleur, fonctionnelles et agencées autour d'un patio (celles du 1er étage ouvrent directement dessus). Au restaurant, le décor est rustique, la carte simplement traditionnelle, et l'addition légère.

XXX **Le Central** 7/24,
12 r. Barrière – ✆ 05 55 26 24 46 – r-poumier@internet19.fr – Fax 05 55 26 53 16 – Fermé 30 juil.-12 août, dim. soir et sam. Z **a**
Rest – Menu 25/60 € – Carte 48/65 € 🍷
◆ Cette maison à colombages du 18e s. abrite un restaurant "cosy" (pierres, poutres, vaisseliers). Cuisine traditionnelle aussi soignée que l'accueil. Brasserie au rez-de-chaussée.

XX **La Toque Blanche**
pl. M. Brigouleix – ✆ 05 55 26 75 41 – Fax 05 55 20 93 95 – Fermé 2-11 juil., 15-29 fév., dim. soir et lundi Z **z**
Rest – Menu 24/29 € – Carte 44/58 € 🍷
◆ Les poutres apparentes apportent une petite touche rustique à cette jolie salle à manger bourgeoise. On y déguste une cuisine traditionnelle utilisant les produits du terroir.

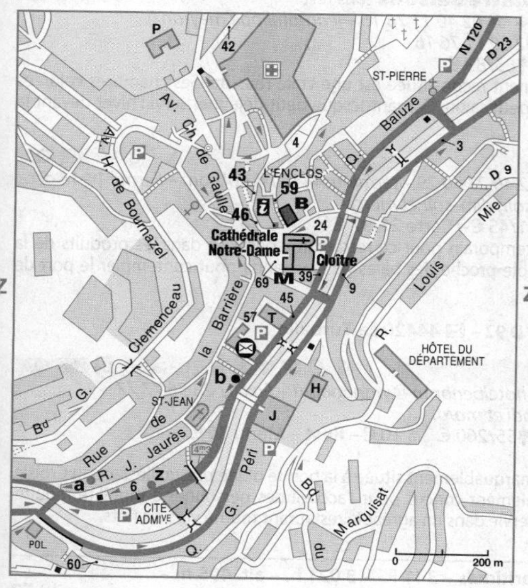

Alsace-Lorraine (Av.) . . . . . . Y 2
Baluze (Quai) . . . . Z
Briand (Quai A.) . . . . Z 3
Bride (Pl. de la) . . . . Z 4
Brigouleix (Pl. Martial) . . . . Z 6
Chammard (Quai A.-de) . . . . . Z 9
Condamines (R. des) . . . . . . Y 12
Dunant (R. Henri) . . . . Y 15
Faucher (Pl. Albert) . . . . Y 18
Faugeras (Bd J.-F.) . . . . X 21
Gambetta (Pl.) . . . . Z 24
Gaulle (Av. Ch.-de) . . . . Z
Jean-Jaurès (R.) . . . . Z
Lovy (R. Sergent) . . . . Y 27
Mermoz (R.) . . . . Y 33
Pauphile (R.) . . . . Y 36
Perrier (Quai Edmond) . . . . . Z 39
Poincaré (Av.) . . . . Z 42
Portes-Chanac (R. des) . . . . . Z 43
République (Quai de la) . . . . Z 45
Riche (R.) . . . . Z 46
Roche-Bailly (Bd de la) . . . . . X 48
Sampeix (R. Lucien) . . . . Y 54
Tavé (Pl. Jean) . . . . Z 57
Tour-de-Maïsse (R. de la) . . . Z 59
Vialle (R. Anne) . . . . Z 60
Victor-Hugo (Av.) . . . . XY
Vidalie (Av.) . . . . X 63
Zola (Pl. Émile) . . . . Z 69

TULLINS – **38 Isère** – **333** F6 – **7 068 h.** – **alt. 223 m** – ✉ **38210** 45 **C2**

Paris 547 – Bourgoin-Jallieu 47 – Grenoble 31 – St-Marcellin 23 – Voiron 13

de Grenoble Charmeil à Saint-Quentin-sur-Isère, E : 5 km par D 45, ☎ 04 76 93 35 65.

XX **Auberge de Malatras** avec ch 25, P VISA MC AE

Sud : 2 km sur N 92 – ☎ 04 76 07 02 30 – Fax 04 76 07 76 48 – Fermé 9-25 avril, 20-27 août, 8-24 oct., dim. soir et lundi

17 ch – 37/47 € 43/55 €, 8 € – ½ P 50/55 € – **Rest** – Menu 20/78 € – Carte 32/84 €

◆ L'agréable terrasse face au massif du Vercors constitue l'atout maître de cet ancien relais de poste. Solives et cheminée agrémentent la salle à manger. Chambres simples.

TUNNEL DU MONT-BLANC – **74 H.-Savoie** – **328** O5 – **voir à Chamonix-Mont-Blanc**

TUNNEL SOUS LA MANCHE voir à Calais.

LA TURBALLE – **44 Loire-Atlantique** – **316** A3 – **4 042 h.** – **alt. 6 m** – ✉ **44420**
Bretagne 34 **A2**

Paris 457 – La Baule 13 – Guérande 7 – Nantes 84 – La Roche-Bernard 31 – St-Nazaire 27

Office de tourisme, place du Général-de-Gaulle ☎ 02 40 11 87 62

Les Chants d'Ailes sans rest P VISA MC

11 bd Bellanger – ☎ 02 40 23 47 28 – hotel.chantsdailes@wanadoo.fr – Fax 02 40 62 86 43 – Fermé 18 nov.-16 déc. et 15 janv.-10 fév.

19 ch – 37/48 € 45/67 €, 7 €

◆ Bordant une longue plage, chambres fonctionnelles peu à peu rénovées. Celles situées en façade bénéficient d'une vue sur l'océan. Lumineuse salle des petits-déjeuners.

Le Manoir des Quatre Saisons sans rest cuisinette P

744 bd de Lauvergnac – ☎ 02 40 11 76 16 – jean-philippe.meyran@club-internet.fr – Fax 02 40 11 76 16

5 ch – 58/65 € 65/89 €

◆ Cette longère fidèlement reconstituée est une vraie réussite. Ses chambres colorées possèdent souvent un petit salon. Gargantuesque petit-déjeuner servi l'hiver devant la cheminée.

XX **Terminus** VISA MC

18 quai St-Paul – ☎ 02 40 23 30 29 – terminus44420@aol.com – Fermé 1er-14 oct., 18 fév.-2 mars, mardi soir, dim. soir et merc.

Rest – Menu (16 €), 21/45 € – Carte 21/97 €

◆ Nouveau décor contemporain pour ce restaurant spécialisé dans les produits de la mer ; choisissez une table proche des baies de la véranda pour contempler le port de pêche.

à Pen-Bron 3 km au Sud par D 92 – ✉ 44420 La Turballe

Pen Bron ch, 50, P VISA MC

– ☎ 02 28 56 77 99 – hotelpenbron@wanadoo.fr – Fax 02 28 56 77 77 – Fermé fév., mars, lundi et mardi

45 ch – 55/180 € 55/260 €, 10 € – **Rest** – Menu 30 € – Carte 22/51 €

◆ Maison bretonne remarquablement située à la pointe d'une presqu'île, face au Croisic. Aménagements spécialement conçus pour l'accueil des personnes à mobilité réduite. Cuisine traditionnelle servie dans un agréable restaurant tourné vers les flots.

LA TURBIE – **06 Alpes-Maritimes** – **341** F5 – **3 021 h.** – **alt. 495 m** – ✉ **06320** 42 **E2**

Paris 943 – Monaco 8 – Menton 13 – Nice 16

XX ✿✿ **Hostellerie Jérôme** (Cirino) avec ch — ch, VISA MC

20 r. Comte de Cessole – ✆ 04 92 41 51 51 – hostellerie.jerome@wanadoo.fr – Fax 04 92 41 51 50 – Fermé 5 nov.-13 fév., lundi et mardi sauf juil.-août

5 ch – 🕴120/150 € 🕴🕴120/150 €, ☕ 15 € – **Rest** – *(dîner seult en juil.-août)* Menu 60/110 € – Carte 90/124 €

Spéc. Pavé de loup de mer rôti à la compotée de courgette-fleur. Composition de homard aux truffes, petits pois et macaroni. Foie gras de canard rôti aux agrumes de Menton (hiver). **Vins** Bellet, Bandol.

◆ Le restaurant était le réfectoire des moines cisterciens qui résidaient jadis dans cette demeure du 13e s. Délicieuse cuisine méridionale et belles chambres personnalisées.

X **Café de la Fontaine** — AC VISA MC

4 av. Gén. de Gaulle – ✆ 04 93 28 52 79 – Fax 04 92 41 51 51 – Fermé lundi du 14 nov. au 11 fév.

Rest – Menu 21/23 € – Carte 21/24 € 🍷

◆ Il y a toujours du monde et l'ambiance est animée dans ce vrai café de village. Il faut dire que sa goûteuse cuisine du marché aux accents du terroir mérite ce succès !

TURCKHEIM – 68 Haut-Rhin – 315 H8 – 3 594 h. – alt. 225 m – ✉ 68230

Alsace Lorraine — 2 **C2**

▶ Paris 471 – Colmar 7 – Gérardmer 47 – Munster 14 – St-Dié 51 – le Thillot 66

ℹ Office de tourisme, 6 rue du Conseil ✆ 03 89 27 38 44, Fax 03 89 80 83 22

Le Berceau du Vigneron sans rest — VISA MC AE

10 pl. Turenne – ✆ 03 89 27 23 55 – hotel-berceau-du-vigneron@wanadoo.fr – Fax 03 89 30 01 33 – Fermé 8-21 janv.

16 ch – 🕴43/56 € 🕴🕴43/72 €, ☕ 8,50 €

◆ Maison à colombages bâtie en partie sur les remparts de la vieille ville. Chambres fraîches, plus calmes sur l'arrière. L'été, on petit-déjeune dans la cour intérieure.

Les Portes de la Vallée — rest, rest, P VISA MC AE

29 r. Romaine – ✆ 03 89 27 95 50 – mail@hotelturckheim.com – Fax 03 89 27 40 71

14 ch – 🕴38/56 € 🕴🕴45/63 €, ☕ 7,50 € – ½ P 44/61 € – **Rest** – table d'hôte *(fermé dim. soir) (dîner seult) (résidents seult)* Menu 17 € 🍷

◆ Dans un quartier calme, deux bâtiments réunis par une treille. Préférez les chambres claires de l'aile moderne. Plats alsaciens servis dans une salle d'inspiration winstub.

XX **A l'Homme Sauvage** — 30, VISA MC

19 Grand'Rue – ✆ 03 89 27 56 15 – homme.sauvage.sarl@wanadoo.fr – Fax 03 89 80 82 03 – Fermé 25 oct.-8 nov., 17-27 fév., mardi soir de nov. à avril, dim. soir et merc.

Rest – Menu 18 € (déj. en sem.), 32/45 € – Carte 37/58 € 🍷

◆ Cette auberge accueille les amateurs de bonne chère depuis 1609. Cuisine actuelle à déguster dans un cadre mi-rustique, mi-contemporain, ou l'été, dans la cour pavée ombragée.

X **Auberge du Veilleur** — AC VISA MC AE

12 pl. Turenne – ✆ 03 89 27 32 22 – auberge-veilleur@wanadoo.fr – Fax 03 89 27 55 56 – Fermé 22 déc.-15 janv., mardi et merc.

Rest – Menu 9,50 € (déj. en sem.), 20/30 € – Carte 23/40 € 🍷

◆ À l'entrée de la vieille ville, près de la tour du 14e s., coquet restaurant de style winstub chargé de bibelots et d'ours en peluche. Menus régionaux.

TURENNE – 19 Corrèze – 329 K5 – 742 h. – alt. 350 m – ✉ 19500

Périgord — 24 **B3**

▶ Paris 496 – Brive-la-Gaillarde 15 – Cahors 91 – Figeac 76

ℹ Office de tourisme, le Bourg ✆ 05 55 85 94 38

◉ Site★ du château et ✳★★ de la tour de César.

◉ Collonges-la-Rouge : village★★ E : 10 km.

Clos Marnis ch, ch,
pl. Halle – ✆ 05 55 22 05 28 – keny.sourzat@wanadoo.fr – Fermé 15 nov.-15 déc.
6 ch – 55/77 € 55/77 € – **Rest** – table d'hôte *(dîner seult) (résidents seult)* Menu 22 € bc
◆ Belle demeure du 18e s. bâtie par la confrérie des pénitents blancs. Chambres de caractère, mobilier d'époque ou actuel et jolie vue sur le château depuis l'agréable jardin. Les produits régionaux ont les honneurs de la table d'hôte (uniquement sur réservation).

Maison des Chanoines avec ch rest, ch, VISA
– ✆ 05 55 85 93 43 – maisondeschanoines@wanadoo.fr – Fax 05 55 85 93 43 – Ouvert 7 avril-15 oct.
6 ch – 55/70 € 90 €, 9 € – ½ P 65/80 € – **Rest** – *(fermé merc. soir en juin et le midi sauf dim. et fériés) (nombre de couverts limité, prévenir)* Menu 32/40 €
◆ Charmante maison du 16e s. : porte d'entrée sculptée, escalier à vis, salle à manger voûtée (meuble d'esprit Majorelle), chambres coquettes. Carte traditionnelle et créative.

TURQUANT – 49 Maine-et-Loire – 317 J5 – 448 h. – alt. 68 m – ✉ 49730 35 C2

Paris 294 – Angers 76 – Châtellerault 68 – Chinon 21 – Saumur 10 – Tours 58

Demeure de la Vignole ch,
imp. Marguerite d'Anjou – ✆ 02 41 53 67 00 20, VISA AE
– demeure@demeure-vignole.com – Fax 02 41 53 67 09 – Ouvert 15 mars-15 nov.
8 ch – 76/117 € 87/117 €, 8,50 € – ½ P 68/86 € – **Rest** – *(fermé dim. et lundi) (dîner seult) (résidents seult)* Menu 26 €
◆ Une ambiance "guesthouse" règne dans cette élégante demeure en tuffeau bâtie à flanc de coteau. Chambres (non-fumeurs) décorées avec goût et suite troglodyte. Beau jardin.

TUSSON – 16 Charente – 324 K4 – 317 h. – alt. 125 m – ✉ 16140 39 C2

Paris 421 – Angoulême 41 – Cognac 49 – Poitiers 83
Office de tourisme, le bourg ✆ 05 45 30 32 87

Le Compostelle VISA
– ✆ 05 45 31 15 90 – le-compostelle@wanadoo.fr – Fax 05 45 31 15 90 – Fermé 17-30 sept., 2-24 janv., dim. soir, lundi et jeudi
Rest – Menu 13,50 € bc (déj. en sem.), 22/38 € – Carte 43/53 €
◆ Au cœur du village et sur l'antique route des pèlerins, un sympathique restaurant rustique (non-fumeurs) où la carte, variée, revisite avec simplicité la tradition régionale.

TY-SANQUER – 29 Finistère – 308 G6 – rattaché à Quimper

UBERACH – 67 Bas-Rhin – 315 J3 – 1 091 h. – alt. 175 m – ✉ 67350 1 B1

Paris 473 – Baden-Baden 59 – Offenburg 64 – Strasbourg 38

De la Forêt VISA
94 Grande Rue – ✆ 03 88 07 73 17 – bernardohl@wanadoo.fr – Fax 03 88 72 50 33 – Fermé 1er-15 mars, 30 juil.-19 août, lundi soir, mardi soir et merc.
Rest – Menu 10 € (déj. en sem.), 25/48 € – Carte 31/52 €
◆ Ancienne brasserie convertie en restaurant où l'on goûte une cuisine traditionnelle et sincère, concoctée avec les légumes du jardin. Intérieur soigné et ambiance chaleureuse.

UCHAUX – 84 Vaucluse – 332 B8 – 1 465 h. – alt. 80 m – ✉ 84100 40 A2

Paris 645 – Avignon 40 – Montélimar 45 – Nyons 37 – Orange 11

Château de Massillan ch, ch, VISA AE
au Nord : 3 km par D 11 et rte secondaire – ✆ 04 90 40 64 51 – chateau-de-massillan@wanadoo.fr – Fax 04 90 40 63 85 – Ouvert 28 mars-30 oct.
13 ch – 140/450 € 170/450 €, 16 € – 1 suite – ½ P 140/280 € – **Rest** – Menu 48 €
◆ Beau château du 16e s. au cœur d'un magnifique parc entouré de vignes. Séduisante décoration contemporaine associée aux pierres et poutres d'époque. Cuisine inventive servie dans un très joli cadre : meubles design, murs blancs et lustres à pendeloques.

Côté Sud

rte Orange – 04 90 40 66 08 – restaurantcotesud@wanadoo.fr – Fax 04 90 40 64 77 – Fermé 28 oct.-9 nov., 23 déc.-10 janv., lundi soir et mardi sauf juil.-août et merc.

Rest – *(nombre de couverts limité, prévenir)* Menu 23/47 € – Carte 40/51 €

◆ Garrigue, colline... La dénomination des menus, tout comme la cuisine, célèbre la Provence. Décor pimpant, dans les murs d'une charmante maison en pierre. Ravissant jardin.

UGINE – 73 Savoie – 333 L3 – 6 963 h. – alt. 484 m – ✉ 73400 — 45 C1

Paris 581 – Annecy 37 – Chambéry 63 – Lyon 162

Office de tourisme, 15 place du Val d'Arly 04 79 37 56 33, Fax 04 79 89 01 69

La Châtelle

3 r. Paul Proust – 04 79 37 30 02 – lachatelle@yahoo.fr – Fax 04 79 37 30 02 – Fermé 15-28 août, 26 déc.-7 janv., sam. midi, dim. soir et lundi

Rest – Menu 17 € (déj. en sem.), 22/67 € – Carte 38/57 €

◆ Salle voûtée garnie de meubles ancestraux et terrasse panoramique avec vue sur les montagnes... Cette insolite maison forte du 13e s. mérite aussi le détour pour sa cuisine créative pleine de saveurs.

L'UNION – 31 Haute-Garonne – 343 G3 – rattaché à Toulouse

UNTERMUHLTHAL – 57 Moselle – 307 Q5 – rattaché à Baerenthal

URÇAY – 03 Allier – 326 C3 – 298 h. – alt. 169 m – ✉ 03360 — 5 B1

Paris 297 – La Châtre 55 – Montluçon 34 – Moulins 66 – St-Amand-Montrond 15

L'Étoile d'Urçay avec ch

42 rte Nationale – 04 70 06 92 66 – Fax 04 70 06 92 77 – Fermé 15 fév.-12 mars, dim. soir, lundi et mardi

5 ch – 34 € 34 €, 5 € – ½ P 43 € – **Rest** – Menu 14,50 € bc (sem.)/30 €

◆ Dans la traversée du bourg, ce restaurant à l'agréable décor rustique propose une cuisine traditionnelle. Ressource simple et conviviale à proximité de la forêt de Tronçais.

URDOS – 64 Pyrénées-Atlantiques – 342 I7 – 108 h. – alt. 780 m – ✉ 64490 — 3 B3

Paris 850 – Jaca 38 – Oloron-Ste-Marie 41 – Pau 75

Col du Somport★★ SE : 14 km, **Aquitaine.**

Voyageurs-Somport

– 05 59 34 88 05 – hotel.voyageurs.urdos@wanadoo.fr – Fax 05 59 34 86 74 – Fermé 20 oct.-4 déc., dim. soir et lundi sauf juil.-août, vacances de Noël et de fév.

28 ch – 31 € 34 €, 5,50 € – ½ P 34/38 € – **Rest** – Menu 12/28 € – Carte 18/40 €

◆ Ancien relais de diligences sur le chemin de St-Jacques, dans la vallée d'Aspe. Outre un accueil chaleureux, il propose des chambres rustiques, plus calmes sur l'arrière. Salle à manger campagnarde où l'on sert une cuisine traditionnelle sans prétention.

URIAGE-LES-BAINS – 38 Isère – 333 H7 – alt. 414 m – Stat. therm. : fin janv.-début déc. – Casino : Palais de la Source – ✉ 38410 Alpes du Nord — 45 C2

Paris 576 – Grenoble 11 – Vizille 11

Office de tourisme, 5 avenue des Thermes 04 76 89 10 27, Fax 04 76 89 26 68

Uriage à Vaulnaveys-le-Haut Les Alberges, au Sud, 04 76 89 03 47.

Forêt de Prémol★ SE : 5 km par D 111.

Grand Hôtel rest, 15, VISA

– 04 76 89 10 80 – *info@grand-hotel-uriage.com* – *Fax 04 76 89 04 62* – *Fermé 24 déc.-20 janv.*
39 ch – 100/165 € 125/190 €, 20 € – 3 suites
Rest ***Les Terrasses*** – *(fermé 20 août-2 sept., 24 déc.-20 janv., merc. midi, jeudi midi et dim. de sept. à juin, mardi midi et lundi)* Menu 85/120 € – Carte 105/120 €
Spéc. Féra du Léman et écrevisses rôties aux citrons confits. Truite pochée au bleu du Vercors. Pintade "rôtie-confite" à l'émulsion de jus de carotte et noix torréfiées.
Vins Chignin-Bergeron, Mondeuse.
◆ Naguère fréquentée par Coco Chanel ou Sacha Guitry, cette belle hostellerie Napoléon III reliée au centre thermal, abrite des chambres très élégantes et personnalisées. Restaurant raffiné ou délicieuse terrasse : deux lieux pour une cuisine bien inspirée.

Les Mésanges 40, VISA

rte St-Martin-d'Uriage et rte Bouloud : 1,5 km – 04 76 89 70 69 – *prince@hotel-les-mesanges.com* – *Fax 04 76 89 56 97* – *Ouvert 1er fév.-20 oct.*
33 ch – 65 € 72/75 €, 8,50 € – ½ P 68 € – **Rest** – *(fermé dim. soir de fév. à avril, lundi et mardi)* Menu (17 €), 25/55 € – Carte 41/62 €
◆ Sur un plateau dominant la vallée et la station, divers bâtiments proposent des chambres pratiques et bien tenues, dotées de terrasses ou de petits balcons. En hiver, lumineuse salle à manger et, à la belle saison, charmante terrasse ombragée de platanes.

Manoir VISA

62 rte Prémol – 04 76 89 10 88 – *contact@hotel-manoir.fr* – *Fax 04 76 89 20 63* – *Fermé de mi-nov. à mi-fév.*
15 ch – 35/63 € 41/63 €, 7,50 € – ½ P 40/50 € – **Rest** – *(fermé le midi en sem. sauf de mi-mars à mi-oct. et dim. soir)* Menu (14 €), 19 € (sem.)/34 € – Carte 32/44 €
◆ Une façade colorée signale aux passants cette maison 1900 postée à l'entrée de la station. Lumineuses chambres diversement équipées, plus vastes au 1er étage. Agréables salles à manger, salon chaleureux et véranda ouverte sur une plaisante terrasse.

URMATT – 67 Bas-Rhin – 315 H5 – 1 357 h. – alt. 240 m – ✉ 67280 1 A2

Paris 487 – Molsheim 15 – Saverne 37 – Sélestat 49 – Strasbourg 44 – Wasselonne 23

Église★ de Niederhaslach NE : 3 km, Alsace Lorraine.

Clos du Hahnenberg ch, 35, VISA

– 03 88 97 41 35 – *clos.hahnenberg@wanadoo.fr* – *Fax 03 88 47 36 51* – *Fermé 5-20 janv.*
43 ch – 40/50 € 44/62 €, 8,50 € – ½ P 42/52 €
Rest ***Chez Jacques*** – *(fermé vend. soir)* Menu 13 € (déj. en sem.), 19/38 € – Carte 25/43 €
◆ Sur la rue principale du village, hôtel accordant un soin particulier à ses chambres, plus spacieuses, claires et insonorisées dans la partie moderne. Chez Jacques, cadre rustique et cuisine traditionnelle étoffée de quelques spécialités alsaciennes.

Poste rest, ch, VISA

– 03 88 97 40 55 – *hotelrestlaposte@multimania.com* – *Fax 03 88 47 38 32* – *Fermé 26 fév.-12 mars, 15-31 juil., 23 déc.-1er janv., dim. soir et lundi*
14 ch – 40 € 57 €, 7 € – ½ P 49/56 € – **Rest** – Menu 18/50 € – Carte 19/47 €
◆ Ambiance familiale garantie dans cette auberge villageoise centenaire située face à la mairie. Chambres confortables et bien tenues ; certaines ont été soigneusement rénovées. Vitraux et boiseries rehaussent le décor des salles à manger. Cuisine régionale.

URRUGNE – 64 Pyrénées-Atlantiques – 342 B4 – rattaché à St-Jean-de-Luz

---

URT – 64 Pyrénées-Atlantiques – 342 E4 – 1 702 h. – alt. 41 m – ✉ 64240 3 B3

Paris 757 – Bayonne 17 – Biarritz 24 – Cambo-les-Bains 28 – Pau 97 – Peyrehorade 19

Office de tourisme, place du Marché 05 59 56 20 43

XXX **Auberge de la Galupe** (Rouville) AC VISA MC AE

au port de l'Adour – ✆ 05 59 56 21 84 – galupe@wanadoo.fr – Fax 05 59 56 28 66 – Fermé 20-29 juin, 10-19 déc., 25 fév.-13 mars, mardi de nov. à mars, dim. soir sauf août et merc.

Rest – *(prévenir le week-end)* Menu 33 € (déj. en sem.)/80 € – Carte 59/87 € 🍷

Spéc. Granité d'huîtres spéciales de Marennes et caviar d'Aquitaine. Saumon sauvage de l'Adour aux pointes d'orties sauvages (printemps). Cromesquis de pied de porc gascon. **Vins** Irouléguy, Tursan.

◆ Poutres, dallage ancien et mobilier choisi font l'attrait de cet ancien relais de mariniers posté sur les rives de l'Adour. Goûteux plats régionaux axés sur la pêche locale.

USCLADES-ET-RIEUTORD – 07 Ardèche – 331 G5 – 102 h. – alt. 1 270 m – ✉ 07510

44 **A3**

▶ Paris 590 – Aubenas 45 – Langogne 41 – Privas 59 – Le Puy-en-Velay 51 – Thueyts 98

à Rieutord – ✉ 07510 Usclades-et-Rieutord

X **Ferme de la Besse** P

– ✆ 04 75 38 80 64 – Fax 04 75 38 80 64 – Ouvert 1er avril-11 nov., week-ends du 1er fév. au 31 mars et 11 nov.-23 déc.

Rest – *(prévenir)* Menu 21/32 €

◆ Dans les murs d'une authentique ferme du 15e s. au beau toit de lauzes. Intérieur rustique superbement préservé, avec pierres, poutres et cheminée. Cuisine du terroir.

USSAT – 09 Ariège – 343 H8 – rattaché à Tarascon-sur-Ariège

USSEAU – 86 Vienne – 322 J3 – rattaché à Châtellerault

USSON-EN-FOREZ – 42 Loire – 327 C7 – 1 232 h. – alt. 925 m – ✉ 42550

44 **A2**

▶ Paris 472 – Issoire 86 – Montbrison 41 – Le Puy-en-Velay 52 – St-Étienne 48

ℹ Office de tourisme, place de la Vialle ✆ 04 77 50 66 15, Fax 04 77 50 66 15

X **Rival** avec ch cuisinette VISA MC AE

– ✆ 04 77 50 63 65 – hotelrival@msn.com – Fax 04 77 50 67 62 – Fermé 25 juin-6 juil., 12 nov.-3 déc., dim. soir et lundi hors saison

10 ch – 🚹41 € 🚹🚹62/68 €, ☕ 6 € – ½ P 40 € – **Rest** – Menu 12,50 € (sem.)/40 € – Carte 21/39 € 🍷

◆ Simple affaire familiale proche de l'écomusée du bourg, sur le chemin de Compostelle. Menus régionaux et salle des repas rustique. Chambres rafraîchies. Tarif spécial pèlerins.

UTELLE – 06 Alpes-Maritimes – 341 E4 – 488 h. – alt. 800 m – ✉ 06450

Côte d'Azur

41 **D2**

▶ Paris 883 – Levens 24 – Nice 51 – Puget-Théniers 53 – St-Martin-Vésubie 34

◉ Retable ★ dans l'église St-Véran - Madone d'Utelle ✻★★★ SO : 6 km.

X **Bellevue** ← P VISA MC AE

rte Madone – ✆ 04 93 03 17 19 – Fax 04 93 03 19 17 – Fermé 7 janv.-8 fév. et merc. sauf juil.-août

Rest – *(déjeuner seult)* Menu 13/29 € – Carte 18/38 € 🍷

◆ Maison embusquée dans un village d'altitude. Décor agreste, âtre et vue montagnarde en salle. Cuisine régionale où entre la récolte du potager familial. Platanes en terrasse.

UZERCHE – 19 Corrèze – 329 K3 – 3 062 h. – alt. 380 m – ✉ 19140

Limousin Berry

24 **B3**

▶ Paris 444 – Brive-la-Gaillarde 38 – Limoges 57 – Périgueux 106 – Tulle 30

ℹ Office de tourisme, place de la Libération ✆ 05 55 73 15 71, Fax 05 55 73 88 36

◉ Ste-Eulalie ←★ E : 1 km.

Teyssier rest, VISA

r. Pont Turgot – ✆ 05 55 73 10 05 – reservation@hotel-teyssier.com – Fax 05 55 98 43 31 – Fermé 17 déc.-13 janv. et 9-24 fév., mardi et merc. sauf de mars à nov.

14 ch – 52/65 € 52/75 €, 8 € – ½ P 49/62 € – **Rest** – Menu 19/38 € – Carte 30/57 €

◆ Près de la Vézère, cette auberge du 18e s. a subi un rajeunissement en profondeur (climatisation généralisée) et offre désormais des chambres tout confort. La salle à manger moderne et panoramique tranche avec l'ancienne, plus rustique. Cuisine épurée à l'accent du Sud.

Ambroise 15, VISA

av. Ch. de Gaulle – ✆ 05 55 73 28 60 – Fax 05 55 98 45 73 – Fermé nov., dim. soir et lundi sauf hôtel en juil.-août

14 ch – 40 € 40 €, 8 € – ½ P 39 € – **Rest** – Menu 15/31 € – Carte 23/52 €

◆ Les chambres simples de cet hôtel familial ont l'avantage de donner sur la rivière et la verdure. Chaleureuse salle à manger rustique. L'été venu, la terrasse-balcon qui surplombe le jardin permet de profiter du soleil tout en dégustant une bonne cuisine.

à St-Ybard **6 km au Nord-Ouest par D 920 et D 54 – 593 h. – alt. 320 m – ✉ 19140**

Auberge St-Roch VISA

– ✆ 05 55 73 09 71 – Fax 05 55 98 41 63 – Fermé 22 juin-10 juil., 21 déc.-21 janv., le soir sauf sam. du 5 nov. au 1er avril, dim. soir et lundi

Rest – Menu 13 € (sem.)/38 € – Carte 20/55 €

◆ Au centre du village, auberge campagnarde comprenant deux belles salles et un bar à clientèle locale. Agréable terrasse ombragée avec vue sur l'église. Recettes régionales.

UZÈS – 30 Gard – 339 L4 – 8 007 h. – alt. 138 m – ✉ 30700 Provence 23 D2

Paris 682 – Montpellier 83 – Alès 34 – Arles 52 – Avignon 38 – Nîmes 25

Office de tourisme, place Albert 1er ✆ 04 66 22 68 88, Fax 04 66 22 95 19

d'Uzès Mas de la Place, par rte d'Avignon : 5 km, ✆ 04 66 22 40 03.

Ville ancienne★★ - Duché★ : ✻★★ de la Tour Bermonde - Tour Fenestrelle★★ - Place aux Herbes★ - Orgues★ de la Cathédrale St-Théodorit **V.**

Plan page ci-contre

Hostellerie Provençale rest, VISA

1 r. Grande Bourgade – ✆ 04 66 22 11 06 – contact@hostellerieprovencale.com – Fax 04 66 75 01 03 A **a**

9 ch – 75/135 € 75/135 €, 15 € – **Rest** – *(fermé nov., lundi et mardi)* Menu 19 € (déj. en sem.), 29/45 €

◆ À deux pas de la place aux Herbes, maison ancienne joliment rénovée où pierres apparentes, tomettes et mobilier chiné créent une ambiance chaleureuse. Menu du marché servi dans une plaisante salle à manger colorée.

Mercure rest, ch, 35, VISA

rte Nîmes, par ② : 0,5 km – ✆ 04 66 03 32 22 – mercure.relaisuzes@wanadoo.fr – Fax 04 66 03 32 10

65 ch – 65/75 € 65/75 €, 8,50 € – **Rest** – *(fermé 6-26 nov. et 23 déc.-4 fév.) (dîner seult)* Menu 15/25 € – Carte 20/35 €

◆ Aux portes du "Premier duché de France", groupe de bâtiments ordonnés autour d'une piscine et d'une terrasse ombragée. Chambres rénovées, équipées de meubles actuels. Attablez-vous dans une salle à manger aux couleurs provençales ou sur la jolie terrasse.

Le 80 Jours 10, VISA

2 pl. Albert 1er – ✆ 04 66 22 09 89 – Fermé le merc. sauf de juil. à sept. et dim. A **b**

Rest – Menu 24/32 € – Carte 29/37 €

◆ Voûtes et vieilles pierres, décor ethnique, joli patio ombragé : il fait bon s'attabler dans cette brasserie moderne dont l'enseigne évoque Jules Verne et les voyages du patron.

Les Trois Salons VISA

18 r. Dr Blanchard – ✆ 04 66 22 57 34 – lestroissalons@yahoo.fr – Fax 04 66 22 74 89 – Fermé 18 janv.-18 fév., lundi et mardi B **d**

Rest – Carte 51/53 €

◆ Enseigne-vérité pour cette maison bâtie en 1699 près du Duché : les tables sont installées dans trois jolis salons au décor épuré. Carte moderne mâtinée de saveurs régionales.

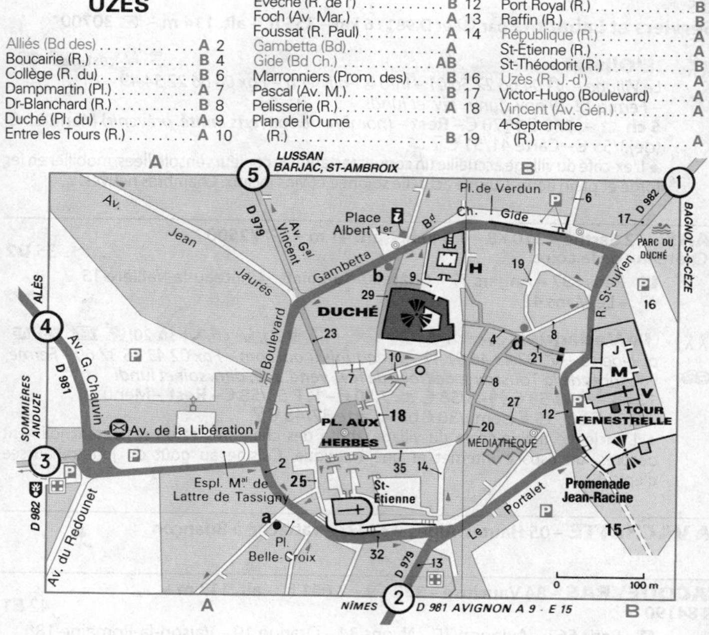

à Arpaillargues-et-Aureillac par ③ : 4,5 km – 785 h. – alt. 107 m – ✉ 30700

Château d'Arpaillargues 40,
r. Château – ☎ 04 66 22 14 48 – arpaillargues@wanadoo.fr – Fax 04 66 22 56 10 – Ouvert début avril-début oct.
29 ch – 80/260 € 80/260 €, ☕ 13 € – **Rest** – Menu 26/48 € – Carte 34/50 €

◆ Un joli château du 18e s. (où vécut la compagne de Franz Liszt) et une ancienne magnanerie abritent des chambres personnalisées avec vue sur le parc ou le village. Cuisine au goût du jour, cadre chaleureux et agréable terrasse au restaurant.

à St-Quentin-la-Poterie par ① et D 5 : 5 km – 2 731 h. – alt. 113 m – ✉ 30700

Clos de Pradines ch, ch, 10,
pl. Pigeonnier – ☎ 04 66 20 04 89 – contact@clos-de-pradines.com – Fax 04 66 57 19 53 – Fermé 12-26 nov. et 14 janv.-11 fév.
18 ch – 58/108 € 58/108 €, ☕ 10 € – ½ P 64/89 € – **Rest** – *(fermé mardi midi, merc. midi, jeudi midi, vend. midi de nov. à mars, dim. soir et lundi sauf juil.-août)* Menu 29/38 € – Carte 34/44 €

◆ Sur les hauteurs du village, hôtel neuf proposant de ravissantes chambres de style néo-provençal dotées de miniterrasses ou de balcons orientés plein Sud. Au restaurant, belle terrasse dominant la vallée, salle à manger actuelle et cuisine traditionnelle.

à St-Siffret 5 km par ① et D982 – 792 h. – alt. 140 m – ✉ 30700

L'Authentic
– ☎ 04 66 22 60 09 – Fermé 15 fév.-1er mars, 27 août-9 sept., mardi soir et merc.
Rest – Menu 20 € bc (déj. en sem.)/38 €

◆ Cuisine ensoleillée (menu du jour selon le marché), vins proposés sur ardoise, le tout servi dans l'ancienne salle de classe : cette ex-école est devenue une bien charmante auberge !

à Serviers et Labaume par ④ et D 981 : 6 km – 355 h. – alt. 114 m – ✉ 30700

XX **L'Olivier** avec ch rest, VISA MC

Le Village – ☎ 04 66 22 56 01 – info@l-olivier.fr – Fax 04 66 22 54 49 – Fermé 12-19 nov., janv., fév. et lundi

5 ch – 70 € 70 € – **Rest** – *(nombre de couverts limité, prévenir)* Menu 22 € (déj.)/55 € – Carte 41/51 €

◆ L'ex-café du village accueille un coquet restaurant : couleurs ensoleillées, mobilier en fer forgé et patio fleuri. Cuisine actuelle soignée et vins locaux. Chambres neuves.

VAAS – 72 Sarthe – 310 K8 – 1 540 h. – alt. 41 m – ✉ 72500

Châteaux de la Loire 35 **D2**

Paris 237 – Angers 77 – Château-du-Loir 8 – Château-la-Vallière 15 – Le Mans 42

XX **Le Vedaquais** avec ch ch, ch, 20, P VISA MC AE

pl. Liberté – ☎ 02 43 46 01 41 – vedaquais@aol.com – Fax 02 43 46 37 60 – Fermé vacances de la Toussaint, de Noël, de fév., vend. soir, dim. soir et lundi

12 ch – 48/58 € 48/58 €, 7,50 € – ½ P 53/58 € – **Rest** – Menu (10,50 € bc), 15 € (sem.)/30 € bc – Carte 37/48 €

◆ L'ancienne mairie-école du village abrite des chambres et un restaurant joliment décorés, un espace Internet et une boutique. Cuisine au goût du jour rehaussée d'épices.

LA VACHETTE – 05 Hautes-Alpes – 334 I3 – rattaché à Briançon

VACQUEYRAS – 84 Vaucluse – 332 C9 – 1 061 h. – alt. 117 m – ✉ 84190

42 **E1**

Paris 662 – Avignon 35 – Nyons 34 – Orange 19 – Vaison-la-Romaine 18

Syndicat d'initiative, Hôtel de Ville ☎ 04 90 12 39 02

Le Pradet sans rest 25/50, P VISA MC

– ☎ 04 90 65 81 00 – hotellepradet@wanadoo.fr – Fax 04 90 65 80 27

32 ch – 52 € 60 €, 8 €

◆ À l'entrée du village, cette construction récente héberge des chambres fonctionnelles et insonorisées. Certaines possèdent une petite terrasse ou un balcon. Salle de jeux et fitness.

à Montmirail 2 km à l' Est par rte secondaire – ✉ 84190

Montmirail ch, P VISA MC AE

– ☎ 04 90 65 84 01 – hotel-montmirail@wanadoo.fr – Fax 04 90 65 81 50 – Ouvert 2 avril-15 oct.

39 ch – 57/68 € 79/113 €, 11 € – ½ P 81/98 € – **Rest** – *(fermé jeudi midi et sam. midi)* Menu (23 €), 32 € (déj. en sem.), 35/39 € – Carte 41/44 €

◆ Au pied des célèbres Dentelles de Montmirail, demeure de caractère (19e s.) au milieu d'un plaisant jardin arboré. Chambres bien tenues. Salle à manger rustique égayée de tissus provençaux et charmante terrasse dressée sous le feuillage de grands platanes.

VACQUIERS – 31 Haute-Garonne – 343 G2 – 1 032 h. – alt. 200 m – ✉ 31340

28 **B2**

Paris 658 – Albi 71 – Castres 80 – Montauban 35 – Toulouse 31

La Villa les Pins 12/60, P VISA MC

2 km à l'Ouest par D 30 – ☎ 05 61 84 96 04 – Fax 05 61 84 28 54

15 ch – 55 € 60/65 €, 9 € – ½ P 78 € – **Rest** – *(fermé le midi sauf fériés et dim. soir) (résidents seult)* Menu 16 € (sem.)/32 €

◆ Grande villa bénéficiant du calme d'un parc arboré. Un escalier en marbre dessert les chambres bourgeoises, aux équipements parfois désuets, mais récemment rafraîchies. Élégantes salles à manger et terrasse face au domaine ; table traditionnelle simple.

VAGNAS – 07 Ardèche – 331 I7 – 430 h. – alt. 200 m – ✉ 07150 44 A3

Paris 678 – Alès 38 – Aubenas 37 – Mende 112 – Orange 57

La Bastide d'Iris sans rest
D 579 – ☎ 04 75 88 44 77 – labastidediris@wanadoo.fr – Fax 04 75 38 61 29 – Fermé janv.
12 ch – 65/79 € 76/105 €, 9,50 €
◆ Murs joliment colorés, tissus assortis, mobilier personnalisé et salles de bains gaies caractérisent les chambres de cette charmante bastide flambant neuve. Agréable jardin.

VAIGES – 53 Mayenne – 310 G6 – 1 071 h. – alt. 90 m – ✉ 53480 35 C1

Paris 255 – Château-Gontier 35 – Laval 24 – Le Mans 61 – Mayenne 32

Du Commerce ch, rest, 30,
– ☎ 02 43 90 50 07 – oger-samuel.hotel-du-commerce@wanadoo.fr – Fax 02 43 90 57 40 – Fermé 24 déc.-18 janv., dim. soir et vend. soir d'oct. au 1er mai
32 ch – 65/90 € 70/100 €, 10 € – ½ P 65/80 € – **Rest** – Menu 21/50 € – Carte 34/54 €
◆ Dans un village du bocage mayennais, hostellerie tenue par la même famille depuis 1883 et proposant des chambres pimpantes et bien équipées. Billard, sauna. Salles à manger rustiques avec belles charpentes massives et cheminées ; véranda façon jardin d'hiver.

VAILLY-SUR-SAULDRE – 18 Cher – 323 L2 – 806 h. – alt. 205 m – ✉ 18260

Limousin Berry 12 C2

Paris 182 – Aubigny-sur-Nère 17 – Bourges 55 – Cosne-sur-Loire 25 – Gien 36 – Sancerre 23

Office de tourisme, 5 bis place du 8 mai 1945 ☎ 02 48 73 87 57, Fax 02 48 73 88 33

Le Lièvre Gourmand (Page)
14 r. Grande Rue – ☎ 02 48 73 80 23 – contact@lelievregourmand.com – Fax 02 48 73 86 13 – Fermé 19-27 mars, 25 juin-3 juil., 3-11 sept., 7 janv.-1er fév., dim. soir, lundi et mardi
Rest – *(nombre de couverts limité, prévenir)* Menu 39/59 €
Spéc. Gelée et chantilly aux cèpes, poudre de cèpes (saison). Filet de bar à l'huile d'olive, cristes marines et poivrons rouges (juil.-août). Pressé de ris de veau caramélisé. **Vins** Menetou-Salon, Sancerre.
◆ Ces vieilles maisons villageoises abritent une élégante salle rustico-bourgeoise (non-fumeurs) et un salon "cosy". Belle cuisine inventive ; vins australiens et régionaux.

VAISON-LA-ROMAINE – 84 Vaucluse – 332 D8 – 5 904 h. – alt. 193 m – ✉ 84110 Provence 40 B2

Paris 664 – Avignon 51 – Carpentras 27 – Montélimar 64 – Pont-St-Esprit 41

Office de tourisme, place du Chanoine-Sautel ☎ 04 90 36 02 11, Fax 04 90 28 76 04

Les ruines romaines★★ : théâtre antique★, musée archéologique Théo-Desplans★ M - Haute Ville★ - cloître★ B.

Plan page suivante

Hostellerie le Beffroi rest, rest,
Haute Ville – ☎ 04 90 36 04 71 – lebeffroi@wanadoo.fr – Fax 04 90 36 24 78 – Fermé fin janv. à fin mars, et 22-26 déc. Z a
22 ch – 70/85 € 70/135 €, 12 € – **Rest** – *(ouvert 10 avril-28 oct. et fermé mardi et le midi en sem.)* Menu 28/45 € – Carte 32/47 €
◆ Au pied du château et dominant la cité, deux demeures des 16e et 17e s. au cachet préservé. Chambres décorées avec goût. Beau jardin en terrasses. Tables dressées dans une salle rustique ou dans la jolie cour. Carte classique, "saladerie" et salon de thé.

VAISON-LA-ROMAINE

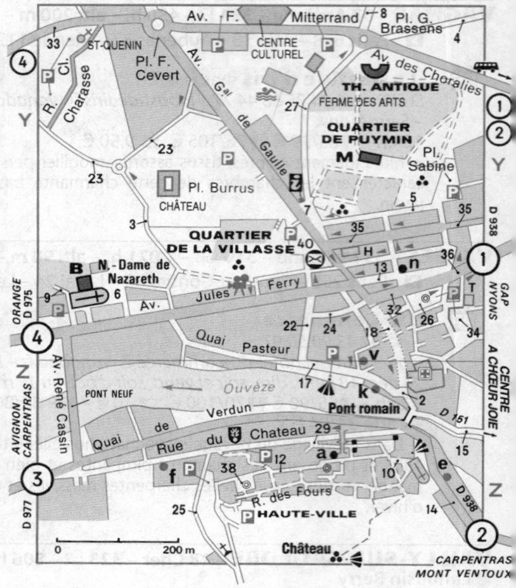

Burrhus sans rest
2 pl. Monfort – 𝒞 04 90 36 00 11 – info@burrhus.com – Fax 04 90 36 39 05 – Fermé 20 déc. au 25 janv. et dim. en janv.-fév. Y **n**
39 ch – †46/82 € ††46/115 €, ☕ 8 €
◆ Maison aux tons ocre égayée par des expositions de tableaux et sculptures. Quatorze chambres "tendance" ; les autres sont contemporaines ou provençales.

Le Moulin à Huile (Bardot) avec ch
quai Mar. Foch – 𝒞 04 90 36 20 67 – info@moulin-huile.com – Fax 04 90 36 20 20 – Fermé dim. soir et lundi Z **e**
3 ch – †130 € ††130/150 €, ☕ 25 € – **Rest** – *(prévenir)* Menu (28 €), 40 € (déj. en sem.), 60/75 € – Carte 73/89 €
Spéc. Boudin de homard sur mousse de lait coco (juin à sept.). Saint-Jacques aux copeaux de truffe (janv. à mars). Millefeuille à la crème vanillée. **Vins** Châteauneuf du Pape blanc, Côtes du Luberon.
◆ Difficile de rester insensible au charme de cet ancien moulin à huile des bords de l'Ouvèze. Belle cuisine au goût du jour servie, selon la saison, dans la véranda s'ouvrant sur une jolie terrasse ou dans la cave voûtée. Chambres douillettes, décorées avec beaucoup de recherche.

Le Brin d'Olivier
4 r. Ventoux – 𝒞 04 90 28 74 79 – Fax 04 90 36 13 36 – Fermé 24 juin-8 juil., 30 sept.-7 oct., 19-23 nov., 19-26 déc., 10-17 fév., merc. soir et dim. YZ **v**
Rest – Menu 19 € bc (déj. en sem.), 38/45 € – Carte 34/50 € 🍷
◆ Proche du pont romain, accueillante adresse où vous attendent quatre salles à manger champêtres décorées dans le style provençal. Patio planté d'un bel olivier. Cuisine du pays.

Le Bistro du O
– 𝒞 04 90 41 72 90 – info@legrandpre.com – Fermé de mi-nov. à mi-déc., le midi de juin à sept., dim. soir et lundi Z **f**
Rest – *(nombre de couverts limité, prévenir)* Menu (19 €), 25/31 € bc 🍷
◆ Un cadre bistrot, élégant et épuré, qui associe voûtes, pierre, mobilier chiné et contemporain. Menu unique renouvelé chaque jour et vins à prix sages judicieusement choisis.

Le Bateleur
1 pl. Théodore Aubanel – 04 90 36 28 04 – Fax 04 90 36 05 71 – Fermé 18-25 juin, 19 nov.-3 déc., jeudi soir de mars à juin, sam. midi de mars à sept., dim. de mi-nov. à fév. et lundi
Z k
Rest – Menu 20 € (déj. en sem.), 28/44 € – Carte 44/54 €
◆ Ce sympathique établissement du vieux Vaison propose en toute simplicité des petits plats au goût du jour. Quelques tables offrent la vue sur l'Ouvèze.

au Crestet par ②, **D 938 et D 76 : 5 km – 432 h. – alt. 310 m – 84110**

Mas de Magali Mont-Ventoux, rest, VISA
– 04 90 36 39 91 – masmagali@wanadoo.fr – Fax 04 90 28 73 40 – Ouvert 1er avril-1er oct.
11 ch – 80/95 € 85/95 €, 9 € – ½ P 70/88 € – **Rest** – *(fermé merc.) (dîner seult)* Menu 29 €
◆ En pleine campagne, ce mas coloré se dresse autour d'un piscine et d'un jardin parfumé des fragrances du Midi. Séduisant décor provençal. Chambres avec terrasse (sauf deux).

à Entrechaux par ②, **D 938 et D 54 : 7 km – 869 h. – alt. 280 m – 84340**
Alpes du Sud

St-Hubert 18, VISA
– 04 90 46 00 05 – Fax 04 90 46 00 06 – Fermé 1er-13 oct., 28 janv.-8 mars, mardi et merc.
Rest – Menu 16 € (déj. en sem.), 26/48 € – Carte 28/48 €
◆ Depuis 1929, la même famille accueille le client dans deux petites salles à manger d'esprit rustique. L'été, repas sous la treille où grimpe une glycine. Gibier en saison.

à Séguret par ③, **D 977 et D 88 : 10 km – 892 h. – alt. 250 m – 84110**

Domaine de Cabasse ch, VISA
rte Sablet – 04 90 46 91 12 – info@domaine-de-cabasse.fr – Fax 04 90 46 94 01 – Ouvert 4 avril-30 oct.
13 ch – 72/84 € 98/135 €, 12,50 € – ½ P 88/107 € – **Rest** – *(fermé le midi sauf merc., sam. et dim.)* Menu 16 € (déj. en sem.)/30 € – Carte environ 35 €
◆ Au pied des Dentelles de Montmirail, hôtel intégré à un domaine viticole (visite, dégustation). Les chambres, sobres et nettes, bénéficient du silence du vignoble. À midi, petite carte sans prétention ; le soir, découvrez le menu du jour. Vins de la propriété.

La Table du Comtat avec ch plaine et Dentelles de Montmirail, rest, VISA
– 04 90 46 91 49 – table.comtat@wanadoo.fr – Fax 04 90 46 94 27 – Fermé 19 nov.-9 déc., fév., dim. soir, mardi soir sauf juil. août et merc.
8 ch – 80/110 € 80/110 €, 14 € – ½ P 95/110 € – **Rest** – Menu 20 € (déj. en sem.), 34/48 € – Carte 33/47 €
◆ Le superbe panorama sur la plaine et les Dentelles de Montmirail est l'atout majeur de cette maison en pierre située sur les hauteurs du village. Belle terrasse ombragée.

Le Mesclun 18, VISA
r. Poternes (accès piétonnier) – 04 90 46 93 43 – mesclunseguret@aol.com – Fax 04 90 46 93 48 – Fermé janv., mardi sauf juil.-août et lundi
Rest – Menu 19 € (déj.), 32/45 € bc – Carte 39/52 €
◆ Sympathique adresse nichée dans un charmant village bâti à flanc de colline. Petites salles aux tons jaunes, plaisante terrasse ombragée et cuisine personnalisée aux accents méridionaux.

à Rasteau par ④, **D 975 et D 69 : 9 km – 674 h. – alt. 200 m – 84110**
Syndicat d'initiative, place Laparent 04 90 46 18 73

Bellerive vignobles et Dentelles de Montmirail, ch, VISA
rte Violès – 04 90 46 10 20 – hotel-bellerive@wanadoo.fr – Fax 04 90 46 14 96 – Ouvert 31 mars-mi-oct.
20 ch – 72/150 € 72/150 €, 14 € – ½ P 86/125 € – **Rest** – *(fermé mardi sauf le soir du 17 mai au 24 sept., lundi midi, et vend. midi)* Menu 25/50 € – Carte 43/70 €
◆ Grande construction contemporaine cernée par les vignes. Chambres dotées d'agréables loggias ouvrant sur la vallée de l'Ouvèze. Le cru de Rasteau se déguste avec le même plaisir dans la salle à manger provençale et sur la terrasse.

à Roaix par ④ et D 975 : 5 km – 587 h. – alt. 168 m – ✉ 84110

Le Grand Pré (Reichrath)
rte Vaison-la-Romaine – ✆ 04 90 46 18 12 – info@legrandpre.com – Fax 04 90 46 17 84 – Ouvert mars-oct. et fermé sam. midi et mardi
Rest – *(prévenir)* Menu 32 € (déj. en sem.), 52/110 € bc – Carte 65/90 €
Spéc. Menu "figues" (sept.-oct.). Pigeonneau rôti au four, jus de café-turc. Terrine au chocolat noir. **Vins** Côtes du Rhône, Côtes du Rhône-Villages.
◆ Cuisine gorgée de soleil et belle carte de côtes-du-rhône à découvrir dans l'élégant intérieur blanc d'une ancienne ferme. Agréable terrasse tournée sur un jardin aromatique.

VAÏSSAC – 82 Tarn-et-Garonne – 337 F7 – 599 h. – alt. 134 m – ✉ 82800 29 C2

Paris 620 – Albi 60 – Montauban 23 – Toulouse 76 – Villefranche-de-Rouergue 66

Terrassier 20,
– ✆ 05 63 30 94 60 – hotel-rest.terrassier@wanadoo.fr – Fax 05 63 30 87 40 – Fermé 19 au 25 nov., 2 au 15 janv., vend. soir et dim. soir sauf juil.-août
18 ch – †43/83 € ††43/83 €, ☐ 7 € – ½ P 45 € – **Rest** – Menu 20 € (semaine)/40 € – Carte 27/47 €
◆ Auberge villageoise pratique pour rayonner dans le Quercy et l'Albigeois. Chambres simples et bien tenues ; certaines ouvrent sur la campagne. Salle à manger rénovée où l'on sert une cuisine régionale contoctée par la même famille depuis trois générations.

LE VAL – 83 Var – 340 L5 – 3 363 h. – alt. 242 m – ✉ 83143 41 C3

Paris 818 – La Seyne-sur-Mer 63 – Marseille 70 – Toulon 55
Office de tourisme, place de la Libération ✆ 04 94 37 02 21

La Crémaillère
23 r. Nationale – ✆ 04 94 86 40 00 – Fax 04 94 86 40 00 – Fermé 26 nov.-6 déc., 11-24 fév., dim. soir de déc. à fév., merc. soir de sept. à juin et lundi sauf fériés
Rest – Menu 23/31 € – Carte 27/35 €
◆ Dans le centre de ce joli village, accueillant restaurant familial où la Provence tient la vedette, tant dans le décor que dans l'assiette. Terrasse ombragée.

LE VAL-ANDRÉ – 22 Côtes-d'Armor – 309 G3 – voir à Pléneuf-Val-André

VALAURIE – 26 Drôme – 332 B7 – 508 h. – alt. 162 m – ✉ 26230 44 B3

Paris 622 – Montélimar 21 – Nyons 33 – Pierrelatte 14

Le Moulin de Valaurie ch, 20,
Le Foulon – ✆ 04 75 97 21 90 – info@lemoulindevalaurie.com – Fax 04 75 98 63 72 – Fermé 29 oct.-13 nov., fév. et dim. d'oct. à avril
16 ch – †98/195 € ††98/195 €, ☐ 12 € – **Rest** – *(fermé dim. soir hors saison, mardi midi et lundi)* Menu 36 €
◆ Un chemin entouré de vignes mène à ce moulin du 19e s. transformé en hôtel de caractère. Grandes chambres provençales, objets et meubles chinés, beau parc et calme absolu. Élégante salle à manger et terrasse en fer forgé ; cuisine traditionnelle et régionale.

Domaine Les Mejeonnes ch, 20/50,
2 km rte de Montélimar – ✆ 04 75 98 60 60 – contact@mejeonnes.com – Fax 04 75 98 63 44 – Fermé 20 déc.-3 janv.
10 ch – †67 € ††67/82 €, ☐ 8 € – ½ P 84 € – **Rest** – Menu 23/29 € – Carte 28/41 €
◆ Sur un coteau, charmante ferme en pierre bordée d'un jardin aux senteurs de lavande et de romarin. Bel intérieur rustique. Petites chambres égayées de tissus provençaux. Au restaurant, décor et recettes possèdent l'accent du pays. Agréable terrasse d'été.

VALBERG – 06 Alpes-Maritimes – 341 C3 – alt. 1 669 m – Sports d'hiver : 1 430/2 100 m 26 – ✉ 06470 Péone ▌Alpes du Sud 41 D2

Paris 803 – Barcelonnette 75 – Castellane 67 – Nice 84 – St-Martin-Vésubie 57

Office de tourisme, Centre Administratif ✆ 04 93 23 24 25, Fax 04 93 02 52 27

Intérieur★ de la chapelle N.-D.-des-Neiges.

Le Chalet Suisse sans rest
VISA

– ✆ 04 93 03 62 62 – info@chalet-suisse.com – Fax 04 93 03 62 64
– Ouvert 1er juin-30 sept. et 1er déc.-31 mars

23 ch – ♦67/83 € ♦♦84/115 €, ☕ 10 €

◆ Au centre de la station, joli chalet d'allure helvétique récemment refait, offrant confort et détente avec ses chambres agréables, son sauna et son hammam.

L'Adrech de Lagas
20, P VISA AE

63 av. Valberg – ✆ 04 93 02 51 64 – adrech-hotel@wanadoo.fr
– Fax 04 93 02 52 33 – Ouvert juin-sept. et déc.-mars

20 ch – ♦71/105 € ♦♦76/111 €, ☕ 10 € – ½ P 72/90 € – **Rest** – Menu 19 € (déj.)/24 € (dîner) – Carte 17/40 €

◆ L'enseigne de ce chalet bien rénové, situé au pied des pistes, rappelle l'esprit catalan de son origine. Chambres colorées, avec loggias exposées au Sud et peu à peu refaites. Une cuisine traditionnelle et copieuse vous attend dans la lumineuse salle à manger.

Blanche Neige
rest, P VISA AE

10 av. Valberg – ✆ 04 93 02 50 04 – contact@hotelblancheneige.fr
– Fax 04 93 02 61 90 – Fermé nov., lundi soir et mardi

17 ch – ♦79/90 € ♦♦79/103 €, ☕ 10 € – ½ P 117 € –
Rest – *(ouvert déc.-mars, juil.-août et fermé lundi soir et mardi) (dîner seult) (résidents seult)*

◆ Coquet chalet tout juste rafraîchi qui évoque la maison des sept nains avec ses petites chambres douillettes, rehaussées de tissus fleuris. À l'heure des repas, on se restaure d'une cuisine régionale au coin du feu l'hiver et on profite de la terrasse l'été.

Côté Jardin
VISA AE

1 pl. Cluot de la Mule – ✆ 04 93 02 64 70 – aupaysdecocagne@hotmail.com
– Fax 04 93 02 64 70 – Fermé merc. hors saison

Rest – Menu 15 € (déj.), 19/29 € – Carte 28/44 €

◆ Ce restaurant dégage une ambiance "cosy" et plus festive lors de ses soirées à thèmes. Au menu : table à l'accent provençal, quelques spécialités dont le foie gras maison.

Le rouge est la couleur de la distinction : nos valeurs sûres !

VALBONNE – 06 Alpes-Maritimes – 341 D6 – 10 746 h. – alt. 250 m – ✉ 06560 ▌Côte d'Azur 42 E2

Paris 907 – Antibes 14 – Cannes 13 – Grasse 11 – Mougins 7 – Nice 32 – Vence 21

Office de tourisme, 1 place de l'Hôtel de Ville ✆ 04 93 12 34 50, Fax 04 93 12 34 57

Victoria Golf Club Chemin du Val Martin, S : 4 km, ✆ 04 93 12 23 26 ;

Opio Valbonne à Opio Route de Roquefort les Pins, N : 1 km, ✆ 04 93 12 00 08.

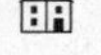

La Bastide de Valbonne sans rest
AC rest, P P VISA AE

107 rte Cannes – ✆ 04 93 12 33 40
– bastide-de-valbonne@wanadoo.fr – Fax 04 93 12 33 41

29 ch – ♦95/115 € ♦♦95/145 €, ☕ 15 €

◆ Demeure récente à la pimpante façade jaune égayée de volets bleu. Les chambres sur l'arrière bénéficient du calme et de la vue sur la piscine. Plaisant cadre provençal.

Les Armoiries sans rest VISA
pl. Arcades – ☎ 04 93 12 90 90 – valbonne@hotellesarmoiries.com – Fax 04 93 12 90 91
16 ch – 89/159 € 89/179 €, 11 €
◆ Cette bâtisse du 17e s. dotée d'une belle décoration intérieure se trouve dans le secteur piétonnier de ce pittoresque village. Chambres personnalisées et mobilier chiné.

Lou Cigalon (Parodi) VISA
4 bd Carnot – ☎ 04 93 12 27 07 – Fax 04 93 12 09 96 – Fermé dim. et lundi
Rest – *(nombre de couverts limité, prévenir)* Menu 29 € (déj. sauf fêtes), 45/105 € – Carte 66/100 €
Spéc. Consommé de homard aux aromates. Encornets au piment d'Espelette (printemps-été). Risotto à la truffe d'Alba (hiver). **Vins** Bellet, Côtes de Provence.
◆ Discrète adresse abritant deux coquettes salles à manger avec pierres et poutres apparentes. Savoureuse cuisine du marché gorgée de soleil ; sélection de vins du Sud-Est.

L'Auberge Fleurie VISA
rte Cannes, (D 3) : 1,5 km – ☎ 04 93 12 02 80 – Fax 04 93 12 22 27 – Fermé 16 avril-2 mai, 17 déc.-16 janv., lundi et mardi
Rest – Menu 27 € – Carte 47/52 €
◆ Accueillante maison entourée d'un jardin fleuri. Salle à manger d'inspiration provençale et petite terrasse où l'on sert une copieuse cuisine traditionnelle.

Le Bistro de Valbonne VISA
11 r. Fontaine – ☎ 04 93 12 05 59 – lebistrotdevalbonne@cegetel.net – Fax 04 93 12 05 59 – Fermé 1er-15 janv., lundi midi et dim. d'oct. à juin et le midi sauf vend. de juil. à sept.
Rest – *(nombre de couverts limité, prévenir)* Menu 28/33 € – Carte 33/52 €
◆ Miroirs, banquettes, éclairages tamisés, tableaux et photos anciennes composent le cadre chaleureux et feutré de cette coquette salle voûtée. Généreux plats traditionnels.

au golf d'Opio-Valbonne Nord-Est : 2 km par rte de Biot (D 4 et D 204) – ✉ 06650 Opio

Château de la Bégude ch, 15/30, VISA
rte Roquefort les Pins – ☎ 04 93 12 37 00 – begude@opengolfclub.com – Fax 04 93 12 37 13 – Fermé 18 nov.-27 déc.
31 ch – 70/152 € 84/360 €, 15 € – ½ P 44 € – **Rest** – *(fermé le soir du 18 nov. au 27 déc. et dim. soir du 1er oct. au 31 mars)* Menu (22 €), 32 € (sem.)/45 € – Carte 39/48 €
◆ Bordée d'un rideau de chênes-lièges, sur l'un des golfs les plus réputés de la région, une charmante bastide du 16e s. et sa bergerie. Les chambres refaites sont "cosy". Salle à manger-véranda et agréable terrasse dominant le trou n° 9 du parcours.

rte d'Antibes au Sud par D 3 – ✉ 06560 Valbonne

Castel Provence sans rest VISA
à 2,5 km, 30 chemin Pinchinade – ☎ 04 93 12 11 92 – reservation@hotelcastelprovence.com – Fax 04 93 12 90 01
33 ch – 85/128 € 98/155 €, 15 €, 3 duplex
◆ Cette construction récente de style régional abrite des chambres spacieuses et joliment décorées ; certaines offrent une vue sur la piscine et le jardin.

Daniel Desavie VISA
1360 rte d'Antibes – ☎ 04 93 12 29 68 – desavie@wanadoo.fr – Fax 04 93 12 18 85 – Fermé 1er-16 juil., 11-26 nov., 28 fév.-12 mars, dim. et lundi
Rest – Menu 30 € (déj. en sem.)/50 € – Carte 49/77 €
◆ Recettes au goût du jour valorisant les produits locaux à déguster dans une salle à manger contemporaine ou sous les arcades d'une galerie tournée vers le jardin fleuri.

à Sophia-Antipolis Sud-Est : 7 km par D 3 et D 103 – ✉ 06560 Valbonne

Sophia Country Club Grand Mercure
Les Lucioles 2 - 3550 rte Dolines – ✆ 04 92 96 68 78 – H1279@accor.com – Fax 04 92 96 68 96 – Fermé 23 déc.-2 janv.
ch, rest, 10/300, VISA
155 ch – 135/175 € 145/185 €, 16 €
Rest ***Le Club*** – ✆ 04 92 96 68 98 – Menu 25/35 € – Carte 30/53 €
◆ Complexe hôtelier doté d'un centre sportif très complet : club de tennis, practice de golf, fitness, piscines. Préférez les nouvelles chambres, spacieuses et soignées. Restaurant-brasserie et terrasse tournée vers la piscine. Cuisine actuelle.

Novotel
Les Lucioles 1, 290 r. Dostoievski – ✆ 04 92 38 72 38 – h0398@accor.com – Fax 04 93 95 80 12
ch, 10/100, VISA
97 ch – 87/123 € 87/123 €, 12,50 € – ½ P 79/93 € – **Rest** – Menu 23 € – Carte 16/33 €
◆ Chambres confortables et bien équipées au calme d'un agréable jardin en plein Sophia-Antipolis. Pour se détendre : piscine et tennis entourés d'arbres. Le restaurant-terrasse propose une cuisine provençale dans un cadre verdoyant et ressourçant.

Mercure
Les Lucioles 2, r. A. Caquot – ✆ 04 92 96 04 04 – h1122@accor.com – Fax 04 92 96 05 05
ch, 10/120, VISA
104 ch – 77/140 € 81/140 €, 12,50 € – **Rest** – Menu 29 € – Carte 30/45 €
◆ Ensemble moderne aux couleurs provençales niché sur le vaste plateau boisé du Sophia-Antipolis. Chambres rénovées par étapes. Piscine et essences méridionales au jardin. Côté restaurant : menu du marché à l'accent du pays et rafraîchissantes salades estivales.

Relais Omega
Les Lucioles 1, 49 r. L. Van Beethoven – ✆ 04 92 96 07 07 – reservation@hotelomega.com – Fax 04 92 38 98 08 – Fermé 23 déc.-7 janv.
ch, 10/70, VISA
60 ch – 99 € 109 €, 12 € – **Rest** – Menu 25/27 € – Carte 27/50 €
◆ Une décoration provençale raffinée et des équipements complets (climatisation, wi-fi, salle de séminaires) vous attendent dans ce confortable hôtel entièrement refait. Au restaurant, plats traditionnels simples et tons méridionaux.

Ibis
Les Lucioles r. A. Caquot – ✆ 04 93 65 30 60 – H0711@accor.com – Fax 04 93 95 83 99
ch, VISA
99 ch – 65/87 € 65/87 €, 7 € – **Rest** – Carte 20/27 €
◆ Proche d'un aqueduc, bâtiment tout en longueur inscrit dans un espace vert fleuri. Chambres propres et fonctionnelles. Salle à manger-véranda contemporaine et terrasse surplombant le jardin et la piscine ; buffets de hors-d'œuvre et de desserts.

VALCABRÈRE – 31 Haute-Garonne – 343 B6 – rattaché à St-Bertrand-de-Comminges

---

VALCEBOLLÈRE – 66 Pyrénées-Orientales – 344 D8 – 49 h. – alt. 1 470 m – ✉ 66340

22 A3

Paris 856 – Bourg-Madame 9 – Font-Romeu-Odeillo-Via 27 – Perpignan 1 – Prades 62

Auberge Les Ecureuils
– ✆ 04 68 04 52 03 – auberge-ecureuils@wanadoo.fr – Fax 04 68 04 52 – Fermé 4 nov.-3 déc.
20, VISA
16 ch – 70/88 € 70/108 €, 11 € – ½ P 66/78 € – **Rest** – Men (sem.)/52 € – Carte 28/46 €
◆ Ex-bergerie convertie en coquette auberge rustique. Agréables cha sées. Jardin au bord du torrent. Organisation de randonnées ; skis et ra Restaurant de caractère, carte classique et plats catalans. Petite cr

VAL CLARET – 73 Savoie – 333 O5 – rattaché à Tignes

VALDAHON – 25 Doubs – 321 I4 – 4 027 h. – alt. 645 m – ✉ 25800 17 C2

▶ Paris 436 – Besançon 33 – Morteau 33 – Pontarlier 32

Relais de Franche Comté 30, P VISA AE

– ✆ 03 81 56 23 18 – *relais.de.franche.comte@wanadoo.fr – Fax 03 81 56 44 38 – Fermé 27 avril-2 mai, 30 août-4 sept., 20 déc.-9 janv., vend. soir, sam. midi sauf juil.-août, et dim. soir de sept. à juin*

20 ch – 41/43 € 50/54 €, 7,50 € – ½ P 50/59 € – **Rest** – Menu 13,50 € (sem.), 17/48 € – Carte 19/42 €

◆ En bordure de route, cet imposant hôtel a réalisé des rénovations générales. Chambres actuelles et pratiques aux tissus colorés. Restaurant lumineux, où l'on sert des menus traditionnels suivant le rythme des saisons (gibier en période de chasse).

à Chevigney-lès-Vercel Nord-Est : 3 km par D 50 – 109 h. – alt. 630 m – ✉ 25530

La Promenade 30, P VISA AE

3 Grande Rue – ✆ *03 81 56 24 76 – hotelpromenade@aol.com – Fax 03 81 56 29 64 – Fermé 2-9 juil., nov., dim. soir et lundi sauf 15 juil.-30 août*

10 ch – 34 € 44 €, 6,50 € – ½ P 40 € – **Rest** – Menu 11,50 € (sem.)/31 € – Carte 12,50/45 €

◆ Située tout près du camp militaire créé en 1907, en lisière de forêt, cette auberge semble figée dans un décor des années 1960. Chambres simples. Repas au choix : café (menu du jour) ou restaurant plus confortable servant une cuisine régionale.

LE VAL-D'AJOL – 88 Vosges – 314 G5 – 4 452 h. – alt. 380 m – ✉ 88340 27 C3

Alsace Lorraine

▶ Paris 382 – Épinal 41 – Luxeuil-les-Bains 18 – Plombières-les-Bains 10 – Remiremont 16

ℹ Office de tourisme, 17 rue de Plombières ✆ 03 29 30 61 55, Fax 03 29 30 56 78

La Résidence 25/80, P VISA AE

5 r.des Mousses par rte Hamanxard – ✆ *03 29 30 68 52 – contact@la-residence.com – Fax 03 29 66 53 00 – Fermé 12-25 mars et 26 nov.-26 déc.*

49 ch – 46/58 € 65/90 €, 10 € – ½ P 66/78 € – **Rest** – *(fermé dim. soir de nov. à avril sauf vacances scolaires et fériés)* Menu (13 €), 18 € (déj. en sem.), 23/42 € – Carte 30/55 €

◆ Dans un grand parc enclos, belle maison bourgeoise du milieu du 19e s. complétée par deux annexes. Chambres actuelles ou garnies de meubles de style. Salle à manger-véranda où l'on propose andouille du Val-d'Ajol, poulet au kirsch et autres plats régionaux.

VALDEBLORE (Commune de) – 06 Alpes-Maritimes – 341 E3 – 686 h. – alt. 1 050 m – Sports d'hiver : à la Colmiane 1 400/1 800 m 7 – ✉ 06420 41 D2

Côte d'Azur

▶ Paris 841 – Cannes 89 – Nice 72 – St-Étienne-de-Tinée 46 – St-Martin-Vésubie 11

ℹ Syndicat d'initiative, la Bolline ✆ 04 93 23 25 90

à St-Dalmas-Valdeblore – ✉ 06420 Valdeblore

Pic de Colmiane ✻★★ E 4,5 km accès par télésiège.

Auberge des Murès P VISA

rte du col St-Martin – ✆ *04 93 23 24 60 – aubergesdesmures@wanadoo.fr – Fax 04 93 23 24 67 – Fermé nov., mardi et merc. sauf de juin à sept.*

7 ch – 48 € 48/61 €, 8,50 € – ½ P 51/58 € – **Rest** – Menu 25 € – Carte 24/39 €

◆ Petite auberge familiale aux allures de chalet offrant une jolie vue sur la montagne depuis les balcons des chambres. On s'y sent un peu comme à la maison. L'hiver, salle à manger avec pierres et poutres apparentes ; l'été, agréable terrasse face aux sommets.

VAL-DE-MERCY – 89 Yonne – 319 E5 – rattaché à Coulanges-la-Vineuse

VAL-D'ESQUIÈRES – 83 Var – 340 P5 – rattaché à Ste-Maxime

VAL-D'ISÈRE – 73 Savoie – 333 O5 – 1 632 h. – alt. 1 850 m – Sports d'hiver : 1 850/2 560 m 6 45 – ✉ 73150 Alpes du Nord

45 **D2**

- Paris 667 – Albertville 86 – Chambéry 135
- Office de tourisme, le Thovex ✆ 04 79 06 06 60, Fax 04 79 06 04 56
- du Lac de Tignes à Tignes Le Val Claret, par rte de Bourg-St-Maurice : 14 km, ✆ 04 79 06 37 42.
- Rocher de Bellevarde ✳★★★ par téléphérique - Route de l'Iseran★★★.

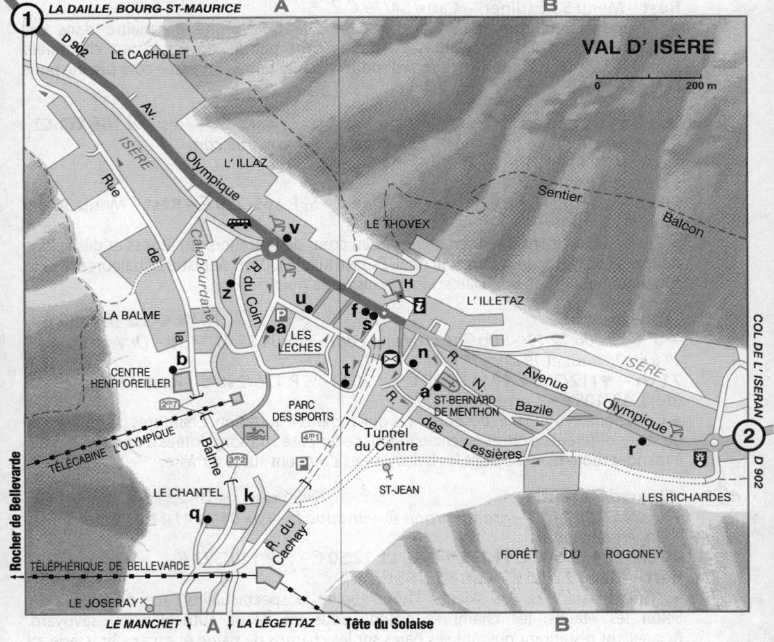

Les Barmes de l'Ours

rest,

Chemin des Carats rest,cuisinette 10/15, VISA

– ✆ 04 79 41 37 00 – welcome@hotel-les-barmes.com – Fax 04 79 41 37 01 – Ouvert 7 déc.-29 avril

A

55 ch – †350/1050 € ††350/1050 €, ☐ 20 € – 21 suites

Rest *La Table de l'Ours* – *(fermé dim.) (dîner seult)* Menu 70/120 € – Carte 84/134 €

Rest *Le Pas de l'Ours* – Menu (45 €), 60 €

Spéc. Millefeuille de foie gras de canard aux fruits secs, gelée pomr Dos de Saint-Pierre cuit sur la peau, pomme de terre au lard et rebloc de porcelet laqué aux senteurs des alpages. **Vins** Mondeuse d'Ar Bergeron.

◆ Ce superbe chalet est un concentré de raffinement. Quatre ambia décor des chambres : scandinave, grand Nord, savoyard et contemp Savoureuse cuisine actuelle à la Table de l'Ours, rôtisserie au Pas d

1944

Christiania 50, VISA AE
– 04 79 06 08 25 – welcome@hotel-christiania.com – Fax 04 79 41 11 10
– Ouvert 3 déc.-20 avril A **a**
68 ch – 268/492 € 282/506 €, 24 € – 1 suite – ½ P 177/289 € –
Rest – Carte 66/116 €
◆ Splendide chalet offrant une jolie vue sur les pistes, des chambres luxueusement aménagées et un espace de remise en forme complet. Le restaurant est une référence au Val : chaudes boiseries, élégantes tentures, salon cossu et terrasse panoramique.

Le Blizzard rest, 30, VISA AE
– 04 79 06 02 07 – information@hotelblizzard.com – Fax 04 79 06 04 94
– Ouvert 15 juil.-30 août et 2 déc.-1er mai B **f**
78 ch – 305/658 € 383/935 €, 16 €, 1 duplex – ½ P 240/506 € –
Rest – Menu 52 € (dîner) – Carte 54/79 €
◆ Charpentes, poutres, parquets, boiseries : le bois règne en maître dans cet élégant intérieur. Les ravissantes chambres sont parfois dotées d'une cheminée. Agréable salle bien abritée du "blizzard" pour l'hiver et terrasse dressée côté piscine pour l'été.

La Savoyarde rest, VISA AE
r. Noël Machet – 04 79 06 01 55 – hotel@la-savoyarde.com
– Fax 04 79 41 11 29
– Ouvert 5 déc.-8 mai A **u**
50 ch – 160/218 € 239/447 €, 16 € – ½ P 165/229 € – **Rest** – Menu 36 € (déj.)/41 € (dîner)
◆ Chalet aux balcons finement ouvragés au cœur de la station. Un fitness et des salons douillets vous attendent au retour de "L'Espace Killy" (300 km de pistes). Chaleureuse salle à manger habillée de bois clair sculpté ; cuisine au goût du jour.

Tsanteleina VISA AE
– 04 79 06 12 13 – info@tsanteleina.com – Fax 04 79 41 14 16 – Ouvert 1er juil.-26 août et 1er déc.-1er mai B **s**
71 ch – 112/388 € 141/468 €, 20 € – ½ P 126/290 € – **Rest** – Menu 29 € (déj.), 49/105 € – Carte 40/58 €
◆ L'enseigne évoque l'un des sommets qui dominent la station. Chambres d'ampleurs et de styles différents (sobres ou chaleureux) ; celles côté Sud sont dotées d'un balcon. Salle à manger toute blanche dont les baies vitrées s'ouvrent sur la terrasse.

Grand Paradis rest, VISA AE
– 04 79 06 11 73 – grandparadis@wanadoo.fr – Fax 04 79 41 11 13
– Ouvert déc.-avril B **t**
40 ch – 133/500 € 336/746 €, 12,50 € – ½ P 120/373 € –
Rest – Menu 21/56 € – Carte 21/56 €
◆ "Grand paradis"... des skieurs, l'hôtel jouxte la spectaculaire Face de Bellevarde. Selon les étages, les chambres optent pour un décor autrichien ou savoyard. Accueillant restaurant ouvrant ses baies sur les champs de neige et espace brasserie au déjeuner.

Kandahar ch, VISA
av. Olympique – 04 79 06 02 39 – hotel.kandahar@wanadoo.fr
– Fax 04 79 41 15 54 – Ouvert 2 déc.-30 avril A **v**
41 ch – 133/245 € 160/330 € – ½ P 115/200 € – **Rest** – *(dîner seult)* Carte 22/58 €
◆ L'enseigne évoque soit l'Orient, soit une prestigieuse épreuve de ski autrichienne. Les chambres, coquettes et chaleureuses, ont l'âme incontestablement savoyarde. L'Alsace est à l'honneur sur la carte de cette taverne "tout bois".

Les Lauzes sans rest VISA
pl. Eglise – 04 79 06 04 20 – lauzes@club-internet.fr – Fax 04 79 41 96 84
– Ouvert 30 nov.-1er mai B **a**
23 ch – 78/151 € 87/208 €, 9 €
◆ Des chambres montagnardes plaisantes vous attendent près de l'église baroque ; celles du dernier étage offrent la vue sur les toits du village. Salon "cosy" avec cheminée.

Altitude ch, rest, 15, VISA AE
– ✆ 04 79 06 12 55 – booking@hotelaltitude.com – Fax 04 79 41 11 09 – Ouvert 2 juil.-25 août et 2 déc.-30 avril A **k**
30 ch – †105/173 € ††140/266 €, ☕ 12 €, 10 duplex – ½ P 97/160 € –
Rest – Menu 28 € (déj.)/32 €
◆ Séjour reposant dans cet hôtel situé au départ des remontées mécaniques. Les chambres, avec balcon, sont rénovées petit à petit ; les plus spacieuses accueillent les familles. Le cadre savoyard du restaurant marie la pierre et le bois. Terrasse côté piscine.

La Becca ch, VISA AE
Le Laisinant, rte de l'Iseran, par ② : 0,8 km
– ✆ 04 79 06 09 48 – info@labecca-val.com – Fax 04 79 41 12 03 – Ouvert 1er juil.-30 août et 1er déc.-6 mai
11 ch (½ P seult) – ½ P 120/165 € – **Rest** – *(ouvert 15 déc.-21 avril)* Menu (21 €), 30 € (déj.)/46 € (dîner) – Carte 58/73 € ♀
◆ Sympathique chalet niché au cœur d'un hameau tranquille. Fresques et meubles peints personnalisent joliment les chambres "tout bois". Restaurant montagnard agencé autour d'une cheminée en pierre ; aux spécialités savoyardes s'ajoutent des recettes au goût du jour.

Bellier VISA
– ✆ 04 79 06 03 77 – info@hotelbellier.com – Fax 04 79 41 14 11 – Ouvert 1er déc.-5 mai A **z**
22 ch (½ P seult) – ½ P 105/160 € – **Rest** – *(dîner seult)* Menu 30 € ♀
◆ Bâtisse des années 1950 proche du centre, mais au calme. Chambres progressivement rénovées (la plupart avec balcon) ; salon-cheminée, sauna. Sobre salle à manger façon pension. La terrasse, exposée plein Sud, est tournée sur le jardin.

La Galise sans rest VISA
r. Poste – ✆ 04 79 06 05 04 – lagalise@wanadoo.fr – Fax 04 79 41 16 16 – Ouvert 15 déc.-22 avril B **n**
30 ch – †65/100 € ††118/165 €, ☕ 12 €
◆ Dans le centre animé de la station olympique, chambres bien tenues aux murs lambrissés et crépis. Espace détente avec billard, pour oublier le "planté de bâton" laborieux.

L'Avancher VISA
– ✆ 04 79 06 02 00 – hotel@avancher.com – Fax 04 79 41 16 07 – Ouvert début déc.-1er mai B **r**
15 ch – †55/66 € ††88/130 €, ☕ 15 € – ½ P 82/115 € –
Rest – *(ouvert mi-déc.-30 avril) (dîner seult)* Menu 25/45 € – Carte 28/45 € ♀
◆ Cette construction typiquement alpine vous propose un séjour un peu à l'écart de l'animation du cœur de la station. La table séduira les amateurs de raclettes et de fondues. Cadre savoyard de bon aloi (parquet et lambris) et ambiance familiale.

à la Daille par ① : 2 km - ✉ **73150 Val-d'Isère**

Le Samovar VISA AE
– ✆ 04 79 06 13 51 – samovar@wanadoo.fr – Fax 04 79 41 11 08 – Ouvert 11 déc.-27 avril
12 ch – †125/195 € ††135/270 €, ☕ 16 €, 6 duplex – **Rest** – Menu 18 € (déj.)/34 € – Carte 25/48 € ♀
◆ Ce grand chalet proche du funiculaire ("Funival") montant sur le rocher de Bellevarde propose des chambres spacieuses et douillettes. Pour vous restaurer en toute simplicit rendez-vous à la brasserie-pizzéria de l'hôtel.

VALENÇAY – **36 Indre** – **323** F4 – **2 736 h.** – **alt. 140 m** – ✉ **36600**
Châteaux de la Loire
Paris 233 – Blois 59 – Bourges 73 – Châteauroux 42 – Loches 50 – Vierzon 51
Office de tourisme, 2 avenue de la Résistance ✆ 02 54 00 0
Château★.

Relais du Moulin
94 r. Nationale – ✆ 02 54 00 38 00 – relaisdumoulin@orange.fr – Fax 02 54 00 38 79 – Ouvert 2 avril-4 nov.
20/70, VISA AE
54 ch – 55 € 61 €, 7 € – ½ P 54 € – **Rest** – Menu 22/35 € – Carte 23/31 €
◆ Récent complexe hôtelier accolé à une ancienne filature datant de "l'époque Talleyrand". Chambres fonctionnelles bien insonorisées. La salle à manger moderne et la terrasse donnent sur un jardin bordé par le Nahon. Cuisine traditionnelle.

à Veuil **6 km au Sud par D 15 et rte secondaire – 364 h. – alt. 140 m – ✉ 36600**

Auberge St-Fiacre
– ✆ 02 54 40 32 78 – Fax 02 54 40 35 66 – Fermé 1er-24 sept., janv., dim. soir et lundi
VISA
Rest – Menu 21 € (sem.)/44 € – Carte 32/47 €
◆ Dans une charmante bourgade, maison du 17e s. et sa terrasse sous les marronniers bercées par le murmure d'un ruisseau. Bel intérieur rustique et cuisine au goût du jour.

VALENCE – 26 Drôme – 332 C4 – 64 260 h. – Agglo. 117 448 h. – alt. 126 m – ✉ 26000 Lyon et la vallée du Rhône

43 **E2**

- Paris 558 – Avignon 126 – Grenoble 96 – St-Étienne 121
- de Valence-Chabeuil : ✆ 04 75 85 26 26, par ③ : 5 km AX.
- Office de tourisme, 54 rue Denis Papin ✆ 04 75 44 90 40, Fax 04 75 44 90 41
- des Chanalets à Bourg-lès-Valence Route de Châteauneuf sur Isère, par rte de Lyon : 6km, ✆ 04 75 83 16 23 ; New Golf du Bourget à Montmeyran, S : 17 km par D 538, ✆ 04 75 59 48 18.
- Maison des Têtes★ CY - Intérieur★ de la cathédrale St-Apollinaire BZ - Champ de Mars ≤★ BZ - Sanguines de Hubert Robert★★ au musée des Beaux-Arts BZ.
- Site★★★ de Cruzol 5 km O.

Plans pages suivantes

Pic (Anne-Sophie Pic)
✿✿✿
285 av. V. Hugo – ✆ 04 75 44 15 32 – pic@relaischateaux.com – Fax 04 75 40 96 03 – Fermé 2-25 janv.
ch, rest, 50, VISA AE
AX **f**
12 ch – 200/285 € 200/285 €, 23 € – 3 suites
Rest – *(fermé merc. midi d'avril à oct., mardi sauf le soir d'avril à oct., dim. soir et lundi) (prévenir le week-end)* Menu 79 € (déj. en sem.), 135/185 € – Carte 136/208 €
Rest *Le 7* – *✆ 04 75 44 53 86* – Menu 30 € – Carte 33/51 €
Spéc. Thon bluefin et foie de canard en marbré, sorbet à la moutarde de Chine (été). Saint-Jacques à la plancha, spaghettini à la truffe noire, lait mousseux au rhum (hiver). Pigeon mariné et cuit au lait d'amande, melon caramélisé, gnocchi à l'amande fraîche (été). **Vins** Saint-Péray, Crozes-Hermitage.
◆ Cette belle demeure familiale au décor modernisé est une vénérable institution valentinoise. Chambres raffinées. La cuisinière a de qui tenir : après son grand-père et son père, elle atteint à son tour le sommet étoilé avec une cuisine délicieusement inventive. Prestigieuse carte des vins. Esprit bistrot au 7, alternative à prix doux au restaurant gastronomique.

Yan's Hôtel
Quartier Maninet, rte Montéléger – ✆ 04 75 55 52 52 – info@yanshotel.com – Fax 04 75 42 27 37
ch, ch, 35, VISA AE
AX **b**
36 ch – 60/83 € 65/99 €, 10 € – ½ P 59/69 € – **Rest** – *(fermé 22 déc.-2 janv., dim. de sept. à mai et sam. midi)* Menu 19/27 € – Carte 27/72 €
◆ Bâtiment des années 1980 situé à proximité du centre hospitalier. Dans les chambres, mobilier en bois clair, volets roulants électriques et terrasse ou balcon tourné vers la piscine et le parc. Repas traditionnel servi dans une salle à manger confortable.

De France sans rest
16 bd Gén. de Gaulle – ✆ 04 75 43 00 87 – info@hotel-valence.com – Fax 04 75 55 90 51
20, VISA AE
CZ **w**
34 ch – 50 € 65/80 €, 9 €
◆ Façade ravalée, salons et chambres bien rénovés, insonorisation efficace : un hôtel rajeuni, dont l'emplacement avantagera ceux qui souhaitent découvrir la vieille ville à pied.

VALENCE

André (Bd G.) . . . . **AV** 3
Beaumes (Av. des). . . . . **AX** 8
Belle Meunière (R.) . . . . **AV** 10
Bonnet (R. G.). . . . . **AV** 13
Châteauvert (R.) . . . . **AX** 18
Grand Charran (Av. du). . . . . **AX** 34
Kennedy (Bd J.-F.). . . . . **AV** 40
Lattre-de-Tassigny (Av. Mar. de) . . . . **AV** 41
Libération (Av. de la). . . . . . . **AX** 44
Montplaisir (R.) . . . . **AVX** 52
Roosevelt (Bd Franklin) . . . . **AX** 67

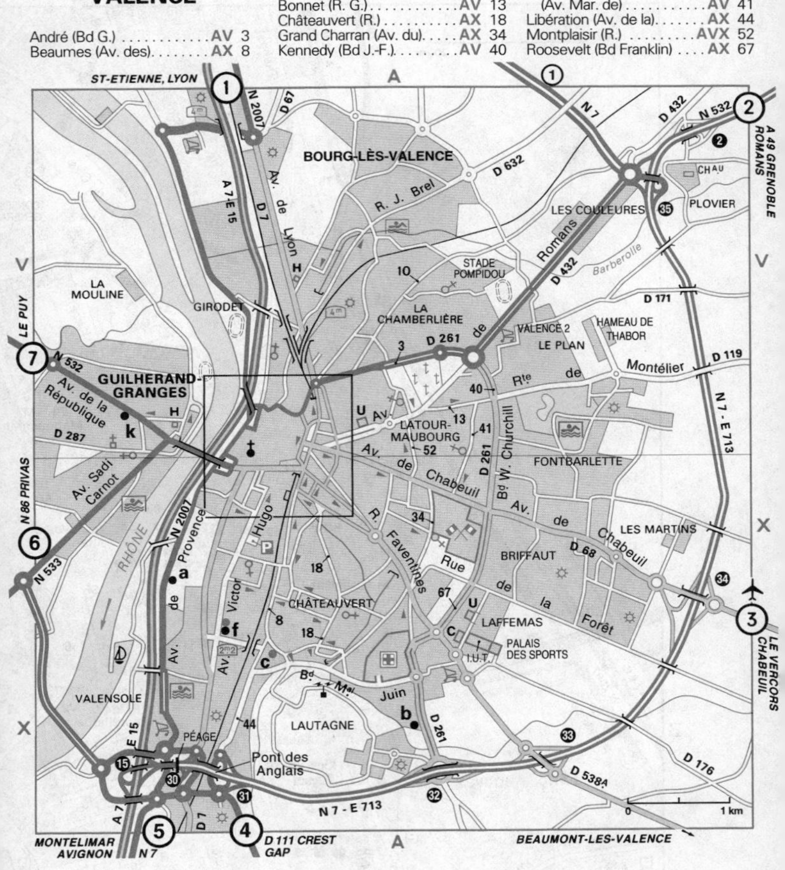

Atrium ch, rest, cuisinette 20,
20 r. J.-L. Barrault – ✆ 04 75 55 53 62 VISA
– info@atrium-hotel.fr – Fax 04 75 55 53 68 DY **c**
58 ch – 54/58 € 62/68 €, 7 €, 11 duplex
Rest *L'Oliveraie* – *✆ 04 75 78 00 33 (fermé 1er-29 août et dim. soir)* Menu 29/38 € – Carte 30/39 €

◆ Hôtel d'aspect moderne, idéal pour les longs séjours car un coin cuisine équipe chaque chambre. Au dernier étage, duplex tournés vers le Vercors ou l'Ardèch À table, c'est la Provence qui s'exprime tant dans l'assiette que dans la salle aux couleur Sud.

De l'Europe sans rest VISA
15 av. Félix Faure – ✆ 04 75 82 62 65 – hoteleurope.valence@wanadoo.
– Fax 04 75 82 62 66
26 ch – 42/48 € 46/52 €, 6,50 €

◆ Cet hôtel situé sur une avenue animée a profité d'une cure de jo bres colorées, meubles de style préservés et doubles fenêtres a phonique.

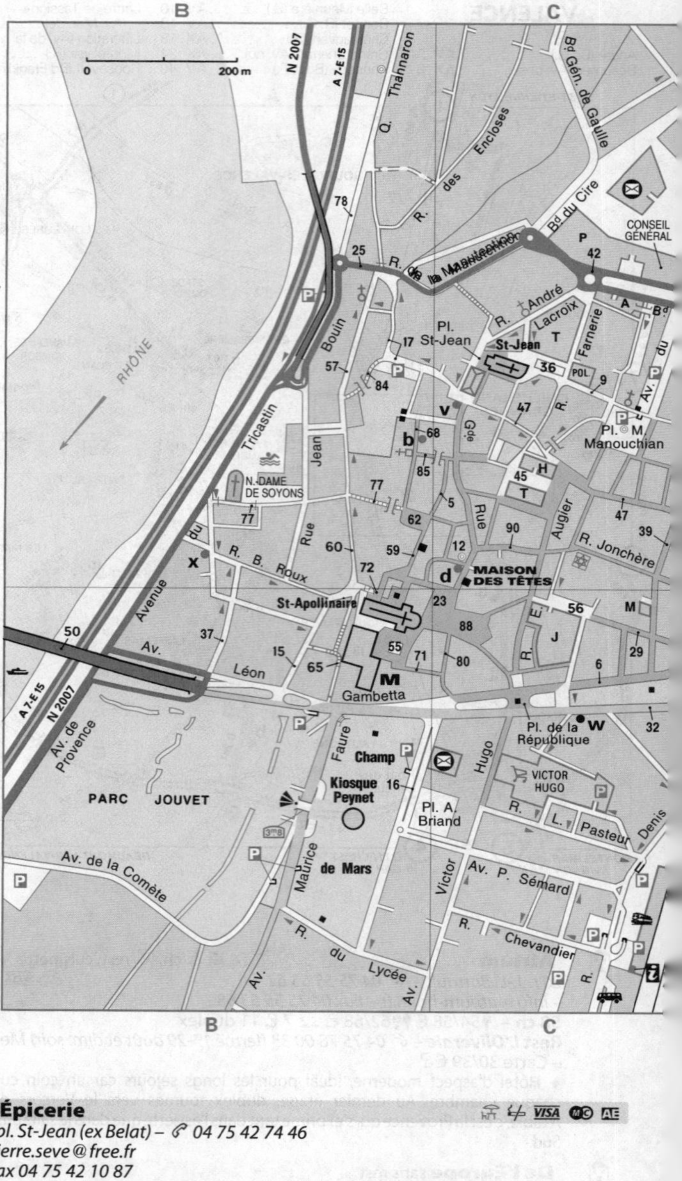

XX **L'Épicerie** VISA

18 pl. St-Jean (ex Belat) – ✆ 04 75 42 74 46
– pierre.seve@free.fr
– Fax 04 75 42 10 87
– Fermé 30 juil.-22 août, 23 déc.-3 janv., sam. midi, dim. et fériés CY **v**

Rest – Menu 18 € bc (déj. en sem.), 24/62 € – Carte 35/47 € ♀

◆ Maison du 16e s. offrant le choix entre plusieurs ambiances pour passer à table : une salle rustique chaleureuse, une autre résolument design, une troisième dans le genre bistrot et une terrasse. Cuisine traditionnelle soignée ; beau choix de côtes-du-Rhône.

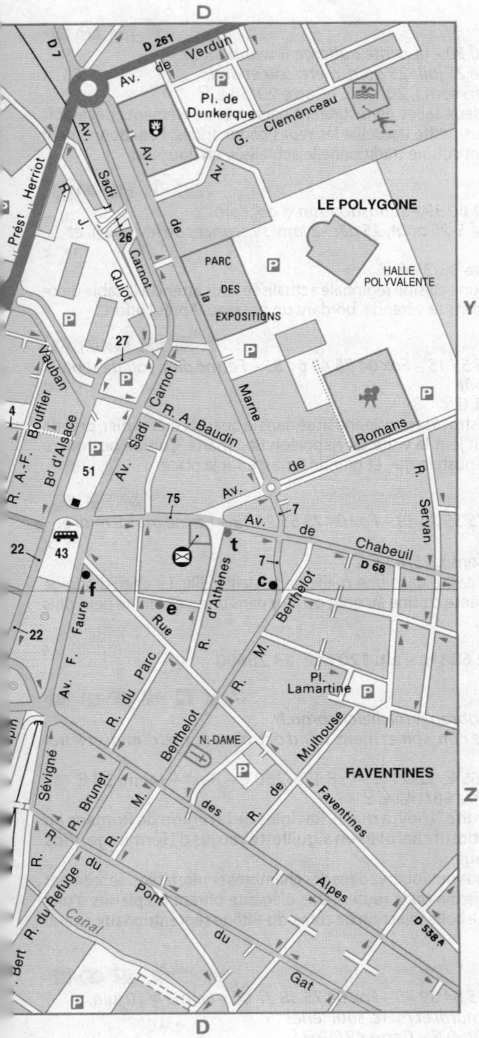

VALENCE

Rue	Carré	N°
Alsace (Bd d')	DY	
Arménie (R. d')	DY	4
Augier (R. Émile)	CYZ	
Balais (R. des)	BCY	5
Bancel (Bd)	CY	6
Barrault (R. J.-L.)	DY	7
Belle Image (R.)	CY	9
Bonaparte (R. du Lieutenant)	BCY	12
Chambaud (R. Mirabel)	BZ	15
Championnet (Pl.)	BCZ	16
Chapeliers (Côte des)	BY	17
Clercs (Pl. des)	BCZ	23
Clerc (Bd M.)	CYZ	22
Docteur-Schweitzer (R. du)	BY	25
Dragonne (Pl. de la)	DY	26
Dupré-de-Loire (Av.)	DY	27
Farre (R. du Gén.)	CZ	29
Félix-Faure (Av.)	DZ	
Gaulle (Bd du Gén.-de)	CZ	32
Huguenel (Pl. Ch.)	CY	36
Jacquet (R. V.)	BZ	37
Jeu-de-Paume (R. du)	CYZ	39
Lecardonnel (Pl. L.)	CY	42
Leclerc (Pl. Gén.)	DY	43
Liberté (Pl. de la)	CY	45
Madier-de-Montjau (R.)	CY	47
Mistral (Pont Frédéric)	BZ	50
Montalivet (Pl. de)	DY	51
Ormeaux (Pl. des)	BZ	55
Palais (Pl. du)	CZ	56
Paré (R. Ambroise)	BY	57
Pérollerie (R.)	BY	59
Petit Paradis (R.)	BY	60
Pierre (Pl. de la)	BY	62
Repenties (R. des)	BZ	65
République (Pl. de la)	CZ	
Sabaterie (R.)	BY	68
St-Didier (R.)	BCZ	71
St-Estève (Côte)	BY	72
St-Jacques (Faubourg)	DY	75
St-Martin (Côte et R.)	BY	77
St-Nicolas (Q.)	BY	78
Saunière (R.)	CZ	80
Semard (Av.)	CZ	
Sylvante (Côte)	BY	84
Temple (R. du)	BCY	85
Université (Pl. de l')	CZ	88
Vernoux (R.)	CY	90
Victor-Hugo (Av.)	CZ	

XX **La Ciboulette** AC VISA

6 r. Commerce
– ✆ 04 75 55 67 74
– lechef@laciboulette.com – Fax 04 75 56 72 83
– Fermé 6-12 août, 24-30 sept., 24 janv.-2 fév., lundi et le midi sauf dim.

Rest – *(nombre de couverts limité, prévenir)* Menu 32 € (dîner)/70 €

◆ Cette table plaît pour la gentillesse de son accueil et le soin apporté à recettes, mélanges subtils de produits régionaux et de saveurs d'aille

La Petite Auberge

1 r. Athènes – ✆ 04 75 43 20 30 – la.petite.auberge@wanadoo.fr – Fax 04 75 42 67 79 – Fermé 25 juil.-25 août, merc. soir et dim. DY **t**

Rest – Menu 17 € bc (déj. en sem.), 26/48 € – Carte 29/58 €

◆ Sobre façade dissimulant deux salles de restaurant parsemées d'élements décoratifs rustiques et bourgeois ; la plus petite accueille les repas commandés. Fonctionnement familial, ambiance conviviale et cuisine traditionnelle actualisée en douceur.

L'Origan

58 av. Baumes – ✆ 04 75 41 60 39 – squashorigan@aol.com – Fax 04 75 78 30 81 – Fermé 5-25 août, 25 déc.-2 janv., vacances de fév., sam. et dim. AX **c**

Rest – Menu 18/37 € – Carte 33/39 €

◆ À côté d'un club de squash, une cuisine régionale actualisée vous attend à la table de ce restaurant contemporain ou dans sa véranda bordant un ruisseau. Après l'effort...

Le Bistrot des Clercs

48 Grande rue – ✆ 04 75 55 55 15 – Fax 04 75 43 64 85 – Fermé dim. soir de sept. à juin et dim. midi en juil.-août CY **d**

Rest – Menu 21 € (sem.)/31 €

◆ Le bâtiment qu'occupe ce bistrot à la parisienne situé dans le quartier piétonnier, près de la "maison des têtes", reçut un jour la visite de Napoléon Bonaparte. Cuisine bistrotière copieuse et soignée, intérieur nostalgique et grande terrasse sur la place.

La Cachette

16 r. des Cévennes – ✆ 04 75 55 24 13 – Fax 04 75 55 24 13 – Fermé mardi midi et lundi BY **x**

Rest – Menu 18 € (déj. en sem.), 25/45 €

◆ Ce restaurant de poche se cache dans une ruelle de la vieille ville. Le chef, d'origine japonaise, propose une attrayante cuisine au goût du jour dans une salle on ne peut plus sobre.

à Pont de l'Isère 9 km par ① – 2 688 h. – alt. 120 m – ✉ 26600

Michel Chabran

N 7 – ✆ 04 75 84 60 09 – chabran@michelchabran.fr – Fax 04 75 84 59 65 – Fermé dim. soir et merc. soir d'oct. à mars, merc. midi et jeudi midi

12 ch – 🚹85/90 € 🚹🚹130/165 €, ☕ 21 € – ½ P 175/250 € – **Rest** – Menu 39 € (déj. en sem.), 55/95 € – Carte 86/142 €

Spéc. Menu "Autour de la truffe" (nov. à mars). Ravioles de la région de Romans au rythme des saisons. Filet de bœuf charolais en aiguillettes au jus d'Hermitage. **Vins** Crozes-Hermitage, Hermitage.

◆ Maison en galets du Rhône où vous logerez dans des chambres confortables, sobrement décorées, et tournées vers le jardin ou la route. Table élégante offrant les plaisirs d'une cuisine au goût du jour et d'une belle sélection de côtes-du-Rhône septentrionaux. Grand choix de menus.

Auberge Chalaye

17 r. 16-août-1944 – ✆ 04 75 84 59 40 – Fax 04 75 58 27 06 – Fermé 4-10 juin, 10-16 sept., dim. soir, lundi, mardi et merc. sauf fériés

Rest – Menu 33 € (sem.), 50/60 € – Carte 48/69 €

◆ Discrète auberge nichée derrière un rideau de verdure, au milieu d'un quartier résidentiel. Cuisine classique servie dans trois petites salles d'esprit rustique ou, dès les premiers beaux jours, sur l'agréable terrasse du jardin.

à Guilherand-Granges (07 Ardèche) – 10 707 h. – alt. 130 m – ✉ 07500

Alpes-Cévennes sans rest

641 av. République – ✆ 04 75 44 61 34 – alpescevennes@aol.com – Fax 04 75 41 12 41 – Fermé dim. du 15 sept. au 15 mai AV **k**

26 ch – 🚹31/33 € 🚹🚹36/42 €, ☕ 5 €

◆ Étape ardéchoise sur la rive droite du Rhône. Les chambres, spacieuses, équipées de meubles de série, sont progressivement rénovées. Insonorisation efficace. Accueil aimable.

VALENCE-SUR-BAÏSE – 32 Gers – 336 E6 – 1 151 h. – alt. 117 m – ✉ 32310 28 A2

Paris 734 – Agen 50 – Auch 36 – Condom 9

Syndicat d'initiative, rue Jules Ferry ☎ 05 62 28 97 66, Fax 05 62 28 97 66

Abbaye de Flaran★ NO : 2 km, Midi-Pyrénées.

La Ferme de Flaran ch, VISA AE

rte Condom – ☎ 05 62 28 58 22 – hotel-flaran@wanadoo.fr – Fax 05 62 28 56 89 – Fermé 1er-8 mai, 26 oct.-7 nov., 21 déc.-15 janv., lundi d'oct. à mai et dim. sauf du 15 juil. au 15 août

15 ch – †49/59 € ††55/65 €, ☕ 8 € – ½ P 56/61 € – **Rest** – *(fermé mardi midi d'oct. à mai, dim. soir et lundi sauf du 15 juil. au 15 août)* Menu 20/38 € – Carte 36/53 €

◆ Ancienne dépendance de l'abbaye cistercienne voisine, cette ferme gasconne conserve une agréable rusticité. Les chambres, campagnardes, sont plus tranquilles côté piscine. Authentique salle à manger agreste, jolie terrasse et cuisine soignée à l'accent du Gers.

VALENCIENNES – 59 Nord – 302 J5 – 41 278 h. – Agglo. 357 395 h. – alt. 22 m – ✉ 59300 Nord Pas-de-Calais Picardie 31 C2

Paris 208 – Arras 68 – Bruxelles 105 – Lille 54 – St-Quentin 80

Office de tourisme, 1 rue Askièvre ☎ 03 27 46 22 99, Fax 03 27 30 38 35

18 de Mormal à Preux-au-Sart Bois Saint Pierre, par rte de Maubeuge : 13 km, ☎ 03 27 63 07 00 ; 9 de Valenciennes à Marly Rue du Chemin Vert, E : 1 km, ☎ 03 27 46 30 10.

Musée des Beaux-Arts★ BY M - Bibliothèque des Jésuites★.

Plan page suivante

Le Grand Hôtel ch, 15/80, VISA AE

8 pl. Gare – ☎ 03 27 46 32 01 – grandhotel.val@wanadoo.fr – Fax 03 27 29 65 57 AX **d**

86 ch – †80 € ††89/115 €, ☕ 10 € – ½ P 99 €

Rest – Menu 39/50 € bc – Carte 39/66 €

Rest *Brasserie Hans* – Carte 22/33 €

◆ La même famille cultive depuis plusieurs générations le sens de l'hospitalité dans ce bel établissement bâti au début du 20e s. Confortables chambres de style classique. Restaurant traditionnel avec rôtissoire et flambage en salle. Esprit alsacien à la Brasserie Hans.

Auberge du Bon Fermier VISA AE

64 r. Famars – ☎ 03 27 46 68 25 – beinethierry@hotmail.com – Fax 03 27 33 75 01 AY **n**

16 ch – †81 € ††100 €, ☕ 9 € – **Rest** – Menu 24/49 € – Carte 30/58 €

◆ Cet authentique relais de poste du 17e s. a préservé son cachet : vieilles pierres et briques en façade, chambres de caractère (beaux meubles chinés) et jolie cour pavée. Restaurant-rôtisserie occupant d'anciennes écuries, terrasse et gibier en saison.

Le Chat Botté sans rest VISA AE

25 r. Tholozé – ☎ 03 27 14 58 59 – hotel.lechatbotte@wanadoo.fr – Fax 03 27 14 58 60 AX **p**

33 ch – †67/76 € ††67/85 €, ☕ 9 €

◆ Fer forgé, bois, mobilier contemporain et couleurs gaies : décor ludique et ambiance chaleureuse dans une sympathique maison abritant des chambres paisibles et douillettes.

Baudouin sans rest cuisinette P VISA AE

90 r. Baudouin l'Édifieur – ☎ 03 27 22 80 80 – hotel-baudouin@wanadoo.fr – Fax 03 27 22 80 81 BZ **k**

90 ch – †51 € ††56 €, ☕ 8,50 €, 40 studios

◆ Des chambres pratiques et bien insonorisées vous attendent dans cet hôtel proche du stade de football de Nungesser. Les "plus" : parking fermé, garage et quelques cuisinettes

Notre Dame sans rest VISA

1 pl. Abbé Thellier de Poncheville – ☎ 03 27 42 30 00 – hotel.notredame@wanadoo.fr – Fax 03 27 45 12 68 – Fermé 24-31 déc.

35 ch – †48/61 € ††51/63 €, ☕ 8 €

◆ Deux bâtisses face à l'église éponyme du 15e s. Chambres bourgeoises d ancienne, fonctionnelles dans l'autre et calme assuré pour celles donnant

VALENCIENNES

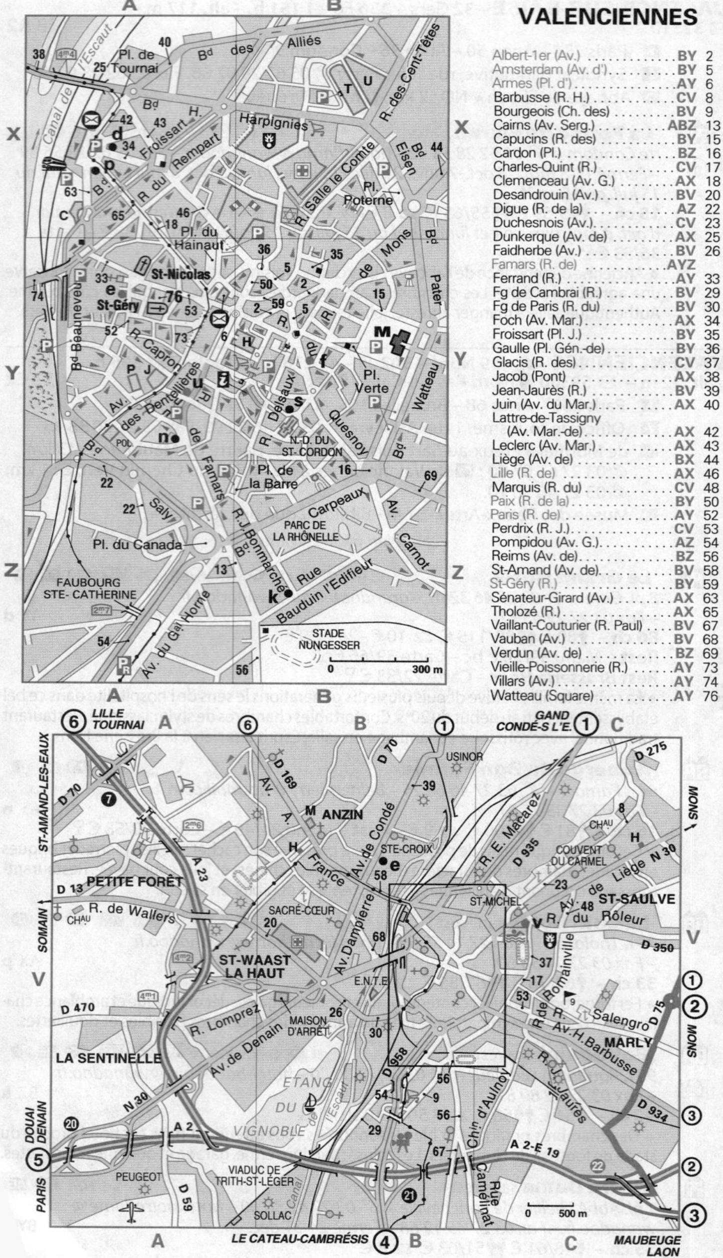

Le Grand Duc
104 av. de Condé – ☎ 03 27 46 40 30 – contact@legrandduc.fr – Fax 03 27 46 40 30 – Fermé 29 juil.-19 août BV **e**
5 ch – †82 € ††82 €, ☐ 8,50 € – **Rest** – *(fermé sam. midi et dim. soir) (prévenir)* Menu 23 € (sem.)/32 € (week-end)
◆ Cette demeure bourgeoise revit depuis que son propriétaire, également artiste, l'a relookée dans un style contemporain respectueux de son architecture originelle. Table d'hôte (sur réservation) dans une salle tournée vers le jardin clos à l'anglaise.

Le Musigny
90 av. Liège – ☎ 03 27 41 49 30 – Fax 03 27 47 91 19 – Fermé 2-10 janv., dim. soir, lundi et soirs fériés sauf sam. CV **v**
Rest – Menu 32/83 € bc – Carte 59/88 €
◆ La façade discrète de ce restaurant dissimule une salle à manger intime et confortable. On y sert une cuisine classique soignée faisant la part belle au poisson.

L'Endroit
69 r. du Quesnoy – ☎ 03 27 42 99 23 – lionel.coint@nordnet.fr – Fax 03 27 42 99 23 – Fermé dim. soir et lundi BY **f**
Rest – Menu (20 €), 25/45 € – Carte 38/49 €
◆ Un écran TV trône dans la salle et retransmet en direct l'activité des brigades en cuisine. Élégant décor contemporain, ambiance branchée, carte réduite et suggestions du marché.

Les Salons Brabant
68 r. Paris – ☎ 03 27 26 04 03 – lessalonsbrabant@aol.com – Fax 03 27 26 04 03 – Fermé dim. soir et lundi AY **e**
Rest – Menu (20 €), 25/35 € – Carte 31/51 €
Rest *La Véranda* – *(fermé dim. et lundi) (déjeuner seult)* Menu 12,50 € bc – Carte 15/20 €
◆ Le mobilier moderne met superbement en valeur le décor de style Napoléon III (moulures, stucs, peintures, etc.) de cette belle salle coiffée d'une verrière. Carte traditionnelle. Cadre façon bistrot et cuisine simple assortie de suggestions du moment à la Véranda.

Brasserie Arthur
46bis r. Famars – ☎ 03 27 46 14 15 – jletouze@nordnet.fr – Fax 03 27 41 62 96 – Fermé dim. soir et lundi AY **u**
Rest – Carte 21/37 €
◆ Une brasserie "pur jus" : banquettes, hauts plafonds, verrière et cuisine ad hoc. Sur les murs, de nombreux dessins affirment la vocation artistique de "l'Athènes du Nord".

à Quiévrechain **Nord-Est par N 30 : 12 km – 6 069 h. – alt. 32 m – ✉ 59920**

Le Manoir de Tombelle 4/12,
135 av. J. Jaurès – ☎ 03 27 35 12 30 – Fax 03 27 26 27 61 – Fermé 1er-15 août, 26 déc.-1er janv. et le soir sauf sam.
Rest – Menu 20 € (déj. en sem.), 27/49 € – Carte 40/58 €
◆ Villa bourgeoise des années 1920 nichée dans un grand jardin avec étang. Cuisine traditionnelle servie dans de confortables salles à manger (cheminées) ou sous la tonnelle.

à Artres **par ④, D 958 et D 400 : 11 km – 1 071 h. – alt. 65 m – ✉ 59269**

La Gentilhommière 15/200,
face Église – ☎ 03 27 28 18 80 – la.gentilhommiere@wanadoo.fr – Fax 03 27 28 18 81 – Fermé 5-26 août, 26-30 déc. et dim. soir
10 ch – †75 € ††80 €, ☐ 13 € – **Rest** – Menu 32/49 € – Carte 35/55 €
◆ Deux hectares de verdure entourent cette ferme du 18e s. joliment restaurée dont les chambres, spacieuses et calmes, regardent le jardin intérieur. Généreuse cuisine actuelle dans un séduisant restaurant voûté où affleurent les briques rouges.

Z. I. de Prouvy-Rouvignies **par ⑤ et N 30 : 5 km – ✉ 59300 Valenciennes**

Novotel ch, ch, 25/100,
– ☎ 03 27 21 12 12 – h0456@accor.com – Fax 03 27 21 06 02
80 ch – †59/108 € ††59/116 €, ☐ 12 € – **Rest** – Menu 20 € (sem.)/45 € (wee ends) – Carte 22/33 €
◆ Le centre-ville se trouve à 15 minutes de cet hôtel bordant l'axe Paris-Brux bénéficiant depuis peu des nouvelles normes de la chaîne (plaisant décor conte Pause déjeuner ou étape repas nocturne sans surprise dans ce restaurant No

à Raismes Nord-Ouest : 5 km par D 169 – 13 699 h. – alt. 23 m – ✉ 59590

La Grignotière

6 r. J. Jaurès – ✆ 03 27 36 91 99 – lagrignotiere@free.fr – Fax 03 27 36 74 29 – Fermé 6-26 août, mardi soir, merc. soir, dim. soir et lundi

Rest – Menu 31 € bc (sem.)/33 € – Carte 38/66 €

◆ Cet ancien relais de poste voisin de l'église abrite une salle "cosy" joliment décorée et une agréable terrasse-jardin. Cuisine traditionnelle non dépourvue de créativité.

VALESCURE – 83 Var – 340 P5 – **rattaché à St-Raphaël**

VALGORGE – 07 Ardèche – 331 G6 – 450 h. – alt. 560 m – ✉ 07110

Lyon et la vallée du Rhône 44 **A3**

Paris 614 – Alès 76 – Aubenas 37 – Langogne 46 – Privas 69 – Le Puy-en-Velay 83

Le Tanargue

– ✆ 04 75 88 98 98 – hoteltanargue@wanadoo.fr – Fax 04 75 88 96 09 – Ouvert 10 mars-29 nov. et fermé dim. soir et lundi sauf du 27 mars au 29 sept. et vacances scolaires

22 ch – 35/49 € 43/57 €, 7 € – ½ P 42/53 € –

Rest – Menu 16/30 € – Carte 30/48 €

◆ Hostellerie traditionnelle située au pied du massif du Tanargue. Les chambres, refaites par étapes et disposant parfois d'un balcon, ouvrent sur le parc ou la vallée. Salle à manger d'inspiration rustique agrémentée de vieux objets. Vente de produits du terroir.

VALIGNAT – 03 Allier – 326 F5 – **rattaché à Charroux**

VALLAURIS – 06 Alpes-Maritimes – 341 D6 – **rattaché à Golfe-Juan**

VALLERAUGUE – 30 Gard – 339 G4 – 1 009 h. – alt. 346 m – ✉ 30570

Languedoc Roussillon 23 **C2**

Paris 684 – Mende 100 – Millau 75 – Nîmes 86 – Le Vigan 22

Office de tourisme, des Horts ✆ 04 67 82 25 10

Hostellerie Les Bruyères

– ✆ 04 67 82 20 06 – Fax 04 67 82 20 06 – Ouvert 1er mai-30 sept.

20 ch – 46 € 46/59 €, 7 € – ½ P 46/51 € – **Rest** – Menu 15/32 € – Carte 24/41 €

◆ Ancien relais de poste situé dans un pittoresque village cévenol. Un bel escalier dessert des chambres simples, très propres et dotées d'une bonne literie. La salle de restaurant, rajeunie, se prolonge d'une charmante terrasse d'été surplombant la rivière.

rte du Mont-Aigoual sur D 986 : 4 km – ✉ 30570

Auberge Cévenole

La Pénarié – ✆ 04 67 82 25 17 – auberge.cevenole@wanadoo.fr – Fax 04 67 82 26 26 – Fermé 20 nov.-21 déc., lundi soir et mardi sauf juil.-août

6 ch – 42 € 42 €, 7 € – ½ P 47 € –

Rest – Menu 16/27 € – Carte 20/38 €

◆ L'Hérault musarde au pied de cette sympathique auberge cévenole située sur la route du mont Aigoual. Petites chambres rénovées et garnies d'un mobilier régional. Coquette salle à manger (poutres, cheminée et objets agrestes) et terrasse dominant la rivière.

Grand luxe ou sans prétention ?
Les X et les ⌂ notent le confort.

VALLET – 44 Loire-Atlantique – 316 I5 – 6 807 h. – alt. 54 m – ✉ 44330 34 B2

Paris 375 – Ancenis 27 – Cholet 36 – Clisson 10 – Nantes 27

Syndicat d'initiative, 1 place Charles-de-Gaulle ✆ 02 40 36 35 87, Fax 02 40 36 29 13

Don Quichotte avec ch rest, VISA

35 rte Clisson – ✆ 02 40 33 99 67 – donquichottevallet@wanadoo.fr – Fax 02 40 33 99 72 – Fermé 22 déc.-7 janv.

12 ch – 53 € 57/60 €, 8,50 € – ½ P 57 € – **Rest** – *(fermé lundi midi, vend. soir et dim. soir)* Menu (16 €), 20/30 € – Carte 29/38 €

◆ De grandes fresques décorent les murs de cet ex-moulin situé au coeur du vignoble. Salle à manger-véranda ; plats traditionnels composés en fonction des produits du marché.

VALLIÈRES – 37 Indre-et-Loire – 317 M4 – rattaché à Tours

VALLOIRE – 73 Savoie – 333 L7 – 1 243 h. – alt. 1 430 m – Sports d'hiver : 1 430/2 600 m 2 31 – ✉ 73450 Alpes du Nord 45 D2

Paris 664 – Albertville 91 – Briançon 52 – Chambéry 104 – Lanslebourg-Mont-Cenis 57

Office de tourisme, rue des Grandes Alpes ✆ 04 79 59 03 96, Fax 04 79 59 09 66

Col du Télégraphe ≤★ N : 5 km.

Grand Hôtel de Valloire et du Galibier ≤ 10/40, VISA

– ✆ 04 79 59 00 95 – info@grand-hotel-valloire.com – Fax 04 79 59 09 41 – Ouvert 20 juin-15 sept. et 22 déc.-10 avril

44 ch – 75/95 € 80/100 €, 13,50 € – ½ P 70/98 €

Rest ***L'Escarnavé*** – Menu 20/50 € – Carte 41/68 €

◆ Face aux pistes, imposant hôtel aux chambres spacieuses et rénovées ; réservez celles exposées Sud et Est. Belle salle à manger en rotonde agencée autour d'une cheminée en cuivre où l'on allume le "feu de joie" (escarnavé en patois) ; cuisine classique.

Christiania rest, VISA

r. Tigny – ✆ 04 79 59 00 57 – info@christiania-hotel.com – Fax 04 79 59 00 06 – Ouvert 15 juin-15 sept. et 10 déc.-20 avril

24 ch – 49/65 € 52/68 €, 9 € – 1 suite – ½ P 57/74 €

– **Rest** – Menu (16 €), 20/32 € – Carte 25/43 €

◆ Chalet fleuri situé sur l'avenue où se déroule l'insolite concours de sculptures sur neige. Chambres bien tenues, refaites dans un esprit montagnard. Accueil familial et cadre campagnard au restaurant. Le bar est le rendez-vous des moniteurs de la station.

aux Verneys 2 km au Sud – ✉ 73450 Valloire

Relais du Galibier ≤ VISA

– ✆ 04 79 59 00 45 – info@relais-galibier.com – Fax 04 79 83 31 89 – Ouvert 10 juin-10 sept. et 20 déc.-5 avril

26 ch – 51 € 58/63 €, 9 € – ½ P 55/75 € – **Rest** – Menu 17/33 € – Carte 26/36 €

◆ Hôtel accueillant, au calme des prés l'été, à 100 m des pistes de ski l'hiver. Chambres ouvrant parfois sur le Grand Galibier. De larges baies vitrées éclairent le restaurant où l'on sert une cuisine généreuse mettant à l'honneur les produits régionaux.

Le Crêt Rond VISA

– ✆ 04 79 59 01 64 – info.@hotel-cret-rond.com – Fax 04 79 83 33 24 – Ouvert 25 juin-30 sept. et 20 déc.-10 avril

16 ch – 47 € 60 €, 8 € – ½ P 51/60 € – **Rest** – Menu 13/26 € – Carte 15/32 €

◆ Établissement situé sur une route bien connue des "géants" du Tour de France, cell[illegible] Galibier. Chambres toutes exposées côté montagne, souvent avec balcon. Salle à m[illegible] rustique à la sympathique ambiance de pension de famille.

VALLON-PONT-D'ARC – **07 Ardèche** – **331** I7 – **2 027 h.** – **alt. 117 m** –
✉ **07150** Lyon et la vallée du Rhône 44 **A3**

Paris 658 – Alès 47 – Aubenas 32 – Avignon 81 – Carpentras 95 – Montélimar 59

Office de tourisme, 1 place de l'ancienne gare ✆ 04 75 88 04 01, Fax 04 75 88 41 09

Gorges de l'Ardèche★★★ au SE - Arche★★ de Pont d'Arc SE : 5 km.

Le Clos des Bruyères ch, rest, ch, 20, VISA

rte des Gorges – ✆ 04 75 37 18 85 – clos.des.bruyeres@online.fr – Fax 04 75 37 14 89 – Ouvert 7 avril-30 sept.

32 ch – †52/69 € ††56/69 €, ☕ 7,50 € – ½ P 55/61 €

Rest ***Les Saveurs*** – *✆ 04 75 88 14 84 (fermé mardi sauf juil.-août) (dîner seult)* Menu 22/35 € – Carte 31/43 €

◆ Hôtel récent situé à 100 m de l'Ardèche (location de canoës). Les chambres, avec balcon ou en rez-de-jardin, sont spacieuses et simplement décorées. Au restaurant, coiffé d'une charpente apparente, vous goûterez une cuisine traditionnelle orientée terroir.

Le Manoir du Raveyron ch, ch, VISA AE

r. Henri Barbusse – ✆ 04 75 88 03 59 – le.manoir.du.raveyron@wanadoo.fr – Fax 04 75 37 11 12 – Ouvert de mi-mars à fin oct.

8 ch ☕ – †55/60 € ††66/86 € – ½ P 54/60 € – **Rest** – *(dîner seult sauf jeudi et dim.)* Menu 25/42 € – Carte 32/48 €

◆ Cette demeure du 16e s. située dans une rue calme abrite des petites chambres coquettes et personnalisées. Agréable cour ombragée et fleurie. Plaisante salle à manger voûtée où l'on déguste des plats au goût du jour préparés avec des produits du terroir.

Ne confondez pas les couverts ✗ et les étoiles ✿ !
Les couverts définissent une catégorie de standing, tandis que l'étoile couronne les meilleures tables, dans chacune de ces catégories.

VALLORCINE – **74 Haute-Savoie** – **328** O4 – **390 h.** – **alt. 1 260 m** – **Sports d'hiver : 1 260/1 400 m** 2 – ✉ **74660** Alpes du Nord 45 **D1**

Paris 628 – Annecy 115 – Chamonix-Mont-Blanc 19 – Thonon-les-Bains 96

Office de tourisme, Chef-lieu ✆ 04 50 54 60 71, Fax 04 50 54 61 73

L'Ermitage sans rest VISA

au Buet, Sud-Ouest : 2 km par N 506 et rte secondaire – ✆ 04 50 54 60 09 – hotel-ermitage@wanadoo.fr – Fax 04 50 54 64 38 – Ouvert 3 juin-16 sept., 26 déc.-6 janv. et 2 fév.-22 avril

15 ch – †39/68 € ††66/70 €, ☕ 11 €

◆ Atmosphère chaleureuse dans ce coquet chalet surplombant le village, à 400 m de la gare. Chambres sobrement et diversement aménagées. Plaisant petit jardin ombragé.

VALLOUX – **89 Yonne** – **319** G6 – **rattaché à Avallon**

VALRAS-PLAGE – **34 Hérault** – **339** E9 – **3 625 h.** – **alt. 1 m** – **Casino** – ✉ **34350** Languedoc Roussillon 23 **C2**

Paris 767 – Agde 25 – Béziers 16 – Montpellier 76

Office de tourisme, place René Cassin ✆ 04 67 32 36 04, Fax 04 67 32 33 41

Mira-Mar ch, ch, ch, cuisinette 15, VISA AE
bd Front de Mer – ✆ 04 67 32 00 31 – info@hotel-miramar.org – Fax 04 67 32 51 21 – Ouvert mi fév.-fin oct.
27 ch – 66/96 € 66/96 €, 8 € – 3 suites – ½ P 52/77 € – **Rest** – *(fermé lundi soir sauf juil.-août)* Menu 14,50 € (sem.)/32 € – Carte 27/51 €
◆ Nul doute : la majorité des chambres de cet immeuble "mira el mar" ("regarde la mer" en espagnol). Hébergement clair et pratique ; quatre spacieux appartements. Bar-glacier. Salle à manger feutrée, terrasse face à la "grande bleue" et carte traditionnelle.

Albizzia sans rest VISA AE
bd Chemin Creux – ✆ 04 67 37 48 48 – hotelalbizziavalras@wanadoo.fr – Fax 04 67 37 58 10 – Fermé janv.
27 ch – 47/73 € 50/73 €, 6,50 €
◆ À 200 m de la plage, hôtel récent à l'accueil aimable. Chambres fonctionnelles ; celles donnant sur la piscine profitent d'une loggia. Ravissant jardinet méditerranéen.

Le Delphinium VISA
av. Élysées (face casino) – ✆ 04 67 32 73 10 – ledelphinium@wanadoo.fr – Fax 04 67 32 73 10 – Fermé 25-29 juin, vacances de la Toussaint, 18-28 fév., sam. midi, dim. soir et lundi
Rest – Menu (19 € bc), 24/45 € – Carte 46/69 €
◆ Discrète façade voisine du casino abritant une plaisante salle à manger contemporaine meublée en fer forgé. Terrasse d'été et cuisine au goût du jour gorgée de soleil.

La Méditerranée VISA
32 r. Ch. Thomas – ✆ 04 67 32 38 60 – mediterranee32@wanadoo.fr – Fax 04 67 32 30 91 – Fermé 12-30 nov., 7-31 janv., mardi sauf le soir en saison et lundi.
Rest – Menu 12 € (déj. en sem.), 14,50/37 € – Carte 23/62 €
◆ Petit restaurant familial, à découvrir dans une rue piétonne située tout près de l'embouchure de l'Orb. Cuisine traditionnelle servie dans un cadre rustique.

VALRÉAS – 84 Vaucluse – 332 C7 – 9 425 h. – alt. 250 m – ✉ 84600

Provence 40 **A2**

Paris 639 – Avignon 67 – Crest 51 – Montélimar 38 – Nyons 14 – Orange 37

Office de tourisme, avenue Maréchal Leclerc ✆ 04 90 35 04 71, Fax 04 90 35 04 71

Au Délice de Provence 24, VISA
6 La Placette (centre ville) – ✆ 04 90 28 16 91 – Fax 04 90 37 42 49 – Fermé mardi et merc.
Rest – Menu 20/46 € – Carte 43/64 €
◆ Les murs sacrés d'une ancienne synagogue accueillent cette grande salle à manger ensoleillée, divisée en deux par de belles arcades. Appétissante cuisine au goût du jour.

VALS-LES-BAINS – 07 Ardèche – 331 I6 – 3 536 h. – alt. 210 m – Stat. therm. : fin fév.-début déc. – Casino – ✉ 07600

Lyon et la vallée du Rhône 44 **A3**

Paris 629 – Aubenas 6 – Langogne 58 – Privas 33 – Le Puy-en-Velay 87

Office de tourisme, 116 bis avenue Jean Jaurès ✆ 04 75 37 49 27

Plan page suivante

Grand Hôtel des Bains VISA AE
– ✆ 04 75 37 42 13 – grand.hotel.des.bains@wanadoo.fr – Fax 04 75 37 67 02 – Ouvert 2 avril-31 oct. a
65 ch – 71/82 € 71/144 €, 10 € – ½ P 70/107 € – **Rest** – Menu 25/43 € – Carte 48/54 €
◆ Derrière les thermes, bel établissement de 1860 offrant un confort bourgeois e[illegible] donnant sur un vaste parc ombragé. Chambres de bonne ampleur, plus cossues au dern[illegible] étage. Restaurant "rétro" et terrasse d'été ; menus spécialement composés pou[illegible] curistes.

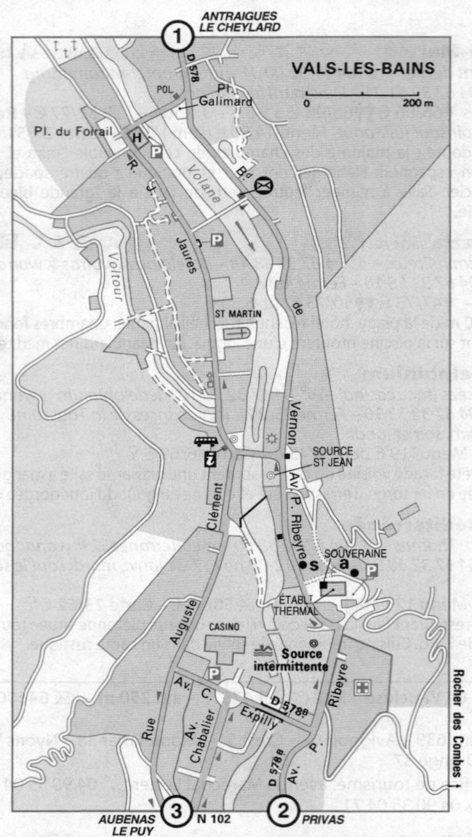

Grand Hôtel de Lyon

av. P. Ribeyre – ✆ 04 75 37 43 70 – hotel.de.lyon07@wanadoo.fr
– Fax 04 75 37 59 11 – Ouvert 6 avril-30 sept. **s**
33 ch – 🚹55/68 € 🚹🚹65/90 €, ☕ 8 € – ½ P 54/67 € – **Rest** – Menu (15 €), 20/42 € – Carte 23/40 € 🍷

◆ Cet hôtel très central, situé à tout juste 100 m du parc de la source intermittente, propose des chambres rénovées, spacieuses et bien tenues. Piscine découvrable. De grandes baies vitrées éclairent la confortable salle à manger ornée d'une fresque originale.

VAL-THORENS – 73 Savoie – 333 M6 – alt. 2 300 m – Sports d'hiver : 2 300/3 200 m

🚡4 ⛷25 – ✉ 73440 St-Martin-de-Belleville 📗 **Alpes du Nord** 46 **F2**

▶ Paris 640 – Albertville 60 – Chambéry 109 – Moûtiers 36

ℹ Office de tourisme, immeuble Eskival ✆ 04 79 00 08 08, Fax 04 79 00 00 04

👁 Cime de Caron ✳★★★ (accés par le téléphérique de Caron).

Fitz Roy

– ✆ 04 79 00 04 78 – welcome@hotelfitzroy.com – Fax 04 79 00 06 11
– Ouvert 6 déc.-28 avril – **32 ch** – 🚹139/286 € 🚹🚹170/380 €, ☕ 20 € – 4 suites – ½ P 189/336 € – **Rest** – Menu 50 € (déj.), 72/85 € – Carte 38/65 € 🍷

◆ Chambres luxueuses (en partie rafraîchies), souvent dotées de balcons avec une vue splendide sur la montagne. Belles flambées au salon, piscine couverte et espace "forme et beauté". Restaurant cossu et chaleureux ; déjeuner sur la terrasse panoramique (formule buffet).

Le Val Thorens ch, VISA

– 04 79 00 04 33 – contact@levalthorens.com – Fax 04 79 00 09 40 – Ouvert 7 déc.-22 avril

80 ch – 94/191 € 148/302 €, 12 € – ½ P 88/165 €

Rest *Le Bellevillois* – *(ouvert 23 déc.-15 avril) (dîner seult)* Menu 28/45 € – Carte 44/91 €

Rest *La Fondue* – *(dîner seult)* Menu 22 € – Carte 27/43 €

◆ Au cœur de la station, cette construction récente abrite de grandes chambres dotées de balcons. Piano-bar, sauna, solarium. Au restaurant, plats traditionnels et de brasserie. Cuisine classique au Bellevillois. Ambiance et recettes montagnardes à la Fondue.

Novotel rest, 10/60, VISA

– 04 79 00 04 04 – h0457@accor.com – Fax 04 79 00 05 93 – Ouvert 2 déc.-30 avril

104 ch – 105/206 € 150/294 €, 10 € – ½ P 161/206 € – **Rest** – Menu 23 € (déj.)/30 € – Carte 25/52 €

◆ Au pied des pistes, confortable hôtel dont les chambres offrent de belles échappées sur les glaciers. Bar d'ambiance, boutique d'articles de ski.

Le Sherpa rest, 20, VISA

– 04 79 00 00 70 – info@lesherpa.com – Fax 04 79 00 08 03 – Ouvert 1er déc.-3 mai

52 ch – 75/125 € 130/250 €, 12 € – 4 suites – ½ P 75/165 € –

Rest – Menu (18 €), 20 € (déj.), 30/38 € – Carte 21/41 €

◆ Chalet récent avec les champs de neige à portée de bâton. Chambres et duplex rénovés : lambris, murs blancs et meubles en pin. Salon-bar au coin du feu et espace Internet. Au restaurant, chaleureuse ambiance de chalet savoyard et recettes de tradition.

Les Trois Vallées rest, VISA

Grande Rue – 04 79 00 01 86 – reservation@hotel3vallees.com – Fax 04 79 00 04 08 – Ouvert 19 nov.-10 mai

29 ch – 80/155 € 110/199 €, 12 € – 3 suites – ½ P 80/129 € –

Rest – *(dîner seult)* Menu 22/28 € – Carte 26/51 €

◆ Le plus grand domaine skiable des Alpes a prêté son nom à ce bâtiment moderne. Chambres fonctionnelles, dont 7 "familiales". Du salon-bar, joli coup d'œil sur les cimes. Salle à manger non-fumeurs décorée dans un esprit montagnard. Carte traditionnelle simple.

L'Oxalys (Sulpice) VISA

– 04 79 00 12 00 – jean-sulpice@loxalys.com – Fax 04 79 00 24 10 – Ouvert 1er déc.-30 avril

Rest – Menu 36 € (déj.), 48/90 € – Carte 68/101 €

Spéc. Variation de légumes d'hiver sur fine pâte de polenta. Suprême de pigeon en croûte, cuisses braisées, jus à la réglisse. Fruits exotiques sur chiboust au thé-jasmin. **Vins** Roussette de Savoie, Mondeuse d'Arbin.

◆ Une résidence hôtelière conçue à la façon d'un hameau abrite ce restaurant. Décor contemporain réussi, superbe terrasse face au domaine skiable et belle cuisine inventive.

LE VALTIN – 88 Vosges – 314 K4 – 98 h. – alt. 751 m – 88230 27 D3

Paris 440 – Colmar 46 – Épinal 55 – Guebwiller 55 – St-Dié 27 – Col de la Schlucht 10

Auberge du Val Joli avec ch rest, 12, VISA

– 03 29 60 91 37 – contact@levaljoli.com – Fax 03 29 60 81 73 – Fermé 12 nov.-7 déc., dim. soir, lundi soir, mardi midi sauf vacances scolaires et lundi midi sauf fériés

7 ch – 77 € 82 €, 12 € – 3 suites – ½ P 70/72 € – **Rest** – Menu 17 € (sem.)/65 € – Carte 35/68 €

◆ Deux salles à manger : l'une de style rustique, l'autre dotée d'une large verrière ouverte sur la terrasse, face à la nature. Cuisine du terroir actualisée. Chambres rénovées.

LA VANCELLE – 67 Bas-Rhin – 315 H7 – rattaché à Lièpvre

VANDŒUVRE-LÈS-NANCY – 54 Meurthe-et-Moselle – 307 H7 – rattaché à Nancy

VANNES 🅿 – 56 Morbihan – **308** O9 – **51 759 h.** – **Agglo. 118 029 h.** – **alt. 20 m** –
✉ **56000** 📕 **Bretagne** 9 **A3**

- Paris 459 – Quimper 122 – Rennes 110 – St-Brieuc 107 – St-Nazaire 86
- Office de tourisme, 1 rue Thiers ☎ 02 97 47 24 34, Fax 02 97 47 29 49
- de Baden à Baden Kernic, par rte d'Auray et D 101 : 14 km, ☎ 02 97 57 18 96.
- Vieille ville★★ AZ : Place Henri-IV★ AZ 10, Cathédrale St-Pierre★ B, Remparts★, Promenade de la Garenne ⋞★★ - La Cohue★ (anciennes halles) - Musée archéologique★ - Aquarium océanographique et tropical★ - Golfe du Morbihan★★ en bateau.

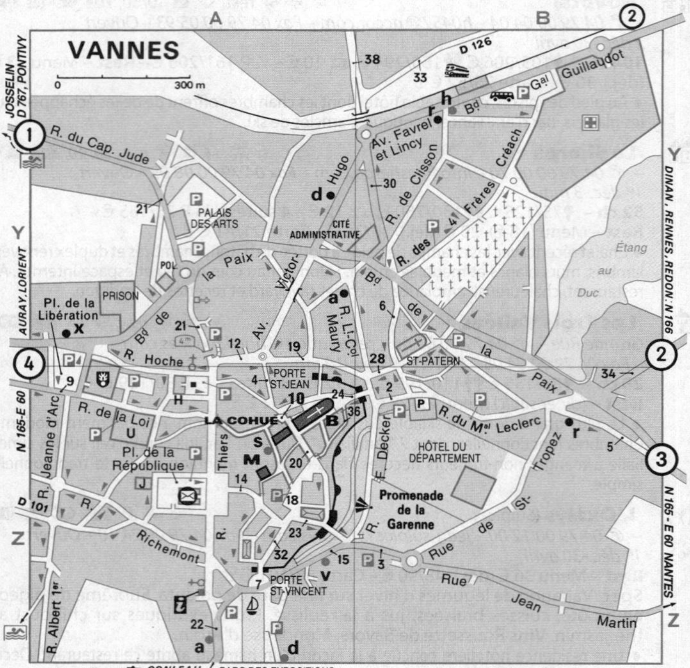

Allain Legrand (R.) . . . . **BZ** 2	Henri-IV (Pl.) . . . . **AZ** 10	Port (R. du) . . . . **AZ** 22
Bazvalan (R. J. de) . . . . **BZ** 3	Lices (Pl. des) . . . . **AZ** 18	St-Nicolas (R.) . . . . **BZ** 28
Billault (R.) . . . . **AZ** 4	Mené (R. du) . . . . **AY** 19	St-Symphorien (Av.) . . . . **BY** 30
Briand (R. A.) . . . . **BZ** 5	Monnaie (R. de la) . . . . **AZ** 20	St-Vincent-Ferrier (R.) . . . . . . **AZ** 32
Le Brix (R. J.) . . . . **AY** 12	Monnet (Av. J.) . . . . **AY** 21	Strasbourg (R. de) . . . . **BY** 33
Fontaine (R. de la) . . . . **BY** 6	Le Pontois (R. A.) . . . . **AZ** 15	Verdun (Av. de) . . . . **BZ** 34
Gambetta (Pl.) . . . . **AZ** 7	Porte-Poterne (R.) . . . . **AZ** 23	Vierges (R. des) . . . . **AZ** 36
Gougaud (R. J.) . . . . **AZ** 9	Porte-Prison (R.) . . . . **AZ** 24	Wilson (Av.) . . . . **ABY** 38
Le Hellec (R.) . . . . **AZ** 14		

 **Mercure** ⋞ ⌂ ♿ ch, ⚡ ch, 📞 🏋 25/60, 🅿 🚗 VISA MC AE ◑

Le parc du Golfe, Sud rte Conleau : 2 km – ☎ 02 97 40 44 52 – h2182-gm@accor-hotels.com – Fax 02 97 63 03 20

77 ch – 🛉88/99 € 🛉🛉96/128 €, ☕ 11 €

Rest *Le Dauphin* – *(fermé sam. et dim. sauf le soir d'avril à sept.)* Menu 19/29 € – Carte 26/46 € 🍷

◆ Construction moderne en arc de cercle située près de l'Aquarium. Les chambres, spacieuses et insonorisées, bénéficient d'une vue sur le golfe du Morbihan. Les baies vitrées du restaurant ouvrent sur la terrasse et sur un petit coin de verdure.

Villa Kerasy sans rest
20 av. Favrel et Lincy – ✆ 02 97 68 36 83 – info@villakerasy.com – Fax 02 97 68 36 84 – Fermé 11 nov.-10 déc. et 6 janv.-4 fév. BY **r**
12 ch – 🚹95/155 € 🚹🚹126/185 €, ☕ 13 €
◆ Dépaysement garanti dans cette maison bourgeoise des années 1920 aux chambres savamment décorées sur le thème des escales de la Compagnie des Indes. Jardin japonais.

Marébaudière sans rest 15/40, P VISA MC AE
4 r. A. Briand – ✆ 02 97 47 34 29 – marebaudiere@wanadoo.fr – Fax 02 97 54 14 11 BZ **r**
41 ch – 🚹65/104 € 🚹🚹72/104 €, ☕ 9 €
◆ Cette bâtisse régionale coiffée d'ardoises n'est qu'à 5 mn à pied des remparts. Elle abrite deux jolis salons et des chambres rénovées, colorées et bien équipées.

Manche-Océan sans rest 15, VISA MC AE
31 r. Lt-Col. Maury – ✆ 02 97 47 26 46 – info@manche-ocean.com – Fax 02 97 47 30 86 – Fermé 20 déc.-5 janv. AY **a**
41 ch – 🚹51/75 € 🚹🚹61/88 €, ☕ 8 €
◆ Hôtel en pleine évolution : salon, salle des petits-déjeuners, espace séminaires et les deux derniers étages de chambres profitent d'une récente cure de jouvence. À suivre...

Kyriad Image Ste-Anne AC ch, 10/50, P VISA MC AE
8 pl. Libération – ✆ 02 97 63 27 36 – kyriad.vannes@wanadoo.fr – Fax 02 97 40 97 02 AY **x**
33 ch – 🚹56/70 € 🚹🚹58/80 €, ☕ 9,50 € – ½ P 50/60 € – **Rest** – Menu (14 €), 19 € (sem.)/29 € – Carte 34/45 €
◆ Adresse pratique et centrale. Chambres contemporaines de bon confort, presque toutes climatisées. Bonne insonorisation. Beaux meubles régionaux dans le hall d'accueil. Plaisant décor breton traditionnel dans la salle à manger (vaisselles et cuivres anciens).

France sans rest 20, P VISA MC AE
57 av. V. Hugo – ✆ 02 97 47 27 57 – hotel-de-france-vannes@wanadoo.fr – Fax 02 97 42 59 17 – Fermé 21 déc.-7 janv. AY **d**
30 ch – 🚹52/68 € 🚹🚹56/70 €, ☕ 8,50 €
◆ Entre gare et centre-ville, hôtel proposant des chambres pratiques, peu à peu refaites dans un style actuel assez chaleureux. Lumineux salon ouvert sur un patio.

Régis (Mahé) VISA MC
pl. Gare – ✆ 02 97 42 61 41 – Fax 02 97 54 99 01 – Fermé 24 juin-2 juil., 18 nov.-3 déc., vacances de fév., dim. et lundi BY **h**
Rest – Menu 30 € (déj. en sem.), 60/80 € – Carte 61/89 €
Spéc. Composition autour du rouget et de la sardine. Tajine de homard et lotte. Croûte sablée aux pommes juste sortie du four. **Vins** Muscadet de Sèvre et Maine sur lie.
◆ Décoration soignée de style médiéval avec vitraux, copies de blasons anciens, murs en tuffeau et cheminée sculptée d'un chevalier en armure. Cuisine personnalisée.

La Table des Gourmets AC VISA MC AE
6 r. A. Le Pontois – ✆ 02 97 47 52 44 – guillaumelaura@wanadoo.fr – Fax 02 97 47 15 87 – Fermé 18-30 juin, dim. soir, mardi midi de sept. à juin et lundi sauf le soir en juil.-août AZ **v**
Rest – Menu (17 €), 26/88 € bc – Carte 39/107 €
◆ Façade contemporaine devant les remparts de la vieille ville. Cuisine au goût du jour enrichie de touches régionales proposée dans un cadre soigné et rajeuni.

Roscanvec AC VISA MC AE
17 r. Halles – ✆ 02 97 47 15 96 – roscanvec@yahoo.fr – Fax 02 97 47 86 39 – Fermé dim. sauf fériés AZ **s**
Rest – *(nombre de couverts limité, prévenir)* Menu 17 € (déj. en sem.), 24/49 € – Carte 47/58 €
◆ Maison à colombages d'une pittoresque ruelle piétonne. Quelques tables au rez-de-chaussée offrent le coup d'oeil sur la cuisine. Salle principale à l'étage. Ca inventive.

Le Carré Blanc

28 r. Port – ✆ 02 97 47 48 34 – Fax 02 97 47 48 34 – Fermé sam. midi, dim. soir et lundi AZ **a**

Rest – Menu 20/25 € – Carte 27/32 €

◆ Un Carré Blanc carrément séduisant niché dans une maison à colombages où tableaux et meubles contemporains égayent un intérieur immaculé. Cuisine au goût du jour bien tournée.

La Table Alsacienne

23 r. Ferdinand Le Dressay – ✆ 02 97 01 34 53 – Fax 02 97 01 34 53 – Fermé 9-16 avril, août, dim. sauf midi d'oct. à mars et lundi AZ **d**

Rest – Menu 22 € – Carte 26/34 €

◆ Décor de winstub pour cette Table (non-fumeurs) située à l'étage d'une maison ancrée face au port de plaisance. Les Bretons y savourent des spécialités alsaciennes copieusement servies.

à St-Avé par ① et D 767, Nord : 6 km (près centre hospitalier spécialisé) – 8 303 h. – alt. 50 m – ✉ 56890

Le Pressoir (Rambaud)

rte de Plescop, 1,5 km (près hôpital) – ✆ 02 97 60 87 63 – le.pressoir.st-ave@wanadoo.fr – Fax 02 97 44 59 15 – Fermé 1er-15 mars, 2-10 juil., 1er-23 oct., dim. soir, lundi et mardi

Rest – Menu 35 € (déj. en sem.), 53/95 € – Carte 60/125 €

Spéc. Huîtres tièdes à l'œuf de caille et caviar d'Aquitaine. Homard breton rôti dans sa carapace au beurre de corail (avril à sept.). Galette de rouget aux pommes de terre et romarin. **Vins** Muscadet sur lie, Fiefs Vendéens.

◆ Auberge rajeunie dedans comme dehors, estimée pour sa carte inventive honorant l'Armor, son joli choix de vins et son nouveau décor contemporain semé de touches florales.

à Conleau Sud-Ouest : 4,5 km – ✉ **56000 Vannes**

Presqu'île de Conleau ★ 30 mn.

Le Roof 15/60,

– ✆ 02 97 63 47 47 – leroof@club-internet.fr – Fax 02 97 63 48 10

40 ch – 79/101 € 115/137 €, 12,50 € – ½ P 83/143 €

Rest – Menu 30/60 € – Carte 44/60 €

Rest *Café de Conleau* – Menu (15 €), 22/26 € – Carte 23/34 €

◆ Cet hôtel jouit d'un emplacement privilégié sur une presqu'île, face à une ravissante anse où mouillent des voiliers. Les chambres, parfois petites, ont souvent une terrasse. Belle vue sur le golfe du Morbihan au restaurant. Esprit bistrot au Café de Conleau.

rte d'Arradon par ④ et D 101 : 5 km – ✉ **56610 Arradon**

L'Arlequin

Parc d'activités de Botquelen (3 allée D. Papin) – ✆ 02 97 40 41 41 – Fax 02 97 40 52 93 – Fermé 11-18 mars, 7-14 oct., sam. midi, dim. soir et merc.

Rest – Menu 14,50 € (déj. en sem.), 21/40 € – Carte 34/45 €

◆ Belle charpente apparente et vue verdoyante caractérisent cette jolie salle à manger en rotonde ceinte de baies vitrées. Recettes traditionnelles évoluant au gré des saisons.

à Arradon par ④, D 101, D 101A et D 127 : 7 km – 4 719 h. – alt. 40 m – ✉ **56610**

Syndicat d'initiative, rue Bouruet Aubertot ✆ 02 97 44 77 44

★.

Le Logis de Parc er Gréo sans rest

au Gréo, Ouest : 2 km (dir. le Moustoir) – ✆ 02 97 44 73 03 – contact@parcergreo.com – Fax 02 97 44 80 48 – Ouvert 16 mars-11 nov.

14 ch – 72/125 € 72/125 €, 12 € – 1 suite

◆ Maison entourée de verdure, aux intérieurs très soignés : salon joliment meublé, décoré de maquettes de bateaux et de belles aquarelles, chambres douillettes et personnalisées.

Les Vénètes ⩽ golfe et les îles, ch, VISA MC
à la pointe, 2 km – ☎ 02 97 44 85 85 – contact@lesvenetes.com – Fax 02 97 44 78 60 – Fermé 8-21 janv.
10 ch – 100 € 100/220 €, 10 € – ½ P 100/130 € – **Rest** – *(fermé dim. soir)* Menu 35/75 € – Carte 48/70 €
◆ "Les pieds dans l'eau" : les chambres, rénovées, bénéficient d'une vue exceptionnelle sur le golfe ; celles du 1er étage profitent d'un balcon. Agréable salle à manger au décor marin, superbement située au bord de la "mor bihan" (petite mer en breton).

Le Stivell rest, 25, P P VISA MC AE
r. Plessis d'Arradon – ☎ 02 97 44 03 15 – yves.chalet@wanadoo.fr – Fax 02 97 44 78 90 – Fermé 12 nov.-17 déc.
25 ch – 58/72 € 58/87 €, 7 € – ½ P 53/60 € – **Rest** – *(fermé dim. soir du 15 oct. au 31 mars et lundi midi)* Menu (10 € bc), 14 € bc (déj. en sem.), 17/47 € – Carte 27/39 €
◆ Cette construction de style régional abrite un salon-véranda et des chambres fonctionnelles et bien tenues. Confitures maison au petit-déjeuner. Bon choix de whiskies au bar. Salle à manger rajeunie ; plaisante terrasse d'été abritée par une haie de thuyas.

Le Médaillon VISA MC AE
10 r. Bouruet Aubertot – ☎ 02 97 44 77 28 – Fax 02 97 44 79 08 – Fermé 19-27 déc., 20-27 fév., dim. soir, mardi soir et merc. sauf du 14 juil. au 31 août
Rest – Menu 14/35 € – Carte 34/52 €
◆ Aux portes du village, ancien bar converti en restaurant. Poutres et pierres apparentes agrémentent la sobre salle à manger. Terrasse d'été sous la tonnelle et jeux d'enfants.

LES VANS – 07 Ardèche – 331 G7 – 2 664 h. – alt. 170 m – ✉ 07140

Lyon et la vallée du Rhône 44 **A3**

Paris 663 – Alès 44 – Aubenas 37 – Pont-St-Esprit 66 – Privas 68 – Villefort 24

Office de tourisme, place Ollier ☎ 04 75 37 24 48, Fax 04 75 37 27 46

Le Carmel ch, 30, P VISA MC AE
Montée du Carmel – ☎ 04 75 94 99 60 – contact@le-carmel.com – Fax 04 75 94 34 29 – Ouvert 1er avril-1er nov.
26 ch – 45/50 € 65/80 €, 9 € – ½ P 60/72 € – **Rest** – Menu 25/42 € – Carte 45/56 €
◆ Dominant le bourg médiéval, ex-couvent carmélite abritant des chambres rénovées : tissus provençaux, murs ocres, mobilier en fer forgé et salles de bains neuves. Joli jardin. Salle à manger aux couleurs ensoleillées et terrasse ombragée. Plats du marché.

au Sud-Est 6 km par D 901 – ✉ 07140 Les Vans

Mas de l'Espaïre 20, P VISA MC AE
– ☎ 04 75 94 95 01 – espaire@wanadoo.fr – Fax 04 75 37 21 00 – Ouvert 16 mars-11 nov.
30 ch – 35/70 € 55/85 €, 8 € – ½ P 60/75 € – **Rest** – *(fermé dim. et lundi sauf de mai à sept.) (dîner seult) (résidents seult)*
◆ À l'orée du bois de Païolive, ex-magnanerie bercée par le chant des grillons. Les murs des vastes chambres laissent apparaître çà et là la pierre d'origine. Lits "king size".

VANVES – 92 Hauts-de-Seine – 311 J3 – 101 25 – voir à Paris, Environs

---

VARADES – 44 Loire-Atlantique – 316 J3 – 3 190 h. – alt. 13 m – ✉ 44370

34 **B2**

Paris 333 – Angers 40 – Cholet 42 – Laval 95 – Nantes 54

Syndicat d'initiative, place Jeanne-d'Arc ☎ 02 40 83 41 88

La Closerie des Roses ⩽ la Loire, VISA MC AE
La Meilleraie, Sud : 1,5 km par rte Cholet – ☎ 02 40 98 33 30 – Fax 02 40 09 74 23 – Fermé 8-24 oct., 14 janv.-6 fév., dim. soir, mardi sauf le midi hors saison et merc.
Rest – Menu 16 € (déj. en sem.), 25/54 € – Carte 44/53 €
◆ Ce restaurant ancré dans un hameau de pêcheurs accueille les amoureux de la Loir depuis 1938. Poissons du fleuve et plats régionaux servis dans une jolie salle non-fume

VARENGEVILLE-SUR-MER – 76 Seine-Maritime – 304 F2 – 1 179 h. – alt. 80 m – ✉ 76119 Normandie Vallée de la Seine 33 D1

Paris 199 – Dieppe 10 – Fécamp 57 – Fontaine-le-Dun 18 – Rouen 68

Site★ de l'église - Parc des Moustiers★ - Colombier★ du manoir d'Ango, S : 1 km - Ste-Marguerite : arcades★ de l'église O : 4,5 km - Phare d'Ailly ≤★ NO : 4 km.

à Vasterival 3 km au Nord-Ouest par D 75 et rte secondaire – ✉ 76119 Varengeville-sur-Mer

De la Terrasse rest, VISA MC

– ✆ *02 35 85 12 54 – francois.delafontaine@wanadoo.fr – Fax 02 35 85 11 70 – Ouvert 15 mars-15 oct.*

22 ch – †49/59 € ††49/59 €, ☕ 7,50 € – ½ P 49/55 € – **Rest** – Menu 17 € (déj. en sem.), 21/35 € – Carte 26/35 € ♀

◆ Au terme d'une route bordée de sapins, belle demeure (1902) entourée d'un grand jardin ombragé. La moitié des chambres jouit de la vue sur la mer. Salon avec jeux de société. Le nouveau décor épuré du restaurant met en valeur la belle perspective sur la Manche.

LA VARENNE-ST-HILAIRE – 94 Val-de-Marne – 312 E3 – 101 28 – voir à Paris, Environs (St-Maur-des-Fossés)

VARENNES-SUR-ALLIER – 03 Allier – 326 H5 – 4 072 h. – alt. 245 m – ✉ 03150 6 C1

Paris 327 – Digoin 59 – Lapalisse 20 – Moulins 31 – St-Pourçain-sur-Sioule 11 – Vichy 26

Office de tourisme, place de l'Hôtel de Ville ✆ 04 70 47 45 86

à Boucé 8 km à l'Est par N 7 et D 23 – 512 h. – alt. 310 m – ✉ 03150

Auberge de Boucé VISA MC

1 rte. de Cindré – ✆ 04 70 43 70 59 – Fax 04 70 43 70 87 – Fermé mardi soir, merc. soir d'oct. à mars, dim. soir et lundi

Rest – Menu 16 € (sauf dim.)/34 € – Carte 22/36 € ♀

◆ Auberge villageoise à la chaleureuse ambiance campagnarde. Jolie terrasse et salle à manger ensoleillée décorée de tableaux peints par le chef ; cuisine traditionnelle.

à la Ferté-Hauterive 8 km au Nord par N 7 et D 32 – 285 h. – alt. 230 m – ✉ 03340

Demeure d'Hauterive VISA MC

– ✆ *04 70 43 04 85 – j.lefebvre@demeure-hauterive.com – Fax 04 70 43 04 85*

5 ch ☕ – †60/65 € ††75/80 € – **Rest** – table d'hôte *(dîner seult) (résidents seult)* Menu 22 € bc/28 € bc

◆ Les propriétaires de cette maison de 1860 adorent peindre et chiner. Il n'est donc pas surprenant que les chambres spacieuses et les espaces communs soient décorés avec goût de tableaux et de meubles de différentes époques. À table, cuisine régionale.

VARENNES-SUR-USSON – 63 Puy-de-Dôme – 326 G9 – rattaché à Issoire

VARETZ – 19 Corrèze – 329 J4 – rattaché à Brive-la-Gaillarde

VARREDDES – 77 Seine-et-Marne – 312 G2 – rattaché à Meaux

Le rouge est la couleur de la distinction : nos valeurs sûres !

VARS – 05 Hautes-Alpes – 334 I5 – 637 h. – alt. 1 650 m – ✉ 05560

Alpes du Sud 41 **C1**

Paris 726 – Barcelonnette 41 – Briançon 46 – Digne-les-Bains 126 – Gap 71

Office de tourisme, cours Fontanarosa ☎ 04 92 46 51 31

à Ste-Marie-de-Vars – ✉ 05560 Vars

L'Alpage rest, VISA MC

– ☎ *04 92 46 50 52 – info@hotel-alpage.com – Fax 04 92 46 64 23 – Ouvert 1er juil.-31 août et 20 déc.-10 avril*

17 ch – †56/124 € ††70/124 €, ☐ 7 € – ½ P 57/86 €

– **Rest** – Menu 19/29 € ♀

◆ Au centre de Vars, chalet familial agrandi d'une aile récente. Chambres bien tenues, en partie refaites dans le style régional. Billard et fitness. Une ancienne étable voûtée abrite la salle de restaurant (non-fumeurs). Plats traditionnels.

Le Vallon rest, P VISA MC

– ☎ *04 92 46 54 72 – info@hotelvallon.com – Fax 04 92 46 61 62*

– Ouvert 1er juil.-1er sept. et 22 déc.-22 avril

34 ch – †37/62 € ††56/93 €, ☐ 7 € – ½ P 46/68 € – **Rest** – Menu 17/20 €

– Carte 17/25 € ♀

◆ Au pied des pistes, grande bâtisse à l'ambiance et au décor montagnards. Les chambres, toutes ouvertes sur la nature, ont été rénovées. Billard et ping-pong. Salle de restaurant de type pension agrémentée de photos représentant des paysages alpins.

aux Claux – ✉ 05560 Vars – Sports d'hiver : 1 650/2 750 m 2 56

L'Écureuil sans rest P VISA MC AE

– ☎ *04 92 46 50 72 – hotel.ecureuil@wanadoo.fr – Fax 04 92 46 62 51*

– Ouvert 23 juin-6 sept. et 6 déc.-24 avril

21 ch – †65/90 € ††80/160 €, ☐ 7,50 €

◆ Chalet de style savoyard à 150 m de la télécabine. Intérieur confortable et chaleureux où le bois s'impose partout. Sympathiques chambres, la plupart avec balcon. Sauna.

Les Escondus rest, P VISA MC AE

– ☎ *04 92 46 67 00 – hotel.les.escondus@wanadoo.fr – Fax 04 92 46 50 47*

– Ouvert fin juin-début sept. et début déc.-fin avril

22 ch – †37/62 € ††74/124 €, ☐ 8 € – ½ P 63/99 € – **Rest** – Menu 18/25 €

– Carte 26/35 € ♀

◆ Accès facile aux pistes de ski, chambres simples et pratiques, parfois dotées de balcons, espace détente et piano-bar très animé sont les atouts de cette construction locale typique. Salle à manger lambrissée de bois blond et terrasse tournée vers la forêt.

Chez Plumot VISA MC

– ☎ *04 92 46 52 12 – Ouvert juil.-août et déc.-avril*

Rest – Menu 18 € (déj.)/27 € – Carte 25/60 € ♀

◆ Restaurant familial implanté au cœur de la station. Petits plats de tradition... et du Sud-Ouest. À midi, l'hiver, carte allégée (snack, quelques spécialités maison).

VASSIVIÈRE (LAC DE) – 23 Creuse – 326 i6 – rattaché à Peyrat-le-Château (87 H.-Vienne)

VASTERIVAL – 76 Seine-Maritime – 304 F2 – rattaché à Varengeville-sur-Mer

VAUCHOUX – 70 Haute-Saône – 314 E7 – rattaché à Port-sur-Saône

VAUCRESSON – 92 Hauts-de-Seine – 311 I2 – 101 23 – voir à Paris, Environs

VAUDEVANT – 07 Ardèche – 331 J3 – 197 h. – alt. 600 m – ✉ 07410 44 B2

Paris 558 – Lyon 96 – Privas 89 – Saint-Étienne 67 – Valence 50

La Récré

– *✆ 04 75 06 08 99 – restaurant-la-recre@wanadoo.fr – Fax 04 75 06 08 99 – Fermé 17 déc.-13 janv., lundi sauf le midi en juil.-août et mardi soir*

Rest – *(nombre de couverts limité, prévenir)* Menu 14 € (déj. en sem.), 18/40 € – Carte 22/38 €

◆ Ex-école villageoise devenue restaurant, ce qui explique enseigne et décor (tableau noir, photos d'écoliers, cartes murales). Cuisine actuelle soignée ; ambiance cordiale.

VAUGINES – 84 Vaucluse – 332 F11 – 466 h. – alt. 375 m – ✉ 84160 42 E1

Paris 736 – Digne-les-Bains 112 – Apt 23 – Cavaillon 36 – Salon-de-Provence 37

L'Hostellerie du Luberon

cours St-Louis – ✆ 04 90 77 27 19 – hostellerieduluberon@hostellerieduluberon.com – Fax 04 90 77 13 08 – Ouvert 10 mars-5 nov.

16 ch – 73/93 € 73/93 €, 10 € – ½ P 64/67 € – **Rest** – *(fermé merc. midi)* Menu (21 €), 27/40 €

◆ Face à la plaine de la Durance, hôtel familial offrant des chambres simples et rajeunies. La piscine est entourée d'un agréable jardin. Salle à manger pimpante et claire prolongée d'une terrasse qui a quasiment les" pieds dans l'eau".

VAULT DE LUGNY – 89 Yonne – 319 G7 – rattaché à Avallon

VAUX-LE-PÉNIL – 77 Seine-et-Marne – 312 F4 – rattaché à Melun

VAUX-SOUS-AUBIGNY – 52 Haute-Marne – 313 L8 – 705 h. – alt. 275 m – ✉ 52190 14 C3

Paris 304 – Dijon 44 – Gray 43 – Langres 25

Auberge des Trois Provinces

r. Verdun – ✆ 03 25 88 31 98 – Fax 03 25 84 25 61 – Fermé 7-28 janv., dim. soir et lundi d'oct. à mai

Rest – Menu 19/29 € – Carte 39/43 €

◆ Fresques, poutres peintes et beau pavement composent le décor de ce restaurant familial (non-fumeurs) installé dans une maison ancienne en pierre. Cuisine actuelle soignée.

Hôtel Le Vauxois

r. Verdun – ✆ 03 25 84 36 74 – Fax 03 25 84 25 61 – Fermé 7-28 janv., dim. soir et lundi hors saison

9 ch – 48 € 55 €, 7 €

◆ Les chambres, fonctionnelles et colorées, sont situées à 50 m de l'Auberge des Trois Provinces et à deux pas de l'église. Lumineuse salle des petits-déjeuners. Cigarette bannie.

VÉLIZY-VILLACOUBLAY – 78 Yvelines – 311 J3 – 101 24 – voir à Paris, Environs

VELLUIRE – 85 Vendée – 316 K9 – rattaché à Fontenay-le-Comte

VENAREY-LES-LAUMES – 21 Côte-d'Or – 320 G4 – 3 274 h. – alt. 235 m – ✉ 21150 Bourgogne 8 C2

Paris 259 – Avallon 54 – Dijon 66 – Montbard 15 – Saulieu 42 – Semur-en-Auxois 13

Office de tourisme, place de Bingerbrück ✆ 03 80 96 89 13

à Alise-Ste-Reine Est : 2 km – 674 h. – alt. 415 m – ✉ 21150

👁 Mont Auxois★ : ❋★ - Château de Bussy-Rabutin★.

XX Cheval Blanc
P VISA MC

rue du Miroir – ✆ 03 80 96 01 55 – regisbolatre@free.fr – Fax 03 80 96 01 55
– Fermé 3-11 sept., 2 janv.-5 fév., lundi et mardi sauf fériés

Rest – Menu 19 € (sem.)/43 € – Carte 29/49 € 🍷

◆ Près de la mairie, bâtisse en pierres où l'on vient faire de goûteux repas à composantes bourguignonnes dans une salle rustique où crépite un bon feu de bûches quand le froid sévit.

VENASQUE – 84 Vaucluse – 332 D10 – 966 h. – alt. 310 m – ✉ 84210

Provence 42 **E1**

▶ Paris 690 – Apt 32 – Avignon 33 – Carpentras 13 – Cavaillon 30 – Orange 36

ℹ Office de tourisme, Grand 'Rue ✆ 04 90 66 11 66, Fax 04 90 66 11 66

👁 Baptistère★ - Gorges★ E : 5 km par D 4.

Auberge La Fontaine
AC ch, cuisinette P VISA MC AE

– ✆ 04 90 66 02 96 – fontvenasq@aol.com – Fax 04 90 66 13 14
– Fermé 15 nov.-15 déc.

5 suites – 👥125 €, ☕ 10 € – **Rest** – *(fermé merc.) (dîner seult) (nombre de couverts limité, prévenir)* Menu 29/38 € 🍷

◆ Face à la fontaine du bourg, maison ancienne à l'ambiance "guesthouse". Les duplex, soigneusement aménagés, donnent sur le patio ou les toits. Restaurant garni de meubles et de bibelots chinés ; dîners-concerts.

La Garrigue
ch, rest, P VISA MC AE

– ✆ 04 90 66 03 40 – hotel-lagarrigue@club-internet.fr – Fax 04 90 66 61 43
– Ouvert 15 mars-15 oct.

15 ch – 👤47 € 👥54 €, ☕ 8 € – ½ P 54/64 € – **Rest** – *(fermé sam. et dim.) (dîner seul.) (résidents seul.)* Menu 19 € 🍷

◆ Aux portes d'un village haut perché, ressource familiale modeste aux chambres bien tenues ; certaines sont climatisées. Salle des petits-déjeuners de style rustique.

VENCE – 06 Alpes-Maritimes – 341 D5 – 16 982 h. – alt. 325 m – ✉ 06140

Côte d'Azur 42 **E2**

▶ Paris 923 – Antibes 20 – Cannes 30 – Grasse 24 – Nice 23

ℹ Office de tourisme, 8 place du Grand Jardin ✆ 04 93 58 06 38, Fax 04 93 58 91 81

👁 Chapelle du Rosaire★ (chapelle Matisse) - Place du Peyra★ B 13 - Stalles★ de la cathédrale B E - ⋞★ de la terrasse du château N. D. des Fleurs NO : 2,5 km par D 2210.

👁 Col de Vence ❋★★ NO : 10 km par D 2 - St-Jeannet : site★, ⋞★ 8 km par ③.

Alsace Lorr. (R.) .... B 3
Évêché (R. de l') .... B 5
Hôtel de Ville (R.) .... B 6
Leclerc (Av. Gén.) .... A 9
Marché (R. du) .... B 10
Meyère (Av. Col.) .... B 12
Peyra (Pl. du) .... B 13
Place Vieille (R. de la) .... B 14
Poilus (Av. des) .... A 15
Portail Levis (R. du) .... B 16
Résistance (Av. de la) .... A, B 17
Rhin et Danube (Av.) .... A 18
St-Lambert (R.) .... B 19
Tuby (Av.) .... A 21

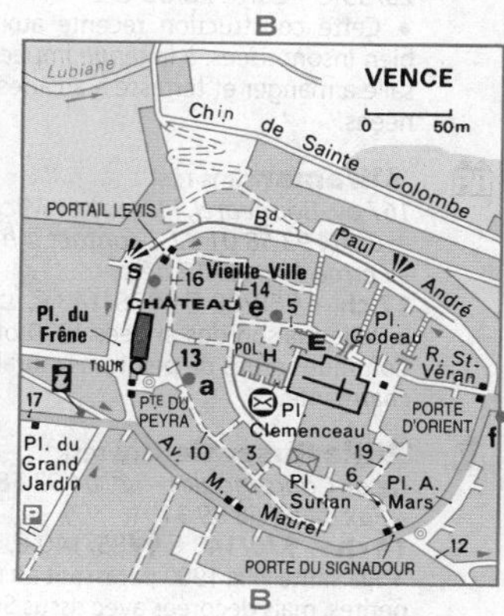

Château du Domaine St-Martin ≤ Vence et littoral, ch, ch, 10/50, VISA MC AE

rte de Coursegoules par D 2 : 2,5 km – ✆ 04 93 58 02 02 – stmartin@relaischateaux.com – Fax 04 93 24 08 91 – Ouvert fin fév.-15 oct.

34 ch – 400/800 € 400/800 €, 33 € – 6 suites

Rest – *(fermé le midi du lundi au jeudi du 15 juin au 31 août)* Menu 46 € (déj.), 75/105 € – Carte 86/210 €

Rest *L'Oliveraie* – grill *(ouvert 1er juin-30 sept.) (déj. seult)* Carte 61/96 €

◆ Superbe palace provençal bâti dans un parc planté d'oliviers et offrant une vue qui s'étend jusqu'à la mer. Calme, luxe et charme. Carte actuelle, belle terrasse-belvédère et panorama azuréen au restaurant. L'été, déjeuner en plein air à L'Oliveraie.

Cantemerle ch, 25, P VISA MC AE

258 chemin Cantemerle par av. Col. Meyère B – ✆ 04 93 58 08 18 – info@hotelcantemerle.com – Fax 04 93 58 32 89 – Ouvert 16 mars-14 oct.

9 ch – 190/210 € 190/210 €, 25 €, 18 duplex 215/235 € – **Rest** – *(ouvert 16 avril-29 sept. et fermé lundi sauf de juin à août)* Carte 47/58 € ♀

◆ Villa méridionale aménagée autour d'une piscine et d'un jardin ombragé. Intérieur soigné d'inspiration Art déco. Chambres élégantes et spacieuses ; duplex dotés de terrasses. Restaurant niché dans un écrin de verdure ; cuisine traditionnelle.

Diana sans rest cuisinette VISA MC AE

av. Poilus – ✆ 04 93 58 28 56 – info@hotel-diana-vence.com – Fax 04 93 24 64 06 – Fermé nov. A **a**

27 ch – 100 € 110/130 €, 10 €

◆ Hôtel central aux chambres fraîches et confortables, un peu plus calmes côté jardin. Belle véranda pour les petits-déj'. Solarium et jacuzzi sur le toit-terrasse ; fitness.

Floréal ch, P VISA MC AE

440 av. Rhin et Danube par ② – ✆ 04 93 58 64 40 – hotel.floreal@wanadoo.fr – Fax 04 93 58 79 69

41 ch – 50/110 € 60/135 €, 9 € – ½ P 57/68 € – **Rest** – *(dîner seult) (résidents seult)* Menu 18/38 € – Carte 24/39 €

◆ Un jardin d'essences méditerranéennes entoure cet établissement situé aux portes de Vence. Les chambres, dotées de balcons, ont toutes profité d'une cure de jouvence. Sobre salle à manger et terrasse ouvertes sur la piscine cernée par la végétation.

Mas de Vence rest, 20, P VISA MC AE

539 av. E. Hugues – ✆ 04 93 58 06 16 – mas@azurline.com – Fax 04 93 24 04 21 A **r**

41 ch – 69/85 € 89/105 €, 8,50 € – ½ P 73/83 € – **Rest** – Menu (16 € bc), 29/35 € – Carte 28/35 € ♀

◆ Cette construction récente aux tons ocre surplombe un axe passant. Chambres bien insonorisées, à la tenue impeccable, souvent avec loggia. Hall sous verrière. Vaste salle à manger et terrasse à arcades bordant la piscine. Plats traditionnels et méditerranéens.

Miramar sans rest ≤ P VISA MC AE

167 av. Bougearel, Plateau St-Michel, par av. Col. Meyère B – ✆ 04 93 58 01 32 – contact@hotel-miramar-vence.com – Fax 04 93 58 20 22 – Fermé 17 nov.-12 déc.

17 ch – 68/88 € 78/148 €, 12 €

◆ Jolie maison des années 1920 offrant une échappée sur baous (sommets) et vallée. Communs ornés de peintures murales, chambres coquettement personnalisées, terrasse charmante.

Villa Roseraie sans rest rest, P VISA MC AE

rte de Coursegoules – ✆ 04 93 58 02 20 – accueil@villaroseraie.com – Fax 04 93 58 99 31 A **x**

14 ch – 70/140 € 85/140 €, 13 €

◆ Plaisante villa 1900 paressant au milieu d'un jardin conçu comme une oasis. Chambres petites, mais décorées avec tissus Souleiado, lits ouvragés et fleurs séchées.

La Colline de Vence sans rest — Baou des Blancs et Côte, cuisinette
806 Chemin des Salles par rte de Coursegoules : 1,5 km – ✆ 04 93 24 03 66 – contact@colline-vence.com – Fax 04 93 24 03 66 –
5 ch – 74/135 € 74/135 €
◆ Habilement restaurées, ces anciennes dépendances d'un château abritent de jolies chambres personnalisées, tournées vers les baous et la Méditerranée. Jardin fleuri, piscine.

La Bastide aux Oliviers sans rest — 120,
1260 chemin de la Sine par ② : 3 km – ✆ 04 93 24 20 33 – frenchclaude@wanadoo.fr – Fax 04 93 58 55 78 – Fermé 15 nov.-1ᵉʳ déc.
4 ch – 90/165 € 100/175 €
◆ Bastide en pierres du pays nichée dans un grand jardin agrémenté d'une piscine et d'un court de tennis. Chambres d'inspiration provençale. Belle terrasse pour le petit-déj'.

Jacques Maximin "Table d'Amis" — VISA AE
689 chemin de la Gaude par ① et rte Cagnes : 3 km – ✆ 04 93 58 90 75 – jacques.maximin@wanadoo.fr – Fax 04 93 58 22 86 – Fermé mi-nov. à mi-déc., lundi et mardi de sept. à juin et le midi en juil.-août
Rest – *(nombre de couverts limité, prévenir)* Menu 50 € bc/150 € – Carte 64/160 €
Spéc. Panna-cotta d'écrevisses aux asperges. Filet de loup sauvage rôti à la niçoise. Gaspacho de pêches blanches aux glaçons de fruits rouges (juin à sept.)
Vins Bellet, Coteaux Varois.
◆ Entourée d'une luxuriante végétation, maison du 19ᵉ s. où l'art s'exprime sur les murs égayés d'œuvres d'artistes renommés comme dans la cuisine, savoureusement créative.

Auberge Les Templiers — 10, VISA AE
39 av. Joffre – ✆ 04 93 58 06 05 – lestempliers3@wanadoo.fr – Fax 04 93 58 92 68 – Fermé 15 nov.-7 déc., 15 janv.-2 fév., le midi du lundi au vend., merc. et jeudi sauf juil.-août
A **k**
Rest – Menu 39/59 € – Carte 54/83 €
◆ Cette auberge ancienne est devancée par une avenante terrasse ombragée. Cadre rénové et frais de style provençal. Cuisine au goût du jour dans la note méridionale.

Le Vieux Couvent — VISA
37 av. Alphonse Toreille – ✆ 04 93 58 78 58 – levieuxcouventvence@tiscali.fr – Fax 04 93 58 78 58 – Fermé 15 fév.-31 mars, jeudi sauf le soir en saison et merc.
B **f**
Rest – *(nombre de couverts limité, prévenir)* Menu 27/37 € – Carte 42/50 €
◆ Pierres apparentes, piliers et voûtes d'ogives composent le décor de ce restaurant installé dans la chapelle d'un séminaire daté du 17ᵉ s. Plats régionaux.

Auberge des Seigneurs avec ch — VISA AE
pl. Frêne – ✆ 04 93 58 04 24 – sandrine.rodi@wanadoo.fr – Fax 04 93 24 08 01 – Ouvert mars-31 oct.
B **s**
6 ch – 55 € 85/100 €, 10 € – ½ P 90 € – **Rest** – *(fermé dim. et lundi)* Menu 32/45 € – Carte 45/58 €
◆ François 1ᵉʳ, Renoir, Modigliani, etc. Cette auberge historique sise dans une aile du château de Villeneuve eut de célèbres convives. Plats provençaux, agneau à la broche.

L' Armoise — VISA
9 pl. du Peyra – ✆ 04 93 58 19 29 – Fermé 26 juin-4 juil., 6-20 nov., 19-27 fév., dim. soir, mardi midi et lundi
B **a**
Rest – *(nombre de couverts limité, prévenir)* Menu (22 €), 35 € – Carte 38/48 €
◆ Ce restaurant où entre la marée occupe une ancienne poissonnerie et dresse sa terrasse sur la jolie place du Peyra. Grands classiques (bouillabaisse) et recettes "maison".

La Litote — VISA
5 r. Evéché – ✆ 04 93 24 27 82 – stephanefurlan@wanadoo.fr – Fermé 4-27 déc., 15 janv.-8 fév., vend. midi du 10 mai au 10 sept., merc. et jeudi
B **e**
Rest – Menu 18 € (déj. en sem.), 25/45 € – Carte 30/49 €
◆ Petite table œuvrant sur une placette du vieux Vence piéton. Accueil et service avenants, carte actuelle à composantes provençales, terrasse avant à l'ombre d'un tilleul.

VENDÔME – 41 Loir-et-Cher – 318 D5 – 17 707 h. – alt. 82 m – ✉ 41100

Châteaux de la Loire 11 **B2**

- Paris 169 – Blois 34 – Le Mans 78 – Orléans 91 – Tours 56
- Office de tourisme, 47 rue Poterie ✆ 02 54 77 05 07
- de La Bosse à Oucques La Guignardière, par rte de Beaugency : 20 km, ✆ 02 54 23 02 60.
- Anc. abbaye de la Trinité★ : église abbatiale★★, musée★ BZ **M** - Château : terrasses ≤★.

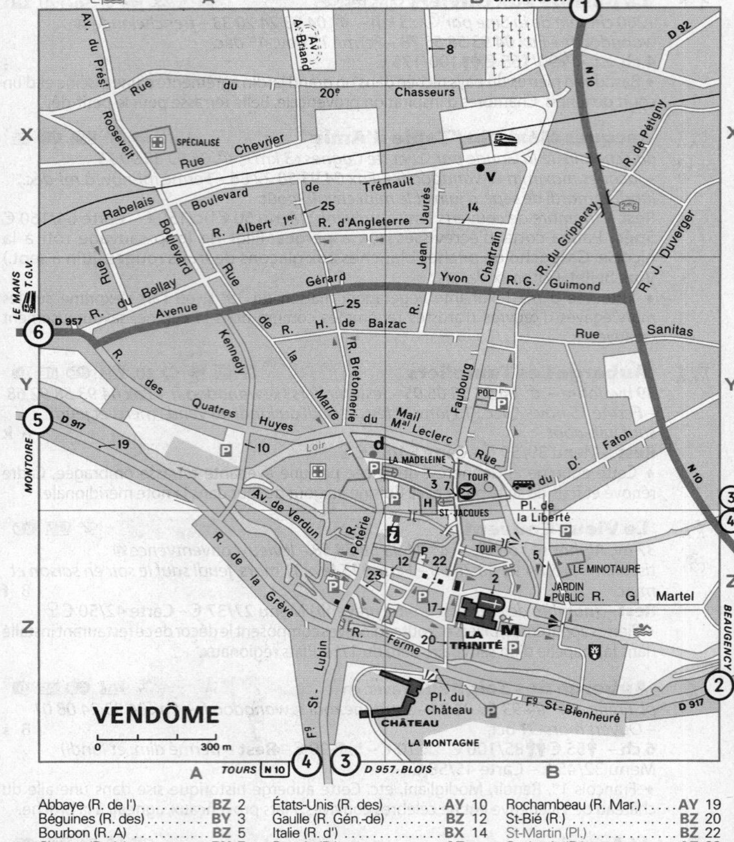

Abbaye (R. de l')	BZ 2	États-Unis (R. des)	AY 10	Rochambeau (R. Mar.)	AY 19
Béguines (R. des)	BY 3	Gaulle (R. Gén.-de)	BZ 12	St-Bié (R.)	BZ 20
Bourbon (R. A)	BZ 5	Italie (R. d')	BX 14	St-Martin (Pl.)	BZ 22
Change (R. du)	BY 7	Poterie (R.)	AZ	Saulnerie (R.)	AZ 23
Clemenceau (Av. G.)	BX 8	République (Pl. de la)	BZ 17	Verrier (R. Cdt)	AXY 25

Capricorne

🏨 ♿ ch, ch, rest, 15, P VISA MC AE

8 bd de Trémault – ✆ 02 54 80 27 00 – capricorne41@hotmail.com – Fax 02 54 77 30 63 – Hotel : Fermé 6-19 août, 22 déc.-6 janv. et dim. soir ; Rest : Fermé sam. et dim. sauf le midi de Pâques à oct. BX **v**

30 ch – †46/50 € ††50/53 €, ☕ 7,50 € – ½ P 47 €

Rest *La Folle Blanche* – Menu 18/29 € – Carte 35/41 €

Rest *La Salle des Fresques* – Menu (14,50 €), 18/29 €

◆ La majorité des chambres, peu spacieuses mais bien équipées, ouvre sur une ravissante cour-jardin. Hébergement plus ancien mais bien tenu dans le bâtiment principal. Cuisine actuelle et décor rénové à la Folle Blanche. Formules buffets à la Salle des Fresques.

Mercator ch, rest, 20/80, P VISA MC

rte Blois, par ③ : 2 km – ✆ 02 54 89 08 08 – hotelmercator.vendome@wanadoo.fr – Fax 02 54 89 09 17

53 ch – †54 € ††54 €, ☕ 7,50 € – ½ P 45 € –

Rest – *(fermé 23 déc.-2 janv., le midi en août, sam. et dim.)* Menu (15 €), 18 €

◆ Proche d'un rond-point mais bordé d'espaces verts, hôtel dont les petites chambres sont chaleureuses (mobilier acajou et tissus choisis), modernes et bien entretenues. Au restaurant, cadre contemporain épuré et recettes traditionnelles.

De Bel air ch, rest, 15/30, P VISA MC

par ① et N 10 : 3 km – ✆ 02 54 72 20 20 – info@hotelbelairvendome.com – Fax 02 54 73 24 41

31 ch – †42 € ††47 €, ☕ 6,50 € – ½ P 57 € –

Rest – *(fermé sam. et dim. du 15 oct. au 15 avril)* Menu (11 €), 14,50 € (sem.)/26 € – Carte 23/35 €

◆ Petites chambres toutes simples, salle polyvalente pour banquets et séminaires, entretien sans défaut et prix raisonnables : une étape pratique à la périphérie de Vendôme. Points forts du restaurant : le buffet de hors-d'œuvres et le bon choix de viandes.

Auberge de la Madeleine avec ch VISA MC AE

6 pl. Madeleine – ✆ 02 54 77 20 79 – Fax 02 54 80 00 02 – Fermé 4-14 nov. et fév. AY **d**

8 ch – †36/43 € ††36/43 €, ☕ 7 € – ½ P 43/46 € – **Rest** – *(fermé merc.)* Menu 16 € (sem.)/37 € – Carte 38/52 €

◆ Face à une placette-parking, auberge régionale et sa sympathique terrasse au bord du Loir. Plaisante salle à manger aménagée sur deux niveaux. Chambres bien insonorisées.

à St-Ouen Nord-Est : 4 km par D 92 et rte secondaire BX – **3 050 h.** – **alt. 81 m** – ✉ **41100**

La Vallée P VISA MC AE

34 r. Barré-de-St-Venant – ✆ 02 54 77 29 93 – Fax 02 54 73 15 51 – Fermé 12-20 mars, 17-30 sept., 2-8 janv., dim. soir, lundi et mardi sauf fériés

Rest – Menu 25/34 € – Carte 29/39 €

◆ Accueillante maisonnette à l'abri des regards et du bruit. Couleurs ensoleillées et poutres apparentes dans une coquette salle à manger. Carte traditionnelle et saisonnière.

VENOSC – 38 Isère – 333 J8 – 941 h. – alt. 1 000 m – Sports d'hiver : 1 650/3 420 m 58 – ✉ 38520 Alpes du Nord 45 **C2**

Paris 633 – Gap 105 – Grenoble 66 – Lyon 166

Office de tourisme, la Condamine ✆ 04 76 80 06 82, Fax 04 76 80 18 95

Château de la Muzelle rest, VISA MC

Bourg d'Arud – ✆ 04 76 80 06 71 – contact@chateaudelamuzelle.com – Fax 04 76 80 20 44 – Ouvert 1er juin-16 sept.

19 ch – †58 € ††58 €, ☕ 8,50 € – ½ P 56/60 € – **Rest** – Menu 19/38 € – Carte 25/49 €

◆ De pimpants volets rouges égayent la sobre façade de ce petit château du 17e s. Chambres fonctionnelles et bien tenues, mansardées au deuxième étage. Ambiance familiale. Bonne cuisine traditionnelle mettant à profit les légumes du potager.

VENSAT – 63 Puy-de-Dôme – 326 G6 – 424 h. – alt. 395 m – ✉ 63260 5 **B2**

Paris 370 – Clermont-Ferrand 40 – Cournon-d'Auvergne 42 – Vichy 26

Château de Lafont ch, VISA MC

2 r. de la Côte Rousse – ✆ 04 73 64 21 24 – info@chateaudelafont.com – Fax 04 73 64 50 83 – Ouvert 31 mars-30 sept.

5 ch – †85 € ††100 €, ☕ 5 € – **Rest** – table d'hôte *(dîner seult) (résidents seult)* Menu 20 € bc

◆ Cette propriété familiale comprend un château, une ferme en activité et un joli parc. Les chambres, confortables et tranquilles, sont logées dans des murs datant du 15e s. Petit-déjeuner et repas servis dans une salle à manger habillée de boiseries.

VENTABREN – 13 Bouches-du-Rhône – 340 G4 – 4 552 h. – alt. 210 m – ✉ 13122
Provence 40 **B3**

- Paris 746 – Aix-en-Provence 14 – Marseille 33 – Salon-de-Provence 27
- Syndicat d'initiative, 11 boulevard de Provence ✆ 04 42 28 76 47
- <★ des ruines du Château.

XX **La Table de Ventabren** VISA

r. F. Mistral – ✆ 04 42 28 79 33 – contact@latabledeventabren.com – Fax 04 42 28 83 15 – Fermé 23-30 déc., 16 janv.-6 fév., dim. soir, merc. soir sauf de juin à sept. et lundi

Rest – *(prévenir en saison et le week-end)* Menu 26 € (déj. en sem.), 36/44 € – Carte 34/53 €

◆ Au cœur du pittoresque village perché, convivialité assurée dans les jolies salles voûtées de ce restaurant ou sur sa terrasse dominant la vallée. Cuisine au goût du jour.

VENTRON – 88 Vosges – 314 J5 – 979 h. – alt. 630 m – Sports d'hiver : 850/1 110 m 8 – ✉ 88310
27 **C3**

- Paris 441 – Épinal 56 – Gérardmer 25 – Mulhouse 51 – Remiremont 30 – Thann 31
- Office de tourisme, 4 place de la Mairie ✆ 03 29 24 07 02, Fax 03 29 24 23 16
- Grand Ventron ✳★★ NE : 7 km, Alsace Lorraine.

à l'Ermitage-du-Frère-Joseph Sud : 5 km par D 43 et D 43E – Sports d'hiver : 850/1 110 m 8 – ✉ 88310 Ventron

Les Buttes rest, ch, 40, VISA AE

– ✆ 03 29 24 18 09 – info@frerejo.com – Fax 03 29 24 21 96 – Fermé 4 nov.-21 déc.

26 ch – 98/185 € 98/185 €, 13 € – 1 suite – ½ P 98/159 € – **Rest** – *(fermé midi sauf dim. et fériés)* Menu (23 €), 29 €

◆ Décoration montagnarde chic et Images d'Épinal partout, chambres douillettes (certaines avec jacuzzi), salon très "cosy" : un chalet-hôtel bien agréable ! Chaleureux restaurant (boiseries, tons ensoleillés) et carte traditionnelle renouvelée chaque quinzaine.

à Travexin Ouest : 3 km – ✉ 88310 Cornimont

Le Géhan VISA AE

9 rte de Travexin – ✆ 03 29 24 10 71 – le.gehan@online.fr – Fax 03 29 24 10 70 – Fermé 20 juil.-3 août et 23-30 oct.

11 ch – 48 € 48 €, 8 € – ½ P 52 € – **Rest** – *(fermé dim. soir, merc. midi et lundi)* Menu 17 € (sem.)/35 € – Carte 20/51 €

◆ Des tons jaune et bleu égaient les chambres fonctionnelles et bien insonorisées de cette maison ancienne située à un carrefour. Tenue exemplaire et accueil attentionné. Salle à manger lumineuse et rénovée ; menus traditionnels et quelques plats régionaux.

VERBERIE – 60 Oise – 305 H5 – 3 283 h. – alt. 33 m – ✉ 60410
36 **B3**

- Paris 70 – Beauvais 56 – Clermont 31 – Compiègne 16 – Senlis 18 – Villers-Cotterêts 31

XX **Auberge de Normandie** avec ch VISA AE

26 r. Pêcherie – ✆ 03 44 40 92 33 – christiane.maletras@wanadoo.fr – Fax 03 44 40 50 62

3 ch – 52 € 52 €, 6,50 € – ½ P 46 € – **Rest** – *(fermé dim. soir)* Menu (16 €), 20 € (déj. en sem.)/40 € – Carte 31/56 €

◆ Auberge de campagne fleurie s'ordonnant autour d'une cour. Intérieur chaleureux avec poutres, boiseries et cheminée. Demandez une table dans la salle côté jardin.

VERDUN – 55 Meuse – 307 D4 – 19 624 h. – alt. 198 m – ✉ 55100
Alsace Lorraine 26 **A1**

- Paris 263 – Metz 78 – Bar-le-Duc 56 – Châlons-en-Champagne 89 – Nancy 95
- Office du Tourisme, pl. de la Nation ✆ 0329861418, Fax 0329842242
- Ville Haute★ : Cathédrale Notre-Dame★, BYZ Palais épiscopal★ (Centre mondial de la paix) BZ - Citadelle souterraine★ : circuit★★ BZ - Les champs de bataille★★★ : Mémorial de Verdun, Fort et Ossuaire de Douaumont, Tranchée des Baïonnettes, le Mort-Homme, la Cote 304.

VERDUN

Alsace-Lorraine (Av.) . . . . CZ 2
Beaurepaire (R.) . . . . CZ 3
Belle-Vierge (R. de la) . . . . . BY 4
Chevert (Pl.) . . . . CZ 5
Douaumont (Av. de) . . . . CY 6
Foch (Pl. Mar.) . . . . CY 7
Fort de Vaux (R. du) . . . . CZ 8
Frères-Boulhaut (R. des) . . . . CY 9
Lattre-de-Tassigny (Av. Mar.-de) . . . . CY 10
Mautroté (R.) . . . . BY 13
Mazel (R.) . . . . CY 14
Prés.-Poincaré (R.) . . . . CZ 17
République (Quai de la) . . . . CY 18
Rû (R. de) . . . . BZ 19
St-Paul (R.) . . . . CY 20
St-Pierre (R.) . . . . BY 21
Soupirs (Allée des) . . . . BY 24

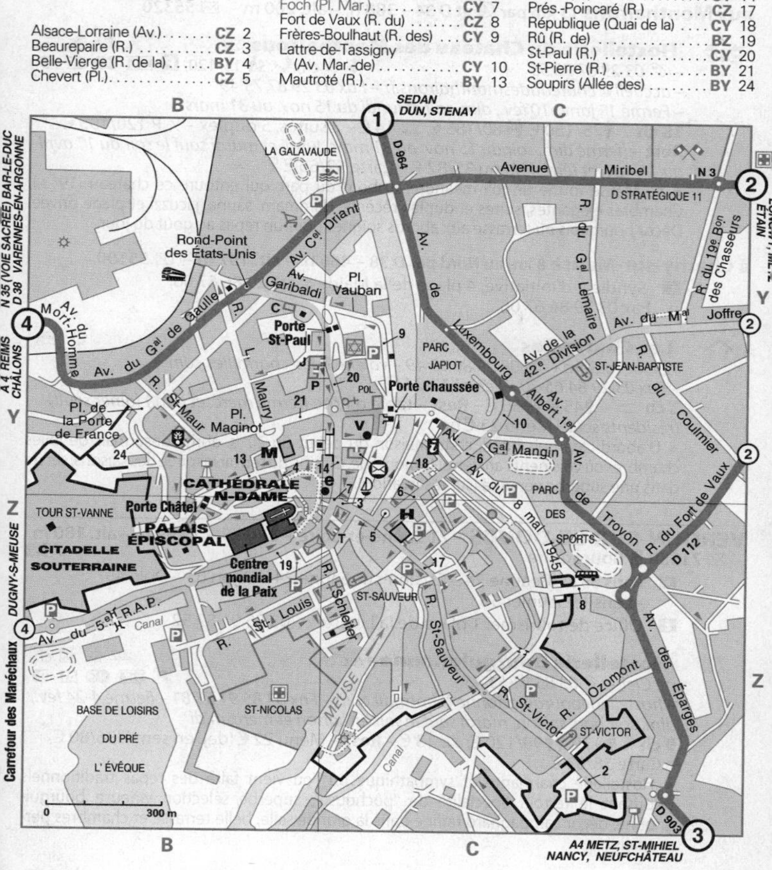

Hostellerie du Coq Hardi

ch, ch, 25/50, VISA

8 av. Victoire – ✆ 03 29 86 36 36 – coq.hardi@wanadoo.fr – Fax 03 29 86 09 21

CY **v**

33 ch – 🚹73/120 € 🚹🚹96/150 €, ☕ 15 € – 2 suites – ½ P 110/130 €

Rest – *(fermé mi-fév. à mi-mars, dim. soir et vend.)* Menu 43 € (sem.)/95 € – Carte 61/97 €

Rest *Le Bistrot* – *(fermé dim. soir et vend. d'oct. à avril)* Menu 20 € (sem.)/35 € bc – Carte 28/53 €

◆ Maison de tradition au décor intérieur de caractère officiant depuis 1827 en bord de Meuse. Salon-cheminée, mobilier lorrain et quelques chambres dotées de superbes lits à baldaquin. Salle de restaurant au cachet fort ; cuisine classique et vins choisis. Repas simple et rapide au Bistro ; terrasse d'été.

Montaulbain sans rest

VISA

4 r. Vieille-Prison – ✆ 03 29 86 00 47 – Fax 03 29 84 75 70

BCY **e**

10 ch – 🚹30/38 € 🚹🚹35/40 €, ☕ 5,50 €

◆ Dans une ruelle piétonne, hôtel aux menues chambres rénovées et fort bien tenues. Le hall fait office d'espace petit-déjeuner et les caves servirent de prison municipale au 14e s. !

aux Monthairons 13 km par ④ et D 34 – 388 h. – alt. 200 m – ✉ 55320

Hostellerie du Château des Monthairons
– *✆ 03 29 87 78 55* ch, 15/120, VISA MC AE
– accueil@chateaudesmonthairons.fr – Fax 03 29 87 73 49
– Fermé 1er janv.-10 fév., dim. soir et lundi du 15 nov. au 31 mars
18 ch – 75/150 € 80/185 €, 14 € – 2 suites, 5 duplex – ½ P 120/195 € –
Rest – *(fermé dim. soir du 15 nov. au 31 mars, lundi et mardi sauf le soir du 1er avril au 14 nov. et fériés)* Menu 35/82 € – Carte 52/66 €
◆ La Meuse forme un joli méandre au bord du parc qui entoure ce château (19e s.). Chambres élégantes, suites et duplex récents. Hammam, sauna, jacuzzi et plage privée. Décor bourgeois ou terrasse aux abords soignés pour un repas au goût du jour.

à Charny-sur-Meuse 8 km au Nord par D 38 – 466 h. – alt. 197 m – ✉ 55100

Syndicat d'initiative, 4 place de la Mairie ✆ 03 29 86 67 06, Fax 03 29 86 67 06

Les Charmilles
12 r. de la Gare – ✆ 03 29 86 93 49 – valerie@les-charmilles.com
– Fax 03 29 84 65 30 – Fermé 17-24 fév.
3 ch – 45 € 55 € – **Rest** – table d'hôte *(fermé merc. et dim.) (dîner seult) (résidents seult)* Menu 23 € bc
◆ D'abord café puis hôtel, cette maison du début du 20e s. abrite désormais de jolies chambres où voisinent l'ancien et le moderne. Cuisine du terroir inspirée des saisons, servie dans une superbe véranda (sur réservation).

VERDUN-SUR-LE-DOUBS – 71 Saône-et-Loire – 320 K8 – 1 199 h. – alt. 180 m – ✉ 71350 Bourgogne 7 B3

Paris 332 – Beaune 24 – Chalon-sur-Saône 24 – Dijon 65 – Dole 49 – Lons-le-Saunier 56

Office de tourisme, 1 place de la Liberté ✆ 03 85 91 87 52

Hostellerie Bourguignonne avec ch ch,
rte Ciel – ✆ 03 85 91 51 45 VISA MC AE
– hostelleriebourguignonne@hotmail.com – Fax 03 85 91 53 81 – Fermé 4-24 fév., dim. soir hors saison, mardi sauf le soir en saison et merc. midi
9 ch – 90 € 90/120 €, 13 € – **Rest** – Menu 22 € (déj. en sem.), 36/80 € – Carte 58/83 €
◆ Hostellerie charmante et sympathique où l'on vient faire des repas traditionnels valorisant le terroir. Spécialité de "pôchouse", superbe sélection vineuse bourguignonne, décor campagnard raffiné dans la grande salle, belle terrasse et chambres personnalisées.

VERGÈZE – 30 Gard – 339 K6 – 3 643 h. – alt. 30 m – ✉ 30310 23 C2

Paris 724 – Montpellier 43 – Nîmes 20

Office du Tourisme, pl. de la Mairie ✆ 04 66 35 45 92

La Passiflore sans rest VISA MC AE
– ✆ 04 66 35 00 00 – Fax 04 66 35 09 21
11 ch – 45/66 € 45/66 €, 7,50 €
◆ Avenante façade rénovée pour cette ancienne ferme (18e s.) abritant de petites chambres simples, tournées sur une jolie cour.

VERGONCEY – 50 Manche – 303 D8 – 209 h. – alt. 70 m – ✉ 50240 32 A3

Paris 352 – Caen 120 – Saint-Lô 86 – Saint-Malo 60 – Fougères 37

Château de Boucéel sans rest VISA MC AE
à l'Est : 4 km par D108, D40 et D308 – ✆ 02 33 48 34 61 – chateaudebouceel@wanadoo.fr – Fax 02 33 48 16 26 – Fermé janv.
5 ch – 135/160 € 135/160 €
◆ Entouré d'un parc à l'anglaise et d'étangs, château de famille (1763) au décor bourgeois : mobilier de style, parquet à caisson, portraits d'ancêtres. Chambres personnalisées.

VERNET-LES-BAINS – **66 Pyrénées-Orientales** – **344** F7 – **1 440 h.** – **alt. 650 m** – **Stat. therm. : mi mars-fin nov.** – **Casino** – ✉ **66820**
Languedoc Roussillon 22 **B3**

Paris 904 – Mont-Louis 36 – Perpignan 57 – Prades 11

Office de tourisme, 6 place de l'Ancienne Mairie ✆ 04 68 05 55 35, Fax 04 68 05 60 33

Site★ - Abbaye Saint-Martin-du-Canigou 2,5 km S★★.

Princess rest, rest, 40, VISA

r. des Lavandières – ✆ *04 68 05 56 22* – *info@hotel-princess.com* – *Fax 04 68 05 62 45* – *Fermé 15 fév.-3 mars*
40 ch – 45/55 € 53/63 €, 9 € – ½ P 49/54 € – **Rest** – *(Fermé 26 nov.-22 mars)* Menu (12,50 €), 17/32 € – Carte 25/38 €

◆ Au pied du vieux Vernet. Chambres en grande partie rénovées dans un style actuel ; certaines ont un balcon tourné vers les montagnes, d'autres donnent sur les toits du village. Vaste restaurant non-fumeurs, terrasse et plusieurs menus dont un "du terroir".

Mas Fleuri sans rest VISA

bd Clemenceau – ✆ *04 68 05 51 94* – *hotel.masfleuri@wanadoo.fr* – *Fax 04 68 05 50 77* – *Ouvert 15 avril-15 oct.*
30 ch – 66/85 € 84/110 €, 11 €

◆ Les atouts de cet hôtel des années 1970 : ses chambres rajeunies, avec balcon et vue sur un parc, et sa grande piscine. Buffet de petit-déjeuner dans une maison attenante.

VERNEUIL-SUR-AVRE – **27 Eure** – **304** F9 – **6 619 h.** – **alt. 155 m** – ✉ **27130**
Normandie Vallée de la Seine 33 **C3**

Paris 114 – Alençon 77 – Argentan 77 – Chartres 57 – Dreux 37 – Évreux 43

Syndicat d'initiative, 129 place de la Madeleine ✆ 02 32 32 17 17

de Center Parcs Center Parcs, par rte de Mortagne : 9 km, ✆ 02 32 60 50 02.

Église de la Madeleine★ - Statues★ de l'église Notre-Dame.

VERNEUIL-SUR-AVRE

Breteuil (Rue Porte de) 2
Briand (R. A.) 4
Canon (R. du) 5
Casati (Bd) 7
Chasles (Av. A.) 8
Clemenceau (R.) 9
Demolins (Av. E.) 10
Ferté-Vidame (Rte de la) 12
Lait (R. au) 13
Madeleine (Pl. de la) 15
Notre-Dame (Pl.) 16
Paul-Doumer (R.) 17
Poissonnerie (R. de la) 18
Pont-aux-Chèvres (R. du) 19
Tanneries (R. des) 21
Thiers (R.) 22
Tour-Grise (R. de la) 24
Verdun (Pl. de) 25
Victor-Hugo (Av.) 27
Vlaminck (Av. M.-de) 30

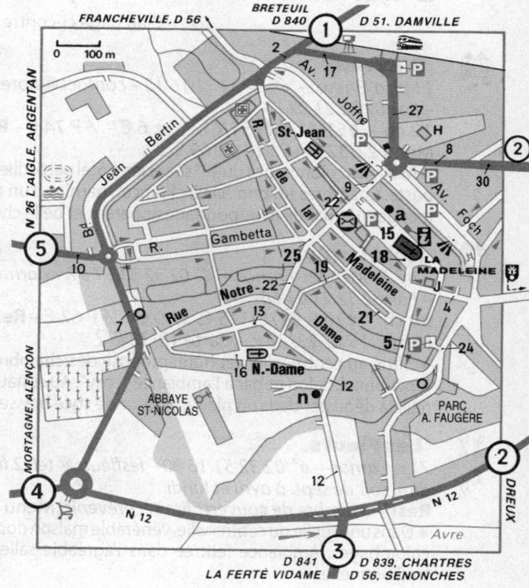

Hostellerie Le Clos ch, ch, 20,

98 r. Ferté-Vidame – ✆ 02 32 32 21 81 – hostellerie.leclos@wanadoo.fr – Fax 02 32 32 21 36 – Fermé 10 déc.-26 janv., dim. soir du 1er oct. au 31 mars et lundi n

4 ch – 160/195 € 160/195 €, 18 € – 6 suites – 175/265 € – ½ P 175/215 € – **Rest** – *(fermé mardi midi)* Menu 34 € (sem.)/80 € – Carte 48/66 €

◆ Parquets cirés et meubles de style créent un cadre d'une grande élégance en ce castel normand bâti en briques rouges et coiffé d'ardoises. Les salles à manger possèdent le raffinement des belles demeures de famille. Charmante terrasse ; bon choix de bordeaux.

Du Saumon 25,

89 pl. Madeleine – ✆ 02 32 32 02 36 – hotel.saumon@wanadoo.fr – Fax 02 32 37 55 80 – Fermé 22 déc.-10 janv. et dim. soir de nov. à mars a

29 ch – 46/64 € 46/64 €, 7 € – **Rest** – Menu 12 € (sem.)/16 € – Carte 30/47 €

◆ Ex-relais de poste (18e s.) tourné sur une cour intérieure. Les chambres du bâtiment principal, plus grandes, sont garnies de meubles anciens. En tartare, fumé, mariné, poêlé, grillé ou en brochette : le restaurant met le saumon à l'honneur !

aux Barils par ⑤, **N 26 et D 166 : 7 km – 164 h. – alt. 201 m – ✉ 27130**

Auberge des Barils

2 r. Verneuil – ✆ 02 32 60 05 88 – Fax 02 32 60 05 88 – Fermé 11-20 sept., 2-18 janv. et merc.

Rest – Menu 17/55 € – Carte 25/55 €

◆ Cette coquette maison faisant face à l'église du village abrite deux salles à manger feutrées et une terrasse. Cuisine traditionnelle orientée vers le terroir normand.

VERNON – 27 Eure – 304 I7 – 24 056 h. – alt. 32 m – ✉ 27200

Normandie Vallée de la Seine 33 **D2**

Paris 77 – Beauvais 66 – Évreux 34 – Mantes-la-Jolie 25 – Rouen 62

Office de tourisme, 36 rue Carnot ✆ 02 32 51 39 60, Fax 02 32 51 86 55

Église Notre-Dame★ - Château de Bizy★ 2 km par ③ - Giverny★ 3 km.

Plan page ci-contre

D'Évreux

11 pl. d'Évreux – ✆ 02 32 21 16 12 – contact@hoteldevreux.fr – Fax 02 32 21 32 73 BY x

12 ch – 51/61 € 51/61 €, 6 € – ½ P 74 € – **Rest** – *(fermé dim.)* Menu 22/32 € – Carte 38/69 €

◆ Maison à colombages du 17e s., ancien hôtel particulier du comte d'Évreux et ex-relais de poste. Chambres un brin "vieille France", garnies d'un mobilier rustique. Plaisante salle à manger normande avec poutrage apparent et belle cheminée.

Normandy 80,

1 av. P.-Mendès-France – ✆ 02 32 51 97 97 – normandye.hotel@wanadoo.fr – Fax 02 32 21 01 66 BY t

50 ch – 70 € 75/115 €, 9 € – ½ P 67 € – **Rest** – *(fermé lundi midi et dim.)* Menu (15 €), 23/29 € – Carte 18/38 €

◆ Situé au centre-ville, cet hôtel propose des chambres rénovées garnies d'un mobilier fonctionnel. Salon et bar à l'ambiance "cosy". Au restaurant Le Cottage, cuisine traditionnelle à déguster dans un plaisant décor de style brasserie-pub.

Les Fleurs

71 r. Carnot – ✆ 02 32 51 16 80 – lesfleurs@tele2.fr – Fax 02 32 21 30 51 – Fermé dim. soir de sept. à avril et lundi BX a

Rest – *(nombre de couverts limité, prévenir)* Menu 24/47 € – Carte environ 40 €

◆ Dans une ruelle du centre-ville, vénérable maison dont l'arrière-corps présente de beaux colombages. Ambiance feutrée dans l'agréable salle à manger contemporaine. Carte traditionnelle.

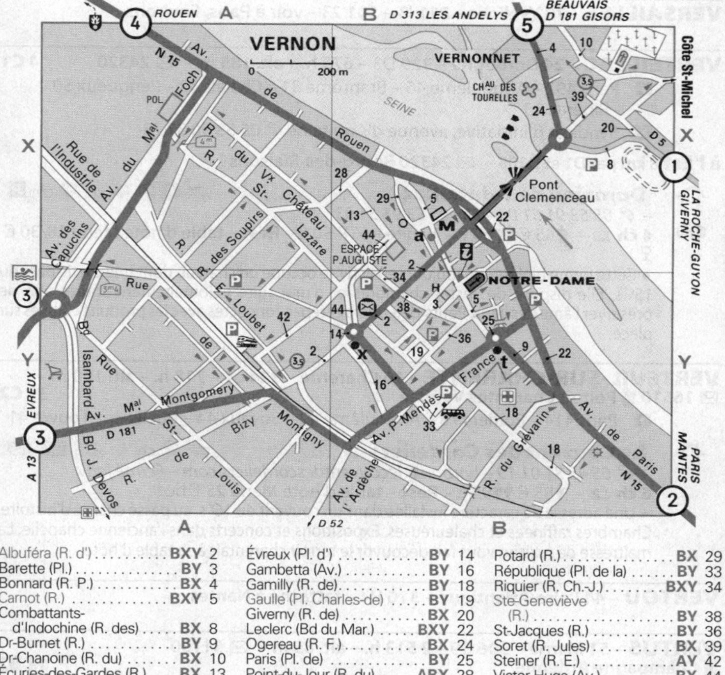

Albuféra (R. d')	BXY 2	Évreux (Pl. d')	BY 14	Potard (R.)	BX 29
Barette (Pl.)	BY 3	Gambetta (Av.)	BY 16	République (Pl. de la)	BY 33
Bonnard (R. P.)	BX 4	Gamilly (R. de)	BY 18	Riquier (R. Ch.-J.)	BXY 34
Carnot (R.)	BXY 5	Gaulle (Pl. Charles-de)	BY 19	Ste-Geneviève (R.)	BY 38
Combattants-d'Indochine (R. des)	BX 8	Giverny (R. de)	BX 20	St-Jacques (R.)	BY 36
Dr-Burnet (R.)	BY 9	Leclerc (Bd du Mar.)	BXY 22	Soret (R. Jules)	BX 39
Dr-Chanoine (R. du)	BX 10	Ogereau (R. F.)	BX 24	Steiner (R. E.)	AY 42
Écuries-des-Gardes (R.)	BX 13	Paris (Pl. de)	BY 25	Victor-Hugo (Av.)	BX 44
		Point-du-Jour (R. du)	ABX 28		

Le Bistro VISA MC

73 r. Carnot – ✆ 02 32 21 29 19 – Fax 02 32 21 29 19 – Fermé 1er-10 mars, 5-27 août, dim. et lundi BX **a**

Rest – Menu 17 € bc – Carte 19/22 €

◆ Cet ancien bar a conservé son comptoir aujourd'hui réservé aux clients pressés. Décor de vieilles affiches. Plats traditionnels à découvrir sur l'ardoise du jour.

à Douains par ③, **D 181 et D 75 : 8 km – 465 h. – alt. 128 m – ✉ 27120**

Château de Brécourt ch, 15/200,

– ✆ 02 32 52 40 50 – brecourt@leshotelsparticuliers.com VISA MC AE

– Fax 02 32 52 69 65 – **26 ch** – 🛉100/215 € 🛉🛉100/215 €, ☕ 15 € – 4 suites

– ½ P 105/200 € – **Rest** – Menu 30 € (déj. en sem.), 45/75 €

◆ En pleine campagne normande, château du 17e s. entouré de douves et d'un vaste parc. Décor Grand Siècle avec poutres, tomettes et cheminées. Chambres personnalisées. Bar aménagé dans l'ancienne salle des gardes et restaurant empreint d'une certaine noblesse.

VERNOUILLET – 28 Eure-et-Loir – 311 E3 – rattaché à Dreux

VERQUIÈRES – 13 Bouches-du-Rhône – 340 E2 – rattaché à St-Rémy-de-Provence

VERRIERES – 86 Vienne – 322 J6 – 799 h. – alt. 115 m – ✉ 86410 39 C2

Paris 368 – Poitiers 31 – Châtellerault 68 – Buxerolles 33 – Chauvigny 26

Les Deux Porches sans rest VISA MC AE

Place de la Mairie – ✆ 05 49 42 83 85 – hddp@wanadoo.fr – Fax 05 49 42 83 79

16 ch – 🛉43 € 🛉🛉45 €, ☕ 7 €

◆ Sa situation centrale et ses chambres fonctionnelles décorées dans un style actuel font de cette adresse un point de chute bien pratique. Aimable accueil et petite restauration.

VERSAILLES – 78 Yvelines – 311 I3 – 101 23 – voir à Paris, Environs

VERTEILLAC – 24 Dordogne – 329 D3 – 675 h. – alt. 185 m – ✉ 24320 4 C1

Paris 492 – Angoulême 46 – Brantôme 31 – Chalais 32 – Périgueux 50 – Ribérac 13

Syndicat d'initiative, avenue d'Aquitaine ✆ 05 53 90 37 78

à l'Est 8 km par D1 et D106 – ✉ **24320 Bourg-des-Maisons**

Domaine de Teinteillac ch, ch,
– ✆ *05 53 91 51 03 – Fax 05 53 91 51 03*
4 ch – 45 € 60 € – 1 suite – ½ P 50 € – **Rest** – table d'hôte Menu 18/30 €

◆ Cette ferme biologique toujours en activité occupe un château dont une partie date du 15e s. Elle dispose de vastes chambres et d'une suite volontairement sobres afin de préserver l'âme des lieux. Petits-déjeuners et repas concoctés avec les produits cultivés sur place.

VERTEUIL-SUR-CHARENTE – 16 Charente – 324 L4 – 718 h. – alt. 100 m – ✉ 16510 Poitou Charentes Vendée 39 C2

Paris 414 – Poitiers 78 – Angoulême 42 – Soyaux 44 – Ruelle-sur-Touvre 41

Le Couvent des Cordeliers ch, VISA
– ✆ *05 45 31 01 19 – barbou@lecouventdescordeliers.com – Fermé janv.*
6 ch – 85 € 95 € – **Rest** – table d'hôte Menu 25 € bc

◆ Une adresse de caractère installée dans un couvent du 16e s. au passé chargé d'histoire. Chambres raffinées et chaleureuses. Expositions et concerts dans l'ancienne chapelle. La maîtresse de maison vous fait découvrir le terroir charentais à sa table d'hôte.

VERTOU – 44 Loire-Atlantique – 316 H4 – rattaché à Nantes

VERTUS – 51 Marne – 306 G9 – 2 513 h. – alt. 85 m – ✉ 51130 Champagne Ardenne 13 B2

Paris 139 – Châlons-en-Champagne 30 – Épernay 21 – Montmirail 39 – Reims 48

à Bergères-les-Vertus Sud : 3,5 km par D 9 – 540 h. – alt. 108 m – ✉ **51130**

Hostellerie du Mont-Aimé ch,
4-6 r. Vertus – ✆ *03 26 52 21 31* 25/50, VISA AE
– mont.aime@wanadoo.fr – Fax 03 26 52 21 39 – Fermé dim. soir
46 ch – 65/75 € 80/130 €, 12 € – ½ P 85 € – **Rest** – Menu 23 € (sem.)/75 € – Carte 67/112 €

◆ Près du mont Aimé, ex-café de village devenu un confortable hôtel au décor contemporain. Chambres rénovées, souvent de plain-pied avec le jardin. Au restaurant, vous pourrez tâter de ses plats traditionnels et "taster" sa séduisante carte des vins.

LES VERTUS – 76 Seine-Maritime – 304 G2 – rattaché à Dieppe

VERVINS – 02 Aisne – 306 F3 – 2 653 h. – alt. 147 m – ✉ 02140 Nord Pas-de-Calais Picardie 37 D2

Paris 187 – Charleville-Mézières 70 – Laon 36 – Reims 89 – St-Quentin 52 – Valenciennes 76

Office de tourisme, place du Général-de-Gaulle ✆ 03 23 98 11 98, Fax 03 23 98 02 47

Tour du Roy ch, VISA AE
45 r. Gén. Leclerc – ✆ *03 23 98 00 11 – latourduroy@wanadoo.fr – Fax 03 23 98 00 72*
22 ch – 65/185 € 100/230 €, 15 € – ½ P 95 € – **Rest** – *(fermé lundi midi et mardi midi)* Menu (20 €), 35/65 € – Carte 51/73 €

◆ Noble manoir au passé prestigieux, cantonné de trois tours dominant la ville. Les élégantes chambres personnalisées portent des noms évocateurs. "Divins" duplex. Anne de Bretagne, Henri IV, C. de Gaulle et F. Mitterrand s'attablèrent aussi dans ce restaurant.

VERZY – 51 Marne – **306** G8 – **1 058 h.** – **alt. 210 m** – ✉ **51380**
Champagne Ardenne 13 **B2**

Paris 163 – Châlons-en-Champagne 32 – Épernay 23 – Reims 22 – Rethel 52 – Vouziers 56

Syndicat d'initiative, place de l'Hôtel de Ville ☎ 03 26 97 93 65, Fax 03 26 97 95 74

Faux de Verzy★ S : 2 km.

Au Chant des Galipes VISA MC AE

2 r. Chanzy – ☎ 03 26 97 91 40 – chantdesgalipes@wanadoo.fr – Fax 03 26 97 91 44 – Fermé 15-31 août, mi-déc. à mi-janv., lundi soir d'oct. à avril, dim. soir, mardi soir et merc. – **Rest** – Menu (14,50 €), 24/38 €

◆ Au cœur du bourg vigneron et non loin de la forêt de hêtres tortillards, salles à manger contemporaines, salon privé et petite cour-terrasse où l'on propose une cuisine au goût du jour.

VESCOUS – 06 Alpes-Maritimes – **341** D4 – **rattaché à Gilette**

LE VÉSINET – 78 Yvelines – **311** I2 – **101** 13 – **voir à Paris, Environs**

VESOUL P – 70 Haute-Saône – **314** E7 – **17 168 h.** – **alt. 221 m** – ✉ **70000**
Franche-Comté Jura 16 **B1**

Paris 360 – Belfort 68 – Besançon 47 – Épinal 91 – Langres 76 – Vittel 86

Office de tourisme, rue Gevrey ☎ 03 84 97 10 85, Fax 03 84 97 10 84

VESOUL

Aigle-Noir (R. de l') . . . 2
Alsace-Lorraine (R. d') . . . 3
Annonciades (R. des) . . . 4
Bains (R. des) . . . 6
Banque (R. de la) . . . 7
Châtelet (R. du) . . . 8
Faure (R. Edgar) . . . 10
Fleurier (R. de) . . . 12
Gare (R. de la) . . . 13
Gaulle (Bd Ch.-de) . . . 14
Genoux (R. Georges) . . . 15
Gevrey (R.) . . . 16
Girardot (R. du Cdt) . . . 20
Grandes-Faulx (R. des) . . . 22
Grand-Puits (Pl. du) . . . 21
Ilottes (R. des) . . . 23
Kennedy (Bd) . . . 24
Leblond (R.) . . . 25
Maginot (R. A.) . . . 26
Moilly (R. de) . . . 36
Morel (R. Paul) . . . 27
Moulin-des-Prés (Pl. du) . . . 28
République (Pl. de la) . . . 29
St-Georges (R.) . . . 30
Salengro (R. Roger) . . . 31
Tanneurs (R. des) . . . 32
Vendémiaire (R.) . . . 33
Verlaine (R.) . . . 35

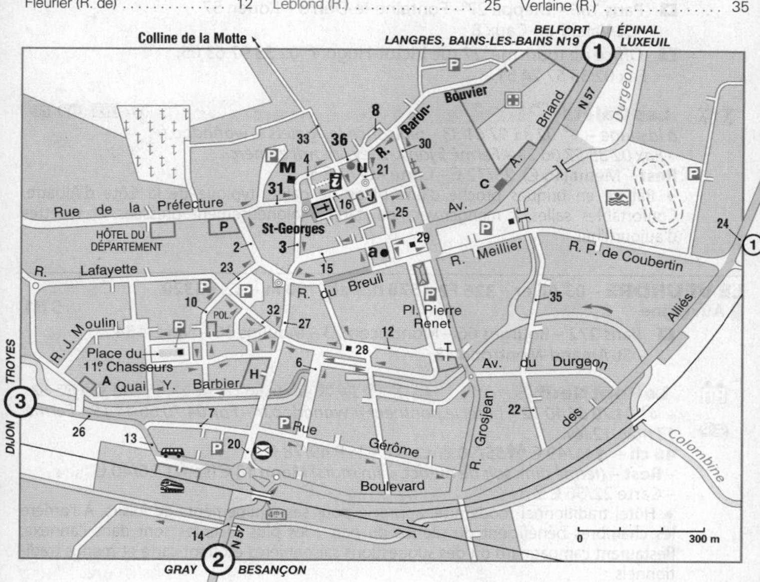

Du Lion sans rest

4 pl. République – ✆ 03 84 76 54 44 – hoteldulion@wanadoo.fr – Fax 03 84 75 23 31 – Fermé 5-19 août et 26 déc.-6 janv. a

18 ch – 45/50 € 45/50 €, 6 €

◆ Chambres au sobre décor actuel près des rues commerçantes de la ville qui prêta son nom à une chanson de Jacques Brel. L'été, petits-déjeuners en terrasse.

Le Caveau du Grand Puits

r. Mailly – ✆ 03 84 76 66 12 – Fax 03 84 76 66 12 – Fermé 14-20 mai, 11 août-5 sept., 22 déc.-3 janv., merc. soir, sam. midi et dim. u

Rest – Menu 18 € (sem.)/37 € – Carte 23/56 €

◆ Dans une ruelle de la vieille ville, cave voûtée aux murs de pierres, complétée d'une seconde salle avec mezzanine. Courette intérieure où l'on sert les repas aux beaux jours.

à Épenoux par ①, rte de St-Loup-sur-Semouse et D10 : 5 km – 479 h. alt. 240 – ✉ 70000 Pusy-et-Épenoux

Château d'Épenoux

ch,

5 r. Ruffier d'Épenoux – ✆ 03 84 75 19 60 – chateau.epenoux@orange.fr – Fax 03 84 76 45 05

5 ch – 75/90 € 80/90 € – **Rest** – table d'hôte *(fermé dim.) (dîner seult) (résidents seult)* Menu 23 €

◆ Petit château du 18e s. à l'abri de son parc planté d'arbres centenaires. Meubles et lustres anciens personnalisent les chambres spacieuses. Grand salon feutré. Les dîners ont pour cadre une élégante salle à manger tout de jaune décorée. Cuisine bourgeoise.

VEUIL – 36 Indre – 323 F4 – rattaché à Valençay

VEULES-LES-ROSES – 76 Seine-Maritime – 304 E2 – 676 h. – alt. 15 m – ✉ 76980 Normandie Vallée de la Seine

33 **C1**

Paris 188 – Dieppe 27 – Fontaine-le-Dun 8 – Rouen 57 – St-Valery-en-Caux 8

Office de tourisme, 27 rue Victor-Hugo ✆ 02 35 97 63 05, Fax 02 35 57 24 51

Les Galets

à la plage – ✆ 02 35 97 61 33 – plaisance-les-galets@wanadoo.fr – Fax 02 35 57 06 23 – Fermé 5 janv.-7 fév., mardi et merc.

Rest – Menu (16 €), 25/72 € – Carte 40/71 €

◆ Bâtisse en briques proche d'une plage de galets typique de la Côte d'Albâtre. Confortables salles à manger-véranda, tables soigneusement dressées et recettes d'aujourd'hui.

LE VEURDRE – 03 Allier – 326 F2 – 578 h. – alt. 190 m – ✉ 03320 Auvergne

5 **B1**

Paris 272 – Bourges 66 – Montluçon 73 – Moulins 36 – Nevers 34 – St-Amand-Montrond 48

Le Pont Neuf

ch, ch, 25,

– ✆ 04 70 66 40 12 – hotel.le.pontneuf@wanadoo.fr – Fax 04 70 66 44 15 – Fermé 13 nov.-12 fév.

46 ch – 41/49 € 55/90 €, 8 € – ½ P 49/78 €

– **Rest** – *(fermé dim. soir de mi-oct. à fin mars)* Menu 18 € (sem.), 26/40 € – Carte 22/56 €

◆ Hôtel traditionnel modernisé, apprécié pour ses équipements de loisirs. À l'arrière les chambres bénéficient du silence du parc ; les plus récentes sont dans l'annexe. Restaurant campagnard où des suggestions saisonnières étoffent carte et menus traditionnels.

VEUVES – 41 Loir-et-Cher – **318** D7 – **216 h.** – **alt. 62 m** – ✉ **41150** 11 **A1**

Paris 205 – Bourges 135 – Orléans 84 – Poitiers 137 – Tours 38

L'Auberge de la Croix Blanche

2 av. de la Loire – ✆ 02 54 70 23 80 – jean.claude.sichi@wanadoo.fr – Fax 02 54 70 21 47 – Fermé vacances de fév., merc. soir de nov. à Pâques, dim. soir et lundi sauf fériés

Rest – Menu (16 € bc), 21/31 € – Carte 31/49 €

◆ Auberge fondée en 1888 sur les bords de la Loire. Cuisine au goût du jour proposée dans une salle à manger rustique agrémentée d'un carrelage d'origine. Accueil familial.

VEYNES – 05 Hautes-Alpes – **334** C5 – **3 093 h.** – **alt. 827 m** – ✉ **05400** 40 **B1**

Paris 660 – Aspres-sur-Buëch 9 – Gap 25 – Sisteron 51

Office de tourisme, avenue Commandant Dumont ✆ 04 92 57 27 43, Fax 04 92 58 16 18

La Sérafine

Les Paroirs Est : 2 km par rte Gap et D 20 – ✆ 04 92 58 06 00 – Fax 04 92 58 09 11 – Fermé lundi et mardi

Rest – *(nombre de couverts limité, prévenir)* Menu 25/32 €

◆ Jolie bâtisse (18e s.) où l'on reçoit les clients comme à la maison. Menus du marché et plats alsaciens à accompagner d'un vin choisi parmi plus de 200 appellations et à déguster en terrasse, à la belle saison.

Ce symbole en rouge ?
La tranquillité même, juste le chant des oiseaux au petit matin…

VEYRIER-DU-LAC – 74 Haute-Savoie – **328** K5 – **rattaché à Annecy**

VÉZAC – 24 Dordogne – **329** I6 – **rattaché à Beynac et Cazenac**

VÉZAC – 15 Cantal – **330** D5 – **rattaché à Aurillac**

VÉZELAY – 89 Yonne – **319** F7 – **492 h.** – **alt. 285 m** – **Pèlerinage (22 juillet).** – ✉ **89450** Bourgogne 7 **B2**

Paris 221 – Auxerre 52 – Avallon 16 – Château-Chinon 58 – Clamecy 23

Office de tourisme, rue Saint-Etienne ✆ 03 86 33 23 69, Fax 03 86 33 34 00

Basilique Ste-Madeleine★★★ : tympan du portail central★★★, chapiteaux★★★.

Poste et Lion d'Or ch,

– ✆ 03 86 33 21 23 – lion.dor.vezelay@wanadoo.fr – Fax 03 86 32 30 92 – Fermé janv. et fév.

39 ch – †64/91 € ††68/95 €, 11 € – ½ P 61/76 € – **Rest** – *(fermé 1er janv.-12 mars, lundi et mardi hors saison)* Menu 34/60 € – Carte 34/52 €

◆ Cet ex-relais de poste cossu et fleuri abrite des chambres rénovées, toutes climatisées et équipées en wi-fi ; celles ouvertes sur la campagne sont très prisées. Recettes du terroir au restaurant et vente de produits locaux à la boutique.

Compostelle sans rest

– ✆ 03 86 33 28 63 – le.compostelle@wanadoo.fr – Fax 03 86 33 34 34 – Fermé 1er-20 déc. et 1er janv.-18 fév.

18 ch – †48/59 € ††48/59 €, 8,50 €

◆ Dans la ville basse, maison de pays dont certaines chambres, fonctionnelles, en rez-de-jardin ou avec balcon, donnent sur la vallée. Salle des petits-déjeuners panoramique.

XX **Le St-Étienne** VISA MC AE

39 r. St-Étienne – ✆ 03 86 33 27 34 – lesaintetienne@aol.com – Fax 03 86 33 34 79 – Fermé de mi-janv. à début mars, merc. et jeudi

Rest – Menu 27/57 € – Carte 42/57 €

◆ Cette bâtisse du 18e s. borde la rue principale conduisant à la basilique. À l'intérieur : chaleureux décor rustique avec belles poutres apparentes. Cuisine au goût du jour.

à St-Père **Sud-Est : 3 km par D 957 – 385 h. – alt. 148 m – ✉ 89450**

Église N.-Dame★.

Renommée sans rest ♿ P VISA MC

19 rte de Vézelay – ✆ 03 86 33 21 34 – la.renommee89@wanadoo.fr – Fax 03 86 33 34 17 – Fermé janv. et fév.

16 ch – †49/54 € ††49/62 €, ☐ 6,50 €

◆ Au centre du village, hôtel faisant aussi bar-tabac et dépôt de presse. Les chambres ont bénéficié d'une rénovation réussie ; celles de l'annexe sont plus simples.

à Fontette **Est : 5 km par D 957 – ✉ 89450 Vézelay**

Crispol < colline de Vézelay, ♿ ch, P VISA MC

rte Avallon – ✆ 03 86 33 26 25 – crispol@wanadoo.fr – Fax 03 86 33 33 10 – Fermé janv., fév. et lundi de nov. à mars

12 ch – †73 € ††73/91 €, ☐ 10 € –

Rest – *(fermé mardi midi et lundi)* Menu 22/51 € – Carte 32/49 €

◆ Jolie maison en pierre à l'entrée du village, avec la colline éternelle en toile de fond. Les chambres, contemporaines, sont décorées d'œuvres de la patronne-artiste. Lumineuse salle à manger moderne dont les baies ménagent une belle vue sur la basilique.

Les Aquarelles ♿ ch, rest, P VISA MC

– ✆ 03 86 33 34 35 – Fax 03 86 33 29 82 – Ouvert 16 mars-14 déc. et fermé mardi et merc. hors saison

10 ch – †46/52 € ††46/52 €, ☐ 6,50 € – ½ P 52 € – **Rest** – *(table d'hôte) (dîner seult)* Carte 15/32 €

◆ Dans un paisible hameau, ancienne ferme où vous serez accueillis comme chez des amis. Chambres menues, mais fraîches et bien tenues. Table d'hôte où l'on propose des repas simples, concoctés avec des produits régionaux. Dégustation des vins de la propriété.

à Pierre-Perthuis **Sud-Est : 6 km par D 957 et D 958 – 104 h. – alt. 220 m – ✉ 89450**

Les Deux Ponts ♿ ch, P VISA MC

– ✆ 03 86 32 31 31 – lesdeuxponts@gmail.com – Fax 03 86 32 35 80 – Fermé 11 fév.-8 mars

8 ch – †50 € ††50/59 €, ☐ 6,50 € – ½ P 57 €

– Rest – *(fermé merc. sauf de juin à sept. et mardi)* Menu 23/29 € – Carte 28/46 €

◆ Maison de pays avenante et fleurie au bord d'une route de campagne. Chambres simples dotées d'une bonne literie et de salles de bains bien équipées. Originale salle à manger dont le cadre épuré est égayé d'amusants lustres hollandais en verre.

Good food without spending a fortune?
Look out for the Bib Gourmand

VÉZÉNOBRES – 30 Gard – 339 J4 – 1 391 h. – alt. 213 m – ✉ 30360
Languedoc Roussillon 23 **C2**

Paris 705 – Alès 13 – Nîmes 35 – Uzès 27

Office de tourisme, Grand'Rue ✆ 04 66 83 62 02, Fax 04 66 83 62 35

Le Relais Sarrasin VISA

1870 rte départementale 936 – ✆ 04 66 83 55 55 – oli69@wanadoo.fr – Fax 04 66 83 66 83

13 ch – 45 € 50 €, 7 € – **Rest** – *(dîner seult sauf dim.)* Menu 21/29 € – Carte 26/36 €

◆ L'ancienne gendarmerie est devenue un hôtel familial, pratique pour l'étape. Chambres simples et bien tenues. Piscine très appréciée à la belle saison. Salle de restaurant campagnarde, véranda et quiète terrasse ombragée : il n'y a plus qu'à choisir !

VIA – 66 Pyrénées-Orientales – 344 D8 – rattaché à Font-Romeu

VIADUC DE GARABIT ★★ – 15 Cantal – 330 H5 – ✉ 15100
Auvergne 5 **B3**

Paris 520 – Aurillac 84 – Mende 74 – Le Puy-en-Velay 90 – St-Flour 14

Maison du paysan★ à Loubaresse S : 7 km - Belvédère de Mallet ≤★★ SO : 13 km puis 10 mn.

Beau Site ≤ viaduc et lac, AC rest, rest, VISA AE

N 9 – ✆ 04 71 23 41 46 – info@beau-site-hotel.com – Fax 04 71 23 46 34 – Ouvert 1er avril-4 nov.

17 ch – 32/50 € 46/58 €, 8,50 € – 3 suites – ½ P 50/60 € – **Rest** – Menu (13 €), 18/39 € – Carte 20/45 €

◆ Viaduc, lac ou jardin ? Si l'on trouve ici des chambres coquettes et confortables (la plupart avec écran plasma), reste à choisir la vue ! Tennis, piscine, aire de jeux. Le célèbre ouvrage de G. Eiffel illumine les dîners dans la salle dédiée aux non-fumeurs.

Anglards-de-St-Flour au Nord : 3 km – 283 h. – alt. 840 m – ✉ 15100

La Méridienne 60, VISA

– ✆ 04 71 23 40 53 – info@hoteldelameridienne.com – Fax 04 71 23 91 05 – Fermé 15 déc.-1er fév.

14 ch – 40/53 € 40/53 €, 7 €, 2 duplex – ½ P 46/50 € – **Rest** – Menu 14,50/49 € – Carte 26/64 €

◆ Accueil tout en gentillesse dans cette maison récente. Chambres pratiques, sans fioritures mais très bien tenues ; choisir celles donnant sur le grand jardin (jeux pour enfants). À table, mets régionaux et, sur commande, plateaux de fruits de mer et zarzuela.

VIBRAC – 16 Charente – 324 J6 – rattaché à Jarnac

VIC-EN-BIGORRE – 65 Hautes-Pyrénées – 342 M4 – 4 788 h. – alt. 216 m – ✉ 65500
28 **A2**

Paris 775 – Pau 47 – Aire sur l'Adour 53 – Auch 62 – Mirande 37 – Tarbes 19

Le Tivoli AC rest, 10/25, VISA AE

pl. Gambetta – ✆ 05 62 96 70 39 – hotel.tivoli@wanadoo.fr – Fax 05 62 96 29 74

24 ch – 41/43 € 44/46 €, 7 € – ½ P 39/45 € – **Rest** – *(fermé 27 août-10 sept., 18 fév.-3 mars et lundi)* Menu 12,50 € (sem.)/36 € – Carte 19/43 €

◆ Étape pratique au pays de l'Adour, cet établissement situé sur la place principale de Vic abrite des chambres en majorité rénovées, simples et bien tenues. Deux salles à manger, dont une véranda "façon Eiffel", et terrasse dressée dans la cour arborée. Recettes traditionnelles.

VICHY – 03 Allier – **326** H6 – **26 528 h.** – **alt. 340 m** – **Stat. therm. : 1er mars-fin nov.** – **Casinos : Le Grand Café** BZ, **Elysée Palace** – ✉ **03200** Auvergne 6 **C1**

Paris 353 – Clermont-Ferrand 55 – Montluçon 99 – Moulins 57 – Roanne 74

Office de tourisme, 19 rue du Parc ✆ 04 70 98 71 94, Fax 04 70 31 06 00

du Sporting Club de Vichy à Bellerive-sur-Allier Allée Georges Baugnies, ✆ 04 70 32 39 11 ; la Forêt de Montpensier à Bellerive-sur-Allier Domaine du château de Rilhat, par rte de Clermont-Ferrand : 8 km, ✆ 04 70 56 58 39.

Parc des Sources★ - Les Parcs d'Allier★ - Chalets★ (boulevard des États-Unis) BYZ - Le quartier thermal★ - Grand casino-théâtre★.

Plan page ci-contre

Sofitel Les Célestins
ch, rest, 20/100, VISA MC AE

111 bd États-Unis – ✆ *04 70 30 82 00 – H3241@accor.com – Fax 04 70 30 82 01 – Fermé 11 fév.-2 mars* BY **e**

131 ch – 180/240 € 220/280 €, 20 € – 5 suites – ½ P 170/200 €

Rest *N 3* – Menu 42/110 € bc – Carte 41/73 €

Rest *Le Bistrot des Célestins* – *(fermé dim. soir sauf fériés)* Menu 25 € – Carte 26/40 €

◆ Cet hôtel moderne jouxte les fameux chalets qui accueillirent Napoléon III. Chambres actuelles. Centre de remise en forme et piscine panoramique au 7e étage. Cuisine inventive au N3. Au Bistrot, plats du terroir servis en cocotte.

Aletti Palace Hôtel
ch, ch, 15/140, VISA MC AE

3 pl. Joseph Aletti – ✆ *04 70 30 20 20 – contact@aletti.fr – Fax 04 70 98 13 82* BZ **u**

129 ch – 110/154 € 125/250 €, 12 €

Rest *La Véranda* – ✆ *04 70 30 21 21* – Menu 20 € (sem.)/45 € – Carte 26/47 €

◆ Face au Grand Casino, élégant hôtel du début du 20e s. alliant modernité et charme d'antan. Mobilier d'inspiration Art déco dans les chambres, plus spacieuses en façade. Agréable salle à manger agrandie d'une véranda ; carte traditionnelle.

Novotel Thermalia
ch, ch, rest, 15/100, VISA MC AE

1 av. Thermale – ✆ *04 70 30 52 52 – h0460@accor.com – Fax 04 70 31 08 67* BY **q**

128 ch – 97/109 € 107/119 €, 13 € – ½ P 91/98 € – **Rest** – Menu (18 €), 25/35 € – Carte 25/35 €

◆ Ce Novotel possède un accès direct au Centre Thermal des Dômes. Un hall agréablement rénové dessert des chambres fonctionnelles. Restaurant de style jardin d'hiver et terrasse d'été. Suggestions du jour, plats du terroir ou formule pour les curistes.

Les Nations
rest, rest, 15/25, VISA MC AE

13 bd Russie – ✆ *04 70 98 21 63 – contact_lesnations@lesnations.com – Fax 04 70 98 61 13 – Ouvert 1er avril-20 oct.* BZ **c**

66 ch – 52/71 € 59/101 €, 10 € – ½ P 53/63 € – **Rest** – Menu 18 € (sem.)/30 € – Carte 26/42 €

◆ Situation centrale pour ce bel immeuble 1900 à la façade finement ouvragée. Les chambres fonctionnelles et les salles de bains profitent d'une bénéfique cure de jouvence. Les deux salles à manger (dont une non-fumeurs) arborent un décor chaleureux et actuel.

de Grignan
rest, rest, rest, 20/35, VISA MC AE

7 pl. Sévigné – ✆ *04 70 32 08 11 – hoteldegrignan@wanadoo.fr – Fax 04 70 32 47 07* BZ **v**

112 ch – 45/55 € 61/78 €, 9 € – ½ P 55/60 € – **Rest** – Menu 17 € bc (sem.)/23 € – Carte 25/37 €

◆ Nom de la place et enseigne éveillent le souvenir de la marquise, célèbre baigneuse. Cet hôtel d'aspect bourgeois aux chambres bien équipées intéressera la clientèle curiste. Salle de restaurant coiffée de petites verrières colorées et carte traditionnelle.

Pavillon d'Enghien
30, VISA MC AE

32 r. Callou – ✆ *04 70 98 33 30 – hotel.pavi@wanadoo.fr – Fax 04 70 31 67 82 – Fermé 20 déc.-1er fév.* BY **b**

22 ch – 49/62 € 74/80 €, 7,50 € – ½ P 50/60 €

Rest *Les Jardins d'Enghien* – *(fermé vend. soir de nov. à mars, dim. soir et lundi)* Menu 12 € (déj. en sem.), 19/32 € – Carte 14,50/23 €

◆ Cette sympathique adresse (exclusivement non-fumeurs) dispose de coquettes chambres personnalisées, garnies de meubles de style ou en rotin. Décor actuel, petite terrasse entourée de verdure et cuisine traditionnelle au restaurant.

BELLERIVE-SUR-ALLIER

Auberger (Av. F.) . . . . A 2
Jean-Jaurès (Av.) . . . . A 16
Ramin (R. G.) . . . . A 28
République (Av.) . . . . A 30

VICHY

Alquié (R.) . . . . BY 15
Belgique (R. de) . . . . BZ 3
Besse (R.) . . . . CZ 20
Briand (Av. A.) . . . . BZ 4
Casino (R. du) . . . . BZ 5
Clemenceau (R. G.) . . . . BZ 6
Colombier (R. Hubert) . . . . BZ 23
Coulon (Av. P.) . . . . BY 7
Foch (R. Mar.) . . . . CZ 8
Glénard (Pl. Frantz) . . . . BY 9
Gramont (Av. de) . . . . A 10
Hôpital (Bd de l') . . . . A 13
Hôtel des Postes (R.) . . . . CY 14
Lattre-de-T. (Bd Mar.-de) . . . . BY 17
Lucas (R.) . . . . BY 18
Lyautey (R. du Mar.) . . . . A 19
Parc (R. du) . . . . BZ 22
Paris (R. de) . . . . CY
Poincaré (Av.) . . . . A 24
Porte-Verrier (R. de la) . . . . BZ 31
Prés.-Eisenhower (Av. du) . . . . BY 25
Prés.-Wilson (R.) . . . . BZ 26
Prunelle (R.) . . . . BZ 27
République (Av.) . . . . A 29
Tour (R. de la) . . . . BZ 32

Chambord rest, ch, 15,

82 r. Paris – 04 70 30 16 30 – le.chambord@wanadoo.fr – Fax 04 70 31 54 92 – Fermé 23 déc.-23 janv. CY **k**

27 ch – 40/48 € 45/60 €, 10 € – ½ P 48/59 €

Rest *L'Escargot qui Tette* – *(fermé dim. soir et lundi)* Menu 22 € (sem.)/45 € – Carte 26/53 €

◆ Depuis trois générations, la même famille vous accueille dans cet hôtel abritant des chambres pratiques et bien insonorisées. Un amusant escargot qui "tette" une bouteille de vin rouge est devenu l'emblème de ce restaurant au sage décor contemporain.

Arverna Hôtel sans rest 25,

12 r. Desbrest – 04 70 31 31 19 – arverna-hotel@wanadoo.fr – Fax 04 70 97 86 43 CY **g**

26 ch – 42/49 € 50/65 €, 7 €

◆ Accueil et service attentionnés dans cet hôtel familial. Chambres rénovées par étapes, orientées côté cour intérieure ou côté rue. Agréable véranda pour les petit-déjeuners.

Vichy Tonic sans rest 15,

6 av. Prés. Doumer – 04 70 31 45 00 – vichy.tonic@wanadoo.fr – Fax 04 70 97 67 37 CZ **h**

36 ch – 59 € 59 €, 8 €

◆ Dans le quartier commerçant de la célèbre station, hôtel proposant des chambres de taille variable, pratiques et bien insonorisées. Formule buffet au petit-déjeuner.

Londres sans rest

7 bd Russie – 04 70 98 28 27 – hotel.londres@wanadoo.fr – Fax 04 70 98 29 37 – Ouvert 5 mars-31 oct. BZ **z**

20 ch – 32 € 46 €, 7 €

◆ Hommage à la capitale du Royaume-Uni ou au célèbre journaliste né à Vichy ? Petit immeuble en briques, aux chambres modestes mais bien tenues. Hall-salon de style anglais.

Jacques Decoret

7 av. Gramont (transfert prévu) – 04 70 97 65 06 – jacques.decoret@wanadoo.fr – Fax 04 70 97 65 06 – Fermé 7 août-7 sept., vacances de fév., mardi et merc. CY **a**

Rest – Menu 40 € (déj. en sem.), 65/110 € – Carte 68/96 €

Spéc. Escargots en coque de pain. Pigeon en deux cuissons longues. Menu "confiance J.D.". **Vins** Saint-Pourçain blanc et rouge.

◆ Salle de restaurant contemporaine (tons jaune et bleu dominant, œuvres modernes sur les murs) et talentueuse cuisine personnalisée, parfois ludique et toujours très créative.

L'Alambic

8 r. N. Larbaud – 04 70 59 12 71 – Fax 04 70 97 98 88 – Fermé 5-29 août, 18 fév.-5 mars, dim. soir, lundi et mardi CY **u**

Rest – *(nombre de couverts limité, prévenir)* Menu 26/45 € – Carte 39/70 €

◆ Carte actuelle, service soigné et ambiance intime vous attendent dans cette adresse de poche (non-fumeurs), près du quartier commerçant. Sobre décor aux tons verts et gris.

La Table d'Antoine

8 r. Burnol – 04 70 98 99 71 – Fax 04 70 98 99 71 – Fermé 26 juin-2 juil., 26-31 oct., 18 fév.-2 mars, jeudi soir de nov. à mars, dim. soir et lundi sauf fériés BZ **d**

Rest – Menu 21 € (déj. en sem.), 27/49 € – Carte 46/74 €

◆ Repas au goût du jour à apprécier dans un décor "Baltard" (verre et fonte) rajeuni avec bonheur. Expos de toiles contemporaines en salle. Terrasse urbaine sur rue piétonne.

L'Aromate

9 r. Besse – 04 70 32 13 22 – Fax 04 70 32 13 22 – Fermé 17 juil.-12 août, 1er-15 janv., dim. soir, mardi soir et merc. CZ **n**

Rest – *(prévenir)* Menu 20/36 € – Carte environ 44 €

◆ Dans la rue natale d'Albert Londres, salle à manger feutrée haute sous plafond avec miroirs d'époque Napoléon III et tableaux. Herbes et épices personnalisent la cuisine.

XX **L'Envolée**

44 av. E. Gilbert – 04 70 32 85 15 – Fax 04 70 32 85 15 – Fermé 16 juil.-1er août, 18 fév.-6 mars, mardi et merc. CZ **b**

Rest – Menu 19 € (sem.)/38 € – Carte 37/46 €

◆ Dans une rue tranquille, derrière une façade vitrée, salle à manger colorée, moderne et décorée de tableaux où l'on sert une cuisine traditionnelle soignée.

X **Brasserie du Casino**

15, VISA

4 r. Casino – 04 70 98 23 06 – bdcvichy@wanadoo.fr – Fax 04 70 98 53 17 – Fermé 22 oct.-15 nov., 25 fév.-6 mars, mardi et merc. BZ **a**

Rest – Menu (16 €), 25 € – Carte 32/43 €

◆ L'authentique cadre 1920 de cette brasserie est agrémenté de photos d'artistes lyriques ayant fait les beaux soirs de l'opéra tout proche. Terrasse-trottoir.

X **L'Hippocampe**

VISA AE

3 bd Russie – 04 70 97 68 37 – Fax 04 70 97 68 37 – Fermé 4-21 juin, 12 nov.-2 déc., mardi midi, dim. soir et lundi BZ **z**

Rest – Menu (16 € bc), 23/50 € – Carte 27/54 €

◆ Le boulevard est jalonné de somptueuses et excentriques villas. Cadre simple et cuisines visibles depuis la salle. Les produits de la mer ont l'honneur de la carte.

à Abrest par ② : **4 km – 2 428 h. – alt. 290 m – 03200**

XX **La Colombière** avec ch

vallée de l'Allier, rest, 20, VISA AE

136 av. de Thiers sur D 906 – 04 70 98 69 15 – lacolombiere@wanadoo.fr – Fax 04 70 31 50 89 – Fermé 1er-15 oct., mi-janv. à mi-fév., dim. soir et lundi

4 ch – 37/40 € 53/61 €, 8 € – **Rest** – Menu 20 € (sem.)/45 € – Carte 33/42 €

◆ À flanc de colline, charmante villa des années 1950 et son colombier. La salle à manger, assez sobre, profite pleinement du panorama. Jardin ombragé formant des terrasses.

à St-Yorre par ② : **8 km – 2 840 h. – alt. 275 m – 03270**

L'Auberge Bourbonnaise

ch, 15, VISA

2 av. Vichy – 04 70 59 41 79 – aubergebourbonnaise@wanadoo.fr – Fax 04 70 59 24 94 – Fermé 15 fév.-27 mars, 6-14 janv., sam. midi, dim. soir et lundi sauf juil.-août

18 ch – 50 € 50 €, 9 €, 6 duplex – ½ P 48/52 € – **Rest** – Menu (10 €), 17/45 € – Carte 25/44 €

◆ Malgré la proximité de la route, les chambres sont tranquilles car bien insonorisées. L'annexe abrite de spacieux duplex au décor frais et soigné. Salle à manger-véranda rustique et terrasse ; bon choix de menus traditionnels.

XX **Piquenchagne**

VISA

Les Jarraux, Sud : 2 km sur rte Thiers – 04 70 59 23 77 – Fax 04 70 59 23 77 – Ouvert 18 juin-2 juil., 2-14 janv. et lundi

Rest – Menu 13 € (déj. en sem.), 19/39 €

◆ Cette ex-ferme restaurée abrite deux salles à manger sobres et accueillantes ; terrasse dressée face au jardin à l'anglaise. Cuisine du terroir à prix sages.

VIC-LE-COMTE – 63 Puy-de-Dôme – 326 G9 – 4 404 h. – alt. 472 m – 63270

Auvergne 5 **B2**

Paris 433 – Ambert 56 – Clermont-Ferrand 23 – Issoire 16 – Thiers 40

Ste-Chapelle★ - Château de Busséol★ N : 6,5 km.

à Longues Nord-Ouest : **4 km par D 225 – 63270 Vic-le-Comte**

XX **Le Comté**

VISA

186 bd.du Gén. de Gaulle – 04 73 39 90 31 – Fax 04 73 39 24 58 – Fermé 15-30 juil., dim. soir et lundi

Rest – Menu 20/50 € – Carte 27/56 €

◆ Maison régionale du début du 20e s. voisine de la Banque de France. Salons et salle à manger offrent un décor mûrissant ; on y croise les notables locaux.

VICO – 2A Corse-du-Sud – 345 B7 – voir à Corse

VIC-SUR-CÈRE – 15 Cantal – 330 D5 – 1 890 h. – alt. 678 m – ✉ 15800

Auvergne — 5 **B3**

Paris 549 – Aurillac 19 – Murat 29

Office de tourisme, avenue André Mercier ✆ 04 71 47 50 68, Fax 04 71 47 58 56

Family Hôtel ch, rest, rest, cuisinette
av. E. Duclaux – ✆ 04 71 47 50 49 35, VISA MC AE
– francois.courbebaisse@wanadoo.fr – Fax 04 71 47 51 31
55 ch – 44/66 € 50/76 €, 7 €, 16 studios – ½ P 43/57 € – **Rest** – *(fermé 20 nov.-15 déc.)* Menu 15/32 € – Carte 16/27 €
◆ Son nom le laisse deviner, ce vaste établissement de type hôtel-club est idéal pour les familles : piscines, tennis, animations diverses, excursions... Chambres standardisées. Restaurant (non-fumeurs) de type pension, vue sur la vallée et carte traditionnelle.

Bel Horizon ch, 15/30, VISA MC AE
– ✆ 04 71 47 50 06 – bouyssou@wanadoo.fr – Fax 04 71 49 63 81 – Fermé 8-28 janv.
24 ch – 40/50 € 43/54 €, 8 € – ½ P 44/51 € – **Rest** – Menu 15/42 € – Carte 25/50 €
◆ La perspective sur les reliefs du Carladès justifie l'enseigne de cet établissement traditionnel proche de la gare. Petites chambres entièrement et bien refaites. Les larges baies de la salle à manger offrent une échappée sur les plateaux alentour.

au Col de Curebourse Sud-Est : 6 km par D 54 - ✉ 15800 St-Clément – alt. 994 m – ✉ 15800

Hostellerie St-Clément montagne et vallée,
– ✆ 04 71 47 51 71 30, VISA MC
– hostelleriesaintclement@wanadoo.fr – Fax 04 71 49 63 02 – Femé 14 janv.-4 fév., dim. soir et lundi sauf juil.-août
22 ch – 45/54 € 45/54 €, 8 € – ½ P 47/56 € – **Rest** – Menu 23/59 € – Carte 46/67 €
◆ Longue bâtisse dominant la vallée, sise à 1000 m d'altitude. Les chambres, presque toutes rafraîchies, donnent sur le parc. Adresse entièrement non-fumeurs. Au restaurant : vue panoramique sur plateaux et ravins du Carladès et appétissante carte traditionnelle.

VIDAUBAN – 83 Var – 340 N5 – 7 311 h. – alt. 60 m – ✉ 83550 — 41 **C3**

Paris 841 – Cannes 63 – Draguignan 19 – Fréjus 29 – Toulon 61

Office de tourisme, 56 avenue du Président Wilson ✆ 04 94 73 10 28

La Fontaine rest, VISA MC
rte Thoronet : 1,5 km – ✆ 04 94 99 91 91 – hotel.la.fontaine.vidauban@wanadoo.fr – Fax 04 94 73 16 49
13 ch – 59 € 59/65 €, 8 € – ½ P 59 € – **Rest** – *(dîner seult)* Menu 17/26 € – Carte 26/33 €
◆ Posté à un carrefour, hôtel récent à la façade colorée, disposant de chambres fraîches et sobres, impeccablement tenues. La salle de restaurant et la cuisine, traditionnelle, sont en parfaite harmonie dans le registre de la simplicité.

La Bastide des Magnans avec ch ch, 15,
rte La Garde-Freinet – ✆ 04 94 99 43 91 VISA MC AE
– bastide-des-magnans@wanadoo.fr – Fax 04 94 99 44 35 – Fermé 24 juin-4 juil., 24-31 déc. et lundi
5 ch – 75/85 € 85/95 €, 8 € – **Rest** – *(fermé dim. soir hors saison, merc. soir et lundi)* Menu (17 €), 27/78 € – Carte 63/103 €
◆ Cette ancienne magnanerie abrite deux lumineuses salles à manger redécorées dans un style campagnard chic. Cinq chambres de charme, toutes imaginées sur un thème et une ambiance différents, ont été créées récemment.

Concorde VISA MC AE
pl. G. Clemenceau – ✆ 04 94 73 01 19 – alainboeuf@provencariviera.com – Fax 04 94 73 01 19 – Fermé en juin, 20 nov.-6 déc., mardi soir et merc.
Rest – Menu 29 € (sem.)/60 € – Carte 38/64 €
◆ Sur la place centrale, ce restaurant a gagné en place avec sa terrasse couverte. Au menu, cuisine du terroir avec, en saison, des spécialités de gibier et de champignons.

VIEILLEVIE – 15 Cantal – 330 C7 – 114 h. – alt. 220 m – ✉ 15120 5 B

Paris 600 – Aurillac 45 – Entraygues-sur-Truyère 15 – Figeac 44 – Montsalvy 14 – Rodez 50

La Terrasse

– ✆ 04 71 49 94 00 – *hotel-de-la-terrasse@wanadoo.fr* – Fax 04 71 49 92 23 – *Ouvert 1er avril-11 nov.*

26 ch – 47/61 € 47/61 €, ☕ 9,50 € – ½ P 50/59 € – **Rest** – *(fermé dim. soir et lundi sauf juil.-août, et lundi midi en juil.)* Menu 21 € (sem.)/40 € – Carte 30/37 €

◆ Cet hôtel géré par la même famille depuis 1870 est situé au bord du Lot. Bons équipements de loisirs, chambres d'esprit campagnard et bar à clientèle locale. Une glycine ombrage la terrasse du restaurant, aménagée en surplomb de la piscine ; carte régionale.

VIENNE – 38 Isère – 333 C4 – 29 975 h. – alt. 160 m – ✉ 38200

Lyon et la vallée du Rhône 44 **B2**

Paris 486 – Grenoble 89 – Lyon 31 – St-Étienne 49 – Valence 73

Office de tourisme, cours Brillier ✆ 04 74 53 80 30, Fax 04 74 53 80 31

Cathédrale St-Maurice★★ - Temple d'Auguste et de Livie★★ **R** - Théâtre romain★ - Église★ et cloître★ de St-André-le-Bas - Esplanade du Mont Pipet ≤★ - Anc. église St-Pierre★ - Groupe sculpté★ de l'église de Ste-Colombe AY - Cité gallo-romaine de St-Romain-en-Gal★★ (musée★, site★).

Plans pages suivantes

La Pyramide (Henriroux)

ch, ch, 25, VISA AE

14 bd F. Point, cours de Verdun, sud du plan – ✆ *04 74 53 01 96 – pyramide@relaischateaux.com – Fax 04 74 85 69 73 – Fermé 14-22 août et 6 fév.-8 mars*

21 ch – 190 € 250 €, ☕ 20 € – 4 suites – **Rest** – *(fermé mardi et merc.)* Menu 57 € bc (déj. en sem.), 98/145 € – Carte 102/179 €

Spéc. Crème soufflée de dormeur au caviar oscietre. Cul de veau de lait cuit au sautoir, jus à l'ancienne. Piano au chocolat praliné, amandes, noisettes, sauce café.
Vins Condrieu, Côte-Rôtie.

◆ Belle maison régionale abritant de vastes chambres très élégantes et un agréable jardin. Finesse, justesse et inventivité forment la base de la Pyramide gastronomique du grand Fernand Point. À midi, en semaine, on savoure le menu du marché... sans casser sa tirelire !

Le Bec Fin

VISA

7 pl. St-Maurice – ✆ *04 74 85 76 72 – Fax 04 74 85 15 30 – Fermé merc. soir, dim. soir et lundi* AY **r**

Rest – Menu 21 € (sem.)/58 € – Carte 33/62 €

◆ À l'image de son jovial patron, la cuisine mi-régionale, mi-traditionnelle de ce restaurant ne manque pas de caractère. Décor sobre ; terrasse dressée sur la place en été.

Le Cloître

VISA AE

2 r. Cloîtres – ✆ *04 74 31 93 57 – cloitre@netgdi.com – Fax 04 74 85 03 51 – Fermé 13-19 août, sam. sauf le soir du 30 sept. au 15 avril et dim.* BY **n**

Rest – Menu 19 € (déj.), 26/50 € – Carte 34/55 €

◆ Aimable maison au pied de la cathédrale St-Maurice. Vitraux, pierres et poutres forment le cadre de la salle à manger principale. Séduisante cuisine au goût du jour.

Saveurs du Marché

VISA

34 cours de Verdun, sud du plan – ✆ *04 74 31 65 65 – saveurs.du.marche@wanadoo.fr – Fax 04 74 31 65 65 – Fermé 23 juil.-20 août, 24 déc.-2 janv., sam., dim. et fériés*

Rest – Menu 12 € (déj.), 16 € (dîner)/35 € (dîner) – Carte 33/47 €

◆ Petite salle à manger colorée près de la pyramide de l'ancien cirque romain. Menu du marché à midi ; cuisine au goût du jour plus élaborée le soir. Carte de côtes-du-rhône.

L'Estancot

VISA

4 r. Table Ronde – ✆ *04 74 85 12 09 – Fax 04 74 85 12 09 – Fermé 1er-16 sept., Noël à mi-janv., dim., lundi et fériés* BY **e**

Rest – Menu 13 € (déj. en sem.), 18/26 € – Carte 22/37 €

◆ Sympathique adresse, genre bistrot, fréquentée par une clientèle d'habitués. Carte traditionnelle et régionale ; spécialités de criques (galettes de pommes de terre) le soir.

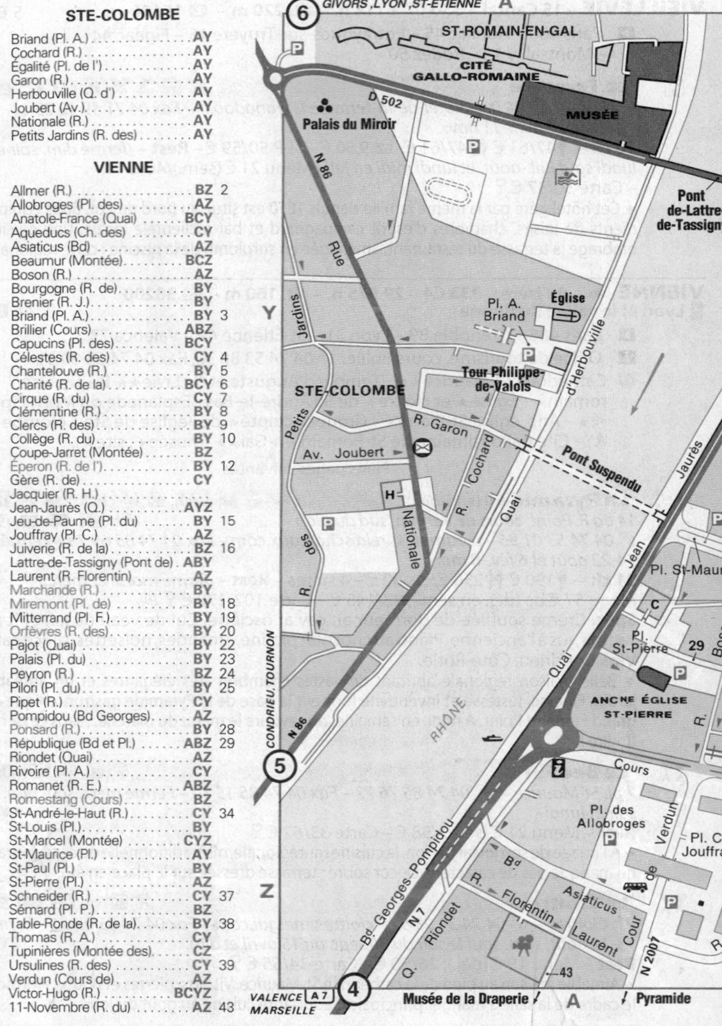

Le Molière

VISA

9 r. Molière – ☎ 04 74 53 08 41 – Fax 04 74 53 08 41 – Fermé 8-15 mai, 14-29 août, dim. et lundi BZ **a**

Rest – Menu 16 € (déj. en sem.), 21/50 € – Carte 31/50 €

◆ Pierres apparentes, boiseries, parquet, mobilier rustique et grande cheminée créent la chaleureuse atmosphère de ce restaurant qui propose une cuisine d'inspiration classique.

à Estrablin par ② et D 41 : 8 km – 3 214 h. – alt. 223 m – ✉ 38780

La Gabetière sans rest

VISA AE

sur D 502 – ☎ 04 74 58 01 31 – Fax 04 74 58 08 98

12 ch – 50 € 62/86 €, 9 €

◆ Dans un parc, charmant manoir du 16e s. joliment restauré et ses dépendances. Chambres diversement décorées (styles "bonbonnière", provençal, ancien...). Agréable piscine.

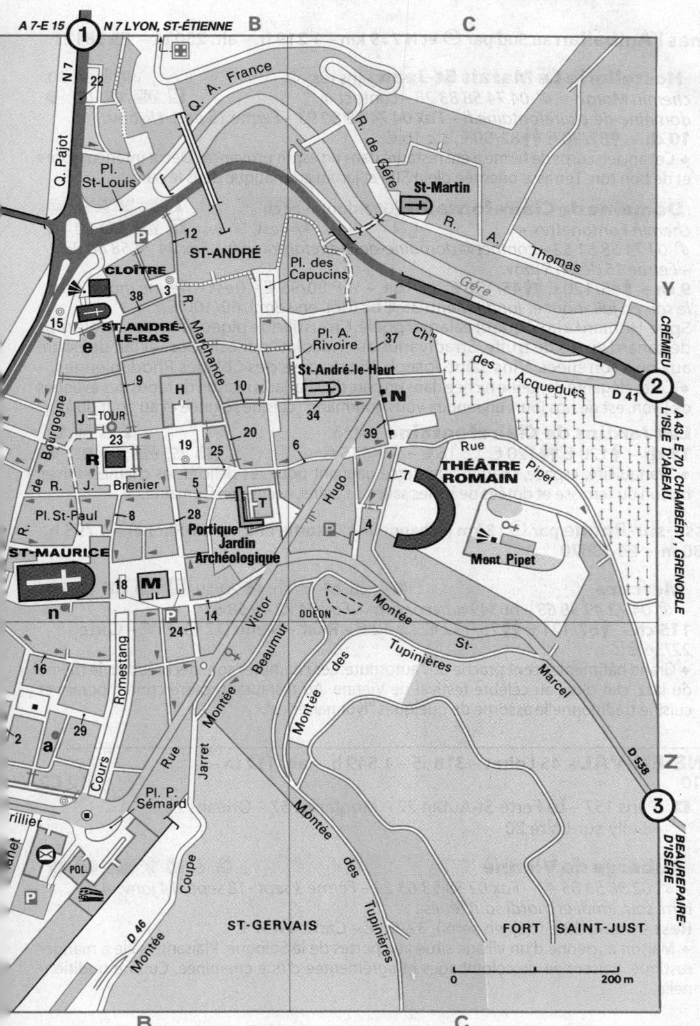

à Reventin-Vaugris (village) par ④, N 7 et D 131 : 9 km – 1 577 h. – alt. 230 m – ✉ 38121

XX **La Maison de l'Aubressin** ← Pilat, 🏠 🌳 [P] VISA MC

847 chemin Aubressin, Nord : 1 km par rte secondaire – ✆ 04 74 58 83 02 – *aubressin@wanadoo.fr – Fermé 19 mars-6 avril, 13 sept.-5 oct., 24-31 déc., dim. soir, lundi et mardi*

Rest – *(nombre de couverts limité, prévenir)* Menu 45 € bc/75 € bc – Carte 27/65 €

◆ Ravissante maison tapissée de lierre, perchée sur une colline. À l'intérieur, bibelots et reproductions de tapisseries du musée de Cluny créent l'intimité. Terrasse ombragée.

à Chonas l'Amballan au Sud par ④ et N 7 : 9 km – 1 219 h. – alt. 250 m – ✉ 38121

Hostellerie Le Marais St-Jean sans rest – 30,
chemin Marais – ☎ 04 74 58 83 28 – contact@domaine-de-clairefontaine.fr – Fax 04 74 58 80 93 – Fermé 15 déc.-15 janv.
10 ch – 82/90 € 82/90 €, 16 €
◆ Cet ancien corps de ferme a été restauré dans un esprit provençal. Décor intérieur sobre et de bon ton. Terrasse orientée plein Sud et jardin aromatique dans le parc.

Domaine de Clairefontaine (Girardon) avec ch – ch, rest, rest,
chemin Fontanettes – ☎ 04 74 58 81 52 – contact@domaine-de-clairefontaine.fr – Fax 04 74 58 80 93 – Fermé 15 déc.-15 janv.
9 ch – 45/120 € 45/120 €, 16 € – ½ P 80/95 € – **Rest** – *(fermé mardi sauf le soir en juil.-août et lundi)* Menu 35 € bc (déj. en sem.), 60/100 €
Spéc. Homard à la coque et calamar poêlé. Croustille de pigeon fermier et foie gras de canard au jus de truffe. Stradivarius au chocolat "pur caraïbes" et lait de poule aux noix torréfiées. **Vins** Saint-Joseph, Vin de pays des Collines Rhodaniennes.
◆ Cette élégante demeure nichée dans un parc de 3 ha, jadis maison de repos des évêques de Lyon, est de nos jours un rendez-vous gourmand : cuisine soignée et au goût du jour.

Les Jardins de Clairefontaine
18 ch – 120 € 120 €, 16 € – ½ P 115 € – 25,
◆ Tranquillité, espace, charme : un tiercé gagnant pour ces délicieuses chambres avec balcon ou terrasse et dotées de belles salles de bains. Accueil au Domaine.

à Chasse-sur-Rhône par ① : 8 km (Échangeur A7 - sortie Chasse-sur-Rhône) – 4 795 h. – alt. 180 m – ✉ 38670

Mercure – ch, ch, 20/60,
– ☎ 04 72 49 58 68 – h0349@accor.com – Fax 04 72 49 58 88
115 ch – 67/121 € 76/132 €, 12 € – **Rest** – Menu (17 €), 21 € – Carte 22/36 €
◆ Grand bâtiment récent proche de l'autoroute. Les chambres sont décorées sur le thème du jazz, clin d'œil au célèbre festival de Vienne. Au restaurant, cadre contemporain et cuisine traditionnelle assortie de quelques "lyonnaiseries".

VIENNE-EN-VAL – 45 Loiret – 318 J5 – 1 549 h. – alt. 112 m – ✉ 45510

12 **C2**

Paris 157 – La Ferté-St-Aubin 22 – Montargis 57 – Orléans 23 – Sully-sur-Loire 20

Auberge de Vienne
– ☎ 02 38 58 85 47 – Fax 02 38 58 63 29 – Fermé 3 sept.-18 sept., 14 janv.-4 fév., dim. soir, lundi et mardi sauf fériés
Rest – Menu 22 € (déj. en sem.), 32/56 € – Carte 49/57 €
◆ Maison ancienne d'un village situé aux portes de la Sologne. Plaisante salle à manger rustique cloisonnée de colombages et agrémentée d'une cheminée. Cuisine traditionnelle.

VIENNE-LE-CHÂTEAU – 51 Marne – 306 L7 – 625 h. – alt. 129 m – ✉ 51800

14 **C2**

Paris 236 – Châlons-en-Champagne 52 – Saint-Memmie 50 – Verdun 49

rte de Binarville 1 km au Nord par D 63 – ✉ 51800 Vienne-le-Château

Le Tulipier – rest, ch,
r. Saint-Jacques – ☎ 03 26 60 69 90 – tulipier.le@wanadoo.fr – Fax 03 26 60 69 91 – 10/80,
38 ch – 53/69 € 62/76 €, 8,50 € – ½ P 57/65 € – **Rest** – Menu 22/55 € – Carte 33/49 €
◆ Les amateurs de calme et de nature apprécieront cet hôtel moderne niché dans la forêt d'Argonne. Chambres fonctionnelles, piscine couverte et salle de fitness. Plaisante salle à manger actuelle agencée autour d'une cheminée design. Cuisine au goût du jour.

VIERZON – 18 Cher – 323 I3 – 29 719 h. – alt. 122 m – ✉ 18100
Limousin Berry

12 **C2**

Paris 207 – Bourges 39 – Châteauroux 58 – Orléans 84 – Tours 120

Office de tourisme, 11 rue de la Société Française ✆ 02 48 53 06 14, Fax 02 48 53 09 30

de la Picardière Chemin de la Picardière, par rte de Gien : 8 km, ✆ 02 48 75 21 43 ; de Nançay à Nançay Domaine de Samord, NE : 18 km par D 926 et D944, ✆ 02 48 51 86 55.

Continental 15, VISA

104 bis av. Éd. Vaillant, par ① : 1,5 km – ✆ 02 48 75 35 22 – robertbc87@wanadoo.fr – Fax 02 48 71 10 39 – Fermé 22 fév.-5 mars
37 ch – †46/52 € ††58/72 €, ☕ 9 € – **Rest** – snack *(dîner seult) (résidents seult)* Carte environ 26 €
◆ "T'as voulu voir Vierzon et on a vu Vierzon..." : une étape "obligée", rendue confortable par cet hôtel aux chambres progressivement rajeunies. Restauration très simple.

Arche Hôtel VISA AE

Forum République, 13 r. 11 Novembre 1918 – ✆ 02 48 71 93 10 – laurent.brechemier@free.fr – Fax 02 48 71 83 63 A **b**
40 ch – †45 € ††54 €, ☕ 7 € – ½ P 49/59 € – **Rest** – snack *(fermé dim.) (dîner seult)* Menu 20 € bc – Carte 20/31 €
◆ Cette façade moderne en verre miroite au soleil à deux pas des arches du vieux pont sur l'Yèvre. Les chambres, fonctionnelles et insonorisées, sont d'une tenue méticuleuse. Repas sans prétention, orientés "salades et grillades", servis dans une salle actuelle.

VIERZON

Baron (R. Bl.) .... A 2
Briand (Pl. Aristide) .... B 3
Brunet (R. A.) .... B
Dr-P.-Roux (R. du) .... B 6
Foch (Pl. du Mar.) .... B 7
Gaucherie (R. de la) .... A 8
Gaulle (R. Gén.-de) .... A 9
Joffre (R. du Mar.) .... B 12
Larchevêque (R. M.) .... A 13
Nation (Bd de la) .... A 14
Péri (Pl. Gabriel) .... A
Ponts (R. des) .... B
République (Av. de la) .... A 16
Roosevelt (R. Th.) .... B 18
Voltaire (R.) .... B 20
11-Novembre-1918 (R. du) .... A 22

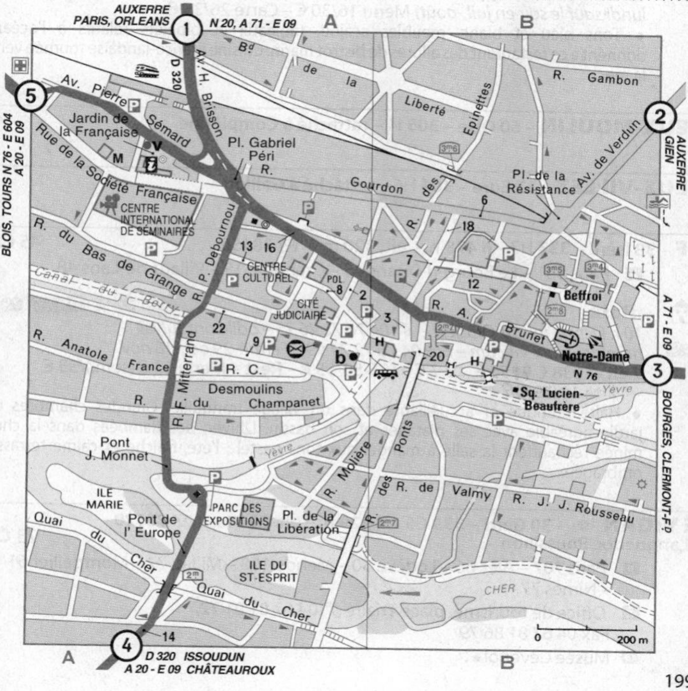

XXX **La Maison de Célestin** 15/45, VISA MC AE

20 av. P. Sémard – 02 48 83 01 63 – lamaisondecelestin@wanadoo.fr – Fax 02 48 71 63 41 – Fermé 23-27 avril, 6-28 août, 2-15 janv., sam. midi dim. soir et lundi A v

Rest – Menu 22 € (déj. en sem.), 40/60 €

◆ Les murs de cette maison de maître du 19e s. dissimulent un bel intérieur résolument contemporain (non-fumeurs). Véranda et terrasse s'ouvrent sur un jardin public. Cuisine inventive.

rte de Tours par ⑤ : **2,5 km** – ✉ **18100 Vierzon**

X **Le Champêtre** P VISA MC AE

89 rte Tours – 02 48 75 87 18 – Fax 02 48 71 67 04 – Fermé 17 août au 3 sept, 4-11 janv., lundi soir, merc. soir et mardi

Rest – Menu 18 € (sem.), 25/48 € – Carte 26/46 €

◆ Modeste maison abritant un bar d'accueil prolongé d'une salle à manger redécorée. Au programme des réjouissances : recettes classiques et régionales.

VIEUX-BOUCAU-LES-BAINS – 40 Landes – 335 C12 – 1 379 h. – alt. 5 m – ✉ 40480 Aquitaine 3 **A2**

Paris 740 – Bayonne 41 – Biarritz 48 – Castets 28 – Dax 37 – Mont-de-Marsan 90

Office de tourisme, 11 promenade du Mail 05 58 48 13 47

de Pinsolle à Soustons Port d'Albert Sud, S : 9 km par D 4, 05 58 48 03 92.

X **Marinero** avec ch VISA MC

15 Grande Rue – 05 58 48 14 15 – marinero2@wanadoo.fr – Fax 05 58 48 38 18 – Ouvert début avril-fin sept.

19 ch – 29/43 € 31/56 €, 6 € – **Rest** – *(fermé mardi hors saison et lundi sauf le soir en juil.-août)* Menu 16/30 € – Carte 26/35 €

◆ Tons bleu et blanc, meubles acajou, tableaux et bibelots relatifs à l'océan donnent à ce restaurant des allures de bistrot marin. Cuisine ibérico-landaise tournée vers la mer.

VIEUX-MOULIN – 60 Oise – 305 I4 – rattaché à Compiègne

VIEUX-VILLEZ – 27 Eure – 304 H6 – rattaché à Gaillon

VIF – 38 Isère – 333 H7 – 6 478 h. – alt. 320 m – ✉ 38450 45 **C2**

Paris 581 – Le Bourg-d'Oisans 45 – Grenoble 19 – Villard-de-Lans 48

Paix P VISA MC

10 r. Desaix (pl. 30-Otages) – 04 76 72 46 75 – odile.antouly@hoteldelapaix-vif.com – Fax 04 76 72 74 99 – Fermé 29 oct.-18 nov.

7 ch – 38 € 55 €, 7 € – ½ P 50/55 € – **Rest** – Menu 13 € (sem.)/33 € – Carte 18/39 €

◆ Halte pratique et accueillante dans un village tranquille. Grandes chambres et jardin agréable avec ses platanes et son bassin. L'hiver, des flambées dans la cheminée réchauffent la salle à manger aux tons pastel ; l'été, fraîche et calme terrasse ombragée.

LE VIGAN – 30 Gard – 339 G5 – 4 429 h. – alt. 221 m – ✉ 30120 Languedoc Roussillon 23 **C2**

Paris 707 – Alès 66 – Lodève 50 – Mende 108 – Millau 72 – Montpellier 61 – Nîmes 77

Office de tourisme, place Triaire 04 67 81 01 72, Fax 04 67 81 86 79

Musée Cévenol★.

au Rey Est : 5 km par D 999 – ✉ 30570 St-André-de-Majencoules

Château du Rey rest, P VISA MC
– ✆ 04 67 82 40 06 – *abeura@club-internet.fr* – *Fax 04 67 82 47 79* – *Ouvert 1er avril-30 sept.*
13 ch – 75 € 75/145 €, 8 € – **Rest** – *(fermé dim. soir et lundi sauf juil.-août)* Menu 22/43 € – Carte 27/46 €
◆ Forteresse médiévale restaurée par Viollet-le-Duc au cœur d'un parc longé par une rivière (parcours de pêche). Chambres personnalisées, garnies de meubles anciens. Salle à manger voûtée aménagée dans l'ex-bergerie (13e s.) du château ; agréable terrasse.

à Pont d'Hérault Est : 6 km par D 999 – ✉ 30570 Valleraugue

Maurice rest, P VISA MC
– ✆ 04 67 82 40 02 – *hotelmaurice@aol.com* – *Fax 04 67 82 46 12* – *Fermé janv.*
14 ch – 62 € 62/90 €, 7,50 € – ½ P 63/83 € – **Rest** – *(fermé dim. soir et lundi hors saison)* Menu 38/62 €
◆ Auberge traditionnelle tenue par la même famille depuis trois générations sur la jolie route longeant l'Hérault. Chambres gaies et confortables, plus tranquilles côté rivière. Salle à manger rustique et plaisante terrasse surplombant la piscine et la vallée.

LE VIGAN – 46 Lot – 337 E3 – rattaché à Gourdon

VIGNOUX-SUR-BARANGEON – 18 Cher – 323 J3 – 1 885 h. – alt. 157 m – ✉ 18500

12 **C3**

Paris 215 – Bourges 26 – Cosne-sur-Loire 69 – Gien 70 – Issoudun 37 – Vierzon 9

Office de tourisme, 23 rue de la République ✆ 02 48 51 11 41, Fax 02 48 51 11 46

Le Prieuré avec ch P VISA MC
r. Jean Graczyk – ✆ 02 48 51 58 80 – *prieurehotel@wanadoo.fr* – *Fax 02 48 51 56 01* – *Fermé vacances de fév., mardi et merc.*
6 ch – 54/66 € 54/66 €, 6,50 € – ½ P 66/71 € – **Rest** – Menu 20 € (déj. en sem.), 35/67 € – Carte 44/68 €
◆ Dans un presbytère du 19e s., restaurant au décor sagement contemporain et belle terrasse au bord de la piscine ; cuisine au goût du jour. Chambres simples.

VILLAGE-NEUF – 68 Haut-Rhin – 315 J11 – rattaché à St-Louis

VILLAINES-LA-JUHEL – 53 Mayenne – 310 H4 – 3 179 h. – alt. 185 m – ✉ 53700

35 **C1**

Paris 222 – Alençon 32 – Bagnoles-de-l'Orne 31 – Le Mans 58 – Mayenne 28

Syndicat d'initiative, boulevard du Général-de-Gaulle ✆ 02 43 03 78 88, Fax 02 43 03 77 92

Oasis sans rest 20, P VISA MC AE
rte Javron : 1 km – ✆ 02 43 03 28 67 – *hoteloasis@hotmail.com* – *Fax 02 43 03 35 30*
14 ch – 41 € 49 €, 9 €
◆ Vieille ferme dont l'intérieur restauré conserve une agréable rusticité. Poutres et murs en briquettes dans toutes les chambres. Petit parc avec plan d'eau et minigolf.

VILLARD-DE-LANS – 38 Isère – 333 G7 – 3 798 h. – alt. 1 040 m – Sports d'hiver : 1 160/2 170 m 2 27 – Casino – ✉ 38250 Alpes du Nord

45 **C2**

Paris 584 – Die 67 – Grenoble 34 – Lyon 123 – Valence 67 – Voiron 44

Office de tourisme, 101 place Mure Ravaud ✆ 04 76 95 10 38, Fax 04 76 95 98 39

de Corrençon-en-Vercors, S : 6 km par D 215, ✆ 04 76 95 80 42.

Gorges de la Bourne★★★ – Route de Valchevrière★ O par D 215c.

VILLARD-DE-LANS

Adret (R. de l') 2
Chabert (Pl. P.) 4
Chapelle-en-Vercors (Av.) 5
Croix Margot (Chemin de la) 27
Dr-Lefrançois (Av.) 6
Francs-Tireurs (Av. des) 8
Galizon (R. de) 9
Gambetta (R.) 10
Gaulle (Av. Gén.-de) 12
Libération (Pl. de la) 13
Lycée Polonais (R. du) 14
Martyrs (Pl. des) 15
Moulin (Av. Jean) 16
Mure-Ravaud (Pl. R.) 17
Pouteil-Noble (R. P.) 19
Professeur Nobecourt (Av.) 20
République (R. de la) 22
Roux-Fouillet (R. A.) 23
Victor-Hugo (R.) 26

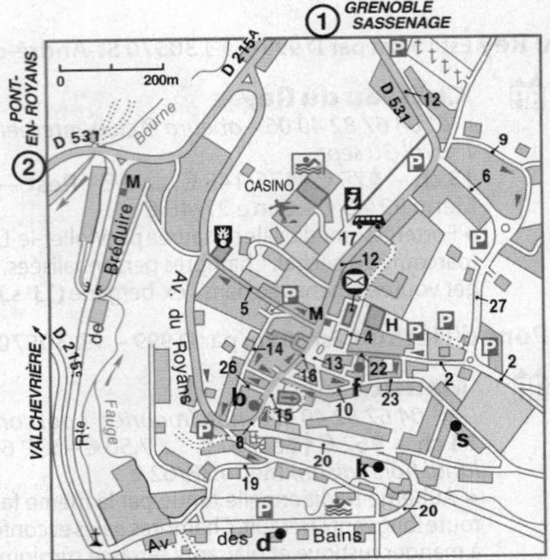

Le Christiania

rest, rest, 15, VISA

av. Prof. Nobecourt – ☎ 04 76 95 12 51 – info@hotel-le-christiania.fr – Fax 04 76 95 00 75 – Ouvert 3 mai-19 sept. et 21 déc.-14 avril k

23 ch – 60/97 € 75/188 €, 10 € – ½ P 65/132 €

Rest *Le Tétras* – *(ouvert 21 mai-31 août et 21 déc.-31 mars) (dîner seult sauf juil.-août)* Menu 25/50 € – Carte 36/63 €

◆ Chalet-hôtel abritant de vastes chambres personnalisées, parfois lambrissées à la mode savoyarde ; presque toutes possèdent un balcon et ont vue sur la montagne. Restaurant (non-fumeurs) orné de bibelots et de trophées de chasse ; cuisine à l'accent du pays.

La Villa Primerose sans rest

VISA

147 av. Bains – ☎ 04 76 95 13 17 – Fax 04 76 95 19 07 – Fermé 5 nov.-15 déc. d

18 ch – 29/49 € 29/49 €, 6 €

◆ Face aux tennis municipaux, maison de type chalet, dont les chambres, simples et coquettes, sont souvent pourvues d'un balcon panoramique. Cuisine équipée en gestion libre.

Les Trente Pas

VISA

16 r. Francs-Tireurs – ☎ 04 76 94 06 75 – Fax 04 76 95 80 69 – Fermé 9-27 avril, 12 nov.-14 déc., lundi et mardi sauf fériés b

Rest – Menu 14 € (déj. en sem.), 24/53 € bc – Carte 37/43 €

◆ À quelques pas - une trentaine ? - de l'église du village, petit restaurant proposant une généreuse cuisine traditionnelle. Les œuvres d'un peintre local décorent la salle (non-fumeurs).

au Sud-Ouest par rte du col du Liorin – ✉ **38250 Villard-de-Lans**

Auberge des Montauds

rest, VISA

aux Montauds : 4 km – ☎ 04 76 95 17 25 – aubergedesmontauds@wanadoo.fr – Fax 04 76 95 17 69 – Fermé 15 avril-8 mai et 3 nov.-18 déc.

11 ch – 43/47 € 49/75 €, 6,50 € – ½ P 51/54 € – **Rest** – *(fermé dim. soir, lundi soir, et mardi sauf du 15 juil. au 28 août)* Menu (15 €), 19/28 € – Carte 24/39 €

◆ Emplacement de choix pour cette ancienne ferme isolée à l'extrémité d'un hameau d'altitude. Chaleureux intérieur lambrissé ; chambres récemment rénovées. Plats traditionnels servis dans la salle à manger (non-fumeurs) dotée d'une cheminée ou en terrasse.

La Ferme du Bois Barbu avec ch
à Bois- Barbu : 3 km – ✆ 04 76 95 13 09 – contact@fermeboisbarbu.com – Fax 04 76 94 10 65 – Fermé 10-20 avril, 1er-5 oct., 12 nov.-7 déc.
8 ch – 46 € 54 €, 9 € – ½ P 52 € – **Rest** – *(fermé dim. soir et merc.)* Menu 19/55 €
◆ Les pistes de ski de fond sont proches de cette maison. Agréable salle à manger non-fumeurs avec lambris, pierres apparentes, cheminée et mobilier rustique. Chambres refaites.

au Balcon de Villard rte Côte 2000, Sud-Est : 4 km par D 215 et D 215B – ✉ 38250 Villard-de-Lans

Les Playes
– ✆ 04 76 95 14 42 – contact@hotel-playes.com – Fax 04 76 95 58 38 – Ouvert 15 juin-15 sept. et 20 déc.-15 avril
23 ch – 48/52 € 65/74 €, 10 € – ½ P 65/70 € – **Rest** – *(fermé le midi en hiver)* Menu 23/32 € – Carte 30/43 €
◆ Face au massif de la Grande Moucherolle, robuste chalet abritant des chambres spacieuses, déjà anciennes mais bien tenues ; quelques-unes ont un balcon. Restaurant et terrasse ménagent une belle vue sur les sommets ; cuisine régionale et plats traditionnels.

à Corrençon-en-Vercors Sud : 6 km par D 215 – 322 h. – alt. 1 105 m – ✉ 38250
Office de tourisme, place du Village ✆ 04 76 95 81 75

du Golf
Les Ritons – ✆ 04 76 95 84 84 – hotel-du-golf@wanadoo.fr – Fax 04 76 95 82 85 – Ouvert 6 mai-20 oct. et 22 déc.-19 mars
22 ch – 70/95 € 100/190 €, 12 € – ½ P 92/135 € – **Rest** – *(fermé le midi du lundi au vend.)* Menu 30/40 € – Carte 39/55 €
◆ Dans un hameau tranquille ceint de forêts, vaste bâtisse proche d'un golf 18 trous. Coquettes chambres montagnardes et colorées ; certaines avec balcon ou mezzanine. Recettes au goût du jour servies au coin du feu (salle non-fumeurs) ou sur la jolie terrasse.

LE VILLARS – 71 Saône-et-Loire – 320 J10 – rattaché à Tournus

VILLARS-LES-DOMBES – 01 Ain – 328 D4 – 4 190 h. – alt. 281 m – ✉ 01330
Lyon et la vallée du Rhône 43 **E1**

Paris 433 – Bourg-en-Bresse 29 – Lyon 37 – Villefranche-sur-Saône 29
Office de tourisme, 3 place de l'Hôtel de Ville ✆ 04 74 98 06 29, Fax 04 74 98 29 13
du Clou RN 83, S : 3 km par N 83, ✆ 04 74 98 19 65 ; du Gouverneur à Monthieux Château du Breuil, SO : 8 km par D 904 et D 6, ✆ 04 72 26 40 34.
Vierge à l'Enfant★ dans l'église - Parc ornithologique★ S : 1 km.

Ribotel ch, ch, 30/60,
rte Lyon – ✆ 04 74 98 08 03 – ribotel@wanadoo.fr – Fax 04 74 98 29 55 – Fermé 24 déc.-2 janv.
45 ch – 48 € 56 €, 8 € – ½ P 56/72 € – **Rest** – *(fermé 24 déc.-8 janv., dim. soir et lundi d'avril à oct.)* Menu 14,50 € (sem.)/41 € – Carte 27/43 €
◆ Cette construction récente offre des chambres actuelles, fraîches et bien tenues : une adresse commode pour une étape aux portes de l'attrayant parc ornithologique. Lumineuses salles à manger en rotonde sous charpente apparente et cuisine traditionnelle.

à Bouligneux Nord-Ouest : 4 km par D 2 – 290 h. – alt. 282 m – ✉ 01330

Auberge des Chasseurs (Dubreuil)
– ✆ 04 74 98 10 02 – Fax 04 74 98 28 87 – Fermé 3-10 sept., 20 déc.-20 janv., lundi soir du 15 nov. au 15 mars, mardi et merc.
Rest – Menu 30 € (sem.)/65 € – Carte 42/68 €
Spéc. Fricassée de chanterelles aux écrevisses (juin à oct.). Petites grenouilles sauvages au beurre d'ail et persil. Poulet de Bresse à la crème aux morilles. **Vins** Mâcon-Villages, Beaujolais.
◆ Près de l'église, cette maison accueille chaleureusement les chasseurs... et les autres. Cuisine bressane et dombiste servie dans une salle campagnarde et, en été, au jardin.

Hostellerie des Dombes
– ✆ 04 74 98 08 40 – Fax 04 74 98 16 63 – *Fermé 21-31 août, 12-21 fév., jeudi soir en hiver, jeudi midi en été et merc.*
Rest – Menu 21 € (sem.)/48 € – Carte 32/50 €
◆ Au centre du bourg, salle à manger d'esprit champêtre ou agréable terrasse estivale, pour déguster une cuisine ancrée dans le terroir ; grenouilles et gibier en saison.

VILLARS-SOUS-DAMPJOUX – **25 Doubs** – **321** K2 – **403 h.** – **alt. 362 m** – ✉ **25190** 17 **C2**

Paris 482 – Baume-les-Dames 50 – Besançon 81 – Montbéliard 24 – Morteau 49

à Bief Sud : 3 km – **123 h.** – **alt. 362 m** – ✉ **25190**

L'Auberge Fleurie
– ✆ 03 81 96 53 01 – Fax 03 81 96 55 64 – *Fermé 21 août-4 sept., 18 fév.-4 mars, lundi et mardi sauf fériés*
Rest – Menu 10,50 € (déj. en sem.), 19/38 € – Carte 20/45 €
◆ Face à une chapelle et surplombant le Doubs, petite auberge de village où l'on propose une cuisine panachant tradition et terroir dans une jolie salle à manger colorée.

VILLÉ – **67 Bas-Rhin** – **315** H6 – **1 743 h.** – **alt. 260 m** – ✉ **67220**
Alsace Lorraine 2 **C1**

Paris 445 – Lunéville 82 – St-Dié 48 – Ste-Marie-aux-Mines 27 – Sélestat 16 – Strasbourg 56

Office de tourisme, place du Marché ✆ 03 88 57 11 69, Fax 03 88 57 24 87

La Bonne Franquette
6 pl. Marché – ✆ *03 88 57 14 25* – *bonne-franquette@wanadoo.fr* – *Fax 03 88 57 08 15* – *Fermé 24 juin-2 juil., 28 oct.-12 nov. et 10 fév.-12 mars*
10 ch – 36/50 € 40/55 €, 9 € – ½ P 43/52 € – **Rest** – *(fermé sam. midi, dim. soir et lundi)* Menu 20/40 € – Carte 27/49 €
◆ Sur une placette du centre-ville, avenante auberge familiale, abondamment fleurie en saison. Chambres bien tenues, meublées dans le style rustique. La clientèle locale apprécie le restaurant pour ses petits plats traditionnels servis "à la bonne franquette".

LA VILLE-AUX-CLERCS – **41 Loir-et-Cher** – **318** D4 – **1 197 h.** – **alt. 143 m** – ✉ **41160** 11 **B2**

Paris 159 – Brou 41 – Châteaudun 29 – Le Mans 74 – Orléans 73 – Vendôme 18

Syndicat d'initiative, Mairie ✆ 02 54 80 62 35, Fax 02 54 80 30 08

Manoir de la Forêt 15/30,
à Fort-Girard, Est : 1,5 km par rte secondaire – ✆ *02 54 80 62 83* – *manoirdelaforet@wanadoo.fr* – *Fax 02 54 80 66 03* – *Fermé 25 fév.-4 mars, 9-15 janv., dim. soir et lundi d'oct. à avril*
18 ch – 51 € 58/70 €, 11 € – ½ P 75/80 € – **Rest** – Menu 27/50 € – Carte 45/55 €
◆ Pavillon de chasse du 19e s. isolé dans un parc. Les chambres garnies de meubles de style et le salon avec cheminée composent un cadre cossu. Répertoire culinaire classique à découvrir dans une salle à manger confortable et feutrée.

LA VILLE-BLANCHE – **22 Côtes-d'Armor** – **309** B2 – **rattaché à Lannion**

VILLECOMTAL-SUR-ARROS – **32 Gers** – **336** D9 – **743 h.** – **alt. 177 m** – ✉ **32730** 28 **A2**

Paris 760 – Pau 70 – Aire-sur-l'Adour 67 – Auch 48 – Tarbes 26

Rive Droite
– ✆ *05 62 64 83 08* – *rive-droite2@wanadoo.fr* – *Fax 05 62 64 84 02* – *Fermé vacances de la Toussaint, lundi, mardi et merc. sauf du 12 juil. au 26 août*
Rest – Carte environ 34 €
◆ George Sand séjourna dans cette élégante chartreuse (18e s.) située au bord de la rivière. Décor mariant avec brio l'ancien et le contemporain ; belle cuisine du terroir actualisée.

VILLECROZE – 83 Var – 340 M4 – 1 087 h. – alt. 300 m – ✉ 83690
Côte d'Azur

41 **C3**

Paris 835 – Aups 8 – Brignoles 38 – Draguignan 21

Office de tourisme, rue Amboise Croizat ✆ 04 94 67 50 00, Fax 04 94 67 50 00

Belvédère★ : ☀★ N : 1 km.

XX **Le Colombier** avec ch — ch, ch, ch, VISA

rte Draguignan – ✆ 04 94 70 63 23 – hotel-restaurant@lecolombier-var.com – Fax 04 94 70 63 23 – Fermé 20 nov.-14 déc.

6 ch – †65/80 € ††80/120 €, ☕ 9 € – ½ P 75/85 € – **Rest** – *(fermé dim. soir et lundi sauf fériés)* Menu (20 €), 27/55 € – Carte 47/105 €

◆ Cette bâtisse régionale (non-fumeurs) propose une appétissante carte traditionnelle servie l'hiver dans un plaisant cadre provençal, et l'été sous la véranda. Jolies chambres avec balcon.

au Sud-Est par rte de Draguignan et rte secondaire : 3 km – ✉ 83690 Salernes

X **Au Bien Être** avec ch — VISA AE

– ✆ 04 94 70 67 57 – aubienetre@libertysurf.fr – Fax 04 94 70 67 57 – Ouvert mars-oct. et fermé le midi du lundi au merc.

8 ch – †50/69 € ††50/69 €, ☕ 8 € – ½ P 55/65 € – **Rest** – Menu (26 €), 36 € (sem.)/58 € – Carte 39/63 € ♀

◆ C'est un bien-être campagnard qui vous attend ici : salle à manger rustique donnant de toutes ses baies sur le jardin, terrasse ombragée et plats inspirés par la Provence.

VILLE D'AVRAY – 92 Hauts-de-Seine – 311 J3 – voir à Paris, Environs

VILLEDIEU-LES-POÊLES – 50 Manche – 303 E6 – 4 102 h. – alt. 105 m – ✉ 50800 Normandie Cotentin

32 **A2**

Paris 314 – Alençon 122 – Avranches 26 – Caen 82 – Flers 59 – St-Lô 35

Office de tourisme, place des Costils ✆ 02 33 61 05 69, Fax 02 33 91 71 79

Fonderie de cloches★.

Le Fruitier — ch, rest, ch, 10/45, VISA

pl. Costils – ✆ 02 33 90 51 00 – hotel@lefruitier.com – Fax 02 33 90 51 01

38 ch – †46/58 € ††45/73 €, ☕ 7,50 €, 10 duplex – ½ P 45/59 € – **Rest** – *(fermé 22 déc.-14 janv. et dim. soir de mi-nov. à mi-mars)* Menu 16 € (sem.)/35 € – Carte 19/44 € ♀

◆ Chambres et duplex, fonctionnels et bien tenus, vous attendent dans ce sympathique hôtel familial proche de l'Office de tourisme. Salles de réunions. Plafond peint et fresques à thème fruitier égaient le restaurant ; tradition et saveurs iodées dans l'assiette.

XXX **Ferme de Malte** — VISA

11 r. Jules Tétrel – ✆ 02 33 91 35 91 – contact@lafermedemalte.fr – Fax 02 33 91 35 90 – Fermé déc., janv., dim. soir et lundi

Rest – Menu 17 € (déj. en sem.), 25/60 € – Carte environ 52 €

◆ Cette ancienne ferme de l'ordre de Malte abrite une chaleureuse salle à manger (pierres, poutres, boiseries, bibelots chinés) en partie ouverte sur le jardin. Cuisine régionale.

XX **Manoir de l'Acherie** avec ch — ch, 15, VISA AE

à l'Acherie, Est : 3,5 km par N 175 et D 55 (autoroute A84 sortie 38) – ✆ 02 33 51 13 87 – manoir@manoir-acherie.fr – Fax 02 33 51 33 69 – Fermé 12-28 nov., 18 fév.-5 mars, dim. soir de mi-oct. à Pâques et lundi sauf du 10 juil. au 31 août

19 ch – †50 € ††50/105 €, ☕ 8 € – ½ P 65/95 € – **Rest** – Menu (13 €), 17/37 € – Carte 24/48 € ♀

◆ Au cœur du bocage normand, manoir du 17ᵉ s. et petite chapelle groupés autour d'un jardin fleuri. Plaisant intérieur rustique, plats du terroir et grillades sur la braise.

VILLE-EN-TARDENOIS – 51 Marne – 306 E7 – 550 h. – alt. 161 m – ✉ 51170
Champagne Ardenne 13 **B2**

Paris 125 – Châlons-en-Champagne 68 – Château-Thierry 40 – Épernay 25 – Reims 21

Auberge du Postillon
D 380 – ✆ 03 26 61 83 67 – auberge-du-postillon@wanadoo.fr – Fax 03 26 61 84 64 – Fermé 22 déc.-2 janv., dim. soir et lundi

Rest – Menu 15 € (déj. en sem.), 30/43 € ♀

◆ Cuisine traditionnelle servie dans une salle à manger décorée dans des tons ensoleillés. Les tables placées sous la véranda sont les plus appréciées.

VILLEFARGEAU – 89 Yonne – 319 E5 – rattaché à Auxerre

VILLEFORT – 48 Lozère – 330 L8 – 620 h. – alt. 600 m – ✉ 48800
Languedoc Roussillon 23 **C1**

Paris 616 – Alès 52 – Aubenas 61 – Florac 63 – Mende 58 – Pont-St-Esprit 90

Office de tourisme, rue des Jardins ✆ 04 66 46 87 30

Balme
pl. Portalet – ✆ 04 66 46 80 14 – hotelbalme@free.fr – Fax 04 66 46 85 26 – Ouvert 16 fév.-14 oct., 21 oct.-14 nov. et fermé dim. soir et lundi hors saison

16 ch – 46 € 46/58 €, ☕ 7 € – ½ P 57 € – **Rest** – Menu 21/35 € – Carte 23/31 € ♀

◆ Au centre d'un paisible bourg comptant parmi les portes d'entrée du Parc national des Cévennes, maison régionale ancienne aux chambres de tailles et de confort très divers. Cuisine aux accents cévenols, assortie de créations personnelles.

VILLEFRANCHE-DE-CONFLENT – 66 Pyrénées-Orientales – 344 F7 – 225 h. – alt. 435 m – ✉ 66500 Languedoc Roussillon
22 **B3**

Paris 898 – Mont-Louis 31 – Olette 11 – Perpignan 51 – Prades 6 – Vernet-les-Bains 6

Office de tourisme, 32 bis rue Saint-Jacques ✆ 04 68 96 22 96, Fax 04 68 96 07 66

Ville forte★ - Fort Liberia : ≤★★.

Auberge Saint-Paul
7 pl. Église – ✆ 04 68 96 30 95 – auberge-st-paul@wanadoo.fr – Fax 04 68 05 60 30 – Fermé 14-23 juin, 19 nov.-4 déc., 5-27 janv., mardi hors saison, dim. soir et lundi

Rest – Menu 20 € bc (sem.)/100 € bc – Carte 46/75 € ♀

◆ Cette chapelle du 13e s. abrite un restaurant rustique soigné. Carte actuelle renouvelée chaque saison et bon choix de vins de Bourgogne et du Roussillon. Terrasse ombragée.

VILLEFRANCHE-DE-ROUERGUE – 12 Aveyron – 338 E4 – 11 919 h. – alt. 230 m – ✉ 12200 Midi-Pyrénées
29 **C1**

Paris 614 – Albi 68 – Cahors 61 – Montauban 80 – Rodez 60

Office de tourisme, promenade du Guiraudet ✆ 05 65 45 13 18, Fax 05 65 45 55 58

La Bastide★ : place Notre-Dame★, église Notre-Dame★ - Ancienne chartreuse St-Sauveur★ par ③.

Plan page ci-contre

L'Épicurien
8 bis av. R. Saint-Gilles – ✆ 05 65 45 01 12 – Fax 05 65 45 01 12 – Fermé 30 avril-8 mai, 19 nov.-5 déc., dim. soir et mardi midi hors saison et lundi x

Rest – Menu 14 € bc (déj. en sem.), 23/38 € – Carte 28/50 € ♀

◆ Vous apprécierez l'atmosphère chaleureuse de cette ex-droguerie, à moins que la fraîcheur du soir ne vous attire vers sa terrasse. Goûteuse cuisine axée sur le poisson et la région.

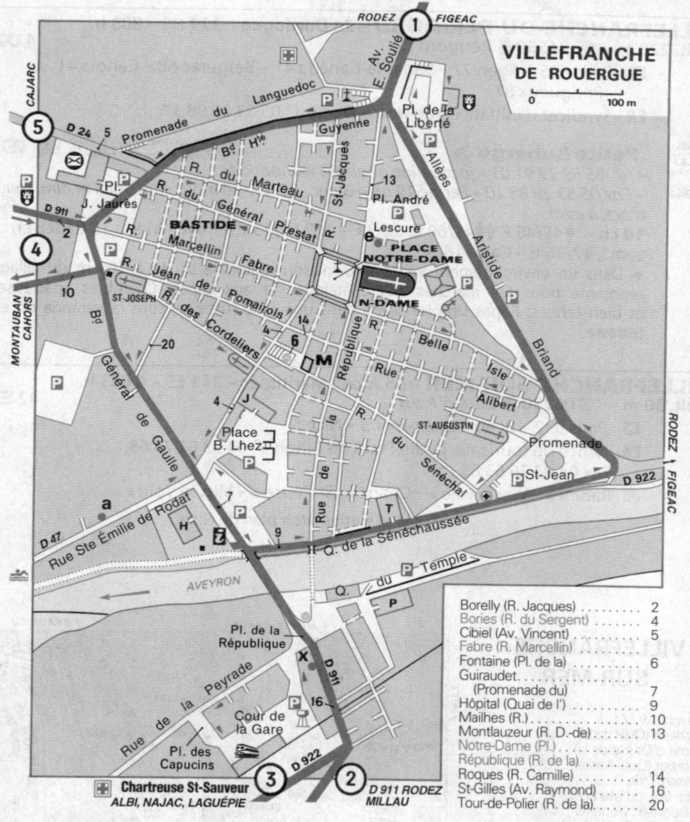

L'Assiette Gourmande

pl. A. Lescure – ✆ 05 65 45 25 95 – Fermé 14-28 mars, 31 mai-6 juin, 19-26 sept., 14-28 nov., dim. sauf le midi d'oct. à juin, mardi soir et merc. sauf juil.-août

Rest – Menu 15 € (sem.)/33 € – Carte 25/35 €

e

◆ Emplacement privilégié au cœur de la vieille ville pour cette maison du 13e s. rénovée dans un esprit mi-rustique, mi-moderne. Grillades au feu de bois et recettes régionales.

Le Claux de la Bastide avec ch

rest, VISA

8 r. Ste Émilie de Rodat – ✆ 05 65 81 58 01 – leclauxdelabastide@wanadoo.fr – Fermé 15 oct.-10 nov.

a

3 ch – 50/55 € 55/65 €, 6 € – ½ P 48/52 € – **Rest** – *(fermé dim. et lundi) (nombre de couverts limité, prévenir)* Menu (15 €), 20/24 € – Carte 26/31 €

◆ Décor campagnard "tendance", meubles et objets chinés, accueil charmant : on se sent un peu chez soi dans cette jolie maison blottie au fond d'un jardin. Carte régionale actualisée.

au Farrou par ① : 4 km – ✉ 12200 Villefranche-de-Rouergue

Relais de Farrou

ch, ch, 10/25, VISA

– ✆ 05 65 45 18 11 – le.relais.de.farrou@wanadoo.fr – Fax 05 65 45 32 59 – Fermé 21 oct.-5 nov., 23-26 déc. et 11-26 fév.

26 ch – 47/50 € 63/84 €, 8,50 € – ½ P 58 € – **Rest** – *(fermé sam. midi, dim. soir et lundi hors saison)* Menu (16 €), 22/42 € – Carte 33/61 €

◆ De nombreux équipements (tennis, minigolf, piscine, fitness) agrémentent cet ancien relais de poste de 1792. Chambres doucement rénovées, diverses en taille et en confort. Restaurant rustique agrandie d'une belle véranda ; cuisine régionale sagement revisitée.

VILLEFRANCHE-DU-PÉRIGORD – 24 Dordogne – 329 H8 – 803 h. – alt. 220 m – ✉ 24550 Périgord

4 **D2**

Paris 575 – Agen 77 – Sarlat-la-Canéda 41 – Bergerac 68 – Cahors 41 – Périgueux 87

Syndicat d'initiative, rue Notre-Dame ☎ 05 53 29 98 37

Petite Auberge ch, VISA

– *☎ 05 53 29 91 01 – jacqueline.ghaira@wanadoo.fr*
– Fax 05 53 28 88 10 – Fermé 19 nov.-3 déc., 25 fév.-10 mars, sam. midi et dim. soir d'oct. à avril

10 ch – 45/48 € 45/60 €, 7 € – ½ P 65/75 € – **Rest** – Menu 15 € (déj. en sem.), 17/36 € – Carte 18/36 €

◆ Dans un environnement verdoyant, maison régionale située à 500 m du village renommé pour ses marchés aux châtaignes et aux cèpes. Chambres spacieuses et bien tenues. Repas simples servis dans une salle rustique, sous la véranda ou en terrasse.

VILLEFRANCHE-SUR-MER – 06 Alpes-Maritimes – 341 E5 – 6 833 h. – alt. 30 m – ✉ 06230 Côte d'Azur

42 **E2**

Paris 932 – Beaulieu-sur-Mer 3 – Nice 5

Office de tourisme, jardin François Binon ☎ 04 93 01 73 68, Fax 04 93 76 63 65

Rade★★ - Vieille ville★ - Chapelle St-Pierre★ - Musée Volti★.

Accès et sorties : Voir plan de Nice

VILLEFRANCHE-SUR-MER

Cauvin (Av. V.) 2
Corderie (Quai de la) 3
Corne d'Or (Bd de la) 5
Courbet (Quai Amiral) 6
Église (R. de l') 7
Foch (Av. du Maréchal) 8
Gallieni (Av. Général) 9
Gaulle (Av. Général-de) 10
Grande-Bretagne (Av. de) 12
Joffre (Av. Maréchal) 14
Leclerc (Av. Général) 15
Marinières (Promenade des) . . . 16
May (R. de) 18
Obscure (R.) 19
Paix (Pl. de la) 20
Poilu (R. du) 22
Pollonais (Pl. A.) 24
Ponchardier (Quai Amiral) 25
Poullan (Pl. F.) 26
Sadi-Carnot (Av.) 28
Settimelli-Lazare (Bd) 30
Soleil d'Or (Av. du) 31
Verdun (Av. de) 32
Victoire (R. de la) 34
Wilson (Pl.) 35

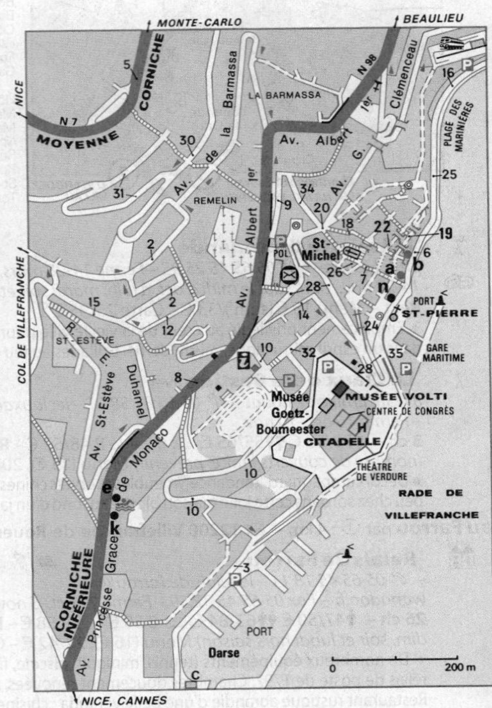

Welcome sans rest — port et plage, VISA
3 quai Courbet – 04 93 76 27 62 – resa@welcomehotel.com – Fax 04 93 76 27 66 – Fermé 11 nov.-21 déc. n
35 ch – 70/93 € 93/314 €, 13 €
◆ Jean Cocteau fréquenta ce charmant hôtel et décora la chapelle Saint-Pierre également située sur le port. Plaisantes chambres personnalisées avec balcon et vue sur mer.

Flore — ch, ch, 15/20, VISA
5 av. Princesse Grace de Monaco – 04 93 76 30 30 – hotel-la-flore@wanadoo.fr – Fax 04 93 76 99 99 e
31 ch – 49/140 € 49/205 €, 11 € – ½ P 76/141 €
Rest *Le Fleuron* – *(ouvert 31 mars-31 oct. et fermé dim.) (dîner seult)* Menu 32 € – Carte 30/50 €
◆ Cette bâtisse ocre domine agréablement la baie. Les chambres, coquettes et peu à peu rafraîchies, sont souvent pourvues d'une loggia. Au restaurant, beau décor provençal, perspective sur la "grande bleue", terrasse côté piscine et cuisine traditionnelle.

Versailles — rade, rest, ch, 25, VISA
7 bd Princesse Grace de Monaco – 04 93 76 52 52 – contact@hotelversailles.com – Fax 04 93 01 97 48 – Ouvert 1er avril à mi-oct. k
46 ch – 100/140 € 105/250 €, 15 € – ½ P 95/170 € – **Rest** – *(fermé mardi hors saison et lundi)* Menu 38/40 €
◆ Toutes les chambres de cet établissement familial situé en surplomb de la rade jouissent d'un panorama inoubliable ! Celles avec douche ont été rénovées. Salle à manger moderne et vaste terrasse offrant une vue superbe ; carte régionale.

L'Oursin Bleu — VISA
11 quai Courbet – 04 93 01 90 12 – oursinbleu@club-internet.fr – Fax 04 93 01 80 45 – Fermé 5 janv.-13 fév., mardi du 1er nov. au 30 mars b
Rest – Menu 34 € – Carte 54/73 €
◆ Aquarium, hublots, jeux d'eau, fresques et belle terrasse installée sur les quais, face au port : la mer célébrée dans le décor autant que dans l'assiette, fine et actuelle.

La Mère Germaine — VISA
9 quai Courbet – 04 93 01 71 39 – contact@meregermaine.com – Fax 04 93 01 96 44 – Fermé 12 nov.-24 déc. a
Rest – Menu 39 € – Carte 48/84 €
◆ Bel emplacement sur le port de pêche pour ce restaurant de poissons et fruits de mer. Salles rustiques et terrasse face aux bateaux. Navette pour plaisanciers en escale.

VILLEFRANCHE-SUR-SAÔNE – 69 Rhône – 327 H4 – 30 647 h. – alt. 190 m – 69400 Lyon et la vallée du Rhône 43 E1

Paris 432 – Bourg-en-Bresse 54 – Lyon 33 – Mâcon 47 – Roanne 73

Office de tourisme, 96 rue de la sous-préfecture 04 74 07 27 40, Fax 04 74 07 27 47

du Beaujolais à Lucenay, S : 8 km par N 6 et D 30, 04 74 67 04 44.

Plan page suivante

La Ferme du Poulet — ch, 20, VISA
180 r. Mangin, Z.I. Nord-Est – 04 74 62 19 07 – la.ferme.du.poulet@wanadoo.fr – Fax 04 74 09 01 89 – Fermé 24 déc.-2 janv., dim. soir et lundi DX s
10 ch – 105 € 105 €, 12 € – **Rest** – Menu (28 € bc), 36 € (sem.)/60 € – Carte 50/92 €
◆ Solide ferme du 17e s. joliment rénovée, où se marient le rustique et le contemporain. Chambres spacieuses et lumineuses. Élégant restaurant coiffé d'un plafond à la française.

Plaisance — rest, 40, VISA
96 av. Libération – 04 74 65 33 52 – hotel.plaisance@wanadoo.fr – Fax 04 74 62 02 89 – Fermé 23 déc.-2 janv. AZ n
73 ch – 60/85 € 89/155 €, 10 € – **Rest** – *(fermé 1er-21 août, 23 déc.-6 janv., lundi midi, sam. midi et dim.)* Menu 17/29 € – Carte 21/32 €
◆ Immeuble des années 1970 situé au cœur de la capitale du Beaujolais. Les chambres, bien aménagées, se modernisent peu à peu. Parking et garage pratiques. Salle à manger agrémentée de fresques ; cuisine traditionnelle.

VILLEFRANCHE-SUR-SAÔNE

Barbusse (Bd Henri) . . . . **CX** 2
Beaujolais (Av. du) . . . . **CX** 3
Berthier (R. Pierre) . . . . **DX** 7
Chabert (Ch. du) . . . . **CX** 12
Charmilles (Av. des) . . . . **CX** 14
Condorcet (R.) . . . . **DX** 15
Desmoulins (R. Camille) . . . . **DX** 17
Écossais (R. de l') . . . . **DX** 18
Joux (Av. de) . . . . **DX** 25
Leclerc (Bd du Gén.) . . . . **CX** 27
Libération (Av. de la) . . . . **CX** 28
Maladière (R. de la) . . . . **CX** 30
Nizerand (R. du) . . . . **CX** 35
Paradis (R. du) . . . . **CX** 37
Pasquier (Bd Pierre) . . . . **DX** 39
Plage (Av. de la) . . . . **DX** 40
St-Roch (Montée) . . . . **CX** 43
Salengro (Bd Roger) . . . . **CX** 46
Savoye (R. C.) . . . . **DX** 48
Tarare (R. de) . . . . **CX** 54

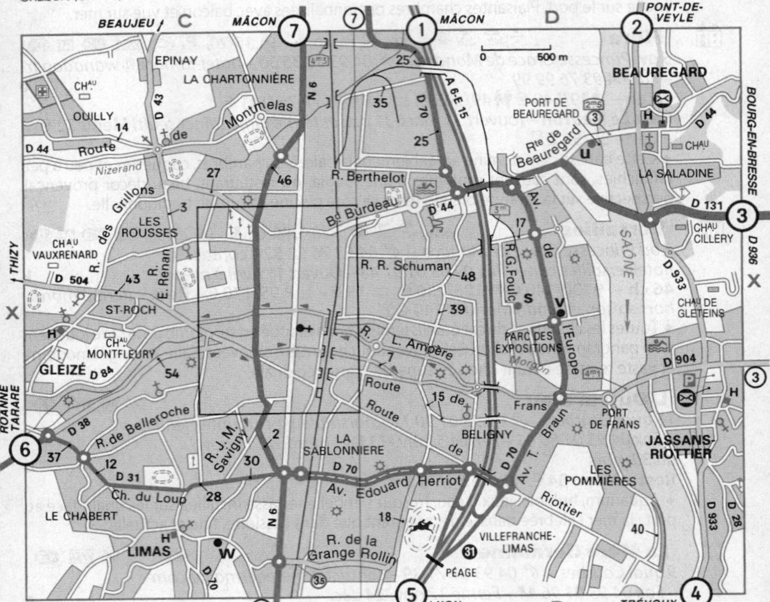

Newport ch, 20/40, VISA AE

610 av. Europe Z.I. Nord-Est – ☎ 04 74 68 75 59 – Fax 04 74 09 08 89 DX **v**

48 ch – †57 € ††68 €, ☐ 7 € – ½ P 53 € – **Rest** – *(fermé sam. midi, dim. et fériés)* Menu 15/41 € – Carte 23/47 €

◆ Ce gros pavillon proche d'axes passants et jouxtant le parc des expositions, dispose d'une insonorisation efficace. Chambres plus récentes dans l'annexe. Restaurant décoré de vieilles plaques émaillées ; plats traditionnels, menu du terroir et vins du cru.

Le Clos de la Barre sans rest cuisinette VISA

14 r. Barre, 2 km au Sud à Limas – ☎ 04 74 65 97 85 – ajoffard@wanadoo.fr – Fax 04 74 09 13 28 – Ouvert 1er avril-30 sept. CX **w**

6 ch ☐ – †85/145 € ††85/145 €

◆ Pièces d'eau, massifs d'iris et arbres centenaires composent le décor extérieur de cette maison de 1830. Les chambres et suites, joliment décorées, possèdent toutes un petit salon d'été.

Le Faisan Doré 20/40, VISA AE

pont Beauregard, Nord-Est : 2,5 km – ☎ 04 74 65 01 66 – auberge.lefaisandore@wanadoo.fr – Fax 04 74 09 00 81 – Fermé 10-25 mars, dim. soir, lundi soir et mardi soir DX **u**

Rest – Menu 28 € (sem.)/65 € – Carte 49/61 €

◆ Un piano et une vitrine à la gloire de la basse-cour personnalisent l'entrée de cette auberge au confort bourgeois. Agréable terrasse ombragée sur les berges de la Saône.

VILLEFRANCHE-SUR-SAÔNE

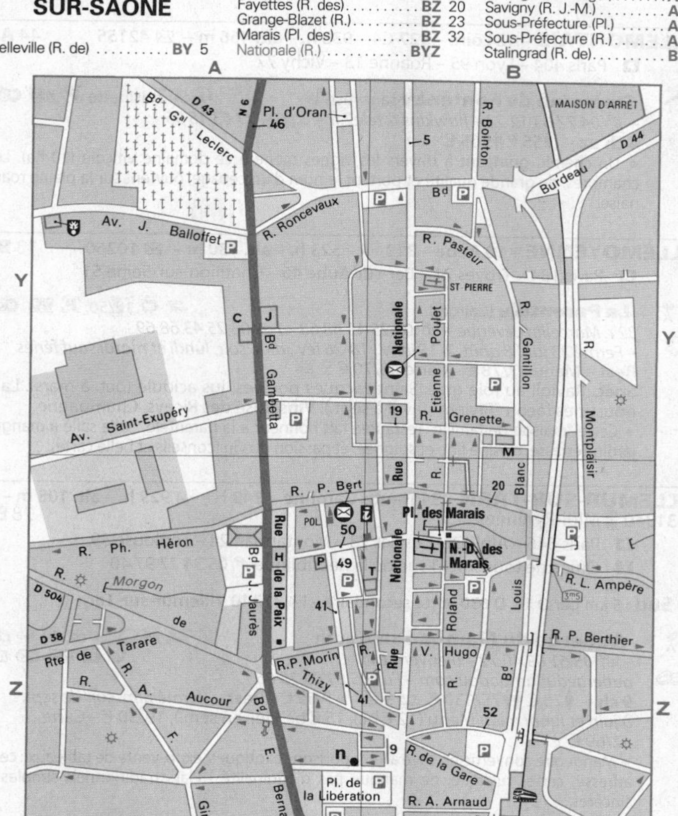

✗ Le Juliénas

236 r. Anse – ✆ 04 74 09 16 55 – Fermé 21 juil.-15 août, 29 déc.-6 janv., sam. midi et dim. BZ v

Rest – Menu 17 € (déj. en sem.), 25/35 € – Carte 30/37 €

◆ Vins de pays et copieuse cuisine panachant plats "bistrotiers" et recettes dans l'air du temps sont à l'honneur dans ce petit restaurant aux tables simplement dressées.

à Arnas 5 km par ⑦, N 6 et D 43 – 3 106 h. – alt. 195 m – ✉ 69400

Château de Longsard

4060 rte Longsard – ✆ 04 74 65 55 12 – longsard@gmail.com – Fax 04 74 65 03 17 – Fermé vacances de Noël

6 ch – 85/100 € 100/120 € – **Rest** – table d'hôte *(dîner seult) (résidents seult)* Menu 35 € bc

◆ Un magnifique jardin à la française devance ce château du 18e s., tandis qu'un majestueux cèdre du Liban trône au centre de sa cour intérieure. Chambres et suites élégantes. La salle à manger possède de belles boiseries. Plats traditionnels et régionaux.

VILLEMAGNE-L'ARGENTIÈRE – 34 Hérault – 339 D7 – rattaché à Bédarieux

VILLEMONTAIS – 42 Loire – 327 C4 – 935 h. – alt. 466 m – ✉ 42155 44 A1

Paris 404 – Lyon 95 – Roanne 13 – Vichy 77

Domaine de Fontenay sans rest cuisinette VISA
– ✆ 04 77 63 12 22 – hawkins@tele2.fr – Fax 04 77 63 15 95
4 ch – †55 € ††65 €
◆ Un chemin grimpant à travers les vignes mène à ce domaine viticole (10 ha). Les chambres, de grande qualité et portant le nom d'un cépage, ouvrent sur la plaine roannaise.

VILLEMOYENNE – 10 Aube – 313 F4 – 523 h. – alt. 130 m – ✉ 10260 13 B3

Paris 184 – Troyes 21 – Bar-sur-Aube 46 – Châtillon-sur-Seine 51

La Parentèle (Caironi) 12/50, VISA
32 r. Marcellin Lévêque – ✆ *03 25 43 68 68 – Fax 03 25 43 68 69 – Fermé 23 juil.-8 août, 2-15 janv., 18-26 fév., dim. soir, lundi et mardi sauf fériés*
Rest – Menu 27/78 € – Carte 46/70 €
Spéc. Ravioli au foie gras. Saint-Jacques poêlées, jus acidulé (oct. à mars). Langoustines façon "Riviera" (avril à sept.). **Vins** Rosé des Riceys, Champagne.
◆ Cette "maison de famille" restaurée fait honneur à la parentèle : jolie salle à manger, jardin-terrasse, cuisine fine et soignée, et passion du vin (conseils et belle carte).

VILLEMUR-SUR-TARN – 31 Haute-Garonne – 343 H1 – 4 929 h. – alt. 108 m – ✉ 31340 Midi-Pyrénées 28 B2

Paris 646 – Albi 63 – Castres 73 – Montauban 24 – Toulouse 39

Office de tourisme, 1 rue de la République ✆ 05 34 27 97 40

au Sud : 5 km par D 14, D 630 et rte secondaire – ✉ 31340 Villemur-sur-Tarn

Auberge du Flambadou avec ch ch, ch, VISA AE
– ✆ *05 61 09 40 72 – bienvenue@aubergeduflambadou.com – Fax 05 61 09 29 66*
9 ch – †75 € ††75/130 €, 9 € – ½ P 65 € – **Rest** – *(fermé dim. soir de sept. à juin et lundi midi)* Menu (12 € bc), 15 € bc (déj. en sem.), 19/50 € – Carte 42/69 €
◆ Mangeoire convertie en cave à vins, poissons exotiques, expo-vente de tableaux : cette adresse, certes rustique, ne manque pas d'originalité ! Plats traditionnels simples et sincères.

VILLENEUVE D'ASCQ – 59 Nord – 302 G4 – rattaché à Lille

VILLENEUVE-DE-BERG – 07 Ardèche – 331 J6 – 2 429 h. – alt. 320 m – ✉ 07170 Lyon Drôme Ardèche 44 B3

Paris 628 – Aubenas 16 – Largentière 27 – Montélimar 27 – Privas 30 – Valence 73

Syndicat d'initiative, Grande Rue ✆ 04 75 94 89 28, Fax 04 75 94 89 28

La Table de Léa VISA
Le Petit Tournon – ✆ *04 75 94 70 36 – Fermé nov., merc. et le midi du lundi au jeudi*
Rest – *(nombre de couverts limité, prévenir)* Menu 25/49 € – Carte 39/43 €
◆ Cette ancienne grange modernisée profite d'une belle terrasse dressée sous les marronniers. Dans l'assiette, produits de saison et du terroir et recettes régionales.

Première distinction : l'étoile.
Elle couronne les tables pour lesquelles on ferait des kilomètres !

VILLENEUVE-DE-MARSAN – 40 Landes – 335 J11 – 2 112 h. – alt. 80 m – ✉ 40190
3 **B2**

Paris 701 – Auch 88 – Langon 81 – Marmande 86 – Mont-de-Marsan 17 – Pau 73

Syndicat d'initiative, 181 Grand'Rue ✆ 05 58 45 80 90

Hervé Garrapit

21 av. Armagnac – ✆ 05 58 45 20 08 – hotelrestaurantthervegarrapit@wanadoo.fr – Fax 05 58 45 34 14

8 ch – 🛉95/216 € 🛉🛉95/216 €, ☕ 18 € – ½ P 108/168 € – **Rest** – Menu 35/85 € – Carte 61/79 €

◆ Dans la famille depuis plusieurs générations, ancien relais de poste et son agréable jardin. Chambres personnalisées et très raffinées, toutes avec balcon côté cour. Belle salle à manger de style Louis XVI tournée vers une place plantée d'arbres centenaires.

VILLENEUVE-LA-GARENNE – 92 Hauts-de-Seine – 311 J2 – 101 15 – voir à Paris, Environs

VILLENEUVE-L'ARCHEVÊQUE – 89 Yonne – 319 E2 – 1 203 h. – alt. 111 m – ✉ 89190 Bourgogne
7 **B1**

Paris 135 – Troyes 44 – Auxerre 58 – Sens 24

Syndicat d'initiative, 38 rue de la République ✆ 03 86 86 74 58, Fax 03 86 86 76 88

Auberge des Vieux Moulins Banaux avec ch

Sud : 1 km sur D 84 – ✆ 03 86 86 72 55 – contact@bourgognehotels.fr – Fax 03 86 86 78 94 – Fermé 29 oct.-7 nov. et 2 janv.-5 fév.

20,

14 ch – 🛉41/50 € 🛉🛉41/50 €, ☕ 7,50 € – ½ P 53/56 € – **Rest** – *(fermé lundi midi)* Menu (17 €), 25/28 €

◆ Moulin du 16e s. dans un parc traversé par la Vanne (pisciculture). Machinerie préservée, poutres et pierres font le charme du restaurant. Chambres simples mais coquettes.

VILLENEUVE-LA-SALLE – 05 Hautes-Alpes – 334 H3 – rattaché à Serre-Chevalier

VILLENEUVE-LE-COMTE – 77 Seine-et-Marne – 312 F3 – 1 683 h. – alt. 126 m – ✉ 77174
19 **C2**

Paris 40 – Lagny-sur-Marne 13 – Meaux 19 – Melun 38

A la Bonne Marmite

15 r. Gén. de Gaulle – ✆ 01 60 43 00 10 – labonnemarmite@wanadoo.fr – Fax 01 60 43 11 01 – Fermé 12-31 août, 25-30 nov., 20 janv.-7 fév., dim. soir, lundi et mardi

Rest – Menu (28 € bc), 30 € (sem.)/68 € – Carte 52/77 €

◆ Dans une belle maison briarde, deux salles à manger bourgeoises décorées avec soin ; la plus grande ouvre sur une terrasse ombragée d'une treille. Cuisine au goût du jour.

VILLENEUVE-LE-ROI – 94 Val-de-Marne – 312 D3 – 101 26 – voir à Paris, Environs

VILLENEUVE-LÈS-AVIGNON – 30 Gard – 339 N5 – 11 791 h. – alt. 23 m – ✉ 30400 Provence
23 **D2**

Paris 678 – Avignon 8 – Nîmes 46 – Orange 28 – Pont-St-Esprit 42

Office de tourisme, 1 place Charles David ✆ 04 90 25 61 55, Fax 04 90 25 91 55

Fort et Abbaye St-André★ : ≤★★ AV - Tour Philippe-le-Bel ≤★★ AV - Vierge★★ au musée municipal Pierre de Luxembourg★ AV **M** - Chartreuse du Val-de-Bénédiction★ AV.

Plan : voir à Avignon

Le Prieuré ch, rest, 30,
7 pl. Chapître – 04 90 15 90 15 – leprieure@relaischateaux.com – Fax 04 90 25 45 39 – Ouvert 1er mars-1er déc. VISA AE AV **t**
26 ch – 105 € 105/245 €, 18 € – 10 suites – **Rest** – *(fermé mardi et merc. sauf 1er juil.-15 août)* Menu 29 € (déj. en sem.), 46 € (sem.)/95 €
◆ Dans la quiétude d'un splendide parc, ancien prieuré et ses dépendances enlacés de rosiers, abritant des chambres personnalisées. Poutres, vieilles pierres, tomettes et cheminée font le cachet, un brin monacal, du restaurant ; plaisante terrasse ombragée.

La Magnaneraie ch, 40,
37 r. Camp de Bataille – 04 90 25 11 11 – magnaneraie.hotel@najeti.com – Fax 04 90 25 46 37 – Fermé 2 janv.-5 fév. VISA AE AV **b**
29 ch – 135/160 € 135/310 €, 20 € – 3 suites – **Rest** – *(fermé sam. midi, dim. soir et merc.)* Menu (25 € bc), 33/80 € – Carte 65/72 €
◆ Élégante demeure du 15e s. entourée d'un ravissant jardin. Chambres raffinées : mobilier d'antiquaire dans un cadre joliment rénové ou décor inspiré par l'Afrique. Agréable salle à manger rehaussée de fresques et colonnes ; délicieuse et verdoyante terrasse.

L'Atelier sans rest VISA AE
5 r. Foire – 04 90 25 01 84 – hotel-latelier@libertysurf.fr – Fax 04 90 25 80 06 – Fermé 2 janv.-3 fév. AV **e**
23 ch – 52/65 € 63/95 €, 10,50 €
◆ Bel escalier, meubles anciens, poutres apparentes, objets d'art, peintures, sculptures et patio ombragé : cette maison du 16e s. est pétrie de charme.

aux Angles AV – **7 578 h. – alt. 66 m – ✉ 30133**

Roques sans rest VISA AE
30 av. Verdun, par ⑤ – 04 90 25 41 02 – reservation@hotel-roques.com – Fax 04 32 70 22 93
16 ch – 65/95 € 65/95 €, 10 €
◆ Maison traditionnelle à la coquette façade colorée où vous profiterez de chambres récemment rénovées, rehaussées de tissus assortis et de teintes gaies. Jolie piscine.

VILLENEUVE-LÈS-BÉZIERS – 34 Hérault – 339 E9 – rattaché à Béziers

VILLENEUVE-LOUBET – 06 Alpes-Maritimes – 341 D6 – 12 935 h. – alt. 10 m – ✉ 06270 Côte d'Azur 42 E2

Paris 915 – Antibes 12 – Cannes 22 – Grasse 24 – Nice 15

Office de tourisme, 16 avenue de la Mer 04 92 02 66 16, Fax 04 92 02 66 19

de Villeneuve-Loubet Route de Grasse, par D 2085 : 4 km, 04 93 22 52 25.

Musée de l'Art culinaire★ AX M².

Voir plan de Cagnes-sur-Mer-Villeneuve-Loubet Haut-de-Cagnes.

L'Auberge Fleurie VISA
au village, 13 r. Mesures – 04 93 73 90 92 – Fax 04 93 73 90 92 – Fermé de mi-nov. au 10 déc., jeudi sauf le soir en été et merc. AX **u**
Rest – *(prévenir)* Menu (14 €), 21 € (sem.), 39/49 € – Carte 34/55 €
◆ Dans le village natal du célèbre cuisinier Auguste Escoffier, sympathique auberge proposant des plats inspirés du terroir. Poutres, pierres, tableaux modernes et terrasse d'été.

à Villeneuve-Loubet-Plage – ✉ 06270

Galoubet sans rest VISA AE
174 av. Castel – 04 92 13 59 00 – hotel.galoubet@wanadoo.fr – Fax 04 92 13 59 29 – Fermé 26 oct.-7 janv. AY **s**
22 ch – 58/77 € 58/77 €, 9 €
◆ Le son du galoubet (instrument à vent méridional) ne viendra pas troubler votre repos dans ces chambres actuelles meublées en rotin et dotées d'une terrasse ou d'une loggia.

XX **Daniel**

marina Baie des Anges – ✆ 04 93 73 41 66 – drjdelepine@aol.com – Fermé déc., janv., mardi et merc.

Rest – Menu (21 €), 35 € – Carte 47/63 €

◆ Salle de restaurant conçue dans l'esprit brasserie et terrasse fleurie face à la marina. La carte d'inspiration régionale met les poissons à l'honneur. Service prévenant.

Rouge = agréable. Repérez les symboles X et ⌂ passés en rouge.

VILLENEUVE-SUR-LOT – 47 Lot-et-Garonne – 336 G3 – 22 782 h. – alt. 51 m – ✉ 47300 Aquitaine

4 **C2**

▶ Paris 622 – Agen 29 – Bergerac 60 – Bordeaux 146 – Cahors 70

ℹ Office de tourisme, 3 place de la Libération ✆ 05 53 36 17 30, Fax 05 53 49 42 98

⛳ de Villeneuve-sur-Lot à Castelnaud-de-Gratecambepar rte de Bergerac : 12 km, ✆ 05 53 01 60 19.

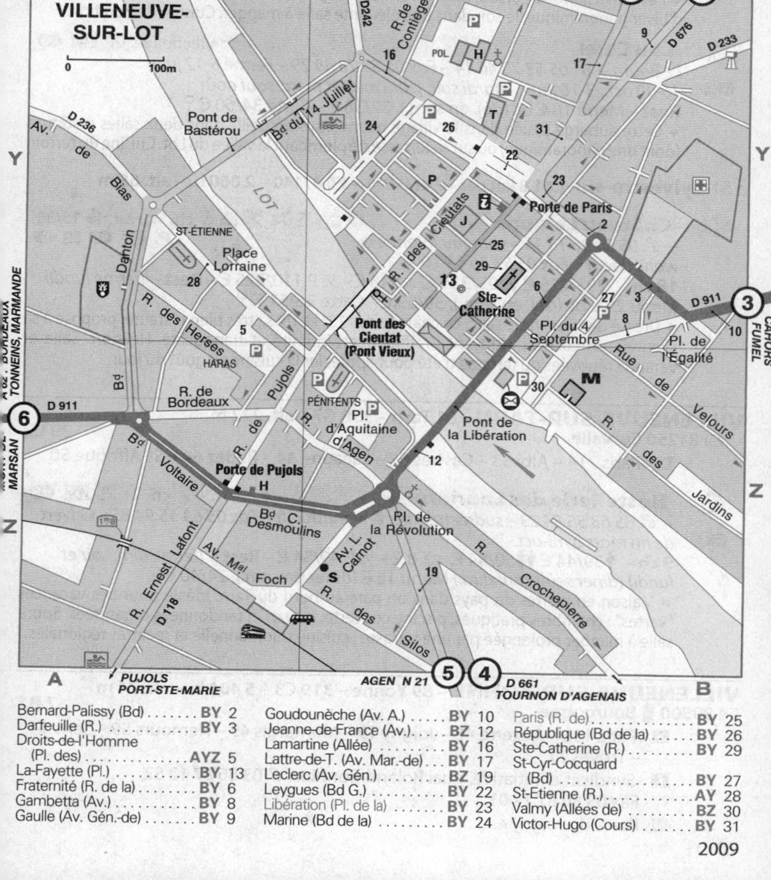

La Résidence sans rest
17 av. L. Carnot – ✆ 05 53 40 17 03 – hotel.laresidence@wanadoo.fr – Fax 05 53 01 57 34 – Fermé 21 déc.-6 janv. BZ **s**
18 ch – 29/54 € 29/62 €, 6 €
◆ Aux portes de la bastide médiévale, hôtel à l'atmosphère conviviale offrant un hébergement simple. Préférez les chambres de l'aile arrière, plus spacieuses et calmes.

à Pujols **Sud-Ouest : 4 km par D 118 – 3 546 h. – alt. 180 m – ✉ 47300**
Office de tourisme, le bourg ✆ 05 53 36 78 69, Fax 05 53 36 78 70
≤★.

Des Chênes sans rest
– *✆ 05 53 49 04 55 – hotel.des.chenes@wanadoo.fr – Fax 05 53 49 22 74 – Fermé 21 déc.-13 janv. et dim. soir de nov. à mars*
21 ch – 50/71 € 64/85 €, 10,50 €
◆ Face au village perché de Pujols, construction récente inspirée de l'architecture régionale. Chambres bien tenues, spacieuses et fraîches, au calme assuré.

La Toque Blanche
– *✆ 05 53 49 00 30 – latoque.blanche@wanadoo.fr – Fax 05 53 70 49 79 – Fermé 19 juin-3 juil., 19-27 nov., 21-30 janv., mardi midi, dim. soir et lundi*
Rest – Menu 25 € (déj.), 38/80 € – Carte 59/123 €
◆ Pavillon à flanc de coteau, tourné vers le bourg. Service à midi dans une véranda-jardin d'hiver panoramique, le soir dans une élégante salle à manger. Cuisine de tradition.

Lou Calel ≤ Villeneuve,
Le Bourg – ✆ 05 53 70 46 14 – Fax 05 53 70 49 79 – Fermé 6-12 juin, 16-30 oct., 3-16 janv., mardi soir, jeudi midi et merc. sauf août
Rest – Menu 18 € bc (déj. en sem.), 22/38 € – Carte 34/60 €
◆ Cette auberge située dans le village même vous accueille dans deux salles rustiques (dont une panoramique) ou sur sa terrasse surplombant la vallée du Lot. Cuisine du terroir.

à St-Sylvestre-sur-Lot **8 km par ③ et D 911 – ✉ 47140 – 2 060 h. – alt. 65 m**

Château Lalande ch, rest, 15/30,
– *✆ 05 53 36 15 15 – chateau.lalande@wanadoo.fr – Fax 05 53 36 15 16*
18 ch – 95/215 € 95/385 €, 18 € – ½ P 110/225 € – **Rest** – *(fermé lundi)* Menu 25 € bc (déj. en sem.), 39/59 € – Carte 36/51 €
◆ Dressé dans un vaste parc, ce château des 13e et 18e s., très bien restauré, propose à sa clientèle un cocktail attrayant : raffinement, intimité et tranquillité. Héliport. Salle et véranda rénovées ou terrasse d'été pour apprécier la cuisine au goût du jour.

VILLENEUVE-SUR-TARN – 81 Tarn – 338 G7 – alt. 272 m – ✉ 81250 Curvalle

29 **C2**

Paris 714 – Albi 33 – Castres 67 – Lacaune 44 – Rodez 64 – St-Affrique 50

Hostellerie des Lauriers ch,
– *✆ 05 63 55 84 23 – sudreetregnier@wanadoo.fr – Fax 05 63 55 94 85 – Ouvert de fin mars à mi-oct.*
9 ch – 39/44 € 50/54 €, 8 € – ½ P 49/54 € – **Rest** – *(fermé dim. soir et lundi) (dîner seult sauf dim.)* Menu 15 € (dîner en sem.), 24/40 €
◆ Maison en pierres du pays dans un parc au bord du Tarn, idéale pour des vacances "vertes" : chambres pratiques, piscine couverte, jacuzzi et randonnées organisées. Sobre salle à manger prolongée par une terrasse ; cuisine traditionnelle et recettes régionales.

VILLENEUVE-SUR-YONNE – 89 Yonne – 319 C3 – 5 404 h. – alt. 74 m – ✉ 89500 Bourgogne

7 **B1**

Paris 132 – Auxerre 46 – Joigny 19 – Montargis 45 – Nemours 59 – Sens 14 – Troyes 77
Syndicat d'initiative, quai Roland-Bonnion ✆ 03 86 87 12 52, Fax 03 86 87 12 01
Porte de Joigny★.

XX **La Lucarne aux Chouettes** avec ch — VISA

quai Bretoche – ✆ 03 86 87 18 26 – lesliecaron-auberge@wanadoo.fr – Fax 03 86 87 22 63 – Fermé janv., dim. soir sauf juil.-août et lundi

4 ch – 99/170 € 99/175 €, ☕ 10 € – **Rest** – Menu 22 € (déj. en sem.)/42 € – Carte 40/57 €

◆ Sur les quais de l'Yonne, îlot de quatre maisons du 17e s., jadis réserves à grains, aménagées avec élégance. Superbe salle à manger sous charpente. Chambres coquettes.

VILLEPARISIS – 77 Seine-et-Marne – 312 E2 – 101 19 – voir à Paris, Environs

VILLEREST – 42 Loire – 327 D4 – rattaché à Roanne

VILLEROY – 89 Yonne – 319 C2 – rattaché à Sens

VILLERS-BOCAGE – 14 Calvados – 303 I5 – 2 904 h. – alt. 140 m – ✉ 14310

Normandie Cotentin — 32 **B2**

Paris 262 – Argentan 83 – Avranches 77 – Bayeux 26 – Caen 30 – Flers 44 – St-Lô 47 – Vire 35

Syndicat d'initiative, rue des Halles ✆ 02 31 77 16 14

XXX **Des Trois Rois** avec ch — P VISA AE

2 pl. Jeanne d'Arc – ✆ 02 31 77 00 32 – les3rois@orange.fr – Fax 02 31 77 93 25 – Fermé janv. et dim. soir

11 ch – 42/45 € 61/75 €, ☕ 15 € – ½ P 75/82 € – **Rest** – Menu 22 € (sem.)/70 € – Carte 34/77 €

◆ Bâtisse en pierres de taille bordée par un jardin-potager. Nouvelle équipe familiale en place, ample salle à manger rajeunie et, pour l'étape, deux générations de chambres.

à Longvillers 4 km par D6 et rte secondaire – ✉ 14310

Manoir de Mathan sans rest — cuisinette P

lieu dit Mathan – ✆ 02 31 77 10 37 – mathan.normandie@caramail.com – Fax 02 31 77 49 13 – Ouvert 1er avril-31 oct.

4 ch ☕ – 32/35 € 43/50 €

◆ Pittoresque manoir du 15e s. flanqué d'une ferme. Un superbe escalier à vis mène aux spacieuses chambres d'une simplicité de bon aloi (sans TV). Petit-déjeuner servi dans la cuisine familiale.

VILLERS-COTTERÊTS – 02 Aisne – 306 A7 – 9 839 h. – alt. 126 m – ✉ 02600

Nord Pas-de-Calais Picardie — 37 **C3**

Paris 81 – Compiègne 32 – Laon 61 – Meaux 41 – Senlis 41 – Soissons 23

Office de tourisme, 6 place Aristide Briand ✆ 03 23 96 55 10, Fax 03 23 96 49 13

Château de François 1er : grand escalier★.

Forêt de Retz★.

Le Régent sans rest — P VISA AE

26 r. Gén. Mangin – ✆ 03 23 96 01 46 – info@hotel-leregent.com – Fax 03 23 96 37 57 – Fermé 25-30 déc.

28 ch – 55/60 € 69/72 €, ☕ 8 €

◆ Relais de poste du 18e s. bâti autour d'une cour pavée où trône un bel abreuvoir. Chambres au charme d'antan (meubles anciens) peu à peu rajeunies dans le style contemporain.

VILLERSEXEL – 70 Haute-Saône – 314 G7 – 1 444 h. – alt. 287 m – ✉ 70110

Franche-Comté Jura — 17 **C1**

Paris 386 – Belfort 41 – Besançon 59 – Lure 18 – Montbéliard 34 – Vesoul 27

Office de tourisme, 33 rue des Cités ✆ 03 84 20 59 59, Fax 03 84 20 59 59

La Terrasse

rte Lure – ✆ 03 84 20 52 11 – laterrassevillersexel@wanadoo.fr – Fax 03 84 20 56 90 – Fermé 20 déc.-2 janv., vend. soir et dim. soir hors saison

13 ch – 40 € 45/52 €, 7 € – ½ P 46/50 € – **Rest** – Menu (12 €), 15/31 € – Carte 24/49 €

◆ Les pêcheurs apprécieront cette auberge longée par une rivière poissonneuse. Chambres rénovées, donnant parfois sur le jardin. Salle des repas néo-rustique, terrasse ombragée bordant la départementale et cuisine traditionnelle sans prétention.

Du Commerce

ch, 20, VISA AE

1 r. 13 septembre 1944 – ✆ 03 84 20 50 50 – commviller@aol.com – Fax 03 84 20 59 57 – Fermé 24 déc.-8 janv.

24 ch – 45 € 57/60 €, 7 € – ½ P 38 € – **Rest** – *(fermé dim. soir)* Menu 21/28 € – Carte 23/50 €

◆ Ensemble de deux maisons à l'entrée du bourg. Chambres simples et soigneusement tenues. Une grande cheminée agrémente la salle à manger rustique égayée de nappes colorées. Cuisine traditionnelle, grenouilles fraîches et gibier en saison.

VILLERS-LE-LAC – 25 Doubs – 321 K4 – 4 196 h. – alt. 730 m – ✉ 25130

Franche-Comté Jura 17 **C2**

Paris 471 – Basel 116 – Besançon 68 – La Chaux-de-Fonds 18 – Morteau 7 – Pontarlier 38

Office de tourisme, rue Berçot ✆ 03 81 68 00 98

Saut du Doubs★★★ NE : 5 km - Lac de Chaillexon★ NE : 2 km - Musée de la montre★.

Le France

30, VISA AE

8 pl. Cupillard – ✆ 03 81 68 00 06 – info@hotel-restaurant-lefrance.com – Fax 03 81 68 09 22 – Fermé 5-16 nov. et 5 janv.-5 fév.

12 ch – 50/65 € 55/75 €, 9 € – ½ P 55/70 € – **Rest** – *(fermé mardi midi hors saison, dim. soir et lundi)* Menu 21 € (déj.), 27/68 € – Carte 43/68 €

◆ Tradition d'accueil maintenue dans cet établissement où depuis 1900, quatre générations de la même famille se sont succédées ! Chambres rénovées. Belle salle avec boiseries de sapin et collection d'ustensiles de cuisine ; plats au goût du jour et vins d'Arbois.

VILLERS-SUR-MER – 14 Calvados – 303 L4 – 2 318 h. – alt. 10 m – Casino

Normandie Vallée de la Seine 32 **A3**

Paris 208 – Caen 35 – Le Havre 52 – Deauville 8 – Lisieux 31 – Pont-l'Évêque 21

Office de tourisme, place Jean Mermoz ✆ 02 31 87 01 18

Domaine de Villers

ch, 30, VISA AE

chemin Belvédère – ✆ 02 31 81 80 80 – info@domainedevillers.com – Fax 02 31 81 80 70

17 ch – 120/245 € 120/245 €, 13 € – ½ P 93/155 € – **Rest** – *(fermé merc. et le midi du lundi au jeudi)* Menu 32/44 € – Carte 47/64 €

◆ Un paisible parc entoure ce beau manoir normand qui domine la mer. Les chambres, spacieuses et luxueuses, déclinent les styles contemporain, nautique, Art déco ou Directoire. Séduisante carte au goût du jour servie au coin du feu, dans une salle confortable.

VILLERVILLE – 14 Calvados – 303 M3 – rattaché à Honfleur

VILLEURBANNE – 69 Rhône – 327 I5 – rattaché à Lyon

VILLIÉ-MORGON – 69 Rhône – 327 H3 – 1 614 h. – alt. 262 m – ✉ 69910

Lyon et la vallée du Rhône 43 **E1**

Paris 412 – Lyon 54 – Mâcon 23 – Villefranche-sur-Saône 22

La Terrasse ✱★★ près du col du Fût d'Avenas NO : 7 km, **G Vallée du Rhône.**

Le Villon
bd Parc – 04 74 69 16 16 – hotel_restaurant.le_villon@libertysurf.fr – Fax 04 74 69 16 81 – Fermé de mi-déc. à mi-janv., dim. soir et lundi de mi-oct. à début avril
ch, rest, 30/60, VISA
45 ch – 50 € 60 €, 8 € – ½ P 52 € – **Rest** – Menu 19/45 € – Carte 22/44 €
◆ Dominant le village, bâtisse dont les chambres (cinq avec terrasse), simples et pratiques, offrent une vue étendue sur le vignoble de Morgon. Salle à manger au décor néo-rustique, terrasse tournée vers les collines plantées de vignes et cuisine traditionnelle.

à Morgon **Sud : 2 km par D 68 –** **69910**

Le Morgon
– 04 74 69 16 03 – Fax 04 74 69 16 03 – Fermé 15 déc.-1er fév., soirs fériés, mardi soir du 1er fév. au 1er avril, dim. soir et merc.
VISA AE
Rest – Menu 14 € (sem.)/38 € – Carte 21/35 €
◆ Sobre cadre rustique (flambées dans la cheminée en hiver), agréable terrasse, accueil aimable et cuisine du terroir soignée : pas mal d'atouts pour cette auberge villageoise.

VILLIERS-LE-MAHIEU – 78 Yvelines – 311 G2 – 615 h. – alt. 127 m – 78770

18 **A2**

Paris 53 – Dreux 37 – Évreux 63 – Mantes-la-Jolie 18 – Rambouillet 33 – Versailles 36

Château de Villiers le Mahieu sans rest
– 01 34 87 44 25 – accueil@chateauvilliers.com – Fax 01 34 87 44 40 – Fermé 24 déc.-1er janv.
25/100, VISA AE
95 ch – 199 € 199 €, 16 €
◆ Ce château fort du 13e s. fut aussi la résidence de Bernard Buffet. Vaste parc et chambres très agréables ; celles du plus récent des trois pavillons sont de style colonial.

VILLIERS-ST-BENOIT – 89 Yonne – 319 C5 – 429 h. – alt. 170 m – 89130

7 **A1**

Paris 152 – Auxerre 33 – Avallon 82 – Cosne-sur-Loire 59 – Montargis 51

Relais St-Benoit avec ch
– 03 86 45 73 42 – micheline.roche@wanadoo.fr – Fax 03 86 45 79 00 – Fermé 20 déc.-5 janv., mardi midi, dim. soir et lundi
VISA
6 ch – 44 € 44/63 €, 8 € – ½ P 65 € – **Rest** – Menu 19 € (sem.)/38 € – Carte 28/31 €
◆ Cette auberge champêtre entièrement rénovée a néanmoins conservé ses cuivres, ses assiettes et ses pichets anciens pour décorer la salle à manger. Carte traditionnelle.

VILLIERS-SOUS-GREZ – 77 Seine-et-Marne – 312 E6 – 764 h. – alt. 86 m – 77760

19 **C3**

Paris 75 – Corbeil-Essonnes 42 – Évry 43 – Savigny-sur-Orge 52

La Cerisaie sans rest
10 r. Larchant – 01 64 24 23 71 – andre.chastel@free.fr – Fax 01 64 24 23 71
4 ch – 63 € 68 €
◆ Vous tomberez vite sous le charme de cette ferme du 19e s. remarquablement restaurée. Ses chambres personnalisées portent des noms évocateurs : Photographe, Orientale, Musicale et Voyageur. Accueil chaleureux.

VILLIERS SUR MARNE – 52 Haute-Marne – 313 K4 – 52320

14 **C3**

Paris 282 – Bar-sur-Aube 41 – Chaumont 31 – Neufchâteau 52 – Saint-Dizier 46

La Source Bleue
Est : 1,5 km par D194, dir. Doulaincourt – 03 25 94 70 35 – Fax 03 25 05 02 09 – Fermé 18 déc.-24 janv., dim. soir, lundi et mardi
90, VISA
Rest – Menu 18 € (déj. en sem.), 25/50 € – Carte 47/54 €
◆ Moulin du 18e s. entouré d'un grand parc longeant la rivière où l'on cueille le cresson. Intérieur plaisamment rafraîchi, terrasse "les pieds dans l'eau" et goûteuse cuisine actuelle.

VINAY – 51 Marne – **306** F8 – **rattaché à Épernay**

VINCELOTTES – 89 Yonne – **319** E5 – **rattaché à Auxerre**

VINCENNES – 94 Val-de-Marne – **312** D2 – **101** 17 – **voir à Paris, Environs**

VINCEY – 88 Vosges – **314** F2 – **rattaché à Charmes**

VINON-SUR-VERDON – 83 Var – **340** J3 – **2 992 h.** – **alt. 280 m** – ✉ 83560 40 **B2**

Paris 775 – Aix-en-Provence 47 – Brignoles 52 – Digne-les-Bains 70 – Manosque 16

Syndicat d'initiative, rue Saint-André ✆ 04 92 78 84 45, Fax 04 92 78 83 74

Relais des Gorges avec ch — rest, P VISA MC AE

230 av. République – ✆ 04 92 78 80 24 – bertet.relais@wanadoo.fr – Fax 04 92 78 96 47 – Fermé 29 oct.-11 nov. et 22-28 déc.

9 ch – †40 € ††50 €, ☕ 6,50 € – ½ P 48 € – **Rest** – Menu 19 € (sauf dimanche midi)/74 € – Carte 40/64 €

◆ Au centre du village, cette auberge vous prépare une appétissante cuisine traditionnelle. Étape roborative en aval des grandioses gorges du Verdon.

VIOLÈS – 84 Vaucluse – **332** C9 – **1 536 h.** – **alt. 94 m** – ✉ 84150 42 **E1**

Paris 659 – Avignon 34 – Carpentras 21 – Nyons 33 – Orange 14 – Vaison-la-Romaine 17

Mas de Bouvau — ch, ch, P VISA MC

rte Cairanne : 2 km – ✆ 04 90 70 94 08 – henri.hertzog@wanadoo.fr – Fax 04 90 70 95 99 – Fermé 1er-9 juin, 22-30 oct., 20-30 déc., 2-31 janv., le midi du 15 juin au 15 sept., le soir de nov. à fév., mardi midi, dim. soir et lundi

6 ch – †61 € ††61/71 €, ☕ 9 € – ½ P 63 € – **Rest** – *(nombre de couverts limité, prévenir)* Menu 26/41 €

◆ Isolé dans les vignes, un authentique mas à l'hospitalité chaleureuse. Vous goûterez une cuisine traditionnelle dans des salles à manger au cadre sagement provençal.

VIRE – 14 Calvados – **303** G6 – **12 815 h.** – **alt. 275 m** – ✉ 14500 Normandie Cotentin 32 **B2**

Paris 296 – Caen 64 – Flers 31 – Laval 103 – Rennes 135 – St-Lô 39

Office de tourisme, square de la Résistance ✆ 02 31 66 28 50, Fax 02 31 66 28 55

de Vire la Dathée à Saint-Manvieu-Bocage La Basse Haie, SE : 8 km par D 150, ✆ 02 31 67 71 01.

Plan page ci-contre

rte de Flers par ③ : **2,5 km sur D 524** – ✉ **14500 Vire**

Manoir de la Pommeraie — P VISA MC AE

– ✆ 02 31 68 07 71 – Fax 02 31 67 54 21 – Fermé 30 juil.-16 août, dim. soir et lundi

Rest – Menu 22 € (déj. en sem.), 33/49 € – Carte 39/62 €

◆ Loin des bruits de la ville, petit manoir du 18e s. dont les deux salles à manger ouvrent sur un agréable parc aux arbres centenaires. Répertoire classique.

à St-Germain-de-Tallevende par ④ : **5 km** – **1 731 h.** – **alt. 201 m** – ✉ **14500**

Auberge St-Germain — VISA MC AE

pl. Église – ✆ 02 31 68 24 13 – Fax 02 31 68 89 57 – Fermé 10-25 sept., 25 janv.-12 fév., dim. soir et lundi

Rest – Menu (16 €), 22/38 € – Carte 27/38 €

◆ À côté de l'église, auberge ancienne en granit comprenant deux petites salles rustiques où plafond bas, poutres et cheminée contribuent à créer une ambiance intime.

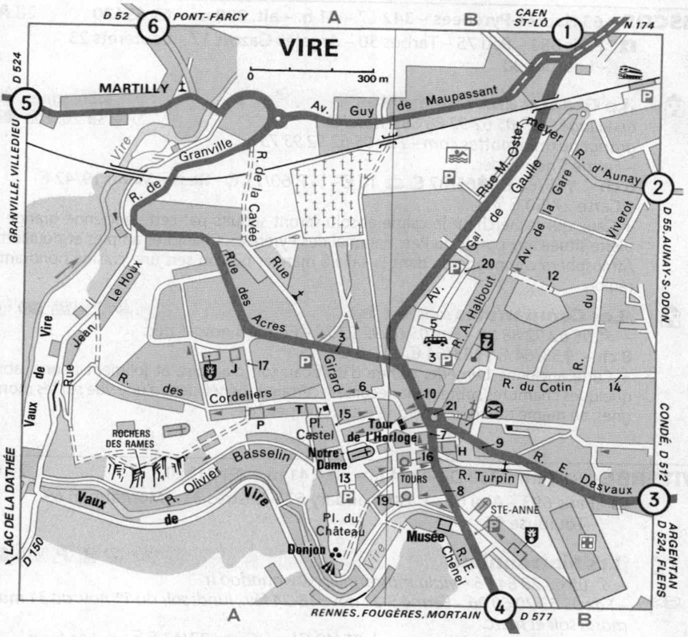

VIRE

Aignaux (R. d') . . . . AB 3
Champ-de-Foire (Pl. du) . . . . B 5
Chénedollé (R.) . . . . A 6
Deslongrais (R.) . . . . B 7
Gasté (R. A.) . . . . B 8
Haut-Chemin (R. du) . . . . B 9
Leclerc (R. Gén.) . . . . B 10
Morgan (R. A.) . . . . B 12
Nationale (Pl.) . . . . A 13
Noes-Davy (R. des) . . . . B 14
Notre-Dame (R.) . . . . A 15
Remparts (R. des) . . . . B 16
Sous-Préfecture (R. de la) . . . . A 17
Valhérel (R. du) . . . . AB 19
Vieux-Collège (R. du) . . . . B 20
6-Juin-1944 (Pl. du) . . . . B 21

Une nuit douillette sans se ruiner ?
Repérez les Bibs Hôtel .

VIRÉ – **71 Saône-et-Loire** – **320** J11 – **954 h.** – **alt. 225 m** – ✉ **71260** 8 **C3**

Paris 378 – Mâcon 20 – Cluny 23 – Tournus 19

XX **Relais de Montmartre** AC VISA

pl. A. Lagrange – ✆ 03 85 33 10 72 – relais-de-montmartre@wanadoo.fr – Fax 03 85 33 98 49 – Fermé 2-9 juil., 8-15 oct., 14 janv.-4 fév., dim. soir d'oct. à mars et lundi

Rest – Menu 17 € (sem.)/60 € – Carte 33/45 €

◆ Cet ancien café d'un village du Mâconnais régale ses convives d'une cuisine traditionnelle personnalisée, dans une élégante salle à manger (drapés, lustres en verre de Murano, etc.).

VIRONVAY – **27 Eure** – **304** H6 – **rattaché à Louviers**

VIRY – **74 Haute-Savoie** – **328** J4 – **rattaché à St-Julien-en-Genevois**

VIRY-CHÂTILLON – **91 Essonne** – **312** D3 – **101** 36 – **voir à Paris, Environs**

VISCOS – 65 Hautes-Pyrénées – **342** L7 – **41 h.** – **alt. 800 m** – ✉ **65120** 28 **A3**

Paris 880 – Pau 75 – Tarbes 50 – Argelès-Gazost 17 – Cauterets 23 – Lourdes 30

La Grange aux Marmottes ← montagnes, 20, VISA MC

au village – *05 62 92 88 88 – hotel@grangeauxmarmottes.com – Fax 05 62 92 93 75 – Fermé 5 nov.-5 déc.*

6 ch – 65/87 € 65/87 €, 10 € – ½ P 60/71 € – **Rest** – Menu 19/42 € – Carte 27/50 €

◆ Ceux qui recherchent le calme absolu seront séduits par cette ancienne grange en pierre située aux portes du Parc national des Pyrénées. Chambres amples et douillettes. Atmosphère campagnarde dans la salle à manger où l'on sert une cuisine honorant la région.

Les Campanules sans rest VISA MC

– *05 62 92 88 88 – Fax 05 62 92 93 75 – Fermé 5 nov. -5 déc.*

8 ch – 53/64 € 53/64 €, 10 €

◆ Cette ancienne bergerie, coiffée d'un beau toit d'ardoise et joliment fleurie, abrite quelques chambres sobrement décorées ; certaines bénéficient d'une vue sur les montagnes, au même titre que la piscine extérieure perchée.

VITERBE – 81 Tarn – **338** D8 – **254 h.** – **alt. 141 m** – ✉ **81220** 29 **C2**

Paris 693 – Albi 62 – Castelnaudary 52 – Castres 31 – Montauban 69 – Toulouse 55

Les Marronniers AC P VISA MC

– *05 63 70 64 96 – viala.marronniers@wanadoo.fr – Fax 05 63 70 60 96 – Fermé 5-21 nov., 18-24 fév., lundi soir du 1er nov. au 31 mars, mardi soir et merc.*

Rest – Menu 11 € (déj. en sem.), 25/40 € bc – Carte 27/43 €

◆ Une collection de tableaux, d'esprit naïf ou moderne, orne les murs de l'agréable salle à manger contemporaine. Plaisante terrasse face au jardin. Cuisine traditionnelle.

VITRAC – 24 Dordogne – **329** I7 – **767 h.** – **alt. 150 m** – ✉ **24200** 4 **D3**

Paris 541 – Brive-la-Gaillarde 64 – Cahors 54 – Périgueux 85 – Sarlat-la-Canéda 8

Office de tourisme, lieu-dit le bourg 05 53 28 57 80

du Domaine de Rochebois à Sarlat-la-Canéda Route de Montfort, SE : 2 km, 05 53 31 52 52.

Château de Montfort★ NE : 2 km - Cingle de Montfort★ NE : 3,5 km, **Périgord Quercy.**

Domaine de Rochebois ← AC ch, ch, rest, 30/60, P VISA MC AE

Est : 2 km par D 703 – 05 53 31 52 52 – info@rochebois.com – Fax 05 53 29 36 88 – Ouvert 28 avril-fin oct.

40 ch – 145/350 € 145/350 €, 18 € – ½ P 123/260 € – **Rest** – *(dîner seult)* Menu 35/40 €

◆ Vaste parc, golf de 9 trous, joli jardin étagé, belle piscine, décoration intérieure raffinée : cette demeure du 19e s. est un petit paradis au cœur du Périgord Noir. Cuisine actuelle servie dans la salle à manger cossue ou sur l'agréable terrasse.

Le Clos Roussillon sans rest AC cuisinette P VISA MC AE

1 km à l'Ouest par D703 et rte secondaire – 05 53 28 13 00 – hotel@closroussillon-perigord.com – Fax 05 53 59 40 25 – Ouvert 6 avril-5 nov.

31 ch – 50/65 € 50/75 €, 10 €

◆ Cet hôtel des années 1980 a été entièrement rénové. Chambres modernes et de bon confort, parfois pourvues de balcons et de kitchenettes. Agréable et paisible parc arboré.

Plaisance — ch, 15, VISA
Le Port – ✆ 05 53 31 39 39 – plaisance@wanadoo.fr – Fax 05 53 31 39 38 – Ouvert 15 fév.-11 nov.
48 ch – 52 € 59/95 €, 9 € – ½ P 59/75 € – **Rest** – *(fermé dim. soir, vend. d'oct. à avril, vend. midi et sam. midi de mai à sept.)* Menu 15 € (déj. en sem.), 24/45 € – Carte 27/49 €
◆ Bâtisse régionale construite en 1808 à flanc de rocher, abritant des chambres bien tenues. De l'autre côté de la route, jardin bordant la Dordogne. Salle à manger aménagée avec goût et terrasse dressée à l'ombre des tilleuls ; cuisine régionale.

La Treille avec ch — VISA
– ✆ 05 53 28 33 19 – hotel@latreille-perigord.com – Fax 05 53 30 38 54 – Fermé 12 nov.-12 déc., lundi et mardi hors saison
8 ch – 55/59 € 45/90 €, 8 € – ½ P 61/65 € – **Rest** – Menu (15 €), 23 € (sem.)/41 € – Carte 38/69 €
◆ La famille Latreille tient cette maison depuis 1866. Façade tapissée de vigne vierge, sobre salle à manger-véranda, terrasse ombragée d'une treille et recettes périgourdines.

VITRAC – 15 Cantal – 330 B6 – 277 h. – alt. 490 m – ✉ 15220 — 5 A3

Paris 561 – Aurillac 26 – Figeac 44 – Rodez 77

Auberge de la Tomette — ch, 15, VISA
– ✆ 04 71 64 70 94 – latomette@wanadoo.fr – Fax 04 71 64 77 11 – Ouvert Pâques-13 nov.
16 ch – 73/89 € 73/89 €, 9,50 € – ½ P 65/76 € – **Rest** – *(dîner seult) (résidents seult)* Menu 30 €
◆ Petites chambres bien tenues en cours de rénovation, délicieux jardin fleuri, piscine découvrable, espace relaxation (sauna, hammam) : cette auberge ne manque pas d'atouts. Au restaurant, boiseries, tomettes, meubles anciens et terrasse sous une pergola.

VITRÉ – 35 Ille-et-Vilaine – 309 O6 – 15 313 h. – alt. 106 m – ✉ 35500 — 10 D2
Bretagne

Paris 310 – Châteaubriant 52 – Fougères 30 – Laval 38 – Rennes 38

Office de tourisme, place Gal-de-Gaulle ✆ 02 99 75 04 46, Fax 02 99 74 02 01

des Rochers Sévigné Château des Rochers, par rte d'Argentré : 6 km, ✆ 02 99 96 52 52.

Château★★ : tour de Montalifant ⩤★, tryptique★ - La Ville★ : rue Baudrairie★★ A 5, remparts★, église Notre-Dame★ B - Tertres noirs ⩤★★ par ④ - Jardin du parc★ par ③ - ⩤★★ des D178 B et D857 A - Champeaux : place★, stalles★ et vitraux★ de l'église 9 km par ④.

Plan page suivante

Minotel sans rest — VISA
47 r. Poterie – ✆ 02 99 75 11 11 – contact@leminotel.fr – Fax 02 99 75 81 26 — AB **b**
17 ch – 40 € 58 €, 7 €
◆ Idéalement située en plein quartier historique, bâtisse ancienne rénovée dont le décor intérieur évoque la pratique du golf. Chambres fonctionnelles et bien tenues.

Le Pichet — VISA
17 bd Laval, par ① – ✆ 02 99 75 24 09 – le.pichet@laposte.net – Fax 02 99 75 81 50 – Fermé 1er-20 août, merc. soir, jeudi soir et dim.
Rest – *(nombre de couverts limité, prévenir)* Menu 18 € (sem.)/36 € – Carte 37/48 €
◆ Demeure d'allure régionale prolongée par un joli jardin arboré où l'on dresse la terrasse l'été (barbecue). Lumineuse et confortable salle à manger-véranda.

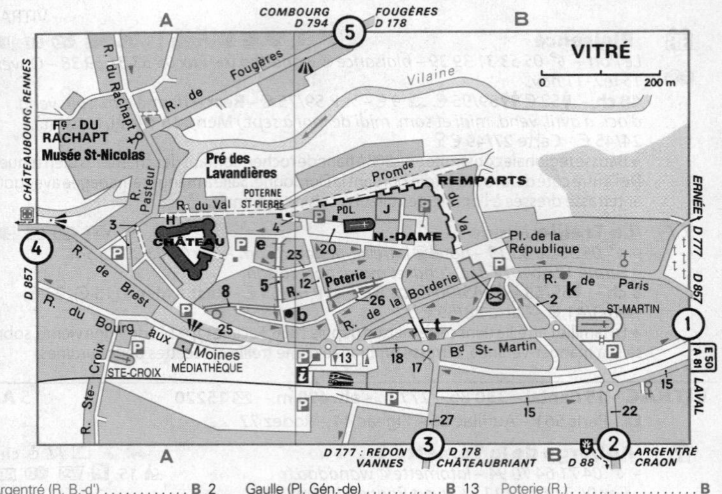

Argentré (R. B.-d')	B 2	Gaulle (Pl. Gén.-de)	B 13	Poterie (R.)	B
Augustins (R. des)	A 3	Jacobins (Bd des)	B 15	Rochers	
Bas-Val (R. du)	A 4	Leclerc (Pl. Gén.)	B 17	(Bd des)	B 2
Baudrairie (R. de la)	A 5	Liberté (R. de la)	B 18	St-Louis (R.)	AB 2
Borderie (R. de la)	B	Notre-Dame (Pl. et R.)	B 20	St-Yves (Pl.)	A 2
En-Bas (R. d')	A 8	Paris (R. de)	B	Sévigné (R.)	B 2
Garengeot (R.)	B 12	Pasteur (R.)	A	70e-R.I. (R. du)	B 2

XX **Le Potager** VISA MC AE

5 pl. Gén. Leclerc – ✆ 02 99 74 68 88 – restaurant_lepotager@wanadoo.fr – Fax 02 99 75 38 13 – Fermé 6-27 août, 26-30 déc., sam. midi, dim. soir et lundi B **t**

Rest – Menu 17 € (sem.)/32 € – Carte 28/39 € ♀

◆ Cure de jouvence pour cette sympathique adresse composée d'un charmant espace bistrot et d'une agréable salle à manger contemporaine égayée de tons aubergine, orange et vert.

VITRY-AUX-LOGES – 45 Loiret – 318 K4 – 1 724 h. – alt. 120 m – ✉ 45530

12 **C2**

▶ Paris 118 – Fleury-les-Aubrais 35 – Olivet 38 – Orléans 36

Château "Le Plessis" sans rest P

– ✆ 02 38 59 47 24 – plessisbeauregard@minitel.net – Fax 02 38 59 47 48 – Fermé 20 déc.-5 janv.

3 ch ☕ – 🚹50/75 € 🚹🚹85/100 €

◆ Ce château du 16e s. possède trois grandes chambres dont deux en rotonde. Habillées de toile de Jouy ou peintes dans des tons dorés, elles donnent toutes sur le superbe parc.

VITRY-LE-FRANÇOIS – 51 Marne – 306 J10 – 16 737 h. – alt. 105 m – ✉ 51300 ▌Champagne Ardenne

13 **B2**

▶ Paris 181 – Bar-le-Duc 55 – Châlons-en-Champagne 33 – Verdun 96

i Office de tourisme, place Giraud ✆ 03 26 74 45 30, Fax 03 26 74 84 74

Plan page ci-contre

La Poste 15/60, P VISA MC AE

pl. Royer-Collard – ✆ 03 26 74 02 65 – hoteldelaposte.vitry@wanadoo.fr – Fax 03 26 74 54 71 – Fermé 20 déc.-3 janv. et dim. BZ **a**

29 ch – 🚹53/57 € 🚹🚹74/95 €, ☕ 8 € – ½ P 85/106 € – **Rest** – Menu 24/75 € bc – Carte 53/71 € ♀

◆ Chambres lumineuses et pratiques, régulièrement rénovées, idéalement situées pour entreprendre la découverte de la ville reconstruite par François 1er. Élégante salle à manger néoclassique où l'on propose une cuisine au goût du jour.

VITRY-LE-FRANÇOIS

Armes (Pl. d') . . . . ABY
Arquebuse (R. de l') . . . . BZ 2
Beaux-Anges (R. des) . . . . BZ 4
Bourgeois (Fg Léon) . . . . BZ 7
Briand (R. Aristide) . . . . AZ
Chêne-Vert (R. du) . . . . BY 9
Dominé (Bd du Col.) . . . . AZ 10
Domyné-de-Verzet (R.) . . . . BZ 13
Grande-Rue-de-Vaux . . . . BY
Guesde (R. Jules) . . . . AZ 14
Hôtel-de-Ville (R. de l') . . . . BZ 19
Joffre (Pl. Mar.) . . . . BZ 21
Leclerc (Pl. Mar.) . . . . BY 23
Minimes (R. des) . . . . AY 24
Moll (Av. du Col.) . . . . AZ 25
Paris (Av. de) . . . . AY 26
Petite-Rue-de-Vaux . . . . BY 29
Petite-Sainte (R. de la) . . . . BZ 30
Petit-Denier (R. du) . . . . AY 28
Pont (R. du) . . . . AY
République (Av. de la) . . . . BZ 33
Royer-Collard (Pl.) . . . . BZ 34
Ste-Memje (R.) . . . . BY 37
St-Éloi (R.) . . . . BY 35
St-Michel (R.) . . . . ABY 36
Soeurs (R. des) . . . . AY 40
Tanneurs (R. des) . . . . AYZ 42
Tour (R. de la) . . . . AY 44
Vieux-Port (R. du) . . . . BZ 46
Vitry-le-Brûlé (Fg de) . . . . BY 47
106e-R.-I. (Av. du) . . . . BZ 49

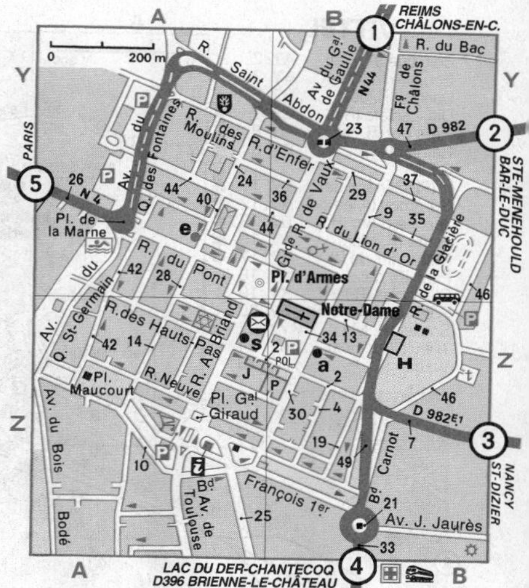

De la Cloche ch, rest, ch, 15, VISA

34 r. A. Briand – ☎ 03 26 74 03 84 – chef.sautetepicerie@wanadoo.fr – Fax 03 26 74 15 52 – Fermé 2-15 janv. et sam. sauf du 1er juin au 15 oct.

22 ch – 45/80 € 55/100 €, 9 € – ½ P 62 € AZ **s**

Rest *Jacques Sautet* – Menu 26/60 € – Carte 42/88 €

Rest *Vieux Briscard* – brasserie Menu (12 €), 24 € – Carte 20/30 €

◆ Hôtel du centre-ville abritant quelques chambres rénovées, assez joliment colorées, et d'autres plus sobres. Plaisant restaurant où l'on sert de goûteuses spécialités maison. L'ancien bar abrite le Vieux Briscard ; carte brasserie.

Gourmet des Halles VISA

11 r. Sœurs – ☎ 03 26 74 48 88 – Fax 03 26 72 54 28 – Fermé mardi soir

Rest – Menu 11 € (sem.)/23 € – Carte 19/31 € AY **e**

◆ Halte sympathique à deux pas des halles. Une jolie fresque murale égaye l'une des trois salles. En été, vous pourrez prendre votre repas sur la "terrasse-trottoir".

VITTEAUX – 21 Côte-d'Or – 320 H5 – 1 114 h. – alt. 320 m – ✉ 21350

Bourgogne 8 **C2**

Paris 259 – Auxerre 100 – Avallon 55 – Beaune 64 – Dijon 47 – Montbard 34 – Saulieu 34

Office de tourisme, rue Hubert Languet ☎ 03 80 33 90 14

Vieille Auberge VISA

19 r. Verdun – ☎ 03 80 49 60 88 – Fax 03 80 49 68 14 – Fermé 18-29 juin, 12-25 oct., 14-20 janv., jeudi soir de nov. à mars, dim. soir, lundi soir, mardi soir et merc. soir

Rest – Menu (10 €), 13,50 € (sem.)/26 € – Carte 18/36 €

◆ Un bar à l'ambiance rurale dessert les deux salles rustiques rénovées de cette auberge familiale villageoise. Petite terrasse, jardinet et boulodrome ; table traditionnelle.

VITTEL – 88 Vosges – 314 D3 – 6 117 h. – alt. 347 m – Stat. therm. : début avril-mi déc. – Casino AY – ✉ 88800 Alsace Lorraine

26 **B3**

Paris 342 – Belfort 129 – Chaumont 84 – Épinal 43 – Langres 80 – Nancy 85

Office de tourisme, pl. de la Marne ☎ 03 29 08 08 88, Fax 03 29 08 37 99

36 de Vittel Ermittage Hotel Ermitage, ☎ 03 29 08 81 53 ; 9 du Bois de Hazeau Centre Préparation Olympique, SO : 1 km, ☎ 03 29 08 20 85.

Parc★.

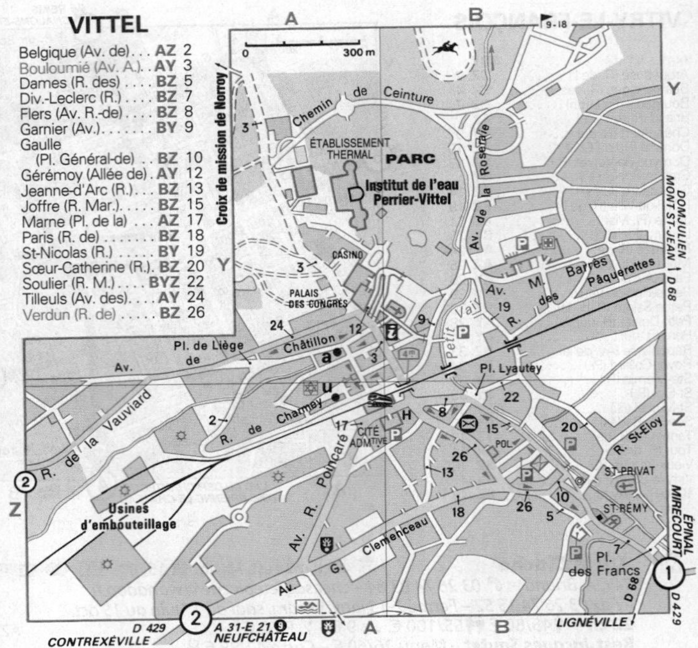

D'Angleterre
r. Charmey – ✆ 03 29 08 08 42 – philippe.Giorgi@wanadoo.fr – Fax 03 29 08 07 48 – Fermé 20 déc.-10 janv. AZ **u**

55 ch – †69/126 € ††88/180 € – ½ P 61/112 € – **Rest** – *(fermé 20 déc.-2 fév.)* Menu (14,50 € bc), 19 € (sem.)/38 € – Carte 16/38 €

◆ Entre gare et thermes, grand hôtel du début du 20e s. agrémenté d'un jardin arboré. Chambres spacieuses et confortables. Salon-bar "cosy". Forfaits remise en forme. La salle à manger, relookée, a conservé son joli parquet à chevrons ; cuisine traditionnelle.

Providence sans rest
125 av. Châtillon – ✆ 03 29 08 08 27 – providence.vittel@wanadoo.fr – Fax 03 29 08 62 60 AY **a**

38 ch – †55/70 € ††65/80 €, 8 €

◆ Cet établissement vittellois a fait peau neuve. Résultat : la plupart des chambres, certes petites mais confortables, arborent un aspect des plus engageants.

César
20, VISA
125 av. Châtillon – ✆ 03 29 08 61 73 – restaurantcesar@hotmail.fr – Fax 03 29 08 61 73 – Fermé 23 déc.-16 janv., dim. soir, mardi midi et lundi AY

Rest – Menu 19 € (déj. en sem.), 25/65 € – Carte 41/56 €

◆ Indépendant de l'hôtel qui l'abrite, ce restaurant rénové se distingue par son atmosphère élégante et sa savoureuse cuisine au goût du jour. Bar-fumoir "lounge" à l'entrée.

à l'Ouest par r. de la Vauviard AZ : 3 km – ✉ 88800 Vittel

L'Orée du Bois
ch, ch, 50/80, VISA
– ✆ 03 29 08 88 88 – info@loreeduboisvittel.fr – Fax 03 29 08 01 61

39 ch – †60/85 € ††60/85 €, 8,50 € – ½ P 51/68 € – **Rest** – Menu 18/34 € – Carte 28/47 €

◆ Face au golf, établissement moderne disposant d'équipements sportifs et de loisirs complets. Chambres régulièrement rajeunies (testez donc les "bio", au confort actuel). Salle à manger contemporaine, jardin-terrasse et cuisine traditionnelle sans prétention.

VIVÈS – 66 Pyrénées-Orientales – 344 H7 – rattaché au Boulou

VIVIERS – 07 Ardèche – 331 K7 – 3 413 h. – alt. 65 m – ✉ 07220

44 **B3**

Paris 618 – Lyon 163 – Marseille 167 – Montpellier 158 – Valence 63

Office de tourisme, 5 place Riquet ✆ 04 75 52 77 00, Fax 04 75 52 81 63

Le Relais du Vivarais avec ch — ch, ch, rest, VISA

31 rte Nationale 86 – ✆ 04 75 52 60 41 – relais.viviers@wanadoo.fr – Fax 04 75 49 84 72 – Fermé 21 déc.-3 janv., 10 mars-1er avril, dim. soir hors saison

5 ch – †65/70 € ††65/70 €, ☕ 8,50 € – **Rest** – Menu 23/45 € – Carte 28/45 €

◆ Accueil charmant et bons petits plats du terroir dans ce sympathique restaurant familial (non-fumeurs). À la belle saison, tilleuls et saules ombragent la plaisante terrasse. Chambres flambant neuves.

LE VIVIER-SUR-MER – 35 Ille-et-Vilaine – 309 L3 – 1 009 h. – alt. 6 m – ✉ 35960

10 **D1**

Paris 385 – Dinan 36 – Dol-de-Bretagne 8 – Fougères 61 – St-Malo 22

Beau Rivage — ch, 20, VISA

21 r. Mairie – ✆ 02 99 48 90 65 – info@logis-beaurivage.com – Fax 02 99 48 85 40 – Ouvert 17 fév.-11 nov.

30 ch – †47 € ††54/56 €, ☕ 7,50 € – **Rest** – Menu 14/43 € – Carte 16/46 € ♀

◆ Réservez l'une des chambres rénovées de cet hôtel bâti à deux pas de la somptueuse baie du Mont-St-Michel. Aire de jeux pour enfants. Sobre salle à manger où vous pourrez déguster une cuisine traditionnelle privilégiant les produits de la mer.

VIVONNE – 86 Vienne – 322 H6 – 3 028 h. – alt. 103 m – ✉ 86370

Poitou Vendée Charentes

39 **C2**

Paris 354 – Angoulême 94 – Confolens 62 – Niort 67 – Poitiers 20 – St-Jean-d'Angély 90

Office de tourisme, place du Champ de Foire ✆ 05 49 43 47 88, Fax 05 49 43 34 87

Le St-Georges — ch, rest, 20/40, VISA

Grande Rue (près église) – ✆ 05 49 89 01 89 – courrier@hotel-st-georges.com – Fax 05 49 89 00 22 – Fermé 21 déc.-7 janv. et dim. de nov. à mars

32 ch – †42/54 € ††50/70 €, ☕ 8 € – ½ P 110 € – **Rest** – Menu 18/34 € – Carte 31/39 € ♀

◆ Ravaillac eut à Vivonne la terrible vision qui le conduisit au régicide. Dormez tranquille dans cet hôtel disposant de chambres fonctionnelles et bien tenues. Salle à manger contemporaine (cuisine traditionnelle) et espace bistrot pour le menu du jour.

VOIRON – 38 Isère – 333 G5 – 19 794 h. – alt. 290 m – ✉ 38500

Alpes du Nord

45 **C2**

Paris 546 – Chambéry 43 – Grenoble 29 – Lyon 85 – Valence 89

Office de tourisme, 58 cours Becquart Castelbon ✆ 04 76 05 00 38, Fax 04 76 65 63 21

Caves de la Chartreuse★ - Massif de la Chartreuse★★.

La Chaumière — ch, 20, VISA

r. Chaumière (par bd République - dir. Criel) – ✆ 04 76 05 16 24 – hotel.lachaumiere@wanadoo.fr – Fax 04 76 05 13 27 – Fermé 28 juil.-12 août, 23 déc.-6 janv., dim. soir et sam.

19 ch – †51/53 € ††53/55 €, ☕ 7,50 € – ½ P 47/51 € – **Rest** – Menu 18/36 € – Carte 29/40 € ♀

◆ Discrète maison située dans un quartier résidentiel relativement calme. Chambres progressivement rénovées et sympathique accueil familial. Côté restaurant, service dans la sobre salle à manger ou sur la terrasse dressée à l'ombre d'un platane en été.

Guicherd

3 av. Frères Tardy (près gare) – ✆ 04 76 05 29 88 – Fax 04 76 05 45 62 – Fermé 7-28 août, sam. midi, dim. soir et lundi
Rest – Menu 20 € (déj. en sem.), 26/42 € – Carte 37/70 €
◆ Même au pied du massif de la Chartreuse, on ne se refuse pas les plaisirs de l'océan : produits de la mer servis dans un décor de style marin.

VOISINS-LE-BRETONNEUX – 78 Yvelines – 311 I3 – 101 22 – voir à Paris, Environs (St-Quentin-en-Yvelines)

VOITEUR – 39 Jura – 321 D6 – 718 h. – alt. 260 m – ✉ 39210 16 B3

Paris 409 – Besançon 79 – Dole 51 – Lons-le-Saunier 12

Office de tourisme, place de la Mairie ✆ 03 84 44 62 47

Château Saint-Martin sans rest

– ✆ 03 84 44 91 87 – kellerbr@wanadoo.fr – Fax 03 84 44 91 87 – Fermé déc. et janv.
4 ch – 90 € 100 €
◆ Un apéritif accueille les hôtes de ce château classé monument historique. Ses chambres, de style différent, donnent parfois sur le parc et la chapelle du 14e s. Piano à disposition.

VOLLORE-VILLE – 63 Puy-de-Dôme – 326 I8 – 684 h. – alt. 540 m – ✉ 63120 6 C2

Paris 408 – Clermont-Ferrand 58 – Roanne 63 – Vichy 52

Château de Vollore sans rest

– ✆ 04 73 53 71 06 – chateau.vollore@wanadoo.fr – Fax 04 73 53 72 44
5 ch – 100/150 € 120/220 €
◆ Une partie du château du marquis de La Fayette est ouverte à la visite. L'autre abrite des chambres et suites superbement meublées. Beau panorama sur le Livradois et les monts Dôme.

VOLNAY – 21 Côte-d'Or – 320 I7 – 323 h. – alt. 290 m – rattaché à Beaune – ✉ 21190

VOLVIC – 63 Puy-de-Dôme – 326 F7 – 4 202 h. – alt. 510 m – ✉ 63530 Auvergne 5 B2

Paris 414 – Aubusson 85 – Clermont-Ferrand 12 – Le Mont-Dore 49 – Riom 8 – Ussel 86

Office de tourisme, place de l'Eglise ✆ 04 73 33 58 73, Fax 04 73 33 82 35

Maison de la Pierre : coulée de lave★ - Musée municipal Marcel-Sahut : dessins de Daumier★, collection de demi-noix de coco★ - Ruines du château de Tournoël★ : ❋★ du donjon N : 1,5 km.

à Luzet Ouest : 4 km, rte de Pontgibaud – ✉ 63530 Volvic

La Rose des Vents rest, ch, 15/40,

– ✆ 04 73 33 50 77 – info@hotel-volvic.com – Fax 04 73 33 57 11 – Ouvert 15 mars-15 déc. et fermé dim. soir hors vacances scolaires
28 ch – 46/52 € 54/60 €, 7,50 € – ½ P 49/55 € – **Rest** – *(fermé vend. soir, dim. soir, lundi midi et mardi midi hors vacances scolaires)* Menu (14,50 € bc), 18 € (sem.), 26/42 €
◆ Adresse pratique pour rayonner dans le Parc des Volcans d'Auvergne. Chambres au confort actuel ; certaines ont vue sur le Puy de Dôme. Piscine avec toit coulissant. Sobre salle à manger, terrasse donnant sur le jardin de l'hôtel et cuisine traditionnelle.

VONNAS – 01 Ain – **328** C3 – **2 422 h.** – **alt. 200 m** – ✉ **01540**
Bourgogne 43 **E1**

Paris 409 – Bourg-en-Bresse 23 – Lyon 69 – Mâcon 21 – Villefranche-sur-Saône 41

Syndicat d'initiative, rue du Moulin ✆ 04 74 50 04 47

Georges Blanc rest, 40,
pl. Marché – ✆ *04 74 50 90 90 – blanc@relaischateaux.com – Fax 04 74 50 08 80 – Fermé janv.* VISA AE
35 ch – 160/450 € 160/450 €, 27 € – 5 suites – **Rest** – *(fermé merc. midi, lundi et mardi) (nombre de couverts limité, prévenir)* Menu 110/230 € – Carte 116/173 €

Spéc. Chartreuse au tourteau et caviar oscietre royal. Menu "Volaille de Bresse". Panouille bressane glacée à la confiture de lait. **Vins** Mâcon-Azé, Juliénas.

◆ Belle demeure régionale nichée dans un jardin fleuri au bord de la Veyle. Chambres spacieuses et personnalisées. Cuisine bressane transcendée et superbe cave : le restaurant (non-fumeurs) est l'un des plus beaux fleurons de la gastronomie française.

Résidence des Saules sans rest VISA AE
– ✆ *04 74 50 90 51 – blanc@relaischateaux.com – Fax 04 74 50 08 80 – Fermé janv.* – **6 ch** – 140 € 140 €, 27 € – 4 suites

◆ Située de l'autre côté de la place, au-dessus d'un magasin de produits régionaux-souvenirs, c'est un peu l'annexe de l'hostellerie Blanc. Chambres spacieuses et confortables.

L'Ancienne Auberge VISA AE
– ✆ *04 74 50 90 50 – auberge1900@georgesblanc.com – Fax 04 74 50 08 80 – Fermé janv.*
Rest – Menu 20 € (déj. en sem.), 27/45 € – Carte 34/57 €

◆ Dans une ancienne fabrique de limonade, décor de bistrot "rétro" idéalisé recréant le cadre de l'auberge ouverte par la famille Blanc à la fin du 19e s. Cuisine bressane.

VOSNE ROMANEE – 21 Côte-d'Or – **320** J7 – **460 h.** – **alt. 242 m** – ✉ **21700** 8 **D1**

Paris 330 – Chalon-sur-Saône 49 – Dijon 21 – Dole 71

Le Richebourg sans rest VISA
ruelle du Pont – ✆ *03 80 61 59 59 – hotel@lerichebourg.com – Fax 03 80 61 59 50*
24 ch – 95/125 € 95/125 €, 12 € – 2 suites

◆ Dans un minuscule village vinicole, hôtel proposant des chambres au cadre moderne équipées d'un mobilier fonctionnel et deux suites tout confort. Fitness avec sauna, hammam et jacuzzi.

VOUGEOT – 21 Côte-d'Or – **320** J6 – **187 h.** – **alt. 239 m** – ✉ **21640**
Bourgogne 8 **D1**

Paris 325 – Beaune 27 – Dijon 17

Château du Clos de Vougeot★ O.

Clos de la Vouge ch, VISA
1 r. Moulin – ✆ *03 80 62 89 65 – closdelavouge@wanadoo.fr – Fax 03 80 62 83 14 – Fermé janv. et fév.*
10 ch – 50/69 € 90/125 €, 10 € – **Rest** – *(fermé lundi et mardi du 1er nov. au 31 mars.)* Menu 22 € (sem.)/32 € – Carte 28/51 €

◆ Cette bâtisse régionale restaurée est située à proximité du célébrissime château du Clos de Vougeot. Chambres amples, confortables et insonorisées.

à Gilly-lès-Cîteaux Est : 2 km par D 251 – **567 h.** – **alt. 227 m** – ✉ **21640**

Château de Gilly ch, 10/100,
– ✆ *03 80 62 89 98 – gilly@grandesetapes.fr – Fax 03 80 62 82 34* VISA AE
37 ch – 156/300 € 156/300 €, 22 € – 11 suites – ½ P 158/438 €
Rest *Clos Prieur* – *(fermé le midi sauf dim.)* Menu 42/65 € – Carte 48/104 €
Rest *Côté Terroirs* – *(fermé le soir et dim.)* Menu 20/25 €

◆ Calme et raffinement caractérisent cet ancien palais abbatial cistercien abritant de spacieuses chambres personnalisées. Agréables jardins à la française. Le Clos Prieur occupe un superbe cellier voûté d'ogives du 14e s. Formule bistrot au Côté Terroirs.

L'Orée des Vignes sans rest
6 rte d'Épernay – ✆ 03 80 62 49 77 – info@oreedesvignes.com – Fax 03 80 62 49 76
26 ch – 62/124 € 62/124 €, 8,50 €
◆ Ferme du 16e s. dont les bâtiments abritent des chambres assez vastes équipées de meubles fonctionnels, un espace petit-déjeuner et deux accueillantes salles de réunion.

à Flagey-Échezeaux Sud-Est : 3 km par N 71 et D 109 – 494 h. – alt. 227 m – ✉ 21640

Losset sans rest
10 pl. Église – ✆ 03 80 62 46 00 – hotel.losset@wanadoo.fr – Fax 03 80 62 46 08
7 ch – 85 € 85/130 €, 8 €
◆ Cet hôtel récent propose de grandes chambres confortables (sous poutres), dotées de meubles de style, rustiques ou actuels, et d'un petit coin salon (cheminée).

Simon
12 pl. Église – ✆ 03 80 62 88 10 – famille.simon7@wanadoo.fr – Fax 03 80 62 88 10 – Fermé 1er-10 août, 20-26 déc., 1er-26 fév., dim. soir et merc.
Rest – Menu 20 € (déj. en sem.), 33/75 € – Carte 44/64 €
◆ Au centre d'un village viticole, restaurant au cadre campagnard et nouvelle salle à manger où l'on sert une appétissante cuisine traditionnelle.

VOUGY – 74 Haute-Savoie – 328 L4 – rattaché à Bonneville

VOUILLÉ – 86 Vienne – 322 G5 – 2 774 h. – alt. 118 m – ✉ 86190 39 C1

Paris 345 – Châtellerault 46 – Parthenay 34 – Poitiers 18 – Saumur 89 – Thouars 55

Office de tourisme, 10 place de l'Eglise ✆ 05 49 51 06 69, Fax 05 49 50 87 48

Cheval Blanc avec ch
3 r. Barre – ✆ 05 49 51 81 46 – lechevalblanc.clovis@wanadoo.fr – Fax 05 49 51 96 31 – Fermé vacances de fév.
14 ch – 47 € 47/59 €, 6 € – ½ P 45 € – **Rest** – Menu 17/45 € – Carte 26/40 €
◆ Au cœur du bourg, plusieurs salles à manger contemporaines (dont une avec cheminée) donnant sur une rivière, tout comme la paisible terrasse d'été. Chambres pratiques.

Clovis
– Fermé vacances de fév.
30 ch – 47 € 47/52 €, 6 € – ½ P 45 €
◆ À 100 m de la maison mère, construction récente aux chambres fonctionnelles bien tenues. Petits-déjeuners proposés sous forme de buffet.

VOUTENAY-SUR-CURE – 89 Yonne – 319 F6 – 189 h. – alt. 130 m – ✉ 89270 7 B2

Paris 206 – Auxerre 37 – Avallon 15 – Vézelay 15

Auberge Le Voutenay avec ch
– ✆ 03 86 33 51 92 – auberge.voutenay@wanadoo.fr – Fax 03 86 33 51 91 – Fermé 20-26 juin, 21-28 nov., 1er-22 janv., dim. soir, lundi et mardi
8 ch – 45/65 € 45/65 €, 8 € – ½ P 60 € – **Rest** – *(nombre de couverts limité, prévenir)* Menu 25/53 €
◆ Au bord de la N 6, demeure du 18e s. tournée vers son agréable parc arboré. Salle à manger rustico-bourgeoise dotée d'une belle cheminée en bois sculpté. Chambres "rétro".

VOUVRAY – 37 Indre-et-Loire – 317 N4 – 3 046 h. – alt. 55 m – ✉ 37210
Châteaux de la Loire 11 B2

Paris 240 – Amboise 18 – Blois 51 – Château-Renault 25 – Tours 10

Office de tourisme, 12 route Rabelais ✆ 02 47 52 68 73, Fax 02 47 52 70 88

Domaine des Bidaudières sans rest

r. Peu Morier – ✆ 02 47 52 66 85 – resa@bidaudieres.com – Fax 02 47 52 62 17

7 ch – 95/105 € 105/160 €

◆ Les chambres de cette demeure du 18e s. garantissent un sommeil paisible. Décorées de toiles de Jouy et de meubles chinés chez les antiquaires, elles ouvrent sur un parc somptueux.

Grand Vatel

8 av. Brûlé – ✆ 02 47 52 70 32 – legrandvatel@orange.fr – Fax 02 47 52 74 52 – Fermé vacances de Noël, deuxième sem. de mars, dim. soir et lundi sauf fériés

Rest – Menu 20/71 € – Carte 40/58 €

◆ Cette maison tourangelle en pierre abrite deux salles à manger dont une décorée dans le style des années 1920. Cuisine du terroir et belle sélection de vouvrays.

VOVES – 28 Eure-et-Loir – 311 F6 – 2 928 h. – alt. 146 m – ✉ 28150 12 C1

Paris 99 – Ablis 36 – Bonneval 23 – Chartres 25 – Châteaudun 38 – Étampes 51 – Orléans 61

Le Quai Fleuri

40, P VISA AE

15 r. Texier Gallas – ✆ 02 37 99 15 15 – quaifleuri@wanadoo.fr – Fax 02 37 99 11 20

17 ch – 58/68 € 64/74 €, 9 € – 2 suites – ½ P 60 € – **Rest** – *(fermé dim. soir)* Menu (14 €), 20/31 € – Carte 40/64 €

◆ Cet hôtel récent, flanqué d'un moulin reconstitué - emblème beauceron -, abrite de petites chambres personnalisées. Celles logées dans l'annexe sont plus spacieuses et de plain-pied avec le parc. Au restaurant, lumineux décor contemporain et cuisine traditionnelle.

VREGNY – 02 Aisne – 306 C6 – 102 h. – alt. 185 m – ✉ 02880 37 C2

Paris 121 – Amiens 153 – Laon 28 – Compiègne 53 – Soissons 11

Les Terrasses de la Vallée

ch, ch, P

9 r. Église – ✆ 03 23 53 27 40 – ohcollignon@wanadoo.fr

4 ch – 80 € 80/100 € – **Rest** – table d'hôte *(résidents seult)* Menu 40 € bc

◆ Cette belle maison de maître au passé chargé d'histoire jouit d'une vue superbe sur la vallée de l'Aisne. Élégantes chambres thématiques et jardin panoramique. Accueil charmant. Appétissante cuisine familiale à la table d'hôte (sur réservation).

VRON – 80 Somme – 301 D6 – 721 h. – alt. 15 m – ✉ 80120 36 A1

Paris 211 – Abbeville 27 – Amiens 76 – Berck-sur-Mer 17 – Calais 89 – Hesdin 24

L'Hostellerie du Clos du Moulin

rest, P VISA AE

1 r. Maréchal Leclerc – ✆ 03 22 23 74 75 – contact@leclosdumoulin.fr – Fax 03 22 23 74 76

15 ch – 145 € 145 € – ½ P 100 € – **Rest** – *(dîner seult sauf dim.)* Menu 27/44 € – Carte 32/56 €

◆ Les ex-écuries de ce domaine ceint d'un joli jardin abritent des chambres personnalisées et "cosy" (décor à l'ancienne, confort moderne) ; certaines disposent d'un coin salon. Les salles à manger aménagées dans des étables du 16e s. ont beaucoup de caractère.

WAHLBACH – 68 Haut-Rhin – 315 I11 – rattaché à Altkirch

WANGENBOURG – 67 Bas-Rhin – 315 H5 – alt. 452 m – ✉ 67710
Alsace Lorraine 1 **A1**

Paris 469 – Molsheim 30 – Sarrebourg 36 – Saverne 19 – Sélestat 65 – Strasbourg 41

Office de tourisme, 32a, rue du Gal de Gaulle ✆ 03 88 87 33 50, Fax 03 88 87 32 23. Syndicat d'initiative, 32a, rue du Gal de Gaulle ✆ 03 88 87 32 44, Fax 03 88 87 32 23

Région de Dabo-Wangenbourg★★.

Parc Hôtel cuisinette 50, P VISA

39 r. Gén. de Gaulle – ✆ 03 88 87 31 72 – parchotel@wanadoo.fr – Fax 03 88 87 38 00 – Ouvert 16 mars-4 nov.

32 ch – 51/99 € 51/99 €, 10 € – ½ P 54/76 € – **Rest** – Menu 18/43 € – Carte 30/40 €

◆ Hôtel traditionnel tenu par la même famille depuis 1848, niché dans un parc ombragé avec circuit botanique, jeux pour les enfants et courts de tennis. Chambres spacieuses. Salle à manger classique avec cheminée et confortable salon habillé de jolies boiseries.

LA WANTZENAU – 67 Bas-Rhin – 315 K5 – rattaché à Strasbourg

WASSELONNE – 67 Bas-Rhin – 315 I5 – 5 542 h. – alt. 220 m – ✉ 67310
Alsace Lorraine 1 **A1**

Paris 464 – Haguenau 42 – Molsheim 15 – Saverne 15 – Sélestat 51 – Strasbourg 27

Office de tourisme, 22 place du Général Leclerc ✆ 03 88 59 12 00

Hostellerie de l'Étoile ch, rest, 150, P VISA

pl. Gén. Leclerc – ✆ 03 88 87 03 02 – luxetoile@aol.com – Fax 03 88 87 16 06 –

33 ch – 38 € 43/50 €, 9 € – ½ P 44 € – **Rest** – *(fermé dim. soir)* Menu 11,50 € (sem.)/28 € – Carte 22/42 €

◆ La partie hôtel de cet établissement familial occupe une construction récente (1994) ; chambres assez spacieuses, donnant sur une calme cour intérieure. Cuisine régionale sans prétention servie dans la salle à manger rustique agrandie par une véranda.

Au Saumon avec ch VISA

r. Gén. de Gaulle – ✆ 03 88 87 01 83 – weltythierry@neuf.fr – Fax 03 88 87 46 69 – Fermé 1er-15 juil., 21 fév.-7 mars, dim. soir, mardi soir et merc.

6 ch – 37 € 45 €, 6 € – ½ P 45 € – **Rest** – Menu (9,50 €), 11,50 € (déj. en sem.), 18/45 € – Carte 26/58 €

◆ Fresques et boiseries ornent les murs de la salle à manger complétée d'une lumineuse véranda. On y déguste une cuisine traditionnelle et quelques plats du terroir.

à Romanswiller Ouest : 3,5 km par D 224 – 1 194 h. – alt. 220 m – ✉ 67310

Aux Douceurs Marines P

2 rte Wangenbourg – ✆ 03 88 87 13 97 – Fax 03 88 04 27 87 – Fermé vacances de la Toussaint, de fév., lundi soir, mardi soir, jeudi soir et merc.

Rest – Menu 11 € (sem.)/40 € bc – Carte 25/41 €

◆ Une jolie couleur bleue égaie la façade de cette maison ancienne située au bord de la route, mais profitant du calme de la campagne. Sobre salle à manger. Poisson à l'honneur.

WATTIGNIES – 59 Nord – 302 G4 – rattaché à Lille

WENGELSBACH – 67 Bas-Rhin – 315 K2 – rattaché à Niedersteinbach

Ne confondez pas les couverts X et les étoiles ✿ !
Les couverts définissent une catégorie de standing, tandis que l'étoile couronne les meilleures tables, dans chacune de ces catégories.

WESTHALTEN – 68 Haut-Rhin – 315 H9 – 816 h. – alt. 240 m – ✉ 68250
Alsace Lorraine 1 **A3**

Paris 480 – Colmar 22 – Guebwiller 11 – Mulhouse 28 – Thann 27

Auberge du Cheval Blanc (Koehler) avec ch ch, rest, 30, VISA
20 r. Rouffach – 03 89 47 01 16 – chevalblanc.west@wanadoo.fr – Fax 03 89 47 64 40 – Fermé 11-25 juin, 14 janv.-7 fév., mardi midi, dim. soir et lundi
12 ch – 75/120 € 85/120 €, 12 € – ½ P 92/106 € – **Rest** – Menu (19 € bc), 36/87 € – Carte 46/84 €
Spéc. Dégustation de nos foies gras d'oie en trois services. Ravioles de homard au bouillon thaï. Noisettes de chevreuil à l'alsacienne (saison). **Vins** Riesling, Gewurztraminer.
◆ Voici une élégante maison, tenue par la même famille de vignerons depuis 1785. Cuisine à la fois classique et créative ; belle carte de vins d'Alsace dont ceux de la propriété. Les chambres récemment refaites, sont spacieuses, confortables et modernes.

WETTOLSHEIM – 68 Haut-Rhin – 315 H8 – rattaché à Colmar

WEYERSHEIM – 67 Bas-Rhin – 315 K4 – 2 993 h. – alt. 140 m – ✉ 67720 1 **B1**

Paris 486 – Haguenau 18 – Saverne 49 – Strasbourg 21 – Wissembourg 50

Auberge du Pont de la Zorn VISA
2 r. République – 03 88 51 36 87 – Fax 03 88 51 36 87 – Fermé 5-27 sept., 21 janv.-13 fév., sam. midi, merc. et jeudi
Rest – Menu (11 €), 14,50 € (sem.)/33 € – Carte 22/38 € carte le soir
◆ Reproductions de dessins signés Hansi, poutres apparentes, poteries régionales : un concentré d'Alsace ! Bucolique terrasse en bord de Zorn. Tartes flambées servies le soir.

WIERRE-EFFROY – 62 Pas-de-Calais – 301 D3 – 747 h. – alt. 28 m – ✉ 62720 30 **A2**

Paris 262 – Calais 29 – Abbeville 88 – Boulogne-sur-Mer 14 – Saint-Omer 47

La Ferme du Vert rest, 30, VISA
– 03 21 87 67 00 – ferme.du.vert@wanadoo.fr – Fax 03 21 83 22 62 – Fermé 16 déc.-21 janv. et dim. de nov. à mars
16 ch – 56 € 60/123 €, 10 € – ½ P 61/90 € – **Rest** – *(fermé 17-23 sept., dim. et lundi midi) (dîner seult de sept. à mai)* Menu 25/41 € – Carte 32/50 €
◆ Vous profiterez du calme de la campagne dans cette ancienne ferme du Boulonnais. Les chambres, de taille variable, sont décorées avec goût et simplicité. À table, vous vous régalerez de petits plats traditionnels élaborés avec les produits du terroir.

WIMEREUX – 62 Pas-de-Calais – 301 C3 – 7 493 h. – alt. 7 m – ✉ 62930
Nord Pas-de-Calais Picardie 30 **A2**

Paris 269 – Arras 125 – Boulogne-sur-Mer 7 – Calais 33 – Marquise 13

Office de tourisme, quai Alfred Giard 03 21 83 27 17, Fax 03 21 32 76 91

Du Centre rest, VISA
78 r. Carnot – 03 21 32 41 08 – hotel.du.centre@wanadoo.fr – Fax 03 21 33 82 48 – Fermé 21 déc.-30 janv.
23 ch – 55 € 80 €, 8 € – **Rest** – *(fermé lundi)* Menu (17,50 €), 21/31 € – Carte 23/43 €
◆ Bâtisse ancienne bordant la rue principale de cette station balnéaire de la Côte d'Opale. Les chambres, toutes rénovées, sont parfois dotées d'une mezzanine. Le restaurant affiche un sympathique "look" bistrot ; plats traditionnels et produits de la mer.

Liégeoise et Atlantic Hôtel avec ch la mer, ch, 50, VISA
digue de mer (1er étage) – 03 21 32 41 01 – Alain.delpierre@wanadoo.fr – Fax 03 21 87 46 17 – Fermé fév., dim. soir et lundi midi
18 ch – 76/90 € 123 €, 10 € – ½ P 85/122 € – **Rest** – Menu 34/61 €
◆ Bien situé sur la digue-promenade, face à la Manche. Belle salle à manger panoramique, joliment meublée dans le style Louis XVI. Chambres neuves, à choisir côté mer.

Epicure (Carrée)

1 r. Pompidou – ✆ 03 21 83 21 83 – Fax 03 21 33 53 20 – Fermé vacances de Noël, merc. soir et dim.

Rest – *(nombre de couverts limité, prévenir)* Menu 24/37 € – Carte 38/50 €

Spéc. Croustillant de maquereau fumé, lentilles vertes au curry. Bar de ligne, girolles et artichaut (juil.-août). Saint-Jacques rôties, trévise et jus de betterave acidulé (oct. à avril).

◆ En centre-ville, derrière une façade discrète, toute petite salle à manger au cadre intime et feutré. Attrayante cuisine au goût du jour, axée sur les produits de la mer.

WIMILLE – 62 Pas-de-Calais – 301 C3 – rattaché à Wimereux

WINKEL – 68 Haut-Rhin – 315 H12 – 334 h. – alt. 575 m – ✉ 68480 1 A3

Paris 466 – Altkirch 23 – Basel 35 – Belfort 50 – Colmar 92 – Montbéliard 46 – Mulhouse 42

Au Cerf avec ch — rest, ch, 10/40, VISA

76 r. Principale – ✆ 03 89 40 85 05 – g.koller@tiscali.fr – Fax 03 89 08 11 10 – Fermé vacances de fév., dim. soir, lundi et jeudi sauf hôtel

6 ch – 42/48 € 46/59 €, 6,50 € – ½ P 59 € – **Rest** – Menu 12 € (déj. en sem.), 25/48 €

◆ Accueillante auberge à la façade rouge située à deux pas de la source de l'Ill. Salles à manger cossues dont une aux allures de winstub. Plaisantes chambres sous les combles.

WISEMBACH – 88 Vosges – 314 K3 – 428 h. – alt. 500 m – ✉ 88520 27 D3

Paris 413 – Colmar 54 – Épinal 69 – St-Dié 16 – Ste-Marie-aux-Mines 11 – Sélestat 34

Blanc Ru avec ch — P VISA

19 r. 8 mai 45 – ✆ 03 29 51 78 51 – Fax 03 29 51 70 67 – Fermé 25 sept.-10 oct., 29 janv.-5 mars, mardi soir, dim. soir et lundi

7 ch – 48 € 48/58 €, 8 € – ½ P 48/58 € – **Rest** – Menu (15 €), 22/40 € – Carte 31/56 €

◆ Séparée de la route par un jardinet-terrasse, cette maison traditionnelle soigne le cadre rustique de ses salles à manger ; spécialités de grenouilles. Chambres nettes.

WISSEMBOURG – 67 Bas-Rhin – 315 L2 – 8 170 h. – alt. 157 m – ✉ 67160 1 B1

Alsace Lorraine

Paris 512 – Haguenau 33 – Karlsruhe 42 – Sarreguemines 80 – Strasbourg 67

Office de tourisme, 9 place de la République ✆ 03 88 94 10 11, Fax 03 88 94 18 82

Vieille ville★ : église St-Pierre et St-Paul★.

Village★★ d'Hunspach 11 km par ②.

Plan page ci-contre

Au Moulin de la Walk — ch, ch, 20, P VISA

2 r. Walk – ✆ 03 88 94 06 44 – info@moulin-walk.com – Fax 03 88 54 38 03 – Fermé 2-23 janv. A s

25 ch – 52 € 62/67 €, 7 € – ½ P 68 € – **Rest** – *(fermé 18 juin-2 juil., vend. midi, dim. soir et lundi)* Menu 32/40 € – Carte 35/50 €

◆ Au bord d'une rivière, trois bâtiments greffés sur les vestiges d'un ancien moulin dont la roue tourne encore. Chambres bien rénovées, agrémentées de boiseries contemporaines. Au restaurant, plaisant cadre fleuri et poêle en faïence. Jolie terrasse d'été.

D'Alsace sans rest — P VISA AE

16 r. Vauban – ✆ 03 88 94 98 43 – hotel.d.alsace@wanadoo.fr – Fax 03 88 94 19 60 B n

41 ch – 41 € 47 €, 9 €

◆ À l'écart du circuit touristique, hôtel simple aux chambres petites, mais modernes et fonctionnelles, mansardées au dernier étage. Claire salle des petits-déjeuners.

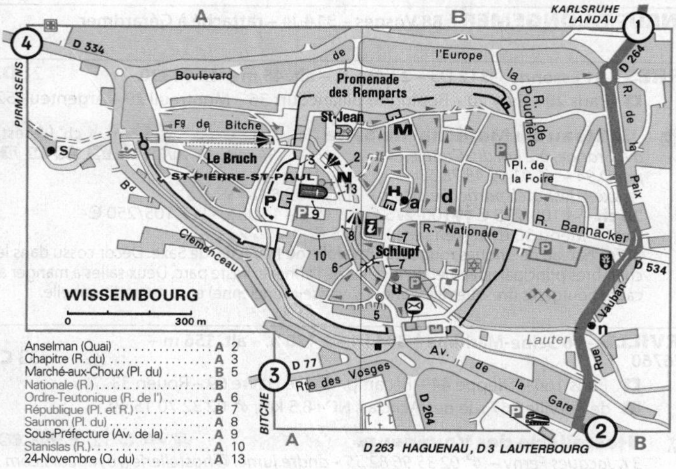

XX **Hostellerie du Cygne** avec ch — AC rest, ch, VISA MC AE

3 r. Sel – ✆ 03 88 94 00 16 – hostellerie-cygne@wanadoo.fr – Fax 03 88 54 38 28 – Fermé 19 fév.-4 mars, 2-16 juil., 7-23 nov. et merc. — B **a**

16 ch – †50/55 € ††50/70 €, ☕ 8,50 € – ½ P 52/75 € – **Rest** – *(fermé jeudi midi, dim. soir et merc.)* Menu 22 € (sem.)/60 € – Carte 24/58 € ♀

◆ Deux maisons contiguës, l'une datant de la fin du 14e s., l'autre déjà auberge en 1535. Salle à manger agrémentée d'un beau plafond en marqueterie. Chambres rénovées.

XX **L'Ange** — VISA MC

2 r. République – ✆ 03 88 94 12 11 – pierrel4@wanadoo.fr – Fax 03 88 94 12 11 – Fermé 19 fév.-6 mars, 11-27 juin, dim. soir en hiver, lundi et mardi — B **u**

Rest – Menu 30/38 € – Carte 34/52 € ♀

◆ On accède à cet ancien relais de poste par une petite cour-terrasse dallée, très agréable en été. Deux salles en enfilade dont une plus rustique. Cuisine au goût du jour.

XX **Le Carrousel Bleu** — AC VISA MC

17 r. Nationale – ✆ 03 88 54 33 10 – le.carroussel-bleu@orange.fr – Fermé 30 juil.-15 août, lundi et merc. — B **d**

Rest – Menu 15 € (déj. en sem.), 26/46 € ♀

◆ Sur l'axe principal de la ville, ce sympathique restaurant propose des recettes originales et dépaysantes qui vous emmèneront à mille lieues de la "Petite Venise". Non-fumeurs.

à Altenstadt par ② **: 2 km** – ✉ **67160 Wissembourg**

XX **Rôtisserie Belle Vue** — AC P VISA MC

1 r. Principale – ✆ 03 88 94 02 30 – Fax 03 88 54 80 14 – Fermé 1er-6 mars, 6-28 août, 25-29 fév., dim. soir, lundi et mardi

Rest – Menu 25/53 € – Carte 25/55 € ♀

◆ Grande maison familiale où l'on sert une cuisine traditionnelle dans deux salles à manger bourgeoises tournées sur le joli jardin. Plats du jour servis au bar.

WOINCOURT – 80 Somme – 301 C7 – 1 531 h. – alt. 95 m – ✉ 80520 — 36 A1

▶ Paris 175 – Abbeville 25 – Amiens 80 – Blangy-sur-Bresle 22 – Le Tréport 13

X **La Gare aux Gourmets** — 15/50, VISA MC

– ✆ 03 22 30 92 42 – gare-aux-gourmets@cegetel.net – Fax 03 22 30 41 20 – Fermé août et sam. midi

Rest – *(déj. seult sauf vend. et sam.)* Menu (14 €), 16/38 € – Carte 26/47 € ♀

◆ À quelques encablures de la Manche, près de la gare du village, cette sympathique auberge rustique propose ses plats traditionnels dans une ambiance familiale.

XONRUPT-LONGEMER – 88 Vosges – 314 J4 – rattaché à Gérardmer

YERRES – 91 Essonne – 312 D3 – 27 455 h. – alt. 45 m – ✉ 91330 21 **D3**

Paris 28 – Évry 20 – Boulogne-Billancourt 36 – Montreuil 29 – Argenteuil 52

Château du Maréchal de Saxe ch, rest, rest, 10/75, VISA AE

av. Grange, à 2 km dir. Créteil par D.94 – ✆ 01 69 48 78 53 – saxe@leshotelsparticuliers.com – Fax 01 69 83 84 91

26 ch – 100/275 € 100/275 €, 15 € – 1 suite – ½ P 105/250 € – **Rest** – Menu 30 € (déj. en sem.), 45/75 €

◆ Ce château de briques rouges fut une folie du Maréchal de Saxe. Décor cossu dans les chambres principales, actuel dans celles de l'annexe. Vaste parc. Deux salles à manger au cadre bourgeois (fresques allégoriques, vaisselle ancienne) et carte traditionnelle.

YERVILLE – 76 Seine-Maritime – 304 F4 – 2 170 h. – alt. 156 m – ✉ 76760 33 **C1**

Paris 164 – Dieppe 44 – Fécamp 48 – Le Havre 69 – Rouen 33

de Yerville 367 rue des Acacias, NO : 0,5 km, ✆ 02 32 70 15 49.

XX **Hostellerie des Voyageurs** 12, VISA

3 r. Jacques Ferny – ✆ 02 35 96 82 55 – andre.jumel@hostellerie-voyageurs.com – Fax 02 35 96 16 86 – Fermé dim. soir et lundi

Rest – Menu 18 € (déj. en sem.), 25/48 € – Carte 45/57 €

◆ Ex-relais de poste (1875) d'aspect régional où l'on s'attable dans un cadre classico-rustique. Terrasse côté jardin utilisée pour l'apéritif et le café. Menus du marché.

YEU (ÎLE D') – 85 Vendée – 361 BC7 – voir à Île d'Yeu

YSSINGEAUX – 43 Haute-Loire – 331 G3 – 6 492 h. – alt. 829 m – ✉ 43200

Lyon et la vallée du Rhône 6 **C3**

Paris 565 – Ambert 73 – Privas 98 – Le Puy-en-Velay 27 – St-Étienne 52 – Valence 93

Office de tourisme, 24 place Carnot ✆ 04 71 59 10 76, Fax 04 71 56 03 12

Le Bourbon rest, 20, VISA AE

5 pl. Victoire – ✆ 04 71 59 06 54 – le.bourbon.hotel@wanadoo.fr – Fax 04 71 59 00 70 – Fermé 21 juin-4 juil., 11-24 oct., 20 déc.-23 janv., dim. soir et lundi

11 ch – 65/75 € 65/75 €, 11 € – ½ P 59/63 € – **Rest** – *(fermé dim. soir, mardi midi et lundi)* Menu 20/45 €

◆ Petite auberge accueillante établie sur une place réaménagée. Chambres fonctionnelles proprettes dotées de jolies salles d'eau récentes. Restaurant au cadre coloré où l'on goûte de la cuisine régionale s'approvisionnant auprès de petits producteurs locaux.

YUTZ – 57 Moselle – 307 I2 – rattaché à Thionville

YVETOT – 76 Seine-Maritime – 304 E4 – 10 770 h. – alt. 147 m – ✉ 76190

Normandie Vallée de la Seine 33 **C1**

Paris 171 – Dieppe 57 – Fécamp 35 – Le Havre 58 – Lisieux 85 – Rouen 36

Office du Tourisme, 8 pl. Maréchal Joffre ✆ 0235950840

de Yerville à Yerville 367 rue des Acacias, NE: 13 km, ✆ 02 32 70 15 49.

Verrières★★ de l'église St-Pierre **E.**

Du Havre VISA AE

pl. Belges – ✆ 02 35 95 16 77 – hotel-du-havre@tiscali.fr – Fax 02 35 95 21 18

25 ch – 44/85 € 51/117 €, 9 € – ½ P 76 € – **Rest** – *(fermé dim.)* Menu (21 €), 25 € – Carte 32/41 €

◆ Face à la poste, construction d'aspect passe-partout vous logeant dans des petites chambres de mise simple mais personnalisées. Repas traditionnel dans une salle dont le décor évolue au gré des saisons et de l'actualité, notamment sportive.

Le Manoir aux Vaches
8 r. Félix Faure – 02 35 95 65 65 – hotel-du-havre@tiscali.fr – Fax 02 35 95 21 18
9 ch – 86/96 € 96/136 €
◆ Nouvel hôtel honorant la gent bovine à travers une collection de ruminants.

Du Roy
52 av. G. Clemenceau, rte Rouen (RN 15) – 02 35 95 08 13 – restaurant.roy@wanadoo.fr – Fermé dim. soir, mardi soir et merc.
Rest – Menu 19 € (déj. en sem.), 25/39 € – Carte environ 43 €
◆ Dans la ville dont le "roy" fut célébré par le chansonnier Béranger, table au décor rustique (poutres, colombages) semé d'allusions au Pays de Caux et complété par une terrasse.

au Sud-Est : 5 km sur D 5 – 76190 Yvetot

Auberge du Val au Cesne avec ch
rte Duclair – 02 35 56 63 06 – valaucesne@hotmail.com – Fax 02 35 56 92 78 – Fermé 20 août-2 sept., 19 nov.-2 déc. et 21 janv.-10 fév.
5 ch – 90 € 90 €, 9 € – ½ P 79 € – **Rest** – *(fermé lundi et mardi)*
Menu 25/50 € bc – Carte 31/57 €
◆ Ravissante ferme à colombages (17e s.) esseulée en pleine campagne. On mange dans plusieurs salles rustiques au cachet fort : bibelots choisis, poutres et belles cheminées. Chambres affichant un petit côté "bonbonnière" ; jardin touffu agrémenté d'une terrasse d'été et d'une volière.

à Motteville Est : 9 km par N 29 et D 20 – 730 h. – alt. 160 m – 76970

Auberge du Bois St-Jacques
à la gare – 02 35 96 83 11 – bsj.nicolas@wanadoo.fr – Fax 02 35 96 23 18 – Fermé août, vacances de fév., dim. soir, lundi soir et mardi
Rest – Menu 19 € (sem.)/41 € – Carte environ 42 €
◆ Ex-buffet de gare offrant le choix entre deux salles : l'une rustique (poutres, cuivres), l'autre actuelle, dans les tons rouges, en forme de rotonde. Cuisine traditionnelle et belle sélection vineuse, notamment au verre.

YVOIRE – 74 Haute-Savoie – 328 K2 – 639 h. – alt. 380 m – 74140

Alpes du Nord 46 **F1**

Paris 563 – Annecy 71 – Bonneville 41 – Genève 26 – Thonon-les-Bains 16
Office de tourisme, place de la mairie 04 50 72 80 21, Fax 04 50 72 84 21
Village médiéval★★ : jardin des Cinq Sens★.

Les Flots Bleus lac, ch, rest,
– 04 50 72 80 08 – contact@flotsbleus-yvoire.com – Fax 04 50 72 84 28 – Ouvert 1er avril-30 oct.
17 ch – 120 € 120 €, 10 € – ½ P 100/125 € – **Rest** – Menu 21 € (sem.)/71 € – Carte 40/56 €
◆ Vue imparable sur le lac, terrasse ou balcon, confort moderne et équipements au top... Des chambres très agréables au beau mobilier contemporain ou montagnard. Nouvelle salle à manger moderne (on prévoit de rénover l'ancienne). Cuisine traditionnelle.

Le Pré de la Cure rest, rest,
pl. Mairie – 04 50 72 83 58 – lepredelacure@wanadoo.fr – Fax 04 50 72 91 15 – Ouvert 2 mars-11 nov.
25 ch – 72 € 72 €, 9,50 € – ½ P 73 € – **Rest** – Menu 20 € (sem.)/46 € – Carte 34/50 €
◆ À l'entrée du pittoresque village médiéval. Les grandes chambres fonctionnelles bénéficient de la vue sur le lac ou du calme côté jardin. Accueil attentionné. Cuisine régionale, salle-véranda et terrasse face à Yvoire et au Léman.

Vieille Porte
– 04 50 72 80 14 – Fax 04 50 72 92 04 – Fermé déc., janv. et lundi sauf du 1er juin au 31 août
Rest – Menu 24/39 € – Carte 47/53 €
◆ Maison du 14e s. appartenant à la même famille depuis... 1587 ! Bel intérieur avec terre cuite, poutres et pierres. Terrasse à l'ombre des remparts, face aux flots.

XX **Du Port** avec ch — lac, ch, ch, VISA MC AE

r. Port – ✆ 04 50 72 80 17 – hotelduport.yvoire@wanadoo.fr – Fax 04 50 72 90 71 – Ouvert 15 fév.-30 oct.

7 ch – 110/130 € 110/210 €, 12 € – **Rest** – *(fermé merc. sauf d'avril à août)* Menu 30 € (sem.)/46 € – Carte 46/62 €

◆ Terrasse au bord du lac et plaisante façade fleurie pour cette maison idéalement située sur le port de plaisance. Spécialités de poissons. Belles chambres de style lacustre.

YVOY-LE-MARRON – 41 Loir-et-Cher – 318 I6 – 538 h. – alt. 129 m – ✉ 41600 — 12 C2

Paris 163 – Orléans 35 – Blois 45 – La Ferté-St-Aubin 13 – Lamotte-Beuvron 15 – Romorantin-Lanthenay 34

Syndicat d'initiative, Mairie ✆ 02 54 88 07 14, Fax 02 54 88 07 14

Auberge du Cheval Blanc — ch, VISA MC AE

1 pl. Cheval Blanc – ✆ 02 54 94 00 00 – auberge.cheval.blanc@wanadoo.fr – Fax 02 54 94 00 01

15 ch – 65 € 85 €, 13 € – ½ P 83/98 € – **Rest** – *(fermé mardi midi et lundi)* Menu 20 € (déj. en sem.), 25/38 € – Carte 35/53 €

◆ Cette avenante bâtisse solognote joliment restaurée propose des chambres neuves, chaleureuses et raffinées (tons ocre, rouge et jaune). Colombages et tomettes judicieusement préservés font le cachet de la salle à manger.

YZEURES-SUR-CREUSE – 37 Indre-et-Loire – 317 O8 – 1 476 h. – alt. 74 m – ✉ 37290 — 11 B3

Paris 318 – Châteauroux 72 – Châtellerault 28 – Poitiers 65 – Tours 85

Promenade — VISA MC

– ✆ 02 47 91 49 00 – Fax 02 47 94 46 12 – Fermé 20 déc.-1er fév., lundi et mardi

15 ch – 50/52 € 52/55 €, 13 € – ½ P 51 € – **Rest** – Menu 21/45 € – Carte 28/65 €

◆ Ancien relais de poste datant de 1780, voisin de l'église du village et proposant des chambres au décor soigné. Poutres, pierres apparentes et imposante cheminée participent au cachet rustique du restaurant ; cuisine traditionnelle.

ZELLENBERG – 68 Haut-Rhin – 315 H7 – rattaché à Riquewihr

ZIMMERSHEIM – 68 Haut-Rhin – 315 I10 – rattaché à Mulhouse

ZONZA – 2A Corse-du-Sud – 345 E9 – voir à Corse

ZOUFFTGEN – 57 Moselle – 307 H2 – 608 h. – alt. 250 m – ✉ 57330 — 26 B1

Paris 341 – Luxembourg 20 – Metz 48 – Thionville 18

XXX **La Lorraine** (Keff) avec ch — rest, VISA MC

80 r. Principale – ✆ 03 82 83 40 46 – info@la-lorraine.fr – Fax 03 82 83 48 26 – Fermé 20 août-4 sept., 24 déc.-8 janv., lundi et mardi

3 ch – 120 € 150/170 €, 18 € – **Rest** – Menu 38/70 € – Carte 69/99 €

Spéc. Quiche lorraine aux escargots de Cleurie. Cochon de lait rôti, tarte de pomme de terre au lard. Oeufs tièdes au chocolat noir. **Vins** Vins de Moselle.

◆ Table frontalière estimée pour sa cuisine actuelle. La cave s'expose sous vos pieds, à travers des hublots. Serre et terrasse sur jardin agrandissent la salle, contemporaine. Chambres amples et cossues, imitant le style lorrain. Petit-déj' gastronomique.

R. Gold AGE/Hoaqui

Paysage andorran

PRINCIPAUTÉ d'ANDORRE

Carte Michelin LOCAL : n° **343** H9
Population : 72 320 h
Altitude : 2 946 m
Midi-Pyrénées

RENSEIGNEMENTS PRATIQUES

Office de tourisme

ℹ rue du Dr-Vilanova, Andorre-la-Vieille ✆ (00-376) 82.02.14, Fax (00-376) 82.58.23

La Principauté d'Andorre, d'une superficie de 464 km², est située au cœur des Pyrénées, entre la France et l'Espagne. Depuis 1993, la Principauté est un état souverain membre de l'O.N.U.

La langue officielle est le catalan mais la majorité de la population parle aussi le français et l'espagnol.

La monnaie locale est l'euro.

Pour se rendre en Andorre, les citoyens de l'Union Européenne ont besoin d'un passeport ou d'une carte d'identité en cours de validité.

Accès depuis la France : RN 22 passant par le tunnel d'Envalira.

Transports

Liaison par autocars : depuis l'aéroport de Toulouse-Blagnac par la Cie Novatel, renseignements (00-376) 803 789.

Depuis les gares SNCF de l'Hospitalet et Latour-de-Carol par la Cie Hispano-Andorranne, renseignements (00-376) 821 372.

ANDORRA-LA-VELLA **Capitale de la Principauté – 343** H9 – **alt. 1 029 m** 28 **B3**

▶ Paris 861 – Carcassonne 165 – Foix 102 – Perpignan 170

◎ Vallée du Valira d'Orient★ NE - Vallée du Valira del Nord★ N.

Plaza rest, 25/300, VISA MC AE
r. Maria Pla 19 – ☎ (00-376) 87 94 44 – hotelplaza@hotels.andorra.com – Fax (00-376) 87 94 45 C **a**
92 ch – 73/179 € 91/224 €, 14 € – 8 suites –
Rest – Menu 15 €
◆ Deux ascenseurs panoramiques desservent les six étages de ce luxueux hôtel agencé autour d'un patio verdoyant. Superbes chambres, parfois avec vue sur les sommets andorrans. Cadre contemporain soigné et cuisine du monde au restaurant.

Carlton Plaza rest, 25/60, VISA MC AE
av. Meritxell 23-25 – ☎ (00-376) 87 29 99 – carltonplaza@hotels.andorra.com – Fax (00-376) 87 29 98 B **m**
66 suites – 91/224 €, 14 € –
Rest – Menu 18 €
◆ Le dernier né du groupe hôtelier Plaza propose à ses clients des suites spacieuses dotées d'un salon et aménagées dans un style résolument contemporain. Au restaurant, cuisine italienne et mobilier épuré. Espace bar et cafeteria.

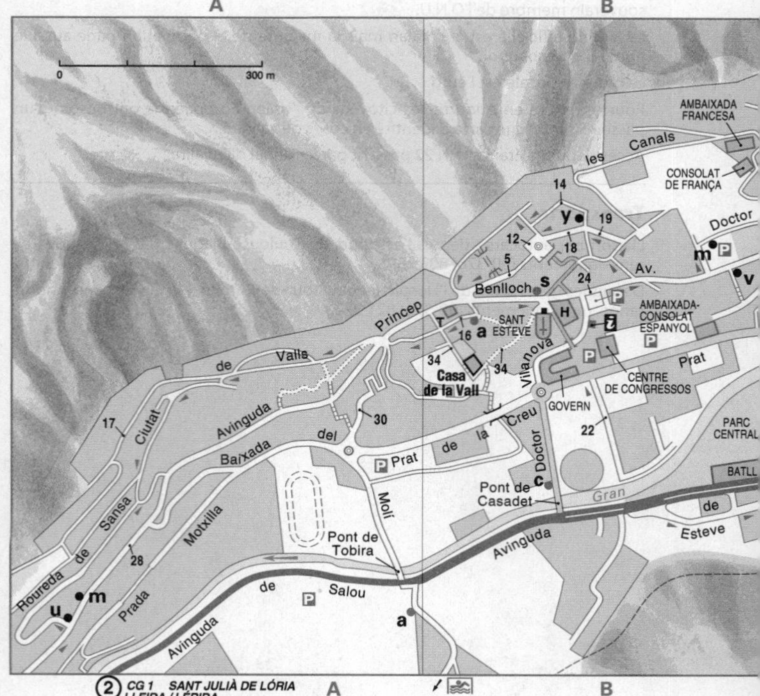

Arthotel 25/265, VISA MC AE

r. Prat de la Creu 15-25 – ✆ (00-376)76 03 03 – arthotel@andorra.ad – Fax (00-376)76 03 04 C **d**

127 ch – 🛉100/188 € 🛉🛉133/234 € – **Rest** – Menu 27 €

◆ Grand bâtiment moderne inauguré en 2002. Chambres confortables, amples et parfaitement équipées ; certaines bénéficient de baignoires à remous. Jolie vue panoramique depuis la salle à manger perchée au 5ᵉ étage. Restaurant plus simple au rez-de-chaussée.

Mercure rest, 25/175, VISA MC AE

r. de la Roda – ✆ (00-376) 87 36 02 – mercureandorra@riberpuig.ad – Fax (00-376) 87 36 52 C **f**

164 ch – 🛉99/169 € 🛉🛉146/250 €, 12 € – 9 suites – **Rest** – buffet Menu 35 €

◆ Les skieurs apprécient cet hôtel qui offre, en hiver, des forfaits gratuits à ses demi-pensionnaires. Chambres de bon confort et nombreux loisirs (piscine couverte au 7ᵉ étage). Restauration sous forme de buffet et cafeteria de style anglais.

Cèntric H. 25/150, VISA MC AE

av. Meritxell 87-89 – ✆ (00-376) 87 75 00 – husacentric@andornet.ad – Fax (00-376) 87 75 01 C **h**

74 ch – 🛉90/122 € 🛉🛉130/184 € – 6 suites – **Rest** – Menu 21 €

◆ Une adresse moderne et bien située, en plein quartier commerçant. Chambres spacieuses, parfois avec terrasse ; confortables salles de bains dotées d'une douche indépendante. Salle à manger très lumineuse que complète une chaleureuse cafeteria.

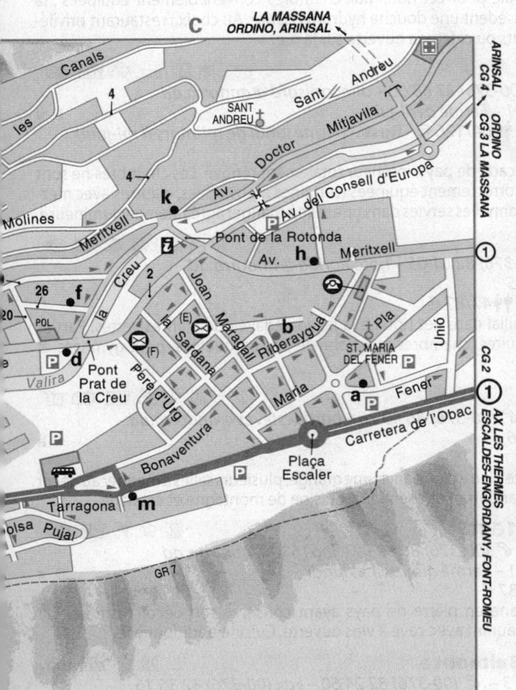

ANDORRA LA VELLA

President rest, 25/110, VISA

av. Santa Coloma 44 – (00-376) 87 72 77 – janhotels@andornet.ad – Fax (00-376) 87 62 22 A **m**

109 ch – 59/168 € 80/260 €, 8 € – 2 suites – **Rest** – Menu 19 €

◆ Ce complexe hôtelier propose des chambres actuelles et confortables. Sauna, jacuzzi, piscine couverte et solarium au 7e étage. Le restaurant, élégamment aménagé, arbore un cadre au modernisme épuré.

Hesperia Andorra la Vella sans rest A/C VISA AE

av. Doctor Mitjavila 1 – (00-376) 88 08 80 – hotel@hesperia-andorralavella.com – Fax (00-376) 88 08 81 C **k**

59 ch – 50/150 € 50/180 €, 10 € – 1 suite

◆ Un établissement entièrement rénové. Des parties communes un peu limitées que compensent des chambres spacieuses, confortables et bien équipées.

Diplomatic A/C rest, 25/100, VISA

av. Tarragona – (00-376) 80 27 80 – hoteldiplomatic@andorra.ad – Fax (00-376) 80 27 90 C **m**

81 ch – 56/102 € 77/143 € – 2 suites – **Rest** – Menu 17 €

◆ Cette construction cubique récente et légèrement excentrée abrite des chambres avant tout pratiques séduisant aussi bien la clientèle d'affaires que les touristes. Cuisine internationale sans prétention servie dans un cadre sagement contemporain.

Cérvol A/C rest, VISA

av. Santa Coloma 46 – (00-376) 80 31 11 – hc@hotelcervol.com – Fax (00-376) 80 31 22 A **u**

99 ch – 56/105 € 61/160 € – **Rest** – Menu 15 €

◆ Situation assez centrale pour cet hôtel aux chambres convenablement équipées ; la moitié d'entre elles possèdent une douche hydromassante. Au choix : restaurant privilégiant les formules buffets ou cafeteria ouverte sur la rue.

De l'Isard A/C rest, VISA

av. Meritxell 36 – (00-376) 87 68 00 – direccioisard@andorra.ad – Fax (00-376) 87 68 01 – Fermé avril-juin B **v**

61 ch – 57/88 € 64/126 € – **Rest** – *(fermé lundi de mi-mars à mi-juin)* Menu 15 €

◆ Derrière la typique façade de pays, intérieur totalement rénové. Les chambres ne sont pas très grandes, mais correctement équipées (certaines mansardées, d'autres avec mezzanine). Recettes traditionnelles servies dans une salle à manger agréablement lumineuse.

Florida sans rest VISA AE

r. Llacuna 15 – (00-376) 82 01 05 – hotelflorida@andorra.ad – Fax (00-376) 86 19 25 B **y**

48 ch – 36/61 € 47/87 €

◆ Fonctionnement familial dans cet hôtel à la façade égayée de plantes vertes. Parties communes un peu réduites, chambres fonctionnelles et parquetées, petit gymnase et sauna.

Borda Estevet A/C P VISA AE

rte de La Comella 2 – (00-376) 86 40 26 – bordaestevet@andorra.ad – Fax (00-376) 86 40 26 A **a**

Rest – Carte 30/56 €

◆ Dans les beaux murs de pierre d'une ancienne grange, plusieurs salles à manger au décor rustique, avec mobilier andorran et cheminée. Cuisine de montagne et catalane.

La Borda Pairal 1630 A/C P VISA

r. Doctor Vilanova 7 – (00-376) 86 99 99 – lbp1630@andorra.ad – Fax (00-376) 86 66 61 – Fermé dim. soir et lundi B **c**

Rest – Carte environ 37 €

◆ Vieille ferme andorrane en pierre de pays ayant conservé son décor rustique. Bar d'accueil et salle de restaurant avec cave à vins ouverte. Cuisine traditionnelle.

Taberna Ángel Belmonte A/C VISA

r. Ciutat de Consuegra 3 – (00-376) 82 24 60 – Fax (00-376) 82 35 15 C **b**

Rest – Carte 40/56 €

◆ Un lieu agréable que ce restaurant aux airs de taverne. Beau décor où domine le bois et mise en place impeccable. À la carte, produits du terroir, poissons et fruits de mer.

XX **Can Benet**

antic carrer Major 9 – (00-376) 82 89 22 – bruguis@andorra.ad – Fax (00-376) 82 89 22 – Fermé 1er-15 juil. et lundi B a

Rest – Carte 26/33 €

◆ Petit espace doté d'un bar d'accueil au rez-de-chaussée. À l'étage, la salle principale, de style andorran avec ses murs en pierre et son plafond en bois. Plats traditionnels.

ANSALONGA – voir à Ordino

ARINSAL – **343** G9 – **alt. 1 145 m** – **Sports d'hiver : 1 550/2 560 m** 3 27 28 **B3**

Andorra la Vella 11

Xalet Verdú rest, VISA AE

– (00-376) 73 71 40 – xaletverdu@andornet.ad – Fax (00-376) 73 71 41 – Fermé mai et nov.

52 ch – 50/95 € 70/120 € – **Rest** – *(dîner seult)* Menu 18 €

◆ Grand bâtiment récent de conception régionale, apprécié des skieurs car non loin de la télécabine. Nombreuses chambres avec perspective sur les sommets. Cuisine internationale et petite sélection de vins pour se requinquer entre deux descentes.

CANILLO – **343** H9 – **alt. 1 531 m** 29 **C3**

Andorra la Vella 12

Crucifixion★ dans l'église de Sant Joan de Caselles NE : 1 km – Sanctuaire de Meritxell★ SE : 3 km.

Ski Plaza rest, rest, VISA AE

carretera General – (00-376) 73 94 44 – skiplaza@hotels.andorra.com – Fax (00-376) 73 94 45

115 ch – 63/179 € 78/224 €, 14 € – **Rest** – Menu 23 €

◆ À 1 600 m d'altitude, établissement particulièrement bien équipé. Chambres de style montagnard et de grand confort, parfois avec jacuzzi ; certaines sont réservées aux enfants. Pour les repas, restaurant gastronomique ou brasserie incluant un espace Internet.

Roc del Castell sans rest VISA

carretera General – (00-376) 85 18 25 – hotelroccastell@andorra.ad – Fax (00-376) 85 17 07

44 ch – 42/71 € 51/101 €

◆ En bordure de route, belle façade en pierre abritant des chambres confortables et bien insonorisées. Décor épuré dans le salon et la salle des petits-déjeuners.

ENCAMP – **343** H9 – **alt. 1 313 m** 29 **C3**

Andorra la Vella 8

Coray rest, rest, VISA

r. Caballers 38 – (00-376) 83 15 13 – Fax (00-376) 83 18 06 – Fermé nov.

85 ch – 30/52 € 50/62 € – **Rest** – *(buffet)* Menu 10,50 €

◆ Hôtel bien situé sur les hauteurs de la localité. Parties communes actuelles et chambres fonctionnelles donnant, pour la plupart, sur les champs environnants. Vaste et lumineuse salle à manger où l'on propose principalement les repas sous forme de buffet.

Univers VISA

r. René Baulard 13 – (00-376) 73 11 05 – hotelunivers@andorra.ad – Fax (00-376) 83 19 70 – Fermé 4 nov.-4 déc.

31 ch – 39/42 € 67/77 € – **Rest** – Menu 13 €

◆ Sur les berges du Valira d'Orient, un hôtel familial sympathique abritant des chambres actuelles et de bon confort. Dans la salle à manger correctement dressée, la carte volontairement réduite présente des recettes traditionnelles.

ESCALDES-ENGORDANY – 343 H9 – alt. 1 105 m

28 **B3**

Andorra-la-Vella 2

Office de tourisme, place dels Co-Princeps ☎ (00-376) 82 09 63, caseta.escaldes@andorra.ad, Fax (00-376) 86 66 97

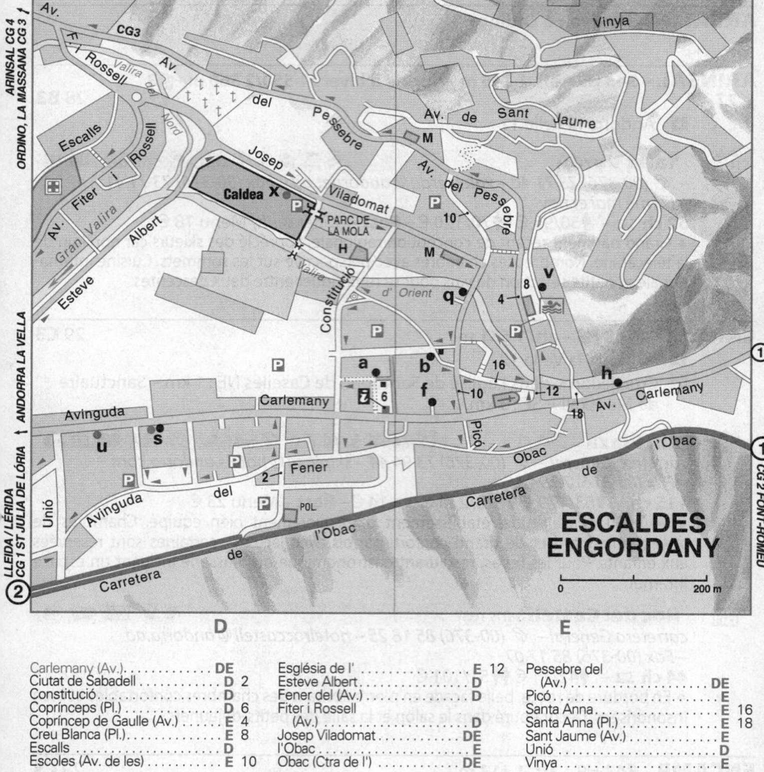

Roc de Caldes

rest, rest, 25/150,

rte d'Engolasters, par ① rte de l'Obac –

VISA

☎ *(00-376) 87 45 55 – rocdecaldes@andorra.ad – Fax (00-376) 86 33 25*

45 ch – 160/240 € 160/240 €, 16 € – **Rest** – Menu 30 €

◆ L'architecture contemporaine de ce luxueux hôtel bâti à flanc de montagne se fond dans le paysage naturel. Les chambres, décorées avec goût, jouissent d'une superbe vue. Cadre élégant, beau panorama et cuisine internationale au restaurant.

Roc Blanc

25/600, VISA

pl. dels Co-Princeps 5 – ☎ *(00-376) 87 14 00 – hotelrocblanc@rocblanchotels.com – Fax (00-376) 87 14 44*

D **a**

170 ch – 85/211 € 130/325 €

Rest *Brasserie L'Entrecôte* – Carte 27/42 €

Rest *El Pí* – Carte 31/43 €

◆ En centre-ville, mais protégé du bruit, ce complexe moderne est apprécié pour ses prestations nombreuses. Élégant décor intérieur ; chambres peu à peu rénovées. Cuisine internationale à la brasserie l'Entrecôte. Accueillante salle rustique au restaurant El Pi.

Fènix 25/100, VISA

av. Prat Gran 3-5 – (00-376) 76 07 60 – info@andorrafenixhotel.com – Fax (00-376) 76 08 00 E **b**

120 ch – 79/132 € 90/159 € – **Rest** – Menu 25 €

◆ Cet établissement dispose de chambres spacieuses et fort bien équipées : quinze d'entre elles ont une baignoire hydromassante. Piscine chauffée, sauna et appareils de gymnastique. Le restaurant, très lumineux et fonctionnel, propose une cuisine traditionnelle.

Carlemany 25/30, VISA

av. Carlemany 4 – (00-376) 87 00 50 – carlemany@hotelcarlemany.ad – Fax (00-376) 87 00 90 – Fermé mai E **h**

33 ch – 56/111 € 84/140 € – **Rest** – Menu 19 €

◆ Cet hôtel intègre un centre de soins thérapeutiques. Ses chambres, claires et de grand confort, ont des salles de bains alimentées en eau thermale ; certaines sont en duplex. Cuisine traditionnelle équilibrée, servie dans un restaurant joliment aménagé.

Casa Canut VISA

av. Carlemany 107 – (00-376) 73 99 00 – hotelcanut@andorra.ad – Fax (00-376) 82 19 37 D **s**

33 ch – 120/250 € 120/250 €, 15 €

Rest *Casa Canut* – voir ci-après

◆ La façade reste discrète mais sitôt franchi le seuil vous serez séduit par le raffinement de cet hôtel. Chambres très confortables, équipées "dernier cri" (hydromassage).

Eureka rest, VISA

av. Carlemany 36 – (00-376) 88 06 66 – hoteleureka@andorra.ad – Fax (00-376) 86 68 00 E **f**

75 ch – 40/66 € 68/106 € – **Rest** – Menu 13 €

◆ Conception résolument moderne pour ce confortable hôtel au cadre élégant et soigné situé au cœur de la station thermale. Agréable salle à manger - jolies peintures sur céramique, colonnes habillées de miroirs, mobilier en bois blond - et cuisine du marché.

Metropolis sans rest VISA

av. de les Escoles 25 – (00-376) 80 83 63 – info@hotel-metropolis.com – Fax (00-376) 86 37 10 E **q**

68 ch – 55/130 € 69/148 € – 1 suite

◆ Cet établissement à la décoration sobre et très "classe" jouit d'une situation privilégiée à mi-chemin de Caldea et des boutiques à détaxe. Chambres fonctionnelles.

Ibis 25/80, VISA

av. Miquel Mateu 25, Nord-Est : 1 km par ① – (00-376) 87 23 00 – ibisandorra@riberpuig.com – Fax (00-376) 87 23 50

166 ch – 75/126 € 110/186 €, 12 € – **Rest** – buffet seult *(dîner seult)* Menu 35 €

◆ Cette architecture contemporaine abrite des chambres conformes aux normes de la chaîne ; certaines, plus grandes, permettent l'accueil des familles. Piscine panoramique. Grande luminosité et jolie vue depuis le restaurant situé au 7e étage ; formules buffets.

Espel VISA

pl. Creu Blanca 1 – (00-376) 82 08 55 – hotelespel@andorra.ad – Fax (00-376) 82 80 56 – Fermé 2 mai-2 juin E **v**

85 ch – 45/66 € 60/92 € – **Rest** – *(menu seult)* Menu 15 €

◆ L'eau thermale puisée dans les lacs souterrains d'Andorre alimente les salles de bains de cet établissement peu à peu rénové. Sympathique ambiance de quartier. Restauration simple pour échapper, le temps d'un repas, à l'effervescence de l'avenue "Carlemany".

Aquarius VISA

Parc de La Mola 10 (Caldea) – (00-376) 80 09 80 – acuarius@caldea.ad – Fax (00-376) 86 96 93 – Fermé 7-25 mai, 5-9 nov. et mardi D **x**

Rest – Carte 57/74 €

Spéc. Bonite de ligne aux contrastes d'oignon et fondant d'huile d'olive au mascarpone. Morilles farcies au risotto d'orties, museau de porc et émulsion de Xérès (mai-juillet). Selle d'agneau des Pyrénées au sirop de sapin.

◆ Dans les murs du centre aquatique thermal, très agréable restaurant panoramique au décor moderne, avec vue exceptionnelle sur les bains. Carte créative et un menu dégustation.

Casa Canut – Hôtel Casa Canut
av. Carlemany 107 – ✆ (00-376) 73 99 00 – hotelcanut@andorra.ad – Fax (00-376) 82 19 37 D **x**
Rest – Carte 45/78 €
◆ Au centre de la localité, élégant restaurant composé de plusieurs salles dont une avec vue sur la cuisine. Recettes traditionnelles, produits du marché, poissons et fruits de mer.

San Marco
av. Carlemany 115-5e étage (C.C. Júlia) – ✆ (00-376) 86 09 99 – sari@andorra.ad – Fax (00-376) 80 41 75 – Fermé dim. soir D **u**
Rest – Carte environ 45 €
◆ Au cinquième étage du centre Julia, salle à manger panoramique accessible par un ascenseur-bulle. Cadre très soigné et jolie vue sur la ville et les montagnes.

LA MASSANA – 343 H9 – alt. 1 241 m 28 **B3**

Andorra la Vella 7

Office de tourisme, carrer Major ✆ (00-376) 83 56 93, turimelamassana@andorra.ad, Fax (00-376) 83 86 93

Rutllan
av. del Ravell 3 – ✆ (00-376) 83 50 00 – info@hotelrutllan.com – Fax (00-376) 83 51 80
96 ch – 51/81 € 138/178 € – **Rest** – Menu 26 €
◆ En bordure de route, grand chalet familial où le bois domine. Les chambres, confortables, possèdent toutes un balcon joliment fleuri à la belle saison. Murs blancs, lambris blonds, vases en cuivre ou en céramique et plats traditionnels au restaurant.

Abba Suite Hôtel
rest,
rte de Sispony, Sud : 1,7 km – ✆ (00-376) 73 73 00 – suite@abbahoteles.com – Fax (00-376) 73 73 01
36 suites – 56/144 €, 9 € – **Rest** – Menu 20 €
◆ Situé près du joli village de Sispony, bel édifice de montagne où toutes les chambres sont des suites avec salon et deux salles de bains. Le restaurant qui dégage une atmosphère apaisante (tons chauds, belles fenêtres en ogive) sert une cuisine internationale.

El Rusc
rte d'Arinsal : 1,5 km – ✆ (00-376) 83 82 00 – info@elrusc.com – Fax (00-376) 83 51 80 – Fermé dim. soir et lundi
Rest – Carte environ 55 €
◆ Dans un environnement verdoyant, belle salle à manger rustique dans laquelle dominent la pierre et le bois. Plats traditionnels, spécialités basques et cave assez complète.

ORDINO – 343 H9 – alt. 1 304 m – Sports d'hiver : 1940/2 640 m 12 1 28 **B3**

Andorra la Vella 9

Coma
rest,
– ✆ (00-376) 73 61 00 – hotelcoma@hotelcoma.com – Fax (00-376) 73 61 01
48 ch – 37/95 € 74/130 € – **Rest** – Menu 17 €
◆ Depuis 1932, la même famille accueille le voyageur dans cet hôtel bien équipé. Mobilier design et baignoire hydromassante dans des chambres disposant souvent d'une terrasse. Le restaurant, véritable gloire locale, sert une goûteuse cuisine traditionnelle.

à Ansalonga

Sant Miquel
rest,
rte del Serrat, Nord-Ouest : 1,8 km, ✉ Ordino – ✆ (00-376) 74 90 00 – hotel@santmiquel.com – Fax (00-376) 85 05 71 – Fermé mai
20 ch – 40/55 € 55/70 € – **Rest** – Menu 10 €
◆ Ce petit établissement abrite des chambres d'une propreté exemplaire. Toutes possèdent un balcon avec vue sur la rivière et les pittoresques maisons villageoises. L'accueil aimable et la saine cuisine familiale contribuent à la convivialité du lieu.

par rte de Canillo Ouest : 2,3 km

Babot — vallée et montagnes, VISA
(00-376) 74 70 47 – hotelbabot@andorra.ad – Fax (00-376) 83 55 48 – Fermé 4 nov.-1er déc.
55 ch – 34/48 € 68/112 € – **Rest** – Menu 12 €
◆ Cet hôtel d'altitude, bâti à flanc de montagne et ceint d'un immense parc, jouit d'une splendide vue sur la vallée et les sommets. Jolies chambres confortables, sauna et jacuzzi. Au restaurant, repas traditionnels face à un superbe panorama.

PAS-DE-LA-CASA – 343 I9 – alt. 2 085 m – Sports d'hiver : 2050/2640 m 1 26

29 **C3**

Andorra-la-Vella 29
Site★
Col d'Envalira★★

Reial Pirineus — VISA
r. de la Solana 64 – *(00-376) 85 58 55 – reialpirineus@andorra.ad – Fax (00-376) 85 58 45 – Fermé 4-18 juin*
39 ch – 50/145 € 70/230 € – **Rest** – *(buffet seult au dîner en hiver)* Menu 15 €
◆ Cet immeuble, bâti à flanc de montagne, se trouve en haut du Pas de la Case et donc tout près des champs de neige. Ses chambres affichent un décor zen. Piano-bar en saison.

rte de Soldeu Sud-Est : 10 km

Grau Roig — rest, VISA AE
Grau Roig, Pas de la Casa – (00-376) 75 55 56 – hotelgrauroig@andorra.ad – Fax (00-376) 75 55 57 – Ouvert déc.-20 avril et 15 juin-11 sept.
42 ch – 85/230 € 120/340 € – 1 suite – **Rest** – Carte 38/54 €
◆ Le cirque de Pessons sert de cadre à cette typique construction montagnarde. Chambres coquettes et bien équipées. Au restaurant, très beau décor (plafond à caissons, boiseries, pierres, objets anciens), cuisine traditionnelle et cave riche de 410 références.

SANT JULIÀ DE LÒRIA – 343 G10 – alt. 909 m

28 **B3**

Andorra-la-Vella 7

Imperial sans rest — AC VISA
av. Rocafort 27 – (00-376) 84 34 78 – imperial@andornet.ad – Fax (00-376) 84 34 79
44 ch – 45/73 € 62/104 €
◆ Sur la rive gauche du Gran Valira, édifice moderne aux intérieurs très apprêtés. Chambres accueillantes dont une avec douche hydromassante. Accueil aimable.

au Sud-Est : 7 km

Coma Bella — rest, 25/40, VISA
forêt de La Rabassa, alt. 1 300, Sant Julià de Lória – (00-376) 84 12 20 – comabella@myp.ad – Fax (00-376) 84 14 60 – Fermé 16-26 avril et 4-22 nov.
30 ch – 35/54 € 50/87 € – **Rest** – Menu 12 €
◆ Belle situation dans la forêt de la Rabassa pour cet hôtel très reposant. Les chambres, fonctionnelles, possèdent parfois un jacuzzi. Le restaurant offre une jolie vue sur les sommets environnants ; décor épuré, mise en place simple et cuisine familiale.

SOLDEU – 343 H9 – alt. 1 826 m – Camillo – Sports d'hiver : 1710/2560 m 3 22

29 **C3**

Andorra la Vella 20

Xalet Montana — VISA
rte General – (00-376) 73 93 33 – hotelnaudi@andornet.ad – Fax (00-376) 73 93 31 – Ouvert déc.-15 avril
40 ch – 80/101 € 108/136 € – **Rest** – *(résidents seult)* Menu 19 €
◆ Hôtel récent à la décoration soignée où toutes les chambres profitent de la vue sur les champs de neige. Plaisant cadre nordique au salon. Agréable espace de détente.

à El Tarter Ouest : 3 km

Nordic rest, 25/80, VISA

✉ *Canillo – ✆ (00-376) 73 95 00 – hotelnordic@grupnordic.ad – Fax (00-376) 73 95 01 – Fermé nov.*

120 ch – 56/180 € 74/240 € – **Rest** – buffet seult *(dîner seult)* Menu 18 €

◆ Ce grand hôtel est doté d'un vaste hall agrémenté d'une collection de motos anciennes. Chambres soigneusement aménagées ; terrasses privées. Les repas, sans prétention, sont servis sous forme de buffets.

Del Tarter VISA

✉ *Canillo – ✆ (00-376) 80 20 80 – heltarter@andornet.ad – Fax (00-376) 80 20 81 – Fermé 15 avril-4 juin et 16 oct.-1er déc.*

37 ch – 71/100 € 95/135 € – **Rest** – *(fermé mardi)* Menu 17 €

◆ Au pied du village, petit hôtel en pierre égayée de balcons fleuris. Ambiance typiquement montagnarde et bel intérieur où domine le bois. Chambres confortables et sauna. Côté table : accueil prévenant et cuisine marquée de saveurs françaises.

Del Clos VISA

✉ *Canillo – ✆ (00-376) 75 35 00 – hoteldelclos@grupnordic.ad – Fax (00-376) 85 15 54 – Ouvert déc.-22 avril*

54 ch – 85/125 € 91/166 € – **Rest** – buffet en hiver *(dîner seult)* Menu 18 €

◆ Cette belle demeure érigée face aux sommets est entourée de fermes andorranes typiques. Chambres spacieuses, meublées dans le style régional ; certaines ont un balcon. Pierres, poutres et bois sculpté donnent un petit air montagnard au restaurant.

EL TARTER – voir à Soldeu

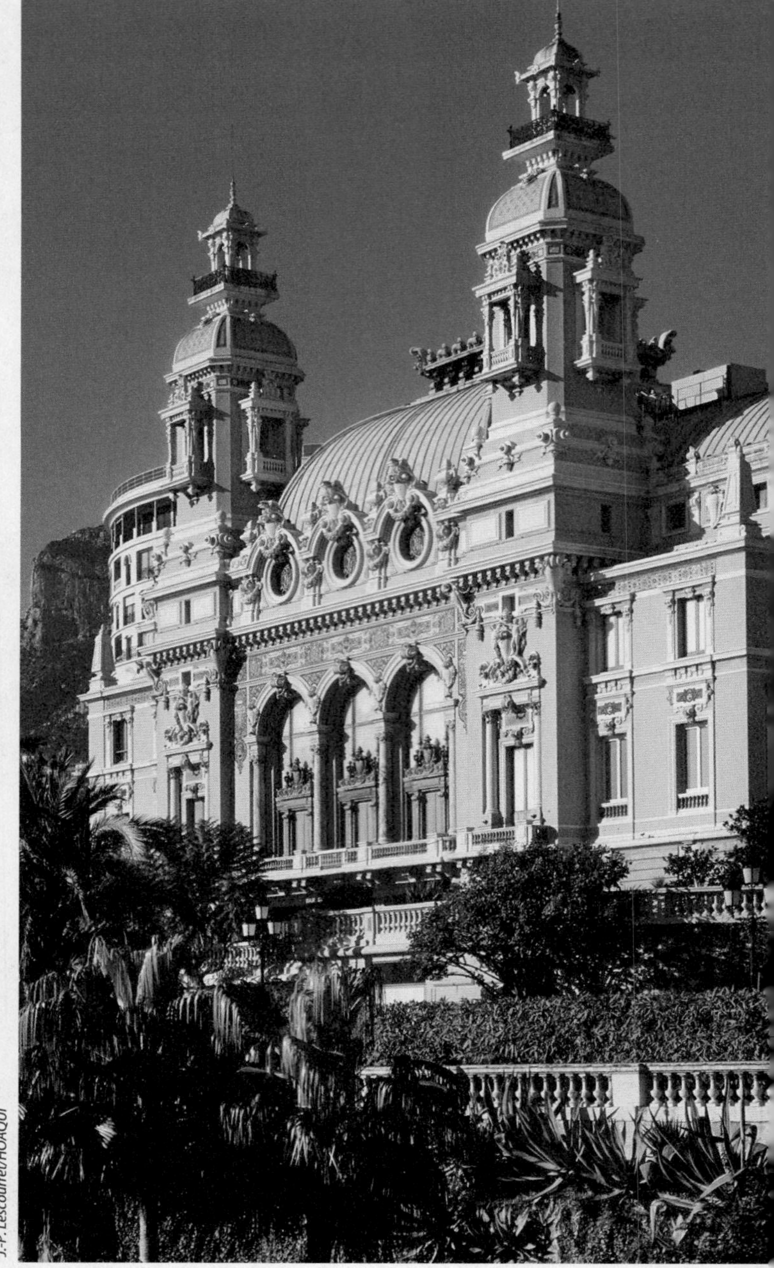

J.-P. Lescourret/HOAQUI

Le casino de Monte-Carlo

PRINCIPAUTÉ de MONACO

Carte Michelin LOCAL : nº **341** F5 **115** 27 28
Population : 31 800 h
Altitude : 140 m
Côte d'Azur

RENSEIGNEMENTS PRATIQUES

Office de tourisme

2 bd des Moulins, Monte Carlo ✆ (00-377) 92 16 61 16, Fax (00-377) 92 16 61 66

État souverain, enclavé dans le département français des Alpes-Maritimes et bordant la Méditerranée. Il s'étend sur 1.5 km² et comprend : le Rocher de Monaco (la vieille ville) et Monte-Carlo (la ville neuve) réunis par la Condamine (le port), Fontvieille à l'Ouest (l'industrie) et le Larvotto à l'Est (la plage). Depuis 1993 la Principauté est membre de l'O.N.U.
Depuis l'héliport de Monaco-Fontvieille, liaisons quotidiennes avec l'aéroport de Nice-Côte d'Azur. Renseignements : Héli Air Monaco ✆ (00-377) 92 05 00 50

LOISIRS

Golf

18 Monte-Carlo, par rte d'Èze : 11 km ✆ (00-377) 93 41 09 11

Circuit automobile urbain

✆ (00-377) 93 15 26 00, Fax (00-377) 93 25 80 08

MONACO **Capitale de la Principauté – MCO MCO - Monaco –** ✉ **98000** 42 **E2**

Paris 949 – Menton 11 – Nice 23 – San Remo 41

Circuit automobile urbain.

Jardin exotique★★ CZ : ⋞★ - Grotte de l'Observatoire★ CZ **D** - Jardins St-Martin★ DZ - Ensemble de primitifs niçois★★ dans la cathédrale DZ - Christ gisant★ dans la chapelle de la Miséricorde D **B** - Place du Palais★ CZ - Palais du Prince★ : musée napoléonien et des Archives du palais★ CZ - Musées : océanographique★★ DZ (aquarium★★, ⋞★★ de la terrasse), d'anthropologie préhistorique★ CZ **M³**, - Collection des voitures anciennes★ CZ **M¹**.

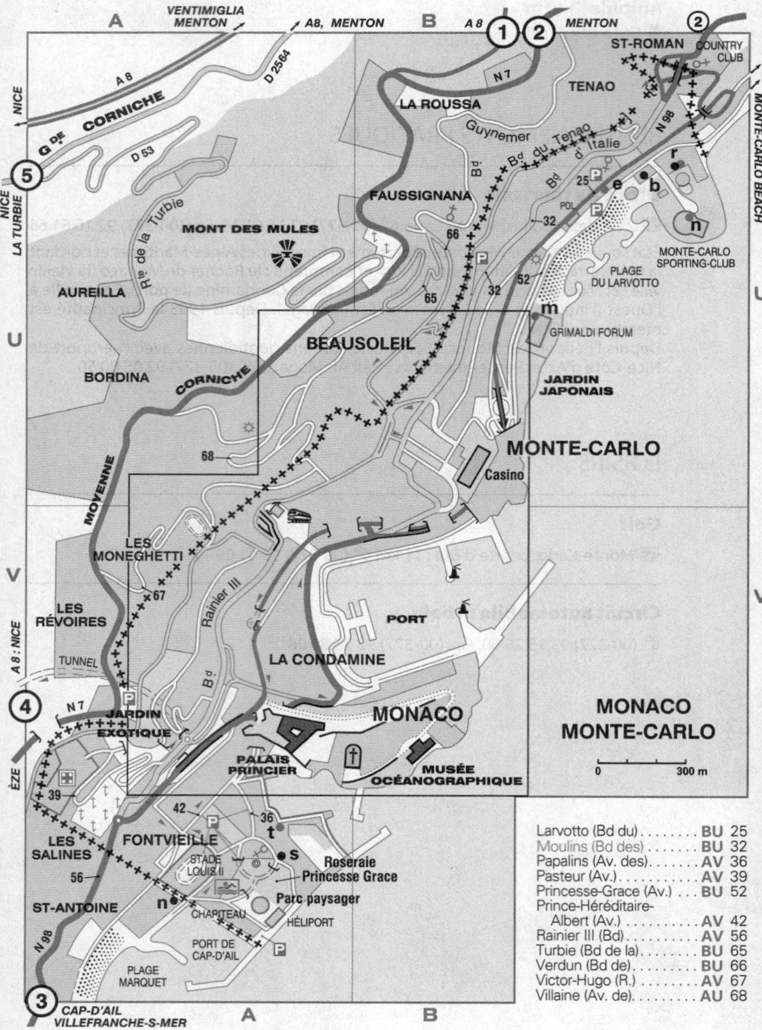

Larvotto (Bd du)	BU	25
Moulins (Bd des)	BU	32
Papalins (Av. des)	AV	36
Pasteur (Av.)	AV	39
Princesse-Grace (Av.)	BU	52
Prince-Héréditaire-Albert (Av.)	AV	42
Rainier III (Bd)	AV	56
Turbie (Bd de la)	BU	65
Verdun (Bd de)	BU	66
Victor-Hugo (R.)	AV	67
Villaine (Av. de)	AU	68

XX **Castelroc**

pl. Palais – (00-377) 93 30 36 68 – castelroc@libello.com – Fax (00-377) 93 30 59 88 – Fermé 16 déc.-23 janv., sam. et le soir d'oct. à avril CZ **p**

Rest – Menu 22 € (déj. en sem.), 44/60 € – Carte 40/66 €

◆ Double attrait d'une lumineuse salle à manger aux murs ornés de fresques et d'une élégante véranda d'où vous pourrez observer à loisir le Palais. Cuisine régionale.

à Fontvieille

Columbus

ch, 25/80, VISA

23 av. Papalins – (00-377) 92 05 90 00 – info@columbushotels.com – Fax (00-377) 92 05 91 67 AV **s**

153 ch – 265/365 € 265/365 €, 25 € – 28 suites – **Rest** – Menu (22 € bc) – Carte 45/57 €

◆ Entre le port et la roseraie Princesse Grace, l'hôtel abrite des chambres cossues dotées de meubles contemporains aux lignes épurées et, pour la plupart, d'un balcon. Bel amphithéâtre. Élégant restaurant dans le style "brasserie chic", prolongé d'une agréable terrasse.

XX **Amici Miei**

VISA

16 quai J.-C. Rey – (00-377) 92 05 92 14 – amici-miei@monte-carlo.mc – Fax (00-377) 92 05 31 74 AV **t**

Rest – Menu 28 € (déj. en sem.) – Carte 34/54 €

◆ Les amateurs de cuisine italienne trouveront leur bonheur dans ce restaurant décoré de tableaux naïfs. En été, préférez la terrasse dominant le port de Fontvieille.

MONTE-CARLO Centre Mondain de la Principauté – MCO MCO - Monaco – Casinos : Grand Casino DY, Monte-Carlo Sporting Club BU, Sun Casino DX 42 **E2**

Paris 947 – Menton 9 – Monaco 2 – Nice 20 – San Remo 40

Terrasse★★ du Grand casino DXY - Musée de poupées et automates★ DX **M**[5] - Jardin japonais★ U.

Plan page suivante

Paris

ch, rest, 70, VISA

pl. Casino – (00-377) 98 06 30 00 – hp@sbm.mc – Fax (00-377) 98 06 59 03 DY **y**

143 ch – 399/1430 € 399/1430 €, 38 € – 44 suites

Rest *Le Louis XV-Alain Ducasse et Grill* – voir ci-après

Rest *Salle Empire* – *(00-377) 98 06 89 89 (ouvert juil.-août) (dîner seult)* Carte 64/183 €

Rest *Côté Jardin* – *(00-377) 98 06 39 39 (déj. seult)* Menu 50 €

◆ Situation idyllique, aménagements somptueux, riche passé et clients célèbres : entrez dans la légende du plus prestigieux des palaces monégasques, inauguré en 1864. Majestueuse Salle Empire (ors, stucs et cristal). Côté Jardin, terrasse avec vue sur le Rocher.

Métropole

50, VISA

4 av. Madone – (00-377) 93 15 15 15 – metropole@metropole.com – Fax (00-377) 93 25 24 44 DX **z**

131 ch – 425/525 € 750/1000 €, 36 € – 15 suites

Rest *Joël Robuchon Monte-Carlo* – voir ci-après

◆ Luxe et raffinement à tous les étages de ce palace (1886) relooké par Jacques Garcia en 2004. Cour-jardin à l'italienne, jolie piscine, salles de réunion et magnifique spa.

Hermitage

rest, 80, VISA

square Beaumarchais – (00-377) 98 06 40 00 – hh@sbm.mc – Fax (00-377) 98 06 59 70 DY **r**

250 ch – 360/895 € 360/895 €, 35 € – 30 suites

Rest *Vistamar* – voir ci-après

Rest *Limun Bar* – *(00-377) 98 06 48 48* – Menu (29 € bc) – Carte 34/48 €

◆ Fresques et loggias à l'italienne agrémentent la splendide façade tournée vers le port. Coupole de fonte et de verre signée Eiffel ; chambres luxueuses. Petite restauration au Limùn Bar qui se mue en salon de thé l'après-midi.

MONACO MONTE-CARLO

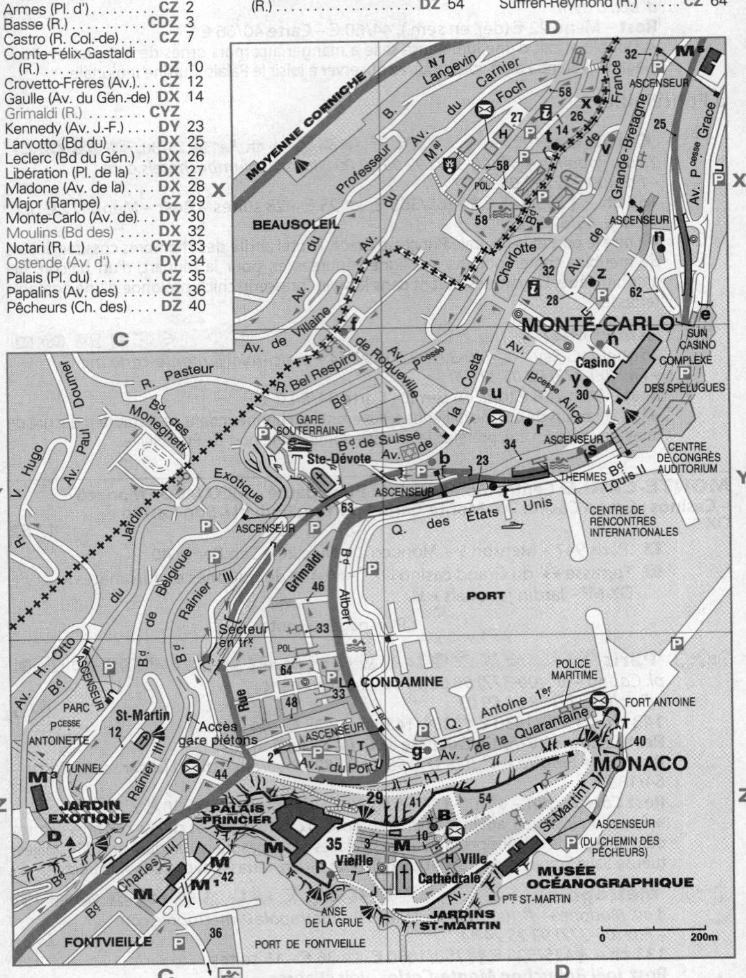

Méridien Beach Plaza ch, ch, ch,
22 av. Princesse Grace, à la plage du Larvotto 20/300, VISA
– ☎ (00-377) 93 30 98 80 – reservations.montecarlo@lemeridien.com
– Fax (00-377) 93 50 23 14 BU **b**
397 ch – †240/370 € ††240/370 €, ☕ 32 € – 6 suites
Rest *L'Intempo* – ☎ (00-377) 93 15 78 88 – Menu 50 € (déj. en sem.)/69 € (week-end) – Carte 70/108 € ♀ – **Rest *Bar and Lunch*** – *(Ouvert juil.-mi sept. et week-end en juin) (déjeuner seult)* Carte 63/79 € ♀
◆ Hôtel contemporain en partie refait. Chambres panoramiques dans deux tours de verre côté mer, superbes suites, luxueux centre de conférences et plage privée. Recettes du bassin méditerranéen à L'Intempo (ouvert 24 h/24). Ambiance balnéaire au Bar and Lunch.

Monte Carlo Bay Hôtel and Resort Mer et Côte,
– *(00-377) 98 06 02 00* 15/250, VISA
– info@montecarlobay.mc – Fax (00-377) 98 06 00 03 BU **r**
312 ch – 310/2965 € 310/2965 €, 33 € – 10 suites, 11 duplex – ½ P 1152/2085 €
Rest *Le Blue Bay* – *(00-377) 98 06 03 60 (dîner seult du 30 avril au 30 sept.)* Menu (28 €), 38 € bc (déj.), 65/75 € – Carte 52/103 €
Rest *L'Orange Verte* – *(00-377) 98 06 03 61* – Carte 39/137 €
Rest *Las Brisas* – *(00-377) 98 06 03 63 (Ouvert de mai à sept.) (déj. seult)* Carte 38/144 €

◆ Le dernier né des palaces monégasques s'étend sur 4 ha en bord de mer. Chambres, suites et duplex affichent un style résolument contemporain. Piscine-lagon. Cuisine actuelle riche en épices au Blue Bay. À L'Orange Verte, tartares et carpaccios. Carte au goût du jour au Las Brisas.

Port Palace Port et Rocher, ch, ch,
7 av. J. F. Kennedy – *(00-377) 97 97 90 00* VISA
– reservation@portpalace.com – Fax (00-377) 97 97 90 08 DY **t**
50 ch – 265/515 € 265/1680 €, 29 €
Rest *Mandarine* – Menu 35 € (déj. en sem.), 75/150 € – Carte 57/80 €

◆ Ce palace à l'architecture contemporaine, situé sur le port, abrite des chambres superbement équipées et tournées vers le Rocher. Restaurant panoramique au dernier étage. Décor moderne, carte classique et au goût du jour.

Mirabeau rest, 30, VISA
1 av. Princesse Grace – *(00-377) 93 25 93 00 – mi@sbm.mc – Fax (00-377) 93 25 93 25* DX **n**
93 ch – 280/515 € 280/515 €, 29 € – 10 suites
Rest *La Coupole* – voir ci-après

◆ Le hall de réception et le bar, entièrement rénovés, proposent un décor contemporain élégant et cossu. Chambres spacieuses, pour la plupart dotées de belles terrasses.

Le Louis XV-Alain Ducasse – Hôtel de Paris
pl. Casino – *(00-377) 98 06 88 64 – lelouisxv@alain-ducasse.com – Fax (00-377) 98 06 59 07 – Fermé 1er-14 mars, 27 nov.-27 déc., 12-27 fév., merc. sauf le soir du 20 juin au 22 août et mardi* VISA DY **y**
Rest – Menu 125 € (déj. en sem.), 180/225 € – Carte 150/196 €
Spéc. Légumes des jardins de Provence à la truffe noire écrasée. Poisson de pêche locale entier au plat, courgettes farcies, supions frits. "Louis XV" au croustillant de pralin. **Vins** Bellet, Coteaux Varois.

◆ Saveurs méditerranéennes sublimées, somptueux décor classique, terrasse ouverte sur le casino et cave exceptionnelle : au Louis XV, les cinq sens sont à la fête !

Grill de l'Hôtel de Paris la Principauté,
pl. Casino – *(00-377) 98 06 88 88 – legrill@sbm.mc – Fax (00-377) 98 06 59 03 – Fermé janv. et le midi en juil.-août* VISA DY **y**
Rest – Menu 68 € bc (déj.) – Carte 83/122 €
Spéc. Petits farcis comme sur la Riviera. Poussin à la broche au thym frais. Soufflé chocolat. **Vins** Côtes de Provence.

◆ Au 8e étage de l'hôtel, sur fond de "grande bleue", vous serez aux premières loges pour assister au spectacle de la Principauté. Toit ouvrant sur le ciel azuréen.

Joël Robuchon Monte-Carlo – Hôtel Métropole
4 av. Madone – *(00-377)93 15 15 10 – restaurant@metropole.com – Fax (00-377)93 25 24 44* VISA DX **z**
Rest – *(dîner seult du 15 juil. au 28 août)* Menu 65 € bc (déj.)/175 € (dîner) – Carte 80/180 €
Spéc. Sardine fraîche aux asperges vertes et citron de Menton confit. Arroz bonba dans un bouillon aux saveurs paëlla. Sensation chocolat. **Vins** Bellet, Côtes de Provence

◆ Dans la salle à colonnades, vous serez aux premières loges pour admirer les cuisines où l'on élabore une belle carte inventive. En terrasse, vue sur les toits monégasques.

Vistamar – Hôtel Hermitage ← port et Principauté,
pl. Beaumarchais – ✆ (00-377) 98 06 98 98 – hh@sbm.mc – Fax (00-377) 98 06 59 70 DY **r**

Rest – *(fermé le midi en juil.-août)* Menu 45 € bc (déj. en sem.), 62/85 € – Carte 65/120 €

Spéc. Soupe de poissons des pêcheurs "Rinaldi". Bouillabaisse "Vistamar". Filet de Saint-Pierre rôti, laqué d'un jus à l'anis. **Vins** Bellet, Côtes de Provence.

◆ Vue époustouflante sur le large depuis la terrasse panoramique et la salle à manger bordée de baies vitrées ; sur la carte se cotoient plats classiques et cuisine de la mer

La Coupole – Hôtel Mirabeau
1 av. Princesse Grace – ✆ (00-377) 93 25 93 00 – mi@sbm.mc – Fax (00-377) 93 25 93 25 – Fermé le midi en juil.-août DX **n**

Rest – Menu (37 € bc), 45 € bc (déj. en sem.), 55/83 € – Carte 86/135 €

◆ Décor contemporain d'une élégante sobriété pour ce restaurant entièrement rénové. Savoureuse cuisine au goût du jour d'inspiration méditerranéenne.

Bar & Bœuf ←
av. Princesse Grace, au Sporting-Monte-Carlo – ✆ (00-377) 98 06 71 71 – b.b@sbm.mc – Fax (00-377) 98 06 57 85 – Ouvert 23 mai-22 sept. et fermé lundi en mai, juin et sept. BU **n**

Rest – *(dîner seult)* Carte 78/95 €

Spéc. Bar mariné, citron jaune-basilic. Filet de bœuf façon "Rossini", royale champi-truffes, melba au foie gras. Turron noir aux pignons, sorbet chocolat fort. **Vins** Côtes de Provence.

◆ Décor design signé Philippe Starck, carte déclinant le bar et le boeuf et vins provenant du monde entier : le lieu, bien connu des noctambules, l'est aussi des fins gourmets.

Maxim's
20 av. Costa – ✆ (00-377) 97 97 84 60 – vip@maxims-mc.com – Fax (00-377) 97 97 84 61 – Fermé août, sam. midi, dim. et lundi YD **u**

Rest – Menu 75/110 € – Carte 60/107 €

◆ Boiseries, banquettes rouges, glaces, gravures humoristiques : toute l'atmosphère Belle Époque est reproduite ici avec bonheur : vous êtes chez Maxim's ! Carte classique.

L'Hirondelle ← le port et le Rocher,
2 av. Monte-Carlo (aux Thermes Marins) – ✆ (00-377) 98 06 69 30 – thermes@sbm.mc – Fax (00-377) 98 06 69 69 – Fermé 10-17 déc. DY **s**

Rest – *(déj. seult.)* Menu 55 € – Carte 49/89 €

◆ Intégrées aux prestigieux Thermes Marins, cette lumineuse salle à manger et sa terrasse jouissent d'une vue sur le port et le Rocher. Cuisine diététique et classique.

Le Saint Benoit ← le port et le Rocher,
10 ter av. Costa – ✆ (00-377) 93 25 02 34 – lesaintbenoit@montecarlo.mc – Fax (00-377) 93 30 52 64 – Fermé 21 déc.-4 janv., dim. soir et lundi DY **b**

Rest – Menu 28/39 € – Carte 35/69 €

◆ Trouver ce restaurant n'est pas aisé, mais la vue panoramique que l'on découvre de la terrasse récompensera votre peine. Spacieuse salle à manger moderne.

Café de Paris
pl. Casino – ✆ (00-377) 98 06 76 23 – brasseriecp@sbm.mc – Fax (00-377) 98 06 59 30 DY **n**

Rest – Carte 40/76 €

◆ En 1897, Édouard Michelin y fit une entrée remarquée... au volant de sa voiture ! Décor d'une brasserie de la Belle Époque. Terrasse très prisée en saison.

Zébra Square ←
10 av. Princesse Grace, (Grimaldi Forum : 2e étage, par ascenseur) – ✆ (00-377) 99 99 25 50 – monaco@zebrasquare.com – Fax (00-377) 99 99 25 60 – Fermé fév. BU **m**

Rest – Menu 31 € (déj.), 65 € bc/115 € bc – Carte 46/87 €

◆ Même décor design zébré, même ambiance "branchée", même cuisine au goût du jour que le grand frère parisien, et un petit "plus" : la belle terrasse avec vue sur la mer.

XX **La Maison du Caviar**

1 av. St-Charles – (00-377) 93 30 80 06 – Fax (00-377) 93 30 23 90 – Fermé sam. midi et dim. DX **r**

Rest – Menu 26 € (déj. en sem.)/32 € – Carte 31/88 €

◆ Prisé des Monégasques, ce restaurant familial propose depuis 1954 une cuisine traditionnelle dans un décor mariant ferronneries, casiers à bouteilles et meubles rustiques.

XX **Chez Gianni**

39 av. Princesse Grace – (00-377) 93 30 46 33 – Fax (00-377) 93 30 54 86 – Fermé sam. midi et dim. midi BU **e**

Rest – Menu 50/60 € – Carte 48/70 €

◆ Ce petit restaurant donne un avant-goût de l'Italie toute proche : inspiration transalpine tant dans le décor que dans la cuisine. Ambiance conviviale en soirée.

X **Loga**

25 bd des Moulins – (00-377) 93 30 87 72 – Fax (00-377) 93 25 06 41 – Fermé 11-29 août, mardi soir et dim. DX **v**

Rest – Menu 37/41 € – Carte 32/53 €

◆ Sympathique petite adresse familiale proposant une cuisine régionale et une ardoise du jour très prisée des habitués. Décor intérieur à base de bois blond et terrasse-trottoir.

X **Polpetta**

2 r. Paradis – (00-377) 93 50 67 84 – Fax (00-377) 93 50 67 84 – Fermé 3 sem. en juin, sam. midi et mardi CY **f**

Rest – Menu 23 € – Carte 30/54 €

◆ Trois cadres différents dans ce petit restaurant italien : la véranda côté rue ; la salle à manger rustique ; et pour finir, un espace plus intime et cossu à l'arrière.

à Monte-Carlo-Beach (France Alpes-Mar.) Nord-Est BU **: 2,5 km – ✉ 06190 Roquebrune-Cap-Martin**

Monte-Carlo Beach Hôtel ≤ mer et Monaco, ch, rest, 40,

av. Princesse Grace – 04 93 28 66 66 – bh@sbm.mc – Fax 04 93 78 14 18 – Ouvert 10 mars-10 nov.

44 ch – 260/630 € 260/630 €, 33 € – 3 suites

Rest *La Salle à Manger* – Carte 52/86 €

Rest *Le Deck* – *04 93 28 66 42 (ouvert 14 avril-14 oct.) (déj. seult.)* Carte 31/83 €

Rest *La Vigie* – *04 93 28 66 44 (ouvert 23 juin-2 sept.)* Menu 43 € (déj.)/58 €

Rest *Le Sea Lounge* – *04 93 28 66 43 (ouvert 17 mai-2 sept.)* Carte 34/89 €

◆ Créé en 1929, cet hôtel au style de villa florentine accueillit Nijinski, Cocteau, Morand, etc. Superbe complexe balnéaire. La Méditerranée est à l'honneur façon classique à la Salle à Manger. Brasserie au Deck. Poissons grillés à la Vigie. Tapas au Sea Lounge.

voir aussi ressources hôtelières à **Beausoleil** *et* **Cap d'Ail**

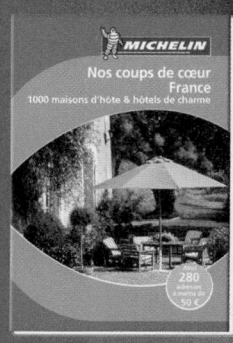

Localité possédant au moins

- ● un hôtel ou un restaurant
- une table étoilée
- un restaurant « Bib Gourmand »
- un hôtel « Bib Hôtel »
- un restaurant agréable
- une maison d'hôte agréable
- un hôtel agréable
- un hôtel très tranquille

Place with at least

- ● a hotel or a restaurant
- a starred establishment
- a restaurant « Bib Gourmand »
- a hotel « Bib Hôtel »
- a particularly pleasant restaurant
- a particularly pleasant guesthouse
- a particularly pleasant hotel
- a particularly quiet hotel

La località possiede come minimo

- ● un albergo o un ristorante
- una delle migliori tavole dell'anno
- un ristorante « Bib Gourmand »
- un albergo « Bib Hotel »
- un ristorante molto piacevole
- un piacevole agriturismo
- un albergo molto piacevole
- un esercizio molto tranquillo

Ort mit mindestens

- ● einem Hotel oder Restaurant
- einem der besten Restaurants des Jahres
- einem Restaurant « Bib Gourmand »
- einem Hotel « Bib Hotel »
- einem sehr angenehmen Restaurant
- ein angenehmes Gästehaus
- einem sehr angenehmen Hotel
- einem sehr ruhigen Haus

Localidad que posee com mínimo

- ● un hotel o un restaurante
- una de los mejores mesas del año
- un restaurante « Bib Gourmand »
- un hotel « Bib Hotel »
- un restaurante muy agradable
- una casa rural agradable
- un hotel muy agradable
- un hotel muy tranquilo

GREAT BRITAIN
MANCHE
ATLANTIQUE
ESPAÑA
ROUEN
CAEN
NORMANDIE
32
33
9
10
BRETAGNE
RENNES
34
35
PAYS-DE-LA-LOIRE
CENT
NANTES
POITIERS
POITOU-CHARENTES
38
39
LIMOGES
LIMOUS
BORDEAUX
3
4
AQUITAINE
MID
TOULOUSE
La France en 46 cartes

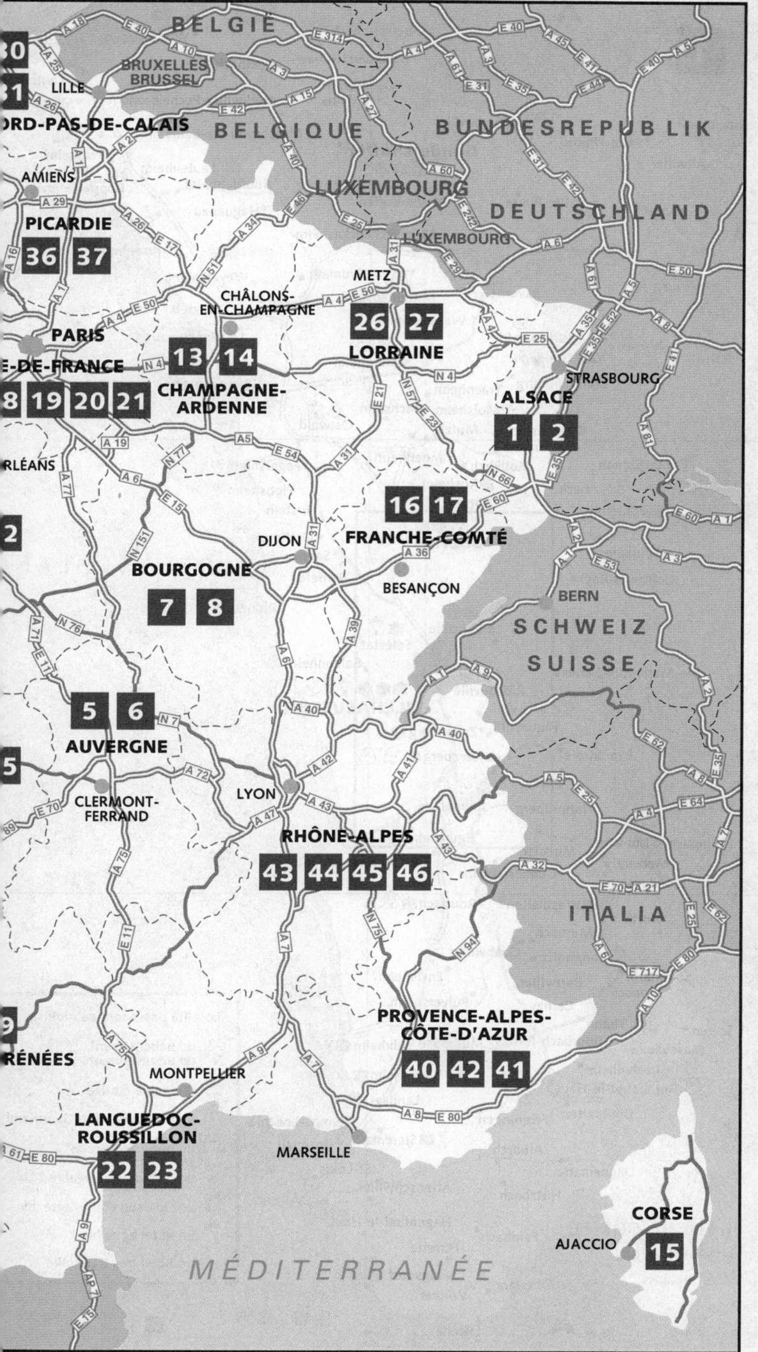

BELGIË
BRUXELLES
BRUSSEL
LILLE
ORD-PAS-DE-CALAIS
BELGIQUE
BUNDESREPUBLIK
DEUTSCHLAND
LUXEMBOURG
AMIENS
PICARDIE
36
37
METZ
CHÂLONS-EN-CHAMPAGNE
26
27
PARIS
LORRAINE
E-DE-FRANCE
13
14
STRASBOURG
8
19
20
21
CHAMPAGNE-ARDENNE
ALSACE
1
2
RLÉANS
16
17
2
DIJON
FRANCHE-COMTÉ
BOURGOGNE
BESANÇON
BERN
7
8
SCHWEIZ
SUISSE
5
6
AUVERGNE
5
LYON
CLERMONT-FERRAND
RHÔNE-ALPES
43
44
45
46
ITALIA
PROVENCE-ALPES-CÔTE-D'AZUR
9
RÉNÉES
40
42
41
MONTPELLIER
LANGUEDOC-ROUSSILLON
MARSEILLE
22
23
CORSE
AJACCIO
15
MÉDITERRANÉE

1
A
B
LUXEMBOURG
Obersteinbach
Niedersteinbach
Wissembourg
Lembach
Lauterbourg
Mothern
Niederbronn-les-Bains
Merkwiller-Pechelbronn
Hinsingen
Sarre-Union
Reipertswiller
Morsbronn-les-Bains
Seltz
Altwiller
Gundershoffen
Beinheim
Leutenheim
Uberach
Soufflenheim
Roppenheim
La-Petite-Pierre
Pfaffenhoffen
Haguenau
Sessenheim
Niederschaeffolsheim
Drusenheim
Sarrebourg
Brumath
Weyersheim
Saverne
Mittelhausen
Hœrdt
Kilstett
Wasselonne
LORRAINE
(plans 26 27)
Birkenwald
La Wantzenau
Obersteigen
Marlenheim
Wangenbourg
Strasbourg
Traenheim
Molsheim
Dachstein
Ostwald
Oberhaslach
Mutzig
Urmatt
Col du Donon
Mollkirch
Innenheim
Fegersheim
Rosheim
Schirmeck
Plobsheim
Ottrott
Les Quelles
Erstein
Fouday
Obernai
Osthouse
Saulxures
Sand
Colroy-la-Roche
Benfeld
DEUTSCHLAND
Rhinau
St-Dié-des-Vosges
La Vancelle
Sélestat
Baldenheim
Ste-Marie-aux-Mines
2
Ribeauvillé
ILLHAEUSERN
Riquewihr
Zellenberg
Lapoutroie
Kaysersberg
Orbey
Colmar
Hohrodberg
FREIBURG
IM BREISGAU
Muhlbach-s-Munster
Eguisheim
Munster
Metzeral
Ste-Croix-en-Plaine
Gueberschwihr
Sondernach
Westhalten
Rouffach
Kruth
Murbach
Guebwiller
Jungholtz
St-Amarin
Ensisheim
Moosch
Berrwiller
Cernay
Pulversheim
Sewen
Thann
Bourbach-le-Bas
Mulhouse
Rixheim
Masevaux
Guewenheim
Riedisheim
Burnhaupt-le-Haut
Landser
Diefmatten
Frœningen
3
Kembs-Loéchlé
Sierentz
Rosenau
Altkirch
BELFORT
Dannemarie
St-Louis
Hirtzbach
Attenschwiller
BASEL
FRANCHE-COMTÉ
(plans 16 17)
Hagenthal-le-Haut
Feldbach
Ferrette
Ligsdorf
Montbéliard
Oberlarg
Winkel
SUISSE
Lucelle
Localité possédant au moins :
un hébergement ou un restaurant
une table étoilée
un restaurant "Bib Gourmand"
un hôtel "Bib Hôtel"
un restaurant agréable
une maison d'hôte agréable
un hôtel agréable
un hôtel très tranquille

Alsace 2

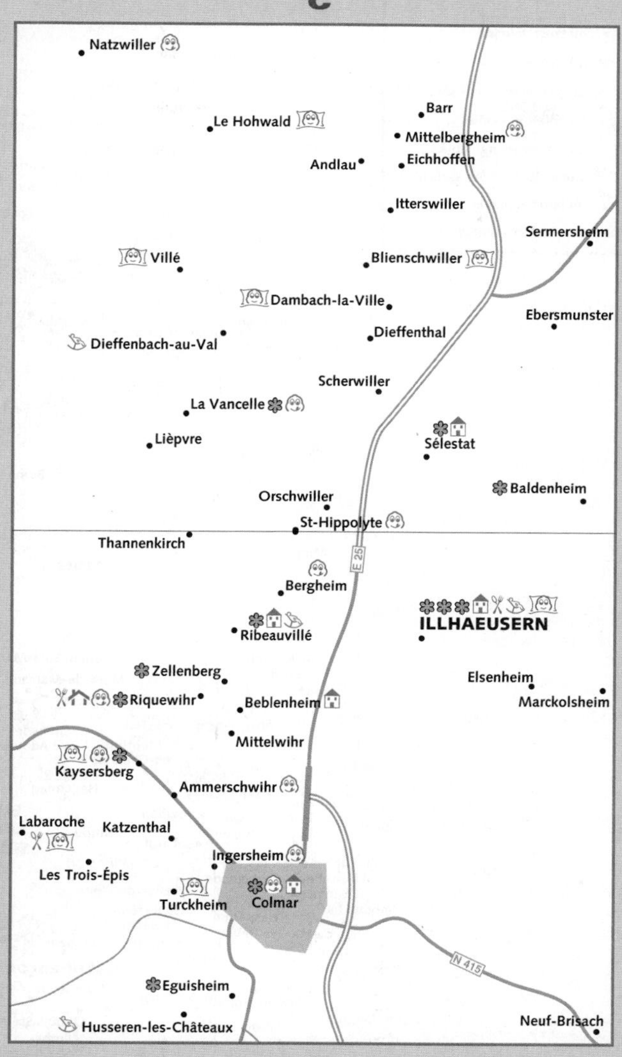
C
Natzwiller
Le Hohwald
Barr
Mittelbergheim
Andlau
Eichhoffen
Itterswiller
Sermersheim
Villé
Blienschwiller
1
1
Dambach-la-Ville
Ebersmunster
Dieffenbach-au-Val
Dieffenthal
Scherwiller
La Vancelle
Sélestat
Lièpvre
Baldenheim
Orschwiller
St-Hippolyte
Thannenkirch
E 25
Bergheim
ILLHAEUSERN
Ribeauvillé
Zellenberg
Elsenheim
Riquewihr
Beblenheim
Marckolsheim
Mittelwihr
Kaysersberg
Ammerschwihr
2
2
Labaroche
Katzenthal
Ingersheim
Les Trois-Épis
Colmar
Turckheim
N 415
Eguisheim
Husseren-les-Châteaux
Neuf-Brisach
C

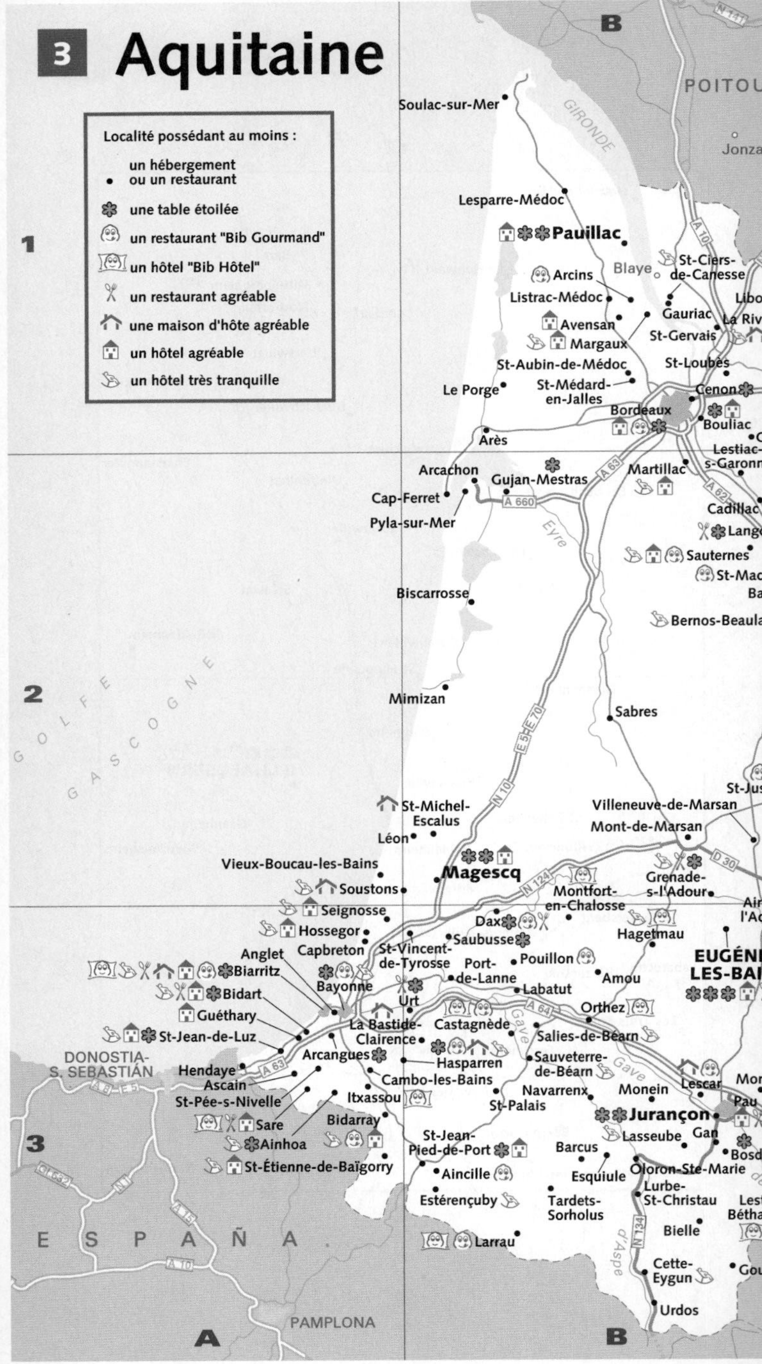
3
Aquitaine
Localité possédant au moins :
un hébergement ou un restaurant
une table étoilée
un restaurant "Bib Gourmand"
un hôtel "Bib Hôtel"
un restaurant agréable
une maison d'hôte agréable
un hôtel agréable
un hôtel très tranquille
A
B
1
2
3
POITOU
Jonzac
GIRONDE
N 141
Soulac-sur-Mer
Lesparre-Médoc
Pauillac
Arcins
Blaye
St-Ciers-de-Canesse
Listrac-Médoc
Gauriac
Avensan
St-Gervais
Margaux
St-Aubin-de-Médoc
St-Loubès
Le Porge
St-Médard-en-Jalles
Cenon
Bordeaux
Bouliac
Arès
Lestiac-s-Garonne
Arcachon
Gujan-Mestras
Martillac
Cap-Ferret
A 660
A 63
A 62
A 10
Cadillac
Pyla-sur-Mer
Eyre
Sauternes
Biscarrosse
Bernos-Beaulac
Mimizan
Sabres
G O L F E
G A S C O G N E
E 5 - E 70
N 10
St-Michel-Escalus
Villeneuve-de-Marsan
Mont-de-Marsan
Léon
Vieux-Boucau-les-Bains
Magescq
Soustons
N 124
Grenade-s-l'Adour
D 30
Montfort-en-Chalosse
Seignosse
Dax
Hossegor
Hagetmau
Anglet
Capbreton
St-Vincent-de-Tyrosse
Saubusse
Biarritz
Pouillon
Port-de-Lanne
Amou
Bayonne
Bidart
Labatut
Urt
A 64
Orthez
Guéthary
La Bastide-Clairence
Castagnède
St-Jean-de-Luz
Salies-de-Béarn
Gave
DONOSTIA-S. SEBASTIÁN
Arcangues
Hasparren
Sauveterre-de-Béarn
Hendaye
A 8 - E 5
Ascain
Cambo-les-Bains
Lescar
Navarrenx
Monein
St-Pée-s-Nivelle
Itxassou
St-Palais
Jurançon
Pau
Sare
Bidarray
Lasseube
Gan
Ainhoa
St-Jean-Pied-de-Port
Barcus
St-Étienne-de-Baïgorry
Oloron-Ste-Marie
Aincille
Esquiule
Lurbe-St-Christau
Estérençuby
Tardets-Sorholus
N 134
Bielle
E S P A Ñ A
Larrau
d'Aspe
Cette-Eygun
Urdos
A 15
N I
A 10
PAMPLONA

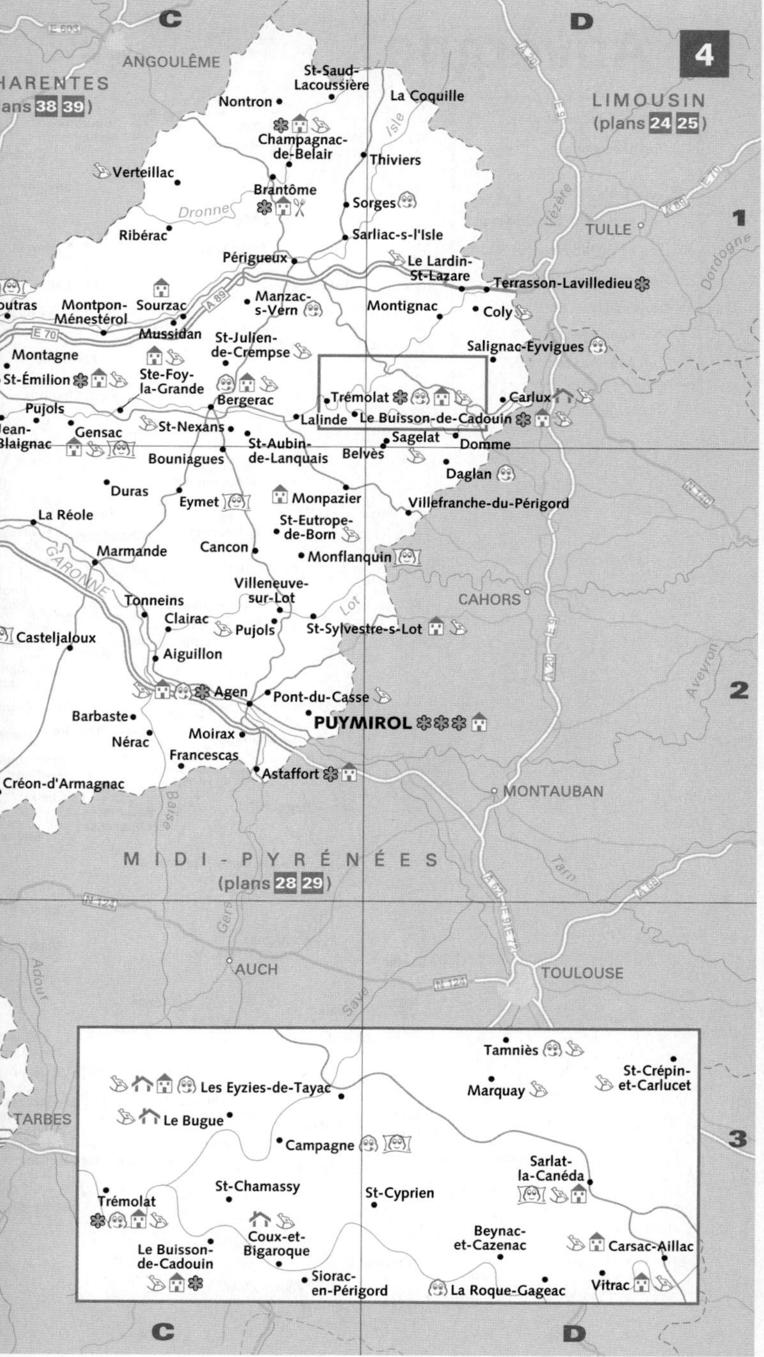

4
C
D
ANGOULÊME
CHARENTES (plans 38 39)
LIMOUSIN (plans 24 25)
St-Saud-Lacoussière
Nontron
La Coquille
Champagnac-de-Belair
Thiviers
Verteillac
Brantôme
Sorges
Ribérac
Sarliac-s-l'Isle
Périgueux
Le Lardin-St-Lazare
Terrasson-Lavilledieu
TULLE
Sourzac
Manzac-s-Vern
Montignac
Coly
Coutras
Montpon-Ménestérol
Mussidan
St-Julien-de-Crempse
Salignac-Eyvigues
Montagne
St-Émilion
Ste-Foy-la-Grande
Bergerac
Trémolat
Carlux
Pujols
Lalinde
Le Buisson-de-Cadouin
St-Jean-Blaignac
Gensac
St-Nexans
St-Aubin-de-Lanquais
Sagelat
Belvès
Domme
Bouniagues
Daglan
Duras
Eymet
Monpazier
Villefranche-du-Périgord
La Réole
St-Eutrope-de-Born
Marmande
Cancon
Monflanquin
Villeneuve-sur-Lot
CAHORS
Tonneins
Clairac
Pujols
St-Sylvestre-s-Lot
Casteljaloux
Aiguillon
Agen
Pont-du-Casse
Barbaste
PUYMIROL
Nérac
Moirax
Francescas
Astaffort
Créon-d'Armagnac
MONTAUBAN
MIDI-PYRÉNÉES (plans 28 29)
AUCH
TOULOUSE
TARBES
1
2
3
Dronne
Isle
Vézère
Dordogne
Lot
GARONNE
Baïse
Tarn
Aveyron
Gers
Save
Adour
A 20
A 89
E 70
E 603
E 9
N 140
N 124
A 62
A 68
Tamniès
St-Crépin-et-Carlucet
Les Eyzies-de-Tayac
Marquay
Le Bugue
Campagne
Sarlat-la-Canéda
Trémolat
St-Chamassy
St-Cyprien
Coux-et-Bigaroque
Beynac-et-Cazenac
Carsac-Aillac
Le Buisson-de-Cadouin
Siorac-en-Périgord
La Roque-Gageac
Vitrac
C
D

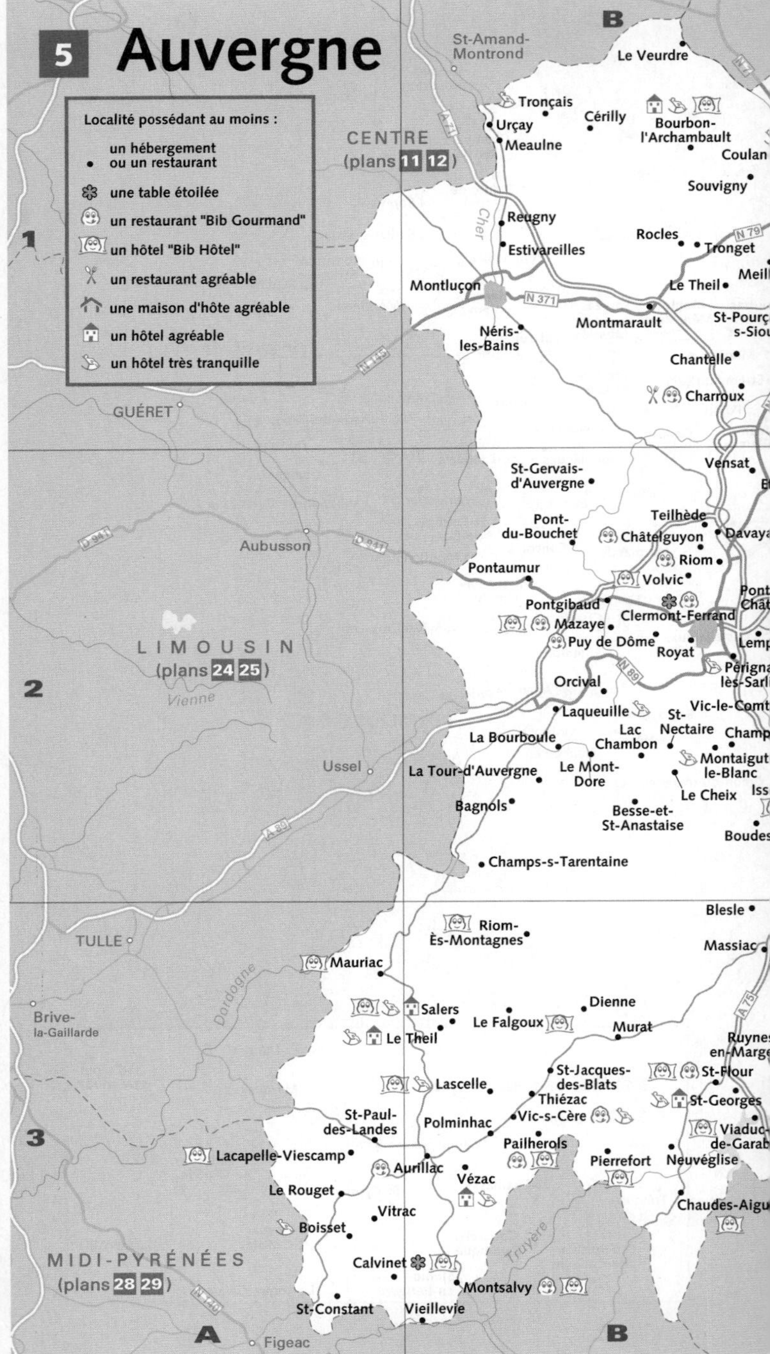

5 Auvergne
Localité possédant au moins :
un hébergement ou un restaurant
une table étoilée
un restaurant "Bib Gourmand"
un hôtel "Bib Hôtel"
un restaurant agréable
une maison d'hôte agréable
un hôtel agréable
un hôtel très tranquille
CENTRE
(plans 11 12)
LIMOUSIN
(plans 24 25)
MIDI-PYRÉNÉES
(plans 28 29)
A
B
1
2
3
St-Amand-Montrond
Le Veurdre
Tronçais
Urçay
Meaulne
Cérilly
Bourbon-l'Archambault
Coulan
Souvigny
Cher
Reugny
Estivareilles
Rocles
Tronget
Montluçon
N 371
Le Theil
Montmarault
Néris-les-Bains
Chantelle
N 145
GUÉRET
Charroux
Vensat
St-Gervais-d'Auvergne
Teilhède
Pont-du-Bouchet
Châtelguyon
D 941
Aubusson
Riom
Pontaumur
Volvic
Pontgibaud
Clermont-Ferrand
Mazaye
Puy de Dôme
Royat
N 89
Orcival
Vienne
Laqueuille
St-Nectaire
La Bourboule
Lac Chambon
Montaigut-le-Blanc
Ussel
La Tour-d'Auvergne
Le Mont-Dore
Le Cheix
Bagnols
Besse-et-St-Anastaise
A 89
Champs-s-Tarentaine
Blesle
Riom-Ès-Montagnes
TULLE
Massiac
Mauriac
Dordogne
A 75
Brive-la-Gaillarde
Salers
Dienne
Le Falgoux
Murat
Le Theil
St-Jacques-des-Blats
St-Flour
Lascelle
Thiézac
St-Georges
St-Paul-des-Landes
Polminhac
Vic-s-Cère
Pailherols
Lacapelle-Viescamp
Aurillac
Pierrefort
Neuvéglise
Vézac
Le Rouget
Vitrac
Boisset
Truyère
Calvinet
N 140
Montsalvy
St-Constant
Vieillevie
Figeac

C
D
6
La Chapelle-aux-Chasses
Chevagnes
Moulins
BOURGOGNE
(plans 7 8)
Dompierre-s-Besbre
Neuilly-le-Réal
Charolles
1
Varennes-s-Allier
MÂCON
Lapalisse
Vichy
Le Mayet-de-Montagne
St-Priest-Bramefant
Roanne
Villefranche-s-Saône
Puy-Guillaume
Lezoux
Thiers
Vollore-Ville
Bort-l'Étang
Augerolles
LYON
RHÔNE-ALPES
(plans 43 44 45 46)
Ceilloux
Montbrison
2
Ambert
St-Anthème
Vienne
St-Germain-l'Herm
Baffie
ST-ÉTIENNE
Brassac-les-Mines
Aurec-s-Loire
La Chaise-Dieu
Craponne-s-Arzon
St-Didier-en-Velay
Brioude
Lavaudieu
Beauzac
St-Pal-de-Mons
Chomelix
Bransac
Dunières
ST-BONNET-LE-FROID
Lavoûte-Chilhac
St-Vincent
Yssingeaux
Reilhac
Tence
Langeac
Queyrières
Espaly-St-Marcel
Le Chambon-s-Lignon
Tournon-s-Rhône
St-Arcons-d'Allier
Le Puy-en-Velay
St-Julien-Chapteuil
St-Front
Saugues
Moudeyres
VALENCE
3
Alleyras
Arlempdes
St-Haon
PRIVAS
LANGUEDOC-ROUSSILLON
(plans 22 23)
C
D

7 Bourgogne

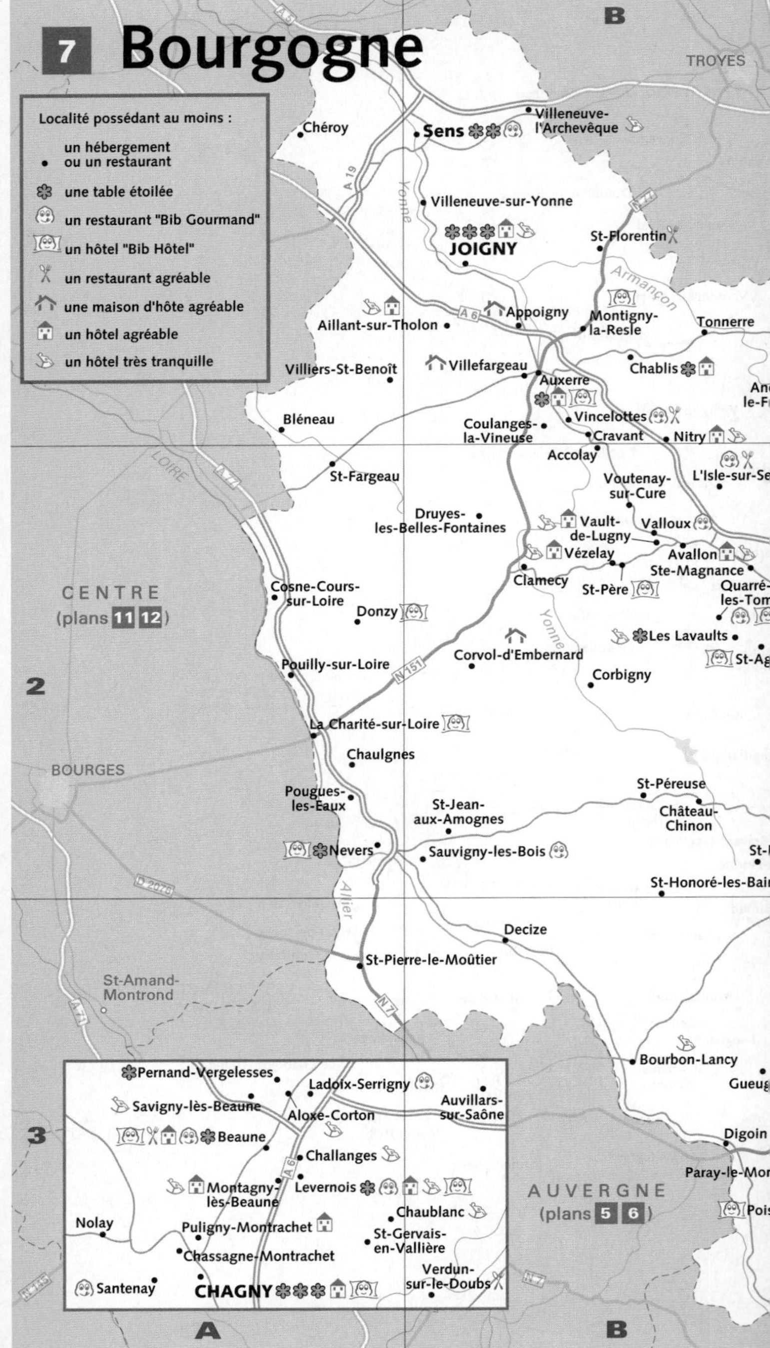

Localité possédant au moins :
un hébergement ou un restaurant
une table étoilée
un restaurant "Bib Gourmand"
un hôtel "Bib Hôtel"
un restaurant agréable
une maison d'hôte agréable
un hôtel agréable
un hôtel très tranquille
B
TROYES
Chéroy
Sens
Villeneuve-l'Archevêque
Villeneuve-sur-Yonne
JOIGNY
St-Florentin
Aillant-sur-Tholon
Appoigny
Montigny-la-Resle
Tonnerre
Villiers-St-Benoît
Villefargeau
Chablis
Auxerre
Bléneau
Coulanges-la-Vineuse
Vincelottes
Cravant
Nitry
Accolay
St-Fargeau
Voutenay-sur-Cure
Druyes-les-Belles-Fontaines
Vault-de-Lugny
Valloux
Vézelay
Avallon
Clamecy
Ste-Magnance
St-Père
CENTRE
(plans 11 12)
Cosne-Cours-sur-Loire
Donzy
Les Lavaults
Corvol-d'Embernard
Corbigny
2
Pouilly-sur-Loire
La Charité-sur-Loire
Chaulgnes
BOURGES
St-Péreuse
Pougues-les-Eaux
St-Jean-aux-Amognes
Château-Chinon
Nevers
Sauvigny-les-Bois
St-Honoré-les-Bai
Decize
St-Pierre-le-Moûtier
St-Amand-Montrond
Bourbon-Lancy
Pernand-Vergelesses
Ladoix-Serrigny
Auvillars-sur-Saône
Savigny-lès-Beaune
Aloxe-Corton
3
Beaune
Challanges
Digoin
Montagny-lès-Beaune
Levernois
AUVERGNE
(plans 5 6)
Paray-le-Mo
Chaublanc
Nolay
Puligny-Montrachet
St-Gervais-en-Vallière
Chassagne-Montrachet
Verdun-sur-le-Doubs
Santenay
CHAGNY
A
B
Yonne
Armançon
Loire
Allier
A 5
A 19
A 6
A 77
N 77
N 151
N 7
D 2076
A 71
N 6

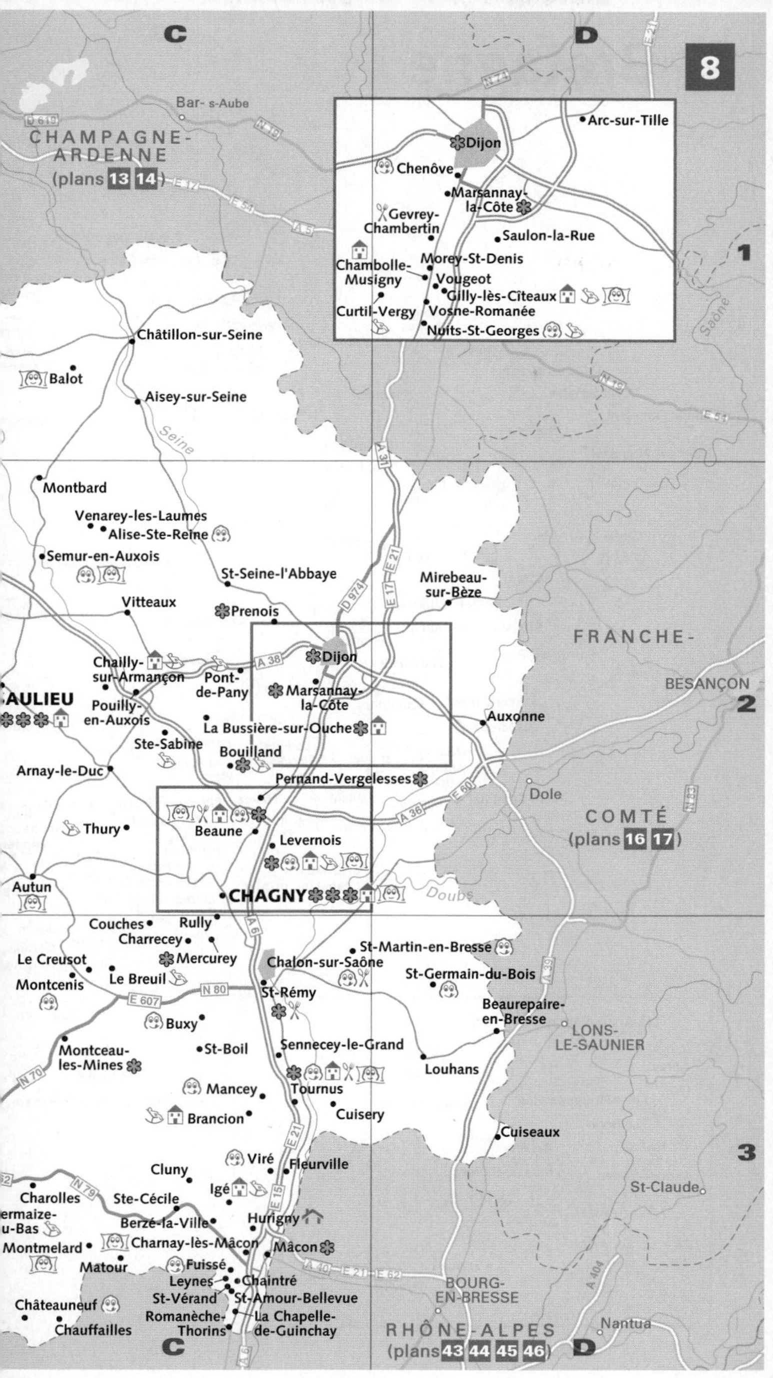

C
D
8
Bar-s-Aube
CHAMPAGNE-ARDENNE
(plans 13 14)
Dijon
Arc-sur-Tille
Chenôve
Marsannay-la-Côte
Gevrey-Chambertin
Saulon-la-Rue
Chambolle-Musigny
Morey-St-Denis
Vougeot
Gilly-lès-Cîteaux
Curtil-Vergy
Vosne-Romanée
Nuits-St-Georges
1
Saône
Châtillon-sur-Seine
Balot
Aisey-sur-Seine
Seine
Montbard
Venarey-les-Laumes
Alise-Ste-Reine
Semur-en-Auxois
St-Seine-l'Abbaye
Mirebeau-sur-Bèze
Vitteaux
Prenois
FRANCHE-
Chailly-sur-Armançon
Pont-de-Pany
Dijon
Marsannay-la-Côte
BESANÇON
SAULIEU
Pouilly-en-Auxois
2
Auxonne
La Bussière-sur-Ouche
Ste-Sabine
Bouilland
Arnay-le-Duc
Pernand-Vergelesses
Dole
COMTÉ
(plans 16 17)
Thury
Beaune
Levernois
Autun
CHAGNY
Doubs
Couches
Rully
Charrecey
St-Martin-en-Bresse
Le Creusot
Mercurey
Chalon-sur-Saône
Le Breuil
Montcenis
St-Rémy
St-Germain-du-Bois
Beaurepaire-en-Bresse
Buxy
LONS-LE-SAUNIER
Montceau-les-Mines
St-Boil
Sennecey-le-Grand
Louhans
Mancey
Tournus
Brancion
Cuisery
Cuiseaux
3
Viré
Fleurville
Cluny
St-Claude
Charolles
Igé
Ste-Cécile
ermaize-u-Bas
Berzé-la-Ville
Hurigny
Montmelard
Charnay-lès-Mâcon
Mâcon
Matour
Fuissé
Leynes
Chaintré
BOURG-EN-BRESSE
St-Vérand
St-Amour-Bellevue
Châteauneuf
Romanèche-Thorins
La Chapelle-de-Guinchay
Chauffailles
Nantua
RHÔNE-ALPES
(plans 43 44 45 46)
C
D

9 Bretagne

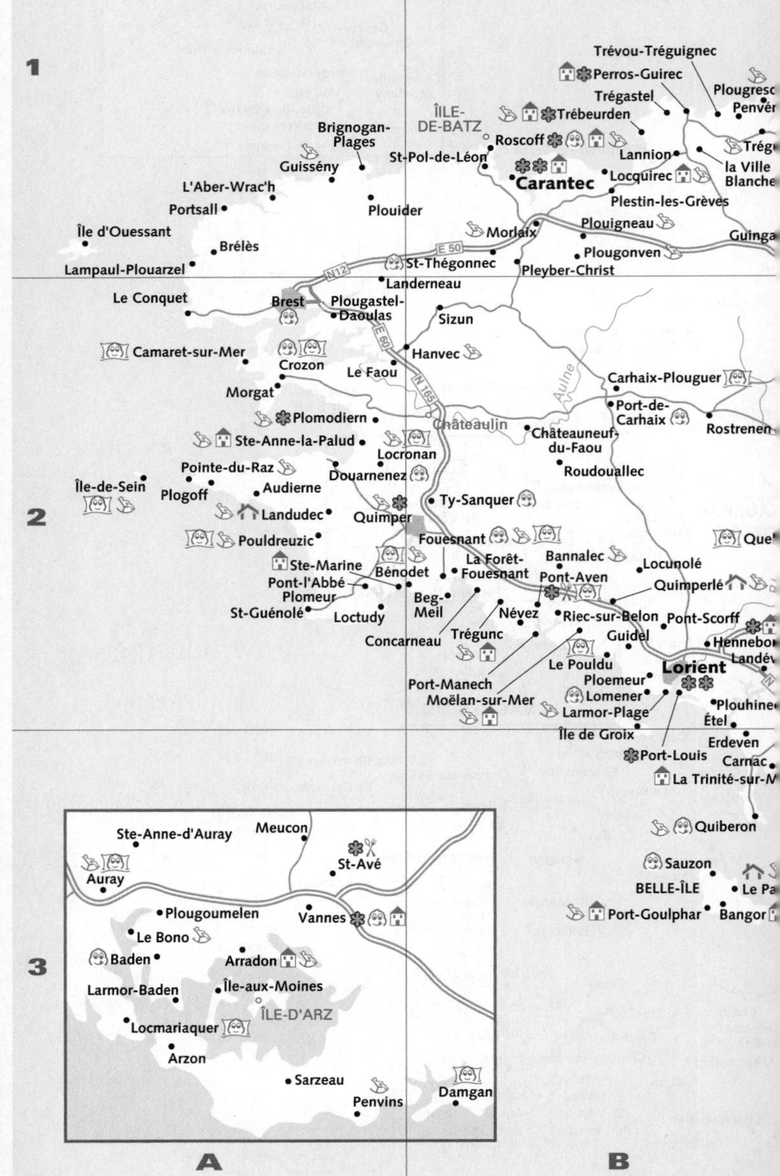

B
1
Trévou-Tréguignec
Perros-Guirec
Trégastel
Plougresc
Penvér
Trébeurden
ÎLE-DE-BATZ
Brignogan-Plages
Roscoff
Lannion
Trég
la Ville Blanche
St-Pol-de-Léon
Guissény
Carantec
Locquirec
L'Aber-Wrac'h
Plestin-les-Grèves
Portsall
Plouider
Plouigneau
Île d'Ouessant
Morlaix
Guinga
Brélès
E 50
Plougonven
St-Thégonnec
Lampaul-Plouarzel
N12
Pleyber-Christ
Landerneau
Le Conquet
Brest
Plougastel-Daoulas
Sizun
E 60
Camaret-sur-Mer
Hanvec
Crozon
Le Faou
Aulne
Carhaix-Plouguer
N 165
Morgat
Port-de-Carhaix
Plomodiern
Rostrenen
Châteaulin
Châteauneuf-du-Faou
Ste-Anne-la-Palud
Locronan
Pointe-du-Raz
Roudouallec
Douarnenez
Île-de-Sein
Audierne
Plogoff
Ty-Sanquer
2
Landudec
Quimper
Pouldreuzic
Fouesnant
Que
Ste-Marine
La Forêt-Fouesnant
Bannalec
Locunolé
Bénodet
Pont-Aven
Pont-l'Abbé
Quimperlé
Plomeur
Beg-Meil
St-Guénolé
Loctudy
Névez
Riec-sur-Belon
Pont-Scorff
Concarneau
Trégunc
Guidel
Hennebo
Landév
Le Pouldu
Lorient
Port-Manech
Ploemeur
Moëlan-sur-Mer
Lomener
Plouhine
Larmor-Plage
Étel
Île de Groix
Erdeven
Port-Louis
Carnac
La Trinité-sur-M
Ste-Anne-d'Auray
Meucon
Quiberon
St-Avé
Auray
Sauzon
BELLE-ÎLE
Le Pa
Plougoumelen
Vannes
Port-Goulphar
Bangor
Le Bono
3
Baden
Arradon
Larmor-Baden
Île-aux-Moines
ÎLE-D'ARZ
Locmariaquer
Arzon
Sarzeau
Penvins
Damgan
A
B

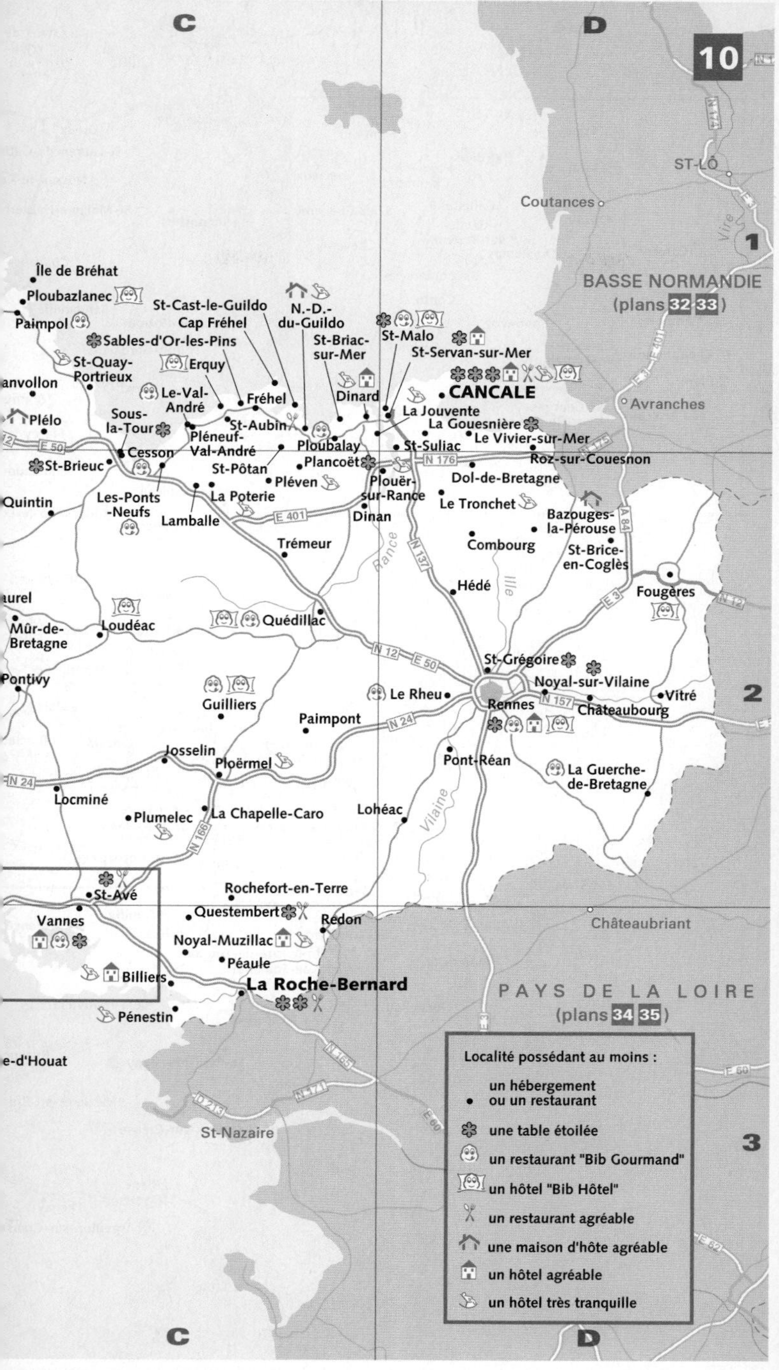

10
C
D
BASSE NORMANDIE
(plans 32 33)
PAYS DE LA LOIRE
(plans 34 35)
1
2
3
ST-LÔ
Coutances
Avranches
Île de Bréhat
Ploubazlanec
Paimpol
Sables-d'Or-les-Pins
St-Cast-le-Guildo
Cap Fréhel
N.-D.-du-Guildo
St-Briac-sur-Mer
St-Malo
St-Servan-sur-Mer
CANCALE
St-Quay-Portrieux
Erquy
Le-Val-André
Fréhel
Dinard
La Jouvente
La Gouesnière
Le Vivier-sur-Mer
Roz-sur-Couesnon
Plélo
Sous-la-Tour
St-Aubin
Pléneuf-Val-André
Ploubalay
St-Suliac
Cesson
St-Brieuc
St-Pôtan
Plancoët
Pléven
Plouër-sur-Rance
Dol-de-Bretagne
Le Tronchet
Bazouges-la-Pérouse
Quintin
Les-Ponts-Neufs
La Poterie
Lamballe
Dinan
Combourg
St-Brice-en-Coglès
Trémeur
Hédé
Fougères
Loudéac
Mûr-de-Bretagne
Quédillac
St-Grégoire
Noyal-sur-Vilaine
Pontivy
Guilliers
Le Rheu
Rennes
Châteaubourg
Vitré
Paimpont
Josselin
Ploërmel
Pont-Réan
La Guerche-de-Bretagne
Locminé
Plumelec
La Chapelle-Caro
Lohéac
St-Avé
Vannes
Rochefort-en-Terre
Questembert
Redon
Châteaubriant
Noyal-Muzillac
Péaule
Billiers
La Roche-Bernard
Pénestin
St-Nazaire
Rance
Ille
Vilaine
Vire
N 174
E 3
E 401
A 84
N 175
N 176
E 50
E 401
N 137
N 12
E 50
N 157
N 24
N 166
N 165
N 171
D 213
E 60
E 62
Localité possédant au moins :
un hébergement ou un restaurant
une table étoilée
un restaurant "Bib Gourmand"
un hôtel "Bib Hôtel"
un restaurant agréable
une maison d'hôte agréable
un hôtel agréable
un hôtel très tranquille

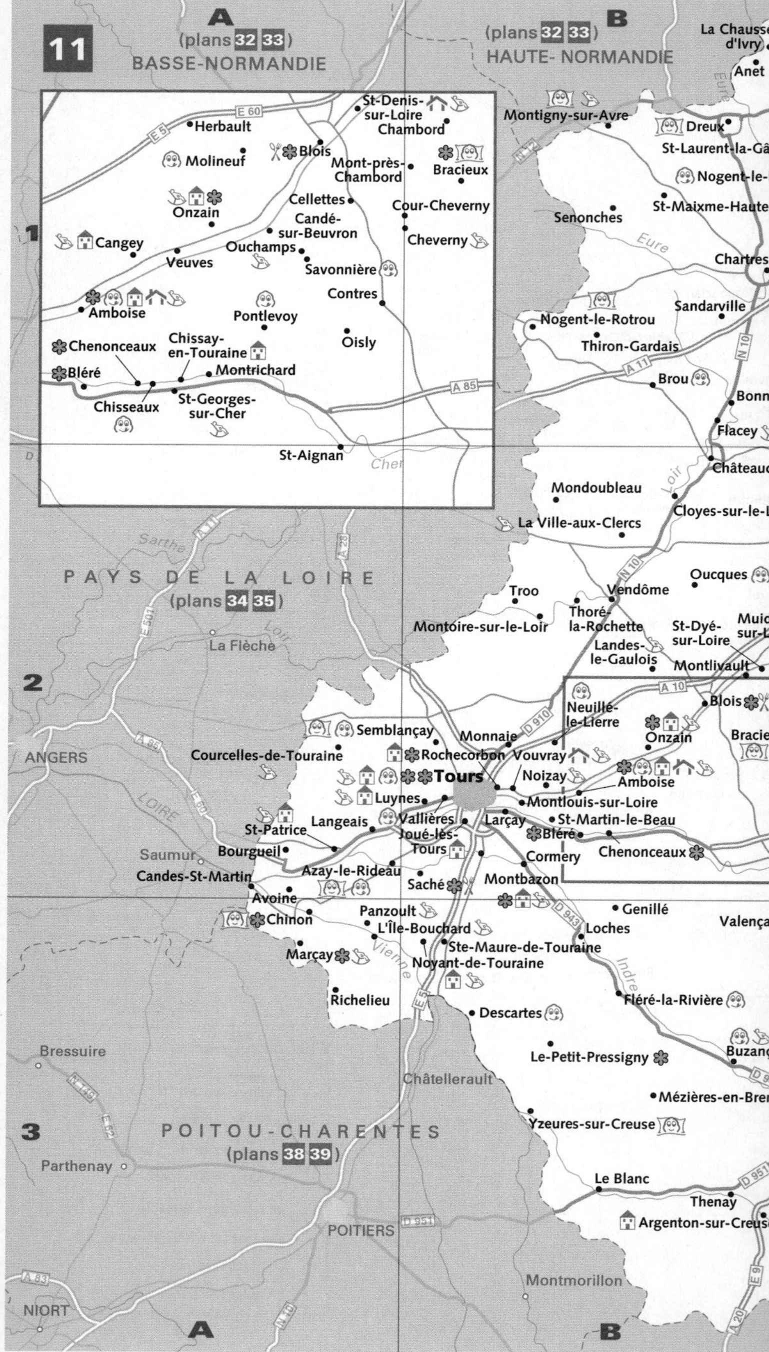
11
A
(plans 32 33)
BASSE-NORMANDIE
B
(plans 32 33)
HAUTE-NORMANDIE
St-Denis-sur-Loire
Herbault
Chambord
Blois
Molineuf
Mont-près-Chambord
Bracieux
Cellettes
Onzain
Cour-Cheverny
Candé-sur-Beuvron
Cangey
Cheverny
Ouchamps
Veuves
Savonnière
Amboise
Contres
Pontlevoy
Chenonceaux
Chissay-en-Touraine
Oisly
Bléré
Montrichard
Chisseaux
St-Georges-sur-Cher
St-Aignan
Cher
La Chaussée-d'Ivry
Anet
Montigny-sur-Avre
Dreux
St-Laurent-la-Gât
Nogent-le-R
Senonches
St-Maixme-Hauter
Eure
Chartres
Sandarville
Nogent-le-Rotrou
Thiron-Gardais
Brou
Bonne
Flacey
Châteaud
Mondoubleau
Loir
Cloyes-sur-le-L
La Ville-aux-Clercs
PAYS DE LA LOIRE
(plans 34 35)
Sarthe
Oucques
Troo
Vendôme
Thoré-la-Rochette
Montoire-sur-le-Loir
St-Dyé-sur-Loire
Muid-sur-L
Landes-le-Gaulois
Montlivault
La Flèche
Loir
Neuillé-le-Lierre
Blois
Onzain
Bracie
Semblançay
Monnaie
ANGERS
Courcelles-de-Touraine
Rochecorbon
Vouvray
Noizay
Amboise
Tours
Luynes
Montlouis-sur-Loire
LOIRE
Vallières
Larçay
St-Martin-le-Beau
St-Patrice
Langeais
Joué-lès-Tours
Bléré
Chenonceaux
Saumur
Bourgueil
Cormery
Candes-St-Martin
Azay-le-Rideau
Saché
Montbazon
Avoine
Genillé
Chinon
Panzoult
L'Île-Bouchard
Loches
Valençay
Ste-Maure-de-Touraine
Marçay
Noyant-de-Touraine
Vienne
Indre
Richelieu
Fléré-la-Rivière
Descartes
Bressuire
Le-Petit-Pressigny
Buzanç
Châtellerault
Mézières-en-Bren
POITOU-CHARENTES
(plans 38 39)
Yzeures-sur-Creuse
Parthenay
Le Blanc
Thenay
Argenton-sur-Creuse
POITIERS
Montmorillon
NIORT
1
2
3
A
B
E 60
E 5
A 85
A 10
A 11
A 28
E 501
E 60
N 12
N 10
A 11
D 910
D 943
D 951
E 5
N 149
E 62
A 83
N 10
E 9
A 20

Centre 12

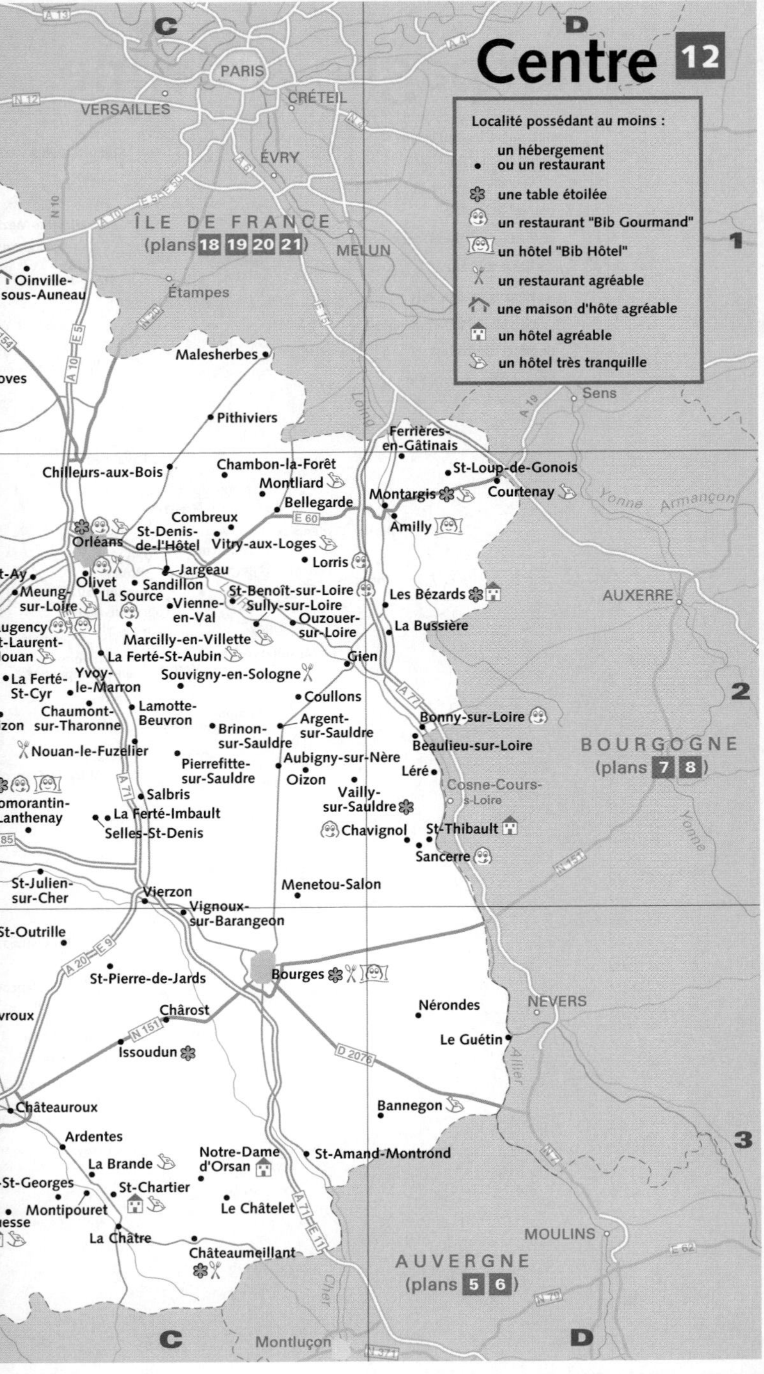

Localité possédant au moins :
un hébergement ou un restaurant
une table étoilée
un restaurant "Bib Gourmand"
un hôtel "Bib Hôtel"
un restaurant agréable
une maison d'hôte agréable
un hôtel agréable
un hôtel très tranquille
C
D
1
2
3
PARIS
VERSAILLES
CRÉTEIL
ÉVRY
MELUN
ÎLE DE FRANCE
(plans 18 19 20 21)
Étampes
Oinville-sous-Auneau
Malesherbes
Pithiviers
Sens
Ferrières-en-Gâtinais
Chilleurs-aux-Bois
Chambon-la-Forêt
Montliard
St-Loup-de-Gonois
Montargis
Courtenay
Bellegarde
Combreux
Amilly
Orléans
St-Denis-de-l'Hôtel
Vitry-aux-Loges
Lorris
Olivet
Jargeau
Sandillon
Meung-sur-Loire
La Source
St-Benoît-sur-Loire
Les Bézards
AUXERRE
Vienne-en-Val
Sully-sur-Loire
Ouzouer-sur-Loire
La Bussière
Marcilly-en-Villette
La Ferté-St-Aubin
Gien
Souvigny-en-Sologne
La Ferté-St-Cyr
Yvoy-le-Marron
Coullons
Chaumont-sur-Tharonne
Lamotte-Beuvron
Argent-sur-Sauldre
Bonny-sur-Loire
Brinon-sur-Sauldre
Beaulieu-sur-Loire
BOURGOGNE
(plans 7 8)
Nouan-le-Fuzelier
Pierrefitte-sur-Sauldre
Aubigny-sur-Nère
Oizon
Léré
Salbris
Vailly-sur-Sauldre
Cosne-Cours-s-Loire
Romorantin-Lanthenay
La Ferté-Imbault
Selles-St-Denis
Chavignol
St-Thibault
Sancerre
St-Julien-sur-Cher
Menetou-Salon
Vierzon
Vignoux-sur-Barangeon
St-Outrille
St-Pierre-de-Jards
Bourges
Nérondes
NEVERS
Chârost
Le Guétin
Issoudun
Châteauroux
Bannegon
Ardentes
Notre-Dame d'Orsan
St-Amand-Montrond
La Brande
St-Chartier
Montipouret
Le Châtelet
La Châtre
MOULINS
Châteaumeillant
AUVERGNE
(plans 5 6)
Montluçon
Loire
Yonne
Armançon
Allier
Cher

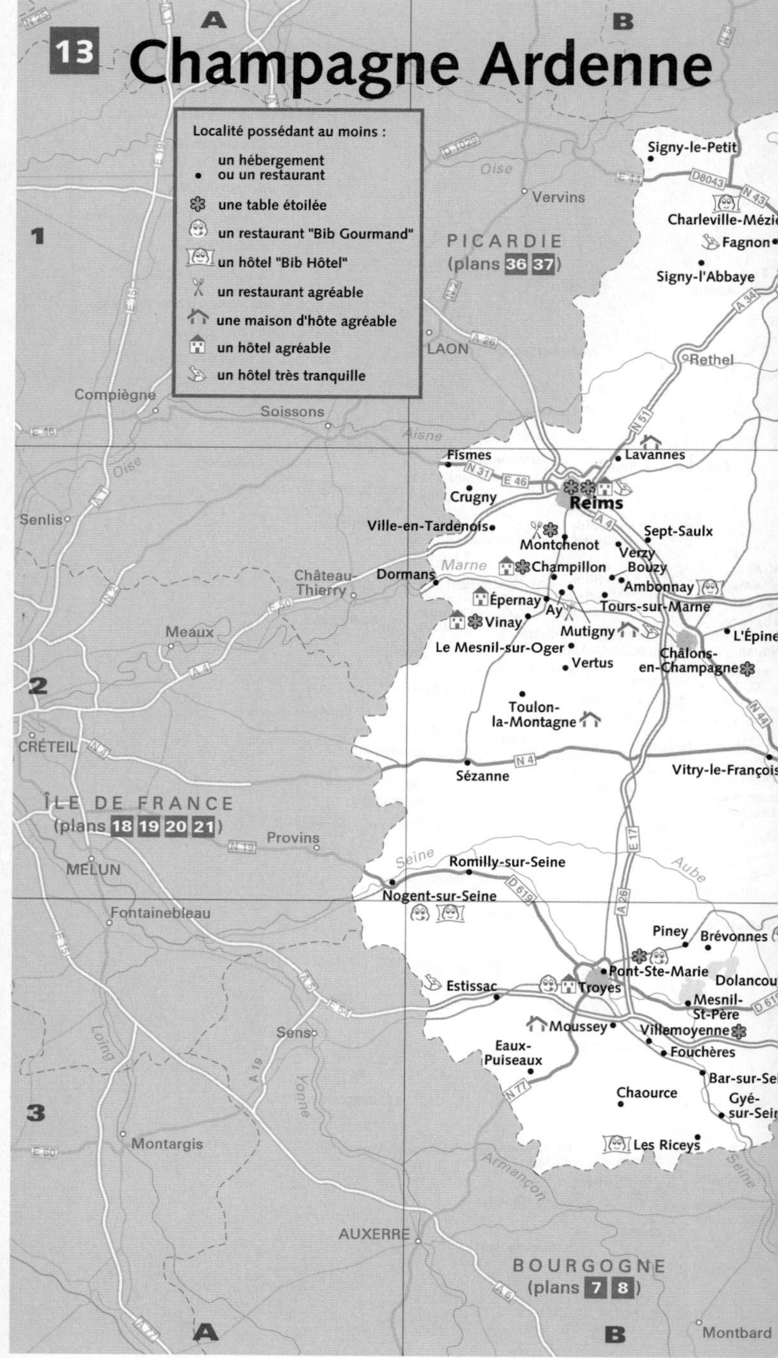
13
Champagne Ardenne
A
B
1
2
3
Localité possédant au moins :
un hébergement ou un restaurant
une table étoilée
un restaurant "Bib Gourmand"
un hôtel "Bib Hôtel"
un restaurant agréable
une maison d'hôte agréable
un hôtel agréable
un hôtel très tranquille
PICARDIE
(plans 36 37)
ÎLE DE FRANCE
(plans 18 19 20 21)
BOURGOGNE
(plans 7 8)
Signy-le-Petit
Vervins
Charleville-Mézi
Fagnon
Signy-l'Abbaye
Rethel
LAON
Compiègne
Soissons
Fismes
Lavannes
Crugny
Reims
Senlis
Ville-en-Tardenois
Sept-Saulx
Montchenot
Verzy
Bouzy
Champillon
Dormans
Château-Thierry
Ambonnay
Épernay
Ay
Tours-sur-Marne
Vinay
Mutigny
L'Épine
Meaux
Le Mesnil-sur-Oger
Châlons-en-Champagne
Vertus
Toulon-la-Montagne
CRÉTEIL
Sézanne
Vitry-le-François
Provins
MELUN
Romilly-sur-Seine
Nogent-sur-Seine
Fontainebleau
Piney
Brévonnes
Pont-Ste-Marie
Dolancou
Estissac
Troyes
Mesnil-St-Père
Moussey
Villemoyenne
Sens
Fouchères
Eaux-Puiseaux
Bar-sur-Sei
Chaource
Gyé-sur-Sei
Montargis
Les Riceys
AUXERRE
Montbard
Oise
Aisne
Marne
Seine
Aube
Loing
Yonne
Armançon

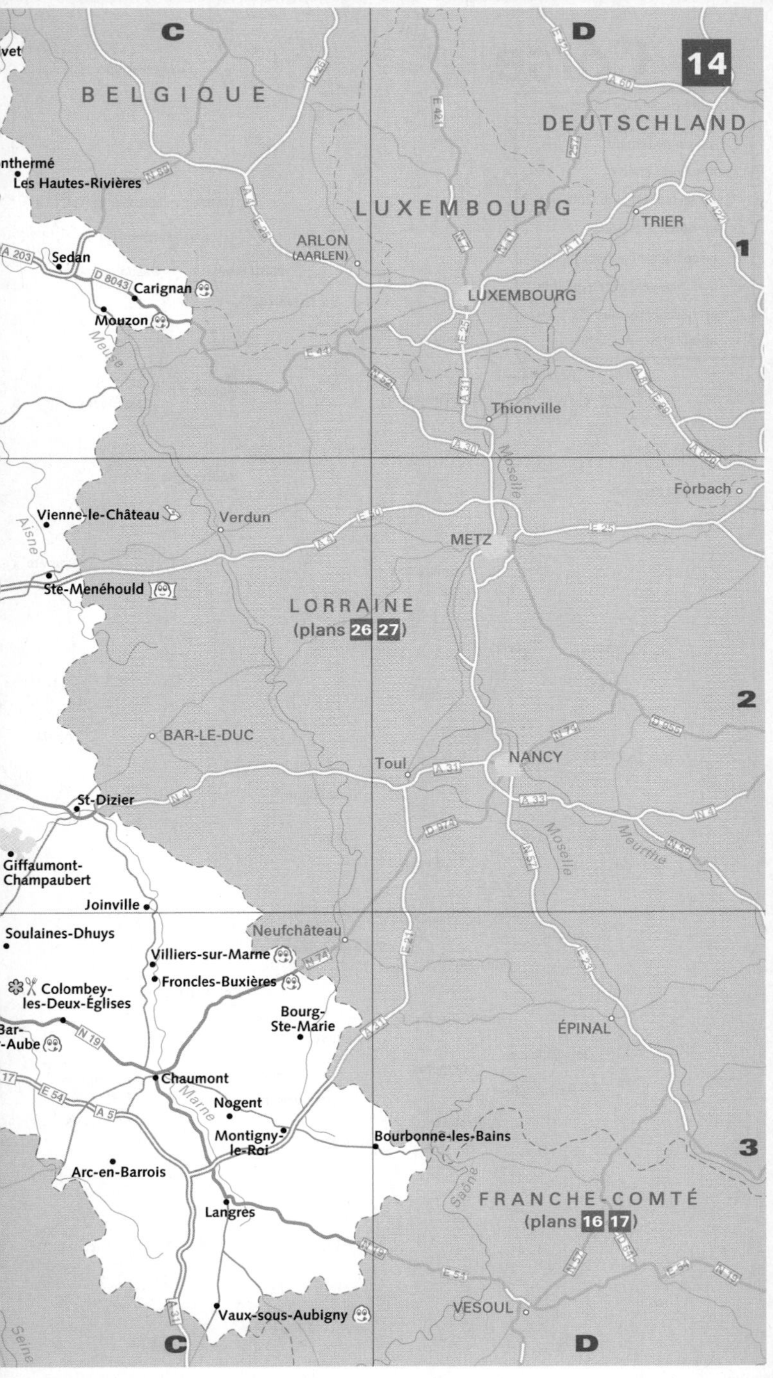

C
D
BELGIQUE
DEUTSCHLAND
LUXEMBOURG
LUXEMBOURG
ARLON (AARLEN)
TRIER
Les Hautes-Rivières
Sedan
Carignan
Mouzon
Meuse
Thionville
Moselle
Forbach
Vienne-le-Château
Aisne
Verdun
METZ
Ste-Menéhould
LORRAINE
(plans 26 27)
BAR-LE-DUC
Toul
NANCY
St-Dizier
Meurthe
Giffaumont-Champaubert
Joinville
Neufchâteau
Soulaines-Dhuys
Villiers-sur-Marne
Froncles-Buxières
Colombey-les-Deux-Églises
Bourg-Ste-Marie
ÉPINAL
Chaumont
Marne
Nogent
Montigny-le-Roi
Bourbonne-les-Bains
Arc-en-Barrois
Saône
FRANCHE-COMTÉ
(plans 16 17)
Langres
VESOUL
Vaux-sous-Aubigny
Seine
1
2
3
A 203
D 8043
N 89
A 4
E 25
A 26
E 421
A 1
A 60
E 422
E 44
N 52
A 31
A 30
E 50
E 25
A 8
A 620
N 74
D 955
A 31
A 33
N 4
D 974
N 57
N 59
E 21
E 23
N 19
A 5
E 54
E 51
D 64

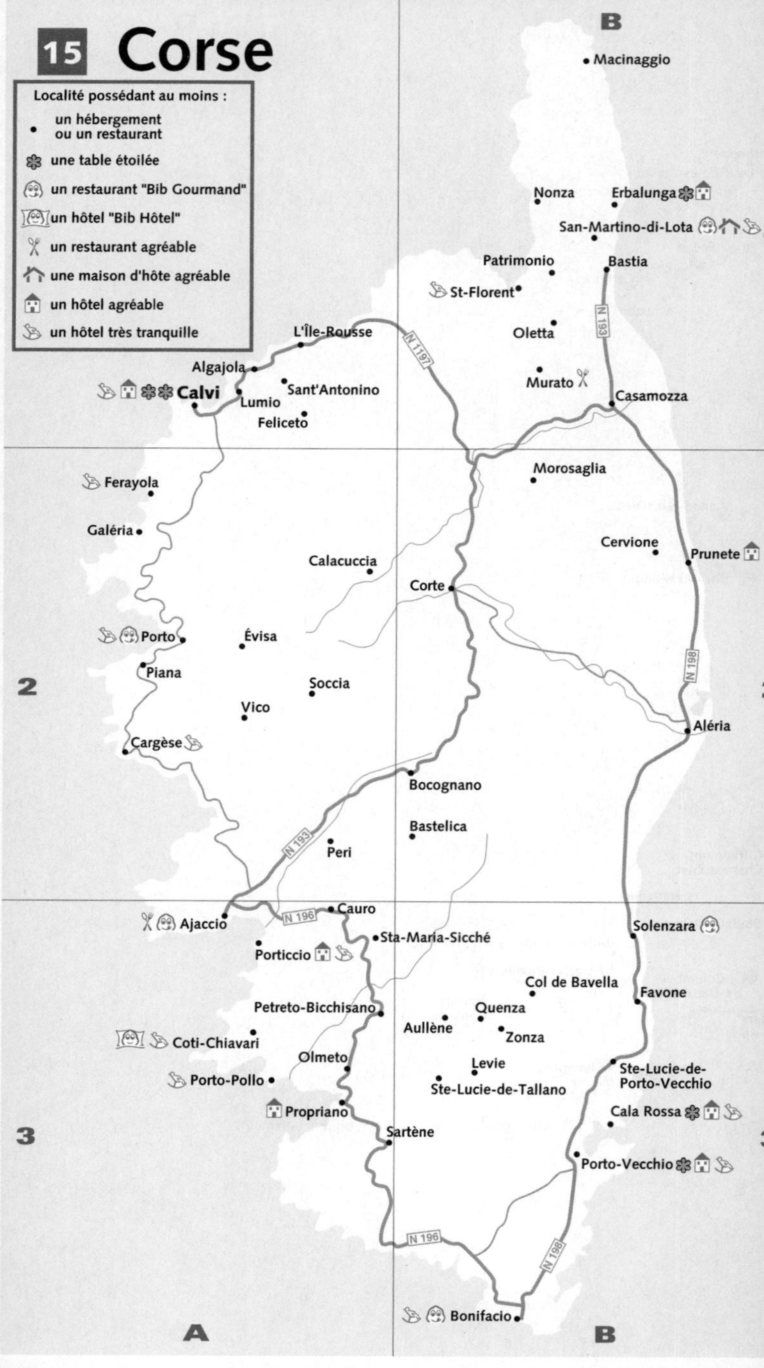

15 Corse
Localité possédant au moins :
un hébergement ou un restaurant
une table étoilée
un restaurant "Bib Gourmand"
un hôtel "Bib Hôtel"
un restaurant agréable
une maison d'hôte agréable
un hôtel agréable
un hôtel très tranquille
A
B
2
3
Macinaggio
Nonza
Erbalunga
San-Martino-di-Lota
Patrimonio
Bastia
St-Florent
Oletta
L'Île-Rousse
Algajola
Calvi
Lumio
Sant'Antonino
Feliceto
Murato
Casamozza
N 1197
N 193
Morosaglia
Ferayola
Galéria
Cervione
Prunete
Calacuccia
Corte
Porto
Évisa
Piana
Soccia
Vico
N 198
Aléria
Cargèse
Bocognano
Bastelica
Peri
Ajaccio
Cauro
N 196
Sta-Maria-Sicché
Porticcio
Solenzara
Col de Bavella
Favone
Petreto-Bicchisano
Quenza
Aullène
Zonza
Coti-Chiavari
Olmeto
Levie
Porto-Pollo
Ste-Lucie-de-Tallano
Ste-Lucie-de-Porto-Vecchio
Propriano
Cala Rossa
Sartène
Porto-Vecchio
Bonifacio

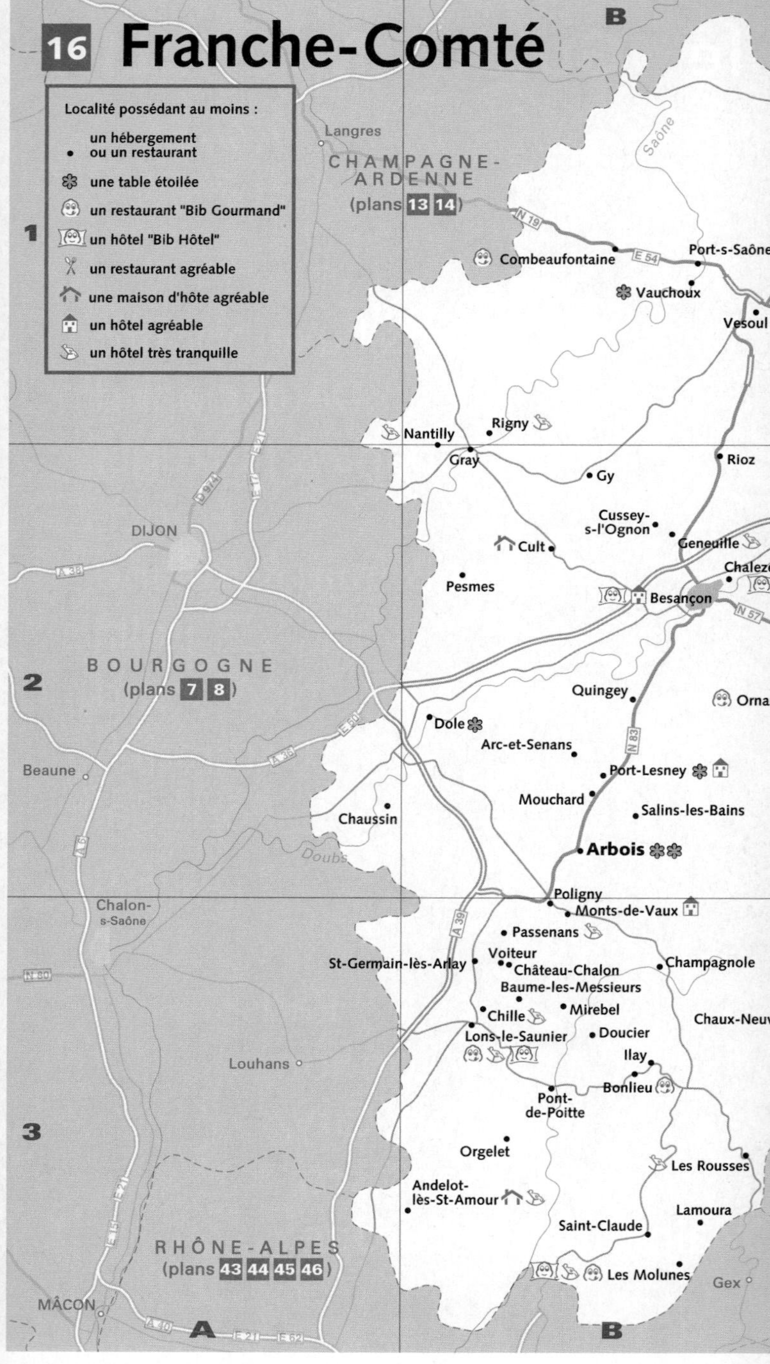
16 Franche-Comté
Localité possédant au moins :
un hébergement ou un restaurant
une table étoilée
un restaurant "Bib Gourmand"
un hôtel "Bib Hôtel"
un restaurant agréable
une maison d'hôte agréable
un hôtel agréable
un hôtel très tranquille
Langres
CHAMPAGNE-ARDENNE
(plans 13 14)
N 19
E 54
Combeaufontaine
Port-s-Saône
Vauchoux
Vesoul
Saône
Nantilly
Rigny
Gray
Rioz
Gy
Cussey-s-l'Ognon
Geneuille
Cult
Chaleze
Pesmes
Besançon
N 57
DIJON
A 38
BOURGOGNE
(plans 7 8)
Quingey
Ornans
Dole
Arc-et-Senans
N 83
Port-Lesney
Mouchard
Salins-les-Bains
Chaussin
Beaune
A 36
E 60
Arbois
Doubs
Poligny
Monts-de-Vaux
Passenans
Chalon-s-Saône
A 39
Voiteur
St-Germain-lès-Arlay
Château-Chalon
Champagnole
Baume-les-Messieurs
N 80
Chille
Mirebel
Chaux-Neuve
Lons-le-Saunier
Doucier
Ilay
Louhans
Bonlieu
Pont-de-Poitte
Orgelet
Les Rousses
Andelot-lès-St-Amour
Lamoura
Saint-Claude
RHÔNE-ALPES
(plans 43 44 45 46)
Les Molunes
Gex
MÂCON
A 40
E 21
E 62
E 15
A 6
1
2
3
A
B

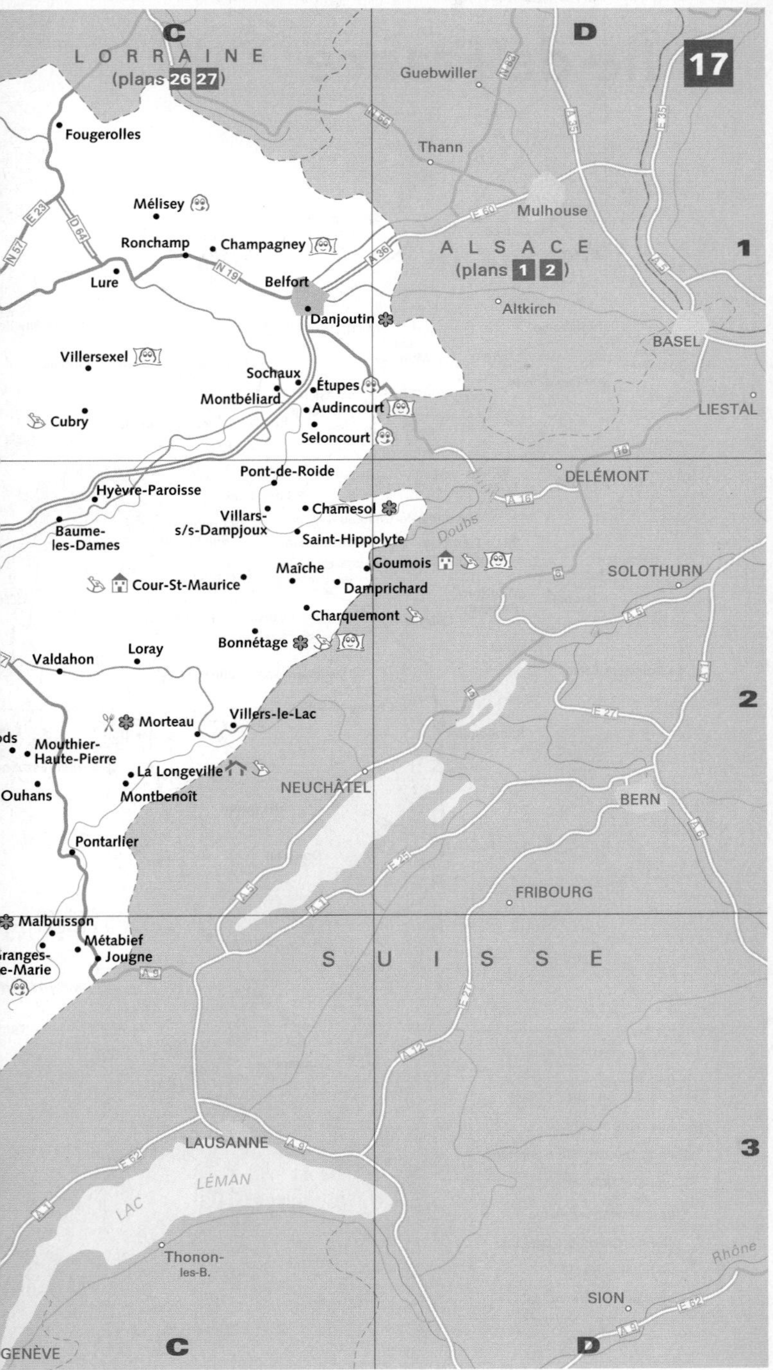
C
D
17
LORRAINE
(plans 26 27)
Guebwiller
Fougerolles
Thann
Mélisey
Mulhouse
Ronchamp
Champagney
ALSACE
(plans 1 2)
Lure
Belfort
1
Altkirch
Danjoutin
BASEL
Villersexel
Sochaux
Étupes
Montbéliard
Audincourt
LIESTAL
Cubry
Seloncourt
Pont-de-Roide
DELÉMONT
Hyèvre-Paroisse
Chamesol
Villars-s/s-Dampjoux
Baume-les-Dames
Saint-Hippolyte
Doubs
Goumois
SOLOTHURN
Maîche
Cour-St-Maurice
Damprichard
Charquemont
Bonnétage
Loray
Valdahon
2
Villers-le-Lac
Morteau
Mouthier-Haute-Pierre
La Longeville
Ouhans
Montbenoît
NEUCHÂTEL
BERN
Pontarlier
FRIBOURG
Malbuisson
Métabief
Jougne
SUISSE
LAUSANNE
3
LAC LÉMAN
Thonon-les-B.
Rhône
SION
GENÈVE
C
D

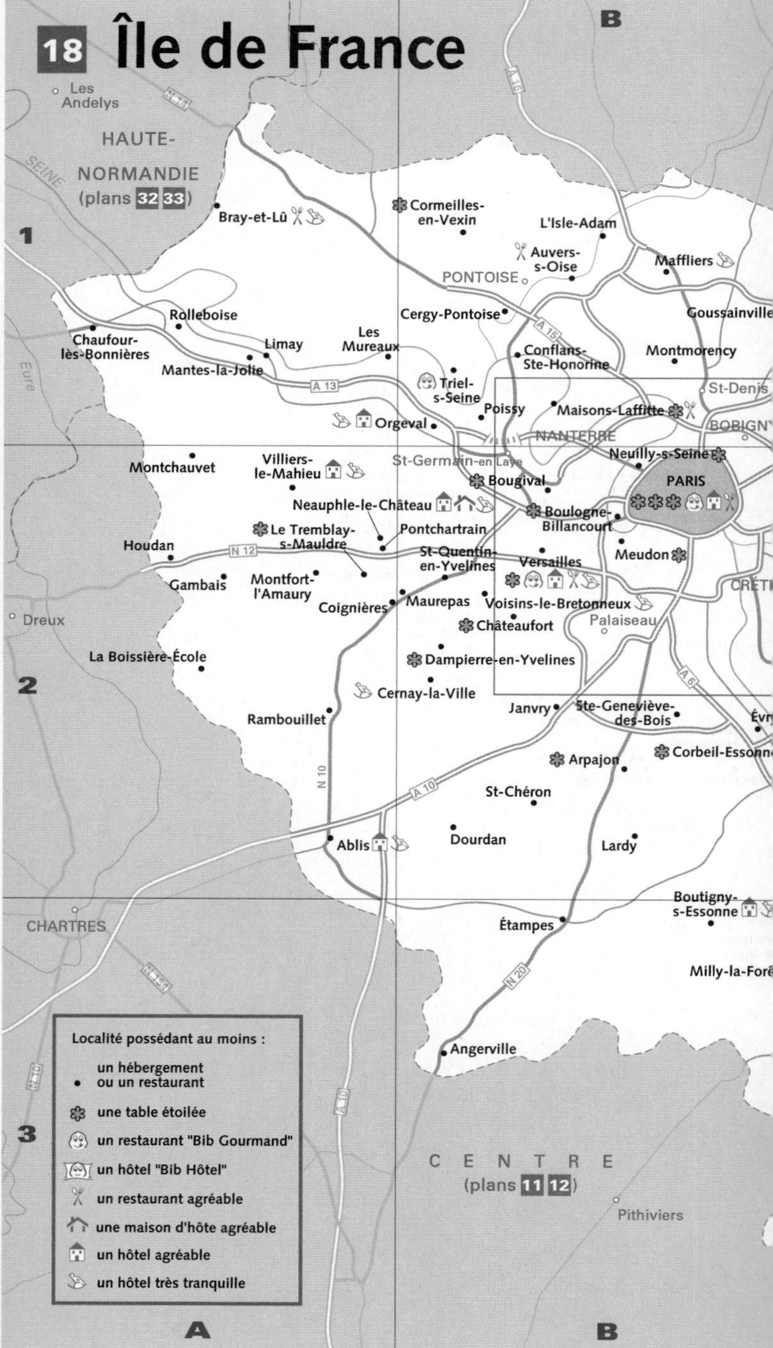
18 Île de France
Les Andelys
HAUTE-NORMANDIE (plans 32 33)
SEINE
Eure
Bray-et-Lû
Cormeilles-en-Vexin
L'Isle-Adam
Auvers-s-Oise
Maffliers
PONTOISE
Cergy-Pontoise
Goussainville
Rolleboise
Chaufour-lès-Bonnières
Limay
Les Mureaux
Mantes-la-Jolie
Conflans-Ste-Honorine
Montmorency
Triel-s-Seine
St-Denis
Poissy
Maisons-Laffitte
Orgeval
BOBIGNY
NANTERRE
Neuilly-s-Seine
Montchauvet
Villiers-le-Mahieu
St-Germain-en-Laye
Bougival
PARIS
Neauphle-le-Château
Boulogne-Billancourt
Le Tremblay-s-Mauldre
Pontchartrain
Houdan
St-Quentin-en-Yvelines
Versailles
Meudon
Gambais
Montfort-l'Amaury
CRÉTEIL
Coignières
Maurepas
Voisins-le-Bretonneux
Dreux
Châteaufort
Palaiseau
La Boissière-École
Dampierre-en-Yvelines
Cernay-la-Ville
Rambouillet
Janvry
Ste-Geneviève-des-Bois
Évry
Arpajon
Corbeil-Essonnes
St-Chéron
Ablis
Dourdan
Lardy
Boutigny-s-Essonne
CHARTRES
Étampes
Milly-la-Forêt
Angerville
A 16
A 15
A 13
N 13
N 12
A 6
N 10
A 10
N 20
N 154
1
2
3
A
B
Localité possédant au moins :
un hébergement ou un restaurant
une table étoilée
un restaurant "Bib Gourmand"
un hôtel "Bib Hôtel"
un restaurant agréable
une maison d'hôte agréable
un hôtel agréable
un hôtel très tranquille
CENTRE (plans 11 12)
Pithiviers

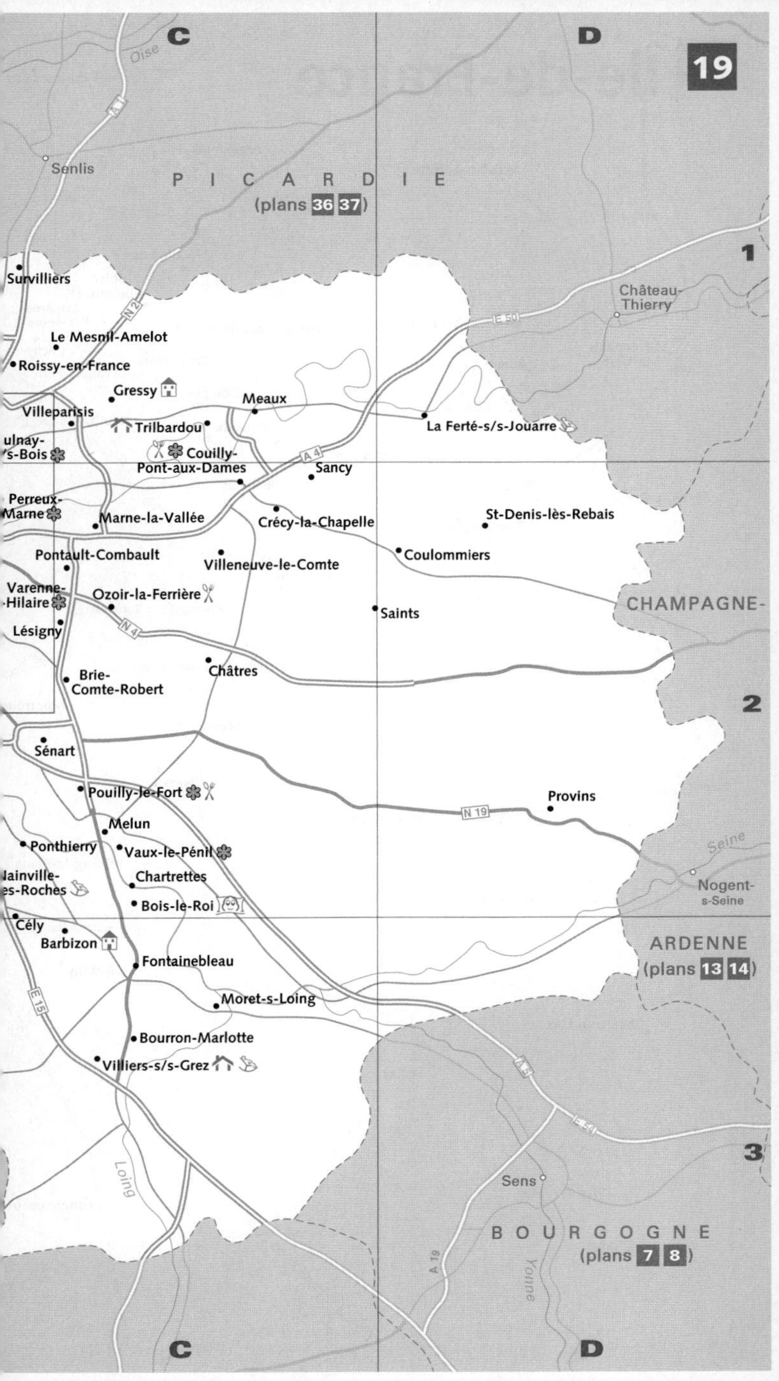

19
C
D
Oise
Senlis
P I C A R D I E
(plans 36 37)
1
Château-
Thierry
Survilliers
Le Mesnil-Amelot
Roissy-en-France
Gressy
Meaux
Villeparisis
Trilbardou
La Ferté-s/s-Jouarre
Couilly-
Pont-aux-Dames
Sancy
Marne-la-Vallée
Crécy-la-Chapelle
St-Denis-lès-Rebais
Pontault-Combault
Villeneuve-le-Comte
Coulommiers
Ozoir-la-Ferrière
Saints
CHAMPAGNE-
Lésigny
Brie-
Comte-Robert
Châtres
2
Sénart
Pouilly-le-Fort
Provins
Melun
Ponthierry
Vaux-le-Pénil
Seine
Chartrettes
Nogent-
s-Seine
Bois-le-Roi
Cély
Barbizon
ARDENNE
(plans 13 14)
Fontainebleau
Moret-s-Loing
Bourron-Marlotte
Villiers-s/s-Grez
3
Loing
Sens
B O U R G O G N E
(plans 7 8)
Yonne
C
D

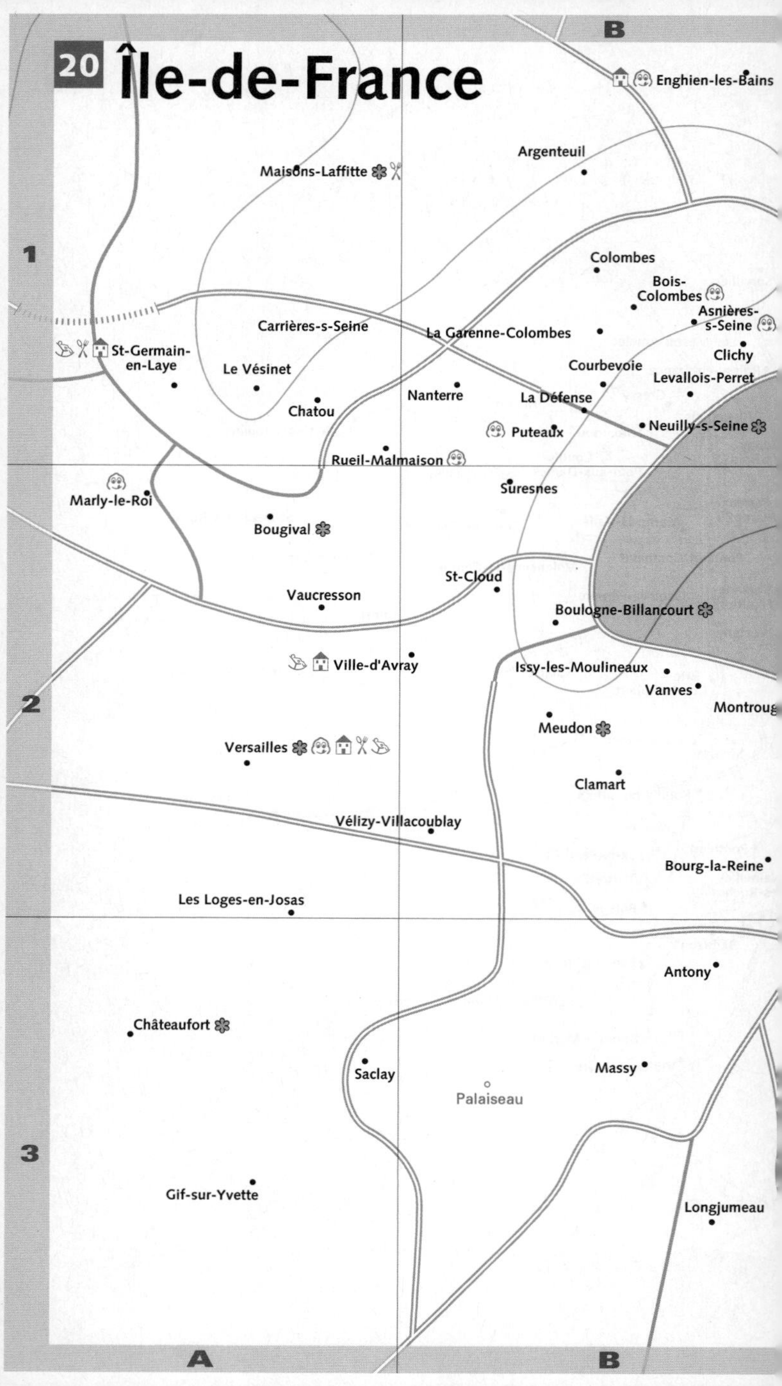
20
Île-de-France
A
B
1
2
3
Enghien-les-Bains
Argenteuil
Maisons-Laffitte
Colombes
Bois-Colombes
Asnières-s-Seine
Carrières-s-Seine
La Garenne-Colombes
St-Germain-en-Laye
Clichy
Le Vésinet
Courbevoie
Levallois-Perret
Chatou
Nanterre
La Défense
Puteaux
Neuilly-s-Seine
Rueil-Malmaison
Marly-le-Roi
Suresnes
Bougival
St-Cloud
Vaucresson
Boulogne-Billancourt
Ville-d'Avray
Issy-les-Moulineaux
Vanves
Montroug
Meudon
Versailles
Clamart
Vélizy-Villacoublay
Bourg-la-Reine
Les Loges-en-Josas
Antony
Châteaufort
Saclay
Massy
Palaiseau
Gif-sur-Yvette
Longjumeau
A
B

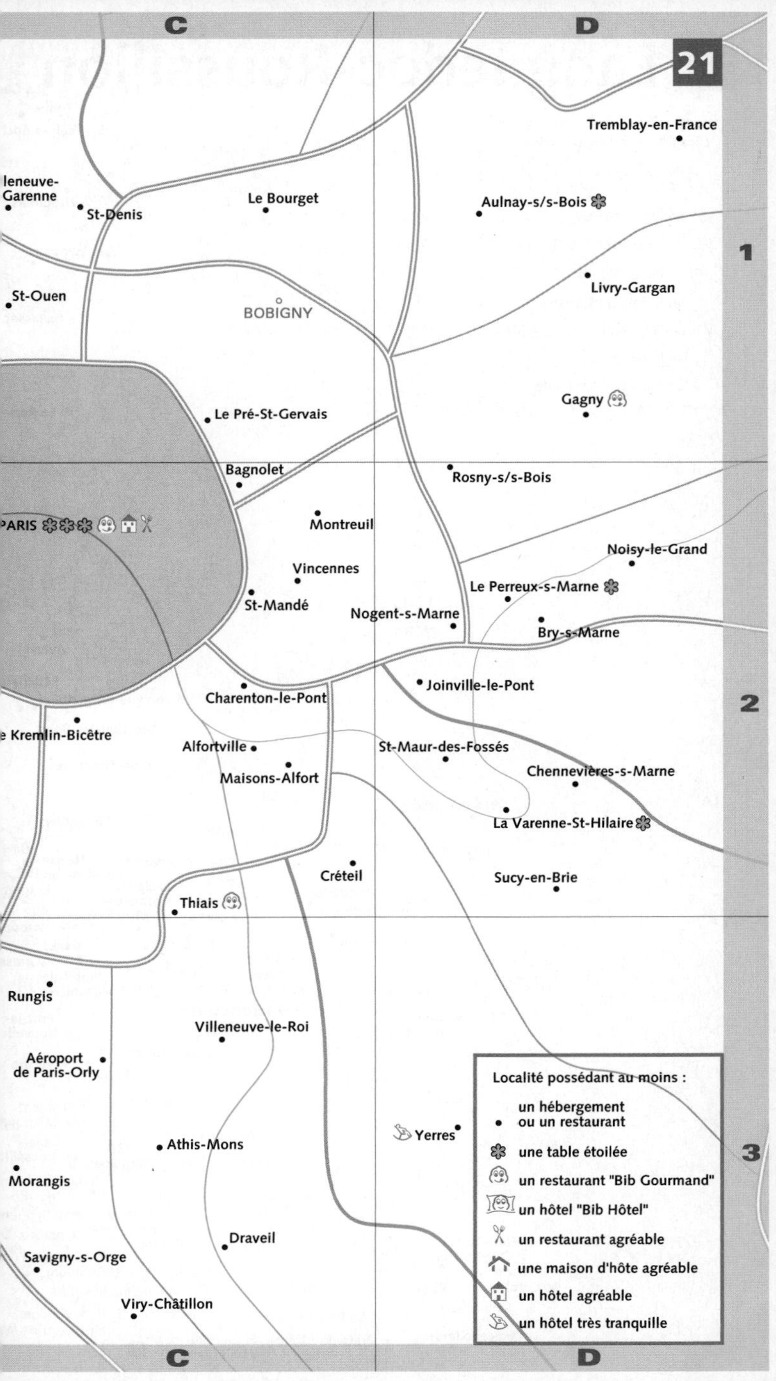
C
D
21
Tremblay-en-France
lleneuve-Garenne
St-Denis
Le Bourget
Aulnay-s/s-Bois
1
Livry-Gargan
St-Ouen
BOBIGNY
Gagny
Le Pré-St-Gervais
Bagnolet
Rosny-s/s-Bois
PARIS
Montreuil
Noisy-le-Grand
Vincennes
Le Perreux-s-Marne
St-Mandé
Nogent-s-Marne
Bry-s-Marne
Joinville-le-Pont
Charenton-le-Pont
2
Kremlin-Bicêtre
Alfortville
St-Maur-des-Fossés
Maisons-Alfort
Chennevières-s-Marne
La Varenne-St-Hilaire
Créteil
Sucy-en-Brie
Thiais
Rungis
Villeneuve-le-Roi
Aéroport de Paris-Orly
Localité possédant au moins :
un hébergement ou un restaurant
une table étoilée
un restaurant "Bib Gourmand"
un hôtel "Bib Hôtel"
un restaurant agréable
une maison d'hôte agréable
un hôtel agréable
un hôtel très tranquille
Yerres
Athis-Mons
3
Morangis
Draveil
Savigny-s-Orge
Viry-Châtillon
C
D

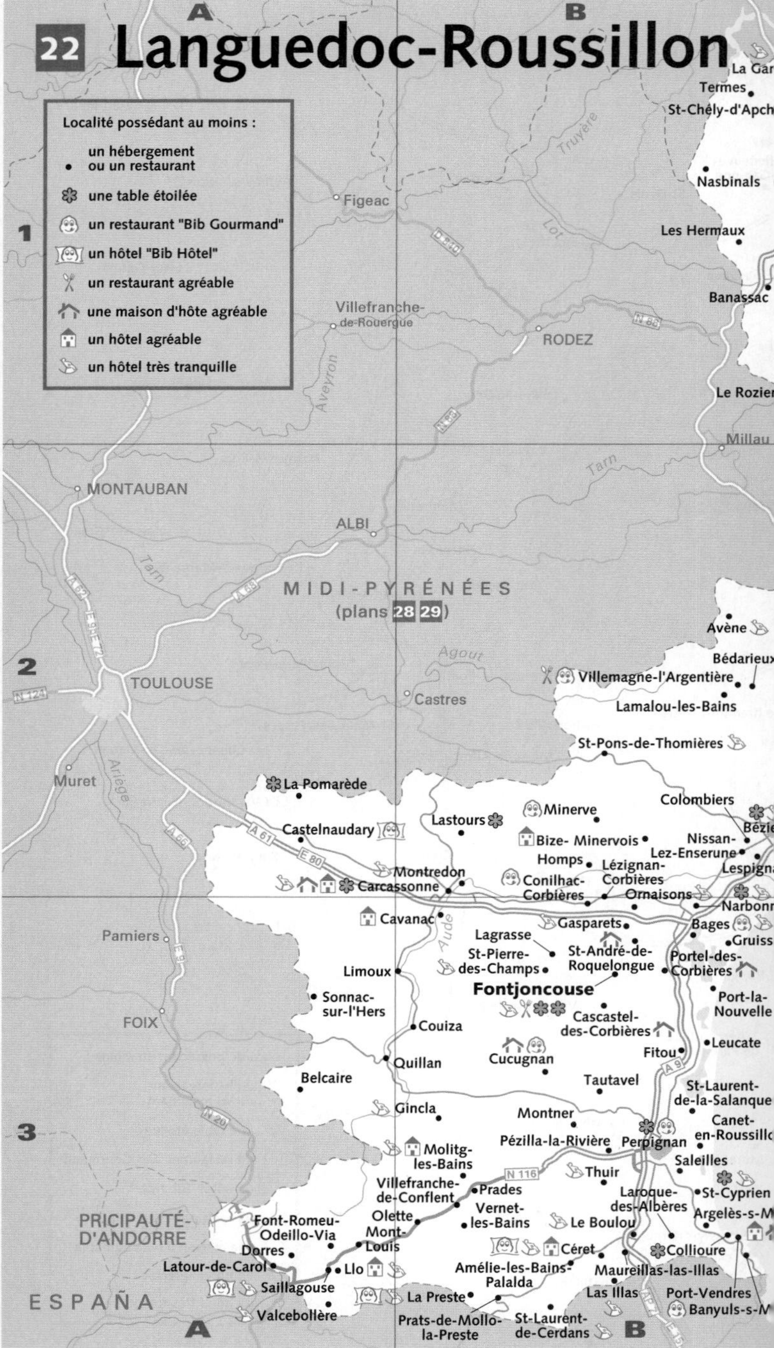
22
Languedoc-Roussillon
A
B
Localité possédant au moins :
un hébergement ou un restaurant
une table étoilée
un restaurant "Bib Gourmand"
un hôtel "Bib Hôtel"
un restaurant agréable
une maison d'hôte agréable
un hôtel agréable
un hôtel très tranquille
1
2
3
La Gar
Termes
St-Chély-d'Apch
Truyère
Figeac
Nasbinals
D 840
Lot
Les Hermaux
Banassac
Villefranche-de-Rouergue
N 88
RODEZ
Aveyron
Le Rozier
Millau
Tarn
MONTAUBAN
ALBI
Tarn
A 62
A 68
MIDI-PYRÉNÉES
(plans 28 29)
Avène
Bédarieux
Agout
Villemagne-l'Argentière
TOULOUSE
N 124
Castres
Lamalou-les-Bains
St-Pons-de-Thomières
Muret
Ariège
La Pomarède
Colombiers
Lastours
Minerve
Castelnaudary
A 61
A 66
E 80
Bize- Minervois
Nissan-Lez-Enserune
Homps
Lézignan-Corbières
Lespigna
Montredon
Carcassonne
Conilhac-Corbières
Ornaisons
Narbonn
Cavanac
Gasparets
Bages
Aude
Lagrasse
Gruiss
Pamiers
St-Pierre-des-Champs
St-André-de-Roquelongue
Portel-des-Corbières
Limoux
Fontjoncouse
Port-la-Nouvelle
Sonnac-sur-l'Hers
Cascastel-des-Corbières
FOIX
Couiza
Leucate
Quillan
Cucugnan
Fitou
A 9
Belcaire
Tautavel
St-Laurent-de-la-Salanque
Gincla
Montner
Canet-en-Roussillo
N 20
Molitg-les-Bains
Pézilla-la-Rivière
Perpignan
Saleilles
N 116
Thuir
Villefranche-de-Conflent
Prades
Laroque-des-Albères
St-Cyprien
Vernet-les-Bains
Argelès-s-M
PRICIPAUTÉ-D'ANDORRE
Font-Romeu-Odeillo-Via
Olette
Le Boulou
Mont-Louis
Dorres
Céret
Collioure
Latour-de-Carol
Llo
Amélie-les-Bains-Palalda
Maureillas-las-Illas
Saillagouse
Las Illas
Port-Vendres
ESPAÑA
La Preste
Banyuls-s-M
Valcebollère
Prats-de-Mollo-la-Preste
St-Laurent-de-Cerdans
A
B

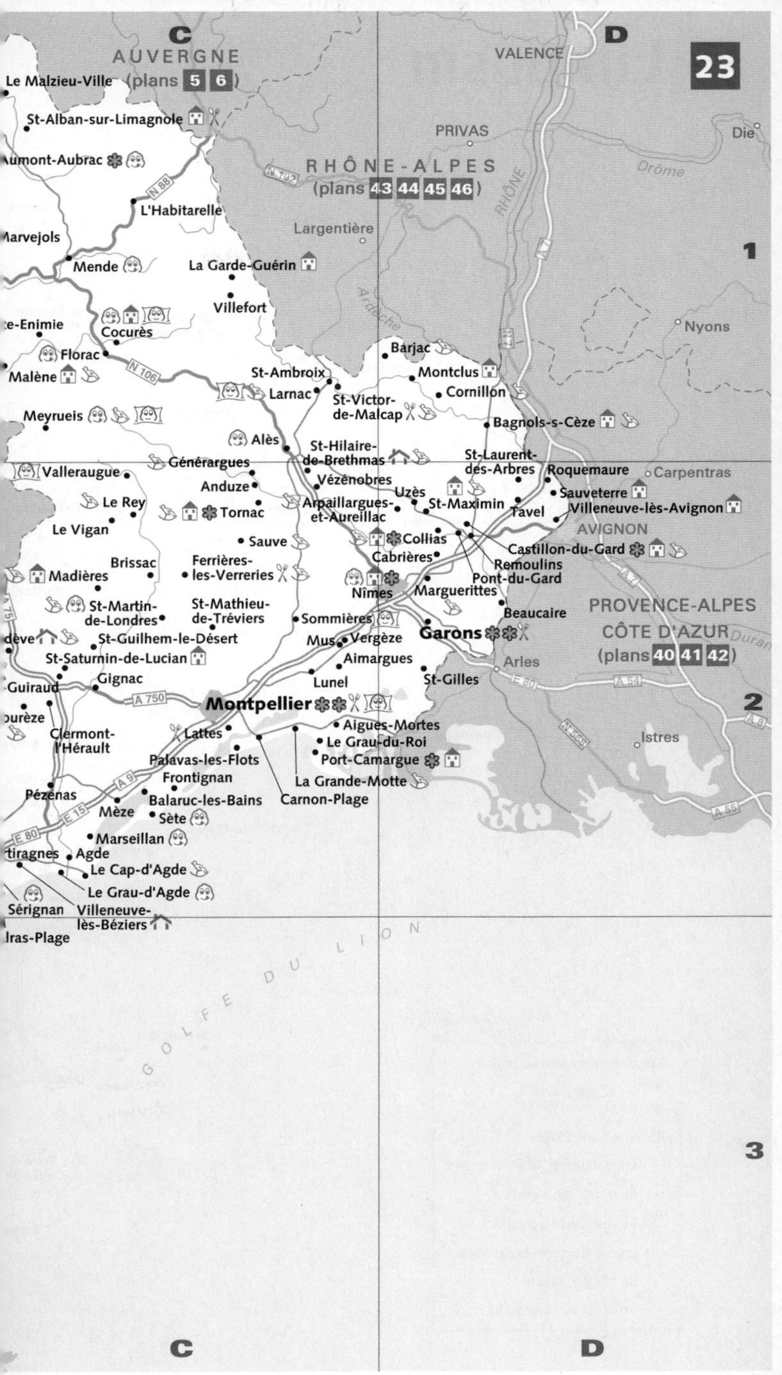

C
D
23
1
2
3
AUVERGNE
(plans 5 6)
RHÔNE-ALPES
(plans 43 44 45 46)
PROVENCE-ALPES
CÔTE D'AZUR
(plans 40 41 42)
VALENCE
PRIVAS
Die
Drôme
RHÔNE
Largentière
Ardèche
Nyons
Carpentras
AVIGNON
Arles
Istres
GOLFE DU LION
Le Malzieu-Ville
St-Alban-sur-Limagnole
Aumont-Aubrac
L'Habitarelle
Marvejols
Mende
La Garde-Guérin
Villefort
Ste-Enimie
Cocurès
Florac
Malène
Meyrueis
Barjac
Montclus
Cornillon
St-Ambroix
Larnac
St-Victor-de-Malcap
Bagnols-s-Cèze
Alès
St-Hilaire-de-Brethmas
Générargues
St-Laurent-des-Arbres
Roquemaure
Sauveterre
Valleraugue
Anduze
Vézénobres
Uzès
St-Maximin
Tavel
Villeneuve-lès-Avignon
Le Rey
Tornac
Arpaillargues-et-Aureillac
Le Vigan
Sauve
Collias
Castillon-du-Gard
Brissac
Ferrières-les-Verreries
Cabrières
Remoulins
Madières
Pont-du-Gard
Nîmes
Marguerittes
St-Martin-de-Londres
St-Mathieu-de-Tréviers
Sommières
Beaucaire
St-Guilhem-le-Désert
Mus
Vergèze
Garons
St-Saturnin-de-Lucian
Aimargues
Gignac
Lunel
St-Gilles
Montpellier
Aigues-Mortes
Lattes
Le Grau-du-Roi
Clermont-l'Hérault
Port-Camargue
Palavas-les-Flots
Frontignan
La Grande-Motte
Pézenas
Balaruc-les-Bains
Carnon-Plage
Mèze
Sète
Marseillan
Agde
Le Cap-d'Agde
Le Grau-d'Agde
Sérignan
Villeneuve-lès-Béziers
N 88
N 102
N 106
A 7
N 7
A 750
A 9
E 15
E 80
A 54
N 568
A 8
A 55
A 75

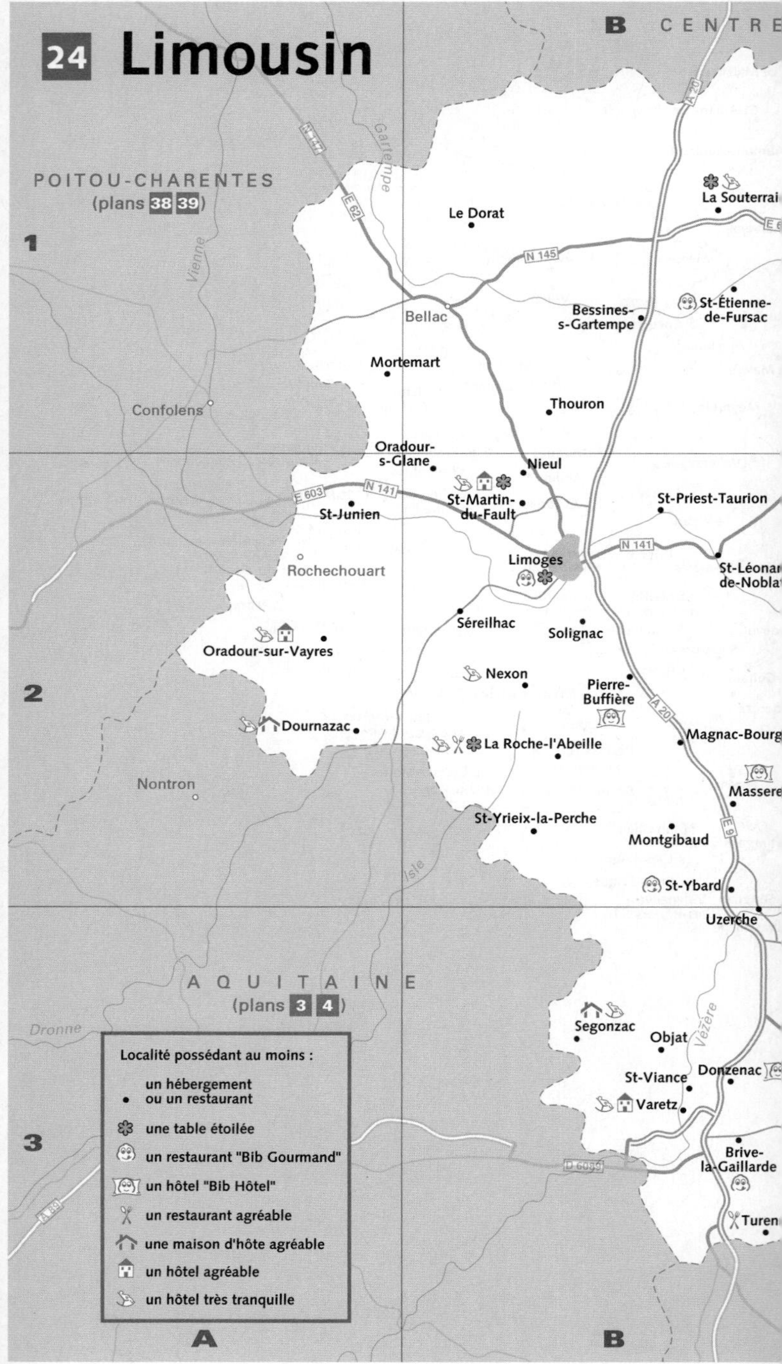
24 Limousin
B CENTRE
POITOU-CHARENTES
(plans 38 39)
1
2
3
A
B
Gartempe
Vienne
N 147
E 62
N 145
E 603
N 141
A 20
E 9
D 6089
A 89
Isle
Vézère
Dronne
Le Dorat
La Souterrai
St-Étienne-de-Fursac
Bessines-s-Gartempe
Bellac
Mortemart
Thouron
Confolens
Oradour-s-Glane
Nieul
St-Martin-du-Fault
St-Priest-Taurion
St-Junien
Limoges
St-Léonar de-Nobla
Rochechouart
Séreilhac
Solignac
Oradour-sur-Vayres
Nexon
Pierre-Buffière
Dournazac
La Roche-l'Abeille
Magnac-Bourg
Massere
Nontron
St-Yrieix-la-Perche
Montgibaud
St-Ybard
Uzerche
AQUITAINE
(plans 3 4)
Segonzac
Objat
St-Viance
Donzenac
Varetz
Brive-la-Gaillarde
Turen
Localité possédant au moins :
un hébergement ou un restaurant
une table étoilée
un restaurant "Bib Gourmand"
un hôtel "Bib Hôtel"
un restaurant agréable
une maison d'hôte agréable
un hôtel agréable
un hôtel très tranquille

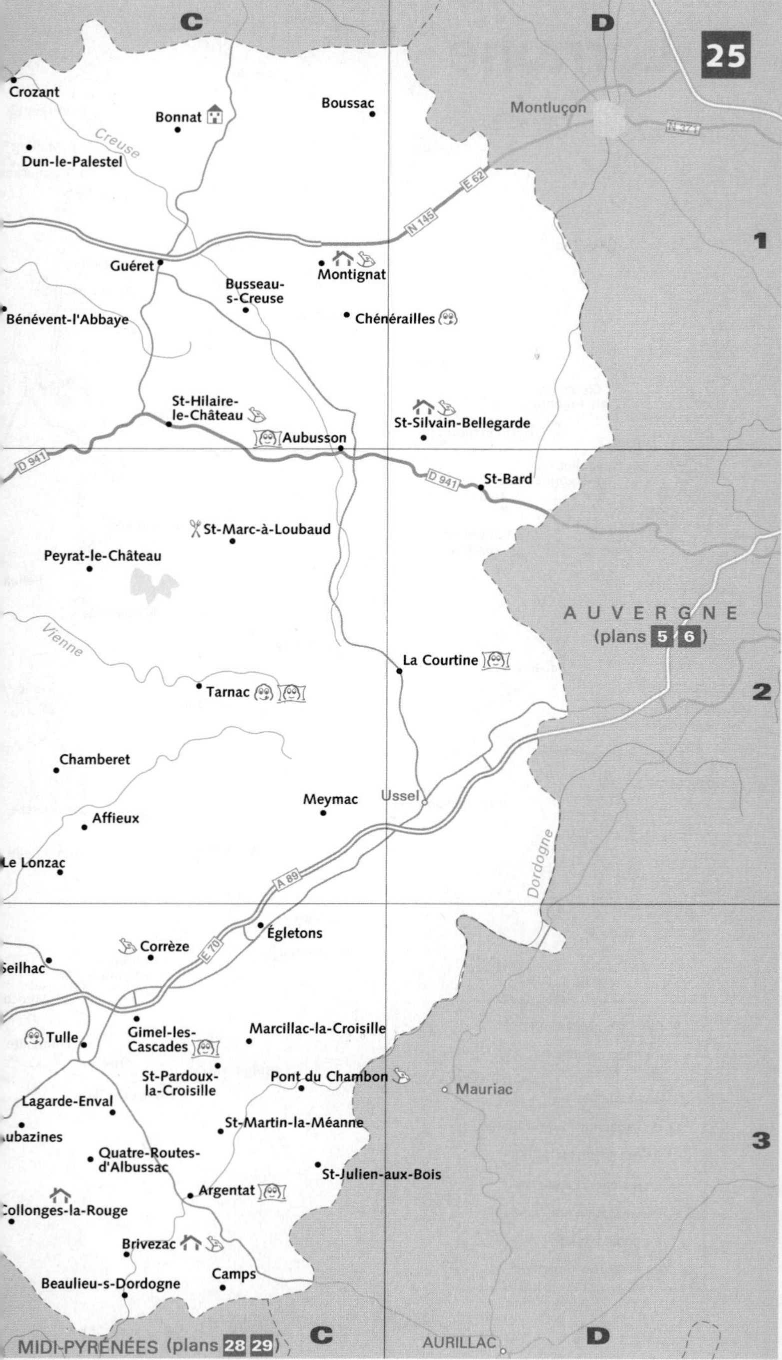

C
D
25
Crozant
Bonnat
Boussac
Montluçon
N 371
Creuse
Dun-le-Palestel
E 62
N 145
1
Guéret
Montignat
Busseau-s-Creuse
Bénévent-l'Abbaye
Chénérailles
St-Hilaire-le-Château
St-Silvain-Bellegarde
Aubusson
D 941
D 941
St-Bard
St-Marc-à-Loubaud
Peyrat-le-Château
AUVERGNE
(plans 5/6)
Vienne
La Courtine
Tarnac
2
Chamberet
Ussel
Meymac
Affieux
Dordogne
Le Lonzac
A 89
Égletons
Corrèze
E 70
Seilhac
Tulle
Gimel-les-Cascades
Marcillac-la-Croisille
St-Pardoux-la-Croisille
Pont du Chambon
Mauriac
Lagarde-Enval
St-Martin-la-Méanne
Aubazines
3
Quatre-Routes-d'Albussac
St-Julien-aux-Bois
Argentat
Collonges-la-Rouge
Brivezac
Camps
Beaulieu-s-Dordogne
MIDI-PYRÉNÉES (plans 28 29)
C
AURILLAC
D

26 Lorraine

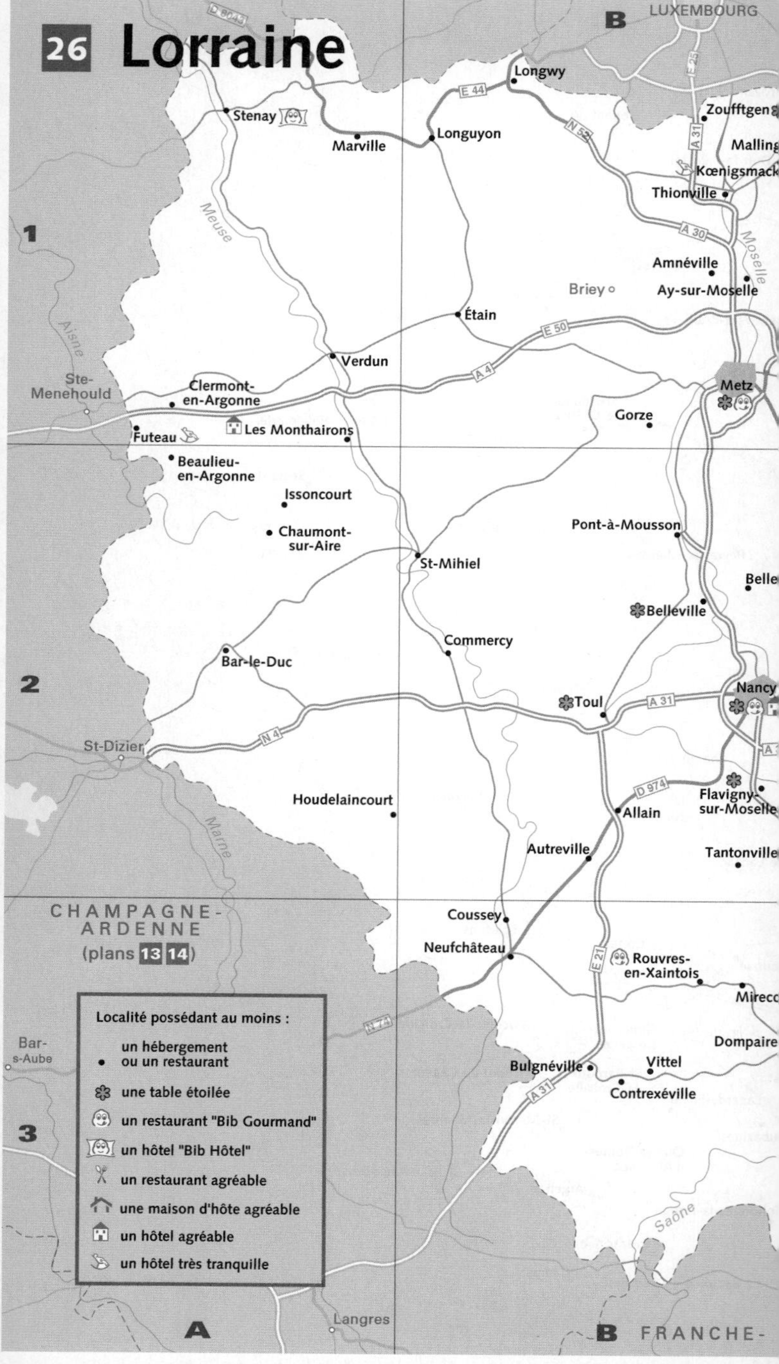

LUXEMBOURG
B
Longwy
Stenay
Marville
Longuyon
Zoufftgen
Malling
Kœnigsmacker
Thionville
Meuse
1
Amnéville
Moselle
Briey
Ay-sur-Moselle
Étain
Aisne
Verdun
Ste-Menehould
Clermont-en-Argonne
Metz
Gorze
Futeau
Les Monthairons
Beaulieu-en-Argonne
Issoncourt
Chaumont-sur-Aire
Pont-à-Mousson
St-Mihiel
Belle
Belleville
Commercy
Bar-le-Duc
2
Nancy
Toul
St-Dizier
Houdelaincourt
Marne
Allain
Flavigny-sur-Moselle
Autreville
Tantonville
CHAMPAGNE-ARDENNE
(plans 13 14)
Coussey
Neufchâteau
Rouvres-en-Xaintois
Mirecourt
Localité possédant au moins :
un hébergement ou un restaurant
une table étoilée
un restaurant "Bib Gourmand"
un hôtel "Bib Hôtel"
un restaurant agréable
une maison d'hôte agréable
un hôtel agréable
un hôtel très tranquille
Bar-s-Aube
Dompaire
Bulgnéville
Vittel
Contrexéville
3
Saône
Langres
A
B
FRANCHE-

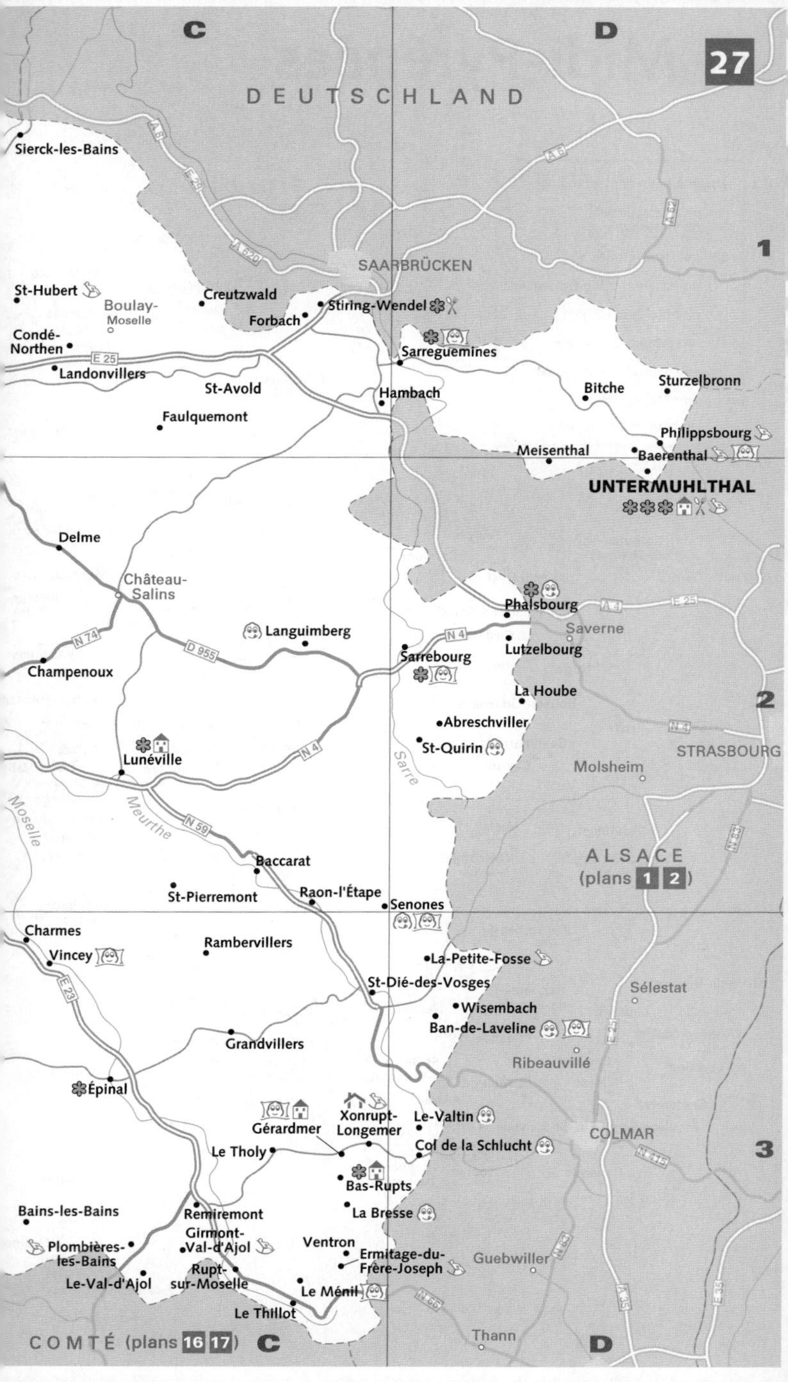
C
D
DEUTSCHLAND
Sierck-les-Bains
SAARBRÜCKEN
St-Hubert
Boulay-Moselle
Creutzwald
Stiring-Wendel
Forbach
Condé-Northen
Landonvillers
Sarreguemines
St-Avold
Hambach
Bitche
Sturzelbronn
Faulquemont
Philippsbourg
Meisenthal
Baerenthal
UNTERMUHLTHAL
Delme
Château-Salins
Phalsbourg
Saverne
Languimberg
Lutzelbourg
Champenoux
Sarrebourg
La Hoube
Abreschviller
St-Quirin
STRASBOURG
Lunéville
Molsheim
Sarre
Moselle
Meurthe
ALSACE
(plans 1 2)
Baccarat
St-Pierremont
Raon-l'Étape
Senones
Charmes
Rambervillers
Vincey
La-Petite-Fosse
St-Dié-des-Vosges
Sélestat
Wisembach
Ban-de-Laveline
Grandvillers
Ribeauvillé
Épinal
Xonrupt-Longemer
Le-Valtin
Gérardmer
COLMAR
Le Tholy
Col de la Schlucht
Bas-Rupts
Bains-les-Bains
Remiremont
La Bresse
Girmont-Val-d'Ajol
Ventron
Plombières-les-Bains
Ermitage-du-Frère-Joseph
Guebwiller
Rupt-sur-Moselle
Le-Val-d'Ajol
Le Ménil
Le Thillot
Thann
COMTÉ (plans 16 17)
1
2
3
A 6
E 29
A 620
A 62
E 25
A 4
N 74
D 955
N 4
N 59
E 23
N 83
N 415
N 66
A 35
E 35

Midi-Pyrénées

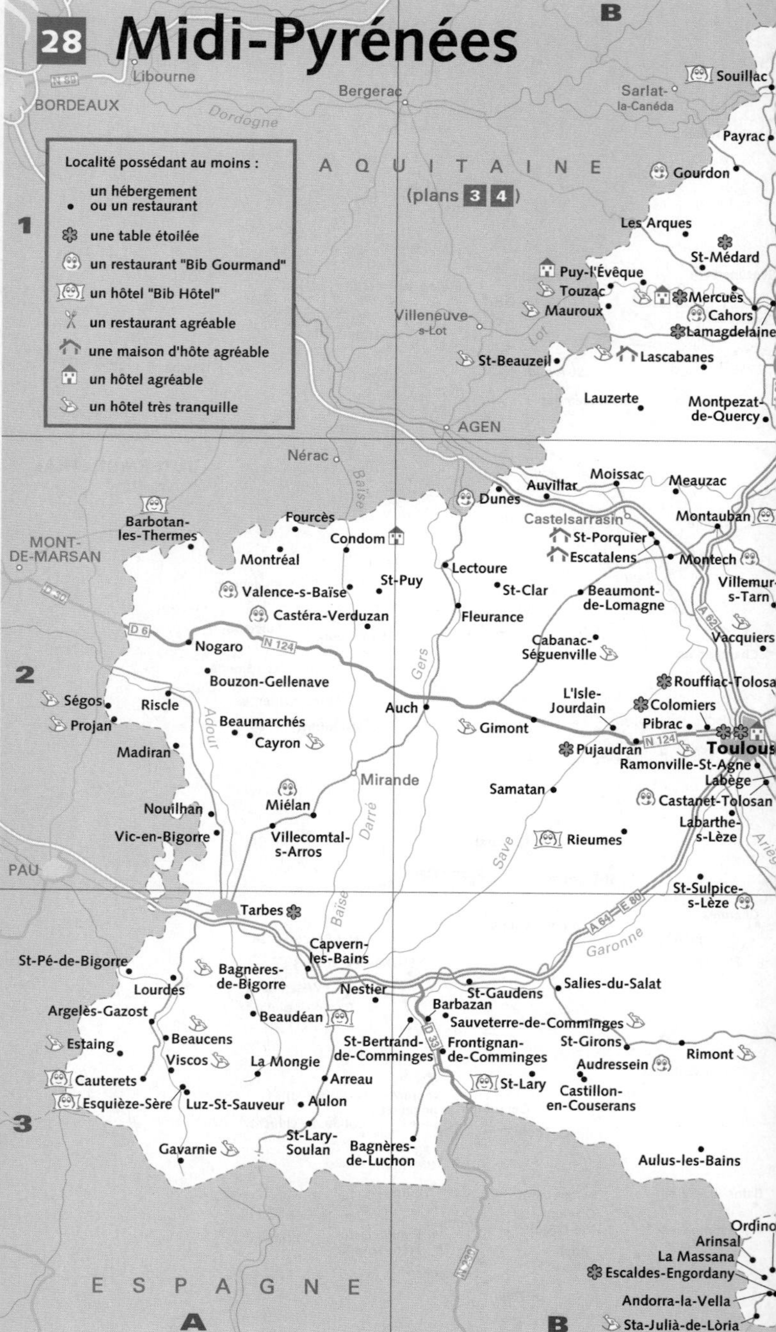

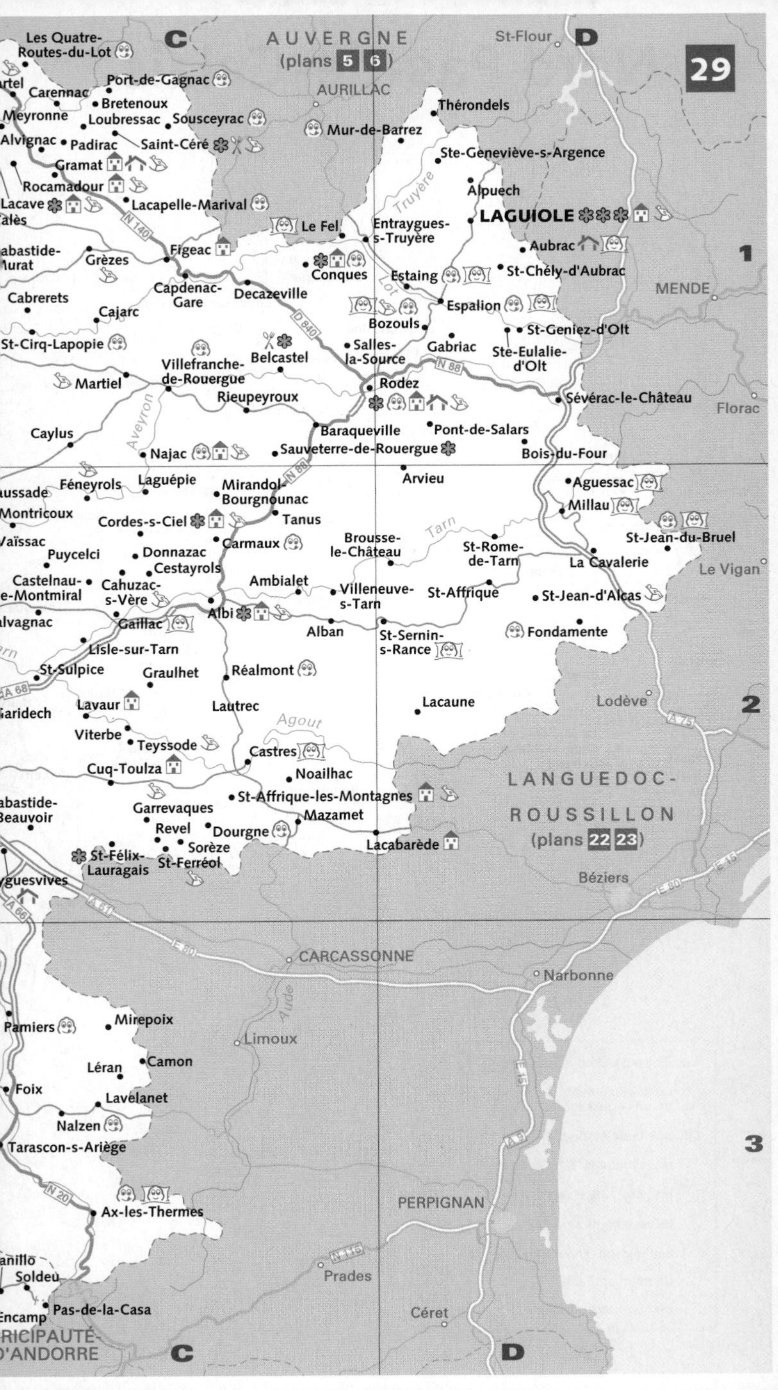
29
C
D
AUVERGNE
(plans 5 6)
AURILLAC
St-Flour
Les Quatre-Routes-du-Lot
Port-de-Gagnac
Carennac
Bretenoux
Meyronne
Loubressac
Sousceyrac
Alvignac
Padirac
Saint-Céré
Gramat
Rocamadour
Lacave
Lacapelle-Marival
Figeac
Grèzes
Capdenac-Gare
Decazeville
Cabrerets
Cajarc
St-Cirq-Lapopie
Martiel
Villefranche-de-Rouergue
Belcastel
Caylus
Najac
Rieupeyroux
Mur-de-Barrez
Thérondels
Ste-Geneviève-s-Argence
Alpuech
LAGUIOLE
Le Fel
Entraygues-s-Truyère
Aubrac
St-Chély-d'Aubrac
Conques
Estaing
Espalion
Bozouls
Gabriac
St-Geniez-d'Olt
Ste-Eulalie-d'Olt
Salles-la-Source
Rodez
Sévérac-le-Château
Baraqueville
Pont-de-Salars
Sauveterre-de-Rouergue
Bois-du-Four
Arvieu
MENDE
Florac
1
Féneyrols
Laguépie
Mirandol-Bourgnounac
Tanus
Montricoux
Cordes-s-Ciel
Carmaux
Puycelci
Donnazac
Cestayrols
Castelnau-de-Montmiral
Cahuzac-s-Vère
Gaillac
Albi
Ambialet
Brousse-le-Château
Villeneuve-s-Tarn
St-Rome-de-Tarn
St-Affrique
Aguessac
Millau
St-Jean-du-Bruel
La Cavalerie
Le Vigan
St-Jean-d'Alcas
Alban
St-Sernin-s-Rance
Fondamente
Lisle-sur-Tarn
St-Sulpice
Graulhet
Réalmont
Lavaur
Lautrec
Lacaune
Lodève
2
Viterbe
Teyssode
Castres
Cuq-Toulza
Noailhac
St-Affrique-les-Montagnes
Garrevaques
Mazamet
Revel
Dourgne
Sorèze
St-Félix-Lauragais
St-Ferréol
Lacabarède
LANGUEDOC-ROUSSILLON
(plans 22 23)
Béziers
CARCASSONNE
Narbonne
Pamiers
Mirepoix
Limoux
Léran
Camon
Foix
Lavelanet
Nalzen
Tarascon-s-Ariège
3
Ax-les-Thermes
PERPIGNAN
Soldeu
Prades
Pas-de-la-Casa
Céret
C
D

30 Nord Pas-de-Calais

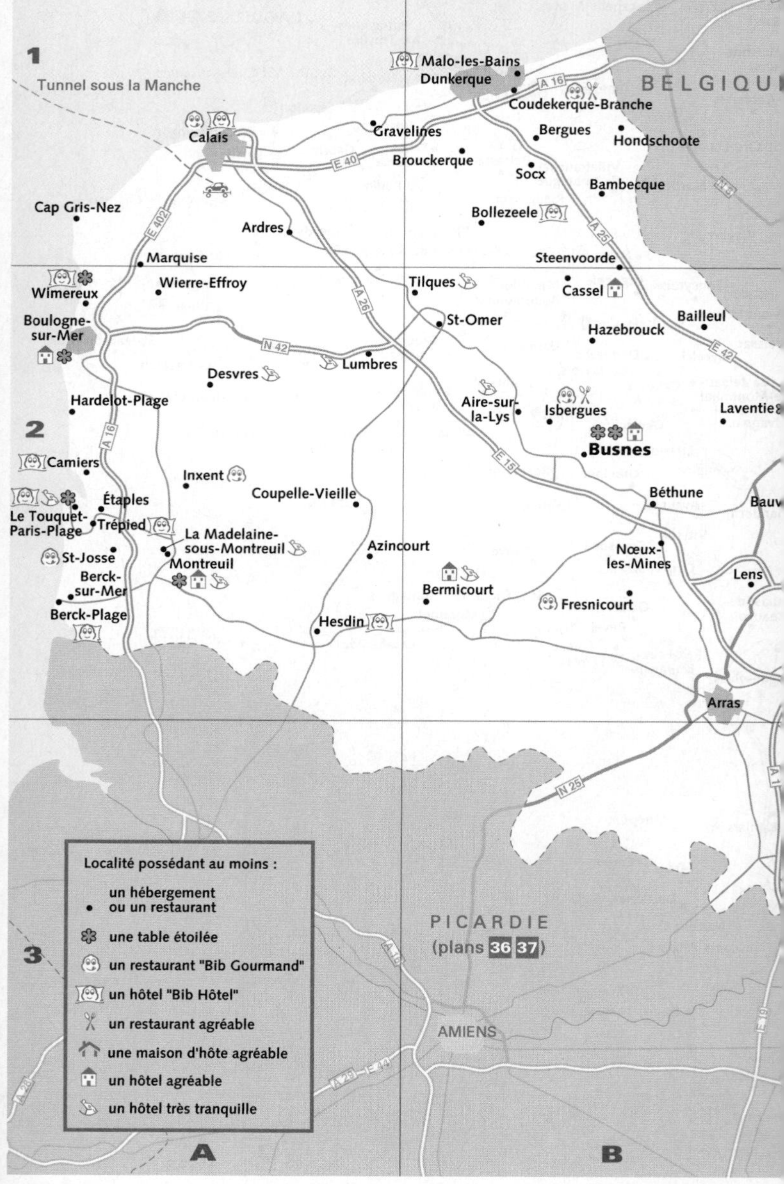

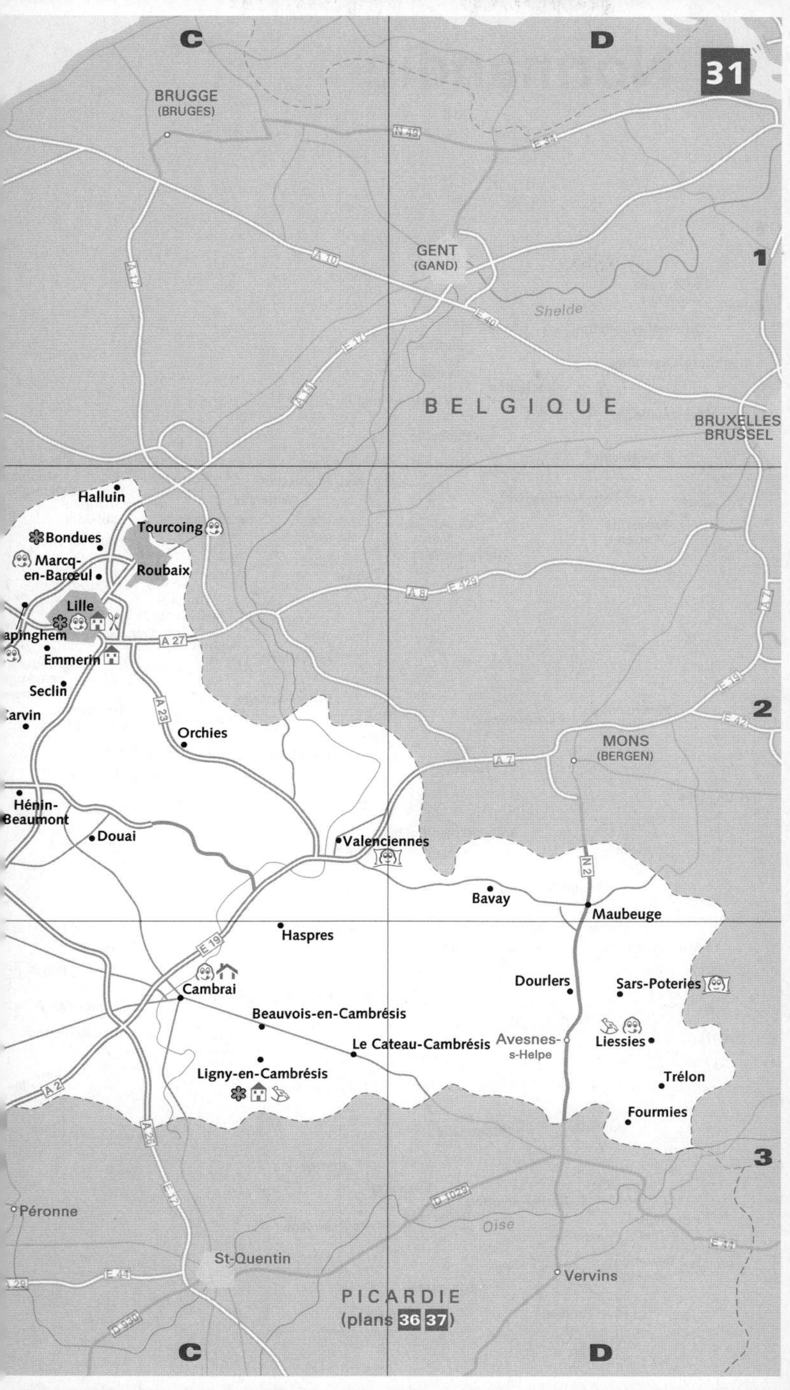
31
C
D
BRUGGE
(BRUGES)
N 49
E 34
A 17
A 10
GENT
(GAND)
Shelde
E 40
E 17
A 14
1
BELGIQUE
BRUXELLES
BRUSSEL
Halluin
Tourcoing
Bondues
Marcq-
en-Barœul
Roubaix
A 8
E 429
Lille
A 27
Emmerin
Seclin
Carvin
A 23
Orchies
E 19
2
E 42
MONS
(BERGEN)
A 7
Hénin-
Beaumont
Douai
Valenciennes
N 2
Bavay
Maubeuge
Haspres
E 19
Cambrai
Dourlers
Sars-Poteries
Beauvois-en-Cambrésis
Le Cateau-Cambrésis
Avesnes-
s-Helpe
Liessies
Ligny-en-Cambrésis
Trélon
A 2
Fournies
A 26
3
E 17
D 1029
Péronne
Oise
E 44
St-Quentin
E 44
A 29
Vervins
PICARDIE
(plans 36 37)
D 930
C
D

32 Normandie

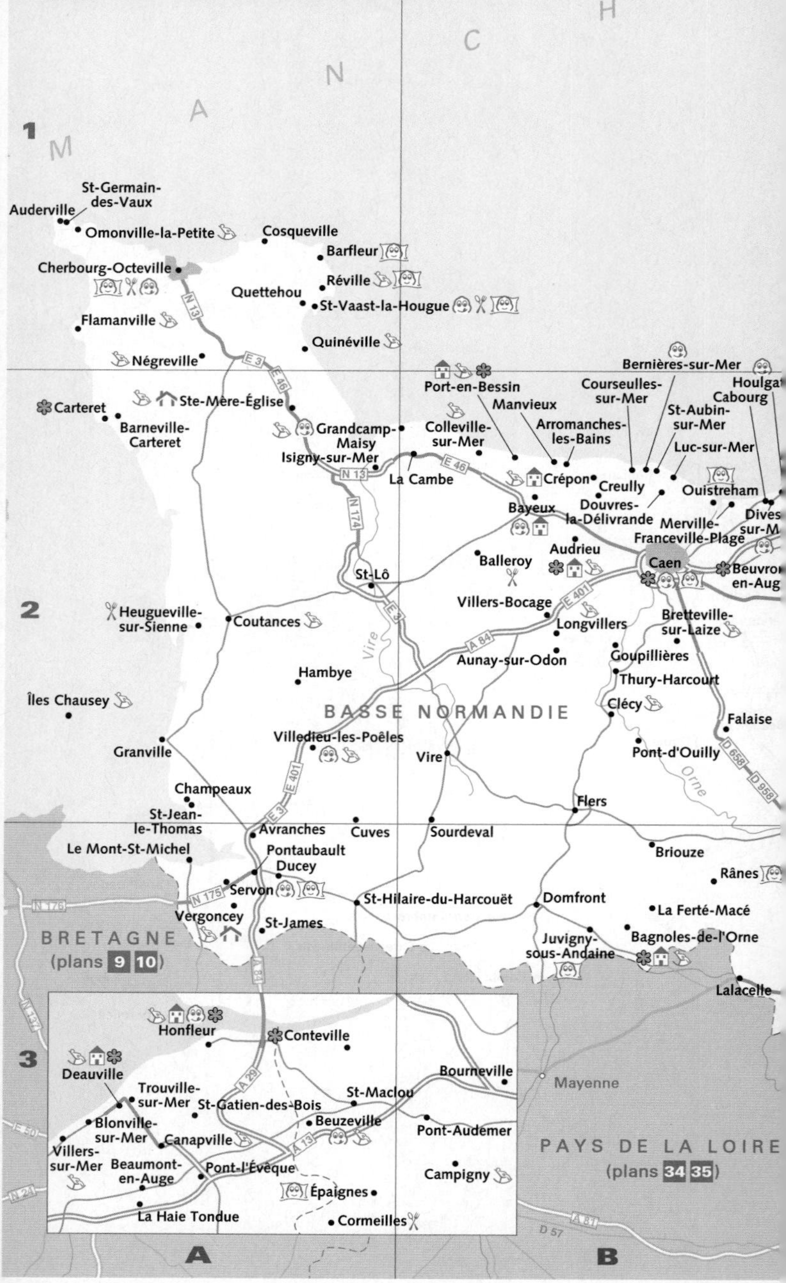

B

MANCHE

1

St-Germain-des-Vaux
Auderville
Omonville-la-Petite
Cosqueville
Barfleur
Cherbourg-Octeville
Réville
Quettehou
St-Vaast-la-Hougue
Flamanville
Quinéville
Négreville
N 13
E 3
E 46
Bernières-sur-Mer
Port-en-Bessin
Courseulles-sur-Mer
Houlgate
Cabourg
Carteret
Ste-Mère-Église
Manvieux
St-Aubin-sur-Mer
Barneville-Carteret
Grandcamp-Maisy
Colleville-sur-Mer
Arromanches-les-Bains
Luc-sur-Mer
Isigny-sur-Mer
La Cambe
Crépon
Creully
Ouistreham
N 174
Bayeux
Douvres-la-Délivrande
Merville-Franceville-Plage
Dives-sur-Mer
Audrieu
Balleroy
Caen
Beuvron-en-Auge
St-Lô
Villers-Bocage
E 401

2

Heugueville-sur-Sienne
Coutances
Longvillers
Bretteville-sur-Laize
A 84
Aunay-sur-Odon
Goupillières
Vire
Hambye
Thury-Harcourt
Îles Chausey
Clécy
BASSE NORMANDIE
Falaise
Villedieu-les-Poêles
Granville
Vire
Pont-d'Ouilly
D 658
Orne
Champeaux
Flers
St-Jean-le-Thomas
Avranches
Cuves
Sourdeval
Le Mont-St-Michel
Pontaubault
Ducey
Briouze
Rânes
Servon
N 176
N 175
St-Hilaire-du-Harcouët
Domfront
La Ferté-Macé
Vergoncey
St-James
BRETAGNE
(plans 9 10)
Juvigny-sous-Andaine
Bagnoles-de-l'Orne
A 84
N 137
Lalacelle

3

Honfleur
Conteville
Deauville
Bourneville
Mayenne
Trouville-sur-Mer
St-Maclou
A 29
St-Gatien-des-Bois
Blonville-sur-Mer
Beuzeville
Pont-Audemer
E 50
Villers-sur-Mer
Canapville
A 13
PAYS DE LA LOIRE
(plans 34 35)
Beaumont-en-Auge
Pont-l'Évêque
Campigny
N 24
Épaignes
La Haie Tondue
Cormeilles
D 57
A 81

A

B

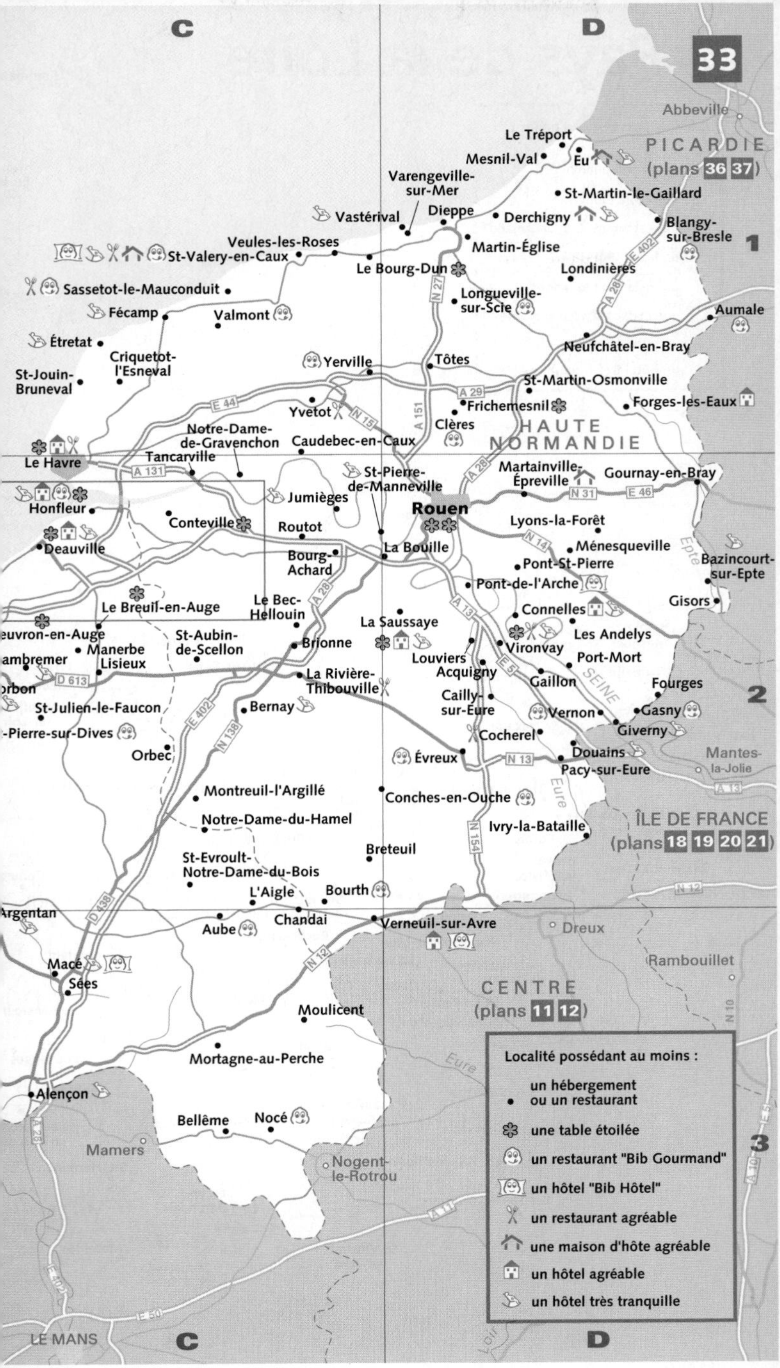

PICARDIE (plans 36 37)

HAUTE NORMANDIE

ÎLE DE FRANCE (plans 18 19 20 21)

CENTRE (plans 11 12)

Abbeville
Le Tréport
Mesnil-Val
Eu
St-Martin-le-Gaillard
Varengeville-sur-Mer
Vastérival
Dieppe
Derchigny
Blangy-sur-Bresle
Veules-les-Roses
St-Valery-en-Caux
Martin-Église
Le Bourg-Dun
Londinières
Sassetot-le-Mauconduit
Longueville-sur-Scie
Fécamp
Valmont
Aumale
Étretat
Neufchâtel-en-Bray
Criquetot-l'Esneval
Yerville
Tôtes
St-Jouin-Bruneval
St-Martin-Osmonville
Frichemesnil
Forges-les-Eaux
Yvetot
Clères
Notre-Dame-de-Gravenchon
Caudebec-en-Caux
Le Havre
Tancarville
Martainville-Épreville
Gournay-en-Bray
St-Pierre-de-Manneville
Honfleur
Jumièges
Rouen
Conteville
Routot
Lyons-la-Forêt
Deauville
La Bouille
Ménesqueville
Bourg-Achard
Pont-St-Pierre
Bazincourt-sur-Epte
Pont-de-l'Arche
Le Breuil-en-Auge
Le Bec-Hellouin
Gisors
Connelles
La Saussaye
Beuvron-en-Auge
Les Andelys
St-Aubin-de-Scellon
Brionne
Vironvay
Manerbe
Cambremer
Lisieux
Louviers
Port-Mort
Acquigny
La Rivière-Thibouville
Gaillon
Orbon
Fourges
Cailly-sur-Eure
St-Julien-le-Faucon
Bernay
Vernon
Gasny
Giverny
St-Pierre-sur-Dives
Cocherel
Orbec
Évreux
Douains
Mantes-la-Jolie
Pacy-sur-Eure
Montreuil-l'Argillé
Conches-en-Ouche
Notre-Dame-du-Hamel
Ivry-la-Bataille
Breteuil
St-Evroult-Notre-Dame-du-Bois
L'Aigle
Bourth
Argentan
Chandai
Aube
Verneuil-sur-Avre
Dreux
Macé
Rambouillet
Sées
Moulicent
Mortagne-au-Perche
Alençon
Bellême
Nocé
Mamers
Nogent-le-Rotrou
LE MANS

Seine
Eure
Epte
Loir

E 402, A 28, N 27, A 29, E 44, N 15, A 151, A 28, A 131, N 31, E 46, N 14, A 13, E 5, D 613, E 402, N 138, N 13, N 154, A 13, N 12, D 438, N 12, N 10, A 11, E 50, E 402, A 10, E 5

Localité possédant au moins :

- • un hébergement ou un restaurant
- une table étoilée
- un restaurant "Bib Gourmand"
- un hôtel "Bib Hôtel"
- un restaurant agréable
- une maison d'hôte agréable
- un hôtel agréable
- un hôtel très tranquille

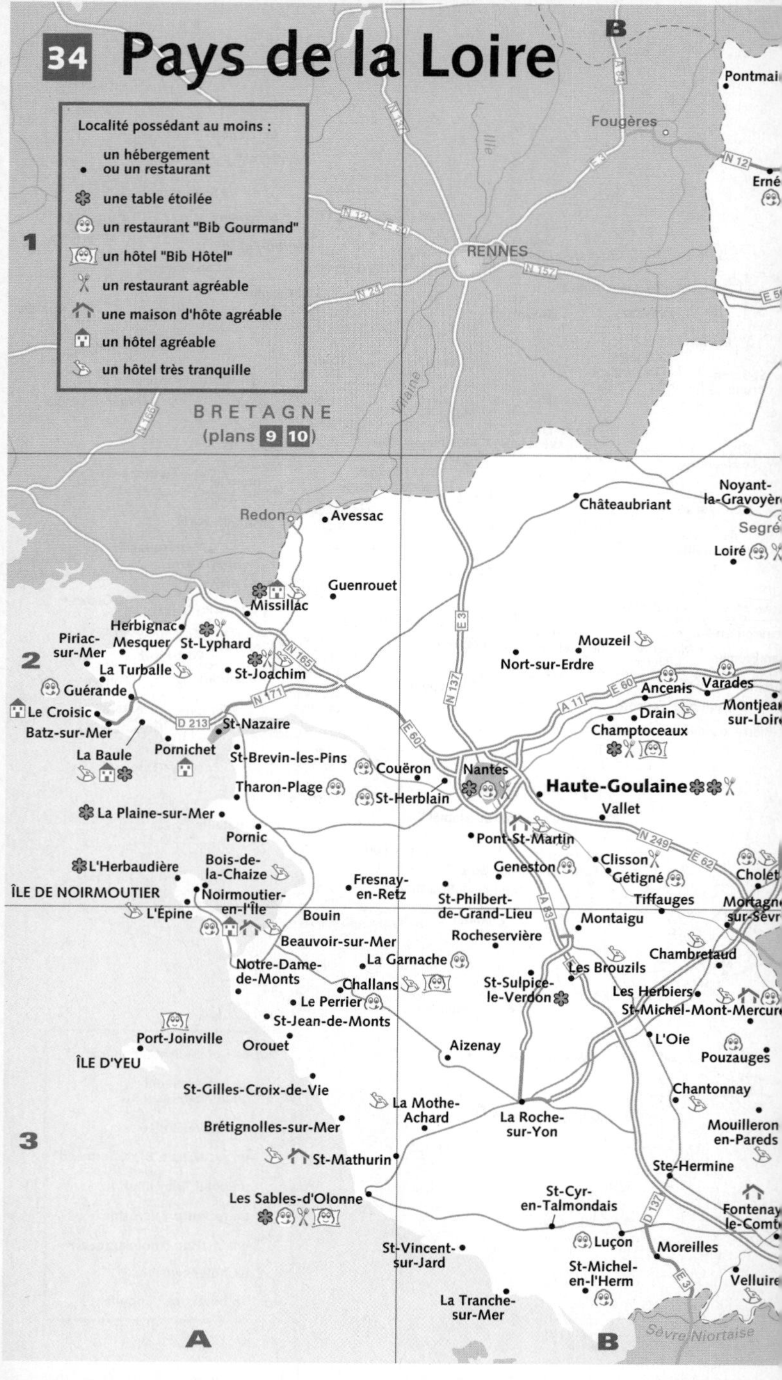
34 Pays de la Loire
Localité possédant au moins :
un hébergement ou un restaurant
une table étoilée
un restaurant "Bib Gourmand"
un hôtel "Bib Hôtel"
un restaurant agréable
une maison d'hôte agréable
un hôtel agréable
un hôtel très tranquille
BRETAGNE
(plans 9 10)
1
2
3
A
B
Pontmain
Fougères
Ernée
RENNES
Redon
Avessac
Châteaubriant
Noyant-la-Gravoyère
Segré
Loiré
Guenrouet
Missillac
Herbignac
Piriac-sur-Mer
Mesquer
St-Lyphard
La Turballe
St-Joachim
Guérande
Le Croisic
Batz-sur-Mer
La Baule
Pornichet
St-Nazaire
St-Brevin-les-Pins
Tharon-Plage
La Plaine-sur-Mer
Pornic
L'Herbaudière
Bois-de-la-Chaize
ÎLE DE NOIRMOUTIER
Noirmoutier-en-l'Île
L'Épine
Bouin
Beauvoir-sur-Mer
Notre-Dame-de-Monts
La Garnache
Challans
Le Perrier
St-Jean-de-Monts
Port-Joinville
ÎLE D'YEU
Orouet
St-Gilles-Croix-de-Vie
Brétignolles-sur-Mer
St-Mathurin
Les Sables-d'Olonne
La Mothe-Achard
Aizenay
La Roche-sur-Yon
St-Vincent-sur-Jard
La Tranche-sur-Mer
St-Cyr-en-Talmondais
Luçon
St-Michel-en-l'Herm
Moreilles
Velluire
Fontenay-le-Comte
Ste-Hermine
Mouilleron-en-Pareds
Chantonnay
Pouzauges
L'Oie
St-Michel-Mont-Mercure
Les Herbiers
Chambretaud
Mortagne-sur-Sèvre
Cholet
Tiffauges
Gétigné
Clisson
Montaigu
Les Brouzils
St-Sulpice-le-Verdon
Rocheservière
St-Philbert-de-Grand-Lieu
Geneston
Pont-St-Martin
Fresnay-en-Retz
Couëron
St-Herblain
Nantes
Haute-Goulaine
Vallet
Champtoceaux
Drain
Ancenis
Varades
Montjean-sur-Loire
Mouzeil
Nort-sur-Erdre
Sèvre Niortaise
Vilaine
Ille
A 84
N 137
N 12
E 50
N 157
N 24
N 166
N 165
N 171
D 213
E 60
E 3
A 11
N 249
E 62
A 83
D 137

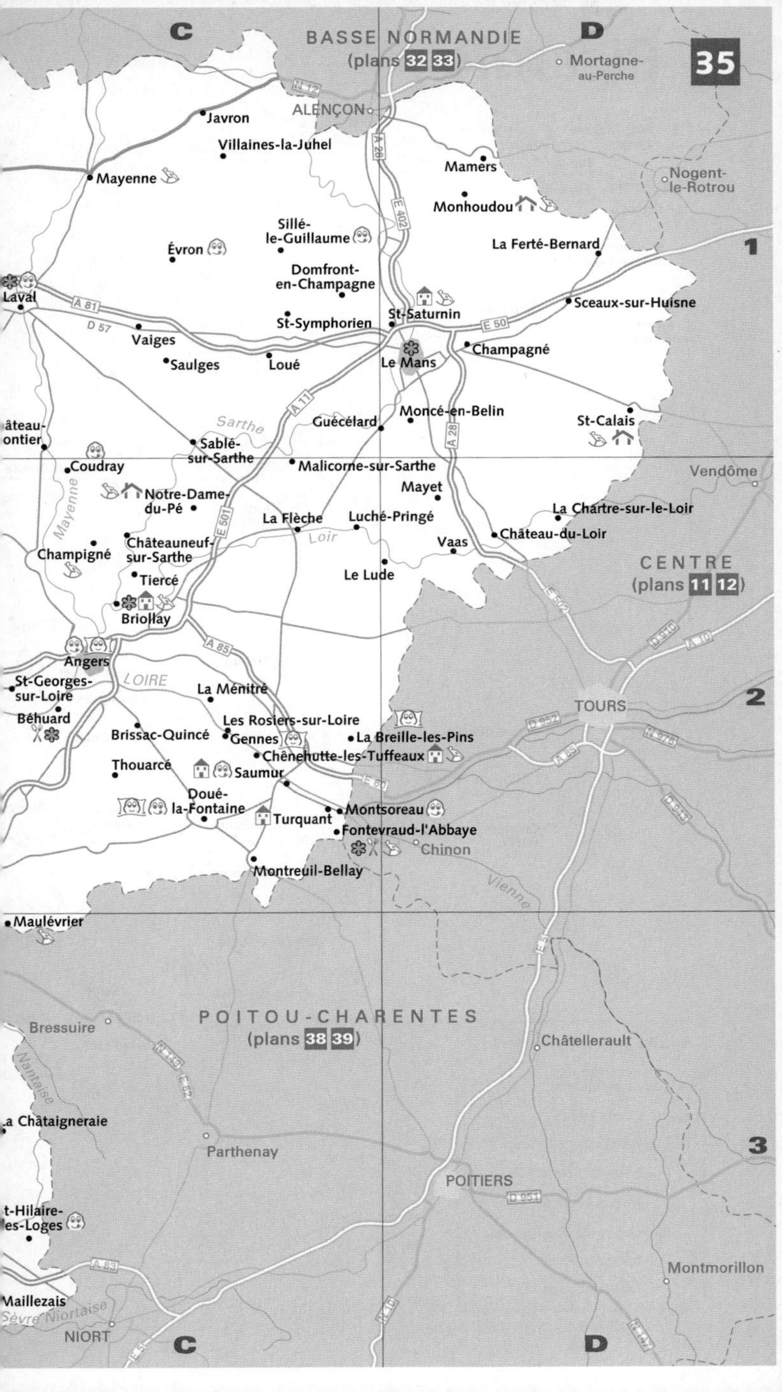

35
C
D
BASSE NORMANDIE
(plans 32 33)
Mortagne-au-Perche
ALENÇON
Javron
Villaines-la-Juhel
Mayenne
Mamers
Nogent-le-Rotrou
Monhoudou
Sillé-le-Guillaume
Évron
La Ferté-Bernard
1
Domfront-en-Champagne
Laval
Sceaux-sur-Huisne
St-Saturnin
St-Symphorien
Vaiges
Champagné
Saulges
Loué
Le Mans
Sarthe
Guécélard
Moncé-en-Belin
St-Calais
âteau-ontier
Sablé-sur-Sarthe
Coudray
Malicorne-sur-Sarthe
Vendôme
Mayet
Notre-Dame-du-Pé
La Chartre-sur-le-Loir
Mayenne
La Flèche
Luché-Pringé
Loir
Château-du-Loir
Châteauneuf-sur-Sarthe
Champigné
Vaas
CENTRE
(plans 11 12)
Le Lude
Tiercé
Briollay
Angers
LOIRE
St-Georges-sur-Loire
La Ménitré
TOURS
2
Béhuard
Les Rosiers-sur-Loire
Brissac-Quincé
Gennes
La Breille-les-Pins
Chênehutte-les-Tuffeaux
Thouarcé
Saumur
Doué-la-Fontaine
Montsoreau
Turquant
Fontevraud-l'Abbaye
Chinon
Montreuil-Bellay
Vienne
Maulévrier
POITOU-CHARENTES
(plans 38 39)
Bressuire
Châtellerault
Nantaise
La Châtaigneraie
Parthenay
3
POITIERS
St-Hilaire-des-Loges
Montmorillon
Maillezais
Sèvre Niortaise
NIORT
C
D

36 Picardie

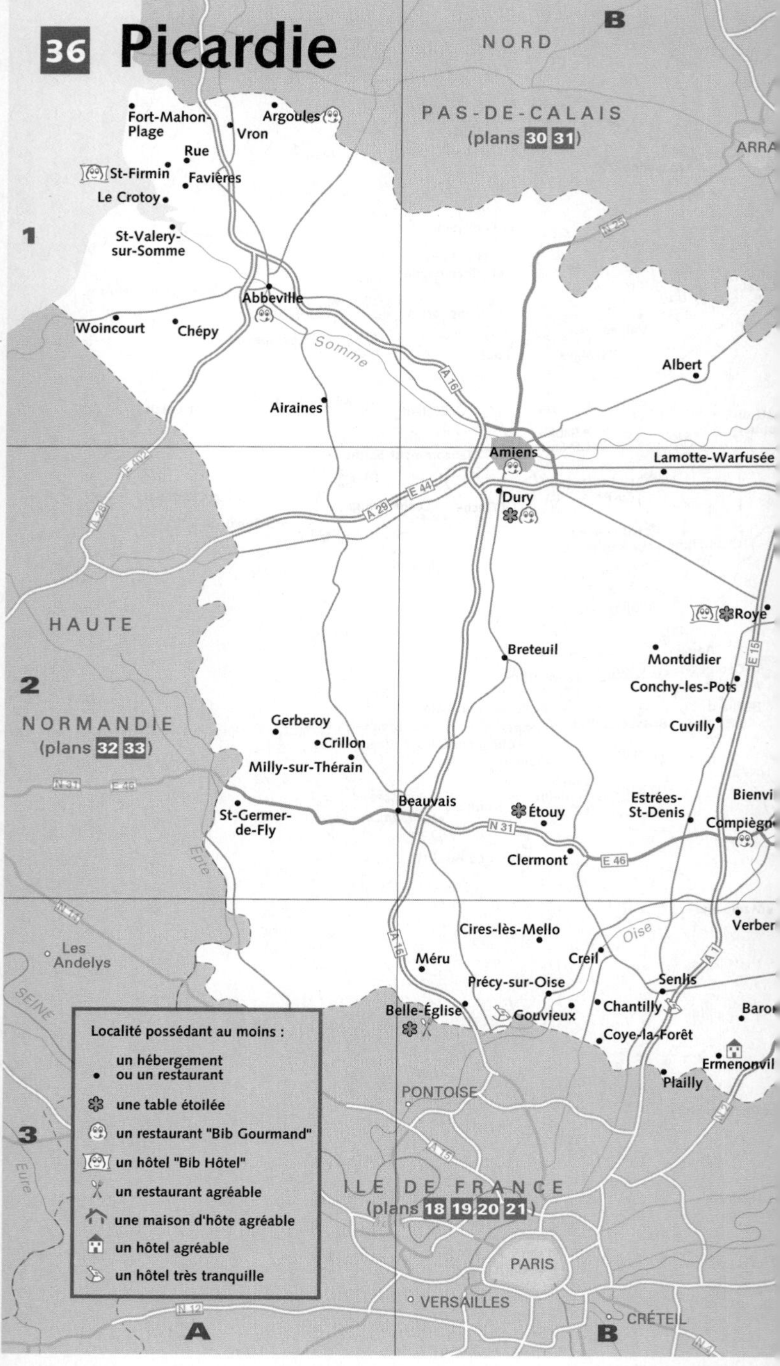

NORD
PAS-DE-CALAIS
(plans 30 31)
ARRA
B
Fort-Mahon-Plage
Argoules
Vron
Rue
St-Firmin
Favières
Le Crotoy
St-Valery-sur-Somme
1
Abbeville
Woincourt
Chépy
Somme
A 16
N 25
Albert
Airaines
Amiens
Lamotte-Warfusée
Dury
E 402
A 28
A 29
E 44
Roye
HAUTE
Breteuil
Montdidier
E 15
Conchy-les-Pots
2
NORMANDIE
(plans 32 33)
Gerberoy
Crillon
Milly-sur-Thérain
Cuvilly
N 31
E 46
Beauvais
Étouy
Estrées-St-Denis
Bienvi
Compiègn
St-Germer-de-Fly
Epte
Clermont
N 14
Les Andelys
Cires-lès-Mello
Oise
Verber
Méru
Creil
A 1
Précy-sur-Oise
Senlis
SEINE
Belle-Église
Gouvieux
Chantilly
Baro
Coye-la-Forêt
Ermenonvil
Plailly
PONTOISE
N 2
3
A 15
Eure
ILE DE FRANCE
(plans 18 19 20 21)
PARIS
VERSAILLES
N 12
CRÉTEIL
A
B
N 4
Localité possédant au moins :
un hébergement ou un restaurant
une table étoilée
un restaurant "Bib Gourmand"
un hôtel "Bib Hôtel"
un restaurant agréable
une maison d'hôte agréable
un hôtel agréable
un hôtel très tranquille

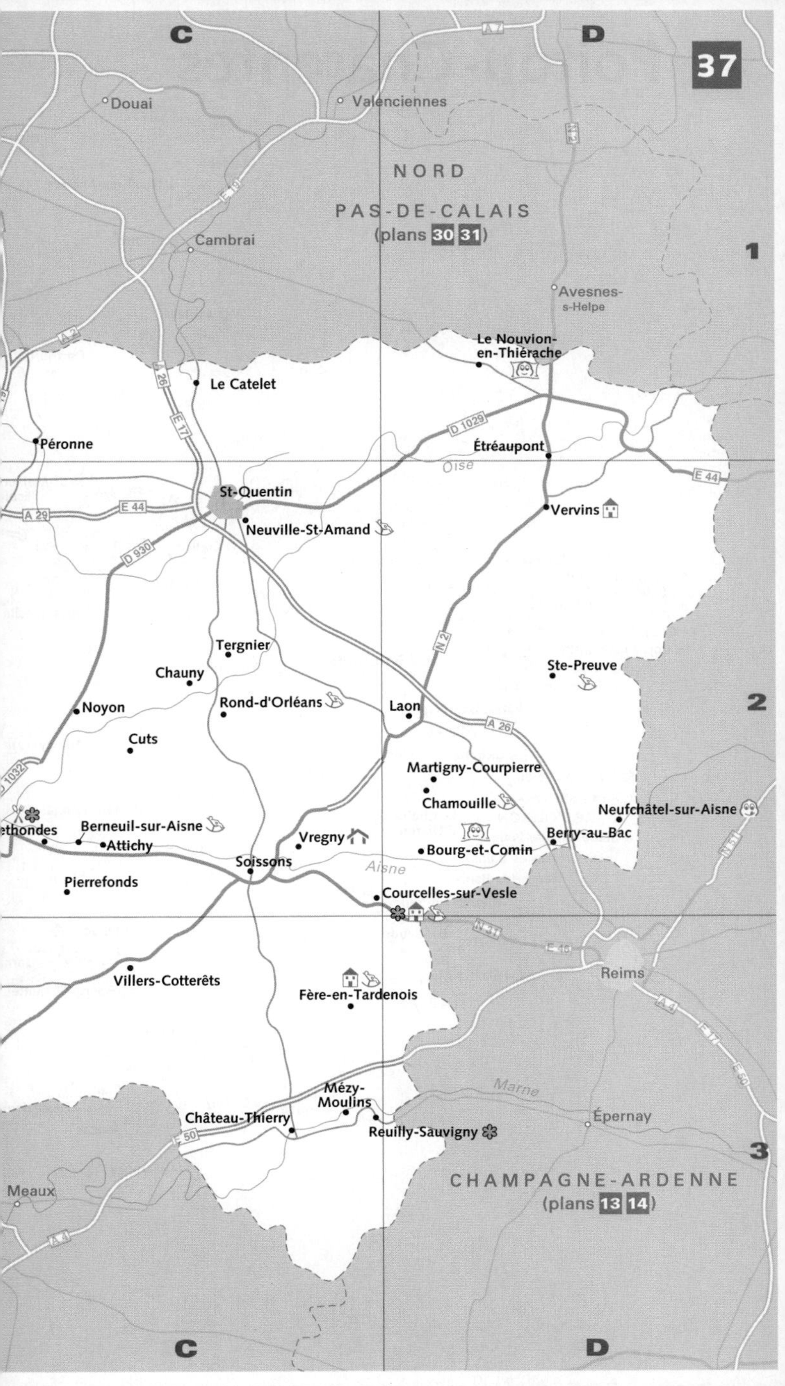
C
D
Douai
Valenciennes
NORD
PAS-DE-CALAIS
(plans 30 31)
Cambrai
1
Avesnes-s-Helpe
Le Nouvion-en-Thiérache
Le Catelet
Péronne
Étréaupont
Oise
St-Quentin
Neuville-St-Amand
Vervins
Tergnier
Chauny
Ste-Preuve
Noyon
Rond-d'Orléans
Laon
2
Cuts
Martigny-Courpierre
Chamouille
Neufchâtel-sur-Aisne
ethondes
Berneuil-sur-Aisne
Attichy
Vregny
Berry-au-Bac
Bourg-et-Comin
Soissons
Aisne
Pierrefonds
Courcelles-sur-Vesle
Reims
Villers-Cotterêts
Fère-en-Tardenois
Marne
Mézy-Moulins
Château-Thierry
Reuilly-Sauvigny
Épernay
3
CHAMPAGNE-ARDENNE
(plans 13 14)
Meaux
C
D

38 Poitou-Charentes

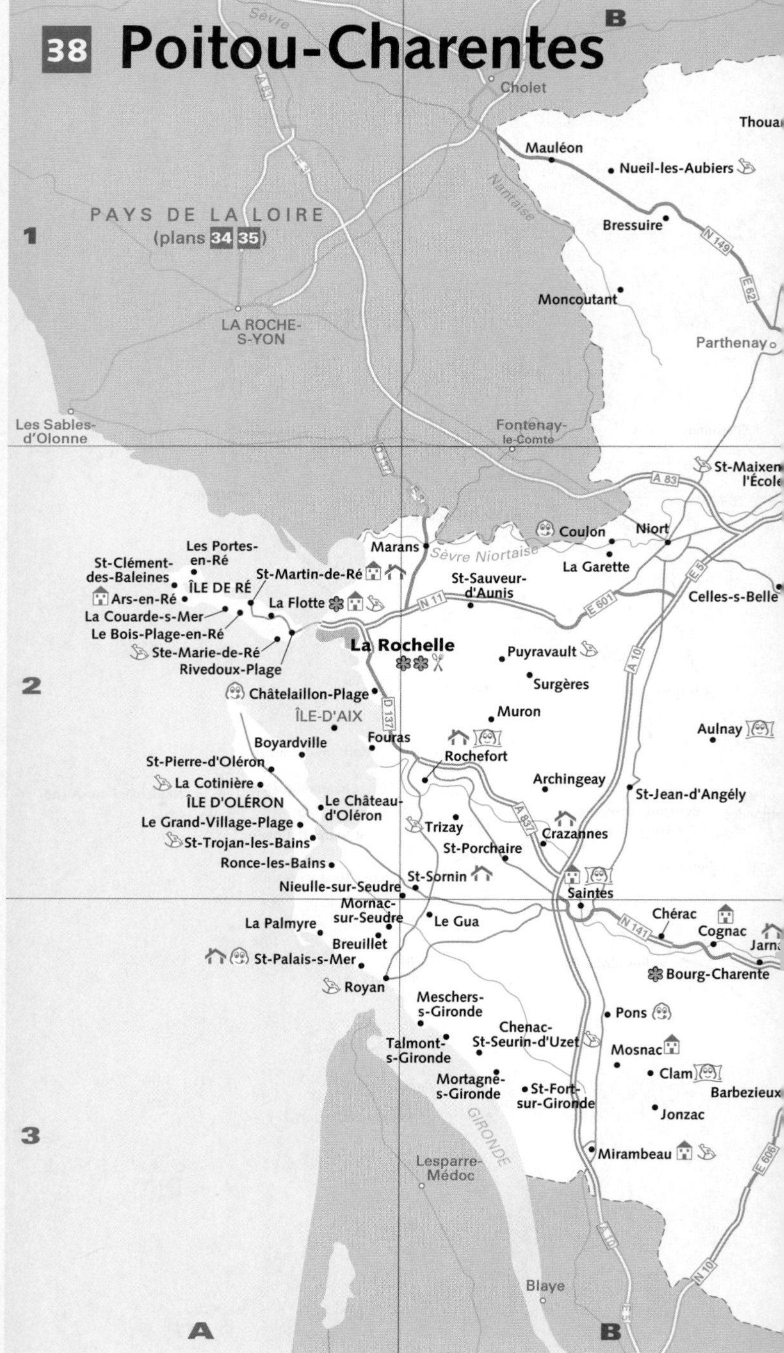

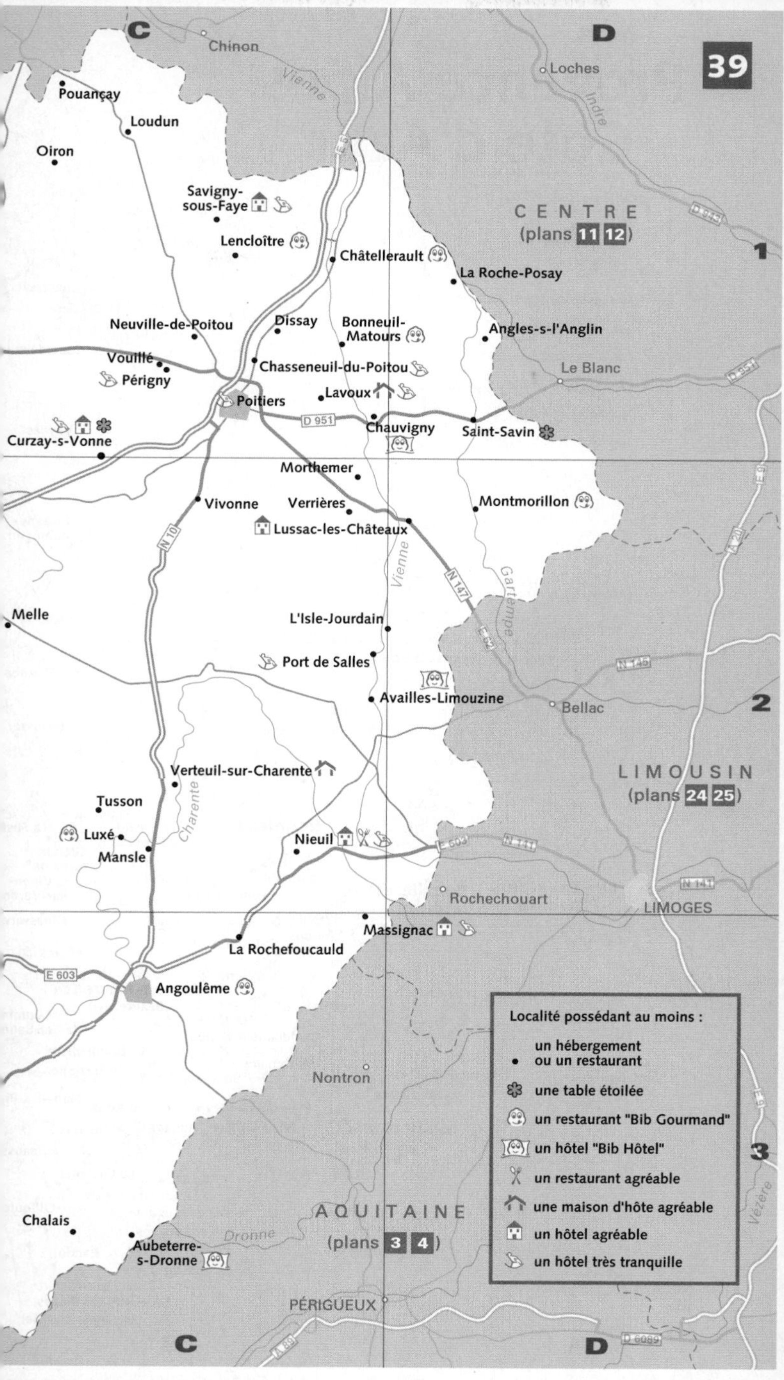

39
C
D
Chinon
Loches
Vienne
Indre
Pouançay
Loudun
Oiron
Savigny-
sous-Faye
Lencloître
Châtellerault
La Roche-Posay
CENTRE
(plans 11 12)
1
Neuville-de-Poitou
Dissay
Bonneuil-
Matours
Angles-s-l'Anglin
Vouillé
Périgny
Chasseneuil-du-Poitou
Le Blanc
Poitiers
Lavoux
D 951
Chauvigny
Saint-Savin
Curzay-s-Vonne
Morthemer
Vivonne
Verrières
Montmorillon
Lussac-les-Châteaux
N 10
N 147
Gartempe
Melle
L'Isle-Jourdain
E 62
Port de Salles
N 145
Availles-Limouzine
Bellac
2
Verteuil-sur-Charente
LIMOUSIN
(plans 24 25)
Tusson
Charente
Luxé
Mansle
Nieuil
E 603
N 141
Rochechouart
LIMOGES
Massignac
La Rochefoucauld
E 603
Angoulême
Nontron
3
Vézère
AQUITAINE
(plans 3 4)
Chalais
Dronne
Aubeterre-
s-Dronne
PÉRIGUEUX
C
D
D 6089
A 89
Localité possédant au moins :
un hébergement
ou un restaurant
une table étoilée
un restaurant "Bib Gourmand"
un hôtel "Bib Hôtel"
un restaurant agréable
une maison d'hôte agréable
un hôtel agréable
un hôtel très tranquille

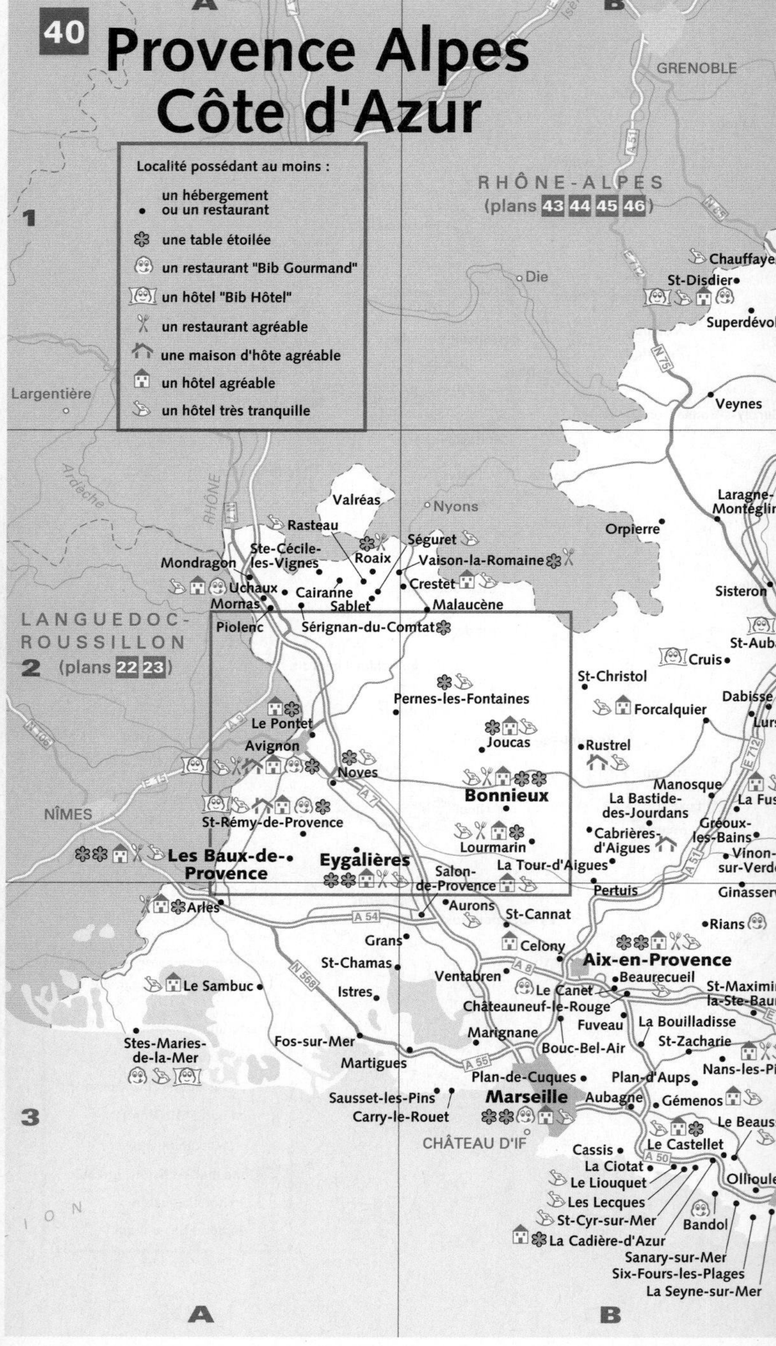

40
Provence Alpes Côte d'Azur
A
B
1
2
3
Localité possédant au moins :
un hébergement ou un restaurant
une table étoilée
un restaurant "Bib Gourmand"
un hôtel "Bib Hôtel"
un restaurant agréable
une maison d'hôte agréable
un hôtel agréable
un hôtel très tranquille
GRENOBLE
RHÔNE-ALPES (plans 43 44 45 46)
LANGUEDOC-ROUSSILLON (plans 22 23)
Largentière
Die
Chauffayer
St-Disdier
Superdévoluy
Veynes
Laragne-Montéglin
Orpierre
Sisteron
Valréas
Nyons
Rasteau
Séguret
Roaix
Vaison-la-Romaine
Ste-Cécile-les-Vignes
Mondragon
Uchaux
Cairanne
Crestet
Mornas
Sablet
Malaucène
Piolenc
Sérignan-du-Comtat
Cruis
St-Christol
Pernes-les-Fontaines
Forcalquier
Dabisse
Le Pontet
Avignon
Joucas
Rustrel
Noves
Bonnieux
Manosque
La Bastide-des-Jourdans
Cabrières-d'Aigues
Gréoux-les-Bains
Vinon-sur-Verdon
NÎMES
St-Rémy-de-Provence
Lourmarin
Les Baux-de-Provence
Eygalières
Salon-de-Provence
La Tour-d'Aigues
Pertuis
Ginasservis
Arles
Aurons
St-Cannat
Rians
Grans
Celony
St-Chamas
Aix-en-Provence
Le Sambuc
Ventabren
Beaurecueil
Le Canet
Istres
Châteauneuf-le-Rouge
St-Maximin-la-Ste-Baume
Fuveau
La Bouilladisse
Stes-Maries-de-la-Mer
Fos-sur-Mer
Marignane
Bouc-Bel-Air
St-Zacharie
Martigues
Nans-les-Pins
Plan-de-Cuques
Plan-d'Aups
Sausset-les-Pins
Carry-le-Rouet
Marseille
Aubagne
Gémenos
Le Beausset
CHÂTEAU D'IF
Cassis
Le Castellet
La Ciotat
Le Liouquet
Ollioules
Les Lecques
St-Cyr-sur-Mer
Bandol
La Cadière-d'Azur
Sanary-sur-Mer
Six-Fours-les-Plages
La Seyne-sur-Mer

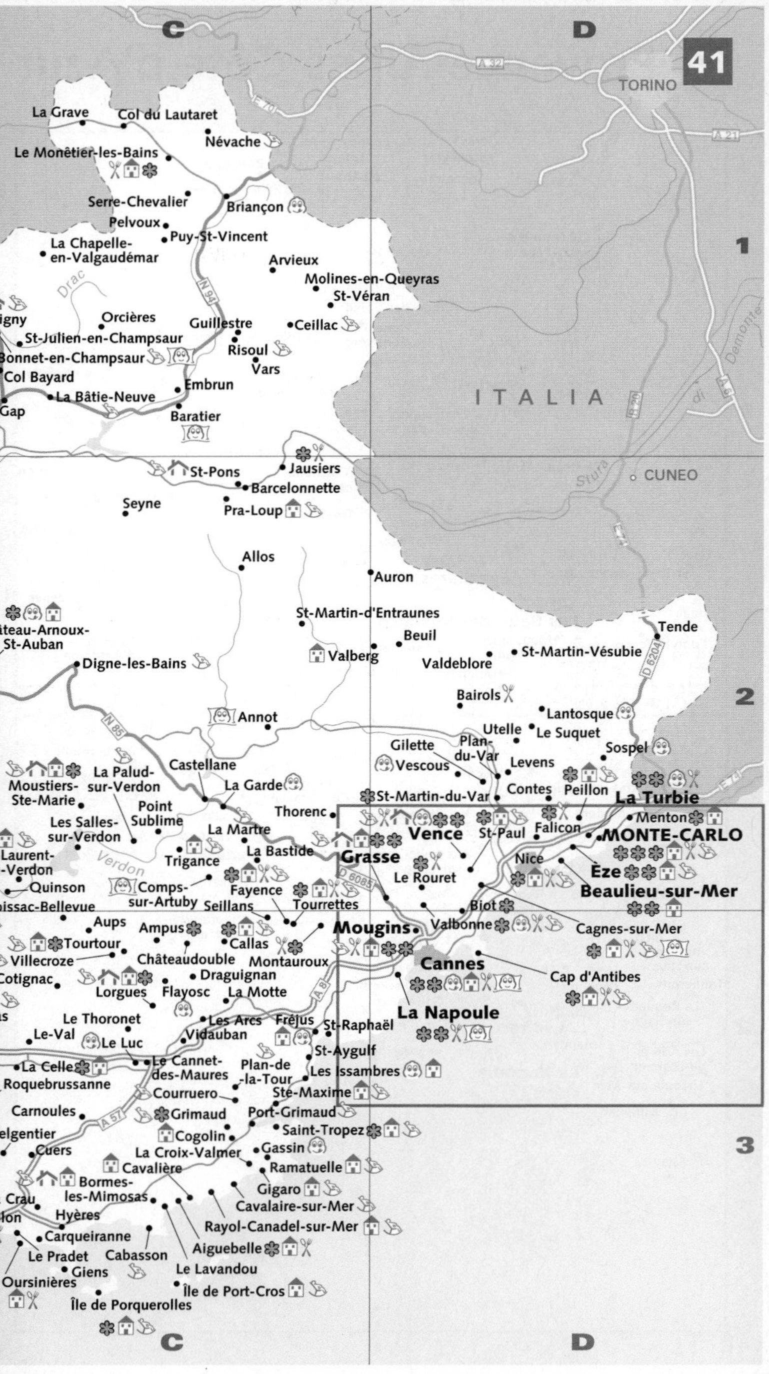
C
D
TORINO
A 32
A 21
E 70
La Grave
Col du Lautaret
Névache
Le Monêtier-les-Bains
Serre-Chevalier
Briançon
Pelvoux
Puy-St-Vincent
La Chapelle-en-Valgaudémar
Arvieux
Molines-en-Queyras
St-Véran
Drac
N 94
Orcières
Guillestre
Ceillac
St-Julien-en-Champsaur
Risoul
Bonnet-en-Champsaur
Vars
Col Bayard
Embrun
La Bâtie-Neuve
Gap
Baratier
ITALIA
1
CUNEO
Stura
St-Pons
Jausiers
Barcelonnette
Seyne
Pra-Loup
Allos
Auron
St-Martin-d'Entraunes
Beuil
Tende
Château-Arnoux-St-Auban
Valberg
Valdeblore
St-Martin-Vésubie
Digne-les-Bains
D 6204
Bairols
2
N 85
Annot
Lantosque
Utelle
Le Suquet
Gilette
Plan-du-Var
Sospel
Vescous
Levens
Moustiers-Ste-Marie
La Palud-sur-Verdon
Castellane
La Garde
St-Martin-du-Var
Contes
Peillon
La Turbie
Point Sublime
Thorenc
Menton
Les Salles-sur-Verdon
La Martre
Vence
St-Paul
Falicon
MONTE-CARLO
St-Laurent-du-Verdon
La Bastide
Trigance
Grasse
Nice
Èze
Verdon
Le Rouret
Quinson
Comps-sur-Artuby
Fayence
D 6085
Beaulieu-sur-Mer
Seillans
Tourrettes
Biot
Aups
Ampus
Mougins
Valbonne
Cagnes-sur-Mer
Tourtour
Callas
Villecroze
Châteaudouble
Montauroux
Cannes
Cap d'Antibes
Cotignac
Draguignan
Lorgues
Flayosc
La Motte
A 8
La Napoule
Le Thoronet
Les Arcs
Fréjus
St-Raphaël
Le-Val
Vidauban
Le Luc
St-Aygulf
La Celle
Le Cannet-des-Maures
Plan-de-la-Tour
Les Issambres
Roquebrussanne
Courruero
Ste-Maxime
Carnoules
Grimaud
Port-Grimaud
A 57
Belgentier
Saint-Tropez
Cogolin
3
Cuers
La Croix-Valmer
Gassin
Cavalière
Ramatuelle
Bormes-les-Mimosas
Gigaro
La Crau
Cavalaire-sur-Mer
Hyères
Rayol-Canadel-sur-Mer
Carqueiranne
Aiguebelle
Le Pradet
Cabasson
Giens
Le Lavandou
Oursinières
Île de Port-Cros
Île de Porquerolles
C
D

Provence Alpes Côte d'Azur

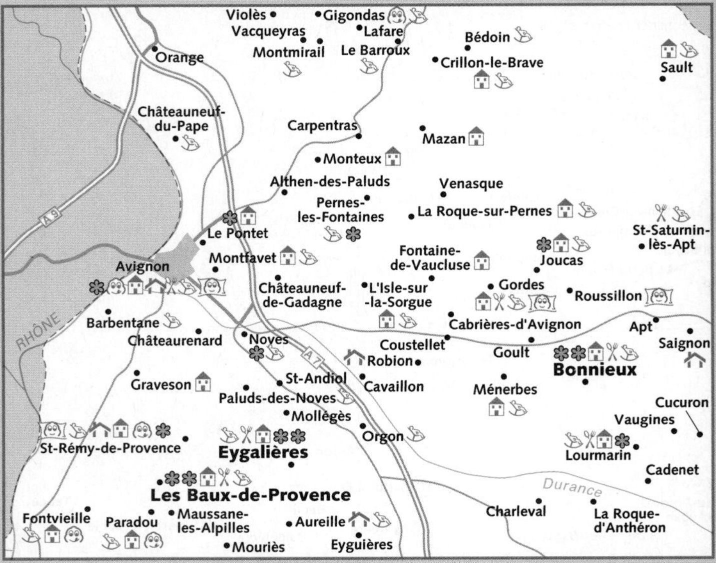

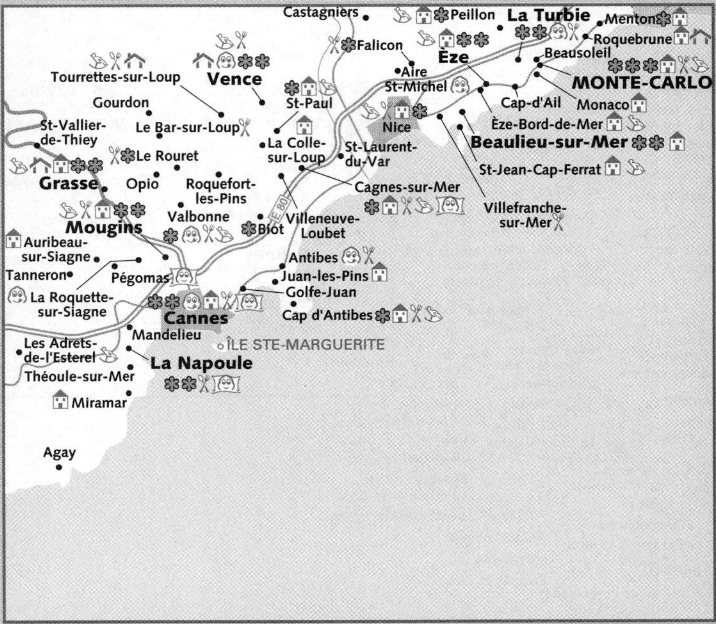

E

Violès
Gigondas
Vacqueyras
Lafare
Montmirail
Le Barroux
Bédoin
Orange
Crillon-le-Brave
Sault
Châteauneuf-du-Pape
Carpentras
Mazan
Monteux
Althen-des-Paluds
Venasque
Pernes-les-Fontaines
La Roque-sur-Pernes
A 9
Le Pontet
St-Saturnin-lès-Apt
Fontaine-de-Vaucluse
Joucas
Montfavet
Avignon
Châteauneuf-de-Gadagne
L'Isle-sur-la-Sorgue
Gordes
Roussillon

1

RHÔNE
Barbentane
Cabrières-d'Avignon
Apt
Châteaurenard
Noves
Coustellet
Goult
Saignon
Robion
Bonnieux
A 7
Graveson
St-Andiol
Cavaillon
Ménerbes
Paluds-des-Noves
Mollégès
Cucuron
Vaugines
St-Rémy-de-Provence
Orgon
Eygalières
Lourmarin
Cadenet
Les Baux-de-Provence
Durance
Fontvieille
Paradou
Maussane-les-Alpilles
Charleval
La Roque-d'Anthéron
Aureille
Mouriès
Eyguières

Castagniers
Peillon
La Turbie
Menton
Falicon
Roquebrune
Beausoleil
Èze
Tourrettes-sur-Loup
Vence
Aire St-Michel
MONTE-CARLO
St-Paul
Cap-d'Ail
Monaco
Gourdon
St-Vallier-de-Thiey
Le Bar-sur-Loup
Nice
Èze-Bord-de-Mer
La Colle-sur-Loup
St-Laurent-du-Var
Beaulieu-sur-Mer
Le Rouret
St-Jean-Cap-Ferrat
Grasse
Opio
Roquefort-les-Pins
Cagnes-sur-Mer
E 80
Valbonne
Villefranche-sur-Mer
Mougins
Biot
Villeneuve-Loubet
Auribeau-sur-Siagne
Antibes
Tanneron
Pégomas
Juan-les-Pins
Golfe-Juan
La Roquette-sur-Siagne
Cap d'Antibes

2

Cannes
Mandelieu
Les Adrets-de-l'Esterel
ÎLE STE-MARGUERITE
La Napoule
Théoule-sur-Mer
Miramar
Agay

E

Rhône-Alpes

E

Localité possédant au moins :

- un hébergement ou un restaurant
- une table étoilée
- un restaurant "Bib Gourmand"
- un hôtel "Bib Hôtel"
- un restaurant agréable
- une maison d'hôte agréable
- un hôtel agréable
- un hôtel très tranquille

1

Jullié
Juliénas
VONNAS
Émeringes
Chénas
Buellas
Fleurie
Chiroubles
Villié-Morgon
L'Abergement-Clémenciat
Pizay
Quincié-en-Beaujolais
Belleville
Châtillon-s-Chalaronne
Odenas
Montmerle-s-Saône
A 6
Bouligneux
Villars-les-Dombes
Villefranche-s-Saône
Ste-Euphémie
Ambérieux-en-Dombes
Rancé
Monthieux
Oingt
Pommiers
Anse
St-Marcel-en-Dombes
Lachassagne
N 83
Lucenay
A 46
Bagnols
Alix
Mionnay
Chasselay
Rochetaillée-s-Saône
Les Échets
Montluel
L'Arbresle
Rillieux-la-Pape
Balan
Champagne-au-Mont-d'Or
COLLONGES-AU-MONT-D'OR
Jons
Meyzieu
Charbonnières-les-Bains
Lyon
A 43
St-Laurent-de-Mure

1

E

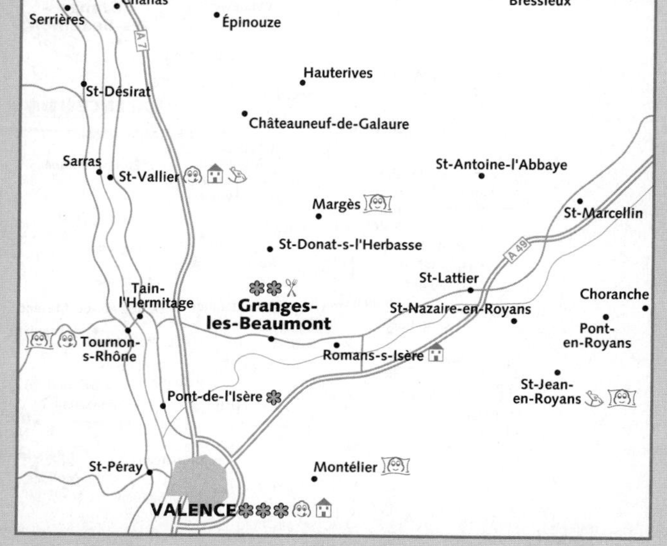

E

44 Rhône-Alpes

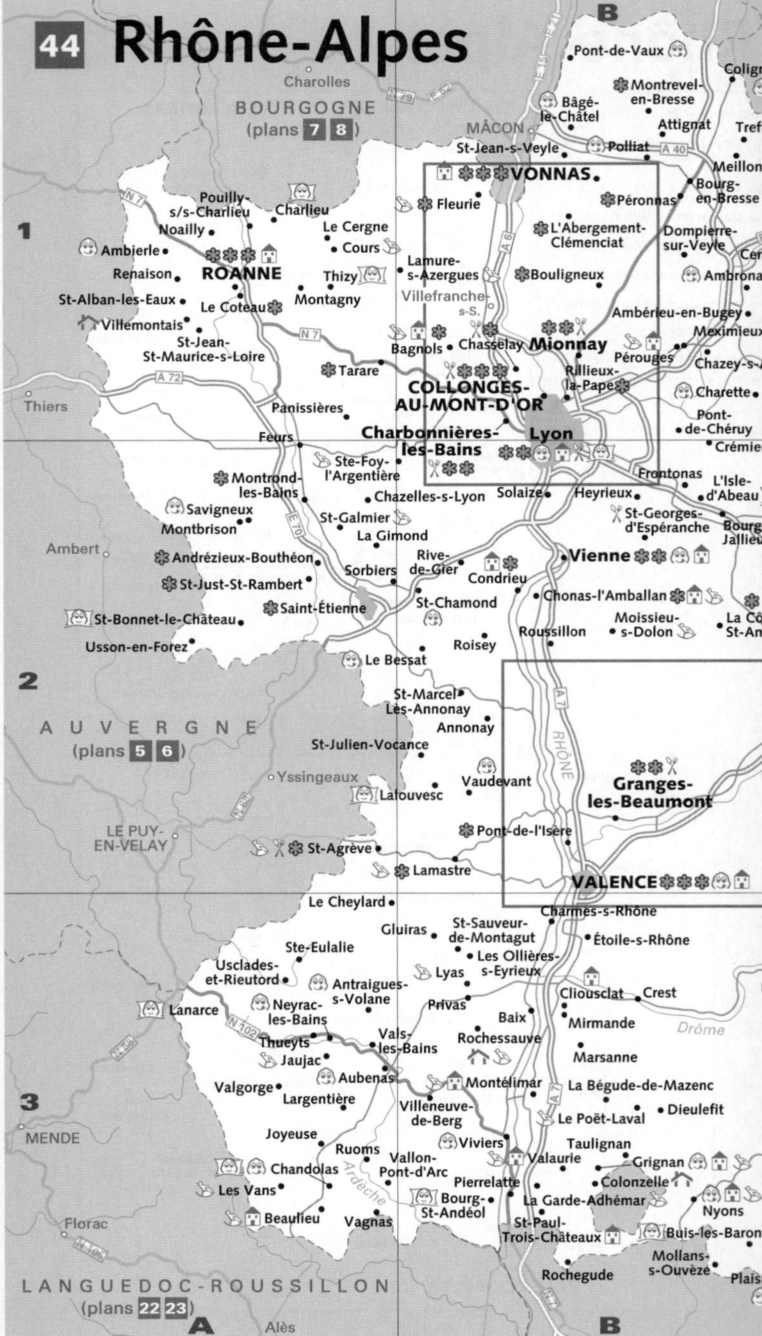

45
C
D
FRANCHE-COMTÉ
(plans 16 17)
LÉMAN
LAC
Évian-les-Bains
Thonon-les-Bains
SION
SUISSE
Chézery-Forens
Oyonnax
Thoiry
GENÈVE
Péron
Challex
St-Germain-de-Joux
Bossey
Bellegarde-s-Valserine
Éloise
Vallorcine
Argentière
Le Lavancher
Cordon
Chamonix-Mont-Blanc
Évosges
Annecy
VEYRIER-DU-LAC
Megève
Rumilly
Chindrieux
Talloires
AOSTA/ AOSTE
Les Saisies
Belley
Jongieux
Faverges
Hauteluce
Ugine
Beaufort
Tertenoz
Arèches
Champagneux
La Rosière-1850
St-Genix-s-Guiers
Le-Bourget-du-Lac
Bourg-St-Maurice
Ste-Foy-Tarentaise
Novalaise
Chambéry-le-Vieux
Aoste
Les Arcs
Aime
Peisey-Nancroix
Romagnieu
Champagny-en-Vanoise
Tignes
Val-d'Isère
La Bâtie-Divisin
St-Christophe-la-Grotte
La Tania
Courchevel 1850
Charavines
Les Échelles
St-Martin-de-Belleville
Bonneval-s-Arc
St-Laurent-du-Pont
Pralognan-la-Vanoise
Bessans
St-Jean-de-Moirans
Lanslevillard
Val-Thorens
Lanslebourg-Mont-Cenis
Tullins
Le Sappey-en-Chartreuse
Aussois
Arc
2
Meylan
St-Sorlin-d'Arves
Grenoble
Valloire
Bresson
Uriage-les-Bains
Allemont
Alpe-d'Huez
Villard-de-Lans
Mizoën
ITALIA
Vif
Laffrey
Le Freney-d'Oisans
Venosc
Les Deux-Alpes
Treffort
Briançon
Monestier-de-Clermont
Corps
Clelles
Mens
Drac
PROVENCE-ALPES-CÔTE D'AZUR
(plans 40 41 42)
GAP
3
Durance
Localité possédant au moins :
un hébergement ou un restaurant
une table étoilée
un restaurant "Bib Gourmand"
un hôtel "Bib Hôtel"
un restaurant agréable
une maison d'hôte agréable
un hôtel agréable
un hôtel très tranquille

F

46

1

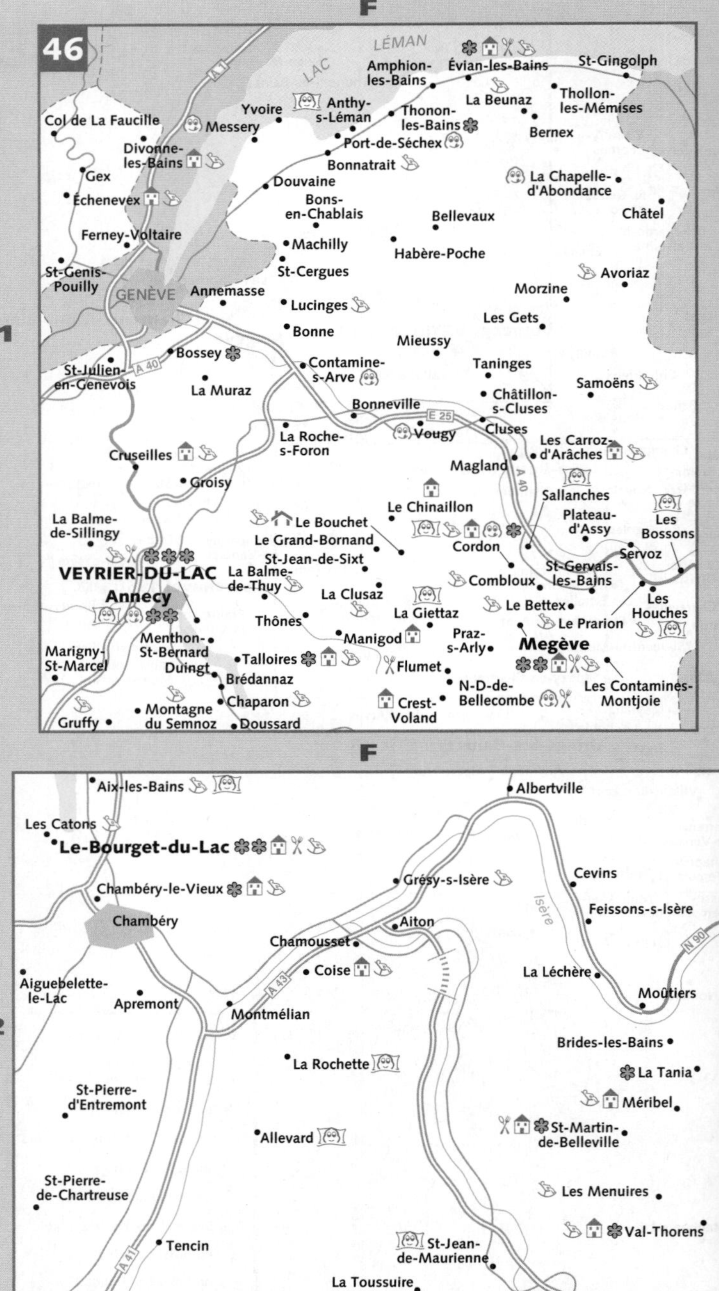

LAC LÉMAN
Amphion-les-Bains
Évian-les-Bains
St-Gingolph
Thollon-les-Mémises
La Beunaz
Bernex
Yvoire
Anthy-s-Léman
Thonon-les-Bains
Col de La Faucille
Messery
Port-de-Séchex
Divonne-les-Bains
Bonnatrait
Gex
Échenevex
Douvaine
La Chapelle-d'Abondance
Châtel
Bons-en-Chablais
Bellevaux
Ferney-Voltaire
Machilly
Habère-Poche
St-Cergues
St-Genis-Pouilly
GENÈVE
Annemasse
Avoriaz
Morzine
Lucinges
Les Gets
Bonne
Mieussy
Bossey
St-Julien-en-Genevois
A 40
Contamine-s-Arve
Taninges
La Muraz
Samoëns
Châtillon-s-Cluses
Bonneville
E 25
Vougy
Cluses
La Roche-s-Foron
Les Carroz-d'Arâches
Cruseilles
Magland
Groisy
A 40
Sallanches
Le Chinaillon
La Balme-de-Sillingy
Le Bouchet
Plateau-d'Assy
Les Bossons
Le Grand-Bornand
Cordon
Servoz
St-Jean-de-Sixt
VEYRIER-DU-LAC
La Balme-de-Thuy
Combloux
St-Gervais-les-Bains
Annecy
La Clusaz
Les Houches
La Giettaz
Le Bettex
Thônes
Le Prarion
Menthon-St-Bernard
Manigod
Praz-s-Arly
Megève
Marigny-St-Marcel
Duingt
Talloires
Flumet
Les Contamines-Montjoie
Brédannaz
N-D-de-Bellecombe
Chaparon
Crest-Voland
Montagne du Semnoz
Gruffy
Doussard
Aix-les-Bains
Albertville
Les Catons
Le-Bourget-du-Lac
Cevins
Grésy-s-Isère
Chambéry-le-Vieux
Isère
Feissons-s-Isère
Chambéry
Aiton
N 90
Chamousset
Coise
La Léchère
Aiguebelette-le-Lac
A 43
Moûtiers
Apremont
Montmélian
Brides-les-Bains
La Rochette
La Tania
St-Pierre-d'Entremont
Méribel
Allevard
St-Martin-de-Belleville
St-Pierre-de-Chartreuse
Les Menuires
Val-Thorens
A 41
St-Jean-de-Maurienne
Tencin
La Toussuire

1

F

2

F

Distances entre principales villes

Distances between major towns

Distanze tra le principali città

Entfernungen zwischen den größeren Städten

Distancias entre las ciudades principales

Marseille - Strasbourg 802 km

	Amiens	Angers	Bayonne	Besançon	Bordeaux	Brest	Caen	Calais	Cherbourg	Clermont-Ferrand	Dijon	Grenoble	Le Havre	Lille	Limoges	Lyon	Le Mans	Marseille	Metz	Montpellier	Mulhouse	Nancy	Nantes	Nice	Orléans	Paris	Perpignan	Reims	Rennes	Rouen	Saint-Etienne	Strasbourg	Toulon	Toulouse
Angers	417																																	
Bayonne	885	564																																
Besançon	558	648	900																															
Bordeaux	705	385	193	722																														
Brest	629	381	810	964	630																													
Caen	256	254	777	648	596	375																												
Calais	160	513	1036	654	856	719	347																											
Cherbourg	378	373	855	769	674	423	124	467																										
Clermont-Ferrand	558	460	555	371	374	829	609	712	714																									
Dijon	451	549	839	99	658	863	546	568	668	307																								
Grenoble	709	739	824	315	688	1120	804	860	926	296	303																							
Le Havre	186	303	825	610	645	469	97	275	219	574	509	766																						
Lille	125	515	970	586	789	763	391	114	513	643	496	790	320																					
Limoges	527	264	412	501	231	611	487	681	605	228	436	542	541	611																				
Lyon	601	567	751	237	570	1013	696	753	818	179	196	115	659	683	424																			
Le Mans	335	97	609	585	428	397	169	424	288	429	484	708	247	432	319	558																		
Marseille	913	920	699	541	648	1271	1008	1065	1130	477	507	275	971	995	607	317	888																	
Metz	369	621	1075	269	895	917	571	468	693	569	262	564	534	368	717	457	532	768																
Montpellier	885	786	539	529	488	1111	936	1038	1040	337	495	297	898	968	436	305	754	172	757															
Mulhouse	564	728	1025	139	844	1024	707	662	830	493	222	429	670	638	621	382	639	690	242	676														
Nancy	385	602	1046	211	865	899	553	483	675	514	208	510	516	422	642	403	513	714	57	701	177													
Nantes	507	91	509	739	328	302	292	596	340	551	638	830	385	604	350	679	186	964	710	800	819	692												
Nice	1076	1083	863	668	812	1435	1171	1228	1294	640	671	331	1134	1158	771	480	1051	212	932	333	686	882	1134											
Orléans	270	246	629	401	448	542	321	423	443	300	301	558	283	353	269	452	144	759	459	628	527	435	334	923										
Paris	135	298	753	416	572	594	234	297	357	426	316	573	197	227	395	467	209	778	333	754	477	314	386	941	136									
Perpignan	985	752	499	677	448	1071	975	1138	1094	437	643	444	998	1068	494	453	808	319	904	155	833	854	771	483	726	851								
Reims	175	432	887	382	706	728	383	273	505	535	293	595	345	204	529	488	343	799	192	786	380	206	520	963	270	145	936							
Rennes	439	162	628	720	442	243	186	529	233	586	619	876	278	573	417	770	154	1045	673	914	782	655	108	1209	298	349	878	484						
Rouen	125	300	823	544	642	501	128	214	251	508	444	701	91	258	477	595	211	906	481	836	606	450	388	1069	219	133	933	292	316					
Saint-Etienne	624	593	723	288	542	962	719	776	841	150	254	155	682	706	396	64	561	335	516	321	444	465	681	499	433	489	471	547	719	620				
Strasbourg	525	776	1137	251	957	1072	727	623	849	606	335	534	689	524	733	495	687	802	164	789	116	157	865	788	571	489	938	348	829	628	550			
Toulon	976	983	762	604	711	1334	1071	1128	1193	540	570	329	1033	1058	670	380	951	67	832	233	760	781	1034	157	823	841	382	863	1109	972	397	870		
Toulouse	813	549	304	721	245	868	772	966	891	374	657	533	826	896	291	541	605	408	918	244	847	868	568	572	554	679	209	813	688	765	428	956	471	
Tours	373	125	516	519	336	497	263	518	382	337	419	616	341	457	227	465	96	796	563	665	645	553	213	960	117	240	716	374	253	305	464	690	859	512

Manufacture française des pneumatiques Michelin
Société en commandite par actions au capital de 304 000 000 EUR
Place des Carmes-Déchaux – 63 Clermont-Ferrand (France)
R.C.S. Clermont-Fd B 855 200 507

Dépôt légal février 2007
Printed in France, 01-2007/04.1-1

Compogravure : MAURY, Malesherbes
Impression : BRODARD GRAPHIQUE, Coulommiers
Reliure : S.I.R.C., Marigny-le-Châtel

Parution 2007